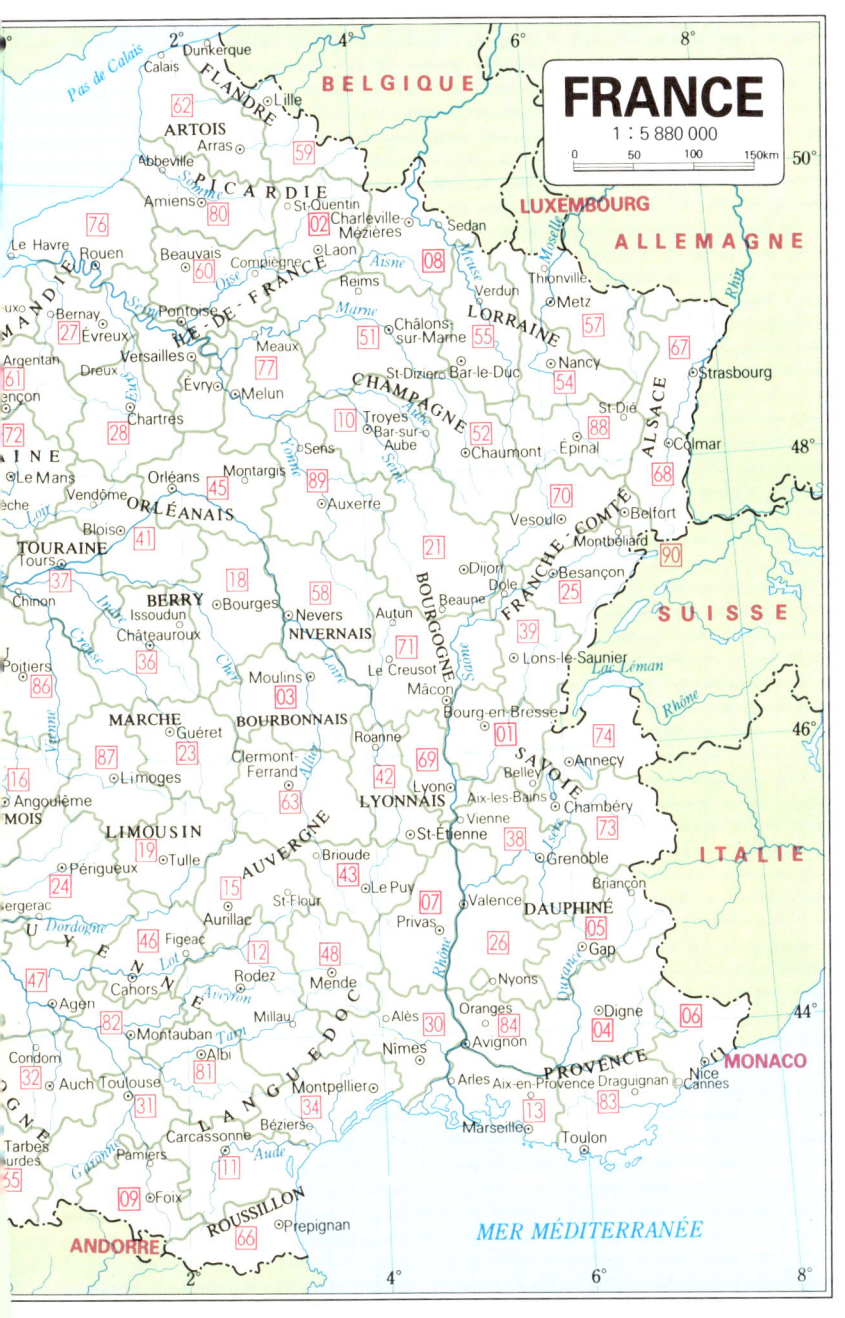

SAMHWA
MODELE
DICTIONNAIRE FRANÇAIS-CORÉEN
佛韓中辭典

韓國佛語佛文學會編

(株)三和出版社

머 리 말

우리 나라의 외국문학 연구는 근래 괄목할 만한 발전을 이루고 있다. 불어불문학의 연구도 멀리 해방 전의 초창기에서 오늘에 이르기 까지 점진적으로 착실한 발전을 거듭하여 왔다. 특히 60년대 후반 부터 불어불문학계는 양적으로 크게 팽창했을 뿐만 아니라 연구활동에 있어서도 주목할 만한 성과를 거두고 있다. 오늘날 각 전공분야에서 진행되고 있는 활기찬 연구들은 앞으로 한국의 학문 전반의 발전에 크게 기여할 것으로 기대된다.

이와같은 발전에 가장 직접적으로 기여한 것은 아마도 1971년도에 본 학회에서 편찬한 『최신불한사전』(*Nouveau Dictionnaire Français-Coréen*)일 것이다. 우리나라에서 불어에 관한 사전의 역사는 1880년 외국인 선교사들에 의해 간행된 『한불자전』(*Dictionnaire Coréen-Français*)까지 거슬러 올라간다. 해방후 상당한 공백 기간을 거쳐 처음으로 우리의 손으로 펴낸 사전은 1964년의 『새불한사전』(이휘영 저, 민중서관 간)이다. 그 후 전문적인 연구를 위한 본격적인 사전에 대한 요구에 부응하기 위하여 본학회는 사전 편찬을 기획하기에 이르렀다. 불문학계의 독자적인 능력으로는 감당하기 어려운 이 사전의 간행을 위하여 학회는 백방으로 노력하던 중 다행히도 동아일보사 김상만 사장(당시)의 희사를 힘입게 되었고 이에 프랑스 정부 및 성곡학술재단의 후원과 삼화출판사의 적극적인 호응을 얻어 1971년 상기 사전을 발간하는 데 성공하였다. 그러나 하나의 사전은 탄생하는 순간부터 개정되도록 운명 지워져 있다. 언어는 그 자체가 생명을 지니고 있어서 세월과 함께 변하고 사라지며 새로 태어나는 과정을 밟는다. 바로 이러한 변화를 수용하기 위하여 본학회는 1977년 잠정적으로 신어(新語)를 보완하는 작업을 수행하였다. 그러나 그 후 십수년이 흐르는 동안 언어 자체의 변화는 물론이거니와 국내외에서 이루어진 언어학적 연구의 발달, 학문·기술·풍습 등 각 분야에서의 변화로 인한 새 용어들의 출현은 사전의 전면적인 개정을 고려하지 않을 수 없게 만들었다.

본 학회는 이 개정작업을 위하여 수년래 꾸준히 기금을 마련하여 왔던 바, 삼화출판사의 부분적인 재정 지원을 약속받음으로써 사업계획은 구체화되었다. 이에 1984년 10월, 학회는 출판관리 위원회의 발의에 따라 확대간부회의의 자문을 거쳐 이사회에서 개정작업을 진행하기로 결의하였다. 이사회의 위임을 받은 출판관리위원회는 개정작업의 효과적인 수행을 위하여 1985년 1월 「불한사전 개정판 편찬 준비위원회」를 별도로 구성하여 오현우(위원장), 이환, 정병희, 원윤수, 홍재성, 김치수(총무)를 이에 선임하였다. 이 준비위원회에서는 사전의 개정범위와 방향을 정하기 위해 박옥줄, 정병희, 서정철, 최병대, 신현숙, 이준섭, 홍재성 교수등을 조사위원으로 위촉하여 작업하게 하였다. 그 결과 첫째, 『최신불한사전』에서 발견된 오류와 풀이의 불균형을 시정하고, 둘째 미흡한 용례와 새로운 단어들을 보완하고, 세째 주요 동사와 전치사의 서술은 전면적으로 재검토해서 집필하도록 방향을 정하고, 제한된 예산에 비추어 기존 원고의 삼분의 일 정도만 다시 쓴다는 기준을 마련했다. 한편 불한사전 개정작업이 본학회의 가장 중요한 사업임을 인식하고, 가능하면 많은 교수들이 참가해야 한다는 데 의견을 모으고 각 대학의 원로교수들의 추천을 받아서 1985년 3월 경인지역 교수들 가운데 70여명을 선정, 원고 집필을 의뢰하였다. 이 가운데 40여 명의 교수들이 집필에 참가하여 1986년 4월에는 개정원고 12,108매(200자 원고지)가 완성되었다. 그러나 이렇게 완성된 원고는 원래 통일적인 집필 방안에 의거한 것임에도 불구하고 집필자들의 다양성 때문에 다른 원고와의 균형을 맞추기 위하여 전면적인 재검토의 대상이 되었다. 1986년 4월 개정판 준비위원회가 이환(위원장), 정명환, 박옥줄, 정병희, 홍승오, 원윤수, 김영호, 정지영, 홍재성 교수 등을 편집위원으로 임명하고 이들로 하여금 기존 원고와 새로 집필된 원고를 전면적으로 재검토하여 원고 내용과 분량을 조절하게 하였다. 이들 편집위원들이 주 3회에 걸친 회합·검토를 통하여 소기의 작업을 끝낸 것은 1987년 2월경에 이르러서 이다. 그리하여 원래의 의도와는 달리 『최신불한사전』의 개정판이 아니라 새로운 『불한사전』의 원고를 완성한 결과를 초래하였다. 한편 1986년 7월부터 나오기 시작한 교정쇄를 편집위원들이 한번씩 열람하기로 결정하고, 1987년 1월부터 1987년 4월까지 2교, 3교의 단계에서 편집위원들이 교정을 보았다.

원래 개정판을 내려고 시작한 이 작업은 이렇게 하여 새로운 사전의 출간이라는 방향 전환을 할 수 밖에 없었다. 일러두기에서 언급했지만 이 사전은 새로운 어휘를 최대한 수용함으로써 어휘수에 있어 크게 증대되었고, 각 풀이를 사용빈도 순위로 재편성하고 개개의 뜻에 맞는 용례를 삽입함으로써 실용적인 가치를 더욱 높였으며, 컴퓨터로 조판을 해서 언제든지 교정을 볼 수 있는 장점을 지니게 되었고, 현대적인 감각을 살린 판형과 장정으로 부피에 비해 실질적인 성격을 더욱 강화하였다.

이상의 작업을 하는 데 있어서 물심양면으로 후원을 아끼지 않은 삼화출판사 유기정 회장에게 심심한 사의를 표한다. 아울러 1986-1987년도 문교부의 자유과제 연구조성비가 이 사전을 완성시키는 데 많은 도움을 주었다는 사실도 이에 밝혀둔다. 끝으로 이 사전의 출판에 있어서 처음부터 열과 성의를 다해준 삼화출판사 편집부 여러분의 노고에 대해 감사의 뜻을 표한다.

1988년 1월

한국불어불문학회

《집필자 명단》

강	화	수(인 하 대)	고	광	단(홍 익 대)	김	기	봉(서 강 대)
김	동	현(아 주 대)	김		영(인 하 대)	김	영	호(외국어대)
김	우	진(인 하 대)	김	인	환(이화여대)	김	화	영(고 려 대)
김	희	영(외국어대)	박	시	현(외국어대)	박	영	혜(숙명여대)
박	옥	줄(서 울 대)	박	정	자(상명여대)	서	정	철(외국어대)
송	영	규(중 앙 대)	신	현	숙(덕성여대)	오	증	자(서울여대)
원	윤	수(서 울 대)	윤	동	진(경 기 대)	이	경	해(동덕여대)
이	주	봉(아 주 대)	이	준	섭(고 려 대)	이	진	성(연 세 대)
이	형	식(서 울 대)	이		환(서 울 대)	전	명	애(서 울 대)
전	성	자(성신여대)	정	명	환(성심여대)	정	병	희(이화여대)
정	연	풍(서 울 대)	정	지	영(서 울 대)	조	규	철(외국어대)
최	병	곤(건 국 대)	최	병	대(성균관대)	한	문	희(상명여대)
홍	승	오(서 울 대)	홍	재	성(연 세 대)	황	경	자(이화여대)

《주요 참고 문헌》

H.Bonnard et *alii*. Grammatisches Wörterbuch — Französisch, Dortmund: Verlag Lambert Lensing, 1970.
P.Célérier, J.-P, Maillard. Dictionnaire des structures fondamentales du français, Paris: CLE International, 1979.
J.Cellard, A.Rey. Dictionnaire du français non-conventionnel, Hachette, 1980.
J.Dubois et *alii*. Dictionnaire du français contemporain, Larousse, 1967.
Dictionnaire du français langue étrangère Niveau 2, Larousse, 1979.
Dictionnaire du français vivant, Bordas, 1972.
P.Gibert. Dictionnaire des mots contemporains, Le Robert, 1980.
Grand Larousse de la langue française, 7 Vol., Larousse, 1971-1978.
J.E.Mansion. Harrap's New Standard French and English Dictionary, 2 Vol., Harrap, 1972.
Grand Dictionnaire Encyclopédique de Larousse, 10 Vol., Larousse, 1982-1985.
Lexis, dictionnaire de la langue française, Larousse, 1974.
Le Petit Robert I, Société du nouveau Littré, 1977.
P.Robert. Dictionnaire alphabétique et analogique de la langue française, 7 Vol., Société du nouveau Littré, 1951-1970.
Trésor de la langue française, tome 1-12, C.N.R.S-Klincksieck, 1971-1987.
이 휘 영편. 엣센스불한사전, 민중서림, 1984.
한국불어불문학회편. 불어학사전, 삼화출판사, 1979.
佛和大辭典, 白水社, 1981.
Dictionnaire français-japonais Royal, 旺文社, 1985.
Dictionnaire des mots fonctionnels, 大修館書店, 1975.

편 찬 방 침

이 사전은 1971년 초판이 간행된 한국불어불문학회편 최신불한사전(1977년 신어·전문어 부분 보유 첨가)의 전면적 개정판이다. 이 새로운 사전의 편찬을 준비함에 있어, 현대 불어의 변모를 충실하고 적극적으로 반영하고 또한 현대적 사전편찬학의 연구성과를 융통성 있게 활용하는 개정판을 상재하는 것을 목표로 두었다. 그러기 위하여, 한국 불어불문학 연구와 교육의 역사상 초유의 일반적·대규모 불한사전이었던 1971년판 기간 사전에 바탕을 두고 그 성과, 특징과 장점을 그대로 살리면서, 1970년 초반 이후의 국내외 불어 단어어 및 이개어 사전 편찬의 성과를 면밀히 참고·수용하는 보완·개편 작업이 진행되었다.

이리하여, 고교에서 불어를 학습하는 학생은 물론, 대학과정에서 전공과목 또는 교양과목으로 불어·불문학 강좌를 수강하는 학생, 불어 텍스트를 직접·간접의 연구 자료나 대상으로 삼는 여러 분야의 전문적 학자, 또는 서로 다른 사회 활동의 영역에서 불어에 대한 지식을 필요로 하는 성인 일반 독자 등등에 이르기까지 각계 각층의 폭넓은 독자들이 다목적으로 두루 편리하게 이용할 수 있는 새로운 체재의 획기적인 불한사전이 완성을 보게 된 것이다.

이러한 편찬방침을 반영하는 이 사전의 몇 가지 기본적인 특색은 다음과 같다.

1. 표제어의 대폭적 확장

1970∼80년대의 변모된 불어 어휘를 표현하기 위하여 여러 사용 영역에 속하는 상당수의 신어와 전문·과학 기술 용어를 표제어로 수록하였고, 일상적인 사회생활의 상황에서 빈번히 사용되는 속어, 구어, 또는 외래어, 지방어 역시 단어어 일반 불어사전에 선별·정착된 경우는 빠짐없이 망라하여 등재하였다. 또한 지명 등 일부 고유명사나 주요 약자도 표제어에 포함시켰다. 이렇게 함으로써 현대 불어 어휘의 다양한 모습을 보여주고 또 불어 어휘에 대한 정보를 필요로 하는 독자의 다양한 필요성을 충족시켜 주고자 하였다.

2. 기본 단어의 표시

현대 불어의 주요 어휘·빈도 조사 자료인 Vander Beke 의 *The French Word Book* 과 프랑스 문교부편 *Le Français élémentaire* 등을 참조하여 기본 단어들을 표시하였을 뿐 아니라 이들 어휘에 대해서는 보다 지면을 많이 할애하여 항목을 길게 전개시켜 교육적인 면에서 유용한 학습 자료가 되도록 하였다.

3. 발음

현대 사전편찬 방법의 추세를 따라, 특히 이개어 사전의 경우 필수적인 발음표시를 모든 표제어에 대하여 수록하였고, 독립된 단어로서의 발음과 구절(syntagme), 또는 숙어나 문장 내에서의 발음이 중요하게 차이가 날 때에는, 이러한 발음의 변동을 가능한 한 빈틈없이 지적하였다. 발음은, 국제음성기호(alphabet phonétique international)를 사용하여, 음성학 특히 불어 정음법(orthoépie)의 권위인 전 파리 대학교 Pierre Fouché 교수의 이론에 입각한 현대 프랑스어의 표준 발음을 표시하였다.

4. 새 뜻의 풍부한 수록

최근 이삼십년간에 기존 어휘가 새로운 뜻으로 쓰이게 된 주요 경우를 풍부하게 지적하여, 이와 같은 국면에서도, 시대에 따라 변천하는 불어의 모습을 충실히 반영하려고 하였다.

5. 풍부한 용례

기본 단어는 물론 그밖의 빈도가 낮은 어려운 단어의 경우라도, 대응되는 한국어 단어의 지적만으로 그 의미의 정확한 표현이 어렵다고 판단될 때에는, 적절하고 특히 실용성 있는 용례를 보기로 들어, 단어 의미의 해득의 측면에서 뿐 아니라, 그 단어의 재사용의 측면에서도 독자에게 도움을 주도록 하였다. 용례로는, 완전한 형태의 예문뿐 아니라, 명사나 형용사의 경우, 단어 사이의 주요하고 빈번한 결합을 보여주되 표제어로 등재할 만한 복합어의 지위를 지니지는 못한 다양한 복합 표현의 예구를 풍부히 수록하였다.

6. 구문 등 통사 속성의 체계적 수록

사전에서 지적되는 한 단어의 여러 의미의 구별은 대체로 구문적 특성 등 그 단어가 지닌 통사·속성과 긴밀히 연계되어 있다. 또 한편 의미의 소극적 해득만으로는 그 단어를 적절히 구사하여 문법적으로 정확한 문장을 구성할 수 있기에는 부족하다. 이러한 시각에서 사전 내에서, 특히 교육적 기능이 현저하게 두드러진 이개어 사전의 경우에는, 표제어의 기본적이고 주요한 통사적 특성의 기재는 필수적인 것이다. 따라서 이 새로운 사전은 표제어와 상관되는 통사 속성을 풍부하고 세밀하게 수록하였다. 그러나 일반 독자들의 사전 이용 관습에 거슬리지는 않도록 융통성 있게 처리하고자 하였다.

예를 들어, 동사, 서술적 의미의 추상명사, 형용사 등이 보어를 요구할 때, 뜻에 따라 그 보어 앞에 어떤 전치사가 요구되는가를 일일이 표시하였을 뿐만 아니라, 그 보어가 명사인가, 부정법 동사인가 또는 보족절인가, 명사라면 인물명사(*qn*)인가 사물명사(*qc*)인가 역시 지적하였고, 물론 보족절 내의 동사형태에 가해지는 서법(mode)상의 제약도 체계적으로 표시하였다. 또한 타동사가 그 본래의 뜻을 바꿈이 없이 목적보어를 수반하지 않는 경우, 이른바 타동사의 절대적 용법은 이를 자동사 용법으로 처리하지 않고 타동사 용법의 하나로 판단하여 《목적보어 없이》쓰이는 용법으로 처리함으로써 뜻풀이에 있어서 번거로움을 피하도록 하였다. 나아가서, 필요하다고 판단되는 경우, 주어로 분포되는 명사의 유형도 기재하였다.

7. 동의어와 반의어의 표시

단어 의미의 보다 정확한 이해를 기하고, 또한 단어 사이의 주요한 의미관계를 보여 주기 위하여, 단어의 구별되는 의미에 따라 동의어, 반의어를 부기하였다.

8. 삽화의 활용

풀이의 설명만으로는 해득하기 어려운 특이한 풍물 등을 나타내는 표제어에 대해서는 삽화를 활용하여 이해가 용이하도록 하였다.

일 러 두 기

1. 표제어
1.1. 표제어는 볼드체를 사용하여 알파벳 순서(ABC 순서)로 배열하였다.
1.2. 어원이 다른 동철어(homographe)는 원칙상 별개의 표제어로 다루어, 표제어 오른쪽 끝에 어깨번호를 붙여 구별하였다.
  louer¹, louer²
그러나 동일 어원의 단어라도 현대어에서 의미상의 연관성이 관찰되지 않고, 불어 단일어 사전에서 상례적으로 동형이의어(homonyme) 처리를 하는 voler 같은 단어 역시 louer형 단어와 동일하게 처리하였다.
  voler¹, voler²
1.3. 대문자, 소문자의 구별이나, 연결선(-) 등의 유무에 따라 차이가 있는 동철어는 어깨번호를 붙이지 않고 대문자/소문자로 시작되는 단어, 악상 기호가 붙은 단어의 순서로 수록하였다.
  Champagne, champagne
  sur¹, sur²(e), sûr(e)
1.4. 같은 뜻의 단어로서 그 표기형태의 일부만이 다른 것을 병기할 때에는, 더 빈번히 쓰이는 쪽을 먼저 제시하였다. 생략기호인 ( )를 사용하여 약기(略示)한 경우도 있다.
  chef(e)taine, entre(-)fenêtre 는 각기 **cheftaine** 또는 **chefetaine, entrefenêtre** 또는 **entrefenêtre** 의 표기가 모두 허용됨을 나타낸다.
1.5. 같은 뜻의 단어로서 위와 같은 처리가 불편할 때에는 경우에 따라 두 형태를 각기 알파벳 자모순서에 따라 해당하는 위치에 배열하고, 그중 하나(대체로 덜 빈번히 사용되는 형태)를 참조기호(=)를 이용하여 또 다른 형태와 상관시켰다.
  adapteur [adaptœːr] *n.m.* 〖사진〗 =adaptateur.
1.6. 대명사, 관사, 전치사 따위를 동반하는 복합 표현이 표제어로 선별된 경우에는, 부수되는 대명사, 관사, 전치사 등은 ( )안에 넣어 다음과 같이 표시하였다.
  indigérer (s'),   Cévennes (les),   rebrousse-poil (à),   aveuglette (à l')
1.7. 기본 단어 약 3,500개는 표제어 왼쪽에 *표를 붙여서 나타냈다. *표가 둘 있는 것(‡)은 약 900개 정도의 중요 단어이며, 그 다음 단계의 중요단어 2,600개는 *표를 하나만(*) 표시하였다.

2. 발음 표시
2.1. 표제어의 발음형태는 원칙적으로 표제어 직후에 [ ] 괄호를 사용하여 국제음성부호로 표기하였다. 또한 의미나 용법의 차이에 따라 구절이나 문장 속에서 주의해야 할 발음은 항목 내의 적절한 해당부분에서 별도로 표시하였다.
  pot [po]⋯ ~ *à* eau [pɔtao] 물병.
경우에 따라서는 보충 설명기호 ( ) 괄호를 사용하여 발음형태가 변이를 보이는 환경을 간략히 지적하기도 하였다(**six** 나 **neuf²** 의 경우).
2.2. 동일 단어의 발음 형태가 여러가지 있는 경우에는, 그 변이형들을 동일 괄호안에 표기하였다. 대체로 ( ) 괄호, 〔 〕 괄호를 사용하여 약기(略記)한 것이 많다.
  yacht [jɔt, jak(t)] 는 [jɔt], [jak], [jakt] 의 세 가지 발음이 가능함을 나타낸다.
  laurier [lɔ[o]rje] 는 [lɔrje] 가 [lorje] 보다 더 보편적임을 표시한다.
한편, 동화현상(assimilation, 또는 모음조화)에 의해 변이를 보이는 발음도 〔 〕 안에 표시하였다.
  bêtise [bɛ[e]tiːz],   **aimer** [ɛ[e]me]
2.3. 동일 발음의 표제어가 둘 이상 연속될 경우, 표기형태가 같으면 두번째 표제어부터는 발음표시를 생략하고, 철자가 다르면 반복해서 발음표시를 하였다.
  chant¹ [ʃɑ̃], **chant²**
  approché(e) [aprɔʃe], **approcher** [aprɔʃe]

2.4. 동일 단어의 상이한 두 표기형태를 한 표제어로 병기했을 경우, 발음이 같으면, 두번째 표기형태 직후에 한 번만 발음표시를 하였다.
solifluxion, solifluction [sɔliflyksjɔ̃]
2.5. 유성의 h(h aspiré)로 시작되는 표제어에는 그 앞에 †표를 붙여 표시하였다.
†haricot [ariko]

3. 어미 변화

3.1. 표제어가 성·수에 따라 변화하는 단어의 경우, 변화하는 부분만을 ( ) 괄호를 사용하여 볼드 이탤릭체로 나타내고, 그 발음은 다음과 같이 표시하였다.
aîné(e) [ɛ(e)ne] 는, 남성형은 **aîné**, 여성형은 **aînée** 이며 발음은 둘 다 [ɛne] 또는 [ene]임을 표시한다.
sportif(ve) [spɔrtif, -iːv] 는, 남성형은 **sportif** [spɔrtif], 여성형은 **sportive** [spɔrtiːv]임을 표시한다.
ordinal(ale, pl. aux) [ɔrdinal, -o] 는, 남성 단수형 **ordinal**, 여성 단수형 **ordinale**, 발음은 단수형의 경우 둘 다 [ɔrdinal]이며, 남성 복수형은 **ordinaux** [ɔrdino]임을 통합하여 나타낸다.
veau [vo] (pl. ~x) 는, 단수형 **veau**, 복수형 **veaux**, 발음은 두 경우 모두 [vo]임을 표시한다.
langue-de-carpe [lɑ̃gdəkarp] (pl. ~s-~-~) 는, 단수형은 **langue-de-carpe**, 복수형은 **langues-de-carpe**, 발음은 두 경우 다 [lɑ̃gdəkarp]임을 지시한다.
3.2. 단수형 뒤에 -s를 첨가하여 구성되는 복수형과 -s, -x, -z로 끝나는 명사의 복수형은 별도로 명기하지 않았다. 그러나 -s의 첨가가 도리어 예외적인 경우에 한해서는 특별히 복수형을 표시하였다.
carnaval [karnaval] n.m. (pl. ~s) …
3.3. 형용사가 성·수에 무관하게 쓰이는 것은 **(불변)**으로, 명사가 단수형/복수형이 동일한 경우에는 **(복수불변)**으로 표시하였다. 또한 복수형이 없는 경우는 **(복수없음)**으로 지적하였다.

4. 외래어 표기

표제어가 외래어인 경우 발음 표시 다음에 《 》괄호를 사용하여 그 출처가 되는 언어 이름을 약칭하여 표기하였다.
ab ovo [abovo] 《라틴》
sport [spɔːr] 《영》(=영어)
disc-jockey, disk-jockey, disque-jockey [diskʒɔkɛ] 《미영》(=미국식 영어)
largo [largɔ] 《이탈리아》

5. 풀이

5.1. 풀이에 앞서 표제어의 품사를 n., a., ad., v., 등의 약어를 사용하여 원칙적으로 발음 표시 직후에 명기하였다.
5.2. 품사 표시에 이어, 품사의 하위 유형에 대한 지적 역시, m.(남성명사), f.(여성명사), i.(자동사), t.(타동사) 등등의 약자를 사용하여 표시하였다.
5.3. 한 표제어가 여러 가지 품사, 그 여러 하위 유형으로 사용될 때에는 ── 기호를 사용하여 구별하였다.
momentané(e) [mɔmɑ̃tane] a. … ──n.f. …
présenter [prezɑ̃te] v.t. … ──v.i. … ──se ~ v.pr. …
5.4. 한 표제어를 다의어(polysème)로 처리하여 뜻(acception)을 여러 가지로 분류할 경우에는 우선 ① ② ③ … 으로 구분하여 풀이하였고, 그 다음 단계로 뜻이 더 세분될 경우에는 (;)으로 구별하였다. 그리고 비슷한 뜻은 (,)로 구분하여 한데 묶었다. 필요에 따라서는 ① ② ③ … 속에 ⓐ ⓑ ⓒ … 의 중간적 분류체계도 사용하였다. 또 더 세분되는 경우 i) ii) iii)도 사용하였다.
‡prendre [prɑ̃dr] [26] v.t. ① (손으로)잡다, 붙들다, 쥐다(saisir), 들다; (팔로)안다; … ⓑ 빼앗다, 탈취하다; 체포하다 … ⓑ 징집하다, 소집하다 … ⓓ (세금 따위를)징수하다 …
또한 ① ② ③ … 보다 크게 대별할 필요가 있을 때에는 Ⅰ. Ⅱ. Ⅲ. …을 사용하여 분류한 항목도 있다.
‡faire [fɛːr] [28] v.t. Ⅰ. (만들다) ① (사물을)만들다 …
　Ⅱ. (하다, 행동하다) ①(일을)하다 …
　Ⅲ. (속사적 용법) …

5.5. 뜻의 배열은, 현대어에서 일반적으로 높은 빈도로 사용되는 뜻을 먼저 수록하였다.
5.6. 용례는 각 뜻풀이 다음에 실었다. 용례는 완전한 문장 형태의 예문과 구절 형태의 예구 등 두 유형을 가능한 한 풍부하게 수록하였다. 표제어가 예문, 예구 중에 인용될 때에는 이를 반복하지 않고 ~ 표를 사용하여 대신하였다.

menace … obéir sous la ~
menacer … Il alla jusqu'à ~ sa propre famille.

그러나 표제어가 동사인 경우, 그 활용형을 인용할 때에는 이를 이탤릭체로 표기하였다.

ménager[1] … Elle n'a pas *ménagé* le sel dans la soupe.

기타 변화어의 경우는 ~ 표를 사용하되 변화 어미 부분을 이탤릭체로 명기하였다.

menaçant(e) … voix ~*e*

5.7. 숙어(격언·속담을 포함하여)는 한 품사 또는 품사의 하위 유형의 풀이를 모두 끝낸 뒤에 볼드 이탤릭체로 일괄 수록하고, 그 배열은 알파벳 자모 순서로 하였다. 숙어 표현의 경우도 가능한 한 예문과 예구를 인용하여 그 용례를 구체적으로 예시하고자 하였다. 또한 각 숙어 표현은 줄을 바꾸어 인쇄함으로써 독자들이 좀더 손쉽게 찾아볼 수 있게 하였다. 같은 뜻으로 쓰이는 숙어가 둘 이상 있을 때에는 ABC 순서에 관계없이 (;)을 사이에 두고 이들을 병기하였다.

abord[1] … *à l'~; au premier ~; de prime ~* 첫눈에; 우선.

5.8. 동사나 형용사의 경우, 주요한 구문상의 속성은 [ ]괄호를 사용하여 표시하였다. 이 때에 지적된 정보는 보어를 선택하는 동사·형용사의 경우, 보어 앞에 요구되는 전치사 형태, 보어가 명사인 경우 거기에 분포되는 명사의 하위 유형(인물 명사 *qn*, 사물 명사 *qc*), 기타 보어의 유형(부정법+*inf.*, 보족절과 보속절 내 동사에 요구되는 서법 que+*sub.*, que+*ind.*) 등이다.

예컨대, **toucher**의 간접 타동사 용법의 기술에서 보어 앞에 요구되는 전치사에 대한 지시는 풀이 앞의 구문표시 [ ]에 통합하였고, 같은 용법이지만 명사의 분포 특성에 따라 뜻이 구별되므로 이 점을 명시적으로 지적하였다.

—*v.t.ind.* [~à] ① [~à *qn*] …을 해치다 … ② [~à *qc*] …에 손을 대다 …

5.9. 뜻풀이의 명확성을 기하기 위하여, 동사의 (목적)보어, 형용사의 피수식어, 명사의 보어 등이 제한된 유형의 명사를 필요로 할 때에는, 이를 ( )안에 넣어 표시하였다.

dépenser [depɑ̃se] *v.t.* ① (돈을)쓰다 … ② (시간·체력 따위를)소비하다, 사용하다 … ③ (연료 따위를)소비하다.

maritime [maritim] *a.* ① (도시·지방이)바다에 면하는; (식물이)해안에서 많이 자라는.

5.10. 그밖의 주요 통사적, 어휘적 특성은 ( )괄호를 사용하여 **(주어는 사물)**, **(목적보어 없이)**, **(정관사와 함께)**, **(보통 부정형으로만 쓰임)** 등등의 형식으로 지적하였다.

5.11. 표제어의 자동사 용법과 대명동사용법이 뜻이 유사할 때에는, 이것을 구분하지 않고 표시하였다.

cailler [kaje] *v.t.* —*v.i.*, **se**~ *v.pr.* ① 응결(응고)하다.

5.12. 전문어나 학술어, 또는 뜻이 사용되는 전문 영역에 따라 다르게 제한될 때에는 〖 〗괄호 안에 그 사용 영역을 지시하였다.

5.13. 표제어, 또는 그 뜻 중의 하나가 사용되는 지역, 시대, 화계(niveaux de langue)에 따라 특별히 한정될 때에는 〖 〗괄호안에, 〖옛〗, 〖구어〗, 〖속어〗 등등으로 이와 관련된 정보를 지적하였다.

5.14. 동의어는 해당 뜻풀이 직후나 그 중간 적절한 위치에 ( )로 묶어 표시하고, 반의어는 (↔)로 표시하였다. 또 유사한 뜻이나 연관성을 가진 관련어는 (→)로 표시하였다.

5.15. 어휘와 관련된 특수한 문법적 사항, 사용상의 지시, 동의어들 사이의 구별은 REM 란에서 보충 설명하였다.

6. 동사 활용 유형의 지시

aimer, finir 형의 규칙 변화를 하는 동사를 제외한 모든 표제어 동사에 대하여 발음표시 직후, 동사 하위 유형의 지시 직전에 25 와 같이 권말에 제시된 동사 변화표의 해당 변화 유형 번호를 표시하여 그 활용 유형을 지시하였다. 3·6 처럼 표기된 것은 하나의 동사가 3 번 및 6 번의 두가지 유형에 걸쳐서 변화함을 나타내고, 4,5 처럼 표시된 것은 하나의 동사가 4 번 변화형, 또는 5 번 변화형을 따름을 나타낸다.

7. 삽화 참조

각 부분의 명칭까지 알 수 있도록 한 전체도나 유사한 종류의 것을 모아놓은 비교도 등에 실린 명칭들은 해당 각 표제어의 풀이에 참조 기호로 표시하였다.

bastion … 〖축성〗 능보(稜堡)(→ fortification 그림).

기호 일람

[ ]　(1) 발음 표시
　　　(2) 구문 표시
( )　(1) 생략 가능한 글자나 어귀의 표시 : prendre (une) femme 장가들다.
　　　(2) 특정 주어나 보어 등의 지칭
　　　(3) 동의어 표시
(<)　파생관계를 표시
〔 〕　교체 가능성의 표시 : ménager son argent〔son temps〕 돈〔시간〕을 아끼다.
(／)　구문표시 안에서의 교체 가능성의 표시
〖 〗　전문용어의 사용 분야
《 》　표제어의 지역적·시대적 또는 화계(niveaux de langue)상의 특징, 또는 빈도상의 특징 등 표시
（ ）　(1) 간단한 문법적 또는 구문적 속성의 지적, 또는 뜻풀이에 대한 보충적 설명
　　　(2) 고유 명사 등에 대한 간략한 백과사전적 정보의 표시 : Mémorial de Sainte-Hélène 세인트 헬레나 기록（나폴레옹의 생활을 담은 *Las Cases*의 기록）.
～　　 예문, 예구 속에 인용되는 표제어를 대신하는 기호
──　 동일 표제어가 또 다른 품사나, 품사의 하위 유형으로 사용됨을 표시함을 나타냄
⇨　　 참조 기호
↔　　 반의어 표시
→　　 관련어 표시
＊　　 기본어 표시

발음해설

이 사전의 불어 발음 표기법은 불어 음성학계의 제1인자인 고(故) Pierre Fouché 교수의 저서 *Traité de prononciation française* (Paris, Klincksieck, 1956)에 담긴 이론에 근거를 둔 것이며, 그가 말하는 이른바 «conversation soignée»에서의 발음을 채택한 것이다.

I. 음소(Phonèmes)에 대하여

모음이 16개, 반모음이 3개, 자음이 17개 있다. 이들 중 불어 모음의 특징은 첫째로 전모음과 후모음이 확연히 대립되어 있으며, 다음 도표를 보아도 알 수 있듯이, 우리말과는 달리 중모음이 전혀 없다는 점과, 둘째로 불어의 모음은 모두 조음시에 발음기관의 긴장도를 타국어(특히 영어)보다 훨씬 더 많이 요구하는 voyelles tendues 이므로, 반모음이 되지 않는 한 항상 각개의 모음은 하나의 독립된 음절을 형성하게 마련이니, 영어에서처럼 이중(또는 삼중)모음을 이루는 현상은 일어나지 않는다는 점이다.

1. 모 음   16개는 다시 구강모음(12)과 비강모음(4)으로 나누어진다. 전자는 발음시에 입김이 구강(口腔)을 통해서만 나가는데 반하여, 후자에 있어서는 입김이 비강(鼻腔)과 구강을 동시에 통과하는 것이 그 특징이다.

a) 구강 모음(voyelles orales)   4개의 전모음(voyelles antérieures)[i][e][ɛ][a]와 4개의 후모음(voy. postérieures)[u][o][ɔ][ɑ]와 4개의 복합모음(voy. composées)[y][ɸ][ə][œ], 도합 12개가 있다. 전모음이란 조음(articulation)시에 혀의 앞부분이 경구개(硬口蓋)를 향해 올라가는 것을 말하고, 후모음이란 조음시에 혀의 뒷부분이 연구개(軟口蓋)를 향해 올라가는 것을 말한다. 따라서 전자를 경구개모음(voy. palatales), 후자를 연구개모음(voy. vélaires)이라고 부르기도 한다. 또한 후모음은 조음시에 입술이 둥글게 되는 특징이 있어 이것을 원구모음(圓口母音, voy. arrondies)이라고 부르는데 반하여, 전모음은 조음시의 입술 모양이 원형이 아니므로 이를 비원구모음(voy. non-arrondies)이라고 부르고 있다. 원구모음은 입술을 둥그렇게 하는 동작과 동시에 반드시 양순(兩脣)을 돌출케 하는 동작이 수반되는 것이 또한 특색이다. 복합모음이란 전모음과 후모음의 특징을 겸비한 데서 온 명칭으로, 후자의 특징인 조음시에 입술을 둥글게 함(arrondissement)과 동시에 그것을 앞으로 내미는 동작(projection)을 수반하면서도 조음점(point d'articulation)으로 보아 여전히 전모음인 것을 두고 이르는 말이다.

이상 성질이 서로 다른 3계열의 모음, 즉 비원구전모음, 원구후모음, 원구전모음에는 각기 4개씩의 모음이 포함되는데, 같은 계열에 속하는 이들 4가지 모음 상호간의 음가(音價)상의 차이는 조음시의 입술의 개폐도에 단계적 차이가 있는 데서 오는 차이이다. (도표 참조)

b) 비강 모음(voyelles nasales)   [ɛ̃][œ̃][ɔ̃][ɑ̃]의 4가지가 있다. 해당 구강모음 [ɛ][œ][ɔ][ɑ]를 발음할 때와 같은 혀모양과 같은 입술 모양으로 각기 음을 발음하되, 입김만은 코로 해서 내보내도록 하면 얻어지는 음이다. 그러나 실지의 조음점과 입술의 개폐도는 약간씩 달라지며, 입을 벌리고 있으므로 입김도 전혀 코로만 통하는 것은 아니다. (도표 참조)

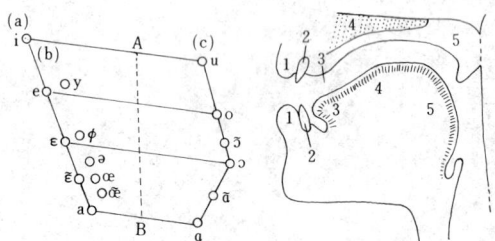

위턱:
1. 윗입술   2. 윗니   3. 잇몸
4. 경구개   5. 연구개

아래턱:
1. 아랫입술   2. 아랫니   3. 혀끝
4. 혓등(舌背)   5. 혀뿌리(舌根)

【도표 설명】   좌도(左圖)의 중선 AB에서 왼쪽으로 올수록 조음점이 우도(右圖)의 1쪽으로 옮아감을 말하며, 중선의 오른쪽으로 갈수록 그것이 우도의 5쪽으로 옮아감. 또 좌도의 위에서 아래로 내려오면서 입술이 더 크게 벌어짐. (a)는 비원구, (b)(c)는 원구모음임.

2. 반모음(semi-voyelles)   구강모음 [i][y][u]가 짧게 발음되어 앞 또는 뒤에 오는 강모음(voyelles fermes; 중성모음 [ə] 이외의 모든 모음)에 의지하여 한 음절을 형성하는 경우로서, 이 경우 상기 세 모음은 음절 형성 능력이 없어지므로 마찰자음(fricatives)화했다고 볼 수 있다. [j][ɥ][w]로써 표시된다. 반모음(semi-consonnes)이라고 부르기도 한다.

3. 자음(consonnes)   17개가 있는데, 크게 2가지로 나누어, 입김이 구강을 통하는 구강자음(consonnes orales)과, 입김이 코로 통하는 비강자음(consonnes nasales)이 있다.

   a) 구강 자음   14개가 있는데 이것을 다시 폐쇄음(cons. occlusives)과 협착음(狹窄音, cons. constrictives)으로 나눈다.

   (1) 폐쇄음   입김의 통로를 일시적으로 막았다가 갑작스레 열어줄 때 나오는 파열음으로, explosives 라고 불리기도 한다. 불어에는 [h]음이 없으므로 파열시에 영어나 독일어의 파열음에서와 같은 기식음(氣息音, aspiration)이 동반하지 않는 것이 불어 파열음의 특징이다. 순간음(momentanées)으로서 조음 방법과 조음시에 성대(cordes vocales)가 진동하느냐(유성) 않느냐(무성)에 따라서 다음과 같이 분류되는데, 6개가 있다.

[p]	무	성	양순음(兩脣音)bilabiales	양 입술로 폐쇄함
[b]	유	성		
[t]	무	성	설단치음(舌端齒音)apico-dentales	혀끝을 윗니 안쪽에 대어서 폐쇄함
[d]	유	성		
[k]	무	성	후설후부구개음(後舌後部口蓋音) postdorso-postpalato-vélaires	혀의 뒷부분을 구개에 붙여 폐쇄함. 뒤에 오는 모음의 조음점에 따라 [k,g]의 그것도 약간씩 이동함
[g]	유	성		

(2) 협착음   구강내의 어느 부분을 협착하여 입김을 마찰시켜 내보내는 마찰음(fricatives, spirantes)과, 협착한 부분의 양쪽 빈 틈으로 입김을 내보내는 측면음(latérale)의 2가지로 나눈다. 이들은 모두 계속음(continues)인데, 8개가 있다.

마	[f]	무	성	순치음(脣齒音)labio-dentales	앞윗니 끝을 아랫입술 위에 겹쳐 협착
	[v]	유	성		
	[s]	무	성	전설치음(前舌齒音) prédorso-dentales	혀 앞부분과 아래위의 앞니로 협착
찰	[z]	유	성		
	[ʃ]	무	성	전설전부경구개음(前舌前部硬口蓋音)prédorso-prépalatales	혀 앞부분과 경구개가 협착을 조성, 입술을 앞으로 내밈
음	[ʒ]	유	성		
	[r]	유	성	후설후부구개음(後舌後部口蓋音) postdorso-postpalato-vélaire	혀의 안쪽 부분을 올려 연구개와 협착을 조성
측 면 음 [l]		유	성	설단치음(舌端齒音)apico-dentale	혀끝을 윗니 안쪽에 붙여 혀의 양 가로 공기를 내보냄

[주] [r]외에 [rr] (r géminé)와 [r] (r allongé)가 있다. 전자는 두 개의 [r]를 연이어 발음하는 것이며, 후자는 [r]보다 약간 긴 [r]이다. 전자는 la mer Rouge [lame·rruː3]의 경우에 생기는 음이며, 후자는 groupe phonétique의 첫자음인 [r]의 경우와, 철자가 -rr-이되 groupe phonétique의 끝자음이 아닌 [r]가 해당한다. 본 사전에서는 [r]의 기호로 통일하여 표기하였다.

b) 비강 자음   3개 있다.

[m]	유	성	양순음(兩脣音)bilabiale	양입술로 입김을 폐쇄함 조음점은 [b]와 같음
[n]	유	성	설단치음(舌端齒音)apico-dentale	혀끝을 윗니 뒤쪽에 붙임 조음점은 [d]와 같음
[ɲ]	유	성	중설중부경구개음(中舌中部硬口蓋音) médiodorso-médiopalatale	혀의 중앙부를 중앙경구개에 붙임

Ⅱ. Prononciation 에 대하여

본 사전에 기재된 발음기호는 원칙상 한 단어 또는 표현을 독립적으로 분리하여 발음할 때의 표준적인 발음을 나타낸다. 그러나 구, 절 또는 문장이 연쇄적으로 발음되는 한 덩어리, 즉, 하나의 groupe phonétique 를 이룰 때 그 groupe 내의 각 단어는 발음상의 독립성을 상실한다. 이렇게 독립성을 상실한 각 단어는 이미 독립된 단어로서의 발음법칙을 따르지 않고 groupe phonétique 로서의 발음법칙을 따르게 된다. 따라서 앞에서 설명한 phonèmes 에 대한 지식 이외에도 다음에 약술하는 불어발음 전반에 걸친 몇 가지 기본적인 법칙을 유의할 필요가 있다.

1. 강세 악센트(accent d'intensité)   a) 불어의 "강세 악센트"는 고립된 단어에 있어서는 끝음절에, groupe phonétique 에 있어서는 마지막 단어의 끝음절에, 각기 고정적으로 놓인다. 따라서 accent de mot 는 accent de groupe 에 자리를 양보하여 한 groupe 내의 끝단어 이외의 모든 단어는 악센트를 잃어버린다(la mer [lamé:r] → la mer Rouge [lamé·rrú:ʒ]). 이 사전에서는 accent d'intensité 는 항상 고정적이므로 표시하지 않았다.

b) 관사, 소유형용사, 지시형용사, 부정형용사, 관계대명사, 인칭대명사(pron. conjoints) 등 소수의 단어들은 언제나 악센트가 없는 mots atones 이다.

2. 모음의 길이   불어의 모음은 악센트가 있을 때에 한해서 길어질 수가 있다(un vase [œvá:z]). 본래 길던 모음이 groupe phonétique 에 편입됨으로써 악센트가 없어지면 반만 길어진다(un vase à fleurs [œvɑ·zaflœ:r]). 반장음은 본 사전에서는 표시하지 않았다.

3. 중성 모음 [ə]   a) 중성모음 [ə]는 다른 voyelles fermes 와 마찬가지로 음절을 형성할 수는 있으나 언제나 악센트를 받지 못하는 특징을 갖고 있다. 단 예외적으로 악센트를 받게 되면 [ø]로 발음이 바뀐다(le [lə] → Prends-le [prɑ̃lø]).

b) [ə] 는 또한 탈락(脫落)하기 쉬운 성질을 갖고 있다. 대체로 한 단어 또는 한 groupe phonétique 의 첫 음절에서는 탈락하지 않으며 (간혹 떨어질 때도 있음), 둘째 및 그 후의 음절에서는, 앞 음절이 개음절(開音節)일 경우에, 즉 앞 음절이 모음으로 끝날 경우에 항상 탈락한다(un petit chien [œpti∫jɛ̃], C'est le premier. [sɛlprəmje]). 단, [ə]를 포함하는 음절의 앞 이상이면 떨어지지 못한다(le sifflement [ləsifləmɑ̃]).

c) 한 groupe phonétique 안에서 연이어 오는 두 단어 중의 첫 단어가 철자상 e muet final 로 끝나되 발음상으로 2자음으로 끝나고 다음 단어가 역시 2자음으로 시작되면 앞 단어의 e muet final 은 [ə]로 발음된다(Il tarde trop. [iltardətro]). 앞 단어가 자음+유음(r,l)+e muet 이고 뒷 단어가 한 개의 자음으로 시작될 때는 e muet 가 [ə]로 발음되거나 아니면 유음이 무성화하거나(자음동화 항목 참조) 한다(maître d'école [mɛtrədekɔl] 또는 [mɛtr̥dekɔl]).

4. 모음 조화(harmonisation vocalique)   악센트가 들어가는 음절의 모음이 [e]나 [y]나 [i]일 때 그 바로 앞의 개음절의 모음 [ɛ] 는 [e]로 발음된다. 이것을 모음조화라고 한다(aimer [ɛme] → [eme], Où est-il? [uetil] → [uetil]). 단 의식적으로 본래의 발음을 고집할 경우, 모음조화는 일어나지 않을 수도 있다.

5. 자음 동화(assimilation consonnantique)   파열음 [p] [t] [k]와 마찰음 [f] [s] [∫]는 무성음인 동시에 경음(硬音)이다. 이에 반해서 파열음 [b] [d] [g]와 마찰음 [v] [z] [ʒ]는 유성음인 동시에 연음(軟音)이다. 한 groupe phonétique 안의 두 단어간이나 한 단어 내부에서 첫째 계열의 6자음 중의 어느 하나와 둘째 계열의 6자음 중의 어느 하나가 연이어서 발음될 때, 이 연이어 오는 2자음 중의 앞 자음이 뒷 자음의 영향으로 인하여 동화작용을 일으킨다. 이 동화작용은 앞 자음이 갖고 있는 경음성(硬音性)이나 연음성에는 하등의 영향을 미치지 못한 채, 다만 그 유성인 성질을 무성으로, 무성인 성질을 유성으로 바꿀 뿐이다. 즉 무성경음이 유성화할 때는 그 아래 [̬]표를 붙이고, 유성연음이 무성화할 때는 그 아래 [̥]표를 붙인다(une patte d'oie [ynpaṭdwa], une base solide [ynbɑ·z̥sɔlid], médecin [medsɛ̃], un cheval [œ∫val]). 본 사전에서는 이것을 일일이 표시하지 않았다.

[주] 유음 [r,l]도, 동화작용에 의해서는 아니지만, 한 groupe phonétique 의 끝에서와 상기 3의 c)의 경우에 어미 발음이 자음+유음일 때 무성화하지만 이 사전에서는 표시하지 않았다.

발 음 기 호 표

I. 모 음

	비 원 구 전 모 음		원 구 전 모 음		원 구 후 모 음	
구	[i]	il	[y]	future	[u]	mouton
강	[e]	bébé	[ø]	peu	[o]	mot
모	[ɛ]	mais	[ə]	le	[ɔ]	notre
음	[a]	papa	[œ]	heure	[ɑ]	bas
비강	[ɛ̃]	matin	[œ̃]	lundi	[ɔ̃]	bon
모음					[ɑ̃]	France

II. 반모음(반자음)

| [j] | yeux, œil | [ɥ] | huit | [w] | oui |

III. 자 음

		폐 쇄 음		협 착 음		파 찰 음	
구강자음	무성	[p]	père	[f]	frère		
		[t]	tante	[θ]*	zambo	[ts]*	tsar
				[s]	sœur	[tʃ]*	tchèque
				[ʃ]	chou		
		[k]	cou	[x]*	jota		
				[h]*	halo		
	유성	[b]	beau	[v]	vin		
		[d]	deux	[z]	zone	[dz]*	scherzo
		[g]	gaz	[ʒ]	je	[dʒ]*	jazz
				[l]	lit		
				[λ]*	llano		
				[r]	mari		
비강자음	성	[m]	maman				
		[n]	nez				
		[ɲ]	montagne				
		[ŋ]*	camping				

*표가 있는 발음은 [θ] [ts] [tʃ] [dz] [dʒ] [ŋ]는 영어의, [x]는 에스파냐어・독일어의, [λ]는 이탈리아어・에스파냐어의 해당발음과 각각 같음. [h]는 "하"의 초발성과 같으나 감탄사에만 나타남.

약 어 표

a.	adjectif 형용사
a. dém.	adjectif démonstratif 지시형용사
a. exclam.	adjectif exclamatif 감탄형용사
a.f.	adjectif féminin 여성에만 쓰는 형용사
a. ind.	adjectif indéfini 부정형용사
a.m.	adjectif masculin 남성에만 쓰는 형용사
a. num.	adjectif numéral 수형용사
a.p.	adjectif participial 과거분사에서 온 형용사
a. poss.	adjectif possessif 소유형용사
a. rel.	adjectif relatif 관계형용사
ad.	adverbe 부사
ad. interr.	adverbe interrogatif 의문부사
ad. rel.	adverbe relatif 관계부사
art. déf.	article défini 정관사
art. ind.	article indéfini 부정관사
art. part.	article partitif 부분관사
cond.	conditionnel 조건법
conj.	conjonction 접속사
f.	féminin 여성
imp.	impératif 명령법
ind.	indicatif 직설법
inf.	infinitif 부정법
int.	interjection 간투사, 감탄사
loc. a.	locution adjective 형용사구
loc. ad.	locution adverbiale 부사구
loc. conj.	locution conjonctive 접속사구
loc. prép.	locution prépositive 전치사구
loc. v.	locution verbale 동사구
m.	masculin 남성
n.	nom 명사
neut.	neutre 중성
n.f.	nom féminin 여성명사
n.m.	nom masculin 남성명사
n.pr.	nom propre 고유명사
pl.	pluriel 복수
p.p.	participe passé 과거분사
p.pr.	participe présent 현재분사
préf.	préfixe 접두사
prép.	préposition 전치사
pron.	pronom 대명사
pron. dém	pronom démonstratif 지시대명사
pron. ind.	pronom indéfini 부정대명사
pron. interr.	pronom interrogatif 의문대명사
pron. pers.	pronom personnel 인칭대명사
pron. poss.	pronom possessif 소유대명사
pron. rel.	pronom relatif 관계대명사
qc	quelque chose 무엇
qn	quelqu'un 누구
sing.	singulier 단수
sub.	subjonctif 접속법
suff.	suffixe 접미사
v.i.	verbe intransitif 자동사
v. imp.	verbe impersonnel 비인칭동사
v.pr.	verbe pronominal 대명동사
v.t.	verbe transitif 타동사
v.t. ind.	verbe transitif indirect 간접타동사

A

A¹, a¹ [a] *n.m.* ① 프랑스 자모의 제 1 자. *A* majuscule; grand *A* 대문자 A. *a* minuscule; petit *a* 소문자 a. ② 〖논리〗 전칭긍정명제(全稱肯定命題)《기호》; 〖음악〗 가음(音), 가조(調). ③ 파리 조례소.
de A à Z; *depuis A jusqu'à Z* 처음부터 끝까지, 철두철미.
marqué à l'[*d'*] *A* 《옛》일류의, 최고의《옛날 파리에서 주조되었음을 표시하기 위해 화폐에 A 자가 새겨진 데서 연유》.
ne savoir ni A ni B 《구어》낫 놓고 ㄱ자도 모르다.
prouver par A + B [paraplysbe] 《구어》수학적으로 정확히 증명하다.
Qui a dit A doit dire B. 《속담》시작이 틀리면 끝도 틀린다; 시작한 것은 끝을 맺어야 한다.

A² 《약자》① argon 〖화학〗아르곤. ② ampère 〖전기〗암페어. ③ Autriche 오스트리아《외국 자동차의 표지》.

a² [a] avoir 의 직설·현재 3·단수.

A. 《약자》① Altesse 전하. ② austral 남쪽의. ③ avancer 〖시계〗(늦은 시계를) 앞당기다, 앞당기는 방향(《영》F). ④ association 회, 협회.

a. 《약자》① assuré 보험에 든. ② argent 〖상업〗현금; achetez 〖상업〗사시오; action 〖주식〗주(株); accepté 〖상업〗(어음에 써서) 인수필. ③ accélération 〖기계〗가속도. ④ are 아르《면적》.

a-¹ *préf.* 「방향, 어떤 상태로의 이동·변화」의 뜻 《변형: *ac-, ad-, af-, al-, an-, ar-, as-, at-*》《예: *abaisser, attendri*》

a-² *préf.* 「결여·부정」의 뜻《모음·무성 h 앞에서는 *an-*》《예: *amoral, amalgésie* 동각결여》.

:à [a] *prép.* (*au* < à + le; *aux* < à + les) I. 《뚜렷한 뜻 없이》① 《동사의 간접목적보어 또는 동사성 명사의 보어 앞에》parler à qn···에게 말을하다. penser à qc ···을 생각하다. nuire à sa santé 건강을 해치다. obéissance *aux* parents 부모에 대한 순종.
② 《동사의 보어 앞에》 ⓐ fidèle à sa parole 약속에 충실한. utile à tous 만인에 유익한. nuisible à la santé 건강에 해로운.
③ 《동사의 목적보어인 부정법 앞에》J'aime à lire. 나는 독서를 좋아한다. Il apprend à écrire. 그는 글쓰기를 배운다.
④ [à ce que + *sub.*] Je consens à ce que vous partiez. 나는 당신이 떠나는 데 동의한다.

II. 《방향》① 《목적지·방향》···에, ···으로; ···쪽으로(vers). aller à Paris 파리에 가다. tourner à gauche 왼쪽으로 돌다. À la porte! 나가! venir à (auprès d') elle 그 여자 곁에 오다. aller *au* Japon 일본에 가다《여성 국명 앞에서는 à 대신 en 이 쓰임》: aller *en* France 프랑스에 가다.
② 《시간》···까지. du matin *au* soir 아침부터 저녁까지, 하루종일. recevoir de 4 à 6 heures 4 시부터 6 시까지 면회에 응하다.
③ 《정도·결과》 ⓐ 《정도》···만큼, ···도록(jusqu'à). aimer à la folie 미치도록 사랑하다. J'en arrive (viens) à penser qu'il a raison. 나는 그가 옳다고 생각하게끔 되었다. C'est à n'y pas croire. 도저히 믿어지지 않는다(않을 정도이다). ⓑ 《결과》···도록(au point de). courir à perdre haleine 숨이 끊어지도록 달리다. à ma surprise 놀랍게도. blesser à mort 치명상을 입히다. ⓒ 《어림수》···내지 (environ, ou). de quatre à six hommes 4 명 내지 6 명. cinq à [ou] six heures 5 시 또는 6 시. ⓓ 《형용사의 보어 앞에》···도록, ···듯이. chaud à étouffer 숨막힐 듯이 더운. fou à lier 미처도 단단히 미친. être malade à garder le lit 자리에 누울 만큼 몸이 아프다.
④ 《용도·목적》 ⓐ ···하기 위한(pour). tasse à thé 찻잔. machine à écrire 타자기. salle à manger 식당. chambre à coucher 침실. ⓑ 《의무》C'est à voir. 두고 보아야 할 일이다. ⓒ 《부정법과 함께 명사적으로》donner à (de quoi) boire 마실 것을 주다. Il y a à boire et à manger là-dedans. 그 안에는 마실 것과 먹을 것이 있다. ⓓ 《명사 + à + *inf.*》《이 경우 *inf.* 는 수동적 의미》maison à louer 셋집. règle à observer 지켜야 할 규칙. conseil à suivre 따라야 할 충고. fille à marier 혼기의 딸. ⓔ 《형용사의 보어 앞에》n'être bon à rien 아무짝에도 쓸데없다. C'est plus difficile à faire qu'à dire. 그것은 말하기보다 실행하기가 더 어렵다.
⑤ 《부여·탈취》 ⓐ 《부여》···에게. donner de l'argent *aux* pauvres 가난한 사람에게 돈을 주다. salut à tous! 여러분 안녕! 《명사의 보어 앞에》hymne *au* soleil 태양 찬가. ⓑ 《탈취》···에게서. ravir la liberté à qn ···의 자유를 빼앗다. emprunter de l'argent à qn ···에게서 돈을 빌리다. arracher qn *aux* flammes ···을 불길에서 구해내다. 《명사의 보어 앞에》achat *au* marchand 상인으로부터의 구매.
⑥ 《비교; 형용사·부사의 보어 앞에》semblable [pareil] à ···와 비슷한. supérieur (inférieur) à ···보다 우월한(열등한). conformément à ···에 따라서(비추어).

III. 《위치》① 《지점》···에, ···에서(dans, en). Il vit à Séoul. 그는 서울에 산다. en France comme à l'étranger 프랑스에서나 외국에서나. s'installer *aux* Indes 인도에 자리잡다. 《명사의 보어 앞에》sa naissance à Londres 런던에서의 그의 출생. vie *aux* champs 전원 생활.
② 《상황 속에서의 위치》se mettre *au* travail 일에 착수하다. être à [en train de] travailler 일하는 중이다. 《서수·부정 형용사 + à + *inf.*》le premier à + *inf.* ···을 하는 첫 사람이다. Elle fut la troisième à entrer. 그 여자는 세 번째로 들어왔다. ⓒ 《가정·원인》《à + *inf.*》À vivre ainsi vous tomberez malade. 그렇게 살면 당신은 병에 걸릴 것이다. à dire vrai 사실대로 말하자면. à les entendre 그들의 말을 들어보면.
③ 《시간상의 위치》 ⓐ ···에. partir à cinq heures 5 시에 떠나다. à l'âge de dix ans 10 세 때. à sa mort 그가 죽었을 때; 그가 죽으면. notre vie à l'avenir 앞날의 우리 생활. ⓑ 《동시성·원인》···했을 때에, ···하자. À ces mots, il se fâcha. 그 말을 듣자 그는 화를 냈다. ⓒ 《명사의 기간을 나타내는 보어 앞에》

···동안의. juge à vie 종신 판사. emprisonnement à perpétuité 무기징역. bons à cinq ans 5년 기간의 채권. ④ (소속) ⓐ ···의, ···에 딸린. Ceci est à moi. 이것은 내 것이요. À qui sont ces gants? 이 장갑은 누구 것이요? (생략문에서) À nous la liberté! 우리에게 자유를! Bien à vous. 근백(謹白). ⓑ [C'est à…de+inf.] ···하는 것은 ···에 딸린 일이다 […의 차례이다]. C'est à moi de l'aider. 그를 돕는 것은 내 의무이다; 내가 그를 도울 차례이다. (생략문에서) À vous de jouer! 당신 차례요! (형용사의 보어 앞에) C'est gentil à vous d'accepter. 수락해 주셔서 감사합니다. ⓒ (명사의 보어 앞에) fille à [de] ma tante (엣·속어) 우리 숙모 딸. ⓓ (소유를 강조하여, 인칭대명사 앞에) cousin à moi 내 사촌. son style à lui 그의 독특한 문체.
Ⅳ. (방법·수단) ① (수단) ···으로, ···에 의한 (avec, par). aller à pied 걸어서 가다. se chauffer au mazout 중유로 난방하다. pêcher à la ligne 낚싯대로 고기를 잡다. s'éclairer à l'électricité 전기로 조명하다. (명사의 보어 앞에) bateau à vapeur 증기선. moulin à vent 풍차. avion à réaction 제트비행기. sac à main 핸드백.
② (방법·양태) ···으로, 에. aller à l'aveuglette 손으로 더듬어 가다. acheter à crédit 외상으로 사다. Il vit à l'aise. 그는 풍족하게 산다. dormir à poings fermés 깊은 잠을 자다. à bride abattue 전속력으로. à toute force 온 힘을 다하여. à voix basse 낮은 목소리로. (명사의 보어 앞에) tissu à rayures 줄무늬 피륙.
③ [à la+형용사·명사] parler à la légère 경솔하게 말하다 (parler légèrement). vendre à la sauvette 몰래 (쓱싹) 팔다. nager à la chien 개헤엄치다 (à la manière du chien).
④ (값) draps à 50 francs le mètre 1미터당 50프랑의 나사. Je vous le fais à dix francs. 그걸 당신에게 10프랑에 팔겠다. (명사의 보어 앞에) cigare à deux francs 2프랑 짜리 여송연.
⑤ ···을 가진, ···이 있는(avec). (명사의 보어 앞에) pain aux raisins 포도가 든 빵. homme au chapeau rond 둥근 모자를 쓴 남자. bête à quatre pattes 네발짐승. instrument à cordes 현악기.
⑥ (수의 결합) Ils sont venus à dix (à plusieurs). 10사람이 [몇 사람이 같이] 왔다. deux à (par) deux 둘씩 둘씩.
aa 《약자》ana 《약》각각 (같은 양).
ab. 《약자》abandonné 《주식》 포기된, 버려진.
ababouiné(e) [ababwine] a. 《해양》 (돛단배가) 갑자기 바람이 자서 멎은.
ab absurdo [ababsurdo] 《라틴》 loc. ad. 귀류법(歸謬法)으로.
abaca [abaka] n.m. 《식물》 아바카, 마닐라 삼.
abaissable [abɛsabl] a. abaisser 할 수 있는.
abaissant(e) [abɛsɑ̃, -ãːt] a. 끌어내리는; 품위를 떨어뜨리는 (dégradant, humiliant). langage ~ (말하는 사람의 품위를 떨어뜨리는) 천한 말투.
abaisse [abɛs] n.f. 《요리》 (파이·비스킷을 만들기 위해 방망이로 민) 밀가루반죽.
abaisse-langue [abɛslɑ̃ːg] n.m. (복수불변) 《의학》 혀 누르개.
abaissement [abɛsmɑ̃] n.m. ① 낮추기, 감하기; 낮아짐, 저하, (땅의)침하; (자궁의)탈수(脫垂) ~ d'un mur 담을 낮추기. ~ du pouvoir d'achat 구매력의 저하. ② 쇠퇴; 타락; 당욕. vivre dans l'~ 굴욕 속에 살다. ③ ~ de l'horizon 《천문》 수평부각(俯角); ~ d'axe(de charnière) 《지질》 향사축(向斜軸). ④ 《물리》 (압력·융점 따위의)강

하; 《의학》 (백내장의)압하법(壓下法).
*__abaisser__ [abe(e)se] v.t. ① 내리다, 낮추다(↔ lever, relever). ~ un mur 담을 낮추다. ~ les regards (les yeux) sur la foule 군중을 내려다보다. ② 줄이다, 인하 (경감)하다 (alléger, diminuer, ↔ accroître). ~ une taxe 요금(세금)을 인하하다. ~ la voix 목소리를 낮추다. ③ [~ qn/qc] 깎아내리다; (힘·품위 따위를)떨어뜨리다(dégrader). Il cherche à ~ ses adversaires. 그는 적수들을 내리깎으려고 애쓴다. ~ la dignité de qn ···의 위신을 떨어뜨리다.
—**s'**~ v.pr. ① 내리다; 낮아지다. Le rideau s'abaisse. 막이 내린다. ② 자신을 낮추다, 겸손해지다 (s'humilier). s'~ devant Dieu 하느님 앞에 스스로를 낮추다. Quiconque s'abaissera sera élevé. 자기를 낮추는 자는 높아지리라. ③ 비굴해지다(s'avilir). [s'~ à qc] Il ne faut pas s'~ à des mensonges. 거짓말하는 따위의 비굴한 짓을 해서는 안된다. [s'~ à/jusqu'à+inf.] Il s'abaisse à (jusqu'à) lui adresser la parole. 그는 비굴하게도 그에게 말을 건넨다.
abaisseur [abɛsœːr] a.m. 낮추는. —n.m. 《해부》 하제근(下制筋)(muscle ~).
abajoue [abaʒu] (la bajoue et l'abajoue로 잘못된 것) n.f. 《동물》(원숭이 따위의)볼주머니; 《구어》(비유적) (사람의) 처진 볼.
abalourdir [abalurdiːr] v.t. 미련(우둔)하게 만들다.
—**s'**~ v.pr. 미련(우둔)해지다.
abandon [abɑ̃dɔ̃] n.m. ① ⓐ 버림받음; 유기, 포기, 단념 (renonciation); 《스포츠》기권. mourir dans l'~ 세상으로부터 버림받은 채 죽다. ~ de famille (d'enfant) 《법》가족(자녀) 유기. ~ de poste 직무 유기. ~ des projets 계획의 포기. ~ d'un droit 권리의 포기. faire ~ de sa vie 목숨을 내던지다. ⓑ 맡김; 《법》위부(委付). ~ d'un enfant entre les mains de l'Assistance publique 아이를 빈민 원호에 맡김. ~ à la Providence 신의 섭리에 내맡김. ⓒ 《재산·권리를》물려줌, 양도 (cession). faire ~ de qc à qn ···에게 양도하다. ② 자연스러움, 꾸밈없음; 마음 놓음, 신뢰 (confiance). attitude pleine d'~ 자연스러운[초연한] 태도. Il a d l'~ dans ses manières. 그는 태도가 자연스럽다.
à l'~ 되는대로, 마구. *parler avec*~ 꾸밈없이 [허심탄회하게] 말하다.
abandonnataire [abɑ̃dɔnatɛːr] n. 《법》양수인 (讓受人); 위부받는 사람.
abandonna*teur***(***trice***)** [abɑ̃dɔnatœːr, -tris] n. 《법》양도인.
abandonné(e) [abɑ̃dɔne] a.p. ① 버려진, 버림받은 (délaissé); 빈(inhabité). femme ~e 버림받은 여자. maison ~e 빈 집. ② 쓰이지 않는. ancien modèle ~ (상품 따위의)구형, 구 모델. ③ (옷차림·태도 따위가)단정치 못한; 편안한; 방종(放蕩)한. position ~e (주위의 눈을 개의치 않는) 편안한(단정치 못한) 자세.
—n. 버림받은 사람; 방종(방탕)한 사람.
abandonnement [abɑ̃dɔnmɑ̃] n.m. ①=abandon. ② 뻔뻔스러움, 방종.
abandonnément [abɑ̃dɔnemɑ̃] ad. 조심성 없이; 뻔뻔스럽게.
*__abandonner__ [abɑ̃dɔne] v.t. ① (장소를)아주 떠나다 (quitter, s'en aller de). Il abandonne Paris pour se fixer en province. 그는 시골에 정주하려고 파리를 떠난다. ② 버리다, 내놓다, 넘겨주다(↔ reprendre). ~ ses enfants 아이들을 유기하다. ~ une situation sociale 사회적 지위를 버리다. (주어

abattre

는 사물) Ses forces l'*abandonnent*. 그는 힘이 다 빠진다. ③ 손떼다, 그만두다(renoncer à); (목적 보어 없이)《스포츠》기권하다. ~ ses projets 계획에서 손떼다. ~ la lutte[la partie] 싸움을 단념하다, 손들다. ④ [~ qc à qn/qc] 물려주다, 넘겨주다; 내맡기다(livrer, céder, laisser). ~ sa fortune à qn …에게 자기 재산을 물려주다. ~ une barque au courant 배를 물결 흐르는 대로 내맡기다. ⑤ [~ qn] 돌보지 않다, 저버리다(rompre avec). ~ une maîtresse 애인을 버리다.
—s'~ v.pr. ① 자제하지 못하다. malade qui s'*abandonne* (고통을 이기지 못해)몸부림치는 환자. ② 편하게 [자연스럽게] 하다. Cet acteur ne s'*abandonne* pas assez. 이 배우는 연기가 자연스럽지 않다(딱딱하다). ③ 전의를 잃다, 의기소침하다. équipe qui s'*abandonne* 전의를 잃은 팀. ④ (감정·결점 따위에)빠져들다(succomber, se livrer); s'~ à la paresse 나태에 빠지다. s'~ au désespoir 절망에 빠지다.

abandonnique [abɑ̃dɔnik] a. 《심리》유기공포증(아이가 부모로부터 버림받지 못해[몸부림 칠까 두려워하는 상태])의. —n. 유기공포증에 걸린[부모의 사랑에 굶주린] 아이.

abandonnisme [abɑ̃dɔnism] n.m. 유기(遺棄).
~ bourgeois (부유층이 휴가중에)아이들을 집 안에 버려두기.

abaque [abak] n.m. ① (옛날의)주판식 계산기구; (지금의)계산 도표. ~ de Pythagore 구구표. ②《건축》(원기둥의)머리 포. ③《로마·고고학》식기(食器) 선반.

abaque ②

abasie [abazi] n.f. 《의학》보행(步行) 불능증.

abasourdi(e) [abazurdi] a. ① 귀가 멍멍해진. ② 대경실색한, 멍한, 질겁한(hébété). d'un air ~ 얼빠진듯이.

abasourdir [abazurdi:r] v.t. ① 귀를 멍하게 만들다(étourdir). ②《구어》대경실색하게 하다(déconcerter, stupéfier). La nouvelle de sa mort m'a *abasourdi*. 그의 부음을 듣고 나는 낯을 잃었다.

abasourdissant(e) [abazurdisɑ̃, -ɑ̃:t] a. 귀가 멍해지는; 정신이 아찔해지는. nouvelle ~e 청천벽력과도 같은 소식.

abasourdissement [abazurdismɑ̃] n.m. 아연실색함, (정신이)아찔해짐.

abat[1] [aba] n.m. ① (pl.) 허드렛고기(abattis). ~s de poulet 닭고기의 다리·목·내장(따위). ②《옛》휘몰아침. pluie d'~ 소낙비(averse). ③ 쓰러뜨림; 《옛》도살. ~ d'arbres 벌목.

abat[2] [aba] abattre 의 직설·현재·3·단수.

abatage [abata:ʒ] n.m. =**abattage**.

abatant [abatɑ̃] n.m. =**abattant**.

abâtardir [abɑtardi:r] v.t. 퇴화시키다; 타락시키다(avilir, dégrader) ↔ améliorer; 품종을 저하시키다.
—s'~ v.pr. 퇴화하다(dégénérer); 타락하다. race qui s'est *abâtardie* 퇴화한 종족.

abâtardissement [abɑtardismɑ̃] n.m. 퇴화; 타락.

abatée [abate] n.f. =**abattée**.

abat-faim [abafɛ̃] n.m. (복수불변)《구어》(식사 처음에 나오는)시장기 더는 음식.

abat-foin [abafwɛ̃] n.m. (복수불변) 마구간 천장의 꼴 넣는 뚜껑문.

abatis [abati] n.m. =**abattis**.

abat-jour [abaʒu:r] n.m. (복수불변) ① 전등갓; 차양. ② 천창(天窓). *mettre la main en* ~ 손으로 챙처럼 가리다.

abat-son(s) [abasɔ̃] n.m. (복수불변)① (종탑의)반

향판(反響板). ② 영화 촬영소의 방음판.

abattable [abatabl] a. abattre 할 수 있는.

abattage [abata:ʒ] n.m. ① 베어 넘기기, 넘어뜨리기, 벌채; 《광산》채굴. ~ des arbres 벌목. ~ à ciel ouvert 노천 채굴. ② 도살. ③《구어》심한 꾸지람, 야단(réprimande); 혹평. recevoir un ~ 심하게 꾸지람 듣다. ~ d'un nouveau film 새 영화에 대한 혹평. ④ (손질하려고 배·말 따위를)눕히기. ~ en carène (수리를 위해)선체를 옆으로 눕히기. ⑤ 지렛대로 올림; 지렛대의 힘. ⑥ (카드놀이에서)가진 패를 내 보임. ⑦ vente à l'~ 《상업》덤핑.

avoir de l'~ 《구어》(배우가)열연하다;《예》힘이 넘치다.

abattant(e) [abatɑ̃, -ɑ̃:t] a. 맥빠지게 하는. chaleur ~e 나른해지는 더위. —n.m. ①《책상·카운터》나뭇가지 따위)에 여닫게 된 널빤지[뚜껑]. ② 회전식 천창(天窓).

abattée [abate] n.f. ①《해양》바람의 방향에서 벗어남; 침로(針路)변경; 배가 앞뒤로 흔들림. ②《항공》비행기의 급강하.

abattement [abatmɑ̃] n.m. ① 쇠약; 기가 죽음, 낙담(dépression). ② (세금 따위의)공제(déduction). ~ de base 기초 공제. ~ de zone 지역등차(지역에 따른 세감액).

abatteur [abatœ:r] n.m. 쓰러뜨리는 사람; 채굴광부, 채석인부; 도살자. ~ d'arbres 벌목꾼.
grand ~ de quilles(de bois)《구어》허풍선이.
grand ~ de besogne(de travail) 부지런한 일꾼.

abattis [abati] n.m. ① 가슴의 허드렛고기(머리·다리·내장 따위). ②《속어》팔다리. Il a de drôles d'~. 그는 팔다리가 유난히 길다. ② (나무·집·돌따위의) 쓰러진[무너진] 더미; 《군사》나무 등으로 만든 방어물. [un ~ de] un ~ d'arbres 벌목 더미. un grand ~ de maisons 쓰러진 집더미.
Numérote(Tu peux numéroter) tes ~.《속어》팔다리가 몇 개나 되는지 살펴 놔! (성한 게 남지는 않을 테니까)(싸움에서 상대방을 위협하기 위해).

abattoir [abatwa:r] n.m. 도살장. envoyer des soldats à l'~ 병사들을 죽음판에 보내다.

***abattre** [abatr] 45 v.t. ① 쓰러[넘어]뜨리다; 헐어뜨리다(couper, démolir); 떨어뜨리다, 가라앉히다. Le mur 담을 헐다. ~ un avion 비행기를 떨어뜨리다. ~ les angles aigus d'une pierre 돌 모서리를 죽이다. La pluie *abat* la poussière. 비가 오면 먼지가 잔다. (일을)해치우다. Il *abattait* à lui seul le travail de dix journaliers. 그는 혼자서 10 사람 몫의 일을 해치웠다. ② (짐승을)잡다, 도살하다; (사람을)죽이다, 타도[거세]하다. ~ un adversaire politique 정적을 제거하다. ④ (주어는 사물) 힘을 꺾다, 쇠약케 하다(épuiser, fatiguer). Cet échec l'a *abattu*. 이 실패로 그는 기가 꺾였다. ⑤ (용기·정력·자존심을)꺾다. Ces critiques ont *abattu* cette *abattu* chez lui toute fierté. 이러한 비판은 그의 자존심을 모두 꺾어 버렸다. ⑥ 《카드놀이》 (자기 패를)보여주다; 《수의》(수술을 위해 가축을)옆으로 눕히다;《해양》(수리를 위해 선박을)옆으로 눕히다.
~ *de la besogne du travail* 일을 시원스레 해치우다. ~ *ses cartes son jeu* 자기 패를 보여주다(이겼거나 승부를 끝낼 때);《비유적》(적을 위협하기 위해)자기 수를 드러내 보이다. *Petite pluie abat grand vent.*《속담》하찮은 것이 큰 노여움을 가라앉히기도 한다.
—v.i. 《해양》표류하다; 침로를 바꾸다. ~ à la côte 뭍쪽으로 밀리다.
—s'~ v.pr. ① 쓰러지다, 무너지다(s'écrouler, tomber). L'arbre s'est *abattu*. 나무가 쓰러졌다. ②

abattu(e)

(위에서)덮쳐[달려]들다(fondre sur). [s'~ sur] L'aigle s'abattit sur sa proie. 독수리가 먹이에 달려들었다. Le malheur s'est abattu sur sa famille. 불행이 그의 일가를 덮쳤다. ③(열이)내리다; (바람이)자다. Le vent s'abat. 바람이 잔다. ④낙심하다, 낙담하다.

abattu(e) [abaty] (p.p.< abattre) a.p. ① 쓰러진, 무너진; 〖항공〗격추된. ② 기가 죽은, 낙담한(affligé, découragé). visage ~ 의기소침한 얼굴. ③ 쇠약한(faible, las). ④ à bride ~e 전속력으로.

abatture [abaty:r] n.f. ① 벌채(abattage). ② (pl.) (사슴 따위의)발자국.

abat-vent [abavɑ̃] n.m. (복수불변) 〖건축〗(처마끝의)차양; (굴뚝의)바람막이; 〖원예〗(식물의) 바람막이.

abat-voix [abavwa] n.m. (복수불변)(설교단의)반향판(反響板).

abbatial(ale, pl. aux) [abasjal, -o] a. 수도원(장)의. —n.f. 수도원 부속교회(église ~ale); 대수도원장 공관(maison ~ale).

abbatiat [abasja] n.m. 수도원장의 임기.

abbaye [abe(j)i] n.f. ① 수도원; 수도원 건물. ~ mère 본원. ~ nullius 교황직속 대수도원. ② 수도원장 성직록(聖職祿).

A~ de Monte-à-regret 〖옛〗교수대, 단두대.

***abbé** [abe] n.m. ① (교구사제의 호칭으로서) 신부, 사제(prêtre). Monsieur l'~ 신부님(curé 는 그 직책을 가리킴). ② 수도원장.

abbesse [abes] n.f. 수녀원장.

abbevillien(ne) [abviljɛ̃, -ɛn] a. 〖역사〗아브빌리앙기(期)의(구석기시대 전기에 속하는 한 시기; 프랑스의 도시 아브빌에서 이 시기의 석기가 출토된 것에서 유래). —n.m. 아브빌리앙 문화.

abbevillois(e) [abvilwa, -wa:z] a. 아브빌(사람)의. —A~, n. 아브빌 사람.

abc [abese], **abcd** [abesede] n.m. (복수불변) ① 파벳, 자모. ② (비유적) 초보, 입문, 첫걸음 (rudiments). ~ du métier 직업의 초보(기초 지식). ③ 초보책, 입문서(abécédaire).

abcédation [apsedasjɔ̃] n.f. 〖의학〗곪음, 화농; 농양(膿瘍) 형성.

abcéder [apsede] [6] v.i. 〖의학〗곪다, 화농하다; 농양이 되다. tumeur qui abcède 곪는 종기.

abcès [apsɛ] n.m. 종기, 농양. faire aboutir un ~ 종기를 곪을 대로 곪게 하다. crever(vider) l'~ (비유적) 악폐·불화의 원인을 제거하다.

abd [abd] (아라비아) 고유명사의 일부로 쓰임: A~ al-Rhaman.

Abdère [abdɛ:r] n.pr.f. 〖고패지리〗아브데라.

abdicable [abdikabl] a. 양위〔사직·기권〕할 수 있는 〔해야 할〕.

abdicataire [abdikatɛ:r] a. 양위한(왕 따위); 사임한(고관 따위). —n. 양위자, 퇴위자; 사임자.

abdication [abdikasjɔ̃] n.f. ① (왕위를)물려줌, 양위; 사직(démission). ② 기권, 포기, 단념. faire ~ de qc …을 포기하다.

abdiquant(e) [abdikɑ̃, -ɑ̃:t] a. 양위〔사직·기권〕하는. —n. 양위자〔사직·기권〕자.

abdiquer [abdike] v.t. ① (왕위를)물려주다, 양위하다; 사임하다. ~ l'Empire(la royauté) 황제자리〔왕위〕를 물려주다. ② 기권〔포기·단념〕하다 (abandonner, renoncer à, ↔ garder). ~ son autorité 자기 권위를 버리다.
—v.i. 양위하다, 사임하다; 지위〔체면〕를 버리다, 포기하다. femme qui abdique 아내로서의 자리〔의무〕를 버린 여자.

abdomen [abdɔmɛn] 〖라틴〗 n.m. ① 〖해부·동물〗 배, 복부(ventre). ② 〖구어〗 배때기.

abdominal(ale, pl. aux) [abdɔminal, -o] 〖해부·동물〗 a. 배의, 복부의. respiration ~ale 복식호흡. —n.m.pl. 배근육, 복근(muscles ~aux).

abducteur [abdyktœːr] a.m. 〖해부〗 외전(外轉)하는. tube ~ 〖화학〗 유도관. —n.m. 〖해부〗 외전근(外轉筋)(muscle ~).

abduction [abdyksjɔ̃] n.f. 〖생리〗 (엄지손가락 따위의)외전작용〔운동〕; 〖논리〗 아과고세(apagogie)(삼단논법의 일종으로, 대전제가 진(眞)이고 소전제가 개연적(probable)일 때 결론도 개연적이라는 논법).

abeausir [abozi:r] v.i., s'~ v.pr. 〖해양〗 날씨가 좋아지다.

abécédaire [abesedɛ:r] a. ABC 의; 초보의. —n.m. 입문서, 초보책; 자모 배우는 책.

abecquement [abɛkmɑ̃] n.m. 먹이를 주기.

abecquer [abe[e]ke] v.t. (새가 새끼에게)먹이를 주다; (사람에게)먹게 하다. 〔랑〕.

abée [abe] n.f. (물방아의)물대는〔빼는〕구멍〔도랑〕.

***abeille** [abɛj] n.f. 〖곤충〗 꿀벌. ~ domestique 집벌. ~ mère(reine) 여왕벌. ~ neutre(ouvrière, travailleuse) 일벌. un essaim d'~s 벌떼. les ~s de l'Hymette (제우스 신을 양육한)휴메토스(Hymettos)산(山)의 꿀벌.

bobine en nid d'~s 〖무전〗 벌집 코일. nid d'~s 스모크(자수의 일종); 벌집 모양의 올(냅킨 따위에 쓰임).

abeill(i)er(ère) [abɛ[e]je, -ɛr] a. 양봉의. industrie ~ère 양봉업. —n.m. 양봉장.

abélien(ne) [abeljɛ̃, -ɛn] a. 〖수학〗 아벨(Abel)의. équation ~ne 아벨 방정식.

aber [abɛr] 〖켈트〗 n.m. (Bretagne 지방의) 물이 깊은 포구(浦口).

aberrance [abɛrɑ̃:s] n.f. (수치에 있어서) 상규〔평균치〕를 벗어남(자연과학의 개념).

aberrant(e) [abɛrɑ̃, -ɑ̃:t] a. ① 양식·논리에서 벗어난, 비정상적인(anormal). idée ~e 엉뚱한 생각. ② 표준·상규에서 벗어난, 변태의. phénomène ~ 이상 현상.

aberration [abɛrasjɔ̃] n.f. ① 판단의 빗나감, 착오, 착란; (행위의)빗나감, 탈선. Son attitude est une ~. 그의 태도는 정도에서 벗어난 것이다. ② 〖천문〗 광행차(光行差); 〖광학〗 수차(收差); 〖생물〗 변체, 변상(變狀).

aberrer [abɛre] v.i. 빗나가다, 벗어나다, 틀리다.

abessif [abesif] n.m. 〖언어〗 결격(핀란드어 따위에서 사물의 결여를 나타냄).

abêtir [abɛ[e]ti:r] v.t. 어리석게 만들다(abrutir). Vous abêtirez cet enfant. (그렇게 하다가는) 이 아이를 바보로 만들고 말 것이오.
—v.i., s'~ v.pr. 어리석어지다, 바보가 되다. On abêtit(s'abêtit) dans l'inaction. 아무것도 하지 않고 있으면 바보가 된다.

abêtissant(e) [abɛtisɑ̃, -ɑ̃:t] a. 어리석게〔바보로〕 만드는.

abêtissement [abɛtismɑ̃] n.m. 어리석게 만듦; 어리석어짐, 미련함. ~ d'un paresseux 게으름뱅이의 미련함.

abhorrable [abɔrabl] a. 〖드물게〗 몹시 미워〔싫어〕 하는.

abhorrer [abɔre] v.t. 몹시 미워〔싫어〕하다, 질색하다(détester, exécrer). Il abhorre le mensonge. 그는 거짓말을 몹시 싫어한다.
—s'~ v.pr. 자신을 미워하다; 서로 미워하다.

abie(è)s [abjɛs] n.m. 〖식물〗 전나무.

abiétacées [abjetase], **abiétinées** [abjetine]

n.f.pl. 〖식물〗 전나무속(屬).
abiétin(e) [abjetɛ̃, -in] *a.* 〖식물〗 전나무에 관한.
abiétique [abjetik] *a.* acide ~ 〖화학〗 아비에틴산(酸).
-abilité *suff.* 「가능성·적응성」의 뜻 〖예:cul*p*abilité 유죄성. soci*abilité* 사교성〗.
abîme [abim] *n.m.* ① 심연(深淵), 구렁, (바닥모를)깊이(gouffre); 신비(mystère). ~s de l'enfer 지옥의 구렁. Le cœur de l'homme est un ~. 사람의 마음은 바닥을 알 수 없는 늪이다〔그 속을 알 수 가 없다〕. ②〖문어〗심한 분열, 틈, 간격. Un ~ s'est creusé entre le père et le fils. 아버지와 아들 사이가 크게 갈라졌다. ③ 재난, 파멸 (ruine, désastre). Le jeu est un ~. 도박은 파멸로 이끈다. être au bord de l'~ 파멸 직전에 있다. ④〖문장〗(방패꼴의)중앙부.
creuser un ~ sous les pieds de qn …을 파멸시키려고 계략을 꾸미다.
L'~ appelle l'~. 〖속담〗재난은 재난을 부른다.
un ~ de (+추상명사) 엄청난, 굉장한 (une immensité de). *un ~ de savoir* 박식한 사람. *Cet homme est un ~ d'égoïsme.* 이 사람은 지독한 이기주의자이다.
abîmé(e) [abime] *a.p.* ① 상한, 망가진 (détérioré, endommagé); 〖구어〗다친, 찌그러진 (amoché). objets ~s 상한〔파손된〕물건. ②(비유적)깊이 잠긴. ~ dans ses pensées 생각에 잠긴.
abîmer [abime] (<*abîme*) *v.t.* ① 상하게 하다, 망가뜨리다 (casser, détériorer); 〖구어〗다치게 입히다. Le transport *a abîmé* le colis. 짐이 운송중에 망가졌다. Ce savon *abîme* la peau. 이 비누는 피부를 상하게 한다. [~ *qn*] Cet accident l'*a* bien *abîmé*. 이 사고로 그는 영망이 됐다. ②(옛)(심연에)빠뜨리다, 파멸(파산)시키다; 혹평하다. Cette affaire l'*a abîmé*. 이 사업이 그를 파산했다.
~ *qn d'injures* 〖구어〗…에게 욕을 퍼붓다.
—*v.i.* (옛)무너지다, 붕괴하다 (crouler); 삼켜지다, 잠기다 (s'engloutir); 파멸(파산)하다 (se ruiner). Paris va ~. 파리가 곧 붕괴될 것이다. Il *abîmera* avec son bien. 그는 온 재산을 날리고 파멸할 것이다.
—*s'~ v.pr.* ① 상하다, 망가지다. Ce tissu *s'abîme* facilement. 이 옷감은 쉽게 상한다. (se s'abîme 간접목적어로) *s'~* la santé 건강을 해치다. 〖문어〗잠기다, 빠져들다 (s'abandonner). *s'~* dans ses pensées 생각에 깊이 잠기다. ③ 파멸〔파산〕하다.
ab intestat [abɛ̃testa] (라틴) *loc.ad.* 유언 없이. hériter ~ 유언 없이 상속받다. —*a.* 유언 없이 상속받은.
abiogénèse [abjɔʒenɛ:z] *n.f.* 〖생물〗 자연발생(론)(génération spontanée).
abiose [abjo:z] *n.f.* 〖생물〗 생활력 결핍.
abiotique [abjɔtik] *a.* 무생(無生)의. milieu ~ (생명이)살 수 없는 곳.
abiotrophie [abjɔtrɔfi] *n.f.* 〖생물〗 (특히 신경계통)세포의 퇴화현상.
ab irato [abirato] (라틴) *loc.ad. a.* 홧김에(의). agir ~ 홧김에 행동하다.
abismal(ale, pl aux) [abismal, o] *a.* 심연의; 바닥모를.
abject(e) [abʒɛkt] *a.* 천한, 비열한 (ignoble, répugnant). être ~ 야비한(추악한) 인간.
abjectement [abʒɛktəmɑ̃] *ad.* 천하게, 비열하게.
abjection [abʒɛksjɔ̃] *n.f.* ① 천함, 천덕스러움; 비열(avilissement). ② 경멸. vivre dans l'~ 남의 경멸을 받고 살다.
abjurable [abʒyrabl] *a.* (종교·주의 따위를)공식적으로 버릴 수 있는〔버려야 할〕.
abjuration [abʒyrasjɔ̃] *n.f.* (종교의)공식적인 포기, 개종; (주의·사상 따위의)포기. faire ~ de *qc* (주의 따위를)버리다.
abjuratoire [abʒyratwa:r] *a.* (종교를)공식적으로 버리는, 개종의; 포기의.
abjurer [abʒyre] *v.t.* ① (종교를)선서하여 버리다 (abandonner solennellement); 〖목적보어 없이〗 개종하다. (그때까지의 신앙을 버리고)개종하다. ② (주의·잘못을)공식적으로 버리다; 비판하다. ~ son erreur 잘못된 생각을 버리다. ~ toute pudeur (구어)수치심을 아주 버리다. —*v.i.* 개종하다.
ablatif(ve) [ablatif, -i:v] 〖언어〗 *a.* 탈격(奪格)의. —*n.m.* 탈격.
ablation [ablasjɔ̃] *n.f.* ① 〖외과〗 (신장·종기의)절제(切除) (팔·다리에는 amputation을 씀). ② 〖지질〗 삭마(削磨)(일종의 침식작용).
able [abl] *n.m.* 〖어류〗 잉어속(屬).
-able *suff.* 동사·명사에 붙어서 「가능한, 성질이 있는」의 뜻을 나타냄 〖예:blâmer→blâm*able*, vérité→vérit*able*〗.
ablégat [ablega] *n.m.* 교황의 부(副)사절; 교황특사 (특히 새 추기경에게 빨간 모자를 가져가는).
ablégation [ablegasjɔ̃] *n.f.* 교황의 부(副)사절(특사)의 직책.
ablepsie [ablɛpsi] *n.f.* 〖의학〗 눈이 멂, 실명.
ableret [ablərɛ] *n.m.* 네모진 그물.
ablette [ablɛt] *n.f.* 〖어류〗 잉어과(屬)의 일종.
ablier [ablije] *n.m.* = **ableret**.
abloc [ablɔk] *n.m.* 〖건축〗 건물의 버팀기둥; 콘크리트 교대(橋臺).
ablocage [ablɔka:ʒ] *n.m.* 〖기계〗 abloquer 하기.
abloquer [ablɔke] *v.t.* 〖기계〗 (공작기계에 사용할 부품을)끼우다.
abluant(e) [ablyɑ̃, -ɑ̃:t] 〖옛〗 〖의학〗 *a.* 세척에 쓰는. —*n.m.* 세척제.
abluer [ablye] *v.t.* ① 〖제본〗 (양피지나 얼룩진 종이를)씻어내다. ② 〖의학〗 씻다.
ablutiomanie [ablysjɔmani] *n.f.* 〖정신분석〗 손이 더러워질까 두려워 자주 씻는 병적 증상.
ablution [ablysjɔ̃] *n.f.* ① 〖종교〗 목욕재계; (*pl.*) 〖구어〗목욕. faire ses ~s 목욕하다. ② 〖가톨릭〗 (영성체할 때와 후에 신부 손가락의)세정(洗淨); 그때 쓰이는 물과 포도주.
ablutionner [ablysjɔne] *v.t.* 〖가톨릭〗 세정하다, 〖구어〗씻다. —*s'~ v.pr.* (신부가)자기 손가락에 물과 포도주를 붓다.
abnégation [abnegasjɔ̃] *n.f.* 희생; 자기 희생, 헌신 (dévouement, sacrifice). ~ de soi 자기 희생. faire ~ de *qc* …을 희생하다.
abnormité [abnɔrmite] *n.f.* 〖생물〗 이상(異常).
aboi [abwa] *n.m.* ① 〖사냥〗 사슴을 둘러싼 사냥개 떼의 짖는 소리; 몰린 짐승의 처지; (*pl.*)(비유적) 궁지. Il est aux ~s. 그는 막다른 골목에 몰려 있다. Sa vertu est aux ~s. 그녀의 정조는 위태로운 처지에 있다. mettre[réduire] *qn* aux ~ …을 궁지에 몰아 넣다. ②(옛)개 짖는 소리 (aboiement).
rendre les ~s 죽다; 항복하다.
aboiement, aboîment [abwamɑ̃] *n.m.* ①(개의) 짖음, 짖는 소리. pousser un ~ (개가)짖다. ② (*pl.*)개들의 성가신 고함소리. ~s des crieurs de journaux 신문팔이의 고함소리.
abolir [abɔli:r] *v.t.* ① (법·관습 따위를)폐기하다, 폐지하다(supprimer). ~ la peine de mort 사형제도를 폐지하다. ②〖문어〗파괴하다, 소멸시켜 버리다(détruire). ~ la mémoire du passé 지난 날의 기억을 지워버리다.

abolissement

~ s'~ *v.pr.* 없어지다, 폐지되다.
abolissement [abolismɑ̃] *n.m.* 〖옛〗=abolition.
abolisseur [abolisœːr] *n.m.* 폐지하는 사람.
abolitif(ve) [abolitif, -iːv] *a.* 폐지하는(힘이 있는).
abolition [abolisjɔ̃] *n.f.* 폐지; 〖옛〗사면; 〖옛〗정지, 소멸. ~ d'une loi 법의 폐기. lettre d'~ (군주의) 사면장. ~ d'une peine 형의 정지[면제]. ~ des fonctions du cerveau 뇌 기능의 정지.
abolition(n)isme [abolisjɔnism] *n.m.* ① 〖미국사〗노예제도 폐지론; 사형제도 폐지론. ② 관세 폐지[자유무역]론.
abolition(n)iste [abolisjɔnist] *a.* 〖미국사〗노예[사형]제도 폐지론의. —*n.* 노예[사형]폐지론자.
aboma [abɔma] *n.m.* 〖동물〗(기아나의) 이무기.
abomasum [abɔmazɔm] *n.m* 〖동물〗(반추동물의) 주름위, 추위(皺胃).
abominable [abɔminabl] *a.* (명사 앞·뒤에서) ① 밉살스러운, 가증스러운 (détestable, monstrueux). chantage ~ 가증스러운 협박(공갈). ② 아주 나쁜, 추한, 고약한 (horrible, désagréable). temps ~ 고약한 날씨. Elle porte un ~ chapeau. 그녀는 보기 흉한 모자를 쓰고 있다. [~ avec qn] Il a été ~ avec mes invités. 그는 내 손님들에게 고약하게 대했다.
abominablement [abɔminabləmɑ̃] *ad.* 밉살스럽게, 가증하게; 몹시, 지독히; 몹시 서투르게. femme ~ laide 끔찍하게 못생긴 여자. chanter ~ 영 망으로 노래하다.
abomination [abɔminasjɔ̃] *n.f.* 혐오, 증오; 가증스러운 짓[일]. dire des ~ s (차마 들을 수 없는) 끔찍한 말을 하다. ② 반종교적인 것에 대한 혐오, 반종교적인 가증스런 짓[일]; 우상숭배. ~ de la désolation 〖성서〗극도의 불신, 모독. avoir qn(qc) en ~ …을 아주 싫어하다. être en ~ à qc …에게서 미움받다.
abominer [abɔmine] *v.t.* 〖문어〗몹시 싫어(미워)하다 (exécrer).
à-bon-compte [abɔ̃kɔ̃ːt] *n.m.* (복수불변)〖옛〗〖상 업〗선금, 선불금. —*loc.ad.* 싼 값으로.
abondamment [abɔ̃damɑ̃] (<abondant) *ad.* 많이, 수북이, 풍성하게(amplement), Je me suis servi ~ . 많이 듬뿍이었습니다. Il a ~ traité la question. 그는 그 문제를 폭 넓게 다루었다.
abondance [abɔ̃dɑ̃ːs] *n.f.* ① 많음, 풍부함, 풍성함 (profusion, ↔ pénurie). ~ de la récolte 풍작. ② 넉넉한 밑천, 부유(fertilité, richesse). année d'~ 풍년. pays d'~ 자원이 풍부한 나라. vivre dans l'~ 부유(풍족)하게 살다. ③ (사상·심정·표현의) 풍부함; 웅변. parler avec ~ 웅변적으로(유창하게) 말하다.
d'~ de cœur 심정을 터놓고. parler d'~ de cœur 심정을 토로하다.
en ~ 풍부(풍족)하게(beaucoup).
parler d'~ 준비없이 즉흥적으로 말하다.
*__**abondant(e)**__ [abɔ̃dɑ̃, -ɑ̃ːt] *a.* ① 많은, 흔한, 숱한, 풍부한, 푸짐한; [~ en qc](이)많이 나는. pays ~en vin 포도주가 많이 나는 고장[나라]. ② (사상·표현 따위가) 풍부한, 능변인. style ~ (어휘·표현이 풍부한)화려한 문체. imagination ~ é 풍부한 상상력. ③ (일반적으로 명사 앞에서) 풍만한, 잘 발달된. ~e gorge 풍만한 젖가슴.
abonder [abɔ̃de] *v.i.* 많이 있다. 풍부하다 (↔ manquer); 철철 넘쳐 흐르다 (déborder). Les fruits *abondent* sur le marché. 시장에 과일이 많다.
—*v.t.ind.* (주어는 특히 사물) ~ en/〖옛〗de/…이 많이 나다; 남아 돌아가다. Cette région *abonde en* fruits. 이 고장은 과일이 많이 난다.

~ *dans le sens de qn* …의 의견에 전적으로 동의하다. ~ *dans son sens* 자기 의견을 고집하다. *Ce qui abonde ne vicie(nuit) pas.* ⓐ〖속담〗좋은 것은 남아 돌아가도 상관없다, 다다익선(多多益善). ⓑ 〖법〗필요 이상의 기재사항이나 서류가 있어도 속은 무효가 되지 않는다.
abonné(e) [abɔne] *n.* ① (신문·잡지의) 예약구독자. ② (전화에) 가입자. liste des ~ s du téléphone 전화번호부. ③ (철도·극장의) 정기권 소지자. ④ (전기·수도·가스의) 수요자.
—*a.p.* 예약(가입·구독)을 한.
être ~ à qc (구어) 맡아놓고 …하다, …하기가 일쑤이다. Il a subi de nouveaux échecs; il y est ~ ! 그는 또 실패했어, 아예 맡아놓은 걸.
abonnement [abɔnmɑ̃] *n.m.* ① (신문·잡지의) 예약 구독(신청); 구독료(coût d'~). ② (철도·극장의) 정기권 (carte d'~). *prendre un ~ à qc* …을 정기 구독(예약)하다 (s'abonner à qc).
abonner [abɔne] *v.t.* 예약해 주다 (↔ désabonner).
~ *qn à qc* …을 위해 …을 예약해 주다. *être abonné à qc* …의 예약(가입)자이다.
—*s'~* *v.pr.* ① [s'~ à] (의)예약(가입·사용)신청을 하다. *s'~ au téléphone* 전화 가입신청을 하다. ② (철도·극장의) 정기권을 사다.
abonnir [abɔniːr] *v.t.* 개량하다. —*v.i.* 좋아지다.
—*s'~* *v.pr.* 좋아지다; 건강이 좋아지다.
abonnissement [abɔnismɑ̃] *n.m.* 〖드물게〗개량.
abord [abɔːr] (<aborder) *n.m.* ① (특히 해안·항구에) 접근, 도착 (accès); 상륙 (accostage). ② (*pl.*) 주변, 근처 (alentours, environs). Les ~ s de Grenoble sont très pittoresques. 그르노블의 주위 경치는 정말 그림처럼 아름답다. ③ (남을 맞거나 응대하는) 태도, 대접. homme d'un ~ aimable 태도가 상냥한 사람.
à l'~; au premier ~; de prime ~ 첫눈에; 우선.
avoir l'~ (être d'un ~) facile[difficile] 가까이 하기(대하기) 쉽다[힘들다].
d'~ que 〖옛〗…하자마자.
dès l'~; dès le premier ~ 애초부터.
(tout) d'~ 우선, 처음에, 맨 먼저; 당장에.
en ~ 뱃전에 아무런 닿게.
abordable [abɔrdabl] *a.* ① (해안·항구가) 접근할 수 있는[하기 쉬운] (accessible, ↔ inabordable). côte peu ~ 접근하기 힘드는 해안. ② (비유어) (사람이) 가까이하기 쉬운, 상냥한 (accueillant). homme facilement ~ 사귀기 쉬운 남자. ③ (물건 값이 알맞아서) 누구나 구입할 수 있는 (accessible). Cette voiture est (d'un prix) très ~ 이 자동차는 누구나 쉽게 구입할 수 있다.
abordage [abɔrdaːʒ] *n.m.* 〖해양〗(다른 배나 부두에) 모을 댐, 접현(接舷); (적선을 공격하기 위한) 뱃전에의 접근; (배의) 충돌.
monter (sauter) à l'~ 적선에 뛰어들어가다.
abordé(e) [abɔrde] *a.p.* 접근당한; 충돌당한.
—*n.m.* 충돌된 배. —*n.f.* 접근.
à l'~e; d'~e; 〖옛〗처음에, 애초에.
*__**aborder**__ [abɔrde] *v.i.* [~ à/dans/en/sur](에) (배가)닿다 (accoster, ↔ appareiller, quitter). Le bateau *aborde en France.* 배가 프랑스에 닿는다.
—*v.t.* ① (에)접근(도착)하다. ~ *un virage* 차가 커브에 접어들다. [~ *qn*](에게)말을 걸려고 가가다 (accoster). Il *m'a abordé* avec amitié. 그는 친근하게 나에게 말을 걸어왔다. ② 〖해양〗(다른 배에)충돌(접촉)하다; (에)덮쳐들어 공격하다. ④ (주로 사람) (문제 따위에)손대다, 착수하다 (entamer). ~ *un sujet* 어떤 주제에 손을 대다.
—*s'~* *v.pr.* 〖옛〗(말을 걸려고)다가가다; (배가)

서로 접촉[충돌]하다.

abordeur [abɔrdœːr] 【해양】 *a.m.* (배가) 충돌하는. —*n.m.* 다른 배로(부터) 받은 배; (적의 배를 덮쳐 공격하기 위해)접근하는 임무를 맡은 배.

aborigène [abɔriʒɛn] *a.* 토착의, 본토종의(indigène, natif). plante ~ 토종 식물. —*n.m.pl.* 토박이, 원주민(autochtones, indigènes).

abornement [abɔrnəmɑ̃] *n.m.* 경계 정하기.

aborner [abɔrne] *v.t.* (의)경계를 정하다.

abortif(ve) [abɔrtif, -iːv] *a.* ① 낙태시키는. ②〖옛〗유산된, 달이 덜 찬; 반편의. —*n.m.* 낙태약(remède ~).

abot [abo] *n.m.* (말의)차꼬.

abouchement [abuʃmɑ̃] *n.m.* ①맞붙이기, 접합. ②대면, 회담.

aboucher [abuʃe] *v.t.* ①(관의 끝과 끝을)맞붙이다(souder), 접합하다, 【해부】문합(吻合)시키다. ②[~ avec]만나게 해주다, 대면시키다. —**s'~** *v.pr.* ①맞붙다, 접합하다, 【해부】문합하다. ②[s'~ avec *qn*](와)만나다;〖경멸〗담판하다.

abouler [abule] *v.t.* 〖속어〗주다; 가져[데려]오다. *Aboule tes cinquante francs.* 50프랑을 가져와라. —**s'~** *v.pr.* 오다. Alors tu *t'aboules*? 그래 오겠군.

aboulie [abuli] *n.f.* 【의학】의지결핍(증). 니?

aboulique [abulik] 【의학】 *a.* 의지결핍증에 걸린. —*n.* 의지결핍증 환자.

about [abu] *n.m.*(목재·금속의)접합단(接合端). joint d'~ 선단(先端) 접합.

aboutage [abutaːʒ] *n.m.* 【해양】 결삭(結索).

aboutement [abutmɑ̃] *n.m.* (선단의)접합.

abouter [abute] *v.t.* ①선단(先端)접합하다. ②【해양】결삭(結索)하다.

***aboutir** [abutiːr] *v.t.ind.* [~ à] ①(주어는 사물)…에 끝이 닿다, 이르다. Le sentier *aboutit au* village. 오솔길은 마을까지 이른다. ②(주어는 대체로 사물)…에 귀착하다(conduire à, mener à). A quoi cela *aboutira*-t-il? 이것은 어떤 결과가 될까? n'~ *à* rien 수포로 돌아가다.
—*v.i.* ①(주어는 사물)성공하다, 잘되다(réussir, ↔échouer). Les pourparlers *ont abouti*. 협상이 이루어졌다. faire ~ *qc* …을 잘되게 하다. ②(주어는 사람)무사히 (성공적으로) 마치다. Après un long travail fastidieux, j'ai enfin *abouti*. 지루하고 싫증나는 오랜 작업 끝에 나는 마침내 성공적으로 마쳤다. ③ 【의학】 화농하다, 곪다.

aboutissant(e) [abutisɑ̃, -ɑ̃ːt] *a.* [~ à] (에)이르는; 귀착하는. —*n.m.pl.* les tenants et (les) ~s 인접지, 이웃한 땅; 자초지종, 자세한 내용. —*n.m.*〖문어·드물게〗(행위·추이의)결과, 귀결.

aboutissement [abutismɑ̃] *n.m.* ①끝; 결과, 결말(fin). ② 【의학】 화농, 곪음.

ab ovo [abɔvo]〖라틴〗*loc. ad.* 애초부터.

aboyant(e) [abwajɑ̃, -ɑ̃ːt] *a.* 짖는.

***aboyer** [abwaje] [7] *v.i.* ①(개 따위가)짖다; [~ après/à/contre] (에)짖어대다. ~ *après* les visiteurs 방문객을 향해 짖어대다. ②〖구어〗(주어는 사람)떠들어대다. [~ contre/après *qn*] 성가시게 뒤쫓다; [~ après *qc*] 갈망하다, 열심히 짖다(convoiter); [~ après *qc*] 갈망하다. Tous ses créanciers *aboient* après lui. 채권자들이 그를 성가시게 따르고 있다. ~ *après* le bien d'autrui 남의 재산을 탐내다.
~ *à la lune*〖구어〗공연히 떠들어대다.
—*v.t.* ①짖으며 쫓다. ~ les mendiants 짖어서 거지들을 쫓다. ②〖문어〗(주어는 사람)(에)욕설을 퍼붓다.

aboyeur(se) [abwajœːr, -øːz] *a.* (개가)짖어대는; 떠들어대는; 입정사나운.
—*n.* ①〖구어〗헐구장이; 잔소리꾼. ②성가시게 조르는 사람; 열심히 추구하는 사람. ③〖사냥〗짖는 개; 대들지 않고 짖기만 하는 개. ④〖옛〗(극장 입구에서)차를 부르는 사람. ⑤〖조류〗푸른다리도요. ⑥〖스포츠〗(반환점이나 결승점을 통과하는 선수의 번호를 외치는)계측(計測) 조수.

abracadabra [abrakadabra] *n.m.* 아브라카다브라 주문(呪文).

abracadabrant(e) [abrakadabrɑ̃, -ɑ̃ːt] *a.*〖구어〗엉뚱한, 기막힌, 아연실색할(bizarre, farfelu). idée ~ 엉뚱한 생각.

abraser [abraze] *v.t.* 갈다; 닦다; 긁다; 【의학】 소파(搔爬)하다.

abrasif(ve) [abrazif, -iːv] *a.* 가는[연마하는] 데 쓰이는. —*n.m.* 연마제.

abrasion [abra(ɑ)zjɔ̃] *n.f.* ① 갈기, 닦기, 긁어내기. ② 【의학】소파(搔爬). ③ 【지질】(바닷물의)침식작용, (바위의)삭마(削磨). ④ 【물리·화학】연마재(材).

abraxas [abraksaːs] *n.m* (2세기 이래 동양에서 쓰인)돌에 글자나 무늬를 새긴 부적.

abréaction [abreaksjɔ̃] *n.f.* 【정신분석】 (무의식적인 욕구불만·콤플렉스에서 벗어나기 위한)외양화, 구체화(작용).

abrégé(e) [abreʒe] *a.p.* 단축된, 간추려진, 요약된, 생략된.
—*n.m.* ① 간추려진 것, 요약, 개략. ~ d'une conférence 강연의 개요. ②개론, 소론(précis). ~ de géométrie 기하학 개론.
en ~ 요약하면, 요약되, 약자로(된). Voici le récit *en ~*. 이것이 요약하면 이렇다. mot *en ~* 약자로 된 말. écrire *qc en ~* 그을 약자로 쓰다. phrase *en ~* 생략문(전보문 따위).

abrègement, abrégement [abreʒmɑ̃] *n.m.* ①(연설·책의)간추림, 요약; (철자의)생략; (기간의)단축. ②초본, 초록, 생략본.

abréger [abreʒe] 3·6 *v.t.* ①(기간·길이를)줄이다, 단축하다(↔ allonger). ~ sa vie par la fatigue 피로로 명이 줄다. ②(책·이야기를)요약하다, 간추리다. (약자(약호)로 쓰다, 약기하다, 약칭하다. On l'appelle Toinon pour ~. 그를 투아농이라고 약칭한다. ④(구어) 짧게 무함을 잇다. moyen d'~ les heures 지루함을 잊기 위한 수단. ⑤〖목적보어 없이〗*Abrégeons!* 이야기를 끝냅시다!
pour ~ 요컨대, 결국.
—**s'~** *v.pr.* ①줄어지다, 단축되다, 요약[생략]되다. ② 간결히 말하다(쓰다).

abreuvage [abrœva(ɑ)ʒ], **abreuvement** [abrœvmɑ̃] *n.m.* ① (가축에게)먹이기. ②(목장·논에)물대기, 관개. ③(통을)물에 적시기; (펌프에)(물을 올리기 위해)마중물 붓기.

abreuver [abrœve] *v.t.* ①(가축에게)물을 먹이다. ②적시다; (식물에)물을 주다; (에)물을 대다, 관개하다. L'Égypte *est abreuvée* par le Nil. 이집트에는 나일 강이 흐르고, 있다. visage *abreuvé* de larmes 눈물에 젖은 얼굴. ③(통을)물에 적시다; (펌프에)마중물을 붓다; (배가 진수하기 전에)물을 부어 새지 않음을 확인하다. ~ des tonneaux (새지 않게 하기 위해서)통을 물에 적시다. ④(어떤 감정을)톡톡히 안겨주다, (욕설 따위를)퍼붓다; (사상 따위를)만연시키다. ~ *qn* de compliments …에게 칭찬을 쏟아놓다. ~ *qn* de chagrins …을 비탄에 잠기게 하다. ~ d'injures …에게 욕설을 퍼붓다. ~ la société d'une idéologie vaine 사회에 공허한 관념론을 만연시키다.
—**s'~** *v.pr.* ①(가축이)물을 먹다; (사람이)갈증

abreuvoir 8

을 풀다, 많이 마시다. s'~ de vin 술을 퍼마시다. ②[s'~ de] (에)젖다, (을)빨아들이다. ③[s'~ de] (을)톡톡히 맛보다, 만끽하다, (에)빠지다. s'~ de joie 기쁨에 넘쳐흐르다. s'~ de soleil 일광욕을 하다.

abreuvoir [abrœvwa:r] n.m. (가축·새가)물을 마시는 곳; 물통. ~ à mouches 《옛》넓고 깊은 흉터.

abréviateur(trice) [abrevjatœ:r, -tris] a. 요약하는, 간추리는. —n. 요약하는 사람; 개론의 저자. —n.m. 《옛》《가톨릭》(로마 교황의 교서·편지의)기초자.

abréviatif(ve) [abrevjatif, -i:v] a. 생략을 나타내는, 생략의. signes ~s 생략 부호.

abréviation [abrevjɑsjɔ̃] n.f. ① (문자·단어의)생략, 단축. ② 약칭, 약자, 약어; 생략부호; 《음악》약부. liste des ~s 약어표. ③《옛》(거리·시간의)단축. par ~ 줄여서, 약자(약칭·약어)로.

abréviativement [abrevjativmɑ̃] ad. 생략해서, 약자로, 약칭으로.

abréyé(e) [abreje] a. 《해양》(돛단배가)바람이 자서 나아가지 못하는.

*__abri__ [abri] n.m. ① 피난처, 보호처(refuge). ~ du marin 선원 숙박소. famille sans ~ 집 없는 가족. ②《군사》차폐; 참호; 방공호. (~ de bombardement); (기관차의)기관사실. ~ à bateaux 선고(船庫). ③ 보호, 엄호, 비호.
à l'~ 보호하에, 안전지대에. être à l'~ 안전한 상태에 있다, 보호되어 있다. mettre qn(qc) à l'~ ··· 을 피난시키다, 보호[엄호]하다. se mettre à l'~ 피난하다.
à l'~ de qc ⓐ ···에서 보호되어, ···을 피해서. être à l'~ de la pluie 비를 맞지 않고 있다. être à l'~ du besoin 궁핍을 모르다. ⓑ ···의 보호아래. vivre à l'~ des lois 법의 보호를 받고 살다.
prendre ~ 피난하다.

abribus [abribys] n.m. (버스정류장에 설치된)간이 비바람막이 시설.

abri-caverne [abrikavɛrn] (pl. ~s-~s) n.m. 《군사》엄폐호.

abricot [abriko] n.m. 《식물》살구. —a. 《불변》살구빛의.

abricoté(e) [abrikɔte] a. 살구와 같은, 살구맛이 나는, 살구가 든. —n.m. 설탕에 절인 살구.

abricotier [abrikɔtje] n.m. 《식물》살구나무.

abricotin(e) [abrikɔtɛ̃, -in] a. 살구 모양의, 살구와 같은. —n.m. 《식물》울되는 살구.
—n.f. ① 《식물》살구와 같은 복숭아의 일종. ② 대리석의 일종.

abricot-pêche [abrikopɛʃ] (pl. ~s-~s) n.m. 《식물》복숭아맛이 나는 살구의 일종.

abrié(e) [abri(j)e] a. =abréyé.

abri-filtre [abrifiltr] (pl. ~s-~s) n.m. 《군사》독가스 피난소.

abris-sous-roche [abrisuroʃ] n.m. (절벽 아랫부분에 있는)얕은 동굴.

abrité(e) [abrite] a.p. ① 방풍된. terrasse bien ~e 방풍이 잘된 테라스. ②《무전》차연벽(遮煙壁)이 만들어진.

*__abriter__ [abrite] (<abri) v.t. ① 막아주다, 보호하다 (protéger); 피난시키다. [~ qc contre/de qc) ~ des plantes contre le vent 식물이 바람에 맞지 않게 하다. ② 덮다, 덮개를 씌우다; 《군사》엄폐하다. ③(주어는 집·건물)수용하다. hôtel qui peut ~ deux cents personnes 2 백명을 수용할 수 있는 호텔. Cette maison abrite plusieurs familles. 이 집에는 여러 가족이 살고 있다. ④《해양》(배·돛에)바람이 불어 닥치지 않게 하다; (다른 배를 위하여)바람을 막아주다.
—s'~ v.pr. ①(을)피하다, 피난하다, 스스로 막다. [s'~ contre/de qc] s'~ de l'orage 폭풍우를 피하다. ② 몸을 숨기다, 의지하다, 책임을 돌리다. [s'~ sous/derrière qn/qc] s'~ derrière [sous l'autorité de] qn ···에게 의지하다[···의 위세를 방패로 삼다]. s'~ derrière la loi 법을 방패로 삼다.

abrivent [abrivɑ̃] n.m. ① 바람막이; (식물의)바람[서리]막이. ②《군사》(야영할 때의)임시 초소.

abri-voûte [abrivut] (pl.~s-~s) n.m. 《군사》방탄용의 둥근 천장.

abrogatif(ve) [abrɔgatif, -i:v] a. (법령 따위를)폐기하는, 폐지하는.

abrogation [abrɔgɑsjɔ̃] n.f. 폐지, 폐기. ~ d'une loi(d'un décret) 법률[명령]의 폐지.

abrogatoire [abrɔgatwa:r] a. 폐기[폐지]를 목적으로 하는.

abrogeable [abrɔʒabl] a. 폐기[폐지]될 수 있는.

abroger [abrɔʒe] [3] v.t. ① (법령 따위를)폐기하다, 폐지하다(abolir, annuler). ②(전통·권위 따위를)무시하다. —s'~ v.pr. 폐지[폐기]되다.

abrome [abrɔm] n.m. 《식물》아브로마(동인도산의 벽오동류).

abrouti(e) [abruti] a. (나무가)새싹이 파먹힌.

abrupt(e) [abrypt] a. ① 가파른, 험한(escarpé). ② (행동이)거친, 무뚝뚝한(revêche); (문투가)거친, 지리멸렬한. (용모가)껄끄름한(grossier).
—n.m. 절벽, 낭떠러지, 벼랑.

abruptement [abryptəmɑ̃] ad. 가파르게; 거칠게; 느닷없이; 지리멸렬하게; 직선적으로.

abruti(e) [abryti] a.p. (일시적으로)얼이 빠진, 멍청해진; 《구어》어리석은. —n. 바보, 멍청이(idiot, imbécile).

abrutir [abryti:r] v.t. ① 멍청하게 만들다, 바보가 되게 하다(abêtir); 어리벙벙하게 만들다(étourdir). propagande qui abrutit les masses 대중을 멍청하게 만드는 선전. ②《구어》녹초가 되게 하다(fatiguer). ~ un enfant de travail 아이를 공부로 지치게 하다.
—s'~ v.pr. 바보가 되다, 멍청해지다; 녹초가 되다. s'~ de travail 지나치게 일해서 멍해지다.

abrutissant(e) [abrytisɑ̃, -ɑ̃:t] a. 어리석게 만드는, 바보가 되게 하는; 진력나는, 따분한. vacarme ~ 멍하게 만드는[진력나는] 소음. spectacles ~s 시시분한 극·영화.

abrutissement [abrytismɑ̃] n.m. ① 바보로 만들기, 우둔화; (지력의)저하. ②(짐승처럼)우둔한 상태. ③ 진력나는[따분한] 상태.

abrutisseur(se) [abrytisœ:r, -ø:z] a. 바보로 만드는. —n. (남을 바보로 만드는 사람.

a.b.s. 《약자》 aux bons soins (de) 《우편》 ···방, ···댁, 전교(轉交).

abscisse [apsis] n.f. 《수학》 가로좌표.

abscission [apsisjɔ̃] n.f. 《외과》 절단, 절제.

abscons(e) [apskɔ̃, -ɔ̃:s] a. 난해(難解)한.

*__absence__ [apsɑ̃:s] n.f. ① 부재, 결근, 결석, 불참. dans mon ~ 내가 없을 때. faire de fréquentes ~s 자주 집을 비우다 [결석하다]. ② 결핍, 결여 (manque); 방심(~ d'esprit). ③《법》실종. ④ 《의학》간질성의 실신발작.
avoir des ~s (가끔)멍하다, 멍청하다.
en l'~ de ···의 부재중에, ···이 없을 때. En l'~ de preuves, il a été relâché. 증거가 없어서 그는 석방되었다. En mon ~, adressez-vous à mon secrétaire. 내가 없을 때에는 비서에게 문의하시오.

*__absent(e)__ [apsɑ̃, -ɑ̃:t] a. ① [~ de] (에)없는, 부재중의; 결석한, 결근한, 불참한(↔présent). être

d'une réunion 회합에 불참하다. ② 겨려된, 없는. La sincérité est ~e chez lui. 그에게는 성실성이 없다. ③ 방심한, 멍한(distrait). d'un air ~ 방심한 태도로, 건성으로. ④《옛》떨어져 있는. être ~ de la personne aimée 사랑하는 사람과 떨어져 있다. ⑤ 《법》실종한.
—n. ①없는 사람, 부재자; 결석[결근]자, 불참자. ② 《법》 실종자. bon ~ 《군사》 징병검사 무단 결석에 의한 강제입대자. Les ~s ont toujours tort. 《속담》자리에 없으면 손해보기 마련이다.
absentéisme [apsɑ̃teism] n.m. ① 자주 결석[결근]하기. taux d'~ 결근율. ~ scolaire 《학생의》출석 불량. ② 《역사》 부재지주주의(不在地主主義).
absentéiste [apsɑ̃teist] a. ① 자주 빠지는. ② 《역사》 부재지주주의의. —n. ① 결석[결근]이 잦은 사람. ② 《역사》 부재지주.
absenter (s') [sapsɑ̃te] v.pr. [s'~ de]《있는 곳을 잠시》떠나다, 《자리를》비우다(↔demeurer); 결석[결근]하다, 빠지다. s'~ de chez soi 집을 비우다. demander la permission de s'~ 결석[결근]허가를 청하다.
absidal(ale, pl. aux) [apsidal, -o] a. 《건축》《성당의》후진(後陣)의.
abside [apsid] n.f. 《건축》 성당의 후진 (→église 그림).
absidial(ale, pl. aux) [apsidjal, -o] a. =absidal.
absidiole [apsidjɔl] n.f. ①《건축》 소후진(小後陣), 후진의 예배당(→église 그림). ②성골함(聖骨函).
absinthe [apsɛ̃:t] n.f. ① 압생트《독한 양주의 일종》. ②《식물》 쑥쑥, 약쑥. ③피로움, 고난.
absinthé(e) [apsɛ̃te] a. 쑥쑥 맛이 나는.
absinther [apsɛ̃te] v.t.《옛》쑥쑥을 섞다.
—s'~ v.pr.《속어》압생트(술)에 빠지다.
absinthique [apsɛ̃tik] a. ①《화학》 쑥쑥의. ②《의학》 압생트(술)중독의. —n.《의학》 압생트(술) 중독자.
absinthisme [apsɛ̃tism] n.m.《의학》 압생트(술) 중독.
*****absolu(e)** [apsɔly] a. ①절대적인, 절대의(↔relatif). majorité ~e 절대다수. valeur ~e《수학》절대값. ②완전한, 전적인(complet, total);《화학》순수한. silence ~ 완전한 침묵. alcool ~ 《화학》 무수알코올. ③전제적인, 독재의; 《성격·태도 따위가》독재적인(impérieux); 단호한(tranchant). monarchie ~e 전제(군주제)군주제. un ton ~ 단호한 어조로. ④《언어》 절대적인. ablatif ~ 탈격 독립구. proposition participe ~e 절대분사절.
—n.m. 절대; 절대적인 것; (A~) 《철학》 절대자, 신; 순수향료(essence ~e); 《모든 물질의 근원이 되는》본질.
—n.f. 순수향료(essence ~e).
absoluité [apsɔlqite] n.f.《철학》 절대성.
*****absolument** [apsɔlymɑ̃] ad. ①절대적으로, 꼭, 기필코(à tout prix). Il veut ~ vous voir. 그가 꼭 당신을 보고 싶어한다. ②완전히, 전적으로(tout à fait). C'est ~ faux. 그것은 전적으로 거짓이다. ③독재적으로, 단호하게, 가차없이. ④《언어》 절대적으로, 보어 없이. verbe employé ~ 절대적으로[보어 없이]사용된 동사.
~ parlant 대개, 일반적으로 말해서.
[REM] 부정형에서의 위치:Ce qu'il dit n'est pas ~ faux. 그가 말하는 것이 완전히 틀리다는 것은 아니다《부분적으로는 옳다》. Ce qu'il dit n'est pas ~ faux. 그가 말하는 것은 절대로 틀리지 않다《전적으로 옳다》.
absolution [apsɔlysjɔ̃] n.f. ①《법》 무죄 방면.

② 《신학》 사죄, 사죄 선언.
absolutisation [apsɔlytizasjɔ̃] n.f. 《권력 따위를》 절대화하기.
absolutiser [apsɔlytize] v.t. 《에》절대적인 가치를 부여하다, 절대화하다.
absolutisme [apsɔlytism] n.m. ①전제정치; 전제주의. ②《철학》 절대주의.
absolutiste [apsɔlytist] a. 절대[전제]주의의. —n. 절대[전제]주의자.
absolutoire [apsɔlytwa:r] a. 사면의; 무죄 방면의.
absolv-ant, -ons, etc. [apsɔlv-ɑ̃, -ɔ̃] ⇨absoudre.
absorbable [apsɔrbabl] a. 흡수될 수 있는.
absorbant(e) [apsɔrbɑ̃, -ɑ̃:t] a. ① 빨아들이는, 흡수하는, 흡수성의. pouvoir ~ 흡수력. ② 열중시키는, 골똘케 하는. livre ~ 흥미진진한 책.
—n.m. ①흡수성 물질. ②《화학》 흡수제.
absorbation [apsɔrbasjɔ̃] n.f. =absorbement.
absorbé(e) [apsɔrbe] a.p. 열중한, 여념 없는, 골똘한. air ~ 열중하는 모습.
absorbement [apsɔrbəmɑ̃] n.m.《옛》열중, 전념.
*****absorber** [apsɔrbe] v.t. ①《주어는 사물》《물·열·소리·빛 따위를》빨아들이다, 흡수하다. L'éponge absorbe l'eau. 스폰지는 물을 빨아들인다. Le noir absorbe la lumière. 검은 색은 빛을 흡수한다. ②《마시다(boire); 먹다(manger);《비유적》《주어는 사물》삼키다(engloutir); 약화시키다. ~ des aliments 《목적보어를 섭취하다. Il n'a rien absorbé depuis hier. 그는 어제부터 아무것도 들지 않았다. Il absorbe deux litres de vin par jour. 그는 하루에 2리터의 포도주를 마신다. entreprise qui en absorbe une autre 다른 기업체를 합병하는 기업체. Sa voix est absorbée dans le grand chœur. 그의 목소리가 대합창 속에 묻혀서 들리지 않는다. ③《써서》없애다, 탕진하다. ~ toutes les économies 저금을 몽땅 써버리다. ④《[~ qn]《의》정신을 빼앗아, 열중케 하다. Ce travail l'absorbe tout entier. 그는 이 일에 완전히 몰두하고 있다. être absorbé dans sa lecture(ses recherches) 독서[연구]에 열중하다.
—s'~ v.pr. ① 빨려들다, 흡수되다; 병탄되다. ②[s'~ dans]《에》열중하다, 골똘하다. s'~ dans la lecture de son journal 신문을 읽기에 여념이 없다.
absorbeur(se) [apsɔrbœ:r, -ø:z] a. 흡수하는.
—n.m.《화학·물리》흡수기, 흡수 장치.
absorptif(ve) [apsɔrptif, -i:v] a.《화학·물리》 흡수하는, 흡수성의.
absorptiomètre [apsɔrpsjɔmɛtr] n.m.《화학》흡수계(計).
absorption [apsɔrpsjɔ̃] n.f. ①흡수; 병탄, 병합. ~ acoustique 음의 흡수. ②마시기, 먹기, 삼키기. suicide par ~ d'un poison 음독자살. ③《드물게》열중, 전념.
absorptivité [apsɔrptivite] n.f.《물리·화학》 흡수성, 흡수력.
absoudre [apsudr] [40] v.t. ①《신학》《의》죄를 사하다; 《법》무죄로 인정하다, 무죄 석방하다 (↔condamner); 용서하다. [~ qn de] ~ qn de ses péchés …의 죄를 용서하다. ②《옛》방면하다, 자유롭게 하다.
absou-s, -t [apsu] ⇨absoudre.
absous(te¹) [apsu, -ut] absoudre 의 과거분사.
absoute² [apsut] n.f.《가톨릭》《관 옆에서 올리는》기도;《성 목요일에 용서를 비는》기도).
abstème [apstɛm] a., n. 술을 안 마시는(사람).
absten-ais, -ait, etc. [apstəne] ⇨abstenir(s').
abstenant(e) [apstənɑ̃, -ɑ̃:t] n.《투표의》기권자.
abstenir (s') [sapstəni:r] [16] v.pr. ①삼가다, 그만

abstention

두다(se garder). [s'~ de qc/de+inf.] Il s'abstient de tout commentaire. 그는 어떠한 논평도 삼가고 있다. Elle s'abstient de dépenser. 그녀는 낭비를 삼간다. ②(목적보어 없이)(행동·의사의 표명 따위를)삼가다; (투표 따위를)기권하다. De nombreux électeurs se sont abstenus. 수많은 유권자가 기권했다. Dans le doute, abstiens-toi. 의심스러울 때는 그만히 있어라. ③(음식물·쾌락 따위를)끊다; 금욕하다(se priver). [s'~ de qc] s'~ de vin [de tabac] 술[담배]을 끊다. (목적보어 없이) Les stoïciens avaient pour maximes de s'~ et de supporter 스토아파의 철학자들은 극기하고 인내하는 것을 신조로 삼고 있었다.
ne (pas) pouvoir s'~ de + inf. …하지 않을 수 없다.
abstention [apstɑ̃sjɔ̃] n.f. 《정치》(투표·토론의) 기권, 《법》(권리 행사의)회피.
abstentionnisme [apstɑ̃sjɔnism] n.m. 《정치》투표기권(주의).
abstentionniste [apstɑ̃sjɔnist] a. 기권주의의.
—n. 기권자, 기권주의자(↔ votant).
abstergent(e) [apsterʒɑ̃, -ɑ̃:t] a. (상처를)씻는, 세척하는. —n.m. 세척제.
absterger [apsterʒe] ③ v.t. 《의학》(상처를)씻다, 세척하다. —s'~ v.pr. 세척되다.
abstersif(ve) [apstersif, -i:v] a. 《의학》 세척에 적합한, 세척용의.
abstersion [apstersjɔ̃] n.f. 세척.
abstiendr-ai, -as, etc. [apstjɛ̃dr-e, a] abstenir (s')의 직설·미래. 　　　　　　　　[nir (s').
abstien-ne, -nes, -t, etc. [apstjɛn, -je] ⇨ abste-
abstinence [apstinɑ̃:s] n.f. ① 식음의 절제 (전폐); 금욕, 《가톨릭》 소재(小齋)·육식을 안함). ~ du vin 금주. jour d'~ 소재일(jour maigre). faire ~ le vendredi 금요일에 육식을 안하다. ③ 《행위의》절제, 삼가함; 적대행위의 중지.
abstinent(e) [apstinɑ̃, -ɑ̃:t] a. 먹지[마시지] 않는, 식음을 절제하는; 금욕하는; 《가톨릭》 육식을 안하는. [~ de] être ~ d'alcool 술을 삼가다. ②(투표를)기권하는. —n. (절대)금주가; 《예》투표 기권자(지금은 abstentionniste).
abstin-s, -t, etc. [apstɛ̃] abstenir (s')의 직설·단순과거.
abstracteur [apstraktœ:r] a.m. 추출(抽出)하는; 추상하는. —n.m. 추출하는 사람, 공상가. ~ de quintessence (경멸) 지나치게 파고드는 사람.
abstractif(ve) [apstraktif, -i:v] a. 추상의, 추상하는. faculté ~ve 추상 능력.
abstraction [apstraksjɔ̃] n.f. ① 추상(↔ réalité); 추상화(化); 추상력, 추상 작용. C'est par l'~ que nous formons les concepts. 추상 작용에 의해서 우리는 개념을 형성한다. ② (pl.) 추상적 개념 (사변); 공상, 몽상(chimère). ③ 사상(捨象), 제거. ④ 방심(상태). ~ faite de qc …을 제외하고(한다면). faire ~ de qc …을 제외하다[빼고 생각하다]. par ~ 추상적으로.
abstractisant(e) [apstraktizɑ̃, -ɑ̃:t] a. 추상화의.
abstractivement [apstraktivmɑ̃] ad. 추상적으로. ~ parlant 추상적으로 말하자면.
abstractivité [apstraktivite] n.f. 추상력.
abstraire [apstrɛ:r] 44 v.t. 떼어놓다, 따로 떼어서 생각하다(isoler); 추상으로 보다. [~ qc/qn de] On ne peut ~ un grand homme de son époque. 위인을 그의 시대에서 분리시켜 생각할 수는 없다.
—s'~ v.pr. ① (에서)자기를 떼어놓다, 초연하지다(se détacher). ② 《예》 (des visions s'~ au milieu de cette agitation 이 혼란 가운데서 초연하지

다. ② [s'~ dans/en] (에)몰두하다, 골몰하다.
abstrait(e) [apstre, -ɛt] a. ① 추상적인 (↔ concret). avoir une connaissance ~e de qc …에 대해서 추상적인 지식을 가지고 있다. nombre ~ 불명수(不名數). science ~e 순수과학(수학·논리학·형이상학 따위). ② 난해한, 난삽한(abstrus, ↔ clair); 모호한, 막연한(fumeux, ↔ précis). discours [auteur] ~ 난해한 말[작가]. ③ 《예》 방심한(distrait).
—n.m. 추상(적인 것). ② 추상예술; 추상화가.
dans l'~ 추상적으로(생각하면). C'est parfait dans l'~. (현실이 아닌)이론으로서는 완전하다.
abstraitement [apstretmɑ̃] ad. 추상적으로; 추상적 이론으로는(dans l'abstrait).
abstray-ez, -ons, etc. [apstrɛ[e]je, -ɛjɔ̃] abstraire의 직설·현재.
abstrus(e) [apstry, -y:z] a. 난해한, 알쏭달쏭한.
*abstrus(e)
*absurde** [apsyrd] a. ① 사리에 어긋나는, 상식밖의, 부조리한, 터무니없는(déraisonnable, insensé). Il est ~ de + inf.(que + sub.) …은 부조리한 짓이다. ② 우스꽝스러운(ridicule); 엉뚱한. Vous êtes ~! 엉뚱한 말씀을 하시는군요!
—n.m. 부조리(한 것), 불합리(한 것). démontrer par l'~ 귀류법(歸謬法)으로 증명하다. philosophie de l'~ 부조리의 철학.
absurdement [apsyrdəmɑ̃] ad. 사리에 어긋나게, 부조리하게.
absurdité [apsyrdite] n.f. 부조리, 불합리, 역리(逆理) (illogisme); 비상식, 터무니없는 것, 어리석은 짓(stupidité, sottise). ~ de l'existence 존재의 부조리. dire des ~s 터무니없는 말을 하다.
abus [aby] n.m. ① 남용, 악용, 오용. ~ d'autorité [de pouvoir] 《법》 직권남용(원권 행위). ~ de confiance 《법》 배임(죄), 배신. ~ de mineur 미성년자에 대한 부당 행위[인권침해]. employer un terme par ~ 용어를 즐겨 쓰다. faire ~ de qc …을 남용[악용]하다. Il y a de l'~. 《구어》 그건 너무한데. ②(종종 pl.) 악습, 폐습, 폐풍. s'élever contre des ~ 악습에 반대하다. ③ 잘못, 오류. C'est un ~ de croire que + sub.[ind.] …이라고 믿는 것은 잘못이다.
abuser [abyze] (< abus) v.t. ind. [~ de] ① …을 악용하다, 남용[오용]하다. ~ de l'alcool 술을 너무 마시다. ~ de la crédulité de qn …의 고지식함을 기화로 삼다. ~ de ses forces 자기 힘을 남용하다. ~ d'une chose sans en ~ 물건을 적절히 사용하다. ② 속이다; …에게 폐를 끼치다; (여자를)농락하다; 간음하다(violer). ~ de qn …을 속이다; …에게 폐를 끼치다.
—v.t. 속이다, 기만하다(tromper); 여자를 유혹하다. se laisser ~ 속아 넘어가다.
—s'~ v.pr. 잘못 생각하다, 오해하다(se tromper). Il y a de cela cinq ans, si je ne m'abuse. 내 생각이 틀리지 않는다면 그런 지 5년이 되는군.
abuseur(se) [abyzœ:r, -ø:z] a. 《예》 속이는, 기만하는; 유혹하는. —n.m. 속이는 사람; 유혹하는 사람.
abusif(ve) [abyzif, -i:v] a. ① 남용하는, 지나친(immodéré); 오용된, 부당한. usage ~ d'un médicament 약의 남용. sens ~ 억지로 붙인 뜻. ② 속이는, 기만하는.
abusivement [abyzivmɑ̃] ad. 잘못되게; 함부로, 부당하게.
abuter [abyte] v.t. (목표를)노리다, 겨누다.
—v.i. 공 따위를 가까이 던져서 선수(先手)를 정하다. 《건축》(나무의)양 끝이 딱 들어 맞다.
abyssal(ale, pl. aux) [abisal, -o] a. 한없이 깊은;

심오한, 불가해한; 심해의; 〖지질〗 심성(深成)의. fosse ~ale 깊디깊은 구덩이. faune ~ale 심해 동물. roches ~ales 심성암.

abysse [abis] *n.m.* 깊은 바다, 심해.

abyssin(e) [abisɛ̃, -in], **abyssinien(ne)** [abisinjɛ̃, -ɛn] *a.* 아비시니아(*l'Abyssinie*, 에티오피아의 옛 이름)의. —**A**~ *n.* 아비시니아 사람. —*n.m.* 아비시니아어(語).

abyssique [abisik] *a.* =**abyssal.**

Ac《약자》actinium 〖화학〗 악티늄.

ac.《약자》acompte 〖상업〗 보증금, 분할 지불금.

a.c.《약자》argent comptant 〖상업〗 현금.

acabit [akabi] *n.m.* ① (물건의)품질. ②〖구어〗(경멸)(사람의)성질, 종류. Ils sont du même ~. 그들은 모두 같은 놈들이다.

acacia [akasja] *n.m.* 〖식물〗 아카시아속(屬); 아라비아 고무(suc d'~).

académicien(ne) [akademisjɛ̃, -ɛn] *n.* ① 아카데미 회원; 아카데미프랑세즈(프랑스 한림원)의 회원. ② 플라톤학파의 철학자.

académie *n.f.* ① 아카데미, 한림원; (문학자·과학자·예술가 따위의)협회, …원(院). ~ des sciences 과학원. A~ (française)아카데미프랑세즈. Dictionnaire de l'A~ 아카데미프랑세즈가 편찬한 사전. les quarante de l'A~ 아카데미프랑세즈의 40명의 회원. ②(예술실기, 특히 회화·조각 따위의)학교, 학원; (옛)(검술·마술 따위의)도장(道場), 교습소(에 다니는 학생);〖예〗클럽, 유희장(~ de jeu). ~ des beaux-arts 미술학교. ~ de billard 당구 클럽. ~ de danse 댄스 교습소. ~ des jeux 놀이의 지침서. faire son ~ 도장에 다니다, 무예를 배우다. tenir ~ (검술 따위의)무술을 가르치다. ③ 대학구(區). A~ de Paris 파리 학구. officier d'~ 교육공로훈장(palmes académiques) 패용자. ④〖철학〗(플라톤이 철학을 가르친)아카데모스의 원(園); 플라톤학파. ⑤ 나체화의 연습; 나체화의 습작; 나체화의 모델;《구어》나체 (의 모습), 몸; 해부 모형. Elle a une superbe ~. 그녀는 몸매가 기막히다. ⑥ (문체 따위의)아카데미풍(風); 꾸밈새가 지나친 글.

académique [akademik] *a.* ① 아카데미의, 한림원의; 아카데미프랑세즈의; 아카데미가 수여하는. occuper un fauteuil ~ 아카데미(프랑세즈)의 회원이 되다. ② 아카데미풍의, 학구적인; 가식적인, 지나치게 꾸민; 판에 박힌. débat ~ 학구적인 토론. peintre ~ 관학풍의 화가, 판에 박힌 그림을 그리는 사람. ③ 대학구의. palmes ~*s* 교육공로훈장. ④ 플라톤학파의. —*n.m.pl.* 아카데미프랑세즈의 회원; 관학풍의 (틀에 박힌) 화가; 플라톤학파의 철학자.

académiquement [akademikmɑ̃] *ad.* 아카데미풍으로, 관학풍으로; 가식적으로, 일부러 꾸며서.

académiser [akademize] *v.t.* 〖미술〗아카데미풍으로(형식·틀에 맞춰) 제작하다.

académisme [akademism] *n.m.* 아카데미즘; 형식주의, 〖미술〗관학풍의 작품성.

académiste [akademist] *n.m.* ①(미술·무술·승마·무용 따위의)도장·학원의 학생, 회원. ②〖옛〗아카데미프랑세즈의 회원; 왕립 무용원(*Académie royale de danse*)의 회원.

acadien(ne) [akadjɛ̃, -ɛn] *a.* 아카디아(*Acadie*, 캐나다 남동부의 옛 프랑스 식민지)의. —**A**~ *n.* 아카디아 사람.

acagnarder [akaɲarde] 〖옛〗 *v.t.* 게으르게 만들다, 빈둥거리게 하다.
—s'~ *v.pr.*《드물게》빈둥거리다, 건들건들 살다다. 푹 쉬다;(안락의자에)편안하게 파묻혀 앉다. s'~ auprès du feu 난로가에 자리잡고 움직이지 않다.

acajou [akaʒu] *n.m.* 〖식물〗 마호가니; 마호가니 재목; 마호가니색, 적갈색. meuble d'~ 마호가니 가구. ~ à pommes 캐슈(열대 아메리카산의 옻나무 식물). ~ femelle (à planches, senti, amer) 에스파냐(온두라스) 삼나무(의 재목). noix d'~ 캐슈의 열매(식용). —*a.* (불변) 마호가니색의, 적갈색의. étoffe ~ 적갈색의 옷감.

acalèphes [akalef] *n.m.pl.* 〖동물〗 해파리류.

acalifourchonné(e) [akalifurʃɔne] *a.* 〖구어〗 [~ sur] (에) 걸터앉은.

acanthacé(e) [akɑ̃tase] 〖식물〗 *a.* 아칸더스에 관한. —*n.f.pl.* 쥐꼬리망초과(科).

acanthe [akɑ̃:t] *n.f.* ① 〖식물〗 아칸더스(프랑스 남부 지방에서 재배하는 톱니 모양의 잎을 가진 관상식물)(branche-ursine). ~ d'Allemagne 어수리(소의 사료). ② 〖건축〗 (코린트식 원주의)아칸더스 잎 장식(feuille d'~).

acanthestésie [akɑ̃testezi] *n.f.* 〖심리〗(자극의 느끼는)바늘로 찌르는 듯한 느낌.

acanthocéphale [akɑ̃tɔsefal] *n.m.* 〖동물〗(돼지의)기생충.

acanthophis [akɑ̃tɔfis] *n.m.* 〖동물〗 (오스트레일리아산의)독사의 일종.

acanthoptérygiens [akɑ̃tɔpteriʒjɛ̃] *n.m.pl.* 〖어류〗 극기어류(棘鱲魚類).

a cappella [akapɛlla] 〖이탈리아〗 *loc. a., ad.* 〖음악〗 반주 없는(없이). chœur ~ 무반주 합창.

acare [aka:r] *n.m.* =**acarus.**

acariâtre [akarja:tr] *a.* (특히 여자나 노인이)까다로운, 발끈거리는, 잔소리가 심한(hargneux), 괴팍한(grincheux), caractère ~ 까다로운 성미. femme ~ 시끄럽게 구는 여자.

acariâtreté [akarja(a)trəte] *n.f.* 《드물게》까다로운 성미, 발끈거림.

acarides [akarid], **acari(e)ns** [akarjɛ̃] *n.m.pl.* 〖동물〗 진드기류(類).

acarnanien(ne) [akarnanjɛ̃, -ɛn] *a.* 아카르나니아 (*Acarnanie*, 고대 그리스의 나라)의.
—**A**~ *n.* 아카르나니아 사람.

acarpe [akarp] *a.* 〖식물〗 열매가 없는.

acarus [akarys] *n.m.* 〖동물〗 옴벌레, 개선충(疥癬蟲)(~ de la gale).

acatalecte [akatalɛkt] *a.* =**acatalectique.** —*n.m.* 〖그리스시〗 완전시구(完全詩句).

acatalectique [akatalɛktik] *a.* 〖옛〗〖운율〗(시구의)음절수(音綴數)가 완전한.

acatène [akatɛn] *a.* 사슬(체인)이 없는. —*n.f.* 사슬(체인)이 없는 자전거.

acaudé(e) [akode] *a.* 〖해부·동물〗 꼬리없는.

acaule [ako:l] *a.* 〖식물〗 줄기가 없는, 줄기가 보이지 않는.

accablant(e) [akablɑ̃, -ɑ̃:t] *a.* ① 짓누르는 듯한, 무겁게 짓누르는(écrasant); fardeau ~ 짓누르는 짐, 과중한 부담. ②(비유석)(고통·더위 따위가)견디기 어려운, 고통스러운, 고된, 답답한; (증거 따위가)명백한; (사람이)답답할 정도로 명청한. douleur ~e 참기 어려운 고통. chaleur ~e 견딜 수 없는 더위. poids ~ des soucis 태산같은 근심. preuve ~e de culpabilité 유죄의 명백한 증거. Il n'a encore rien compris; il est ~. 그는 아직도 전혀 이해하지 못했어, 정말 답답한 친구군.

accablé(e) [akable] *a.p.* [~ de] (에) 짓눌린, 압도된. ~ de vieillesse 쇠약해진. ~ de (par la) douleur 괴로움에 시달린. ~ de dettes 빚에 쪼들린. ~ de travail 일에 짓눌린.

accablement [aka(a)bləmɑ̃] *n.m.* ① 짓누름, 압도,

과중(abattement, ↔ soulagement). ~ des affaires 꼼짝도 할 수 없는 과중한 일[사무]. ② (육체적·정신적)쇠약, 낙담, 의기소침(abattement). être dans l'~ du désespoir 절망의 구렁텅이에 빠지다.

*accabler [akable] v.t. ① 짓누르다, 압도하다. être accablé sous une charge 짐에 짓눌리다. ② 성가시게 하다, 못살게 굴다, 피롭히다, 들쑤시다, 들볶다(écraser, ↔ soulager). La chaleur accablait les touristes. 더위가 관광객을 피롭혔다. [~ qn de] ~ le peuple d'impôts 세금으로 백성을 못살게 굴다. ③ 지치게 하다, 쇠약하게 하다(épuiser); 낙심시키다(abattre). être accablé de fatigue 지쳐서 기진 맥진하다. Ce deuil l'accable. 이 죽음이 그를 낙담케 한다. ④ [~ qn de] (욕설 따위를)퍼붓다(abreuver). ~ qn d'injures(de reproches) …에게 욕설[비난]을 퍼붓다. ⑤ (선물·친절 따위의)지나치게 베풀다. Vous m'accablez. (상대편의 지나친 친절에 대해)황송합니다. [~ qn de] Il nous accable de ses prévenances. 그는 우리에게 지나칠 정도로 친절을 베풀어 준다.

—s'~ v.pr. 압도되다, 짓눌리다. s'~ de travail 일에 시달리다, 과로하다.

accalmée [akalme], **accalmie** [akalmi] n.f. (비바람·파도 따위의)일시적인 가라앉음, 나무말미(éclaircie); (비유적) (소동·병세 따위의)일시적인 평온상태, 소강(小康)상태(répit); (사업의)불경기. ~ sur le front après la bataille 전투가 끝난 후의 전선의 소강상태.

accalminé(e) [akalmine] a. 【해양】(돛단배가) 바람이 자서 움직이지 못하게 된.

accaparage [akapara:ʒ], **accaparement** [akaparmɑ̃] n.m. 매점(買占); 독점, 독차지.

accaparant(e) [akaparɑ̃, -ɑ̃:t] a. 열중하게 하는.

accaparer [akapare] v.t. 매점하다, 독점하다, 독차지하다(monopoliser). réussir à ~ tout le pouvoir 전권 장악에 성공하다. Le travail l'accapare tout entier. 그는 일에 완전히 매여 있다. À table, il accapare la conversation. 식탁에서 그는 대화를 독차지 한다.

accapareur(se) [akaparœ:r, -ø:z] a. 매점하는; 독점하는. —n. 매점하는 사람; 독점자; (경제) 욕심장이.

accastillage [akastija:ʒ] n.m. 【선박】(배의)건현(乾舷), 【예】선수(선미)루(船首尾樓).

accéder [aksede] [⑥] v.t.ind. [~ à] ①…에 이르다, 도달하다(parvenir, atteindre); 접근하다. ~ jusqu'à qn …을 면회할 수 있다. Par ce petit chemin, on accède directement à la ferme. 이 작은 길로 가면 농장이 나온다. ②(옛)…에 동의하다, …을 받아들이다, 들어주다(accepter, consentir). ~ à une demande 요구를 들어주다. ~ aux vœux(aux désirs) de qn …의 소원을 들어주다. ③(옛) (계약 따위에)끼어들다, 한몫 끼다.

accelerando [akselerɑ̃do, atʃelerɑ̃do] (이탈리아)ad. 【음악】점점 빠르게.

accélérateur(trice) [akseleratœ:r, -tris] a. 속도를 빠르게 하는, 가속하는; 촉진하는. force ~trice 가속력. nerfs ~s 촉진 신경.

—n.m. ①(자동차의)가속장치, 액셀러레이터. appuyer sur l'~ 액셀을 밟다. écraser l'~ 《구어》 전속력을 내다. ②【사진】현상 촉진제; 【영화】 저속도 촬영장치. ③【물리】입자 가속기.

accélération [akselerasjɔ̃] n.f. 가속, 가속도; 속도변화; (비유적) (사무의)신속한 처리, 촉결[↔ralentissement]. ~ positive(négative) (가)속도. pédale d'~ (자동차의)액셀. ~ de travaux 공사의 촉진.

accéléré(e) [akselere] a.p. 가속된; 빠른, 급속한. feu ~ 속사(速射). machine à mouvement ~ 고속기계. —n.m. 【영화】퀵모션(저속)촬영(촬영 기를 느리게 회전시켜 촬영하고, 보통 속도로 영사하면 매우 빠르게 보이는 것)(↔ralenti).

accélérer [akselere] [⑥] v.t. (속도·운동을)빨리 하다, 가속하다(↔freiner); (일을)촉진시키다, 박차를 가하다(hâter, presser). ~ l'allure 보조를 빨리하다. ~ la vitesse de la voiture 차를 빨리 몰다. ~ les travaux 공사를 빨리 진행시키다.

—v.i. (자동차가)속력을 내다; (사람이)액셀을 밟다. Accélère un peu, on va être en retard. 액셀을 좀 밟아라, 이러다간 늦겠다.

—s'~ v.pr. 빨라지다, 촉진되다, 진척되다.

accéléromètre [akselerɔmɛtr] n.m. 【기계】 가속도계.

accense [aksɑ̃:s] n.f. 【고대법】=acense.

*accenser [aksɑ̃se] v.t. =acenser.

*accent [aksɑ̃] n.m. ①【음성】악센트, 강세, 강음; 악센트부호, (프랑스어의)악상. ~ aigu 악상테귀(´). ~ circonflexe 악상시르콩플렉스(ˆ). ~ grave 악상그라브(`). ~ d'insistance (말 또는 음절의)강조하는 악센트. ②(한 지방의 특수한)발음법, 억양; (시골의)사투리. ~ normand 노르망디 지방의 악센트[말투]. parler sans ~ (외국(시골)사람같은)사투리 억양없이 말하다. ③(감정 따위를 나타내는)어조, 말투, 억양. ~ oratoire 웅변조. ~ de réprobation 비난하는 말투, 비난조. ~ de sincérité 진지한 어조. Cet ~ d'ironie me déplaît. 그 비꼬는 투가 마음에 거슬린다. ④ (pl.)노래, 곡조; 소리, 울림. ~s guerriers du clairon 씩씩한 나팔소리. ~s du tonnerre 천둥소리. ⑤강조; 특색; (그림의)강한 색조.

mettre l'~ sur qc …을 강조하다.

accenteur [aksɑ̃tœ:r] n.m. 【조류】바위종다리.

accentuable [aksɑ̃tɥabl] a. 악센트를 붙여서 발음할 수 있는, 강세를 붙일 수 있는; 악상(´,ˆ,`)을 달 수 있는.

accentuation [aksɑ̃tɥasjɔ̃] n.f. ①악센트(강세)를 붙여서 발음하기; 억양법. syllabe à ~ faible 약음절. ②악상 달기. fautes d'~ 악상을 잘못 달기. ③ (연설 따위에서)소리를 높임; 강조. ④(비유적) (이목구비가)두드러지게 보임; (화장 따위에의)한 두드러지게 함.

accentué(e) [aksɑ̃tɥe] a.p. 악센트(강세)가 있는; 강조된, 두드러진, 현저한. syllabe(voyelle) ~e 악센트가 있는 음절[모음]. traits fortement ~s 아주 뚜렷한 얼굴 윤곽.

accentuel(le) [aksɑ̃tɥɛl] a. 【언어】악센트의; 악센트[악상]의.

accentuer [aksɑ̃tɥe] v.t. ①(에)악센트[강세]를 붙이다, (을)강하게 발음하다. ~ la voyelle finale 마지막 모음을 강하게(길게) 발음하다. ②【언어】(에)악상을 달다(´, ˆ, `). ③(비유적)강조하다, 두드러지게 하다(souligner); 강화하다(intensifier). ~ les traits du visage 얼굴의 윤곽을 두드러지게 하다. ~ son effort 가일층 노력하다. La barbe accentue la tristesse de sa physionomie. 수염 때문에 표정이 더욱 슬퍼 보인다.

—s'~ v.pr. ①악센트를 붙여서 발음되다; 악상이 붙여지다. ②강조되다, 강하게 표현되다; 두드러지다. ③강화되다(↔s'atténuer). Le froid s'accentue. 추위가 심해진다.

accepn(약자) acceptation (어음의)인수.

acceptabilité [aksɛptabilite] n.f. 수락[승낙]할 수 있음; 【언어】용인(容認)가능성.

acceptable [aksɛptabl] a. ①수락[승낙]할 수 있

는, 받아들일 만한(↔inacceptable). Cette offre est ~. 그 제안은 받아들일 만하다. ❷그럴 듯한, 적당한(passable); 【언어】 용인되는. prix ~ 적절한 가격.

acceptablement [akseptabləmã] *ad.* 마음에 들게, 만족스럽게.

acceptant(e) [akseptã, -ã:t] *a.* 수락(승낙)하는; 【법】 승인(수리)하는; 【법】 유산을 받는.
— *n.* (위)의 사람.

acceptation [aksɛptasjɔ̃] *n.f.* 수락, 승낙, 승인(consentement); 수령, 수납; 【법】 수리; 【상업】 (어음의)인수. ~ d'une proposition 제안의 수락. ~ d'une donation 기부의 수리(수령).

***accepter** [aksɛpte] *v.t.* 받아들이다, 승낙하다, 승인(인정)하다, 응하다; 수납하다; 【법】 수리하다; 【상업】 (어음을)인수하다. ~ la bataille(le débat) 싸움(토론)에 응하다. ~ une invitation 초대를 받아들이다. ~ qn comme(pour) gendre …을 사위로 맞아들이다. (~ 목적보어 없이) J'accepte volontiers. 기꺼이 응하겠읍니다.
~ *de + inf.* …하기를 승낙하다. Acceptez de venir à la maison demain. 내일 제 집에 와 주십시오.
~ *que + sub.* …하는 것을 감수하다(supporter). Je n'accepte pas qu'on me parle sur ce ton. 나는 그런 말투로 내게 말하는 것을 참지 못한다.
—*s'*~ *v.pr.* 받아들여지다, 수락되다, 승낙되다; 스스로(서로) 인정(승인)하다.

accepteur [aksɛptœːr] *n.m.* (어음의)인수인.

acception [aksɛpsjɔ̃] *n.f.* ❶(말의)뜻, 의미. ~ propre(figurée) 본의(本義)(전의(轉義)). Ce mot a deux ~*s* différentes. 이 말은 두 가지의 다른 의미가 있다. Prenez ce mot dans son ~ la plus large. 이 말을 가장 넓은 뜻으로 해석하시오. ❷특별한 배려, 특혜. sans ~ de personne 그 누구도 차별함이 없이. ❸(예) =acceptation.
faire ~ *de qn(qc)* 【법】 …을 차별하다. La justice ne *fait* ~ *de* personne. 법은 그 누구도 차별함이 없이 공정히 집행된다.

accès [aksɛ] *n.m.* ❶접근, 출입(abord); 출입구, 길, 통로(voie). L' ~ de ce parc est interdit. 이 공원의 출입을 금한다. La police surveille tous les ~ de la maison. 경찰은 이 집의 모든 출입구를 감시하고 있다. ~ aux quais 플랫폼 통로. port d'facile(difficile) aux paquebots 상선이 닿기 쉬운 (어려운) 항구. ❷ (사람·작품에의)접근; (직·지위에의)길, 도달. homme difficile d' ~ 가까이하기 어려운 사람. Cette œuvre est d'assez difficile ~. 이 작품은 접근(이해)하기가 꽤 어렵다. ouvrir l' ~ à qc …에 이르는 길을 열다. ❸(병의)발작(poussée); (감정 따위의)폭발. ~ de fièvre 발열. ~ de colère(de jalousie) 분노(질투)의 폭발.
avoir ~ *à* …에 접근하다; (직에)취직하다. avoir ~ aux emplois 취직할 수 있다.
avoir(trouver) ~ *auprès de qn* …에게 접근하다 (…와 만날 수 있다). Il *a* un libre ~ *auprès du* ministre. 그는 장관을 언제나 만날 수 있다.
donner ~ *à qc* …에 접근하다, …의 길을 열다. Ce titre lui *donnera* ~ *à* l'enseignement supérieur. 이 자격은 그에게 대학교수의 길을 열어 줄 것이다.
par ~ 발작적으로.

accessibilité [aksɛsibilite] *n.f.* 접근하기 쉬움, 언기(알기) 쉬움; 상냥함. ~ à tous les emplois 모든 직업에 종사할 수 있는 권리.

accessible [aksɛ(e)sibl] *a.* ❶접근할 수 있는, 다가서기 쉬운 (↔inaccessible). Ce lieu n'est ~ qu'en avion. 그곳은 비행기로만 갈 수 있다. [~ à qn] maison ~ à tout le monde 누구나 갈 수 있는 집. emploi ~ aux femmes (비유로)여자가 일할 수 있는 직장. ❷ [~ à qn] 알기 쉬운(intelligible, ↔incompréhensible, obscur); 얻기 쉬운. La musique moderne n'est pas ~ à tous. 현대 음악은 누구에게나 알기 쉬운 것은 아니다. ❸ 사귀기 쉬운, 서글서글한; 좌우되기 쉬운, 민감한(sensible). C'est une femme ~. 쉽게 사귈 수 있는(손에 넣을 수 있는) 여자이다. [~ à qn] Il est ~ à tout le monde. 그는 누구하고나 사귀기 쉽다. Il est peu ~ à la pitié. 그는 동정심이 적다.

accession [aksɛsjɔ̃] *n.f.* ❶ [~ à] (에)의 도달, 접근, 달성; 획득, 취임. ~ *au trône* (왕의)즉위. ~ à l'indépendance des pays africains 아프리카 제국의 독립 획득. ~ à de hautes fonctions 고위직 취임. ❷ [~ à] (계약·정당 따위에의)가입, 가맹. ~ de l'Italie *au* pacte atlantique 이탈리아의 북대서양조약 가입. ❸ 【법】 종물취득(從物取得).

accessit [aksɛsit] (라틴) *n.m.* (학교·콩쿠르에서의) 차석(次席), 준우수상, 준입상.

accessoire [aksɛswaːr] *a.* 부수(부대)적인, 종속적인, 부차적인, 제 2 차적인(secondaire, ↔ essentiel). action(idée) ~ 부차적인 행동(관념). frais ~*s* 부대비용. garantie ~ 【상업】 부(副)담보. jouer un rôle ~ 단역을 맡다. C'est tout à fait ~. 그것은 전적으로 부차적인 일이다(중요하지 않다는 뜻).
—*n.m.* ❶부속물, 부속품; 액세서리; 부대 사항. ❷세세한 점, 부차적인 것(↔le principal). laisser de côté l' ~ [les ~*s*] 세세한 점을 덮어두다. ❸ (*pl.*) 자질구레한 도구들; 【연극·영화】 소도구; 【예】 (그림의)종속적 부분. chef des ~*s*(d' ~ *s*); employé aux ~*s*; fournisseur d' ~*s* de solde 수당금. ❹【예】낡허진 지식.

accessoirement [aksɛswarmã] *ad.* 부수(종속·부대)적으로, 부차적으로, 제 2 차적으로; 거기에 부수해서, 그래서.

accesoirist [aksɛswarist] *n.* 【연극·영화】 소도구 담당원; 자동차 부속품상.

‡**accident** [aksidã] *n.m.* ❶사고, 사건, 돌발사, 재난 (catastrophe); 【의학】 돌발적인 증상(출혈·경련 따위) (complication). ~ d'avion 비행기 사고. ~ de voiture 자동차 사고. en cas d' ~ 사고가 날 때에는. sans ~ 무사히. ~ de la circulation(de la route) 교통사고. ~ du travail 노동재해, 업무상의 사고. ❷우연한 일; 부수적인 결과. ~*s* de la vie 인생의 파란. ❸ 【철학】 우유성(偶有性). ❹ 【언어】 (성·수의)변화; 【음악】 임시기호; (땅의)기복(~*s* de terrain); 【지질】 단층; (골프의)장애지역, (인조 진주 따위의)부각된 모양; 【미술】 빛의 효과(~ de lumière).
par ~ 우연히, 혹시. Je me suis trouvé là *par* ~. 우연히도 나는 그곳에 있었다.

REM **accident** 대체로 불행한 돌발사건:*accident* tragique 참화. **incident** 어떤 일에 부수적으로 일어나는 것으로 accident 보다 약하고, 불행한 일에만 국한되지 않음:Un heureux *incident* l'a tiré d'affaire. 어떤 다행스러운 돌발사건으로 그는 곤경을 면했다.

accidenté(e) [aksidãte] *a.p.* ❶사고가 난; 사고로 희생된. voiture ~*e* 사고차. ❷(땅에)기복이 심한, 울퉁불퉁한(inégal). terrain ~ 기복이 심한 땅. ❸ 【드문게】 (인생 따위의)파란 많은, 기구한. vie ~*e* 파란많은 생애. ❹(문체 따위의)변화 많은, 고르지 못한.
—*n.* 사고의 희생자; (*pl.*)사상자. ~ du travail 업무상 사고의 희생자.

accidentel(le) [aksidɑ̃tɛl] *a.* ① 우연한, 돌발적인, 불의의(contingent); 사고로 말미암은. mort ~le 사고사. Son absence est ~le. 그가 결석한 것은 이 쩌다 생긴 일이다(그는 좀체로 결석하지 않는다는 뜻). ② 【철학】 우유성의; 【의학】 돌발성의; 【언어】 부대(부수)적인. ③ signes ~s 【음악】임시기호. —*n.m.* 우연성.

accidentellement [aksidɑ̃tɛlmɑ̃] *ad.* 우연히, 뜻하지 않게(fortuitement); 때때로, 간혹; 사고로 말미암아. Je l'ai appris ~. 나는 우연히 그 소식을 들었다. mourir ~ 사고로 죽다.

accidenter [aksidɑ̃te] *v.t.* ① (땅에)기복이 생기게 하다, 울퉁불퉁하게 만들다; (문체 따위의)변화를 주다. ② 《속어》 (사고로 사람·사물에)손해를 끼치다. ~ un cycliste (사고로)자전거 탄 사람을 다치게 하다. ~ sa voiture (사고로)자기 차를 손상시키다. —*s'~ v.pr.* (자동차 따위로)사고를 당하다; 사고를 일으키다.

accidenteur [aksidɑ̃tœːr] *n.m.* 사고를 일으킨 사람 (↔ victime).

accidentologie [aksidɑ̃tɔlɔʒi] *n.f.* 교통사고에 관한 연구, 사고학.

accipitres [aksipitr] *n.m.pl.* 맹금류(類).

accise [aksiːz] *n.f.* (영국·벨기에의)소비세(특히 주류에 대한); (옛 프랑스의)간세, 인두세(impositions). droit d'~ 입시세(入市稅).

acclamateur [akla(ɑ)matœːr] *n.m.* 갈채하는 사람.

acclamatif**(ve)** [akla(ɑ)matif, -iːv] *a.* 갈채하는, 갈채로 표시하는. vote ~ 구두 투표.

acclamation [akla(ɑ)masjɔ̃] *n.f.* 갈채, 환호(성). saluer par des ~s 갈채로 맞다. pousser des ~s 환호성을 지르다. par ~ 갈채속에, (구두 투표에 의한)만장일치로. être voté [adopté] par ~ (투표에 의하지 않고) 갈채속에 [만장일치로] 가결되다.

acclamer [akla(ɑ)me] *v.t.* 갈채 (환호)하다; 환호리에 맞다 [선출하다] (applaudir, ↔ siffler). ~ qn chef d'État 국가원수에게 환호를 보내다. ~ qn empereur 환성을 지르며 …을 황제로 추대하다. **REM** acclamer 많은 사람이 환호하면서 사람을 맞다. applaudir 한 사람 또는 여럿이 박수를 보내다(특히 극장·집회에서).

acclimatable [aklima(ɑ)tabl] *a.* 새 풍토(환경)에 길들수 있는(길들기 쉬운).

acclimatation [aklima(ɑ)tɑsjɔ̃] *n.f.* (인위적인)풍토 순화(馴化), 적응, jardin d'~ 순화원(園). Jardin (Zoologique) d'A~ 파리의 블로뉴 숲에 있는 동물원.

acclimatement [aklima(ɑ)tmɑ̃] *n.m.* 새 환경에 적응하기, (자연적인)풍토 순화.

acclimater [aklima(ɑ)te] *v.t.* ① (동식물을)새 풍토에 길들이다; (새 환경에 익숙케)적응시키다(accoutumer). ~ une plante étrangère 타지역의 식물을 순화(馴化)시키다. être acclimaté à la vie parisienne 파리생활에 적응되다(익숙하다). ② (사상·습관 따위가)도입되다, 이입하다. —*s'~ v.pr.* ① 풍토(환경)에 길들다, 적응하다. ② (사상·습관 따위가)정착하다. Cet usage finira par s'~ en France. 이 관습은 프랑스에서 뿌리내리고야 말 것이다.

accoinçon [akwɛ̃sɔ̃] *n.m.* 【건축】비모진 서까래.

accointance [akwɛ̃tɑ̃ːs] *n.f.* (보통 *pl.*)《경멸》친교, 교제; 《경멸》친밀한 관계. avoir des ~s avec *qn* …와 잘 통하다.

accointé(e) [akwɛ̃te] *a.p.* [~ avec] (와)관계가 있는. —*n.* 단짝, 정부(情夫(婦)).

accointer (s') [sakwɛ̃te] *v.pr.* 《경멸》[s'~ avec/à] (와)(좋지 못한 일로)친해지다; 어울리다; (남녀가)깊은 관계를 맺다.

accolade [akɔlad] *n.f.* ① 얼싸안음, 포옹(특히 훈장 수여 때)(embrassade). donner [recevoir] l'~ (훈장 수여 때)포옹하다(받다). ② 《옛》 (기사 임명식 (敍任式))검(劍)으로 어깨를 탁 치기; 서임, (훈장의)수장(授章). ③ 【음악】연결선; 【인쇄】대괄호({ }).

accolader [akɔlade] *v.t.* ① 《옛》포옹하다; 기사서임하다. ② 【음악】연결선으로 묶다; 【인쇄】대괄호 속에 묶다. —*s'~ v.pr.* 《옛》서로 얼싸안다.

accolage [akɔlaːʒ] *n.m.* (포도 덩굴·과수의 가지를 받침대에)비끄러매기.

accolé(e) [akɔle] *a.p.* 비끄러맨, 연결된; 【인쇄】대괄호속에 묶인; 【식물】짝을 이룬. unités ~es 《군사》 병렬(並列)배치된 부대.

accolement [akɔlmɑ̃] *n.m.* 묶기, 연결하기; 【인쇄】대괄호로 묶기; 【의학】유착.

accoler [akɔle] *v.t.* ① 연결하다, 나란히 배열하다; 【인쇄】대괄호로 묶다. ~ deux noms sur la liste 리스트에 두 이름을 나란히 게재하다. [~ *qc* à *qc*] ~ la particule *à* son nom pour s'ennoblir 귀족이 되려고 이름에 de 를 갖다 붙이다. ② (포도 덩굴·과수의 가지 따위를 받침대에)비끄러매다. ③ 《옛》 [~ *qn*] (목을)얼싸안다, 포옹하다; 입맞추다. ~ *qn* à tour de bras …의 목을 팔로 얼싸안다. ~ la cuisse [la botte] à *qn* …의 허벅다리 [신발] 에 맞추다(경의·복종의 표시). ④ 【건축】(원주의 장식을)서로 얽히게 하다. —*s'~ v.pr.* ① (서로)서로 끌어안다, 서로 얼싸안다. ② [s'~ à] (식물이)얽히다; 서로 얽히다. ③ 《구어》 (나쁜 의미로) [s'~ avec/à] (여자와)사귀다, 친해지다(s'acoquiner).

accolure [akɔlyːr] *n.f.* ① 《원예》 (포도 덩굴·과수의 가지 따위를 비끄러매는)끈; 버들의 잔가지. ② 《제본》실. ③ 뗏목.

accombant(e) [akɔ̃bɑ̃, -ɑ̃ːt] *a.* 【식물】 대위(對位)의.

accommodable [akɔmɔdabl] *a.* 《옛》화해할 수 있는, 조정할 수 있는.

accommodage [akɔmɔdaːʒ] *n.m.* 《옛》(특히 고기의)요리, 조리; (가발을 쓰기 위한)조발(調髮).

accommodant(e) [akɔmɔdɑ̃, -ɑ̃ːt] *a.* 서글서글한, 양순한, 다루기(사귀기)쉬운(arrangeant). homme ~ (d'un commerce ~) 쉽게 사귈 수 있는 사람. peu ~ 다루기 힘든.

accommodat [akɔmɔda] *n.m.* 【생물】 (새 환경의 영향으로 생기는)적응형질.

accommodat**eur(trice)** [akɔmɔdatœːr, -tris] *a.* 【생리】조절용의. muscle ~ 【해부】조절근.

accommodation [akɔmɔdɑsjɔ̃] *n.f.* ① 적응; 개조. ② 【생리】 (시력의)조절. ~ visuelle [de l'œil] 눈의 조절작용. ~ à distance 원근조절. ~ électrique 【생리】(생물의 신경의)전기 순응. ③ 요리, 조리(調理); 【언어】부분적 동화(예:obtenir 가 [optani:r] 로 발음되는 따위).

accommodé(e) [akɔmɔde] *a.p.* ① 《옛》[~ de] (~을) 갖춘; (보어 없이)유복한, 안락한. peu ~ (des biens de la fortune) 재물의 혜택을 그다지 받지 못한. ② 《옛》 (머리나 복장이)정돈된.

accommodement [akɔmɔdmɑ̃] *n.m.* ① 화해, 타협(안); 【상법】 조정(調停), homme d'~ 서글서글한 사람, 호인. proposer un ~ 화해(타협)를 제안하다. refuser tout ~ 일체의 타협을 거부하다. Nous sommes en voie d'~. 우리는 타협하려 하고 있다. ② 《옛》개조, 손질, 수리. Il faut faire à cette maison quelques ~s. 이 집에 약간의 손질을

해야한다. ③《옛》안락, 유복.
accommoder [akɔmɔde] *v.t.* ① [~ qc à] (에)알맞게 하다, 적응시키다(adapter, ajuster). ~ ses paroles *aux* circonstances 때와 장소에 따라 적절히 말하다. ② (사무를)정리하다, (가구 따위를)배치[배열]하다; (집 따위를)수리하다; (의)머리[옷]치장을 하다; 요리[조리]하다. ~ sa maison 집안을 정돈하다. être étrangement *accommodé* 차림새가 괴상하다. ~ la tête(la coiffure, les cheveux) à *qn* …의 머리를 손질하다, (의) ~ du poisson avec une sauce 소스로 생선을 조리하다. ③ (시선 따위를)맞추다, 일치시키다. ~ le regard sur *qc* …에 시선을 (의 초점을) 맞추다. [~ *qn*] 안락하게 하다, 편안하게 하다; (의)마음에 들다(convenir à). Ce marchand *accommode* bien ses clients. 이 상인은 고객들로의 비위를 잘 맞춘다. Cette maison l'*accommoderait* bien. 이 집은 그의 마음에 들 것이다. Cela m'*accommode*. 그것은 내게 안성마춤이다. ⑤ (와)일치시키다, 화해[타협]시키다, 조정하다(concilier). ~ les principes à la réalité 원리를 현실에 일치시키다. [~ *qc* avec] Je trouve sa tête bien *accommodée* avec son cœur. 그의 머리와 가슴은 잘 조화되어 있다고 본다. ~ la religion *avec* les plaisirs 종교와 쾌락을 조화시키다. ⑥《속어》《반어적》혼내주다(maltraiter); 웃음거리로 만들다(ridiculiser). On l'*accommodé* comme il faut. 그는 호되게 당했다. ⑦ [~ *qc* de *qc*] 주다, 양도하다. Je vous *accommoderai de* mon terrain si vous voulez l'acheter. 내 땅을 사고 싶다면 당신에게 넘겨 드리겠소.
~ *qn* **à toutes sauces** …을 몹시 나쁘게 말하다.
~ *qn* **de toutes pièces** …을 혼내다, 때리다.
—**s'**~ *v.pr.* ① [s'~ de] (에)만족하다, (을)달게 받다(accepter, se contenter de). Il *s'accommode* de tout. 그는 무슨 일에나 만족한다《까다롭게 굴지 않는다는 뜻》. *s'*~ que+sub. …에 만족하다. ② [s'~ à] 자기를 적응시키다, 순응하다, 익숙하게 되다(s'adapter, s'habituer). *s'* ~ *à* de nouvelles conditions d'existence 새로운 생활 조건에 적응하다(우응하다). Il *s'accommode* à tout. 그는 무슨 일에나 잘 맞춰나간다. ③ 편히 지내다[살다]; 《옛》부자가 되다. Je l'ai vu pauvre, depuis il *s'est* bien *accommodé*. 그는 가난했는데 그 후로 잘 살게 됐다. ④《속어》[s'~ de] 마음대로 쓰다, 자기의 것으로 만들다. Il *s'accommode* de tout ce qu'il trouve. 그는 눈에 띄는 대로 자기의 것으로 삼는다 [마음대로 쓴다]. ⑤ 치장하다. ⑥ [s'~ avec] 화합하다; 화해하다. ~ *s* ~ *avec* ses créanciers 채권자와 합의를 보다. Ils *se sont accommodés*. 그들은 서로 화해했다.

accompagna*teur*(*trice*) [akɔ̃paɲatœːr, -tris] *n.* ①《음악》반주자. ②《인솔자, 《관광》가이드. 《철도》《장거리 열차의》정비계 승무원. —*n.m.* 《주식》작은 차액을 노려 사고 파는 사람.

accompagnement [akɔ̃paɲmɑ̃] *n.m.* ① 수행원, 수행자, 동반자(compagnie, escorte); 동반, 수행. ②《음악》반주. ~ à grand orchestre 오케스트라의 반주. sans ~ 반주 없이(없는). ③《군사》호위. mission d'~ 호위 임무. chasseur d'~ 호위 전투기. artillerie d'~ 호위 포병대. ④ 부속물; 수반물. La douleur est souvent l'~ du plaisir. 쾌락은 종종 고통을 동반한다. ⑤ (*pl.*)《요리》곁들인 음식, 고명.

***accompagner** [akɔ̃paɲe] *v.t.* ① 동반[동행]하다, 수행하다, 따라다(conduire). Je vais t'~ jusqu'au métro. 지하철까지 함께 가겠네. vedette qui *fut accompagnée* d'une foule d'admirateurs 수많은 팬들에 에워싸인 인기 배우. Tous mes vœux vous *accompagnent*. 《비유적》(나의 기원이 당신을 따른다) 당신의 성공을 빌고 있겠읍니다. ② 호위하다(escorter). Il se fait toujours ~. 그는 항상 호위받는다. ③ [~ *qc* de] (에)덧붙이다, 수반시키다(assortir). ~ un plat d'un excellent vin 요리에 좋은 술을 곁들이다. ~ ses mots d'un geste 몸짓을 해가면서 이야기하다. Il *accompagna* sa réponse *d'un* sourire bienveillant. 그는 호의적인 미소를 띠면서 대답했다. ④ (의)반주를 하다. ~ *qn* avec le violon(sur le piano, au piano) 바이올린[피아노]으로 …의 반주를 하다. ⑤《옛》(와)잘 어울리다. —*v.i.* 반주하다.
—**s'**~ *v.pr.* ① [s'~ de] (을)데리고 가다, 수반하다; 뒤따르다. Une défaite *s'accompagne* toujours *de* quelque humiliation. 패배에는 항상 어떤 굴욕감이 따른다. ② 스스로 반주하다. chanter en *s'accompagnant* à la guitare 기타를 치면서 노래하다.

accompli(e) [akɔ̃pli] *a.p.* 완전히 끝난; 완성된, 완전한, 더할 나위 없는; 실행된, 실현된; 《언어》완료의. C'est une affaire ~*e*. 그것은 끝난 일이다. Il a vingt ans ~*s*. 그는 만 20세이다. maîtresse de maison ~*e* 완전 무결한[모범적인] 주부. fait ~ 기정 사실. —*n.m.* 《언어》완료형.

***accomplir** [akɔ̃pliːr] *v.t.* ① 완수[수행]하다; 실행[이행]하다(exécuter). ~ son devoir 자기 의무를 완수하다. ~ sa promesse 약속을 이행하다. ② 완료하다, 끝마치다. ~ son service militaire 병역을 마치다.
—**s'**~ *v.pr.* 실현[수행·실행]되다, 이룩되다(se réaliser). Son souhait *s'est accompli*. 그의 염원은 이루어졌다.

accomplissement [akɔ̃plismɑ̃] *n.m.* (의무 따위의) 수행, 이행, 완수(exécution); (소망의)성취, 달성; (일의)완료, 실현(réalisation). ~ *d'un* ouvrage 저술의 완성. ~ des prévisions 예상의 실현. *en* ~ 수행중의, 진행중의.

accon [akɔ̃] *n.m.* 《해양》밑바닥이 편평한 거룻배.
acconage [akɔnaːʒ] *n.m.* 거룻배 사공 노릇; 거룻배 운송(업).
acconier [akɔnje] *n.m.* 《해양》거룻배 사공; 거룻배 운송업자.
accorage [akɔraːʒ] *n.m.* 《해양》(배의 건조·수리 때 배를)받침대로 받치기; 받침대.

***accord** [akɔːr] (< *accorder*) *n.m.* ① ⓐ 동의, 승인 (consentement); 일치(concorde, ↔ discorde); 화해, 화목(entente, ↔ brouille). obtenir l'~ de *qn* …의 동의를 얻다. ~ au sein de leur ménage 그들 가정내의 화목. Ils vivent en complet ~ [dans un ~ parfait]. 그들은 그지없이 화목하게 지낸다. ⓑ (단체·국가간의)협정, 협약(convention); 조약(traité); (*pl.*)《옛》사뚜리(?)협정. ~ de prix 가격 협정. ~ professionnel (동)업자간 협약. l'~ culturel franco-coréen 한불문화협정. passer[conclure] un ~ 협정을 맺다. l'~ sur l'arrêt des expériences nucléaires 핵 실험 금지(에 관한) 조약. ⓒ 《언어》일치. ~ des participes 분사의 일치. ⓓ《음악》조화(harmonie); 《음악》화음; (*pl.*) 노래, 가사. merveilleux ~ entre les parties du corps humain 인체의 각부분간의 놀라운 조화. ~ entre la musique et les paroles 곡과 가사간의 조화. ~ parfait[imparfait] 완전[불완전]화음. ⓑ 《음악》조율; 《무전》동조(同調), 튜닝. dispositif d'~ 튜너. bobine d'~ 동조코일. condensateur d'~ (동조)콘덴서. tenir l'~ 《음악》(조율한 대로)음조가 맞다.
***D'*~!** 좋소! 동감이오! 좋소! (《속어》*D'ac(c)!* [dak] 로도 약칭).

demeurer (***être, tomber***) ***d'~ avec*** *qn* …와 의견이 일치하다. *Je suis d'~ avec vous.* 당신과 같은 생각이오. ***d'un commun ~*** 만장일치로. ***en ~ avec*** …와 일치[조화]하여. ***mettre*** *qn* ***d'~*** …을 일치[조화]시키다; (사람들의)의견을 같게 하다. ***se mettre***(***tomber***) ***d'~ avec*** *qn* …와 타협이 이루어지다, 의견이 일치하다. 《상호적》*Ils se sont enfin mis d'~ sur ce qu'on allait faire.* 그들은 마침내 무엇을 할 것인가에 대해 합의했다. ***Tout est d'~.*** 모든 준비가 다 되어 있다.

accordable [akɔrdabl] *a.* ① 화해[일치·협조]될 수 있는, 일치[조정]할 수 있는. *Ces plaideurs ne sont pas ~s.* 이 소송분쟁 당사자들은 서로 화해할 수 없다. *Ce vieux piano n'est plus ~.* 이 낡은 피아노는 더 이상 조율할 수 없다. ② 동의할 수 있는, 인정할 수 있는; 줄 수 있는; 허가할 수 있는.

accordage [akɔrdaːʒ] *n.m.* 《음악》조율, 서로 맞추기; 《무전》동조, 정조(整調). *~ d'un piano* 피아노의 조율.

accordailles [akɔrdɑːj] *n.f.pl.* 《옛》약혼(식).

accordant(***e***) [akɔrdɑ̃, -ɑ̃ːt] *a.* 의견을 같이하는, 일치[조화]하는; 《음악》소리가 잘 맞는, 화음이 잘된, 협화의(consonant). *tons ~s* 서로 화음이 잘 되는 음.

accord-cadre [akɔːrkɑdr] *n.m.* 《경제》(정부당국과 노동조합 또는 노사간의) 기본 협정.

accorde [akɔrd] *n.f.*(*m.*) 《보트》함께 젓기. *Nage d'~!* 일제히 저어!《구령》

accordé(***e***) [akɔrde] *n.* 《옛·사투리》약혼자. *les ~s* 신랑 신부. —*a.p.* 조율된; 《무전》동조된. *piano bien ~* 조율이 잘된 피아노.

accordement [akɔrdəmɑ̃] *n.m.* ① 화해시키기. ② =accordage.

accordéon [akɔrdeɔ̃] *n.m.* ① 《음악》아코디언, 손풍금. ② 《자동차》접게 된 덮개. *en ~* (스커트 따위가) 주름잡힌; 《구어》구겨진.

accordéoniste [akɔrdeɔnist] *n.* 아코디언 연주자.

*****accorder** [akɔrde] *v.t.* ① 일치[조화·화해]시키다, 화목하게 하다(allier, associer, ↔ désaccorder); 《옛》(분쟁·불화를)해소시키다, 조정하다 (arranger, régler, ↔ brouiller); *~ ces deux passages* 두 구절을 조화시키다. [*~qc avec qc*] *Il a accordé le coloris des coussins avec celui de la tapisserie.* 그는 쿠션과 장식 융단의 빛깔을 어울리게 했다. *~ deux adversaires* 대립된 쌍방을 화해시키다 (타협하게 하다 faire *~*); 《언어》일치시키다 (피아노 따위를) 조율하다; 《무전》동조시키다 ②(과)장음을 맞추다. ②ⓐ(상대방에게 호의를 보여) 인정하다(convenir, reconnaître). *~ ce fait* 이 사실을 인정하다. [*~ que + ind.*] *J'accorde qu'il eu raison de refuser.* 그가 거절한 것이 옳았다고 인정한다. [*~ qc à qn*] *Tout le monde lui accorde du bon sens.* 그는 사람들은 그가 양식이 있음을 인정한다. ⓑ[*~qc à qn*] 허가하다, 동의하다; (선물·은혜 따위를)주다(donner, octroyer). *Pouvez-vous m' ~ quelques minutes?* 잠깐만 시간 내주시겠어요? *~ la main de sa fille à qn* …을 사위로 맞아 들이는 것을 허락하다. *se faire ~ huit jours de congé* 1주일간의 휴가를 허락받다. *~ à qn de + inf.*; *~ à qn que sub.*(*ind.*) …에게 …하는 것을 허가하다.

—*s'~ v.pr.* ① ⓐ [*s'~ avec*] (와)일치[조화]되다; (에) 동의하다; 《언어》일치하다 《음악》음조가 맞다. *Cela ne s'accorde pas avec mes idées.* 그것은 내 생각과는 맞지 않는다. ⓑ 의견이 일치하다. *S'~ à/sur + inf.*] *Tous s'accordent à croire que…* 모두들 한결같이 …라고 믿는다. *Ils s'accordent pour me tromper.* 그들은 일치해서 나를 속인다. ②(조화)맞다, 적합하다, 어울리다. *Ils s'accordent mal ensemble.* 그들은 서로 의좋게 어울리지 못한다. *faire s'~ les livres* 《상업》 장부의 수자를 맞추다. ②약혼하다. ②주어지다, 허락받다; 자신에게 주다[허락하다]. *Il ne s'accorde jamais de répit.* 그는 쉴 새 없이 일한다.

accordeur [akɔrdœːr] *n.m.* ①(악기의) 조율사. *clef d'~* 《음악》조율건(調律鍵). ②《옛》조정자. *~ de différends* 분쟁 조정자.

accordoir [akɔrdwaːr] *n.m.* 《음악》조음건; 음차 (音叉), 소리굽쇠.

accore [akɔːr] *a.* (해안이) 절벽을 이룬(escarpé). *côte ~* 절벽 해안. —*n.m.* ①(암초 따위의) 급사면, 절벽; 주위, 윤곽. ②《선박》(건조·수리 중인 배의)고임.

accorer [akɔre] *v.t.* (배·벽·집을)받침대[버팀목]로 받치다[괴다]. *~ un tonneau* 통을 (구르지 않도록) 괴다.

accorné(***e***) [akɔrne] *a.* 《문장》(소·말 따위가) 신체의 나머지 부분과 다른 색깔의 뿔을 가진; 《축성》 갑보 (角堡)가 있는.

accort(***e***) [akɔːr, -ɔrt] *a.* 《옛》교묘한(adroit); 《옛·문어》(특히 여자가) 쾌활한, 싹싹한(vif).

accortement [akɔrtəmɑ̃] *ad.* 《옛》빈틈없이, 교묘하게; 상냥하게.

accortise [akɔrtiːz] *n.f.* 《옛·문어》애교 있음, 상냥함, 싹싹함.

accostable [akɔstabl] *a.* (배를 해안에)댈 수 있는; 《예·속어》가까이 하기 쉬운; 사귀기 쉬운. *quai ~* 배를 댈 수 있는 부두. *femme ~* 쉽게 가까이 할 수 있는 여자.

accostage [akɔstaːʒ] *n.m.* 다가와서 말을 걸기; 《해양》(배를 부두에) 대기, 모로 대기; 배에 올라타기; 《우주》도킹.

accoster [akɔste] *v.t.* ① (~ *qn*) (사람에게) 느닷없이 다가가다, 다가가서 말을 걸다(aborder). *Un passant l'accosta pour lui demander l'heure.* 행인 한 사람이 그에게 그에게 다가와서 시각을 물었다. ② (에)배를 바싹 대다(aborder). *~ le quai* 부두에 정박하다. *~ un bateau le long du quai* 배를 부두에 갖다 대다. *~ la terre* 육지에 다가가다. ③《우주》도킹하다.

—*v.i.* 부두에 닿다, 정박하다.

—*s'~ v.pr.* ① [*s'~ à/contre*]: 서로 인사를 나누다. ②《옛·속어》[*s'~ de*] (나쁜 의미로) (와)사귀다, 교제하다.

accoté(***e***) [akɔte] *a.p.* ① 《해양》 《배가》 옆으로 기운. ② [*~à/contre*] (에)기댄.

accotement [akɔtmɑ̃] *n.m.* ① 《토목》길가, 길옆 (포장 도로와 하수도, 집과 하수도 사이). ② 《철도》 레일과 열차 사이, 선로 측면의 자갈길.

accoter [akɔte] *v.t.* ① [*~ qc à/contre*] (에)기대다, 기대 놓다. *~ l'échelle contre le mur* 사닥다리를 벽에 세우다. ② (통·바퀴를)괴어 굴러 움직이지 않게 하다. ③《건축》버팀목으로 받치다. —*v.i.* 《해양》(배가) 모로 기울다.

—*s'~ v.pr.* [*s'~ à/contre*](에)기대다. *s'~ à un arbre* 나무에 등을 기대다.

accotoir [akɔtwaːr] *n.m.* (의자의) 팔걸이; 《선박》 (건조 중인 배의) 받침대, 지주.

accouardir [akwardiːr] *v.t.* 겁나게 하다, 겁장이로 만들다. —*s'~ v.pr.* 겁이 나다, 자지러지다.

accouché(***e***) [akuʃe] *a.p.* 해산한. —*n.f.* 산부, 산

모. salle des ~es 분만실.
accouchement [akuʃmɑ̃] *n.m.* ① 해산, 분만, 출산 (enfantement). ~ sans douleur 무통분만. ~ prématuré 조산. centre d'~ 산과병원. faire un ~ (의사가)해산시키다. pratique des ~s 산파술. ②(작품의)제작, 창작, 피로음, 어려운 일.
accoucher [akuʃe] *v.t.ind.* [~ de] ①…을 해산하다, 출산하다 (enfanter). ~ avant terme 조산하다. Elle *a accouché d'*un garçon. 그녀는 사내아이를 낳았다. ②(작품 따위를) 만들어 (생각해)내다(créer, produire). Chaque année, il *accouche d'*un roman. 그는 해마다 소설 한 편씩 써 내고 있다. ③《속어》(목적도 없이)속시원히 털어놓다. Mais *accouche* donc! 자, 털어놔 봐!
— *v.t.* ① 해산을 돕다, 분만시키다. sage-femme qui l'*a accouchée* 그녀를 분만시킨 조산원. ②(비유적)만들어내다.
— s'~ *v.pr.* (조산원 없이)혼자서 낳다.
accoucheur(se) [akuʃœːr, -ɸːz] *a.* 산과의, 낳게 하는. — *n.m.* 산과의사(médecin ~); (남의 숨은 재능 따위를)일깨워주는 사람. Platon, ~ industrieux des intelligences 사람들의 지혜를 교묘하게 깨워준 플라톤. — *n.f.* 《옛》 산파, 조산원.
accoudement [akudmɑ̃] *n.m.* 팔꿈치를 기대기; 《군사》 병사의 팔꿈치에 닿을 정도의 간격.
accouder (s') [sakude] *v.pr.* [s'~ à/sur qc] (에)팔꿈치를 괴다. Il *s'accoude au* parapet pour regarder. 그는 난간에 팔꿈치를 괴고 내려다 보고 있다.
accoudoir [akudwaːr] *n.m.* (의자의)팔걸이 (accotoir); 《건축》 난간.
accouer [akwe] *v.t.* (말떼의)꼬리를 뒷말 머리에 매다.
accouplage [akuplaːʒ] *n.m.* = **accouplement**.
accouple [akupl] *n.f.* 《사냥》(사냥개를 짝지어 매는)가죽끈.
accouplé(e) [akuple] *a.p.* ① 한 쌍의, 짝지은. colonnes ~es 《건축》 쌍기둥. ménage bien ~ 금실이 좋은 부부. ② 맞추어 놓은, 연결된.
accouplement [akupləmɑ̃] *n.m.* ① 짝짓기; 연결, 결합. Paresse et succès sont deux mots dont l'~ est un contresens. 나태와 성공이라는 두 단어를 연결시키는 것은 이치에 어긋난다. pédale d'~ 《음악》(오르간의)연결단(栓), 카플러. 《철도》 연결(기); 《전기》결합. ③교미; (사람에 대해) 성교; 《옛》 결혼.
accoupler [akuple] *v.t.* ① 짝짓다, 한 쌍이 되게 하다; 연결[접합]하다; 《전기》(전지 따위를)연결하다. ~ des mots qui ne vont pas ensemble 잘 맞지 않는 말들을 결합하다. ②교미시키다.
— s'~ *v.pr.* ① 한 쌍이 되다. ②교미하다.
accourci(e) [akursi] *a.p.* 짧아진. chemin ~ 지름길. — *n.f.* 《옛》 지름길. — *n.m.* 《옛》(책의)적요, 요약.
accourcir [akursiːr] *v.t.* 《옛》 짧게 하다, 줄이다 (raccourcir). ~ son chemin 지름길로 가다. ~ le temps 시간을 짧게 느끼게 하다. — *v.i.* 《문어》짧게 되다. Les nuits *accourcissent*. 밤이 짧아진다.
— s'~ *v.pr.* 짧아지다.
accourcissement [akursismɑ̃] *n.m.* 《옛·문어》 단축, 짧아짐, 줄어짐.
***accourir** [akuriːr] [20] *v.i.* (조동사 avoir (동작), 또는 être(상태)) 뛰어나가다, 뛰어(달려)오다(se précipiter). Elle *est accourue* vers lui pour l'embrasser. 그녀는 급히 달려와 키스했다.
accoutrement [akutrəmɑ̃] *n.m.* 이상한 옷차림(분장); 《옛》 옷; 옷차림.
accoutrer [akutre] *v.t.* ①《구어》《경멸》(에게)괴상한 옷차림을 시키다, 괴상하게 분장시키다. Elle *est* ridiculement *accoutrée*. 그녀는 우스팡스러운 옷차림을 하고 있다. ②《옛》(에게)옷을 입히다. ③(천사 제조기의)줄구멍을 조절하다. ④(비유적) (작품 따위를)개작하다, 꾸며내다(arranger). ~ *qn de toutes pièces* 《구어》(행동이나 말로)혼내다, 꾸짖다; (뒤에서)마구 헐뜯다.
— s'~ *v.pr.* 괴상한 옷차림을 하다(s'attifer).
accoutreur(se) [akutrœːr, -ɸːz] *n.* (천사 제조기의)줄구멍을 조절하는 직공.
accoutumance [akutymɑ̃ːs] *n.f.* ①(에)익숙해지기(adaptation); (약에 대한)무반응; 중독. [~ à qc] ~ *au* malheur 불행에 익숙해짐. ② 습관. *d'*~ 보통, 언제나. L'~ *diminue le plaisir*. 쾌락도 습관이 되면 싱거워진다.
accoutumé(e) [akutyme] *a.p.* 일상의(habituel). à l'heure ~e 여느 때와 같은 시간에. — *n.* 단골 손님. — *n.f.* 《옛》 습관.
(*comme*) *à l'~e*; à son ~e 여느 때처럼, 늘 하는 버릇으로. Tout s'est passé *à l'~e*. 모든 것은 여느 때와 마찬가지로 진행되고 있다.
accoutumer [akutyme] *v.t.* ① [~ *qn* à qc/à+inf.] (에게)익숙케 하다, 습관을 붙여 주다(habituer). Il faut ~ de bonne heure les enfants *au* travail. 어린 아이는 일찍부터 일하는 데에 익숙케 해야 한다. Cet enfant *est accoutumé* faire tous ses caprices. 그 아이는 온갖 투정을 부리기 일쑤이다. ②《옛》 [~ de+inf.] (에) 버릇이 되다(복합시제에만 쓰임). Il *avait accoutumé* de se promener le matin. 그에게는 아침산보를 하는 습관이 있다.
— s'~ *v.pr.* [s'~ à qc/à+inf.; s'~ à ce que+sub.](하는 데)익숙하다(s'habituer). Il *s'accoutume à* n'importe quelle nourriture. 그는 아무것이나 잘 먹는다. ②《옛》[s'~ avec qn/qc] (와)친해지다(서 지내다)(se lier). Je ne saurais m'~ *avec* ses gens-là. 그 사람들과는 친해질 수가 없다.
accouvage [akuvaːʒ] *n.m.* 인공 부화.
accouvé(e) [akuve] *a.p.* ①(암탉이)알을 품은. ② 움츠린.
accouver [akuve] *v.t.* (암탉에게)알을 품게 하다.
— *v.i.* 알을 품다.
— s'~ *v.pr.* ①알을 품기 시작하다. ②움츠리다.
accouveur(se) [akuvœːr, -ɸːz] *n.* 인공 부화하는 사람, 인공 부화업자.
accréditation [akreditasjɔ̃] *n.f.* (대사를)신임장을 주어 파견하기; 《옛》 신임.
accrédité(e) [akredite] *a.p.* ① 신용 있는, 신용을 얻은, 명성 있는. commerçant ~ par son honnêteté 정직성으로 신용을 얻은 상인. ② 널리 유포되어 있는. — *n.f.* 《상업》 신용장 소지인.
accréditer [akredite] *v.t.* ①(소문·소식 따위를)믿게 하다, 퍼뜨리다(propager). ~ une rumeur 소문을 퍼뜨리다. ② 신임장을 주어 파견하다; (에게) 신용(명성)을 주다; 신용을 얻게 하다; 《은행》 신용대부를 하다. Sa bonne conduite l'*a accréditée*. 그의 선행은 그를 신임받게 하였다. ~ *qn* auprès d'une banque …에게 은행의 신용장을 개설하게 하다. ~ un voyageur (신용장을 소지한)여행자에게 신용대부하다. ③(사물을)신용하게 하다, 인정하다. ~ une expression nouvelle 새로운 표현을 인정하다.
— s'~ *v.pr.* (보도가)유포되다; 신용(명성)을 얻다. Ce marchand commence à s'~. 이 상인은 신용을 얻기 시작한다. s'~ auprès *de qn* …에게 신임장을 내놓다.
accréditeur [akreditœːr] *n.m.* 《상업》 보증인, 담보인, 인수인.
accréditif(ve) [akreditif, -iːv] *a.* 《상업》 신용의.

lettre ~ve 신용장. —n.m. 신용장.
accrescent(e) [akresɑ̃, -ɑ̃:t] a. 【식물】 수정 후에 자라는.
accrété(e) [akre(e)te] a. ① 볏이 있는, 도가머리가 있는. ~ de qc 머리에 ···이 붙어 있는. ② 거만한, 으스대는(fier).
accroc [akro] n.m. ① (걸리는 것에 의해)찢긴 데. ② (명성 따위의)오점, 흠. faire un ~ à qc ···을 상하게 하다. avoir ~ à sa réputation 명성에 상처를 입다. ③ 위반, 법법. ~ à la règle 규율 위반. ④ (뜻밖의)지장, 애로; 사고. Il est survenu un ~ qui retarde leur accomodement. 뜻하지 않은 장애가 생겨 그들의 화해를 지체시키고 있다. Tout se passa sans ~. 만사가 사고 없이 진행됐다.
accrochage [akrɔʃa:ʒ] n.m. ① (액자·커튼 따위를) 걸기, 걸어(내)에 걸(리)기(↔décrochage); (특별 전시(exposition)에 대해)상설전시 【광고용어】 (자동차의)가벼운 충돌, 【군사】 (갑작스런)교전; 말다툼, 논쟁(dispute); 뜻밖의 고장(장애); 【스포츠】 주자의 충돌; (권투의)클린치. ~ des toiles dans un musée 미술관에 그림을 걸기. ② (차량 따위의)연결. ③ 【무전】 파장잡기. ④ 【광산】 적치장(積置場). ⑤ ~ à l'infini 【사진】 (무한대로)초점을 고정해 놓기. ⑥ (광고 따위에서)이 목[주의]을 끌기.
accroche-assiette [akrɔʃasjɛt] n.m. 접시걸이.
accroche-balai [akrɔʃbalɛ] n.m. 솔[비]걸이.
accroche-cœur [akrɔʃkœ:r] (pl. ~~s) n.m. (이마 위의)애교 머리.
accrochement [akrɔʃmɑ̃] n.m. ① (갈고리·낚시 따위로)걸기; 걸어서 잡기; (자동차의)접촉 사고, 충돌; 【권투】 클린치; 【철도】 (차량의)연결. ② 고장, 장해.
accroche-plat [akrɔʃpla] (pl. ~~s) n.m. 접시걸이.
***accrocher** [akrɔʃe] v.t. ① (그림 따위를)고리에 걸다; (에)걸다. [~ qc à qc] ~ sa robe à un clou 옷을 못에 걸다. ② 교묘하게 얻다(차지하려고 (attraper). essayer d'~ le mari d'une autre 남의 남편을 교묘하게 낚으려들다. ~ une place 술책으로 자리를 차지하다. ③ (주의 따위를)끌다. Le titre du journal accrochait les passants. 그 신문 제목은 지나가는 사람들의 눈길을 끌었다. ④ 붙잡다, 지연시키다(cramponner, retenir); 【군사】 싸움을 시작하다, 맞부딪다. ~ une affaire 일을 지연시키다. ~ l'ennemi 적과 싸우다. batterie accrochée 포문을 연 포대. ⑤ (바지 따위가 못에)걸려 찢기다. ⑥ (자동차 따위에)부딪다, 충돌하다(heurter). ~ une voiture 자동차와 (가볍게)부딪다. (목적보어 없이)On accroche souvent dans cette rue. 이 길에서 자주 접촉사고가 일어난다. ⑦ (잘못·부주의로)받다, 치다. Il a accroché le vase avec la manche de son veston et l'a cassé. 그의 고리 소매가 잘못 꽃병을 쳐 그만 그것을 깨뜨려 버렸다. ⑧ (목적보어 없이) 지장이 생기다. Les négociations ont accroché sérieusement. 협상은 심각한 난관에 부딪쳤다.
~ sa montre 【속어】시계를 전당포에 잡히다.
se laisser ~ 【군사】할 수 없이 머물러 싸우다.
—v.i. ① (광고·상품 따위가)이목을 끌다. Je connais pas de livres qui d'emblée accrochent aussi bien. 나오자마자 그렇게도 독자의 주목을 끈 책을 나는 거의 모른다. ② 잘 되다(réussir). chanteur qui accroche dès la première représentation 첫 공연부터 성공적인 가수. ③ (반대의 뜻으로)걸리다, 방해가 되다. La discussion se prolonge, car plusieurs mesures accrochent encore. 몇몇 조치가 아직 걸려 방해가 되고 있는 것이다.
—s'~ v.pr. ① (갈고리 따위에)걸리다; (에)매달리다, 달라붙다(se cramponner); (비유적) 늘어붙다. [s'~ à qc] s'~ à une branche 나뭇가지에 꼭 달라붙다 [s'~ à son passé (비유적)자기 과거에 매달리다(집착하다). [s'~ à qn] s'~ aux personnages influents 실력자에게 늘어붙다. (목적보어 없이) Il peut réussir, s'il s'accroche. 그는 늘어붙어 노력하면 성공할 수 있다. ② 【무전】파장이 맞다. Les deux postes s'accrochent. 두 무선국은 서로 연락이 된다.
se l'~ 《속어》허리띠를 졸라매다(l'=la ceinture); (갖고 싶은 것을)없이 지내다. Tu peux te l'~. 그거 갖지 못할 걸, 그것 없이 지내야 할 걸.
accroche-serviettes [akrɔʃsɛrvjɛt] n.m. 《복수불변》 수건걸이.
accrocheur(se) [akrɔʃœ:r, -ø:z] a. 갈고리질하는 사람; 《구어》착복자. —n.m. 【기계】집는 장치. —a. ① 악착같은(tenace). ② 유혹적인. publicité ~se 눈길을 끄는 광고.
accroire [akrwa:r] [43] v.t. (faire, laisser 뒤에서 부정법으로만 쓰임) en faire~ à qn ~을 속이다.
faire ~ (거짓을 참인 것처럼)믿게 하다.
s'en faire(laisser) ~ 자만심을 가지다, 으스대다. Il a quelque mérite, mais il s'en fait ~. 그는 얼마간 장점이 있기는 하지만, 실제 이상으로 자기를 과대평가한다.
***accroissement** [akrwa(ɑ)smɑ̃] n.m. ① (식물 따위의)생장, 성장, 발육; (양·가치의)증가, 증대; 확대; 팽창; 높아짐. 【법】 자연증가; 첨부. ② 증대량; 【수학】 증분(增分).
accroître [akrwa(ɑ:)tr] [41] v.t. ① 성장시키다; 증가(증대)시키다(augmenter); 확대(확장)시키다(agrandir); (통화 따위를)팽창하게 하다. ~ ses biens 재산을 불리다. Ce nouveau malheur a accru son désespoir. 이 새로운 재난은 그의 실망을 더 크게 했다. ② (명성을)높이다.
—v.t.ind. [~ à] 【법】···에게 귀속되다, ···의 차지가 되다.
—s'~ v.pr. 성장하다; 증가하다; 확대되다, 발전하다(se développer); 팽창하다; 높아지다. Sa popularité s'accroît le jour en jour. 그의 인기는 나날이 높아간다.
accroupetonner (s') [sakruptɔne] v.pr. 《예·구어》웅크리다, 쪼그리다.
accroupi(e) [akrupi] a.p. 웅크린, 쪼그린. femme ~e 웅크리고 앉은 여자.
accroupir (s') [sakrupi:r] v.pr. 웅크리다, 쪼그리다. enfants qui s'accroupissent autour du feu 모닥불 주위에 웅크리고 앉은 아이들.
accroupissement [akrupismɑ̃] n.m. 웅크린(쪼그린) 자세(상태).
accru(e) [akry] a.p. 불어난, 증가한, 증대한.
—n.m. 【식물】 뿌리에서 돋아난 새싹.
—n.f. ① (물이 빠져서)자연 증대한 땅. ② (자연 번식에 의한 인접지로서의)삼림의 침식.
accru-s, -t, etc. alery ⇨accroître.
accu [aky] (<accumulateur) n.m. 《구어》축전지. boite d'~s 축전통. recharger les ~s 《구어》(피로나 질병 후에)힘을 보강하다.
accubitoire [akybitwa:r], **accubitum** [akybitɔm] (라틴) n.m. 《고대로마》연회석상의 손님용 긴 의자.
accueil [akœj] n.m. 접대, 대접. ~ chaleureux 열렬한 환영. réserver un ~ glacial à une proposition (비유적)제안을 냉담하게 대하다. centre d'~ 휴양 시설; (유학생 따위에)접대하는 기관.

faire ~ à qn 〖엣〗…을 후대[환대]하다(faire bon ~). **faire (bon) ~ une traite** 〖상업〗 어음을 지불하다. **faire bon[mauvais] ~ à** qn …을 환대[냉대]하다.

accueillant(e) [akœjɑ̃, -ɑ̃:t] a. 환대하는, 상냥한.

*****accueillir** [akœji:r] 14 v.t. ① 맞아들이다, 접대[대접]하다(recevoir); (부탁 따위를)받아들이다, (예)응하다; (생각을)품다; 〖상업〗 어음을 맡아)지불하다; 〖사투리〗고용하다. bien[mal] ~ qn [qc] …을 환대[냉대]하다. ~ aimablement 상냥스럽게 대하다. ②(주어는 사물)(생각지도 않던 일이 사람에)닥치다, 기습하다(surprendre). En sortant du détroit, une effroyable tempête nous accueillit. 해협을 나오자 무서운 폭풍우가 우리를 기다리고 있었다.

accul [aky(l)] n.m. ① 궁지에 몰림 [빠짐]; 막다른 골목. ②(짐승이 사는)굴; 〖해양〗작은 만, 내포(内浦). ③ 〖군사〗 (대포의)주퇴기(駐退機).

acculé(e¹) [akyle] a.p. ① 궁지에 몰린[빠진], 꼼짝못하게 된. ② 〖승마〗(말이)뒷발로 서기 쉬운. ③ 〖해양〗 고물이 낮아진.

acculée² n.f. 〖해양〗(배의)후진; (추진기의)역전(逆轉).

acculement [akylmɑ̃] n.m. ① 궁지에 몰아넣기; 궁지에 몰림, 궁지. ② 〖승마〗(말이)뒷발로 서기. ③ 〖해양〗 고물이 낮아져 앞뒤로 흔들림.

acculer [akyle] v.t. 꼼짝 못하게 몰아넣다, 진퇴유곡에 빠지다. ~ qn contre un mur …을 벽쪽으로 몰아붙이다. [~ qn à qc] ~ l'ennemi à la mer 적을 바다로 몰다. être acculé à la faillite 꼼짝 못하고 파산하다.
— s'~ v.pr. (말이)뒷발로 서다.

acculturation [akyltyrasjɔ̃] n.f. ① 〖사회·민속〗(다른 우월한 문화의 영향에 의한)문화의 변질(향상); 이질문화의 수용. ② (특히 개발도상국에서)과학·학문의 향상.

acculturer (s') [sakyltyre] v.pr. (이질문화 따위가) 동화[흡수]되다(s'assimiler).

accumètre [akymɛtr] n.m. 〖전기〗 축전지 용량시자기.

accumulateur(trice) [akymylatœ:r, -tris] a. 축적하는, 쌓는, 모으는. ② 축적자, 축재자.
— n.m. 〖전기〗 축전지.

accumulation [akymylasjɔ̃] n.f. ① 축적; 수집; 축적[수집]된 것(entassement). ② de richesse 부의 축적, 축재. ③ 〖전기〗 축열(蓄熱) 〖경제〗 자본축적; 〖지질〗 퇴적; 〖수사학〗 중첩법; 〖수학〗 집적(集積). chauffage par~ 축열난방. point d'~ 집적점.

accumuler [akymyle] v.t. ① 축적하다(amasser, entasser); 축적하다; 모으다; (잘못 따위를)거듭하다. ~ des notes en vue de la rédaction d'un ouvrage 책을 한 권 쓰려고 메모를 써 모으다. ~ des preuves 증거를 수집하다. ~ les sottises 바보짓을 거듭하다. ②(목적보어 없이)축재하다. Il ne songe qu'à ~. 그는 돈 모을 생각밖에 는다.
— s'~ v.pr. 축적되다, 모이다, 쌓이다. Les livres s'accumulent sur mon bureau. 내 책상 위에 책이 수북이 쌓인다. Les preuves s'accumulent contre lui. 그에게 불리한 증거가 모인다.

accumulis [akymyli] n.m. 축적; 수집.

accus [aky] n.m.pl. 〖구어〗= accumulateur.

accusable [akyzabl] a. 고발[고소·기소]해야할[할 수 있는]; 비난해야 할[할 수 있는].

accusateur(trice) [akyzatœ:r, -tris] a. 고소[고발·기소]하는; 비난하는. — n. 고소인, 고발자, 기소인; 비난자.
~ public 〖역사〗 (프랑스 혁명 때의)검사.

accusatif(ve) [akyzatif, -i:v] 〖언어〗 a. 대격(對格)의. — n.m. 대격.

accusation [akyzasjɔ̃] n.f. ① 비난(dénigrement). ~s mal fondées 근거가 확실치 않은 비난. mettre qn en ~ …을 비난하다. ② 〖법〗 고소, 고발, 기소(plainte, poursuite); 검찰당국. acte d'~ 고발[기소]장. chef d'~ 기소장의 소인(訴因). mise en ~ 기소. Chambre d'~ (프랑스 공소원의)공소국(公訴局). former[intenter] une ~ 기소하다. ③ 〖신학〗 참회.

accusatoire [akyzatwa:r] a. 비난의; 〖법〗 고발[고소·기소]에 관한, 고소[기소]를 정당화하는. système·~ 고소방식.

accusé(e) [akyze] a.p. ① 고소를 당한. ② 뚜렷한, 두드러진(marqué). traits bien ~s 빼어난 이목구비. — n. 형사피고인, 피고(inculpé). le banc des ~s 피고석. — n.m. ~ de réception 영수증, 수령통지.

*****accuser** [akyze] v.t. ① 비난(책망)하다(dénigrer); (의)책임으로 돌리다. 고소(고발·기소)하다. [~ qn de qc] ~ qn de froideur …을 냉정하다고 나무라다. [~ qn de+inf.] On l'accusa d'avoir fui du combat. 그는 전투에서 도망친 죄로 문책받았다. ② 알리다, 통고하다(signaler); (잘못을)인정하다, 고백하다(confesser). ~ réception d'un paquet 소포의 수령을 통고하다. ~ ses péchés 죄를 (사제에)고하다. ~ le coup 〖펜싱·권투〗 얻어맞은 것을 나타내다, 타격받다. ~ son jeu 〖카드놀이에서〗자기의 패를 알리다. ③(주어는 사물)(밖으로)표시하다, 두드러지게 나타내다, 강조하다(accentuer, indiquer); 부각시키다. Les rides accusent son âge. 주름살이 그의 나이를 말해주고 있다. vêtement qui accuse les lignes du corps 몸매를 드러내는 옷.
— s'~ v.pr. ①자기를 책하다, 참회하다; (잘못을)인정하다. [s'~ de qc] s'~ d'un crime 자기가 지은 죄를 스스로 책하다. [s'~ (de) ses péchés 자기 죄를 인정하다. [s'~ de+inf.] Il s'accuse d'avoir offensé Dieu. 그는 신을 욕되게 한 것을 스스로 비난하다. ② 눈에 띄다, 뚜렷해지다 (s'accentuer, ↔ s'atténuer). Les défauts de son caractère s'accusent avec l'âge. 그의 성격적 결함은 나이 들어 따라 두드러진다.

Qui s'excuse s'accuse. 〖속담〗 도둑이 제 발 저린다.

acense [asɑ̃:s] n.f. 〖고대법〗 임대차 계약.

acenser [asɑ̃se] v.t. 〖고대법〗 임대(임차)하다.

acéphale [asefal] a. ① 머리가 없는, 우두머리 없는, (정당이)당수가 없는. ② 〖고대그리스〗 (연설의)서두가 없는. ③ vers ~ 첫머리가 단음절인 6 각시(六脚詩).
— n.m. ① (전설상의)무두인(無頭人), 무두 기형체. ② (pl.) 〖동물〗 무두(無頭)연체동물.

acéphalie [asefali] n.f. 무두(無頭).

acéracées [aserase] n.f.pl. 〖식물〗 단풍과.

acérage [asera:ʒ] n.m. 강철을 입히기.

acérain(e) [aserɛ̃, -ɛn] a. 강철질(質)의.

acerbe [asɛrb] a. ① 신, 신맛나는(acide, aigre); 쓴. ②(비유적) 비꼬는, 쌀쌀맞은, 신랄한.

acerbité [asɛrbite] n.f. ① 신맛, 쓴맛. ② 신랄함, 독기. ~ de son langage 그의 말의 신랄함.

acerdèse [asɛrdɛ:z] n.f. 〖광물〗 수망간광(鑛).

acère [asɛ:r] a. 〖곤충〗 촉각(더듬이)이 없는; (연체동물이)촉수 없는.

acéré(e) [asere] a.p. 뾰족한, 날카로운; 예리한; 신랄한. 〖야금〗 강철을 입힌.

acérer [asere] ⑥ *v.t.* ① 날카롭게 하다, 뾰족하게 하다; (에)칼날을 세우다; 《비유적》신랄하게 하다 (rendre mordant). ~ sa plume 필봉을 날카롭게 하다. ② 《야금》《에》강철을 입히다.

acérure [asery:r] *n.f.* 《야금》(칼날로 쓰이는)강철 조각.

acescence [asesɑ̃:s] *n.f.* 시어지기 쉬움; 시어지기 시작한 상태; 산성화. tourner à l'~ 시어지다.

acescent(e) [asesɑ̃, -ɑ̃:t] *a.* 시어지기 시작한.

acétabule [asetabyl] *n.m.* ① 《고고학》식초(넣는)그릇; 요술용 양철 그릇. ② 《해부》관골구(髖骨臼). ③ 《패류》(조개가 붙어 있는)조개 껍질의 오목한 부분; 《곤충》흡반(吸盤).

acétal [asetal] *n.m.* 《화학》아세탈.

acétaldéhyde [asetaldeid] *n.f.* 《화학》아세트알데히드.

acétamide [asetamid] *n.f.* 《화학》아세트아미드.

acétate [asetat] *n.m.* 《화학》초산염; 《직물》아세테이트. ~ de cuivre 초산동.

acéteux(se) [asetø, -ø:z] *a.* 초맛이 나는, 시큼한.

acétification [asetifikɑsjɔ̃] *n.f.* 초화(醋化).

acétifier [asetifje] *v.t.* 《화학》초화하다.
—**s'~** *v.pr.* 초가 되다.

acétimètre [asetimɛtr] *n.m.* 초산 비중계.

acétimétrique [asetimetrik] *a.* burette ~ 초산 비중계(acétimètre).

acétique [asetik] *a.* 《화학》초산. acide ~ 초산. fermentation ~ 초산발효.

acétobacter [asetɔbaktɛ:r] *n.m.* 《생물》초산균.

acétocellulose [asetɔselylo:z] *n.f.* 《화학》초산섬유소(acétylcellulose).

acétomel [asetɔmel] *n.m.* 초밀(醋蜜).

acétomètre [asetɔmɛtr] *n.m.* =**acétimètre**.

acétone [asetɔn] *n.f.* 《화학》아세톤.

acétonémie [asetɔnemi] *n.f.* 《의학》아세톤혈증(血症)《단백질의 불완전산화에 기인하는 것으로 당뇨병의 한 증세》.

acétonurie [asetɔnyri] *n.f.* 《의학》아세톤뇨.

acétoselle [asetɔsel] *n.f.* 《식물》괭이밥. L(尿).

acétylcellulose [asetilselylo:z] *n.f.* 《화학》=**acétocellulose**.

acétylène [asetilen] *n.m.* 《화학》아세틸렌. lampe[lanterne] à ~ 아세틸렌 램프.

acétylénique [asetilenik] *a.* 《화학》아세틸렌에서 유도한.

A.C.F. 《약자》Automobile Club de France 프랑스 자동차 클럽; Action Catholique Française 프랑스 가톨릭 운동; Anciens Combattants Français 프랑스 재향군인회.

Achab [akab] *n.pr.m.* 《성서》아하브.

achaïen(ne) [akajɛ̃, -ɛn] *a.* 《고대지리》아카이아 (Achaïe)의. —**A~** *n.* 아카이아 사람.

achaine [akɛn] *n.m.* 《식물》=**akène**.

achaïque [akaik] *a.* 《고대지리》아카이아의.

achalandage [aʃalɑ̃da:ʒ] *n.m.* ① 손님끌기[늘리기]. ② 《법》고객(顧客)(clientèle). ③ 상점의 신용;《구어》(한 가게에 있는)상품, 물건(전체).

achalandé(e) [aʃalɑ̃de] *a.p.* ① 손님(단골)이 많은, 번창한. ②《구어》상품이 많은, 다양하게 상품을 갖춘. boutique bien[mal] ~e 물건을 고루 잘 갖춘 [갖추지 못한] 점포.

achalander [aʃalɑ̃de] *v.t.* ① (에)손님을 끌다, 번창시키다. Propreté et confort achalandent un hôtel. 깨끗하고 편안한 호텔은 번창한다. ② (상품으로서)사들이다.
—**s'~** *v.pr.* 손님[고객]이 모이다, 번창하다.

achanti(e) [ak(ʃ)ɑ̃ti] *a.* 아샨티(Achanti, 아프리카 황금해안의 지방)의. —**A~** *n.* 아샹티 사람. —*n.m.* 아샹티어(語).

achantin(e) [ak(ʃ)ɑ̃tɛ̃, -in] *a., n.* =**achanti**.

achar [aʃa:r] *n.m.* 《속어》=**acharnement**.

acharné(e) [aʃarne] *a.p.* ① [~à] (에)열중한; [~contre/après] (에 대해)가차없는, 분격한. ennemies ~s à se détruire 서로 멸망시키려고 기를 쓰는 적들. hommes ~s (les uns *contre* les autres) 필사의 대결을 벌이고 있는 사람들. ② 악착스러운, 철저한; 인이 박힌. Il y a réussi grâce à un travail ~. 그는 악착스럽게 일함으로써 그 일에 성공했다. fumeur ~ 애연가. ③ 세찬, 격렬한(enragé). lutte ~e 격투.

acharnement [aʃarnəmɑ̃] *n.m.* 악착스러움, 가차없음, 격렬함; (에 대한)열중, 열정(rage, ↔ mollesse); 뼈저린 원한[미움]. [~à/pour *qc*] ~ *au* [*pour* le] travail 일에 대한 정열. mettre de l'~ à + *inf.* 필사적으로 …을 하다. L'~ de ses deux plaideurs est inconcevable. 이 두 소송인의 증오심은 상상도 할 수 없는 것이었다. avec ~ 필사적으로; 열심히.

acharner [aʃarne] *v.t.* ①《옛》(사냥개의 무리를)부추기다, 달려들게 하다; 《비유적》(에게)심한 증오심을 품게 하다. ②(사냥개·매를)고기 맛을 보여 독려하다. ③《덫에》고기를 달아놓는다.
—**s'~** *v.pr.* ① [s'~ après/contre/sur *qn*] (을)악착스럽게 따라다니다, 추격하다. s'~ *sur*[*contre*] l'ennemi en fuite 패주하는 적을 맹렬히 추격하다. ② [s'~ à *qc*/à + *inf.*] (에)열중하다. s'~ *aux* mathématiques 수학과 씨름하다. (목적보어 없이) Il s'acharne. 그는 악착같이 하고 있다.

achars [aʃa:r] *n.m.pl.* 설탕초로 절인 것.

***achat** [aʃa] *n.m.* ① 물건사기, 매입, 구입(acquisition). faire(effectuer) un ~ 물건을 사다 (acheter *qc*). faire l'~ de *qc* …을 사들이다. faire des ~s 쇼핑하다, 장보다(faire des emplettes). ~ au comptant[à crédit] 현금[외상] 구입. prix d'~ 구입가격, 원가. ordre d'~ 《상업》(해외로 보내는)주문서. facture d'~ 송장(送狀). pouvoir d'~ 《경제》구매력. monopole d'~ 독점구입. coopérative d'~ 구매조합. ② 산 물건, 구매물. Montrezmoi vos ~s. 산 것을 보여주시오.

Achate [akat] *n.pr.m.* 《그리스신화》아카테스. —*n.m.* 《옛》신의가 있는 친구. son fidèle ~ 그의 둘도 없는 친구.

ache¹ [aʃ] *n.f.* 《식물》야생 쎌러리.

ache² *n.m.*(*f.*) H, h 자.

achée [aʃe] *n.f.* 낚싯밥으로 쓰는 애벌레.

achéen(ne) [akeɛ̃, -ɛn] *a.* 《고대지리》아카이아 (Achaïe)의. Ligue ~*ne* 《역사》아카이아 동맹. —**A~** *n.* 아카이아 사람.

acheminement [aʃminmɑ̃] *n.m.* ① [~ à/vers *qc*] (으로)나아가기, 전진; 진척. Toute la vie est un ~ vers la mort. 사람의 일생은 죽음에 이르는 노정이다. ②《상업》경로, 《우편》발송, 수송; (열차의)운행. ~ du courrier 우편물의 수송. ~ des trains vers Paris 파리행 열차의 운행.

acheminer [aʃmine] *v.t.* ① [~ *qn*/*qc* à/sur/vers *qc*] (으로)향하게 [가게] 하다(diriger). Il achemina son armée *vers* Rome. 그는 군대를 로마로 진격시켰다. Chaque jour nous *achemine* à la mort. 《비유적》하루하루가 우리를 죽음으로 향하게 한다. ② 발송하다(envoyer). ~ le courrier 우편물을 발송하다.
—**s'~** *v.pr.* ① (으로)향하다, 가다. [s'~ sur/vers] s'~ *sur* la forêt 숲을 향해 가다. ②《비유적》진척되다; 한걸음 한걸음 나아가다. Cette affaire

s'achemine. 이 일은 순조롭게 진행되고 있다.
Achéron [akʃerɔ̃] *n.pr.m.* ① 〖그리스신화〗 (저승의)삼도내. ②〖시〗지옥; 죽음.
achetable [aʃtabl] *a.* (돈으로)살 수 있는.
‡**acheter** [aʃte] 4 *v.t.* [~ *qc* à/de *qn*] ~ un livre à un libraire 서적상에게서 책을 사다. [~ *qc* à/pour *qn*] ~ des jouets à(pour) ses enfants 아이들에게 장난감을 사주다. ~ *qc* (à) bon marché (à vil prix) …을 싸게 사다. ~ argent comptant 현금으로 사다. ~ à crédit(à tempérament) 외상 (할부)으로 사다. ~ d'occasion (de rencontre, de seconde main) 중고품을 사다. *J'ai acheté* cela cent francs. 그것을 100프랑 주고 샀다. ②(비유적)(사람을)매수하다(corrompre, soudoyer); (에게)돈을 주어 병역을 대신 치르게 하다; 《속어》놀리다, 조롱하다. Il *acheta* de faux témoins pour prouver son alibi. 그는 알리바이를 증명하려고 거짓 증인을 매수했다. ~ le silence de *qn* 돈을 주어 …의 입을 다물게 하다. ~ un juge 법관을 매수하다. On vous *a acheté.*《속어》당신은 놀림감이 됐다(한 방 먹었다). ③(어떤 희생을 치르고)얻다, 간신히 획득하다. ~ *qc* (au prix) de son sang …을 피로써 획득하다. ~ très cher le bonheur 갖은 고생 끝에 행복을 얻다.
—**s'~** *v.pr.* ①(돈으로)사지다, 구입되다. Ce ne sont pas des choses qui *s'achètent.* 그런 것은 돈으로 살 수 있는 것이 아니다. ②(se는 간접목적보어)자기를 위해 사다. Je me suis *acheté* une villa. 나는 (내가 사용할) 별장을 샀다.
acheteur(se) [aʃtœ:r, -ø:z] *n.* ① 사는 사람, 구매자(↔ vendeur). ②〖상업〗구매계원.
acheuléen(ne) [aʃœleɛ̃, -ɛn] *a.* ① 생퇴얼(Saint-Acheul, 프랑스의 도시)의. ②〖고고학〗아슐리엔기(期)(구석기 시대 초기)의.
—**A~** *n.* 생퇴얼 사람.
achevage [aʃva:ʒ] *n.m.* 완성; 끝손질, 마무리.
achevaler [aʃvale] *v.t.* 〖군사〗(의)양쪽을 점령하다. —**s'~** *v.pr.* 양쪽을 점령당하다.
achevé(e) [aʃve] *a.p.* 완성된, 완전한, 훌륭한(accompli, parfait); (경멸)굉장한, 지독한(consommé, extrême). type ~ du vieil aristocrate 노귀족의 나무랄 데 없는 전형. sot ~ 〖구어〗맹추.
—*n.m.* (예술 작품 따위의)끝손질. être d'un ~ impeccable 끝마무리가 완벽하다.
achèvement [aʃɛvmɑ̃] *n.m.* ① 완성, 완료; 낙성, 준공. en ~ 준공에 가까운. ②(회계연도의)마감.
***achever** [aʃve] 4 *v.t.* ① 끝마치다(terminer). ~ ses jours(sa vie) 일생을 마치다. ~ son repas 식사를 끝내다. *Achevez* vos jérémiades. 우는 소리 좀 그만하오. [~ de+*inf.*] *J'ai achevé* de ranger mes papiers. 서류 정리를 끝냈다. ② 완성하다, 마무리하다(accomplir); [~ *qn*] 완전히 파산(파멸)시키다; (다 죽어가는 사람을)아주 죽게 하다; 만취하게 하다; 완패하게 하다; (목적천을)성취시키다. 완전히 다 말해버리다. Cette perte *acheva* sa ruine (l'*acheva*). 이 손실로 그는 완전히 파산했다. Un dernier coup l'*a achevé.* 마지막 일격이 그를 (완전히) 죽게 하였다. N'*achevez* pas! 이제 그만해 두시오(끝까지 말하지 못하게 하는 말).
—**s'~** *v.pr.* ① 끝나다(se terminer). Ainsi *s'achèvent* nos émissions de la soirée. 이로써 오늘 저녁 방송을 마칩니다. ② 완성되다.
achevoir [aʃvwa:r] *n.m.* ① 마무리 연장. ②(제품의)최종 완성 공장.
Achille [aʃil] *n.pr.m.* 〖그리스문학〗아킬레스.
achillée [akile] *n.f.* 〖식물〗서양가새풀.
achloropsie [aklɔrɔpsi] *n.f.* 〖의학〗녹색 색맹.

acholie [akɔli] *n.f.* 〖의학〗담즙 결핍증.
achoppement [aʃɔpmɑ̃] *n.m.* ① 발이 부딪침, 비트적거림. ② ~ de sons 〖언어〗모음접속. ③ 방해물, 장애물(obstacle). pierre d'~ 뜻하지 않은 장애물; 실패(불행)의 원인. grand ~ pour l'esprit 정신에 있어서의 큰 장애.
achopper [aʃɔpe] *v.i.* 〖(옛·문어)〗발이 부딪치다 (buter contre), 부딪쳐 넘어지다; (비유적)실패하다. [~ sur/à] Il *achoppa sur* une pierre et il serait tombé sans la corde qui le retint. 그는 돌에 부딪쳤는데 몸을 지탱하고 있는 줄이 없었더들 넘어졌을 것이다. ~ *au* moindre obstacle 사소한 장애에 걸려 실패하다.
—**s'~** *v.pr.* (발이)부딪치다; 실패하다.
achromatine [akrɔmatin] *n.f.* 〖생물〗(핵 내부의)비염색질.
achromatique [akrɔmatik] *a.* 〖생물〗비염색성의; 〖광학〗수색성(收色性)의.
achromatisation [akrɔmatizasjɔ̃] *n.f.* 〖광학〗수색(收色), 빛깔 흡수.
achromatiser [akrɔmatize] 〖광학〗*v.t.* 빛깔을 흡수하다, 수색하다. —**s'~** *v.pr.* 빛깔이 흡수되다; 서로 빛깔을 없애다.
achromatisme [akrɔmatism] *n.m.* 〖광학〗수색성(收色性); 빛깔 없애기.
achromatope [akrɔmatɔp] 〖의학〗*a.* 색맹의.
—*n.* 색맹(환자).
achromatopsie [akrɔmatɔpsi] *n.f.* 〖의학〗색맹.
achromatopsique [akrɔmatɔpsik] *a.* 색맹의.
achrome [akro:m], **achromique** [akrɔmik] *a.* 무색(無色)의.
achromie [akrɔmi] *n.f.* 〖의학〗피부색소 결핍증.
A.C.I. 〖약어〗① Assuré contre l'incendie 화재보험에 든. ② Action Catholique Internationale 국제 가톨릭 운동.
aciculaire [asikylɛ:r], **aciculé(e)** [asikyle] *a.* 〖광물〗침상(針狀)의; 〖식물〗바늘 모양의.
aciculiforme [asikyliform] *a.* 침상(針狀)의, 바늘 모양의.
acidage [asida:ʒ] *n.m.* (직물섬유의)산성화.
acidalie [asidali] *n.f.* 〖곤충〗(프랑스에 많은)자벌레나방의 일종.
acide [asid] *a.* ①(맛이)신(aigre, ↔ doux, sucré). Les fruits encore verts sont ~s. 아직 덜 익은 과일은 시다. ②〖화학·지질〗산성의. roches ~s 산성암(岩). ③ 신랄한(amer); (소리가)날카로운(aigu). parole ~ 신랄한 말. voix ~ 날카로운 목소리; (풋과일처럼)신선한. charme ~ (젊은 처녀가 지닌 풋과일같은)싱싱한 매력.
—*n.m.* ① 신 것; 〖화학〗산. 포도주가 시어진다. ②〖구어〗환각제(LSD).
acide-partie [asidparti] 〖영〗 *n.f.* = **acid-party.**
acidifère [asidifɛ:r] *a.* 산(酸)을 만드는.
acidifiable [asidifjabl] *a.* 산화할 수 있는.
acidifiant(e) [asidifjɑ̃, -ɑ̃:t] *a.* 산성으로 만드는.
—*n.m.* 산성이 되게 하는 것.
acidification [asidifikasjɔ̃] *n.f* 산성으로 만들기, 산성화.
acidifier [asidifje] *v.t.* ① 산성화하다; 시게 하다. ②(에)산을 타다.
—**s'~** *v.pr.* 산성이 되다; 시어지다.
acidimètre [asidimɛtr] *n.m.* 산정량기(酸定量器)(축전지용)산(酸)시험기.
acidimétrie [asidimetri] *n.f.* 산정량.
acidisme [asidism] *n.m.* 〖의학〗위산과다증.
acidité [asidite] *n.f.* ① 신맛, 산미, 산도(酸度); 산성도. ② 신랄함; (소리·빛깔 따위의)날카로움. ~

de sa remarque 그의 지적의 신랄함. ③ 《젊은 처녀가 지니는 풋과일같은》싱싱함. ~ virginale 처녀의 싱싱함〔신선함〕.

acido-alcalimétrie [asidɔalkalimetri] *n.f.* 《화학》산·알칼리 정량법.

acidomètre [asidɔmɛtr] *n.m.* 《축전지용》산시험기.

acidose [asidoːz] *n.f.* 《의학》산중독.

acid-party [asidparti] 《영》 *n.f.* 마약·환각제(흡연) 파티.

acidulant(e) [asidylɑ̃, -ɑ̃ːt] *a., n.m.* 좀 시게〔새큼하게〕 하는(것).

acidule [asidyl], **acidulé(e)** [asidyle] *a.* ① 새큼한. ② 조금 신랄한.

aciduler [asidyle] *v.t.* ① (에)신맛을 띠게 하다. ② (위장 따위를)산성이 되게 하다.
—**s'~** *v.pr.* 새큼해지다; 산성이 되다.

acier [asje] *n.m.* ① 강철. ~ au chrome 크롬강. ~ doux〔dur〕 연강〔경강〕. fabrication〔affinage〕 de l'~ 제강. ② 〔강철로 만든〕검(劍). ③ 《비유적》강철같이 단단한 것; 《옛》냉혹한 것. corps〔muscles〕 d'~ 강철같은 몸〔근육〕. cœur d'~ 무정〔냉혹〕한 사람. regard d'~ 차가운 눈초리.

aciérage [asjeraːʒ] *n.m.*, **aciération** [asjerɑsjɔ̃] *n.f.* ① 《야금》 강철화; 강철 입히기. ② 《전기·화학》 강철 입히기.

aciérer [asjere] 6 *v.t.* ① 《야금》 (쇠를)철로 만들다. ② (에)강철을 입히다. ③ 《에》《무기·공구에》강철을 입히다.

aciéreux(se) [asjerø, -øːz] *a.* 《야금》강철의, 강철성(性)의.

aciérie [asjeri] *n.f.* 제강소.

aciériser [asjerize] *v.t.* =**aciérer**.

aciériste [asjerist] *n.m.* 강철 제조자.

aciforme [asifɔrm] *a.* =**aciculiforme**.

acine [asin] *n.m.* ① 《해부》 선포(腺胞); 《생물》 포상선(胞狀腺). ② 《식물》 입상과(粒狀果).

a-cinéma [asinema] *a.* 반(反)영화(적 수법).

acinèse [asinɛz] *n.f.* 《의학》 운동 불능.

acineux(se) [asinø, -øːz] *a.* 《해부·식물》 포도상 〔葡萄狀〕의.

aciniforme [asinifɔrm] *a.* =**acineux**.

acinus(*pl.* **acini**) [asinys, asini] *n.m.* =**acine**.

A.C.J.F. 《약자》Association Catholique de la Jeunesse Française 프랑스 가톨릭 청년연맹.

aclinique [aklinik] *a.* 《물리》 무경각(無傾角)의, 무복각(無伏角)의. ligne ~ 무경각선.

acmé [akme] *n.m.* 정점(頂點), 극치(apogée); 《병의》위험한 고비.

acné [akne] *n.f.* 《의학》 뾰루지, 여드름. ~ ponctuée 여드름.

acnodal(ale, *pl.* **aux)** [aknɔdal, -o] *a.* 《수학》 공액(共軛)의. point ~ 공액점.

acolytat [akɔlita] *n.m.* 《가톨릭》 acolyte의 직위.

acolyte [akɔlit] *n.m.* ① 《가톨릭》 시종(侍從). ② 《종종 나쁜 의미로》부하, 패거리(compagnon); 공범자(complice). Il n'était qu'un simple ~. 그는 종사리에 불과했다.

acompte [akɔ̃ːt] *n.m.* 분할 지불금, 선불금(avance). payer par ~ 분할로 지불하다. verser un ~ (lors de la commande d'une voiture) (자동차 주문 때에) 가격의 일부를 선불하다.

aconit [akɔnit] *n.m.* 《식물》 바곳.

aconitine [akɔnitin] *n.f.* 《화학》 아코니틴.

aconitique [akɔnitik] *a.* 《화학》 아코니트산의. acide ~ 아코니트산.

a contrario [akɔ̃trarjo] 《라틴》 *loc. ad.* 《논리》 반대 추론에 의해《2개의 가정의 대립에서 귀결의 대

a-contre [akɔ̃ːtr] *loc.ad.* 반대쪽으로.

acoquinant(e) [akɔkinɑ̃, -ɑ̃ːt] *a.* ① 《옛》 타락시키는. ② 매력적인, 기분좋은.

acoquinement [akɔkinmɑ̃] *n.m.* 《옛·구어》 ① 타락시키는 관계. ② 탐닉.

acoquiner [akɔkine] *v.t.* ① 유혹하다; (의)마음을 끌다. être acoquiné avec qn …와 어울리다. ② 타락시키다.
—**s'~** *v.pr.* ①〔s'~ avec qn〕(와)교제하다, 어울리다. Il s'acoquine avec le premier venu. 그는 누구하고나 가리지 않고 어울린다. ②〔s'~ à qc〕 (에)빠지다, 탐닉하다. s'~ au jeu〔au cabaret〕 도박에 빠지다〔술집에 드나들다〕. s'~ dans un fauteuil 안락의자에 깊숙히 앉다.

acore [akɔːr] *n.m.* 《식물》 창포(菖蒲).

Açores (les) [lezazɔːr] *n.pr.f.pl.* 《지리》 아조레즈 제도.

açorien(ne) [asɔrjɛ̃, -ɛn] *a.* 아조레즈 제도의.
—**A~** *n.* 아조레즈 제도 사람.

à-côté [akote] (*pl.* **~~s**) *n.m.* ① 〔문제의〕지엽 말절(枝葉末節), 부수적인 것; (어떤 일의)이면〔이야기〕. Ce n'est qu'un ~ de la question. 그것은 문제의 지엽적인 부분에 지나지 않는다. ~ s d'une course cycliste 자전거 경주의 뒷이야기(거리). ② 부수입; 부수적 경비〔지출〕. se faire quelques ~s 약간의 부수입을 올리다. prévoir les petits ~s 약간의 부수적 지출을 미리 준비하다.

acotylédone [akɔtiledɔn], **acotylédoné(e)** [akɔtiledɔne] 《식물》 *a.* 떡잎 없는. —*n.f.pl.* 무자엽(無子葉)식물.

acoumètre [akumɛtr] *n.m.* 《의학》 청력계(聽力計), 청량계(聽量計)(audiomètre).

à-coup [aku] (*pl.* **~~s**) *n.m.* ① 급격한〔불규칙한〕 운동; 급정지. ~ de courant 《전기》 돌류(突流). ~ de surcharge 《전기》 급격한 과부하(過負荷). Il y a des ~s dans le moteur. 엔진이 (원활히 움직이지 않고) 덜컹거린다. ② (급격한)변조. L'économie subit quelques ~s en ce moment. 경제가 요즈음 다소 변조를 일으키고 있다. *par* ~s 급격히; 단속적으로, 가끔 한 번씩. Il travaille *par* ~s. 그는 불규칙하게 공부한다. *sans* ~ 《기계·일 따위가》순조 말썽없이. La voiture a marché parfaitement, *sans* ~. 차는 아무 탈없이 잘 달렸다.

acousticien(ne) [akustisjɛ̃, -ɛn] *n.* 음향 전문가; 보청기(aide-ouïe)전문가.

acoustique [akustik] *a.* ① 청각의; 음향(학)의. appareil ~ 보청기, cornet ~ (나팔 모양의)보청기. nerf ~ 청신경, 내이(內耳)신경. ② 소리를 전달하는. voûte ~ 소리가 멀리까지 울리는 원형 천장. —*n.m.* 통화관(通話管)(tuyau ~).
—*n.f.* ① 음향관도, ② 음향효과. La salle a une bonne ~. 이 방은 음향효과가 좋다.

A.C.P.G. 《약자》Anciens Combattants et Prisonniers de Guerre 재향군인 전쟁포로 협회.

acqua-toffana [akwatɔfana] 《이탈리아》 *n.f.* (16·17세기 이탈리아의)독약, 토파수(水).

acquéreur [akerœːr] *n.m.* 구매자; 취득자. J'ai trouvé un ~ pour ma voiture. 내 차를 살 사람을 만났다.

*****acquérir** [akeriːr] 15 *v.t.* ① 획득하다, 취득하다, 손에 넣다(se procurer, obtenir, ↔ perdre). ~ une maison de campagne 별장을 한 채 구입한다. Il a *acquis* la célébrité avec son dernier film. 그는 최근의 영화제작으로 명성을 얻었다. En deux ans, ce terrain a *acquis* beaucoup de valeurs. 2년 사이에

이 땅의 값이 많이 올랐다. ~ une certitude 확신을 얻다. ~ qn 《옛》…의 신뢰를 얻다. ②(주어는 사물)[~ qc à qn] 얻게 하다, 획득시켜주다. Ses efforts lui *ont acquis* l'aisance. 그의 노력은 그에게 (생활의)안락을 가져다 주었다. 《수동태》Sa protection m'*est acquise*. (그의) 보호는 나에게 보장되어 있다)→나는 그의 보호를 기대할 수 있다. *Un bien en acquiert un autre.* 《속담》돈이 돈을 번 다.
—*v.i.* 좋아지다; 진보하다.
—*s'*— *v.pr.* ①(se ~)(자기를 위해)얻다, 획득하다(s'attirer). Il *s'est acquis* l'estime de ses chefs. 그는 상관의 인정을 받게 되었다. ②(se ~ 는 직접목적보어·수동적)얻어지다. L'habileté *s'acquiert* par l'entraînement. 숙련은 훈련에 의해서 얻어진다.

acquerr -a, -ai, -as, etc. [akɛr -a, -e, -a] ⇨ acquérir.

acquêt [akɛ] *n.m.* ①(보통 *pl.*) 〖법〗(부부의)공동취득재산(결혼 기간중에 취득한 재산으로서 부부의 공유재산). ②《구어》획득물; (뜻밖의)벌이, 횡재(profit, gain).
Il n'y a si bel ~ que le don. 《속담》공짜보다 더 좋은 벌이는 없다.

acqui -ère, -èrent, -ers, -ert [akjɛːr] ⇨ acquérir.

acquiescement [akjɛsmɑ̃] *n.m.* 동의, 승낙(consentement); 〖법〗(판결에 대한)복종. donner son ~ à qc …에 동의하다, …을 승낙하다. ~ pur et simple 무조건 승인[수락].

*acquiescer [akjɛ(e)se] ② *v.t.ind.* [~ à] …에 동의하다, 승낙하다(consentir à); 〖법〗(판결에)복종하다. *Acquiescez* à ma prière. 제 청을 들어주시오. (목적보어 없이) Il *acquiesce* d'un signe de tête. 그는 머리를 끄덕여 동의를 표시한다.

acquis(e) [aki, -iːz] (*p.p.*<*acquérir*) *a.p.* ① 얻어진, 획득된. droits ~ 기정 사실, 기정 사실. ② 후 천적인, 후천성의. goût ~ 후천적으로 얻은 취미. maladies ~*es* 〖의학〗후천성 질환. caractères ~ 《생물》후천성 형질, 후천 형질. [être ~ à *qn*] (의)것이다; (에게)충실하다(dévoué); [être ~ à *qc*] (사상·당파 따위)에 기울다[편들다]. Ce droit lui *est* ~. 이 권리는 이제 그의 것이다. Je vous suis tout [entièrement] ~. 무슨 일이든 정성껏 도와 드리겠습니다. Il est maintenant ~ à notre projet. 그는 이제 우리 계획에 적극 찬동하고 있다. (사실 따위가) 확실한(incontestable). Ce point est désormais ~. 이 점은 이제 논란의 여지가 없다. tenir pour ~ que + *ind.* …임을 확실한[확정된]일로 알다.
Bien mal ~ ne profite jamais. 《속담》부정이득은 득이 되지 못한다.
—*n.m.* (후천적으로 얻은)지식, 학식; 경험. avoir de l' ~ 세상 물정에 밝다, 경험이 많다.

acqui-s, -t, etc. [aki] ⇨acquérir.
acquisiteur [akizitœːr] *n.m.* (회사의)구매계원.
acquisitif(ve) [akizitif, -iːv] *a.* 취득의; 취득력 있는. prescription ~*ve* 〖법〗 취득 시효.
acquisition [akizisjɔ̃] *n.f.* ① 획득, 취득; 구입 (achat, ↔ vente). faire une bonne ~ 싸게 사다. faire l' ~ de *qc* …을 취득[입수]하다; …을 구매하다. ② 획득(취득)물; 구입품. ~*s* de l'intelligence 학식. ③ 〖심리〗습득. 〖생물〗(새로운 기능의)획득.

acquisivité [akizivite] *n.f.* 획득 본능.

acquit [aki] *n.m.* 〖법〗영수(증) (quittance). donner ~ de *qc* …에 대한 영수증을 발급하다. pour ~ 〖상업〗영수필. payer le solde à[en] l' ~ de *qn* …을 대신해서 [위해서] 미불금을 지불하다. ② 〖세관〗(선박의)출항 허가증. ③《옛》(빚의)청산, 판상; (의무의)이행. ④《구어》면제, (약속·계약 따위서의)해방. ⑤〖당구〗초구(初球).
donner un bon [mauvais] ~ 치기 좋은[어려운]공을 남기다.
par ~ de conscience 꺼림칙하지 않도록, (결과는 기대하지 않지만) 마음이라도 편하게. Allez voir si la porte est fermée *par ~ de conscience*. 혹시 또 모르니까 문이 닫혔나 가봐요. (그렇게 하면 마음이 놓인다는 뜻).

acquit-à-caution [akitakosjɔ̃] (*pl.*~*s*~-~~) *n.m.* 〖세관〗 무관세 통관 허가장.

acquittable [akitabl] *a.* ① 판상될 수 있는. ② 무죄가 될 수 있는.

acquittement [akitmɑ̃] *n.m.* ① 지불, 판상. ~ d'une dette 부채의 판상. ~ d'un devoir 의무의 이행. ② 〖법〗무죄 석방. ③ 영수필 서명.

acquitter [akite] *v.t.* ① 면제하다, 해방하다. [~ *qn* de *qc*] Ce dernier versement m'*acquitte de* ma dette envers vous. 이 마지막 지불로써 당신에 대한 부채는 청산된다. (의무 따위를)이행하다, 다하다(remplir). ~ sa conscience 양심이 명하는 바에 따라 행동하다. ③(빚을)갚다, (세금 따위를)내다(payer, régler); 영수 서명을 하다. ~ ses impôts 세금을 내다. ~ un contrat 계약상의 금액을 지불하다. ~ une facture 청구서의 돈을 지불하다. ④〖법〗무죄를 선고하다(석방하다). ~ l'accusé 피고에게 무죄를 선고하다.
—*s'*— *v.pr.* ①[*s'* ~ de] (의무 따위를)이행하다, 다하다. (빚 따위를)갚다. *s'* ~ *de* ses obligations [de ses fonctions] 의무[직무]를 다하다. Je me suis *acquitté de* ma promesse envers vous. 당신에 대한 약속을 이행했습니다. *s'* ~ *de* ses dettes 빚을 갚다. ②(목적보어 없이) 빚[은혜]을 갚다. Comment pourrai-je m' ~ envers vous? 어떻게 이 은혜를 갚을 수 있을까요? ③(놀이에서)잃은 것을 도로 따다. *s'* ~ *d'un* coup 단번에 만회하다.
se bien[*mal*] ~ (일을)훌륭히 해내다[잘못하다]. Je veux bien danser, mais je m'en *acquitte mal*. 춤을 잘추고 싶은데 제대로 되지 않는다.

acrais [akrɛ], **acré(e)** [akre] *int.* 《속어》조심해!
acre [akr] *n.f.* 《옛》에이커(면적의 단위).
âcre [ɑːkr] *a.* ①(맛이나 냄새가)자극이 심한, 매운; (음·소리 따위가) 날카로운. saveur ~ 자극적인 맛. fumée ~ 매운 연기. ②(비유적)쓰라린; 신랄한(acerbe, âpre). d'un ton ~ 쏘는 듯한 투로.
âcrement [ɑkrəmɑ̃] *ad.* ①(드물게)(맛·냄새가)톡 쏘듯, 맵게. ②(비유적)쓰라리게, 신랄하게.
âcreté [ɑkrəte] *n.f.* ①쏘는 듯한 맛, 매운 맛. ~ d'un fruit 과일의 신 맛. ②(어조·태도 따위가)신랄함, 쓰라림(amertume).
acribologie [akribɔlɔʒi] *n.f.* 용어의 적확함.
acridien(ne) [akridjɛ̃, -ɛn] *a.* 메뚜기의. —*n.m.pl.* 〖곤충〗 메뚜기과.
acrimonie [akrimɔni] *n.f.* ①(드물게)매운(신)맛, (비유적)신랄함, 독살스러움(aigreur, ↔ douceur). Parlez sans ~. (핏대 올리지 말고)조용히 말씀하세요.
acrimonieusement [akrimɔnjøzmɑ̃] *ad.* 신랄하게, 독살스럽게.
acrimonieux(se) [akrimɔnjø, -øːz] *a.* ①《옛》매운 [신]맛이 나는. ②(비유적)신랄한, 독살스러운 (agressif). ton ~ 신랄한 말투.
acroa(ma)tique [akrɔa(ma)tik] *a.* 〖그리스철학〗구술(口述)의; 비법을 전하는.
acrobate [akrɔbat] *n.* ①줄타는 사람; 곡예사; (비

유적)재주를 부리는 사람, ···꾼. tour d'~ 곡예. C'est un ~ de la récitation. 그는 암기[암송]의 귀신이다. Lui, un philosophe? Plutôt un ~ de la pensée. 그가 철학자라고? 차라리 사상의 곡예사이지. ②《속어》변덕장이, 괴상한 놈(original).

acrobatie [akrɔbasi] *n.f.* ① 줄타기, 곡예. ② (곡예와 같은)재주, 묘기. ~ aérienne[d'aviateur]. ~ en vol 곡예비행. faire des ~s 묘기를 부리다. C'est de l'~. 참으로 희한한 묘기이다.

acrobatique [akrɔbatik] *a.* ①곡예의. ②(곡예와 같은)묘기의. Le gardien de but a fait un arrêt ~. 골키퍼는 곡예와도 같은 묘기로 (공을) 막았다.

acrobatisme [akrɔbatism] *n.m.* ①곡예사 직업(노릇). ②곡예에 비행.

acrocéphale [akrɔsefal] *a., n.* 《인류》머리가 뾰족한(사람). 〔頭症〕

acrocéphalie [akrɔsefali] *n.f.* 《의학》첨두증(尖

acrocome [akrɔkɔm] *n.m.* 《식물》(열대 아메리카산의)마코야자나무.

acrocyanose [akrɔsjanoːz] *n.f.* 《의학》지단(肢端)치아노제.

acroléine [akrɔlein] *n.f.* 《화학》아크롤레인.

acromégalie [akrɔmegali] *n.f.* 《의학》선단거대증(先端巨大症).

acromion [akrɔmjɔ̃] *n.m.* 《해부》견봉(肩峯); 견봉돌기.

acronyme [akrɔnim] *n.m.* 《언어》아크로님(어군의 각 단어 첫글자나 첫음절을 따맞추어 만든 말: ALGOL ← *algorithmic langage*).

acronyque [akrɔnik] *a.* 《천문》(별이)일몰에 나와서 일시에 지는. 〔포증.

acrophobie [akrɔfɔbi] *n.f.* 《의학》고소(高所)공

acropole [akrɔpɔl] *n.f.* 《고대그리스》① (도시의)성채(城砦), 아크로폴리스. ②(A~)아테네의 아크로폴리스.

acrospore [akrɔspɔːr] *n.f.* 《식물》(홀씨의)정생아포(頂生芽胞).

acrostiche [akrɔstiʃ] *n.m.* 이합체(離合體)의 시(각 줄의 첫글자를 붙이면 그 시의 제목이 되는 시). — *a.* 이합체의.

acrostole [akrɔstɔl] *n.m.* ①《옛》날 배의)이물(고물)의 높은 부분. ②이물의 조각(장식).

acrotère [akrɔtɛr] *n.m.* ①《항구의》자연적 방파제, 갑(岬). ②《건축》아크로테리언(박공 양단 또는 윗쪽에 조각 따위를 얹어놓는 대좌(臺座)); (이 대좌의)조각, 장식.

acrotère ②

acrylique [akrilik] *a.* 《화학》아크릴산의. acide ~ 아크릴산.

act. 《약자》action 주식.

:acte [akt] *n.m.* ①행위, 행동, 동작(action, geste). ~ volontaire [instinctif] 자발적 [본능적] 행위. passer aux ~s 행동[실천]으로 옮기다. Les ~s doivent suivre les paroles. 언행은 일치해야 한다. ②(신앙·의지·정신이 발현되는)행위; 《법》(법적)행위. ~ de foi 신앙행위; (관념·사상단체 따위에 대한)충성, 신뢰. réciter son ~ de contrition 《가톨릭》참회의 기도를 외다. ~ de grandeur 위대한 행위, 위대한 발현. ~ à titre gratuit [onéreux] 《법》(차임 따위의 유상)행위. ~ conservatoire 《법》(차임 따위에 대한 소유권자의)재산 보전행위. ~ d'administration (재산의)관리행위. ③《철학》현동(現動), 현실태(現實態)(↔ puissance). passer de la puissance à l'~ 잠재상태에서 현동으로 이행하다. en ~ 현동적, 현재 실현된[실

행]되고 있는(↔ en puissance).

④증서; 문서, 증명서. ~ de vente 매도 증서. ~ d'accusation 기소장. ~ judiciaire (법원의) 영장. ~ de dernière volonté 유언장. ~ de bonne vie et mœurs 품행[신원] 보증서. ~ unilatéral 단독날인 증서. ~ sous seing privé (공증되지 않은)사문서(私文書). rédiger [dresser] un ~ 증서를 만들다. ~ de décès[de mariage, de naissance] 사망[결혼·출생] 증명서. ~ de l'état civil 호적등본.

⑤《pl.》 기록, 의사록, (학회)보고서; 《예》(대학의)학위논문 (심사의 공개토론회). ~s d'un congrès 학회기록. ~ du Parlement (영국 의회가 결정하는)법령. ~ des conciles 《가톨릭》공의회의사록. *A~s des Apôtres* 《성서》사도행전.

⑥《연극》막. pièce en trois ~s 3막극.

demander ~ *de qc* ···의 정식 확인을 요구하다; (일반적으로) ···의 확인을 요구하다. À l'occasion, on vous *demandera* ~ de cette affirmation. 경우에 따라서는 이 사실의 확인을 요구할지도 모릅니다.

donner ~ *de qc(que + ind.)* ···을 법적으로 확인해 주다; (일반적으로) ···을 확인하다.

dont ~ (dont voici un acte의 뜻으로)이상을 증명함, 확인함.

faire ~ *de qc* ···을 실증하다, 나타내 보이다. *faire* ~ *d'énergie* 정력을 과시하다. *faire* ~ *d'hostilité* 적대행위를 하다. *faire* ~ *de soumission* 복종을 표시하다. *faire* ~ *de candidature* 입후보하다. *faire* ~ *de foi* 신뢰하다.

prendre ~ *de qc* ···을 법적으로 인정[확인]하다; (구어) 주어하다.

actée [akte] *n.f.* 《식물》 나물승마(herbe de Saint-Christophe).

acter [akte] *v.t.* 《법》법적으로 확인하다(prendre acte); 법적증서를 주다(donner acte).

acteur(trice) [aktœːr, -tris] *n.* ①배우(comédien). ~ à transformations 재빨리 변장하는 배우. ②(사건 따위의)관계자, 당사자. principal ~ 주동자.

acteuse [aktøːz] *n.f.* 《드물게》(경멸) 3류 극단의 여배우.

actif(ve) [aktif, -iːv] *a.* ①활동하는, 활동중인, 활약하는(↔ inactif). volcan ~ 활화산. population ~ve 취업[생산]인구. armée ~ve《군사》현역(↔ armée de réserve). service ~ 현역. ②활동적인, 활발한; 부지런한(énergique, travailleur). C'est un homme ~ que rien ne fatigue. 그는 지칠 줄 모르는 활동가이다. mener une vie ~ve 활동적인 생활을 하다. faire un commerce ~ 거래가 활발하다. ③적극적인(↔ passif). ~ à défendre ses amis 적극적으로 친구를 옹호하는. prendre une vie ~ à *qc* ···에 적극적으로 가담하다. citoyen ~ 〈옛〉선거권이 있는 시민. dettes ~ves《상업》채권액, 대부금. ④《언어》능동의. verbe ~ 타동사. voix ~ve 능동태. ⑤(약효 따위가) 강한, 즉효의. remède [poison] ~ 효력이 강한 약[독]. charbon ~ 활성탄. métal ~ 강력촉매용 금속(백금류·백금석 따위).

— *n.m.* ①《상업》자산(資產), 대변(貸邊). excédent de l'~ sur le passif 부채에 대한 자산의 초과, 흑자. ②《언어》능동태.

à l'~ *de qn* ···의 공적으로서; ···의 소행[짓]으로서. Ne parlons pas de ses œuvres. Il n'y en a qu'une *à* ~. 그의 작품에 대해 말하지 말자. 그에게 플러스가 되는 것은 한 편 밖에 없다. La police a mis l'attentat *à l'*~ d'un groupe extrémiste. 경찰은 이 사건을 과격파의 짓으로 보았다.

— *n.f.* 현역군(armée ~ve).

actinal(ale, *pl.* **aux)** [aktinal, -o] *a.* 《동물》방사

actinides [aktinid] *n.m.pl.* 【화학】 악티니드계.
actinie [aktini] *n.f.* 【동물】 말미잘.
actinique [aktinik] *a.* rayons ~s 화학선(化學線) (자외선의 별칭).
actinisme [aktinism] *n.m.* 화학선 작용.
actinium [aktinjɔm] *n.m.* 악티늄.
actinographe [aktinɔgraf] *n.m.* 【물리】 기록광 감광계(感光計).
actinographie [aktinɔgrafi] *n.f.* 엑스광선 사진술.
actinologie [aktinɔlɔʒi] *n.f.* ① 【극동물】 【동물】 극피동물지(棘皮動物誌). ② 【의학】 방사선학.
actinomètre [aktinɔmɛtr] *n.m.* ① 화학광량계(光量計)(「일사계」의 뜻으로 오용되기도 함). ② 【사진】 감광계(感光計).
actinométrie [aktinɔmetri] *n.f.* 광도[광량]측정.
actinométrique [aktinɔmetrik] *a.* 광도[광량]측정(기)의.
actinomycose [aktinɔmikoːz] *n.f.* 【의학】 방선균증(放線菌症).
actinote [aktinɔt] *n.f.* 【광물】 각섬석(角閃石)의 일종.
actinothérapie [aktinɔterapi] *n.f.* 【의학】 (방사선·자외선을 포함한)광선요법.
actinotropisme [aktinɔtrɔpism] *n.m.* 【식물】 굴광성(屈光性), 향일성(向日性)(줄기가 빛을 향하고, 뿌리가 빛에서 달아나는 성질).
:action [aksjɔ̃] *n.f.* ① 행실, 행위. accomplir une bonne ~ 선행을 하다. Commettre une mauvaise ~ 비행을 저지르다. ~ d'éclat 무훈, 수훈, 공. ~ de grâces 감사, 사은(의 기도).
② 활동, 활약, 실행; (사고·말에 대해서)행동(activité). homme d'~ 활동가, 행동가. en ~ 활동중인. passer à l'~ 행동[실천]에 옮기다; 실력행사에 들어가다. comité d'~ 투쟁실행위원회. ~ psychologique 대중심리조작. ligne d'~ 행동[활동]노선. ~ directe 직접행동(파업·데모 따위). unité d'~ entre les partis 정당 간의 행동통일.
③ 【언어】 동작. verbes d'~ 동작[행위] 동사(↔ verbe d'état).
④ 힘, 작용, 영향(력)(influence); (물리·화학적)작용; (약 따위의)효과; (법의) 효력. ~ de l'âme sur le corps 신체에 미치는 정신의 작용. l'~ et la réaction 작용과 반작용. sous l'~ de …의 영향[작용]으로, exercer un ~ sur qn …에게 영향력을 미치다. ~ chimique 화학작용. L'~ du remède se fait sentir. 약효가 느껴진다. suspendre l'~ d'une loi 법의 효력을 정지시키다.
⑤ (기계 따위의)가동, 운행(fonctionnement). être hors d'~ 가동 불능 상태에 있다.
⑥ 【옛】 ⓐ 거동, 동작, 몸짓. avoir de l'~ [de belles ~s] 【문어】 (말의)움직임이 멋지다[화려하다]. ⓑ (배우의)연기, 열, 열기. ~ des avocats 변호사의 열변. Cet acteur a l'~ froide. 이 배우의 연기는 열이 없다.
⑦ (소설·따위의)줄거리, 플롯(intrigue); 액션, 움직임. unité d'~ (프랑스 고전극의 삼단일(trois unités) 법칙 중)줄거리의 단일(줄거리가 단일해야 한다는 법칙). L'~ de ce film se passe en Italie. 이 영화의 이야기는 이탈리아에서 전개된다. film (plein) d'~ 액션이 많은 영화.
⑧ 【옛·문어】 (국지적인)전투. engager l'~ 전투를 개시하다. navale ~ 해전. ~ chaude 격전.
⑨ 주(株), 주식. acheter[vendre] des ~s 주식을 사다[팔다]. ~s de priorité 우선주. société par ~s 주식회사.
⑩ 【법】 소송(poursuite). intenter une ~ en paiement[en dommages-intérêts, en divorce] 지불청구[손해배상청구·이혼청구]소송을 하다. introduire une ~ en justice 소송을 제기하다. ~ criminelle (형사사건에 있어서 검찰측의)기소. ~ (de la partie) civile (형사사건에 있어서 피해자의)고소. ~ publique 기소.
mettre en ~ (un principe) (원칙)을 실행하다, 실천에 옮기다.
Ses ~s montent[sont en hausses]. 그의 주가[인기]가 오르고 있다.
Ses ~s baissent[sont en baisse]. 그의 주가[인기]가 하락하고 있다.
REM action 의지력·자연력의 작용; homme d'*action* 행동가. *action* du soleil 태양의 작용. **acte** 는 action의 결과를 말하는 (행위). 이 두 말은 자주 혼용되지만 action은 습관적 행동, acte는 예외적 행위를 말함.
actionnable [aksjɔnabl] *a.* (사람에 대해)소송의 대상이 될 수 있는(만한).
actionnaire [aksjɔnɛːr] *n.* 【상업】 주주(株主).
actionnariat [aksjɔnarja] *n.m.* 주주의 신분. ~ ouvrier (노동자의)지주제(持株制).
actionné(e) [aksjɔne] *a.p.* ① 【법】 소송이 제기된. ② 【구어】분주한(occupé). mère ~*e* autour de ses enfants 아이들 뒷바라지에 바쁜 어머니. ③ 【기계】 운전된, 작동된(mû). ~ par la vapeur 증기구동(驅動)의.
actionnement [aksjɔnmɑ̃] *n.m.* (기계 따위의)운전 조작. ~ à distance 원격조정, 리모트 콘트롤.
actionner [aksjɔne] *v.t.* ① 【법】 (사람에 대해)소송을 제기하다. ② (기계 따위를)움직이게 하다, 운전하다. ~ le dispositif de départ d'un moteur 엔진의 발동장치를 작동시키다. ③ 【비유적】 (사람을)움직이다, 분발시키다. Je vais ~ le ministre. 내가 장관을 움직여 보겠소.
activant(e) [aktivɑ̃, -ɑ̃ːt] *a.n.f.* 【물리·화학】 활성을 주는, 촉진시키는; 활성화시키는.
activation [aktivasjɔ̃] *n.f.* 【물리·화학】 활성화(活性化), (효소의)부활(賦活).
activement [aktivmɑ̃] *ad.* 활발히, 적극적으로; 신속하게; 【언어】 능동적으로.
activé(e) [aktive] *a.p.* 【물리·화학】 활성화된, 부활(賦活)된.
activer [aktive] (< *actif*) *v.t.* ① 활기를 불어넣다, 자극하다, 왕성하게하다. ~ le feu 화력을 세게 하다. ② (일 따위를)독촉하다, 재촉하다(hâter, ↔ ralentir); 【구어】(목적하던 일이)없이) 서두르다. ~ les travaux 공사를 독촉시키다. Allons! Activez un peu. 자, 좀 서두르세요. ③ 【화학】 (물질을)활성화시키다; (효소를)부활시키다.
—*s'*~ *v.pr.* 바쁘게 일하다(s'affairer). Elle s'active avec l'aspirateur. 그녀는 진공소제기로 바쁘게 일하고 있다.
acteveur [aktivœːr] *n.m.* 활성제, 조촉매(助觸媒).
activisme [aktivism] *n.m.* 【정치】 적극행동주의(extrémisme); 과격파 사상.
activiste [aktivist] *a.* 적극적 행동주의의. —*n.* 적극적 행동주의자.
*****activité** [aktivite] *n.f.* ① 활동, 활약; 활동력. sphère d'~ 활동 범위, 행동권. volcan en ~ 활화산. ② 활기, 행동성(dynamisme, énergie). avoir beaucoup d'~ (사람·사건·시장에) 넘쳐있다. mettre de l'~ dans l'affaire 일에 활기를 불어넣다. affaire en pleine ~ 한창인[영업중인] 사업. marché sans ~ 활기없는(침체된) 시장. déployer une grande ~ 정력적으로 활동하다. ③ (구체적인) 일, 활동(occupation). Le médecin lui a conseillé

de changer ses ~s. 의사는 그가 하는 일을 바꾸도록 권했다. ④ 〖화학〗 작용; (약의)효험; 〖물리〗 활동도, 방사능(의 세기). ~ chimique d'un corps 물체의 화학작용. ⑤ 현직, 현역(~ de service). fonctionnaire en ~ 현직관리. officier de réserve placé en situation d'~ 현역으로 돌아온 예비역 장교.

actrice [aktris] *n.f.* ⇨acteur.

actuaire [aktɥɛːr] *n.* ① 보험 계리사(보험·금융회사의 사망률 조사·상각률 계산 전문가). ② 〖고대 로마〗 (조서·증서 따위를 작성하는)서기.

actualisation [aktɥalizɑsjɔ̃] *n.f.* ① 실현, 현실화. ② 〖언어〗 현동화(그 자체로는 잠재적인 기호에 불과한 단어가 문장에 쓰여 구체적 의미나 기능을 지니게 되는 현상).

actualiser [aktɥalize] *v.t.* ① 〖철학〗 (가능성·잠재성을)현실화하다. ② (일반적으로)현실화하다, 현대화하다. ~ une virtualité 잠재적인 것을 현실화하다. ~ un problème ancien 과거의 문제를 오늘의 문제로 다루다. ~ un manuel scolaire 학교 교재를 현대화하다(오늘의 상황에 맞게 고친다는 뜻). ③ 〖경제〗 (과거의 자산·미래의 수입 따위)를 현실화하다. ④ 〖언어〗 (기호적인 단어를 문장 안에서)현동화하다.
—*s'~* *v.pr.* 현실화되다; 현대화되다.

actualité [aktɥalite] *n.f.* ① 현실, 실재; 현행(現行). ② 현실성; 현대의 관심사, 시사성(時事性); (*pl.*)시사, 뉴스. problème de ~ 시사적 문제. Cette question est toujours d'~. 이 문제는 아직도 시사성이 있다. question dépourvu d'~ 시사성(당대인의 관심)을 잃은 문제. film d'~*s* 뉴스 영화. ~*s* télévisées 텔레비전 뉴스

actuariat [aktɥaria] *n.m.* 보험 계리사의 직책; (집합적)보험 계리사.

actuariel(le) [aktɥarjɛl] *a.* 보험 계리(사)의.

*****actuel(le)** [aktɥɛl] *a.* ① 현재의, 현재의(présent, ↔ ancien). mœurs ~les 현재의 풍습. sous le régime ~ 현체제 하에서. dans l'état ~ des choses 현 시점에서는, 지금 상태로는. prix ~*s* 〖상업〗 시가(時價). à l'heure(l'époque) ~le 현재. ② 〖철학〗현실의, 실제의(↔ potentiel, virtuel). ③ 시사적인, 현재의 관심사의. question ~le 현대의 관심사인 문제. La question des prix est très ~le. 물가 문제는 모든 사람들의 관심사이다. ④ 〖가톨릭〗 grâce ~le (특별한 행위와 관련하여 부여되는)조력(助力)의 은총(↔ grâce habituelle). péché ~ (개인적인 행위에 있어서의)현행죄(↔ péché habituel [orginel]).

*****actuellement** [aktɥɛlmɑ̃] *ad.* 현하, 현재, 목하.

acuité [akɥite] *n.f.* ① 날카로움; (고통 따위의) 격심함(intensité). l'~ d'un son[d'une aiguille, d'une douleur] 소리의 날카로움[바늘의 뾰족함·고통의 심함]. ~ d'une crise politique 언제 폭발할지 모르는 정치적 위기. ② (감각의)강도. ~ visuelle 〖광학〗 시력. échelles d'~ 시력표. ~ sensorielle 〖심리〗 감각의 강도.

acul [aky] *n.m.* (굴 양식장의)바다와 접한 쪽.

aculé(e) [akyle] *a.* 〖동물〗 〖곤충〗 침이 있는.
—*n.m.pl.* 〖곤충〗 유검류(有螯類).

aculéates [akyleat] *n.m.pl.* 〖곤충〗 유검류.

aculéiforme [akyleifɔrm] *a.* 가시 모양의.

acuminé(e) [akymine], **acuminées(se)** [akyminø, -øːz] *a.* 〖식물·의학〗 (잎·종양 따위가)뾰족한, 예첨형의(銳尖形).

acuponcteur(trice), acupuncteur(trice) [akypɔ̃ktœːr, -tris] *n.* 침술가.

acuponcture, acupuncture [akypɔ̃ktyːr] *n.f.* 〖외과〗 침술(鍼術).

acupressure [akypressure] *n.f.* 〖외과〗 삽지압 혈법(插指壓血法).

acutangle [akytɑ̃:gl] *a.* 〖기하〗 예각의.

acutangulaire [akytɑ̃gylɛːr] *a.* 〖기하〗 예각을 이루는.

acutangulé(e) [akytɑ̃gyle] *a.* 〖기하〗 예각의; 〖식물〗 예첨형(銳尖形)의.

acutesse [akytes] *n.f.* 〖드물게〗 예리함.

acutipenne [akytipen] *a.* 〖조류〗 꼬리깃이 뾰족한.

acyclique [asiklik] *a.* ① 〖화학〗 비환식(非環式)의. ② 〖물리〗 비주기(非週期)의. ③ 〖수학〗 비순환(非循環)의. ④ 〖지질〗 (지층이)침식주기의 흔적이 없는.

A.D.A.C. (약자) avion à décollage et atterrissage courts 단거리 이착륙 비행기((영)STOL).

adactyle [adaktil] *a.* 〖동물〗 손[발]가락이 없는; (게 따위가)집게발이 없는.

adage [adaːʒ] *n.m.* ① 격언, 속담; (일반적)원리. ② 〖무용〗 느린 리듬의 무용(연습).

adagio [adaʒjo] 〖이탈리아〗 〖음악〗 *ad.* 느리게.
—*n.m.* 아다지오, 완서곡(緩徐曲).

Adam [adɑ̃] *n.pr.m.* 〖구약〗 아담. Il se croit sorti de la côte d'~. 그는 자기를 명문 출신이라고 생각하고 있다. Nous sommes tous de la côte d'~. 우리는 모두 아담의 자손들이다.
fourchette(mouchoir, peigne) d'~ 〖구어〗 손가락. l'habit du père ~ 나체. se mettre dans le costume d'~ 벌거숭이가 되다.

adamantin(e) [adamɑ̃tɛ̃, -in] *a.* ① 〖문어〗금강석같이 굳은(빛나는); (마음 따위가)차고 무정한. ② (치아의)법랑질의. —*n.m.* 법랑질(琺瑯質).

adamien [adamjɛ̃] *n.m.* =**adamite**.

adamique [adamik] *a.* 아담의. race ~ 아담의 후예. époque ~ 아담의 시대, 창세기.

adamisme [adamism] *n.m.* 〖종교사〗 아담파(2 세기의 공동 예배를 나체로 하던 종파).

adamite [adamit] *n.m.* 아담파의 신자.

adaptabilité [adaptabilite] *n.f.* 적응성.

adaptable [adaptabl] *a.* 〖생물·심리〗 적용(적응)할 수 있는.

adapta*teur(trice)* [adaptatœːr, -tris] *n.* 번안자, 각색자. —*n.m.* 〖사진〗 감광판의 가감장치, 어댑터; 〖무전〗 변환기, 변류기.

adaptatif, -iv] *a.* 〖드물게〗적응하는. caractère ~ 〖동물의〗적응성.

adaptation [adaptasjɔ̃] *n.f.* 적응[순응]시키기, 적응[순응]하기; 〖생물〗적응성. [~ de *qc* à *qc*] ~ d'un plan de fabrication *aux* nécessités économiques 생산 계획을 경제적 필요성에 맞추기. ~ à un nouveau milieu 새로운 환경에의 순응. ② (작품의) 번안, 각색, 개작; 〖음악〗 (발레·영화를 위한)반주의 선곡[편곡], 음악반주. ~ d'un roman à la scène 소설의 각색. ~ musicale (영화의)음악 반주.

adapter [adapte] *v.t.* [~ *qc* à *qc*] ① (에)맞추다, 맞추어 붙이다(ajuster). ~ un robinet *au* tuyau d'arrivée d'eau 수도에 꼭지를 달다. ~ un nouveau carburateur *au* moteur d'automobile 자동차 발동기에 새로운 카뷰레터를 장치하다. ② (에)적응[순응]시키다. ~ ses désirs à la réalité 자신의 욕구를 현실에 맞추다[맞춘다]. ③ (으로)번안(개작·각색)하다. ~ un roman *au*[pour le] cinéma 소설을 영화화하다.
—*s'~* *v.pr.* [s'~ à] ① (에)꼭 들어맞다. ② (에)적합[적응]하다(s'accommoder de). s'~ à une nouvelle existence 새로운 생활에 적응하다. s'~ *au*

public 청중[독자]의 취향에 맞추다. **(**목적보어 없이**)** Il faut savoir s'~. (상황의 변화에)적응할 줄 알아야 한다.

adapteur [adaptœːr] *n.m.* 〖사진〗=adaptateur.

adaubages [adobaːʒ] *n.m.pl.* 〖해양〗 (장기 항해용의)소금에 절인 고기.

A.D.A.V. 〖약어〗avion à décollage et atterrissage verticaux 수직 이착륙 비행기(〖영〗VTOL).

add. 〖라틴·약자〗 addatur 〖약〗 첨가하여라.

addax [adaks] 〖라틴〗 *n.m.* (아프리카 사막지방에 사는 코에 반점이 있는) 사슴의 일종.

addenda [adɛ̃da] 〖라틴〗 *n.m.* **(**복수불변**)** (권말의) 추가, 보유(補遺).

additif(ve) [aditif, -iːv] *a.* 덧붙이는, 부가적인. fonction ~ *ve* 〖수학〗가법적(加法的)의 함수. procédé ~ 〖사진〗(3원색을 첨가하여 각종의 색소를 만드는) 가색법. —*n.m.* ① 추가조항. ~ au budget 예산의 추가조항. ② 〖식품〗첨가물[제].

*****addition** [adisjɔ̃] *n.f.* ① 부가, 덧붙이기. [~ de qc à qc] ~ d'un "s" au pluriel des substantifs 명사의 복수에는 's'를 붙이기. au mur d'un bâtiment 증축하다. ② 부가물, 첨가물(complément, supplément); 부록. ③ 〖수학〗덧셈, 가법. faire l'~ des chiffres 수를 합계하다. ④ 〖구어〗(음식점 따위의)계산서(note). Garçon, l'~! 보이, 얼마죠? régler l'~ 음식값을 치르다. ⑤ 〖화학〗composé d'~ 부가화합물; 〖생리·심리〗~ latente 잠재성 누가현상(피로 따위가 모르는 사이에 쌓이는 것).

additionnable [adisjɔnabl] *a.* 부가할 수 있는.

additionnel(le) [adisjɔnɛl] *a.* 부가적인. article ~ 추가조항.

additionner [adisjɔne] (<*addition*) *v.t.* ① 합계하다(sommer). ② 〖옛〗덧붙이다. **(** 목적보어 없이**)** 덧셈을 하다. ② 타다, 섞다. [~ qc de qc] ~ le vin d'eau 포도주에 물을 타다. jus de fruit *additionné de* sucre 설탕을 탄 과일 주스.
—**s'**~ *v.pr.* 가해지다, 더해지다, 겹쳐지다. malheurs qui *s'additionnent* 겹치는 불행.

additionneuse [adisjɔnøːz] *n.f.* 가산기(加算器), 덧셈 기계.

adducteur [adyktœːr] *a.m.* 〖해부〗내전(內轉)하는; 〖수력〗물을 끌어오는. —*n.m.* 내전근(筋) (muscle ~); 〖토목〗(수원에서) 끌어오는 도수 관(導水管)(~ hydraulique).

adductif(ve) [adyktif, -iːv] *a.* 〖해부〗(근육을)내 전시키는.

adduction [adyksjɔ̃] *n.f.* ① 〖해부〗내전(작용). ② 〖토목〗도수(작업); (증기·가스 따위의)송급 (送入).

-ade *suff.* 「집합·제물·동작」의 뜻.

adénectomie [adenɛktɔmi] *n.f.* 〖외과〗아데노이드 적출(摘出).

adénite [adenit] *n.f.* 〖의학〗임파선염.

adén(o)- *préf.* 「선(腺)」의 뜻.

adéno-cancer [adenɔkɑ̃sɛːr], **adénocarcinome** [adenɔkarsinɔm] *n.m.* 선암.

adéno-fibrome [adenɔfibroːm] *n.m.* 〖의학〗선섬유종(腺纖維腫).

adénoïde [adenɔid] *a.* 〖의학·생리〗선상(腺狀)의, 선양(腺)의. végétations ~*s* 아데노이드, 선양증식(腺樣增殖).

adénoïde(ne) [adenɔidɛ, -ɛn] *a.* 아데노이드의.

adénoïdite [adenɔidit] *n.f.* 〖의학〗선양증식증.

adénome [adenom] *n.m.* 〖의학〗선증(腺腫).

adénopathie [adenɔpati] *n.f.* 〖의학〗선증(腺症), 선질환(腺疾患).

adéno-sarcome [adenɔsarkoːm] *n.m.* 〖의학〗선 육종(腺肉腫).

adent [adɑ̃] *n.m.* 〖건축〗장부촉이음**(** 치형(齒形)으로 짝지어 이어나가기**)**. joint à (en) ~ 장부촉이음; 열장이음.

adenter [adɑ̃te] *v.t.* 〖건축〗열장이음으로 잇다.

adepte [adɛpt] *n.* ① **(**옛**)**(연금술의)대가; (주·학설 따위에)통달한 사람(initié). ② (학설·종교 따위의)신봉자(adhérent); 추종자. ~*s* de la poésie moderne 현대시의 옹호자들. parti qui fait des ~*s* 열성당원을 양성하는 정당.

adéquat(e) [adekwa, -at] *a.* ① [~ à] (에)적합한, 적절한(approprié); 완전히 일치하는, 정확한. C'est l'expression ~*e à* la situation. 이 경우에 꼭 들어맞는 표현이다. définition parfaitement ~*e* 주 정확한 정의. ② excitant ~ 〖심리〗적합자극 **(** 눈에 대한 빛의 자극, 귀에 대한 음의 자극 따위**)**.

adéquation [adekwasjɔ̃] *n.f.* 합당성, 합치.

adéquatement [adekwatite] *n.f.* 적당함, 적절함; 정확 [적확]함.

adextré(e) [adekstre] *a.* 〖문장〗오른쪽의 부문(副紋)이 있는.

adhérence [aderɑ̃ːs] *n.f.* ① 점착, 달라붙음, 고착. ① du timbre à l'enveloppe 우표가 봉투에 밀착함. ② (*pl.*) 〖의학〗유착(癒着). ③ (의견 따위의)집 착, 고집; 가담.

adhérent [aderɑ̃, -ɑ̃ːt] *a.* ① 밀착한; 밀착하는, 점착성의. [~ à] matière ~*e à la peau* 피부에 달라 붙는 물질. poids ~ 〖철도〗(기관차의) 점착(粘着)중량. ② (조직에)가입(가맹·소속)하고 있는. ③ 〖식물〗측착(側着)의. ovaire ~ 측착(유합(癒合))씨방.
—*n.* ① (의견 따위에)고집[집착]하는 사람, 지지자. ② (단체의)가입자, 회원, 당원. carte d'~ 회원[당원]증.

adhérer [adere] [6] *v.t.ind.* [~ à] ① …에 들러붙다, 점착하다(coller). ~ à la route (차바퀴가)도로에 들러붙다, 미끄러지지 않다. ② (학설·주장의)신봉자가 되다, (의견 따위의)동의(찬동)하다 (approuver, se rallier à). ~ à une doctrine 어떤 교리를 신봉하게 되다. J'*adhère à* ce que vous avez dit. 당신이 말한 것에 동감합니다. ③ (단체 따위)에 가입하다(s'inscrire à). ~ à un parti politique 정당에 가입하다, 당원이 되다.

adhésif(ve) [adezif, -iːv] *a.* ① 들러붙는, 점착성의(collant). sparadrap [ruban] ~ 반창고(스키치테이프). inflammation ~*ve* 〖의학〗유착성염증. ② 〖법〗동의를 나타내는. formule ~*ve* 동의(승낙)식. —*n.m.* 접착물[제]. ~ antihalo 〖사진〗할레이션 방지제.

adhésion [adezjɔ̃] *n.f.* ① 가입, 가맹. ② 동의, 찬성(approbation). donner son ~ à qc …에 동의하다. ③ 들러붙음, 점착. force d'~ 점착력.

adhésivement [adezivmɑ̃] *ad.* 들러붙어서, 점착에 의하여.

adhésivité [adezivite] *n.f.* 점착성, 점착[부착]력.

ad hoc [adɔk] 〖라틴〗 *loc.a.* 적격의, 특별히 만들어진; 알맞은. tuteur [curateur] ~ 〖법〗자격있는 [적합한]후견인. arguments ~ 적절한 논의. créer une commission ~ pour régler ce différend 이 분쟁을 해결하기 위해 특별 위원회를 만들다.
—*loc.ad.* 특별히, 그 때문에; 적절히.

adiabatique [adjabatik] *a.* 〖물리〗단열성(斷熱性)의. ligne ~ 단열선.

adiabatisme [adjabatism] *n.m.* 〖물리〗단열.

adiante [adjɑ̃ːt], **adiantum** [adjɑ̃tɔm] *n.m.* 〖식물〗공작고사리.

*****adieu** [adjø] (*pl.* ~*x*) (<*Dieu*) *int.* 안녕히 가세요

à-Dieu-va(t)!

[계세요], 안녕(오랜 동안의 이별의 인사). dire ~ à qn …와 이별[작별]하다. Au moindre danger, ~ tout leur courage. (비유적) 조금이라도 위험이 닥쳐오기만 하면 그들의 용기는 없어진다. *dire ~ à qc* …을 포기하다.
—*n.m.* 이별, 영이별. faire ses ~*x* à qn[qc] …와 작별하다[헤어지다].

dernier ~ 이 세상의 하직, 영이별; 《속어》 (호텔방을 빌릴 때 문지기에게 주는) 팁 (denier à dieu 의 변형). Sans ~ 곧 다시 뵙겠읍니다, 그럼 다시 만나세 (Je ne vous dis pas ~).

à-Dieu-va(t)!, à Dieu va(t)!, adieu va(t)! [adjφva(t)] *int.* ① 《속어》 (결과는 천우에 맡기고)될대로 되어라! (à la grâce de Dieu, advienne que pourra). ② 《해양》 배를 돌려라! (낡은 표현; 지금은 Envoyez! 를 씀).

adipeux(se) [adipφ, -φ:z] *a.* 《구어》 살찐; 《생리》 지방(질)의. tissu ~ 지방 조직. devenir ~ (사람이)살이 찌다.

adipique [adipik] *a.* acide ~ 《생화학》 지방산의.

adipocyte [adiposit] *n.f.* 《생리》 지방세포.

adipogenèse [adipoʒənɛ:z] *n.f.* (생체 내의)지방 과다 생성.

adipolyse [adipoliz] *n.f.* 《생리》 지방분해(脂肪分解)(조직내의 지방이 산소의 작용에 의해 분해되어 혈액 속으로 녹아 들어가는 작용).

adipopexie [adipopeksi] *n.f.* 《생리》 지방침착(沈

adipose [adipo:z] *n.f.* 《의학》 지방과다증. [着].

adiposité [adipozite] *n.f.* 《의학》 지방축적, 비만 (증).

adiposo-génital(ale, *pl.* **aux)** [adipozoʒenital, -o] *a.* 비만생식기성(肥滿生殖器性)의.

adirer [adire] *v.t.* 《법》 상실[분실]하다.

adition [adisjɔ̃] *n.f.* 《로마법》 승낙. ~ d'hérédité 상속의 승낙.

adjacence [adʒasɑ̃:s] *n.f.* 인접.

adjacent(e) [adʒasɑ̃, -ɑ̃:t] *a.* 인근의, 인접한. angles ~s 《기하》 인접각.

adjectif(ve) [adʒɛktif, -i:v] *a.* ① 《언어》 형용사의, 형용사적인. locution ~ve 형용사구. ② couleurs ~ves 《직물》 매염염료, 간접색소.
—*n.m.* 형용사. ~ verbal 동사적 형용사. ~ qualificatif 품질 형용사.

adjectival(ale, *pl.* **aux)** [adʒɛktival, -o] *a.* 형용사적; 형용사의.

adjectivement [adʒɛktivmɑ̃] *ad.* 형용사적으로.

adjectiver [adʒɛktive] *v.t.* 형용사로 사용하다. participe présent *adjectivé* 형용사로 쓰인 현재분사.

adjectivite [adʒɛktivit] *n.f.* 형용사 남용벽(癖); 형용사 조어벽(造語癖).

adjoign-e(s), etc. [adʒwaɲ] ⇨adjoindre.

adjoindre [adʒwɛ̃:dr] 27 *v.t.* [~ qc à qc] (에) 첨가하다, 덧붙이다 (ajouter). ~ un dispositif de sécurité à une machine 기계에 안전장치를 부착하다. [~ qn à qn] On m'*a adjoint* une secrétaire. 나에게 비서를 붙여주었다.
—s'~ *v.pr.* ① [s'~ à] (와) 동료[한패]가 되다 (s'associer). s'~ à une troupe 한패가 되다. ② (se ~) 간접목적보어 (자기에게)붙이다. s'~ les capacités 중지(衆智)를 모으다.

adjoin-s, etc. [adʒwɛ̃] ⇨adjoindre.

adjoint(e) [adʒwɛ̃, -ɛ̃:t] (*p.p.* <adjoindre) *a.p.* 보좌하는, 보조의; 《수학》 수반(隨件)의. équation ~*e* 수반방정식.
—*n.* 조수, 보좌자, 보좌관. 《행정》 부시장, 부군수, 면장. 《군사》 부관. capitaine ~ 부대장; ~ d'état-major 참모부관. au maire (시·구·군·

면의)부시장 (구청장보·부군수·부면장). ~ d'enseignement (프랑스 중고등학교에서)조교(종래의 répétiteur 와 professeur adjoint 을 겸하는 것으로 1945 년에 창설).
—*n.m.* 《언어》 부가사(附加詞). ~s du verbe 동사의 부가사.

adjonction [adʒɔ̃ksjɔ̃] *n.f.* ① 첨가(하기), 부가(하기)(addition). L'architecte décida l'~ d'un garage à la maison. 건축가는 그 집에 차고를 붙여 짓기로 결정했다. ② (조수로서 사람을)붙이기, 배속 ③ 부가물. l'hôpital et ses ~*s* 병원과 그 부속 전물. ④ ~*s* budgétaires 《경제》 추가예산.

adjudant [adʒydɑ̃] *n.m.* ① 《군사》 특무상사. ~ chef(de bataillon) 준위. ~ de garnison(de place) 《옛》 주둔부대 부관. ~ général 참모부관. ~- major 부대대장. ② 《조류》 (인도산의)무수리.

adjudantisme [adʒydɑ̃tism] (< *adjudant*) *n.m.* 권위주의, 독선.

adjudicataire [adʒydikatɛ:r] *a.* 낙찰(落札)의.
—*n.* (경매의)낙찰인.

adjudicateur(trice) [adʒydikatœr, -tris] *n.* 결재자, 심판자, 판정인; 경매자.

adjudicatif(ve) [adʒydikatif, -i:v] *a.* 결재 (심판·판정)의. sentence ~*ve* 낙찰결정선언.

adjudication [adʒydikasjɔ̃] *n.f.* ① 《법》 판결. ② 낙찰; 경매; 입찰. par voie d'~ 경매[입찰]에 의하여. mettre qc en ~ …을 경매[입찰]에 붙이다. ③ 도급주기.

adjuger [adʒyʒe] 3 *v.t.* ① 《법》 판결에 의하여 주다. ~ au demandeur ses conclusions 원고의 요구대로 판결하다. ② 낙찰시키다; 입찰에 의하여 청부주다. [~ qc à qn] Le commissaire-priseur *adjuge* le tableau *au* plus offrant. 경매인이 그 그림을 최고액 입찰자에게 낙찰하다. ③ 부여 [수여]하다 (décerner). ~ une récompense aux meilleurs élèves 훌륭한 학생들에게 상을 주다.
—s'~ *v.pr.* 자기 것으로 하다 (s'approprier), 손에 넣다 (s'emparer). Jamais cette équipe de football n'avait donné l'impression de pouvoir s'~ le trophée. 도무지 그 축구팀은 트로퍼를 획득한 것같이 보이지 않았었다. s'~ la meilleure part 제일 좋은 것을 차지하다.

adjupète [adʒypɛt] *n.m.* 《군내속어》 =**adjudant**.

adjuration [adʒyrɑsjɔ̃] *n.f.* 간청; (신의 이름에 의한)기원 (prière); 악마를 쫓는 주문(呪文).

adjurer [adʒyre] *v.t.* ① (신의 이름으로)요구하다; 간청하다 (conjurer, implorer). [~ qn de + inf.] Le juge l'*adjure* de dire la vérité. 판사는 그에게 진실을 말하라고 요구했다. ② (악마를)쫓아내다. ③ 증인으로 삼다 (invoquer).

adjuteur [adʒytœ:r] *n.m.* 보조자.

adjuvant(e) [adʒyvɑ̃, -ɑ̃:t] *a.* 보조의. —*n.m.* 《약》 보조약.

adjuvat [adʒyva] 《라틴》 *n.m.* 《의학》 (주로 외과의)조수(의 직).

ad libitum [adlibitɔm] 《라틴》 *loc.ad.* 마음대로; 《음악·연극》 즉흥적으로 ((약) ad lib.).

ad litem [adlitɛm] 《라틴》 *loc.ad.* 《법》 소송에 관한. mandat ~ 일정한 소송에 대한 위임.

ad litteram [adliteram] 《라틴》 *loc.a.* 문자 그대로. citer un auteur ~ 저자의 글을 그대로 인용하다.

adlumie [adlymi] *n.f.* 《식물》 줄꽃주머니속(屬).

admet, -s, etc. [admɛ] ⇨admettre.

Admète [admɛt] *n.pr.m.* 《그리스신화》 아드메토스.

admetteur [admɛtœ:r] *n.m.* 《기계》 고압 실린더.

*****admettre** [admɛtr] 46 *v.t.* ① 출입[가입·입내]을 허가하다, 급제[입학]시키다 (직접목적보어는 사

람 또는 생물) ~ qn au salon …을 객실로 맞아 들이다. ~ qn chez soi(dans sa maison) …이 집에 들어오는 것을 허락하다. Les chiens ne sont pas admis dans le magasin. 상점내의 개 출입금지. (직접목적보어는 사람) ~ qn dans un parti …에게 입당을 허가하다. ~ qn à siéger …에게(회의 따위에) 참석하는 것을 허락하다. ~ qn à l'école(à l'examen) …의 입학을 허가하다(…을 시험에 급제시키다). ② 허용하다, 용인하다(permettre). (특히 부정문에서) [~ qc] Cette règle n'admet aucune exception. 이 규칙은 어떠한 예외도 허용하지 않는다. Je n'admets pas vos raisons. 당신이 내세우는 이유를 받아들일 수 없다. ③ 시인하다, 인정하다(reconnaître). ~ un principe 어떤 원리를 인정하다. C'est une coutume communément admise. 그것은 널리 인정되는 관습이다. [~ que+ind.](부정의 경우에는 +sub.) J'admets que c'est vrai. 나는 그것이 사실이라는 것을 인정한다. Je n'admets pas que ce soit vrai. 나는 그것이 사실이라는 것을 인정하지 않는다. ④ 가정하다(supposer). [~ que+sub.] en admettant qu'il soit là 그가 그곳에 있다고 한다면. Admettons qu'il ait raison. 그가 옳다고 가정하자. ⑤ 〖법〗수리(受理)하다. ~ un pourvoi 상고를 수리하다.
——s'~ v.pr. 허락되다; 허용되다; 인정되다.

adminicule [adminikyl] n.m. (메달 따위의)둘레의 장식; 〖법〗방증(傍證), 상황증거; 〖의학〗보조약; (옛)보조(수단).

administrateur(trice) [administratœːr, -tris] n. ① 경영자; 행정관; (토지 따위의)관리인; 행정적 수완이 있는 사람. cabinet d'~ foncier 토지관리소. ② (회사·은행의)지배인, 이사, 중역; 세금의 지불명령자(ordonnateur); (극장의)부지배인. ~ général de la Comédie-Française 코메디프랑세즈 총지배인. ~ délégué(gérant) 전무이사. ~ civil 행정관. ~ judiciaire(재산 따위의)법정관리인.

administratif(ve) [administratif, -iːv] a. ① 관리의; 경영의; 행정의; 경영(행정)사무의. droit ~ 행정법. règlements ~s 행정규칙. acte ~ 행정명령. division ~ve (현·군 따위의)행정구분. fonction ~ve 관리직. police ~ve 행정경찰. ② convoi ~ 〖군사〗식량 수송대.

*****administration** [administrasjɔ̃] n.f. ① 관리; 행정; 시정(施政); 행정권; 〖법〗재산관리자의 직. ~ centrale 중앙행정. ~ départementale 지방행정. École nationale d'~ 국립행정학교(고급행정관 양성을 목적으로 하는)(약칭) E.N.A. [ena]). mauvaise ~ 관리(처리)의 잘못; 실정(失政); 악정. ② 이사(중역)회(conseil d'~); (A~)행정부; 관공서; (집합적)공무원(fonctionnaires); (군사)경리부. entrer dans l'A~ (civile) 관리가 되다. se plaindre des lenteurs de l'A~ 관공서(일)의 꾸물거림을 불평하다. ~ des Douanes 세관공무원. ③ (법의)시행; 〖가톨릭〗(성사(聖事)를)베풀기; 〖의학〗(약을)먹이기, 투약(投藥). ④ 〖법〗(증거의)제출.

administrativement [administrativmɑ̃] ad. 행정(관리)상; 행정적으로.

administré(e) [administre] n. ① 피통치자. maire respecté de ses ~s 시민에게 존경받는 시장. ② 〖가톨릭〗성사를 받은 사람.

administrer [administre] v.t. ① (업무를)관리하다; (일을)처리하다; 경영하다; 관재(管財)하다; (나라를)다스리다, 통치하다. Le préfet administre le départment. 도지사(知事)는 도(道)의 행정을 관장하다. ~ les biens d'autrui 타인의 재산을 관리하다. (목적보어 없이) Il administre bien[mal]. 그는 행정(경영)을 잘[잘못]한다. ② (법을)시행하다; 〖가톨릭〗(성사를)베풀다, (에게)종부성사를 주다; 〖의학〗(약을)복용시키다; 〖구어〗(타격 따위를)가하다. ~ la justice 법을 시행하다. ~ des coups de canne 지팡이로 때리다. ~ à qn une bonne raclée …을 마구 때려 눕다. Chaque soir il fallait qu'ils lui administrent une pilule pour la calmer. 그들은 그녀를 진정시키기 위하여 매일 저녁 환약 한 개를 복용시켜야 했다. ③ 〖법〗(증거를)제출하다.
——s'~ v.pr. ① (se ~ 간접목적보어)자기에게 주다(s'offrir). s'~ la meilleure part 제몫대로 가장 좋은 몫을 차지하다. s'~ un petit verre de rhum (익살)건강을 위하여 럼주를 한 잔 마시다. ② (se 는 직접목적보어) 관리되다; 통치되다. Ce pays s'administre bien. 이 나라는 잘 통치된다.

*****admirable** [admirabl] a. ① 감탄할 만한, 훌륭한. effort ~ de redressement économique 경제 재건을 위한 훌륭한 노력. ② 놀라운(merveilleux). C'est ~ que+sub. …하다니 훌륭하다. Vous êtes ~ de +inf. 당신이 …하다니 놀랍다.

*****admirablement** [admirabləmɑ̃] ad. 감탄할 만큼, 훌륭하게, 근사하게, 놀랄 만큼. femme ~ belle 기가 막히게 아름다운 여인.

admirateur(trice) [admiratœːr, -tris] a., n. 감탄 [탄복·찬미·숭배]하는(사람).

admiratif(ve) [admiratif, -iːv] a. 감탄을 나타내는. regard ~ 감탄 어린 눈길.

*****admiration** [admirasjɔ̃] n.f. 감탄, 탄복, 찬미; 경탄의 대상. être transporté d'~ 넋을 잃고 감탄하다. exciter(attirer) l'~ de qn …의 감탄을 자아내다. Ce tableau me pénètre d'~. 이 그림에서 나는 마음속으로부터 탄복한다.
avoir de l'~ pour qn(qc); être dans l'~ de qn(qc) …에 감탄하다. être(tomber) en ~ devant qn(qc) …에게 완전히 탄복하고 있다. être(devenir, faire) l'~ de qn …의 감탄의 대상이 되다. être saisi d'~ 탄복하여 마지않다.

admirativement [admirativmɑ̃] ad. 감탄하여.

*****admirer** [admire] v.t. ① 감탄(경탄·탄복·찬미)하다(s'extasier, ↔ dédaigner). On l'admirait, mais on ne l'aimait pas. 그는 찬미받긴 했지만 사랑받진 못했다. ② 놀라서 보다, 감탄하여 바라보다; 이상하게 생각하다, 괴상히 여기다. [~ que+sub.] J'admire qu'il ait pris un semblable parti. 그가 그와 같은 결정을 했다니 놀랍다. ③ (반어적)(우스 팡스럽게) 비웃다. J'admire ses prétentions. 그의 자만심은 놀랍군.
——s'~ v.pr. ① 자찬하다, 자기 도취하다. ② 서로 탄복하다.

admis(e) [admi, -iz] (p.p.<admettre) a.p. 허용된, 허락된; 채용된; 인정된. usage ~ 일반에게 통용되는 관습. député ~ 당선된 국회의원.
——n. 입장(입학·회합·입대)이 허가된 사람. liste des ~ 입학 허가자 명부.

adm-is, -isse(s), -issent, etc. [adm-i, -is] ⇨admettre.

admissibilité [admisibilite] n.f. ① 들어가는[지나가는, 참가하는] 것이 허가될 수 있음. ② 허락(용·인정)될 수 있음. ③ 필기시험의 합격. liste d'~ 2차 시험[구술시험] 수험자격자[1차 필기시험 합격자]명부.

admissible [admisibl] a. ①[~à](에)들어가는[참가하는]것이 허가될 수 있는. être ~ aux emplois publics 공직에 취업할 수 있다. ②(변명·행위 따위가)허용[인정]될 수 있는(recevable). ③ 적합[적당]한. ④ 1차 시험에 합격한.

—*n.* 1차 시험 합격자.
admission [admisjɔ̃] *n.f.* ① 출입(가입·입학·입대) 허가, 허용, 승인. ~ à une école 입학허가. faire une demande d'~ 입장[입회·입학] 허가원을 내다. ~ en franchise 면세통관허가. ~ temporaire (가공 재수출을 위한 외국제품에 대한) 면세가수입 허가. ② ~ à la cote 《주식》주식상장(上場) 결정. ③ ~ de pourvoi 《법》상고수리. ④ 《기계》(내연기관의) 흡기(吸氣), 흡입; 흡입[진입]구. soupape d'~ 흡입판.
admittance [admitɑ̃:s] 《영》*n.f.* 《전기》어드미턴스(임피던스(impédance)의 역수에).
admixtion [admikstjɔ̃] *n.f.* 《약》혼합(混合).
admonestation [admɔnɛstasjɔ̃] *n.f.* (경범죄인에 대한) 훈계; 질책.
admonester [admɔnɛste] *v.t.* (경범죄인을 [에게]) 견책[경고]하다; (일반적으로) 훈계하다, 타이르다; 꾸짖다.
admoniteur(trice) [admɔnitœ:r, -tris] *n.* 훈계하는 사람; 질책하는 사람; 제고자(戒告者).
admonitif(ve) [admɔnitif, -i:v] *a.* 훈계하는; 질책하는. mesure ~ve 훈계조치.
admonition [admɔnisjɔ̃] *n.f.* 훈계; 경고; 질책.
A.D.N. 《약자》acide désoxyribonucléique 디옥시리보 핵산(核酸)(《영》DNA).
adné(e) [adne] *a.* 《식물》붙어 사는, 착생하는.
adnominal(ale, *pl.* **aux)** [adnɔminal, -o] *a.* 《언어》명사 보어의.
adobe [adɔb] *n.m.* ① (햇볕에 말린)아도베 벽돌. ② 아도베 벽돌집(담).
adogmatique [adɔgmatik] *a.* 비(非)교리주의적인; 비독단적인.
***adolescence** [adɔlesɑ̃:s] *n.f.* 청년, 청춘, 묘령(남자는 14~20살, 여자는 12~18살쯤).
***adolescent(e)** [adɔlesɑ̃, -ɑ̃:t] *a.* 청춘기의; 젊은 (jeune). jeune homme encore ~ 아직 젊은 청년. souvenirs ~s 청춘기의 추억. —*n.* 청춘기의 남자 [여자], 청년, 처녀. film interdit aux ~s 청소년관람금지 영화.
adonc, adoncques, adonques [adɔ̃:k] *ad.* 《옛》그때(alors).
adonide[1] [adɔnid] *n.f.* 《식물》복수초(福壽草).
adonide[2] *n.m.* 외국산 식물원.
adonien(ne) [adɔnjɛ̃, -ɛn], **adonique** [adɔnik] *a.* 《운율》아도니스 시격(詩格)의.
—*n.m.* 아도니스 시격.
adonis [adɔnis] *n.m.* ① 《구어》멋쟁이, 미남자. ② (A~) 《그리스신화》아도니스(여신 아프로디테[비너스]의 사랑을 받은 미모의 청년). faire l'A~ 《구어》멋부리다.
—*n.f.* 《식물》복수초(adonide).
adoniser [adɔnize] *v.t.* 《옛》멋있게 치장하다.
—**s'~** *v.pr.* 《옛》멋부리다, 모양내다.
adonné(e) [adɔne] *a.p.* [~ à](에)열중한, 골몰한, 전념하는. individu qui s'est adonné à l'étude(au jeu, aux plaisirs) 연구[노름·쾌락]에 몰두[전념]하는.
adonner [adɔne] *v.i.* 《해양》 (바람이) 뒷바람으로 바뀌다, 순풍이 되다.
—**s'~** *v.pr.* [~ à] (에) 열중하다, 전념하다; 홀딱 빠지다; 종사하다. individu qui s'est adonné à la boisson 술에 빠진 사람.
adoptable [adɔptabl] *a.* ① 양자[양녀]로 할 수 있는. ② 채용[선택]할 수 있는.
adoptant(e) [adɔptɑ̃, -ɑ̃:t] *n.* 양부, 양모.
adopté(e) [adɔpte] *a.p.* 양자[양녀]가 된; 채용된, 채택된. —*n.* 양자, 양녀.
***adopter** [adɔpte] *v.t.* ① 양자[양녀]로 삼다. ~ qn pour (son) fils ⋯을 아들로 삼다. ② 채용하다; 취(取)하다, 택하다. ~ une attitude réservée 조심스러운 태도를 취하다. ~ une religion 어떤 종교를 신봉하다. ③ (공인·법안을)가결하다, 통과시키다 (approuver, voter). La Chambre a adopté ce projet de loi. 하원은 이 법안을 가결했다. être adopté à l'unanimité 만장일치로 가결되다.
—**s'~** *v.pr.* 채용되다; 선택되다.
adoptif(ve) [adɔptif, -i:v] *a.* 양자 결연의[에 의한]; 선택한. fille ~ve 양녀. père ~ 양부.
adoption [adɔpsjɔ̃] *n.f.* ① 양자로 삼기, 양자 결연. entrer dans une famille par ~ 어떤 가정에 입양하다. père par ~ 양부. ② 채용; 선택(choix); 기호(préférence). ~ du système décimal 10 진법의 채용. La France est la patrie d'~ de tous les intellectuels. 프랑스는 모든 지식인의 마음의 조국이다. ③ 《정치》가결. ~ d'un projet de loi 법안의 가결. ④ (종교에의) 귀의, 신봉.
adorable [adɔrabl] *a.* ① 숭배할 만한; 경배드릴 만한. ② 열렬히 사랑할 만한; 홀딱 반할 만한 (charmant); 탐할 데 없는, 근사한. robe ~ 근사한 드레스. ~ petit chien 귀여운 강아지.
adorablement [adɔrabləmɑ̃] *ad.* 경배[숭배]할 만큼; 탓할래 없을 만큼; 반할 만큼, 근사하게.
adorateur(trice) [adɔratœ:r, -tris] *n.* ① 경배자, 숭배자. ~s des idoles 우상 숭배자. ~s du feu 배화교도(拜火敎徒). ~ de l'argent 배금주의자. 애호가. —*a.* 숭배[열애]하는.
adoratif(ve) [adɔratif, -i:v] *a.* 숭배하는, 열애하는. acte ~ 숭배행위.
adoration [adɔrasjɔ̃] *n.f.* ① 경배, 숭배(culte). ~ des idoles 우상숭배. ~ des mages 동방박사들의 경배. ~ perpétuelle 상시 성체배례. ② 열렬한 사랑(↔haine). Il a de l'~ pour sa femme. 그는 아내를 열렬히 사랑하고 있다(Il est en ~ devant sa femme). ③ (새로 선출된 교황에 대한 추기경의 세번의)경의의 표시. Ce pape a été fait par voie d'~. 이 교황은 (선거에 의하지 않고) 추기경 전원일치로 추대되었다.
aimer qn à l'~ ⋯을 열렬히 사랑하다.
adorer [adɔre] *v.t.* ① (신을)예배[경배·숭배]하다. ~ l'Éternel 신을 숭배하다. ~ la Croix (성 금요일에)성 십자가를 숭배하다. (목적보어 없이) Les Juifs adoraient à Jérusalem. 유태인들은 예루살렘에서 신을 예배했다. ② 부복하여, 엎드려 절하다, 무릎 꿇고 경의를 표하다(se prosterner). Les rois de Perse se faisaient ~. 페르시아의 왕들은 꿇배(跪拜)를 받는 관습이 있었다. ③ 열렬히 사랑하다; 《구어》대단히 좋아하다(aimer, ↔ détester). Cette mère adore son fils. 이 어머니는 자식을 애지 중지한다. ~ le café 커피를 무척 좋아하다. [~ + inf./que + sub.] J'adore monter à cheval. 나는 승마를 몹시 좋아한다. ~ le veau d'or 금전을 숭배하다, 부귀에 아부하다.
—**s'~** *v.pr.* 자기를 열렬히 사랑하다; 서로 열렬히 사랑하다.
adorner [adɔrne] *v.t.* 《옛》장식하다.
ados [adɔ] *n.m.* ① 《원예》 (작물 아채재배를 위한) 남향의 경사지 두덕. ② 《농업》 (고랑에서 파올려) 비스듬히 쌓아 놓은 흙.
adossé(e) [adose] *a.p.* ① 《문장》(사자 따위가) 등을 맞댄. ② ~ à/contre (에) 등을 기댄. village ~ à la montagne 산을 등진 마을.
adossement [adosmɑ̃] *n.m.* ① 등을 맞대기. ② 등을 기대기; 등지기. ③ 버티기.
adosser [adose] *v.t.* ① [~ qn/qc à/contre](에) 등을 기대다, 기대 세우다. être adossé au mur 벽에 등을

을 기대다. ~ un enfant *contre* le mur 어린아이를 벽에 기대 세우다. ② 등을 지게 놓다[배치하다]. [~ à/contre] ~ une cabane *à [contre]* un rocher 암벽을 등지고 오두막집을 세우다. ~ une troupe (숲·참호 따위의) 엄폐물 속에 부대를 배치하다. —**s'~** *v.pr.* [s'~ à/contre] (에) 등을 기대다, 기대 서다(s'appuyer); 등지다. Il *s'adossa au mur*. 그는 벽에 등을 기대었다. Il *s'adossa à* un pilier pour allumer une cigarette. 그는 담배에 불을 붙이기 위해 기둥을 등지고 섰다.

adoubement [adubmā] *n.m.* ① 중세의 기사 서임식 (騎士敍任式). ② 중세의 전사들이 입던 갑옷의 일종. 갑옷과 투구를 입히기.

adouber [adube] *v.t.* ① (중세의 새 기사에게) 갑옷과 투구를 입히면서 서임하다; 갑옷과 투구를 착용시키다. ~ *qn* chevalier ⋯을 기사로 서임하다. ~ un chevalier 기사에게 갑옷과 투구를 착용시키다. ② 〖해양〗(배를) 수리하다. ③ 〖체스〗(말을) 잠정적으로 어떤) 자리에 옮겨 놓아 보다. —**s'~** *v.pr.* 갑옷과 투구를 입다.

adouci [adusi] *n.m.* (유리·수정 따위의) 초벌 깎기[갈기].

adoucir [adusi:r] *v.t.* ① (신맛·쓴맛 따위를) 달게 하다; 부드럽게 하다; 연수(軟水)로 하다; (색·빛 따위를) 부드럽게 하다. ~ les traits du visage 얼굴 표정을 부드럽게 하다. Il faut beaucoup de sucre pour ~ ces fruits. 이 과일들의 신맛을 부드럽게 하려면 많은 설탕이 필요하다. Ce savon au lait *adoucit* la peau. 이 우유 비누는 피부를 부드럽게 한다. ② (고통 따위를) 완화하다, 가라앉히다, 진정시키다 ; (성난 사람·동물을) 달래다. Le temps *adoucit* nos douleurs. 시간은 우리들의 고통을 경감해준다. Peut-être cette lettre *adoucira*-t-elle votre chagrin. 아마도 이 편지는 당신의 슬픔을 가라앉힐 것이다. ③ 대충[초벌] 갈다 ; (금속 따위를) 갈다, (목재 따위를) 매끈하게 하다 ; (커브를) 완만하게 하다. ~ le bois avec la prêle 속새로 재목을 반드럽게 닦다. ~ la fonte avec l'oxyde de fer 주철을 산화철로 갈다. ~ une glace avec l'émeri 유리를 금강사로 대충 갈다. ④ 〖야금〗(주철을) 산화시켜 정제하다; (금을) 불순물에서 분리하다. —**s'~** *v.pr.* ① 달콤해지다. Les fruits *s'adoucissent* en mûrissant. 과일은 익으면서 달아진다. ② 부드러워지다, 완화되다, 가라앉다; 연수(軟水)로 되다; 온화해지다, 누그러지다. Son humeur *s'adoucit*. 그의 기분이 가라앉는다. Le temps *s'est adouci*. 날씨가 온화해졌다. ③ 매끈해지다, 더욱 갈아지다. Les angles *s'adoucissent* par le frottement. 마찰에 의해서 모가 둥글어진다.

adoucissage [adusisa:ʒ] *n.m.* (금속을) 갈기, 갈음질; 광택; 초벌갈기.

adoucissant(e) [adusisɑ̃, -ɑ̃:t] *a.* ① 〖의학〗진통성의, ② 윤을 내는. —*n.m.* ① 진통제. ② 윤내는 약, 연마제.

adoucissement [adusismɑ̃] *n.m.* ① adoucir 하기; 완화; 경감(輕減), 진정 (soulagement). apporter de l'~ à un mal 고통을 덜어 주다. sans ~ 사정없이, 가차없이. ② 〖화학〗연수화(軟水化)(~ de l'eau) ; (석유 따위의) 정제(精製). ③ 〖음성〗연음화.

adoucisseur(se) [adusisœ:r, -ø:z] *n.* (유리·금속의) 연마공. —*n.m.* 연수기(~ d'eau).

ad patres [adpatres] (라틴) *loc.ad.* envoyer ~ 《구어》저승으로 보내다, 죽이다.

adr. [adres] ① 주어 주소. ② adr. tél.=adresse télégraphique 전신 약호.

adragant [adragɑ̃] *n.m.* 〖상업·약〗트래거캔스 고무(gomme d'~).

adragante [adragɑ̃:t] *a.f., n.f.* (gomme) ~ 트래거캔스 고무.

Adraste [adrast] *n.pr.m.* 〖그리스신화〗아드라스토스.

adrénaline [adrenalin] *n.f.* 〖화학〗아드레날린.

***adresse¹** [adrɛs] *n.f.* ① (편지의) 주소성명 ; 주소. partir sans laisser d'~ 주소를 남기지 않고 떠나다. carnet d'~s 주소록. donner l'~ d'un bon restaurant 좋은 식당의 장소를 가르쳐 주다. donner une ~ sûre[une fausse ~] 바른 주소를[틀린·거짓 주소를] 가르쳐 주다. mettre l'~ du destinataire sur une enveloppe 봉투에 수취인의 주소를 쓰다. ~ télégraphique 케이블 어드레스, 전략(電略). ② 〖정치〗청원, 상주; (주권자에게 대한 의회가 제출하는) 봉답문(奉答文). ③ (각종 정보를 정리해놓기 위한) 표제(어); 〖컴퓨터〗어드레스(기억장치 소자를 구획하여 차례를 매긴 번호); 〖언어〗(사전의) 표제어, 항목. *à l'~ de qn* ⋯앞으로 온; ⋯에 대한. lettre *à votre ~* 당신 앞으로 온 편지. critique *à son ~* 그에 대한 비평.

adresse² *n.f.* ① (능란한) 솜씨, 교묘한 재주 (dextérité, habileté); 재치; (*pl.*) 교묘한 조작. avoir beaucoup d'~ aux armes 무예에 솜씨가 매우 능란하다. manier un cheval avec ~ 능란하게 말을 다루다. ~ *de* pinceau 교묘한 붓놀림. ② 교활, 나쁜 꾀 (finesse, ruse). jouer d'~ 교활하게(약삭빠르게) 굴다. avec ~ 능란하게, 교묘하게. dénué d'~ 임기응변의 재치가 없는. *tour d'~* 요술, 재주.

***adresser** [adre(e)se] *v.t.* ① (~ *qc à qn*) (우편물을) 보내다, 부치다 (envoyer, expédier). les lettres que vous m'*avez adressées* 당신이 내게 부친 편지들. ② [~ *qn à qn*] (을)보내다, 가게 하다 (porter); 추천하다. Le médecin m'*a adressé à* un spécialiste. 그 의사는 나를 전문의에게 보냈다. ③ (말 따위를) 걸다 (parler); (항의 따위를) 제출하다. ~ un reproche[des questions] 비난[질문] 하다. ~ la parole *à qn* ⋯에게 말을 걸다. ~ un sourire *à qn* ⋯에게 미소를 짓다 (sourire). ~ un regard 시선을 던지다. ~ un ouvrage *à qn* ⋯에게 작품을 바치다. ~ *ses pas vers qn* 〖옛〗⋯쪽으로 발길을 돌리다[가다]. (lettre) *mal adressée* 주소가 틀린(편지). —*v.i.* 〖옛〗(목적을 향해) 곧장 가다. —**s'~** *v.pr.* ① (주어는 사람) 말을 걸다, 말하다. [s'~ *à qn*] Il *s'adressa* ensuite *aux* assistants. 그는 이어서 참석자들에게 말을 건넸다. *À* qui pensez-vous *vous ~* ? ⋯에게 말하고 있다고 생각하는 것입니까? (어림도 없는 말을 하고 있다는 뜻). ② (주어는 사람) 신청하다, 문의하다. "*s'~* ici" "여기에 신청[문의]하십시오." [s'~ *à qn*] *s'~ au* ministre 장관에게 직접 문의하다. *s'~ bien* 문제[부탁]를 알맞는 사람에게 가져가다; 마침 좋은 장소(때)를 고르다; (반어적) 영등한 곳에 가져가다. Pour visiter cette maison, *s'~ au* concierge. 이 집을 찾아오시는 분은 관리인에게 문의하십시오. ③ 《주어는 사물》호소하다 (faire appel); (에) 관계되다 (concerner); (에게) 보내어지다 (être destiné[adressé]). [s'~ *à qn/qc*] Cette lettre *s'adresse à* lui. 이 편지는 그에게 온 것이오. articles qui *s'adressent à* la femme 여자용의 물건들. film qui *s'adresse à* votre cœur 당신의 심금을 울려 주는 영화.

adret [adrɛ] *n.m.* (프랑스·알프스의) 양지바른 비탈(면).

Adriatique (l')

Adriatique (l') [ladri(j)atik] *a., n.pr.f.* (mer)〜《지리》아드리아 해.
Adrien [adri(j)ɛ̃] *n.pr.m.* 《로마사》하드리아누스.
***adroit(e)** [adrwa(a), -a(ɑː)t] *a.* ① 솜씨 좋은, 재주 있는, 교묘한, 능란한(habile). [〜 à *qc/inf.*] …(하기)에 능란한[능숙한]. 〜 à tous les exercices 어떤 종류의 운동에도 능숙한. ② (신체의 일부분의)재주가 있는. [〜 de *qc*] être 〜 *des*[*de* ses] mains 손재주가 있다. joueur de football 〜 *des pieds* 발 재주가 훌륭한 축구선수. ③ 교활한, 꾀바른(rusé); 재치있는, 교묘한(subtil). diplomate 〜 권모술수를 잘 쓰는 사람.
adroitement [adrwatmɑ̃] *ad.* ① 솜씨좋게, 능란[능숙]하게, 교묘하게. se tirer 〜 d'affaire 교묘하게 벗어나가다. ② 교활하게, 약삭빠르게.
A.d.S. 《약자》 Académie des Sciences 과학원.
adscrit(e) [adskri, -it] *a.* 《언어》 옆에 쓴.
adsorbant(e) [ad(t)sɔrbɑ̃, -ɑ̃ːt] 《물리》 *a.* 흡착(吸着)하는. —*n.m.* 흡착제[제].
adsorber [ad(t)sɔrbe] *v.t.* 《물리》 흡착하다.
adsorption [ad(t)sɔrpsjɔ̃] *n.f.* 《물리》 흡착(작용).
Adsse 《약자》 archiduchesse 대공비(大公妃). l. 용).
adstipulation [atstipylasjɔ̃] *n.f.* 《로마법》 (본(本)약정·규정등에 수반되는)부수 약정·규약.
adstrat [adstra] *n.m.* 《언어》 방층어(傍層語).
Aduc 《약자》 archiduc 대공.
adulaire [adylɛːr] *n.f.* 《보석》 빙장석(氷長石), 월장석(月長石)(pierre de lune).
adulateur(trice) [adylatœːr, -tris] *a.* 아첨하는, 알랑거리는. —*n.* 아첨꾼(flatteur, flagorneur).
adulation [adylasjɔ̃] *n.f.* (지나친)찬사, 격찬; 아첨, 아부.
adulatoire [adylatwaːr] *a.* 알랑거리는, 아첨하는.
aduler [adyle] *v.t.* ① (에게)아첨[아부]하다(flatter, flagorner), la puissance 권력있는 사람에게 아부하다. ② 귀여워하다, 애지중지하다. mère qui *adule* ses enfants 자녀를 애지중지하는 어머니.
***adulte** [adylt] *a.* ① (동·식물이)성장한; 성년의, 어른이 된. âge 〜 성년. ② 지성[이성]에 호소하는. littérature 〜 (감성에 호소하지 않고)지성에 호소하는 문학. 〜 (실험단계를 넘어)성장(정착)한. —*n.* 성인, 어른; 《법》 성년자. école [cours] d'〜s 성인학교[강좌].
adultérateur [adylteratœːr] *n.m.* 《옛》(술 따위에)이물질을 넣어)변조하는 사람; (화폐)위조[변조]자.
adultération [adylterasjɔ̃] *n.f.* 《옛》섞음질 하기; 위조, 변조(falsification), 부정한 변경, 속임수.
adultère [adyltɛːr] *a.* ① 간통의, 불륜의. époux 〜 샛서방. amour 〜 불륜의 사랑. commerce 〜 불륜, 간통. ② 《문어》 신을 모독하는. peuple 〜 신을 배반한 민족.
—*n.* ① 간통자, 간부(姦夫)(époux 〜), 간부(姦婦)(femme 〜). ② 신의 모독자.
—*n.m.* 간통; 《법》 간통죄. 〜 simple 기혼자·미혼자간의 간통. 〜 double 기혼자간의 간통.
adultérer [adyltere] [6] *v.t.* 《옛》(에)섞음질하다; (화폐·문서 따위를)위조[변조]하다; 품질을 떨어 뜨리다(손상하다). —*v.i.* 《옛》간통하다.
adultérin(e) [adylterɛ̃, -in] *a.* ① 간통으로 태어난, 사생아의(bâtard). enfants 〜s (간통자 사이의)사생아. ② 《농업·원예》잡종의. —*n.* 불의로 태어난 자식, 사생아.
adultérinité [adylterinite] *n.f.* 《법》 서자(庶子)의 신분, 서자임.
adurol [adyrɔl] *n.m.* 《사진》 아듀롤(사진 현상용의 약품).

aduste [adyst] *a.* 《옛》(지나친 육식이나 독한 알코올 때문에)혈액·체액이)탄.
adustion [adystjɔ̃] *n.f.* 《옛》《의학》 소작(燒灼), 부식.
ad valorem [advalɔrɛm] 《라틴》 *loc.ad., a.* 가격에 따라(따른). droit 〜 종가세(從價稅).
advenant [advənɑ̃] *advenir* 의 현재분사.
advenir [advəniːr] [16] (부정법과 분사형(advenant, advenu)및 3인칭 단수에만 쓰임. 특히 오늘날에는 주어로 비인칭으로 사용됨. 조동사는 être) *v.i.* 일어나다, 생기다, 우발하다(arriver, survenir). *advenant* le décès de *qn* …이 죽게 될 경우에는. Je ne sais pas ce qui en *adviendra*. 무슨 일이 일어날지 모르겠다. le cas *advenant* que + *sub.* 《법·행정》 만약에 …하는 일이 일어난다면[생긴다면], 만약에 …한다면.
—*v.imp.* 일어나다, 우발하다. Il advint que + *ind.* [*sub.*] 우연히(마침) …한 일이 일어났다. Il m'*advient* quelquefois de + *inf.* 나는 때때로 …하는 일이 있다. Il n'en advint que de la peine. 그 결과 생긴 것이라곤 오직 근심뿐이었다. Que lui est-il *advenu*? 그에게 무슨 일이 일어났나? Qu'est-il *advenu* de votre père[votre projet]? 당신 아버지[계획]는 어떻게 되었소?
quoi qu'il advienne 무슨 일이 일어나더라도. *advienne que pourra* 어떠한 일이 일어나더라도.
adventice [advɑ̃tis] *a.* ① 우연의, 우연히 생긴; 외래의 (병이)우발적인. biens 〜s 《법》 (직접상속 이외의)재산. ② 《식물》 (원산지로부터)이입[이주] 해온 식물의. plantes 〜 s 이입식물. ③ 《농업》 잡초의. ④ 부수(이차)적인(accessoire). Il s'occupait de multiples tâches 〜s. 그는 많은 부수적인 일에 몰두하고 있었다.
—*n.f.* 《해부》(혈관의)외막. 〜 artérielle 동맥외막. 〜 bronchique 기관지 외막.
adventif(ve) [advɑ̃tif, -iːv] *a.* ① 《식물》 부정(不定)의. racine 〜*ve* 부정근(根). ② 우연히 수중에 들어온. biens 〜s 《법》 (부인의)취득재산(시집과 관계없이 얻어지는).
adventiste [advɑ̃tist] 《영》 *n., a.* 《종교》 그리스도 재림론자(의).
advenu [advəny] advenir 의 과거분사.
adverbal(ale, pl. aux) [adverbal, -o] *a.* 《언어》 동사 부속의.
***adverbe** [advɛrb] *n.m.* 《언어》 부사(副詞). 〜 de lieu[de temps] 장소[시간]의 부사.
adverbial(ale, pl. aux) [advɛrbjal, -o] *a.* 《언어》 부사의. locution 〜*ale* 부사구.
adverbialement [advɛrbjalmɑ̃] *ad.* 부사로서, 부사적으로.
adverbialiser [advɛrbjalize] *v.t.* 부사의 어미[기능]를 주다; 부사화하다, 부사로 쓰다.
***adversaire** [advɛrsɛːr] *n.* 반대자, 상대방, 적수, (경기의)대항자(concurrent, rival); 《군사》 적(ennemi). 〜 du matérialisme 유물론의 반대자. 〜 politique 정적. réduire son 〜 au silence 상대방을 꺽소리 못하게 하다. Cette femme est un dangereux 〜. 이 여자는 위험한 경쟁 상대이다. champion qui l'emporta facilement sur tous ses 〜s 자기의 모든 적수를 거뜬히 물리친 선수.
adversatif(ve) [advɛrsatif, -iːv] *a.* 《언어》 반대(반의)의. conjonction 〜*ve* 반의 접속사(mais, cependant, bien que 따위). proposition 〜*ve* 《논리》 반의 명제.
adversativement [advɛrsativmɑ̃] *ad.* 《드물게》 [〜 à](와) 반대로, 반의적으로.
adverse [advɛrs] *a.* ① 《법》 상대방의. avocat

aéroglisseur

상대방의 변호사. partie ~ (소송)상대방. ② 불운한, 불행한, 불리한; 호의 없는, 적의 있는. fortune ~ 불운. critique ~ 비호의적 비평. équipe ~ 적의 팀, 상대팀. ③ 반대의(opposé). versant ~ de la montagne 산의 반대측 사면(斜面). ④ 《식물》 대생(對生)의, 마주나기의.

adversité [adversite] *n.f.* 불운, 역경, 재난, 시련 (malheur, ↔ bonheur). faire face à l'~ 역경에 직면하다. L'~ est la pierre de touche du caractère. 역경은 사람의 성격을 드러나게 하는 시금석이다.

advertence [advertɑ̃:s] *n.f.* 《신학》 주의(注意). pécher sans ~ 부주의로 죄를 범하다.

adviendra [advjɛ̃dra], **advienne** [advjɛn], **advient** [advjɛ̃], **advint** [advɛ̃] ⇨advenir.

ad vitam æternam [advitametɛrnam] 《라틴》 *loc. ad.* 《구어》 영원히(pour toujours).

adynamie [adinami] *n.f.* 《의학》 쇠약, 허약.

adynamique [adinamik] *a.* 《의학》 쇠약한, 허약한, 무력한. état ~ 무력상태. fièvre ~ 소모열.

adyton [aditɔ̃] 《그리스》, **adytum** [aditɔm] 《라틴》 *n.m.* 《고대그리스》 (사원의)안채, 성소(聖所), 밀실.

A.E.C. 《약자》 Association des écrivains combattants 세계대전 종군작가 협회.

aède [aed] *n.m.* 《고대그리스》 음영시인(吟詠詩人); 시인.

A.E.F. 《약자》 Afrique équatoriale française 프랑스령 적도 아프리카.

ægagropile [egagropil] *n.m.* =**bézoard**.

ægipan [eʒipɑ̃] *n.m.* =**égipan**.

ægosome [egozo:m] *n.m.* 《곤충》 버드나무하늘소.

A.E.L.E. 《약자》 Association européenne de libre-échange 유럽 자유 무역 연합.

æpyornis [epjɔrnis] *n.m.* 《고대생물》 (마다가스카르에서 발견된)제 4 기의 거대한 새의 화석).

æquo animo [ekwoanimo] 《라틴》 *loc.ad.* 한결같이, 끈기있게(avec constance).

aérable [aerabl] *a.* 환기(換氣)할 수 있는.

aérage [aera:ʒ] *n.m.* ① 공기 유통, 환기; (옷 따위)를 바람(공기)에 쐬기. puits d'~ (광산의)환기용 수직 갱도. sabord d'~ 배연용 창문.

aérateur(trice) [aeratœ:r, -tris] *a.* 통풍의.
— *n.m.* 통풍기, 환기장치.

aération [aerasjɔ̃] *n.f.* =**aérage**.

aéré(e) [aere] *a.p.* (방 따위가)통풍이 잘되는. bureau bien ~ 환기가 잘되는 사무실.

aérer [aere] [6] *v.t.* ① (에)바람을 통하게 하다, 환기시키다(ventiler); (옷 따위를)바람에 쐬다. ~ un matelas 요를 바람에 쐬다. ② 덜 촘촘(조밀)하게 하다; 시원[산뜻]하게 하다. Il vaudrait mieux ~ la présentation de ce journal. 이 신문의 체재는 더 산뜻하게 하는 편이 좋을 것이다.
— **s'**~ *v.pr.* 바깥 바람을 쐬다(prendre l'air, s'oxygéner), 산책하다. Il faut *vous* ~ un peu. 바람을 좀 쐬야 합니다.

aéricole [aerikɔl] *a.* 《식물》 공기 속에서 사는, 기생(氣生)의.

***aérien(ne)** [aerjɛ̃, -ɛn] *a.* ① 공기의; 대기의. couches ~nes 기층. fluide ~ 기체. ② 공기처럼 가벼운; (발걸음 따위가)경쾌한; (직물 따위가) 가뿐한. jeune fille à la démarche ~ne 사뿐사뿐 경쾌하게 움직이는 처녀. ③ 공중의, 공중에 사는. animaux ~s 기생(氣生)동물(↔ animaux aquatiques 수중동물). peuple ~ 《시》 조류. esprits ~s 《시》 천사, 공기의 정(精), 정령. navigation ~ne 공항. voie ferrée ~ne 고가철도. racine ~ne 《식물》 기근(氣根), 공기 뿌리. ④ 《해부》 공기를 보내는.

voies ~nes; conduits ~s 기도(氣道). ⑤ 항공의, 항공 관계의. attaque ~ne 공습. appui ~ 공군에 의한 지원. droit ~ 《법》 항공법. transports ~s 공수. base ~ne 항공기지. conducteur ~ 《무전》 공중선, 안테나. défense ~ne 방공. forces ~nes 공군. ligne ~ne 항공로. poste ~ne 항공우편.
— *n.m.* (레이다의)공중선, (전파탐지기 따위의) 안테나(antenne).

aériennement [aerjɛnmɑ̃] *ad.* 《드물게》 공기 같이; 공중에; 경쾌하게.

aérifère [aerifɛ:r] *a.* 《생리》 공기를 보내는[통하게 하는]. conduits [voies] ~ 《해부》 기도.

aérification [aerifikasjɔ̃] *n.f.* 《화학》 기화(氣化), 가스화.

aérifier [aerifje] *v.t.* 기화[가스화]시키다; …에 탄산가스를 넣다. ~ un corps liquide 액체를 기화시키다.
— **s'**~ *v.pr.* 기화하다, 기체가 되다.

aériforme [aerifɔrm] *a.* 공기[기체]같은.

aériser [aerize] *v.t.* =**aérifier**.

aérium [aerjɔm] *n.m.* (회복기 환자·소아 결핵 환자 등의)전지(轉地) 요양소.

aérivore [aerivɔ:r] *a.* 공기를 마시고 사는.

aërmotor [ɛrmotɔ:r] *n.m.* 풍력 발동기; (빨펌프 따위의) 풍차.

aéro [aero] *n.m.* 《구어》 비행기.

aéro- *préf.* 「공기·공중·항공」의 뜻.

aérobie [aerɔbi] *a.* 《생물》 호기성(好氣性)의.
— *n.m.* 호기성 생물.

aérobiose [aerɔbjo:z] *n.f.* 《생물》 호기 생활.

aérobus [aerɔbys] *n.m.* 《항공》 여객기; 에어버스(200~300 명이 탑승할 수 있는 국내 간선용의 중·단거리 여객기).

aérocâble [aerokabl] *n.m.* 가공삭도(架空索道), 공중케이블.

aérochimique [aerɔʃimik] *a.* 항공화학의; 독가스로 공중에서 공격하는. guerre ~ 공중화학전. attaque ~ne 독가스공습.

aérochir [aerɔʃi:r] *n.m.* 《속어》 부상병 수송기.

aéro-club [aerɔklœb] *n.m.* 비행협회.

aérocolie [aerɔkɔli] *n.f.* 《의학》 결장(結腸)내의 가스 과다증, 고장증(鼓腸症).

aérocondenseur [aerɔkɔ̃dɑ̃sœ:r] *n.m.* 공냉식 냉각기.

aéroconvecteur [aerɔkɔ̃vɛktœ:r] *n.m.* 물과 더운 공기에 의한 난방장치.

aérocyste [aerɔsist] *n.f.* (해조류의)기포(氣胞).

aérodrome [aerɔdro:(ɔ)m] *n.m.* 비행장.

aérodynamique [aerɔdinamik] *n.f.* 공기 역학, 항공 공학. — *a.* ① 공기 역학의, 항공 역학의. tunnel ~ 《항공》 풍동(風洞). ② 《기계》 유선형의. locomotive ~ 유선형 기관차.

aérodyne [aerɔdin] *n.m.* 중항공기(重航空機)(공기보다 무거운 비행체에 대한 총칭).

aéro-électronique [aerɔelɛktrɔnik] *n.f.* 항공 전자 기술(avionique).

aéroflotte [aerɔflɔt] *n.f.* 비행단.

aérofrein [aerɔfrɛ̃] *n.m.* 《항공》 공기 저항 증가용 브레이크.

aérogare [aerɔga:r] *n.f.* ① (공항내의) 여객및 화물 터미널. ② (도심지에 있고 교외의 공항과의 여객 및 화물수송의 연락을 담당하는)항공역. ~ de la Porte-Maillot à Paris 파리 시내의 포르트 마요에 있는 공항행 버스 기·종착 장소.

aérogastrie [aerɔgastri] *n.f.* 《의학》 (위 내의)가스 과다증.

aéroglisseur [aerɔglisœ:r] *n.m.* 호버크라프트(공기의 압력으로 지면 위에 떠서 달리는 자동차).

aérogramme [aerɔgram] *n.m.* 항공 서간, 항공 봉함 엽서.

aérographe [aerɔgraf] *n.* 《기상》 대기학자.
—*n.m.* [액체 페인트의]분무기.

aérographie [aerɔgrafi] *n.f.* 기상 기록, 대기지(大氣誌).

aérohydroplane [aerɔidrɔplan] *n.m.* 수상비행기.

aérolit(h)e [aerɔlit] *n.m.* 《천문》 운석(隕石).

aérolithique [aerɔlitik] *a.* 《 》 리학.

aérologie [aerɔlɔʒi] *n.f.* 고층(高層)기상학, 기상물리학.

aérologique [aerɔlɔʒik] *a.* 고층기상학의, 기상물리학의. observatoire ~ 고층기상대. sondage ~ 고층기상 탐측.

aéromancie [aerɔmɑ̃si] *n.f.* 기상점(氣象占).

aéromancien(ne) [aerɔmɑ̃sjɛ̃, -ɛn] *n.* 기상으로 치는 점의. —*n.* (위)의 점장이.

aéromarin [aerɔmarɛ̃] *n.m.* 수상 비행기.

aéro-maritime [aerɔmaritim] *a.* 비행기와 기선 병용의. transport ~ 해공연락수송. sauvetage ~ 해 공합동 구조작업.

aéromètre [aerɔmɛtr] *n.m.* 기량계(氣量計).

aérométrie [aerɔmetri] *n.f.* 양기학(量氣學).

aéromobilité [aerɔmɔbilite] *n.f.* 《군사》 《헬리콥터부대의 대량투입에 의한》공중기동성.

aéromoteur [aerɔmɔtœ:r] *n.m.* ① 풍력발동기, (빨펌프 따위의)풍차. ② 열기(熱氣)기관. ③ 항공기용 발동기.

aéronaute [aerɔno:t] *n.* ① 비행기(경기구)탑승자. ② 우주 비행사.

aéronautique [aerɔnotik] *a.* 항공의, 비행기의.
—*n.f.* 항공학(술); (육·해군 소속의)항공대; 기구 조종학; 기구 제조술.

aéronaval(ale, pl. als) [aerɔnaval] *a.* 해군과 공군의. —*n.f.* 해군 항공대.

aéronef [aerɔnef] *n.m.* 항공기; 비행선. défense contre ~s 방공(防空).

aéro-parc [aerɔpark] *n.m.* 《항공》 비행장.

aérophagie [aerɔfaʒi] *n.f.* 《의학》 공기 연하증(空氣嚥下症), 탄기증(吞氣症).

aérophile [aerɔfil] *n.m.* 신선한 공기의 애호가.

aérophobie [aerɔfɔbi] *n.f.* 《의학》 혐기증(嫌氣症); 고소공포증.

aérophone [aerɔfɔn] *n.m.* 확성기.

aérophotométrie [aerɔfɔtɔmetri] *n.f.* 공중신속측도(空中迅速測圖)사진술.

aérophyte [aerɔfit] 《식물》 *a.* 기생 식물의.
—*n.f.* 기생식물.

aéroplane [aerɔplan] *n.m.* 《엣》 비행기(avion).

***aéroport** [aerɔpɔ:r] *n.m.* 공항.

aéroporté(e) [aerɔpɔrte] *a.* 공수(空輸)된. troupes ~s 공수부대.

aéroportuaire [aerɔpɔrtɥɛ:r] *a.* 공항(空港)의.

aéropostal(ale, pl. aux) [aerɔpɔstal, -o] *a.* 항공우편의.

aéroscope [aerɔskɔp] *n.m.* 공중 미세물 측정기; 공중 영화 촬영기.

aérosol [aerɔsɔl] *n.m.* 《물리》 연무질(煙霧質); 인공 구름(안개); 《의학》 에어솔.

aérosondage [aerɔsɔ̃daʒ] *n.m.* 고층기상관측.

aérospatial(ale, pl. aux) [aerɔspasjal, -o] *a.* 우주항공의, 우주의. industrie ~ale 우주개발산업. —*n.f.* 우주개발산업. Toulouse, capitale de l'~우주개발산업의 주요도시 툴루즈. —*n.f.* 우주개발산업. techniques liées à l'~ale 우주개발산업에 관련된 제 기술.

aérostat [aerɔsta] *n.m.* 경항공기(기구와 비행선).

aérostatier [aerɔstatje] *n.m.* =**aérostier.**

aérostation [aerɔstasjɔ̃] *n.f.* ① 《엣》 비행선·기구조종[제조]술. parc d'~ 기구창(氣球廠). ② (A~) 《주어》기구대(氣球隊).

aérostatique [aerɔstatik] *a.* 비행선·기구조종[제조]술의. parc ~ 기구창(廠). —*n.f.* 공기 정력학(靜力學); 경항공기 조종술.

aérostier [aerɔstje] *n.m.* ① 비행선[기구]조종사. corps d'~s militaires 기구대(隊). ② 기구병(兵).

aérotechnique [aerɔteknik] *a.* 항공학의. —*n.f.* 항공학.

aéroterrestre [aerɔterɛstr] *a.* 《군사》 육·공군의, 육·공군 합동의.

aérothérapie [aerɔterapi] *n.f.* 《의학》 공기(대기)요법.

aérothermique [aerɔtermik] *a.* 항공열역학의.

aérothermodynamique [aerɔtermɔdinamik] *n.f.* 공기열역학.

aérotorpille [aerɔtɔrpij] *n.f.* 《항공》 공중수뢰(空中魚雷).

aérotrain [aerɔtrɛ̃] *n.m.* 공기 부상 열차(모노레일 위를 공기로 부상하여 프로펠러 추진으로 달림).

aérotransporté(e) [aerɔtrɑ̃spɔrte] *a.* 공수된.

aéro-yacht [aerɔjak(t), -jɔt] *n.m.* 《항공》 비행정(艇).

æschne [ɛskn] *n.f.* 《곤충》 왕잠자리속(屬).

æschynomène [ɛskinɔmɛn] *n.f.* 《식물》 (인도산의)자귀풀.

æsthésiomètre [ɛstezjɔmɛtr] *n.m.* 《생리》 피부감각 측정기, 촉각계(觸覺計).

æthuse [etyːz], **æthusa** [etyza] *n.f.* 《식물》 파셀리 비슷한 미나리과(科)식물(유독식물).

ætite [etit], **aétite** [aetit] *n.f.* 《광물》 취석(鷲石)《수산화철의 변형》.

A.& M. 《약자》 Arts et Métiers 미술공예.

A.F.A.T. 《약자》 Auxiliaire Féminine de l'Armée de Terre 육군 여군 보조부대.

aff. 《약자》 affluent 《지리》 지류(支流).

affabilité [afabilite] *n.f.* 상냥함, 싹싹함, 부드러운 태도, 친절(amabilité, ↔ brusquerie).

affable [afabl] *a.* 상냥한, 사근사근한, 친절한, 정중한(accueillant, aimable, poli, ↔ désagréable). ~ à(avec, envers) *qn* ~에 대하여 상냥한, 사근사근한. se montrer ~ 상냥한 태도를 보이다.

affablement [afabləmɑ̃] *ad.* 상냥하게, 사근사근하게, 친절하게, 정중히.

affabulateur(trice) [afabylatœːr, -tris] *n.* 이야기를 날조하는 사람, 거짓말장이.

affabulation [afabylasjɔ̃] *n.f.* (소설의)줄거리, 플롯; 줄거리 구성; 이야기를 꾸며냄, 날조; (선전·보고 따위에 포함되는)날조된 것; 《엣》우의(寓意), 교훈.

affabuler [afabyle] *v.i* 이야기를 제멋대로[엉터리로] 꾸미다.

affadir [afadiːr] *v.t.* ① (의)풍미를 없애다. ② 《엣》 (에)싫증나게 하다, 메스껍게 하다(écœurer). Cela m'*affadit* le cœur. 나는 그 일에 구역질이 난다. ③ (의)재미를 없애다, 무미건조하게 하다. ④ 색깔의 광채를 없애다.
—s'~ *v.pr.* 맛이 없어지다; 재미가 없어지다, 무미건조해지다.

affadissant(e) [afadisɑ̃, -ɑ̃:t] *a.* 《드물게》맛없는; 싫증나게 하는, 재미없는.

affadissement [afadismɑ̃] *n.m.* ① 맛이 없어짐; 무미(無味). ② 메스꺼움. ③ 재미가 없어짐, 무미건조. ~ du sentiment 감정의 둔화.

affaiblir [afebliːr] *v.t.* ① 약하게 하다, 약화시키다(diminuer, ↔ fortifier); 쇠약하게 하다(abattre);

풀이 죽게 하다, (용기 따위를)꺾다; (색깔 따위)를 희미하게 하다; 〖사진〗감도(感度)하다. Sa maladie l'*a affaiblit*. 병이 그를 쇠약시켰다. Les continuelles crises politiques *affaiblissent* l'autorité de l'État. 끊임없는 정치적 위기가 국가의 권위를 약화시킨다. ② (화폐 따위의)품질을 떨어뜨리다; 〖건축〗(판자 따위를)얇게 하다.
— **s'~** *v.pr.* 약해지다, 미약해지다; (바람 따위가) 가라앉다, 자다; 〖해양〗(조수가)빠지다. Sa vue *s'est affaiblie*, il peut à peine lire. 그는 시력이 약해져서 거의 읽을 수 없다. Le crépitement de la pluie sur les toits *s'affaiblit*. 지붕 위에 비 떨어지는 소리가 약해진다. Le sens de ce mot *s'est affaibli* avec le temps. 이 단어의 의미가 세월의 흐름에 따라 약화되었다.

affaiblissant(e) [afɛblisɑ̃, -ãːt] *a.* 약하게 하는, 쇠약하게 하는, 무디게 하는.

affaiblissement [afɛblismɑ̃] *n.m.* ① (체력·감정 따위가)약해짐, 쇠약(altération); 감퇴(décadence). ~ de la santé[de la vue]건강[시력]의 약화. ~ de sens 의미의 약화. ② 퇴색. ③ (화폐의 품위·근량의)저하, 폄질(貶質); 〖사진〗감력. ~ d'un cliché 음화의 감력. agent d'~ 감력제.

affaiblisseur(se) [afɛblisœːr, -ø:z] 〖사진〗 *a.* 감력(減力)의. — *n.m.* 감력제, 감도액.

affainéantir [afɛneãtiːr] *v.t.* 게으르게 하다, 나태하게 하다. — **s'~** *v.pr.* 게을러지다, 나태해지다.

:affaire [afɛːr] *n.f.* ① 관계 있는 일; 관심거리; 할일, 본분. C'est mon ~ et non la vôtre. 그것은 당신이 상관할 일이 아니라 나의 일이다. se mêler des ~s d'autrui 남의 일에 끼어들다. savoir (connaître) son ~ 자기 본분(분수)을 알다. L'étude est son unique ~. 공부가 그의 유일한 관심사이다. C'était un garçon honnête, connaissant son ~, mais sans ambition. 그는 자기의 본분을 아는 정직한 소년이었으나 야심이 없었다.
② [~ de] (에 관한)일, 문제. ~ *de* cœur 연애사건. ~ *d'*honneur 결투; 명예에 관한 일. ~ *d'*argent 돈 문제. C'est une ~ *de* goût. 그것은 취미에 속하는 문제이다.
③ 사항, 문제, 일. Ce n'est pas (là) une ~. 그것은 그리 대단한 것이 못된다. Ce n'est pas une ~ d'État. 〖구어〗그것은 큰 문제가 아니다. Ce n'est que l'~ d'un instant. 잠깐이면 되는 일이다. C'est une ~ de rien. 그건 아무것도 아니냐. L'~ ne presse pas beaucoup. 그 일은 그다지 급하지 않다. C'est une autre ~. 그것은 아주 다르다.
④ 어려운(곤란한)일; 걱정거리, 위험한 일, 곤란, 곤경. C'est toute une ~. 그것은 정말 큰 일이다. À demain les ~s! 귀찮은 일은 내일로 미루자. s'attirer une (mauvaise) ~ 곤경에 빠지다. tirer *qn* d'~. ~ 를 궁지에서 구해내다. Il se tire toujours d'~. 그는 어떤 일이건 척척 잘 해낸다. être hors d'~ 위험을 벗어나다.
⑤ (*pl.*)소지품; 의류. Il perd toujours ses ~s. 그는 항상 자기 소지품들을 잃어버린다. Range tes ~s avant de te coucher. 잠자리에 들기 전에 네 옷들을 정리해 놓아라.
⑥ 회사, 기업; 상거래, 흥정; (*pl.*) 사업, 공무. Il a une grosse ~ de textiles. 그는 커다란 섬유회사를 가지고 있다. À ce prix, vous faites une bonne ~. 이 가격이면 잘 사시는 겁니다. bureau d'~s 대리점. homme d'~s 실업가; 대리인; 집사; 변호인. être dans les ~s 실업계에 투신하고 있다. être bien(mal) dans ses ~s 경기가 좋다(나쁘다). Alors, comment vont les ~s en ce moment? —Pas trop mal, merci. 자, 요즘 사업이 어떻게 되어가십니까? 괜찮게 됩니다. ~s d'État 국무. Ministère des A~s étrangères 외무부.
⑦ 〖법〗범죄사건, 소송사건. gagner (perdre) une ~ 소송에 이기다(지다). Pierre est un tout jeune avocat et ce hold-up est sa première ~. 피에르는 아주 젊은 변호사로 이 강도 사건이 그의 첫 소송사건이다.
⑧ 〖군사〗전투; (국지적)사변, 외교문제. ~ d'Extrême-Orient 극동문제.
⑨ 〖구어〗떠도는 소문; 추문.
⑩ 〖은어〗도둑질. C'est mon camarade d'~. 그는 내 도둑질 짝패이다.
~ *d'or* 큰 재수, 좋은 기회. C'est une ~ *d'or*. 그것은 큰 돈벌이이다.
avoir ~ *à*(*avec*) *qn* …에게 볼 일이 있다; …와 해결할 문제가 있다. Il *aura* ~ *à* moi. 그 놈 어디 좀 두고 보자 (협박조).
avoir ~ *de* 〖옛〗…을 필요로 하다.
C'est une ~ *faite!* 다 되었다 다름없다; 염려마, 내가 알 줄게!
En voici une ~*!* 정말 큰일이다! 골칫거리이다.
faire ~ *avec qn* …와 합의에 도달하다.
faire l'~ *de* (*qn*) …에게 적합하다, 유리하다. Elle n'a pas pu acheter une robe neuve, mais celle-là *fera* très bien l'~. 그녀는 새 옷을 살 수 없었는데, 저 옷이면 썩 잘 어울릴거야.
faire son ~ *à qn* 〖속어〗…에게 앙갚음하다, …을 죽이다, 벌주다.
faire son ~ *de qc* …을 떠맡다; …에 정통하다. J'en fais mon ~. 그 일은 내가 맡겠다.
faire une bonne(*mauvaise*) ~ 어떤 거래로 재미[손해]를 보다.
Il a fait son ~. 〖구어〗그는 한 재산 모았다.
Il a son ~. 〖구어〗그는 녹초당했다.
La belle ~*!* (반어적) 꼴 좋다; 시시하군 (《그것쯤은 문제 없다는 뜻》).
Les ~*s sont les* ~*s*. 〖속담〗일은 일대로 똑바로 처리합시다; 장사에는 인정사정 없다.
mettre qn dans les ~*s* …을 실업계에 투신케하다.
Mieux vaut avoir ~ *à Dieu qu'à ses saints*. 〖속담〗부하보다 우두머리를 상대로 말하는 편이 낫다.
parler ~*s* (때와 장소를 가리지 않고)장사 얘기를 하다.
Point d'~(*s*)! 〖옛〗그것은 문제거리가 아냐!
se faire une ~ *de qc* …을 대단한 일인 것처럼 생각하다(말하다).
Son ~ *est faite*; *Il a son* ~. 그는 이제 가망이 없다, 절망적이다.

affairé(e) [afere] *a.p.* ① 분주한, 바쁜, 다사한 (occupé, ↔ oisif). Il a toujours l'air ~. 그는 언제 봐도 분주한 것 같다. ② 과로해 보이는. Il tournait vers le facteur sa figure ~*e*. 그는 집배원 쪽으로 그의 과로한 듯한 얼굴을 돌렸다. ③ 〖드물게〗적극적으로 돌보는. [~ *de qn*] quelque dieu ~ *de* chacun de nous 우리 하나 하나를 적극적으로 돌보는 어떤 신.
— *n.* faire l'~ 바쁜 체하다.

affairement [afɛrmɑ̃] *n.m.* 다사다망, 분망.

affairer (s') [safere] *v.pr.* 분주하다, 바쁘다, 바쁘게…하다. [s'~ à *qc*/à + *inf.*] Ils *s'affairaient* encore *à* la toilette de leurs boutiques. 그들은 아직도 분주하게 가게를 치장하고 있었다.

affairisme [aferism] *n.m.* 투기욕.

affairiste [aferist] *n.* 모리배.

affaissement [afesmɑ̃] *n.m.* 함몰, 저하; 〖의학〗 쇠약, 낙심, 의기 소침.

affaisser [afese] *v.t.* ① 함몰시키다, 가라앉게 하

다; 침강시키다; (아래로)휘게 하다, 처지게 하다; 내리누르다. Les fortes pluies de ces jours derniers *ont affaissé* la route. 최근 며칠 동안의 세찬 비가 도로를 함몰시켰다. ② 의기소침하게 하다; 『의학』 쇠약케 하다.
—s'~ *v.pr.* ① 내려앉다, 함몰하다, 침강하다; (아래로)휘다; 내리눌리다. Le sol *s'est affaissé* par endroits. 땅이 곳곳에서 함몰되었다. ② (사람이)넘어지다; 털썩 주저앉다. Frappé d'une congestion, il *s'affaissa* sur le trottoir. 갑작스러운 충혈로 그는 인도 위에 주저앉았다. ③ 의기소침하다; (환자가)쇠약해지다(s'affaiblir, décliner). mon âme qui *s'affaisse* de jour en jour 나날이 쇠약해지는 내 영혼.

affaitage [afeta:ʒ], **affaitement** [afetmɑ̃] *n.m.* (ai 를 aî 로도 씀) ① (가죽의)무두질. ② 〖옛〗(사나운 새를)길들이기.

affaiter, affaîter [afete] *v.t.* ① (가죽을)무두질하다. ② (사나운 새를)길들이다.

affalement [afalmɑ̃] *n.m.* 〖드물게〗낙담, 의기소침; 기진맥진(épuisement), 쇠약. — final 〖구어〗파멸, 파산.

affaler [afale] *v.t.* 〖해양〗① (밧줄을)늦추다. ② (바람이 배를)해안쪽으로 밀려가게 하다.
—s'~ *v.pr.* ① (배가)바람에 밀려 해안으로 가다; (선원이)밧줄을 타고 미끄러져 내리다. ② 〖구어〗(사람이)넘어지다, 주저앉다(s'effondrer). Elle *s'affale*, tout essoufflée, au pied de mon lit. 그 여자는 숨을 헐떡거리며 내 침대 발치에 주저앉는다.

affamant(e) [afamɑ̃, -ɑ̃:t] *a.* 굶주리게 하는. régime — 단식요법.

affamé(e) [afame] *a.p.* ① 굶주린. Après cette journée de ski, nous étions tous ~s. 하루 종일 스키를 탄 후라서 우리는 모두 몹시 배가 고팠다. ② [~ de [~]]갈망하는, 열망하는. ~ d'honneur [de richesse] 명예[부]를 갈망하는.
—n. 굶주린[갈망하는]사람. 「망.

affamement [afamɑ̃] *n.m.* 〖드물게〗굶주림; 갈

affamer [afame] *v.t.* ① 굶주리게 하다. Les assiégeants pensaient ~ la population. 포위군은 시민을 기아에 몰아 넣을 심산이었다. ② 몹시 식욕을 돋구다. Cette promenade nous *a affamés*. 이 산책으로 우리는 아주 식욕이 왕성했다.
—s'~ *v.pr.* 굶주리다; 〖의학〗단식요법을 행하다; 곤경에 빠지다.

affameur [afamœ:r] *n.m.* 굶주리게 하는 사람.

affangissements [afɑ̃ʒismɑ̃] *n.m.pl.* (강바닥의)이토(泥土)의 퇴적.

afféagement [afeaʒmɑ̃] *n.m.* 〖고대법〗봉건영주가 영지를 가신에게 나누어 주기.

afféager [afeaʒe] [3] *v.t.* (봉건 영주가 영지를)가신에게 나누어 주다.

affectable [afektabl] *a.* ① 배당[배속]될 수 있는. Ce conscrit n'est pas ~ à l'infanterie. 이 신병은 보병으로 배속될 수 없다. ② 〖법〗저당잡힐 수 있는.

affectation [afektasjɔ̃] *n.f.* ① 부자연한 외면치레; 꾸민 태도(apprêt, préciosité, ↔ naturel, simplicité). Il y a de l'~ dans tout ce qu'il fait. 그의 행동에는 부자연스러운 데가 있다. ② 충당, 할당; (직무의)임명, 직무; 〖군사〗배속, 편입. Il a reçu son ~ comme directeur d'une banque en province. 그는 지방 은행장으로 임명받았다. recevoir une ~ 〖군사〗배속되다. rejoindre son ~ 부임하다. ③ 〖옛〗열정, 욕구.
sans ~ 허식 없이, 선뜻부리지 않고.

affecté(e) [afekte] *a.p.* ① 부자연하게 꾸민, 같잖은. Il a une prononciation ~e. 그의 발음은 부자연스럽게 꾸민 티가 난다. ② 충당된, 배속(배치)된. ③ 감동된. Elle a été très ~e. 그 여자는 매우 감동 되었다.

affecter[1] [afekte] *v.t.* ① (주어는 사람) ~체하다, 가장하다. Il haussait les épaules, *affectait* le détachement. 그는 어깨를 으쓱하며 초연함을 가장하고 있었다. [~ de+inf.] Il *affecte* d'être ému, alors que son indifférence devant la douleur des autres est connue. 타인들의 고통에 대한 그의 무관심은 주지의 사실인데도 그는 감동된 체한다. ② (주어는 사물)(형상을)띠다. La capsule de la fusée *affecte* une forme sphérique. 로켓의 캡슐은 공 모양을 하고 있다. ③ 〖옛〗원하다, 갈구하다(ambitionner); 좋아하다; 애용하다. Il *affecte* un repos dont il ne peut jouir. 그는 그가 누릴 수 없는 휴식을 좋아한다.

affecter[2] *v.t.* ① (에)영향을 미치다, 작용하다. Toutes ces différences n'*affectent* que la surface des édifices. 이 모든 차이점은 건물의 외관에만 영향을 미친다. ② 충격을 주다, 슬프게 하다. La maladie de sa femme l'*a* sérieusement *affecté*. 아내의 병이 그를 몹시 슬프게 했다. ③ 기호를 달다. ~ une lettre, un chiffre d'un exposant 글자, 숫자에 지수를 달다. ④ 관계하다. loi qui *affecte* l'Alsace 알자스에 관계되는 법률.
—s'~ *v.pr.* 몹시 슬퍼하다. Il *s'affectait* de certaines injustices. 그는 어떤 의롭지 못한 행동들에 대해 몹시 슬퍼하고 있었다.

affecter[3] *v.t.* ① 충당하다, 할당하다. [~ qc à qn/à qc] ~ une résidence à un fonctionnaire 관리인에게 관저를 할당하다. ~ une part de ses revenus à l'entretien de l'immeuble 자기 수입의 상당한 부분을 건물의 유지에 충당하다. ② 배치하다; 〖군사〗배속하다. [~ qn à qc] ~ un soldat à l'artillerie 병사를 포병대에 배속시키다.

affectibilité [afektibilite] *n.f.* 감동되기 쉬움.

affectif(ve) [afektif, -i:v] *a.* ① 〖철학〗감정(상태)의. ② 〖언어〗정의적(情意的)인. ③ 〖옛〗감정적인; 감동시키는; 감정에 관한; 감동하기 쉬운; 애정을 나타내는.

*affection** [afɛksjɔ̃] *n.f.* ① 정, 감정, 사랑, 자애 (amour, tendresse); 〖옛〗(사물에 대한)애호, 애착. ~ paternelle [maternelle] 부정(父情)[모정]. avoir beaucoup d'~ pour *qn* …에게 대단한 애정을 갖다. prendre la musique en ~ 음악이 좋아지다. avec ~ 자애롭게. ② (마음의 움직임), 감동 (émotion); 〖옛〗경향, 성향. ~ au péché 죄에 빠지기 쉬운 경향. ③ 〖의학〗증상, 고통. ~ aiguë [chronique] 급성[만성]증상. ④ 〖옛〗뽐냄.

affectionné(e) [afɛksjɔne] *a.p.* 〖옛〗① 사랑받는. ② 사랑이 깊은, 헌신적인. **—n.** 정숙한, 사랑하는 사람.
votre —(e) 친애하는 …로부터 (편지의 맺음말).

affectionnément [afɛksjɔnemɑ̃] *ad.* 극진한 사랑을 기울여, 열렬히; 정답게.

affectionner [afɛksjɔne] *v.t.* 사랑하다, 좋아하다.
—s'~ *v.pr.* ① 〖옛〗[s'~ à](에게)애착을 느끼다. ② *s'~ qn* …의 사랑을 얻다.

affectivité [afɛktivite] *n.f.* (집합적) 감정적인 현상; 감수성; 정서. 〖언어〗정의성(情意性).

*affectueusement** [afɛktɥøzmɑ̃] *ad.* 다정스럽게.

*affectueux(se)** [afɛktɥø, -ø:z] *a.* 다정한, 애정에 넘치는; 사랑하는(tendre, bon, ↔ malveillant). J'ai un mari très ~, toujours en train de me faire des petites cadeaux. 내게는 언제나 작은 선물들을 주는 아주 다정한 남편이 있다. Ce chat est ~, il vient sans cesse se faire caresser. 이 고양이는 다

정해서 끊임없이 아무를 받으러 온다.
affectuosité [afektɥozite] *n.f.* 정다움, 다정함.
affenage [afna:ʒ] *n.m.* ① 사료를 주기. ②《사투리》꼴 주기.
affenager [afnaʒe] [3] *v.t.* =**affener**.
affener [afne] [4] *v.t.* (가축에게) 사료를 주다.
affenoir [afnwa:r] *n.m.* =**abat-foin**.
afférent(e)¹ [aferɑ̃, -ɑ̃:t] *a.* ① [~ à qn] (에)속하는, 귀속하는. portion[part] ~ à qn [법] …에 귀속하는 몫, …의 취득분. ② [~ à qc] (에)부수하는; devoirs ~s à sa charge 그의 직무에 부수하는 제 의무. problème des importations et des questions ~es 수입의 문제와 그에 부수되는 제 문제.
afférent(e)² *a.* 【해부·생리】수입(輸入)하는 (↔ efférent), vaisseaux ~s 수입관(管).
affermable [afɛrmabl] *a.* 임대(차)할 수 있는.
affermage [afɛrma:ʒ] *n.m.* 임대(차); 임대차료; 소작료.
affermataire [afɛrmatɛ:r] *n.* (농지의)임차인(賃借人); 소작농.
affermat*eur*(*trice*) [afɛrmatœ:r, -tris] *n.* (농지의) 임대인(賃貸人).
affermer [afɛrme] *v.t.* ① 임대하다; 소작시키다; 떠맡기다. ② 임차하다; 소작하다; 떠맡다.
affermir [afɛrmi:r] *v.t.* 굳히다, 튼튼히 하다, 견고히 하다, 억세게 하다 (consolider, ↔ affaiblir); 확립하다, 확고하게 하다 (confirmer, ↔ ébranler). ~ qn dans sa résolution …의 결심을 굳히다. ~ son pouvoir 자기의 권력을 확고 부동하게 하다. ~ un mur 벽을 튼튼히 하다. Il toussa légèrement pour ~ sa voix. 그는 목소리를 또렷하게 하기 위해 가볍게 기침을 했다.
—**s'~** *v.pr.* 군혀지다, 견고해지다, 튼튼해지다, 억세게 되다 (se fortifier); 확립되다. *s'~* dans une résolution 결심을 굳히다. Par suite des gelées, le sol *s'est affermi.* 얼음이 어는 추위로 땅이 굳어졌다. Son autorité *s'affermit* de jour en jour. 그의 권위는 날로 강화되고 있다.
affermissement [afɛrmismɑ̃] *n.m.* 굳힘, 튼튼히 함, 견고하게 함; 굳혀짐, 견고해짐; 지주(支柱).
afféré(e) [afete] *a.* (말·문체 따위를)부자연스럽게 꾸민, 선멋부린.
afféterie [afetri] *n.f.* ① (말·태도의)부자연스러운 외면치레, 같잖은 뽐냄, 젠체함. ② (*pl.*) 번지르르한 싸구려.
affichable [afiʃabl] *a.* 게시(광고)할 수 있는.
affichage [afiʃa:ʒ] *n.m.* 게시, 벽보(붙이기); 자랑삼아 보이기, 과시. tableau d~ 게시판.
affichant(e) [afiʃɑ̃, -ɑ̃:t] *a.* (사람·복장이)화려한, 야하게 꾸민.
*****affiche** [afiʃ] *n.f.* ① 광고지, 벽보, 포스터, 게시물. Le mur est couvert (tapissé) d'~s. 벽이 포스터로 덮였다 (벽보로) 붙였다. ~ lumineuse 광고등. panneau à ~s 광고 게시판. ~ électorale 선거벽보. poser [coller, placarder, apposer] une ~ 벽보[포스터]를 붙이다. ~ publicitaire 선전 포스터, 광고 삐라. être plat comme une ~《구어》삐쩍 마르다, 피골이 상접하다. ② 극장의 포스터 (~ de théâtre). 공연물; 배역, 출연자. mettre une pièce à l'~ 어느 연극의 상연을 예고하다. tenir l'~; rester à l'~ (연극이)계속 공연되다. quitter l'~ 상연을 중지하다. tête d'~ 주연. Il y a une belle ~ ce soir. 오늘은 좋은 연극이다 (좋은 배우들이 나온다). ③ 내보이기, 과시. faire ~ de qc …을 과시하다; jeter de l'~《속어》무법자인 척하다. ④《은어》동성연애를 과시하는 사람, 공개적인 동성연애자. ⑤《옛》게시, 공언, 진술.

⑥《옛》(부인용의)금제 장신구; (어부의)끝에 쇠 칠구가 붙어있는 낚싯대.
affichement [afiʃmɑ̃] *n.m.*《드물게》=**affichage**.
afficher [afiʃe] *v.t.* ① 게시하다, (삐라 따위를)붙이다 (placarder); (벽보로)광고하다. ~ une vente aux enchères 경매공고를 내다. Un cinéma *affichait* «l'Afrique inconnue». 한 영화관이 "미지의 아프리카"라는 영화광고를 내걸고 있었다. «Défense d'~ "벽보 금지." ② 공표하다; (수치스러운 일·무식 따위를)드러내다; (학식 따위를)과시하다. À table, elle *afficha* son intimité avec Fontane par des apartés et des sourires. 식탁에서 그 여자는 귓속말과 미소로 퐁탄과의 친밀한 관계를 과시했다. ~ *de + inf.* …하는 것을 자랑하다. ~ *une femme* 어떤 여자와의 관계를 소문내다.
—**s'~** *v.pr.*(주어는 사람) 공공연하게 모습을 나타내다, 남의 눈을 꺼리지 않다. Se sachant surveillé par la police, il ne voulait pas *s'~* sur les Boulevards. 자신이 경찰의 감시를 받고 있다는 것을 알고 있기 때문에 그는 큰 거리에 뭉공연하게 모습을 드러내고 싶지 않았다. *s'~* pour …라고 자칭하다. *s'~* avec une femme 남의 이목도 꺼리지 않고 어떤 여자와 나다니다.
afichette [afiʃɛt] *n.f.* 작은 삐라[포스터], 광고 쪽지.
afficheur [afiʃœ:r] *n.m.* 삐라[벽보]붙이는 사람.
affichiste [afiʃist] *n.* 포스터 도안가.
affidavit [afidavit] (*pl.* ~**s**)《라틴》*n.m.*【법】선서 구술(書).
affidé(e) [afide] *a.* 신용할 만한; 심복의. —*n.* 심복(부하); 밀정, 스파이.
affilage [afila:ʒ] *n.m.* 날을 세우기, 갈음질.
affilé(e¹) [afile] *a.p.* 날이 세워진, 잘 드는, 날카로운. avoir la langue bien ~e《구어》구변이 좋다, 독설가이다.
affilée² (d') [dafile] *loc. ad.* (때로 à l'~ 로도 쓰임) 단숨에, 내리 잇달아 (de suite, sans discontinuer). Il a parlé dix heures d'~. 그는 10시간이나 줄곧 말했다.
affiler [afile] *v.t.* ① 갈다, (의)날을 세우다; (말 따위를)신랄하게 하다. ② (금·은을)철사 모양으로 늘이다. —**s'~** *v.pr.* 날카로와지다, 날이 서다.
affilerie [afilri] *n.f.* 갈음질 가게, 연마소.
affileur [afilœ:r] *n.m.* 갈음질 장인.
affiliation [afiljasjɔ̃] *n.f.* ① 가입, 가맹, 입회 (adhésion), 합병. ② (상사 따위의)지점.
affilié(e) [afilje] *a.p.* 가입한, 가맹한, 입회한; 합병한. —*n.* 가입자 (inscrit); 가맹자.
affilier [afilje] *v.t.* ① [~ qn à] (에)가입[가맹·입당]시키다. ~ qn à une société secrète …을 비밀결사에 가입시키다. ② 합동[합병]시키다.
—**s'~** *v.pr.* ① [se는 직접목적보어][s'~ à] 가입하다, 가맹[입당]하다 (s'inscrire, adhérer). *s'~ à* un parti 정당에 가입[입당]하다. ② [s'~ à] 합동[합병]하다. ③ [se는 간접목적보어][s'~ qn] 단체에 …을 가입시키다.
affiloir [afilwa:r] *n.m.* 기름숫돌; (면도칼을 가는)피대; (칼 가는)쇠숫돌, (나이프)연마기.
affiloire [afilwa:r] *n.f.* 기름숫돌.
affin(e) [afɛ̃, -in] *a.* 인척의; 밀접한 관계가 있는. —*n.m.* (결혼에 의한)인척 관계, 인척, 친척.
affinage [afina:ʒ], **affinement** [afinmɑ̃] *n.m.* ① 세련; 정련, 정제; 연마, 날카롭게[엷게] 하기; 보풀을 깎기. ② (삼을)빛질하기.
affiner [afine] *v.t.* ① (문체 따위를)다듬다, 세련하다. ②(아금) 정련하다; (설탕 따위를)정제하다; (술·치즈 따위를)익히다. ~ le goût 취미를 세련하다. ~ les métaux 금속을 정련하다. ② (두뇌 따

affinerie

위를)에 민하게 하다; (손톱·바늘의) 끝을 뾰족하게 하다. La lecture *a affiné* son esprit (son jugement). 독서는 그의 두뇌(판단력)를 날카롭게 했다. ③ 가늘게 (곱게)하다; 얇게 하다; 『직물』보풀을 뽑다. ④ (삼을)빗질하다. ⑤ (엿)속이다. —*v.i.* (낯 씨가)좋아지다.
—*s'*~ *v.pr.* ① 세련되다; 정련(정제)되다; 익숙해지다. Il *s'est affiné* au contact de compagnons élégants et distingués. 그는 우아하고 기품있는 동료들과의 접촉으로 세련되었다. ② 예리해지다; 곱게 빻아지다; 끝이 뾰족해지다. ③ 얇아지다; 『직물』보풀이 뽑히다. ④ (삼이)빗질되다. ⑤ (낯씨가)좋아지다. ⑥ 자기의 …을 세련하다.

affinerie [afinri] *n.f.* ① 『야금』제련소; 철사 제조공장. ② 『야금』정련. ③ 『상업』(둘둘 감은) 얇은 철판.

affineur(se) [afinœ:r, -ø:z] *n.m.* 『야금』정련공; 끝손질 직공. —*n.f.* 끝손질 여공; 『직물』레이스 여공.

affinité [afinite] *n.f.* ①(옛)(결혼으로 인한)인척관계. ②유사, 관련, 관련. ③『화학』친화력. ~ élective 선택 친화력. ④(코가 흘러내리지 않도록)개바늘의 끝에 씌우는 뚜껑.

affinoir [afinwa:r] *n.m.* 삼 바디, 삼빗.

affiquet [afikɛ] *n.m.* ①(*pl.*)(여자의)값싼 장신구. ②(옛)(뜨개 바늘의)바늘집.

affirmatif(ve) [afirmatif, -i:v] *a.* 긍정의(↔ négatif); 단정적인, 독단적인. proposition ~*ve* 『논리』긍정 명제; 『언어』긍정문. signe ~ 승낙의 표시. parler d'un ton ~ 단정적인 어조로 말하다. —*n.m.* 『언어』긍정어. —*n.f.* 긍정. dans l'~*ve* 만약 그렇다면. répondre par l'~*ve* 긍정하다.

*****affirmation** [afirmɑsjɔ̃] *n.f.* ① 단언, 확언. ~ catégorique 절대적 단언. ②『법』확인, 주장. ~ de créance 채권의 확인. ③ 긍정. adverbe d'~ 『언어』긍정의 부사. ④ 확립. ~ d'une amitié 우정의 확립. ~ de soi-même 자기 주장, 자기중심주의.

affirmativement [afirmativmɑ̃] *ad.* 긍정적으로; (옛)독단(단정)적으로.

*****affirmer** [afirme] *v.t.* ① 단언하다, 단정하다, 확언(언명)하다. J'*affirme* que non. 나는 그렇지 않다고 단언한다. On ne peut ~. On peut tout supposer. 아무도 단정할 수는 없다. 다만 무엇이고 추정할 수 있을 뿐이다. 〔~+*inf*.; ~ que+*ind.*〕Le témoin *affirme* avoir vu le voleur entrer au cinéma. 증인은 도둑이 영화관에 들어가는 것을 보았다고 단언한다. Jean m'*a affirmé* qu'il était sorti à 5 heures, mais Pierre me dit que c'est faux. 장은 그가 5시에 외출했다고 나에게 단언했으나 피에르는 그것이 거짓이라고 말한다. ne pas ~ que+*sub.*{*ind.*}…라고는 단언하지 않다. ②『법』확인하다, 확립하다; 입증하다(assurer, certifier, ↔ contester). ③ (권리 따위를)주장하다(soutenir), ~ son existence (son autorité) 자기의 생존(권위)를 주장하다. ④긍정하다(↔ nier). L'Eglise *affirme*, la raison nie. 교회는 긍정하나 이성은 부인한다.
—*s'*~ *v.pr.* ① 자기를 주장하다. *s'*~ comme …로 자인하다. ② 입증되다, 확인(확언·긍정)되다. Cela *s'affirme* juste. 그것은 옳다는 것이 입증되었다. ③ 나타나다; 확실하게 되다; 두드러지다. Sa personnalité *s'affirme* de jour en jour. 그의 개성이 날로 뚜렷해진다.

affistolement [afistɔlmɑ̃] *n.m.* 《구어》번지르르하게 차려입기.

affistoler [afistɔle] *v.t.* 《구어》괴상하게 (번지르르하게)치장시키다(affubler).
—*s'*~ *v.pr.* 몸치장을 하다.

affixal(ale, *pl.* **aux)** [afiksal, -o] *a.* 접사의.

affixe [afiks] *n.m.* 『언어』접사(接辭) (접두사·접미사). —*n.f.* 『수학』복소좌표(複素座標).

affixé(e) [afikse] *a.* 접사로 사용되는. Dans «indivisible», in- et -ible sont des éléments —*s.* «indivisible»에서 in 과 ible 은 접사로 사용되는 요소들.

afflachi(e) [aflaʃi] *a.* 《옛·구어》무기력한; (줄 따위가) 느슨해진.

affleurage [aflœra:ʒ] *n.m.* 『제지』펄프의 용해.

affleurement [aflœrmɑ̃] *n.m.* ①(두개의 면을)수평하게 함; 수평. ②수면(지면)에 나타나기; 『지질』(광맥 따위의)노출, 노두(露頭). ~ de l'inconscient 무의식의 노출.

affleurer [aflœre] *v.t.* ①수평이 되게 하다, 평형하게 하다. ②(펄프를)용해하다. ③『건축』(두 접합면이)동일평면이 되게 하다. ④『조선』접합(接合)하다. ⑤(…와)같은 높이에 이르다. La rivière *affleure* ses bords. 강물이 넘칠 지경이다. —*v.i.* ①『지질』노출하다. ②(옛)수평이 되다, 평형해지다.

afflictif(ve) [afliktif, -i:v] *a.* 『법』체형(體刑)의. peine ~*ve* 체형(↔ peine infamante).

affliction [afliksjɔ̃] *n.f.* (문어)고뇌, 비탄(douleur, peine); (*pl.*)불행.

affligé(e) [afliʒe] *a.p.* ①〔~ de〕(으로)피로와하는, 고민하는. homme ~ *d'*une maladie 병으로 괴로와하는 남자. ② 몹시 슬퍼하다, 애통하다. être ~ de+*inf.*; être ~ que+*sub.* …하는 것을 몹시 슬퍼하다. ③《속어》불구의; 병을 앓는. Il était ~ *d'*un rhumatisme chronique. 그는 만성적인 류머티즘을 앓고 있었다.
—*n.* 애통하는 사람; 유족.

affligeant(e) [afliʒɑ̃, -ɑ̃:t] *a.* 슬픈, 비통한(désolant). spectacle ~ 마음 아픈 장면. Il est ~ de+*inf.* …하는 것은 슬픈 일이다.

affliger [afliʒe] [3] *v.t.* ① 괴롭히다; 몹시 슬프게 하다(attrister, peiner, ↔ consoler, réjouir). Sa mort *a affligé* tous ses amis. 그의 죽음은 모든 친구들을 몹시 슬프게 했다. ②(전염병 따위가)휩쓸다. La peste *affligea* Marseille. 페스트가 마르세유를 휩쓸었다.
—*s'*~ *v.pr.* (주어는 사람)몹시 슬퍼하다(*s'*attrister). *s'*~ de+*inf.*, *s'*~ que+*sub.*; *s'*~ de ce que +*ind.*{*sub.*}…을 몹시 슬퍼하다(〔*s'*~ de ce que+ *ind./sub.*〕은 옳은 구문이지만 어조가 무겁기 때문에 피하는 것이 보통이다〕. Je m'*afflige* de ne pouvoir vous aider. 당신을 도와주지 못해 몹시 서글프다.

afflouage [aflua:ʒ], **afflouement** [afluemɑ̃] *n.m.* 『해양』(좌초한 배를)떠오르게 함.

afflouer [aflue] *v.t.* 『해양』(좌초한 배를)떠오르게 하다.

affluence [aflyɑ̃:s] *n.f.* ①(사람들이)많이 몰려듦, 운집; 혼잡. L'exposition a attiré une grande ~. 그 전시회는 인산인해를 이루었다. heures d'~ 러시아워, 혼잡한 시간. ②(옛)(물 따위의)범람. ~ du sang 충혈. ③(물품 따위의)풍부, 윤택. vivre dans l'~ 윤택한 생활을 하다. Quelle ~ de paroles! 참 잘도 지껄이는군!

affluent(e) [aflyɑ̃, -ɑ̃:t] *a.* ①(강물이 본 줄기에)흘러드는. ②『의학』(피 따위가)한 곳으로 몰리는.
—*n.m.* 지류, 분류.

affluer [aflye] *v.i.* ① 흐르다; 흘러들다; 『의학』충혈하다. ~ à/dans/vers *qc* L'Yonne *afflue dans* la Seine. 욘 강은 센 강으로 흘러든다. Dans ses moments de colère, le sang lui *afflue au* visage

et il devient tout rouge. 그는 화가 날 때면 얼굴로 피가 몰려 얼굴이 아주 붉어진다. ② 운집하다, 모여들다. **La foule** *afflue* **dans le métro dès six heures du soir.** 많은 사람들이 오후 6시부터 지하철로 몰려든다. **La télévision annonça la catastrophe et aussitôt les dons en argent** *affluèrent*. 텔레비전이 재난을 알리자 곧 기부금이 답지했다.

afflux [afly] *n.m.* ① 〖의학〗 충혈. ②(보어와 함께) 쇄도(殺到). Un ~ de clients remplit en quelques instants la boutique 순식간에 상점 가득히 고객들이 쇄도했다.

affolant(e) [afɔlɑ̃, -ɑ̃:t] *a.* 미치게 하는; 멍하게 〖황홀하게〗하는; 크게 염려되는. événement ~ 충격적인 사건.

affolé(e) [afɔle] *a.p.* ① 미치다시피 된; 열중한; 집 겁한(bouleversé, effaré). La mère était ~e: elle avait perdu sa petite fille dans le magasin. 어머니는 미칠 지경이었다. 상점에서 어린 딸을 잃어 버렸던 것이다. ② 〖해양〗 (자침 따위가)고장난. boussole ~e 자침이 고장난 나침반. ③ 〖기계〗 공전(空轉)하는; 분해된.
—*n.* 미친 사람; 열중한 사람.

affolement [afɔlmɑ̃] *n.m.* ① 광란, 실성; 당황; 열중; 공황, 공포. ②〖기계〗 공전(空轉); 분해. ③〖해양〗(자침판 따위의)고장.

affoler [afɔle] *v.t.* ① 미칠 지경으로 만들다(bouleverser, ↔calmer); 공포에 빠뜨리다(terrifier); 열중케 하다; 황홀하게 하다. La nouvelle semble l'~. 그 소식에 그는 무척 당황하는 것같다. Sa façon de conduire m'*affole*. 그의 운전 솜씨는 끔찍하게 거칠다. ②〖해양〗 (자침을)고장나게 하다. ③〖기계〗 공전시키다; 분해하다.
—*v.i.*〖속어〗서두르다(se dépêcher, se hâter)(특히 학생들 은어).
—**s'**~ *v.pr.* ① 미치다시피 되다; 부심하다, 피로와하다;〖옛·문어〗홀딱 반하다; 열중하다. [~ *de qn/qc*] Ne *vous affolez* pas; nous allons retrouver votre portefeuille. 너무 속상해 하지 마시오, 당신 지갑을 찾아줄 테니까. Il s'affolera de Mlle Jeannette au point de faire toutes les sottises. 그는 온갖 어리석은 짓을 할 만큼 자네트 양에게 홀딱 반할 것이다. Elle s'*affola* de sa nièce et désira ne plus la quitter. 그 여자는 조카딸에게 열중한 나머지 이상 그 애를 떠나지 않고 싶어했다. ②〖해양〗(자침이)고장나다. ③〖기계〗 공전하다. ④〖속어〗서두르다(se dépêcher, se hâter)(특히 학생들 은어).

afforestage [afɔrɛstaːʒ] *n.m.*〖옛〗(장작)벌채권.
afforestation [afɔrɛstɑsjɔ̃] *n.f.* 식림.
afforester [afɔrɛste] *v.t.*〖옛〗(에게)벌채권을 주다.
affouage [afwaːʒ] *n.m.* ①〖법〗공유림의 벌채권(각자의 몫). ② 연료의 저장, 연료세.
affouagement [afwaʒmɑ̃] *n.m.* ① (장작)벌채권 소유자의 명부 작성; 벌채 구역의 확정. ② (집집마다 치르는)연료세(의 할당).
affouager¹ [afwaʒe] [3] *v.t.* (의)장작 벌채권 소유자 명부를 만들다; 벌채 구역을 정하다.
affouager²(ère) [afwaʒe, -ɛːr] *a.* 장작 벌채권에 관한. —*n.* 벌채권자.
affouagiste [afwaʒist] *n.* (공유림의)벌채권 소유자.
affouillable [afujabl] *a.*(물·바람에)침식당하기 쉬운. berge ~ 침식되기 쉬운 제방.
affouillement [afujmɑ̃] *n.m.*(물·바람에)의 침식; (화약의 가스에 의한 총구의) 부식.
affouiller [afuje] *v.t.* ①(물·바람에)침식하다; 부식하다. ② 파먹이다; 파다.
—**s'**~ *v.pr.* 침식되다.

affouragement [afuraʒmɑ̃] *n.m.* 사료를 줌; 사료, 꼴; 사료의 저장.
affourager [afuraʒe] [3] *v.t.* 사료[먹이]를 주다.
—**s'**~ *v.pr.* 사료를 저장하다.
affourche [afurʃ] *n.f.* 〖해양〗 쌍닻 정박(두 닻을 엇걸리게 내려 정박시키기); (그)닻과 닻줄.
affourché(e) [afurʃe] *a.p.* ①〖옛〗[~ sur] 걸터앉은. ~ sur un âne 나귀 등에 걸터앉은. ② 쌍닻으로 정박한.
affourcher [afurʃe] *v.t.* ①〖옛〗[~ *qn* sur *qc*] 걸터앉히다. ~ un enfant *sur* un âne 어린아이를 나귀 등에 걸터앉히다. ②〖건축〗(목재를)잇다〖장부촉이음 하다〗. ③쌍닻 정박시키다.
—*v.i.* 쌍닻 정박하다.
—**s'**~ *v.pr.* ①[s'~ sur] (에)걸터앉다. ② 쌍닻 정박하다. **s'**~ *sur ses ancres*〖속어〗은퇴하다.
affourragement [afuraʒmɑ̃] *n.m.* =**affouragement**.
affourrager [afuraʒe] *v.t.* =**affourager**.
affraîchie [afrɛ(e)ʃi] *n.f.* 〖해양〗 풍력(風力)의 증가, 강풍.
affranche [afrɑ̃:ʃ] *n.f.* (차의 짐칸의)네 구석 기둥.
affranchi(e) [afrɑ̃ʃi] *a.p.* ① 자유로운 몸이 된, 해방된. ②[~ de](에서)해제된, 면제된. être ~ de toute obligation 모든 의무에서 해방되다. ③ 우표를 붙인; 우편요금을 치른. ④〖속어〗염치 없는, 무엇이든지 알고 있는.
—*n.* 노예. ②〖구어〗유민; 무법자.
affranchir [afrɑ̃ʃiːr] *v.t.* ① (노예를)해방하다; 해제[면제]하다, 면하게 하다(émanciper, libérer, ↔soumettre). [~ *qn/qc* de] ~ *qn* de la crainte …의 공포를 덜어주다. Il faut ~ le pays de la domination étrangère. 외국의 지배로부터 나라를 해방시켜야 한다. ② 우표를 붙이다; 우편 요금을 선불하다. machine à ~ 우편 요금 소인기(消印機). lettre insuffisamment *affranchie* 우표를 모자라게 붙인 편지. ③〖속어〗[~ *qn*] 〖비밀〗정보 따위를〗 남에게 알려주다. Il ne paraît pas connaître leurs machinations; *affranchissons*-le. 그는 그들의 흉계를 모르는 듯하다, 그에게 알리자. ④ 〖카드 놀이〗(상대방에게) 높은 패를 다 내게 하여 자기 패를〖제일 높게〗만들다. ⑤〖농업〗 접목하다. ⑥〖승마〗(도랑을)뛰어 넘다. ⑦〖수의〗거세하다. ⑧〖해양〗(선창의)물을 퍼내다. ⑨ (구통 따위의)냄새를 없애다.
—**s'**~ *v.pr.* [s'~ de](에서)해방되다; 면제〖해제〗되다. s'~ *d*'une habitude 어떤 습관을 버리다.
affranchissable [afrɑ̃ʃisabl] *a.* 해방할 수 있는; 면제〖선불〗할 수 있는〖해야 하는〗.
affranchissement [afrɑ̃ʃismɑ̃] *n.m.* ① (노예의)해방; (국가의)자유 독립 (구속으로부터의)해방; (세금·부담 따위의)면제, 해제. ~ des femmes au XXe siècle 20세기 여성 해방. ② 우표를 붙이기; 우편 요금 선불; 우편 요금.
affranchisseur [afrɑ̃ʃisœːr] *n.m.* ① 해방하는 사람. ②(동물을)거세하는 사람.
affres [afr] *n.f.pl.* [주로 단수]〖죽음·뱃멀미 따위의〗고통, 단말마의 고통. ~ de la faim 굶주림의 고통. ②〖옛〗〖문학〗공포.
affrètement [afrɛtmɑ̃] *n.m.* 〖선박〗용선(傭船). acte[contrat] d'~ 용선계약.
affréter [afrete] [6] *v.t.* 용선(傭船)하다.
affréteur [afretœːr] *n.m.* 배를 세내는 사람, 용선자.
affreusement [a(ɑ)frøzmɑ̃] *ad.* ① 눈뜨고 볼 수 없을 만큼; 무섭게, 소름끼치게. ② 지독하게(extrêmement). plat ~ salé 너무 짠 음식.
affreuseté [a(ɑ)frøzte] *n.f.* 무서움;〖속어〗무서운 짓〖일〗.

affreux(se) [a(ɑ)frø, -ø:z] a. ① 눈뜨고 볼 수 없는 (monstrueux); 무서운, 소름끼치는(épouvantable); 지독한(atroce). Il est ~ que+sub. …한다는 것은 매우 무서운 일이다. spectacle ~ à voir 보기에 무서운 광경. ② (날씨 따위가)지긋지긋한, 불쾌한(détestable); 몹시 심술궂은(vicieux); 끔찍한. temps ~ 지긋지긋한 날씨. ~ bonhomme 심술이 있는 사람. J'ai fait un cauchemar ~ cette nuit. 나는 어젯밤 끔찍한 꿈을 꾸었다.
—*n.m.* (아프리카 군대에 고용된)백인 용병; 《속어》(빈정대는 투로) 불쾌한 자; 불쾌한 일.

affriandant(e) [afrijɑ̃dɑ̃, -ɑ̃:t] *a.* 매혹적인; 먹음직해 보이는.

affriandé(e) [afrijɑ̃de] *a.p.* [~ de/à] (을) 매우 좋아하는.

affriander [afrijɑ̃de] *v.t.* ① (음식·감언 따위로)유혹하다, 꾀다, 유인하다(attirer, séduire). ~ des poissons 물고기를 미끼로 끌어들이다. ② 먹음직하게 하다, 유혹적인 것으로 만들다.
—*s'~* *v.pr.* [s'~ de] (을) 좋아하다.

affrication [afrikɑsjɔ̃] *n.f.* 《언어》 파찰(破擦).

affricher [afriʃe] *v.t.* 황무지인채로 내버려두다.
—*s'~* *v.pr.* (땅이)황폐하다.

affriolant(e) [afrijɔlɑ̃, -ɑ̃:t] *a.* 《구어》 = **affriandant**.

affrioler [afrijɔle] *v.t.* ① 유혹하다, 꾀다, 유인하다. ②《옛》식욕을 돋구다.

affriquée [afrike] *n.f.* 《언어》파찰음(破擦音).

affront [afrɔ̃] *n.m.* 모욕, 치욕(insulte, humiliation, outrage). avaler(dévorer, souffrir, supporter) un ~ 모욕을 꾹 참다. faire un ~ à qn …에게 창피를 주다, …을 모욕하다. faire un ~ à qn de qc …에 대해서 …을 비난하다. laver(punir) un ~ 설욕하다. essuyer(subir) un ~ 모욕을 당하다. Vous lui avez fait là un ~ qu'il ne supportera pas. 당신은 그에게 두고두고 참을 수 없는 모욕을 주었다. ② 수치(심), 불명예.
en avoir l'~ 실패하다. **rester en ~** (여러 사람 앞에서)창피를 당하다; 실패하다.

affrontable [afrɔ̃tabl] *a.* 대처할 수 있는, 직면할 수 있는.

affronté(e) [afrɔ̃te] *a.p.* ① 끝과 끝을 수평으로 연결한. ② 서로 마주보는.

affrontement [afrɔ̃tmɑ̃] *n.m.* ① affronter 하기. ~ d'un danger(de la mort) 위험(죽음)에 맞섬. ② 접합. ~ des pièces de bois 나뭇조각의 접합.

affronter [afrɔ̃te] *v.t.* (적과)대치하다, 대전하다, (위험·죽음을)무릅쓰다, (시련에)직면하다, 과감히 맞서다(faire face à, braver). ~ l'ennemi 적과 당당히 맞서 싸우다. ~ la mort 죽음을 무릅쓰다. Le navire *affronte* la tempête. 배는 폭풍우를 무릅쓰고 나아간다.
—*s'~* *v.pr.* 서로 맞서다(대립하다). Ces deux pays s'*affrontent* depuis tant d'années. 이 두 나라는 오래 전부터 서로 맞서 싸운다. Deux thèses s'*affrontent*. 두 주장이 서로 대립한다.

affronterie [afrɔ̃tri] *n.f.* 《옛》사기, 협잡.

affronteur(se) [afrɔ̃tœr, -ø:z] *n.* ①《옛》사기꾼; 파렴치한 사람. ②《사투리》거만한 사람. ③ 정면으로부터 접근하는 사람; 도전자.

affruité(e) [afrɥite] *a.p.* 열매를 맺은; 과일이 있는.

affruiter [afrɥite] *v.t.* (에) 과수를 심다.
—*v.i.,* *s'~* *v.pr.* 열매를 맺다.

affublement [afyblømɑ̃] *n.m.* 《드물게》괴상한 옷차림(분장).

affubler [afyble] *v.t.* [~ qn de qc] (에게) 괴상하게 옷을 입히다; (에게) …을)들씌우다. On l'*affubla d'une longue robe.* 그녀에게 괴상한 긴 옷을 입혔다. (수동태) Elle *était affublée* d'un affreux manteau vert. 그녀는 끔찍한 파란 망토를 걸치고 있었다. ~ qn de ridicule …을 조롱하다.
—*s'~* *v.pr.* [s'~ de qc]괴상하게 입다. Il s'*affuble* toujours *de* vêtements trop voyants. 그는 항상 지나치게 눈에 띄는 옷차림을 한다.

affusion [afyzjɔ̃] *n.f.* 《의학》관주(灌注).

affût [afy] *n.m.* ① 지키는 목, 잠복 장소. être[se mettre] à l'~ de qn(qc) …이 나타나는 것을 숨어서 지키다(기다리다). Il est toujours à l'~ des idées nouvelles. 그는 항상 새로운 생각이 없나 살피고 있다. ② 포가(砲架); (망원경의)받침대(臺); (기관총의)총가.

affûtage [afytɑ:ʒ] *n.m.* ① 갈음질, 날 세우기.

affûté(e) [afyte] *a.p.* ① 꾀바른, 간사한. ② 《경마》(말이)훈련을 받아 최상의 컨디션에 있는.

affûter [afyte] *v.t.* (칼날을)갈다(aiguiser); 《구어》(의)머리를 예민하게 하다. ~ le couteau[la scie] 칼[톱날]을 갈다. 《경마》훈련으로 최상의 컨디션을 유지하게 하다. ③《옛》잠복시키다; 《옛》《군사》(대포를)포가에 올려놓는다.
—*s'~* *v.pr.* 매복하다(se mettre à l'affût); 칼날이)갈려지다. *s'~ le sifflet* 《속어》한잔 하다.

affûteur [afytœːr] *n.m.* ① 《사냥》숨어서 기다리는 사냥꾼. ② 갈음질꾼, 날 세우는 사람. ③ 톱날 세우는 줄.

affûteuse [afytø:z] *n.f.* 갈음질하는 기계.

affu(û)tiau(pl. ~x), **affûtiot** [afytjo] *n.m.* ① 하찮은 물건; 값싼 장신구. ②《속어》연장.

affût-trépied [afytrepje] (pl. ~s-~s) *n.m.* 《군사》(기관총의)삼각가(三脚架).

affût-truc [afytryk] (pl. ~s-~s) *n.m.* 《군사》화차포가(貨車砲架).

afghan(e) [afgɑ̃, -an] *a.* 아프가니스탄(*Afghanistan*)의. —**A~** *n.* 아프가니스탄 사람. —*n.m.* 아프가니스탄어(語).

aficionado [afisjɔnado] 《에스파냐》*n.m.* 투우를 좋아하는 사람.

*****afin de** [afɛ̃d] *loc. prép.*, **afin que** [afɛ̃k] *loc. conj.* [afin de+*inf.*/afin que+*sub.*] …하기 위하여, …하도록, …하려고. Je me hâte *afin d'arriver à l'heure.* 나는 제시간에 도착하려고 서두른다. Vous laisserez votre adresse *afin que nous puissions vous prévenir.* 우리가 당신에게 통지할 수 있도록 주소를 남겨두십시오.

afistolement [afistɔlmɑ̃] *n.m.* = **afistolement**.

afistoler [afistɔle] *v.t.* = **affistoler**.

A.F.M.《약자》Association française de marketing 프랑스 마케팅 협회.

A.F.N.《약자》Afrique française du Nord 프랑스령 북아프리카.

afnaf [afnaf], **afanaf** [afanaf] *ad.* 《속어》절반으로.

afocal(ale, *pl.* **aux)** [afɔkal, -o] *a.* 《광학》(망원경 따위가)초점이 없는.

a fortiori [afɔrsjɔri] 《라틴》*loc.ad.* 더구나, 하물며 (à plus forte raison). Il aime les enfants, ~ les siens. 그는 아이들을 좋아하며, 하물며 자기 아이들이야.

A.F.P.《약자》Agence France-Presse 프랑스 통신사.

africain(e) [afrikɛ̃, -ɛn] *a.* 아프리카의. —**A~** *n.* 아프리카 사람.

africander [afrikɑ̃dɛ(œ:)r] *n.* 남아프리카 태생의[에 영주하는] 네덜란드계 백인.

africanisation [afrikanizɑsjɔ̃] *n.f.* (아프리카 신생국에서)아프리카인들이 지배적 지위를 차지하기, 아프리카인을 위한 아프리카화.

africaniser [afrikanize] *v.t.* 아프리카화하다, (행

정·기업·영토 따위를)아프리카인(당국)의 관할하에 두다.

africanisme [afrikanism] *n.m.* ① 아프리카 고유어법. ② 친(親)아프리카주의.

africaniste [afrikanist] *n.* 아프리카학자.

africanité [afrikanite] *n.f.* 아프리카다움, 아프리카적 특성.

africanthrope [afrikɑ̃trɔp] *n.m.* 동아프리카의 선인과(先人科) 화석.

afrika(a)nder [afrikɑ̃de(œ:)r] *n.* =**Africander**.

afrika(a)ns [afrikɑ̃:s] 《네덜란드》 *n.m.* 아프리칸스어 (남아프리카 공화국의 네덜란드계 주민의 언어, 1925년부터 영어와 더불어 공용어가 됨).

Afrique [afrik] *n.pr.f.* 아프리카. ~ du Sud[du Nord] 남(북)아프리카.

afrite [afrit] *n.m.* 《아랍신화》 악마.

afro-américain(e) [afroamerikɛ̃, -ɛn] (*pl.* ~~s) *a.* 아프리카식 미국풍의. —A~-A~ *n.* 아프리카계 미국인.

afro-asiatique [afroazjatik] (*pl.* ~-~s) *a.* 아시아아프리카의. Assemblée ~ AA회의. groupe ~ de l'O.N.U. 유엔의 아시아·아프리카 그룹.

after-effect [aftœrefɛkt] 《영》 *n.m.* 《예》 《심리》 잔류효과(殘留效果), 잔류작용.

after-shave [aftœrʃev] 《영》 *n.m.* 면도 후에 바르는 로션(après-rasage).

Ag 《약자》 argent 《화학》 은(銀).

aga [aga] *n.m.* (터키의)지휘관; 하급 사관; 《친정으로》 나리.

agaçant(e) [agasɑ̃, -ɑ̃:t] *a.* 역정을 돋우는, 신경을 건드리는, 안달나게 하는, 성가신. ② 《예》 선정적인, 도발적인.

agace [agas] *n.f.* 《사투리》 《조류》 까치(pie).

agacement [agasmɑ̃] *n.m.* ① 역정(나게 함), 안달(나게 함)(irritation); (이가)시큰하기. ② 자극.

agacer [agase] 2 *v.t.* ① 역정을 돋우다, 신경을 거스르다, 성가시게 굴다(énerver, exaspérer). Tu m'*agaces* avec ces histoires, parlons d'autre chose! 넌 그 이야기로 내 비위를 건드리는 데, 다른 이야기나 하자. Cela m'*agace* que+*sub.* …하는 것은 내 신경에 거슬린다. ② (이를)시큰하게 하다. Le citron *agace* les dents. 시트론을 먹으면 이가 시큰거린다. ③ (특히 여성이)아양부려 꾀다. —**s'**~ *v.pr.* ① 역정을 부리다. ② 이가 시큰하다. ③ 서로 역정을 부리다.

agacerie [agasri] *n.f.* (주로 *pl.*)교태, 아양을 부리는 짓(눈짓·말투)(coquetterie, minauderie). faire des ~s 교태를 부려 상대를 끌다.

agaillardir [agajardi:r] *v.t.* (에게)원기를 돋우어 주다, 즐겁게 하다. ② *v.pr.* 쾌활해지다.

agalactie [agalakti], **agalaxie** [agalaksi] *n.f.* 《의학》 유즙(乳汁)분비 결여; (분만 후의)무유증(無乳症).

agalik [agalik] *n.f.* =**agha**.

agame¹ [agam] *a.* 《생물》 무성(無性)생식의; 《식물》 은화의(隱花)의. —*n.f.pl.* 민꽃식물, 은화식물.

agame² *n.m.* 《동물》 (아프리카·인도산의)아가마도마뱀.

Agamemnon [agamɛmnɔ̃] *n.pr.f.* 《그리스신화》 아가멤논.

agamète [agamɛt] *n.f.* 《생물》 무성생식세포.

agami [agami] 《카리브》 *n.m.* (남미산의)나팔소리같은 울음 소리를 내는 새(수컷의 울음소리에서 나온 이름).

agamie [agami] *n.f.* 《생물》 무성생식.

aganter [agɑ̃te] *v.t.* 《해양》 ① (배에)따라 붙다. ② (밧줄을)붙잡다.

agape [agap] *n.f.* ① (주로 *pl.*)(친구끼리의)회식(festin). participer à de joyeuses ~s 즐거운 회식에 참가하다. ② 《종교》 애찬(愛餐)《초기 기독교의 회식》.

agapètes [agapɛt] *n.f.pl.* 《종교》 (초기 교회시대의) ① 부녀 신도단에 섞여 살던 성직자. ② 재속(在俗)성직자의 집에 거주하던 처녀(과부), 재속동정녀.

agar-agar [agaragar], **agar** [agar] 《말레이》 *n.m.* 한천(寒天)(gélose).

agaric [agarik] *n.m.* 《식물》 느타리.

agaricacées [agarikase] *n.f.pl.* 《식물》 송이과.

agaricales [agarikal] *n.f.pl.* 《식물》 (느타리를 포함하는)담자균과(擔子菌類) 버섯과(科).

agarice [agaris] *n.m.* 《광물》 산유(山乳).

agaricine [agarisin] *n.f.* 《화학》 아가리친.

agasse [agas] *n.f.* =**agace**.

agassin [agasɛ̃] *n.m.* ① (열매 맺지 않는) 포도나무 가지의 묵은 싹. ② 《사투리》 (발가락의)티눈.

agate [agat] *n.f.* ① 《광물》 마노. ② 마노가 붙은 연마구(具). ③ (마노·유리의)구슬, 공기.

agaté(e) [agate] *a.* 《광물》 마노질의.

agathais(e) [agate, -ɛz], **agathois(e)** [agatwa, -a:z] *a.* 아그드(*Agde* [agd], 프랑스의 마을)의. —A~ *n.* 아그드 사람.

agathée [agate] *n.f.* ~ amelloïde(céleste) 《식물》 파랑 마거리트.

agatifié(e) [agatifje], **agatisé(e)** [agatize] *a.* 《광물》 마노로 변한; 마노 비슷한.

agatin(e) [agatɛ̃, -ɛn] *a.* 마노 모양을 띤.

agave [aga:v], **agavé** [agave] *n.m.* 《식물》 용설란속(屬).

age [a:ʒ] *n.m.* (쟁기의) 성에.

-age *suff.* 《집합·행위·상태·장소·따위의》 《남성 명사를 형성》: outill*age* 도구류(類). mari*age* 결혼. serv*age* 예속》.

:âge [ɑ(a):ʒ] *n.m.* ① 나이, 연령. Quel ~ avez-vous? J'ai vingt ans(Je suis âgé de vingt ans). 몇 살입니까? 스무 살입니다. Il est mort à l'~ de quarante ans. 그는 마흔 살에 죽었다. J'ai une fille de votre ~. 나는 당신 나이 또래의 딸이 있다. Quel ~ donnez-vous à ce monsieur? 이 분 나이가 얼마라고 생각하십니까? Cet enfant est grand pour son ~. 이 아이는 나이에 비해서 크다. Il fait plus jeune que son ~. 그는 나이보다 젊어 보인다. Il ne paraît pas son ~; On ne lui donnerait pas son ~. 그는 나이만큼 들어보이지 않는다. prendre de l'~ 나이를 먹다. atteindre un bel ~ 고령에 달하다. ~ scolaire 취학연령(학령). ~ mental 정신연령. ~ légal (취학·선거·결혼 따위의)법정연령. limite d'~ 연령제한; 정년. doyen d'~ 최연장자. président d'~ 최연장자로서 선출되는 의장. groupe d'~ 연령집단. pyramide des ~s (인구의)연령분포도. voiture hors d'~ 고물 차. ② (일생의)어떤 시기, 연대. Chaque ~ a ces plaisirs. 인생의 어떤 시기에는 그 나름대로의 즐거움이 있다. enfant en bas ~ 어린이. ~ tendre 유년기. ~ de raison 철든 나이(7세 정도). le bel ~ 청춘시대. ~ de la puberté 사춘기(~ ingrat; (구어) ~ bête). jeune ~ 청년기. ~ nubile 결혼적령기. ~ mûr 장년기. ~ moyen 중년. ~ critique; retour d'~ 갱년기. grand ~; ~ avancé 고령, 노년. premier ~ (생후 6개월까지의)수유기. deuxième ~ (생후 6개월 이후의)수유기. troisième ~ (정년퇴직 이후의)노후, 노년. quatrième ~ (75세 이상의)노령, 고령. être entre deux ~s 중년이다. ③ 노령, 노년. homme(femme) d'~ 노인. être

âgé(e)

courbé par l'~ 나이가 들어 허리가 구부러지다. ④ (역사상의)시대. ~ de la pierre[du bronze, du fer] 석기(청동기·철기)시대. moyen ~ 중세. notre ~ 현대(= actuel). ~ atomique 원자력 시대. ~ d'or 황금시대. d'~ en ~ 대대로. institution d'un autre ~ 구시대의 제도. ⑤ 세대; (옛)인생, 생애. avancer en ~ 나이를 먹다. être au déclin(penchant) de ~ 노년에 다다르다. être dans(à) la fleur de l'~ 인생의 한창 때이다. à la force de l'~ 한창 일할 나이에. *être d'~ à + inf.*; *être en ~ de + inf.* …하기에 적당한 나이이다. Elle *sera* bientôt *en ~ de se marier.* 그 여자는 이제 곧 결혼할 나이가 된다. *être de son ~* ⓐ 나이에 어울리다. Ces jeux ne *sont plus de ton ~.* 그러한 놀이는 이제 너의 나이에 어울리지 않는다. ⓑ 시대에 순응하다. Il faut *être de son ~.* 시대에 순응하지 않으면 안된다.

*****âgé(e)** [ɑ(a)ʒe] *a.p.* ① [~ de] (의)나이를 먹은, ~살의. Il est ~ de vingt ans. 그는 스무살이다. ② 나이가 많은, 늙은, 노년의. places réservées aux personnes ~es 경로석. le plus ~ des deux enfants 두 아이중 연상의 아이.

agenais(e) [aʒnɛ, -ɛːz] *a.* 아장(Agen, 프랑스의 마을)의. **—A—** *n.* 아장 사람.

*****agence** [aʒɑ̃ːs] *n.f.* ① 대리점; 지점(succursale). ~ d'affaires 총대리점. ~ de placement 직업 소개소. ~ de publicité 광고대행업소. ~ de voyages 관광 (여행)사. ~ de presse 통신사, 신문사. ~ immobilière[matrimoniale] 부동산소개소(결혼상담소). se rendre à l'~ pour retirer de l'argent 돈을 인출하러 은행(지점)에 가다. ② 대리업(권). ③ 대리기간.

agencement [aʒɑ̃smɑ̃] *n.m.* ① 정리, 정돈; 배열, 배치(arrangement). ~ des pièces 방의 배치. ~ d'une phrase 문장 구성, (문장내의)배열. ② 조립, 구성. ③ (*pl.*) 비품, 설비; 용구, 도구.

agencer [aʒɑ̃se] [2] *v.t.* ① 정리(정돈)하다; 배치(배열)하다(arranger). La phrase *est* mal *agencée.* 그 문장은 잘 구성되어 있지 않다. pièces d'appartement bien *agencées* 잘 배치된 아파트의 방. Voilà un mensonge bien *agencé.* 잘도 꾸며낸 거짓말이군 (나쁜 의미로). ② (기계 따위를)조립하다 (composer); 조정하다(ajuster). ③ (빛깔 따위를) 조화[배합]시키다.
—s'~ *v.pr.* ① 정리(정돈·배열·배치)되다. ② 조립되다. ③ 조화[배합]되다.

agenceur(se) [aʒɑ̃sœːr, -øːz] *n.* 정리(배열·조립·조정·배치)하는 사람. ~ de magasins 상점을 장식하는 사람. ~se de mariages 《구어》중매하기를 좋아하는 사람.

agenda [aʒɛ̃da] (라틴) *n.m.* 비망록.

agénésie [aʒenezi] *n.f.* 《의학》 불임(不姙); 음위(陰痿). ② 발육부전(不全).

agénésique [aʒenezik] *a.* 불임의, 생식부전의.

agenouillé(e) [aʒnuje] *a.p.* 무릎 꿇은.

agenouillement [aʒnujmɑ̃] *n.m.* 무릎꿇기, 꿇어앉음.

agenouiller [aʒnuje] *v.t.* 무릎꿇게 하다. [丁].
—s'~ *v.pr.* 무릎꿇다, 꿇어앉다; 굴종하다. s'~ pour prier 기도하기 위해 무릎 꿇다. s'~ devant le pouvoir (비유적)권력앞에 굴복하다.

agenouilloir [aʒnujwaːr] *n.m.* 기도대(의자).

*****agent¹** [aʒɑ̃] *n.m.* ① 작인(作因), 동인(動因), 요인 (要因)(facteur); 작용물, 약제. ~ naturel (생산의)자연요인. ~ atmosphérique (침식의)대기요인, 비·바람 따위). ~s économiques 경제요인. ② 주체자, 중심인물; 선동자. ~ de réformes sociales 사회개혁의 추진자. ③ 《언어》동작주, 능동주. complément d'~ 동작주보어. ④ 《철학》 능동자.

*****agent²** *n.m.* ① 경관(~ de plice); (공공기관의)공무원, 계원(係員). Les ~s ont arrêté le bandit. 경관이 노상강도를 체포했다. ~ de la circulation 교통순경. ~ administratif [de l'État] 공무원. ~ diplomatique 외교관. ~ secret 비밀 첩보원. ~ de la police privée 사설 탐정. ~ de liaison 《군사》 연락장교. ~ de transmission 《군사》 전령 (傳令). ② 대리인, 중개업자. ~ d'affaires 총대리인. ~ de publicité 광고대리업자. ~ d'assurances 보험대리인. ~ immobilier 부동산 중개업자. ~ de change 주식 중매인. ~ d'intrigues 《구어》중개자, 브로커. ③ (경멸) 앞잡이. ~ du pouvoir 권력의 앞잡이. ④ (중학교의)소사(~ des lycées).

agentif(ve) [aʒɑ̃tif, -iːv] *a.* 행위자를 나타내는. **—***n.m.* 행위격.

agérate [aʒerat], **ageratum** [aʒeratɔm] *n.m.* 《식물》 (열대 아메리카의)국화과 식물.

agger [agzer] (라틴) *n.m.* 더미, 퇴적.

agglomérant(e) [aglɔmerɑ̃, -ɑ̃ːt] *a.* ① 굳히는. ~ langue ~e 《언어》교착어(膠著語).
—*n.m.* 《토목》 (아스팔트 따위의)결합제. (岩).

agglomérat [aglɔmera] *n.m.* 《지질》 응괴암(凝塊).

agglomératif(ve) [aglɔmeratif, -iːv] *a.* 응고시키는 힘을 가진. **—***n.m.* 응고력 있는 것.

agglomération [aglɔmerɑsjɔ̃] *n.f.* ① (한 덩어리로)모으기, 집적(集積), 응집(凝集)(entassement); 덩어리, 집괴(集塊). ② (밀집한 인구의)집단; 도시지역. grandes ~s urbaines 도시인구의 대밀집지대. ~ parisienne 파리를 중심으로 하는 인구밀집지대, 파리 도시권.

aggloméré [aglɔmere] *n.m.* ① 《지질》 역암(礫岩). ② 굳힌 것; 연탄; 조개탄; (시멘트 따위로 굳힌)블록, 벽돌.

agglomérer [aglɔmere] [6] *v.t.* (한 덩어리로) 모으다(accumuler); 굳히다. Le vent *a aggloméré* la neige contre les murs de la maison. 바람이 불어서 눈이 집벽에 다닥다닥 쌓였다. ~ le sable avec du ciment 모래와 시멘트를 섞어서 굳히다.
—s'~ *v.pr.* 모이다, 쌓이다; 굳어지다; 응집하다. Les nouveaux venus *se sont agglomérés* dans les banlieues du nord. 도시에 새로 유입해온 사람들이 북북 변두리로 모여들었다.

agglutinable [aglytinabl] *a.* 교착하는.

agglutinant(e) [aglytinɑ̃, -ɑ̃ːt] *a.* ① 교착성(膠著性)의. langue ~e 《언어》교착어. ② 《의학》 유착(癒着)시키는. **—***n.m.* 유착약; 반창고.

agglutinateur(trice) [aglytinatœːr, -tris] *a.* 유착 시키는.

agglutinatif(ve) [aglytinatif, -iːv] *a.* 《의학》 유착시키는 **—***n.m.* 유착제.

agglutination [aglytinɑsjɔ̃] *n.f.* ① 굳히기, 굳어 짐, 교착, 응고. ② 《의학》 유착. ③ (굳어진)덩어리. ④ 《언어》 교착.

agglutiner [aglytine] *v.t.* ① 교착시키다, 붙이다, 굳히다, 응집시키다. La chaleur *a agglutiné* les bonbons dans le sachet. 열 때문에 봉지 속의 사탕이 서로 달라붙었다. ② 《의학》 유착시키다.
—s'~ *v.pr.* ① 들러붙다; 굳어지다. s'~ devant la vitrine 진열장 앞에 들러붙어 떠나지 않다. ② 《의학》 유착하다.

agglutinine [aglytinin] *n.f.* 《생리》 응집소.

agglutinogène [aglytinɔʒɛn] *n.m.* 《생리》 응집원(原).

aggravant(e) [agra(a)vɑ̃, -ɑ̃ːt] *a.* 《의학》 악화시키는; 《법》 가중의. circonstance ~e 가중정상

(加重情狀).
aggravation [agra(α)vasjɔ̃] *n.f.* 악화; 가중(加重). ~ de la situation financière 재정 상태의 악화. ~ de la peine 형(고통)의 가중.

aggrave [agra(α):v] *n.f.* 〖종교〗(파문 선고를 받고도 회개하지 않는 자에 대한)저주.

aggravée [agrave] *n.f.* (동물, 특히 개의)발의 상처 [염증] (자갈이나 돌 위를 걸어서 생김).

*****aggraver** [agra(α)ve] *v.t.* ① (병·세금 따위를)심하게 하다, 더하게 하다, 악화시키다. Le froid *a aggravé* les difficultés des mal-logés. 추위로 인해 집없는 사람들의 어려움이 더 심해졌다. Il *aggrav* son cas en mentant. 그는 거짓말함으로써 그의 처지를 더 어렵게 만든다. ② (형벌·곤란 따위를)가중시키다.
—*s'*~ *v.pr.* ①악화되다, 더 심해지다. Son état s'est brusquement *aggravé* dans la nuit. 그의 상태가 밤중에 갑자기 악화되었다. ② 가중되다.

agha [aga] *n.m.* = **aga**.

agile [aʒil] *a.* ① 민첩한(leste), 날쌘, 날렵한(alerte, ↔ lourd), doigts ~s du pianiste 피아니스트의 경쾌한 손가락. enfant ~ comme un singe 원숭이처럼 대단히 날렵한 아이. ② 이해가 빠른, 머리가 잘 도는(souple). esprit ~ 명민한 두뇌.
avoir la langue ~ 잘 지껄이다.

agilement [aʒilmɑ̃] *ad.* ① 민첩하게, 재빠르게, 날쌔게. ② 예민하게.

agilité [aʒilite] *n.f.* ① 민첩, 민활. ② 예민. sauter avec ~ 날렵하게 뛰어오르다.

agio [aʒjo] *n.m.* 〖상업〗 프리미엄. ②《구어》환전(換錢); 투기(投機).

agiotage [aʒjotaːʒ] *n.m.* 주식 매매, 투기.

agioter [aʒjote] *v.i.* 주식(투기) 매매를 하다.

agioteur(se) [aʒjotœːr -ʃiːz] *n.m.* 주식 중매인, 투기업자. —*a.* 주식 중매인의.

‡**agir** [aʒiːr] *v.i.* ① 행동하다; 움직이다, 일하다; 처신하다. Il n'a même plus la force d'~. 이제 그는 움직일 기운조차 없다. Le moment est venu d'~. 행동할 때가 왔다. Nous sommes nés pour ~. 우리 인간은 행동하기 위해 태어났다. ~ auprès du ministre 장관에게 운동하다. ~ en honnête homme 성실한 사람으로 처신하다. ②(주어는 사물) 작용하다, 영향을 끼치다; (약이)효험이 있다. [~ sur *qc/qn*] La lumière *agit* sur les végétaux. 햇빛은 식물에 영향을 준다. Les remèdes n'*agissent* plus sur le malade. 이제 이 약은 그 환자에게 효험이 없다. ③ 〖법〗(을)상대로 소송을 일으키다, ~ en justice).
bien(*mal*) ~ *envers qn* ···을 잘 [나쁘게] 대해주다. *en* ~ *avec qn*《속어》···을 대하다, 대접하다.
—*s'*~ *v.pr. imp.* 관계되다; 문제이다. [Il s'agit de *qc*] De quoi s'agit-il? 무엇이 문제인가? *Il s'agit de votre vie.* 당신의 생명에 관한 일이다. Dans cette affaire, *il s'agit des* intérêts du pays. 이 사건[문제]에는 국가의 이해가 관련되어 있다. [Il s'agit de+*inf.*] *Il s'agit de* s'entendre. 서로 이해하는 것이 필요하다(중요하다)(Il importe de+*inf.*). [Il s'agit que+*sub./ind.*] *Il s'agit que* vous le retrouviez, et rapidement. 그것도 빨리! (Il faut que...). Il ne *s'agit* point s'il viendra ou ne viendra pas. 그가 오고 안오고는 문제가 아니야.
s'agissant de《엣》···이 문제인 만큼; ···에 관해서는. *S'agissant de* lui, vous pouvez avoir toute confiance. 그에 관한 한 당신은 전적으로 신뢰할 수 있다.

agissant(e) [aʒisɑ̃ -ɑ̃ːt] *a.* ① 활동적인. ② 효력[효험]있는. homme fort ~ 매우 활동적인 사람. remède ~ 효험이 좋은 약.

agissement [aʒismɑ̃] *n.m.* (주로 *pl.*) 활동, 암약(暗躍), 음모(intrigue, machination).

agitant(e) [aʒitɑ̃ -ɑ̃ːt] *a.* ① 마음[인심]을 불안한게 하는, ② 사지를 흔들거리게 하는. paralysie ~*e* 진전(振顫)마비. ③ 흥분시키는.

agita*teur*(*trice*) [aʒitatœːr, -tris] *n.* 선동자.
—*n.m.* 〖화학〗교반기(攪拌器).
—*a.* 민심을 동요시키는, 선동하는; 흥분시키는.

agitation [aʒitasjɔ̃] *n.f.* ① (물결의)혼들림, 동요; (기계)펄럭임; (파도의)출렁거림. ~ de l'eau 물결의 출렁거림. ②(마음의)동요, 흥분; 소란; (정치·사회적)불안; 선동. ~ politique 정치적 불안(동요). ~ ouvrière 노동자들의 동요[소요]. L'~ du malade ne se calme pas. 병자의 흥분이 가라앉지 않는다. faire de l'~ en faveur de *qc* ···을 위해 선동하다. ③ (문제의)토의.

agité(e) [aʒite] *a.p.* ① 흥분된, 동요된; 불안스런. avoir le sommeil ~ 꿈자리가 사납다. ② 파도가 높은. mer ~*e* 파도가 높은 바다. vie ~*e* 파란 많은 생애. —*n.* 불안에 사로잡힌 사람, 광조병(狂躁病)환자.

*****agiter** [aʒite] *v.t.* ① (물건 따위를)흔들다, 휘두르다, 휘젓다(secouer, remuer). ~ son mouchoir [un drapeau] 손수건[깃발]을 흔들다. ~ une bouteille (섞기) 위해 병을 흔들다. Elle *agite* le bras comme si elle voulait nous appeler. 그녀는 마치 우리를 부르기라도 하려는 듯이 팔을 흔든다. ② (의)마음을 동요시키다, 흥분시키다, 어지럽히다, 불안하게 하다(émouvoir, exciter); 선동하다. Les passions *agitent* l'homme. 정념은 사람의 마음을 뒤흔들어 놓는다. Il *est agité* par une violente colère. 그는 격렬한 노여움으로 흥분되어 있다. ③ 토의하다(discuter). ~ une question 어떤 문제를 토의하다.
—*s'*~ *v.pr.* ① 흔들리다, 심하게 움직이다; 파도치다. La mer commence à *s'*~. 파도가 일기 시작한다. ②(마음이)동요하다, 흥분하다, 불안하다. Le peuple *s'agite.* 민심이 소란하다. Pourquoi *s'agite-*t-il encore? 왜 그는 아직도 흥분하고 있는가? ③ 활동[작용]하다. ④ 토의되다.

aglobulie [aglobyli] *n.f.* 〖의학〗적혈구 결핍.

aglossa [aglosa] *n.m.*, **aglosse** [aglos] *n.f.*[*m.*] 〖곤충〗 명충나방(科)의 나방.

aglyphe [aglif] *a.* (뱀 따위가)독니가 없는.

agnat(*e*) [agna, -at] *n.* 〖로마법〗 부계(父系)친족 (↔ cognat).

agnation [agnasjɔ̃] *n.f.* 〖로마법〗 부계의 혈연, 내척(內戚)관계.

agnatique [agnatik] *a.* 부계친족의, 일가의.

agneau [apo] (*pl.* ~*x*) *n.m.* ① 어린양; 온순한 사람. être doux comme un ~ 어린양처럼 유순하다. ② 〖요리〗 새끼양 고기. ③ 양 모피. ④〖종교〗ⓐ ~ pascal 유월절에 먹는 양고기. ⓑ ~ de Dieu ; mystique 신의 어린양 〖그리스도를 말함〗.

agnel [apɛl] *n.m.* (어린양이 새겨져 있는 프랑스의 옛)금화.

agnelage [apla:ʒ], **agnèlement** [apɛlmɑ̃] 양의 출산(기).

agnelée [aple] *n.f.* 양의 한배의 새끼.

agneler [aple] [4] *v.i.* 양이 새끼를 낳다.

agnelet [aplɛ] *n.m.* ① 어린 새끼 양. ②《구어》우둔하면서 교활한 시골뜨기. ③ agnel의 절반의 가치를 갖던 화폐.

agnelin [aplɛ̃] *n.m.* (털이 붙은)무두질한 새끼 양의 모피.

agneline [aplin] *a.f., n.f.* (laine) ~ 처음 깎은 어린

양의 털.
agnelle [aɲɛl] n.f. 《엣·사투리》어린 암양.
Agnès [aɲɛs] n.f. 순진한 처녀(Molière 작 l'*École des femmes*의 등장 인물에서). faire l'~ 순진한 처녀인 체하다.
agnosie [agnozi] n.f. 《심리》 지각 불능. ~ auditive(visuelle) 청각[시각] 실인(失認).
agnosique [agnozik] a. 《심리》 지각불능의.
agnosticisme [agnɔstisism] n.m. 《철학》 불가지론(不可知論).
agnosticiste [agnɔstisist] n.m. 불가지론자.
agnostique [agnɔstik] a. 불가지론의. —n. 불가지론자.
agnus [agnys] 《라틴》 n.m. =**agnus-Dei** ①.
agnus-castus [agnyskastys] 《라틴》 n.m. 《식물》 서양목형.
agnus-Dei [agnysdei] 《라틴》 n.m. 《복수불변》《가톨릭》 ① 초로 만든 어린양의 상(像). ②'A~'라는 말로 시작되는 기도; (그)악곡.
-agogue, -agogie *suff.*「인도하는 사람·인도하기」의 뜻.
agone [agon] 《자기학》 a. 자각(角)을 이루지 않는. —n.f. 무편각선(無偏角線).
agonie [agɔni] n.f. ① 《엣》임종(단말마)의 고통; 고뇌, 고민, être à l'~ 죽어가고 있다, 임종하다. ② 최후, 단말마. ~ d'une monarchie 왕정의 최후.
agonique [agɔnik] a, n.f. =**agone**.
agonir [agɔniːr] v.t. (비난·욕설 따위를)퍼붓다. se faire ~ d'injures 매도되다. —v.i. 《드물게》욕하다; 매도하다.
agonisant(e) [agɔnizɑ̃, -ɑ̃ːt] a. 죽음에 임박한, 빈사상태의, 죽어가는. On l'a laissé ~. 그는 빈사상태로 내버려졌다. ②(목소리·불 따위가)사라져[꺼져]가는, société ~e 붕괴 직전의 사회. —n. 빈사상태의 사람, 죽음에 임한 사람. prière des ~s 죽어가는 사람들을 위한 기도.
agoniser [agɔnize] v.i. 빈사상태이다, 최후가 닥쳐 오다. Un soldat *agonise*. 한 병사가 죽어가고 있다. La monarchie *agonisait*. 왕국은 붕괴 직전이었다. —v.t. (욕설 따위를)퍼붓다(**agonir**와 혼동).
agonistique [agɔnistik] 《고대그리스》 n.f. 투기(鬪技). —a. 《고대그리스》 투기의. 투쟁적인, 투쟁의.
agonothète [agɔnɔtɛt] n.m. 《고대그리스》 경기회장(會長).
agora [agɔra] 《그리스》 n.f. 《고대그리스》 (도시의) 광장, 집회장.
agoraphobie [agɔrafɔbi] n.f. 《의학》 광장공포(증).
agouti [aguti] 《아메리카 인디언》 n.m. 《동물》 (아메리카산 토끼 만한)설치류(齧齒類)의 일종.
agr.《약자》agriculture 농업.
agrafage [agrafaːʒ] n.m. ① 걸고리[훅]단추를 채우기; (죔쇠 따위로)죄기; 클립으로 집기. ② 죔쇠로 고정시키기.
agrafe [agraf] n.f. ① 훅단추; 클립; 죔쇠; (혁대의) 버클. ②(창문의)걸쇠. ③《건축》(홍예머리의) 쐐기꼴 장식용 종석(宗石).
agrafer [agrafe] v.t. ① 훅단추를 걸다; (죔쇠 따위로)죄다, 클립으로 끼우다. ② 꺾쇠로 고정시키다. ③《속어》붙잡다; 못가게 하다(accrocher). J'ai été *agrafé* dans la rue par un ami. 길에서 친구에게 붙잡혔다. ③ 《속어》~에 빠ㅣ police 경찰에 붙잡히다.
agrafeur(se) [agrafœːr, -øːz] n. 걸쇠〔죔쇠〕를 다는 사람. —n.f. ①(출혈의)마개쇠를 붙이는 기계. ② 스테이플러, 을 (철(綴)하는 기계).
agrainer [agrε(e)ne] v.t. ①(새 사냥을 위해)낟알을 뿌려주다. ②(말 따위에)곡물을 주다.
agraire [agrεːr] a. 토지의, 농토의; 토지소유에 관한. loi ~ 《고대로마》토지균분법. réforme ~ 토지개혁.
agrairien [agrεrjɛ̃, -ɛn] a, n. =**agrarien**.
agrammatical(ale, *pl. aux*) [agramatikal, -o] a. 비문법적인, 문법에 어긋난.
agrammaticalité [agramatikalite] n.f. 비문법성.
agrammatique [agramatik] a. 실문법(증)의, 구음(構音)장애의. —n. 실문법환자, 구음장애자.
agrammatisme [agramatism] n.m. 《정신의학》 ①(전치사를 빼먹거나 동사 변화를 시키지 않는 따위의) 실문법; 실문법증(실어증의 한 형태). ② 한 자(字)또는 여러 자를 빠뜨리고 낱말을 발음하는 구음장애.
agrandir [agrɑ̃diːr] v.t. ① 크게하다, 확장하다; 《사진》확대시키다. ~ un jardin 정원을 넓히다. ~ une photographie 사진을 확대하다. ② 크게 보이게 하다. Cette robe vous *agrandit*. 이 옷을 입으면 당신은 커보인다. ③위대(강대)하게 만들다; 높이다, 향상시키다, 고상하게 하다. La lecture *agrandit* l'âme. 독서는 마음을 고상하게 해준다. — **s'~** v.pr. ①크다; 확장되다, 확대되다. Paris *s'agrandit* chaque jour. 파리는 나날이 커진다. Nous voudrions nous ~. 집을 늘렸으면 한다. ② 강대(위대)해지다; 향상되다, 고상해지다. ③ (재산을)늘리다. commerçant qui *s'est agrandi* 사업을 확장시킨 상인.
agrandissement [agrɑ̃dismɑ̃] n.m. ① 크게함〔됨〕; 확장; 확대; 《사진》확대. tirer par ~ 확대해서 인화하다. lanterne d'~ 집광(集光)확대기. ② 강대화; 향상하기; 고상해짐.
agrandisseur [agrɑ̃disœːr] n.m. 《사진》 확대기.
agraphie [agrafi] n.f. 《의학》 실서증(失書症), 서자(書字)불능증.
agrarianisme [agrarjanism] n.m. 토지균분론.
agrariat [agrarja] n.m. 토지균분.
agrarien(ne) [agrarjɛ̃, -ɛn] a. ① 토지(농지)의, 토지문제에 전념하는; 농민옹호의. parti ~ 농민당. 토지균분법의. —n. ① 농민당원. ② 《엣》토지균분론자.

:**agréable** [agreabl] a. ① 기분좋은, 유쾌한, 쾌적한 (plaisant). [~ à+inf.] ~ à entendre(à voir) 듣기(보기)에 기분좋은. tissu ~ à toucher 촉감좋은 감. peu ~ 별로 유쾌하지 못한. [Il est/C'est ~ de+inf./que+ind.] Il m'est ~ de vous recevoir chez moi. 내 집에서 당신을 맞게 되어 기쁩니다. Ce n'est pas très ~ de voyager debout dans le train. 기차를 타고 서서 여행하는 것은 썩 유쾌한 일은 아니다. ② 상냥한(aimable, charmant). Vous verrez, c'est un garçon ~. 당신도 아시겠지만, 이 소년은 상냥한 아이입니다.
avoir pour ~ que+sub.; 《엣》avoir ~ que+sub. …에 동의(찬성)하다.
—n. 《엣》알랑거리는 사람. faire l'~ (auprès de qn) (…의)호감을 사려고 애쓰다.
—n.m. 기분좋음, 쾌적. joindre l'utile à l'~ 남도 보고 뽕도 따고(즐거움과 실익을 겸함).
agréablement [agreablǝmɑ̃] ad. 유쾌하게, 즐겁게, 기분좋게.
agréé(e) [agree] a.p. 승인(승낙)된. —n.m. 《법》 (상업재판소의)소송대리인.
*****agréer¹** [agree] v.t. ①(선물·신청 따위를)기꺼이 받아들이다, 수락하다. *Agréez* cette marque de reconnaissance. 이 감사의 표시를 받아주십시오. Veuillez ~ mes hommages(respects, sentiments, distingués). 경구, 경백(편지 끝에 쓰는 말). ② 《엣·문어》 [~ que+sub.] ①(을)승인[승낙]하다 (approuver). *Agréez que* nous vous félicitions. 축

하 말씀드리는 것을 허락하여 주십시오.
—t.ind. [~ à]…의 마음에 들다(plaire). Ce projet de voyage lui *agréait* particulièrement. 이 여행 계획은 특히 그의 마음에 들었다.
—**s'**~ *v.pr.* ① [s'~ à] (에)흥미를 느끼다, (을)즐기다. ② 기꺼이 받아들여지다, 승인되다.
agréer² *v.t.* ① 〖해양〗의장(艤裝)하다. ② (건물 따위를) 단장하다.
agréeur [agrœːr] *n.m.* 선박을 의장하는 사람.
agreg [agreg] *n.f.* 《구어》 =**agrégation**.
agrégat [agrega] *n.m.* 집합체.
agrégatif(ve) [agregatif, -iːv] *n.* (lycée·국립대학의)교수자격시험 지원자.
agrégation [agregasjɔ̃] *n.f.* ① 집합, 집성(réunion, agglomération); (도로 따위를)굳히기. ② (lycée·국립대학의)교수자격; (그)교수자격시험(concours d'~). ③《옛》가입, 입사, 입회.
agrégé(e) [agreʒe] *a.p.* 집합된, 집성된; 교수자격을 갖춘. professeur ~ 교수자격증을 갖춘 교수.
—*n.* (lycée·국립대학의)교수자격자. ~ des lettres modernes 근대문학 교수자격교수.
agréger [agreʒe] ③-⑥ *v.t.* ① 집합[집성]시키다. ② (lycée·국립대학의)교수자격을 주다. ③ 입회[가입]시키다. ~ *qn* dans un groupe …을 그룹에 가입시키다.
—**s'**~ *v.pr.* ① 집합[집성]되다. ② 가입[입회]하다. *s'*~ dans un parti 어느 당에 가입하다. ③ (se 는 간접목적보어)흡수하다. La troupe théâtrale *s'est agrégée* quelques nouveaux acteurs. 극단은 몇몇 새 배우를 흡수했다.
agrément [agremã] *n.m.* ① 즐거움, 흥미; 멋, 매력 (attrait, charme). livres d'~ 흥미본위의 책. voyage d'~ 유람여행. trouver de l'~ dans une lecture 독서를 즐기다. se pousser de l'~《속어》재미있게 놀다. arts d'~ 《옛》(특히 여자의 교양으로서 음악·미술·자수 따위의)예능, 재예(才藝), ouvrages d'~ 수예품. ② (*pl.*) 장식; 〖음악〗장식음(ornement); 《옛》막간의 무용〖음악〗. ③ 승낙, 승인(consentement); 〖외교〗아그레망. avoir l'~ de *qn* …의 승인을 얻다.
agrémenter [agremɑ̃te] *v.t.* ① 장식하다(orner). salon *agrémenté* de riches tentures 아름다운 벽지로 장식된 거실. ② (이야기 따위에)재미를 곁들이다, 멋을 붙이다(relever). ~ une conférence d'anecdotes 일화를 섞어가며 강연을 흥미롭게 하다. discussion *agrémentée* d'injures(반어적)욕설이 뒤섞인 논쟁.
agréner [agrene] ⑥ *v.t.* (배에서)곡물을 퍼내다.
agrès [agrɛ] *n.m.pl.* ① 〖선박〗 선구(船具), 의장품 (艤裝品). ② 〖항공〗 기구 조종용구; 〖군사〗 대포 조작용구; 〖철도〗 화물 적재용구; 기중기의 부속용구; 〖스포츠〗 운동용구(철봉·평행봉·평균대 따위).
agresser [agrese] *v.t.* ① 공격하다, 습격하다 (attaquer). se faire ~ dans le métro 지하철 안에서 습격당하다. ② (사람·단체 따위에)욕을 퍼붓다(injurier). ③ (주어는 사물) (사람을)괴롭히다; (사물에)해치다, 해롭게 하다. Un effroyable vacarme *agresse* nos tympans. 끔찍한 소음이 우리의 고막을 두드린다. La raffinerie de Vernon n'*agresse* pas l'environnement. 베르농 정유소는 환경을 해치지 않는다.
 REM 때로 **attaquer** 또는 **assaillir** 의 무용한 동의어로서 비난받기도 하는 이 동사는 20세기에 이르러 널리 사용되고 있다.
agresseur [agresœːr] *n.m.* (선제)공격자; 침략자.
—*a.* (불변) 공격하는; 침략의. pays ~ 침략국.

agressif(ve) [agre(e)sif, -iːv] *a.* ① 공격적인, 도발적인, 호전적인; 침략적인. discours ~ 도발[위협]적인 언사. ② (상업·광고 따위가) (공격적일 정도로)적극적인. publicité ~*ve* 적극적인 광고. ③ (공해와 관련하여)해를 끼치는. environnement moins ~ 공해가 덜한 환경. musique pop ~*ve* 공해와도 같은 팝 뮤직.
agression [agresjɔ̃] *n.f.* 공격, 습격; 침략. ~ nocturne 야간습격(노상강도 따위). instinct d'~ 〖심리〗공격본능. guerre d'~ 침략전쟁.
agressivement [agresivmɑ̃] *ad.* 공격적으로; 침략적으로.
agressivité [agresivite] *n.f.* 공격[도발]적 성질, 호전성; 침략성.
agreste [agrɛst] *a.* 《옛》 ① 시골의, 전원의(rustique). mener une vie ~ 전원생활을 하다. ② (식물이)야생의; (경치가)쓸쓸한; 거친, 투박한.
agrestement [agrɛstəmɑ̃] *ad.* 《옛》촌스럽게; 거칠게, 투박스럽게.
agricher [agriʃe] *v.t.* 《속어》움켜잡다, 거머잡다.
***agricole** [agrikɔl] *a.* 농업에 종사하는, 농업[농경]의. population ~ 농업인구, 농민. pays ~ 농업국가. produit ~ 농산물, 농작물. travaux ~*s* 농작업, 농사. machine ~ 농업기계, 농기구. coopérative ~ 농협.
***agriculteur(trice)** [agrikyltœːr, -tris] *n.* ① 농가(※ cultivateur, paysan 과 농업의어이나 농업[농경영자]를 지칭하는 행정용어이다). ②《옛》농학자. —*a.* 농업의, 농업에 종사하는. peuple ~ 농경민족.
agricultural(ale, *pl.* **aux)** [agrikyltyral, -o] *a.* 《드물게》농업의.
***agriculture** [agrikyltyːr] *n.f.* 농업, 농경; 농학, 농법. école d'~ 농업학교.
agriffer (s') [sagrife] *v.pr.* [s'~ à] ① 발톱[손톱]으로 달라붙다[매달리다]. ② (손으로)매달리다.
agrile, agril, agrilus [agrilys] *n.m.* 〖곤충〗 비단벌레과(科)의 곤충.
agrion [agrijɔ̃] *n.m.* 〖곤충〗 실잠자리속(屬).
agripaume [agripoːm] *n.f.* 〖식물〗익모초.
agripenne [agripɛn] *n.m.* 〖조류〗(북미산의)미식조(米食鳥).
agripper [agripe] *v.t.* ① 움켜잡다, 《구어》(사람에)늘어붙다. ② 낚아채다.
—**s'**~ *v.pr.* ① [s'~ à] 달라붙다, 잡고 늘어지다(s'accrocher). *s'*~ à une branche d'arbre 나뭇가지에 매달리다. ② 맞붙잡다; 맞붙잡고 싸우다.
agrippeur(se) [agripœːr, -ɸːz] *n.* 움켜잡는 사람.
Agrippine [agripin] *n.pr.f.* 〖로마사〗아그리피나.
agro [agro] *n.m.* 국립농업연구소(Institut national agronomique); (그) 연구생.
agro- *préf.* 「농업」의 뜻 (예: *agro*nomie 농학).
agrochimie [agroʃimi] *n.f.* 농화학.
agrologie [agrolɔʒi] *n.f.* 경토(耕土)학, 토양학.
agrologique [agrolɔʒik] *a.* 토양학의(에 관한).
agromotive [agromotiːv] *n.f.* ① 〖농업〗탈곡용 엔진. ② 견인차(牽引車).
agronome [agronɔm] *a.* 농학자의. ingénieur ~ 농업기사(Institut national agronomique 의 졸업학위).
—*n.m.* 농학자.
agronomie [agronɔmi] *n.f.* 농학.
agronomique [agronɔmik] *a.* 농학의.
agrostemme [agrostɛma] *n.f.* 〖식물〗보릿알동자꽃.
agrostide [agrostid], **agrostis** [agrostis] *n.f.* 〖식물〗겨이삭.
agrotide [agrotid], **agrotis** [agrotis] *n.m.* 〖곤충〗 시무늬밤나방속(屬).

agroupement [agrupmā] *n.m.* 일단[일군]을 이루기, 군집(群集).

agrouper [agrupe] *v.t.* 〖옛〗일단[일군]을 만들다, 한 그룹을 만들다. —**s'~** *v.pr.* 〖옛〗일단[일군]을 이루다, 한 그룹이 되다.

agroville [agrɔvil] *n.f.* (소련의)농업도시〖집단농장을 통합한 것〗.

agrume [agrym] *n.m.* 〖식물〗서양자두의 일종; (*pl.*)감귤류(의 열매).

agrumiculture [agrymikylty:r] *n.f.* 감귤의 재배.

aguerri(e) [ageri] *a.p.* ① 전쟁에 익숙해진. soldats ~s 역전의 병사, 백전 노장. peu[mal] ~ (군인이) 전쟁 경험이 부족한. ② (비유적)(어려운 일에)익숙해진; 시련을 겪은.

aguerrir [ageri:r] *v.t.* ① 전쟁에 익숙하게 하다. ② (어려운 일 따위에)익숙하게 하다. ~ son corps 신체를 단련하다. [~ qn à] ~ qn à la raillerie 남의 조롱에 익숙하게 하다.
—**s'~** *v.pr.* [s'~ à] (에)익숙해지다, 굳어들다 (s'endurcir). Il *s'est aguerri au froid*. 그는 추위에 익숙해 졌다.

aguerrissement [agerismā] *n.m.* ① 전쟁에 익숙하게 하기[되기]. ② 익숙해지기(endurcissement).

aguet [age] *n.m.* (*pl.*)망보기, 숨어 지키기.
aux~s 망보는. être[se tenir] *aux~s* 망보다, 목을 지키다. mettre *qn aux~s* …을 망보게 하다. avoir l'oreille *aux~s* 귀를 기울이다.

agui [agi] *n.m.* 〖해양〗(열 둘 양끝에 달아 놓은) 밧줄; 밧줄 매듭의 일종(nœud d'~).

aguichant(e) [agiʃā, -ā:t] *a.* 유혹하는, 마음을 끄는(호리는)(provocant). femme ~e 유혹적(도발적)인 여자.

aguicher [agiʃe] *v.t.* 유혹하다, (에게)추파를 던지다. ~ les passants (창부 따위가)행인을 유혹하다. ② (사람의)호기심을 돋우다; (낚시줄을 움직여 물고기를)끌다.

aguicheur(se) [agiʃœ:r, -ø:z] *a.* 유혹하는, 추파를 던지는. —*n.f.* 유혹적인 사람. petite ~se 유혹적인 소녀.

***ah** [a] *int.* ① 아아 (기쁨·괴로움·감탄·연민·불만·초조 따위를 나타냄). ② 〖문(文)의 뜻을 강조〗*Ah!* gardez-vous de le croire. 제발 그런 것을 믿지 마시오. ③ *Ah! ah!* (놀라움·비꼼). ④ *Ah!* oui [non]. (긍정[부정]의 강조), ⑤ *Ah* bah! (무관심); *Ah* bien oui. (실망); *Ah* ça! dépêche-toi donc! 자! 좀 서두르라니까! (불만·초조).
—*n.m.* (복수불변) 아아 (감탄). pousser des *ah!* et des oh! 감탄의 말을 연발하다.

A-h., Ah., ah., aH. 〖약자〗ampère(s)-heure 〖전기〗암페어시(時).

ahan [aā] *n.m.* 〖옛·문어〗① 벅찬 수고. suer d'~ 몹시 애쓰며 일하다. ② 헐떡이는[신음하는] 소리. travailler à grand ~ 끙끙거리며 일하다.

ahaner [aane] *v.i.* 〖옛·문어〗① 몹시 애쓰다. ② 헐떡이는[신음하는] 소리를 내다.

aheurté(e) [aœrte] *a.p.* [~ à] (에)(에) 충돌한, 맞부딪친. 집착한(obstiné). être ~ *à qc*[*à+inf.*] 악착스럽게 …을[…하려고] 고집하다.

aheurtement [aœrtəmā] *n.m.* ① 부딪치기. ② 고집, 집착; [~ à] (에)고집[집착]하기. ~ *à* son opinion 자기 생각을 고집하다.

aheurter (s') [saœrte] *v.pr.* [s'~ à] ① (에)충돌하다, (장애물에)걸리다, (에)실패하다, 좌절되다. ② (을)고집하다(s'obstiner). *s'~ à* un sentiment 어떤 생각을 끝까지 하지 않다.

ahi [aj] *int.* 아야!

ahuri(e) [ayri] *a.p.* 어리둥절한, 당황한, 얼떨떨한. —*n.* (위)의 사람. traiter *qn* d'~ …을 얼간이로 취급하다.

ahurir [ayri:r] *v.t.* 어리둥절하게 하다, 당황하게 하다, 얼빠지게 하다(effarer, interloquer). Sa réponse avait de quoi nous ~. 그의 대답은 우리를 당황하게 하는 무엇인가가 있었다. ~ *qn* à force de questions …을 질문공세로 얼떨떨하게 하다.

ahurissant(e) [ayrisā, -ā:t] *a.* 당황케 하는, 어리둥절하게 하는, 얼빠지게 하는(déconcertant, stupéfiant). nouvelle ~e 깜짝 놀랄 뉴스.

ahurissement [ayrismā] *n.m.* 대경실색, 당황.

ai [e] avoir 의 직설·현재·1·단수.

A.I. 〖약자〗Altesse Impériale 황태자(전하).

aï¹ [aj] *n.m.* 〖동물〗세발톱나무늘보.

aï² *n.m.* (손목의)활액낭염(滑液嚢炎).

aï³ *n.m.* (강의)역류.

aiche [ɛʃ] *n.f.* 낚싯밥(èche).

aicher [ɛ(e)ʃe] *v.t.* (낚시에)낚싯밥을 달다.

aidant(e) [edā, -ā:t] *a.* 도와주는, 도움이 되는, 돕기 좋아하는. —*n.m.pl.* 보조자.

aide [ɛd] *n.f.* ① 도움, 원조, 보조(assistance, secours). avec l'~ de …의 도움으로, prêter [offrir] son ~ à *qn* …을 도와주다. donner ~ et protection à *qn* …에게 원조의 손을 뻗다. demander de l'~ aux passants 행인들에게 도움을 청하다. appeler *qn* à l'~ …에게 도움을 청하다. À l'~! 사람 살려 ! (Au secours!). ② 구제(secours). ~ aux pauvres 빈민 구제. ~ sociale 사회부조 (1955년 이후 assistance publique에 대신하여 만들어진 제도). venir en ~ à *qn* …을 (경제적으로) 도와주다. ③ (*pl.*) 〖프랑스사〗조세 (간접세의 전신). Cour des ~s 조세 재판소. ④ 〖옛〗 〖종교〗 문회당, 지부 교회 (현재는 succursale). ⑤ (*pl.*)말을 모는 수단(손·발·고삐 따위).
à l'~ de qn …의 도움으로(au moyen de). *à l'~ d'une échelle* 사닥다리를 타고.
avec l'~ de qn …의 가호으로.
Dieu vous soit en ~ ! 신의 가호가 있기를 !
Un peu d'~ fait grand bien. 《속담》작은 도움도 큰 역할을 한다.
—*n.m.* 조수, 보조자; 〖법〗방조자. ~ de laboratoire 실험조수. ~ de camp 〖군사〗부관. ~ aux mères [familiale, maternelle] 가사를 돕는 사람, 가정부.

aideau [edo] (*pl.* ~**x**) *n.m.* (짐수레의 짐위에)가로지르는 나무판.

aide-chauffeur [ɛdʃofœ:r] (*pl.* ~**s-~s**) *n.m.* 견습 화부.

aide-chirurgien [ɛdʃiryrʒjɛ̃] (*pl.* ~**s-~s**) *n.m.* 외과의사의 조수.

aide-comptable [ɛdkɔ̃tabl] (*pl.* ~**s-~s**) *n.m.* 회계 보조원.

aide-jardinier [ɛdʒardinje] (*pl.* ~**s-~s**) *n.m.* 정원사 조수.

aide-maçon [ɛdma(a)sɔ̃] (*pl.* ~**s-~s**) *n.m.* 석공[미장이]조수.

aide-major [ɛdmaʒɔ:r] (*pl.* ~**s-~s**) *n.m.* (위관급의)군의관.

aide-mémoire [ɛdmemwa:r] *n.m.* (복수불변) ① (기억하기 좋게)요점을 간추린 책, 편람(便覽). ② 비망록, 메모. ③ 〖외교〗각서.

aide-ouïe [ɛdwi] *n.m.* (복수불변) 보청기.

:aider [ɛ(e)de] *v.t.* ① 돕다, 보조하다, 조력하다 (assister, épauler), ② 〖법〗원조하다; (빈민 따위를)구제하다(secourir). ~ *qn* dans ses travaux …의 일을 도와주다. ~ *qn* de son argent …을 돈으로

도와주다. [~ qn à + inf.] ~ un ami à surmonter des difficultés financières 친구로 하여금 경제적 난관을 극복하도록 도와주다. se faire ~ 도움을 받다. ②(주어는 사물·목적보어 없이)힘이 되다, 거들다, 조장하다.
... *aidant* …의 도움으로. Dieu *aidant* 신의 도움으로. le temps *aidant* 때마침; 시간이 지나면. La fatigue *aidant*, je ne pus dormir. 피로도 가세하여 나는 잠을 이루지 못했다.
—v.t.ind. [~ à]…을 도와주다, …에 도움이 되다. Ces notes *aident* à la compréhension du texte. 이 주석은 원문의 이해를 돕는다. ~ à qn à + inf. 《옛》…이 …하는 것을 돕다(~ qn à + inf.).
~ *à la lettre* 글 외의 뜻을 참작하다 《옛 사본에는 문자의 생략이 많았던 탓으로》; 이야기를 윤색하다; 억지해석[곡해]하다.
À qui se lève matin Dieu aide et prête la main.《속담》아침 일찍 일어나면 복을 받는다.
—s'~ [~ de] v.pr. ①스스로 돕다. ②서로 돕다(s'entraider). ③[s'~ de qc] 쓰다, 사용하다. *s'~ d'un dictionnaire pour traduire* 번역하기 위해 사전을 사용하다.
Aide-toi et le Ciel t'aidera.《속담》하늘은 스스로 돕는 자를 돕는다.
[REM] **aider** 일반적으로 사람이나 사물을「돕다·조장하다」. **seconder** second「보좌역·보조자」로서 협력하다. **assister** 계속 떠나지 않고 원조하다:Il comparut, *assisté* de son avocat. 그는 변호사와 함께(그를 대동하고)출정했다. **secourir** 헌신적으로 사람을 위험에서 구하다.

ai-e,-es,-ent [ɛ] avoir 의 접속·현재(aie 는 명령·현재·2·단수이기도 함).
aïe [aj] *int.* 아야 ! 아이구 아파! *A~ donc!* 잘해 봐! (격려하는 말).
A.I.E.A. 《약》Agence internationale de l'énergie atomique 국제 원자력 기구(《영》IAEA).
aïeul [ajœl] *n.m.* ①조부; (*pl.* ~s) 조부와 외조부. ②(*pl. aïeux* [ajø]) 조상. ③선구자, 선각자.
mes aïeux!《구어》참으로, 정말(《증인으로서 조상을 부르는 표현》)(en vérité). Celui-là, *mes aïeux*, il n'y a pas moyen de s'en débarrasser. 정말이지, 저 자로부터 벗어날 수단이 없단 말이야!
aïeule [ajœl] *n.f.* ①조모. ②여자 조상.
aigail [ɛgaj] *n.m.* =aiguail.
aigle [ɛgl] *n.m.* ①《조류》수리, 독수리. nez en bec d'~ 매부리코. regard[yeux] d'~ 날카로운 눈초리. ②걸물, 천재. Ce n'est pas un ~. 대수롭지 않은 사람이다. ~ de Pathmos 복음사가 성 요한 (Pathmos에서 묵시록을 쓴 것으로 전해짐). ③《교회의 수리장식이 있는》성서대(臺). ④(*A~*)《천문》독수리좌(座), 수리표, 수리 장식; (뒷면에 수리 모양이 있는)미국의 10 달러 금화. ⑤④ grand~ 엘레팡트형 도화지(0.75m×1.06m). ⑥ 조류. ~ *de mer*《어류》메가오리. ⑦ *pierre d'*~《광물》취석(鷲石).
—*n.f.* ①《조류》암수리. ②《문장》수리무늬. ③《고대로마》(수리표의)군기.
aiglefin [ɛɡləfɛ̃] *n.m.*《어류》(북해산)대구의 일종 (églefin).
aiglette [ɛɡlɛt] *n.f.*《문장》새끼 수리 무늬.
aiglon(ne) [ɛɡlɔ̃, -ɔn] *n.*《동물》새끼 수리.
*****aigre** [ɛɡr] *a.* ①신, 시큼한(↔doux). fruits ~s 시큼한 과일. vin ~ 시큼한 술. odeur ~ 톡 쏘는 냄새. ②(성격이)까다로운(acerbe). réprimande ~ 가시돋친 꾸지람. ③(소리가)귀에 거슬리는; (목소리가)날카로운(criard). voix ~ 찌르는 듯한[날카로운] 목소리. ④ (바람이)살을 에는 듯한. Une bise ~ sifflait. 살을 에는 듯한 북풍이 불고 있었다. ⑤《회화》(배색·색조가)보기에 거슬리는; (선이)거칠은. ⑥《옛》격렬한, 강렬한(violent).
—*n.m.* 신맛; 신것; 톡 쏘는[얼얼한] 것. Il y a encore de l'~ dans l'air. 바람에는 아직도 찬 기운이 있다. sentir l'~ 신내가 나다.
parler entre l'~ et le doux 부드러우면서도 안에 가시가 있는 말을 하다. *tourner à l'~* 시어지다; (대화가)험악해지다.
aigre-doux(ce) [ɛɡrədu, -dus] (*m.pl.* ~s-~, *f.pl.* ~s-~ces) *a.* ①새콤달콤한. ②(말투 따위가)상냥한 속에도 가시를 품은.
aigrefin[1] [ɛɡrəfɛ̃] *n.m.*, ①사기꾼, 야바위꾼. ② = aiglefin.
aigrelet(te) [ɛɡrəlɛ, -ɛt] *a.* ①좀 신맛을 띤, 새콤한. ②(목소리·말투 따위가)날카로운; 좀 신랄한. paroles ~*tes* 신랄한 말.
aigrelier [ɛɡrəlje] *n.m.*《식물》마가목속(屬).
aigrement [ɛɡrəmɑ̃] *ad.* 날카롭게; 신랄하게.
aigremoine [ɛɡrəmwan] *n.f.*《식물》짚신나물속.
aigret(te[1]) [ɛɡrɛ, -ɛt] *a.* 신맛을 띤.
aigrette[2] [ɛɡrɛt] *n.f.* ①(새의)도가머리; 도가머리 모양의 털; (모자의)깃털장식; (진주·금강석등)깃털 모양으로 모은 것. ~ *d'eau* 갓털모양의 작은 분수. ~ *d'étincelles* 깃털 모양의 불꽃. ②《식물》 갓털. ③《전기》브러시 방전(放電). ④《조류》백로. *avoir son* ~ 얼근히 취하다.
aigretté(e) [ɛɡre(e)te] *a.*《식물》갓털이 있는.
aigreur [ɛɡrœːr] *n.f.* ①신맛(acidité). ②신랄함, 독살스러움(↔douceur). parler avec ~ 독살스럽게 말하다. échanger des ~s 거친 말을 주고받다. ③《옛》(노여움·고통 따위의)격렬한 감정; 격한 감정. ④《조각》(선의)생경(生硬)한; (*pl.*) 생경한 선. ⑤(*pl.*)신물 오름, 탄산증(呑酸症). avoir des ~s d'estomac 신물이 오르다.
aigri(e) [eɡri] *a.p.* ①시어진. ②기분이 상한; 분격한(irrité). —*n.* (불평불만 따위로)분격하는 사람.
aigrin [eɡrɛ̃] *n.m.*《식물》어린사과[배]나무.
aigrir [eɡriːr] *v.t.* ①시게 하다. ②화나게 하다, 기분을 거스르다(irriter); (감정 따위를) 격하게 하다, 분격케 하다. Ses déceptions *ont aigri* son caractère. 그의 실망은 그(그의 성격)를 거칠게 만들었다.
—*v.i.* ①시어지다. ②골나다, 기분이 상하다; (성격이)까다로와지다, (감정이)격해지다.
aigrissement [eɡrismɑ̃] *n.m.* ①시어짐, 산화(酸化). ②기분이 상함, 까다로와짐.
aigu(ë) [e(ɛ)ɡy] *a.* ①뾰족한; 날카로운. angle ~ 예각(銳角). ②(고통·고뇌 따위가)격심한(violent). douleur ~*ë* 격통. conflit ~ entre les puissances 열강(列强)간의 심한 알력. ③ (눈·두뇌 따위가)예민한, 명민한(perçant). ④ (소리가)날카로운, 높은 (aigre); (청각이)예민한. ⑤《의학》급성의. maladie ~*ë* 급성질환. ⑥ accent ~ 《언어》악상테귀(´).
—*n.m.*《음악》고음, 고성음(高聲音); 날카로운 음조.
aiguade [eɡad] *n.f.*《해양》①(배의)급수장(給水場). ②(배의)급수. faire[aller à l'] ~ 급수하다.
aiguadier [eɡadje] *n.m.*《옛》(운하·수로의)관리인.
aiguage [eɡa:ʒ] *n.m.* (남의 땅을 통과하는)수도 부설비.
aiguail [ɛɡaj] *n.m.*《사투리》(잎에 맺힌)이슬(rosée). chien d'~ 사냥개의 일종.
aiguayer [ɛɡe(e)je] [8] *v.t.*《옛·사투리》헹구다; (말을)냇물에 목욕시키다.

aigue-marine [ɛgmarin] (*pl.* ~s-~s) *n.f.* 【광물】 남옥(藍玉).

aiguière [ɛgjɛːr] *n.f.* 《옛》(손잡이가 달린)물병.

aiguiérée [egjere] *n.f.* 《드물게》물병 한 통의 양.

aiguillage [eguijaːʒ] *n.m.* ① 【철도】(열차의)전철(轉轍); 바꿔넣기; 전철기. ② 《비유적》(사람 일의)방향 설정 (조정). commettre une erreur d'~ 방향설정을 잘못하다, 빗나간 예견을 하다.

aiguillat [eguija] *n.m.* 【어류】뿔상어.

‡**aiguille** [eguij] *n.f.* ① 바늘; 바느질. ~ à coudre 바느질 바늘. ~ à passer [à lacet] 끈이 바늘. ~ à repriser 짜깁기 바늘. ~ à tricoter 뜨개질 바늘. ~ d'emballage 짐꾸리는 데 쓰는 바늘. jeu d'~s (크고 작은 바늘이 들어 있는) 바늘집; 《놀이》 바늘 뽑기. travailler à l'~ 바느질하다. ② (시계·계기 따위의)바늘, 지침(指針). grande[petite] ~ (시계의)장[단]침. ~ trotteuse (시계의)초침. ~ aimantée 자침(磁針). ~ de fusil (총의)공이, 격침(擊針). ③ 바늘 모양의 물건. ~ à tracer 화선기 (畫線器). ~ de glace 고드름. ④ 【식물】 암술; 바늘꽃. ⑤ 【광물】침상(針狀)결정체. 【어류】공미리무리(~ des pêcheurs, ~ de mer). ⓐ 【철도】전철기. (~ à contrepoids 자동전철기. changer l'~ 전철하다. ⑤ (피라미드·종루(鍾樓) 따위의)뾰족한 꼭대기; 뾰족한 종루, 방첨탑(方尖)탑(obélisque); 첨봉(尖峯)(pic). ⑥ 【토목】 (다리의)천칭량(天秤梁); 【건축】(지붕의)돌출 천각(突出天閣).

avoir[*sentir*] *des ~s dans les jambes* 《구어》다리가 저려 따끔따끔하다.

chercher une ~ dans une botte [*une meule*] *de foin* 《구어》찾아 내지 못할 것을 찾다; 헛수고하다.

discuter sur les pointes [《옛》*la pointe*] *d'une ~* 《구어》부질없는 일로 말다툼하다.

fournir qn de fil et d'~s …에게 필요한 물건을 모두 대주다.

On le ferait passer dans [*par*] *le trou d'une ~.* 그는 매우 겁이 많다; 그는 무척 수줍어한다.

aiguillé(e¹) [eguije] *a.* 바늘 모양의, 침상의.

aiguillée *n.f.* (실의) 바늘 묶의 길이.

aiguiller [eguije] *v.t.* ① 【철도】 (차량을 다른 선으로)전철(轉轍)하다. ② (다른 방향으로)향하게 하라, 돌리다(orienter). ~ la conversation sur une autre voie 이야기를 딴 데로 돌리다.

aiguillerie [eguijri] *n.f.* 바늘 만들기; 바늘 공장; 바늘 장사.

aiguilletage [eguijtaːʒ] *n.m.* ① 【해양】 밧줄로 묶기; 묶는 밧줄. ② (갈퀴 모양의 바늘로) 펠트 천을 짜기.

aiguilleter [eguijte] ⑤.4 *v.t.* ① 【해양】 밧줄로 묶다. (갈퀴의 고리로)끈으로 묶다. ② (갈퀴 모양의 바늘로)펠트 천을 짜다.

aiguilletier(ère) [eguijtje, -ɛːr] *n.* (양끝에 쇠붙이 달린)끈을 만드는 사람.

aiguillette [eguijɛt] *n.f.* ① 양끝에 쇠붙이가 달린 끈; (하의의)어깨 끈장식; 【군사】 견장; 【해양】 밧줄. ② 【식물】1년생 파슬리. ③ 【요리】 (특히 가금(家禽)의)가늘게 썬 고기쪽.

courir l'~ 《옛》남자를 유혹하다, 화냥질하다.
lâcher[*dénouer*] *l'~* 《옛》소변을 보다. *nouer l'~* 《주 마》도수불능케 하다; 《옛》(결혼초야에 마술을 써서) 남자를 불능케 하다.

aiguillettier(ère) [eguije(e)tje, -etjeːr] *n.*=aiguilletier.

aiguilleur [eguijœːr] *n.m.* ① 【철도】 전철원(轉轍員). ② ~ du ciel 《구어》【항공】 항공관제사 (contrôleur de la navigation aérienne).

aiguillier(ère) [eguije, -ɛːr] *n.* 바늘 만드는 사람; 바늘 장수. ——*n.m.* 《옛》바늘통. ——*n.f.* 《옛》(물고기 잡는 가늘고 긴)그물.

aiguillon [eguijɔ̃] *n.m.* ① 【식물】 가시; 【곤충】 (벌 따위의)침; 【어류】 어린 창꼬치. ② 자극(물)(stimulant), 유혹, 가책. L'argent est le seul ~ de son activité. 돈이 그의 활동의 유일한 가책이다. ~ de la chair 육체의 유혹. ~ de remords 뼈저린 뉘우침, 양심의 가책. ③ (소를 찔러서 모는)막대. ④ 【건축】(회전 경첩의)축.

aiguillonnant(e) [eguijɔnɑ̃, -ɑ̃ːt] *a.* 자극하는; 격려하는; (양심 따위가)가책하는; (호기심을)끄는.

aiguillonnement [eguijɔnmɑ̃] *n.m.* ① (소를)막대로 찔러 몰기. ② 자극하기, 몰아내기. ③ (양심 따위의)심한 가책.

aiguillonner [eguijɔne] *v.t.* ① (소를)막대로 찔러 몰다. ② 《비유적》 자극[격려·고무]하다, 분발시키다(stimuler, ↔ calmer). ~ le monde 사람들을 분발시키다. ~ le courage 용기를 북돋다.

aiguillot [eguijo] *n.m.* 【선박】 (키의)축, 타축(舵軸); 활대를 돛대에 연결시키는 쇠갈고리.

aiguisable [eg(ɥ)izabl] *a.* 갈 수 있는; 톱날을 세울 수 있는.

aiguisage [eg(ɥ)izaːʒ] *n.m.* (칼·날을)갈기; 톱날 세우기.

aiguisé(e) [eg(ɥ)ize] *a.p.* ① 날카로워진, 뾰족해진, 갈은, (톱니)이 선. ② (식욕 따위가)왕성해진, (표현이) 신랄해진.

aiguisement [eg(ɥ)izmɑ̃] *n.m.* ① =aiguisage. ② 《옛》날카롭게 함.

aiguiser [eg(ɥ)ize] *v.t.* ① 날카롭게 하다, 갈다; (톱 따위의)날을 세우다; (연필 따위를)뾰족하게 하다. ~ ses[les] couteaux 칼을 갈다; 싸움준비를 하다. pierre à ~ 숫돌. ② 《비유적》(정신을)예민하게 하다(affiner); (문장을) 다듬다(polir); (감정을)자극하다(stimuler); (식욕을)돋구다; (말을)신랄하게 하다. ~ son jugement 판단력을 날카롭게 하다. ~ l'enthousiasme 열기를 드높이다. ③ 【약】 삼성화시키다.

——*s'*~ *v.pr.* ① 날카로워지다, 갈아지다; 날이 서다. ② 《비유적》예민해지다; 다듬어지다; 자극되다. ③ 왕성해지다; 신랄해지다.

aiguiserie [eg(ɥ)izri] *n.f.* 칼가는 집.

aiguiseur(se) [eg(ɥ)izœːr, -ʒːz] *n.* 연마공; (톱·날) 세우는 사람. ——*n.m.* (면도칼을 가는)기계.

aiguisoir [eg(ɥ)izwaːr] *n.m.* 연마도구; 숫돌.

ail [aj] (*pl.* ails) *aulx* [o]; 현재는 **ails**) *n.m.* 【식물】 ① 파속(屬). ② 마늘. empester de l'~ (고약한)마늘 냄새를 마구 풍기다.

*****aile** [ɛl] *n.f.* ① (새·곤충의)날개; 【요리】(가금(家禽)의)가슴 부분에서 배 아래에 이르는 옆구리 고기. coup d'~s 날개치기. battre des ~s 날개를 치다. ② 《비유적》(공상 따위의)날개. ~s de l'imagination 상상의 날개. ③ 보호(protection). sous l'~ maternelle(de sa mère) 어머니의 보호 아래. ④ (속의) (사람의)팔. ⑤ (풍차·부채의)날개; (비행기의)날개; (건물·성의)익면(翼面), 측면; (교회당의)익랑(翼廊); (나비꼴 나사의)돌릴 때 손가락이 닿는 곳. ⑥ 【연극】무대의 (양)옆. ⓑ 【스포츠】윙. ⓒ 【군사】(대오(隊伍)의)(翼). ⓓ 【해부】귀바퀴(~ de l'oreille), 콧방울(~s du nez). ⓔ (대들보의)내민 가장자리; (색유리창의)납틀; (모자의)테; 닻의 ~ d'ancre. (자동차의)흙받이. ⓕ (배의)돛. ⑧ 【토목】 익벽(翼壁)(~s d'un pont). ⑨ 【건축】 익상돌기(翼狀突起); (콩과 식물의)익판(翼瓣); (단풍씨 따위의)날개.

autant qu'en couvrirait l'~ d'une mouche 아주 적
avoir des ~s (날개 달린 듯)날빠다.
baisser l'~ 지쳐 있다, 우울하다.
battre de l'~ [d'une ~] ; ne battre que d'une ~ 기진맥진하다; 곤경에 빠져 있다, 부진하다.
couper(rogner) les ~s à qn …의 권력[권위]를 떨어뜨리다; …의 생활수단을 빼앗다.
donner des ~s à qn …을 달리게 하다. La peur lui *donnait des ~s.* 그는 무서워서 줄행랑을 쳤다.
d'un coup d'~ 곧장, 쉬지않고. L'avion relie *d'un coup d'~* Paris à Montréal. 비행기는 단숨에 파리와 몬트리올을 연결한다.
en avoir (un coup) dans l'~ (새가)날개를 다치다; 중태에 빠져 있다, 타격을 받다.
voler de ses propres ~s 자립하다.

ailé(e) [ε(e)le] *a.* 날개 있는, 날개 돋친; 〖식물〗 익관(翼瓣)이 있는.

aileron [εlrɔ̃] *n.m.* ① (새의)날개 끝(부분). ② (물고기의)지느러미. ③ (속어)(사람의)팔. ④ (*pl.*) 〖곤충〗(쌍시류(雙翅類)의)평균곤(平均棍). ⑤ 〖건축〗(영창의 양쪽·현관 상부의)소용돌이 무늬. ⑥ 〖항공〗 보조익(補助翼). ⑦ (물레방아의)물받이판; (잠수함의)지느러미 용골(龍骨).

ailetage [εlta:ʒ] *n.m.* (터빈의)추진익(推進翼).

ailette [εlεt] *n.f.* ① (견갑 따위의)소익(小翼). ② (라디에이터의)방열연(放熱緣); (어뢰 따위의)날개; (터빈의)추진익; (선풍기의)날개. ③ 〖식물〗 (방적기의)플라이어. ④ (중세의 기마시합때 사용한 동철제의)어깨받이. ⑤ (양말·소매 따위의)덧댄 헝겊.

ailier [ε(e)lje] *n.m.* 〖축구〗 윙. ~ gauche[droit] 레프트[라이트]윙.

aillade [ajad] *n.f.* 마늘 소스; 마늘을 바른 빵.
servir une ~ à qn (구어)…을 호되게 꾸짖다.

aill-e, -ent, -es [aj] aller의 접속·현재.

ailler [aje] *v.t.* (에)마늘을 바르다, 마늘을 넣다.

***ailleurs** [ajœ:r] *ad.* 다른 곳에(서). Allez ~. 다른 곳에 가시오. avoir l'esprit ~ 딴 생각을 하다. [~ *que*] Vous trouverez cet article ~ *que* dans ce magasin. 당신은 이 물건을 이 상점 아닌 다른 곳에서 발견할 것이오. Il est ~. (비유적)그는 딴 데 정신을 팔고 있다.
d'~ ⓐ 다른 곳에서[의]. émigrants venus *d'~* 다른 곳에서 이민온 사람들. ⓑ 다른 이유로. Votre échec vient *d'~.* 당신의 실패는 딴 이유에서 온 거요. ⓒ 게다가, 더우나, 또한(du reste, de plus). Je ne connais pas l'auteur de cette musique, fort belle *d'~.* 나는 이 음악의 작곡가를 모른다, 퍽이나 아름다운 음악인데. ⓓ 다른 점에서 보면, 또한 편으로는. père cruel, mais *d'~* malheureux 잔인하지만 한편으로 불쌍한 아버지.
nulle part ~ 다른 아무데도 …않는.
par ~ 달리, 다른 길로; 다른 점에서, 한편으로 보면; 게다가, 또한. savoir une nouvelle *par ~* 다른 길로 소식을 알다. Je la trouve jolie; elle m'est *par ~* indifférente. 그녀는 아름답다고 생각해, 하긴 내게 무관심하지만 말야.
partout ~ 다른 모든 곳에(서).

ailloli [ajoli] *n.m.* (남프랑스의)잘게 다진 마늘과 올리브유·레몬 따위의 일종의 마요네즈.

ailloliser [ajolize] *v.t.* 마늘로 양념하다.

***aimable** [εmabl] *a.* ① 귀여운, 사랑스러운. ② 상냥한, 싹싹한, 친절한(affable, gentil), avoir l'air ~ 상냥스러워 보이다. être ~ avec(envers, pour] *qn* …에 대하여 상냥[싹싹·친절]하다. Voulez-vous être assez ~ pour+*inf.*? 좀 …하여 주시겠습니까? Vous êtes bien ~ [C'est très [bien] ~ à vous] de+*inf.* 친절하게도 …하여 주셔서 고맙습니다.
—*n.* 상냥한 사람. faire l'~ 애써 상냥한 체하다.
—*n.m.* 귀여운 것.

aimablement [εmabləmɑ̃] *ad.* 귀엽게, 사랑스럽게, 친절하게, 상냥하게, 정답게(courtoisement, poliment). répondre ~ 친절하게 대답하다.

aimant[1] [εmɑ̃] *n.m.* ① 자석; 자침. pierre d'~; ~ naturel 천연자석, 자석광. ② (비유적)끌어당기는 힘.

aimant[2] [εmɑ̃, -ɑ̃:t] *a.* 상냥한, 정다운(tendre, affectueux).

aimantation [εmɑ̃tɑsjɔ̃] *n.f.* 자화(磁化).

aimanté(e) [εmɑ̃te] *a.p.* 자기를 띤, 자화된. aiguille ~*e* 자침(磁針). barreau ~ 막대자석.

aimanter [εmɑ̃te] *v.t.* 자기를 띠게 하다.
—*s'~* *v.pr.* 자기를 띠다.

aimé(e) [ε(e)me] *a.p.* 사랑받는; 가장 사랑하는.
—*n.* 사랑하는[받는] 사람.

‡**aimer** [ε(e)me] *v.t.* 사랑하다, 귀여워하다(chérir); 좋아하다. ~ ses voisins 이웃을 사랑하다. ~ la musique 음악을 좋아하다. [~ (à/de)+*inf.*] Il n'*aime* pas (*à*[*de*]) sortir seul. 그는 혼자 나가기를 좋아하지 않는다. [~ (à ce) *que*+*sub.*] Il *aime qu'*on lui dise tout. 그는 무슨 말이든지 숨김없이 말해주는 것을 좋아한다.
~ autant... que... ···와 ···를 똑같이 좋아하다. J'*aime autant* la poire *que* la pomme. 나는 사과와 배를 똑같이 좋아한다.
~ mieux[autant]... (차라리)···이[하는 편이] 좋다. ⓐ (···보다) 더 좋아하다. J'*aime mieux*[*autant*] ça. 나는 이것[쪽]이 더 좋다. J'*aime mieux* son théâtre que ses romans. 그의 소설보다는 희곡이 더 좋다. [~ +*inf.*] J'*aime*(*rais*) *mieux* rester ici. 난 차라리 여기에 있고 싶다. J'*aimerais autant* aller à Paris qu'autre part. 다른 어디보다도 파리에 가고 싶다. ⓒ [~ que+*sub.*] J'*aime autant qu*'il fasse la commande lui-même. 차라리 그 자신이 주문을 하는 편이 좋겠다. J'*aime mieux qu*'il vienne. 그가 오는 편이 좋다.
~ qn d'amour …을 진정으로 사랑하다.
Qui m'aime aime mon chien. (속담)좋아하는 사람의 것은 무엇이나 다 좋아 보인다.
Qui m'aime me suive! (격언)내가 좋으면 내 뒤를 따르라 ! (프랑스왕 *Philippe* 4 세의 말).
—*v.i.* 사랑을 하다, 연애를 하다. Il n'a jamais *aimé.* 그는 한 번도 사랑에 빠진 일이 없다.
—*s'~* *v.pr.* ① 자기를 사랑하다. ② 자존심이 강하다. [s'~ à/dans] (을)좋아하다(se plaire). Je ne *m'aime* pas *dans* cette robe. 이 드레스를 입은 자기의 모습을 싫어한다 (나는 이 드레스를 입기가 싫다). ③ 서로 사랑 [좋아]하다. On *s'aime* à mesure qu'on se connaît mieux. 서로 잘 알게 될수록 서로 사랑하게 된다.

aïn [aɛ̃] (아라비아어)*n.m.* 샘(지명에 쓰임).

aine[1] [εn] *n.f.* 〖해부〗 서혜부(鼠蹊部). hernie de l'~ 서혜 헤르니아.

aine[2] *n.f.* ① (청어 굽는)꼬치. ② (오르간 소리를 조절하는 데 쓰는)양피(羊皮).

*****aîné(e)** [ε(e)ne] *a.* (두 사람 중) 나이를 더 먹은, 연장(年長)의; 최연장(最年長)의, 맏이인. ~ de trois ans 세 살 더 먹은. frère ~ 형. M. Dumont ~ 형인 뒤몽씨. ma fille ~*e* 맏딸.
—*n.* 장남, 장녀. ② 형, 누이; 연장자; 선배. Il est mon ~ de deux ans. 그는 나보다 두 살 연장자이다. Écoutez vos ~s. 선배들의 말을 들으시오.
—*n.m.*(*pl.*) 《문어》선조; 조상.

aînesse [ɛnɛs] *n.f.* ① 장자(長子)임. droit d'~ 《역사》 장자 상속법. ② 선배임.

aïno[aino], **aïnou** [ainu] *a.* 《불변》아이누의.
—**A**~ *n.* 아이누 사람. —*n.m.* 아이누어(語).

‡**ainsi** [ɛsi] *ad.* 《동사를 수식》① 이렇게, 그렇게, 그런 식으로(de cette façon); (그와) 마찬가지로(de même). Vous avez tort d'agir ~. 그렇게 행동하는 것은 잘 못이오. A~ finit cette histoire. 이 이야기는 이렇게 끝난다(ainsi가 문두에 오면 주어와 동사가 도치되는 일이 많음). Pierre est ~. 피에르는 그런 사람이다.
— *que*... ⓐ …와 같이, …처럼. ~ *que je l'ai dit plus haut* 내가 앞서 말한 것처럼. ⓑ ~와 아울러, 그리고 또. Cette règle, ~ *que* la suivante, me paraît [paraissent] inutile(s). 이 규칙과 그 다음 규칙은 소용없는 것으로 생각된다.
A~ dit, ~ fait. 말한 그대로 행동했다[이루어졌다].
A~ soit-il. 아멘.
C'est (*C'était, Ce fut*) ~ *que*... 그런 식으로, 그렇게 해서, 그런 곡절로. *C'est* ~ *que la chose s'est passée*. 일은 그렇게 되었다.
comme (*de même que*) ..., ~ ..., …하는 식으로, …와 마찬가지로. *Comme le pilote conduit le navire, ~ le chef de l'État mène le pays.* 사공이 배를 모는 것과 마찬가지로 국가 원수도 나라를 이끌어 간다.
Il en est ~ (des destinées humaines). (인간의 운명도)이러한 식이다.
par ~ 《옛》따라서.
puisqu'il en est ~ 사정이 그러한 이상.
s'il en est ~ 사정이 그렇다면.
—*conj.* 따라서, 그래서, 그러니, 그러므로(이 경우에는 주어 도치를 하지 않으며 다음에 donc을 덧붙여서 강하게 하는 수도 있음)(en conséquence). A~ donc vous ne pouvez pas venir? 결국 오지 못하겠다는 거요?
REM *ainsi* 어떤 전제에서 나오는 결과를 막연히 표시 : *Ainsi je conclus que...* 그래서 내 결론은….
donc 추론의 결과를 보다 강하게 표시 : *Je pense, donc je suis.* 나는 생각한다, 고로 존재한다. **aussi** 자연적 결과를 표시 : Elle est malade, *aussi* ne peut-elle sortir. 그녀는 아프다, 그래서 외출하지 못한다.

aïoli [ajoli] *n.m.* =**ailloli.**

‡**air¹** [ɛ:r] *n.m.* ① 공기, 대기. ~ vicié 탁한 공기. pollution de l'~ 대기오염. ~ comprimé 압축 공기. moteur à ~ chaud 열기관. poste d'~ 《자동차》바람 넣는 곳. changer d'~ 전지(轉地)하다. respirer l'~ à pleins poumons 심호흡하다.
② (약한) 바람(vent). ~ de la mer 바닷바람. courant d'~ (방안의) 바람. Il fait de l'~ aujourd'hui. 오늘은 바람이 좀 분다.
③ 하늘, 공중. ~ territorial 영공(領空). armée de l'A~ 공군. habitants des ~s (de l'~) 새. hôtesse de l'~ 스튜어디스.
④ 분위기(atmosphère). Il ne supporte pas l'~ de la province. 그는 시골 분위기를 견디지 못한다. Il y a quelque chose dans l'~. 무엇인가 분위기가 수상하다, 수상한 기미가 있다.
⑤ 공간, 여백, 여유. Il n'y a pas d'~ dans ce tableau. 이 그림에는 공간 [여백] 이 없다.
⑥ 《옛》기체(氣體). ~ atmosphérique 공기 ; 《화학》공기를 다 쓰이고 있다.
au grand ~; *en plein* ~ 한데(야외)에서(의). vie *en plein* ~ 야외 생활.
donner de l'~ à ~ (방을) 환기(換氣)하다; (통에) 바람 구멍을 뚫다; (그림에) 공간의 느낌을 주다; (인쇄할 때) 글자(줄) 사이를 떼다.
en l'~ 공중에, 공연히; 경솔히. avoir toujours le pied (être toujours) *en l'*~ 늘 안절부절 못하다. château *en l'*~ 공중누각. contes *en l'*~ 공상의 이야기. cracher *en l'*~ pour que cela retombe sur le nez 하늘 보고 침뱉는 짓을 하다. ficher (fiche, 《속어》foutre) *en l'*~ 내팽개치다. parler (agir) *en l'*~ 아무렇게나 말하다 [행동하다]. paroles (promesses) *en l'*~ 헛된 말 (약속). regarder *en l'*~ 허공을 바라보다. tirer *en l'*~ 허공에 총을 쏘다. tête *en l'*~ 경망한 사람.
être dans l'~ ⓐ 널리 퍼지다. La grippe *est dans l'*~. 유행성 감기가 널리 퍼져 있다. ⓑ 기미가 짙다. La guerre *est dans l'*~. 전쟁이 일어날 기미가 보인다.
être (*mettre*) *en l'*~ 무질서하다, 어질러져 있다 (en désordre); 허공에 떠 있다; 흔들리다; 경솔하다. Tous les papiers sur son bureau *étaient en l'*~. 그의 책상 위의 서류들이 온통 뒤죽박죽이다. Il *a* mis toute la pièce *en l'*~. 그는 온 방안을 어질러 놓았다. escalier qui *est* tout *en l'*~ 온통 흔들거리는 계단.
être libre comme l'~ 완전히 자유롭다.
prendre l'~ 바람쐬다, 산책하다; 외출하다; (비행기가) 이륙하다; 《속어》도망하다.
prendre un ~ *de feu* (*de soleil*) 잠깐 불 [햇볕] 을 쬐다.
se donner de l'~ 《속어》구속에서 벗어나다 [해방되다], 줄행랑치다.
vivre de l'~ ~ *du temps* (공기를 먹고 살다)→ 무일푼이다, 그저 살게 되다.

‡**air²** *n.m.* ① 외관, 모양, 풍채 (apparence, allure); 얼굴 모습(mine). un drôle d'~ 괴상한 꼴. d'un ~ triste (joyeux) 처량한 (즐거운) 모습으로. La ville prend un ~ de fête. 거리는 축제의 기분을 내고 있다. individu à l'~ mauvais 험상궂게 생긴 사나이.
② 태도 (façon, manière); 《승마》보도(步度). d'un ~ décidé 의연한 [단호한] 태도로.
afficher de grands ~s; *prendre* (*se donner*) *des* ~s (*de grands* ~s) 잘난 체하다, 점잔빼다. Il *prend des* ~s (qui ne lui conviennent pas). 그는 (격에 맞지 않게) 뽐내고 있다.
avoir bon (*grand*) ~ (태도·풍채가) 훌륭하다, 위엄있다; (물건이) 훌륭하게 보이다. Il *a grand* ~. 그는 위풍당당하다.
avoir de l'~ *de qn* 《옛》…을 닮다. Il *a* (quelque chose, un peu) *de votre* ~. 그는 당신을 (조금) 닮았습니다.
avoir l'~ +'형용사' …처럼 보이다 (형용사는 air에 일치하기도 하고 주어에 일치하기도 함). Elle *a l'*~ fatigué(e). 그녀는 피로해 보인다. Cette robe *a l'*~ bien faite. 이 드레스는 잘 만들어진 것 같다.
avoir l'~ *de* + *inf.* …하는 것 같이 보이다. Il *a l'*~ *de* ne pas s'en apercevoir. 그는 알아차리지 못한 것 같다.
avoir l'~ *de* +'명사' …와 닮다. Sa maison *a l'*~ *d'un* château. 그의 집은 성과 같다. Cela *en a* tout *l'*~. 그것과 흡사하다.
avoir un faux ~ *de qn* …을 조금 닮다.
gens du bel ~ 사교계 [상류] 의 인사들.
n'avoir l'~ *de rien* 시시해 보이다. Il *n'a l'*~ *de rien*, mais il pense à tout. 그는 대수롭지 않게 보이지만, 모든 일을 다 생각하고 있다.
sans en avoir l'~ 겉보기와는 달리. *Sans en avoir l'*~ il fait beaucoup de travail. 보기와는 달리 그는 많은 일을 한다.
REM *air* 사람의 겉모습을 말하되 얼굴 생김생김이

나 몸매, 태도에 대해서도 말함:Il a l'*air* malade. 그는 병난 것 같이 보인다. **mine** 대체로 얼굴에 대해서만 말함. **visage** air 의 동의어로서는 보고 알 수 있는 (대체로 일시적인) 얼굴 표정을 말함:faire bon *air* à *qn* …을 웃는 얼굴로 맞이하다.

air³ *n.m.* ① 가곡(歌曲), 곡조. ~ de danse 무도곡. avoir l'~ à la danse 생기발랄하다. ② (곡과 가사를 포함한) 노래(chant). ~(s) à boire 술노래. ~ national 국가(國歌). ③ 〖음악〗아리아.
C'est l'~ qui fait la chanson. 《속담》말투가 말의 의미를 결정짓는다, 예에 다르고 애해 다르다.
en jouer un ~ 《속어》뺑소니치다, 줄행랑치다 (jouer des flûtes).
Il en a l'~ et la chanson. 《옛》그는 겉보기대로의 인물이다.
Je connais des paroles sur cet ~-là. 이것은 여러번 들어본 이야기이다.

airage [ɛra:3] *n.m.* ① (풍차 날개의)안정판. ② 〖광산〗통기갱(通氣坑).

airain [ɛrɛ̃] *n.m.* 《문학 용어 이외에는 bronze 를 사용함》① 청동(靑銅). âge d'~ 청동시대. ②〖시〗대포, 종(鐘).
bâtir sur l'~ 영속성 있는 일을 하다.
d'~ ⓐ (종의 울림처럼)울림높은. vers *d'~* 낭낭한 시구. ⓑ 견고한. mur *d'~* 견고한 장벽. ⓒ 냉혹한. cœur[âme] *d'~* 인정사정없는 마음. avoir un front *d'~* 철면피이다, 의연하다.

air-air [ɛrɛ:r] *a.* 《불변》(미사일이)공대공의.
air(-)bus [ɛ:rbys] 《영》 *n.m.* ① 복수공변)에어버스 《중·단거리 여객기》.
aire [ɛ:r] *n.f.* ① 보리타작 마당. ② 독수리〖맹금〗의 둥우리. ③ 평평한 표면, 마당; 〖건축〗부지(敷地); (교량의)노면(路面). ~ de jeu (공원의)놀이터. ~ d'atterrissage 〖항공〗착륙장. ~ de manœuvre 〖항공〗격납고 앞의 마당. ~ de lancement 로켓발사대. ~ de service (고속도로에의 급유·수리·식당 따위를 갖춘)서비스 에어리어. ~ de repos (고속도로상의)간이 휴게소. ④ 〖기하〗면적. ⑤ 지대(地帶), 영역(圈)(sphère, zone). ~ d'activité 활동영역. étendre son ~ d'influence 자신의 영향[세력]권을 확대하다. ~s linguistiques 〖언어〗 언어권. ~ de répartition d'une plante [d'un animal] 〖생물〗 어떤 식물[동물]의 분포권. ~ de drainage 〖지리〗유역(流域)(면적). ⑥ 〖해양〗(바람의)방위; 나침 방위(羅針方位); (배의)속력. ~s de vent 32 방위.
prendre l'~ du vent 바람의 방향을 보다;《구어》형세를 관망하다.

airée [ɛre] *n.f.* 한번에 타작 마당에 들일 수 있는 보릿단[밀단].

airelle [ɛrɛl] *n.f.* 〖식물〗월귤나무속(의 열매). ~ coussinette 덩굴월귤. ~ des marais[fanges] 들쪽나무.

airer [ɛ(e)re] *v.i.* (독수리 따위가)집을 짓다.

air-sol [ɛrsɔl], **air-terre** [ɛrtɛ:r] *a.*《불변》(미사일)공대지의.

airure [ɛ(e)ry:r] *n.f.* 광맥[석탄맥]의 끝머리.

ais [ɛ] *n.m.*《옛》널빤지(planche); (중세기 제본술에서)책표지에 쓰이는 널빤지. ~ de boucher 고기를 써는 도마.

aisance [ɛzɑ̃:s] *n.f.* ① 마음편함, 자유로움, 편함, 손쉬움(facilité). Il a de l'~ dans ses manières. 그는 태도가 활달하다. avec ~ 힘 안들이고, 손쉽게. ② 여유; (의복 따위가)넉넉함; (생활이)안락함, 유복(prospérité, richesse, ↔gêne), honnête ~ (넉넉하지는 않지만 쪼들리지도 않는)웬만한 살림. être[vivre] dans l'~ ; jouir d'~ 유복한 생활을 하다. ③ *(pl.)* 용변. cabinet[lieu] d'~s 변소. fosse d'~s 대변기, 똥통.

aisceau [ɛso] *(pl. ~x) n.m.*〖통 제조인의〗손도끼, 자귀(aissette).

aise [ɛ:z] *n.f.* ① 편함, 편안, 안이, 자유(à l'~, à son ~ 로 쓰임)(↔malaise). On tient à l'~ à six dans cette voiture. 이 차에는 6명은 넉넉히 탄다. ② (생활의)안락. aimer ses ~s 안락한 생활을 즐기다. gens à l'~ 살림이 넉넉한 사람들. ③《문어》기쁨, 만족. sauter d'~s 기뻐 날뛰다. ④ *(pl.)* 생활을 안락하게 하는 것들.
À votre ~! 편히 하시오.
en parler à son ~ 제멋대로 말하다.
en prendre à son ~ 마음 편히[마음대로] 행하다; 얌체같이 굴다. n'*en prendre qu'à son ~* 마음 내키는 대로 행하다.
être à l'~ (à son ~) (마음이)편하다; (생활이)넉넉하다. Je suis à l'~ dans ce costume. 이 옷은 내게 편안하다. n'*être pas[être mal] à l'~* 불편하다; 넉넉하지 않다, 쪼들리다.
mettre qn à l'~ (마음)…을 편히 있게 하다. Il chercha à me *mettre à l'~* en m'offrant une cigarette. 그는 내게 담배를 권하면서 내 마음을 편하게 해주려 했다. se *mettre à son ~* (편안한 옷차림 따위로)편하게 되다.
—*a.*《문어》기쁜, 만족된(보통 bien, tout 와 같은 강조의 부사와 함께 쓰임)(↔mécontent).
être bien[fort] ~ que+sub.; être bien[fort] ~ de ce que+ind.[sub.]; être bien ~ de +inf. …하는 것이 대단히 기쁘다(만족스럽다). Je *suis bien ~ de* vous voir. 당신을 뵈니 대단히 기쁩니다. Je *suis fort ~ que* vous soyez venu. 와 주셔서 대단히 감사합니다.

aisé(e) [ɛ(e)ze] *a.* ① 용이한, 쉬운(facile). chose ~e à faire 하기 쉬운 일. Cela n'est pas ~ à trouver. 그것은 쉽게 발견되지 않는다. C'est plus ~ à dire qu'à faire. 말하기는 쉬우나 행하기는 어렵다. 《비인칭》[Il est ~ de+inf.] Il n'est pas ~ de bien écrire. 글을 잘 쓴다는 것은 쉬운 일이 아니다. ② 어색하지 않은, (문체 따위가)자연스러운, 거침없는(naturel, souple). style ~ 자연스러운 문체. parler d'un ton ~ 자연스러 말투로 말하다. ③ (살림이)넉넉한, 유복한. Il est d'une famille ~e. 그의 집안은 넉넉하다.

aisément [ɛzemɑ̃] *ad.* ① 마음편히, 자유롭게; 안락하게, 유복하게. ② 용이하게, 쉽사리. changer ~ d'avis 쉽사리 의견을 바꾸다.

A.I.S.S.《약자》Association internationale de la sécurité sociale 국제 사회보장 협회(《영》 ISSA).

aissante [ɛsɑ̃:t] *n.f.* 〖건축〗지붕널.
aisseau¹ [ɛso] *(pl. ~x) n.m.* 〖건축〗지붕널.
aisseau² *(pl. ~x) n.m.* =aisceau.
aisselière [ɛsəljɛ:r] *n.f.* =aisceau.
aisselle [ɛsɛl] *n.f.* ① 겨드랑이. ② 〖식물〗잎겨드랑이, 엽액(葉腋).
aissette [ɛsɛt] *n.f.* =aisceau.
aisy [ɛzi] *n.m.* (그릴에르치즈를 만들 때, 끓인 유장(乳漿)에 붓는)산액(酸液).
ait [ɛ] *v.* avoir 의 접속·현재·3·단수.

A.I.T.A.《약자》Association internationale des transports aériens 국제항공운송협회(《영》 IATA).

aîtres [ɛtr] *n.m.pl.* 집의 각 배치.

aixois(e) [ɛkswa, -azi] *a.* 엑상프로방스(Aix-en-Provence, 프랑스의 도시)의; 엑스레뱅(Aix-les-Bains, 프랑스의 도시)의. —**A**~ *n.* (위)의 사람.

aizy [ɛzi] *n.m.* =aisy.

A.J.《약자》auberge de la jeunesse 유스호스텔.

ajaccéen(ne) [aʒakseɛ̃, -ɛn], **ajaccien(ne)** [aʒaksjɛ̃, -ɛn] a. 아작시오(*Ajaccio*, 코르시카의 수도)의. —**A**— n. 아작시오 사람.

ajisme [aʒism] n.m. 유스호스텔 운동; (유스호스텔 회원의)하이킹, 캠핑.

ajiste [aʒist] n. 유스호스텔 회원.

ajointer [aʒwɛ̃te] v.t. (의)끝과 끝을 잇다[맞붙이].

ajonc [aʒɔ̃] n.m. 〖식물〗 가시양골담초.

ajoupa [aʒupa] n.m. (서인도 제도의)토인 오두막.

ajour [aʒu:r] n.m. ① (채광하는)구멍, 틈; 영창(映窓). ② 투조(透彫); 실을 뽑아서 하는 가두리 장식. faire les —s d'un mouchoir 손수건에 가두리 장식을 하다.

ajourage [aʒura:ʒ] n.m. 투조(透彫) 세공.

ajouré(e) [aʒure] a.p. ① 구멍을 뚫은; 투조 세공한; (실을 뽑아)가두리 장식을 한. travail ~ 투조 세공. bas —s 구멍이 숭숭 뚫린 무늬의 양말. ② 채광(採光)한.

ajourer [aʒure] v.t. ① (에)구멍을 뚫다; (난간에)투조(透彫)세공을 하다. ② (에)빛을 들이다, 밝게 하다.

ajourné(e) [aʒurne] a.p. 〖군사〗 소집이 연기된; 낙제한. conscrits —s (체격 불량으로)징집 연기된 적령자. candidats —s (성적 불량으로)수험이 연기된[낙제한] 지원자. —n.m. (위)의 사람.

ajournement [aʒurnəmɑ̃] n.m. ① 연기(remise). (법안의)심의 연기, (의회의)휴회; 〖군사〗 소집 연기; 낙제. ② 〖법〗 (지정일에 출두하라는)소환장(exploit d'~).

ajourner [aʒurne] v.t. ① 연기하다(remettre); (법안의)의결을 연기하다, (의회를)휴회시키다. ~ les élection[un procès] 선거[재판]를 연기하다. ② [~ qn]낙제시키다; 〖군사〗 소집을 연기하다. ~ un conscrit 징병을 연기하다. ~ un candidat à un an (성적불량으로)지원자에게 시험을 1년 연기시키다. ③ 〖법〗 소환하다. —s'~ v.pr. 연기되다; (의회가)휴회되다.

ajout [aʒu] n.m. = ajouté.

ajoutable [aʒutabl] a. 덧붙일 수 있는.

ajoutage [aʒuta:ʒ] n.m. 추가물, 덧붙임.

ajoute [aʒut] n.m. 부속품, 부품. ~ profilé 〖항공〗 (비행기 각 부분에 대한 공기저항을 막기 위한)유선형으로의 마무리.

ajouté [aʒute] n.m. ① 가필(加筆). ② 추가, 부가, 덧붙임.

*****ajouter** [aʒute] v.t. ① 보태다, 덧붙이다, 추가하다(joindre). [~ qc à(dans)] ~ du sel à la soupe 수프에 소금을 넣다. ~ un chapitre au texte original 원문에 장을 덧붙이다. ~ un peu d'eau dans le café 커피에 물을 약간 타다. ② 덧붙여 말하다, 부연(부가)하다. Permettez-moi d'~ un mot. 한마디 덧붙여도 되겠죠. [~ que + ind.] L'hôtel était excellent; j'ajoute que la cuisine était bonne. 호텔은 훌륭했어, 덧붙여 말하면 식사도 좋았다.
~ du sien à un récit 이야기에 꼬리를 달다. ~ l'action aux paroles 언행을 일치시키다; 약속을 이행하다. sans ~ que + ind …은 말할 것도 없이, …은 잠깐 제처두고.
—v.t.ind. [~ à] …에 덧붙이다; …을 늘리다; …을 증대시키다. Votre départ ajoute à mon affliction. 당신의 출발이 나의 슬픔을 더하게 한다. ~ au conte de la lettre 이야기를 과장하다.
—s'~ v.pr. 덧붙다, 추가되다; 곁들여지다. Au salaire s'ajoutent diverses primes. 봉급에는 각종 수당이 추가된다.

ajoutis [aʒuti] n.m., **ajouture** [aʒuty:r] n.f. = **ajoutoir** [aʒutwa:r] n.m. = ajutage.

ajust [aʒy] n.m. 〖해양〗 (로프의 끝과 끝을 잇는)매듭의 일종(nœud d'~). faire ~ (로프의 끝과 끝을)이어 맺다.

ajustable [aʒystabl] a. 조절할 수 있는.

ajustage [aʒysta:ʒ] n.m. ① 〖기계〗 맞추기, 조립, 조정; 마무리. atelier d'~ 부분품 조립공장. ② 〖기계〗 부합 상태, 접합 상태. ~ lâche[serré] 이합(弛合)[정(靜)합]. ③ 가봉한 옷을 입어보기. ④ 화폐의 중량 규정(規定).

ajusté(e) [aʒyste] a.p. (옷 따위가 몸에)꼭 맞는; (비유적) (에)합치되는. expression ~ à la pensée 사상에 합치되는 표현.
cartes —es 속임수를 쓰기 위해 표를 한 카드.

ajustement [aʒystəmɑ̃] n.m. ① [~ à] (에)맞추기, 조절(하기). ~ des salaires au coût de la vie 급료를 생계비에 맞추어 조절하기. ② (말의)배열, 배합; 〖옛〗몸단장, 의상. ③ 〖기계〗 (두개의 조립 부품 사이의)맞춤 간격의 조절. ~ libre 자유롭게 떼었다 붙였다[박았다 떼었다]할 수 있는 맞춤(방식). ~ bloqué 고정된 맞춤(방식). ④ 〖통계〗 조정(일반적 경향을 두드러지게 나타내기 위해 모가 난 부분을 제거하여 지표를 조정하기).

ajuster [aʒyste] v.t. ① 꼭 맞추다; 적합하게 하다. ~ un couvercle 뚜껑을 꼭 맞게 덮다. [~ qc à] ~ un vêtement à la taille 옷을 몸에 꼭 맞추다. ~ un air à(sur) des paroles 곡조를 가사에 맞게 붙이다. ② (머리·태도 따위를)가다듬다; (옷차림을)단정하게 하다; (방·집 따위를)단정하게 정돈하다 (arranger, ordonner). ~ sa coiffure 머리를 매만지다. ~ sa cravate 넥타이를 바로 매다. ③ (비유적)적응(합치)시키다, 조정하다(accorder). [~ qc à] ~ la théorie aux faits 이론을 사실에 합치시키다. ~ des principes différents 각기 다른 원리들을 조정하다. ④ 〖옛〗 (갖가지 부분(부품)을)조립하다(assembler, monter); (악기·저울 따위를)조정하다. ~ les différentes pièces d'une machine 기계의 각종 부품을 모아 조립하다. ⑤ (조준을)맞추다, 겨누다(viser). ~ un coup de fusil 총을 조준하다. ~ un lièvre 토끼를 겨누다. ~ son coup (비유적)정확히 겨누다. ⑥ 〖옛〗 (싸움을)조정하다, 화해시키다(concilier); [~ qn] 혼을 내다, 골리다(malmener); (다툼을)해결하다(régler). ⑦ ~ un cheval 말을 훈련시키다(dresser).
—s'~ v.pr. [s'~ à] (에)맞다, 일치(합치)하다. couvercle faussé qui s'ajuste mal au récipient 용기에 잘 맞지 않는 뒤틀린 뚜껑. s'~ au temps (비유적)시대에 순응하다. ② 〖옛〗몸치장하다.

ajusteur [aʒystœ:r] n.m. ① 〖기계〗 조립공; 화폐 계량인(計量人). ② 〖옛〗 조정자.

ajustoir [aʒystwa:r] n.m. 화폐 저울; 조립공장.

ajut [aʒy] n.m. = ajust.

ajutage [aʒyta:ʒ], **ajutoir** [aʒytwa:r] n.m. 노즐, 조절 분출구.

akène [akɛn] n.m. 〖식물〗 수과(瘦果).

akinésie [akinezi] n.f. 〖의학〗 (병리학적으로 야기되는 부분적인)운동 불능증.

akkadien(ne) [akadʒɛ̃, -ɛn] a. 아카드 (Akkad, 저지(低地))메소포타미아의 옛 나라)의.
—**A**— n. 아카드 사람. ~ n.m. 아카드어(語).

Al (약자) aluminium 〖광물〗 알루미늄.

al [al] pron.pers. 〖속어〗 그 여자가 (는).

alabandine [alabɑ̃din] n.f. 〖광물〗 황(黃)망간광(鑛). (짙은 빨간색의)석류석의 일종.

alabastrite [alabastrit] n.f. 〖광물〗 설화석고(雪花石膏).

alacrité [alakrite] n.f. 《드물게》쾌활, 열심, 열성. ~ à + inf. 기꺼이 …하려고 함.

Alains [alɛ̃] *n.m.pl.* 《역사》 알라니 사람《5-6세기에 골·에스파냐를 침략한 종족》.
alaire [alɛːr] *a.* 날개의. charge ~ 《항공》 익면 하중(翼面荷重). surface ~ 《항공》 날개 면적.
alaise [alɛːz] *n.f.* =**alèse**.
Alamans [alamɑ̃] *n.m.pl.* 《역사》 알라만족(族)《게르만족).
alambic [alɑ̃bik] *n.m.* 《화학》 증류기(蒸溜器). passer qc à[par] l'~《비유적》…을 세밀히 살피다 [조사하다]. tiré à l'~《옛》너무 세밀한.
alambiquage [alɑ̃bikaːʒ] *n.m.* (문장 따위가)너무 기교에 치우침; (사상이)너무 세밀에 치우침.
alambiqué(e) [alɑ̃bike] *a.p.* (문장 따위가)너무 기교를 부린, 지나치게 세심한(면밀한)(↔ simple).
alambiquer [alɑ̃bike] *v.t.* ① 《옛》증류하다; (의)정수를 뽑다. ② 《비유적》(에)기교를 잘부리다; 지나치게 정밀하게 하다; 너무 잘게 마음을 써서 지치게 하다(torturer, fatiguer). ~ son style 문장을 지나치게 공들여 다듬다. ~ son esprit dans ces questions 이 문제로 머리를 지치게 만들다.
—*v.i.* 세세하게 파고들다.
—**s'**~ *v.pr.* 자잘한데 마음을 써서 지쳐빠지다. s'~ le cerveau à+*inf.* 머리를 쥐어 짜서 …하다.
alambiqueur(se) [alɑ̃bikœːr, -ɸːz] *n.* (말·글·사상 따위에)지나치게 기교를 부리는 사람.
alandier [alɑ̃dje] *n.m.* 《요업》화상(火床), 노상(爐床).
alangui(e) [alɑ̃gi] *a.p.* 맥빠진, 쇠약한; 나른한.
alanguir [alɑ̃giːr] *v.t.* ① 기운을 꺾다, 맥풀리게 하다(affaiblir, amollir). être alangui par la fièvre 열로 인해 초췌해지다[나른해지다]. ② (이야기를)김빠지게 하다. descriptions qui *alanguissent* le récit 이야기를 김빠지게 하는 묘사.
—*v.i.* 쇠약해지다, 기운을 잃다.
—**s'**~ *v.pr.* 기운을 잃다, 맥이 풀리다. Sa verve s'alanguit. 그의 시상(詩想)이 무디어진다.
alanguissement [alɑ̃gismɑ̃] *n.m.* 무기력, 쇠약, 맥풀림, 권태로움.
alapin [alapɛ̃] *a.* (복변) 알라팽의. —*n.m.* 알라팽《염료의 일종》.
alarguer [alarge] *v.i.* 《해양》 ① (배가)옆바람을 받으며 나아가다. ② 《옛》 앞바다로 나아가다.
alarmant(e) [alarmɑ̃, -ɑ̃ːt] *a.* 불안감을 주는, 근심스런(inquiétant, ↔ rassurant); 놀라운. L'état du blessé reste ~. 부상자의 상태는 여전히 근심스럽다. situation —*e* 위태로운 상황.
alarme [alarm] *n.f.* ① 경보, 경적, 경종. signal d'~ 경보. cloche d'~ 경종. sonnette d'~ 비상벨. donner(sonner) l'~ 경보를 알리다(울리다). fausse ~ 잘못된 경보. ② (위험의 접근에 대한)놀람, 경악, 공포(effroi); 《종종 *pl.*》불안, 근심(inquiétude). prendre l'~ 깜짝 놀라다. Ce n'était qu'une fausse ~, il n'y a rien de grave. 공연한 걱정이었지, 우려할 만한 것은 아무것도 없다. L'épidémie jeta l'~ dans la cité. 전염병이 작은 마을을 공포로 몰아넣었다. porter l'~ dans un camp 진영에 경보를 전하다; 《구어》사회·정당 내부에 불안을 전전긍긍의하게 하다. tenir qn en ~ …에게 불안을 안겨주다.
〖REM〗 **alarme** 불의의 위험에 대한 정보[경계]:donner l'*alarme* 긴급경보를 발하다. **alerte** alarme 보다 약하고 그 전에 발하는 경우가 많다.
alarmer [alarme] *v.t.* ① 불안스럽게 만들다, 걱정하게 하다(inquiéter). Son état de santé nous *alarme*. 그의 건강상태는 우리를 걱정스럽게 만든다. ② 놀라게 하다, 당황하게 하다. ③ 《옛》 (에게) 위급함을 알리다. ④ 《옛》 (미덕·수치심 따위를)다치다, 손상하게 하다. Un rien *alarme* la pudeur. 아무것도 아닌 일에도 수치심은 상처를 입는다.
—**s'**~ *v.pr.* ① [s'~ de] (을) 근심[걱정]하다. Je me suis alarmé en vain de son retard. 나는 그가 늦을까봐 공연히 걱정했다. ② [s'~ que+*sub.*; s'~ de ce que+*ind.*/*sub.*] (에) 깜짝 놀라다, 당황하다. Il s'alarme peu d'une telle menace. 그는 이런 협박에는 별로 놀라지 않는다. ③ [s'~ de] (에)겁먹다, 상처입다.
alarmiste [alarmist] *a.* 소란[불안]을 일으키는. article ~ 불안의 씨를 뿌리는 기사. —*n.* 소란을 일으키는 사람.
alaterne [alatɛrn] *n.m.* 《식물》 갈매나무과(科).
albacore [albakɔːr] *n.m.* 《어류》 날개다랑어.
albain(e) [albɛ̃, -ɛn] 《로마지》 *a.* 알바(Albe)의.
—**A**~ *n.* 알바 사람.
albanais(e)[1] [albanɛ, -ɛːz] *a.* 알바니아(Albanie)의.
—**A**~ *n.* 알바니아 사람. —*n.m.* 알바니아어.
—*n.f.* 《식물》 아네모네의 일종.
albanais(e)[2] *a.* 알뱅스(Albens [albɛ̃ːs], 프랑스의 도시)의. —**A**~ *n.* 알뱅스 사람.
Albanie (l') [lalbani] *n.pr.f.* 《지리》 알바니아.
albarelle [albarɛl] *n.f.* 식용버섯의 일종; 《고고학》(옛 이탈리아의)도자기 병.
albâtre [albɑːtr] *n.m.* ① 설화석고(雪花石膏)(~ gypseux). ② 흰 대리석 (marbre oriental, marbre-onyx:이 2종의 대리석을 albâtre 라 부름》(calcaire). ③ 《비유적》 순백. ~ de son sein 눈처럼 흰 그녀의 가슴. cou(peau) d'~《문어》 백설 같은 목[살결].
albâtrier [albɑtri(j)e] *n.* 설화석고[흰 대리석] 세공인(공장). —*a.* (위)의.
albatros [albatroːs] *n.m.* 《조류》 신천옹(信天翁).
albédo [albedo] *n.m.* 《천문·물리》 알베도(물체의 반사계수(係數)》. Un corps noir possède un ~ nul. 검은 물체는 알베도 0 도이다.
alberge [albɛrʒ] *n.f.* 《식물》 (과육이 씨와 밀착한) 살구의 일종.
albergier [albɛrʒje] *n.m.* 《식물》 (위)의 나무.
albertivilliarien(ne) [albɛrtivilarjɛ̃, -ɛn],
albertvillarien(ne) [albɛrvilarjɛ̃, -ɛn] *a.* 오베르빌리에(Auberviliers, 프랑스의 도시)의. —**A**~ *n.* 오베르빌리에 사람.
albescence [albesɑ̃ːs] *n.f.* ① 흰 것. ② 희어짐.
albescent(e) [albesɑ̃, -ɑ̃ːt] *a.* 희어진, 하얗게 된.
albicore [albikɔːr] *n.m.* =**albacore**.
albigeois(e) [albiʒwa, -aːz] *a.* 알비(Albi, 프랑스의 도시)의. —**A**~ *n.* 알비 사람. —**A**~ *n.m.pl.* 《때로는 소문자로 씀》《종교》알비 종파《12-13세기에 알비를 중심으로 퍼진 이단 종파》 (cathares).
—**A**~ *n.m.* 알비 지방.
albin(e) [albɛ̃, -in] *a.* 힌, 색소 결핍의.
albinisme [albinism] *n.m.* ① 《생리》(피부·모발 따위의)색소 결핍증, 백색현상. ② 《식물》백변병(白變病).
albinos [albinoːs] *n.* (색소 결핍증에 걸린)흰둥이; 흰 짐승.—*a.*(불변)(위)의.
Albion [albjɔ̃] *n.pr.f.* 알비옹(영국의 옛 이름).
albite [albit] *n.f.* 《광물》조장석(曹長石).
alboche [albɔʃ] 《속어》(적의가 섞임) *a.* 독일(놈)의. —*n.* 독일놈.
albran [albrɑ̃] *n.m.* =**halbran**.
albugine [albyʒin] *n.f.* =**albugo**.
albuginé(e) [albyʒine] 《해부》*a.* (분비액·막·조직이)백색의. —*n.f.* 백막(白膜).
albugineux(se) [albyʒinø, -ɸːz] *a.* 《해부》 희읍스름한.
albugo [albygo] 《라틴》 *n.m.* 《의학》(각막·피부

album

따위의)흰 점, 백반(白斑).

album [albɔm] *n.m.* ① 앨범, 사진첩; …첩(帖). ~ de croquis(de dessin) 화(데생)첩. ~ de timbres 우표첩. ② 그림책; (1 따위의)선집. ~ de vers anciens 구시집. ③ 상품 카탈로그(~-tarif). *format* ~ 《사진》 카비네판.

albumen [albymεn] *n.m.* 《드물게》(계란 따위의)흰자위; 《식물》(씨・난알의)배젖, 배유(胚乳).

albuminate [albyminat] *n.m.* 《화학》 알부미네이트, 알부민염(塩).

albumine [albymin] *n.f.* 《화학》 알부민; 《생물》 단백질, 흰자질.

albuminé(e) [albymine] *a.* 단백질을 지닌; 《식물》 배젖이 있는; 《화학》 알부민이 들어 있는; 《사진》 알부민과 염화나트륨의 용액을 칠한.

albuminer [albymine] *v.t.* 《사진》(에)알부민과 염화나트륨 용액을 칠하다.

albumineux(se) [albyminø, -øːz] *a.* ① 단백질[알부민]이 있는. ② teint ~ 희슴스름한 얼굴빛.

albuminoïde [albyminɔid] 《화학》 *a.* 단백성의.
—*n.m.* 경(硬)단백질, 알부미노이드.

albuminose [albymino:z] *n.f.* 《의학》 알부민증.

albuminurie [albyminyri] *n.f.* 《의학》 단백뇨(蛋白尿).

albuminurique [albyminyrik] *a.* 단백뇨의. —*n.* 단백뇨 환자.

alburne [albyrn] *n.f.* 《어류》 잉어의 일종.

alcade [alkad] *n.m.* 《옛》(에스파냐의)법관; (에스파냐의)시장(市長).

alcaïque [alkaik] (<*Alkaios Alcée*, 기원전 7세기의 그리스 시인) *a.* 《운율》 알카이오스 구격(句格)의. vers ~ 알카이오스 시구. —*n.m.* 알카이오스 구격.

alcalescence [alkalesɑ̃ːs] *n.f.* 《화학》 알칼리성.

alcalescent(e) [alkalesɑ̃, -ɑ̃ːt] *a.* 《화학》 알칼리성의.

alcali [alkali] *n.m.* 《화학》 알칼리. ~ volatil 암모니아수. ~ végétal 가성(苛性)칼리. ~ minéral 소다. ~ caustique 가성 알칼리.

alcalifiant(e) [alkalifjɑ̃, -ɑ̃ːt] *a.* 알칼리화하는, 알칼리를 만드는.

alcalimètre [alkalimεtr] *n.m.* 《화학》 알칼리계(計).

alcalimétrie [alkalimetri] *n.f.* 《화학》 알칼리 정량(定量).

alcalin(e) [alkalε̃, -in] *a.* 《화학》 알칼리성의.
—*n.m.* 알칼리 함유약(산중화제).

alcalinisation [alkalinizasjɔ̃] *n.f.* =**alcalisation**.

alcaliniser [alkalinize] *v.t.* =**alcaliser**.

alcalinité [alkalinite] *n.f.* 《화학》 알칼리성.

alcalino-terreux(se) [alkalinɔterø, -øːz] *a.* 《화학》 알칼리 토류(土類)의. métaux ~ 알칼리 토류 금속(바륨・칼슘・라듐 따위).

alcalisation [alkalizasjɔ̃] *n.f.* 알칼리화.

alcaliser [alkalize] *v.t.* 알칼리화하다. ~ un malade 《의학》 환자에게 알칼리 함유약을 복용시키다. —*s*'~ *v.pr.* 알칼리(성으)로 되다.

alcaloïde [alkalɔid] 《화학》 *n.m.* 알칼로이드. —*a.* 알칼로이드의.

alcarazas [alkarazɑːs] *n.m.* 물을 식히는 질그릇.

alcazar [alkazaːr] 《에스파냐》 *n.m.* (무어족 왕의)알카자르 궁(宮); 무어식 공공건조물.

alcedo [alsedo] *n.m.* 《조류》 물총새.

Alcée [alse] *n.pr.m.* 《그리스신화》 알카이오스 (*Persée*의 아들로서 *Hercule*의 조부);《그리스문학》 알카이오스(기원전 620—580, 그리스 시인으로 알카이오스 구격(句格)의 창시자).

alcée [alse] *n.f.* 《식물》 접시꽃.

Alceste [alsεst] *n.pr.f.* 《그리스신화》 알케스티스 (*Thessalie*의 왕 *Admète*의 처로 남편을 대신하여 죽었으나 *Hercule*에 의해 이승으로 되돌아옴). —*n.pr.m.* 알세스트(*Molière*의 희곡 *le Misanthrope*의 주인공);(비유적)(성미가 까다롭고 염세적인)벽창호.

alchémille [alkemij] *n.f.* 《식물》 가새풀.

alchimie [alʃimi] *n.f.* 연금술(錬金術).

alchimille [alkimij] *n.f.* =**alchémille**.

alchimique [alʃimik] *a.* 연금술의.

alchimiste [alʃimist] *n.m.* 연금술사.

Alcibiade [alsibjad] *n.pr.m.* 《그리스사》 알키비아데스(기원전 5세기의 아테네의 정치가・무장). couper la queue du chien d'~ 사람들의 주의를 끌려고 괴이한 짓을 하다.

alcool [alkɔl] *n.m.* ① 알코올, 주정(酒精). ~ absolu[pur] 무수알코올. ~ naturel(포도주를 증류해서 만든)생주정(브랜디・리쾨르). ~ d'industrie 공업용 알코올. ~ à brûler 연료 알코올. lampe (réchaud) à ~ 알코올램프(곤로). ② 알코올음료, (특히 식전의 apéritif 또는 식후의 digestif로서 마시는 술, 리쾨르・위스키・진・럼・코냑・브랜디・칼바도스 따위). prendre un petit (verre d') ~ après le repas 식사후에 술을 약간 마시다.

alcoolase [alkɔ(ɔ)laːz] *n.f.* 《화학》 알코올라아제.

alcoolat [alkɔ(ɔ)la] *n.m.* 《약》 방향성(芳香性) 주정용액.

alcoolate [alkɔ(ɔ)lat] *n.m.* 《화학》 알코올레이트.

alcoolature [alkɔ(ɔ)latyːr] *n.f.* 《약》 알코올침제(浸劑), 팅크, 정기.

alcoolé [alkɔ(ɔ)le] *n.m.* 알코올에 약품을 녹인 것.

alcoolémie [alkɔ(ɔ)lemi] *n.f.* (혈중)알코올농도.

alcoolification [alkɔ(ɔ)lifikasjɔ̃] *n.f.* 알코올 발효.

alcoolique [alkɔ(ɔ)lik] *a.* 알코올을 함유한; 알코올 중독의. —*n.* 알코올중독자, 대주가.

alcoolisable [alkɔ(ɔ)lizabl] *a.* 알코올화할 수 있는.

alcoolisage [alkɔ(ɔ)lizaːʒ] *n.m.* (포도주 따위의)알코올성분을 높임.

alcoolisation [alkɔ(ɔ)lizasjɔ̃] *n.f.* 알코올화(혼합); 알코올 중독증상이 되기.

alcoolisé(e) [alkɔ(ɔ)lize] *a.p.* 알코올이 함유된. boisson ~ 알코올 함유음료. Cette bière est peu -*e*. 이 맥주는 알코올 함유량이 적다.

alcooliser [alkɔ(ɔ)lize] *v.t.* ① 알코올화하다; 알코올을 섞다(타다). ② 알코올성분을 높이다. ③ 알코올 중독자로 만들다. —*s*'~ *v.pr.* ① 알코올화하다; 알코올중독자가 되다. ②《구어》(중독자가 될 정도로)과음하다; 취하다.

alcoolisme [alkɔ(ɔ)lism] *n.m.* ① 《의학》 알코올 중독. ② (습관적인)과도한 음주.

alcoologie [alkɔ(ɔ)lɔʒi] *n.f.* 《의학》 알코올이 인체기관에 미치는 영향을 연구하는(알코올학(연구)).

alcoo(lo)mètre [alkɔ(ɔ)mεtr, alkɔ(ɔ)lɔmεtr] *n.m.* 주정계(計).

alcoo(lo)métrie [alkɔ(ɔ)metri, alkɔ(ɔ)lɔmetri] *n.f.* 알코올 정량(定量).

alcoo(o)test [alkɔ(ɔ)test] *n.m.* 혈중 알코올 농도 측정기.

Alcoran [alkɔrɑ̃] *n.m.* (회교의)코란.

alcôve [alkoːv] *n.f.* (17세기에는 ~로도 쓰였음)① 알코브(벽

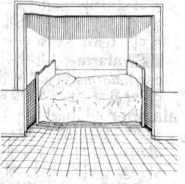

alcôve ①

면을 움푹하게 만들어서 침대를 들여 놓는 곳); 규방(閨房). secrets d'~은밀한 애정 생활. ② (17 세기에 귀부인이 사교계 인사들을 맞아들이던) 내실 살롱. tenir ~ 귀부인(Précieuses)이 손님을 맞이하다, 살롱을 열다.

alcoviste [alkɔvist], **alcôviste** [alkovist] n.m. (17세기에 귀부인의 살롱에 드나들던)재사(才士).

alcyne [alsin] n.m. 〖화학〗알킨(아세틸렌계 탄화수소).

alcyon [alsjɔ̃] n.m. ① 〖조류〗물총새, 쇠새. ② 〖그리스신화〗(바다 위에 둥우리를 띄우고 알을 까기 위해 풍랑을 가라앉혔다고 여겨지던)전설의 새. ③ 〖동물〗바다맨드라미속(屬).
nids d'~ 〖요리〗(중국 요리에 쓰는)제비집.

alcyonaires [alsjɔnɛːr] n.m.pl. 〖동물〗= **alcyoniens**.

alcyonien(**ne**) [alsjɔnjɛ̃, -ɛn] a. alcyon ②의. **jours ~s** (alcyon이 풍랑을 가라앉혀 알을 깐다고 하는) 동지(冬至)의 2주간.
—n.m.pl. 〖동물〗바다맨드라미과(科).

Alde [ald] 〖인쇄사〗n.pr.m. 알두스가(家) (이탤릭체의 창안자인 베니스의 인쇄업자).
—**a~** n.m. 알두스판(版)의 책.

Aldébaran [aldebarã] n.pr.m. 〖천문〗황소좌(座)의 1등성.

aldéhyde [aldeid] n.m. [f.] 〖화학〗알데히드.

alder_man_(pl. _men_) [aldɛr(ɔldər)man, -mɛn] 〖영〗n.m. (미합중국의)구장, 시회의원; (영국의)시(읍)참사회원.

aldin(**e**) [aldɛ̃, -in] a. 〖인쇄〗알두스(**Alde**)의. **caractère ~** 알두스 활자(活字). **édition ~e** 알두스판(版).

aldol [aldɔl] n.m. 〖화학〗알돌.

ale [ɛl] 〖영〗n.f. 엷은 빛깔의 맥주. **pale ~** [pɛlɛl] 흰 맥주.

aléa [alea] 〖라틴〗n.m. 운수, 요행, 돌발적인 일(hasard), 불확실함(incertitude). Il faut compter avec les **~s** de l'examen. 시험의 운도 계산에 넣어야 한다 (불확실한 요인이 많다는 듯). La négociation subit bien des **~s**. 협상은 수많은 우여곡절을 겪었다.

aléatoire [aleatwaːr] a. 우연한, 요행수의, 불확실한 (incertain). Cette affaire est très **~**. 이 사업은 매우 위태롭다 (불확실하다). **sondage ~** 〖통계〗(여론조사의)임의(任意) (무작위) 추출법.
—n.m. 불안정 상태, 불확실. **~ du marché** 시장의 불안정.

aléatoirement [aleatwarmã] ad. 요행을 바라고, 모험적으로.

aleiron [alerɔ̃] n.m. = **aléron**.

alémanique [alemanik] a. 독일어계 스위스의; 알레마니아어(語)의. la Suisse**~** 독일어계 스위스 (↔ la Suisse romande 프랑스어계 스위스).
—n.m. 스위스・알자스의 독일어; 알레마니아어.

Aléman(**n**)**ie** [alemani] n.pr.f. 〖고대지리〗알레마니아.

alène [alɛn] n.f. ① (구두 꿰매는 데 쓰는)송곳바늘. **en ~** 〖식물〗(솔잎 따위의)바늘 모양의, 침형(針形)의. ② 〖어류〗(입이 뾰족한)홍어의 일종.

aléné(**e**) [alene] a. 끝이 뾰족한, 바늘 모양의; 〖식물〗= en alène.

alénois [alenwa] a.m. (다음 경우에만 쓰임) **cresson ~** 〖식물〗다닥냉이속(屬) (샐러드용).

alentir [alãtiːr] v.t. 〖옛〗= **ralentir**.

alentissement [alãtismã] n.m. 〖옛〗= **ralentissement**.

alentour [alãtuːr] ad. (고어에서는 à l'entour 로도 쓰였음) ① 주위(근처)에(autour, à proximité).

débris dispersés sur cent mètres ~ 100미터 주변에 흩어진 파편. **rôder ~** 근처에서 배회하다. [d'~] **bois d'~** 주위의 숲. ②(옛) [~ de](의) 근처(주변)에. **~ du château** 성 근처에.
—n.m.pl. ① 주변, 부근, 근처(environs). **~s de la ville** 도시 주변. **explorer d'abord les ~s du problème** (비유적 으로) 먼저 문제의 언저리를 탐색하다. ②(시간)무렵, 경(vers, (구어) sur les). ③ 측근자(entourage).
aux ~s de (장소) … 의 근처에 (dans le voisinage de); (시간) … 즈음에. Nous serons ce soir **aux ~s d'Avignon**. 오늘 저녁 아비뇽 근처에 닿을 것이다. **aux ~s de** 1985, 1985년경에. **coûter aux ~s de cent francs** 100프랑 정도의 값이다.

aléoute [aleut], **aléoutien**(**ne**) [aleusjɛ̃, -ɛn] a. 알류샨 열도(사람)의. **les** (**îles**) **Aléoutes** (**Aléoutiennes**) 알류샨 열도.
—**A~** n. 알류샨 열도 사람.

aleph [alef] n.m. 알레프 (헤브라이어 자모의 제 1자); 〖수학〗알레프수(數).

alépin(**e**) [alepɛ̃, -in] a. 알레포 (**Alep**, 시리아의 도시)의. —n.f. 날줄은 명주실로 씨줄은 털실로 짠 능직물.

alérion [alerjɔ̃] n.m. 〖문장〗부리와 발이 없이 날개를 편 독수리 무늬.

aléron [alerɔ̃] n.m. (베틀(métier à tisser)의) 잉앗대를 올렸다 내렸다 하는) 작은 각목.

alerte [alɛrt] n.f. ① 경보(alarme); 경계. **~ aux avions; ~ aérienne** 공습 경보. **rassemblement par ~** 비상소집. **fausse ~** 허위 경보. **être en ~** 경계 중이다. **sonner**(**donner**) **l'~** 경보를 울리다(알리다). ② 위험한 징조, 불안(한 조짐)(danger, crainte). Il s'inquiète à la moindre **~**. 그는 사소한 위험에도 조바심한다. À la première **~**, vous appellerez le docteur. 상태가 이상해지면 곧 의사를 부르시오.
—a. ① 기민한, 재빠른, 민첩한(rapide, vif). **d'un bond ~** 가볍게 껑충 뛰어. Il est encore **~** pour son âge. 그는 나이에 비해 아직도 팔팔하다. ② (정신・통찰력이)민활(예민)한(éveillé, vif). **esprit ~** 예민한 정신. **style ~** 활기찬 문체. ③ 〖옛〗방심 없는, 주의 깊은(vigilant).
—int. 일어나! ; 정신차렷! **A~! ~!** 빨리빨리!; 어서 어서!

alertement [alɛrtəmã] ad. 재빨리, 날쌔게, 민첩하게. **marcher ~** 힘차게 걷다.

alerter [alɛrte] v.t. ① [~ qn] (에게) 위급을 알리다, 알리다(informer, prévenir); (에게) 경보를 내리다, (에게) 긴급 준비를 시키다. **~ la police** 경찰에 알리다. **~ des troupes** 군대에 긴급 전투 준비를 시키다. **~ l'opinion** (비유적) 여론을 환기시키다. ② 〖스포츠〗(축구 따위의) 패스의 신호를 보내다.

alésage [aleza:ʒ] n.m. ① aléser 하기. ② (소총의) 구경(口徑); (실린더의) 내경(內徑).

alèse [alɛːz] n.f. ① 〖의학〗병원 침대의 시트. ② 다른 널판에 덧붙인 널판.

alésé(**e**) [aleze] a. 〖문장〗무늬가 방패 둘레에 닿지 않은.

aléser [aleze] ⑥ v.t. ① (총신・실린더 따위의) 구멍을 다듬어 (깎아) 만들다, 일정한 구경으로 만들다; (구멍의) 내면을 다듬질하다(polir, lisser); (구멍을) 넓히다(élargir). ② (주화의) 가장자리를 오톨도톨하게 하다.

aléseur [alezœ:r] n.m. 보링공(工), (관 따위의) 내부를 다듬는(깎는) 직공.

aléseuse [alezø:z] n.f. 보링반(盤), 보링기계.

alésoir [alezwar] *n.m.* ① (관 따위의)구멍 뚫는 연장, 천공기(穿孔機). ② 보링 기계.

alester [aleste], **alestir** [alesti:r] *v.t.* 〖해양〗 (배의)짐을 덜다(alléger); (선구(船具)를)정리하다.

alésure [alezy:r] *n.f.* 후벼낸 부스러기.

aleurite [aløri:t] *n.f.* 〖식물〗 기름오동속(屬).

aleurone [aløron] *n.f.* 〖생물〗 호분(糊粉).

alevin [alvɛ̃] *n.m.* (연못이나 내에 기르는)어린 물고기(nourrain).

alevinage [alvina:ʒ] *n.m.* 어린 물고기 양식법(養殖法); 양어(법).

aleviner [alvine] *v.t.* (연못에)어린 물고기를 넣어 양식하다(empoissonner).

alevinier [alvinje] *n.m.*, **alevinière** [alvinjɛ:r] *n.f.* 어린 물고기를 기르는 연못, 양어장.

alexandrin[1] [alɛksɑ̃drɛ̃] *a.m.* 〖운율〗알렉산드르 구격(句格)의, 12음절의. vers ~s 알렉산드르 구격시(vers héroïques). —*n.m.* 〖운율〗 알렉산드르 구격의 시구(詩句), 12음절의 시행(詩行).

alexandrin[2](**e**) [alɛksɑ̃drɛ̃, -in] *a.* ①알렉산드리아의; 알렉산드리아 학파의. dialecte ~ 알렉산드리아 방언. philosophes ~s 알렉산드리아 학파의 철학자들. poètes ~s 알렉산드리아파의 시인들. ②(비유적)번쇄(煩瑣)한; 미사여구(장식)에 치우침. discussions ~es 지나치게 기교를 부린 논의. —**A**~ *n.* 알렉산드리아 사람.
—*n.m.pl.* 알렉산드리아(학)파.

alexie [alɛksi] *n.f.* 〖의학〗실독증(失讀症).

alexine [alɛksin] *n.f.* (혈청 속의)보체(補體).

alexipharmaque [alɛksifarmak] 〖옛〗 *a.* 해독의. —*n.m.* 해독제.

alezan(**e**) [alzɑ̃, -an] *a*, *n.* (털색이)밤색인(말).

alèze [alɛ:z] *n.f.* = **alèse**.

alfa [alfa] *n.m.* 〖식물〗아프리카나래새(화본과).

alfange [alfɑ̃:ʒ] *n.f.* (사라센 사람들의)신월도(新月刀), 언월도.

alfatier(**ère**) [alfatje, -ɛ:r] *a.* alfa 의. —*n.m.* alfa 채취자(상인·가공업자).

alfénide [alfenid] *n.m.* 알페니드 합금(合金).

algalie [algali] *n.f.* 〖의학〗카테테르, 도뇨관(導尿管).

algarade [algarad] *n.f.* ①야단(호통)치기, 욱박지름. avoir une ~ avec *qn*; faire une ~ à *qn* …을 욱박지르다, …와 시비를 벌이다, …에게 호통치다. ②〖옛〗급습.

algazelle [algazɛl] *n.f.* 〖동물〗(아프리카의)흰색의 영양 무리(la gazelle).

algèbre [alʒɛbr] *n.f.* ①대수학; 대수학책. ~ linéaire 선형(線形)대수학. ~ de la logique 기호논리학(logistique). ②〖구어〗(비유적)(어려워서)영문 모를 일. C'est de l'~ pour moi. 난 뭐가 뭔지 통 모르겠다.

algébrique [alʒebrik] *a.* 대수학의; 수학처럼 정확한. faire des calculs ~s 대수 계산을 하다. exactitude ~ 수학적인 정확성. apprendre des formules ~s 대수의 공식을 익히다.

algébriquement [alʒebrikmɑ̃] *ad.* 대수학적으로, 대수학상.

algébriste [alʒebrist] *n.* 대수학자.

Algérie [alʒeri] *n.pr.f.* 〖지리〗알제리.

algérien(**ne**) [alʒerjɛ̃, -ɛn] *a.* 알제리(*Algérie*)의. —**A**~ *n.* 알제리아 사람.
—*n.f.* 여러 색깔의 줄무늬진 직물.

algérois(**e**) [alʒerwa(ɑ), -a(ɑ):z] 〖지리〗 *a.* 알제(*Alger*, 알제리의 도시)의. —**A**~ *n.* 알제사람.
—*n.m.* 알제 지방.

algéro-tunisien(**ne**) [alʒerotynizjɛ̃, -ɛn] *a.* 알제리와 튀니지의.

algide [alʒid] *a.* 〖의학〗 오한이 나는.

algidité [alʒidite] *n.f.* 〖의학〗 오한(惡寒).

algie [alʒi] *n.f.* 〖의학〗 동통(疼痛).

-algie [alʒi] *suff.* 「…통(痛)」의 뜻(예: né*vralgie* 신경통).

alginate [alʒinat] *n.m.* 〖화학〗 알긴산염.

algine [alʒin] *n.f.* 알긴(산).

algique [alʒik] *a.* 통(痛)의; 통증을 일으키는. sens ~ 통각(痛覺). fièvre ~ 통증에 의한 열.

-algique *suff.* 「…통-(痛-)의」의 뜻.

Algol [algɔl] *n.pr.m.* 〖천문〗페르시우스좌(座)의 2등성.

algologie [algɔlɔʒi] *n.f.* 조류학(藻類學).

algologue [algɔlɔg] *n.* 조류학자.

algonkien(**ne**) [algɔ̃kjɛ̃, -ɛn] 〖지질〗 *n.m.* 알공키아대의.

algonkin(**e**), **algonquin**(**e**) [algɔ̃kɛ̃, -in] *a.* 알곤킨족의(북미에 사는 아메리칸 인디안의 한 부족). —**A**~ *n.* 알곤족 사람. —*n.m.* ① 알곤킨어(語). ②(옛)비문명인, 미개인.

algorithme [algɔritm] *n.m.* ① 산식(算式), 산법(算法). ②(옛)아라비아 십진법(十進法).

algorithmique [algɔritmik] *a.* ① 산식의. ②(옛)아라비아 십진법의.

A.L.G.P. (약자) artillerie lourde à grande portée 장거리 중포병(重砲兵).

alguazil [algwazil] *n.m.* ① (에스파냐의)경관. ② (경멸) 경관(policier).

algue [alg] *n.f.* 〖식물〗해초, 말, 마름.

alias [aljɑ:s] 〖라틴〗 *ad.* 별명(一名), 또는 다른 이름으로는(autrement dit). Gérard Labrunie, ~ Gérard de Nerval 제라르르브뤼니, 일명 제라르드네르발.

alibi [alibi] (라틴) *n.m.* ① 〖법〗 알리바이, 현장 부재증명. produire (fournir, invoquer) un ~ 알리바이를 대다. prouver un ~ 알리바이를 증명하다. ② (비유적) 핑계, 구실(excuse, prétexte). fournir des ~s aux dévergondages 탈선행위에 대한 변명을 늘어놓다. ③ 기분전환, 위안, 대용물(diversion). chercher un ~ à l'ennui 권태를 달래기 위해 기분전환거리를 찾다.

alibiforain [alibifɔrɛ̃] *n.m.* 〖옛〗 핑계, 구실.

alibile [alibil] *a.* 자양분 있는(nourrissant).

alibilité [alibilite] *n.f.* 〖의학〗자양분, 영양가.

aliboron [alibɔrɔ̃] *n.m.* maître ~ 〖동물〗 나귀; (구어) (자기 능력을) 뽐내는 사람, 얼간이.

aliboufier [alibufje] *n.m.* 〖식물〗 ① 때죽나무과(科)의 관목(styrax). ② 소합향나무.

alicante [alikɑ̃:t] *n.m.* ① 알리칸테(*Alicante*, 에스파냐의 도시)포도주. ② =grenache ①.

alichon [aliʃɔ̃] *n.m.* (물레바퀴의)물받이판.

alidade [alidad] *n.f.* 〖측량·해양〗 조준기.

aliénabilité [aljenabilite] *n.f.* 〖법〗 양도(양여)할 수 있음.

aliénable [aljenabl] *a.* 〖법〗 양도(분양)할 수 있는 (↔ inaliénable).

aliénant(**e**) [aljenɑ̃, -ɑ̃:t] *a.* 개인의 자주성(인간성)을 박탈하는, 인간을 소외시키는. travail ~ 인간을 소외시키는 노동. incertitudes nées de l'utilisation ~e des sciences 과학의 비인간적인 이용에서 오는 불안.

aliénataire [aljenatɛ:r] *n.* 〖법〗 양수인(讓受人).

aliénateur(**trice**) [aljenatœ:r, -tris] *n.* 〖법〗 양도인, 분양자. —*a.* 소외시키는, 자기를 상실케 하는. Pour les contestataires, l'agent ~ c'est la société de consommation. 반체제자들에 있어서, 인간을 소외시키는 요인은 바로 소비사회이다.

aliénation [aljenɑsjɔ̃] *n.f.* ① 〖법〗양도(cession), 분양; (권리 따위의)포기, 상실(abandon, perte). ~ de sa liberté(de son indépendance) 자유(자주성)의 상실(방기). ② (마음이)소원해짐, 떨어져 나감. provoquer l'~ des cœurs 사람에게서 소외당할 만한 일을 하다. ③ 〖의학〗정신이상(~ mentale(d'esprit)). ④ 〖철학〗(사회나 공동체로부터의)소외, 자기 상실(노동자가 생산수단과 이윤에서 소외되는것, 또 일반적으로 사람이 사회로부터 소외되어 자기를 상실한다는 마르크스주의적 이론에서).

aliéné(e) [aljene] *a.p.* 발광한, 미친(fou). — *n.* 정신병자. hospice(maison, asile) d'~s 정신병원.

aliéner [aljene] ⑥ *v.t.* ① 〖법〗(권리·재산을)양도하다, 포기하다(céder); (토지를)분양하다. ~ un bien 재산을 양도하다. ~ sa liberté(son indépendance) 자유(독립성)를 상실하다. ② (사람의 마음을 소원하게 하다, 떨어져 나가게 하다. [~ qc à qn] Cela lui *aliéna* leur sympathie. 이것으로 인해 그는 그들의 동정을 잃었다. ③ 자주성(인간성)을 상실하게 하다, 소외시키다. société de consommation qui risque d'~ les hommes 사람들을 소외시킬 우려가 있는 소비사회. ④ ~ l'esprit (옛)미치게 하다.
— *s'~* *v.pr.* (se 는 간접목적보어)[s'~ *qc*](을)잃다(perdre). Il s'est *aliéné* toutes les sympathies. 그는 주위의 동정을 모두 잃었다. ② 〖법〗양도(분양)되다. ③[s'~ de *qn*](에게서)멀어지다, 소외되다. ④(옛)미치다.

aliénisme [aljenism] *n.m.* (옛)정신병학(현재는 psychiatrie).

aliéniste [aljenist] *n.* (옛) 정신병 전문의사(현재는 psychiatre).

alifère [alifɛːr] *a.* (곤충) 날개가 있는.

aliforme [alifɔrm] *a.* (동물) 날개 모양의.

algère [aliʒɛːr] *a.* (신·천사 따위가) 날개가 달린.

alignée [aliɲe] *n.f.* 줄지음, 열(列), 줄(rangée).

alignement [aliɲmɑ̃] *n.m.* ① 한 줄로 늘어놓기(서기); 열, 줄, 정돈점(file). ~ d'arbres 한 줄로 늘어선 나무. déborder(dépasser) l'~ 〖건축〗건축선에서 삐져 나오다. A droite(A gauche, Sur le centre) ~! 〖군사〗우로(좌로·앞으로) 나란히! être(se mettre) à l'~ 한 줄로(줄을 따라) 늘어서다. rentrer dans l'~ 〖군사〗정렬하다. ② (한 그룹이 다른 그룹(체제·조직)에의) 동조, 추종. En politique étrangère, c'était l'~ inconditionnel sur les États-Unis. 외교정책에 있어서 미국에 무조건 동조하는 것이었다. ③ 〖행정〗건축선. servitude d'~ (토지 소유주의)건축선을 고수해야 하는 의무. ④ 〖고고학〗열석(列石)(멘히르의 열). ⑤ ~ monétaire 〖경제〗통화조정. ⑥ 〖철도〗(노선의)직선부분; 〖해양〗두 개의 목표를 잇는 동조(同調). ⑦ 〖전기〗동조(同調).

aligner [aliɲe] *v.t.* ① 일렬로 줄짓게 하다, 줄지어 놓다, 정렬시키다. ~ des chaises[des élèves] 의자(학생들)를 한 줄로 늘어놓게(정렬시키다). Ils *étaient alignés* les uns derrière les autres. (수동태) 그들은 서로 앞뒤로 줄 서 있었다. ② 열거하다; (문장·이야기를) 늘어놓다. ~ des chiffres 수자를 나열하다(→ 숙어란). ~ des comptes 〖상업〗청산하다. Il *aligne* des phrases bien faites, mais vides de pensée. 그는 공허한 미사여구로 글을 늘어놓는다. ③ (비유적)[~ sur](에) 맞추다(adapter); 연결(연동)시키다, 조정하다. ~ sa conduite *sur* celle des autres 자신의 행동을 타인의 행동에 맞추다. ④ 〖경제〗 ~ une monnaie (다른 외국통화와 비교해서)통화의 공정가격을 결정하다; ~ le franc par rapport au dollar 프랑 대 달러 가격을 정하다. ⑤ les ~ (속어)돈을 지불하다(les=les billets). ⑥ [~ *qn*]〖군사〗(봉급·식량 따위를)지급하다. Les recrues *sont alignées* en solde et en vivres du jour de leur incorporation. 신병들은 편입된 날로부터 봉급과 식량을 지급받는다.

~ *des chiffres* (구어) 비용을 계산하다.
— *s'~* *v.pr.* ① 일렬로 줄짓다; 정렬하다. Les livres *s'alignent* sur les rayons de la bibliothèque. 책들이 서가에 줄지어 있다. ② (구어)전투하다, 참전하다(s'~ sur le rang); 결투하다(s'~ sur le terrain). Il peut toujours s'~! (속어)(반어적) 맞서보라지! 어림없을 걸! ③ [s'~ sur](에)보조를 맞추다, 동조하다. ~ *sur* la politique officielle d'un parti 당의 공식적 정책에 동조하다.

alignoir [aliɲwaːr] *n.m.* (바위·석재를 빠개기 위한) 쇠로 만든 쐐기.

aligoté [aligɔte] *n.m.* (부르고뉴산의)백포도 묘목; (그것으로 만든)백포도주.

*****aliment** [alimɑ̃] *n.m.* ① 먹이, 음식; 양식; 영양물, 자양물(nourriture). digestion des ~s 음식물의 소화. ~ naturel(sain) 자연(건강)식. ~ liquid 유동식. ~ complet 완전식(인체에 필요한 모든 요소를 내포한 음식). ~s du bétail 가축의 사료. ② (*pl.*) 〖법〗(별거·이혼에서)생활부양료. ③ (비유적) (정신의)양식; (이야기·작품의)자료거리 되는 것; (호기심·증오 따위를)북돋우는 것. ~ de l'esprit 정신의 양식. fournir un ~ à des curiosités 호기심을 북돋우다.

alimentaire [alimɑ̃tɛːr] *a.* ① 음식의, 식품의; 영양의. produits ~s 식료품. pâtes ~s 면(마카로니·국수·당면 따위). industrie ~ 식품공업. régime ~ 식이(식사)요법. ration ~ (생존에 필요한)1일분의 식량. conserves ~s 통조림(식품). ② 먹기 위한, 돈벌이 위한. littérature ~ (경멸)먹기 위해 쓴 작품; 돈벌이 문학. ③ 〖기계〗(연료·물 따위의) 공급의. pompe ~ 급수 펌프. ④ 〖법〗부양의. obligation ~ (친족의)부양의무. pension ~ 부양료, 양육비.

alimentateur(trice) [alimɑ̃tatœːr, -tris] *a.* ① 연료(재료)를 보급하는. mécanisme ~ d'une mitrailleuse 기관총의 송탄장치. ② 영양(자양)의.
— *n.m.* 〖전기〗급전선, 송전선.

alimentation [alimɑ̃tɑsjɔ̃] *n.f.* ① 먹이를 주기, 급식, 사육(飼育); 영양섭취. ~ du bétail 가축 사육. ~ insuffisante 영양부족. ② (필요한 원료·재료 따위의)보급, 공급(fourniture, approvisionnement). [~ en] ~ d'une chaudière *en* eau 보일러의 급수(給水). ~ d'un moteur en combustible 모터의 연료공급. mécanisme d'~ d'une arme à répétition 연발총의 송탄장치. ~ *en* charbon des grandes villes ville à l'~ du charbon 대도시의 석탄공급. câble d'~ 〖전기〗배전선(配電線). ③ 음식, 양식; 〖집합적〗식료품; 식료품업. ~ carnée 육식. article d'~ 식료품. rayon d'~ (상점·백화점의)식료품부. travailler dans l'~ 식품업계에서 일하다.

*****alimenter** [alimɑ̃te] *v.t.* ① [~ *qn*](에게)양식(음식)을 주다, 급식하다, 키우다, 부양하다(nourrir). ~ un malade avec des bouillons 환자에게 죽을 먹이다. ~ la famille 가족을 부양하다. On *alimente* un animal 동물을 사육하다. L'étude *alimente* l'esprit. (비유적)면학은 정신의 양식이다. ② [~ *qc* en](의)자료를 주다; 공급하다, 급수하다(ravitailler, fournir). Le barrage *alimente* en eau les villes voisines. 댐이 이웃도시들에 물을 공급하다. ~ un moteur (*en* combustible) 모터에 연료를

공급하다. ③《비유적》(에게)유지하기 위해 재료를 제공하다(nourrir); (증오심·호기심 따위를)북돋우다. ~ la conversation 이야기거리를 주다, 화제거리가 되다. ~ la discorde 불화를 자아내다[조장하다]. ~ l'hostilité des gens 사람들의 적개심을 부채질하다. ④《법》(에게)위자료(양육비)를 주다. ⑤ ~ les avants《축구》전위에게 공을 패스하다.
—s'~ v.pr. [s'~ de](을)먹고 살다. Il ne s'alimente que de fruits. 그는 과일만을 먹고 산다.

alimenteur(se¹) [alimɑ̃tœːr, -øːz] n. (원료)공급인; 원료공급[보급]계.

alimenteux(se²) [alimɑ̃tø, -øːz] a. 영양이 되는.

alinéa [alinea] n.m. 《인쇄》① 딴 줄, 별행(別行), 줄바꿈. ② 항(項)(paragraphe); 줄바꿈한 2행 사이의 한 문단. en ~ 줄바꿈하여.

alinéaire [alineɛːr] a. 줄바꿈을 표시하는, 별행을 가리키는.

alios [aljoːs] n.m. 《광물》 갈색의 사암(砂岩)《프랑스의 Landes, Médoc 지방산》.

aliphatique [alifatik] a. 《화학》지방족(脂肪族)의. composé ~ 지방족 화합물.

aliquante [alikɑ̃t] a.f. 《수학》나눌 수 없는, 정제(整除)되지 않는(↔aliquote). 3 est une partie ~ de 13. 3은 13의 비정제수이다.

aliquote [alikɔt] 《수학》 a.f. 나누어지는, 나눌 수 있는(↔aliquante). —n.f. 정제수, 나누어지는 부분(partie ~).

alise¹ [aliːz] n.f. 《해양》 물굽이, 작은 만(灣).

alise² n.f. 《식물》 마가목(alisier)의 열매(alize).

alisé(e) [alize] a.m. =alizé

alisier [alizje] n.m. 《식물》 마가목(alize).

alisma [alisma] n.m. 《식물》질경이택사《속칭: plantain d'eau》.

alismacées [alismase] n.f.pl. 《식물》 질경이택사과(科).

alisme [alism] n.m. 《식물》 =alisma.

alité(e) [alite] a.p. (병들어)자리(침대)에 누운.

alitement [alitmɑ̃] n.m. (환자 따위를)자리에 눕힘; 자리에 누움.

aliter [alite] v.t. ① (병자를)자리[침대]에 눕히다. Il *est alité* depuis trois mois. 그는 석달째 몸져 누워 있다. ② (새끼 조기 따위를)틈에 넣다.
—s'~ v.pr. 자리[침대]에 눕다.

alittéraire [aliterɛːr] a. 반문학적인.

alittérature [aliteratyːr] n.m. 예배식이 없는.

aliturgique [alityrʒik] a. 예배식이 없는.

alizari [alizari] n.m. 《식물》 서양꼭두서니(garance)의 뿌리.

alizarine [alizarin] n.f. 《화학》알리자린《꼭두서니가 원료이던 적색염료, 현재는 합성(合成)》.

alize [aliːz] n.f. =**alise²**.

alizé [alize] a. 《of. vent ~ 무역풍. —n.m. 무역풍.

alizéen(ne) [alizeɛ̃, -ɛn] a. 무역풍의.

alizier [alizje] n.m. 《식물》=alisier.

alkali [alkali] n.m. 《옛》《화학》 alcali.

alkanna [alkana] n.f. 《식물》=orcanète.

alkékenge [alkekɑ̃ːʒ] n.f. 《식물》 꽈리(coqueret, physalis).

alkermès [alkɛrmɛs] n.m. 붉은색의 알코올 음료《플로렌스산》《~ de Florence》.

Allah [alla] n.pr.m. (회교의)알라신(神).

allaise [alɛːz] n.f. (강의 일시적인)모래톱.

allaite [alɛt] n.f. 《사냥》 (이리의)젖꼭지.

allaitement [alɛtmɑ̃] n.m. 젖먹이기, 포유. ~ maternel(artificiel) 모유(인공) 포유.

allaiter [alete] v.t. ① (에게)젖먹이다. ~ un enfant au biberon 젖병으로 젖먹이다. ②《목적보어 없이》자기의 젖으로 키우다, 아기에게 젖을 먹이다. ~ tout en travaillant 일을 하면서 젖을 먹이다.

allant(e) [alɑ̃, -ɑ̃ːt] (p.pr.<aller) a. 《문어》정정한, 원기왕성한(alerte, dynamique). Il est encore très ~ pour son âge. 그는 그 나이치고는 아직도 정정하다.
—n.m. ① 기운, 활기(dynamisme); (어떤 일에 쏟는)열정, 정열(entrain), avoir de l'~, 원기가 왕성하다. Il a perdu l'~ de sa jeunesse. 그는 청년기의 열정을 잃었다. industriel plein d'~ 정력적인 실업가. ② (pl.)《옛》 가는 사람들. ~s et venants 오가는 사람들.

allantoïde [alɑ̃tɔid] 《해부》 a. vésicule (membrane) ~ 요낭(막) (尿囊(膜)).
—n.f. 요낭, 요막.

alléchant(e) [a(l)leʃɑ̃, -ɑ̃ːt] a. ① 구미를 돋우는 (appétissant); 맛있어 보이는. odeur ~e 구미 당기는 냄새. plat ~ 맛있어 보이는 요리. ②《비유적》매력적인, 솔깃한, 흥미있는(séduisant). proposition ~e 솔깃한 제의.

allèchement [a(l)leʃmɑ̃] n.m. 《드물게》유혹.

allécher [a(l)leʃe] 6 v.t. 유혹하다; 유인하다(attirer), 미끼를 던지다. J'ai été alléché par ses belles promesses. 나는 그 감언이설에 홀려버렸다.

*****allée** [ale] (<aller) n.f. ① 가기 (↔venue). C'était une ~ et venue continuelle. 사람들의 왕래가 끊이지 않았다. ②(pl.) ~s et venues (용무 따위로) 오가, 우왕좌왕, 분주하게 뛰어다니기 (démarches). J'ai perdu toute la matinée en ~s et venues pour obtenir mon passeport. 나는 여권을 얻느라고 분주하게 뛰어다녀 아침나절을 다 빼앗겼다. ③ (공원·정원 따위의)가로수길, 산책길; (가로수·울타리·화단 사이의)통로, 출입로. ~ couverte 《고고학》 돌멘 복도.

allégation [a(l)legasjɔ̃] n.f. ① 주장, 의견 진술 (affirmation). ②《옛》인용(引用).

allège [a(l)lɛːʒ] n.f. ① 《선박》(큰 배의 짐을 싣고 부리는)거룻배, 짐배. frais d'~ 짐배[거룻배] 요금. franco ~ 《상업》본선 인도(本船引渡). ② 《건축》흉벽(胸壁); (창들 안쪽의)부벽(扶壁). ③ 《철도》탄수차(炭水車).

allégeable [a(l)leʒabl] a. 가볍게 할 수 있는, (짐·무게를)덜 수 있는.

allégeage [a(l)leʒaːʒ] n.m. (배의)짐을 덜기(가볍게 하기).

allégeance¹ [a(l)leʒɑ̃ːs] n.f. ① 충성. serment d'~ 충성의 서약 《특히 봉건시대의 영국에서의》. ②국적(nationalité). double ~ 이중국적.

allégeance² [a(l)leʒɑ̃ːs] n.f. ① 《옛》마음이 가벼워짐, 안도(soulagement); 위안(consolation). ②《스포츠》(요트 경주에)핸더캡을 줌.

allégement [a(l)leʒmɑ̃] n.m. ① 가볍게 함; 경감, 삭제. ~ des impôts 감세. ~ de personnel 인원의 삭감. ②《문어》(고통을)덜기(adoucissement), 안도, 진정. sentir un ~ à son mal 고통이 누그러짐을 느끼다. Ne sentez-vous point d'~ à votre mal? 병환에 차도가 있읍니까?

alléger [a(l)leʒe] 3·6 v.t. ①(사람·사물의 짐을)가볍게 하다, 경감하다. ~ une voiture 차의 짐을 덜다. ~ un fardeau 짐을 가볍게 해주다. [~qn de qc] ~ qn de son fardeau …의 부담을 덜어주다. ~ qn de sa bourse 《구어》…의 지갑(호주머니)을 털다. ②《비유적》(부담·고통 따위를)덜어주다, 완화하다(soulager). ~ la douleur de qn …의 고통을 덜어주다 [~qn] ~ les contribuables 납세자

의 부담을 덜어주다. ③ (목재나 금속 따위를)대패로 깎아 줄이다; 줄칼로 쓸어서 얇게 하다.
—s'~ *v.pr.* 가벼워지다; 경감되다.

allégir [aleʒi:r] *v.t.* ① =alléger③. ②〖옛〗가볍게 하다, 경감하다.

allégorie [a(l)legɔri] *n.f.* ① 우의(寓意), 비유. par ~ 우의(비유)으로. ② 풍자적 비유; 우화; 우의화(畫)〖조각〗.

allégorique [a(l)legɔrik] *a.* 우의적인. roman ~ 우의소설.

allégoriquement [a(l)legɔrikmɑ̃] *ad.* 우의적으로.

allégorisation [a(l)legɔrizasjɔ̃] *n.f.* 우의적 표현.

allégoriser [a(l)legɔrize] *v.t.* 우의적으로 표현[해석]하다. —*v.i.* 풍자적 비유를 쓰다.

allégoriseur [a(l)legɔrizœ:r] *n.m.* 〖옛〗(경멸)세상 만사를 우의적으로 해석하는 사람.

allégoriste [a(l)legɔrist] *n.m.* (서적·기록의)우의적 해석자; (성서의)우의 연구가.

allègre [a(l)legr] *a.* 쾌활한, 경쾌한, 민첩한, 팔팔한(alerte, gai). marcher d'un pas ~ 경쾌한 걸음으로 걷다. Vous êtes bien ~ ce matin. 오늘 아침 기분이 무척 좋으시군요.

allégrement, allègrement [a(l)legrəmɑ̃] *ad.* 즐겁게, 쾌활하게; 경쾌하게. continuer son voyage ~ 여행을 즐겁게 계속하다. Il nous a ~ ruinés. 그는 전혀 개의치 않고 우리를 파멸시켰다.

allégresse [a(l)legrɛs] (<*allègre*) *n.f.* 환희, 희열(joie, enthousiasme). cris d'~ 환호. ~ de la victoire 승리의 기쁨. les sept ~s (de la Vierge) 〖가톨릭〗 성모의 7대 희열.

allegretto, allégretto [a(l)legre(ɛt)to] 〖이탈리아〗〖음악〗 *ad.* 약간 경쾌하고 빠르게.
—*n.m.* 약간의 쾌속조, 알레그레토.

allegro, allégro [a(l)legro] 〖이탈리아〗〖음악〗 *ad.* 알레그로, 급속조로, 경쾌하게. —*n.m.* 급속조, 알레그로.

alléguer [a(l)lege] ⑥ *v.t.* ① 내세우다, (유력한 증명·논거를)끌어대다, 인용[인증]하다(invoquer, se prévaloir de). ~ un texte de loi[un auteur]법조문[작가]를 인용하다. ② (핑계 따위를)주워내다; 주장하다. Il n'*allègue* que des pretextes. 그는 핑계만 (대고 있을 뿐이다). Il *allègue* que la liberté excessive se détruit enfin elle-même. 지나친 자유는 결국 자멸하고 만다고 그는 주장한다.

alléloomorphe [a(l)lelɔmɔrf] *a.* 〖생물〗 대립적인. caractère ~ 대립형질. gène ~ 대립유전자.

alléluia [a(l)lelyia, a(l)leluja] *int.* ① 〖가톨릭〗 천주께 영광 있기를 ! 할렐루야 ! ② (구어)천만다행이야 ! —*n.m.* ① 〖가톨릭〗 할렐루야 (찬송가). entonner l'~ 찬양하다; 몹시 기뻐하다. ② (문어)환희의 절규; 기쁨의 노래. faire ~ de qn… …을 찬미하다. ③ 〖식물〗 괭이밥.

Allemagne (l') [lalmaɲ] *n.pr.f.* 독일. la République fédérale d'~, l'~ de l'Ouest 서독. l'~ de l'Est; la République démocratique allemande 동독.

*allemand(e)** [almɑ̃, -ɑ̃:d] *a.* 독일의.
—**A**—*n.* 독일 사람.
querelle d'A~ 〖구어〗이유없는 싸움.
—*n.m.* 독일어. bas[haut] ~ 저지(고지) 독일어. *C'est de l'~[du haut ~] pour moi.* 뭐가 뭔지 통 알 수 없다.
—*n.f.* ① 독일춤(danse ~e); (그)곡〖16·17세기에 유럽에서 유행하던 무용·무곡〗. ② 〖요리〗 흰 소스(sauce ~e).

allène [alɛn] *n.m.* 〖화학〗 알렌(기체의 탄소화물 C_3H_4).

‡aller [ale] ⑨ *v.i.* 〈조동사는 être〉 I. ⓐ (에) 가다. ~ à l'école 학교에 가다. Il *va* chez le pharmacien. 그는 약방에 간다. Elle *est allée* aux États-Unis. 그녀는 미국에 갔다. ~ en France[au Canada] 프랑스(캐나다)에 가다. Où *est-elle allée* hier soir? 그녀는 어제 저녁 어디에 갔었나?
🅁🄴🄼 (1) 행선지가 나라인 경우, 여성 국명 및 모음으로 시작되는 단수 남성명사 앞에서는 en, 그 밖에 à+정관사를 사용. (2) 행선지가 상점인 경우, 규범 문법에서는 chez를 사용한다고 되어 있으나 구어체에서는 à도 사용: *aller chez* le boucher, *aller au* boucher 푸줏간에 가다.

ⓑ (로, 편으로)가다. ~ en voiture(avion, bateau, chemin de fer, métro) 차(비행기·배·철도·지하철)로 가다. ~ en(par le) train 기차로 가다. ~ à cheval(à pied) 말을 타고(걸어서)가다. ~ à (〖구어〗) bicyclette 자전거를 타고 가다.

ⓒ (하려고)가다. ~ à son travail 일하러 가다. ~ en promenade 산책나가다. ~ à la pêche 낚시하러 가다. ~ aux provisions 장보러 가다. ~ à la rencontre de qn …을 마중나가다. ~ à la recherche de qc …을 찾으러 가다.

ⓓ (~ + *inf.*)(하러)가다. Il *va* chercher Anne. 그는 안을 데리러 간다. Ils *sont allés* jouer au tennis. 그들은 테니스하러 갔다.
🅁🄴🄼 목적을 강조할 경우 가끔 *aller* pour+*inf.* 가 사용됨:Il *est allé* pour la voir, mais elle n'était pas là. 그는 그녀를 보러 갔다. 그러나 그녀는 없었다.

ⓔ (양태의 부사(구)와 함께)가다, 나아가다; 행동하다. Cette voiture *va* vite. 이 차는 빨리 달린다. ~ à reculons 뒷걸음질치다. ~ bon train (말·사람이)빨리 달리다(가다). ~ grand train (자동차 경주 따위에서)전속력으로 달리다; 호화롭게 살다. ~ son chemin 자기의 길을 가다; 외곬으로 자기 할 일을 하다.

② 〈주어는 사물〉이르다, 도달하다. Ce sentier *va* à la rivière. 이 오솔길은 강으로 이어져 있다. La période de fermeture *va* jusqu'à la fin du mois. 폐점기간은 이달 말까지 계속된다.

③ (비유적 뜻에서); (는)결과가 되다. Votre lettre m'*est allée* au cœur. 당신의 편지는 나에게 깊은 감동을 주었읍니다. Sa haine *va* à son voisin. 그의 증오는 이웃에게 향해 있다. Cette affaire *est allée* à l'échec. 그 일은 실패로 끝났다. Ses espoirs *sont allés* en fumée. 그의 희망은 연기로 사라졌다.

④ (건강 상태가); 몸의 상태가 좋다(나쁘다). Comment *allez-*vous?—Je *vais* bien, merci. 안녕하십니까? 좋습니다, 감사합니다. Comment *va* votre mère?—Elle *va* mieux. 어머니의 건강은 어떻습니까? 좋아졌습니다. Ça *va*?; Comment ça *va*?—Ça *va*, merci. (구어)잘 지내고 있니? 응, 잘 있어.

⑤ 〈주어는 사물〉 (기계 따위가)움직이다, 작동하다; (사물이)진행되다, 진척되다. Cette machine *va* bien(mal). 이 기계는 상태가 좋다(나쁘다). Cet appareil *va* sur le 220 volts. 이 기계는 220 볼트로 사용된다. Les affaires *vont* bien. 사업이 순조롭다, 장사가 잘 된다. Les travaux *vont* très lentement. 일이 지지부진하다. Tout ira bien. 모든게 잘 될거다. Ça *ira*. 〖구어〗잘 될거야; 어떻게 되겠지. Ça *ira* tout seul. (그냥 둬둬도)잘 될거요.

⑥ 〈주어는 사물〉 [~ à qc/qn] (에)맞다, 어울리다; [~ avec qc] 조화를 이루다. Ces chaussures *vont* à mon pied. 이 구두는 내 발치수에 맞는다. Cette robe te *va* bien. 그 드레스는 너에게 잘 어울린다. Cette cravate va bien *avec* votre chemise. 이 넥타이는 당신 샤쓰와 썩 잘 어울립니다. 〈보어 없이〉 Cette lampe *ira* très bien chez toi.

aller

이 전등은 네 집에 아주 잘 어울릴거야. [~ensemble] Ces deux couleurs *vont* bien *ensemble*. 이 두 색깔은 서로 잘 어울린다.

⑦[~ à] (사정)(형편)이 …에 있다; (의)기호.(취미)에 맞다, 마음에 들다. On se voit dimanche matin, ça vous *va*? 일요일 아침에 만납시다, 괜찮으시겠어요? Ça me *va* très bien qu'il ne vienne pas. 그가 오지 않은 것이 내게는 잘된 일이야.

⑧(옛)[~ à+*inf.*] (하는 것을)목적으로 하다. Cela *va* à vous déshonorer. 그것은 당신을 욕되게 할 것이다.

⑨(불·세탁 따위에)견디어내다. [~ à] Ce plat *va* au feu. 이 접시는 불에 올려 놓을 수 있다. Ce rideau ne *va* pas à la lessive. 이 커튼은 세탁하면 안된다.

Ⅱ. (부정법·현재분사와 함께) ①ⓐ …하러 가다. ⓑ (근접미래) …하려고 하다, …하는 중이다 (보통 직설법 현재 또는 반과거에만 사용). Elle *va* venir tout de suite. 그녀는 곧 올 것이다. J'*allais* sortir, quand le téléphone a sonné. 외출하려고 하는데 전화가 걸려왔다. ⓒ (의지) Attendez, je *vais* essayer de le persuader. 기다려 주십시오, 내가 설득해 보겠습니다. ⓓ (명령)[Tu vas/Vous allez+*inf.*] Tu *vas* remettre cette lettre à ton père. 부친께 이 편지를 전해 주게. *Vous* n'*allez* pas sortir seul. 혼자 외출하시면 안됩니다. ⓔ (강한 부정명령)[Ne va pas/N'allez pas+*inf.*] *N'allez* pas croire que tout est fini. 행여나 모든게 끝장이라고 생각하지는 마시오. ⓕ (비꼬는 긍정 명령)[Va/Allez donc+*inf.*] *Va donc* essayer. 어디 좀 해보시지요 (되지 않을거요). ⓖ (의문형으로 강한 명령) *Vas*-tu te taire? 입 다물어, 조용히 해. *Vas*-tu rentrer à la fin? 그만 돌아가거나까?

②[~ en+현재분사] 갈수록 …하다 (옛·문어에서는 en을 생략하는 경우가 많음). L'état du malade *va* en s'améliorant. 환자의 용태는 갈수록 나아지고 있다. Le bruit *va* croissant. 《문어》소음이 점점 커져간다.

Ⅲ. (명령형으로 간투사적으로) ①자, 그래, 어서 (격려·위로·애정 따위의 표현). *Allez*, viens avec moi. 자 같이 가자. *Allons, allons*, ce n'est rien. 그래, 별일 아냐(걱정마라).

②자자, 전혀, 보자 (초조·비난·경멸·위협). *Allez!* pas d'histoires. 자자, 잔소리는 집어쳐. *Allons donc*, laissez-moi tranquille. 제발 좀 귀찮게 굴지 마시오. *Va*, misérable! 이 못난 녀석!

③설마, 그런 일이, 저런 (불신·부정·놀람). Il est venu? *Allons donc*! 그가 왔어?설마하니. Et *allez donc*! voilà du bon travail. 저런, 훌륭한 일일걸.

~ *contre* …을 위반하다, 거스르다. Cela *va* contre mon attente. 이것은 내 기대에 어긋난다.

~ *de soi*; ~ *sans dire* 자명하다, 당연하다, 말할 나위도 없다. Je l'inviterai aussi, cela *va* sans dire. 그 사람도 물론 초대하겠습니다.

~ *et venir* ⓐ 왔다갔다 하다, 여기저기 돌아다니다. ⓑ ne faire qu'~ *et venir* 항상 왔다갔다 하다, 끊임없이 돌아다니다; (갔다고 생각했더니)곧 돌아오다.

~ *jusqu'à* ⓐ …까지 가다[이르다], 미치다. ⓑ [~ *jusqu'à*+*inf.*] Il *est allé jusqu'à* m'insulter. 그는 나를 욕하기까지 했다. ~ *jusqu'à dire que*... …라고까지 말하다, 극언하다.

~ *loin* ⇨loin.

~ *par haut*(*par bas*) 토하다[설사하다].

~ *sur* (어느 연령에)가까워지다. Il *va* sur ses cinquante ans. 그는 50살이 다 되었다.

ça va 《구어》ⓐ 좋아, 오케이(O.K.). *Ça va* comme ça?-Oui, *ça va*. 이것으로 됐습니까? 좋아요. ⓑ *Ça va* (comme ça)!; *Ça va* (très) bien! 이젠 됐다, 적당히 해 두어라(*Ça suffit!*).

faire ~ ⓐ 가게 하다. ⓑ 작동시키다, 움직이게 하다. Le courant *fait* ~ le moulin. 물의 흐름이 물레방아를 움직이게 한다. ⓒ 설사를 시키다. Un plat trop huilé *fait* ~. 너무 기름진 음식은 설사를 일으킨다. ⓓ(옛) 구슬러 부추기다.

Il en va ... (*de*(*pour*)...) (비인칭) …에 대해서 사정은 …하다. *Il en va* de même *de* ma famille. 내 가족에 있어서도 사정은 똑같다. *Il en va* (tout) autrement. 사정은 (전혀) 다르다. [Il en va de A comme de B] *Il en va* de cette affaire *comme de* l'autre. 이 사건도 다른 사건과 다를 것이 없다.

laisser ~ ⓐ 가게 놓아두다. ⓑ 되어가는 대로 놓아두다 (방치하다, 방임하다) *laisser* ~ les choses 일이 되어가는 대로 내버려두다. *laisser* tout ~ 모든 것을 방임해 버리다. *laisser* ~ *sa douleur* 마음껏 비탄에 잠기다.

ne pas ~ *sans qc* …없이는 안되다, 반드시 …을 동반하다. La vie ne *va* pas *sans* soucis. 인생에는 근심사가 따라다니기 마련이다.

se laisser ~ ⓐ (될대로 되라는 듯이)체념하다. Depuis la mort de sa femme, il *se laisse* ~. 아내가 죽은 후로 그는 될대로 되라는 듯이 살아간다. ⓑ [se laisser à qc/à+*inf.*] (에)몸을 맡기다, 영겁결에 …하다. *se laisser* ~ à la destinée 운명에 몸을 맡기다. *se laisser* ~ à la tentation 유혹에 넘어가다. *se laisser* ~ à proférer des injures 영겁결에 욕설을 퍼붓다.

va pour ... 《구어》…이면 좋다(됐다); …로 결정하자. Tu a encore sali ton habit! *Va pour* un enfant, mais toi, non! 또 옷을 더럽혔구나! 어린아이라면 몰라도 너는 안돼. *Va pour* 100 francs; les voici. 100 프랑이라면 좋아요, 자 여기 있습니다.

y ~ ⓐ 그곳으로 가다; 하러가다. On *y va*. 자, 갑시다. ⓑ 《구어》(어떤 방법으로)행동하다. *Allez-y* avec prudence. 신중하게 행동하시오. ne pas *y* ~ par quatre chemins 단도직입적으로 말하다(말하다). Il *y va* fort. 그는 도가 지나치다, 너무 한다(Il exagère!). ⓒ (간투사적으로) *Allez-y* (*Vas-y*)! 자, 해보세요[자, 가요]. *Allons-y*! 갑시다[시작합시다]. Comme vous *y allez*! 《구어》너무 성급하시군요, 재촉하지 마시오.

y ~ *de qc* ⓐ …에 돈을 쓰다[들이다]; 《놀이》…만 걸다. Il *y va* de ses économies pour l'achat de cette voiture. 그는 이 자동차를 사는데 저축한 돈을 다 쓴다. J'*y vais* de dix francs. 10 프랑 걸겠읍니다. ⓑ《구어》…을 제공하다. Elle *y est allée de* sa petite chanson à la fin du repas. 그녀는 식사가 끝난 후 노래를 한 곡조 불렀다. ⓒ (비인칭) [Il y va de] (에) 관계되다, (의)문제이다 (Il s'agit de). Il *y va de* mon honneur[de ma vie]. 내 명예[목숨]에 관계되는 일이다.

—*s'en* ~ *v.pr.* ①떠나다, 나가다, 가다. Il faut que je *m'en aille*. 이젠 돌아가야겠소. *Allez-vous-en* [*Va-t'en*]! 돌아가시오(돌아가, 꺼져)! On *s'en va*. 자, 여기를 나가자(돌아가자). *s'en* ~ *de* la maison 집을 나가다. *s'en* ~ au marché 장에 가다. ②(주어는 사물)없어지다, 사라지다; 때가 지나가다. L'eau *s'en va*: le radiateur est percé. 물이 샌다, 라디에이터가 구멍났다. La tache *s'en ira* avec ce détachant. 얼룩은 이 약으로 지워질 것이다. Ma jeunesse *s'en va*. 나의 청춘이 지나간다. Le projet *s'en est allé* en fumée. 계획은 무산되고 말았다. (*p.p.*로) jours *en allés* 지나간 나날들.

③(환자가)쇠약해지다; 죽다. Le malade *s'en va*

doucement. 환자가 조금씩 쇠약해지고 있다. *Il est allé de sa poitrine.* 그는 폐병으로 죽었다.
④ [s'en − + *inf.*] ⓐ (을 하러)가다. *Je m'en vais faire mes courses.* 나는 물건을 사러 간다. ⓑ《구어》《근접미래》지금부터 …하다(현재 용법으로서는 1인칭 단수만 사용됨). *Je m'en vais vous raconter une histoire amusante.* 지금부터 재미있는 이야기를 해주겠소.
⑤《옛·문어》[s'en − 현재분사와 함께] 점점 …하다. *L'inquiétude s'en allait croissant.* 근심은 점점 커져 갔다.
⑥《옛》[s'en − + 과거분사] *La nuit s'en va passée.* 밤이 곧 지나갈 것이다.
⑦ *Il s'en va* nuit(temps). 밤(때)이 되었다.
—*n.m.* ① 가기, 가는 길. *Le retour était plus agréable que l'~.* 귀로는 갈 때보다 더 쾌적했다. *passer par Paris à l'~* 가는 길에 파리를 경유하다. ② 가는 표(billet ~). *Donnez-moi un ~ (simple) pour Marseille.* 마르세유행 편도표의 한 장 주세요. *~ (et) retour* ⓐ 왕복(의). *faire l'~ et retour un avion* 비행기로 왕복하다. *trajet ~ et retour* 왕복여정. ⓑ 왕복표. *prendre un ~ (et) retour pour Marseille* 마르세유까지의 왕복표를 사다. ⓒ《구어》양쪽 뺨을 때리기. *Il lui a flanqué un de ces ~s et retours.* 그의 두 뺨을 연달아 갈겼다.

allergène [alɛrʒɛn] *n.m.* 《의학》 알레르겐, 알레르기 항원(抗原).

allergénique [alɛrʒenik] *a.* 《의학》 알레르기를 일으키는.

allergide [alɛrʒid] *n.f.* 《의학》 알레르기성 피부질.

allergie [alɛrʒi] *n.f.* ① 《의학》 알레르기, 이상과민증. ②《구어》 반감, 혐오. *~ à la politique* 정치에 대한 혐오감.

allergique [alɛrʒik] *a.* ① 《의학》 알레르기성(이상과민증)의. ② [~ à *qc*] (에)유달리 과민한, 신경질적인; 익숙하지 못하는. *~ à la vie urbaine.* 그는 도시 생활이 생리에 맞지 않는다.

allergographie [alɛrgɔgrafi] *n.f.* 《의학》 알레르기 측정방법.

allergologie [alɛrgɔlɔʒi] *n.f.* 《의학》 알레르기학.

allergologiste [alɛrgɔlɔʒist], **allergologue** [alɛrgɔlɔg] *n.m.* 《의학》 알레르기 전문의(醫).

alleu [alø] *(pl. ~x) n.m.* 《역사》 봉건시대의 자유지(franc-~).

alleutier [aløtje] *n.m.* 《역사》 (봉건시대의) 자유지 소유자.

alliable [aljabl] *a.* [~ à] (와) (금속·액체 따위가) 섞일(혼합할) 수 있는;《옛》《비유적》양립할 수 있는. *idées ~s* 양립할 수 있는 사상. *plaisir ~ au devoir* 의무와 조화될 수 있는 쾌락.

alliacé(e) [aljase] 《식물》 *a.* 마늘의. —*n.f.pl.* 파속(屬).

alliage [aljaʒ] *n.m.* ① (금속을) 합금(하기); 화합(하기); (합금에 쓰는)비금속(卑金屬); 혼합물. *Le bronze est un ~ de cuivre et d'étain.* 청동은 동과 주석과의 합금이다. *L'âme humaine est un ~ de vertus et de vices.* 인간의 마음은 미덕과 악덕의 혼합체이다. ②《옛》결합, 조화. *sans ~* 합금 아닌, 순, 순수한, 순전한, 완전한. *or sans ~* 순금.

alliaire [aljɛr], **alliaria** [aljarja] *n.f.* 《식물》 장대냉이의 일종 (십자화과(十字花科)).

*****alliance** [alja:s] (< *allier¹*) *n.f.* ① (국가·당파간의) 동맹(관계), 연합. *conclure(rompre) une (un traité d')* ~ 어떤 나라와 동맹을 맺다(끊다). *Triple-A~* 《역사》 삼국동맹. ② 인척관계(parenté); 결합(union); 결혼 반지(bague [anneau] d'~). *cousin par ~* 의형제. ③ 《종교》 (신과 그 선민간의) 계약. *ancienne*(*nouvelle*) ~ 구(신)약. ④ ~ *de mots* 《수사학》 당착어법(撞着語法)《예: Il ne voit que la nuit, n'entend que le silence.* 그는 어둠만을 보고 정적만을 듣는다. *obscure clarté des étoiles* 별의 어두운 광채》. ⑤ (마구의)연결구; (식물의)군(群).

alliciant(e) [alisjɑ̃, -ɑ̃:t] *a.* 매혹적인, 매력있는.

allié(e) [alje] *a.* ① 동맹의, 연합군의. *pays ~s* 동맹국, *troupes ~es* 연합군. ② 인척 관계가 있는;《비유적》친한, 사이좋은. *être bien ~* 좋은 인척을 가지고 있다.
—*n.* ① 동맹국(민). ② 인척; 벗, 친구(ami). *Le chien est l'~ de l'homme.* 개는 인간의 벗이다.
—*n.m.pl.* ① (*A~s*) (특히 1·2차 세계대전 당시의) 연합군. ② 《역사》 (로마의) 동맹도시.

alliement [alimɑ̃] *n.m.* 기중기 밧줄의 매듭.

allier¹ [alje] *v.t.* ① 동맹시키다, 연합시키다; 결합시키다(associer, unir). ~ *les deux pays.* 두 나라를 동맹맺게 하다. [~ *qc* à *qc*] *Elle allie la beauté à la vertu.* 그녀는 미와 덕을 겸비하고 있다. ② (금속을)화합(합금)시키다, (액체를) 혼화(混和)시키다, 섞다. ~ *l'or avec*(et) *l'argent* 금과 은을 화합(합금)시키다. (색깔을)조화시키다, 결합시키다.
—*s'~ v.pr.* ① [s'~ à/avec] (와) 동맹하다, 결합되다; 인척관계를 맺다(s'unir, s'apparenter). *Il s'est allié à une des plus riches familles de la ville.* 그는 이 도시의 가장 부유한 집안의 딸과 결혼했다. ② 혼화되다, 섞이다; 합금(和金)되다. ③ 조화되다, 어울리다(s'accorder, s'harmoniser). *Ces deux couleurs s'allient très bien ensemble.* 이 두 색깔은 서로 썩 잘 어울린다.

allier² *n.m.* (특히 자고·메추라기를 잡는 데 쓰는) 새 그물(hallier).

alligator [a(l)ligatɔ:r] *n.m.* 《동물》 (아메리카산의) 악어.

allitératif(ve) [a(l)literatif, -i:v] *a.* 《운율》 두운(頭韻)의. *vers ~* 두운시.

allitération [a(l)literasjɔ̃] *n.f.* 《운율》 두운법, 자음은(子音韻)《첫 자음 또는 중간 자음의 되풀이》: *Pour qui sont ces serpents qui sifflent sur vos têtes?*

allitérer [a(l)litere] [6] *v.i.* 두운법(자음운)을 쓰다.

allô, allo [alo] *int.* 《전화》 여보세요.

allo- *préf.* 「다른, 별개의」의 뜻《예: *allogène* 다른 종족의 (사람)》.

allobroge [a(l)lɔbrɔʒ] *n.m.* 《구어》 예모없는 사람, 촌놈, 잡놈. —*a.* 세련되지 못한, 촌스러운.

allocataire [a(l)lɔkatɛ:r] *n.* 급여금(수당)수령자.

allocation [a(l)lɔkasjɔ̃] *n.f.* ① 지급; 《법》 지불승인. ② 급여, 수당. ~ *une fois donnée* 일시금. ~ (faite) *aux femmes* (des mobilisés, des soldats) (동원·출정군인의) 부인에게 주는 별거수당. ~ *de chômage* 실업수당. ~ *en espèce* 현금급여. ~s *familiales* 가족수당. ~ *de logement* 주택수당. ~ *de maternité* 출산수당.

allocentrisme [a(l)lɔsɑ̃trism] *n.m.* 타자(他者)중심(주의)(↔ égocentrisme).

allocutaire [a(l)lɔkytɛ:r] *n.* 《언어》 대화자(destinataire, interlocuteur, ↔ locuteur).

allocution [a(l)lɔkysjɔ̃] *n.f.* 간단한 연설, 담화 (discours). *prononcer*(*faire*) *une* ~ 연설(인사말)을 하다. ~ *télévisée du Premier ministre* 수상의 텔레비전 담화(연설). ② 《교황의》 유시; 《황제·장군의》 훈시; 《법》 논고.

allodial(ale, *pl.* **aux)** [a(l)lɔdjal, -o] *a.* 《봉건시대

의)자유지의.
allogène [a(l)lɔʒɛn] *a.* 다른 종족의. —*n.* 다른 종족 사람(↔indigène).
allomorphe [a(l)lɔmɔrf] *a.* 《화학》 동질이형(同質異形)의. —*n.m.* 《언어》 이형(異形) (aller 동사의 경우 v-(va), i-(ira) 따위).
allomorphie [a(l)lɔmɔrfi] *n.f.* 《화학》 동질이형.
allonge [alɔ̃ʒ] *n.f.* ① (길이를 더하기 위해) 덧붙인 것(물건). ~ de table (넓히기 위해 만들어 대는)테이블의 날개판. mettre une ~ à *qc* …을 더 길게 [연장]하다. C'est une petite ~ à mon voyage. (비유적)이것은 내 여행에 약간 덧붙인 것이요. ② 《화학》 (레토르트 따위의)유도관. ③ (어음 따위의)부전(附箋); (서류의)부첨(附添), 첨서(添書). ④ (권투선수의)팔의 길이. ⑤《옛》지연.
allongé(e) [alɔ̃ʒe] *a.p.* ① 길어진; 길게 드러누운. enfant ~ sur une branche 가지위에 길게 드러누운 아이. ② 길쭉한; 호리호리한; 장방형의. tête ~e 길쭉한 머리. mine (figure) ~e; visage ~ (비유적)침울한 얼굴, 시무룩한 얼굴.
allongeable [alɔ̃ʒabl] *a.* 길게 늘일 수 있는.
allongeant(e) [alɔ̃ʒɑ̃, -ɑ̃ːt] *a.* ① (옷 따위가)키를 돋보이게 하는. ② 《언어》 장음화하는.
allongement [alɔ̃ʒmɑ̃] *n.m.* ① 늘이기, 연장, 늘어남; 《군사》(종대(縱隊)의) 길이의 연장. ②《속어》길이(longueur). ③《항공》(날개의)길이와 나비의 비율. ④《아금》신장성(性).
*allonger [alɔ̃ʒe] [3] *v.t.* ① 길게 하다, 늘이다. (부피를)보태다, 증가시키다 (augmenter). ~ une jupe de quelques centimètres 스커트를 몇 센티더 길게 하다. ~ un discours 연설을 길게 늘어놓다. ~ le visage (le nez, la mine, la figure) (비유적) 시무룩(침울)한 표정을 짓게 하다. ② 시간을 끌다 (prolonger, ↔écourter). ~ un procès 재판을 길게 끌다. ③ (다리·팔 따위를)뻗다, 펴다(↔ployer)다 (tendre). ④《속어》(돈을)주다 (donner); (한 대)먹이다 (assener). ~ un pourboire à *qn* …에게 팁을 주다. ~ un coup de poing (de pied) à *qn* …에게 한대 먹이다(발길질하다). ~ une gifle à *qn* …의 뺨을 치다. ⑤ [~*qn*] 길게(크게, 높게) 보이게 하다. Cette robe vous *allonge*. 그 옷 때문에 [그 옷을 입으니] 당신 키가 커 보이는다. ⑥《속어》[~*qn*] (망치닥에) 쓰러드리다. Il m'a *allongé* au tapis. 그는 나를 카펫 위에 넘어 트렸다. ⑦ (소스를) 묽게 하다.
—*v.i.* 길어지다; 늦다, 지체하다. Les jours *allongent*. 낮이 길어진다. ② (말의)결음걸이가 빨라지다. (사슴이)새 뿔이 나오다.
—*s'~ v.pr.* ① 길어지다; (길이)길게 뻗어 있다. 길어 (크게) 보이다. ③ 오래 끌다. Notre conversation *s'allongeait* dans l'ennui. 우리 이야기는 지루하여 오래 끌었다. ④《구어》(얼굴이)시무룩(침울)해지다. À cette nouvelle, son visage (sa mine, son nez) *s'allongea*. 그 소식을 듣고 그는 얼굴이 시무룩해졌다. ⑤ 몸을 쭉 펴고 눕다; 《속어》 뻗어 쓰러지다. Comme il était fatigué, il *s'est allongé* sur le lit. 그는 피곤해서 침대에 길게 누웠다. *s'~ par terre* (속어)쭉 뻗다. ⑥《속어》한턱 내다. ⑦《속어》붙잡다, 손아귀에 넣다 (prendre). *s'~ un bon repas* 잘 먹다. ⑧ 이용하다; 참다, 참고하다 (subir, supporter). *s'~ une corvée* 고된 일을 참고하다.
allopathe [a(l)lɔpat], **allopathique** [a(l)lɔpatik] [의학] 대증요법 (對症療法)의. médecin ~ 대증요법 전문의사. méthode ~ 대증요법.
—*n.* 대증요법 전문의사.
allopathie [a(l)lɔpati] *n.f.* 대증요법 (↔homéopa-

thie).
allophone [a(l)lɔfɔn] *a.* 타언어의, 다른 언어를 말하는. —*n.m.* 《언어》이음(異音).
allophtalmie [a(l)lɔftalmi] *n.f.* 고리눈, 환안(環眼).
allopolyploïde [a(l)lɔpɔliplɔid] *a.* 《생물》이질 배수성(異質倍數性)의.
allosome [a(l)lɔzɔm] *n.m.* 《생물》이질 염색체, 이형 염색체.
allostérie [a(l)lɔsteri] *n.f.* 《생물》단백질 분자의 변형.
allotir [a(l)lɔtiːr] *v.t.* ① [~*qn*] (에게)유산을 분배하다. ② [~*qc*] (유산을)분배하다. ~ *les terres aux héritiers* 상속인에게 토지를 나누어 주다.
allotissement [a(l)lɔtismɑ̃] *n.m.* ① 유산 분배. ② 등급별로 나누기.
allotropie [a(l)lɔtrɔpi] *n.f.* 《화학》동소성(同素性), 동소체.
allotropique [a(l)lɔtrɔpik] *a.* 《화학》동소성의, 동소체의, 동소성 현상을 나타내는; 동질이형의.
allotropisme [a(l)lɔtrɔpism] *n.m.* 《화학》동소성 현상; 《의학》이성체친화성 (異性體親和性).
allouable [alwabl] *a.* 지급(급여·배당)할 수 있는.
allouer [alwe] *v.t.* 지급(급여)하다, 배당하다; (지출을)승인하다; 일정한 시간을 할당하다. ~ *un crédit* 예산 할당을 승인하다. *temps alloué* 일정한 작업을 하도록 할당된 시간.
alluchon [a(l)lyʃɔ̃] *n.m.* 《기계》톱니바퀴의 톱니.
alluette [alɥɛt] *n.f.* =aluette.
allumage [alymaːʒ] *n.m.* (램프 따위의)불을 켜기, (전등 따위의)점등; (광산의)발화(폭발); (엔진 기관의)착화(着火), 점화. *point d'* ~ 발화(점화)점. *raté d'* ~ (착화·점화의)불발. *tête d'* ~ 배전기, 디스트리뷰터.
allumé(e) [alyme] *a.p.* ① 점화[점등]된, 불이 켜진. *charbon* ~ 타고 있는 석탄. ②《속어》(취하여)얼굴이 붉어진; (성적으로)흥분된; 유쾌한. *avoir le visage* ~ (흥분해서)상기된 얼굴을 하다.
allume-cigare(s) [alymsigaːr] *n.m.* 시가 라이터.
allume-cigarette [alymsigarɛt] *n.m.* 시가레트 라이터.
allume-feu [alymfø] *n.m.* (복수불변) 불쏘시개.
allume-gaz [alymgaːz] *n.m.* (복수불변) 가스점화기.
allumelle [alymɛl] *n.f.* 숯가마.
*allumer [alyme] *v.t.* ① 불을 켜다[붙이다], 점화하다, (전기의) 스위치를 넣다(↔éteindre). (불로)밝히다 (éclairer). ~ *l'électricité* 전기불을 켜다. ~ *le poste de radio* 라디오를 켜다. *Allume l'escalier pour nos invités.* 손님들에게 층계를 밝혀 드려라. (목적보어없이) *Il fait sombre, il va falloir* ~. 어두워서요, 불을 켜야겠소. ② 불을 때다. ③ (불에)부채질을 하다. (펌프에)맛물을 넣다. ④ (비유적)부채질(선동)하다 (provoquer); (흥분·상상력 따위를) 자극하다 (exciter); 피를 끓게 하다; (전쟁을) 야기하다. ~ *la colère* 분노를 부채질하다. ~ *la guerre* 전쟁을 도발하다. ~ *le sang* 피를 끓게 하다, 흥분시키다. ⑤ 지켜보다 (regarder). *Le voilà, allume!* 저기 있군, 보라니까. ⑦ 유혹하다. ~ *un client* 손님의 구미를 돋우다.
Allume ta pipe à la pompe!《속어》산에 가서 낚시질을 하지! 별꼴 다 보겠네!
—*v.i.* 불이 켜지다, 점화(점등)되다. *Cette lampe n'allume plus.* 이 램프는 불이 켜지지 않는다. ②《속어》서두르다. *Allume!* 빨리!
—*s'~ v.pr.* ① 불이 켜지다(붙다), 점화되다. *Le bois sec s'allume facilement.* 마른 나무는 쉽게 붙는다. ② 환해지다; 빛나다. *Les fenêtres s'allumaient.* 창문이(불이 켜져) 환해졌다. *Ses yeux*

s'allument. 그의 눈빛이 번쩍인다. ③ 선동되다, 자극되다; 흥분되다; 불타다, 열중하다. La guerre s'allume. 전쟁이 발발한다.

***allumette** [alymɛt] n.f. ① 성냥. ~ amorphe [de sûreté, suédoise] 안전성냥. boîte à [aux, d'] ~s 성냥갑. brûler comme ~ 매우 빨리 타다. frotter [gratter, craquer] une ~ 성냥개비를 긋다. ② (비유적) 격하기 [흥분하기] 쉬운 사람. ③ 《속어》 마른[가는] 麵다리.

allumette-bougie [alymɛtbuʒi] (pl. ~s-~s) n.f. 초성냥.

allumette-tison [alymɛtizɔ̃] (pl. ~s-~s) n.f. 바람에 꺼지지 않도록 만든 성냥, 내풍(耐風)성냥, 딱성냥.

allumettier(ère) [alymɛ(e)tje, -mɛtjɛːr] n. 성냥 제조인[상인]. —a. 성냥 제조의.

allumeur(se) [alymœːr, -ø:z] n. ①《옛》(가로등 따위의) 점등인부(點火夫), 불켜는 사람. ②(도박장 따위 바위꾼의) 짝패, 손님 끄는 사람. ③ (경매의) 액내꾼, 한동아리 사람. —n.f.《구어》선정적인 여자. —n.m. ① 점화기(點火器). ~ à gaz 가스 점화기. ~ électrique 전기 점화기. ② (엔진의) 배전기, 디스트리뷰터(tête d'allumage).

allumière [alymjɛːr] n.f. 성냥갑; 성냥 공장.

allumoir [alymwaːr] n.m. 점화기.

*****allure** [alyːr] (<aller) n.f. ① 걸음걸이, (말의 걷는[달리는]) 보조, (차량·차의 속도), (발동기 따위의) 운동, 운전. précipiter[ralentir] son ~ 걸음걸이를 빨리하다[늦추다]. ② 태도, 거동, 몸가짐, 외관, 외양(apparence). avoir l'~ de ...같이 보이다. avoir des ~s suspectes 태도가 수상하다, 수상쩍은 거동을 하다. Cette maison a une drôle d'~. 이 집은 외관이 괴상하다. ③《해양》(바람에 대한 배의) 진행 방향; 돛의 바람을 받는 상태(모양). marcher à l'~ du plus près 돛에 바람을 가득 받으며 나아가다. ④ (비유적) 일의 진행 상태, 방향; 속도, 속력(vitesse). L'affaire prend une bonne [mauvaise] ~. 사업은 경기가 좋아진다[나빠진다]. À cette ~-là, vous n'aurez jamais fini votre devoir. 그 진행 속도로는 당신의 숙제를 영영 끝내지 못할 것이다. à une ~ réduite 속력을 낮추어. pleine ~ 최고속력. ⑤《문학·미술》(소설·조각에서의) 약동감, 생명감.
à belle [grande, toute, vive] ~ 전속력으로.
à l'~ 정상 속도로. Le moteur fonctionne *à l'*~. 모터가 정상적인 속도로 움직이다.
avoir de l'~《구어》(사람이) 의젓해 보이다; (사물이) 품위가 있다, 그럴싸하다.

allusif(ve) [a(l)lyzif, -iːv] a. 암시적인.

allusion [a(l)lyzjɔ̃] n.f. ① 넌지시 가리킴, 암시, 빗댐(sous-entendu).《수사학》인유(引喩). faire ~ à qc ...을 암시하다. parler par ~ 멀리 돌려 말하다. ②《옛》농담(badinage).

alluvial(ale, pl. **aux)** [a(l)lyvjal, -o], **alluvien(ne)** [a(l)lyvjɛ̃, -ɛn] a. 《지질》 충적토(沖積土)의. plaine alluviale 충적평야.

alluvion [a(l)lyvjɔ̃] n.f. 《지질》 충적토, 충적지(terrains d'~);《옛》(하천의) 범람(débordement);《법》 충적토 형성의 의한 자연 증가.

alluvionnaire [a(l)lyvjɔnɛːr] a. 《지질》 충적토로(형성)된.

alluvionnement [a(l)lyvjɔnmɑ̃] n.m. 《지질》(물흐름에 의한) 충적토의 이동, 충적지의 형성.

allyle [alil] n.m. 《화학》 알릴.

allylique [alilik] a. 《화학》 알릴을 함유하는.

almageste [almaʒɛst] n.m. (고대의) 천문학 관측 기록서; (중세의) 점성술 [연금술] 대전.

alma mater [almamatɛːr] 《라틴》 n.f. 《옛》 ① 모교; 조국(patrie). ② (프랑스) 교수단(Université).

almami, almamy [almami] n.m. (아프리카 서(西) 수단의) 추장.

almanach [almana] n.m. ① 달력(calendrier); 연감(annuaire). ② 예언(prédiction). faire des ~s 예언하다. faiseur d'~s 예언자인 체하는 사람.
C'est un ~ *de l'an passé.* 그것은 아무 쓸모없게 된 것이나; 시대에 뒤떨어진 사람이다.

almandin [almɑ̃dɛ̃] n.m., **almandine** [almɑ̃din] n.f. 《광물》 철반석류석(鐵礬石榴石).

almasilium [almasiljɔm] n.m. 알마실륨《알루미늄·마그네슘·실리슘의 합금》.

almée [alme] n.f. (이집트의) 무희.

almélec [almelɛk] n.m. 경(輕)알루미늄 합금.

almicantarat [almikɑ̃tara] n.m. 《천문》 등고권(等高圈).

aloès [alɔɛs] n.m. 《식물》 노회(蘆薈), 알로에; 노회의 진; 노회 섬유. amer d'~ 노회고미소(蘆薈苦味素). bois d'~ (인도산의) 침향(沈香).

aloétique [alɔetik] a. 노회진이 들어 있는.

alogie [alɔʒi] n.f. 비논리, 불합리.

alogique [alɔʒik] a. 비논리적인, 논리의 범위를 벗어나는.

aloi [alwa] n.m. ①《옛》합금; (합금의) 순도. monnaie d'~ [de bon ~] 정확한 함유의 화폐. or de bon ~ 순도가 맞는 금. pièce de mauvais ~ 법정중량미달 화폐, 악화. ② 품질(qualité); 품성. de bon ~ 질이 좋은, 훌륭한; 진짜의. succès de bon ~ 홀륭한 [찬양할 만한] 성공. de mauvais ~ 질이 나쁜. plaisanterie de mauvais ~ 악취미의 농담.

alopécie [alɔpesi] n.f. 《의학》 탈모증.

:**alors** [alɔːr] ad. ① (과거·미래)그 당시; 그때에 (lors). C'est ~ que l'événement s'est produit. 그 사건이 일어난 것은 그때 있었다. J'étais ~ un enfant. 나는 그때 어린아이였다. ② 그렇게 되면, 그러면; 그러므로. A~ vous viendrez? 그럼 오시는 거죠? ③ 그리고는, 그 다음에는.
A~ *comme* ~.《구어》그때는 그때지.
~ *(même) que*+cond. 설사 ...하더라도. A~ *même que* vous insisteriez, je ne communiquerais pas ce document. 당신이 졸라댄다 할지라도 이 문서[자료]를 당신에게 넘겨주지 않겠소.
~ *que*+ind. ...이니《tandis que》; ...인데. Tu restes enfermé à la maison ~*qu*'il fait si beau dehors. 밖은 이다지도 화창한 날씨인데 너는 집안에 갇혀 있다니.
Et ~? ; *A*~ *quoi?* 그러면? ; 그래서?
Pour sûr, ~!《강조》그렇다니까! 확실해!
—n.m. 그때, 당시.
d'~ 그때의; 당시의. gens *d'*~ 그때의 [당시의] 사람들.
depuis ~ 그때부터.
jusqu'~ 그때까지.

alose [aloːz] n.f. 《어류》 청어 무리.

alosier [alozje] n.m., **alosière** [alozjɛːr] n.f. 청어잡이 그물.

alouate [alwat] n.m. 《동물》(중남미산) 원숭이의 일종 《개처럼 짖음》(singe hurleur).

alouette [alwɛt] n.f. ①《조류》종달새 《~ commune, ~ des champs》. ~ huppée 뿔종다리(cochevis). ~ de mer 깝작도요 무리(bécasseau). ②《해양》 nœud d'~ 밧줄 끝 매듭의 일종; tête d'~ 밧줄 끝 매듭.
Il attend que les ~*s lui tombent toutes rôties (dans le bec [dans la bouche]).*《속담》호박이 덩굴째 굴러 들어오기를 기다린다. *manger comme une* ~ 몹시 적게 먹다. *se lever avec les* ~*s [au chant de l'*~*]* 아침 일찍 일어나다. *Si le ciel tombait, il y*

aurait bien des ~s de prises (*toutes les ~s seraient prises*). 《속담》하늘이 무너져 내리면 종달새가 많이 잡힐 것이다; 뿔 떨어지면 구워 먹지(불가능한 가정을 비꼬는 말).

alourdi(e) [alurdi] *a.p.* 무거운; 활발하지 못한, 둔한. pas ~ 무거운 발걸음.

alourdir [alurdi:r] *v.t.* ① 무겁게 하다. ~ les impôts (비유적) 세금을 무겁게 하다. ② 짐(중책)을 지우다; 둔하게 하다. ~ *qn de qc* …에게 …을 점지우다. L'âge *alourdit* ses pas. 나이가 그의 걸음걸이를 느리게 만든다.
—**s'~** *v.pr.* 무거워지다; 둔해지다. Sa démarche *s'est alourdie.* 그의 걸음걸이가 느려졌다.

alourdissant(e) [alurdisɑ̃, -ɑ̃:t] *a.* 답답한, 숨막히는, 짓누르는 듯한. chaleur ~*e* 혹심한 더위.

alourdissement [alurdismɑ̃] *n.m.* 무거워짐(aggravation); 둔해짐, 침체.

aloyage [alwaja:ʒ] *n.m.* 합금(合金)(하기).

aloyau [alwajo] (*pl.* ~**x**) *n.m.* 《요리》 소의 허리 윗부분 고기 (→ bœuf 그림).

aloyer [alwaje] [7] *v.t.* ① 합금하다. ② 《엣》 법정 금위(金位)로 하다.

alp [alp] *n.m.* = **alpe**.

alpaca [alpaka], **alpaga** [alpaga] *n.m.* 《동물》 알파카; 알파카의 털; 알파카의 직물.

alpage [alpa:ʒ] *n.m.* ① 고산 지대의 목장; (위)의 방목권(放牧權); (위)에서 가축이 여름을 보내는 기간(saison des ~s).

alpax [alpaks] *n.m.* 알팍스 (알루미늄과 실리슘의 합금).

alpe [alp] *n.f.* ① 높은 산, 고산. ② (알프스 산맥의) 고지 목장. —**les A~s** *n.pr.f.pl.* 알프스 산맥.

alpenstock [alpɛnstɔk] *n.m.* (독일) *n.m.* 등산 지팡이.

alpestre [alpɛstr] *a.* 알프스 산맥(특유)의, 알프스식의. plantes ~*s* 아고산(亞高山)식물. région ~ 아고산 지대.

alpha [alfa] (그리스) *n.m.* ① 그리스 자모의 첫째 글자(A, a). particule (rayons) ~ 《물리》 알파 입자(粒子)(선). ② 처음; 최초; 최초의 것. l'~ et l'oméga 처음과 끝.

*****alphabet** [alfabɛ] *n.m.* ① 알파벳, 자모. ~ phonétique international 《음성》국제음성자모. ~ des aveugles 점자(點子)(~ braille). ~ télégraphique 전신 부호. ~ morse 모르스 부호. ② 초보, 입문; 초보 독본, 입문서.

alphabétique [alfabetik] *a.* 알파벳(순)의. par l'ordre ~ 알파벳순으로. table ~ 알파벳순의 색인(索引). écriture ~ 《언어》 단음문자.

alphabétiquement [alfabetikmɑ̃] *ad.* 알파벳순으로, ABC 순으로.

alphabétisation [alfabetizasjɔ̃] *n.f.* 문맹퇴치, 문자교육.

alphabétiser [alfabetize] *v.t.* (주로 문맹자에게) 문자교육을 하다.

alphabétiseur [alfabetizœ:r] *n.m.* 문자교육 교사.

alphabétisme [alfabetism] *n.m.* 알파벳 표기법, 단음문자(체계)(écriture idéographique (표의문자법)에 상대되는 말).

alpha(-)numérique [alfanymerik] *a.* 알파벳과 수자를 결합한.

alphenic [alfenik] *n.m.* 《엣》 보리사탕.

alphonse [alfɔ:s] *n.m.* (엣·속어) 창녀의 기둥서방; 여자에게 붙어 사는 사내(A. Dumas fils 작 *Monsieur Alphonse*에서).

alphonsines [alfɔ̃sin] *a.f.pl.* tables ~ 알폰스 천문도(카스티라의 왕 알폰스 10세의 명에 의해 13세기에 작성됨).

alpicole [alpikɔl] *a.* 《식물》 알프스에서 나는.

alpin(e) [alpɛ̃, -in] *a.* ① 알프스의. chaîne ~*e* 알프스 산맥. ② 알프스(고산)에서 나는. jardin ~ 고산 식물원. plantes ~*es* 고산식물. ③ 알프스에 있는. ④ 등산의, 산악의. club ~ 산악회.
—*n.m.pl.* 알프스엽보병(獵步兵)(chasseurs ~*s*).
—*n.* (A~) 알프스의 주민.

alpinisme [alpinism] *n.m.* 등산; 등산취미.

alpiniste [alpinist] *n.* 등산가.

alpique [alpik] *a.* 《드물게》 알프스의. chaîne ~ 알프스 산맥.

alpiste [alpist] 《에스파냐》 *n.m.* 《식물》 유럽갈풀(새의 먹이로 쓰이는 포아풀과의 식물).

alquifoux [alkifu] *n.m.* 《광물》 방연광(方鉛鑛).

alréen(ne) [alreɛ̃, -ɛn], **alrien(ne)** [alrjɛ̃, -ɛn] *a.* 오레(Auray, 프랑스의 도시)(사람)의.
—**A~** *n.* 오레 사람.

Alsace [alzas] *n.pr.f.* 《지리》 알사스.

alsacien(ne) [alzasjɛ̃, -ɛn] *a.* 알사스의.
—**A~** *n.* 알사스 사람. —*n.m.* ① 게르만어 사투리, 알사스어. ② 알사스 포도주.

alsacien-lorrain(e) [alzasjɛ̃lɔrɛ̃, -ɛn] *a.* 알사스로렌의. —**A~** *n.* 알사스로렌 사람.

alsatique [alzatik] *a.* 알사스에 관한.
—*n.m.* 알사스의 역사(지리).

alsine [alsin] *n.f.* 《식물》 별꽃맞이꽃.

altaïque [altaik] *a.* ① 알타이(*Altaï*)산맥의. race ~ 알타이족. ② 《언어》 알타이어족(한국어·터키어·몽고어·만주어·일본어 따위).
—**A~** *n.* 알타이 사람. —*n.m.* 알타이어.

altérabilité [alterabilite] *n.f.* 변질(변화·악화)될 수 있음, 변질성.

altérable [alterabl] *a.* 변질될 수 있는, 고칠 수 있는. denrée ~ 변질되기 쉬운 식료품.

altérant(e) [alterɑ̃, -ɑ̃:t] *a.* ① 목마르게 하는. nourriture ~*e* 갈증나게 하는 음식. ② (엣) 《의학》 체질을 변하게 하는. —*n.m.* ① (사탕·소금처럼) 목마르게 하는 것. ② (엣) 《의학》 체질 변화제(약).

altérateur(trice) [alteratœ:r, -tris] *n.* ① 변질시키는 사람. ② (화폐의) 품위를 손상시키는 사람(falsificateur); (음식물의) 품질을 떨어뜨리는 사람. ③ (서류의) 위조자; (본문 따위의) 개작자; (이야기를) 왜곡 전하는 사람; (사실을 왜곡하는 사람; (판단을) 그르치게 하는 사람.

altérati*f*(*ve*) [alteratif, -i:v] *a.* (물질을) 변하게 하는, 변질시키는.

altération [alterasjɔ̃] *n.f.* ① 변질, 변화 (déformation, dénaturation); 《의학》 변성 (變性). ~ de voix (사춘기의) 변성; (감동·흥분으로 인한) 음성 변조 (變調). ~ des traits (du visage) 얼굴 모습의 변함. ② (건강·풍속 따위의) 악화; 변색 (變色); (바위 따위의) 풍화. ~ de la santé 건강의 악화. Notre amitié n'a subi nulle ~. 우리의 우정은 조금도 변하지 않았다. ③ 감동, (마음의) 동요, 흥분. ④ (화폐 따위의) 품위 손상; (음식물 따위의) 부패, 부정식품화; (서류의) 위조; (텍스트의) 개작 (改竄); (말의) 와전; (사실의) 왜곡; (판단을) 그르치게 함. ⑤ 《음악》 전조 (轉調). ~ d'une note 반음변조.

altercation [alterkasjɔ̃] *n.f.* 말다툼, 언쟁. avoir une ~ avec *qn* …와 언쟁을 하다.

altéré(e) [altere] *a.p.* ① 목이 마른; [~ de] (에) 굶주린. ~ *de* sang 피에 굶주린. ~ *de* gloire 명예를 갈망하는. ② 돈벌이에 열중한 (~ *de* gain). ③ (감동 따위로) 변한; 악화된; 위조된.

alter ego [alterego] (라틴) *n.m.* 제 3 의 나, 타아 (他

我), 나의 분신; 총애하는 신하, 심복; 절친한 벗.

altérer [altere] [6] *v.t.* ① 변하게 하다, 변질시키다(détériorer); (음식물을)상하게[썩게] 하다; (천 따위의 색을)바래게 하다. L'humidité et la chaleur *altèrent* les aliments. 더위나 습기는 음식물을 상하게 한다. L'émotion *altérait* ses traits. 감정이 복받쳐 그의 표정이 변했다. ② 악화시키다, (건강을)해치다; (풍속 따위를)문란하게 하다. ③ 왜곡하다; (문서 따위를)날조[위조]하다; (이야기를)와전하다; (판단 따위를)그르치다. Ce témoignage *altère* la vérité. 이 증언은 진상을 왜곡하는 것이다. ④ (안색을)풍하시키다. ⑤ 약화시키다(affaiblir). Il alterait l'amitié et la confiance. 그는 우정과 신뢰를 약화시키다. ⑥ [음악] 전조하다. ⑦ 목마르게 하다(donner soif). Cette longue marche nous *a altérés*. 오래 걸어서 목이 말랐다.
——**s'~** *v.pr.* 변하다; 변질되다; (풍속·건강이)악화되다, 썩다, 상하다; 변색되다; 손상되다; 풍하하다. Son visage *s'altère*. 그는 안색이 변했다. Le vin *s'altère* à l'air. 포도주는 공기를 쐬면 변질된다. Sa santé s'est *altérée*. 그의 건강이 악화됐다.

altérité [alterite] *n.f.* 『철학』 이타성(異他性).

alternance [alternɑ̃:s] *n.f.* 번갈음, 교대, 교체(alternation); 『식물』 호생(互生); 『농업』 윤작(輪作); (장식 무늬의)교착(交錯). ~ des générations 『생물』 세대교번. ~ des couches 『지질』 호층(互層). ~ vocalique 『언어』 모음교체. ~ des rimes 남성운(韻)과 여성운의 교착.

alternant(e) [alternɑ̃, -ɑ̃:t] *a.* 번갈아 드는[오는], 교대하는, 교차하는; 『농업』 윤작의. pouls ~ 『의학』 부정맥.

alternat [alterna] *n.m.* ①교체, 교대; 『농업』 윤작. ②『행정』 번갈아 가지기 되기. ③『법』 (조약에서)번갈아 우선권을 갖기.

alternateur [alternatœ:r] *n.m.* 교류 발전기.

alternatif(ve) [alternatif, -i:v] *a.* ① 번갈아드는, 교대의(↔ continu). charge ~ve 교대직(職). présidence ~ve 윤번제 의장직. culture ~ve 『농업』 윤작. courant ~ 『전기』 교류. mouvement ~ 『기계』 왕복운동. ② 양자택일의, 선택적인. obligation ~ve 『법』 선택채무(債務). proposition ~ve 『철학·논리』 선택[택일]명제. pétales ~s 『식물』 호생화판(互生花瓣).
——*n.f.* ①교체, 교대; 교착. La vie est une suite d'~ves de peines et de joies. 인생은 고락의 교차이다. ②양자택일. Je vous laisse l'~ve. 둘 중에 하나를 택하시오. Il n'y a pas d'~ve. 그밖에 택할 방법이 없다, 선택의 여지가 없다. ③ 진퇴유곡(양난), 궁지, 딜레마(dilemme). Je me trouve dans l'~ve de refuser ou d'accepter. 나는 거절하느냐 아니면 수락하느냐의 궁지에 빠져있다. ④ 『종교』 교대제. ⑤ (투우에서)투우사 서임식.

alternation [alternɑsjɔ̃] *n.f.* ① 교체, 교대(alternance); 교착. ~ d'énergie 에너지의 교체. ② (시계추 따위의 운동의)왕복. ③ 『수학』 순열.

alternativement [alternativmɑ̃] *ad.* 번갈아, 교대로; 차례로.

alterne [altern] *a.* ① 『식물』 호생의, 어긋나기의. feuilles (fleurs) ~s 호생엽[화]. ② angles ~s internes (externes) 『수학』 내 [외]착각(錯角).

alterné(e) [alterne] *a.p.* 갈마드는, 교대의; 엇갈린, 교차된. rimes ~es 『운율』(韻) (rimes croisées). série ~e 『수학』 교대급수.

alterner [alterne] *v.t.* 번갈아 하다. ~ (les cultures) 『농업』 윤작하다.
——*v.i.* ① 번갈아 뒤를 잇다, 갈마들다, 교대하다. 번갈아 있다. Ces deux fonctionnaires *alternent* tous les mois. 이 두 관리는 매달 번갈아 일한다. ② [~ avec] (와)번갈아 뒤를 잇다, 교대하다(se succéder). Il *alterne avec* les autres pour veiller. 그는 다른 사람과 교대로 야근을 한다. ③ 『농업』 윤작을 하다.

alterniflore [alterniflɔ:r] *a.* 호생화(花)의.

alternomoteur [alternɔmɔtœ:r] *n.m.* 『전기』 교류전동기.

altesse [altes] *n.f.* 전하(殿下)(경칭). Son *A~* le prince de Monaco 모나코공 전하.

althæa [altea] *n.f.*, **althée** [alte] *n.m.* 『식물』 접시꽃속(屬). ~ rose 무궁화.

altier(ère) [altje, -ɛ:r] *a.* ① 거만한, 오만한, 건방진(fier, hautain, ↔ modeste); 호기찬(arrogant). ② (성)우뚝 솟은, 드높은.

altièrement [altjɛrmɑ̃] *ad.* 《드물게》 거만하게; 건방지게.

altimètre [altimɛtr] *n.m.* 고도계(高度計). ~ enregistreur (항공기의)자기(自記)기압계.

altimétrie [altimetri] *n.f.* 고도측량; 『물리』 수준측량; (지도의)고도기호.

altimétrique [altimetrik] *a.* 고도측량의. baromètre ~ 고도계. radar ~ 전파 고도계.

altiport [altipɔ:r] *n.m.* (등산객·스키타는 사람을 위한)산지 특설 비행장.

altise [alti:z] *n.f.* 『곤충』 잎벌레과(科)의 작은 딱정벌레.

altissime [altisim] *a.* (익살) 거룩한, 귀하신.

altiste [altist] *n.* 『음악』 ① (옛) 알토 가수. ② 비올라 연주자.

*****altitude** [altityd] *n.f.* ① 해발, 표고(標高). ② 고지. cure d'~ 『의학』 고지 치료(법). mal des ~s [d'~] 고지(고산)병(mal des montagnes). être en ~ 고지(높은 곳)에 있다. ③ 『항공』 고도. prendre de l'~ 상승하다.

altitudinaire [altitydinɛ:r], **altitudinal(ale, pl. aux)** [altitydinal, -o] *a.* 표고의, 고도의. détenir le record ~ 『항공』 고도 기록을 보유하다.

alto [alto] *n.m.* 『이탈리아』 『음악』 ① 알토. ② 비올라; 알토 악기 《 알토 색소폰 따위 》. —*n.f.* 여성 처저음 (부) (contralto).

altocumulus [altokymylys] *n.m.* 『기상』 고적운(高積雲).

alto-fréquent(e) [altofrekɑ̃, -ɑ̃:t] *a.* 『전기』 고주파(高周波)의.

altostratus [altostratys] *n.m.* 『천문』 고층운(高層雲).

altruisme [altryism] *n.m.* 애타심, 애타[이타]주의 (↔ égoïsme).

altruiste [altryist] *a.* 애타[이타]주의의. —*n.* 애타[이타]주의자.

alucite [alysit] *n.f.* 『곤충』 곡식좀나방.

alude [alyd] *n.f.* (제본용)색양피(色羊皮) (alute).

aludel [alydɛl] *n.m.* (옛) 『화학』 질그릇을 연접한 판(管) 《옛날에는 각종 승화용으로 썼으나 지금은 수은 제조에 쓰임》.

aluette [alyɛt] *n.f.* 카드놀이의 일종.

alule [alyl] *n.f.* 『조류』 작은 날개.

alumag [alymag] *n.m.* 알루미늄과 마그네슘의 합금(合金).

alumelle [alymɛl] *n.f.* ① (나무·상아 따위를 깎는)강철칼. ② (옛) 검의 날, 칼날.

aluminage [alymina:ʒ] *n.m.* = **alunage**.

aluminaire [alyminɛ:r] 『광물』 *a.* 명반(明礬)을 함유하는.
——*n.f.* 알루미늄광석, 반도석(礬土石).

aluminate [alyminat] *n.m.* 『광물·화학』 알루민

산염(酸塩).
alumine [alymin] *n.f.* 《화학》 산화알루미늄, 알루미나, 반토(礬土).
aluminer [alymine] *v.t.* 산화알루미늄[알루미나]과 섞다(화합시키다); 《염색》 명반 용액에 담그다; 알루미늄을 입히다.
aluminerie [alyminri] *n.f.* ① 알루미늄 공장[제품 판매소]. ② 알루미나(명반)공장(alunerie).
alumineux(se) [alyminø, -ø:z] *a.* 알루미나질(質)의[을 함유하는]; 명반을 함유하는.
aluminiage [alyminja:ʒ] *n.m.* =**aluminure**.
aluminier [alyminje] *n.m.* 알루미늄 제조업자.
aluminière [alyminjɛ:r] *n.f.* =**alunière**.
aluminite [alyminit] *n.f.* 《광물》 반토석.
aluminium [alyminjɔm] *n.m.* 《화학》 알루미늄. sulfate d'∼ 황산알루미늄.
aluminothermi [alyminɔtermi] *n.f.* 《야금》 알루미노테미르법(法).
aluminure [alyminy:r] *n.f.* 알루미늄을 입히기.
alumnat [alɔmna] *n.m.* (미국·독일의)기숙학교; 《가톨릭》 (몇몇 교단의)신학교, 수련원.
alun [alœ̃] *n.m.* 《화학》 명반(明礬).
alunage [alyna:ʒ] *n.m.* 명반 용액에 담그기.
alunation [alynasjɔ̃] *n.f.* (자연 또는 인공적)명반 생성; 《염색》 명반 용액에 담그기.
alunerie [alynri] *n.f.* 명반 공장(aluminerie).
aluneux(se) [alynø, -ø:z] *a.* 명반성의.
alunier [alynje] *n.m.* 명반 제조업자.
alunière [alynjɛ:r] *n.f.* 명반 광산(공장).
alunifère [alynifɛ:r] *a.* 《광물》 명반을 함유한.
alunissage [alynisa:ʒ] *n.m.* 달에 착륙하기.
alunite [alynit] *n.f.* 《광물》 명반석(明礬石).
alutacé(e) [alytase] *a.* (곤충의 외피 또는 색의 조직이)무두질한 가죽 같은, 가죽 빛깔의.
alute [alyt] *n.f.* (제본용의)색양피(alude).
alvéolaire [alveɔlɛ:r] *a.* ① 벌집 모양의. ② 《해부》 치조(齒槽)의; 폐포(肺胞)의.
alvéole [alveɔl] *n.f.* (옛날에는 *m.*)① 벌집의 작은 구멍(cellue); 우묵한 곳(cavité). ② 서류 분류함. ③ (권총의)회전탄창. ④ 《해부》 ∼ dentaire 치조; ∼s pulmonaires 폐포. ⑤ 《식물》 방, 실(室). ⑥ 《전기》 소켓.
alvéolé(e) [alveɔle] *a.* 벌집 모양의; 곰보 모양의.
alvéolite [alveɔlit] *n.f.* 《의학》 폐포염 (肺胞炎).
alvier [alvje] *n.m.* =**alevinier**.
alvin(e) [alvɛ̃, -in] *a.* 아랫배의. flux ∼ 설사.
alysse [alis] *n.f.*[*m.*], **alysson** [alisɔ̃] *n.m.* 《식물》 알리숨 (겨자과의 잡초).
alyte [alit], **alytès** [alites] *n.m.* 《동물》 산파개구
am. 《약자》 =**amort**.
A.M. 《약자》 ① assurance mutuelle 상호보험. ② Arts et Métiers 공예. ③ âge mental 정신연령.
A.-M. 《약자》 Alpes-Maritimes (프랑스의 도(道)).
a.m. (라틴·약자) ante meridiem 오전.
amabilité [amabilite] *n.f.* ① 친절, 애교, 상냥함 (affabilité. ↔ grossièreté). être plein d'∼ 매우 상냥(친절)하다. avoir l'∼ de+*inf.* 친절하게 ⋯해 주다. ② (종종 *pl.*)예절, 자상한 배려. faire toutes sortes d'∼s à *qn* ⋯에게 아주 친절하게 대해 주다. *Auriez-vous l'∼ de+inf.?* ⋯해줄 수 없을까요?
amadis [amadis] (<*Amadis* (*de Gaule*), 16세기 기사소설의 주인공) *n.m.* 《옛》기사(騎士)티가 나는 애인. —*n.f.*[*m.*]《옛》《의복》손목을 단추로 채우는 꼭 끼는 소매.
amadou [amadu] *n.m.* 부싯깃. mèche d'∼ des anciens briquets 옛날의 (구식)라이터의 심지. prendre feu comme de l'∼ 《구어》걸핏하면 성을 내다,

성미가 욱하다.
amadouement [amadumɑ̃] *n.m.* 아첨, 애무.
amadouer [amadwe] *v.t.* ① 얼러맞추다, (에게)아첨하다; 애무하다. ② (손님을)교묘히 꼴다; 사근사근하게 대하다.
—*s'∼ v.pr.* 기분이 좋아지다, 화가 풀리다; 흐뭇해하다.
amadoueur(se) [amadwœ:r, -ø:z] *a.* 얼러맞추는.
—*n.* ① 얼러맞추는 사람. ② 부싯깃제조인.[서.
amadouvier [amaduvje] *n.m.* 《식물》 부싯깃버
amaigri(e) [amegri] *a.p.* ① 마른, 야윈, 홀쭉해진, 가느다래진; 용적(容積)을 줄인, 얇게 한. ② 메말라진, 불모가 된.
amaigrir [amegri:r] *v.t.* ① 여위게 하다, 홀쭉하게 하다, 가늘게 하다; (의)용적을 줄이다, 두께를 얇게 하다(↔ grossir). La maladie l'a *amaigri*. 그는 병으로 수척해졌다. ② (땅을)메마르게 하다.
—*v.i.* 여위다, 홀쭉해지다.
—*s'∼ v.pr.* 여위다; 용적이 줄어들다, 두께가 얇아지다.
amaigrissant(e) [amegrisɑ̃, -ɑ̃:t] *a.* 여위게 하는. régime ∼ 감지요법(減脂療法).
amaigrissement [amegrismɑ̃] *n.m.* ① 홀쭉해짐, 수척해짐, 야윔. ② 줄어듦, 얇아짐.
Amal (약자) amiral 제독(提督).
amalgamation [amalgamasjɔ̃] *n.f.* 《화학》 아말감으로 만들기, 혼홍(混汞). ② 《속어》(인종·사상 따위의)혼합(mélange), 융합(fusion). ③ (회사 따위의)합동, 합병.
amalgame [amalgam] *n.m.* ① 《화학》 아말감. ② 혼합물; 잡탕. ③ 《언어》 중합(重合). ④ 《프랑스사》 (군대의)혼성.
amalgamé(e) [amalgame] *a.* 《언어》 중합된. signifiant ∼ 중합능기(重合能記).
amalgamer [amalgame] *v.t.* ① (의)아말감을 만들다; 수은과 화합시키다. ② 《혼합시키다; (회사 따위를)합동[합병]시키다(fondre). ③ 《프랑스사》 (군대를)혼성하다.
—*s'∼ v.pr.* ① 아말감이 되다. ② 혼합되다. ③ 합동[합병]되다.
amalgameur(se) [amalgamœ:r, -ø:z] *n.* ① 아말감을 만드는 사람. ② 혼합[합병]하는 사람.
aman [amɑ̃] *n.m.* ① 회교도가 전투 중에 살려 달라고 외치는 소리; 항복하는 행위. demander l'∼ 항복하다. ② (시리아의 *Alep*에서 나는)면직물.
amandaie [amɑ̃dɛ] *n.f.* 편도(扁桃)나무 밭.
amande [amɑ̃:d] *n.f.* 《식물》 편도. ∼ amère (douce) 쓴 (단) 편도. huile d'∼(*s*) 편도기름, yeux en ∼ (편도 모양으로)가늘고 긴 눈. ② (과일의)인(仁), 씨.
∼ *mystique* (중세 고딕식 종교 건축에서의 성상(聖像)의)후광(後光). *Pour avoir l'∼, il faut casser le noyau.* 《속담》고생 끝에 낙이 온다.
amandé(e) [amɑ̃de] *a.* 편도즙이 든. —*n.m.* 편도유제(乳劑).
amandier [amɑ̃dje] *n.m.* 편도나무.
amandin(e) [amɑ̃dɛ̃, -in] *a.* 생타망몽롱(*Saint-Amand-Mont-Rond*, 프랑스의 도시)의.
—**A**∼ *n.* 생타망몽롱 사람. —*n.f.* 편도를 넣어 만든 과자; 단 편도와 설탕을 고아 만든 젤리.
amandinois(e) [amɑ̃dinwa, -a:z] *a.* ① 생타망드방돔(*Saint-Amand-de-Vendôme*, 프랑스의 도시)의. ② 생타망당퓌제(*Saint-Amand-en-Puisaye*, 프랑스의 도시)의. ③ 생타망레조(*Saint-Amand-les-Eaux*, 프랑스의 도시)의.
—**A** ∼ *n.* (위)의 사람.
amandon [amɑ̃dɔ̃] *n.m.* 올리브 핵 속의 인(仁).

amanite [amanit] *n.f.* 《식물》송이과(科) 독버섯의 1 속(屬)(알버섯·광대버섯 따위를 포함).

***amant(e)** [amɑ̃, -ɑ̃:t] *n.* ① (결혼 관계가 없는)애인, 정부(情夫) 《이 경우 여성쪽은 amante 가 아니라 maîtresse》;(옛) 연인(amoureux, maîtresse). ~ de cœur 정을 두고 있는 남자. ② (자연·자유·진리 따위의)애호자, 열애자. ~ de la Nature 자연 애호가. ~s des Muses 시인.

amarant(ac)ées [amarɑ̃t(as)e] *n.f.pl.* 《식물》비름과(科).

amarante [amarɑ̃:t] *n.f.* ① 《식물》맨드라미(비름속의 관상용 식물). ~ crête de coq 맨드라미. ~ coudée 줄맨드라미(queue-de-renard). ② bois d'~ 《브라질산의》자단(紫檀)류의 목재. —*n.m.* 맨드라미빛 《진한 자주빛》.
—*a.* (불변) 맨드라미빛의.

amarescent(e) [amaresɑ̃, -ɑ̃:t] *a.* 씁쓸한.
amareyeur [amarɛjœ:r] *n.m.* 굴 양식장의 고용인.
amaril(e) [amaril] *a.* 《의학》황열병의.
amarinage [amarina:ʒ] *n.m.* ① 바다에 익숙하게 함. ② (나포선에)승무원을 태움.
amariner [amarine] *v.t.* ①《해양》바다에 익숙하게 하다. ② (나포선에)승무원을 태우다.
—**s'~** *v.pr.* 바다에 익숙해지다.
amarque [amark] *n.f.* 《해양》경표(警標), 부표.
amarrage [amara:ʒ] *n.m.* ①《해양》(배를)매어놓음, 계선(繫船); 계류(繫留); 정박(소). canon [pieu, poteau] d'~ 계선주(繫船柱). droits d'~ 정박세. mât d'~ 《비행선의》계류탑. ② 동여맴, 묶음. fil d'~ 묶는 데 쓰는 끈이나 철사. faire un ~ [sur] *qc* ···을 묶다. ③ (나이프의) 기다란 끈.
amarre [ama:r] *n.f.* ①《해양》(배·기구 따위를 매어놓는) 밧줄; 닻줄; (*pl.*)계류장치. navire sur ses ~s 정박중인 배. rompre ses ~s (배가) 닻줄이 끊어져서 표류하다. de fond ~s 해양 정박용 장치《닻·닻줄 따위의 총칭》. lâcher les ~s 닻줄 매는 장치를 풀다. ② 붙들어 매는 밧줄, 계삭(繫索).
amarrer [amare] *v.t.* ①《해양》(선박·기구 따위를)매어 놓다, 정박시키다(attacher, ↔démarrer). navire *amarré* au quai 정박 중인 배. ② (동아줄 따위를) 8자 모양으로 매다. ③《건축》(벽 따위를)버팀목으로 받치다. ③《해양》(닻줄 따위를) 동여 묶다. ④《속어》붙잡다.
—**s'~** *v.pr.* 매이다, 정박하다.
amarreur [amarœ:r] *n.m.* ~ pour malle 《자동차》 트렁크 걸쇠.
amaryllidacées [amari(l)lidase] *n.f.pl.* 《식물》수선과(科).
amaryllis [amari(l)lis] *n.f.* ① 양치는(시골)처녀. ② 《식물》 아마릴리스.
amas [amɑ] *n.m.* ① 더미, 퇴적(堆積)(tas); (재산 따위의)축적; (식량 따위의)저장; 무리, 떼; (옛) 쌓기, 축적하기. ~ de glaces 《천문》성단(星團)(~ stellaire). ~ globulaire 구상성단(球狀星團). ~ local 지방성단, 국부성단. ~ ouvert 산개성단. ③《광산》광맥.
amassage [amasa:ʒ] *n.m.* ① 쌓아 올리기, 산더미를 만들기; 축적한 것.
amassement [amasmɑ̃] *n.m.* ① amasser 하기. ② amasser 한 것.
amasser [amase] *v.t.* ① 쌓다, 쌓아 올리다, 더미를 만들다(entasser). ② 저장하다, 축적하다, 저축하다(économiser, ↔gaspiller). ~ de l'argent 돈을 모으다. ~ du bien 큰 돈을 벌다. ~ la foule 군중을 모으다.
—*v.i.* 돈을 저축하다.

—**s'~** *v.pr.* ① 쌓이다, 모이다. Un orage *s'amasse*. 소나기가 쏟아지려 하고 있다. ② 축적[저장]되다. ③ 메짓다, 굳힌하다. Une foule devant la maison du mort lentement *s'amassait*. 죽은 사람 집 앞에 군중이 천천히 불어나고 있었다.
amassette [amasɛt] *n.f.* 《미술》팔레트 나이프.
amasseur(se) [amasœ:r, -ø:z] *n.* ① 수집가, 축적자. ② 축재자, 구두쇠.
amateloter [amatlɔte] *v.t.* 《해양》(선원들을)두 사람씩 짝지워 나누다.

***amateur** [amatœ:r] *n.m.* (여성형 amatrice 는 드묾) ① 애호자, 애호가. [être ~ de *qc*] Elle *est* grand ~ *de* musique. 그 여자는 대단한 음악 애호가이다. ~ de livres rares 희귀본 수집가. en ~ 아마추어로서, 취미로, 오락삼아. ② (구어)(물건을 살 사람, (물건의)작자. Arrêtez les enchères, je suis ~. 경매를 멈추십시오, 내가 사겠읍니다. Tout peut se vendre: il suffit de trouver l'~. 모두 팔릴 수 있다. 살 사람을 찾아내기만 하면 된다. ③ 소인(素人), 아마추어 (↔ professionnel). championnat des ~s 아마추어 선수권. tableau d'~ 취미로 그리는 사람의 그림.
—*a.m.* 애호가의; 아마추어의. peintre ~ 아마추어 화가.
amateurisme [amatœrism] *n.m.* 《미술·스포츠》아마추어임(신분), 아마추어주의.
amatir [amati:r] *v.t.* (금·은 따위의)윤을 없애다.
—**s'~** *v.pr.* 윤이 없어지다.
amativité [amativite] *n.f.* 정욕, 색정.
amaurose [amo(o)ro:z] *n.f.* 《의학》흑내장.
amaurotique [amɔ(o)rɔtik] *a.* 흑내장(黑內障)의.
—*n.* 흑내장 환자.
amazone [amazo:n] *n.f.* ① 여장부; (*A*~s) 《신화》 아마존 《고대 소아시아 북동지방에 살면서 전쟁·사냥을 일삼았다는 용맹스러운 여족(女族)》. ② 승마(복을 입은)여자; (여자)승마복. monter en ~ 두 다리를 한쪽으로 모아 말을 타다. ③《조류》아메리카산의 앵무새의 일종. ④ (*A*~) 아마존 강. ⑤(은어) (자동차를 타고 다니면서 손님을 끄는)매춘부.
amazonien(ne) [amazɔnjɛ̃, -ɛn] *a.* 아마존 강 (l'*Amazone*)유역의; 아마조니아(*Amazonia*, 브라질의 지방)의.
amazonite [amazɔnit] *n.f.* 《광물》아마조나이트, 아마존석(石), 천하석(天河石)(연두색 장석의 일종으로 장식용).
ambacien(ne) [ɑ̃basjɛ̃, -ɛn] *a.* =amboisien.
ambages [ɑ̃ba:ʒ] *n.f.pl.* 너지시 돌려 말하기, 에둘러 말하기. parler sans ~ 솔직히 말하다, 단도직입적으로 말하다.
***ambassade** [ɑ̃basad] *n.f.* ① 대사의 직[역할·사명]. envoyer *qn* en ~ ···을 대사로 파견하다. ② 대사관 (hôtel des ambassadeurs). 《집합적》대사관 직원. secrétaire d'~ 대사관 서기관. ③ 사절(使節). ④ 《구어》(개인 사이의 어려운)심부름, 전갈, 용무. se charger de l'~ 전갈을 부탁받다.
***ambassadeur** [ɑ̃basadœ:r] *n.m.* ① 대사. ~ auprès du roi d'Angleterre 주영(駐英)대사. ~ ordinaire 상주대사. ~ extraordinaire 임시대사. accréditer un ~ 대사에게 신임장을 주다. un pas d'~ 《비유적》무거운 발걸음. ② (자기 나라의 문화를 외국에 소개하는)사절(使節). ~ de l'esprit français 프랑스 문화사절. ③《구어》심부름꾼, 사자(使者).
ambassadorial(ale, *pl.* **aux)** [ɑ̃basadɔrjal, -o] *a.* 대사[사절]의.
ambassadrice [ɑ̃basadris] *n.f.* ① 대사 부인. ② 여자 대사. ③《구어》여자 심부름꾼.

ambe [a:b] *n.m.* ① 같은 두 수자[낱말]의 결합. ② 추첨 따위에서 뽑은 같은 두 수자.

ambesas [ɑ̃bzɑ:s] *n.m.* 《놀이》 2개의 주사위에 같은 1점이 나오지, 따라지.

ambi- *préf.* 「양쪽」의 뜻.

ambiance [ɑ̃bjɑ̃:s] *n.f.* ① 《물질적·정신적》환경, 분위기(atmosphère). ~ générale 일반적인 분위기〔상황〕. ② 명랑한 분위기, 활기. Il y a de l'~ dans ce café. 이 다방은 분위기가 좋다. éclairage d'~ 〔휴식에 적합한 희미하고 부드러운〕전실〔全室〕조명.

ambiant(e) [ɑ̃bjɑ̃, -ɑ̃:t] *a.* 주위의.

ambidextérité [ɑ̃bidɛksterite] *n.f.* 양손잡이 (솜씨).

ambidextre [ɑ̃bidɛkstr] *a.* 양손잡이의.
—*n.* 양손잡이 (사람).

ambidextrie [ɑ̃bidɛkstri] *n.f.* =ambidextérité.

ambigu(ë) [ɑ̃bigy] *a.* 애매한, 모호한, 두 가지 뜻으로 새겨지는(équivoque, ↔ précis); 《생물》명확히 분류할 수 없는, 중간의. —*n.m.* ① 혼합물. ② 《찬 고기와 과일을 함께 접시에 담은》냉〔冷〕요리. ③ 《카드놀이》 혼합놀이. ④ ~ comique 《옛》《연극》혼합극.

ambiguïté [ɑ̃biɡɥite] *n.f.* 《뜻이》모호〔함〕, 애매(obscurité, ↔ clarté). sans ~ 명확하게.

ambigument [ɑ̃bigymɑ̃] *ad.* 모호하게, 애매하게.

ambitieusement [ɑ̃bisjøzmɑ̃] *ad.* 야심을 가지고, 대망을 품고.

ambitieux(se) [ɑ̃bisjø, -ø:z] *a.* ① 야심이 있는, 야심적이, 대망을 품은; 갈망〔열망〕하는, projet ~ 야심적인 계획. [~ de ~ du pouvoir 권력을 노리고 있는. être ~ de+inf. ~하기를 갈망하다, ~을 야심이 있다. ② 《문제 따위가》 까다로운, 다듬어진. —*n.* 야심가; 대망을 품은 사람.

***ambition** [ɑ̃bisjɔ̃] *n.f.* 야심; 갈망; 대망. sans ~ 야심이 없이〔없는〕. avoir de l'~ 야심이 있다. avoir l'~ de qc (de+inf.) ~에 대한 〔~하고자 하는〕 야심이 있다. mettre son ~ à+inf. ~할 야심〔대망〕을 품다.

ambitionner [ɑ̃bisjɔne] *v.t.* 갈망〔열망〕하다, 열심히 추구하다. ~ de+inf.; ~ que+sub. ~하기를 갈망〔열망〕하다.

ambivalence [ɑ̃bivalɑ̃:s] *n.f.* 《심리》반대 감정의 양립〔兩立〕, 양면 감정. ② 양면성. ~ de l'histoire 역사의 양면성.

ambivalent(e) [ɑ̃bivalɑ̃, -ɑ̃:t] *a.* 《심리》반대 감정이 양립한, 양면 감정을 가진; 양면성을 지닌.

amble [ɑ̃:bl] *n.m.* 《승마》측대보〔側對步〕《네발 짐승이 같은 편의 앞발과 뒷발을 동시에 올려서 걷는 걸음걸이》. aller l'~ 측대보로 가다. ~ rompu 가벼운 뛰기《말이 대각선으로 다리를 올려서 뛴다》.

ambler [ɑ̃ble] *v.i.* ① 《승마》측대보로 걷다. ② 《구어》뛰어가다.

ambleur(se) [ɑ̃blø:r, -ø:z] *a.* 측대보로 걷는.
—*n.* 측대보로 걷는 말.

amblyope [ɑ̃bli(j)ɔp] 《의학》*a.* 약시〔弱視〕의.
—*n.* 약시의 사람.

amblyopie [ɑ̃bli(j)ɔpi] *n.f.* 《의학》약시.

amblyrhynque [ɑ̃blirɛ̃:k] *n.m.* 《동물》바다도마뱀.

amblystome [ɑ̃blistɔm] *n.m.* 《동물》《북아메리카산의》도롱뇽 무리.

ambocepteur [ɑ̃bosɛptœ:r] *n.m.* 《의학》양수체〔兩受體〕, 쌍수체(雙受體).

amboine [ɑ̃bwan] *n.f.* ①(A~) 《지리》암보이나(섬), ②암보이나 목재(bois d'A~).

amboisien(ne) [ɑ̃bwazjɛ̃, -ɛn] *a.* 앙부아즈(Amboise, 프랑스의 도시)의. —**A~** *n.* 앙부아즈사람.

ambon [ɑ̃bɔ̃] *n.m.* 《초기 그리스도 교회의》독경대(讀經臺); 설교단.

ambre [ɑ̃:br] *n.m.* ① 용연향(龍涎香)(~ gris). ② 호박(琥珀)(~ jaune[succin]). collier d'~ 호박 목걸이. couleur d'~ 호박색, 황갈색. d'~ 호박색〔황갈색〕의. ③ 합성호박. ④ 방향(芳香). *un homme fin comme l'~* 교활한 사나이.

ambré(e) [ɑ̃bre] *a.p.* ① 용연향의 냄새가 나는. ② 호박색의; 〔색깔이〕따스해 보이는.

ambréine [ɑ̃brein] *n.f.* 암브레인.

ambrer [ɑ̃bre] *v.t.* 〔에〕용연향의 냄새가 나게 하다.

ambrette [ɑ̃brɛt] *n.f.* 《식물》① 오크라《의 열매》. poire d'~ 용연향배〔梨〕. ② 《사향냄새가 나는》수레국화의 일종.

ambrin(e) [ɑ̃brɛ̃, -in] *a.* 호박(琥珀)같은; 호박색의.

ambroïne [ɑ̃brɔin] *n.f.* 합성 호박.

ambroisie [ɑ̃brwazi] *n.f.* 《그리스신화》《올림푸스의》신들의 양식. parfum d'~ 향기로운 냄새. ② 맛있는 음식, 맛좋은 요리. ③ 《식물》세네시나류(類).

ambroisien(ne) [ɑ̃brwazjɛ̃, -ɛn], **ambrosiaque** [ɑ̃brɔzjak] *a.* 매우 향기로운.

ambrosie [ɑ̃brɔzi] *n.f.* ① 《그리스신화》신들의 양식; 맛있는 음식. ② 《식물》두드러기쑥속.

ambrosien(ne) [ɑ̃brɔzjɛ̃, -ɛn] *a.* 《종교·음악》성 암브로지오(Saint Ambroise)의의. chant ~ 암브로지오식 성가(聖歌).

ambulacre [ɑ̃bylakr] *n.m.* ① 나무를 가지러히 심어 놓은 유원지. ② 《극피동물의》보대(步帶).

ambulance [ɑ̃bylɑ̃:s] *n.f.* ① 상이병 운반차; 구급차(voiture d'~). Appelez l'~! 구급차를 부르세요! transporter *qn* en ~을 구급차로 실어 나르다. ② 《군사》이동 야전 병원; 위생대. poste d'~ 야전 위생부. ③ 《옛》순회, 순력; 순회 정세관(徵稅官)의 직.

ambulancier(ère) [ɑ̃bylɑ̃sje, -ɛr] *n.* 구급차 운전사; 《옛》이동 야전 병원 소속 간호병〔간호부〕.

ambulancier-brancardier [ɑ̃bylɑ̃sjebrɑ̃kardje] (*pl.* **~s-~s**) *n.m.* 이동 야전 병원 소속의 들것 운반병.

ambulant(e) [ɑ̃bylɑ̃, -ɑ̃:t] *a.* ① 순회〔순행·순력〕하는. brigade ~e 〔도로 인부들의〕순회반. comédiens ~s 순회 극단 배우. marchand ~ 행상인. vente ~e 열차내 판매. cadavre ~《구어》뼈와 가죽뿐인 사람. vie ~e 방랑 생활. ② 《옛》《의학》이행(移行)의. érésipèle ~ 소요성 단독(丹毒), 유주성(遊走性) 단독. —*n.m.* ① 《옛》《여행중의》우편관(bureau ~); 우편차 사무원. ② 행상인.

ambulation [ɑ̃bylɑsjɔ̃] *n.f.* 《드물게》걸어다니기, 산책.

ambulatoire [ɑ̃bylatwɑ:r] *a.* ① 《드물게》보행의, 순회의. écoles ~s 순회학교. ② 《옛》《법》소재지가 일정하지 않은. ③《옛》변하기 쉬운. —*n.m.* 《건축》회랑(回廊).

A.M.D.G. 《약자》Ad majorem Dei gloriam 《종교》신의 최대 영광을 위하여《예수회 표어》.

:âme [ɑ:m] *n.f.* ① 영혼, 넋; 혼, 명령. l'~ et le corps 영혼〔정신〕과 육체. immortalité de l'~ 영혼의 불멸. pays des ~s 황천. prier pour l'~ de *qn* ~의 명복을 빌다.

② 정신; 마음, 심정, 근성. en avoir l'~ navrée 그 때문에 상심하고 있다. ouvrir son ~ à *qn* ~에게 자기의 진정을 토로하다. état d'~ 정신상태, 심정, 기분. ~ basse 〔de boue, de laquais〕열등〔저속한 마음을 가진 사람〕. bonne ~ 착한 마음〔을 가진 사람〕. grande ~ 고매한 정신〔을 가진 사람〕. Les yeux sont le miroir de l'~. 눈은 마음〔영심〕의

의 거울이다.
③ 감정, 감수성(sensibilité). avoir de l'~ 인정이 많다, 정감이 풍부하다. Ce chanteur a de l'~. 이 가수는 정감이 풍부하게 노래한다. chanter[parler] avec ~ 감정을 담아 노래하다[말하다]. manquer d'~ ; être sans ~ 냉담하다, 인정이 없다. homme sans ~ 인정없는 사람. être tout ~ 지극히 민감하다; 다감하다.
④ 생명, 목숨. La sculpture donne de l'~ au marbre. 조각은 대리석에 생명을 불어 넣는다.
⑤ 사람, 인간, 주민; 《호칭》 사랑하는 사람. mon ~; ma chère ~; ~ de mon ~ 사랑하는 이. Vous n'y trouverez pas une ~. 거기에 한 사람도 없을거예요. ville de 50 000 ~s 인구 5만의 도시. ne (pas) rencontrer ~ qui vive 아무도 못 만나다.
⑥ 중심인물, 수뇌자. Cet homme était l'~ du complot. 이 사람이 주모자였다.
⑦ (사물의) 생명, 중추, 중심. La discipline est comme l'~ de l'armée. 군기는 군대의 생명이다.
⑧ (총포·펌프의) 내강(內腔); (동상 따위의) 심형(心型); (전선 따위의) 심, 심선; (도리·들보의) 복부; (현악기의) 혼주(魂柱); (레일의) 수직부.
⑨《옛》《문장》 명구(銘句).

~ en peine 지옥[연옥]의 고통을 겪고 있는 넋; 괴로움[불안]에 떨고 있는 넋. être comme une ~ *en peine* 심한 불안[고민]에 싸여 있다. errer comme une ~ *en peine* 서글프게 헤매다.
~ sœur 이상과 취향이 같은 사람.
avoir charge d'~(s) 영혼을 구제하는 임무를 맡다; 지도하는 일을 맡다.
avoir l'~ chevillée au corps 강한 지구력이 있다; 불사신이다.
avoir la mort dans l'~ 죽음같은 슬픔을 안고 있다; 비관하고 있다.
dans l'~ 마음속으로; 전적으로; 철두철미, 골수의. Il est musicien *dans l'~*. 그는 철두철미한 음악가이다.
de toute son ~ 마음을 다하여, 진심으로.
être ému jusqu'à l'~ [*jusqu'au fond de l'~*] 깊이 감동되다.
se donner à qn corps et ~(s) …에게 몸과 마음을 바치다, 온 정성을 다하다.
sur mon ~ 《옛》명예를 걸고, 목숨을걸고.

amel [amɛl] 《아라비어》 n.m. (모로코의)총독.
amélanche [amelɑ̃:ʃ] n.f. 《식물》채진목(菜振木)의 열매.
amélanchier [amelɑ̃ʃje] n.m. 《식물》채진목.
améliorable [ameljɔrabl] a. 개선[개량]될 수 있는, 개선[개량]되어야 할.
améliorant(e) [ameljɔrɑ̃, -ɑ̃:t] a. 개선[개량]하는; 토지를 기름지게 하는.
améliorateur(trice) [ameljɔratœ:r, -tris], **amélioratif(ve)** [ameljɔratif, -i:v] a. 《드물게》개선하는, 개량하는.
***amélioration** [ameljɔrasjɔ̃] n.f. ① 개량, 개선, 개수; (건강의) 회복; 진보, 호전. Il y a une ~ dans les affaires. 경기가 좋아졌다. apporter des ~s à qc … 을 개량하다. ② (pl.) (토지·가옥 따위의)개량작업, 개수공사. ~s foncières 토지개량.
***améliorer** [ameljɔre] v.t. ① 개량하다, 개선 [개수]하다; 더욱 좋게 하다 (embellir, ↔ détériorer, empirer). ~ la race bovine 소의 품종을 개량하다. ~ l'état d'un malade 환자의 용태를 호전시키다. ~ une maison 집을 보수하다. ~ un texte 문장을 좋게 고치다. ~ sa position 그의 지위를 향상시키다. ② 가치를 증가시키다.

—*s'~* v.pr. ① 개량[개선·개수]되다, 더욱 좋아지다, 진보하다. Ma santé ne s'est pas améliorée. 나의 건강은 호전되지 않았다. Le temps s'améliore. 날씨가 좋아진다. ② 가치가 증가되다.
amen [amɛn] 《<《헤브라이》 ainsi soit-il》 int. 아멘.
—*n.m.* 《복수불변》① 아멘. ② 동의, 찬동 (oui et) ~ à …에 동의하다. ③ 끝. depuis[de] pater jusqu'à[à] ~ 처음부터 끝까지.
amenage [amnaʒ] n.m. ① 수송, 운송. frais d'~ 운임. ② 《기계》 가공 원료의 공급.
aménageable [amenaʒabl] a. 보수할 수 있는. cours d'eau ~ 보수할 수 있는 하천.
aménagement [amenaʒmɑ̃] n.m. ① (집 따위를) 정돈[정비]하기(arrangement); 설비하기; (폭포 따위를)동력으로 이용하기; (삼림·목장 따위의) 벌채(벌초)구역을 정하기; 구획 정리; 분배. ~ du territoire 국토 시간의 계획적 이용. ② 《철도》 (선로의)경사를 느리게 하기. ④ 설비; 비품. ⑤ (pl.) 《해양·항공》 선실, 여객실.
aménager [amenaʒe] [3] v.t. ① (소정의 목적을 위하여, 잘 이용하기 위하여)정리[정비·정돈]하다 (agencer); 필요품을 갖추다. Il a fini d'~ son appartement. 그는 자기 아파트의 정돈을 마쳤다. Le rez-de-chaussée *a été aménagé* en laboratoires. 1층은 실험실로 개조되었다. ~ un paquebot (새로 건조한)상선을 정비[의장]하다. ~ une usine 공장을 정비하다. ~ une législation ancienne 오래된 법률을 개정하다. ② 구획 정리하다; (삼림·목장 따위의)벌채[벌초]구역을 정하기; (공급품 따위를)분배하다. ~ une forêt 산림의 벌채를 규제하다, 계획적으로 산림을 개발[이용]하다. ③ 《철도》(선로의)경사를 완만하게 하다.
—*s'~* v.pr. 정리[정돈]되다; 꾸며지다, 설비가 갖추어지다.
aménageur [amenaʒœ:r] n.m. 국토개발 종사자.
aménagiste [amenaʒist] n.m. 산림개발 종사자.
amendable [amɑ̃dabl] a. ① 개량[개선·수선·수정]할 수 있는. ② 《고대법》 벌금으로 갚을 수 있는.
amendage [amɑ̃da:ʒ] n.m. (토지의)개량.
amende [amɑ̃:d] n.f. ① 벌금 (~ pécuniaire). encourir une ~ 벌금을 부과받다. Il a été condamné à un an de prison et à 500 francs d'~ 1년의 징역과 500프랑의 벌금형을 선고받다. prononcer une ~ 벌금형을 내리다. ② 사죄.
condamner qn à l'~[*une~*]; *mettre qn à l'~*; *frapper qn d'une ~; infliger une ~ à qn* …을 벌금형에 처하다. *«Défense d'entrer sous peine d'~»* "무단 출입자는 벌금형에 처함." *faire ~ honorable* 공개적으로 사죄하다[용서를 빌다]. (*C'est la coutume de Loritz*,) *les battus payent l'~*. 지는 사람이 역하이다.
amendement [amɑ̃dmɑ̃] n.m. ① 개량, 개선, 개심, 비옥하게 하기; 건강의 회복. ② 《정치》수정(법안의)수정, 수정안. ③ 비료.
amender [amɑ̃de] v.t. ① 개량하다, 개선하다 (améliorer). (땅을)비옥하게 하다. ② 《정치》(법안을) 수정하다. ③ [~ qn] (의)행실[결점]을 고쳐주다 (corriger). ④ 벌금형에 처하다. —*v.i.* 좋아지다; 행실을 고치다.
Jamais cheval ni méchant homme n'amenda pour aller à Rome. 《속담》 세살 적 버릇이 여든까지 간다.
—*s'~* v.pr. ① (성격 따위가)좋아지다; (병세가) 좋아지다. ② 행실을 고치다. ③ (땅이) 개량되다, 걸어지다.
amène [amɛn] a. ① 《문어》 (사람의 성격·태도·말씨가)온순한, 온화한, 상냥한, 사근사근한 (aimable). ② (기후·풍토·경치가)온화한, 아담한, 쾌적한(agréable).
amenée [amne] *n.f.* ① (물 따위를) 끌어오기; 《기계》 급수관, 공급관. tuyau (conduite) d'~ 배수관. ② (공기의) 입구. — d'air 공기 입구.
‡amener [amne] [4] *v.t.* ① ⓐ 데리고 오다(가다). ~ *qn* à un endroit … 어떤 장소에 데리고 오다(가다). Mon père m'*amènera* ce soir au cinéma. 아버지께서 나를 오늘 저녁 영화관에 데리고 가실 것이다. mandat d'~ 구인장(拘引狀). ⓑ [~ *qn* à *qc/*à+*inf*.] (을) (으로) 이끌다; (에게) (하도록) 하다 (conduire, entraîner). ~ *qn* à résipiscence …에게 죄를 뉘우치게 하다. ~ *qn* à son opinion …을 설득하여 자기 의견에 동의시키다. Je l'*amènerai* à partager notre point de vue. 나는 그로 하여금 우리들과 견해를 같이 하게 하겠다. ② ⓐ 끌어들이다, 도입하다; 오게 하다. comparaison bien *amenée* 적절한 비유. ~ l'eau dans une maison 집에 물을 끌다. ⓑ(주어는 사물) 초래하다, 야기시키다. L'excès de vitesse et la maladresse des conducteurs *amènent* de nombreux accidents. 운전자의 실수(서투른 솜씨)는 많은 교통사고를 일으킨다. Ce vent nous *amènera* la pluie. 바람이 부는 것을 보니 비가 올 것 같다. ③ 《해양》 (돛·기·닻 따위를) 내리다; 항복하다. ~ le pavillon [les couleurs] 항복하다. ~ une embarcation 보트를 내리다. ④ (주사위를 던져서) (갈) 준비하다.
Quel bon vent vous amène? 무슨 바람이 불어 [무슨 일로] 이렇게 오셨읍니까? *Un malheur en amène un autre.* (한가지 불행은 다른 불행을 부른다) 화불단행(禍不單行).
—*v.i.* 항복하다.
—s'~ *v.pr.* 《속어》 오다(venir). *Amène-toi ici!* 이리 오너라.
aménité [amenite] *n.f.* ① (태도 따위의) 얌전함, 우아스러움, 귀염성; 친절; (문체의) 우아함. ② (장소·건물·기후 따위의) 쾌적함, 쾌감. ③ (*pl.*) (반어적) 말다툼; 욕지거리.
aménomanie [amenɔmani] *n.f.* 《의학》 병적인 상쾌감, 병적 쾌활.
aménorrhée [amenɔre] *n.f.* 무월경(無月經), 월경 폐지(감소).
amentacées [amɑ̃tase] *n.f.pl.* 《식물》 유세과(荑葇科).
amentifère [amɑ̃tifɛːr] *a.* 《식물》 유제화(花)가 있는.
amentiforme [amɑ̃tifɔrm] *a.* 《식물》 유제화와 같은.
amenuisement [amnɥizmɑ̃] *n.m.* ① 엷어짐, 얇아지기, ② (깎아서) 작게 하기. ③ (정당의) 당세 쇠퇴.
amenuiser [amnɥize] *v.t.* ① 엷게 하다(amincir, ↔ épaissir). ② (깎아서) 작게 하다.
—s'~ *v.pr.* ① 엷어지다, 작아지다. ② 자기 …을 (정당의 당세가) 쇠퇴하다.
***amer¹(ère)** [amɛːr] *a.* ① (맛이) 쓴(âpre). avoir la bouche ~*ère* 입안이 쓰리다, ② (경험 따위가) 쓰라린, 뼈저린(douloureux, pénible, triste). larmes ~*ères* 쓴 눈물. expérience ~*ère* 쓰라린 경험. Il est d'une bêtise ~*ère*. 지독한 바보이다. Il est bien ~ à *qn* de+*inf*. …하는 것은 …에게는 견딜 수 없는 일이다. ③ 신랄한, 가혹한(mordant, dur). ironie ~*ère* 신랄한 풍자(야유). faire d'~*s* reproche à *qn* …을 가혹하게 비난하다.
~ *comme chicotin* [*la suie*] 지독하게 쓴.
onde ~ère;flots ~s 《시》 바다, 바닷물.
Qui(Ce qui) est ~ à la bouche est doux au cœur. 《속담》 좋은 약은 입에 쓰다.
—*n.m.* ① 쓴 것; 쓴 맛; (*pl.*) 고미제(苦味劑)《식욕증진제》. ② 《엣》쓸개즙(fiel), 쓸개주머니. ③ 쓴 식물을 달인 약.

amer² *n.m.* 《해양》 (물 위의) 항로 표지.
amer-curaçao [amɛrkyraso] (*pl.* ~*s*~) *n.m.* 고미제가 든 퀴라소.
amèrement [amɛrmɑ̃] *ad.* 비통하게; 지독하게; 신랄하게; 견딜 수 없게. pleurer ~ sur sa jeunesse perdue 잃어버린 청춘에 대해서 애절하게 눈물짓다. critiquer ~ 신랄하게 비난하다.
***américain(e)** [amerikɛ̃, -ɛn] *a.* 아메리카(대륙)의; 아메리카 합중국의, 미국의. voiture ~*e* 미국제 자동차. continent ~ 아메리카 대륙.
à l'~e 아메리카식으로(의). *avoir l'œil ~* 《구어》 빈틈없다. *vol à l'~e* 우선 신용을 얻어 놓고서 행하는 사기.
—*A~ n.* 아메리카 사람. ~ *du Sud* 남아메리카 사람. —*n.m.* 미국어, 미국영어. —*n.f.* 경쾌한 4륜마차; 미국제 자동차; 미국담배.
américanisation [amerikanizasjɔ̃] *n.f.* 아메리카화, 미국화.
américaniser [amerikanize] *v.t.* 아메리카화하다, 미국식으로 하다.
—s'~ *v.pr.* 아메리카화되다, 미국식으로 되다.
américanisme [amerikanism] *n.m.* ① 아메리카식, 미국식. ② 미국 숭상, 친미(親美)경향. ③ 아메리카 연구. ④ 《언어》 미국 어법.
américaniste [amerikanist] *n.* ① 아메리카 연구가. ② 《구어》 미국 숭배자.
américium [amerisjɔm] *n.m.* 《화학》 아메리슘.
amérindien(ne) [amerɛ̃djɛ̃, -ɛn] *a.* 아메리카 인디언의. —*A~ n.* 아메리카 인디언.
Amérique [amerik] *n.pr.f.* 아메리카. ~ *du Nord* 북아메리카, 북미. ~ *du Sud* 남아메리카, 남미.
amérir [ameriːr], **amerrir** [amɛriːr] *v.i.* 《항공》 바다에 내리다, 착수(着水)하다.
amérissage [amerisaːʒ], **amerrissage** [amɛrisaːʒ] *n.m.* 《항공》 착수(着水).
Amerlo(t) [amɛrlo], **Amerloc, Amerloque** [amɛrlɔk] *n.m.* 《속어》 미국 사람.
amertume [amɛrtym] *n.f.* ① 쓴 맛(↔ douceur). Mettez davantage de sucre pour atténuer l'~ du café. 커피에 쓴 맛을 약하게 하기 위해서 설탕을 더 넣으시오. ② 고통, 고민, 고난, 쓰라림; 슬픔, (*pl.*)《문어》 피로운 경험, 고초; (말·문장 따위의) 신랄함; 가혹함; (양조》 (변질로 인한) 포도주의 쓴 맛. boire le calice d'~ 쓴 잔을 마시다. goûter l'~ *des désillusions* 환멸의 고초. avec ~ 신랄하게. ~ *de ses sarcasmes* 그의 신랄한 빈정거림. Il y a bien de l'~ *dans ses paroles.* 그의 말에는 무척 가시가 돋쳐 있다.
améthyste [ametist] *n.f.* 《광물》 자수정(紫水晶). *a.* (불변) 자수정 빛깔의.
améthystin(e) [ametistɛ̃, -in] *a.* 자수정 빛깔의.
amétrope [ametrɔp] *a.* 《의학》 (난시·근시 따위) 부정시(不正視)의, 눈의 굴절 이상의.
amétropie [ametrɔpi] *n.f.* 《의학》 눈의 굴절 이상, 부정시증.
ameublement [amœbləmɑ̃] *n.m.* ① 실내 장식, tissus d'~ 실내장식용 직물. ② 가구(한 벌 또는 집합적)(meuble); 가구(일습의)비치. consulter un décorateur l'~ d'une maison 집의 가구 비치에 관해 실내장식 전문가의 의견을 듣다.
ameublir [amœbliːr] *v.t.* ① 《농업》 (경지를) 부드럽게 하다. ② 《법》 (부동산을)동산으로 하다; (남편 또는 부인의 부동산을)부부의 공유 재산으로 넣다.
ameublissement [amœblismɑ̃] *n.m.* ameublir 하

ameulonner [amœlɔne] *v.t.* (건초 따위를)쌓아 올리다.
ameutable [amøtabl] *a.* 불러 모으기 쉬운; 부추기기 쉬운, 선동하기 쉬운.
ameutement [amøtmɑ̃] *n.m.* ① (사냥개를)불러 모으기; 사냥개의 한떼. ② (폭동을 일으키기 위해)폭도를 모으기; 폭도.
ameuter [amøte] *v.t.* ① (폭도를)선동하여 모으다; 선동하다 (soulever, ↔ calmer). ② (화를)돋구다, 흥분시키다. ③ 《사냥》 (사냥개를)불러 모으다. ④ 《해양》 (선원을)단결시키다.
—**s'**~ *v.pr.* ① 폭도화하다; 폐지어 모이다 (s'attrouper). ② (사냥개가)모여 떼를 짓다.
amex [amɛks] *n.m.pl.* 《속어》미국 군인.
‡**ami(e)** [ami] *n.* ① 친구, 동무, 동료, 벗. ~ d'enfance 소꿉친구, 죽마고우. grand ~ 절친한 친구. ~ de collège(de régiment) 학교동창(군대동료). ② 애인, 연인, 정부(amant, maîtresse). ③ 애호가. ~ de la bouteille 애주가. les ~s du livre 애서가들(les bibliophiles). ④ 우방, 동맹국; 자기편; 후원자. ~s de la France 프랑스의 우방. ~ du peuple 민중의 벗. La société des ~s de la Constitution 자코뱅당.
bon [*petit*] ~ ; *bonne* [*petite*] ~*e* 애인.
en ~ 친구로서.
mon ~ (친구지간에 또는 윗사람이 아랫사람에게) 여보게, 이 사람아; (남편에게)여보 (부인에게는 mon ~e).
m'~*e* (옛) =mon ~.
mon petit ~, *eh l'*~ ! (구어)여보게, 이 사람아 !
REM *ami* 서로 애정으로써 맺어진 친구:mon meilleur *ami* 나의 가장 좋은 벗. **connaissance** 애정의 유무를 불문하고 그저 아는 사람, 지인:simple *connaissance* 그저 지면이 있는 사람. **relations** 애정보다 사업·사교·정치 따위에서 관계가 있는 사람. **camarade** ami 보다 뜻이 약해서 꼭 애정과 관계는 없음. 주로 학교·군대·공장·극단 따위의 친구, 동료로:*camarades* de classe 동급생, 급우.
—*a.* ①애호하는, 사랑하는; 친한, 정다운, 친절한(amical); 호의적인(affectueux, propice); 자기편의, 우방의(allié). [~ de *qc*] Il est ~ *des* arts. 그는 예술 애호가이다. ~ *de* la nature 자연을 애호하는 사람. peuples ~s 우방 국민. main ~*e* 우정의 손길. visage ~ 호의적인 얼굴. [être ~ *avec qn*] Je *suis* très ~ *avec* son père. 나는 그의 부친과 매우 친한 사이이다. ②순조로운 (propice); 어울리는 (assorti), 다행한. destins ~s 행운. vents ~s 순풍. couleurs ~*es* 잘 어울리는 빛깔.
amiable [amjabl] *a.* ① 화해적인, 협화적인, 협의로 이루어진, 타협적인. ~ compositeur 조정자, 중재인. ② nombres ~ s 《수학》친화수(親和數). ③ 《옛》애교있는, 상냥한; 유익한.
à l'~ 협의로, 협상하고; 협의하고서, 합의를 보고. règlement à l'~ 협상에 의한 해결.
amiablement [amjabləmɑ̃] *ad.* ① 협의 하에, 합의적으로. ② 《옛》상냥하게.
amiante [amjɑ̃:t] *n.m.* 《광물》 석면(石綿). ~ platiné 백금 석면. carton d'~ 석면판.
amiante-ciment [amjɑ̃tsimɑ̃] *n.m.* 석면 시멘트.
amianté(e) [amjɑ̃te] *a.* 석면을 입힌.
amiantin(e) [amjɑ̃tɛ̃, -in] *a.* 석면으로 만든.
amibe [amib] *n.f.* 《동물》 아메바.
amibiase [amibja:z] *n.f.* 《의학》 아메바증(症).
amibien(ne) [amibjɛ̃, -ɛn] *a.* 《의학》 아메바성의. —*ne* 아메바성 이질.
amibiforme [amibifɔrm] *a.* 아메바 모양의.
amiboïde [amibɔid] 《생물》 *a.* 아메바 같은(비슷한). —*n.m.* 아메바.
amiboïsme [amibɔism] *n.m.* (세포의)아메바상(狀) 전위(轉位).
*****amical(ale, *pl. **aux**) [amikal, -o] *a.* 우정의, 우정어린, 정다운, 친절한, 친밀한; 호의적인(cordial). ton ~ 다정한 어조. relations ~*ales* 우호관계.
—*n.f.* 친목회(association ~*ale*); 클럽; (학교 따위의) 동창회. ~*ale* des anciens élèves 졸업생 동창회. ~*ale* des anciens combattants 재향군인회, 전우회. ~*ale* des locataires 하숙인 조합.
*****amicalement** [amikalmɑ̃] *ad.* 우정을 기울여; 친절하게; 정답게. Bien ~ à vous; Bien ~ vôtre 안녕히 ! (우정을 표시하는 편지의 결구).
amict [ami] *n.m.* 《가톨릭》 사제(司祭)가 미사때 목에 두르는 흰 천.
amide [amid] *n.m.* 《화학》 아미드, 아미드기화물(基化物).
amidique [amidik] *a.* 《화학》 아미드기화물의.
amidol [amidɔl] *n.m.* 《화학·사진》 아미돌 (현상약의 일종).
amidon [amidɔ̃] *n.m.* 전분, 녹말. colle d'~ 전분으로 만든 풀.
amidonnage [amidɔnaːʒ] *n.m.* 풀먹이기.
amidonner [amidɔne] *v.t.* (에)풀을 먹이다.
amidonnerie [amidɔnri] *n.f.* 전분 공장.
amidonnier¹(ère) [amidɔnje, -ɛːr] *a.* 전분의. —*n.* 전분 제조업자(상인). —*n.f.* ① 전분 공장. ② 전분 제조통, 전분 추출기(抽出機).
amidonnier² [amidɔnje] *n.m., a.m.* (blé) ~ 《농업》밀의 일종.
amiénois(e) [amjenwa, -aːz] *a.* 아미앵(Amiens, 프랑스의 도시)의. —**A**~ *n.* 아미앵 사람.
—*l'*A~ *n.pr.m.* 아미앵을 수도로 하는 옛 지방.
amimie [amimi] *n.f.* 《정신의학》 표정상실, 무표정증(無表情症).
aminche [amɛ̃ːʃ] *n.m.* 《속어》 친구, 벗, 동료.
aminci(e) [amɛ̃si] *a.p.* ① 가느다랗게 된, 얄팍하게 된. ② 날씬한. ③ 가늘어진(얇아진) 부분.
amincir [amɛ̃siːr] *v.t.* ① 가느다랗게 하다; (몸 따위를) 야위게 하다(amaigrir); (판자 따위를)얇게 하다. visage *amincit* 핼쑥해진 얼굴. ② (옷이) 날씬해 보이게 하다. ~ la taille 몸을 날씬하게 하다. vêtement qui *amincit* la taille 몸을 날씬하게 보이게 하는 옷.
—**s'**~ *v.pr.* 가느다랗게 되다, 얄팍하게 되다; 날씬해지다.
amincissant(e) [amɛ̃sisɑ̃, -ɑ̃:t] *a.* 날씬해 보이게 하는.
amincissement [amɛ̃sismɑ̃] *n.m.* 가느다랗게 하기(되기), 얄팍해짐; 날씬해짐.
amine [amin] *n.f.* 《화학》 아민.
aminé(e) [amine] *a.* acide ~ 《화학》 아미노산.
amino(-)acide [aminɔasid] (*pl.* ~-~s) *n.m.* 《화학》 아미노산.
amiral (*pl.* **aux**) [amiral, -o] *n.m.* ① 해군 대장(장성); (옛) (함대의)제독, (해군의)사령관. ② 기함(旗艦)(vaisseau ~).
—*a.* 해군 대장(장성)이 타고 있는. vaisseau ~ 기함, (사령관의)탑승함.
amiralat [amirala] *n.m.* 《드물게》해군 대장(장성)의 직(위).
amirale [amiral] *n.f.* ①《드물게》해군 대장(장성) 부인. Madame l'A~ 제독부인. ②(옛날의) 기함(galère ~). —*a.* 사령관이 탄.
amiralissime [amiralisim] *n.m.* 《옛》함대 사령관.
amirauté [amirote] *n.f.* ① 해군 장관(단); 해군 본부. Premier lord de l'~ (영국의)해군 장관. ②《옛》해군 대장(장성)의 직(위). ③해군 군법회의.

amissibilité [amisibilite] *n.f.* 〖법·신학〗 상실(喪失)가능성. ~ d'un droit (de la grâce) 권리 [은총]의 상실 가능성.

amissible [amisibl] *a.* 〖법·신학〗 상실될 수 있는. droit ~ 상실 가능한 권리.

amission [amisjɔ̃] *n.f.* 〖법·신학〗 상실.

***amitié** [amitje] *n.f.* ① 우정, 우의; (국가간의)친선, 우호(↔ hostilité). J'ai beaucoup d'~ pour Jacques, c'est un garçon sincère. 나는 자크에 대한 정이 깊다, 그는 성실한 청년이다. L'~ entre homme et femme est délicate. 남녀간의 우정이란 미묘한 것이다. prendre *qn* en ~; concevoir de l'~ pour *qn* …을 사랑[좋아]하다. se lier d'~ [nouer ~, faire ~] avec *qn*; se prendre d'~ pour *qn* …와 우정을 맺다, …와 친해지다. par ~ 우정으로 (에서). traité d'~ 우호조약. ② (동물 따위가 사람에 대해서 갖는)친애의 정(attachement); 호의, 친절; (옛)애정, 사랑(amour); (옛)기호, 취향(goût). Faites-moi l'~ de venir me voir. 제발 찾아와 주십시오. Faites-moi l'~ de m'écrire. 편지를 써 보내주기 바랍니다. Le chien a de l'~ pour son maître. 개는 주인을 잘 따른다. ~ maternelle 모성애어운 우정. ③ (*pl.*) 우정의 표시; 친절한 말[행위], 애무; 선물. Mille ~s à votre frère 계씨[백씨]께 안부 전해주세요. Faites [présentez] mes ~s à votre père. 아버님께 안부 전해주시오. ④ (옛) 사랑의 대상. ⑤ 인력; 친화력.

être [vivre] en ~ [sur un pied d'~] avec qn …와 사이가 좋게 지내다. *L'~ d'un grand homme est un bienfait des dieux.* 《속담》위인의 우정은 하늘의 은혜. *Les petits présents entretiennent l'~*. (격언)사소한 선물이 우정을 유지시킨다 (때때로 빈정거림).

amitose [amitoːz] *n.f.* 〖생물〗 (핵의)무사분열(無絲分裂).

amman [amã] *n.m.* (벨기에·프랑스·스위스 일부 지방의)지방행정관.

ammocète [amɔsɛt] *n.m.* 〖어류〗 칠성장어 새끼.

ammodyte [amɔdit] *a.* 〖동물〗 모래 속에 사는. —*n.m.* 〖어류〗 작은 뱀장어; 〖동물〗 모래 속에 사는 일종의 뱀.

ammonal [a(m)mɔnal] *n.m.* 〖화학〗 암모날 (폭약).

ammoniac(que) [a(m)mɔnjak] *a.* 암모니아의. gaz ~ 암모니아. gomme ~*que* 암모니아 고무. sel ~ 염화암모니아. —*n.m.* 암모니아.

ammoniacal(ale, *pl.* **aux)** [a(m)mɔnjakal, -o] *a.* 암모니아를 함유한. eau [solution] ~*ale* 암모니아수. odeur ~*ale* 암모니아 냄새.

ammoniacé(e) [a(m)mɔnjase] *a.* 암모니아를 함유한.

ammoniaque [a(m)mɔnjak] *n.f.* [*m.*] 〖화학〗 암모니아수(水)(solution aqueuse d'~). ②(오용)암모니아.

ammoniaqué(e) [a(m)mɔnjake] *a.* 암모니아와 화합한; 암모니아로 처리한.

ammonisation [a(m)mɔnizasjɔ̃] *n.f.* 암모니아 화성 작용.

ammonite [a(m)mɔnit] *n.f.* 〖고대생물〗 암몬조개, 암모나이트, 국석(菊石).

ammonium [a(m)mɔnjɔm] *n.m.* 〖화학〗 암모늄.

ammoniure [a(m)mɔnjyːr] *n.m.* 〖화학〗 암모니아와 금속 산화물과의 화합물.

ammophile [ammɔfil] *a.* 모래 속에 사는. —*n.f.* 〖곤충〗 나나니벌(屬)의 일종.

amnésie [amnezi] *n.f.* 〖의학〗 건망증; 기억상실.

amnésique [amnezik] *a.* 건망증에 걸린; 기억상실증의. —*n.* 건망증[기억상실증]에 걸린 사람.

amnestique [amnɛstik] *a.* 기억을 잃어버리게 하는. —*n.m.* 기억을 잃어 버리게 하는 것.

amnicole [amnikɔl] *a.* 강변에 사는; 강변에 나는.

amniocenthèse [amnjɔsɑ̃tɛːz] *n.f.* 〖의학〗 양수 천자(羊水穿刺).

amnios [amnjoːs] *n.m.* 〖해부〗 양막(羊膜), 모래집; 〖식물〗 배낭수(胚囊水).

amnioscopie [amnjɔskɔpi] *n.f.* 〖의학〗 양막강 내 시경검사(법)(羊膜腔內視鏡檢査(法)).

amniotes [amnjɔt] *n.m.pl.* 〖동물〗 유양막류(有羊膜類).

amniotique [amnjɔtik] *a.* 양막의. liquide ~ 양막액, 양수(羊水).

amnistiable [amnistjabl] *a.* 대사(大赦) [특사]를 내릴[받을]만한; 용서받을 수 있는.

amnistiant(e) [amnistjɑ̃, -ɑ̃ːt] *a.* 대사[특사]의 효과를 지닌. mesure ~*e* 사면조치.

amnistie [amnisti] *n.m.* ① 대사(大赦), 특사; 사면(赦免). ② 용서(하기).

amnistié(e) [amnistje] *a.p.* 대사[특사]를 받은. —*n.* 대사[특사]를 받은 사람.

amnistier [amnistje] *v.t.* ① (에게)대사[특사]를 내리다. ② 용서하다. ~ *qn* d'une faute; ~ une faute de *qn* …의 죄를 용서하다. Les participants à la Commune *furent amnistiés* neuf ans après les événements. 혁명정부에 가담한 자들은 사건 후 9년만에 사면받았다. —s'~ *v.pr.* 대사[특사]를 받다.

amochage [amɔʃaːʒ] *n.m.* 《속어》① amocher 하기. ② 상처 입히기.

amocher [amɔʃe] *v.t.* 《속어》① 상처를 입히다(blesser); 파괴하다(esquinter, abîmer); (군대를)몰살하다. Un coup de poing lui *a amoché* la figure. 주먹에 맞아 그는 얼굴에 상처를 입었다. village *amoché* par le bombardement 폭탄으로 파괴된 마을. —s'~ *v.pr.* 약해지다; 쓸모없게 되다; 추하게 되다.

amochir (s') [samɔʃiːr] *v.pr.* ①《속어》보기 흉하게 되다. ② 늙은이가 되다. ③ 지치다.

amodiataire [amɔdjatɛːr] *n.* (토지·광산 따위의)임차인(賃借人).

amodiateur(trice) [amɔdjatœːr, -tris] *n.* (토지·광산 따위의)임대인.

amodiation [amɔdjasjɔ̃] *n.f.* (토지·광산 따위의)임대, 위탁경영.

amodier [amɔdje] *v.t.* (토지·광산 따위를)임대하다, 위탁하다.

amoindrir [amwɛ̃driːr] *v.t.* ① (힘·가치를)작게 하다; (사물을)작아 보이게 하다. Cela *a beaucoup amoindri* ses forces. 그것은 그의 힘을 크게 약화했다. ~ l'autorité de *qn* …의 권위를 약하게 하다. toits *amoindris* sous ses pieds 발아래 작게 보이는 집들의 지붕. ② 약하게 하다(↔ renforcer). ③ 줄이다, 감소시키다(diminuer, ↔ accroître). ~ la fortune 재산을 감소시키다. ~ (le mérite de) *qn* …을 깎아 내리다. —*v.i.* 작아지다; 약해지다; 감소되다. —s'~ *v.pr.* 작아지다, 약해지다, 감소되다(décroître, se diminuer); (사람이)가치가 떨어지다. Ses forces *s'amoindrissent* peu à peu. 그는 점점 기력을 잃어가고 있다.

amoindrissement [amwɛ̃drismɑ̃] *n.m.* 감소, 축소(diminution); 타락. ~ de sa puissance 그의 권력의 축소.

amoise [amwaːz] *n.f.* 〖건축〗 이음나무; 버팀목.

amoitir [amwatiːr] *v.t.* 축축하게 하다.

amok [amɔk] *n.m.* (말레이 인종의)미쳐 날뛰며 살인을 하는 정신착란, 아모크. —*a.* 아모크에 걸린. —*n.* 아모크에 걸린 사람.

amolli(e) [amɔli] *a.p.* ① 부드러워진. beurre ~ 부드러워진 버터. terre ~*e* par la pluie 비에 젖어 축축한 땅. ② (문제 가)짜이지 못한.

amollir [amɔli:r] *v.t.* ① 무르게 하다, 부드럽게 하다. ② 누그러지게 하다; (용기 따위를)꺾다, 좌절시키다; 나약하게 하다, 약하게 하다(affaiblir, ↔ fortifier). La paresse *amollit* le corps et l'esprit. 나태는 심신을 약하게 한다. La peur *amollit* les jambes. 공포로 해서 다리가 휘청거렸다. ~ la volonté 무기력해진다. —*v.i.* 나약해지다.
—*s'~ v.pr.* ① 무르게 되다, 부드러워지다. ② 누그러지다; (용기가)꺾이다; 약해지다.

amollissant(e) [amɔlisɑ̃, -ɑ̃:t] *a.* ① 무르게 하는, 부드럽게 하는. ② 누그러지게 하는; (용기를)꺾는; (사람을)나약하게 만드는. température ~*e* 몸을 나른하게 하는 기온.

amollissement [amɔlismɑ̃] *n.m.* ① 무르게 하기, 부드럽게 하기; (용기)꺾기, 나약하게 하기. ② 무르게 되기, 부드럽게 되기; (용기가)꺾이기, 나약하게 되기, 약해 되기(affaiblissement, ↔ endurcissement). ③ 무기력.

amome [amɔm] *n.m.* 【식물】 생강과(科)의 식물; (위)에서 뽑는 향료.

amonceler [amɔ̃sle] 5.4 *v.t.* ① 쌓아 올리다(mettre en tas); (바람이 구름을) 몰아오다(↔ disperser). ~ les sables 모래를 쌓아 올리다. ② (증거 따위를)모으다; (재산 따위를)축적하다.
—*s'~ v.pr.* ① 겹겹이 쌓이다, (바람이 불어)몰려 오다; (눈이)쌓이다, (구름이)뭉게뭉게 일어나다; 모이다, 축적되다. Les preuves *s'amoncellent* contre lui. 그에게 불리한 증거가 자꾸만 모인다. Un orage *s'amoncelle.* 금시라도 폭풍이 일 것 같다.

amoncellement [amɔ̃sɛlmɑ̃] *n.m.* 쌓아 올리기, 불러 모으기, 모으기, 쌓기. 축적, 더미(entassement). ~ de neige 눈더미.

amont [amɔ̃] *n.m.* ① (강의)상류(↔ aval). vent d'~ 상류에서 불어오는 바람; 뭍바람, 동풍. ②전(前)단계; 생산의 전(前)과정(공정).
en ~ (de) (…의)상류에, 사전에, 미리, 【경제】 생산 이전의 단계에. *en ~ du* pont 다리의 상류에. être informé suffisamment *en ~* 충분한 여유를 두고 예고되다. Cet accord va permettre à cette firme de s'intégrer *en ~* avec un fabricant de tissu. 이 협약으로 이 회사는 어떤 직조업자와 통합할 수 있게 될 것이다.

amontillado [amɔ̃tijado] *n.m.* 셰리 술의 일종.

amoral(ale, *pl.* **aux)** [amɔral, -o] *a.* 도덕과 관계없는; 무도덕한(↔ moral).

amoralisme [amɔralism] *n.m.* 무도덕주의, 도덕무시주의, 무도덕 상태.

amoralité [amɔralite] *n.f.* 무도덕성.

amoraliste [amɔralist] *a.* 무도덕한, 도덕을 무시하는. —*n.* 도덕을 무시하는 사람, 무도덕한 사람.

amorçage [amɔrsa:ʒ] *n.m.* ① amorcer 하기. ② 【군사】 작렬장치(炸裂裝置).

amorce [amɔrs] *n.f.* ① (물고기 등의) 미끼(appât). (새의)먹이; 꿀벌을 유인하는 벌집; 유혹(물). laisser prendre à l'~ 【구어】유혹에 지다, 미끼에 걸리다. ~ de fond(낚시의)밑밥. ② (총의)뇌관 (雷管); 폭약, 도화선; 【전기】퓨즈; 【금속】 단접(鍛接); (물을 빨아올리기 위한 펌프의) 마중물. sans brûler une ~ 총을 쏘지 않고서. ③ 【구어】시초, 실마리; 준비. ④ 【토목】맨처음 준공한 부분.

amorcement [amɔrsəmɑ̃] *n.m.* = **amorçage**.

amorcer [amɔrse] 2 *v.t.* ① (에) 미끼를 달다; 밑알으로 유인하다; 낚다; 꾀어내다, 유혹하다. ②

(에) 뇌관을 장치하다; (전호(電弧)에)접화하다, (펌프에)맞물을 붓다; 【전기】(직류발전기를)자화(磁化)하다, 【금속】단접(鍛接)하다, (기계를)시동시키다. ③ 【토목】 끓끓이 하다, (건설에)착수하다. ④ (의)서두를 떼다, 시작하다(commencer); 준비하다. ~ un mouvement(적당한 방향·속도를)운동을 개시하다. ~ une affaire 어떤 사업을 궤도에 올려놓다.
—*s'~ v.pr.* 시동하다, 움직이기 시작하다(commencer, débuter). Un virage *s'amorce* après le pont. 다리를 지나면 굽이도는 길이 시작된다.

amorceur(se) [amɔrsœ:r, -ø:z] *n.* 미끼를 다는(던지는) 사람; 유혹자; 뇌관 장치자.

amorçoir [amɔrswa:r] *n.m.* 나사 송곳; 송곳 끝; (물 밑에)미끼를 뿌리는 기구.

amordancer [amɔrdɑ̃se] 2 *v.t.* (에)매염제(媒染劑)를 먹이다.

amorite [amɔrit] *n.m.* 【언어】 아모리트어(語).

amoroso [amɔrozo] 【이탈리아】 *ad.* 【음악】 애정을 담아.

amorphe [amɔrf] *a.* ① 【생물】 무정형(無定形)의. ② 【화학·광물】 비정질(非晶質)의, 비결정의 (↔ cristallisé). ③【구어】 (문제에)개성이 없는; 원기가 없는(↔ dynamique), 무기력한(↔ vif).

amorphie [amɔrfi] *n.f.* ① 기형(畸形). ② 무정형; 【광물】비결정(非結晶).

amorphisme [amɔrfism] *n.m.* 무정형; 【광물】비결정.

amort. 【약자】 【상업】① amortissable 도로 찾을 수 있는; 상환할 수 있는. ② amortissement 상각.

amorti(e) [amɔrti] *a.p.* ① 【무전】 (진폭(振幅)이) 줄어든. ② 【상업】 상각된.

amortir [amɔrti:r] *v.t.* ① (충격·열·고통 따위를) 약하게 하다, 완화하다(apaiser, calmer); (감각을) 무디게 하다; (소리·빛깔·향기·광선 따위를)없애다, 죽이다(↔ affaiblir); (화를)녹이다, 가라앉하다; (불을)끄다; (용기를)꺾다; 【물리】 (진동을) 감쇠시키다. Le tapis *amortit* le bruit des pas. 양탄자는 발자국 소리를 죽인다. ② (고기를)연하게 하다. ③ (석회를)소화(消和)하다. ④ 【상업】 (할부로)상환하다(rembourser). ~ une dette 부채를 할부로 상환하다. ~ une usine 공장시설을 감가상각하다. ⑤ 【선박】속도를 줄이다. 【운동】 (축구에서 공의)속도를 죽이다; (테니스에서)드롭숏을 하다. bâtiment *amorti* sur rade (정박지에서)만조를 기다리는 배.
—*v.i.* (배가 썰물 때)얕은 갯바닥에 얹히다. navire ~ 얕은 갯바닥에 얹힌 배.
—*s'~ v.pr.* ① 약해지다, 덜어지다, 없어지다; 무디어지다; 부드러워지다, 누그러지다; (용기가)꺾이다; 감쇠되다. ② 【상업】 상각되다.

amortissable [amɔrtisabl] *a.* 【상업】 상각될 수 있는. matériel ~ en dix ans 10년 간 감가상각될 수 있는 자재.

amortissement [amɔrtismɑ̃] *n.m.* ① 약화, 완화; 감소, 소멸; 누그러짐, 가라앉힘; (용기를)꺾기, 꺾이기; 속력이 줄어들기, 감속(減速) 【물리】 감폭(減幅). ~ du son 방음, 음향 방지. ② 【건축】 지붕 꼭대기의 뾰족한 장식; 두부(頭部)의 마무리. ③【상업】 상각. fonds(caisse) d'~ 【상업】 감채기금(減債基金).

amortisseur [amɔrtisœ:r] *n.m.* ①【기계】 제동장치; 【항공】 완충(緩衝)장치. ~ à moulinet 에어 브레이크. ~ de son 소음기(消音器). ②【전기】 제동자(制動子). ③【선박】 방현재(防舷材).

amouillante [amujɑ̃:t] *a.f.* (암소가)새끼를 막 낳으려는. —*n.f.* 출산 전후의 암소.

amouille [amuj] *n.f.* (산후 암소의)처음 짜는 젖, 초유(初乳).

‡**amour** [amu:r] *n.m.* (*pl.*에서는 *f.*, 그러나 오늘날은 *m.*으로 사용되는 경향이 있음. *sing.*에서도 1(詩)에서는 *f.*로 사용됨) ① 사랑, 애정(↔haine); 연애, 연정; (동물의) 암내, 발정(rut). [~ de/envers/pour *qn/qc*] ~ *de* soi 자애(自愛), 이기심. avoir [ressentir] de l'~ *pour qn* 을 사랑하다. avoir l'~ *de qc* …을 사랑하다, 좋아하다. être féru d'~ *pour qn* …에게 홀딱 반하다. s'éprendre d'~ *pour qn* …과 사랑에 빠지다. ~ *de* Dieu 신에 대한 사랑. ~ *de* la patrie 조국애, 애국심 (※*amour de*는 「…에 대한 사랑」의 뜻 외에 두가지 뜻이 있다. ⓐ *amour des* pères 부성애. ⓑ *amour de* charité 자비에서 오는 사랑. *amour d*'intérêt 타산적인 사랑). premières ~*s* 첫사랑. mariage d'~ 연애혼. mal d'~ 상사병. C'est un remède d'~[à l'~]. 《구어》그 여자는 두번 다시 쳐다볼 수 없으리 만큼 못생겼다. saison des ~*s* 교미 시기. être en ~ 암내 나다. ② 사랑의 대상, 사랑하는 사람[것]. *pl.*에서도 한 사람을 가리켜 애인. mon ~ 《예》 m'~여보, 애인아(남편·부인·딸·애인에 대한 애칭). Ce prince est l'~ de son peuple. 이 군주는 백성들에게 사랑받고 있다. Tu es mon ~. 그대는 나의 애인[사랑]이다. une de mes anciennes ~*s* 나의 옛날 애인의 한 사람. être avec ses ~*s* 애인과 함께 있다. ③ (A~) 사랑의 신(Cupidon); 사랑의 신의 그림[조각]; 《구어》귀여운 사람[물건]. Elle est belle comme l'~[un ~]. 그 여자는 사랑의 천사처럼 아름답다. un ~ d'enfant 귀여운 아이. C'est un ~. (여자·아이·사물에 관하여)귀엽다(예쁘다, 아름답다). C'est un ~ de petit chapeau. 그건 정말로 예쁜 모자이다! Quel ~ de bébé! 얼마나 귀여운 아기인가! ④ 《식물》arbre d'~ ~ 사양다목; ~ en cage 꽈리(alkékenge); herbe d'~ 목서초; pomme d'~ 토마토.

Au battre, faut l'~. 《속담》구타를 하면 사랑은 식는다.

avec ~ 정성들여.

faire l'~ avec qn ⓐ《속어》와 육체관계를 맺다. ⓑ《구어》구애하다.

Heureux au jeu, malheureux en ~. 《속담》승부운은 좋고 여자운은 나쁘다.

La jalousie est la sœur de l'~. 《속담》질투는 사랑의 자매.

L'~ fait passer le temps, le temps fait passer l'~. 《속담》사랑은 시간을 가게하고 시간은 사랑을 가게한다.

Il n'y a point de laides ~*s.* 《속담》제 눈의 안경이다.

pour l'~ de …을 위하여, …때문에.

amouracher [amuraʃe] *v.t.* 반하게 하다.
—s'~ *v.pr.* [s'~ de](에게) 반하다.

amourette¹ [amurɛt] *n.f.* 일시적 사랑[난봉](의 상대)(flirt).

amourette² [amurɛt] *n.f.* 《식물》방울내풀속의 식물; 은방울꽃.

amourettes [amurɛt] *n.f.pl.* 《요리》(송아지나 양의)척수(脊髓). vol-au-vent aux ~ 송아지 척수를 넣은 고기 파이.

amoureusement [amurøzmɑ̃] *ad.* 애정을 기울여, 순정껏; 연정을 품고, 요염하게.

*****amoureux(se)** [amurø, -ø:z] *a.* ① 반한, 열중하는(épris); 사랑하는, 애호하는, ~ *de qn* …와 사랑에 빠지다. Après sept ans de mariage, Jean est très ~ *de* sa femme. 결혼한지 7년이 지났는데도 장은 그의 아내를 몹시 사랑한다. ② 사랑에 약한, 쉽사리 사랑에 빠지는. tempérament ~ 쉽사리 사랑에 빠지는 기질. ③ 사랑의, 연애의; 애정을 담은; 연정을 품은, 요염한. regards ~ 사랑의 눈길. lettre ~ *se* 연정이 넘쳐는 편지. filtre ~ 미약(媚藥). ④《문어》열애하는(passionné). être ~ *de* la liberté 자유를 열애하고 있다. Il est ~ *de* ses opinions. 그는 자기 의견을 고집하고 있다. ⑥ (땅이 잘 가꾸어져)기름진. terre ~*se* 잘 가꾸어져 기름진 땅. ⑦ pinceau ~ 《미술》부드러운 터치를 가진 화필(畫筆).
—*n.* ① 사랑[연애]를 하는 사람; 연인, 애인; 열애자. ~ transi 수줍은 애인; 암머게 사랑을 하는 사람. Les deux ~ marchaient la main dans la main. 두 연인은 손에 손을 잡고 걸곤했다. ② 《연극》연인역. jouer les ~ 애인역을 하다.

amour-propre [amurprɔpr] (*pl.* ~*s*-~*s*) *n.m.* (좋은 뜻으로)자존심, 자부(심)(fierté); (나쁜 뜻으로)자만; 《예》이기심(égoïsme). ~ d'artiste 예술가의 자존심. dénudé d'~ 자존심이 없는. être pétri d'~ 자만심 덩어리이다.

amovibilité [amovibilite] *n.f.* ① 면직(파면·전임)해임)할 수 있음; 폐지할 수 있음; 들어낼 수 있음. ② 《기계》바뀌 끼울 수 있음.

amovible [amovibl] *a.* ① 들어낼 수 있는; 면직(파직·전임·해임)할 수 있는; 폐지될 수 있는. ② 《기계》바뀌 끼울 수 있는.

amp. 《약자》ampère 《전기》암페어.

ampélidées [ɑ̃pelide], **ampélidacées** [ɑ̃pelidase] *n.f.pl.* 《식물》포도나(科).

ampélographie [ɑ̃pelɔɡrafi] *n.f.* ① 포도학(연구). ② 포도의 품종기술(記述).

ampélopsis [ɑ̃pelɔpsis] *n.m.* 《식물》개머루속.

ampérage [ɑ̃peraʒ] *n.m.* 《전기》암페어 수, 전류량.

ampère [ɑ̃pɛ:r] *n.m.* 《전기》암페어. 량.

ampère-heure [ɑ̃pɛrœ:r] (*pl.* ~*s*-~*s*) *n.m.* 《전기》암페어시(時).

ampèremètre [ɑ̃pɛrmɛtr] *n.m.* 《전기》전류계.

ampère-tour [ɑ̃pɛrtu:r] *n.m.* 《전기》암페어 회수(回數).

amphétamine [ɑ̃fetamin] *n.f.* 《약》암페타민(뇌신경중추를 흥분시키는 약).

amphi [ɑ̃fi] *n.m.* 《학생속어》① 계단 강의실(amphithéâtre); (교수의)강의(cours); (난잡한 학술적 내용의)구두발표(exposé). ② 전문적인 설명.

amphi- *préf.* 「이중의, 양측의」의 뜻.

amphiarthrose [ɑ̃fiartro:z] *n.f.* 《해부》반관절(symphyse).

amphibie [ɑ̃fibi] *a.* ① 《생물》수륙양서(兩棲)의; 《구어》이중의 성질을 가진 양서의. Les crabes et les grenouilles sont ~*s*. 게와 개구리는 수륙양서류이다. homme ~ 이중 인격자. ② 《군사》수륙양용의. char ~ 수륙양용 전차. opération militaire ~ 육해군 합동작전.
—*n.m.* ① 《동물》양서동물; 《식물》수륙양생 식물; 《예·문어》정견없는 사람; 《항공》수륙양용(항공(비행))기(avion ~).

amphibiens [ɑ̃fibjɛ̃] *n.m.pl.* 《동물》양서류.

amphibole [ɑ̃fibɔl] *n.f.* 《광물》각섬석.

amphibolie [ɑ̃fibɔli] *n.f.* 《철학》모호(성)(ambiguïté) (칸트의 용어).

amphibologie [ɑ̃fibɔlɔʒi] *n.f.* 《수사학》모호한 어법[문구]; 모호성(ambiguïté), 《논리》문의(文意)불명.

amphibologique [ɑ̃fibɔlɔʒik] *a.* 뜻이 두 가지로 해석되는, 모호한(ambigu, équivoque). expression

~ 뜻이 모호한 표현.

amphibologiquement [ɑ̃fibɔlɔʒikmɑ̃] *ad.* 모호하게, 애매하게.

amphibraque [ɑ̃fibrak] *a.* (고전시에서의)단장단격(短長短格)의. —*n.m.* 단장단격.

amphictyon [ɑ̃fiktjɔ̃] *n.m.* 【그리스사】 암픽티온 회의 대의원. conseil des ~s 암픽티온 회의.

amphictyonat [ɑ̃fiktjɔna] *n.m.* 【그리스사】 암픽티온의 지위[신분].

amphictyonide [ɑ̃fiktjɔnid] *a.* 【그리스사】 암픽티온 회의에 대표 파견권을 가졌던.

amphictyonie [ɑ̃fiktjɔni] *n.f.* ① 암픽티온 회의에 대표를 파견할 수 있는 특권. ② 암픽티온 회의(동맹).

amphictyonique [ɑ̃fiktjɔnik] *a.* 【그리스사】 암픽티온 회의 대표의. conseil(ligue) ~ 암픽티온 회의(동맹).

amphigame [ɑ̃figam] *a.*(옛) 【식물】 뚜렷한 자웅[암수]의 기관이 없는; 민꽃 식물[은화식물(隠花植物)]의(cryptogame). —*n.m.(f.) pl.* (옛) 【식물】 민꽃[은화]식물.

amphigastre [ɑ̃figastr] *n.m.* 【식물】 복면엽(腹面葉).

amphigène [ɑ̃fiʒɛn] *a.* ① 【식물】 여러 방향으로 뻗치는. ② 【고대화학】 산과 염기가 생기는.

amphigouri [ɑ̃figuri] *n.m.* 애매하여 뜻을 알 수 없는 말[문장].

amphigourique [ɑ̃figurik] *a.* 애매하여 뜻을 알 수 없는(incompréhensible).

amphigouriquement [ɑ̃figurikmɑ̃] *ad.* 애매하여 뜻을 알 수 없게.

amphigourisme [ɑ̃figurism] *n.m.* 애매하여 뜻을 알 수 없음; 난해(難解). tomber dans ~ 애매하여 뜻을 알 수 없는 글을 쓰다; 부조리에 빠지다.

amphineures [ɑ̃finœːr] *n.m.pl.* 【동물】 쌍신경류 (雙神經類), 원시연체류.

amphioxus [ɑ̃fjɔksys] *n.m.* 【동물】 괄태충(括胎蟲).

amphipodes [ɑ̃fipɔd] *n.m.pl.* 【동물】 이각류(異脚類)의 동물 (잎새우 따위).

amphiptère [ɑ̃fiptɛːr] *n.m.* 【문장】 날개 달린 뱀.

amphisarque [ɑ̃fizark] *n.m.* 외부가 목질(木質)이고 내부가 과육상(果肉狀)인 열매.

amphisbène [ɑ̃fisbɛn] *n.m.* ① 【그리스신화】 앞뒤에 머리가 달린 뱀. ② 【동물】 발없는 도마뱀.

amphisciens [ɑ̃fisjɛ̃] *n.m.pl.* 열대의 주민.

amphithéatral(ale, *pl.* **aux)** [ɑ̃fiteatral, -o] *a.* 계단강의실의, 원형경기장의.

amphithéatre [ɑ̃fiteaːtr] *n.m.* ① 계단강당[강의실]. ~ d'anatomie 해부 교실. ~ Descartes à la Sorbonne 소르본 대학의 데카르트 계단강의실. ② 【고대로마】 원형 경기장. *en* ~ 층층으로 높아지. Les collines s'élèvent [vont] *en* ~. 언덕들이 층층으로 높아져 있다.

Amphitrite [ɑ̃fitrit] *n.pr.f.* 바다의 여신; 바다.

amphitryon [ɑ̃fitrijɔ̃] *n.m.* 주인(역)(Molière 의 희극중의 인물 *Amphitryon* 에서).

amphitype [ɑ̃fitip] *n.m.* 【사진】 철판 사진.

amphore [ɑ̃fɔːr] *n.f.* ① 【고대그리스·로마】 손잡이가 둘 달린 항아리. ② 【고대그리스·로마】 용량의 단위(약 19 리터).

amphorique [ɑ̃fɔrik] *a.* 【의학】 공동음(空洞音).

amphotère [ɑ̃fɔtɛːr] *a.* 【화학】 양성(兩性)의. oxyde ~ 양성산화물.

ample [ɑ̃pl] *a.* ① (옷 따위가)헐렁한, 치수가 넉넉한; (장소가)널따란, 여유 있는(large, ↔ étroit). Elle portait une jupe ~. 그 여자는 헐렁 헐렁한 치마를 입고 있었다. ~ véranda 넓은 베란다. maison ~ 넓은 가옥. ② 풍부한, 수북한, 충분한 (abondant). ~ moisson 풍부한 수확. ~ repas 수북이 담은 식사. ③ 상세한, 폭넓은 ; (연설 따위가) 긴. attendre de ~s nouvelles 더 자세한 소식을 기다리다. ~ discours 장광설. permission très ~ 대폭적인 허가. Il a des vues ~s et souvent profondes. 그는 폭넓은 견해, 그리고 종종 깊이있는 견해를 지녔다. jusqu'à plus ~ informé 【법】 좀 더 상세한 조사를 할 때 까지.

amplectif(ve) [ɑ̃plɛktif, -iːv] *a.* 【식물】 껍질로 둘러싸인.

amplement [ɑ̃pləmɑ̃] *ad.* ① 넉넉하게, 넓게, 여유 있게. gagner ~ sa vie 여유있는 생활을 하다. ② 상세히, 충분히; 기다랗게. Je vous écrirai plus ~ la semaine prochaine. 다음 주에 좀 더 자세하게 편지 하겠습니다.

ampleur [ɑ̃plœːr] *n.f.* ① (옷 따위가)헐렁함, 넉넉함, 넓음(largeur, ↔ étroitesse). Les manches ont trop d'~. 소매폭이 너무 크다(Les manches sont trop amples). prendre de l'~ 살찌기 시작하다; (규모가)커지다, 확장되다. ~ de forme 풍만한 몸. ② 풍부, 상세; 깊어짐. (규모 따위의) 큼. ~ des événements 사건(규모)의 큼. ~ de ses lectures 그의 독서의 광범함. roman d'une ~ exceptionnelle 규모가 웅대한 소설. ③ (옷을 짓거나 물건을 만들때 천이나 가죽에 남겨두는) 여유. réserver de l'~ aux manches 소매에 여유를 남기다.

amplexicaule [ɑ̃plɛksikol] *a.* 【식물】 (잎·탁엽(托葉)이)줄기를 감싼 모양의.

ampli [ɑ̃pli] *n.m.* 【무전】 증폭기(amplificateur).

ampliateur [ɑ̃plijatœːr] *n.m.* 등본 작성자, 부본(副本) 작성자.

ampliatif(ve) [ɑ̃plijatif, -iːv] *a.* ① 보충의. ② 【언어】 뜻을 강하게 하는; 【논리】 확충[확장]적인. ③ 【법】 등본의, 사본의.

ampliation [ɑ̃plijasjɔ̃] *n.f.* ① 확대. ② (등본에)원본과 틀림 없다는 증명을 붙이기; 등본, 부본. «Pour ~» "원본과 틀림 없음."

amplifiant(e) [ɑ̃plifjɑ̃, -ɑ̃ːt] *a.* 확대하는, 크게 보이게 하는. verre ~ 확대경.

amplifica*teur*(*trice*) [ɑ̃plifikatœːr, -tris] *a.* ① 확대하는. ② 부연하는, 상세히 설명하는; 과장하는. —*n.m.* 【사진】 확대기; 【무전】 증폭기; 보청기. —*n.f.* 【사진】 확대 렌즈(lentille ~*trice*); 【무전】 증폭 렌즈. —*n.* 과장해서 말하는 사람; 허풍장이.

amplificatif(ve) [ɑ̃plifikatif, -iːv] *a.*(렌즈 따위가) 확대하는 작용을 가진.

amplification [ɑ̃plifikasjɔ̃] *n.f.* ① 부연; 과장, 상세한 설명; 확대, 확장. ② (옛)확대, 확장. 【광학】 (렌즈의)확대; 【사진】 확대; 【무전】 증폭.

amplifier [ɑ̃plifje] *v.t.* ① 부연(敷衍)하다, 상세히 설명하다, 확대하다; 과장하다(exagérer); 크게 하다; 확장하다(accroître, grossir, ↔ diminuer). Ce récit est trop aride, il faut l'~. 이 이야기는 지나치게 무미건조하다, 윤색하지 않으면 안된다. Les journaux *amplifièrent* le scandale. 신문들은 스캔들을 과장해서 떠들어댔다. (목적보어 없이) Les voyageurs ont l'habitude d'~. 여행자들은 흔히 과장해서 말하는 법이다. ② 【광학】 (렌즈가)확대하다 (오늘날에는 grossir를 쓴다); 【무전】 증폭하다. Cet appareil sert à ~ le son. 이 기계는 소리를 증폭하는 데에 쓰인다.

—*s'* ~ *v.pr.* 확대되다, 증대되다.

amplissime [ɑ̃plisim] *a.* 극히 존경할 만한 (옛날의 파리 대학 총장의 존칭).

amplitude [ɑ̃plityd] *n.f.* ① 넓이, 폭. ② 【천문】 (천체의)출몰(出沒)거리; 【기상】 (하루·한달 또

ampoule [ɑ̃pul] *n.f.* ① 유리병. sainte ~ 《프랑스사》 (프랑스 왕이 대관식에 사용한)성유(聖油)그릇. ② (전등・한란계의)구(球); (보온병의)유리 용기. ③ 《옛》물주머니; (살갗의)못, 물집. ne pas se faire d'~ aux mains 《구어》일을 게으르게 하다. petite ~ (sur la peau) 《의학》 수종(水腫). ④ (금속면의)기포(氣泡). ⑤ 《의학》 (주사액의)앰플. ⑥ 《수사학》 (문체의)과장.

ampoule(e) [ɑ̃pule] *a.* ① (손에)못이 생기, 물집이 생긴. ②《옛》부풀은. ~ d'ambition 야심만만한. ③ (문체 따위가)과장된(↔ simple).

ampullacé(e) [ɑ̃py(l)lase] *a.* 《식물》 병 모양의, 단지 모양으로 불룩한.

amputation [ɑ̃pytɑsjɔ̃] *n.f.* ① 절단, 자르기; 삭제; 생략, 단축, 축소. ② 《외과》 절단(수술). faire l'~ de qc …을 자르다.

amputé(e) [ɑ̃pyte] *a.* 잘라진, 절단된. Il est ~ du bras gauche. 그는 왼팔이 절단되었다.
— *n.* 절단수술을 받은 사람.

amputer [ɑ̃pyte] *v.t.* ① 《외과》 절단(수술)을 하다(couper); (의)손발을 자르다. Il a dû être ~ de la main droite. 그는 오른 손에 절단수술을 받아야 했다. Il faut lui ~ la jambe droite. 그의 오른쪽 다리를 절단해야 한다. ②(가지 따위를)잘라내다; 《구어》(기사 따위를)생략하다; 축소[삭제]하다; (청구 따위를)삭감하다. ~ le budget des dépenses non productives 비생산적인 지출에 대한 예산을 삭감하다.

amstellodamien(ne) [amstelɔdamjɛ̃, -ɛn], **amstellodamois(e)** [amstelɔdamwa, -a:z] *a.* 암스테르담의. —**A**~ *n.* 암스테르담 사람.   [르담.

Amsterdam [amsterdam] *n.pr.f.* 《지리》 암스테

amuïr [amɥi:r] 《언어》 *v.t.* 무음(無音)으로 하다.
—**s'**~ *v.pr.* 무음으로 되다.

amuïssement [amɥismɑ̃] *n.m.* 무음화.

amulette [amylɛt] *n.f.* 부적.

amunitionnement [amynisjɔnmɑ̃] *n.m.* 《군사》 양식 공급, 군수품 공급.

amunitionner [amynisjɔne] *v.t.* 《군사》 양식(군수품)을 공급하다. ~ une citadelle 성채에 탄약과 식량을 공급하다.

amure [amy:r] *n.f.* 《선박》 (돛의 밑귀퉁이의)아 딧줄. aller (faire route) bâbord [tribord] —s 돛을 좌현 [우현]쪽으로 쳐고 나아가다. changer d'~s 항로 [침로]를 바꾸다.

amurer [amyre] *v.t.* (돛의)아딧줄을 당기다; (돛의)아딧줄을 바람이 불어 오는 방향으로 당기다.

***amusant(e)** [amyzɑ̃, -ɑ̃:t] *a.* 재미있는, 즐거운, 흥미있는(plaisant, divertissant, ↔ ennuyeux). spectacle ~ à voir 보기에 재미있는 광경. C'est ~ que + *sub.*(de + *inf.*) …하는 것은 재미있다.
— *n.m.* 재미있는 것. L'~ de (dans) cette affaire, c'est… 이 사건에서 재미있는 것은….

amuse-gueule [amyzɡœl] *n.m.* (복수불변) 아뻬리티프와 함께 먹는 비스킷・샌드위치 따위.

amusement [amyzmɑ̃] *n.m.* ① 즐기기, 즐겁게 하기. Les jouets servent à l'~ des enfants. 장난감은 아이들을 즐겁게 하는데 쓰인다. ② 즐거움, 재미; 위안; 놀이; 기분 전환, 심심풀이, 오락, 소창 (distraction, divertissement). Cela n'est qu'un ~ pour lui. 그것은 그에게는 한날 어린애 장난에 지나지 않는다, 식은 죽 먹기이다. faire qc pour son ~ 심심풀이 [재미]로 …을 하다.

:amuser [amyze] *v.t.* ① 즐겁게 하다, 재미나게 하다 (divertir, réjouir); 《목적보어 없이》 (남을)즐거워하게 하다(égayer). Le cirque amuse les enfants. 서커스는 애들을 즐겁게 해준다. ~ les enfants 어린아이들과 놀아주다. ②《문어》 (의)시간을 낭비하게 하다; (농간부려 …의)관심을 사로잡다; 《옛》 (적당히 얼버무려)속이다(duper); (슬픔・노여움 따위를)누그러뜨리다, 달래다. Amuse-le pendant qn'on ouvrira son coffre. 그의 금고를 열 동안 그 사람에게 적당히 수작을 걸게. Ne nous amusez pas: Il nous faut une réponse nette. 적당히 얼버무리지 마시오. 우리는 확실한 대답을 듣고 싶소. ~ l'ennemi 적을 양동작전으로 속이다. ~ la douleur 고통을 누그러뜨리다.
— **s'**~ *v.pr.* ① 즐기다, 재미보다, 놀다. Il *s'amuse* au lieu de travailler. 그는 공부하지 않고 놀고 있다. pour *s'*~ 재미삼아. [*s'*~ à *qc*/de *qc*/à + *inf.*] Je *me suis bien amusé* à ce spectacle. 나는 이 구경하고 매우 재미있었다. *s'*~ à faire des vers 여가에 시를 짓고 즐기다. *s'*~ de peu de choses 아무것도 아닌 것으로 즐겁게 시간을 보내다. ②헛되이 시간을 보내다, 꾸물대다, 빈둥거리다(lambiner). Ne *vous amusez* pas en chemin; revenez au plus vite. 도중에서 빈둥거리지 말아요; 가능한 한 가장 빨리 와요. ③《옛》 조소하다, 업신여기다(se moquer); (경멸)향락하다, 삶을 즐기다. À force de *s'*~, il a ruiné sa santé. 6도 난봉을 피워서 그는 건강을 해쳤다.

amusette [amyzɛt] *n.f.* ①기분풀이; 어린애 장난, 장난감, 노리개. ②《옛》《군사》 경포(輕砲).

amuseur(se) [amyzœ:r, -ø:z] *n.* ① 즐겁게 해주는 사람, 재미나게 하는 사람. ② 농담하는 사람.

amusoire [amyzwa:r] *n.f.* = amusette②.

amygdale [ami(ɡ)dal] *n.f.* ①《해부》 편도선(扁桃腺). inflammation des —s 《의학》 편도선염. ②《지질》 행인공(杏人孔).

amygdalées [ami(ɡ)dale] *n.f.pl.* 《식물》 편도속.

amygdalin(e¹) [ami(ɡ)dalɛ̃, -in] *a.* encl. 편도의.

amygdaline² [ami(ɡ)dalin] *n.f.* 《화학》 아미그달린.

amygdalite [ami(ɡ)dalit] *n.f.* 편도선염.   [린.

amygdaloïde [ami(ɡ)dalɔid] 《지질》 *a.* 편도모양의. —*n.f.* 행인암(杏人岩).   [깔.

amygdalotome [ami(ɡ)dalɔtɔm] *n.m.* 편도선 수술

amygdalotomie [ami(ɡ)dalɔtɔmi] *n.f.* 《의학》 편도선 수술.

amylacé(e) [amilase] *a.* 전분(녹말)성(질)의; 전분을 함유한.

amylase [amila:z] *n.f.* 아밀라아제(타액・췌액 따위에 포함되는 소화효소).

amylène [amilɛn] *n.m.* 《화학》 아밀렌.

amyline [amilin] *n.f.* 《화학》 아밀린.

amylique [amilik] *a.* 《화학》 아밀의.

amylobacter [amilɔbaktɛ:r] *n.m.* 식물 부패 혐기성(嫌氣性) 세균.

amyloïde [amilɔid] *a.* 전분(녹말) 같은. —*n.f.* 《화학》 아밀로이드, 전분체.

amylolyse [amilɔli:z] *n.f.* 《생화학》 전분의 당화(糖化), 전분 분해.

amylomyce(s) [amilɔmis(ɛs)] *n.m.* 전분사(상)균 (澱粉絲(狀)菌).

amylose [amilo:z] *n.f.* 《의학》 아밀로이드 변성(變性). —*n.m.* 《화학》 아밀로스.

:an [ɑ̃] *n.m.* ①연(年), 해; 살; 1년. dix *ans* après 10년. le jour[le premier] de l'*an* 정월 초하루. en l'*an* 1970. 1970년에. le bout de l'*an* 연말; 1 주기(週期). nouvel *an* 신년. l'*an* de grâce 서력기원. l'*an* dernier 작년. l'*an* prochain 내년. l'*an* 250

avant Jésus-Christ 기원 전 250 년. *l'an* 50 de l'hégire 회교 기원 50 년. *l'an* II (de la République) 프랑스 공화(혁명)력 2 년. *l'an* du monde 개벽 이래; 《엣》개벽. *l'an* de Rome 로마기원. tous les *ans* 매년. tous les trois *ans* 3 년마다. aller sur ses trois *ans* 3 살이 되어가다. avoir(être âgé de) dix *ans* 10 살이 되다. Il gagne tant par *an*. 그는 매년 그만큼 번다. ② (*pl*.) 《문어》연//, 노년; 연령, 연세; 때, 시대, 세월. la fleur des *ans* 한창 때. nos jeunes *ans* 우리들의 청춘 시대. 《단독으로 사용되어》Les *ans* ont ralenti sa marche. 나이가 들어서 그는 걸음걸이가 느려졌다. faix(fardeau, poids) des *ans* 쌓이는 나이. chargé d'*ans* 나이 든 [먹은], 늙은.
bon an(,) mal an 《좋은 해 나쁜 해를》평균하여.
ana [ana] *n.m.* 어록(語錄); 명언집.
anabaptisme [anabatism] *n.m.* 《종교사》재침례파(再浸禮派)의 교리.
anabaptiste [anabatist] 《종교사》 *a.* 재침례파의. —*n.* 재침례파의 교도[논자].
anabas [anaba:s] *n.m.* 【어류】버들붕어과의 일종.
anabase [anaba:z] *n.f.* ① 《병서》병세 확장. ② (*A*~) 《페르시아왕 *Cyrus le Jeune* 를 따라 나섰던》그리스 용병대의 원정기 (*Xénophon* 의 저서).
anabiose [anabjo:z] *n.f.* 【생물】소생, 재생.
anabolisant(e) [anaboliza, -ã:t] *a.* 동화작용[물질합성대사]을 촉진하는. —*n.m.* 물질합성대사 촉진제(운동경기의 기록향상을 목적으로 선수에게 불법적으로 투여하는 약물).
anabolisme [anabolism] *n.m.* 【생물】 동화현상 [과정]; 물질합성대사 (↔ catabolisme). ~ d'azote 질소동화.
anacarde [anakard] *n.m.* 【식물】가여수(櫧如樹) (의 열매).
anacardi(ac)ées [anakardj(as)e] *n.f.pl.* 【식물】옻나무과(科).
anacardier [anakardje] *n.m.* 【식물】가여수.
anachorète [anakɔrɛt] *n.f.* ① (속세를 떠나 고독한 생활을 하는)수도자, 도사. ② 은자(隱者), 은둔자(ermite, solitaire).
repas d'~ 《구어》검소한 식사.
anachorétique [anakɔretik] *a.* 도사의; 은자의.
anachorétisme [anakɔretism] *n.m.* ① 은둔(생활). ② 은둔생활을 좋아함.
anachromatique [anakromatik] *a.* 【사진】아나크로마틱의, 소프트포커스의.
anachronique [anakrɔnik] *a.* 시대착오의, 시대에 뒤진; 연대(표)가 잘못된; (사건의)날짜가 틀린.
anachronisme [anakrɔnism] *n.m.* 시대착오, 연대(표)의 잘못; (사건의)날짜의 틀림.
anaclastique [anaklastik] 《광학》 *a.* 굴절의. —*n.f.* 굴절론.
anacoluthe [anakɔlyt] *n.f.* 《언어》관계대명사의 선행사 생략; 파격(破格)구문《예: J'entre et je sors de mon bureau. 나는 내 사무실에 들어가고 나간다. "entrer de" 라고는 쓰지 않는다》.
anaconda [anakɔ̃da] *n.m.* 【동물】(남아메리카산의)큰 뱀.
anacoste [anakɔst] *n.f.* 능직(綾織)으로 된 모직물.
anacréontique [anakreɔ̃tik] *a.* 아나크레온(*Anacréon*, 그리스의 시인)풍의.
anacréontisme [anakreɔ̃tism] *n.m.* 아나크레온풍의 시(詩).
anacrouse [anakru:z], **anacruse** [anakry:z] *n.f.* 《운율》양(揚)음절[강음절]로 시작되어야 할 시행(詩行)의 첫머리에 놓인 억(抑)음절[약음절].
anadrome [anadro:[o]m] *a.* 《어류》(알을 낳기 위해)바다에서 강을 거슬러 올라가는.
anadyomène [anadjɔmɛn] *a.* Vénus ~ 물에서 태어나는 비너스.
anaérobie [anaerɔbi] *a.* 【생물】혐기성(嫌氣性)의. —*n.m.* 【생물】혐기성 세균. ② 공기가 없어도(대기권 밖에서도) 작동하는 추진기.
anaérobiose [anaerɔbjo:z] *n.f.* 【생물】혐기생활.
anagallide [anaga(l)lid] *n.f.*, **anagallis** [anaga(l)lis] *n.m.* 【식물】별꽃맞이꽃속(屬).
anaglyphe [anaglif], **anaglypte** [anaglipt] *n.m.* ① 얕은 돋을새김. ② 입체 사진.
anaglyptique [anagliptik] *a.* 얕은 부조의. impression ~ 점자(點字)인쇄.
—*n.f.* 점자 인쇄법.
anagogie [anagɔʒi] *n.f.* 《신학》① 법열(法悅). ② 성서의 신비적 해석.
anagogique [anagɔʒik] *a.* ① 법열의, 영묘(靈妙)한. ② (성서 해석의)신비적인. interprétation ~ (성서의)신비적 해석.
anagogisme [anagɔʒism] *n.m.* (성서의)신비적 해석(anagogie).
anagogiste [anagɔʒist] *n.m.* 성서의 신비적 해석자.
anagrammatique [anagra(m)matik] *a.* 어구의 철자 바꾸기의; 글자수수께끼의(같은).
anagrammatiquement [anagra(m)matikmã] *ad.* 어구의 철자 바꾸기식으로.
anagrammatiser [anagra(m)matize] *v.t.* 어구의 철자를 바꿔놓아 새로운 뜻을 지니게 하다. —*v.i* 글자수수께끼를 만들다.
anagrammatiste [anagra(m)matist] *n.* 글자수수께끼 고안자.
anagramme [anagram] *n.f.* 글자수수께끼, 글자의 철자를 바꿔놓음으로써 형성되는 단어 《Marie→aimer, ancre→nacre》.
anagyre [anaʒi:r], **anagyris** [anaʒiris] *n.m.* 【식물】(지중해산의)콩과(科)의 일종.
ana**l(ale,** *pl.* **aux)** [anal, -o] *a.* 《해부》항문의; 엉덩이의. veine ~ale 항문정맥. stade ~ 《심리》항문기 《Freud의 정신분석에서 소아의 성욕이 발달하는 단계의 하나로서 항문작용의 쾌감을 느끼는 시기, 생후 약 8개월에서 4세까지》.
—*n.f.* 《어류》뒷지느러미(nageoire ~*ale*).
analecta [analɛkta], **analectes** [analɛkt] *n.m.pl.* 선집(選集), 어록.
analepsie [analɛpsi] *n.f.* 《의학》회복.
analeptique [analɛptik] *a.* 《의학》원기를 회복시키는. —*n.m.* 강장제.
analgésie [analʒezi] *n.f.* 《의학》무통각증(無痛覺症).
analgésier [analʒezje] *v.t.* (의)통증을 없애다.
analgésine [analʒezin] *n.f.* 《의학》안티피린.
analgésique [analʒezik] 《의학》 *a.* 진통의. —*n.m.* 진통제. —*n.* 통각 탈실자(脫失者).
analgie [analʒi] *n.f.* 진통.
analgique [analʒik] *a.* =**analgésique.**
anallergique [analɛrʒik] *a.* 알레르기를 유발하지 않는. crème de beauté ~ 알레르기를 일으키지 않는 미용크림.
analogie [analɔʒi] *n.f.* ① 유사, 흡사(similitude, ↔ différence). ~ frappante 놀랄 만한 유사점. avoir une certaine ~ avec *qc* ···와 유사한 점이 있다. ② 《논리·어어》유추하여 (법). raisonner par ~ (avec *qc*) (···에서)유추하여 추리(추론)하다. ③ 《생물》상사(相似) 《원래는 다른 기관이지만 기능이 같은 것》. ④ 《철학》유비(類比); 《수학》비례(比例).
analogique [analɔʒik] *a.* 유사의; 유추의; 상사의.

analogiquement [analɔɟikmɑ̃] *ad.* 유추에 의해; 상사에 따라.

analogisme [analɔɟism] *n.m.* 【논리】 유추, 추리, 유추법.

analogue [analɔg] *a.* [~ à] (와)유사한, 비슷한, 흡사한(semblable, ↔ différent). esprits d'une nature ~ 성질이 비슷한 사람들. Mes idées sont ~ aux vôtres. 나의 생각은 당신의 생각과 비슷하다. Il leur est arrivé une aventure ~ à celle qui vous est arrivée. 당신들에게 일어난 것과 비슷한 사건이 그들에게 일어났다.
—*n.m.* ① 유사물. sans ~ 유사한 것이 없는. Ce terme n'a point d'~ en français. 이 말은 불어에 유사한 말이 없다. ② 【생리】 상사물(체·기관). Les nageoires pectorales des poissons sont les ~s des membres antérieurs des mammifères. 어류의 가슴 지느러미는 포유류의 앞다리의 유사기관이다.

analphabète [analfabɛt] *a.* 문맹(文盲)의(illettré). —*n.* 문맹.

analphabétisme [analfabetism] *n.m.* 문맹.

analysable [analizabl] *a.* 분석[분해·해부]할 수 있는.

analyse [analiːz] *n.f.* ① 분석, 분해, 해부; 【논리】 분석(↔ synthèse); 【화학·광물】 분석; 【언어】 분석, 해부; 【수학】 해석(解析). roman d'~ 심리분석소설. ~ qualitative (quantitative) 【화학】 정성 [정량] 분석. ~ infinitésimale (transcendante) 【수학】 미분[적분]학. avoir l'esprit d'~ 분석적인 두뇌를 갖고 있다. faire l'~ de qc …을 분석[해부]하다. ② (작품·책 따위의)개요, 적요, 요약 (abrégé, résumé); 음미, 비평. Les programmes de théâtre donnent l'~ des pièces. 연극의 프로그램에는 극의 줄거리가 나와 있다.
en dernière ~ 요컨대, 결국.

analyser [analize] *v.t.* ① 분석[분해·해부]하다(décomposer); 【언어】 분석하다; 【화학·광물】 분석하다; 【수학】 해석하다. ~ ses sentiments 그의 감정을 분석하다. ② (색 따위를)요약[요약검토]하다. ~ un roman 소설을 요약하다.
—*s'~ v.pr.* 자기 마음을 분석하다.

analyseur [analizœːr] *n.m.* ① 분석광(狂); 분석가. ② 【광학】 검광자(檢光子).

analyste [analist] *a.* 분석적인. —*n.* 분석가; 분석학자; 정신분석학자(의사).

analytique [analitik] *a.* 분석[분해·해부]적인(↔ synthétique). esprit ~ 분석적 정신. géométrie ~ 【수학】 해석기하학. langue ~ 【언어】 분석적 언어. jugement ~ 【철학】 분석적 판단. —*n.f.* 분석법, 분석학.

analytiquement [analitikmɑ̃] *ad.* 분석[분해·해부]적으로.

anamnèse [anamnɛːz] *n.f.* ① 【가톨릭】 기념송(誦). ② 【의학】 기왕증(旣往症), 병력 구술(病歷口述).

anamnésie [anamnezi] *n.f.* 【의학】 기억회복; 【심리】 상기, 회상(réminiscence).

anamorphose [anamɔrfoːz] *n.f.* 【식물】 기형, 변체; 【광학】 왜상(歪像).

ananas [anana(s)] *n.m.* 【식물】 ① 파인애플. ② 알이 큰 딸기.

anandraire [anɑ̃drɛːr], **anandre** [anɑ̃ːdr] *a.* 【식물】 수술이 없는.

anapeste [anapɛst] 【운율】 ① 단단장음격(短短長音格)의, 억양(抑揚)음격의. —*n.m.* 단단장음격, 억양음격.

anapestique [anapɛstik] *a.* 단단장음격의.

anaphase [anafaːz] *n.f.* 【생물】 후기(유사(有絲)분열의 중기와 종기(終期)사이의 시기).

anaphore [anafɔːr] *n.f.* ① 【수사학】 첫머리말[두어(頭語)]의 반복. ② 【언어】 조응(照應)에: Vous êtes venu hier, je le sais.

anaphorique [anafɔrik] *n.m.* 【언어】 조응소.

anaphrodisiaque [anafrɔdizjak] *a.* 성욕이 없는; 성욕을 억제하는. —*n.m.* 【약】 제음제(制淫劑).

anaphrodisie [anafrɔdizi] *n.f.* 무성욕, 성욕감퇴.

anaphylactique [anafilaktik] *a.* 【의학】 (혈청주사 따위에 대한) 과민증의.

anaphylaxie [anafilaksi] *n.f.* 【의학】 과민증(혈청 따위의 주사 후에 일어나는 쇼크 증상).

anaplasie [anaplazi], **anaplastie** [anaplasti] *n.f.* (세포·조직의)비정상적 발육; 【외과】 정형수술.

anar [anaːr] *n.* 【속어】 = anarcho.

anarchie [anarʃi] *n.f.* ① 무정부(상태); 【구어】 혼란, 무질서(confusion, désordre). tomber dans l'~ 무정부상태[무질서]에 빠지다. ~ des esprits 정신의 혼란. ② 무정부주의(이 뜻으로는 anarchisme 을 쓰는 편이 낫다).

anarchique [anarʃik] *a.* 무정부상태의, 무질서(혼란)의(désordonné); 무정부주의의.

anarchiquement [anarʃikmɑ̃] *ad.* 무정부(주의)적인, 무질서하게.

anarchisant(e) [anarʃizɑ̃, -ɑ̃ːt] *a.* 무정부주의적인, 무정부주의에 동조하는. —*n.* 무정부주의 동조자.

anarchiser [anarʃize] *v.t.* 무정부상태로 만들다, 혼란으로 이끌다.

anarchisme [anarʃism] *n.m.* 무정부주의.

anarchiste [anarʃist] *a.* 무정부주의의. —*n.* 무정부주의자.

anarcho [anarʃ(k)o] *n.* 【속어】 무정부주의자.

anarcho-syndicalisme [anarʃ(k)osɛ̃dikalism] *n.m.* 무정부주의적 조합주의(운동).

anarcho-syndicaliste [anarʃ(k)osɛ̃dikalist] *a.* 무정부주의적 조합주의(운동)의.

anarrhique [anarik] *n.m.* 【어류】 (북대서양산의) 베도라치 무리의 일종 (loup marin).

anasarque [anazark] *n.f.* 【의학】 전신 부종(浮腫); 【수의】 (가축의)부종.

anastaltique [anastaltik] *a.* 【인쇄】 활판의.

Anastasie [anastazi] *n.pr.f.* ① (1914년 8월 발령 된)영국 국방령. ② 【속어】 (익살) (출판물·연극 따위의)검열.

anastatique [anastatik] *a.* 【인쇄】 복사(법)의.

anastigmat [anastigma] *n.m.* 【광학·사진】 수차(收差)교정 렌즈.

anastigmate [anastigmat], **anastigmatique** [anastigmatik] 【광학·사진】 *a.* (렌즈의)수차를 교정한. —*n.m.* 아네스티그마틱 렌즈.

anastomose [anastɔmoːz] *n.f.* 【해부】 관상(管狀)기관의 접합(술).

anastomoser (s') [sanastɔmoze] *v.pr.* 【해부】 (혈관 따위가)접합하다.

anastrophe [anastrɔf] *n.f.* 【수사학】 도치법, 어순전위(語順轉位).

anathématisation [anatematizasjɔ̃] *n.f.* 저주, 파문; 주문(呪文); 배척; 맹렬한 비난.

anathématiser [anatematize] *v.t.* ① 저주[파문]하다. ② 배척하다; 맹렬히 비난하다.

anathématisme [anatematism] *n.m.* 이단자로 파문[배척]하는 교[문]서.

anathème [anatɛm] *n.m.* ① 저주[파문]의; 저주받아 파문된. —*n.m.* ① 저주, 파문; 배척; 맹렬한 비난. frapper *qn* d'~ …을 저주[파문]하다. jeter(lancer) ~ sur (contre) …을 맹렬히 비난[배척]하다. —*n.* 저주받은 사람, 파문당한 사람.

anatidés [anatide] *n.m.pl.* 【조류】 기러기오리과

anatif(e) [anatif] *n.m.* 【패류】삿갓조개.
anatocisme [anatɔsism] *n.m.* 복리(複利)법.
anatomie [anatɔmi] *n.f.* ① 해부학; 해부술. ② (인체·서적 따위의)해부, 분석. ③ 해부체; 해부모형; 《옛》해골(∽ sèche). belle ∼ 아름다운 (풍부한) 모형(예술품 따위). ④ 해부적 구조(조직).
anatomique [anatɔmik] *a.* 해부학적.
anatomiquement [anatɔmikmɑ̃] *ad.* 해부학적(상)으로; 해부학으로서.
anatomiser [anatɔmize] *v.t.* 《옛》① (인체를)해부하다. ② (광선을)분산시키다. ③ (심리·서적 따위를)자세히 해부[분석]하다.
　　—**s'**∼ *v.pr.* 《옛》① (광선이)분산하다. ② 자세하게 해부[분석]되다.
anatomiste [anatɔmist] *n.* 해부학자; 해부부.
anatoxine [anatɔksin] *n.f.* 【의학】아나톡신.
anatrope [anatrɔp] *a.* 【식물】도생(倒生)의.
anavenin [anavənɛ̃] *n.m.* 【의학】사독(蛇毒)예방액.
anc. 《약자》ancien 낡은, 옛날의.
ancelle [ɑ̃sel] *n.f.* 성모 마리아에게 주어진 이름.
ancestral(ale, *pl. aux*) [ɑ̃sestral, -o] *a.* 조상의, 선조의(풍습 따위가)조상 전래의.
***ancêtre** [ɑ̃sɛtr] *n.m.* 선조, 조상(aïeul);《구어》늙은이 (vieillard); (사물의)시초. considérer Lautréamont comme un ∼ du surréalisme 로트레아몽을 초현실주의의 한 시조로 간주하다. Taisez-vous, vénérable ∼ ! 입을 다무시오, 노인장 !
　　—*n.m.pl.* 조상; 선인 (prédécesseurs, devanciers). Nos ∼s nous ont laissé de bons exemples. 우리의 선인들은 우리에게 훌륭한 모범을 남겨 주었다.
A.N.C.G. 《약자》Association Nationale des croix de guerres 무공십자훈장 수여자연맹.
anche [ɑ̃ʃ] *n.f.* ①【음악】《악기의》혀. jeu d'∼s (풍금의)설관(舌管). ②(물방아의 가루받이 통에 가루를 떨어뜨리는)홈통.
anchois [ɑ̃ʃwa] *n.m.* ①【어류】멸치 무리; (소금물이나 기름에 절인)멸치 종류의 전채요리. ② poire d'∼ 【식물】안초박배(망고 비슷한 서인도 제도산의 과실).
anchoité(e) [ɑ̃ʃwate] (< *anchois*) *a.* (소금물이나 기름에 절인)멸치의.
‡**ancien(ne)** [ɑ̃sjɛ̃, -ɛn] *a.* ①(주로 명사 뒤에서)오래 전부터의(있는), 고래의; 낡은, 구식의(vieux, ↔ nouveau), 고참(古参)의, 선임의, 상급의. ami ∼ 오래 전부터의 친구. livre ∼ 옛날 책, 고서. meuble ∼ 고가구(古家具). élèves ∼s 상급생. juge ∼ 고참판사. église fort ∼*ne* 매우 오래된 교회. ruines des ∼s monuments de l'Empire romain 고대 로마제국의 오래된 기념건조물들의 폐허. ②(주로 명사 뒤에서) 먼 옛날의, 고대의(antique). histoire ∼*ne* 고대사. temps ∼s 옛날. dans l'∼ temps 옛날에, 고대에. ∼*ne* Grèce 고대 그리스. ③(명사 앞에서)전의, 퇴직한, 원(元), 구(舊), 전 신(ex-). ∼ ami 옛날 친구. ∼s élèves 졸업생; (선 생측에서 보아)전에 가르친 제자. ∼ juge 전 판사, 판사출신. ∼ régime (불란서 혁명 전의)구체도. ∼ Testament 구약성서. mon ∼ appartement 나의 먼저번 아파트. ∼ franc(1959년의 화폐개혁 이전에 통용되던)구(舊)프랑. moins ∼ 구(舊)의. ∼ ministre 전 장관. ∼s combattants 재향 군인. ④【임업】(윤벌 3년 이상의)미보존의.
　　—*n.m.* ①(종종 *pl.*)고대인; 고대 그리스·로마 사람; 고대 그리스·로마 작가. querelle des A∼s et des Modernes (불란서 고전시대의 말기에 일어난) 신구논쟁. ②노인;《구어》영감;《종교》장로; 《역사》족장(族長); 선배, 연장자, 선임자(aîné);

(같은 이름의 인물의 노약을 나타내어)대(大); 《군사》선임자; 상급생; (소년단의)반장. ∼s du village 마을의 고로(古老). ∼s du peuple d'Israël (관직으로서)이스라엘 민족의 장로, Conseil des ∼s (이스라엘 민족 신교·불란서 혁명 당시의)장로회의. Il est mon ∼. 그는 나의 선배이다. Pline l'A∼ (소 플리니우스 *Pline le Jeune*에 대하여)대 플리니우스. ③【임업】윤벌(輪伐) 3년 이상의 나무.
　　à l'∼ne 옛날식으로. Ton père ne veut rien savoir. Il veut qu'on travaille *à l'∼ne*. 그의 아버지는 아무 것도 알려고 하지 않는다. 옛날식으로 일하기를 원한다.
　　—*n.f.* 《구어》오래 전부터의 여인 (∼*ne* maîtresse).
anciennement [ɑ̃sjɛnmɑ̃] *ad.* 옛날에, 옛적에.
ancienneté [ɑ̃sjɛnte] *n.f.* 낡음; 오래 된 것; 케케묵음 (antiquité, ↔ nouveauté); 선임, 고참; 《옛》나이가 많음; 《옛》고대. (avancer) à l'[par ∼] 선임 순으로(승진하다). *de toute* ∼ 태고적부터.
ancile [ɑ̃sil] *n.m.* 【고대로마】하늘에서 내려와 로마제국의 번영을 지켰다고 하는 방패.
ancillaire [ɑ̃si(l)lɛːr] *a.* 《구어》하녀의.
ancipité(e) [ɑ̃sipite] *a.* 【식물】이능형(二稜形)
ancolie [ɑ̃kɔli] *n.f.* 【식물】매발톱꽃.
ancon [ɑ̃kɔ̃] *n.m.* ①【해부】팔꿈치. ②【건축】 첨차(檐遮).
ancrage [ɑ̃kraːʒ] *n.m.* ① 정박(소); 닻을 내리기 [내리는 곳]; 정박세(droits d'∼). ②【항공】계류. ③ 버팀대; 벽을 연결하는 쇠붙이.
ancre [ɑ̃kr] *n.f.* ①닻. ∼ de veille;《옛》∼ de miséricorde 예비닻, 비상용 큰 닻. ∼ de corps mort 계선묘(繫船錨). être à l'∼ 닻을 내리고[정박하고]있다. fatiguer l'∼ (배가)동요가 심하다. lever l'∼ 닻을 올리다. mettre le navire à l'∼ 닻을 내리고 배를 멈추다. jeter[mouiller] l'∼ 닻을 던지다, 정박하다. ②【건축】(T,X,S 모양의)버팀쇠; 연결 쇠붙이, 꺾쇠; 버팀목. ③(시계의)앙크르.
　　∼ *de salut* 생명을 의지하는 것, 지고의 희망, 마지막 수단. *jeter l'*∼ *dans un lieu* 《구어》어떤 장소에 정착하다. *jeter sa dernière* ∼ 최후의 노력을 시도하다.
ancre-chaîne [ɑ̃krəʃɛn] (*pl.* ∼**s**-∼**s**) *n.f.* 【항공】 계류묘(繫留錨).
ancrer [ɑ̃kre] *v.i.* 닻을 내리다, 정박하다.
　　—*v.t.* ①【항공】계류하다; 닻으로 고정시키다; 《구어》굳게 하다, 확고히 하다; 뿌리박게 하다. idée *ancrée* dans la tête 《구어》머리속에 뿌리박힌 생각. ②버팀목으로 받치다. ③꺾쇠로 잇다.
　　—**s'**∼ *v.pr.* ①뿌리박다, 확고해지다, 굳어지다. s'∼ dans ses idées 사상을 확립하다. ②《옛》 닻을 내리다, 정박하다.
ancrure [ɑ̃kryr] *n.f.* ①【직장비. ②【직물】주름. ③받침용 철재, S(T)자꼴 철쇠; 꺾쇠; (버팀쇠용)의 고리, 귀.
A.N.C.V.R. 《약자》Association nationale des combattants volontaires de la Résistance 레지스 탕스 지원 전투원 연맹.
AND 《약자》Andorre 안도라(외국 자동차의 표지).
andabate [ɑ̃dabat] *n.m.* 【고대로마】눈가림 투구를 쓴 검투사(劍鬪士).
andaillot [ɑ̃dajo] *n.m.* 【해양】(돛의 변두리나 귀에 단)삭안(索眼), 고리.
andain [ɑ̃dɛ̃] *n.m.* 【농업】①낫질 한 번으로 베는 넓이. ②베어 넘긴 풀 따위의 줄.
andalou(se) [ɑ̃dalu, -uːz] *a.* 안달루시아(*Andalousie*)의. —**A**∼ *n.* 안달루시아 사람. —*n.m.* ① 안달루시아 사투리. ② 안달루시아 말(cheval ∼).
Andalousie [ɑ̃daluzi] *n.pr.f.* 【지리】안달루시아.

andante [ãdã:t, andante] 《이탈리아》《음악》 ad. 평조(平調)로, 느리게. —n.m. 평조, 안단테.

andantino [ãdãtino, andantino] 《이탈리아》《음악》 ad. 좀 느리게, 느리게.

Andes (les) [lezã:d] n.pr.f.pl. 《지리》안데스 산맥.

andicole [ãdikɔl] a. 안데스 산맥에 사는; 안데스 산맥에 자라는.

andin(e) [ãdɛ̃, -in] a. ① =andicole. ② 안데스 산맥의. —A~ n. 안데스 산맥 사람.

andorran(e) [ãdɔrã, -an] a. 안도라(Andorre)의. —A~ n. 안도라 사람.

Andorre (l') [lãdɔ:r] n.pr.f. 《지리》안도라(피레네 산중의 공화국).

andouille [ãduj] n.f. ① 《요리》(돼지 내장·고기로 만든) 순대, 소시지. ② 《속어》얼간이, 바보. *être vêtu (ficelé) comme une ~* 《구어》몸을 움직일 수 없을 만큼 옷을 껴입다. *faire son ~* 《속어》빼기다, 으스대다. *s'en aller en brouet d'~* (희망이) 덧없이 사라지다.
—a. 《속어》어리석은, 바보의.

andouiller [ãduje] n.m. (사슴의) 가지 뿔. *maître ~* 사슴의 첫째 가지 뿔. *~ de fer* 둘째 가지 뿔. *~ moyen* 세째 가지 뿔.

andouillette [ãdujet] n.f. 《요리》 (속을 잘게 다져서 넣은) 작은 순대 [소시지].

-andre, -andrie suff., **andro-** préf. 「사람·남성·수꽃」의 뜻.

andriague [ãdri(j)ag] n.f. =endriague.

Andrinople [ãdrinɔpl] n.pr.f. 아드리아노플(터키의 도시). —a~ n.f. (터키의) 값싼 붉은 무명. *rouge (d')A~* 터키 빨강.

andrinopolitain(e) [ãdrinɔpolitɛ̃, -ɛn] a. 아드리아노플의. —A~ n. 아드리아노플 사람.

androcée [ãdrɔse] n.m., **andrœcie** [ãdrɔsi] n.f. 《식물》수술.

androcéphale [ãdrɔsefal] a. 머리는 사람이고 몸은 동물인.

androgène [ãdrɔʒɛn] a. 남성의 성징(性徵)을 나타나게 하는. —n.m. 남성 호르몬(hormone ~).

androgénie [ãdrɔʒeni] n.f. ① (인간의) 생식(生殖). ② 《법》남자상속.

androgyne [ãdrɔʒin] a. 남녀 양성의; 《식물》암수 양꽃을 가진. —n.m. 남녀 양성 겸유자; 암수 양꽃을 가진 식물.

androgynéité [ãdrɔʒineite] n.f. 남녀 양성성(男女兩性性).

androïde [ãdrɔid] n.m. 자동 인형, 로봇.

androlâtre [ãdrɔla:tr] n. 인간 숭배자.

androlâtrie [ãdrɔlatri] n.f. 인간 숭배.

andrologie [ãdrɔlɔʒi] n.f. 남자병학.

andromède [ãdrɔmed] n.f. ① 조개의 일종; 《식물》 마취목류. ② (A~) 《천문》안드로메다좌.

andron [ãdrɔ̃] n.m. ① (그리스 가정의) 남자 방. ② (로마의) 뜰과 뜰 사이의 복도 [회랑]. ③ (그리스 교회의) 남자석.

andropause [ãdrɔpo:z] n.f. 《생리》 (연령에 의한) 남성의 성기능 퇴행 [감퇴].

andropétalaire [ãdrɔpetalɛ:r] a. 《식물》수술이 꽃잎으로 변한.

andropétale [ãdrɔpetal] n.m. 수술에서 변한 꽃잎.

androphobe [ãdrɔfɔb] a. 사람을 싫어하는; 남자를 싫어하는. —n. 사람 [남자]를 싫어하는 사람.

androphobie [ãdrɔfɔbi] n.f. 사람 [남자]을 싫어함.

andropogon [ãdrɔpɔgɔ̃] n.m. 《식물》개솔새속(屬) (barbon).

androsème [ãdrɔsɛm] n.m. 《식물》고추나물.

***âne** [a:n] n.m. ① 《동물》당나귀. *~ sauvage* (서남아시아의) 야생 당나귀. *bâter (seller) un ~* 당나귀에 길마를 짓다 [안장을 얹다]. *monter à (sur) un ~* 당나귀를 타다. *dos d'~* (양면이 기울어져) 당나귀등을 이룬 것, 안장 모양의 것. Il y a plusieurs *dos d'~ sur cette route.* 이 도로에는 기복이 많다. *à dos d'~* 당나귀를 타고, 당나귀에 싣고.
② 《구어》 바보, 얼간이(idiot, imbécile). *~ bâté* 얼간이, 멍텅구리. *appeler qn ~* …을 바보라고 부르다. *traiter qn d'~* …을 바보취급하다. *bête comme un ~* 몹시 어리석은 (외고집장이)(têtu).
③ 《기계》바이스, banc d'~ 바이스대(臺), 목수의 깎이틀 [대].
④ 《동물》 ~ *marin* 낙지, 문어; 《동물》~ *rayé* 얼룩말(zèbre); 《식물》*oreille d'~* 식용버섯의 일종(pézize); 《해양》*oreille d'~* 대형삭류(索留); 《어류》*tête d'~* 둑중개의 일종(chabot).
À laver la tête d'un ~ on (y) perd sa lessive (son savon). 쇠귀에 경 읽기.
~ débâté 여자에게 사족을 못쓰는 남자.
~ du moulin 애매하게 구박만 받는 사람.
~ salé 《엣》《놀이》여자인형 입에 물린 파이프에 나뭇조각을 던져서 그것을 떨어뜨리는 놀이.
~ vêtu (couvert) de la peau du lion 사자가죽을 쓴 당나귀, 허세를 부리는 자.
brider l'~ (son ~) par la queue 《속어》일을 마치 거꾸로하듯 하다.
Cela ne se trouve pas dans le pas d'~. 찾아내기도, 얻기도 대단히 힘든 [어려운] 것이다.
Cela ne vaut pas le pet d'un ~ mort. 시시한 [일고의 가치도 없는] 일이다.
chercher son ~ et être dessus 자기 손안 (눈앞)의 것을 찾다.
contes de peau-d'~ 동화.
coup de pied de l'~ 두려워할 필요가 없게 된 자에게 가하는 모욕.
faire l'~ pour avoir du son 《속어》목적 달성을 위해 바보인 체하다.
Faute d'un (Pour un) point, Martin perdit son ~. 《격언》사소한 부주의가 실패의 원인.
Il n'y a point d'~ plus mal bâté que celui du commun; L'~ du commun est toujours le plus mal bâté. 《격언》공동책임은 무책임(無責任)이 되기 쉽다. *L'~ frotte l'~.* 바보끼리 칭찬한다.
mettre un bonnet d'~ à un enfant 바보 모자를 어린애에게 씌우다(제으른 학생에게 벌로서 씌우는 귀가 둘 달린 종이 모자).
Nul (Personne) ne sait mieux que l'~ où le bât le blesse. 자기 아픈 곳은 자기가 가장 잘 알고 있다.
On l'a sanglé comme un ~. 그는 혼이 났다.
On ne saurait faire boire un ~ qui n'a pas soif. 《격언》말을 물가로 몰고 갈 수 있어도 마시려 하지 않으면 어쩔 도리가 없다.
peau d'~ 두꺼운 양피지; 《구어》합격증서.
ressembler à (être comme) l'~ de Buridan 우유부단하다.
sérieux comme un ~ qu'on étrille 시치미를 떼다, 짐짓 진지한 표정을 하다.
têtu (entêté) comme un ~ 몹시 고집이 센.
un ~ parmi les singes 악한 중의 바보, 사람들의 웃음거리; 몹시 고집 센 사람.
Votre ~ n'est qu'un bête. 당신은 영문을 모를 일 [말씀]을 하시는군요.

anéantir [aneãti:r] v.t. ① 없애다; 전멸 [절멸] 시키다; (나라를) 망치다, (사람을) 죽이다, 폐지하다, 무효로 하다; 무로 (무가치한 것으로) 간주하다; (문서 따위를) 파손하다; (희망을) 꺾다, 사라지게 하다. ~ l'autorité 권위를 무력하게 하다. ~ l'ennemi 적을 섬멸하다. ~ les espérances de qn …의 희망을 꺾다. ~ un peuple 민족을 절멸(絶滅)시키다. ~ une coutume 관습을 폐지하다. ~ une idée 어떤 사상을 근절하다. ~ une fortune 재산을 탕진하다. ~ une loi 법률을 무효화(파기)하다. Le temps *anéantit* l'amour. 시간이 흐르면 사랑은 사라져 버리는 법이다. ② 어리둥절하게 하다, 아연하게 하다(consterner, stupéfaire). Ces nouvelles nous *anéantissent*. 이 소식은 우리들을 망연자실케 한다. ③ 기진맥진하게 하다(exténuer). Cette longue marche m'*a anéanti*. 난 오래 걸어서 기진맥진했다. —**s'~** *v.pr.* ① (희망이) 꺾이다, 사라지다(s'effondrer); 없어지다; 전멸[절멸]되다; 폐지되다(廢止); 0으로 되다; 망하다; 파손되다. Nos espoirs *se sont anéantis*. 우리들의 희망은 사라졌다. objection qui *s'anéantit* d'elle-même 저절로 사라져 없어지는 이론(異論). ② (신 따위의 앞에서)겸손하게 하다, 굽실거리다.

anéantissant(e) [aneɑ̃tisɑ̃, -ɑ̃:t] *a.* 《구어》(일이)힘드는; (불행이)견딜 수 없는.

anéantissement [aneɑ̃tismɑ̃] *n.m.* ① 없애기; 전멸시키기; 망치기; 폐지하기, 무효로 하기; (희망을)꺾기; 소멸하기; 기진맥진, 쇠약. ② 어리둥절함.

anecdote [anɛkdɔt] *n.f.* 《구어》 일화(逸話)、기문(奇聞)、짤막한 이야기(historiette). ~*s* du boulevard 사교인사들의 풍설. —*a.* 《옛》일화(기담)의. histoire ~ 일화가 많은 역사.

anecdotier(ère) [anɛkdɔtje, -ɛːr] *n.* ① 일화(기담)를 이야기하는(이야기하기 좋아하는) 사람. ② 일화(기담) 수집가.

anecdotique [anɛkdɔtik] *a.* ① 일화적인. ② 일화를 이야기하기 좋아하는.

anecdotiser [anɛkdɔtize] *v.i.* ① 즐겨 일화(기담)를 이야기하다. ② 일화(기담)를 모으다.

ânée [ɑne] *n.f.* 당나귀 한 마리의 적재량.

A.N.E.E. 《약자》Association nationale d'expansion économique 전국경제발전협회.

anel [anɛl] *n.m.* (대장간의 부집게의)쇠고리.

anélectrotonus [anelɛktrɔtɔnys] *n.m.* 《생리》 양전기 긴장.

anémiant(e) [anemjɑ̃, -ɑ̃:t] *a.* 《의학》 빈혈을 일으키는; 허약하게 하는.

anémie [anemi] *n.f.* 《의학》 빈혈. ~ cérébrale 뇌빈혈.

anémié(e) [anemje] *a.p.* 빈혈의. —*n.* 빈혈환자.

anémier [anemje] *v.t.* ① 빈혈을 일으키게 하다. ② 《구어》가난하게 하다; 허약하게 하다(affaiblir). —**s'~** *v.pr.* 빈혈을 일으키다.

anémique [anemik] *a.* 빈혈의; 《구어》창백한; 힘없는; style ~ 힘없는 문체. —*n.* 빈혈 환자.

anémo- *préf.* 「바람」의 뜻.

anémographe [anemɔgraf] *n.m.* 자기(自記) 풍력(풍속)계; 풍속 기록자; 풍지(風誌)의 기술자.

anémographie [anemɔgrafi] *n.f.* 풍력(풍속)의 기록, 풍지.

anémographique [anemɔgrafik] *a.* 풍력 기록의, 풍속 기록의.

anémomètre [anemɔmɛtr] *n.m.* 풍력계, 풍속계.

anémométrie [anemɔmetri] *n.f.* 풍력(풍속) 측정.

anémométrique [anemɔmetrik] *a.* 풍력 측정의, 풍속 측정의.

anémone [anemɔn] *n.f.* ① 《식물》 아네모네. greffe(patte) d'~ 아네모네 구근. ② ~ de mer 《동물》 말미잘.

anémophile [anemɔfil] *a.* 《식물》 풍매(風媒)의.

anémophilie [anemɔfili] *n.f.* 풍매성.

anémoscope [anemɔskɔp] *n.m.* 풍향계.

anémotrope [anemɔtrɔp] *n.m.* 풍력발동기.

anencéphale [anɑ̃sefal] *a.* 뇌(腦)가 없는. —*n.* 무뇌아(兒)(anencéphalien).

anencéphalie [anɑ̃sefali] *n.f.* 무뇌증.

anépigraphe [anepigraf] *a.* 무명(無銘)의, 무제(無題)의.

anergie [anɛrʒi] *n.f.* 《의학》 면역성 결핍.

ânerie [ɑnri] *n.f.* 《구어》무지막지, 지독한 무식; 바보같은(얼빠진) 짓(bêtise). faire des ~*s* 바보같은 짓을 하다.

anéroïde [anerɔid] *a.* 수은을 사용하지 않는. (~ baromètre ~).

ânesse [ɑnɛs] *n.f.* 《동물》 암탕나귀.

anesthésiant(e) [anɛstezjɑ̃, -ɑ̃:t] *a.* 마취의 —*n.m.* 마취제.

anesthésie [anɛstezi] *n.f.* 《의학》 지각탈실. ② 《의학》 마취, 마취법(술). ③ ~ générale(locale) 전신(국부) 마취법. ③ 무감각, 무감동.

anesthésier [anɛstezje] *v.t.* 마비시키다; 마취하다; (에)마취를 걸다(endormir).

anesthésique [anɛstezik] *a.* 마취의, 마취를 일으키는. —*n.m.* 마취제.

anesthésiste [anɛstezist] *n.* 마취사.

anet(h) [anɛt] *n.m.* 《식물》 ① 나도고수(~ odorant). ② 회향풀(~ doux).

anévri(y)smal(ale, *pl.* **aux)** [anevrismal, -o] *a.* 《의학》 동맥류(動脈瘤)의.

anévri(y)smatique [anevrismatik] *a.* 《의학》 동맥류 모양의.

anévri(y)sme [anevrism] *n.m.* 《의학》 동맥류.

anévri(y)smé(e) [anevrisme] *a.* 《의학》 동맥류에 걸린.

anfractueux(se) [ɑ̃fraktɥø, -ø:z] *a.* ① 굴곡이 많은, 구불구불 휜. ② (윤곽 따위가)불규칙적인; (바위 따위가)울퉁불퉁한; (산이)뾰족뾰족 솟은.

anfractuosité [ɑ̃fraktɥozite] *n.f.* ① 굴곡, 구불구불함. ② 불규칙적인 윤곽; 우툴두툴함; 기복. ③ ~*s* cérébrales 《해부》 대뇌(大腦溝).

angarie [ɑ̃gari] *n.f.* ① 《국제법》 비상 징용(권). ② 《옛》 굶기기.

angarier [ɑ̃garje] *v.t.* ① 징발하다. ② 《옛》 괴롭히다, 굶기다.

***ange** [ɑ̃ːʒ] *n.m.* ① 천사, 신의 사자(使者); 천사같은 사람. ~ bouffi 《미술》 그림에 특히 천사같이 포동포동한 귀여운 아기. ~ de l'annociation 성모영보(聖母領報)의 천사. ~ de mon bonheur 내 행복의 사자. ~ rebelle[déchu]; ~ des ténèbres; mauvais ~ 악마. ~ protecteur[tutélaire]; bon ~ 수호신(천사). reine des ~*s* 천사의 여왕, 성모 마리아. pain des ~*s* 성체, 성찬의 빵. cheveux d'~ 크리스마스 트리에 장식되는 꽃줄. patience d'~ 무한한(훌륭한) 인내심. lit d'~ 엔젤베드. saut de l'~ 《수영》 신동 다이빙. Mon ~ [Mon bel ~, Mon petit ~] 귀여운 사람《애정의 표현》. ② 《어류》 전자리상어(~ de mer). ③ 필립 6세 시대의 금화의 이름.
~ *à l'église et diable à la maison* 집안 식구를 대하는 태도는 나쁜데 외부 사람과의 대인관계는 좋은 사람.
~ *gardien* ⓐ 수호천사[신]. ⓑ《속어》간수, 교도관. ⓒ (중요인물의)보디가드, 경호원. ⓓ 《스포츠》 (구기에서 상대편 선수 한 명에게)마크하는 선수.
boire aux ~*s* 싫컷(마구) 마시다.
comme un ~ 참으로 (잘), 완벽하게.
discuter sur le sexe des ~*s* 《속어》쓸모없는 토론에 열중하다.

être aux ~s 몹시 기뻐하다.
être le bon(mauvais) ~ de qn …을 좋은(나쁜) 길로 인도하다, …에게 좋은(나쁜) 영향을 주다.
faiseuse d'~s 《속어》 낙태를 업으로 삼는 여자; 탁아소 경영자.
parler aux ~s 혼잣말을 하다.
rire aux ~s 황홀한 웃음을 띠다; (갓난아기가) 잠을 자면서 웃다; 까닭없이 바보처럼 웃다.
Un ~ passe. 천사가 지나간다(이야기가 끊어져서 좌중이 조용해질 때 하는 말).

angelet [ɑ̃ʒlɛ] *n.m.* 어린 천사.
angélical(ale, *pl.* **aux)** [ɑ̃ʒelikal, -o] *a.* 천사의.
angélique [ɑ̃ʒelik] *a.* 천사의, 천사 같은(céleste, ↔ diabolique). Docteur ~《종교사》 성 토마스 아퀴나스(St. Thomas d'Aquin)의 칭호(천사박사). salutation ~(성모 마리아에 대한)천사축사; 아베 마리아의 기도. sourire ~ 천사 같은 미소. —*n.f.* ① 《식물》 안젤리카(미나리과); 《요리》 (그)줄기를 설탕에 절인 것. ② 《음악》 안젤리카.
angéliquement [ɑ̃ʒelikmɑ̃] *ad.* 천사처럼.
angéliser [ɑ̃ʒelize] *v.t.* 천사처럼 만들다.
angélisme [ɑ̃ʒelism] *n.m.* 결백성, 순결주의.
angélolâtre [ɑ̃ʒelɔlɑtr] *n.* 천사 숭배자.
angélolâtrie [ɑ̃ʒelɔlɑtri] *n.f.* 천사 숭배.
angelot [ɑ̃ʒlo] *n.m.* ① 애기 천사. ② (천사의 상이 있는)옛날 금화. ③ (노르망디산의)애기 천사표 치즈. ④ 《어류》 전자리상어.
angélus [ɑ̃ʒelys] *n.m.* 《가톨릭》 삼종기도; (그)시간을 알리는 종.
angevin(e) [ɑ̃ʒvɛ̃, -in] *a.* 앙제(Angers, 프랑스의 도시)의; 앙주(Anjou, 프랑스의 옛 지방)의.
—**A~** *n.* 앙제(앙주) 사람. —*n.m.* 앙주 사투리.
angine [ɑ̃ʒin] *n.f.* 《의학》 구협염(口峽炎), 안기나. — couenneuse 인두(咽頭)디프테리아. ~ de poitrine 협심증(狹心症).
angineux(se) [ɑ̃ʒinø, -ø:z] *a.* 《의학》 구협염성의, 안기나의. ② 협심증의.
angi(o)- préf. 「식물 과실피(果實被)·맥관(脈管)」의 뜻.
angiocarpien(ne) [ɑ̃ʒjɔkarpjɛ̃, -ɛn] *a.* 《식물》 까정이가 있는 열매의.
angiographie [ɑ̃ʒjɔgrafi] *n.f.* 《의학》 ① 맥관지(脈管誌); 맥관학. ② 혈관 촬영법.
angiologie [ɑ̃ʒjɔlɔʒi] *n.f.* 《의학》 맥관학(angiographie).
angiome [ɑ̃ʒjɔm] *n.m.* 《의학》 혈관종(腫), 임파종.
angiosperme [ɑ̃ʒjɔspɛrm] 《식물》 *a.* 피자(被子)의, 속씨의. —*n.f.pl.* 속씨식물.
*anglais(e) [ɑ̃glɛ, -ɛ:z] *a.* 잉글랜드(Angleterre)의, 영국의; 영어의. clé ~*e* 영국식 스패너. semaine ~*e* 토요일 반휴일제. charrette ~*e* 경쾌한 1 두 2 륜마차. cor ~ 잉글리시호른.
à l'~e 영국식의. *s'en aller(filer) à l'~e*《구어》인사도 없이 떠나가버리다.
—**A~** *n.* 영국 사람.
—*n.m.* ① 영어(langue ~) — 영어를 하다. — correct(du roi) 표준영어, 순정영어(純正英語). ② (*pl.*) 《속어》월경. ③ 《옛》 채권자(créancier). ④ 잉글리시 말(馬). monter un ~ 잉글리시 말을 타다.
Les A~ ont débarqué(sont débarqués). 《속어》월경한다.
—*n.f.* ① 영국식 서체, 잉글리시체(體)(écriture ~*e*). Il écrit bien l'~*e*. 그는 영국식 서체를 잘 쓴다. ② 영국식 춤(danse ~*e*); 영국식 무곡. ③ 영국식 승마법(équitation ~*e*). ④ (*pl.*) 기다란 고수머리. porter des ~*es* 영국식 컬을 하다.

anglaisage [ɑ̃glɛza:ʒ] *n.m.* anglaiser 하기.
anglaiser [ɑ̃glɛ[e]ze] *v.t.* ① (말의)꼬리의 저하근(下筋)을 제거하다. ② (말의)갈기를 짧게 깎다. ③ 영국식 흉내를 내다.
—**s'~** *v.pr.* 영국화하다. Ces îles, qui aujourd'hui *s'anglaisent* rapidement, sont restées longtemps autochtones. 급속도로 영국화해 가는 이 섬들은 오래도록 토속적인 면을 유지하고 있었다.
*angle [ɑ̃:gl] *n.m.* ① 각, 각도. ~ aigu 예각. ~ droit 직각. ~ obtus 둔각. ~ d'attaque 《항공》 영각(迎角). ~ naturel de repos; ~ de talus 《토목》휴각(休角). ~ rectiligne 《기하》 직선각. ~ oblique 사각(斜角). ~ contigu(adjacent) 인접각. ~ complémentaire 여각. ~ supplémentaire 보각. ~s opposés 대각. ~s correspondants 동위각. ~s alternes 엇각. ~ externe(extérieur) 외각. ~ interne(intérieur) 내각. ~ dièdre 2 면각. ~ trièdre 3 면각. ~ curviligne 곡선각. ~ saillant (요새의)철각(凸角). ~ solide 입체각. ~ sphérique 구면각. ~ de mire 《군사》 조준각. ~ mort 사각(死角). ~ de site (대포의)조준각. ~ de hausse (대포의)각도. ~ de marche(de route) (부대의)진행 각도. ~ facial 《인류》 안면각. ~ optique 《광학》 시각[광속각]. ~ visuel 시각. ~ de 45 degrés 45° 각도. ~ critique 《항공》 한계각. ~ 《광학》 임계각(臨界角). roue d'~ 《기계》 사륜(斜輪).
② 시점(視點), 관점. voir qc sous un certain ~ 을 어떤 각도로[관점]으로 보다. Je n'ai jamais examiné le problème sous cet ~. 나는 문제를 이 관점에서 검토해 본 적이 없다.
③ 모, 모퉁이(encoignure); (성격 따위의)모(aspérité). boutique d'~ 모퉁이 가겟집. arrondir(abattre) les ~s de qc …의 모를 깎다[죽이다]. Il demeure à l'~ de la rue. 그는 길 모퉁이에서 살고 있다. faire ~ avec la rue (집이)한길 모퉁이에 있다. émousser les ~s aigus de son ironie 빈정거림의 예봉을 무디게 하다.
④ 《건축》 귓돌(~ de mur).
angler [ɑ̃gle] *v.t.* 모나게 하다.
Angles [ɑ̃:gl] *n.m.pl.* 《역사》 앵글족(族).
anglet [ɑ̃glɛ] *n.m.* ① 《건축》 직각의 홈. ② 《인쇄》 (패罪)의)경사.
Angleterre [ɑ̃glətɛ:r] *n.pr.f.* 잉글랜드; 영국.
—**a~** *n.f.* 영국제 모직물.
angleux(se) [ɑ̃glø, -ø:z] *a.* 《식물》 (열매가)씨에 주름이 있는.
anglican(e) [ɑ̃glikɑ̃, -an] *a.* ① 영국 국교의. Église ~*e* 영국 국교회. ② 영국 국교를 믿는.
—*n.* 영국 국교 신도.
anglicanisme [ɑ̃glikanism] *n.m.* 영국 국교(주의).
angliche [ɑ̃gliʃ] 《속어》 *a.* 영국의. —**A~** *n.* 영국사람.
anglicisant(e) [ɑ̃glizizɑ̃ -ɑ̃:t] *n.* 영어학자.
angliciser [ɑ̃glisize] *v.t.* 영국(영어)식으로 되게 하다. ~ sa toilette 옷차림을 영국풍으로 하다. mot *anglicisé* 영어화된 말.
—**s'~** *v.pr.* 영국(영어)식이 되다.
anglicisme [ɑ̃glisism] *n.m.* 《언어》 ① 영어식 표현법. ② 영어에서의 차용어, 영어식 표현.
angliciste [ɑ̃glisist], **angliste** [ɑ̃glist] *n.* 영어학자; 영어 교사.
anglo-arabe [ɑ̃glɔarab] *a.* 영국종과 아랍종이 섞인. —*n.m.* (위)의 혼혈마(馬).
anglo-catholique [ɑ̃glɔkatɔlik] *a.* 앵글로 가톨릭파(派)의. —*n.* 앵글로 가톨릭 교도.
angloir [ɑ̃glwa:r] *n.m.* 사각(斜角)기.
anglomane [ɑ̃glɔman] *a.* 영국에 심취(心醉)한.

anglomanie [ɑ̃glɔmani] *n.f.* 영국 심취; (프랑스어 안에서의 극단적인)영어 도입 경향.

anglo-normand(e) [ɑ̃glɔnɔrmɑ̃, -ɑ̃:d] *a.* ① 영국종과 노르망디종이 혼혈된. ② 《역사》(영국 정부 후에 잉글랜드에 정착한)노르망디 사람의. ③ archipel ~; les îles ~es 앵글로 노르만 군도. ④ 앵글로 노르만어(語)의.
—**A~-N~** *n.* 노르만계의 영국인. —*n.m.* ① 영국종과 노르망디종과의 혼혈마. ②앵글로 노르만어(語)(dialecte ~).

anglophile [ɑ̃glɔfil] *a.* 친영(親英)의. —*n.* 친영론자, 친영주의자.

anglophilie [ɑ̃glɔfili] *n.f.* 친영주의.

anglophobe [ɑ̃glɔfɔb] *a.* 영국을 싫어하는. —*n.* 영국을 싫어하는 사람. 〖英病〗.

anglophobie [ɑ̃glɔfɔbi] *n.f.* 영국 혐오, 공영병(恐

anglo-saxon(ne) [ɑ̃glɔsaksɔ̃, -ɔn] ① 앵글로색슨 민족의. ② 앵글로색슨 사람의. ③ 앵글로색슨 어의. ④ 영어국민의. —**A~** *n.* 앵글로색슨(족).
—**A~-S~s** *n.m.pl.* 앵글로색슨 민족. ② 영어 국민, 앵글로색슨. ③ 《語》 앵글로색슨어(語).

angoissant(e) [ɑ̃gwasɑ̃, -ɑ̃:t] *a.* 몹시 걱정스러운, 불안스러운, 마음을 괴롭히는, 마음 아프게하는 (↔apaisant). situation ~e 몹시 불안스런 상황.

*****angoisse** [ɑ̃gwas] *n.f.* ① 극도의 불안(anxiété); 고민, 번민; (죽음의)괴로움. ~s de conscience 양심의 가책. ~ de l'agonie 단말마의 고통. ~ généralisée 《의학》 비고정적(非固定的) 불안. ② 《의학》 호흡 곤란. éprouver de l'~ 호흡 곤란을 느끼다. ③ 《철학》 불안. philosophie de l'~ 불안의 철학(실존주의 철학을 가리킴).
poire d'~ ⓐ《옛》배 모양의 쇠으릇 재갈. ⓑ 매우 떫은 배. ⓒ avaler des poires d'~《비유적》매우 괴로운 꼴을 당하다, 고배를 들다.

angoisser(e) [ɑ̃gwase] *a.p.* 몹시 불안하게 하는, 고민에 빠지다, 괴로와하는, 가슴 아파하는;《구어》대경실색한, 깜짝 놀란. regard ~ 몹시 불안스런 시선 〖눈초리〗.

angoisser [ɑ̃gwase] *v.t.* (가슴을 죄는 듯한)불안 속에 빠뜨리다; 번민하게 하다, 걱정시키다(inquiéter, tourmenter). Cette nouvelle nous *a angoissés*. 이 소식은 우리를 몹시 불안하게 했다.
—**s'~** *v.pr.*《드물게》고민하다, 불안히 여기다.

angoisseux(se) [ɑ̃gwasø, -ø:z] *a.* 불안으로 가득찬, 몹시 불안해 하는.

Angola [ɑ̃gɔla] *n.pr.m.* 앙골라《아프리카 남서부에 위치한 공화국》.

angolais(e) [ɑ̃gɔlɛ, -ɛ:z], **angolan(e)** [ɑ̃gɔlɑ̃, -an] *a.* 앙골라의. —**A~** *n.* 앙골라 사람.

angon [ɑ̃gɔ̃] *n.m.* ① 《옛》(프랑크족의)투창(投槍). ② (갑각류(甲殼類)를 잡는 데 쓰는)작살.

angora [ɑ̃gɔra] *a.* 앙고라(*Angora*)의. —*n.m.* ① 앙고라 직물. ② 앙고라 고양이. ③ 앙고라 염소. ④ 앙고라 토끼.

angostura [ɑ̃gɔstyra], **angosture** [ɑ̃gɔsty:r] *n.f.* =angustura.

angoumois(e) [ɑ̃gumwa, -a:z], **angoumoisin(e)** [ɑ̃gumwazɛ̃, -in] *a.* 앙굴렘(*Angoulême*, 프랑스의 도시)의; 앙구무아(*Angoumois*, 프랑스의 옛 지방)의.
—**A~** *n.* 앙굴렘(앙구무아) 사람.
—**l'A~** *n.*《역사》앙구무아 주(州).

angrois [ɑ̃grwa(ɑ)] *n.m.* (쇠망치 대가리와 손잡이 사이에 끼우는)조그만 쇠쐐기.

angstroem, angström [aŋ(ɑ̃g)strœm] (<*Ångström*, 스웨덴의 물리학자) *n.m.*〖물리〗옹스트롬《1,000만분의 1 밀리미터;《약자》Å》(unité

d'*A*~).

anguiforme [ɑ̃giform] *a.* 뱀장어 모양의.

anguillade [ɑ̃gijad] *n.f.* 뱀장어 가죽(끈 수건)으로 매질하기.

anguille [ɑ̃gij] *n.f.* ① 《어류》 뱀장어. ~ au bleu 《요리》 삶은 뱀장어. ~ à la[en] matelote (양파와 포도주로 요리한) 뱀장어 요리. échapper comme une ~ 미꾸라지처럼 잘 빠져 나가다. ~ de haie (익살) 뱀. ~ de mer 붕장어. ~ de sable; plat-bec 양미리. ② 《해양》 진수대(進水臺); nœud d'~ 끈 매듭, 나비매듭.
écorcher l'~ par la queue 일을 거꾸로 하다. *être comme (ressembler à) l'~ de Melun, qui crie avant qu'on l'écorche* 손도 대기전에 울다《아프기도 하기 전에 엄살부리다》. *Il y a (quelque) ~ sous roche.*《구어》 좀 수상하군《어떤 흑계가 있지 않을까 의심스러운 경우》.

anguillette [ɑ̃gijɛt] *n.f.* 소금에 절인 어린 장어.

anguillidés [ɑ̃gijide] *n.m.pl.* 《어류》 참장어과.

anguill(i)ère [ɑ̃gijɛ:r] *n.f.* ① 뱀장어 양어장. ② (뱀장어 잡는 일종의 통발.

anguilliforme [ɑ̃gijifɔrm] *a.* 장어 모양의.

anguillule [ɑ̃gijyl] *n.f.* 《동물》 ① 초선충(醋線蟲). ② 장내(腸內)기생충의 일종.

anguilluline [ɑ̃gijylin] *n.f.*《동물》 밀벌레.

angulaire [ɑ̃gylɛ:r] *a.* 모난, 모진, 모퉁이의; 각도로, 잭. dent ~ 송곳니. pierre ~ 〖건축〗 모서리, 주춧돌; 기초; 수뇌(자). distance ~ 《수학・천문》 각거리(角距離). vitesse ~ 《기계》 각속도.
—*n.m.* grand ~ 《사진》 광각(廣角)렌즈.

angulairement [ɑ̃gylɛrmɑ̃] *ad.* 각을 이루어, 각 모양으로; 모나게.

angularité [ɑ̃gylarite] *n.f.* 모남.

angulé(e) [ɑ̃gyle] *a.* 《식물》 모난, 유릉(有稜)의.

anguleux(se) [ɑ̃gylø, -ø:z] *a.* 각이 많은, 모난; (성격이)모난. menton ~ 모난 턱.

angusticlave [ɑ̃gystikla:v] *n.m.* 《고대로마》 심혹색의 장식띠, (그것으로) 선두른 겉옷.

angustie [ɑ̃gysti] *n.f.* ① 《의학》 협착(狭窄). ② 불안, 근심, 고뇌.

angustifolié(e) [ɑ̃gystifɔlje] *a.* 《식물》 좁은 잎사귀의.

angustirostre [ɑ̃gystirɔstr] *a.* 《조류》 부리가 좁은.

angusture [ɑ̃gysty:r], **angustura** [ɑ̃gystyra] *n.f.* 《약》 앙고스튜라 목피(木皮).

anharmonique [anarmɔnik] *a.* 《수학》 비조화의. rapport ~ 비조화비(非調和比).

anhélation [anelɑsjɔ̃] *n.f.* 《의학》 호흡촉박.

anhéler [anele] [6] *v.i.* 《의학》 숨이 가빠지다. (유리 공업에서) 솥의 불이 꺼지지 않게 하다.

anhéleux(se) [anelø, -ø:z] *a.*《의학》 숨이 가쁜.

anhépatie [anepati] *n.f.* 《의학》 간기능장애.

anhydre [anidr] *a.* 《화학》 무수(無水)의. chaux ~ 생석회.

anhydride [anidrid] *n.m.* 《화학》 무수물(無水物). ~ carbonique 무수탄산, 탄산가스. ~ sulfureux 무수아황산.

anhydrisation [anidrizɑsjɔ̃] *n.f.* 《화학》 탈수.

anhydrite [anidrit] *n.f.* 《광물》 경석고(硬石膏).

anicroche [anikrɔʃ] *n.f.* 《구어》(사소한)사고, 지장. sans la moindre ~ 어떤 사고도 없이.

anidrose [anidroːz] *n.f.* 《의학》 무한증(無汗症).

ânier(ère) [anje, -ɛ:r] *n.* 나귀를 모는 사람(소년).

anil [anil] *n.m.* 《식물》 (서인도산의)남(藍), 쪽 (indigotier).

aniléine [anilein] *n.f.* 《화학・염색》 아닐린퍼플.

anilide [anilid] *n.f.* 《화학》 아닐리드.

aniline [anilin] *n.f.* 【화학·염색】 아닐린.
anille [anij] *n.f.* ① 【식물】 덩굴손. ② 【제분】 물방앗간의 속바퀴 둘레에 붙이는 쇠붙이. ③ 【문장】 모양(錨形), 닻 모양.
anillé(e) [anije] *a.* 【식물】 덩굴손이 있는.
animadversion [animadvεrsjɔ̃] *n.f.* ①《옛》비난, 불찬성. ②구지람. ③반감; (뿌리깊은)증오.
‡**animal'**(*pl. aux*) [animal, -o] *n.m.* ①동물. ~ domestique(sauvage) 가축(야수). Société protectrice des ~*aux* 동물애호협회. ~ aux longues oreilles 나귀. ~ aux vivants 가축. L'homme est un ~ social. 사람은 사회적 동물이다. ②《구어》(익살)사람; 짐승(같은 사람). ~ raisonnable (sociable, supérieur) 인간. ~ porte-jupe 스커트를 걸친 짐승 女를 가리킴》.
anim*al*²(*ale, pl. aux*) [animal, -o] *a.* ①동물의; 동물질(성)의. règne ~ 동물계. fonctions ~*ales* 《생리》 동물성 기능. chaleur ~*ale* 체열, charbon [noir] ~ 골탄(骨炭). ②동물적인, 짐승 같은 (↔spirituel); 본능적인. confiance ~*ale* 본능적 신뢰. esprits ~*aux* 〖철학〗 동물정기(精氣).
animalculaire [animalkylε:r] *a.* 극미동물(極微動物)의.
animalcule [animalkyl] *n.m.* 극미동물.
animalerie [animalri] *n.f.* 실험동물 사육장.
animalesque [animalεsk] *a.* 동물의.
animali*er*(*ère*) [animalje, -ε:r] *a.* 동물을 그리는. société ~*ère* 동물 사회. peintre(sculpteur) ~ 동물 화가[조각가]. ―*n.m.* 동물 화가; 동물 조각가.
animalisable [animalizabl] *a.* 동물질(動物質)로 바꿀 수 있는.
animalisation [animalizasjɔ̃] *n.f.* ① 음식의 동화 (同化). ②《드물게》동물화, 본능화.
animaliser [animalize] *v.t.* ① (음식을)동화시키다. ② (사람을)동물같이 되게하다(타락시키다). Le vice *animalise* l'homme. 악덕은 인간을 동물의 상태로 타락시킨다.
―*s'~* *v.pr.* ① (음식이) 동화되다. ② 동물같이 되다(타락하다).
animalisme [animalism] *n.m.* ① 〖생물〗 극미동물설(極微動物說). ②동물성.
animalité [animalite] *n.f.* ①동물성(bestialité, ↔humanité). ②동물계(règne animal).
animant(e) [animɑ̃, -ɑ̃:t] *a.* 활기를 주는, 자극적인, 고무적인.
anima*teur*(*trice*) [animatœ:r, -tris] *a.* 생명〖생기〗을 주는; 활기를 주는, 고무해 주는. ―*n.* ① (위)의 사람. ② (쇼·게임 따위의)사회자; (문화·스포츠 센터의)지원자. ~ d'un club sportif 스포츠 클럽을 실제로 이끌어가는 주동적 인물. ~ d'un spectacle de variétés 버라이어티 쇼의 사회자[진행자]. ―*n.m.* 〖기계〗 발동기, 원동기.
animation [animɑsjɔ̃] *n.f.* ①생기, 활기; (시장의) 호경기(activité); (거리의)번창, 번화; 흥분. donner de l'~ 활기를 불어넣다. parler avec ~ 힘찬 어조로 말하다. Le marché manque d'~. 시장 경기가 저조하다〖거래가 활발하지 않다〗. ② 활기를 주기[띠기], 생명을 부여하여. ③ (회합·활동의) 추진, 진행; 사회; 지도, 선도. ③ 〖영화〗동화(動畵), 만화영화 (제작), 애니메이션.
animato [animato] *ad.* 〖음악〗 힘있게.
animé(e) [anime] *a.p.* ①생명 있는, 생기 있는. être ~ 생물. ②활기 넘치는, 활발한(vif); 경기 좋은, 번화한; 흥분한. discussion ~*e* 열띤 토론. rue ~*e* 활기있는(사람들의 통행이 많은) 거리. teint ~ 혈색이 좋은 얼굴. ③ 〖언어〗 생물을 지시하는. nom ~ 유생(물) 명사.

*****animer** [anime] *v.t.* ① (에)생명을 주다. Dieu *anima* le monde. 신이 세상에 생명을 부여했다. ② 활기를 띠게 하다, 고무하다(encourager). Le désir *anime* son regard. 욕망으로 그의 시선이 빛나고있다. Cet exercice *anime* le teint. 이 운동은 혈색을 좋게 한다. ③ 몰다, 선동하다, 부추기다(exciter, inciter, pousser). ~ la colère de *qn* …의 화를 돋우다. *animé* d'une colère terrible 노여움이 머리끝까지 치밀어서. Ils *sont* tous *animés* du même idéal. 이들은 모두 같은 이상으로 움직이고 있다. ④ (기계를)움직이다. force qui *anime* la machine 기계를 움직이는 힘.
―*s'~* *v.pr.* ① 활기를 띠다. La rue *s'anime* le soir. 거리는 저녁이면 활기를 띠다. Ses yeux *s'animent* quand il parle. 그는 이야기할 때 눈이 반짝인다. ② 격노하다, 흥분하다. Il *s'animait* fort en discutant. 그는 토론하면서 몹시 흥분했다. ③ 생명을 갖다, 생기를 띠다. La nature *s'anime* au printemps. 봄에 자연은 생기를 띠다.
animique [animik] *a.* 영혼의, 심적인.
animisme [animism] *n.m.* 〖철학〗 물활론(物活論), 애니미즘; 〖종교〗 정령숭배(精靈崇拜).
animiste [animist] *a.* 애니미즘의. ―*n.* 물활론자.
animosité [animozite] *n.f.* ① 증오, 원한(haine). avoir de l'~ contre *qn* …에 대해 증오심을 품다. ② (토론·논쟁 따위의)흥분, 격앙(激昂).
anion [anjɔ̃] *n.m.* 〖전기〗 아니온, 음(陰)이온.
aniridie [aniridi] *n.f.* 〖의학〗 무홍채(無虹彩).
anis [ani(s)] *n.m.* ① 〖식물〗 아니스; 아니스의 열매(graine d'~). ② 아니스 열매로 만든 봉봉(bonbons à l'~).
aniser [anize] *v.t.* (에)아니스 열매로 향미를 넣다.
anisette [anizεt] *n.f.* 아니스 술.
anisique [anizik] *a.* aldéhyde ~ 【화학】 아니스알데히드.
anisomère [anizomε:r] *a.* ① 〖식물〗 부동수(不等數)의 기관을 가진. ② 〖화학〗 부등 비율로 이루어진.
anisopétale [anizopetal] *a.* 〖식물〗 부등화판(不等花瓣)의.
anisophylle [anizofil] *a.* 〖식물〗 부등엽(葉)의.
anisophyllie [anizofili] *n.f.* 〖식물〗 부등엽성(不等葉性).
anisostémone [anizostemon] *a.* 〖식물〗 수술과 꽃잎의 수가 다른.
anisosthène [anizostεn] *a.* 〖의학〗 힘이 같지 않은, 근력(筋力)부동의.
anisosthénie [anizosteni] *n.f.* 〖의학〗 (신경장애에 의한) 근력부동.
anisotonie [anizotoni] *n.f.* 〖물리·생리〗 부동장(張) 《2개의 용액이 삼투압이 다른 것》(↔isotonie).
anisotrope [anizotrɔp] *a.* 〖물리〗 이방성(異方性)의.
anisotropie [anizotropi] *n.f.* 〖물리〗 이방성.
anjou [ɑ̃ʒu] *n.m.* 앙주(Anjou, 프랑스의 옛 지방)의 술.
ankylose [ɑ̃kiloz] *n.f.* 〖의학〗 관절경직(硬直).
ankyloser [ɑ̃kiloze] *v.t.* (의)관절에 경직이 일어나게 하다. Une arthrite lui *a ankylosé* le genou. 관절염으로 무릎이 마비되었다.
―*s'~* *v.pr.* (의)관절에 경직이 일어나다. Le pied *s'ankylose*. 발이 뻣뻣해진다.
ankylostome [ɑ̃kilostɔm] *n.m.* 〖동물〗 십이지장충.
ankylostomiase [ɑ̃kilostɔmja:z] *n.f.* 〖의학〗 십이지장충병.
anme (약자)anonyme 〖상업〗 유한책임회사.
annal(ale) [a(n)nal] *a.* 〈남성복수형은 사용되지 않

음)〖법〗1년간 계속되는[유효한]. location ~*ale* 1년간의 임대차.

annales [a(n)nal] *n.f.pl.* ① 연대기 ; (종교·과학 따위에 관한)연보(年報). ~ de géographie 지리학 연보. ② 역사 ; 기록. ~ du crime 범죄사.

annaliste [a(n)nalist] *n.m.* 연대기 편집자.

annalité [a(n)nalite] *n.f.* 1년간 계속됨.

Annam [a(n)nam] *n.pr.g.* 〖지리〗 안남(安南).

annamite [a(n)namit] *a.* 안남의. —A— *n.* 안남 사람. —*n.m.* 안남어(語).

annate [a(n)nat] *n.f.* 〖역사〗 성직자가 교황에게 바친 일종의 소득세.

Anne [a(ː)n] *n.pr.f.* 여자 이름. sainte ~ 성 안나(성모 마리아의 어머니).

anneau [ano] (*pl.* ~*x*) *n.m.* ① 고리 ; (*pl.*) 〖체조〗 링 ; 반지. ~ brisé 열쇠고리. ~ de rideau 커튼걸이의 고리. ~ de fiançailles 약혼반지. ~ épiscopal [pastoral] 주교의 반지. ~ de mariage 결혼반지(alliance). ② (뱀 따위의)곱슬털, 고수머리, (뱀의)또아리. enroulé en ~*x* (뱀 따위가) 사린. ③ (통의)테, 테두리. ~ d'accroissement 나이테, 연륜. ~ de grade (전투계 따위의)보호테. ~ à fiche 〖기계〗아이볼트. ④ ~ crural 〖해부〗대퇴륜. ⑤ 〖생물〗(동물의)원체절. ⑥ île en ~*x* 〖지질〗환초(環礁). ⑦ ~ de Saturne 〖천문〗토성환. ~ *manquant* 《구어》 원인(猿人)(pithécanthrope) ; 계열상 빠져 있는 요소.

annecien(ne) [ansjɛ̃, -ɛn], **annécien(ne)** [a(n)nesjɛ̃, -ɛn] *a.* 안느시(Annecy, 프랑스의 도시)의. —A— *n.* 안느시 사람.

:**année** [ane] *n.f.* ① 해, 한 해, 1년 ; (회계 따위의)연도. nouvelle ~ 새해. ~ budgétaire [d'exercice] 회계연도. ~ scolaire 학년(도). ~ de la femme 여성의 해. ~ d'abondance 풍년. ~ bissextile [civile] 윤년(閏年). ~ de lumière 광년. d'~ en ~ ; d'une ~ à l'autre 해마다. d'un bout de l'~ 1년 내내. (pendant) toute une ~ 일년 내내. Il est resté à Séoul deux ~*s* pleines. 그는 만 2년간 서울에 머물렀다. étudiant de dernière ~ 최종학년의 학생. ② 나이, 연령 ; 노령. chargé d'~*s* 나이를 먹은. être dans sa vingtième ~ 스무살이다. quelques ~*s* plus jeune que *qn* …보다 몇 살 아래다. ③ (*pl.*) 오랜 기간 ; 시기, 시대. ~*s* de lutte 오랜 기간의 투쟁. ses jeunes[dernières] ~*s* 그의 젊은 시절[만년]. les belles ~*s* 청춘시절. *Bonne* ~ ! 새해에 복 받으세요! *souhaiter la bonne* ~ *à qn* …에게 새해 인사를 하다.

année-lumière [anelymjɛːr] (*pl.* ~*s*-~) *n.f.* 〖천문〗 광년(光年).

annelé(e) [anle] *a.p.* ① (기둥·벌레 따위에) 환상(環狀)의. ② (머리털이) 고수머리의. 〖생물〗 환상무늬가 있는. cheveux ~*s* 고수머리, 곱슬거리게 만든 머리. serpent ~ 환문(環紋)이 있는 뱀. —*n.m.pl.* =**annélides**.

anneler [anle] [5] *v.t.* ① (머리털을)곱슬곱슬하게 하다, 지져서 꼬부리다. ② (돼지·소에)코걸이를 끼우다.

annelet [anlɛ] *n.m.* 작은 고리.

annélides [anelid] *n.m.pl.* 〖동물〗 환형동물(環形動物).

annelure [anlyːr] *n.f.* 곱슬머리, 곱슬곱슬한 머리털.

annexe [a(n)nɛks] *a.* 부속의(↔principal). établissement ~ 별관. pièces ~*s* 첨부서류. —*n.f.* ① 부속건물, 별관. ~ d'un hôtel 호텔 별관. ② 속국(屬國). ③ 〖종교〗 분회당 ; 분교회. ④ (법령 따위의)추가 조항 ; 부록, 증보. ⑤ (편지의)동봉서류. ⑥ 〖해부〗 부속기관. ~*s* de l'œil 눈의 부속기관. ⑦ 〖해양〗 부속선, (요트·어선 따위의)보조보트.

annexé(e) [a(n)nɛkse] *a.p.* 병합된 ; 첨가된. —*n.m.pl.* 병합된 국민.

annexer [a(n)nɛkse] *v.t.* ① [~ *qc* à *qc*](에)합병하다(rattacher, réunir). Nice *a été annexée à la* France, *au XIX*ᵉ. 니스는 19세기에 프랑스에 합병되었다. ② [~ *qc* à *qc*](에)첨가[첨부]하다. ~ un acte de naissance *à sa demande* 그의 청구서에 출생증명서를 첨부하다. ③ 가입시키다, 입회시키다. ④《구어》탈취하다. —*s'*~ *v.pr.* ① (수동적) [*s'*~ *qc*] 병합되다 ; 첨가[첨부]되다. ② (se ~ 간접목적보어) [*s'*~ *qc*] 자기의 것으로 하다(s'attribuer). *s'*~ la meilleure partie 제일 좋은 몫을 자기가 차지하다.

annexion [a(n)nɛksjɔ̃] *n.f.* ① 병합 ; 병합된 영토. ② 첨가, 부가.

annexionnisme [a(n)nɛksjɔnism] *n.m.* 〖정치〗 합병주의.

annexionniste [a(n)nɛksjɔnist] 〖정치〗 *a.* 합병주의의. —*n.* 합병주의자.

annexite [a(n)nɛksit] *n.f.* 〖의학〗 자궁부속기관염.

Annibal [a(n)nibal] *n.pr.m.* 〖고대사〗 한니발.

annihilable [a(n)niiabl] *a.* annihiler 할 수 있는.

annihilant(e) [a(n)niilɑ̃, -ɑ̃ːt] *a.* 전멸하게 하는 ; 무효화하는, 파괴적인.

annihila*teur*(*trice*) [a(n)niilatœːr, -tris] *a., n.* 전멸하게 하는(사람), 없애버리는(사람) ; 무효로 하는(사람). —*n.m.* 소화기(消火器).

annihilation [a(n)niilɑsjɔ̃] *n.f.* ① 〖법〗 무효화, 폐지. ~ d'un acte 법령의 폐기. ② 《엣》(노력 따위가)무[수포]로 돌아감. ③ 〖물리〗 소멸.

annihilationnisme [a(n)niilɑsjɔnism] *n.m.* 〖신학〗 내세 절멸론(絶滅論).

annihilationniste [a(n)niilɑsjɔnist] *n.m.* 〖신학〗 내세 절멸론(자).

annihiler [a(n)niile] *v.t.* ① 절멸하다, 전멸시키다, 없애다(anéantir) ; 무로 돌아가게 하다. ~ une résistance 저항을 완전히 없애다. Ses efforts *ont été annihilés par*... 그의 노력은 …때문에 무로 돌아가고 말았다. ② 〖법〗 무효로 하다, 취소하다, 폐기하다(annuler). ~ un privilège 특권을 폐지하다. ③ (의)뜻을 꺾다(paralyser). soumission *annihilée* 무의지의 복종. —*s'*~ *v.pr.* ① 〖법〗 절멸[근절]되다. ② 〖법〗 무효가 되다, 폐기되다. ③ 의지를 잃다, 스스로를 잊다.

*anniversaire** [anivɛrsɛːr] *a.* 주년(週年)의 ; 기념(일)의. jour ~ 기념일. —*n.m.* 기념일, 기념제. 《구어》생일(jour de naissance). ~ de mon mariage ; mon ~ de mariage 내 결혼 기념일.

annonaire [a(n)nɔnɛːr] *a.* 〖고대로마〗 밀[식량] 수확의. loi ~ 식량법. provinces ~*s* 식량을 로마로 공급할 의무가 있었던 주(州).

*annonce** [anɔ̃ːs] *n.f.* ① 통지, 알림, 기별(avis, nouvelle) ; 〖법〗 고시(告示) ; 피로(披露). L'~ de son départ m'a surpris. 그의 출발 소식은 나를 놀라게 했다. à l'~ de *qc* A l'~ de cette nouvelle, il a pleuré. 이 소식을 접하고 그는 울음을 터뜨렸다. ~ administrative (정부·자치 단체의)고시. ~ judiciaire [légale] (법률로 정해진)공고. faire l'~ de *qc* …을 발표하다. ② 광고. ~ publicitaire 선전광고. ~*s* lumineuses 전광 광고. ~ classée 광고기사. demander *qc* par voie d'~ …을 광고하여 구하다. petites ~*s* (신문의)구직·구인 광고. insérer une ~ dans un journal 신문에 3단 광고를 하다. ③ 전조, 징조(présage, signe) ; 표시, 증거(indice, marque) ~*s* de la maladie 병의 징조들. ④ 〖카드놀

이】 (atout 결정을 위한)선언.
annoncer [anɔ̃se] ② v.t. 알리다, 기별하다, 통고하다(aviser, communiquer, faire savoir). [~ qc] Il est venu m'~ une bonne nouvelle. 그는 내게 좋은 소식을 알리러 왔다. [~ à qn que+ind.] Il m'a annoncé qu'il se marie demain. 그는 내일 결혼한다고 내게 알렸다. ② 고시하다; 발표하다; 피로(披露)하다; (복음)을 설교하다. ~ l'Évangile 복음을 전(파)하다. ③ 《주어는 사물》예고하다 (présager); 나타내다. (의)표시이다. Ces nuages noirs annoncent la pluie. 이 검은 구름은 비를 예고하고 있다. visage qui annonce l'énergie 정력적임을 나타내는 얼굴. 《의》내방(來訪)을 알리다. Annoncez-moi. 내가 온 것을 알려 주세요. se faire ~ 자기 이름을 대고 면회를 청하다. ⑤ 《카드놀이》(수중의 패를)선언하다.
~ qc à son de caisse …에 관한 소문을 퍼뜨리다.
~ la couleur 자신의 의중을 밝히다(카드놀이에서 자기 카드 색깔을 말하는 데서 유래).
—s'~ v.pr. ① (자기가 내방할 것을) 미리 알리다; (속히)느낌나타내다. Il s'annonce pour demain. 그는 내일 오겠다고 알린다. Paul s'annonce. 폴이 불쑥 찾아왔다. ② 《주어는 사물》예측[예고]되다; 전망이 …하다. Une nouvelle crise économique s'annonce. 새로운 경제위기가 예상된다[닥처올 것 같다]. La moisson s'annonce bien[belle]. 추수의 전망이 좋다.
annonceur [anɔ̃sœ:r] n.m. ① 광고자. ② (라디오의) 아나운서(이 경우 여성형은 annonceuse; 보통은 speaker, speakerine 를 사용). ③ 《옛》통고자, 보고자. ④ 《옛》공연이 끝난 후 다음날의 공연 프로를 관중에게 알리던 배우.
annonciade [anɔ̃sjad] n.f. ① 아농시아드 수도파 (의 수녀). ② (A~) 아농시아드 수도회 (성모 마리아를 찬양하기 위해 설립된).
annoncia*teur(trice)* [anɔ̃sjatœːr, -tris] n. 예고하는 것[사람]; (극장의)장내 아나운서. —n.m. 표시기[器]. —a. 예고하는.
annonciation [anɔ̃sjasjɔ̃] n.f. ①《옛》고지, 통고. ② 《가톨릭》 성모영보(聖母領報); (A~) 성모영보제(3월 25일) (fête de l'A~).
annoncier [anɔ̃sje] n.m. 《신문》 광고 담당자, 광고자; 광고 인쇄공.
annone [anɔn] n.f. 《고대로마》 1년간의 소맥 생산량, 소맥 저장.
annonéen(ne) [anɔneɛ̃, -ɛn] a. 안노네(Annonay, 프랑스의 도시)의. —A— n. 의 주민.
annota*teur(trice)* [anɔtatœːr, -tris] a. 주석의, 주해의. —n. 주석자.
annotati*f(ve)* [anɔtatif, -iːv] a. 주석적인.
annotation [anɔtɑsjɔ̃] n.f. ① 주석을 붙이기; 주석. ② 《고대법》 (부재(不在)피고에 대한)재산 압류; 압류당한 재산의 목록.
annoter [anɔte] v.t. ① (에)주석을 붙이다, (의) 주석을 하다(commenter). ② (압류 재산의)목록을 만들다.
annuaire [a(n)nɥɛːr] n.m. ① 연보, 연감. ② 연력 (年曆), 책력. ~ des marées 조석표(潮汐表). ③ (해마다 나오는) 명부, 일람표. ~ des téléphones; ~ téléphonique 전화번호부.
annualité [a(n)nɥalite] n.f. 해마다 행해지기, 연차제(年次制). ~ du budget 예산의 연차제(연도마다 예산을 짜기).
annuel(le) [a(n)nɥɛl] a. ① 1년마다, 해마다의. fête ~ 연례 축제. budget ~ 연간 예산. salaire [revenu] ~ 연봉[연수]. magistrature ~le 임기 1년의 관직. ②《식물》1년생의. —n.m. ③《가톨릭》죽은 자를 위하여 1년간 매일 하는 미사. ② 연례 제전.
annuellement [a(n)nɥɛlmɑ̃] ad. 해마다, 매년.
annuitaire [a(n)nɥitɛːr] a. 연부(年賦) 상환의.
annuité [a(n)nɥite] n.f. ① 연부 지불. ② 연부 상환금. ③ 연금. ~ à vie 종신 연금.
annulabilité [a(n)nylabilite] n.f. 무효화할 수 있음, 폐기(취소·파기)할 수 있음.
annulable [a(n)nylabl] a. 《법》 무효화할 수 있는, 폐기(취소·파기)할 수 있는.
annulaire [a(n)nylɛːr] a. ①환상(環狀)의. éclipse ~ 《천문》 금환식(金環蝕). muscle ~ 활약근. voûte ~ 《건축》 환상 궁륭(穹窿). ② 반지의. —n.m. 약손가락(doigt ~).
annulati*f(ve)* [a(n)nylatif, -iːv] a. 《법》 무효가 되게 하는; 폐기(파기·취소)의.
annulation [a(n)nylɑsjɔ̃] n.f. ① 무효화. ~ d'un jugement 재판의 폐기. ② 취소, 해약. ~ d'une réservation 예약의 취소. ~ d'un contrat 계약의 해제, 해약.
annulement [a(n)nylmɑ̃] n.m. ①《해양》 (어떤 신호의)취소, signal d'~ 취소 신호. ②《법》취소. arrêt d'~ 취소 판결.
annuler [a(n)nyle] v.t. ① 무효로 하다, 폐기하다, 해제하다. l'élection 선거를 무효화하다. ~ un contrat 계약을 해제하다. ② 취소하다, 철회하다. ~ une commande[une invitation] 주문[초대]을 취소하다. ③ 《수학》 제로[0]가 되게 하다. ④ 《구어》무력하게 만들다.
—s'~ v.pr. ① 무효가 되다, 폐기되다. ② 취소되다; 철회되다. ②《수학》제로가 되다. ③ 상쇄되다. deux forces qui s'annulent 상쇄되는 두 힘. ④ (힘이)균형잡히다, 균등해지다.
anobie [anɔbi], **anobion** [anɔbjɔ̃], **anobium** [anɔbjɔm] n.m. 《곤충》 살짝수염벌레.
anobli(e) [anɔbli] a.p. 작위(爵位)를 받은. —n. 작위를 받은 사람.
anoblir [anɔbliːr] v.t. ① (에)작위를 주다, 귀족으로 만들다. ② 《옛》고상하게 만들다(ennoblir).
—s'~ v.pr. (작위가 붙은 직을 사서)귀족이 되다.
anoblissement [anɔblismɑ̃] n.m. 수작(授爵), 귀족으로 서임(敍任)하기.
anode [anɔd] n.f. 《전기》 양극(陽極).
anodin(e) [anɔdɛ̃, -in] a. ① 심하지 않은, 위험하지 않은, 대수롭지 않은(insignifiant, léger, ↔ grave, important). blessure ~e 대수롭지 않은 부상. ② (사람이) 평범한; 하찮은. personnage ~ 별 볼일 없는 사람. ③ 《의학》 진통의.
—n.m. 진통제(remède ~).
anodique [anɔdik] a. 《전기》 양극(陽極)의.
anodonte [anɔdɔ̃ːt] n.m. 패류 셋조개. —a. 이가 없는.
anodontie [anɔdɔ̃si] n.f. 《의학》 치아 결손증.
anomal*(ale)*¹, pl. aux [anɔmal, -o] a. ① 이상한, 비정상적인, 변형적인. maladie ~ale 변칙적인 경과를 나타내는 병. fleurs ~ales 《식물》 오랑캐꽃. ② 《생물》 기형의. ③ 《언어》 불규칙의. verbe ~ 불규칙 동사.
anomala [anɔmala], **anomale²** [anɔmal] n.m. 《곤충》 포도를 해치는 초시류(鞘翅類).
anomalie [anɔmali] n.f. ① 비정상, 이례(異例), 변칙; 불규칙, 파격. ② 《천문》 운행 이상; 근점(近點)거리. ③ 《물리》 이상, 편차. ④ 《기상》 편차, 평년차; 《생물》 이형(異形), 이상. ⑤ 《수학》 이심각.
anomalistique [anɔmalistik] a. 《천문》 근점(近點)의. année[mois] ~ 근점년[월].

anomie [anɔmi] *n.f.* ① 【패류】 가랑낲조개. ② 【철학】 (사회적)아노미, 무질서《프랑스의 사회학자 *Durkheim* 의 개념》.

anomique [anɔmik] *a.* 아노미적인, (사회적)무질서에 의한.

anomocarpe [anɔmɔkarp] *a.* 【식물】 변칙적인 열매를 맺는.

anomophylle [anɔmɔfil] *a.* 【식물】 변칙엽(葉).

ânon [anɔ̃] *n.m.* ① 나귀 새끼. ② 저능아, 바보. *Un* ~ *ne sera jamais plus qu'un âne.* 《속담》어려서 바보는 커도 바보이다, 바보는 죽어야 낫는다.

anonacé(e) [anɔnase] 【식물】 *a.* 번려지과(科)의. —*n.f.pl.* 번려지과.

anone [anɔn] *n.f.* 【식물】 번려지.

anonées [anɔne] *n.f.pl.* =**anonacées**.

ânonnement [anɔnmɑ̃] *n.m.* 어름어름[망설이며] 읽기[말하기·외기].

ânonner [anɔne] ① 《망설이면서》어름어름 말하다 〔외다·읽다〕. ② 《나귀 가》새끼를 낳다. —*v.t.* 어름어름 말하다〔읽다·외다〕. ~ *une langue étrangère* 외국어를 더듬더듬 말하다.

ânonneur(se) [anɔnœːr, -øːz] *a.,n.* 어름어름 말하는〔읽는, 외는〕(사람).

anonymat [anɔnima] *n.m.* 익명, 무명. *garder l'*~ 이름을 숨기다. *sous le couvert de l'*~ 이름〔신분〕을 숨긴채 (incognito).

anonyme [anɔnim] *a.* 익명의; 작자 불명의; 무명의(↔connu). *lettre* ~ 익명의 편지. *auteur* ~ 이름이 알려지지 않은 작가. *foule* ~ 대중의 무리. *L'auteur du vol est resté* ~. 도둑질한 자는 끝내 알려지지 않았다. *société* ~ (par actions) 유한책임회사, 주식회사.
—*n.m.* ① 익명, 무명; 익명 작가. *garder l'*~ 이름을 숨기다, *écrire sous l'*~ 익명으로 쓰다. ② 저자 불명의 서적. ~ *d'une bibliothèque* 도서관에 소장된 저자 불명 서적. —*n.* 무명씨(氏).

anonymement [anɔnimmɑ̃] *ad.* 익명으로.

anonymie [anɔnimi] *n.f.* 익명 (anonymat).

anophèle [anɔfɛl] *n.m.* 【곤충】 학질모기.

anoplothérium [anɔplɔterjɔm] *n.m.* 아노플로테리움《멸종된 우제류(偶蹄類)의 동물》.

anorak [anɔrak] 《에스키모》 *n.m.* 《스키어 따위가 입는 두건 달린》재킷.

anordie [anɔrdi] *n.f.* 강한 북풍.

anordir [anɔrdiːr] *v.i.* 【해양】 《바람이》북쪽으로 방향을 바꾸다.

anorexie [anɔrɛksi] *n.f.* 【의학】 식욕부진.

***anormal(ale,** *pl.* **aux)** [anɔrmal, -o] *a.* ① 변칙적인, 비정상적인; 상례를 벗어난(↔normal). *température* ~*ale* 이상기온. ② 부당한, 불합리한, 불공평한. *Il est* ~ *que nous n'ayons pas les mêmes droits que lui.* 우리에게 그와 같은 권리가 없는 것은 불합리하다. —*n.* 【의학】 이상체질의 사람.

anormalement [anɔrmalmɑ̃] *ad.* 비정상적으로, 변칙적으로; 상례를 벗어나게.

anosmie [anɔsmi] *n.f.* 【의학】 후각(嗅覺)상실증.

anoure [anuːr] 【동물】 *a.* 꼬리 없는. —*n.m.pl.* 무미류(無尾類).

anovulation [anɔvylasjɔ̃] *n.f.* 무배란(無排卵).

anovulatoire [anɔvylatwaːr] *a.* 무배란(성)의; 【의학】 배란 억제의.

anoxémie [anɔksemi] *n.f.* 【의학】 혈중(血中) 산소 결핍증.

anoxie [anɔksi] *n.f.* 【의학】 산소 결핍증.

anquerre [ɑ̃kɛːr] *v.t.* =**enquerre**.

Anschluss [ɑ̃ʃlys] 《독일》 *n.m.* 1938년의 독일과 오스트리아의 병합.

anse[1] [ɑ̃ːs] *n.f.* ① (그릇·광주리 따위의)손잡이; 《비유적》팔. ~ *d'une tasse à café* 커피잔의 손잡이. ② (밧줄 따위의)끝고리. ③ 【지리】 내포(內浦), 작은 만(灣). ④ 【의학】 궁(弓). ~ *artérielle* 동맥궁.
faire danser〔*sauter*〕 *l'*~ *du panier* 《구어》《식모가》장보는 돈을 중어 먹다. *faire le panier à deux* ~*s* 좌우 양쪽의 여자와 팔을 끼고 걷다. *faire le pot à deux* ~*s* 양손을 허리에 대고 팔꿈치를 펴다.

anse[2] [ɑ̃ːs] *n.f.* =**hanse**.

ansé(e) [ɑ̃se] *a.* ① (고리나 활 모양의)손잡이가 달린. ② *croix* ~*e* (이집트식) T 자꼴 십자《생명의 상징》 (croix égyptienne).

anséatique [ɑ̃seatik] *a.* =**hanséatique**.

anser [ɑ̃sɛːr] *n.m.* 【조류】 기러기. [目].

ansériformes [ɑ̃seriform] *n.m.pl.* 【조류】 기러기

ansérine [ɑ̃serin] *a.f.* ① 거위 같은. ② *peau* ~ 소름. —*n.f.* 【식물】 명아주.

ansette [ɑ̃sɛt] *n.f.* ① 작은 손잡이. ② (메달의)고리. ③ 【해양】 밧줄의 고리. ④ 손잡이가 붙은 화로. ⑤ (십자가의) 리본을 매는 구멍.

ansière [ɑ̃sjɛːr] *n.f.* 【해양】 《작은 만(灣)에서 쓰는》어망.

anspect [ɑ̃spɛk] *n.m.* 【해양】 지레; 쇠지렛대.

anspessade [ɑ̃spesad] *n.m.* (16·17세기 프랑스 육군의) 하급 사관, 하사 대리《1940년까지의 Saint-Cyr의 육군사관학교의)우등생.

Ant. 《약자》antienne 『가톨릭』 교송(交誦)가.

antagonique [ɑ̃tagɔnik] *a.* 적대적인, 상극적인(↔allié); 대립을 야기(초래)하는. *intérêts* ~*s* 상호 적대되는 이해.

antagonisme [ɑ̃tagɔnism] *n.m.* ① 적대관계, 대항 (opposition, rivalité); 길항(拮抗) 작용. ~ *de deux muscles* 두 근육의 길항작용. ② 대립. ~ *des classes* 계급대립. ~ *entre deux peuples* 두 국민간의 대립. *Il n'y a aucun* ~ *entre ces deux propositions.* 이 두 제안에는 서로 반대되는 것이 아무 것도 없다.

antagoniste [ɑ̃tagɔnist] *a.* 적대하는, 반대의; 길항하는. *deux propositions* ~*s* 서로 반대되는《상극되는》두 제안〔명제〕.
—*n.* 대적자, 반대자; 적. *deux* ~*s irréconciliables* 화해할 수 없는 두 반대자들. *Cette femme est un dangereux* ~. 이 여자는 위험한 적이다.
—*n.m.* 【해부】 길항근 (muscle ~); 【의학】 길항제(劑).

antalgique [ɑ̃talʒik] 【의학】 *a.* 진통의. —*n.m.* 진통제 (remède ~).

antan [ɑ̃tɑ̃] *n.m.* 《문어》① 옛날, 예전. *amour d'*~ 지난날의 사랑, 옛사랑. ② 작년. *neiges d'*~ 옛일, 지나간 일. *Où sont les neiges d'*~? 다 모두 지난 일이 됐구나; 지난 일이 그저 꿈같구나. *s'en soucier comme les neiges d'*~ 조금도 개의치 않다.

antanaclase [ɑ̃tanaklaːz] *n.f.* 『수사학』이의반복(異義反復)《같은 말을 다른 뜻으로 되풀이 사용하는 일: *Le cœur a ses raisons que la raison ne connaît point.* 정념은 이성이 모르는 제나름의 논리를 갖고 있다》.

antarctique [ɑ̃tarktik] *a.* 【천문·지리】 남극의 (↔arctique). *Continent A*~ 남극 대륙. *faune* ~ 남극 동물상(相). —*A*~ *n.m.* 남극대륙.

Antarès [ɑ̃tarɛs] *n.m.* 【천문】 안타레스.

ante[1] [ɑ̃ːt] *n.f.* ① 풍차의 날개에 끼우는 나무조각. ② 【건축】 벽 모퉁이.

ante[2] *n.f.* (화필의)붓대.

antebois [ɑ̃tbwa(ɑ)], **antébois** [ɑ̃tebwa(ɑ)] *n.m.* 벽과 가구의 마찰을 방지하기 위해 벽 밑바닥에 붙

이는 마루판.
antécédemment [ātesedamā] *ad.* 앞서서, 미리.
antécédence [āteseda:s] *n.f.* 앞서기, 선행; 〖천문〗역행.
antécédent(e) [ātesedā, -ā:t] *a.* ① [~ à] (보다) 앞서는, 먼저의(antérieur). fait ~ 앞서 일어난 사실. ② 〖지질〗선행하는. ③ 〖의학〗발병 전의 징후에 관한.
— *n.m.* ① 선행사태[현상], 전례. invoquer un ~ pour justifier sa conduite 자신의 행동을 정당화하기 위하여 전례를 원용하다. ② (*pl.*) ⓐ 경력, 행적. avoir de mauvais ~s 나쁜 경력이 있다. ⓑ 병력(病歷), 기왕증. ③ 〖언어〗선행사; 〖논리〗전항(前項), 전건(前件); 〖수학〗(비례의)전항; 〖음악〗선행구.
antéchrist [ātekrist] *n.m.* ① 그리스도의 적(敵). ② (A~) 〖요한 묵시록에 나타나서 예언을 하는)사이비 구세주. ③ 〖주어〗불신자가, 무신론자; 악인.
antécime [ātesim] *n.f.* 앞 봉우리.
antédiluvien(ne) [ātedilyvjɛ̃, -ɛn] *a.* ① 노아의 대홍수(Déluge) 이전의. ② 옛날의, 태고의. ③ 〖구어〗시대에 뒤떨어진(démodé).
antéfixe [ātefiks] *n.f.* 〖건축〗기와의 가장자리 장식, 지붕의 끝장식.
ante meridiem [ātemeridjɛm] (라틴) *loc. ad* 오전.
antenais(e) [ātnɛ, -ɛ:z] *a.* (어린 양이) 한두 살의.
— *n.m.* 두 살 내기 어린 양 [망아지].
antennaire [āte(n)nɛ:r] *a.* 〖곤충〗촉각의.
antenne [ātɛn] *n.f.* ① 〖해양〗대삼각범(大三角帆)의 활대; 낚시찌의 머리; (원격지에 배급하는)가스관. ② 〖무전〗안테나; (라디오·텔레비전)방송; 방송자료. ~ réceptrice(de réception) 수신 안테나. ~ d'émission(de transmission) 발신 안테나. être à l'~ 방송[수신]의 준비가 되어 있다. prendre l'~ de (Radio-Séoul) (서울) 방송을 듣다. rendre l'~ au studio (중계반원이)마이크를 스튜디오로 돌려주다. ③ 〖곤충〗촉각. (기회의) 촉각; (비유적) 촉각, 직감. avoir des ~s 직감을 가지다, 숨겨진 것을 잘 알아내다. ④ 〖교통〗기존 철도(수로)에 연결시킨 지선. ⑤ (기본 조직체의)종속[말단]기관. ~ chirurgicale 〖군사〗전방 의무대(도로사고에 대비한 의료반), 구급처.
antennule [ātenyl] *n.f.* 〖동물〗소촉각.
antenois(e) [ātnwa, -a:z] *a., n.* = antenais.
anténuptial(ale, *pl.* **aux)** [ātenypsjal, -o] *a.* 결혼 전의.
antéoccupation [āteɔkypasjɔ̃] *n.f.* 〖수사학〗예변법(豫辯法).
antépénultième [ātepenyltjɛm] *a.* 어미(語尾)에서 세번째의. — *n.f.* 어미에서 세번째 음절(syllabe ~는.
antéphélique [ātefelik] *a.* 〖약〗주근깨를 없애는.
antéposer [ātepoze] 〖언어〗 *v.t.* 전치(前置)하다.
— *s'~ v.pr.* 전치되다.
antéposition [ātepozisjɔ̃] *n.f.* 〖언어〗전치.
***antérieur(e)** [āterjœ:r] *a.* ① 〖시간〗 [~ à] (보다) 앞서는, 먼저의(précédent, ↔ postérieur). C'est un événement ~ à notre mariage. 그것은 우리가 결혼하기 전의 일이다. futur[passé] ~ 〖문법〗 전미래[전과거]. ② (장소) 앞의(avant, ↔ arrière). pattes ~s du chien 개의 앞발. ③ 〖언어〗전설의. voyelle ~ 전설 모음(voyelle d'avant).
— *n.m.* 짐승의 앞발.
antérieurement [āterjœrmā] *ad.* [~ à] (보다) 이전에. L'Eglise a été construite ~ à 1500. 교회는 1500년 이전에 건립되었다.
antériorité [āterjɔrite] *n.f.* (시간의)선행(성).

droit d'~ 〖법〗선취(우선·기득)권.
antérograde [āterograd] *a.* amnésie ~ 〖의학〗 전행성(前行性) 기억상실.
antéro-inférieur(e) [āterɔɛ̃ferjœ:r] *a.* 앞쪽 밑의, 전방 하부의.
antéro-postérieur(e) [āterɔpɔsterjœ:r] *a.* 앞뒤로 있는.
anthélie [āteli] *n.f.* 〖기상〗환일(幻日), 의일륜(擬日輪)(태양과 정반대 위치의 구름·안개에 나타나는 광점(光點)).
anthélix [āteliks] *n.f.* 〖해부〗(귀의)대륜(對輪).
anthelminthique [ātɛlmɛ̃tik] 〖약〗 *a.* 구충성의.
— *n.m.* 구충제.
anthémis [ātemis] *n.f.* 〖식물〗카모밀라속(屬).
anthère [āte:r] *n.f.* 〖식물〗약(葯), 꽃밥.
anthéridie [āteridi] *n.f.* 〖민꽃식물의〗장정기(藏精器).
anthérifère [āterifɛ:r] *a.* 〖식물〗꽃밥이 있는.
anthérozoïde [āterɔzɔid] *n.m.* 〖민꽃식물의〗수배우자(配偶子).
anthèse [āte:z] *n.f.* 〖식물〗개화(開花).
anthologie [ātɔlɔʒi] *n.f.* ① 사화집(詞華集); (시·산문·악곡의)선집(選集). ~ des écrivains du XIXe siècle 19세기 작가선. ②〖드물게〗꽃의 콜렉션; 꽃에 관한 저서.
anthologique [ātɔlɔʒik] *a.* 사화집의, 선집의. recueil ~ 선집, 사화집.
anthologue [ātɔlɔg] *n.* 사화집(선집)의 편집자.
anthophile [ātɔfil] *a.* 〖곤충〗꽃을 좋아하는.
anthozoaires [ātozɔɛ:r] *n.m.pl.* 〖동물〗산호류, 화충류(花蟲類).
anthracène [ātrasɛn] *n.m.*, **anthracine** [ātrasin] *n.f.* 〖화학〗안트라센.
anthracénique [ātrasenik] *a.* 안트라센의.
anthracifère [ātrasifɛ:r] *a.* 〖지질〗석탄을 함유한; 무연탄을 함유한.
anthracite [ātrasit] *n.m.* 〖광물〗무연탄.
anthraciteux(se) [ātrasitø, -ø:z] *a.* 〖지질〗무연탄 비슷한.
anthracitifère [ātrasitifɛ:r] *a.* 〖지질〗무연탄을 함유한.
anthracnose [ātraknoz] *n.f.* (포도가 검게 시들어 버리는)포도 기생충병.
anthracose [ātrako:z] *n.f.* 〖의학〗탄폐증(炭肺症), 탄분침착증(炭粉沈着症).
anthraquinone [ātrakinɔn] *n.m.* 〖화학〗안트라키논.
anthrax [ātraks] *n.m.* 〖의학〗① 옹(癰), 정(疔). ② 비탈저(脾脫疽), 탄저병(炭疽病)(= malin).
anthrène [ātrɛn] *n.m.* 〖곤충〗둥글송사릿이.
anthropo- *préf.* 「인간·인류」의 뜻(예: anthropologie 인류학).
anthropocentrique [ātrɔpɔsātrik] *a.* 인간 중심의.
anthropocentrisme [ātrɔpɔsātrism] *n.m.* 인간 중심주의.
anthropoïde [ātrɔpɔid] 〖동물〗 *a.* 사람 비슷한.
— *n.m.* 유인원(類人猿)(singe ~).
anthropolit(h)e [ātrɔpɔlit] *n.m.* 〖고고학〗인체의 화석(化石).
anthropologie [ātrɔpɔlɔʒi] *n.f.* 인류학; (한정된 의미로)민족학. ~ culturelle 문화 인류학.
anthropologique [ātrɔpɔlɔʒik] *a.* 인류학의.
anthropologiste [ātrɔpɔlɔʒist], **anthropologue** [ātrɔpɔlɔg] *n.m.* 인류학자.
anthropomètre [ātrɔpɔmɛtr] *n.m.* 인체 측정기.
anthropométrie [ātrɔpɔmetri] *n.f.* 인체 측정.
anthropométrique [ātrɔpɔmetrik] *a.* 인체 측정의. fiche ~ 범죄자 인체측정 색인표. service ~

【행정】범죄인 인체 측정과(課). signalement ~ (인체측정 기록에 의한)인상서, 신체 특징 기록.

anthropomorphe [ɑ̃trɔpɔmɔrf] *a.* 인간의 형체를 한, 인간 비슷한. lettre ~ 인형(人形) 문자(옛날 미세화에 사용되는, 인간의 형체로 표시한 대문자). —*n.m.* 【식물】만드라고라; 【동물】유인원(類人猿)(anthropoïde).

anthropomorphique [ɑ̃trɔpɔmɔrfik] *a.* ① 유인원의. ② 인간과 동물간의 유사점에 관한. lettre ~ =lettre anthropomorphe.

anthropomorphiser [ɑ̃trɔpɔmɔrfize] *v.t.* (동물·사물에게)인간의 형체를 주다, 사람과 닮게 하다.

anthropomorphisme [ɑ̃trɔpɔmɔrfism] *n.m.* 신인동형론(神人同形論).

anthropomorphi(s)te [ɑ̃trɔpɔmɔrfi(s)t] *a.* 신인동형론의. —*n.* 신인동형론자.

anthroponymie [ɑ̃trɔpɔnimi] *n.f.* 【언어】인명학(人名學).

anthropophage [ɑ̃trɔpɔfa:ʒ] *a.* 식인(食人)의. tribu ~ 식인종. —*n.m.* 식인종(cannibale).

anthropophagie [ɑ̃trɔpɔfaʒi] *n.f.* 식인 풍습(cannibalisme); 【의학】식인증.

anthropophile [ɑ̃trɔpɔfil] *a.* (식물·동물이)인간의 생활환경 안에서 사는 (쥐 따위).

anthropophobie [ɑ̃trɔpɔfɔbi] *n.f.* 【의학】(신경환자의)공인증(恐人症).

anthropopithèque [ɑ̃trɔpɔpitɛk] *n.m.* 【고대생물】원인(猿人)(원숭이와 인간의 중간으로 생각된 가설의 동물).

anthropozoïque [ɑ̃trɔpɔzɔik] *a.* 【지질】인류 출현기의(지질학상 제 4 기에 해당).

anthyllide [ɑ̃ti(l)lid], **anthyllis** [ɑ̃ti(l)lis] *n.f.* 【식물】안틸리스.

anti-¹ *préf.* 「반대·대항」의 뜻(예: anticommunisme 반공).

anti-² *préf.* 「전(前)」의 뜻(예: antichambre 대기실).

antiacide [ɑ̃tiasid] 【화학】*a.* 산(酸)을 중화시키는. —*n.m.* 산중화제.

antiadministratif(ve) [ɑ̃tiadministratif, -i:v] *a.* ① 행정 규정에 위반되는. ② 반 관청적인. agitation ~ve 행정 당국에 대한 소란.

antiaérien(ne) [ɑ̃tiaerjɛ̃, -ɛn] *a.* 공습에 대비하는, 방공용의. canon ~ 고사포. défense ~ne 방공(대). —*n.m.* 고사포수.

antialcoolique [ɑ̃tialk(ɔ)ɔlik] *a.* 금주주의의; 술을 안 마시는. propagande ~ 금주운동. —*n.* 금주주의자; 술을 마시지 않는 사람. 〔동〕.

antialcoolisme [ɑ̃tialk(ɔ)ɔlism] *n.m.* 금주주의(운동).

antiallergique [ɑ̃tialɛrʒik] 【의학】*a.* 항(抗)알레르기성(性)의. —*n.m.* 항알레르기제(劑).

antiamaril(e) [ɑ̃tiamaril] *a.* vaccination ~e 【의학】황열병 예방접종.

antiar [ɑ̃tja:r], **antiaris** [ɑ̃tjaris] *n.m.* 【식물】안티아르; 【약】(그것에서 채취한)독액.

antiarcs [ɑ̃tiark] 【전기】*a.* 무염(無焰)의. —*n.m.pl.* 무염 장치.

antiaristocrate [ɑ̃tiaristɔkrat] *a.* 귀족제도 반대론의. —*n.* 귀족제도 반대론자.

antiarthritique [ɑ̃tiartritik] 【의학】*a.* 관절염에 효력 있는. —*n.m.* 관절염 치료제.

antiartistique [ɑ̃tiartistik] *a.* 예술을 배척하는, 반예술적인.

antiasthmatique [ɑ̃tiasmatik] 【의학】*a.* 천식(喘息)에 듣는. —*n.m.* 천식 치료제.

antiatomique [ɑ̃tiatɔmik] *a.* 원자력(단) 방사능을 막는. abri ~ 대(對)원자폭탄 대피소.

anti-aveuglant(e) [ɑ̃tiavœglɑ̃, -ɑ̃:t] *a.* 눈부심을 방지하는.

Antibes [ɑ̃tib] *n.pr.m.* 남프랑스의 도시.

antibiblique [ɑ̃tibiblik] *a.* 반(反)성서적인.

antibilieux(se) [ɑ̃tibiljø, -ø:z] 【의학】*a.* 담즙병에 효험 있는. —*n.m.* 담즙병 치료제.

antibiogramme [ɑ̃tibjɔgram] *n.m.* 항생물질 시험

antibiothérapie [ɑ̃tibjɔterapi] *n.f.* 【의학】항생물질 요법.

antibiotique [ɑ̃tibjɔtik] 【의학】*a.* 항생(抗生)의. —*n.m.* 항생물질.

antiblindé(e) [ɑ̃tiblɛ̃de] *a.* 【군사】대전차(對戰車)의.

antiboche [ɑ̃tibɔʃ] 【속어】*a.* 반(反)독일의. —*n.* 반독주의자.

antibois¹ [ɑ̃tibwa(a)] *n.m.* =antebois.

antibois²(e) [ɑ̃tibwa, -a:z] *a.* 앙티브(Antibes, 남프랑스의 도시)의. —**A**~ *n.* 앙티브 사람.

antibonapartiste [ɑ̃tibɔnapartist] *a.* 【역사】반(反)보나파르트주의의. —*n.* 반(反)보나파르트주의자.

antibrouillage [ɑ̃tibruja:ʒ] *n.m.* (라디오·텔레비전의)잡음 방지; 방해전파 방지.

antibrouillard [ɑ̃tibruja:r] *a.* phare ~ 대무(對霧)조명등.

antibruit [ɑ̃tibrɥi] *a.*(불변) ① 방음(防音)의, 소음 방지용의. mur ~ 방음벽. casque ~ 방음모자. ② (사람 또는 단체가)소음에 대항하여 싸우는. ligue ~ 소음방지연맹. brigade ~ 소음방지반.

antibuée [ɑ̃tibɥe] *a.*, *n.m.* 【자동차】유리창이 흐리는 것을 방지하는(용제).

anticalcaire [ɑ̃tikalkɛ:r] *n.m.* 물때·버캐 따위의 방지제.

anticancéreux(se) [ɑ̃tikɑ̃serø, -ø:z] 【의학】*a.* 암 예방의, 암에 효험있는. remède ~ 항암제. dispensaire ~ 무료 암진료소. —*n.m.* 암 예방(치료)제, 항암제.

anticatarrhal(ale, *pl.* aux) [ɑ̃tikataral, -o] 【의학】*a.* 카타르 예방의, 카타르에 효력있는. —*n.m.* 카타르 치료(예방)제.

anticathode [ɑ̃tikatɔd] *n.f.* 【물리】(X 선관(線管)의)대음극(對陰極).

anticatholique [ɑ̃tikatɔlik] *a.* 반(反)가톨릭의. —*n.* 반가톨릭주의자.

antichambre [ɑ̃tiʃɑ̃:br] *n.f.* ①(큰 방의)옆(곁)방, 부속실, 대기실. courir les ~s (청탁하러)명사(名士)를 찾아다니다. faire ~ à qn …을 오랫동안 면회를 기다리다. pilier d'~ 엽관 운동자. ②(집합적) 하인(들). propos d'~ 하인배들의 잡담.

antichar(s) [ɑ̃tiʃa:r] 【군사】*a.* 대전차용(對戰車用)의. fossé ~ 대전차호(壕). canons[mines] ~s 대 전차포[지뢰]. —*n.m.* 대전차 장치.

antichlore [ɑ̃tiklɔ:r] *n.m.* 【직물】탈염소제(脫鹽素劑).

anticholérique [ɑ̃tikɔlerik] 【의학】*a.* 콜레라 예방의, 콜레라에 듣는. —*n.m.* 콜레라 예방제, 콜레라 치료제.

antichrèse [ɑ̃tikrɛ:z] *n.f.* 【고대법】부동산 담보.

antichrétien(ne) [ɑ̃tikretjɛ̃, -ɛn] *a.* 반(反)그리스도교의. —*n.* 반기독교주의자.

antichristianisme [ɑ̃tikristjanism] *n.m.* 반기독교주의.

anticipant(e) [ɑ̃tisipɑ̃, -ɑ̃:t] 【의학】*a.*(간헐열 따위의 주기현상이)정시기보다 점점 빨리 일어나는, 가속적인. —*n.m.* 【고대법】상소인(上訴人).

anticipatif(ve) [ɑ̃tisipatif, -i:v] *a.* 미리 하는. payement ~ 선불(금).

anticipation [ātisipasjɔ̃] *n.f.* ① 미리 하기; 《음악》 선음음(先先音); 《수사학》 =antéoccupation. ~ de payement 선불. ② 예상, 예견. littérature d'~ 미래 공상 문학. ③ (권리의)침해(usurpation). ~ sur la voie publique 공용도로 침해. ④ 《영》전일부(前日附). ⑤ 《음성》선취동화(先取同化). ⑥ 《수사학》 예변법(prolepse). *par* ~ 미리, 지레. payer *par* ~ 선불하다. régler sa dette *par* ~ 빚을 기일전에 청산하다.

anticipé(e) [ātisipe] *a.p.* ① 앞질러 한, 미리 행해진 (↔ retardé). connaissance ~*e* 선견, 예견. Veuillez agréer mes remerciements ~s. 미리 감사 말씀 드립니다. ② 예상[예감]되는. avenir ~ par l'imagination 상상에 의해 그려지는 미래. ③ 기일 전의. dividende ~ (기일 전에 주는)선물 배당. remboursement ~ 기한전 상환. retraite ~ 정년(停年)전의 퇴직. ④ 너무 이른, 예상보다 앞지른 (prématuré); 《의학》조발(早發)의. retour ~ 예정보다 이른 귀환. vieillesse ~*e* 조로(早老). ⑤ 시대에 앞서는.
—*n.m.* 《고대법》피상고인(被上告人).

anticiper [ātisipe] *v.t.* ① 미리 하다, 예정보다 앞질러 하다; 앞당기다. ~ un payement de huit jours 지불을 일주일 앞당기다. ② (즐거움 따위를) 미리 맛보다, 예상[예견]하다(prévoir). ~ le succès 성공을 미리 기뻐하다. ~ l'avenir 미래의 일을 미리 궁리하다. (목적보어 없이) N'*anticipons* pas. 미리 짐작하지 맙시다.
—*v.t.ind.* [~ sur] ①(을)침해하다. ~ sur les droits (les terres) de qn ~의 권리(토지)를 침해하다. ② 앞지르다(devancer). ~ sur l'avenir 미래 일을 미리 말하다. ~ sur ses revenus 수입을 예상하여 미리 쓰다. ~ sur les événements 아직 일어나지 않은 일을 미리 이야기하다.

anticivique [ātisivik] *a.* 비(非)애국적인, 공민정신에 어배되는.

anticivisme [ātisivism] *n.m.* 비공민정신, 비애국심.

anticlérical(ale, *pl. aux*) [ātiklerikal, -o] *a.* (정치에 있어서)교권(教權)에 반대하는, 반교권주의의. —*n.* 교권반대주의자.

anticléricalisme [ātiklerikalism] *n.m.* 반교권주의.

anticlimax [ātiklimaks] *n.m.* 《수사학》점강(漸降)(↔ climax).

anticlinal(ale, *pl. aux*) [ātiklinal, -o] 《지질》 배사(背斜)의. —*n.m.* 배사.

anticolonialisme [ātikɔlɔnjalism] *n.m.* 반식민주의.
anticolonialiste [ātikɔlɔnjalist] *a.* 반식민주의의. —*n.* 반식민주의자.

anticomanie [ātikɔmani] *n.f.* 골동품 수집벽.

anticombustible [ātikɔ̃bystibl] *a.* 불연성(不燃性)의. —*n.m.* 불연성 물질.

anticommunisme [ātikɔmynism] *n.m.* 반공산주의, 반공.

anticommuniste [ātikɔmynist] *a.* 반공산주의의. —*n.* 반공산주의자.

anticonceptionnel(le) [ātikɔ̃sɛpsjɔnɛl] *a.* 피임의; 피임법 보급의. pilule ~*le* 피임약. propagande ~*le* 피임 보급 운동.

anticonformisme [ātikɔ̃fɔrmism] *n.m.* 반(反)순응주의.

anticonformiste [ātikɔ̃fɔrmist] *a.* 반(反)순응주의의. attitude ~ 반순응주의적 태도. —*n.* 반순응주의자.

anticongélateur(trice) [ātikɔ̃ʒelatœ:r, -tris] *a.* 얼지 않게 하는, 부동(不凍)의.

anticonstitutionnel(le) [ātikɔ̃stitysjɔnɛl] *a.* 헌법에 위배되는, 위헌의.

anticonstitutionnellement [ātikɔ̃stitysjɔnɛlmā] *ad.* 헌법에 위배되게, 위헌적으로.

anticorps [ātikɔ:r] *n.m.* 《생리》항체(抗體).

anticryptogamique [ātikriptɔgamik] *a.* 살균성의. —*n.m.* 살균제.

anticyclonal(ale, *pl. aux*) [ātisiklonal, -o] *a.* = anticyclonique.

anticyclone [ātisiklo:n] *n.m.* 《기상》역선풍, 고기압. ~ migratoire 이동성 고기압.

anticyclonique [ātisiklɔnik] *a.* 역선풍[고기압]의. aire[zone] ~ 고기압권.

antidartreux(se) [ātidartrø, -ø:z] 《의학》《포진(皰疹)(대선(苔癬))에 듣는. —*n.m.* 포진 치료제.

antidate [ātidat] *n.f.* 전일부(前日附), 사전일부 (↔ postdate).

antidater [ātidate] *v.t.* 전일부로 하다; 실제보다 날짜를 이르게 하다(↔ postdater). ~ une lettre (un contrat) 편지(계약서)의 날짜를 앞당겨 쓰다(※때로는 postdater의 뜻으로 잘못 사용되기도 함: Les journaux du soir *antidatent* en mettant la date du lendemain. 석간 신문은 이튿날 날짜를 써서 후일부로 한다).

antidémocratique [ātidemɔkratik] *a.* 반민주주의의.
antidéperdit*eur*(*trice*) [ātideperditœ:r, -tris] 《생리》*a.* 체력 소모를 방지하는.
—*n.m.* 체력 소모 방지 음식(aliment ~).

antidépresseur [ātidepresœ:r] *n.m.* 우울증을 억제하는. médicament ~ 우울증 치료제.
—*n.m.* 우울증 치료제.

antidérapant(e) [ātiderapā, -ā:t] *a.* (타이어가)미끄럼 방지의; (도로가)차바퀴가 미끄러지지 않게 되어 있는.
—*n.m.* 미끄럼을 방지하는 타이어(pneu ~).

antidétonant(e) [ātidetɔnā, -ā:t] *a.* 내폭(耐爆)의, 폭발을 막는. —*n.m.* 내폭제.

antidiphtérique [ātidifterik] 《의학》*a.* 디프테리아 예방(치료)의. sérum ~ 항디프테리아 혈청. —*n.m.* 디프테리아 치료[예방]제.

antidiurétique [ātidjyretik] *a.* 《약》제뇨(制尿) 작용이 있는.

antidogmatisme [ātidɔgmatism] *n.m.* 교리 반대, 독선 반대, 반교조주의.

antidopage [ātidɔpaʒ] *n.m.* antidoping의 불역.
antidoping [ātidɔpiŋ] 《영》*a.* (여성불변)《스포츠》흥분제 사용(doping) 방지의. contrôle ~ 도프 체크, 흥분제 사용검사.

antidote [ātidɔt] *n.m.* 《의학》해독제. ② (비유적)(정신적) 약, 대항책. Le travail est le meilleur ~ contre l'ennui. 일은 권태에 대한 최상의 약이다.

antidotique [ātidɔtik] *a.* 해독제의.
antidotisme [ātidɔtism(ə)] *n.m.* 해독작용.

antidramatique [ātidramatik] *a.* 연극 규칙에 반하는; 극적 효과에 반대하는.

antidysentérique [ātidisāterik] 《의학》*a.* 이질 치료의. —*n.m.* 이질 치료제.

anti-éblouissant(e) [ātiebluisā, -ā:t] *a.* 《자동차》 눈부시지 않은, 햇빛을 가리는.

antiéconomisme [ātiekɔnɔmism] *n.m.* 반(反)경제 우선주의.

antiémétique [ātiemetik] 《의학》*a.* 구역증을 없애는. —*n.m.* 《의》(위)의 약, 제토제(制吐劑).

antiengin [ātiāʒɛ̃] *a.* (여성불변)대미사일의(antimissile).

antienne [ātjɛn] *n.f.* ① 항상 되풀이하는 말(refrain). Je connais ton ~. 또 그 말이야, 그 똑같은 넋두리는 그만 두게. ② 성모 마리아를 기리는 찬송가. ③ 《고대 음악》응답 송가(頌歌), 교송가(交唱

誦). ④ 찬송가 앞뒤에 외는 성서의 구절.
chanter toujours la même ~ 《구어》언제나 같은 말만 되풀이하다.

antienzyme [ɑ̃tiɑ̃zim] *n.m.* 《생화학》 효소저해 물질.

antiépileptique [ɑ̃tiepileptik] 《의학》 *a.* 간질병에 효험이 있는. —*n.m.* 간질 치료제.

antiesclavagiste [ɑ̃tiɛsklavaʒist] *a.* 노예제도 폐지론의. —*n.* 노예제도 폐지론자.

anti-étincelles [ɑ̃tietɛ̃sɛl] *a.* 《불변》스파크를 방지하는.

antiévangélique [ɑ̃tievɑ̃ʒelik] *a.* 복음에 반대되는, 반복음적인.

antif [ɑ̃tif] *n.m.* 《은어》도로. batteur d'~ 방랑객. battre l'~ 방랑하다.

antifading [ɑ̃tifadiŋ] 《영》 *n.m.* 《통신》 페이딩 방지장치. —*a.* 《불변》페이딩 방지의.

antifascisme [ɑ̃tifasism] *n.m.* 《정치》 반(反)파시즘, 반파쇼.

antifasciste [ɑ̃tifasist] *a.* 파시즘 반대의, 반파쇼의. —*n.* 파시즘 반대자.

antifébrile [ɑ̃tifebril] 《의학》 *a.* 해열의.
—*n.m.* 해열제(보통은 fébrifuge).

antifébrine [ɑ̃tifebrin] *n.f.* 《약》 안티페브린 (해열 진통제).

antiféminisme [ɑ̃tifeminism] *n.m.* 여권(女權)신장 반대론.

antiféministe [ɑ̃tifeminist] *a.* 여권신장 반대론의.
—*n.* 여권신장 반대주의자.

antiferment [ɑ̃tifɛrmɑ̃] *n.m.* 《화학·생리》 항효소 (抗酵素), 발효 방지제.

antifermentescible [ɑ̃tifɛrmɑ̃tesibl] *a.* 발효하지 않는, 발효를 방지하는.

antifilm [ɑ̃tifilm] *n.m.* 반(反)영화.

antifongique [ɑ̃tifɔ̃ʒik] *a.* 《의약》 항균성의.

anti-freudisme [ɑ̃tifrœdism] *n.m.* 반(反)프로이트 학설.

antifriction [ɑ̃tifriksjɔ̃] 《기계》 *a.* 《불변》 마멸 방지의. —*n.m.* 마멸 방지 금속(métal ~).

anti-fuite [ɑ̃tifɥit] *a.* 《복수불변》누출(漏出) 방지 장치.

anti-g [ɑ̃tiʒe] *a.* 《불변》《항공》 중력 작용에 반대되는; 중력 효과를 약화시키는. vêtements ~ pour aviateurs 비행사용 중력 배제 옷. combinaison ~ 비행복.

antigaleux(se) [ɑ̃tigalø, -ø:z] 《의학》 *a.* 옴 치료의. —*n.m.* 옴 치료제.

antigang [ɑ̃tigɑ̃g] *a.* 《불변》 brigade ~ 갱 전담반.

antigaz [ɑ̃tiga:z] *a.* 《군사》 방독용(防毒用)의.

antigel [ɑ̃tiʒɛl] *a.* 《불변》(라디에이터의 물의)동결을 막는. dispositif (produit) ~ 부동(不凍)장치 [동결 방지제]. —*n.m.* 동결 방지제(劑).

antigène [ɑ̃tiʒɛn] 《의학》 *a.* 항원(抗原)의, 항원을 만드는, 항원이 되는. —*n.m.* 항원.

antigénique [ɑ̃tiʒenik] *a.* 항원의.

antigivrage [ɑ̃tiʒivra:ʒ] *n.m.* 《항공》 빙결 방지.

antigivrant(e) [ɑ̃tiʒivrɑ̃, -ɑ̃:t] *a.* 빙결 방지의.
—*n.m.* 빙결 방지 장치.

antigivreur [ɑ̃tiʒivrœ:r] *n.m.* 《항공》 빙결(氷結) 방지 장치.

antigoutteux(se) [ɑ̃tigutø, -ø:z] 《의학》 *a.* 통풍 (痛風)에 듣는. —*n.m.* 통풍 치료제.

antigouvernemental(ale, *pl.* **aux)** [ɑ̃tiguvɛrnəmɑ̃tal, -o] *a.* 반(反)정부적인.

antigravation [ɑ̃tigravasjɔ̃] *n.f.* 《물리》 반(反)중력, 반인력(反引力).

antigréviste [ɑ̃tigrevist] *a.* 동맹 파업 반대의.
—*n.* 동맹 파업 반대자.

antigrippal(ale, *pl.* **aux)** [ɑ̃tigripal] *a.* 유행성 감기 치료의.

antihalo [ɑ̃tialo] 《사진》 *a.*《불변》할레이션 방지의. —*n.m.* 할레이션 방지제.

antihémorragique [ɑ̃tiemoraʒik] 《의학》 *a.* 출혈 방지의. —*n.m.* 출혈 방지제.

antihémorroïdal(ale, *pl.* **aux)** [ɑ̃tiemɔrɔidal, -o] 《의학》 *a.* 치질에 효험이 있는.
—*n.m.* 치질 치료제.

antihistaminique [ɑ̃tiistaminik] 《의학》 *a.* 항히스타민 작용의. —*n.m.* 항(抗)히스타민제.

antihumain(e) [ɑ̃tiymɛ̃, -ɛn] *a.* 인간성[인도]에 대하는; 몰인정한, 비인도적인.

antihygiénique [ɑ̃tiiʒjenik] *a.* 비위생적인.

antihystérique [ɑ̃tiisterik] 《의학》 *a.* 히스테리에 효험이 있는. —*n.m.* 히스테리 치료제.

anti-impérialisme [ɑ̃tiɛ̃perjalism] *n.m.* 반(反)제국주의.

anti-incrustant(e) [ɑ̃tiɛ̃krystɑ̃, -ɑ̃:t] *a.* 물때[버캐]를 막는. —*n.m.* 물때[버캐] 방지물.

antijuif(ve) [ɑ̃tiʒɥif, -i:v] *a.* 유태인 배척의.
—*n.m.* 유태인 배척론자(antisémite).

antikomintern [ɑ̃tikɔmintɛrn] *a.* 반코민테른의. pacte ~ 《역사》 독·일 방공협정 (1936년).

antilégal(ale, *pl.* **aux)** [ɑ̃tilegal, -o] *a.* 위법의 (보통은 illégal을 사용).

antilibéral(ale, *pl.* **aux)** [ɑ̃tiliberal, -o] *a.* 반자유주의의. politique ~ale 반자유주의 정책.

antilibéralisme [ɑ̃tiliberalism] *n.m.* 반자유주의.

antillais(e) [ɑ̃tijɛ, -ɛ:z] *a.* 서인도 제도의 (les Antilles). —**A**~ *n.* 서인도 제도 사람.

Antilles (les) [lezɑ̃tij] *n.pr.f.pl.* 서인도제도. *les* ~ *françaises* 프랑스령 앙틸 (Martinique, Guadeloupe 및 그 속도(屬島)).

antillien(ne) [ɑ̃tijɛ̃, -ɛn] *a.* = **antillais**.

antilogarithme [ɑ̃tilɔgaritm] *n.m.* 《수학》 진수 (眞數).

antilogie [ɑ̃tilɔʒi] *n.f.* 《논리》 자가당착, 전후모순.

antilogique [ɑ̃tilɔʒik] *a.* 비논리적인, 논리에 어긋나는.

antilogue [ɑ̃tilɔg] *a.* 《전기》 가열하면 음전기를 띠고 냉각하면 양전기를 띠는.

antilope [ɑ̃tilɔp] *n.f.* 《동물》 영양(羚羊).

antilueur [ɑ̃tilɥœ:r] *a.* 《불변》 ① 소염 (消炎)작용이 있는. agent ~ 소염제. ② 무염 (無炎)의. poudre ~ 무염화약. —*n.m.* 소염제; 무염화약.

antimaçonnique [ɑ̃tima(ɑ)sɔnik] *a.* 비밀 결사 (franc-maçonnerie) 반대의.

antimagnétique [ɑ̃timaɲetik] *a.* 자성불급(磁性不感)의, 비대자성(非帶磁性)의.

antimatière [ɑ̃timatjɛ:r] *n.f.* 《물리》 반(反)물질.

antiméphitique [ɑ̃timefitik] 《의학》 *a.* 악취를 없애는. —*n.m.* 악취 제거제 《클로르 따위》.

antiméridien [ɑ̃timeridjɛ̃] *n.m.* 대(對)자오선.

antimiasmatique [ɑ̃timjasmatik] *n.m.* 《의학》 항말라리아제.

antimicrobien(ne) [ɑ̃timikrɔbjɛ̃, -ɛn] *a.* 미생물 감염 예방의. —*n.m.* 항생제.

antimigraineux(se) [ɑ̃timigrɛnø, -ø:z] *a.* 편두통 진정의. —*n.m.* 편두통 진정제.

antimilitaire [ɑ̃timilitɛ:r] *a.* 반(反)군국정신의, 반군국주의의.

antimilitarisme [ɑ̃timilitarism] *n.m.* 반군국주의.

antimilitariste [ɑ̃timilitarist] *a.* 반군국주의의.
—*n.* 반군국주의자.

antiministériel(le) [ɑ̃tiministerjɛl] *a.* 내각 반대

antimissile [ātimisil] *a.* 《군사》 대미사일용의. missile ~ 대(對)미사일용 미사일. —*n.* 대(對)미사일용 미사일.

antimite(s) [ātimit] *a.* 좀 방지의. —*n.m.* 좀약, 방충제.

antimitotique [ātimitotik] *a.* 《의학》 항(抗)유사분열의. —*n.m.* 항유사분열물질.

antimoine [ātimwan] *n.m.* 《화학》 안티몬. ~ cru [sulfuré] 《광물》 휘안광. sulfure d'~ 황화(黃化)안티몬.

antimonarchique [ātimɔnarʃik] *a.* 군주정치반대의.

antimonarchisme [ātimɔnarʃism] *n.m.* 군주제 반대(론).

antimonarchiste [ātimɔnarʃist] *a.* 군주제 반대의. —*n.* 군주제 반대자.

antimonial(ale, *pl.* **aux)** [ātimɔnjal, -o] *a.* 안티몬의(을 함유한). —*n.m.* 《약》 안티몬제.

antimoniate [ātimɔnjat] *n.m.* 《화학》 안티몬산염.

antimonié(e) [ātimɔnje] *a.* 안티몬을 함유한. L염.

antimonieux(se) [ātimɔnjø, -øːz] *a.* 안티몬을 함유한. acide ~ 아(亞)안티몬산.

antimonique [ātimɔnik] *a.* 안티몬을 함유한. acide ~ 안티몬산.

antimoniure [ātimɔnjyːr] *n.m.* 《화학》 안티몬 화합물.

antimoral(ale, *pl.* **aux)** [ātimɔral, -o] *a.* 반도덕적인, 도덕 부정의.

antimycosique [ātimikɔzik], **antimycotique** [ātimikɔtik] *a.* =**antifongique**.

antinational(ale, *pl.* **aux)** [ātina(ɑ)sjɔnal, -o] *a.* 반국가적인.

antinazi(e) [ātinazi] *a.* 나치스 반대의. —*n.* 반나치주의자.

antinéphrétique [ātinefretik] 《의학》 *a.* 신장염 치료의. —*n.m.* 신장염 치료제.

antineutron [ātinøtrɔ̃] *n.m.* 《물리》 반중성자(反中性子).

antinévralgique [ātinevralʒik] 《의학》 *a.* 신경통 치료의. —*n.m.* 신경통약.

antinobiliaire [ātinɔbiljeːr] *a.* 반귀족적인. 「腹」

antinœud [ātinø] *n.m.* 《물리》 (진폭의)파복(波腹).

antinomie [ātinɔmi] *n.f.* ① 《법》 法과 法, 조문과 조문 사이의) 모순; 《철학》 이율배반. ② 모순, 불합리(contradiction).

antinomien(ne) [ātinɔmjɛ̃, -ɛn] *a.* 《종교》 법률무용론의(신의 은총을 중시하고 법을 무시한 신학론). —*n.m.* 법률 무용론자.

antinomique [ātinɔmik] *a.* 이율배반의; 모순된.

antinomisme [ātinɔmism] *n.m.* 《종교》 법률 무용론.

Antinoüs [ātinɔys] *n.pr.m.* 안티노우스 (로마 황제 아드리아누스(Adrien)의 총신(寵臣); 미모로 이름남); 《구어》 미남자 (Adonis). C'est un véritable ~. 저 사람 정말 미남이다.

antiobésique [ātiɔbezik] 《의학》 *a.* 비만증을 방지하는. —*n.m.* 비만증 치료제.

antipape [ātipap] *n.m.* 《종교사》 비합법적으로 선출된 교황, 참칭 교황.

antipapisme [ātipapism] *n.m.* 교황 참칭; 반교황.

antipapiste [ātipapist] *a.* 반교황파의. —*n.* (위의)사람.

antiparallèle [ātipara(l)lel] 《수학》 *a.* 역평행(逆平行)의. —*n.m.* 역평행.

antiparalytique [ātiparalitik] 《의학》 *a.* 마비 치료의. —*n.m.* 마비 치료제.

antiparasite [ātiparazit] 《무전》 *a.* (라디오 따위의)잡음 방지의. —*n.m.* 잡음 방지 장치 (dispositif ~).

antiparasiter [ātiparazite] *v.t.* 《무전》 (의)잡음을 방지하다; (자동차 엔진 따위에)잡음 방지 장치를 하다.

antiparlementaire [ātiparləmɑ̃teːr] 《정치》 *a.* 의회정치에 어긋나는. acte [parole] ~ 반의회주의적 행위[언사]. —*n.* 의회정치 반대자.

antiparlementarisme [ātiparləmɑ̃tarism] *n.m.* 반의회주의.

antiparti [ātiparti] *a.* (여성불변) 반당적인.

antiparticule [ātipartikyl] *n.f.* 《물리》 (장(場)의 양자론에서 말하는)반입자(反粒子).

antipathie [ātipati] *n.f.* ① 반감(aversion). avoir [éprouver] de l'~ pour [contre] *qn* …에 반감을 가지다(느끼다). ② 비양립성; (빛깔의)부조화. ③ 《엣》 불쾌한 것.

antipathique [ātipatik] *a.* ① [~ à](에)상반되는, 상충하는, 상극하는, 서로 반발하는(incompatible). caractères ~*s* 서로 상반되는 성격. La position défensive est ~ *au* caractère français. 방어적 태도는 프랑스 성격에 상반된다. ② 반감을 일으키는, 불쾌한(désagréable, ↔ sympathique). visage froid et ~ 차갑고 불쾌한 얼굴. Elle m'est ~. 나는 그녀를 싫어해. ③ 《엣》 [~ à](에)반감을 갖는 (hostile). Il est ~ *au* nationalisme. 그는 국가주의를 혐오한다.

antipatriote [ātipatri(j)ɔt] *n.* 비애국자.

antipatriotique [ātipatri(j)ɔtik] *a.* 비애국적인.

antipatriotisme [ātipatri(j)ɔtism] *n.m.* 비애국심, 애국심의 결여.

antipériodique [ātiperjɔdik] 《의학》 *a.* 주기성 질환 치료의. —*n.m.* 주기성 질환 치료제.

antipéristaltique [ātiperistaltik] *a.* 《생리》 역연동(逆蠕動)의.

antipéristase [ātiperistɑːz] *n.f.* 《엣》 《물리》 성질 상반, 상호 반동.

anti(-)personnel [ātipɛrsɔnel] *a.* (불변) 《군사》 대인(對人)의, 인마(人馬)살상용의. mines ~ 대인지뢰.

antipesteux(se) [ātipɛstø, -øːz] *a.* 《의학》 페스트 예방[치료]의.

antipestilentiel(le) [ātipɛstilɑ̃sjel] 《의학》 *a.* 페스트 예방[치료]의. —*n.m.* 페스트 예방[치료]제.

antiphernal(ale, *pl.* **aux)** [ātifɛrnal, -o] *a.* 결혼할 때 남편이 아내에게 주는.

antiphilosophique [ātifilozɔfik] *a.* 반철학적인.

antiphlogistique [ātiflɔʒistik] 《의학》 *a.* 항염성(抗炎性)의. —*n.m.* 소염제(消炎劑).

antiphonaire [ātifɔneːr], **antiphonier** [ātifɔnje] *n.m.* 《가톨릭》 교창(交唱)성가집; 성가집.

antiphone [ātifɔn] *n.m.* (귀에 장치하는)방음기구.

antiphrase [ātifrɑːz] *n.f.* 《수사학》 반용(反用), 반어(법)(통상의 의미와 반대로 사용하는). 가령, 장난꾸러기에게 "Tu es bien sage." 「참 얌전하구나.」라고 말하는 따위).

antipied [ātipje] *n.m.* 《동물》 앞다리.

antiplanat [ātiplana] *n.m.* 《사진》 앤티 플래내트 렌즈.

antipodal(ale, *pl.* **aux)** [ātipɔdal, -o] *a.* 《지리》 대척지(對蹠地)에 있는. points ~*aux* 대척점.

antipode [ātipɔd] *a.* =**antipodal**. —*n.m.* ① 대척점[지]; 지구의 반대쪽. ② 《비유적》 먼곳, 원격지. faire un voyage aux ~*s* 아주 먼 곳에 여행하다. ③ (*pl.*) 대척지에 사는 사람들. ④ 정반대(contraire, antithèse); 《엣·문어》정반대의 사람들. ⑤ 《화학》 대장체(對掌體).

être à l'~ de (aux ~s de) …와의 대응점[반대 지점]에 있다, …와 정반대이다. Vous êtes à l'~ de ma pensée. 당신은 내 생각과는 정반대이다. [예.
antipodisme [ɑ̃tipɔdism] n.m. 누워서 발로 하는 곡
antipodiste [ɑ̃tipɔdist] n. 누워서 발로 곡예를 하는 곡예사.
antipoétique [ɑ̃tipɔetik] a. 시적(詩的)이 아닌; 시를 이해 못하는.
antipoints [ɑ̃tipwɛ̃] n.m.pl. 《수학》 대점(對點).
antipôle [ɑ̃tipo:l] n.m. 반대의 극(極), 정반대; 《수학》 상반극선(相反極線).
antipoliomyélitique [ɑ̃tipɔljɔmjelitik] a. 소아마비 예방의. vaccin ~ 소아마비 예방 백신.
antipolitain(e) [ɑ̃tipɔlitɛ̃, -ɛn] a., n. =**antibois²**.
antipolitique [ɑ̃tipɔlitik] a. 반국가정책적인, 반정치적인.
antipollution [ɑ̃tipɔ(l)lysjɔ̃] a. 《불변》 오염[공해]방지의. ligue ~ 오염[공해]방지연맹. mesures ~ 공해방지조치.
antipopulaire [ɑ̃tipɔpylɛ:r] a. 반민중적인.
anti-poussière [ɑ̃tipusjɛ:r] a. 《불변》 먼지를 제거하는, 방진의.
antiprogressif(ve) [ɑ̃tiprɔgrɛ(e)sif, -i:v] a. 반진보주의적인, 진보주의에 어긋나는.
antiprogressiste [ɑ̃tiprɔgrɛ(e)sist] a. 반진보주의적인. —n. 반진보주의자.
antiprohibitionniste [ɑ̃tiprɔibisjɔnist] a. (미국에서의) 금주법 반대의. —n. (위)의 사람.
antiprotection(n)iste [ɑ̃tiprɔtɛksjɔnist] a. 보호무역 반대의. —n. 보호무역 반대자. [子).
antiproton [ɑ̃tiprɔtɔ̃] n.m. 《물리》 반양자(反陽
antipsychiatrie [ɑ̃tipsikiatri] n.f. 반정신의학, 반정신병치료.
antiputride [ɑ̃tipytrid] a. 방부(防腐)작용을 하는. —n.m. 방부제.
antipyrétique [ɑ̃tipiretik] a. 《의학》 해열 작용을 하는. —n.m. 해열제.
antipyrine [ɑ̃tipirin] n.f. 《약》 안티피린.
antiquaille [ɑ̃tika:j] n.f. 《구어》 고물, 퇴물, 시대에 뒤떨어진 것[사람]; 늙다리; (옛) 고대 미술품.
antiquaire [ɑ̃tikɛ:r] n. ① 고물상, 고물상; 현책방. ② 《옛》 고고학자, 고물 연구(수집)가. ③ (각 지방의) 고미술 목록.
***antique** [ɑ̃tik] a. ① 《명사 뒤에서》 고대의; 고대풍의. mœurs ~s 고대 풍속. ② 《옛·문어》 아주 오래된; 옛날의. une Bible très ~ 몹시 오래된 성서. ③ 낡아서 뒤떨어진, 낡은(démodé). conduire une voiture ~ 구식 차를 운전하다. vieillard ~ et solennel 옛날풍의 근엄한 노인. ④ 늙은.
à l'~ 옛날식으로(의). meuble (fait) à l'~ 옛날식 가구. être habillé à l'~ 옛날식으로 옷을 입다.
—n.m. 고대 미술(의 전체), 고대양식. imiter l'~ 고대풍을 모방하다.
—n.f. ① 《옛·문어》 고미술품. ② 《인쇄》 (선의 굵기가 일정한) 안티크자체; (선의 굵기가 일정한) 안티크 자수.
antiqué [ɑ̃tike] a. (책의 가장자리가) 고대식의. tranches ~es 《장정》 (책의 가장자리가 금박칠 된) 고대식 단면의.
antiquement [ɑ̃tikmɑ̃] ad. ① 옛날에. ② 고풍으로, 옛날식으로.
antiquer [ɑ̃tike] v.t. (책을) 고풍으로 장정하다; (책의) 가장자리를 색무늬로 장식하다.
***antiquité** [ɑ̃tikite] n.f. ① 오래됨, 낡음(ancienneté); 옛시대, 옛날. remonter à l'~ 먼 옛날로 (고대로) 거슬러 올라가다. ② 고대(명문); 그리스·로마 시대 (예·명문); 《집합적》 고대인; 그리스 고대

로마 사람. ~ (classique) 그리스·로마문화. ~ égyptienne 이집트 문화. ③ (pl.) 고미술품, 골동품; 오래된 것. les A~s nationales 프랑스 고문화재 위원회. le Musée des A~s nationales 국립 고문화재 박물관. marchand d'~s 골동품 상인.
de toute ~ 옛날 옛적부터 언제나.
antiquomane [ɑ̃tikɔman] n. (18세기 후반에서 19세기 초에 프랑스적 섬세함을 경멸하고 고대를 동경한)고대광.
antirabique [ɑ̃tirabik] 《의학》 a. 광견병 치료의. —n.m. 광견병 치료제.
antirachitique [ɑ̃tirafitik] a. 《의학》 구루병 치료의.
antiraciste [ɑ̃tirasist] a. 반인종주의의; 인종차별주의를 반대하는. —n. 인종차별주의의 반대자.
antiradar [ɑ̃tirada:r] a. 《불변》 대레이다용의; 레이다 방해용의. appareils ~ 레이다 방해장치. —n.m. 《복수불변》 레이다 방해장치. [의.
antirationalisme [ɑ̃tirasjɔnalism] n.m. 반합리주
antirationnel(le) [ɑ̃tira(ɑ)sjɔnɛl] a. 반이성적인, 불합리한.
antiréalisme [ɑ̃tirealism] n.m. 반사실주의.
antireflet [ɑ̃tirəflɛ] a. 《불변》 (렌즈 따위의) 반사방지의.
antiréformiste [ɑ̃tirefɔrmist] a. 반개혁주의의. —n. 반개혁주의자.
antiréglementaire [ɑ̃tireglǝmɑ̃tɛ:r] a. 규칙에 어긋나는.
antireligieux(se) [ɑ̃tirǝliʒjø, -ʒ:z] a. 반종교적인.
antirépublicain(e) [ɑ̃tirepyblikɛ̃, -ɛn] a. 반공화국(주의)적인. —n. 반공화주의자.
antirépublicanisme [ɑ̃tirepyblikanism] n.m. 반공화주의.
antirévolutionnaire [ɑ̃tirevɔlysjɔnɛ:r] a. 반혁명적인. —n. 반혁명주의자.
antirides [ɑ̃tirid] a. 《불변》 주름살을 없애는(안 지게 하는)《크림 따위》.
anti-roman [ɑ̃tirɔmɑ̃] n.m. 반(反)소설 (nouveau roman 이라고도 불리어짐).
antirouille [ɑ̃tiruj] n.m. 녹방지제. —a. 《불변》 녹을 제거(방지)하는.
antirrhétique [ɑ̃tiretik] a. 《철학》 반박서.
antirrhine [ɑ̃tirin] n.f. 《식물》 미어초.
antisalle [ɑ̃tisal] n.f. 대기실, 옆방.
antisatellite [ɑ̃tisatelit] a. 《불변》 대(對)군사위성용의. —n.m. 위성용 방위 수단.
antiscien(ne) [ɑ̃tisjɛ̃, -ɛn] a. 《옛》 《지리》 정오에 반대 방위에 그림자를 던지는; 《점성》 반영(反影)의 (회귀선에 대해 등거리에 있는 하늘의 2점을 말함). —n. 반영인; 반영점.
antiscience [ɑ̃tisjɑ̃s] n.f. 반과학적 태도(주의).
anti-scientifique [ɑ̃tisjɑ̃tifik] a. 비과학적인.
antiscorbutique [ɑ̃tiskɔrbytik] 《의학》 a. 항괴혈병의. —n.m. 괴혈병 치료제.
antiscripturaire [ɑ̃tiskriptyrɛ:r] a. 성서에 반대하는. —n.m. 반성서주의자.
antiscrofuleux(se) [ɑ̃tiskrɔfylø, -ʒ:z] a. 《의학》 연주창(선염(腺炎)) 치료의. —n.m. 연주창(선염)치료제.
antiségrégationniste [ɑ̃tisegregasjɔnist] a. 인종분리주의에 반대하는. —n. 인종분리주의의 반대자.
antisémite [ɑ̃tisemit] a. 유태인 배척의. —n. 유태인 배척자.
antisémitique [ɑ̃tisemitik] a. 유태인 배척의.
antisémitisme [ɑ̃tisemitism] n.m. 유태인 배척주의, 반유태인주의.
antisepsie [ɑ̃tisɛpsi] n.f. 《의학》 방부법(防腐法),

antiseptique 소독법.

antiseptique [ɑ̃tisɛptik] 《의학》 a. 방부의, 소독의. —n.m. 방부제, 소독제.

antiseptiser [ɑ̃tisɛptize] v.t. 《의학》 방부제로 방부하다, 소독하다. ~ une plaie 상처를 소독하다.

antisérum [ɑ̃tiserɔm] n.m. 《의학》 면역혈청.

antisociable [ɑ̃tisɔsjabl] a. 비사교적인.

antisocial(ale, pl. aux) [ɑ̃tisɔsjal, -o] a. 반사회적인; 사회복지에 반대하는. mesure —ale (노동자 등의 이익을 고려하지 않는)반사회(복지)적 조치.

antisocialiste [ɑ̃tisɔsjalist] a. 반사회주의적인. —n. 반사회주의자.

antisonore [ɑ̃tisɔnɔːr] a. 방음(防音)의.

anti-sous-marin(e) [ɑ̃tisumarɛ̃, -in] a. 대(對)잠수함의. grenade ~ 대잠수함 폭뢰.

antisoviétique [ɑ̃tisɔvjetik] a. 반(反)소련의.

antispasmodique [ɑ̃tispasmɔdik] 《의학》 a. 경련에 듣는. —n.m. 진경제(鎭痙劑).

antispiritualisme [ɑ̃tispiritɥalism] n.m. 반(反)유심론(唯心論).

antispiritualiste [ɑ̃tispiritɥalist] a. 반유심론의. —n. 반유심론자.

antisportif(ve) [ɑ̃tispɔrtif, -iːv] a. 스포츠 반대의; 스포츠 규칙에 어긋나는; 스포츠맨답지 않은, 스포츠 정신에 어긋나는. —n. 스포츠를 싫어하는 사람, 스포츠맨십에 어긋나는 사람.

antistrophe [ɑ̃tistrɔf] n.f. ① 《그리스문학》 (시가(詩歌)에서 제 1 연에 응답하는)제 2 연, 응답시절(詩節) ② 《수사학》 음절전화.

antistatique [ɑ̃tistatik] a. 정전기를 방지하는. —n.m. 정전기 방지제 《플라스틱류에 첨가됨》.

antisudoral(ale, pl. aux) [ɑ̃tisydɔral, -o] a. 땀의 분비를 억제하는.

antisymétrique [ɑ̃tisimetrik] a. 《수학》 반대칭(反對稱)의, 역대칭의.

anti-tank [ɑ̃titɑ̃ːk] a. =**antichar**.

antitétanique [ɑ̃titetanik] 《의학》 a. 파상풍예방[치료]의. —파상풍(강직성 경련)치료제.

antithéâtral(ale, pl. aux) [ɑ̃titeatral, -o] a. 연극적이 아닌, 반연극적인.

anti-théâtre [ɑ̃titeɑːtr] n.m. 《연극》 반연극.

antithermique [ɑ̃titɛrmik] 《의학》 a. 해열의. —n.m. 해열제.

antithèse [ɑ̃titɛːz] n.f. ① 《수사학》 대구(對句), 대조법. ② 《철학》 반대명제. ③ 정반대, 정반대의 사람[것] (contraire); 대조. Il est l'~ de son frère. 그는 형과 정반대이다.

antithétique [ɑ̃titetik] a. ① 《수사학》 대구적인, 대조법적인. ② 정반대의 (contradictoire); 대조적인. principes ~s 서로 상반되는 원칙.

antitorpilleur [ɑ̃titɔrpijœːr] a. 대(對)수뢰의. —n.m. 대수뢰함.

antitoxine [ɑ̃titɔksin] n.f. 《의학》 항독소.

antitoxique [ɑ̃titɔksik] 《의학》 a. 항독성의. —n.m. 항독소제(劑).

antitranspirant [ɑ̃titrɑ̃spirɑ̃] n.m. 제한제(制汗)

antituberculeux(se) [ɑ̃tityberkylø, -øːz] a. 《의학》 결핵 예방[치료]의. vaccin ~ 결핵 예방 백신, timbre ~ 결핵 예방 실.

antitussif(ve) [ɑ̃titysif, -iːv] 《의학》 진해(鎭咳)성의. —n.m. 진해약.

antitype [ɑ̃titip] n.m. (특히 성서에 대하여)대형(對型), 원형 《성서 속의 어떤 사실이 미리 원형 표상에 의하여 예시되는 것》.

antivaccinateur(trice) [ɑ̃tivaksinatœːr, -tris] a. 종두반대론의. —n. 종두반대론자.

antivariolique [ɑ̃tivarjɔlik] a. 천연두 예방의. vaccination ~ 종두.

antivénéneux(se) [ɑ̃tivenenø, -øːz] 《의학》 a. 항독의, 해독의. —n.m. 해독제.

antivénérien(ne) [ɑ̃tivenerjɛ̃, -ɛn] a. 성병치료 [예방]의; 성병 박멸의. lutte —ne 성병퇴치 운동.

antivermineux(se) [ɑ̃tivɛrminø, -øːz] 《의학》 a. 구충의. —n.m. 구충제.

antivibratile [ɑ̃tivibratil] a. (자동차·열차 등의)진동 방지의.

antivirus [ɑ̃tivirys] n.m. 《의학》 안티바이러스, 항균물질.

antivivisection [ɑ̃tivivisɛksjɔ̃] n.f., **antivivisectionnisme** [ɑ̃tivivisɛksjɔnism] n.m. 생체해부 반대론.

antivoile [ɑ̃tivwal] n.m. 《사진》 (깜깜판의)흐림 (voile)억제제.

anti(-)vol [ɑ̃tivɔl] a. (불변), n.m. (dispositif) ~ 도난 방지 장치.

antoit [ɑ̃twa] n.m. 《선박》 링볼트.

antonomase [ɑ̃tɔnɔmaːz] n.f. 《수사학》 환칭(換稱), 환유 《예:Napoléon → *Empereur des Français* 로, avare → *Harpagon* 으로 부르는 것》.

antonomasie [ɑ̃tɔnɔmazi] n.f. 《의학》 명사 실어증 《물건의 이름을 잊어버리는 정신장애》.

antonyme [ɑ̃tɔnim] 《언어》 a. 반의어의. —n.m. 반의어(↔ synonyme).

antonymie [ɑ̃tɔnimi] n.f. ① 《언어》 반의(성), 반의관계. ② 《수사학》 반의어법.

antre [ɑ̃ːtr] n.m. ① (동물·도둑 따위의)소굴, 동굴, 숨은 곳, 위험한 장소. ~ des conspirateurs 음모자들의 소굴. ~ de la chicane 재판소. C'est l'~ du lion.한번 들어가면 나오기 힘든 곳이다 (*La Fontaine* 의 우화에서). ② 《해부》 공동(空洞).

antrustion [ɑ̃trystjɔ̃] n.m. (프랑크족의)왕의 직신(直臣).

anucléé(e) [anyklee] a. 《생물》 무핵(無核)의, 핵이 없어진.

anuité(e) [anɥite] a.p. 《옛》(길가는 도중에)날이 저물어진.

anuiter (s') [sanɥite] v.pr. 《옛》 (길을 가는 도중에)날이 저물다.

anurèse [anyrɛːz], **anurie** [anyri] n.f. 《의학》 무뇨증(無尿症).

anus [anys] n.m. 《해부》 항문(肛門).

anversois(e) [ɑ̃vɛrswa, -aːz] a. 앙베르(Anvers, 벨기에의 도시)의. —**A~** n. 앙베르 사람.

anxiété [ɑ̃ksjete] n.f. 걱정, 근심, 불안 (angoisse, inquiétude). avec ~ 걱정스럽게.

anxieusement [ɑ̃ksjøzmɑ̃] ad. 걱정스럽게, 불안스럽게.

anxieux(se) [ɑ̃ksjø, -øːz] a. ① 걱정하는, 근심하는, 불안스러운 (inquiet, tourmenté). regard ~ 불안스러운 눈초리. [~ de qc] Je suis ~ de l'avenir. 장래에 대하여 불안을 느낀다. ② [être ~ de + inf.] ~하고 싶어 안절부절 못하다. Je suis ~ de la revoir. 나는 그녀를 다시 보고 싶어 견딜 수가 없다. —n. 늘 불안에 떠는 사람.

Anzacs [ɑ̃zak] 《영》n.m.pl. 안작 군단 《오스트레일리아·뉴질랜드 연합 군단》. —n.m. 안작병(兵).

A.-O.F. 《약자》 Afrique-Occidentale Française 프랑스령 서부 아프리카.

aofien(ne) [aɔfjɛ̃, -ɛn] a. A.-O.F.의. —**A~** n. A.-O.F.의 사람.

aoriste [aɔrist] n.m. 《그리스문법》 아오리스트 《불한정 과거(不限定過去)를 나타냄》.

aorte [aɔrt] n.f. 《해부》 대동맥 (artère ~).

aortique [aɔrtik] a. 《해부》 대동맥의.

aortite [aɔrtit] *n.f.* 《의학》 대동맥염.
Aoste [(a)ɔst] *n.pr.f.* 《지리》 아오스타.
‡**août** [u, 《사투리》au, ut] *n.m.* ① 8월. en ~ ; au mois d' ~ 8월에. fin d' ~ 8월말. le Quinze-A- 《가톨릭》 성모 몽소 승천일(Assomption 의 속칭). ②《옛》추수(moisson). faire l' ~ 추수하다.
aoûtage [(a)uta:ʒ] *n.m.* 《옛·사투리》추수, 수확; 수확기.
aoûtat [auta] *n.m.* 《동물》 진드기의 일종.
aoûté(e) [(a)ute] *a.p.* (8월의 태양으로)영글은, 익은(mûri). fruits ~s 무르익은 과실.
aoûtement [(a)utmã] *n.m.* (과실의)성숙; (햇가지의)성장.
aoûter [(a)ute] *v.t.* (과실 따위를)무르익게 하다; (가지를)성장시키다. ②《사투리》추수하다. —*v.i.* (햇가지가)성장하다.
—**s'** ~ *v.pr.* 무르익다; 성장하다.
aoûteron [(a)utrɔ̃] *n.m.* (8월 수확기에 임시 고용된)추수하는 사람.
aoûtien(ne) [ausjɛ̃, -ɛn] *a.* 8월의. —*n.* ①8월 피서객(관광객). ②(피서가지 않고)8월에 파리나 큰 도시에 남아있는 사람.
ap. 《라틴·약자》apud 저자명·저서명을 인용할 때의 표현 (*ap.* Montaigne 몽테뉴에 있음) (chez?).
A.P. 《약자》 ① À protester 《상업》 지불거부. ② avant-poste(s) 《군사》 전초(중대).
apache [apaʃ] *n.m.* ① (les A~s)아파치족(族) (미국 서남부의 아메리카 인디언의 한 부족). ②《옛·속어》(대도시의)깡패, 무뢰한; 밤도둑. —*a.* (위)의. collégien ~ 불량 중학생.
apagogie [apagɔʒi] *n.f.* 《논리》 간접 귀류(歸謬).
apaisant(e) [apɛzã, -ã:t] *a.* 마음을 가라앉히는; 진정시키는(calmant). paroles ~es 마음을 달래주는 말. —*n.m.* 《의학》 진정제.
apaisement [apɛzmã] *n.m.* 진정시키기, 마음을 가라앉히기; 진정, 평정; 진압. — des souffrances 고통의 진정. donner des ~s 안심시키다.
*****apaiser** [apɛ(e)ze] *v.t.* ①[~ *qn*] 진정시키다, 달래다; (의)마음을 가라앉히다(calmer). ~ le peuple par de vagues promesses 막연한 약속으로 민중의 마음을 진정시키다. ②[~ *qc*] (노여움·불평·풍파 따위를)가라앉히다(adoucir); (폭동등)진압하다; (싸움을)말리다; (아픔·슬픔·배고픔을)가시게 하다(assouvir). ~ une querelle (des troubles) 싸움(말썽)을 가라앉히다. ~ la soif (la faim) 목을 추기다(요기하다). ~ les rancunes 원한을 누그러뜨리다.
—**s'** ~ *v.pr.* ① 진정되다, 마음이 가라앉다. ② (흥분 따위가)가라앉다; (폭동이)진압되다; (싸움이)멎다; (슬픔·갈증·배고픔이)가시다. La tempête *s'apaise.* 폭풍이 가라앉는다. Sa colère *s'est apaisée.* 그의 분노가 가라앉았다.
apalachine [apalaʃin] *n.f.* 《식물》 애팔래치아차나무(thé des Apalaches).
apanage [apana:ʒ] *n.m.* ① 전유물; 속성(屬性), 특성; 부속물. La raison est l' ~ de l'homme. 이성(理性)은 인간의 특성이다. [avoir l' ~ de *qc*] Ne croyez pas avoir l' ~ de la sagesse. 지혜를 독점하고 있다고 생각하지 마시오. ② 《역사》 대군(大君)의 영지(왕위 계승권을 가진 왕자 이외의 왕자나 형제에게 왕이 하사한 영지). ③《옛》소유지.
apanager [apanaʒe] [3] *v.t.* 《역사》 (에게)영지를 수여하다.
apanagiste [apanaʒist] 《역사》 *a.* 대군 영지를 가진. —*n.* 대군 영지의 소유자.
apanon [apanɔ̃] *n.m.* (마차의)채를 수레에 고정시키는 납작한 쇠붙이.

apapelardir (s') [sapapəlardi:r] *v.pr.* 《옛》 신앙이 독실한 체하다, 위선적인 태도를 취하다.
a pari [apari] 《라틴》 *loc.ad., a.* 《논리》 동등 논리로서[의], 대응 추리로서[의].
aparté [aparte] *n.m.* ① 《연극》 방백(傍白); 독백. ② (집회에서의)사담, 밀담(《구어》messe basse). [~ en] conversation en ~ 내밀히 주고받는 사람. —*ad.* 《연극》 방백으로.
apartheid [aparted] *n.m.* 《아프리카》 (남아연방의) 인종차별, 인종차별 정책.
apathie [apati] *n.f.* ① 무감각, 무기력(indolence). sortir de son ~ 무감각 상태에서 벗어나다. ~ du gouvernement 정부의 무기력. ~ de l'industrie textile 섬유산업의 부진. ② 《철학》무관심. ③ 《종교》해탈, 초탈.
apathique [apatik] *a.* 무감각한, 무기력한(indolent, ↔ actif, vif).
apathiquement [apatikmã] *ad.* 무감각하게, 무기력하게.
apatite [apatit] *n.f.* 《광물》 인회석(燐灰石).
apatride [apatrid] 《법》 *a.* 무국적(無國籍)의.
—*n.* 무국적자.
apatridie [apatridi] *n.f.* 《법》무국적.
A.P.E.L. [apɛl] 《약자》 Association des parents de l'école libre 사립학교 학부형회. [tion).
apepsie [apɛpsi] *n.f.* 《의학》 소화불량(indiges-
apeptique [apɛptik] *a.* 소화불량의.
aperceptibilité [apɛrsɛptibilite] *n.f.* 《철학·심리》 지각(知覺)할 수 있음.
aperceptible [apɛrsɛptibl] *a.* 《철학·심리》 지각할 수 있는.
aperceptif(ve) [apɛrsɛptif, -i:v] *a.* 《철학·심리》 지각력의.
aperception [apɛrsɛpsjɔ̃] *n.f.* 《철학·심리》 지각, 통각(統覺); 이해력 (appréhension).
aperceptivité [apɛrsɛptivite] *n.f.* 《철학·심리》 지각력, 통각력.
apercevable [apɛrsəvabl] *a.* 볼 수 있는, 인지(認知)할 수 있는.
apercevance [apɛrsəvã:s] *n.f.* ①《옛》인식, 지각력. ~ de la vérité 진리의 인식. ② 혜안(炯眼), 통찰력(perspicacité).
‡**apercevoir** [apɛrsəvwa:r] [53] (<*percevoir*) *v.t.* ① (안 보이던 것을)갑자스레(보다, 발견하다(découvrir, remarquer); 언뜻 보다, 얼핏 보다(entrevoir); 우연히 보다, 만나다. On *apercevait* au loin l'incendie. 멀리 불난 것이 보였다. Je n'ai fait que l' ~. 그를 얼핏 봤을 뿐이다. Je l'*ai aperçu* dans la rue. 그를 우연히 거리에서 만났다. ② 알아차리다, 알아차리다, 느끼다(saisir, constater). laisser ~ 알아차리게 하다. faire ~ ce qui échappe aux autres 남들이 알지 못하는 것을 깨닫게 하다. ③ 《철학》 지각하다.
—**s'** ~ *v.pr.* ① (을)깨닫다, 느끼다, 알아차리다(remarquer). [s' ~ de] Elle *s'est aperçue de* son erreur. 그녀는 자기 잘못을 알아차렸다. sans *s'en* ~ 알지 못하고, 깨닫지 못하고. [s' ~ que+*ind.*] Il *s'aperçut* que ses auditeurs étaient lassés. 그는 청중이 싫증낸 것을 알아차렸다. ② 눈에 띄다. bateau à voile qui *s'aperçoit* à peine 보일듯 말듯한 돛단배. 제 모습을 보다. Il vient de *s'*en *apercevoir* dans une glace 그는 거울 속의 제 모습을 보다. ④ 서로 깨닫다; 서로 보다. Elles *se sont aperçues* de loin. 그 여자들은 멀리서부터 서로를 보다.
apercevr-ai, -as, etc. [apɛrsəvr-e, -ɑ] ⇒*apercevoir*.
aperçoi-s, -t, -ve, etc. [apɛswa, -a:v] ⇒*aperce-*

aperçu [apɛrsy] (<*apercevoir*) *n.m.* ① 얼핏 보기, 개관, 일별(coup d'œil). ~ de la question 문제의 개관. ~ des dépenses 지출액의 개요. [donner un ~ de *qc*] Ce résumé vous *donnera un* ~ *du livre*. 이 요약은 책의 내용을 대략 설명해줄 것이다. ② 통찰. avoir des ~*s* originaux 독창적인 통찰력 (착상)을 가지고 있다. pavillon d'~ 《해양》 회답 신호기.

aperçu-s, -t, etc. [apɛrsy] ⇨apercevoir.

apériodique [aperjɔdik] *a.* 비(非)주기적인.

apériteur [apɛritœ:r] *n.m.* 보험업자 대표(둘 이상의 회사가 공동으로 수탁한 보험에 있어 대표자의 역할을 맡음).

apéritif(ve) [apɛritif, -i:v] *a.* 《문어》식욕을 증진하는. 식전에 마시는 술(liqueur ~), 아페리티프(↔digestif).

apéro [apero] *n.m.* 《속어》아페리티프.

apertement [apɛrtəmɑ̃] *ad.* 《옛》공공연히.

aperture [apɛrty:r] *n.f.* 《언어》(어떤 소리를 낼 때의 구강의)넓이.

apesanteur [apəzɑ̃tœ:r] *n.f.* 《물리》무중력(상태). en état d'~ 무중력 상태에.

apétale [apetal] 《식물》*a.* 꽃잎이 없는. —*n.f.pl.* 무판화류(無瓣花類).

apetissement [aptismɑ̃] *n.m.* 《옛》작아짐.

apetisser [aptise] *v.t.* 《옛》작게하다.
—*s'*~ *v.pr.* 작아지다.

:à-peu-près, à peu près [apøprɛ] *n.m.* (복수불변) ① 어림잡아 헤아린 일, 대략, 개산(槪算), 근사(近似)(approximation, grossière). calculer par ~ 대략 계산하다. Je n'aime pas les ~. 나는 일을 대충대충 하는 걸 싫어한다. ② 《옛》《수사학》(유사음을 사용한)말장난(étrotique 와 erratique 를 결합시키는 따위)(calembour).
—*loc.ad.* 거의, 대략, 약. Il est ~ trois heures. 대략 세시이다.

apeuré(e) [apœre] *a.* 겁에 질린(craintif).

apeurer [apœre] *v.t.* 겁나게 (무서워하게) 하다.

apex [apɛks] *n.m.* ① 《고대로마》제관(祭官)의 모자(앞의 막대기); (말털이 달린)투구의 꼭대기. ② 《천문》(태양)향점(向點). ③ 《식물》상단(上端); 《생물》(부리 따위의)첨단. ④ 《언어》(라틴어의)장음부(").

aphaniptères [afaniptɛ:r] *n.m.pl.* 《곤충》빈시류(貧翅類).

aphasie [afazi] *n.f.* 《의학》실어증(失語症).

aphasique [afazik] 《의학》*a.* 실어증 증세의.
—*n.* 실어증 환자.

aphélie [afeli] 《천문》*n.m.* 원일점(遠日點). —*a.* 원일점상의.

aphérèse [aferɛ:z] *n.f.* 《언어》두음절(頭音節)생략[소실].

aphidés [afide], **aphidiens** [afidjɛ̃] *n.m.pl.* 《곤충》진디속(屬).

aphis [afis] *n.m.* 《곤충》진디(속:puceron).

aphlogistique [aflɔʒistik] *a.* 《옛》《화학》연소하지 않는.

aphone [afɔn] *a.* 《의학》실성(失聲)의(muet).

aphonie [afɔni] *n.f.* 《의학》실성(失聲).

aphorisme [aforism] *n.m.* 금언, 격언, 경구.

aphoristique [afɔristik] *a.* 금언(경구)의.

aphrodisiaque [afrɔdizjak] *a.* ① 아프로디테(Aphrodite)의. ② 성욕(性慾)을 촉진하는, 최음(催淫)의. —*n.m.* 최음제.

aphrodisie [afrodizi] *n.f.* 《의학》성욕증진.

Aphrodite [afrɔdit] *n.pr.f.* 《그리스신화》미의 여신 아프로디테 (로마 신화의 비너스).

aphte [aft] *n.m.* 《의학》아프타, 아감창(牙疳瘡).

aphteux(se) [aftø, -ø:z] *a.* 아프타성의. fièvre ~*se* 《수의》아프타열.

aphylle [afil] *a.* 《식물》잎이 없는.

api [api] *n.m.* 《식물》(한쪽은 빨갛고 한쪽은 흰)작은 능금(pomme d'~).

apiaires [apjɛ:r] *n.m.pl.* 《곤충》꿀벌과(科).

à-pic [apik] *n.m.* 절벽.

apical(ale, *pl.* **aux)** [apikal, -o] *a.* ① 《해부》(어떤 기관의)선단(先端)에 있는; 《식물》정단(頂端)의. légion ~*ale* du poumon 폐첨(肺尖)장해. abcès ~ 폐첨농양. cellule ~*ale* 정단세포. ② 《언어》설단(舌端)[음]의. —*n.f.* 《언어》설단음(舌端音).

apiciforme [apisifɔrm] *a.* 바늘 모양의.

apico-alvéolaire [apikoalveɔlɛ:r] 《언어》*a.* 혀 끝과 치조(齒槽)가 작용하는. —*n.f.* 설단치조음(舌端齒槽音).

apico-dental(ale, *pl.* **aux)** [apikodɑ̃tal, -o] 《언어》*a.* 혀끝과 이가 작용하는. —*n.f.* 설단치음(舌端齒音).

apicole [apikɔl] *a.* 양봉(養蜂)의.

apico-prépalatal(ale, *pl.* **aux)** [apikoprepalatal, -o] *a.* 설단 전부(前部)경구개의.
—*n.f.* 설단 전부 경구개음.

apiculteur [apikyltœ:r] *n.m.* 양봉가.

apiculture [apikylty:r] *n.f.* 양봉(養蜂).

apidés [apide] *n.m.pl.* 《곤충》꿀벌과(科).

apiéceur(se) [apjesœ:r, -ø:z] *n.* (재단사 밑에서 일하는)바느질 직공.

apifuge [apify:ʒ] *a.* 벌떼를 방제(防除)하는.

apiol [apjɔl] *n.m.* 《화학》아피올.

apion [apjɔ̃] *n.m.* 《곤충》꿀결이바구미.

apiphile [apifil] *a.* 벌을 좋아하는. —*n.m.* 벌을 좋아하는 사람.

apiquage [apika:ʒ] *n.m.* apiquer 하기.

apiquer [apike] *v.t.* 《해양》(활대 따위를)꼿꼿이 세우다; 비게 세우다.

apitoiement [apitwamɑ̃] *n.m.* 측은, 연민, 동정(pitié, compassion).

apitoyant(e) [apitwajɑ̃, -ɑ̃:t] *a.* 불쌍한, 가련한.

apitoyer [apitwaje] [7] (<*pitié*) *v.t.* [~ *qn* sur *qn/qc*](에 대해 …에게)불쌍한 마음을 갖게 하다(attendrir). Il a tenté de nous ~ *sur* son sort. 그는 그의 처지에 대해 우리에게 동정의 마음을 갖게 하려 했다. —*s'*~ *v.pr.* [*s'*~ sur](을)불쌍히 여기다, 동정하다. *s'*~*sur* les misères de *qn* …의 불행을 동정하다.

apivore [apivɔ:r] *a.* 꿀벌을 먹는. —*n.m.* 꿀벌을 먹는 것, 꿀벌 해충(害蟲).

ap. J.-C. 《약자》après Jésus-Christ 서력….

aplaignage [aplɛɲa:ʒ] *n.m.* (피륙의)보풀을 일으키기, 고르게 하기.

aplaigner [aplɛ(e)ɲe] *v.t.* 피륙 따위의)보풀을 일으키다, 고르게 하다.

aplaigneur(se) [aplɛɲœ:r, -ø:z] *a., n.* (피륙의)보풀을 일으키는(직공), 보풀을 고르게 하는(직공).

aplanat [aplana] 《사진》*a.* 무수차(無收差)의.
—*n.m.* 무수차 렌즈.

aplaner [aplane] *v.t.* ① 양손잡이 대패로 깎다. ② =aplaigner.

aplanétique [aplanetik] *a.* 《사진》무수차의. objectif ~ 무수차 렌즈. 「(系).

aplanétisme [aplanetism] *n.m.* 《사진》무수차계

aplaneur(se) [aplanœ:r, -ø:z] *n.* ① 양손잡이 대패질하는 사람 ② =aplaigneur.

aplanir [aplani:r] (<*plan*) *v.t.* ① 평평[평탄]하게 하다(niveler). ~ une terre pour y installer un court de tennis 테니스 코트를 만들기 위해 땅을 평

탄하게 하다. ②(비유적)(장애·어려움 따위를)제거하다(supprimer); (분쟁 따위를)해결하다. Les difficultés *sont aplanies*. 어려움이 제거되었다. ~ un différend 분쟁[의견대립]을 해소시키다.
—**s'~** *v.pr.* ① 평탄해지다. ②(장애·분쟁 따위가)제거[해소]되다.

aplanissage [aplanisa:ʒ], **aplanissement** [aplanismɑ̃] *n.m.* aplanir 하기[되기].

aplanisseur(se) [aplanisœ:r, -ø:z] *n.* ① aplanir 하는 사람. ② =aplaigneur.

aplasie [aplazi] *n.f.* 『생물』 무형성증(無形成症), 결여증.

aplastique [aplastik] *a.* 『의학』 재생불능의. anémie ~ 재생불능성 빈혈.

aplat, à-plat [apla] *n.m.* ①『미술』한결같은 색조. ②『재봉』실(로 꿰맨)장식, 아플리케(appliqué). ③(종이의)흠없이 매끈함. ④앞으로 털썩 엎어지기.

aplati(e) [aplati] *a.p.* ① 납작한, 평평한; 납작해진, 평평해진. nez ~ 납작코. ②《구어》기력을 잃은(abattu); 녹초가 됨. Je me sens tout ~. 아주 녹초가 되었다. ③ ellipsoïde ~ 『수학』 편평(扁平) 타원.

aplatir [aplati:r] (<*plat*) *v.t.* ① 납작하게 하다, 평평하게 하다(écraser). ~ qc à coups de marteau 망치로 …을 납작하게 하다. ~ un clou 못대가리를 박아 납작하게 하다. ~ les plis d'un habit 옷의 주름을 펴다. ②《구어》(비유적)(을)꺽소리 못하게 하다, 위세를 꺾다. L'ennemi a été aplati. 적은 괴멸했다. ~ l'orgueil de qn …의 위세를 꺾다.
—**s'~** *v.pr.* ① 납작해지다, 평평해지다; 부서지다(s'écraser). La tumeur *s'est aplatie*. 종기가 납작해졌다. [s'~ contre] L'auto vint s'~ *contre* le mur. 자동차가 담벽에 부딪쳐 박살났다. ②(땅바닥에)엎드리다, 엎어지다(s'étaler). ~ s'~*sur* la pelouse 잔디밭 위에 엎드리다. ③굽실거리다, 저자세를 취하다(s'humilier). s'~ *devant* qn …에게 저자세를 취하다. ④(se는 간접목적보어) s'~ *les* cheveux 머리카락을 착 붙이다.

aplatissage [aplatisa:ʒ] *n.m.* ① 납작하게 만들기. ②(금속의)압연. ~ au laminoir 압연(laminage).

aplatissement [aplatismɑ̃] *n.m.* ① =aplatissage. ②《구어》의기를 꺾기, 제압, 분쇄(écrasement). ~ des forces ennemies 적군의 분쇄. ③《구어》(정치·문학등의 경쟁상대에 대한)신랄한 비평(풍자)(éreintement, critique). ④굴종, 굽실, 추종. ~ *devant* le pouvoir 사대주의. ⑤『수학』(타원 따위의)편평도(扁平度). ⑥『천문』편률(扁率).

aplatisseur [aplatisœ:r] *n.m.* ①『야금』압연공, (각세공(角細工)을 위해서)롤을 평평하게 하는 직공. ②『농업』제분기, 분쇄기.

aplatissoir [aplatiswa:r] *n.m.* ①『야금』①(쇠를 두들겨 펴는)쇠망치. ②압연기(壓延機).

aplatissoire [aplatiswa:r] *n.f.* =aplatissoir.

***aplomb** [aplɔ̃] *n.m.* ①수직, 연직(鉛直); 평형, 균형. vérifier l'~ d'un mur 벽의 수직을 확인하다. garder son ~ 안정, 침착성, 태연(sang-froid); 대담함, 뻔뻔스러움, 후안무치(厚顔無恥)(audace, toupet). perdre(retrouver) son ~ 안정[침착성]을 잃다[되찾다]. ~ avec ~ 태연자약하게, 태연히. ~ de+*inf.* 뻔뻔스럽게 …하다. Vous en avez de l'~. 뻔뻔스럽군요. Quel ~! 굉장한 철면피이군!
à *l'~ de* qc ~수직으로; …의 바로 위[바로 아래]에.
d'~ ⓐ수직으로; 균형을 잘 잡아서. Le soleil tombe *d'~*. 태양이 수직으로 내리쪼인다. bien *d'~* sur ses pieds 넘어지지 않게 딱 버티고 서서. ⓑ《구어》호조의, 순조로운. Je suis(me retrouve) *d'~*. 나는 컨디션이 좋다[다시 좋아졌다]. Un mois de repos m'a remis *d'~*. 한달 쉬었더니 몸[기운]이 회복되었다. remettre *d'~* les finances d'une société 회사의 재정을 다시 일으키다.

aplustre [aplystr] *n.m.* 『고대로마』(배의)고물장식.

apnée [apne] *n.f.* 『의학』 호흡정지.

apoastre [apoastr] *n.m.* 『천문』원성점(遠星點).

apocalypse [apɔkalips] *n.f.* ①묵시록; 천계서(天啓書); (A~)『성서』요한 묵시록. parler comme l'*A~* 《비유적》알아듣기 힘든 말을 하다. style d'*A~*(de l'*A~*)《구어》난해한 문체. ②세상의 종말; 미증유의 대사건. paysage d'~ 《세상의 종말 같은》황량한 풍경.

apocalyptique [apɔkaliptik] *a.* ①요한 묵시록의; 천계서의. littérature ~ 묵시문학. ②세상의 종말 같은; 참담한, 황량한. ③난해한, 알아듣기 힘든.

apochromatique [apɔkrɔmatik] *a.* 『광학』 색수차(色收差) 및 구면(球面)수차를 없앤.

apocope [apɔkɔp] *n.f.* 『언어』 미음절(尾音節)생략[소실] (cinématographe 가 *cinéma* 로, métropolitain 이 *métro* 로 되는 경우) (↔aphérèse).

apocopé(e) [apɔkɔpe] *a.* 『언어』 미음절이 소실[생략]된.

apocrisiaire [apɔkrizjɛ:r] *n.m.* ①(동로마제국에서)황제의 해답[칙령]을 전하는 관리. ②교황 대리인; (옛 수도원의)회계책임자; (샤를마뉴 시대의)궁중 주교.

apocryphe [apɔkrif] *a.* ①『가톨릭』 정경(正經) 외의, 외전(外典)의. Évangile ~ 경외(經外)복음서. ②《구어》전거(典據)가 의심스러운, 진위(眞僞)를 알 수 없는; 가짜의(inauthentique, faux). testament ~ 위조의 의심이 있는 유언.
—*n.m.* ①『가톨릭』 성서외전(外典), 경외서(經外書). ②전거가 의심스러운 책; 위서(僞書).

apocyn [apɔsɛ̃] *n.m.* 『식물』 협죽도의 식물.

apocyn(ac)ées [apɔsin(as)e] *n.f.pl.* 『식물』 협죽도과(科).

apode [apɔd] *a.* 『동물』 다리[발] 없는; 『어류』 배지느러미가 없는. —*n.m.pl.* 무족유서류; 배지느러미 없는 어류.

apodictique [apɔdiktik] *a.* 『철학』 절대보편적으로 옳은; 명백히 논증되는.

apodose [apɔdo:z] *n.f.* 『언어』 조건문의 결과절(예: Si tu veux, *il partira*.).

apogamie [apɔgami] *n.f.* 『식물』 무배생식(無胚生殖).

apogée [apɔʒe] *n.m.* ①『천문』원지점(遠地點). ②(비유적)(명예 따위의)절정, 최고점; 전성기(comble). Il est à l'~ des honneurs. 그는 한창 명성을 떨치고 있다.
—*a.* 원지점에 있는. La lune est ~. 달은 원지점에 있다(La lune est à son ~).

apographe [apɔgraf] *n.m.,a.* 사본(寫本)(의).

apolaire [apɔlɛ:r] *a.* 『생물』 무극(無極)의.

apolitique [apɔlitik] *a.* 정치에 관여하지 않는, 정치에 무관심한; 비정치성의.

apolitisme [apɔlitism] *n.m.* 정치에 대한 무관심; 비정치적인 태도[입장]; 비정치성, 탈(脫)정치.

apollinaire [apɔlinɛ:r] *a.* 아폴로의(*Apollon*)(에게 바쳐진). jeux ~s 『고대로마』아폴로 경기.

apollinien(ne) [apɔliniɛ̃, -ɛn] *a.* 아폴로적인, 아폴로형(型)의.

apologétique [apɔlɔʒetik] *a.* ①변명[변호]의. ②『신학』기독교 변증론의, 호교론의. —*n.m.* 기독

교 변증론. —*n.f.* 〖신학〗 호교론, 변증론.
apologie [apɔlɔʒi] *n.f.* ① 변명, 변호. A~ de Socrate 소크라테스의 변명. faire l'~ de *qn* …의 입장을 변호하다. faire l'~ d'un crime 〖법〗 어떤 범죄를 정당하다고 주장하다. ② 호교(론).
apologique [apɔlɔʒik] *a.* 변명(변호)의.
apologiste [apɔlɔʒist] *n.* ① 변명자. ② 〖신학〗 변증[호교]론자.
apologue [apɔlɔg] *n.m.* 교훈담 ; 우화(fable).
apomorphine [apɔmɔrfin] *n.f.* 〖약〗 아포모르핀.
aponévrose [apɔnevroːz] *n.f.* 〖해부〗 건막(腱膜).
aponévrotique [apɔnevrɔtik] *a.* 건막의.
aponter [apɔ̃te] *v.i.* =**apponter**.
apophonie [apɔfɔni] *n.f.* 〖언어〗 모음전환(sot [so], sotte [sɔt] 따위에서 나타나는 모음의 변화).
apophtegme [apɔftɛgm] *n.m.* 금언, 격언, 명언. ne parler que par ~s 늘 명언을 섞어가며 말하다.
apophyge [apɔfiːʒ] *n.f.* 〖건축〗 기둥이 밑(base)으로 또는 위(chapiteau)로 요면(凹面)을 이루어 퍼진 모양.
apophysaire [apɔfizeːr] *a.* 〖해부〗 골돌기(骨突起)의, 골단의.
apophyse [apɔfiːz] *n.f.* ① 〖해부〗 골단(骨端), 관절단(端), 돌기. ② 〖식물〗 분지(分枝), 열가지. ③ 〖지질〗 암지(岩枝), 설상체(舌狀體).
apoplectique [apɔplɛktik] *a.* 〖의학〗 a 졸중(卒中)의. symptômes ~s 졸중의 징후. attaque ~ 뇌졸중(의 발작). —*n.* 뇌졸중 환자.
apoplexie [apɔplɛksi] *n.f.* 〖의학〗 졸중(卒中); 뇌일혈, 졸혈. ~ foudroyante 뇌일혈. attaque d'~ 〖구어〗 뇌졸중. être frappé d'~ ; tomber en ~ 뇌졸중으로 쓰러지다.
aporie [apɔri] *n.f.* 〖논리〗 아포리마 (아리스토텔레스 철학에서 해결하기 어려운 사항); (일반적으로) 논리적 궁지 〖난점〗.
aposiopèse [apɔzjɔpeːz] *n.f.* 〖수사학〗 돈절법(頓絶法) 〖문장을 돌연 중단하기〗.
apostasie [apɔstazi] *n.f.* ① 배교(背敎); 환속(還俗). ② 변절; 탈당.
apostasier [apɔstazje] *v.i.* ① 배교하다; 환속하다. ② 변절하다; 탈당하다. —*v.t.* (신앙을)버리다.
apostat(e) [apɔsta, -at] *a.* ① 배교한; 환속한. ② 변절한; 탈당한. —*n.* (위의) 사람 〖여성형 apostate는 드물게 쓰임〗.
apostème [apɔstɛm] *n.m.* =**apostume**.
aposter [apɔste] *v.t.* 〖옛〗(사람을)배치(매복)하다; (나쁜 일을 꾸미려고)잠복시키다. ~ un assassin derrière une porte 문뒤에 자객을 숨기다.
a posteriori, à posteriori [aposterjori] *loc.ad.* 후천적(귀납적)으로, 경험[실험]에 입각하여(↔a priori). raisonner ~ 귀납적으로 추리하다. —*loc.a.* 후천적인, 경험[실험]적인, 귀납적인. concept ~ 실험적[경험적]관념. méthode ~ 귀납법. —*n.m.* 귀납법.
apostille [apɔsti] *n.f.* ① (청원서 따위의)난외의 기록한 추천문, (증서의)난외의 추가문. ②〖옛〗방주, 각주. ③ 〖해양〗(항해일지의)기입사항.
apostiller [apɔstije] *v.t.* ①(난외에)추천문을 기입하다. ②〖옛〗(에)방주〖각주〗를 달다.
apostolat [apɔstɔla] *n.m.* ① 사도(使徒)의 직[임무], 성직. L'enseignement est un ~. 교육은 성직이다. ② 포교, (새 사상 따위의)선전, 보급.
apostolicité [apɔstɔlisite] *n.f.* 사도의 가르침〖생활양식·전통〗에 어긋나지 않음, 사도전승(傳承).
apostolique [apɔstɔlik] *a.* 사도의, 사도가 전한; 사도전승의. période ~ 사도시대. mission ~ 사도의 사명. tradition ~ 사도전승. Siège ~ 로마교황

좌, 교황청. ② 로마 교황의. missionnaire ~ 교황 파견 선교사. nonce ~ 교황대사. ③ 교구의. notaire ~ (교구의 문서를 작성하는)교구서기.
apostoliquement [apɔstɔlikmɑ̃] *ad.* 사도같이.
apostrophe¹ [apɔstrɔf] *n.f.* ① 〖수사학〗 돈호법(頓呼法), 부르기. ②〖구어〗심한 말. lancer une ~ injurieuse 욕설을 퍼붓다.
apostrophe² *n.f.* 〖언어〗 생략 부호.
apostropher¹ [apɔstrɔfe] *v.t.* ①(에게)급작스레 말을 걸다, 부르다. Il m'a *apostrophé* dans la rue. 그는 거리에서 내게 불쑥 말을 걸었다 (다소 무례하게). ②〖구어〗(에게)심한 말을 하다; 덤벼들다, 때리다. ~ *qn* d'un soufflet …의 뺨을 치다.
—*s*'~ *v.pr.* 서로 욕설을 주고받다.
apostropher² *v.t.* 〖언어〗 생략부호를 찍다.
apostume [apɔstym] *n.m.*[*f.*] 농양(膿瘍).
Il faut que l'~ crève. 일촉즉발의 상태이다.
apothèce [apɔtɛs], **apothécie** [apɔtesi] *n.f.* 〖식물〗 지의류의 자낭(子囊). [距離].
apothème [apɔtɛm] *n.m.* 〖기하〗 변심거리(邊心
apothéose [apɔteoːz] *n.f.* ① 신으로 받들기, 신격화; 극도의 예찬. ② (개인이 누리는)최고의 영예, 지상의 광명(triomphe). ③ (극·쇼 따위의)화려한 피날레, 최고조. ④ (비유적)(재능 따위의)찬란한 개화. ⑤ 〖회화〗(석양 따위의)화려한 풍경.
apothéoser [apɔteoze] *v.t.* 신으로 받들다, 신격화하다; 극도로 예찬하다(glorifier).
apothicaire [apɔtikeːr] *n.m.*〖옛〗약(제)사(pharmacien). *compte* (*mémoire*) *d'~* 터무니없이 비싼 계산서. *faire de son corps une boutique d'~* 마구 약을 먹다.
apothicairerie [apɔtikerri] *n.f.* 〖옛〗약종상; 약 조제술; (수도원의)약 조제소.
apôtre [apoːtr] *n.m.* ① 사도(使徒). prince des ~s 성(聖) 베드로, princes des ~s 성 베드로와 성 바울. A~ des nations; A~ des gentils 이방인의 사도〖성 바울을 지칭〗. Actes des ~s 〖성서〗 사도 행전. ② (한 나라의)최초의 전도자; (주의·사상의)전도(창도)자. se faire l'~ de *qc* …을 창도〖전파〗하다.
faire le bon ~ 성인〖군자〗인 체하다.
apôtres [apoːtr] *n.f.pl.* 〖선박〗 이물의 보조 늑재(肋材).
apozème [apɔzɛm] *n.m.* 〖약〗 탕약, 달인 약.
appaillardir (s') [sapajardiːr] *v.pr.* 방탕하게되다.
appalachien(ne) [apalaʃjɛ̃, -ɛn] *a.* 애팔래치아 산 맥(*les Appalaches*)의.
appaméen(ne) [apameɛ̃, -ɛn] *a.* 파미에(*Pamiers*, 프랑스의 도시)의. —A~ *n.* 파미에 사람.
apparai-s, -ssant, etc. *laisse*, *apparɛ, -sɑ̃*] *ɔ* apparaître.
:apparaître [aparɛtr] 〖41〗 *v.i.* 〖조동사는 être, 종종 avoir〗① 보이다, 나타나다, 모습을 나타내다(드러내다) (paraître, se montrer, surgir). Le ciel s'est dégagé et le pic *est apparu*. 구름이 걷히자 산봉우리가 모습을 드러냈다. Il attend qu'elle *apparaisse* à sa fenêtre. 그는 그녀가 창가에 나타나기를 기다리고 있었다. Ma grand-mère m'*est apparue* en rêve. 할머니가 꿈에 보였다(나타났다).
② (비유적)(분명치 않은 것이)명백해지다, 드러나다, 밝혀지다(se révéler, se dévoiler). La vérité *apparaît* tôt ou tard. 진실은 언젠가 드러난다. Les difficultés n'*apparaissent* qu'à l'exécution. 일의 어려움이란 실행해 봐야만 알게 되는 것이다. Cela *apparaît*. 그건 분명하다. Son innocence *apparaîtra* au procès. 그의 무죄는 재판에서 명백해질 것이다.
③《속사와 함께》…한 것으로[…처럼] 보이다

(paraître, sembler). Cette chanson nous *apparaît* bien démodée. 이 노래는 우리에겐 아주 낡은 것으로 보인다. [~ comme] Il m'*est apparu comme* un garçon intelligent. 그는 내게는 영리한 아이로 보였다.
— *v.imp.* 드러나다, 명백[분명]해지다. [Il apparaît que+*ind.*] (주절이 부정문·의문일 때는 sub.) Il m'*apparaît* bien *que* c'est une erreur. 그것이 잘못이라고 내겐 생각된다(Il me semble que...). Il *apparaît* d'après l'enquête *que* le crime a été commis par un des familiers de la maison. 조사에 의하면 범죄는 그 집안과 가까운 어느 사람의 소행임이 분명하다. Il n'*apparaît* pas *que* tous aient compris. 모든 사람이 이해한 것 같지는 않다. s'*il* vous *apparaît que* cela soit ainsi 〖법〗 그렇다는 것이 당신에게 명백하다면.
— s'~ *v.pr.* 〖옛〗 나타나다.

apparat [apara] *n.m.* ① 화려, 호화, 호사, 사치. avec ~ 화려하게. [d'~] dîner d'~ 큰 잔치, 향연. costume d'~ 성장(盛裝), 정장. lettres d'~ 장식문자. discours d'~ 형식적인 공식연설. [en grand ~] La rentrée des universités se faisait en *grand* ~. 대학의 개강식은 화려[장엄]하게 거행되었다. Elle est revenue *en grand* ~. 그녀는 화려하게 나타났다. ② ~ critique(본문 하단에 기록된) 고증자료, 주석. ③ 〖옛〗용어집. ~ royal (예전의) 불라(佛羅) 초보사전.

apparaux [aparo] *n.m.pl.* ① 〖해양〗 선구(船具). ~ des ancres 닻을 감는 기구. ② 〖체조〗용구.

:appareil [aparɛj] *n.m.* ① (여러 부분이 결합 가동하는 하나의)장치(dispositif), 기구(engin), 기계 (machine), 도구(instrument). ~ électrique 전기 기구[기계]. ~s ménagers 살림 도구. ~ à douches 샤워설비. ~s sanitaires (세면대·욕실·화장실 따위의)위생설비. ~ à gaz 가스기구. ② ⓐ 사진기(~ photographique). ~ à pied 다리 달린(실내용·대형) 사진기. ~ à main 손에 들고 찍는(휴대용) 사진기. ⓑ 전화기, 수화기(~ téléphonique). Qui est à l'~? 〖전화〗(상대방에게) 누구시죠? ⓒ 비행기. ~ de transport[de combat] 수송[전투]기. ③ 〖해부〗(신체의)기관(器官), (비유적) 중추기관. ~ digestif 소화기(관). ~ du parti 당의 중추기관, 집행부. ④ 〖옛〗준비 (préparatif) ; (사람·사물이 나타나는)모습, 외관 (apparence) ; 복장, 화려 (magnificence). ~ de fête 축제의 준비. venir en grand ~ 화려하게 등장하다[나타나다]. ⑤ 〖외과〗 치료 기구(붕대, 깁스. poser un ~ 깁스를 대다. ⑥ (조직체의)전체기구(機構), (법률 따위의)체계. ~ syndical 전체 노조기구. ~ des lois 법제, 법률. ⑦ 〖건축〗(돌의)두께 ; (돌의)배열, 배치. pierre de grand[petit] ~ 크게[작게] 자른 돌. ~ polygonal 면을 다각으로 쌓기. ⑧ ~ critique 고증자료(apparat critique). ⑨ 〖철학·심리〗 ~ idéologique 이데올로기 장치 ; ~ psychique 심적 장치.
dans le plus simple ~ 벌거벗고(nu).

appareillade [aparejad] *n.f.* 자고새를 짝지우기.

appareillage[1] [aparejaʒ] *n.m.* ① 〖해양〗 출범준비, 설비, 부속 기구류, 비품. ② 〖의학〗 인공보정구 (의지(義肢)·의안(義眼)·의치(義齒) 따위). ③ 〖전기〗개폐장치. ⑤ 〖건축〗(석재를 자르기 위해)홈 자국을 내기 ; (재목·석재 따위를)맞물려 쌓기.

appareillage[2], **appareillement** [aparejmã] *n.m.* ① (그릇·기구 따위)갖추어 놓기, 갖추기 ; (색깔을)배합하기. ② (동물을)짝지어 주기.

appareiller[1] [apare(e)je] *v.t.* ① 필요한 시설을 갖추다. ② 〖건축〗(석재를 자르기 위해)홈 자국을 내다 ; (석재·벽돌 따위를)맞물려 쌓다. ③ 〖의〗〖옛〗준비하다 (préparer) (현재는 다음 표현에서 쓰임). ~ un navire 배를 의장(艤裝)하다. ~ un filet 그물을 준비하다. ~ une voile 돛을 달다.
— *v.i.* 〖해양〗 출범준비를 하다.

appareiller[2] *v.t.* = **apparier**.

appareilleur [aparɛjœ:r] *n.m.* ① 시설공, 설치공. ② (직물·모자·양말 따위의)마무리 직공. ③ 〖건축〗대목 ; 석공장(石工長). ④ (방직기의)정비[조절]공.

apparemment [aparamã] *ad.* ① 언뜻 보아, 필경, 십중팔구는. A~ que+*ind.* 필시[십중팔구는]…이다. ② 〖옛〗명백히.

***apparence** [aparɑ̃:s] *n.f.* ① 겉보기, 외관, 외모, 풍채 (air, aspect) ; 물품. ~. 그 방은 한 번 페인트칠만 하면 볼품이 있을 것이다. présenter une belle ~ 외관이 훌륭하다. juger sur l'~ 외모(외양)로 판단하다. Toutes les ~s sont contre l'accusé. 모든 상황이 피고에게 불리하다. (보어 없이) Ce château a beaucoup d'~s. 이 성관은 외관이 훌륭하다. avoir de l'~ 볼품이 있다 ; 풍채가 좋다 ; 보기에 예쁘다. de belle ~ 보기[풍채]좋은 ; 어여쁜. ② 껍질, 기색, 징후, 모양 ; 혼적 (trace) ; 표시 (marque). Il y a toute ~ que+*ind.* 확실히 …일 모양이다. Ce soupçon n'est pas sans ~. 그 의혹은 전혀 근거없는 것은 아니다. Il est hors d'~ *que*+*sub*. ; Il n'y a pas d'~ *de*+*inf*. …한 기색은 보이지 않는다. Je n'y vois point d'~. 나로서는 그런 일이 있을 것같아 보이지 않는다. Il ne reste plus à cette femme aucune ~ de beauté. 이 여인에게는 더 이상 아름다움의 혼적이 남아 있지 않다. ③ (사실과 어긋나는)겉치레, 허울 (fausse ~). avoir l'~ de la santé 겉으로는 건강해 보이다. ④ 〖철학〗 가상(假象) (phénomène). monde des ~s 가상의 세계.
contre toute ~ 예상과는 딴판으로.
en ~ 겉으로는, 겉치레는, 남보기에는.
faire qc pour les ~s 겉치레로[눈가림으로] …을 하다, 체면상 …하다.
sacrifier les ~s 체면을 아랑곳하지 않다.
sauver (garder, ménager) *de l'*~ [*les* ~s] (간신히)체면을 차리다, 겉을 꾸미다.
selon (suivant) *toute*(s) ~(s) 필시, 십중팔구는.
sous (l')~ *de* …의 모양을 꾸미고. Il l'a trompé *sous* ~ d'amitié. 그는 우정을 가장하여 그 사람을 속였다.

apparent(*e*) [aparã, -ã:t] *a.* ① 눈에 띄는[보이는], 눈을 끄는, 드러나는 (visible, ↔ discret). couleur peu ~*e* 별로 드러나지 않는 색. se placer à l'endroit le plus ~ 가장 눈에 잘 띄는 자리를 차지하다. ② 명백한 (clair, évident). dangers ~s 명백한 위험 (↔ dangers latents). sans cause ~*e* 그럴싸한 이유없이. Il est ~ *que*+*ind.* …하는 것은 명백하다. ③ 표면상의 (faux), 허울뿐의 (superficiel). prétexte ~ 표면상의 핑계. cacher sa sagesse sous une ~*e* imbécillité 겉으로는 바보스러운 체해도 속으로는 현명하다. Le danger est plus ~ que réel. 보기엔 위험할 것 같지만 사실은 그렇지 않다. piété ~*e* 허울뿐인 신앙심. ④ 〖옛·문어〗 저명한, 일류의 (notable). ⑤ ⓐ 〖전기〗 puissance ~ *e* 피상전력(皮相電力). ⓑ 〖천문〗 mouvement ~ 시운동(視運動). ⓒ 〖사진〗 papier à image ~ *e* 인화지. ⓓ 〖언어〗 sujet ~ 가주어 (↔ sujet réel[logique]).

apparentage [aparɑ̃taːʒ] *n.m.* 인척관계 ; 인척관계

apparenté(e) [aparɑ̃te] *a.p.* [~ à/avec](와)① 인척관계를 맺은, 결연된. bien(mal) ~ 결연된(나쁜)친척을 가진. Il est ~ à mon mari. 그는 내 남편의 친척이다. ② (선거 때의)명부 연합(名簿聯合)관계를 맺은 ; 정책적으로 연합한. listes ~*es* 협약 후보자 명단. ③ 비슷한, 유사한, 가까운. élément ~ 【화학】동족원소(同族元素).

apparentement [aparɑ̃təmɑ̃] *n.m.* 【정치】(선거 때의)명부 연합(名簿聯合).

apparenter [aparɑ̃te] *v.t.* 인척관계를 맺어주다, 중매하다 ; 결연시키다.
—**s'~** *v.pr.* [s'~ à/avec](와)① 인척이 되다, 결연하다. ② 비슷하다, 닮다. Le goût de ce fruit *s'apparente* à celui de l'orange. 이 과일의 맛은 오렌지의 맛과 비슷하다. ③ (정치적으로)접근하다, 제휴하다.

appariation [aparjɑsjɔ̃] *n.f.,* **appariement, appariment** [aparimɑ̃] *n.m.* apparier 하기. [운.
apparié(e) [aparje] *a.p.* 짝진. phonème ~ 짝진 음
apparier [aparje] *v.t.* 한 쌍이 되게 하다, 짝을 짓다 ; (대항자를)짝지우다. ② (새 따위의 수컷과 암컷을)짝짓다. *v.pr.* 짝이 되다.

apparieur(se) [aparjœ:r, -ø:z] *n.* 《속어》중매하기 좋아하는 사람.

appariteur [aparitœ:r] *n.m.* ① (대학 각 학부의)관리인, 수위 ; (연구실[실험실]의)조수. ~ musclé (학생소요에 대비한)경비원. ② (지방 관서 소속의)경관. ③ 【고대로마】하찮은 벼슬아치, 아전, (호민관의)호위자. ④ 【역사】종교재판소의 집달리.

*****apparition** [aparisjɔ̃] *n.f.* ① 모습을 드러내기, 나타남, 출현(manifestation, arrivée) ; (책의)출판. ne faire qu'une courte ~ 잠깐 동안만 나타나다. faire son(une) ~ 모습을 보이다. ~ de l'homme sur la Terre 인류의 지구상(上)에의 출현. ~ des idées nouvelles 새로운 사상의 출현. ~ de la fièvre 발열. ② 유령, 망령(fantôme, revenant, spectre) ; (천사 따위의)환영(vision). avoir des ~ 유령의 모습을 보다.

apparoir [aparwa:r] *v.i.* (부정법 또는 직설법 현재 3인칭 단수형의 비인칭 동사 il appert 로만 쓰임)① 【법】명백하다. comme il *appert* par jugement du tribunal 법원의 판결에 의하여 명백한 바와 같이. faire ~ de son bon droit 자기 권리를 증명하다(명백히 하다). Il *appert* de ce qui précède que+*ind.* 앞서 말한 바로 미루어 …함이 명백하다. ②《옛》나타나다, 출현하다.

‡appartement [apartəmɑ̃] *n.m.* ① (궁전·성관 따위의 몇개의 방으로 이루어진)방. ~*s* de réception 응접실. grands ~*s* (궁전의)대청, 대접견실. petits ~*s* (궁정 안의)거실. ② 아파트. ~ à louer 셋집 아파트. ~ meublé 가구 딸린 아파트. ③《옛》(음악·춤을 곁들인 궁중의)모임.
tenir ~ 《옛》(왕이)사람들을 모이게 하다 ; 잔치를 베풀다.

appartenance [apartənɑ̃:s] *n.f.* ① 부속, 소속. rapport d'~ 소유[소속]관계. mon ~ à la race jaune 내가 황인종임이라는 사실. ② 소유지(domaine). ③ (보통 *pl.*)《드물게》부속품, 부속물(dépendance). ④ 【수학】relation d'~ 의속관계 ; 【사회】groupe d'~ 귀속집단.

appartenant(e) [apartənɑ̃, -ɑ̃:t] (*p.pr.* <*appartenir*) *a.* [~ à] 【법】(에)속하는. villa à lui ~*e* 그의 소유의 별장.

‡appartenir [apartəni:r] 16 *v.t.ind.* [~ à] ①…에 속하다, …의 것이다, …의 소유이다. Ce sty-

lo vous *appartient*-il? 이 만년필은 당신 것이오? ②…에 소속되다, …의 일원이다, …와 관련이 있다(se rapporter) ; (사람)…에 속하다 ; 가족[일가]이다. questions qui *appartiennent* à la philosophie 철학의 영역에 들어가는 문제들. Il *appartient* à d'honnêtes parents. 그는 버젓한 집안 사람이다. ③ (여자가 사랑 때문에)몸을 바치다(se donner). ④…의 권한[특권]이다, …에 특유[고유]한 것이다. La perfection n'*appartient* qu'à Dieu seul. 완전은 신에게만 고유한 것이다. ⑤ …에게 마땅히 주어져야 하다. Cet éloge lui *appartient*. 그는 마땅히 찬양을 받을 만하다.
—*v.imp.* ①[Il appartient à *qn* de+*inf.*]…하는 것은 …의 일[권한·의무]이다. *Il m'appartient d'en décider*. 그것을 결정하는 것은 내게 달려있다. ② (반어적)[Il vous appartient bien de+*inf.*]…하다니 잘도 …한다. *Il vous appartient bien de* vous plaindre, après tout ce que vous avez fait. 실컷 그렇게 해놓고 나서 잘도 불평하시는군요. ③ 【법】 ainsi qu'il *appartiendra* 적당히 ; à tous ceux qu'il *appartiendra* 관계자 일동에게.
—**s'~** *v.pr.* ① 마음대로 할 수 있다, 자유이다, 구애받지 않는다. ② 자제심을 가지다. Il ne *s'appartenait* plus. 그는 이미 자제심을 잃고 있었다. ③ 서로의 것이 되다.

appas [apɑ] *n.m.pl.* ① (여자의)매력, 성적 매력 (attraits, charmes, sex-appeal) ; 《구어》(매력적인 여자의)유방(乳房). Elle a des ~ qui ne laissent pas insensible. 그녀에게는 누구나 끌리지 않을 수 없는 매력이 있다. ② (재물의)유혹, 매력.

appassionato [apasjɔnato] *ad., a.* 정열적으로 ; 정열적인.

appât [apɑ] *n.m.* ① 미끼, 낚싯밥(amorce). ~ de fond (고기잡이를 위하여 뿌리는)밑밥. mordre à l'~ 미끼를 물다, 미끼에 걸리다. ② 덫, 함정, 계략 ; 유혹. ③ (새의)연한 모이.

appâter [apɑte] *v.t.* ① (미끼로)유인하다, 유혹하다 ; (덫에[미끼에])달다. ② (새·가금에게)모이[먹이]를 주다 ; (가금이 살찌도록)강제로 먹이다. ③ (아기·병자에게)음식을 떠먹이다.

appauvrir [apovri:r] *v.t.* 가난하게 만들다, 빈곤하게 하다 ; 적어지게 하다, (토질을)메마르게 하다. 빈약(허약)하게 만들다. —**s'~** *v.pr.* 가난해지다 ; 메말라버리다, 빈약해지다.

appauvrissant(e) [apovrisɑ̃, -ɑ̃:t] *a.* appauvrir 함.

appauvrissement [apovrismɑ̃] *n.m.* ① 가난해짐, (토지가)메말라짐, (피가)적어짐 ; 빈약해짐. ③ (민족 따위의)퇴화.

appeau [apo] (*pl.* **~x**) *n.m.* ① 【사냥】 미끼새 ; 새피리 ; 덫. se faire[se laisser] prendre à l'~ 덫[술책]에 걸리다, 함정에 빠지다. ② (시계의) 15[30]분마다 울리는 벨. ③ 【고대법】 상소(上訴).

appeauter [apote] *v.t.* (새를)새피리로 유인하다.

appel [apεl] *n.m.* ① 부름 ; (전화의)호출 ; 소환 ; (결투의) 도전 ; (전화의) 벨, 신호. recevoir un ~ pressant 급한 부름을 받다. ~ au téléphone 전화에의 호출. ~ téléphonique 호출 전화. indicatif d'~ (무선호)호출부호. numéro d'~ 호출번호. ~ d'incendie 화재경보. ~ du pied 【검술】 (공격의 기합으로) 발을 구름. acte d'~ 【법】 상고 법원의 소환(감정인·증인의)출두명령. sonner l'~ au dîner 저녁식사를 알리는[알리는 종을 치다]. ② 부르짖음, 호소 ; 유혹 ; 선동. ~ aux armes 전투준비의 신호; 무기를 들고 일어서라는 부름. répondre à l'~ de la patrie 조국의 위급에 호응하여 일어서다. ~ de la conscience 양심의 부르짖음. ~ du plaisir 쾌락의 유혹. ~ à la

révolte 반란에의 선동. faire des ~s《속어》추파를 던지다. ③점호(~ nominal); 점호의 나팔(북);《군사》집합나팔; 소집. feuille d'~《학교의》출석부. faire l'~ 점호하다, 출석부르다. ~ de la classe [des réservistes] 당년병[예비병]의 소집. ~ de mobilisation《군사》동원령. devancer l'~ (소집 전에)자원[지원] 입대하다. battre [sonner] l'~ 점호의 북[나팔]을 울리다[불다];《구어》(신문에서)여론을 환기시키다. ④《경제》청구(demande); 불입청구(~ de fonds). ⑤《법》상소, 상고, 항소. cour d'~ 상고법원. interjeter ~; faire ~ d'un jugement; se prouver en ~ 항소를 하다. ⑥(공기의)흡인(~ d'air); (자석의)인력. ⑦(카드놀이의)쿨.
faire ~ à …에 도움을 청하다, 호소하다. *faire ~ à un expert* 전문가의 도움을 구하다. *faire ~ à la raison* 이성에 호소하다.
sans ~ 다시 움직일 수 없는, 결정적인. *jugement sans ~* 확정판결. *décision sans ~* 돌이킬 수 없는 결정.

appelable [aplabl] *a.*《법》상소할 수 있는.
—*n.* 상소인. —*n.m.*《사냥》미끼새.

appelé(e) [aple] *a.p.* ①…이라는 이름의, …이라 일컫는. ②부름을 받은; 소집된. ③ capital ~ 불입 자본금. —*n.m.* 소집병; 부름 받은 사람.

‡**appeler** [aple] [5] *v.t.* ① ⓐ (의 이름을)불러서 오게 하다; (주의를 끌기 위해서)부르다. ~ *qn* à *son secours* 살려[구해]달라고 …을 부르다. ~ *qn* de la main[des yeux] 손짓[눈짓]하여 …을 부르다. ~ *sa mémoire à son secours* 기억력의 도움을 빌다. ⓑ (이라고)이름을 붙이다, (이라고)부르다 (nommer). *J'appelle* cela une stupidité. 나는 그것을 어리석음이라고 부른다.
② (오라고)부르다, 청하다. ~ *qn au téléphone* …을 전화로 부르다. ~ *le médecin* 의사를 부르다. *Dieu l'a appelé.* 그는 신의 부름을 받았다[죽었다].
③ ⓐ《군사》소집하다(~ sous les drapeaux);《법》소환하다. ~ comme témoin(en témoignage) 증인으로 부르다[호출하다]. ⓑ 점호하다. *Il n'était pas à la caserne quand on l'a appelé.* 점호시, 그는 병영에 없었다.
④ 도전하다, (싸움을)걸다. ~ *qn au combat* …에게 싸움을 걸다. ~ *qn en duel* [sur le terrain] …에게 결투하자고 하다[도전하다].
⑤ 초대[초빙]하다, 임명하다 (nommer). ~ *qn à un poste* …을 어떤 지위에 초빙하다. *Le général est appelé à un nouveau commandement.* 그 장군은 신임 사령관으로 임명되었다.
⑥ 기원하다; (행동·주의 등을)촉구[요구]하다. ~ *le malheur sur qn* …에게 불행이 닥치게끔 빌다. ~ *l'attention de qn sur qc* …에게 …의 주의를 촉구하다. ~ *qn à* +*inf.* …을 …하게끔 운명 지우다; …하도록 촉구하다. *La situation financière appelle une solution urgente.* 재정상황은 긴급한 해결책을 요하고 있다.
⑦ 불러 일으키다, 초래하다. *La violence appelle la violence.* 폭력은 폭력을 부른다.
⑧ 끌다. *corps appelé par une force* 어떤 힘에 끌린 물체.
⑨《카드놀이》(어떤 특정한 패를)부르다, 제시를 요구하다, 버리다.
Il en a appelé. 그는 중병에서 회복되었다, 구사일생으로 살아났다.
être appelé à qc[+*inf.*] …에[하게끔] 운명지워지다, 약속되다, 반드시 …하게 되어 있다. *personne appelée à un brillant avenir* 빛나는 장래가 약속된 사람.

Un malheur en appelle un autre.《속담》불행은 불행을 부른다.
—*v.t.ind.* ① [~ à] …을 청하다. ~ *au secours* 구원을 청하다. ② [~ de] …을 따르지 않다;《법》…에 대해 불복하다, 상소하다. ~ *d'un jugement* 판결에 대해 상소하다.
en ~ à qn[*qc*] …에 호소하다. *en ~ au pays* 의회를 해산하고 국민여론[의사]에 호소하다. *J'en appelle à votre décision.* 나는 당신의 결정에 맡기겠다.
en ~ de qc …에 이의를 제기하다. *Il veut en ~ de sa défaite.* 그는 자기 패배에 이의를 제기하다[불복한다].
—*s'~ v.pr.* ① (…이라고) 이름을 불리다. *Il s'appelle André.* 그의 이름은 앙드레이다. ② (소위 …이라고)불리다, 불리울 말하다; …라 자칭하다. *Voilà ce qui s'appelle* une sottise. 그게 바로 어리석음이라 부를 만한 것이다. 정말 부르다.
Voilà (ce) qui s'appelle parler. 이거야말로 말께나 한다고 할 만하다, 이야말로 지당한 말이다, 참으로 명언이다.

appellatif(ve) [ape(ɛl)latif, -i:v]《언어》*a.* ① 호어(呼語)의, 부름을 나타내는. fonction -*ve* 호어기능. ② 통칭의. nom ~ 총칭명사. —*n.m.* 호어, 부름말. ③ 총칭[보통]명사 (nom ~).

appellation [ape(ɛl)lasjɔ̃] *n.f.* ① 부름, 이름붙이기, 명명(命名) (dénomination). ~ *d'une chose nouvelle* 새로운 것에 이름을 붙이기. ② 명칭, 이름(nom). ~ *familière* 속칭, 통칭. ~ *injurieuse* 부당한 명칭. ③ 상품명, 상표. ④《언어》알파벳 자모의 명칭. ⑤《법》상소, 상고, 항소.

appendice [a(p)pɛdis] *n.m.* ① (책의)권말보충, 부록. ② 부속건물. ③《식물》부속기관. ④《해부》부속체, 돌기. ~ *vermiculaire* [iléo-cæcal, vermiforme] 충수(蟲垂), 충양돌기(蟲樣突起). ~ abdominal 복각(腹脚). ~ thoracique 흉지(胸肢). ⑤ (기구의) 통기통(通氣筒); (비행기의)꼬리부분. ⑥《구어》긴 코.

appendicectomie [a(p)pɛdisɛktɔmi] *n.f.*《외과》충양돌기 절제(수술).

appendicitaire [a(p)pɛdisitɛ:r]《의학》*a.* 충수염의. —*n.* 충수염 환자.

appendicite [a(p)pɛdisit] *n.f.*《의학》충수염, 맹장염(속칭).

appendiculaire [a(p)pɛdikylɛ:r] *a.* ①《식물》부속기관 모양의. ②《해부》충수의, 충수 모양의. —*n.m.pl.*《동물》尾索類(被膜類).

appendicule [a(p)pɛdikyl] *n.m.*《식물》소(小)부속기관.

appendiculé(e) [a(p)pɛdikyle] *a.*《식물》부속기관이 있는.

appendre [apɑ̃:dr] [25] *v.t.* 걸다, 매달다. —*v.i.* 걸리다, 매달리다.

appentis [apɑ̃ti] *n.m.* ①《건축》(한쪽으로 처마를 길게 뻗거나 덧붙인)차양; (한쪽 벽에 걸닿아 헛간·광으로 쓰는)곁채. ② 부속건물; 헛간, 광.

appert [apɛ:r] ⇒apparoir.

appesantir [apzɑ̃ti:r] *v.t.* ①(드물게)무겁게 하다. ② 둔하게 하다, 활기를 잃게 하다. *ses pas appesantis par la fatigue* 피로로 무거워진 그의 발걸음. ③ (심적으로)무겁게 느끼게 하다.
—*s'~ v.pr.* ① 무거워지다. ② 둔해지다. ③ [s'~ sur] (형벌·고통 따위가) (을)짓누르다. *La solitude s'appesantit sur lui.* 고독이 그를 짓누른다. ④ [s'~ sur] (을)역설하다, 길게 늘어놓다. *Ne vous appesantissez pas sur les détails.* 세부에 대해서 너무 신경쓰지 마시오.

appesantissement [apzãtismã] *n.m.* (신체·정신의)둔함, 둔중함(engourdissement); 기운이 빠짐, 노곤함.

appétence [a(p)petã:s] *n.f.* 본능적 욕망.

appéter [apete] [6]《옛》*v.t.* 몹시 탐내다. —*v.i.* 본능적 욕구를 가지다.

appétissant(e) [apetisã, -ã:t] *a.* ① 식욕(구미)을 돋구는. ② 정욕을 느끼게 하는. femme *~e*《구어》육감적인 여자. ③ 보기에 즐거운, 마음을 끄는.

*****appétit** [apeti] *n.m.* ① 식욕. ~ d'oiseau 매우 적은 식욕. (manger) avec (de bon, de tout son) ~ 왕성한 식욕으로(먹다). avoir un ~ de femme grosse(임부(姙婦)처럼)변덕스러운 식욕. avoir un ~ de loup (de cheval, d'ogre) 걸신같다, 뱃속에 걸신든 사람같다. couper l'~ à *qn* …의 식욕을 가시게 하다(없애다). suc d'~ 위액(suc physique). demeurer (rester) sur son ~ 양이 차지 않다. L'~ me vient. 식욕이 생긴다, 입맛이 당긴다. Je n'ai plus d'~. 이제 배가 부르다. ~ violent(vorace, glouton, pantagruélique) 왕성한 식욕. ②(비유적)욕망, 욕구; 갈망. ~*s* naturels 자연의 욕구. ~ charnel 육욕, 정욕(의학용어는 ~ vénérien). ~ brutal 수욕(獸欲). contenter ses ~*s* 욕망을 채우다. suivre ses ~*s* 욕망대로 행동하다. se laisser entraîner (gouverner) par ses ~*s* 욕망에 끌려다니다(지다). ~ insatiable des honneurs(des richesses) 채워질 줄 모르는 명예욕(금전욕). ③ (*pl.*) 【요리】 식욕 촉진제(파·마늘·후체 썰어 따위).

avoir l'~ ouvert de bon matin 시기상조의 욕망을 품다; 분에 겨운 일을 바라다.

Bon ~! 많이 드십시오; (비꼼)빨리 먹어라!; 빨리 읽어라.

C'est un homme qui a bon ~; C'est un homme de bon ~. 그는 대단한(탐욕스런) 놈이다.

Il n'est chère [sauce] que d'~. (격언)시장이 반찬.

L'~ vient en mangeant. 먹다 보면 식욕이 나게 마련이다; 말타면 경마 잡히고 싶다.

mettre qn en ~ …의 식욕을 돋구다; …의 욕망을 부채질하다. *Cette promenade m'a mis en ~.* 이 산책으로 말미암아 식욕이 생겼다.

appétitif(ve) [a(p)petitif, -i:v] *a.*《옛》욕구를 불러 일으키는; 욕구를 채우고자 하는. faculté ~*ve* 욕구를 불러일으키는 기능.

appétition [a(p)petisjõ] *n.f.* ① (물질적·정신적)강한 욕망(욕구)(désir ardent). ②【생리】영양물 섭취욕.

applaudimètre [aplodimetr] *n.m.* (라디오·텔레비전 따위의 공개방송 프로그램에서 사용하는)박수갈채의 정도를 미루어 보아 그는 대성공을 거둔 것 같다. Le Président n'a pas fait sauter l'~. 의장의 연설은 박수갈채 측정기를 고장내지 않았다(대단한 박수갈채를 얻지 못했다).

*****applaudir** [aplodi:r] *v.i.* 박수갈채하다. ~ à tout rompre 장내가 떠나갈 듯이 박수갈채하다. des gens payés pour ~ 고용된 박수부대. A son entrée, tout le monde *applaudit.* 그가 등장하자 모두 박수했다.

—*v.t.ind.* [~ à] (에게)박수갈채를 보내다; (을)찬성하다(approuver vivement); 칭찬하다. J'*applaudis à* votre initiative. 당신의 발의(發議)에 대찬성이오.

—*v.t.* (에게)박수갈채하다(acclamer, ↔ huer, siffler). [~ *qn*] ~ un orateur 연사에게 박수를 보내다. [~ *qc*] ~ une scène 무대에 박수를 보내다. Son discours *a été* chaleureusement *applaudi.* 그의 연설은 뜨거운 박수갈채를 받았다. ②칭찬〔찬양〕하다. ~ *qn* de+*inf.* …이 …함을 칭찬하다.

—*s'~ v.pr.* 자화자찬하다; 만족해하다, 기뻐하다 (se féliciter). [*s'~ de qc*/부정법 과거/ce que …] …을 [한 것을] 기뻐하다. *s'~ d'un événement* 일이 잘 되어가는 것을 기뻐하다. Je *m'applaudis d'*avoir suivi votre conseil. 당신의 충고를 따른 것은 참 잘한 일 같소. Il *s'applaudit de ce qu'*il a fait. 그는 자기가 한 것에 득의만만해 하고 있다.

applaudissement [aplodismã] *n.m.* (보통 *pl.*) ① 박수갈채, 환호. salve(tonnerre) d'~*s* 우뢰같은 박수갈채. Son discours fut suivi de longs ~*s.* 그의 연설 뒤에 오랜 박수갈채가 있었다. ②(문어)칭찬, 찬양(approbation). s'attirer les ~*s* du monde 세상의 칭찬을 받다.

applaudisseur(se) [aplodisœ:r, -ø:z] *n.* ① 박수갈채하는 사람. ② 무턱대고 갈채하는 사람. ③ (돈에 팔려)박수갈채를 업으로 삼는 사람. ~ à gages (극장 따위에 고용된)박수꾼.

applicabilité [aplikabilite] *n.f.* ① appliquer 할 수 있음. ②적당, 적절, 적응성.

applicable [aplikabl] *a.* ① appliquer 할 수 있는. ②[~ à] (에)알맞은, 적절한. mot ~ 알맞은 말.

applicage [aplika:ʒ] *n.m.* 【기술】 (장식 따위를 튼튼하게 하기 위해)덧붙이기; (광고 따위를)붙이기.

applicateur [aplikatœ:r] *a., n.m.* ① (법·이론 따위를)실천하는, 응용하는(사람). ② 칠하는 데 쓰는 (붓). (pinceau) ~ 칠붓.

*****application** [aplikasjõ] *n.f.* ① 붙이기, 접착, 대기; 기대(걸쳐)놓기; (도장 따위를)찍기; 칠하기; 주려지기. ~ du tain sur une glace 거울의 이면에 박을 입히기. ~ de peinture 페인트 칠. ~ des couleurs sur la toile d'un tableau 화포에 물감을 칠하기. ~ d'un emplâtre(de ventouses) sur la partie malade 환부에 고약(흡각)을 붙이기. ~ (d'un soufflet)(빰을)후려침. ②가하기, 부과(하기); (금전의)충당(하기)(attribution); (별명 따위를)붙이기; 사용(emploi), 적용(adaptation), 응용; 실시, 시행; (약을)씀, 복용. point d'~ d'une force 역점(力點). ~ de la loi 법률 적용. ~ pratique d'une proposition 제안의 실행. exercice d'~ 【군사】 실습. école d'~ 【군사】 실습학교. ~ d'un traitement à une maladie 병에 치료를 가하기. ~ des sciences à l'industrie 과학을 공업에 이용하기. Cet argent a son ~. 이 돈은 용도가 정해져 있다. ③ (주의·힘을)기울임, 전념, 전심, 근면(assiduité, zèle, ↔ paresse). problème qui exige une forte ~ 잔뜩 지혜를 짜내지 않으면 안되는 문제. travailler avec ~ 열심히 일하다. ④《자수》아플리케 레이스, broderie d'~ 아플리케 자수. ~ d'Angleterre 호녹톤 레이스(point d'Angleterre). ⑤ (*pl.*)체육실기. ⑥《옛》면려(勉勵)(attachement), 헌신(dévouement). servir le roi avec ~ 왕을 충정을 다하여 섬기다.

applique [aplik] *n.f.* ① (장식 따위를) 덧붙이기. ②장식으로 덧붙인 것; 【자수】 아플리케; 칠하기; ③(벽에 댄)등잔 받침. lampe d'~ 벽등(壁燈), 주등(柱燈).

appliqué(e) [aplike] *a.p.* ① (에)전념한, 골몰하는 (assidu). baiser bien ~ 열렬한 입맞춤. ②부지런한, 근면한(studieux, travailleur). ③응용의. mathématiques ~*es* 응용수학(↔ mathématiques pures). arts ~*s* 장식미술(arts décoratifs). ④《자수》 아플리케한.

—*n.m.* 【자수】 아플리케. —*n.* 부지런한 사람.

*****appliquer** [aplike] *v.t.* ① 대다, 붙이다; 칠하다; 꿰매다; 고정시키다, 접촉시키다. (봉인 따위를)찍

다. [~ qc à qc] ~ l'oreille au trou de la serrure 열쇠 구멍에 귀를 대고 엿듣다. [~qc sur qc] ~ un baiser sur la main 손등에 키스하다. ~ de la broderie sur une étoffe 천에 수를 놓다. ~ un patron sur l'étoffe qu'on veut tailler 재단하려는 감에 옷본을 대다. ~ une marque sur une marchandise 상품에 마크를 붙이다.
② 기대[걸쳐]놓다. ~ une échelle au (contre le) mur 사닥다리를 벽에 기대놓다.
③ (타격·형벌 따위를)가하다(flanquer, infliger). ~ sa main sur la figure 《구어》 손으로 얼굴을 치다. ~ une gifle (un soufflet) à qn《구어》 …의 뺨을 치다. ~ qn à la question (la question à qn) …을 고문하다.
④ 적용하다(adapter), 응용하다; 실용화하다 (…에 을)(…에)충당하다(affecter, consacrer); (법률을) 실시 (시행)하다; (약을)쓰다, 복용하다. ~ une épithète (un surnom) à qn …에게 별명을 붙이다. ~ un ordre 명령을 실행하다. ~ des inventions 발명을 실용화하다.
⑤ (옛)(정신·주의를)기울이다; 전념케 하다. [~ qn à qc] Un bon roi applique ses sujets à l'agriculture. 성군(聖君)은 신하를 농사에 전념케 한다. ~ son esprit à qn 온 정신을 …에 전념하다.
⑥ (목적보어 없이) 정신을 집중시키다; 비상한 주의를 필요로 하다. Les échecs appliquent beaucoup. 체스는 주의력을 상당히 요하는 놀이다.
—v.i. 적합하다(être adapté à). Le col applique sur la chemise. 깃이 샤쓰에 맞다.
—s'~ v.pr. ① 대어지다; 붙여지다(coller).
② 기대어 놓이다.
③ 골몰하다, 열중[전념]하다, 노력하다(s'efforcer). [s'~ à qc] s'~ à une étude 면학에 전심하다. s'~ à garder son sang-froid 냉정을 유지하려고 애쓰다. (목적보어 없이) élève qui s'applique 공부에 전념하는 생도.
④ 적용되다, 들어 맞다(s'adapter, convenir). [s'~ à qn/qc] Cette remarque ne s'applique pas à moi. 이 지적은 내게 들어맞지 않는다. Ce jugement s'applique parfaitement à son cas. 이 판단은 그의 경우에 꼭 들어맞는다.
⑤ 가로채다, 자기 것으로 삼다. s'~ tous les profits de l'affaire 사업의 이익을 독점하다.
appliqueuse [aplikɸːz] n.f. 레이스에 꽃무늬를 넣는 여직공.
appog(g)iature [a(p)pɔ(d)ʒjatyːr] n.f. 《음악》 장전타음(長前打音)(장식음의 일종).
appoint [apwɛ̃] n.m. ① 《상업·재정》 차감잔고(差減殘高), 잔금. ② 잔돈. ③ 도움, 협력, 조력, 지지; 이바지, 기여(aide, appui). apporter son ~ à qc …에 이바지 [기여] 하다. eau d'~ 보급수(補給水). ④ 보충, 덧붙이기(complément). salaire d'~ 추가급(追加給).
faire l'~ 잔금을 치르다; 거스름돈이 필요 없도록 (잔돈으로)치르다. «Le public est tenu de faire l'~.» "잔돈을 준비하여 주시오."
par ~ 빼고, 공제하고.
ressources d'~ 생활비를 보충하는 수단 [방법].
appointage [apwɛtaːʒ] n.m.
appointements [apwɛtmã] n.m.pl. ① 봉급, 급료 (salaire). à forts ~ 많은 봉급을 받는. de gros (forts) ~ 고봉(高俸). recevoir (toucher) des ~; être aux ~ 봉급을 받다. ⑨ (옛)조정; 화해.
appointer[1] [apwɛte] v.t. ① 봉급을 주다. commis appointés 유급 서기[전원]. On vient d'~ plusieurs surnuméraires. 최근 몇 사람의 임시고용인이 급료제로 되었다. ② 《고대법》 상호합의로 해결짓다;

화해시키다, 조정하다(arranger); (소송 심리의) 날을 정하다. ③ [~ de] (을)벌로 과하다.
appointer[2] v.t. ① 끝을 뾰족하게 하다. ② (헝겊을) 서로 꿰매 맞추다.
—s'~ v.pr. 뾰족하게 되다.
appointeur(se)[1] [apwɛtœːr, -ɸːz] 《옛》 a. 화해 [사화]시키는. n. (위)의 사람.
appointeur(se)[2] a., n. 뾰족하게 하는(사람).
appointir [apwɛtiːr] v.t. =**appointer**[2].
appontage [apɔ̃taːʒ] n.m. (비행기의)착함(着艦).
appontement [apɔ̃tmã] n.m. 《해양》 (배와 선창 사이의)건널판, 판자 다리; 잔교.
apponter [apɔ̃te] v.i. 《항공》 (비행기가 항공 모함의)갑판에 내려앉다, 착함하다.
apport [apɔːr] n.m. ① 가져옴, 지참; 《재정》 출자 (액) (~ de capitaux); 《법》 기탁. Un ~ constant d'eau douce dilue le sel. 끊임없이 담수(淡水)가 밀려와서 염분을 희박하게 한다. ~ de capitaux 출자. ~ en nature 현물출자. ~s en numéraire 현금출자. capital d'~ 《재정》 분담 자본. ~ de pièces 《법》 서류의 기탁. ~ de munitions 군수품 보급. ② 가져온 재산(물건·상품·산물); 집하(集荷); 집하장(集荷場), 도매시장; (pl.) 《재정》 (현금이외의)부동산 또는 부동산(지참) 퇴적물. ~ d'une marée 조수의 증수(增水)량. l'~ de Paris; l'~-Paris 그랑샤틀레(Grand-Châtelet)에 있는 집하장 (도매시장). ~ en société 《상업》 주주(株主)가 출자한 재산. ~s en communauté (en commun); biens d'~ 《법》 (부부의)지참 재산. ~s d'un cours d'eau(de ruisellement) 《지질》 충적토(沖積土). terres d'~ 《군사》 토루(土壘). ③ 공헌, 기여, 이바지(contribution). ~ de la France à la civilisation 문명에 미친 프랑스의 기여. ④ 《심령술》 환각으로 나타나는 모습.
:**apporter** [apɔrte] v.t. ① 가져오다. ~ à manger 먹을 것을 가져오다. du profit 이익을 갖다주다. ~ des difficultés(obstacles) à qc …을 방해하다. ~ (un) remède (du remède) à qc …을 구제하다. ② (원인이 결과를)가져오다, 일으키다(causer). Ce mariage ne lui a apporté que du chagrin. 이 결혼은 그에게 슬픔밖에는 가져다 주지 않았다. ③ 지참하다; 출자하다, (분담하여)공급하다, 주다. ~ une dot (결혼)지참금을 가져오다. ~ un capital de plusieurs millions 수백만(프랑)의 출자를 하다. ④ (주의·열의 따위를)기울이다, 보이다(manifester). ~ ses soins à contenter qn …을 만족시키려고 세심한 주의를 하다. ~ de l'attention(du zèle) à qc [à+inf.] …에 (하는 일에) 주의를 기울이다. ⑤ (증거 따위를)제출하다, 제기하다, 인용하다(citer).
~ sa pierre (son tribut, son écot) à l'édifice 공헌하다, 기여하다.
—s'~ v.pr. 《속어》 (찾아)오다(venir, arriver).
apporteur(se) [apɔrtœːr, -ɸːz] n. apporter 하는 사람. ~ de bonnes nouvelles 희소식을 가져오는 사람. ② 출자자(~ de capitaux), 주주.
apposer [apoze] v.t. ① (우표·광고 따위를)붙이다. (서명을)첨부하다; (도장을)찍다. ~ sa signature (son paraphe) 서명하다. ② (조건을)붙이다, 가하다, 삽입하다.
appositif(ve) [apozitif, -iːv] 《언어》 a. 동격의.
—n.m. 동격어.
apposition [apozisjɔ̃] n.f. ① (우표 따위를)붙이기; (서명을)첨부하다; (도장을)찍기, 날인. ② 《언어》 (글자를)덧붙이기, 동격(同格). mot mis en ~ 동격어. ③ 《생리》 접착(接合), 첨가.
appréciabilité [apresjabilite] n.f. 측정 [평가·감

appréciable [apresjabl] *a.* 측정[평가·감지]할 수 있는; 눈에 띌 정도의, 현저한(considérable).

appréciateur(trice) [apresjatœːr, -tris] *a.* 평가하는; 옳게 평가하는, 진가를 인정하는. —*n.* ① (올게)평가[감정]하는 사람. ~ de vin 포도주 감정인. ② 〖상업〗 (상업의) 평가[감정]인.

appréciatif(ve) [apresjatif, -iːv] *a.* ① 평가의, 평가를 표시하는, 평가 ...의 ― 견적서, devis [état] ~ 견적서. ② 감상하는. ③ 〖신학〗 투철한 감식안을 가진.

appréciation [apresjasjɔ̃] *n.f.* ① (물질적 가치의)평가(évaluation), 감정(estimation); 의견. faire l'~ des marchandises 상품을 평가하다. ~ à l'œil d'une distance 거리의 목측(目測). ~ du son 음향측량. ② (예술작품의)감상(鑑賞), (정신적 가치의)평가, 감식, 판단(jugement). laisser à l'~ de *qn* ...의 판단에 맡기다. ~ favorable(défavorable)호(악)평. note d'~ 〖학교〗 평점. ③ (요리의)맛보기, (술의)감정. ④ (주식·화폐 따위의)가격 등귀. ⑤ ~ libérale 〖행정〗 자유재량.

apprécié(e) [apresje] *a.p.* 널리 애호(愛好)[감상]되는, 높이 평가되는, 존중받는.

*****apprécier** [apresje] *v.t.* ① (가치·가격 따위를)평가하다, 감정하다(estimer, évaluer); 감상하다, 맛보다. ~ *qc* au-dessus [au-dessous] de sa valeur ...을 실제 가격보다 높게[낮게] 평가하다. Comment *appréciez*-vous ce discours? 이 연설을 어떻게 평가하십니까? être favorablement *apprécié* 호평을 받다. ~ le mets 요리를 맛보다. ② (거리·온도·규모 따위를)어림하여 재다(estimer, juger); (소리 따위를)가려 듣다, 분간[식별]하다(sentir, percevoir). ~ une distance à la vue 추측으로 거리를 측정하다. Il faut avoir l'esprit subtil pour ~ une telle nuance. 그러한 뉘앙스를 파악하려면 섬세한 정신을 지녀야 한다. ③ 높이 평가하다, 존중하다(estimer, faire cas); 인정하다; 즐기다, 애호하다(goûter, aimer). Les critiques *ont* beaucoup *apprécié* ce film. 비평가들은 이 영화를 극찬했다. ~ un bienfait 친절을 고맙게 여기다. J'*apprécie* le fait que... 나는 ...하다는 사실을 인정한다. Il *apprécie* ce séjour. 그는 이 체류를 매우 기뻐하고 있다. ~ les bons repas 그는 맛좋은 음식을 즐긴다[좋아한다].
—**s'~** *v.pr.* ① 스스로 평가하다. Les hommes d'un mérite réel savent s'~. 참으로 유능한 사람은 스스로 평가할 줄 안다. ② 평가[측정·감정·감상]되다. Le tableau ne saurait s'~. 그 그림은 평가할 수 없을 것이다. ③ 서로 존경하다.

appréhender [apreɑ̃de] *v.t.* ① 붙잡다, 체포하다(arrêter, ↔ relâcher). ② 두려워하다(avoir peur, craindre); (목적보어 없이)근심하다. Il *appréhende* l'examen. 그는 시험을 두려워하고 있다. [~ de + *inf.* / que (ne) + *sub.*] J'*appréhende* qu'il *n*'arrive trop tard. 그가 너무 늦지 않을까 걱정이다. ③ 〖옛·문어〗 마음 속으로 깨닫다, 이해하다.

appréhensible [apreɑ̃sibl] *a.* 이해할 수 있는.

appréhensif(ve) [apreɑ̃sif, -iːv] *a.* ① 이해하는. ② [~ de] (을)두려워하는. être ~ *du* danger 위험에 대해 두려워 하다. ③ 겁많은.

appréhension [apreɑ̃sjɔ̃] *n.f.* ① 걱정, 근심, 불안, 염려, 우려, 두려움, 공포(angoisse, anxiété, crainte). avoir de l'~; être dans l'~ 불안해하다, 걱정하다. avoir l'~ de + *inf.* [que ne + *sub.*] ...하지나 않을까 두려워하다(염려하다). Il envisage l'avenir avec ~. 그는 불안한 마음으로 미래를 보고 있다. ② 〖옛·문어〗붙잡기; (마음으로)잡기; 파

악, 이해력; 잡기. ~ au corps 체포. Il a l'~ très vive. 그의 파악력은 매우 날카롭다. ③ 〖철학〗 단순파악(↔ compréhension).

appren-ais, -ant, [aprɑn-ɛ, -ɑ̃] ⇨ apprendre.

apprenant [aprənɑ̃] *n.m.* (외국어 따위의)학습자.

:**apprendre** [aprɑ̃ːdr] 26 *v.t.* ① 배우다, 습득하다(étudier); (듣고·읽고)알다, 깨닫다, 깨치다, 터득하다, 기억하다; (목적보어 없이)전문[지식]을 넓히다. ~ l'anglais 영어를 배우다. ~ des vers 시를 암기하다. [~ à + *inf.*] Il *apprend à* conduire. 그는 운전을 배운다. ~ *à* jouer du piano 피아노를 배우다. [~ de / par *qn / qc*] J'*ai appris par* votre lettre... 당신의 편지로 ...을 알았다. ~ une nouvelle *par* la rumeur publique (la radio, un ami) 어떤 소식을 풍문(라디오·친구 이야기)을 듣고 알다. ~ (par cœur) 외다, 기억(암기)하다. joie d'~ 학문의 기쁨. instinct (désir) d'~ 배우려는 본능(으로).
② 알려주다(informer, faire savoir), (학문·기예를)가르치다(enseigner, montrer); 깨닫게 하다, 본때를 보여주다. Je lui *ai appris* la nouvelle. 그에게 그 소식을 알렸다. [~ *à qn* à / de + *inf.*] ~ *à* compter *à* un petit enfant 어린이에게 셈을 가르치다. Cela vous *apprendra à* vivre. 그게 당신에게 좋은 교훈이 될 거요.

~ *à sa mère (à son père) à* faire des enfants; ~ *à un vieux* à *faire des grimaces* 〖속담〗 부처님에게 설법하다.

~ *à y faire* 어느 정도의, 요령을 터득하다.

Ça vous *apprendra!* 꼴좋다! , 잘 됐군! [다.

On *apprend à* tout âge. 〖격언〗 배움에는 노소가 없
—**s'~** *v.pr.* ① (재귀적)(스스로)배우다, 깨치다, 습득하다. s'~ à + *inf.* ...하기를 배우다, ...할 줄 알다.
② (수동적)배워지다, 습득되다; 외어지다. Ces vers *s'apprennent* facilement. 이 시는 암기하기가 쉽다. Un malheur *s'apprend* plus vite qu'une bonne nouvelle. 불행은 희소식보다 빨리 전해진다. Les arts *s'apprennent* par la pratique. 기술은 실천함으로써 몸에 익혀진다.
③ (상호적) 서로 알려주다.

apprenne-e, -es, etc. [aprɛn] ⇨ apprendre.

apprenti(e) [aprɑ̃ti] *n.* 수습생, 수련생, 견습공, 도제(徒弟); 수습 서기; 초학자, 초심자, 애송이 (novice). ~ marin 견습 수부. ~ menuisier 견습 목공. Cet automobiliste n'est qu'un ~. 이 운전사는 아직 초심자이다. ~ sorcier 마법사의 제자[미숙한 사람].

A~ *n'est pas maitre.* 견습공은 장인이 아니다, 초심자에게 완벽한 것을 요구하는 것은 무리이다.

travailler comme un ~ 일을 잡쳐 놓다.

apprentissage [aprɑ̃tisaːʒ] (< *apprenti*) *n.m.* ① 수습[견습] 근무(훈련); 견습, 실습. être en ~ 실습[견습]중(이다). école d'~ 공원 양성소. ~ sur le tas 현장실습. centre d'~ 직업훈련소. faire son ~ chez *qn* ...의 밑에서 수련을 쌓다, ...의 지도를 받다. ② 견습(수련·실습·훈련)기간; (비유적) 〖문학〗 수업, 체험(expérience). brevet (contrat) d'~ 수습증서 (수습계약). faire l'~ de la vie 인생의 첫걸음을 내딛다; 인생체험을 처음하다. mettre *qn* en ~ ~을 수련을 쌓게 하다. sortir d'~ 견습[수련]을 끝내다. ③ 〖심리〗 학습(學習).

faire l'~ de qc ...의 경력을 쌓다, 경험에 의한 지식을 얻다.

apprêt [aprɛ] (< *apprêter*) *n.m.* ① (주로 *pl.*) 채비, (의식·여행·전투 따위를 위한)준비(préparation); 준비물. faire de grands ~s pour recevoir *qn* ...을 ...

맞이하기 위해 대대적인 준비를 하다. ②〖옛〗〖요리〗 조리, 조미(accomodage); 요리 재료. ③(직물·가죽 따위의)마무리; 마무림감. ④(페인트의)초벌칠. peinture d'~ 유리에 그린 그림. ⑤(태도·문장 따위의)허식, 꾸밈(affectation). Il y a trop d'~ dans son style. 그의 문장에는 꾸밈이 너무 많다. rire d'~ 억지 웃음. parler sans ~ 꾸밈없이〔자연스럽게〕말하다.

apprêtage [aprɛta:ʒ] *n.m.* ① 마무리. ②(페인트의)초벌칠.

apprêté(e) [aprɛ[e]te] *a.p.* 태깔스러운, 젠체하는, 부자연스러운.

apprêter [aprɛ[e]te] *v.t.* ① 준비〔채비〕하다(préparer). ~ à manger [le repas] 식사준비를 하다, 식사를 차리다. ~ l'arme 사격자세를 취하다. ② 요리〔조리〕하다(약을)조제하다; (직물·가죽을)마무르다; (페인트의)초벌칠을 하다. ~ les mets 음식을 만들다. 《목적보어 없이》 Ce cuisinier *apprête* bien. 그 요리사는 요리를 잘 한다.
~ *à rire* 웃음거리가 되다.
—*s'~* *v.pr.* ① 준비〔채비〕하다, 차리다; 화장〔몸단장〕을 하다. ② [s'~ à/pour *qc*](에)대비하다, 준비〔채비〕를 하다. s'~ *au combat* 전투준비를 하다. s'~ à+*inf.* …할 준비를 하다; (사물이)바야흐로 …하려 하다. ③ 준비되다; (음모가·가족을)꾸며지다. Le dîner *s'apprête*. 저녁식사가 준비되고 있다. (비인칭) Il *s'apprête* un combat. 전투가 준비되고 있다〔시작되려 하고 있다〕. ④ [s'~ *qc* (à soi-même)] (을)자초(自招)하다. Vous *vous apprêtez* le malheur. 당신은 불행을 자초하고 있다. 《목적보어 없이》 C'est trop tard s'~. 행차뒤의 나팔이다. ⑤《목적보어 없이》 몸치장하다, 단장하다. s'~ *pour le bal* 무도회에 나갈 몸치장을 하다.

apprêteur(se) [aprɛtœːr, -ɸ:z] *a.* 마무리하는.
—*n.m.*〖옛〗유리 화공〔畫工〕. —*n.f.* 마지막 공정의 여직공; 모자 장식 여직공.

apprîmes [aprim], **appris** [apri] ➾apprendre.

appris(e) [apri, -i:z] (*p.p.*<*apprendre*) *a.p.*《옛·문어》 배운, 본데 있는. bien(mal) ~ 교양있는〔없는〕. —*n.* mal —(*e*) 버릇없는 사람.

apprivoisable [aprivwazabl] *a.* 길들일 수 있는.
apprivoisé(e) [aprivwaze] *a.p.* 길든, 순한.
apprivoisement [aprivwazmɑ̃] *n.m.* 길들이기.
apprivoiser [aprivwaze] *v.t.* ①(새나 짐승을)길들이다(dresser). ~ *un faucon pour la chasse* 사냥을 위해 매를 길들이다. ②〔문이〕〔사람을〕순하게 만들다(adoucir); 제 편에 끌어들이다, 손아귀에 넣다. ③제어하다, 가라앉히다, 누그러뜨리다, 다스리다.
—*s'~* *v.pr.* ① 길들다. ② 순해지다. ③ [s'~ à] (와)친숙해지다, 낯익어지다. s'~ *à son nouveau milieu* 새로운 환경에 친숙해지다.

apprivoiseur(se) [aprivwazœːr, -ɸ:z] *a.* 길들이는. —*n.* 길들이는 사람.

approbateur(trice) [aprɔbatœːr, -tris] *a.* 찬성〔동의·승인·칭찬〕하는. —*n.* 찬성〔승인·칭찬〕하는 사람. —*n.m.* 출판허가를 내는 검열관.

approbatif(ve) [aprɔbatif, -i:v] *a.* 찬성〔동의·승인·칭찬〕을 보이는, 동의의, 인가의. mention —*ve* 승인의 표시.

approbation [aprɔbasjɔ̃] *n.f.* ① 동의, 찬동, 승인 (consentement). ~ *tacite* 묵인. ② 허가, 인가(autorisation). ~ *expresse* 명백한 승인. soumettre un projet à l'~ *des supérieurs* 계획을 제출하여 상사의 승인을 받다. ③〖가톨릭〗(구제도에서)출판 허가; 설교하고 고해를 듣는 데〔대한〕 허가. ④ 칭찬, 찬양(applaudissement). Sa conduite est digne d'~; Sa conduite mérite l'~. 그의 행위는 칭찬받을 만하다.

approbativement [aprɔbativmɑ̃] *ad.* ① 동의〔찬동·승인〕해서. ② 칭찬해서.

approbativité [aprɔbativite] *n.f.*〖심리〗남의 모든 의견에 동의하려는 병적인 경향, 시인성향(是認性向).

approchable [aprɔʃabl] *a.* ①《부정에만 쓰임》 가까이하기 쉬운(accessible). ②(사람이)가까이하기〔친근하기〕 쉬운, 상냥한. Il est de très mauvaise humeur; il n'est pas ~. 그는 골이 잔뜩 나 있어서 곁에 가기 거북하다.

approchant(e) [aprɔʃɑ̃, -ɑ̃:t] *a.* ① 가까운, 비슷한 (proche, semblable). *qc* [rien] d'~ 비슷한 그 무엇〔아무것도〕. couleur ~*e* du bleu 파랑에 가까운 색. ②(시간이)가까운. —*n.m.* 가까운 것.
—*ad.* 거의, 약, 대략, 그럭저럭, 무렵. Il est midi, ou ~. 12시경이다.
—*prép.*〖옛〗경, 무렵. ~ *midi* 정오 무렵.

approche [aprɔʃ] *n.f.* ① 가까이 가기, 접근(abord, accès), (문제에의)접근; (이) 다가오기. ~*s est la mort* 죽음이 접차 다가온다. L'~ *du sujet est difficile*. 이 문제는 접근하기가 어렵다. ②(와)가까와지기, 친해지기. homme d'(une) ~ difficile 사귀기 힘든 사람. ③〖군사〗(적진 따위의)근접작업. travaux d'~ [de sape] 근접〔대호(對壕)〕작업; (목적을 달성하기 위한)공작. Ce candidat a multiplié les travaux d'~. 저 후보자는 공작을 거듭했다. pousser les ~s 대호로 접근하다. ④〔골프의〕어프로치(coup d'~); 〖인쇄〕(활자 사이의)간격; 자간; 간격을 좁히는 기호. ⑤ 가깝게 보임. lunette d'~ (지상용)망원경. ⑥ (*pl.*)근처, 어귀 (↔écartement, éloignement), 부근(environs). aux ~*s de la mer* 바다 근처에서. méthode des ~*s successives*〖수학〗접근법(漸近法). ⑦(동물의)교미. ⑧〖항공〕착륙진입. ⑨〖철도〕signal d'~ 접근표시 신호기; enclenchement d'~ 접근표시 연동장치.
à l'~(*aux ~s*) *de* …이 다가오자. À *l'~ du danger, tout le monde s'enfuit*. 위험이 다가오자 다들 달아난다. *à mon ~* 내가 접근하자. *aux ~s* (*à l'~*) *du printemps* 봄이 다가오자.

approché(e) [aprɔʃe] *a.p.* 어림잡은, 대략의, 비슷한(approximatif). valeur ~*e*〖수학〗근사치. résultat ~ 그저 그만한 결과.

***approcher** [aprɔʃe] *v.t.* ① 가까이 가져가다(mettre près, ↔éloigner, repousser). [~ *qc de qn/qc*] ~ *un fauteuil (du visiteur)* 의자를 (방문객) 가까이 가져가다. ~ *deux chaises l'une de l'autre* 두 의자를 서로 가까이 놓다. ②(의)곁에 가다, 접근하다, 가까와지다, 친해지다, 친해지기(côtoyer). N *approche pas trop ton frère: il est grippé*. 형이 감기가 들었으니 너무 가까이 다가가지 마라. ~ *les gens du monde* 사교계 인사들과 가까와지다. ③(동물이)교미하다. ④〖옛〗(물체를)확대시켜 보이다. Cette lunette *approche* les objets. 이 망원경은 물체를 가까와 보이게 한다.
—*v.t.ind.* [~ de] ① …에 가까이 가다, 근접하다. Le navire *approche* de la côte. 배가 해안으로 다가가고 있다. Courage! vous *approchez* du but. 힘내세요! 목표가 멀지 않아요. ~ *de la quarantaine* (나이가) 40세에 가까와지다. ~ *de la sainte table* (*des sacrements*) (고해성사 후에) 성체를 모시다. ②…에 필적하다; …와 흡사하다. Rien n'*approche* de sa beauté. 그녀의 아름다움에 비할만한 것은 무엇도 없다. Voici la couleur qui *approche* le plus de l'échantillon. 이것이 견본과 가장 유사한〔흡사

approfondi(e)

한]색깔이다.
— v.i. ① 가까이 오다[가다], 박두하다. *Approchez et asseyez-vous*. 가까이 와서 앉으시죠. *L'examen approchait*. 시험 날짜가 다가오고 있었다. *La nuit approche*. 밤이 되려 한다. ② 〖골프〗 어프로치하다, (편에)근접하다.
— *s'~* v.pr. ① [*s'~ de qc*] (에)가까와지다, 다가오다. *Elle s'est approchée de* la fenêtre. 그녀는 창가로 다가갔다. *Approche-toi!* 가까이 와 ! ② [*s'~ de qc*] 가깝다, 필적하다, (와)비슷하다. *s'~ de la réalité* (묘사가)진짜와 비슷하다. ③ 서로 다가서다, 친해지다.

approfondi(e) [aprɔfɔ̃di] a.p. 깊어진, 파고드는; (비유적)심오한, 철저한(poussé, ↔ superficiel).

approfondir [aprɔfɔ̃di:r] v.t. ① 더 깊이 파다(ouiller, creuser). ~ *un trou* 구멍을 더 깊이 파다. ② (비유적)깊이 파고들다, 연구[조사]하다(examiner à fond). ~ *une question* 문제를 철저히 규명하다. ~ *sa connaissance de la vie* 인생을 더 깊이 알게 되다.
— *s'~* v.pr. ①깊어지다. *La rivière s'est approfondie*. 강이 깊어졌다. ② (비유적)깊이 연구되다.

approfondissement [aprɔfɔ̃disəmɑ̃] n.m. 깊게 함, 깊이 팜; 깊이 연구함. ~ *d'un sujet* 어떤 주제를 깊이 파고듦.

appropriable [aprɔprijabl] a. 자기 것으로 삼을[가로챌] 수 있는.

appropriation [aprɔprijasjɔ̃] n.f. ① 자기 것으로 삼기, 점유, 소유(acquisition); 가로채기, 횡령, 착복. ~ *par occupation* 점유에 의한 소유권 획득. ~ *par violence* [*par ruse*] 강탈〔사취〕. ② [~ *de qc à qc*] (에) 적응시키기. ~ *du style au sujet* 문체의 주제에의 적응. ③ 〖신학〗 (삼위 각각의 속성의)귀속. ④ ~ *d'un circuit* 〖통신〗 회선 하나를 전신과 전화에 이용하기.

approprié(e) [aprɔprije] a.p. ① [~ *à*] (에)적응된, 적당한(adéquat, convenable). *discours ~ aux circonstances* 상황에 적합한 연설. (보어 없이)*remède ~* 잘 맞는 약. ② *bénéfice ~* 〖가톨릭〗 조임사제(助任司祭)가 관리하는 재산. ③ *circuit ~* 〖통신〗 전신과 전화에 함께 이용되는 회선.

approprier [aprɔprije] v.t. ① [~ *qc à qc*] (에)적응시키다, 알맞게 하다(accorder, adapter). ~ *les remèdes au tempérament du malade* 약을 병자의 체질에 맞추다. ② 〖옛·사투리〗 깨끗이 하다. ③ 〖옛〗 (의)소유로 만들다. ~ *qc à qn* …을 …의 차지로 만들다.
— *s'~* v.pr. ① (*se*는 간접목적보어)제것으로 삼다, 사유(私有)로 하다(s'attribuer); 가로채다, 횡령하다, 착복하다(s'emparer de). *s'~ le bien d'autrui* 남의 재산을 가로채다. *pouvoirs que le gouvernement s'est injustement appropriés* 정부가 부당하게 차지한 권력. *Il s'est approprié* la découverte d'un autre. 그는 남의 발견을 가로챘다. ② (*se*는 직접목적보어) [*s'~ à*] 자기를 적응시키다, 순응하다(s'adapter). *s'~ aux circonstances* 상황에 자기를 맞춰 나가다.

approuvable [apruvabl] a. 찬성[동의·승인] 할 수 있는(될 만한). *Sa conduite n'est pas ~*. 그의 행위는 인정될 수 없다.

approuvé [apruve] a.p. (불변)찬성[승인·인가]된. *Lu et ~* (계약서 따위에 서명할 때 쓰는 문구). *A~ l'écriture ci-dessus*. 위의 사실이 틀림없음을 인정함(문서 끝에 쓰는 관용구).

***approuver** [apruve] v.t. ① 칭찬하다(louer). ~ *sa conduite* 그의 행동을 칭찬하다. [~ *qn de + inf.*]

Je vous approuve d'avoir refusé son offre. 당신이 그의 제안을 거부한 것을 장하게 생각한다. ② 동의하다; (사실을)인정하다(admettre, consentir). *Il approuve tout ce qu'elle fait*. 그는 그 여자가 하는 모든 일에 동의한다. [~ *que + sub. / 〖옛〗 ind.*] *J'approuve qu'il revienne*. 그가 돌아오는 데 찬성이다. ③ 허가(인가)하다, 승인[인정]하다(autoriser). *L'ouvrage a été approuvé* par les autorités universitaires. 저술이 대학 당국의 인정을 받았다. *Le Sénat a approuvé* le projet de budget. 상원은 예산안을 승인했다.
— *s'~* v.pr. 자화자찬하다. [*s'~ de + inf.*] *Il s'approuve fort d'avoir pris ce parti*. 그는 이 결심을 한 것을 스스로 장하게 생각한다.

approvisionné(e) [aprɔvizjɔne] a.p. ① 필수품[양식]을 구입한(보급받은). *marché bien ~* 물품을 잘 갖춘 시장. ② [~ *de/en*] (을)구입한, 보급된[받은].

approvisionnement [aprɔvizjɔnmɑ̃] n.m. ① 필수품[식량]의 공급; 식료품의 조달; 보급, 구입. ~ *d'une ville en eau potable* 도시의 음료수 공급. *faire un ~ de qc* …을 조달하다[사들이다]. *officier d'~* 〖군사〗 보급계 장교. ② (보통 pl.)재고품, 저장물; 식량, 식료품(provision, vivres); 선구(船具). *service d'~s* (회사의)자재과. *faire des ~s pour six mois* 6개월분을 저장하다. *magasin d'~s de navire* 선구사〔선구점〕.

approvisionner [aprɔvizjɔne] v.t. ① (에)필수품[식량]을 공급하다, 식료품을 조달하다(fournir, munir). ~ *une ville* 식료품을 보급하다. ② 〖군사〗 장전(裝填)하다. ~ *son fusil* 총에 탄환을 재다. ③ [~ *qc/qn de/en*] (을)공급[보급]하다(munir, pourvoir). ~ *un magasin de toutes les marchandises nécessaires* 상점에 필요한 모든 상품들을 공급하다. *L'Angleterre nous approvisionne de houille*. 영국은 우리에게 석탄을 공급한다. *Il approvisionna en thèmes lyriques toute sa génération*. (비유적)그는 같은 세대 모두에게 서정적 주제를 제공했다.
— *s'~* v.pr. ① 필수품[식료품]을 사들이다(se fournir). *s'~ chez qn* …의 가게에서 사들이다. ② [*s'~ de/en*] (을)사들이다, 보급받다. *s'~ de bois pour l'hiver* 겨울용 땔감을 사들이다.

approvisionneur(se) [aprɔvizjɔnœ:r, -ɥz] n. ① 필수품[식료품] 공급[보급·조달]자. ② 〖군사〗 탄약 운반자; 선구상.

approximatif(ve) [aprɔksimatif, -i:v] a. 어림잡은, 대략의. *calcul ~* 개산, 어림셈. *s'exprimer en termes ~s* (비유적)막연한 말로 표현하다.

approximation [aprɔksimasjɔ̃] n.f. ① 개산, 근사한 것, 근사치(↔ précision). *Ce n'est qu'une ~*. 그것은 근사치에 불과하다. ② 〖수학〗 근사법(近似法), 어림셈. ~ *s successives* 접근법(漸近法). *par ~* 근사법으로, 어림잡아. *Dites-moi par ~ ce que peut coûter ce voyage*. 이 여행의 비용이 어림잡아 얼마나 드는지 말해주시오.

approximativement [aprɔksimativmɑ̃] ad. 대략, 어림잡아, 약, 거의(à peu près).

appt 〖약자〗 ① approvisionnement 〖해양〗 식량보급. ② appartement 아파트.

appui [apɥi] n.m. ① 받치는〔괴는〕데 쓰이는 것, 받침대, 괴목, 버팀목, 괴돌(soutien, support). *mettre un ~ à un mur* 벽을 받침대로 받치다. ~ *de fenêtre* 창의 문지방. ~ *à bascule* 롤러베어링. ~ *d'escalier* 계단 난간. *lisse d'~* 〖선박〗 (배의)난간. *mur d'~* (사태를 막기 위한)옹벽(擁壁). *point d'~* (지레

의)받침점; 〖군사〗 거점(position). poste d'~ 〖군사〗 소초(小硝). ③(비유적) 원조(자), 지지(자), 후원, 뒷받침(protection, soutien); 확증, 근거. ~ moral 정신적 뒷받침. être sans ~ 고립자원이다. Il est l'~ de toute sa famille. 그는 온 가족의 기둥이다. chercher(demander) l'~ de qn ···의 후원을 구하다. donner(offrir, prêter) son ~ à qn ···을 후원(원조)하다. Je compte sur votre ~. 나는 당신의 후원을 믿겠소. ④ 기대기; 누르기, 밀주기. ⑤〖언어〗 강세(强勢). ~ de la voix sur une syllabe 어떤 음절을 힘주어 발음하기.
à hauteur d'~ 팔꿈치를 기댈 만한 높이에, 가슴 높이에.
à l'~ de ···을 뒷받침(증명)하기 위해. *À l'~ de ses dires*, il présenta des documents. 그는 자기 말을 뒷받침하려고 참고 서류를 내놓았다.
avec preuves à l'~ 확실한 증거가 있는.
prendre ~ sur qc ···에 기대다.

appui-bras (*pl. ~s-~*), **appuie-bras** [apyibra] *n.m.* (복수불변)(자동차·기차의)팔걸이.

appui-livre(s) (*pl. ~s-~*), **appuie-livre(s)** [apyilivr] *n.m.* (복수불변) 북엔드, 책꽂이 틀(serre-livres).

appui-main (*pl. ~s-~*), **appuie-main** [apyimɛ̃] *n.m.* (복수불변)(화가의)팔지팡이.

appui-nuque (*pl. ~s-~*), **appuie-nuque** [apyinyk] *n.m.* (복수불변)(안락의자의)목받침; (자동차 의자의)목받침, 헤드레스트.

appui-queue (*pl. ~s-~*), **appuie-queue** [apyikø] *n.m.* (복수불변)〖당구〗큐 시렁.

appui-tête (*pl. ~s-~*), **appuie-tête** [apyitɛt] *n.m.* (복수불변)(이발소·치과 따위의)머리 받침, (열차 좌석의)머리 받침.

appuyé(e) [apyije] *a.p.* ①받쳐진; 〖군사〗지원된. ②[~ de/par] (에 의해) 뒷받침된. instructions ~es de divers exemples 갖가지 예로 뒷받침된 교훈. A~! 찬성! ③@[~ sur/contre/à](에)기댄, 걸쳐 놓인. dos ~ contre(à) un mur 벽에 기댄 등. ⓑ[~ sur](을)누르는, (에)근거를 둔. théorie ~e sur des faits 사실에 입각한 이론. ④강요하는 듯한, 억지스러운(insistant). regard ~ (다소 무례할 정도로 오래)응시하는 시선. politesse trop ~e 지나친 친절. ⑤두드러진, 분명한, d'un ton ~ 강한 어조로.

appuyer [apɥije] [7] v.t. ①받치다, 괴다(soutenir). ~ un mur par des arcs-boutants 버팀기둥으로 담을 떠받치다. ②[~ qc contre/sur/à](에)기대(게 하)다, 걸치어 놓다(placer); [~ qc sur] (에) 갖다(눌러)대다(mettre, presser). ~ une échelle contre un arbre 사닥다리를 나무에 걸치어 놓다. être appuyé sur(à) une balustrade 난간에 기대고 있다. ~ le pied sur la pédale 발로 페달을 밟다(누르다). ~ ses lèvres sur les siennes 입술을 그녀의 입술에 갖다대다. ~ son regard sur qn (비유적)···을 응시하다. ③(비유적)(에)힘을 주다(accentuer); [~ qc sur](에)근거를 두다(fonder). ~ les mots pour se faire comprendre 알아듣도록 힘주어 말하다. ~ son opinion sur des preuves 자기 의견의 근거를 증명하다. ④(비유적)뒷받침하다, 돕다, 두둔하다, 지지하다(patronner, protéger). ~ un candidat de toute son influence 자기 영향력을 다해 한 후보자를 밀다. ~ sa déclaration de preuves évidentes 자기의 선언을 명확한 증거를 들어 뒷받침하다.
~ des deux 말에게 강한 양쪽 박차를 가하다.
~ la botte 《펜싱》 냅다 찔러대다; (비유적)(사람을)괴롭히다.
~ la chasse à (un bâtiment) 〖해군〗(배)를 맹렬히 추격하다.
~ son pavillon (par un coup de canon) 〖해군〗대포를 쏘아 국기를 지킬 각오를 보이다.
~ un cheval 말을 비스듬하게 옆걸음질시키다.
~ un signal par un coup 〖군사〗발포하여 신호를 강조하다.
—*v.t.ind.* ①[~ sur/contre] ···에 기대다. L'armoire n'*appuie* pas *contre* le mur. 장롱이 벽에 기대어져 있지 않다. ②[~ sur] @···을 누르다(peser, presser). ~ *sur* le frein 브레이크를 밟다. ⓑ(목적보어 없이) regard qui *appuie* 지그시 응시하는 시선. ⓑ···에 힘주다, 강조하다(insister, souligner). ~ *sur* un mot 한 단어를 힘주어 발음하다. ~ *sur* la nécessité de qc ···의 필요성을 역설하다. ③[~ sur/à] ···쪽으로 향하다(나아가다)(se diriger). *Appuyez sur* votre droite pour laisser passer la voiture. 차가 지나가도록 오른쪽으로 바싹 붙어 서시오. ~*sur* la gauche 왼쪽으로 향하다.
—*s'~ v.pr.* ①(se 는 직접목적보어)@[s'~ sur/contre/à](에)기대다, 의지하다(s'accouder). *s'~ sur* la rampe du balcon 발코니 난간에 기대다. Elle *s'est appuyée* tout *contre* moi. 그녀는 내게 몸을 온통 기댔다. ⓑ[s'~ sur] (에)의거하다(se baser); (을)의지(기대)하다(se reposer, compter). *s'~ sur* une documentation solide 확실한 기록을 근거로 삼다. *Sur quoi vous appuyez*-vous pour dire cela? 무슨 근거로 이렇게 말하십니까? Puis-je *m'~ sur* vous? 당신을 의지해도 될까요? ②(se 는 간접목적보어)《속어》먹다, 마시다; 하다, 견디다. *s'~* plusieurs verres de cognac 코냑 몇 잔을 마시다. *s'~* une bonne trotte 먼 길을 마지못해 가다. *s'~* un gentil(joli) petit voyage 짧은 여행을 즐기다.
Qu'est-ce que je me suis appuyé? 《속어》정말 지겨운 일을 당했군.
Qu'est-ce qu'on s'est appuyé comme kilomètres? 《속어》정말 먼 길을 왔군!
s'~ sur une planche pourrie 《구어》신용할 수 없는 사람을 의지하다.
s'~ une corvée 《속어》고된(지겨운)일을 하다.

appuyoir [apɥijwaːr] *n.m.* 양철을 용접하는 연장.

apraxie [apraksi] *n.f.* 〖의학〗실행(失行)(증), 행위불능증(行爲不能症).

apraxique [apraksik] *a., n.* 〖의학〗실행증의 (환자).

âpre [aːpr] *a.* ①(맛이)떫은, 신, 매운, 얼얼한 (âcre); (소리가)귀에 거슬리는, 거칠은, 따가운; (바람이)모진, 쌀쌀한(rigoureux); 울퉁불퉁한, 험한(abrupte). des poires encore vertes et ~s 아직 덜 익고 떫은 배. voix ~ d'un homme en colère 성난 사람의 거친 목소리. Il souffle un vent ~. 싸늘한 바람이 분다. pour une route ~ 울퉁불퉁한 길을 포장하다. ②(비유적)심한, 사나운, 맹렬한; 신랄한, 호된(sévère); 힘드는, 어려운. lutte ~ 격렬한 싸움. vie ~ 어려운 생활. ③[~ à qc] (사람이) 악착스러운, 염치가 없는, 욕심 많은 (avide, cupide). ~ *au* gain 돈벌이에 악착스러운. ~ *à la curée* 《사냥》(개가)게걸스럽게; 돈(지위)에 급급한.

aprèm(e) [aprɛm] *n.m.(f.)* 《어린애말》오후(après-midi). c't ~ [staprɛm] 오늘 오후.

âprement [a(a)prəmã] *ad.* ①까다롭게, 엄하게, 격렬하게. reprocher ~ 호되게 비난하다. combattre ~ 맹렬히 싸우다. ②〖옛〗엄하게, 악착같이.

‡**après** [aprɛ] *prép.* ①《시간》···후에, ···다음에. un an ~ sa mort 그가 죽은 지 1년 후에. ~ dix heures 10시 후에. Il est arrivé ~ moi. 그는 나보다 나중

après 108

에 도착했다.
②(공간)…을 지난 다음에, …저편에. Ma maison est juste ~ l'église. 내 집은 교회의 바로 뒷집이다.
③(차례)…다음에, …아래에(sous). A~ le lieutenant vient le sous-lieutenant. 중위 아래는 소위이다. L'amusement passe ~ le travail. 오락은 일을 하고 난 다음이다.
④(접촉)…에, …위에(à, sur), accrocher qc ~ le clou …을 못에다 걸다. grimper ~ un arbre 나무에 기어오르다.
⑤(반감·애착·추구) ⓐ …에 대해, …을 향해 (contre), aboyer ~ qn (개가)…을 향해 짖다. crier ~ les enfants 아이들에게 야단치다. être fâché ~ qn …에 대해 성이 나있다. ⓑ …을 위해, …때문에. pleurer ~ son chat 고양이가 아쉬워 울다. ⓒ …을, …을 뒤쫓아. chercher ~ qn …을 찾다. courir ~ le succès (비유적) 성공을 추구하다. demander ~ qn …이 있는 곳을 묻다; …을 오라고 요구하다. soupirer ~ qc …을 몹시 바라다.
⑥ ⓐ [~+부정법과거]…하고 나서. A~ avoir dîné, il sortit. 저녁을 먹은 후에 그는 나갔다. ⓑ《드물게》[~+inf.] Il est d'humeur gaie ~ boire. 그는 한잔하고 나면 기분이 좋다. ⓒ [~+명사+과거분사] Il revint ~ la paix faite. 그는 평화가 이루어진 뒤에 돌아왔다.
~ cela 그리고 나서; 그래서. A~ cela je ne pouvais agir autrement. 그래서(그렇게 되어서) 나는 달리 할 도리가 없었다.
~ coup 나중에 가서, 뒤늦게야. A~ coup, il a regretté d'être venu. 나중에 가서야 그는 온 것을 뉘우쳤다.
~ quoi 그 후에.
~ tout 결국, 요컨대.
d'~ …에 의하면, 따르면; 따라, 본따서. d'~ ses dires 그의 말에 의하면. d'~ qn …을 따르자면. peindre d'~ nature 사생하다. paysage d'~ Rubens 루벤스 스타일의 풍경.
en avoir ~ qn …에 대해 감정(원한)을 가지다.
être ~ (à) +inf. (구어)…하는 중이다.
être ~ qc 열중하다. Elle est longtemps ~ la toilette. 그녀는 오랫동안 화장에 열중하고 있다.
être (toujours) ~ qn …을 못살게 굴다. Je ne puis bouger sans qu'il soit ~ moi. 내가 움직이기만 하면 그는 나를 귀찮게 따라다닌다.
l'un ~ l'autre; les uns ~ les autres 차례로.
—ad. ①(시간)(그) 후에, 나중에(ensuite, plus tard). vingt ans ~ 20년 후에. Et que feriez-vous ~? 그리고는 뭘 하겠소?
②(공간)다음에, 뒤에(derrière). Voici la poste, l'épicerie est ~. 여기는 우체국이고, 식료품은 다음 집이다. Les enfants marchaient ~. 아이들이 뒤따라 걷고 있었다.
③(차례) 다음에. Parlez d'abord, je parlerai ~. 먼저 이야기하시오, 다음에 내가 얘기하겠소.
④(구어)(추구의 대상)Tout le monde lui court ~. 모두가 그를 뒤쫓는다. Avez-vous lu ce livre?—Je suis ~. 이 책을 읽었소? 지금 읽고 있는 중이오. attendre ~ ~ 고대하고 있다.
~ que+ind.[sub.]…했기 때문에. bien des années ~ qu'il fut parti 그가 떠난지 여러해 후에. Il a parlé ~ que j'ai eu fini. 내 말이 끝난 뒤에 그가 말했다.
Et ~ ? (말의 계속을 재촉하여) 그래서? (다소의 회의·무관심을 표시함). Tu ne veux pas aller voter?—Et ~ ? 투표하러 가지 않겠다고? 그래서

(어떻게 하겠다는 거야)?
le jour[le mois, l'année] d'~ 다음 날(달·해).
l'instant d'~ 다음 순간.

*après-demain [apredmɛ̃] ad., n.m. (복수불변) 모레(dans deux jours). Il arrivera ~. 그는 모레 도착할 것이다.

après-dîner [apredine] (pl. ~·~s) n.m. ① 저녁 식사 후. discours d'~ (저녁식사 후의) 탁상연설. ②《옛》점심 후.

après-guerre [aprege:r] (pl. ~·~s) n.m.[f.] 전후; (특히) 1·2차 대전 후(↔avant-guerre).

*après-midi [apremidi] n.m.[f.] (복수불변) 오후. une belle ~ d'automne 화창한 가을날의 오후.

après-rasage [apreraza:ʒ] n.m. 애프터 셰이브 (after-shave), 면도 후에 사용하는 화장품.
—a. (불변) 면도 후에 사용하는. lotion ~ 면도 후에 바르는 로션.

après-ski [apreski] n.m. (복수불변) 방한화(스키 후에) —a. (불변) 스키 후의. ambiance ~ 스키 탄 후의 분위기.

après-souper [apresupe] (pl. ~·~s) n.m. 《엣·사투리》저녁식사 후.

après-vente [aprevɑ̃t] a. (불변) 판매 후의. service ~ 애프터 서비스.

âpreté [ɑ[a]prəte] n.f. ① 떫은[신, 매운] 맛; 귀에 거슬림; (바람·추위의) 매서움, 모짐. ② 울퉁불퉁함, 거칠거칠함(aspérité). ~ des montagnes(des chemins) 험한 산(길). ③(비유적) 심함, 격렬함, 사나움(dureté, rudesse, ↔facilité). ~ du caractère 거친 성격. ④ 극성, 급급함, 탐욕. [~ à] ~ au gain 돈벌이에의 극성스러움. ~ à + inf. 《옛》…하는 데 극성스러움.
avec ~ 심하게, 신랄하게, 사정없이.

a priori, à priori [apriɔri] 《라틴》 loc.ad. 선천적으로, 선험(先驗)적으로(↔a posteriori); 이유를 따지기 전에, 경험(사실·검토)에 앞서, 우선 보기에 (au premier abord), prouver ~ 선험적으로 증명하다. A~, c'est une bonne idée. 우선 듣기에 그것은 좋은 생각이다.
—loc.a. 선천(선험)적인, 순리(純理)적인.

apriorisme [apriɔrism] n.m. 선험주의, 선험론, 선험적 추리법.

aprioriste [apriɔrist] a. 선험적인 추리의. —n. 선험적 추리를 하는 사람.

à-propos [apropo] n.m. ① 시기에 적합한 것; 시기 적절함; 적절, 적합, 적당함. répondre avec ~ 알맞게 대답하다. avoir l'esprit d'~ 임기응변의 재주가 있다. manquer d'~ 시의(時宜)를 얻지 못하다. ② 제때를 탄 연극[시].

apsara [apsara] n.f. 《인도신화》 지옥의 여신.

apside [apsid] n.f. ①《건축》=abside. ②《천문》 타원 궤도의 장축단(長軸端), 앱스, ligne des ~s 장축소. ~ supérieure 원일점(遠日點). ~ inférieure 근일점.

apte [apt] a. ①[~ à qc/à+inf.] (에, 하기에)알맞은. 타고난 재간이 있는(capable). Il est ~ à tout. 그는 무엇이든 잘 해낸다. (보어 없이) exemple ~ 적절한 예. élève ~ (peu ~) 소질있는(없는) 학생. Il est ~ à faire un bon soldat. 그는 훌륭한 군인이 될 소질이 있다. ②[~ à+inf.] (하기)일쑤인, (한) 경향이 있는(susceptible de). ~ à oublier 쉽게 잊어버리는 경향이 있다. ③《고대법》능력을 갖춘.

aptère [apte:r] a. ①《곤충》날개 없는(↔ailé). ②《건축》옆기둥이 없는. temple ~ 주랑(柱廊) 없는 신전. ③《조각》날개 없는. —n.m.pl. 《곤

충》 결시류(缺翅類).
aptérygotes [apterigɔt] *n.m.pl.* 결시류(aptères).
aptéryx [apteriks] *n.m.* 《조류》 (뉴질랜드의)무익조(無翼鳥), 키위새.
aptésien(ne) [aptezjɛ̃, -ɛn] *a.* 아프트(Apt, 프랑스의 도시)의. —A~ *n.* 아프트 사람.
aptitude [aptityd] *n.f.* ① 적성(適性), 소질, 타고난 재능(capacité, prédisposition). ~s physiques 《군사》 체격. [~ à/pour *qc*] manifester des ~s pour les sciences 과학에 대한 소질을 보이다. [~ à/au service militaire 《군사》 복무능력. [~ à/pour+*inf.*] ~ à comprendre 이해력. ② 자격, 면허. certificat d'~ professionnelle 직업자격증명서(직업기술 교육과정의 졸업증서의 명칭:(약자) C.A.P.). ③ 《법》《행위》능력.
aptois(e) [aptwa, -a:z] *a.* =**aptésien**.
apurement [apyrmɑ̃] *n.m.* 회계감사. faire l'~ d'un compte 회계 감사하고 채무 없음을 입증하다.
apurer [apyre] *v.t.* (회계)감사하다; 채무 없음을 입증하다. *avoir ses comptes bien apurés* 양심에 한점의 부끄러움도 없다.
apyre [api:r] *a.* 불에 견디어내는, 내화성의.
apyrétique [apiretik] *a.* ① 《의학》 열이 없는. ② 《약》 해열(解熱)의. —*n.m.* 해열제.
apyrexie [apireksi] *n.f.* 《의학》 열이 없음, 무열.
aquablindé(e) [akwablɛ̃de] *a.* 흘수선상(吃水線上)을 장갑(裝甲)한.
aqua(-)fortiste [akwafɔrtist] *n.* 에칭 조각사, 식각사(蝕刻師).
aquamanile [akwamanil] *n.m.* 《옛》손 씻는 대야.
aquanaute [akwanot] *n.* 해저(海底)탐험가.
aquaplanage [akwaplana:ʒ] *n.m.* 《자동차》하이드로 플래닝(물기 있는 도로를 고속으로 달릴 때 수막(水膜)으로 인해 미끄러지기).
aquaplane [akwaplan] *n.m.* (배가 끄는)파도타기 널빤지 (수상스키(ski nautique)의 전신).
aqua(-)planing [akwaplaniŋ] *n.m.* =**aquaplanage**.
aquapuncture [akwapɔ̃kty:r] *n.f.* 《의학》 피하주사(注水)법.
*****aquarelle** [akwarɛl] *n.f.* 수채화; 수채화법. peindre à l'~; faire de l'~ 수채화를 그리다.
aquareller [akwarɛ(e)le] *v.t.* 수채화를 그리다; (목판 따위에) 손으로 채색하다.
aquarelliste [akwarɛlist] *n.* 수채화가.
aquariophile [akwarjɔfil] *n.* 수족관(水族館)애호가, 관상어 애호가.
aquarir [akwari:r] *v.i.* 《항공》 착수(着水)하다.
aquarium [akwarjɔm] 《라틴》 *n.m.* ① 어항; 수초(水草)항. ② 관상어 사육통. ③ 수족관.
aquatel [akwatɛl] *n.m.* 해상(海上)호텔.
aquatile [akwatil] *a.* 《식물》 수생(水生)의.
aqua-tinta [akwatɛ̃ta] (이탈리아) *n.f.* (복수불변), **aquatinte** [akwatɛ̃:t] *n.f.* 《조각》 아콰틴트(부식요판(腐蝕凹版)의 일종).
aquatintiste [akwatɛ̃tist] *n.* 아콰틴트 조판(彫版)사(조판공).
aquatique [akwatik] *a.* ① 물(가)에 나는(사는). plantes ~s 수생식물. peuple ~ 《시》 수서족(水棲族)(어족·개구리 따위). ② 물 위의. sport ~ 수상 스포츠. ③ 물이 많은, 늪이 많은(marécageux).
aquatiquement [akwatikmɑ̃] *ad.* 《드물게》물에 살면서; 물에 의해.
aquatubulaire [akwatybylɛ:r] *a.* 수관(水管)식의.
aqueduc [akdyk] *n.m.* ① (상수도용)수로(水路), 수도교(橋), 고가식 수로. ② 《해부》도수관(導水管).

aqueux(se) [akø, -ø:z] *a.* 수질의; 물기 있는, 수성(水性)의. partie ~se du sang 혈액중의 수분. légumes ~ 수분이 많은 야채. humeur ~se (눈의) 전방수(前房水). solution ~se 《화학》 수용액.

aqueduc

à quia [akɥija] 《라틴》 *loc.ad.* ⇨ qui (à).
aquicole [akɥikɔl] *a.* ① 《옛》물에 사는(aquatique). ② aquiculture 의.
aquiculteur [akɥikyltœ:r] *n.m.* ① 수서(水棲)동물 사육자, 양식업자. ② 수생식물 재배자.
aquiculture [akɥikylty:r] *n.f.* ① 수서동물 사육, 양식, 양어(pisciculture). ② 수생식물 재배.
aquifère [akɥifɛ:r] *a.* 물을 함유한; 물을 전하는, 도수(導水)의. nappe ~ 《지질》 지하수층. tuyau ~ 도수(송수)관.
aquifoliacées [akɥifɔljase] *n.f.pl.* 《식물》 감탕나무과(ilicacées).
aquigène [akɥiʒɛn] *a.* 물에서 나는[성장하는].
aquilain [akilɛ̃] *a.m.* (말이)다갈색의. —*n.m.* 다갈색 말.
aquilaire [akilɛ:r] *n.f.* 《식물》 노회(蘆薈).
aquilant [akilɑ̃] *a., n.* =**aquilain**.
aquilégie [akileʒi] *n.f.* 《식물》 매발톱꽃속(屬).
aquilin(e) [akilɛ̃, -in] *a.* 매부리 모양의. nez ~ 매부리코. ⊙ ptéride ~e 《식물》 고사리.
aquilon [akilɔ̃] *n.m.* 《시》① 북풍, 삭풍(↔ autan); 추운 강풍. ② 북(北)풍.
aquisextain(e) [akɥiseksktɛ̃, -ɛn] *a., n.* =**aixois**.
aquitain(e) [akitɛ̃, -ɛn] *a.* 아키텐(*Aquitaine*, 프랑스의 지방)의. —A~ *n.* 아키텐 사람.
Aquitaine (l') [lakitɛn] *n.pr.f.* 《고대지리》 아키타니아(로마 점령시 갈리아가 셋으로 분할된 부분의 하나). Bassin d'~ 《지리》 아키텐 분지(프랑스 남서부; 특히 가론 강 유역). 《기》 층(層).
aquitanien [akitanjɛ̃] *n.m.* 《지질》 아키텐(제 3 기)층.
aquosité [akozite] *n.f.* 《옛》 액체(liquide); 수질분, 물기 많음.
AR. 《약자》① arrière 《자동차》 뒤쪽. plaque ~ 후부의 번호판. ② accusé de réception 《상업》 수령증.
A.R. 《약자》① Altesse Royale 전하. ② aller et retour 《철도》 왕복표. ③《라틴》 anno regni... 치하(治下) 세…년에.
a.r. 《라틴·약자》 ascensio recta 《천문》 적경(赤經)(ascension droite).
ara [ara] *n.m.* 《조류》 (남미산의)금강잉꼬.
araba [araba] *n.f.* (북아프리카의) 2 륜마차, (터키의) 4 륜우차.
arabe [arab] *a.* 아라비아(*Arabie*)의. chiffres ~s 아라비아 수자. ligue ~ 아랍연맹. République ~ unie 아랍연합공화국(《약자》 R.A.U.). —A~ *n.* 아라비아 사람. —*n.m.* ① 아라비아 어(langue ~). ② 아라비아말(cheval ~). ③ 《비유적》 구두쇠, 지독하고 고리대금업자.
arabesque [arabɛsk] *a.* 아랍의; 아라비아식(풍)의. —*n.f.* ① 아라베스크 모양, 당초문(唐草紋). ② 《무용》 아라베스크 (발레 포즈의 하나:한쪽 발을 뒤로 곧게 뻗고, 한쪽 팔을 앞으로, 다른 팔은 뒤로 뻗치는 자세). ③ 《음악》 아라베스크 (아라비아풍의 화려한 악곡).
border des ~s 자유분방하게 공상하다.

—*n.m.* 아라비아식 장식 양식.
arabette [arabεt] *n.f.* 【식물】장대속(屬).
Arabie (l') [larabi] *n.pr.f.* 아라비아. Royaume de l'~ Sa(é)oudite 사우디아라비아 왕국.
arabique [arabik] *a.* 아라비아(*Arabie*)의. gomme ~ 아라비아고무. golfe A~ 아라비아만(灣).
arabisant(e) [arabizɑ̃, -ɑ̃:t] *n.* 아라비아 연구가, 아라비아(어) 학자(*arabiste*).
arabisation [arabizɑsjɔ̃] *n.f.* (구 식민지의 민족적·언어적·문화적)아라비아화(化).
arabiser [arabize] *v.t.* (국민성·문화·언어들을)아라비아화하다(islamiser). Les Maures *arabisèrent* l'Espagne. 무어인들이 에스파냐를 아랍화했다.
arabisme [arabism] *n.m.* 아라비아어 특유의 관용어
arabiste [arabist] *n.* =**arabisant.** ㄴ법(말투).
arable [arabl] *a.* 경작할 수 있는(cultivable). terre ~ 경작할 수 있는 땅.
arabophone [arabɔfɔn] *a., n.* 아라비아어를 사용하는 (민족).
aracées [arase] *n.f.pl.* =**aroïdacées.**
arac(k) [arak] *n.m.* =**arack.**
arachide [araʃid] *n.f.* 【식물】땅콩, 낙화생(식물 또는 그 열매)(~ souterraine). culture de l'~ 땅콩농사. beurre d'~ 땅콩버터. huile d'~ 낙화생기름.
arachnéen(ne) [araknɛɛ̃, -ɛn] *a.* ① 거미의, 거미에 특유의. ②《문어》(피륙 따위가 거미줄처럼)얇고 가벼운.
arachnides [araknid] *n.m.pl.* 【동물】거미류.
arachnoïde [araknɔid] *a.* 【해부·식물】거미줄 모양의. —*n.f.* 【해부】거미막(膜).
arachnoïdien(ne) [araknɔidjɛ̃, -ɛn] *a.* 【해부】거미줄막의; 거미줄 모양의. membrane ~*ne* 거미줄막.
arac(k) [arak] 《아라비아》*n.m.* (쌀·사탕수수로 빚은)리쾨르, 아라크 소주.
aragne [araɲ] *n.f.* ①《옛》거미. ② 두테박 쇠갈고리
aragonais(e) [aragɔnɛ, -ɛːz] *a.* 아라곤(*Aragon*, 에스파냐의 지방)의. —A~ *n.* 아라곤 사람. —*n.m.* 아라곤어(語). —*n.f.* 아라곤 무용.
aragonite [aragɔnit] *n.f.* 【광물】아라고나이트.
araigne [arɛɲ] *n.f.* =**aragne.**
araignée [arɛ(e)ɲe] *n.f.* ①【동물】거미. ②《옛》거미집(toile d'~). ~ de mer 수세미불가사리. pattes d'~ 가느다란 글씨[손가락]. ②(두레박)갈고리; 제물낚시(mouche ~). ③《옛》자전거, 뒷바퀴가 작은 자전거; 【경차】경 2(4)륜 마차; 【기계】(축받이의)유도(油道); 버기 마차. ④【어업】자망(刺網); 【해양】(천막·침대 따위를 치는)끈; 거미줄 모양의 지뢰. avoir une ~ *au [dans le] plafond* 《구어》머리가 약간 돌다. A~ *du matin, chagrin, ~ du soir, espoir.*《속담》아침의 거미는 슬픔, 밤의 거미는 기쁨.
araigner [arɛ(e)ɲe] *v.t.*《드물게》(에서)거미줄을
araire [arɛːr] *n.m.* 바퀴 없는 쟁기. ㄴ건다.
arak(i) [arak(i)] *n.m.* =**arac(k).**
araliacées [araljase] *n.f.pl.* 【식물】오갈피 나무과(科).
aramaïque [aramaik] *a.* 【언어】아람(*Aram*)어(語)의. dialecte ~ 아람 사투리.
arame [aram] *n.m.*《페르시아》궁전.
araméen(ne) [aramɛɛ̃, -ɛn] *a.* 아람(*Aram*, 시리아·메소포타미아 지방)의. —A~ *n.* 아람 사람(셈족). —*n.m.* 아람어(語).
aramon [aramɔ̃] *n.m.* (남프랑스의)포도 모종; 아라몽 포도주.
aranéen(ne) [aranɛɛ̃, -ɛn] *a.* ① 거미 같은. ②【의

학】(맥박이)약한. pouls ~ 약하고 빠른 맥박.
aranéeux(se) [aranɛø, -øːz] *a.* ① 거미 같은; 거미줄 같은. ②(피륙이)얇은.
aranéides [araneid] *n.m.pl.* 【동물】진정거미류.
aranéiforme [araneifɔrm] *a.* 거미 모양의.
arantèle, arantelle [arɑ̃tɛl] *n.f.* ①《옛·사투리》거미집. ②《옛》얇은 삼베. ③(사슴다리 고기의)거미줄 모양의 근육.
arapaïma [arapaima] *n.m.* 【어류】아라파이마(브라질·기아나산(産)의 큰 민물고기).
arase [arɑːz] *n.f.* 【건축】수평석(방바닥 면과 동일 평면에 놓은 돌)(pierre d'~).
arasement [arɑzmɑ̃] *n.m.* 【건축】수평이 되게 하기, 평평하게 하기, 고르기; 잘라내기.
araser [arɑze] *v.t.* ①【건축】(벽의 꼭대기를)수평이 되게 하다, (돌 따위를)동일 평면이 되게 하다. ②【지질】(땅 표면을)평평하게 하다. ②(끝을)톱으로 잘라내다, (널빤지를)네모나게 하다; (말뚝 머리를)잘라내다. scie à ~ 장부촉 만드는 톱.
—s'~ *v.pr.* ① 수평이 되다, 평평해지다. ②(나사못의)이가 빠지다.
aratoire [aratwaːr] *a.* 농업의, 농사에 쓰이는. instrument ~ 농기구.
araucan(e) [arokɑ̃, -an] *a.* 아로카니(*Araucanie*, 칠레의 중부지방)의. —A~ *n.* 아로카니 사람. —*n.m.* 아로카니어(語).
Araucanie (l') [larokani] *n.pr.f.* 아로카니(남미 칠레의 중부지방).
araucanien(ne) [arokanjɛ̃, -ɛn] *a., n.* =**araucan.**
araucaria [arokarja] *n.m.*, **araucarie** [arokari] *n.f.* 【식물】남양삼나무.
arbalestée [arbaleste] *n.f.* =**arbalétée.**
arbalète [arbalɛt] *n.f.* ①(중세기의)강철활, 쇠뇌; 【군대속어】총. tirer à l'~ 쇠뇌를 쏘다. ②(두더지 따위의)덫. ③(줄의)활 모양의 자루. ④(난파선에)구명 뱃줄을 던져주는 기계 (porte-amarre). ⑤【천문】태양의 높이를 측정하는 기계 (지금의 sextant) (arbalestrille).
attelage en ~ (마차에)말 1마리를 앞장세우고 2마리를 나란히 매달기. *cheval en* ~ (마차에 말 1마리를 앞 세우고 2마리를 나란히 맬 때의)앞장선 말. *pêche à* ~ 바늘을 쏘아 낚시대를 휘게 한 다음 그 반동으로 낚시밥을 던지는 방법.
arbalétée [arbalete] *n.f.* 쇠뇌의 사정(射程).
arbalétière [arbaletjɛːr] *n.f.* 쇠뇌를 쏘는 총안.
arbalétrier [arbaletrije] *n.m.* ①《옛》쇠뇌 사수(射手), 노졸(弩卒). ②【조류】검은칼새. ③【건축】왕서까래.
arbalétrière [arbaletriɛːr] *n.f.* =**arbalétière.**
arbi [arbi], **arbico(t)** [arbiko] *n.m.*《구어》《경멸》아라비아 사람.
arbitrable [arbitrabl] *a.* 중재붙일 수 있는, 조정될 수 있는.
arbitrage [arbitraːʒ] *n.m.* ① 중재, 조정; 중재 판. s'en tenir à l'~ de *qn* …의 중재에 따르다. soumettre un différend à l'~ 분쟁을 조정에 붙이다. Cour permanente d'~ 헤이그 국제사법재판소. ②이식매매(利食賣買)(한 곳의 2가지 상품의 두 곳의 시세의 차이를 노린 매매 행위). ~ de change 환(換)의 재정(裁定). ③【스포츠】심판(직). erreur d'~ 심판의 잘못, 오심.
arbitragiste [arbitraʒist] *a.* 【상업】이식매매의. —*n.m.* 이식매매업자.
arbitraire [arbitrɛːr] *a.* ① 임의(任意)의, 뜻대로 되는. choix ~ 자유로이에 의한선택. ②【법】자유재량에 의한; 함부로 하는, 정당성이 없는(injustifié, irrégulier). arrestation ~ 불법검거.

détention ~ d'un suspect 피의자의 부당한 구류. ③ 독단적인, 전제적인(despotique). **pouvoir ~** 전제권력. ④ 터무니없는, 제멋대로 하는(fantaisiste). **interprétation ~** 제멋대로의 해석. ⑤ 《[언어]》(언어기호가)자의적(恣意的)인. **signes ~s** 자의적 기호.
— *n.m.* ① 독단, 전제, 전횡(despotisme, bon plaisir). **La presse subit le règne de l'~.** 신문[언론]이 전제의 지배를 받는다. ② 임의; 자유재량. **laisser qc à l'~ de qn** …을 …의 마음대로 하게 두다. ③ 《[언어]》자의성(恣意性).
— *n.f.* 《[수학]》임의의 정수(quantité ~).

arbitrairement [arbitrɛrmɑ̃] *ad.* 제멋대로; 전제[독단]적으로.

arbitral(ale, *pl.* **aux)** [arbitral, -o] *a.* 중재에 의한, 중재의. **sentence ~ale** 중재판결. **tribunal ~** 중재재판소.

arbitralement [arbitralmɑ̃] *ad.* 중재에 의해.

arbitrateur [arbitratœ:r] *n.m.* 《[예]》중재인.

arbitration [arbitrasjɔ̃] *n.f.* 《[법]》일괄평가.

arbitre¹ [arbitr] *n.m.* 의지. **libre[franc] ~** 자유의지. **serf ~** 예속의지.

arbitre² *n.m.* (종종 *f.*) ① 《[스포츠]》심판관, 레프리. **~ de lignes** 선심(線審). **~ de touche** (축구의)선심; (럭비의)터치심판. **L'~ siffle une faute.** 심판이 호각으로 반칙을 선언한다. ② 《정세·운명 따위를》좌우하는 사람; 절대적 지배자(maître, souverain). **Il est l'~ de la paix ou de la guerre.** 그는 전쟁이나 평화를 좌우하는 인물이다. **~ du sort** 운명의 지배자. 감정가, 감식자. **~ des élégances** 예법[취미]에 밝은 사람. **~** 중재자. **rapporteur** (상업상의 소송의)중재인.

arbitrer [arbitre] *v.t.* ① 《[스포츠]》심판하다. ② 《[법]》결정[재정(裁定)·판정]하다. ③ (상황을)타개하다. ④ 《[상업]》이식매매를 하다.

arboisien(ne) [arbwazjɛ̃, -ɛn], **arboisin(e)** [arbwazɛ̃, -in] *a.* 아르부아(Arbois, 프랑스의 도시)의.
—**A~** *n.* 아르부아 사람.

arboré(e) [arbɔre] *a.p.* 나무를 심은, 나무가 우거진 (arborisé). **parc ~** 삼림정원.

arborer [arbɔre] *v.t.* ① (기를)달다; (나무처럼)꽂꽂이 세우다; (돛대를)세우다. **~ l'étendard de la révolte** 반기(叛旗)를 들다. ② 보란듯이(자랑삼아) 내세우다, 과시하다; 《[신문]》(굵은 활자로)대서(大書)하다. **~ un titre** [une manchette] 표제를 크게 내붙이다. **~ un sourire** 보라는 듯이 미소짓다.

arborescence [arbɔresɑ̃:s] *n.f.* 《[식물]》교목성(喬木性); 나무 모양.

arborescent(e) [arbɔresɑ̃, -ɑ̃:t] *a.* 나무처럼 생긴, 가지 달린; 나무 모양의.

arbori- *préf.* 「나무·수목」의 뜻.

arboricole [arbɔrikɔl] *a.* ① 수목재배의. **technique ~** 수목재배법. ② 《[드물게]》나무에 사는[나는].
— *n.m.* 나무에 사는 동물.

arboriculteur(trice) [arbɔrikyltœ:r, -tris] *n.* 수목재배사.

arboriculture [arbɔrikylty:r] *n.f.* 수목재배(sylviculture). **~ forestière** 삼림 가꾸기, 조림. **~ fruitière** 과수재배.

arborisation [arbɔrizasjɔ̃] *n.f.* 나뭇가지 모양; 《[광물·화학]》나뭇가지 모양의 결정; 《[의학]》나뭇가지 모양의 분포.

arborisé(e) [arbɔrize] *a.p.* ① 《[광물]》나뭇가지 모양의 결정을 이룬. **agate ~** 나뭇가지 무늬가 박힌 마노(瑪瑙). ② 나무를 심은, 수목이 많은 (arboré).

arboriser [arbɔrize] *v.i.* 나뭇가지 모양을 이루다.

arboriste [arbɔrist] *n.m.* =**arboriculteur.**

arbosien(ne) [arbɔzjɛ̃, -ɛn] *a.,* *n.*=**arboisien.**

arbouse [arbu:z] *n.f.* 서양소귀나무의 열매.

arbousier [arbuzje] *n.m.* 《[식물]》서양소귀나무.

‡**arbre** [arbr] *n.m.* ① 나무, 수목, 교목. **~ de haute futaie** 노목, 목재용 수목. **les racines [la tige] d'un ~** 나무뿌리[줄기]. **~ fruitier** 과수. **~ d'agrément** [d'ornement] 관상용 나무. **~ de(en) plein vent** 자연수. **~ nain** 화분나무. **~ en buisson** 소관목. **~ (toujours) vert** 상록수. **~ sur pied** 서 있는[살아 있는] 나무. **~ de la liberté** 《[역사]》자유의 나무(1789년, 1830년, 1848년의 프랑스 대혁명 때 파리 해방의 상징으로 심음). **~ de la libération** 해방의 나무(1944년 독일군의 프랑스 철수로 심음). **~ de la science du bien et du mal** 《[성서]》선악을 분별하는 지혜의 나무. **~ de mai** 5월 1일에 대문 앞에 심는 나무. **~ de Noël** 크리스마스 트리. **~ de la Croix** (그리스도의) 십자가.
② 각종 나무의 속칭. **~ à la glu** 서양호랑가시나무. **~ à pain** 빵나무. **~ à pauvre homme** 느릅나무. **~ de sagesse** 자작나무. **~ à papier** 닥나무. **~ aux quarante écus** 은행나무. **~ d'amour** 박태기꽃나무. **~ de Moïse** 울산사나무. **~ des conseils** 보리수.
③ 《[기계]》굴대, 축(axe). **~ à cames** 캠축. **~ coudé [(à) manivelle, (à) vilebrequin]** 크랭크축. **~ de couche**; **~ moteur** 주축. **~ (intermédiaire) de renvoi** 중간축.
④ 《[해양]》돛대. **~ de mestre** 큰 돛대. **~ de trinquet** 앞 돛대.
⑤ 나무처럼 생긴 것, 계통도, 계보. **~ généalogique [de généalogie]** 계통수(系統樹).
⑥ 《[예]》《[화학]》**~ de Diane** (銀木), 은아말감; **~ de Jupiter** 아연이 침전한 주석; **~ de Saturne** 연목(鉛木); **~ des philosophes** 수은.
~ de vie 《[해부]》(소뇌의)활수체(活樹體); 《[성서]》생명의 나무; 《[식물]》 뚜야나무.
couper l'~ pour avoir le fruit 눈앞의 이익에 눈이 멀어서 앞날을 그르치다.
Entre l'~ et l'écorce il ne faut pas mettre le doigt. 《[속담]》집안 싸움에는 참견하지 말라.
faire monter qn à l'~ 《[구어]》…을 속이다.
Il ne faut pas juger de l'~ par l'écorce. 《[속담]》겉만 보고 판단하지 말라.
L'~ ne tombe pas du premier coup. 첫술갈에 배부를 수 없다.
Les ~s cachent la forêt. 《[속담]》부분에 치중하면 전체가 안보인다.
On connaît l'~ à ses fruits; Tel ~ tel fruit. 《[속담]》나무의 가치는 그 열매로 안다.
se tenir au gros de l'~ 큰(강한)쪽에 빌붙다.

arbreux(se) [arbrø, -ø:z] *a.* 나무가 많은.

arbrisseau [arbriso] (*pl.* **~x**) *n.m.* 관목.

arbuste [arbyst] *n.m.* 소관목.

arbustif(ve) [arbystif, -i:v] *a.* 소관목의. **cultures ~ves** 소관목 재배.

***arc** [ark] *n.m.* ① 활; 활모양, 궁형(弓形)(arceau). **tirer de l'~** 활로 쏘다. **tireur à l'~** 활의 사수. **bander [tendre] l'~** 활에 시위를 메우다; 활을 당기다. **ressort à ~** 《[기계]》궁형 스프링. **scie à ~** 활(모양의)톱. ② 《[건축]》아치, 홍예(문). **~ en plein cintre** 반원형 아치(1). **~ en ogive** 첨두형 아치(2). **~ rampant** 경사 아치(3). **~ de triomphe** 개선문. ③ 《[해부]》궁(弓). **~ de l'aorte** 대동맥궁(大動脈弓). **~ des lèvres** 구순궁(口脣弓).

du côlon 횡행결장(橫行結腸). ④《수학》활꼴, 호(弧). ~ de cercle 원호. ~ d'ellipse 타원호. ⑤ ~ électrique [voltaïque] 《전기》 전호(電弧). lampe à ~ 아크등(燈). faire jaillir un ~ 호광(弧光)을 내게 하다. *avoir de l'~* 《해양》(배의 중앙부가)돼지 등 모양으로 굽다, (배의 활대가)굽다. *avoir plus d'une corde (plusieurs cordes) à son ~* 제 2의[여러 가지]수단(대책)을 가지고 있다. *débander (détendre) l'~* 활시위를 풀어 활을 펴다; 《구어》 마음의 긴장을 풀다.

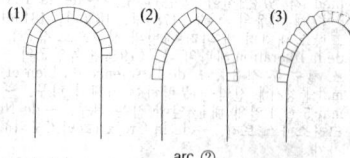

arc ②

arcade [arkad] *n.f.* ① 아케이드; (*pl.*)홍예문; 열(列)홍예; (기둥·원주로 둘러싸인)회랑. ~ de verdure [de fleurs, de feuillage]녹음[꽃·나뭇잎]으로 이루어진 홍예문. ②(안장 따위의)궁상부(弓狀部); (안경의)코걸이; (층계의)편자 모양의 곡선. ~ dentaire 《해부》 치궁(齒弓). ~ sourcilière 《해부》 미궁(眉弓).

Arcadie [arkadi] *n.pr.f.* ① (그리스의)펠로폰네소스 반도(*le Péloponnèse*)의 중앙 고지. ②《예·시》도원경(桃源境).

arcadien(*ne*) [arkadjɛ̃, -ɛn] *a.* 《지리》 아르카디아(*Arcadie*)의. —**A~** *n.* 아르카디아 사람.
—*n.m.* 아르카디아어(語).

arcane [arkan] *a.* 비밀의. —*n.m.* ① (*pl.*) 비밀, 비결, 비법. ~s de la diplomatie 외교의 비밀. ~s de la science 학문의 비결. ②(연금술의)비약(藥).

arcanne [arkan] *n.f.* 대자석(代赭石).

arcanson [arkɑ̃sɔ̃] *n.m.* (정제된)송진.

arcasse [arkas] *n.f.* ①《선박》 선미 늑골재(船尾肋骨材). ②(도르래의)축의 받침대.

arcature [arkaty:r] *n.f.* 《건축》 아케이드[홍예문] 모양의 장식.

arc-boutant [arkbutɑ̃] (*pl.* **~s-~s**) *n.m.* ①《건축》 플라잉버트레스(두 벽 사이에 아치 모양으로 걸쳐서 버팀벽과 같은 구실을 하는 것); 《토목》 대각(臺脚); 《구어》 (비유적)(국가나 큰 기관을)지탱하는 사람[것], 지주, 대들보(appui, pilier). ②《건축》 사재(斜材), 지주; (우산의) 버팀 살. ③(보트의 뱃전에 붙인)노걸이를 버티는 쇠막대.

arc-bouter [arkbute] *v.t.* ① 플라잉버트레스로 버티다. ②지주로 받치다.
—*s'~ v.pr.* ①(버팀대 따위로)받쳐지다. ②[s'~contre/à/sur *qc*](에)몸을 기대다. *s'~ contre un mur* 벽에다 몸을 기대다. *s'~sur ses jambes* 두 발로 굳건히 서다.

arc-boutant ①

arc-doubleau [arkdublo] (*pl.* **~s-~x**) *n.m.* 《건축》 (둥근 천장의)궁륭(穹窿).

arceau [arso] (*pl.* **~x**) *n.m.* ①(둥근 천장·문·창 따위의)반원형(의 부분). ~ de verdure 녹음의 둥근 천장. ②(맹꽁이 자물쇠의)고리; (크로케의)주문(柱門). ③《외과》 이피가(離被架). ④《조각》 네일크로버 장식.

arc-en-ciel [arkɑ̃sjɛl] (*pl.* **~s-~~.** (발음불변)) *n.m.* 무지개.

arch- *préf.* 「으뜸·상위」의 뜻.

archaïque [arkaik] *a.* ① 고풍의(ancien, ↔ moderne). ②《미술》 아르카이크의(고대 그리스 미술의 고전기(古典期)이전 스타일), 고졸(古拙)한. ③(「구어)시대에 뒤떨어진, 구식의.

archaïsant(*e*) [arkaizɑ̃, -ɑ̃t] *a.* 에스러운 말투를 쓰는; 고풍의. —*n.* =**archaïste**.

archaïser [arkaize] *v.t.* 고풍으로 만들다.
—*v.i.* 에스러운 말투를 쓰다.

archaïsme [arkaism] *n.m.* ① 에스러운 말투, 고어취미(↔ néologisme). ②고대 모방; 《미술》의 고주의(擬古主義).

archaïste [arkaist] *n.* 에스러운 말투를 애용하는 사람. ②고대모방자; 《미술》 의고주의자.

archal [arʃal] *n.m.* 놋쇠. fil d'~ 놋쇠 줄.

archange [arkɑ̃:ʒ] *n.m.* 대(大)천사, 천사장(長).

archangélique [arkɑ̃ʒelik] *a.* 대천사의; 천사장 같은. —*n.f.* 《식물》 =**angélique**.

arche[1] [arʃ] *n.f.* ① (노아의)방주; 피난처; 교회. ~ de Noé 노아의 방주(方舟). être hors de l'~ 교회 밖에 있다; 교회에 속하지 않다. ②궤(櫃). ~ d'alliance [du Seigneur]; ~ sainte 언약의 궤.

arche[2] *n.f.* ① (다리·육교의)아치, 홍예; 교도(橋弧) (~ de pont); 《기계》 노두(爐頭). ②《요업》 하소(煆燒)가마. ③(크로케의)주문(株門).

archée [arʃe] *n.f.* 《옛》《의학》 생명의 원질(元質) 《연금술》 지심(地心)의 불.

archéen(*ne*) [arkeɛ̃, -ɛn] *a.* 《지질》 태고대(代)의. —*n.m.* 태고대의 누층(累層).

archégone [arkegɔn] *n.m.* 《식물》 (선태류·양치류의) 조란기(造卵器).

Archélaüs [arkelays] *n.pr.m.* 《그리스신화》 아르켈라오스.

archéo- *préf.* 「옛·고대」의 뜻.

archéologie [arkeɔlɔʒi] *n.f.* 고고학.

archéologique [arkeɔlɔʒik] *a.* 고고학의.

archéologue [arkeɔlɔg] *n.* 고고학자.

archéoptéryx [arkeɔpteriks] *n.m.* 《고대생물》 시조새.

archer [arʃe] *n.m.* ① 사수(射手)(tireur à l'arc). petit ~ 큐피드, 사랑의 신. ②(옛날의)순경. ③《어류》 사수어(射水魚), 물총고기.

archère [arʃɛ:r] *n.m.* =**archière**.

archerie [arʃəri] *n.f.* 궁술; 궁술용구; 《예》 활 만들기.

archerot [arʃəro] *n.m.* 《예》 ① 꼬마사수(射手). ②《시》 큐피드, 사랑의 신.

archet [arʃɛ] *n.m.* ①《음악》 (바이올린 따위의)활, 악궁(樂弓)(→ violon 그림); 끝이 구부러진 송곳. art de l'~ 악궁 사용법. instrument à ~ 궁(用弓)악기. scie à ~ 활 모양의 톱, 궁거(弓鋸). ②(전차 따위의 가선(架線)에서 전류를 도입하는)활동(滑動) [트롤리]장치. ③《토목》 (구어)아치. ④《외과》 이피가(離被架).

archétype [arketip] *a.* 원형의, 원형적인. manuscrit ~ 자필원고. ①《인쇄》 원형 (prototype). ~ du monde 세계의 원형. ②원본(original). ③(도량형의)원기(原器); 표준화폐.

archevêché [arʃəveʃe] *n.m.* 대주교[대감독]의 교구; 대주교[대감독]가 있는 도시[주택]; 대주교 [대감독]의 직(임기).

archevêque [arʃəvɛk] *n.m.* 《가톨릭》 대주교; 《기독교》 대감독. son Excellence l'A~ 대주교

각하. ~ du sacré palais 왕실성당장(프랑스 왕·독일 황제가 지니고 있던 칭호).
archi- préf. 「으뜸·상위」의 뜻.
archiatre [arkʃjatr], **archiâtre** [arkʃjɑːtr] n.m. (로마황제의)시의장(侍醫長), 주치의. ~ pontifical 교황 시의.
archibondé(e) [arʃibɔ̃de] a. 《구어》초만원의.
archichambellan [arʃiʃɑ̃bɛlɑ̃] n.m. (신성 로마제국의)대시종장(大侍從長)(브란덴부르크 선거후(侯)의 칭호).
archichancelier [arʃiʃɑ̃səlje] n.m. 대법관(신성로마제국·카롤링 왕조·제1 제정시대 고관의 칭호).
archicomble [arʃikɔ̃ːbl] a. 《구어》초만원의.
archiconfrérie [arʃikɔ̃freri] n.f. 신도회.
archicube [arʃikyb] n.m. 《학생어》(파리의)고등사범학교 출신자.
archidémon [arʃidemɔ̃] n.m. 마왕, 사탄.
archidiaconat [arʃidjakɔna] n.m. 부주교의 직.
archidiaconé [arʃidjakɔne] n.m. 부주교 관구.
archidiacre [arʃidjakr] n.m. 부주교.
archidiocésain(e) [arʃidjɔsezɛ̃, -ɛn] a. 대주교 관구에 속하는.
archidiocèse [arʃidjɔsɛːz] n.m. 대주교구.
archiduc [arʃidyk] n.m. 대공(大公)(1918년 까지의 오스트리아 황태자의 칭호).
archiducal(ale, pl. aux) [arʃidykal, -o] a. ① 대공의. ② 오스트리아 황녀의.
-archie suff. 「지배·통치·정치·정부」의 뜻.
archiduché [arʃidyʃe] n.m. 대공국(大公國).
archiduchesse [arʃidyʃɛs] n.f. ① 대공비(大公妃). ② 오스트리아 황녀.
archiépiscopal(ale, pl. aux) [arʃ(k)iepiskɔpal, -o] a. 대주교(대감독)의.
archiépiscopat [arʃ(k)iepiskɔpa] n.m. 대주교(대감독)의 직(임기).
archière [arʃiɛːr] n.f. ① 활쏘는 구멍. ② (가운데뜰의)채광창.
archifou(olle) [arʃifu, -ɔl] a. 《구어》아주 어리석은, 터무니없는.
archimandritat [arʃimɑ̃drita] n.m. 그리스 정교의 수도원장의 직위.
archimandrite [arʃimɑ̃drit] n.m. (그리스 정교의) 수도원장.
Archimède [arʃimɛd] n.pr.m. 아르키메데스. principe d'~ 아르키메데스의 원리. vis d'~ 아르키메데스식의 나선(螺旋)양수기.
archimillionnaire [arʃimiljɔnɛːr] n., a. 《구어》억만장자(의), 갑부(의).
archine [arʃin] n.f. ① 작은 아치. (채석장의 지반을 지탱하는)틀. ② 아르신(길이의 단위:러시아에서는 0.71m, 터키에서는 0.75m).
archipatelin(e) [arʃipatlɛ̃, -in] a. 《구어》말재주가 비상한 (사람).
archipel [arʃipɛl] n.m. 군도, 제도, 열도.
—**A~** n.pr.m. 다도해, 에게해.
archiphonème [arʃifɔnɛm] n.m. 《음성》원음소(原音素).
archiplein(e) [arʃiplɛ̃, -ɛn] a. 초만원의.
archipompe [arʃipɔ̃ːp] n.f. 《해양》(펌프의)정통형(井筒形)의 둘레관.
archiprêtre [arʃipretr] n.m. 《가톨릭》수석사제; 사제장 (명예칭호).
architecte [arʃitɛkt] n.m. ① 건축가, 건축기사. ~ paysagiste 정원사, 조원사(造園師). ② 고안자, 제작자, (비유적)창시자, 창조자. ~ d'un projet 계획의 입안자. ~ de la Réforme 종교개혁의 창시자. le Grand(le Suprême, le Divin) A~ 신(神).

architectonie [arʃitɛktɔni] n.f. 건축학적 구조.
architectonique [arʃitɛktɔnik] a. 건축술(학)의; 조직(구성)적인. —n.f. 건축술(학).
architectural(ale, pl. aux) [arʃitɛktyral, -o] a. 건축술의, 건축학(상)의.
*****architecture** [arʃitɛktyːr] n.f. ① 건축술(학). ~ navale 조선술(학). ~ domestique 주택 건축. ② 건축법, 건축양식. porche d'une ~ très primitive 소박한 건축양식의 현관. ③ 건축물. magnifiques ~s 웅장화려한 건축물. ④ (비유적)구조, 조직, 구성. admirable ~ du corps humain 인체의 기막힌 구조. ⑤ 《컴퓨터》계산기 구조.
architecturer [arʃitɛktyre] v.t. (건축가처럼 정밀하게)구성하다.
architraître [arʃitrɛtr] n.m. 대반역자.
architrave [arʃitraːv] n.f. 《건축》(원주 머리의)대륜(臺輪)(→ colonne 그림); 추녀, (창·문 따위의)장식틀.
architravé(e) [arʃitrave] a. corniche ~e 《건축》대륜 위에 직접 얹은 코니스.
archivage [arʃivaːʒ] n.m. (고)문서보관.
archiver [arʃive] v.t. (고)문서고(庫)(기록보관소)에 넣다(보관하다).
archives [arʃiːv] n.f.pl. ① 고문서(古文書), (옛날의)기록. ~ publiques 공문서류. ~ familiales 사문서류. ② 고문서(공문서류·기록)보관소, 사료관. Les bibliothèques sont les ~ du savoir. 도서관은 지식의 보고이다.
archiviste [arʃivist] n. ① 고문서 보관인; 기록 보관인; 고문서 학자. ② 《상업》서류정리계원.
archivolte [arʃivɔlt] n.f. 장식 홍예창틀.
archontat [arkɔ̃ta] n.m. (고대그리스의)아르콘 [집정관]의 직(임기).
archonte [arkɔ̃ːt] n.m. (고대그리스 특히 아테네의)아르콘, 집정관.

archivolte

arçon [arsɔ̃] n.m. ① (안장의)앞테. ② 활 모양으로 구부려 놓은 포도 덩굴. ③ (솜이나 양털을 타는)활 모양의 도구. ④ cheval d'~s 《스포츠》(체조의)안마(鞍馬). être fermé sur(dans) ses ~s 단단히 안장에 올라타고 있다; 자기 주장을 고수하다. **perdre(vider) les ~s** 낙마하다; 당황하다.
arçonner [arsɔne] v.t. ① (양털·솜 따위를 활 모양의 도구(arçon)로) 타다. ② (열매를 잘 맺도록 포도의 어린가지 따위를)활 모양으로 구부리다.
arcot [arko] n.m. 《야금》용재(鎔滓).
arc-rampant [arkrɑ̃pɑ̃] (pl. ~s~~s) n.m. 난간 손잡이를 받쳐주는 곡선형의 금속.
arctie [arkti] n.f. 《곤충》불나방.
arctique [arktik] a. 북극의. océan (glacial) A~ 북빙양. pôle ~ 북극. régions ~s 북극지방.
—n.m. 북극. aller dans l'~ 북극으로 가다.
arcure [arkyːr] n.f. (과수의 가지·포도 덩굴을)활모양으로 구부리기; 《기계》구부리기.
-ard(e) suff. 경멸적인 뜻을 내포하는 형용사·명사어미 (예.richard 성금).
ardéchois(e) [ardeʃwa, -aːz] a. 아르데슈 (Ardèche, 프랑스의 도)의. —**A~** n. 아르데슈 사람.
ardélion [ardeljɔ̃] n.m. 참견꾼.
ardemment [ardamɑ̃] ad. 열심히, 열렬히. aimer (souhaiter) ~ 열렬히 사랑하다 (바라다).
ardennais(e) [ardenɛ, -ɛːz] a. 아르덴 (Ardennes, 프랑스의 도)의. —**A~** n. 아르덴 사람.
ardent(e) [ardɑ̃, -ɑ̃ːt] a. ① 타고 있는(brûlant); 뜨

arder 거운(chaud); 활활타는, 타는 듯한. des yeux ~s de colère 분노에 이글거리는 눈. soif ~e 타는 듯한 갈증. soleil ~ 작열하는 태양. chambre ~e 화형재판소. chapelle ~e 화황한 영구(靈柩) 안치소; 촛불이 타고 있는 예배당. miroir ~ 〖엣〗(오목으로 된)화경(火鏡). verre ~ 〖엣〗화경. être sur charbons ~s〖구어〗(안타깝고 불안하여)안절부절 못하다. ② (색깔이)강렬한, 불빛같은. cheveux d'un blond ~ 짙은 빛깔의 금발머리. ③ 불같은, 격렬한; 열렬한, 열심인(exalté, passionné, vif). nature ~e 열정적 성격. tempérament ~ 절륜의 정력. ~e conviction 강한 확신. imagination ~e 강렬한 상상력. [~ à qc] Il est ~ au travail. 그는 일에 열성적이다.
— n.m. ① (무더운 날 웅덩이 물 언저리에 보이는)불같은 증발기(蒸發氣). ② mal des ~s 〖엣〗〖의학〗단독(丹毒).
— n.f. 〖속어〗등불, 등화.

arder [arde] v.i. v.t. =**ardre**.

ardeur [ardœ:r] n.f. 타는 듯한 더위[열], 혹서; 불같이 뜨거움. ~ du soleil 이글거리는 태양. ~s éternelles〖문어〗지옥. ② (목마름·원한 따위가)심함, 격렬함; 격정, 열렬, 열정, 왕성; (말 따위가)사나움. ~ de la dévotion 신앙의 열렬함. ~ des sens 욕정. ③ (에 대한)열심, 열의. [~ à qc/à + inf.] Il ne montre aucune ~ au travail. 그는 공부하는 데 전혀 열의를 보이지 않는다. [~ à servir ses amis Soutenir de + inf.] ~ de s'enrichir 부자가 되고 싶은 열의. [~ de + inf.] ~ de avec ~ 열심히, 열렬히.

ardez [arde] int. 〖엣·속어〗이봐! 여보게!

ardillon [ardijɔ̃] n.m. ① (혁대의)버클 핀. ② (낚시의)미늘. Il n'y manque pas un ~. 아무 부족도 없다, 완전무결하다.

ardoise [ardwa:z] n.f. ① 판암(板岩), 석반석(石盤石). crayon d'~ 석필(石筆). ② 〖건축〗슬레이트(feuille d'~). couvreur en ~s 슬레이트 기와장이. ③ 〖속어〗(석반에 쓴, 장부에 적은)빚, 외상값. avoir une ~ (chez un commerçant)〖속어〗(상점에서)외상으로 사다; 외상 값이 있다. inscrire les consommations à l'~ 〖구어〗술값을 외상 장부에 적어 놓다.
— a. 〖불변〗청회색의. (couleur) gris ~ 거무스름한 회색의.

ardoisé(e) [ardwaze] a.p. 거무칙칙한 회색의.
ardoiser [ardwaze] v.t. (지붕을)슬레이트로 이다.
ardoiserie [ardwazri] n.f. 슬레이트 공업.
ardoisien(ne) [ardwazjɛ̃, -jɛn] a. 아르덴(Ardes, 프랑스의 요양지)의. —A~ n. 아르덴 사람.
ardoisier(ère) [ardwazje, -ɛːr] a. 슬레이트의.
— n.m. 슬레이트 채굴공(업자). — n.f. 슬레이트 채굴장.

ardre [ardr] (직설·현재·3·단수 ard, 반과거·3·단수 ardait, p.p. ar(d)s)〖엣〗v.t. 태우다. — v.i. 타다, 타는 듯하다.

ardu(e) [ardy] a. ① 곤란한, 어려운, 까다로운 (difficile, ↔ facile); 힘든, 괴로운(pénible). ② 험한, 가파른(rude).

are [a]n.m. 아르(면적의 단위; 100m²; 기호 a).
aréage [area:ʒ] n.m. 아르 단위의 측량.
arec [arɛk] n.m. 〖식물〗빈랑나무. ② 빈랑(기호품·약용). (noix d'~).
aréique [areik] a. 〖지리〗수자원이 없는.
areligieux(se) [arəliʒjø, -ʒjøːz] a. 무종교의.
arénacé(e) [arenase] a. 모래의, 사질(砂質)의.
arénaire [arenɛːr] a. 〖생물〗모래에 사는(자라는). — n.f. 〖식물〗사생식물(砂生植物).

arénation [arenasjɔ̃] n.f. 모래로 덮음; 〖의학〗모래찜, 열사욕(熱砂浴).
arène [arɛn] n.f. ① (모래를 깐 원형의)투기장(鬪技場); 투기장(경쟁·논쟁 따위의)마당, 장(場); (pl.) 원희장(圓場). ~ politique 정쟁의 마당, 정치 무대. ~ littéraire 문학논쟁의 장, 문단. descendre dans l'~〖구어〗도전에 응하다. ② 〖엣·문어〗모래; 사막; 〖토목·건축〗자갈. ~ granitique 〖광물〗규사(硅砂).
aréner [arene] [6] v.i. s'~ v.pr. (건물이 모래 땅에서)내려앉다; (마루 따위가)내려앉다.
aréneux(se) [arenø, -øːz] a. 〖엣〗모래가 많은.
arénicole [arenikɔl] 〖동물〗a. 모래땅에 사는. — n.f. 갯지렁이(~ des pêcheurs).
arénière [arenjɛːr] n.f. 채사장(採砂場).
arénifère [arenifɛːr] a. 모래를 함유하는.
aréniforme [areniform] a. 모래 모양의.
arénuleux(se) [arenylø, -øːz] a. 고운 모래가 많은; 고운 모래 모양의.
aréographie [areografi] n.f. 화성지리학(화성 표면에 대한 연구).
aréolaire [areɔlɛːr] a. ① aréole 의. ② 면적의.
aréolation [areɔlasjɔ̃] n.f. 〖생물〗(잎맥·시맥(翅脈)의)그물눈 틈의 형성.
aréole [areɔl] n.f. 〖해부〗유두륜(乳頭輪); (피진(皮疹)의)홍륜(紅輪). ② 달무리. 〖생물〗(잎맥·시맥)의 그물눈 틈.
aréolé(e) [areɔle] a. 유두륜(홍륜)을 나타내는.
aréomètre [areɔmɛtr] n.m. 〖물리〗액체 비중계.
aréométrie [areɔmetri] n.f. 액체 비중 측정.
aréopage [areɔpa:ʒ] n.m. ① 〖학자 따위의)모임; (재판관·시험관 따위의)집회. ② 〖고대그리스〗아레오파고스 재판소.
aréopagite [areɔpaʒit] n.m. 〖고대그리스〗아레오파고스 재판관.
aréostyle [areɔstil] n.m. 〖건축〗소주식(疎柱式).
aréquier [arekje] n.m. 〖식물〗빈랑나무(arec).
arête [arɛt] n.f. ① (물고기의)뼈, 가시. Une ~ de poisson lui a piqué le gosier. 생선 가시가 그의 목에 걸렸다. dessin en ~ de hareng 청어뼈 모양의 무늬, 잎새 무늬. grande ~ (물고기의)등뼈. ② (두면의 접선이 이루는)각(角); 〖기하〗모서리, 능(稜); 산마루, 산릉(山稜); 〖항공〗(비행기의)꼬리부분 수직 안정판. ~ du nez 〖해부〗콧날, 콧등. ~ de voûte 〖건축〗궁륭의 서로 만나는 선. voûte d'~ 교차궁륭. pierre d'~ 귀돌. ③ 〖식물〗(보리 따위의)까끄라기.
aréthuse [aretyːz] n.f. 〖식물〗택란속(屬).
arêtier [arɛtje] n.m. 〖건축〗모서리 서까래. (판(板)납의)구슬 모양의 가장자리. ② 〖항공〗(추진익(推進翼)의)가장자리. ~ avant(arrière) 앞(뒤) 가장자리.
arêtière [arɛtjɛːr] n.f. 〖건축〗모서리 기와.
arétin(e) [aretɛ̃, -in] a. 아레초(Arezzo, 이탈리아의 도시)의. —A~ n. 아레초 사람.
ar.-g. (약자) arrière-garde 〖군사〗후위.
arganier [arganje] n.m. 〖식물〗아르가네(모로코의 가시 있는 관목; 열매는 사료·등유용).
argas [argaːs] n.m. 〖동물〗(가금류에 기생하는)진드기의 일종.
argémone [arʒemɔn] n.f. 〖식물〗양귀비과의 일종.
:**argent** [arʒɑ̃] n.m. ① 은; 은화(~ blanc; ~ monnayé, pièce d'~). chaine d'~ 은줄. lingot d'~ 은괴. ~ vierge(natif)천연은. ~ blanc; ~ d'Allemagne 양은. ~ orfèvré; vaisselles d'~ 은식기. ~ de chat 〖속어〗운모(雲母)(mica).
② 돈, 금전, 화폐; 재산. affaire d'~ 금전 문제.

~ *dormant*(*mort*) 사장된 돈. ~ *liquide* 《경제》 현금. ~ *frais* 회수금. ~ *comptant* 현금(으로). *avoir de l'*~ *en caisse* 현금을 쥐고 있다, 돈을 저축하고 있다. *manger de l'*~ 돈을 낭비하다. *avoir sa nourriture en* ~ (하인·식모 따위가 식사 대신) 식사수당을 받다.
③ 《문장》 은색, 은색 바탕.
A~ *comptant porte médecine.* 《속담》돈이면 만사형통.
avoir un ~ *fou* 《구어》막대한 돈을 갖고 있다.
C'est de l'~ *en barre.* 그것은 보증된 것이다.
d'~ 은색의; (소리가 은방울처럼) 맑은.
en avoir pour son ~ 돈 [애]쓰는 보람이 있다.
être (*à*) *court d'*~ 돈이 궁하다.
faire ~ (*de l'*~) *de qc* ···으로 돈을 마련하다.
faire(*tirer*) ~ *de tout* 모든 수단을 다해 돈을 만들다; 온갖 짓을 다 이용하다.
homme d'~ 돈 밖에 모르는 사람, 수전노.
jeter son ~ *par la fenêtre*(*les fenêtres*)*; dissiper* (*gaspiller, manger*)*son* ~ 돈을 물쓰듯 하다.
L'~ *est rond, il faut qu'il roule.* 《속담》돈은 둥글어 구르게 마련, 돈은 쉬 빠져나간다.
L'~ *lui fond dans* (*entre*) *les mains.* 그는 돈을 물쓰듯 한다.
L'~ *ne fait pas le bonheur.* 《속담》돈만으로는 행복해 질 수 없다.
Le temps, c'est de l'~. 《속담》시간은 돈이다.
manger de l'~ 돈을 허투루 써버리다.
Plaie d'~ *n'est pas mortelle.* 《속담》금전상의 손해를 본 것으로 죽지는 않는다.
Point d'~ *point de Suisse.* 《속담》공짜로는 일을 못시킨다.
prendre qc pour ~ *comptant*(*pour bon*)《구어》 ···을 곧이듣다, 곧이곧대로 받아들이다.
puissance d'~ 금력세력.
—*a.* 《불변》은색의.
argentage [arʒɑ̃ta:ʒ] *n.m.* 은도금.
argentan [arʒɑ̃tɑ̃] *n.m.* 양은.
argentanais(*e*) [arʒɑ̃tanɛ, -ɛ:z] *a.* 아르장탕(*Argentan*, 프랑스의 도시)(사람)의. —*A*~ *n.* 아르장탕 사람.
argenté(*e*) [arʒɑ̃te] *a.p.* ① 은을 씌운; 은빛의; 은의. ②《구어》돈을 가진.
argenter [arʒɑ̃te] *v.t.* ① (에)은을 씌우다, 은칠하다; 은도금하다; (거울에)주석과 수은의 합금을 바르다. ② (환약을)은종이로 싸다. ③ (서리 따위가)은빛이 되게 하다, (달빛이)희게 비추다.
—*s'*~ *v.pr.* (머리털 따위가)은빛이 되다.
argenterie [arʒɑ̃tri] *n.f.* 은도금품, 은제품.
argenteur [arʒɑ̃tœ:r] *n.m.* 은도금공.
—*a.* 은도금을 하는. *sel* ~ 은염(銀塩).
argenteux(*se*) [arʒɑ̃tø, -ø:z] *a.* 《에·속어》돈많은, 부자의.
argentier [arʒɑ̃tje] *n.m.* ① (왕·왕족의)재무관. *grand* ~ 《익살》재무대신. ② (교회의)회계 책임자. ③ (은그릇을 넣는)찬장.
argentifère [arʒɑ̃tifɛ:r] *a.* 은을 함유하는.
argentin(*e*)[1] [arʒɑ̃tɛ̃, -in] *a.* ① 은빛의 ② 은처럼 울리는, 은방울을 굴리는 것 같은, 맑은.
—*n.f.* ① 《식물》 큰세잎양지꽃; 별꽃. ② 《어류》 은어. ③ 《광물》 은백방해석(銀白方解石).
argentin(*e*)[2] *n.m.* 아르헨티나(*Argentine*)의. *République A*~*e* 아르헨티나 공화국. —*A*~ *n.* 아르헨티나 사람.
argentinais(*e*) [arʒɑ̃tinɛ, -ɛ:z] *a., n.* =**argentanais**.
argentique [arʒɑ̃tik] *a.* 《화학》은의. |—**nais**.
argentite [arʒɑ̃tit] *n.f.* 《광물》 휘은광(輝銀鑛).

argentolien(*ne*) [arʒɑ̃tɔljɛ̃, -ɛn] *a.* 아르장퇴유(*Argenteuil*, 프랑스의 도시)(사람)의. —*A*~ *n.* 아르장퇴유 사람.
argenton [arʒɑ̃tɔ̃] *n.m.* =**argentan**.
argenture [arʒɑ̃ty:r] *n.f.* 은칠, 은도금.
argien(*ne*) [arʒjɛ̃, -ɛn] *a.* 아르고스(*Argos*, 그리스의 도시)의. —*A*~ *n.* 아르고스 사람.
argilacé(*e*) [arʒilase] *a.* 점토질의, 찰흙 같은.
argile [arʒil] *n.f.* ① 찰흙, 진흙; 점토. 그흙. ~ *à blocaux* 빙하점토. ~ *réfractaire*(*apyre*) 내화(耐火)점토. ~ *cuite* 테라코타, 질그릇, 토기(*terre cuite*). *L'enfant est une* ~ *que l'éducation pétrit à volonté.* 어린이는 교육에 의해 뜻대로 되는 점토와 같은 것이다. ② 《성서》 (인체의 재료라고 생각된)흙. ~ *humaine* 인간의 신체. *Tous les hommes sont pétris de la même* ~. 모든 인간은 같은 흙으로 빚어 만들어졌다.
statue(*colosse*) *aux pieds d'*~ (실속 없는, 토대가 튼튼치 못한)겉만 번드르르한 사람(물건).
argileux(*se*) [arʒilø, -ø:z] *a.* 점토질의, 찰흙으로 된.
argilière [arʒiljɛ:r] *n.f.* 점토 채토장. 1만들어진.
argilifère [arʒilifɛ:r] *a.* 점토를 함유하는.
argon [arg3] *n.m.* 《화학》 아르곤《Ar; 원자번호 18, 희(稀)가스 원소》.
argonaute [argonoːt] *n.m.* 《동물》배낙지《조가비가 달린 낙지의 일종》. —*A*~*s n.m.pl.* 《그리스신화》 아르고선(船)의 일행.
argot[1] [argo] *n.m.* ① (불량배·건달 따위의)변말, 은어. ~ *du milieu* 뒷골목(땡패)의 은어. ② (어떤 사회나 직업에)특유한 말, 통용어. ~ *scolaire* 학생들의 전용어. ~ *militaire* 군대 속어.
argot[2] *n.m.* (나무를 전정할 때 자르는 눈위에 있는)마른 가지.
argoter [argote] *v.t.* (눈 위에 있는)마른 가지를 없애다.
argoteur(*se*) [argotœːr, -ø:z], **argotier**(*ère*) [argotje, -ɛːr] *a.* 곁말을 쓰는. —*n.* 곁말 쓰는 사람.
argotique [argotik] *a.* 곁말투의, 은어의.
argoulet [argulɛ] *n.m.* ① 활(화승총)을 가진 경기병. ② 하찮은 사람.
argousier [arguzje] *n.m.* 《식물》낙상홍(落霜紅).
argousin [arguzɛ̃] *n.m.* 《옛》감시인, 간수; 《속어》순경.
arguer [argɥe] 《발음을 명확히 하기 위해 *tréma*를 쓸 수도 있음: *j'arguë* [ʒargy], *nous arguïons* [nuzargyjɔ̃]》 *v.t.* ① 추론(추단)하다(*déduire*). [~ *de qc*] *Vous ne pouvez rien* ~ *de ce fait.* 당신은 이 사실로써 아무 것도 추론할 수 없다. [~ *que*+*inf.*] *Il argua qu'il ne comprendrait pas le français.* 그는 프랑스어를 모른다고 내세웠다(핑계삼았다). ② 《법》비난(항의)하다. ~ *qc de faux* ···이 거짓이라고 비난하다.
—*v.t.ind.* [~ *de*] ···을 이유로 내세우다(*avancer, prétexter de*). ~ *de son ancienneté pour obtenir un avancement* 승진되기 위해 자기가 고참이라는 것을 내세우다.
—*v.i.* 《드물게》결론짓다(*conclure*).
argueux(*se*) [argɥø, -ø:z] *a.* 비난[모욕]의.
*****argument** [argymɑ̃] *n.m.* ① 논의, 논쟁, 논법, 논거. *obéir sans* ~ 두말없이 복종하다. *tirer* ~ *de qc* ···을 논거로 하다. ② 논법; 논증(*preuve*). 《논리》증명. *par manière d'*~ 논증으로서. ③《비유적》두가지. *larmes, suprême* ~ *des femmes* 여자의 마지막 무기인 눈물. (책 따위의)논지; (문학작품의)개요, 요지, (희곡·소설 따위의)줄거리, 플롯. ⑤ 《수학》독립변수, 자변수(自變數); 《항

공】 율(率); (기호논리학의)변항; 〖천문〗 인수(引數)(천체의 승교점에서 궤도를 따라 측정한 근지점까지의 각거리).

argumentaire [argymɑtɛːr] a. 〖상업〗 상품의 설명에 관한. liste ~ 설명문이 있는 카탈로그. ─ n.m. 〖상업〗 =liste ~.

argumentant [argymɑ̃tɑ̃] n.m. 논쟁자, 논증자.

argumentateur(trice) [argymɑ̃tatœːr, -tris] a., n. 논쟁을 좋아하는(사람).

argumentation [argymɑ̃tasjɔ̃] n.f. 논의하기[하는 기술], 논증(술); 추론, 입론.

argumenter [argymɑ̃te] v.i. ① 입론하다, 거론하다, 이론을 내세우다. ~ contre qn …에게 반론을 펴다. ② 논증하다. ③ 〖구어〗궤변을 늘어놓다, 끈질기게 주장하다. ④ 추론하다. ─ v.t. (와)논쟁하다, 증명하다.

Argus [argys] n.pr.m. 〖그리스신화〗아르거스(백안거인(百眼巨人)). aux yeux d'~(d'a~)〖구어〗 눈이 날카로운. ─ a~ n.m. ① 눈이 날카로운 사람; 감시자, 탐정, 스파이. ② 〖조류〗꿩의 일종; 〖곤충〗 나비의 일종.

argutie [argysi] n.f. 궤변, 억설(argument, chicane), user d'~ 궤변을 부리다.

argutieux(se) [argysjø, -ø:z] a. 궤변만 늘어놓는.

argynne [arʒin] n.m. 〖곤충〗 표범나비.

argyraspide [arʒiraspid] n.m. 〖역사〗 (알렉산더 대왕 휘하의)은보병(銀步兵).

argyrie [arʒiri] n.f. 〖의학〗 은독증(銀毒症), 은중독.

argyrique [arʒirik] a. 〖화학〗 은을 함유한.

argyrisme [arʒirism] n.m. =**argyrie**.

argyrol [arʒirɔl] n.m. 〖약〗 아르지롤.

argyronète [arʒirɔnɛt] n.f. 〖동물〗 물거미.

argyrose [arʒiroːz] n.f. ① 〖의학〗 은독증, 은중독(argyrie). ② 〖의학〗 =argentite.

aria¹ [arja] n.m. 〖구어〗당황; 곤란, 난처함. Quel~ que de déménager ! 이 사람 정말 귀찮군 ! Ne faites pas tant d'~s. 대수롭지 않은 것을 갖고 그렇게 야단법석할 것 없어. Que d'~s! ; Quel ~! 귀찮게 됐는 걸 !

aria² 〖이탈리아〗 n.f. 〖음악〗 아리아, 영창(詠唱).

arianisme [arjanism] n.m. 〖종교사〗 아리우스(Arius)파의 교리.

aride [arid] a. ① 습기 없는, 바싹 마른(sec). terre ~ 메마른 땅. ② 윤기 없는, 까칠까칠한; 무미건조한; 비정한, 메마른. cœur ~ 비정한 마음. style ~ 무미건조한 문체. ③ 한발의; 불모의(désertique, ↔ fertile); (상상력이) 빈약한(pauvre); 발전성(성과) 없는(stérile). poète ~ 시상(詩想)이 풍부하지 못한 시인.

aridité [aridite] n.f. 건조, 가뭄, 한발(sécheresse); 윤기 없음; 무미건조; 불모, 빈약, 발전성 없음.

ariégeois(e) [arjeʒwa, -aːz] a. 아리에주(Ariège, 프랑스의 도(道))의. ─ A~ n. 아리에주 사람.

arien(ne) [arjɛ̃, -ɛn] 〖종교사〗 a. 아리우스(Arius)파의. ─ n. 아리우스파의 신도.

ariette [arjɛt] n.f. 〖음악〗 아리에타, 소영창.

arille [arij] n.m. 〖식물〗 가종피(假種皮).

arillé(e) [arije] a. 〖식물〗 가종피가 있는.

arion [arjɔ̃] n.m. 〖동물〗 팔태충.

arioso [arjozo] 〖이탈리아〗 〖음악〗 ad. 유려하게, 서정적으로. ─ n.m. 영서창(詠敍唱).

ariser [arize] v.t. =**ariser**.

aristarque [aristark] n.m. 〖옛‧문어〗엄정한[신랄한 지만 공평한] 비평가.

aristé(e) [ariste] a. 〖식물〗 까끄라기가 있는, 까끄라기 모양의.

aristo [aristo] n.m. 〖속어〗 귀족, 부자, 부르주아.

aristocrate [aristokrat] a. ① 귀족(정치주의)의; 귀족[특권]계급의. ② 귀족적인. ─ n. ① 귀족(정치주의자). ② (프랑스 혁명 때의)특권 계급. ③ 귀족적인 사람.

aristocratie [aristokrasi] n.f. ① 귀족정치; 귀족[특권] 계급(noblesse). ② (집합적) 귀족; (비유적) ~ 최상층, 최상층. ~ des lettres 문학계의 톱클라스. ~ du savoir 학문의 귀족.

aristocratique [aristokratik] a. ① 귀족정치[주의]의. gouvernement ~ 귀족정치. ② 귀족의; 특권[상류계급]의. ③ (태도 따위가)귀족적인. manières ~s 귀족적[품위있는] 태도.

aristocratiquement [aristokratikmɑ̃] ad. 귀족적으로; 품위있게.

aristocratiser [aristokratize] v.t. 귀족화하다. ─ s'~ v.pr. 귀족화하다.

aristoloche [aristolɔʃ] n.f. 〖식물〗 쥐방울. ~ serpentaire 북미산 쥐방울; (그)뿌리.

aristolochi(ac)ées [aristolɔʃj(as)e] n.f.pl. 〖식물〗 쥐방울과(科).

Aristophane [aristofan] n.pr.m. 〖그리스문학〗 아리스토파네스(기원전 약 445-385).

aristophanesque [aristofanɛsk] a. 〖그리스문학〗 아리스토파네스식의.

Aristote [aristot] n.pr.m. 〖그리스철학〗 아리스토텔레스.

aristotélicien(ne) [aristotelisjɛ̃, -ɛn] a., n. 아리스토텔레스 학파의(사람).

aristotélique [aristotelik] a. 아리스토텔레스(철학)의.

aristotéliser [aristotelize] v.i. 아리스토텔레스 철학을 신봉하다.

aristotélisme [aristotelism] n.m. 아리스토텔레스 철학(학파), 페리파토스학파.

aristotype [aristotip] n.m. 〖사진〗 P.O.P. 인화법, 인화지 양화(사진).

aristotypique [aristotipik] a. papier ~ 〖사진〗 인화지.

arithméticien(ne) [aritmetisjɛ̃, -ɛn] n. 산수가.

arithmétique [aritmetik] a. 산술의; 계산의; 〖수학〗 정수론의; 〖구어〗 논리적인. machine ~ 계산기. ─ n.f. 산술; 계산; 〖수학〗 정수론; 산수교과서. faire de l'~ 계산(산술)을 하다.

arithmétiquement [aritmetikmɑ̃] ad. 산술적으로, 수론적으로.

arithmographe [aritmograf] n.m. 계산기.

arithmographie [aritmografi] n.f. 계산법.

arithmologie [aritmolɔʒi] n.f. 계수학.

arithmomancie [aritmomɑ̃si] n.f. 수점(數占).

arithmomètre [aritmomɛtr] n.m. 계산기; 계수기.

arlequin [arlɔkɛ̃] n.m. ① 아를르캥(울긋불긋한 옷차림을 한 익살 광대); 〖구어〗 줏대없는 사람. ② 아를르캥식의 가장(假裝). ③ (pl.) (가난뱅이들에게 싸게 파는 큰 요리집의)찌꺼기음식(고기). ④ 〖동물〗 얼룩점 있는 덴마크종의 개; 〖조류〗 카나리아의 一종. ⑤ (나뭇가지로 위장한)몰매 사냥배. *manteau d'~* 〖연극〗 (무대의)테두리(휘장).

arlequinade [arlɔkinad] n.f. ① 〖연극〗 아를르캥 주역의 광대놀음. ② 익살(스러운 짓).

arlequine [arlɔkin] n.f. ① 아를르캥 복장을 한 여자. ② 아를르캥 무도(곡).

arlésien(ne) [arlezjɛ̃, -ɛn] a. 아를의(Arles, 프랑스의 도시)의. ─ A~ n. 아를 사람.

Armada [armada] 〖에스파냐〗 n.f. ① l'Invincible ~ 무적 함대(1588년 폭풍으로 인해 영국에 패한다). ② (a~) 〖구어〗 큰 떼, 많은 무리.

armadille [armadij] n.f. (아메리카 식민지를 지키

armagnac [armaɲak] *a.* 아르마냐(*Armagnac*, 프랑스의 지방)의. **—A~** *n.* 아르마냐 사람.
—A~s *n.m.pl.* 〖역사〗아르마냐당(黨).
—n.m. 아르마냐산 브랜디.
armateur [armatœ:r] *n.m.* 〖해양〗의장자(艤裝者); 선주(船主); 〖옛〗약탈선, (그)선장.
armatole [armatɔl] *n.m.* 〖역사〗(16-19세기의) 그리스헌병.
armaturage [armatyraːʒ] *n.m.* (대들보를)꺾쇠로 받치기.
armature [armaty:r] *n.f.* ① ⓐ (건축물·창·조각 따위의)뼈대, 철근; (창 따위의)철골, 틀. ⓑ (사회·작품 따위의 받치는)짜임새, 결구(結構), 골격; (사업의)기반. ~ financière d'une entreprise 기업의 재정적 기반. ~ sociale 사회조직. ② 〖전기〗(라이든병의)피복; (케이블의)절연물질로 싼 피복. ③ 〖전기〗전기자(電機子), (자석의)접극자(接極子). ④ 장치. ~ de soupape [de pompe] 밸브[펌프]장치. ⑤ 〖음악〗조표 (~ des modes).
:arme [arm] *n.f.* ① 무기, 병기; (비유적)무기, 공격[방어]수단. ~ automatique 자동병기. ~ défensive(offensive) 방어(공격)용 무기. ~ d'escrime 검술용의 칼(연습용). ~(s) à feu 화기, 총포. Portez ~s! 어깨 총! port d'~s 무기소지, 엽총허가(증). Reposez... ~s! 세워 …총! ~s bactériologiques 세균병기. ~(s) blanche(s) 총검; 백병(白兵). combat à l'~ blanche 백병전. ~ de jet [de trait] 발사무기, 발사기. ~ d'éloquence 웅변이라는 무기. (se battre avec) les ~s naturelles (주먹·발 따위의)자연속의 무기로(싸우다).
② 병과(兵科), 부대. ~ blindée 장갑부대. manœuvre des trois ~s (육·해·공군)합동연습.
③ (*pl.*) 군대; 군직(軍職)(métier des ~); 군인생활; 전투, 전쟁; 군사력, 무훈, 무공(fait d'~s). place d'~s 연병장. cheval d'~s 군마(軍馬). passe d'~s 말다툼, 격론. embrasser la carrière des ~s 군에 봉직하다. Empire fondé par les ~s 무력으로 세워진 제국. frère [compagnon] d'~s 전우. fraternité d'~s 전우애. homme d'~s 〖옛〗병정, 군인; 헌병. prise d'~s 열병식. quitter les ~s 제대하다. sort des ~s 무운. suspension d'~s (국지적인) 정전.
④ (*pl.*) 검술, 펜싱. maître d'~s 검술사범. faire [tirer] des ~s 검술(펜싱)을 배우다. salle d'~s 펜싱도장.
⑤ 가문(家紋), (국가·도시·단체의)문장(armoiries). ~s pleines 정식문장.
~ absolue (핵무기 따위의)절대무기; 《비유적》결정적인 수단·방법; (특히 광고용어로서 효과만점의)광고무기. considérer la télévision comme une ~ absolue politique 텔레비전을 효과만점의 정치적 무기로 간주하다.
~ à double tranchant (자기도 다칠 위험이 있는) 양날의 검.
Aux ~s ! 전투 개시! 무기를 들어!
courir aux ~s 무기를 들다, 무장하다.
donner [rendre] les ~s 무기를 버리다, 항복하다.
donner [fournir] à A des ~s contre B B 를 비난[공격]할 구실을 A 에게 주다.
en appeler [en venir] aux ~s 무력에 호소하다, 전쟁을 걸다.
être en ~s; être [se mettre] sous les ~s 무장하다.
faire ~ de tout 모든 수단을 다하다.
faire ses premières ~s 첫 출진하다; 데뷔하다, 첫 무대에 서다.
faire tomber les ~s des mains de qn …의 손에서 무기를 떨어뜨리다, …을 굴복시키다, 달래다.
Les ~s sont journalières. 《속담》승패는 상사(常事).
mettre bas les ~s 〖구어〗싸움을 그만두다.
mettre les ~s bas 항복하다.
passer l'~ à gauche 〖군대속어〗전사하다, 죽다.
passer par les ~s 총살당하다; 총살당하다.
passer qn par les ~s …을 총살하다.
porter les ~s 전쟁을 하다.
sous les ~s 무장하고; (여자가)성장(盛裝)하고.
tourner ses ~s contre qn 친했던 사람에게 싸움을 걸다.
armé(e¹) [arme] *a.p.* ① 무장한. voleur à main ~e 흉기를 든 강도. ~ jusqu'aux dents [cheveux] 철저히 무장하고[한]. ② [~ de *qc*] (으로)무장한; (을)갖춘. ~ d'un vieux chapeau 낡은 모자를 머리에 쓰고. plante ~e d'aiguillons 가시가 있는 식물. ③ 튼튼하게 된, 보강된. béton ~ 철근 콘크리트. verre ~ 철망을 넣은 유리.
:armée² *n.f.* ① (일반적으로)군대; 군. entrer dans l'~ 입대하다. ~ active 현역군. ~ de campagne 야전군. ~ de réserve 예비군. ~ de siège 포위군(包圍軍). ~ française 프랑스군. ~ permanente 상비군. ~ régulière 정규군. ~ nationale 국민군. ~ mercenaire 용병군. zone des ~s 전투지역.
② (어떤 목적으로 행동하거나 명장의 지휘를 받는)군대, 부대. la Grande A~; l'~ de Napoléon (1805-1814 사이의)나폴레옹군. ~ d'Italie 이탈리아 원정군.
③ (군의 최상단위로서의)군. ~ d'Afrique (프랑스의)아프리카 주둔군. ~ de l'air 공군. ~ de mer 해군. ~ de terre 육군. corps d'~ 군단. détachement d'~ 분견대. général d'~ 육군대장, 군사령관. groupe d'~ 부대. ~ navale (제독이 지휘하는)연합함대. ~ rouge (des ouvriers et paysans) (소련의)(노농)적군. ~s blanches (소비에트 혁명 당시 1918-1921 의)백군, 반혁명군. A~ du Salut 구세군. Musée de l'A~ (파리의)육군박물관. Dieu(Éternel, Seigneur) des ~s 만군(萬軍)의 주(主)〈하느님·여호와〉. A~s célestes 천사들.
④ (비유적)많은 무리, 대군, 다수(foule, troupe). [une ~ de] une ~ de sauterelles 메뚜기 떼(의 대군).
À lui seul il valait une ~. 그는 일기당천(一騎當千)의 용사였다.
aux ~s (작전비밀상 지명을 밝히지 않고 막연하게)전지에서. lettre datée «aux ~s» 날짜를 적는 곳에「전지에서」라고 쓴 편지. être *aux ~s* 전지(전선)에 있다, 작전행동중이다.
armée-cadre [armekɑːdr] (*pl.* ~s-~s) *n.f.* (간부는 충분하므로 졸병이 정원 미달 상태의)기간부대; 평시 편성군.
armeline [armǝlin] *n.f.* 흰 담비의 모피.
***armement** [armǝmɑ̃] *n.m.* ① 무장; 장비(équipement); (*pl.*) 군비; 〖옛〗기사(騎士)의 칭호를 주기. industrie de l'~ 군수산업. course aux ~s 군비경쟁. le Ministère de l'A~s; les A~s 군수성. limitation [réduction] des ~s 군비 제한[축소]. ② (군함·전투기 따위의)화력. (선박의)의장(艤裝); 의장품; 승무원, 승무원을 승선시키기; 해운(자); (국가나 항구의)해상수송능력. port d'~ 선적항(船籍港). ③ 〖건축〗(대들보의)보강; (대포의)장전, (기계의)설치; (장치의)조절. ⑤ (기계의)부속 기구류, 부속품.
à ~ complet (전함에)전원 올라타.
Arménie [armeni] *n.pr.f.* 〖지리〗아르메니아.
arménien(ne) [armenjɛ̃, -ɛn] *a.* 아르메니아(l'Ar-

arménique

ménie)의. **―A~** *n.* 아르메니아 사람. **―***n.m.* 아르메니아어(語).

arménique [armenik] *a.* 아르메니아의.

armenteux(se) [armɑ̃tø, -ø:z] *a.* 가축이 많이 나는.

***armer** [arme] *v.t.* ① 무기를 갖게 하다; 무장시키다, 장비하다; 장갑하다; 대비시키다, 지키다(défendre). [~ *qn/qc*] ~ la milice 민병을 무장시키다. ~ une forteresse 요새를 무장하다. [~ *qn contre qn/qc*] ~ le fils *contre* le père 아들을 그 아버지에게 대항하게 하다. La philosophie nous *arme contre* les passions. 철학은 가지가지의 정열로부터 우리를 지켜준다. (목적보어 없이) On *arme* de tous côtés. 어디서나 무장을 하고 있다.
② [~ *qn* de *qc*] (을)갖추게 하다; 〖해양〗 (배를) 의장하다(équiper); (승무원을)태우다; (필요한 기구·자재를)장비하다. ~ *qn d'un* parapluie …에게 우산을 휴대시키다. Il faut ~ le gouvernement *de* pouvoirs exceptionnels. 정부에 비상대권을 부여해야 한다.
③ (에게) (…을) 주다. ~ *qn* chevalier 〖역사〗 …에게 기사 칭호를 주다.
④ (화기에)장전하다; 장치하다. ~ un fusil 소총에 장전을 하다. ~ le déclic 사진기의 셔터를 장전하다.
⑤ 튼튼하게 하다; 보강하다(renforcer). 〖건축〗 (대들보를)형구(桁構)로 보강하다; (자석을)접극자(接極子)와 접속시키다. ~ de fer une poutre 철재로 대들보를 튼튼하게 (보강)하다. ~ le béton 콘크리트에 철근을 넣다.
⑥ ~ la clef 〖음악〗 조표를 붙이다.
~ *qn de pied en cap* (*de toutes pièces*) …을 완전무장시키다. *être armé d'un laissez-passer* 통행증을 가지고 있다.

―*v.i.* ① 〖군사〗 무장하다, 전쟁 준비를 하다.
② 〖해양〗 의장되다; (배에)올라타다.
―*s'~* *v.pr.* ① 무장하다, 무기를 들다. Toute la France *s'arma*. 프랑스 전체가 무기를 들었다.
② 무장하다, 자기를 지키다, 경계하다; (정신을) 무장하다, 굳건히 하다. [s'~ contre *qc*] Elle *s'est armée contre* la tentation. 그녀는 유혹에 (강력하게) 대항했다. [s'~ de *qc*] Il *s'est armé d'un* baton (*d'un* parapluie). 그는 몽둥이로 무장했다(우산을 휴대했다). *s'~ de* patience 끝끝내 참기로 하다.

armet [arme] *n.m.* (15-17세기 기사의)철갑 투구.

armillaire [armi(l)lɛ:r] *a.* 팔찌 모양의; 고리모양의. sphère ~ 혼천의(渾天儀).

armille [armij] *n.f.* ① (고대의)팔찌. ② (고대의)천체관측기. ③ (*pl.*) 〖건축〗 (기둥머리의)테두리 쇠시리; (반사 램프의)갓.

armillé(e) [armije] *a.* 팔찌 모양으로 둘러싸인.

arminianisme [arminjanism] *n.m.* 〖종교사〗 아르미니우스파의 교리.

arminien(ne) [arminjɛ̃, -ɛn] 〖종교사〗 *a.* 아르미니우스파의. **―***n.m.* 아르미니우스파의 신자.

armistice [armistis] *n.m.* 휴전. anniversaire (journée) de l'A~ (제1차 세계대전의)휴전 기념일 (11월 11일). signer l'~ 휴전 조약에 조인하다. rompre l'~ 휴전협정을 파기하다.

***armoire** [armwa:r] *n.f.* ① 장롱, 옷장. ~ à glace 거울이 달린 장롱. ② 찬장, 찻장. ~ frigorifique 냉장고. ③ (구어) 어깨, 체구가 튼튼한 사람; (군대 속어) 병사의 배낭.
fond d'~ (장속 깊이 처박아 둔)헌 옷. être habillé des *fonds d'~* 헌 옷을 입고 있다.

armoiries [armwari] *n.f.pl.* 가문(家紋).

armoise [armwa:z] *n.f.* 〖식물〗 쑥쑥속(屬). ~ absinthe (amère) 쑥쑥. ~ commune 쑥. ② =

armoisin

armoiseur(se) [armwazœ:r, -ø:z] *n.* 〖직물〗 얇은 명주 짜는 직공(여공).

armoisin [armwazɛ̃] *n.m.* (옛)〖직물〗 (리본의)무늬 명주.

armon [armɔ̃] *n.m.* (수레의)채.　「늬비.

armorial(ale, *pl.* **aux**) [armɔrjal, -o] *a.* 가문(家紋)의. **―***n.m.* 가문집.

armoricain(e) [armɔrikɛ̃, -ɛn] *a.* 〖고대지리〗 아르모리크(l'Armorique)의. **―A~** *n.* 아르모리크 사람. **―***n.m.* 아르모리크어(語).

armorier [armɔrje] *v.t.* (에)가문을 그리다, 가문으로 장식하다.

Armorique [armɔrik] *n.pr.f.* 브르타뉴의 켈트식 이름. **―a~** *n.f.* (브르타뉴산의)위스키.

armoriste [armɔrist] *n.m.* 가문을 그리는(조각하는) 사람; 가문학자.

armure [army:r] *n.f.* ① 갑주(甲冑); (거북의) 등껍질; (고슴도치의)바늘; (군함의)장갑철판; 철책; 외과의 준업함. ② 〖직물〗 짜임새. ③ 〖전기〗 전선의 금속피복; (자석의)접극자(接極子). ④ 〖음악〗 =armature ⑤.

armuré(e) [armyre] *a.* ① 갑주(甲冑)를 입은. ② 〖직물〗 단색 무늬의, 단색 짜임새의.

armurerie [armyrri] *n.f.* ① 무기상(商); 무기제조 (판매·공장). ② 총포 대장간, (병사의)무기.

armurier [armyrje] *n.m.* ① 무기 제조(판매)인. ② (군사) 병기공(工), 병기계(係).

A.R.N. [aerɛn] (<*acide ribonucléique*) *n.m.* 리보핵산 (RNA).

arnaquer [arnake] *v.t.* (속어)① 훔치다, 사취하다.
② 체포하다. 붙잡다.

arnica [arnika], **arnique** [arnik] *n.f.* 〖식물·약〗 아르니카.

arobe, arrobe [arɔb] *n.f.* (에스파냐·포르투갈·남미의)용량 단위(10-16*l*); (위의)중량 단위(11-15 kg).

aroïd(ac)ées [arɔid(as)e] *n.f.pl.* 〖식물〗 천남성과 (天南星科).　　　　　　　　　　　　　　「종.

arol, arol(l)e [arɔl] *n.m.*(*f.*) 〖식물〗 소나무의 일

aromate [arɔmat] *n.m.* 향료; 식물성 방향물질; 향신료.

aromathérapie [arɔmaterapi] *n.f.* 〖의학〗 방향제 요법.

aromatique [arɔmatik] *a.* 향기가 있는; 방향성의; 〖화학〗 방향족의. série ~ 〖화학〗 (나프탈린 따위의)방향족. hydrocarbures ~s 〖화학〗 (벤젠 따위의)방향족 탄화수소. **―***n.m.* 〖화학〗 방향족 (芳香族) 화합물(composé~).

aromatisation [arɔmatizasjɔ̃] *n.f.* 향기롭게 하기; 〖화학〗 방향족화.

aromatiser [arɔmatize] *v.t.* 향기롭게 하다; 〖화학〗 방향족화하다, 방향족성을 부여하다.

arome, arôme [arɔ:m] *n.m.* 향기; (동·식물성의) 방향(芳香).

aronde [arɔ̃:d] *n.f.* (옛·사투리)제비. queue d'~ 〖건축〗 열장장부촉.

arondelle [arɔ̃del] *n.f.* (어업)주낙줄; 작은 배.

arpège [arpɛ:ʒ] (이탈리아) *n.m.* 〖음악〗 아르페지오, 분산화음.

arpéger [arpeʒe] 3·6 〖음악〗 *v.i.* 아르페지오를 연주하다. **―***v.t.* 아르페지오로 연주하다. accord *arpégé* 아르페지오로 연주하는 화음.

arpent [arpɑ̃] *n.m.* 아르팡(35-50아르에 해당; 캐나다에서는 (길이의 단위)191.8피트, (넓이의 단위) 36,802제곱피트). champ de quelques ~s 에이커 안되는 땅(밭).

arpentage [arpɑ̃ta:ʒ] *n.m.* 측량.

arpenter [arpɑ̃te] *v.t.* ①《구어》큰걸음으로 걷다(~ à grands pas). ② 측량하다.
arpenteur [arpɑ̃tœːr] *n.m.* 측량사; 《조류》물매새무리. grand ~ de terrain《구어》전각가(健脚家).
arpenteuse [arpɑ̃tøːz] *a.f.* 꼬리를 목에 가까이하여 걷는. —*n.f.* 자벌레(chenille ~).
arpète, arpette [arpɛt] *n.f.*《속어》양장(양품)점의 견습공.
arpin [arpɛ̃] *n.m.*《구어》직업적인 장사(壯士).
arpion [arpjɔ̃] *n.m.*《속어》발; (*pl.*) 발가락.
arpon [arpɔ̃] *n.m.* (조선공의) 큰 톱.
arquais(e) [arke, -εːz] *a.* 아르크라바타유(*Arques-la-Bataille,* 프랑스의 도시)의. —**A~** *n.* 아르크라바타유 사람.
arqué(e) [arke] *a.p.* 활처럼 굽은, 활모양의, 구부린(voûté). nez ~ 매부리코.
arquebusade [arkəbyzad] *n.f.* 화승총 사격.
arquebuse [arkəbyːz] *n.f.* 화승총.
arquebuser [arkəbyze] *v.t.* 화승총으로 쏘아 죽이다.
arquebuserie [arkəbyzri] *n.f.* ① 화승총 제조(소). ② 휴대용 화기 제조(술·업).
arquebusier [arkəbyzje] *n.m.* ① 화승총수(手). ② 무기 제조(판매)인.
arquepincer [arkəpɛ̃se] ② *v.t.*《속어》① 훔치다. ② 잡나, 붙잡다.
arquer [arke] *v.t.* 활 모양으로 구부리다. ~ le dos 등을 잔뜩 구부리다. —*v.i.* ① 활 모양으로 구부러지다(fléchir). ②《속어》걷다. Je (ne) peux plus ~. 난 더 이상 걸을 수 없다.
—**s'~** *v.pr.* 활 모양으로 되다, 굽다.
arquois(e) [arkwa, -aːz] *a.* 아르끄바루아(*Arc-en-Barrois,* 프랑스의 도시)의. —**A~** *n.* 아르캉바루아 사람.
arqûre [arkyːr] *n.f.* ① 활 모양으로 구부러지기, 굴곡. ②(말의) 구붓한 다리.
arr.《약자》arrondissement 구(區), 군.
arrachage [araʃaːʒ] *n.m.* ① 잡아 뽑기, 뿌리째 뽑기(↔ plantation). ②《구어》(이·못 따위를) 뽑기.
arraché [araʃe] *n.m.*《역도》인상(引上).
à l'~ (특히 선거전에서) 간신히의(승리를) 거둔. (형용사적) sa victoire à l'~ 근소한 표차로 거둔 그의 승리, vainqueur à l'~ 근소한 차로 이긴 당선자. (부사적) conquérir à l'~ la mairie de S, S 시 시장 직에 간신히 당선되다.
arrache-cartouche [araʃkartuʃ] (*pl.* ~-~(*s*)) *n.m.* (소총 따위의) 약포(藥包) 뽑개.
arrache-chaussures [araʃʃosyːr] *n.m.* 《복수불변》신벗기개(장화용).
arrache-clou [araʃklu] (*pl.* ~-~(*s*)) *n.m.* 못뽑이.
arrache-douille [araʃduj] (*pl.* ~-~(*s*)) *n.m.* (총의) 탄피 뽑개.
arrachement [araʃmɑ̃] *n.m.* ① 단장의 서러움, 괴로움(déchirement). Leur séparation fut un véritable ~. 그들에게 이별이 가슴을 찢는 듯 괴로웠다. ② = arrachage. ③《외과》떼기, 접질리기. ④ 산사태.
arrache-pied (d') [daraʃpje] *loc.ad.* ① 끈질기게, 전력을 다해. ② 쉬지 않고, 단숨에.
arrache-pointe(s) [araʃpwɛ̃ːt] *n.m.*《복수불변》(정 등의) 뽑는 장도리.
***arracher** [araʃe] *v.t.* ①(나무 따위를) 뿌리째 뽑다, 뽑아내다(déraciner); (이 따위를) 뽑다(extraire). ~ un arbre 나무를 뽑다. ~ une dent 이를 뽑다. ~ des pommes de terre 감자를 캐다.
②(가지·열매 따위를) 찢다, 뜯다, 따다. ~ un fruit de la tige 열매를 가지에서 따다.
③ 억지로 떼어놓다, 빼앗다, 강탈하다(enlever). [~ qn/qc à/de] ~ un enfant à sa mère[des bras de sa mère] 어머니에게서 애를 빼앗다. La sonnerie m'*arracha du* sommeil. 초인종 소리가 나를 잠에서 깨웠다. Je lui *arrachai* la promesse de m'écrire plus souvent. 나는 그에게 더 자주 내게 편지하겠다는 약속을 억지로 시켰다. Ce spectacle lui *arrache* des larmes. 이 광경이 그를 울린다.
④[~ *qn à qc*](을)(으로부터) 벗어나게 하다. ~ *qn à* la mort …을 죽음으로부터 구해내다. Qui pourra l'~ *à* ses habitudes? 누가 그에게 그 습관을 버리게 할 수 있을까?
⑤[~ *qn* de *qc*](에서)(을)쫓아내다, 추방하다(chasser, exiler). ~ *qn de* sa maison ~을 집에서 억지로 쫓아내다. ~ *qn de* son lit …을 침대에서 일어나게 하다.
⑥(무거운 물건을) 간신히 들어 올리다. Cet athelète *a arraché* 90 kilogrammes des deux bras. 이 선수는 두 팔로 90킬로그램을 들어올렸다.
⑦(에)상처를 내다. ~ la joue *de qn* …의 뺨에 상처를 내다.
~ *le cœur(l'âme)* à *qn* (*de* + *inf.*)《구어》(…하는 것)은 …에게 몹시 마음 아픈 일이다. **~ *les yeux à qn*** …의 눈을 뽑다 《상대를 위협하는 말투》.
—**s'~** *v.pr.* ①(se = 직접목적보어) [s'~ à/de *qc*] 자기를 억지로 떼어놓다. Je ne puis m'~ à mes livres. 나는 아무래도 책에서 떨어질 수 없다. Elle *s'est arrachée* à mes bras. 그녀는 내 팔에서 빠져나갔다. *s'~ d'une* étreinte de *qn* …의 품에서 빠져나오다. *s'~ au* sommeil 잠을 깨다.
②(수동적)
③(se = 간접목적보어, 과거분사는 불변)《자기의 …을》뽑다. *s'~ les* cheveux 자기의 머리카락을 쥐어뜯다; 안절부절 못하다. *s'~* une épine du pied 자기 발의 가시를 뽑다; 궁지를 모면하다.
④《속어》(상호적, se 는 간접목적보어)(을)서로 빼앗으려고 하다. On *se l'arrache.*《구어》저마다 그를 끌어가려고 야단들이다. Un livre est-il interdit, aussitôt on *se l'arrache.* 어떤 책이 판매금지 되자 곧 서로 쟁탈전이 벌어진다.
⑤ 서로 쥐어뜯다(잡아매다).
s'~ les yeux 크게 (대판) 싸우다; (읽기 힘들어서) 자기 눈을 크게 뜨다. Il *s'arrache les yeux* à lire les petites lettres d'un livre. 그는 눈을 크게 뜨고 책의 잔 글씨를 읽는다.
arrache-racine(s) [araʃrasin] (*pl.* ~-~*s*) *n.m.* 뿌리 따위를 뽑는 작은 괭이.
arracheur(se) [araʃœːr, -ʃøːz] *n.* 뽑는 (캐는) 사람. *mentir comme un ~ de dents* 거짓말을 식은 죽 먹듯이 하다.
—*n.f.*《농업》(나무 뿌리를 뽑아내는) 농기구; (감자 따위를) 캐내는 기구.
arrachis [araʃi] *n.m.* (묘목을) 훔쳐 뽑기; 나무 뽑기; (뿌리에 흙이 남지 않게) 뽑아낸 묘목. ~ de bois 개간한 삼림의 흔적.
arrachoir [araʃwaːr] *n.m.* = **arracheuse.**
arrageois(e) [araʒwa, -aːz] *a.* 아라스(*Arras*, 프랑스의 도시)의. —**A~** *n.* 아라스 사람.
arraisonnement [arεzɔnmɑ̃] *n.m.* ① 선박(항공기) 검사. officier chargé de l'~ 선내(항공기) 임검관리. ②《옛》설득.
arraisonner [arεzɔne] *v.t.* ①(선박·항공기를) 조사하다. ②《옛》설득하다. —*v.i.* ~ avec les autorités du port《해양》항만당국에 보고하다.
arrangeable [arɑ̃ʒabl] *a.* 조정할 수 있는; 수선(수리)할 수 있는. différend ~ 조정할 수 있는 분쟁. Cette machine n'est plus ~. 이 기계는 더 이상 수리할 수 없다.

arrangeant(e) [arɑ̃ʒɑ̃, ã:t] a. 협조적인, 순진한, 친절한(accommodant); 까다롭지 않은.

arrangement [arɑ̃ʒmɑ̃] n.m. ① (알맞은 순서로)놓기, 배치, 배열; 정리, 정돈. ~ des mots 낱말의 배열. modifier ~ d'une pièce 방의 가구·집기 따위의 배치를 바꾸다. ~ d'une coiffure 머리카락을 가지런히 매만지기. ~ de fiches dans un classeur 카드를 정리함에 정리하기. ② 준비, 채비; 주선, 마련; 조서; 조처; 계획. ~s du départ 출발 준비. Mes ~s sont pris. 나는 채비가 끝났다. ③ 협정, 결정; 협상; 타협, 화해, 조정. ~ à l'amiable 협의, 합의, 타협. ~ de famille 《법》(특히 부동산의 양도에 관한)친족간의 합의. ~ diplomatique 외교상의 타협. Un ~ a mis fin à leur différend. 협의의 결과 그들의 분쟁이 끝났다. prendre des ~s avec ses créanciers 채권자(빚장이)와 타협을 짓다. ④ 의사의 소통. Ils ont un ~. 그들은 서로 의사가 통한다. ⑤ 처리; (돈 씀씀이의)알뜰함, 규모 있음. bien [mal] prendre ses ~s 처리를 잘[잘못]하다. Il manque d'~. 그는 돈 씀씀이가 헤프다. Il faut mettre plus d'~ dans vos dépenses. 돈을 더 규모있게 써야 합니다. ⑥ 《음악》편곡(編曲). ~ d'une partition pour piano 피아노를 위한 편곡. ⑦ 《수학》순열. ~ de n éléments p à p, n개의 요소에서 p개의 것을 취하는 순열.

‡**arranger** [arɑ̃ʒe] [3] v.t. ① 배열하다, 정리[정돈]하다(disposer, ordonner). ~ des papiers 서류를 정리하다. bien arrangé 잘 정돈된.
② 개조하다; 수선하다(réparer); 매만지다, 손질하다, 바로잡다. [~ qc] J'ai fait ~ ma radio. 나는 내 라디오를 수리시켰다. ~ sa coiffure 머리(가발)를 매만지다(손질하다). [~ qc à qn] Je vais lui ~ la cravate. 내가 그의 넥타이를 고쳐 매주겠다. Je vais vous ~ votre affaire. 당신 일을 제가 해결하겠읍니다.
③ 준비[계획·발의]하다(organiser, préparer). ~ un pique-nique 피크닉을 준비[계획]하다.
④ 타결시키다, 결말짓다, 조절하다(régler); 조정하다, 화해시키다(concilier). ~ un différend 분쟁을 조정하다.
⑤ 적응시키다, 알맞게 하다. ~ une pièce de théâtre pour les besoins de la mise en scène 공연의 필요에 따라 각본을 알맞게 각색하다.
⑥ 만족시키다(contenter, convenir à). [~ qn] Cela m'arrange à tous les égards. 그것은 여러모로 나에게 흡족하다(안성마춤이다). (비인칭)Cela m'arrange qu'il y ait un train de bonne heure le matin. 아침 일찍 기차가 있어서 내게는 잘됐다. Il essaye toujours d'~ les uns les autres. 그는 언제나 쌍방을 만족시키려고 시도한다.
⑦ 《음악》편곡하다.
⑧ 《구어》혼을 내주다; 속이다; 훔치다.
bien ~ qn; ~ qn de (la) belle(bonne) manière … 을 혼내주다. Vous voilà bien arrangé! 정말 혼났겠군요! 큰 봉변을 당했군요!
—s'~ v.pr. ① 배열되다, 정돈되다, 정리되다 (s'ordonner); 정비[조립]되다.
② 준비하다, 채비를 갖추다; 조처하다; (일이) 잘되어가다. [s'~ de qc] Ne vous inquiétez pas, je m'en arrangerez. 걱정마세요, 제가 잘 해나갈 테니까요. [s'~ pour/de manière à+inf.] Arrangez-vous pour le voir. 그를 만날 수 있도록 준비하세요. Ne t'inquiète pas, tout va s'~. 걱정하지 말아요, 모든 일이 잘 될 것이다. Ça s'arrangera. 잘될 거야, 어떻게 되겠지. [s'~ pour que+ind.] Arrangez-vous pour que nous partions à l'heure. 정시에 떠날 수 있도록 준비하시오.

③ 화해하다, 타결하다; 의견이 일치하다. [s'~ avec qn] Il s'est arrangé avec ses créanciers. 그는 채권자와 타결을 지었다. Nous nous sommes arrangés pour louer cette maison. 우리는 이 집을 (세내기로)빌리기로 합의했다.
④ [s'~ de] (에)만족하다. Il s'arrange de peu. 그는 얼마 안되는 것으로 만족한다.
⑤ 옷차림(화장)을 고치다. Elle est allée s'~. 그녀는 화장을 고치러 갔다. Elle s'est arrangé les cheveux. 그녀는 머리를 매만졌다(se는 간접목적 보어, cheveux가 직접목적보어, 과거분사 불변).
⑥ 계획되다.

arrangeur [arɑ̃ʒœːr] n.m. ① 《드물게》arranger 하는 사람. ② 《음악》편곡자.

arrentement [arɑ̃tmɑ̃] n.m. 《옛》임대차(賃貸借); 임차료(賃借料).

arrenter [arɑ̃te] v.t. 《옛》임대[임차]하다.

arréager [areraʒe] [3] v.i. 지불을 연체시키다.

arrérages [areraːʒ] n.m.pl. ① 연체(미불·미납)금. ② 연체이자; 이자. coupon d'~ 이자 지불 통지서, 배당 쿠폰.

arrestation [arɛstasjɔ̃] n.f. ① 체포, 검거. ~ arbitraire 부당체포. ~s en masse 대량검거. ② 구류. en état d'~ 구류 중의. mandat d'~ 구속영장. mettre qn en ~ …을 체포[검거]하다.

*****arrêt** [arɛ] n.m. ① 멈춤, 정지(↔ mouvement); 휴지; 중지(interruption); 정거(stationnement); 정거장. ~ des hostilités 적대 행위의 정지. sans ~ 쉬지 않고, 끊임없이, 줄곧. ~ de développement 《의학》(특히 태아의)발육(성장)정지, 억제형성. ~ de l'autobus 버스정류장. ~ de travail 파업; 작업중단. signal d'~ 《철도의》위험[정지]신호. ~ facultatif (손님이 있을 때만 서는)임시정거장. ~ fixe 상시(常時) 정거(장). ~ inopiné 《기계》고장, 파손. point d'~ 정류장; 《음악》연성음(延聲記號).
② 세움, 멈추는 것; 안전장치; 《기계》제동장치. mettre ~ à un chèque 수표의 지불을 정지하다. ~ d'un fusil 소총의 자물쇠. ~ à cliquet(à pression) 똑딱바퀴의 억련역제쇠. ~ d'une boutonnière 단춧구멍의 양쪽 마구리. en ~ 안전 장치가 되어 있다. mettre ~ sur un navire 《해양》선박을 억류하다, 출항을 정지하다.
③ 결정; 판단, 판결, 판정(jugement); 《법》(상급재판소 이상의)판결. ~ de la Cour de cassation (프랑스의)파기원의 판결. ~s d'un critique 비평가의 판정. ~ de mort 《법》사형의 판결. ~ par défaut 《법》결석 재판. ~s du destin (du ciel, de la Providence) 천의(天意), 신의. prononcer (rendre) un ~ 《법》판결을 언도하다.
④ 《옛》체포, 구류, 유치, 구인(arrestation); (상품 따위의)압수, 압류; (pl.)근신, 금족. maison d'~ 유치장. mandat d'~ 체포영장. faire ~ sur les marchandises 상품을 압류하다. être aux ~s 근신(금족) 중이다. ~s forcés (de rigueur) 《군사》중(重) 근신. garder les ~s 《군사》근신(금족)중이다. lever les ~s 《군사》근신을 풀다.
⑤ 《스포츠》(럭비의)태클; 《권투》반격, 득점이 되는 펀치. chien d'~ 세터(사냥개의 일종). coup d'~ 《권투》카운터, 반격.
⑥ (사냥개가)짐승을 발견하고 그 앞에서 멈추기; 《승마》말이 정지한 후의 동작.
Il n'a point d'~; C'est un esprit (un homme) sans ~. 그는 경박한 사람이다. mettre (tenir) la lance en ~ 창을 겨누다. tomber en ~ devant qc …의 앞에서 갑자기 멈추어서다.

arrêtage [arɛtaːʒ] n.m. (시계의)멈추는 장치.

arrêté(e) [arɛ(e)te] *a.p.* ① 결정된; 고정된, 확정된, 결정적인, 최종적인; 확고부동한, 명확한. à jour ~ 정해진 날에. bilan ~ en fin d'exercice 연말결산. avoir des idées[des opinions] bien ~es 확고부동한 의견을 갖다. C'est une chose ~e, il n'y a plus à y revenir. 그것은 결정된 것[일]이며, 더이상 재론할 것 없다. ② ouvrage ~ 《미술》완성된 작품. ③ départ ~ 《스포츠》스탠딩스타트.
—*n.m.* 포고; 《법》(행정기관·행정재판소가 발하는)명령, 법령. ~ ministériel 부령(部令). ~ d'assurance(정식 서류 작성 전의)보험 가계약서. ② 《상업》결산. ~ de compte(회계)결산.

arrête-bœuf [arɛtbœf] *n.m.* 《복수불변》《식물》=bugrane. 〔고리.

arrête-chaîne [arɛtʃɛn] (*pl.* ~-~(*s*)) *n.m.* 쇠사슬

‡**arrêter** [arɛ(e)te] *v.t.* ① (움직이는 사람[사물]을)세우다, 멈추다, 정지시키다(immobiliser). ~ sa voiture dans la rue 거리에서 차를 세우다. ~ un passant pour lui demander l'heure 시간을 묻기 위해 행인을 멈춰서게 하다.
② 저지[제지]하다, 억제하다, (행위를)중단시키다(retenir); 방해하다, 가로막다(empêcher). On n'arrête pas le progrès. 진보를 가로막을 수는 없다. ~ les désirs 욕망을 억제하다. ~ un adversaire (축구에서)상대를 저지하다. [~ de + *inf.*] J'ai arrêté de fumer. 나는 담배를 끊었다. [~ *qn* + *inf.*] Cela m'a arrêté de vous écrire. 그것이 당신에게 편지쓰는 것을 못하게 했다(그 일 때문에 편지를 쓰지 못했다).
③ (의)말을 중단시키다(interrompre); (혼란·출혈 따위)막다. ~ *qn* (tout) court 갑자기 …의 말을 딱 가로막다.
④ (시선을)고정하다, 물끄러미 바라보다(fixer). [~ ses regards sur] Il a arrêté ses regards sur le ciel. 그는 하늘을 물끄러미 바라보았다.
⑤ 체포하다, 구류하다, 구인(拘引)하다(attraper, appréhender); (상품 따위를)압류하다, 차압하다(saisir). ~ un voleur 도둑을 잡다. se faire ~ 체포당하다. Les créanciers ont fait ~ ses bagages. 채권자들이 그의 짐들을 차압해 갔다.
⑥ (방·좌석 따위를)예약하다(retenir). ~ une chambre à l'hôtel 호텔에 방을 예약하다.
⑦ (날짜·계획 따위를)정하다, 결정하다(fixer, décider); (계약을)체결하다(conclure). ~ le jour d'un rendez-vous 만날 날짜를 정하다. ~ sa décision 결심하다. [~ de + *inf.*] Ils ont arrêté d'agir ensemble. 그들은 함께 행동하기로 결정했다. (비인칭) Il a été arrêté que … …하도록 결정되었다.
⑧ (계산을)마감하다, 결산하다. ~ un compte 결산하다.
⑨ (사람을)채용하다, 고용하다. ~ un domestique 하인을 고용하다.
—*v.i.* 멎다, 서다; 체재(滯在)하다. Il travaille sans cesse, il n'arrête pas. 그는 쉴새없이 공부한다, 멈추지 않는다.
② 차를 세우다. Chauffeur, *arrêtez!* 기사님, (차를)세우세요.
—**s'~** *v.pr.* ① 멎다, 멈춰 서다, 정지하다; 중지되다. La pendule s'arrête. 괘종시계가 멈춘다. Le taxi s'arrêta devant ma porte. 택시가 우리집 앞에 섰다.
② 체재하다; 들르다. s'~ au café pour prendre un apéritif (식전에)한 잔 마시러 카페에 들르다.
③ 주의하다, (을)마음[염두]에 두다; (에)집착하다. [s'~ à/sur *qc*] Il ne faut pas vous ~ à des détails. 세목(細目)에 신경 쓸 것 없다. Il s'arrêta longtemps *sur* ce passage. 그는 오랫동안 이 구절을 다루었다(역점을 두어 설명했다).
④ 마음을 (결)정하다, 마음을 굳히다. [s'~ à *qc*] s'~ à une résolution 결심을 굳히다. [s'~ de + *inf.*] s'~ d'aller le voir 그를 찾아보기로 결정[결심]하다.
s'~ en beau[bon] chemin 성공을 목전에 두고 중도에 그만두다.

arrêtiste [arɛ(e)tist] *n.m.* 판례집(判例集)해설자.
arrêtoir [arɛtwaːr] *n.m.* 《기계》제동장치.
arr.-g. (약자)arrière-garde 《군사》후위.
arrher [are] *v.t.* (매매 계약금·예약금 따위의)전도금[선금]을 치르다, 지불하다.
arrhes [aːr] *n.f.pl.* ① (매매의)선금, 계약금, 예약금. ② 저당, 담보. ③ 벌금.
arriération [arjerasjɔ̃] *n.f.* 발육 부진.

‡**arrière** [arjɛːr] *ad.* ① 뒤로, 뒤에(↔ avant). ② (배의)고물 쪽에[으로].
avoir vent ~ 《해양》순풍을 받다. 《비유적》일이 순조롭게 진행되다. **faire machine[marche] ~** 후퇴하다, 후진하다; 되돌아오다; (했던 말을)취소하다.
—*int.* 비켜! 치워라! 물러가라! A~ la raillerie! 농담은 그만두시오!
—*a.* (불변)뒤의. siège ~ (차의)뒷좌석. feu [lanterne] ~ (차의)후미등. roues ~ (차의)뒷바퀴. essieu ~ (차의)뒷굴대. marche ~ (기관의)역전, 역행, 후퇴. vent ~ 순풍.
—*n.m.* ① 뒤, 뒷부분, 후부, 후면, (배의)고물, 선미(船尾)(poupe). (…의)뒤, 뒤쪽, 저편. avoir de l'~ 늦다. 《군사》후방. ceux de l'~ 후방 국민. services de l'~ 후방 근무. ② 《축구》후위, 백. **en ~** 뒤로[에서]; 늦게. aller en ~ 후퇴하다, 역행하다. faire un pas en ~ 한 발짝 뒤로 물러나다. **En ~!** 물러섯! **En ~ à toute vitesse!** 뒤로 전속력! **en ~ de** …의 뒤에; (대열)의 꼬리에; …보다 뒤떨어져[신]. Mon fils est très en ~ *de* ses camarades. 내 아들은 그의 친구들보다 훨씬 뒤떨어져 있다. être en ~ *de* son temps 시대에 뒤떨어져 있다.

arriéré(e) [arjere] *a.p.* ① (지능적 발육이)늦은 (attardé); (시대에)뒤떨어진, 철늦은(démodé, suranné). enfant ~ 발육이 늦은 아이; 정신박약아. pays ~ 후진국. homme aux idées ~es 시대에 뒤떨어진 생각을 가진 사람. gens ~s 시대에 뒤진 사람들. ② 체납의, 미불의, 연체된. réclamer une dette ~e 연체된 빚을 독촉하다. —*n.m.* ① 연체(미불)금. ② (일·통신 따위의)지체. ③ 《군대속어》신병. peloton des ~s 신병반. 〔추.

arrière-automne [arjɛrɔ(o)tɔn] *n.m.* 늦가을, 만
arrière-ban [arjɛrbɑ̃] *n.m.* 《역사》배신(陪臣). *une équipe d'~* 《구어》여기저기서 갑작스레 긁어모은 팀.

arrière-bassin [arjɛrbasɛ̃] *n.m.* (항구의)가장 후미진 정박소.
arrière-bec [arjɛrbɛk] *n.m.* 《토목》(교각의 하류 측에 세워진)말뚝(물살을 막음); 《해양》고물.
arrière-bord [arjɛrbɔːr] *n.m.* 뒷가장자리.
arrière-bouche [arjɛrbuʃ] *n.f.* 입 속; 《해부》인후(咽喉). 〔방.
arrière-boutique [arjɛrbutik] *n.f.* 가게 뒷방(골
arrière-bras [arjɛrbrɑ] *n.m.* 《복수불변》《해부》상박(上膊), 윗팔(↔ avant-bras).
arrière-cadre [arjɛrkɑːdr] *n.m.* 《사진》(카메라의)뒷부분.
arrière-caution [arjɛrkosjɔ̃] *n.f.* 《상업》담보 (擔保)의 담보.
arrière-chaîne [arjɛrʃɛn] *n.f.* 산의 후면.

arrière-chœur [arjɛrkœːr] *n.m.* 【가톨릭】 주(主)제단 뒤쪽의 성가대석.

arrière-corps [arjɛrkoːr] *n.m.* 《복수불변》① (건물의) 뒤쪽, 후부(↔ avant-corps). ② (조각의) 배경.

arrière-cour [arjɛrkuːr] *n.f.* 뒤뜰.

arrière-cousin(e) [arjɛrkuzɛ̃, -in] *n.* 촌수가 먼 형제자매.

arrière-cuisine [arjɛrkɥizin] *n.f.* 부엌 뒤 [옆]에 붙어있는 찬방 (설겆이 방).

arrière-défense [arjɛrdefɑ̃ːs] (*pl.* ~-s~-s) *n.f.* 【축구】 후위(後衛).

arrière-faix [arjɛrfɛ] *n.m.* 《복수불변》【의학】 후산(後産) (délivre).

arrière-fief [arjɛrfjɛf] *n.m.* 【역사】 부속봉지(附屬封地).

arrière-fleur [arjɛrflœːr] *n.f.* 뒤늦게 피는 꽃; (꽃의) 뒤늦게 피기. Les poésies d'André Chénier sont comme des ~s du classicisme. 《비유적》앙드레 쉐니에의 시(詩)는 고전주의의 뒤늦게 핀 꽃과도 같다.

arrière-foin [arjɛrfwɛ̃] *n.m.* 두번째 베는 꼴; 두번째 베기.

arrière-fond [arjɛrfɔ̃] *n.m.* 가장 내밀 [깊숙] 한 곳.

arrière-garde [arjɛrgard] *n.f.* ① 【군사】 후위(後衛). ② 【해군】 후미전대(戰隊).

arrière-gorge [arjɛrgɔrʒ] *n.f.* 목구멍 안쪽.

arrière-goût [arjɛrgu] *n.m.* 뒷맛.

arrière-grand-mère [arjɛrgrɑ̃mɛːr] (*pl.* ~-s~-s) *n.f.* 증조모(bisaïeule).

arrière-grand-oncle [arjɛrgrɑ̃tɔ̃ːkl] (*pl.* ~-s~-s) *n.m.* 증조부(모)의 형제.

arrière-grand-père [arjɛrgrɑ̃pɛːr] (*pl.* ~-s~-s) *n.m.* 증조부.

arrière-grands-parents [arjɛrgrɑ̃parɑ̃] *n.m.pl.* 증조부모.

arrière-grand-tante [arjɛrgrɑ̃tɑ̃ːt] *n.f.* 증조부(모)의 자매.

arrière-main [arjɛrmɛ̃] *n.f.[m.]* ① 손등; (테니스의) 백핸드(스트로크)(coup d'~, revers). gagner la partie par un bel ~ 보기좋은 백핸드 스트로크로 게임을 이기다. ② (말의) 주변부분.

arrière-neveu [arjɛrnəvø] (*pl.* ~-~-x) *n.m.* ① 조카(질녀)의 아들. ② (*pl.*) 자손.

arrière-nièce [arjɛrnjɛs] *n.f.* 조카(질녀)의 딸.

arrière-pays [arjɛrpe(e)(j)i] *n.m.* 《복수불변》(해안지방의) 후배지(後背地); 도시의 주변지역.

arrière-pensée [arjɛrpɑ̃se] *n.f.* 속마음, 저의(底意), 속셈, 딴 생각. J'ai cette ~ que... 나는 마음속에 …라는 생각을 가지고 있다.
  sans ~ 저의없이, 딴 생각없이. accepter une invitation sans ~ 초대를 순순히 수락하다.

arrière-petite-fille [arjɛrpətitfij] (*pl.* ~-~-s~-s) *n.f.* 증손녀.

arrière-petite-nièce [arjɛrpətitənjɛs] (*pl.* ~-~-s~-s) *n.f.* 증조카(질녀)의 손녀.

arrière-petit-fils [arjɛrpətifis] (*pl.* ~-~-s~-) *n.m.* 증손자.

arrière-petit-neveu [arjɛrpətitnəvø] (*pl.* ~-~-s~-x) *n.m.* 조카(질녀)의 손자.

arrière-petits-enfants [arjɛrpətizɑ̃fɑ̃] *n.m.pl.* 증손자.

arrière-pièce [arjɛrpjɛs] *n.f.* 뒷방, 안쪽방. 뒷문.

arrière-plan [arjɛrplɑ̃] *n.m.* 배경; 【연극】 무대 안쪽, 무대 뒤(↔ premier plan); 눈에 띄지 않는 곳 [자리]; (비유적) 이차적인 위치, 중요성이 떨어지는 지위 (second plan). rester (se maintenir) à l'~ 눈에 띄지 않는 자리에 머물다. artistes d'~ 이류·삼류 예술가.

arrière-point [arjɛrpwɛ̃] *n.m.* 【의복】 되돌려 꿰매기 (point-arrière).

arrière-pont [arjɛrpɔ̃] *n.m.* 【해양】 뒷갑판.

arrière-port [arjɛrpɔːr] *n.m.* 【해양】 내항(內港).

arriérer [arjere] [6] *v.t.* (지불·일 따위를) 늦어지게 하다, 지체시키다 (retarder). ~ un payement 지불을 늦추다.
  —**s'~** *v.pr.* (지불 따위가) 늦어지다, 지불(일)이 늦다; (남보다) 뒤떨어지다, 낙오하다, 지체하다. Notre locataire s'est arriéré de plusieurs termes. 우리 집에 세든 사람은 여러 기분(期分)의 집세가 밀렸다. Malgré mes efforts, ma besogne *s'arrière*. 나의 노력에도 불구하고 내 일은 지체되고 있다.

arrière-rang [arjɛrrɑ̃] *n.m.* 【군사】 최후열(最後列), 맨 뒷줄.

arrière-saison [arjɛrsɛzɔ̃] *n.f.* ① 만추, 늦가을; 초겨울; 밀·포도수확에 앞선 수개월, 단경기(端境期). ② (비유) 만년 (~ de la vie).

arrière-salle [arjɛrsal] *n.f.* 뒷방.

arrière-scène [arjɛrsɛn] *n.f.* 【연극】 무대 뒤; 무대 뒤의 휘장 (↔ avant-scène).

arrière-train [arjɛrtrɛ̃] *n.m.* ① (동물의) 하반신, 엉덩이 부분, 아랫도리; 《속어》(사람 특히 여자의) 궁둥이 (fesse). ② 《드물게》(수레의) 뒤쪽; 【군사】 후차(後車).

arrière-vassal (*pl.* **aux**) [arjɛrvasal, -o] *n.m.* 【역사】 배신(陪臣), 부하.

arrière-vassale [arjɛrvasal] *n.f.* 여자 배신.

arrière-voussure [arjɛrvusyːr] *n.f.* 【건축】 창 뒷면의 아치형 장식.

arrimage [arimaːʒ] *n.m.* ① 뱃짐을 차곡차곡 싣기; 실린 짐; (화차·비행기에) 짐을싣기. changer l'~ 뱃짐을 부리기 시작하다. ② (배의) 균형.

arrimer [arime] *v.t.* ① (배·기차·비행기에) 짐을 차곡차곡 싣다. des colis dans la cale d'un avion 짐을 비행기의 화물실에 차곡차곡 싣다. ② (배의) 균형을 잘 잡다.

arrimeur [arimœːr] *n.m.* 【해양】 뱃짐을) 차곡차곡 싣는 사람, 하역 인부.

ariser [arize] *v.t.* 【해양】 (돛을) 어느 정도 내리다; 축범(縮帆)하다. —*v.i.* 축범하다.

arrivage [arivaːʒ] *n.m.* ① (상품·화물의) 도착; 도착 상품(화물). grand ~ de fruits aux halles 시장의 과일 대량 입하. ② (일군(단체)의) 도착 (arrivée). ~ de touristes 단체 관광객의 도착. ③ (외국 자금의) 도입. ④ (항구에 들어온 배의) 접안(接岸). ⑤ (부상자 따위의) 한 떼 (무리).

arrivant(e) [arivɑ̃, ɑ̃ːt] *n.* 도착자 (↔ partant). les ~s et les partants 오는 사람 가는 사람.

arrivé(e¹) [arive] (↔ arriver) *a.p.* ① 도착한. ② 성공한, 출세한. homme ~ (사회적으로) 출세한 사람. —*n.* 도착한 사람. dernier (nouvel) ~ 마지막으로 (새로) 온 사람.

*****arrivée²** [arive] *n.f.* ① 도착 (↔ départ); 도착 시간. attendre l'~ du courrier 우편물(우체부)의 도착을 기다리다. [à l'~ de] à l'~ de ces marchandises 이 상품들이 도착할 때에. à son ~ 그가 도착할 때. Je vous verrai à mon ~. 내가 도착하면 (도착하는 즉시) 당신을 만날 것입니다. heures d'~ 우편물의) 배달 시간. ② 【기계】(증기·가스 따위의) 입구 (入口), 투입관 (管). ③ 【스포츠】(경주의) 결승점; 결승. ligne d'~ 결승선. juge d'~ (à l'~) 결승점 심판. ruban d'~ 결승점의 테이프. L'~ fut très disputée. 결승은 대접전이었다. ④ 【해양】 이물을 바람부는 방향으로 돌리기. ⑤ à l'~ 마지막으로, 결국 (자주 au départ와 함께 쓰임). ⑥ (여행자의) 도착지.

‡arriver [arive] *v.i.* (조동사는 être) ① (에)다다르다, 도착하다, 이르다(atteindre); 오다(venir); 〖예〗강가(해안)에 다다르다. [~ à/en] ~ *à Paris* 파리에 도착하다. ~ *en France* 프랑스에 도착하다. [~ *de*] Elle *arrive* de Londres. 그녀는 런던에서 왔다. ② 출세(성공)하다(réussir). C'est un homme qui *arrivera*. 그는 성공할 사람이다. ③ [~ à/jusqu'à + *inf.*] 달성하다, …하기에 이르다, 드디어 …하고야 말다(réussir à, finir par). ~ *à le convaincre* 그를 설득하고야 말다. ④ (주어는 사물, 비인칭 구문으로도 쓰임) 오다; 일어나다(se passer, se produire). Une lettre lui *est arrivée* de Paris. 파리에서 그에게 편지 한 통이 왔다.((비인칭)) Il lui *est arrivé* une lettre de Paris). Il lui *est arrivé* une aventure. 그에게 사건이 발생했다. [Il arrive de + *inf.*/que + *ind.*/*sub.*] (우연히) …하는 일이 생기다(수가 있다)((※문맥에 따라 뉘앙스에 차이가 있다. ⓐ(현실적 사실: que + *ind.*) Il m'*arriva de* le rencontrer. 우연히 내가 그를 만난 일이 있었다. ⓑ(가능한 사실: que + *sub.*) Il nous *arrive de* déjeuner en ville; Il *arrive que* nous déjeunions en ville. 우리는 시내에서 점심식사 할 때도 있다). ⑤ [~ sur] (쪽으로)다가오다. Ce bateau *arrive sur nous*. 그 배가 우리쪽으로 다가온다. ⑥ 〖해양〗뱃머리를 바람 부는 쪽으로 돌리다.
arrive que pourra (ce qui arrive, ce qui pourra, qui plante) 무슨 일이 일어나도.(있어도).
~ *à ce que* + *sub.* …할 수 있도록 하다.
~ *vent arrière* 빨리(일찍) 달다.
en ~ (비인칭) 결국…에 이르다, …결과에 이르다. Il vous *en arrivera* malheur. 결국 당신에게 불행이 닥쳐올 것입니다.
en ~ *à qc* 마침내 …에 이르다. *en* ~ *à la rupture* 끝내 절교하고야 말다.
en ~ *à* + *inf.* 마침내 …하게 되다, 결국 …하지 않을 수 없게 되다. Il *en était arrivé à* demander l'aumône. 마침내 그는 구걸하기까지 이르렀다.
en ~ *aux voies de fait* 완력에 호소하다.
en ~ (*là*) 거기까지 가다(오다), 그 지경에 이르다.
Il croit que c'est arrivé. 그는 그것을 자기가 제일이라고 생각한다; 그는 그것을 홀딱 믿고 있다; 그는 상대방의 말을 금방 믿어버리는 사람이다.
Il en arrivera ce qu'il pourra. 될 대로 되리라.
quoi qu'il arrive 어떤 일이 있어도.
Son heure est arrivée. 그의 최후가 다가왔다.
Un malheur n'arrive jamais seul. 〖속담〗불행은 결코 혼자 오지 않는다, 불행은 잇달아 온다.
arrivisme [arivism] *n.m.* 출세욕, 출세 제일주의.
arriviste [arivist] *n.* 출세 제일주의자.
arrobe [arɔb] *n.f.* = **aroba**.
arroche [arɔʃ] *n.f.* 〖식물〗갯는쟁이.
arrogamment [arɔgamɑ̃] *ad.* 거만하게, 건방지게, 오만하게(hautainement).
arrogance [arɔgɑ̃:s] *n.f.* 건방짐, 거만, 뻔뻔스러움 (orgueil, impudence, ↔ modestie). répondre avec ~ 거만하게 대답하다.
arrogant(e) [arɔgɑ̃, -ɑ̃:t] *a.* 거만한(↔ humble); 건방진, 오만한(hautain, impertinent, ↔ déférent).
—*n.* 오만한 사람.
arroger (s') [sarɔʒe] ③ *v.pr.* (부당하게)제것으로 삼다(s'approprier); 가로채다, 참취하다(usurper). *s'*~ *un droit* 권리를 가로채다.
arroi [arwa] *n.m.* 〖예〗행렬; 일행.
être en mauvais ~ 〖구어〗슬픔에 잠겨 있다; 비참한 처지에 있다.

arrondi(e) [arɔ̃di] *a.p.* ① 둥글게 된, 둥근(rond, ↔ aigu); 오동통한(potelé). ② 단수(端數)(우수리)가 없는. nombres ~*s* 어림수, 개수(槪數). ③ (문장의) 균형잡힌; (말이)길들여진. ④ 〖언어〗입술을 둥글게 하여 발음하는. voyelle ~*e* 원순모음(o, u 따위).
—*n.m.* (뺨 따위의)둥그스름한 부분; (가장자리 따위의) 둥그스름한 부분.
arrondir [arɔ̃di:r] *v.t.* ① 둥글게 하다, (팔 따위를) 굽혀서 둥글게 하다; 입을 둥글게 하여 발음하다. ~ *les angles* 모를 없애다. ~ *le coude* 팔꿈치를 둥글게 하다. ~ *une voyelle* 입을 둥글게 벌리고 모음을 발음하다. ② (재산 따위를)늘리다, 불리다 (agrandir, ↔ diminuer). ~ *sa fortune* 재산을 늘리다. ③ 〖해양〗(섬 따위를)회항하다. ④ (액수의)우수리를 없애다. Cela faisait 163 francs, mais il *a arrondi* à 160 francs. 그 값은 163 프랑이었는데 그는 우수리를 떼고 160 프랑으로 했다. ⑤ (태도를)부드럽게 하다; (문장을)균형있게 하다 (유려하게) 하다; (말을)길들이다. ~ *des phrases* 문장을 유려하게 하다.
—*s'*~ *v.pr.* ① 둥글게 되다; 오동통하게 살찌다. ② 붇다, 커지다, 버지다. Son ventre *s'arrondit*. 그의 배가 나온다. ③ (재산이)늘다; 재산을 늘리다. Il *s'arrondit*. 그는 재산이 불어난다.
arrondissage [arɔ̃disaʒ] *n.m.* 둥글게 함.
*****arrondissement** [arɔ̃dismɑ̃] (<*arrondir*) *n.m.* ① (파리의)구(區); 군(郡). chef-lieu d'~ 군청소재지. ② 〖예〗둥글게 함(됨). ③ 증가(accroissement); 넓히기(agrandissement). ④ 우수리를 없애기; (문장의)균형잡힘; 〖언어〗(입술을)둥글게 하기. ~ *d'un payement au franc* 지불금액의 프랑 미만의 우수리를 잘라버림. ~ *de nombre fractionnaire* 우수리 처리.
arrosable [arozabl] *a.* 물을 뿌릴 수 있는, 물을 댈 수 있는. terre ~ 물을 댈 수 있는 경작지.
arrosage [aroza:ʒ], **arrosement** [arozmɑ̃] *n.m.* ① 물을 뿌리기(끼얹기); 물 대기, 살수, 관개, 적시기. ~ *d'un jardin* 정원에 물 주기. voiture (tonneau) d'~ 살수차(撒水車). ② (버터 따위를)음식물에 치기; 〖구어〗흘려 넣기; 축하하여 마시기. ③ 관대함을 보여주기. ④ 포탄을 퍼붓기.
un bon ~ 〖구어〗흠뻑 젖음; 포탄 세례.
*****arroser** [aroze] *v.t.* ① (꽃·야채·길 따위에)물을 뿌리다(주다, 이끼다, 붓다), (비가)적시다(asperger). ~ *un jardin*(*des plantes*) 정원(초목)에 물을 주다. J'ai été bien *arrosé*. 〖구어〗나는 비에 흠뻑 젖었다. ② (목초지 따위를)관개하다, 물을 대다 (irriguer). ③ (에)(피·땀·눈물 따위를)흘려 적시다 (mouiller); (강물 따위가)가로질러 흐르다, 관류(貫流)하다(traverser). La Seine *arrose* Paris. 센 강은 파리를 가로질러 흐른다. ~ *la terre de ses sueurs* 자기 땀으로 땅을 걷다. ~ *de sang* 피로 땅을 적시다. ④ 〖구어〗축하하여 마시다(fêter). ~ *un succès* 성공을 축하하여 마시다. Il faut ~ cela. 축하의 잔을 들어야지. ~ *un repas* 식사중에서 포도주를 곁들여 마시다. ~ *un repas* 식사중에 포도주를 곁들여 마시다. ⑥ 〖군대속어〗(에)포화(砲火)를 퍼붓다. 〖요리〗(고기에)버터를 치다. ⑦〖구어〗한잔 사다; (돈으로)매수하다. ~ *qn* (*d'une pluie d'or*) …을 돈으로 매수하다. Pour faire passer sa nouvelle, il *a arrosé* tous les journaux. 자기 뉴스를 실기 위해 신문사에 돈을 뿌렸다. ⑧ (음료에)술을 타다; (술에)물을 타다. ~ *son thé* 차에 술을 타다. café *arrosé* 〖구어〗(식사하면서)술을 마시다.
~ *ses créanciers* 〖구어〗채권자에게 체면치레로 돈을 조금 갚다. ~ *son pain de ses larmes* 비참하게

arroseur(se) 생활하다. ~ *une affaire* 《구어》마시며 계약하다. *courage arrosé* 《구어》취한 김[취중]의 용기. —s'~ *v.pr.* s'~ la gorge 《구어》한잔하다.

arroseur(se) [arozœːr, -φːz] *n.* ① 물뿌리는 사람. —*n.m.* ~ automatique rotatif 자동식 회전 살수기. —*n.f.* 살수기; 살수차. ~*se automobile* 살수 자동차. ~*se* à poussière d'eau 분무 살수기.

arrosion [arozjɔ̃] *n.f.* 부식, 침식.

arrosoir [arozwaːr] *n.m.* 물뿌리개; 살수 장치.

arrouter [arute] *v.t.* 출발시키다.
—s'~ *v.pr.* 출발하다.

arrow-root [arorut] 《영》*n.m.* 칡뿌리 가루, 갈분.

arroyo [arɔjo] *n.m.* (인도지나·브라질의 델타지대에서) 강과 강을 잇는 천연 또는 인공의 작은 운하.

arrugie [aryʒi] *n.f.* 《광산의》배수거(排水渠).

ars[1] [aːr] *n.m.* (말의) 옆구리.

ars[2](**e**) [aːr, ars] (*p.p.*< *ardre*) *a.p.* 《옛》 불에 탄.

A.R.S. 《약자》Action républicaine et sociale 《정치》공화사회행동파 《드골파의 분파》.

arsenal(*pl. aux*) [arsənal, -o] *n.m.* ① 포병공창; 병기창; 해군공창. ~ de l'*A*— 아르스날 도서관 《18세기말 포병공창의 전용 도서관》. ② 창고. ~ de l'érudition 산 사전, 박식한 사람. ③ 《대량의》무기; 장비 한벌. un ~ de revolvers 대량의 권총. user de tout l'~ des lois 법이란 법을 다 동원[사용]하다. ~ de chirurgien 외과용 수술상자.

arséniate [arsenjat] *n.m.* 《화학》비산염(砒酸塩). ~ de plomb 비산수소염 (PbHAsO$_4$).

arsenic [arsəni(k)-ni] *n.m.* 《옛》①《화학》비소(砒素). empoisonner *qn* avec de l'~ 비소로 …을 독살하다. ② 백비(白砒), 아비산(~ blanc).

arsenical(*ale, pl. aux*) [arsənikal, -o] *a.* 《화학》 ① 비소를 함유한. ② 비소의. sels ~*aux* 비소염. intoxication ~*ale* 비소 중독.

arsénié(*e*) [arsenje] *a.* 비소를 함유한. 비소가 섞인. hydrogène ~ 비화 수소 (arséniure d'hydrogène).

arsénieux(*se*) [arsenjφ, -φːz] *a.* 《화학》비소의. acide ~ 아비산. anhydride ~ 무수아비산 (As$_2$O$_3$) (arsenic).

arsénifère [arsenifɛːr] *a.* 《광물》비소를 함유한.

arsénique [arsenik] *a.* 비소의. acide ~ 비산. anhydride ~ 무수비산.

arséniqué(*e*) [arsenike] *a.* 비소를 함유한.

arsénite [arsenit] *n.m.* 《화학》아비산염.

arséniure [arsenjyːr] *n.m.* 비화물(砒化物).

arsénobenzol [arsenɔbɛzɔl] *n.m.* 《약》아르세노벤졸.

arsénopyrite [arsenɔpirit] *n.f.* 《광물》황비(黃砒)철광.

arsin [arsɛ̃] *n.m.* ① 불에 타버린 숲; 타고 남은 숲. ② (고대 색슨 사람들 사이에서 행해지던) 죄인의 집을 태워버리는 형벌.

arsine [arsin] *n.f.* 《화학》아르신.

arsis [arsis] *n.f.*(*m.*) 《운율》(그리스·라틴 시에서) 강음부(強音部) (↔ thésis).

arsonvalisation (**d'**) [darsɔ̃valizasjɔ̃] *n.f.* 《의학》 고주파 전류요법 (darsonvalisation).

arsouille [arsuj]《속어》*n.* 부랑자, 망나니 (voyou); 주정뱅이. —*a.* 망나니의, 부랑자의.

arsouiller [arsuje] *v.i.* 《속어》주정뱅이[부랑자] 생활을 하다.

‡**art** [aːr] *n.m.* ① 기술, 비법 (technique). ~ de vivre [de penser] 살아가는 [생각하는] 법. ~ culinaire 요리법. ~ oratoire 웅변술. ~ de ménager 가사술. ~ poétique 시법(詩法). ~ sacré; grand ~ 연금술. terme d'~ 술어, 전문어. ② 재주, 재간, 솜씨 (adresse, talent, habileté); 기교. avec ~ 교묘하게. sans ~ 기교를 부리지 않고, 자연스럽게. [l'~ de + *inf.*] avoir l'~ de plaire (남의)환심 사는 재간을 갖다. ouvrir d'~ 수련공, 기능공. ③ 예술; (*pl.*) 미술 (beaux-arts). œuvre d'~ 예술품. ~ populaire 대중예술. ville d'~ 미술도시. critique d'~ 예술비평. septième ~ 영화. huitième ~ 텔레비전. neuvième ~ 만화. ~ ancien [moderne] 고대 [현대]예술. ~*s* de l'espace 공간〔조형〕예술《건축·회화·조각》(~*s* plastique). ~*s* du temps 시간 예술 《음악·무용·영화》. ~*s* mécaniques 공예, 수예. ~*s* décoratifs 장식미술. reliure d'~ 미술장정. ~*s* d'agrément 예능. l'~ pour l'~ 예술을 위한 예술, 예술지상주의.
les sept ~*s libéraux* (중세의 faculté des arts 에서 가르치던) 7개 학예과목《문법·논리학·수사학·산수·기하·역사·천문》. *maître-ès-~s*《옛》문학사.
travaux(*ouvrages*) *d'*~ (교량·터널 따위의) 토목건조물.

art. 《약자》artillerie 《군사》포병; article 항목, 물품, 기사 따위.

artefact [artefakt] 《영》*n.m.* 《고고학》인공물, 가공품. 《생물》인위구조.

artel [artel] [arteli] *n.f.* (제정 러시아 시대의) 협동조합; (현재의) 농업생산협동조합, 콜호즈 (kolkhose)식 집단농장.

artemisia [artemizja], **artémisie** [artemizi] *n.f.* 《식물》쑥쑥(속칭: armoise).

artémisiées [artemizje] *n.f.pl.* 《식물》쑥속(屬).

artère [artɛːr] *n.f.* ① 《해부》동맥. ~ pulmonaire 폐동맥. ~ aorte 대동맥. ~ carotide 경동맥. ② (주요한) 도로, 간선도로. ~ à gaz 가스 수송 본관 (本管). ~ alimentaire 《전기》배전선.

artérialisation [arterjalizasjɔ̃] *n.f.* 《의학》동맥 혈화(動脈血化).

artérialiser [arterjalize] *v.t.* 《생리》(정맥혈을) 동맥혈이 되게 하다.
—s'~ *v.pr.* 동맥혈화하다.

artériectomie [arterjɛktɔmi] *n.f.* 《외과》동맥절제(술).

artériel(*le*) [arterjɛl] *a.* 《생리》동맥의; 《비유적》 (교통상의) 동맥 같은, 간선의. pression [tension] ~*le* 혈압. rues ~*les* 간선도로.

artéri(**o**)- *préf.* 「동맥」의 뜻.

artériodème [arterjɔdɛm] *n.m.* 《외과》동맥검자 (動脈鉗子).

artériole [arterjɔl] *n.f.* 《해부》소동맥.

artériologie [arterjɔlɔʒi] *n.f.* 동맥학.

artériomalacie [arterjɔmalasi] *n.f.* 《의학》동맥연화증.

artériopathie [arterjɔpati] *n.f.* 동맥질환.

artériorr(h)agie [arterjɔraʒi] *n.f.* 《의학》동맥출혈.

artério(-)scléreux(*se*) [arterjɔsklerφ, -φːz] *a., n.* 《의학》동맥경화증의 (환자).

artério(-)sclérose [arterjɔskleroːz] *n.f.* 《의학》동맥경화증.

artériotomie [arterjɔtɔmi] *n.f.* 《외과》동맥절개(술).

artériotomique [arterjɔtɔmik] *a.* 동맥절개의.

artérite [arterit] *n.f.* 《의학》동맥염.

artésien(*ne*) [artezjɛ̃, -ɛn] *a., n.* 아르투아 (*Artois*, 프랑스의 옛 지방)의; 아라스 (*Arras*, 프랑스의 도시) 의. puits ~ (깊이 판) 물·석유가 솟아나오는 우물, 분출식 우물 《이런 종류의 우물을 처음 *Artois* 지방에서 팠음》. —*A*— *n.* 아르투아 사람; 아라스 사람 (Arrageois).

arthralgie [artralʒi] *n.f.* 《의학》 관절통.
arthralgique [artralʒik] *a.* 《의학》 관절통의.
arthrite [artrit] *n.f.* 《의학》 관절염. ~ sèche(déformante) 건성(변형성)관절염.
arthritie [artriti] *n.f.* 《의학》 중풍.
arthritique [artritik] 《의학》 *a.* 관절염의, 관절염 체질의. —*n.* 관절염 환자.
arthritisme [artritism] *n.m.* 《의학》 관절염 체질.
arthrologie [artrɔlɔʒi] *n.f.* 관절학(關節學).
arthropathie [artrɔpati] *n.f.* 《의학》 관절병, 관절 질환.
arthropodes [artrɔpɔd] *n.m.pl.* 《동물》 절지동물문(門); (*sing.*)절지동물.
arthrose [artroːz] *n.f.* 《해부》 관절(articulation); 관절증(症).
arthrospore [artrɔspɔːr] *n.f.* 《식물》 유절포자(有節胞子).
arthrotomie [artrɔtɔmi] *n.f.* 《외과》 관절(關節)절개(수술).
arthrozoaires [artrɔzɔɛːr] *n.m.pl.* 《동물》 관절동물, 절지동물.
arti [arti] *n.f.* 《속어》 대포, 포병(artillerie).
artichaut [artiʃo] *n.m.* ① 《식물》 아티초크《식용》. fond d'~ 퐁다르티쇼《아티초크의 꽃을 받치고 있는 속부분》. cœurs d'~ 아티초크 잎사귀 속 말랑말랑한 부분. ~ à la vinaigrette 《요리》 후렌치 드레싱에 찍어서 먹는 아티초크 요리. ② 담장못(도둑방지용). ③ 유성(流星)의 꽃불. ④(俗이)지갑. *avoir un cœur d'~*《구어》바람기가.

artichaut

artichautière [artiʃotjɛːr] *n.f.* ① 아티초크밭. ② 아티초크를 삶는 그릇.
‡**article** [artikl] *n.m.* ① 조항, 항목, 조목; 품목, 내역(內譯). ~ 6 de cette loi 이 법률의 제6항. ~ de dépense(de recette) 지출(수입)내역. ③ 《상업》 상품. ~s de luxe 사치품. ~s de toilette(de voyage) 화장(여행)용품. ~s de bureau 사무용품. ~s de Paris 파리의 독특한 제품(장신구·장난감 따위). Quel ~ fait-il? Quel prix son ~ ? 어떤 장사를 하고 있어요? ③ 문제, 주제, 논제. C'est un ~ à part. 이것은 따로 취급해야 할 문제이다. C'est un autre ~. 그것은 별문제이다. ④ (신문·잡지의)기사, 논설, 평론. ~ de fond 사설, 논설. ⑤ 《식물》 마디; 《곤충》 환절; 《동물》 관절(articulation). ⑥ 찰나, 순간. ⑦ 《언어》 관사. ~ défini 정관사.
~ *de foi* 신조(信條); 절대적 진리; 믿을 만한 일.
~ *par* 축조적(逐條的)으로, 한 조항씩, 조목 조목. *faire l'~* 대대적으로 상품 선전을 하다. 「가.
articlier [artikli(j)e] *n.m.* 《신문》 기사·기고
articulaire [artikylɛːr] *a.* 《해부》 관절의. rhumatisme ~ 관절 류머티즘.
articulairement [artikylɛrmɑ̃] *ad.* 축조적(逐條的)으로, 조목 조목.
articulateur [artikylatœːr] *n.m.* 《언어》 조음부(調音器).
articulation [artikylasjɔ̃] *n.f.* ① 《해부》 관절; 《식물》 마디; 《기계》 링크, 연접(連接)장치, 연동장치. ② 《언어》 분절(分節)(명확한)발음, 조음(調音). point d'~ 조음점. mode d'~ 조음법. double d'~ 이중 분절. avoir des difficultés d'~ 명확하게 발음하기가 어렵다. ③ 《법》 축조적 진술.
articulatoire [artikylatwaːr] *a.* 분절의, 분절에 관

한; 《언어》 조음의. phonétique ~ 조음 음성학. base ~ 조음기(調音器).
articulé(e) [artikyle] *a.p.* ① 관절이 있는; 마디가 있는; 분절적인; 연결된. locomotive ~*e* 《철도》 연절식 기관차. ② 발음이 명확한, 또렷한. voix ~*e* 또렷한 목소리. —*n.m.pl.* 《동물》 절지동물.
articuler [artikyle] *v.t.* ① 관절로 잇다; 연결하다. ② 《언어》 발음하다, 조음(調音)하다; 음절별로 명확히 발음하다. sans pouvoir ~ une parole 한마디도 말하지 못한 채. *Articulez!* 음절을 명확히 발음하시오! ③ 단언하다; 《법》 축조적으로 진술하다, 조목 조목 들어서 진술하다. ~ *des griefs* 상대 이유를 조목조목 들어서 진술하다.
—*s'*~ *v.pr.* ① (와)관절로 이어지다; (와)연결되다, (에)이어지다. [s'~ à/avec] Les trois parties de son exposé *s'articulent* bien les unes *aux* autres. 그의 논술의 세부부분은 잘 연결되어 있다. ② 명확히 발음된다. ③ 정점 분명해지다. La côte *s'articule.* 해안의 윤곽이 뚜렷해진다.
articulet [artikyle] *n.m.* (신문·잡지 따위의)소기사, 단신(短信).
artifice [artifis] *n.m.* ① (창의력은 없고 능란하기만 한)기술, 기교; 《예》 기능. ② (기계의)장치; 인위적 책략, 꾀, 간계. parler sans ~ 솔직히 말하다. ④ (*pl.*)《군사》 조명탄; 섬광(閃光)신호. ~*s pour signaux* 신호용 화약.
feu d'~ 꽃불; (비유적)불꽃같이 반짝하는 것. C'est un vrai *feu d'*~. 참으로 재기발랄하다.
*****artificiel(le)** [artifisjɛl] *a.* ① 인공적인; 임시대용의 (factice, ↔ naturel). dents ~*les* 의치(義齒). fleurs ~*les* 조화(造花). ② 부자연한, 인위적인, 거짓의(affecté, feint, ↔ naturel, vrai). classification ~*le* 인위적 분류. rire ~ 억지웃음.
artificiellement [artifisjɛlmɑ̃] *ad.* 인공적으로; 인위적으로, 부자연스럽게(↔ naturellement).
artificier [artifisje] *n.m.* 꽃불 제조인; 《군사》 화공병(火工兵).
artificieusement [artifisjøzmɑ̃] *ad.* 교활하게.
artificieux(se) [artifisjø, -øːz] *a.* 교활한, 간사한 (rusé, ↔ sincère).
artiflo(t) [artiflo] *n.m.* 《군대속어》 포병.
artillerie [artijri] *n.f.* ① 《집합적》《군사》 포병, 포병대. ~ antiaérienne 고사포병. ~ antichar(s) 대전차포병. ~ d'assaut 전차포병. ~ de campagne 야포병. ~ de place 요새 포병. ~ lourde(à pied) 중포병. ② 포, 대포. ~ de bord 함포(艦砲). ~ atomique 원자포. manufacture d'~ 대포제조공장. train d'~ 포열(砲列). une pièce d'~ 대포일문(一門). ③ 포술. École d'~ 포술학교.
artilleur [artijœːr] *n.m.* 포병, 포수.
artimon [artimɔ̃] *n.m.* 《해양》 뒷돛대(mât d'~). voile d'~ 뒷돛.
artiodactyles [artjɔdaktil] *n.m.pl.* 《동물》 우제류(偶蹄類).
artiozoaires [artjɔzɔɛːr] *n.m.pl.* 《동물》 좌우상칭동물《절지동물·척추동물 따위》.
*****artisan(e)** [artizɑ̃, -an] *n.* ① 장인(匠人), 장색, 직공. atelier d'~ 장색의 작업장. ② 만들어 내는 사람, 장본인(auteur). ~ *de calomnies* 중상을 퍼뜨리는 장본인. Il est l'~ de son malheur. 그의 불행은 자업자득이다. *À l'œuvre on connaît l'*~. 작품을 보고 저자가 어떤 사람인가를 안다.
—*n.f.* 여자 장색; 장색의 처.
artisanal(ale, *pl.* **aux)** [artizanal, -o] *a.* 장색의, 수공업의. méthodes ~*ales* 수공업적 방법.
artisanalement [artizanalmɑ̃] *ad.* 장색식으로, 수공업(가내공업)적으로.

artisanat [artizana] *n.m.* ① 장색 계급; 장색의 신분. ② 수공업, 가내공업.
artison [artizɔ̃] *n.m.* 《곤충》좀.
artisonné(e) [artizɔne] *a.* 좀먹은.
artisse [artis] *n.* 《속어》예술가.
***artiste** [artist] *n.* ① 예술가, 미술가. ② 대가(大家), 명인. ~ capillaire 유명한 이발사. ③ 배우(~ dramatique); 연예인; 《음악》연주가; 가수. ④《옛》기예사(技藝士), 기술자. ⑤《속어》놈. —*a.* 예술가의; 예술적인; 미적 감각이 뛰어난. Les Italiens sont un peuple ~. 이탈리아 사람들은 예술적인 국민이다.
artistement [artistəmɑ̃] *ad.* 교묘히, 솜씨좋게 (avec art).
artistique [artistik] *a.* 예술[미술]의; 예술[미술]적인. enseignement ~ 예술교육. sens ~ 예술적 감각.
artistiquement [artistikmɑ̃] *ad.* 예술적으로.
artocarpe [artɔkarp], **artocarpus** [artɔkarpys] *n.m.* 《식물》빵나무(arbre à pain).
arton [artɔ̃] *n.m.* 《속어》빵.
artou [artu] *n.m.* 《속어》발(pied).
arum [arɔm] *n.m.* 《식물》아룸속(屬)(천남성과 반하속의 식물, 속칭:gouet, pied-de-veau).
arundinaire [arɔ̃dinɛːr] *n.f.* 《식물》등나무속.
aruspice [aryspis] *n.m.* 《고대로마》장점(腸占)을 치는 승려(제물의 내장을 보고 점을 치던 예언자) (haruspice).
arverne [arvɛrn] *a.* 《고대지리》골(Gaule)의; 아르베르느(Arverne, 지금의 Auvergne)의.
—*A~* *n.* 아르베르느 사람.
arvicole [arvikɔl] *a.* 쥐속에 사는. —*n.m.* 《동물》들쥐의 학명 (속칭:campagnol).
aryanisme [arjanism] *n.m.* ① 아리아족 고유의 성격. ② 아리아족에 관한 지식[연구].
Aryas [arja] *n.pr.m.pl.* 아리아(어)족(Aryens).
aryen(ne) [arjɛ̃, -ɛn] *a.* 아리아(어)족의. langues ~nes 아리아족의 여러 언어.
—*A~s* *n.m.pl.* 아리아족.
aryle [aril] *n.m.* 《화학》아릴기(基).
aryténoïde [aritenɔid] 《해부》*a.* 배상(盃狀)의.
—*n.m.* 배상 연골(盃狀軟骨)(cartilages ~s).
arythmie [aritmi] *n.f.* 《의학》맥박 부정(不整), 부정맥.
arythmique [aritmik] *a.* ① 리듬이 없는. ② 《의학》(맥박이)고르지 않은. pouls ~ 부정맥.
arzel [arzɛl] *n.m.* 뒷발과 이마가 흰 말.
As 《약자》arsenic 《화학》비소.
as¹ [ɑːs] *n.m.* ① (카드놀이·주사위 따위의) 1, 한점, 포인트; 《구어》(요리집의) 1번 테이블. Au bridge, l'*as* est la carte la plus forte. 브리지에서 에이스가 제일 센 카드이다. Un bock à l'*as*! 1번 테이블에 맥주 한 컵! ②《구어》제일인자, 명수; 《공군》하늘의 용사, 격추왕. C'est l'*as* de la classe. 그 반에서 제일이다. C'est un *as*. 《구어》기막히 선수이다. *as* du volant 명운전사. *as* en cuisine 요리의 명수. ③ 《보트》싱글스컬. ④ 《고대로마》청동 화폐; 도량형의 단위.
 aller à l'as 《속어》확 쓰러지다, 넘어지다.
 as de carreau 다이아몬드의 1; 《군대속어》배낭; 《속어》레지옹도뇌르 훈장의 붉은 리본.
 as de pique ⓐ 스페이드의 1; 《속어》《요리》날짐승의 항문. ⓑ être fichu(ficelé, foutu) comme l'*as de pique* 초라한 옷차림을 하고 있다.
 bouffer à l'as 《속어》아무것도 먹지 않다.
 être (plein) aux as (à l'as) 《속어》돈이 아주 많다.
 passer qc à l'as …을 속여서 빼앗다.
 veiller à l'as 《구어》정신을 바짝 차리다.
as² [ɑ] avoir *의* 직설·현재·2·단수.
A.S. 《약자》① Altesse Sérénissime 전하(殿下) 왕계왕족에 대한 존칭). ② Association sportive 체육회. ③ Assurances sociales 사회보험. ④ Armée Secrète (레지스탕스의)비밀군.
a/s. 《약자》aux soins de 《우편》…씨 댁, …씨 전교 (轉交).
asaret [azarɛ] *n.m.* 《식물》두형속(杜衡屬).
asbeste [asbɛst] *n.m.* 《광물》석면(石綿).
asbestin(e) [asbɛstɛ̃, -in] *a.* 석면 같은.
asbestose [asbɛstoːz] *n.f.* 《의학》석면침착증(石綿沈着症).
ascaride [askarid], **ascaris** [askaris] *n.m.* 《동물》회충.
ascaridés [askaride] *n.m.pl.* 《동물》회충과(科).
ascaridiose [askaridjoːz] *n.f.* 《의학》회충병.
ascendance [asɑ̃dɑ̃ːs] *n.f.* ① 《천문》상승(上昇)(↔descendance). ② 선조, 조상(ancêtre); 유전. ~ paternelle 부계의 선조.
ascendant(e) [asɑ̃dɑ̃, -ɑ̃ːt] *a.* 오르는, 상승하는 (montant). gamme ~*e* 《음악》상승음계. progression ~*e* 《수학》승멱급수. tuyau ~ 《기계》흡수파이프. vol ~ 상승비행. —*n.m.* ① (남에게 미치는 정신적)영향력, 지배력(influence, autorité). subir l'~ de *qn* …의 지배[영향]을 받다. prendre l'~ sur …을 지배하다. user de son ~ pour+*inf.* …하기 위해 자신의 영향력을 행사하다. ② 직계존속; (*pl.*)선조, 조상. ③ 《천문》지평선 위로 올라옴. astre qui est à l'~ 지평선 위로 떠오르는 별.
***ascenseur** [asɑ̃sœːr] *n.m.* 엘리베이터, 승강기. maison à ~ 승강기가 있는 집. prendre l'~ 승강기를 타다.
 renvoyer l'~ 《구어》(친절이나 환대에 대해 상응하는 것으로) 보답하다.
ascenseur-écluse [asɑ̃sœrekly:z] (*pl.* ~**s**~**s**) *n.m.* 선용승하수문(船用運河水門).
ascension [asɑ̃sjɔ̃] *n.m.* 오름; 상승, 등반. mettre un ballon en ~ 기구를 띄우다. faire l'~ d'une montagne 산에 오르다. ② (지위·도덕 따위의)향상, 진보. ~ de l'esprit humain 인간 정신의 향상. ③ 《천문》승행(昇行). ~ droite 적경(赤經). ④ (*A~*) 예수 승천; 예수승천도(圖). fête[jeudi] de l'*A~* 《가톨릭》예수승천절 (부활절의 40일 후).
ascensionnel(le) [asɑ̃sjɔnɛl] *a.* 상승케 하는; 상승하는. mouvement ~ 상승운동. force ~*le* 《항공》양력(揚力).
ascensionner [asɑ̃sjɔne] *v.i.* 오르다.
ascension(n)iste [asɑ̃sjɔnist] *n.* ① 등산자(가). ② 기구(氣球)조종사.
ascèse [asɛːz] *n.f.* 고행, 금욕; 금욕정신.
ascète [asɛt] *n.* 고행자, 금욕자; (비유적)준엄한 생활을 하는 사람. mener une existence d'~ 금욕적인 생활을 하다.
ascétique [asetik] *a.* 고행의, 금욕주의의.
—*n.* 苦행[금욕]자(↔épicurien). vivre en ~《구어》근엄한 생활을 하다. —*n.m.pl.* (고행자가 쓴)금욕론. —*n.f.* 금욕론 (신학의 한 부분).
ascétiser [asetize] *v.t.* 금욕주의자가 되게 하다.
 —*s'~* *v.pr.* 금욕주의자가 되다.
ascétisme [asetism] *n.m.* 《종교》고행; (일반적으로)금욕주의; 금욕정신.
ascidie [asidi] *n.f.* 《식물》(식충식물의)낭상기관(囊狀器官); 《동물》우렁쉥이속(屬).
ascidien [asidjɛ̃] *n.m.* 《동물》우렁쉥이.

ascidiforme [asidifɔrm] *a.* 《식물》 낭상의.
asciens [asjɛ̃] *n.m.pl.* 적도(赤道)의 주민.
ascite [asit] *n.f.* 복수(腹水)(hydropéritoine). —*a.* 복수성(腹水性)의.
ascitique [asitik] *a.* 복수(腹水)의, 복수에 걸린. —*n.* 《의학》 복수증 환자.
asclépiadacées [asklepjadase] *n.f.pl.* 《식물》 박주가리과(科).
asclépiadique [asklepjad] *n.m., a.* 《운율》 아스클레피아데스격(格)의.
asclépiade[2] *n.f.,* **asclépias** [asklepja:s] *n.m.* 《식물》 옥첨매속(屬).
asclépiadées [asklepjade] *n.f.pl.* = **asclépiadacées**.
ascomycètes [askɔmisɛt] *n.m.pl.* 《식물》 자낭균류(子囊菌類).
ascorbique [askɔrbik] *a.* acide ~ 《화학》 아르코르빈산(괴혈병(scorbut)을 치료하는 비타민C).
ascospore [askɔspɔːr] *n.f.* 《식물》 자낭균류의 포자(胞子).
asdic [asdik] 《영》*n.m.* 《해군》 잠수함 탐지기.
-ase *suff.* 「효소」의 뜻(예: hydrolase 가수분해 효소, oxydase 산화 효소).
aselle [azɛl] *n.m.* 《동물》 짚신벌레의 일종.
asémantique [asemɑ̃tik] *a.* 《언어》 무의미한.
asepsie [asɛpsi] *n.f.* 《의학》 무균(無菌)상태; 방부조치(防腐措置).
aseptique [asɛptik] 《의학》 *a.* 방부 조치의. pansement ~ 무균붕대. —*n.m.* 방부제.
aseptisation [asɛptizɑsjɔ̃] *n.f.* 《의학》 살균, 방부조치를 취하기.
aseptisé(e) [asɛptize] *a.p.* 독창성《개성》 없는, 무미건조한. société ~e, standardisée 규격화된 개성이 없는 사회.
aseptiser [asɛptize] *v.t.* 《의학》 살균〔멸균〕하다, 방부조치를 하다.
ases [az] *n.f.pl.* 효소, 디아스타아세.
asexué(e) [asɛksɥe], **asexuel(le)** [asɛksɥɛl] *a.* 《생물》 성별이 없는, 무성(無性)의. reproduction ~e(~le) 무성생식.
asialie [asjali] *n.f.* 《의학》 무타액증(無唾液症).
asiarcat [azjarka] *n.m.* asiarque 의 직.
asiarque [azjark] *n.m.* (로마령 아시아의) 종교 의식을 맡은 최고의 관리.
asiate [azjat] *n., a.* 아시아 사람(의).
asiatique [azjatik] *a.* 아시아의 (l'Asie)의.
—**A**~ *n.* 아시아 사람.
asiatisme [azjatism] *n.m.* 아시아식〔어법〕.
Asie [azi] *n.pr.f.* 《지리》 아시아. ~ Mineure 소아시아.
asilaire [azilɛːr] *a.* 양로원의; 양로원적인.
asile[1] [azil] *n.m.* ① 은신처, 피난처; 안식처(abri, refuge). lieu d'~ 피난처. donner ~ à *qn* ···을 재워〔숨겨〕주다, 보호해주다. ② (공적인) 보호시설, 수용소; (특히) 양로원; 정신병원. ~ d'aliénés 정신병원. ~ de vieillards 양로원. ~ de nuit (집 없는 빈민을 위한) 간이 숙박소. ~ pour les orphelins 고아원. salle d'~ 《옛》 유치원. dernier ~ 《시》 무덤. trouver (un) ~ 아늑한 곳을 발견하다. ③ 보호, 구호. ④《옛》《법》(법의 힘이 미치지 않는) 은신처, 성역(聖域); 주거, 집. sans ~ 집 없는. droit d'~ 《옛》(교회 따위에 부여되었던) 불가침권, 비호권.
asile[2] *n.m.* 《곤충》 말벌.
asine [azin] *n.f.* 나귀의, 나귀 같은.
asinien(ne) [azinjɛ̃, -ɛn] *a.* 《동물》 나귀의, 나귀 같은.   [兵].
askari [askari] *n.m.* (동부 아프리카의) 토인병(土人

A.S.L.V. 《약자》 assurance sur la vie 생명보험.
asocial(ale, *pl.* **aux)** [asɔsjal, -o] *a.* 반사회적인; 사회생활에 적응하지 못하는, 비사교적인.
A.S.P. 《약자》 accepté sans protêt 《상업》 거절하지 않고 받아들인(어음 따위).
asparagine [asparaʒin] *n.f.* 《화학》 아스파라긴.
asparagus [asparagys] 《라틴》*n.m.* 《식물》 아스파라거스《관상용》.
aspe [asp] *n.m.* 물레.
***aspect** [aspɛ] *n.m.* ① 보기, 일견, 일별 (一瞥) (coup d'œil, vue). à l'~ de ···을 보고. au premier ~ 얼핏 보아서, 일견해서. ② 모양, 양상; 외관, 용모, 모습(apparence, figure); 형세, 국면(face, tournure); 견지. homme d'~ misérable 비참한 꼴을 한 사나이. avoir un bel ~ 겉모양이 아름답다〔좋다〕. être d'un ~ repoussant 보기가 싫은 용모이다. considérer(examiner) une question sous tous ses ~s 어떤 문제를 여러 각도에서 검토하다. L'affaire prend un fâcheux ~. 사건이 염려스럽게 돼 간다. ③ (책의) 장정; 《옛》조망, 경치. ④《점성술》별의 상(相). 《언어》상(相); 아스펙트.
d'~ 겉모양(모습)으로는. Il est encore jeune d'~. 그는 겉보기에는 아직 젊다.
aspectuel(le) [aspɛktɥɛl] *a.* 《언어》 아스펙트의, 상(相)의.
asperge [aspɛrʒ] *n.f.* ① 《식물·요리》 아스파라거스. ~ plumeuse = asparagus. ②《구어》여윈 키다리(~ montée).
aspergement [aspɛrʒəmɑ̃] *n.m.* = **aspersion**.
asperger [aspɛrʒe] [3] *v.t.* ① 물을 가볍게 뿌리다. ~ du linge 세탁물에 물을 뿌리다. ~ *qc* d'eau bénite ···에 성수를 뿌리다. ② 적시다. ~ *qn* d'eau ···에게 물을 뿌리다, 물을 끼얹다.
—**s'**~ *v.pr.* (자신에게 물을)뿌리다. s'~ d'eau froide 냉수 샤워를 하다.
aspergerie [aspɛrʒəri] *n.f.* 아스파라거스 밭.
aspergès, asperges [aspɛrʒɛs] *n.m.* ①《가톨릭》 관수식(灌水式). ② 관수기(灌水器).
aspergière [aspɛrʒjɛːr] *n.f.* = **aspergerie**.
aspergille [aspɛrʒil] *n.f.* ①《가톨릭》 낭자균(囊子菌). ②《조개》 조로조개속《쌍각류의 일종》.
aspergillose [aspɛrʒiloːz] *n.f.* 《의학》 낭자균에 의한 기관지병.
aspergillus [aspɛrʒilys] *n.m.* = **aspergille**.
aspérité [asperite] *n.f.* ①(표면이)껄껄함. ②(성격이)거칠음; (목소리가)귀에 거슬림; (문체 따위가) 어려움, 까다로움.
asperme [aspɛrm] *a.* 《식물》 종자가 없는.
aspermie [aspɛrmi] *n.f.* ① 《식물》 무종자(無種子). ② 《의학》 정액 결핍.
aspersion [aspɛrsjɔ̃] *n.f.* ① 가볍게 물 뿌리기. ② 《가톨릭》 성수 뿌리기, 관수. ③ (상처에)소독액을 뿌리기.
aspersoir [aspɛrswaːr] *n.m.* ① 《가톨릭》 관수기. ② 《원예》 (살수기의)부리.
aspérule [aspɛryl] *n.f.* 《식물》 선갈퀴속(屬).
asphaltage [asfalta:ʒ] *n.m.* 아스팔트 포장.
asphalte [asfalt] *n.m.* 아스팔트; 아스팔트 포장길.
asphalter [asfalte] *v.t.* 아스팔트로 포장하다.
asphalteur [asfaltœːr] *n.m.* 아스팔트 포장공(工).
asphaltier [asfaltje] *n.m.* 아스팔트 수송선.
asphaltique [asfaltik] *a.* 아스팔트(성(性))의. chaussée ~ 아스팔트 포장길.
asphodèle [asfɔdɛl] *n.m.* 《식물》 수선화.
asphyxiant(e) [asfiksjɑ̃, -ɑ̃:t] *a.* 질식시키는. gaz ~ 독가스. obus ~ 독가스탄.
asphyxie [asfiksi] *n.f.* 질식, 가사(假死)상태. salle d'~ 무통도살실(無痛屠殺室).

asphyxié(e) [asfiksje] *a.p.* 질식한. —*n.* 질식자, 가사자.

asphyxier [asfiksje] *v.t.* ① 질식시키다; (비유적) (산업 따위를) 마비시키다. ②《속어》놀라게 하다. Il en *a* été *asphyxié.* 그는 깜짝 놀랐다.
—**s'~** *v.pr.* 질식하다; 질식자살하다. *s'~* au gaz 가스자살하다.

aspi [aspi] *n.m.* 《군대속어》= **aspirant.**

aspic¹ [aspik] *n.m.* 《동물》살무사; 독사(毒蛇). langue d'~ 독설가. méchant comme un ~ 몹시 심술궂은.

aspic² *n.m.* 《요리》고기 젤리.

aspic³ *n.m.* 《식물》라벤더의 일종. essence(huile) d'~ 라벤더 기름.

aspidie [aspidi] *n.f.* 《식물》개관중속(屬).

aspidistra [aspidistra] *n.m.* 《식물》엽란(葉蘭).

aspirail(*pl. aux*) [aspiraj, -o] *n.m.* 통풍구.

aspirant(e) [aspirɑ̃, -ɑ̃:t] *a.* 빨아들이는. pompe ~e 빨펌프. ventilateur ~ 배기용(排氣用) 선풍기.
—*n.* 지망[후보]자(candidat). 《동격》~ ministre 장관 자리를 바라는 사람. [~ *à* *qc*] ~ *au* C.A.P.E.S. 교사 자격증 지망자. Il y a beaucoup d'~*s* *pour* cette place. 이 자리를 노리는 사람들이 많다.
—*n.m.* (펌프의) 여과기; 《해군》(예전의) 소위 후보생; 《군대속어》해군사관학교 2학년생(군대은어) aspi); 《육군》사관 후보생(aspi); 준위와 소위 사이의 계급.

aspira*teur*(*trice*) [aspiratœ:r, -tris] *a.* 들이마시는; 빨아들이는 (올리는). 《화학》흡기구 (吸氣器); 《의학》흡출기(吸出機); 통풍기; 진공 소제기. passer une pièce à l'~를 들고 진공 소제기로 청소하다.

aspiratif(ve) [aspiratif, -i:v] *a.* 《언어》입김을 내면서 발음하는.

aspiration [aspirasjɔ̃] *n.f.* ① 열망, 갈망, 동경 (désir, souhait). [~ *à*/*vers*] ~ *vers* la gloire 영광에 대한 갈망. ②《언어》기음(氣息音). ③들이마시기; 빨아당기기. clapet d'~ 흡인(吸引)밸브. ventilateur à ~ 배기용 선풍기.

aspiratoire [aspiratwa:r] *a.* 들이마시는; 빨아당기는. souffle ~ 들이마시는 숨.

aspiré(e) [aspire] 《언어》*a.p.* 유기음(有氣音)의; 모음생략이나 연음을 하지 않는, 유성(음)의.
—*n.f.* 유기음; 유성음; 유기(유성)음 글자.

aspirer [aspire] *v.t.* ① (공기를) 들이마시다 (humer, respirer, ↔ expirer); (물 따위를) 빨아올리다. ~ de l'air frais 신선한 공기를 들이마시다. ②《언어》유기음으로 발음하다; 모음 생략과 연음을 피하게 하다.
—*v.t.ind.* [~ *à*] …을 열망[갈망·동경]하다(ambitionner, désirer, ↔ renoncer). J'*aspire* *aux* vacances, car je suis très fatigué. 너무나도 지쳤기 때문에, 나는 휴가를 몹시 바라고 있다. ~ *à*+*inf.* …하기를 열망[갈망]하다.

aspirine [aspirin] *n.f.* 《약》아스피린.

asple [aspl] *n.m.* 《식물》= **aspe.**

aspre¹ [aspr] *n.m.* 터키의 은화(銀貨).

aspre² *n.f.* 《지질》아스프르(프랑스 루시용(Roussillon) 지방에 있는 구릉).

asque [ask] *n.m.* 《식물》자낭(子囊).

assablé(e) [asable] *a.p.* =**ensablé.**

assabler [asable] *v.t.* =**ensabler.**

assa-fœtida [asafɛtida] *n.f.* 《약》아위제(阿魏劑)(진경제로 쓰임).

assagir [asaʒi:r] *v.t.* 현명하게 하다; 침착[얌전]하게 하다. Le malheur *assagit* les hommes. 불행은 사람을 현명하게 만든다.
—*v.i.*, **s'~** *v.pr.* 현명해지다; 침착[얌전]해지다.

assagissement [asaʒismɑ̃] *n.m.* ① 현명하게 하기; 현명해지기. ② 침착[얌전]하게 하기; 침착[얌전]해지기.

assai [asai] 《이달리아》*ad.* 《음악》매우(très). allégro ~ 매우 빠르게.

assaillant(e) [asajɑ̃, -ɑ̃:t] *a.* 공격하는; 침략적인.
—*n.* 공격자, 침략자.

assaillir [asaji:r] [13] *v.t.* ① 공격하다, 습격하다 (attaquer, ↔ défendre); (비유적) (위험·유혹 따위가) 덮치다. ~ *qn à* coup de poing …을 주먹질하며 공격하다. ② 괴롭히다(harceler, importuner). [~ *qn* de *qc*] Les enfants *assaillirent* leur père de questions. 아이들은 갖은 질문으로 아버지를 성가시게 했다. 《수동태》*être assailli de* questions 질문공세를 받다.

assainir [ase(e)ni:r] *v.t.* ① 위생적으로[깨끗하게] 하다. ~ une plaie 상처를 소독하다. ② (비유적) 맑게 하다, 건전하게 하다, 정화[쇄신]하다(purifier, ↔ corrompre). ~ les mœurs 풍속을 정화하다. ↔ 안정시키다(stabiliser). ~ une monnaie 통화를 안정시키다.
—**s'~** *v.pr.* ① 위생적으로 되다, 깨끗해지다. ② 건전해지다, 정화[쇄신]되다.

assainissant(e) [asenisɑ̃, -ɑ̃:t] *a.* 위생적으로 하는, 깨끗이 하는; (마음을) 맑게 하는.

assainissement [asenismɑ̃] *n.m.* ① 위생적으로 만들기, 깨끗이 하기; 정화. travaux d'~ 배수(하수)공사. ② 정화, 쇄신; 《군사》소탕(掃蕩). ③ 건전화, 안정화. ~ d'une monnaie 통화 안정.

assainisseur [asenisœ:r] *n.m.* 탈취제(脫臭劑)(기구); 공기 정화장치.

assaisonnant(e) [asɛzɔnɑ̃, -ɑ̃:t] *a.* 맛나게 하는.

assaisonnement [asɛzɔnmɑ̃] *n.m.* ① 맛냄, 조미; 조미법. ② 조미료, 양념; 묘미(흥취)를 돋우는 것. À l'~ on connaît le cuisinier. 요리하는 사람의 솜씨는 양념으로 알 수 있다. Cette salade manque d'~. 이 샐러드는 양념이 잘 되어 있지 않다.

assaisonner [asɛzɔne] *v.t.* ① 맛을 내다; 조미하다, 양념하다. ~ un aliment 음식에 양념을 하다. ②《문어》(에) 흥미[묘미]를 돋구다(pimenter, relever). [~ *qc* de *qc*] Il *assaisonnait* la conversation *de* quelques mots plaisants. 그는 몇마디 농담으로 대화의 흥을 돋구었다. ③《옛》적당한 계절에 경작[재배]하다; 익히다. ④《속어》[~ *qn*] 혼내 주다 (malmener). se faire ~ 호되게 당하다. ⑤ 병을 옮기다; 더럽히다.
La faim assaisonne tout. 《속담》시장이 반찬이다.

assarmenter [asarmɑ̃te] *v.t.* (포도나무의) 새 가지를 꺾다.

assassin(e) [asasɛ̃, -in] *a.* ① 《옛·문어》암살의; 살인의. ② 뇌쇄(惱殺)하는. œillade ~e 추파. ③ 자존심[명예]을 손상하는. —*n.m.* ① 암살자, 자객(meurtrier). À l'~! 사람 살려! ② 《옛》(여자 얼굴에 장식으로 붙이는) 애교점(mouche ~e).
—*n.f.* ① 암살자. ② 남자를 뇌쇄하는 여자.

assassinant(e) [asasinɑ̃, -ɑ̃:t] *a.* 《구어》못견디게 귀찮은, 지겨운 (fatigant, ennuyeux).

assassinat [asasina] *n.m.* ① 암살, 《법》모살(謀殺). ② 암살적 행위; 명예를 손상하는 말; 난폭한 요구. ~ moral 정신적 암살. ③ 침범, 침해. ~ des libertés 자유의 침해.

assassiner [asasine] *v.t.* ① 암살[모살]하다(tuer). 무참하게 죽이다. ② 《구어》손상시키다; 괴롭히다, 귀찮게 굴다 (assommer, importuner). ~ à coup de langue 중상하다. ~ *qn* de compliments

귀찮을 정도로 아첨하다. ③《구어》(에게)터무니 없는 값을 요구하다.

assation [asasjɔ̃] *n.f.* 삶기, 달이기.

assaut [aso] *n.m.* ① 습격, 강습(強襲)(attaque); 《군사》돌격. repousser l'~ 공격을 격퇴하다. donner l'~ [livrer (un) ~] à …을 공격하다. emporter[enlever, prendre] d'~ (une place forte)(요새를)공략(攻略)하다. troupes d'~ 돌격부대. ~s de la tempête 《비유적》폭풍의 엄습. ② 간청. subir les ~s des solliciteurs 청원자들의 거센 공세에 몰리다. ③ 시합; 경주, 경쟁(concours).
faire ~ *de qc* …을 겨루다. *faire* ~ *d'esprit*[*de paroles*] *avec qn* …와 재치[말재주]를 겨루다.

assauvagir [asovaʒiːr] *v.t.* 《옛》야생화시키다; 황량하게 만들다. —*v.i.*, *s'~ v.pr.* 야생화하다; 황량해지다.

assavoir [asavwaːr] *v.t.* 《옛》알다 (현재는 faire ~ 의 형태로만 사용됨).

asse[1] [as] *n.f.* ① = asseau. ② = aissette.

asse[2]《약칭》 assurance 보험.

asseau [aso] (*pl.* ~*x*) *n.m.* (지붕 이는 일꾼의)망치.

asséchement, assèchement [asɛʃmɑ̃] *n.m.* 말리기; 마르기, 건조.

assécher [asɛʃe] [6] *v.t.* 말리다; (의)물을 빼다.
—*v.t.*, *s'~ v.pr.* 마르다; 물이 빠지다.

A.S.S.E.D.I.C. [asedik, asdik] 《약자》 Association pour l'emploi dans l'industrie et le commerce 상공업 고용 촉진 협회.

assemblage [asɑ̃blaːʒ] *n.m.* ① 모임, 집합; 모음, 소집, 수집. ~ de tableaux 그림의 수집. ② 맞추 짜기, 조립; 혼합; 《제본》페이지 맞추기; 《건축》(장부 따위로)잇기, 접합; 《전기》접속. ~ des pièces (옷의)부분들을 이어붙이기. ~ d'une automobile 자동차의 조립(montage). ~ par soudure 용접. pièce d'~ 건축 접합재. tige d'~ 《기계》링크, 연접봉(棒).

assemblé [asɑ̃ble] *n.m.* (두 발을 모으며 뛰어내리는)무용의 스텝.

***assemblée** [asɑ̃ble] *n.f.* ① 모임, 집합, 집회 (rassemblement, réunion). ~ générale 총회. ② 모인 군중, 회중, 공중(assistance, public); 사냥꾼들의 집합(장); 《군사》집합 신호; (l'A~)《구어》국회의사당. ③ 《역사》의회. A~ constituante (제 2공화정, 1848년 5월−1849년 5월의)제헌의회; (제 4공화정, 1945년, 1946년의)제헌의회. A~ législative (대혁명기 1791년 10월 1일−1792년 9월 20일의)입법의회; (제 2공화정, 1849년 5월 28일−1851년 12월 2일의)입법의회. A~ nationale (제 3공화정, 1871년 2월 8일−1876년 2월 20일의)국민의회. A~ nationale constituante (1789년 7월 9일−1791년 9월 30일의)국민 헌법의회. A~ (nationale)(1946년 10월 27일 이래의)하원. Haute A~ 상원(le Sénat).

assemblement [asɑ̃bləmɑ̃] *n.m.* assembler 하기.

assembler [asɑ̃ble] *v.t.* ① 모으다, 불러 모으다, 소집하다(réunir); 수집하다(collectionner); 《해양》점호 소집하다. ~ la foule autour de soi 자기 주위에 군중을 모으다. ② 모아 짜다, 조립하다 (combiner), 《의복》짜깁다; (술 따위를)혼합하다; 《제본》책장을 모아 맞추다; 《전기》접속하다; 《건축》잇다, 접합하다. ~ des documents 문헌을 수집하다. ~ les pièces d'une machine 기계의 부품들을 조립하다. ~ les pièces d'un vêtement 재단한 천을 짜깁다.
—*s'~ v.pr.* 모이다; 결속하다. *Tout s'assemble contre moi.* 사면 초가이다. *Qui se ressemble s'assemble.* 《속담》끼리끼리 모인다.

assembleur(se) [asɑ̃blœːr, -φːz] *n.* ① 모아짜는 사람, 조립자. ② 《제본》(인쇄된 종이를)책으로 엮기 위해 순서대로 모으는 직공, 제본공.
—*n.f.* 《제본》인쇄지를 모으는 기계.

assener [asne] [4], **asséner** [asene] [6] *v.t.* (심한 타격을)가하다. ~ à *qn* un coup de poing …에게 주먹질을 하다. ~ un regard sur *qn* (비유적) …을 무서운 눈으로 쏘려본다.

assentiment [asɑ̃timɑ̃] *n.m.* 동의, 찬동. signe d'~ 고개를 끄덕이기, 수긍. donner[refuser] son ~ à *qc* …에 동의를 표시하다[거부하다].

assentir [asɑ̃tiːr] [18] *v.i.* 동의[찬동]하다.

***asseoir** [aswaːr] [62] *v.t.* ① 앉히다. ~ un enfant sur une chaise 아이를 의자에 앉히다. ~ un prince sur le trône (비유적)왕자를 즉위시키다. ② 《구어》야코죽이다; 끽소리 못하게 하다; 매우 놀라게 하다, 당황케 하다(stupéfier)(주로 수동태로 쓰임). *J'en suis assis.* 나는 매우 놀랐다. ③ 주춧돌을 놓다; (천막·진영 따위를)치다; 기초를 놓다, 확립하다(fonder). ~ une maison sur le roc 단단한 지반 위에 집을 세우다. ~ une théorie sur des faits 《비유적》이론에 사실적 근거를 주다. ④ (세금을)부과하다; (연금을)주다; (저당을)설정하다. ~ un impôt sur les tabacs 담배에 과세하다. ~ une pension sur *qn* …에게 연금을 주다. ~ une hypothèque sur un immeuble 부동산에 저당권을 설정하다.
—*s'~ v.pr.* ① 앉다, 자리잡다. *Asseyez-vous.* 앉으시오. faire (s')~ *qn* …을 앉히다. *s'~ à table* 식탁에 앉다. *s'~ devant une ville* 도시를 포위하다. ② (집 따위가)내려앉다.
s'~ sur qc …에 조금도 구애받지 않다. *La loi, je m'assieds dessus!* 법률이 다 뭐야, 난 개의치 않아!
s'~ sur qn 《구어》…을 꺽소리 못하게 하다.
Va t'~ ! 《속어》귀찮아! 꺼져!

assermentation [asɛrmɑ̃tɑsjɔ̃] *n.f.* 선서.

assermenté(e) [asɛrmɑ̃te] *a.p.* 선서한; 《역사》(프랑스혁명 당시 성직자가)시민 헌법에 선서한.

assermenter [asɛrmɑ̃te] *v.t.* (에게)선서시키다.
—*s'~ v.pr.* 마음속으로 맹세하다.

assertif(ve) [asɛrtif, -iːv] *a.* 《논리》단언적인.

assertion [asɛrsjɔ̃] *n.f.* 단언, 확언, 주장(affirmation). étayer·ses ~s par une démonstration 자기의 주장을 증명에 의해 뒷받침하다.

assertivement [asɛrtivmɑ̃] *ad.* 단언적으로.

assertorique [asɛrtɔrik] *a.* jugement ~ 《철학》확연적(실연적) 판단 (주개념(主概念)과 빈개념 (實概念)의 관계가 실제로 성립하는 것).

asservi(e) [asɛrvi] *a.p.* 예속된, (의)노예가 된, 굴복된. peuple ~ 예속된 민족. être ~ à une passion 정열에 사로잡히다. moteur ~ 《기계》서브 모터, 보조전동기.

asservir [asɛrviːr] *v.t.* ① 굴복시키다(soumettre, ↔ libérer); 노예로 만들다. ~ des peuples plus faibles 보다 약한 민족들을 예속시키다. [~ *qn* à *qc*] ~ *qn* à une tâche …을 어떤 일에 매이게 하다. ② 제어하다, 억제하다(maîtriser). ~ les forces naturelles 자연의 힘을 정복하다. ~ ses passions 《비유적》정념을 억제하다. ③ 《기계》자동제어 장치를 부착하다.
—*s'~ v.pr.* ① 노예(상태)가 되다; (에)굴복[복종]하다(se soumettre). [*s'~ à qc*] *s'~ aux* règles 규칙에 복종하다. ② (*se* ~ 간접목적보어)자기에게 예속시키다. *Napoléon avait la constante habitude de se servir de l'histoire et de se l'~.* 나폴레옹은 항상 역사를 이용하고 자신에게 그것을 예속시켰다.

asservissable [asɛrvisabl] *a.* asservir할 수 있는. volonté qui n'est pas ~ 꺾을 수 없는 의지.
asservissant(e) [asɛrvisɑ̃, -ɑ̃:t] *a.* 노예로 만드는.
asservissement [asɛrvismɑ̃] *n.m.* ① 노예(예속)화(esclavage); 굴복시키기(하기)(soumission); (비유적)종속. ~ de la presse 언론의 어용화. ~ à la mode 무비판적으로 유행을 따름. ②(기계의) 자동제어(自動制御).
asservisseur(se) [asɛrvisœːr, -φːz] *a.* 노예화하는. —*n.* 노예로 만드는 사람; 예속(굴복·복종)시키는 사람.
assesseur [asesœːr] *a.m.* 보좌(배석)하는. —*n.m.* 보좌역, 배석자(adjoint, assistant); 【법】배석판사(juge ~).
assessor(i)al(ale, *pl.* **aux)** [asesɔr(j)al, -o] *a.* assesseur 의.
assessor(i)at [asesɔr(j)a] *n.m.* assesseur 의 직.
assette [asɛt] *n.f.* =asseau.
assey-ant, -e, -ons, etc. [asɛj-ɑ̃, -ɔ̃] ⇨asseoir.
:**assez** [ase] *ad.* ① 충분히, 실컷(suffisamment). Vous avez bien ~ travaillé. 당신은 십이분 일했다. C'est ~ amusant. 정말 재미있다.
② 상당히, 꽤, 제법, 대체로(passablement, plutôt). lettre ~ longue 꽤 긴 편지. Je l'ai vu ~ souvent. 나는 그를 꽤 자주 만났다. J'ai ~ mangé. 나는 웬만큼 먹었다.
③ 좀 지나치게, 싫증 날 정도로.
④ (허사·강조) ~ et trop longtemps 너무 오랫동안. ~ peu 거의 …하지 않다.
~ *de qn(qc)* 충분한 …; 상당히 많은 …; 지나칠 만큼의 …. J'ai ~ d'argent. 돈은 충분해. ~ *de* personnes 많은 사람들. Il fit ~ *de* chemin. 그는 꽤 걸었다. ~ *de* larmes! 이젠 그만 울어라!
~ *(de)...pour+inf.(pour que+sub.)* …하는 데 충분할 만큼(의). Il a été ~ cruel *pour* le tuer. 잔인하게도 그를 죽였다. Il n'est pas ~ grand *pour* qu'on le laisse seul. 혼자 내버려 둘 수 있을 정도로 자라지는 않았다.
A~ vaut festin. 《속담》배만 차면 맛있는 음식을 먹은 것이나 매일반이다.
avoir ~ (beaucoup) à faire de+inf. …하는 것만으로도 힘에 겹다.
avoir ~ de qc …으로 충분하다; …에 싫증 내다. J'ai ~ *de* cent francs. 100 프랑이면 충분하다.
(C'est) ~ ; C'en est ~. En voilà ~. 이제 그만하게(Cela suffit).
C'est ~ +inf. …하는 것은 이젠 충분하다. *C'est ~* parler. 이야기는 그만하면 충분하다.
C'est ~ de qc[de+inf., que+sub.]] …면 충분하다, …하기만 하면 된다. *C'est ~ de* se faire comprendre. 뜻이 이해되기만 하면 된다. *C'est ~ que* vous soyez averti. 당신이 통지를 받았으면 그것으로 충분하다.
C'est ~ pour+inf.[pour que+sub.] 그것만으로 충분히 …할 수 있다.
en avoir ~ (de) 《구어》(은)이제는 진저리가 나다. J'en ai ~. 그만 싫증이 났다, 이젠 질색이야. J'en ai ~ de ce roman. 이 소설에는 넌더리가 났어.
assibilation [asibilɑsjɔ̃] *n.f.* 【언어】치찰음화(齒擦音化).
assibiler [asibile] 【언어】 *v.t.* 치찰음화하다.
—*s'~.* *v.pr.* 치찰음화되다.
assidu(e) [asidy] *a.* ① [~ à] (에)꾸준히 오는. étudiant ~ *aux* cours 꾸준하게 수업에 출석하는 학생. ② 부지런한, 근면한, 끈기있는, 열심인(appliqué, zélé). travail ~ 끈기 있는 노력(작업). [~ à] élève ~ *à* l'étude 학업에 열심인 학생. être ~ à+*inf.* …하기에 부지런하다(열심이다). ③ [~ auprès de *qn*] (에게) 늘 붙어 있는. médecin ~ *auprès d'un* malade 환자 곁에 늘 붙어 있는 의사. ④ 《예》끊임없이(continuel). répétitions ~*es* 끊임없는 반복.
assiduité [asiduite] *n.f.* ① 곁에 꼭 붙어 있음; 정근, 개근; 꼼꼼함(exactitude). prix d'~ 개근상. ② [~ à] (에) 대한 끈기, 근면, 열심. ~ *à* l'étude 학업에 대한 열중. avec ~ 끈기있게. ③ (*pl.*) 여자에게 열중하기. poursuivre une femme de ses ~*s* 열심이 여자를 따라다니다, 구애하다.
à force d'~ 부지런히 노력한 결과로. *avoir des ~s auprès de qn* …을 늘 곁에서 돌보아주다.
assidûment [asidymɑ̃] *ad.* ① 열심히. ② 끊임없이, 부단히(continuellement).
assied(s) [asje] ⇨asseoir.
assiégé(e) [asjeʒe] *a.p.* 포위당한; 시달리는.
—*n.* 포위당한 사람; (*pl.*) 농성군(軍).
assiégeant(e) [asjeʒɑ̃, -ɑ̃:t] *a.* 포위 공격하는.
—*n.* 포위자; (*pl.*) 포위군(軍).
assiéger [asjeʒe] 3·6 *v.t.* ①포위(공격)하다; (비유적)(안에) 들어가려고)몰려들다. ~ une forteresse 요새를 포위공격하다. ~ les portes d'un théâtre 들어가려고 극장문에 쇄도하다. ②(비유적)에워싸다, 가두다(cerner). Les eaux de la rivière en crue *assiègent* les habitants dans leurs maisons. 불어난 강물이 주민들을 집안에 가두어 꼼짝 못하게 한다. ③ 귀찮게 굴다; 괴롭히다(importuner, harceler). [~ *qn de qc*] ~ *qn* de demandes de *qc* 에게 …을 줄곧 조르다.
assiér-ai, -as, etc. [asjere, -a] ⇨asseoir.
*****assiette** [asjɛt] *n.f.* ① 접시; 요리 한 접시. une ~ de fruits 과일 한 접시. ~ creuse(à soupe)수프접시. ~ anglaise 냉육 모둠요리. ② 앉음새; (말을 탄)자세. ~ incommode 불편한 자세. Ce malade ne peut trouver une bonne ~. 이 환자는 어떤 자세로도 편안하지 않다. n'avoir pas d'~ 말 탄 자세가 나쁘다. avoir une bonne ~ (말을 탄)자세가 좋다;(배·비행선의)균형이 잡히다. perdre son ~ (말 위에서)평형을 잃다. prendre son ~ 묵직하게(안정되게) 자리잡다. ③ 안정성, 균형; 침착성. sortir de son ~ 침착성을 잃다. n'être pas dans son ~ 《구어》몸이 불편하다. manquer d'~ (기분이)들떠 있다. ④ 《주호동따위의)자리잡힘; (대들보 따위의)안정된 위치. ⑤ 【법】(권리 따위의)기초, 근거. ~ d'un impôt 과세기준. ~ d'une hypothèque 저당물건. ⑥ (도시·요새 따위의)위치; 【골프】(공의)위치. ⑦ (도로의)기초; (삼림의)벌목 구역(범위).
~ *au beurre* (정치 권력 등으로 인한)이권(利權), 또는 그러한 자리. *Son ~ dîne pour lui.* 《구어》참가 여부에 관계없이 회비를 내다.
assiettée [asjete] *n.f.* 접시 한 접시(의 분량).
assignable [asiɲabl] *a.* assigner할 수 있는.
assignat [asiɲa] *n.m.* 【역사】(1789—1797년의) 아시냐 지폐(紙幣).
assignataire [asiɲatɛːr] *a.* banque ~ 보증은행.
assignation [asiɲɑsjɔ̃] *n.f.* ①【상업】돈을 할당(충당)하기, 결정, 지정(attribution). ~ des parts par le testateur 유언자에 의한 상속재산의 할당. ②【법】소환; 소환장. signifier[faire, donner, envoyer] une ~ à *qn* …을 소환하다. ③ 밀회 장소. ~ amoureuse 데이트 장소.
assigner [asiɲe] *v.t.* ①돈을 지불하다, 충당하다(affecter). [~ *qc à qc*] ~ une somme *au* paiement d'une dette 어떤 금액을 빚 청산에 충당하다. ② (날을)지정하다, 정하다(fixer); (일시를)주다, ~

(장소를)제공하다, (한계를)설정하다; 탓이라고 하다(attribuer). Une date *fut assignée* pour la réunion. 집회일이 정해졌다. [~ *qc* à *qn/qc*] ~ à chacun son emploi 각자에게 일거리를 할당하다. chambre qu'on m'a *assignée* 나에게 배정된 방. ~ une cause à un événement 사건을 어떤 원인으로 돌리다. ③ 〖법〗 (증인을)소환하다(appeler). ~ des témoins 증인을 소환하다. ~ *qn* à comparaître …에게 출두를 명하다. ④ 〖예〗보증하다.

assimilable [asimilabl] *a.* ① [~ à] (와)비교할 수 있는, 닮은(comparable, semblable). Certains vieillards sont ~s à des enfants. 아이들과 같은 노인들이 있다.

assimila*teur*(*trice*) [asimilatœ:r, -tris] *a.* 동화하는. —*n.* 동화자(同化者).

assimilat*if*(*ve*) [asimilatif, -i:v] *a.* 동화의, 동화력이 있는.

assimilation [asimilɑsjɔ̃] *n.f.* ① 동일시(同一視); 비교(comparaison). ~ des colonies 본국과 식민지의 동등한 대우. ② 동화, 소화흡수; 꼭같게 만들기(↔ dissimilation); (사상의)동화, 제것으로 만들기; 〖언어〗 동화. Il a une grande facilité d'~. 그는 (배운것을) 쉽게 흡수하는 능력이 있다. ~ progressive(réciproque, régressive) 〖언어〗 진행(상호·역행)동화.

assimilatoire [asimilatwa:r] *a.* 〖언어〗 (자음의) 동화에 의해 일어나는. changement ~ 동화에 의한 음운변화.

assimilé(e) [asimile] *a.p.* ① 동화된. ②(에)상당하는; (와)동일시된. —*n.m.* (본직·본래의 것에 준하는) 상당관(相當官). cadres et ~s 간부와 준간부. ~ spécial 〖군사〗 (민간인이 평소의 직업대로 군무에 동원된)특수상당관.

assimiler [asimile] *v.t.* ① [~ *qn/qc* à] …을 …와 같게 하다; 동일시하다; 동격으로 하다; 비교하다 (comparer, rapprocher). ~ *qn* aux grands hommes de l'histoire …을 역사의 위인들과 동일시하다. ② 동화하다, 흡수하다; (정신적인 것을)소화 흡수하다. ~ une théorie scientifique 어떤 학설을 소화 흡수하다.
—*s'~* *v.pr.* ① 자신을 …에 비교하다; 자신을 …와 동일시하다; 같은 것이 되다, 동류로 간주되다. [s'~ à *qn*] Je n'ose pas m'~ à cet homme éminent. 나는 이 훌륭한 사람에 나를 비교할 엄두가 없다. ② (음식물·지식 따위가) 동화(흡수)되다; 〖언어〗 동화되다. ③ 《se in 간접목적보어》 동화(흡수)하다, 제것으로 만들다. s'~ tout ce qu'il apprend 배우는 것을 다 소화하다.

assir [asi:r] 〖속어〗 *v.t.* =**asseoir**. —*s'~* *v.pr.* s'asseoir.

assis(e¹) [asi, -i:z] *a.p.* ① 앉아있는. demeurer (rester) ~ 앉은 채 있다. places ~es (기차·버스·극장따위의)좌석(↔ places debout). la magistrature ~*e* et la magistrature debout(du parquet) 판사측과 검사측《판사는 앉은 채 판결을 내리고 검사는 서서 논고를 하기 때문》. ② 위치한, 자리잡은, 있는. La ville est ~*e* à mi-côte. 그 도시는 산중턱에 있다. navire bien ~ sur l'eau 균형이 잘 잡힌 배. ③ 기초가 튼튼한, 확립된(établi, solide). réputation (fortune) bien ~*e* 기반이 확고부동한 명성(재산). —*n.m.* voter par ~ et levé 기립으로 표결하다.

assise [asi:z] *n.f.* ① (토대를)앉히기. ② 토대, 발판, 기초(base, fondement); 〖지질〗 지층; (차의)좌석; 〖법〗 승마법; 말 탄 자세. 〖건축〗 (벽돌·블록 따위가 수평으로 쌓이)층, 열. La montagne s'élève en ~s. 그 산은 층을 이루어 솟아 있다. mur sans ~s 바위벽. ④ (*pl.*) 〖법〗 중죄(重罪)재판; 중죄 재판의 개정. tenir les ~s 중죄 재판을 개정하다. cour d'~s 중죄재판소. ⑤ (*pl.*) (정당·문학·과학단체 따위의)집회(congrès). ~s du parti démocratique 민주당 대회. ~s d'un congrès 회의의 개최. ⑥ (옛) (주로 재판을 위해 중세시대에 국왕에 의해 소집된) 봉건제후회의; (이 회의에 의해서 반포되는)법령. A~s de Jérusalem 〖역사〗 예루살렘 법전.

tenir ses ~*s* 회합하다; 〖구어〗 으스대다; 박수갈채를 받다.

assistanat [asistana] *n.m.* (대학의)조교의 직(책).

assistance [asistɑ̃:s] *n.f.* ① 출석자, 참석자(assemblée), 청중(auditoire); 출석, 참석(présence). toute l'~ 장내의 모든 사람들, 모든 관중. Son discours a ravi toute l'~. 그의 연설은 모든 청중을 매료했다. ② 원조(aide), 협력(concours), 구제(secours); (물질적·정신적)필요한 것을 주기, 원조(appui, secours). ~ judiciaire (빈민에 대한) 사법보호《관선변호인의 임명, 재판비용의 면제등》. pacte d'A~ mutuelle 〖법〗 (국제간의)상호원조조약. ~ maritime 해난구조. ~ médicale gratuite 무료의료제도. ~ publique 빈민구제(사업)《지금은 aide sociale 이라 하며 특히 양로시설과 고아원을 말함》. ~ sociale 사회복지사업. faire *qc* sans ~ 남의 도움없이 …을 하다. procurer [des ~s] aux pauvres 빈민들에게 원조를 받게 해 주다. donner(prêter) (son) ~ à *qn* …을 원조하다. 〖교회〗 수도원장 보좌; 교구. ④ 〖법〗 (후견인의)입회, 감독.

assistant(e) [asistɑ̃, -ɑ̃:t] *a.* 보조(보좌)의; 입회한; 열석한.
—*n.* ① 《종종 *pl.*》출석자, 참렬자(參列者); 청중, 관중; 목격자. La majorité des ~s l'a approuvé. 출석자의 대부분은 그에게 찬성했다. ② (대학의)조교; 〖종교〗 조사제(助司祭). ~ du metteur en scène (연극의)연출조수, (영화의)조감독. ~*e* sociale (사회 사업의)여자 가정방문위원.

assisté(e) [asiste] *a.p.* [~ de] 도움을 받은, 구제된(aidé, secouru). enfants ~s 고아원 아이들, 기아(棄兒). ② 호위된, 동반된(accompagné). Il comparut ~ *de* son avocat. 그는 변호사를 동반하고 출두했다. —*n.* 극빈자, 피구제민.

***assister** [asiste] *v.t.ind.* [~ à *qc*] …에 있다, 임회하다, 출석(열석·참석)하다(entendre); …을 목격하다(voir). ~ à la réunion 회합에 나가다. ~ d'une conférence 강연을 듣다. —*v.t.* [~ *qn*] (을)원조[보좌]하다; 구조하다, 구제하다(aider, ↔ abandonner); 수행하다, 돕다, 돌보다. ~ un ami dans sa gêne 곤궁에 빠진 친구를 돕다. se faire ~ par *qn* …의 도움을 받다. ~ *qn* de ses conseils 조언(助言)을 해서 …을 돕다.

(*Que*) *Dieu vous assiste!* 하느님의 보살핌을 받으소서! 《누가 재채기를 했을 때 또는 거지에게 적선을 하지 않을 때 하는 말》.

associabilité [asɔsjabilite] *n.f.* associable 함.

associable [asɔsjabl] *a.* associer 할 수 있음.

associat*if*(*ve*) [asɔsjatif, -i:v] *a.* ① 〖심리〗 연상의, 연상의에 의한. mémoire ~*ve* 연상에 의한 기억. ② 〖수학〗 결합의. loi ~*ve* 결합법칙.

***association** [asɔsjɑsjɔ̃] *n.f.* ① ⓐ (공동의 목적·이해를 가진)단체 결성; 제휴, 협동; 참가, 참여. entrer en ~ avec *qn* …와 제휴하다. liberté d'~ 결사의 자유. ⓑ 협회, 조합, 결사, 회(communauté, société). ~s culturelles 문화단체. ~ sportive 스포츠클럽. ~s corporatives [mutualistes] 협동(공제)조합. ~ d'anciens combattants 재향군인회.

~ de secours (mutuel) 공제조합. **~ d'idées** 관념연합, 연상. **~ ouvrière** 노동조합. **contrat d'~** 조합 계약서. ② 연합, 배합; 〖심리〗 연상; 〖전기〗 결합; 〖스포츠〗 아식 축구(football ~). ③ 〖동물〗 공생; 〖식물〗 군집, 군총.

associationnisme [asɔsjasjɔnism] *n.m.* ① 〖철학〗 관념연합론, 연합주의; 연상심리학. ② 〖사회〗 (Owen, Fourier 따위의) 사회주의.

associationniste [asɔsjasjɔnist] *a.* 협동(조합)주의의. **doctrine**(**théorie**)** ~** 협동조합론. [성.

associativité [asɔsjativite] *n.f.* 〖수학〗 결합법칙
associé(**e**) [asɔsje] *a.p.* ① 연합(단체)의, 참가의. **État ~** (프랑스 연합(Union française)에 참가한)참가국. ② 준(準)…, 부(副)…. **professeur ~** 객원교수. **membres ~s d'une académie** 학회의 준회원. ③ 공동의.
— *n.* 조합원, 사원; (학회 따위의) 준(準)회원; 협력자, 배우자; 공범자. ~ **d'une association** 협회의 회원(농업조합의 조합원)(sociétaire).

*****associer** [asɔsje] *v.t.* ① [~ *qn* à] (에) 참가(가입)시키다, (학회 따위의) 입회시키다(faire participer); (을) 함께 하게 하다. ~ *qn* à **ses affaires** …을 자기 사업에 참가시키다. ~ *qn* à **un corps** …을 어떤 단체에 가입시키다. **des travailleurs aux bénéfices d'une entreprise** 노동자에게 기업의 이윤을 함께 나누어 갖게 하다.
② 연합[결합]하다, 맺다(lier, unir). ~ **des partis** 정당들을 연합시키다. ~ **des ouvriers en un syndicat** 노동자들을 조합으로 결속시키다.
③ [~ *qc* à/avec] (에) 합치다, 잇다(joindre). **Elle associe l'intelligence à la beauté.** 그녀는 재색을 겸비하고 있다.
④ 배합하다(combiner, assortir). ~ **des couleurs** 색깔을 배합하다.
⑤ 〖전기〗 결합하다.
— **s'~** *v.pr.* ① (주어는 사람) ⓐ [s'~ *qn*] (을) 자기의 협력자로 만들다. ⓑ [s'~ à *qn*] (의) 협력자가 되다; (와) 친교를 맺다. **Il ne faut pas s'~ au premier venu.** 아무하고나 친교를 맺어서는 안된다. ⓒ [s'~ **avec** *qn*] (와)(대등한 협력자로서) 협력하다. **s'~ avec** *qn* **pour une entreprise** …과 동업하다. ⓓ [s'~ à *qc*] (에) 참가하다(participer). **s'~ au dessein** 계획에 참가하다. **s'~ à son chagrin** 그의 슬픔을 함께 나누다. ⓔ (상호적) 연합하다; 결사(結社)하다. **Etats qui s'associent** 연합하는 국가들. **droit de s'~** 결사의 권리.
② (주어는 사물) ⓐ [s'~ à/avec] (와) 조화되다, 어울리다. **Le champagne s'associe à tous les mets.** 샴페인은 모든 요리와 어울린다. ⓑ (상호적) 조화를 이루다(s'accorder, s'assortir). **Ces couleurs s'associent bien.** 이 색깔들은 서로 조화를 잘 이룬다 (배합이 잘 된다).

assoiffé(**e**) [aswafe] *a.* ① 목마른(altéré). **être ~ par une longue course** 장거리를 뛰어서 갈증이 나다. ② (비유적) [~ **de**] (을) 찾는, 갈망하는 (avide). **être ~ d'argent**(**de plaisirs**) 돈(쾌락)을 갈망하다. — *n.* (위)의 사람.

assoir-ai, -as, etc. [aswar-e, -a] ⇨ **asseoir**.
assolement [asɔlmã] *n.m.* 〖농업〗 윤작(輪作).
assoler [asɔle] *v.t.* 〖농업〗 윤작하다.
assombrir [asɔ̃briːr] *v.t.* ① 어둡게 하다, 흐리게 하다(obscurcir, ↔ éclairer). **Ces arbres assombrissent la maison.** 이 나무들이 집을 어둡게 한다. ② (비유적) 우울하게 하다(attrister). **Les malheurs ont assombri son caractère.** 불행이 그의 성격을 어둡게 했다.
— **s'~** *v.pr.* ① 어두워지다, 흐려지다. **Le ciel s'assombrit.** 하늘이 어두워진다. ② (비유적) 우울해지다; 악화되다. **La situation internationale s'assombrit.** 국제 정세가 험악해진다.

assombrissement [asɔ̃brismã] *n.m.* ① 어둡게 하기, 흐려지기; 어두워진 상태, 흐릿함. **~ du ciel** 하늘이 흐려짐, 구름이 낀 하늘. ② (비유적) 음산한 기분, 우울(tristesse, mélancolie). **~ de l'humeur** 우울한 기분.

assommant(**e**) [asɔmɑ̃, -ɑ̃ːt] *a.* ① 압도적인, 치명적인(accablant). **coup ~** 치명적인 타격. ② (구어) 질력나는, 견딜 수 없는, 지루한(ennuyeux, fatigant). **chaleur ~e** 견딜 수 없는 더위.

assommement [asɔmmã] *n.m.* ① 도살(屠殺). ② (청중·관중의) 지루한 느낌.

assommer [asɔme] *v.t.* ① (무거운 물건으로) 타살 (박살)하다(abattre); (구어) 몹시 때리다, 때려눕히다(battre). ~ **un bœuf avec un merlin** 소를 도끼로 척살하다. **se faire ~ par la police au cours d'une manifestation** 데모 중에 경찰에게 구타당하다. ② 귀찮게 굴다, 괴롭히다(accabler); 질력나게 하다(ennuyer). [~ *qn* **de/avec**] **Pierre m'assomme de ses questions.** 피에르의 질문공세는 나를 질력나게 만든다. ③ 실망시키다; 슬프게 하다(affliger). **La perte de ce procès l'a assommé.** 이 송사의 패배는 그를 몹시 슬프게 했다. ④ (구어) (육체적으로) 녹초가 되게 하다(abrutir). **La chaleur m'assomme.** 더위 때문에 못살겠다.

assommeur(**se**) [asɔmœːr, -øːz] *n.* ① 도살자. ② 무뢰한, 부랑자. ③ (구어) 아주 귀찮은 사람.

assommoir [asɔmwaːr] *n.m.* ① 도살용 도끼, 곤봉; (구어) 귀찮은 사람; (뜻하지 않게 일어난) 달갑지 않은 사건(일). **C'est un véritable ~.** (구어) 정말 귀찮은 녀석이군. **porter un coup d'~ à** *qn* …에게 치명적인 타격을 가하다. ② (옛·속어) 선술집. 〖사냥〗 함정(piège ~).

assomptif(**ve**) [asɔ̃ptif, -iːv] *a.* 〖논리〗 가정적인, 보조의.

assomption [asɔ̃psjɔ̃] *n.f.* ① 가정, 상정(想定). ② 소전제. 〖철학〗 수임(受任), 수락. ③ 〖가톨릭〗 (성모 마리아의)승천(昇天), 몽소(蒙召)승천; (A~)몽소승천절(8월 15일)(fête de l'A~). ⑤ 〖미술〗 성모 승천도(圖). ⑥ (비유적) 승천하는 것 같은 기분. **Le mariage fut, pour elle, comme une ~.** 그녀에게 있어서 결혼은 하늘에 오르기라도 하는 것 같았다.

assomptionniste [asɔ̃psjɔnist] *n.m.* 〖가톨릭〗 아송프숑 수도회 회원.

assonance [asɔnɑ̃ːs] *n.f.* 〖운율〗 반해음(半諧音)(동일[유사] 모음의 반복. 예:**belle, rêve**).
assonancé(**e**) [asɔnɑ̃se] *a.* 반해음으로 된. **vers ~s** 반해음 시구(詩句).
assonant(**e**) [asɔnɑ̃, -ɑ̃ːt] *a.* 반해음의. **mots ~s** 같은 모음을 가진 말(**sombre** 와 **tondre**).

assorti(**e**) [asɔrti] *a.p.* ① 잘 어울리는; 조화된. **couleurs ~es** 배합이 잘된 색깔. [~ à] **cravate ~e à son costume** 양복과 잘 어울리는 넥타이. ② 구색을 갖춘, 상품이 풍부한. **épicier bien ~** 물품이 골고루 잘 갖추어진 식품점. ③ (*pl.*) (음식이)여러가지 재료로 된(varié). **hors-d'œuvre ~s** 모둠전채.

assortiment [asɔrtimã] *n.m.* ① (잘 어울리는) 합, 결합, 조화(assemblage). **heureux ~ de couleurs** 잘된 배색. ② 여러 가지 물건을 잘 맞춘 것; (물건의)(한) 벌, (한) 세트, (한) 조; 〖인쇄〗 활자 한 벌. **~ de vaisselle** 식기 한 벌. **librairie d'~** 일반 서적상. ③ 재고상품(stock). ④ 〖요리〗 모둠요리. ⑤ 〖컴퓨터〗 대조(對照). ⑥ (*pl.*) 〖군사〗 매점.

assortir [asɔrti:r] [10] *v.t.* ① 어울리게 하다, 배합하다(assembler). ~ des couleurs (서로 조화되는)색깔을 배합하다. ②[~ *qc* à] 골라맞추다(accorder). ~ un manteau *à* sa robe 원피스에 외투를 골라 맞추다. ③ (광물 따위를)뒤섞다; (에 필요한 것(상품)을)공급하다(fournir). ~ un magasin d'articles variés 상점에 다양한 물건을 공급하다. ~ un contrat d'une clause particulière 계약서에 특별한 조항을 써넣다.
—*v.i.* 《옛》[~ à/avec] (와)어울리다, 조화되다(convenir).
—**s'**~ *v.pr.* ① (서로)어울리다. ②[s'~ à] (와)조화되다, 어울리다. Son manteau *s'assortit* à sa robe. 그녀의 외투는 드레스와 잘 어울린다. ③《옛》[s'~ de] (을)동반하다(s'accompagner). Le texte *s'assortit de* belles enluminures. 본문에는 아름다운 삽화가 들어있다. ④《드물게》[s'~ de] 《상업》(을)사들이다, 갖추다. Ce libraire *s'assortit de* tous livres nouveaux. 이 서점은 모든 신간서적을 갖추고 있다.

assortissant(e) [asɔrtisɑ̃, -ɑ̃:t] *a.* [~ à] (와)잘 어울리는, 조화되는. couleur ~*e à* son âge 그의 나이에 잘 어울리는 색깔.

assoter [asɔte] *v.t.* ① 홀딱 빠지게 (반하게) 하다. *assoté* de *qn* …에게 반해버린. ②《옛》바보가 되게 하다. —**s'**~ *v.pr.* 《옛》[s'~ de] 홀딱 반하다. Il *s'est assoté d'*une femme. 그는 한 여자에게 홀딱 반했다.

assotir [asɔti:r] *v.t.* 《옛》 바보가 되게 하다. 했다.

assouchement [asuʃmɑ̃] *n.m.* 《건축》 박공의 주춧돌.

assoupi(e) [asupi] *a.p.* ① 졸고 있는, 반수면의 (somnolent). ②《비유적》 활발치 않은(affaibli), 가라앉은(apaisé). flot ~ 잔잔해진 파도. La dispute n'est pas tout à fait ~*e*. 싸움이 완전히 가라앉은 것은 아니다. volcan ~ 휴화산(休火山).

assoupir [asupi:r] *v.t.* ① 선잠이 들게 하다. ②《비유적》(고통 따위를)진정시키다(apaiser). ~ une douleur 고통을 가라앉히다. ③《옛》(소문 따위를)가라앉혀 버리다(étouffer).
—**s'**~ *v.pr.* ① 졸다(somnoler). *s'*~ de fatigue 피로해서 졸다. ②《비유적》가라앉다, 진정되다(s'apaiser, se calmer). La douleur va bientôt *s'*~. 고통이 곧 가실 것입니다.

assoupissant(e) [asupisɑ̃, -ɑ̃:t] *a.* 최면의. drogue ~*e* 수면제(soporifique). ②《비유적》 지루한. lecture ~*e* 따분한 독서. vie ~*e* 지루한 생활.

assoupissement [asupismɑ̃] *n.m.* ① 졸림, 졸음 (somnolence). ②《비유적》 무기력. ③ 반수면상태(~ léthargique); 마비상태. ~ de la conscience 양심의 마비. ④ (고통 따위의) 진정.

assouplir [asupli:r] *v.t.* ① 부드럽게 하다, 연하게 하다(adoucir, ↔ durcir). ~ le corps(les membres) 육체(사지)를 부드럽게 하다. ~ l'étoffe (le cuir) 천(가죽)을 부드럽게 하다. ②(성질 따위를)유순하게 하다. ~ (규칙 따위를) 완화하다(atténuer). ~ un caractère rude 거칠은 성격을 유순하게 하다. ~ des règles trop strictes 지나치게 엄격한 규칙을 완화하다. ~ *ses manières*《구어》스스럼 없이 행동하다, 몸가짐을 편히 하다.
—**s'**~ *v.pr.* ① 부드러워지다. ② 순하게 길들여지다, 유연해지다.

assouplissage [asuplisa:ʒ] *n.m.* 명주실을 부드럽게 만들기.

assouplissement [asuplismɑ̃] *n.m.* 유연(유순)하게 만들기; 유연화, 완화. ~ du cuir 가죽의 무두질. ~ d'un règlement 규칙의 완화. ~ d'un caractère 성격을 유순하게 만들기. exercices d'~ du corps 신체의 유연체조, 워밍업.

assourdir [asurdi:r] *v.t.* ① (일시적으로)귀를 멍멍하게 하다, (의)귀를 따갑게 하다(abasourdir). Le bruit du canon *assourdit*. 대포소리가 귀를 멍멍하게 한다. Ne criez pas si fort, vous m'*assourdissez*! 그렇게 크게 외치지 마시오, 귀가 따가와요! ②(소리·빛·빛깔 따위를)둔하게 하다, 약하게 하다(amortir). tapis qui *assourdit* les pas 발자국 소리의 죽이는 융단. ~ les lumières 빛을 약하게 하다. ③《언어》 무성음(無聲音)화하다. ~ un son 유성음을 무성음으로 만들다(예:d 을 t 음으로 하기). —une voyelle nasale 비모음을 약하게 발음하다.
—**s'**~ *v.pr.* ① 어렴풋(미약·희미)해지다, 약해지다. ②《언어》(자음이)무성음화하다.

assourdissant(e) [asurdisɑ̃, -ɑ̃:t] *a.* ① 귀를 쨰는 듯한, 귀머거리가 될 듯한(étourdissant); 시끄러운, 소란한(bruyant). fracas ~ 귀를 쨰는 듯한 큰 소리. ② 귀를 피곤하게 하는(fatigant).

assourdissement [asurdismɑ̃] *n.m.* ① 귀를 멍멍하게 함; 잠시 귀가 멍멍한 상태. Mon ~ dura plusieurs minutes. 나는 몇분간 귀가 멍멍한 상태에 있었다. ② 약음화, 소리를 죽임(amortissement). ~ des pas sur le tapis 융단 위에서 발자국 소리의 약화. ③《언어》(유성 자음의)무성음화.

assouvir [asuvi:r] *v.t.* ① (공복·갈증 따위를)실컷 채워주다, 충분히 만족시켜 주다(rassasier). ~ sa soif 갈증을 풀다. ②[~ *qn*](의)욕망을 채워주다. ③《비유적》(욕망·감정을)만족시켜주다(satisfaire). ~ ses bas instincts 저속한 본능을 만족시켜주다. ~ sa vengeance 그의 한을 풀어주다.
—**s'**~ *v.pr.* 충분히 만족하다. Son ambition ne *s'assouvit* jamais. 그의 야망은 결코 만족을 모른다.

assouvissement [asuvismɑ̃] *n.m.* 포만(포식)시키기(시키기); 만족함.

assoy -ant, -ons, etc. [aswajɑ̃, -ɔ̃]⇨**asseoir**.

assuétude [asɥetyd] *n.f.* 《의학》 (독물 따위에의)습관성.

assujétir [asyʒeti:r] *v.t.* 《옛》 = **assujettir**.

assujetti(e) [asyʒɛ(e)ti] *a.p.* ①[~ à](에)복종을 강요당한, 예속된(soumis). peuples ~*s à* la domination romaine 로마 지배에 예속당한 여러 민족. (납세 따위의)의무를 강요당한. ~ à l'impôt 납세의 의무를 강요당한. ③묶인, 속박을 받는. fabrication ~*e* à certaines règles 몇가지 법칙에 묶인 제조법. (보어 없이)être (fort) ~ (자기의 직책상)언행의 속박을 받다.
—*n.* 납세의무자; (사회보장제도의)가입의 의무.

assujettir [asyʒɛ(e)ti:r] *v.t.* ① 제압하다, 예속시키다(asservir). ~ un peuple à un民族을 예속시키다. ② 구속(속박)하다; 강제로 복종시키다, 강요하다(contraindre). ~ *qn* par la force(la violence) 폭력으로 ~를 복종시키다. [~ *qn à qc*] ~ *qn à des règles* …을 규칙에 복종시키다. *être assujetti à l'impôt* 과세 당하다. ③[~ *qc*] 움직이지 않게 고정시키다, 잡아매다(fixer, attacher). ~*qc* par une agrafe …을 클립으로 고정시키다.
—**s'**~ *v.pr.* ①[s'~ *qn*](을)자기에게 복종시키다, (의)마음을 사로잡다. ②[s'~ à *qn/qc*](에)복종(굴종)하다(se soumettre). s'~ *à* une règle 규칙에 복종하다. *s'*~ *à* la mode 유행에 맹종하다.

assujettissant(e) [asyʒɛtisɑ̃, -ɑ̃:t] *a.* 속박하는, 구속하는; 잠시도 손뗄 수 없는(astreignant). fonction ~*e* 예속적인 직무. travaux ~*s* 잠시도 손을 뗄 수 없는 일.

assujettissement [asyʒetismɑ̃] *n.m.* ①《옛》복종시키기, 정복(제압)하기(conquête, domination). ② 예속(asservissement). ③《문어》《비유적》추종

(soumission). ~ aux modes(aux usages) 유행[관습]을 따르기. ④ (지위·직무 따위에서 생기는)속박, 일상적인 의무(contrainte). ⑤ 단단히 묶어두기.

A.S.S.U.L. [asyl] 《약자》 Association sportive scolaire et universitaire laïque 비(非)종교학생 스포츠연맹.

assumer [asyme] *v.t.* ① (책임 따위를)인수하다, 맡다, 담당하다; 부담하다(endosser, supporter). ~ une responsabilité(un rôle) 책임(역할)을 맡다. ② (자기의 입장·상황을)수용하다(accepter). ~ pleinement la condition d'ouvrier (자기가 처해 있는)노동자로서의 조건을 완전 수용하다.
—s'~ *v.pr.* [s'~ comme] (으로)자신의 입장을 세우다. s'~ comme écrivain 자신을 작가로서 수용하다, 작가로서의 입장에 서다.

assurable [asyrabl] *a.* 《상업》 보험을 붙일 수 있는.

*****assurance** [asyrɑ̃ːs] (< assurer) *n.f.* ① (옛) 안심(quiétude); 담대함, 침착(fermeté, aplomb). parler avec ~ 담대하게 말하다. perdre son ~ 침착성을 잃다. en ~ 안심하고. en lieu d'~ 안전한 장소에서. ② 확신, 자신(certitude). J'ai l'~ de son acceptation. 그의 승낙을 확신한다. avoir l'~ que + *ind.* …라는 확신을 가지다. ③ 보증, 확인(affirmation promesse); 담보, 저당(garantie). recevoir l'~ de qn …의 확언을 받다. exiger une ~ [des ~s] 담보를 요구하다. donner à qn l'~ de qc …에게 …에 대한 보증을 하다. ④ 보험; (pl.)보험 회사(compagnie d'~). ~ chômage; ~ contre le chômage 실업보험. ~ contre l'incendie(les accidents) 화재(재해)보험. ~ maritime 해상보험. ~s sociales 사회보험. ~ sur la vie 생명보험. courtier d'~ 보험 중개인. police d'~ 보험증권. prime d'~ 보험료. travailler dans les ~s 보험회사에서 일하다.
Agréez l'~ de mon dévouement [ma considération, mon respect]. 경구《편지를 끝낼 때의 인사말》.

assuré(e) [asyre] *a.p.* ① 자신 있는, 확신하는; 안심하고 있는. ton ~ 자신 있는 말투. ~ du succès 성공을 확신한. Soyez ~ qu'il viendra. 그는 꼭 와요. ② 단호한; 대담한. ③ 확실한, 안전한. moyen ~ 확실한 방법. Il n'y a encore rien d'~. 아직 아무것도 확정된 것은 없다. ④ 보험에 든. objects ~s 피보험물.
—*n.* 《상업》 피보험자, 보험 가입자.

assurément [asyremɑ̃] *ad.* 확실히 (certainement); (옛) 군건하게, 꿋꿋이. A~ non! 천만에; 절대 안 그래! Oui, ~. 그렇고 말고.

REM **assurément** 보증·증거에 입각한 확실성이 있음을 뜻함. **sûrement** 추론·신뢰에 의거 확실성이 있음을 뜻함. **à coup sûr** assurément 보다 절대 틀림이 없음을 강조. **certainement** 증거를 들 수 있을 경우를 뜻함. **certes** certainement 과 뜻이 같음. **sans doute** 현재로서는 「아마(probablement)」의 의미를 내포하고 있음 《추측의 뜻》.

*****assurer** [asyre] *v.t.* ① 군건히 하다, 확고 부동하게 하다; 안정시키다(consolider, fixer). ~ une table 테이블을 고정시키다. ~ une porte 문단속을 하다. ② 안전(견고)하게 하다, (위험에 대해)방어하다(défendre, préserver). ~ ses frontières contre les attaques de l'ennemi 적의 공격에 대비하여 국경을 지키다. ~ la paix 평화를 공고히 하다. ③ 보험에 들다. [~ qc contre] ~ sa maison contre l'incendie 자기 집을 화재보험에 넣다. [~ qc à qn] (에게)약속하다, 보증하다, 확보하다(garantir). ~ à qn une somme annuelle …에게 매년 일정한 금액을 지불할 것을 보증하다. ~ à qn une indépendance totale …에게 완전한 독립을 보장하다. ⑤ 단언하다, 보증하다(affirmer, certifier). [~ qn de qc] Il m'a assuré de son aide. 그는 나에게 그의 도움을 보장했다. [~ à qn que] Il a assuré au juge qu'il ne savait rien. 그는 판사에게 아무것도 모른다고 단언했다. ⑥(옛)안심시키다(rassurer).
—s'~ *v.pr.* ① 자기 몸을 안정시키다(s'affermir). s'~ sur ses jambes 두 발로 딱 버티고 서다. ② 자신을 안전하게 하다, (에 대하여)자신을 지키다(se protéger). s'~ contre les pièges 함정에 대비하다. ③ [s'~ (de) qc]확보하다, 손에 넣다. s'~ des (les) vivres d'un mois 한달 분의 식량을 확보하다. s'~ (de) l'appui(la protection) de qn …의 지지(지원)를 확보하다. ④ (자기가)확인하다, (확실한지를)검토하다(vérifier). [s'~ de qc] s'~ d'une nouvelle avant de la publier 어떤 소식을 발표하기 전에 확인하다. [s'~ si + *ind.*] Assurez-vous si la porte est bien fermée. 문이 잘 닫혔는지 확인하시오. ⑤ 확신하다(se persuader, être certain). [s'~ que + *ind.*] Je m'assure qu'il fera ce que je lui demande. 내가 원하는 것을 그가 틀림없이 해줄 것이라고 믿는다(Je suis sûr que…). ⑥[s'~ contre](에 대해) 보험에 들다. s'~ contre les accidents 상해보험에 들다. ⑦(옛) [s'~ dans/en/sur qc](에)의지하다. s'~ dans ses richesses 자기의…

assureur [asyrœːr] *n.m.* 보험업자.

Assyrie [asiri] *n.pr.f.* 《고대지리》 앗시리아.

assyrien(ne) [asirjɛ̃, -ɛn] *a.* 앗시리아의.
—A— *n.* 앗시리아 사람. —*n.m.* 앗시리아어(語).

assyriologie [asirjɔlɔʒi] *n.f.* 앗시리아학(學).

assyriologue [asirjɔlɔg] *n.* 앗시리아 학자.

astasie [astazi] *n.f.* 《의학》 기립 불능.

astate [astat], **astatine** [astatin] *n.m.* 《화학》 아스타틴.

astatique [astatik] *a.* 《의학》 기립 불능의; 《물리》 무정위(無定位)의. galvanomètre ~ 무정위 검류계(檢流計). —*n.* 기립불능 환자.

astatiser [astatize] *v.t.* 《물리》 무정위(無定位)가 되게 하다.

aster [asteːr] *n.m.* 《생물》 성상체(星狀體); 《식물》 성상화(星狀花)식물, 쑥부쟁이·개미취속.

astéréognosie [astereɔgnozi] *n.f.* 《의학》 입체실인증(失認症)(촉각으로 물체의 모양을 구별 못하는 신경장애).

astérides [asterid] *n.f.pl.* 《동물》 불가사리류.

astérie [asteri] *n.f.* ① 《동물》 불가사리(속칭: étoile de mer). ② 《광물》 성상(星狀) 광채를 내는 오팔 광석(opale), 단백석(蛋白石).

astérique [asterik] *a.* 《광물》 성상 광채를 내는.

astérisme [asterism] *n.m.* 《천문》 별자리, 성좌(constellation). 《광물》 성상 광채.

astérisque [asterisk] *n.m.* 《인쇄》 별표 (*).

astéroïde [asterɔid] *n.m.* 《천문》 소유성(小遊星), 소혹성(小惑星); 유성(流星), 운석(隕石).

asthénie [asteni] *n.f.* 《의학》 기능 쇠약 [랍].

asthénique [astenik] *a., n.* 《의학》 쇠약한(사람).

asthmatique [asmatik] 《의학》 *a.* 천식성의; 천식을 앓는. —*n.* 천식 환자.

asthme [asm] *n.m.* 《의학》 천식. ~ bronchique 기관지 천식. crise d'~ 천식 발작. ~ d'été (des foins) 건초열.

asti[1] [asti] *n.m.* 《식물》 이탈리아 아스티(Asti)산의 명주; 아스티산의 백포도주.

asti[2], **astic** [astik] *n.m.* ① (말베로 만든)구두창·가죽 문지르개. ② 《군사》 탄약통을 닦는 막대기; (병사의 장비를 닦는)백악(白堊).

asticage [astika:ʒ] n.m. =**astiquage**.
asticot [astiko] n.m. ① 【곤충】 (낚싯밥으로 쓰는)구더기. ②『구어』(정명) 놈, 녀석. avoir un ~ dans la noisette 반편이다. C'est un drôle d'~!『속어』괴짜야.
asticoter [astikɔte] v.t. 『속어』들볶다, 약올리다 (agacer, harceler). Elle l'*asticote* inutilement. 그녀는 공연히 그를 들볶아댄다.
astigmate [astigmat], **astigmatique** [astigmatik] 【의학】 a. 난시(亂視)의. vue ~ 난시. —n. 난시인 사람.
astigmatisme [astigmatism] n.m. ① 【의학】 난시. ② 【광학】 (렌즈의)비점수차(非點收差).
astigmomètre [astigmɔmɛtr] n.m. 【의학】 난시계(亂視計) (ophtalmomètre).
astiquage [astika:ʒ] n.m. astiquer 하기.
astiquer [astike] v.t. ① 닦다, 윤내다(frotter, polir). ~ des cuivres(des meubles) 구리(가구)를 윤내다. ②『옛·비어』때리다, 치다(battre).
—s'~ v.pr. ①『구어』공들여 화장하다. ②『옛·비어』애지중지받다.
astracan [astrakã] n.m. =**astrakan**.
astragale [astragal] n.m. ① 【건축】 염주 모양의 쇠시리, 구슬선. ② 【해부】 거골(距骨), 복사뼈. ③ 【식물】 자운영.
astrakan [astrakã] n.m. 아스트라칸 모피(毛皮).
astral(**ale**, pl. **aux**) [astral, -o] a. 천체의; 별의; 별같은.
astre [astr] n.m. ①천체, 별. cours des ~s 천체의 운행. ~ du jour; roi des ~s; ~ roi(royal)《시》태양. ~ nocturne(de la nuit); ~ des amants; ~(au front) d'argent《시》달. ② (인간의 운명에 영향을 미치는)별(étoile). être né sous un ~ favorable 복된 운명(행운)을 타고나다. ③『옛』(비유적) 저명인사, 위인.
beau comme un ~ 매우 아름다운. *louer qn jusqu'aux ~s*『구어』…을 하늘까지 치켜올리다, 몹시 칭찬하다.
astreign-ant, -ez, etc. [astrεɲ-ɑ̃, -e] ⇨**astreindre**.
astreignant(**e**) [astrεɲɑ̃, -ɑ̃:t] (p.pr. <*astreindre*) a. ① 구속하는, 속박하는. règle ~*e* 엄한 규칙. ② (일이)잠시도 손을 뗄 수 없는(assujettissant). travail ~ 꼼짝달싹할 수 없는 일.
astreindre [astrɛ̃:dr] [27] v.t. 「~ à」(에)복종시키다, (을)강요하다(forcer, contraindre). Le médecin m'a *astreint* à un régime sévère. 의사는 나에게 엄격한 식이요법을 꼭 하도록 했다. (수동태) être *astreint* à+inf. 할 수 없이(마지못해) …하다.
—s'~ v.pr. [s'~ à](에)(마지못해서) 복종하다;(하도록)애쓰다. s'~ à se lever tôt 일찍 일어나려고 애쓰다.
astreinte(**e'**) [astrɛt, -ɛ̃:t] a. [~ à] …을 강요(강제)당한, 구속된. être ~ à+inf. 할 수 없이(마지못해) …하다.
astreinte² [astrɛ̃:t] n.f. 강제, 속박; 【법】 (계약 불이행·부채 미불에 대한)연체료.
astrictif(**ve**) [astriktif, -i:v] a. 【의학】 수렴성(收斂性)의.
astriction [astriksjɔ̃] n.f. 【의학】 수렴.
astringence [astrɛ̃ʒɑ̃:s] n.f. (약의)수렴성.
astringent(**e**) [astrɛ̃ʒɑ̃, -ɑ̃:t] 【의학】 a. 수렴성의.
—n.m. 수렴제, 아스트린젠트.
astro- préf. 「천체·성운·천문」의 뜻.
astrobiologie [astrɔbjɔlɔʒi] n.f. 【천학】 천체·생물 병원론.
astrolabe [astrɔlab] n.m. (고대의)천문관측의(觀測儀).
astrolâtre [astrɔlɑ:tr] a. 성신(星辰) 숭배의.

—n. 성신 숭배자.
astrolâtrie [astrɔlɑtri] n.f. 성신 숭배.
astrologie [astrɔlɔʒi] n.f. 점성술(astromancie).
astrologique [astrɔlɔʒik] a. 점성술의.
astrologiquement [astrɔlɔʒikmɑ̃] ad. 점성술상으로.
astrologue [astrɔlɔg] n.m. 점성가.
astromancie [astrɔmɑ̃si] n.f. =**astrologie**.
astrométrie [astrɔmetri] n.f. 천체측정(학), 위치천문학.
astronaute [astrɔnoːt] n.f. 우주비행사.
astronauticien(**ne**) [astrɔnotisje, -εn] n. 우주비행자.
astronautique [astrɔnotik] n.f. 우주비행학. —a. 우주비행(술)의.
astronef [astrɔnef] n.m. 우주선(cosmonef).
astronome [astrɔnɔm] n.m. 천문학자.
astronomie [astrɔnɔmi] n.f. 천문학. ~ théorique 이론천문학. ~ pratique 실제천문학. ~ de position 위치천문학. ~ physique 천체물리학. ~ copernicienne 코페르니쿠스 천문학.
astronomique [astrɔnɔmik] a. ①천문학(상)의. observations ~s 천체관측. lunette ~ 천체망원경. heure(jour, année) ~ 항성시(일·년). ②(비유적)천문학적인;『구어』거창한, 엄청난. chiffres ~s 천문학적 수자. prix ~ 엄청난 가격. ③ fractions ~s 【수학】 60 분수(fractions sexagésimales).
astronomiquement [astrɔnɔmikmɑ̃] ad. 천문학적 (상)으로.
astrophotographie [astrɔfɔtɔgrafi] n.f. 천체 사진술.
astrophysicien(**ne**) [astrɔfizisje, -εn] n. 천체물리학자.
astrophysique [astrɔfizik] a. 천체물리학적인.
—n.f. 천체물리학.
astroport [astrɔpɔ:r] n.m. 우주공항, 우주로켓 발사기지.
astuce [astys] n.f. ① 간사, 교활(finesse). politicien plein d'~ 몹시 교활한 정치가. ②『옛』계락, 간책(artifice, ruse). user de petites ~s 잔꾀를 부리다. ③농담, 익살(plaisanterie). faire des ~s 농담을 하다. ④교묘한(신기한) 발명(品).
astucieusement [astysjøzmɑ̃] ad. ① 교활(간사)하게, 간책(계략)을 써서. ②교묘하게, 재치있게.
astucieux(**se**) [astysjø, -ø:z] a. ①(사람이)간사(교활)한, 간계를 쓰는(rusé); 약삭빠른, 잔꾀 많은. ②(나쁜 뜻 없이)교묘한, 재치있는. projet ~ 교묘한 계획.
asturien(**ne**) [astyrje, -εn] a. 아스투리아(les Asturies, 에스파냐 북부의 주)의. —**A**~ n. 아스투리아 사람.
Asturies (les) [lezastyri] n.pr.f. 아스투리아. Prince des ~ 에스파냐 황태자의 칭호.
A.S.V. 【항자】atterrissage sans visibilité 【항공】맹목착륙.
asyllabique [asi(l)labik] a. 【언어】 음절부음적 (音節副音的)의(음절의 중심이 될 수 없는 것, 주로 자음을 말함).
asymbolie [asɛ̃bɔli] n.f. 【의학】 기호해독불능증.
asymétrie [asimetri] n.f. 불균형; 【수학·화학】비대칭(非對稱); 【생물】 비상칭(非相稱).
asymétrique [asimetrik] a. 불균형의; 비대칭의; 비상칭의.
asymptote [asɛ̃ptɔt] 【수학】 a. 접근적(漸近的)인. —n.f. 접근선(線).
asymptotique [asɛ̃ptɔtik] a. 【수학】 접근선의. série ~ 접근급수.
asymptotiquement [asɛ̃ptɔtikmɑ̃] ad. 【수학】 접근적으로.

asynchrone [asɛ̃krɔn] *a.* 《전기》비동기(非同期)의. moteur~ 비동기 전동기.

asynchronisme [asɛ̃krɔnism] *n.m.* 《전기》비동기(非同期).

asyndète [asɛ̃dɛt] *n.f.*, **asyndéton** [asɛ̃dɛtɔ̃] *n.m.* 《수사학》연사(連辭)생략, 접속사 생략(et, donc 따위).

asyntactique [asɛ̃taktik] *a.* 《언어》통사론(syntaxe)에 맞지 않는.

asystolie [asistɔli] *n.f.* 《의학》심장 수축 결함.

At 《약자》① astate 《화학》아스타틴. ② ampère-tour 《물리》암페어 회수.

A.T. 《약자》① Ancien Testament 구약성서. ② assurance contre les accidents du travail 산업 재해 보험.

a. -**t.** 《약자》=At.

ataman [atamɑ̃] *n.m.* =hetman.

ataraxie [ataraksi] *n.f.* 《철학》아타락시아, (번뇌가 없는, 완전한)마음의 평정(平靜). Pour les Stoïciens, l'~ est l'idéal du sage. 금욕주의자들에게는 마음의 평정이 현인의 이상이다.

ataraxique [ataraksik] *a.* 아타락시아의, 초탈의. détachement ~ 초탈의 경지.

atavique [atavik] *a.* 《생물》격세유전의.

atavisme [atavism] *n.m.* ① 《생물》격세(隔世)유전. ②(성질 따위의) 유전적 특성(습성).

ataxie [ataksi] *n.f.* 《의학》운동실조(증). ~ locomotrice 이동성 운동 실조.

ataxique [ataksik] *a.* 운동실조(증)의. ─*n.* 운동실조증 환자.

atèle [atɛl] *n.m.* 《동물》거미원숭이(singe-araignée).

***atelier** [atəlje] *n.m.* ① 작업장; 공장(chantier). ~ de réparations 수리 공장. ~ d'enregistrement (레코드의)녹음실. chef d'~ 작공장(長). ② 아틀리에, 화실, 조각실; (사진관의)촬영실(~ de pose); 《영화》촬영소, 스튜디오(studio). appareil d'~ 촬영실용 기자재. ③ (집합적)작업 동료; 작업반; 《경제》산업 단위, 노동 집단; (미술가의)같은 화실의 학생, 제자들; 비밀결사의 지부, 지부의 집회소. ~ de téléphone 전화 통신반. ~ monétaire 조폐국. ④ ~s de charité (16~18 세기); ~s publics (*Louis XVI* 세 시대); ~s nationaux (1848 년 혁명 이후)(실업자 구제)취로 사업장.

jour d'~ 그림·조각 따위를 가장 효과적으로 조명하는 일광(보통 45° 각도).

atelier-théâtre [ataljeteɑtr] (*pl.* **~s~~s**) *n.m.* 《영화》촬영소, 스튜디오.

atellanes [atɛ(l)lan] *n.f.pl.* 《고대로마》익살극.

a tempo [atempo] (이탈리아) *loc.ad.* 《음악》아템포, 본래의 속도로.

atemporel(le) [atɑ̃pɔrɛl] *a.* ① 시간(시대)를 초월한, 영구불변의, 영원의. ② 《언어》초시적(超時的)인 (현재시제가 불변의 진리를 나타낼 경우).

atermoiement, atermoîment [atɛrmwamɑ̃] *n.m.* ① 《상업·법》지불 연기. ② (*pl.*)지체, 연기, 핑계, 망설임, 주저.

atermoyer [atɛrmwaje] [7] *v.t.* ① 《상업》(지불을)연기하다, 지체하다(retarder). ② 《구어》(회답을)뒤로 미루다(ajourner). ─ *v.i.* 우물쭈물하다(hésiter); 우물쭈물 미루다, 지체하다(remettre à plus tard). Il ne trouve plus de prétexte à ~. 그에게는 더 이상 지체할 구실이 없다.
─**s'~** *v.pr.* 《옛》[s'~ avec] (와)타협 끝에 지불을 연기하다.

ateuchus [atøkys] *n.m.* 《곤충》풍뎅이의 일종.

-ateur(trice) *suff.* 동작주를 표시하는 명사·형용사의 어미(예: calomni*ateur* 중상모략자; 모략하는).

Athalie [atali] *n.pr.f.* 《성서》아달리아.

athanor [atanɔr] *n.m.* (연금술의)완(緩)연소용 화로; 대형 증류기.

athée [ate] *a.* 무신론의(incroyant). ─*n.* 무신론자.

athéisme [ateism] *n.m.* 무신론.

athéistique [ateistik] *a.* 무신론적인.

athématique [atematik] *a.* 《언어》어간형성 모음이 없는(접미어가 어근에 직접 붙는 경우).

Athéna, Athêna [atena] *n.pr.f.* 《그리스신화》아테네(지혜·학문·전쟁의 여신).

athénée [atene] *n.m.* ① (A~) 《그리스역사》아테네 신전(神殿)(Athenaeum). ② 문예(학술)연구학원; 《벨기에의》공립 고등학교.

Athènes [atɛn] *n.pr.f.* 아테네 (그리스의 수도).

athénien(ne) [atenjɛ̃, -ɛn] *a.* 아테네의. ─**A~** *n.* 아테네 사람.

athérine [aterin] *n.f.* 《어류》색줄멸속(屬).

athermane [atɛrman] *a.* 《물리》불투열성(不透熱性)의(↔diathermane).

athermanéité [atɛrmaneite] *n.f.* 《물리》불투열성(性).

athermique [atɛrmik] *a.* 《화학》무열(無熱)의. réaction ~ 무열반응.

athérome [aterɔm] *n.m.* 《의학》아테롬; 분류(粉瘤), ~ artériel 동맥 아테롬.

athéroscléreux(se) [aterɔsklerø, -ø:z] *a., n.* 아테롬성(性) 동맥경화증의(환자).

athérosclérose [aterɔsklerɔ:z] *n.f.* 《의학》아테롬성 동맥경화증.

athlète [atlɛt] *n.m.* ① 육상경기자; (넓은 의미로) 스포츠맨. ~ complet 만능선수. ② (비유적)장사, 건장한 사람. ③ 《옛》(그리스·로마의) 투기자 (關技者).

athlétique [atletik] *a.* ① 육상경기의; (넓은 의미로) 스포츠의. jeux ~s 육상경기. exercices ~s (체력 단련을 위한)운동. ② 스포츠맨다운, 건장한. corps~ 건장한 체격. ③ 《옛》(그리스·로마의) 투기의.

athlétiquement [atletikmɑ̃] *ad.* 경기상으로; 경기자로서 (en athlète).

athlétisme [atletism] *n.m.* 운동경기, 육상경기 종주 (course) · 도약(saut) · 투척(lancer)의 총칭).

athrepsie [atrɛpsi] *n.f.* 《의학》신생아 영양실조.

athymie [atimi] *n.f.* 《심리》(분열증에 흔히 볼 수 있는) 감정 둔화 [마비].

atlante [atlɑ̃t] *n.m.* 《건축》남상주(男像柱). 「스.

Atlantide [atlɑ̃tid] *n.pr.f.* 《그리스신화》아틀란티

atlantique [atlɑ̃tik] *a.* 대서양의; 대서양 해안의; 아틀라스 산맥(l'*Atlas*)의. format ─ 아틀라스판(65cm×94cm). Pacte (de l') ~ 북대서양 조약. ─**A~** *n.m.* 대서양(Océan A~). Charte de l'A~ 대서양 헌장. Organisation du Traité de l'A~ Nord 북대서양 조약기구(《약자》O.T.A.N., 《영》NATO).

atlantisme [atlɑ̃tism] *n.m.* 《정치》북대서양 조약기구(NATO) 정책에 대한 동조(지지).

atlantiste [atlɑ̃tist] *n.* 북대서양 조약기구(NATO) 정책 지지자.

atlas[1] [atlɑ:s] *n.m.* ① 지도서; 도해(집); 아틀라스판 (지형의 크기) (format~). ~ historique 역사 지도첩. ~ linguistique 언어 지도첩. ② 《해부》제 1 경추(頸椎). ③ (A~) 《그리스신화》아틀라스 (하늘을 양어깨에 짊어지고 있는 신). ④ (l'A~) 아틀라스 산맥.

atlas[2] [atlɑ:s] *n.m.* 《옛》《직물》인도 새틴.

atm. 《약자》atmosphère 《물리》대기권, 기압.

atm(id)omètre [atm(id)ɔmɛtr] *n.m.* 〖물리〗증발계(蒸發計).

***atmosphère** [atmɔsfɛːr] *n.f.* ① 대기; 공기. ~ surchauffée du bureau 사무실의 너무 더운 공기. ~ viciée 오염된 공기. ~ standard 〖항공〗표준대기(기온 15°, 기압 1,013 mb). ② (비유적) 분위기, 환경(ambiance, environnement). ~ familiale 가족적인 분위기. ③ 〖물리〗기압단위〖대기〗압력단위. pression de 20 ~s, 20 기압의 압력.

atmosphérique [atmɔsferik] *a.* ① 대기의, 공기의. électricité ~ 공중전기. pollution ~ 대기오염. ② 〖물리〗기압의. pression ~ 기압. ③ 〖철도〗공기를 사용한. chemin de fer ~ 용기(用氣)철도. machine ~ 기압엔진. —*n.m.* (*pl.*) (무선통신을 방해하는)공전(空電).

atoca [atɔka] *n.m.* 〖식물〗넌출월귤(airelle canneberge).

atoll [atɔl] *n.m.* 〖지질〗환상(環狀)산호초, 환초.

***atome** [atoːm] *n.m.* ① 〖물리·화학〗원자; 미립자. ② (구어)(비유적)극소량, 티끌; 미미한 존재. Les hommes ne sont que des ~s dans l'univers. 인간은 우주속의 미미한 존재에 불과하다. ~s de poussière 《구어》(공중의)티끌. pas un ~s de vérité 《구어》진실은 눈꼽만큼도 없다. ③ (그리스 자연철학에 있어서의)원자(Épict. ~s crochus 고리형 원자(원자와 원자는 고리에 의해 결합된다는 데모크리토스나 에피쿠로스의 설).

atome-gramme [atomgram] (*pl.* **~s-~s**) *n.m.* 〖화학〗그램원자.

atomicité [atɔmisite] *n.f.* ① 〖화학〗(1분자중의)원자수, 원자가; ② 〖경제〗원자성(原子性).

***atomique** [atɔmik] *a.* ① 〖화학〗원자의; 원자력의. poids[masse] ~ 원자량. nombre[numéro] ~ 원자번호. bombe ~ 원자탄. énergie ~ 원자력. Commissariat à l'énergie ~ 원자력 위원회. guerre ~ 핵전. pile ~ 원자로. ② 원자(原子)의. théorie ~ 원자설(原子說)《물질의 구성을 atome 의 결합으로 봄》.

atomisation [atɔmizasjɔ̃] *n.f.* ① 미립자화, (석유·용해금속·화학제품의)분무작용. ② (비유적)핵분열, 분산. ~ de l'Université 대학의 분산. ③ (당과 지방의)분열.

atomisé(e) [atɔmize] *a.* ① 원폭을 당한. ② (비유적)핵분열을 일으킨, 분열된. classe ouvrière ~e 내부분열된 노동자 계급. —*n.* 원폭피해자.

atomiser [atɔmize] *v.t.* ① 원자로 분해하다; (액체로)분무하다, (향수 따위를)안개처럼 뿌리다(pulvériser). ② 원자폭탄으로 파괴하다. ③ (비유적)분열시키다; 분쇄하다, 무력하게 만들다. ~ ses adversaires 상대방을 분쇄하다.
—s'~ *v.pr.* 분열되다, 사분오각이 되다.

atomiseur [atɔmizœːr] *n.m.* (향수·파리약 따위를 뿜는)분무기(vaporisateur).

atomisme [atɔmism] *n.m.* 〖철학·화학〗원자론. ~ logique 논리적 원자설. ~ psychologique 심리학적 원자주의(associationnisme).

atomiste [atɔmist] *n., a.* 〖철학〗원자론자(의); 〖물리〗원자물리학자(의).

atomistique [atɔmistik] *a.* 〖철학·화학〗원자론의. —*n.f.* 원자론(théorie ~).

atonal(ale, *pl.* **als)** [atɔnal] *a.* 〖음악〗무조(無調)의. musique ~*ale* 무조음악.

atonalité [atɔnalite] *n.f.* 〖음악〗무조성(無調性); (작곡상의)무조주의, 무형식주의.

atone [atɔn] *a.* ① 기력이 없는, 무기력한, 활력이 없는(inactif). regard ~ 흐린 시선. vie ~ 활력이 없는 생활. ② 〖의학〗무력한, (근육이)이완된,

아토니의. ③ 〖언어〗악센트가 없는. syllabe [voyelle] ~ 무강세음절[모음]; 약음절[모음].

atonie [atɔni] *n.f.* ① 〖의학〗근육 이완(弛緩), 무력증, 아토니. ~ gastrique 위(胃)아토니, 위이완증. ② (비유적)이완된 정신; 맥 없음. ~ intellectuelle 지적(知的) 아토니.

atonique [atɔnik] *a.* 〖의학〗근육 이완의, 무력증에 걸린, 아토니의.

atour [atuːr] *n.m.* ① (여성의)옷치장, 장식; dame [demoiselle] d'~ 《옛》왕비에게 옷을 입혀주는 시녀. ② (보통 *pl.*)《옛》(익살)(여성의)장신구, 패물(parure).

atourner [aturne] *v.t.* 《옛》(여자를)치장[몸치장]하다(parer). être gentiment *atourné* 귀엽게 옷차림을 하고 있다.

atout [atu] *n.m.* ① (카드놀이의)으뜸패, 으뜸패. jouer (un) ~; faire ~; donner de l'~ 으뜸패를 내다. ② (비유적)성공의 수단[조건·기회] (chance, avantage). avoir tous les ~s dans son jeu(en main)(속어)성공할 모든 조건을 갖추고 있다. ③ (속어)타격(coup). recevoir un ~ 일격을 당하다, 한대 얻어 맞다.

atoxique [atɔksik] *a.* 독없는.

A.T.P. (약자) autorisation de transferts préalables 〖경제〗(재산 따위의)사전이전허가.

à.t.p. (약자) à tout prix 〖상업〗어떤 가격이든지; 반드시.

atrabilaire [atrabilɛːr] *a.* ① 우울한 성미의; 늘 뿌루퉁한, 성미가 까다로운. ② 〖고대의학〗흑담즙질의; 우울증에 걸린. —*n.* 우울한 사람, 늘 뿌루퉁한(까다로운) 사람.

atrabile [atrabil] *n.f.* 〖고대의학〗흑담즙(黑膽汁). ② 우울증.

âtre[¹] [ɑːtr] *n.m.* ① 아궁이; 불피우는 자리(foyer) (→ cheminée 그림). ② 난로.

âtre[²] 《옛》검은. abeille ~ 〖곤충〗검은 꿀벌.

-âtre *suff.* ① 《형용사 어미》「근사(近似)」의 뜻《예: blanchâtre 희끄무레한》. ② 「경멸」의 뜻《예: belâtre 겉멋부리는 사나이》.

Atrée [atre] *n.pr.m.* 〖그리스신화〗아틀레우스.

atrium [atri(j)ɔm] (*pl.* **~s, atria** [atri(j)a]) *n.m.* 〖로마건축〗안마당, 안뜰.

atroce [atrɔs] *a.* ① 잔인한, 잔학한, 흉악한(très cruel). tyran ~ 잔학한 폭군. crime ~ 잔인한 범죄. ② 끔찍한, 혹독한(horrible, affreux). ~ souffrance 끔찍한 고통. ~ à voir 보기에도 끔찍한. peur ~ 소름끼치는 공포. ③ 《구어》견딜 수 없는, 지긋지긋한(insupportable). Il a été ~ avec moi. 그는 나에게 불쾌하게 굴었다. Nous avons eu un été ~. 지긋지긋한 여름이었다.

atrocement [atrɔsmɑ̃] *ad.* ① 잔인무도하게; 무참하게(cruellement, terriblement). ② 지독하게, 끔찍하게(excessivement). livre ~ ennuyeux 지독하게 지루한 책.

atrocité [atrɔsite] *n.f.* ① 잔인[잔학·흉악]성(cruauté); (*pl.*)잔인[잔학]한 짓, 만행(barbarie). ② 험담, 중상(calomnie). répandre des ~s sur le compte de *qn* …에 대해 마구 욕지거리를 하다.

atropa [atrɔpa], **atrope** [atrɔp] *n.f.* 〖식물〗아트로파속(屬). ~ belladone 벨라도나.

atrophie [atrɔfi] *n.f.* ① 〖의학·생물〗위축(증), 쇠약. ~ de la mémoire 기억의 쇠약. ② (비유적) (도덕성 따위의)감퇴, 쇠퇴. ~ de l'intelligence 지능의 감퇴.

atrophié(e) [atrɔfje] *a.p.* ① 〖의학〗위축된; 쇠약한. avoir une volonté ~*e* 의기가 꺾이다. ② (지능 따위가)감퇴된.

atrophier [atrɔfje] *v.t.* ① 〖의학〗(기관을)위축시키다. ② (비유적)쇠약하게 하다, 위축시키다 (affaiblir). L'habitude *atrophie* les sensations. 습관은 감각을 둔하게 한다.
—**s'~** *v.pr.* 위축되다; 쇠약해지다.

atropine [atrɔpin] *n.f.* 〖화학〗아트로핀.

atropinisation [atrɔpinizasjɔ̃] *n.f.* 아트로핀 투여.

atropisme [atrɔpism] *n.m.* 아트로핀 중독.

atropos [atrɔpɔːs] *n.pr.f.* (A~) 〖그리스신화〗아트로포스(인간의 수명을 주관하는 모이라이 여신중의 하나). —*n.m.* 〖곤충〗박각시과(科)의 나방; 살짝수염벌레.

at(t). 《약자》attaché 〖주식〗이표(利票)가 붙어 있는.

attabler [atable] *v.t.* 〖드물게〗(사람을)식탁에 앉히다; 게임대〖테이블〗에 앉히다.
—**s'~** *v.pr.* 식탁에 앉다; (게임·작업을 위해)테이블에 자리하다. s'~ pour jouer aux échecs 장기〖체스〗를 두기 위해 테이블에 앉다.

attachant(e) [ataʃɑ̃, -ɑ̃ːt] *a.* 재미있는, 흥미를 끄는 (intéressant); 매력있는(captivant). livre ~ 흥미진진한 책. visage ~ 매력적인 얼굴.

attache [ataʃ] (< *attacher*) *n.f.* ⓐ ①잡아매기, 묶기. chien d'~ (매어둔)집지키는 개. ⓑ 매는 데 쓰는 끈〖도구〗; (말 머리에 매는)올가미; 사슬, 새끼줄. matériel d'~ 매는〖잇는〗기구. droits d'~ 〖해양〗계선세(繫船稅). mettre un chien à l'~ 개를 매어두다. port d'~ 〖해양〗모항(母港), 선적항. ⓒ 부착부; 〖해부〗(근육의)부착점(附着點). ⓓ 연결부; 〖해부〗관절; 발목, 손목. rivets d'~ (접합용)리벳. avoir des ~s fines 손목〖발목〗이 가늘다. ② 속박, 구속(물). vivre sans ~(s) 구속됨이 없이 자유롭게 살다. être toujours à l'~ ~ 는 속박되어 〖얽매어〗 있다. tenir *qn* à l'~ …을 속박하다. ③ 인연; 관계; 관련(liaison); 애착, 애정(attachement). avoir beaucoup d'〖peu d'〗~ pour *qc* …에 애착이 많다〖없다〗. conserver des ~s avec son pays natal 고향과의 인연을 계속 유지하다.
~ **d'aile** 〖항공〗날개의 지주(支柱). **borne d'~** 〖전기〗단자(端子). **prendre des chevaux à l'~** (말 보관업자가)사육료를 받고 말을 맡다.

attaché(e) [ataʃe] *a.p.* [~ à] ① (에)매인, 묶인 (lié, fixé), (끈으로)여민. prisonnier ~ 묶인 죄수. porter une veste ~*e* 앞이 여며진 웃도리를 입다. ② 결부된(associé, joint), avantages ~s à cette situation 이 지위와 결부된 이권. Mon bonheur est ~ *au* vôtre. 내 행복은 당신의 행복과 결부되어 있다. ③ (에)집착〖애착〗하는, 성실한(dévoué, fidèle). ~ *à* une opinion 의견을 고집하는. Il est ~ *à* mes pas. 그는 나를 미행하고 있다. ~ *à* son maître 주인에게 충실한.
—*n.m.* ① (대사·공사의)수행원, 대(공)사관 관원, 외교관보(補). ~ commercial 상무관. ~ culturel 문정관. ~ militaire 대(공)사관 무관. ~ de presse 공보관. ~ (중앙관청의)참사관. (재판소·검사국의)시보(試補); 감독관(~ de contrôle); (철도의)실습생.

attache-capot [ataʃkapo] *n.m.* (자동차 엔진의)덮개걸이.

attache-courroie [ataʃkurwa(ɑ)] *n.m.* (복수불변)〖기계〗벨트걸이.

attache-fil *n.m.*, **attache-fils** [ataʃfil] *n.m.* (복수불변) ①〖항공〗와이어링 플레이트. ②〖전기〗크램프.

attache-lettre [ataʃlɛtr] (*pl.* **~s-~s**) *n.f.* (종이를 꽂는)클립.

attachement [ataʃmɑ̃] (< *attacher*) *n.m.* 애정, 애착, 집착(affection, dévouement). avoir de l'~ pour *qn* …에게 애착을 느끼다. avoir de l'~ à *qc* …에 집착하다. ② 충실함(fidélité). ~ à ses devoirs 의무에 충실함. ③ (*pl.*)(공사의 현장감독이)공사진행 따위를 기록하는)메모, 기록.

‡**attacher** [ataʃe] *v.t.* ①(끈·줄·사슬 따위로)비끄러매다 〖얽어〗매다; (핀 따위로)고정시키다; (풀로)붙이다(fixer, lier). ~ la valise avec une ficelle 끈으로 가방을 묶다. Les passagers doivent ~ leur ceinture. 승객들은 벨트를 매야 한다. ~ ses lacets de chaussures; 〖구어〗~ ses chaussures 구두끈을 매다. ~ un pardessus 코트의 단추를 채우다. [~ à] ~ le cheval *à* un arbre 말을 나무에 비끄러매다. ~ le chien ~ 개를 매다.(간접보어보어 없이) ~ le chien 개를 매다. ② (시선을)고정시키다(fixer); 결부시키다(lier); (사람을)(에)종사하게 하다. ~ son regard〖ses yeux〗 sur …을 뚫으러미 쳐다보다. [~ à *qc*] ~ son nom *à* une découverte 어떤 발견에 자기 이름을 결부시키다〖발견으로 자기 이름이 기억되게 하다〗. [~ *qn* à] ~ *qn à* son cabinet …을 자기 사무실에서 일하게 하다.
③ 집착〖애착〗하게 하다, (애정·의무·이해 따위)로 결합시키다. [~ *à qc/qn*] ~ *qn à* son pays …의 마음을 고향에 묶어두다, …을 고향 생각하게 하다. sentiments qui m'*attachent à* vous 나를 당신에게 애착하게 하는 감정들.
④ (의미·가치 따위)주다, 부여하다(donner). ~ un sens à un mot 어떤 단어에 의미를 부여하다. ~ de l'importance〖du prix〗 à *qc*(à ce que+*sub.*) …을 중시하다.
—*v.i.* ⓐ 흥미를 끌다. ②〖구어〗〖요리〗 달라붙다. Le riz a *attaché*. 밥이 달라붙었다.
—**s'~** *v.pr.* ① [s'~ à] (에)달라붙다, 잘 붙어 떨어지지 않다. La poix *s'attache* aux doigts. 송진이 손가락에 달라 붙는다. s'~ *aux* pas de *qn* …의 뒤를 밟다.
② (수동적)매어지다, 닫혀지다, 채워지다(se fermer, s'ajuster). collier qui *s'attache* par un fermoir 고리쇠로 채워지는 목걸이. robe qui *s'attache* derrière(par des boutons) 뒤로(단추로) 채워지는 드레스.
③ (에)집착하다, 전념(몰두)하다, (하려고)애쓰다(s'appliquer). s'~ *à* une idée 어떤 생각에 집착하다. s'~ *à* l'étude 연구에 몰두하다. s'~ trop *à* ses opinions 자기의 의견을 고집한다. [s'~ à + *inf./à* ce que+*sub.*] s'~ *à* rendre *qn* heureux ~을 행복하게 하려고 애쓰다.
④ [s'~ à *qn/qc*](애정·충성 따위)에(게)결합되다, 애착을 느끼다. s'~ *à qn* pour la vie 목숨을 다해 …을 사랑하다. C'est *au* livre que je m'*attache*. 내가 애착을 느끼는 것은 책이다.
⑤(주어는 사물)결부되다, 함께 하다(être associé à). Une gloire impérissable *s'attache* à cet exploit. 이 공적에 불멸의 영광이 따른다.
⑥ [s'~ *qn*] 자기를 따르게〖사랑하게〗하다. Le professeur a su s'~ ses élèves. 선생님은 학생들이 그를 따르게 할 줄 알았다.

attacus [a(t)takys] *n.m.* 〖곤충〗산누에나방과(科)의 한 속(屬).

attagène [ataʒɛn] *n.m.* 〖곤충〗쇠수시렁이.

attalée [atale] *n.f.* ~ à cordes 〖식물〗남미산의 야자.

attaquable [atakabl] *a.* 공격받을 수 있는; 비난받을 수 있는.

attaquant(e) [atakɑ̃, -ɑ̃ːt] *a.* 공격하는, 습격하는.
—*n.* 공격〖습격〗자; 〖스포츠〗(팀 경기의)전위.

*****attaque**[1] [atak] *n.f.* ①공격, 습격(↔défense).

corps d'~ 공격 부대. lancer(déclencher) une ~ 공격을 개시하다. passer(se porter) à l'~ 공격으로 옮기다. ~ de front(de côté, à revers) 정면(측면·배후)공격. ~ par vagues successives 파상(波狀)공격. ~ aérienne 공습. fausse ~ 위장공격. ⓑ (개인에 대한)습격. ~ nocturne (노상강도 등에 의한)야간습격. ~ à main armée 흉기에 의한 습격. ⓒ 〖의학〗 발병, 발작. ~ d'apoplexie (뇌일혈로 인한)졸도. ~ de nerfs 히스테리 발작. ⓓ (열차·승객 따위의)불법 억류. ⓔ 비난, 논박. ② 〖기계〗 전동(傳動). pignon d'~ 전동 톱니바퀴. ③ 〖음악〗 짧은 둔주곡(fugue)의 테마; (악기의)시주(始奏); 발성(법). chef d'~ 제 1 바이올리니스트. ④ 〖전화〗 호출. 〖언어〗 (발성의)개시 (開始). ⑥ 〖스포츠〗 공격; (경주의)대시, 스퍼트; (테니스·골프의)강타; 공격진(ligne de ~).
d'~ 〖구어〗건장한(하게); 〖군사〗 사기가 왕성한 (하게); 〖속어〗원기왕성하다. homme d'~ 활동가. froid d'~ 혹한.

*****attaquer** [atake] *v.t.* ① ⓐ 공격하다, 치다, 습격하다 (↔ défendre, protéger). (보어 없이) Les Français commencent à ~. 프랑스군이 공격을 개시했다. ⓑ (병 따위가)침범하다; (산·녹 따위가)침식하다. *être attaqué d'*une maladie 병들다. La rouille *attaque* le fer. 녹이 쇠를 침식한다. ⓒ 비난 공격하다; 해치다, 손상시키다. ⓓ 고발하다, 이의를 제기하다. ~ *qn* en justice …을 고소하다. ⓔ (곤란 따위에)맞서싸우다. ~ une difficulté 곤란에 맞서싸우다. ~ le taureau par les cornes 어려운 일에 맞부딪치다. ② 착수하다, 시작하다; 〖음악〗 연주하기 시작하다; 〖해양〗 (섬 따위에)접근하다. ③ 〖기계〗 전도(傳導)하다; 〖승마〗 박차를 가하다. ④ 〖전화〗 호출하다.
—*s'~* *v.pr.* ① [s'~ à] (에(에게)) 공격을 가하다, 대들다; (비유적) 도전하다, 끝까지 버티다; 시작하다. *s'~ à* un homme fort 강자에게 덤벼들다. *s'~ à* un problème (비유적)어떤 문제(의 해결)에 도전하다. *s'~ à* un gros bifteck 큼직한 비프스테이크를 먹기 시작하다. ② 침해당하다. ③ 서로 공격하다.

attaqueur [atakœːr] *n.m.* 공격자; 공격의 지휘자.
attardé(e) [atarde] *a.p.* ① 지체한; (나그네가)갈 길이 저물은. ② 시대에 뒤떨어진. ③ (아이가)지능이 뒤떨어진(arriéré). —*n.m.* 뒤진 사람.
attardement [atardəmɑ̃] *n.m.* 〖기계〗 늦어짐; 〖전기〗 히스테리시스((영)hysteresis).
attarder [atarde] *v.t.* (사람을)지체하게 하다. Les embouteillages nous *ont attardés*. 차의 혼잡으로 늦었다.
—*s'~* *v.pr.* 지체하다, 늦어지다. *s'~* en chemin 도중에 지체하다. Je crains de m'~. 늦어질까 걱정이다. *s'~* sur un sujet 어떤 문제를 붙잡고 늘어지다. [s'~ à+*inf*.] *s'~ à* boire 술을 마시느라고 늑장을 부리다, 시간에 구애받지 않고 마시다.
atte [at] *n.f.* 〖식물〗 attier의 열매.

*****atteindre** [atɛ̃ːdr] [27] *v.t.* ① (에)도달하다, 도착하다, 이르다, 다다르다. 달성하다 (↔ manquer, rater); (에)손이 닿다, 얻다. ~ son but 목적을 달성하다. monter sur une chaise pour ~ le haut de l'armoire 옷장의 위까지 손이 닿도록 의자에 올라서다. ② 맞히다, 적중시키다, 치다; 해치다, 상하게 하다, 상처를 입히다, 타격을 주다, 영향을 미치다(blesser, toucher); (병 따위가)침범하다. ~ *qn* d'une pierre …에게 돌을 던져 맞히다. Le coup de feu l'*atteignit* au bras. 총알이 그의 팔에 맞았다. Cette mesure *atteint* une foule de personnes. 이 조치는 많은 사람들에게 영향을 미친다. ③ (어느 연령·크기에)달하다. ~ le cinquante 50세가 되다. ④ [~ *qn*](와)연락하다. J'essaie d'~ Pierre depuis une heure. 나는 한시간전에 피에르와 연락하려고 애쓰고 있다.
—*v.t.ind.* [~ à] …을 (노력끝에 간신히) 달성하다, …에 도달하다, 손이 간신히 가 닿다. ~ *à* la perfection 완성의 경지에 달하다. ~ *à+inf.* 겨우 …하게 되다.
ⓇⒺⓂ **atteindre** *qc* 비교적 힘들이지 않고 도달할 경우: **atteindre** un certain niveau 어떤 수준에 도달하다. **atteindre à** *qc* 노력 끝에 도달할 경우: **atteindre** *à* un sommet réputé inaccessible 등정이 불가능한 것으로 소문난 정상에 도달하다.

atteint(e¹) [atɛ̃, -ɛ̃ːt] (*p.p.*<*atteindre*) *a.p.* 공격당한, 상처를 입은, 다친; 타격을 받은; 영향을 입은; (병에)걸린; 〖법〗 기소된. être ~ par une baisse de prix 가격의 인하로 타격을 받다. Il est ~ dans ses convictions. 그는 확신이 흔들리고 있다. Il est bien ~. 〖구어〗그는 머리가 아주 돌았다.
atteinte² [atɛ̃ːt] *n.f.* ① 타격; (힘 따위가 미치는)범위. ② 명중; 손해; 상처; (명예 따위의)훼손; 〖법〗 침해. ~s du froid 냉해(冷害). recevoir des ~s 손해를 입다. porter ~ à *qc* …을 해치다, 명예를 훼손하다. ~ à l'honneur de *qn* …에 대한 명예훼손. ~ à la sûreté de l'État 국가안전의 침해(간첩행위 따위). ③ (목적 따위의)달성, 도달, 획득, 포획. ④ 발병; 발작.
hors d'~ (공격의)힘이 미치지 못하는 곳에, 안전한 곳에. Sa réputation est *hors d'~*. 그의 명성은 확고부동하다.

attelabe [atlab], **attélabe** [atelab] *n.m.* 〖곤충〗 바구미과(科)의 곤충.
attelable [atlabl] *a.* (말·소에)수레를 달 수 있는, 멍에를 멜 수 있는.
attelage [atlaːʒ] *n.m.* ① (말·소에)수레를 달기, 멍에를 메우기, 계가(繫駕), 계가법. ② (수레 따위를 끄는)한 쌍의 말(소). ~ à quatre 4두마차. ~ en file 세로로 이은 한 무리의 말(소). 〖토목〗 연결(하기); 연결재(材); (차량의)연결, 연결기(器). chaîne d'~ 〖철도〗 연쇄(連鎖). ④ (짝을 이루는)협력자; 부부.
garçon d'~ (여관에서)말을 보살피는 일꾼.

atteler [atle] [5] *v.t.* ① (말·소에)수레(쟁기)를 달다, 멍에를 메우다; (비유적) (사람을)묶어두다, 얽매다. ~ les chevaux 말에 수레를 달다. ~ des bœufs à la charrue 소에 쟁기를 달다. ~ *qn* à un travail …을 (강제로)일하게 하다. ② (목적보어 없이) (수레에) 말(소)을 달다. Faites ~. 수레에 말을 달도록 하시오. ③ 〖철도〗 (차량 따위를)연결하다.
C'est une charrette(charrue) mal attelée. 〖구어〗저 사람들은 잘 어울리지 않는 부부이다. (회사나 공공사업 따위에 있어)사이가 벌어져 있다. *être attelé à un travail ingrat* 〖구어〗보람이 없는 일에 종사하다.
—*s'~* *v.pr.* ① (말·소가)수레에 연결되다, 멍에 메다. ② [s'~ à](에)전념하다; 〖구어〗[s'~ avec] (와)서로 협력하다. *s'~ à* finir un travail 끝마치기 위해 일에 전념하다.

attelle [atɛl] *n.f.* ① 〖외과〗 부목(副木). ② (*pl.*) 말의 목에 다는 두 개의 구부러진 막대기, 마소굴레.
attelle-étrier [atɛletrije] (*pl. ~s-~s*) *n.f.* 〖외과〗등자(鐙子) 모양의 부목(副木).

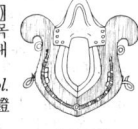

attelle ②

attellement [atɛlmɑ̃] *n.m.* (말·

attelloire [atelwa:r], **atteloire** [atlwa:r] *n.f.* ① 수레채. ② (도구의)자루.

attenance [atnɑ:s] *n.f.* (가옥 따위의)부속물.

attenant(e) [atnɑ̃, -ɑ̃:t] *a.* [~ à] (에)인접한, 이웃한. cimetière ~ à l'église 교회에 인접한 묘지.
—*ad.* 이웃에, 바로 옆에. tout ~ 바로 옆에.
—*prép.* …의 이웃의, 곁의, …에 접한.

attendant (en) [ɑ̃natɑ̃dɑ̃] *loc.ad.* ① 우선, 그동안, 그때까지. En ~, je vais être obligé de travailler à ces conditions. 우선은 그 조건하에서 일해야만 될 것 같다. ② (기다리는 뜻은 거의 사라지고)지금으로선, 당장은, 우선은(pour le moment). Nous n'avons rien à faire. Promenons-nous en ~. 아무것도 할 일이 없네. 우선 산보나 하세.
—*loc. prép.* …까지. en ~ l'arrivée du courrier 우편물이 도착할 때까지.
en ~ que + *sub.* …하기까지. en ~ qu'il arrive 그가 도착할 때까지.

‡**attendre** [atɑ̃:dr] [25] *v.t.* ① 기다리다; 참고 기다리다. ~ le train 기차가 도착하기를 기다리다. [~ de+*inf.*] Attendez d'avoir trente ans. 설흔 살이 될 때까지 기다리시오. [~ que+*sub.*] J'attends qu'il vienne. 그가 오는 것을 기다리고 있다.
② 대기하다, 준비하고 기다리다. Je l'attends à tout moment. 이젠 그가 올 때가 되었어(언제 나타날는지 모른다). Le dîner nous attend 저녁 준비가 되어 있다.
③ 기대하다(compter, espérer). [~ qc de qn/qc] On attend beaucoup de ces recherches. 이 연구에 대해서 기대가 크다. Qu'attendez-vous de lui? 그에게서 무엇을 기대한단 말이오?
④ 꾸물대다, 지체하다, 미루다(différer). Qu'est-ce que vous attendez? 무엇을 꾸물대고 있소? [~ de+*inf.*] N'attendez pas d'y aller. 꾸물대지 말고 가세요.
aller ~ qn à la gare 역에 ~ 을 마중나가다.
Attendez-moi sous l'orme. 느릅나무 아래서 나를 기다려라(아무리 기다려도 헛수고야).
~ *qn de pied ferme* (맞설)준비를 갖추고 (의연하게) …을 기다리다.
C'est là que je l'attends. 문제는 거기서 그가 어떻게 하느냐 하는 것.
(Un coup) *n'attendait pas l'autre.* 계속적으로 (타격이) 가해졌다.
se faire ~ 늦게 기다리게 하다; 늦게 오다.
—*v.i.* ① 기다리다; 꾸물대다, 미루다. ~ jusqu'à demain 내일까지 하는 수가. Qu'il attende. 그를 기다리게 해라. sans plus ~ 더 이상 지체없고. ② [~ après](을)갈망하다, 초조하게 기다리다; 기대하다. ~ après le médecin 의사를 애타게 기다리다. ~ après cet argent 그 돈을 기대하다.
Attendez donc! 잠깐! *Attendez voir.* 《구어》어떻게 되는지 두고 보시오. *ne rien perdre pour* ~ 기다린다고 손해볼 것 없다; (반어적) 늦게라도 당할 것은 당한다. *Tout vient à point à qui sait* ~. 《속담》참고 기다리면 수가 생긴다.
—*s'* ~ *v.pr.* ① 예상하다, 기대하다, 기대를 걸다. [s' ~ à qc] Il faut s' ~ à tout. 어떤 일이 일어날지 모를 일이다. [s' ~ à+*inf.*] Je m'attendais à vous voir aujourd'hui. 나는 오늘 당신을 만나리라 기대했었소. [s' ~ à ce que+*sub.*] Il s'attend à ce qu'elle revienne. 그는 그녀가 다시 돌아올 것을 기대하고 있다. 《옛》[s' ~ que+*ind.*] Je m'attends qu'il viendra demain. 나는 그가 내일 올것으로 기대한다.
② 서로 기다리다.

attendri(e) [atɑ̃dri] *a.p.* 감동된, 측은하게 여기는.

attendrir [atɑ̃dri:r] *v.t.* ① 측은해지게 하다, 감동시키다(apitoyer, toucher, émouvoir). Ces larmes attendrissaient mon cœur. 그 눈물은 나의 마음을 감동시켰다. se laisser ~ au spectacle de qc …을 보고 감동하다. ② (고기 따위를)부드럽게[연하게] 만들다. ~ une viande 고기를 연하게 하다. battre un gigot pour l' ~ 연하게 하기 위해 양의 넓적다리 고기를 두드리다. ③ (목적보어 없이) 사람을 감동시키다. Racine a l'art d' ~. 라신에는 사람을 감동시키는 재간을 터득하고 있다.
—*s'* ~ *v.pr.* ① 측은해지다, 눈시울이 뜨거워지다(s'apitoyer). Il s'attendrit facilement. 그는 경에 약하다. [s' ~ sur qc/qn] s' ~ sur le sort des malheureux 불행한 자들의 운명을 동정하다. ② [s' ~ sur qn] (에 대해) (감상적으로)떠벌이다. Elle ne cessait de s' ~ sur son bébé. 그녀는 자기 아이에 대해(귀여움 못견디겠다는 듯이) 계속 떠벌였다. ③ (고기 따위가)부드러워지다, 연해지다.

attendrissant(e) [atɑ̃drisɑ̃, -ɑ̃:t] *a.* ① 감동시키는, 측은한 마음을 일으키는(émouvant). ② 느그렇게 하는. naïveté ~e 마음 흐뭇하게 하는 순박성.

attendrissement [atɑ̃drismɑ̃] *n.m.* ① 감동, 동정, 측은한 마음. larmes d' ~ 감동의 눈물. avoir un ~ dans sa voix 눈물을 머금고 말하다. ②《옛》부드럽게[연하게] 하기.

attendrisseur [atɑ̃drisœ:r] *n.m.* (고기를 연하게 하는 고기 다지는 도구.

attendu(e) [atɑ̃dy] (*p.p.*<attendre) *a.p.* 기다려진, 기대된; 예상된, 예기된. Vous êtes ~. 기다리고 있었소. événement ~ 예기된 사건.
—*prép.* 《문어》① …때문에, …에 비추어. ~ la gravité de la situation 사태가 심각하므로 때문에. ② [~ que+*ind.*] …하므로, …에 비추어 [법]. ③ …하기 때문에. —*n.m.pl.* (판결 따위의)제시 이유.

attenir [atni:r] [16] *v.t.ind.* [~ à] ① …에 이웃하이다, …에 인접하다. Le salon attient souvent à la salle à manger. 응접실은 흔히 식당과 인접하여 있다. ② …와 혈육간이다. ~ aux Condé 콩데가와 혈육간이다.

attentat [atɑ̃ta] *n.m.* ① (범죄적)기도, 침해, 폭행 (agression); (국가에 대한)음모(complot); 테러 행위. Le président a échappé à un ~. 대통령은 암살기도를 모면했다. tomber victime d'un ~ 범행에 희생되어 쓰러지다. ② [~ à] 《법》침범, 침해, 범죄. ~ à la liberté 자유의 침해(《불법감금·체포 따위》). ~ à la sûreté de l'État 국가안전에 대한 침해. ~ aux mœurs 풍속범죄 (강간·외설·매춘 행위). ~ à la pudeur (15세 이하 미성년 남녀에 대한)강제 외설죄, 강간죄. ③ 《비유적》(일반원칙에 의)위배(違背). ~ contre le bon goût 악취미.

attentatoire [atɑ̃tatwa:r] *a.* [~ à] (을)침해하는, (에)위배되는(préjudiciable). acte ~ à la justice 정의(법)에 위배되는 행위. mesure ~ à la liberté 자유를 침해하는 조치.

****attente** [atɑ̃:t] *n.f.* ① 기다림; 기다리는 시간; 기다리는 사람(물건·일). combat d' ~ 《군사》지구전(持久戰). salle d' ~ 대합실. L' ~ n'a pas été longue. 기다리지 오래되지 않았다. dans l' ~ de vous lire(de votre réponse) 답장을 기다리며 (편지에서). être dans l' ~ de qn(qc) …을 기다리고 있다, 기대하고 있다. rester en ~ (청구서 따위가)미결로 남아있다. ligature d' ~ 《외과》임시적인 붕대. matière d' ~ 임시적인 재료. pierre d' ~ 《건축》대치석(待齒石). 임시변동으로 쓰이는 것. table d' ~ ⓐ 《문장》바탕. ⓑ 《미술》(그릴 그리기 전의)널빤지; (조각하기 전의)돌. ② 예기, 예상, 기대(expectative). répondre à l' ~ de qn

의 기대에 보답하다. contre toute ~ 온갖 기대에 반하는. [~ de+inf.] ···할 행복해지리라는 기대. ③ 〖군사〗 견장꽂이(~ d'épaulette). ④ 〖항공〗 착륙을 기다리는 상공선회(circuit d'~).
faire une course d'~ 〖승마〗 (마지막 박차를 가하려고)말에 힘을 넣주며 달리다.

attenter [atɑ̃te] *v.t.ind.* [~ à] ···에 대해 위해(危害)를 가하다. ~ *à la vie de qn* ···의 살해를 기도하다. ~ *à ses jours* 자살을 기도하다. ~ *à la sûreté de l'État* 국가에 대하여 음모를 꾸미다.
—*v.i.* 〖옛〗 남을 해치다.

attentif(ve) [atatif, -i:v] *a.* ① 주의깊은, 조심하는. air ~ 주의깊은 태도. auditeur ~ 주의깊은(경청하는) 청중. [~ à qc] Sois ~ à ce que je te dis. 내가 하는 말을 명심해라. [~ à+inf.] être ~ à ne blesser personne 어느 누구의 비위도 거스르지 않으려고 조심하다. ② 친절한, 정중한. soins ~s 정성어린 간호(배려). [être ~ auprès de qn] être ~ auprès d'une femme 여자에게 친절하게 대하다. ③ 면밀한, 세심한. examen ~ 면밀한 검사.

‡**attention** [atɑ̃sjɔ̃] *n.f.* ① 조심, 주의; 배려(配慮). écouter(observer) avec ~ 주의깊게 듣다(관찰하다). appeler(attirer, éveiller) l' ~ de qn sur qc ···에 ···의 주의를 환기시키다. arrêter(retenir) l' ~ de ···의 주의를 끌다. A~! au train! 기차에 조심! ~ suivie 세심한 주의. avoir une ~ délicate à son égard 〖문어〗 그에 대해서 세세한 데까지 마음을 쓰다. Faites ~! 주의하시오. faute d' ~ 부주의로. ② (종종 *pl.*) 친절, 정중 (고어나 문어에서는 단수로도 쓰임) (prévenance). avoir de grandes ~s pour qn ···에게 대단한 친절을 베풀다. *À l'~ de M.X.* X 씨 앞(편지나 메모 따위의 행선).
A~! 주의하라! 위태롭다!; 〖해양〗 조심! ; 〖군사〗 차렷!
faire [prêter] (son) ~ à; accorder son ~ à ···에 주의하다. N'y *faites pas* ~. 염려(걱정)할 것 없다.
faire ~ (à ce) que+sub. ···하도록 주의하다.
faire ~ que+ind. ···라는 사실에 주의하다.
Ne faire [prêter] aucune ~ à ···을 멸시하다, 안중에 두지 않다.
porter son ~ sur qc ···에 주의를 기울이다.

attentionné(e) [atɑ̃sjɔne] *a.* 주의 깊은; 정중한, 친절한(prévenant). être très ~ pour[auprès de] qn ···에 대해서 친절하다. enfant très ~ pour ses parents 부모를 중히 여기는 자식.

attentisme [atɑ̃tism] *n.m.* 형세 관망주의, 기회주의.

attentiste [atɑ̃tist] *n., a.* 기회주의자(의), 기회주의적인.

attentivement [atɑ̃tivmɑ̃] *ad.* 주의깊게, 조심스럽게. écouter ~ 경청하다.

atténué(e) [atenɥe, -ɛ:t] *a.* ① 〖법〗 경감하는, 덜어주는, 정상을 참작케 하는. circonstances ~*es* 정상을 참작케 하는 사정, 정상배려. ② 〖옛〗 〖의학〗 묽게 하는.
—*n.m.* 〖옛〗 〖의학〗 희석제(稀釋劑).

atténuation [atenɥasjɔ̃] *n.f.* ① 약화, 경감, 완화, 덜어줌; 연하게 함, 부드럽게 함, (범죄의)정상참작. ~ des souffrances au moyen d'un calmant 진정제 사용에 의한 고통의 완화. ~ et aggravation de peines de 〖刑〗의 경감과 가중. ② 수척, 쇠약; 〖물리〗 감쇠.

atténué(e) [atenɥe] *a.p.* 끝이 가늘어져 가는.

atténuer [atenɥe] *v.t.* ① (힘·강도를)약하게 하다, 덜다, 경감하게 하다(diminuer, réduire); 완화하다; 부드럽게 하다(adoucir). prendre un cachet pour ~ un mal de tête 두통을 가라앉히기 위해 약을 먹다. Cela *atténuera* un peu son amertume. 이것은 그의 고통을 좀 달래줄 것이다. ~ *ses expressions* 표현을 부드럽게 하다. ② (광선을)어둡게 하다; 〖사진〗 감도(減度)하다; (바이러스의 힘을)약하게 하다; (동요를)가라앉히다(calmer). ③ 〖법〗 (과실·죄과의)정상을 배려하다, (죄를)경감하다. ④ 〖옛〗 수척(쇠약)하게 하다, 마르게 하다(amaigrir, amincir); 〖의학〗 묽게 하다.
—*s'~ v.pr.* ① 감하다, 약해지다, 완화되다, 부드러워지다, 좀 어두워지다. Sa douleur *s'est* un peu *atténuée*. 그의 고통은 다소 가라앉았다. ② 수척해지다, 마르다; 작아지다, 가늘어지다.

atterrage [atera:ʒ] *n.m.* 〖해양〗 ① 육지 접근; 육지에 가까운 장소. ② 상륙지.

atterrant(e) [aterɑ̃, -ɑ̃:t] *a.* 깜짝 놀라게 하는, 감당을 서늘하게 하는. nouvelle ~*e* 깜짝 놀랄 소식.

atterrement [aterma] *n.m.* ① 깜짝 놀라게 하기, 경악. ② 〖옛〗 내동댕이치기.

atterré(e) [atere] *a.p.* ① 깜짝 놀란, 간이 콩알만하진. Ils se contemplèrent ~*s*. 그들은 아연실색해서 서로 바라다 보았다. ② 공포에 사로잡힌.

atterrer [atere] *v.t.* ① 낙담시키다, 깜짝 놀라게 하다(consterner, stupéfier). Cette nouvelle l'a *atterré*. 이 소식을 듣고 그는 대경실색했다. ② 〖옛〗 땅바닥에 넘어뜨리다[쓰러뜨리다], 때려 눕히다; 녹초가 되게 하다.
—*v.i.* 육지로 다가가다.

atterrir [ateri:r] *v.i.* ① 〖해양〗 육지에 닿다, 육지에 다다르다; 상륙하다. ② 〖항공〗 착륙하다. ~ sur la lune 달에 착륙하다. ~ brutalement 불시착하다. ~ dans un mouchoir de poche 〖구어〗 손바닥만한 곳에 착륙하다. ③ (사람이)목적지에 닿다; (사물이)목적지에 다다르다.
—*v.t.* 흙으로 막다; (운하 따위를)메우다. ② 〖해양〗 (배를)바닷가에 끌어올리다.

atterrissage [aterisa:ʒ] *n.m.* ① 〖해양〗 상륙; 육래상륙 어림, 좌초. ② 〖항공〗 착륙. ~ brutal 불시착. feu d' ~ 착륙 조명등. terrain d' ~ 착륙장. ~ plané 활공 착륙. ~ sur le ventre 동체착륙. ~ en douceur (우주선의)연착륙. ~ dans les choux (비행장 이외)들판착륙. ② 〖전화〗 (해저 전선의)상륙지점.

atterrissement [aterismɑ̃] *n.m.* 충적토(冲積土); 〖전화〗 =atterrissage.

atterrisseur [aterisœ:r] 〖항공〗 *a.* 착륙용의.
—*n.m.* 착륙 장치.

attestation [atɛstasjɔ̃] *n.f.* ① 증명, 증언(affirmation, ↔ démenti). ② 증명서. ~ de bonne conduite 선행 증명서. ~ du maire[du médecin] 시장(의사)의 증명서. délivrer une ~ en bonne et due forme 규정대로의 증명서를 발부하다. ③ 증인으로 세움.
[REM] **attestation** 구두 또는 비공식문서에 의한 증명: *attestation* de domicile 거주증명. **certificat** 법적으로 정해진 정식의 증명서: *certificat* de bonne vie et mœurs 품행〔신원〕보증서. **brevet** 권리·자격을 부여하는 증명서(주로 국가기관에서 부여): *brevet* d'invention 발명특허증. **diplôme** 자격(특히 학력)에 의한 증명으로 서명·공인이 되어 있음: *diplôme* de licence ès lettres 문학사 증서.

attesté(e) [ateste] *a.p.* 증명[입증]된; 실례에 의해 존재가 증명된. C'est un fait ~. 그것은 (증언 따위에 의해) 확인된 사실이다. mot ~ (원전의 발견 따위로)존재가 확인된 단어.

attester [ateste] *v.t.* ① 증명하다, 증언하다(confirmer, témoigner). Le document *atteste* la vérité de son témoignage. 이 문서는 그의 증언이 사실임을 증명한다. [~ que+ind.] Il a *attesté que* le fait s'était passé ainsi. 그는 사실이 그와같이 이루어 졌다고 증언하였다. [~+inf.] ~ avoir fait *qc* …한 것을 증언한다. ②(의)증거가 되다(prouver). Ses ouvrages *attestent* son érudition. 그의 저서들은 그가 박학하다는 것의 증거이다. [~ que+*ind.*] Ces paroles *attestent qu*'il n'a rien compris. 이 말은 그가 아무것도 이해하지 못했다는 것을 증언한다. ③증인으로 삼다; (비유적)(사물을)증거로 삼다. ~ *qn* de *qc* …을 …의 증인으로 세우다. ~ les dieux 신을 증인으로 삼다, 신에게 맹세하다. J'en *atteste* l'autorité de ce grand savant.나는 이 대학자의 권위를 그 증거로 삼는다.

atticisme [a(t)tisism] *n.m.* 아테네 특유의 말씨; 아테네 사람 특유의 우아한 표현; 《문어》우아한 문체(laconisme).

atticiste [a(t)tisist] *n.* 아테네풍의 모방작가.

attiédir [atjedi:r] *v.t.* ①(물을)미지근하게 하다; (더운 물을)식히다; (냉수를)데우다. ~ de l'eau trop chaude 너무 뜨거운 물을 식히다. eau *attiédie* au soleil 햇볕에 미지근해진 물. ②(비유적)(열정 따위를)진정시키다; (감정·용기 따위를)누그러 뜨리다(tempérer). L'absence *attiédit* l'amitié. 헤어져 살면 우정도 식어버린다.

—s'~ *v.pr.* ①미지근해지다. Cette eau *s'est attiédie*. 이 물은 미지근해졌다. ②(비유적)누그러지다; 가라앉다; 식다; 감쇄(減殺)되다. Son ardeur première *s'est attiédie*. 그의 처음의 열기가 식어버렸다.

attiédissement [atjedismã] *n.m.* 미온화, 미지근하게 하기(되기); 식기, 식히기; (비유적)(감정·정열 따위의)냉각, 감쇄(affaiblissement, refroidissement, ↔exaltation). ~ graduel du globe 지구의 점차적인 냉각.

attier [atje] *n.m.* 《식물》(서인도산)번려자(蕃茘枝).

attifage [atifa:ʒ], **attifement** [atifmã] *n.m.* 《구어》①볼썽사나운 치장, ②야한 옷차림(화장).

attifer [atife] *v.t.* 《구어》야하게(지나치게) 치장하다(accoutrer, affubler); 《옛》장식하다.

—s'~ *v.pr.* 야하게(지나치게)치장하다.

attifet [atife] *n.m.* ①(16세기의)여자 모자(특히 미망인의). ②여자의 머리장식.

attiger [atiʒe] ③ *v.i.* ①과장하다, 허풍치다(exagérer). ②다치다.

—v.t. 《속어》때리다, 상처를 주다; 앓게 하다. se faire ~ 부상을 입다; 병에 걸리다.

attignole [atiɲɔl] *n.f.* 튀긴 고기만두.

attique [a(t)tik] *a.* ①아티카의; ②아테네의; 아테네풍으로 세련된. sel ~ (아테네풍으로)세련된 농담(유머). **—A~** *n.pr.f.* 아티카. **—***n.m.* ①《건축》다락방, 지붕밑방. ②(pl.)아티카 사투리로 쓴 작가들(auteurs ~s).

attiquement [a(t)tikmã] *ad.* 아티카의 사투리로; 아테네풍으로 우아하게.

attirable [atirabl] *a.* 끌어올 수 있는.

attirail [atiraj] *n.m.* ①(전쟁·여행·사냥에 필요한)도구 일체(équipement). ~ de campeur 캠핑하는 사람이 휴대하는 여러가지 도구. ~ de chasse(de pêche) 사냥(낚시)도구. ②《구어》쓸데없는 짐짝; 귀찮은 것(물건); 사치한 부속물; 호사로움, 화려함. Que faites-vous de tout cet ~? 이 귀찮은 것을 당신은 어떻게 할 참인가요?

attirance [atirã:s] *n.f.* 마음을 끄는 힘, 매력, 유혹(attrait, ↔répulsion). ~ du plaisir 쾌락의 매력. ~ pour un aliment 한 음식에 대한 기호. exercer une ~ sur *qn* …을 유혹하다. éprouver une ~ pour *qn*(*qc*) …에 대해 매력을 느끼다.

attirant(e) [atirã:s, -ã:t] *a.* 끌어당기는; 마음을 끄는,

매력있는(séduisant, ↔repoussant). manières ~*es* 매력적인 태도.

*****attirer** [atire] *v.t.* ①끌어당기다. L'aimant *attire* le fer. 자석은 쇠를 끌어당긴다. ~ un fluide 액체를 빨아올리다. ②유인하다, 꾀어서 데리다(inviter, amorcer). Le pot de confitures *attirait* les mouches. 잼단지에 파리떼가 모여 들었다. (비유적)(주의·주목·시선 따위를)끌다. L'éclat de couleurs *attire* les regards. 선명한 색깔은 사람의 시선을 끈다. ~ l'attention sur soi 자기에게서 남의 주의를 끌다. ④호감(악감)을 사다; (사람에게)야기시키다, 일으키다(procurer, causer). [~ *qc* à/sur *qn*] Sa bienveillance lui *attirait* toutes les sympathies. 그의 호의는 모든 사람의 공감을 샀다. Il *attira* sur lui la colère de ses parents. 그는 (이 행동으로) 부모의 노여움을 샀다.

—s'~ *v.pr.* ①(se는 간접목적보어)(주의를)끌다; (총애를)얻다; (미움을)사다; 야기하다, 초래하다; (친구·원수 따위를)만들다. s'~ des ennuis (des affaires) 사고(문제)를 일으키다, 궁지에 빠지다, 난처한 지경에 빠지다. Elle *s'est attiré* beaucoup d'ennemis. 그녀는 많은 적을 만들었다. ②서로 끌다.

attisage [atiza:ʒ], **attisement** [atizmã] *n.m.* (드물게)(불을)부쑤셔 일으키기; (불기운을)돋우기.

attiser [atize] *v.t.* ①불을 부지깽이로 쑤셔 일으키다; 《기계》(불을)때다. ②(비유적)선동하다, 불러 일으키다. une querelle 싸움에 부채질하다. ~ les haines 증오심을 돋우다.

—s'~ *v.pr.* ①(불이)피어나다, 살아나다. ②선동되다, 돋우어지다.

attiseur(se) [atizœ:r, -/øz] *n.* ①(공장의)화부(火夫). ②《드물게》불쑤시기 좋아하는 사람.

attisoir [atizwa:r], **attisonnoir** [atizɔnwa:r] *n.m.* 부지깽이.

attitré(e) [atitre] *a.p.* ①자격이 있는, 정식으로 임명된, 본직의(en titre). représentant ~ 정식대표. ②(장사꾼 따위가)단골의, 지정의(habituel). ③《옛》(앞잡이·증인 따위가)매수된한. temoins ~s 매수된 증인.

attitrer [atitre] *v.t.* (*p.p.* 이외에는 거의 사용되지 않음) ①(에게)정식으로 직책을 맡기다. ②로 삼다.

attitrer[2] *v.t.* (물을)매복시키다. …로 삼다.

*****attitude** [atityd] *n.f.* ①자세, 몸가짐(maintien, pose, posture). Son ~ gauche témoigne de sa timidité. 어색한 자세로 보아 그가 수줍어하는 것을 알 수 있다. ~ naturelle 자연스런 자세. ②태도, 거동(allure). avoir une ~ ferme 확고한 태도를 가지다. ③겉치레. Ce n'est pas là ce qu'il pense. ce n'est qu'une ~. 그것은 그가 생각하는 바가 아니다, 겉으로 그런해 하는 것 뿐이다. être toujours en ~ 늘 뽐내고 있다. ④《우주》(인공위성의)위치, 방향.

atoll [atɔl] *n.m.* =atoll.

attorney [atɔrne] 《영》 *n.m.* 변호사; 대리인. ~ général 법무장관.

attouchement [atuʃmã] *n.m.* ①접촉, (손을)대기, 닿기. point d'~ 《기하》접점. ②손으로 만지기, 안수. guérir *qc* par ~ 안수로써 …을 고치다. ③《옛》촉각.

attracteur(trice) [atraktœ:r, -tris] *a.* 《드물게》끌어당기는 force ~*trice* 끌어당기는 힘.

attractif(ve) [atraktif, -i:v] *a.* ①끌어당기는; 마음을 끄는(captivant, séduisant). vertu ~*ve* des ruines 폐허가 가지는 매력. carrières ~*ves* 묘미가 있는 직업. ②(비유적)인력(引力)의.

attraction [atraksjɔ̃] *n.f.* ①끄는 힘; 《물리》인

력(gravitation). ~ universelle 만유인력. ② 《비유적》끌어당김, 매력, 유혹. ~ mutuelle de deux êtres 두 사람이 서로 뜻이 맞음. exercer une ~ sur qn …의 마음을 끌다. ③ 《언어》견인(牽引)《다른 낱말의 영향에 의한 형태의 변경》《cela: espèce 는 n.f. 인데 un espèce d'idiot 로 되는 것은 n.m.인 idiot 의 견인에 의함》. ④《대개 pl.》오락; 영화 막간의 구경거리, 흥행물; 《카바레의》여흥, 쇼. Ce music-hall donne une ~ sensationnelle. 그 뮤직홀에선 대단한 쇼를 하고 있다. Ce cinéma donne des ~s à l'entracte. 이 영화관에 막간에 구경거리가 있다.

attractivement [atraktivmɑ̃] ad. 끌어당기듯이, 《물리》 인력에 의하여.

attractivité [atraktivite] n.f. 《물리》견인력; 《일반적으로》끌어당김, 끌어당기, 매력. ~ de l'automobile 자동차의 매력, 자동차에 대한 선호.

attraire [atrɛ:r] 44 v.t. 《주로 부정법에만 쓰임》《옛》《미키로》꾀다, 이끌다.

attrait [atrɛ] n.m. ① 유혹, 매력(charme, séduction). ~ de la nouveauté 새로운 것의 매력. ~ de l'aventure 모험에의 유혹. se sentir de l'~ pour qn …에게 매력을 느끼다. ② 경향, 성향(inclination), 기호(goût). avoir de l'~ pour qc …을 좋아하다. ~ pour l'~ 《문어》《여성의》미색, 매력. Il s'est laissé prendre à ses~s. 그는 그녀의 매력에 사로잡히고 말았다.

attrapade [atrapad] n.f. 《구어》 ① 싸움, 격투(pugilat); 말다툼, 승강이(querelle). avoir une ~ avec qn …와 싸움을 하다. ② 심한 비난, 공격(reproches). ~ règle 《신문 따위가 행하는 산발적이 아닌》조직적 공격.

attrapage [atrapa:ʒ] n.m. 《구어》꾸지람, 잔소리, 힐책(réprimande); 말다툼, 승강이.

attrape [atrap] n.f. ① 《새·짐승을 잡는》올가미, 덫, 함정(piège). ② 궤계(詭計), 속임수(duperie); 사람을 속여넘기기, 곯리기, 장난(plaisanterie). Ne croyez pas ce qu'il vous dit, c'est une ~. 그가 말하는 것을 믿지 마시오, 그건 속임수이다. faire une ~ à qn …을 한탕 속여먹다. ② 《해양》구명삭(救命索), 《파손에 대해서 위한》부삭(副索).

attrape-gouttes [atrapgut] n.m. 《복수불변》《기계》 물방울받이.

attrape-lourdaud [atraplurdo] (pl. ~-~(s)) n.m. 어리석은 속임수.

attrape-marteau [atrapmarto] (pl. ~-~x) n.m. 《음악》《피아노의》해머받이.

attrape-mouche(s) [atrapmuʃ] n.m. 《복수불변》 파리통, 파리 끈끈이; 파리잡이새; 파리잡이풀.

attrape-niais [atrapnjɛ] n.m. 《복수불변》, **attrape-nigaud** [atrapnigo] (pl. ~-~(s)) n.m. = attrape-lourdaud.

attrape-poussières [atrappusje:r] n.m. 《복수불변》먼지 제거기, 에어스트레이너.

*attraper [atrape] v.t. 잡다, 붙잡다, 움켜잡다. ~ un renard au piège 여우를 올가미로 잡다. ~ un ballon à la volée 공중의 공을 뛰어서 잡다. ②체포하다, 붙잡다; 《~ qn à +inf.》(이)(하고 있는 현장을)발견하다(덮치다). Il s'est laissé ~ par la police. 그는 경찰에 잡혔다. ~ qn sur le fait …을 현행법으로 체포하다. Je l'ai attrapé à me voler mes fruits. 나는 그가 내 과일을 훔치고 있는 것을 붙잡았다. Que je t'y attrape! 《구어》내게 들키려고 봐라.
③《열차·버스 따위를》타다; 《사람을》뒤쫓다. Il a réussi à ~ le train. 그는 용케 기차를 잡아탔다.
④속이다, 속임수를 쓰다; 실망시키다. Il m'a

bien attrapé. 그 녀석한테 보기좋게 당했다. Il s'est laissé ~ par des flatteries. 그는 감언이설에 속고 말았다. Vous seriez bien attrapé, si vous saviez ce qu'il dit de vous. 그가 당신에 관해서 어떻게 말하는가를 알면 당신은 실망할 것이다.
⑤ 《병 따위에》걸리다; 《구타·벌·질책 따위를》받다. ~ une maladie 병에 걸리다. ~ froid 감기 걸리다. ~ un coup 한 대 얻어맞다.
⑥ 《말·대화 따위의 일부를》포착하다, 듣다. ~ une bribe de conversation 대화의 한 토막을 언뜻 얻다.
⑦ 《의미 따위를》이해하다, 파악하다. ~ le sens d'un passage 어느 한 귀절의 뜻을 파악하다.
⑧ 《특징 따위를》파악하다; 《말투·기법 따위를》흉내내다, 모사(모방)하다. ~ un style 문체를 모방하다.
⑨ 《구어》야단치다, 소리지르다. Il s'est fait ~ par ses parents. 그는 부모에게 꾸지람을 들었다.
⑩ 《구어》과녁을 쏘다, 명중시키다. 《목적지 따위에》이르다, 도달하다. La balle l'a attrapé au bras. 총알이 그의 팔에 명중되었다. cheval qui attrape 뒷발부리로 앞발을 차는 말. ~ le but 목적에 다다르다.

Attrape!; Attrape-toi cela! 《속어》꼴 좋다!; 꼴 좋게 한 대 먹었군!
Attrapé! bien attrapé! 또 속았다!
Attrape qui peut! 재간껏 빼앗아 보아라.
~ le bout de l'année 《구어》겨우 빚지지 않고 연말을 넘기다.
en ~ pour dix ans 《구어》징역 10년을 선고받다.
se faire ~ 속다; 《구어》호되게 꾸지람 듣다.
——s'~ v.pr. ① 《올가미에》잡히다, 걸리다. On ne s'attrape pas deux fois au même piège. 같은 올가미에 두번 걸려들지 마라.
②부딪치다; 걸리다; 《우엉씨[우방자] 따위가》들러붙다. [s'~ à] s'~ à un clou 못에 걸리다. s'~ à une porte 문에 부닥치다.
③ 《병이》옮다. Cette maladie s'attrape. 이 병은 옮는다.
④ 《상호적》서로 속이다(se tromper).
⑤ 《상호적》서로 비난하다(se reprocher); 서로 치고박다(se battre). Ils se sont sérieusement attrapés. 그들은이 정색을 하고 욕설을 주고 받았다. s'~ aux cheveux 머리를 서로 쥐어뜯다.

attrapeur(se) [atrapœ:r, -ø:z] n. 속이는 사람; 속여서 빼앗는 사람; 붙드는 사람; 신랄한 비평가.
——n.m. 《야구의》포수, 캐처.

attrapoire [atrapwa:r] n.f. 《사냥》올가미, 덫, 함정(piège).

attrayant(e) [atrɛjɑ̃, -ɑ̃:t] a. 사람의 마음을 끄는, 매력있는(agréable, attirant). peu ~ 매력이 없는.

attremper [atrɑ̃pe] v.t. ① 《초자로(硝子爐)를》서서히 가열하다. ② 《강철을》단련하다, 닦구다. ③ 《성격을》교정하다, 어질게 만들다.

attribuable [atribɥabl] a. attribuer 할 수 있는.

attribuer [atribɥe] v.t. ① 《~ qc à qn》(에게)부여하다(accorder); 할당하다(assigner). ~ un rôle à qn …에게 한 역을 배당하다. De nombreux avantages lui ont été attribués. 많은 특권이 그에게 부여되었다. ② 《~ qc à qc》(을 특유한 것으로)간주(인정)하다(prêter, supposer). J'attribue une importance minime à cette déclaration. 나는 이 선언을 조금도 중요하게 생각하지 않는다. ③ 《~ qc à qn》(의)탓으로 돌리다, (에게)책임지우다, 전가하다(imputer). (어떤 책임을) ~에 …의 탓이라고 하다. ~ à qn une responsabilité …에게 책임

을 지우다. On lui *attribue* ce livre. 그를 이 책의 저 자라고들 한다.
—**s'~** *v.pr.* ① (se는 간접목적보어) [s'~ qc] 제 것인 체하다, 제것이라고 주장하다 ; (의무 따위를) 떠맡다 ; 자기 탓으로 하다(s'approprier, s'arroger). s'~ tout le mérite de qc …의 모든 공을 자기 의 것으로 하다. s'~ le monopole du patriotisme 애국심을 자신이 독점하다. Il s'est attribué à lui seul, le succès de l'entreprise. 그는 사업의 성공을 오직 자기 탓으로 돌렸다. ② (에게)수여되다, (의)탓으로 되다, (에게)차지되다, (에게)할당되다 (revendiquer). Il s'attribue des poèmes qu'il n'a pas faits. 자신이 쓰지도 않은 시를 자신이 썼다고 주장하다. [s'~ à] Les fautes d'un peuple *s'attribuent* justement à ses gouvernants. 국민의 과실이 그 위정자들의 탓으로 돌려지는 것은 당연하다. ③ (상 따위를)타다(remporter). Il s'est attribué tous les prix. 그는 모든 상을 탔다.

attribut [atriby] *n.m.* ① 속성(屬性), 특질. La raison est un ~ essentiel de l'homme. 이성은 인간 의 본질적 특성이다. ② 특권, 권한(privilège); 상 징(symbole). Le droit de grâce est un ~ du chef de l'Etat. 사면의 권한은 국가원수의 특권이다. Le sceptre est l'~ de la royauté. 왕홀은 왕권의 상징 이다. ③ 【논리】 빈위(賓位), 빈사(賓辭); 【문 어】 속사. adjectif ~ 속사 형용사.

attributaire [atribytɛːr] *n.* 【법】 피부여인(被 附與人), 양수인(bénéficiaire); 【상업】 주식 할당 인수인.

attributif(ve) [atribytif, -iːv] *a.* 【법】 부여(이 전)하는. ② 【논리】 빈위의; 【언어】 속사의.

attribution [atribysjɔ̃] *n.f.* ① 부여(附與), 배당. concours pour l'~ d'un prix 수상자 결정 콩쿠르. [~ à] ~ de véhicules neufs à un service 과(課)에 새 차를 배정하기; d'une fonction à un employé 직원에게 직책을 배정하기. ② (어떤 작품의 작자 라고)추정하기. ③ (종종 *pl.*)(어떤 직무에 부수되 는) 특권, 권한. définir (déterminer, délimiter) les ~s d'un fonctionnaire 어떤 직무의 권한을 설정하 다(한정짓다). Cela rentre dans ses ~s. 그것은 그 의 권한에 속한 일이다. Cela sort (est en dehors) de mes~s, Ce n'est pas dans mes ~s. 그것은 내 권 한 밖의 일이다. ④ 【언어】 rapport d'~ 귀속 관 계(에 : boîte aux lettres 에서 boîte 와 les lettres 와 의 관계); complément d'~ 귀속보어(예 : Il a donné un sou à *un pauvre*, mourir pour *la patrie* 에서 un pauvre et la patrie).

attristant(e) [atristɑ̃, -ɑ̃ːt] *a.* 슬프게 하는, 슬픈 (affligeant); 한심스러운(déplorable). temps ~ 음산한 날씨.

attristé(e) [atriste] *a.p.* 슬퍼하는 ; 슬픈 모양의.

attrister [atriste] *v.t.* ① 슬프게 하다(désoler, chagriner). La nouvelle de ce décès m'a profondément *attristé*. 그 죽음의 소식을 듣고 나는 몹 시 슬퍼졌다. ②우울하게 하다, 침울하게 하다 (assombrir). L'hiver *attriste* la nature. 겨울은 자 연을 음산하게 한다.

REM **attrister** 비교적 가볍고, 일시적인 슬픔으로 본인과 직접 관계가 없는 경우에도. **contrister** 보 다 강한 슬픔으로 본인과 직접 관계되는 경우가 많 음 ; être contristé par la malchance 불운으로 깊이 상 심하다. **peiner** 주로 정신적 고통을 말함 ; peiner ses parents 부모에게 고통을 주다. **chagriner** peiner 보다는 약하고, 자연적 또는 습관적으로 슬픔을 주 는 경우. **affliger** 직접적으로 큰 고통을 주는 것을 말함 ; La nouvelle de sa mort m'a affligé. 그의 죽음 의 소식은 나를 비탄에 잠기게 했다. **navrer** 깊이

affliger 하기 ; 때로는 과장된 표현으로 사용됨 ; Je suis navré de +inf. …인 것을 매우 유감스럽게 생 각합니다. **désoler** 극도의 슬픔을 주는 것을 말함 : Sa mort me *désole*. 그의 죽음은 애석하기 짝이없 다. Je suis désolé(navré). 는 navrer 의 경우와 같이 단순한 유감의 표시.

—**s'~** *v.pr.* ① 슬퍼하다. Si je m'*attriste*, ce n'est pas sans raison. 내가 슬퍼하는 것은 그럴만한 이유 가 있다. [s'~ de qc] Ne *vous* attristez pas de ces événements. 이 사건으로 슬퍼하지 마시오. s'~ de +inf.; s'~que+sub. …함을 슬퍼하다. ②(주어는 사물) (경치 따위가) 음산해지다.

attrition [atrisjɔ̃] *n.f.* ① 【의학】 (조직의)마모, 마멸(磨滅), 마손. ② 【신학】 (죄의 두려움으로 인한)불완전한 회개.

attroupement [atrupmɑ̃] *n.m.* 모여들기 ; 소란한 [불온한] 모임. empêcher l'~ des badauds (거리 의)구경꾼들이 모여드는 것을 막다. chef d'~ 폭동 주모자. loi pour les ~s 폭동 단속령.

attrouper [atrupe] *v.t.* 불러모으다, 끌어모으다.
—**s'~** *v.pr.* 소란스럽게 모여들다. Les manifestants *s'attroupaient* devant l'immeuble. 시위대들은 그 건물 앞에 모여서 웅성대었다.

aturin(e) [atyrɛ̃, -in] *a.* 에르쉬르라두르(Aire-sur-l'Adour [ɛrsyrladuːr], 프랑스의 도시)의. —**A~** *n.* 에르쉬르라두르 사람.

atypique [atipik] *a.* 【생물·의학】 비정형적인, 이 형(異型)의 (≠ typique).

Au (약자) aurum 【화학】 (금의)원자기호.

au [o] = à + le.

aubade [obad] *n.f.* ① 【음악】 새벽에 남의 집앞에 서 경의를 표하려고 행하는 주악 ; 여명악(黎明樂), 아침의 곡 ; 【군사】 아침의 주악(예) 사냥 개시 를 알리는 새벽 나팔. ② 아침의 큰 소리, 반어적 대소동 ; 모욕, 힐책(réprimande). donner l'~ à …을 몹시 힐책하다 ; …을 갈겨다. ③ 【군사】 아 침 기습.

aubader [obade] *v.t.* 새벽에 경의를 표하려고 집 앞(창밑)에서 연주하다. ②《속어》꾸짖다.

aubage [obaːʒ] *n.m.* ① 얇은 널빤지. ②(집합적) (터빈의)날개, 회전판.

aubain [obɛ̃] *n.m.* 【고대법】 외래인, 거류외인.

aubaine [obɛn] *n.f.* ① 가로챈 재물, 횡재 ; (뜻밖 의)행운, 기회 (chance). Quelle bonne ~! 이건 정 말 행운이군! 이런 횡재가 어디 있나! Il fait beau aujourd'hui, profitons de l'~. 오늘 날씨가 참 구나, 이 (좋은) 기회를 이용해야지. ② 【고대법】 외인 소유재산 몰수권 (droit d'~).

aubanais(e) [obanɛ, -ɛːz], **aubanien(ne)** [obanjɛ̃, -ɛn] *a.* 오바뉴(Aubagne [obaɲ], 프랑스의 도 시)의. —**A~** *n.* 오바뉴 사람.

aube¹ [oːb] *n.f.* ① 새벽, 여명(黎明) (aurore). à la pointe de l'~; à l'~ (du jour) 동이 틀 무렵에. dès l'~ 새벽부터. ② (문어) 발단, 시초, 시작. ~ de la vie 유년시대. être à l'~ de …의 시초에 있다. ③ 【문학사】 (중세의)아침의 노래.

aube² *n.f.* 【가톨릭】 (사제가 미사때 걸치는)장백 의(長白衣), 알바.

aube³ *n.f.* ① (안장의)횡목 (橫木). ② (물방아의)물 받이판 ; (외륜선 (外輪船)의)물갈퀴판 ; (터빈·선 풍기의)날개, 회전판. roue à ~s (기선의)물갈퀴 바퀴. vapeur à roue à ~s 외륜선.

aubépine [obepin] *n.f.* 【식물】 (서양)산사나무; 산사나무꽃.

auber [obɛːr] *n.m.* 《속어》돈.

aubère [obɛːr] *a.* 적부루마의. —*n.m.* 적부루마빛.

auberge [obɛrʒ] *n.f.* (시골 길가의)식당 겸 여인숙,

주막; (도시에서의 내부가 우아한)시골풍의 식당 (hôtellerie). ~ de (la) jeunesse 유스호스텔. *On n'est pas sorti de l'~.*《구어》《비유적》해결해야 할 곤란한 문제가 아직도 있다, 고통이 끝나지 않았다. *prendre la maison de qn pour une ~* (불청객이)…의 집에 드나들며 얻어먹다. *tenir ~* 여인숙을 경영하다;《구어》문호를 개방하여 누구나 다 환대하다.

aubergine [obɛrʒin] *a.*《불변》《식물》가지빛의. —*n.f.*《식물》가지. ②《구어》(주차위반을 단속하는)여자 경찰보조원(제복 빛깔에서). ③《속어》붉은 코[얼굴].

aubergiste [obɛrʒist] *n.* 여인숙 주인(안주인).

auberon [obrɔ̃] *n.m.* ①《자물쇠의》몸통의 부분. ② (자물쇠의 n 자 모양의)고리.

auberonnière [obrɔnjɛːr] *n.f.* (자물쇠의)고리쇠를 받는 금속판. —*a.* serrure ~ 상자 자물쇠.

aubette [obɛt] *n.f.* (벨기에의)신문 판매장; (낭트 지방의)버스 정류장의 대합실; (일부 지방에서는) 오두막집.

aubier [obje] *n.m.* ① 백목질(白木質). ②《식물》《사투리》버드나무.

aubifoin [obifwɛ̃] *n.m.*《식물》수레국화(bluet).

aubin [obɛ̃] *n.m.*《승마》삼본속보(三本速步)(앞다리는 구보, 뒷다리는 속보 또는 그 반대의 경우). aller l'~ 삼본속보로 달리다.

aubiner [obine] *v.i.*《승마》삼본속보로 달리다.

aubour(s) [obuːr] *n.m.* ①《식물》= cytise. ② = aubier①.

auburn [obœrn]《영》*a.*《불변》적갈색의.

auchois(e) [oʃwa, -aːz] *a, n.* = auscitain.

aucuba [okyba] *n.m.*《식물》식나무.

‡**aucun(e)** [okœ, -yn] *a.indf.*《부정》어떠한, 하나도, 조금도(pas un). ⓐ (ne 나 sans 과 함께) sans ~e exception; sans exception ~e 하나도 예외 없이. *A~ physicien n'ignore que...* 어느 물리학자도 …을 모르는 사람이 없다. *Le fait n'a ~e importance.* 이 사실은 조금도 중요하지 않다. *Il n'y a plus ~ remède.* 이젠 아무런 치료법도 없다 (ne... pas, ne... point 의 pas, point 은 *aucun* 과 함께 쓰이지 않으며 ne... plus, ne... jamais 의 plus, jamais 는 함께 쓸 수 있음). *sans ~ doute* (아무런)의심도 없이 (《문어》sans doute ~). *sans responsabilité ~e* 아무 책임도 지지 않고. ⓑ (단독으로) *Avez-vous reçu des nouvelles? -A~e.* 무슨 소식 받았읍니까? 아무것도(못 들었소).

② (비교의 의문 가정을 나타내는 글에서 암암리의 부정) 무슨, 다소의; 어떤, 어느(quelque). *Il travaille mieux qu'~ autre.* 그는 다른 어떤 사람보다도 일을 더 잘한다. *Interdiction de déposer ~e ordure en ce lieu.* 이곳에다 어떠한 쓰레기도 버리는 것을 금함. *Avez-vous ~e intention de le faire?* 그것을 하실 의향이라도 있으십니까? *s'il y a ~ empêchement* 혹시 무슨 지장이라도 있으면 (그런 일은 없겠지만 이라는 뜻이 암시됨).

③ *(pl.)* (복수로만 쓰이는 명사 앞에서) ~*es funérailles* 아무 장례식도.

d'~es fois《문어》때때로, 가끔.

—*pron.ind.*①《부정》ⓐ (ne 나 sans 과 함께) 어느 누구도, 아무도; 아무것도. *A~ ne me plaît.* 아무(것)도 내 마음에 안든다. ⓑ (여럿 중에)아무(것)도. [~ de] *Je n'ai lu ~ de ces livres.* 나는 이 책들 중의 어느 것도 읽지 않았다. [~ d'entre] *A~ d'entre vous ne permettra cette infamie.* 당신들 중에 아무도 이런 수치를 용납하지 않을 것이오. 一 함께) *Il n'en est venu ~.* 그중의 아무도 오지 않았다. *Il a parlé, sans qu'~ le contredît.* 그가 발언했는데 어느 누구도 그를 반박하지 않았다. ⓒ (단독으로) *Y a-t-il là quelqu'un de vos amis? -A~.* 거기 누구가 친구되는 분이 있소? 아무도(없소).

② (의문 비교문에서 암암리의 부정) *Pensez-vous qu'~ soit dupe de ce qu'il a dit.* 그가 한 말에 속을 사람이 누가 있다고 생각하시오. *Il travaille plus qu'~.* 그는 어느 누구보다도 더 일한다.

③ *(pl.)*《문어》어떤[많은] 사람들. *A~s[D'~s] pourront critiquer cette attitude.* 이런 태도를 나무랄 사람이 더러 있을 줄 안다.

A~ n'est prophète dans (en) son pays.《속담》아무도 제 고향에서는 존경(인정) 받기가 어렵다.

aucunement [okynmɑ̃] *ad.* ①《부정》ⓐ (ne 나 sans 과 함께) 조금도, 추호도(nullement). *Il n'est ~ responsable.* 그에게는 조금도 책임이 없다. *faire qc sans le vouloir ~* 전혀 그럴 생각없이 …을 하다. ⓑ (단독으로) *En a-t-il été question? -A~.* 그것이 문제되었읍니까? 천만의 말씀. ②《옛》(의문문에 ne 없이) ⓐ 얼마간, 조금이라도 (de quelque façon). *Le connaissez-vous ~?* 그를 조금이라도 알고계십니까? ⓑ《조건》조금이라도. *s'il en est ~ question* 그것이 조금이라도 문제가 된다면. ③《옛》《법》어느 정도.

***audace** [odas] *n.f.* ① 대담, 용기, 호담(hardiesse, bravoure);《비유적》《문체 양식의》대담함. *avec ~* 대담하게. *folle ~* 만용. *~s de la mode* 유행의 대담한 시도. ② 뻔뻔스러움, 우악스러움, 방약무인(impertinence, insolence). [avoir l'~ de + *inf.*] *Il a eu l'~ de me contredire.* 그는 건방지게도 나를 반박했다.

payer d'~ 대담하게 해치우다, 자진해서 난국에 처하다; 뻔뻔스럽게 밀고 나가다.

audacieusement [odasjøzmɑ̃] *ad.* ① 과감하게, 호방하게. ② 뻔뻔스럽게, 방약무인하게.

audacieux(se) [odasjø, -ø:z] *a.* ① 대담한, 호방한, 호담한(hardi, intrépide). *solution ~se* 대담한 해결책. ② 뻔뻔스러운, 방약무인의(téméraire); 기발한. *vêtement ~* 기발한 옷차림.

—*n.* ① 대담[호방]한 사람. *La fortune sourit aux ~.* 행운은 대담한 자들에게 온다. ② 염치없는 사람, 뻔뻔한 사람.

au-deçà [odsa] *loc.ad.* ⇨deçà.

au-dedans [odɑ̃dɑ̃] *loc.ad.* ⇨dedans.

au-dehors [odəɔːr] *loc.ad.* ⇨dehors.

au-delà [odla] *loc.ad.* ⇨delà. —*n.m.*《복수불변》저승, 내세.

‡**au-dessous** [odsu] *ad.* ① ⓐ 아래에(en bas); 그 아래에. *La maison est ~.* 집은 그 아래에 있다. ⓑ 아래(층)의(d'en-bas). *étage ~* 아래층. *locataires ~* 아래층에 세든 사람들. ② 저편에, 멀리, 하류에. *village qui est à trois lieues ~* 30 리 밖에 있는 마을. ③ 그 이하의[로]. *Vous en trouverez à mille francs et ~.* 1,000 프랑이나 그 이하로 그걸 살 수 있을 거요. *enfants (âgés) de dix ans et ~* 열 살과 그 미만의 아이들. ④ 그보다 못하게 [못한] (inférieur); 낮게. *musique transposée deux tons ~* 2 도 낮춰 옮긴 곡조.

~ de ⓐ …아래에(의); …의 남쪽에(의); …의 하류에(의). ① …이하로(의). *La température est tombée ~ de zéro.* 기온이 영하로 내려갔다. *film interdit aux enfants ~ de seize ans* 16 세 이하의 연소자에게 입장 금지된 영화. *Ces prix sont ~ des cours.* 이 가격은 시가보다 싸다. ⓒ …보다 부족한[못한]; …에 미치지 못한. *Cette tâche est ~ de lui.* 이 일은 그에게 마땅치 않은 일이다. *être ~ de sa place* (재질이)지위를 감당해내지 못하다. *Il reste ~ de lui-même.* 그는 자기 진가를 충분히 발휘하지

못하고 있다. Il est ~ de tout. 그는 아무 일도 감당 못한다, 무능하다. Les résultats étaient ~ de son attente. 결과는 그의 기대에 미치지 못했다. ⓓ…보다 천하게〔한〕. (비인칭)Il est ~ de lui de se plaindre. 그가 불평을 하다니 그이답지 않다. épouser qn ~ de soi 자기보다 신분이 낮은 사람과 결혼하다.

*au-dessus [odsy] ad. ⓐ ⓐ위에; 그 위에. Ma valise est solide, mettez la vôtre ~. 내 가방은 튼튼하니 당신 것을 그 위에 놓으시오. ⓑ위(중)의 (d'en-haut). Les chambres sont ~. 침실은 위(중)에 있소. ② haut (지역에), 상류(上流)에. ③ 그 이상. mille francs et ~ 1,000 프랑 그 이상. ④ 그보다 우수한; 더 좋은(나은). Il n'y a rien ~. 더 나은 것은 아무것도 없다. ⑤ 높게. musique transposée un ton ~ 1도 올려 조를 바꾼 음악. ~ de ⓐ …의 위에; …의 건너편에; …의 상류(上流)에. mettre une lampe ~ de la table 테이블 위에 전등을 놓다. L'avion vole ~ de la Méditerranée. 비행기가 지중해 상공을 난다. ⓑ …보다 이상의(으로). La température monte parfois ~ de 30°. 기온은 이따금 30도를 넘는다. Les enfants ~ de sept ans payent leur place entière. 7세 이상의 아이는 전액을 낸다. ⓒ …을 초월해서, …보다 우수한(하게). Cela est ~ de mes forces. 이것은 내가 감당할 수 없는 일이다. être ~ de soi-même 자기 실력 이상의 힘을 발휘하다. être ~ de la calomnie 모함을 개의치 않는. ⓓ 더 높은. épouser qn ~ de soi 자기보다 지체높은 사람과 결혼하다.

au-devant [odvɑ̃] ad. 앞에; 마중하러. aller ~ (de) ⓐ (을)마중나가다; 정면으로 부딪치다. Il est allé ~ d'elle. 그는 그녀를 마중하러 갔다. ⓑ 선수를 치다, 기선을 제압하다. Quand il y a du danger, je vais ~. 위험이 있을 때 나는 정면으로 로 부딪친다. aller ~ des souhaits[désirs] de qn …의 바라는 바를 미리 알아서 조처하다. aller ~ du danger 위험과 맞부딪치다.

audibilité [odibilite] n.f. 청취할 수 있음, 가청도.
audible [odibl] a. 들을 수 있는, 가청(可聽)의.
*audience [odjɑ̃s] n.f. ① (주로 대중의)지지, 찬동; (집합적) 지지자; (문어)경청. élargir l' ~ d'un parti 정당의 지지층을 넓히다. ② 청중, (특히 라디오·텔레비전의)청취자, 시청자. nombreuse ~ 다수의 청중. ~ par tranche horaire 시간대에 따른 시청자. ③ 회담, 회견(entretien); 알현(謁見), 배알. demander[solliciter] une ~ 면담[알현]을 요청하다. donner ~ 면담하다. ④ 〖법〗재판 시 심문(審問); 민사 변론; 법정; (공판의)방청인. ~ à huis clos 비공개 심문. ~ civile 변론. ~ criminelle 심문. ~ publique 공판. ~ solennelle 공식심문. feuille d' ~ 공판기록. tenir ~; ouvrir l' ~ 개정(開廷)하다. lever[fermer] l' ~ 폐정(閉廷)하다. mettre qn hors d' ~ …을 퇴정시키다. plaider en pleine ~ [en ~ publique] 공개 법정에서 변론하다. suspendre[reprendre] l' ~ 공판을 중단[재개]하다.

audiencer [odjɑ̃se] [2] v.t. 심문을 위해 기록하다.
audiencier [odjɑ̃sje] a.m. 〖법〗법정에 근무하는. —n.m. ① 〖법〗정리(廷吏)(huissier ~). ② grand ~ 〖역사〗대옥새(국왕에 제출되는 청원서 따위의)의 심사관.
audimètre [odimɛtr], audiomètre [odjɔmɛtr] n.m. 〖물리〗음파계, 청력계, 오디오미터.
audio- préf. 〖듣다〗의 뜻.
audiodrame [odjɔdram] n.m. 라디오 방송용 극본, 라디오 드라마.
audiofréquence [odjɔfrekɑ̃:s] n.f. 〖라디오·물리〗가청주파(可聽周波)〔진동〕수.
audiogramme [odjɔgram] n.m. 청력도(聽力圖), 오디오그램
audion [odjɔ̃] n.m. 〖무전〗오디온, 3극 진공관.
audiophone [odjɔfɔn], audiphone [odifɔn] n.m. (난청자용의)보청기.
audiophonologie [odjɔfɔnɔlɔʒi] n.f. 청각음성학(발성·청력·언어의 의학적 전공).
audioprothésiste [odjɔprɔtezist] n. 보청기 분야의 전문기술자.
audio-visuel(le) [odjɔvizɥɛl] a. 시청각의. enseignement ~ 시청각 교육. —n.m. 시청각장치.
audit [odi] =à+ledit.
auditeur(trice) [oditœ:r, -tris] n. ① 청강생. ~ libre 자유 청강생. ② 듣는 사람; 〖라디오〗청취자; 〖언어〗청자(聽者)(↔ locuteur). salle pleine d' ~s 청중으로 가득찬 회장. programme des ~s 희망 프로그램, 리퀘스트 타임. —n.m. 〖군사〗(16세기의)법무관; 감사역. ~ à la Cour des Comptes 회계 감사관. ~ au Conseil d'État 참사원〔최고행정법원〕심의관 대리.
auditif(ve) [oditif, -i:v] a. 〖해부〗귀의, 청각의. nerf ~ 청각 신경.
audition [odisjɔ̃] n.f. ① 듣기, 청취; 〖법〗심문(訊問) ~ des témoins 증인 심문. ② 청력, 청감, 청각. trouble de l' ~ 청력장해. ③ (가수·배우 따위의)청취 테스트, 오디션. passer une ~ 오디션을 받다. ④ 들려주기; 독주회, 독창회, 연주회. donner une ~ de piano 피아노의 독주〔연주〕회를 개최하다. ~ du jour 〖라디오〗오늘의 방송. ~s musicales 〖라디오〗라디오 콘서트.
auditionner [odisjɔne] v.t. (의)청취 테스트를 하다, 오디션을 하다. ~ un artiste 어느 예술가의 오디션을 듣다. ~ un disque 레코드를 들어보다. —v.i. 청취 테스트를 받다, 오디션을 받다.
auditoire [oditwa:r] n.m. ① (집합적)(강연·토론회 따위의)청중(재판의), 방청인(assistance, public); 독자. toucher son ~ 청중을 감동시키다. ② 법정, 공판정; 〖사투리〗강당.
auditorat [oditɔra], auditoriat [oditɔrja] n.m. auditeur의 직.
auditorium [oditɔrjɔm] 〖라틴〗n.m. ① (음악·연극 따위의)강당, 홀. ② (방송·레코드의)스튜디오, 방송실, 녹음실.
audomarois(e) [odɔmarwa(ɑ), -a(ɑ):z] a. 생토메르 (Saint-Omer [sɛtɔmɛ:r], 프랑스의 도시)의. —A— n. 생토메르인.
auge [o:ʒ] n.f. ① 여물통, 구유; 돼지 구유(mangeoir); (말의)물통(abreuvoir); (미장이의)반죽통. ② 〖전기〗전조(電槽)(~ galvanique). ③ ~ à laver 세광조(洗鑛槽). ~ à mortier 석회조(石灰槽). ④ (물방아의)물받이; (홈통식)도랑; (말의)하악골(下顎骨)사이의 홈. ⑤ 〖지질〗빙식곡(氷蝕谷); 향사(向斜).
augée [oʒe] n.f. (물)한 통의 분량.
auget [oʒɛ] n.m. ① (새의)모이통. ② 〖전기〗accumulateur à ~s 전조(電槽)축전지. ③ (물레방아의)물받이. roue à ~s 물받이가 붙은 수차(水車).
augette [oʒɛt] n.f. ① 작은 auge①. ② (벽돌장이의)모르타르 따위의 운반 통.
Augias [oʒjɑs] n.pr.m. 〖그리스신화〗아우게이아스(엘리스의 왕). nettoyer les écuries d' ~ 대청소를 하다, 무질서(부패)를 일소하다(헤라클레스가 아우게이아스의 마구간을 청소한 것에서 유래).
augment [o(ɔ)gmɑ̃] n.m. ① 〖언어〗(그리스어(語) 따위의)과거형 첨가음, 접두모음자. ② 혼인 후의 지참금 증가; 〖고대법〗남편이 죽은 후 아내

에게 주어지는 남편 재산의 일부(~ de dot).
augmentable [ɔ(o)gmɑ̃tabl] *a.* 증가할 수 있는.
augmenta*teur(trice)* [ɔ(o)gmɑ̃tatœ:r, -tris] *n.* (저작의)증보자(增補者). —*n.m.* ~ de poussée 『항공』 터빈식 제트엔진의 추진력 증진기.
augmentatif(ve) [ɔ(o)gmɑ̃tatif, -i:v] 『언어』 *a.* 의미를 확대하는. —*n.m.* 확대사(擴大辭).
*__augmentation__ [ɔ(o)gmɑ̃tasjɔ̃] *n.f.* ① 불음, 불어나게 하기, 증가(accroissement, ↔ diminution); 값이 오름, 등귀(騰貴), 값을 올림(hausse). ~ de nombre 수의 증가. ~ de capital 증자. ~ des impôts 증세. ~ de personnel 증원. ~ des vins 포도주 값의 상승. L'~ de la vitesse multiplie les accidents. 속력의 증가는 사고를 배증(倍增)한다. [en ~] être *en* ~ 증가하고 있다. ② 급료의 인상. demander une ~ 임금 인상을 요구하다. ③ 『인쇄』 증보(增補); 『음악』 증음(增音); 『전물』 콧수놀리기; 『문장』 명예 부장(副章).
*__augmenter__ [ɔ(o)gmɑ̃te] *v.t.* 증가시키다, 불리다(↔ diminuer). Ce nouveau moteur *augmente* la vitesse de la voiture. 이 새 엔진은 차의 속도를 증가시킨다. ② (값·임대료 따위를)올리다(hausser). ~ le salaire 급료를 올리다. On *a augmenté* le prix de l'électricité. 전기요금을 올렸다. ③ [~ *qn*] (의)급료를 올리다. ~ ses employés de dix pour cent 종업원의 월급을 10%인상하다. J'*ai été augmenté* ce mois-ci. 이 달에 내 월급이 올랐다. ④ (가옥을)증축하다; (책을)증보하다. édition *augmentée* 증보판.
—*v.i.* ① 붇다, 증식하다, 증가하다(croître). La population *augmente* chaque année. 인구가 해마다 불어난다. La rivière *a augmenté*. 강물이 불어났다. Son mal *a augmenté* ces temps derniers. 그의 병은 최근에 악화됐다. Elle *a augmenté* en beauté. 그녀는 더 아름다워졌다. ② (값이)오르다. La vie *augmente* de plus en plus. 생활비가 점점 더 든다. Le papier *a augmenté*. 종이값이 올랐다. Tout *augmente* de prix. 모든 것이 비싸진다. *aller en augmentant* 차차 더 심해지다. Le froid *va en augmentant*. 추위가 더 심해진다.
—*s'~ v.pr.* (옛·문어)증가(증가)하다. Sa passion *s'augmente* de jour en jour. 그의 사랑의 정열이 날이 갈수록 커져간다.
augural(ale, pl. aux) [ɔ(o)gyral, -o] *a.* 『고대로마』 점치는; 점복관(占卜官)의. science ~*ale* 점복학.
augure [ɔ(o)gy:r] *n.m.* ① 전조(présage); 운수. bon[mauvais] ~ 길조(흉조). Tout cela n'est pas de bon ~. 이 모든 것은 좋은 징조가 아니다. ② 『고대로마』 새점; 점복관(devin). ③ 점치는[예언하는] 사람; (비품)여자아인 척하는 사람.
en accepter l'~ 그렇게 되기를 바란다. Vous dites que je réussirai; *j'en accepte l'*~. 제가 성공하리라고 말씀하시는데, 그렇게 되기를 바랍니다.
oiseau de bon[mauvais] ~ 행운[불운]을 가져오는 사람, 상서로운[불길한] 사람.
prendre qc en[pour un] bon~; tirer un bon ~ de qc …을 길조로 보다.
augurer [ɔ(o)gyre] *v.t.* ① 점치다; 추측하다, 예측하다(conjecturer, présumer). ~ l'avenir d'après le passé 과거에 의해 미래를 헤아리다. ② 『고대로마』 새점을 치다. —*v.i.* 예측하다.
~ *bien[mal] de qc* …에 관해 낙관[비관] 예측하다. Je n'*augure* pas *bien de* l'avenir prochain. 나는 다가오는 미래를 낙관하지 않는다.
auguste[1] [ɔ(o)gyst] *n.m.* (서커스의)어릿광대.
auguste[2] *a.* ① (문어)엄숙한, 위엄 있는; 장엄한 (grand, solennel). ② 황족의. ~ personnage 황 [왕족](의 한 사람); 지체가 높은 사람. Histoire ~ 로마황제 열전(列傳). ③ 『고대로마』 신성한. —**A**~ *n.pr.m.* 『고대로마』 아우구스투스 황제.
augustement [ɔ(o)gystəmɑ̃] *ad.* 엄숙하게, 위엄있게, 장엄하게.
augustin(e) [ɔ(o)gystɛ̃, -in] *a.* 성(聖) 아우구스티누스(Saint Augustin)의, 성 아우구스티누스 수도회의. —**A**~ *n.* 성 아우구스티누스 수도회원(religieux ~). —*n.* 『옛』 ① 발데우개, 온족기(溫足器). ② 견직물의 일종.
augustinien(ne) [ɔ(o)gystinjɛ̃, -ɛn] *a.* 성 아우구스티누스(수도사)의. —*n.m.* 성 아우구스티누스 설의 신봉자.
auj. 『약자』 aujourd'hui 오늘.
:**aujourd'hui** [oʒurdɥi] *ad.* ① 오늘. il y a ~ huit jours 꼭 1주일 전에, 지난 주의 오늘. soit ~ soit demain 오늘이나 내일중에. ② 오늘날, 지금(은) (maintenant, actuellement). Les jeunes sont ~ très différents de ce que nous étions. 오늘날 젊은이들은 옛날의 우리와 매우 다르다.
—*n.m.* ① 오늘. d'~ en huit 내주의 오늘. Je ne l'ai pas encore vu d'~. 오늘은 아직 그를 보지 못했다. ② 오늘날, 요즈음. La Corée d'~ 오늘의 한국. *au jour d'*[*de l'*]~ 바로 오늘; 오늘날(aujourd'hui의 강조).
aulète [olɛt] *n.m.* 『그리스·로마』 피리부는 사람.
aulique [olik] *a.* 『역사』 궁정의. Conseil ~ (신성 로마제국의)최고법원. conseiller ~ (오스트리아의)추밀(樞密) 고문관.
aulnaie [onɛ] *n.f.* =**aunaie**.
aulne [on] *n.m.* =**aune**[1].
aulnée [one] *n.f.* =**aunée**[2].
Aulnes [o:n] *n.m.pl.* =**Aunes**.
aulof(f)ée [olɔfe] *n.f.* 『해양』 이물을 바람 불어오는 쪽으로 돌리기. faire une ~ 이물을 바람 불어오는 쪽으로 돌리다.
Aulu-Gell [olyʒɛl] *n.pr.m.* 『로마문학』 아울루스 겔리우스.
aulx [o] *n.m.pl.* 《ail의 복수》『식물』 마늘.
aumaille [omɑ:j] *n.f.* 《옛》 가축; (*pl.*) 소무리. —*a.f.pl.* bêtes ~*s* 소무리.
aumône [ɔ(o)mo:n] *n.f.* ① 보시(布施), 동냥 (charité). faire[donner] l'~ à un mendiant 거지에게 적선하다, 동냥을 주다. donner *qc* en[par] ~ …을 동냥으로 주다. être réduit à l'~ 거지신세가 되다. ② 은혜, 혜택. Accordez-moi l'~ d'un regard. 한번 보아주기 바랍니다. Elle ne lui accorde même pas l'~ d'une parole. 그녀는 그에게 한 마디의 말도 건네려 하지 않는다. ③ 《옛》 (자선에 쓰이는)벌금(amende).
aumônerie [ɔ(o)monri] *n.f.* 《옛》 aumônier 의 직무 [저택·본부]; 《집합적》 aumônier 들. grand ~ 궁중 사제.
aumônier[1] [ɔ(o)monje] *n.m.* ① 《옛》(왕·대귀족의) 보시(布施)[구호물] 분배승(僧). grand ~ de France (프랑스의)궁중 사제장(司祭長). ② (육해군·학교·병원·교도소 따위의)부속 사제. ~ militaire 군목(軍牧); 군승(軍僧). ~ du lycée 교목. ③ 《옛》수증자(受贈者). ~ du testateur (중세의) 유언 집행인.
aumônier[2] *a.* 《옛》 보시하기 좋아하는.
aumônière[2] [ɔ(o)monjɛ:r] *n.f.* ① 보시(布施) 자루; (허리에 차는)부대. ② 《옛》(여자 수도원의)보시[구호물] 분배자.
aumuce, aumusse [omys] *n.f.* 『가톨릭』 (예전

성직자가 쓰던)모피로 안을 받친 모자; 두건 달린 작은 외투; 왼팔에 단 모피 완장.

aunage [ona:ʒ] *n.m.* 온 자(尺)로 재기; (온 자로 잰)피륙의 길이. gagner(voler) sur l'~ 길이를 속이다.

aunaie [onɛ] *n.f.* 오리나무를 심은 곳.

aune¹ [o:n] *n.m.* 【식물】 오리나무(vergne, verne). ~ noir =bourdaine.

aune² *n.f.* ① 온(길이의 단위로 처음에는 1.188m, 후에 1.20m:1840년에 폐지); 온 자(尺). ②(비유적) 척도. mesurer les autres à son ~ 자기 기준으로 남을 평가하다.
Au bout de l'~ faut le drap. (격언) 사물에는 끝이 있는 법이다.
d'une ~ (과장) 굉장히 긴. langue *d'une ~* 길다란 혀. vocable long *d'une ~* 굉장히 긴 어휘.
savoir ce qu'en vaut l'~ (위험·곤란·값 따위가) 어느 정도의 것인지를 알다.
tout le(du) long de l'~ 지나치게, 과도하게. en avoir *tout le(du) long de l'~* 지나칠 정도로 많다, 몹시 혼나다.

aunée¹ [one] *n.f.* 1온의 길이.

aunée² *n.f.* 【식물】 목향속(木香屬). grande ~; ~ hélène 목향.

aunellien(ne) [onɛljɛ̃, -ɛn] *a.* 오노(*Auneau*, 프랑스의 도시)의. **—A—** *n.* 오노 사람.

auner [one] *v.t.* 재다; (옛)온 자로 재다. ~ les autres à sa toise[à sa mesure] (구어)자기 자로(기준대로)남을 평가하다. ~ *l'habit de qn* (구어)…을 막대기로 때리다.
—s'~ *v.pr.* 재어지다, 재이다.

Aunes [o:n] *n.m.pl.* 작은 요정(妖精), 작은 마귀. roi des ~ 마왕(魔王).

auparavant [oparavɑ̃] *ad.* 이전에; 사전에, 미리, 먼저(avant, ↔ après). Raccontez-moi cela, mais ~ asseyez-vous.내게 그 이야기 좀 해주시오, 자 먼저 앉기라도 하시오. comme ~ 전[종전]대로. quelques mois ~ 몇 달 전에. longtemps [peu] ~ 훨씬 이전에[조금 전에]. (명사적) l'année d'~ 지난해. un[le] moment d'~ 조금 전에.
—prép. (옛·속어)…전에. ~ la nuit 밤이 되기 전에. [~ (que) de+*inf.*] On est étouffé ~ *de* toucher la terre. 사람들은 육지에 닿기 전에 질식한다. [~ que+*sub.*] ~ *que* la barbe lui crût 그의 수염이 자라기 전에.

*****auprès** [oprɛ] *ad.* 곁에, 옆에. Sa sœur était malade, il est resté ~. 그는 누이가 아파서 그 옆에 있었다. Vous voyez l'église: eh bien! le café est ~. 교회가 보이지요, 카페는 그 옆에 있소.
~ de qn(qc) ⓐ …곁에, 옆에. La maison est tout ~ de *l'école*. 집은 학교 바로 옆에 있다. ⓑ…에 파견된[전속된]. ambassadeur ~ *du* roi de Suède 스웨덴 주재 대사. avocat ~ *du* tribunal 재판소 전속 변호사. ⓒ…에게(서); …에 대하여. Elle se renseigna ~ *d'un* boulanger. 그녀는 빵장수에게 물어보았다. Tu m'excuseras ~ *de* Jeanne. 잔에게 잘 말해 주시오. Il a fait des démarches ~ *du* ministre. 그는 장관에게 운동[교섭]했다. Il passe pour un impoli ~ *de* ses amies. 그는 여자 친구들에게 무례한 사람으로 통한다. Il est fort bien ~ *de* ses chefs. 그는 윗사람들에게 퍽 환영받고 있다. ⓓ…와 비교하면. Cet homme n'est rien ~ *de* lui. 이 사람은 그에 비하면 아무것도 아니다.
~ de+inf. (옛)막 …하려고 하다(sur le point de +*inf.*).
par ~, (옛)곁에, 아주 가까이에(로). La balle a passé *par ~.* 탄환이 아주 가까이 스쳐갔다.

auquel [okɛl] =à+lequel.

aura [ora] *n.f.* ① 【심령】영기(靈氣), 아우라(초능력자에게 보인다는 인체의 후광). ② 【의학】 (히스테리·간질 따위의)전구증세(前驅症勢). (비유적)(사람이나 사물이 풍기는)독특한 분위기 (ambiance); (예술 작품의 (한)감동의 여운). être entouré d'une ~ de sainteté 성스러운 분위기에 싸여 있다, 성스러움이 감돌다.

aur-a, -ai, -as [ɔ[o]r-a, -e, -a] avoir의 직설·미래·3·1·2·단수.

auramine [ɔ[o]ramin] *n.f.* 【화학】 오라민.

aurantia [ɔ[o]rɑ̃sja] *n.f.* 【사진】 오라시아.

auranti(ac)ées [ɔ[o]rɑ̃sj(as)e] *n.f.pl.* 【식물】 귤과(科).

aurate [ɔ[o]rat] *n.f.* 【화학】 금산염(金酸塩).

auréolaire [ɔ[o]reɔlɛ:r] *a.* 후광 같은.

auréole [ɔ[o]reɔl] *n.f.* ① 후광(後光)(nimbe); 달무리(halo). ② 【사진】 훈영(暈影), 할레이션; 【광산】 (안전등의)갓. ③(비유적)후광, 위광, 영광 (prestige), 빛남, 광휘(éclat); ~ des martyres 순교자의 영관(榮冠). entourer *qn* d'~ …을 영광으로 둘러싸다(auréoler).

auréolé(e) [ɔ[o]reɔle] *a.p.* 후광으로 싸인.

auréoler [ɔ[o]reɔle] *v.t.* 후광으로 장식하다[둘러싸다]; (비유적)(영광·위광으로) 둘러싸다(glorifier). *être auréolé* d'un prestige immense 거대한 위광에 둘러싸여 있다.
—s'~ *v.pr.* 후광[위광·영광]에 둘러싸이다.

auréomycine [ɔ[o]reɔmisin] *n.f.* 【약】 오레오마이신.

aureux [ɔ[o]rø] *a.m.* 【화학】 제1금(金)의. oxyde ~ 산화 제1금.

auriculaire [ɔ[o]rikylɛ:r] *a.* ① 귀의. protecteur ~ 귀마개, 귀덮개. ② 【해부】심이(心耳)의, 심방(心房)의. réflexes ~s 심이성 반사. ③ 귀로 들은. témoin ~ 직접 들은 증인. confession ~ (사제에게 들려주는) 고백, 고해. —*n.m.* ① 새끼손가락 (doigt ~). ② 【식물】 목이속(屬).

auricule [ɔ[o]rikyl] *n.f.* ① 외이(外耳), 바깥귀; 귀바퀴; 【해부】 (심장의)심이(心耳)(~ du cœur). ② 【식물】 (꽃잎 따위의)상부(耳狀部); 앵초의 일종(주로 알프스에 많으며 잎이 귀바퀴 모양임).

auriculé(e) [ɔ[o]rikyle] *a.* 【해부】 심이가 있는; 외이(外耳)가 있는; 귀 모양의, 귀가 있는.

auriculiste [ɔ[o]rikylist], **auricure** [ɔ[o]rikyːr] *a.m.* 이과(耳科)전문의. —*n.m.* 이과 전문의사.

aurifère [ɔ[o]rifɛːr] *a.* 금이 들어있는, 금을 함유한; 금이 채취되는. champ ~ 채금지.

aurification [ɔ[o]rifikasjɔ̃] *n.f.* 금니를 해넣기, 이에 금을 씌우기[메우기].

aurifier [ɔ[o]rifje] *v.t.* (이에)금을 씌우다. dent *aurifiée* 금니.

aurifique [ɔ[o]rifik] *a.* 금으로 변하는.

auriforme [ɔ[o]rifɔrm] *a.* 귀 모양의.

aurignacien(ne) [ɔ[o]riɲasjɛ̃, -ɛn] 【역사】 *n.m.* 오리냐크기(期). —*a.* 오리냐크기의.

aurique¹ [ɔ[o]rik] 【해양】 *a.* 세모꼴의. —*n.f.* 삼각범(三角帆)(voile ~).

aurique² *a.* 【화학】 제2금(金)의. acide ~ 금산 (金酸). oxyde ~ 산화 제2금.

auriste [ɔ[o]rist] *n.m.* 【독】=**auriculiste**.

aurochs [ɔ[o]rɔk(s)] *n.m.* 【동물】 (중세 이전의 유럽산)들소.

aurone [ɔ[o]rɔn] *n.f.* 【식물】 개사철쑥(~ des jardins).

aur-ons, -ont [ɔ[o]rɔ̃] avoir의 직설·미래·1·3·복수.

auroral(ale, pl. aux) [ɔ[o]rɔral, -o] *a.* 여명의.

aurore [ɔ[o]rɔːr] *n.f.* ① 새벽(빛), 서광, 여명(黎

明) (aube). à l'~ 새벽에. éveiller l'~ 《시》꼭두새벽에 잠을 깨다. larmes(pleurs, présents) de l'~ 《시》아침이슬. ②(비유적) 초기, 초창기, 여명기. ~ de la vie 인생의 여명. être à l'~ de …의 초기(여명기)에 있다. ③《시》동쪽. du couchant à l'~ 서에서 동으로. ④《천문》극광, 오로라. ~ boréale(australe) 북(남)극광. ⑤《식물》노랑머니아리아속 비속. ~ naissante 자색죽(紫石竹).
Travail de l'~ amène l'or.《격언》새벽 일은 황금을 가져온다.
—n.m. 황갈색, 서광 빛깔.
—a. (불변) 황갈색의, 서광 빛깔의.

auscitain(e) [ositɛ̃, -ɛn] a. 오시(Auch, 프랑스의 도시)의. —**A~** n. 오시 사람.

auscultateur [ɔ(o)skyltatœ:r] n.m. 《기계》(초음파에 의한 기계류의)고장탐지기.

auscultation [ɔ(o)skyltɑsjɔ̃] n.f. 《의학》청진. ~ immédiate (귀를 직접 대고 하는)직접청진. ~ médiate (청진기 등을 사용하는)간접청진.

auscultatoire [ɔ(o)skyltatwa:r] a. 《의학》청진에 의한.

ausculter [ɔ(o)skylte] v.t. 청진하다. ~ (les poumons d')un malade 환자(의 폐)를 청진하다.

auspice [ɔ(o)spis] n.m. (보통 pl.》①찬조, 후원(appui); 지도, 지휘(direction). sous des ~s de qn …의 후원(찬조)으로. ②전조, 징조, 운수(augure, présage). ③《고대로마》새점(鳥占); 점복관(占卜官).
sous de bons(d'heureux, de favorables) ~s 재수 좋게, 좋은 조건 밑에, 전도 유망(양양)하게. *sous de mauvais(de fâcheux, de tristes) ~s* 재수 나쁘게, 불리한 조건 밑에.

‡**aussi** [osi] ad. ①ⓐ 역시, 또한, 마찬가지로 (pareillement, de même). Sa femme ~ aime la musique. 그의 아내도 (역시) 음악을 좋아한다. Moi ~, j'irai. 나도 가겠다. Dormez bien.—Vous ~. 잘 주무세요. 당신도요(※부정문에서는 *aussi* 대신 non plus 를 씀: Vous ne le voulez pas, et moi *non plus*. 당신도 원치 않고 나 역시 마찬가지요.). ⓑ 또, 게다가(encore, de plus). Il parle l'anglais et ~ l'allemand. 그는 영어와 독일어까지도 말한다. ⓒ《문어》마찬가지로 (…하다). Si vous entrez partout, ~ font les enfants. 당신이 아무데나 드나든다면 아이들도 그렇게 할 것이오.
②(비교절에서) …만큼, 같은 정도로. ⓐ[~+형용사(구)+que…] Il est ~ grand *que* moi. 그는 나만큼 크다. Elle est ~ bonne *que* belle. 그녀는 아름다운 동시에 마음씨도 곱다. [~… que…] On n'est pas ~ malheureux *qu'*on l'imagine. 사람은 자기가 생각하는 것만큼 불행하지는 않다. ⓑ[~+부사+que…] Il parle ~ vite *qu'*elle. 그는 그녀만큼이나 말이 빠르다. [~… que…] Il vient ~ fréquemment *qu'*on peut l'espérer. 그는 바라는 것만큼 자주 온다. ⓒ(que 이하의 생각)그렇게, 그만큼(si). jusqu'à une heure ~ avancée 그렇게 늦은 시각까지. Je ne te croyais pas ~ bête. 나는 네가 그렇게 바보일 줄은 몰랐었어.
③(양보)[~+형용사/부사+que+*sub.*] 아무리 …라 할지라도. *riche qu'*il soit; ~ riche soit-il 그가 아무리 부자라 할지라도. ~ longtemps *que* je vive 아무리 내가 오래 산다 할지라도.
~ *bien(que)* ⓐ …와 마찬가지로. Vous le savez ~ *bien que* moi. 당신도 나와 마찬가지로 그것을 알고 있소. ⓑ …도 …도(동사는 단·복수 모두 쓰임). Lui, ~ *bien que* sa femme pleurait(pleuraient). 그, 그의 아내도 다 같이 울었다.
~ *peu que* 마찬가지로 …아니다. Il sait le latin ~ *peu que* le grec. 그는 그리스어와 마찬가지로 라틴어도 모른다.
~*… que possible* 되도록 …하게. Venez me voir ~ souvent *que possible*. 되도록 자주 나를 보러오시오.
ne… pas seulement…, mais~(encore) ⇨seulement.
—*conj.* 따라서, 그러므로, 그러니까(절의 첫머리에 오며, 주어·동사의 위치가 흔히 뒤바뀜). Ces fleurs sont rares, ~ elles coûtent(coûtent-elles) cher. 그 꽃은 귀하다, 그래서 비싸다.
~ *bien*(절의 첫머리에 놓이며 다음에 흔히 주어·동사의 위치가 바뀜)사실, 실상; 어쨌든; 요컨대, 결국. Je me suis trompé de jour; ~ *bien* est-ce ma faute. 나는 날짜를 잘못 알았었어, 사실(아닌게아니라) 그건 내 잘못이야.
mais ~ 사실(en effet); 게다가(au surplus). *Mais* ~ pourquoi a-t-il accepté? 그런데 (도대체) 무슨 때문에 그는 수락했소? *Mais* ~ il ne me plaisait guère. 게다가 그는 별로 내 마음에 들지 않았다.

aussière [osje:r] n.f. ①《해양》왕밧줄. ②(수레집간의)가로장(haussière).

*****aussitôt** [osito] (*aussi+tôt*) ad. 《다음 말과 대체로 연음되지 않음》곧, 즉각, 곧장(immédiatement). 《동사와 함께》Je l'ai appelé et il est arrivé ~. 내가 그를 부르자 그는 곧 도착했다. 《생략절에서 과거분사나 전치사와 함께》A~ arrivé, il vint me voir. 도착하자마자 그는 나를 보러 왔다. A~ dans la rue, il s'enfuit. 거리에 나서자마자 그는 도망쳤다. 《부사 après, avant 앞에서》A~ après le départ du train,… 기차가 출발하자마자…
A~ *fait que dit; A~ dit, ~ fait.* 말하자마자 그렇게 했다(행해졌다).
~ *que+ind.* …하자마자(하기가 무섭게), …하자 즉각(곧장). Il commença à accourir ~ *qu'*il la vit (l'eut vue). 그 여자를 보자마자 그는 달려오기 시작했다. A~ *que* vous aurez fini cela, vous pourrez aller vous coucher. 그것을 끝내고나면 바로 주무시러 가도 됩니다.
~ *(que)* + '과거분사' …하자마자, …하자 곧. L'œuf a été ramassé ~ *(que)* pondu. 계란을 낳자마자 곧 거두어갔다.
~ *que possible* 되도록 빨리.
—*prép.* …의 직후. J'écrivis ~ mon arrivée. 도착 직후 나는 편지를 썼다.

auster [ɔ(o)stɛ:r] n.m. 《시》남풍.

austère [ɔ(o)stɛ:r] a. ①(어떤 사람이나 그의 태도가)엄한, 준엄한; 엄격한, 엄숙한(dur, sévère). homme ~ 엄격한 사람. vie ~ 엄격한(절제하는)생활. ②《미술》(장식이 없이)간소한. style ~ 간소한 양식(樣式). ③《옛》(맛이)얼얼한, 매운, 떫은, 쓴. vin ~ 톡 쏘는 포도주.

austèrement [ɔ(o)stɛrmɑ̃] ad. 엄하게, 준엄하게, 엄숙하게.

austérité [ɔ(o)sterite] n.f. ①엄함, 엄중함; 엄격, 준엄(↔facilité). ~ d'une vie(d'une morale) 생활(풍속)의 엄격함. ②(*pl.*)고행(苦行). ~s de la vie religieuse 신앙 생활의 고행. ③《옛》매운 맛, 떫은 맛.

austral(ale, *pl.* **als, aux)** [ɔ(o)stral, -o] a. 남쪽의 (↔boréal). hémisphère ~ 남반구. aurore ~*ale* 남극광. Continent ~ 오스트레일리아. pôle ~ 남극. terres ~*ales* 남극 지방.

Australasie [ɔ(o)stralazi] n.pr.f. 《지리》오스트랄라시아 (호주·뉴기니·뉴질랜드의 총칭).

australasien(ne) [ɔ(o)stralazjɛ̃, -ɛn] a. 오스트랄라시아의. —**A~** n. 오스트랄라시아 사람.

Australie [ɔ(o)strali] n.pr.f. 《지리》오스트레일

리아.
australien(ne) [ɔ(o)straljɛ̃, -ɛn] a. 오스트레일리아의. —**A**~ n. 오스트레일리아 사람.
australopithèque [ɔ(o)stralɔpitek] n.m. 오스트랄로피테쿠스 (남아프리카 원인).
Austrasie [ɔ(o)strazi] n.pr.f. 《역사》오스트라지
austrasien(ne) [ɔ(o)strazjɛ̃, -ɛn] a. 오스트라지아의. —**A**~ n. 오스트라지아 사람.
austro-hongrois(e) [ɔ(o)stroɔ̃grwa(a), -a(a):z] a. 오스트리아 헝가리 (*Autriche-Hongrie*)의. —**A**~ n. 오스트리아 헝가리 사람.
austro-italien(ne) [ɔ(o)stroitaljɛ̃, -ɛn] a. 오스트리아 이탈리아의. —**A**~ n. 오스트리아 이탈리아 사람.
autan [otɑ̃] n.m. 남풍; (pl.)《시》질풍. braver les ~s 폭풍우를 무릅쓰다.
:autant [otɑ̃] (다음 낱말과 연음되지 않음) ad. Ⅰ. (주로 que와 함께 동등을 나타냄) 그만큼, 그 정도로, 같은 정도로. ①(수·량의 동등)ⓐ Cette bouteille contient ~ que l'autre. 이 병의 함유량은 다른 병과 동일하다. Ils sont ~ que vous. 그들은 당신들과 동수이다. (비교의 que 없이) Tu gagnes cinq mille francs par mois. Moi, je gagne ~. 너는 한 달에 5천 프랑을 버는데, 나도 그만큼 번다. Je ne savais pas que tu travaillais ~. 나는 네가 그 정도로[그렇게까지] 공부하는 줄은 몰랐다. ⓑ[~de+명사] Il a commis ~ d'erreurs *que* moi dans la dictée. 그는 받아쓰기에서 나만큼 틀렸다. Il y avait ~ d'hommes *que* de femmes. 같은 수의 남녀가 있었다. (비교의 que 없이) Je n'avais jamais vu ~ *de* personnes dans une manifestation. 나는 시위에서 그렇게 많은 사람을 본 적이 없었다.
②(정도의 동등)ⓐ Elle ne me plaît pas ~que sa sœur. 그녀는 그의 누이만큼 내 맘에 들지 않는다. Je suis ~que lui. 나도 그 사람 정도는 된다, 그 사람에 뒤지지 않는다(Je vaux ~que lui). ⓑ[~que+절] Il ne vous aime pas ~ que vous pourrez. 당신이 할 수 있는 것만큼이요, 할 수 있는 한의 최선을 다하시오. Elle déteste ce jeune homme ~ que celui-ci l'aime. 이 청년이 그녀를 사랑하는 것만큼 (반대로) 그녀는 이 청년을 싫어한다. ③(질의 동등) Il est modeste ~qu'intelligent. 그는 영리한 만큼 겸손하다, 영리하기도 하고 (동시에) 겸손하기도 하다 (이 경우 autant 대신 aussi가 더 일반적). Courageux, il l'est ~ que vous. 용감한 점에서는 그는 당신에 뒤지지 않는다.
Ⅱ. ①(주어는 복수)[être ~ de+명사] 어느 것이나, 죄다, 모두다. Ses paroles *sont ~ de* mensonges. 그의 말은 죄다 거짓말이다. Tous ses discours sont ~d'impostures. 그의 이야기는 어느 것이나 기만이다. Tous les Coréens *sont-ils* ~ d'artistes? 한국인은 모두가 예술가일까?
②[être ~ de+p.p.] 그 정도 만큼 ···이다. Notre armée a avancé de cent mètres. C'est ~ de gagné sur l'ennemi. 아군은 100미터를 전진했다. 그만큼 적에게 이긴 셈이다. C'est ~ de fait[de gagné, de perdu, de pris]. 그만큼 해치운[덕본, 손해본, 빼앗긴] 셈이 된다.
③[en...~] 마찬가지로[똑같이] ···하다. S'il prend des vacances, j'ai le droit d'*en* faire ~. 그가 휴가를 얻는다면, 나도 그렇게 할 권리가 있다. On peut *en* dire ~ de cet exemple. 누구나 이 용례에 대해서는 똑같이 말할 수 있다.
~ +inf. ···하는 것과 마찬가지이다; 차라리 ···하는 편이 낫다. A~ parler à un mur. (벽에 대고 말하는 것과 마찬가지이다)→ 소 귀에 경읽기. A~ commencer tout de suite. 당장 시작하는 편이 낫

다. A~ ne rien faire du tout. 차라리 아무것도 안 하는게 낫다.
~ (de)... ~ (de)... ···와 같은 만큼[마찬가지로]···. A~ la souffrance élève l'âme, ~ l'oisiveté gâte l'esprit. 고통이 영혼을 고양시키는 것과 마찬가지로 무위(無爲)는 정신을 타락시킨다. A~ *de* têtes, ~ *d*'avis. 《속담》열이면 열 다 의견이 다르다, 각인 각색.
~ *dire* 사실상, 말하자면, 곧. Elle a ~ *dire* accepté. 그녀는 수락한 거나 다름없다. Il me doit 99 francs, ~ *dire* 100 francs. 그는 나에게 99 프랑, 말하자면 100 프랑을 빚지고 있다.
~ *dire que*... ···라고 말해도 마찬가지이다, ···나 마찬가지이다. Il ne reste que deux ou trois places. A~ *dire que* la salle est complète. 두세 자리만 남았다. 회장(會場)이 꽉찼거나 마찬가지이다.
A~ en emporte le vent. ⇨vent.
~ *que*+sub. ⓐ ···하는 한(에 있어서는). Il n'a jamais été à l'étranger, ~ *que* je sache. 내가 아는 한 그는 외국에 간 적이 없다. ~ qu'il m'en souvienne 내가 기억하는 한에 있어서는. ⓑ ···하는 편이 낫다. A~ qu'il le sache tout de suite. 그가 그것을 곧 아는 편이 낫다. A~ *que* vous ne vous en occupiez plus. 당신은 이제 그런 일에 상 관않는 편이 낫다. ⓒ 아무리 많이 ···하더라도(양보). Venez tous, ~ *que* vous soyez. 아무리 많으시더라도 모두들 오세요. A~ qu'il ait bu, il sait à peu près se tenir. 아무리 술을 많이 마셨다 하더라도, 그는 그럭저럭 버틸 수 있다.
~ *que possible*; ~ *qu'il est possible* 되도록, 될 수 있는 한.
~ *que si*... 마치 ···처럼. J'aime ce garçon ~ *que* s'il était mon fils. 마치 내 자식이기라도 한 것처럼 나는 이 소년을 애지중지한다.
~ (*vaut*)+*inf*. (*que* (*de*)+*inf*.) (···하는 것보다) ···하는 편이 낫다. A~ (*vaut*) faire cela sur-le-champ *que* (*de*) différer. 미루는 것보다 즉시 그것을 하는 편이 낫다. A~ (*vaut*) entrer à l'hôpital. 입원하는 편이 좋겠소.
d~ ⓐ 그만큼, 비례해서. Si tu empruntes encore de l'argent, tu devras rembourser *d*~. 네가 돈을 더 빌린다면 너는 그만큼 돈을 갚아야 해. ⓑ 많이. boire *d*~ 실컷 술을 마시다.
d~ *mieux*(*plus*) 그만큼, 더욱 더. Elle est obéissante, sa mère l'aime *d*~ *mieux*. 그녀는 말을 잘듣기 때문에 그만큼 어머니가 그녀를 좋아한다. Vous en serez *d*~ *plus* respecté. 당신은 그래서 그만큼 더 존경받을 것이다.
***D*~ *plus* !** 더군다나 그렇다! (À plus forte raison).
d~ *plus*(*mieux, moins*)... *que*+*ind*. (원인절) ···인 만큼 더욱 더 많이[적게]. Cette montre m'est *d*~ *plus* chère *que* c'est un souvenir de mon père. 이 시계는 아버지의 선물이기 때문에 나에게 더욱 소중하다. Cet article se vend *d*~ *mieux* qu'il est bon marché. 이 상품은 싼 만큼 더 잘 팔린다. Il a été *d*~ *moins* étonné de cet événement qu'il en avait le pressentiment. 그 사건에 대해 예감을 갖고 있었기 때문에 그는 그만큼 덜 놀랐다.
d~ *plus*(*mieux, moins*)... *que*... *plus*(*moins*)... ···하면 할수록 더욱 ···이다. On attire *d*~ *plus* d'amis que l'on est *plus* généreux. 너그러우면 너그러울수록 더욱 많은 친구가 생기게 마련이다.
d~ *que*+*ind*. ···이므로, ···이니까, ···인 만큼 (attendu que, vu que). Je n'accepterai pas cette condition, *d*~ *qu*'elle est inutile. 그 조건은 받아들일 수 없읍니다, 소용없는 일이니까요.

ou ~ vaut; ou tout ~ ⋯와 마찬가지이다. C'est une affaire gagnée *ou ~ vaut.* 이 사건은 승소한 것이나 마찬가지이다.
pour ~ 그렇다고 해서 (부정문에만 쓰임). Le problème de la vie n'est pas résolu *pour ~.* 그렇다고 해서 인생의 문제가 해결됐다고는 할 수 없다.
pour ~ que+sub.(+ind.) ⋯인 한. *pour ~ que je sache* 내가 알고 있는 한. *Pour ~ qu'il m'en souvient, il était blond.* 내가 기억하는 한 그는 금발이었다.
tout ~ [tutotɑ̃] 똑같이.

autarchie [otarʃi] *n.f.* ① 자치. ② 전체주의적 정치, 독재.
autarchique [otarʃik] *a.* 자치 (독재)의.
autarcie [otarsi] *n.f.* 자급자족, 자립.
autarcique [otarsik] *a.* 자급자족에 입각한.
autarelle [otarɛl] *n.f.* 【해양】 노받이.
autel [ɔ[o]tɛl] *n.m.* ① (희생을 바치는)공물대, 제단. ② 【가톨릭】 성단, 제대(祭臺)(→ église 그림). (saint) sacrifice de l'~ 미사. (saint) sacrement de l'~ 성찬, 성체빵. maître(-)~ 대제대, 중앙제단. ~ latéral 측면제단. table d'~ 미사대(臺). ③ (상징적으로)종교, 교회; (집합적)성직자. le Trône et l'*A*~ 왕권과 교권. ④ (*A*~) 【천문】 제단좌.
aller à l'~ (비유적) 결혼하다.
conduire (suivre) qn à l'~ ⋯와 결혼하다 (conduire는 남자, suivre는 여자가 결혼할 경우).
dresser (élever) des ~s à qn; élever qn sur des ~s ⋯을 신처럼 모시다.
élever ~ contre ~ 분파를 세우다, 이단 노릇을 하다; 적대 행동을 하다.
Il en prendrait sur l'~. 《구어》제단에 있는 제물까지도 훔칠 놈이다.
mourir sur l'~ de la patrie 조국을 위해서 몸을 바치다.
parée comme l'~ de la Vierge 《구어》(여자가) 온통 치장 (단장)을 한.
s'approcher de l'~ 성체를 배령하다.

*****auteur** [otœːr] *n.m.* ① 만들어 낸 사람, 창조자 (créateur); 저자, 작자; 발명가, 발견자, 창안자, 고안자; 창시자, 원조. ~ de l'univers 우주의 창조자, 신. ~ de l'invention 발명자. ~s d'une race 민족의 조상. ~s inspirés (sacrés) 신·구약의 작가. ~s modernes 현대작가. ~ pseudonyme 가명작가. femme ~ 여류작가. ② 장본인, 주모자; 【법】 주범 (=principal); 본인, 권리 보유자. ~ du crime 범 (죄)의 ~ principal 제 1급 정범, 실행정범. ③ (어떤 작가의) 작품, 저작. traduire les ~s grecs 희랍작가의 작품을 번역하다. droit d'~ 저작권. droits d'~ 저작권료, 인세.
authenticité [ɔ[o]tɑ̃tisite] *n.f.* authentique 함.
authentification [ɔ[o]tɑ̃tifikasjɔ̃] *n.f.* (정당성의) 인증. cachet d'~ 인증인(印).
authentifier [ɔ[o]tɑ̃tifje] *v.t.* (정당한 것으로)인정하다, (의)정당성을 증명하다. ~ une signature 서명을 인증하다.
authentique [ɔ[o]tɑ̃tik] *a.* ① 진정한, 올바른, 진짜의 (vrai, ↔ faux); 원본의 (original), 참의. ② 정확한, 틀림없는 (exact). fait ~ 틀림없는 사실. documents ~s 확실한 자료. un Rembrandt ~ 렘브란트 진짜의 그림. ② 진실된, 본심의. sentiments ~s 진실된 감정. ③ 【법】 공증(公證)된. acte ~ 공정증서. testament ~ 공증(공인)된 유서 (유언). copie ~ 공증된 사본. contre ~ 《상업》공정증서에. ④ 【음악】 정격(正格)의; 【생물】 원산지에서 온.
—*n.f.* 【고대법】 간통죄의 형벌.
authentiquement [ɔ[o]tɑ̃tikmɑ̃] *ad.* 진정(진실)하게, 올바르게, 확실히, 틀림없이.
authentiquer [ɔ[o]tɑ̃tike] *v.t.* 【고대법】 인증된 것으로 만들다. ~ un acte 증서를 인정하다.
authoresse [otɔrɛs] *n.f.* 《구어》여류작가 (femme auteur).
autisme [ɔ[o]tism] *n.m.* 【심리】 자(내)폐증 (自[內]閉症) (극히 주관적인 몽상·환상 상태).
autiste [ɔ[o]tist], **autistique** [ɔ[o]tistik] *a., n.* 자 (내)폐증의(환자).

*****auto** [ɔ[o]to] *n.f.* (<*automobile*) ① 《구어》자동차 (automobile). aller en ~ 자동차로 가다. faire de l'~ 자동차에 열중하다. ② (명사 뒤에 붙어 복합명사를 이룸) assurance-~ 자동차 보험; frais-~ 자동차 유지비; stationnement-~ 주차장.
aut(o)- *préf.* 「스스로, 자발적으로」 (de soi-même)「자기 혼자서, 자기 힘으로」(par soi-même)의 뜻 (예 : *auto*détermination 자주적 결정. *auto*arcie 자급자족. actes *auto*destructeurs 스스로를 파괴하는 행위. s'*auto*détruire 스스로를 파괴하다).
auto-accusation [ɔ[o]toakyzasjɔ̃] *n.f.* 자기고발, 자책; 【심리】 자책관념.
auto-allumage [ɔ[o]toalymaːʒ] *n.m.* (내연기관의) 자동 점화.
auto-ambulance [ɔ[o]toɑ̃bylɑ̃ːs] (*pl.* *~s-~s*) *n.f.* 부상병 수송 자동차.
auto-amorçage [ɔ[o]toamɔrsaːʒ] *n.m.* 자동 기동 (起動).
auto-amorceur [ɔ[o]toamɔrsœːr] *n.m.* 자동 기동기.
auto-balayeuse [ɔ[o]tobalɛjøːz] *n.f.* 가로 청소차.
autoballon [ɔ[o]tobalɔ̃] *n.m.* 자동 기구(氣球).
autobiographe [ɔ[o]tɔbjɔgraf] *n.m.* 자서전 작가.
autobiographie [ɔ[o]tɔbjɔgrafi] *n.f.* 자서전.
autobiographique [ɔ[o]tɔbjɔgrafik] *a.* 자서전적인, 자서전풍의.
autobus [ɔ[o]tobys] *n.m.* 버스, 시내버스.
autocamion [ɔ[o]tokamjɔ̃] *n.m.* 화물 자동차.
autocanon [ɔ[o]tokanɔ̃] *n.m.* 【군사】 (1차 대전 당시의)대공포차.
autocar [ɔ[o]tokaːr] *n.m.* 관광(유람) 자동차; 시외버스 (car).
autochenille [ɔ[o]toʃnij] *n.f.* 무한궤도 자동차.
autochir [ɔ[o]toʃiːr] *n.m.* 《속어》군용 외과 자동차.
autochrome [ɔ[o]tokroːm] 【사진】 *a.* 오토크롬 (천연색 투명사진)의. —*n.f.* 오토크롬건판(乾板) (plaque ~).
autochromie [ɔ[o]tokrɔmi] *n.f.* 천연색 사진.
autochtone [ɔ[o]toktɔn] *a.* 토착의 (aborigène, indigène); 본바닥의; 원산의. peuple (race) ~ 토착민 (민족). langue ~ 현지어. —*n.* 토박이, 본토박이; 원주민.
autoclave [ɔ[o]toklaːv] *a.* (내부압력에 의한)자동 폐쇄의. chaudière ~ 압력솥. —*n.m.* 증기압력솥 (marmite ~); 증기소독기; 고압남비.
auto(-)coat [ɔ[o]tokoːt] *n.m.* 자동차 운전자용 외투 (운전하기 쉽게 만든).
autocollant(e) [ɔ[o]tokɔlɑ̃, -ɑ̃ːt] *a.* (풀없이) 붙는. —*n.f.* 풀없이 붙는 봉투(라벨), 스티커.
autoconsommation [ɔ[o]tokɔ̃sɔmasjɔ̃] *n.f.* 【경제】자가소비.
autocopier [ɔ[o]tokɔpje] *v.t.* 자동 복사판으로 복사하다.
autocopiste [ɔ[o]tokɔpist] *n.m.f.* 자동 복사판. —*n.* 자동 복사판 인쇄자.
autocrate [ɔ[o]tokrat] *a.* 전제 (독재)의.
—*n.m.* 전제 (독재)군주; (옛) (러시아의)황제.

autocratie [ɔ(o)tɔkrasi] *n.f.* 전제[독재]정치.
autocratique [ɔ(o)tɔkratik] *a.* 전제[독재]적인.
autocratiquement [ɔ(o)tɔkratikmɑ̃] *ad.* 전제[독재]적으로.
autocratrice [ɔ(o)tɔkratris] *n.f.* 전제여왕.
autocritique [ɔ(o)tɔkritik] *n.f.* 자기 비판; 【심리】 자기평가. prononcer son ~ (공식 석상에서) 자기 비판을 하다. faire son ~ (구어)자기의 과오를 시인하다. —*a.* 자기비판적인; 반성적인.
autocuiseur [ɔ(o)tɔkɥizœːr] *n.m.* 압력솥.
autocycle [ɔ(o)tɔsikl] *n.m.* (옛) 오토바이.
autodafé [ɔ(o)tɔdafe] (포르투갈) *n.m.* ① (옛) 종교 재판에서 형의 선고에 따르는 의식; (형의 선고 후의)처형, 화형. ordonner un ~ (이단자의)처형을 명하다. ②(구어) 소각. faire un ~ de ses papiers 서류를 소각하다.
autodébrayage [ɔ(o)tɔdebrejaːʒ] *n.m.* (자동차의) 자동 클러치.
autodéfense [ɔ(o)tɔdefɑ̃s] *n.f.* 자기방어, 자위.
autodémarreur [ɔ(o)tɔdemarœːr] *a.m.* 자동 시동(始動)의. —*n.m.* 자동 시동기.
autodestruction [ɔ(o)tɔdɛstryksjɔ̃] *n.f.* (정신적·육체적)자기 파괴.
autodétermination [ɔ(o)tɔdeterminasjɔ̃] *n.f.* 【정치】(국가·주민의)자결(自決).
autodéterminer (s') [sɔ(o)tɔdetermine] *v.pr.* 자주적으로 결정하다, 자결(自決)하다.
autodidacte [ɔ(o)tɔdidakt] *a.* 독학의; 저절로 갖추어진. —*n.* 독학자.
autodidaxie [ɔ(o)tɔdidaksi] *n.f.* 독학.
autodiscipline [ɔ(o)tɔdisiplin] *n.f.* 자율규제, 자체규제.
autodrome [ɔ(o)tɔdrɔ(ː)m] *n.m.* 자동차 경기장.
autodyne [ɔ(o)tɔdin] *n.m.* 【무전】 오토다인 수신장치.
auto-école [ɔ(o)tɔekɔl] *n.f.* 자동차 학교.
auto-érotique [ɔ(o)tɔerɔtik] *a.* 【심리】 자기색정[의].
auto-érotisme [ɔ(o)tɔerɔtism] *n.m.* 【심리】 자기색정.
autoexcitateur(trice) [ɔ(o)tɔɛksitatœːr, -tris] *a.* 【전기】자려(自勵)의. —*n.f.* 자려 발전기.
autoexcitation [ɔ(o)tɔɛksitasjɔ̃] *n.f.* 【전기】 자려(作用).
autofécondation [ɔ(o)tɔfekɔ̃dasjɔ̃] *n.f.* 【생물】 자가수정(受精); 【식물】 자화(自花)수정.
autofinancement [ɔ(o)tɔfinɑ̃smɑ̃] *n.m.* 【경제】 (기업의)자체 자금조달(투자).
autofinancer [ɔ(o)tɔfinɑ̃se] *v.t.* (에)자력 출자하다, (에)자력으로 자본을 대다.
autofondant(e) [ɔ(o)tɔfɔ̃dɑ̃, -ɑːt] *a.* soudure ~*e* 【야금】 자동 용접.
autogame [ɔ(o)tɔgam] *a.* 【식물】자가생식의.
autogamie [ɔ(o)tɔgami] *n.f.* 【식물】자가생식.
autogare [ɔ(o)tɔgaːr] *n.f.* 버스 정거장.
autogène [ɔ(o)tɔʒɛn] *a.* 자생(自生)의, 자기발생의. soudure ~ 【야금】 자동 용접.
autogestion [ɔ(o)tɔʒɛstjɔ̃] *n.f.* (노동자에 의한 경영의)자주관리, 조합관리.
autogestionnaire [ɔ(o)tɔʒɛstjɔnɛːr] *a.* (노동자에 의한)자주관리의.
autogire [ɔ(o)tɔʒiːr] *n.m.* 오토자이로.
autograisseur(se) [ɔ(o)tɔgrɛsœːr, -ɸːz] *a.* 【기계】 자동 급유(給油)의.
autographe [ɔ(o)tɔgraf] *a.* 자필(친필)의. lettre [manuscrit] ~ 자필 서한[원고].
—*n.m.* 자필, 친필; 자필 원고; 복사기.
autographie [ɔ(o)tɔgrafi] *n.f.* 원지 석판술(原紙石版術), 자필 복사법.
autographier [ɔ(o)tɔgrafje] *v.t.* 원지 석판술로 복사하다.
autographique [ɔ(o)tɔgrafik] *a.* 원지 석판술[자필 복사법]의. papier ~ 복사지.
autographisme [ɔ(o)tɔgrafism] *n.m.* 【의학】 피부 지도증(地圖症).
autogreffe [ɔ(o)tɔgrɛf] *n.f.* 【의학】 자가 이식술.
autoguidage [ɔ(o)tɔgidaːʒ] *n.m.* 자동 유도법.
autoguidé(e) [ɔ(o)tɔgide] *a.* 자동 유도의.
autogyre [ɔ(o)tɔʒiːr] *n.m.* =autogire.
auto-imposition [ɔ(o)tɔɛ̃pozisjɔ̃] *n.f.* 자가과세(공공기관의 납세의무).
auto-inductance [ɔ(o)tɔɛ̃dyktɑːs] *n.f.* 【전기】 자체[자기] 인덕턴스.
auto-induction [ɔ(o)tɔɛ̃dyksjɔ̃] *n.f.* 【전기】 자체[자기]유도(誘導).
auto-infection [ɔ(o)tɔɛ̃fɛksjɔ̃] *n.f.* 【의학】 자체전염.
auto-intoxication [ɔ(o)tɔɛ̃tɔksikasjɔ̃] *n.f.* 【의학】자가중독.
autolyse [ɔ(o)tɔliːz] *n.f.* 【생물】 자체[자가]분해[융해], 자기소화.
automate [ɔ(o)tɔmat] *n.m.* 자동장치; 자동인형; (구어)꼭두각시, 괴뢰, 로봇; 우둔한 사람, 바보. C'est un ~. 그는 꼭두각시이다. gestes d'~ 기계적인 행동. —*a.* 자동인형 같은; 자동장치의, 기계적인.
automaticité [ɔ(o)tɔmatisite] *n.f.* 자동성.
automation [ɔ(o)tɔmasjɔ̃] *n.f.* 자동(조업)장치, 오토메이션(automatisation 과 같은 뜻으로 쓰이나 아카데미 프랑세즈로 부터 금지된 말).
***automatique** [ɔ(o)tɔmatik] *a.* ①자동의. à mise en marche ~ 자동(기동)의. distributeur ~ 자동판매기. fermeture ~ 자동개폐(장치). ②무의식적인, 기계적인. écriture ~ (surréaliste 들의)자동기술법. ③(구어)필연적인, 틀림없는(sûr, inévitable). Si tu conduis aussi vite, tu auras un accident, c'est ~. 그렇게 빨리 차를 몰면 사고를 일으킬 거야, 그건 틀림없어.
—*n.m.* 자동식 전화기.
automatiquement [ɔ(o)tɔmatikmɑ̃] *ad.* 자동적으로; 무의식적으로, 기계적으로.
automatisation [ɔ(o)tɔmatizasjɔ̃] *n.f.* 자동화, 오토메이션화.
automatiser [ɔ(o)tɔmatize] *v.t.* 자동화하다; 자동인형으로 만들다.
automatisme [ɔ(o)tɔmatism] *n.m.* 자동성, 규칙성(régularité); 【생물】 자동[자율]운동; 【철학】 무의식적[기계적] 동작; 【심리】 자동현상. ~ aveugle 맹목적인 형식주의. ~ cardiaque 심장의 자율운동. ~ des animaux 【철학】 (데카르트의) 동물 기계설.
automédon [ɔ(o)tɔmedɔ̃] *n.m.* 【구어】(익살)능숙(교묘)한 기수(마부)(그리스 신화의 아킬레스의 마부 이름에서).
automitrailleur [ɔ(o)tɔmitrajœːr] *n.m.* 【군사】 장갑 기관총 자동차의 사수.
automitrailleuse [ɔ(o)tɔmitrajɸːz] *n.f.* 【군사】 장갑 기관총 자동차. [(을)의.
automnal(ale, pl. aux) [ɔ(o)tɔ(m)nal, -o] *a.* 가
:automne [ɔ(o)tɔn] *n.m.* ①가을. en ~ 가을에. ②【문어】난숙기; 초로기(初老期), (인생의)가을, 조락기. être dans son ~ 초로기에 들어서 있다.
***automobile** [ɔ(o)tɔmɔbil] *a.* ①자동의. canot ~ 모터보트. voiture ~ 자동차. ②자동차의. assurance ~ 자동차보험. accessoires ~*s* 자동차의 부

속품. club ~ 자동차 클럽. industrie ~ 자동차 공업. route ~ 자동차 도로.
—*n.f.* 자동차. ~ blindée (cuirassée) 〖군사〗 장갑차. ~ de tourisme 승용차. courses d'~s 자동차 경주. faire de l'~ 자동차 운전을 하다. salon de l'~ 자동차 전시회.

automobilisme [ɔ(o)tɔmɔbilism] *n.m.* 자동차 경기(여행); 자동차 제조.

automobiliste [ɔ(o)tɔmɔbilist] *n.* 자동차 운전수(경기자).

automorphe [ɔ(o)tɔmɔrf] *a.* 〖광물〗 자형(自形)의(xénomorphe).

automot*eur(trice*) [ɔ(o)tɔmɔtœ:r, -tris] *a.* 자동의. —*n.f.* (전동식)궤도차, 전차. —*n.m.* 〖선박〗 모터달린 큰 거룻배.

autonome [ɔ(o)tɔnɔm] *a.* ① 자치의, 자립적인. État ~ 독립국. territoire ~ 자치령. entreprise ~ 독립 경영. ② 〖언어〗 자율적인. monème ~ 자율기호소.

autonomie [ɔ(o)tɔnɔmi] *n.f.* 자치(권); 자치체; 자주독립; 자율, 자립. ~ communale 지방자치. ② 주행(항속)거리. ~ de vol(d'un avion) (비행기의)항속거리. ③ 〖언어〗 (기호소의)자율성. ④ 〖철학〗 자율.

autonomiste [ɔ(o)tɔnɔmist] *n.* 자치론자.

autonyme [ɔ(o)tɔnim] *a.* 〖언어〗 자칭(自稱)의.

autonymie [ɔ(o)tɔnimi] *n.f.* 〖언어〗 자칭.

autopatin [ɔ(o)tɔpatɛ] *n.m.* 자동차 운반기.

autoplastie [ɔ(o)tɔplasti] *n.f.* 〖외과〗 자기조직 이식수술(피부의 이식 따위).

autoplastique [ɔ(o)tɔplastik] *a.* autoplastie 의.

autopompe [ɔ(o)tɔpɔ̃p] *n.f.* 모터펌프 소방차.

autoportrait [ɔ(o)tɔpɔrtrɛ] *n.m.* 자화상.

autopropulsé(e) [ɔ(o)tɔprɔpylse] *a.* (특히 유도탄 따위가)자동추진기가 달린.

autopropulseur [ɔ(o)tɔprɔpylsœ:r] *n.m.* 자동추진장치.

autopropulsion [ɔ(o)tɔprɔpylsjɔ̃] *n.f.* 자동추진.

autoprotection [ɔ(o)tɔprɔtɛksjɔ̃] *n.f.* (원자로의)자기차폐(遮蔽).

autopsie [ɔ(o)tɔpsi] *n.f.* 〖의학〗 시체해부. faire l'~ 을 해부하다.

autopsier [ɔ(o)tɔpsje] *v.t.* (의)시체를 해부하다.

autopunition [ɔ(o)tɔpynisjɔ̃] *n.f.* 〖심리〗 자기 징계.

autor (d') [dɔ(o)tɔ:r] (<*d'autorité*) *loc.ad.* 〖속어〗 ① 단독으로. faire *qc d'~* …을 단독으로(자기 책임하에) 하다. ② 다짜고짜로. emmener *qc d'~* …을 다짜고짜 끌고 가다. (travailler) *d'~ et d'achar* 악착스럽게 (전력을 다하여)(일하다).

autoradio [ɔ(o)tɔradjo] *n.m.* 자동차용 라디오, 카라디오.

autoradiographie [ɔ(o)tɔradjɔgrafi] *n.f.* 방사능 사진(술).

autorail [ɔ(o)tɔra:j] *n.m.* 레일카, 타이어가 달린 디젤차(automotrice).

autorégulat*eur(trice*) [ɔ(o)tɔregylatœ:r, -tris] *a.* 자동조절(조정)의. —*n.m.* 자동조절기.

autorégulation [ɔ(o)tɔregylasjɔ̃] *n.f.* (기계의)자동조절; (생체의)자기조절.

auto-relieur [ɔ(o)tɔrəljœ:r] *n.m.* 자동제본기.

autorisable [ɔ(o)tɔrizabl] *a.* 허가할 만한.

autorisation [ɔ(o)tɔrizasjɔ̃] *n.f.* 허가, 인가(permission); 허가(인가)증(permis). demander (accorder, refuser) l'~ de+*inf.* …하는 허가를 요청하다(주다, 거절하다). Montrez-moi votre ~. 당신의 허가증을 보여 주십시오.

autorisé(e) [ɔ(o)tɔrize] *a.p.* 권한이 부여된; 믿을(신빙할)만한; 권위있는; 인정된. critique ~ 권위 있는 비평가. nouvelle de source ~*e* 권위있는 소식통에서 나온 뉴스. recueillir des avis ~*s* 대가들의 견해를 모으다.

***autoriser** [ɔ(o)tɔrize] *v.t.* ① 허가하다, 인가하다 (permettre, admettre). ~ une réunion 집회를 허가하다. ~ l'exécution d'un acte 법령의 시행을 승인하다. ② (에게)허가하다. [~ *qn* à *qc*] Le médecin nous *autorise* la viande. 의사는 우리에게 육식을 허가한다. [~ *qn* à+*inf.*] Il nous *a autorisés à* faire du camping sur son terrain. 그는 우리에게 그의 땅에서 캠핑하는 것을 허락했다. ~ *qn à* exploiter cette mine …에게 이 광산의 개발을 허가하다. ③ (주어는 사물) 권리(구실)를 주다, 정당화하다(justifier). Les violences *autorisent* les représailles. 폭력은 보복을 정당화한다. [~ *qc* à+*inf.*] Sa situation *ne l'autorise pas à* prendre une telle attitude. 그가 처한 상황은 그로 하여금 이러한 태도를 취할 수 없게 한다. ④ (에게)(에게)권한을 주다(accréditer). Le chef de l'État *autorise* les ambassadeurs. 국가원수는 대사에게 권한을 준다. ~ un mandataire 대리인에게 권한을 주다.
—*s'~* *v.pr.* ① [s'~ de] (을)구실(핑계)삼다 (prétexter); (을)믿으며 업다, (의)권위를 받다(s'appuyer). *s'~ de* l'exemple 선례를 구실로 삼다. *s'~ d'un* acte 법령의 권위를 받다. ② [s'~ à+*inf.*] 스스로 …하는 것을 허락하다. Il justifiait leur conduite pour s'~ à les imiter. 그는 그들을 감히 모방하려고 그들의 행동을 정당화했다. ③ 〖옛〗권위를 얻다. Les coutumes *s'autorisent* par le temps. 습관은 시간의 흐름에 따라 권위를 얻게 된다.

autoritaire [ɔ(o)tɔritɛ:r] *a.* 권력을 남용하는, 독재적인; 독재주의적인(dictatorial); 독선적인(impératif, ↔ libéral). —*n.* 권력을 남용하는 사람, 독재주의자(tyran, despote).

autoritairement [ɔ(o)tɔritɛrmɑ̃] *ad.* 권력으로, 독선(독재)적으로.

autoritarisme [ɔ(o)tɔritarism] *n.m.* 전제독선; 독재주의.

***autorité** [ɔ(o)tɔrite] *n.f.* ① 권위, 위신(prestige); 권력,위력. avoir de l'~ sur *qn* …을 손아귀에 쥐고 있다, …에 대해 위력을 갖다. perdre de l'~ 위신을 잃다. prendre de l'~ 신망을 얻다, 존경받다. jouir d'une grande ~ 대단한 권위(평판)를 누리다(인정받다). ② 권위자, 권위서. C'est une ~ en matière de linguistique. 언어학의 권위자(자)이다. ③ 권한. abus d'~ 권력의 남용. exercer une ~ absolue 절대적 권한을 행사하다. territoire soumis à l'~ de *qn* …의 권한에 속하는 땅. ④ 정부 (gouvernement); 관청(administration); (*pl.*) 당국(자). ~*s* d'une ville 시당국. décision de l'~ compétente 주무관청의 결정.
d'~ 독단으로. *de pleine* ~ 전적으로. *de sa propre* ~ 제멋대로, 의논하지 않고. *de son* ~ *privée* 개인 자격으로. faire ~ 권위자이다.

autoroute [ɔ(o)tɔrut] *n.f.* 자동차 전용도로, 고속도로. ~ de dégagement (통행료를 받지않는)바이패스, 우회도로. ~ de liaison 도시간 고속도로. ~ urbaine 도시(관통·간선)고속도로.

autoroutier(*ère*) [ɔ(o)tɔrutje, -ɛ:r] *a.* 자동차 전용 도로의.

autorupteur [ɔ(o)tɔryptœ:r] *n.m.* 〖전기〗 자동스위치; 자동차단기.

autosatisfaction [ɔ(o)tɔsatisfaksjɔ̃] *n.f.* 자기만

autoscopie [ɔ(o)tɔskɔpi] *n.f.* 【심리】 자기 모습을 보는 환각.

autosome [ɔ(o)tɔzom] *n.m.* 【생물】 상(常)염색체.

auto-stop [ɔ(o)tɔstɔp] (*n.m.*) 【미영】 (지나가는 자동차에의)무료편승, 히치하이크. faire de l'~ 무료편승하다(faire du stop). voyager en ~ 무료편승으로 여행하다.

auto-stoppeur(se) [ɔ(o)tɔstɔpœ:r, -ø:z] *m.* 무료편승하는 사람.

autostrade [ɔ(o)tɔstrad] *n.f.* 【옛】자동차 전용 도로 (autoroute).

autosuffisant(e) [ɔ(o)tɔsyfizɑ̃, -ɑ̃:t] *a.* 자급자족하기 쉬지.

autosuggestion [ɔ(o)tɔsygʒɛstjɔ̃] *n.f.* 【심리】자기 암시.

auto(-)taxi [ɔ(o)tɔtaksi] *n.m.* 택시, 대절 자동차.

autotomie [ɔ(o)tɔtɔmi] *n.f.* 【동물】자절(自切), 자기절단(외부로부터의 자극에 그의 본체를 스스로 절단하는 일).

autotoxine [ɔ(o)tɔtɔksin] *n.f.* 【의학】자체독소.

auto-tracteur [ɔ(o)tɔtraktœ:r] (*pl.* ~s-~s) *n.m.* 견인차(牽引車).

auto-transformateur [ɔ(o)tɔtrɑ̃sfɔrmatœ:r] *n.m.* 【전기】단권(單捲)변압기.

auto-trembleur [ɔ(o)tɔtrɑ̃blœ:r] *n.m.* 【전기】접촉 차단기.

auto-trempant(e) [ɔ(o)tɔtrɑ̃pɑ̃, -ɑ̃:t] *a.* 【야금】자경(自硬)의. acier ~ 자경강철.

autotrophe [ɔ(o)tɔtrɔf] *a.* 【생물】무기(자체) 영양의. — *n.m.* 무기영양생물.

:**autour**¹ [otu:r] (<*au*+*tour*) *ad.* ① 둘레에, 주위(부근)에(alentour). regarder (tout) ~ (사방)주위를 둘러보다. Comme le paquet est gros, je mets de la ficelle ~. 소포의 덩치가 커서 나는 둘레에 끈으로 묶는다. ② 약, 대략, 전후, 쯤.
~ *de* …의 둘레(부근)에; 약, 쯤. Cet enfant est toujours ~ *de* sa mère. 이 애는 늘 자기 엄마 곁에 붙어 있다. Elle a ~ *de* vingt ans. 그 여자는 약 20세이다. ~ *de* 7 heures 7시쯤.
faire le silence ~ *de qc* …에 대하여 침묵을 지키다. *ici*(*là*) ~ 이(저)부근에, 이(저)언저리에.
Il ne faut pas confondre ~ *avec alentour*. 【격언】서로 다른 것을 혼동해선 안된다.

autour² *n.m.* 【조류】참매.

autovaccin [ɔ(o)tɔvaksɛ̃] *n.m.* 【의학】자체백신.

auto-vireur [ɔ(o)tɔvirœ:r] *a.m.* 【사진】셀프토닝의 (자동적으로 배색을 조절하는).

autoyacht [ɔ(o)tɔjak(t)] *n.m.* 모터요트.

:**autre** [o:tr] *a.ind.* ①(부정관사와 함께)ⓐ[un(e) ~] 다른, 또 하나의. Donnez-moi *un* ~ verre. 한 잔 더 주시오. Il est devenu *un* ~ homme. 그는 다른 사람이 되었다. (부정문에서)Il n'y a pas d'*autre* moyen. 다른 방도가 없다.(※강조를 위해서는 명사 뒤에 올 수도 있다:*un* problème tout ~ 전혀 다른 문제). ⓑ[un(e)+시간을 나타내는 명사](미래)의 어느. Venez me voir *un* ~ jour[*une* ~ fois]. 다른 날(후에) 만나러 와 주시오. ⓒ[복수:d'~s] Y a-t-il d'~s solutions? 다른 해결책이 있는가? ⓓ[~ que…] …와 다른, …이외의. Elle a acheté une robe que celle-ci. 그녀는 이것과 다른 드레스를 샀다. [~… que de+*inf*.] Je n'ai (pas) d'~ désir *que de* vous plaire. 당신을 기쁘게 해드리는 것 외에 다른 바램이 없습니다.

②(정관사와 함께)ⓐ[단수:l'~] 또 하나의, 다른 편의. Cette route est barrée. Prenons *l'*~ route. 이 길이 막혔다. 다른 길로 갑시다. Le bateau est sur *l'*~ rive. 배는 저편 기슭에 있다. *l'*~ monde 내세, 저세상. ⓑ[l'~+시간을 나타내는 명사](과거의)어느. *l'*~ jour 전날(에). *l'*~ soir 어느날 저녁. *l'*~ fois 지난번. ⓒ[l'un(e)…l'~] dans *l'un* ou *l'*~ cas 그 어느 경우에(나). L'un et l'~ climat m'est(me sont) favorable(s). 나는 어느 기후도 내게는 적합하다. (※l'un et l'autre 다음의 명사를 복수로 하는 경우에는 동사·형용사는 항상 복수형이 됨:*L'une et l'autre* chambres sont bien ensoleillées. 그 어느 방도 해가 잘 든다. ⓓ[복수:les ~s] 그 외의, 나머지의. Il est plus grand que *les* ~s garçons. 그는 다른 아이들보다 더 크다.

③(수사, 소유·지시·부정 대명사와 함께)Il a deux ~s filles. 그는 그밖에 두 딸이 있다. *mon* ~ stylo 나의 다른 만년필. Je ne trouve aucune ~ solution. 나는 어떤 다른 해결책도 찾지 못한다.

④(부정대명사와 함께:de를 수반) Y a-t-il quelqu'un d'~? 누군가 다른 사람이 있습니까? Je ne veux rien d'~. 그 밖의 어떤 것도 바라지 않는다. Je n'ai rencontré personne d'~ que les Dupont. 나는 뒤퐁부부외에 아무도 만나지 않는다.

⑤(속사로서)다른, 상이한. Mon opinion est ~ que la sienne. 내 의견은 그의 의견과 다르다. Il est devenu tout ~. 그는 완전히 다른 사람이 되었다. [~ que+절] Elle est ~ *que* je (ne) croyais. 그녀는 내가 생각했던 것과는 딴판이다.

⑥ Ce qu'il en pense est tout ~. 딴 문제이다.

⑦(인칭대명사 강세형과 함께:다른 사람과의 구별을 강조)Nous ~s, nous partons. (다른 사람에 끼지 되었건)우리들은 떠난다. nous ~s Coréens 우리 한국인들. Venez donc avec nous, vous ~s. 당신네들도 우리와 함께 갑시다.

⑦ 제 2의, 또 하나의. un ~ Hugo 제 2의 위고.

⑧ 뛰어난, 훌륭한. C'est un ~ vin. 이 포도주는 맛이 뛰어나다. C'est un ~ homme que lui. 이 사람은 그자와는 질이 다른 뛰어난 사람이다.

A~ *chose*…, ~ *chose*… …와 …은 별개의 것이다. *A*~ *chose* est de parler, ~ *chose* est d'agir. 말하는 것과 행동하는 것은 별개 문제이다(*A*~ est parler, ~ est agir).

A~ *temps*, ~s *mœurs*. 【속담】시대가 바뀌면 풍습도 바뀐다.

de+명사+*à* ~ …에서 …으로. *d'*année *à* ~; *d'une* année *à l'*~ 연년세세, 해마다. *de temps à* ~ 때때로.

entre ~s …중에서도. *entre* ~s choses 그 중에서도. J'ai visité, *entre* ~s cathédrales de France, celle de Chartre. 나는 프랑스의 사원 중에서도 (특히) 샤르트르 성당을 구경했다.

En voilà une ~ ! 또 야단났군! 또 난처한 일이 생겼군!

Il n'en fait par d'~s. 그는 늘 똑같은 (바보)짓만 한다.

— *pron.ind.* ①(부정관사와 함께)ⓐ[un(e) ~] 다른 사람. Je ne peux pas vous engager. Allez demander à *un* ~. 당신을 고용할 수 없습니다. 다른 사람에게 의뢰하십시오. Aimer, c'est avoir pour but le bonheur d'*un* ~. 사랑한다는 것, 그것은 타인의 행복을 목표로 한다. ⓑ[복수:d'~s] C'est d'lui que j'ai affaire et non à d'~s. 볼 일이 있는 사람이 다른 사람이 아닌 그이다. ⓒ[en … un(e)~; en… d'~s] C'est une chose de promettre, *c'en est une* ~ de tenir. 약속을 것과 지키는 것은 별개이다. Tu as mangé une pomme, en veux-tu *une* ~? 사과 하나 먹었지, 또 먹을래? ⓓ [~ que](와는)명사와 다른. *un* ~ *que moi* 나와는 다른 사람. Ne parlez pas de cela à d'~s *que* vos amis. 친구 이외에는 그 일에 대해 말하지 마시오.

②(정관사와 함께)ⓐ[l'~] 다른 쪽(것·사람); ((l')un과 함께)반대의 항목(으로) 다른(사람); 상대(방), 후자. Ce qui satisfait l'un ne satisfait

pas l'~. 갑을 만족시키는 것이 을을 만족시키진 않는다. Cette chemise est trop grande pour moi. Je prends l'~. 이 내의는 너무 커. 다른 것을 입을래.
ⓑ [les ~s] 다른 사람(것); 타인. Il n'y a qu'un verre dans le buffet. Où sont les ~s? 찬장에는 잔이 하나밖에 없다. 다른 것은 어디 있지? Ce que les ~s pensent de moi 세상 사람들이 나에 대해서 생각하는 것.

③ (수사·지시형용사·부정형용사 와 함께) Tout ~ accepterait ces conditions. 다른 사람은 누구나 이 조건을 수락할 것이다. Voilà mon crayon. J'en ai trois ~s. 여기 내 연필이 있다. 이외에도 세 개가 더 있다.

À d'~s! 다른 데 가서 말하시오(난 못믿겠소).

comme dit l'~(cet ~) 세상(사람)이 말하듯이, 이른바.

l'un et l'~ 양쪽이(을), 둘 다, 쌍방이(을)모두. L'un et l'~ sont venus(est venu). 두 사람 다 왔다.

l'un l'~ ; l'un à l'~ ; l'un de l'~ (구문에 따라 전치사가 들어감) 서로. Ils s'aiment *l'un l'~*. 그들은 서로 사랑한다. Ils se moquent *l'un de l'~*. 그들은 서로 조롱한다. Ils s'écrivent *l'un à l'~*. 그들은 서로 편지를 주고 받는다. vivre *l'un pour l'~* 서로를 위해 살다. marcher *l'un à côté de l'~* 서로 나란히 걷다.

l'un..., d'~s... d'~s... 몇몇 사람은 … 몇몇 사람은…. *Les uns* allaient à droite, *les ~s* à gauche. 몇몇 사람들은 오른쪽으로 남은 사람은 모두 왼쪽으로 갔다.

Les uns..., d'~s... d'~s... 몇몇 사람은 … (남은 사람중) 몇몇 사람은…, 몇몇 사람은…. *Les uns* allaient à droite, *d'~s* à gauche, *d'~s* dans tous les sens. 몇몇 사람은 오른쪽으로, 몇몇사람은 왼쪽으로, 또 몇사람은 여러방향으로 갔다.

l'un ou l'~ 어느 쪽이건. C'est *l'un ou l'~*. 둘 중 하나이다, 어느쪽으로 결정하시오. C'est tout *l'un ou tout l'~*. 중간이란 없다 (어느 한 쪽을 택해야)

L'un vaut l'~. 백중하다, 양쪽이 같다. [~que]

ni l'un ni l'~ 어느 쪽도 …아닌. Ils ne sont venus *ni l'un ni l'~*. 그들은 두 사람 다 오지 않았다.

—*n.m.* 『철학』 타자(他者).

*****autrefois** [otrəfwa] *ad.* 옛날에, 예전에, 한때, 이전에 (jadis). —*n.m.* 옛날, 이전. mœurs d'~ 예전의 풍습.

‡**autrement** [otrəmɑ̃] *ad.* ① 다르게, 달리, 딴판으로 (différemment). Faisons ~. 달리 합시다. [~que] Il agit ~ qu'il (ne) parle. 그는 말과는 달리 행동한다, 언행이 일치하지 않는다. ② 달리 말하면 (~ dit, ~ appelé). Henri Beyle, ~ Stendhal 앙리 베일, 다른 말로 또는한 명 스탕달. ③ 훨씬, 훨씬 더; 유달리, 몹시(beaucoup, plus). [~que] Il est ~ intelligent *que* son frère. 그는 자기 형(동생)보다 훨씬 영리하다. Elle est ~ fière de son petit fils. 그 여자는 어린애를 유달리 자랑스럽게 여기고 있다. ④ 그렇지 않으면(sinon, sans quoi). Partez tout de suite, ~ vous ne partirez jamais. 당장 떠나시오, 그렇지 않으면 영원히 떠나지 못할 것이오.

~ plus 《구어》 훨씬 더. Elle est ~ *plus* belle que sa sœur. 그녀는 언니보다 훨씬 더 미인이다.

Il en est bien ~. 사정이 전혀 다르다.

ne... pas ~ 별로 …아니다. Il ne paraissait *pas* ~ surpris. 그는 별로 놀라지 않은 것 같다.

Autriche [otriʃ] *n.pr.f.* 『지리』 오스트리아.

Autriche-Hongrie [otriʃɔ̃gri] *n.pr.f.* 『역사』 오스트리아 헝가리.

autrichien(ne) [otriʃjɛ̃, -ɛn] *a.* 오스트리아의(l'Autriche)의. —**A~** *n.* 오스트리아 사람.

autruche [otryʃ] *n.f.* 『조류』 타조. avoir un estomac d'~ 《구어》 튼튼한 위를 가지고 있다. pratiquer la politique de l'~; faire l'~; se cacher la tête comme une ~ 타조 정책을 쓰다 (어떤 위험 사태를 없는 것처럼 가장하고 얼버무리려는).

autrucherie [otryʃri] *n.f.* 타조 사육장.

autruchon [otryʃɔ̃] *n.m.* 새끼 타조.

*****autrui** [otrɥi] *pron.ind.* (주어·직접목적보어로 쓰이는 일은 드묾) 남, 타인. bonheur d'~ 남의 행복. défauts d'~ 남의 결점. **Ne fais pas à ~ ce que tu ne voudrais pas qu'on te fit.** 《격언》네가 원치 않는 바를 남에게 행하지 말라. 「광.

autunite [otynit] *n.f.* 『광물』 인회(燐灰) 우라늄

auvent [ovɑ̃] *n.m.* ① 차일, 차양; 처마; 현관지붕. ② 뚜껑, 덮게. ③(헬멧의) 차양, 해 가림.

auvergnat(e) [ɔ(o)vɛrɲa, -at] *a.* 오베르뉴의(*l'Auvergne*, 프랑스의 옛 지방)의. —**A~** *n.* 오베르뉴 사람.
—*n.m.* 오베르뉴 사투리.

auvernat [overna] *n.m.* 루아레 (*Loiret*, 프랑스의 지방) 포도(주).

auverpin [overpɛ̃] 《속어》① =Auvergnat. ② 숯장이, 숯장수.

auvert [ovɛːr] *n.m.* aller au diable ~ 굉장히 멀리 가다 (aller au diable vauvert 의 변형).

aux [o] [=à+les].

auxdits(es) [odi, -it] =à+lesdit(e)s (audit, à ladite 의 복수).

auxerrois(e) [ɔ(o)sɛrwa(ɑ) -aːz] *a.* 오세르 (*Auxerre*, 프랑스의 도시)의. —**A~** *n.* 오세르 사람.

auxiliaire [ɔ(o)ksiljɛːr] *a.* 보조의, 보좌의. bureau ~ 출장소, 별과. service ~ 『군사』 보조근무. verbe ~ 『언어』 조동사.
—*n.* 보조자, 조수; 임시 고용인; 보조. ~s médicaux (병원의) 간호인, 기술직원. par l'~ de …의 보조로 à l'aide de.
—*n.m.* ① 『언어』 조동사(verbe ~). ② 보조 순양함. ③ 『군사』 보조근무. ④(*pl.*) 『역사』 (로마의)외원군(外援軍). ⑤『해양』 (엔진 이외의) 보조기관.

auxiliairement [ɔ(o)ksiljɛrmɑ̃] *ad.* 보조로서, 보조적으로.

auxiliariat [ɔ(o)ksiljarja] *n.m.* 보조 교사직.

auxilia*teur(trice)* [ɔ(o)ksiljatœːr, -tris] *a.* (특히 종교의 의미로)원조하는, 구원하는. dames ~*trice* 자선단체 부인회원. —*n.* 협력[원조]자.

auxine [ɔ(o)ksin] *n.f.* 옥신《식물 생장호르몬》.

auxonois(e) [osɔnwa, -aːz] *a.* 오손 (*Auxonne*, 프랑스의 도시)의. —**A~** *n.* 오손 사람.

auxquels(les) [okɛl] =à+lesquel(le)s (auquel, à laquelle 의 복수).

Av.[1] 《약자》 avoir 《부기》 대변(貸邊).

Av.[2], **A.V.** 《약자》 avant 《기계》 앞부분.

av. 《약자》 avenue (도시의)대로.

avachi(e) [avaʃi] *a.p.* (얼굴빛이)생기가 없는; 《구어》무기력한, 피로한(mou, veule). ② 《구두 따위의》 모양이 일그러진(déformé).

avachir [avaʃiːr] *v.t.* [~qn] 무기력하게 하다; 축 늘어지게 하다(amollir). se laisser ~ 무기력하게 되다. (목적보어 없이) La paresse *avachit*. 게으름은 사람을 무기력하게 만든다. ② [~qc] 일그러뜨리다(déformer); (가죽 따위를)부드럽게 만들다. ~un pantalon[des chaussures] 바지[신발]를 일그러뜨리다.

—**s'~** *v.pr.* ①《구어》축 늘어지다, 무기력하게 되다(s'affaler, se laisser aller). Ne *vous avachissez pas*, réagissez un peu. 그렇게 축 늘어져 있지만 말

avachissement

고 힘을 내시오. s'~ dans un fauteuil 의자에 쓰러지듯 주저앉다. ② 일그러지다(se déformer); (가죽 따위가)부드러워지다. Ce costume commence à s'~. 이 옷은 모양이 일그러지기 시작한다. Son corps s'avachit. 그녀의 몸매가 일그러져간다(비만 따위로). ③ (가지가)휘늘어지다.

avachissement [avaʃismɑ̃] n.m. ① 무기력, 축 늘어짐(affaiblissement, relâchement). ~ intellectuel 정신[지능]의 쇠퇴. ② 일그러짐; (가죽이)부드러워짐.

aval¹ [aval] n.m. ① 하류(↔ amont). canal d'~ 방수로(放水路). eau d'~ (물방아의)방수(放水). Le bateau vient d'~ (va en ~). (배가)하류에서 온다 [하류로 간다]. vent d'~ 대서양 가의)서풍, 바닷바람; 《항해》 육지에서 불어오는 바람. ② 《철도》 시발점의 반대방향, 하행(下行).
en ~ *(de)* (의)하류에; (에)뒤이어. Rouen est *en* ~ *de* Paris. 루앙은 파리 하류에 있다. *En* ~ *de* la sidérurgie, les industries mécaniques... 철강업의 뒤를 이어 기계공업이….
―*ad.* 하류에[로]. aller ~ 하류로 가다.
―*a.* (불변) 《스포츠》 밑에 있는; 《경제》 (어떤 생산 단계에)뒤이어 오는. Le skieur ~ a priorité sur le skieur amont. 아래쪽의 스키어는 위쪽의 스키어보다 우선권이 있다. industries ~ 후속공업.

aval² (*pl.* ~*s*) n.m. ① 《상업》 (어음의)배서(背書), donneur d'~ 배서인. ② 지지, 찬동. donner son ~ à une politique 어떤 정책을 밀어주다.

avalage [avalaʒ] n.m. ① (배 또는 뗏목을 물길기)강물을 타고 내려가기. ② 포도주를 광 속에 넣기, 포도주가 통에서 새기(~ du vin).

avalaison [avalɛzɔ̃] n.f. ① (호우로 인한)분류(奔流); 분류에 밀려내린 자갈 더미; (물고기의)하류이동; 하류로 내려온 고기를 잡을 권리(avalage). ② 여러날 계속되는 서풍[바닷바람]. ~ des vents d'amont 뭍바람이 바닷바람으로 변함.

avalanche [avalɑ̃ʃ] n.f. 눈사태. ~ poudreuse 표층 눈사태. ~ de fond (바닥부터 무너지는)전층(全層)눈사태. ~ de terre 산사태. *une ~ de* 많은, 엄청난. *une ~ d'injures* 《구어》 빗발치는 욕설.

avalancheux(se) [avalɑ̃ʃø, øːz] a. 눈사태의. zone (région) ~*se* 눈사태 구역(지역).

avalasse [avalas] n.f. =**avalaison**.

avalé(e) [avale] a.p. ① 삼킨 것의, 처진. épaules ~*es* 축 처진 어깨. chien à oreilles ~*es* 귀가 늘어진 개. ② lèvres ~*es* 꽉 다문 입술.

avalement [avalmɑ̃] n.m. ① 내리기, 삼키기. ② 포도주통을 광에 넣기.

*avaler*¹ [avale] v.t. ① 삼키다, 꿀꺽 삼키다; 먹다 (manger). ~ d'un trait un verre de vin 술 한 잔을 단숨에 마시다. Je *n'ai* rien *avalé* depuis ce matin. 나는 아침부터 아무것도 먹지 않았다.
② (책을)탐독하다, (구경거리를)응시하다. ~ un roman en quelques heures 몇시간 동안에 소설 한 권을 읽어치우다.
③ (말을)제대로 발음하지 않다. ~ ses mots en parlant 말할 때 또박또박 발음하지 않다.
④ 《구어》노려보다 《적의를 나타냄》. J'ai cru qu'il voulait m'~. 그는 나를 집어삼킬 듯이 사납게 노려보았다.
⑤ 《구어》참다 (모욕·화 따위를), 참다(supporter); 곧이듣다, 맹신하다(croire). ~ sa rage 분노를 꾹 참다. insulte difficile à ~ 참기 어려운 모욕. histoire dure à ~ 믿기 어려운 이야기.
⑥ 《옛》 넣다, 저장하다. ~ du vin dans la cave 포도주를 지하창고에 저장하다.
en faire ~ *à qn; faire* ~ *des bourdes à qn* …에게

엉터리를 믿게 하다.
Il avale ça doux comme (*le*) *lait* (*le miel*). 그것을 진짜로 곧이듣다.
Il avalerait la mer et ses poissons. 《속담》 그의 식욕[욕심]에는 한이 없다.
ne faire que tordre et ~ 씹는둥 마는둥하며 게걸스럽게 먹다.
vouloir tout ~ 어떤 일이든 하려고 덤벼들다 《욕심 많고 주제넘은 사람에 대해 씀》.
―*v.i.* 《옛》 (배가)강을 내려가다.
―*s'*~ *v.pr.* ① 삼켜지다; 참아지다; 《구어》 서로 물어뜯다[잡아먹다]. ② (말의 배가)축 늘어지다.

avaler² *v.t.* =**avaliser**.

avaleresse [avalrɛs] n.f. 굴착 중의 수갱(竪抗).

avale-tout [avaltu], **avale-tout-cru** [avaltukry] n.m. (복수불변) 《속어》 대식가; 모든 것을 정복하려는 자.

avaleur(se) [avalœːr, øːz] n. 《구어》게걸스럽게 먹는 사람, 대식가, 술고래. C'est un ~ de pilules [de bouillons]. 저 사람은 (병도 아닌데) 약[죽]만 먹고 있다. ~ de sabres (마술에서)칼을 입안에 집어 넣는 사람. ~ de gens [de charrettes (ferrées)] 《구어》 허풍쟁이.

avaliser [avalize] v.t. 《상업》 (어음에)배서(背書)하다; (일반적으로)보증하다.

avaliseur [avalizœːr], **avaliste** [avalist] 《상업》 ―*n.m.* 배서인.
a. (어음에)배서하는. ~ *n.m.* 배서인.

avaloir [avalwaːr] n.m. ① (난로의)굴뚝; (도로의 물을 하수도로 빨아들이는)홈통; 《속어》목구멍; 주둥이, 아가리.

à-valoir [avalwaːr] n.m. (복수불변) 선불, 가불.

avaloire [avalwaːr] n.f. ① (말의)껑거리끈(↔ harnais 그림). ② 어살. ③ 《지질》 (물을 땅속으로) 빨아들이는 구멍. ④ 《옛·속어》 목구멍; 아가리 (avaloir); (비유적) 대식가. Quelle ~! 대단한[대식가의] 대식가!

avalure [avalyːr] n.f. ① 말굽이 자라나기; 발굽이 살과 떨어지기. ② (절벽 따위의)틈사태.

avançage [avɑ̃saʒ] n.m. (주차장 규정선 앞에 주차할 수 있는)승합마차의 특별 주차권[장].

***avance** [avɑ̃ːs] n.f. ① (시간·공간의)앞서 있음, 앞지르기(↔ retard). arriver (avec) 5 minutes d'~ 5분 일찍 도착하다. mettre une montre en ~ 시계를 빨리가게 하다. ② 전진, 진행. arrêter l'~ de l'ennemi 적의 전진을 저지하다. prendre une certaine ~ dans son travail 일이 어느정도 진척되다. ③ (지붕 따위의)돌출부(saillie). balcon qui forme ~ 툭 튀어나온 발코니. ④ 가불(금); (pl.)기업에 투자한 자금; 투자; (pl.) 전도금, 선불금. faire une ~ à qn …에게 가불하다. ~ bancaire 은행 대부금. faire une ~ de mille francs à qn …에게 천프랑을 미리 가불해 주다. ⑤ (종종 pl.) 신청, (가까와지기 위해) 말을 붙이기, 은근하게 손을 씀, 선수치기; (화해 따위의)교섭, 제의(approche, démarche). faire des ~*s à qn* …에게 말을 붙이다, 수를 쓰다. Ce n'est pas moi, mais elle qui a fait toutes les ~*s*. 접근하려고 수를 부린 것은 내가 아니라 그녀이다. ⑥ 유리한 지점, 이점. C'est une grande ~ que d'avoir des matériaux préparés. 자료가 준비되어 있다는 것은 큰 이점이다(매우 유리하다). ⑦ levier d'~ (내연기관의)점화 핸들; mécanisme d'~ (기계의)운반장치.
à l'~; *d'*~; 《문어》 *par* ~ 미리, 사전에. payable *à l'*~ 선불할 수 있는. prévenir *qn par* ~ …에게 사전에 알리다.
avoir [prendre] de l'~ *sur qn* …보다 앞서 있다, …을 앞지르다.

***donner de l'~ à** qn 〖스포츠〗 …을 먼저 출발시키
***éclairer l'~** 〖군사〗 진군을 선도하다.   [나.
en ~ 일찍, 시간 전에. L'horloge est *en* ~. 시계가
빠르다. Il est *en* ~ sur sa classe. 그는 그의 반 학
생보다 앞서 있다.
La belle ~! (구어) (반어적) 그게 무슨 소용인가!
avancé(e) [avɑ̃se] *a.p.* ① 앞으로 내민, 돌출한; 앞
지른, 앞으로 나간. ouvrage ~ 〖군사〗 전진 보
루(堡壘). position ~*e* 전진 진지(陣地). signal ~
〖철도〗 원거리 신호. ② (이야기를)꺼낸; (옳다
고)주장된; 진술된. proposition ~*e* 제기된 안
(案). ③ (일이)진척된; 앞선; (사상 따위가)진보
적인. civilisation ~*e* 선진문명. idées ~*es* 진보적
사상. élève ~ 학업이 우수한 학생. Son ouvrage
est déjà bien ~. 그의 작품은 벌써 상당히 진척되
었다. esprit ~ 진보적인 사상의 소유자. ④ (과일
이)너무 익은(↔ frais); 일찍 익은(précoce).
fromage très ~ 너무 발효된 치즈. La viande est
~*e*. 고기가 좀 상했다. ⑤ (시간이)흐른, (밤이)깊
은, (나이)많은. à une heure ~*e* de la nuit 밤이 이
슥해서. La journée est déjà bien ~*e*. 해가 벌써 많
이 기울었다. être d'un âge ~; être ~ en âge 나이
가 많다, 고령이다. ⑥ 때 이른. floraison ~*e* pour
la saison 계절에 비해 이른 개화(開花). couches
~*es* 조산(早産).
Vous voilà bien ~! (반어적) 헛수고하셨군!
—*n*. 진보적인 사람.
—*n.f.* 〖군사〗 전진초소; 앞부분, 전면; 〖광산〗
갱도의 앞부분; 낚싯줄의 끝. ~ du balcon sur la
rue 길 위로 뻗어나간 발코니의 돌출부.
avancement [avɑ̃smɑ̃] *n.m.* ① 툭 튀어나옴; 돌출
(부). ~ d'un jetée 선창의 돌출. ② 진보, 향상
(développement, progression, ↔ recul); 진행, 진
척; 승진. ~ des sciences 과학의 진보. obtenir
(avoir) de l'~ 승진하다. ~ à l'ancienneté 선임
[고참]순에 따른 승진. ~ des travaux 공사의 진
척. ③ 시간을 앞당김. ④ 선불. 〖광산〗 갱도의
앞부분; (나사의)피치.
*a**vancer** [avɑ̃se] 2 *v.t.* ① 앞으로 내밀다. ~ la
voiture 차를 앞으로 빼다. ~ les lèvres pour pro-
noncer le U, u 를 발음하기 위해 입술을 앞으로 내
밀다. ② (제안을)하다, 내놓다, 제기하다; 주장
하다, 지적하다(soutenir). Prouvez ce que vous
avancez. 당신의 주장을 입증하시오. ~ une idée
intéressante 흥미있는 생각 (착상)을 제시하다. ③
앞당기다, (일을)빨리하다, 진척[추진]시키다, 촉
진하다(↔ retarder). ~ son départ 출발을 앞당기
다. ~ une montre 시계를 빨리 가게 하다. ~ son
travail 일을 진척시키다. ④ (의) 이익[도움]이 되
다. A quoi cela vous *avancera-t-il*? 그것이 당신에
게 무슨 도움이 되겠소? ⑤ 선불하다, 가불하다;
(돈을)빌려주다, (사업에)출자하다. ~ deux mois
de gages à un domestique 하인에게 2 달분의 급료
를 선불하다. J'*ai avancé* ces fonds pour son compte. 나는 그를 위해 이 자금을 댔다. ⑥ 〖옛·문어〗 승
진 (승급)시키다.
—*v.i.* ① 앞으로 나아가다, 전진하다; (지붕 따위
가) 툭 튀어나오다, 돌출하다. ~ d'un pas 한걸음
앞으로 나아가다. ~ vers qn …에게 다가가다.
Les rochers *avancent* au dessus de nos têtes. 바위
가 우리 머리 위로 돌출해 있다. ② 진보하다; 진척
되다. ~ dans ses études 연구에 많은 진척을 보이
다. Plus on se hâte, moins on *avance*. (격언) 서두
르면 일이 더디다. ③ 성공하다; 승급(승진)하다.
Il *a avancé* rapidement en grade. 그는 승진이 빨랐
다. ④ (시간이)가다, 흐르다. ~ en âge 나이를 먹
다. La mort *avance*. 죽음이 다가온다. ⑤ 앞지르

다, 앞서다. ~ sur son époque 시대에 앞서다. Ma
montre *avance* de cinq minutes. 내 시계는 5 분이
빠르다 (※같은 뜻으로, 주어는 사람 : J'*avance* un
peu. 내 시계는 약간 빠르다).
—*s'~ v.pr.* ① 앞으로 나가다, 전진하다. Les sol-
dats *s'avancent* avec précaution. 병사들이 조심스
럽게 전진한다. ② 툭 튀어나오다, 돌출되다. Le
balcon *s'avance* sur la rue. 발코니가 행길 위로 뻗
어나와 있다. ③ (일이)진행되다; 진보되다; 진척
되다. Je *me suis* bien *avancé* : j'ai fait tout mon
travail de la semaine prochaine. 내주의 일도 다 끝
나서, 내 일이 많이 진척되었다. ④ 성공하다; 승급
[승진]하다. s'~ dans le monde 출세하다. ⑤ 말이
지나치다. Attention! ne *vous avancez* pas trop. 주
의! 너무 지나치게 말하지 마시오, 과언 (過言)하
지 마시오. s'~ jusqu'à dire... …라고까지 극언하
다. ⑥ (시간이)가다, 흐르다. La nuit *s'avance*. 밤
이 깊어간다.
avanceur [avɑ̃sœːr] *n.m.* ~ de fonds 가불인, 전주
(錢主).
avançon [avɑ̃sɔ̃] *n.m.* (낚시를 다는)낚싯줄 끝.
avanie [avani] *n.f.* ① (구어) (공공연한) 모욕
(affront). faire [infliger] une ~ à qn …에게 모욕
을 주다. ② 〖역사〗 마호메트 교도들이 기독교도
들에게 가한 학대.
:avant [avɑ̃] (구어에서는 다음 말과 연음하지 않음)
prép. ① (장소)…의 앞에; …보다 앞에; 바로 …앞
에. Le bureau de tabac est juste ~ la gare. (여기
서 가자면)담배가게는 역 바로 앞에 있다.
② (시간) …이전에, …보다 먼저; …까지에는; …
이내에. ~ midi 오전. Il est arrivé ~ moi. 그는 나
보다 먼저 도착했다. Il sera ici ~ une heure. 그는
한 시간 안에 (한 시간 내에) 여기 올 것이다.
③ (차례) …보다 앞 (먼저, 위에). mettre la vertu
~ les richesses 덕을 부(富)보다 위에 두다 (귀히
여기다).
~ **de**+*inf.*; 〖옛·문어〗 ~ **que de**+*inf.*; 〖시〗 ~ **que**
+*inf.*; ~ **que (ne)** +*sub.*; 〖옛〗 ~ +*inf.* …하기 전
에(는). ~ *de partir* 떠나기 전에. Ne partez pas
d'en recevoir l'ordre. 명령을 받기 전에는 떠나지
마시오. Je vous reverrai ~ *que vous (ne) partiez*.
떠나기 전에 다시 뵙겠읍니다.
~ **faire (dire) droit** 〖법〗 마지막 판결을 내리기
전에, (남성명사·불변) ~ *f* (중간) 판결.
~ **tout**, ~ **toute(s) chose(s)** 무엇보다도, 맨먼저.
—*ad.* ① (시간)전에(auparavant). Réfléchissez
~, vous parlerez après. 먼저 깊이 생각한 다음 말
하시오. quelques jours ~ 며칠 전에.
② (시간·장소) 깊이, 깊숙히. bien [très, fort] ~
dans la nuit 밤이 깊어서, 야심해서. s'enfoncer
trop ~ dans la forêt 숲 속에 너무 깊이 들어가다.
③ (차례·위치) 먼저. La préface est ~ la conclu-
sion après. 서론은 앞에, 결론은 뒤에 있다.
—*n.m.* 앞, 앞부분, 전면; 〖해양〗 뱃머리, 이물;
〖축구〗 전위. ~ de la voiture 차의 앞부분. le
jour d'~ 그 전날. cabine d'~ 앞쪽 선실. de l'~ à
l'arrière 이물에서 고물까지.
aller de l'~ 단행 〖강행〗 하다.
en ~ 앞으로. marche *en* ~ 전진. *En* ~, marche!
〖군사〗 앞으로가! se pencher *en* ~ 앞으로 몸을
기울이다. mettre qc *en* ~ …을 내세우다, 주장(제
창)하다. se mettre *en* ~ 주제넘게 나서다. regar-
der *en* ~ 주제넘게 바라보다.
en ~ de …앞에, 선두에. marcher *en* ~ *de* la foule
군중의 선두에서 걷다.
être sur l'~ (배의) 앞쪽이 기울어져 있다.
—*a.* (불변) 앞의; 앞부분의. essieu ~ 〖기계〗

앞바퀴 굴대. roue ~ (자동차의)앞바퀴.

avantage [avɑ̃taːʒ] *n.m.* ① 우월(성), 우위, 유리한 지위[상태], 특권(supériorité). ~ de la naissance [de la fortune] 가문[재산상]의 이점. avoir l'~ du nombre 수적으로 우세하다. Pour obtenir ce poste, il a l'~ sur toi. 이 자리를 얻는 데 있어서 그는 너보다 입장이 유리하다. avoir l'~ du vent 해상 (다른 배의)바람 머리에 있다. donner un ~ à qn …에게 유리한 조건을 주다. garder l'~ 우세[우세]를 유지하다. prendre l'~ sur qn …보다 우위에 서다, …을 이기다. ② 영광, 행복, 만족, 기쁨 (honneur, plaisir); 성공. ~ de votre visite 당신의 방문을 받는 영광. remporter un ~ 《옛》승리를 거두다. ③ 이점; 특혜. Partir par le train présente plusieurs ~s. 기차로 떠나는 것은 몇 가지 이점이 있다. Cette solution a l'~ d'être économique. 이 해결책은 경제적이라는 이점이 있다. prendre[tirer] ~ de qc …에서 이익을 얻다. ④ 《스포츠》핸디캡, (약자에게 주는)유리한 조건; 《테니스》어드밴티지(듀스 후 1점의 득점). donner l'~ à qn …에게 우세를 판정하다. ~ dedans [au servant] 듀스 후 서브를 한 사람이 얻는 한 점. ~ dehors[au relanceur] 듀스 후 서브 받는 자가 얻은 한 점. ~ détruit 듀스. ⑤ (*pl.*)《옛》(여자의)매력(appas).
à l'~ de qn …에게 유리하게, …을 위하여.
à son ~ 돋보이게. Elle est à son ~ le matin. 그녀는 아침에 제일 아름다워 보인다. s'habiller à son ~ 한결 돋보이게 옷을 차려입다. se montrer [paraître] à son ~ 자기의 장점이 돋보이게 행동하다. prendre[tenir] qn à son ~ 유리한 입장에서 …을 공격하다.
Il y a (주어+*avoir*) ~ à+*inf.*[à ce que+*sub.*] …하는 것이 가장 좋다[유리하다]. Vous *aurez* ~ à vous taire. 당신은 말하지 않는 것이 나을 것이다.
parler de qn avec ~ …을 좋게[칭찬해서] 말하다.

avantagé(e) [avɑ̃taʒe] *a.p.* ① 유리한; 《스포츠》 유리한 조건이 주어진. ② femme ~e《속어》굉장한 유방을 가진 여자.

avantager [avɑ̃taʒe] ③ *v.t.* 유리하게 하다, (에게) 이익[혜택]을 주다. Ce habit l'*avantage*. 이 옷은 그를 돋보이게 한다. Son père l'*a avantagé* par son testament. 그의 아버지는 유언으로 그에게 특별한 혜택을 주었다.

avantageur [avɑ̃taʒœːr] *n.m.* 《스포츠》 상대에게 유리한 조건을 주는 사람(《영》scratch player).

avantageusement [avɑ̃taʒφzmɑ̃] *ad.* 유리하게. parler ~ de qn …을 칭찬하여[유리하게] 말하다. être vêtu ~ 돋보이게 옷을 입다. Il a ~ profité de l'occasion. 그는 이 기회를 유리하게 이용하였다.

avantageux(se) [avɑ̃taʒφ, φːz] *a.* ① 유리한, 좋은, 매우 편리한; (가격이)아주 싼. marché [traité] ~ 유리한 거래[조약]. parler de qn en termes ~ …을 칭찬하여[좋게] 말하다. des articles à des prix ~ 돋보이게 하는, 잘 어울리는, (몸이)날씬한. coiffure ~se 잘 어울리는 머리 모양. taille ~se 날씬한 몸매. ③ 잘난체 하는, 건방진. air[ton] ~ 시건방진 태도[말투].
—*n.m.*《옛》건방진 사람, 자부심이 강한 사람. faire l'~ (건방지게)뽐내다.

avant-bassin [avɑ̃basɛ̃] (*pl.* ~-~s) *n.m.* 《해양》 항구의 정박소 앞쪽.

avant-bec [avɑ̃bɛk] (*pl.* ~-~s) *n.m.* 《토목》(물의 압력을 감하는)교각의 날이 선 부분; 《해양》 선수창(船首艙).

avant-bras [avɑ̃bra] *n.m.* (복수불변)①《해부》 아래팔 〔팔꿈치에서 손목까지〕; (말의)앞다리 상

반부〔무릎에서 어깨까지〕. ②《고고학》 갑옷의 아래팔 부분.

avant-cale [avɑ̃kal] (*pl.* ~-~s) *n.f.* 《해양》(배의)전창(前艙); 《선박》선가(船架)의 하단.

avant-carré [avɑ̃kare] (*pl.* ~-~s) *n.m.* (해군의)하사관실.

avant-centre [avɑ̃sɑ̃:tr] (*pl.* ~-*s*-~s) *n.m.* 《축구》 센터포드.

avant-clou [avɑ̃klu] (*pl.* ~-~s) *n.m.* (못을 박기 전에 작은 구멍을 뚫는)송곳.

avant-cœur [avɑ̃kœːr] (*pl.* ~-~s) *n.m.* (소의)가슴팍 고기.

avant-corps [avɑ̃kɔːr] *n.m.* (복수불변) (건물의)돌출부.

avant-cour [avɑ̃kuːr] (*pl.* ~-~s) *n.f.* 《건축》(대저택의 큰 마당 앞의)앞뜰.

avant-coureur [avɑ̃kurœːr] (*pl.* ~-~s) *n.m.* ① 《옛》(사람의 도착을 알리는)예고자; 《고대로마》 척후. ②(비유적)전조, 징후(présage). Le frisson est l'~ de la fièvre. 오한은 발열의 전조이다.
—*a.m.* 예고하는(annonciateur). signes ~s 전조.

avant-courrier(ère) [avɑ̃kurje, -ɛːr] (*pl.* ~-~s) *n.* 선구자(avant-coureur). ~*ère* du jour 《시》먼동이 틀 때, 여명. ~*s* 《옛》(역마차의 역마를 준비시키기 위한)선발 기마자.

avant-creuset [avɑ̃krφzɛ] (*pl.* ~-~s) *n.m.* 《야금》(용광로의)밑의 앞쪽.

avant-dernier(ère) [avɑ̃dɛrnje, -ɛːr] (*pl.* ~-~s) *a.* 끝에서 둘째의. —*n.* 끝에서 둘째.

avant-deux [avɑ̃dφ] *n.m.* (복수불변) 카드리유[4인조 무용]의 제 2의 자세.

avant-fossé [avɑ̃fose] (*pl.* ~-~s) *n.m.* 《축성》 외호(外濠).

avant-foyer [avɑ̃fwaje] *n.m.* =**avant-creuset**.

avant-garde [avɑ̃gard] (*pl.* ~-~s) *n.f.* ①《군사》 전위이, (함대의)선두. ②(비유적)전위, 선두. art [littérature] d'~ 전위예술[문학]. être à l'~ du progrès 진보의 선두에 서있다. ③(집합적)선두에 선 사람들(hommes d'~).

avant-gardiste [avɑ̃gardist] (*pl.* ~-~s) *a.* 전위적인, 전위파의. —*n.* 전위작가(예술가).

avant-goût [avɑ̃gu] (*pl.* ~-~s) *n.m.* 미리 느껴지는 맛[감각]; (비유적)예상, 예측(pressentiment, ↔ arrière-goût). donner un ~ de qc …에 대한 오비지식[개념]을 주다.

avant-guerre [avɑ̃gɛːr] (*pl.* ~-~s) *n.m.* [*f.*] (1 차·2 차)대전 전(↔après-guerre).

avant-hier [avɑ̃tjɛːr] *ad.* 그저께. ~ soir 그저께 저녁. —*n.m.* 그저께.

avant-ligne [avɑ̃liɲ] (*pl.* ~-~s) *n.f.* 《군사》전선열(前戰列).

avant-main [avɑ̃mɛ̃] (*pl.* ~-~s) *n.m.* ①《해부》 손바닥의 앞부분. recevoir un soufflet d'~ 손바닥으로 따귀를 맞다. ②(말의)전구(前軀)[기수의 손보다 앞의 부분; 머리·목·가슴·앞다리]. ③《카드놀이》패를 초는 권리, 선수(先手)[의 권리]. ④《테니스》정상타(正常打)(coup d'~).

avant-molaire [avɑ̃mɔlɛːr] (*pl.* ~-~s) *n.f.* 《해부》작은 어금니.

avant-mont [avɑ̃mɔ̃] (*pl.* ~-~s) *n.m.* 《지질》 (주산맥 앞의)작은구릉.

avant-pied [avɑ̃pje] *n.m.* ①《해부》척골부(蹠骨部). ②(구두의)발등부분.

avant-plan [avɑ̃plɑ̃] (*pl.* ~-~s) *n.m.* 전경(前景).

avant-poignet [avɑ̃pwaɲɛ] (*pl.* ~-~s) *n.m.* 《해부》장골(掌骨).

avant-pont [avɑ̃pɔ̃] (*pl.* ~-~s) *n.m.* 《선박》앞쪽

갑판.
avant-port [avɑ̃pɔ:r] (pl. ~-~s) n.m. 〖해양〗 외 항(外港).

avant-portail [avɑ̃pɔrtaj] (pl. ~-~s) n.m. (고딕사원의) 본 현관 앞의 (전) 현관.

avant-porte [avɑ̃pɔrt] (pl. ~-~s) n.f. 이중(二重) 도어, 겹문.

avant-poste [avɑ̃pɔst] (pl. ~-~s) n.m. 〖군사〗 전초(前哨).

avant-première [avɑ̃prəmjɛ:r] (pl. ~-~s) n.f. ① 〖연극〗 시연회; 〖영화〗 시사회; 〖미술〗 시람회. en ~ 일반공개전에. ② 시연회 [시사회·시람회]의 비평.

avant-printemps [avɑ̃prɛ̃tɑ̃] (pl. ~-~s) n.m. 이른 봄.

avant-projet [avɑ̃prɔʒɛ] (pl. ~-~s) n.m. ① (법안 따위의) 초안; (사업 따위의) 견적서. ② (건축·조각 따위의) 견본, 기본계획; (그림의) 초벌.

avant-propos [avɑ̃prɔpo] n.m. 《복수불변》서문, 머리말(↔ postface); (이야기의) 서두. après quelques ~ 몇마디 서두를 꺼내고 나서.

avant-quart [avɑ̃ka:r] (pl. ~-~s) n.m. 0분·15분·30분·45분의 직전에 치는 시계 종소리.

avant-scène [avɑ̃sɛn] (pl. ~-~s) n.f. ① 〖연극〗 전(前) 무대《막(幕)앞의 부분》; (무대 양측 2·3층의) 간막이 좌석, 복스좌석(loge d'~)(→ théâtre 그림); (그리스·로마의) 전대(proscenium). ② (옷어)(여자의) 가슴. Elle a(Il y a) du monde à l'~. 그녀는 가슴이 풍만하다.

avant-terrain [avɑ̃tɛ:rɛ̃] (pl. ~-~s) n.m. 〖군사〗 최전면.

avant-titre [avɑ̃titr] (pl. ~-~s) n.m. (책의) 약표제 (略表題).

avant-toit [avɑ̃twa] (pl. ~-~s) n.m. 처마.

avant-train [avɑ̃trɛ̃] (pl. ~-~s) n.m. ① (마차의) 전차부(↔ arrière-train); 〖군사〗 (포차·탄약차를 끄는) 전차(前車). ② (네발 짐승의) 앞부분, 전구(前驅).

avant-veille [avɑ̃vɛj] (pl. ~-~s) n.f. 전전날(↔ surlendemain)《어떤 사건이 일어나기 얼마 전에》.

***avare** [ava:r] a. ① 인색한; 아끼는, 절약하는; 욕심많은. [~ de qc] être ~ de louanges 칭찬에 인색하다. être ~ de son temps 시간을 (헛되이 쓰지 않고) 아끼다. général ~ de la vie de ses hommes 부하의 생명을 아끼는 장군. ② 〖문어〗 (토지 따위가) 불모의; (광석 따위가) 미미한. terre ~ 불모의 땅. jour ~ 희미한 빛. À père ~, fils prodigue. 《격언》 인색한 아버지에 방탕한 아들.
— n. 구두쇠, 노랭이, 수전노.

avarement [avarmɑ̃] ad. 《드물게》구두쇠처럼, 인색하게.

avariable [avarjabl] a. 《드물게》상하기 쉬운, 썩기 쉬운.

avarice [avaris] n.f. 인색; 탐욕; 구두쇠 근성.

avaricieusement [avarisjøzmɑ̃] ad. 인색하게; 악착스럽게, 각박하게.

avaricieux(se) [avarisjø, -jø:z] a. 《옛》《익살》인색한; (작은 일에) 악착스러운, 각박스러운. — n. 구두쇠, 노랭이, 수전노.

avarie [avari] n.f. ① 손상, 손해; 파손(dommage); 〖해상보험〗 해손(海損). ~s matérielles en mer 해상 침수손해. causer(faire subir) une ~ à qc ...을 파손하다. subir des ~s 손상을 입다. 〖법률〗 grosses ~s 공동해손. ~-frais 손해비용《구조비 따위로 피보험자가 지출비》. ~s simples(particulières) 해상 단독손해. répartiteur d'~ 해상 손해청산인. ② 《옛·속어》매독.

avarié(e) [avarje] a.p. ① 손상된, 파손된; (고기·과일 따위가) 상한. navire ~ 파손된 배. viande ~e 상한 고기. ② 《옛·속어》병이 난, 상처입은; 매독에 걸린. — n. 《옛·속어》매독 환자.

avarier [avarje] v.t. (저장·수송 중에) 손상(부상)케 하다, 상하게 하다, 손해를 입히다, 파손하다.
— s'~ v.pr. 상하다, 손상(파손)되다; 썩다. fruits qui se sont avariés 썩은 과일.

avaro [avaro] n.m. 《속어》 손상, 손해; 사고, 재난.

avatar [avata:r] n.m. ① 《구어》(환경·의견 따위의) 급변, 표변, 전신(轉身)(métamorphose). ~s d'un homme politique 정치가의 표변. habile aux ~s 변신에 능한. ② (pl.) 영고(흥망)성쇠, 부침(浮沈), 파란곡절, 우여곡절. Ce projet est passé par de nombreux ~s. 이 계획은 많은 우여곡절을 겪었다. ③ 〖힌두교〗 화신(化身), 현신(現身). ④ 《구어》 불행, 재난(malheur).

à vau-de-route [avodrut] loc.ad. 지리멸렬하게.

à vau-l'eau [avolo] loc.ad. ① 흘러흘러, 흐름에 따라. ② (비유적) 제멋대로, 되는 대로. aller[s'en aller] ~ 실패로 돌아가다. L'affaire est allée ~. 사업은 실패로 돌아갔다.

avdp. 《약자》 avoirdupois 상형(常衡)《귀금속·약품 이외의 물건을 다는 데 쓰는 중량의 단위; 1 파운드 =16온스》.

‡**avec** [avɛk] prép. ① 《동반》...와, ...와 함께, ...와 같이. aller se promener ~ qn ...와 산보하러 가다. Venez ~ moi. 나와 함께 갑시다.
② 《일치·조화·결합》...와, ...에, ...와의. concilier A ~ B, A를 B와 조화시키다. être bien ~ qn ...와 사이가 좋다. être d'accord ~ qn ...와 의견을 같이하다, 동감이다. se fiancer[se marier] ~ qn ...와 약혼[결혼]하다.
③ 《상호관계의 상대》...와, ...에게《envers》. faire connaissance ~ qn ...와 알게 되다, 친해지다. être docile ~ ses parents 부모에게 순종하다.
④ 《편·동조·지지》...편에《pour》; ...와 같이. Il est ~ nous. 그는 우리 편이다. Je pense ~ vous que... 나는 당신과 마찬가지로 ...이라고 생각한다. voter ~ un parti 어느 정당 편에 투표한다.
⑤ 《동시》...와 동시에, ...와 함께, ...와 더불어. se lever ~ le jour 날이 새자마자 일어나다. A~ le temps, les haines s'assoupissent. 시간과 더불어 증오도 사라진다.
⑥ 《소유·소지》...을 가지고, 가진; ...을 얻어. ~ sa permission 그의 허가를 얻어. être arrêté ~ un revolver 연발권총을 가진 채 체포되다. robe ~ des dentelles 레이스가 달린 원피스.
⑦ 《도구·수단·재료》...으로, ...을 가지고. marcher ~ des béquilles 목발로 걷다. Tu nous ennuies ~ ton cinéma. 너는 영화 이야기로 우리를 싫증나게 한다.
⑧ 《양태》...을 가지고, 지니고. ~ plaisir 기꺼이. ~ prudence 신중하게. ~ des larmes aux yeux 눈에 눈물이 글썽하여.
⑨ 《반대》...와 반대로, ...을 상대로(contre). lutter [se battre] ~ qn ...와 싸우다. Il rivalise ~ les meilleurs. 그는 가장 나은 사람들과 경쟁한다.
⑩ 《조건·가정》... A~ un peu de travail, il aurait réussi. 조금만 공부했던들 그는 성공했을 것이다.
⑪ 《양보》...을 가지고도. A~ votre courage, ça n'irait pas. 당신의 용기로도 그건 안될 거요.
⑫ 《이유·원인》...때문에. A~ ces touristes, le village est agité. 이들 관광객 때문에 마을은 웅성거렸다.
⑬ 《대립》...에도 불구하고(malgré). A~ tous ses

avecque(s)

défauts, je l'aime cependant. 그의 모든 결함에도 불구하고 나는 그를 사랑한다.
⑭ (혼합·혼동) …와, …에. confondre A ~ B, A 를 B와 혼합하다. mêler de l'eau ~ du vin 술에 물을 섞다(타다).
⑮ (비교) …와. comparer A ~ B; faire comparaison A ~ B, A를 B와 비교하다. ressemblance ~ qn(qc) …와 유사함[닮음].
⑯ (첨가) …와! 더불어, …외에. A~ ça, que prendrez-vous? 이것 말고 또 무엇을 드시겠읍니까? Et ~ ça(cela), madame? (상점에서) 이밖에 (사실 것은) 또 없으신가요, 부인?
A~ ça! (속어) 바보같은 소리! 그럴리가 있나!
A~ ça(cela) que…! (반어적) 마치 …인 것처럼. *A~ ça* qu'il ne s'est jamais trompé! 그가 틀린 적이 한번도 없다고 생각하다니 당치도 않다! *A~ ça (cela) que* je m'ennuie! 내가 지루해하는 줄 아 ~ *(tout) cela* 그럼에도 불구하고. [나!
d'~ …와, …으로부터 (구별·식별의 뜻으로 동사 discerner, distinguer, séparer; 명사 distinction, séparation 따위와 함께). distinguer l'ami *d'*~ le flatteur 친구와 아첨꾼을 구별하다. divorcer *d'*~ sa femme 아내와 이혼하다. séparer l'or *d'*~ l'argent 금과 은을 분리하다.

—*conj.* …와(et). Le singe ~ le léopard gagnaient de l'argent à la foire. 원숭이와 표범이 장터에서 돈을 벌고 있었다.

—*ad.* (구어)그것을 가지고, 그것으로; (사투리) (사람과) 같이, 함께. Il a pris son manteau et il est parti ~. 그는 외투를 집어들고 그대로 떠나버렸다. Tu viens ~? 너도 나하고 같이 가지?

avecque(s) [avɛk] *prép.* (옛) =**avec**.
aveindre [avɛ̃:dr] [27] *v.t.* (옛·사투리) 가지고 가다, 꺼내다, 끄집어내다.
avelanède [avlanɛd] *n.f.* 《식물》 도토리 껍질.
aveline [avlin] *n.f.* 개암나무 열매.
avelinier [avlinje], **avellanier** [avelanje] *n.m.* 《식물》 (유럽산의) 개암나무.
avelle [avɛl] *n.f.* (어류) 잉어과의 물고기.
Avé (Maria) [ave(marja)] *n.m.* (복수불변) ① (아베마리아로 시작되는) 성모 마리아에게 바치는 기도. ② (a~) (로자리오의) 아베마리아의 염주알. ③삼종기도(angélus)를 알리는 종. ④ 《음악》 아베마리아의 가곡. *dans un* ~ 곧. *Il ne sait pas un* ~. 그는 아무것도 모른다.
aven [avɛn] *n.m.* (지질) (프랑스 *Causses* 지방 석회암 지대의)천연 우물.
avénacées [avenase] *n.f.pl.* 《식물》 연맥속(燕麥속).
avenant(e) [avnɑ̃, -ɑ̃:t] *a.* 애교 있는, 붙임성 있는(affable), 쾌적한(agréable). femme ~*e* 애교 있는 여자. manières ~*es* 붙임성 있는 태도. maison ~*e* 쾌적한 집.
à l' ~ *de* 응분의, 분에 맞도록. Vous avez la peau blanche et l'âme *à l'*~. 당신은 하얀 살결과, 그것에 걸맞는 (순결한) 마음을 가지고 있소.
à l' ~ *de* …에 맞는. [항.
—*n.m.* 《법》 (계약의)변경증서; (조약의)추가조
avènement [avɛnmɑ̃] *n.m.* ① 출현, 도래. ~ du Messie 구세주의 강림. ~ d'une ère nouvelle 새 시대의 도래. second ~ (de Jésus-Christ) 예수 그리스도의 재림. ② 즉위(即位).
don de joyeux ~ (옛) (새로 즉위한 영주에 대한)축하 현상금; (승진한 사람에 대한)승진 선물.
avéneron, avèneron [avɛnrɔ̃] *n.m.* 《식물》 귀리, 연맥.
*****avenir**[1] [avni:r] *n.m.* ① 미래, 장래 (↔ passé). projets *d'*~ 미래의 계획. dans un proche ~; dans un ~ prochain 가까운 장래에. dans un ~ indéterminé 후일. préparer l'~ 미래(내일)를 준비하다. ② 후세, 자손(postérité). aux yeux de l'~ 후세 사람들의 눈에는. L'~ nous jugera. 후세가 우리를 판단할 것이다. ③ 장래의 일(sort); (유망한)전도(carrière). assurer l'~ *de qn* …의 장래를 보장하다. Il a de l'~ (n'a aucun ~). 그는 장래성이 있다 (전혀 없다). Il est promis au plus brillant ~. 그는 빛나는 장래가 보장되어 있다, 그는 전도가 양양하다.
à l' ~ 금후(는), 장래에는. *A l'*~, soyez plus prudent. 앞으로는 더 신중하시오.
d' ~ 전도(장래)가 유망한(유망한). C'est une carrière *d'*~. 그것은 전도가 유망한 직업이다. joueur *d'*~ 전도유망한 선수. jeune homme *d'un bel* ~ 전도유망한 청년.
avenir[16] *v.i.* (옛) =**advenir**.
avenir², **à-venir** *n.m.* (복수불변) 《법》 (한쪽 변호사가 상대방 변호사에게 보내는)출두 최고장(催告狀), 출정 독촉장.
Avent [avɑ̃] *n.m.* 《가톨릭》 대림절(待臨節); 대림절의 설교.
aventer [avɑ̃te] *v.t.* (돛을)바람 불어오는 쪽으로 돌리다.
*****aventure** [avɑ̃ty:r] *n.f.* ① 뜻밖의 [놀라운] 일 [사건] (affaire). C'est une drôle *d'*~. 그것 참 이상야릇한 사건이다. ② 《법》 모험담. (*pl.*) 모험담. homme *d'* ~ 모험가. roman (film) *d'*~*s* 모험소설(영화). ③ 연애 사건, 정사(~ galante (amoureuse, sentimentale)). femme à ~*s* 바람둥이 여자. ④ 운명, 운수. ⑤ 우연 (hasard); 요행. ⑥ 《고대법》 상속 증여에 의해 얻은 재산. droites ~*s* 직계상속에 의해 얻은 재산.
à l' ~ 아무렇게나, 무턱대고, 모험적으로. partir *à l'*~ 정처없이(무작정) 떠나다.
chercher (l') ~; *courir après les* ~*s*; *courir (après) l'* ~ 모험(요행)을 추구하다.
dire (tirer) la bonne ~ *(à qn)* (…의)운수를 점치다.
diseur (diseuse) de bonne ~ 점장이. [다.
grosse ~ 《해양·상업》 모험 대차(貸借).
mal d' ~ (구어) 《의학》 표저(瘭疽).
mettre ses fonds à la grosse (~ *)* 운명을 걸고 대승부를 하다, 위험천만한 일을 기도하다.
par (d') ~ 우연히. si *d'*~ vous le voyez 혹시 그를 만나게 되면.
tenter l' ~ 운을 걸고 해보다, 투기하다.
aventuré(e) [avɑ̃tyre] *a.p.* 위험천만의, 모험적인.
aventurer [avɑ̃tyre] *v.t.* (모험하여)걸다, 운에 맡기고 감행하다(hasarder, risquer). ~ sa réputation dans une affaire 어떤 일에 명성을 걸다.
—*s'*~ *v.pr.* 위험을 무릅쓰고 감행하다, 모험하다 (se risquer). (보이는 장소) *s'*~ la nuit dans un quartier désert 밤중에 위험을 무릅쓰고 인적이 없는 동네를 돌아다니다. *s'*~ *sur un pont branlant* 흔들거리는 다리 위를 위험을 무릅쓰고 건너다. *s'*~ *à (de)* + *inf.* …하는 위험을 무릅쓰다(감행하다).
s'~ *sur un chemin (un terrain) glissant* 경솔한 [무모한] 짓을 저지르다.
aventureusement [avɑ̃tyrøzmɑ̃] *ad.* 모험적으로, 위험을 무릅쓰고.
aventureux(se) [avɑ̃tyrø, -ø:z] *a.* 모험적인, 모험을 좋아하는(↔ prudent). 대담 무쌍한 (audacieux). —*n.* 모험가.
aventurier(ère) [avɑ̃tyrje, -ɛr] *a.* (옛) (사람이)험한, 모험적인. —*n.* ① 험한 사람, (악랄한)모험가. ② 깡패, 협잡꾼. ~ politique 정치깡패 (협잡꾼). Les ~*s* abondent dans toutes les grandes

villes. 모든 대도시에는 협잡꾼들이 들끓는다. —*n.m.* 《옛》(무훈을 노리는)모험가, 야심가; (주로 중세의)지원병, 용병; 해적선, 무장 상선.

aventurine [avɑ̃tyrin] *n.f.* 《광물》 사금석(砂金石); 모조 유리 사금석.

aventurisme [avɑ̃tyrism] *n.m.* (정치상의)모험주의, 모험성.

aventuriste [avɑ̃tyrist] *a.* (정치상으로)모험주의적인, 모험성 있는.

avenu(e¹) [avny] (*p.p.*<*avenir*) *a.p.* 《다음 표현으로만 쓰임》 nul et non ~ [nylenɔnavny] 발생하지 않은; 무효의.

***avenue²** *n.f.* ① (대개 가로수가 있는)한길, 큰 거리. ② (비유적)길, 통로. ③ 강림(avènement). ~s du pouvoir 권력에의 길. ~ de Jésus-Christ 예수 그리스도의 강림.

avéré(e) [avere] *a.p.* ① 진실임이 증명(확인)된; 명백한. crime ~ 명백한 죄상. C'est un fait ~. 그것은 명백한 사실이다. Il est ~ que+*ind.* …이 사실임이 공인되었음, 공인됨.

avérer [avere] [6] *v.t.* 확인하다, 확증하다.
—**s'~** *v.pr.* 확인(확증)되다(se montrer vrai). La nouvelle s'avérera bientôt. 그 소식은 곧 확인될 것이다. [s' ~ +형용사] La médecine s'est avérée impuissante dans ce cas. 의학이 이 경우에는 무력하다는 것이 판명되었다. Il s'avère que+*ind.* …함이 증명된다.

Averne [avern] *n.pr.m.* lac ~ (이탈리아의)아베르노 호수. 《시》 지옥.

averr(h)oïsme [averoism] *n.m.* 《철학》 아베로에스(*Averr(h)oès*)의 철학.

avers [aveːr] *n.m.* (화폐·상패 따위의)표면.

averse [avers] *n.f.* ① 소나기(ondée). essuyer [recevoir, être pris par] une ~ 소나기를 만나다. Prends ton parapluie, ils ont annoncé des ~s pour aujourd'hui à la radio. 우산 가져가거라, 라디오에서 오늘 소나기가 온다고 했어. ② 다량, 다수.
de la dernière ~ 최근의.
une ~ *de* 한꺼번에 일어나는, 숱한. *une* ~ *d'invectives véhémentes* 빗발치는 지독한 욕설.

aversion [aversjɔ̃] *n.f.* 혐오, 염오(répugnance), 반발(répulsion, ↔ sympathie); 싫은 것. avoir de l'[une] ~ pour[contre] *qc(qn)* …을 싫어하다. Il a une réelle ~ pour le travail. 그는 일하는 것을 정말 싫어한다. avoir *qn* en ~ …을 아주 싫어하고 있다. ma bête d'~ 《구어》 아주 싫은 놈(것). prendre *qn* en ~ …을 아주 싫어하게 되다.

averti(e) [averti] *a.p.* ① 알려진, 예고(경고·주의)를 받은. se tenir pour ~ 조심하다. Tenez-vous pour ~. 《협박조로》경고해두지만, 조심하시오 (Soyez sur vos gardes), 알았죠. ② 노련한, 정통한, 조예가 깊은(compétent, ↔ ignorant). [~ *de qc*] Il est très ~ de ces problèmes. 그는 이 문제에 정통하다. critique ~ *de* la peinture moderne 현대 회화에 조예가 깊은 비평가.
Un homme ~ *en vaut deux*; *Qui dit* ~ *dit muni*. 《격언》 미리 알고 있는 자는 갑절의 조심을 하는 법이다.

avertin [avertɛ̃] *n.m.* ① 《옛》 (무턱대고 화를 내는) 광란증(에 걸린 사람). ② 《수의》 (양의) 현도병 (眩暈病)(= *tournis*).

avertir [avertiːr] *v.t.* ① 알리다, 예고[경고·주의]하다(annoncer, informer). [~ *qn* (de *qc*)] ~ la police 경찰에 알리다. Je l'*en* ai averti. 나는 그에게 그것을 알렸다. *Avertissez*-moi *de* son arrivée. 내게 그의 도착을 알려주시오. Quand tu auras enfin décidé, tu nous *avertiras*. 네가 결정하게 되면, 우리에게 알려주렴. [~ *qn* de +*inf.*] *Avertissez*-le *de* venir. 그를 오라고 해주세요. [~ *qn que* +*ind.*] Je serai à Paris le 25 septembre. 제가 9월 25일 파리에 도착한다는 것을 알려드립니다. ~ *qn que*+*sub.* …에게 …하도록 말하다, 타이르다. ② (에게) 눈짓 (손짓)하다; (말을) 격려하다.
je vous en avertis 《협박조로》미리 알아두지만, 경고해두지만. Je me vengerai, *je vous en avertis*. 경고해두지만 나는 복수하고야 말겠소.
—**s'~** *v.pr.* 서로 충고(경고)하다.

avertissement [avertismɑ̃] (<*avertir*) *n.m.* ① 기별, 통고, 예고, 고지(告知); 경고, 충고(avis, conseil); 징조(présage, signe) donner un ~ à *qn* …에게 경고를 발하다. recevoir[suivre] un ~ 경고를 받다[따르다]. négliger les ~s *d'un ami* 친구의 충고를 무시하다. Ces toux fréquentes sont un ~, il faut vous faire soigner. 그 잦은 기침은 어떤 징조입니다. 몸조심하셔야 합니다. ② 《군사》 전책, ③ (책의)일러두기, 머리말. ~ au lecteur 머리말. ④ 《재정》 납세고지서; 《철도》 주의신호; 《역사》 (프랑스 제2제정하에서 신문에 대한) 발행정지)경고. ⑤ billet d'~ (법원의)소환장.

avertisseur(se) [avertisœːr, -øːz] *n.m.* 경보기, 벨, 경적; 《전화》 표시기; 《철도》 신호기. ~ d'incendie 화재 경보기. ② 알리는[예고하는] 사람[것]; 《연극》 (무대의)호출계; 경고하는 사람. —*a.* 경고하는.

avesnois(e) [avenwa, -aːz] *a.* 아벤(*Avesnes*, 프랑스의 도시)의. —**A~** *n.* 아벤 사람.

Avesta [avesta] *n.m.* 《종교》 조로아스터교의 경

avette [avet] *n.f.* 《옛·사투리》 꿀벌.   ㄴ전.

aveu [avø] (*pl.* ~**x**) (<*avouer*) *n.m.* ① 자백, 고백. faire un ~ franc 솔직한 고백을 하다. faire l'~ d'un secret(d'un amour) 비밀(사랑)을 고백하다. arracher des ~x à un suspect 용의자에게서 자백을 받아내다. passer aux ~x 자백하기 시작하다. ② 《옛·문어》 승인, 인가, 동의(consentement), ne rien faire sans l'~ de *qn* …의 동의없이는 아무 일도 못하다. ~ l'~ du gouvernement 정부의 인가를 얻어. ③ 옳다는 인정; 증언, 입증, 인정. [de l'~ de *qn*] …의 증언에 따르면, …이 인정하는 대로(au témoignage de *qn*). Il est socialiste de son propre ~. 그는 자칭 사회주의자이다. *de l'~ de tout le monde* 만인이 공인하는 바로는. ④ 《역사》 군신 관계를 인정함.
homme sans ~ 봉건 영주와 주종 관계를 맺지 않은 떠돌이 무사, 낭인(浪人); 《구어》 무뢰한, 방랑자.

aveuglant(e) [avœglɑ̃, -ɑ̃ːt] *a.* ① 한때 눈이 안 보이게 만드는, 앞이 캄캄해지게 하는. évidence ~*e* 명백한 사실. ② 이성을 잃게 하는, 무분별하게 만드는. passion ~*e* 맹목적인 정열.

***aveugle** [avœgl] *a.* ① 눈먼. Il est ~ depuis sa naissance. 그는 태어날 때부터 눈이 멀어 있다. ~ d'un œil 애꾸눈이. Elle est ~ des deux yeux. 그녀는 두 눈이 다 안보인다. ② 맹목적인(absolu). 분별없는; 보지 못하는. être ~ sur[pour] les qualités de *qn* …의 장점을 보지 못하다. ~ envers[à l'égard de] *qn* …에 대하여 맹목적인. haine ~ 맹목적[무조건적] 증오. obéissance(soumission) ~ 맹종(盲從). foi ~ 맹신(盲信). avoir une confiance ~ en *qn* …을 맹신하다. ③ 《시》 어두운, 컴컴한(obscur). ~s ténèbres 어둠, 암흑. ④ 봉해진, 막힌. intestin ~ 막창자, 맹장. arcade ~ 《건축》 (드나들 수 없는)장식홍예(아치). bout ~ (관(管)의)막다른 끝. fenêtre ~ 《건축》 봉창, 장식창. trou ~ 막다른 구멍. point ~ 《생리》 맹

(盲點). bouillon ~ 기름기없는 수프.
—n. 장님; 맹목적인 사람; (m.) (발 없는)도마뱀 (orvet). canne blanche des ~s 맹인용 흰 지팡이.
alphabet(écriture) des ~s 점자(點字) (braille).
~ de guerre 실명군인. Au royaume des ~s, les borgnes sont rois. 《속담》장님 왕국에서는 애꾸가 왕이다, 평범한 사람도 바보들 틈에서는 두각을 나타낸다.
à l'~; en ~ (손으로)더듬어; 맹목적으로; 분별없이, 경솔하게. parler(juger) en ~ 무분별하게 말하다(판단하다).
~ comme une taupe 《구어》두더지처럼 눈이 어두운, 지독한 근시의.
C'est un ~ qui en conduit un autre. 《구어》장님이 장님을 안내하는 것과 다름이 없다.
C'est un ~ sans bâton. 《속담》지팡이를 잃은 장님 같다.
crier comme un ~ qui a perdu son bâton(chien) 시끄럽게 고함을 지르다.
Il n'est pire ~ que celui qui ne veut pas voir. 《격언》보려고 하지 않는 장님보다 더 심한 장님은 없다(생각이 편협한 사람을 이르는 말).
juger d'une chose comme un ~ des couleurs 장님이 색깔을 판단하듯 (분별없이) 사물을 판단하다.
La Fortune est ~. 《격언》운명은 장난이다.

aveuglement [avœgləmɑ̃] n.m. ① 무분별, 망동(妄動). 고집. ② 실명(失明) (상태). ③ 《해양》(물구멍 따위를)틀어 막음.

aveuglément [avœgləmɑ̃] ad. 맹목적으로, 무분별하게.

aveugle-né(e) [avœgləne] (pl. ~s–~s) a. 선천 소경의, 소경으로 태어난. —n. 선천 소경.

aveugler [avœgle] v.t. ① (의)눈이 멀게 하다; (일시)눈이 안 보이게 하다; (눈이 부시어)앞이 캄캄해지게 하다(éblouir). ② (이성 [제정신]을) 잃게 하다, 무분별하게 하다. aveuglé par la colère 노여움에 앞뒤를 잊은[제 정신을 잃고]. ③ (물구멍·포탄 구멍 따위를)틀어막다; 《해양》(갑판의 라음매를)돛에 조각을 대워다. ~ une fenêtre 창을 막다. ~ une voie d'eau (배 따위의)물 새는 구멍을 막다.
—s'~ v.pr. 분별[이성]을 잃다, 판단을 그르치다, 진실에 눈을 감다. s'~ sur les défauts de ses amis 친구의 결점에 눈이 멀다.

aveuglette (à l') [alavœglɛt] loc.ad. 더듬더듬(à tâtons); 되는 대로, 아무렇게나.

aveulir [avœliːr] v.t. 무기력하게 만들다; (감정을) 누그러뜨리다, 약하게 [둔하게] 만들다.
—s'~ v.pr. 무기력해지다, 약해지다.

aveulissant(e) [avœlisɑ̃, -ɑ̃ːt] a. 무기력하게 만드는; 약하게 [둔하게] 만드는.

aveulissement [avœlismɑ̃] n.m. aveulir 하기, 무기력, 나약.

aveyronnais(e) [avɛrɔnɛ, -ɛːz] a. 아베롱(Aveyron, 프랑스의 도(道))의. —A— n. 아베롱 사람.

avez [ave] avoir의 직설·현재·2·복수.

av.-g. [약자]avant-garde 《군사》 전위.

aviaire [avjɛːr] a. 새의.

aviateur(trice) [avjatœːr, -tris] a. (예) 비행기의; 항공용의. —n. 비행사. mal des ~s 항공병(病).

aviation [avjasjɔ̃] n.f. ① 비행, 항공(술); 《집합적》 비행기. ~ civile 민간항공. de tourisme 관광비행. base (camp) d'~ 항공기지. centre d'~ 공항. compagnie d'~ 항공회사. groupe d'~ 비행 대대. lignes d'~ 항공노선. moteur d'~ 비행기용 발동기. ~ navale 해군기. ~ de combat (de bombardement, de reconnaissance) 전투[폭격·정찰]기. ②

《군사》 공군. ~ embarquée 함재(艦載) 공군. ③ (새의)날기.

avicole [avikɔl] a. 조류 사육의, 가금 사육의.
avicule [avikyl] n.f. 《패류》진주조개속(屬).
aviculteur(trice) [avikyltœːr, -tris] n. 조류(鳥類) 사육가; 가금(家禽) 사육자.
aviculture [avikyltyːr] n.f. 조류 사육; 가금 사육.

***avide** [avid] a. ① (을)열망[갈망]하는, (을)탐하는. [~]굶주린. ~ de qc d'argent (d'honneur) 돈 [명예]을 탐내는. ~ de sang (de carnage) 피에 굶주린. [~ de+inf.]…하기를 열망[갈망]하는. ~ de connaître (d'apprendre)몹시 알고 싶어하는. ② 걸귀같은, 탐욕스런. regard ~ 탐욕스런 눈. mains ~s d'un avare 수전노의 탐욕스런 손. ③ 《화학》빨아들이는, 흡수하는; 결합하는. ~ d'eau 물을 잘 빨아들이는.

avidement [avidmɑ̃] ad. 탐욕스럽게; 걸귀처럼, 게걸스럽게; 열심히.

avidité [avidite] n.f. ① 갈망; 탐욕; 탐욕스러운 식성. L'extrême ~ des hommes pour les honneurs vient de leur vanité. 인간의 극단적인 명예욕은 허영에서 온다. ② 《화학》흡인[흡수·통합]력. avec ~ 탐욕스럽게, 열렬히, 열심히. manger (boire) avec ~ 탐욕스럽게 먹다[마시다]. écouter (regarder) avec ~ 열심히 듣다[바라보다].

avien(ne) [avjɛ̃, -ɛn] a. 새 같은. faune ~ne (어떤 지방의)조류.

aviette [avjɛt] n.f. =**avionnette**.

avifaune [avifon] n.f. 조류, 조류상(鳥類相).

avignonnais(e) [aviɲɔnɛ, -ɛːz] a. 아비뇽(Avignon, 프랑스의 도시)의. —A— n. 아비뇽 사람.

avili(e) [avili] a. 천해진, 비열해진, 타락한.

avilir [aviliːr] v.t. ① (의) 가치[품격·품위]를 떨어뜨리다, 타락시키다(dégrader). [~ qn] Une telle conduite l'avilit. 이런 행실은 그의 품위를 떨어뜨린다. ② 가치[가격]를 떨어뜨리다(déprécier). L'inflation avilit le franc. 인플레이션은 프랑화(貨)의 가치를 하락시킨다.
—s'~ v.pr. ① 가치[가격]가 떨어지다. Les marchandises s'avilissent par leur abondance. 그 상품은 많기 때문에 가격이 떨어진다. ② (품격·품위이)떨어지다; 치해지다, 전락[타락]하다. s'~ par ses bassesses 비열한 행동으로 자신의 품위를 떨어뜨리다. s'~ à+inf. …할 만큼 타락하다, 타락하여 …하기에 이르다.

avilissant(e) [avilisɑ̃, -ɑ̃ːt] a. 품위를 떨어뜨리는, 타락시키는.

avilissement [avilismɑ̃] n.m. ① 가치를 떨어뜨림; 가치의 하락. ~ des marchandises (des prix, de la monnaie) 상품 [가격·화폐가치]의 하락. ② (권위의)실추; 타락, 전락.

avilisseur(se) [avilisœːr, -øːz] a. 깎아내리는; 중상하는. —n. 깎아내리는 사람.

avinage [avinaːʒ] n.m. (통 따위에)술이 배어들게 하기.

aviné(e) [avine] a.p. 술에 취한; 술이 밴. avoir les jambes ~es 갈짓자 걸음으로 걷다. haleine ~e 술내 나는 입김.

aviner [avine] v.t. (새 술통에)술이 배게 하다.
—s'~ v.pr. 술이 배다; 폭음하다; 술에 취하다.

‡avion [avjɔ̃] n.m. 비행기. accident d'~ 비행기 사고. ~ monoplan (biplan) 단[복]엽기. ~ amphibie 수륙양용기. ~ postal 우편기. ~ atomique 원자력추진기. ~ à hélice 프로펠러 비행기. ~ à réaction 제트 비행기. ~ monomoteur (bimoteur, quadrimoteur) 단발 [쌍발·사발]기. ~ civil (militaire) 민간 [군용]기. ~ de bombardement

gros porteur 중폭격기. ~ de chasse[de combat, de guerre] 전투기. ~ de ligne 정기노선취항기. ~ de reconnaissance 정찰기. ~ de transport 수송기. ~ marin 수상기(水上機). ~ télécommandé 무선조종기. ~ de fret 수송기. défense contre ~s 대공방어, 방공(약자)D.C.A.). pièce contre ~ 고사포. monter en ~; prendre l'~ 비행기에 타다. descendre d'~ 비행기에서 내리다.
en ~ 비행기(편)로. *mal d'~* 항공병(病). *par ~* 항공우편으로.

avion-à-terre [avjɔatɛːr] *a.* 《불변》《군사》비행기에 의한 지상공격의, 공대지(空對地)의.
avion-auto [avjɔ(o)to] (*pl.* ~s-~s) *n.m.* 자동차겸용 비행기.
avion-but [avjɔby] (*pl.* ~s-~s) *n.m.* (사격연습용) 목표[표적]기, 가상적기.
avion-canard [avjɔkanaːr] (*pl.* ~s-~s) *n.m.* 후익식(後翼式)비행기. [재기.
avion-canon [avjɔkanɔ̃] (*pl.* ~s-~s) *n.m.* 포적
avion-cargo [avjɔkargo] (*pl.* ~s-~s) *n.m.* 대형화물 수송기.
avion-cible [avjɔsibl] (*pl.* ~s-~s) *n.m.* 연습용 표적기.
avion-citerne [avjɔsitɛrn] (*pl.* ~s-~s) *n.m.* (공중)급유기(給油機)(avion ravitailleur).
avion-école [avjɔekɔl] (*pl.* ~s-~s) *n.m.* 연습기.
avion-fusée [avjɔfyze] (*pl.* ~s-~s) *n.m.* 로켓기.
avionique [avjɔnik] *n.f.* 항공 전자공학.
avion(n)ée [avjɔne] *n.f.*《구어》한 비행기의 탑승자 (전원).
avionnerie [avjɔnri] 《캐나다》*n.f.* 비행기 제작기; 비행기 공장.
avionnette [avjɔnɛt] *n.f.* 경비행기.
avionneur [avjɔnœːr] *n.m.* 비행기(기체)제작자.
avion-robot [avjɔrobo] (*pl.* ~s-~s) *n.m.* 무인비행기(의 총칭).
avion-suicide [avjɔsɥisid] (*pl.* ~s-~s) *n.m.* (일본)가미가제 특공기(kamikaze). [기.
avion-taxi [avjɔtaksi] (*pl.* ~s-~s) *n.m.* 전세 비행
aviophone [avjɔfɔn] *n.m.* (비행기 내의)통화시설.
aviron [avirɔ̃] *n.m.* ① (배의)노. coup d'~ 노젓기. armer[border] les ~s 노를 끼우다. engager ~ 노를 젓었다. faire de l'~ 보트를 젓다. ② 조정(漕艇). cercles d'~ 조정 클럽.

‡**avis** [avi] *n.m.* ① 의견, 견해(opinion). dire [donner] son ~; exprimer [émettre] un ~ 의견을 말하다. être de l'~ de qn; partager l'~ de qn; être du même ~ que qn …와 같은 의견이다. changer d'~ 의견을 바꾸다.
② 통지(서); 정보, 소식; 공시; 의견(서). note [lettre] d'~ 통지(안내)서, 송장(送狀)(화물의)도착 통지서. ~ de livraison 《상업》화물 인도 통지서. ~ d'exécution 《주식》매매계약(보고)서. ~ divers (신문의)잡보란. ~ de réception (우편물)수령 통지서. ~ de décès 사망 통지(서). ~ préalable (계약을 파기할 때)사전 통고. ~ du Conseil d'État 참사원의 의견(서). ~ des experts 감정사(전문가)의 의견(서).
③ 투표, 표결(voix, vote). aller aux ~s 《옛》표결하다.
④《옛·문어》충고, 조언(conseil); 경고, 주의 (avertissement). écouter[suivre] les ~ de qn …의 충고를 듣다[따르다]. donner ~ de qc …에 관하여 주의를 주다. [한.
à moins d'~ [*sauf ~*] *contraire* 반대 의견이 없는
à(de, selon) mon (humble) ~ 내 의견으로는.
Autant de têtes, autant d'~; Vingt têtes, vingt ~.《격언》각인각색(各人各色).
~ au lecteur 《책의》머리말, 일러두기;《비유적》경고. Vous comprenez bien ce qu'il vient de dire, c'est un ~ au lecteur. 그가 방금 말한 것을 잘 알아 들으셨죠, 그것은 일종의 경고입니다.
A~ (au public) 국민[시민]에게 고함《게시판의 제목》.
de l'~ de qn …의 의견에 따라. *de l'~ unanime* 만장일치로. *de l'~ de tous* 모두의 의견으로는.
Deux ~ valent mieux qu'un.《격언》여럿이 의견을 합치면 좋은 꾀가 생긴다.
donner ~ que + ind.[sub.] …이라는[…해야 한다는] 주의를 주다.
donneur d'~ 일언거사(一言居士).
Je suis d'~ de + inf. 나는 …할 생각이다.
Je suis d'~ [Il m'est ~; Ce m'est ~; 《구어》M'est ~] que + ind. 나는 …이라고 생각한다.
Je suis d'~ que + sub. 나의 의견으로는 …해야 한다고 생각한다.
jusqu'à nouvel ~ 추후 통지가 있을 때까지.
rendre un ~ 권고하다.
sauf meilleur ~ 더 좋은 의견이 없는 한. [로.
suivant (sur) ~《상업》통지에 의하여, 통지대

avisé(e) [avize] *a.p.* ① 신중한, 사려깊은, 빈틈없는 (↔ imprudent). [~ de + inf.] Vous serez bien ~ de le faire. 그렇게 하시는 것이 현명할 것입니다.
② (용케)생각이 미친. Il fut bien ~. 그는 용하게도 생각해 냈다. ③ 《옛》눈에 뜨인. bien[mal] ~ 사려깊은[경솔한], 분별 있는[없는]. Ce fut à lui bien ~. 그사람 잘 생각했지. —*n.* mal ~ 경솔한 사내(malavisé).

avisément [avizemã] *ad.* 신중히, 주의 깊게.
aviser [avize] *v.t.* ① (에게)알리다, 통지하다. [~ qn de qc] Elle avait été avisée du mariage de sa cousine. 그 여자는 사촌이 결혼한다는 통지를 받았었다. [~ qn de + inf.] Je vous avise de terminer votre travail la semaine prochaine. 내주에는 일을 끝내시도록 일러드리는 바입니다. [~ qn que + ind.] Il m'avisa qu'il fallait venir plutôt. 그는 내게 더 일찍와야 한다고 알려주었다. ② 찾아내다, 발견하다, 보다(apercevoir). Je l'ai avisé dans la foule. 나는 사람들 틈에서 그를 발견했다. Il avisa un café au coin de la rue. 한길 모퉁이의 다방하나가 그의 눈에 띄었다. ③《옛》[~ qn] (에게)충고를 하다(conseiller).
—*v.t.ind.* [~ à] …에 주의하다; …을 숙고하다 (réfléchir à, songer à);《목적보어 없이》《새로운》결정을 내리다, 재고(再考)하다. Avisons au plus pressé. 가장 긴급한 일을 처리하자. Il faudrait ~ au cas où elle ne viendrait pas. 그녀가 안 올 경우에는 재고할 필요가 있다. [~ à + inf.] Avisez à partir le plus tôt possible. 가능한 한 일찍 출발하도록 대비하세요. [~ à ce que + sub.] …하도록 궁리하다, 대책을 세우다.

—*s'~* *v.pr.* ① 생각해 내다, 알아차리다; (예)생각이 미치다; (을)발견하다; 감히 …하다. [*s'~ de qc*] Je me souviens d'avoir avisé de sa présence. 나는 갑자기 그가 있는 것을 알아차렸다. Ne vous en avisez pas. 그런 일은 안하는 게 좋다. [*s'~ de + inf.*] S'il s'avise de me tromper, il s'en repentira. 그가 감히 나를 속일 생각을 한다면, 그는 후회할 것이다. [*s'~ que + ind.*] Il s'avisa que sa porte n'était pas fermée. 그는 문이 닫혀 있지 않았음을 알아차렸다.

De tout s'avise à qui peut faut.《격언》필요는 발명의 어머니. *On ne s'avise jamais de tout.*《격언》사람의 생각에는 한도가 있다.

aviso [avizo]《에스파냐》 *n.m.* 《군사》 통보함(通報艦). ~ hydrographe 측량함(測量艦). ~-torpilleur 수뢰정함(水雷砲艦).

avitaillement [avitajmɑ̃] *n.m.* 《해양》 (배에의) 식량(연료) 보급; 《항공》 급유, 연료.

avitailler [avitaje] *v.t.* 《해양》 (배에)식량을 보급하다; (항공기에)연료를 보급하다. —s'~ *v.pr.* 보급하다.

avitailleur [avitajœ:r] *n.m.* (식량·연료 따위의)보급선(mazouteur); (항공기의)보급설비.

avitaminose [avitamino:z] *n.f.* 《의학》 비타민 결핍증(maladie par carence).

avivage [aviva:ʒ] *n.m.* aviver 하기.

avivement [avivmɑ̃] *n.m.* 《외과》 상처소파(掻爬).

aviver [avive] *v.t.* (구어에서는 raviver로 대치됨) ① (불을)활활 타게 하다(↔éteindre); 부채질하다, (의)기세를 드높이다; (생각 따위를)활발하게 하다(animer); (상처 따위를)자극하다, 따끔따끔하게 하다(irriter); (슬픔을)복받치게 하다; (빛깔을)진하게 [선명하게] 하다 (↔ternir); (안색을)생기있게 하다; (금·은 따위를)닦다, 윤내다; (남표면에)주석을 입히다; (목재에)모서리를 세우다. —s'~ *v.pr.* (불길이)성해지다; 활발해지다; 따끔따끔 아파지다; (슬픔이)복받치다; 진해지다, 선명해지다; 생생해지다.

avives [avi:v] *n.f.pl.* 《수의》 (말의)이하선염(耳下腺炎).

aviveur [avivœ:r] *n.m.* aviver 하는 사람.

avivoir [avivwa:r] *n.m.* 윤내는 기구.

av.J.-C. 《약자》 avant Jésus-Christ 서력 기원전.

avocaillon [avɔkajɔ̃] *n.m.* 서투른 변호사.

avocasser [avɔkase] *v.i.* ① 서투른 변호사업으로 연명하다. ② 엉터리 수작을 부리다.

avocasserie [avɔkasri] *n.f.* avocasser 노릇.

avocassier(ère) [avɔkasje, -ɛ:r] 《구어》 《경멸》 *a.* 엉터리 변호사(식)의. —*n.m.* 엉터리 변호사.

avocat¹(e) [avɔka, -at] *n.* 《법》 변호사; 《속어》 변호사(femme ~e). prendre un ~ pour sa défense 자기에 대한 변론을 변호사에게 의뢰하다. ~ commis 관선변호사. committre un ~ d'office 관선변호사를 선임하다. ~ consultant(conseil) 고문변호사, 법률 고문. Ordre des ~s 변호사협회(회장은 bâtonnier). ~ de l'église (défenseur). devenir l'~ de la science 과학[학문]의 옹호자가 되다. Je me suis fait l'~ de mes camarades. 나는 내 친구들을 변호했다. Quand il s'agit de la vérité pour mon ~e. (비유적) 나는 진실을 방패로 할 작정이다.

~ **de Ponce Pilate** (**de causes perdues, sans causes, sous l'orme**) 인기없는 변호사.

~ **du diable** 《가톨릭》 성인품에 올릴 후보자 결정에 이의를 제기하는 자; 《구어》 (변호하기 어려운)반대변론을 맡는 사람.

~ **général** 차장 검사.

être reçu ~ 변호사 자격을 얻다.

plaider par ~ 변호사를 대어 소송하다.

avocat² [avɔka] *n.m.* 《식물》 악리(鰐梨) (의 열매) (poire d'~).

avocat-avoué [avɔkaavwe] (*pl.* ~*s*-~*s*) *n.m.* 변호사 겸 소송 대리인.

avocatier [avɔkatje] *n.m.* 《식물》 악리나무.

avocatoire [avɔkatwa:r] *a.* 소환하는. lettres ~*s* 《외교》 소환장, 귀국명령. —*n.m.* 소환장; 귀국명령.

avocette [avɔsɛt] *n.f.* 《조류》 뒷부리장다리물떼새.

avodiré [avɔdire] *n.m.* (아프리카 상아해안산(産)의)먹구슬나무(科)의 나무.

avoine [avwan] *n.f.* 《식물》 귀리, 연맥(燕麥); 귀

리쌀(열매); 식량. balle d'~ 귀리 껍질. folle ~ 야생귀리 (~ stérile). farine d'~ 오트밀.

être entre l'orge et l'~《속담》양쪽 다 신통치가 아니다.

filer une ~ à *qn* 《속어》…을 흠씬 때리다.

gagner son ~《구어》 고생하다.

Il mange son ~ dans un sac.《옛》그는 구두쇠이다.

piquer l'~《옛》 맛을 보다.

semer sa folle ~《옛·구어》 젊은 기분으로 방탕하다.

‡**avoir** [avwa:r] *v.t.* I. ①(소유) ⓐ 가지다, 소유하다(posséder). ~ une maison 집을 가지다. ~ des droits 권리를 가지다. (목적보어 없이) celui qui a 재산가. ⓑ 손에 들다. ~ une canne à la main 손에 단장을 쥐다. ⓒ 몸에 지니다. ~ une robe blanche 흰옷을 입다. Elle *avait* un chapeau. 그녀는 모자를 쓰고 있었다. *Avez-vous* du feu? 불 있읍니까? (성냥이나 라이터 있으면 빌려주십시오). *Avez-vous* l'heure? 지금 몇 시 입니까? ⓓ (옆에)데리고 있다. ~ *qn* à dîner 만찬에 …을 초대하다. ~ *qn* avec soi …을 데리고 있다. ~ *qc* sur soi …을 몸에 지니고 (갖고) 있다. Il *a* toujours un chien avec lui. 그는 늘 자기 개를 데리고 있다. Je n'*ai* jamais une grosse somme sur moi. 나는 결코 큰 돈을 갖고 다니지 않는다.

② (취득) ⓐ 손에 넣다, 입수하다, 획득하다, 얻다 (obtenir). *J'ai eu* ce livre pour presque rien. 나는 이 책을 거저 얻다시피 했다. ~ une communication téléphonique avec *qn*; ~ *qn* (au téléphone) …와 통화하다. Il *a* réussi à Paris. (라디오·무전 따위에서)요행스럽게 파리가 나왔다. ~ son bac 대학 입학 자격을 얻다. ~ un prix littéraire 문학상을 타다. ~ son train (de justesse) (가까스로) 기차를 잡아타다. Vous *avez* la parole. 당신이 발언할 차례입니다, 발언을 허가합니다. ⓑ ~ un enfant 아이를 낳다. ⓒ 경험하다, 겪다. Il *a eu* un accident d'auto. 그는 자동차 사고를 당했다. ~ du beau temps 날씨가 좋다. ~ de la pluie 비가 오다. Quelle température *avons*-nous aujourd'hui? 오늘 기온은 어떻습니까?

③ ⓐ (상태) …이다, …있다. ~ de beaux yeux (grandes jambes) 눈이 예쁘다 (다리가 길다). ~ la parole facile 청산유수같이 말하다. Elle *a* les cheveux blonds 그 여자는 금발이다. Il *a* un gros nez et de petits yeux. 그는 큰 코와 작은 눈을 가졌다. ~ une bonne santé 건강하다. ~ du talent 재능이 있다. Quand elle boit, elle *a* les joues toutes rouges. 그 여자는 술을 마시면 뺨이 새빨개진다. Il *avait* les mains dans les poches. 그는 주머니에 손을 넣고 있었다. ⓑ (나이) Il *a* vingt ans. 그는 스무 살이다. ⓒ (크기·무게 따위) La tour Eiffel *a* 300 mètres de haut. 에펠탑의 높이는 300미터이다. ⓓ (질병) ~ une pneumonie 폐렴에 걸리다. ~ (de) la fièvre 열이 있다. ~ le vertige 현기증을 느끼다. ⓔ (감정·생각) 경험하다, 느끼다 (éprouver). ~ de l'amitié pour *qn* …에게 우정을 느끼다. ~ *qn*(*qc*) en horreur …을 혐오하다. ~ *qn* en estime(mépris) …을 존중(경멸)하다. ~ des soucis 걱정거리가 있다. *J'ai eu* une bonne idée. 나는 좋은 생각이 났다. ⓕ (시간) ~ deux jours de libre 이틀을 쉬다. ~ trois jours pour se décider 결심하는 데 사흘의 여유가 있다. Je n'*ai* pas le temps de faire mes courses. 나는 물건 살 시간이 없다. ⓖ [~ + 목적보어 + pour/comme + 속사] Qu'est-ce que vous *avez comme* boisson? 마실 것은 무엇이 있읍니까? Je l'*ai eu comme* élève autrefois. 전에 그는 나의 학생이었다. Je l'*ai eu pour* professeur pendant trois ans. 그 분은 삼년간 나의

선생님이었읍니다. ~ qc pour but …을 목적으로 삼다. ~ pour agréable (que+sub.) 승낙하다, …하는 데에 찬성[만족]하다. ⓗ [~ pour... de+inf.] Il a pour habitude de se promener le matin. 그는 아침마다 산책하는 습관이 있다.

④ (~+무관사 명사; 동사구를 이룸) ~ peur 무섭다. ~ soif 목마르다. ~ confiance 신임하다. ~ froid 춥다. ~ faim 배고프다. ~ mal à la tête 머리가 아프다. Il a raison. 그의 말이 옳다.

⑤ (종종 단순과거) (동작을)하다, 행하다(faire). Il eut(a eu) un cri[un geste]. 그는 소리를 질렀다 [어떤 몸짓을 했다]. ~ une conversation[une querelle] avec qn …와 대화[말다툼]하다. ~ un mouvement brusque 갑자기 몸을 움직이다.

⑥ (《속어》해치우다, 지우다, 이기다(triompher); 굴복 주다; (여자를)정복하다(posséder); 속이다 (duper). On les aura! 그들을 쳐부수리라! On vous a eu! 걸려 들었군! On ne m'a pas comme ça. 그런 수에 넘어갈 내가 아니다. se faire[se laisser] ~ 속다, 속아넘어가다.

⑦ⓐ [~ à+inf.] …해야 하다. J'ai à travailler. 나는 일을 해야 한다. n'~ pas à+inf. …할 필요가 없다, …하지 않아도 된다. n'~ plus qu'à+inf. …할 도리밖에 없다, 다만 …하기만 하면 된다. n'~ qu'à+inf. …하기만 하면 된다; …하라(명령). Tu n'as qu'à(T'as qu'à)t'en aller, si ça ne te plaît pas. 싫으면 가게. ⓑ [~ qc à+inf.] 해야 할 일이 있다, …을 하지 않으면 안된다. J'ai un devoir à finir. 나는 숙제를 해 놓아야 한다. (목적보어 없이) J'ai à faire. 나는 할 일이 있다.

⑧ (en 과 함께) ⓐ(《속어》(사람이)용기가 있다. Il n'en a pas, ce type-là. 그자는 겁장이다. ⓑ (동물, 사람이)상처입다. Il en a! 그는 (동물이)총에 맞았다. Il en a (dans l'aile). 그는 타격을 받았다, 상처를 입었다. (때로) 그는(여자에)홀딱 빠져있다. ⓒ [en ~ à/après/contre] (…을)원망하다, (에 대해서) 노하다. Après qui en avez-vous? 누구를 원망하십니까? On disait que vous en aviez contre moi. 내게 화풀이를 하시는 것 같은데요. ⓓ [en ~ assez (de)] (에)물리다, 지긋지긋하다. J'en ai assez de cette musique! 이 음악은 이제 지긋지긋하다. ⓔ [en ~ pour] (시간이)걸리다; (값…을)치르고 나다. J'en ai pour la vie. 그 일에 일평생이 걸린다. J'en ai pour cinq minutes. 그 일에 5분이 걸린다. Il n'en a pas pour longtemps. 그는 오래 가지 못할 것이다. Il en a eu pour cent francs. 그는 100프랑을 주고 샀다. en avoir pour son argent 적당한 (싼) 값으로 사다. Allez voir ce film, vous en aurez pour votre argent [cela vaut la peine]. 이 영화를 가서 보세요, 볼 만합니다.

⑨ (Il y a [ilja, 《속어》 ja]; 비인칭 용법) ⓐ (《존재》 …이 있다. Combien de personnes y aura-t-il? 몇 명이나 될까? Il y a de l'argent dans le portefeuille. 지갑에 돈이 있다. Dans cet accident, il y a trois personnes de tuées. 이 사고로 세 명의 사망자가 났다. (~+무관사 명사) Il y aura congé demain. 내일은 휴일이다. Il n'y a pas classe aujourd'hui. 오늘은 수업이 없다. N'y aurait-il pas moyen de réparer cette télé? 이 텔레비전을 고칠 방법이 없을까요? ⓑ (시간)…전에; 흐르다, 지나다. il y a trois ans 3년 전에. mode d'il y a dix ans 십년 전의 유행. Il y a dix ans de cela (que cela s'est passé). 그 일이 있은 지 십년이 되었다. [il y a ~ que] Il y a deux ans qu'il est parti. 그가 떠난 지 2년이 되었다. ⓒ (거리) Il y a cinq kilomètres d'ici au village. 여기서 마을까지 5킬로미터이다. Combien y a-t-il (d'ici à Paris)! (여기서 파리까지) (거리가) 얼마나 되오? ⓓ Qu'y a-t-il?; Qu'est-ce qu'il y a? 무슨 일이요? Il y a que tout le monde proteste. 모두가 항의하고 있다. Il n'y a pas de quoi. 천만의 말씀입니다 (감사의 말에 대하여). Il y a de quoi. 그것은 무리가 아니다, 그럴 만한 까닭이 있다. Si erreur il y a, ce n'est pas ma faute. 잘못이 있다 해도 그것은 내 탓이 아니다. Il y a champagne et champagne. 샴페인 술에도 여러 가지가 있다. Il n'y a pas à discuter. C'est un ordre! 따질 일이 아니다. 그것은 명령이다! Il n'y a qu'à+inf. …하기만 하면 된다. Il n'y a qu'à attendre. 기다리기만 하면 된다 (기다릴수 밖에). Il n'y en a que pour (qn) …만을 위하여, …만이 할 수 [권리] 가 있다. Personne n'a jamais le droit de dire un mot. Il n'y en a que pour lui. 한 마디라도 말할 권리는 아무도 없다, 오직 그 사람뿐이다. tant (il) y a que+ind. 어떻든, 결국은.

Ⅱ. (조동사; 모든 타동사·대부분의 자동사의 조동사로 쓰임) Il a fait cela. 그는 그것을 했다. Je les ai vu(e)s hier. 나는 어제 그(녀)들을 보았다.

~ de …와(―)닮은 점이 있다. Cet enfant a de son père. 이 아이는 자기 아버지를 닮았다. Sa fille n'a rien de lui. 그의 딸은 조금도 그를 닮은 데가 없다.

~ de quoi (vivre) 재산이 있다.

Il n'en a pas pour longtemps. 그는 오래 가지 못할 것이다.

Qu'avez-vous? 왜 그러십니까? 무슨 일이요?

S'il n'y en a plus, il y en a encore. 《격언》 얼마든지 있다, 무진장이다.

― n.m. ① 재산. Cette ferme représente un bel ~. 이 농장은 큰 재산이다. ② 【상업】 대변(貸邊). doit et ~ 차변과 대변.

avoirdupois [avwardypwa(ɑ)] n.m. 상형(常衡). une pound ~ 상용(常用) 1 파운드.

avoisinant(e) [avwazinɑ̃, -ɑ̃ːt] a. 이웃의, 인근의 (voisin, proche, ↔ éloigné).

avoisiné(e) [avwazine] a.p. 서로 이웃간의. être bien ~ 이웃이 좋다, 동네가 좋다.

avoisiner [avwazine] v.t. (에)인접해 있다, 이웃하다, (의)이웃에 있다; (에)가깝다, 닮다, 비슷하다 (ressembler à). pays qui avoisinent la France 프랑스에 인접한 나라들. sentiment avoisinant l'amour 사랑에 가까운 감정. La prétention avoisine la bêtise. 잘난 체하는 것이 어리석음에 가깝다. dégâts [frais] qui avoisinent le million 백만(프랑)에 가까운 손해 [비용].

― s'~ v.pr. 인근에 있다, 이웃간이다; (계절 따위) 가깝다, 오다.

avorté(e) [avɔrte] a.p. ① 유산한, 낙태한. ② 【식물】 발육부전(發育不全)의. arbres ~s 이지러진 나무들. ③ 실패한, 이루지 못한. long effort ~ 오랜동안의 결실없는 (헛된) 노력.

― n.m. 낙오자.

avortement [avɔrtəmɑ̃] n.m. ① 유산(~ spontané); 낙태, 임신중절(~ provoqué). provoquer l'~ un 낙태수술을 하다. ② 【식물】 발육부전(發育不全) (coulure). ③ 좌절, 실패(échec). ~ de ses projets 그의 계획의 좌절.

avorter [avɔrte] v.i. ① 유산하다, 낙태하다, 중절하다. faire ~ 유산시키다. ② 【식물】 불충분하게 발육하다; 설익다, 성숙하지 못하다. ③ 좌절하다, 실패하다 (échouer). Le dessin avorta. 이 계획은 실패로 돌아갔다. La paresse fait ~ beaucoup de talents. 나태는 많은 재능을 좌절시킨다.

avorteur(se) [avɔrtœːr, -øːz] a., n. (드물게) 낙태시키는 (사람).

avorton [avɔrtɔ̃] n.m. ①《옛》달이 안 찬 아이 [새

끼), 조생아(早生兒); 발육부전의 동물(식물); 실패작. ②《구어》난장이(nain).

avouable [avwabl] *a.* 공언(고백)할 수 있는. projet ~ 떳떳이 말할 수 있는 계획.

avoué¹ [avwe] *n.m.* 〖법〗소송대리인. étude d'~ 소송대리인 사무소. clerc d'~ 수습 소송대리인. ~ (du) demandeur 원고측 소송대리인. ~ (du) défenseur 피고측 소송대리인. ~ (ecclésiastique) 〖옛〗(교회의)권리대행자.

avoué²(e) *a.p.* ① (사실이)인정된, 승인된; 고백된; 명백한. ②표면상의. but ~ 표면상의 목적. ennemi ~ 공공연한 원수.

*****avouer** [avwe] *v.t.* ① (죄 따위를)자백하다(confesser); 《목적어 없이》죄를 자백하다. Il *a avoué* son crime. 그는 자기 범죄를 자백하였다. L'assassin *a avoué*. 살인범은 자백하였다. ② 고백하다(déclarer), 말하다; (사실로)인정하다, 시인하다(reconnaître). ~ son amour 사랑을 고백하다. *Avouez*-moi la vérité. 나에게 진실을 말해주세요. Elle *a avoué* trente-cinq ans. 그 여자는 서른다섯 살이라고 시인했다. Il *avoue* avoir tué la vieille femme. 그는 자기가 그 노파를 살해했다고 자백(시인)한다. 《삽입구》J'étais, je l'*avoue*, un peu confus. 사실, 나는 좀 당황했었다. Il faut ~ qu'il a raison. 그가 옳다고 시인해야 한다. ③《문어》(자신의 것으로)시인하다, 인지하다(reconnaître); (옳다고)동의하다(approuver). ~ un enfant[un livre] 자식으로[책을 자기가 쓴 것으로]인지하다. ~ *qn* pour ~ *qc* comme 》Il *a avoué* ce crime *comme* (le) sien. 그는 이 범죄를 자기가 저질렀다고 시인(인정)했다.

Faute avouée est à moitié pardonnée. 《격언》고백한 과오는 반은 용서받은 것이나 다름없다.

— s'~ *v.pr.* ① (속사와 함께)자기가 …임을 인정하다(se reconnaître). s'~ vaincu 패배를 자인하다. s'~ coupable 자기가 죄있음을 시인하다. ② 자백받다. ③ [s'~ de] (을)보증인으로 하다.

avoyer¹ [avwaje] *n.m.* (스위스의 일부 주(州))·시(市))장관.

avoyer² 7 *v.t.* (톱의)날을 좌우로 벌리다(톱과 목재와의 마찰을 피하기 위함).

av.-p. 《약자》avant-poste 《군사》전초(前哨).

A.V.P.《약자》appel avec préavis 〖통신·법〗지명통화.

avranchain(e) [avrɑ̃ʃɛ̃, -ɛn], **avranchin(e)**, [avrɑ̃ʃɛ̃, -in], **avranchinais(e)** [avrɑ̃ʃinɛ, -ɛːz] *a.* 아브랑슈(Avranches, 프랑스의 도시)의. —A~ *n.* 아브랑슈 사람.

:avril [avril] *n.m.* 4월; 〖시〗봄. en ~; au mois d'~ 사월에. en mon ~ 〖시〗나의 청춘 시절에.
poisson d'~ 만우절에 속이는 장난. donner un *poisson d'~ à qn* 만우절에 ~에게 장난으로 속이다.

avrillé(e) [avrije] *a.* 4월에 씨뿌린[심은].

avrillet [avrijɛ] *n.m.* 4월에 심은 밀, 봄밀.

avulsion [avylsjɔ̃] *n.f.* ① 이를 뽑기, 발치(拔齒). ② 〖법〗(홍수·수류의 변천에 의한)토지의 자연분리.

avunculaire [avɔ̃kylɛːr] *a.* 〖법〗백부(백모)의, 숙부(숙모)의.

axe [aks] *n.m.* ① 축, 축선(軸線); 〖천문〗지축(地軸); 〖식물〗원줄기. ~ coudé 곡평축(曲肱軸). ~ de symétrie 대칭축. ~ d'un cercle 원의 지름. ~ d'une pyramide 피라미드의 수선(垂線). ~ d'une route 도로의 중심선. ~ moteur 주동축(主動軸). ~ neutre 〖기계〗영위선(零位線). ~ optique 광축(光軸); 안축(眼軸); 〖렌즈의〗축. grand (petit) ~ 〖기계〗(타원형의)장경(長徑)(단경);

〖수학〗장축(단축). ~ des x[y], x[y]축. 〖해부〗~ du cou 축추(軸椎)(axis); ~ cérébro-spinal 중추신경계. ③《비유적》(수레의)굴대, 차축; (발전기의)축. ④ 주축, 주노선(主路線)(ligne); 일반 방향, 주류(主流). ~ de la politique américaine 미국정책의 주노선. Il est dans l'~ du parti. 그는 당의 주류에 속한다. ⑤ (A~)추축(樞軸側). puissances de l'A~ (2차 대전의) 추축국(독일·이탈리아·일본).

axé(e) [akse] *a.p.* [~ sur] (으로)향한, 기울어진.

axéen(ne) [aksɛɛ̃, -ɛn] *a.* 악스레테름(*Ax-les-Thermes*, 프랑스의 도시)의. —A~ *n.* 악스레테름 사람.

axer [akse] *v.t.* [~ sur] ① 축을 따라 배치하다; 《구어》이끌다, 향하게 하다(diriger). ~ une construction *sur* une ligne 일정한 선을 따라 건물을 배치하다. ②《비유적》축〔중심〕으로 전개시키다. ~ sa vie *sur qc* ~에 ~을 원리로 삼아 생활을 영위하다. Il *est* axé *sur*… 그의 생각이 ~에 쏠리다(이끌리다).

axial(ale, *pl.* **aux)** [aksjal, -o] *a.* ① 축의; 축 비슷한. ligne ~ *ale* 축선. ② 축을 따라 일어나는. pièce ~ *ale* 회전포(回轉砲).

axile [aksil] *a.* 축을 형성하는; 〖식물〗중축에 있는, 경축(莖軸)의.

axilé(e) [aksile] *a.* 〖식물〗경축(莖軸)을 가진, 중축의 주위에 생기는.

axillaire [aksi(l)lɛːr] *a.* 〖해부〗액와(腋窩)의, 겨드랑이의; 〖식물〗액생(腋生)의, 잎겨드랑이의.

axiologie [aksjɔlɔʒi] *n.f.* 〖철학〗(도덕)가치론.

axiologique [aksjɔlɔʒik] *a.* (도덕)가치론의.

axiomatique [aksjɔmatik] *a.* 〖수학·철학〗공리적(公理的)인. base ~ 공리적 기초(연역의 기초가 되는 공리의 체계). méthode ~ 공리적 방법 〖공리를 기반으로 한 연역방법〗. — *n.f.* 공리계(수학의 제공리를 조직화한 것), 공리론.

axiomatisation [aksjɔmatizasjɔ̃] *n.f.* 〖수학·철학〗공리계 형성.

axiomatiser [aksjɔmatize] *v.t.* 〖수학·철학〗(어떤 명제를)공리계에 편입하다, 공리의 형식으로 꾸미다, 공리화하다.

axiome [aksjoːm] *n.m.* ① 〖수학〗공리(公理). ② 《구어》자명한 이치(évidence); (자명한)원리, 기준, 금과옥조. poser *qc* en ~ ~을 (사상·행동의)원칙으로 삼다.

axiomètre [aksjɔmɛtr] *n.m.* 타각(舵角)표시기.

axis [aksis] *n.m.* 〖해부〗축추(軸椎), 제이경추(第二頸椎).

axolotl [aksɔlɔtl] *n.m.* 〖동물〗아메리카도룡뇽의 유생(幼生).

axone [aksɔn] *n.m.* 〖해부〗(척추동물의)축삭(軸索)《신경섬유의 중심으로 전달을 관장》.

axonge [aksɔ̃ːʒ] *n.f.* 라드, 돼지기름.

axonométrique [aksɔnɔmetrik] *a.* perspective ~ 〖제도〗부등각(不等角)투영도.

axuel(le) [aksɥɛl] *a.* =**axial**.

ay [ai] *n.m.* 아이(*Ay*)산 포도주.

ayah [aja] *n.f.* (인도 사람의)식모, 유모.

ayant [ɛjɑ̃] avoir의 현재분사.

ayant-cause, ayant cause [ɛjɑ̃koːz] (*pl.* ~ **s**~) *n.m.* (보통 *pl.*) 〖법〗권리 계승인.

ayant-droit, ayant droit [ɛjɑ̃drwa(a)] (*pl.* ~ **s**~) *n.m.* (보통 *pl.*) 〖법〗권리 소유자; 권리 승계자(ayant), 권리자.

aye-aye [ajaj] (*pl.* ~ **s**~ **s**) *n.m.* 〖동물〗(마다가스카르산의)다람쥐원숭이.

ayez [ɛ(e)je] avoir의 접속(명령)·현재·2.복수.

ay(i)en(ne) [ajɛ̃, -ɛn] a. 아이 (Ay(y)[ai, 프랑스의 도시])의. —A~ n. 아이 사람.
ayons [ɛjɔ̃] avoir의 접속(명령)·현재·1·복수.
ayuntamiento [ajuntamjento] n.m. (에스파냐·라틴 아메리카의)시(市)당국.
Az (약자) azote (옛) 〖화학〗 질소.
azadarach [azadarak] n.m. 〖식물〗 멀구슬나무.
azalée [azale] n.f. 〖식물〗 진달래.
azaline [azalin] n.f. 〖화학〗 아잘린.
azédarac(h) [azedarak] n.m. =**azadarach**.
Azerbaïdjan [azerbaidʒɑ̃] n.m. 〖지리〗 아제르바이잔 (소련 연방의 공화국).
azerole [azrɔl] n.f. 〖식물〗 서양산사나무의 열매.
azerolier [azrɔlje] n.m. 〖식물〗 서양산사나무류.
azide [azid] n.m. 〖화학〗 아지화물(化物).
azilien(ne) [aziljɛ̃, -ɛn] a. 〖고고학〗 (구석기와 신석기 시대의 중간에 위치하는) 아질기(期)의. —n.m. 아질기.
azimide [azimid] n.f. 〖화학〗 아지미드.
azimut [azimyt] n.m. ① 〖천문〗 방위각. ~ magnétique 자기(磁氣)방위. prendre un ~ 방위를 정하다. ② 방향. dans tous les ~s 사방으로. *tous* ~*s* [tuzazimy(t)] ⓐ (형용사적) 전방위의; 모든 분야의. diplomatie *tous* ~*s* 전방위 외교. défense *tous* ~*s* 전각방위. homme *tous* ~*s* 활동·능력이 다양한 사람, 팔방미인. ⓑ (부사적) 도처(사방)에서 (partout). On dit *tous* ~*s* que... 도처에서 …라고 말한다.
azimutal(ale, pl. aux) [azimytal, -o] a. 방위를 나타내는 (측정하는). —n.m. 자오환.
azimuté(e) [azimyte] a. 〖구어〗 머리가 돈.
azobenzène [azɔbɛ̃zɛn] n.m. 〖화학〗 아조벤젠.
azobenzoïque [azɔbɛ̃zɔik] a. 아조벤젠의.
azoïque [azɔik] a. 〖화학〗 질소의; 〖지질〗 무생의, 무생물 시대의. —n.m. 아조 화합물.
azolla [azolla], **azolle** [azɔl] n.f. 〖식물〗 큰물개구리밥.
azoospermie [azɔɔspɛrmi] n.f. 〖의학〗 무정자(無精子), 무정자증(症).
azootique [azɔɔtik] a. 〖지질〗 =**azoïque**.
Azor [azɔːr] n.m. ① 〖구어〗 개. ② 〖군대속어〗 배낭 (背囊); 권총. *appeler* ~ 〖구어〗 (극장에서) 휘파람을 불며 야유하다.
azotate [azɔtat] n.m. 〖화학〗 질산염.
azotation [azɔtasjɔ̃] n.f. 〖화학〗 질소 고정(법) (유리질소(遊離窒素))를 미생물 따위의 작용으로 비료로 만들기).
azote [azɔt] n.m. 〖화학〗 질소. ~ atmosphérique 공중 질소.
azoté(e) [azɔte] a. 질소를 함유한. engrais ~s 질소 비료. poudre ~e 니트로 화약.
azotémie [azɔtemi] n.f. 〖의학〗 혈중 질소량.
azotémique [azɔtemik] a. 혈중 질소량의.
azoteux [azɔtø] a. 〖화학〗 질소의, 질소를 포함한. acide ~ 아(亞)질산 (HNO₂). oxyde ~ 아산화질소. (N₂O).
azothydrique [azɔtidrik] a. 〖화학〗 질화수소 (窒化水素)의. acide ~ 질화수소산 (HN₃).
azotimètre [azɔtimɛtr] n.m. 질소 정량기.
azotique [azɔtik] a. 〖화학〗 질소의. coton ~ 면화

약. oxyde ~ 산화질소 (NO). acide ~ (nitrique) 질산 (HNO₃).
azotisation [azɔtizasjɔ̃] n.f. =**azotation**.
azotite [azɔtit] n.m. 〖화학〗 아초산염 (M¹NO₂).
azot(o)- préf.「질소」의 뜻.
azotobacter [azɔtobaktɛːr] n.m. 〖세균〗 질소균.
azoture [azɔtyːr] n.m. 〖화학〗 질화물 (窒化物).
azoturie [azɔtyri] n.f. 〖의학〗 질소뇨(尿).
azotyle [azɔtil] n.f. 〖화학〗 니트록실.
azoxique [azɔksik] a. 〖화학〗 아조 화합물의 (composé ~).
aztèque [aztɛk] a. 아즈텍족(멕시코 원주민)의. —A~ n. 아즈텍 사람. —n.m. 아즈텍어(語). —n. 《속어》 말라빠진 작은 사람, 난장이.
azulejo [azulexo] n.m. (무어 사람이 성벽에 사용된)도기(陶器) 벽돌.
azulène [azylɛn] n.m. 〖화학〗 아줄렌 (나프탈렌에서 채취한 청색 염료).
azuline [azylin] n.f. 〖화학〗 아줄린.
azulmine [azylmin] n.f. 〖화학〗 아줄민.
azur [azyːr] n.m. ① 하늘빛; (물결의)푸른 빛. ciel d'~ 창공. flots d'~ 푸른 바다. Côte d'A~ 코트 다쥐르 (리비에라 해안). ② 《문어》 하늘, 창공 (ciel). ③ 〖문장〗 청색; (세태용)청분 (青粉); 하늘빛 유리. ④ 맑은 마음의 경지. ~ d'une âme sereine 맑은 하늘과도 같은 평온한 마음. ⑤ pierre d'~ 〖광물〗 청금석 (青金石).
azurage [azyraːʒ] n.m. (푸른 빛을 가미한) 표백.
azural(ale, pl. aux) [azyral, -o] a.p. 하늘빛의.
azuré(e) [azyre] a.p. 하늘빛의, 푸른; 〖문장〗 촘촘한 평행선으로 덮인. plaine ~e 〖시〗 푸른 바다. voûte ~e 창궁 (蒼穹).
azuréen(ne) [azyreɛ̃, -ɛn] a. 리비에라 해안의 (*la Côte d'Azur*의). palaces ~nes 코트다쥐르의 호화 호텔. promoteurs ~s 코트다쥐르의 관광업자. —n. 코트다쥐르족(族).
azurer [azyre] v.t. ① 하늘빛으로 물들이다. ② (푸른 빛을 가미하여) 표백하다.
azurescent(e) [azyresɑ̃, -ɑ̃ːt] a. 《드물게》 하늘빛이 도는.
azurin(e¹) [azyrɛ̃, -in] a. 《드물게》 담청 (淡青)의, 연푸른 빛의.
azurine² [azyrin] n.f. 〖염색〗 아주린 (청색염료).
azurite [azyrit] n.f. 〖광물〗 남동광.
azuror(e) [azyrɔːr] a. 금청색 (金青色)의, 금빛 도는 청색의.
azygos [azigoːs] 〖해부〗 a. 〖불변〗 쌍이 아닌. —n.f. 기정맥 (奇靜脈), 우종흉 (右縱胸) 정맥 (grande veine ~); 반(反)기정맥, 좌종흉 (左縱胸) 정맥 (petite veine ~).
azygospore [azigɔspoːr] n.f. 〖세균〗 비접합자 (非接合子), 무접합아포 (無接合胞).
azyme [azim] a. 누룩을 넣지 않은, 무효모의. pain ~ 무교병 (유태교에서 유월절에, 가톨릭에서 미사 때에 사용). —n.m. 무효모 빵 (pain ~). fête des ~s 〖유태교〗 유월절.
azymique [azimik] a. 발효하지 않은.
azymites [azimit] n.m.pl. 〖가톨릭〗 (무교병을 사용하는) 가톨릭 교회파 (동방분리 교회에서는 효모 빵을 사용하므로 가톨릭 교회파를 이렇게 불렀으).

B

B¹, b¹ [be, 《드물게》bə] *n.m.* ① 프랑스 자모의 제 2 자. ② 《음악》 나음, 나장조〔단조〕.

B² 《약자》① baron 남작. ② boréal 북방의. ③ 《가톨릭》 bienheureux 복자; beatus(beata) 성자(성녀). ④ 《화학》 bore 붕소(硼素); Baumé 보메도(度). ⑤ Basse 저음부; 콘트라베이스(contre-basse). ⑥ poudre B 추진용 폭약. ⑦ Belgique 벨기에(의) 등. ⑧《속어》b...re ...; 제기랄 (bougre); b...ment 더럽게, 지독히(bougrement). *être marqué au B* 《옛·구어》절름발이다; 성질이 음흉하다 《B 는 bancal, bigle, boiteux, borgne, bossu 의 머리 글자》. *ne parler que par B et par F* 더러운 말투〔입버릇〕이다《B 는 bougre, F 는 foutre 의 머리글자》.

b² 《약자》① balle 《상업》고리짝. ② billet 어음; bénéfice 이윤; bonification 할인. ③ bougie 《물리》 촉광.

B/ 《약자》 billet à ordre 《경제》 약속어음.

Ba 《약자》 baryum 《화학》 바륨.

B.A. 《약자》 bonne action 선행 《보이스카우트, 걸스카우트의 용어》.

B.-A. 《약자》 Basses-Alpes 바스잘프도(道) 《프랑스의 지방》.

b.a. 《약자》 balneum arenae 《약》 모래 찜질, 사욕(砂浴).

B.A.A. 《약자》 brevet d'apprentissage agricole 농업 실습 수료증.

baba¹ [baba] 《폴란드》 *n.m.* 럼주(酒)〔버찌술〕에 적신 건포도를 넣은 카스텔라.

baba² *a.* 《불변》《구어》어안이 벙벙한, 깜짝 놀라 얼떨떨한(ébahi). *en rester ~* 얼떨떨하다.

B.A.ba [beaba] *n.m.* 기초, 기본 《아이들이 철자를 배울때 자모 하나를 발음한 다음 철자로서 읽는 데서 유래》. *~ de la chimie* 화학의 기본.

babifier [babafje] *v.t.* 《속어》아연실색케 하다.

babatement [babatmã] *n.m.* 《구어》놀람, 경악.

Babel, babel [babɛl] *n.(pr.)* ① 바벨탑; 거대한 건물. ②《비유적》(학문·사상 따위의) 웅대한 체계; 《나쁜 의미로》무용지물. *B~ des sciences et de la raison* 학문과 이성의 집대성. ③ 잡다한 언어〔방언〕를 말하는 장소; 혼잡스러운 장소, 수라장; 혼란, 혼돈 (désordre, chaos).

la tour de B~ 《성서》바벨탑; 잡다한 언어를 말하는 장소(B~); 혼잡스러운 곳. *Le hall de l'hôtel est une vraie tour de B~.* 호텔의 로비는 말 그대로 바벨탑이다 《각종의 말들을 들을 수 있다》. *C'est la tour de B~ ici!* 여기 모두가 떠들어대서 정말 요지경속이군!

babélien¹(ne) [babeljɛ̃, -ɛn] *a.* (바벨탑을 연상시킬 만큼)혼란한, 수습불능의. *confusion ~ne* 바벨탑에 필적할 만한 대혼란.

babélien² [babeljɛ̃] *n.m.* 바벨어 《현대에 현저히 나타난 각국어의 혼합을 비난한 것》.

babélique [babelik] *a.* ①《구어》바벨탑의. ② 거대한(gigantesque).

babélisme [babelism] *n.m.* ① 바벨리즘 《다른 언어들의 혼합으로 야기된 대혼란》. ② (논리구성·작품 따위의)혼란, 통일성·일관성 없음. ③ (건축 따위의)극단적인 거대함.

babeurre [babœ:r] *n.m.* ① 버터밀크, 낙장(酪漿). ② 우유 휘젓는 막대.

babi, bâbi [babi] *n.m.* 《회교》 바브교도(教徒).

babiche [babiʃ] *n.f.*, **babichon** [babiʃɔ̃] *n.m.* 《동물》발바리.

babil [babil] *n.m.* ①《속어》 쓸데없는 객설, 수다(bavardage); (어린애들의)귀여운 지껄임; (작은 새들의)지저귐; (시냇물의)졸졸거리는 소리. *écouter le ~ de sa petite-fille* 손녀의 재잘거리는 소리를 듣다. *Il n'a que du ~.* 그는 쓸데없는 소리만 지껄인다.

babillant(e) [babijɑ̃, -ɑ̃:t] *a.* 수다스럽게 지껄이는; (물이)졸졸 흐르는.

babillard(e) [babijar, -ard] *a.* 수다스럽게 지껄이는 (bavard); (새가)잘 지저귀는 (jaseur); (물이)졸졸 흐르는. *cours d'eau ~* 졸졸 흐르는 시냇물. —*n.* 수다장이. —*n.m.* 짖기만 하는 사냥개. —*n.f.* 《속어》편지.

babillement [babijmɑ̃] *n.m.* =**babillage**.

babiller [babije] *v.i.* ① (아이들이)종알거리다; (실개울이)졸졸 흐르다; (작은 새들이)지저귀다(gazouiller). ② 지껄이다(bavarder, jaser); 나쁘게 말하다, 험담하다(médire).

babine [babin] *n.f.* (보통 *pl.*) (원숭이·개 따위의)축 처진 입술; 《속어》(사람의)입술. *s'essuyer les ~s* (식사 후 냅킨으로)입술을 닦다. *s'en lécher les ~s* 《속어》입맛을 다시다, 군침을 삼키다.

babiole [babjɔl] *n.f.* ① 하찮은 것(bagatelle). *s'attacher à des ~s* 하찮은 것들에 애착을 느끼다. *Ce n'est qu'une ~.* (선물하면서)별것 아닙니다. ② 《옛》장난감.

babiroussa [babirusa] *n.m.* 《동물》말레이 멧돼지.

babisme [babism] *n.m.* 《페르시아의》바브교.

bablad [babla(d)], **bablah** [babla] *n.m.* (인도산의) 아카시아 열매.

bâbord [babɔ:r] *n.m.* 《해양》 좌현(左舷) (↔ tribord). *s'incliner sur le ~* (배가)좌현으로 기울다. *Ma cabine est à ~.* 내 선실은 좌현 쪽이다. *La barre toute à ~!*; *B~ la barre!*; *B~ tout!* 좌현으로 완전히 돌려!

faire feu de tribord et de ~ 양현(兩舷)포격을 하다; (비유적)모든 수단을 강구하다.

bâbordais [babɔrdɛ] *n.m.* 《해양》좌현직(左舷直) 수부(水兵) 《우수(偶數)번호자(者)만이 담당》.

babou [babu] *n.m.* ① 인도의 신사. ② (인도에서의 존칭으로) …씨(monsieur).

babouche [babuʃ] *n.f.* (아랍 제국의 슬리퍼형)가죽신; (유럽 사람들의) 실내화.

babouin [babwɛ̃] *n.m.* ①《동물》비비(狒狒)무리. ②《구어》 장난꾸러기, 개구쟁이(gamin) 《이 뜻으로는 여성형 babouine 가 있음》. ③ (추하고 익살스러운)노인; 꼴사나운(불결한) 남자. ④ 헝수아비(épouvantail); 《군대은어》(독일병이 참호위에 내걸은)인형. ⑤《구어》입술 언저리의 종기.

faire baiser le ~ à qn …을 억지로 굴복시키다.

babouinage [babwina:3] (< *babouin*) *n.m.* (영화 장면의)추잡하고 상스러움.
babouin¹ [babwɛ̃] *n.f.* 《구어》말괄량이, 장난꾸러기 계집애.
babouine² *n.f.* 《구어》입술. se caler les ~s 《속어》실컷 먹다.
babouvisme [babuvism] *n.m.* 바뵈프(*Babeuf*)주의 (공산주의의 일종).
babouviste [babuvist] *n.m.* 바뵈프주의자.
baby [ba(e)bi] (*pl.* **ys, ies**) 《영》*n.m.* ①《구어》아기; 아기 인형. ② (*pl.*) 아기신발. —*a.* (불변) 아기용의. modèle ~ 베이비형(의 제품). taille ~ 베이비사이즈.
baby-boom [ba(e)bibum] (*pl.* ~-~**s**) *n.m.* 출생율의 급증.
baby-food [ba(e)bifu(ɔ)d] 《영》《복수불변》유아식.
baby-foot [ba(e)bifut] 《영》*n.m.* 《복수불변》사커게임 (실내놀이의 하나).
babylonien(ne) [babilɔnjɛ̃, -ɛn] *a.* ① 바빌론(*Babylone*)의; 바빌로니아(*Babylonie*)의. ②《구어》(전물이)거대한. —**B**— *n.* 바빌론[바빌로니아]사람. —*n.m.* 바빌로니아어(語).
babylonisme [babilɔnism] *n.m.* (주로 건축의)거대함, 웅장함.
baby-sitter [ba(e)bisitœ(ɛ)r] (*pl.* ~-~**s**) *n.* (부모 외출시에)아이를 맡아보는 사람.
baby(-)sitting [ba(e)bisitiŋ] 《영》*n.m.* (부모 외출시에)아이를 맡아보기. faire du ~ pour se procurer l'argent de poche 용돈을 벌기 위해 베이비시팅을 하다.
bac¹ [bak] *n.m.* ① 나룻배, 도선(渡船); (열차·자동차 등을 적재하는)연락선, 페리보트; 나루터. ~ transbordeur(porte-trains) 열차도선(列車渡船). ~ aérien 에어페리 (《영》air ferry). passer le ~ 나루터를 건너다. ②(맥주 양조장의)큰 나무통; 《원예》저수지, 재배조; 전기조(電池槽); 광석 운반통, (각종 가정용)용기. ~ à fleurs 화초 재배기. ~ à ordures 쓰레기통. ~ à laver 세탁조. ~ à glace (냉장고용의)제빙통. ③ (서류정리용)카드 캐비넷. ④ 《스포츠》(장대높이뛰기에서 장대를 꽂는)상자.
bac² *n.m.* 《속어》=**baccara(t**¹**)**. tailler un ~ 바카라 놀이를 하다.
bac³ *n.m.* 《구어》=**baccalauréat**. passer son ~ 대학입학 자격시험을 치르다.
bacaliau [bakaljo] *n.m.* 《해양》건대구.
bacantes, bacchantes [bakɑ̃:t] *n.f.pl.* 《속어》코밑수염. **sonner** *qn* **aux** ~ …을 성가시게 하다, …에게 귀찮게 굴다.
baccalauréat [bakalɔrea] *n.m.* 바칼로레아, 대학입학 자격(시험). ~ en droit 법과 바칼로레아. ~ ès lettres(ès sciences) 문과계(이과계) 대학입학자격. ~ 1ère(2e) partie 바칼로레아 1차(필답)(2차(구두))시험. candidat au ~ 바칼로레아 수험생. être refusé au ~ 바칼로레아에 낙제하다.
baccara(t¹**)** [bakara] 《카드놀이》바카라; 《속어》실패, 파산. *avoir* ~《속어》계속 지다. *être en plein* ~ 비참한 처지에 빠지다; (과음 또는 정신적 타격 따위로)얼이 빠져 있다.
baccarat² *n.m.* 바카라(*Baccarat*)산 크리스탈 유리.
bacc. en dr. 《약자》baccalauréat en droit 법과대학 입학자격.
bacc. ès l. 《약자》baccalauréat ès lettres 문과대학 입학자격.
bacc. ès sc. 《약자》baccalauréat ès sciences 이과대학 입학자격.

bacchanal [bakanal] *n.m.* 《복수없음》《구어》대소란, 야단법석(tapage). faire un ~ de tous les diables 온갖 소란을 다 피우며 놀아대다.
bacchanale [bakanal] *n.f.* ① (*B*~s)《고대로마》바커스제(祭). ② 바커스의 그림(부조). ③ 《구어》소란스런 축제, 흥청망청 떠들기(orgie).
bacchanaliser [bakanalize] *v.i.* 《구어》흥청망청 떠들다.
bacchante [bakɑ̃:t] *n.f.* ① 바커스신의 여제관(女祭官). ② 주정하는(음탕한) 여자. ③ 《곤충》나비의 일종.
bacchantes [bakɑ̃:t] *n.f.pl.* 《속어》코밑 수염.
baccharide [bakarid] *n.f.* 《식물》(아메리카산)국화과 식물.
bacchiaque [ba(k)kjak] *a.* 《운율》bacchius 로 된.
bacchius [ba(k)kjys] *n.m.* 《운율》(그리스·라틴시의)단장장격(短長長格).
Bacchus [bakys] *n.pr.m.* 《로마신화》바커스, 주신(酒神); 바커스상(像). adorateur(disciple, enfant, suppôt) de ~ 술꾼, 주당. liqueur de ~ 술.
bacciflère [baksifɛ:r] *a.* 《식물》장과(漿果)를 가진, 장과를 맺는.
bacciforme [baksifɔrm] *a.* 장과 모양의.
baccivore [baksivɔ:r] *a.* 장과를 먹는.
bach-aga [baʃaga] *n.m.* (알제리·튀니지의)최상급 지위관.
bâchage [bɑʃa:ʒ] *n.m.* bâcher 하기.
bachal [baʃal] *n.m.* 수조(木槽), 물탱크.
bâche [bɑ:ʃ] *n.f.* ① (가죽·천의)비막이 덮개; 방수포(防水布)(banne); (터빈 따위의)틀, 케이스. ② (광산용의)상자; (펌프의)탱크. ~ d'alimentation 급수 탱크. ~ de condenseur 복수기(復水器)의 온수통. ③ (조수가 빠진 뒤의)웅덩이. ④ 자루스팸. ~ volante(traînante) 지인망(地引網). ⑤ 촉성재배 온실. ⑥《속어》(침대의)시트; 차양 없는 모자 (casquette). ⑦ 서투른(악취미의) 그림.
se mettre(*se coller*) *sous la* ~《속어》잠자다.
bachelette [baʃlɛt] *n.f.* 《옛》젊은 아가씨.
bachelier(ère) [baʃəlje, -ɛːr] *n.* 대학입학 자격자, baccalauréat 시험 합격자. —*n.m.* 《옛》기사(騎士) 후보자.
bâcher [baʃe] *v.t.* (배·수레 따위에)덮개(방수포)를 덮다. ~ des colis 화물에 덮개를 씌우다. ②(터빈을)틀(케이스)에 넣다. ③(은어)옷을 입히다(vêtir). —*v.i.* 《속어》잠자다; 유숙하다.
—*se v.pr.* ①《은어》잠자다. ②옷을 입다.
bachi-bouzou(c)k [baʃibuzuk] (*pl.* ~-~**s**) *n.m.* (옛 터키의)비정규병(非正規兵).
bachique [baʃik] *a.* 바커스 신(神)의. chanson ~ 음주가(歌). liqueur ~ 술. scène ~ 주연 광경.
bachot¹ [baʃo] *n.m.* ①(바닥이 평평한)작은 배, 나룻배. ②체.
bachot² *n.m.* 《구어》바칼로레아(baccalauréat). boîte(four, usine) à ~ (경멸)대학입학 자격시험 예비학교.
bachotage¹ [baʃɔta:ʒ] *n.m.* 《학생속어》(바칼로레아 또는 일반 시험을 위한)속성 시험준비; (스포츠의)강훈련.
bachotage² *n.m.* 나룻배의 운행; 나룻배 사공(의 직); 나룻배 운임.
bachoter [baʃɔte] 《학생속어》*v.t.* (에게)(바칼로레아 또는 일반 시험을 위한)속성 시험공부를 시키다. —*v.i.* 속성 시험공부를 하다.
bachoteur¹ [baʃɔtœ:r] *n.m.* bachot ①의 뱃사공.
bachoteur², **bachotier** [baʃɔtje] *n.m.* 《속어》대학입학시험 준비생.
bachotte [baʃɔt] *n.f.* (생선 운반용)통.
bacile [basil] *n.m.* 《식물》회향속(屬)의 일종.

bacillaire [basi(l)lɛːr] *a.* ① 〖광물〗 각주상(角柱狀)의. ② 〖의학〗 바질루스성의. —*n.f.* 〖식물〗 규조류(硅藻類)의 식물.

bacille [basil] *n.m.* ① 〖생물〗 간균(桿菌), 바칠루스; 세균, 박테리아. porteur de ~s 〖의학〗 보균자. ~ d'Eberth 장티프스균. ~ de Koch 결핵균. ② 〖곤충〗 대벌레의 일종. *introduire le ~ de qc* (나쁜 버릇 따위에)감염되는 근원을 마련하다.

bacillémie [basi(l)lemi] *n.f.* 〖의학〗 (특히 일시적인)균혈증(菌血症).

bacilliforme [basi(l)lifɔrm] *a.* 세균[박테리아](모양)의.

bacillisation [basi(l)lizasjɔ̃] *n.f.* 세균(특히 결핵균)의 감염.

bacilloscopie [basi(l)lɔskɔpi] *n.f.* (환자의 담·뇨 따위의)세균(특히 결핵균)현미경 검사.

bacillose [basi(l)loːz] *n.f.* 〖의학〗 간균증(桿菌症); (특히) 폐결핵(tuberculose pulmonaire).

bacillurie [basi(l)lyri] *n.f.* 〖의학〗 세균노증, 균뇨(菌尿).

backer [bake] 〖영〗 *v.t.* (기차·기선등)역행(逆行)시키다(배·기차 따위의 기관사의 상용어). —*v.i.* (기차 따위가)역행하다.

bâclage [bɑklaːʒ] *n.m.* bâcler 하기.

bâcle [bɑːkl] *n.f.* (문의)빗장.

bâclé(e) [bakle] *a.p.* ① 빗장으로 잠긴, (항구·하천이)폐쇄된; (특히)동결된; (배가 하역을 위해 항내에) 매인 항구. port ~ par les glaces 얼음으로 폐쇄된 항구. ② 〖구어〗 (일 따위가)소홀한, 날림의. travail ~ 날림으로 해치운 일.

bâcler [bakle] *v.t* ① 〖구어〗 (일을)소홀히 다루다, 날림으로 해치우다(↔ soigner). Il *bâcle* tout ce qu'il fait. 그는 하는 일마다 되는대로 해치운다. ② (예)(문·창문 따위를)빗장질러 닫다. ③ ⓐ 〖해양〗 (항구·하천을)폐쇄하다; 항행을 불가능하게 하다. Les glaces *bâclent* la rivière. 얼음 때문에 하천에서의 운항이 불가능해졌다. ⓑ ~ des bâteaux (하역을 위해)배를 모으다; (부두에 매어두려고)배를 몇 척씩 모아 묶다.
—**se ~** *v.pr.* (수동적) 날림으로[소홀히] 되다.

bâcleur(se) [baklœːr, -øːz] *n.* 〖구어〗 (일을)소홀히 [날림으로] 하는 사람. ~ de besogne 일을 날림으로 해치우는 사람.

bacon [bekɔ̃(œ)n] 〖영〗 *n.m.* 〖요리〗 베이컨.

baconien(ne) [bakɔnjɛ̃, -ɛn] *a.* 〖철학〗 베이컨파의 (Bacon) 학파의.

baconisme [bakɔnism] *n.m.* 베이컨 철학.

bacqueter [bakte] 5 *v.t.* =baqueter.

bactériacées [bakterjase] *n.f.pl.* 〖식물〗 박테리아과(科).

bactéricide [bakterisid] 〖의학〗 *a.* 살균성의. —*n.m.* 살균제.

bactéridie [bakteridi] *n.f.* 대형 세균; (특히) 탄저균(炭疽菌)(~ charbonneuse).

bactérie [bakteri] *n.f.* ① 박테리아, 세균. ~ pathogène 병원균. ② 〖곤충〗 대벌레.

bactérien(ne) [bakterjɛ̃, -ɛn] *a.* 세균의, 박테리아의. poisons ~s 세균독소.

bactériologie [bakterjɔlɔʒi] *n.f.* 세균학.

bactériologique [bakterjɔlɔʒik] *a.* 세균학의, 세균을 사용하는. guerre ~ 세균전.

bactériologiste [bakterjɔlɔʒist], **bactériologue** [bakterjɔlɔg] *n.* 세균학자.

bactériophage [bakterjɔfaːʒ] *n.m.* 박테리오파지, 세균기생 비루스. —*a.* (위)의.

bactériostase [bakterjɔstaːz] *n.f.* (항생물질에 의한)세균의 번식억제, 정균(靜菌).

bactériostatique [bakterjɔstatik] *a.* 세균번식을 억제하는, 정균작용의. —*n.m.* (항생물질 가운데 있는)세균 억제제.

bactériothérapie [bakterjɔterapi] *n.f.* 세균요법.

Bactres [baktr] *n.pr.f.* 〖고대지리〗 박트라(박트리아의 수도, 오늘의 *Balkh*).

Bactriane (la) [labaktri(j)an] *n.pr.f.* 〖고대지리〗 박트리아, 대하(大夏) (중앙아시아의 한 지방).

bactrien(ne) [baktri(j)ɛ̃, -ɛn] *a.* 박트라의, 박트리아의. —**B~** *n.* 박트라(박트리아) 사람. —*n.m.* 박트리아어(語).

bactrioles [baktri(j)ɔl] *n.f.pl.* (압연할 때 생기는)쇠부스러기.

bacul [baky] *n.m.* (말의)엉덩걸끈.

baculite [bakylit] *n.f.* 〖동물〗 바쿨리테스.

badaf [badaf] *n.m.* 〖속어〗 =bataillon d'Afrique; 〖그〗군인.

badamier [badamje] *n.m.*, **badamie** [badami] *n.f.* 〖식물〗 사군자(使君子)과의 식물.

badaud(e) [bado, -oːd] *a.* (거리의)구경거리를 찾아다니는; 〖옛〗 얼빠진, 모자란(sot, niais). Les Parisiens sont ~s. 파리사람들은 구경거리를 좋아한다. —*n.* 구경거리를 찾아다니는 사람, 어중이떠중이; 〖옛〗 얼빠진 사람. écarter les ~s (몰려든) 구경꾼들을 쫓다.

badaudage [badodaːʒ] *n.m.* (거리를)어슬렁거림.

badauder [badode] *v.i.* 어슬렁거리다, 헛되이 시간을 보내다.

badauderie [badodri] *n.f.* ① 빈둥빈둥 돌아다니기; 부질없이 구경을 즐기기. ② 〖옛〗 얼빠진 짓(말).

badaudier(ère) [badodje, -ɛːr] *a.* 어슬렁거리며 시간 보내기를 즐기는.

badaudisme [badodism] *n.m.* 일없이 거닐며 구경하기 좋아하는 취미.

Bade [bad] *n.pr.f.* 〖지리〗 바덴 (독일의 도시).

badelaire [badlɛːr] *n.m.* 날이 휜 단검; 단검형 무늬 (baudelaire).

baderne [badɛrn] *n.f.* ① 〖해양〗 (낡은 밧줄로 엮은) 덧대는 거적, 방현석(防舷蓆); 〖기계〗 충전물(充塡物). ② 폐물; (경멸) (건강·사기 때문에) 쓸모없는 사람. vieille ~ 시대에 뒤떨어진 인간 (늙은이); (1차대전 때의)부직한 예비역 장교. ③ 〖학생속어〗 (고등사범학교)문과수험준비반 (cagne)의 장(長).

badernisme [badɛrnism] *n.m.* 시대에 뒤짐.

badge [badʒ] 〖영〗 *n.m.* (보이스카우트의 계급·전문을 나타내는)기장(記章), 배지. —*n.m.* (정치적 의견이나 익살스러운 말을 적어넣은 둥근)마크; (소속 단체·부대를 나타내는)배지; (장식구로서의)배지, 브로치.

badian [badjɑ̃] *n.m.*, **badiane** [badjan] *n.f.*, **badianier** [badjanje] *n.m.* 〖식물〗 붓순나무.

badigeon [badiʒɔ̃] *n.m.* ① (벽에 칠하는 황색 또는 회색)물감; 〖구어〗 (현 가구에 하는)페인트칠; 〖구어〗(얼굴 따위에 지나치게 진한 화장품); (소상(塑像)·목공품 따위를 수복하는)도료; 〖의학〗 도포(塗布). ② 물감·도료를 칠하는 솔[브러시]. ③ (사상 따위의)겉치장, 헛치장; 〖比喩〗 (과격한 내용을 숨기기 위한)부드러운 문체; 캄플라지.

badigeonnage [badiʒɔnaːʒ] *n.m.* badigeonner 하기; 벽칠하는 물감; 그릇된 겉치장.

badigeonner [badiʒɔne] *v.t.* ① (벽에)벽용 물감을 칠하다; (헌 가구 따위를)페인트로 칠하다; 진하게 화장하다; (소상(塑像) 따위에)수복(修復)도료를 칠하다. ~ la façade en blanc 건물 정면을 백색으로 칠하다. ~ un vieux meuble 낡은 가구를 새로 칠하다. ~ son visage 얼굴에 더덕더덕 바르다. ② 〖의학〗도포(塗布)하다; 솔로 칠하다. ~ la gorge de teinture d'iode 목에 요드팅크를 바르다. ③ (사상 따위를)겉치장을 하다; (진실 따위)숨기다, 감추라다.
—se ~ *v.pr.* ① (se 는 간접목적어보어)자기의 ···에 칠하다. enfant qui *se badigeonne* la figure de chocolat 자기 얼굴에 초콜릿을 바르는 아이. ② 진한 화장을 하다(se farder). *se* ~ la figure 얼굴을 진하게 화장하다. ③ (*비유적*)설교를 받다.

badigeonneur [badiʒɔnœːr] *n.m.* 벽용 물감을 칠하는 직공; (*경멸*)서투른 그림장이.

badigoinces [badigwɛ̃:s] *n.f.pl.* 〖구어〗입술. *jouer des* ~ 게걸스레 먹다. *se coller qc dans les* ~ ···을 게걸스레 먹다.

badin¹(e') [badɛ̃, -in] *a.* 농담을 잘하는, 익살맞은, 까부는; (예)어리석은. —*n.m.* (희극에서)웃기는 사람. —*n.* 웃기는 사람, 익살꾼.

badin² [badɛ̃] *n.m.* 〖항공〗(비행기용)상대속도 지시기.

badinage [badinaːʒ] ① 익살스런[까부는] 행위[말투]; 농담, 희롱(plaisanterie). par ~ 농담으로, 희롱으로. ② 〖문학〗경묘한 문체. ③ (*종종 pl.*)〖음악·미술〗경묘한 터치. ④〖구어〗(비유적)쉽게 되기, 쉽게 할 수 있는 일.

badine² [badin] *n.f.* ① 가는 막대; 가는 단장. ② (*sing.* 또는 *pl.*)(대장장이)집게 부젓가락.

badiner [badine] *v.i.* ① 농담하다, 희롱하다(plaisanter). homme qui ne *badine* pas 근엄한 사람. ② 장난삼아 하다, 경솔히 다루다. Il ne faut pas ~ avec cela. 그것은 경솔히 다룰 일이 아니다. ne pas ~ sur *qc* ···을 경시하지 않다, ···에 매우 엄격하다. ③ (글·문장에)익살맞은 표현을 쓰다. ④ 펄렁펄렁 움직이다(흔들리다). ⑤ (단장 따위를)휘두르다; 만지작거리다. ~ avec sa canne 단장을 휘두르다. cheval qui *badine* avec son mors 줄곧 재갈을 씹고 있는 말.
—*v.t.* (예)놀리다(plaisanter).

badinerie [badinri] *n.f.* ① 익살스런[웃기는] 말[짓], (*보통 pl.*)농담, 희롱. ② 어린애 같은 장난.

badlands [badlɑ̃:ds] (영) *n.f.pl.* 〖지질〗악지형(惡地形), 황무지, 불모지.

badminton [badmintɔn] (영) *n.m.* 〖스포츠〗배드민턴.

badois(e) [badwa, -aːz] *a.* 바덴(*Bade*, 독일의 도시)의. —**B**— *n.* 바덴 사람.

baedeker [bedekɛːr] *n.m.* 베데커 여행 안내서.

baffe [baf], **baffre** [bafr] *n.f.* 〖속어〗따귀.

baffle [bafl] *n.m.* (확성기 따위의)장애판(障礙板); 스피커 시스템; 〖음악〗음의 울타리(여러 곳에 배치한 스피커가 청취자를 음으로 에워싸기)(enceinte acoustique).

bafouer [bafwe] *v.t.* 우롱하다, 망신시키다.
—**se** ~ *v.pr.* 자조(自嘲)하다. ~ de *qc*(드물게) ···을 조소하다.

bafouillage [bafujaːʒ], **bafouillis** [bafuji] *n.m.* ① 뜻이 통하지 않는 말, 횡설수설; 〖속어〗바보 같은 말. ② (기계의)덜컹거리는 소리.

bafouille [bafuj] *n.f.* 〖속어〗편지(lettre).

bafouiller [bafuje] *v.t.* 더듬더듬 말하다(balbutier).
—*v.i.* ①〖구어〗뜻이 통하지 않게 말하다, 횡설수설하다; 바보 같은 말을 하다. ② (내연기관이 점화할때)부릉부릉 소리를 내다.

bafouilleur(se) [bafujœːr, -ʃːz] *n.* 알아들을 수 없는 말을 하는(횡설수설하는)사람.

bâfre [baːfr] *n.f.* 〖속어〗① =baffe. ② 게걸스럽게 먹기. ③ =bâfrée.

bâfrée [bafre] *n.f.* 〖속어〗진수성찬; 연회, 향연.
bâfrer [bafre] 〖속어〗*v.t.* 게걸스레 먹다; 폭음하다.
—*v.i.*, *se* ~ *v.pr.* 진탕 먹다.
bâfrerie [bafrəri] *n.f.*〖속어〗대식, 폭식.
bâfreur(se) [bafrœːr, -ʒːz] *n.*〖속어〗대식가.

*****bagage** [bagaːʒ] *n.m.* ① 짐, 하물(荷物); (짐을 넣는)가방; (가방·슈트케이스 따위의)여행구; 〖구어〗시작한 가재도구; 〖군사〗짐짝. à main 휴대품; 곁에 두고 쓰는 물건. emporter tout son (petit) ~ 가재도구를 모두 가져가다. ② (*pl.*)(여행용)수화물. fourgon à ~s 〖철도〗수하물 화차. ③ 지식, 학식(connaissances), 경험(expériences); 정신적 유산, 작품, 저작. ~ professionnel 직업상의 지식. Son ~ scientifique est quasi nul. 그의 과학 지식은 거의 제로이다. n'avoir qu'un petit(mince) ~ 약간의 작품밖에 쓰지 않았다. *avec armes et* ~s 소지품 일체를 다 가지고. *plier(trousser) ses* ~s 〖예〗짐을 꾸리다; 〖군사〗배낭을 꾸리다; 급히 출발하다; 도망치다;〖구어〗죽다. *pour tout* ~ 전부 통틀어.

bagagerie [bagaʒəri] *n.f.* 가방 제조업, 가방류 판매점; (객차 속의)대형 휴대화물 두는 곳.
bagagiste [bagaʒist] *a.* 수하물을 다루는. —*n.m.* (호텔·철도·공항의)수하물 운반인.

bagarre [bagaːr] *n.f.* ① 싸움판; 소란, 소동; (군중과 경관의)난투(échauffourée); 혼잡, 번잡. ~s entre les manifestants et la police 데모대와 경찰 사이의 난투극. ②〖구어〗(정치·두 팀·경쟁자 사이의)열전;〖구어〗전쟁(guerre).

bagarrer [bagare] *v.i.*〖속어〗싸우다; 논쟁(투쟁)하다(lutter). Il aime ~ pour ses idées. 그는 자기 사상을 위해서 논쟁하기를 즐긴다.
—**se** ~ *v.pr.*〖속어〗싸우다; 서로 밀고 밀리고 하다; 싸우다(se battre, se quereller). *se* ~ avec ses camarades 친구들과 싸우다.

bagarreur(se) [bagarœːr, -ʃːz] *a.*, *n.* 〖구어〗싸우기[논쟁하기]좋아하는 (사람).

bagasse¹ [bagas] *n.f.* 사탕수수에서 사탕을 짜고 남은 대; (발효 후의)쪽(indigotier)의 줄기.
bagasse² (예·비어)창녀, 매춘부. —*int.* (예)남프랑스)제기랄.

bagatelle [bagatɛl] *n.f.* ① 하찮은 것[일](babiole, bibelot); 몇 푼 안되는 돈. B~ que tout cela! 그건 다 시시한 일(것)이다. ~s de la porte 가설 가정문턱에서 손님을 끌기 위해 벌이는 광대 수작; 이차적인 것, 대수롭지 않은 것. acheter *qc* pour une ~ ···을 헐값으로 사다. ② 〖구어〗연애 유희, 정사(情事). ③ 〖문학·미술〗작품(시), 소품; 〖음악〗자유로운 형식의 소곡.
être porté sur la ~ 여자 꽁무니만 따라다니다, 잘 반하다.
la ~ *de* (*반어적*)막대한 금액. Il a perdu au casino *la* ~ *de* dix mille francs. 그는 카지노에서 자그마치 1만 프랑이나 잃었다.
—*int.* (예)시시하다!

bagaudes [bagod] *n.m.pl.* 〖역사〗(3-5세기에 로마에 항거 봉기한)갈리아 농민집단.

baghéli [bageli], **baghelkhandi** [bagelkɑ̃di] *n.f.* (인도 마디아 프라데시주 동북지방의)바겔리(바겔칸디·리와이)어(語).

bagnard [baɲaːr] *n.m.* 도형수(forçat).
bagne [baɲ] *n.m.* ①〖옛〗도형수의 감옥. ② 도형장(徒刑場) 같은 장소(일터); 〖구어〗속박.
bagnole [baɲɔl] *n.f.* ①〖구어〗자동차; 고물 자동차, 고물차; 자동차. ② 〖철도〗마렐(馬亞)수송차, 가축차. ③〖속어〗누추한 집; 오두막집.
bagnolette [baɲɔlɛt] *n.f.* ① 타르칠한 방수포; 〖군

사)대포덮개. ②(옛날 여자의)머리쓰개.

bagot [bago] *n.m.* 《속어》수하물(bagage). *faire les ~s* ⓐ《옛》삯마차에 접근하여 짐을 싣고 내리는 일을 구하다. ⓑ택시 강도를 하다(택시 승객으로 위장하여).

bagotier [bagɔtje] *n.m.* ①《구어》(역마차의)유객 (誘客)꾼. ②《정거장의》짐꾼.

bagot(t)er [bagɔte] *v.i.* 《속어》①어슬렁거리다; 어정정 헤매다; 왔다갔다 하다. ②(일 따위가)진행되다. Comment vont les affaires?— Ça bagote. 장사는 잘 됩니까? 그럭저럭 해갑니다. ③짐짝을 다루다; 애쓰다, 수고하다; 《군사》연습하다; 강행군하다, 달리다. —*se* — *v.pr.* 달리다(courir).

bagouse [baguːz] *n.f.* 《속어》가락지, 반지.

bagou(t) [bagu] *n.m.* 《구어》(시시한, 뻔뻔스런)지껄임, 수다(bavardage); 감언이설. avoir du ~ 입심이 좋다, 잘 지껄이다.

baguage [bagaːʒ] *n.m.* ①《원예》환상박피(環狀剝皮)하기. ②(새에)발고리 끼우기.

***bague** [bag] *n.f.* ①반지, 가락지(anneau). ②고리 모양의 것; 고리, 바퀴; 《기계》(두 부분품을 맞추는)이음[받침·낌]고리; 고리 모양의 것; 마찰방지의 쇠테. ~ d'un pigeon-voyageur 전서구의 발에 끼우는 고리. ~ d'un cigare 여송연의 테. ~ d'assemblage 《기계》이음고리. ~ d'excentrique 《기계》편심륜(偏心輪). ~ collectrice 《전기》슬립링. ③《건축》원기둥의 몸체를 수명으로 부분하는 고리 모양 쇠시리; 《음악》(악궁의)현의 장력을 조절하는 부분; 《해양》선박용 각종 고리; 《도량형》(원통형 물체의)굵기 측정기; (버섯의)밑고리, 균모(菌輪). ~ en corde 《해양》돛의 삭륜(索輪). ~ d'amarrage 《해양》계선환(繋船環), 링볼트.
aller comme une ~ au doigt (물건이)꼭 맞다. *C'est une ~ au doigt*. 《구어》그것은 (값이 적당하고) 부담없이 해치워질[쓰다가 버릴] 수 있다; 품이 분하고 수입이 짭짤한 일[직무]이다. *jeu de ~s* 말을 달리며 기둥에 달아놓은 고리를 창으로 찔러 따는 놀이. (Sa place est) *une ~ au doigt*. (그의 지위는) 한직(이다).

bague-agrafe [bagagraf] (*pl.* ~s-~s) *n.f.* 《만년필의》낌쇠 고리.

baguenaudage [bagnoda:ʒ] *n.m.* baguenauder 함.

baguenaude [bagnoːd] *n.f.* ①《식물》서양고추나무의 열매. ②《옛》부질없는 일. ③《속어》산책. être en ~ 산책하고 있다.

baguenauder [bagnode] *v.i.* 《구어》어슬렁거리다(flâner). ②《옛》부질없는 일로 세월을 보내다, 할일없이 지내다.
—*se* — *v.pr.* 어슬렁거리다(balader).

baguenauderie [bagnodri] *n.f.* ①《구어》어슬렁거리기. ②부질없는 이야기.

baguenaudier [bagnodje] *n.m.* ①《식물》서양고추나무. ②어슬렁거리는[거리기 좋아하는]사람, 싱거운 이야기를 즐겨 하는 사람. ③일종의 고리놀이. —*a.* 부질없는 이야기에 열중하는.

baguer[1] [bage] *v.t.* ①반지로 장식하다. ②(비둘기에)발고리를 끼우다; (관(管)에)접속 테를 달다; 《기계》《봉사》[마찰방지]테를 끼우다. cigare *bagué* d'or 금테를 두른 여송연. ③《원예》환상박피(環狀剝皮)하다.

baguer[2] *v.t.* 시침질하다, 가봉하다.

baguettage [bageta:ʒ] *n.m.* (지도 제작에서)가느란 조각으로 자르기, 도면의 세분.

baguette [bagɛt] *n.f.* ①가는 막대기; 막대기, 지팡이; (위계 따위를 나타내는)홀장(笏杖); 지휘권, 지도성; (동양의)젓가락; (마술의·요정의)지팡이

(~ magique, ~ de fée). ~s de tambour 북채; 《구어》가느다란 다리; 《구어》뻣뻣한 머리털. ~ de fusil 《군사》(총 따위의)꽃을대. ~ de chef d'orchestre 지휘봉. coup de ~ 막대기로 두드리기; (마술의)지팡이의 일격. ~ de coudrier, divinatoire (지하수찾는 개암나무의)요술지팡이, 점지팡이. rôles à la ~ 《연극》마법사의 역. ② (*pl.*) 《군사》태형(笞刑) (peine des ~s); 비평, 모욕. passer par les ~s 태형을 받다, 혹독한 비평[공격]을 받다. ③지휘봉. ④《건축》쇠시리, 몰딩(구두코 끝의)장식가죽; (양복바지 솔기에 덧대는)끈장식; (장갑 위쪽의)꿰맨 장식; (양말의)실밥보풀장식; (~s à jour); (편지지의)장식테. ⑤ (바이올린 따위의)활꼴(→violon 그림). ⑥《식물》(아네모네·튤립 따위의)꽃자루. ~ d'or 향꽃무. ⑦《속어》다리.
avaler ses ~s 죽다.
avoir de la ~ 운이 좋다.
avoir les ~s 《속어》겁이 나서 움츠러들다, 기가 죽다.
commander [faire marcher, mener] qn à la ~ …를 엄하게 다루다.
en avoir plein les ~s 너무 걸어서 다리가 막대기처럼 뻣뻣해지다.
marcher à la ~ 엄한 규율하에 움직이다(진행되다).
mettre les ~s 달아나다(다).
obéir (se laisser mener) à la ~ 아무 말없이 복종하다.

baguettisant [bagɛtizɑ̃], **baguettiste** [bagɛtist] *n.m.* 《옛》(지팡이로 지하수맥을 찾아내는)점장이(sourcier).

bagueur [bagœːr] *n.m.* 환상박피용 작은 칼; 새에 발고리를 끼우는 조류학자.

baguier [bagje] *n.m.* ①반지[보석] 상자. ②(반지의)직경계(直徑計).

bagououse [baguːz] *n.f.* 《속어》반지; 항문.

bah [ba] *int.* 《놀람·경시·무관심을 나타냄》①체! 턱도 없지! 헛된 수작! 말도 안되지, Ah~! Vous le croyez parti? 턱도 없지! 그가 가버렸다고 생각하시오? ②설마! 그럴 수가! *B~! cela n'est pas possible*. 설마! 그럴 수가 있나요. ③멋대로 해봐! 까짓것! *B~!~!* Toutes ces menaces ne m'épouvantent guère. 까짓것! 아무리 협박을 받아도 무섭지 않아.

baht [bat] *n.m.* 바트(태국의 화폐 단위)

bahut [bay] *n.m.* ①(중세의 가운데가 불룩한)궤; 빵상자; 벽장형 가구. ②《학생어》(중·고등)학교; 사관학교. ③《속어》방, 침실; 집(logis). ④(벽·난간 따위의)갓모양의 나무[돌]장식. ⑤《속어》택시, 자동차; 《구어》트럭(camion), 대형트럭(poids lourd). *en ~* 중간 높이의. pierres taillées *en ~* 꼭대기를 중간 높이로 절단한 석재.

bahutage [bayta:ʒ] *n.m.* 《학생어》(중·고등·사관학교의)난리(tapage); 신입생 골리기(brimade).

bahuté(e) [bayte] *a.p.* 《학생어》①(제복이)멋진. ②총명한.

bahuter [bayte] *v.t.* 《학생어》①(사관학교에서 고참에 척하느라고)제복을 구기다, 변형시키다. ②(방 따위를)장난으로 어지럽히다. ③(상급생이 신입생을)골리다, 혼내다. —*v.i.* 소란피우다.
—*se* — *v.pr.* (반어적)석차가 올라가다.

bahuteur(se) [baytœːr, -øːz] *n.* 《학생어》①떠들썩한[시끄러운, 난폭한] 학생(tapageur). ②자주 전학하는 학생.

bahutier [baytje] *n.m.* 상자(궤짝) 만드는 지공.

bai(e[1]**)** [bɛ] *a.* (말의)밤색의, 다갈색의. ~ cerise 홍사슴색의. ~ châtain 밤색의. ~ clair (foncé) 연한 (짙은) 밤색의. ~ miroité (à miroir) 얼룩진 밤색

의. —*n.* 밤색 말. —*n.m.* 밤색.

baie² *n.f.* 작은 만(灣), 내포(內浦), 만(golfe). ~ d'Hudson 허드슨 만.

baie³ *n.f.* ① (문·창 따위의)뚫린 공간, 창구(窓口) (자동차 따위의)문, 창. fenêtre en ~ 불쑥 나온 창. ② 〖해양〗 승강구, 창구(艙口); (차도의)포 장공사가 안된 부분. ③〖옛〗(아연실색케 하는)거 짓말, 허풍. donner la ~ à qn …을 속이다.

baie⁴ *n.f.* 〖식물〗 장과(漿果).

baignade [bɛɲad] *n.f.* ① 미역감기, 목욕하기, 해수 욕; (말을)씻기기. ② 미역감는 곳.

baignage [bɛɲaːʒ] *n.m.* ① 물에 담그기. ② 관개.

baignant(e) [bɛɲɑ̄, -āːt] *a.* 자주 침수되는.

*****baigner** [be(ɛ)ɲe] *v.t.* ① (물·액체에)담그다, 적시 다(tremper). ~ ses pieds dans le ruisseau 시냇물 에 발을 담그다. Les larmes *baignaient* ses joues. 눈물이 그의 뺨을 적셨다. visage *baigné* de sueur 땀에 흠뻑 젖은 얼굴. ② 미역감기다; (에)물을 끼 얹다; 목욕시키다. Va ~ le chien dans la rivière. 개천에 가서 개를 목욕시켜 주어라. ③ (바다·호수 의 물결이 육지 따위에)닿다; (강이)(에)흐르다 (arroser); (빛 따위가)비추다, 감싸다. La Seine *baigne* Paris. 센 강이 파리에 흐르고 있다. [~ *qc* de *qc*] visage endormi *baigné* de soleil 듬뿍 햇볕을 받고 잠든 얼굴. La pleine lune *baignait* la cour d'une lueur jaune. 보름달이 노란 빛으로 안뜰을 비추고 있었다.

—*v.i.* [~ dans *qc*] (에)잠기다; 싸이다. Quelques morceaux de viande *baignent dans* la sauce. 고기 몇 점이 소스에 들어 있다. ~ *dans* son sang 피 투성이가 되다. Tout le paysage *baignait dans* la brume. 온 풍경이 안개에 싸여 있었다.

—**se** ~ *v.pr.* ① 미역감다, 해수욕하다; 목욕하다 (prendre un bain). *se* ~ dans la mer [en rivière] 해 수욕 [강에서 수영]하다. *se* ~ dans le sang 〖문어〗 살육하다, 학살하다. 《*se* ~ 을 생략》 faire ~ un cheval 말을 물에 씻기다. ② (에)끼우다 잠기다, (을)즐기다(se complaire). *se* ~ dans l'air libre 자유의 공기에 잠기다, 자유로운 생활을 즐기다.

baigneur(se) [bɛɲœːr, -ɸːz] *n.* ① 욕객; 〖옛〗 수영 객, 해수욕객. ②〖옛〗목욕탕 주인; 욕객을 시중드 는 소년[소녀]; 목욕탕의 일보는 사람.
—*n.m.* 〖구어〗(공현절 과자속의)도기인형; 셀룰로 이드제의 작은 인형.
—*n.f.* ① 해수욕복; 목욕 후의 어깨걸이; 수영모 자; 여자모자의 일종. ② (*pl.*)해수욕용 신발.

baignoire [bɛɲwaːr] *n.f.* ① 목욕탕, 욕조(浴槽). 〖공업〗형가리 가죽제조용품. ② 극장의 1 층 간 막이 관람석(→théâtre 그림). ③〖속어〗〖항공〗 쓰레기통; 잠수함 사령탑의 상부; 〖등산〗(얼음 을 깎아 만든)발판; 〖스키〗(굴렀을 때)눈 속에 생기는 구멍.

bail(*pl.* **baux**) [baj, bo] *n.m.* ① 임대차, 전세; 임 대차 계약; 임대차 금액; 〖구어〗약속, 계약 (engagement). ~ à ferme 토지 임대차. ~ à loyer 가옥 임대차. faire [passer] un ~ 임대차 계약을 맺다. louer une ferme à ~ 농토를 임대[차]하다. prendre une maison à ~ 가옥을 임대하다. ②〖구어〗오랜 시간[세월]. C'est un ~ ! 참 오래 끌기도 하는군! Il y a un ~ que…… 한 지 매우 오래되다. ③〖고 대법〗후견(인). *renouveler son* ~ *de vie* 죽을 뻔 하다가 간신히 살아남.

baile¹ [bɛl, baij] *n.m.* ① (봉건 시대의)후견[대리] 인. ②(남프랑스 농가의)상머슴. ③〖옛〗콘스탄티 노플 주재 베네치아 대사(大使). ── (中庭).

baile² [bɛl] *n.m.* (중세 성·요새의 외벽내에 있는)중정

baîle [bail], **bayle** [bɛl] *n.m.* (프로방스 지방의)이 동하는 양떼를 치는 목동.

bâillant(e) [bajɑ̄, -āːt] *a.* 아가리를 딱 벌린, (문 따 위가)방긋이 열린; 〖식물〗 열개상(裂開狀)의.

baille [baj] *n.f.* 〖해양〗 ① 들통, 양동이. ②〖구 어〗헌 배; 〖은어〗물; 바다. B~ 〖속어〗해군사관 학교(École Navale).

bâille-bec [bajbɛk] *n.m.* (복수불변)〖구어〗(가금 (家禽)의)기관내촉충(氣管開嘴蟲).

bâillement [bajmɑ̄] *n.m.* ① 하품; (가금(家禽)의) 장취병(張嘴病). ② 벌어진 틈, 금. ③〖옛〗모음 중 복(hiatus).

bailler [baje] *v.t.* 〖옛〗주다(donner).
~ à *qn le lièvre par l'oreille* …에게 말뿐이 약속을 하다. *Vous me la baillez belle* (*bonne*) *!* 〖구어〗그런 수작에 넘어갈 줄 아는가 ! 거짓말하지 말라 !

bâiller [baje] *v.i.* 〖옛〗① 하품하다; 심심해 못견디다 (s'ennuyer). ~ de sommeil [de fatigue, d'ennui] 졸려서 [피로해서, 지루해서] 하품하다. ~ à se décrocher la mâchoire; ~ comme une carpe 입을 크 게 벌리고 하품하다. ② (들창·문이)반쯤 열리다; (옷이)벌어지다. ~ comme une huître 굴껍질 같 이 벌어지다. chemise qui *bâille* sur sa poitrine 그 의 가슴팍 위로 벌어져 있는 와이샤쓰. ③입을 벌리 고 바라보다 (탐내다)(bayer) 의 혼동.
—*v.t.* ~ sa vie〖문어〗인생을 빈둥빈둥 보내다, 인 생에 권태를 느끼다.

baillet(te) [bajɛ, -ɛt] *a.* (말이)밤색의.

bailleur(eresse) [bajœːr, -rɛs] *n.* ①〖법〗임대인 (貸貸人) (↔ preneur). ②〖옛〗주는 사람. ~ de fonds (기업의)출자자(commanditaire);〖드물게〗 (운전자금의)응자인. ~ *de bourdes* (*de baliver- nes*) 〖구어〗상습적인 거짓말장이.

bâilleur(se) [bajœːr, -øːz] *n.* 하품하는 사람.

bailli [baji] *n.m.* 〖역사〗(왕·영주의 이름으로 재 판하던)대법관.

bailliage [bajaːʒ] *n.m.* 〖역사〗bailli 재판소[재판 권·관할구·청사].

bailliager(ère) [bajaʒe, -ɛːr] *a.* bailliage 의.

baillie [baji], **baillive** [bajiːv] *n.f.* bailli 의 부인.

bâillon [bajɔ̄] *n.m.* (말을 못하게 입을 틀어막는)입 마개; (말·개의 주둥이에 채우는)재갈, 마함(馬 銜); (비유적) 함구시키기. mettre un ~ à *qn* …에 게 재갈을 물리다, 함구령을 내리다. mettre un ~ d'or à *qn* …을 매수하여 입을 틀어막다.

bâillonnement [ba(ɑ)jɔnmɑ̄] *n.m.* ①입마개 채우 기, 재갈 물리기. ② (신문사 따위에 내리는)함구 령. ~ de la presse ce presse 재갈 물림.

bâillonner [ba(ɑ)jɔne] *v.t.* (의)입을 틀어막다, 재 갈물리다; (신문 따위에)함구령을 내리다.

:bain [bɛ̃] *n.m.* ① (물에)담그기, 적시기; 미역감기, 수욕(水浴), 목욕; (햇볕에)쬐기; 목욕물. ~ d'air 공기욕, 건조욕. ~ composé 약물 따위를 넣은 목 욕물. ~ de boue 진흙 목욕 (류마티즘 요법). ~ de lait 우유 목욕. ~ de sable 모래뜸질. ~ de pieds 족욕;〖구어〗(비유적) (찻종·컵에서)받침접 시에 넘쳐 흐른 액체; 족욕조(足浴桶). ~ de siège 요탕(腰湯) [좌욕], (그)욕조(浴槽). ~ de soleil 일광욕. ~ de vapeur; ~ maure(turc)터어키탕, 한증막. ~ sulfureux 유황탕. cabine de ~ 탈의 장. costume de ~ 수영복. prendre un ~ froid (chaud) 냉수[온수]욕하다. préparer un ~ 목욕물 을 데우다. salle[cabinet] de ~ (s)욕실. sortie [peignoir] de ~ 목욕옷. (비유적)offrir un ~ de culture [culturel]문화의 혜택을 받게 하다. ~ de foule (고관이)환영군중과 직접 어울리기. prendre des ~s de foule (고관이 여행지 따위에서)자진하 여 군중 속에 끼어들다.

② 욕조(浴槽)(baignoire); 수영장; 해수욕장(~s de mer), (pl.) 욕실; 공중목욕탕(~s publics, établissements de ~s); 《옛》(지명으로서 남아있는)《광》객장. garçon de ~s 등 밀어주는 사람. petit[grand] ~ (수영장의)얕은[깊은]곳. mettre de l'eau dans le ~ 욕조에 물을 넣다. remplir[vider] le ~ 욕조에 물을 채우다[욕조를 비우다]. ~ d'œil 세안기(洗眼器).

③ 침액(浸液); (그) 용기(容器); 세양액(洗羊液)《기생충 구제용》; 《직물》착색액; 착색액); 《건축》회반죽판, 모르타르판(~ de mortier), ~ de mercure 수은 용액. ~ de virage 조색액(調色液). 《직물》(직물의)염료; 염색용의 통. ~ de bouche 《의학》함수(含漱)(제). ~ fixateur 《사진》정착액(定着液). ~ parasiticide(양의)기생충 구제액. ~ révélateur[de développement] 《사진》현상액.

④ (중탕 남비에 사용하는 물).
aller au ~ 어딘가 멀리 가버리다; 악마에게 물려가다, 뒈지다(aller au diable).

~ de grenouilles[de crapauds] 물이 흐려진 곳.
~ de langue (외국어 학습의)청취·반복·교정 따위의 집중교육.
envoyer qn au ~ 《구어》…을 쫓아보내다.
être dans le ~ 《구어》(위태로운 일에)관련되다, 연루되다, (익숙한 일에)전적으로 종사하고 있다; (어떤 일에)완전히 빠져 있다.
jeter[vider] l'enfant[le bébé] avec le ~[avec l'eau du ~] 교각살우(矯角殺牛).
lancer dans le grand ~ 《속어》《스포츠》직업선수로 데뷔하다.
mettre dans le ~ …을 끌어 들이다, 관련시키다; …에게 …을 (소상하게) 알려주다.
Ordre du B~ (영국의)바드 훈장.
prendre un ~ de pieds 《속어》도형장(徒刑場)에 보내어지다.
se mettre dans le ~ 《속어》곤란에 정면으로 부딪쳐 나가다, 그 일만을 생각하다.

bain-de-mer [bɛdmɛːr] (pl. ~s-~-~) n.m. 해수욕 용 샌들.

bain-de-pieds [bɛdpje] (pl. ~s-~-~) n.m. 족욕조(足浴槽)(주로 플라스틱제); 《구어》(차종·컵에서) 받침접시에 넘쳐흐른 액체.

bain-de-siège [bɛdsjɛːʒ] (pl. ~s-~-~) n.m. (욕탕용의)작은 욕조, 좌욕조.

bain-de-Vénus [bɛdvenys] (pl. ~s-~-~) n.m. 《식물》산토끼꽃속(屬)(cardère).

bain-douche [bɛduʃ] (pl. ~s-~) n.m. 관수욕, 샤워; (pl.)공중목욕탕.

bain-marie [bɛmari] (pl. ~s-~) n.m. ① 중탕에 쓰는 뜨거운 물. faire prendre une crème au ~ 크림을 중탕으로 가열하다. ② 중탕남비, 이중남비; 요리용 구리 단지. ③ 《화학》수욕(水浴); 수욕 장치.

baïonnette [bajɔnɛt](< Bayonne) n.f. 총검(銃劍); 《옛》보병; 군인;

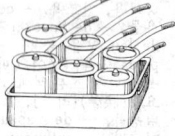
bain-marie ②

(pl.)군사력, 병력. enlever un poste à (la pointe de) la ~ 총검을 휘두르고 진지를 탈취하다. escrime à la ~ 총검술. doigt en ~ 《의학》(반신 불수의 사람에게 볼 수 있는)손가락의 변형. Baï au canon! 꽂아 칼! ~ de clinfoc《해양》선사장(先緣檣). charge à la ~ 총검돌격. douille[culot] à ~ 《전기》삽입 소켓.

enlever qc à la ~ 《옛》(비유적)…을 힘들이지 않고 얻다.

baïoque [bajɔk] n.f. 《고대로마》화폐 단위(약 5 centimes).

bairam, baïram [bairam] n.m. (회교도의) 2 대 축제.

baise [bɛːz] n.f. 《속어》성행위, 입맞춤. ㄴ제.

baise-en-ville [bɛzãvil] n.m. 《구어》세면 도구 주머니; 《속어》에방물, 콘돔.

baisemain [bɛzmɛ̃] n.m. ① 손에 입맞추기. ②《역사》신하가 군주에게 경의를 표하기 위해 손에 입맞추기; (그 때의) 헌상품(獻上品); 임금[귀부인]의 손에 키스하는 의식. ③ (pl.)《옛》경의(敬意), 인사.

baisement [bɛzmã] n.m. 《가톨릭》교황의 슬리퍼에 입맞추기; 성목요일에 사제(司祭)가 12 인의 가난한 노인의 발에 입맞추기.

*****baiser** [bɛ(e)ze] v.t. ① 입맞추다《사람에 대하여는 문어(文語)이외는 bomb embrasser를 씀》; 《시》살짝 접촉하다(effleurer, caresser). ~ qn à [sur] la bouche …의 입술에 입맞추다. ~ la main d'une dame 귀부인의 손에 입맞추다《경의를 표시하는 의례》. ~ la mule du pape 교황의 오른쪽 슬리퍼의 황금십자가에 입맞추다. ~ la croix 십자가에 입맞추다. ~ la terre[le sol] (겸허의 표시로)입맞추다; 땅에 입맞추다;《속어》나자빠지다. ②《비어》(와)육체관계를 맺다, 성교하다. ③《속어》도둑질하다; (현행법으로)붙잡다, 포박하다;《속어》치다. m'a baisé mon tabac. 담배를 도둑맞았다. se faire ~ 붙잡히다; 들키다. ④《학생어》이해하다. On n'y baise rien. 그것은 전혀 모르겠다. ⑤《수학》(곡선이)(와)접하다.

~ la main qui vous frappe 상대가 냉정 가혹해도 여전히 사랑하다. ~ les pas[la trace des pas] de qn; ~ les pieds de qn …에게 심심한 경의[감사]를 표하다. Je vous baise les mains. 그럼 실례합니다; 대단히 미안합니다만.

—**se**— v.pr. 서로 입맞추다; 접촉되다.

—n.m. ① 입맞춤, 키스. Aux jolis minois les ~s 마음에 드는 사람에게는 키스하고 싶어진다. ~ de Judas 거짓 입맞춤, 배신. ~ de Lamourette 일시적(외관상의)화해. donner le ~ de paix à qn …와 화해하다. ②《시》애무, 기분좋은 접촉.

baiseur(se) [bɛzœːr, øːz] n.《속어》입맞추기 좋아하는 사람.

baisodrome [bɛzɔdrɔ(ɔː)m] n.m. 《속어》사랑의 유희를 하는 곳.

baisoter [bɛzɔte] v.t. 《옛·구어》(에)가볍게 여러번 키스하다.

baissage [bɛsaːʒ] n.m. 《사진》감력(減力).

baissant(e) [bɛsã, -ãːt] a. 낮추는, 쇠하는. soleil ~ 석양. —n.m. 썰물. ~ de l'eau, reflux.

baisse [bɛs] n.f. ① (수면·지면이)낮추기; (조수가)빠지기; (온도계의 수은이)내려가기; 《~ élévation). ② (체력·정신력·시력 따위의)쇠약(affaiblissement). ③ 《상업》(가격의)하락(↔ augmentation). actions en ~ 하락한 주가. jouer à la ~ 주가(株價)의 하락을 예상하고 팔아대다. marché orienté vers la ~ 하향 시세. mouvement de monte et ~ 상하운동. spéculations à la ~ 주가의 약세를 내다보고 하는 투기. température en ~ 강온도.

être en ~ 저하(하락)하다. Ses actions sont en ~. 그의 주식이 하락하고 있다;《비유적》그의 신용 [세력·재력]은 내리막이다.

baissement [bɛsmã] n.m. 낮추기, 내리기.

:baisser [bɛ(e)se] v.t. ① (물건을)내리다(↔ lever). ~ le store 차양을 내리다. ~ le col de sa chemise

après avoir mis sa cravate 넥타이를 매고나서 와이샤쓰의 깃을 접어내리다. ② (눈·머리·손 따위를)숙이다, 내리다(incliner). ~ la tête(le front) 고개를 숙이다. ~ la main à un cheval 말의 고삐를 한껏 늦추다. ③ (소리·등불·값 따위를)낮추다, 감하다, 약하게 하다(diminuer);〖사진〗감력(減力)하다. ~ la radio 라디오의 소리를 낮추다〖작게 하다〗. ~ le gaz 가스의 불을 약하게 하다. ~ un cliché 〖사진〗네가를 감력하다. ~ le prix d'un produit 제품의 값을 내리다. ④ (벽·지붕 따위의)높이를 낮추다; (포도의)가지를 치다. ~ un cep de vigne 포도나무의 (높은) 가지를 치다.
~ *les bras*〖스포츠〗패배를 인정하다.
~ *les yeux* 시선을 떨구다, 아래를 보다; 면구스러워하다. faire ~ *les yeux à qn* …을 빤히 보아 면구스럽게 만들다.
~ *le ton* 거만한 태도를 누그러뜨리다. faire ~ *le ton à qn*; faire ~ *qn d'un ton*〖구어〗…을 윽박지르다, 꺽고지 못하게 하다. ~의 콧대를 꺾다.
~ *l'oreille* (개나 말이)귀를 내려뜨리다; 부끄러워하다; 어쩔 줄 모르다.
~ *la tête[le nez]* 당황하다, 부끄러워하다.
tête baissée 옆도 돌아보지 않고, 쏜살같이; 대담하게 거꾸로, 보기좋게. y aller *tête baissée* 위험을 돌아보지 않고 부딪쳐나가다. se jeter *tête baissée* contre un spectacle 장애물을 향해서 저돌적으로 나가다. donner dans un piège *tête baissée* 보기좋게 함정에 빠지다.
—v.i. ① 낮아지다; (막 따위가)내리다; (온도계·기온이)내려가다; (냇물이)빠지다; (홍수·조수가)빠지다(descendre); (불·바람·시력·기억 따위가)약해지다, 쇠하다, 감되하다, (해가)지다 (décliner); (날이)저물다; (램프가)어두워지다; 〖음악〗(음조가)내리다; (재능이)내리막이 되다. Il baisse. 그는 쇠약해가고 있다, 내리막이다. Le thermomètre *a baissé*. 온도계가 내려갔다. Les lumières *baissent*. (조명이 꺼지고)무대가 어두워진다. Ma vue *baisse*. 나는 시력이 약해지고 있다. Le jour *baisse*. 날이 저문다. Le piano *a baissé*. 피아노의 음조가 내려갔다.
② 값이 떨어지다(↔augmenter). Les cours(Les prix) *ont* considérablement *baissé*. 시세는〖가격은〗대폭 내렸다. Ses actions *baissent*. 그가 갖고 있는 주식은 하락하고 있다; 그의 신용〖세력·재력〗이 내리막이다.
~ *dans l'estime de qn* …의 신용을 잃다. ~ *d'un [de] ton* 음조를 내리다; 말투를 부드럽게 하다.
—se ~ v.pr. 몸을 굽히다, 구부리다(se courber, se pencher); (물건이)내리다; (값이)내려가다. *Il n'y a qu'à se ~ pour en [les] ramasser*. 얼마든지 있어요, 수입이 많아요; 그것은 쉬운 일입니다〖쉽게 손에 넣을 수 있읍니다〗. *Vous n'avez qu'à vous ~.*〖구어〗얻고 싶었던 것이 이미 당신 수중에 있는 것이나 마찬가지요.
—n.m. ① 내림; 내릴 무렵. ② 낮아짐; 낮아질 무렵. ~ du rideau 〖연극〗막이 내림, 종연(終演); 막이 내릴 무렵. ~ du soleil 일몰(日沒).
baisseur [bε(e)sœːr] n.m. (두꺼운 생가죽을)얇게 깎아내는 일꾼.
baissier [bε(e)sje] n.m. 〖주식〗(내릴 기세를 내다보고 주식을 파는)투기가(↔haussier).
baissière [bεsjεːr] n.f. 〖농업〗① (밭의)낮은 곳; (밭의)물이 고이는 곳. ② (포도주의)찌꺼기.
baissoir [bε(e)swaːr] n.m. (염전의)여수, 저장못.
baisure [bε(e)zyːr] n.f. 빵껍질의 말랑말랑한 부분 (구울 때 다른 빵과 붙었던 부분).

bajocien(ne) [baʒɔsjɛ̃, ɛn]〖지질〗a. (중부 쥐라계(系))바요카스의. étage.~ 바요카스층(層).
bajoue [baʒu] n.f. (송아지·돼지 따위의)볼; (사람의)처진 볼. ~ d'aile (자동차의)흙받이.
bajoyer [baʒwaje] a.,n.m. (수문(水門)의)측면 벽, 안벽(岸壁); (하천의)호안(護岸); (교대(橋臺)의)익벽(翼壁).
bakéliser [bakelize] v.t. 베이클라이트로 칠하다.
bakélite [bakelit] n.f. 베이클라이트, (pl.)베이클라이트 제품.
bak(h)chich [bakʃiʃ]〖페르시아〗n.m. 팁, 행하.
baklava [baklava] n.f. (꿀과 편도를 넣은)과자.
bal [bal] (pl. ~**s**) n.m. ① 무도회; 무도장, 댄스홀,〖옛〗무도, 춤(danse). ~ blanc 처녀들만의 무도회. ~ masqué 가면무도회. ~ travesti(costumé) 가장 무도회. robe de ~ 무도회복. ~ de têtes 유명인의 얼굴을 닮게 가장하는 무도회, carnet de ~ (여자가 파트너의 이름을 적어넣는)무도회의 수첩. ~ musette (뮈제트아코디온 밴드로 춤추는)대중 댄스홀. ~ public 댄스홀. ② 〖군대속어〗범착자반(犯則者班)(의 강제보행); 사형.
donner le ~ à qn …을 댄스흘에 데려오다;〖옛·속어〗…을 혼내다, 질책하다. *mettre le ~ en train*; *ouvrir le ~* 맨 먼저 댄스를 시작하다; 말을 시작하다. *mettre une carte au ~* 〖구어〗카드놀이하다.
balade [balad] n.f.〖구어〗① 산책, 산보, 거닐기 (promenade). ② 소풍, 유람.
balader [balade]〖구어〗v.t. ① 산책시키다. ② 데리고 돌아다니다.
—v.i. 산책하다, 어슬렁거리다 돌아다니다. *envoyer ~ qn(qc)* …을 면직시키다; …을 팽개치다, 포기하다.
—se ~ v.pr. ① 산책하다, 거닐다(se promener). ② 〖속어〗흩어져 있다, 널리다.
baladeur(se) [baladœːr, -øːz] a.〖구어〗거니는, 거닐기 좋아하는. micro ~ 이동 마이크. train 〖기계〗미끄럼(변속)장치.
—n. 〖구어〗어슬렁거리기 좋아하는 사람.
—n.m. 미끄럼(변속)장치.
—n.f. ① (행상인의)손수레. ② (전차·자동차의)부속차, 트레일러. ③ (긴 전선이 달린)휴대전등.
baladin(e) [baladɛ̃, -in] n. ① 지나친 희롱군. ② (희극의)어릿광대(bouffon). ③ (거리의)곡예사 (saltimbanque). ④ 배우. ⑤〖옛〗(연극의)댄서.
baladinage [baladinaːʒ] n.m. ① 광대 노릇. ② 어릿광대짓, 익살. ③ 지나친 장난(농담).
baladiner [baladine] v.i. ① 익살부리다. ② 지나치게 희롱하다.
balaeniceps [baleniseps] n.m.〖조류〗(중앙아프리카산의)넓적부리황새.
balafo [balafo], **balafon** [balafɔ] n.m. 발라폰(중·서부 아프리카의 목금 비슷한 악기).
balafre [balɑːfr] n.f. (얼굴의)칼자국; 흉터.
balafré(e) [balɑːfre] a.,n. (얼굴에)칼자국이 나 있는(사람). le B~ 금창공(金瘡公)(ⓐ François de Guise (1519-1563). ⓑ Henri de Guise (1550-1588)).
balafrer [balɑfre] v.t. (얼굴에)칼자국을 내다.
*****balai** [balɛ] n.m. ① 비. ~ à laver(à franges)자루달린 걸레. ~ électrique 전기 소제기. ~ mécanique 융단 소제기. ~ tue-mouches 파리채. passer le ~ sous les meubles 가구밑의 먼지를 쓸다. ~ 〖새의)꼬리; (개의)꼬리털의 술; 〖군대속어〗군모의 깃털 장식. ② 〖전기〗(정류자의)브러시; (전차의)브레이크의 차륜에 닿는 부분.〖자동차〗와

이퍼 브러시; 〖기계〗(컴퓨터에 쓰이는 천공(穿孔)카드의)해독(解讀)브러시. ~ de l'estomac 《구어》(시금치 따위)소화, 변통(便通)을 좋게 한다는 식품. ④ ~ de sorcière 〖식물〗 추상지아(帚狀枝椏). ⑤《구어》(기차·전차·버스 따위의)막차.
donner du ~ *à qn* ⋯을 내쫓다, 쫓아보내다.
donner un coup de ~ 《구어》⋯을 해고하다.
donner un coup de ~ *à une pièce* 방을 소제하다.
faire ~ *neuf* 《구어》(신입사원이 종전의 방식을)개혁하려고 일을 열심히 한다.
jouer les ~*s* 《속어》최하위가 되다, 꼴찌가 되다.
manche à ~ 빗자루; 《속어》〖항공〗 조종간(操縱桿); 바싹 마른 키다리.
ramasser les ~*s* 《해양》 다른 배에 추월당하다; 최하위가 되다, 꼴찌가 되다.
rôtir le ~ 《옛》남이 없는 곳에서 열심히 일하다; 방종한 생활을 하다.

balai-brosse [balebrɔs] (*pl.* ~*s*-~*s*) *n.m.* (마루에 기름칠을 하고 닦는)비.
balaiement [balɛmɑ̃] *n.m.* =**balayage**.
balais [balɛ] *a.m.* rubis~ 발라스 홍옥(紅玉).
balalaïka [balalaika] 《러시아》 *n.f.* 〖음악〗 발랄라이카(현악기의 일종).
balan [balɑ̃] *n.m.* =**ballant**.
balançant(e) [balɑ̃sɑ̃, -ɑ̃ːt] *a.* 흔들리는, 몸을 좌우로 흔드는.
*****balance** [balɑ̃s] *n.f.* ① 저울, 천평칭(天平秤), 칭(정의의 상징인)저울. ~ à bascule 계량대(計量臺). ~ chimique(de précision) 화학천칭[정밀저울]. ~ hydraulique (물레방아의)정속기(整速機). ~ magnétique 자기천칭. ~ romaine 간칭(桿秤), 대저울. enceinte des ~*s* 〖경마〗 검량소(檢量所). peser chaque chose dans la ~ de la raison 낱낱의 사물을 이성의 저울에 달다[이성으로 판단하다].
② 균형, 평형상태, 밸런스(équilibre); 〖부기〗 차감잔고(solde); 결산. ~ des forces dans le monde 〖정치〗 세계에서의 힘의 균형. ~ des comptes 〖경제〗 차감계정, (정부의)끝부분, 결산결과. ~ de vérification (수지의)시산표. ~ d'inventaire 대차대조표. ~ d'induction 〖전기〗 유도 브리지, 감응칭. ~ commerciale[du commerce] (두 나라 사이의)무역수지. ~ politique (des pouvoirs) (국제간의)세력 균형; (각 정당 사이의)정치적 균형. compte en ~ 대차가 균형잡힌 계정. La ~ est favorable(en déficit). 무역수지는 흑자(적자)이다. ~ (générale) des comptes [des paiements] 국제수지.
③ 동요상태, 불안정상태(incertitude, hésitation).
④ 〖어업〗 가재 그물.
⑤ (B-) 〖천문〗 천칭궁(天秤宮).
égaliser la ~ *entre le beau et l'utile* 미와 실용을 겸비하다.
emporter la ~ 《옛》 우선권을 결정짓다, 우위를 차지하다.
entrer en ~ 저울질하다, (균형이 잡히는 것으로) 고려되다.
être[rester] en ~ (주어는 사람) 주저하다; (주어는 사물) 청산되지 못하고 있다, 미결이다.
faire la ~ 청산[결산]하다.
incliner[faire pencher] la ~ 한 편을 우세하게 하다.
jeter qc dans la ~ 《옛》사용하여(등)심판을 내다. Il *a jeté* des arguments décisifs *dans la* ~. 그는 결정적인 논법으로 밀고 나왔다.
mettre deux choses en[dans la; 《옛》*à la)* ~ 두 개를 저울질하다(비교하다).
mettre un poids dans la ~ 압력을 가하다.
partir en ~ 〖스포츠〗 (경주 따위에서)스타트가 잘못하다.
peser dans la ~ 영향력을 가지고 있다; 중대한 역할을 하다.
tenir la ~ *droite*(*égale*) (entre deux personnes) (두 사람에게)공평하게 대하다.
tenir qn en ~ ⋯을 어느 쪽에도 붙지 못하게〖불안상태에〗 두다.

balancé(e) [balɑ̃se] *a.p.* ① 균형잡힌 몸을 가진. Elle est bien ~*e*. 그녀는 좋은 몸매를 하고 있다. ②《구어》멋들어진.
tout bien ~ 모든 것을 참작하여〖검토한 결과〗.
— *n.m.* 〖무용〗 허공에 다리를 올렸다 내렸다 하기; 〖권투〗 스윙(coup ~). ~ du droit 〖권투〗 바른쪽 스윙.
balance-cuvette [balɑ̃skyvɛt] *n.m.* 〖사진〗 접시 흔드는 기구.
balancelle [balɑ̃sɛl] *n.f.* (이탈리아·에스파냐 해안의)돛대가 하나인 큰 어선, 수송선; (갈구리로 컨베이어에 매단)물품수송대; 그네형의 가드체어, 곤도라. ~*s* des vitriers (고층건물에 매달린)유리 끼우는 사람의 작공들의 곤도라.
balancement [balɑ̃smɑ̃] *n.m.* ① 균형, 평형; 균형잡기, ~ de l'accent 〖언어〗 동사 활용에서의 악센트의 이동. ② 동요, 흔들림(oscillation); 〖옛〗 주저, 망설임; 〖음악〗 전음(顫音), 트레몰로.
balancer [balɑ̃se] ② *v.t.* ① 좌우로 흔들어 움직이다(bercer); 흔들다. Le vent *balance* les arbres. 바람으로 나무가 흔들린다. L'enfant, sur sa chaise, *balance* ses jambes. 아이는 의자에 앉아 다리를 흔들린다.
② 망설이게 하다; (승리 따위를)불확실하게 하다.
③《속어》 쫓아내다(내던지다; 보내다(envoyer). Il lui *a balancé* un livre à la tête. 그는 그녀의 머리 위로 책 한 권을 던졌다.
④《구어》처분하다, 팔다(sen débarrasser); 버리다; 해고하다(renvoyer); 책망하다; 밀고하다; 속이다. J'ai *balancé* tous mes vieux meubles. 나는 헌 가구를 모두 팔았다. Qu'est-ce qu'il *m'a balancé* ! 그가 나를 얼마나 꾸짖었는가 !
⑤ 균형잡히게 하다(équilibrer); 〖해양〗 (돛 따위의)평형을 잡다; 〖상업〗 청산하다. ~ une composition 〖미술〗 구도를 균형잡히게 하다. ~ ses phrases 문장 전체의 균형을 맞추다. ~ une cargaison (한쪽으로 기울지 않게)짐의 평형을 유지하다, 짐을 고르게 쌓다. ~ un compte 대차를 청산하다.
⑥ 메우다, (부족한 점을)채우다.
⑦《옛》비교하다(comparer).
— *v.i.* ①《옛》흔들리다(osciller). *Balancez!* 〖무용〗 발랑세(몸을 앞뒤로)! ②《문어》주저하다, 망설이다(hésiter). Il n'y a pas à ~. 꾸물거리고 있을 때가 아니오. [— à/pour+*inf.*] Il n'a pas *balancé* un seul instant *à* m'accorder ce que je lui demandais. 내가 요구한 것을 내게 주는데 그는 한 순간도 망설이지 않았다. Longtemps la victoire *balança*. 오랫동안 승부의 결판이 나지 않았다.
— *se* ~ *v.pr.* ① 서로 벌충하다, 균형을 이루다 (s'equilibrer); 〖상업〗 대차가 상쇄되다, 청산되다(se solder). Le bon et le mauvais *se balancent*. 손익이 상쇄된다.
② 좌우로 흔들리다, 몸을 좌우로 흔들며 걷다; 시소를 타다. *se* ~ sur ses jambes 선 채로 몸을 좌우로 흔들다. pousser un enfant qui *se balance* 그네를 타는 아이를 밀어주다.
③ (새가)허공에 뜨다. Un oiseau *se balance* en l'air[dans les airs]. 새 한 마리가 하늘에 떠 있다.

Je m'en balance ! 나는 그런 걸 대수롭게 여기지 않는다. ‖ *se ~ sur des ancres* (배가) 정박하다.

balancetiquer [balɑ̃stike] *v.t.* ①(은어)내던지다; 목을 자르다, 파면하다(balanstiquer).

balance-trébuchet [balɑ̃strebyʃɛ] (*pl.* ~**s**-~**s**) *n.f.* 화학 저울(天秤), 정밀 저울.

balancier¹ [balɑ̃sje] *n.m.* 형기(衡器) 제조인.

balancier² *n.m.* ①(줄타기의)균형잡는 장대, 평형봉; (*pl.*) 【곤충】 평균곤(平均棍); (*pl.*)(보트의 전복을 막는)외현부재(外舷浮材). ②(시계 따위의)추, 흔들이; (시계의)균형륜(均衡輪); (펌프·풍무의)자루; (수문의)평형간(平衡桿); 【기계】공간(槓桿), 레버; (선박 기관의)요정(搖桯); 나사 프레스; 【제본】박압기(箔押機); 플라이어, 속도 조정기; (*pl.*)【해양】(나침반의)집밥농, 칭형환(秤衡環). ~ monétaire 조폐(造幣) 프레스. ~ du vilebrequin 【자동차】크랭크축 균형추. ③(비유적)균형을 잡아주는 장치. Le ~ des élections anglaises ramène tour à tour au pouvoir les conservateurs et les travaillistes. 영국 선거의 균형 장치는 보수당원과 노동당원이 차례로 권력을 잡게하는 것이다.

balancier-compensateur [balɑ̃sjekɔ̃pɑ̃satœ:r] (*pl.* ~**s**-~**s**) *n.m.* 【기계】 균형(평형) 장치.

balancine [balɑ̃sin] *n.f.* ①(돛대에) 활대 매다는 밧줄, 마루줄. ②【항공】(비행기·글라이더의) 날개 끝의 바퀴(균형을 잡기 위함); (*pl.*)(기구(氣球)의)조롱 매다는 밧줄; 【어업】 가재그물(balance). ③(*pl.*)【속어】양복바지 멜빵.

balançoire [balɑ̃swa:r] *n.f.* ①그네; 시소, 널뛰기의 널; 배 모양의 그네. ②(속어)엉뚱한소리. *envoyer qn à la* ~ …을 내쫓다. *faire la* ~ 《속어》【연극】군말을 집어넣다, 사족을 붙이다.

balandran [balɑ̃drɑ̃], **balandras** [balɑ̃dra] *n.m.* (옛날의)소매없는 외투.

balandre [balɑ̃:dr] *n.f.* =**bélandre**①.

balandrin [balɑ̃drɛ̃] *n.m.* (행상인의)집.

balane [balan] *n.f.* 【동물】 굴둥속(屬) (gland de mer).

balanin [balanɛ̃] *n.m.* 【곤충】 발라니스속(屬).

balanite [balanit] *n.f.* 【의학】 귀두염(龜頭炎).

balanophage [balanɔfa:ʒ] *a.* 【동물】 각두과(殼斗果)를 먹(고 사)는.

balanophore [balanɔfɔ:r] *a.* 각두과가 열리는.

balanstiquer [balɑ̃stike] *v.t.* 《속어》 ①던지다; 내버리다; 저버리다; 해고하다. ②보내다.

balant(**e**) [balɑ̃, -ɑ̃:t] *a., n.* = **ballant**.

balata [balata] *n.m.* 【식물】 발라타나무(열대 식물). —*n.f.* 발라타 고무(gomme de ~). courroie (en) ~ 【기계】 발라타 고무의 피대.

balayage [balɛjaːʒ] *n.m.* 【영화】 청소, 소제; 《군사》 소탕. ~ du trottoir 도로청소. ②(서치라이트의)탐조(探照). ③(텔레비전·레이다의)주사(走査). horizontal [vertical] ~ (수평 [수직]주사. soupape de ~ 【기계】 소기판(掃氣瓣).

***balayer** [balɛ(e)je] [⑧] *v.t.* ①(사람이)쓸다, 청소하다(nettoyer). ~ sa chambre 방을 쓸어내다. ~ *des ordures* 쓰레기를 쓸다. ②(바람 따위가)쓸어가다, (물결이)씻어가다. Le typhon *a* tout *balayé* sur son passage. 태풍이 지나가는 곳마다 모든 것을 휩쓸었다. ③(비유적)일소하다, 소탕하다 (chasser, se débarrasser). ~ les ennemis 적을 소탕하다. ~ les résistances 저항을 쓸어버리다. ~ les préjugés [les soucis] 편견[근심]을 말끔히 씻어버리다. L'artillerie *a balayé* la place. 포병대가 광장을 소탕했다. ④(옷이 땅에)끌리다. Sa robe *balaie* le sol. 그녀의 옷이 지면을 스친다. ⑤(빛 따위가)스쳐가듯 비추다. Les policiers *balaient* la rue de leur projecteur. 경관이 탐조등으로 거리를 비춘다. ⑥(레이다·텔레비전이)주사(走査)하다; 【화학·의학】 소기(掃氣)하다; 《옛》【의학】 관장하다(purger). ⑦《구어》해고하다, (의)직원을 내쫓다.

~ *les planches* (*le tremplin*) 【연극】 개막극에 출연하다; 개막극으로 공연되다.

balayette [balɛjɛt] *n.f.* 작은 비.

balayeur(**se**) [balɛjœːr, -øːz] *n.* ① 청소하는 사람; (특히 도로의)청소부. ②《옛》(작가의 하청을 받아 일하는)삼류 문인. —*a.* caméra ~*se* 회전식 텔레비전 카메라. câble ~ 【해양】 소해삭(掃海索). —*n.f.* ①음단 소제기; 도로 청소기 (차) (~*se* mécanique). arroseuse~ 살수 청소차. ②【농업】 가지써레. ③(스커트 안쪽에 대는) 주름 장식. ④ 흑백색의 줄무늬 있는 옷감.

balayures [balɛ(e)jyːr] *n.f.pl.* 쓰레기 (ordure, débris); (비유적)혼한 [시시한] 것, 찌꺼기같은 것 (rebut). ~ de (la) mer 파도가 해안에 밀어올린 쓰레기, ~ de ciel 구름.

balbutiant(**e**) [balbysjɑ̃, -ɑ̃ːt] *a.* 말을 더듬거리는. Elle répondit, ~*e*. 그녀는 더듬거리며 대답했다.

balbutie [balbysi] *n.f.* ①(어린애가 처음으로)잘 돌지 않는 말투. ②우물우물 말하는[더듬거리는] 말.

balbutiement [balbysimɑ̃] *n.m.* 말더듬거리기; (학문·예술의)요람기 (commencement); (표현·사상의)불명확함. premiers ~*s* de l'art 예술의 요람기. en être à ses ~*s* 첫단계[초창기]에 있다.

balbutier [balbysje] *v.i.* ①(어린애가)혀짧은 말을 하다. ②우물우물 말하다, 더듬거리다(bégayer); 아직 초보단계에 있다. Sous l'émotion, il se mit à ~, puis à pleurer. 감동한 나머지 그는 말을 더듬거리다가 그만 울기 시작했다. technique qui *balbutie* 아직 서투른 [초보 단계의] 기술.
—*v.t.* ①(어린애가)떠듬떠듬 말하다. Cet enfant *balbutie* déjà quelques mots. 이 애는 벌써 몇 마디 말을 할 줄 안다. ②우물우물 말하다, 더듬거리며 말하다. ~ des excuses 서투른 변명을 하다.
—*se* ~ *v.pr.* (수동적)어물어물 [불명확하게] 표현되다.

balbutieur(**se**) [balbysjœːr, -øːz] *n.* 말더듬이, 우물우물 말하는 사람.

balbuzard [balbyzaːr] *n.m.* 【조류】 물수리.

balce 《약자》 balance 【부기】 차감 잔고.

balcon [balkɔ̃] *n.m.* ①【건축】 발코니, 노대(露臺)(→ maison 그림). se mettre sur ~ pour se bronzer 몸을 (햇볕에) 태우기 위해 발코니에 나오다. ~ arrière 【해양】 선미관망대(船尾觀望臺). ②【연극】 2층 정면 관람석 (premier ~)(→ théâtre 그림). ③ 발코니의 난간 (balustrade); 전망대. s'appuyer [s'accouder] au ~ 난간에 몸을 기대다. ~ dominant la vallée 계곡을 내려다 보는 전망대.

Il y a du monde au ~*!* 《비어》 저 여자는 젖가슴이 풍만하다.

balconnet [balkɔnɛ] *n.m.* ① (어깨끈 없는)야회용 브래지어. ②(발코니·창의)난간. ③ (냉장고의) 문 안쪽의 선반, 도어 바스킷.

baldaquin [baldakɛ̃] *n.m.* (침대 따위의)닫집, 천개(天蓋).

bale [bal], **bâle** [baːl] *n.f.* 【식물】 껍질, 깍지.

Bâle [baːl] *n.pr.f.* 【지리】 바젤(스위스의 도시).

baléare [balea:r] *a.* 발레아르 군도(Baléares)의. —**B**~ *n.* 발레아르 사람. —*n.m.* 발레아르어 (語). —**B**~**s** *n.pr.* 발레아르 군도.

baleinage [balɛnaːʒ] *n.m.* (코르셋 따위에)받침살대를 대기.

baleine [balɛn] *n.f.* ① 【동물】 고래; 고래수염, 고래뼈. blanc(huile) de ~ 고래기름, 경랍(鯨臘). pêche à la ~ 고래잡이(포경(捕鯨)). pont en dos de ~ 귀갑갑판(龜甲甲板). ② 고래뼈 제품; 코르셋의 받침 살대(~s d'un corset). ③ (B~) 【천문】 고래좌(座). *embarquer une ~* 【구어】(배가)파도벽을 뒤집어쓰다. *rire comme une ~* 【구어】입을 커다랗게 벌리고 웃다. *se tordre(rigoler) comme une ~* 【속어】포복절도하다.

baleiné(e) [balɛ(e)ne] *a.p.* 고래뼈[고래 수염]를 넣은; 고래뼈[받침살대]로 팽팽하게 편. parapluie ~ 고래수염을 살로 사용한 우산. [래.

baleineau [balɛno] *(pl. ~x) n.m.* 【동물】 새끼 고

baleiner [balɛ(e)ne] *v.t.* (에)고래[고래수염]를 넣다; 고래뼈[받침살대]로 팽팽하게 펴다.

baleinier(ère) [balɛ(e)nje, balɛnjɛːr] *a.* 포경(捕鯨)의. flotte ~ère 포경선단. centre(port) ~ 포경기지(港). —*n.m.* ① 포경선(navire-~). ② 포경선의 승무원[어부]. —*n.f.* 포경정(艇); 【포경선을 닮은】 쾌속정. ~ère de sauvetage 구명정(救命艇).

baleinon [balɛnɔ̃] *n.m.* =**baleineau**.

baleinoptère [balɛnɔptɛːr] *n.m.* 【동물】 멸치고래속(屬). [람).

balès [balɛs] *a., n.* 【속어】억센(사람), 건장한(사

baleston [balɛstɔ̃] *n.f.* 【해양】 사각(斜杠)(돛을 펼쳐내는데 쓰이는 활대), 기움활대(livarde). voile à ~ 사각범(斜杠帆).

balèvre [balɛːvr] *n.f.* ① 아랫입술; *(pl.)* (경멸)내민 입술. ② 【건축】 (다른 돌보다)내민 돌. ③ 【야금】 (벗겨지는)껍질.

balèze [balɛːz] *a., n.* =**balès**.

balisage [balizaːʒ] *n.m.* ① 【해양】 경표(警標) 설치; 【항공】 항공표지 설치; 측량주(柱) 설치. projecteur de ~ 방향 지시 표지. ② 【해양】 경표, 항공 표지, 측량주. ③ 【해양】 경표세(稅) (droits de ~).

balise¹ [baliz] *n.f.* ① 【해양】 경표(警標), 항로표지; 【항공】 항공 표지. ~ flottante 【해양】 부표(浮標), 부이(bouée). ② 측량주(柱). ③ 라디오비콘(radiobalise). ~ répondeuse 레이다비콘(레이다와 교신하는 비행기의 표지장치).

balise² *n.f.* 【식물】 칸나의 씨.

balisement [balizmɑ̃] *n.m.* =**balisage**①.

baliser [balize] *v.t.* 【해양】 (에)경표를 설치하다; 【항공】 (에)항공 표지를 설치하다, 측량주를 설치하다. ~ l'entrée d'un port 항구 입구에 항공표지를 설치하다. ~ un aérodrome 비행장에 항공표지를 세우다.

baliseur [balizœːr] *n.m.* ① 경표 설치 감시인. ② 경표 설치 감시선(bateau ~).

balisier [balizje] *n.m.* 【식물】 칸나.

baliste [balist] *n.f.* ① 【고대로마】 노포(弩砲). ② 박격포. —*n.m.* 【어류】 파랑쥐치속(屬).

balistique [balistik] *a.* ① 탄환을 발사하는. ② 탄도(彈道)(학)의. engin ~ 탄도탄(missile). galvanomètre ~ 충격 검류계. pendule ~ 충격진자(振子). poudre ~ 추진화약(poudre propulsive). vol ~ 성층권 활공비행. —*n.f.* ① 탄도학. ② 발사술.

balistite [balistit] *n.f.* 발리스타이트(발사화약의 일종).

balivage [balivaːʒ] *n.m.* 윤벌수림(輪伐樹林) ∧ 남겨둔 어린 나무의 선택, (그)검인.

baliveau [balivo] *(pl. ~x) n.m.* 윤벌수림(輪伐樹林)때 남겨둔 어린 나무; 【원예】 어린 나무, 묘목. ~x anciens 수령(樹齢) 50년 이상의 나무. ② 【건축】 발판 통나무. *Vous avez laissé des ~s.* 【구어】(면도에서)깎이지 않은 수염이 아직까지 보이는군요.

baliver [balive] *v.t.* (윤벌 시에)잔나무를 남기다.

baliverne [balivɛrn] *n.f.* 허튼소리, 객설, 부질없는 [시시한] 이야기(sornette). perdre son temps à des ~s 시시한 이야기로 시간을 낭비하다. ② 부질없는 일(bagatelle).

baliverner [balivɛrne] *v.i.* 부질없는 이야기를 하다, 농담을 주고 받다; 쓸데없는 짓을 하다. ne faire que ~ 허튼소리만하다.

Balkan (le) [labalkɑ̃] *n.pr.m.* 발칸 산맥.

balkanique [balkanik] *a.* 【지리】 발칸(Les Balkans)의. péninsule ~ 발칸 반도.

balkanisation [balkanizasjɔ̃] *n.f.* (19세기에서 20세기 초에 걸쳐)발칸 반도의 소국분열; (비유적) 소세력의 난립, 분립; (조직 따위의)세분화.

balkaniser [balkanize] *v.t.* (발칸반도처럼)소국으로 분열시키다; 소국[소세력]을 분립시키다, (조직 따위의)세분화하다.

Balkans [balkɑ̃] *n.m.pl.* 발칸 반도. États des ~ 발칸 제국(諸國). campagnes des ~ 발칸 전쟁.

ballade¹ [balad] *n.f.* ① 발라드 (3절(節)과 발구(envoi)로 된 짧은 정형시가 대부분임). ② 민요시. ③ 【음악】 발라드, 담시곡. *C'est le refrain de la ~.* 언제나 되풀이하는 말이다.

ballade² *n.f.* =**balade**.

ballader [balade] *v.t.* =**balader**.

balladeur(se) [baladœːr, -øːz] *a., n.* =**baladeur**.

ballage [balaːʒ] *n.m.* 【야금】 공 모양으로 만들기.

ballant(e) [balɑ̃, -ɑ̃ːt] *a.* ① 다리가 흔들거리는, 팔이 근들거리는. marcher les bras ~s 두 팔을 흔들거리며 걷다. ② (밧줄이)느슨해진. —*n.m.* 흔들림, 진동; 【골프】 스윙 (자동차 따위의)동요(oscillation). avoir du ~ 흔들거리다. plein ~ (골프의)풀스윙. ② (밧줄의)느슨해진 부분. saisir le ~ d'un cordage 로프의 느슨해진 부분을 잡다.

ballast [balast] 【영】 *n.m.* ① (도로·철도의)자갈, 대상(臺床), 도상(道床). ② (잠수함의)침강조(沈降槽); (배 밑창의)물·연료 저장소. ③ 【전기】안정기(安定器). résistance ~ 안정저항.

ballastage [balastaːʒ] *n.m.* 철길에 자갈을 깔기.

ballaster [balaste] *v.t.* (에)자갈을 깔다; 【해양】 (배의 안정을 위해 밑창 탱크에)물을 넣다[빼다].

ballastière [balastjɛːr] *n.f.* 자갈 채취장.

:**balle¹** [bal] *n.f.* ① 공; 【테니스】 한점; 공놀이. ~ au mur 파이브스 (공놀이의 일종). ~ à la volée 트랩볼. 【영】 ~ au camp 라운더스 (야구 비슷한 공놀이). ~ au chasseur 피하는 사람을 공으로 맞추는 어린이들의 놀이. ~ de ping-pong [de tennis] 탁구[테니스]공. ~ de filet 네트볼. ~ de match 시합의 승부를 결정하는 1타(打), 매치포인트. couper la ~ 【탁구】 커트하다. faire quelques ~s 【테니스】 난타(연습)하다. 춈 알, 탄알(plomb). ~ morte(perdue) 유탄(오발탄). ~ traçante 예광탄. ② (면화·무명 따위의)큰 뭉치; 【영】 10련의 종이. ~ de cotton [de tennis] 탁구[테니스]공. ④ 【인쇄】 전묵구(傳墨具), 잉크 묻히는 기구. ⑤ 【야금】 덩어리 쇠. ⑥ 【구어】 프랑. J'en ai pour 200 ~s. 그건 200 프랑 주고 샀어. ⑦ 【속어】머리, 얼굴. avoir une grosse(bonne) ~ 얼굴이 넓적하다[잘 생겼다].

Au bon joueur la ~. 가장 좋은 기회를 가진 사람에

avoir la ~ 《테니스》 서브권을 갖다; (비유적) 먼저 시작할 권한을 갖다.
avoir la ~ *belle* 《테니스》 치기 쉬운 공이 오다; 절호의 찬스를 맞이하다.
À vous la ~. 당신이 칠 차례요;《구어》당신이 말할 차례요.
enfant de la ~ 조상의 직업을 대대로 물려받은 사람〔배우〕;《옛》테니스장 주인의 아들.
faire ~ 표적을 맞추다; 남의 급소를 찌르다.
prendre〔*saisir*〕 *la* ~ *au bond* 튀는 공을 받아 치다; 호기를 붙잡다.
rattraper la ~ 응답하다, 응수하다.
recevoir douze ~*s dans la peau* 총살당하다.
renvoyer la ~ *à qn* …에게 공을 쳐 돌려 보내다; 반격을 가하다,《구어》…이 건네는 말꼬리를 잡아서 대꾸하다.
se renvoyer la ~ 서로 공을 쳐 돌려보내다; 서로 가서둔치 말을 주고 받다.
trou de ~ 《속어》항문(肛門); 바보.
balle² *n.f.* =bale.
balle³ *n.f.* (행상인의)커다란 봇짐(ballot); 보따리, 짐. faire〔défaire〕 une ~ (de marchandises) (상품)보따리를 싸다〔풀다〕. porter la ~ 도붓장사하다, 행상하다.
Ça fait ma ~; *C'est ma* ~. 《속어》그것은 내게 안성마춤이다; 그것은 내가 알아서 할 일이다.
de ~ 시시한, 가치없는(de pacotille, sans valeur). écrivain *de* ~ 엉터리〔서투른〕 작가. marchandises *de* ~ 싸구려 상품.
peau de ~ 《비어》전혀 …아니다. avoir *peau de* ~ *dans son porte-monnaie.* 지갑이 텅텅 비어 있다.
baller¹ [bale] *v.t.* 공 모양으로 만들다.
—*v.i.* 공 모양으로 부풀다.
baller² *v.i.* ① 흔들리다(osciller). laisser ~ *ses bras* 두 팔을 (늘어 뜨리고) 흔들다. ②《옛》춤추다. *envoyer* ~ *qn* 《속어》…을 해고하다.
—*se* ~ *v.pr.* (다음 표현으로만 사용) *se* ~ *de qn/qc* …을 상대로 웃어대다.
baller³ *v.t.* 《농업》(의)깍지를 벗기다.
ballerine [balrin] *n.f.* ① 발레리나, 발레 댄서. ② (여자의)무도화(靴).
ballet [balɛ] *n.m.* ① 발레, 무도극 (~-pantomime); 발레곡; 발레단. maître de ~ 무용 교사. corps de ~ 발레단. ②《비유적》(특히 정치적 접촉·흥정 따위의)활발한 움직임. ~ *diplomatique* 빈번한 외교적 접촉〔움직임〕.
ballet(t)omane [balɛtɔman] *n.* 발레 애호가, 발레광(狂).
*****ballon¹** [balɔ̃] *n.m.* ① (놀이용)큰 공; (럭비·농구·축구용)공. ~ *d'entraînement* (권투 연습용)계구(繫球), 매단 공. jouer au ~ 공놀이를 하다, 구기(球技)를 하다. ② 고무풍선 (~ *à air*, ~ *à jouer*, ~ *d'enfants*); 기구(氣球). ~ *bombe* 풍선 폭탄. ~ *captif* 계류(繫留)기구. pneu ~ 벌룬타이어〔자동차 따위의 저압 타이어〕. ~ *d'observation* 관측기구. ~ *de sondage*, ~-*sonde* 탐측(探測)기구, 라디오존데. ~ *dirigeable* 비행선. ~ *d'essai* 측풍(測風)기구 (~-*pilote*). manche à ~ 《의복》 퍼프슬리브《부풀린 소매》.《화학》구형 플라스크《산소호흡》산소통〔병〕; 구형 컵. ~ *d'oxygène* 산소통. ④《해양》신 호구. ~ *de défense* 〔해양〕 방현구(防舷具). ~ *de marée* 조신구(潮信具). ⑤ (탄창 안에 생기는)가스뭉치. ⑥《속어》궁둥이; 감옥; 배〔腹〕. faire ~ 먹지 않고 있다. faire du ~ 《속어》복역(감옥살이)하다.
avoir〔*attraper*〕 *le* ~ 《속어》애를 배다.
crever〔*dégonfler*〕 *des* ~*s* 과장이나 사기를 폭로하다.

enlever le ~ *à qn* …의 궁둥이를 차다.
envoyer un ~ *d'essai* 풍향 기구를 날리다;《구어》탐색 기구를 올리다, 반응을 살피다.
se faire enlever le ~ 호되게 당하다;《구어》크게 꾸지람을 듣다.
se remplir le ~ 《속어》배를 채우다, 실컷 먹다.
ballon² *n.m.* 프랑스 동북부 보즈(*Vosges*) 지방의 산(山)의 호칭. le *B*– *d'Alsace* 알사스 원봉(圓峰).
ballonnant(e) [balɔnɑ̃, -ɑ̃ːt] *a.* 부풀어 오른.
ballonné(e) [balɔne] *a.p.* 불룩해진, 부푼;《의학》팽창한. avoir le ventre ~ 배가 불룩하게 팽창해 있다. —*n.m.* 무용의 일종 (한 발로 뛰며 다른 발로 땅을 옆으로 차는).
ballonnement [balɔnmɑ̃] *n.m.* ① (스커트 따위의) 부풀리기. ②《의학》고창(鼓脹), 메테오리즘;《수의》고창증.
ballonner [balɔne] *v.t.* 부풀리다, (의)배를 부르게 하다. Le vent *ballonne* des manteaux. 바람이 망토를 부풀리게 한다. —*v.i.*, *se* ~ *v.pr.* 부풀다. ② (벽이)불룩하게 나오다.
ballonnet [balɔnɛ] *n.m.* 《항공》 ① 소기구(小氣球); (비행선의)기낭(氣囊)의 1구획. ~ *compensateur* 공기자루. ② (수상 비행기의)플로트, 부구(浮杯). ③ 작은 고무풍선;《화학》작은 구형(球形) 플라스크.
ballonnier [balɔnje] *n.m.* ① 고무풍선 제조〔판매〕인, 고무풍선 장수. ②《구어》기구(氣球)타는 사람(aérostier).
ballon-observatoire [balɔ̃ɔpsɛrvatwaːr] (*pl.* ~*s*-~*s*) *n.m.* 《군사》 (착탄)관측용 기구.
ballon-pilote [balɔ̃pilɔt] (*pl.* ~*s*-~*s*) *n.m.* ① 《기상》측풍(測風)기구. ② 탐색기구, 시탐(試探).
ballon-sonde [balɔ̃sɔ̃ːd] (*pl.* ~*s*-~*s*) *n.m.* 《기상》탐측 기구, 라디오존데.
*****ballot** [balo] *n.m.* ① 작은 봇짐, 작은 고리짝; (행상인의)짐;《군사》잡낭. ②《구어》바보, 얼간이.
rester planté〔*figé*〕 *comme un* ~ 얼간이처럼 (할일을 찾지 않고)우두커니 있다. *T'es pas* ~ ?《구어》너 돌지 않았니 ? *Voilà votre* ~.《구어》그것 당신한테 안성마춤이오.
ballota [balɔta], **ballote** [balɔt] *n.f.* =ballotte.
ballotin [balɔtɛ̃] *n.m.* =ballottin.
ballot(t)ade [balɔtad] *n.f.* 《승마》 발로타드, 도약.
ballottage [balɔtaːʒ] *n.m.* ①《옛》(투표용 공(ballotte)에 의한)투표. ② (투표의 과반수 또는 유권자의 ¹/₄에 달하지 않은)산표. candidat en ~ (산표로 인한)당선 미확정의 후보. scrutin de ~ (산표결과 후의)재〔결선〕투표. ③《옛》동요, 흔들림(ballottement).
ballotte [balɔt] *n.f.*《옛》작은 탄환; 작은 공; 투표용 소구(小球).
ballottement [balɔtmɑ̃] *n.m.* ① 흔들림, 동요. ②《의학》도약; 부구감(浮球感).
ballotter [balɔte] *v.t.* ① (전후좌우로)뒤흔들다, 동요시키다(agiter). La voiture nous *ballotte* durement. 자동차가 우리를 몹시 뒤흔든다. ② [~ *qn*] (둘 사이에서)고민하게 하다; 놀리다, 우롱하다. *être ballotté* entre son père et sa mère 양친의 어느 편도 들지 못해 고민하다. *Je suis ballotté* entre l'appréhension et la joie. 위구(危懼)와 기쁨이 내 마음속에서 엇갈리고 있다. ③《옛》재투표시키다.
—*v.i.* ① (문짝 따위가)흔들리다; (배가)동요하다. ② 이리저리 돌아다니다.
ballottin [balɔtɛ̃] *n.m.* 작은 ballot①.
ballottine [balɔtin] *n.f.* 《요리》 냉육(冷肉)완자.
ball-trap [baltrap] 《영》 *n.m.* (사냥 연습을 위하여) 모조새를 쏘아 올리는 기계.

balluche [balyʃ] *n.f.* 《구어》바보, 열간이.
bal(l)uchon [balyʃɔ̃] *n.m.* ① 《구어》(옷)꾸러미, 보따리. ② 《속어·드물게》궁둥이(derrière). *faire son* ~ 출발하다. *faire des* ~*s à qn* …을 모욕하다.
balnéaire [balnɛɛːr] *a.* 해수욕의; 탕치(湯治)의. station ~ 해수욕장, 온(광)천장. saison ~ 해수욕 계절.
balnéation [balneɑsjɔ̃] *n.f.* 탕치하기[시키기]; 《의학》목욕 요법, 탕치 요법.
balnéatoire [balneatwaːr] *a.* 온천(광천)을 사용하는. traitement ~ 온천 치료.
balnéologie [balneɔlɔʒi] *n.f.* 《의학》온천학, 광천학.
balnéothérapie [balneɔterapi] *n.f.* 온천 요법, 광천 요법.
B.A.L.O. 《약자》 bulletin des annonces légales obligatoires 법정공고일(法定公告集)
balochard [baloʃaːr] *n.m.* 《속어》게으름뱅이; 쓸데없는 말을 하는 사람.
baloche¹ [baloʃ] *n.f.* 마을[고을]의 축제(祝祭).
baloche² *n.f.* 《비어》불알.
balocher [baloʃe] *v.i.* 《속어》건들거리며 다니다(flâner); 방탕하게; 수상쩍은 짓을 하다.
balocheur(se) [baloʃœːr, -øːz] *a.* 《속어》건들거리며 다니는; (여자가)몸을 파는. ―*n.* 방탕한자, 난봉꾼, 매춘부, 창녀.
bâlois(e) [balwa, -aːz] *a.* 바젤(Bâle, 스위스의 도시)의. ―**B**~ *n.* 바젤 사람.
balourd(e) [baluːr, -urd] *a.* 우둔한, 재치 없는 (lourdaud); 서투른(maladroit).
―*n.* (위)의 사람. ―*n.m.* ① (회전운동하는 기계의)불평형, 평형 불량; 편심(偏心). ② (포탄의)편심률(偏心率)측정기. ③ 《은어》위조의(faux). *avoir du* ~; *tourner* à ~ (기계 회전이)평형을 잃고 있다, 중심(重心)이 어긋나 있다.
balourdise [balurdiːz] *n.f.* 우둔함; 융통성 없는 짓투; 실수, 어리석은 짓(gaffe). faire[dire] des ~*s* 어리석은 짓을 하다[말을 하다].
baloutchi(e) [balutʃi] *baloutche* [balutʃ] *a.* 발루치스탄(Baloutchistan)사람의. ―**B**~ *n.* 발루치스탄 사람.
balsa [balza] *n.m.* 발사(열대 아메리카산의 가벼운 목재).
balsamea [balzamea] *n.m.* 《식물》향유(향내)나는 식물(balsamier).
balsamier [balzamje] *n.m.* =*baumier*.
balsamifère [balzamifɛːr] *a.* 향유[발삼]를 내는.
balsamin(ac)ées [balzamin(as)e] *n.f.pl.* 《식물》봉선화과(科).
balsamine [balzamin] *n.f.* 《식물》봉선화.
balsamique [balzamik] *a.* ① 방향성(芳香性)의, 향기로운. air ~ des forêts 향기 그윽한 숲의 공기. ② 《약》방향제가 들어 있는, 향유가 들어 있는. ③ (비유적) 마음을 진정시키는. paroles ~*s* 위로의 말. ④ 발삼제(劑).
balsamite [balzamit] *n.f.* 《식물》쑥국화.
balte [balt] *a.* 발트해 연안의. pays ~*s* 발트 제국(諸國). ―**B**~ *n.* 발트어파(語派).
―*n.m.* 발트어파(語派).
balthasar, balthazar [baltazaːr] *n.m.* ① 커다란 샴페인 병(보통 병 16개분의 용량에 해당). ② (옛) 대향연(festin de B~). faire un ~ 호스러운 식사를 하다. ③ 《구어》소란스런 잔치.
baltique [baltik] 《지리》 *n.* =*balte*.
―**B**~ *n.pr.f.* 발트해(海)(la Mer B~). ―*n.m.* 발트어파(語派)(balte).

baluchard [balyʃaːr] *n.m.* 《속어》=*balochard*.
baluchon [balyʃɔ̃] *n.m.* ① 쓰레기통; (광부의)통; 준설(浚渫)용 양동이. ② 《속어》 (옷의)보따리(balluchon).
balustrade [balystrad] *n.f.* 받침대(balustre)를 세워 만든 난간(garde-fou).
balustre [balystr] *n.m.* ① 난간의 기둥대; (*pl.*)(계단의)난간. ② =*balustrade*.
balustrer [balystre] *v.t.* 《드물게》(에)난간을 달다.
balzacien(ne) [balzasjɛ̃, -ɛn] *a.* 《문학》발자크(Balzac)식의.

balustrade

balzan(e)¹ [balzɑ̃, -an] *a.* (말 다리에)흰 반점이 있는.
balzane² [balzan] *n.f.* (말의 다리의)흰 반점.
bamban [bɑ̃bɑ̃] *n.m.* 《속어》① 절름발이. ② 난장이.
bambin(e) [bɑ̃bɛ̃, -in] *n.* 《구어》① 어린 아이, 아이놈; 장난꾸러기(gamin). ② 《청년을 경멸하여》젖내나는 아이.
bambino [bɑ̃bino] 《이탈리아》 *n.m.* ① le *B*~ 《종교》아기 예수; (성모의 품에 안긴)아기 예수상(像). ② 《속어》장난꾸러기.
bambochade [bɑ̃bɔʃad] *n.f.* ① 시골의 풍속화(네덜란드의 화가 *Bamboche*풍의). ② 《구어》외도, 바람피우기; 주연(酒宴).
bamboche¹ [bɑ̃bɔʃ] *n.f.* 난장이; (옛)대나무 단장.
bamboche² *n.f.* ① 꼭두각시; 《구어》난장이. ② 《구어》방탕, 외도; 주연, 진수성찬. faire ~ 방탕한 생활을 하다, 흥청거리다. ―*a.* 《구어》방탕한.
bambocher [bɑ̃bɔʃe] *v.i.* 《구어》외도하다, 바람피우다; 방탕한 생활을 하다, 흥청망청 놀다. ② 《인쇄》정판(整版)이 서투르다.
bambocheur(se) [bɑ̃bɔʃœːr, -øːz] 《구어》*a.* 방탕한, 외도하는. ―*n.* (위)의 사람, 난봉꾼.
bambou [bɑ̃bu] *n.m.* 《식물》대나무; 대나무 단장. pousses de ~ 죽순. rideau de ~*s* 죽의 장막(중공의 폐쇄된 국경).
coup de ~ ⓐ (식민지에서의)일사병. attraper(recevoir) un *coup de* ~ 일사병에 걸리다. ⓑ 갑작스러운 피로[피로감]; 광기의 발작. avoir[avoir reçu] le *coup de* ~ 《속어》정신이 이상하다, 미치다. 녹초가 되다.
bamboula [bɑ̃bula] *n.m.[f.]* (흑인들의)큰북. ―*n.f.* ① (흑인들의)bamboula 북에 맞추어 추는 춤. ② 《속어》흥청망청 놀기. faire la ~ 흥청망청 놀아나다. ③ 《속어》흑인, 깜둥이; 세네갈 저격병.
ban¹ [bɑ̃] *n.m.* ① 포고, 공시(公示); 《옛》(영주에의)한 포고; (*pl.*)(교회에서의)결혼의 공시(~ *s de* mariage). ~ *des moissons* 수확개시 포고. ~ *d'ordination* 사교의 서품식 포고. publier(afficher) les ~*s* (교회의 정문에)결혼을 공시하다. ② 《군사》포고나 훈장수여식 전[후]의 북치기, 나팔불기; 《구어》박자를 맞춘 갈채. ouvrir(fermer) le ~ (공고 훈장수여식 전(후)에) 주악을 시작하다[끝내다]. Un ~ *pour le vainqueur*! 승자에게 박수갈채를! accorder un ~ *à qn* 박수를 맞추어 …에게 갈채하다. ③ 《역사》추방령(bannissement); 《법》방면수(放免囚)에 대한 거주 지정령. rompre son ~ 추방령을 어기다. rupture de ~ 추방령의 위반; 거주 지정령의 위반. ④ 《역사》가신(家臣)의 소집(령); (소집된)가신들; 《현재》 (병역에 소집된)성인 남자, 병역 합격자. être du[servir dans le] 1ᵉʳ[2ᵉ, 3ᵉ] ~ 갑종[을종·병종]에

격자이다. ⑤《옛》《특히》경찰의 포고; 포고 위반의 벌금; 포고 지역.
être [*se mettre*] *au* ~ *de l'opinion publique* [*de la société*] 세상의 지탄을 받다.
être en rupture de ~ *avec qc* …을 어기고 살다, …의 규제를 어기고 제멋대로 놀아나다.
le ~ *et l'arrière-*~ 그룹의 전구성원. convoquer *le* ~ *et l'arrière-*~ 전원을 소집하다. 《깡패 집단의》돌만이들을 전부 불러모으다. Il invitera *le* ~ *et l'arrière-*~ des amis. 그는 친구 전부를 초대할 것이다. *le* ~ *et l'arrière-*~ *des actionnaires*《구어》전 주주(株主).
mettre qn au ~ …을 추방하다; …을 따돌리다.
mettre qn au ~ *de l'Empire*《옛》…의 권리·특권을 상실했다고 선언하다《게르만 제국의 고대법》.

ban² *n.m.* 《크로아티아의》주(州) 총독《banat의 통치자》.

banal(ale) [banal] *a.* ① (*pl.* **als**)ⓐ 일반적인, 보통의, 흔한(commun, usuel). ~ *e chambre d'hôtel* 보통의 호텔방. ~*ales* difficultés 대수롭지 않은 어려움. article ~ 《선전이 별로 필요치 않은》일용품. ⓑ《나쁜 뜻으로》평범한, 진부한, 시시한(fade, insipide). idées ~*ales* 평범한 생각들. fille tout à fait ~*ale* 그저 그렇고 그런 여자. Ce n'est pas ~ 《구어》그것 참 놀랍군. ⓒ《병 따위》가 중하지 않은, 악성이 아닌. fracture(grippe) ~*ale* 대수롭지 않은 골절《감기》. ② (*pl. aux* [-o])《옛》영주 소유의; 공유《공동》의. moulin(puits) ~ 《부락의》공동 방앗간《우물》. ——*n.m.* 평범, 보통.

banalement [banalmã] *ad.* 평범하게; 진부하게.

banalisation [banalizɑsjɔ̃] *n.f.* ① 평범화, 속화, 일반화. ~ *du tourisme* 관광의 일반화. ②《경찰차의》표지회. ③《철도》노선의 양방향 사용《러시아 때 복선을 같은 방향으로 사용하여 열차를 2열로 진행시키기》; 《여러 기관사에 의한》기관차의 운전.

banalisé(e) [banalize] *a.p.* ① 일반화된, 평범화된. ②《경찰차의》표지가 제거된. voiture de police ~*e* 경찰표지를 제거《은폐》한 차량《위반 차량을 적발하기 위한 방편》(voiture-piège).

banaliser [banalize] *v.t.* ① 평범《진부》하게 하다, 일반화하다. Cette coiffure la *banalise*. 이 머리 모양으로 그녀는 보통 여자처럼 보인다. ②《과청·공공건물 따위를》일반에게 개방하다. ~ *le campus universitaire* 대학 캠퍼스를 일반에게 개방하다. ③《경찰차의》표지를 제거《은폐》하다. ④《철도》《선로를》양방향으로 사용하다.

banalité [banalite] *n.f.* ① 평범, 진부(platitude); (*pl.*)《말·생각 따위의》평범한 것, 독창성이 없는 것(cliché, lieu commun). Il ne débite que des ~*s*. 그는 시시한 소리만 한다. ②《옛》《영주 소유물의》강제적인 공동 사용. ③ =banalisation③.

*banane** [banan] *n.f.* ① 바나나. ② 파초의 열매. ②《군대속어》군대 훈장. ③《구어》《자동차를 함부로 타서》혹사하는 사람; 《자동차의》범퍼가드; 쌍발 헬리콥터. *glisser sur une peau de* ~ 바나나 껍질에 미끄러져 넘어지다《우스꽝스러운 사고의 예》.

bananeraie [bananʀɛ], **bananerie** [bananʀi] *n.f.* 바나나 밭, 파초원.

bananier [bananje] *n.m.* 《식물》바나나나무, 파초; 바나나 운반선(navire(cargo) ~). ~ *des sages* 식용 바나나나무. ~ *textile* 마닐라삼(abaca); 《그 원료인》파초. ~ *du paradis* 파초(plantanier). ——*a.m.* (navire) ~ 바나나 운반선.

bananifère [bananifɛːʀ] *a.* 바나나가 열리는.

banat [bana] *n.m.* (Croatie의)주총독의 직(위); 《그》주(州).

banban [bɑ̃bɑ̃] *n.* 《속어》절름발이; 난장이.

‡**banc** [bɑ̃] *n.m.* ① 걸상, 벤치; 자리(siège)《→ siège 그림》. ~*s de l'école* 학생들의 걸상. s'asseoir sur un ~ de derrière 뒷자리에 앉다; 자기를 낮추다. ~ *d'honneur* 《반에서 1등을 한 학생의》명예석. ~ *des avocats*[*des accusés, des témoins*] 《법정의》변호인《피고·증인》석. ~ *de la droite*[*de la gauche*] 《의회의》우익《좌익》정당석. ~ *ministériel*[*des ministres*] 《의회의》장관석. ②《가톨릭》*d'église* 교회내에 명사가 개인적으로 마련한 특별석; ~ *d'œuvre*[*de l'œuvre*] 교회 집사석. ③ 《목수 따위의》작업대(臺); 《기계》《선반의》반대(盤臺). ~ à cric 《금은 세공사의》작업대. ~ *d'âne* 《목공의》깎이틀. ~ *d'épreuve* 《대포·총신의》검사대. ~ *d'essai* 《발동기의》시험대. ④《옛》《지질》《암석 따위의》층(層)(couche); 초(礁), 해저의 융기. ~ *de corail* 산호초. ~ *de roches* 암초. toucher au ~ 《바다》《배가》좌초하다. ~ *de sable* 사주(砂洲), 모래톱. ~ *de glace* 큰 빙하. ~ *continental* 대륙붕. ⑤《물고기 따위의》떼, 무리. ~*s de morues* 대구떼. ⑥ ~ *de brouillard* 《기상》무봉(霧峰).

~ *d'essai* 《비유적》시험대; 《속어》《자전거 경기에서》매 경주전의 전초전이 되는 지방 경주; 《자전거》를 부술 정도의》뚱뚱한 선수.

B~ *de Terre-Neuve* 뉴펀들랜드 뱅크《어장》; 《속담》《물고기 떼처럼 군중이 몰려드는 데서》파리의 마들렌 광장과 생드니 문까지의 큰 길.

sur les ~*s* (*de l'école*) 학교에, 재학중인. avoir été ensemble *sur les mêmes* ~*s* 동급수학했다. être encore *sur les* ~*s* (*de l'école*) 아직 학교에 다니고 있다. Il faut vous remettre *sur les* ~*s* (*de l'école*).《구어》다시 한번 학교에 다녀야겠군!

bancable [bɑ̃kabl] *a.* 은행의 할인을 받을 수 있는. papier ~ 할인을 받을 수 있는 어음.

bancaire [bɑ̃kɛːʀ] *a.* 은행의. chèque ~ 은행 환어음.

bancal(ale, *pl.* **als)** [bɑ̃kal] *a.* ① 《다리가》구부러진, 휜, 앙가발이의. avoir les jambes ~*ales* 다리가 휘어 있다. ② 《의자가》건들거리는(boiteux). ③《비유적》《생각이》이성한, 허술한. raisonnement ~ 갈 맞지 않는 추론. ④《속어》절름발이의. ——*n.* 앙가발이; 《속어》절름발이.
——*n.m.* 등이 휜 군도(軍刀).

bancbrocheur(se) [bɑ̃bʀɔʃœːʀ, -ʁ.ø:z] *n.* 《직물》조방공(粗紡工).

bancelle [bɑ̃sɛl] *n.f.* 좁고 긴 의자.

banchage [bɑ̃ʃaːʒ] *n.m.* 《건축》콘크리트를 치기.

banche [bɑ̃ːʃ] *n.f.* 《진흙 콘크리트》의 거푸집.

bancher [bɑ̃ʃe] *v.t.* 주형에 콘크리트를 붓다.

banco [bɑ̃ko] ① @ 뱅크《32장의 카드로 하는 놀이》. *B*~! 뱅코《혼자서 걸 때 하는 말》; 《속어》좋아! 찬성! Un joli ~! 참 수지 맞았다! ⓑ faire ~ 《박카라(baccara) 따위의 도박에서》물주에 대해 혼자서 돈을 걸다. ②《옛》은행 가격.
——*a.* 《옛》은행 가격의.

bancocratie [bɑ̃kokʀasi] *n.f.* 대은행의 지배; 금융자본계(界).

bancoul [bɑ̃kul] *n.m.* bancoulier의 열매.

bancoulier [bɑ̃kulje] *n.m.* 《식물》유동나무류.

bancroche [bɑ̃kʀɔʃ] *a,n.* 《구어》앙가발이(의), 다리 병신(의).

bandage [bɑ̃daːʒ] *n.m.* ① 붕대로 싸매기, 띠로 잡아매기; 붕대, 띠. ~ *herniaire* 탈장대(脫腸帶). ~ *périodique* 생리대. ~ *plâtré* 기브스. enrouler(défaire) un ~ 붕대를 감다《풀다》. ②《고무》타이어; 바퀴의 강철 테. 《태엽 따위의》감기; 활을 당기기.

bandagiste [bɑ̃daʒist] *a.* 붕대 제조[판매]의. chirurgien ~ 탈장대를 제조하는 외과의사.
—*n.* 붕대 제조[판매]인.
bandant(e) [bɑ̃dɑ̃, -ɑ̃ːt] *a.* 《비어》(여자·그림 따위가)발기시키는, 성적으로 흥분시키는.
***bande**¹ [bɑ̃ːd] *n.f.* ① (천·종이·가죽·금속 따위의) 띠, 밴드; 《외과》붕대(pansement). ~ qui entoure un journal 신문에 두른 종이 띠. envoyer *qc* sous ~ …을 띠를 둘러 우송하다, …을 인쇄물 우편으로 보내다. ~ adhésive 반창고(絆瘡膏). ~ périodique 생리대. 《토목》접합재; 《영화》필름(pellicule, film); 테이프; (강철제의)타이어. ~ magnétique 녹음테이프. ~annonce 예고편. ~(-)vidéo 비디오테이프. ③ (양복바지의)줄무늬 (rayure), 《문장》중사선(中斜線); (토지·잔디밭 따위의)띠모양; (도로의)선, 분리대. tissu à ~s bleues 청색 줄무늬의 직물. ~ médiane (도로의) 중앙분리대. chaussée à trois ~s 3차선 도로. ④ 《기계》대, 밴드, 벨트. ~ transporteuse 벨트컨베이어. ~ à[du] frein 브레이크대(帶). ~(-)chargeur) de mitrailleuse 기관총의 장전벨트. ⑤ 《물리》대(帶). ~ du spectre 스펙트럼대(帶). ~ de la pluie (수분으로 인해 태양 스펙트럼에 생기는)우선(雨線). ⑥ 《전기》~ omnibus 모선(母線). ~ de fréquences 주파수대. ⑦ 《농업》~ de terrain 대상(帶狀)의 땅; ~ de délimitation (논·밭의)경계대; culture en ~ de niveau 등고선(等高線)경작법. ⑧ (당구의)쿠션. toucher la ~ 쿠션에 맞추다. coller la bille sous ~ 공을 쿠션에 붙이다. jouer par la ~ 쿠션플레이를 하다. ⑨ ~ dessinée (연재)만화.

coller qn sous ~《속어》…을 당황하게 하다.
par la ~ 간접적 수단으로; 쿠션을 넣어서. obtenir *qc par la* ~ …을 간접적으로 입수하다.

***bande²** *n.f.* ① 무리, 떼(troupe). ~ de voleurs 도적떼. ~armée《법》흉기를 소지한 일단. *B~d'idiots!*(일단의 사람들을 향해)바보같은 놈들! aller en[par] ~ 떼를 지어가다. ② 한패, 도당. être de la ~ de *qn* …과 한패이다. ~ noire《상업》매점(買占)동맹; 엉터리 회사, 폭력단. ③《옛》(같은 깃발 아래 모인)병사의 집단.

faire ~ *à part* 혼자(자기들끼리) 떨어져 있다.
vieille ~《정치》(정계의)세력있는 원로 집단.
bande³ *n.f.*《해양》④《옛》뱃전(bord). ②(배의)경사(傾斜). donner(avoir) de la ~; être à la ~ (배가)한 편으로 기울다. faire passer l'équipage à la ~ 승무원을 모두 승선시키다. larguer en ~ 부랴부랴 짐을 덜다. mettre un navire à la ~ 배를 기울게 하다.
bandé(e) [bɑ̃de] *a.p.* ① 붕대를 한. jambe ~*e* 붕대를 감은(다리). ② (말·사형수가)눈을 가린. ③《문장》같은 수의 중사선(中斜線)이 있는. ④ 벨트 모양으로 싸여진. fleurs ~*es* autour du front 이마에 둘려진 꽃(화환). ⑤ (활·줄 따위가)팽팽한; (몸이)긴장된; (비유적)단호한(résolu). l'âme et le cœur ~*s* 단호한 결의로.
—*n.m.*《기계》스프링의 압력. pistolet au ~ 방아쇠를 한껏 세운 피스톨. [편.
bande-annonce [bɑ̃danɔ̃s] *n.f.* (영화의)예고
bandeau [bɑ̃do] (*pl.* ~*x*) *n.m.* ① (머리털·이마를 동여매는)가는 끈[띠](serre-tête); (모자의)띠. ~ royal (고대의 왕의 이마를 동인)띠. ~ de képi 군모의 띠. (*pl.*)앞가리마를 탄 머리모양. ③ 눈가림 천[가죽](œillère). mettre un ~ à[sur les yeux de] …의 눈을 가리다; …을 속이다. ~ de la superstition (비유적)미신에 의한 맹목(미신 때문에 올바른 판단을 하지 못함). ④《건축》(전

물의 문·창문 앞의)돌로 된 띠.
arracher le ~ *des yeux de qn; faire tomber le* ~ *dessus les yeux de qn* …을 눈뜨게 하다, …에게 진실을 밝히다. *avoir un* ~ *sur les yeux* (정세에)눈이 어둡다.
bande-chargeur [bɑ̃dʃarʒœːr] (*pl.* ~*s*-~*s*) *n.f.* (기관총의)장전 벨트(裝塡帶).
bande-culotte [bɑ̃dkylɔt] (*pl.* ~*s*-~*s*) *n.f.* (미개인 따위의)허리에 두르는 천(옷).
bandelette [bɑ̃dlɛt] *n.f.* 작은 띠(끈), 작은 붕대; 《옛》(부인의)머리 띠; (성직자·희생자의 이마를 장식하는)감은 끈; (미이라의 몸·사지를 감싸는)조그마한 띠(끈). ~*s optiques*《해부》시속삭(視束索).
bander [bɑ̃de] *v.t.* ① (상처를)붕대로 싸매다. ~ *le front d'un blessé* 부상자의 이마를 붕대로 매다. ② (눈을)가리다. ~ *les yeux d'un condamné* (사형할 때)사형수의 눈을 가리다. ③ (밧줄 따위를)팽팽하게 매다; (스프링·태엽을)감다; (비유적)(마음·근육을)긴장시키다(tendre, ↔ détendre). ~ *un arc* 활(시위)을 당기다. ~ *ses muscles*(l'esprit) 근육(정신)을 긴장시키다. ④《건축》(아치나 원형 천장에)받침돌을 넣다.
—*v.i.* ① 팽팽하다; 긴장하다. *Cette corde bande trop.* 이 밧줄은 너무 팽팽하다. ②《비어》(남자의 성기가)발기하다; (여자가)성적으로 흥분하다 (이 의미에 대한 다른 의미로는 실제로 쓰이지 않음). ③《당구》(공이)쿠션에 맞다.
—*se* ~ *v.pr.* ① (*se* = 간접목적보어)자기의 …에 붕대를 감다. ~ *les yeux* 자기의 눈을 가리다. ② 팽팽해지다; 긴장하다. ③《옛》[*se* ~ *contre*](에 대해)반항하다; 단결[결속]하다.
bandera [bɑ̃dera] 《에스파냐》 *n.f.* (아프리카 주둔에 스파냐군 연대의)중대.
bandereau [bɑ̃dro] (*pl.* ~*x*) *n.m.* (나팔의)끈.
banderille [bɑ̃drij] *n.f.* (투우사가 쓰는)색종이 또는 리본이 달린 짧은 창.
banderiller [bɑ̃drije] *v.t.* (투우사가)리본이 달린 창을 소의 척추에 꽂다.
banderillero [bɑ̃derijero]《에스파냐》*n.m.* banderille 로 찔러 소를 성나게 하는 투우사.
banderole [bɑ̃drɔl] *n.f.* ① (축제나 전투 때 배의 마스트나 창끝에 다는)길쭉한 기(旗); 장기(槍旗). ②(글이 적힌)게시표(막). ③ (총의)멜빵; (탄창을 다는)가죽 끈. ④ 영화·그림에서 인물의 말을 적은)두루마리(phylactère); (만화 속의 대사를 묶은)띠, 윤곽.
bandière [bɑ̃djɛːr] *n.f.*《옛》기(旗). front de ~《군사》야영 중 군대의 선두에 있는 군기 전열(戰列); 전투 대형의 전선.
bandit [bɑ̃di] *n.m.* ① 산적, 노상강도(gangster, brigand); (*pl.*)비적. ~*s montés* 마적. ~ *d'honneur* 의적(義賊). *Ce commerçant est un* ~. 이 상인은 날강도이다. *être fait comme un* ~ (산적처럼)너덜너덜한 옷을 입고 있다. ②《구어》악한, 깡패, 무뢰한(chenapan, vaurien).
banditisme [bɑ̃ditism] *n.m.* 산적질, 불한당질; 산적[강도]의 발호.
bandolier [bɑ̃dulje], **bandoulier** [bɑ̃dulje] *n.m.* 산적; 피레네 산중의 밀수입자.
bandoulière [bɑ̃duljɛːr] *n.f.* 멜빵; (어깨에 메는)탄띠. *en* ~ 어깨에서 허리로 비스듬히. *porter son fusil en* ~ 자기 총을 어깨에 비스듬히 둘러메다.
bandure [bɑ̃dyːr] *n.f.*《식물》벌레잡이통풀.
bang¹ [bɑ̃ːg] *int.* 쾅! —*n.m.* (비행기가 음속을 돌파할 때의)충격파음.
bang²(h) [bɑ̃ːg] *n.m.*《식물》인도대마; 인도대마

Bangla Desh [bɑ̃gladɛʃ] *n.pr.m.* 방글라데시.
banian [banjɑ̃] *n.m.* ① (인도의)바니아족(族); 인도 상인. ② 【식물】용수(榕樹)(figuier des ~s, arbre des ~).
banjo [bɑ̃(d)ʒo]《미영》*n.m.* 【음악】밴조.
banjoïste [bɑ̃dʒɔist] *n.* 밴조 연주자.
bank-note [bɑ̃knɔt]《영》*n.f.[m.]* 은행 지폐.
banksie [bɑ̃ksi] *n.f.* 【식물】 방크샤《오스트레일리아산 상록 관목》.
*****banlieue** [bɑ̃ljø] *n.f.* 교외, 시외. ~ de Paris 파리 교외. grande ~ 원교. proche ~ 근교. train de ~ 교외 열차. habiter la ~ 교외에 살다.
banlieusard(e) [bɑ̃ljøzɑ:r, -ard] *a., n.* 《구어》(대도시 특히 파리)교외에 사는(사람). urbanisme ~ (도시)외각지대의 도시계획. villa ~*e*《경멸》교외풍의 별장.
banne [ban] *n.f.* ① (석탄·비료의)운반차. ② (포도 운반용의)등에 메는 광주리; (과일·야채를 담는)버들 광주리. ③ (차에 실은 화물을 덮는)포장; (점포 앞에 치는)차일.
banneau [bano] (*pl.* ~*x*) *n.m.* ① 작은 버들광주리. ② 절인 생선 운반용의 작은 상자차. ③ (식초를 파는 행상의)통.
banner [bane] *v.t.* 포장으로 덮다.
banneret [banrɛ] *a.* 깃발 아래 부하를 거느리고 출진할 수 있는. —*n.m.* (위)의 영주(기사).
banneton [bantɔ̃] *n.m.* ① (빵집의 발효용)빵광주리(paneton). ② (물고기를 산 채로 물속에 넣어 두는)다래끼.   「리.
bannette [banɛt] *n.f.* (버들·갈대로 만든)작은 광주
banni(e) [bani] *a.p.* 추방당한; 따돌려진, 제외된. —*n.* 추방당한(따돌림을 받는) 사람.
bannière [banjɛ:r] *n.f.* ①【해양】(선박의 네모)꼴; (종교·음악 단체의)단기; (봉건 시대의)군기(drapeau, étendard). arborer(déployer) la ~ de l'émancipation 해방의 기치를 올리다. ②《속어》샤쓰. être en ~《속어》샤쓰 바람이다; 샤쓰 하나만 입고 있다.
se ranger (*marcher*) *sous la ~ de qn* …의 깃발 아래(휘하)로 달려가다; …의 편을 들다.
bannir [bani:r] *v.t.* ① 추방하다(proscrire); 내쫓다(chasser). [~ *qn* de] ~ *du* territoire national les personnes dangereuses 위험 인물들을 국외로 추방하다. ② 끊다, 없애다(supprimer, ôter); 물리치다(rejeter). ~ *de* luxe 사치를 몰아내다. ~ l'usage du tabac 담배를 끊다. [~ *qc* de] ~ *une* mauvaise pensée *de* son esprit 머리에서 나쁜 생각을 몰아내다.
—*se* ~ *v.pr.* [se ~ de] (자진해서)멀어지다; 추방되다, 스스로 명명하다. Il *s'est banni* de son pays. 그는 국외로 추방되었다《명명했다》.
bannissable [banisabl] *a.* 추방할 만한.
bannissement [banismɑ̃] *n.m.* 추방, 유배(exil); 《드물게·문어》(습관 따위의)폐지. ~ de certaines coutumes 어떤 관습의 폐지.
bannisseur [banisœ:r] *n.m.* 추방자.
banon [banɔ̃] *n.m.* 수확 후에 풀을 먹이는 권리(를 행사할 수 있는 기간).
banovine [banɔvin] *n.f.* (세르비아의)도(道).
Banq. (약자)banque 은행.
banquable [bɑ̃kabl] *a.* =**bancable**.
banquais(e) [bɑ̃kɛ, -ɛ:z] *a., n.m.* 뉴펀들랜드 근해에서 대구잡이에 종사하는(어선[어부]).
*****banque**[1] [bɑ̃:k] *n.f.* ① 은행(업). ~ des yeux(du sang)【의학】안구(혈액)은행. ~ d'affaires 상공은행. ~ de crédit 신용은행(금고). ~ de dépôt 예금은행. ~ de données(d'information(s), de l'informatique) 정보은행, 데이터뱅크. ~ de documentation 자료은행, 자료센터. ~ d'État 국립은행. ~ privée 민간은행. la B~; la B~ de France 프랑스은행. la B~ Mondiale 세계은행. avoir (ouvrir) un compte en ~ 은행에 구좌가 있다《구좌를 개설하다》. avoir un compte de ~ avec *qn* …와 은행 거래가 있다. ~ de placement (d'émission) 지폐 발행 은행. billet de ~ 은행권, 지폐. carnet(livret) de ~ (당좌)예금통장. la haute ~《집합적》대은행업자. somme en ~ 은행에 예금되어 있는 금액, 은행 잔고. ② (노름판의)물주(의 돈). faire sauter la ~ 물주를 쓰러뜨리다, 판돈을 다 쓸어버리다. tenir la ~ (노름의)물주가 되다. ③《구어》(약장수 따위의)과장 선전. faire de la ~ (자기 상품을)과대 선전하다. ④ (인쇄공에 지불되는)급료, 봉급날(jour de ~).
banque[2] *n.f.* 판매대(comptoir), 작업대; (특히 철도에서 수하물을 취급하는)카운터.
banque[3] *n.f.*《사투리》(암석 따위의)층. ~ de neige 적설층.
banquer [bɑ̃ke] *v.t.* (작은 배에)걸상을 마련하다.
—*v.i.* 뉴펀들랜드 근해로 고기잡이 가다;《속어》지불하다(payer).
banqueroute [bɑ̃krut] *n.f.* ① 【법】파산, 도산(faillite). ~ d'État; ~ publique 국채(國債)지불 정지. ~ frauduleuse 사기파산. ~ involontaire (volontaire) 강제(임의)파산. ~ simple 단순파산. faire ~ 파산하다. ②《문어》《비유적》(어떤 일·기획의)실패, 파산. mener *qc* à une ~ totale …을 완전히 파산시키다.
faire ~ à qc《구어》(약속 따위의)를위배하다, 어기다, 손상시키다. *faire ~ à* l'honneur 명예를 손상시키다.
faire ~ de《구어》…을 지불할 수 없게 되다.
banqueroutier(ère) [bɑ̃krutje, -ɛ:r] *a.* 파산의, 도산한. —*n.* 파산자, 지불불능자.
banquet [bɑ̃kɛ] *n.m.* 연회, 향연, 축연(festin). ~ de cent couverts 100 사람이 참석하는 연회. salle de ~ 연회장. ~ nuptial(de noces) 결혼 피로연. ~ sacré(céleste, divin, eucharistique)【종교】성찬식, 영성체(領聖體). le B~ 플라톤의 대화편「향연」.
banqueter [bɑ̃kte] [5] *v.i.* 잘 먹다(faire la fête); 연회에 참석하다.
banqueteur [bɑ̃ktœ:r] *n.m.* 연회의 손님.
banquette [bɑ̃kɛt] *n.f.* ① (쿠션이 있는)긴 의자; (버스·전차의)좌석; (옛)(승합 마차)옥상의 좌석. ②【축성】흉벽 내부에 둘러놓은 사격용 발판; 【토목】(제방의)작은 계단; (다리·운하·터널)【광산】폐석 더미;【골프】벙커;【경마】(장애물 경기에서 말이 뛰어 넘는)잔디밭의 경사(~ irlandaise). ~ de halage 예선로(曳船路). ~ de sûreté 도로 연변의 안전을 위한 낮은 흙담. ~ de tir (참호내의)발사 발판. ③ 창틀의 밑바닥 석재(石材), (*pl.*)(팔꿈치 높이의)울; 건선거(乾船渠)의 계단.
faire ~ (무도장에서 춤추지 않고)가장자리 의자에 만앉아 있다; 방관하다;《스포츠》(후보선수가)벤치를 지키다. *jouer devant les ~s (des ~s vides)*【연극】자리가 빈 객석 앞에서 공연하다.
*****banquier[1](ère)** [bɑ̃kje, -ɛ:r] *a.* 은행(업)의. —*n.* 은행가(업자)(banquière 는 은행가의 아내의 뜻으로도 됨); (노름판의)물주. être le ~ de *qn* …에게 돈을 빌려주다. ~ *cambiste* 환전상. prendre *qn* pour son ~ …을 물주로 삼다.
banquier[2] [bɑ̃kje] *n.m.* (뉴펀들랜드 근해에 출어하

는)대구잡이 어선.

banquise [bɑ̃kiːz] n.f. (남·북빙양 연안의)대부빙군(大浮氷群)(banc de glace).

banquiste [bɑ̃kist] n.m. (예)(서커스 따위의)호객꾼; (거리의)약장사, 곡예사.

bantam [bɑ̃tam] (<Bantam, 자바 서부의 항구) n.m. 반탐지방 원산의 닭(coq(poule) de B~). —a. poids ~ 〖권투〗 밴텀급.

bantou(e) [bɑ̃tu] a. 반투족[어]의. —B~ n. 반투족(남아프리카 흑인종의 총칭). —n.m. 반투어.

banvin [bɑ̃vɛ̃] n.m. (영주가 내리는)포도주 판매 허가 포고(布告); (그 포고 이전의 영주의)포도주 독점 판매권. 〖도주.

banyuls [banjuls] n.m. (동부 피레네산의)달콤한 포

baobab [baobab] n.m. 〖식물〗 바오밥나무.

b. à p.《약자》 billet à payer 〖상업〗 지불 어음.

baphier [bafje] n.m. 〖식물〗 바피아.

baptême [batɛm] n.m. ① 〖종교〗 세례, 영세. extrait de ~ 세례증명서. robe du[de] ~ 세례복. nom de ~ 세례(영세)명. donner[conférer] le ~ 세례[영세]를 주다. recevoir le ~ 세례[영세]받다. ② (종·배 따위의)명명식.
~ *de l'air* 처녀비행. ~ *de la ligne*[*du tropique*] 〖해양〗 적도제(赤道祭). ~ *du feu* 포화의 세례, 처음 참가한 전투. ~ *du sang* 피의 세례, 순교.

baptiser [batize] v.t. ① 〖종교〗 (에게)세례(영세)를 주다. le nouveau-né 갓난아기에게 세례(영세)를 주다. ② 세례명을 주다; (배·종 따위의)명명하다; (에게)세례(영세)하여 이름을 붙이다; 〖구어〗 (에게)별명을 붙이다. ~ un enfant sous le nom de Georges 아이에게 조르주라는 세례명을 주다(이름을 붙이다). Le paquebot *fut baptisé* le Prince. 그 여객선은 프린스호라고 명명되었다. ③ 〖구어〗 (에) 물을 타다. ~ du lait[du vin] 우유(포도주)에 물을 타다.

baptismal(ale *pl.* **aux)** [batismal, -o] *a.* 〖종교〗 세례(영세)의, 세례(영세)용의. eau ~*ale* 세례수(水). fonts ~*aux* 세례반(盤)(이 있는 교회).

baptisme [batism] n.m. 침례교.

baptistaire [batistɛːr] a. 세례(영세)증명의. registre(extrait) ~ 세례명부(증명서). —n.m. 세례(영세)증명서.

Baptiste [batist] n.pr.m. 바보 역을 하는 배우의 이름. *tranquille comme ~ b~* 〖구어〗 아주 조용한; 침착한, 아주 무관심한. ② 〖종교〗 침례교도. —*a-.* 침례교의. doctrine ~ 침례교 교리.

baptistère [batistɛːr] n.m. 세례당(洗禮堂).

baquet [bakɛ] n.m. ① 나무통, 함지. ② (스포츠카·경주용 자동차의)움푹 파인 의자(siège en ~).

baqueter [bakte] [5] v.t. (통에서 물을)퍼내다.

baquettes [bakɛt] n.f.pl. 〖야금〗 (금속을 늘이는 데 쓰는)집게.

baquetures [bakty:r] n.f.pl. (큰 술통에서)작은 통 속으로 떨어지는 술.

bar¹ [baːr] n.m. 〖어류〗 농어.

bar² 〖영〗 n.m. 바, 술집; (바의 술마시는)카운터. prendre une consommation au ~ 카운터에서 술을 마시다.
〖REM〗 다른 명사와 함께 여러가지 복합명사를 이룸: **bar-bibliothèque** [barbibli(j)ɔtɛk] n.m. (급행열차 안의)서재·잡지·신문판매장을 겸한 바. **bar-dancing** [bardãsiŋ] 〖영〗 n.m. 댄싱바. **bar-discothèque** [bardiskɔtɛk] n.m. 디스코텍을 겸한 바. **bar-tabac** [bartaba] n.m. 담배가게를 겸한 바.

bar³ n.m. =**bard**.

bar⁴ n.m. 〖기상〗 바(기압의 단위).

b. à r. 《약자》 billet à recevoir 〖상업〗 받을 어음.

barachois [baraʃwa] n.m. (암석에 둘러싸인)얕고 작은 항구.

baragouin [baragwɛ̃] n.m. 〖구어〗 알아들을 수 없는 말, 영문모를 말《특히 외국어의 경우》(charabia, jargon).

baragouinage [baragwinaːʒ] n.m. 〖구어〗 영문모를 말을 하기; 영문모를 말(baragouin).

baragouiner [baragwine] 〖구어〗 v.t. 알아들을 수 없이(서투르게)말하다. ~ l'anglais 서투른 영어를 하다. —v.i. 알아들을 수 없는 말을 하다, 영문모를 말을 하다. Ces étrangers *baragouinent* entre eux. 이 외국인들은 저희끼리 알아들을 수 없는 말을 한다.

baragouineur(se) [baragwinœːr, -øːz] n. 알아들을 수 없는 말을 하는 사람.

baraka, baracca [baraka] 《아라비아》 n.f. 축복(bénédiction); (불운·위험 따위에서 지켜주는)행운(chance). avoir la ~ 운이 좋다.

baralipton [baraliptɔ̃] n.m. (스콜라학파가 말하는)삼단논법식 방법의 하나.

baraque [barak] n.f. ① 바라크, 가건물, (pl.) 〖군사〗 막사, 병사(兵舍). ② 〖구어〗 허술한 집, 너절한 집. ③ 〖속어〗 한패, 일당. toute la ~ 패거리. ④ 〖비어〗 음부(陰部). *casser la* ~ 〖구어〗 가볍게 부셔[제제]를 파괴하다; (배우·가수 따위의)대성공을 거두다.

baraqué(e) [barake] a.p. 〖속어〗 건장한. Ne t'en prends pas à lui, il est bien ~. 그자에게 덤벼들지 마, 아주 건장하니까.

baraquement [barakmã] n.m. ① 〖군사〗 병사 숙박. ② (보통 pl.) 병사, 병영; (포로·피난민·인부 따위를 수용하는)막사, 가건물.

baraquer [barake] v.t. 〖군사〗 병사(막사)에 넣다. —v.i. ① 병사에 묵다. ② (낙타가)쭈그려 앉다. —se v.pr. ① 병사에 묵다. ② (자기를 위해)바라크를 짓다.

baraquette [barakɛt] n.f. ① 작은 가건물. ② 〖해양〗 자매 도르래.

baraquiste [barakist] n.m. 〖군사〗 병사 건축병(兵舍建築兵).

barate [barat] n.f. 〖해양〗 돛자락에 꿰매 붙인 헝겊조각.

baraterie [baratri] n.f. ① 〖해양〗 (선주·하주에 대한)선장(선원)의 비행[불법 행위]. ② 파렴치한 도둑질.

barathromètre [baratrɔmɛtr] n.m. 해류의 속도·방향 측정기.

baratin [baratɛ̃] n.m. 〖속어〗 감언이설을 늘어놓기; 수다(bavardage). faire du ~ à qn …을 감언이설로 속이다. aimer à faire du ~ 즐겨 수다를 떨다.

baratiner [baratine] v.i., v.t. 〖속어〗 감언이설로 속이다. ~ un client 고객을 교묘히 속이다.

baratineur(se) [baratinœːr, -øːz] a. 감언이설로 속이는. —n. 감언이설로 속이는 사람.

baraton [baratɔ̃] n.m. =**baratton**.

barattage [barataːʒ], **barattement** [baratmã] n.m. (버터를 만들기 위해 우유를)휘젓기.

baratte [barat] n.f. (버터제조용)교유기(攪乳器).

baratter [barate] v.t. (버터를 만들기 위해 우유를)교유기에 넣고 휘젓다.

baratteur(se) [baratœːr, -øːz] n. 교유하는 사람, 교유기.

baratton [baratɔ̃] n.m. (우유를)휘젓는 막대기.

barbacane [barbakan] n.f. ① 〖토목〗 (도로의)배수구; 벽의 배수 구멍. ② 〖예〗 〖축성〗 외보(外堡); (외보의)총안(銃眼)(meurtrière)(→ château

그림).

barbacole [barbakɔl] *n.m.* 《옛》유식한 체하는 학교 선생, 훈장.

barbadais(e) [barbadɛ, -ɛ:z] *a.* 바르바도스(*la Barbade*)(사람)의. —*n.* 바르바도스 사람.

Barbade (la) [labarbad] *n.pr.f.* 《지리》바르바도스(영령(英領) 서인도 연방의 섬). eau des ~s = citronnelle②.

barbant(e) [barbā, -ā:t] *a.* 《구어》지루한, 따분한, 귀찮은(ennuyeux).

barbaque [barbak] *n.f.* 《속어》(특히 품질이 나쁜) 고기. marchand de ~ (창녀를 데리고 다니는)뚜장이.

barbarasse [barbaras] *n.f.* 《해양》닻 쇠사슬의 미끄러짐을 막는 장치.

barbare [barba:r] *a.* ①문명에 뒤진, 문명권 외에 있는, 미개한, 야만스러운(primitif, sauvage); (고대 그리스·로마 사람, 기독교도의 입장에서 볼 때)외국의(étranger). invasion ~ 외적의 침입. ② 잔인한, 무정한, 비인간적인(cruel, féroce, ↔ humain). crime ~ 잔인한 범죄. ③ 세련되지 못한, 교양없는, 야비한(grossier, inculte, ↔ raffiné). musique ~ 상스러운 음악. ④(표현이)부정확한(incorrect), 어법에 어긋나는. façon de parler ~ 어법에 어긋나는 말씨. ⑤ 활력에 넘치, 야성적인; 강한 인상을 주는. expression ~ 강렬한 인상을 주는 표현.
—*n.* ①《옛》(고대 그리스·로마인, 기독교도의 입장에서)이방인. ② 미개인, 야만인; 교양없는 사람; 야인. se conduire comme un ~ 야만인[무뢰한]처럼 행동하다.
—*n.m.* 세련되지 못한 표현[양식], 강렬한 인상을 주는 표현.

barbarée [barbare] *n.f.* 《식물》겨자과(科) 식물의 일종(샐러드용).

barbarement [barbarmā] *ad.* 야만스럽게; 잔인하게, 무정하게.

barbaresque [barbarɛsk] *a.* 바르바리아(*Barbarie*)의. États ~s 바르바리아의 여러나라.
—**B~** *n.* 바르바리아 사람.

Barbarie [barbari] *n.pr.f.* 바르바리아(*Maroc, Algérie, Tunisie, Tripolitaine*에 걸친 북아프리카 지방): ⓐ lynx de ~=caracal. ⓑ vache(biche) de ~= bubale. ⓒ canard de ~ 《조류》(아프리카 원산의)쇠오리.

barbarie *n.f.* ① 잔인, 난폭(cruauté, brutalité, ↔ bonté). commettre des actes de ~ 잔인한 짓을 저지르다. La ~ de la répression a indigné le monde. 잔인무도한 탄압은 세계를 분노케 했다. ② 미개, 야만(↔ civilisation); 야비, 무지, 상스러움 (grossièreté). faire sortir des peuplades de leur ~ 야만족들을 개화시키다. ③ (말·표현 따위의)세련되지 못함; 어법에 어긋남. 부정확, 불순. ④ 야성적 활력, 야성미.

barbariser [barbarize] *v.t.* 야만화하다, 상스럽게 하다. —*v.i.* 부정확한 어법을 쓰다.

barbarisme [barbarism] *n.m.* 《언어》부정확한 어법(어구).

*****barbe**¹ [barb] *n.f.* ①(턱·뺨·입의)수염. avoir de la ~; porter la ~ 수염을 기르고 있다. se faire faire [raser] la ~ 수염을 깎게 하다. se faire[raser] la ~ 수염을 깎다. ~ de huit jours 한 주일째 깎지 않은 수염. ~ en collier 얼굴 주위에 기른 수염. ~ en éventail 부채 모양으로 기른 수염. ~ fleurie 의 첫하게 기른 흰 수염. jeune ~ 풋나기. ~ grise 회색수염; 노인. vieille ~ 《구어》늙은이; 시대에 뒤진 사람. grande ~ 텁석부리. l'Empereur à la ~ fleurie 수염황제 (샤를마뉴 대제의 칭호).

② 《수염 같은 것》ⓐ (새·물고기의)수염; (보리 밑의)꺼끄러기, 까락; 곰팡이. ⓑ (자물쇠 혀의) V 자꼴 홈, (*pl.*) (종이의)톱니꼴 가장자리; (목제의) 절단부; (판자의)접합부; 여자용 두건의 끄트머리. ⓒ à ~ à papa 《제과》솜사탕.
à la ~ de qn …의 앞(면전)에서, …을 무시하여.
avoir de la ~ (내용·주제 따위가)진부하다.
avoir de la ~ au menton 성년이 되다. *n'avoir pas de ~ au menton* 턱에 수염이 나지 않다, 새파랗게 젊다.
B~ bien étuvée est à demi rasée. 《격언》시작이 반이다.
Ce qu'il est ~! 참 귀찮은 자로구나!
C'est une(la) ~!; La(Quelle) ~! 《속어》정말 지겨운데! 이제 그만해 두지!
C'était la ~ et les cheveux! 《속어》아이구 얼마나 지긋지긋했던지!
du côté de la ~ 남자측에.
faire ~ de paille à qn 《옛》…을 속이다.
faire la ~ à qn 《구어》…의 수염을 깎아 주다; …에게 이기다.
parler dans sa ~ 중얼거리다.
prendre de la ~ 나이가 들다; (빵 따위에)곰팡이가 피다.
prendre une ~ 《속어》술취하다.
rire dans sa ~ 몰래[속으로] 웃다.
—*n.m.* 《은어》(매춘부의)기둥서방(barbeau).
—*a.* 《속어》지겨운, 귀찮은(barbant).

barbe² *n.m.* 《지리》바르바리아 (*la Barbarie*)의. —*n.m.* 바르바리아 말(馬).

barbe-à-Jean [barbaʒā] (*pl.* ~s-~-~) *n.f.* 《식물》되지(草地) 선모(仙茅).

barbe-à-poux [barbapu] (*pl.* ~s-~-~) *n.f.* 《속어》꼬불꼬불하게 지저러분은 수염.

barbeau¹ [barbo] (*pl.* ~x) *n.m.* ① 《어류》돌잉어. ② 《은어》기둥서방, 포주.

barbeau² *n.m.* 《식물》수레국화. —*a.* 《불변》연푸른(bleu ~).

barbe-bleue [barbablø] *n.m.* 잔인한 남편 (17세기 작가 *Perrault*의 작품 주인공 이름에서 유래; 주인공은 6명의 처를 죽이고 일곱번째 처를 살해하려다 오히려 피살됨).

barbecue [barbəkju(ky)] 《영》*n.m.* 《요리》야외에서 고기 굽는 틀; 바베큐 요리.

barbe-de-bouc [barbəbuk] (*pl.* ~s-~-~) *n.f.* 《식물》들쇠채(국화과). ② 《세균》=clavaire, hydne.

barbe-de-capusin [barbədkapysɛ̃] (*pl.* ~s-~-~) *n.f.* 《식물》풀상치류 (샐러드용); 니겔라.

barbe-de-chèvre [barbədʃɛ:vr] (*pl.* ~s-~-~) *n.f.* 《식물》조팝나무.

barbe-de-Jupiter [barbədʒypitɛ:r] (*pl.* ~s-~-~) *n.f.* 《식물》앙탈러스과(科)의 식물.

barbe-de-moine [barbədmwan] (*pl.* ~s-~-~) *n.f.* 《식물》새삼.

barbelé(e) [barbəle] *a.* 가시·까끄라기가 있는. fil de fer ~ 가시철사. —*n.m.* 가시철사, (*pl.*)철조망 (réseau de ~s).

barbelure [barbəly:r] *n.f.* ① 《식물》(보리·밀의) 까끄라기, ② (화살의)미늘.

barber [barbe] 《속어》*v.t.* 지루하게[싫증나게] 하다 (ennuyer). Ça me barbe. 이제 진저리가 난다.
—*se* ~ *v.pr.* 넌더리(진절머리)나다(s'ennuyer).
On s'est barbé à cent francs[sous] de l'heure. 우리는 정말 진절머리가 났다.

barbet¹(*te*¹) [barbɛ, -ɛt] *a.* 곱슬곱슬한 긴 털을 가진. —*n.* (위)의 오리 사냥개.

crotté comme un ~ 진흙투성이의. ***suivre comme un ~*** (사람을)바싹 붙어 뒤따르다.

barbet² [barbɛ] *n.m.* ① 【어류】 돌잉어. ② 【종교】(*Cévennes* 지방의)신교도. ③ (알프스의)밀수입자.

barbette² [barbɛt] *n.f.* ① (수녀의)가슴수건. ②【축성】(흉벽 너머로 발포할 수 있도록 높이 쌓아 올린)포좌(砲座)(→ fortification 그림). ③【군사】canon à(en) ~ (군함의)갑판포; officier de ~ 《속어》공병사관; tirer à ~ (엄호물 뒤에 숨지 않고)몸을 드러낸 채 사격하다. ***coucher à ~***《속어》침대없이 마룻바닥에서 자다.

barbette³ *n.f.* 《속어》이발사의 아내.

barbeyer [barbɛ(e)je] *v.i.* 【해양】(돛이)펄럭이다.

barbiche¹ [barbiʃ] *n.f.* ① 염소수염, 턱수염. ②【식물】니겔라.

barbichet [barbiʃɛt] *n.f.*《구어》짤막한 턱수염.

barbiche², **barbichet** [barbiʃɛ], **barbichon** [barbiʃɔ̃] *n.m.* 복슬강아지.

barbichette [barbiʃɛt] *n.f.*《구어》짤막한 턱수염.

barbier [barbje] *n.m.* ① 이발사(coiffeur). ②【어류】흡반(吸盤)이 있는 물고기; (꼬리에)가시가 돋친 물고기. ***Un ~ rase l'autre.***《속담》유유상조(類類相助)하다 (끼리끼리 돕는다).

barbifère [barbifɛːr] *a.* 수염이 있는.

barbifiant(e) [barbifjɑ̃, -ãːt] *a.*《구어》권태로운, 진저리나는 (ennuyeux).

barbifier [barbifje]《구어》*v.t.* ①(의)수염을 깎다 (raser). ② 권태롭게 하다(ennuyer).
— ***se ~*** *v.pr.* ①수염을 깎다. ② 권태롭다.

barbifique [barbifik] *a.* =**barbifiant**.

barbille [barbij] *n.f.* 화폐면에 남은 실오라기 모양의 자국.

barbillon [barbijɔ̃] *n.m.* ①(물고기·곤충의)수염; (닭의 부리 속의)살수염; (*pl.*)(가축의)설하(舌下)점막의 주름; (맹금류의)혓병. ②(화살·낚시의)미늘. ③【어류】돌잉어 새끼. ④《은어》기둥서방, 포주.

barbiset [barbizɛ] *n.m.*《은어》기둥서방; 포주.

barbiste [barbist] *a.* (파리의)생뜨바르브(*Sainte-Barbe*)학교의. — *n.m.* (그)졸업생, 학생.

barbital [barbital] *n.m.* 바르비탈(지속성 수면제).

barbitos [barbitoːs], **barbiton** [barbitɔ̃] *n.m.* 그리스의 대형 하프.

barbiturate [barbityrat] *n.m.*【화학】바르비투르산염(酸鹽)〔=유도체〕.

barbiturique [barbityrik] *a. acide ~*【화학】바르비투르산. — *n.m.*【약】바르비투르산제.

barbiturisme [barbityrism] *n.m.* 바르비투르산제에 의한 중독.

barbon [barbɔ̃] *n.m.* ①【경멸】늙정이. ***faire le ~; s'ériger en ~*** = 늙은이 티를 내다. ②【식물】= andropogon.

barbot [barbo], **barbote** [barbɔt] *n.f.*【어류】미꾸라지.

barbotage [barbotaːʒ] *n.m.* ①(부리로)물이나 진창 속을 뒤지기; 진창(물) 속을 절벅거리기. ②(정화를 위해 기체를)액체 속에 불어넣기; (액체를)휘젓기. ③《구어》(비유적)횡설수설, 중언부언. ④《속어》훔치기, 들치기(vol). ⑤ 낭처한 상태, 궁지, 난국. ⑥(낟알·겨 따위를 더운 물에 갠)말과 소의 사료.

barbotement [barbɔtmɑ̃] *n.m.* =**barbotage**.

barboter¹ [barbɔte] *v.i.* ①(부리로)물·진창 속을 뒤지다; 물·진창 속에서)절벅거리다(patauger); 물을 튀기다. ***Les canards aiment (à) ~ dans les mares.*** 오리는 늪에서 이리저리 헤집기를 좋아한다. ***J'ai barboté*** dans un jardin inondé. 나는 침수된 뜰 안을 절벅거리며 걸었다. ②(기체가 물 속을)부글부글 통과하다. ③ 배가 맞바람을 받아 잘 나가지 못하다. ④《구어》횡설수설(중언부언)하다; 비참한 상태가 되다(로 살다). ⑤《속어》도둑질하다, 들치기(날치기)하다.
— *v.t.* ①헹구다, 빨래하다. ②횡설수설(중언부언)하다. ③《속어》훔치다, 날치기하다(chiper). ***Il s'est fait ~ son portefeuille dans le métro.*** 그는 지하철에서 지갑을 도둑맞았다.

barboteur(se) [barbɔtœːr, -φːz] *a.*《속어》훔치는, 들치기(날치기)·소매치기하는.
— *n.* ①진창(물) 속에서 절벅거리는 사람; (어)횡설수설하는 사람. ②《속어》도둑놈, 날치기.
— *n.m.* ①【조류】집오리. ② 교반기; 혼합기; 세탁기. ③(액체에 대한)가스 발응기.
— *n.f.* ①(어린이가)놀 때 입는 옷; (유아가)기어 다닐 때 입는 옷. ② 세탁기. ③《엣·속어》매춘부.

barbotier [barbɔtje] *n.m.*《속어》(수감자의)소지품 검사계.

barbotière [barbɔtjɛːr] *n.f.* ① 집오리가 먹이를 찾는 물웅덩이. ②(소·말의)죽통.

barbotin [barbɔtɛ̃] *n.m.*【기계】쇠사슬돌니바퀴의 이, 스프로켓; 캐터필러[무한궤도]에 물리는 톱니바퀴.

barbottage [barbɔtaːʒ] *n.m.* =**barbotage**.

barbotte [barbɔt] *n.f.* =**barbote**.

barbottement [barbɔtmɑ̃] *n.m.* =**barbotement**.

barbotter [barbɔte] *v.i., v.t.* =**barboter**.

barbotteur(se) [barbɔtœːr, -φːz] *a., n.* =**barboteur**.

barbouillage [barbujaːʒ] *n.m.* ①함부로(마구) 칠하기, 글자를 되는대로 휘갈기기, 낙서(하기); 《엣》실수. ②서투른 그림; 휘갈긴 글씨; 더러움, 얼룩; 조리없는 말투(연설). ***Je ne puis déchiffrer ce ~.*** 나는 이 갈겨쓴 글씨를 판독할 수 없다.

barbouillé(e) [barbuje] *a.p.* ① 더러운 얼굴의. ② 되는대로 그려 놓은; 갈겨 쓴;《속어》추한.
avoir le cœur (l'estomac) ~《구어》메스껍다, 구역질이 나다.
— *n.*《속어》더러운[추한] 얼굴을 한 사람.
— *n.m.* ①《속어》풋나기. ②(*B—*) 어릿광대.
— *n.f.* 나쁜평판. ***se moquer de la ~e*** 사람들의 악평에 개의치 않다.

barbouiller [barbuje] *v.t.* ①(얼굴·종이 따위를)더럽히다(salir); 더럽게 칠하다; 손상하다. ***~ un livre d'encre*** 잉크로 책을 더럽히다. ***~ de jaune une statue*** 조각상을 노랗게 마구 칠하다. ②되는대로 그리다; 괴발개발 쓰다. ***~ du papier*** 초서투른 글을 쓰다. ***~ un article de journal*** 신문기사를 서투르게 갈겨쓰다. ③《엣》우물우물 말하다. ***Cet acteur a barbouillé son rôle.*** 그 배우는 자기가 맡은 대사를 우물우물 말했다. ④《구어》(일을)실패하다. ⑤《구어》***~ le cœur*** (l'estomac)구토증을 일으키다; ***~ la tête*** 골치를 앓게 하다. ⑥《엣》나쁘게 말하다, 나쁜 소문을 내다.
— *v.i.* ①서투른 그림을 그리다; 서투른 글을 쓰다, 휘갈겨쓰다. ② 나쁜 발음을 하다. ③【음악】서투르게 연주를 하다.
— ***se ~*** *v.pr.* ①(얼굴을 더럽히다; 자기의 ···을 더럽히다.《*se*는 직접목적보어》***Elle s'est barbouillée de confitures.*** 그녀는 잼으로 얼굴을 더럽혔다.《*se*는 간접목적보어》***se ~ le visage*** 얼굴을 더럽히다. ②《엣》평판을 나쁘게 하다; 웃음거리가 되다. ***s'est bien barbouillé.*** 그는 아주 조롱거리가 되었다. ③(날씨가)흐려지다. ***se ~ [se ~ de] (을)마구 처넣다.*** ***se ~ de grec et de latin*** 희랍어와 라틴어를 잡다하게 암기하다.

barbouilleur(se) [barbujœːr, -φːz] *n.* ①(벽·천장을

barbouillis [barbuji] *n.m.* =**barbouillage②**.

barbouillon(ne) [barbujɔ̃, -ɔn] *a.* 일을 서투르게 하는. **—***n.* ① 일을 서투르게 하는 사람. ② 서투른 화가(작가·음악가).

barbouillonnement [barbujɔnmɑ̃] *n.m.* barbouiller 하기. ~ de cœur 메스꺼움.

barbouze [barbu:z] *n.f.* 《속어》① 수염. ②《때로 *m.*》비밀경찰; 밀정, 탐정(agent secret).

barbu(e) [barby] *a.* ① 수염이 있는; 수염 같은 솜이 달린(↔ glabre); 《식물》까끄라기가 있는. ② 곰팡이가 핀. pain(fromage) ~ 곰팡이가 핀 빵(치즈). **—***n.m.* ①《조류》오색조(五色鳥). ②《비어》여성의 음부. **—***n.f.* 《어류》가자미, 넙치.

barbule [barbyl] *n.f.* (새의)가는 우지(羽枝).

barbus [barby] *n.m.* 《어류》 돌잉어의 일종.

barca [barka] 《아라비아》 *int.* 《군대속어》 안돼! 틀렸어!

barcarolle [barkarɔl] *n.f.* ①(특히 곤돌라의)뱃노래. ②《음악》바르카롤, 뱃노래.

barcasse [barkas] *n.f.* 《해양》① 느린 배, 낡은 배; 《속어》큰 범선. ② 화물 운송선.

barcelonais(e) [barsəlɔnε, -ε:z] *a.* 바르셀로나 (Barcelone, 에스파냐의 도시)의. **—B~** *n.* 바르셀로나 사람.

Barcelone [barsəlɔn] *n.pr.f.* 《지리》바르셀로나.

barcelonnette [barsəlɔnεt] *n.f.* =**bercelonnette**.

bard [ba:r] *n.m.* 들것 모양의 운반 기구; 손수레.

barda [barda] *n.m.* ①《군대은어》개인장비 전체 (équipement). ②《속어》수하물(chargement).

bardage [barda:ʒ] *n.m.* bard 로 운반하기; 예술품 주위에 널빤지를 대서 보호하기.

bardane [bardan] *n.f.* 《식물》우엉.

bardé¹ [bard] *n.m.* (켈트족의)음유(吟遊)시인; 서정시인, 시인.

barde² *n.f.* ①《요리》고기를 싸서 굽는 라드. ② 걸개, 《옛》말의 갑옷; (*pl.*)(16세기의)일종의 금속판 갑옷.

barde³ [bard] *n.f.* (다음 부사구로만 쓰임)à toute ~ 《구어》전속력으로.

bardeau [bardo] (*pl.* ~*x*) *n.m.* ①《건축》지붕널. ② 작은 뗏목. ③《인쇄》활자 상자. ④ 새끼노새(bardot).

bardée [barde] *n.f.* 고기를 싸서 굽는 라드.

bardée² [barde] *n.f.* 손수레 한 대(의 짐).

bardelle [bardεl] *n.f.* 들것(손수레)의 조종대;(거친 천으로 만든)길마.

barder¹ [barde] *v.t.* ①(닭·새고기를)라드로 싸다. ②(강철 따위의)금속판을 입히다;《옛》(에게)갑옷을 입히다, (말에)갑옷을 입히다. [~ de | ~ de fer un chevalier 기사에게 철갑옷을 입히다. *bardé de* croix《구어》(사람의)훈장을 가득달다. malle *bardée d'étiquettes* 표찰이 잔뜩 붙은 트렁크. La porte *était bardée de* vieilles ferrures rouillées. 문에는 녹슨 낡은 철구(鐵具)들이 주렁주렁 결려있었다. ③(에 대해)방어하다. [être bardé contre] Je *suis bardé contre* de tels coups du sort. 나는 그같은 운명의 시련을 당해낼 수 있다.

—se ~ *v.pr.* ① 갑옷을 입다. ②《비유적》(태도·사상 따위로)스스로를 지키다[방어하다] (se protéger). *se ~ de gravité* 위엄있는 태도로 대하다. ③(옷 따위)걸치다, 입다(se couvrir).

barder² *v.t.* (들것 모양의 운반구에)실어 나르다. **—***v.i.imp.* 《속어》순조롭게 되지 않다; [폭풍 따위 가]맹위를 떨치다; 화를 낼 때)협박하다 [mena-

---

cer]다. S'il se met en colère, ça va ~. 그가 화를 내는 날이면 일이 심상치 않다. Ça *a bardé* la semaine dernière. 요전에 혼났다.

bardeur [bardœ:r] *n.m.* bard 를 사용하는 사람; 광차(鑛車).

bardin [bardε̃] *n.m.* 《속어》=**barda**.

bardis [bardi] *n.m.* 《해양》화물창의 간막이 널.

bardit [bardi] *n.m.* (고대 게르만족의)군가.

bardot [bardo] *n.m.* ①《동물》수나귀와 암말과 수말과의 잡종;《구어》끔림감, 놀림감. ②《인쇄》파지(잘못 인쇄된 종이).
*passer pour ~ 《속어》*입장료[회비]가 필요없다.

-bare *suff.* 「대기압(大氣壓)」의 뜻.

barège [bare:ʒ] *n.m.* (< *Barèges*, 프랑스 도시) *n.m.* 바레주 직물, 가벼운 모직물의 일종; (*pl.*) 유황욕(硫黄浴) (bains de B~s).

barème [barεm] *n.m.* (<(*François*) *Barrème*, 수학자·발명가) *n.m.* ① 계산표, 이자표; (시험 답안의)채점 소견표. ② 계산이 빠른 사람. C'est un ~.《구어》 그는 계산의 천재이다. ③ 계산. faire le ~ de ses *gains* 이익을 계산하다.

baresthésie [barεstezi] *n.f.* 《생리》(피부·근육·뼈·힘줄 등의)압력 감각.

baréter [barete] [6] *v.i.* (코끼리·코뿔소가)울다 (barrir).

barette¹ [barεt] *n.f.* =**barrette¹**.

barette² *n.f.* =**barrette²**.

barette³ [barεt] *n.f.* 태클 없는 럭비.

barge¹ [barʒ] *n.f.* ① 네모꼴의 너벅선;(루아르 강의)바닥이 둥근 어선. ② 네모지게 쌓아올린 건초.

barge² *n.f.* 《조류》흑꼬리도요. ③ 목재의 더미.

barguette [bargεt] *n.f.* 나룻배.

barguignage [bargiɲa:ʒ] *n.f.* 《구어》주저, 망설임.

barguigner [bargiɲe] *v.i.* 《구어》주저하다, 망설이다(hésiter). acheter sans ~ 대뜸 사다. ②《옛》값을 깎다.

barguigneur(se) [barginœ:r, -ø:z] *n.* 《구어》결단성 없는 사람.

barhydromètre [baridrɔmεtr] *n.m.* 수압측정기.

baribal(*pl.* *aux*) [baribal, -o] *n.m.* 《동물》(아메리카의)흑곰.

baricaut [bariko] *n.m.* 작은 통.

barigoule [barigul] *n.f.* 엉겅퀴 요리법의 일종. artichauts à la ~ 양파와 버섯을 다져넣은 엉겅퀴잎.

baril [bari(l)] *n.m.* ① 통. ② de galère(배의)물통. ~ de vin 술통. mettre *qc* en ~ 을 통에 넣다. ③《비유적》화약고; 위험한 것 [상황·지역]. ~ de *poudre* 화약통(처럼 위험한 상황·지역). faire sauter un ~ 화약통을 폭발시키다;《비유적》파국을 초래하다. approcher la mèche du ~ 도화선을 화약통에 가까이하다;《비유적》일촉즉발의 위험을 초래하다.

barilier [barilje] *n.m.* 통 만드는 사람, 통장수.

barillage [barija:ʒ] *n.m.* ①통에 넣기(재기). ② 통 제조술. ③《집합적》《해양》배에 실은 통.

barille [barij] *n.f.* 소다회(灰)를 채취하는 해초.

barillet [barijε] *n.m.* ① 작은 통. ② 통 모양의 귀금속 세공물(완구·잉크통). ③《해부》중이(中耳), 고실(鼓室). ④ (펌프의)피스톤 통; (권총의)탄창. ⑤(시계의)유사통.

barilleur [barijœ:r] *n.m.* =**barilier**.

barine [barin] 《러시아》 *n.m.* 영주; 주인; 신사.

bariolage [barjɔla:ʒ] *n.m.* 잡색, 어울리지 않는 잡다한 빛깔; 잡탕. ~ de style 문체의 부조화.

bariolé(e) [barjɔle] *a.p.* 잡색의; 요란스런 빛깔의; 얼룩덜룩한(bigarré, multicolore). étoffe ~*e* 얼룩덜룩한 천. style ~ (뒤죽박죽의)조잡한 문체.

barioler [barjole] *v.t.* 얼룩덜룩하게 칠하다, 잡색으로 만들다.

bariolure [barjoly:r] *n.f.* =bariolage.

bariquaut [bariko] *n.m.* =baricaut.

baritel [baritɛl] *n.m.* (말이 끄는)원치, 자아틀.

bark(h)ane [barkan] 《아라비아》 *n.f.* 《지질》 반달 모양의 모래언덕.

barle [barl] *n.f.* (광맥의)단층.

barlong(ue) [barlɔ̃, -ɔ̃:g] *a.* 장방형의.

barlotière [barlɔtjɛ:r] *n.f.* 스테인드글라스 창문의 쇠창살.

barmaid [barmɛd] 《영》 *n.f.* 바의 여급.

bar*man*(*pl*. *mans*, *men*) [barman, -mɛn] 《영》 *n.m.* 술집 주인(급사).

Barmécide [barmesid] *n.pr.m.* 바그다드의 명문 바르메시드가(家)의 한 사람. festin de ~ 《구어》겉으로만 번들한 실속 없는 잔치.

barn [barn] 《영》 *n.m.* 《물리》 반(원자핵의 단면적의 단위로 10^{24}cm^2).

barnabite [barnabit] *n.m.* 《종교사》 성 바오로회원(l'ordre des clercs de Saint-Paul).

barnache [barnaʃ], **barnacle** [barnakl] *n.f.* 《조류》 흑기러기.

barne [barn] *n.f.* (염전의)제염소.

barnum [barnɔm] (<*Barnum*, 미국의 흥행사) *n.m.* 《구어》흥행사.

baro [baro] *n.f.* 피레네 산맥의 급류에서 물래바퀴를 돌려서 송어를 잡는 법적으로 금지된 도구.

baro- *préf.* 「무게」의 뜻.

barodet [barɔdɛ] (<*Barodet*, 프랑스의회 회원) *n.m.* 입후보자 정견집.

barogramme [barɔgram] *n.m.* 기압 자기(自記) 기록, 자기 기압계의 기록(선).

barographe [barɔgraf] *n.m.* (항공 고도를 나타내는)자기 기압계.

barologie [barɔlɔʒi] *n.f.* 중력학.

baromètre [barɔmɛtr] *n.m.* ① 기압계. ~ à mercure 수은 기압계. ~ enregistreur 자기(自記) 기압계. Le ~ est à la pluie[au beau fixe, au variable]. 청우계는 비[맑은 날씨, 변덕스런 날씨]를 가리키고 있다. ② 《기계》진공계. ③ 《비유적》척도. La presse est le ~ de l'opinion publique. 언론은 여론의 척도이다. La Bourse est le ~ de l'activité économique. 증권거래소는 경제활동의 척도이다. ④ ~ de pauvre homme 《식물》좁쌀풀, 영정귀류.

barométrie [barɔmetri] *n.f.* 기압측정법; 기압학.

barométrique [barɔmetrik] *a.* 기압[진공]계의.

barométriquement [barɔmetrikmɑ̃] *ad.* 기압[진공]계에 의하여.

barométrographe [barɔmetrɔgraf] *n.m.* 자기(自記) 기압계, 자기 기압 장치.

baron[1] [barɔ̃] *n.m.* ① 남작. ② 《옛》제후. ③ 가장(家長). ④ 거물. (hauts) ~s de la finance[de l'industrie] 재계[실업계]의 거물들. ⑤ 《속어》(사기꾼 따위의)공모자, 한패, 짝(compère).

baron[2] *n.m.* ~ d'agneau 어린 양의 대접살과 안심으로 되어 부분.

baronet [barɔnɛ] *n.m.* =baronnet.

baronnage [ba(ɑ)rɔnɑ:ʒ] *n.m.* ① 남작의 신분. ② (집합적) 남작의 시종(侍從).

baronne [ba(ɑ)rɔn] *n.f.* 남작 부인; 남작의 영지를 가지고 있는 부인.

baronnet [ba(ɑ)rɔnɛ] *n.m.* (영국의)준(準)남작.

baronni*al*(*ale*, *pl*. *aux*) [barɔnjal, -o] *a.* 남작의, 남작령의.

baronnie [ba(ɑ)rɔni] *n.f.* 남작령(領); 남작의 지위.

baroque [barɔk] *a.* ① 이상한, 괴상야릇한(bizarre, excentrique, ↔ normal), idée ~ 괴상한 생각. esprit ~ 기인. Je le trouve ~. 그는 괴짜로 보인다. ② 《미술·건축·음악·문학》바로크식의, style ~ 바로크 양식. âge ~ (불문학에서)바로크 시대. ③ 《옛》(진주 따위가)모양이 고르지 못한. —*n.m.* 바로크 양식.

baroquement [barɔkmɑ̃] *ad.* 괴상하게, 아릇하게. soldats ~ accoutrés 괴상한 복장의 군인들.

baroquisme [barɔkism] *n.m.* (건축·미술·문학작품의)바로크적 성격(특징).

baroscope [barɔskɔp] *n.m.* 《물리》검압기(檢壓器).

baroséisme [barɔseism], **barosisme** [barɔsism] *n.m.* (보통 기압이 저하할 때 일어나며 지속 시간이 미진(微震).

barothermographe [barɔtermɔgraf] *n.m.* 기압 기온계.

baroud [barud] 《아라비아》 *n.m.* 《구어》전투(combat); 싸움, 다툼(bagarre). ~ d'honneur (질 것을 뻔히 알면서 대항하는)명예를 위한 싸움, 옥쇄(玉碎) 전투.

barouder [barude] *v.i.* 《구어》싸우다; 다투다.

baroudeur [barudœ:r] *n.m.* 《구어》싸우기 좋아하는 사람(bagarreur); 호전적인 사람(집단).

barouf [baruf], **baroufle** [barufl] *n.m.* 《속어》떠들썩함, 소란, 소음(tapage); 싸움(dispute, bagarre). faire du ~ 떠들어대다, 소란을 피우다.

*****barque** [bark] *n.f.* ① (일반적으로 100톤 이하의)작은 배, 보트. ~ de pêcheur 고깃배, 어선. ~ de passage 나룻배. ~ de Caron; ~ fatale 《그리스·로마신화》삼도내의 나룻배. trois-mâts ~ 세대박이 돛배. promenade en ~ 보트놀이. ② (소나무 밭에서)송진을 받아놓는 구덩이.

bien mener [*conduire*] *sa* ~ 재주 있게[교묘하게] 해내다. *mener qn en* ~ 《구어》…을 속이다.

barquée [barke] *n.f.* (하물의)작은 배 한 척의 분량.

barquentin [barkɑ̃tɛ̃] 《영》 *n.m.* 《해양》세대박이 범선(帆船).

barquerolle [barkərɔl] *n.f.* 노로 젓는 작은 배; 놀잇배.

barquette [barkɛt] *n.f.* ① 작은 배. ② 배 모양의 비스킷; 배 모양의 그릇.

barr. (약자) barrique 《상업》 큰 통.

bar(r)adeau [baradɔ] *n.m.* (관수·배수를 위한도)랑.

bar(r)adine [baradin] *n.f.* (땅의 침식을 막기 위해 산비탈에 파놓은)고랑.

barrage [ba(ɑ)ra:ʒ] *n.m.* ① (통행·수로를)막기(↔ ouverture), (항만의)폐쇄; 《상업》(수표의)횡선 긋기. ~ d'une rue 거리의 통행 제한. ② 댐; 둑; (통행을 막는)울, 바리케이드; (자연의)장벽. ~ d'une usine hydro-électrique 수력발전소의 댐. ~ de police 경찰의 비상선. ③ 《군사》탄막. tir de ~ 탄막 사격. ~ roulant 돌격엄호를 위한 탄막. ④ 《스포츠》(동점자·동점 팀간의)결승전(match de ~). ⑤ 《옛》통행세를 징수하는 관문; 통행세. faire ~ à qc(qn)…을 저지하다, 방해하다.

barragiste [ba(ɑ)raʒist] *n.(m.)* 둑·댐의 관리인.

barranco [barɑ̃ko] 《포르투갈》 *n.m.* 《지질》분화구의 자리에 생긴 계곡.

barras [barɑs] *n.m.* (바닷가 소나무의)더러운 송진(상질의 것은 galipot).

barre [ba(ɑ)r] *n.f.* ① 막대기(bâton). ~ de bois 나무 막대기. ~ de chocolat 막대 초콜릿. ~ d'or(막대 모양의)금덩어리. ~ de porte 문조의 빗장. ~ d'appui (창의)난간. ~ fixe 《체조》철봉. ~s parallèles 평행봉. exercices à la ~ 《무용》(보조봉을 붙잡고 하는)무용 연습.

② (법정의 재판석과 방청석 사이의)난간. comparaître[être appelé] à la ~ 법정에 출두하다[소환되다]. ~ des témoins 증인대.
③ 〖지질〗 (항구·강 어귀에 쌓인)모래더미로 된 둑. ~ de sable 사주. ~ d'eau(de flot) (강 어귀의)해소(海嘯)(강 어귀에서 밀려오는 조수가 일으키는 거센 물결). ~ de plage 바닷가에 밀려와 크게 부서지는 파도.
④ 〖해양〗 (배의)키 손잡이(~ du gouvernail). homme de ~ (배의)키잡이. kiosque de la ~ 조타실. passer sur la ~(키를 잡고 있어도 배가)바람이 불어오는 쪽에서 빗나가려 하다. sentir la ~ (배가)키에 따르다.
⑤ 줄, 사선, 횡선; 〖음악〗 소절선(~ de mesure); (옷감의)줄무늬. ~ de soustraction 뺄셈표. ~ du t, t 자의 가로 획. tirer deux ~s sur un chèque 수표에 두 줄 횡선을 긋다. double ~ 〖음악〗 겹세로줄. étoffe à ~s 줄무늬가 있는 옷감.
⑥ (pl.) (어린이의)사람잡기놀이(jeu de ~s).
⑦ 〖의학〗 경련, 뒤틀리는 듯한 통증. avoir une ~ sur l'estomac 위가 뒤틀리는 듯 아프다.
⑧ (장방형의)큰 주거용 건물, 아파트. construire des ~s de logements dans les petites villes 소도시에 아파트를 줄줄이 세우다.
⑨ 경계, 한계; (비유적)문턱. franchir la ~ de la majorité absolue 절대다수표의 한계를 넘어서다.
*avoir[prendre] ~(s) sur qn …보다 낫다, 우세[우월]하다; …을 지배(좌우)하다.
*avoir le coup de ~. 녹초가 되다, 기진맥진하다.
C'est de l'or en ~. 그것은 금덩어리나 다름없다, 귀중한[믿을 만한] 것이다.
Cet homme est raide comme une ~ de fer.; C'est une ~ de fer. 그는 어떠한 일에도 굴하지 않는 사람이다.
donner un coup de ~ 방향을 바꾸다. *donner un brusque coup de ~ à une conversation* 갑자기 이야기의 방향을 바꾸다.
jouer aux ~s 사람잡기놀이를 하다; 《구어》 서로 찾으면서 만나지 못하다.
La ~ est tirée. 《구어》 모집 마감은 지났다.
(ne faire que) toucher ~(s) 《구어》 도착하자마자 곧 떠나다.
partir de ~ 첫걸음을 내딛다, (사업 따위를)시작하다.
tenir (bon) ~ à qn(qc) …에 저항하다, 〖牢〗
tenir la ~ 키를 잡다; 주도권을 장악하다.

barré(e) [ba(a)re] *a.p.* ① 막힌, 차단된. rue ~e 통행금지도로. trou ~ 〖골프〗 방해구(자기의 공과 구멍 사이에 있는 상대방의 공). ② 줄을 그어 지운, 삭제한; 횡선을 그은. chèque ~ 횡선을 친 수표. 〖음악〗 ²/₂박자의 기호(¢). ③ dent ~e 〖치과〗 뿌리가 굽은 이; charbon ~ 〖광산〗 불연물(不燃物)이 섞인 석탄.
— *n.m.* ① 〖문장〗 청(青)·은(銀) 두 색의 사선이 있는 방패(écu ~). ② 〖음악〗 바레(기타에서 두 개 이상의 현을 동시로 동시에 누르는 동작).

barreau [ba(a)ro] (*pl.* ~**x**) (< *barre*) *n.m.* ① 창살; (철책·새장·사다리 등의)살. ~ d'une fenêtre 창살. ~**x** de fer d'une prison 감옥의 쇠창살. être sous(derrière) les ~**x** 감옥에 있다, 옥살이를 하다. ② (법정의)변호사석; 변호사업(단·회). le ~ de Paris 파리 변호사회. entrer dans le ~. 변호사가 되다. reçu(admis) au ~; se faire inscrire au ~ 변호사가 되다.

barrel [barɛl] 《영》 *n.m.* 배럴《석유의 단위량, 약 159 리터》(baril).

barrême [barɛm] *n.m.* =**barème**.

barrement [ba(a)rmã] *n.m.* (수표의)횡선긋기.

*****barrer** [ba(a)re] *v.t.* ① (길 따위를)막다, 가로막다, 차단하다(boucher, obstruer); 빗장을 지르다. La rue *est barrée* à cause des travaux. 공사로 인해 길이 막혔다. ~ le boulot 《구어》일을 걷어치우다. ~ la porte à(contre) qn …을 내쫓아버리다, 못 들어오게 하다. ② (비유적)방해하다. Il me *barre* dans tout que j'entreprends. 그는 내가 하는 모든 일을 방해한다. ③ (페이지·글씨 쓴 곳에)줄을 그어버리다, 말소하다(annuler, rayer); 열쇠를 긋다; 〖상업〗 (수표에)횡선을 긋다. ~ ce qui est écrit 써놓은 것을 줄 그어 지워버리다. ~ un chèque 수표에 횡선을 긋다. ~ un t, t 자에 횡선을 긋다. L'ombre des maisons *barre* la route. 집의 그림자가 길에 길게 드리워져 있다. ④ 〖의학〗 (혈관을)잡아매다. ⑤ (막대·살 따위로)보강하다. ~ une table 책상을 막대로 보강하다. ⑥ 〖해양〗 키를 잡다, 조종하다.
~ *le passage(la route, le chemin) à qn* …의 통로를 막다; …의 계획을 가로막다. *être barré des voitures* 《속어》위험을 모면하다.
— *v.i.* 〖해양〗 키를 잡다.
— *se* ~ *v.pr.* ① 〖해양〗 조타(操舵)되다, 키가 조종되다. yacht qui *se barre* lui-même 자동적으로 조타되는 요트. ② 《속어》도망치다(s'enfuir). *se* ~ *à toutes jambes* 걸음아 날 살리라고 달아나다.

barrette[1] [barɛt] *n.f.* ① 테없는 납작한 작은 모자. ② (성직자의)삼각[사각] 모자; (추기경의)붉은 모자. recevoir la ~ 추기경에 임명되다. ③ (광부의)가죽 모자, 헬멧(casque); (과자 만드는 사람의)자루(toque). *parler à la ~ de qn* 《옛》 따귀를 때려서 …의 모자를 떨어뜨리다; 《구어》 …에게 잔소리를 하다, 야단치다.

barrette[1] ②

barrette[2] [ba(a)ret] *n.f.* ① 작은 막대기. ② 머리핀; (양복의)칼라핀; (회중시계의)줄 끝에 달린 고리; 훈장의 리본걸이; 약장(略章).

barrette-verrou [ba(a)rɛtvəru] (*pl.* ~**s**–~**s**) *n.f.* 자물쇠의 빗장.

barreur(se) [ba(a)rœ:r, -ø:z] *n.* 〖해양〗 키잡이, 조타수.

barricade [barikad] *n.f.* ① 바리케이드, 방책. dresser(élever) des ~s 바리케이드를 쌓다. ② (자연의)장애, 장벽(obstacle). ③ (비유적)방해, 반대; 폭동, 내란, 혁명. faire des ~s contre …에 대해 폭동을 일으키다. forcer toutes les ~s 모든 반대[방해]를 극복하다.
être de l'autre côté de la ~ 정반대의 의견을 갖다, 적대적 입장에 서다.

barricader [barikade] *v.t.* ① 바리케이드를 쌓다, 방책으로 막다. ~ une rue 길에 바리케이드를 쌓다. ② (문 따위를)꽉 잠그다[닫다]. ~ sa porte 문을 꽉 닫다; (비유적)아무도 만나지 못하게 하다, 일체 면회를 사절하다, 두문불출하다.
— *v.i.* 방책을 만들다, 바리케이드를 쌓다.
— *se* ~ *v.pr.* ① 바리케이드 속에 틀어박히다, 농성하다(se retrancher). ② (에)틀어박히다, 두문불출하다(s'enfermer). *se* ~ *dans sa chambre* 제 방에 틀어박히다. *se* ~ *dans ses principes* 제 원칙을 고수하다. ③ 경계하다. *se* ~ *contre un beau parleur* 교언하는 사람에 대해서 경계하다.

barrière [ba(a)rjɛ:r] (< *barre*) *n.f.* ① 울, 울타리, 방책, 방벽(clôture, ↔ ouverture); 〖철도〗 (개찰구의)울, 살문; (건널목의)차단기. ~ *d'un passage à niveau* 건널목의 차단기. ~ *oscillante* 올렸

다 내렸다 할 수 있는 방책[살문]. ②(주로 자연의)장벽, 장애물(obstacle). mettre une ~ à qc …을 가로막다. Grande B~ (오스트레일리아 북동부의)대산호초. Les montagnes forment une ~ infranchissable. 산이 넘을 수 없는 장벽을 이루고 있다. ~s douanières 관세장벽. mettre une ~ entre deux personnes (비유적) 두 사람 사이에 장벽을 만들다. ③(도시·성 따위의)문; 문이 있는 곳(근처); (파리의)문밖[외곽]지대. cabaret de ~ (도시의)문밖에 있는 목로집. bal de ~ 변두리 댄스홀. rôdeur de ~ (도시의)성문께를 얼쩡거리는 수상한 사람, 부랑패. ④ 《스포츠》 출발점, 출발식. ⑤ ~ de dégel 해빙기의 중량차량의 통행제한; ~ de potentiel 《물리》 퍼텐셜장벽; ~ d'arrêt 《항공》 활주로의 스톱게이트(《짧은 거리의 비행장에서 착륙을 돕기 위한 것》).

barriquaut [bariko] n.m. =**baricaut**.

barrique [barik] n.f. (약 200~250 리터들이의)큰 통; (그)용량. mettre du vin en ~ 포도주를 통에 담다. être gros comme une ~ 《구어》《구어》뚱뚱하다. être plein comme une ~ 《구어》(배부르게)잔뜩 먹다[마시다].

barrir [bari:r] v.i. (코끼리·무소가)울다(baréter).

barrissement [barismɑ̃], **barrit** [bari] n.m. (코끼리·무소의)우는 소리.

barrot[1] [ba(ɑ)ro] n.m. 《선박》 갑판의 대들보(bau). sous ~s 갑판과 갑판 사이에.

barrot[2] [baro] n.m. 멸치젓을 담는 작은 통.

barroter [barɔte] v.t. 갑판의 대들보까지 (배에)짐을 가득 싣다.

barrotin [barɔtɛ̃] n.m. (배의 전폭에 못미치는)작은 대들보, 반량(半梁).

barrottage [barɔta:ʒ] n.m. 《농업》 촘촘한 철망.

barse [bars] n.f. 《상업》 (중국차 발송용의 주석으로 된)차(茶)상자.

bar-séquanais(e) [barsekane, -ɛ:z] a. 바르쉬르센(Bar-sur-Seine, 프랑스의 도시)의.
—**B~-S~** n. 바르쉬르센 사람.

bartavelle [bartavɛl] n.f. 《조류》 붉은자고새.

bartholin [bartɔlɛ̃] (< Bartholo, Beaumarchais의 희극 Le Barbier de Séville의 인물) n.m. 질투심 많은 늙은 후견인.

bary- préf. 「무거운·중량」의 뜻.

barycentre [barisɑ̃:tr] n.m. 《수학》 중심(重心).

barycentrique [barisɑ̃trik] a. 《수학》 중심의.

barye [bari] n.f. 《물리》 바리(압력의 단위).

barymètre [barimɛtr] n.m. 바리미터(소리의 강도를 측정하는 기구).

barymétrie [barimetri] n.f. 중량 측정.

barysphère [barisfɛ:r] n.f. 《지질》 중권(重圈).

baryte [barit] n.f. 《광물》 중토(重土), 산화바륨; 수산화바륨.

baryté(e) [barite] a. 중토의. papier ~ 《사진》 (황산바륨을 바른)인화지의 원지, 바리타지.

barytifère [baritifɛ:r] a. 《광물》 중토를 함유한.

barytine [baritin] n.f. 《광물》 중정석(重晶石).

barytique [baritik] a. 중토(바륨)의.

baryton [baritɔ̃] n.m. 《음악》 바리톤, 상저음(上低音); 바리톤 가수; 상저음 악기 (특히 상저음 색소폰). —a., n.m. 《그리스문법》 마지막 음절에 강세가 없는 (말) (↔ oxyton).

baryton(n)er [baritɔne], **barytonniser** [baritɔnize] v.i. 바리톤으로 노래하다; 입 속에서 웅얼거리다.

baryum [barjɔm] n.m. 《화학》 바륨.

barzoï [barzɔi] n.m. (털이 긴)러시아산의 사냥개.

:**bas(se)** [ba, ɑ:s] a. ①(일반적으로 명사 뒤에서)ⓐ 높이가 낮은. maison ~se de toit [à toit ~] 지붕이 낮은 집. Les nuages sont ~. 구름이 낮게 드리웠다. Le soleil est ~. 날이 저물고 있다. La rivière est ~se. 개천(의 물)이 낮다. ciel ~ 구름이 낮게 깔린 하늘. temps ~ 구름이 낮게 드리운 침침한 날씨. plafond ~ 낮은 천장; 《기상》 낮게 깔린 구름. mer ~se (~ce mer, marée ~se) 간조. en ce ~ monde 이승에서는. robe ~se 어깨와 등을 드러내는 드레스. coup ~ 《권투》 로블로. ⓑ (소리가)낮은, 굵은. avoir la voix ~se 목소리가 굵다. à voix ~se 낮은 목소리로. messe ~se 《카톨릭》 (음악이 없는)소미사(↔ grand-messe). dire [faire] des messes ~ses 《구어》 (귀엣말로)비밀 이야기를 하다. ⓒ (자세가)낮은, 숙인. la tête ~se 머리를 숙여. l'oreille ~se 의기소침하여. les yeux ~ 눈을 내리 뜨고. avoir la vue ~se 근시이다. faire main ~se sur qn[qc] …을 죽이다; 약탈하다.
②(일반적으로 명사 앞에서)ⓐ 낮은 곳에 있는; 저지의; 아래(하구)에 가까운. ~se terre 저지(terre ~se). ~degrés d'un escalier 계단 아래쪽의 층계. la ~se Seine 센 강 하류지방. les Pays-B~ 네덜란드. ⓑ (정도·신분·지위·연령 따위가)낮은, 하급의. ~ clergé 하급성직자. ~ peuple 하층사회의 사람들. ~ses classes 하층계급; 저학년. ~ âge 유년기. homme de ~se extraction [naissance] 지체가 낮은 집에서 태어난 사람. ~ bout de la table (식탁의)말석. la Chambre ~se (영국의)하원. ⓒ 천한, 저속한, 타락한, 야비한. âme ~se 비열한 인간. ~ comique 저속한 희극, 소극(笑劇). ~se littérature 저속한 문학. ~se besogne 천한 일. ⓓ (가격이)낮은, 싼; (가치가)적은, 낮은. acheter qc à ~ prix …을 싼 값에 사다. ~ses cartes (카드놀이의) 끗수가 낮은 패, ~ morceau 푸줏고기, 허드렛고기. ⓔ 말기의, 쇠퇴기의. ~ latin 후기(중세)라틴어. auteur de la ~se époque 쇠퇴기의 작가. donner tête ~se dans qc …으로 무작정 달려들다, …으로 돌진하다.
être [tomber] au plus ~ degré de qc …의 밑바닥에 있다[떨어지다].
exécuteur des ~ses œuvres 사형집행인.
marcher [avoir] l'oreille ~se [les oreilles ~ses], (la) tête ~se, la queue ~se] 기가 죽어 있다, 의기소침한 상태에 있다.

—ad. ① 낮게; 낮은 곳에, 아래(밑)에. L'avion vole ~. 비행기가 저공 비행을 한다. Les nuages courent ~ dans le ciel. 구름이 낮게 떠 간다. Elle habite trois étages plus ~. 그녀는 삼층 아래에 산다. être placé ~ à table 식탁 말석에 자리하다. couler ~ 《해양》 (배를)가라앉히다; (배가)가라앉다. haler ~ une voile 돛을 내리다.
② 낮은 목소리로; 낮게. parler (tout) ~ (아주)낮게 말하다.
③ (체력이)약하게; (사회적 신분이)낮게; (도덕적으로)천하게. se sentir ~ 체력이 약하게 느껴지다, 기운이 없다. être bien [très] ~ (병자가)매우 위독하다; (사기가)극히 떨어지다. tomber bien ~ 타락하다; 패가망신하다. vivre ~ 천하게 살다.
④ 저쪽에; (시대적으로)뒤에, 후에; (책·편지 따위)아래에, 다음에. là-~ 저쪽에(서). Il demeure trois maisons plus ~. 그는 세 집 건너에 살고 있다. descendre plus ~ dans l'histoire 시대를 더 내려가다. comme nous le verrons plus ~ 아래에서 보는 바와 같이.

B~ les mains [les pattes]! 《속어》 손을 떼라[손대지 마라]!

mettre ~ ⓐ 내려놓다, 내던지다, 버리다; (옷 따위를)벗어 버리다; (원한 따위를)버리다; (일을)걷어치우다. mettre ~ les armes 무기를 던지다;

복하다. *mettre* pavillon ~ 〖해양〗기를 내리다; 항복하다. *mettre* habit ~ 옷을 벗어버리다. *mettre* chapeau ~ 모자를 벗다; (비유적) 경의를 표하다. 《생략하여》 B~ les armes! 무기를 버리시오! Chapeau ~! 탈모! B~ l'ouvrage! 작업중지! ⓑ (짐승이)새끼를 낳다. *tenir qn* ~ …을 복종시키다.
— *n.m.* ① 낮은 곳, 낮은 부분; 아래쪽(부분). ~ d'une montagne 산기슭. ~ d'une robe 옷자락. ~ d'une page 책장의 아랫부분.
② 낮은 상태. ~ d'une société 하층계급. ~ de l'eau 간조, 썰물.
③ (음악·악기·따위의) 낮은 소리, 저음부. La voix de ce chanteur est belle en ~. 이 가수의 목소리는 저음이 곱다.
④ 비함, 저속함. le haut et le ~ de notre cœur 우리 마음의 고귀한 점과 천한 점.
⑤ (여성용의) 긴 양말, 스타킹. une paire de ~ 양말 한 켤레. ~ (de) nylon 나일론양말. ~ à jour 비치는 양말. ~ sans couture 솔기가 없는 양말, 심레스 스타킹. ~ élastique [à varices] 〖의학〗 (정맥류가 커지는 것을 막기 위한)고무양말.
à ~ 아래로, 밑으로; 땅에(à terre). mettre *qc à* ~ …을 넘어뜨리다. Il saute à ~ de son lit. 그는 침대에서 뛰어내린다. Tous mes projets sont *à* ~. 나의 모든 계획은 산산조각이 났다. 《생략하여》 *À* ~ les mains! 손을 메라(손을 대지 말라)! *À* ~ la dictature! 독재 타도! *À* ~ les traîtres! 배반자를 타도하라!
au ~ *de qc* …의 밑에, 아래에. s'arrêter *au* ~ *de* l'escalier 계단 밑에서 멈추다.
~ *de laine* 모직양말; 몰래 모은 돈을 감추어 두는 곳; 감추어둔 돈.
d'en ~ 밑에서부터, 아래서부터; 천한 신분에서. Il est parti *d'en* ~. 그는 비천한 신분에서 입신(立身)했다.
en ~ 아래에(서), 아래로. Il attend *en* ~. 그는 아래에서 기다리고 있다. tomber la tête *en* ~ 거꾸로 떨어지다.
en ~ *de* …의 아래에; …으로부터 아래로. Il y a un café *en* ~ *de* la maison. 이 건물의 아래층에 다방이 있다. tomber *en* ~ *de* l'échelle 사다리에서 (아래로) 떨어지다.
le ~ *du pavé* 〖옛〗인도(人道)의 차도에 가까운 쪽; (비유적) 하층계급(↔ le haut du pavé).
par en ~ 밑에서, 아래쪽에서. tirer *par en* ~ 아래쪽에서 잡아당기다.

basal(ale, *pl.* **aux)** [bazal, -o] *a.* 기초의, 기저(基底)의. métabolisme ~ 기초 대사. —*n.f.* 〖생물〗② 억(膜)(membrane ~ale).

bas-allemand [bazalmɑ̃] *n.m.* 〖언어〗저지(低地)독일어.

bas-alpin(e) [bazalpɛ̃, -in] *a.* 바스잘프(*Basses-Alpes*, 프랑스의 도(道))의. —**B~-A~** *n.* 바스잘프 사람.

basalte [bazalt] *n.m.* ① 현무암. ② 〖전기〗검은 유약을 칠한 자기(磁器).

basaltique [bazaltik] *a.* 현무암의.

basane [bazan] *n.f.* ① 무두질한 양가죽. livre relié en ~ 양가죽으로 장정한 책. ② (*pl.*) 기병복의 바지에 대는 양가죽; (옛·속어) 기병대. être dans la ~ 기병대에 복무하다, 기병대에 복무하다.
tailler une ~ *à qn* (옛·속어) (넓적다리 안쪽을 치면서) 쌍스러운 말로…을 모욕하다. *tanner la* ~ *à* (옛·속어) …을 때리다.

basané(e) [bazane] *a.p.* 햇볕에 그을은, 구리빛의 (bronzé).

basaner [bazane] *v.t.* ① (얼굴을)햇볕에 그을리다 [태우다]. ② 〖옛〗(가죽을)무두질하다.
—**se** ~ *v.pr.* 구리빛이 되다, 햇볕에 그을다.

basanite [bazanit] *n.f.* 〖광물〗(주로 사장석·감람석·휘석으로 된)현무암.

bas-bleu [bablø] (*pl.* ~-~**s**) *n.m.* (경멸) 여류학자, 여류작가; 유식한 체하는 여자(pédante).

bas-bleuisme [bablØism] *n.m.* 여자가 재주와 학식을 뽐내기.

bas-breton(ne) [babrətɔ̃, -ɔn] *a.* (*f.* 는 보통 basse-bretonne) 저지(低地) 브르타뉴(*Basse-Bretagne*)의. —**B~-B~** *n.* 저지 브르타뉴 사람. —*n.m.* 저지 브르타뉴어.

Baschkirs [baʃkir] *n.m.pl.* =**Baskirs**.

bas-côté [bakote] (*pl.* ~-~**s**) *n.m.* ① 따로 만들지 않은 (차도 옆의)보도, 인도, (철로 옆의)측도(側道). ② 〖건축〗(교회의)측랑(側廊)(→ église 그림).

basculage [baskyla:ʒ] *n.m.* =**basculement**. 〖림〗

basculaire [baskylɛ:r] *a.* 동요의; 경사의.

basculant(e) [baskyl ɑ̃, -ɑ̃:t] *a.* 앞뒤(위 아래)로 움직이는; 경사지는. benne ~*e* 덤프카. pont ~ 도개교(跳開橋).

bascule [baskyl] *n.f.* ① 혼들 굴대, 시소; (시소처럼)한쪽 끝을 누르면 다른 쪽 끝이 올라가게 된 장치. fauteuil (cheval) à ~ 혼들의자(목마). porte à ~ 회전문. wagon à ~ 덤프카(wagon basculant). jeu de ~ 시소놀이. faire (la) ~ 앞뒤(위 아래)로 움직이다(혼들리다); 균형을 잃다, 쓰러지다. politique (système) de ~ 〖정치〗좌우 균형정책 (두 개의 반대당 사이의 분쟁으로부터 이득을 취하기 위해 양측을 번갈아 지지하는 태도); 기회주의. ② 앉은뱅이 저울, 계량대(balance à ~). ~ automatique 자동계량기.
avoir les semelles (*souliers, talons*) *à* ~ (속어) 취해 있다.

basculement [baskylmɑ̃] *n.m.* ① (상하로)혼들기, 시소운동; 회전하기, 기울기. ② (한 집단의 행동이나 정신 상태의)변화.

basculer [baskyle] *v.t.* ① 앞뒤(위 아래)로 움직이게 하다(혼들다), 동요하게 하다; 회전시키다; 기울이다. ② 뒤엎다, 전복시키다(renverser). ③ (전신·전화를)연결시키다(faire passer). ~ sur l'antenne les communications téléphoniques 전화를 안테나로 연결시키다. ④ (집단을)이동시키다, 이송하다(transférer). ~ la force aérienne tactique dans le Midi 전술공군 부대를 남프랑스로 이동시키다.
—*v.i.* ① 앞뒤(위 아래)로 움직이다; 동요하다. ② 회전하다, ③ 기울다. faire ~ les phares (자동차) 헤드라이트를 급히 내려 숙이다. ④ 균형을 잃다, 쓰러지다(chavirer, tomber); (속어) 벌렁 자빠지다. Le wagon *a basculé* dans le fossé. 객차가 도랑에 처박혔다. ⑤ [~ à/dans/vers] 옮아가다, 기울다, 전환하다, 전향하다. La majorité *a basculé*. (선거 결과) 다수파가 달라졌다. Le parti socialiste *bascule à droit*. 사회당이 우경(右傾)한다. ~ *dans* l'opposition 반대파(야당)로 전향하다. ~ *de* la richesse *à* la pauvreté 부유한 상태에서 가난한 상태로 기울다; 부유와 가난 사이에 왔다갔다하다. faire ~ un pays *dans* le totalitarisme 나라를 전체주의 체제로 전환시키다. ⑥ (속어) (악당이 반대쪽으로)경찰관의 앞잡이가 되다, 밀고자가 되다.

basculeur [baskylœ:r] *n.m.* 혼들 막대(굴대); (화차·트럭 따위의)방하장치(放下裝置), 경사장치.

bas-de-chausses [badʃo:s] *n.m.* (복수불변)〖의복〗(중세의 복장으로)바지(chausses)의 꼭끼는 아랫부분(후에 독립하여 양말(bas)이 되었음).

bas-dessus [badsy] *n.m.* 《음악》 메조소프라노.
*base [baːz] *n.f.* ① (건물 따위의)기초, 토대, 기반, 주춧(돌)(fondation); (동상 따위의)대받침, 대좌(socle)(→ colonne 그림). ~ d'une muraille 성벽의 토대. ~ de la statue 조상(彫像)의 대좌. ② (사물의)밑바닥, 기슭(基底). ~ d'un arbre 나무의 밑동. ③《추상적》기본, 근본, 기초; 근거. ~ d'un système 체계의 기본. La justice est la ~ de toute autorité. 정의는 모든 권위의 기초가 되는 것이다. pécher par la ~ (생각이)근본부터 잘못되다. s'écrouler par la ~ 기초부터 무너지다. établir(poser, jeter) des ~s 기초를 닦다. sans ~ 근거 없는. La philosophie de Descartes est à la ~ de ma pensée. 데카르트의 철학은 내 생각의 근본을 이룬다. ④ 기준, 기본. servir de ~ au calcul 계산의 기준이 되다. salaire [traitement] de ~ 기본급. vocabulaire de ~ 기본어휘. engager un employé sur la ~ de quinze francs l'heure 시간당 15 프랑의 임금을 기준으로 하여 인부를 고용하다. ⑤《정치》(정당·노동조합 따위의)하부조직, 일반당원[조합원] (↔ dirigeant). militant de ~ 하부조직의 투사. ⑥《군사》기지. ~ aérienne[d'aviation] 공군기지. ~ de lancement d'engins 미사일 발사기지. ~ de ravitaillement 보급기지. se replier sur ses ~s 기지로 철수하다. ⑦《측량》(삼각측량 따위의)기선(基線); 《수학》(원주·각주 따위의)저변(底邊); (삼각형 따위의)밑변. ⑧《철도》기본운임. ~ kilométrique 1 킬로미터당 기본운임. tarif à ~ constante 거리비례 운임. tarif à ~ décroissante 원거리 체감운임. ⑨《언어》기저(부), 기체(基體); 《음악》기본음. ~ articulatoire 조음기저. ⑩《약》기제(基劑); 《화학》염기(塩基). médicament à ~ de mercure 수은을 기제로 한 약품. ⑪《스포츠》(야구의)베이스.
à ~ de …을 기제로 삼은, …을 주성분으로 하여 만들어지는.
base-ball [bɛzboːl] 《미영》 *n.m.* 야구(野球).
baseballeur [bɛzbolœːr] *n.m.* 야구 선수.
Basedow [bazədo(ɔ)] *n.pr.m.* 바제도(19 세기의 독일 의사). maladie de ~《의학》바제도병.
basedowien(ne) [bazədovjɛ̃, -ɛn] *n., a.* 바제도병의.
—*n.* 바제도병 환자.
baselle [bazɛl] *n.f.* 《식물》바셀라(식용 열대 식물).
Bas-Empire (le) [ləbazɑ̃piːr] *n.m.* (콘스탄티누스 이후의)로마 제국.
baser [baze] *v.t.* ① [~ sur] (에)기초[근거]를 두다, (을)기초로 삼다; 기초로 하여 세우다(établir, fonder). ~ de vaines espérances sur *qc* …을 근거로 하여 허무한 희망을 품다. ~ son raisonnement *sur* une hypothèse 어떤 가설을 기초로 하여 이론을 세우다. Sa démonstration *est* solidement *basée* sur des faits. 그의 증명은 여러 사실에 확고한 근거를 두고 있다. ② (비행기·군대 따위가)(에)기지를 두다; 주둔하다. avion américain *basé* en Grande Bretagne 영국에 기지를 둔 미국 비행기.
—*se ~ v.pr.* [se ~ sur *qc*] (에)근거를 두다, (을)기초로 삼다. *Sur* quoi *vous basez*-vous pour dire cela? 그렇게 말하는 근거가 뭡니까?
bas-fond [bɑfɔ̃] *n.m.* ① 저지(低地), 우묵한 곳, 분지. ② (강·바다의)얕은 곳, 여울. ③ (*pl.*) (사회의)최하층; (가난·죄악 따위의)구렁텅이. ~s de la société 최하층 사회(의 사람들). ~s du journalisme 선정적이고 저속한 신문.
bas-foyer [bɑfwaje] *n.m.* 《야금》 저노상(低爐床).
basicité [bazisite] *n.f.* 《화학》염기성(塩基性).
baside [bazid] *n.f.* 《식물》담자체(擔子體).

basidé(e) [bazide] *a.* 담자체를 갖춘.
basidiomycètes [bazidjomisɛt] *n.m.pl.* 《식물》담자균류(擔子菌類).
basidiospore [bazidjospɔːr] *n.f.* 《식물》담자포자(胞子).
basification [bazifikasjɔ̃] *n.f.* 《화학》염기화.
basifuge [ba(a)zify:ʒ] *a.* 《식물》(특히 꽃피는 순서가)밑에서 위로 가는.
basigame [ba(a)zigam] *a.* 《식물》기점수정(基點受精)의.
basilaire [ba(a)zilɛːr] *a.* 《식물·해부》기부(基部)의, 기초의. ~ os ~《해부》기초골(骨).
basile [ba(a)zil] (<*Basile*, Beaumarchais 의 *Le Barbier de Séville* 의 작중 인물) *n.m.*《구어》비열한 중상자.
basileus [bazilɸs] *n.m.* (아라비아족에게 정복되기 전까지의)페르시아 국왕·비잔틴 황제의 칭호.
basilic[1] [bazilik] *n.m.* 《식물》꿀풀과(科)의 박하 비슷한 식물(향미료·약용).
basilic[2] *n.m.* ① 《그리스신화》흘끗 보기만 해도 사람을 죽이는 괴상한 뱀. yeux[œil] de ~ 증오노(증오·저주)의 눈초리. ② 《동물》등지느러미가 있는 열대 아메리카산. ③ 《군사》 사포(蛇砲) (옛날의 큰 대포).
basilical(ale, *pl.* aux) [bazilikal, -o] *a.* ① 《건축》 바실리카 회당(basilique[2]①)식의; 대성당의. ② (비유적) 장대한.
basilicon [bazilikɔ̃], **basilicum** [bazilikɔm] *n.m.* 《약》 바실리콘 연고.
basilien(ne) [ba(a)ziljɛ̃, -ɛn] *n., a.* 동방정교회 수도사(수녀)의.
basilique[1] [bazilik] 《해부》*a.* 귀요(貴要)의.
—*n.f.* 귀요 정맥(veine ~).
basilique[2] *n.f.* 《로마건축》① 대성당, 대교회당 (오늘날에는 교황이 지정한 몇몇 성당의 명예 칭호). ~ du Sacré-Cœur à Montmartre 몽마르트르의 사크레쾨르 대성당. ② 바실리카 회당(會堂)(재판을 하고 상품을 거래하던 장방형의 건물); 바실리카식 건축의 초기 그리스도교 교회당.
—*a.* 바실리카식 건축의.
Basiliques (les) [lebazilik] *n.pr.f.pl.* 바실리우스 (*Basile*) 1 세 시대에 만들어진 그리스어의 법령집.
basin [bazɛ̃] *n.m.* 능직면포(綾織綿布); (씨는 면사, 낱은 마사의)능직포.
basique [bazik] *a.* ① 《화학》염기성의. sel [oxyde] ~ 염기성염[산화물]. scorie ~ 염기성광재(鑛滓). ~ 염기성화. ② 기초의, 기본적인.
bas-jointé(e) [bɑʒwɛ̃te] *a.* (말이)발목이 짧고 거의 수평으로 된.
basket(-ball) [baskɛt(boːl)] 《미영》*n.m.* 농구; 농구화(chaussures de ~).
basketteur(se) [baskɛtœːr, -ɸːz] *n.* 농구 선수.
Baskirs [baskiːr] *n.pr.m.pl.* 바스키르 사람(유럽 러시아 동남부에 사는 몽고계 민족).
bas-latin [bɑlatɛ̃] *n.m.* 후기(중세) 라틴어 (로마 제국의 분열 후 중세에 쓰이던 라틴어).
bas-mât [bɑmɑ] *n.m.* 《해양》접을 수 있는 돛대의 아래쪽.
basoche [bazɔʃ] *n.f.* ① 《프랑스사》법원 서기 조합(서기단). ②《구어》(경멸)법조단, 법률관계에 종사하는 사람들. termes de ~ 법률 용어.《원》.
basochien(ne) [bazɔʃjɛ̃, -ɛn] *n.* basoche 의(일원).
basophile [bazɔfil] *a.* (조직·세포 따위가)호염기성 (好塩基性)의.
basophobie [bazɔfɔbi] *n.f.* 《정신의학》보행공포(증).
basquais(e) [baskɛ, -ɛːz] *a.* 바스크의.

à la ~e 〖요리〗 (고기에 곁들인 음식이)바스크식의《토마토·피망·햄으로 된》.
— **B**— *n*. 바스크 사람《*m*.은 보통 Basque》.
basque¹ [bask] *a*. 바스크의. — **B**— *n*. 바스크 사람《*f*.는 보통 Basquaise》. parler le français comme un B~ (espagnol) 프랑스어를 서툴게 하다. aller [courir] comme un B~ 〖구어〗대단히 빨리 걷다[뛰다].
—*n.m.* 바스크어 (langue ~).
basque² *n.f.* (예복 따위의)늘어진 옷자락(pan); 연미복의 꼬리. *être toujours pendu aux ~s [ne pas quitter les ~s] de qn* 〖구어〗…을 항상 졸졸 따라다니다.
basquet [baskɛ] *n.m.* 《과일 담는》채롱.
basquette [baskɛt] *n.f.* 〖옛〗옷자락이 짧은 남자옷.
basquine [baskin] *n.f.* (에스파냐 및 바스크 지방의)수놓은 스커트.
bas-relief [barəljɛf] (*pl.* ~-~**s**) *n.m.* 얕은 돋을새김, 저부조(低浮彫).
bass [ba:s] 〖영〗. 〖어류〗 배스《농어의 일종》.
bassage [basa:ʒ] *n.m.* (다루기 위해)가죽을 부풀림.
basse¹ [bɑs] *n.f.* 〖음악〗 ① 저음부; 베이스, 저음. chanter la ~ 저음부를 부르다. — continue 通奏低音 (비유적)계속해서 나는 은은한 소리. ② 목소리가 낮은 사람; 저음의 가수. ~ noble [profonde] 최저음. ③ 저음악기《첼로·저음 색소혼》; (악기의)저음 현. ~ de viole 베이스 비올라(첼로의 전신).
basse² *a.f.* ♦bas. —*n.f.* 〖해양〗얕은 여울; 암초.
basse-contre [baskɔ̃:tr] (*pl.* ~**s**-~) *n.f.* 〖음악〗최저음(가수).
basse-cor [baskɔ:r] (*pl.* ~**s**-~**s**) *n.f.* 〖음악〗저음 클라리넷.
basse-cour [basku:r] (*pl.* ~**s**-~**s**) *n.f.* 가금 사육장; (집합적)가금.
basse-courier(ère) [baskurje, -ɛ:r] (*pl.* ~**s**-~**s**) *n*. 〖드물게〗가금 사육인.
Basse-Écosse (la) [labasekɔs] *n.pr.f.* 스코틀랜드의 저지 지방.
basse-étoffe [basetɔf] (*pl.* ~**s**-~**s**) *n.f.* 〖야금〗백랍(白鑞).
basse-fosse [basfo:s] (*pl.* ~**s**-~**s**) *n.f.* 지하 감옥. cul de ~ 지하실 밑에 있는 감옥.
basse-lissier(ère) [baslisje, -ɛ:r] (*pl.* ~-~**s**) *n*. 수평직기를 쓰는 타피스리 직인(職人).
bassement [bɑsmɑ̃] *ad*. ① 천하게, 비굴하게, 치사하게 (↔ noblement). s'exprimer ~ 천하게 말하다. ② 〖옛〗낮은 목소리로; 겸허하게.
basser [bɑse] *v.t.* (낯실을)비누질(質)풀 속에 담그다.
bassesse [bɑsɛs] *n.f.* ① (행위·품성 따위의)천함, 비열함, 야비함(vulgarité); 천한 짓, 비열한 행동. ~ d'un flatteur 아첨꾼의 비열성. rougir d'une ~ 천한 행동을 부끄러워하다. faire des ~s à qn …에게 야비한 짓을 하다. ② (신분 따위의)낮음. ~ de la naissance 출생의 비천함.
basset¹(te¹) [bɑsɛ, -ɛt] *a*. 다리가 짤막한. —*n.m.* ① 다리가 짧은 사냥개(chien ~); 〖구어〗다리가 짧은 남자. ② 〖속어〗권총, 피스톨.
basset² [bɑsɛ] *n.m.* 〖음악〗저음역(低音域). cor de ~ =basse-cor.
basse-taille [bɑstɑ:j] (*pl.* ~**s**-~**s**) *n.f.* ① 〖음악〗바리톤과 베이스의 중간음(의 가수). ② 〖옛〗〖조각〗얕은 돋을새김; 저부조(低浮彫)의 칠보(七寶)(émail de ~).
bassette² [basɛt] *n.f.* 〖옛〗카드놀이의 일종.
basse-vergue [basvɛrg] (*pl.* ~**s**-~**s**) *n.f.* 〖해양〗(돛의)하활.

basse-voile [basvwal] (*pl.* ~**s**-~**s**) *n.f.* 〖해양〗(아래 돛대의)정사각형 돛.
bassicot [basiko] *n.m.* 〖광산〗 (가공(架空)케이블의)목제 통.
bassin¹ [bɑsɛ̃] *n.m.* ① 대야, 세면기, 양푼, 수반, 둥근 물그릇(cuvette); (교회의)연보 바구니를 모으는 금속 접시; 환자용 변기(~ hygiénique); 저울판(~ de balance). ② 한 대야(양푼·접시)의 양. ③ (공원 따위의)분수, 못, 수영풀(piscine); 저수 탱크, 물탱크; (수문의)갑거(閘渠). ~ d'épuration 정화조, 오수처리 탱크. ~ (d'essai) de carène [선박] 시험 파조. ④ 항구의 정박구(區); 도크, 선거(船渠)(darse). ~ de radoub 수리도크. Le paquebot est entré dans le ~. 상선이 도크에 들어와 있다. droit de ~ 선거[도크] 사용료. ⑤ (강의)유역(지방); 분지; (석탄·철 따위의)층. B~ de la Seine 센 강 유역. ~ houiller 〖지질〗석탄층. ⑥ 〖해부〗골반. fracture du ~ 골반골절. ⑦ ~ d'or 〖식물〗미나리아재비.
cracher dans le ~ 〖속어〗마지못해 돈을 치르다.
bassin² *a.*, *n*. 〖불변〗〖속어〗귀찮은(사람). Ce qu'il est ~ !; Quel ~ ! 정말 귀찮군, 참 귀찮은 녀석이로군!
bassinage [basina:ʒ] *n.m.* (상처 따위를)약간 축이기; (묘목 따위에)가볍게 물을 주기.
bassinant(e) [basinɑ̃, -a:t] *a*. 〖속어〗 귀찮은, 지긋지긋한(rasant).
*bassine** [basin] *n.f.* (가정용·공업용의)남비. ~ de [à] confiture 잼 남비.
bassinée [basine] *n.f.* 남비 하나의 분량.
bassinement [basinmɑ̃] *n.m.* 물을 약간 축이기(bassinage); (침대를)난상기(煖床器)로 데우기.
bassiner [basine] *v.t.* ① 촉촉하게 적시다, 물로 축이다(humecter). ~ une plaie 상처를 적시다. ② (침대를) 난상기(bassinoire)로 따뜻하게 하다. ③ 〖속어〗귀찮게 굴다, 싫증나게 하다(ennuyer, importuner, fatiguer). Il me *bassine* avec sa souscription. 그는 기부금을 내라고 [구독 신청을 하라고] 나를 귀찮게 한다.
bassinet [basinɛ] *n.m.* ① (금속제의)작은 대야(양푼); 가래침 뱉는 그릇. ② 〖옛〗(14 세기의)철모(鐵帽). ③ 〖식물〗미나리아재비(bassin d'or, bouton d'or). ④ 〖해부〗신우(腎盂).
cracher au (dans le) ~ 〖속어〗마지못해 돈을 치르다; 은밀하게 고백하다.
bassinoire [basinwa:r] *n.f.* ① (숯불로 침대를 따뜻하게 하는)난상기(煖床器)《긴 손잡이가 있고 뚜껑에는 여러 개의 구멍이 난 것》. ② 〖속어〗큰 회중시계. ③ 〖속어〗성가신 사람(것).
bassiste [basist] *n.m.* 〖음악〗 contrebassiste 의 약자.
basson [bɑsɔ̃] *n.m.* 〖음악〗바순《저음 목관악기》; 바순 취주자.
bassoniste [basɔnist] *n.m.* 바순 취주자.
bassouto [basuto] *a*. 〖불변〗바수토족의. —**B**—**s** *n.m.pl.* 바수토족《남아프리카 공화국 *Basutoland* 지방의 원주민》. —**B**— *n*. 바수토 사람.
bastaing [bastɛ̃] *n.m.* 〖건축〗 (전나무의)두꺼운 판자.
bast(e¹) [bast] *int*. 《경멸·무관심을 나타내며, 흔히 mais 또는 ah 와 함께 쓰임》 좋아! 됐어! 알았어! ; 그러면 어때! 좋다!
baste² [bast] *n.m.* ① 〖카드놀이〗 클럽의 포인트(as de trèfle). ② 길마에 다는 광주리.
baster [baste] *v.i.* 〖옛〗충족하다(suffire); 성공하다(réussir). *bien [mal]* ~ 잘[잘못]되어 가다.
basterne [bastɛrn] *n.f.* (고대 북유럽 민족·로마 사람·메로빙거 왕조의)수레; 수노새의 등에 매어 단

bastide [bastid] *n.f.* ①《사투리》(남프랑스의) 작은 별장, 시골집. ②《군사》(중세의) 작은 요새.

bastidien(ne) [bastidjɛ̃, -ɛn] *a.* 바스티드 드 세루 (*Bastide-de-Sérou*, 프랑스의 도시)의.

bastidon [bastidɔ̃] *n.m.* 《사투리》(남프랑스의) 작은 별장.

***bastille** [bastij] (<*bastide*) *n.f.* ① (중세의) 방새(防塞); 성채(château fort). ② 감옥; (*B*~) 바스티유 감옥; (비유적) 억압.

bastillé(e) [bastije] *a.* 《문장》 역총안(逆銃眼)의 (총안의 열을 밑으로 향한 모양).

basting [bastɛ̃] *n.m.* =**bastaing**.

bastingage [bastɛ̃gaːʒ] *n.m.* 《해양》 ① (윗갑판의) 뱃전, 난간. ② 《옛》 (군함 뱃전의) 해먹 [그물침대] 넣는 장치.

bastion [bastjɔ̃] *n.m.* ① 《축성》 능보(稜堡) (→*fortification* 그림). ②《비유적》(자유 따위의) 보루 (rempart). ~ de la liberté 자유의 보루.

bastionné(e) [bastjɔne] *a.p.* 《군사》 능보가 있는.

bastionner [bastjɔne] *v.t.* 《군사》 (에) 능보를 마련하다.

bastonnade [bastɔnad] *n.f.* ① 태형(笞刑). ② 《옛》 몽둥이로 때리기. *recevoir une* ~ 몽둥이로 맞다.

bastringue [bastrɛ̃ːg] *n.m.* ① 잡동사니, (온갖 따위의) 소지품. *emporter tout son* ~ 자기 소지품을 모두 가져가다. ② 《속어》 선술집, 싸구려 댄스홀. ③ 소리, 소음(tapage, vacarme); 부부싸움; 저속한 음악, 시끄러운 음악. ④ 복역수의 저금통, 탈주 용구를 숨겨둔 통. ⑤ 천공기(穿孔器); (수목의 직경을 재는) 가위자.

bastringuer [bastrɛ̃ge] *v.i.* 《속어》 ① 선술집에 드나들다. ② 떠들다, 소란피우다.

bastude [bastyd] *n.f.* (함수호(鹹水湖)에서 쓰는) 어망; 작맘, 망에(joug).

bas-ventre [bavɑ̃ːtr] (*pl.* ~-~**s**) *n.m.* 아랫배; (완시적으로) 성기, 음부.

bat¹ [bat] 《영》 *n.m.* ① 《스포츠》 야구 배트(batte); (크리켓용) 라켓 (batte). ②《엣》(물고기의) 꼬리; (물고기의 눈에서 꼬리까지의) 길이. ③ (날개의)

bat² [ba] ⇨battre.

bat. 《약자》 bataillon 《군사》 대대.

bât [bɑ] *n.m.* ① 짐 싣는 안장, 걸마. ~ *pour le transport des blessés* 부상자 운반용 안장. ② 짐 (fardeau). *C'est là que (Voilà où) le* ~ *le blesse.* 이것이 그의 약점이다. *cheval de* ~ 짐 끄는 말; 《구어》 남이 싫어하는 일을 도맡아서 하는 사람. *porter le* ~ 《구어》 남이 싫어하는 일을 맡다. *savoir (sentir) où le* ~ *blesse* 약점(고민)의 원인을 알다.

bataclan [bataklɑ̃] *n.m.* 《구어》 잡동사니, 거추장스런 물건(attirail, bazar).
et tout le ~ 그 나머지는 모두(et tout le reste).

***bataille** [bataːj] *n.f.* ① 전투, 교전(combat); (인생 따위의) 투쟁, 다툼(lutte). *champ de* ~ 싸움터, 전장. *ligne de* ~ 전선. *La* ~ *électorale a été ardente.* 선거전은 치열했다. *La vie est une* ~ *sans trêve et sans merci.* 인생이란 중단도 사정도 없는 투쟁이다. 전투대형(ordre de ~). *armée rangée en* ~ 전투대형을 취한 군대. ③ 싸움(bagarre, lutte); 논쟁(discussion); 언쟁(querelle). ~ *d'idées* 논쟁. ④ 《미술》 전쟁화. ⑤ 둘이서 하는 카드놀이의 일종.
~ *rangée* (비유적) 큰 싸움, 난투. *La discussion dégénéra en* ~ *rangée.* 토론은 싸움판으로 변했다. *cheval de* ~ 군마; 즐겨 쓰는 이론[주장](dada). *être maître du champ de* ~ 전장을 제압하다; (비

유적) (논쟁 따위에서) 압도적인 논리를 펴다.
livrer (donner) ~ *à qn* …에게 도전하다.
porter [mettre] son chapeau en ~ 모자를 비스듬히 [아무렇게나] 눌러쓰다.

stationnement en ~ 비스듬히 주차하기.

batailler [bataje] *v.i.* ① 싸우다, 다투다, 논쟁하다 (combattre, lutter, se battre). *Des enfants bataillaient à la sortie de la classe.* 아이들이 하교길에서 싸우고 있었다. ~ *pour gagner sa vie* 먹고살기 위해 싸우다. ②《해양》 바람을 거슬러 항해하다.
—*se* ~ *v.pr.* 줄곧 서로 싸우다.

batailleur(se) [batajœːr, -øːz] *a., n.* 전쟁[싸움]을 좋아하는(belliqueux) (사람).

bataillon [batajɔ̃] *n.m.* ①(보통 *pl.*) 군대(armée). ② 《군사》 대대. *chef de* ~ 대대장, 육군소령. ~ *formant corps* 독립대대. ~ *d'Afrique* 아프리카의 프랑스 죄수부대 (《약자·은어》 Bat' d'Af', badaf). ③ 많은 사람, 떼, 무리(troupe). *tout un* ~ 굉장히 많은 사람. *Elle a un* ~ *d'enfants.* 그 여자는 아이가 굉장히 많다. *inconnu au* ~ 《속어》 낯선[알지 못하는] 녀석.

bataillon-école [batajɔ̃ekɔl] (*pl.* ~**s**-~**s**) *n.m.* 《군사》 교도(教導) 대대.

bataillonnaire [batajɔnɛːr] *n.m.* 아프리카 죄수 부대의 군인.

bâtard(e) [bɑtaːr, -ard] *a.* ① 사생(私生)의 (naturel), 서출(庶出)의 (↔légitime). *enfant* ~ 사생아. ②ⓐ 잡종의, 순종이 아닌(hybride). *chien* ~ *de caniche et de fox* 카니슈와 폭스테리어의 잡종개. ⓑ 중간의, 절충의. *architecture* ~ *e* 절충식 건축. *C'est une œuvre* ~*e qui n'est ni un essai ni un roman.* 이것은 수필도 소설도 아닌 절충식 작품이다. *écriture* ~*e* 절충서체. *porte* ~*e* 중문(대문 (porte cochère)과 소문(petite porte) 사이의 중간 크기). ⓒ 조잡한, 열등한, 가짜의; 《의학》 의사 (擬似)의; (종족 따위가) 퇴화된. *laine* ~*e* (두번째 깎은) 품질나쁜 양모. *sucre* ~ 조당(粗糖). ③ 아주 닮은, 쌍둥이 같은.
canot (hunier) ~ 큰[작은] 것에 대응할 수 있는 중간 크기의 보트[돛]. *hauban* ~ 《선박》 돛대 아래쪽 앞을 버티는 밧줄. *marée* ~*e* 소조(小潮).
—*n.* 사생아, 서자.
—*n.m.* 조당(粗糖)(sucre ~); (무게로 팔지 않고 낱개로 파는) 크림빵(pain ~, pain de fantaisie).
—*n.f.* 절충서체(書體) (écriture ~*e*) (둥근 자체와 초서체의 중간 서체).

batardeau, bâtardeau¹ [bɑtardo] (*pl.* ~*x*) *n.m.* (하류에서의 공사물을 위해 일시 물줄기를 막는) 방축 (防築); (교각(橋脚) 공사용의) 잠함(潛函); 《옛》(배 수리용의) 물 위에 띄운 상자.

bâtardeau² (*pl.* ~*x*) *n.m.* ① 《엣》 어린 사생아. ② (칼집에 곁붙인) 작은 칼.

bâtardière [bɑtardjɛːr] *n.f.* 접목(接木)의 묘상.

bâtardise [bɑtardiːz] *n.f.* ① 사생·서출(庶出)의 신분. ② 위조, 가짜, 불순함.

batave [bataːv] *a.* 《지리》 바타비아(*Batavie*, 네덜란드의 옛 이름)의. *République B*~ 바타비아 공화국 (1795~1806). —**B**~*s n.m.pl.* 바타비아 사람 (현재 네덜란드 일부에 살고 있는 게르만인).

batavia [batavja] *n.f.* 《식물》 양상치, 레터스(laitue ~ée, chicorée scarole).

bataviole [batavjɔl], **batayole** [batajɔl] *n.f.* 《엣》 《선박》 (난간·선교(船橋) 따위의) 살기둥; 지주.

batavique [batavik] *a.* 네덜란드에서 온 (다음의 경우에만 씀). *larme* ~ 녹은 유리를 찬물에 떨어뜨려 만든 유리알(larme-de-verre).

bat-beurre [babœːr] *n.m.* 《복수불변》 =**babeurre**.

bat-cul [baky] *n.m.*《옛》(마구(馬具)줄을 매어놓는) 굴대의 허드렛 나무(bacul).

bat' d'Af' [batdaf] (< *bataillon d'Afrique*) *n.m.*《군대은어》아프리카의 프랑스 죄수부대.

-bate *suff.*「걷다, 떠밀치다」의 뜻.

bâté(e) [bate] *a.p.* 길마를 얹은. *âne* ~《구어》일자무식(ignorant), 우둔한 사람(lourdaud).

:bateau [bato] (*pl.* ~*x*) *n.m.* ① 배(navire); 한 배분의 짐. ~ à provision 식량 잡화 행상선(行商船). ~ automobile 모터보트, 발동선. ~ à vapeur (증)기선. ~ à voiles 범선. ~ de sauvetage 구명정. ~ de pêche 어선. ~ de guerre 군함. ~ sous-marin(plongeur) 잠수함. pont de ~*x* 선교(船橋). lit(-) ~; lit à(en) ~ 양 끝이 휘어오른 침대, 배 모양의 침대(lit en gondole). train du ~ 임항(臨港)열차.
② 《옛》(기구·비행선의)곤도라; (마차의)차체.
③ (*pl.*)《속어》(특히 대형의)구두.
④《구어》농담, 거짓말(mensonge); 상투적인 일(말)(lieu commun). C'est un ~. 그건 농담이야. C'est un vieux ~. 그것은 귀가 닳도록 들어온 (진부한) 이야기이다.《형용사적》sujet ~ 되풀이된 진부한 주제. Ce qu'il dit, c'est un peu ~. 그가 하는 이야기는 좀 진부하군.
⑤ (건물·차고 입구에) 차의 출입을 위해)보도를 차도와 같은 높이로 평명하게 한 곳.

aller [*se promener*] *en* ~; *faire une partie de* ~ 뱃놀이 가다.

arriver en trois(*quatre*) ~*x*《구어》기세부리며 들어 오다.

être du dernier ~ 유행의 첨단을 가다.

être du même ~ 그놈이 그놈이다.

être d'un autre [*de l'autre*] ~ 별세계[세대]의 사람이다.

mener qn en ~; *monter un* ~ *à qn*《구어》이야기를 꾸며 ~을 속이다.

[REM] **bateau**「배」를 의미하는 가장 일반적인 명칭. **paquebot** 상선, 여객선을 말함. **navire** 원양항해용의 대형선. **bâtiment** 역시 비슷한 함선. **vaisseau** 특히 군함을 가리킴. 그러나 일상어에서는 vaisseau 와 navire 를 혼용. **steamer** 는 현재 거의 쓰이지 않음.

bateau-citerne [batositɛrn] (*pl.* ~*x*-~*s*) *n.m.* 유조선(油槽船).

bateau-drague [batodrag] (*pl.* ~*x*-~*s*) *n.m.* 준설선(浚渫船)(bateau dragueur).

bateau-école [batoekɔl] (*pl.* ~*x*-~*s*) *n.m.* 연습선.

bateau-feu [batofø] (*pl.* ~*x*-~*x*) *n.m.* 등대선(bateau-phare).

bateau-glisseur [batoglisœ:r] (*pl.* ~*x*-~*s*) *n.m.* 고속 모터보트.

bateau-hôpital(~*x*- ~ *aux*) [batoo[o]pital, -o] *n.m.* 병원선.

bateau-lavoir [batolavwa:r] (*pl.* ~*x*-~*s*) *n.m.*《옛》세탁선《강가에 설치된 배 모양의 공동 세탁장》. capitaine de ~ 서투른 선원; 허풍장이.

bateau-maison [batomezɔ̃] (*pl.* ~*x*-~*s*) *n.m.* 지붕 있는 배.

bateau-mouche [batomuʃ] (*pl.* ~*x*-~*s*) *n.m.* (파리 센 강의)유람선.

bateau-omnibus [batoɔmnibys] (*pl.* ~*x*-~) *n.m.* (승합)기선, 여객선.

bateau-pêcheur [batopɛʃœ:r] (*pl.* ~*x*-~*s*) *n.m.* 어선, 고기잡이배.

bateau-phare [batofa:r] (*pl.* ~*x*-~*s*) *n.m.* 등대선.

bateau-piège [batopjɛ:ʒ] (*pl.* ~*x*-~*s*) *n.m.* 제1차 세계대전 중의 Q 보트.

bateau-pilote [batopilɔt] (*pl.* ~*x*-~*s*) *n.m.* 물길안내선.

bateau-pompe [batopɔ̃:p] (*pl.* ~*x*-~*s*) *n.m.* 소방선.

bateau-porte [batopɔrt] (*pl.* ~*x*-~*s*) *n.m.* (건(乾)도크의)부문(浮門).

bateau-poste [batopɔst] (*pl.* ~*x*-~*s*) *n.m.* 우편선.

bateau-remorqueur [bator(ə)mɔrkœ:r] (*pl.* ~*x*-~*s*) *n.m.* 예인선(曳引船).

bateau-témoin [batotemwɛ̃] (*pl.* ~*x*-~*s*) *n.m.* (보트 경기의)목표선.

batée [bate] *n.f.* ① 사금 씻는 통. ②《건축》(문·창문 따위 양쪽의)문설주.

batelage[1] [batla:ʒ] *n.m.* 작은 배[거룻배]로 운반하기; (그)뱃삯(frais de ~).

batelage[2] [batla:ʒ] *n.m.* 요술장이(곡예사·어릿광대) 노릇.

batelée [batle] *n.f.*《옛》① 배 하나 가득의 사람[짐];《구어》많은 사람(une ~ de gens). ② 최대 적재량, 승객 정원.

bateler[1] [batle] [5] *v.t.* 배로 나르다.

bateler[2] [5] *v.i.* 요술장이[곡예사·어릿광대] 노릇.

batelet [batlɛ] *n.m.* 작은 배.

bateleur(se) [batlœr, -øːz] *n.* 요술장이, 곡예사, 어릿광대;《경멸》배우.

batelier(ère) [batəlje, -ɛːr] *n.* 뱃사공(marinier); 나룻터지기.

batellerie [batɛlri] *n.f.* ① 국내 수상 운수업. ② (집합적) 강배, 하선(河船).

bâter [bate] *v.t.* (에) 길마를 얹다. ~ un mulet 노새에 길마를 얹다. ~*v.i.* (일이)진행되다. ~ bien[mal] (일이 잘 진행되다(진행되지 않다).

bat-flanc(s) [baflɑ̃] *n.m.* (복수불변) ①(외양간의)간막이 판자. ②(기숙사 따위의)침실의 간막이;《군사》(초사(哨舍)의)나무판 침대.

bath [bat] *n.m.* 바드(Bath, 영국의 도시) 산의 질이 좋은 편지지.
― *a.*《불변》《속어》① 멋진, 훌륭한(chic). Tu as un ~ costume. 넌 아주 멋진 옷을 입고 있구나. ② 아름다운; 기분좋은, 신나는(chouette). C'est bien ~ d'avoir huit jours de congé. 일주일의 휴가를 갖게 되다니, 참 신나는 일이야.
― *int.*《속어》멋지다 ! Trois jours de congé! C'est bien ~! 사흘간의 휴가라 ! 신난다 !

-bathe *suff.*, **batho-**, **bathy-** *préf.*「깊은」의 뜻《예:*bathy*métrie 수심측량술》.

bathement [batmɑ̃] *ad.*《속어》아주 멋지게.

batholit(h)e [batɔlit] *n.m.*《지질》저반(底盤)《화성암이 불규칙하게 형성되어 큰 덩어리》.

bathomètre [batɔmɛtr] *n.m.*《옛》=**bathymètre**.

bathométrie [batɔmetri] *n.f.*《옛》=**bathymétrie**.

bathonien(ne) [batɔnjɛ̃, -ɛn] (< *Bath*) *n, a.*《지질》바드층(의).

bathyal(ale, *pl.* **aux**) [batjal, -o] *a.* 깊은 바다의, 심해의. région ~*ale* 심해역.

bathydrique [batidrik] *a.* 심해성(深海性)의.

bathymètre [batimɛtr] *n.m.* 수심측량기, 측심기.

bathymétrie [batimetri] *n.f.* 수심측량술, 측심술.

bathymétrique [batimetrik] *a.* 측심술의.

bathypélagique [batipelaʒik] *a.* 심해 수역의.

bathyscaphe [batiskaf] *n.m.* 바티스카프, 심해 잠수정.

bathysphère [batisfɛːr] *n.f.* 구형(球形)잠수기《심해 생물 조사용》.

bathythermographe [batitɛrmɔgraf] *n.m.* 심해 자기온도계.

bâti[1]**(e)** [bati] (*p.p.* < *bâtir*) *a.p.* ① (집 따위가)세워진, 건설된; 조립된, 구성된. propriété ~*e* 집이 들어선 토지. ② (육체적·정신적으로)만들어진; (문장 따위가)구성된(composé, arrangé). homme

bâti²

bien[mal] ~ 골격이 단단하게 [연약하게] 보이는 사람. tragédie mal ~ 구성이 서투른 비극.
Comme te voilà~! 정말 기묘한 꼴을 하고 있구나! *être ~ à chaux et à sable; être ~ en force* 그 지없이 건장하다. *L'homme est ainsi ~.* 인간이란 이런 것이다. *Voilà comme il est ~.* 그는 그런 사람이다.
—*n.m.* 틀잡이 구조, (건물 따위의)뼈대; (기계 따위의)틀(charpente, châssis), 대(臺). ~ de fenêtre 문틀. ~ d'assise 토대.

bâti³ *a.p.* 시침질한, 가봉한. —*n.m.* 시침질, 가봉; 가봉용의 실.

bâtier [batje] *n.m.* 길마 제조인[상인].

bâtière [batjɛːr] *n.f.* 《사투리》길마; 길마 모양의 지붕(toit en ~).

batifolage [batifɔlaːʒ] *n.m.* 《구어》batifoler 하기.

batifoler [batifɔle] *v.i.* ① 하찮은 짓을 하며 놀다(folâtrer); 하찮은 일에 시간을 허비하다(baguenauder). ② (특히 여자와)희롱거리다, 놀다(badiner, lutiner). ~ avec[auprès d']une fille 여자아이와 시시덕거리다.

batifoleur(se) [batifɔlœːr, -ø:z] *a.* 《구어》장난치기 좋아하는. —*n.* 장난꾼이, 장난치기 좋아하는 사람.

batifouiller [batifuje] *v.i.* 《속어》머리가 멍하다.

batik [batik] 《자바》 *n.m.* 바틱 납염법(蠟染法)(으로 염색한 직물).

batiker [batike] *v.t.* (에)바틱 납염법을 쓰다.

batillage [batijaːʒ] *n.m.* =**batillement**.

batillement [batijmɑ̃] *n.m.* (배가 지나갈 때 강물이 둑에)철렁철렁 부딪치기.

batiller [batije] *v.i.* 철렁철렁 부딪치다.

***bâtiment** [batimɑ̃] (< *bâtir*) *n.m.* ① 건물(édifice, immeuble); 건축(물)(construction); (예) 건축(하기). entreprise (entrepreneur) de ~ 건축업[업자]. ouvrier du ~ 건축 노동자. usine en trois corps de ~ 세 채의 건물로 이루어진 공장. peintre en ~ 페인트공. ② (갑판을 갖춘)큰 배, 선박. ~ marchand, ~ de commerce 상선. ~ de guerre 군함. ~ de débarquement 상륙용 주정. ~ de ligne cuirassé 주력함.
gens du ~. 그 방면의 도사.
Il est du ~. 《구어》그는 그 패거리이다, 그 방면에 환한 사람이다.
Quand le ~ va, tout va. 《격언》건축업이 잘 된다는 것은 경기가 좋다는 증거이다.
travailler dans le ~ 《은어》강도질을 하다.
REM *bâtiment* 주거용 및 산업용 건물을 총칭. *construction* 현재 건축 중인 건물을 말하되, 이미 건축된 건물에 대해서는 건축구조에 강조점이 있음: *construction élégante* 우아한 건축물. *édifice* 크고 당당한 건물로서 주로 공공 건축물을 가리킴.

batimoteur [batimɔtœːr] *n.m.* 《항공》 발동기(기관) 받침.

***bâtir** [batiːr] *v.t.* ① (집 따위를)세우다, 건축하다, 건립하다(construire, édifier, ↔ détruire); (다리 따위를)건조하다; (성을)쌓다, (가구를)만들다, 조립하다; 《비유적》(문장 따위를)짓다, 꾸미다. ~ de nouvelles écoles 새 학교를 건립하다. ~ une ville 도시를 건설하다. (목적보어 없이)terrain à ~ 건축용 부지, 대지. pierre à ~ 건축용 석재. ~ une phrase 문장을 꾸미다. à chaux et à sable(à ciment) 견고하게 짓다. ~ en l'air(sur le sable) 공중[사상]에 누각을 짓다, 가공적인 계획[체계]을 세우다. ② (재산·명성 따위를)이룩하다; (체계를)세우다. ~ une fortune immense par des moyens malhonnêtes 부정한 수법으로 막대한 재산을 만들다. ~ une théorie 이론 체계를 세우다. ③ (옷을) 가봉하다; (모자의) 틀을 만들다. ~ une robe 드레스를 가봉하다. fil à ~ 가봉실.
~ sur le devant 《구어》배가 나오다[불룩하다]; (임신부가)배가 불러지다.
—*se ~* *v.pr.* ① 건축되다, 건축 중이다. La maison *se bâtit.* 집을 건축 중이다. ② (*se* = 간접보어)(자기의 것으로)짓다. Je *me suis bâti* une maison de campagne. 나는 별장을 한 채 지었다.
REM *bâtir* 주로 돌·건물·교량·방파제와 같은 외형적 구조물을 건립하는 것을 말함. *construire* 보다 의미가 넓은 말로 기계조립 따위에도 쓰이며 조립기술에 강조점을 둠. *édifier* 큰 건물의 건립. *ériger* 기념물이나 사원 따위의 건립.

bâtissable [ba[a]tisabl] *a.* 세울[건립할] 수 있는. emplacement ~ 건축 가능한 부지.

bâtissage [ba[a]tisaːʒ] *n.m.* 가봉; (모자 제조를 위한)뼈대 만듦.

bâtisse [batis] *n.f.* ① (건물의)돌공사, 석공일;《구어》건축열[몸]. ② 건물;《구어》보기 흉한[모양 없는] 집. ~ de bois 목조 가옥. ③ 《비유적》(육체의)골격; (문학작품의)구성. ④ (꿀벌의)집.

bâtisseur(se) [ba[a]tisœːr, -øːz] *n.* 건축가(architecte, constructeur); 건축광(狂).

batiste [batist] *n.f.* 바티스트 (*Baptiste de Cambrai*, 13세기 발명가의 이름을 딴 삼베), 품질이 좋은 흰 삼베.

***bâton¹** [batɔ̃] *n.m.* ① 막대기, 곤봉, 방망이, 몽둥이 (trique); 지팡이(canne). recevoir des coups de ~ 몽둥이로 얻어맞다. ~ d'aveugle 장님 지팡이. aller à cheval sur un ~ 죽마를 타다.
② (오케스트라의)지휘봉(baguette); (십자가의)손잡이(~ de la croix); 깃대(~ d'une bannière).
③ (직권을 상징하는)단장, 홀장. ~ de commandement (장군의)지휘봉. ~ pastoral 주교의 홀장.
④ 막대기 모양의 것. ~ de craie 분필(조각). ~ de rouge à lèvres 립스틱.
⑤ 《스포츠》(스키의)스틱(~ de ski).
⑥ (*pl.*) 다리(脚).
⑦ 《정치》(통치자의)강경 태도[정책]. brandir le ~ 강경책을 내휘두르다.
à ~s rompus 생각나는 대로. *conversation à ~ rompus* 이 얘기 저 얘기 두서없이 주고받는 대화.
à coups de ~ 어거지로.
~ de maréchal 원수(元帥)의 단장;《비유적》(사람이 바라는)최고의 지위. *Ce sera son ~ de maréchal.* 이것은 그가 바라는[얻을 수 있는] 최고의 자리이다. *Tout soldat porte son ~ de maréchal dans sa giberne.* 《속담》졸병도 원수가 못되란 법은 없다.
~ de perroquet (사다리형의)앵무새가 앉은 나무; (각 층에 방 하나밖에 없는)좁고 높다란 집.
~ de vieillesse 노후(老後)의 의지. Ce fils lui sera un *~ de vieillesse*. 이 아들은 그의 노후의 의지가 될 것이다.
battre l'eau avec un ~ [*à coups de ~*] 헛수고를 하다.
capitale ~ 《인쇄》 목판자(木板字).
C'est un ~ épineux [*merdeux*]. 《속어》그는 다루기 힘든[께 까다로운] 사람이다.
jouer du ~ 몽둥이를 쓰다(사용하다); 몽둥이로 때리다; 몽둥이를 써서 곡예하다.
mener un ~ haut ···을 고압적으로 다루다.
mettre des ~s dans les roues 《구어》사람의 일을 방해하다.
mettre les ~s 《속어》도망가다.
sauter le ~ (서커스의 개가)막대를 뛰어넘다;《구어》(하기 싫은 것을)억지로 하다.
tirer au (court) ~ avec qn ···와 다투다.

tour de [du] ~ 《구어》부정이익; 사기, 술책. se ménager le *tour de* ~ 몰래 단물을 빨아먹다. savoir le *tour du* ~ 사람을 속이는 술책을 알다. (*mener une*) *vie de* ~ *de chaise* 《구어》방탕생활(을 하다).

bâton² *n.m.* 《군대은어》대대(大隊).

bâtonnat [batɔna] *n.m.* 변호사 회장(bâtonnier)의 직[임기].

bâtonner [batɔne] *v.t.* ① [~ *qn*] 막대기로 때리다. ② (줄을 그어서)지우다; 말소하다(rayer). ③ (린네르에)잔 주름을 잡다. —*v.i.* (무기로써, 곡예를 위해서)막대기를 쓰다.

bâtonnet [batɔnɛ] *n.m.* ① 작은 막대기. ② 사각자. ③ 《놀이》 막대기로 하는 놀이의 일종, 자치기. ④ 《생물》 간상적충(桿狀滴蟲), 《의학》 간균(桿菌), 《해부》 관상세포(管狀細胞), (*pl.*) (망막의)간상체(桿狀體)(~s rétiniens, ~s de la rétine).

bâtonnier [batɔnje] *n.m.* ① 변호사 회장. ② 의자직공.

bâtonniste [batɔnist] *n.m.* 막대기 다루는 곡예사; 막대기 검술가.

batoude [batud] *n.f.* (서커스용의)도약판.

batraciens [batrasjɛ̃] *n.m.pl.* 《동물》양서류(兩棲類)(amphibiens).

bats [ba] ⇨battre.

batt. 《약자》batterie 《군사》포대; 포영.

battable [batabl] *a.* 때릴[두드릴] 수 있는; (기록 따위를)깰 수 있는. record facilement ~ 쉽게 깨뜨릴 수 있는 기록.

battage [bata:ʒ] *n.m.* ① (곡식·양모·목화 따위의)마당질, 타작; 타작하는 계절. ~ du blé 밀 타작. ~ à la machine 기계 타작. ② (말둑을)때려 박기; (땅을)밟아 다지기; (금을)쳐서 늘이기; (크림을) 휘저어 섞기. ~ d'or(금을)두드려 얇게[금박으로] 만들기. ~ du beurre 버터를 만들기 위한 교유(攪乳). ③ (군함 위에서의)포격거리[범위] (secteur de ~). ④ 《구어》(비유적) (책 따위의)과장된 광고, 선전(exagération, hâblerie); 풍(bluff). On fait beaucoup de ~ autour de ce livre. 이 책을 두고 너무 과대 선전을 하고 있다.

battant(e) [batɑ̃, -ɑ̃:t] *a.* (*p.pr.* <battre) ① 때리는, (시계가 시간을)치는 (tapant). pluie *-e* 억수같이 내리치는 비. à l'heure *-e* 꼭 제시간에. à deux heures *-es* 11시부터, 11시 정각에. ② 왕복운동을 하는; (문이)열렸다 닫혔다 하는; (깃발 따위가)펄럭이는 ~ 작동하고 있는 베틀. porte *-e* (바람에)덜그덕거리는 문, 자동쇄문. ③ 격하게 움직이는, 고동치는. les paupières *-es* 눈을 깜박거리며. (le) *cœur* ~ 가슴을 졸이며.
mener ~ *l'ennemi* 적을 악착같이 추격하다.
(*tout*) ~ *neuf* 아주 새로운, 갓 만들어진; 순진한(※이 경우 battant은 부사로 간주돼 변화하지 않을 때가 많으나, neuf도 때로 변화하지 않음).
vaisseau (*bien*) ~ 《선박》 전투 의장이 잘 되어 있는 배.
—*n.m.* ① (종의)추. ② (깃발의)펄럭이는 부분; (돛의)처진 부분. ③ 문짝(vantail), (가구의)문, (책상 따위의)뚜껑. ouvrir une porte à deux ~s 활짝 열어젖히다. deux ~s vitrés de la porte 유리가 끼운 두 짝의 창문. ④ (기구·연장의)움직이는 부분; (베틀의)바디; (문걸쇠의)줏대[걸쇠]; (~ d'un loquet); 젯분기 깔매기의 나무조각(~ de moulin); (총신에 멜빵을 고정시키는)고리(~ de grenadière, ~ de crosse d'un fusil). ⑤ 《속어》심장(cœur); 용기(courage); 인후; 혀; 위. ⑥ 《스포츠》파이터, 투지있는 선수; 《일반적으로》투지있는 사람.

bat-tapis [batapi] *n.m.* 《복수불변》융단 소제기.

batte¹ [bat] *n.f.* ① (금·솜 따위를)두들기기. ② 망치, 방망이, 몽둥이(battoir); 크리켓의 배트(~ à cricket). ③ (야구의)배트(bat). ④ 세탁대(臺)(~ de blanchisseuse).
~ *d'Arlequin* 아를르켕[어릿광대]의 나무칼.

batte² *n.f.* 길마의 앞쪽이 불쑥 나온 곳.

battée [bate] *n.f.* ① (양털·종이의)한 번 두들기는 양. ② 사금을 씻는 나무 사발(batée). ③ (문·창문 양쪽의)결가둥, 문설주(batée).

battellement [batɛlmɑ̃] *n.m.* 처마.

battement¹ [batmɑ̃] *n.m.* ① 부딪치기; 부딪치는 소리; (북·손뼉·날개 따위의)치기; (발을)동동 구르기. ~ de la pluie contre les vitres 유리창에 부딪치는 빗발(소리). ~s de mains 박수. ~ de pieds 발구르기. ② (심장의)고동(~ du cœur); (시계의)똑딱거리기; (시계 추의)흔들리기; (피스톤의) 왔다갔다 하기; 돛의 펄럭이기; (서의)울동; (음악의)박자기; 《물리》 맥놀이; (기계 따위의)삐걱거리기; (카드를)섞기. avoir un ~ [des ~s] de cœur 심장이 고동치다. ~des paupières 눈을 깜박이기. ~ du pouls 맥박. ~ d'un piston 피스톤의 왕복운동. ③ 시간의 여유; (기차를)기다리는 시간. ~ de 20 minutes entre les deux trains (기차를 갈아타기 위한)20분의 대기 시간. Il y a du ~. 시간 여유가 있다. ④ (창문을 고정시키는)빗장쇠(~ d'une persienne); (두 문짝이 닫혔을 때 그 사이를 덮도록 부착한)덮개기둥, (두 문짝이 닫혔을 때 받치는)받침대(~ d'une porte), 문설주의 칼목.

battement² *n.m.* 《언어》단타음(單打音).

batte-queue [batkø] (*pl.* ~*-~*(s)) *n.f.* 《조류》할미새(bergeronnette ou ~).

batterand [batrɑ̃] *n.m.* (돌 깨는)쇠망치.

batterie [batri] (<battre) *n.f.* ① 《전기》 전지, 배터리(~ électrique), 전조(電槽)(pile). ~ de piles 배터리, 전지열(列). ~ d'accumulateurs 축전지열(2 차전지). ~ parallèle (en surface)병렬전지. ~ en cascade (en série)직렬전지. changer la ~ de la voiture 자동차의 배터리를 갈다. ② 《군사》포대(砲臺); 포영(~ d'artillerie); 포병중대. disposer une ~ 포대를 배치[설치]하다. mettre une pièce en ~ 포격준비를 갖추다. En~! 포격 준비. ~ de campagne 야전포. ~ antiaérienne 고사포대. feu de ~ 《군사》 척현포화(斥舷砲火). pont de ~ 포영갑판. ③ 《종종 *pl.*》(비유적) 성공의 수단, 계획, 계략. changer de ~ 방법을 바꾸다. dresser ses ~s 계획을 세우다. avoir une bonne ~ 좋은 수가 있다. montrer (démasquer) ses ~s 《구어》비밀 계획[의도]을 드러내다. ④ 《음악》(오케스트라의)타악기 부문의 총칭; (타악기와 관악기로 편성된)군악대; (기타줄을 손가락으로)튕기기; (피아노 따위의)분산화음; 아르페지오. ⑤ (나란히 배치된)열(列); (식기 따위의)한 벌. ~ des guichets à billet (역의)개찰구의 열. ~ de remontées (스키장의)리프트의 열. ~ de cuisine 부엌 세간 한 벌(→숙어). ⑥ 《옛》(총의)격철(擊鐵); (jeu de paume에서 공을 맞히는)벽.
~ *de cuisine* 《속어》(군인이 가슴에 다는)훈장 전부. ~ *de mots* 《구어》(속사포처럼)말을 빨리하기. ~ *de tests* 《심리》테스트 배터리 《각종의 테스트 방법을 모은 것》.
démonter les ~*s de qn* 《구어》…의 계략을 뒤엎다.

batterie-tampon [batritɑ̃pɔ̃] (*pl.* ~*s*-~*s*) *n.f.* 완충 축전지.

batteur(se) [batœ:r, -ø:z] *n.* 때리는 사람, 치는 사람; 두들기는 사람. ~ de blé 보리 타작하는 사람. ~ en grange 마당질꾼. ~ d'or 금박공(金

工). ② 《사냥》몰이꾼; (야구·크리켓의)타자. ③ 《음악》(재즈 밴드의)타악기 치는 사람. ④ 《속어》 거짓말장이(menteur); 건달; 도둑. ~ de pavé 《구어》(거리의)부랑자, 부랑아. ~ d'estrade 수상한 부랑자.
~ *de fer* 《구어》검객(劍客). ~ *de grève* 《구어》해안에서 표류물을 주워 파는 사람; 부두 부랑자. ~ *de mesure* 《음악》지휘자.
—*n.m.* 타면기(打綿機), 솜틀; (즙을 만드는)믹서 (~-broyeur). ~ à œufs 달걀거품기.
—*n.f.* 탈곡기; 금속압연기. ~*se à œufs* 달걀거품기(~-broyeur).
batteur-broyeur [batœrbrwajœ:r] (*pl.* ~**s**~**s**) *n.m.* (가정용)믹서(mixer).
battitures [batity:r] *n.f.pl.* (대장간의)쇠똥.
battle-dress, battle dress [batlǝdres] 《영》 *n.m.* (제 2 차대전 중의)영·미 병사의 군복.
battoir [batwa:r] *n.m.* ① 빨랫방망이; 《구어》튼튼하고 큰 손. ② 《농업》도리깻열. ③ 탁구채, (jeu de paume 의) 라켓 (bat, batte); 《야구의》배트(batte).
battologie [ba(t)tɔlɔʒi] *n.f.* 《수사학》중언(重言), 불필요한 말의 중복(tautologie).
:**battre** [batr] 45 *v.t.* ① 때리다, 두드리다 (cogner, frapper). ~ *qn à terre*; 《속어》 ~ *qn comme plâtre* …을 때려 눕히다. ~ *qn à plate(s) couture(s)* 《구어》…을 마구 때리다. ~ *à coups de poings* 주먹으로 갈기다.
② 쳐부수다, 이기다(triompher, vaincre). ~ *un ennemi* 적을 쳐부수다. Il *a battu* son adversaire aux élections. 그는 선거에서 상대를 누르고 이겼다. *se faire* ~지다, 눌리다.
③ (바람·물결 따위가 되풀이해서)부딪치다 (heurter). Le vent *bat* le volet. 바람이 덧문을 때린다(때려 덜거덕거리게 한다). Les flots *battent* la digue. 파도가 방파제에 부딪친다. 《주어는 사람》 Un ivrogne *bat* le mur. 술에 취한 사람이 벽에 부딪친다.
④ (손질·가공을 위해)치다, 때리다. ~ *des habits* [*des tapis*] 옷[양탄자]의 먼지를 털다. ~ *le blé* 보리를 타작하다. ~ *des pieux* 말뚝을 때려박다. ~ *le fer* 쇠를 두들겨 단단하게 하다. Il faut ~ *le fer pendant qu'il*[quand il] *est chaud.* 《속담》쇠는 달았을 때 두들겨라, 기회는 잃지 말고 잡아야 한다. ~ *l'or* 금을 쳐서 늘이다, 금박으로 하다. ~ *monnaie* 화폐를 주조하다 (→숙어란).
⑤ 휘젓다, 휘저어서 만들다; 《놀이》 (카드를)섞다. ~ *du beurre*[*des œufs*] 버터 [달걀] 을 휘젓다. ~ *les cartes* 카드를 섞다. (목적보어 없이이)C'est à vous de ~. 당신이 카드를 섞 을 차례다.
⑥ (땅을)밟아 다지다; 돌아다니다; 샅샅이 뒤지다. ~ *la plaine*[*le pays*] 들판[지방]을 여기저기 돌아다니다; 방랑하다. ~ *le pavé* 거리를 헤매다. Les gendarmes *ont battu* la région pour retrouver les voleurs. 경관이 도둑을 잡으려고 그 지방을 수색했다.
⑦ 북을 쳐서 알리다 《군사》 포격하다. ~ *la charge* 공격의 북을 치다[나팔을 불다]. ~ *une position ennemie* 적의 진지를 포격하다. objectif à ~ 사격목표. ~ *les murs avec un bélier* 《옛》파성추(破城槌)로 성벽을 쳐부수다.
⑧ 《해양》 (기를) 끛다, 휘날리다. ~ *la mer* (배가)먼 바다를 향해하다. ~ *pavillon* (*d'*) *amiral* (군함이)제독기를 달다. ~ *pavillon français* (배가)프랑스기를 달다.
~ *la mesure* (손·발 따위로) 박자를 맞추다.
~ *monnaie* 《구어》돈을 마련하다.
~ *qn en brèche*[*en ruine*] (포격하여) 부수다

틈을 내다; 쳐부수다, 분쇄하다. ~ *une théorie en brèche* 어떤 이론을 철저히 분쇄하다. ~ *qn en brèche* …의 평판을 여지없이 손상시키다.
—*v.i.* ① (비·바람 따위가)후려치다; (문 따위가)덜거덕거리다; (돛 따위가)펄럭이다; (말굽이)에 들거리다. La pluie *bat* contre la vitre. 비가 유리창을 후려친다. porte qui *bat* au courant d'air 바람에 덜거덕거리는 문.
② [~ de] (…을)치다, 마주 치다; ~ *des mains* 손뼉을 치다. ~ *des ailes*(새가)두 날개를 치다. ~ *des flancs*(du flanc)(말이 숨을 가쁘게 쉬며)옆구리를 파도치게 하다.
③ 울리다, 고동치다, 뛰다, 진동하다(palpiter). Le tambour *bat*. 북소리가 울린다. Le cœur *bat*. 심장이 고동친다. Son cœur *bat* pour un jeune homme, elle l'aime. (비유적) 그녀의 가슴은 한 젊은이를 향해 뛰고 있다, 그를 사랑하고 있는 것이다.
④ 《시계가》똑딱똑딱 하다.
~ *contre vapeur* 증기(蒸氣)를 역류시키다.
~ *en retraite* 퇴각의 북을 치다; 후퇴하다, 도망치다(fuir); (대결·논쟁에서)물러서다, 손을 다스리다(reculer, céder). Son regard était si terrible que *j'avais battu en retraite*. 그의 눈초리가 어찌나 매서웠던지 나는 도망치고 말았다.
Rien ne bat sous sa mamelle gauche. 《구어》그는 피도 눈물도 없는 인간이다.
—*se* ~ *v.pr.* ① 《상호적》 서로 때리다, 서로 싸우다(se combattre). Ils *se sont battus* en duel. 그들은 결투를 했다.
② [se ~ avec/contre] (와) 싸우다 (lutter). *se* ~ *avec qn pour qc* …를 위해서 …와 싸우다. Cet enfant *se bat* souvent *avec* les galopins du quartier. 이 아이는 종종 동네 망나니들과 싸운다.
③ 자기의 …을 치다. *se* ~ *la poitrine* 잘못을 뉘우치다, 통회하다. *se* ~ *les flancs* (말 따위가)되로 자기 배를 치다; 《구어》 (결과에 비해) 큰 고생을 하다. *s'en* ~ *l'œil* 《구어》그것을 염두에 두지 않다, 개의치 않다.
battu(**e¹**) [baty] (*p.p.* <*battre*) *a.p.* ① 얻어맞은. avoir les yeux ~*s* 피로한 눈을 하고 있다. ile ~*e* par les flots 바다에 둘러싸인 섬. navire ~ de la mer[de la rafale]풍랑[질풍]에 시달린 배. ② (데 따위가)단련된, 두들겨 늘어선. fer ~ 단철(鍛鐵). œufs ~s en neige 휘저어 허옇게 거품이 인 달걀. or ~ 금박(金箔). ③ 패배당한(vaincu). armée ~*e* 패군. général ~ 패장(敗將). ④ 폭격은, 피격된. zone ~*e* 폭격지대. ⑤ (땅·길 따위가) 밟혀서 다져진; 사람의 왕래가 잦은. chemin [sentier] ~ 사람들이 많이 지나는 길; 《구어》 (비유적) 혼히 쓰는 방법(lieu commun).
avoir l'air d'un chien ~ 풀이 죽어있다.
pas ~ 《무용》 (발레에서)마주치는 발놀림.
—*n.m.* ① 풀이 휘저은 계란. ② (*pl.*) 매맞는 사람들, 패자들.
ne pas se tenir pour ~ (자기를 패배자로 인정하지 않다)→ 끝까지 자기 주장을 고집하다.
battude [batyd] *n.f.* = **bastude**.
battue² [baty] *n.f.* ① 몰이꾼을 써서 하는 사냥. ② (늑대·여우·멧돼지 따위의)몰이. ③ (범인의)수색. ④ (말의)일보(一步); 말굽소리.
batture [baty:r] *n.f.* ① 금박 와니스. ② ~ *de roches* 《해양》 암초.
bau [bo] (*pl.* ~*x*) *n.m.* 《선박》 갑판의 대들보.
bauche [boʃ] *n.f.* ① 연못 주위에 생기는 풀; 진흙.
Baucis [bosis] *n.pr.f.* 《그리스신화》 바우키스.
Ils sont comme Philémon et ~. 《구어》그들은 의좋은 늙은 부부이다.

baud [bo] *n.m.* 〖전신〗 보(송신속도의 단위 : 프랑스의 전기 기술자 *Baudot*에서 유래).
baudelaire [bodlɛːr] *n.m.* =**badelaire**.
baudelairien(ne) [bodlɛrjɛ̃, -ɛn] *a.* 보들레르 (*Baudelaire*, 19세기 프랑스의 시인) (식)의. —*n.* 보들레르파(派); 보들레르 연구가.
bauder [bode] *v.i.* (사냥개가) 짖다.
baudet [bodɛ] *n.m.* ①〖구어〗당나귀(âne); 씨당나귀; (비퐁) 바보, 무식꾼. ② 나무 켜는 대(臺).
baudir [bodiːr] *v.t.* 〖사냥〗뿔피리나 외침소리로 매·사냥개를 부추기다.
—**se**— *v.pr.* 〖옛·구어〗즐겁게 놀다.
baudrier [bodri(j)e] *n.m.* ①(칼·북의)멜빵, 어깨끈. ② ~ d'Orion 〖천문〗(오리온좌의)3개의 별; ~ de Neptune 〖식물〗다시마.
baudroie [bodrwa] *n.f.* 〖어류〗아귀속(屬) (lotte de mer).
baudruche [bodryʃ] *n.f.* ①(소·양의)장막(腸膜)으로 만든 얇은 가죽, 박막(薄膜); (장막으로 만든)콘돔; (장막·고무로 된)풍선(ballon en ~). ②(비유적) (속이 텅빈)줏대없는 사람; 공허한 사상.
bauge [boːʒ] *n.f.* ① 멧돼지 집;〖구어〗누추한 집 (taudis), 더러운 잠자리. ②〖직물〗쓰투루 만든 융단. ③〖건축〗짚과 진흙을 섞은 벽토반죽.
bauger [boʒe] [3] *v.i.* (멧돼지 따위가)집에 숨다(들어가다).
—**se**— *v.pr.* (멧돼지 따위가)집에 틀어 박히다.
baugue [boːg] *n.f.* 〖식물〗=**zostère**.
bauhinia [boinja], **bauhinie** [boini] *n.f.* 〖식물〗 (구충제로 쓰는)열대 지방산의 콩과(科) 식물.
bauhinier [boinje] *n.m.* =**bauhinia**.
baume[1] [boːm] *n.m.* ①방향성 수지(樹脂); 향유; 방향(芳香). ② 진통제(adoucissement); 방향제 (液). ③위안(consolation); (비퐁) 달콤한 말. mettre(verser) du ~ dans le cœur[sur la blessure] de *qn*〖구어〗…의 고통스러운 마음(상처)을 위로해 주다. Je n'ai pas de foi dans son ~. 그의 달콤한 말(약속)은 믿을 수가 없다. ~ *des jardins*〖식물〗쑥국화. ~ *sauvage*(*des champs*)〖식물〗야생 박하(薄荷). ~ *vert*〖식물〗(유럽원산의)박하. *fleurer comme* ~ 좋은 냄새가 나다.
baume[2] *n.f.* 〖옛〗동굴(grotte d'ermite).
baumé [bome] *a.m.* 보메(*Baumé*, 프랑스의 화학자)의. degré B~ 〖화학〗보메도(度).
—*n.m.* 〖화학·물리〗보메비중계.
baumier [bomje] *n.m.* 〖식물〗발삼나무(balsamier).
bauque [boːk] *n.f.* 〖식물〗=**baugue**.
bauquière [bokjɛːr] *n.f.* 〖선박〗배의 대들보받이널판.
baux [bo] *n.m.pl.* ⇨**bail**, **bau**.
bauxite [boksit] *n.f.* 〖광물〗보크사이트.
*****bavard(e)** [bavaːr, -ard] *a.* ①잘 지껄이는, 수다스러운(discoureur, babillard, ↔ muet, silencieux). Quel ~! Tu ne peux pas te taire un peu! 지독히 수다스럽군! 좀 입을 다물 수 없겠니! être ~ comme une pie〖구어〗몹시 수다스럽다. ②입이 가벼운, 조심스럽지 못한(indiscret, ↔ discret); (시내 따위가)졸졸거리는; 〖사냥〗(개가 짖어대기만 하는. Elle est ~e. On ne peut lui faire confiance. 그녀는 입이 가벼워서 믿을 수가 없다. chien ~ 짖어대기만 하고 사냥감을 쫓지 않는 개. ③(문학·미술 작품이)지루한. roman ~ 지루한 소설.
—*n.* 수다장이, 입이 가벼운 사람.
—*n.m.* 〖은어〗변호사.
—*n.f.* 〖은어〗혀, 입; 편지.
bavardage [bavardaːʒ] *n.m.* 수다, 객설, 잘 지껄임.

기; 해서는 안될 말을 하기; 쓸데없는 말.
bavarder [bavarde] *v.i.* ①수다를 떨다(jacasser, jaser, ↔ se taire); ~에게 안될 말을 하다. perdre son temps à ~ 수다를 떠는 데 시간을 낭비하다. Quelqu'un *aura bavardé* sur son compte. 누군가가 그 사람의 얘기를 떠벌인 모양이다. ②담소하다. ~ *de la pluie et du beau temps* 부질없는 수다를 떨다.
bavarderie [bavard(ə)ri] *n.f.* 〖옛〗수다; 끊임없는 지껄임.
bavardise [bavardiːz] *n.f.* 〖옛〗수다(bavardage).
bavarois(e) [bavarwa, -aːz] *a.* 바바리아(*la Bavière*)의. —B— *n.* 바바리아 사람. —*n.m.* ①바바리아어(語). ②〖요리〗바바루아(계라노른자·설탕·우유·향료·젤라틴을 넣어 거품을 일게한 생크림으로 만든 디저트). —*n.f.* 〖요리〗 capillaire 시럽과 우유로 만든 더운 음료.
bavasser [bavase] *v.i.* 〖속어〗〖경멸〗수다를 떨다.
bave [baːv] *n.f.* ①침; (미친 개 따위의)거품; (중노동한 말의)거품같은 땀; (물고기·달팽이 따위가 분비하는)점액(粘液); (누에가 토하는)최초의 실. ②독설, 욕.
baver [bave] *v.i.* ①침을 흘리다; 거품을 내뿜다; (팔대축 따위가)점액을 내뿜다; (펜의 잉크가)왈칵 흐르다. ②[~ sur](에 대해)심한 욕을 하다. ~ sur (la réputation de *qn*…의 (명성을)욕하다. ③〖구어〗철없는 소리를 하다, 수다를 떨다; 놀라다 화내다. ~ d'étonnement 놀란 나머지 어이가 없어지다.
~ *le lait*〖구어〗아직 젖비린내가 나다, 풋나기이다. *en* ~〖속어〗혼이 나다; 힘든 일에 고생하다. *en* ~ *des ronds de chapeau*〖속어〗몹시 놀라다, 몹시 감탄하다.
—*v.t.* (침·점액 따위를)흘리다; 욕을 퍼붓다. ~ *sa haine* 증오를 드러내보이고 욕을 퍼붓다. ~ *des calomnies* 마구 욕을 퍼붓다.
baverette [bavrɛt] *n.f.* 〖옛〗(앞치마의)가슴에 대는 부분(bavette).
bavette [bavɛt] *n.f.* ①턱받이, 침받이; (앞치마의)가슴에 대는 부분(baverette). ②〖건축〗처마물받이, 홈통뚜껑; 〖공업〗(창틀 앞부분의)누수막이. ~ *garde-boue* (자전거의)흙받이. ③쇠고기 등심의 아랫 부분(~ d'aloyau (→ *bœuf* 그림); (거위의 부리 밑의)주름. *être encore à la* ~ 아직 어린아이이다. *tailler une* (*des* ~*s*) *avec qn*〖구어〗…와 이야기하다, 수다를 떨다.
baveur(se[1]) [bavœːr, -øːz] *a.* 침을 흘리는.
—*n.* 침을 흘리는 사람. —*n.m.* =**blennie**.
baveux(se[2]) [bavø, -øːz] *a.* ①침을 흘리는; (상처가)진물이 나는. ②〖요리〗(오믈렛 따위가)반숙의. ③ *lettres* ~*ses* 〖인쇄〗잉크가 번진 글자. ④ (말·문장 따위가)짜임새가 없는. orateur ~ 장황하게 지껄이는 연사.
—*n.m.* ①〖군데어〗신문(지), 비누. ②〖속어〗변호사(avocat, bavard).
—*n.* 〖속어〗수다스러운 사람; (뒤에서)험담하는 사람.
baroché(e) [bavɔʃe] *a.p.* ①〖인쇄〗잉크가 번져 지저분한, 선명하지 않은. ②(편지 따위가)더러워져 알아보지 못하게 된. —*n.m.* (인쇄가 선명치 않은 부분.
bavocher [bavɔʃe] *v.i., v.t.* 〖인쇄〗선명하지 않게 (더럽게) 인쇄하다.
bavocheux(se) [bavɔʃø, -øːz] *a.* 인쇄가 더러운; 선명치 않은.
bavochure [bavɔʃyːr] *n.f.* 〖인쇄〗잉크의 얼룩; 더

러움, 불선명.
bavoir [bavwa:r] *n.m.* 턱받이, 침받이(bavette).
bavolet [bavɔlɛ] *n.m.* ① 시골 여자모자. ② 여자 모자 뒤에 달린 장식 리본. ③ (옛날 마차·자동차의) 흙받이.
bavolette [bavɔlɛt] *n.f.* 《옛》bavolet를 쓴 여자; 시골 여자, 농부(農婦).
bavure [bavy:r] *n.f.* ① 주물(鑄物)의 이음매; 금속의 접힌 부분. ② (인쇄의)얼룩. ③ 잘못, 실수. éliminer des ~s (문장 따위의)잘못된 곳을 빼다. ~s de la décolonisation 탈식민지화정책의 갖가지 실수.
sans ~(*s*) 《구어》완전(완벽)한; 완전(완벽)하게. jeu *sans* ~s d'un acteur 어떤 배우의 완벽한 연기. Il improvise *sans* ~ devant le micro. 그는 마이크 앞에서 완벽하게 (원고없이) 즉흥방송을 한다.

bavolet ①

bayadère [bajadɛ:r] *n.f.* (인도의 종교 무용의)무희(舞姬); 직업적인 댄서. —*a.* 『직물』색동무늬가 있는. écharpe ~ 색동무늬 스카프.
bayard, bayart [baja:r] *n.m.* =**bard**.
bayer [baje] [8] *v.i.* 입을 벌리고 멍하니 바라보다. ~ *après qc* 《예·속어》…을 열망하다. ~ *aux chimères*(*aux nuées*) 공상에 잠기다. ~ *aux corneilles*(*aux grues*) 《구어》멍하니 하늘만 바라보며 시간을 보내다.
bayeur(*se*) [bajœ:r, -ø:z] *n.* 입을 벌리고 멍하니 바라보는 사람.
bayonnette [bajɔnɛt] *n.f.* 《옛》=**baïonnette**.
baz [ba:z] *n.m.* 《학생속어》사제, 학교(école).
bazar [baza:r] *n.m.* ① (근동의)시장(市場). ② (큰)백화점, 슈퍼마킷; 염매 백화점. ③ 자선시, 바자(vente de charité). ④ 《속어》난잡한 집〔방〕; 잡동사니, 잡다한 물건; 의류 기타의 소지품. et tout le ~ 그밖의 모든 것〔사람들〕. ⑤ 《속어》(남자의)음부(陰部). ⑥ 상업의 중심지, 〔물자의〕대집산지.
de ~ 질이 나쁜. 저급한. article *de* ~ 조악품(粗惡品). Ce roman est un vrai article *de* ~ 이 소설은 아주 엉망이다.
bazardage [bazarda:ʒ] *n.m.* 《구어》bazarder 하기.
bazarder [bazarde] *v.t.* 《구어》(헐값으로 속히)팔아 버리다.
bazenne [bazɛn] (*pl*. bazin(*n*)en [bazinnen] *n.f.* 덩케르크(Dunkerque) 어시장의 여상인.
bazin [bazɛ̃] *n.m.* 〔*f.*〕 4 절 크기의 도화지.
bazooka [bazuka] *n.m.* 『군사』바주카포(砲).
B.B.C. [bibisi, bebese] (<《영》 *British Broadcasting Corporation*) *n.f.* 영국방송협회.
bce 《약자》balance 〔부기〕 차감잔고(balac.).
B.C.G. [beseʒe] (<*le vaccin Bilié de Calmette et Guérin*) *n.m.* 결핵예방백신.
Bches-du-R. 《약자》Bouches-du-Rhône (프랑스의 도(道)).
bco 《약자》banco 〔상업〕 은행가격.
BD, B.D. [bede] (<*bande dessinée*) *n.f.* 《구어》동화(動畫)필름.
bd 《약자》 boulevard 한길, 대로.
bde 《약자》brigade 『군사』여단.
bdellaire [bde(l)lɛ:r] 『동물』*a.* 피를 빨아먹고 사는. —*n.m.pl.* 거머리속(屬).
bdelle [bdɛl] *n.f.* 『동물』거머리속(屬)의 일종.
bdellium [bde(l)ljɔm] *n.m.* 『식물』브델륨, 고무수지(樹脂).
Be 《약자》béryllium 『화학』베릴륨.

B.E. 《약자》brevet élémentaire 초등교육수료증(1945 년 폐지; 현재는 B.E.P.C.).
bé [be] *n.m.* B, b 의 호칭.
bê [be] *int.* 메에 (염소의 울음소리).
beagle [bigl] 《영》 *n.m.* 비글 개 (토끼 사냥용).
béance [beɑ̃:s] *n.f.* 《드물게》입을 크게 벌리고 있음; 크게 벌어져 〔열려〕 있음.
béant(*e*) [beɑ̃, -ɑ̃:t] *a.* ① 입〔눈〕을 크게 벌린; 크게 벌어진〔열린〕. Nous étions ~s de surprise. 우리들은 놀라 눈이 휘둥그래졌다. regarder *qc* bouche ~*e* 입을 벌리고 …을 멍하니 바라보다. ② (상처 따위가) 딱 벌어진, 갈라진, 터진.
béarnais(*e*) [bearnɛ, -ɛ:z] *a.* 베아른(Béarn, 프랑스의 옛 지방)의. —**B**— *n.* 베아른 사람; Le B— 『역사』앙리 4 세. —*n.m.* 베아른 사투리. —*n.f.* 베아르네즈 소스(sauce ~*e*).
beat [bit] *a., n.m.* beatnik 의 준말. révolte ~ 비트〔니크〕적 반항.
béat(*e*) [bea, -at] *a.* 복많은, 행복한, 평안한; 조용한 기쁨을 누리는; 믿음이 두터운; 《옛》(교회에서)축복받은, 지복(至福)의; 믿음이 두터운 채하는; 자기 만족의. —*n.* 〔가톨릭〕복자.
béatement [beatmɑ̃] *ad.* 행복하게, 편안히; 자기 만족하여, 믿음이 두텁게.
béatification [beatifikasjɔ̃] *n.f.* 〔가톨릭〕시복(諡福); 시복식(式) (죽은 자를 복자품으로 올리는 의식).
béatifier [beatifje] *v.t.* 〔가톨릭〕(교황이 죽은 자에 대하여)시복을 선언하다; 《옛》행복하게〔축복〕하다.
béatifique [beatifik] *a.* 『종교』축복을 주는 힘이 있는. vision ~ 지복직관 (사후에 신을 직접 보는 지복).
béatille [beatij] *n.f.* (옛날 인도에서 온)면포(綿布), 모슬린.
béatilles [beatij] *n.f.pl.* 《옛》① 여자 수도원에서 만드는 세공물. ② 『요리』(파이 속에 넣는)맛있는 고기.
béatique [beatik] *a.* 복자의, 지복을 나타내는.
béatitude [beatityd] *n.f.* 〔신학〕천복, 지복; 무상의 기쁨(bien-être). B—s évangéliques; les huit ~s 진복팔단(眞福八端), 팔복 (그리스도가 산상수훈에서 설교한 여덟 가지 복). ② Sa B— 『종교』에하(猊下) (그리스 정교의 고위 성직자에 대한 존칭). ③ 자기만족, 도취.
beatnik [bitnik] 《미영》*n.m., a.* 비트족(族) 〔의〕. révolte(civilisation) ~ 비트족의 반항〔문화〕.
beatnikisation [bitnikizɑsjɔ̃] *n.f.* 비트족으로 만들기〔되기〕.
:beau¹ [bo] (**bel** [bɛl]) (*f*. **belle** [bɛl], *m.pl.* **beaux** [bo], *f.pl.* **belles** [bɛl]) (bel 은 bel et bien, bel et bon, 국왕명 Charles(Philippe) le Bel, 지명 Villiers-le-Bel 이외는 모음 또는 무음의 h 로 시작되는 남성단수 명사앞에 쓰임, 명사 이외의 앞에서는 보통 beau) *a.* ① 아름다운(↔laid). un *bel* oiseau 아름다운꽃. Elle est assez *belle*. 그녀는 꽤 미인이다. Il y a un *bel* oiseau dans l'arbre. 나무에 예쁜 새가 앉아 있다. ~ sexe 여성. *bel* homme 미남; 건강한 남자. *belle* femme 미인, 미녀; 체격이 좋은 〔통통한〕여자. *bel* enfant 귀여운 아이; 건강한 소년. *belle* dame 옷을 잘 차려입은 여자. ~ monsieur 멋지게 차린 신사. se faire ~ 모양을 내다. ② 멋있는, 보기좋은; (정신적으로)훌륭한; 고급의. remporter un ~ *succès* 멋진 성공을 거두다. avoir une *belle* santé 건강이 무척 좋다. le *bel* âge 청춘, 젊음 (un *bel* âge 고령). *belle* balle (테니스 따위에서의)멋있는 숏. ~ *talent* 뛰어난 재능.

esprit 재기; 재능있는 사람, 잔재주가 있는 사람. *belle âme* 고매한 정신(사람). Il a eu une *belle mort.* 그는 편안하게 [의연하게] 죽었다. ~ *monde* 사교계. *belle société* 상류 사회. ~*x quartiers* 고급 주택가.

③ 날씨가 좋은, 맑게 갠. Le — temps dure depuis une semaine. 좋은 날씨가 일주일 동안 계속되고 있다. Il fait un ~ soleil. 눈이 부실만큼 좋은 날씨이다. *belle* nuit étoilée 별이 총총한 밤. La mer est *belle.* 바다가 잔잔하다. *belle* saison 좋은 계절 (봄과 여름).

④ 쾌적한, 기분좋은, 행복한. ~ rêve 기분좋은 꿈. faire un ~ voyage 쾌적한 여행을 하다. être de *belle* humeur 무척 기분이 좋다. ami des ~*x jours* 행복한 시절의 친구, (괴로울 때는 떠나 버리는) 믿을 수 없는 친구. *Belle Epoque* 호시절 (1910년경을 가리킴).

⑤ 유리한, 바람직한, 형편이 좋은, 적절한. avoir ~ jeu de [pour] + *inf.* …하기 유리한 입장에 있다. trouver un ~ parti 유리한 결혼상대를 만나다. avoir un ~ jeu (카드놀이에서) 좋은 패를 가지고 있다, 손속이 좋다. *belle* occasion 호기. *belle* expression 적절한 표현. présenter *qc* sous un ~ *jour* …을 유리하게 내보이다.

⑥ (양·정도가) 큰, 꽤 많은, 상당한. *belle* somme 상당한 금액, 거액. ~ vacarme 엄청난 소음. homme d'une *belle* taille 키가 큰 남자. *belle* salle 널찍한 방. manger d'un *bel* appétit 왕성한 식욕을 갖고 먹다. recevoir une *belle* gifle 따귀를 심하게 맞다. Il y a ~ temps de cela (que + *ind.*). 그로부터 (…하고 나서) 꽤 지났다.

⑦ (반어적) 멋있는, 훌륭한, 괜찮은; 쓸데없는, 지독한. C'est du ~ travail! 잘했군 그래! La *belle affaire!* 쓸데없는 짓이다. C'est un ~ menteur. 저놈은 대단한 거짓말장이다. En voilà une *belle demande!* 이런 바보같은 요구가 어디있나! être dans de ~*x* draps 곤경에 빠지다. traiter *qn* de (la) *belle* manière …을 심하게 [사정없이] 다루다.

⑧ ⓐ (강조) 참말로, 다름아닌. au ~ milieu (de *qc*) (…의) 한 가운데에. à la *belle* étoile 야외에서. manger à *belles* dents (이빨을 드러내놓고) 허겁지겁 먹다. ⓑ (뜻이 약해져서) 어떤, un — jour 어떤 날. un de ces ~*x jours* 근일중에.

⑨ (애칭) 아름다운, 귀여운 (가끔 경멸·놀림). mon *bel* ami 자네, 그런데. mon — monsieur; ma *belle* dame 여보, 당신.

⑩ 인척의, 혼인으로 인한 (복합어를 만든다: ~-père 장인, 시아버지. *belle*-mère 장모, 시어머니. ~-frère 처남, 매부, 동서. *belle*-sœur 시누이, 올케, 동서).

⑪ *belle* page 〖인쇄〗오른쪽 페이지. *Ça, c'est le plus ~!* 그건 지독하다, 너무하다. *Ce serait trop ~.* 그렇게 되기만 하면 그 이상 바랄 게 없다.

C'est trop ~ pour être vrai. 너무나 멋이 있어서 진짜라고 생각하지 못하겠다, 마치 꿈과 같다.

en + 동사 + *de belles* 어리석은 [심한] …을 하다. *en dire de belles* 어리석은 말을 하다 ((사람에 대해) 나쁘게 말하다). *en faire de belles* (구어) 어리석은 짓을 하다. *en faire voir de belles à qn* …을 처참한 꼴로 만들다.

Il est (구어) *C'est*) ~ *de* + *inf.* …하는 것은 훌륭하다 [멋있다]. *Il est* ~ *de pardonner les fautes d'autrui.* 남의 과오를 용서하는 것은 훌륭한 일이다. *Ce n'est pas* ~ *de mentir.* 거짓말하는 것은 좋지 않다.

la bailler belle à qn …을 속이다, 놀리다.

la manquer belle 호기를 놓치다.
l'avoir belle (*de*+*inf.*) (…하는 데) 유리한 [형편이 좋은] 입장에 있다; 《드물게》…할 염려가 있다.
l'échapper belle ⇨ échapper.
Sois belle et tais-toi. 너 따위는 나설자리가 아냐. 너는 잠자코 있어 《여성에 대해서 사용하는 표현》.
Tout cela est bel et bon [*bien*], *mais*... 그건 모두 괜찮은 데, 여하튼 간에….

—*ad.* (다음과 같은 표현에 사용). *avoir ~ + inf.* 설사 아무리 …해도 (소용없다); …이지만 (보통 결론을 나타내는 문장과 함께 쓰임). Tu *as ~ crier, personne ne te croit.* 아무리 소리쳐도 소용없어, 아무도 너를 믿지 않을 테니까. *J'ai eu ~ m'excuser, il est parti furieux.* 사과했지만 소용없었다, 그는 화가 나서 가버렸다. *Il avait ~ dire, elle ne comprenait jamais.* 그가 무슨 짓을 하고 무슨 말을 해도 그녀는 전혀 이해하지 못했다.

bel et bien 정말로, 완전히. Il est *bel et bien mort.* 그는 정말로 죽고 말았다.

de plus belle (앞서보다도) 더욱 격렬하게 [강하게]. *La pluie tombe de plus belle.* 비가 더욱 세게 쏟아진다.

Il fait ~. 날씨가 좋다.
Il fait ~ + inf. (문어) …하는 것은 기분이 좋다; …하기 쉽다. *Il fait ~ se promener par un temps pareil.* 이런 날씨에 산책하는 것은 기분이 좋다.

Il fera ~ quand + ind. …한다는 것은 결코 없다. *Il fera ~ quand je te croirai!* 네가 말하는 것 따위는 절대 믿지 않는다.

Il ferait ~ voir que + sub. (반어적) …라 해도 그래도 괜찮다, 그것도 괜찮겠지 (그렇게 하면 혼이 날 것이라는 위협의 말). *Il ferait ~ voir qu'ils agissent sans notre avis.* 그들이 우리의 말을 듣지 않고 행동한다 해도 좋아 (어디 해보라나 : 위협의 뜻).

porter ~ 위엄이 있다, 당당하다.

tout ~ 조용하게, 온화하게. *Tout ~, Monsieur, l'affaire n'est pas si grave.* 침착하십시오, 일은 그리 심각한 것이 아닙니다.

—*n.m.* ① 미, 아름다운 것, 훌륭한 것. le ~, le bien et le vrai 진선미. définition du ~ 미의 정의. *Cette boutique ne vend que du ~.* 이 상점에서는 좋은 물건만 판다.

② 개인 날씨. *Le temps est* [*se met*] *au ~.* 날씨가 좋나 [좋아진다]. ~ *fixe* 지속적인 [안정된] 날씨. *Le ménage s'est remis au ~.* 《비유적》가정이 평온을 되찾았다, 부부 사이가 회복되었다.

③ (이야기·사건의) 중요한 [재미있는] 부분, 대목 (가끔 비꼼의 뜻으로). *Voilà le ~ de cette histoire.* 여기가 바로 이야기의 클라이맥스이다.

④ 멋쟁이 남자, 멋부리는 남자, 으스대는 남자. vieux ~ (젊게 차리고) 성적 매력을 과시하는 노인. ~ *fils* (옛) 거드럭거리는 청년.

C'est du ~. (반어적) 훌륭한 일이다; (아이들의 실패·장난에 대해서) 안되겠는데, 곤란한 일이야.
en ~ 미화해서, 잘, 바람직하게. voir tout *en ~* 무슨 일이건 좋은 면만 본다 (낙관적으로 생각하다). peindre *qn*(*qc*) *en ~* …을 미화해서 묘사 (표현) 하다.

faire le ~ 우쭐대다, 모양을 내다; (개 따위가) 뒷발로 서다; (옛) 재능을 과시하다.

le plus ~ (*de ~qc*) (재미있는 것중에서) 제일 중요한 [재미있는] 곳, 가경, 압권. *Au plus ~ de l'émission, le courant est coupé.* 제일 재미있는 부분에서 전기가 나갔다.

—*n.f.* ① 미인, 미녀.
② (구어) (젊은) 여자; 연인, 애인. *faire la cour à une belle* 젊은 여자의 마음에 들려고 애쓴다.

beau²

courir les *belles* 여자의 꽁무니를 쫓아다니다. ma *belle* 여보, 당신 (※여성에 대해 친밀감을 나타내는 호칭으로 때로는 비꼬는 뉘앙스를 갖는다). ③ (3판 양승 승부의) 결승전. jouer (faire) la *belle* 결승전을 하다.

beau² (약자) bordereau 《상업》 명세서.

beauceron(ne) [bosrɔ̃, -ɔn] a. 보스(Beauce, 프랑스의 지방)의. ― B~ n. 보스 사람.

beaucir [bosi:r] v.i. 《해양》 (날씨가) 좋아지다.

‡beaucoup [buku] ad. ① 매우, 대단히, 무척. Il lit ~. 그는 독서를 많이 한다. J'ai ~ aimé ce film. 나는 이 영화가 대단히 좋았다. Merci ~. 대단히 감사합니다. Tu aimes le fromage ? – Pas ~. 치즈를 좋아하니? 별로. (※ beaucoup의 비교급은 plus; beaucoup에는 très, si 따위의 부사어가 붙지 않는다. 옛 용법에서는 형용사를 수식하는 데 beaucoup를 사용하기도 했으나 현대에는 très 또는 bien을 사용한다).
② [~ de+무관사명사] 많은, 다수의, 다량의. Il a ~ d'argent (d'amis). 그는 돈(친구)이 많다. Il n'y a pas ~ de monde. 사람이 많지 않다. (※ beaucoup de+무관사명사를 대명사로 대체하면 en... beaucoup가 된다 : Il en a ~ 그는 그것을 많이 가지고 있다).
③ (비교급, trop, 형용사를 대신하는 le를 강조하여) 훨씬, 더욱 더. Il était ~ plus aimable. 그는 훨씬 더 친절했다. C'est ~ mieux. 그쪽이 훨씬 낫다. Il y a ~ trop de bruit. 소음이 너무 심하다. Il est intéressant, ce film?-Oui, il l'est ~. 그 영화가 재미있나요? 그럼요, 무척 재미있습니다.

REM (1) meilleur, pire, pis, assez 따위 앞에서는 일반적으로 bien을 사용한다 : Le thé est *bien meilleur* avec du lait. 홍차에 우유를 타면 더욱 맛이 있다. (2) 최상급을 강조하기 위해서는 de beaucoup를 사용한다.

un peu ~ 《구어》무척, 퍼. Ça te plaît?-Un peu ~. 마음에 드니? 무척.
―*pron.ind.* 많은 사람, 많은 것(일); 대부분, 대반. B~ ne sont pas venus. 많은 사람들이 오지 않았다. [~ à ~] Il reste encore ~ à dire. 아직도 할 말이 많이 남아있다. [~ de+한정명사] B~ de ses amis (d'entre eux) n'étaient pas d'accord. 그의 친구들 (그들) 중의 많은 사람이 찬성하지 않았다 (de 다음에 인칭대명사가 올 때에는 d'entre).
à ~ près 대단히 (차이가 있는) 훨씬 (미치지 않는) (주로 부정문에 사용된다). Il n'a pas à ~ près la personnalité de son père. 그는 아버지만 한 인품을 지니고 있지 않다.
C'est (déjà) ~ (de+inf.[que+sub., si+ind.]) (…만이라도) 대단한 것이다. C'est déjà ~. 그것만이라도 대단하다. C'est déjà ~ d'avoir pu participer à ce concours. 이 경연에 참가하였던 것만 해도 대단하다. C'est déjà ~ qu'elle t'ait parlé (si elle t'a parlé). 그녀가 너에게 말을 건넸던 것만 해도 대단한 일이다.
compter pour ~ ⓐ 중요시 되다, 중요하다. L'argent ne *compte pas pour* ~ dans sa vie. 돈은 그의 생활에서 중요하지 않다. ⓑ [compter qc pour ~] …을 중시한다. *compter pour* ~ ce qui n'est qu'un hasard. 우연에 지나지 않는 것을 중요시하다.
de ~ 훨씬, 더욱 더. Elle le dépasse *de* ~. 그녀는 훨씬 그를 능가한다. Je préfère *de* ~ la mer à la montagne. 나는 산보다 바다가 훨씬 더 좋다. Il est plus jeune *de* ~ que moi. 그는 나보다 훨씬 나이가 어리다 (비교급 앞에 놓일 경우에는 beaucoup, de beaucoup 둘 다 가능하다 : Il est (de) ~ plus jeune que moi). Il est le plus riche *de* ~ de nous tous. 그는 우리들 중에서 단연 제일 부자이다 (Il est *de* ~ le plus riche de nous tous).
être ~ pour qn …에 있어서 중요하다. Dix francs, *c'est ~ pour* un pauvre. 10프랑이라도 가난한 사람에게는 큰 돈이다.
être pour ~ (dans qc) (…에) 큰 관계가 있다. Elle *est pour ~ dans* le succès de son mari. 그녀는 남편의 성공에 크게 기여한다.

beaucuit [bokɥi] n.m. 《사투리》국수, 면(麵).

beau-fils [bofis] (pl. ~-x-~) n.m. 의붓아들, 전실 자식; 《드물게》사위.

***beau-frère** [bofrɛ:r] (pl. ~-x-~s) n.m. 매형; 처남; 동서; 시형제; 형부; 시누이 남편.

beaujolais(e) [boʒɔlɛ, -ɛ:z] a. 보죄(Beaujeu, 프랑스 도시)의. ―B~ n. 보죄 사람. ―B~ n.pr.m. 보졸레 지방. ―n.m. 보졸레산 포도주. ―n.f. 《직물》보졸레 직물.

beaune [boːn] n.m. 본(Beaune)산 포도주.

beaunois(e) [bonwa, -aːz] a. 본(Beaune, 프랑스 도시)의. ―B~ n. 본 사람. ―B~ n.pr.m. 보누아 지방.

beau-papa [bopapa] (pl. ~-x-~s) n.m. 시아버지; 장인; 의붓아버지 (애칭 또는 비꼼의 호칭).

***beau-père** [bopɛ:r] (pl. ~-x-~s) n.m. 시아버지; 장인; 의붓아버지.

beau-petit-fils [boptifis] (pl. ~-x-~s-~) n.m. 《드물게》의붓손자.

beaupré [bopre] n.m. 《해양》제1사장(斜檣). naviguer ~ sur poupe 앞배의 고물에 바짝 붙어 항해하다. ② = bigue.

beau-présent [boprezɑ̃] (pl. ~-x-~s) n.m. 배(梨)의 일종.

***beauté** [bote] n.f. ① 미(美), 아름다움; 미첩; 미용. ~ d'un paysage 풍경의 아름다움. concours de ~ 미인 콩쿠르, 경염대회. crème de ~ 미용크림. de toute ~ 대단히 아름답다. être dans toute sa ~ 지금 한창 아름답다. être du diable 《구어》(곧 시들어 버릴) 이팔청춘 꽃다운 아름다움. grain (tache) de ~ 얼굴에 붙인 애교점. institut de ~ 미용학원. salon de ~ 미장원. ~ d'un, mi녀; 《집합적》여성, 여자. jeune ~ 젊은 미녀. ma ~ 여자에 대한 애칭. rechercher les suffrages de la ~ 여성의 찬동을 구하다. ③ (pl.) (여자의) 매력, 여성미(attrait, charme); (pl.) 아름다운 것 (팀·부구·표현). les ~s d'une femme 어떤 여자의 매력. ~s de la Grèce 그리스의 예술품. ~s d'un ouvrage 어떤 작품의 여러가지 아름다움. ④ (정신적인) 아름다움, 숭고함; 우아함, 신기함, 진기함. ~ d'un sacrifice 희생의 숭고함. pour la ~ du geste 그 행위가 하도 멋져서 [훌륭해서].
en ~ 아름답게, 훌륭하게. Elle est *en* ~ aujourd'hui. 그녀는 오늘 한층 더 아름답게 보인다 (치장하고 있다).
se faire (refaire) une ~ 《구어》 화장하다.

beauvais [bovɛ] n.m. 보베산의 타피스리(tapisserie).

beaux-arts [bozaːr] n.m.pl. 미술, 조형예술(회화·조각·건축 따위). l'École des B~-A~ 미술 학교.

***beaux-parents** [bopaɑ̃] n.m.pl. 의부모, 계부모, 시부모, 장인과 장모.

‡bébé [bebe] 《영》 n.m. ① 갓난아이, 아기; 《구어》 유치한 사람, 애송이. faire le ~ 어린애 같이 굴다,

beaupré ①

응석부리다. C'est un vrai ~. 마치 어린애같다. ② 베이비 인형. ~ dormant 잠자는 인형. ③ 동물의 새끼. ~(-) loup 새끼늑대.
Ta bouche, ~ (t'auras une frite)! 《구어》아가리 닥쳐.
bébé-éprouvette [bebeepruvɛt] *n.m.* 《구어》① 인공수정으로 임신된 아이. ② 시험관 아기.
bébé-lune [bebelyn] *n.m.* 《구어》인공위성.
bébête [bebɛt] *a.* 《구어》어리석은, 유치한. rire ~ 킥킥 웃다.
be-bop [bibɔp] 《미영》*n.m.* 재즈 연주의 한 형태.
:bec [bɛk] *n.m.* ① (새의) 부리. frapper du ~ contre *qc* 부리로 …을 쪼다. se faire le ~ 부리를 갈다. nez en ~ d'aigle 매부리코. donner(lancer) un coup de ~ à *qn* …을 부리로 쪼다; …에게 짓궃은 말을 하다.
② (거북·문어·오징어 따위의)입;《구어》(사람의)입;《속어》코, 얼굴. ~ à ~ 얼굴을 맞대고, 마주 앉아서. avoir la pipe au ~ 파이프를 물고 있다. clore[clouer, river] le ~ à[de] *qn* …의 입을 다물게 하다. faire son petit ~ 입을 오무리다. pincer le ~ 입을 삐쭉하다, 뿌루퉁해지다, 토라지다. donner à *qn* du poing sur le ~ …의 얼굴을 주먹으로 때리다. ~ fin; fin ~ 식통(食通). se mettre *qc* dans le ~ …을 먹다.
③ 부리 모양의 것; (주전자의)주둥이; (악기의)입으로 무는 부분; (펜의)촉; 첨단; (가스등 따위의)가구(火口), (가로등)가스등. ~ de selle de bicyclette 자전거의 안장 끝. ~ de cruche 물담는 단지의 주둥이. ~ de lance 호스의 수구(水口). ~ Auer [auɛːr] 백열 가스등. ~ de gaz 가스등의 화구; 가로등(기둥).
④《해양》뱃머리, 이물;《지질》좁고 길다랗게 내민 모래톱;《토목》(교각의)물살을 가르는 구조물;《해양》닻가지[갈고리]의 끝; 베크(옛날 가스계량기 용량의 단위).
⑤ ~ de perroquet 《의학》골증식체, 쇄골, 골극(骨棘)(ostéophyte).
attaquer qn du ~ et des ongles …을 필사적으로 [온갖 수단을 동원하여] 공격하다.
avoir la plume sur le ~ 건강하다.
avoir le ~ bien affilé; avoir bon ~; être fort en ~ 수다스럽다, 입담이 좋다.
avoir le ~ enfariné (어리석게)자만하고 있다.
avoir ~ gelé 말한마디 하지 않고[못하고] 가만히 있다.
avoir une prise [se prendre] de ~ avec qn 《구어》 …와 말다툼하다.
claquer du ~ 《구어》배가 고프다.
donner du ~ 키스하다.
en avoir jusqu'au ~ 배가 부르다.
être pris par le ~ (자기가 한 말의 모순 때문에)꼼짝 못하게 되다, 당황하다.
faire le ~ à qn 《구어》…에게 해야 할 말을 미리 가르쳐놓다, …을 자기 생각대로 하도록 가르치다.
laisser qn le ~ dans l'eau (궁지에 빠진) …을 모르는 체하다, 내버려두다.
l'avoir dans le ~ 당황하다, 갈팡질팡하다.
mener qn par le ~ 남을 마음대로 휘두르다.
n'avoir que du ~ 쓸데없는 말만 하고 있다; 헛된 약속을 하다.
rester [être] le ~ dans l'eau (갖고자 하는 것, 받고 싶은 회답을)기다리며 살다.
se coucher le morceau au ~ 《속어》저녁 식후에 곧 잠자리에 들다.
se défendre du ~ 말대답하다, (상대방에게)응수하다.
se prendre de ~ avec qn …와 말다툼하다.
se refaire le ~ 《구어》맛있는 음식을 많이 먹다.
se rincer le ~ 《속어》술을 한잔하다.
tenir qn le ~ dans l'eau …을 조마조마하게 기다리게 하다.
tomber sur un ~ (de gaz) 《구어》생각지도 않던 장애에 부닥치다.
bécabunga [bekabɔ̃ga] *n.m.*【식물】물냉이아재비.
bec-à-cuiller [bekakɥijɛːr] (*pl.* ~s-~) *n.m.*【조류】 노랑부리저어새.
bécane [bekan] *n.f.* 《구어》자전거;《속어》낡은 기관차; 증기기관차; 타이프라이터; 단두대; 연장, 도구(outil), 기계(machine).
bécard [bekaːr] *n.m.*【어류】(산란기)연어(saumon)의 수컷.
bécarre [bekaːr] *n.m.* ①【음악】본위 기호. ② 멋장이, 하이칼라. *fou [par nature et] par ~* 《옛·속어》더할 나위 없는 바보.
—*a.*【음악】본위의.
bécasse [bekas] *n.f.* ①【조류】멧도요;【어류】공미리의 일종. ~ d'arbre 오디새. ~ de mer 검은머리물떼새. ②《속어》어리석은 여자.
brider la ~ 《구어》올가미를 씌우다, 속이다.
bécasseau [bekaso] (*pl.* ~x) *n.m.*【조류】깝작도요 무리.
bécassier(ère) [bekasjɛ, -ɛːr] *a.* 멧도요 사냥의.
—*n.* 멧도요 사냥꾼.
bécassin [bekasɛ̃] *n.m.*【조류】꼬마도요.
bécassine [bekasin] *n.f.* ①【조류】꺅도요; ~ de mer【어류】학공치의 일종. ②《속어》어리석은 계집애.
bécau [beko] (*pl.* ~x) *n.m.*【조류】새끼 꺅도요.
beccard [bekaːr] *n.m.* =**bécard**.
bec-courbe [bɛkkurb], **bec-courbé** [bɛkkurbe] (*pl.* ~s-~s) *n.m.* ①【조류】휜부리장다리물떼새(avocette). ② 틈을 메우는 연장.
bec-croisé [bɛkkrwaze] (*pl.* ~s-~s) *n.m.*【조류】솔잣새.
bec-d'âne [bɛkdaːn] (*pl.* ~s-~s) *n.m.* 장붓구멍 파는 끌(bédane); (금속용의)끌.
bec-de-cane [bɛkdəkan] (*pl.* ~s-~-~) *n.m.* ①【식물】노회(蘆薈). ② 자물쇠를 쑤셔서 여는 도구(코바늘); 오리 부리 모양의 손잡이; 자동식 자물쇠. ③ 집게, 뻰찌,【외과】코가 납작한 겸자.
bec-de-cire [bɛkdəsiːr] (*pl.* ~s-~-~) *n.m.*【조류】(아프리카·남양산의)붉은가슴핀치 무리.
bec-de-corbeau [bɛkdəkorbo] (*pl.* ~s-~-~) *n.m.* ① 【외과】끝이 뾰족하게 굽은 겸자. ② 철사 자르는 펜찌.
bec-de-corbin [bɛkdəkorbɛ̃] (*pl.* ~s-~-~) *n.m.* 끝이 뾰족한 각종 도구. canne à[en] ~ 《구어》새 부리 모양의 손잡이가 달린 단장. nez en ~ 《구어》 매부리코.
bec-de-grue [bɛkdəgry] (*pl.* ~s-~-~) *n.m.*【식물】제라늄.
bec-de-lièvre [bɛkdəljɛːvr] (*pl.* ~s-~-~) *n.m.* 언청이.
bec-de-moule [bɛkdəmul] (*pl.* ~s-~-~) *n.m.* 《속어》바보, 얼간이.
bec-de-perroquet [bɛkdəperɔkɛ] (*pl.* ~s-~-~) *n.m.* ①【어류】입이 앵무새처럼 생긴 놀래기류의 물고기;【의학】(척추의)골증식체, 쇄골(贅骨), 골류(骨瘤), 골극. ②【의학】(두개골 수술용)집게 모양의 기구.
bec-dur [bɛkdyːr] (*pl.* ~s-~s) *n.m.*【조류】콩새.
bec-en-ciseaux [bɛkɑ̃sizo] (*pl.* ~s-~-~) *n.m.*

【조류】제비갈매기 무리.
bec-en-croix [bɛkākrwa(a)] (*pl.* ~s-~-~) *n.m.*
【조류】솔잣새.
bec-en-cuiller [bɛkākɥijɛːr] (*pl.* ~s-~-~) *n.m.*
【조류】왜가리속(屬).
bec-en-sabot [bɛkāsabo] (*pl.* ~s-~-~) *n.m.*【조류】(아프리카산(産))넓적부리 황새의 일종(balæniceps).
bec-en-scie [bɛkāsi] (*pl.* ~s-~-~) *n.m.*【조류】솔딱새 무리.
becfigue [bɛkfig] *n.m.*【조류】(부리가 날카로운)연작류의 속새.
bec-fin [bɛkfɛ̃] (*pl.* ~s-~s) *n.m.*【조류】(부리가 날카로운)연작류.
bêchage [bɛʃaːʒ] *n.m.* ① 삽질, 가래질. ②【속어】험담(médisance).
béchamel [beʃamɛl] *n.f.* 베샤멜 소스(sauce à la B~, sauce ~); 베샤멜 소스를 곁들인 요리.
béchard [beʃaːr] *n.m.* 쌍갈래 꽹이.
bêche [bɛʃ] *n.f.* ① 삽, 가래. labour à la ~ 삽질, 가래질. profondeur de fer de ~ 한 삽으로 파는 깊이. labourer à deux fers de ~ 삽날 두 개분의 깊이로 갈다. ②【구어】【곤충】포도벌레(잎의 해충). ③ (돛 달린) 나룻배, 거룻배. ④ ~ de crosse【군사】포차(砲車)의 후미.
donner des coups de ~ (dans l'édifice social)【구어】(사회 조직을)교란하다. *faire de la ~ sur qn*【속어】…을 헐뜯다, 깎아내리다.
bêche-de-mer¹ [bɛʃdəmɛːr] (*pl.* ~s-~-~) *n.f.*【동물】해삼.
bêche-de-mer² *n.m.*【언어】(남태평양 방면에서 사용되는)영어와 멜라네시아어와의 혼합어(bichlamar).
bêchement [bɛʃmā] *n.m.* 삽질, 가래질.
bêcher [be(ɛ)ʃe] *v.t.* ① 삽(가래)으로 파다. ②【구어】험담하다(médire). ~ ses voisins 가까운 이웃을 욕하다.
bêcheton [bɛʃtɔ̃] *n.m.* 폭이 좁은 삽.
bêchette [bɛʃɛt] *n.f.* 작은 삽.
bêcheur(se) [bɛʃœːr, -øːz] *n.* ① 삽(가래)질하는 사람. ②【구어】헐뜯는 사람, 험구가, 악평가. ③【구어】(아니꼽게)뽐내는 사람. avocat ~【속어】검찰관, 검사.
bêcheveter, bêcheveter [bɛʃvəte] 4 *v.t.* 서로 거꾸로 되게 놓다.
béchique [beʃik] *a.*【약】기침을 멈추는.
—*n.m.* 기침을 멈추는 약, 진해제(鎭咳劑).
bêchoir [bɛʃwaːr] *n.m.* 네모진 큰 삽.
bêchot [beʃo] *n.m.* = **bêchette**.
bec-jaune [bɛkʒoːn] (*pl.* ~s-~s) *n.m.* = **béjaune**.
bécot [beko] *n.m.* ①【조류】꼬마도요. ②【구어】가벼운 키스.
bécoter [bekɔte]【속어】*v.t.* 가볍게 키스하다.
—*se* ~ *v.pr.* 서로 가벼운 키스를 주고받다.
bec-ouvert [bekuvɛːr] (*pl.* ~s-~s 발음불변))
n.m.【조류】알락해오라기.
bec-plat [bɛkpla] (*pl.* ~s-~s) *n.m.*【조류】넓적부리.
bec-pointu [bɛkpwɛ̃ty] (*pl.* ~s-~s) *n.m.*【어류】흰가오리.
becqué(e') [bɛ(e)ke] *a.*【문장】새의 부리가 다른 부분과 같지 않은 색깔의. œuf ~ 병아리의 부리가 껍질을 통하여 드러나 보이는 달걀.
becquebois [bɛkbwa(a)] *n.m.*【구어】【조류】딱다구리.
becquée², béquée [bɛ(e)ke] *n.f.* ① 간단한 한 입거리. ② 어미새가 입에 물고 나르는 먹이.
becquerel [bɛk(ə)rɛl] *n.m.*【물리】베크렐(방사성 물질의 양을 나타내는 단위).
becquet [bɛkɛ] *n.m.* = **béquet**.
becquetage [bɛkta:ʒ] *n.m.* (새가)부리로 쪼기.
becquetance [bɛktā:s] *n.f.*【속어】식사, 먹을 것.
becqueter [bɛkte] 5,4 *v.t.* ① (새가)부리로 쪼다, 쪼아 먹다(picorer). ②【속어】(사람이)먹다, 식사하다(manger). Il n'y a rien à ~ ici. 여기에는 먹을 것이 아무것도 없다. ③ (새가 다른 새를)부리로 가볍게 쪼다, 부리로 애무하다; 놀리다, 조롱하다 (se moquer);【구어】키스하다.
~ *des clarinettes*【속어】아무것도 먹지 않고 있다.
—*v.i.*【구어】식사를 하다.
—*se* ~ *v.pr.* ①(새가)부리로 서로 쪼다. ②【속어】서로 껴안다, 서로 키스하다.
bec-rond [bɛkrɔ̃] (*pl.* ~s-~s) *n.m.*【조류】붉은배멋장이새.
bectance [bɛktā:s] *n.f.*【속어】= **becquetance**.
becter [bɛkte] *v.t.*【속어】= **becqueter**.
bécu(e) [beky] *a.* 길고 강한 부리를 가진.
bécune [bekyn] *n.f.*【어류】창꼬치.
bedaine [bədɛn] *n.f.*【속어】뚱뚱한 배; 배.
bédane [bedan] *n.m.* 장붓구멍을 파는 끌.
bédaner [bedane] *v.t.*【속어】장붓구멍을 파다.
bedeau [bədo] (*pl.* ~x) *n.m.*【예】①(교회의)교회지기. ②(대학의)권표(權標) 받드는 사람.
bédég(u)ar [bedega:r] *n.m.*【원예】(장미나무 위에 생기는)나무혹.
bedford [bɛdfɔːr] *n.m.*【직물】일종의 코르덴.
bed-in [bɛdin]【영】*n.m.* 연좌(농성) 데모.
bedol(l)e [bədɔl], **bédol(l)e** [bedɔl]【예·속어】*a.* 어리석은, 바보의. —*n.f.* 바보, 멍청이.
bedon [bədɔ̃] *n.m.*【구어】뚱뚱한 배; 배뚱뚱이; 배; (키가 작고)배가 나온 사람; 대식가; 삐기는 사람.
bedondaine [bədɔ̃dɛn] *n.f.* = **bedaine**.
bedonnant(e) [bədɔnā, -āːt] *a.*【구어】배가 불룩 나온, 뚱뚱한.
bedonner [bədɔne] *v.i.*【구어】배뚱뚱이가 되다, 배에 살이 찌다.
bédouin(e) [bedwɛ̃, -in] *a.* 베두인(사막 지방의 아랍족)의. —B~ *n.* 베두인 사람. —*n.m.* ① 베두인어(語). ②【구어】거칠고 천한 사람.
bée¹ [be] *n.f.* ①【건축】(벽에 뚫린)공기창. ②(물방아의)수로.
bée² *a.f.* 널따랗게 벌린(ouverte). bouche ~ 멍하니 입을 벌리고(감탄하거나 놀라서).
beefsteak [bifstɛk]【영】*n.m.* = **bifteck**.
béer [bee] *v.i.* = **bayer**.
beffroi [befrwa] *n.m.* ①(시청 따위의)탑; (교회의)종루; 경종(警鐘);【예】망루, 망대. ②(물방아 따위의)받침대.
B.E.G. (약자) brevet d'enseignement général 일반교육증서(C.E.G.에서 수여하는 수료증).
bégaiement, bégaîment [begemā] *n.m.* = **bégayement**.
bégard [bega:r] *n.m.*【역사】(13세기의)배긴 교단의 수도사.
bégayant(e) [begejā, -āːt] *a.* 말을 더듬거리는; 주저하는, 망설이는, 머뭇거리는(hésitant).
bégayement [begejmā] *n.m.* 더듬더듬 말하기; 더듬거리는 말, 혀짤배기 말.
bégayer [begeje] 8 (< *bègue*) *v.i.* ① 말을 더듬다, 입속에서 중얼거리다; (어린아이가)더듬더듬 말하다(balbutier). Il ne fait encore que ~. 저 아이는 아직 완전하게 말을 못한다. ②(말(馬)이)머리를 옆으로 흔들다.
—*v.t.* 더듬으며 말하다. ~ *une excuse* (des mots

bégayeur(se) [begεjœ:r, -ø:z] *a.* 말더듬는, 더듬으며 말하는. —*n.* 말더듬이, 더듬더듬 말하는 사람.

beggard [bega:r] *n.m.* =**bégard**.

bégone [begɔn] *n.f.*, **bégonia** [begɔnja] *n.m.* 〖식물〗 베고니아, 추해당(秋海棠).

bégoni(ac)ées [begɔnj(as)e] *n.f.pl.* 〖식물〗 추해당과(科)의 식물.

bégonie [begɔni] *n.f.* 〖식물〗 =**bégone**.

bégu(ë) [begy] *a.* (말이)적령을 지나서도 치와(齒窩)가 있는. —*n.* (위)의 말.

béguard [bega:r] *n.m.* =**bégard**.

bègue [bɛg] *a.* 말을 더듬는. —*n.* 말더듬이.

béguètement [bεgɛtmɑ̃] *n.m.* (염소의)울음소리.

bégueter [bεgte] [4] *v.i.* (염소가)울다, 염소같은 소리를 내다(bêler).

bégueule [begœl] *n.f.* 《구어》숙녀인〖얌전한〗체하는 여자, 새침데기. faire la — 얌전한 체하다, 새침하다. —*a.* 숙녀인〖얌전한〗체하는, 새침한 (prude); 도학자연하는.

bégueulerie [begœlri] *n.f.*, **bégueulisme** [begœlism] *n.m.* 《구어》숙녀인〖얌전한〗체하기.

béguin [begɛ̃] *n.m.* ① (베긴 교단의 수녀들이 쓰던) 끈 달린 모자; 갓난 아기용의 모자(두건); 여자용 두건; 〖군사〗(포병의)귀마개; (꼬마)머리 씌우개. ②《속어》연정; 연인, 애인 (amoureux). avoir un(le) — pour *qn*(*qc*) 《구어》…에게 반하다, 연정을 품다. faire un — de *qn* …의 사랑을 차지하다. *laver le — à qn* 《속어》…을 호되게 꾸짖다.

béguinage [begina:ʒ] *n.m.* ① 베긴 교단의 수도원. ②《속어》광적인 신앙심.

béguine [begin] *n.f.* ① 〖종교〗베긴 교단의 수녀. ②《속어》광신적인 여자; 신앙심이 두터운 체하는 여자.

bégum [begɔm] *n.f.* (인도의)왕비·어머니·자매·미망인 따위에 대한 존칭 (princesse에 해당).

behaviorisme [bia(e)vjɔrism], **behaviourisme** [bia(e)vjurism] 〖영〗*n.m.* 〖심리〗행동주의《미국의 심리학자 Watson이 제창》.

behavioriste [bia(e)vjɔrist], **behaviouriste** [bia(e)vjurist] *n.* 행동주의(심리학)자. —*a.* 행동주의(자)의

béhen [beεn] *n.m.* 약제용의 뿌리.

beige [bε:ʒ] *a.* (양털의)자연색의, 염색하지 않은 연한 갈색의, 베이지색의. laine — 자연색의 양모. —*n.f.* (표백하지 않은)자연색의 양모 직물. —*n.m.* 베이지색.

beigne [bεɲ] *n.f.* 《속어》① 타박상, 멍. ② 구타, 주먹질. Fous-lui une —! 그를 한대 갈겨라!

beignet [bεɲɛ] *n.m.* 〖요리〗튀김.

beiram [bεiram] *n.m.* =**baïram**.

béjaune [beʒo:n] *n.m.* ① 〖조류〗(새끼 새)노란 부리, (부리가 노란)새끼 새; 새끼매. ② 풋나기, (대학 따위의)신입생. ③ 입회금. payer son — 입회금을 치루다. *montrer son — (son bec) à qn* …에게 자기의 무지〖미숙함〗을 드러내다.

bel[1] [bɛl] *n.m.* 〖물리〗벨(음의 단위).

bel[2] *a.m.* ⇨**beau**[1]

bel-Abbésien(ne) [bεlabezjε̃, -εn] *a.* 시디벨라베스(Sidi-bel-Abbès, 알제리의 도시)(사람)의. —**B**~ *n.* 시디벨라베스 사람.

bélandre [belɑ̃:dr] *n.f.* ① (하천·운하용의)너벅선. ② 〖군사〗부상병 운반차.

bélandrier [belɑ̃drij(e)] *n.m.* (하천·운하용의)너벅선 사공.

bêlant(e) [bεlɑ̃, -ɑ̃:t] *a.* (양·염소가)우는; (노래부르는 음성이)떠는; 똑같은 말을 바보처럼 되풀이하는. *Bœuf saignant, mouton* ~. 《속담》소와 양의 고기는 살짝 구어라.

bel canto [bεlkɑ̃to] 〖이탈리아〗*n.m.* 〖음악〗벨칸토(이탈리아 오페라의 전통에 따른 창법).

bêlement [bεlmɑ̃] *n.m.* (양·염소의)우는 소리; (비유적)우는 소리.

bélemnite [belεmnit] *n.f.* 〖고대생물〗시석(矢石).

bel-enfant [bεlɑ̃fɑ̃] *n.m.* 의붓아들.

bêler [bε(e)le] *v.i.* ① (양·염소가)매애매애 울다. ②《구어》우는 소리를 하다. *Brebis qui bêle perd sa goulée.*《속담》수다떨고 있다가는 좋은 기회를 놓친다. *Le brebis bêle toujours de même.*《속담》세살적 버릇 여든까지 간다. —*v.t.* 떨리는 목소리로 말하다.

belette [bəlεt] *n.f.* ① 〖동물〗족제비. ② 〖야금〗교련소괴(攪鍊素塊).

belfortain(e) [bε(l)fɔrtε̃, -εn], **belfortin(e)** [be(l)fɔrtε̃, -in] *a.* 벨포르(Belfort, 프랑스의 도시)의. —**B**~ *n.* 벨포르 사람.

belga [bεlga] *n.m.* 벨가(1926-1946년의 벨기에의 화폐 단위).

belge [bεlʒ] *a.* 벨기에의. locution ~ 불어에 사용되는 벨기에의 독특한 성구. méthode ~ 〖토목〗(터널 공사의)벨기에 공법. chien ~ 벨기에 개(양치는 개의 일종). —**B**~ *n.* 벨기에 사람.

belgeoisant(e) [bεlʒwazɑ̃, -ɑ̃:t] *n., a.* (경멸)벨기에 민족주의자의.

belgicisme [bεlʒisism] *n.m.* 벨기에 사람의 특유한 프랑스어법《예: Ça est vrai. = C'est vrai. aller à la cour = aller aux toilettes》.

Belgique (la) [labelʒik] *n.pr.f.* ① 벨기에(왕국). le Royaume de ~ 벨기에 왕국. ② 〖역사〗벨기카(센 강과 라인 강 사이에 있던 고대 갈리아 북부 지방, 수도는 현재의 랭스). *filer en* ~《속어》(파산자 따위가)도망하다, 내빼다. —**b**~ *a.* 벨기에(사람)의.

belgitude [bεlʒityd] *n.m.* 벨기에인 특유의 성격; 벨기에 정신.

belgo-hollandais(e) [bεlgoɔllɑ̃dε, -ε:z] *a.* 벨기에와 네덜란드의.

bélier [belje] *n.m.* ① 〖동물〗(거세 안한)수양; 토끼의 일종. ②〖옛〗〖군사〗파성추(破城槌); 〖토목〗말뚝 박는 기계 (~ à pilotage). ~ hydraulique 수격(水擊) 양수기. ③ (*B*~) 〖천문〗백양궁 (白羊宮). *coup de* ~ 파성추의 일격; (기성 제도·사상에 대한)통격(痛擊); (레슬링의)박치기; (수격 양수기의)수격 작용.

bélière[1] [beljε:r] *n.f.* (선도(先導)수양의 목에 다는)방울.

bélière[2] *n.f.* (종·방울의 추를 다는)고리; (훈장·회중시계·귀걸이 따위의)고리; (군도를 혁대에 잡아매는)가죽끈.

béliner [beline] *v.i.* (양이)교미하다.

bélino [belino] *n.m.* =**bélinographe**. photo transmise par ~ 블랭식 전송사진.

bélinogramme [belinɔgram] *n.m.* 블랭(Belin, 발명자)식 전송사진.

bélinographe [belinɔgraf] *n.m.* 블랭식 전송사진기.

bélitre [bəlitr], **bélître** [belitr] *n.m.* 부랑자, 무뢰한, 무식장이; 〖옛〗거지.

belladone [be(l)ladɔn] *n.f.* 〖식물〗벨라돈나.

bellâtre [bεlɑ:tr] *a.* 교태부리는, 겉멋부리는; 미남(미남)으로 자처하는; 희멀쑥한. —*n.m.* (위)의 사나이.

belle [bεl] *a.f.* ⇨**beau**[1]

belle-à-voir [bεlavwa:r] (*pl.* ~**s-**~-~) *n.f.* 〖식물〗장미 비슷한 관상용 식물.

belle-dame [bɛldam] (*pl.* ~s-~s) *n.f.* ① 《식물》 ⓐ=arroche. ⓑ=belladone. ② 《곤충》 작은멋장이(나비의 일종).

belle-de-jour [bɛldəʒuːr] (*pl.* ~s-~-~) *n.f.* 《식물》 메꽃.

belle-de-nuit [bɛldənɥi] (*pl.* ~s-~-~) *n.f.* ①《식물》분꽃(mirabilis). ②《조류》개개비. ③《속어》밤거리 여자, 매춘부.

belle-d'onze-heures [bɛldɔ̃zœːr] (*pl.* ~s-~-~) *n.f.* 《식물》 나리과(科) 식물의 일종.

belle-d'un-jour [bɛldœ̃ʒuːr] (*pl.* ~s-~~) *n.f.* 《식물》 ①=héméroccalle. ②=asphodèle.

belle-face [bɛlfas] *a.* (복수불변)(말이)이마에 흰 반점이 있는. —*n.m.* (복수불변)(위)의 말.

belle-famille [bɛlfamij] (*pl.* ~s-~s) *n.f.* 남편[아내]의 가족.

***belle-fille** [bɛlfij] (*pl.* ~s-~s) *n.f.* 의붓딸; 며느리(bru).

belle-maman [bɛlmamã] (*pl.* ~s-~s) *n.f.* 《구어》=belle-mère.

bellement [bɛlmã] *ad.* 귀엽게, 얌전[상냥]하게; 부드럽게, 조용하게, 살며시; 완전히, 깨끗이.

***belle-mère** [bɛlmɛːr] (*pl.* ~s-~s) *n.f.* 의붓어머니; 시어머니; 장모.

belle-petite-fille [bɛlpətitfij] (*pl.* ~s-~s-~s) *n.f.* 《드물게》의붓손녀.

belles-lettres [bɛllɛtr] *n.f.pl.* 순문학.

***belle-sœur** [bɛlsœːr] (*pl.* ~s-~s) *n.f.* 의붓자매; 시누이, 올케, 처형, 처제; 형수, 계수, 처남댁.

bellicisme [be(l)lisism] *n.m.* 호전주의(적 경향), 주전론(↔ pacifisme).

belliciste [be(l)lisist] *a.* 호전(주의)적인, 주전론적인. —*n.* 호전주의자, 주전론자(↔ pacifiste).

bellicosité [be(l)likozite] *n.f.* 호전성.

bellifontain(e) [be(l)lifɔ̃tɛ̃, -ɛn] *a.* 퐁텐블로(*Fontainebleau*, 프랑스의 도시)(사람)의. —B~. 퐁텐블로 사람.

belligérance [be(l)liʒerãːs] *n.f.* 교전 상태; 교전국의 자격(↔ neutralité).

belligérant(e) [be(l)liʒerã, -ãːt] *a.* 교전중의(↔ neutre); 정규병으로서 전투하는(정당이)서로 대립하는. *n.m.* 교전국; (교전중인 나라의 정규군)전투원. les ~s et les non ~s 전투원과 비전투원.

bellilois(e) [belilwa, -aːz] *a.* 벨일앙메르(*Belle-île-en-Mer*, 프랑스의 섬)의. —B~. *n.* 벨일앙메르 사람.

belliqueux(se) [be(l)likø, -øːz] *a.* 호전적인; 《구어》싸움하기 좋아하는(agressif, ↔ pacifique).

bellissime [be(l)lisim] *a.* 《구어》《익살》굉장히 아름다운.

bellite [bɛ(l)lit] *n.f.* 일종의 폭발약.

bellon [bɛlɔ̃] *n.m.* ①《포도 수확기에》큰 통을 싣는 수레. ②《능금주 양조용의》깬 사과를 담가두는 대야(통).

bellot(te) [bɛlo, -ɔt]《구어》*a.* 작고 예쁘장한, 귀여운; 얼굴 값을 하는. —*n.* 귀여운 사람. mon petit ~; ma petite *te* 여보《호칭》.

belluaire [bɛlɥɛːr] *n.m.* ①《고대로마》맹수를 길들이는 사람, 맹수와 싸우는 사람. ②《현대의》맹수를 다루는 사람.

bellure [bɛlyːr] *n.f.* 《속어》① 멍청이. ② 부랑자(vagabond).

béloce [belɔs] *n.f.* 《식물》 야생 서양오얏. [무.

bélocier [belɔsje] *n.m.* 《식물》 야생 서양오얏나

belon [bəlɔ̃] *n.m.* 블롱(*Belon*, 브르타뉴 지방의 강) 굴(huître du *B*~).

belot(t)e [bəlɔt] *n.f.* 블롯《카드놀이의 일종》.

bélouga [beluga] *n.m.* 《동물》 돌고래.

béloutche [belutʃ] *a., n.* =**baloutchi**.

bel-outil (*pl. beaux-~s*) [bɛluti, bozuti] *n.m.* (보석 세공인의 휴대용)모루.

bel paese [bɛlpaeze]《이탈리아》*n.m.* 《상표명》(양유를 원료로 만든)이탈리아산의 연한 치즈.

béluga [belyga] *n.m.* =**bélouga**.

belvéder, belvédère [bɛlvedɛːr] *n.m.* 망루, 전망대, 정자.

bémol [bemɔl] 《음악》 *a.* (불변)플랫의, 반음 내리는. —*n.m.* 플랫, 반음내림표(♭). en si ~ 내림 나음조의. mettre un ~ (à la clef)《구어》어조[태도]를 부드럽게 하다.

bémolisation [bemɔlizasjɔ̃] *n.f.* 《언어》 약음화.

bémolise(e) [bemɔlize] *a.* 《언어》 약음화한.

bemoliser [bemɔlize] *v.t.* 《음악》 반음 내리다, (에) 플랫을 붙이다.

ben¹ [bɛ̃] *ad.* 《속어》 ~ oui. 그건 그렇지.

ben¹(*pl. beni, béni*) [ben, beni]《아라비아》*n.m.* 아들; (*pl.*) 일족. ~ Mehèddin 메헤딘의 아들. les *beni* Yusuf 유수프(를 조상으로 하는) 일족. ②(*pl.*)《속어》《익살》일당, 패거리.

ben³ [bɛn] *n.m.* 《식물》 (인도산의)고추냉이나무.

bénard [benaːr] *n.m.* 《은어》 바지(pantalon).

bénarde [benard] *n.f.* 안팎 어느 쪽에서도 열 수 있는 자물쇠(serrure ~). —*a.* 안팎에서 열 수 있는.

B. en Dr.《약자》bachelier en Droit 법과대학 입학자격자.

bene [bene]《라틴》(약자)=**bien**.

Nota ~. 주의하라, 주(註)((약자) N.B.).

bénédicité [benedisite] *n.m.* 《가톨릭》 식사전의 기도.

bénédictin(e) [benediktɛ̃, -in] *a.* 베네딕트파의. —*n.* ① 베네딕트파의 수도사[수녀]; 박식근면한 사람. travail de ~ 다년간의 연구에 입각한 일. C'est un (vrai) ~. 그 사람은 석학(碩學)이다. ②(les *B*~s) 베네딕트회. —*n.f.* 베네딕트 술(liqueur ~e).

bénédiction [benediksjɔ̃] *n.f.* ① 축복(↔ malédiction), 가호, 은혜(grâce). implorer les ~s du Ciel 신의 가호를 기원하다. mériter la ~ divine 신의 은총을 받을 만하다. demander la ~ de ses parents 양친의 축복을 요구하다. mériter les ~s d'un peuple 국민의 신망을 받을 만하다. ②축도(祝禱); 천복, 은총. pays de ~ 천혜(天惠)의 땅(나라). ③《가톨릭》축복(식), 강복식(降福式), 성별식(聖別式). donner la ~ 《성직자가 신도에게》축복을 주다. ~ nuptiale 《종교 예식에 따른 정식》결혼식. ④(*pl.*) 사의(謝意), 감사의 말. *C'est [C'en est] une* ~.《구어》ⓐ…은 참으로 고마운[다행한] 일이다. Il y a cette année une énorme quantité de fruits;(que) *c'est une* ~. 금년에는 과일의 풍작이니 참 고마운 일이다. ⓑ(반어적) 많이, 잔뜩. Il a été battu, (que) *c'est une* ~. 그는 녹초가 되도록 두들겨맞았다.

donner sa ~ ⓐ 축복하다; 신의 가호를 빌다. ⓑ 《구어》전적으로 찬동하다, 마음대로 행동하게 하다. ⓒ《구어》해고하다, 목을 자르다; 내쫓다.

être en ~ 존경과 사랑을 받고 있다.

Quelle ~ ! 고맙기도 해라 !

—*int. B*~ (du ciel)! 하느님 맙소사 !

bénef [benef], **béné** [bene] *n.m.* 《속어》이익(bénéfice), 수입.

bénéfice [benefis] *n.m.* ①이익, 이득(profit, ↔ déficit); 《속어》은혜(bienfait). ~ brut 총수익; 매상. ~ d'aunage 《상업》(생산자가 상인에게 직

물을 팔 때의)여분, 덤. ~ net 순이익. être en ~ 이익을 보다. part de ~ 보너스. représentation (match) à ~ 자선 흥행(시합). être intéressé aux ~s 이익분배를 받을 권리가 있다. tirer (réaliser) de beaux ~s 큰 이윤을 올리다. impôt sur les ~s industriels et commerciaux 사업세. participation aux (répartition des, compensation des) ~s 이익분배. ~ de nature 자연의 혜택.
② 〖법〗특권(privilège); 은전, 특전. ~ de l'âge 연령상의 특권. ~ des circonstances atténuantes 정상참작의 은전. ~ du doute 〖법〗의심스러운 점을 피고에게 유리하게 해석하기, 증거 불충분에 의한 특전(피고의 권리).
③ (봉건시대의)녹봉지(祿俸地).
④ 〖종교〗성직록(聖職祿); 성직록이 따르는 성직(교회 소재지).
au ~ de ⓐ …을 위하여. conclure l'affaire à son ~ 자신에게 유리하게 계약을 체결하다. ⓑ …의 은혜 [덕분]로. acquitter un accusé au ~ de doute 증거가 불충분하기 때문에 피고의 무죄를 선고하다.
C'est tout ~. 횡재하다.
courir le ~ 〖옛〗못난 곳에 드나들다.
Il faut prendre le ~ avec les charges. 《격언》이익은 책무와 함께 취해야 한다(이익을 받는 자에게는 그에 상응하는 노고가 있다는 뜻).
sous ~ de …의 조건부로. sous(par) ~ d'inventaire (후일의 검인(檢認)을)조건부로. Je me range à votre opinion sous ~ de ces observations. 이런 점들에 관한 나의 의견을 유보한다는 조건부로[이런 점들에 관해 유보하고서] 당신의 의견에 찬성합니다.
bénéficiaire [benefisjɛːr] a. ①이익의, 이득의. marge ~ 구전, 마진. ②이익을 받아이 한; 자선흥행 혜택을 받을. ③ 〖종교〗성직록을 받는; 〖법〗한정상속(限定相續)의. —n. 수익자; (보험금·수표 따위의)수취인; 성직록 수령자; 한정상속인; 자선흥행의 수익자.
bénéficial(ale, pl. aux) [benefisjal, -o] a. 〖종교〗성직록의.
bénéficier¹(ère) [benefisje, -ɛːr] n. 《드물게》성직록을 받는 사람; 편승자(profiteur). —a. 성직록을 받는.
*****bénéficier²** [benefisje] (< *bénéfice*) v.t.ind. ①(주어는 사람)[~ de] …의 이득을 보다, 혜택을 입다; …을 얻다(받다)(jouir, profiter, ↔ pâtir) Il bénéficie de l'indulgence du jury. 그는 심판관의 관대한 혜택을 입고 있다. ~ de son âge 나이로 득을 보다. faire ~ qn de qc …에게 …의 이익을 얻게 하다[은혜를 입히다]. ~ de circonstances atténuantes 〖법〗정상참작을 받다. ~ du doute 〖법〗증거불충분으로 석방되다. ~ d'un non-lieu 〖법〗불기소로 되다. ②(주어는 사물)[~ à] …에 도움이 되다, 기여하다(profiter). ~ au développement économique 경제발전에 기여하다. ③《옛》[~ sur] …으로 이득을 보다.
—v.t. (광산을)이윤을 올리도록 경영하다; 성직록 익이 수반되는 사람에게 주다; 성직록을 주다.
bénéfique [benefik] a. ①이로운, 유리한(favorable). ②〖점성술〗좋은 운을 내리는.
Benelux (le), Bénélux (le) [ləbenelyks] n.pr.m. 베네룩스(Belgique, Néerlande, Luxembourg 세 나라의 총칭).
benêt [bənɛ] a.m. 어리석은, 미련한. —n.m. 바보, 얼간이(niais, sot, ↔ futé, malin).
bénéventin [benevɑ̃tɛ̃, -in] a. 베네벤토의(*Bénévent*, 이탈리아의 도시)(사람)의.
—B~ n. 베네벤토 사람.

bénévolat [benevɔla] (< *bénévole*) n.m. 자원무료봉사; 독지행위(篤志行爲).
bénévole [benevɔl] a. ①관대한, 호의적인. ②무보수의, 독지의(gracieux, ↔ onéreux). collaboration — 무상(無償) 협력, auditeur ~ 임의청강생.
bénévolement [benevɔlmɑ̃] ad. 호의를 가지고; 무보수로(gratuitement).
bénévolence [benevɔlɑ̃ːs] n.f. 호의.
bengalais(e) [bɛ̃gale, -ɛːz] a, n.m. =**bengali**.
Bengale (le) [ləbɛ̃gal] n.pr.m. 〖지리〗벵골(만). feu de ~ 벵골 불꽃; 섬광 신호.
bengali [bɛ̃gali] a. (*불변*)벵골(*le Bengale*)의.
—B~ n. ①벵골 사람. —n.m. ① 벵골어(語). ② 〖조류〗붉은가슴배치.
bengaline [bɛ̃galin] n.f. 〖직물〗(양모 또는 면사와 섞어 짠)비단의 일종.
beni, béni [beni] 《아라비아》n.m.pl. (ben² 의 복수) 아들[자식]들; 인간, 종족, 주민(지명 따위의 앞에 옴).
béni-bouffe-tout, béni-bouftou [benibuftu] n.m. 《불변》《속어》게걸쟁이, 건담가.
bénigne [beniɲ] a.f. ⇨ bénin.
bénignement [beniɲmɑ̃] ad. 관대하게, 온건하게.
bénignité [beniɲite] n.f. ①관대, 온건, 인자(bonté). ②(기후의)온화; (병의)가벼움.
bénin(igne) [benɛ̃, -iɲ] a. ①관대한, 너그러운, 인자한(bienveillant); (비평)지나치게 순한(관대한). ②온화한(doux), 부드러운, hiver ~ 온화한 겨울. remède ~ 작용이 부드러운 약. ③(열이)경미한; (종양 따위가)양성(良性)의; (병 따위가)가벼운(léger, ↔ grave); (문제 따위가)해결하기 쉬운. fièvre ~ 미열. accident ~ 대단치 않은 사고. tumeur ~*igne* 〖의학〗양성 종양.
bénincase [benɛ̃kaːz] n.m. 〖식물〗참외류.
béni-oui-oui [beniwiwi] n.m.pl. 《구어》항상 '예'하는 사람, 맹종하는 사람.
bénir [beniːr] v.t. (과거분사는 *béni*와 *bénit*의 두 형이 있음. 후자는 주로 형용사로서 사용되며 ②의 뜻에서는 종종 복합시제의 과거분사로 사용됨) ①ⓐ 축복하다(↔ maudire). *Béni soit...!* …에게 축복이 있기를! ⓑ(신을)찬양하다(glorifier). ⓒ 진심으로 기뻐하다. Je *bénis* votre arrivée. 나는 당신의 도착을 진심으로 기뻐합니다. ⓓ(에게)신의 은총[가호]을 빌다; (신이)은혜를 베풀다. ~ un mariage (교회에서) 결혼식을 올리다. ⓔ감사하다(remercier). Je *bénis* le médecin qui m'a sauvé. 나는 나를 구해준 의사에게 감사한다. ②〖종교〗성별(聖別)하다; 신성한 것으로 하다; 축복하다(교회 따위의)봉헌(奉獻)하다. ~ une église 교회를 봉헌하다. ~ un bateau (새로 지은)배를 축성(祝聖)하다.
Dieu soit béni! 잘됐다! *être béni* 《속어》운이 좋다. *Le ciel en soit béni!* (그것은)고마운 일이다. *(Que) Dieu vous bénisse!* 그대에게 신의 은총이 있기를!; (재채기한 사람에게)별일 없기를!
bénissage [benisaːʒ] n.m. 《구어》얼러 맞추는[치켜세우는] 말, 인사치레.
bénissant(e) [benisɑ̃, -ɑ̃ːt] a. 축복하는.
bénisseur(se) [benisœːr, -øːz] a. 잘 알랑거리는; 구변 좋은; 축복을 주는, 축복의. —n. 알랑쇠; 사제.
bénit(e) [beni, -it] (*p.p.* < *bénir*) *a.p.* 〖종교〗성별(聖別)된; 축복받은. eau ~*e* 성수(聖水) (→ 숙어란). pain ~ 성체의 빵.
C'est pain ~. 《구어》될 대로 됐다, 이 기회를 이용하자. *eau ~e de cave* 포도주(vin). *eau ~e (de cour)* 《구어》말로만의 약속, 인사치레. *être réduit à la chandelle ~e* 죽음에 임박해 있다.

bénitier [benitje] n.m. ① 【종교】성수반(聖水盤). ② 【패류】거거(車渠).
grenouille de ~ 지나치게 신앙심이 깊은 여자. *se démener(s'agiter) comme le(un) diable dans un (au fond d'un)* ~ 곤경에서 벗어나려고 애쓰다.

benjamin(e¹) [bɛ̃ʒamɛ̃, -in] (<*Benjamin*, 야곱의 막내아들) n. ① 막내둥이; 최연소자(↔aîné). Il est le ~ de son équipe. 그는 팀에서 최연소자이다. ② (n.m.)(옛)귀염둥이.

benjamine² [bɛ̃ʒamin] n.f. 【해양】큰 트라이슬(기움돛).

benjamite [bɛ̃ʒamit] 【성서】 a. 베냐민족의.
—n. 베냐민 사람.

benjoin [bɛ̃ʒwɛ̃] n.m. ① 안식향(安息香). ② =benzoïne.

benne [bɛn] n.f. ① (등에 지는 포도 수확용) 바구니, (운반용)광주리. ② 【광산】광석 운반차; 세광통(洗鑛桶). ③ (화물자동차의 한쪽으로 기우는)짐싣는 부분; (기중기의)흙·모래 따위를 퍼올리는 양동이. ~ *basculante* (덤프차 따위의 한쪽으로 기우는)짐을 부리는 집대(臺); 덤프차.

benne-drague [bɛndrag] (pl. ~*s*~*s*) n.f. 【토목】(흙을 움켜잡아 퍼올리는)그랩.

benoît(e¹) [bənwa, -at] a. 친절한, 관대한; (비꼼)친절한 체하는.

benoîte² [bənwat] n.f. 【식물】뱀무속(屬).

benoîtement [bənwatmɑ̃] ad. 친절한 듯이; 극히 만족하여.

benthique [bɛ̃tik] a. 【생물】저생(底生)생물의, 벤토스의. *faune* ~ 저서생물군(상), 저서동물군.

benthogène [bɛ̃tɔʒɛn] a. (유기물질의)해저침전[침적]물.

benthos [bɛ̃tɔːs] n.m. 【생물】저생(底生)생물, 벤토스(해저·호수 밑바닥에서 자라는 동식물).

bentonite [bɛ̃tɔnit] n.f. 벤토나이트(강력한 탈색제를 함유하는 점토성 광물).

benzaldéhyde [bɛ̃zaldeid] n.m. 【화학】벤즈알데히드.

benzamide [bɛ̃zamid] n.m. 【화학】벤즈아미드.

benzédrine [bɛ̃zedrin] n.f. 【약】각성제의 일종.

benzène [bɛ̃zɛn] n.m. 【화학】벤젠.

benzène-sulfamide [bɛ̃zɛnsylfamid] n.m. 【화학】벤젠설폰아미드.

benzène-sulfochlorure [bɛ̃zɛnsylfɔklɔryːr] n.m. 【화학】벤젠설폰산염화물.

benzène-sulfone [bɛ̃zɛnsylfɔn] n.m. 【화학】벤젠설폰.

benzène-sulfonique [bɛ̃zɛnsylfɔnik] a. 【화학】벤젠설폰의.

benzénique [bɛ̃zenik] a. 【화학】벤젠의.

benzhydrol [bɛ̃zidrɔl] n.m. 【화학】벤즈히드롤.

benzidine [bɛ̃zidin] n.f. 【약】벤지딘.

benzidinique [bɛ̃zidinik] a. 【약】벤지딘의.

benzile [bɛ̃zil] n.m. 【약】벤질.

benzilique [bɛ̃zilik] a. 【약】벤질의.

benzine [bɛ̃zin] n.f. ① 【화학】벤젠, 석유성 휘발유. ② (옛) =benzène; (스위스)석유.

benzite [bɛ̃zit] n.f. 【화학】트리니트로벤젠 《폭약으로 쓰임》.

benz(o)- préf. 【화학】「벤젠계(系)·안식향산(酸)」의 뜻.

benzoate [bɛ̃zoat] n.m. 【화학】안식향산염.

benzoin [bɛ̃zwɛ̃] n.m. 【식물】안식향나무(*styrax* ~, *benjoin*).

benzoïne [bɛ̃zɔin] n.f. 【화학】벤조인.

benzoïque [bɛ̃zɔik] a. 【화학】안식향의. *acide* ~ 안식향산.

benzol [bɛ̃zɔl] n.m. 【화학】벤졸.

benzolé(e) [bɛ̃zɔle] a. 【화학】벤졸을 함유한.

benzoline [bɛ̃zɔlin] n.f. 【화학】벤졸린.

benzolisme [bɛ̃zɔlism], **benzénisme** [bɛ̃zenism] n.m. 【의학】벤졸 중독.

benzonaphtol [bɛ̃zɔnaftɔl] n.m. 벤조나프톨.

benzonitrile [bɛ̃zɔnitril] n.m. 【화학】벤조니트릴.

benzophénone [bɛ̃zɔfenɔn] n.f. 【화학】벤조페논.

benzothiazole [bɛ̃zɔtiazɔl] n.m. 【화학】벤조티아졸.

benzoylacétique [bɛ̃zɔilasetik] a. 【화학】세톤산의.

benzoylacétone [bɛ̃zɔilaseton] n.m. 【화학】벤조일아세톤.

benzoylation [bɛ̃zɔilasjɔ̃] n.f. 【화학】벤조일화.

benzoyle [bɛ̃zɔil] n.m. 【화학】벤조일.

benzyle [bɛ̃zil] n.m. 【화학】벤질.

benzylidène [bɛ̃ziliden] n.m. 벤질리덴《2 가의 기(基) C_6H_5CH》.

benzylidène-acétone [bɛ̃zilidenaseton] n.f. 【화학】벤질리덴아세톤, 메틸스틸릴케톤.

benzylique [bɛ̃zilik] a. 벤질의.

beotien(ne) [beɔsjɛ, -ɛn] a. ① 【고대지리】보이오티아의 《*Béotie*》. ② 우둔한, 미련한; 교양이 없는 (grossier, inculte, ↔fin). ③ 《구어》비전문가의, 생무지의, 초심자의. —n. ① (*B*~)보이오티아 사람. ② 우둔한 사람, 미련한[거칠은] 사람. ③ 《구어》비전문가, 생무지, 초심자. —n.m. 보이오티아 사투리.

béotisme [beɔtism] n.m. 우둔, 무교양.

B.É.P.C. 《약자》 Brevet d'Études du premier cycle du second degré 전기 중등교육 수료증.

béquée [beke] n.f. =becquée.

béquet [bɛkɛ] n.m. ① 【인쇄】(교정쇄(校正刷)·원고에 붙인)부전(附箋); 판면을 고르게 하기 위하여 덧대는 종이. ② 【연극】 무대연습 중에 작가가 추가하는 부분. ③ 연어(saumon), 곤들매기(brochet)의 속칭. ④ (본문에 대한)보유(補遺). ⑤ (수리용으로 덧대는)구두창, 구두깁. ⑥ 【의복】(새부리 모양의)세모꼴의 덧대는 천.

béqueter [bɛkte] v.t. =becqueter.

béquillage [bekijaːʒ] n.m. 【해양】(좌초선의) 주로 받치기.

béquillard(e) [bekijaːr, -ard] a. 협장을 짚은; 절름발이의. —n. 협장을 짚은 사람; 《구어》절름발이. —n.m. 《은어》사형 집행인. —n.f. 《은어》단두대, 기요틴.

béquille [bekij] n.f. ① 협장, 목발; 목발 모양의 버팀대. *vieille* ~ 《구어》늙정이. ② (수레의)바퀴 멈춤대, 지각(支脚); (비행기의)꼬리의 활재(滑材). ③ (지팡이·우산의) T자(字)형의 손잡이. ④ 【농업】(김매는)작은 괭이. ⑤ (좌초선 따위의)지주(支柱). ⑥ 【해양】(키의)핸들; (자물쇠 달린 문의)손잡이(→*porte* 그림).

béquiller [bekije] v.i. 《구어》협장을 짚고 걷다. —v.t. ① 【농업】(땅을)작은 삽으로 파다. ② 【해양】(좌초선을)지주로 받치다.

béquillon [bekijɔ̃] n.m. ① T자형의 지팡이. ② 【농업】 호미.

ber [bɛːr] n.m. ① 【선박】 진수가(進水架). ② (보일러의)대(臺). ③ (짐수레 따위의)옆둘레 널판. ④ (옛·사투리)요람.

berbère [bɛrbɛːr] a. 베르베르(사람)의. —*B*~ n. 베르베르 사람 《북아프리카의 종족》. —n.m. 베르베르(語).

berbéridacées [berberidase], **berbéridées** [ber-

beride [berid] *n.f.pl.* 【식물】 매자나무과(科)의 식물.
berbéride [bɛrberid], **berbéris** [bɛrberis] *n.m.* 【식물】 매발톱나무.
berbérine [bɛrberin] *n.f.* 【화학·약】 베르베린.
bercail [bɛrkaj] *n.m.* (복수없음) ① (옛) 양의 우리. ② 아버지의 집, 가정(foyer). revenir[rentrer] au ~ 정도로 되돌아오다. ③ 교회의 품안.
berçante [bɛrsɑ̃ːt] (캐나다) *a.f.* chaise ~ 흔들의자.
berce [bɛrs] *n.f.* 【식물】 어수리 (소의 사료).
berceau [bɛrso] (*pl.* **~x**) *n.m.* ① 요람, 유아용(用) 침대; 어린 시절, 젊은 날이; 출생지, 발상지, 원산지; 초기, 시초;【시】유아. ~ en (moelle de) rotin 등(藤)요람. au sortir du ~ 유아기를 벗어나자. au ~ ; dès le ~ 어린 시절부터, 갓난아기 적부터. du ~ à la tombe 나서 죽을 때까지. ~ de la civilisation occidentale 서구 문명의 발상지. étouffer le mal au ~ 나쁜 것을 초기에 없애 버리다. ② 【광산】 (사금 채집자의) 선광대 (選鑛臺); 【공업】 금공 (金工) 용의 끌[정]. ③ 대(臺), (자동차 · 프로펠러 비행기 따위의) 발동기가 (架); 【군사】 포가 (砲架); 【선박】 (진수용의) 선가; 【건축】 반원 천장 (voûte en ~); 【원예】 (포도·등·장미 따위를) 올린 아케이드.
bercelonnette [bɛrsəlɔnɛt], **barcelonnette** [barsəlɔnɛt] *n.f.* (갓난아기) 작은 요람.
bercement [bɛrsəmɑ̃] *n.m.* (요람에서) 조용히 흔들기 (balancement); 흔들어 재우기, (비유적) 달램, 위로하기 (apisement).
*****bercer** [bɛrse] 2 *v.t.* ① 흔들어 재우다; 품에 안고 조용히 흔들다; (물결 파도의 에 가볍게 흔들리는 배들. barques bercées par les vagues 파도의. contes dont m'*a bercé* ma nourrice (비유적) 유모가 요람을 흔들면서 들려준 이야기. ②(생각 따위를) 몸에 배게 하다 (impregner). J'*ai été bercé* de ces idées. 나는 어릴 때부터 이런 생각이 몸에 배어 있었다. ③ 달래다, 가라앉히다, 진정시키다 (apaiser, calmer). ~ une peine 고통을 진정시키다. ④ 현혹하다, 속이다, 매혹시키다 (charmer). ~ *qn* de fausses espérances …에게 헛된 희망을 품게 하다. ⑤ 【금속】 (금공용 끌로) 조각하다.
Le diable le berce. 《격언》그는 (불안으로) 조바심하고 있다.
 —*se* ~ *v.pr.* ① 몸을 흔들다; 흔들리다; (말을) 걸으면서 몸을 좌우로 흔들다. ② 스스로를 달래다; 품다; 꿈같은 생각을 하다 (se leurrer). [se ~ de] *se* ~ *d'*un espoir 한 가닥 희망을 품다. *se* ~ *des promesses* 약속에 꿈같은 기대를 걸다.
berceur(se) [bɛrsœːr, -øːz] *a.* 조용히 흔드는; 잠재워 재우는; 달래는. 아기를 흔들어 재우는 사람. —*n.f.* 애보는 여자; 자동요람; 흔들의자(rocking-chair) (→ siège 그림); 【음악】 자장가. ~*se de* Schubert 슈베르트의 자장가.
berdouille [bɛrduj] (속어) *n.f.* ① 진창; 비로; 더러운 물. ② 곤궁, 빈곤. ~ *a.* =bredouille.
*****béret, berret** [bɛrɛ] *n.m.* 베레모(帽).
bergamasque [bɛrgamask] *a.* 베르가모 (*Bergame*, 이탈리아의 도시) (지방 ·사람) 의. —B~ *n.* 베르가모 사람. —*n.m.* 베르가모 사투리. —*Le B~ n.pr.m.* 베르가모 지방. ~ *n.m.* 베르가모 춤.
Bergame [bɛrgam] *n.pr.f.* (이탈리아의) 베르가모. —*n.f.* 베르가모 천 [직물].
bergamote [bɛrgamɔt] *n.f.* ① 【식물】 배의 일종. essence de ~ 베르가모트 향유. bonbon à la ~ (낭시 지방산의) 사탕. ② 《옛》 (베르가모트나무 외피로 안을 댄) 봉봉과자 상자.
bergamot(t)ier [bɛrgamɔtje] *n.m.* 【식물】 베르가모트나무.

berge¹ [bɛrʒ] *n.f.* ① 높다란 둑, 제방; 둑위의 길; 둑을 따라 난 길; (강 ·언덕 따위의) 경사진 곳; 낭떠러지, 벼랑. ~*s* du canal 운하의 양둑. revêtement des ~*s* 호안공사. Les eaux ont affouillé les ~*s* de la rivière. 강물이 둑을 침식했다. ② (철도 · 도로의) 경사지. ③ 【군사】 흉벽 (胸壁). ④ 【해양】 해안 가까운 수면에 솟은 바위.
berge² *n.f.* 【조류】 흑꼬리도요.
berge³ *n.f.* 강에서 타는 작은 배.
berge⁴ *n.f.* (은어) 나이, 연령. des types de vingt ~*s* 스무 살 먹은 녀석들.
berger(ère) [bɛrʒe, -ɛːr] *n.* ① (양치는) 목자; 《문어》애인, 연인; 양을 지키는 개 (chien de ~). vie de ~ 목자의 생활; 전원 생활. étoile du ~ 【천문】 샛별, 샛별. heure du ~ 애인들의 밀회에 알맞은 때, 황혼 무렵. ② 지도자 (guide); 【종교】 목사, 사제. le ~ et les brebis (비유적) 군신 (君臣), 주종 (主從). bon ~ 목사.
au temps où les rois[les princes] epousaient les ~eres 옛날 옛적에. *Bon ~ tond et n'écorche pas.* 《속담》도와주는 사람을 혹사해서는 안된다. *réponse du ~ à la ~ère* 말다툼을 원만하게 수습하는 답.
 —*n.f.* ① 안락의자의 일종. ② 【조류】 할미새; 【식물】 큰빙카. ③ (속어) 갈보; 갱충쩍은 여자.
 —*n.m.* 양을 지키는 개 (chien de ~).
bergerette [bɛrʒərɛt] *n.f.* ① 양치는 젊은 목녀. ② 【요리】 꿀을 넣은 포도주. ③ 【음악】 목가 (牧歌). ④ 【조류】 할미새.
bergerie [bɛrʒəri] *n.f.* ① 양우리; 양떼; 【철도】 가축차. enfermer le loup dans la ~ 《구어》 도둑에게 집을 지키게 하다. ② (*pl.*) 목가, 전원시; 목가적인 작품.
bergeronnette [bɛrʒərɔnɛt] *n.f.* 【조류】 할미새.
berginisation [bɛrʒinizasjɔ̃] *n.f.* 【공업】 베르기우스 (*Bergius*) 법 《석탄 액화법》.
bergsonien(ne) [bɛrgsɔnjɛ̃, -ɛn] *a.* 베르그송 (*Henri Bergson*) 의 —*n.* 베르그송주의자, 베르그송 철학의 신봉자.
bergsonisme [bɛrgsɔnism] *n.m.* 베르그송 철학.
béribéri [beriberi] *n.m.* 【의학】 각기 (脚氣).
béril [beril] *n.m.* =**béryl**.
berkélium [bɛrkeljɔm] *n.m.* 【화학】 베르켈륨 《원소명》.
berle [bɛrl] *n.f.* 【식물】 미나리의 일종.
Berlin [bɛrlɛ̃] *n.pr.m.* 【지리】 베를린.
berline [bɛrlin] *n.f.* ① 리무진 자동차; 대형 여객기의 일종 (avion ~). ② 석탄 운반차; (옛) 베를린형 마차 (대형 4륜 포장 마차). ③ (속어) 모포. ④ 댄스의 일종.
berlingot¹ [bɛrlɛ̃go] *n.m.* 《구어》너절한 마차; 소형 베를린 마차.
berlingot² *n.m.* 캐러멜, 박하캔디; 우유통; 《군대속어》 탄환.

berline ①

berlingot³ *n.m.* (은어) ① 동정, 처녀; ② 성기(性器); 음핵.
berlinois(e) [bɛrlinwa, -aːz] *a.* 베를린 (*Berlin*) 의.
 —B~ *n.* 베를린 사람.
berloque [bɛrlɔk] *n.f.* 《군대속어》 =**breloque**
berlue [bɛrly] *n.f.* 《구어》 착각, 그릇된 판단; 【의학】 일시적인 현기증. avoir la ~ 《구어》 어찔어찔

하다; 착각을 일으키다, 판단을 그르치다.

berme [bɛrm] *n.f.* ① 〖축성〗성의 벼랑길. ② 〖토목〗강변 도로.

bermuda [bɛrmyda] 〖영〗 *n.m.* 무릎까지 내려오는 반바지.

bermudien(ne) [bɛrmydjɛ̃, -ɛn] *a.* 버뮤다 군도(*les Bermudes*)의. —**B**~ *n.* 버뮤다 군도 사람.

bernable [bɛrnabl] *a.* 속이기 쉬운.

bernache [bɛrnaʃ], **bernacle** [bɛrnakl] *n.f.* ① 〖패류〗삿갓조개. ② 〖조류〗흑기러기.

bernardin(e) [bɛrnardɛ̃, -in] *n.* 성 베르나르드회의 수도사 [수녀].

bernard-l'(h)ermite [bɛrnarlɛrmit] *n.m.* 〖동물〗소라게.

berne¹ [bɛrn] *n.f.* ① 담요. ②〖옛〗굴리려고 [장난으로] 담요에 뉘여 네 귀퉁이를 잡고 던져 올리는 짓. ③ 〖속어〗야유.

berne² *n.f.* ① *drapeau en* ~ 〖국장(國葬)〗시에 게양하는), 조기. Les drapeaux ont été mis en ~ et un deuil national a été décrété. 반기가 게양되고, 국장이 포고되었다. ② *pavillon en* ~ 〖해양〗반기. hisser un *pavillon en* ~ 반기를 달다.

bernement [bɛrnəmɑ̃] *n.m.* berner 하기.

berner [bɛrne] *v.t.* ①속이다(tromper); 놀리다, 야유하다, 골탕먹이다(railler). ② 담요에 사람을 뉘고 던져 올리다.

berneur(se) [bɛrnœːr, -øːz] *a.* (사람을)속이기 좋아하는, 굴리기 좋아하는. —*n.* (사람을)속이기 [굴리기] 좋아하는 사람.

bernicle [bɛrnikl] *n.f.* ① 〖구어〗〖패류〗알락테두리고둥. ② 〖조류〗흑기러기.

bernique¹ [bɛrnik] *int.* 〖옛〗제기 ! 틀렸어 ! (실망과 기대에 어긋남을 나타냄).

bernique² *n.f.* 〖패류〗 =**bernicle** ①.

bernois(e) [bɛrnwa, -aːz] *a.* 베른(*Berne*, 스위스의 수도)의. —**B**~ *n.* 베른 사람.

berouette [bəruɛt] *n.f.* 〖속어〗=**brouette**.

berouetter [bərue(e)te] *v.t.* 〖속어〗=**brouetter**.

berquinade [bɛrkinad] *n.f.* ① 〖불문학〗베르캥(*Berquin*)류의 아동물; 소년소녀 취향의 교양소설. ②무미건조한 작품.

berret [bɛrɛ] *n.m.* =**béret**.

berrichon(ne) [bɛriʃɔ̃, -ɔn] *a.* 베리(*le Berry*, 프랑스의 옛 지방)의. —**B**~ *n.* 베리 사람. —*n.m.* 〖언어〗베리 사투리.

berruyer(ère) [bɛryje, -ɛːr] *a.* 부르주(*Bourges*, 프랑스의 도시)(사람)의. —**B**~ *n.* 부르주 사람. —*n.m.* (15세기에 사용하던)챙이 없고 턱끈이 달린 투구.

Berry (le) [labɛri] *n.pr.m.* 베리 (프랑스의 옛 지방).

bers¹ [bɛːr] *n.m.pl.* (수레 따위의)가로 간막이.

bers² *n.m.* = **ber**.

bersaglier [bɛrsa(g)lje] *(pl.* —**s**, **bersaglieri** [bɛrsa(g)ljeri] *)* (이탈리아의) (군사) (이탈리아의) 저격병.

bertha [bɛrta] *n.f.* 〖구어〗독일의 장거리포 《제 1 차 세계대전 중 파리 포격에 쓰임》.

Berthe [bɛrt] *n.pr.f.* 베르트(여자 이름). du temps où (la reine) ~ filait 〖구어〗옛날에. —**b**~ *n.f.* ① (여자의)둥글넓적한 옷깃; 짧은 외투; 장식깃. ② 우유 운반용 대형 양철통(bouille).

bertholletia [bɛrtɔletja] *n.m.*, **berthollétie** [bɛrtɔleti] *n.f.* 〖식물〗브라질너도밤나무(세모꼴 호두가 열리는 나무).

berthon [bɛrtɔ̃] *n.m.* 〖해양〗(공기를 넣어서 쓰는)접는 배.

bertillonnage [bɛrtijɔnaːʒ] *n.m.* 베르티용 (*Bertillon*)식 인체 측정법 (범인 식별용).

bertrand [bɛrtrɑ̃] *n.m.* 〖구어〗모사꾼, 책략가; 도둑.

béryl [beril] *n.m.* 〖광물〗녹주석(綠柱石). 〖달〗

bérylliose [beriljoːz] *n.f.* 〖의학〗베릴륨을 다루는 인부들이 걸리는 병.

béryllium [beriljɔm] *n.m.* 〖화학〗베릴륨.

B.E.S. (약자) brevet d'enseignement social 사회교육 수료증.

B.E.S.A. (약자) brevet élémentaire des sports aériens (스카이다이빙 따위)공중 스포츠 초급면허.

B.ès A. (약자) bachelier ès Arts 〖옛〗문과대학 입학 자격자.

besace [bazas] *n.f.* 두 갈래로 된 배낭. être réduit à la ~ 몰락하다. porter la ~ 구걸하다; 몰락하다.

besacier [bazasje] *n.m.* 거지.

besaigre [bəzɛgr] *a.* 선, 시어진. —*n.m.* 신포도주 (vin ~). tourner au ~ (술이)시어지다; 〖구어〗(성격이)삐뚤어지다.

besaiguë [bəzegy] *n.f.* ① 유리장이의 망치. ② 양쪽 끝 [양쪽 면의 용도가 다른 날이 있는). ③ (중세의)끼달린 창.

besant [bəzɑ̃] *n.m.* ① (십자군 시대의)비잔틴 화폐. ② 〖문장〗금(은)의 작은 원. ③ 〖건축〗원반부조(圓盤浮彫).

besas [bazaːs], **beset** [bəzɛ] *n.m.* =**ambesas**.

bésef [bezɛf] *ad.* 〖속어〗=**bézef**.

besi [bəzi] *n.m.* 〖식물〗몇몇 품종의 배의 이름.

bési [bezi] *n.m.* =**bésigue**.

besicles [bəzikl], **bésicles** [bezikl] *n.f.pl.* 〖익살〗안경; (옛날의)둥근 안경.

besigue [bəzig], **bésigue** [bezig] *n.m.* 〖카드놀이〗(2–4 사람이 하는)카드놀이의 일종.

B.ès L. (약자) bachelier ès Lettres 문과대학 입학 자격자.

besogne [bəzɔɲ] *n.f.* ① (수고스러운)일, 할 일. Il est accablé par sa ~. 그는 산적된 일로 시달리고 있다. mettre la main à la ~; se mettre en [à la] ~ 일에 착수하다. mourir à la ~ 집무 중에 쓰러지다. abattre (expédier) de la ~ 일을 재빨리 해치우다; 과정을 건너뛰다. ② 임무, 작업(travail). Il a terminé sa ~ de la journée. 그는 하루의 작업이 끝마쳤다. ③ 〖옛〗필요한 것; 성행위; (*pl.*)의류. *aimer la* ~ *faite* 남에게 일을 떠맡기다, 게으르다. *aller vite en* ~ 일을 순식간에 해치우다. *faire de la belle* (*bonne*) ~ ⓐ 〖속어〗훌륭한 일을 하다. ⓑ (비꼼)굉장한 일을 하다. *s'endormir sur la* ~ 일에 늑장을 부리다. *tailler* (*donner*) *de la* ~ *à qn* 〖옛〗…에게 일거리를 안겨 주다; 고생시키다, 근심을 주다.

besogner [bəzɔɲe] *v.i.* (고통스러운·재미없는)일을 하다. —*v.t.* 〖속어〗(여자와)성관계를 갖다.

besogneusement [bəzɔɲøzmɑ̃] *ad.* 가난하게, 수입 [결실]이 적게.

besogneux(se) [bəzɔɲø, -øːz] *a.* ① 수입이 변변하지 않은. gratte-papier ~ 쥐꼬리만한 수입의 필생 (筆生). ② 〖옛〗가난한, 옹색한; 〖드물게〗[~ de](을)필요로 하는. parents ~ 돈에 옹색한 부모. —*n.* 옹색한 사람; 벌이가 변변치않은 사람.

:**besoin** [bazwɛ̃] *n.m.* ① 필요(nécessité); 요구, 욕구 (désir, exigence). ~ d'affection 애정의 갈망. satisfaction des ~s 욕구의 충족 [만족]. sentir [éprouver] le ~ + *inf.* …하고 싶은 욕구를 느끼다. ~ *de l'État* 국가의 요구.
② 생활 [생존]에 필요한 것; (*pl.*) 필수품 ~ *de l'existence* 생활 필수품. subvenir aux ~ *s de ses parents* 부모의 생활을 뒷바라지하다. Le cinéma est devenu pour lui un ~. 영화는 그에게 필요불가

결한 것이 되었다.
③ (주로 *pl.*) 생리적 욕구 (~ naturel). satisfaire un ~ pressant; faire ses ~s 《구어》대변[소변]을 보다.
④ 부족, 결핍 (dénuement, ↔richesse); 빈궁, 가난 (misère, pauvreté). être dans le ~ 가난에 쪼들리다.
⑤ 【법】 (어음의)보증인.
au (*en cas de*) ~ 필요하다면, 긴급한 경우에는.
avoir ~ *de qc*(*qn*) …을 필요로 하다, …이 부족하다. (주어는 사람) Il a ~ d'argent. 그는 돈이 필요하다. J'ai ~ de toi. 나는 네가 필요하다. 《주어는 사물·수동적》 Ces fleurs ont ~ d'eau. 이 꽃들에는 물이 부족하다.
avoir ~ *de* + *inf.* (*que* + *sub.*) …하는 것을 필요로 하다. Elle n'a pas ~ de venir lundi. 그 여자는 월요일에 안와도 된다. J'ai ~ que vous m'aidiez. 나는 당신의 도움이 필요합니다.
faire ~ *à qn* 《옛》…에게 필요로 하다.
Il est ~ *de* + *inf.* (*que* + *sub.*) 《문어》 (비인칭) …하는 것이 필요하다 (특히 의문형·부정형으로 사용됨) *Est-il* ~ *de* le prévenir? 그것을 알릴 필요가 있을까? *Il n'est pas* [*n'est point*] ~ *de* lui dire cela. 그에게 그렇게 말할 필요는 없다. *s'il* (en) *est* ~ 필요하다면, 부득이하면.
pour le ~ [*les* ~*s*] *de la cause* 자기의 입장을 변호 [변명]하기 위하여. Il a inventé un prétexte *pour les* ~*s de la cause*. 그는 자기 변명을 위해 구실을 꾸며냈다.

B. ès S. 《약자》bachelier ès Sciences 이과대학 입학 자격자.

Bessarabie (la) [labesarabi] *n.pr.f.* 【지리】 벳사라비아.

bessemer [besəme:r] *n.m.* 【야금】 베세머 (*Bessemer*, 영국의 발명가)전로(轉爐).

bessemérisation [besəmerizasjɔ̃] *n.f.* 【야금】 베세머 제강법 (製鋼法).

bessin(**e**) [besɛ̃, -in] *a.* 베생 (*Bessin*, 프랑스의 지방)의. —**B**~ *n.* 베생 사람.

besson(**ne**) [besɔ̃, -ɔn] 《옛·사투리》 *a.* 쌍둥이의. —*n.* 쌍둥이 (jumeau).

bestiaire [bɛstjɛ:r] *n.m.* ① 【고대로마】 (맹수와 격투하는)투사. ② 투우사 (torero). ③ (중세의)동물 우화집; (집합적) (우화와 그림에 그려진)동물.

bestial(**ale**, *pl.* **aux**) [bɛstjal, -o] *a.* 짐승 같은, 야만적인 (brutal). amour ~ 동물적 사랑.

bestialement [bɛstjalmɑ̃] *ad.* 짐승같이.

bestialiser [bɛstjalize] *v.t.* 짐승처럼 만들다. —**se** ~ *v.pr.* 짐승같이 되다.

bestialité [bɛstjalite] *n.f.* ① 잔인 무도한 기질(성격) (animalité). ② 수간 (獸姦).

bestiasse [bɛstjas] *n.f.* 《속어》반편, 얼간이.

bestiau [bɛstjo] (*pl.* ~**x**) *n.m.* ① (사투리)(익살개)짐승(bête). ② (*pl.*) 가축(보통은 bétail를 씀). foire aux ~x 가축 시장. wagon à ~x 가축 운반차.

bestiole [bɛstjɔl] *n.f.* ① (쥐 따위)작은 동물; (특히)곤충. ② 《속어》바보 같은 애.

bestion [bɛstjɔ̃] *n.m.* 《옛》 작은 동물.

best-seller [bɛstsəlœ:(ɛ:)r] *n.m.* (*pl.* ~-~*s*) 《영》 베스트셀러.

bésy [bezi] *n.m.* = besigue, bési.

bêta[1] [beta] *n.m.* 그리스 자모의 제 2자. rayons ~ 【물리】 베타선.

bêta[2](**sse**) [bɛta, -a:s] *n, a.* 《속어》바보(같은).

bétail [betaj] *n.m.* (집합적) ① 가축. ~ sur pied 산 짐승 (~ vivant). ~ abattu 도살된 짐승. gros ~ (말·소 따위의)큰 가축. menu (petit) ~ (양·돼지 따위의)작은 가축. ~ humain (비유적) 짐승 같은 취급을 받는 사람, 노예. ② (은어)매춘부.

bétaillère [betajɛ:r] *n.f.* 가축 수레.

bêtatron [betatrɔ̃] *n.m.* 베타트론 (전자 가속 장치).

‡**bête** [bɛt] *n.f.* ① (인간 외의)동물, 짐승, 금수 (animal); (집합적)가축 (bétail, bestiaux); 【사냥】 들치, 사냥감. L'homme n'est ni ange ni ~. 인간은 천사도 짐승도 아니다. ~ féroce 맹수. ~ sauvage (farouche)야수. ~ de trait 수레 끄는 짐승. ~ à cornes (소·양 따위의)뿔 달린 짐승. ~ à laine 양. ~s de somme (소·말·나귀 따위의)짐을 싣어 나르는 가축. ~ rousse 생후 6개월에서 1년 사이의 새끼멧돼지. ~s douces 사슴, 영양류(類). ~s mordantes 곰, 늑대류.
② (짐승같은)사람; 이성없는 사람; 바보, 멍청이. méchante (vilaine) ~ 고약한 사람. ~ brute 잔인한 (짐승 같은) 사람. fine (mauvaise, maligne) 교활한 (심술궂은) 사람. grande (grosse) ~ 이 친구야, 이 바보야! ~ venimeuse 독설가. ~ à concours (속어) (시험) 공부벌레. bonne (brave) ~; ~ du bon Dieu 호인.
③ 【곤충】 벌레 (insecte). 해충 (vermine). ~ nuisible 해충. ~ à bon Dieu 무당벌레; 《구어》호인. ~ à feu (땅에 사는)반디 무리. ~ noire 진딧물; 귀뚜라미.
④ (기타 각종의)동물. petites ~s 【어류】 민물에 사는 작은 새우; 《옛·속어》【동물】 작은 사슴.
~ *noire de qn* …가 증오하는 사람(것). Pierre est sa ~ *noire*. 피에르는 그가 증오하는 사람이다.
chercher la petite ~ 《구어》 흠 (잘못)을 찾아내려고 하다.
être livré (*condamné*) *aux* ~*s* (작가·작품이)비평가의 먹이가 (과녁이) 되다.
être malade comme une ~ 몹시 고통스러워 하다.
faire la ~ 바보인 체하다; 바보같은 짓을 하다.
faire la ~ *à deux dos* 《속어》성교하다.
Il n'est pas la moitié d'une ~. 《구어》그는 아주 바보이다; 그는 바보는 아니다.
Morte la ~, *morte le venin.* 《속담》악인도 죽으면 해를 끼치지 않는 법이다.
mourir en (*comme une*) ~ 《구어》 짐승같이 죽다; 영성체를 하지 못하고 죽다.
Qui veut faire l'ange fait la ~. 《격언》천사가 되려는 자가 짐승으로 떨어진다 (본래 *Pascal*의 말로서 지나치게 높은 것을 지향하다가 오히려 타락할 우려가 있음을 뜻함).
regarder qn comme une ~ *curieuse* …을 짓궂게 (무례하게) 바라보다.
reprendre du poil de la ~ 《구어》 독 (毒)을 독으로 풀다; (세력·원기 따위를)만회하다.
—*n.* 어리석은 (바보같은) 일. ce ~ de voyage 그 어리석은 여행.
—*a.* 바보같은, 어리석은 (stupide); 명청한. [être ~ de + *inf.*] Je suis ~ d'avoir oublié cela! 그것을 잊어버리다니 나도 멍청하게! C'est ~! 어처구니 없는 일이군!
~ *à manger du foin;* ~ *comme un âne* (*une cruche, une oie, un panier, un pot, tout*) 《구어》매우 어리석은.

bétel [betɛl] *n.m.* ① 【식물】 구장 (蒟醬), 필발 (후추과). ② 구장 잎과 생석회와 빈랑 (檳榔)나무 열매를 섞은 것 (씹기 위한 것).

bêtement [bɛtmɑ̃] *ad.* 바보같이, 어리석게. Il a été tué ~ dans un accident de voiture. 그는 어처구니없게도 자동차 사고로 죽었어. ② tout ~ 단순

히, 그냥. parler *tout* ~ 간단 솔직하게 말하다.
Béthanie [betani] *n.pr.f.* 《성서》 베다니 《예루살렘 부근의 마을 현재의 *El Azariyeh*》.
bêtifiant(e) [betifjɑ̃, -ɑ̃:t] *a.* 바보같은 소리〔짓〕만 하는; 《예》 바보로 만드는.
bêtifier [betifje] 《구어》 *v.t.* 어리석게 만들다. éducation qui *bêtifie* les enfants 어린이들을 바보로 만드는 교육.
— *v.i.* ① 바보짓을 하다, 바보 같은 말을 하다. ② (라디오 방송에서) 농담을 하다. faire la bête).
— *se* ~ *v.pr.* 바보가 되다(s'abrutir).
bétille [betij] *n.f.* 《식물》 모슬린의 일종.
Bétique (la) [labetik] *n.pr.f.* 《지리》 (고대의)베티카《대체로 지금의 Andalousie에 해당》.
***bêtise** [bɛ(e)ti:z] (<*bête*) *n.f.* ① 우둔, 어리석음(stupidité, sottise). être d'une rare ~ 드물게 보는 바보다. [avoir la ~ de+*inf*.] Elle *a eu la ~ de* le lui dire. 그녀는 우둔하게도 그에게 그 말을 했다. ② 바보같은 짓〔말〕. faire une grosse ~ 큰 실수를 저지르다. Tais-toi, tu ne dis que des ~s. 입좀 다물어라, 넌 바보 같은 소리만 하는구나. ③ 하찮은 일; 싸구려 물건; 보잘것 없는 (문학)작품. Ils se disputent pour une ~. 그들은 하찮은 일로 다툰다. ④ 난봉, 정사(情事). faire des ~s 난봉을 부리다(faire la noce). faire la ~ 정을 통하다, 성교하다. faire une ~ (젊은 처녀가)유혹을 당하다, 유혹에 넘어가다. ⑤ 허튼소리, 웃기는 이야기; 음탕한 말, 외설적인 말. On riait de ses ~s. 그의 허튼 소리를 듣고 사람들은 웃었다. Il ne faut pas dire des ~s devant les enfants. 아이들 앞에서 음탕한 말을 해서는 안된다.
bêtiser [betize] *v.i.* 《드물게》 바보 같은 짓〔말〕을 하다(bétifier); 바보인 체하다.
bétoine [betwan] *n.f.* 《식물》 두견초.
bétoire [betwa:r] *n.f.* 《지질》 지호(地壺); 천수지(天水池).
bétol [betɔl] *n.m.* 《화학》 베톨《장내 살균제》.
béton [betɔ̃] *n.m.* ① 《건축》 콘크리트(~ de ciment). ~ armé 철근 콘크리트, immeuble en ~ 콘크리트 건물. ② faire(jouer) le ~ 《스포츠》 (축구에서)철통같이 방어 위주의 전략을 쓰다.
C'est du ~. 《구어》그것은 아주 견고하다, 그것은 절대적으로 신임할 만하다.
bétonnage [betɔnaːʒ] *n.m.* ① 콘크리트로 짓기. ② 《스포츠》 (철통같은)방어, 수비를 굳히기.
bétonner [betɔne] *v.t.* ① 콘크리트로 짓다. ~ une route 도로를 콘크리트로 포장하다. ② 《스포츠》 (축구에서)철통같이 방어하다, 철저한 방어 위주의 전략을 쓰다(faire le béton). ③ 《비유적》 굳히다, 튼튼하게 (consolider, renforcer).
bétonneuse [betɔnøːz], **bétonnière** [betɔnjɛːr] *n.f.* 콘크리트 믹서《※bétonneuse의 사용은 피하는 경향이 있음》.
bétourné(e) [beturne] *a.* 《옛》 반대로〔잘못〕 향한.
bette[1] [bɛt] *n.f.* 거룻배; 너벅선. ~ à escarbilles 석탄재 운반선.
bette[2] *n.f.* 《식물》 근대(poirée).
betterave [betra:v] *n.f.* ① 《식물》 무우류(類)《순무우·사탕무우·당근》. ~ rouge 당근. ② 《속어》농부; 멍텅구리; (특히 크고 붉은)코.
betteraverie [betravri] *n.f.* 제당 공장.
betteravier(ère) [betravje, -ɛːr] *a.* 사탕(蔗糖)의.
— *n.* 사탕무우 재배자; 사탕 공장 직공. culture ~*ère* 사탕무우 재배.
betting [betiŋ] 《경마》 *n.m.* 건 돈; 배당금; (집합적)돈을 건 사람.
bétulacées [betylase] *n.f.pl.* 《식물》 자작나무과.

bétyle [betil] *n.m.* 영석(靈石), 신석(神石).
beuglant(e) [bøglɑ̃, -ɑ̃:t] *a.* (소가)음매 하고 우는.
— *n.m.* 《속어》 (19세기 말의)싸구려 카페.
— *n.f.* ① 목청껏 부르는 노래, 고함 소리. ② 《학생 은어》항의의 소리.
beuglement [bøglǝmɑ̃] *n.m.* (소의)울음 소리; (비유적) (사람의)고함 소리; (경적 따위의)소리.
beugler [bøgle] *v.i.* ① (소가)울다. ② (비유적) (사람이)고함치다, 고래고래 소리를 치르다(hurler); (라디오 따위가)크게 울리다. — *v.t.* 《구어》 (노래 따위를)고함치듯이 부르다.
beugne [bøɲ] *n.f.* 《속어》 =beigne.
beuh [bø] *int.* (경멸)흥! 체!
‡**beurre** [bœr] *n.m.* ① 버터. pot à ~ 버터 항아리. petit ~ 버터로 구운 비스킷. ~ d'anchois 멸치젓의 버터무침. ~ noir 프라이팬에 초를 넣어 눞인 버터. crême au ~ 버터크림. Il mange du pain et du ~. 그는 버터바른 빵을 먹는다.
② 《식물》 식물의 지방질. ~ de cacao 카카오 버터. ~ d'arachide 피넛 버터.
③ 버터 모양의 것. ~ d'antimoine 《화학》 안티몬 버터. ~ de montagne(de pierre, de roche) 《광물》 철명반(鐵明礬)의 일종.
④ (비어)이득, 이익(bénéfice). 돈(argent).
avoir les mains en ~ 손에 힘이 없다, 쥔 것을 잘 놓치다.
avoir un œil au ~ *noir* 《구어》 (얻어 맞아)눈 언저리가 멍들다.
Ça fait mon ~. 《속어》바로 내가 탐내던 것이다.
C'est du (*vrai*) ~. 《구어》그건 쉬운 일이다, 그건 누워서 떡먹기이다.
comme dans du ~ 아주 쉽사리. La viande est tendre, le couteau y entre *comme dans du* ~. 고기가 연해서 칼이 힘 안들이고 들어간다.
compter pour du ~ 별로 가치가 없다, 대수롭지 않다; (놀이 따위에서)제외되다.
faire son ~ 《구어》제 배를 채우다, 돈을 벌다.
mettre du ~ *dans les épinards* (별도의 수입으로) 살림(형편)을 편하게 해주다.
promettre plus de ~ *que de pain* 《구어》지키지도 못할 약속을 함부로 하다.
—*a.* (불변) 버터색의(~ frais).
beurré [bœre] *n.m.* 《식물》 배의 일종.
beurrée [bœre] *n.f.* ① 《옛·사투리》버터빵. ② 《구어》술에 몹시 취함. avoir sa ~ 몹시 취했다.
beurre-frais, beurre frais [bœrfrɛ] *a.* (불변) 버터색의, 등황색의.
beurrer [bœre] *v.t.* (에)버터를 바르다.
savoir de quel côté son pain est beurré 《구어》자기의 이익관계에 약삭빠르다.
— *se* ~ *v.pr.* 《구어》취하다(s'enivrer).
beurrerie [bœrri] *n.f.* 버터 제조업; 버터 제조소〔저장소〕.
beurret [bœrɛ] *n.m.* 견본용의 작은 버터 덩어리.
beurrier(ère) [bœrje, -ɛːr] *a.* 버터의; 버터를 생산하는. industrie ~*ère* 버터 제조법. — *n.* 《옛》버터 판매〔제조〕인. — *n.m.* (식탁용)버터 그릇. — *n.f.* (버터 제조용)교반기; 버터 저장통.
beuveau [bevo] (*pl.* ~**x**) *n.m.* =biveau.
beuverie [bœvri] *n.f.* =buverie.
bévatron [bevatrɔ̃] *n.m.* 베바트론《1조(兆)전자볼트의 입자를 가속시키는는 사이클로트론》.
béveau [bevo] (*pl.* ~**x**) *n.m.* =biveau.
bévue [bevy] *n.f.* (무지·부주의로 인한)큰 실수(gaffe); 오류, 잘못(erreur, faute). commettre une ~ 큰 실수를 저지르다.
bey [bɛ] *n.m.* 터키의 고관〔고급 무관〕; 《옛》 베 《

튀니지아 총독의 칭호).
beylical(ale, *pl.* **aux)** [belikal, -o] *a.* bey 의.
beylicat [belika] *n.m.* bey 의 직권(관할지).
beylik [belik] *n.m.* bey 의 재산.
beylisme [belism] *n.m.* 스탕달(*Stendhal, Henri Beyle* 의 필명)작품의 주인공 같은 기질(정열적이고 개인주의적인).
bézef [bezef] *ad.* 《속어》잔뜩, 많이(beaucoup).
bezet [bəzɛ] *n.m.* =**besas.**
bézoard [bezɔaːr] *n.m.* 분석(糞石).
B.F. 《약자》Banque de France 프랑스 은행.
B.H. 《약자》Bonne Humeur(보이스카우트에서)명랑, 쾌활.
Bhoutan (le) [ləbutã] *n.pr.m.* 《지리》부탄(인도 북동의 히말라야 산록에 있는 나라).
bhoutanais(e) [butanɛ, -ɛːz] *a.* 부탄(*le Bhoutan*)의. **—B~** *n.* 부탄 사람.
Bi 《약자》Bismuth 《화학》창연(蒼鉛).
bi- *préf.* 「중복」의 뜻(예:*bi*pède 두 발 가진. *bicy*clette 자전거. *bi*mensuel 월 2 회(발행)의).
B.I. 《약자》brevet industriel 공업학교 졸업증서.
biacide [biasid] 《화학》 *a.* 중산(重酸)의. **—***n.m.* 중산물.
biacuminé(e) [biakymine] *a.* 《식물》(잎이)이열(二裂)된, 두갈래로 갈라진.
biais(e) [bjɛ, -ɛːz] *a.* 경사진, 비스듬한(oblique, ↔ droit). pont ~ (강의 흐름에 대해 직각이 아닌) 사교(斜橋).
—*n.m.* ① 경사, 비스듬함. ~ d'un mur 벽의 경사. ② (비유적) (사물을 보는)각도(관점), 면(côté, aspect). Il faut considérer le problème par ce ~. 문제를 이 각도에서 고찰할 필요가 있다. Par quel ~ le prendre? 그것을 어떤 관점에서 보아야 할 것인가? ③ 완곡한 방법, 방책, 수단(détour). chercher un ~ pour refuser une invitation 초대를 거절하기 위하여 핑계거리를 찾다. ④ 《의복》 대각선의 방향; 비스듬하게 자른 가늘고 긴 천, 바이어스. tailler dans le ~ 비스듬히(대각선으로) 재단하다. ***de(en)*** ~ 비스듬히(obliquement); 간접적으로. regarder *qn de* ~ …을 흘겨보다. traverser la rue *en* ~ 길을 비스듬히 가로지르다. aborder *de* ~ une question 문제를 간접으로 다루다.
par le* ~ *de *qc* …을 핑계삼아, 이용하여.
biaisement [bjɛzmã] *n.m.* 《드물게》 ① 비스듬함, 경사져 있음; 사행(斜行). ② 간접적인(완곡한) 수단(방법), 핑계.
biaiser [bjɛ(e)ze] *v.i.* ① 비스듬히 기울다, 경사지다; 비스듬히 가다, 사행하다(obliquer). Le mur *biaise.* 담이 기울어져 있다. ~ pour éviter *qc* …을 피하기 위해 돌아가다. ② (비유적) 간접적인(완곡한) 방법을 쓰다(louvoyer); 속임수를 쓰다; 둘러 말하다. Avec moi, il est inutile de ~. 나에게는 둘러 말할 필요가 없다. ~ avec sa conscience 양심을 속이다.
biaiseur(se) [bjɛzœːr, -ø:z] *n.* 《드물게》완곡한 수단을 쓰는 사람.
biarrot(e) [bjaro, -ɔt] *a.* 비아리츠(*Biarritz*, 프랑스의 도시)의. **—B~** *n.* 비아리츠 사람.
biatomique [biatɔmik] *a.* 《화학》 2원자성(原子性)의.
bi(-)auriculaire [biɔ(o)rikylɛːr] *a.* 두 귀의.
Bib. 《약자》 ① Bible 성서. ② bibliothèque 도서관.
bibacier [bibasje] *n.m.* 《식물》 비파나무.
bibasique [bibazik] *a.* 《화학》 2염기성의.
bibassier [bibasje] *n.m.* 《식물》 =**bibacier.**
bibelot [biblo] *n.m.* ① 자질구레한 실내장식품; 골동품. avoir la passion du ~ 골동품을 좋아하다. ② 《구어》 하찮은 것(babiole).
bibelotage [biblɔtaːʒ] *n.m.* 자질구레한 실내 장식품(골동품) 수집; 하찮은 것(일).
bibeloter [biblɔte] *v.i.* ① 자질구레한 실내 장식품(골동품)을 수집(매매)하다. ② 하찮은 일에 열중하다. ③ 《속어》음모를 꾸미다, 공모하다. **—***v.t.* ① 《옛》(자질구레한 상품을)팔다. ② (나쁜 음모를)꾸미다.
bibeloteur(se) [biblɔtœːr, -ø:z] *n.* 자질구레한 실내 장식품(골동품)의 수집(애매)자.
bibelotier(ère) [biblɔtje, -ɛːr] *n.m.* =**bibeloteur.**
biberon[1] [bibrɔ̃] *n.m.* (젖먹이용의)포유기; 《의학》빨 대가 달린 병. élever(nourrir) un enfant au ~ 아기를 우유로 키우다.
biberon[2]**(ne)** [bibrɔ̃, -ɔn] 《구어》*a.* 술을 즐기는. **—***n.* 술꾼, 주정뱅이.
biberonner [bibrɔne] *v.i.* 《구어》자주 마시다, 폭음하다.
bibi [bibi] *n.m.* ① 《구어》작은 부인 모자. ② 《속어》촌뜨기, 2등병. **—***pron. pers.* 《속어》나(moi). C'est ~ qui a fait ça. 그것을 한 건 나야.
biche [bibiʃ] *n.f.* 《구어》여인에 대한 애칭.
bibine [bibin] *n.f.* 《속어》① 싸구려 맥주(음료). ② 싸구려 선술집.
bibion [bibjɔ̃] *n.m.* 《곤충》털파리.
Bible [bibl] *n.f.* ① 구·신약성서. ② (유태인 경전으로서의)구약성서. ③ (절대적으로 신뢰해서 삼아야할)권위서; 애독서. ④ (b~) (책으로서의)성서. une b~ de poche 포켓판의 성서. 《형용사적》papier b~ 《인쇄》인디언지.
biblio- *préf.* 「서적·책」의 뜻.
bibliobus [bibli(j)ɔbys] *n.m.* 순회 도서관 차.
bibliocar [bibli(j)ɔkaːr] *n.m.* 순회 도서관 차.
bibliographe [bibli(j)ɔgraf] *n.m.* 서지(書誌)학자; 서적통(通).
bibliographie [bibli(j)ɔgrafi] *n.f.* ① 서지학. ② 참고 문헌, 참고서 목록. ③ (신간)도서목록.
bibliographique [bibli(j)ɔgrafik] *a.* 서지학의; 참고서(문헌)의.
bibliomancie [bibli(j)ɔmɑ̃si] *n.f.* 성서 점(占), 책점(우연히 펼친 페이지로 치는 점).
bibliomane [bibli(j)ɔman] *n.c.f.* 장서광(의).
bibliomanie [bibli(j)ɔmani] *n.f.* 장서벽(癖).
bibliophile [bibli(j)ɔfil] *n.* 애서가.
bibliophilie [bibli(j)ɔfili] *n.f.* 애서 취미, 진서 수집 취미.
bibliopoche [bibli(j)ɔpɔʃ] *n.f.* 문고판 판매 서점.
bibliothécaire [bibli(j)ɔtekɛːr] *n.* 도서관 사서, 도서관 직원.
***bibliothèque** [bibli(j)ɔtɛk] *n.f.* ① 도서관; 도서(열람)실; 《철도》(역)서점. ~ municipale 시립 도서관. rat de ~ 책벌레(문헌을 위주로 하는 학자). ~ de prêt 대출 도서관. ~ circulaire 순회 도서관. ② 책꽂이, 서가. ~ vitrée 유리를 끼운 서가. ③ 장서. se constituer une riche ~ linguistique 언어학의 장서를 풍부하게 갖추다. ④ 총서(collection). ⑤ (비유적) 박학한 사람. C'est une ~ vivante(ambulante). 그는 산 사전이다, 그는 만물박사이다.
bibliovisuel(le) [biblijɔvizɥɛl] *a.* 책과 시각 재료 (슬라이드 따위)가 배합된.
biblique [biblik] *a.* 성서의, 성서에 관한; (문체가) 성서투의. société ~ 성서협회.
bibliste [biblist] *n.* 성서 연구가.
biblorhapte [biblɔrapt] *n.m.* 루스리프식 표지(책장을 자유로 끼고 뺄 수 있는). **—***a.* 루스리프식의.

bibus [bibys] *n.m.* 《옛》《다음 표현으로만 쓰임》de ~ 시시한, 하찮은.
bic *n.m.* 볼펜 상표; 볼펜(stylo à bille).
bicaméral(ale, pl. aux) [bikameral, -o] *a.* 《정치》양원제(兩院制)의.
bicamér(al)isme [bikamer(al)ism] *n.m.* 《정치》양원제.
bicapsulaire [bikapsylɛːr] *a.* 《식물》이중 심피(心皮)의.
bicarbonate [bikarbɔnat] *n.m.* 《화학》중탄산염(重炭酸塩). ~ de soude 중탄산소다, 중조.
bicarbonaté(e) [bikarbɔnate] *a.* 《화학》중탄산염을 함유한.
bicarboné(e) [bikarbɔne] *a.* 《화학》탄소 2분자를 가진. hydrogène ~ 에틸렌.
bicarbure [bikarbyːr] *n.m.* 《화학》중탄화물(重炭化物).
bicarré(e) [bikare] *a.* 《수학》4차(次)의. équation ~ 4차 방정식. trinôme ~ 4차 3항식.
bicéphale [bisefal] *a.* 쌍두(雙頭)의. aigle ~ 쌍두의 독수리. —*n.m.* 쌍두의 괴물.
biceps [bisɛps] 《해부》*a.* 이두근(二頭筋)의. —*n.m.* 이두근(muscle ~). *avoir du* ~ 《속어》기운이 세다, 근육이 발달되어 있다.
Bicêtre [bisɛtr] *n.pr.m.* 비세트르(정신병원으로 유명한 파리 근교의 마을).
échappé de ~ 《옛·속어》머리가 돈 사람.
biche [biʃ] *n.f.* ① 《동물》암사슴(cerf의 여성). ② 《젊은》여자에 대한 애칭. ma ~ 여보. ③ 《비유적》화류계 여자(demi-mondaine).
table à pieds de ~ 굽은 다리가 달린 책상. *ventre de* ~ (암사슴의 배처럼)붉은 가가 도는 흰빛(의).
biche-de-mer [biʃdəmɛːr] (*pl.* ~**s**~~) *n.f.* = bêche-de-mer.
bicher [biʃe] *v.i.* ①《구어》(3인칭 단수에만 쓰임) 탈없이 지내다 (안부의 인사말로 씀) (aller bien; 잘 되어 가다. Alors, ça *biche* aujourd'hui ? 안녕하십니까? 오늘도 여전하신가요? Ça *biche*, les affaires ? 장사는 잘 돼갑니까? Ça *biche* très bien entre eux. 그들 사이는 아주 원만하다. ②《속어》좋아하다, 만족하다. Mon plan a réussi; je *biche*. 내 계획은 성공이야, 기분 좋군!
bichet [biʃɛ] *n.m.* 《옛》(농지를 측정하는)면적의 단위(42 are); (곡물의)분량의 단위(20~40리터).
bichette[1] [biʃɛt] *n.f.* 《동물》어린 암사슴;《구어》소녀에 대한 애칭. ma ~ 얘야, 악아.
bichette[2] *n.f.* 《옛》(곡물을 재는)분량의 단위(1/2 bichet); 농지단위(1/6 bichet); 《어업》새우잡이 망의 일종.
bichlorure [biklɔryːr] *n.m.* 《화학》이염화물(二塩化物).
bichof [biʃɔf] *n.m.* 레몬을 넣은 달콤한 포도주.
bichon(ne) [biʃɔ̃, -ɔn] *n.* 털이 긴 복슬강아지; 《속어》어린애에 대한 애칭. —*n.m.* 벨벳(가죽)제의 실크해트 문지르개.
bichonnage [biʃɔnaːʒ] *n.m.* 몸단장하기; 《옛》머리를 지지기.
bichonner [biʃɔne] *v.t.* ①《옛》(동물·어린아이 따위의) 몸치장을 시키다(parer). ~ un enfant 아이를 정성스럽게 몸치장시키다. ② 애지중지하다. ~ sa moto 자기 오토바이를 정성껏 간수하다. (모자를)bichon으로 닦다. ④《옛》(머리를)곱슬거리게 지지다.
—se ~ v.pr.《경멸》공들여 몸단장을 하다. passer des heures devant la glace à *se* ~ 거울 앞에서 몸치장하는데 몇 시간을 보내다.
bichromate [bikrɔmat] *n.m.* 《화학》중(重)크롬산염.
bichromaté(e) [bikrɔmate] *a.* 중크롬산염을 함유한. gomme ~*e* 《사진》중크롬산 고무.
bicipital(ale, pl. aux) [bisipital, -o] *a.* 《해부》이두근(二頭筋)의.
bickford [bikfɔːr(d)] 《영》*n.m.* 도화선(導火線) (cordeau ~).
biclo [biklo] *n.m.* 《속어》자전거.
bico [biko] *n.m.* (경멸) = bicot[2].
bicolore [bikɔlɔːr] *a.* 2색의.
biconcave [bikɔ̃kaːv] *a.* 양요면(兩凹面)의. lentille ~ 양요면 렌즈.
biconvexe [bikɔ̃vɛks] *a.* 양철면(兩凸面)의.
bicoque [bikɔk] *n.f.* ①《구어》보잘것 없는 (누추한) 집(cabane). habiter une ~ 초라한 집에 살다. ② 《옛》작은 마을; (방비가 약한) 작은 요새.
bicoquet [bikɔkɛ] *n.m.* 《옛》두건; (구두에 덧댄) 뾰족한 두가.
bicorne [bikɔrn] *a.* 뿔 두 개의. —*n.m.* 이각모(二角帽).

bicorne

bicot[1] [biko] *n.m.* 《구어》어린 염소(biquet).
bicot[2] *n.m.* 《구어》(경멸)북아프리카 원주민(아라비아 사람).
bicoudé(e) [bikude] *a.* 이중으로 구부러진; 《기계》굽은 자루가 달린.
bicuspide [bikyspid] *a.* 두 개의 뾰족한 끝이 있는. dent ~ 쌍두치.
bicycle [bisikl] *n.m.* 구식 자전거.
***bicyclette** [bisiklɛt] *n.f.* 자전거(bécane, vélo). faire de la ~ 자전거를 타다. aller à《구어》en ~ 자전거를 타고 가다. ~ à moteur 모터사이클. ~ de course 경주용 자전거. ~ de mixte (de dame) 남녀겸용(부인용)자전거.
bicycliste [bisiklist] *n.* 《옛》자전거 타는 사람.
bidard [bidaːr] 《속어》*n.m.* (노름 따위의)운좋은 사람. —*a.* 《불변》운좋은.
bidasse [bidas] *n.m.* 《구어》졸병, 병사(soldat).
bide [bid] *n.m.* ①《속어》배(ventre). prendre du ~ 배가 나오다. ② 거짓말(mensonge). C'est du ~. 그건 엉터리야. ③ (공연 따위의)대실패(four); 실패(fiasco). Cette pièce a fait un ~. 이 연극은 실패했다. *ne rien avoir dans le* ~ 용기가 없다. *s'en mettre plein le* ~ 실컷 먹다.
bidel [bidɛl] *n.m.* ①《속어》(옛 파리 교외선의)2등객차. ②《속어》선원장(長); 《해군》하사관.
bident [bidɑ̃] *n.m.* 건초(乾草)용의 쌍갈래 포크; 고기를 담는 쌍갈래 포크.
bidenté(e) [bidɑ̃te] *a.* 《동물》이가 둘 있는; 《식물》두 갈래 모양의.
bidet [bidɛ] *n.m.* ① (여성용)국부 세척기(~ de toilette). ② 조랑말. ③ (목수의)가대(架臺).
eau (rinçure) de ~《속어》더러운 것, 하찮은 것. *pousser son* ~《구어》일을 척척 해나가다.
bidoche [bidɔʃ] *n.f.* 《속어》고기; 품질 나쁜 고기.
bidon [bidɔ̃] *n.m.* ① 양철통 (약 5리터 들이); 《군사》물통(goudre). ②《해양》수통. ②《속어》배, 위. se remplir le ~《속어》잔뜩 뱃속을 채우다. ③《속어》허풍, 거짓말. C'est pas du ~. 《속어》그것은 사실이다.
—*a.* 가장된, 거짓으로 꾸민. médecin ~ 가짜 의사. attentat ~ 가짜로 꾸민 암살기도, 《때매고 사와 결합》chèques-~ 위조 수표. décentralisation-~ 겉뿐인 지방분권.
bidonnant(e) [bidɔna, -at] *a.* 《속어》익살스러운, 배꼽을 빼는(marrant, tordant).
bidonner[1] [bidɔne] 《속어》*v.t.* 단숨에 마시다. ~ *un*

coup 한 잔을 단숨에 들이키다. —*v.i.* 단숨에 들이키다.

bidonner²(se) [s(ə)bidɔne] 《속어》 *v.pr.* 깔깔대며 웃다, 포복절도하다(se marrer).

bidonville [bidɔ̃vil] *n.m.* (도시 주변의)판자집들이 밀집해 있는 거리; 빈민굴.

bidule [bidyl] *n.m.* 《속어》그것 (어떤 물건·연장) (machin, truc). Passe-moi ton ~, que je répare mon vélo. 내 자전거를 고치게 자네 그것 좀 주게.

bie 《약자》 「군사」 batterie 포병대.

-bie *suff.* 「생명」의 뜻으로 생물의 생활조건을 나타내는 과학용어를 만듦《예: amphi*bie* 수륙 양서의. nécro*bie* 초시류의 일종》.

biebérite [biberit] *n.f.* 「광물」 적반(赤礬).

bief [bjɛf] *n.m.* 물방아에 물을 대는 도랑; 운하의 두 수문 사이. ~ d'amont(d'aval) 상방(하방)수로.

bielle [bjɛl] *n.f.* ① 「기계」 간(桿), (타이)로드, 푸시로드; 크랭크암. ~ d'accouplement (기관차의)연결봉(棒). ~ motrice(directrice) 연봉(連棒), 구동축(驅動軸). couler(griller) une ~ 《속어》엔진의 과열로 연간을 녹여버리다(태우다). ② (철골 지붕의)지주, ③ 「토목」 철교의 로커바.

biellette [bjɛlɛt] *n.f.* 「기계」작은 bielle; 링크.

Biélorussie (la) [labjelɔrysi] *n.pr.f.* 「지리」 백러시아.

:bien [bjɛ̃] 《연음할 때는 [bjɛ̃·n], 때로는 [bjɛn]》 *ad.* ① ⓐ 만족스럽게; 적절하게, 알맞게(comme il faut, convenablement, parfaitement); 훌륭하게, 잘 (admirablement). Il a ~ vendu sa voiture. 그는 자동차를 잘(비싼 값으로) 팔았다. Tout s'est ~ passé. 만사가 잘 (훌륭하게) 진행되었다. femme ~ faite 몸매 좋은 여자. Cela est ~ dit. 그것은 적절한 말이다. Quelle catastrophe, cela commence ~! (반어적)이 무슨 변이야, 일 잘 돼가는군! Cet habit lui va ~. 이 옷은 그에게 잘 맞는다. B~ ou mal, l'affaire est faite. 좋건 나쁘건[어차피] 일은 끝났다. L'affaire a ~ tourné. 일이 잘 되었다. manteau ~ doublé 좋은 안감을 댄 코트. ⓑ 이치에 맞게; 올바르게(honnêtement); 어질게, 현명하게(sagement). On l'a ~ conseillé. 그에게 올바르게 충고했다. se conduire ~ 품행이 단정하다. B~ faire et laisser dire. 《속어》남이야 무엇이라고 하든 자기 할 일을 다하라.

② ⓐ (형용사·과거분사·부사 앞에서 가벼운 최상급의 뜻으로) 매우, 몹시, 대단히(très, fort). Je suis ~ content. 나는 대단히 만족한다. manger ~ chaud 아주 뜨거울 때 먹다. ~ souvent 아주 자주. ~ meiux(pire) 보다 더 좋은(나쁜). Il est ~ jeune pour cet emploi. 그는 이 일에는 너무 젊다. Il a été ~ averti de ne pas recommencer. 그는 다시 시작하지 말라고 틀림없이 주의받았다. ⓑ (동사를 수식; 강조) 대단히, 매우(beaucoup). Nous avons ~ ri. 우리는 몹시 웃었다. J'espère ~ vous voir. 당신을 뵙기를 간절히 바랍니다. ⓒ [~ des+복수명사; du/de la+단수명사] 많이(beaucoup de). Il nous donne ~ du souci. 그는 우리에게 걱정을 많이 끼친다. depuis ~ des années 오래 전부터. ~ d'autres 다른 많은 사람들. ⓓ (수·양을 뜻하는 말과 함께) 가뿐히, 족히, 넉넉히 (largement). Il y a ~ une heure qu'il est sorti. 그가 외출한 지 적어도 한 시간은 지났다. J'ai ~ appelé vingt fois. 나는 (족히) 스무 번은 불렀다.

③ ⓐ (긍정의 강조)진정, 참으로, 정말, 완전히 (vraiment, tout à fait). Il part ~ demain ? 그는 정말 내일 떠납니까? Nous le savons ~. 우리들은 그것을 잘 알고 있습니다. J'ai ~ téléphoné, mais vous n'étiez pas rentré. 나는 분명히 전화를 걸었는데 당신이 안돌아와 계셨읍니다 (mais 와 함께 대립의 뜻을 강조). C'est ~ lui. 바로 그 사람이다. Il s'agit ~ de cela!; C'était ~ la peine! (반어적) 바로 그거야! 그래, 잘됐어! ⓑ (대립의 강조) [mais~] 오히려, 차라리(plutôt), 반대로(au contraire). Ce n'est pas un oubli, *mais* ~ une erreur. 그것은 잊은 것이라기보다는 오히려 잘못한 것이다. [pouvoir~] Il *peut* ~ venir sonner à ma porte, je ne le recevrai jamais. 그가 아무리 내 집에 와서 벨을 눌러도 소용이 없다, 난 그를 결코 안받아들일테다.

④ 틀림없이, 꼭, 아무든 (남이 무어라고 하거나, 무슨 일이 일어나도). Je veux ~ qu'il aille jouer. 그가 놀러가는 것을 나는 찬성합니다. Attendons, nous verrons ~. 기다려 봅시다, 우리는 알게 될 것입니다. Cela finira ~ un jour. 그것은 언젠가는 끝날 것입니다. Il le fait ~, pourquoi pas moi? 그가 그것을 하는데 내가 왜 못하겠읍니까? (조건법과 함께) J'écrirais ~, mais répondra-t-il ? 나는 (기꺼이) 편지를 쓰겠지만 그가 답장을 쓸까요?

⑤ (감탄사적으로 놀라움·감탄·분개 따위를 나타냄) Eh ~ ! vous ne protestez pas? 그럼 당신은 항의하지 않겠읍니까? Eh ~ ! qu'en dites-vous? 그래 그걸 어떻게 생각하시요?

~ *aller* ~ 건강하다, 잘 지내다(se porter ~); (사업 따위가) 잘 되어가다; (시계가) 잘 [정확하게] 가다. L'affaire *va* ~. 사업이 잘 된다 (→aller).

aussi ~ *que* ~와 같이. Je la connais *aussi* ~ *que* vous. 나도 당신만큼 그녀를 알고 있다 (→aussi).

B~ *(en) a pris à qn de* + *inf.* ···가 ~하는 것은 [옳은 일이다]. *B*~ lui *a pris de* se retirer. 그 사람이 은퇴한 것은 현명했다 [옳았다].

~ *entendu* 물론.

~ *plus* 게다가, 그뿐만 아니라. Il est intelligent; ~ *plus* il est travailleur. 그는 머리가 좋다. 뿐만 아니라 근면하기까지 하다.

~ *que* + *subj.* [드물게] *ind.*) ···임에도 불구하고. *B*~ *qu*'il soit malade, il est sorti. 병중인데도 불구하고, 그는 외출을 했다 (생략적으로 *B*~ *que* malade...).

C'est ~ *fait.* (비꼼) 그것 잘됐다. *C'est* ~ *fait* pour lui. 그는 그렇게 된 게 당연하다.

ni ~ *ni mal* 좋지도 나쁘지도 않게. Il ne m'a reçu *ni* ~ *ni mal.* 그는 나를 그저 그렇게 맞아들였다.

ou ~ 혹은, 그렇지 않으면.

quand ~ *même; quand* ~ ⇨quand.

si ~ *que* ⓐ [~ + *ind.*] 매우···하므로(하기 때문에) ···하다(이다), 그래서(de sorte que) (결과를 나타냄). Il ne répondait plus, *si* ~ *que* j'ai cru à un accident. 그의 대답이 끊겼다, 그래서 사고가 난 것이 아닐까 하고 생각했다. ⓑ [~ + *subj.*] ···하도록, ···할 수 있도록 (목적을 나타냄). Faites *si* ~ *que* tout le monde soit d'accord. 모두가 동의할 수 있도록 잘 해보시오. ⓒ [~ + *subj.*] 아무리 잘···하더라도 (양보를 나타냄). *si* ~ *qu*'il s'y prenne, il ne réussira pas. 아무리 잘 한다 할지라도 그는 성공하지 못할 것이다.

tant ~ *que mal* 그럭저럭, 그저 그렇게.

—*a.* (불변) ① 만족할 만한, 좋은 (satisfaisant); (건강 따위가) 좋은(bon); (생김새가) 아름다운(beau); (행동 따위가) 올바른(juste); 완전한(parfait); 좋은(fort). C'est très (fort) ~. (참)좋다, 잘했다(칭찬). Tout est ~ qui finit ~. 끝말이 좋으면 만사가 좋다. Il est ~ ces jours-ci. 그는 요사이 건강하다. Elle est encore très ~. 그 여자는 아직도 대단히 아름답다 [미인이다]. homme ~ de sa personne 풍채가 좋은 사람. Elle est ~ dans ce

rôle. 그녀는 이 역(役)을 잘 해낸다.
② 적합한(compétent); 진지한(sérieux); 양심적인(consciencieux). un homme ~ 양심적인 사람. un type ~ 《구어》유능한 친구.
③ (환경 따위가)좋은, 안락한, 쾌적한, 기분좋은. On est ~ ici. 이곳은 기분이 좋다. On est ~ dans ce fauteuil. 이 안락의자는 편안하다.
④ 사이가 좋은. Ils sont très ~ ensemble. 그들은 매우 사이가 좋다. [être ~ avec] Il a été très ~ avec moi. 그는 내게 대단히 친절했었다. Claude est ~ avec tout le monde. 클로드는 모든 사람과 사이가 좋다.
C'est ~ à vous de + inf. (당신이)…해주셔서 대단히 고맙습니다. *C'est ~ à vous d'être venu.* 당신이 와주셔서 대단히 고맙습니다.
Il est(C'est) ~ de + inf.(que + sub.) …한다는 것은 잘한 일이다. *Il n'est pas ~ d'agir ainsi en public.* 사람 앞에서 그렇게 행동하는 것은 좋은 것이다.
—*n.m.* ① 유리함, 이익, 이득(avantage, profit); 유용성(utilité), 귀중한 것, 행복. ~ général [commun, public] 공익(公益). ~ particulier 사사로운 이익. ~s du corps 건강(santé). ~s de l'esprit 재능(talents). ~s de l'âme 덕(vertus). La santé est le plus précieux des ~s. 건강은 모든 행복 중에서 가장 귀중한 것이다. C'est pour son ~ que je lui dis cela. 내가 그에게 그런 말을 하는 것은 그를 위해서이다.
② 선(善), 선행(↔mal); 덕행(vertu); 자선(charité). idée du ~ 선(善)의 관념. le souverain ~; le ~ suprême 최고의 선, 지상(至上)의 선. pratique du ~ 선의 실천. homme de ~ 선행[자선]을 하는 사람; 덕이 있는 사람. discerner le ~ du mal 선과 악을 분간하다. faire le ~ 착한 일을 하다.
③ (성적평가에서)양(20점 만점에서 14점 이상). très ~ 우수(16점 이상). assez ~ 보통(12점 이상). avoir un ~ 양을 얻다.
④ 재산(fortune), 【법·경제】재(財). ~ de famille 가산(家産). ~s de famille insaisissables 차 압할 수 없는 가산. ~s communs 부부의 공유재산. ~s réservés 유보(留保)재산. ~s publics 공유재산. ~s privés 사유재산. ~s communaux 시유(市有)재산. ~s oisifs 유휴(遊休)재산. ~s nationaux 국유재산. ~s immeubles 부동산, 고정자산. ~s meubles 동산. ~s libres 자유재(自由財). ~s indirects 간접재산. ~s de consommation; ~s consomptibles; ~s de premier rang 소비재. ~s de production; ~s de rang supérieur 생산재. ~ patrimonial 세습재산. ~s de la succession 상속재산. ~s vacants (sans maître) 현소유자 부존 재산. ~s de main morte 양도할수 없는 법인재산. cession de ~s 재산양도. laisser tous ses ~s à ses héritiers 자기 전재산을 상속자에게 남기다. Il est très attaché aux ~s de ce monde. 그는 현세의 재물에 대단히 애착을 갖는다. avoir du ~ 부자이다. dépenser [manger] tout son ~ 자기 재산을 탕진하다. périr corps et ~s 《해양》난파하다《선체·하물 전부》.
dire du ~ de qn(qc) …을 칭찬하다. On m'a dit beaucoup de ~ de vous. 당신을 칭찬하는 말을 많이 들었읍니다.
en ~ 선의로, 좋게. Elle voit tout en ~. 그녀는 모든 것을 낙천적으로 바라본다. prendre qc en ~ …을 좋게 받아들이다.
être du dernier ~ avec qn …와 매우 사이가 좋다; 《구어》…와 애인 사이이다.
faire du ~ à qn(qc) …에게 좋은 일을 하다, 유리한 결과를 가져오다; …의 건강에 좋다;(약 따위가)

효과가 좋다. Va prendre l'air, ça te *fera* du ~. 가서 바람 좀 쏘여라, 그것이 너에게 좋을 거야. Ces cachets me *font* du ~. 그 정제를 먹고 나니 괜찮습니다.
Grand ~ vous fasse! 복 많이 받으시기를!
mener qc à ~ 성공시키다; (사명을)완수하다.
Nul ~ sans peine. 《속담》고생없이 부귀없다.
vouloir du ~ à qn …에게 호의를 갖다; …에게 잘했으면 하고 바라다. Je *veux* toujours *du ~ à mes* amis. 나는 항상 친구가 잘되기를 바란다.
vouloir le ~ de qn …의 행복을 빌다.

bien-aimé(e) [bjɛ̃nɛ(e)me] *a.* 가장 사랑하는 (↔ mal-aimé). ma fille ~e 사랑하는 내 딸.
—*n.* 애인(amant, amoureux); 가장 사랑하는 사람 [자식]. le B~ 그리스도.

bien-aise [bjɛ̃nɛːz] *a.* (복수불변) = bien-être.

bien-dire [bjɛ̃diːr] *n.m.* (복수없음) 《문어》능숙한 말솜씨, 능변, 웅변(éloquence).
être sur son ~ 《엣》조심해서 말하다.

bien-disant(e) [bjɛ̃dizɑ̃, -ɑ̃ːt] *a, n.* 《엣》① 말솜씨가 능숙한(사람). ② 남을 좋게 평하는(사람) (↔ médisant).

bien-être [bjɛ̃nɛtr] *n.m.* (복수없음) ①(육신의)안락, 쾌안, 쾌적(↔ malaise); (물질적인)만족, 유복, 안락(aisance, ↔ gêne). éprouver du ~ 행복감을 느끼다. Il recherche avant tout son ~. 그는 무엇보다도 안락한 생활을 추구한다. ②(국민의)복지, 안녕. ~ des peuples 국민의 복지.

bien(-)faire [bjɛ̃fɛːr] *n.m.* (복수없음) 착한 행위로 하기, 선행. *Le ~ vaut mieux que le bien-dire.* 《속담》선행이 교언(巧言)보다 낫다.

bienfaisance [bjɛ̃fəzɑ̃ːs] *n.f.* 친절, 선행(bonté, ↔ malfaisance); 자비, 자선(charité). association(société) de ~ 자선단체. bureau de ~ 극빈자 구호 사무소. contrat de ~ 【법】무상(無償)계약. œuvre de ~ 자선사업.

bienfaisant(e) [bjɛ̃fəzɑ̃, -ɑ̃ːt] *a.* ① 유익한, 이로운; 효험있는(salutaire, bénéfique, ↔ malfaisant). pluie ~e 단비, 자우(慈雨). cure ~e 효력있는 요법. ②《엣》(사람이)친절한, 자비로운(charitable).

bienfait [bjɛ̃fɛ] *n.m.* ① (과학·문명 따위의)혜택, 은혜, 고마움(avantage). ~ du ciel 하늘이 베푸신 은혜. ~s de la civilisation 문명의 혜택. ②《엣·문어》선행, 친절; 호의(faveur, ↔ méfait). Un ~ n'est jamais perdu. 《속담》선행에는 반드시 보상이 있다.

bienfaiteur (trice) [bjɛ̃fɛtœːr, -tris] *n.* 은인; 자선가(donateur); 후원자. Les savants sont les ~s de l'humanité. 학자는 인류의 은인이다.
—*a.* 은혜를 베푸는, 정이 깊은.

bien-fondé [bjɛ̃fɔ̃de] *n.m.* (복수없음) 합법성(légitimité); 타당성, 정당성(pertinence). discuter le ~ d'une réclamation 이의 신청의 합당성을 검토한다. maintenir le ~ de son jugement 자기의 판단이 정당하다고 고집하다.

bien-fonds [bjɛ̃fɔ̃] *(pl.* ~s-~*) n.m.* 부동산.

bienheureux(se) [bjɛ̃nœrø, -øːz] *a.* 매우 행복한 (↔ malheureux); 《종교》(신의)축복을 받은. vie ~se 다복한 인생. ~se nouvelle 아주 반가운 소식. B~ les pauvres en esprit. 《성서》마음이 가난한 자는 복이 있나니라.
—*n.* 지극한 행복을 누리는 사람; 【종교】신의 축복을 받은 사람, 복자(福者). dormir comme un ~ 《구어》평화롭게 고이 잠자다.

bien-jugé [bjɛ̃ʒyʒe] *n.m.* (복수없음) 【법】적법 판결.

biennal(ale, *pl.* **aux)** [bjenal, -o] *a.* 2년간 계속되는; 2년마다의(bisannuel). plan ~ 2개년 계획. exposition ~*ale* 2년마다 열리는 전람회.
—*n.f.* 2년마다 열리는 예술제(전람회), 비엔날레. la ~*ale* de Venise 베니스 영화제.

bien-pensant(e) [bjɛ̃pɑ̃sɑ̃, -ɑ̃:t] *a.* (사상·종교·정치적 견해에 있어서)보수적인, 관례를 추종하는.
—*n.* 보수주의자, 관례를 추종하는 사람(conformiste).

bien-portant(e) [bjɛ̃pɔrtɑ̃, -ɑ̃:t] *a., n.* 몸이 튼튼한 (사람), 건강한 (사람).

bienséance [bjɛ̃seɑ̃:s] *n.f.* ① 예의범절, 예절, 규범 (convenance, étiquette); 관례(usage); 단정함 (décence). respecter les ~s 예의범절을 지키다. Sa toilette brave les ~s. 그녀의 화장은 도무지 단정하지가 않다. Il est de la ~ de + inf. …하는 것은 예절에 맞다. par ~ 예의상. ②《옛》(언행·복장 따위의)어울림, 적합함. être à la ~ de *qn*《옛》…의 마음에 들다, …에 적합하다.

bienséant(e) [bjɛ̃seɑ̃, -ɑ̃:t] *a.* 예의바른; 격에 맞는, 어울리는(convenable). Il est ~ de + inf. …하는 것이 예의바르다[적합하다].

:bientôt [bjɛ̃to] (다음에 오는 말과 연독하지 않는것이 보통) *ad.* ① 오래지 않아, 곧(↔tardivement). Il reviendra ~. 그는 곧 돌아올 것이다. ~ après [bjɛ̃totaprɛ] 그후에 곧, 그 얼마 후에. ② 재빨리, 순식간에(rapidement, ↔ lentement). travail ~ fait 얼른 해치울 일.
À (très) ~! 또 만납시다 (작별인사). **Cela est ~ dit.** 말하기는 쉽다.

bienveillamment [bjɛ̃vɛjamɑ̃] *ad.* 친절히.

bienveillance [bjɛ̃vɛjɑ̃:s] *n.f.* 친절, 호의, 온정 (bonté, ↔ méchanceté). gagner la ~ de *qn* …의 호의를 얻다. montrer de la ~ à *qn*; faire preuve de ~ à *qn* 호의적인 비평. Il se montre ~ envers ses subordonnés. 그는 자기 아랫사람들에게 친절하게 대한다.

bienvenir [bjɛ̃vniːr] *v.i.* (다음 표현으로만 쓰임) se faire ~ de *qn* …으로부터 환영을 받다.

bienvenu(e)[1] [bjɛ̃vny] (*p.p.*<*bienvenir*) *a.p.* 알맞은 때에 온(opportun, ↔ malvenu); 환영받는; 반가운. remarque ~*e* 시기 적절한 발언. Il est partout ~. 그는 어디서나 환영받는다. —*n.* (위)의 사람(사물). Ce cadeau est vraiment le ~! 이 선물은 정말 대환영이다. Soyez le ~ (la ~*e*)! 잘 오셨습니다, 환영합니다(인사말).

bienvenue[2] *n.f.* ① 환영, 환대. discours de ~ 환영사. cadeau de ~ 환영의 선물. souhaiter la ~ (exprimer des vœux de ~); célébrer la ~ de *qn* …에게 환영을 하다. *B~* à nos hôtes! 여러분을 환영합니다. ②《옛》입회, 입회금. ③ 활.

bien-vivre [bjɛ̃vivr] *n.m.* (복수불변) 안락한 생

***bière**[1] [bjɛːr] *n.f.* 맥주. ~ brune(blonde) 흑(보통) 맥주. ~ sans faux col(sans mousse) (거품없이) 가득 채운 맥주잔.
C'est (Ce n'est pas) de la petite ~.《구어》 그것은 하찮은 일이다 (그것은 하찮은 일이 아니다). **ne pas se prendre pour de la petite ~**《구어》 자신만만하다, 스스로를 대단하게 여기다. (棺).

bière[2] *n.f.* 관(棺)(cercueil). mise en ~ 입관(入棺).

bièvre [bjɛːvr] *n.m.*《옛》【동물】비버, 해리(海狸)(castor). ②【조류】비오리.

biez [bje] *n.m.* =bief.

biffage [bifa:ʒ], **biffement** [bifmɑ̃] *n.m.* 지우기, 삭제, 말소(rature).

biffe[1] [bif] *n.f.* ① 가짜보석; 겉치레. ② 소인(消印); 소인의 자국.

biffe[2] *n.f.*《속어》보병대(infanterie);《군대은어》넝마주이.

biffer [bife] *v.t.* 지우다, 말소[삭제]하다(rayer); 제거하다(supprimer). Je vais ~ cette parenthèse inutile. 나는 쓸데없는 이 괄호를 삭제하겠다.

biffeton [biftɔ̃] *n.m.*《속어》(기차·극장의)표; 편지, 쪽지.

biffin [bifɛ̃] *n.m.*《속어》보병; 넝마주이. 넝마쟁이, 지폐.

biffure [bifyːr] *n.f.* 지워버리기 위해서 글자 위에 그은 줄.

bifide [bifid] *a.*【생물】쌍갈래진, 이열(二裂)의.

bifilaire [bifilɛːr] *a.* (실·천사 따위가)두 가닥으로 된; 두 가닥으로 매단. antenne ~【라디오】두가닥 안테나. liaison ~【전기】2선식 통신.

biflèche [biflɛʃ] *a.* (포가(砲架)의 다리가)둘로 벌어지는, 개폐식의.

biflore [biflɔːr] *a.*【식물】쌍화(雙花)의.

bifocal(ale, *pl.* **aux)** [bifɔkal, -o] *a.* 2초점의.

bifolié(e) [bifɔlje] *a.*【식물】쌍엽(雙葉)의.

biforé(e) [bifɔre] *a.* 구멍이 두 개 뚫린.

biforme [bifɔrm] *a.* 양형(兩形)의.

bifrons [bifrɔ̃:s] *n.m.* (복수불변)이면상(二面像), 쌍면상. —*a.* (불변) 쌍면의, 두 얼굴의. Janus ~【신화】두 얼굴을 가진 야누스.

***bifteck** [biftɛk]《영》*n.m.* ① 비프스테이크(용 고기). ~ bleu 레어보다 더 살짝 익힌 비프스테이크. ~ saignant (à point, bien cuit) 살짝(반쯤, 잘) 익힌 비프스테이크. ②(쇠고기 이외의)스테이크, 물고기. ~ de cheval 말고기 스테이크. ③《속어》(사람의)육신, 육체. ④《속어》양식. gagner son ~ 밥벌이하다, 생활비를 벌다.
défendre son ~《속어》자기의 이익을 지키다. *faire du* ~《구어》말 안장에 문질려 부르트다.

bifteckard [biftɛkaːr], **bifteckeur** [biftɛkœːr] *n.m.*《구어》목전의 이익에만 눈이 어두운 사람, 사리사욕만을 채우는 사람.

bifton [biftɔ̃] *n.m.*《속어》=biffeton.

bifurcation [bifyrkasjɔ̃] *n.f.* 둘로 가르기, 분기(分岐); (철도·도로의)분기(점), 연락역(gare de ~). ~ d'une route 도로의 분기(점). ~ des études 학과선택의 갈림길.

bifurquer [bifyrke] *v.i.* ① (길·철도 따위가)둘로 갈라지다, 쌍갈래지다(↔ se rejoindre). La route *bifurque* au village. 길은 마을 부근에서 두 갈래로 갈라진다. ② [~ vers/sur] (갈라져서) …쪽으로 가다; 길(방향)을 바꾸다, 전향하다. Le train *a bifurqué sur* Besançon. 기차는 브장송쪽으로 접어들었다. Ses affaires allaient mal, il *a bifurqué* vers la politique. 사업이 제대로 안 되자 그는 정치로 방향을 바꾸었다.
—*se* ~ *v.pr.*《옛》두 갈래로 갈라지다, 분기하다.

bigailles [biga:j] *n.f.pl.* ① (열대지방의)낱개 달린 해충(모기 따위의 총칭). ② (상품이 볼 수 없는) 잔 생선.

bigame [bigam] *a.* 중혼(重婚)의. —*n.* 중혼자.

bigamie [bigami] *n.f.* 중혼(↔ monogamie).

bigarade [bigarad] *n.f.*【식물】쓴 오렌지의 일종.

bigaradier [bigaradje] *n.m.*【식물】(위)의 나무.

bigarré(e) [bigare] *a.p.* 여러 색깔의, 얼룩덜룩한 (bariolé); 잡다한, 통일이 안 된(disparate). foule ~*e* 잡다한 분자의 집단, 어중이떠중이. langue ~*e* 혼성어.

bigarreau [bigaro] (*pl.* ~*x*) *n.m.*【식물】버찌의 일종.

bigarreautier [bigarotje] *n.m.* (위)의 나무.
bigarrer [bigare] *v.t.* ① 잡색으로 만들다, 얼룩덜룩하게 하다(barioler). ② (문체 따위를) 통일성이 없게 하다; (내용을) 잡다하게 만들다.
bigarrure [bigary:r] *n.f.* 잡색, 얼룩무늬; (내용의) 잡다함, 잡동사니(variété).
big-bang, big bang [bigbɑ̃ŋ] 《미영》 *n.m.* 우주대폭발 생성론(論).
bige [bi:ʒ] *n.m.* 《고대로마》 이두전차(二頭戰車).
bigéminé(e) [biʒemine] *a.* ① 《식물》이중 쌍생(雙生)의. ② 《건축》사분(四分)된. ③ 《해부》이단(二段)의. pouls ~ 이연맥(二連脈).
bigle [bigl] 《예》 *a.* 사팔눈의. —*n.* 사팔뜨기.
bigler [bigle] 《구어》 *v.i.* 사팔눈질하다(loucher). —*v.t.* (곁눈질로) 바라보다; [~ sur] (구어) 탐욕스럽게 바라보다. ~ sur les femmes 여자를 탐욕스럽게 쳐다보다. *Bigle* un peu la voiture. 저 자동차 좀 봐라.
bigleux(se) [biglø, -ø:z] *n., a.*《구어》사팔뜨기(의);《속어》눈이 잘 안보이는 사람(의).
bigne [biɲ] *n.f.* ① 《구어》(맞아서 생긴)머리의 혹(종기). ② 《속어》구타(beigne, coup). passer *qn* à ~s …을 마구 두들겨 패다.
bignone [biɲɔn] *n.f.*, **bignonia** [biɲɔnja] *n.m.* 《식물》능소화과(科)의 식물. 「(科).
bignoniacées [biɲɔnjase] *n.f.pl.* 《식물》능소화
bigophone [bigɔfɔn] *n.m.* ① 《음악》비고폰 《일종의 피리》. ② 《구어》전화(téléphone).
bigor [bigɔːr] *n.m.* 《속어》(해군의) 포수(砲手).
bigorne [bigɔrn] *n.f.* 뿔이 둘 있는 모루; 모루의 뿔; 모피 압착기; 끝; 《농업》아몬드의 곡괭이. —*n.m.* 은어(隱語)(argot).
bigorneau [bigɔrno] (*pl.* ~*x*) *n.m.* ① 뿔 둘 있는 작은 모루, 《어류》경단고동 무리. ② 《속어》(해군의) 포수(bigor).
bigorner [bigɔrne] *v.t.* ① 쌍뿔 모루 위에 놓고 둥그렇게 벼리다; 모피를 압착기로 압착하다. ②《속어》휘어 굽히다; 망가뜨리다; 때리다. Il a *bigorné* sa voiture contre une autre. 그는 자기 자동차를 다른 차와 부딪쳐 망가뜨렸다.
—*se* ~ *v.pr.* 《속어》서로 때리다, 싸우다.
bigornette [bigɔrnɛt] *n.f.* 《속어》코카인.
bigot¹(e) [bigo, -ɔt] *a., n.* 편협한 믿음[신앙심]을 가진 (사람); 소견이 좁은, 완고한 (사람).
bigot² [bigo] *n.m.* 《농업》쌍가랑이의 곡괭이.
bigot³ *n.m.* 《해양》(마스트 상부의)늑재(肋材).
bigoterie [bigɔtri] *n.f.* 편협한(맹목적인) 믿음[신앙심], 고집불통, 완고함.
bigotisme [bigɔtism] *n.m.* 《예》=**bigoterie**.
bigouden [biguden] *n.m.* (*Pont-l'Abbé* 지방 특유의) 부인용의 원통형 모자. —*n.f.* 원통형 모자를 쓴 여인. —*a.*《불변》원통형 모자를 쓰는 지방의, 비구덴의. pays ~ 비구덴의 지방(*Pont-l'Abbé*).
bigoudi [bigudi] *n.m.* (머리를 곱슬곱슬하게 하는) 컬클립. 「(gre).
bigre [bigr] *int.*《속어》빌어먹을! 제기랄! (bou
bigrement [bigrəmɑ̃] *ad.*《구어》엄청나게, 굉장히.
bigrille [bigrij] *a.* 《무선》(양극과 음극 중간에서 제어 역할을 하는 도체가) 이중창살 모양의. lampe ~ 이중격자 진공관.
biguine [bigin] *n.f.* (서인도 제도의)민속춤.
B.I.H. (약자) Bureau international de l'heure 국제 시보국《영》I.T.B.
bihebdomadaire [biɛbdɔmadɛːr] *a.* 주 2회의. revue ~ 주 2회 발간되는 잡지.

bihoreau [biɔro] (*pl.* ~*x*) *n.m.* 《조류》해오라기 (héron de nuit). 「物).
bihydrate [biidrat] *n.m.* 《화학》이수화물(二水化
bijectif(ve) [biʒɛktif, -i:v] *a.* 《수학》전단사(全單射)의.
bijection [biʒɛksjɔ̃] *n.f.* 《수학》전단사.
bijon [biʒɔ̃] *n.m.* 《약》수지.
*****bijou** [biʒu] (*pl.* ~*x*) *n.m.* ① 보석; 패물, 장신구; 보배. coffret à ~ 보석함. mettre ses ~*x* dans le coffret (기다). ② 귀여운 사람(사물); 주옥 같은 것 〔작품〕. Cette petite voiture est un véritable ~. 이 작은 자동차는 참 예쁘다. Mon ~! 《구어》애야! 《애칭》.
bijouterie [biʒutri] *n.f.* 보석상, 귀금속상; 패물제조업, 보석세공업계, 《집합적》보석류.
bijoutier(ère) [biʒutje, -ɛːr] *n.* 보석상[세공인].
bijumeau [biʒymo] (*pl.* ~*x*) *a.m.* 양쌍 (兩雙)의;《해부》이두근(二頭筋)의. 《의학》양쌍기형아(兩雙奇形兒); 이두근(muscle ~).
bikini [bikini] 《영》 *n.m.* 비키니 《수영복》.
bikiniser [bikinize] (<*Bikini*, 미국의 원폭실험지) *v.t.* 분해하다, 근절시키다. ~ le marché noir 암시장을 근절시키다.
bilabiale [bilabjal] 《음성》 *a.f.* 두 입술로 발음되는. —*n.f.* 양순음(兩脣音) (p, b, m 따위).
bilabié(e) [bilabje] *a.* 《식물》쌍순형(雙脣形)의.
bilabiodental(ale, pl. aux) [bilabjodatal, -o] 《음성》 *a.* 아랫입술을 윗입술과 이(齒)에 대고 발음하는. —*n.f.* 양순치음 (兩脣齒音).
bilame [bilam] *n.f.* 《물리》바이메탈. thermomètre à ~ 바이메탈 온도계.
bilan [bilɑ̃] *n.m.* ① 《상업》대차대조표; (자산과 부채의) 명세서; 잔고(殘高). établir [dresser] un ~ 대차대조표를 작성하다. déposer son ~ (파산 선고자가 재판소에) 대차대조표를 제출하다; (비유적) 패배를 자인하다. ② 청산, 총결산, 종합평가. ~ de santé 《의학》건강진단. faire le ~ de la situation 정세를 종합적으로 검토하다. ③ 《물리》수지(收支). ~ thermique 열수지.
bilantaire [bilɑ̃tɛːr] *a.* (대차대조에 의한)결산의, 청산의.
bilatéral(ale, pl. aux) [bilateral, -o] *a.* 양쪽의, 양면적인; 《법》쌍방의, 쌍무적(雙務的)인(↔unilatéral). contrat ~; convention ~*ale* 쌍무계약. téléphone ~ 송수화기. —*n.f.* 《음성》양측음(兩側音).
bilbaude [bilboːd] *n.f.* =**billebaude**.
bilbauder [bilbode] *v.i.* =**billebauder**.
bilboquet [bilbɔkɛ] *n.m.* ① 손잡이에 공받이와 공이 매달린 장난감; 빌보케 (놀이). ② 오뚜기; 《속어》땅딸막한 여자. ③ 《인쇄》자그만 인쇄물 《명함·통지서 따위》. *C'est plus fort que de jouer au* ~. 《구어》아, 그것 참 기막힌데. *se tenir comme un* ~ 《구어》오랫동안 꼼짝도 않고 서 있다.

bilboquet ①

bile [bil] *n.f.* ① 담즙. ~ répandue 《속어》황달. ② 노여움, 분노(colère), 짜증(irritation). échauffer [allumer, émouvoir, remuer] la ~ de (à) *qn* …을 화나게 하다, …의 비위를 거스르다. épancher [décharger] sa ~ sur (contre) *qn* (*qc*) …에게 […에 대해] 화를 내다, 화풀이하다. s'échauffer la ~ 노하다. se faire de la ~ 《구어》걱정 [근심] 하다. ③ ~ noire 《예》흑담즙; 우울증(mélancolie).
biler (se) [s(ə)bile] *v.pr.*《구어》안달하다, 조바심하다, 걱정하다. Ne *te bile* pas pour lui. 그에 대해서

걱정 마라.
bileux(se) [bilø, -ø:z] *a.*《구어》안달하는, 조바심하는, 걱정하는.
bilharzia [bilarzja], **bilharzie** [bilarzi] *n.f.* 《의학》빌하르즈(*Bilharz*) 주형흡충(住血吸蟲).
bilharziose [bilarzjo:z] *n.f.* 빌하르즈 주형흡충병.
biliaire [bilje:r] *a.*《의학》담즙의. vésicule ~ 담낭. calculs ~s 담석.
bilieux(se) [biljø, -ø:z] *a.* ① 담즙이 많은, 담즙빛 [색]의. teint(visage) ~ 〈담즙이 많아〉누런 얼굴. ② 성 잘 내는; 〈성질이〉까다로운; 침울한. personne ~se 항상 침울한〈화를 잘내는〉사람.
—*n.* 담즙질의 사람.
biligenèse [biliʒnɛ:z] *n.f.* 담즙의 분비.
bilinéaire [bilinee:r] *a.*《수학》쌍일차(雙一次)의.
bilingue [bilɛ̃:g] *a.*《언어》두 나라 말로 쓰여진; 두 나라 말을 하는. Suisse ~ 두 나라 말을 사용하는 스위스 사람. région ~ 두 나라 언어를 병용하는 지방. —*n.* 두 나라 말에 유창한 사람.
bilinguisme [bilɛ̃gɥism] *n.m.* 2개언어 병용.
biliphéique [bilifeik] *a.*《의학》담즙성(性)의.
bilirubine [bilirybin] *n.f.*《의학》빌리루빈, 담즙적색소(膽汁赤色素).
bilitère [bilite:r] *a.*《언어》두 글자로 된. mot ~ 두 글자로 된 낱말(예 : ce, te 따위).
biliverdine [biliverdin] *n.f.*《생화학》담록소.
bill [bil]《영》 *n.m.* 의안, 법안. vote d'un ~ 법안의 의결.
billage [bija:ʒ] *n.m.*《금속》구체(球體)에 의한 경도(硬度)시험.
billard [bija:r] *n.m.* ① 당구. faire une partie de ~; faire un ~ 당구를 치다. ② 당구대(table de ~);《구어》수술대. passer(monter) sur le ~《구어》수술대에 오르다, 수술을 받다. ③ 당구장(salle de ~);《옛》당구봉(棒), 큐.
C'est du ~.《구어》아주 쉽게 떡 먹기이다. *Cette route est un vrai* ~.《구어》이 길은 아주 탄탄대로이다. *dévisser son* ~《구어》죽다.
billarder [bijarde] *v.i.* ① (당구에서)한 번에 두 공을 치다(queuter). ② 쇠뿔이 활 모양으로 되다; (말이)밭장다리로 걷다.
bille[bij] *n.f.* ① 당구공. attaquer(prendre) la ~ en tête(en plein) 공을 위에서 정통으로 때리다. ② (장난감)구슬, 공기; (pl.) 구슬치기. jouer aux ~s 구슬치기를 하다. ③《기계》강철알, 강구(鋼球). crayon(stylo) à ~ 볼펜. roulement à ~s 볼베어링. essai à la ~ 강구에 의한 경도시험. ④《속어》얼굴, 낯짝(figure). bonne ~ 환한 얼굴. ~ de billard 대머리.
être à ~*s égales*[*pareilles*]《구어》백중하다, 어금지금하다. *reprendre ses* ~*s* (사업에서)손을 떼다, 물러나다. *toucher sa* ~ (*en*)《속어》(…에)통달하다, 정통하다(s'y connaître).
bille² *n.f.* ① 통나무(가공하기 전의 쇠 따위의)덩어리. ~ d'acier 강재(鋼材). ②《요리》밀방망이; (무두질할 때)가죽을 두드는 막대기; (짐을 꾸릴 때)밧줄을 죄는 막대기. ~ de chocolat 〈사투리〉판(板) 초콜릿.
billebarrer [bijbare] *v.t.*《드물게》잡다하게 색칠하다, 얼룩무늬를 만들다.
billebaude [bijbo:d] *n.f.*《옛》혼란, 무질서. à la ~ 무질서하게, 닥치는 대로, 아무렇게나. feu de ~; tir à la ~《군사》각개(各個)사격.
billebauder [bijbode] *v.i.*《옛》(사냥개가)닥치는 대로 찾아다니다.
biller¹ [bije] *v.t.*《기계》(강구를 사용해서)경도시험을 하다.

biller² *v.t.* (무두질 막대기로 가죽을)뒤틀다;《쳅막대기로 포장한)밧줄을 죄다; (밑받양이로 반죽을)죄다.
:billet [bijɛ] *n.m.* ① 짤막한 편지, (전갈)쪽지. écrire[envoyer, faire parvenir] un ~ 몇 자〈간단한 편지를〉적어 보내다. ~ doux 연애 편지.
② (철도·극장·복권 따위의)표, 티켓(ticket, carte). prendre(retenir) un ~ (기차 따위의)표를 사다〈예약하다〉. ~ d'entrée(극장 따위의)표를 사다〈예약하다〉. ~ d'entrée(극장 따위의)표를. ~ de faveur 무료 입장권, 우대권. ~ à demi-tarif 반액 할인권. ~ garde-place(de location de place) 좌석권. ~ à prix réduit 할인권. ~ d'abonnement 정기권. ~ d'aller(simple) 편도권. ~ de retour(aller et retour) 왕복권. ~ de quai (역의)입장권. ~ de sociétaires 단체 승차권. ~ de correspondance 갈아타는 표. ~ direct(pour tout le voyage) (갈아탈 때 표를 다시 사지 않아도 되는)직통차표. ~ global 육지·바다 겸용표. ~ de déclassement (3등에서 2등 또는 2등에서 1등으로의)갈아타는 표. ~ de vacances(circulaire) 유람권. contrôle des ~s 개찰, 차표검사. ~ de loterie 복권. ~ d'avion 항공권.
③《상업·법》수표, 어음; 지폐; 증권;《속어》1,000 프랑 지폐(具札). souscrire(rembourser) un ~ 어음을 발행〈결제〉하다. ~ de banque 은행권, 지폐. ~ à courte(longue) échéance 단기〈장기〉어음. ~ à domicile 타지(他地) 지급어음. ~ à présentation 요구불어음. ~ au porteur 지참인 지불 어음. ~ à vue (一覽拂)어음. ~ de change 환어음. ~ du Trésor 국고(재무부) 증권. ~ simple(à ordre) 약속어음. fabrication(émission, circulation) des ~s 지폐의 제조(발행·유통).
④ 통지서(avis, ~ de (faire) part); 회람. ~ de naissance(de mariage) 출산(결혼)통지서. ~ d'invitation 초대장. ~ de vote《정치》투표지. faire courir le ~ 회람을 돌리다.
⑤ 증명서. ~ de santé 건강증명서, 검역증. ~ de confession 고백성사를 보았다는 증명서. ~ d'hôpital《해군》신병(身病)증명서. ~ de logement《군사》(민가에서의)숙박권. ~ de sortie《학교》(기숙생들의)외출증.
foutre son ~ *que*《속어》…라는 것을 보증하다. *Je vous en donne*[*Je vous en fiche*] *mon* ~.《구어》내가 그걸 보증한다.
prendre[*ramasser*] *un* ~ *de parterre*《구어》넘어지다, 쓰러지다.
tirer un ~ *blanc* (제비·복권에서)허탕치다, 공표를 뽑다.
billeté(e) [bijte] *a.*《문장》여러 개의 장방형을 맞추어 놓은.
billeter [bijte] [5] *v.t.*《군사》(군인들에게)병사(兵舍)를 지정해주다;《옛》(상품에)표(딱지)를 붙이다.
billette [bijɛt] *n.f.* ① 장작;《광산》(천장을 받치는)갱목. fagot de ~s 장작단. ② 강철조각, 빌렛. ③ 목제(木製)롤러. ④《건축》장식 쇠시리. ⑤《문장》여러 개의 장방형의 결합.
billette² *n.f.* (톨게이트의)통행세 표지판; 세관의 영수증;《옛》《상업》정찰.
billetterie [bijetri] *n.f.* (극장표·기차표 따위의)매표, 매표업, 매표소.
billevesée [bil(l)vəze] *n.f.* 부질없음, 실없음; 부질없는 말(생각·계획). N'écoute pas ces ~s. 그런 부질없는 말에 귀를 기울이지 마라.
billion [biljɔ̃] *n.m.* 1조(1948년부터);《옛》10 억 (milliard).

billon [bijɔ̃] *n.m.* ① 〖농업〗 이랑. labour en ~s 이랑 일구기. ② 통나무(bille²). ③ 개주(改鑄)한 화폐, 불완전한 화폐; 〖예〗 (갇음된) 동전, 보조화폐(monnaie de ~).

billonnage [bijɔna:ʒ] *n.m.* ① (밭에) 이랑 일구기. ② (벌채한 나무를) 통나무로 만들기. ③ 개주한 화폐 따위로 부정거래를 하기.

billonner¹ [bijɔne] *v.t.* ① 〖농업〗 (밭에) 이랑을 만들다. ② (벌채한 나무를) 통나무로 만들다. ③ 개주한 화폐 따위로 부정거래를 하다.

billonner² *v.t.* (동물을)거세하다.

billot [bijo] *n.m.* ① (위가 판판한)작은 통나무(모루 받침·도마 따위로 쓰임); (구두·통 따위를 만들기 위한)작업대; 〖옛날의〗단두대. ② (줄달음치지 못하도록)마소의 목에 채우는 나무. ③ 〖선박〗 (건조중인 선박의)용골(龍骨)버팀목.
J'en mettrais ma tête sur le ~. 《구어》 거짓말이라면 내 목을 내놓겠다.

bilobé(e) [bilɔbe] *a.* 〖식물〗 이열(二裂)의; 〖건축〗 이엽형(二葉形)의.

biloculaire [bilɔkylɛːr] *a.* 〖식물〗 이실(二室)의.

biloquer [bilɔke] *v.t.* (드물게) (땅을)깊이 갈다.

biloter (se) [s(ə)bilɔte] *v.pr.* 《속어》 = **se biler.**

bimane [biman] *a., n.* 〖동물〗 두 손 가진(동물), 이수류(二手類)의 (동물).

bimbelot [bɛ̃blo] *n.m.* 〖옛〗 싸구려(물품); 장난감.

bimbeloterie [bɛ̃blɔtri] *n.f.* ① 소장식품(小裝飾品) 제조(판매). ② (집합적) 소장식품.

bimbelotier(ère) [bɛ̃blɔtje, -ɛːr] *n.* 소장식품 제조(판매)인.

bimensuel(le) [bimɑ̃sɥɛl] *a.* 월 2회의.

bimensuellement [bimɑ̃sɥɛlmɑ̃] *ad.* 월 2회로.

bimestre [bimɛstr] *n.m.* 두 달간(의 기간).

bimestriel(le) [bimɛstrijɛl] *a.* 두 달마다의. revue ~le 격월간 잡지.

bimétal [bimetal] *n.m.* 〖물리〗 바이메탈; 강심전선(鋼心電線).

bimétallique [bimeta(l)lik] *a.* 〖경제〗 양본위제의; 두 금속의, 바이메탈의.

bimétallisme [bimeta(l)lism] *n.m.* 〖경제〗 (화폐의)양본위제(兩本位制) (↔ monométallisme).

bimétalliste [bimeta(l)list] *a.* 〖경제〗 양본위제의, 양본위론(자)의. —*n.(m.)* 양본위론자.

bimillénaire [bimilenɛːr] *a.* 2천년의, 2천년이 된. civilisation ~ 2천년에 걸친 문화. —*n.m.* 2천주년.

bimorphe [bimɔrf] *a.* = **dimorphe.**

bimoteur [bimɔtœːr] 〖항공〗 *a.* 쌍발의. avion ~ 쌍발기. —*n.m.* 쌍발기.

binage [binaːʒ] *n.m.* ① 〖농업〗 (김매는 팽이로 잡초를 제거하기 위한)이듬, 두벌김. ② 〖가톨릭〗 (같은 사제가)미사를 하루에 두 번 보기.

binaire [binɛːr] *a.* ① 둘로 이루어지는, 이원(二元)의; 양면적인. ② 〖화학〗 2원소의. composé ~ 2원소 화합물. ③ 〖수학·컴퓨터〗 이진(二進)의. code ~ 이진코드. numération(système) ~ 〖수학〗 2진법. ④ mesure ~ 〖음악〗 2박자.
—*n.m.* 〖철학〗 2원론, 2원성(dualité).

binaise [binɛːz] *n.f.* 《속어》 계략, 음모, 연고. connaître les ~s 빈틈이 없다.

binard, binart [binaːr] *n.m.* (바닥이 낮은)석재 운반차.

binarisme [binarism] *n.m.* 〖언어〗 (음운론의)2원.

binarité [binarite] *n.f.* 〖언어〗 2원성. ㄴ주의.

bine [bin] *n.f.* 〖옛〗 김매는 팽이.

biné(e) [bine] *a.p.* ① 〖농업〗 두벌김을 맨, 이듬한. ② 〖식물〗 쌍생의.

biner [bine] *v.t.* 〖농업·원예〗 이듬하다, 두벌김매다. —*v.i.* 〖가톨릭〗 하루에 두 번 미사를 보다.

binette¹ [binɛt] *n.f.* (김매는 데 쓰는) 작은 괭이.

binette² *n.f.* ① 《속어》 (특히 우스꽝스럽게 생긴)얼굴, 낯짝(bobine). ② 〖예〗 루이 14세 시대의 가발.

bineur(se) [binœːr, -øːz] *n.* 이듬하는 사람.
—*n.f.* (이듬하는 데 쓰는)큰 괭이.

bing [biŋ] *int.* 멍, 탕, 탁《주먹 따위로 크게 때리는 소리》.

bingre [bɛ̃gr] *n.m.* 《속어》 사형집행인(bourreau).

biniou [binju] *n.m.* (브르타뉴 지방의)풍적(風笛); 《속어》 악기.

binoche [binɔʃ] *n.f.* 〖농업〗 이듬용 가래.

binocher [binɔʃe] *v.t.* 가래로 일구다(갈다).

binoclard(e) [binɔklaːr, -ard] *n.* 《구어》 《경멸》 안경쓴. étudiant ~ 안경잡이 학생.

binocle [binɔkl] *n.m.* 코안경; (손잡이 달린)안경; (*pl.*) 안경(lunettes).

binoculaire [binɔkylɛːr] *a.* 두 눈의, 쌍안의. vision ~ 쌍안시(視). microscope ~ 쌍안현미경. —*n.f.* 〖군사〗 쌍안경.

binoir [binwaːr] *n.m.* = **binot.**

binôme [bino:m] *n.m., a.* 〖수학〗 2항(식)(의). ~ de Newton 2항정리. équation ~ 2항방정식.

binot [bino] *n.m.* 이듬용 작은 쟁기; 김매는 괭이.

bio- *préf.* 「생명·생물·생활」의 뜻.

biobibliographie [bjɔbibljɔgrafi] *n.f.* (작가의)전기서지(傳記書誌)연구.

biochimie [bjɔʃimi] *n.f.* 생화학(生化學).

biochimique [bjɔʃimik] *a.* 생화학의.

biochimiste [bjɔʃimist] *n.* 생화학자.

biocide [bjɔsid] *n.m.* 생명파괴제, 살생물제 (D.D.T. 따위).

bioclimat [bjɔklima] *n.m.* 〖학술〗 생물기후(生物氣候)(조건).

bioclimatique [bjɔklimatik] *a.* 〖학술〗 생물기후상의; 생물기후학의.

bioclimatologie [bjɔklimatɔlɔʒi] *n.f.* 생물기후학.

biocompatible [bjɔkɔ̃patibl] *a.* 생물학적 적합성이 있는.

biodégradable [bjɔdegradabl] *a.* 생물분해성의. détergent ~ 생물분해성 세제.

biodynamique [bjɔdinamik] *n.f.* 생물[생체] 동력학 (생명현상을 역학적으로 연구하는 학문).

bioénergétique [bjɔenɛrʒetik] *n.f.* 생(生)에너지론(학).

biogène [bjɔʒɛn] *a.* ① 다른 식물에 기생하는. végétal ~ 기생식물. ② 생명을 산출하는; 생체기능을 촉진하는. —*n.m.* 〖생물〗 생원체(生源體), 바이오진.

biogenèse [bjɔʒə(e)nɛːz], **biogénèse** [bjɔʒenɛːz] *n.f.* 〖생물〗 생물발생설.

biogénétique [bjɔʒenetik] *a.* 〖생물〗 생물발생설의.

biogéographie [bjɔʒeɔgrafi] *n.f.* 생물지리학.ㄴ의.

biognose [bjɔgnoːz] *n.f.* 생명학.

biographe [bjɔgraf] *n.m.* 전기작가.

*****biographie** [bjɔgrafi] *n.f.* 전기(傳記); 전기학. écrire une ~ (어떤 사람의)전기를 쓰다. écrire sa propre ~ 자서전을 쓰다. ~ des saints 성인전 (hagiographie).

*****biographique** [bjɔgrafik] *a.* 전기의, 전기적인, 전기체의. dictionnaire ~ 인명사전. recherches ~s 전기의 조사연구.

biographiquement [bjɔgrafikmɑ̃] *ad.* 전기적으로 보아; 전기에 따라서.

biologie [bjɔlɔʒi] *n.f.* 생물학.

biologique [bjɔlɔʒik] *a.* 생물학의; 생명에 관한.

biologiste [bjɔlɔʒist] *n.* 생물학자.
bioluminescence [bjɔlyminɛsɑ̃:s] *n.f.* 생물발광「(發光).
biomagnétisme [bjɔmaɲetism] *n.m.* 생물자기.
biomasse [bjɔmas] *n.f.* (한 구격내의 생물량(量).
biomécanique [bjɔmekanik] *n.f., a.* 생물역학(의).
biomédical(ale, *pl. aux***)** [bjɔmedikal, -o] *a.* 생물 [생체]의학의; 생물의학적인.
biométrie [bjɔmetri], **biométrique** [bjɔmetrik] *n.f.* 생물측정 [통계]학; (인간)수명측정(법).
bion [bjɔ̃] *n.m.* 《식물》 흡지(吸枝).
bionique [bjɔnik] *n.f., a.* 생체 [생물]공학(의).
bionner [bjɔne] *v.t.* (의)흡지를 심다, 분근(分根).
biophysique [bjɔfizik] *n.f.* 생물물리학.「다.
bioplasme [bjɔplasm] *n.m.* 《생물》 원생질(原生質), 원형질(protoplasme).
biopsie [bjɔpsi] *n.f.* 생체조직관찰, 생검(生檢), 바이옵시.
biosphère [bjɔsfɛ:r] *n.f.* (지구상의)생물권.
biosynthèse [bjɔsɛ̃tɛ:z] *n.f.* 《생물》 생물체내의 유기물 합성, 생합성(生合成).
biotactisme [bjɔtaktism] *n.m.* 《생물》 (세포에 대한)세포의 인력.
biotaxie [bjɔtaksi] *n.f.* 《생물》 생물분류학.
biote [bjɔt] *n.m.* 《생태학》 생물상(어느 지역에서 나는 생물의 종류 전부).
biothérapie [bjɔterapi] *n.f.* 《의학》 활성요법(효소 따위의 활성을 가진 물질에 의한 요법).
biotique [bjɔtik] *a.* 《생리・생태학》 생명의.
biotite [bjɔtit] *n.f.* 《광물》 흑운모(黑雲母).
biotope [bjɔtɔp] *n.m.* 《생물》 생활환경, 소(小)생활권.「水).
biotraitement [bjɔtrɛtmɑ̃] *n.m.* 생물분해정수(淨
biotraiteur [bjɔtrɛtœ:r] *n.m.* 《생물》 생물해정수가.
biotype [bjɔtip] *n.m.* 《생물》 생물형(型); 공통의 생물형을 갖는 개체군.
biotypologie [bjɔtipɔlɔʒi] *n.f.* 《생물》 (사람을 한정된 유형의 의하여 분류하려는)체질유형학; 생물유형학.
biovulaire [bjɔvylɛ:r] *a.* 《의학》 2 란성(卵性)의; 2란성 쌍생아(특유)의.
biovulé(e) [bjɔvyle] *a.* 《식물》 2배우십근의.
bioxyde [bi(j)ɔksid] *n.m.* 《화학》 이산화물.
bipale [bipal] *a.* 날개가 둘 있는. hélice ~ 날개가 둘 있는 스크루.
bipare [bipa:r] *a.* 《동물》 새끼를 둘 낳는.
biparti(e) [biparti], **bipartite** [bipartit] *a.* ① 두부분으로 갈라진, 양분된. ② 《식물》 이심렬(二心裂)의. ③ 《정치》 두개의 정당으로 구성된, 양당연립의.
bipartisme [bipartism] *n.m.* (두 정당으로 된)연립정부 [정치]; 2 대 정당제.
bipartition [bipartisjɔ̃] *n.f.* 둘로 갈라지기; 양분.
bip-bip [bipbip] *n.m.* 삐삐하는 소리. — De l'électrocardioscope 심전계(心電計)의 삐삐소리.
bipède [bipɛd] *a.* 《동물》 두 발 가진. — *n.m.* 두발동물; (말의)짝다리 (전후・좌우・대각선으로 둘씩 짝지은).
bipenne [bipɛn] *a.* 날개가 둘 있는. — *n.f.* 《고대로마》 쌍날 도끼.
bipenné(e) [bipɛnne] *a.* 《식물》 두 깃 모양의, 이회우상(二回羽狀).
biphasé(e) [bifaze] *a.* 《전기》 이상(二相)의.
bipied [bipje] *n.m.* 《군사》 쌍다리의 자동소총 받침대 (~ de fusil mitrailleur).
biplace [biplas] *a.* 2인승의. — *n.m.* 2인승 자동차 [비행기].
biplan [biplɑ̃] 《항공》 *a.* 복엽의. — *n.m.* (초기의) 복엽기.
biplanaire [biplanɛ:r] *a.* 《수학》 두 평면의.
bipolaire [bipolɛ:r] *a.* ① 《전기》 2 극(極)의; 《해부》 양극의, 2 개의 신경돌기가 있는. interrupteur ~ 2극 스위치. ② coordonnées ~s 《수학》 쌍곡좌표. ③ 《정치》 양극의. métropole ~ Lyon-Saint-Étienne 양극도시 리용・생테티엔.
bipolarisation [bipolarizɑsjɔ̃] *n.f.* 양극화(兩極化). — du monde politique 정계의 양극화.
bi-polarisme [bipolarism] *n.m.* 양극성.
bipolarité [bipolarite] *n.f.* 《전기》 2극성; 양극성. ~ de l'université 대학의 양극성.
bipontin(e) [bipɔ̃tɛ̃, -in] *a.* 츠바이브뤼켄(Zweibrücken, 독일의 도시)출판의.
bipoutre [biputr] *a.* (비행기)쌍동(雙胴)의.
biprisme [biprism] *n.m.* 《광학》 복(複)프리즘.
biquadratique [bikwadratik] *a.* 《수학》 4차의.
bique [bik] *n.f.* ①《구어》암염소. ②《구어》《경멸》 여편네; 마귀할멈. vieille ~ 늙은 여편네, 할망구. ③ 말; 쓸모 없는 말.
biquet [bikɛ] *n.m.* 《구어》염소 새끼.
biqueter [bikte] [5] *v.i.* (염소가)새끼를 낳다.
biquette [bikɛt] *n.f.* 《구어》어린 암염소.
biquotidien(ne) [bikɔtidjɛ̃, -ɛn] *a.* 하루 2회의.
birail [bira:j] *n.m.* (기중기가 달린 수레용의)2가닥 레일.
birbe [birb], **birbon** [birbɔ̃] *n.m.* 《속어》늙은이. vieux ~ 늙은 첨지, 늙정이.
biréacteur [bireaktœ:r] *n.m.* 쌍발 제트기.
biréfringence [birefrɛ̃ʒɑ̃:s] *n.f.* 복굴절(複屈折).
biréfringent(e) [birefrɛ̃ʒɑ̃, -ɑ̃:t] *a.* 복굴절의.
birème [birɛm] *n.f.* 《옛》뱃전에 두 줄의 노를 갖춘 대형 전함.
biribi [biribi] *n.m.* 《놀이》 수자맞추기; 《군대은어》알제리의 죄수부대.
birloir [birlwa:r] *n.m.* 《창틀의 멈춤나무 (내리닫이창을 버텨놓은 장치).
birman(e) [birmɑ̃, -an] *a.* 버마(la Birmanie)의. —B~ *n.* 버마 사람. — *n.m.* 버마어(語).
Birmanie [birmani] *n.pr.f.* 《지리》 버마.
biroute [birut] *n.f.* ①《구어속어》(마스트 위에 달아 비행시에)풍향을 알리는 원통형의 베로 된 천. ②《속어》자지.
birroute [birut] *n.f.* 《속어》자지.
bis¹(e) [bi, -i:z] *a.* 갈색의, 회색의. pain ~ 흑빵. toile ~e 표백하지 않은 천.
changer son pain blanc en pain ~ 불리한 교환을 하다. *faire qc à ~ ou à blanc* …을 이럭저럭 하다.
bis² [bis] *ad.* 다시 한 번, 재차. vers marqué ~ 반복의 기호가 붙은 시구(詩句). B~! 앙코르! 재청이오! crier ~ 앙코르를 청하다. —*a.* 둘째의, 2호의, 을(乙)의. numéro 2 ~, 2호의 을(乙). — *n.m.* 앙코르, 재청; 앙코르에 응한 연주(노래).
bisage [biza:ʒ] *n.m.* (직물류를)다시 염색하기.
bisaïeul(e) [bizajœl] *n.* 《문어》 증조부 [모].
bisaiguë [bizɛ(e)gy] *n.f.* ① = besaiguë. ② 구두창의 둘레를 닦는 연장.
bisaille [biza:j] *n.f.* (흑빵의 원료로 쓰이는)거친 밀가루; (검정완두와 살갈퀴를 섞은)가금의 사료.
bisannuel(le) [biza(n)nɥɛl] *a.* 2년마다의, 격년의; 《식물》 2년생의.
bisbille [bisbij] *n.f.* 《구어》사소한 분쟁, 갈등. être en ~ avec *qn* …와 사이가 틀어져 있다.
biscaïen(ne) [biskajɛ̃, -ɛn] *a.* 비스케 (Biscaye)의. —B~ *n.* 비스케 사람. — *n.m.* 《옛》머스켓 총 (화승총의 일종); 산탄(霰彈).
Biscaye [biskaj] *n.pr.f.* (에스파냐의)비스케 지방.

le golf de ~ 비스케 만.
biscayen(ne) [biskajɛ̃, -ɛn] *a., n.* =**biscaïen.**
bischof [biʃɔf] *n.m.* =**bichof.**
biscornu(e) [biskɔrny] *a.* (옛)뿔이 둘인;《구어》모양이 흉한; 삐뚤어진, 괴상한(bizarre); 조리없는. avoir des idées ~es 괴상한 생각을 품다. chose ~e 해괴한 일.
biscotin [biskɔtɛ̃] *n.m.*, **biscotine** [biskɔtin] *n.f.* 작고 딱딱한 비스킷; 건빵.
biscotte [biskɔt] *n.f.* 러스크(누렇게 구운 딱딱한 빵); 손가락 모양의 딱딱한 비스킷.
biscuit [biskɥi] *n.m.* ① 비스킷; (두번 구워서 딱딱하게 하여 항해용 식량 따위로 쓰는)건빵(~ de mer); 《속어》돈. ~ à la cuiller 손가락 모양의 비스킷. ~ animalisé 동물질을 첨가하여 강화한 건빵. ~ de fourrage 말의 식량용 비스킷. ~ de mer (de soldat) 건빵. ~ vitaminé 비타민 첨가 건빵. ~s purgatifs[vermifuges] 하제(下劑)용(구충용) 비스킷. ration de ~ 건빵의 배급. ~ de Savoie 카스텔라, 스폰지케이크. ② 초벌구이한 질그릇; (자기를 만드는)흙반죽; 《광산》(광물을 문질러서 줄진 흔적을 검사하는)초벌구이한 질그릇 판. statuette de[en] ~ 초벌구이 소상(小像).
s'embarquer[partir] sans ~ 《구어》아무 준비없이 떠나다.
biscuité(e) [biskɥite] *a.p.* pain ~ 《옛》《군사》야전용 빵.
biscuiter [biskɥite] *v.t.* (질그릇을)초벌구이하다.
biscuiterie [biskɥitri] *n.f.* 비스킷(건빵) 제조(판매·공장).
bise¹ [biːz] *n.f.* ① 북풍; 《문어》삭풍. ② 《시》겨울; 추위.
bise² *n.f.* 《구어》뽀뽀, 키스(baiser). faire une ~ à papa 아빠에게 뽀뽀하다.
biseau [bizo] (*pl.* ~**x**) *n.m.* ① 비스듬한 단면, 사(斜)단면. vitre(glace) (taillée) en ~ 비스듬히 자른 유리. ②(보석의)사면(斜面); 빵의 측면. ③《인쇄》인테르. ④낯이 비스듬한 끝; (소목장이의) 비스듬히 모를 죽이는 쇠연장.
biseautage [bizota:ʒ] *n.m.* biseauter 하기.
biseauter [bizote] *v.t.* ① 엇자르다. ②《속어》(속이려고 카드에)표시를 하다.
biseauteur(se) [bizotœːr, -øːz] *n.* biseauter 하는 사람.
bisegmentation [bisegmɑ̃tasjɔ̃] *n.f.* 2분, 양분. ligne de ~ 2등분선.
bisegmenter [bisegmɑ̃te] *v.t.* 2분[양분]하다.
bisel [bisel] *n.m.* 《화학》2염기염.
biseness(e) [biznɛs] 《영》 *n.m.* 《속어》(특히 창녀의) 일, 장사.
biséqué(e) [biseke] *a.* =**bisséqué.**
biser¹ [bize] *v.t.* 다시 물들이다, 다시 염색하다.
biser² *v.i.* (곡물이)검게 되다, 썩다.
biser³ *v.t.* 《구어》(와)입맞추다, (에게)뽀뽀하다.
bisérié [biserje] *a.* 2 줄의.
biset [bizɛ] *n.m.* ①《조류》산비둘기의 일종. ② 갈색의 거친 천. ③ 사복의 민병. ④ 거무스레한 돌멩이.
bisette¹ [bizɛt] *n.f.* ①(표백하지 않은)삼 실로 짠 레이스. ②(옛)(금·은의) 장식 노끈.
bisette² *n.f.* ①《조류》검둥오리 무리. ②《식물》느타리버섯의 속칭(mousseron). ③(반 킬로 그램의)흑빵.
bisexualité [biseksɥalite] *n.f.* 양성(兩性)소질.
bisexué(e) [biseksɥe], **bisexuel(le)** [biseksɥɛl] *a.* 양성(兩性)의.
biskri(e) [biskri], **biskrien(ne)** [biskri(j)ɛ̃, -ɛn] *a.* 비스크라(Biskra, 알제리의 도시)의. —**B**~ *n.* 비스크라 사람.
bismuth [bismyt] *n.m.* 《광물》창연(蒼鉛); (의약으로 쓰이는)비스무트 염기류.
bismuthé(e) [bismyte] *a.* 비스무트가 함유된.
bismuthine [bismytin] *n.f.* 휘창연(輝蒼鉛)광.
bismuthisme [bismytism] *n.m.* 《의학》창연 중독(증).
bismuthite [bismytit] *n.f.* 《광물》포(泡)창연.
bismuthothérapie [bismytɔterapi] *n.f.* 비스무트 염요법.
bismuthure [bismyty:r] *n.m.* 비스무트 화합물.
bisness [biznɛs] *n.m.* (옛)=**business.**
bisoc [bisɔk] *n.m.* =**bissoc.**
bison [bizɔ̃] *n.m.* 《동물》들소.
bisonne [bizɔn] *n.f.* ①들소의 암컷. ②《제본》(표지 안감용의)쥐빛 천.
bisontin(e) [bizɔ̃tɛ̃, -in] *a.* 브장송(Besançon, 프랑스의 도시)의. —**B**~ *n.* 브장송 사람.
bisquain [biskɛ̃] *n.m.* (마차 끄는 말의 목걸이를 싸는)양의 털가죽.
bisquant(e) [biskɑ̃, -ɑ̃:t] *a.* 《속어》귀찮은, 귀찮게 구는, 화나게 하는.
bisque¹ [bisk] *n.f.* ①《스포츠》(죄드폼에서)약한 편에게 주는 15점의 핸디캡. ②《속어》분함, 약오르기; 기분이 좋지 않음. avoir la ~ 화가 나 있다, 기분이 언짢다. prendre la ~ 화를 내다, 불끈하다. *prendre sa* ~ 《속어》오기를 잡다; 일을 팽개치고 훙청망청 떠들어대다.
bisque² *n.f.* (조개·닭고기·생선 따위를 넣어 만든) 걸쭉한 수프. ~ à la reine (진한)닭고기 수프.
bisquer [biske] *v.i.* 《속어》약오르다, 화가 나다, 분하게 여기다; 뾰로통해지다, 골이 나다. faire ~ *qn* ... 을 약오르게 하다.
bisquin [biskɛ̃] *n.m.* =**bisquain.**
bisquine [biskin] *n.f.* (영·불 해협에서 사용되는)어선.
bissac [bisak] *n.m.* ①=besace. être au ~ 거지신세가 되다. ②(군마에 다는)잡낭(雜囊).
bisse [bis] *n.f.* 《문장》여러번 감겨서 일어선 뱀 (모양).
bissecter [bisɛkte] *v.t.* 《수학》2등분하다.
bissecteur(trice) [bisɛktœːr, -tris] *a.* 2등분하는. —*n.f.* 《수학》2등분선.
bissection [bisɛksjɔ̃] *n.f.* 《수학》2등분.
bissel [bisɛl] *n.m.* 《철도》(보기차의 일종인)비셀대(臺)차, 종륜(從輪).
bisséqué(e) [biseke] *a.* 이분된, 양단된; 《수학》2등분된.
bisser [bise] *v.t.* 되풀이[반복]하다; 반복시키다; (가수 따위에)앙코르를 청하다.
bissêtre, bicêtre [bisɛtr] *n.m.* 《속어》불행, 재난.
bissexte [bisɛkst] *n.m.* (옛)윤일(閏日)(2월 29일 말함).
bissextile [bisɛkstil] *a.f.* 윤(閏)의《다음 경우뿐》. année ~ 윤년.
bissexué(e) [biseksɥe], **bissexuel(le)** [biseksɥɛl] *a.* ⇨bisexué, bisexuel.
bissoc [bisɔk] *n.m.* 《농업》보습 둘 달린 쟁기.
bistoquet [bistɔkɛ] *n.m.* ①(못 제조용)절단기. ②《놀이》(자치기에 사용하는)양쪽 끝이 뾰족한 나무 막대.
bistorte [bistɔrt] *n.f.* 《식물》범꼬리.
bistortier [bistɔrtje] *n.m.* (약사의)절굿공이.
bistouille [bistuj] *n.f.* ①《속어》싸구려 술; (북프랑스 지방에서)알코올을 넣은 커피. ②싱겁는 소리, 시시한 일.
bistouquette [bistukɛt] *n.f.* 《속어》자지.
bistouri [bisturi] *n.m.* 《외과》(접었다 폈다 하는

메스. ~ électrique(à haute fréquence) 전기 (고주파)메바스.

bistouriser [bisturize] v.t. 《옛》(bistouri 로)절개하다.

bistournage [bisturna:3] n.m. 《수의》(소·양 따위의)염전거세술(捻轉去勢術).

bistourné(e) [bisturne] a.p. 뒤틀린, 변형된. vers ~s 변형된 시구.

bistourner [bisturne] v.t. ① 비틀다, 비꼬다. ② 《수의》염전거세하다. ——**se ~** v.pr. 비틀리다.

bistre [bistr] n.m. 흑갈색. ——a. 《불변》흑갈색의, 거무죽죽한.

bistré(e) [bistre] a.p. 흑갈색의.

bistrer [bistre] v.t. 흑갈색으로 만들다.

bistro(t) [bistro] n.m. 《속어》① 술집, 카페. aller prendre un verre au ~ 술집에 한 잔 하러가다. ② 술집 주인.

bistrote [bistrot] n.f. 《속어》술집 안주인.

bistrouillage [bistruja:3] n.m. 《속어》가짜 포도주 만들기.

bistrouille [bistruj] n.f. 《속어》① =bistouille. ② 가짜 포도주.

bistrouiller [bistruje] v.t. 《속어》가짜 포도주를 만들다.

bisublimé(e) [bisyblime] a. (연속적으로)두 번 승화한.

bisulce [bisyls] a. =**bisulque**.

bisulfate [bisylfat] n.m. 황산수소염.

bisulfite [bisylfit] n.m. 《화학》 산성아황산염.

bisulfure [bisylfy:r] n.m. 《화학》 이황화물.

bisulque [bisylk] 《동물》 a. 쌍제(雙蹄)의. ——n.m.pl. 반추류(동물).

bit [bit] 《영》 n.m. 《컴퓨터》 최소 단위.

B.I.T. 《약자》 Bureau international du travail 국제 노동 사무국.

bitangent(e) [bitɑ̃ʒɑ̃, -ɑ̃:t] a. 《기하》 중접선(重切線)의, 중접하는. droite ~e à une courbe 어떤 곡선을 중접하는 직선.

bitartrate [bitartrat] n.m. 《화학》 산성 주석산(酒石酸)염.

bitemporal(ale, pl. **aux)** [bitɑ̃pɔral, -o] a. 《해부》 양측 두골의.

bitemps [bitɑ̃] a. 《기계》《불변》2행정(行程)의. ——n.m. 《복수불변》2행정 기관.

biterrois(e) [biterwa(ɑ), -a(ɑ)z] a. 베제(Béziers, 프랑스의 도시)의. ——**B~** n. 베제 사람. ——**B~** n.pr.m. 베제지방.

bithynien(ne) [bitinjɛ̃, -ɛn] a. 비티니아(Bithynie, 소아시아의 옛 나라)의. ——n. 비티니아 사람.

bitonal(ale, pl. **aux)** [bitɔnal, -o] a. (후주속에 2개의 음이 동시에 형성될 때 생기는)변성의.

bitord [bitɔ:r] n.m. ① 꼰 줄; 《해양》 동아줄. ② 《속어》씹는 담배.

bitos [bitos] n.m. 《속어》모자.

bitte [bit] n.f. ① (갑판·선장의 밧줄 매는)계주(繫柱); 꼰 줄. ②《속어》자지. ③《군대속어》처벌.

bitter¹ [bite] v.t. ①《해양》 밧줄을 부두의 계주에 감아매다. ②《학생속어》처벌하다, 외출을 금지하다. se faire ~ 처벌되다. ③이해하다(comprendre). Je n'ai rien bitté au problème de maths. 나는 수학문제를 전혀 이해하지 못했다. ④《속어》(여자를) 제 것으로 만들다.
——v.i. 《속어》여자를 범하다.

bitter² [bite:r] n.m. 술 의 일종, 고미주(苦味酒).

bittern [bitern] n.m. 《화학》 간수.

bitton [bitɔ̃] n.m. (선창·갑판의 밧줄 매는)작은 말뚝.

bit(t)ure [bity:r] n.f. ①《해양》(닻을 던질 목적으로 어내는)갑판 위에 늘어진 닻줄의 부분. ②《속어》 독한 술; 술취함; 다량의 술(음식). prendre une ~ 만취하다. se donner(se flanquer) une ~ de qc ··· 을 마음껏 먹다(마시다).

à **toute** ~ 《구어》전속력으로.

bit(t)urer [bityre] 《속어》 v.t. 취하게 하다.
——**se ~** v.pr. 취하다(s'enivrer).

bitumacadam [bitymakadam] n.m. (결합제로 피복한)도로포장용 석재.

bitumage [bityma:3] n.m. ① 아스팔트 깔기(포장하기). ② 역청(타르)칠.

bitume [bitym] n.m. ① 아스팔트; 아스팔트길. ② 타르, 역청(瀝青). ~ glutineux 역청에 밀랍·석회·모래를 섞은 시멘트 일종. ③ 암갈색. ④《속어》인도, 보도(trottoir). arpenter le ~ 《구어》보도(인도)를 걷다.

bitumier [bitymje] n.m. 아스팔트 포장공.

bitum(in)er [bitym(in)e] v.t. ①(에)아스팔트를 깔다(포장하다). ~ la chaussée 도로를 포장하다. ②(에)타르칠을 하다.

bitum(in)eux(se) [bitym(in)ø, -ø:z] a. 《광물》 ① 아스파르트질(質)의, 아스팔트를 함유한. ② 역청(타르)질의.

bituminifère [byminife:r] a. 역청을 생산하는.

bituminisation [bityminizɔsjɔ̃] n.f. 역청화.

bituminiser [bityminize] v.t. 역청(타르)화하다.

bituminite [byminit] n.f. 아스팔트의 변종.

biture [bity:r] n.f. =**bitture①**.

biturer [bityre] v.t. =**bitturer**.

biunivoque [biynivɔk] a. correspondance ~ entre les entiers naturels et leurs carrés 《수학》자연수와 그 제곱 사이의 일대일 대응.

biuret [biyrɛ] n.m. 《화학》뷰렛. réaction du ~ 《의학》뷰렛 반응.

biv. 《약자》 bivouac 《군사》 야영.

bivac [bivak] n.m. =**bivouac**.

bivalence [bivalɑ̃:s] n.f. 《화학》2가(價), 2원자가(價).

bivalent(e) [bivalɑ̃, -ɑ̃:t] a. 《화학》 2가의; 두 가지 기능을 가지는.

bivalve [bivalv] 《패류》 a. 쌍각(雙殻)의. ——n.m. 쌍각조개, 쌍각류(類); (pl.)《동물》판새류(鰭鰓類)(lamellibranches).

bivalvulaire [bivalvyle:r] a. 《동물》 2개의 소판(小瓣)을 가진, 2개의 소판의 형태를 한.

bivaquer [bivake] v.i. =**bivouaquer**.

biveau [bivo] (pl. ~**x**) n.m. ①《건축》사각(斜角). ② 사각을 재는 자.

bivitellin(e) [bivitelɛ̃, -in] a. 《생물》 쌍난황(雙卵黄)의.

bivoie [bivwa] n.f. (두 갈래길의)교차점; 갈래, 분기(分岐).

bivoltage [bivɔlta:3] n.m. 《전기》 2 가지 전압. appareil en ~ 110 볼트와 220 볼트의 전압에 같이 쓸 수 있는 기계.

bivolt(a)in [bivɔltɛ̃] n.m. 2화성(二化性) 누에.

bivoltinisme [bivɔltinism] n.m. 《생물》2화성.

bivouac [bivwak] n.m. ①《군사》야영(campement); 야영지. feux de ~ 야영 중에 피우는 불. ②《스포츠》비박. ③《옛》야경(夜警).

bivouaquer [bivwake] v.i. 야영하다; 야숙하다.

bixacées [biksase] n.f.pl. 연대산의 쌍떡잎 식물.

bizard [bizard] a.f. =**bizarre**.

***bizarre** [bizar] a. ① 묘한, 이상한, 괴상한, 야릇한 (curieux, étrange, ↔ normal). idée ~ 엉뚱한(상궤를 벗어난) 생각(사상). Il fait un temps ~ 괴상한 날씨이다 (햇볕이 들다가 소나기가 오곤 하는 날씨). Il est ~ que+sub. ···하는 것은 기이한 일이다. ② 변덕스러운(capricieux). caractère(esprit

~ 변덕스러운 성격[사고방식].
—n.m. (위)의 사람[것].
bizarrement [bizarmã] *ad.* ① 이상하게, 야릇하게. ② 변덕스럽게.
bizarrerie [bizarri] *n.f.* ① 야릇함[별남, 기묘함, 이상함] (extravagance, ↔ banalité). ② 변덕스러운 짓(instabilité).
bizarroïde [bizaʀɔid] *a.* (구어)이상한, 이해할 수 없는.
bizé [bize] *n.m.* 구두창 둘레를 닦는 도구.
Bizerte [bizɛʀt] *n.pr.m.* 비제르타(튀니지의 도시).
bizertin(e) [bizɛʀtɛ̃, -in] *a.* 비제르타의. **—B— n.** 비제르타 사람.
bizness [biznɛs] (영) *n.m.* =**business**.
bizontin(e) [bizɔ̃tɛ̃, -in] *a*, *n.* =**bisontin**.
bizou, bisou [bizu] *n.m.* 《속어》뽀뽀, 키스.
bizutage [bizytaʒ] *n.m.* 《학생어》(신입생 골리기 따위를 포함한)학생들이 행하는 신입생 환영식.
bizuter [bizyte] *v.t.* 《학생어》(신입생을)골리다.
bizut(h) [bizy] *n.m.* ① 《학생어》신입생. ② (모든 영역의)신인, 풋나기.
bl (약자) baril 《상업》(배가 볼록한)나무통.
blabla(bla) [blabla(bla)] *n.m.* (복수불변)《속어》공허한 미사여구; 장광설, 수다, 재잘거림.
black-bass [blakbas] (영) *n.m.* 《어류》 블랙바스(농어 무리의 민물고기).
black-bottom [blakbɔtɔm] (영) *n.m.* 폭스트로트(fox-trot)춤.
blackboulage [blakbulaʒ] *n.m.* ① 낙제[낙선]시키기; 배척. ② 낙선[낙제]하기; 배척당하기.
blackbouler [blakbule] *v.t.* ① 반대 투표를 하다; 낙선시키다. se faire ~ 낙선하다, 실패하다. ② 《구어》낙제시키다(coller). ③ 배척하다.
black-out [blakawt] (영) *n.m.* (복수불변) ① 등화 관제[연습]. ② 당국의 묵비. ~ 《병》.
black-rot [blakrɔt] (영) *n.m.* (포도의)흑균병(黑菌)인 말.
bladette [bladɛt] *n.f.* 남부 프랑스 지방에서 재배되는 말.
blafard(e) [blafa:ʀ, -aʀd] *a.* 창백한, 생기없는, 어슴푸레한, 희끄무레한(pâle). aube ~e 어슴푸레한 여명. teint ~ 창백한 안색. œil ~ 생기없는 눈. temps ~ 잔뜩 찌푸린 날씨. **—***n.m.* 《속어》은화(銀貨). **—***n.f.* la B~e (속어)죽음.
blague [blag] *n.f.* ① 담배쌈지(~ à tabac, tabatière). ② (구어)거짓말, 허풍, 농담, 장난질 (histoire, plaisanterie). prendre tout à la ~ 만사를 농담으로[가벼이] 여기다. faire une ~ à qn …에게 농담[장난]을 하다. dire (débiter) des ~s 농담을 하다. B— (mise) à part; B— dans le coin! 《속어》농담은 빼고, 진정으로 말해서. Quelle ~! 그런 농담[거짓말]이 어디있어! Sans(Pas de) ~! 저런! 농담 마시오! 농담이겠지! 농담하지 마! 의심·놀라움·비꼼》. Sans ~? 정말? traiter tout à la ~ 무엇이든지 농담으로 여기다. ③ 엉터리, 서투른 짓, 실수(erreur, maladresse). faire une ~ 어리석은 짓(실수)을 하다.
blaguer [blage] 《구어》*v.i.* 거짓말을 하다, 허풍 멀다; 농담하다, 희롱하다 (plaisanter). C'est assez ~! 이제 농담은 그만합시다! Tu blagues! 농담일 테지! ② 터놓고[허물없이] 이야기하다.
—*v.t.* 놀리다, 조롱하다 (railler, taquiner). —les gens sans les fâcher 사람들을 화나게 하지 않으면서 놀려대다.
blagueur(se) [blagœ:ʀ, -ø:z] *a, n.* 농을 즐기는 (사람), 희롱을 좋아하는 (사람), 허풍 치는 (사람), 거짓말 잘하는 (사람).
blair [blɛ:ʀ] *n.m.* 《속어》① 코(nez). ② 얼굴; 머리.

Je l'ai dans le ~. 저 녀석은 참을 수가 없다.
blaireau [blero] (pl. ~x) *n.m.* ① 《동물》오소리. ② (오소리 털로 만든) 화필 (畫筆) ; 면도솔. ③ 《사진》(감광판의)먼지 터는 솔.
blaireauter [blerote] *v.t.* ① 바림을 하다, 색조를 부드럽게 하다. ② 지나치게 공들여 그리다.
blairer [blɛ(e)re] *v.t.* 《속어》냄새맡다; (주로 부정형)좋아하다, 존중하다. Je ne peux pas le ~. 저 녀석은 정말 참을 수 없다.
blaisois(e) [blɛzwa, -a:z] *a.* 블루아(Blois, 프랑스의 도시)의. **—B— n.** 블루아 사람. **—le B—** *n.pr.m.* 블루아 지방.
blâmable [blamabl] *a.* 비난[견책]받을 만한(condamnable, ↔ louable).
*****blâme** [bla:m] *n.m.* ① 비난, 힐난 (désapprobation, ↔ louange); 《정치》견책, 징계. s'attirer[encourir, mériter, recevoir] le ~ de qn …의 비난을 초래하다. jeter[faire tomber] le ~ de qc sur qn …에게 …에 관해 비난하다. donner(infliger) un ~ à un fonctionnaire 어떤 공무원을 견책하다. vote de ~ 불신임 결의.
*****blâmer** [blame] *v.t.* ① 나무라다, 비난하다, 힐난하다(désapprouver, reprocher, ↔ louer). ~ qn de + inf.[d'avoir + 과거분사]…하는 것[한 사실]에 대해 …을 비난하다. ~ qn de(pour) son attitude …의 태도를 비난하다. ~ qn que + sub. …을 한 것 [사실]에 대해서 …을 비난하다. ② 《정치》견책 [징계]하다. être blâmé par le conseil de discipline 징계위원회에 의하여 견책을 받다.
:blanc(he) [blã, -ã:ʃ] *a.* ① 흰, 순백의, 백색의 (↔ noir), 백의(白衣)의. ~ comme un lis 백합같이 흰. canne ~che 장님의 지팡이. drapeau ~ 백기(白旗). marbre ~ 흰 대리석. gelée ~che 서리. père ~ 백신부(포교 신부). livre ~ 《정치》백서. cheval ~ 백마.
② 흰색에 속하는; 《구어》백발의; 백인종의; 창백한, 찟기없는(blafard); 햇볕에 그을지 않은; 반공산주의의(anticommuniste); 《역사》왕당파의, 보수적인. teint ~ 흰 얼굴빛. peau ~che 흰 피부. ~ comme un linge 새파랗게 질린. se mettre dans une colère ~che 《구어》 차 얼굴에서 새파래지다. être tout ~ à 40 ans 40세에 머리가 아주 하얗다. civilisation ~che 백인 문명. colonisation ~che en Afrique noire 흑인에 의한 흑아프리카의 식민지화. Afrique ~che 백아프리카(백인이 지배하는 북아프리카). mal ~ 《의학》표저. pertes ~ches 백대하. combattre à armes ~ches[à l'arme ~che] 백병전을 벌이다. race ~che 백인종. être ~ 안색이 나쁘다; (감정의 충격으로)창백하다. vieillard aux cheveux ~s 백발이 성성한 노인.
③ (다른 빛깔의 물질에 대하여)흰, 하얀. raisin ~ 백포도. vin ~ 백포도주. bière ~che 백맥주. pain ~ 흰빵. sauce ~che 화이트 소스. fromage ~ 흰 코트 치즈. bois ~ 너도밤나무(전나무) 재목. poissons ~s 작은 냇물 고기. viandes ~ches (가금(家禽)·송아지·집토끼 따위)흰 살코기. argent ~ (monnaie ~che) 《옛》은화. coupe ~che (삼림의)완전벌채, 개벌. fer ~ 양철. houille ~che (발전용)수력.
④ (종이·지면이)인쇄되지 않은, 공백의. bulletin ~ 백표. page ~che 백지, 백지. donner carte ~che à qn …에게 백지위임장을 주다, 전적으로 일임하다. feuillet ~ (인쇄에서 누락된)흰 종이. remettre une feuille (une copie) ~che 백지 답안을 제출하다.
⑤ 더럽지 않은(propre), 결백한, 무죄의 (innocent, ↔ coupable); 순결한 (immaculé,

↔ souillé). ~ comme (la) neige 눈처럼 흰;《구어》순결무구한, 결백하다. Je ne le vois pas ~.《구어》나는 그가 무죄라고 생각지 않는다. (se) faire tout ~ (de son épée) 결투로써 결백을 증명하다;《구어》헤벌리다. montrer patte ~*che* 신분을 확인할 수 있는 증거를 대다; 같은 패라는 증거를 보이다. ne pas être ~ 마음에 거리끼는 데가 있다. avec les mains ~*ches* 손을 더럽히지 않고. bal ~《옛》백무도회 (미혼 여성만이 입장할 수 있는 무도회). Les jugements de cour vous rendront ~ ou noir. 판결은 당신의 흑백을 가려줄 것이다.

⑥아무 것도 없는, 빈, 실질(실효)이 없는. élection ~*che* (아무도 과반수를 얻지 못한)무효선거. examen ~*che* 모의시험. jeu ~《테니스》러브[세로]게임. faire chou ~ 영패(零敗)하다, 완전히 실패하다. mariage ~ 육체적 관계가 없는 결혼; 이믐을 위한 세류상의 결혼. nuit ~*che* 불면의 밤, 뜬 눈으로 새운 밤. vers ~s《운율》무운(無韻)시. voix ~*che* 억양(특징)이 없는 목소리.

⑦(도자기·유리 따위가)무색(투명)의, 색을 넣지 않은; (옷 따위가)깨끗한. porcelaine ~ 채색을 하지 않은 도자기. verre ~ 투명유리.

⑧소득없는; 이익도 손실도 없는, 하나마나한. opération ~*che* 이익도 손실도 없는 거래, 하나마나한 매매. affaires ~*ches* 돈벌이가 안되는 장사.

—*ad.* 희게(하얗게) 되도록. geler ~ 서리가 내리다(Il gèle ~. 처럼 비인칭 동사로 사용.). voter ~ 백표를 (투표함에) 넣다. tirer ~ 꽝을 뽑다. amener ~《옛》위험한 일에 당하게 하다.

dire tantôt ~, tantôt noir 이랬다 저랬다 하다, 모순된〔정반대의〕말을 하다, 줏대가 없다.

—*n.m.* ① 백색, 흰, 하양. ~ pur 순백색. ~ cassé 약간 물이 든 흰색.

② 흰 옷, 백의(白衣); 흰 무명; 면제품. porter du ~; être vêtu de ~ 흰 옷을 입고 있다. être vouée au ~ (어느 나이까지)흰 옷을 입고 마리아에게 헌신하다. quinzaine de[du] ~ (해마다 1월에 보름동안 백화점 들에서 특별판매하는)흰 목록류의 장. magasin de ~ 린넨류 제품상. (mise en) vente de ~ 흰천[포목]판매.

③ 흰 것; 백색(무색) 부분. ~ de Chine 아연화; 백자. ~ de céruse 연백(鉛白). ~ de poulet 닭의 흉부의 흰 살. ~ de zinc 아연화(亞鉛華).

④ 백색도료; 백묵;《옛》분(粉); (당구용)초크. mettre du ~ au procédé (당구에서)큐끝에 초크를 칠하다. ~ de chaux 회반죽. ~ de craie (d'Espagne de Meudon) 백악(白堊), 호분(胡粉). ~ de terre à pipe 파이프 점토.

⑤ 백포도주. boire du ~ 백포도주를 마시다. ~ de ~ 순수한 샴파뉴포도주.

⑥《요리》ⓐ화이트소스(sauce ~*che*). ⓑ밀가루가 든 쿠르 부이용(court-bouillon). cuisson au ~ 애벌삶기. ⓒcuire au[à] ~ 껍질구이를 하다(속을 채우지 않고 파이 껍질만을 굽다).

⑦ 작은 민물고기(poisson ~). friture des ~s 민물고기 튀김.

⑧(인쇄물·노트 따위의)여백, 행간, (과녁 중심의)회색 부분, 대상, (정보매체의)블랭크(대화 사이의)침묵. laisser des ~s 여백을 남겨두다. donner[mettre] dans le ~ 정통으로 과녁을 뚫다.

⑨ (눈의 흰자), 각막, ~ de l'œil).

⑩《옛》(중세의)작은 은화.

à ~ ⓐ희게, 하얗게 되도록. chauffer *à* ~ (금속을)빨갛게시키다, (비유적)열광시키다; 엄하게 다련시키다, 맹연습을 시키다. dimanche de juillet, chauffé *à* ~ 타는듯이 뜨거운 7월의 일요일. chauffer un candidat *à* ~ 수험생에게 죽기살기로 공부하게 하다. chauffer la foule *à* ~ 군중을 선동하다. geler *à* ~ 하얗게 서리가 내리다. saigner *qn à* ~ …을 창백해지도록 출혈케 하다; …의 돈을 많이 긁어내다. ⓑ비어있는, 텅 비도록. cartouche [coup] *à* ~《군사》공포(空砲). marche *à* ~ 빈 차 운전. ~ 공포운전. couper *à* ~ un hectare de futaie 1헥타르의 삼림을 개벌[벌채]하다.

aller [passer, changer] du ~ au noir 극단에서 극단으로 가다, 정견이 없다.

en ~ ⓐ희게, 하얗게. peint *en ~* 흰 페인트를 칠한. ⓑ 흰 옷을 입고. habillé *en ~* 흰 옷을 입다. ⓒ 여백의, 공란의; (서식에서)백지의, 무기명의. chèque *en ~* (금액을 기입하지 않은)백지수표. signer une procuration *en ~* 백지위임장에 서명하다. ⓓ voir tout *en ~* 만사를 낙관적으로만 보다. ⓔ tirer *en ~*《인쇄》한 면(面)만 인쇄하다.

noir sur ~ 명백하게, 분명히. C'est écrit *noir sur ~*. 명백하게 씌어있는[틀림없는] 것이다. mettre *qc noir sur ~* …을 분명하게 문자화하다; (각서(증서)를) 한 통 써 내다.

rougir jusqu'au ~ des yeux 당황해서 얼굴이 빨개지다.

se manger le ~ des yeux 대판으로 서로 다투다; 맹렬히 싸움을 하다.

—*n.* ① (*B*~)백인. les Noirs et les ~s 흑인과 백인. la traite des *B*~*ches*[~*ches*] (백인)매춘부 매매. ② 《역사》(프랑스 혁명기의)왕당파 사람; (19세기)군주체 주의자; (러시아 혁명기의)황제파 사람.

blanc-bec [blãbɛk] (*pl.* ~*s*-~*s*) *n.m.*《구어》풋내기, 애숭이.

blanc-bourgeois [blɑ̃burʒwa] (*pl.* ~*s*-~) *n.m.* 최고급 밀가루.

blanc-cul [blɑ̃ky] (*pl.* ~*s*-~*s*) *n.m.* =**bouvreuil**.

blanc-étoc [blɑ̃ketɔk], **blanc-estoc** [blɑ̃kɛstɔk] (*pl.* ~*s*-~*s*) *n.m.* (숲의 나무들을)송두리째 벌채하기.

blanchaille [blɑ̃ʃa:j] *n.f.*《어류》뱅어.

blanchâtre [blɑ̃ʃɑ:tr] *a.* 희끄무레한.

blanche [blɑ̃:ʃ] *a.f.* blanc의 여성형.

—*n.f.* ① (*B*~)백인 여자. ②《당구》백구(白球); (투로에서의)백구. ③《승마》(안장의)보강용 가죽띠. ④《음악》2분음표. ⑤ 흰색. ⑥《구어》(포도를 짜고난 찌꺼기로 만든) 흰 브랜디(eau-de-vie).

blanchement [blɑ̃ʃmɑ̃] *ad.*《문어》깨끗하게.

blanche-queue [blɑ̃ʃkø] (*pl.* ~*s*-~*s*) *n.f.*《조류》구지레기.

blanchet¹(te) [blɑ̃ʃɛ, -ɛt] *a.* 고운 흰빛깔의.

blanchet² [blɑ̃ʃɛ] *n.m.* ①《옛》(수녀들의 옷깃으로 쓰이는)흰 네르; (약을 거르는 데 사용하는) 린네르. ②《인쇄》(고르게 인쇄하기 위해 인자판(印字版) 따위에 대는)부드러운 나사. ③《식물》느타리버섯(agaric), 콘샐러드. ④ 아구창의 속칭. ⑤ 잉어속(屬) 물고기의 일종.

blancheur [blɑ̃ʃœ:r] (<*blanc*) *n.f.* ① (빛)흰, 흰빛. ② 순결, 결백.

blanchi(e) [blɑ̃ʃi] *a.p.* 희어진, 희게 칠한, 세탁된, 표백된(nettoyé). Il est logé et ~. 그는 세탁까지도 해주는 하숙에 들고 있다. *mal* ~《구어》흑인(nègre). *sépulcres* ~*s*《성서》위선자.

—*n.m.* (벌채하거나 또는 남겨두기 위해서)나무껍질에 새긴 표시.

blanchiment [blɑ̃ʃimɑ̃] *n.m.* ① 희게 하기; 석회도료를 칠하기; 《요리》쓴맛을 우려내기 위해 삶기. ② (직물의)표백(漂白). Ces toiles sont d'un

blanchir

beau ~. 이 천들은 잘 표백되었다.
blanchir [blɑ̃ʃiːr] (<*blanc*) *v.t.* ① 희게 하다(rendre blanc, ↔ noircir). ② 빨래하다(laver); 세탁하다(nettoyer); (의)속옷을 빨아주다. donner son linge à ~ (속옷 따위)빨랫거리를 세탁하도록 주다. pensionnaire logé, nourri et *blanchi* 숙식 외에 세탁까지 주인이 해주는 하숙인. ③ 희게 칠하다; (벽 따위를)회게 바르다, 회를 바르다; 흰빛으로 덮다. ~ un mur à la chaux 회로 벽을 희게 바르다. La poudre lui *blanchit* le visage. 분가루가 그의 얼굴을 뽀얗게 덮었다. La neige *blanchit* les sommets. 눈이 산마루를 하얗게 덮었다. ④ [~ *qn*] (의)누명을 벗게 하다(disculper, ↔ accuser). Ces témoignages le *blanchissent*. 이 증거로 그는 누명을 벗게 된다. ⑤ 《요리》(쓴 맛을 우려내기 위해)데치다. ~ des légumes 채소를 데치다. ⑥ (금속을)닦다, 광내다; 대패질하다; 《인쇄》 여백[행간]을 많이 남기다. ~ une planche (우둘투둘한)판자를 (반들반들하게) 대패질하다. ~ une page (내용이 없이)여백을 많이 넣다.
À ~ (la tête d') un nègre, on perd sa lessive. 《속담》 깜둥이를 하얗게 하려고 해봤자 비누만 손해난다[불가능한 일을 시도해봤자 헛일이라는 뜻이다]; 말을 듣지 않는 사람을 나무랄 때나 머리가 나쁜 사람에게 무엇인가 가르치려고 할 때 쓰임].
—*v.i.* 희어지다; 희끗희끗해지다, 백발이 되다; 흰발이 일다; 창백해지다(pâlir). Il *a blanchi*. 그는 백발이 되었다. Il *a blanchi* dans les études. 그는 연구에 일생을 바쳤다. La mer *blanchit* d'écume. 바다가 거품으로 하얗게 이다. de peur 무서워서 새파래지다. ~ de colère 화가 나서 창백해지다. *Tête de fou ne blanchit jamais.* 《속담》 바보는 머리가 희지 않는다[결코 늙지 않는다].
—**se** ~ *v.pr.* ① 희어지다; 세탁되다. ② 뿌옇게 묻다. se ~ en s'appuyant contre le mur 벽에 기대서 옷이 뿌옇게 되다 ③ 자기 옷을 빨다; 분을 바르다. se ~ la figure 얼굴에 분을 바르다. ④ 자신의 결백을 증명하다. Il *s'est blanchi* dans l'aide d'un avocat. 그는 변호사의 도움으로 누명을 벗었다.
blanchis [blɑ̃ʃi] *n.m.* =blanchi.
blanchissage [blɑ̃ʃisaːʒ] *n.m.* 세탁, 빨래; (설탕의)정제; (벽 따위의)회칠.
blanchissant(e) [blɑ̃ʃisɑ̃, -ɑ̃ːt] *a.* 희어진; (새벽녘)희뿌옇게 된; (바다가)물거품 이는; 창백해진.
blanchissement [blɑ̃ʃismɑ̃] *n.m.* (머리털이)세기, 희어지기.
blanchisserie [blɑ̃ʃisri] *n.f.* 세탁장; 세탁소; 표백장(업).
blanchisseur(se) [blɑ̃ʃisœːr, -øːz] *n.* 세탁소 주인; 빨래하는 사람, (*f.*) 세탁부; 표백하는 사람; (무두질한 가죽을)희게 하는 사람. *porter le deuil de sa ~se* 《속어》더러운 속옷을 입고 있다.
—*n.m.* 《속어》(죄인의)변호인. —*a.* 세탁[표백]용의. —*n.f.* ~*se automatique* 전기 세탁기.
blanchoyer [blɑ̃ʃwaje] [7] *v.i.* 희게 되다(빛나다); 《야금》 백열(白熱)하다.
blanc-manger [blɑ̃mɑ̃ʒe] (*pl.* ~**s**~**s**) *n.m.* (우유·웅행·설탕으로 만든)젤리; (송아지·토끼·가금 따위의)고기로 만든 젤리.
blanc-manteau [blɑ̃mɑ̃to] (*pl.* ~**s**~**x**) *n.m.* (1223년 이탈리아에서 설립된)성모마리아 종복회(servites)의 수도사.
blanc-nez [blɑ̃ne] (*pl.* ~**s**~) *n.m.* 《동물》흰코원숭이.
blanc-poudré(e) [blɑ̃pudre] (*pl.* ~**s**~**s**) *a* 흰 분 칠을 한. —*n.* (분칠한) 흰 가발을 쓴 사람.
blanc-russe [blɑ̃rys] (*pl.* ~**s**~**s**) *a.* (여성불변)

백러시아(*la Russie Blanche*)의. —**B**~-**R**~ *n.* 백러시아 사람. —*n.m.* 백러시아어(語).
blanc-seing [blɑ̃sɛ̃] (*pl.* ~**s**~**s**) *n.m.* 서명한 백지; 《법》 백지위임장. donner un ~ à *qn* …에게 전권을 맡기다, …의 자유재량에 맡기다.
blanc-soudant [blɑ̃sudɑ̃] (*pl.* ~**s**~) *n.m.* 《금속》(쇠가 녹기 전의)백열(白熱).
blandice [blɑ̃dis] *n.f.* (보통 *pl.*)《문어》매력, 유혹(charme, séduction).
blanque [blɑ̃ːk] *n.f.* (축제 때 하는)제비뽑기(흰 패가 나오면 진다). amener ~ 《옛》흰 패를 뽑다. trouver ~ 《옛》 아무 것도 찾지 못하다.
à la ~ 닥치는 대로, 우연히.
blanquette [blɑ̃kɛt] *n.f.* ① 《식물》흰 포도; 백맥주. ② 《요리》(화이트)소스로 양념한 고기 스튜.
blaps [blaps] *n.m.* 《곤충》뭉그저리.
blasé(e) [blɑze] *a.p.* (미식을 한 탓으로)미각이 마비된(dégoûté). avoir le palais ~ (미각이 마비되어)무엇을 먹어도 맛이 없다. ② (같은 경험을 되풀이한 탓으로)무감각하게된, 마비된. homme ~ 그 무엇에도 흥미를 느끼지 않는 사람. ~ de[sur] tout 모든 것에 흥미를 잃은.
—*n.* (미각·쾌락에)싫증난 사람. faire le ~ 모든 것에 싫증난 척하다.
blasement [blɑzmɑ̃] *n.m.* 무감각, 포만; 환락에 싫증남(dégoût, satiété).
blaser [blɑze] *v.t.* ① 《옛》무감각하게 하다, (미식을 하여)미각을 마비시키다. ② (쾌락·경험을 되풀이하여)감각을 마비시키다(무디게 하다). L'excès de tous les plaisirs l'*a blasé.* 모든 쾌락을 극도로 맛본지라 그는 아무 것에도 흥미가 없다. Il est *blasé* sur tout. 그는 세상 만사에 감정이 무디어져 있다[싫증이 나 있다].
—**se** ~ *v.pr.* ① 무감각[무신경]하게 되다. ② 싫증이 나다. L'amour vrai ne *se blase* point. 참사랑이란 결코 싫증이 나지 않는다. [se ~ de] Il *s'est blasé* de ce genre de lecture. 그는 이 종류의 독서에 싫증이 났다.
blason [blɑ(a)zɔ̃] *n.m.* ① 가문(家紋); 가문학(學). ② 《문학》 16세기의 시의 일종 (사람·사물에 대한 찬양 또는 비난을 노래함); 찬사; 비난.
redorer son ~ (가난한 귀족이 돈 많은 평민과 결혼하여)가문을 다시 일으키다, 다시 신수가 훤해지다. *ternir[salir] son* ~ 《구어》가문을 더럽히다(욕되게 하다).
blasonnement [blɑ(a)zɔnmɑ̃] *n.m.* 가문(家紋)을 가문학에 따라 묘사(설명)하기.
blasonner [blɑ(a)zɔne] *v.t.* ① 가문(家紋)을 그리다; (가문법에 따라)가문을 해설[해독·묘사]하다. ② (비유적)칭찬하다; 헐뜯다. être bien *blasonné* 호의적으로 비치다.
—**se** ~ *v.pr.* 가문학에 따라 설명되다.
blasphéma*teur(trice)* [blasfemɑtœːr, -tris] *a., n.* 신을 모독하는 (사람).
blasphématoire [blasfematwaːr] *a.* 신을 모독하는, 불경의(↔ pieux).
blasphème [blasfɛm] *n.m.* ① 신을 모독하는[불경한] 언사(sacrilège). proférer[dire] un ~ 신을 모독하는 발언을 하다. ② 모욕적인 말.
blasphémer [blasfeme] [5] *v.t.* 신을 모독하다(insulter, outrager). ~ la morale[la science] 도덕[학문]을 모독하다. —*v.i.* 신을 모독하는 언사를 쓰다(~ contre Dieu); 모욕적인 말을 하다. (珠).
blaste [blast] *n.m.* 《식물》 유아(幼芽); 배주(胚).
blastématique [blastematik] *a.* 《옛》《의학》 배주

(胚胞)형성액의; 《식물》 아체(芽體)의.
blastème [blastɛm] n.m. 《엣》《의학》 배포(胚胞) 형성액; 《식물》 아체(芽體).
blastocolle [blastɔkɔl] n.m. 《식물》 유아(幼芽) 점액(봉오리를 비로부터 보호하는 끈끈한 것).
blastoderme [blastɔdɛrm] n.m. 《생물》 배포막(胚胞膜).
blastodermique [blastɔdɛrmik] a. 배포막의.
blastogenèse [blastɔʒɛnɛːz], **blastogénèse** [blastɔʒɛnɛːz] n.f. 《식물》 배아발생; 《생물》 유전질 발생.
blastomères [blastɔmɛːr] n.m.pl. 《생물》 난할구(卵割球).
blastomycètes [blastɔmisɛt] n.m.pl. 분아균(分芽菌)(맥주 효모 따위).
blastomycose [blastɔmikoːz] n.f. 《의학》 분아균증(blastomycète로 인한 피부병).
blastula [blastyla] n.f. 《식물》 포배(胞胚).
blatérer [blatere] v.i. (양·낙타가) 울다.
blatier [blatje] n.m. 밀장수, 소맥상인.
 —a.m. marchand ~ 소맥상인.
blattaire [blatɛːr] n.m.pl. 《곤충》 바퀴속(屬).
blatte [blat] n.f. 《곤충》 바퀴.
blaude [bloːd] n.f. 《사투리》 (농부 따위의) 덧옷, 작업복.
blazer [blɛzœːr, blɛzɛːr] n.m. 《영》 블레이저코트; 단색의 운동용 상의.
bld 《약자》 =**bd**.
:**blé** [ble] n.m. ① 《식물》 밀, 소맥(~ froment); 밀의 열매; 밀밭(champ de ~). ~ noir 메밀. petits ~s 보리; 귀리. grands[gros] ~s 밀과 호밀. ~ d'Égypte[de mai] 보리, 대맥. ~ de Turquie [d'Inde, d'Espagne] 《식물》 옥수수. ~ méteil 혼합맥. ~-seigle 호밀. ~ poulard (영국산의)밀의 일종. ~ en herbe 이삭이 나지 않은 밀. ~ tendre du ~ 소맥흑수병(黑穗病). mettre une terre en ~ 밭에 밀을 심다. moissonner le ~ 밀을 수확하다. ② 곡물. grenier à ~ 곡물 창고. halle aux ~s 곡물 도매 시장. ③《속어》 돈, 재산.
Bon champ semé, bon ~ récolté. 《속담》 좋은 밭에 파종해야 좋은 수확을 얻는다.
C'est du ~ en grenier. 《속담》 그것은 틀림없이 이득이 남는 일이다.
crier famine sur un tas de ~ 돈이 많으면서도 없다고 우는 소리하다.
être pris comme dans un ~ 《구어》 꼼짝없이 당하다.
manger son ~ en herbe[en vert] 《구어》 생길 것을 예상하고 미리 써버리다.
bléchard(e) [bleʃaːr, -ard] 《속어》 a. (사람이)보기 싫은, 보기 흉한; (물건이)불쾌한. —n.m. 필생, (말단)서기; 문뢰가.
blèche, blêche [blɛʃ] a.《속어》 ① 의지가 약한. ② 보기 흉한. ③ =blet.
bléchir [bleʃiːr] v.i. 《엣·속어》 ① 의지가 약해지다. ② (과일 따위가) 물러터지다.
bled [blɛd] n.m. ① (북아프리카의)내지(內地) 지방; 오지. ②《속어》 작은 마을, 벽촌(trou); 《군대 속어》 양군의 진지 사이에 노출된 지대. On s'ennuie dans ce ~. 이러한 벽촌에서는 따분해진다.
blédard [bledaːr] n.m. 《북아프리카의》 오지에 사는 이주민, 오지 근무병.
bleime [blɛm] n.f. 《수의》 갈라진 발굽.
*****blême** [blɛm] a. 창백한, 파랗게 질린; 《문어》 (빛이) 침침한. avoir le visage ~ de colère 분노로 (얼굴이)파리하다. La peur le rendit ~. 공포로 그는 새파랗게 질렸다. lueur ~ 《문어》 희미한 빛.
blêmir [blɛmiːr] v.i. ① 파랗게 질리다, 창백해지다 (pâlir, ↔ rougir). ~ de peur[de rage] 공포[분노]로 창백해지다. ② (빛 따위가)침침해지다.
L'aube blêmit. 새벽이 희미하게 밝아온다.
—v.t. (얼굴을)창백하게 하다; 《문어》 희미하게 비치다.
blêmissant(e) [blɛmisɑ̃, -ɑ̃ːt] a. 창백한, 파랗게 질린; (하늘 따위가)희미하게 밝아오는.
blêmissement [blɛmismɑ̃] n.m. 창백해지기; (하늘 따위가) 희미하게 밝아옴.
blende [blɛ̃ːd] n.m. 《광물》 섬아연광(閃亞鉛鑛).
blenheim [blenajm] n.m. 블레 남종(種)의 발바리.
blennie [ble(ɛ)ni] n.f. 《어류》 괴도라치과(科)의 물고기.
blennorr(h)agie [ble(ɛ)(n)nɔraʒi] n.f. 《의학》 임질(淋疾).
blennorr(h)agique [blenɔraʒik] a. 임질과 관계된, 임질의. ~ n. 임질환자.
blennorr(h)ée [ble(ɛ)(n)nɔre] n.f. 만성 임질.
blépharite [blefarit] n.f. 《의학》 안검염(眼瞼炎), 다래끼.
blèse [blɛːz] a, n. bléser 하는 (사람).
blèsement [blɛzmɑ̃] n.m. bléser 하기.
bléser [bleze] [6] v.i. 슈음([ʃ][ʒ])을 스음([s][z])으로 발음하다(zézayer).
blésité [blezite] n.f. bléser 하는 버릇, s음 발음장애.
blésois(e) [blezwa, -aːz] a, n. =**blaisois**.
blessant(e) [blesɑ̃, -ɑ̃ːt] a. (마음에)상처를 주는; 모욕적인, 무례한. paroles ~es 자존심을 상하게 하는 말.
blessé(e) [ble(e)se] a.p. ① 상처입은, 부상당한. ~ à mort 치명상을 입은. ~ à la tête 머리에 상처를 입은. ② 마음[기분]이 상한(offensé). ~ dans son orgueil[son honneur, ses affections] 자부심[명예·애정]이 상처를 입다. ~ que+subj.; ~ de ce que+subj.[ind.] …한 것에 화를 낸, 기분이 상한.
avoir le cerveau ~ 머리가 돌다.
—n. 부상자. grands ~s 《군사》 중상자. les ~s et les morts 사상자.
*****blesser** [ble(e)se] v.t. ① (에게)상처를 입히다, 아픔을 주다. ~ qn légèrement[gravement, grièvement] …에게 경상[중상]을 입히다. ~ qn au bras[à la tête] …의 팔[머리]에 상처를 입히다. Ces souliers me blessent. 이 신발은 아프다. ② (의)감정을 해치다(froisser); 모욕을 주다(offenser); (눈·귀에)거슬리다. ~ qn dans son honneur; ~ l'honneur de qn …의 명예를 상하게 하다. Un rien le blesse. 아무 것도 아닌 일이 그의 기분을 거슬린다[그를 화나게 한다]. 《목적보어 없이》 Je ne vois rien là qui puisse ~. 남의 기분을 해칠 만한 일은 아무 것도 없다. Ces couleurs criardes blessent la vue. 이 요란스러운 색채는 눈에 거슬린다. ③《문어》 위배하다, 어긋나다. ~ les convenances [les usages, les règles] 예의범절[관례·규칙]에 어긋나다. ~ des intérêts 이익을 해치다. ~ la loi 법을 어기다.
—**se ~** v.pr. ① 상처를 입다; 자기의 …을 다치다. se ~ la tête 머리를 다치다(se ~ la 간접목적보어). ② [se ~ de] (에)기분이 상한다, 화내다. Il se blesse d'un rien. 그는 사소한 일에 기분을 상한다 [화를 낸다]. Il s'est blessé de votre critique. 그는 당신의 비평에 기분이 상했다. ③ (상호적) 서로 상처를 입히다. Ils se sont blessés l'un l'autre. 그들은 서로 (육체적 또는 정신적으로)상처를 입었다.
blessir [ble(e)siːr] v.i. =**blettir**.
*****blessure** [ble(e)syːr] n.f. (<*blesser*) ① 상처, 부상. ~ de guerre 전상(戰傷). coups et ~s 《법》 상해(傷害). faire une ~ à qn …에게 상처를 입히다. la

blet(te¹) 228

bonne ~ 《군대속어》(후방 송환이 필요하)큰 부상. ②마음의 상처; 모욕; 고통. ~ d'amour-propre 자존심의 상처. ~s de l'amour 사랑의 상처[아픔]. rouvrir une ~ oubliée 잊혀진 옛 상처를 다시 건드리다.
REM (1) **blessure** 광의로 쓰이는 말로서 외부의 힘 또는 약물의 힘으로 인한 상처. **plaie** 외부 또는 내적인 힘으로 생기는 것으로서 항상 피부상으로 나타남. **lésion** blessure 와 같은 의미의 전문용어. (2) 《비유적》**blessure** 마음이 받은 상처. **plaie** 재해·공해 따위로 국가·사회가 입는 상처 : Le désordre social est la *plaie* de ce pays. 사회적 혼란은 이 나라의 재화이다.

blet(te¹) [blɛ, -ɛt] *a.* (과일 따위가)너무 농익은.
blète, blette² [blɛt] *n.f.* 《식물》 명아주 무리.
blettir [blɛ(e)tiːr] *v.i.* 너무 농익다.
blettissement [blɛtismɑ̃] *n.m.*
blettissure [blɛtisyːr] *n.f.* ① =blettissement. ② 너무 농익은 부분.
:bleu(e) [blø] *a.* ①푸른; 하늘빛의; 쪽빛의. ciel ~ 푸른하늘. cravate ~e foncée 짙은 푸른색 넥타이. ②푸르스름한; 검붉은, 멍든. menton ~ 짙은 수염을 깎은(푸르스름한 턱). L'endroit de la contusion est encore ~. 타박상 입은 자리가 아직도 검푸르다. battre *qn* tout ~ 늘씬하게 두들겨 패다. ③새파랗게 질린(livide). [~ de] lèvres ~es de froid 추위로 파래진 입술. colère[peur] ~e 얼굴이 파랗게 질릴 정도의 분노[공포]. ④ bibliothèque ~e (푸른 표지의)기사 이야기. bifteck ~ 설익은 비프스테이크. casque ~ 국제연합군. conte ~ 동화. Ce sont là des contes ~s. 《비유적》그것은 엉터리 이야기다. cordon ~ 명요리사; (옛)성령기사(聖靈騎士)의 십자장(十字章); 성령기사, 고위인사. maladie ~ 《의학》 (선천성 판막장애에 의한 소아의)청색병. papier ~ 집달리의 독촉장. rêve ~ 순진한 상상. route ~e (Paris-Nice 간의)고속도로. ruban ~ 북대서양 횡단속도 신기록 선박에 수여되는 트로피. sang ~ 귀족혈통. avoir du sang ~ 귀족출신이다. vin ~ (푸른색을 띠는)싸구려 포도주. zone ~e 도시의 주차 제한 구역.
en rester ~; en être tout ~ 《구어》대경실색하고[n'y voir que du ~》《구어》혼이 나다.
en voir de ~es 《구어》혼이 나다.
—*n.m.* ①푸름, 푸른색; 푸른 빛깔. ~ de ciel 하늘빛. ~ de Prusse[de Berlin] 감청. vêtement (d'un) ~ clair[foncé] 연[농]청색의 의복. ~ vêtu de ~ 푸른색 옷을 입다. ~ horizon 《군사》 (1차대전 때의)프랑스 군복색. pays du[au] ~ 《비유적》꿈의 나라. vouer un enfant au ~ 성모를 찬양하기 위하여 아이에게 푸른색 옷을 입히다. ② 감색(~ marine). ③ 멍; (푸른)멍든 자국. avoir des ~s au bras 팔에 군데군데 멍이 들다. faire un ~ à *qn* ⋯을 때려서 멍들게 하다. ④송송이; 생우지, 신병, 신입생; (les ~s)신입생. ⑤ (les B~s)(대혁명 당시의)프랑스 공화국 병사(왕당파 부대 les Blancs에 대하여). ⑥ 청사진. (*pl.*) 노동복의 일종. *petit* ~ 《구어》약간 푸른 빛이 도는 싸구려 포도주; (옛)파리의 속달 우편, 전보. ⑨ poisson au ~ 《요리》 (적포도주와 후추 따위로 만든)소스를 쳐서 구운 생선. ~ d'Auvergne(오베르뉴산의)굳은 치즈.
n'y voir que du ~《구어》무슨 영문인지를 모르다; 어쩔 줄을 모르다.
passer au ~ (돈 따위가 속임수로)감쪽같이 사라지다.
passer qc au ~ ⋯을 뭉개버리다.
se perdre(voyager) dans le ~ 공상에 잠기다.
tirer dans le ~ 《군사》 포를 마구 쏘아대다.

Tout l'argent a passé au ~. 돈이 모두 다 날아가버렸다.
voir tout en ~ 만사를 좋게 해석하다.
—*n.f.* ①《속어》압생트 술. ② La Grande B~e 지중해(la Méditerranée).
bleuâtre [bløɑːtr] *a.* 푸르스름한.
bleuet [bløɛ] *n.m.* ①《식물》 수레국화. ②《조류》쇠새, 물총새. ③《속어》지폐, 은행권. ④작은 상어.
bleuir [bløiːr] *v.t.* ①푸르게 하다. ②창백하게 하다. Le froid *bleuit* les lèvres. 추위로 입술이 파리해진다. —*v.i.* ①푸르게 되다; 푸르스름하게 되다. ②창백[핵including]해지다.
bleuissage [bløisaːʒ] *n.m.* (가열·마찰 따위로 금속을)푸르게 하기.
bleuissant(e) [bløisɑ̃, ɑ̃ːt] *a.* 파래지는, 창백해지는.
bleuissement [bløismɑ̃] *n.m.* 파래짐, 창백해짐; 《의학》청균병(靑菌病).
bleusaille [bløzɑːj] *n.f.* 《군대속어》신병; 《집합적》신병들.
bleutage [bløtaːʒ] *n.m.* 푸르스름하게 하기; (렌즈 내면 반사를 방지하는)코팅.
bleuté(e) [bløte] *a.p.* 푸른 기가 도는, 푸르스름한; (렌즈가)코팅된.
bleuter [bløte] *v.t.* (천 따위에)엷게 푸른 물을 들이다; (렌즈에)코팅하다.
bliaud, bliaut [bli(j)o] *n.m.* (중세시대에 남녀가 입은)관의 관衣(寬衣)(tunique).
blin [blɛ̃] *n.m.* ①《항》 맛치. ②《선박》 (돛의 하활을 받음)쇠줄. ③쐐기를 박는 망치.
blindage [blɛ̃daːʒ] *n.m.* ① blinder 하기. ②《토목·광산》 (굴 따위의 내벽을 버티는)방벽; 《군사》 (참호 따위의)방탄벽; (군함 따위의)장갑철판; 《전기·무전기》차폐, 차벽; (금속제)케이스. ~ de roue (자동차 바퀴의)먼지막이.
blinde [blɛ̃ːd] *n.f.* (보통 *pl.*)《군사》 방탄벽 구축 재료; 《해양》(배의)방어재 (붓줄 따위).
blindé(e) [blɛ̃de] *a.p.* ①엄폐된, 방탄 장치를 한; 장갑을 한, 철갑을 두른. train ~ 장갑열차. engin ~ 장갑차. division ~e 기갑사단. abri ~ 방공호. vaisseaux ~s 장갑함정. armée ~e 기갑병과(科). ②《토목·광산》 (굴 안에)방벽을 댄 버틴; 《전기》 절연화로 덮인. ③《비유적》강인해진(enduci). Il en a vu d'autres, il est ~ maintenar 그는 어려운 일을 많이 당해서 이제는 강인해졌다. ④《속어》(술에 취하여)곤드레만드레가 된.
—*n.m.* 장갑차; (*pl.*) 기갑부대.
—*n.f.* 장갑차(véhicule ~, engin ~).
blinder [blɛ̃de] *v.t.* ①《군사》 (참호 따위에)엄폐하다; 장갑하다, 철갑을 두르다. ②《토목·광산》(호·굴 따위의 내벽에)방벽을 하다; 《전기》절연체로 꺼막다[덮다]. ③《구어》《비유적》강인하게 하다, 무장하시키다; 무감각하게 만들다. L'adversité *l'a blindé*. 역경이 그를 강하게 만들었다. ④《속어》취하다.
—*se* ~ *v.pr.* ①《구어》무장하다, 강인해지다. *se* ~ *contre la critique* 비판에도 끄떡도 하지 않다. ②《속어》곤드레만드레 취하다.
bliner [bline] *v.t.* ①(땅을)다지다. ②(쐐기를)박다.
blizzard [blizaːr] *n.m.* 폭풍설(暴風雪).
blle 〔약자〕bouteille 《상업》병.
***bloc** [blɔk] *n.m.* ①덩어리; 더미, 퇴적; 《지질》 암괴(岩塊), 지괴(地塊), 돌. ~ de béton 콘크리트 블록. ~ de marbre 대리석 덩어리. taillé dans un seul ~ (석주 따위가)돌 하나로 된. ②(갖가지 것이 모인)조(組), 일습(assemblage), 유니트; 《컴퓨터》블록; (용지 따위의)한 철(綴); (한장씩 뜯어

는)메모지철. ~ d'immeubles (거리의)한 블록.
~ moteur (자동차의)발동기 유니트. ~ de calcul
[de mémoire]『컴퓨터』연산[기억]장치. ~ de
papier à lettres de bureau 책상 위에 놓인 편지지. ~ de bureau
사무용 메모지철. ③ 『정치』 세력산, 진영
(union). le ~ franc (프랑스 화폐)프랑권. ~
soviétique 소련권. ~ du centre[des droites] 중도
[우익]연합. le ~ des pays libres 자유국가 진영,
연합. ④《속어》감옥; 과출소; 감방; 《군대속어》영
창. mettre[fourrer] qn au ~ 《속어》…을(감방에)
잡아넣다.
à ~ 가득히, 완전히. fermer les robinets à ~
꼭지를 꽉 잠그다. Je suis tout à fait à ~.《구어》
이 이상 못하겠소. être gonflé à ~《구어》(어떤 일
에)열을 올리다. travailler à ~ 힘껏 일하다.
en ~ 한데 묶어서, 통틀어. Il a tout refusé en ~.
그는 통틀어 전부를 거절했다. passer un marché
en ~ 일괄거래를 하다.
faire ~ avec qc …와 일체[한 덩어리]를 이루다.
faire ~ contre[pour] …에 반대[찬성]하기 위하여
결합하다.
former un ~ 일체를 이루다.
tout d'un ~ 한 덩어리로; 단번에, 한꺼번에. se
retourner tout d'un ~ 휙 뒤돌아서다.
blocage [bloka:ʒ] *n.m.* ①봉쇄, 차단; 동결. ~ des
prix[des salaires] 가격[임금]동결. faire un ~
〖스포츠〗(축구·럭비 따위에서)상대의 공격을 차단하
다. ② 〖인쇄〗 공박; 복자. ③ 〖건축·토목〗(벽
에 돌·벽돌 조각 따위로)속을 메꾸어 넣기; 시멘트
기초 공사; (공사용의)잡석(雜石), 벽돌 조각. ④
(전류의)폐색(閉塞), 차단; (갑작스런)정지. ~
du cœur[du moteur] 심장[엔진]의 정지. ⑤ (정신
적·심리적)기능의 정지; (심리적)정지현상, 심리
적 압박. La routine produit un ~ de l'intelli-
gence. 판에 박힌 생활은 지성의 정상적 기능을 정
지시킨다. ⑥ section de ~ 〖철도〗 폐색 구간.
blocaille [bloka:j] *n.f.* 〖토목〗 ①잡석, 벽돌 조
각. ②자갈.
blocard [bloka:r] *n.m.* 《예·구어》국민연합(bloc na-
tional, 1919 년 클레망소의 주창에 의해 이루어진
온건과 공화주의자 연합)의 일원.
bloc-buvard [blokbyva:r] (*pl.* ~*s-*~*s*) *n.m.* 압지첩
(壓紙帖).
bloc-correspondance [blokɔrɛspɔ̃dɑ̃:s] (*pl.* ~*s-*
~) *n.m.* 편지지철(綴).
bloc-cuisine [blokkɥizin] (*pl.* ~*s-*~*s*) *n.m.* 취사
도구 일습 (가스레인지·싱크대·냉장고 등속).
bloc-cylindres [bloksilɛ̃dr] (*pl.* ~*s-*~) *n.m.* (자
동차용)실린더 통.
bloc-diagramme [blokdjagram] (*pl.* ~*s-*~*s*) *n.m.*
〖지질〗 지형의 입체도.
bloc-eau [bloko] (*pl.* ~*s-*~*x*) *n.m.* 수도 위생기기
일습.
bloc-film [blokfilm] (*pl.* ~*s-*~*s*) *n.m.* 〖사진〗 갑
에 든 필름.
bloc-fumeur [blokfymœ:r] (*pl.* ~*s-*~*s*) *n.m.* (자
동차내의)흡연시설 일습 (전기라이터 및 재떨이).
blochet [bloʃɛ] *n.m.* ①작은 덩어리. ② 〖건축〗
서까래의 돌출부.
blockhaus [blokoːs] *n.m.* ① 〖군사〗 보루,
토치카. ② (군함의)사령탑.
bloc(k)-notes [bloknɔt] (*pl.* ~*s-*~) 〖영〗 *n.m.* 메모
지철.
block-system, bloc-système [bloksistɛm] 〖영〗
n.m. 〖철도〗 폐색식(閉塞式).
bloc-moteur [blokmɔtœ:r] (*pl.* ~*s-*~*s*) *n.m.* 〖자
동차〗 발동기 유니트.

bloc technique [blɔktɛknik] *n.m.* (비행장내의)전
(全) 항공시설 (관제탑 따위).
blocus [blɔkys] *n.m.* 포위, 봉쇄. ~ naval (항구의)
봉쇄. ~ économique 경제봉쇄. lever[forcer] le
~ 포위[봉쇄]를 풀다[뚫다]. *B—* continental
(1806 년의) 대륙봉쇄.
***blond(e)** [blɔ̃, -ɔ̃:d] *a.* ① 블론드의, 금발의. jeune
fille ~*e* 금발의 소녀. ② 황색의. cigarette ~*e* 연
한 빛깔의 담배. bière ~*e* (흑맥주에 대하여 보통
의)담색맥주. les ~*s* épis 〖시〗 황금색의 이삭. ③
〖식물〗 베이지색의.
—*n.* 금발머리의 사람. beau[belle] ~(~*e*) 아
름다운 금발의 남자[미녀]. ② 애인. sa ~*e*《구
어》그의 애인.
—*n.m.* 블론드색. ~ ardent 적갈색. cheveux
(d'un) ~ filasse 아마(亞麻)색 머리. cheveux
(d'un) ~ doré (황금색)금발.
—*n.f.* ① 비단 레이스. ② 《속어》=bière ~*e*.
blondasse [blɔ̃dɑs] *a.* 연한 블론드의, 연한 금발의.
—*n.* 연한 블론드(금발)의 사람.
blondeur [blɔ̃dœːr] *n.f.* ①(머리의)황금색, 블론드
색. ②(보리 따위가)황금색.
blondin¹(e) [blɔ̃dɛ̃, -in] *a.* 블론드[금발]의. —*n.* 금
발의 사람. —*n.m.* 멋쟁이.
blondin² [blɔ̃dɛ̃] *n.m.* 콘크리트 운반차.
blondinet(te) [blɔ̃dinɛ, -ɛt] *a.* 금발머리의.
—*n.* 금발의 소년[소녀].
blondir [blɔ̃diːr] *v.i.* (머리·곡식 따위가)황금색으
로 되다. Ses cheveux *ont blondi*. 그의 머리털은 황
금색이 되었다. —*v.t.* (아마를)표백하다, 바래다;
(머리를)금발로 물들이다.
blondissant(e) [blɔ̃disɑ̃, -ɑ̃:t] *a.* 〖시〗(밭이)누렇게
물든.
blondoiement [blɔ̃dwamɑ̃] *n.m.* 황금빛[색](으로
빛나기).
blondoyer [blɔ̃dwaje] ⑦ *v.i.* 황금색으로 빛나다.
blongios [blɔ̃ʒjos] *n.m.* 〖조류〗 왜가리 무리.
bloom [blum] 〖영〗 *n.m.* 〖야금〗 철피(鐵塊), 강철
조각.
bloomerie [blumri] *n.f.* 〖야금〗 철피로(鐵塊爐).
blooming [blumiŋ] 〖영〗 *n.m.* 〖야금〗 압연기.
bloquer [blɔke] *v.t.* ① 한데 모으다(réunir, grou-
per). ~ les jours de congé 휴가일을 한데 모아 받
다. ~ plusieurs idées en une phrase 여러 가지 생각
들을 한 문장에 넣다. vote *bloqué* (의안의)일괄표
결. ② 포위[봉쇄]하다; 가로막다; (교통을)차단
하다, 방해하다, 막다(barrer, ~ dégager). ~ un
port(une ville) 항구[도시]를 봉쇄하다. ~ la rue
길을 막다. Ne *bloquez* pas le passage. 통로를 가로
막지 마시오. On est resté *bloqué* plusieurs heures
à l'aéroport. 비행장에 몇시간 동안 발이 묶였다.
③ 〖경제〗 (수표를)지불정지하다; (임금을)고정
시키다, 동결하다. ~ les salaires 급료를 동결하
다. Les crédits *sont bloqués*. 신용대부가 정지[동
결]되었다. ④ (행동·기능을)정지시키다. ~ la
négociation 협상을(더 이상 진전하지 못하도록)저
지하다. ~ le fonctionnement de l'opposition 야당
의 기능을 저지하다. femmes *bloquées* dans de
nombreux domaines 많은 분야에서 활동을 저지당
하고 있는 여성들. ⑤ 〖스포츠〗(상대방의 공을)
차단하다(~ un ballon); 〖당구〗상대의 공을 일
격으로 포켓에 넣다(~ une bille). ⑥ (짧은 기간
에)집중하다. [~ *qc sur*] ~ les enseignements *sur*
les quelques jours 교육을 며칠간으로 집중시키다.
La consommation d'un mois *est bloquée* sur un seul
jour. 한 달간의 소비량이 단 하루로 집중되었다.
⑦ 〖건축〗 (벽을 잡석 따위로)메우다; 틈바구니

를 틀어막다. ⑧ 《기계》죄다, 브레이크를 밟다 (~ les freins). ⑨ 《인쇄》(활자를)복자로 하다; (삽화가 들어갈 자리 따위를)여백을 남기고 찍다. **—se — v.pr.** ① (기계가 고장으로)정지하다, 멎다 (se coincer). La clef s'est bloquée dans la serrure. 열쇠가 자물통 안에서 꼼짝하지 않는다. ② 태도가 굳어지다. Quand on lui fait des reproches, il *se bloque.* 그는 비난을 받으면 태도가 굳어진다. ③ 《심리》(심리적 장애로)정상적 기능이 저지되다.

bloquet [blɔkɛ] *n.m.* (레이스 여직공의)실패.

bloquette [blɔkɛt] *n.f.* 둥근 돌(유리알)을 굴려넣는 구멍; (그)놀이.

bloqueur(se) [blɔkœːr, ‑øːz] *n.* 포위[봉쇄·폐색]하는 사람. **—a.** 포위[봉쇄·폐색]하는. dispositif ~ 《철도》(신호ţ) 따위의)폐색장치.

blot [blo] *n.m.* ① 《속어》일, 물건; 값. à moitié ~ 반값으로. à bas ~ 헐값으로. Ça fait mon ~. 그건 내게 안성마춤이다. C'est mon ~. 그건 내가 할 일이다, 참견 말라. C'est pas ton ~. 네가 참견할 일이 아니다. ② 《상업》싸게 대량으로 사들인 물건. ③ 《해양》항해속도 측정기.

blottir (se) [s(ə)blɔtiːr] *v.pr.* ① 몸을 웅크리다(se ramasser); 쭈그리다(se tapir). *se* ~ dans un coin 한쪽 구석에 몸을 웅크리다. *se* ~ au fond des couvertures 이불을 뒤집어 쓰고 몸을 웅크리다. ② (안전·안락한 곳에)숨다, 은신하다; 몸을 바싹 붙이다. *se* ~ contre qn …에게 몸을 바싹 붙이다(사랑이나 보호를 받기 위해).

bloum [blum] *n.m.* 실크해트[19세기 말의 유명한 모자집 이름에서]; (남자의)모자.

bloumard [blumaːr] *n.m.* 《속어》모자.

blousant(e) [bluzɑ̃, -ɑ̃ːt] *a.* 《의복》여유 있는, 퍼진(↔ajusté).

***blouse¹** [bluːz] *n.f.* 작업복, 일옷, 겉옷. ~ du chirurgien 외과의의 수술복. ② (여자·어린이용) 블라우스(chemisier). ③ 노동자계급. ~s blanches 백의조(白衣組)(프랑스 제2제정시대에 흰 윗도리를 입고 노동자로 변장하여 소요를 선동한 경찰의 스파이).

blouse² *n.f.* ① 《옛》《당구》(당구대 네모퉁이와 중간에)공이 들어가도록 물린 구멍, 포켓. ② 《지리》(가스코뉴 지방의)물과 모래로 채워진 분지. 《기술》(주석가공을 위한)주형.

blouse-casaque [bluzkazak] (*pl.* ~s-~s) *n.f.* (여자·어린이용)잠바 블라우스.

blouser¹ [bluze] *v.i.* 블라우징하다(블라우스처럼 허리께가 불룩해지는 것).

blouser² *v.t.* ① 《옛》(당구대 네모퉁이와 중간의)구 멍에(공을)넣다. ② 《속어》비유적)속이다, 함정에 빠뜨리다(tromper). ③ 《알》드럼을 치다. **—se ~** *v.pr.* ① 《당구》자기공을 구멍에 넣다. ② 잘못 생각하다, 틀리다(se tromper).

blouson [bluzɔ̃] *n.m.* 잠바, 짧은 상의. ~s noirs(검은 가죽잠바를 입은)불량청년, 전당패. ~s dorés (blousons noirs에 대한)부잣집 불량청년.

blousse [blus] *n.f.* 《직물》(양털의)빗질할 때 떨어져 나오는 털.

B.L.U. 《약자》bande latérale unique 《무전》단측파대(單側波帶).

blue-jean [bluʒin] (*pl.* ~-~s) 《미영》 *n.m.* 청바지, 블루진.

blues [bluːz] 《영》 *n.m.* 블루스춤, 블루스곡. danser sur un ~ 블루스곡에 맞추어 춤을 추다.

bluet [blyɛ] *n.m.* 《식물》수레국화(bleuet).

bluette [blyɛt] *n.f.* ① 불꽃; (보석 따위의)광채. ② 《비유적》번뜩이는 재치; (재치가 넘치는)소품. ③ 일시적 정열. Bien des amours ne sont que des ~s. 많은 경우 사랑은 일시적 정열에 불과하다.

bluff [blœf] 《영》 *n.m.* ① 『카드놀이』 자기 패가 좋은 체하여 상대를 속임. ② 《구어》공갈(chantage); 허풍, 허세(vantardise).

bluffer [blœfe] 《영》 *v.i.* 《구어》허세를 부리다(se vanter); 『카드놀이』 자기 패가 좋은 체하여 상대방을 속이다. **—v.t.** 《구어》[~ *qn*] (허세를 부리며)속이다(tromper); 을러메다.

bluffeur(se) [blœfœːr, -øːz] *a., n.* 속이는 (사람); 공갈치는 (사람); 허풍떠는 (사람).

blutage [blytaːʒ] *n.m.* 체질; 체로 친 물건.

bluteau [blyto] (*pl.* ~x) *n.m.* 체질하여 가려내는 기구; 체에 쓰는 천.

bluter [blyte] *v.t.* (특히 밀가루를)체질하다.

bluterie [blytri] *n.f.* 체질하는 장소; 체로 가려내는 기구; (그)회전부.

blutoir [blytwaːr] *n.m.* 체; 체질하는 기구(천).

B.M. 《약자》Beata Maria 『가톨릭』 영복(永福)한 성모 마리아.

b.m. 《약자》balneum mariae 『의학』 해수욕.

B.N. 《약자》Bibliothèque nationale (파리의)국도서관.

B.N.C.I. 《약자》Banque nationale pour le commerce et l'industrie 국립상공은행.

B.N.P. 《약자》(la) Banque nationale de Paris 국립파리은행.

B.O. 《약자》Bulletin Officiel 공보(公報).

boa [bɔa] 《라틴》 *n.m.* ① 『동물』 왕뱀속(屬). ② (여자용의)긴 모피 목도리.

boarmie [bɔarmi] *n.f.* 『곤충』 (자벌레나방과(科)의)나방.

bob¹ [bɔb] *n.m.* 『속어』 손목[회중] 시계.

bob² *n.m.* = bobsleigh.

bobard [bɔbaːr] *n.m.* 《구어》거짓말, 엉터리, 유언비어. raconter des ~s 엉터리 없는 말을 늘어놓다.

bobe [bɔb] *n.f.* faire ~ 《구어》(상대를 빈정대며)심술난 얼굴을 하다.

bobèche [bɔbɛʃ] *n.f.* ① 촛농받이; (촛대의)초꽂이. ② 《속어》머리. *se monter la ~* 《속어》흥분하다. **—n.m.** 《구어》어릿광대(clown); 얼빠진 놈.

bobéchon [bɔbeʃɔ̃] *n.m.* ① (벽에 거는)촛대의 일종. ② 《속어》머리. *faire monter le ~ à qn* …을 흥분시키다, 화를 돋구다.

bobinage [bɔbinaːʒ] *n.m.* ① 실패에 감기. ② 《전기》감는 법, 감김새; 감긴 실(줄).

bobinard [bɔbinaːr] *n.m.* 《속어》갈보집, 유곽.

bobine [bɔbin] *n.f.* ① 실패; (방적기의)목관(木管); (전선·필름 따위의)감는 둥근 틀. charger une ~ 실패에 실을 감다. ~ pleine 실이 잔뜩 감긴 실패. ② 《전기》보빈(corps de ~); 코일. ~ d'allumage (자동차)점화기. ~ d'induction 감응코일. ③ 《속어》얼굴, 머리; 우스팡스런 몰골; 짓, 투. faire une drôle de ~ 묘한 얼굴을 하고 있다. ④ 《속어》(경마장 따위에서 3개의 주사위로 하는)보빈도박. taper la ~ 보빈도박을 하다.

en faire une ~ 시무룩하다.

bobiner [bɔbine] *v.t.* 실패(들)에 감다. machine à ~ (전선·철사 따위를)감는 기계.

bobinette [bɔbinɛt] *n.f.* ① 《옛》(나무 문의)빗장. ② 《속어》보빈도박(bobine).

bobineur(se) [bɔbinœːr, -øːz] *n.* 실 감는 사람[직공]. **—n.f.** 실(줄) 감는 기계.

bobinier [bɔbinje] *n.m.* 『전기』 코일을 감는 직공[기계].

bobinoir [bɔbinwaːr] *n.m.* 실(줄·전선·필름)감는 기계.

bobinot [bɔbino] *n.m.* 작은 실패.

bobo [bobo] *n.m.* ① (어린애말) 아픔. avoir (du) ~ 아프다. faire(du) ~ à *qn* …을 아프게 하다. ② 《구어》종기; 작은 상처. soigner un ~ sans gravité 대수롭지 않은 상처를 치료하다.
bobonne [bɔbɔn] *n.f.* 《구어》①(어린애말) 아줌마. ②(경멸) 아내(épouse), 아줌마. ③ 여보(아내에 대한 애칭).
bobosse [bɔbɔs] *n.m.* (군대은어) 보병.
bobsleigh [bɔbslɛ(g)] (영) *n.m.* 《스포츠》 봅슬레이 (핸들달린 썰매 : 약칭 bob).
bocage¹ [bɔkaːʒ] *n.m.* 작은 숲, 수림; (프랑스 서부 지방에 특유한)경치.
bocage² [〃] 《야금》 쇠부스러기, 고철.
bocageon(ne) [bɔkaʒɔ̃, -ɔn] *a.* 보카주방데앵 (*Bocage vendéen, Poitou* 서북의 삼림지대)의. ―B~ *n.* 보카주방데앵 사람.
bocager(ère) [bɔkaʒe, -ɛːr] *a.* ①=bocageon. ② 작은 숲의[에 사는, 에 인접한]. ―B~ *n.* 보카주 방데앵 사람.
bocain(e) [bɔkɛ̃, -ɛn] *a.* 보카주노르망(*Bocage normand*, 프랑스의 *Calvados* 와 *Orne* 에 걸친 삼림지대)의. ―B~ *n.* 보카주노르망 사람.
bocal(*pl.* **aux**) [bɔkal, -o] *n.m.* ①(유리·자기로 된 주둥이가 넓은)저장용 병; 어항(aquarium); 표본병. à poissons rouges 금붕어 어항. fruits conservés en ―aux 병 속에 저장된 과일. ②《구어》방; 집; (속어)위(胃), 위장. se remplir le ~ 실컷 먹다, 배를 채우다. ③ (취주악기)주둥이.
bocard¹ [bɔkaːr] *n.m.* ①《야금》(광석 빻는)쇄광기. ② 《속어》갈보집(bordel); 큰 카페. ③도구 일습(appareil complexe).
bocard² *n.m.* (학생은어)분노, 화. prendre le ~ 노하다(se fâcher). ―B~ *a.* 노한, 화난.
bocardage [bɔkardaːʒ] *n.m.* 광석빻기, 쇄광.
bocarder [bɔkarde] *v.t.* (광석을)빻다.
bocart [bɔkaːr] *n.m.* =bocard¹.
Boccace [bɔkas] *n.pr.m.* 복카치오 (*Giovanni Boccacio*, 1313―1375).
boccage [bɔkaːʒ] *n.m.* =bocage².
bocfil [bɔkfil] *n.m.* (목세공에 쓰는)실톱의 틀.
boche [bɔʃ] *n.m.* 《속어》《경멸》 *a.* 독일의. ―B~ *n.m.* 독일 사람.
bocherie [bɔʃri] *n.f.* ①《속어》《경멸》 독일 사람다운 야만적 행위[성격]. ②(집합적)독일 사람.
Bochie [bɔʃi] *n.pr.f.* 《속어》《경멸》 독일.
bochisant(e) [bɔʃizɑ̃, -ɑ̃ːt] *a.* 《속어》친독(파)의.
bochisme [bɔʃism] *n.m.* 《속어》《경멸》 독일 정신.
bock [bɔk] *n.m.* ①(4분의 1 l 들이)작은 맥주 컵; 한 컵의 맥주. ②《의학》관장용 주입기.
bocker [bɔke] *v.i.* 《속어》맥주를 벌컥벌컥 마시다.
bocson [bɔksɔ̃] *n.m.* 《속어》갈보집.
bodhisattva [bodisatva] 《산스크리트》 *n.m.* (복수불변) 《불교》 보살.
Boèce [bɔɛs] *n.pr.m.* 《로마철학》 보에티우스.
boer [bu(ɔɛ)ːr] *n.* 보어 사람의. ―B~ *n.* 보어사람 (남아프리카의 네델란드 이주민).
boësse [bwɛs] *n.f.* ①(주물사의 틀 자국을 깎는 도구. ②(도금사(鍍金師)용 구리 선으로 만든)솔, 브웨스.
boësser [bwɛ(e)se] *v.t.* ①(boësse 로 주물사에)틀 자국을 깎다. ②(도금사가 boësse 솔로)닦다.
boët(t)e [bwɛt] *n.f.* =boitte.
:bœuf [bœf] (*pl.* ~s [bɸ]) *n.m.* 《속어로는 종종 단수로 [bɸ], 복수로 [bœf]로 발음》 ① 소; (거세)수소(↔taureau), (암소에 대한)황소(↔vache). ~ gras [bɸgra] 사육제의 장식받은 소. ~ de mer 하마 (hippopotame) ~ musqué 사향소. lourd comme un ~ 《구어》둔중한. travailler comme un ~; être un ~ pour le travail 황소처럼 일하다. ② 쇠고기; 쇠고기찜. conserves de ~ 쇠고기 통조림. faire du ~ à *qn* …쇠고기 요리를 해주다. (à la) mode; ~-mode 비프 스튜. ~ bourguignon 적포도주를 부어 찐 쇠고기 요리. ③소같은 사람, 튼튼한(부지런한)사람, 우직한 사람.

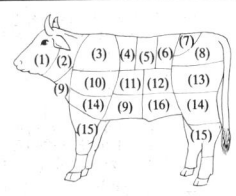

bœuf

(1) tête (2) collier (3) paleron épaule, entrecôtes (4) côtes train de côtes (5) contrefilet faux-filet (6) aloyau (7) romsteck (8) culotte (9) poitrine (10) boîte à moelle (11) plat de côtes [plates côtes] (12) bavette d'aloyau (13) globe cuisse (14) gîte trumeau (15) crosse (16) flanchet

avoir un ~ sur la langue (입막음)돈을 받고 침묵을 지키다.
~ d'eau(*des marais*) 버릇없는 사나이.
donner un œuf pour avoir un ~ 더 큰 것을 얻으려고 작은 봉사를 하다.
mettre la charrue avant les ~s 앞뒤가 뒤바뀌다, 본말이 전도되다.
Qui vole un œuf, vole un ~.《속담》계란도둑이 소도둑된다(바늘도둑이 소도둑된다).
―*a.* (불변, 여성으로는 때로 bœuve [bœːv]) ① 굉장한; 거대한; 엄청난 (prodigieux); 희한한. succès ~ 엄청난 성공. ②《스위스》C'est ~. 참, 바보짓이다.

REM **bœuf** 는 「소」를 가리키는 일반적인 말. 그러나 암소 **vache** 에 대해서는 「수소」를, 거세하지 않은 수소 **taureau** 에 대해서는 「거세된 수소」를 의미한다. 송아지는 **veau**. 한편, 새끼 taureau 는 **taurillon** 이고, 거세된 새끼수소는 **bouvillon** (이 것이 자라면 다시 bœuf 가 됨).

bof¹ [bɔf] *int.* (경멸·지겨움을 나타내는)어휴, 어이 LT.
bof² *n.m.* 《속어》암거래 상인.
B.O.F. 《약칭》beurre-œufs-fromages《속어》(버터·계란·치즈의 뜻에서)암거래 상인.
bog [bɔg] *n.m.* 카드놀이의 일종.
boggie [bɔgi, bɔgzi] *n.m.* =bogie.
boghead [bɔged] *n.m.* (휘발성 물질을 함유한)석탄과 유사한 연료.
boghei, boghey [bɔgɛ] *n.m.* =boguet.
bogie [bɔʒi] 《영》 *n.m.* 보기차 (자유롭게 방향을 바꿀수 있는 대차(臺車)).
Bogomiles [bɔgɔmil] *n.m.pl.* 《종교》 10세기 불가리아에 이원론을 주장한 일파.
bogue¹ [bɔg] *n.m.* 도미과(科)의 물고기.
bogue² *n.f.* 진흙 긁어내는 삽. ② (대장간 망치의)손잡이에 낀 쇠고리.
boguet [bɔgɛ] *n.m.* 무개 2 륜마차; 무개 자동차.
bohé [bɔe] *a., n.m.* (thé) ~ 보히차(茶) 중국산의 하급 홍차.
Bohême, Bohème [bɔɛm] *n.pr.f.* 보헤미아; (집합적) 보헤미아 사람(les Bohémiens).
bohème [bɔɛm] *a.* 보헤미안 풍의; (사회의 틀이나 규율에 얽매이지 않는)자유분방한. mœurs ―s 보헤미안적 생활방식. garçonnière ~ 보헤미안 풍의 독신 아파트.

—*n.* ① (옛) 보헤미아 사람; (보헤미아 출신으로 믿어진) 집시. ② 자유분방한 (방종한) 생활을 하는 사람. mener une vie de ~; vivre comme un ~ 무궤도한 (방종한) 생활을 하다. ③ (19세기 중엽 파리에 나타난) 방랑적 예술인 (작가), 보헤미안.
foi de ~ 도둑끼리의 의리.
—*n.f.* ① (집합적) 보헤미안. ~ de Montparnasse 몽파르나스의 방랑 예술인들. la B~ (푸치니의 가극) 라보엠. ② 보헤미안 생활; 보헤미안적 방식. ~ de son esprit 그의 사고의 보헤미안적 경향.
REM la **Bohème** 과 la **bohème** 을 혼동하지 말것. 전자는 지리명 「보헤미아」로서 B는 대문자이고 ê. 후자는 「방랑 예술인」의 뜻으로 b 는 소문자이고 è. 한편, *n.* 항의 **bohème** 은 자유분방한 생활인 개개인을 의미하며, *n.f.* 항의 **la bohème** 은 집합적인 의미로 쓰인 것임 (푸치니의 가극 la Bohème 이 이에 해당하는데, 제목이기 때문에 대문자로 쓰여졌음. —ê 에 주의).
bohémianisme [bɔemjanism] *n.m.* 방랑적인 기질.
bohémien(ne) [bɔemjɛ̃, -ɛn] *a.* ① 보헤미아의. ② 부랑자 (풍)의. —*n.* ① (B~) 보헤미아 사람, 집시. être habillée comme une ~ne (여자가) 너절한 옷차림을 하고 있다. ② 부랑자 (clochard).
REM bohémien 점을 치거나 구걸하고 다니는 유랑민, 집시. **ts(z)igane** 특히 음악을 업으로 하는 집시. **romani(chel)** bohémien 의 속어. **gitan** 에스파냐의 집시.
boïar(d) [bɔjaːr] *n.m.* =**boyar(d)**.
:**boire** [bwaːr] [39] *v.t.* ① (목적보어 없이) 물을 마시다. boire du vin·속에 젖을 빨다. ~ de l'eau (du vin) 물 (술)을 마시다. ~ un coup (un verre) 한 잔 마시다. ~ *qc* à petites gorgées (à petits coups) ~을 홀짝홀짝 마시다. Bois tout ton soûl. 마실 수 있는 한 실컷 마셔라. Si le bébé pleure, donnez-lui à ~. 어린애가 울면 젖을 주세요 (빨리세요).
② (주어는 사물) (물 따위를) 빨아들이다 (absorber); 흡수하다. L'éponge *boit* l'eau. 해면은 물을 흡수한다.
③ (목적보어 없이) 술을 마시다; 술군이다; 만취하다. chanson à ~ 권주가. Il *boit* trop. 그는 지나치게 술을 마신다.
④ [~ à] (을 위하여) 건배하다, 축배를 들다. Nous allons ~ à votre succès (santé). 당신의 성공 (건강)을 위하여 건배하겠소.
⑤ (비유적) 마시다; 마셔버리다; 받아들이다, 섭취하다. ~ son gain (sa fortune, son héritage) 자기가 번 돈 (재산·유산) 을 술로 탕진하다. ~ un affront (une injure) 모욕을 꾹 참다. ~ *qn* des yeux ~을 (빨려들어가듯) 바라보다. ~ les paroles de *qn* ~의 말에 주의깊게 (감탄하여) 귀를 기울이다. cheval qui *boit* l'obstacle 장애물을 쉽게 넘는 말. ~ la sueur de *qn* ~의 피땀을 빨아먹다.
à ~ 마실 것. J'achèterai à ~ en revenant. 돌아오는 길에 마실 것을 사야지.
~ à la fontaine des Muses (d'Hippocrène) 시작 (詩作)에 힘쓰다.
~ à la grande tasse (속어) 물에 빠지다.
~ la coupe de la colère divine 신의 노여움을 받다.
~ l'eau du Léthé 과거를 망각하다.
Croyez cela, et buvez de l'eau! (구어) 그건 믿을 수 없는 걸!
faire ~ *qn* ~에게 술을 사다.
Il boirait la mer et ses (les) poissons. 그는 갈증이 심하다.
Il n'y a que de l'eau à ~ à ce métier. 그 일은 한푼 벌이도 안 된다.
Il y a à ~ et à manger dans cette affaire. 이 일에는 좋은 것과 궂은 것이 뒤섞여 있다.
payer (offrir) à ~ à *qn* (구어) ~에게 술을 한잔 사주다.
Qui a bu boira. (속담) 제 버릇 개 못 준다; 술버릇은 죽을 때까지 간다.
Qui a fait la faute la boit. (속담) 잘못을 저지른 자는 반드시 그 대가를 치른다.
—**se** ~ *v.pr.* (수동적) 마셔지다. Ce vin *se boit* au dessert. 이 포도주는 디저트에 마신다. Ce vin *se* laisse ~. 이 포도주는 마실 만하다.
—*n.m.* 마시기; 마시는 것, 음료. après ~ 술 마신 후에. le ~ et le manger 마시기와 먹기; 마실 것과 먹을 것.
en perdre (oublier) le ~ et le manger 침식을 잊고 있다 (걱정하다).
:**bois**¹ [bwa] *n.m.* ① 숲, 삼림 (forêt). le B~ de Boulogne (파리의) 불로뉴 숲. ~ taillis 잡목림. ~ sacrés (고대그리스·로마에서 제신을 섬긴) 성림 (聖林). ~ domaniaux 국유림.
② 재목; (땔) 나무, 장작; 나뭇가지; (*pl.*) (속어) 가구. faire du ~ (숲에서) 나무를 하다; 재목을 베다. croix de ~ 나무 십자가. ~ de chauffage 장작. ~ de construction (d'œuvre) 재목. coupe de ~ 벌채, 벌목. cheval de ~ 목마. jambe de ~ 목발. ~ vert (sec, mort) 산 (죽은) 나무. ~ blanc (목재 나무·포플러·너도밤나무 따위의) 가구목재용 나무. ~ de justice 단두대. menu ~ 땔나무 (가지).
③ (인쇄·조각) 목판; 목판화. beau ~ 아름다운 목판화. gravure sur un ~ 목판화.
④ (식물) 줄기; 괴목. âge du ~ 수령. ~ d'aigle (식물) 침향.
⑤ (*pl.*) (사슴의) 뿔.
⑥ 목제품 (부); (음악) 목관 악기류; 깃대; 창대. ~ de fusil 총개머리. ~ de lit 침대틀. ~ de raquette (테니스) 라켓의 프레임. ~ de rabot 대패 질하는 대 (臺). ~ de pioche 곡괭이 자루.
abattre du ~ (구어) 부지런히 일하다.
aller au ~ sans cognée (구어) 도끼 없이 숲에 가다→꼭 필요한 것을 빠뜨리고 일에 임하다.
casser du ~ (속어) (항공) (착륙할 때) 기체를 파손하다; (충돌하여 자동차의) 차체를 부수다.
donner à *qn* **une volée de ~ vert; charger** *qn* **de ~** ~을 회초리로 때리다.
être dans ses ~ (속어) (셋방에서) 자기 가구로 살림하다.
être du ~ dont on fait les flûtes (구어) 남의 말만 따르고 주견이 없다.
être du ~ dont on fait les généraux (les chefs, les centenaires) 장군이 될 (우두머리가 될, 백세 장수할) 소질이 있다.
faire un ~ (테니스) 공을 라켓으로 치다.
homme des ~ 오랑우탄; 야만인; 촌스러운 사람.
Il lui pousse du ~. (속어) (익살) 그는 머리에 뿔이 나 있다, 오쟁이다.
Il n'est feu que de ~ vert. (생나무 불보다 나은 불이 없다)→젊은 혈기를 당할 것이 없다.
Il n'est ~ si vert qui ne s'allume. (어떤 생나무도 타지 않는 것이 없다)→참는 데도 한계가 있다.
ne pas se chauffer du même ~ 공통점이 없다, 의견을 달리하다.
n'être pas de ~ (속어) 목석이 아니다, 민감하다.
On verra (va voir) de quel ~ je me chauffe. 어디두고 보라지 (협박).
toucher du ~ 액운을 때우기 위하여 나무로 된 물건을 만지다.
visage de ~ 딱딱한 (적의에 찬) 얼굴 표정.
REM bois 중간 정도 크기의 숲으로 쾌적한 나무가늘의 관념을 수반. **forêt** 큰 숲으로, 수목도 울창하고 야생동물도 서식함. **bosquet** 인가와 인접한 작은 숲. **bocage** 특히 시어(詩語)로서 작은 숲. **futaie** 벌채용의 숲산림지대. **taillis** 잡목 및 덤불 숲.

bois² [bwa] ⇨boire.

boisage [bwa(a)za:ʒ] n.m. ① 【광산】(갱도의 내벽을)갱목으로 버팀; 나무틀. ② 묘목; 묘목 조림. ③ 【건축】판자를 댐; 내장판(內裝板)을 댐.

boisé(e) [bwa(a)ze] a.p. ① 나무가 많은; 숲이 많은 (우거진). région ~e 산림지대. ② 내장판(판자)이 댐.

boisement [bwa(a)zmɑ̃] n.m. 식목 조림.

boiser [bwa(a)ze] v.t. ① (에)식목 조림하다. ~ un lieu(une colline)어떤 곳(언덕)에 나무를 심다. ② (갱도 내벽에)굄목(갱목)을 괴다. ③ 내장판(판자)을 대다.

boiserie [bwa(a)zri] n.f. 【건축】① 소목일(세공). ② 소목재료, 판자.

boisseau [bwaso] n.m. (pl. ~x) n.m. ① (연결식의)연통(통풍·하수)관(管) ② (수도 따위의)물꼭지관. ③ 《군대속어》(보병의 원형의)군모. ③ 《옛》【도량형】부아소《약 13l 능의 말》; 1 부아소 분량. **mettre (cacher, garder, tenir)** qc **sous le ~** …을 숨기다, 비밀에 붙이다. On ne met pas la lampe(la lumière) sous le ~. 《속담》진실을 은폐하지 마라, 진실은 언제나 드러나기 마련이다.

boisselée [bwasle] n.f. ① 부아소 분량. ② (밭의)약 10 아르.

boisselier [bwasəlje] n.m. 부아소 말 제조인; 통 제조인.

boisselière [bwasəljɛːr] n.f. 【조류】떼까치 무리.

boissellerie [bwaselri] n.f. ① 부아소 말 제조법(업). ② 통 제조(매매)업. ② 《집합적》말(통)종류.

*****boisson** [bwasɔ̃] n.f. ① 음료. ~ gazeuse 발포성 음료. ~ rafraîchissante 청량음료. ② 발효음료; 술, 주류. être pris de 《문어》곤드레만드레가 되다. droits sur les ~s 주세(酒稅). ③ s'adonner à la ~ 《구어》음주벽이 있다. ④ 두번째 짜낸 포도주; 하급 사과주.

boissonner [bwasɔne] v.i. 《구어·속어》폭음하다, 술에서 헤어나지 못하다.

boitard, boitard [bwata:r] n.m. ① 연자매의 밑돌 중앙에 쇠로 만들어 낀 홈. ② 【기계】수직 굴대 받이.

boite¹ [bwat] n.f. avoir la ~ (걷기에 지쳐서)다리를 절뚝거리다.

boite² n.f. ① (포도주의)익을 무렵. vin en ~ 마시기에 알맞은 술. ② 두번째 짜낸 포도주.

:**boîte** [bwat] n.f. ① 상자; 갑; 통; 케이스; (기계 따위의)상자 모양의 부분. ~ à conserve 통조림용의 통. ~ à balles 볼베어링 케이스. ~ à étoupe (기관차의)증기실린더. ~ à feu 보일러실. ~ à ordures 쓰레기통. ~ à outils 연장통. ~ d'allumettes 성냥갑. ~ à musique 자동주악기, 오르골. ~ aux(à) lettres 우체통. ~ à images《경멸》텔레비전 수상기. ~ à lait 우유깡통;《속어》젖퉁이. ~ à malice [à surprise] 여는 순간 깜짝 놀라게 만든)장난통, 도깨비 상자. ~ crânienne《해부》두개골. ~ à idées 아이디어 뱅크. ~ de nuit 나이트클럽. ~ noire 항공 비행상태 자동기록기, 블랙박스; (조직체·정당 따위의)최고 결정기관. ~ de Pandore 판도라의 상자. en ~ 통에 넣은, 통조림의. conserves en ~ 통조림. ~ de vitesse (자동차의)기어 박스. ~ d'expression (오르간의)음량 증감장치. ~ en carton 마분지(판지)상자. ②《속어》궁색하게 좁은 방; 직장; 공장; 학교; 병사(兵舍); 감옥; 감방; 주인이 완고한 가게. quitter sa ~ 직장(일터)을 떠나다. élevé dans une ~ (à coton)《구어》풍파 없이 고이 자라. fermer sa ~ 《속어》입을 다물다, 침묵하다. Il semble qu'il sorte (Il a l'air de sortir) d'une ~. 스마트한 몸차림을 하고 있다. mettre qn en ~ 《속어》…을 놀리다, 조롱하다. servir de ~ à(aux) lettres (비밀조직 따위에서)문서전달 역을 맡다.

REM boîte 갖가지 형태와 재료로 만들어진, 물건을 넣어두거나 운반하는 데 쓰이는 상자. **caisse** 보통 판자로 만들어진 것으로 짐 꾸리는 데 쓰임. **coffre** 나무 모양의 상자로 자물쇠가 달린 것. **coffret** 는 모양이 아름다운 작은 상자로 부인의 장신구 따위를 넣는 데 쓰임. **écrin** 장신구나 은식기를 넣는 데 쓰임.

boîte-chargeur [bwa(ɑ)tʃarʒœːr] (pl. ~s-~s) n.f. 【군사】장탄기(裝彈機), 장탄 상자.

boitement [bwatmɑ̃] n.m. ① 다리를 절기, 절름발이 걸음. ② (기계가)흔들림, 덜거덕거림.

boiter [bwate] v.i. ① 다리를 절다(clocher). ~ du pied droit(gauche) 오른(왼)발을 절다. ② (주어는 사물)고르지 못하다; (시 따위가)운이 안 맞다. Ce fauteuil boite. 이 의자는 덜커덕거린다. raisonnement qui boite 이가 맞지 않는 이론.

Pour qui jouit seul, le plaisir boite. 《격언》혼자 즐기는 자에게는 기쁨은 맹은하다.

boiterie [bwatri] n.f. (동물이)다리를 절기.

boiteux(se) [bwatø, -øːz] a. ① 다리를 저는, 절름발이의; (책상 따위가)쓰러질 듯한; 밑바닥이 불안정한; 균형을 잃은. table ~se 절름발이 책상. paix ~se 불안정한 평화. justice ~se 불공정한 재판. ② (시·문장 따위가)고르지 못한 (↔harmonieux); (마음이)불안정한; (정신이)조화를 잃은. phrase ~se 균형을 잃은 문장.
— n. 절름발이 (éclopé).
Il ne faut pas clocher devant les ~. 《속담》절름발이 앞에서 다리를 절지마라 → 불구자 앞에서 그 흉내를 내면 안된다.
La justice arrive d'un pied ~. (천벌은 절름발이를 이끌고 온다)→업보는 당장 나타나지 않더라도 반드시 닥쳐오기 마련이다.

boîtier [bwatje] n.m. ① (여러 칸으로 나뉜)연장(도구)상자. ~ de chirurgien 외과 도구상자. ② 겉껍질. ~ de montre(회중)시계의 케이스. ~ de lampe de poche 회중전등 케이스. ③ (우체통의)우편물 수집인. ④ 상자[케이스] 제조인.

boitillant(e) [bwatijɑ̃, -ɑ̃ːt] a. 약간 다리를 저는; 리듬이 고르지 못한.

boitillement [bwatijmɑ̃] n.m. 가볍게 다리를 젊.

boitiller [bwatije] v.i. 약간 다리를 절다.

boit-sans-soif [bwasɑ̃swaf] n. 《복수불변》《구어》술고래, 주정뱅이 (ivrogne).

boitte [bwat] n.f. 【어업】(물고기의)먹이, 낚싯밥.

boitter [bwate] v.i. 밑밥을 뿌리다.

boit-tout [bwatu] n.m. 《복수불변》① 《속어》주정뱅이, 술고래.《구어》굽 없는 컵. ② 시궁창.

boiv-e, -es, -ent [bwa:v] ⇨boire.

bol¹ [bɔl] n.m. ① 《약·수의》큰 환약. ② ~ alimentaire (한꺼번에 삼키는)입안의 음식덩이리. ③ 【광물】엉겨 덩어리지는 진흙; 도토(陶土).

bol² n.m. ① 사발; 사발, 찻잔; 그릇에 가득 담기. un ~ de riz 밥 한 공기. ② 한 주발(사발·잔). ③ 《속어》궁둥이 (postérieur). ④ avoir du ~ 《속어》운이

좋다. *Ne te casse pas le ~.*《속어》끙끙대지 마라. *prendre un ~ d'air* 맑은 공기를 마시러 야외로[밖으로] 나가다.

bolaire [bɔlɛːr] *a.* 【광물】엉겨 덩어리지는 진흙 토질의.

bolchevik [bɔlʃe(ǝ)vik] *n.* ① 러시아 과격파 당원, 볼셰비키(↔menchevik). ② (1917년 혁명 후의) 러시아 공산당원; (경멸) 빨갱이.

bolchevique [bɔlʃevik] *a.* 러시아 과격파의; 과격주의의.

bolchevisant(e) [bɔlʃǝvizã, -ãːt] *a.* 볼셰비키적 경향의, 과격주의 경향의.

bolchevisation [bɔlʃǝvizasjɔ̃] *n.f.* 과격주의화, 적화(赤化).

bolcheviser [bɔlʃǝvize] *v.t.* 과격주의화하다, 적화하다.

bolchevisme [bɔlʃǝvism] *n.m.* 러시아 과격주의, 과격주의.

bolcheviste [bɔlʃǝvist] *a.* (러시아)과격(파)주의의. —*n.* 러시아 과격파 당원; (1917년 혁명 후의) 러시아 공산당원; (일반적으로) 과격주의자; (경멸) 빨갱이.

bolduc [bɔldyk] *n.m.* (초콜릿 상자 포장용의)색리본; 붉은 테이프.

bolée [bɔle] *n.f.* 한 주발 (사발·찻잔).

bôler [bole] *v.t.* 【크리켓】(공을)던지다; 공을 던져 (타자를) 아웃시키다.

boléro [bɔlero] *n.m.* ① 볼레로(에스파냐 무용); 볼레로곡. ② (여자의)짧은 저고리; 작고 둥근 모자.

bolet [bɔlɛ] *n.m.* 【식물】그물버섯류(類).

bôleur [boloeːr] *n.m.* 【크리켓】투구자(投球者).

bolide [bɔlid] *n.m.* ① 【기상】화구(火球); 유성, 운석. ②《구어》질주하는 차; 발이 빠른 사람. *passer comme un ~* 번개처럼 지나가다.

bolier [bɔlje] *n.m.* 【어업】예망(曳網)의 일종.

bolinche [bɔlɛ̃ʃ] *n.f.* 어망의 일종.

bolincheur [bɔlɛ̃ʃœːr] *n.m.* 어망으로 고기잡는 사람.

bolivar [bɔlivaːr] *n.m.* ① 베네수엘라의 화폐 단위. ②《속어》모자; 실크해트; (옛)높다란 종모양의 챙이 넓은 모자.

Bolivie [bɔlivi] *n.pr.f.* 【지리】볼리비아.

bolivien(ne) [bɔlivjɛ̃, -ɛn] *a.* 볼리비아의 (*la Bolivie*, 남미의 나라)의. —**B~** *n.* 볼리비아 사람.

bollard [bɔlaːr] *n.m.* 【해양】(부두의)계주(繫柱).

Bologne [bɔlɔɲ] *n.pr.f.* 【지리】볼로냐.

bolomètre [bɔlɔmetr] *n.m.* 【물리】볼로미터; 미열(微熱) 측정계.

bolonais(e) [bɔlɔnɛ, -ɛːz] *a.* 볼로냐(*Bologne*, 이탈리아의 도시)의. —**B~** *n.* 볼로냐 사람. —*n.m.* 볼로냐(語).

bombace [bɔ̃bas] *n.m.* 판야나무.

bombage [bɔ̃baːʒ] *n.m.* ① (유리를)불룩하게 구부리기. ② (금속판을)우그리기, 관모양으로 둥글게 감기.

bombagiste [bɔ̃baʒist] *n.m.* 판유리를 볼록하게 하는 직공(verrier bombeur).

bombance [bɔ̃bãːs] *n.f.*《구어》진수성찬(의 접대); 대향연. *faire* ~ 크게 차려먹다, 큰 잔치를 벌이다.

bombarde [bɔ̃bard] *n.f.* ①【군사】구포(臼砲); 사석포(射石砲), 석노(石弩); 구포를 장비한 배(함정). ② (오르간의)저음스톱; (*Bretagne* 지방의)오보에.

bombardement [bɔ̃bardǝmã] *n.m.* ①포격, 폭격. *avion de* ~ 폭격기. ~ *aérien*[*par avion*] 공중폭격. ~ *en formation* 편대폭격. 폭탄의 일제 투하. ~ *naval* 함포사격. ② (비유적) (폭탄처럼)던지기, 쏟아지기. ~ *de fleurs*[*de confettis*] 꽃[꽃종이]을 던지기. ③ 【물리】(중간자·원자의)충격.

bombarder [bɔ̃barde] *v.t.* ① 포격[폭격]하다. ~ *une position ennemie* 적진을 포격[폭격]하다. ② (비유적) ~ *qn de* [...]마구 던지다, 쏟아붓다, 괴롭히다. ~ *qn de fleurs* [...]에게 꽃다발을 던지다. ~ *d'œufs pourris* 썩은 계란을 마구 던지다. ~ *qn de questions* [...]에게 질문공세를 펴다. ③《구어》갑자기 임명[발탁]하다. *On l'a bombardé ambassadeur.* 그는 갑자기 대사에 임명받았다. ④ 【물리】(원자에) 충격을 가하다.

bombardier [bɔ̃bardje] *n.m.* ①【공군】폭격기; 폭격수. ~ *en piqué* 급강하 폭격기. ②【군사】박격포수; 폭탄투척수; (옛)사석포[석노] 사수.

bombardon [bɔ̃bardɔ̃] *n.m.* 【음악】봄바르동(저음 금속악기의 일종).

bombasin [bɔ̃bazɛ̃] *n.m.* 【직물】봄바진(면주·무명·털을 섞어 짠 능직(綾織), 주로 부인 상복감으로 쓰임).

bombax [bɔ̃baks] *n.m.* =**bombace**.

***bombe** [bɔ̃ːb] *n.f.* ①폭탄; 수류탄; (옛)포탄. ~ *à (l')hydrogène* ; ~ *H* 수소폭탄. ~ *atomique* 원자탄. ~ *au plastic* 플라스틱 폭탄. ~ *éclairante* 조명탄. ~ *incendiaire* (*flamboyante*) 소이탄. ~ *à retardement* 시한폭탄. ~ *glacée* 폭탄모양의 아이스크림. ②【지질】화산탄 (~ *volcanique*). ③ 【사냥】수렵모; 《속어》중산모. ④《구어》주연, 난장판. *faire la* ~ 진탕 마시다. *faire une* ~ *à tout casser* 진탕 마시며 난장판을 벌이다. ⑤ (비유적) 폭발적인 인기; 폭탄적 위력, 폭탄적 뉴스. *nouvelle qui éclate comme une* ~ 폭탄과도 같은 뉴스. ⑥ ~ *à signaux* 【해양】신호구(球). *arriver*[*tomber*] *comme une* ~ (사건·소식 따위가)아닌 밤중에 홍두깨격으로 일어나다[전해지다]. *entrer en* ~《구어》후닥닥 뛰어 들어오다. *faire l'effet d'une* ~ (발언 따위가)폭탄과 같은 효과를 얻다, 엄청나게 놀라게 하다.

bombé(e) [bɔ̃be] *a.p.* ① 가운데가 불룩 나온, 볼록꼴의, 철형(凸形)의(↔concave). *front* ~ 불룩 나온 이마, 앞짱구. ② 둥글게 구부린; 등이 굽은; 《속어》곱사등이의. *avoir le dos* ~ 등이 굽었다. ③ 【토목】중간이 불룩 나오게 만들어진. *route* ~*e* (양측이 낮고)중간이 불룩한 길. ④ 밖으로 불쑥 나오게 만든. *fenêtre* ~*e* 내민 창문.

bombement [bɔ̃bmã] *n.m.* 볼록꼴임, 철형(凸形)(convexité).

bomber [bɔ̃be] *v.t.* ①철형(凸形)으로 만들다, 불룩하게 하다; 휘어서 불룩 튀어나오게 하다; (등을) 둥글게 구부리다. *Bombez* la poitrine et respirez profondément. 가슴을 펴고 심호흡을 하십시오. ② 【토목】(도로의)가운데를 볼록하게 만들다.

~ *le torse*[*la poitrine*] 뻐기다.

—*v.i.* ① (벽 따위가)불룩 튀어나오다; (돛이)부풀다. *Sous le poids de la toiture, le mur bombe légèrement.* 지붕 무게로 벽이 약간 불룩하게 휘어 있다. ②《속어》(차 따위가)빨리 달리다. *voiture qui bombe* 질주하는 자동차.

—se ~ *v.pr.* ① 가운데가 볼록 나오다; 밖으로 불쑥 덧나오다; 불룩해지다. ②《속어》없이 지내다 (se passer de). *Tu peux te* ~! 그런 것 바랬자 소용없어!

bomberie [bɔ̃bri] *n.f.* 폭탄공장.

bombeur [bɔ̃boeːr] *n.m.* 볼록렌즈 제조인[판매인].

bombina [bɔ̃bina], **bombinateur** [bɔ̃binatœːr] *n.m.* 【동물】무당개구리.

bombonne [bɔ̃bɔn] *n.f.* =**bonbonne**. ~ *à gaz* 【화학】가스병.

bombyce [bɔ̃bis] *n.m.* =**bombyx**.

bombyle [bɔbil] *n.m.* 【곤충】재니등에.
bombyx [bɔbiks] *n.m.* 【곤충】누에나방.
bôme [bo:m] *n.m.* =**gui**⁵.
bomerie [bɔmri] *n.f.* 선박 저당 대차; 모험대차(貸借).
Bon《약자》baron 남작.
:**bon**¹(**ne**) [bɔ̃, -ɔn] *a.* (명사 앞에 위치, 연음의 경우는 [bɔn]: bon élève [bɔnɛlɛ:v])① 《품질·성능》좋은, 훌륭한, 우수한. ~ roman 좋은 소설. avoir l'oreille ~ne 귀가 밝다. ~ gouvernement 선정(善政). avoir ~ pied, ~ œil 다리가 튼튼하고 눈이 밝다. B~ cela. 이제 그만하면 됐다(좋다). ~ne mère, ~ne épouse 현모양처. ~ne plume 명필(명문)가. B~ne année! 새해 복 많이 받으세요!
② 바람직한, 유리한, 수지맞는(avantageux). (à) ~ marché, à ~ compte 싸게. ~ emploi 수지맞는 일자리. C'est un ~ signe que + *sub*. …함은 바람직한 징조이다. être dans le monde sur un(le) ~ pied 유리한 지위를 차지하다.
③ [~ pour] (약 따위가)잘 듣는, 건강에 좋은; (어음 따위가)유효한(valide). remède ~ pour la gorge 목에 좋은 약. L'alcool n'est pas ~ pour la santé. 술은 건강에 좋지 않다. billet (d'entrée) ~ pour deux personnes (한 장으로)2 사람이 들어갈 수 있는 입장권.
④ 맛있는(délicieux, excellent). ~ gâteau 맛있는 과자.
⑤ 고상한, 품위 있는, 점잖은. ~ne société 상류사회. homme de ~ne compagnie 점잖은[품위 있는] 사람. avoir ~ air 품위 있어[건강해] 보이다.
⑥ 즐거운, 행복한(agréable, heureux). C'est si ~ de + *inf*. …하는 것은 참으로 즐겁다. de ~s moments 즐거운 때. B~ voyage! 즐거운 여행이 되기를! passer de ~nes vacances 바캉스를 즐겁게 보내다. prendre *qn* pour les ~s comme pour les mauvais jours 좋을 때와 배우자로서 고락을 같이하다. se donner du ~ temps 심심풀이를 하다, 피로를 풀다; 안락하게 지내다.
⑦ 올바른; 정확한. ~ne voie[route] 올바른 길. en ~ français 정확한 프랑스어로. si j'ai ~ne mémoire 내 기억이 틀림없다면. Si vous jugez ~ de + *inf.*[que + *sub.*] …을 좋다고 판단[생각]하면. prendre le ~ parti 바른 길을 택하다. Suis-je dans le train ~ pour Pusan? 이 기차는 부산행에 틀림없지요? à la ~ne heure 때마침; 됐다! B~ à 도살 림 (교정(校正)용어). ~ à tirer 교정완료(의).
⑧ 기지 있는, 재치 있는. ~ mot 재치 있는 말.
⑨ 적당한, 적합한, 알맞은. au ~ moment 적시에. ranger un objet à la ~ne place 물건을 알맞은 자리에 놓다. Il est ~ de + *inf.*[que + *sub.*] …함이 적당[현명]하다고 생각하다(인정하다). [~ à + *inf*.] chose ~ne à manger 먹을 수 있는 것. Toute vérité n'est pas ~ne à dire. 진실이라고 해서 다 말해도 되는 것은 아니다. C'est ~ à savoir. 이것은 알아둘 만하다.
⑩ [~ à] (에)유용한, 쓸모 있는(utile). Elle n'est ~ne qu'à cela. 그 여자는 그것밖에는 쓸모가 없다. homme qui n'est ~ à rien 아무 쓸모없는 사람. (명사적) un ~ à rien [bɔnarjɛ] 《구어》쓸모없는 사람. Puis-je vous être ~ à quelque chose? 제가 도와드릴 일은 없읍니까?
⑪ 다정스러운, 친절한(aimable, obligeant); 선량한, 착한(brave). Il est ~ pour tous. 그는 누구에게나 친절하다. Vous êtes bien ~ de m'inviter. 저를 초대해주셔서 고맙습니다. avoir ~ cœur 친절하다. de ~nes gens 착한 사람들. 《때로는》어리석은 사람들. faire ~ visage à *qn* …을 좋은 낯으로[상냥하게] 대하다.
⑫ 상당한, 대단한, 많은, 넉넉한(plein). un ~ nombre (de) 상당한 수효(의). B~ courage! 용기를 내라! à une ~ne distance de l'école 학교에서 상당한 거리에. donner ~ poids (중량을)넉넉하게 (달아)주다. de ~ matin 아침 일찍. de ~ne foi 성실하게. de ~ne heure 일찍(부터). un ~ quart d'heure 15 분 남짓이. Je suis resté là un ~ bout de temps. 나는 거기에 한참 동안 머물러 있었다.
⑬ (반어적) 대단한, 심한, 못된(intense, violent). ~ rhume 심한 감기. donner un ~ soufflet 보기좋게 한 대 때리다. ~ne langue 말 많은[잘하는] 사람; 악담가.
À quoi ~ + 명사[*inf*.] …해 봤자 무얼 하느냐? … 해 보았자 무슨 소용이 있느냐? *À quoi* ~ tous ces efforts? 이렇게 애써봤자 무슨 소용이 있는가? *À quoi* ~ continuer? 계속해봤자 무슨 소용이 있는가? *À quoi* ~ -? 그게 무슨 소용이냐?(A quoi cela sert-il?).
avoir qn à la ~*ne* 《속어》…에게 호감을 갖다.
~ *sens* 양식(良識).
Cela est ~ *à dire.* 《구어》말하긴 쉽다.
C'est ~! 좋아! ; 그래, 좋다(승인·무관심·고까움·위협을 나타냄).
comme ~ *vous semble* 당신 좋을 대로[마음대로].
en avoir(*faire*) *de* ~*nes* 《속어》놀라운[재미있는] 일을 하다.
en raconter une bien ~*ne* 묘한 이야기를 하다.
En voilà une ~*ne*! ; *Elle est bien* ~*ne*! 《속어》(반어적) (뜻밖의 이야기나 소식을 듣고) 거 참 재미있는 걸! Pierre se marie avec Hélène? *Elle est bien* ~*ne*! 피에르가 엘렌과 결혼한다고? 거 참 놀랍군!
être ~ 속다(être dupe, être refait). Il me racontait des blagues, j'ai été ~ ! 그는 내게 허풍을 늘어놓았어, 참, 꼴좋게 당했단 말이야!
être ~ *comme le*(*du*) *pain* 그지없이 친절하다.
être ~ (*pour*) 닥친 일을 감내하다[피하지 않다]. Le dernier métro est passé, *je suis* ~ *pour* rentrer chez moi à pied. 마지막 지하철 기차가 가버렸군, 걸어서 집에 돌아갈 수밖에 없게 됐군.
être dans ses ~*s jours* 기분이 좋다; 건강상태가 좋다; 운이 좋다.
la bailler(*donner*) ~*ne à qn* …을 속이다.
la garder ~*ne à qn* 《구어》…에게 원한을 품다.
le ~ *temps* 예전.
Les ~*s comptes font les* ~*s amis.*《속담》친구 사이에는 금전 관계를 깨끗이 해야 된다.
prendre qc à la ~*ne*《구어》…에 대하여 관대하다, …을 선의로 해석하다.
Son affaire est ~*ne*! (반어적) 그는 궁지에 몰렸다, 꼴 좋게 됐다!
Tout lui est ~. 그는 무엇이건 상관 없다는 식이다.
une ~*ne fois* (*pour toutes*) 이번만은, 이[그]것을 마지막으로, 결정적으로.
—*ad.* 좋게; 튼튼히; 기분 좋게; 살기 좋게, 쾌적하게; 비싸게. Il fait très ~ aujourd'hui. 오늘은 날씨가 쾌적하다. coûter ~ 가격이 비싸다. sentir ~ 좋은 냄새를 풍기다.
tenir ~ (*contre*(*devant*) *qc*) (…에)저항하다, (…을)거부하다. Il a refusé de céder, il *a tenu* ~ *devant* les attaques. 그는 항복하기를 거부하고 공격에 저항했다.
Il fait ~ + *inf.* …하는 것은 기분이 좋다[즐겁다]. *Il fait* ~ *se promener dans le bois.* 숲속을 산보하는 것은 즐겁다.
pour de ~; (*pour*) *tout de* ~ 정말, 진심으로; 그것

bon²

을 마지막으로. Mais tu es en colère *pour de* ~! 아니 너 정말 화났구나 ! Il pleut *pour de* ~. 본격적으로 비가 내린다.
—*n*. 좋은 사람. les ~*s* et les méchants 선인과 악인. mon ~; ma ~*ne* 이봐, 여보 **(친밀감·비꼼)**.
C'est un ~ **(구어)** 믿을 만한 사람이야.
—*n.m.* ① **(구어인)** 좋은 것 ; 선, 착함 ; 장점, 좋은 점. Il a du ~. 그에게도 좋은 점은 있다. Il y a du ~ et du mauvais chez lui. 그에게도 장단점이 다 있다.
② (이야기의)재미있는 점, 묘미.
③ (돈·상품의)교환권, 지불권. ~ de poste 우편소액환. ~ d'essence 휘발유표. ~ de caisse 현금지불권. ~ de commande 매입주문서. ~ de livraison 화물인도 통지서.
④채권 ; 수표 ; 차용증. ~ au porteur (지참인에게 지불하는)무기명 채권. ~ du Trésor 국고 채권.
~ *à tirer* 교정완료(된 교정지).
C'est du ~. **(속어)** 바로 그거야.
Il y a du ~ ; **(속어)** *Y a* ~. (일이)잘 되어나가다.
—*int.* 승낙과 아울러 함께 안심·동의·찬동·놀라움·실망·화제의 전환·결론 따위를 나타냄) 좋아 ! 됐어 ! ; 아뿔싸 ! 저런 ! ; 아, 그래 ! Ah ~! ce n'est pas aussi grave que je le pensais. 아, 그래 ! 그건 내가 생각하던 것처럼 심각(중대)하지는 않군.

bon² **(약자)** bataillon **(군사)** 대대.

bonace [bɔnas] *n.f.* (폭풍 전후의)잔잔함, 풍랑없는 정적 ; 평온, 휴식.

bonapartisme [bɔnapartism] *n.m.* (<*Bonaparte*, 프랑스의 황제) *n. m.* 나폴레옹 정책 ; 나폴레옹파.

bonapartiste [bɔnapartist] *a.* 나폴레옹 정책(파)의. —*n.* 나폴레옹파 사람.

bonasse [bɔnas] *a.* **(구어)** 사람 좋은, 호인다운 ; 무던한.

bonassement [bɔnasmɑ̃] *ad.* 우직하게, 무던한.

bonasserie [bɔnasri] *n.f.* 사람이 좋음 ; 우직함.

bonbanc [bɔ̃bɑ̃] *n.m.* (파리근교의)백색 돌.

bon-bec [bɔ̃bɛk] (*pl.* ~*s*–~*s*) *n.m.* 잘 지껄이는 사람, 떠버리.

****bonbon** [bɔ̃bɔ̃] *n.m.* **(어린애말)** 사탕, 봉봉사탕. ~*s* au chocolat 초콜릿 봉봉. **(부분관사와 함께)** Sois sage, et tu auras du ~. 얌전히 있어, 그럼 사탕 자를 줄께.

bonbonne [bɔ̃bɔn] *n.f.* (등덩굴·대나무 따위를 엮어 결을~)아가리가 좁고 몸체가 둥글고 큰 병.

bonbonnerie [bɔ̃bɔnri] *n.f.* 사탕·과자 제조(판매)업 ; 봉봉 공장.

bonbonneuse [bɔ̃bɔnø:z] *n.f.* 봉봉 **(구어)** 제조 여자.

bonbonnière [bɔ̃bɔnjɛ:r] *n.f.* ① 봉봉 그릇. ② 아담한 집(방). Vous habitez une vraie ~. 당신은 정말 아담하고 멋진 집에서 살고 계시는군요.

bon-chrétien [bɔ̃kretjɛ̃] (*pl.* ~*s*–~*s*) *n.m.* (크고 맛좋은)배의 일종.

****bond** [bɔ̃] *n.m.* ①뛰어오름, 도약 ; (공 따위가)뛰어오름, 바운드. franchir un obstacle d'un ~ 장애물을 껑충 뛰어넘다. faire un ~ 껑충 뛰다. La voiture a fait un ~ dans le fossé. 자동차가 도랑 안으로 뛰어들었다(처박혔다). La balle n'a pas fait de ~. 공은 튀지 않았다. faire faux ~ (공이)불규칙하게 바운드하다. ② **(비유적)** 약진, 비약. L'économie nationale a fait un ~. 국가경제가 비약적인 발전을 이룩했다. ~ en avant (경제 따위의)약진, 비약적 발전. ③ **(비유적)** (물가·시세의)급격한 앙등. La Bourse a fait un ~. 증권시세가 뛰었다.
faire faux ~ *à qn* …에게 약속을 어기다.
La balle n'a été prise qu'au second ~. **(비유적)** 일은 두번째 가서야 성공했다.
par sauts et par ~*s* 껑충껑충 뛰어서. aller *par sauts et par* ~*s* 껑충껑충 뛰어서 가다. n'aller que

par sauts et par ~*s* (글이나 이야기가 순조롭지 못하고)지리멸렬하게 엮어지다.
ne faire qu'un ~ 단숨에 달려가다(se précipiter). Il *ne fit qu'un* ~ *jusqu'à* son bureau. 그는 사무실까지 단숨에 달려갔다.

bonde [bɔ̃d] *n.f.* ① (물통·개수통·목욕통 따위의)마개 ; (연못 따위의)수문. remplir le tonneau jusqu'à la ~ 통에 물을 가득 채우다. ② (통의)물주둥이 ; (목욕통의)물구멍 ; (연못의)배수구.
lâcher la ~ *à sa colère* (*à ses pleurs*) **(구어)** 속 시원할 때까지 화풀이를 하다(울다).

bondé(e) [bɔ̃de] *a.p.* [~ *de*] (으로)꽉 찬, 만원의. Le métro est toujours ~. 지하철은 항상 만원이다. théâtre ~ *de* spectateurs 관람객이 만원인 극장. train ~ 만원 열차.

bonder [bɔ̃de] *v.t.* (통에)꽉 채우다 ; 넘칠만큼 쑤셔 넣다(remplir). ~ le navire (화물 따위를)배에 가득 싣다.

bondérisation [bɔ̃derizasjɔ̃] *n.f.* **(야금)** 본데라이트법.

bondériser [bɔ̃derize] *v.t.* (에)본데라이트법 처리를 하다.

bondieu [bɔ̃djø] **(속어)** *n.m.* 성상(聖像), 성화(聖畫). —*int.* 빌어먹을 !
Quel (*Que*) ~ *de métier!* 빌어먹을 놈의 일 !
Quel ~ *d'imbécile!* 빌어먹을 놈의 바보 같으니 !

bondieusard(e) [bɔ̃djøza:r, -ard] *a., n.* **(속어)** 종교에 미친(사람).

bondieuserie [bɔ̃djøzri] *n.f.* **(속어)** ① 편협한 신앙심. ② (*pl.*) 종교서책 ; 교회의 집기, 제기(祭器).

****bondir** [bɔ̃di:r] *v.i.* ① 튀어(뛰어)오르다 ; 뛰어가다 (s'élancer) ; 뛰어들다 ; (공이)뛰어오르다. [~ *de*] *de* joie 기뻐서 펄쩍펄쩍 뛰다. Il *bondit jusqu'à la porte.* 그는 대문까지 뛰어갔다. [~ *sur*] Le tigre *bondit sur* sa proie. 호랑이가 먹이에 달려들었다. Cette balle ne *bondit* pas bien. 이 공은 잘 튀지 않는다. ② (가슴이)뛰다, 약동하다, 뛰어오를 듯이 느껴지다. [~ *de*] Le cœur lui *bondissait d'*inquiétude. 그의 가슴이 불안으로 두근거렸다.
faire ~ *le cœur* 가슴이 뛰게 하다 ; 구역질나게 하다, 격분케 하다.

bondissant(e) [bɔ̃disɑ̃ -ɑ̃:t] *a.* ① 뛰어오르는, 펄쩍 뛰는 ; 튀는. ② (감동으로)가슴이 뛰는 ; 숨막히는.

bondissement [bɔ̃disma] *n.m.* ① 뛰어오름, 도약 ; (공 따위의)뛰어오름, 바운드(하기). ② (가슴이)뜀, 두근거림. avoir un ~ *de* cœur 가슴이 두근거리다. ~ *de cœur* **(드물게)** 구역.

bondon [bɔ̃dɔ̃] *n.m.* ① (통의)마개. ② 통마개의 치즈.

bondonner [bɔ̃done] *v.t.* ① (통에)구멍을 내다. ② (통에)마개를 막다.

bondonnière [bɔ̃dɔnjɛ:r] *n.f.* (통의)마개뚫이, 구멍파개.

bondrée [bɔ̃dre] *n.f.* **(조류)** 큰매속(屬).

bonduc [bɔ̃dyk] *n.m.* **(식물)** (인도·말레이산의) 콩과(科) 식물.

Bondy [bɔ̃di] *n.pr.* 봉디 **(파리 근교의 촌락).**
C'est une (*vraie*) *forêt de* ~. **(구어)** 여기(거기)는 도적의 소굴이다(같다).

bon enfant [bɔnɑ̃fɑ̃] *a.* **(불변)** 맘씨 착한, 천진스러운(bonhomme). Elle est ~. 저 여자는 착한 맘씨를 가졌다. air ~ 천진스러운 모습. manières ~ 천진난만한 태도.

bongare [bɔ̃ga:r] *n.m.* =bungare.

bon-henri [bɔnɑ̃ri, bɔ̃ari] *n.m.* **(복수불변)** **(식물)** 명아주속(屬), 시금치류(類).

:bonheur [bɔnœ:r] *n.m.* ①행복, 복. recherche du

~ 행복의 추구. troubler le ~ de qn ⋯의 행복을 어지럽히다. faire le ~ de qn ⋯을 행복하게 하다, ⋯의 기대에 보답하다. ② 행운. Il m'est arrivé plusieurs ~s à la fois. 나에게 여러 행운이 한꺼번에 주어졌다. coup de ~ 뜻밖의 행운. être en ~ (승부·내기에서)운이 좋다. marchand de ~ 점장이. jouer de ~ (절망상태에서)행운을 잡다, 성공하다. ③ 기쁨, 즐거움. La naissance de son fils fut un grand ~ pour lui. 자식의 출생은 그에게 커다란 기쁨이었다. ④《문어》성공. ~ des armes 전쟁의 승리.

au petit ~ 되는 대로, 닥치는 대로(au hasard). *au petit ~* de la route 길 뻗은 대로, 발길 가는 대로. *Au petit ~!* 될 대로 되라!

(écrire) *avec ~* 희한하게 잘(쓰다).

avoir du ~ 운이 좋다.

avoir le ~ de+inf. 운좋게도 ⋯하다. Il *a eu le ~ d'éviter ce danger.* 다행스럽게도 그는 그 위험을 모면했다.

C'est un ~[B~] que+sub. ⋯임은 다행한 일이다.

mettre son ~ à+inf. 행복을 낙으로 삼다.

par 《에》 de》 ~ 운(재수)좋게도(heureusement).

porter ~ à qn《주어는 사물》 ⋯에게 행운을 가져오다. Ton conseil m'*a porté ~.* 너의 충고가 내게 행운을 가져다 주었다.

Quel ~ de+inf.(que+sub.) ⋯하다니 얼마나 다행한 일인가! *Quel ~ de* vous retrouver en excellente santé! 이토록 건강한 모습으로 다시 뵈니 얼마나 기쁜지 모릅니다!

REM bonheur「행복」을 의미하는 가장 일반적인 말로, 내적 만족의 원인과 그 결과를 뜻함. **félicité** 바라던 것을 얻음으로써 느끼는 내적인「큰 행복 만족」. **béatitude** 죽은 후의 행복의 뜻에서 전화하여 모든 일에 초연한「완전한 행복」.

bonheur-du-jour [bɔnœrdyʒu:r] (*pl.* ~s-~-~) *n.m.* 18세기의《부인용 책상.

bonhomie [bɔnɔmi] *n.f.* ① 착함, 어짊, 친절. avec ~ 어질게, 친절하게. ② 우직함. avoir la ~ de+inf. 고지식하게도 ⋯하다.

bonhomme (pl. bonshommes) [bɔnɔm, bɔ̃zɔm] *a.* 착한, 어진, 선량한, 호인의《경멸·동정·친밀감을 나타냄》. Jacques B~; le B~ Misère 촌사람, 서민. prendre un air ~ 순진한 체하다.
—*n.m.* ① 착한(무던한) 사람, 호인. ② (중세의) 서민, 백성(Jacques B~); 《구어》녀석《친밀감을 나타냄》(type). singulier ~ 이상한 녀석, 괴짜. faux ~ 순박한 체하는 사람, 위선자. petit ~ 꼬마 (사내아이). ③《아기 또는 아이처럼 취급하는 사람을 부르는 말》악아. Pourquoi pleures-tu, mon ~? 악아, 왜 울지? ④《예》영감, 첨지《vieillard》. Le ~ se porte encore bien. 그 영감은 아직도 정정하다. ⑤ (농부나 서민의 남자를 얕잡아서)그자(individu). ⑥ (연극속의)인물. ⑦《군대속어》졸병, 병졸《*pl.* bonshommes의 발음은 [bɔnɔm]》. ⑧ 아무렇게나 그린 인물화《만든 인형》. ~ de pain d'épice 생강가루를 넣은 인형 모양의 빵. ~ de plomb 납인형. ~ de neige 눈사람. Les enfants ont fait un ~ de neige dans le jardin. 아이들은 정원에서 눈사람을 만들었다. ⑨《기계》걸쇠, 《볼트》캐치, 인형.

aller[faire] son petit ~ de chemin 착실하게 자기 일을 해나가다.

entrer dans la peau du ~《연극》아주 자기 역의 인물이 되어버리다.

Nom d'un petit ~!《속어》빌어먹을!, 천만에!

tenir son ~ (배우가)자기 역을 능란하게 하다.

boni [bɔni]《라틴》*n.m.* ① 잉여금. ② 이익.

boniche [bɔniʃ] *n.f.*《속어》젊은 하녀, 식모.
bonichon [bɔniʃɔ̃] *n.m.* =**bonnichon.**
boniface [bɔnifas] *a.*《구어》사람좋은, 호인의.
—*n.* 호인.
bonification [bɔnifikɑsjɔ̃] *n.f.* ① 개량, 개선. ②《상업》할인; 지불; 보너스로 주는 금액.
bonifier [bɔnifje] *v.t.* ① 개량[개선]하다 (améliorer). Le fumier *a bonifié* cette terre. 퇴비는 이 땅을 비옥하게 했다. ②《상업》(부족액을)보충하다; 할인하다; 주다; 허용하다; boni로서 주다. ~ qn d'une remise ⋯에게 할인을 해주다. [~ qc à qn] ~ *les intérêts à un* souscripteur (국채 따위의) 신청자에게 이자를 할인해 주다. ③《은행》지불하다.
—*se— v.pr.* 개량되다. Le vin *se bonifie* lorsqu'on le garde. 포도주는 오래될수록 맛이 좋아진다.
boniment [bɔnimɑ̃] *n.m.* (뜨내기 장수 따위의)구변 좋은 사설;《구어》환심 사기 위한 말, 빈말; 감언이설(baratin), 거짓말(mensonge). ~ d'un candidat 입후보자의 듣기 좋은 감언(甘言). faire du ~ à qn(une femme) ⋯을 구워 삶다《여자를 달콤한 말로 꾀다》. raconter des ~s 거짓말을 늘어놓다.
bonimenter [bɔnimɑ̃te] *v.i.*《구어》속이다, 거짓말하다, 구워 삶다.
bonimenteur(se) [bɔnimɑ̃tœ:r, -ø:z] *a.* 속이는, 거짓말하는, 구워 삶는. —*n.* 구워 삶는 사람.
bonir [bɔni:r]《속어》*v.t.* 말하다, 이야기하다. Personne n'en *bonit* une. 아무도 말 한 마디 없었다.
—*v.i.* 감언이설을 늘어놓다, 발라맞추다.
bonisseur [bɔnisœ:r] *n.m.* 손님을 끄는 사람.
bonite [bɔnit] *n.f.*《어류》가다랭이.
‡**bonjour** [bɔ̃ʒu:r] *n.m.*《낮 인사》안녕하십니까, 안녕. B~[Le ~] à qn ⋯에게 안부[인사]를 전해 시오. Bien le ~ à tout le monde. 여러분 안녕하십니까? [dire ~ à qn; souhaiter/donner le ~ à qn] Je vous souhaite bien du ~.《속어》잘 가시오《사람을 해고해서 돌려 보낼 때》. *donner* (bien) *le ~ à qn de ma part* ⋯에게 나의 안부를 전하다. C'est simple comme ~. 아주 간단한 일이다, 알기쉬운 일이다.

avoir le ~《속어》너무 늦게 오다.

vol au ~《속어》빈집 터는 좀도둑질.

bonnard(e) [bɔna:r, -ard] *a.*《속어》호인의(bon); 멍청한.
Bonne [bɔn]《약자》baronne 남작 부인.
bonne [bɔn] *a.* bon의 여성형. —*n.f.* 하녀, 식모; 어린애 도는 하녀(~ d'enfant); 여사환원, 웨이트리스. ~ à tout faire 집안 살림을 전부 꾸리는 가정부. contes de ~ d'enfant 어린애에게 들려주는 이야기; 엉터리 이야기.
bonne-dame [bɔndam] (*pl.* ~s-~s) *n.f.*《식물》갯는쟁이(arroche).
Bonne-Espérance [bɔnɛsperɑ̃:s] *n.pr.f.* le Cap de ~《지리》희망봉.
bonne femme [bɔnfam] *n.f.* (bonhomme의 여성형) ①《착한(무던한) 여자. ② 할머니, 여인. contes de ~ 꾸며낸(터무니없는) 이야기. remèdes de ~ 민간요법, 민간 전승 약.
bonne-maman [bɔnmamɑ̃] (*pl.* ~s-~s) *n.f.*《어린애 말》할머니.
*****bonnement** [bɔnmɑ̃] *ad.* 솔직히, 정직하게; 순진하게. dire ~ son avis 자기 의견을 솔직하게 말하다. *tout ~* 정말; 실제로(vraiment, réellement). Il est *tout ~ stupide.* 그는 정말로 바보이다.
‡**bonnet** [bɔnɛ] *n.m.* ①(남자의)챙 없는 모자; (여자의)헝겊 모자. ~ de bain 수영모. ~ de baptême 세례모. ~ basque 베레모. ~ de dentelle 레이스

모자. ~ de coton(de nuit) 나이트캡. triste comme un ~ de nuit (비유적) 몹시 우울한(따분한). ~ de police 《군사》 약모(略帽); ~ à poil (근위병이 쓰는)깃 달린 모자. ~ carré (교수·박사·재판관의)각모. ~ rouge (1791 년 급진 혁명가들이 쓰던)붉은 모자 ~ phrygien); 혁명당원. ~ vert (옛날 파산자나 종신 죄수가 쓰던)초록 모자. prendre le ~ (de docteur) 《엑》박사학위를 받다.
② (반추동물의) 제 2위, 벌집위.
③ ~ d'évêque 주교관(主敎冠); 《구어》《요리》 새고기의 궁둥이 부분.
④ ~ de prêtre 《엑》《식물》 호박.
⑤ gros ~ (정계나 재계의)거물, 높은 사람; 주방장(grosse légume).

avoir la tête près du ~ 《구어》걸핏하면 화를 내다 (être soupe au lait).
Ce sont deux têtes dans (le) même (sous le même) ~. 그들은 쌍둥이 같나니 일심동체이다.
C'est ~ blanc et blanc ~. 《속담》그게 그거다.
donner un coup de ~ à qn (모자를 벗고) …에게 인사(절)하다.
jeter son ~ par-dessus les moulins 《구어》(여자가)인습을 깨뜨리다, 방자하게 굴다.
mettre la main au ~ ; ôter son ~ (모자를 벗고)인사하다.
mettre(avoir) son ~ de travers 기분이 뒤틀리다.
parler à son ~ 《구어》혼잣말하다.
passer au(à volée de) ~ (결의가)만장일치로 통과되다.
prendre qc sous son ~ …을 생각해 내다, 착상(착안)하다; 떠맡다; 어떤 일을 자기 독단으로 하고 책임을 지다. *prendre sous son ~ de+inf.* …한 것을 착안하다(떠맡다).
y jeter son ~ 내던지고 말다, 단념하다.

bonneteau [bɔnto] (*pl. ~x*) *n.m.* 《카드놀이》(3장을 갖고 알아맞히는)카드놀이; (그)3장의 카드.
bonneter [bɔnte] 5.4 《엑》 *v.t.* 아첨하다. — *v.i.* 부화뇌동하다.
bonneterie [bɔnt(ə)ri, bɔnetri] *n.f.* 《집합적》양품류(스웨터·편물·양말 따위); (그)제조·판매(점).
bonneteur [bɔntœːr] *n.m.* 《카드놀이의》속임수 쓰는 사람; bonneteau 를 하는 사람; 《엑》 알랑쇠.
bonnetier(ère) [bɔntje, -ɛːr] *n.* (양말·편물 따위의)양품 제조(판매)인.
bonnette [bɔnɛt] *n.f.* ① (어린이)두건. ② 《축성》 모보(帽堡). ③ 《해양》 보조돛. ④ (망원경에 끼는)보안(保眼) 색유리. ⑤ 《사진》 보조 렌즈(~ d'approche).
bonniche [bɔniʃ] *n.f.* = **boniche**.
bonnichon [bɔniʃɔ̃] *n.m.* 《속어》작은 모자.
bonnir [bɔniːr] *v.i.* = **bonir**.
bono [bɔno] *int.* 아멘.
bon-papa [bɔ̃papa] (*pl. ~s-~s*) *n.m.* 《어린이말》할아버지.
bon-prime [bɔ̃prim] (*pl. ~s-~s*) *n.m.* (상점에서 손님에게 주는)경품권.
:**bonsoir** [bɔ̃swaːr] *n.m.* (저녁 인사) 안녕하십니까; 안녕히 계십시오(가십시오); 안녕히 주무십시오. *Il est allé se coucher sans dire ~ à personne.* 그는 아무에게도 잘 자라는 인사를 하지 않고 잠자리에 들었다. *B~(Le ~) à qn.* …에게 안녕히 주무시라고 전해 주시오. *souhaiter(dire, donner) le ~ à qn* …에게 저녁(취침)인사를 하다.
dire ~ aux amis(aux voisins, à la compagnie) 《속어》죽다. *Tout est dit, ~!* 《구어》이제 할 말은 다 했소, 자 그만!

*****bonté** [bɔ̃te] *n.f.* 착함, 어짐; 친절, 호의; (*pl.*) 친절한 행위; 무던함. *avoir de la ~ pour qn* …에게 친절하다. *avoir un grand fonds de ~* 본래 바탕이 대단히 선량(친절)하다. *Il est d'une grande ~.* 그는 아주 친절하오. *Vous avez de la ~ de reste.* 당신은 너무 친절하오. *avoir la ~ de+inf.* 친절하게 도 …하다. *Ayez la ~ de+inf.* 제발 …하여 주십시오. ②《드물게》양호, 우수함; 양질. *~ de l'air* 호한 공기. *~ d'une terre* 양질의 땅. ③ 올바름, 정당, 타당. *~ d'une cause* 어떤 주장의 정당함. *B~ divine(du Ciel, de Dieu)!* 저런! 뭐야! 야 이 것 봐라!(놀라움·강한 감동).

bonus [bonys] 《엑》 *n.m.* 보너스.
bonze [bɔ̃ːz] *n.m.* ① 《불교의》중. ② 거만한 사람; 두목. *grand ~ du parti* 그 정당의 거물. ③ 《속어》늙정이(vieux ~). ④ 《속어》(중학교의)감독관. ⑤ 《속어》작자, 녀석.
bonzerie [bɔ̃zri] *n.f.* 《불교의》절, 사원.
bonzesse [bɔ̃zɛs] *n.f.* 여승, 이승(尼僧), 비구니(bonze의 여성형).
boogie-woogie [bugiwugi] 《미영》 *n.m.* 부기우기(재즈 피아노곡의 일종).
book [buk], **bookmaker** [bukmekœːr] 《영》 *n.m.* (경마의)마권업자.
boom [bum] 《영》 *n.m.* ① (가격의)폭등; 벼락 경기(인기); 붐; 대대적인 선전. *~ des prix du pétrole* 석유 가격의 폭등. *~ économique des États-Unis après la guerre* 전후 미국의 경제 팽창. *~ de la construction* 건축 붐. *~ touristique* 관광 붐. *être en plein ~* 호경기이다. ②《학생속어》축제, 갑자기 여는 파티(surprise-partie).
boomerang [bumrɑ̃:g] 《영》 *n.m.* 부메랑《오스트레일리아 원주민의 나무 무기, 잘 던지면 곡선을 그리며 날아갔다 다시 돌아옴》; 본인에게 되돌아와 해를 끼치는 욕설(못된 짓), 자업 자득. *revenir comme un ~* 남을 쏜 화살이 제게로 되돌아오다; 자업자득이다.
boort [bɔr, bɔrt] *n.m.* = **bort**.
booster [bustɛ(œ:)r] 《엑》 *n.m.* 부스터《다단식 로켓의 보조 추진 장치》.
bootlegger [butlegœːr] 《미영》 *n.m.* (미국의)주류 밀수업자.
boots [buts] 《영》 *n.m.pl.* 부츠.
bop [bɔp], **be-bop** [bibɔp] *n.m.* 봅, 비봅《재즈 음악의 일종》.
boqueteau [bɔkto] (*pl. ~x*) *n.m.* 작은 숲(petit bois).
boquillon [bɔkijɔ̃] *n.m.* 《엑》 나무꾼.
bora [bɔra] *n.f.* 보라《아드리아 북방 해안의 모진 북동풍》.
boracique [bɔrasik] *a.* 《엑》= **borique**.
boracite [bɔrasit] *n.f.* 《광물》방붕석(方硼石).
borain(e) [bɔrɛ̃, -ɛn] *a., n.* = **borin**.
borane [bɔran] *n.m.* 《화학》수소화붕소.
borasse [bɔras], **borassus** [bɔrasys] *n.m.* 《식물》종려나무의 일종.
borate [bɔrat] *n.m.* 《화학》붕산염.
boraté(e) [bɔrate] *a.* 《화학》붕산을 함유한.
borax [bɔraks] 《라틴》 *n.m.* 《화학》붕사(硼砂).
borborygme [bɔrbɔrigm] *n.m.* ① 《의학》뱃속의 꾸르륵거리는 소리. *avoir des ~s* 뱃속에서 꾸르륵 소리가 나다. ② 빨라서 알아듣기 어려운 말.
borchtch, bortsch [bɔrtʃ] 《러시아》 *n.m.* 《요리》러시아식 수프.
*****bord** [bɔːr] *n.m.* ① (벼랑·길·모자·컵·상처 따위의)가장자리, 가두리; (옷의)깃; (해·달의)테두리; 《항공》(날개의)가장자리. *au(sur) le ~ de la*

route 길가에. ~ d'une robe 옷깃. ~ des yeux 눈가장자리. Fais attention à ce verre, le ~ est cassé, tu vas te couper. 이 컵의 가장자리가 깨어졌으니 조심해라, 손가락을 베게 될 것이다. ~ d'attaque(de fuite) (비행기 날개의)앞전(뒷전). avoir un mot(un aveu, un secret) au(sur le) ~ des lèvres 말(고백·비밀)이 혀 끝까지 나와 있다.
② (강·바다·호수의)가, 기슭, 연안(지방); (pl.) 《시》나라. au ~ de la mer 바닷가에. maison sur le ~ de la mer 바다를 향한 집. les sombres ~s 《시》 유적》저승.
③ 뱃전, 배; 항정(航程), 항로. Il n'a jamais pu monter à ~ d'un bateau, il a le mal de mer. 그는 절대로 배를 탈 수가 없었다, 그는 늘 뱃멀미를 한다. ~ du(sous le) vent 바람 받는 뱃전(반대쪽 뱃전). médecin du ~ 선의(船醫). faux ~ (비행기·배의)경사. franc ~ 마른 뱃전. journal de ~ (비행기·선박의)항해[항공] 일지. hommes du ~ (배의)승무원 전원. navire de haut ~ (예전의)갑판이 3단 이상의 큰 배; 원양 항해선. rouler ~ sur ~ (배가)좌우로 흔들리다, 옆질하다. courir un ~ (배가)방향전환 없이 일직선으로 달리다.
à ~ 배에, 배의, 선상의. vie à ~ 해상 생활.
à pleins ~s; à ras ~ 철철 넘치게, 가득히.
avoir l'âme sur le ~ des lèvres 거의 죽어가다.
avoir le cœur au ~ des lèvres 생각한 것을 바로 표현하다(말하다).
~ à ~ [bɔrabɔːr] 가장자리가 서로 스칠 정도로 (가까이); 가득히. ~ à ~ avec un navire 서로 뱃전을 스치며.
être à bout de ~ 한 방향의 항정을 끝내다, 방향전환 직전에 다다르다; 《구어》돈에 궁하다.
être au ~ de + inf. 바야흐로 ...하려고 하다.
être au ~ de l'abîme(du précipice, du gouffre) 위험(절망) 일보 직전에 있다.
être au(sur le) ~ des larmes(de la crise) 막 눈물이 쏟아지려(발작이 일어나려) 하다.
être du ~ de qn 《구어》...와 같은 의견(입장)이다.
être seul à son ~ 혼자 의견을 달리하고 있다, 고립되고 있다.
par les moyens du ~ 당장 가지고 있는 수단으로.

Borda (le) [lɔrda] (<*Charles de Borda*, 프랑스 해군 기술장교) n.pr.m. (1913년까지의 프랑스 해군 후보생의)연습선.

bordache [bɔrdaʃ], **bordachien** [bɔrdaʃjɛ̃] n.m. 《엣·구어》해군 사관 후보생.

bordage¹ [bɔrdaːʒ] n.m. ① (주로 pl.) 《해양》 선체에 댄 판자, 피복, 외피판(外被板). ② (돌의)가장자리를 치기; (옷의)가장자리를 꿰매기; 《기계》테를 달기. ~ d'un lit 이불을 매트 밑으로 접어 넣기. ③ 소규모의 연안 무역.

bordage² n.m. 《엣·사투리》소작지, 농가.

bordant [bɔrdɑ̃] n.m. 《해양》 (돛의)아래 가장자리 밧줄.

borde [bɔrd] n.f. 《엣·사투리》반타작 소작지; 작은 농지.

bordé(e¹) [bɔrde] a.p. [~ de](으로)가장자리를 꾸민(두른). drap ~ 가장자리를 두른 시트.
—n.m. 가장자리를 두르는 것; (배의)외피판(外被板), 뱃전. ~ en fer 장갑(裝甲).

bordeaux [bɔrdo] n.m. 보르도산 포도주. —a. (불변)적자색(赤紫色).

bordée² [bɔrde] n.f. ① 현측포(舷側砲); (그)일제사격(feu de ~); (욕설·저주 따위의)퍼붓기. ~ d'injures 수많은 난폭한 욕설. lâcher sa ~ 《속어》속(말)을 다 털어놓다. ② (배가)바람을 비스듬히 받으며 진로를 바꾸지 않고 전진하는 거리. ③ 《해양》근무, 당직. grande(petite) ~ (밤의)4시간(2시간) 교대의 당직.
courir(tirer) une ~ 진로를 바꾸지 않고(한 진로를) 곧장 달리다; 《구어》(선원·수병이)허가 없이 유흥가를 돌아다니다. *être en ~* 상륙한 선원(수병)들이 놀다; 주색에 빠지다.

bordel [bɔrdɛl] n.m. ① 《비어》매음굴, 갈보집. ② 《속어》풍기문란한 곳(상태); 난잡함(désordre); 소란스러움(tapage). ③ (병적의)배낭. *B~!; B~ de Dieu(de merde)!* 《비어》빌어먹을!

bordelais(e) [bɔrdəlɛ, -ɛːz] a. 보르도(*Bordeaux*, 프랑스의 도시)의. —B~ n. 보르도 사람.
—n.f. ① (225-230 리터들이의)큰 술통. ② (3/4 리터들이의)보르도 포도주 병.

bordéleux(se) [bɔrdelø, -ø:z] a. 《비어》난잡스러운(en désordre); 엉망인. chambre ~se 난잡한 방.

bordélique [bɔrdelik] a. 《비어》=bordéleux.

*****border** [bɔrde] (<*bord*) v.t. ① (주어·보이는 사물(의)가장자리를 형성하다, 경계선을 이루다. arbres qui *bordent* le chemin 길가에 서 있는 나무들. ② (에)인접하다. Un fossé *borde* la jardin. 웅덩이가 정원에 접해 있다(의 경계를 이루고 있다).
③ 《해양》 (배가 ...의)가를 따라가다. les côtes hâyennes를 따라 항해하다. ④ [~ de](으로)(의복의)가장자리를 두르다, (의)가장자리를 두르다, 둘러싸다. ~ une allée de peupliers 통로(산책길)가에 포플러를 심다. rue *bordée* de débris 쓰레기가 죽 늘어선 거리. ⑤ ~ un lit 침대 이불 가장자리를 매트 밑으로 접어넣다; ~ *qn* (dans son lit) 침대에 누운 ...의 이불깃을 침대 가장자리에 접어넣다. ⑥ 《해양》(선체의)외피판(外被板)을 대다(둘러치다); (배에)노를 붙이다; 《기계》 테를 달다. ~ les avirons 노를 선내로 거두다. ~ une voile 돛을 바람쪽으로 팽팽하게 달다.

bordereau [bɔrdəro] (pl. ~x) n.m. 《상업》계산서, 명세서. ~ d'achat(de vente) 구입(판매) 계약서. ~ de crédit(de débit) 대출(차용)표. ~ d'estimation 견적서. ~ de prix 단가 명세서. ~ de compte 수지 명세표. ~ d'expédition 소포 우편물 내용기재 부표. ~ d'inscription 등기 명세서. ~ nominatif (회사 따위에서 작성하는)사회보장 가입자 명부.

borderie [bɔrd(ə)ri] n.f. 《엣》작은 소작지; 아주 작은 농지.

borderline [bɔrdərlajn] 《영》 n.m. 《복수불변》 《의학》 상이한 두 병 사이의 중간 증세, 경계례(境界例)/ 신경증과 정신병과의 경계에 있는 한계를 짓기 어려운 증상 따위).

bordeur(se) [bɔrdœːr, -ø:z] n. (특히 구두의)가장자리를 꿰매는 사람. —n.f. (재봉틀의)가장자리를 꿰매는 기구.

bordier(ère)¹ [bɔrdje, -ɛːr] a. 《해양》 한 쪽으로 기울어진, 좌우의 균형이 잡히지 않은. mer ~*ère* 《지질》 연해(緣海)대륙붕을 덮는 얕은 바다.
—n.m. 한쪽으로 기울어진 배(navire ~).

bordier(ère)² n. 《엣·사투리》(병작제)소작인.

bordigue [bɔrdig] n.f. (바닷가의 물고기를 산 채로 넣어 두는)우리, 어살.

bordj [bɔrdʒ] 《아라비아》 n.m. (북아프리카의)방새(防塞), 바리케이드.

bordoyer [bɔrdwaje] [7] v.t. (그림)을 틀에 끼우다.

bordure [bɔrdyːr] n.f. ① 가장자리(에 두른 것), 가; (산책길·화단·잔디밭 따위의)가장자리 (장식); 숲기슭; 《인쇄》가장자리 장식; 《장정》가장자리 무늬; (모자 따위의)테두릿감; (장갑의)가장자리 장식; 《해양》 돛의 깃. ② (그림의)틀; (안경의)장식테.

bordurer [bɔrdyre] *v.t.* (에)테[들]를 끼우다[넣다], 가장자리를 장식하다.

bordurette [bɔrdyrɛt] *n.f.* (도로의)(중앙)분리대.

bore [bɔːr] *n.m.* 【화학】붕소.

boréal(ale, *pl.* **aux)** [bɔreal, -o] *a.* 북쪽의, 북극의 (↔ austral). hémisphère ~ 북반구. Océan ~ 북빙양. latitude ~*ale* 북위. terres ~*ales* 북극 지대. périodes ~*ales* 【지질】보레 말기(기원전 6,000 ~5,000년).

borée [bɔre] *n.m.* 【시】북풍. B~ 【그리스신화】북풍의 신.

borgne [bɔrɲ] *a.* ① 애꾸눈의; (길이)막다른; 불완전한. fenêtre ~ 밖이 보이지 않는 채광 퇴창. ancre ~ 【해양】가지가 하나밖에 없는 닻; 부표 없는 닻. sein ~ 젖꼭지 없는 유방. rue ~ 막다른 골목; 사장가. ② 수상쩍은, 희미한, 의심스러운. hôtel ~ 수상쩍은 여관. compte ~ 맞지 않는 셈, 수상쩍은 계산. maison ~ 어두컴컴한 집; 매음굴. *changer* [*troquer*] *son cheval* ~ *contre* [*pour*] *un aveugle* 《속담》밑지는 거래를 하다, 혹 떼러 갔다가 혹 붙이고 돌아오다.
— *n.* 애꾸눈이. Au (Dans le) royaume des aveugles, les ~*s* sont rois. 《속담》장님 왕국에서는 애꾸눈이 왕.
— *n.m.* = **orvet**.

borgnesse [bɔrɲɛs] 《속어》《경멸》 *a.* 애꾸눈의.
— *n.f.* 애꾸눈의 계집.

borin(e) [bɔrɛ̃, -in] *a.* (벨기에·북프랑스 지방의)탄광의. — *n.* (위)의 탄광 광부.

borinage [bɔrinaːʒ] (< *Borinage*, 벨기에의 탄광지대) *n.m.* (벨기에·북프랑스 지방의)석탄 채굴, 채탄; (집합적)탄광 광부.

borique [bɔrik] *a.* acide ~ 【화학】붕산.

boriqué(e) [bɔrike] *a.* 【약】붕산을 함유한.

bornage [bɔrnaːʒ] *n.m.* ① 경계 획정; 경계. pierre de ~ 경계석(石). ② 【해양】연안 항행.

borne [bɔrn] *n.f.* ① 경계표; 표지; (*pl.*)국경 차량 통과차단표[석(石)]; 【고대로마】이정표. ~*s d'un État* 국경. ~ routière [kilométrique] 이정표. ② (*pl.*)(비유적)한계, 한도; 끝; 제한. joie sans ~(*s*) 무한한 기쁨. mettre des ~ à …을 제한(억제)하다. passer [dépasser, franchir] (toutes) les ~*s*; n'avoir pas de ~*s* 《구어》한계가 없다, 너무 지나치다. ③【전기】전극; 접속자. ~ de terre 접지단자(接地端子). ④《속어》1킬로미터. Il reste encore vingt ~*s* à parcourir. 아직도 20킬로를 더 달려야 한다. ⑤ 말뚝 꼭지. ~ d'incendie 소화전(消火栓). ~ d'amarrage 【해양】배 걸어매는 말뚝. Son talent *se borne* là comme une ~ 꼼짝않고 서 있다. ⑥ 【수학】한(限). ~ supérieure [inférieure] 상[하]한.
orateur de ~ 《속어》가두 연설가.

borné(e) [bɔrne] *a.p.* ① (공간적으로)한정된(limité). la France ~*e* au midi par les Pyrénées 남쪽으로는 피레네 산맥을 국경으로 하는 프랑스. vue ~*e* 막힌 조망. horizon ~ 한정된 수평선. ② (정신적으로)한정된(restreint). instruction ~*e* 한정된 [불충분한] 교육. ~ par mon sujet란 나에게 다루는 주제가 한정되어 있기 때문에. ③ 시야가 좁은(~ dans ses vues). ④ 지능이 열등한; 편협한(étroit, ↔ ouvert). esprit ~ 속이 막힌 사람. homme ~ 편협한 사람, 열등한 사람. Il est ~. C'est un ~. 그는 편협하다.

bornéen(ne) [bɔrneɛ̃, -ɛn] *a.* 보르네오(*le Bornéo*)의. —B~ *n.* 보르네오 사람.

bornééne [bɔrneɛn] *n.m.* = **bornéol**.

borne-fontaine [bɔrnəfɔ̃tɛn] (*pl.* ~**s**-~**s**) *n.f.* ① 경계표 모양의)시가수도전(市街水道栓). ② 가늘린 펌프.

Bornéo [bɔrneo] *n.pr.m.* 【지리】보르네오.

bornéol [bɔrneɔl] *n.m.* 【약】보르네올.

borner [bɔrne] *v.t.* ① (보이는 장소)경계표[석]를 세우다, 담을 둘러쌓다. ~ une route (도로의)이정표를 세우다. ~ une propriété [un champ] 소유지[밭]에 경계 표시를 하다. ② (힘·말 등 따위를)한정[제한]하다; (욕망 따위를)억제하다. Il faut savoir ~ ses désirs [son ambition]. 욕망 (야심)을 억제할 줄 알아야 한다.
— **se** ~ *v.pr.* (주어는 사람) ① 감수하다, 만족하다, 자제하다; [se ~ à] (로)만족하다. Nous pouvons rien vous dire de notre enquête, je *me bornerai* simplement à dire ceci. 우리는 우리의 앙케트에 관해 아무 말도 해줄 수가 없다, 단지 이 말을 하는 것으로 만족하겠다. ② [se ~ à] (에)한정되다. Son talent *se borne là*… 그의 재능은 …에 한정되어 있다. ③ 서로 제한하다.

borne-repère [bɔrnərəpɛːr] (*pl.* ~**s**-~**s**) *n.f.* 【측량】수준기표(水準基標).

borne-signal (*pl.* ~**s**-~**aux**) [bɔrnasiɲal, -o] *n.f.* 【측량】3각측량 기점(基點).

bornière [bɔrnjɛːr] *n.f.* 앵글 철(鐵).

bornoyer [bɔrnwaje] [7] *v.t.* (외눈으로)겨냥하다; (말뚝을 기준으로 삼고)겨누어서 일직선으로 하다. — *v.i.* 【옛】애꾸눈이다.

borosilicate [bɔrɔsilikat] *n.m.* 【화학】붕규산(硼硅酸).

borragin(ac)ées [bɔraʒin(as)e] *n.f.pl.* 【식물】유리지치과(科).

borren(ne) [bɔrɛ̃, -ɛn], **borrin(e)** [bɔrɛ̃, -in] *a.* 부르생모리스(*Bourg-Saint-Maurice*, 프랑스의 도시)의. —B~ *n.* 부르생모리스 사람.

bort [bɔːr, bɔrt] 【영】 *n.m.* ① 거친 양털 ② 다이아몬드 부스러기.

borure [bɔryːr] *n.m.* 【화학】붕화물(硼化物).

borzoï [bɔrzɔj] *n.m.* 루스 보르조이종(種)의 사냥개.

Bo(s)chimans [bɔʃimɑ̃] *n.m.pl.* 부시족(族).
— *n.* 부시 사람.

bosco [bɔsko] *n.m.* 【해양】갑판장(maître de manœuvre).

boscot(te) [bɔsko, -ɔt] *n.,a.*《옛·속어》꼬마 곱사등이(의).

bosniaque [bɔsnjak] *a.* 보스니아(*la Bosnie*, 유고슬라비아의 한 지방)의(bosnien). —B~ *n.* 보스니아 사람.

Bosnie (la) [labɔsni] *n.pr.f.* 【지리】보스니아 (유고슬라비아 연방공화국의 하나).

bosnien(ne) [bɔsnjɛ̃, -ɛn] *a.* 보스니아(사람)의. —B~ *n.* 보스니아 사람.

Bosphore (le) [ləbɔsfɔːr] *n.pr.m.* 보스포러스 해협.

bosquet [bɔskɛ] *n.m.* 작은 숲; 총림.

boss [bɔs] (*pl.* ~*es*)《미영》 *n.m.* 주인, 경영주(patron, chef d'une entreprise); 우두머리.

bossage [bɔsaːʒ] *n.m.* (< *bosse* *n.m.*) ① (긁은 새겨을)돋을새김하기. ② 【기계】원형의 돌출부, 혹, 곡, 촉. (총·포식 따위의)응기 부분; 【건축】돌벽에 불쑥 두드러지게 조각한 무늬.

bossage ③

bossant(e) [bɔsɑ̃, -ɑ̃ːt] *a.*《속어》몹시 우스꽝스런.

bosse [bɔs] *n.f.* ① 곱사등이; (낙타의)육봉(肉峯).

(사람의)알통; 혹; 돌기; (지면의)우툴두툴한 기복; 〖물상〗두개골의 융기. ~s du chameau 낙타의 곰사둥. terrain plein de ~s 울퉁불퉁한 지면. ~ occipitale 후두골 돌기. ~s frontales 전두골 돌기. se faire une ~ au front en se cognant 부딪혀 이마에 혹이 생기다. faire ~ aux genoux (바지의) 무릎이 불룩하게 나오다. ②〖구어〗재능, 능력. [avoir la ~ de] Il a tout vendu, il *a* vraiment *la* ~ *du commerce*. 그는 전부 팔았다, 정말 장사 수완이 있다. ③〖당구〗(공과 공의)붙음. ④돌을새김(무늬; (그림의)모형상(模型像). en ~ 돋을새김한. ⑤〖해양〗(배의)스토퍼, 지삭(止索).
***ne chercher(rêver) que plaies et* ~s** 싸움을 좋아하다, 아무에게나 무턱대고 싸움을 건다.
***rouler sa* ~**〖구어〗거처를 옮기며 이리저리 돌아다니다; 부지런히 일하다.
s'en payer(s'en donner) une ~ 《속어》맛있는 음식을 먹다; 흥청망청 떠들어대다.
se payer(se donner, se flanquer) une ~ de rire 《속어》무척 재미있는 생각을 하다; 배꼽이 빠지도록 웃다.
tomber sur la ~ de *qn*〖구어〗…에게 달려들다, … 을 치다.
bosselage [bosla:ʒ] *n.m.* (식기의)돋을새김 무늬.
bosseler [bosle] 5 *v.t* ①(금은 세공을)돋을새김하다. ②울퉁불퉁하게 하다, 기복을 만들다. ③《속어》(을)두들겨 패다, 타도하다; 죽이다.
—**se** ~ *v.pr.* 울퉁불퉁하다.
bosselle [bosɛl] *n.f.* 장어 잡는 통발.
bossellement [bosɛlmɑ̃] *n.m.* bosseler ①②하기.
bosselure [bosly:r] *n.f.* 〖해양〗 돋을새김, 양각(陽刻). ②(은그릇 따위의)오톨도톨하게 새긴 장식; 우툴두툴함, 표면의 기복.
bosser [bose] *v.t.* ①〖해양〗 밧줄로 잡아매다. ② 《속어》마구 부려먹다; (일에)열중하다. Il *bosse son examen au lieu d'aller s'amuser*. 그는 놀러 가는 대신에 시험공부에 열중한다.
—*v.i.*《속어》(부지런히)일하다(travailler dur); 흥청거리다. *Où est-ce que tu bosses maintenant*? 요즘은 어디서 일하니?
—**se** ~ *v.pr.*《속어》①흥청거리며 놀다. ② 명랑하게 웃다.
bossette [bosɛt] *n.f.* ①(재갈의)장식; (말의)눈가리개. ②(총의 방아쇠의)돌기부(突起部)(~ *de la détente*).
bosseur(se) [bosœ:r, -ø:z] *n.*《속어》열심히 일하는 사람, 일꾼(travailleur).
bosseyer [bosɛ(e)je] 8 *v.t*〖광산〗 (바위에)구멍을 뚫다.
bosseyeuse [bosɛjø:z] *n.f.*〖광산〗 착암기.
bossoir [boswa:r] *n.m.* ①〖해양〗 양묘가(揚錨架); 뱃머리; 보트걸이. ancre de ~ 뱃머리 닻, 큰 닻. homme de ~ 뱃머리의 감시인. ②(*pl.*)《속어》 통통한 여자의 가슴.
bossu(e) [bosy] *a.* ①곱사등이의, 꼽추의. ~ *par-devant* 앞가슴이 기형으로 불룩하게 나와 있는. ~ *par-derrière* 새우등의. ②(동물이)등에 혹이 있는. ③(땅 따위가)울퉁불퉁한, 기복이 심한.
—*n.* 꼽추. rire(rigoler, se tordre) comme un ~ 《구어》배가 아프도록 웃다.
bossué(e) [bosɥe] *a.p.* 울퉁불퉁한.
bossuer [bosɥe] *v.t.* (에)기복을 만들다; 울퉁불퉁하게 하다. ~ *un casque* 헬멧을 우그러뜨리다.
—**se** ~ *v.pr.* 울퉁불퉁해지다.
boston [bɔstɔ̃] *n.m.* ①카드놀이의 일종. ②보스턴 왈츠.
bostonien(ne) [bɔstɔnjɛ̃, -ɛn] *a.* 보스턴(*Boston*, 미

국의 도시)의. —**B**~ *n.* 보스턴 사람.
bostonner [bɔstɔne] *v.i.* ①〖카드놀이〗 보스턴놀이를 하다. ② 보스턴 왈츠를 추다.
bostonneur(se) [bɔstɔnœ:r, -ø:z] *n.* 보스턴 왈츠의 댄서.
bostryche [bɔstriʃ] *n.f.*〖곤충〗개나무좀 무리.
bot¹(e) [bo, -ɔt] *a.* (손·발·다리 따위가)굽은; 기형의. main ~*e* 곱은 손, 병신 손. pied ~ 안짱발이, 안짱다리(의 사람).
bot²〖약자〗ballot 〖상업〗고리짝.
botanique [bɔtanik] *a.* 식물학의. jardin ~ 식물원. géographie ~ 식물지리(학). —*n.f.* 식물학.
botaniquement [bɔtanikmɑ̃] *ad.* 식물학적으로.
botaniser [bɔtanize] *v.i.* 식물을 채집하다. *J'ai beaucoup botanisé dans ma jeunesse*. 나는 젊은 시절에 식물 채집을 많이 했다.
botaniseur(se) [bɔtanizœ:r, -ø:z] *n.* 식물 채집자.
botaniste [bɔtanist] *n.* 식물학자.
Bot(h)nie [bɔtni] *n.pr.f.*〖지리〗보트니아.
bothriocéphale [bɔtri(j)osefal] *n.m.*〖동물〗열두(裂頭)촌충.
botrychion [bɔtrikjɔ̃], **botrychium** [bɔtrikjɔm] *n.m.*〖식물〗꽃고비속(屬).
botrytis [bɔtritis] *n.m.*〖생물〗보트리티스균(누에·포도 따위에 해를 입힘).
botswanais(e) [bɔtswanɛ, -ɛz] 〖지리〗 *a.* 보츠와나(*le Botswana*)의. —*n.* 보츠와나 사람.
botte¹ [bɔt] (<*bot*) *n.f.* ①장화; 말 다리 보호용의 가죽(~ *s de cheval*); 《속어》구두에 묻은 흙. ~*s à l'écuyère* 승마용 장화(~ *d'équitation*). coup de ~ 〖구어〗발길질. *Il pleut, tu ferais mieux de mettre tes* ~*s!* 비가 온다, 장화를 신는 것이 더 나을 것이다. ②(사냥개의)목걸이, 개줄. avaler la ~ *au limier* 사냥개의 목걸이를 끌러 놓아주다. ③〖군사〗 (총·창·군기 따위의)받이, 꽂이. ④(변소의)관(管)(~ *de latrines*). ⑤〖학생은어〗(École polytechnique의)우등 졸업生. sortir dans la ~ (이공대학)우등으로 졸업하다. ⑥(비유적)군화. *bruit de* ~*s* 군화의 저벅저벅하는 소리, 전쟁의 낌새. *La France gémissait sous la* ~ *nazie*. 프랑스는 나치의 압제 밑에 신음하고 있었다.
***aller à la* ~** (말)기수의 장화를 물려고 하다; 매서운 말을 듣다.
***Ça fait ma* ~.**《속어》이것은 내게 잘 어울린다.
en avoir plein les* ~*s …에 싫증나다, …이 지긋지긋하다.
être à la ~ de *qn* …의 명령에 복종하다.
***être* ~ *à* ~** (시험에서)1·2위를 다투다.
graisser ses* ~*s〖구어〗떠날 채비를 하다; 죽을 준비하다.
lécher(cirer) les* ~*s de *qn*〖구어〗…에게 아첨을 하다, 추종하다.
marcher avec des* ~*s de sept lieues 무척 빨리 걷다(Perrault의 동화 *Petit Poucet*에 나오는 일화에서 유래).
y laisser ses* ~*s〖구어〗거기서 죽다.
botte² [bɔt] *n.f.* ①(꽃·야채 따위의)다발, 단; 〖군사〗꼴; 꼴을 주는 시간. ②〖구어〗다량(多量). Il *y en a des* ~*s*. 그건 산더미같이 많다. *une* ~ *de...*〖구어〗많은 수의.
botte³ *n.f.* ①〖펜싱〗찌르기, 일격. parer(esquiver) *une* ~ (상대방의)칼 끝을 교묘히 피하다(받아 넘기다). ②(말 또는 글로 하는)불의의 공격; 불의의 질문.
porter(pousser, allonger) une ~ à *qn* …을 찌르다; 갑자기 …에게 (얼떨떨해지는)질문을 하다, …을 매섭게 공격하다. ***proposer la ~ à*** *qn* …을 동침에

botté(e) [bote] *a.p.* 장화를 신은. être bien ~ 잘 어울리는 장화를 신고 있다.
bottelage [bɔtlaːʒ] *n.m.* 다발로 묶기.
botteler [bɔtle] [5] *v.t.* 다발로 묶다.
bottelette [bɔtlɛt] *n.f.* 작은 다발.
botteleur(se) [bɔtlœːr, -øːz] *n.* 다발로 묶는 사람. —*n.f.* 《농업》다발로 묶는 기계.
botteloir [bɔtlwaːr] *n.m.* 《농업》다발로 묶는 기계 (botteleuse).
botter [bɔte] *v.t.* ① (에게)장화를 신기다; 장화를 주다. ② (장화가 …의)발에 맞다; (속어)(에)잘 어울리다; (의)마음에 들다. Ça me *botte*. 내겐 그것이 좋다.《구어》차다, 걷어차다.《축구》슛하다. ~ qn(le derrière à qn) …의 뒤를 걷어차다. ~ le cul 엉덩이를 차다. —**se** ~ *v.pr.* ① 장화를 신다. ② 떠날 채비를 하다. ③ (신이)흙투성이가 되다.
botterie [bɔtri] *n.f.* ① 장화 공장; 장화 제조; 장화 상점〔장사〕. ② 《집합적》장화.
bottier [bɔtje] *n.m.* ① 장화 제조〔판매〕인. ② (고급 구두를 만드는)장인.
bottillon¹ [bɔtijɔ̃] *n.m.* (풀·야채 따위의)작은 다발.
bottillon² *n.m.* (발목까지 올라오는)털신.
bottin [bɔtɛ̃] (<*Bottin* (1764–1853), 최초의 상공 연감 편찬자)《프랑스의》상공연감; 실업가 인명록; 신록부.
bottine [bɔtin] *n.f.* ① 편상화 (~s à lacets); 반장화, 긴 고무장화 (~s à élastiques). ~s d'escalade 등산화. ~ de cheval 말의 발에 대는 가죽. ②《군사》웰링턴 장화.
botulinique [bɔtylinik], **botulique** [bɔtylik] *a.* bacille ~ 《의학》보툴리누스균.
botulisme [bɔtylism] *n.m.* 《의학》소시지 중독, 보툴리누스균 중독.
boubou [bubu] *n.m.* (북아프리카의)긴 상의.
boubouler [bubule] *v.i.* (올빼미·부엉이가)부엉부엉 울다.
bouc [buk] *n.m.* ① 염소의 수컷. ~ émissaire (옛 유태의)속죄의 염소; 남의 죄를 대신 지는 사람, 희생, 제물. ②《구어》염소 수염 같은 턱수염 (barbe du ~). ③ 저저분한 사람; 불쾌한 녀석;《속어》늙은 남편. ~ de régiment《속어》공병 (工兵). ④ 염소 가죽(제품); 염소 가죽 병.⑤《공업》자동 양수기;《기계》(도르래의)스프로켓. *puer comme un~; sentir le ~*《구어》지독한 냄새를 풍기다.
boucage [bukaːʒ] *n.m.*《식물》참나물속(屬).
boucan¹ [bukɑ̃] *n.m.* (카리브 사람의)훈제(燻製)고기; 훈육(viande fumée); 훈육소(燻肉所); 훈육용 나무 석쇠.
boucan² *n.m.*《속어》소동, 법석. faire du ~; faire un ~ de tous les diables 야단법석을 떨다.
boucanage [bukanaːʒ] *n.m.* 훈제(燻製)로 하기.
boucane [bukan]《캐나다》*n.m.* 연기.
boucané(e) [bukane] *a.p.* 햇볕에 탄, 가무스름한.
boucaner¹ [bukane] *v.t.* 훈제(燻製)로 하다; (햇볕에)그을리다, 거무스름하게 하다. —*v.i.* ① 훈제가 되다. ② (가죽을 얻으려고)들소 사냥을 하다.
boucaner² *v.t.*《속어》떠들어대다, 야단법석 떨다.
boucaner³ *v.i.*《속어》고약한 냄새를 풍기다.
boucanier(ère) [bukanje, -ɛːr] *n.m.* 16·17세기경 아메리카에서 들소 사냥을 하던 사람. ② (사냥에 쓴) 총 (fusil ~). ③ (미대륙에 출몰하던)해적. —*a.* 들소 사냥(용)의.
boucau [buko] (*pl.* ~**x**) *n.m.* (남프랑스의)항구의 입구.

boucaud [buko] *n.m.* 작은 새우의 일종 (crevette grise).
boucaut [buko] *n.m.* (담배·커피·건대구 따위의)마른 것을 넣어 두는 통.
bouchage [buʃaːʒ] *n.m.* ① 마개로 막기; 밀폐 (fermeture). ② (난로의)불을 끄기. ③ 마개; (용광로의)점토로 만든 마개.
bouchain [buʃɛ̃] *n.m.*《선박》창저(艙底).
boucharde [buʃard] *n.f.*《석공》끄트머리가 톱니바퀴 모양으로 생긴 망치;(톱니바퀴 모양의)금속 세 롤러.
boucharder [buʃarde] *v.t.* boucharde 로 다듬다.
‡**bouche** [buʃ] *n.f.* ① (사람·동물의)입; 입술 (lèvres), avoir toujours la pipe à la ~ 항상 입에 파이프를 물고 있다. parler la ~ pleine 입에 음식을 가득 문 채로 말하다. sentir mauvais de la ~ 입에서 악취가 나다. ~ en cerise (de corail) 새빨간 입술. baiser sur(à) la ~ 입술에 키스하다. ② (표현수단으로서의)입; (말하는)사람, ouvrir la ~ 입을 열다, 말하다 (prendre la parole). avoir toujours la même histoire à la ~ 언제나 같은 이야기만을 되풀이하다. fermer la ~ à qn …을 입다물게 하다. demeurer(rester) ~ cousue 침묵을 고수하다. aller(passer) de ~ en ~ 입에서 입으로 전해져 퍼지다. dire tout ce qui vient à la ~ 멋대로 지껄이다. La verité parle par sa ~. 그는 진실을 말하고 있다. Ta *B*~(, bébé)!《속어》세혀, 닥쳐! ~ publique(비유적)세론. (homme) fort en ~ 입담이 좋은(사람). déesse aux cent ~《시》평판(評判)의 여신. Il est une ~ éloquente (franche). 그는 웅변가(솔직하게 말하는 사람)이다. saint Jean *B*~ d'or (비유적) 웅변가; 거리낌없이 말하는 사람.
③ (먹는)입, 식구, 부양가족;《옛》(왕후의)식사. Il a chez lui cinq ~s à nourrir. 그는 부양가족이 다섯이다. fine ~ 미식가; (취미가)까다로운 사람. dépense de ~ 식비. ~ inutile 무위도식자. provisions (munitions) de ~ 식료품. officier de la ~《옛》(왕의)식사관리인.
④ (물건·사물의)입구 (주로 *pl.*) 하구(河口), (만의)입구; 해협. ~ de métro 지하철 입구. ~ de canon 포구(砲口). ~ à feu 화포(火砲). ~ d'eau 급수전. ~ d'incendie 소화전. ~s du Nil 나일강 하구. ~s de Bonifacio 보니파치오 해협.
⑤《음악》(플루트 따위의)주둥이; 마우스피스; (파이프 오르간의)측면 구멍.
à ~ que veux-tu《구어》잔뜩, 충분히. louer qn à ~ *que veux-tu*에게 물리도록 …을 격찬하다. traiter qn à ~ *que veux-tu* …에게 맞있는 음식을 잔뜩 먹이다.
à pleine ~ 입 가득히. manger à pleine ~ 게걸스레 먹다. crier à pleine ~ 고함을 지르다.
arracher qc de la ~ de qn …에게서 강제로 …을 알아내다[받아내다].
avoir la ~ pleine (plein la ~) *de qc*《구어》…에 대해 계속 지껄이다.
avoir (*faire venir*) *l'eau à la ~* 군침이 돌다 (돌게 하다); 탐내다 (탐나다).
avoir le cœur sur la ~ 생각한 대로 말하다.
bonne ~ 좋은 뒷맛. Cette liqueur fait *bonne* ~. 이 리퀘르는 뒷맛이 좋다. laisser qn sur la *bonne* ~《구어》…에게 맨 마지막에 맛있는 것을 내놓다; (비유적) …에게 희망(의 인상)을 남기고 떠나다. demeurer(rester) sur la *bonne* ~ 좋은 뒷맛을 버릴까봐 아무것도 먹지 않다; (비유적)좋은 일이 있었을 때에 두려워서 계속하지 않다.
~ à ~ ⓐ 마주 대해서, 직접 맞대고, ⓑ 입을 대고

하는 인공호흡.
~ *mauvaise* (담즙 때문에)쓴 입; 악취가 심한 입.
cheval qui a la ~ *faite* 이가 가지런히 난 말.
cheval sans ~ *(fort en*~) 다루기 힘든 말, 거친 말.
de ~ *à oreille* 귓속말로, 남 모르게.
enlever le pain de la ~ *de qn; ôter à qn les morceaux de la* ~ …의 음식 목적으로 가르는 동물
être dans la ~ *de tout le monde; être dans toutes les* ~*s* 방방곡곡에 알려져 있다, 도처에서 화제거리가 되다.
être porté sur la(sa) ~; *être sur la* ~; *être sujet à sa* ~ 《속어》 대식가이다.
faire la ~ *en cœur* 《구어》 선웃음치다, 애교부리다 (minauder).
faire la ~ *en cul de poule* (뾰로통해져서)입을 빼쭉거리다.
faire la petite ~ 《구어》 ⓐ 조금밖에 먹지 않다, 입이 짧다(까다롭다). ⓑ 《비유적》 *faire la petite* ~ *à qn* …을 업신여기다; *faire la petite* ~ *de(sur) qc* …에 대해 침묵하다.
mauvaise ~ ⓐ 나쁜 뒷맛. L'excès de la boisson donne *mauvaise* ~. 술이 과하면 뒷맛이 나쁘다. demeurer sur la *mauvaise* ~ 《비유적》마지막에 나쁜 인상이 남다. ⓑ 입이 험한 사람.
prendre ~ *avec qn* …와 말을 하다(사귀다).
prendre sur sa ~ 식비를 아끼다. Il *prend sur sa* ~ les charités qu'il fait. 그는 식비를 절약하여 남에게 적선을 한다.

bouché(e¹) [buʃe] *a.p.* ① (입이나 구멍이)막힌; 가로 막힌, 마개를 막은. avoir le nez ~ 코가 막혀 있다. cidre[vin] ~ 병에 넣은 사이다(포도주). ② 구름이 낀, 시계가 불투명한. temps ~ 흐릿한 날씨. ③ 미련한, 아둔한. avoir l'esprit ~; être ~ (à l'émeri)《구어》미련하다, 아둔하다.

bouche-à-bouche, bouche à bouche [buʃabuʃ] *n.m.* 《복수불변》(입을 맞대고 하는)인공호흡법. pratiquer le ~ 인공호흡법을 쓰다.

bouche à oreille [buʃaɔrɛj] *n.m.* (소식(정보)의) 입에서 입으로의 전달.

bouche-bouteilles [buʃbutɛj] *n.m.* 《복수불변》 병에 마개를 꽂는 기계.

bouchée² [buʃe] *n.f.* ① 한 입(의 양). manger une ~ 한 입 먹다. dès la dernière ~ 식사를 마치자 곧. ② (고기를 넣은)작은 파이; 초콜릿 과자의 일종(~ à la reine).
mettre les ~*s doubles* 급히 먹다(일하다). *ne faire qu'une* ~ *de* 《구어》(음식을)단숨에 먹어치우다; (일을)간단히 해치우다; (에게)쉽사리 이기다.
pour une ~ *de pain* 헐값으로.

*****boucher¹** [buʃe] *v.t.* ① (입·구멍·틈 따위를)막다 (↔ouvrir); (창을 판자 따위로 봉하다); 《시야·통로 따위를)가로 막다(barrer). ~ un trou 구멍을 막다; 《구어》빚을 갚다. Ne *bouchez* pas le passage. 길을 막지 마시오. ② (병 따위에)마개를 막다; (관(管) 따위를)막히게 하다; 《목적보어 없이》(병 따위에) 마개를 막다. ~ une bouteille 병에 마개를 막다. La bouteille *est* si bien *bouchée* que je n'arrive pas à l'ouvrir. 이 병은 마개가 하도 잘 되어 있어서 나는 병마개를 뽑을 수가 없다.
—*se* ~ *v.pr.* ① 막히다(se fermer). L'évier s'est *bouché*. 수채가 막혔다. ② (과거분사는 불변) 자기의 …을 막다. [se ~ *qc*] *qc* 는 신체부위명사) *se* ~ le nez pour ne pas sentir une mauvaise odeur 고약한 냄새를 맡지 않으려고 코를 막다. Il *se bouche* les yeux pour ne pas voir la réalité. 그는 현실을 보지 않으려고 눈을 가린다.

*****boucher²** *n.m.* ① 푸주한, 식육점 주인; (소·양·말

의)도살업자, 백정. ② 잔인한 사람; 부하의 출혈을 아끼지 않는 장군;《구어》돌팔이 외과의사.
—*a.* garçon ~ 푸줏간의 사동(심부름꾼).

*****bouchère** [buʃɛːr] *n.f.* 식육점 안주인.

*****boucherie** [buʃri] *n.f.* ① 식육점, 푸줏간. ②《옛》 도살장. animaux de ~ 도살 목적으로 기르는 동물 (소·양·말 따위). ③《집합적》고기장사; 도살업자. ④《경멸》살육, 학살(carnage, massacre).

bouche-sous-trottoir [buʃsutrɔtwaːr] (*pl.* ~*s-*~~.) *n.f.* 《토목》도로 가의 하수구.

boucheton (à) [abuʃtɔ̃] *loc. ad.* (접시 따위를)엎어 포개어.

bouche-trou [buʃtru] *n.m.* 임시 변통의 것(사람), 자리를 메우려고 갖다 놓은 것(사람).

*****bouchon** [buʃɔ̃] *n.m.* ① (병 따위의)마개;《놀이》 코르크 쓰러뜨리기(jeu de ~). ~ de liège 코르크 마개. goût de ~ (술에 옮겨진)코르크마개의 냄새. faire sauter le ~ 포도주(특히 champagne의)코르크마개를 뽑을 때 펑 소리를 내면서 튀어나가게 하다. ② (통로의)장애물, 가로 막는 것; (도관 따위를)막는 것. former un ~ dans un tuyau 관을 막다. ~ de brume (통행을 방해하는)짙게 깔린 안개. ~ de cérumen 《생리》귀에지. ③ (비틀어 놓은 짚이나 꼴 따위의)한 춤; (시트 따위의)단, 다발; (생사(生絲)의)마디. frotter un cheval avec un ~ de paille 짚 한 줌을 비틀어서 말을 문지르다. mettre du linge en ~ 시트를 비틀어서 다발을 만들다. ④ (낚시의)찌. ⑤ (옛날 선술집의)간판(이 된)나뭇가지; 선술집. ⑥《옛》귀여운 사람(애칭). ⑦《라디오》블로킹코일(circuit ~); ~ de contact(de prise)《전기》플러그. ⑧ (자동차의 일시적)교통체증(~ de circulation); (교통의 방해가 되는)군중. automobilistes retardés par un ~ 교통마비로 늦어진 운전자들.
À bon vin, (Il ne faut) point de ~.《속담》좋은 포도주에는 간판이 필요 없다.
aimer à faire sauter le ~ 술을 좋아하다.
avoir le ~ *à la rigole* 쾌활하다.
~ *de carafe* 《속어》큰 다이아몬드.
C'est plus fort que de jouer au ~*!* 《구어》놀랍다! 설마 그럴 수가!
être torché comme un ~ 누더기옷을 걸치다.
Mets(-y) un ~*!* 《속어》(아가리)닥쳐!
mettre un ~ *à qn* 《속어》…의 입을 다물게 하다.
ramasser un ~ 《속어》큰 실패를 하다.
se noircir le visage au ~ 대운 코르크로 얼굴을 검게 칠하다.

bouchonnage [buʃɔnaːʒ], **bouchonnement** [buʃɔnmɑ̃] *n.m.* 짚단으로 말을 비벼주기.

bouchonner [buʃɔne] *v.t.* ① (짚단짜게)비비다, 문지르다; (말을)짚단으로 비벼주다. ②《구어》애무하다, 쓰다듬다(caresser). ③ 다발로 묶다; 꼬다, 비틀다; 구기다.
—*v.i.* 교통체증에 걸리다, 교통체증을 빚다. On *bouchonne* le matin. 아침마다 교통체증에 걸린다. quartiers qui *bouchonnent* 교통체증을 빚는 구역들.
—*se* ~ *v.pr.* (수동적)비벼지다; 구겨지다《재귀적》자기의 …을 문지르다(쓱쓱 비비다).

bouchonnier [buʃɔnje] *n.m.* 코르크마개 제조인; 코르크마개 장수.

bouchot [buʃo] *n.m.* ① (바닷가의)어살. ② 홍합(굴) 양식장.

bouchot(t)eur [buʃɔtœːr] *n.m.* 홍합(굴) 양식자.

bouchure [buʃyːr] *n.f.* 《사투리》산울타리.

bouclage [bukla:ʒ] *n.m.* ① 《군대속어》감고, 감금, 투옥. ② (장소·지역의)봉쇄; 포위.

boucle [bukl] *n.f.* ① 버클, 고리쇠, 죔쇠. ~ de

bouclé(e)

ceinture (허리띠의)버클. ②고리(모양의 것); 귀걸이(~ d'oreille); (짐승의)코뚜레; (강물·길 따위의)굽이, 만곡; (머리칼의)컬; (l, j따위의)에 꼬친 부분. ~s de la Seine en aval de Paris 파리로부터 하류의 센 강의 굽이들. ③ 『건축』 (둥근 쇠시리를 장식하는)작은 고리; (매듭에 다는)노끈. faire un nœud avec une ~ [deux ~s] 고리가 하나[둘] 있는 매듭을 짓다. ~ d'amarrage (배를 잡아매는)고리달린 볼트. ~ d'évitement 『철도』 환상선(環狀線), 루프선. ④ 『어류』 (상어 따위 연골 어류의)가시 비늘. ⑤《속어》금지(interdiction); 절식(絶食). C'est la ~! 그것은 금지이다. ⑥ 『스포츠』 트랙 한 바퀴; (피겨 스케이트의)루프. Grande B~ 프랑스 일주 자전거경주(Tour de France cycliste). ⑦ (옷·천의)흠(vrillage).
boucler la ~ (비행기·자전거 따위가)제 주님을 하다; 완전히 일주하다; (논의·사고 따위가)출발점으로 돌아오다. *se serrer la ~* 《구어》아무 것도 먹지 않고 있다; 먹을 것이 없다; 식비를 절약하다.

bouclé(e) [bukle] *a.p.* (머리카락이)컬이 된; 코뚜레를 건.

bouclement [bukləmɑ̃] *n.m.* (소 따위에)코뚜레를 끼우기; 『수의』교미하지 못하게 암말의 국부에 구리고리를 끼우기.

boucler [bukle] *v.t.* ①버클로 채우다; 쇠로 채우다, 고리를 걸다. ~ sa ceinture [son ceinturon] 혁대를 매다. ~ sa cravate 넥타이를 매다. ②고리 모양을 만들다; 머리카락을 둥그렇게 말다, 컬을 만들다. ~ (les cheveux d')un enfant 어린애의 머리를 컬해 주다. ③ (소 따위에)코뚜레를 끼우다; 고리를 끼우다. ~ (le groin d')un porc(코로 땅을 파지 않게)돼지에 코뚜레를 끼우다. ~ une cavale 암말에 교미 방지용 고리를 끼우다. ④《속어》투옥하다(emprisonner); 《구어》닫다(fermer, clore); (사람을)감금하다, 가두다(enfermer). ~ le magasin 가게를 닫다. ~ son sac (핸드)백을 닫다. *J'ai été bouclé dans ma chambre par la grippe.* 감기때문에 방에 틀어박혀 있었다. ⑤완결하다(achever, finir). ~ un dossier 일이 끝난 관계서류를 봉투에 넣다. ~ une affaire 《구어》어떤 문제를 해결하다. ~ les comptes 『부기』장부를 마감하다, 결산을 하다. (군대·경찰이 어떤 지구를)포위하다(encercler). *Le secteur de l'avenue M. est bouclé* en fin d'après-midi. M.로(路)구역은 오후 늦게 포위되었다. ⑦ 『스포츠』 (경쟁자를)한 바퀴 떨구어 놓다, 한 바퀴 돌다; (예)봉쇄하다; 《속어》금하다(interdire). ~ un port 항구를 봉쇄하다. ~ les confettis (축제 때에 던지는)색종이[테이프]를 금하다.
~ la ceinture 굶고 있다; 먹을 것이 없다.
~ la lourde 《속어》문을 닫다.
~ la valise [la malle] 트렁크를 닫다; 떠날 준비를 하다; 죽을 준비가 되었다.
~ le budget 수지 균형을 맞추다.
~ ses mirettes 《속어》자다.
la ~; ~ sa bavarde 《속어》굶고 있다; 입을 다물다.
—*v.i.* 컬이 되다; (금속이)둥그렇게 구부러지다; (벽이)불룩해지다(se bomber); 《속어》그만두다(cesser); 입을 다물다, 침묵하다(se taire). *Ses cheveux bouclent naturellement.* 그의 머리는 원래 곱슬머리이다. *La muraille boucle.* 담벼락이 불룩해진다.
—*se ~ v.pr.* ①쇠로 죄어지다. *guêtres qui se bouclent* sur le côté 옆쪽으로 쇠를 죄는 각반. ②자기의 …을 잠그다. (컬이)되다; 제 머리를 컬이 되게 하다. *passer une heure à se ~* 머리를 컬하는 데 1시간을 보내다. ④들어박히다. *se ~ dans*

sa chambre 자기 방에 들어박히다.
se ~ la ceinture; se la ~ 《속어》굶고 있다.

boucleteau [buklǝto] (*pl.* **~x**) *n.m.* (마구(馬具)의)당김줄; (말 엉덩이를)죄는 것.

bouclette [buklɛt] *n.f.* 작은 쇠; 작은 고리; 머리의 조그마한 컬; 『직물』 눕음.

bouclier [buklije] *n.pr.m.* ① 《문어》방패가 되는 사람, 보호(물), 방어물(protection). *faire un ~ de son corps à qn* 자기 몸으로 …을 지키다 (방어하다). ② 『동물』 (거북의)등딱지, 『곤충』 딱지, 두운(頭楯). ③ (자동차의)정면 창(원자로의)방호판(防護板). ④ 『광산』 수구(構楯); 『군사』 포순(砲楯). ⑤ 『지질』 순반(楯盤) 지역.
levée de ~s 항의, 데모, 폭동; 『고대로마』 (장군에 대한 병사의)반라.

Bouddha [buda] *n.pr.m.* 부처, 불타(佛陀).

bouddhique [budik] *a.* 불교의.

bouddhisme [budism] *n.m.* 불교.

bouddhiste [budist] *a., n.* 불교를 신봉하는(사람).

bouddhologie [budɔlɔʒi] *n.f.* 불교학.

bouder [bude] *v.i.* ① (~ contre) 뿌루퉁해지다, 토라지다 (faire la tête). ~ *contre son ventre* 《구어》토라져서 밥을 먹지 않다; 홧김에 (토라져서) 고집을 세우다 (좋아하는 것도 하지 않다). ② (나무가)열매를 맺지 않다. ③ 『놀이』 (도미노에서)패스하다. *Je boude!* (도미노의)패스! (《한번 쉬기》). ④ (가마가)잘 타지 않고 연기가 나다.
~ à la besogne 일을 게을리하다.
ne pas ~ 왕성하다, 활동적이다. *ne pas ~ à table* 식욕이 왕성하다. *ne pas ~ à la besogne [à l'ouvrage]* 열심히 일하다. *ne pas ~ au jeu* 게임에 기꺼이 참가하다. *C'est un homme qui ne boude pas.* 당하고 가만히 있지는 않는 사람이다.
—*v.t.* ① (~ *qn*)(에게)토라지다, 불만스러운 태도를 보이다; 무시하다, 불신하다; (와)만나기를 꺼리다, 경원하다. *Cette femme boude son mari.* 이 여자는 남편에게 토라졌다. ~ *les enfants* 경원해서 아이들을 낳지 않다. *époque où l'élite française boudait les impressionnistes* 프랑스 엘리트가 인상파 화가들을 무시하던 시대. ② (~ *qc*)(을)신용하지 않다; 피하다; 사지 않다, 찾지[쓰지] 않다. *Certains techniciens boudent l'Aérotrain.* 어떤 기술자들은 호버트레인을 신용하지 않는다. *Les poids lourds boudent l'autoroute Vienne-Valence.* 대형 화물 자동차들은 비엔나·발렌시아간 고속도로를 기피한다. *Le président de la République boudra-t-il la finale de la coupe du Monde de football?* 대통령은 월드컵 축구 결승전에 참석하지 않을 것인가?
—*se ~ v.pr.* 서로 토라지다.

bouderie [budri] *n.f.* 뿌루퉁함, 토라짐; 뿌루퉁한 얼굴; 경원. *C'est une ~ qui se passera.* 토라졌지만 곧 풀릴 것이다. *prix qui provoque la ~ des acheteurs* 살 사람들을 경원시킬 정도의 가격.

boudeur(se) [budœːr, -ø:z] *a.* 불만스런, 뿌루퉁한, 토라지기 쉬운 (grognon). —*n.* 뿌루퉁한 사람, 불평가. —*n.f.* 등을 맞대고 앉는 긴 의자.

boudin [budɛ̃] *n.m.* ①ⓐ 『요리』 (돼지의 피와 기름 따위로 만든)순대 (~ noir), 푸딩; 《속어》똥. *eau de ~* 순대를 만들려고 돼지의 내장을 씻어낸 물. ⓑ (*pl.*) 《구어》뭉툭한 손가락. ⓒ《구어》못생기거나 우스꽝스럽게 생긴 소녀[처녀]. ②길게 꼰 물건; 나선형으로 길을 한 머리. *ressort à ~* 나선형 스프링. ③ 『직물』 조방사(粗紡絲); 『건축』 반원형 쇠시리; 『철도』 (바퀴의)테; 『군사』 도화용 (導火用) 방현재(防舷材); 『군사』 도화통(導火筒). ④ ~ *de résistance* 『전기』 저항 코일. ⑤ ~ *de*

mer 《동물》해삼류(類).
~ *d'air* (타이어의)안쪽 튜브. *faire du* ~《구어》토라지다, 뿌루퉁해지다. *s'en aller en eau de* ~《구어》실패로 돌아가다. *se remplir le* ~《속어》음식을 먹다.

boudinage [budina:3] *n.m.* ① 《직조》초벌꼬기, 조방(粗紡). ②《플라스틱 따위의》원통성형.

boudine [budin] *n.f.* 《구어》유리의 곰보. verre à ~ 크라운 유리《고급 창유리의 일종》.

boudiné(e) [budine] *a.p.* ①《구어》몸에 꼭 끼는 옷을 입은. ②《손가락이》뭉툭한. ③《전기》나선형으로 감긴. ―*n.m.*《옛》몸에 착 붙는 옷을 입은 멋장이 청년.

boudiner [budine] *v.t.* ①《직조》조방사(粗紡絲)로 하다, 초벌꼬다; (전선을)나선형으로 꼬다; 꼭 끼게 죄다.

boudineur(se) [budinœ:r, -ø:z] *n.* 《직조》조방공 (粗紡工). ―*n.f.* 조방기; 조형기(造型機).

boudinière [budinjε:r] *n.f.* 순대 제조용 짜깨기.

boudoir [budwa:r] *n.m.* ① (부인용)안방, 규방. diplomatie de ~ 여자의 사주를 받는 외교. ② 장방형의 비스킷의 일종.

*boue [bu] *n.f.* ① 진흙, 진창. patauger dans la ~ 진창 속을 걸어가다. bain de ~ 진흙욕(浴). ②《침전암》진흙(vase); 침전물, 찌꺼기; (*pl.*) 광천(鑛泉) 따위의)앙금, (바다 밑의)진흙. ~ d'un encrier 잉크병의 찌꺼기. ~ minérale 광천의 앙금. ~*s* pélagiques 원양 퇴적물. débarrasser un canal de la ~ 수로의 진흙을 준설하다. hutte de ~ séchée 진흙으로 벽을 바른 오두막. ③《옛》비천한 처지, 비참하고 비열한 마음. se vautrer(tomber) dans la ~ 비참한 생활을 하다(비참한 생활에 떨어지다). tirer *qn* de la ~ …을 불쌍히 처지에서 구해주다. ④《광산》~ de forage 보링을 할 때의 진흙찌꺼기; robinet à ~ (보일러에 고인)앙금을 빼내는 고동. ⑤《지질》~*s* activées 방사성 침적물(沈積物). ⑥《의학》~ d'un abcès 농양의 고름; ~ urinaire 요침사(尿沈査).
couvrir qn de(*trainer qn dans la*) ~ …의 명예를 손상하다, …을 헐뜯다. *mépriser*(*considérer*) *qn comme la ~ de ses souliers*《구어》…을 발가락의 때만큼도 여기지 않다.

bouée [bwe] *n.f.* ①《해양》부표(浮標). ~ lumineuse 등(燈)부표. ~ tube 구명튜브, 구명대(~ de sauvetage). ~ culotte (바지 모양의)구명대(救命袋). *être au vent de sa* ~《구어》허다한 곤란을 극복하다.

bouée-tonne [bweton] (*pl.* ~*s*-~*s*) *n.f.* 통부표.

bouette [bwεt] *n.f.* =**boitte**.

bouetter [bwe[te]te] *v.i.* =**boitter**.

boueur [bwœ:r] *n.m.* 도로 청소부.

boueux(se) [bwø, -ø:z] *a.* ① 진흙투성이의((《문어》 fangeux); ② 더러운; (글씨·인쇄 따위가)지저분한. café ~ 지저분한 카페. ―*n.m.* (도시의)청소부(boueur).

bouffant(e) [bufɑ̃, -ɑ̃:t] *a.* 부픈, 불룩한(gonflé); (옷이)헐렁헐렁한(↔collant). manche ~*e* 퍼프 소매(→ manche 그림). ―*n.m.* (소매의)부픈 부분.

bouffarde [bufard] *n.f.*《속어》파이프, 1분, 퍼프.

bouffarder [bufarde] *v.t.*《속어》파이프로 피우다.

bouffe[1] [buf] *a.* 익살맞은, 우스꽝스러운(↔ sérieux). opéra ~ 희가극. *n.m.* 희가극의 가수 (chanteur ~).

bouffe[2] *n.f.*《속어》음식물; 먹기. ne vivre que pour la ~ 먹기 위해서만 산다. *grande* ~ 대식, 지나치게 먹기; 대식하는 사람; 엄청난 소비(消費).

bouffée [bufe] *n.f.* ① (숨·연기 따위를)내뿜기; 내뿜는 입김; (바람·더위 따위의)한바탕. ~ de vin 술내 나는 입김. ~ de vent 한바탕 부는 바람. ~ de chaleur 한바탕의 더위;《의학》갑작스러운 얼굴의 상기 ②(감정의)번득임; 치밀어 오름, 격발, 폭발(accès).
par ~(*s*) 때때로, 이따금씩. travailler *par* ~(*s*)마음 내키면 일한다.

bouffe-la-balle [buflabal] *n.m.* 《복수불변》《속어》대식가(大食家).

bouffer [bufe] *v.i.* ① 부풀다(gonfler); (벽이)배가 나오다;《옛·구어》뿌루퉁하다. ~ de colère 화가 나서 씩씩거리다. ②《속어》게걸스럽게 먹다; 먹다 (manger).
Ça bouffe dur.《구어》《해양》바람이 세다.
―*v.t.* ① ~ un veau(un mouton) (가죽을 벗겨내려고)죽인 송아지(양)의 가죽 밑에 공기를 불어 넣다. ②《속어》(게걸스럽게)먹다(↔ jeûner); 소모하다(consommer). voiture qui *bouffe* de l'huile 기름을 많이 소모하는 차. ③ 때리다, 부수다, 죽이다.
~ *de la boite*(*de la case*) 복역하다.
~ *de la tête de cochon*《속어》배를 박치기 당하다.
~ *du kilomètre* 차를 많이 굴리다.
~ *le blair*(*le nez*, *les foies*) *à qn* …을 치고 받다, …와 다투다.
―*se* ― *v.pr.*《속어》서로 치고 받다, 싸우다(*se* ~ le nez).

bouffetance [buftɑ̃:s] *n.f.* =**bouffe**[2].

bouffette [bufet] *n.f.*《옛》(리본의)장미 매듭; 작은 장식 술.

bouffi(e) [bufi] (*p.p.* < *bouffir*) *a.p.* ① (눈·얼굴 따위가 보기 싫게)부은, 부푼(gonflé). visage ~ 부은 얼굴. ~ [~ de](이) 가득찬(rempli). ~ de colère 화가 머리끝까지 난. ③ [~ de](으로)의기양양한. ~ de ses succès 거듭된 성공으로 의기양양해진. ④(문체 따위가)과장된. ⑤(청어 따위가)훈제(燻製)된.

bouffir [bufi:r] *v.t.* ① 붓게 하다, 부풀게 하다; (자존심 따위를)품게 하다. ②(청어를)훈제로 하다. ―*v.i.* 붓다, 부풀다; 부어오르다; 잘난 체하다.
―*se* ― *v.pr.* 붓다, 부풀다. *se* ~ de la supériorité de soi-même 자신의 우월성에 우쭐해지다.

bouffissure [bufisy:r] *n.f.* ① 팽창; (얼굴 따위의) 부어오름(gonflement);《의학》종창(腫脹). ② 자만, 허영. ③ (비유적)(문체 따위의)과장.

bouffon(ne) [bufɔ̃, -on] *n.m.* ① 익살광대 (왕 따위를 섬긴)익살꾼. ② 우스꽝스러운 것; 우스꽝스러운 양식(문체).
―*n.* 우스꽝스러운 사람; 조롱거리(웃음거리)가 되는 사람. être le ~ de *qn* …의 조롱거리가 되다. faire le ~ (la ~*ne*) 익살떨다. prendre *qn* comme ~ …을 웃음거리로 삼다. servir de ~ 웃음거리가 되다.
―*a.* 익살스러운, 익살떠는(burlesque).

bouffonner [bufone] *v.i.* 익살부리다.

bouffonnerie [bufonri] *n.f.* 익살.

bouffre [bufr] *n.m.*《속어》녀석.

bougainvillée [bugẽvile] *n.f.*, **bougainvillier** [bugẽvilje] *n.m.*《식물》분꽃과의 열대식물.

bouge [bu:3] *n.m.* ① 누추한 집, 빈민굴; 매음굴;《옛》(광으로 쓰이던)작은 방. ② 불룩하게 생긴 부분 《통의 배·빵의 윗부분·갑판의 휜부분·벽의 불룩한 부분 따위》. ③ 작은 통;《옛》가죽 가방, (옷 넣는) 상자, 갑을 새기는 끌. marteau à ~*s* 《야금》《금속용》르푸세 망치.

bougeant(e) [buʒɑ̃, -ɑ̃:t] *a.* 움직이는.

bougeoir [buʒwa:r] *n.m.* 휴대용 촛대.
bougeonnier [buʒɔnje] *n.m.* 【조류】피리새.
bougeotte [buʒɔt] *n.f.* 《구어》이동욕(移動慾), 여행벽(癖). avoir la ~ 좀이 쑤셔서 가만히 있지 못하다, 자주 자리를 옮기다.
***bouger** [buʒe] [3] *v.i.* ① (그 자리를 떠나지 않고)움직이다(remuer);(흔히 부정형으로) 이동하다(se déplacer). Ça *bouge*. 배가 흔들린다. Cette porte ne *bouge* pas. 이 문은 (굳게 닫혀서) 꼼짝도 하지 않는다. dent qui *bouge* 흔들리는 이. Ne *bougez* pas. (사진을 찍겠으니) 움직이지 마세요; 움직이지 마(움직이지 마 쏜다). Ne *bougez* pas de là. 그곳에서 움직이지 마세요, 꼼짝하지 말고 그곳에 계세요. ne pas ~ de la maison 꼼짝하지 않고 집에 있다. ② 변동하다, 달라지다(changer); 변질하다(s'altérer). Les prix n'*ont* pas *bougé*. 물가의 변동이 없었다. tissu grand teint qui ne *bouge* pas au lavage 빨아도 변질하지 않는 본격염색의 옷감. ③ 들고 일어나다, 봉기하다, (불평불만 때문에) 동요하다. S'ils *bougent*, c'est à moi qu'ils auront affaire. 그들이 움직이면 내가 혼을 내준다. ④ 활동하기에 들어가다. L'Amérique latine *bouge*. (잠에서 깨어나서)라틴아메리카는 움직이기 시작한다.
—*v.t.* 《구어》움직이다, 옮기다, 이동하다(déplacer). Ne *bouge* pas les bagages. 소지품을 옮기지 마시오. sans ~ le petit doigt (비유적) 꼼짝도 하지 않고.
—**se** ~ *v.pr.* 몸을 움직이다. *Bouge*-toi de là. 거기 비켜라. On n'obtient rien sans *se* ~. 바쁘게 활동하지 않고서는 아무것도 얻지 못한다.
bougette [buʒet] *n.f.* 《옛》(가죽제의)여행 가방.
bougie [buʒi] *n.f.* ① 초. à la ~[aux ~s] (양)초 빛으로(빛에 비추어). ② 【물리】 촉(燭), 촉광(燭光). ③ 《외과》 부지. ④ (내연기관의)점화 플러그(~ d'allumage). changer une ~ usée 낡은 플러그를 교환하다. ⑤ 《속어》얼굴, 낯짝(figure). faire une drôle de ~ 괴상망측한 얼굴을 하다. ⑥ 《속어》 5 프랑 화폐.
bougier [buʒje] *v.t.* 《의복》(에)초를 칠하다.
bougn(i)a, bougn(i)at [buɲ(j)a] *n.m.* 《속어》(특히 파리의)석탄상; 오베르뉴 사람; 대형 포탄.
bougon(ne) [bugɔ̃, -ɔn] 《속어》*a.* 투덜대는, 불평하는(grognon). —*n.* 투덜대는 사람.
bougonnement [bugɔnmɑ̃] *n.m.* 《속어》투덜대기, 불평하기.
bougonner [bugɔne] 《속어》*v.i.* 투덜대다, 불평하다. ~ tout. 잔소리하다; 심하게 꾸짖다.
bougonneur(se) [bugɔnœ:r, -ø:z] 《속어》*a.* 투덜대는. —*n.* 투덜대는 사람.
bougran [bugrɑ̃] *n.m.* 【직물】경(硬)아마포.
bougraner [bugrane] *v.t.* 【직물】①(아마포 따위를)단단하게 하다. ②경아마포로 단단하게 하다.
bougre(sse) [bugr, -ɛs] *n.* 《속어》녀석, 자식, 년(강조·경멸·애정). B~ d'idiot! 이 바보같은 자식아(강조). mauvais ~ 형편 없는 자식(경멸).
—*n.m.* 《나쁜 의미 없이》녀석(type). C'est un bon ~. 저 녀석은 좋은 녀석이다. pauvre ~ 불쌍한 녀석, 거지.
—*int.* B~! 제기랄!
[REM] 상스러운 표현으로 쓰여 문자로 나타낼 경우 B...!로 생략될 때가 있음. 대신 Bigre 라고 하면 다소 상스러움이 덜어지는 것으로 여긴다.
bougrement [bugrəmɑ̃] *ad.* 《속어》굉장히, 정말, 엄청나게(beaucoup, très).
boui-boui [bwibwi] (*pl.* **~s-~s**) *n.m.* 《속어》①싸구려 연극. ②싸구려 카페〈식당〉; 《옛》싸구려 극장, 싸구려 뮤직홀.

bouic [bwik] *n.m.* 《속어》매음굴(bordel).
bouif [bwif] *n.m.* ①《속어》신기료 장수(cordonnier). ②뽐내는 사람. faire du ~ 뽐내다, 으스대다, 건방지게 굴다.
bouillabaisse [bujabɛs] *n.f.* 【요리】부이야베스(남프랑스식의 생선 수프).
bouillage [buja:ʒ] *n.m.* (빨래) 삶기. ③ =bouillaison.
bouillaison [bujɛzɔ̃] *n.f.* (맥주 따위의)발효.
bouillant(e) [bujɑ̃, -ɑ̃:t] *a.* ①끓고 있는, 끓어오르는; 뜨거운. eau ~ 끓는 물. boire son café ~ 뜨거운 커피를 마시다. ②팔팔한, 격렬한(emporté). caractère ~ 격렬한 성격. ③[~ de] (으로)흥분한, 발끈한. ~ de colère 잔뜩 화가 난.
bouillasse [bujas] *n.f.* 《속어》①진흙; 흙탕물(boue). ②가랑비. ③빈곤, 비참.
bouille¹ [buj] *n.f.* ①《사투리》(포도를 등에 지고 나르는)큰 바구니; (가운데가 굵은)우유 운반용 그릇; 석탄 덩어리. ②《속어》얼굴, 낯짝(visage); 녀석. —*n.m.* (운반용)우유통.
bouille² *n.f.* (물고기를 몰기 위해서 강바닥을 휘젓는)장대.
bouiller [buje] *v.t.* (물고기를 그물에 몰아 넣으려고)큰 장대로 물속을 휘젓다.
bouillerie [bujri] *n.f.* 브랜디 증류 공장.
bouilleur [bujœ:r] *n.m.* ①브랜디 증류 직공. ~ de cru 자가용 브랜디 증류자. ②【기계】 (선박의 기관의)수부(보일러의)가열기(tube~). ③ (선박의)해수(海水)증류 장치; (냉장고의)증발 건조기;【물리】(우라늄염을 물에 녹여서 쓰는)원자로 가트.
bouilli [buji] *n.m.* 【요리】삶은 (쇠)고기.
bouillie [buji] *n.f.* ①우유에 보릿가루를 넣어 끓인 죽; 끈적끈적한 액체, 죽모양의 것. ~ bordelaise (cuprique) 【농업】 보르도액(살균제). en ~ 엉망이 된, 짓이겨진. mettre en ~ 짓이겨 놓다. ②【제지】 펄프. *être comme de la ~* 《구어》우유부단하다. *être réduit en ~* 갈기갈기 찢기다.
***bouillir** [buji:r] [19] *v.i.* ①끓다, 비등하다. L'eau *bout* à 100°C. 물은 섭씨 100 도에서 끓는다. ② 삶기다, 삶아지다. faire ~ du linge 속옷을 삶다. ③ (피·감정 따위가)끓다, 끓어오르다. La tête me *bout*. 머리가 터질 것 같다. ④ (발효하여)거품이 일다;【약】달여지다. Le vin *bout* dans la cuve. 포도주가 통 속에서 거품이 일고 있다. faire ~ des plantes (약용)식물을 달이다.
avoir le sang qui bout dans les veines 격앙하기 쉽다. *faire ~ la marmite (le pot)* 《구어》먹고 살다, 생계를 유지하다. *n'être bon ni à rôtir ni à ~* 아무 짝에도 못쓰다. *Si la mer bouillait, il y aurait bien des poissons de cuits.* 《속담》앞날의 사소한 일까지 생각하며 걱정하지 말아라.
—*v.t.* 《구어》끓이다, 삶다(※주어가 3 인칭 단수 이외의 경우에는 faire ~을 씀).
bouillissage [bujisa:ʒ] *n.m.* 【공업】(이해(離解)제지의)펄프를 표백하는 제1공정; (제당(製糖)의)칼슘염을 분해하는 작업. 분해하기.
bouillisseur [bujisœ:r] *n.m.* 펄프 표백기; 칼슘염 분해기.
bouilloire [bujwa:r] *n.f.* (물끓이는)주전자; (귀금속을 연마하기 위한 백금의)작은 접시.
bouillon [bujɔ̃] *n.m.* ①【끓는 액체의】거품; (낙하·분출하는 액체의)분출; (감정의)격발, 폭발; (유리나 금속에서의)기포(氣泡). ②【요리】쇠고기·고기를 삶아서 만드는)수프; 싸구려 식당; 【약】달인 약(~ médicinal). ~ maigre[de légumes] 야채 수프. ③【의복】주름, 퍼프. ④【건축·가구】꽃장식. ⑤【수의】(상처가 나은 다음 생기는)군살. ⑥【

물】 고기즙, 부이용.《세균 배양용의 집승·생선의 즙》. ~ de culture 세균 배양액;《비유적》온상(溫床). ⑦〖신문·잡지의〗팔다 남은 것, 반품. ⑧《속어》큰 비, 호우; 물; 더러운 물; 물거품, 실패, 손해. ~ qui chauffe 막 쏟아질 듯한 비.
à gros ~s 철철, 쾅쾅. *plaie qui saigne à gros ~s* 피가 쾅쾅 쏟아지는 상처.
avaler(boire) un ~《구어》실패하다, 큰 손해를 보다;《헤엄치면서》물을 먹다.
~ d'onze heures《구어》독을 탄 음료.
~ pointu 관장제(灌腸劑).
être (réduit) au ~ 유동식밖에 못먹다.
faire jeter un ~ à qc《구어》…을 끓이다.
tomber dans le ~《속어》물에 빠지다.

bouillon-blanc [bujɔ̃blɑ̃] (*pl.* ~*s*-~*s*) *n.m.* 【식물】모예화(毛蕊花).

bouillonnage [bujɔnaːʒ] *n.m.* 〖신문·잡지·책 따위가〗안팔리고 쌓이기.

bouillonnant(e) [bujɔnɑ̃, -ɑ̃ːt] *a.* 거품이 이는, 끓는; 격렬한.

bouillonné [bujɔne] *n.m.* 【의복】〖주로 스커트의〗크고 볼록한 장식주름, 러플.

bouillonnement [bujɔnmɑ̃] *n.m.* ① 거품일기, 끓기; 끓어 넘침. ②〖감정의〗격동, 폭발.

bouillonner [bujɔne] *v.i.* ①〖액체가〗거품이 일다, 끓다; 끓어 넘치다; 〖피 따위가〗분출하다, 솟다. ②[~ de]〖마음·감정이〗(으로)격해지다, 끓어오르다(*s'agiter*). ~ *de fureur* 격노하다. ③〖판매물이〗반품이 많다, 잘 팔리지 않다.
—*v.t.* 【의복】〖옷감에〗주름을 잡다.

bouillotte [bujɔt] *n.f.* ① 탕파(湯婆), 각파;〖차 안의〗발 보온장치. ② 작은 주전자. ③《속어》머리, 얼굴. ④ 조화(造花)의 장미꽃 심. ⑤《옛》카드놀이의 일종.

bouillottement [bujɔtmɑ̃] *n.m.* 보글보글 끓기.

bouillotter [bujɔte] *v.i.* ① 조용히 끓다, 보글보글 끓다. ②〖감정이〗격해지다.

bouisse [bwis] *n.f.* =*buisse*.

boujaron [buʒarɔ̃] *n.m.* 【해양】양철로 만든 작은 되(6센티미터 들이); 한 되의 양.

boukhare [bukaːr], **boukharien(ne)** [bukarjɛ̃, -ɛn] *a.* 부카라의(*Boukhare*의). —*B*~ *n.* 부카라 사람.

boul.〖약자〗*boulevard* 큰 거리. ㅣ 아 사람.

boulaie [bulɛ] *n.f.* 자작나무의 숲.

boulange [bulɑ̃ːʒ] *n.f.* ①《구어》빵굽기; 빵제조; 빵장사. *bois de* ~ 빵굽는 장작. *être dans la* ~ 빵장사를 하다. ②《속어》= *boulangisme*, 불랑제(*Boulanger*)장군파.

boulangeable [bulɑ̃ʒabl] *a.* 빵으로 구울 수 있는.

*****boulanger**¹(**ère**) [bulɑ̃ʒe, -ɛːr] *n.* 빵장수.—*n.f.* ① 빵장수의 아내, 여자 빵장수; 〖수도원의〗빵굽는 수녀. ② 빵운반차; 〖농부의〗시장용 짐수레. ③ 무용의 일종; 카드릴의 제 5 자세.

boulanger² [bulɑ̃ʒe] ③ *v.t.*《빵을》굽다. *pain bien boulangé* 잘 구워진 빵. —*v.i.* 빵을 굽다.

boulangerie [bulɑ̃ʒri] *n.f.* ① 빵제조; 빵장사, 빵조업. ②〖빵집의〗빵굽는 곳, 빵가게;【해양】빵상자.

boulangisme [bulɑ̃ʒism] *n.m.* 【프랑스사】불랑제(*Boulanger*, 1837~1891)장군 지지(운동).

boulangiste [bulɑ̃ʒist] *a.* 불랑제 장군 지지의.—*n.* 불랑제 장군 지지자.

boulant(e) [bulɑ̃, -ɑ̃ːt] *a.* ① 가슴을 부풀게 하는. *pigeon* ~ 【조류】파우터《유별나게 가슴이 볼록한 비둘기의 일종》. ②〖지질〗무른, 부서지기 쉬운. *sables* ~ 《유사(流砂)》.

boulbène [bulbɛn] *n.f.* 충적지(沖積地), 진흙과 모래가 섞인 땅.

bouldozeur [buldɔzœːr]《영》*n.m.* 불도저.

*****boule**¹ [bul] *n.f.* ① 공, 구(球);《구어》지구(~ *terrestre*). *chat roulé en* ~ 동그랗게 웅크린 고양이. *rond comme une* ~ 공처럼 둥근;《구어》키가 작고 통통한. ② 공 모양의 것; 공 모양의 탕파(湯婆);〖온도계〗《양철 직공의》둥근 모루;《군대은어》둥근 빵. ~ *d'une canne* 단장의 손잡이. ~ *à gibecière* 대문의 노크하는 망치. ~ *de neige* 눈사람;《비유적》복리. *thermomètre à* ~ *mouillée (sèche)* 습(건)구 온도계. *mètre de gomme* 인후보호용 사탕. ~ *à thé* 구형(球形) 홍차여과기. ~ *américaine* 압력솥. ~ *horaire* 〖*d'observatoire*〗【해양】표준구, 시보구(時報球). ~ *de signaux*【해양】〖원거리용의〗신호구. ~ *de marée* 〖조수의 수위가 올라가 입항이 가능함을 나타내는 신호구〗. ~ *d'œdème*【의학】수종구(水腫球). ~ *hystérique* 히스테리구. ~ *de feu 번갯불*. ③ (*pl.*)〖공놀이용의〗나무공; 〖나무〗공놀이. *jeu de* ~ 〖나무〗공놀이; 공놀이터. *jouer à la* ~ 《카지노에서》룰렛을 하다. ④〖투표용의〗작은 공, 투표 용지. *déposer sa* ~ *dans l'urne* 자기 의견을 나타내는 공을 투표함에 넣다. ~ *blanche* 〖찬성투표의〗백구, 찬성투표; 〖시험성적의〗상(上). ~ *noire* 〖반대투표의〗흑구, 반대투표; 〖시험성적의〗하(下). ⑤【수의】양의 간장병. ⑥《구어》얼굴, 머리. *Il a une bonne* ~. 그는 호감이 간다. *Il a perdu la* ~. 그는 미쳤다. ~ *de son*《구어》주근깨가 난 얼굴.
à ~ *vue* 허겁지겁, 잘 생각지도 않고.
avoir une ~ *dans la gorge* 목구멍이 막힌 것처럼 느껴지다.
faire ~ *de neige* 〖눈사람처럼〗자꾸 커지다.
laisser rouler [bouler] la ~《구어》일을 되어가는 대로 놔두다.
mettre qn en ~ …을 화나게 하다.
se mettre en ~ 몸을 둥글게 하다;《구어》화내다;【항공】착륙에 실패하다.
tenir pieds à ~《구어》군세게 서다.

boule² *n.m.* = *boulle*.

boulê [bulɛ]【그리스】*n.f.* 〖고대그리스〗〖도시의〗평의회. ~ *athénienne* 아테네의(500 인)평의회.

bouleau [bulo] (*pl.* ~*x*) *n.m.* 【식물】자작나무.

boule-chaufferette [bulʃɔfrɛt] (*pl.* ~*s*-~*s*) *n.f.* 탕파(湯婆); 발을 덥게 하는 기구.

boule-de-neige [buldənɛːʒ] (*pl.* ~*s*-~) *n.f.* ①【식물】백당나무. ②《속어》감동이.

bouledogue [buldɔg]《영》*n.m.* 【동물】불독《개의 일종》; 얼굴이 험상궂은 사람.

boule-d'or [buldɔːr] (*pl.* ~*s*-~) *n.f.* 【식물】금매화(金梅花).

Boule-Miche (le) [ləbulmiʃ] *n.pr.m.*《구어》Le Boulevard Saint-Michel《파리의 학생가》.

boulenois(e) [bulnwa, -aːz] *a.* 불로뉴쉬르메르(*Boulogne-sur-Mer*, 프랑스의 도시)의.—*B*~ *n.* 불로뉴쉬르메르 사람.

bouler [bule] *v.i.* ①〖공같이〗구르다. *envoyer* ~ *qn*《구어》…을 내쫓다. ② 부풀다; 〖비둘기가〗가슴을 부풀리다. ③《속어》〖연극〗〖대사를〗빠른 속도로 말하다.
—*v.t.* ① 반죽팽이(*bouloir*)로 개다〖이기다〗. ②《구어》〖사람을〗나동그라치다, 실패하다, 그르치다. ③〖쇠뿔에〗가죽 공을 붙이다《위험 방지용》. ④〖놀이〗〖공과 공의 거리를〗재다;〖적군의 공을〗치다.

boulet [bulɛ] *n.m.* ①《옛》【군사】〖공 모양의〗포탄(~ *de canon*). ~ *rouge*〖발사전에 불에 달군〗

bouleté(e) — 작열탄. ② 〖옛〗〖법〗(도형수의 발에 매는)쇠공(鐵丸); 쇠공의 형(刑); 무거운 짐, 주체스러운 것〖사람〗. ③ 조개탄(~ de charbon). ④ 〖수의〗(말의)구절(球節). ⑤ 〖기계〗joint à ~ 볼 조인트; moulin à ~ 볼밀.
arriver comme un ~ de canon 〖구어〗맹렬한 기세로 오다.
avoir un ~ au pied 주체스러운 일에 묶여 있다.
brutal comme un ~ de canon 인정사정 없는.
pour un ~ de canon 절대로. Il ne changerait pas d'avis *pour un ~ de canon*. 그는 절대로 의견을 바꾸지 않을 것이다.
tirer sur qn à (~s) rouge(s) 〖구어〗…을 혹독하게 공격하다.
traîner le ~ 〖구어〗귀찮은 짐을 걸머지다; 비참한 생활을 하다.

bouleté(e) [bulte] *a.* 〖수의〗(말이)구절(球節)이 탈구된.

boulette [bulɛt] *n.f.* ① 작은 공[구]. ② 〖요리〗작은 고기만두; 〖수의〗(독이 든)큰 환약. ③ 〖속어〗큰 실책, 실수(gaffe). faire[commettre] une ~ 〖속어〗큰 실책을 하다. ④ 북프랑스산(產)의 치즈. ⑤ 〖식물〗절굿대속(屬)(échinope). 〖日〗.

bouleture [bulty:r] *n.f.* (말의)구절탈구(球節脫).

bouleur [bulœ:r] *n.m.* (골동이에서 컵에)공을 던져 넣는 사람.

bouleux(se) [bulø, -ø:z] *a.* (말이)땅딸막하고 튼튼한. ②〖구어〗부지런히 일하는. — *n.* 땅딸막하고 튼튼한 말.

***boulevard** [bulva:r] *n.m.* ① 가로수(가 있는 큰)길; 큰 거리. ~s extérieurs (파리의 성채가 있던 자리에 낸)환상(環狀) 도로. événements du ~ 〖구어〗시내에서 일어난 사건. les Grands B~s 파리의 마들렌(*Madeleine*)에서 바스티유(*Bastille*)에 이르는 큰 거리들. ② 통속극(théâtre de ~). théâtres de ~[des ~s] 벨로드라마 극장. ③〖옛〗누도(壘道); 성채(城砦); 방어물(rempart). ~ de la liberté 자유의 방벽.

boulevarder [bulvarde] *v.i.* 파리의 불바르(Grands Boulevards)를 산책하다.

boulevardier(ère) [bulvardje, -ɛ:r] *n.* 파리의 불바르 카페의 단골[산책자]; 한량, 멋쟁이. — *a.* 불바르의, 통속적인.

bouleversant(e) [bulvɛrsɑ̃, -ɑ̃:t] *a.* 아연실색할, 놀라운, 엄청난, 기막힌.

bouleversé(e) [bulvɛrse] *a.p.* ① 뒤엎인, 뒤죽박죽이 된. terrain ~ 울퉁불퉁한 땅. ② 아연실색한, 깜짝 놀란.

bouleversement [bulvɛrsəmɑ̃] *n.m.* ①전복. ~ du sol (지진에 의한)지면의 붕괴. ~ de l'Empire 제국의 붕괴. ②혼란. ~ politique 정치적 대혼란. ③(마음의)격동(agitation); 대경실색. ~ de l'âme (감동에 의한)마음의 격동.

bouleverser [bulvɛrse] *v.t.* ①전복시키다, 뒤엎다(renverser). chercher *en bouleversant* tout 모든 것을 뒤집어 엎으면서 찾다. La révolution *a bouleversé* l'État. 혁명은 나라를 전복시켰다. ②엉망을 만들다, 뒤죽박죽을 만들다(déranger, ↔ranger); 혼란에 빠트리다(perturber). L'orage *a tout bouleversé*. 폭풍우로 모든 것이 엉망이 되었다. ③(감동으로 마음을)뒤흔들다(émouvoir). Cette nouvelle *l'a bouleversé*. 이 소식이 그의 마음을 격동케 했다.(흔히 수동형으로) Son visage *est tout bouleversé*. 그의 얼굴에는 마음이 흔들리고 있는 빛이 역력히 나타나 있다. ④〖목적보어 없이〗 혼란시키다.
—*se* — *v.pr.* 깜짝 놀라다, 당황하다(se troubler).

boulier¹ [bulje] *n.m.* ①(아이들의)주판 모양의 계산기(~ compteur); (당구의) 득점판. ②〖사투리〗닻그물.

boulier² *n.m.* = **bolier**.

boulimie [bulimi] *n.f.* 〖의학〗병적인 기아증, 헛헛증.

boulimique [bulimik] 〖의학〗*a.* 병적인 기아의. —*n.* 병적인 기아증 환자.

boulin [bulɛ̃] *n.m.* ① 비둘기집의 구멍. ②〖건축〗완목(腕木)을 끼는 벽 구멍; (발판의)완목.

boulinage [bulinaʒ] *n.m.* 돛에 바람을 비스듬히 안고 달리기.

bouline [bulin] *n.f.* 〖해양〗(돛의)아딧줄. *naviguer à la ~* = bouliner.

bouliner [buline] *v.t.* ①〖해양〗(돛을)아딧줄로 비스듬히 바람에 맞추다. ②횡령하다, 훔치다. —*v.i.* ①〖해양〗돛을 바람에 비스듬히 맞추고 달리다. ②〖구어〗(몸을 주체못하는 듯이)좌우로 흔들며 걷다.

boulingrin [bulɛ̃grɛ̃] *n.m.* (정원의 장식으로서의) 잔디(밭); 〖옛〗잔디의 나무공놀이터.

boulinier(ère) [bulinje, -ɛ:r] *a., n.m.* 바람 방향에 비스듬히 돛을 대고 달리는(배). 〖기〗.

boulisme [bulism] *n.m.* 공굴리기놀이.

bouliste [bulist] *n.m.* 공굴리기를 하는 사람. ②(관청 따위의)잡심부름꾼. —*a.* 공굴리기의. club ~ 공굴리기놀이 클럽. 〖름.

boulisterie [bulist(ə)ri] *n.f.* (관청 따위의)잡심부

boule [bul] *n.m.* 불(*Boulle*, 17세기 프랑스의 가구 제조의)식(式) 상감(象嵌)(을 한 가구).

Boul'Mich' (le) [bulmiʃ] *n.m.* 〖구어〗파리의 생미셸로(路)(le Boulevard Saint-Michel).

boulocher [buloʃe] *v.i.* (오래 입어서 옷감이나 털실편물에)보풀이 생기다.

boulodrome [buldɔro:(ɔ)m] *n.m.* 공굴리기 터(경).

bouloir [bulwa:r] *n.m.* ①(미장이용의) 반죽뺑이. ②(가죽 무두질용의)끝이 둥근 막대.

boulomane [bulɔman] *n.m.* 공굴리기를 좋아하는 사람.

boulon [bulɔ̃] *n.m.* 〖기계·건축〗볼트, 나사못. ~ à œil 아이볼트.

boulonais(e) [bulɔnɛ, -ɛːz] *a., n.* = **boulenois**.

boulonnage [bulɔnaʒ] *n.m.* ①볼트로 죄기; 〖광산〗루프볼팅. ②볼트로 죈 것.

boulonnais(e) [bulɔnɛ, -ɛːz] *a.* 불로뉴쉬르메르(*Boulogne-sur-Mer*, 프랑스의 도시)의; 불로뉴비양쿠르(*Boulogne-Billancourt*, 프랑스 파리 근교의 도시)의. —*n.m.* ①〖구어〗불로뉴 지방산의 무거운 짐을 끄는 말. ②(B~)(위)의 사람. —**le B~** *n.* 프랑스의 한 지방.

boulonner [bulɔne] *v.t.* 볼트로 죄다. —*v.i.* 〖구어〗부지런히 일하다(travailler).

boulonnerie [bulɔnri] *n.f.* ①볼트 공장[장사]. ②(집합적) 볼트류(類).

boulot(te) [bulo, -ɔt] 〖구어〗*a.* 땅딸막한, 통통한. pain ~ 짤막한 통형의 빵. —*n.* 땅딸막한 사람. —*n.m.* 〖구어〗일. Au ~. maintenant. 자, 일하자. métro(-) ~ (-) dodo (대도시 봉급 생활자의) 무미건조한 생활리듬. ②〖속어〗음식, 식사(nourriture).

boulottage [bulɔtaʒ], **boulottement** [bulɔtmɑ̃] *n.m.* 〖속어〗음식.

boulotter [bulɔte] *v.i.* 〖속어〗조용히 살다; 그럭저럭 살아가다; 〖구어〗먹다(manger); 〖옛〗일하다. *Ça boulotte.* 그럭저럭 지내고 있다. —*v.t.* ①〖구어〗먹다(manger, bouffer). ②(돈을)낭비하다.

boum¹ [bum] *int.* 쾅, 쿵(추락·폭파 따위의 둔중한

소리); 《학생은어》만세!; 《옛》에, 갑니다(카페 사환의 대답). faire ~《속어》넘어지다.

boum²(boom 과의 혼동) *n.m.* ① 《구어》대인기, 대성공, 붐. Sa pièce a fait un ~. 그의 희곡이 대성공을 거두었다. ② 활동(activité). en plein ~ 한창 활동중인, 한창 때인.
—*n.f.* (주로 대학생들의)불의의 습격파티, 벼락치기 댄스 파티(surprise-partie, sur-boum).

boumer [bume] *v.i.* Ça boume. 《속어》잘 지내고 있소《인사》.

boumerang [bum(e)rɑ̃:g] *n.m.* = **bomerang**.

bouquer [buke] *v.i.* ① 《사냥》(짐승이)달 수 없이 굴 입구로 나오다. ②《속어》《해양》단념하다, 그만두다. ③《옛·사투리》억지로 키스하다. faire ~ 억지로 키스를 시키다; 싫어하는 것을 억지로 시키다; (여우 따위를)구멍에서 꾀어내다.

***bouquet¹** [bukɛ] *n.m.* ① 꽃다발; (꽃다발 모양의)다발, 묶음, 송이; (시장에서 팔 꽃을 표시하는)묶단. avoir(porter) le ~ sur l'oreille 괄려고 내놓다; (딸이)시집가고 싶어한다. ~ de mariée 신부가 갖는 오렌지 꽃다발. branche à ~; ~ de mai(비유적)꽃봉오리나 열매가 많이 달린 나뭇가지. ~ garni 《요리》 파슬리, 타임, 월계수잎을 묶은 것. ~ de persil 파슬리 묶음. ~ de poils 다발을 이루는 수염. ②《옛》작은 숲, 총림(~ d'arbres, bosquet). ③ 생일 선물; (여인에게 보내는)연가, 연애시(madrigal). ~ à Chloris(à Iris, à Philis)연가. ④ 가장 훌륭한(아름다운) 것. Ça, c'est le ~! 이것[그것]이 최고이다; (반어적)거 지독하군, 엎질데 덮친 격이다. cheval qui a du ~ 몸매가 훌륭한 말. ⑤ (돛에 달린)3개의 복합 도르래. ⑥ 《제본》(책등의)꽃무늬, 《인쇄》(인쇄되진 면의)잉크 반점. ⑦ (포도주·여송연 따위의)방향, 향기. Ce vin a un ~ agréable. 이 포도주는 기분 좋은 향기가 난다. ⑧ (꽃불의)마지막을 장식하는 한 발; 소중하게 남겨진 것, 끝마무리, 피날레. garder(réserver) qc pour le ~《구어》…을 최후의 장식으로 남겨두다. pour le ~ 중요한 말이 하나 남아 있는데…; 최후로.

bouquet² *n.m.* 《수의》(양)의 옴.
bouquet³ *n.m.* ① 《사냥》산토끼; 수토끼. ② 보리새우. ③《옛》 새끼 염소.
bouqueté(e) [bukte] *a.* (포도주가)향기가 좋은.
bouquetier [buktje] *n.m.* 꽃병.
bouquetière [buktjɛːr] *n.f.* 꽃 파는 여자[아가씨]; 꽃꽂이하는 여자.
bouquetin [buktɛ̃] *n.m.* 《동물》야생 염소.
bouquin¹ [bukɛ̃] *n.m.* ① 《구어》책(livre). ~ neuf 새 책. ②《옛》고본, 현 책; 시시한 책. ③ (*pl.*)(연구·면학의 수단으로서의)서적, 책.
bouquin² *n.m.* ① 늙은 수염소. ② 늙은 토끼; 수토끼. ③《구어》반신반수(半神半獸)의 숲의 신. ④《구어》난봉피우는 늙은이.
bouquin³ *n.m.* ① (사냥 각적(角笛)의)물뿌리; (파이프의)물뿌리. ② (근동·러시아산 궐련의)담배가 채워지지 않은 부분. ③ 《수의》(양)의 옴.
bouquinage [bukinaːʒ] *n.m.* ①《옛》고본을 구하러 다니기. ② 독서(lecture).
bouquiner [bukine] *v.t.* 《구어》(책을)읽다(lire).
—*v.i.* 《옛》고본을 찾아 다니다; 《구어》독서하다.
bouquinerie [bukinri] *n.f.* ① 고본 장사; 헌책방. ② 고본 더미. ③ 고본을 찾아 뒤짐.
bouquineur(se) [bukinœːr, -øːz] *n*, *a.* 고본뒤지기 좋아하는(사람); 《구어》독서를 좋아하는(사람).
bouquiniste [bukinist] *n.* (특히 파리 센 강가의)고본 장수.
bouracan [burakɑ̃] *n.m.* 《옛》(예전의)거칠거칠한

모직물.
bourache [buraʃ] *n.f.* 여행용 가죽 빨병.
bourbe [burb] *n.f.* ① (늪·연못 따위의 바닥에 깔린) 진흙, 진창. ② (악의)수렁. ③ (잉크의)침전물, 찌꺼기.
bourbeux(se) [burbø, -øːz] *a.* ① 흙탕의, 진창의(fangeux); 수렁 속에 사는. ② (잉크가)찌꺼기가 많은. ③ 부끄러워해야 할. —*n.f.* (못에 사는)남생이의 일종(tortue ~se).
bourbier [burbje] *n.m.* ① 흙탕, 진창, 수렁. ② (악의)수렁; 못된 곳. ③ 궁지, 곤경(embarras). se tirer d'un ~ 궁지를 벗어나다.
bourbillon [burbijɔ̃] *n.m.* ① 진흙 덩어리. ② (잉크의)찌꺼기. ③《의학》(종기의)뿌리, 근.
bourbon [burbɔ̃] *n.m.* (옥수수를 원료로 한)미국산 위스키.
Bourbon [burbɔ̃] *n.pr.* 《프랑스사》 부르봉. les ~s 부르봉 왕가[왕조]. nez à la Bourbon(큼직한 매부리코).
bourbonien(ne) [burbɔnjɛ̃, -ɛn] *a.* 부르봉 왕가의. nez ~ 부르봉코(nez à la Bourbon). n. 부르봉파(지지자).
bourbonnais(e) [burbɔnɛ, -ɛːz] *a.* ① 부르보네(*Le Bourbonnais*, 프랑스의 옛 지방)의. ② 부르봉낭시(*Bourbon-Lancy*, 프랑스의 도시)의; 부르봉 라르샹보(*Bourbon-L'Archambault*, 프랑스의 도시)의; 부르본 레 뱅(*Bourbonne-Les-Bains*, 프랑스의 도시)의. —**B~** *n.* (위)의 사람. —**le B~** *n.pr.m.* 부르보네(프랑스의 옛 지방).
bourbonniste [burbɔnist] *n.m.* 《프랑스사》부르봉 왕가파(지지자).
bourbouille [burbuj] *n.f.* 《의학》열대성 태선(苔癬); 《구어》땀띠.
bourcais(e) [burkɛ, -ɛːz] *a.* 부르(*Bourg*, 프랑스의 도시)의. —**B~** *n.* 부르 사람.
bourcer [burse] [2] *v.t.* (돛을)일부만 죄다.
bourcet [bursɛ] *n.m.* 《해양》확대가 비스듬한 가로돛(voile à ~).
bourcette [bursɛt] *n.f.* 《식물》 콘샐러드.
bourdaine [burdɛn] *n.f.* 《식물》갈매나무류.
bourdalou [burdalu] *n.m.* ① (모자의 리본); (shako 하부의)가죽의 가장자리 장식. ② (17·18세기의)침실용 타원형 변기, 요강.
bourdaloue [burdalu] *n.m.* 《측량》기본 수준표(파리의 일정한 건물 아래 부분에 끼워져 있어 표고(標高)를 나타냄).
bourde [burd] *n.f.* ①《구어》거짓, 거짓말. conter (débiter, donner, faire avaler) des ~s à *qn* …에게 엉뚱한 거짓말을 하다. ②《구어》큰 실수, 실책(faute, erreur). faire une ~ 실수하다. ③《요리》애플파이. ④《해양》(좌초된 배를 일시적으로 받치는)지주.
bourdelot [burdəlo] *n.m.* petit ~ 노르망디 지방에서 사과나 배를 구어 만든 파이.
bourder [burde] *v.i.* 《구어》거짓말하다.
bourdigue [burdig] *n.f.* = **bordigue**.
bourdon¹ [burdɔ̃] *n.m.* ① (머리가 둥근)순례 지팡이. ② 《어업》(반두를 치는)장대. ③ 《제본》장식잎[못]. ④ (중세의 중무장한 기사의)창. ~ *de Saint-Jacques* 《식물》접시꽃속(屬). *planter (son)* ~ *dans un lieu*《구어》한 곳에 머물다, 정착하다.
bourdon² *n.m.* ① 《곤충》땡벌속; 꿀벌의 수컷(faux~). ② 큰 종, 인경. ③《음악》(풍적(風笛) 따위의)저음(관). ④ (파이프오르간의)부르동 음전(音栓); 《옛》바이올린의 제 4 현. ④《속어》늙은 말. ⑤《속어》우울. avoir le ~ 울적하다, 기분이

상해 있다. ⑥《옛》(파리·벌 따위의)윙윙거리는 소리(bourdonnement).

bourdon³ *n.m.* 〖인쇄〗식자(植字)탈락.

bourdonnasse [burdɔnas] *n.f.* (17세기 기마 창 시합용의)창.

bourdonné(e) [burdɔne] *a.* (종이가)오그라진. croix ~*e* 〖문장〗4 끝이 둥글게 된 십자가.

bourdonnement [burdɔnmā] *n.m.* ① (벌 따위가)윙윙거리는 소리; (종 따위가)울리는 소리. ~ d'un moteur d'avion 비행기의 엔진 울리는 소리. ② 웅성거리는 소리. ~ de la foule 군중의 웅성거림. ③ (전화의)잡음. ④ 〖의학〗이명(耳鳴), 귀울림(~ d'oreilles).

bourdonner [burdɔne] *v.i.* ① (파리·벌 따위가)윙윙거리다, 붕붕거리다(vrombir). ② (사람들이)웅성거리다, 떠들썩하다; (옛)투덜거리다; 낮은 소리로 노래부르다. ③ (전화가)잡음이 나다; (귀가)앵앵 울리다; (머리가)지끈지끈 울리다. J'ai les oreilles qui *bourdonnent*. 이명증이 있다.
—*v.t.* 낮은 소리로 노래하다(말하다), 콧노래를 부르다(fredonner). ~ *qc* à *qn*《구어》…에게 귀찮게 말하다. ② (혼들리지 않고 추만 움직여서 종을)울리다.

bourdonnet [burdɔne] *n.m.* 〖외과〗가제.

bourdonneur(se) [burdɔnœːr, -ø:z] *a.* 윙윙거리는; 웅성거리는. —*n.* 윙윙거리는 새(벌레). —*n.m.*《구어》〖조류〗벌새. —*n.m.f.* 〖양봉〗(벌집 속에서)여왕벌이 없는 일벌 떼; 수벌밖에 낳지 않는 여왕벌(reine ~*se*).

bourdonnière [burdɔnjɛːr] *n.f.* ① (양봉에서)수벌을 막는 통. ② (문둔테의)윗구멍. ③ 〖기계〗수직 축받이.

bourg [buːr] *n.m.* ① 읍; 장이 서는 큰 마을, 큰 부락. ② ~ pourri 〖영국사〗부패 선거구.

bourgade [burgad] *n.f.* (집이 드문드문한)촌락, 작은 마을.

bourganiaud(e) [burganjo, -oːd] *a.* 부르가뇌프(*Bourganeuf*, 프랑스의 도시)의. —B~ *n.* 부르가뇌프 사람.

bourgène [burʒɛn] *n.f.* =**bourdaine**.

***bourgeois(e)¹** [burʒwa, -aːz] (<*bourg*) *n.* ① 중산층(의 사람). ② 프롤레타리아에 대하여)유산자, 자본가, 부르주아. petit ~ 하층 중산층의 사람, 소시민. ②《구어》(경멸》 속물(俗物); 《은어》견실한 사람. épater le ~ 속물들을 놀라 자빠지게 하다(보수적인 사람을 우롱하기 위해 충격적인 언행을 과시하는 짓). ③ 《옛》(천민에 대하여) 도시 사람, (자유시의) 시민; (농노에 대하여)자유민; (귀족에 대하여)평민, 특권 시민, (특히 상업에 종사하는)시민; (군인에 대하여)일반인. en ~ 평복 차림으로. agent de ~ 사복경관, 사복형사. ④ 《속》(시골 사람에 대하여)읍 어른, 읍 양반; (노동자·하인이 주인에 대하여)나으리, 어르신네.
—*n.m.* 속옷; 저속한 취미; 시대에 뒤떨어짐.
—*n.f.*《속》가정 주부; 아내, 여편네. la[ma]~*e* 우리집 사람.
—*a.* 중산 계급의; 특권 시민의; 유산자의, 자본가의, 부르주아의. caution ~*e* 지불능력이 있는[확실한] 보증. ② 중산 계급적인, 일반 시민의, 부르주아다운, 보수적인. cuisine ~*e* (맛있고 알뜰한)가정 요리. habit ~ (제복에 대하여)평복. maison ~*e* (여럿이 세든 집) 개인 가옥. pension ~*e* 본업이 아닌 고급 하숙. idées ~*es* 소시민적[보수적] 사상. ③ 속물의; 저속한, 지긋한(vulgaire). goût ~ 저속한 취미. ④ 보통 사람의, 평범한(commun).

bourgeois(e)² *a.* 부르그(*Bourg-en-Bresse* [burkɑ̃brɛs], 프랑스의 도시)의. —B~ *n.* (위)의 사람.

bourgeoisement [burʒwazmā] *ad.* ① 중산 계급적으로; 부르주아식으로, 유복하게. ② 주택으로서. occuper(habiter) ~ un local 집을 주택으로[주거 만을 위해] 사용하다. maison louée ~ 비(非)상업용 셋집. quartier ~ habité 주택 지구. ③ 속물적으로, 저속하게(vulgairement). ④ 정당하게. se marier ~ 정당한 결혼을 하다.

bourgeoiserie [burʒwazri] *n.f.* ①《속》중산[유산] 계급임; 속물적임, 저속한 취미. ②《속》=bourgeoisie.

***bourgeoisie** [burʒwazi] *n.f.* ① 중산 계급; 유산 계급, 부르주아 계급. haute(grande) ~ 상층 중산 계급, 상류 부르주아. moyenne ~ 중층 중산 계급(상공업의 중역·간부 및 의사·변호사 따위). petite ~ 하층 중산[소시민] 계급(중층 중산 계급에 가까운 봉급 생활자층). ②《옛》(귀족에 대한)평민 계급, (자유시의 특권을 가진) 시민의 자격[신분·계층]. droit de ~ 시민의 특권, 시민권. *de bonne* ~ 상당한 신분의; (반어적) 점잖은 체하는.

bourgeoisisme [burʒwazism] *n.m.* ① 중산 계급의 신분[지위]; 중산 계급적 사고[생활] 방식[기질]. ② 속물주의.

bourgeon [burʒɔ̃] *n.m.* ① 〖식물〗싹, 눈. ~ à fleur 꽃눈. ② 《옛·구어》(얼굴의)부스럼, 여드름 (bouton); (주둥이 때문의 코의)붉은 반점.

bourgeonnant(e) [burʒɔnā, -āːt] *a.* ① 싹트는. ② (얼굴에)여드름[종기]이 난.

bourgeonné(e) [burʒɔne] *a.p.* ① 싹튼. ② 여드름[부스럼]이 난. nez ~ 붉은 코.

bourgeonnement [burʒɔnmā] *n.m.* ① 싹틈, 발아(기). ②《구어》여드름[부스럼]이 남.

bourgeonner [burʒɔne] *v.i.* ① 싹트다, 발아하다. ②《구어》(얼굴에)여드름[부스럼]이 나다; (코끝이)붉어지다.

bourgeonneux(se) [burʒɔnø, -øːz] *a.*《구어》여드름이 난(boutonneux).

bourgeron [burʒərɔ̃] *n.m.* (노동자·군인의)작업복.

bourgmestre [burgmɛstr] *n.m.* (벨기에·독일·스위스 등의 중소도시의)시장(市長).

Bourgogne [burgɔɲ] *n.pr.f.* 〖지리〗부르고뉴(프랑스 동부의 지방).

bourgogne [burgɔɲ] *n.m.* 부르고뉴산 포도주(vin de B~). —*n.f.* 부르고뉴(17세기의 머리장식).

bourguignon(ne) [burgiɲɔ̃, -ɔn] *a.* 부르고뉴(*Bourgogne*, 프랑스의 옛 지방)(사람)의.
—B~ *n.* 부르고뉴 사람. parti(faction) des B~*s* 〖프랑스사〗부르고뉴 당.
—*n.m.* ① 부르고뉴 사투리. ② 〖요리〗양파와 적포도주를 곁들인 쇠고기찜. ③《속》태양.
—*n.m.pl.* 〖해양〗쇄빙(碎氷).
—*n.f.* (부르고뉴 지방의 포도주용) 큰 통, 병.

bourguignotte [burgiɲɔt] *n.f.* ① (15~17세기의) 철모. ②《군대속》(1차 대전 때의)철모.

bouriate [burjat] *n.* (B~)부리아트 사람, *(pl.)* 부리아트족(族). —*n.m.* 부리아트어(語). —*a.* 부리아트 사람[어]의.

bourlinguer [burlɛ̃ge] *v.i.* ① 〖해양〗(배가)난항하다; (승무원이)고생하다. ②《구어》방랑하다, (여러 곳을)돌아다니다, 여행을 많이 하다. ③《속》뼈빠지게 일하다, 쏠데없는 일을 하다.

bourlingueur(se) [burlɛ̃gœːr, -øːz] *n.*《구어》(모험적인)여행가. vieux ~ 노련한 선원.
—*a.*《구어》(취미로)여행하기를 좋아하는; 탐험가 기질이 있는.

bourrache [buraʃ] *n.f.* 〖식물〗서양지치.

bourrade [burad] *n.f.* ① 주먹질; 떠밀기. ~ amicale 반갑다고 떠밀기. ② 폭언, 심한 말. ③《옛》《사냥》사냥개가 토끼를 물어 털을 뜯어냄.

bourrage [buraːʒ] *n.m.* ① (속에)재기, 채우기; (구멍을)메우기. ② 재는 [메우는] 것, 충전물, 패킹. ③《학생속어》《암기 위주의》주입식 공부. ④《군사》장전(裝塡). ⑤《광산》복발물을 잰 구멍을 틀어막기(틀어막는 진흙); 《철도》침목 밑에 밸러스트를 채워 넣기; 《수예》2개의 선 사이를 수실로 메꾸기; 《컴퓨터》카드뭉 (de cartes). ⑥ ~ de crâne《구어》속임수, 거짓말, 사기; 끈질긴 허위선전; (암기 위주의)주입식 교육.

bourras [bura] *n.m.* 삼부스러기로 짠 거친 직물.

bourrasque [burask] (《이탈리아》) *n.f.* ① 광풍, 돌풍, 질풍(tempête). par ~(s) 돌풍으로 [처럼], 발작적으로; 변덕스럽게. ② 《열·노기 따위의》갑작스런 내솟음, 돌발; 감정의 폭발; 변덕. ③ 민중의 돌발적 행동(~ populaire).

bourratif(ve) [buratif, -iːv] *a.* 《속어》(요리가)기름진, 많이 먹을 수 없는(↔ léger); 배가 보해는.

bourre¹ [buːr] *n.f.* ① (털이 동물에서 뜯어낸)털모시, (안장·이불의)속에 넣는 털; (의자 따위의)속. ② (양털·견사의)거친 부분. ③ (포도 덩굴의)싹눈; (포도의)싹; (순이나 과일의)솜털. ④ 화문전(火門栓), 총구 마개; 《광산》발파 구멍의 충전물(充塡物)(진흙 따위). ⑤ 하찮은 것. ⑥ 《속어》집중적으로 바쁨. ⑦《옛》질책, 학대.

bourre² *n.f.* 《속어》à la ~ 늦게; être de première ~ 훌륭하다.

bourre³ *n.m.* 《은어》사복경관(형사).

bourré(e) [bure] *a.p.* ① [~ de](로)가득 찬. homme ~ de complexes 콤플렉스로 가득찬 사람. serviette ~e de livres 책이 가득 찬 가방. ② 만원의 (bondé), 꽉 들어찬(tassé). autobus ~ 만원버스. voyageurs ~s dans l'autobus 버스에 입추의 여지 없이 들어찬 승객. ③《속어》코가 비뚤어지게 마신; 취한(ivre). ④ (금은 세공품을)도금한.

bourreau [buro] (*pl.* ~**x**) (< *bourrer*) *n.m.* ① 사형집행인, (체형을 집행하는)사형리; 학살자, 살인자. valet du[de] ~ 사형집행 보조자(현재는 aide de l'exécuteur 가 정식명칭). ②《구어》잔인한 사람; 냉혹한(자); 《익살》남을 피곤하게 하는 사람(?). être le ~ de qn …을 피곤하게 하다, 못살게 굴다. Roger est le ~ de sa famille. 로제는 집안의 폭군이다. ③《돌팔이 의사》. ~ d'enfants(?) 어린이 학대자. ③ 돌팔이 의사.
~ d'argent 낭비하는 사람. ~ des cœurs 여자를 쉽사리 정복하는 사람. ~ de travail 많은 일을 척척해 치우는 사람; 공부벌레. insolent comme un valet de ~ 주제넘은, 건방진.

bourrée¹ [bure] *n.f.* 나뭇단.
Fagot cherche ~. 끼리끼리 모인다.

bourrée² *n.f.* 오베르뉴(*Auvergne*)·베리(*Berry*) 지방의 무도; (그)무도곡.

bourrel [burel] *n.m.* 《조류》말똥가리.

bourrèlement [burɛlmɑ̃] *n.m.* 격심한 아픔; (마음의)고통, 고민.

bourreler¹ [burle] [4,5] *v.t.* 몹시 괴롭히다.

bourreler² [4,5] *v.t.* (화약 따위를)재다.

bourreler³ [4,5] *v.t.* (문틈·구멍 따위를)틀어막다.

bourrelet [burlɛ] *n.m.* (속을 넣어 충격을 막는)쿠션; (특히 짐꾼의)또아리; 어깨받침; (어린이의 수영을 돕는 모자 (부상방지용); 《장위》틈막이; (말의)목 고리; 《해양》마찰막이. ②《의학》(수종(水腫)으로 인한)부어오름; 《해부》융기, 팽대; (땅의)기복; 말 발의 육관(肉冠). ③ 바퀴의 테두리.

bourrelier [burəlje] *n.m.* 마구 제조인(상인).

bourrellerie [burɛlri] *n.f.* 마구 제조[판매]업; 마구 가게.

bourre-pipe [burpip] (*pl.* ~-~(s)) *n.m.* 파이프에 담배를 다져 넣는 물건.

bourrer [bure] *v.t.* ① (의자·이불 따위에)속을 넣다 (rembourrer); (파이프에)담배를 다져 넣다; 다져 (틀어)넣다. ~ un matelas [un coussin] 매트리스 [쿠션]에 속을 넣다. poches bien *bourrées* 불룩하게 찬 호주머니. [~ qc de qc] Il *bourre* son discours *de* citations. 그는 연설을 인용으로 가득 채운다. [~ qc dans] Il *bourre* ses papiers *dans* le tiroir. 그는 서류를 서랍 속에 쑤셔 넣는다. ②《구어》(비유적)[~ qn de] 배가 터지도록 먹이다(gaver); 《속어》(비유적) 《학과를》주입하다; 주입식 공부를 시키다. Sa tante *a bourré* Pierre *de* gâteaux. 아주머니는 피에르에게 과자를 잔뜩 먹였다. (목적보어 없이) aliment qui *bourre* 배가 무지근해지는 음식. ~ l'élève *de* latin 생도에게 라틴어를 주입하다. ~ le candidat 수험생에게 주입식 공부를 시키다. ③《군사》(총포에)화약을 재다, 《광산》(폭파약을 재고 구멍을)진흙 따위로 틀어막다. 《기계》(패킹 상자 따위를)재다. ④ 총개머리로 후려치다; 《구어》세게 때리다, 혼내주다; 《권투》펀치를 먹이다; 꾸짖다, 욕하다, 모욕하다. ~ qn (de coups) …을 흠씬 때려주다. ~ la gueule (à qn) (…의) 얼굴을 주먹으로 때리다. Il *a bourré* Pierre de dix coups de gauche. 그는 피에르에게 레프트 펀치를 10개 먹였다. ⑤ (사냥개가 정지해야 하는데) 달려들어 덤을 물어뜯다. ⑥《철도》(침목 밑에)밸러스트를 박다. ~ une traverse 침목에 밸러스트를 박아넣다. ⑦《비어》(여자를)품다. se faire ~ (여자가 남자에게) 몸을 맡기다.
~ *le crâne* [*la caisse*] *à qn*《구어》…에게 거짓말하다; 되풀이 말하여 믿게 하다, …을 속이다. Les journaux nous *bourrent le crâne*. 신문은 엉터리를 쓴다.
~ *les urnes* 선거부정을 저지르다.
— *v.i.* ① (말이)코를 내밀다; ②《구어》싫어서 슬슬 빼다. ③ (사냥개가 정지해야 하는데) 짐승에게 달려든다.
— **se** ~ *v.pr.* ① 배가 터질 만큼 먹다. [se ~ de qc] (se 는 직접목적보어) Il *se bourre* de victuailles. 그는 배가 터질 만큼 먹는다. (se 는 간접목적보어) se ~ l'estomac 배가 터질 만큼 먹다. ② 서로 치고받다; 욕설하다.

bourrés [bure] *n.m.pl.* 《속어》속임수에 쓰는 주사위.

bourrette [burɛt] *n.f.* 명주(비단)의 부스러기.

bourreur [burœːr] *n.m.* ① 속 넣는 사람. ② ~ de coups 마구 두들겨 패는 사람. ③《광산》(폭파약을 잰 구멍을)진흙 따위로 틀어막는 사람.
~ *de crânes*[*de mou*]《속어》민중을 감언이설로 속이는 사람.

bourri [buri] *n.m.* 《속어》《동물》당나귀.

bourriche [buriʃ] *n.f.* (물고기 따위의 수송용)광주리; 한 광주리의 양.

bourrichon [buriʃɔ̃] *n.m.* 《속어》머리, 대가리. *monter le ~ à qn* …을 흥분시키다. *se monter le ~* 흥분하다, 환상을 품다.

bourricot [buriko] *n.m.* 《동물》작은 당나귀; 아프리카의 작은 당나귀. kif-kif ~ 아주 똑같이.

bourride [burid] *n.f.* 《요리》(아이올리와 계란의 흰자를 넣은)부이야베스의 일종.

bourrier [burje] *n.m.* 슬레이트질(質) 혈암(頁岩) 부스러기.

bourrillon [burijɔ̃] *n.m.* (생사(生絲)의 한가운데에 생기는)거칠고 고르지 못한 부분.

bourrin [burɛ̃] *n.m.* ①《속어》말; 노마(老馬), 늙은

말. ②경관.
bourrique [burik] *n.f.* ① 〖동물〗 암탕나귀(ânesse); 당나귀. ②〖구어〗바보. ③〖속어〗경관; 경찰의 앞잡이(끄나풀). *être entêté comme une* ~ 매우 고집이 세다. *faire tourner qn en* ~ ⋯을 들볶아 멍청하게 만들다. *plein*[*soûl*] *comme une* ~ 곤드레만드레 취한.
bourriquer [burike] 〖속어〗 *v.t.* (여자를)따먹다. *se faire* ~ (장녀가)헐하게 몸을 팔다.
—*v.i.* 간음죄를 범하다.
bourriquet [burike] *n.m.* ① 〖동물〗 작은 종자의 나귀. ②(석수가)짐 올리는 도구; (광산의) 권양기(捲揚機).
bourriquier [burikje] *n.m.* 〖속어〗나귀 몰이꾼.
bourriquot [buriko] *n.m.* =**bourricot**.
bourroir [burwa:r] *n.m.* 틀어 넣는 막대; 〖광산〗 (폭파약을)다져 넣는 막대.
bourron [burɔ̃] *n.m.* 파이프에 담배를 다져 넣는 기구.
bourru(e) [bury] *a.* 거친(rude); 성미가 무뚝뚝한 [까다로운]. *fil* ~ 굵기가 고르지 못한 실[줄]. *lait* ~ (사투리)갓 짠 우유. *pierre* ~*e* 〖건축〗 다듬지 않은 돌. *vin* ~ (덜 익어)떫은 포도주; 찌꺼기가 있는 탁한 포도주. —*n.* 무뚝뚝한 사람.
Bourse [burs] *n.f.* ① 증권 거래소(~ des valeurs), 상품거래소(~ de commerce[de marchandises]); 증권[주식] 시장. *jouer à la* ~ 증권[주식]을 거래하다. ②주식시장; 주식시세(cours de la ~). *La* ~ *monte*[*baisse*]. 주가가 오른다[내린다]. *coup de* ~ 주식시세의 급변, 주가의 폭등[폭락]; 주식 투기. ~ *du travail* 노동조합 사무소; ~ *de l'emploi* 직업소개소.
***bourse** [burs] *n.f.* ①〖옛〗돈주머니, 지갑(porte-monnaie). *consulter sa* ~ 〖구어〗(비유적)주머니 사정을 생각하다. *mettre la main à la* ~ (돈을 치르기 위해)지갑에 손을 넣다.
②주머니돈, 가진 돈; 주고 내는 돈; 재원. *avoir la* ~ *ronde; avoir une bonne* ~ 주머니가 두둑하다, 돈이 많다. *avoir recours à la* ~ *de qn* ⋯의 지갑[돈·재정 원조]에 호소하다. *avoir toujours la main à la* ~ 돈을 쓰고만 있다. *Sa* ~ *est bien plate*.(구어)그는 돈이 별로 없다. *Toutes les* ~*s sont fermées*. 돈을 꾸어줄 사람이 아무도 없다. *faire une* ~ 돈을 갹출하다.
③장학금(~ *d'études*); *entière* 전액장학금. *demi-* ~ 반액장학금. ~ *de voyage* 연구여행을 위한 장학금. *accorder une* ~ *à qn* ⋯에게 장학금을 주다. *avoir*[*jouir d'*] *une* ~ 장학금을 받다.
④주머니 모양의 것; 작은 주머니; 토끼 사냥용 그물; 주머니 모양의)고기잡이 그물; 〖해부〗 낭(囊); 〖동물〗(유대류의)〖*pl.*〗 음낭; 〖식물〗자낭, 씨주머니; (교회의)연보주머니, 의연금. ~ *à jetons* 게임의 토큰주머니. ~*s muqueuses* 점액낭. ~*s testiculaires* 음낭.
ami jusqu'à la ~ 〖구어〗궁할 때 믿을 수 없는 친구.
avoir la ~ *bien garnie* 돈이 많다.
~ *commune* 〖법〗 법원소속 공무원 단체의 공동 기금.
coupeur de ~*s* 소매치기.
donner à ~ *à garder au larron* 도둑에게 돈을 지키게 하다.
faire ~ *à part* 따로따로 계산하다.
faire bon marché de sa ~ (싼 값으로 산 것처럼 거짓말하며)물건을 잘 산다고 뽐내다.
faire ~ *commune* 돈을 같이 쓰다, 공동 출자하다.
La ~ *ou la vie!* 돈 안 내면 죽인다!
loger(*le*) *diable en*[*dans*] *sa* ~ 〖구어〗주머니가 텅 비어 있다.
ne pas laisser voir le fond de sa ~ 호주머니 사정을 보이지 않다, 경영상태를 알리지 않다.
ouvrir sa ~ *à qn* ⋯에게 돈을 꾸어주다; 재정적 원조를 하다.
s'adresser aux grosses ~*s* 돈이 있는 곳에 부탁하다.
sans ~ *délier* 〖구어〗비용을 들이지 않고, 거저.
Selon ta ~ *gouverne ta bouche*. 〖격언〗분수에 맞도록 살아라.
tenir (*les cordons de*) *la* ~ 금전 출납을 맡아보다, 재정권을 쥐고 있다.
bourse-à-berger [bursaberʒe] (*pl.* ~*s*-~-~),
bourse-à-pasteur [bursapastœ:r] (*pl.* ~*s*-~-~) *n.f.* 〖식물〗 냉이.
bourser [burse] *v.t.* 〖해양〗 (앞 돛이 바람을 맞도록)뒤의 돛 일부를 쥐다.
boursette [burset] *n.f.* 〖식물〗 ① 냉이(의 열매). ② =mâche.
boursicaut, boursicot [bursiko] *n.m.* 〖구어〗잔돈, 저축한 푼돈; 〖옛〗작은 돈주머니.
boursicotage [bursikɔtaʒ] *n.m.* boursicoter 하기.
boursicoter [bursikɔte] *v.i.* 푼돈을 모으다; 소액의 증권거래를 하다.
boursicoteur(se) [bursikɔtœːr, -ɸːz], **boursicotier(ère)** [bursikɔtje, -ɛːr] *a, n.* 소액의 증권거래를 하는(사람); 푼돈을 모으는(사람).
boursier(ère)¹ [bursje, -ɛːr] *a.* 돈주머니〖지갑〗를 만드는; 장학금을 받는. —*n.* 장학생; 회계원; 지갑 만드는 사람.
boursier(ère)² *a.* 증권거래소의. —*n.* 증권 거래소 직원; 증권 거래인.
boursiller [bursije] *v.i.* (공동 출자를 위하여)서로 출자하다, 서로 돈을 내다; 계속 소액의 돈을 내다.
boursouflage [bursufla:ʒ] *n.m.* 부풀림(enflure); 만심(慢心).
boursouflé(e) [bursufle] *a.p.* 부푼; 볼록한. *style* ~ 과장된 문체. —*n.* 몸이 부은 사람. —*n.m.* 과장; (몸이나 얼굴이)부어오른 사람.
boursouflement [bursufləmɑ̃] *n.m.* 부풀림; 부풀음, 팽창; 〖의학〗 종창 확대.
boursoufler [bursufle] *v.t.* 부풀리다(enfler); 만심시키다. *La fatigue a boursouflé ses jambes.* 피로해서 그녀의 다리가 부었다.
—*se* ~ *v.pr.* 부풀다, 부어오르다; 만심하다.
boursouflure [bursufly:r] *n.f.* ①부풀음; 부음 (bouffissure); (땅의) 융기. ②(문체의) 과장 (emphase).
bous [bu] ⇨**bouillir**.
bousage [buza:ʒ] *n.m.* 〖염색〗 쇠똥 처리.
bousard [buza:r] *n.m.* (몸에 싸는 연한)사슴똥.
bouscaille [buska:j] *n.f.* 〖속어〗진흙, 진창.
bouscailleur [buskajœ:r] *n.m.* 〖속어〗도로 청소부.
bousculade [buskylad] *n.f.* ① 밀기; 뒤엎음, 뒤집음. *recevoir une* ~ 냅다 밀리다. *vol à la* ~ 밀어서 소매치기하기. ② 혼잡, 혼란. *heure de la* ~ 혼잡한 시간, 러시아워.
bousculement [buskylmɑ̃] *n.m.* =**bousculade**.
bousculer [buskyle] *v.t.* ① 밀다(pousser); 밀어 젖히다, 부딪치다(heurter). *Ne bousculez pas!* 밀지 마셔요! ~ *les traditions* 관례를 깨뜨리다. *les traditions* 전통을 깨뜨리다. ② 뒤엎다, 뒤죽박죽이 되게 하다(bouleverser, déranger); (적의 대열을)흐트러뜨리다, 혼란에 빠뜨리다. *Pierre a bousculé tous les livres de ma bibliothèque.* 피에르는 내 책꽂이의 책을 모두 휘저어 놓았다. ③ 재촉[독촉]하다, 들볶아대다(presser). *J'ai été très bousculé cette semaine.* 금주에는 잡다한 일이 많아 눈코 뜰 새도 없었다. ④ 꾸짖다. ~ *le pot de fleurs* 〖속어〗지나치게 버릇없다; 매우 곤란하다.
—*se* ~ *v.pr.* 서로 밀다; 〖구어〗서두르다. *On se bousculait et on n'avançait pas.* 서로 밀어서 앞으

로 나갈 수 없었다. *Bouscule-toi* un peu, nous avons juste le temps d'aller à la gare. 좀 서둘러서 가거라, 역에 가기가 간신히 된다.

bouse [bu:z] *n.f.* 쇠똥(~ de vache).

bouser [buze] *v.t.* ① 쇠똥과 백토로 굳히다. ② 〖염색〗쇠똥 처리를 하다. ——*v.i.* (소가)똥을 싸다.

bouseux [buzø] *n.m.* 《속어》(경멸)농사군, (천한).

bousier [buzje] *n.m.* 《속어》똥구더기. 〖백성〗.

bousillage [buzijaːʒ] *n.m.* 〖건축〗진흙 벽토칠하기; 진흙 벽토. ②《구어》날림일. ③《구어》망가뜨리기, 파손.

bousille [buzij] *n.m.* 《비어》문신.

bousiller [buzije] *v.i.* 진흙 벽토칠을 하다. ——*v.t.* ①《구어》(일을) 날림으로 하다(gâcher). ② 망가뜨리다, 부수다. ③《속어》죽이다(tuer). se faire ~《군대속어》피살되다.

bousilleur(se) [buzijœːr, -ø:z] *n.* ① 진흙 벽토칠하는 미장이. ②《구어》서투른[날림] 일꾼.

bousin¹ [buzɛ̃] *n.m.* ①《옛·속어》① 선술집; 매음굴 (bouge). ② 소란(tumulte), 분규; 추문.

bousin² *n.m.* 품질이 나쁜 이탄(泥炭); (뜬 돌 표면의)껍질.

bousiner [buzine] *v.i.* 《속어》① 소란을 떨다. ② 사창가에 놀러 다니다.

bousineur(se) [buzinœːr, -øːz] *n.* 《속어》떠들어대는 사람.

bousingot [buzɛ̃go] *n.m.* ① (선원의 니스칠한)가죽 모자. ② 선동자; 무정부주의자. ③ (1830년 혁명 후의)민주주의 청년.

boussole [busɔl] *n.f.* ① 나침반; (정신적이)지침. ②《구어》머리. ③ 〖전기〗전류계. *perdre la* ~《구어》머리가 돌다; 당황하다, 어찌할 바를 모르다.

boustifaille [bustifaːj] *n.f.* 《속어》진수성찬, 잔치; 음식물(nourriture).

boustifailler [bustifaje] *v.i.* 《속어》대식하다; 게걸스레 먹다.

boustrophédon [bustrɔfedɔ̃] *n.m.* 〖고문서〗(글을 쓸 때)행의 첫머리가 번갈아 좌단·우단으로 엇바뀌는 가로쓰기.

:**bout¹** [bu] (< *bouter*) *n.m.* ①(물체·공간의)끝, 끄트머리, 말단(extrémité). ~ aigu 뾰족한 끝. ~ de la canne 지팡이의 물미, 마구리. ~ de pied (의자의)발바닥디개, 발판. ~s de manche 소매커버. ~ du nez 코끝. montrer le ~ de son nez 모습을 드러내다, 나타내다. au ~ du monde 이 세상 끝에; 아주 먼 곳에. d'un ~ du monde à l'autre 세계 각처에서. jusqu'au ~ du monde; aux deux ~s du monde(de la terre) 전 세계에. d'un ~ à [buta] l'autre; (옛) de ~ en [butɑ̃] ~ 한 끝에서 다른 끝까지. jusqu'au ~ 끝까지.

②(시간적으로)종말, 마지막, 한계(fin). ~ du voyage 여로의 끝. au ~ de sa vie 인생의 종말에 이르다. ~ de l'année 연말. (service du) ~ de l'an 1주기.

③ 일의 시초, 실마리. On ne sait par quel ~ (il faut) le prendre. 그는 성미가 까다로워 접근할 방도가 없다. prendre qc par le ~《속어》능란하게 ···을 처리하다. prendre qc par tous les ~s ···을 모든 각도에서 검토하다.

④ 잘라낸 조각, 단편; 간단한(조그만)것, 소량; 《드물게》다량. ~ de pain 빵을 한 조각 먹다, un ~ de fil 실토막, 짧게 끊은 실. un ~ de papier 종이조각. un ~ de lettre 간단한 편지. un ~ de temps 얼마동안. en connaître un ~《구어》매우 유능하다, 정통하다. faire un ~ d'essai 〖영화〗간단한 스크린 테스트. faire un ~ de conduite à *qn* ···을 도중까지 동행하다, 잠깐 전송하다. garder tous les ~s 너절한 고물들을 모조리 모아두다.

⑤《구어》어린 사람. ~ de femme 꼬마 계집애. ~ d'homme 사내아이. petit ~ 꼬마.

⑥ 〖해양〗선수(船首), 이물. vent de ~ 맞바람. aborder (un navire) de ~ en [butɑ̃] plein (다른 배에)뱃머리를 수직으로 들이밀다.

⑦ 젖꼭지(~ du sein); (비행기의)날개 끝; (파이프의)물부리; 구두코; 총구(~ du fusil).

⑧《속어》남근(男根), 페니스.

à ~ (체력·인내 따위의)한계에. être à ~ 한계에 이르다, 진퇴양난이다. être à ~ de patience 더 이상 참을 수 없게 되다. mettre à ~ 무찌르다, 이기다; 화나게 하다; 한도까지 다다르게 하다. pousser *qn* à ~ ···을 참을 수 없게 만들다. réduire *qn* à ~ (토론에서) ···을 대답에 궁하게 만들다. relever *de* ~ 〖토목〗(포석을)완전히 새로 갈다. remanier à ~ (지붕을)완전히 다시 이다.

à ~ *de* ···의 한계에, 끝에. être *à* ~ *de ressources* 자금이 바닥나다, 방책이 없다. venir *à* ~ *de qn* ···을 꺾어 이기다. venir *à* ~ *de qc* ···을 끝장내다; 몽땅 마시다; 끝까지 해치우다; ···에 이기다. venir *à* ~ *de*+*inf.* 교묘하게 ···하는데 성공하다.

à ~ *portant*(*touchant*) 총구를 들이대고; 맞대고, 솔직하게. obtenir un but *à* ~ *portant* 〖축구〗골 직전에서 득점하다.

au ~ *de* ···끝(후)에. *au* ~ *d'une heure* 한시간 후에. *au* ~ *de la rue* 그 거리 끝에. être *au* ~ *de* ···의 끝에 이르다. être *au* ~ *de ses ressources* [ses écus, son rouleau] 그 이상은 어찌할 길이 없게 되다. Ce mot s'est présenté(trouvé) *au* ~ *de ma plume*.《구어》그 말은 써내려 가는 도중에 자연스럽게 나왔다. Le mot[La lettre] est resté(restée) *au* ~ *de ma plume*. 그 단어(글자)를 빠뜨리고 썼다. Voilà ce qui vous prend *au* ~ *du nez*. 이것이 당신을 기다리고 있는 사태(상황)입니다.

Au ~ *le* ~.《속담》때가 오면 결말이 나진다.

~ *à* ~ 끝과 끝을 맞추어서. mettre ~ *à* ~ 끝과 끝을 이어맞추다; 합산하다.

C'est tout le ~ *du monde.* 《구어》그 이상은 생각할 수 없다.

être ménager de ~*s de chandelle* 자질구레한 것에서만 절약하다.

Il faut finir par un ~. 사람은 누구나 죽지 않으면 안된다.

jeu en ~ 〖기계〗흔들리는 굴대.

joindre les deux ~*s* (*de l'an, de l'année*) (일년 예산의)수지를 맞추다.

le haut (*bas*) ~ 상석(하석), 상위(하위). tenir le haut ~ 상석에 앉다, 중요한 위치를 차지하다, 영향력을 미치는 자리에 있다.

n'être pas au ~ 아직 할일이 많다; 안심이 안된다.

tenir le bon ~ (*par devers soi*)《구어》유리한 입장을 차지하다.

tout au ~ 결국, 궁극적으로.

bout² ⇒bouillir.

bout-à-bout [butabu] *n.m.* (복수불변) 〖영화〗몽타주의 1단계 작업.

boutade [butad] *n.f.* ① (재치 있는)경구, 재담. ② 변덕(caprice). ③ (별안간)기분이 나빠짐. *par* ~(*s*) 변덕스럽게, 이따금 생각난듯이.

boutargue [butarg] *n.f.* (남프랑스의)어란젓.

bout-dehors [budəɔːr] (*pl.* ~*s*-~) *n.m.* 〖해양〗붐, (돛)의 하활.

bout-de-pied [budpje] (*pl.* ~*s*-~-~) *n.m.* 팔걸이 의자 앞에 놓는)발디디개, 발판.

bout-de-sein [budsɛ̃] (*pl.* ~s-~-~) *n.m.* 젖꼭지 보호구(保護具).

bout-de-table [budtabl] (*pl.* ~s-~-~) *n.m.* (식탁에 놓는 금속·유리·도기 따위의)장식품.

boutée [bute] *n.f.* 【건축】 홍예받이; 【토목】 교대(橋臺).

boute-en-train [butɑ̃trɛ̃] *n.m.* (복수불변) ① 《구어》좌중의 흥을 돋구는 사람. ② 시험종마(種牛) 〔암컷이 교미할 수 있는지를 알기 위해 짝지어 두는 수말(황소)〕; 주위의 새들을 울게 하는 새.

boutefeu [butfø] (*pl.* ~x) *n.m.* ① 《구어》(분쟁의) 선동자. ② 【광산】 폭파 점화 장치; 폭파공; 《옛》(화승(火繩)에 불붙이는)장대; 방화범(인).

boute-hors [butɔːr] *n.m.* =**bout-dehors**.

‡**bouteille** [butɛj] *n.f.* ① 병; 술병; 한 병(의 양). ~ d'un litre 1 리터들이 병. ~ isolante 보온병(~ thermos). bière en ~ 병맥주. une ~ de vin 포도주 한 병. boucher(déboucher) une ~ 병마개를 하다(뽑다). mettre du vin en ~s 포도주를 병에 넣다. ~ de Leyde 【물리】 라이든병. ~ en bois (체조용)곤봉; (볼링)핀. ② (병 속의 내용물로) 술, 포도주. boire une ~ 술 한 병을 마시다. aimer la ~ 《구어》술을 좋아하다. boire à la ~ 병째 마시다. acheter une ~ de rouge 적포도주 1 병을 사다. ③ 【식물】 표주박(goudre). ④ 【어업】 병 모양으로 된 고기잡이 기구(carafe); 【해양】《옛날 배의 후미에 설치된)변소(현재도 때때로 사용). ⑤ 《옛》기포, 비눗방울; 【공업】유리 안에 생기는 기포.
avoir de la ~ (술이)오래되어 질이 좋다; 《비유적》 (사람이 경험을 쌓아)노숙〔노련〕하다.
être dans la ~ 음모에 가담하다, 비밀에 참여하다.
Il a été nourri dans une ~. 그는 바깥세상에 대한 경험이 없다.
Il n'a rien vu que par le trou d'une ~. 그는 세상 물정을 통 모른다, 우물 안의 개구리이다.
la misère en ~ 《구어》화려한 겉치레 속의 가난.
porter des ~s 조용조용 걷다.
prendre de la ~ 《구어》나이를 먹다; 낡아지다.

bouteiller [butɛ(e)je] *n.m.* 《옛》(궁중의)주고(酒庫) 책임자.

bouteillerie [butɛjri] *n.f.* 병 창고; 병 공장(제조·매매); 술 창고 책임자의 직.

bouteillon [butɛjɔ̃] *n.m.* 【군사】(야전용의)큰 남비.

bouteloue [butlu] *n.m.* (미국 서부의)목초.

bouter [bute] *v.t.* ① 《옛》두다, 놓다(mettre); 밀다, 밀어내다(pousser). ~ l'ennemi hors de France 적을 프랑스 밖으로 몰아내다. ② (피혁을)깎다.
—*v.i.* (포도주가 상해서)끈적끈적해지다.

bouterolle [butrɔl] *n.f.* ① 칼집 끝에 씌운 쇠. ② 자물쇠 속의 돌기; (그 돌기에 맞는)열쇠의 홈. ③ (리벳의)형두기(形頭器). ④ 그물의 일종.

bouteroller [butrɔle] *v.t.* (리벳의)대가리를 둥글게 깎다.

bouterue [butru] *n.f.* (차의 충돌에 의한 손상을 피하기 위해 건물·대문 모서리를 따라 세운)석주(chasse-roue); 다리의 차도에 깔린 철판.

boute-selle [butsɛl] *n.m.* (복수불변) 【군사】 안장 준비 나팔 (옛날의 전투 신호).

bouteur [butœːr] *n.m.* =**bulldozer**. ~ biais 앵글 불도저.

boutillier [butije] *n.m.* =**bouteiller**.

*boutique** [butik] *n.f.* ① (소매상의)상점, 가게, 점포; (특히)(기성복 따위의)의류점. ~ franche(공항의)면세점. ~ en plein vent 노점. avoir(tenir) ~ 장사하다, 가게를 경영하다. fermer(ouvrir) ~ 가게를 닫다(열다), 폐업(개업)하다. se mettre en ~ 개점(개업)하다. fonds de ~ 상점 안의 상품 비품 일체. ② 《구어》장사, 사업. parler ~ 장사(사업) 이야기를 하다. ③ 《집합적》(상점 안의)상품; 점원. vendre toute la ~ 상점의 물건을 다 팔다. ④ 《구어》(집·사무실·학교 따위가)지저분하고 누추한 곳(baraque). Une sale ~ ! (회사나 상점의 경영에 대하여)형편없는 곳〔직장〕! ⑤ 연장 한 벌; 연장통(자루); (일꾼의)일터. une ~ de menuisier 목공 연장한벌. ⑥ 【어업】(잡은 물고기를 넣어두는)다래끼, (배 안의)어조(魚槽). ⑦ la (Grande) B~ 《속어》재판소, 경시청.
Cela vient de sa ~. 과연 그 사람다운 일이다.
être de la ~ 그 방면에 능통하다, 조예가 있다.
prendre garde à la ~ 자기 일〔장사〕에 골몰하다.
questions de ~ 집안이야기, 소수의 사람들만이 관계되는 문제.

REM **boutique** 보통 소매 전문의 소규모 상점. **magasin** 대규모의 상점: grand *magasin* 「백화점」. **échoppe** 판자집으로 된 구멍가게나 노점.

boutiquier(ère) [butikje, -ɛːr] *n.* ① 가게〔점포〕주인, 소매상인. ② *petit* ~ 작은 사내.
—*a.* 가게 주인의〔소매상인의〕.

boutis [buti] *n.m.* 산돼지가 파헤친 땅.

boutisse [butis] *n.f.* 【건축】 마구리돌.

boutoir [butwaːr] *n.m.* ① (멧돼지의)코. ② (편자공의)말굽 깎는 칼; (제혁공의)가죽깎는 칼.
coup de ~ 《구어》폭언, 신랄한 말; 심한 타격.

*bouton** [butɔ̃] (< *bouter*) *n.m.* ① 싹, 눈, 순; 봉오리. rose en ~ (아직 피지 않은)봉오리 상태의 장미. ~ qui commence à s'ouvrir (à éclore) 트기 시작하는 싹. ~ de rose 《비유적》 순진무구한 처녀. ② 【의학】 부스럼; 여드름; 마마자국. ~ d'Alep 【의학】 알레포 종기. avoir le visage couvert de ~s 얼굴이 여드름 투성이다. Il a un ~ qui lui pousse sur le nez. 그는 코끝등에 종기가 났다. ③ 단추; 장식 단추. veste à deux ~s 단추가 둘 달린 웃도리. ~s de manchettes (와이셔츠의)커프스 단추. recoudre un ~ qui a été arraché 떨어진 단추를 다시 달다. ④ (문·서랍 따위의)손잡이, (전기 기구 따위의)누름단추, 스위치. tourner le ~ (라디오 따위의)스위치를 돌리다; 손잡이를 돌리다. ~ de sonnerie(de sonnette, d'appel) 벨〔초인종〕의 누름단추. Appuyez sur le ~. 단추를 누르시오. ⑤ 【기계】 핀; 【악기】(하프·기타·바이올린의)줄멈추개; 【해양】(볼록 나온)밧줄의 매듭; 단검(短劍)집 끝의 공모양의 부분. ⑥ 말굽쇠를 죄는 가죽 고리. mettre un cheval sous le ~ 말굽쇠를 죄다. ⑦ 젖꼭지(mamelle); 《비어》공알, 음핵.
avoir(offrir) le ~ (수렵의)클럽 회원임을 나타내는 단추를 받다〔주다〕; 《비유적》한패가 되다(한패에 끼어주다).
ne tenir qu'à un ~ 《구어》매우 위태롭다, 풍전등화이다.
serrer(presser) le ~ à qn 《구어》…을 몰아치다, 심하게 다루다.

bouton-d'argent [butɔ̃darʒɑ̃] (*pl.* ~s-~) *n.m.* 【식물】미나리아재비; 개사풀.

bouton-d'or [butɔ̃dɔːr] (*pl.* ~s-~) *n.m.* 【식물】미나리아재비.

boutonnage [butɔnaʒ] *n.m.* 단추로 채움.

boutonné(e) [butɔne, -ɑ̃t] *a.* ① 단추로 채우는.

boutonné(e) [butɔne] *a.p.* ① 단추가 달린. ② 《비유적》입이 무거운, 말없는; 비밀주의의(renfermé). Il est très ~. 그는 아주 입이 무겁다. ③ (劍)에 bouton 이 달린. fleuret ~ 끝받이를 낀 검(劍). ④ laine ~*e* 【식물】 눕을. ~ *jusqu'à la gorge(jusqu'au menton)* 몹시 입이 무거운.

boutonnement [butɔnmɑ̃] *n.m.* 〖식물〗싹틈.
boutonner [butɔne] *v.i.* ① 〖식물〗싹(눈)이 트다, 발아하다. ② 여드름[부스럼]이 나다. Son visage commence à ~. 그의 얼굴에 여드름이 나기 시작한다. ③ 단추가 채워지다. Cette robe *boutonne* par-derrière. 이 드레스는 뒤로 단추를 채운다. ― *v.t.* ① (의)단추를 채우다. *Boutonne* ton manteau, il fait froid dehors. 외투 단추를 채워라, 밖이 춥다. ② (검 끝에 둥근)끝받이를 끼다(부상 방지용); [~ *qn*] 끝받이를 낀 검 끝으로 찌르다. ― *se* ~ *v.pr.* 단추가 채워지다; (자기 옷의)단추를 채우다. Ce pantalon *se boutonne* sur les côtés. 이 바지는 옆으로 단추가 채워진다.
boutonnerie [butɔnri] *n.f.* 단추 제조[판매]; 단추 공장.
boutonneux(se) [butɔnø, -ø:z] *a.* 여드름[부스럼]이 난; (염증 따위가)종기를 수반하는, 발진성의.
boutonnier(ère) [butɔnje, -ε:r] *n.* 단추 제조[판매]인. ― *n.f.* ① 단추구멍; 장식 단추의 구멍; 단추구멍에 꽂는 꽃. ② 〖외과〗절개(incision) ; 〖구어〗작은 생채기. ③ 〖지질〗분지. *faire une ~ère à qn* 〖구어〗(장검으로) …을 찌르다.
bouton-poussoir [butɔ̃puswa:r] (*pl.* ~*s*-~) *n.m.* (전기기구·전화기·카라디오 따위의)누름단추; 누름단추식 스위치.
bouton-pression [butɔ̃presjɔ̃] (*pl.* ~*s*-~) *n.m.* 〖의복〗암·수로 된 누름단추.
bouton-pressoir [butɔ̃preswa:r] (*pl.* ~*s*-~) *n.m.* (벨 따위의)누름단추(장치).
boutre [butr] *n.m.* 아라비아의 작은 돛단배.
bout-rimé [burime] (*pl.* ~*s*-~) *n.m.* 제운시(題韻詩) 〖작품〗; (*pl.*) 제운(시).
bout-saigneux [busɛɲø] (*pl.* ~*s*-~) *n.m.* (양·송아지 따위의)목덜미 고기.
bouturage [butyraːʒ] *n.m.* 꺾꽂이(에 의한 번식).
bouture [buty:r] *n.f.* 꺾꽂이; 꺾꽂이 가지. *reproduction par ~* 꺾꽂이에 의한 번식.
bouturer [butyre] *v.t.* 꺾꽂이하다, 분주(分株) 번식시키다. *~ des saules* 버드나무를 꺾꽂이하다. ― *v.i.* 꺾꽂이한 나무에(줄기가) 돋아나다.
bouvard, bouvart [buva:r] *n.m.* 어린 황소(jeune taureau).
bouveau [buvo] (*pl.* ~*x*), **bouvelet** [buvlɛ] *n.m.* ① 〖광산〗(석탄층을 가로 지르는)횡경도(travers-bancs). ② 송아지.
bouvement [buvmɑ̃] *n.m.* 쇠시리용 대패; (이 대패로 만든)쇠시리.
bouveret [buvrɛ] *n.m.* 〖조류〗멋장이새, 피리새.
bouverie [buvri] *n.f.* 외양간.
bouvet [buvɛ] *n.m.* ① 개탕대패. ② 〖옛〗송아지(jeune bœuf).
bouvetage [buvtaːʒ] *n.m.* 개탕대패질.
bouveter [buvte] 【4,5】 *v.t.* ① (에)개탕대패질을 하다. ② (밭 따위를)갈다.
bouveteuse [buvtø:z] *n.f.* 기계개탕대패.
bouvier(ère) [buvje, -ε:r] *n.* ① 소치는 사람; 목축업자. *~ des Flandres* (북프랑스·벨기에의)소·말을 지키는 개. ② 〖구어〗시골뜨기. ③ *le B~* 〖천문〗목동좌.
― *a. charette* ~*ère* 우차(牛車).
bouvière[2] [buvjɛ:r] *n.f.* 〖어류〗잉어속(屬)의 작은 물고기.
bouvillon [buvijɔ̃] *n.m.* 송아지(bouveau).
bouvreuil [buvrœj] *n.m.* 〖조류〗멋장이새, 피리새.
bouvril [buvril] *n.m.* (도살장의)소 몰아넣는 곳.
bouziller [buzije] *v.t.* 〖속어〗= **bousiller**.
bovaryser [bɔvarize] *v.i.* 보바리 부인처럼 처신하다

(Flaubert 작 *Mme Bovary*의 여주인공에서).
bovarysme [bɔvarism] *n.m.* 보바리 부인 기질(보바리 부인처럼 자신의 현실을 보다 이상으로 착각하는 일종의 자기 환상, 과대망상); 〖의학〗(여성의 신경증에 많은)감정·사회생활에 있어서의 욕구불만.
bovidés [bɔvide] *n.m.pl.* 〖동물〗소과(科).
bovin(e) [bɔvɛ̃, -in] *a.* 소(과)의. ― *n.m.pl.* 소(과)의 짐승.
bovinés [bɔvine] *n.m.pl.* 〖동물〗소과(科)의 짐승, 소류(類).
bowden [bo:dɛn] *n.m.* 〖기계〗보덴와이어(commande B~).
bowling [bɔliŋ] 〖미영〗*n.m.* 볼링(장).
bowstring [bu[ɔw]striŋ] 〖영〗*n.m.* 〖건축〗(기둥과 기둥 사이의)와이어 로프.
bow-window [bowindo] (*pl.* ~-~*s*) 〖영〗*n.m.* (활 모양으로)밖으로 불룩 나온 창.
box [bɔks] (*pl.* ~(*es*)) 〖영〗*n.m.* ① (말이 한 필씩 들어가는 마굿간의)한 칸; (말 운반용 화차의)한 칸; (자동차 한 대씩 들어가는 차고의)한 칸. ② (기숙사의 대침실 따위를 막은)소침실, 개인용 소실; (환자를 격리하기 위해 각막이한)소실(~es d'un hôpital). ③ (법정의)간막이 좌석, 피고석(~ des accusés). être dans le ~ 재판을 받고 있다. ④ 계산대; 매표소.
box-calf [bɔkskalf] (*pl.* ~-~*s*) 〖영〗*n.m.* 복스 가죽 《때로는 calf를 생략하여 *box*라고 하고 또 때로는 box를 생략 *calf*라고도 한다》.
boxe [bɔks] 〖영〗*n.f.* 권투. *gants de ~* 권투용 글러브. *match de ~* 권투 시합. *faire de la ~* 권투를 하다.
boxer[1] [bɔkse] *v.t.* (와)권투하다;〖구어〗주먹으로 때리다(frapper). ― *v.i.* 권투하다.
― *se* ~ *v.pr.* (서로 상대하여)권투하다, 〖구어〗서로 치고받다.
boxer[2] [bɔksɛ:r] 〖영〗*n.m.* 복서《테리어 비슷한 개》.
boxeur(se) [bɔksœ:r, -ø:z] *a.* 권투의.
― *n.* 권투선수. ― *amateur*(professionnel) 아마추어[프로]권투선수. ― *B~s n.m.pl.* 〖중국사〗의화단(義和團).
box-office [bɔksɔfis] (*pl.* ~-~*s*) 〖미영〗*n.m.* (입장료의 수입으로 따져 본)홍행물[배우]의 성공율.
boxon [bɔksɔ̃] *n.m.* 〖속어〗갈보집.
boy [bɔj] 〖영〗*n.m.* 소년 마부; (식민지의)원주민 하인(종).
boyar(d) [bɔja:r] *n.m.* (러시아·트란실바니아·다뉴브 지방의)옛 귀족;〖속어〗부자, 부호.
boyau [bwajo] (*pl.* ~*x*) *n.m.* ① 〖구어〗장, 창자. *gros*(*petits*) ~*x* 큰 창자(작은 창자). ② 장선(腸線) (corde de ~). ③ (펌프의)호스; (자전거의)관모양의 타이어. ④〖군사〗연락 참호; 오솔길. *aimer qn comme ses* (*petits*) ~*x* 〖구어〗 …을 몹시 사랑하다.
racler le ~ 〖속어〗현악기를 서투르게 켜다.
rendre tripes et ~*x* 몹시 토하다.
se tordre les ~*x* 〖속어〗배꼽이 빠지도록 웃다.
tordre les ~*x* 〖속어〗(독한 싸구려 술이)몹시 고통스럽게 하다.
boyauderie [bwajodri] *n.f.* (곱창·장선 제조를 위한)장(腸) 처리장; 장선(腸線) 제조소.
boyaudier(ère) [bwajodje, -ε:r] *a.* 장처리의; 장선 (제조)의. ― *n.* 장 처리공; 장선 제조공.
boyautant(e) [bwajotɑ̃, -ɑ̃:t] *a.* 〖속어〗우스꽝스러운, 몹시 웃기는.
boyauter (se) [s(ə)bwajote] *v.pr.* 〖속어〗배꼽을 빼다, 포복절도하다.

boycott [bɔjkɔt] *n.m.* 보이콧, 동맹배척 (근래에 boycottage 대신에 종종 쓰임).

boycottage [bɔjkɔta:ʒ] *n.m.* 보이콧; 동맹배척.

boycotter [bɔjkɔte] 〖영〗 *v.t.* 보이콧하다, 동맹배척하다; 불매동맹을 하다.

boycotteur(se) [bɔjkɔtœ:r, -ø:z] *n.* 보이콧하는 사람, 동맹배척자.

boyotant(e) [bwajɔtɑ̃, -ɑ̃:t] 《속어》 =boyautant.

boyoter (se) [s(ə)bwajɔte] *v.pr.* 《속어》 =boyauter (se).

boy-scout [bɔjskut] 〖영〗 *n.m.* 보이스카우트, 소년단원.

B.P. 〖약자〗 brevet professionnel 직업교육 수료증.

b.p. 〖약자〗 basse pression 저압(低壓).

B.-P. 〖약자〗 Basses-Pyrénées (프랑스의 도(道)).

B.P.G. 〖약자〗 blende, pyrite, galène. filon ~ 〖광산〗 유황아연·유화철·유화염 광맥.

B.P.(N.)F. 〖약자〗 Bon pour (Nouveaux) Francs (francs) 금…(이프랑 (어음의 금액 표기 부분의 앞에 붙이는 서식).

B.Q. 〖라틴·약자〗 Bene quiescat 고이 잠들라.

B.Q.E. 〖약자〗 Bulletin quotidien d'études 〖기상〗 기상관측일보.

B.Q.R. 〖약자〗 Bulletin quotidien de renseignements 〖기상〗 기상일보.

Bque 〖약자〗 banque 은행.

bque 〖약자〗 ① barrique 〖상업〗 통. ② barque 〖해양〗 작은 배.

Br 〖약자〗 brome 〖화학〗 취소(臭素).

br. 〖약자〗 ① broché 가철본(假綴本). ② breveté (군사) 육군대학 출신의 사관.

brabançon(ne) [brabɑ̃sɔ̃, -ɔn] *a.* 브라방(Brabant, 벨기에의 주(州))의. **—b.** ~ *n.* 브라방 사람.
—la B~ne *n.f.* 벨기에 국가. 용병(傭兵).

brabant [brabɑ̃] *n.m.* ① 금속제의 바퀴 달린 쟁기. ② 금속대(金屬帶), 금속 띠.

brabantin(e) [brabɑ̃tɛ̃, -in] *a, n.* =brabançon.

brac [brak] *n.m.* ⇨bric-à-brac.

bracelet [braslɛ] ① *bras* *n.m.* ① 팔찌(anneau) (팔목시계의)줄; (직공의)팔받이; (옛)(소총 사수의)팔받이. ~ en or 금팔찌. changer son ~ 시계줄을 바꾸다. ~ de force 〖체조〗 가죽제의 리스트밴드. ② 〖건축〗(둥근 기둥의)고리장식. ③ 〖식물〗 줄기의 마디.

bracelet-montre [braslɛmɔ̃:tr] (*pl.* ~**s**~**s**) *n.m.* 팔목 시계.

brachial(ale, pl. aux) [brakjal, -o] *a.* 〖해부〗 팔의, 상박(上膊)의.

brachialgie [brakjalʒi] *n.f.* 〖의학〗 완통(腕痛).

brachiocéphalique [brakjɔsefalik] *a.* 〖해부〗 완두(腕頭)의. tronc ~ 완두 동맥. tronc ~ veineux 완두 정맥.

brachiopodes [brakjɔpɔd] *n.m.pl.* 〖동물〗 완족(腕足)류.

brachistochrone [brakistɔkrɔn] *a., n.f.* (courbe) ~ 〖수학〗 최급강하선(最急降下線).

brachy- *préf.* 「짧은」의 뜻.

brachycéphale [brakisefal] *a., n.* 〖인류〗 단두(短頭)(의 사람).

brachycéphalie [brakisefali] *n.f.* 〖인류〗 단두(短頭); 〖의학〗 단두증(短頭症).

brachylogie [brakilɔʒi] *n.f.* ① 〖언어〗 간략어법. ② 너무 간결하여 뜻이 애매함.

brachypnée [brakipne] *n.f.* 짧은 호흡.

brachyures [brakjy:r] *n.m.pl.* 〖동물〗 게류(類) (crabes).

bracon [brakɔ̃] *n.m.* 〖건축〗 지주(支柱), 받침기둥; (수문의)비스듬한 버팀대.

braconnage [brakɔnaʒ] *n.m.* 밀렵(密獵).

braconner [brakɔne] *v.i.* 밀렵하다; 밀어(密漁)하다, 불법으로 사냥(고기잡이)하다.
—*v.t.* 〖드물게〗 밀렵(밀어)하다.
~ **dans les œuvres de** *qn* …의 저작을 표절하다. ~ **sur les terres d'autrui** 남의 권리(활동무대)를 침범하다, 남의 아내를 범하다.

braconnier(ère)¹ [brakɔnje, -ɛ:r] *a.* 밀렵(밀어) 잘 하는. —*n.* 밀렵(밀어)자.

braconnière² [brakɔnjɛ:r] *n.f.* 갑옷의 허리에서 허벅다리까지의 부분.

bractéaire [braktee:r], **bractéal(ale, pl. aux)** [brakteal, -o] *a.* 〖식물〗 포(苞)의.

bractéate [brakteat] *a.* (주화(鑄貨)가)얇고 한 면에 돈을 새김이 있는.

bractée [brakte] *n.f.* 〖식물〗 포(苞).

bractéifère [bractei*f*ɛ:r] *a.* 〖식물〗 포가 있는.

bractéole [brakteɔl] *n.f.* ① 〖식물〗 작은 포(苞). ② 금 조각.

bractété(e) [braktete] *a.* 〖식물〗 포가 있는.

bradel [bradel] *n.m.* 클로스 표지 제본(cartonnage (reliure) à la ~).

brader [brade] *v.t.* (braderie에서)팔다; 헐값에 팔아 넘기다. ~ **des chaussures démodées** 유행이 지난 구두를 헐값에 팔다. ~ **sa liberté** (비유적)자유를 내주다(포기하다).

braderie [bradri] *n.f.* ① (북프랑스의)헌옷·고물 시장. ② 싸구려 시장.

bradeur(se) [bradœ:r, -ø:z] *n.* (고물 시장 따위의) 싸구려 장수; (헐값에)헐값에 팔아넘기는 사람.

brady- *préf.* 「느린」의 뜻.

bradycardie [bradikardi] *n.f.* 〖의학〗 심동지서(心動遲徐), 서맥(徐脈).

bradype [bradip] *n.m.* 〖동물〗 세발가락나무늘속(屬).

bradypsychie [bradipsiʃi] *n.f.* 〖정신의학〗 정신 기능 완만증.

brague [brag] *n.f.* 〖옛〗 ① (*pl.*) (반)속바지; 기저귀. ② 〖해양〗 (화포(火砲)의 후퇴를 막는)제동 밧줄. ③ 놀려주기, 농담(plaisanterie); 허품, 나만(vanterie).

braguette [bragɛt] *n.f.* 양복 바지 앞쪽의 튼 곳; 〖옛〗 바지의 앞주머니.

brahma [brama] *n.* 브라마닭.

Brahmâ [brama] 〖산스크리트〗 *n.pr.m.* 범천(梵天) (바라문교에서 우주의 창조자).

brahmane [braman] *n.m.* 〖인도종교〗 바라문 (인도의 4성(姓) 중 최고 종족인 승족(僧族)).

brahmanique [bra(a)manik] *a.* 바라문교의.

brahmanisme [bra(a)manism] *n.m.* 바라문교.

brahmapoutre [bramaputr] *n.* = **brahma**.

brahme [bra:m] *n.m.* = **brahmane**.

brahmine [bramin] *n.f.* 여(女)바라문.

brai [brɛ] *n.m.* ① 송진(~ de bois). ② 타르; 콜타르 (~ de goudron de houille). ~ pétrole 아스팔트. maladie du ~ 〖의학〗 콜타르 중독. ③ (새잡이 사람의)웃음. ④ (양조용)애벌빻은 보리.

braie [brɛ] *n.f.* ① 〖옛〗 기저귀(couche). changer la ~ d'un enfant 아이의 기저귀를 갈다. ② (*pl.*) 〖옛〗(골 바리의)바지. ③ 〖해양〗 (키·돛대의)피복지. — **s'en tirer(se tirer d'une affaire, en sortir) les ~ s nettes** 〖옛〗용하게 모면하다.

braillage [brajaʒ] *n.m.* (청어를)소금에 절여 화물창에 쌓기.

braillard(e) [braja:r, -ard] *a.* ① 고함지르는, (어린)

애가)울어대는. luxe - (비유적)눈물 사나운 사치. ② 『사냥』 (개가)짖기만 하는. —n. 고함치는 사람. —n. 『사냥』짖기만 하는 개.
braille [brɑ:j] *n.m.* 《맹인용》점자(點字)(alphabet (écriture) B~).
braillement [brɑjmɑ̃] *n.m.* 고함치기; 울부짖기.
brailler¹ [brɑje] *v.i.* ① 고함치다(hurler); 큰소리로 이야기[노래]하다, (어린애가)울부짖다; (공작이)울다. ② (사냥개가)짖어대기만 하다.
—*v.t.* 떠들썩하게 이야기[노래]하다. ~ un slogan(une chanson) 큰 소리로 구호를 외치다[노래를 부르다].
brailler² *v.t.* 《어업》(청어를)소금에 절이다.[음.
braillerie [brɑjri] *n.f.* 고함침, 떠들어댐; 울부짖
brailleur(se) [brɑjœ:r, -φ:z] *a.* 고함치는, 떠들어대는; (어린애가)울부짖는. enfant ~ 울기 잘하는 아이. —*n.* 떠드는[고함치는] 사람.
braiment [brɛmɑ̃] *n.m.* 나귀의)울음소리.
brain-drain [brɛndrɛn] (*pl.* ~~**s**)《영》*n.m.* 두뇌 해외유출(émigration des cerveaux).
brain(-)storming [brɛnstɔ(ɔ)rmiŋ]《영》*n.m.* 브레인 스토밍 (회의에서 각자가 아이디어를 제출하여 그 중에서 최선책을 택하는 회의 기술).
brain-trust [brɛntrœst] (*pl.* ~~**s**)《영》*n.m.* 브레인 트러스트, 자문[전문] 위원회, 고문단.
braire [brɛ:r] 44 *v.i.* (보통 3인칭에만 쓰임)① (나귀가)울다. ②《구어》고함치다; 울부짖다 (brailler); 항의하다, 성내다. Il ne chante pas, il *brait.* 그는 노래하는 것이 아니라 고함치고 있다.
—*v.t.* ~ une chanson 소리질러 노래부르다.
brais [brɛ] *n.m.* = **brai.**
braise¹ [brɛ:z] *n.f.* ① 잉걸불. bœuf à la ~ 잉걸불에 조린 쇠고기. cuire(griller) sur la ~ 잉걸불에 굽다. yeux de ~ 이글이글 타는 눈(초리). être chaud comme ~ 성질이 불처럼 격하다; (비유적) 열애에 빠져 있다. ② 숯불. ~ chimique 인조연료, 조개탄의 일종. sec comme ~ 바싹 마른. ③ 잉걸불에 구운 고기. **être**(*avoir les peids*) *sur la* ~《구어》안절부절 못하다. *passer sur qc comme un chat sur la* ~ (이야기나 문장에서)…에 살짝 손을 대다(언급하다).
braise² *n.f.* 《속어》돈, 금전.
braiser [brɛ(e)ze] *v.t.* (압력솥으로 고기·야채 따위를)익히다, 찌다(잉걸불로 조리다.
—*v.i.*《속어》돈을 지불하다.
braisette [brɛzɛt] *n.f.* 작은 잉걸불[뜬숯].
braisier [brɛ(e)zje] *n.m.* 뜬숯 단지.
braisière [brɛzjɛ:r] *n.f.* ① 〖요리〗(잉걸불에 쓰는)찜통, 스튜남비. ② 뜬숯 단지.
braisille [brɛ(e)zij] *n.f.* 불똥, 불티.
braisiller [brɛ(e)zije] *v.i.* 반짝거리다.
braisillon [brɛzijɔ̃] *n.m.* 성냥개비의 머리.
Bramah [brama] *n.pr.m.* 브라마《영국의 기술자, 1749-1814》. presse de ~ 브라마식 수압기. serrure de ~ 브라마 자물쇠.
bramement [bramɑ̃] *n.m.* = **brahmane.**
brame¹ [bram] *n.m.* 《야금》덩어리 쇠, 괴철(塊鐵).
brame² [bram] *n.f.* 〖야금〗덩어리 쇠, 괴철(塊鐵).
brame³ *n.m.* 《어류》도미의 일종.
bramement [bramɑ̃] *n.m.* (사슴의)울음소리.
bramer [brame] *v.i.* ① (사슴이)울다. ② 울부짖다, 탄식하다(brailler, se lamenter). enfant qui *brame* sans cesse 계속 울어대는 아이. ~ après *qn*(*qc*)《비유적》…을 애타게 찾다(갈구하다).
bramine [bramin] *n.m.* = **brahmane.**
bran [brɑ̃] *n.m.* ① 밀기울, 왕겨. ②《속어·사투리》똥. ③ ~ d'agace (서양자두나무·벚나무의)나무진, 수지(樹脂). ④ ~ de scie 〖영〗톱밥.

faire l'âne pour avoir du ~ (옛)목적을 달성하기 위해서 바보로 행세하다(지금은 pour avoir du son 이라고 함).
branc [brɑ̃] *n.m.* (중세의)날이 큰 검.
brancard [brɑ̃kɑ:r] *n.m.* ① 들것(civière); 들것 채; 손수레. transporter *qn* sur un ~ …을 들것으로 나르다. ② (수레를 말에 매는 2개의)긴 대 (→ harnais 그림); (4륜 마차의 전륜과 후륜을 잇는)연결봉. ③ (*pl.*)《속어》다리(jambes).
brancardage [brɑ̃karda:ʒ] *n.m.* 들것으로 나르기.
brancarder [brɑ̃karde] *v.i., v.t.* 들것으로 나르다.
brancardier [brɑ̃kardje] *n.m.* 들것으로 나르는 사람, 〖군사〗담가병.
branchage [brɑ̃ʃa:ʒ] *n.m.* ① 〖집합적〗(나무 한 그루 전체의)가지, 나뭇가지. ~ de cabane de ~s 나뭇가지로 지은 오두막집. ②《시》《비유적》(사슴의)뿔.
*branche [brɑ̃:ʃ] *n.f.* ①(나무)가지(↔tronc). maîtresse ~ 굵은 가지. ~ morte 마른 가지. de ~ en ~ 가지에서 가지로. ~ mère 나무통에서 직접 나온 가지. ~ *ou* racine ~ (枝根).
② (어떤 체계·기관·기계 따위의)가지, 분파, 지류. ~ aînée des Bourbons 부르봉 왕가의 장자계(長子系). ~ d'un arbre généalogique 계통수의 가지. ~ d'un artère(d'un nerf) 동맥[신경]의 지류. ~ d'un chemin (철도의)지선. ~ d'un fleuve 지류. ~s d'un compas 컴퍼스의 다리. ~s de lunettes 안경 다리.
③ (작품·조직 따위의)부분; 분야, 분과. ~s du «Roman de Renart» 「여우이야기」의 지편(枝篇). différentes ~s de l'économie 경제의 여러 분야. étendre ses ~s sur toute une région (기업의) 지방 전역에 걸쳐 경영망을 확대하다.
④ (ma) vieille ~ 《구어》여보게!《친한 친구 사이의 호칭》.
⑤ ⓐ 〖언어〗 (언어 계통상의)어파(語派). ⓑ 〖컴퓨터〗명령, 분기(分岐) 명령.
avoir de la ~ (말이)몸매와 자세가 훌륭하다; 《비유적》기품있다, 풍채가 훌륭하다.
être comme l'oiseau sur la ~ 불안정한 처지〔입장〕에 있다.
s'accrocher à toutes les ~*s*(*aux* ~*s*) (궁지에 몰려)무엇에건 매달리려 하다.
sauter de ~ *en* ~《구어》《비유적》변덕부리다, 꾸준하지 못하다.
scier la ~ *sur laquelle on est assis* 위험한 처지에 빠뜨리다.

REM branche 일반적 의미의 「가지」. **branchage** 집합명사로 「가지 전체」. **rameau**《작은 가지》는 문어적 표현. **ramée** 자연 또는 인공으로 얽힌 무성한 가지로 그 밑에 무엇인가가 덮혀 있음;danser sous la *ramée* 나무 그늘 아래서 춤추다.
branchée [brɑ̃ʃe] *n.f.* (잎 따위의)한 가지.
branchement [brɑ̃ʃmɑ̃] *n.m.* ① (수도관·철도 따위의)분기; 분기된 관(선), 지관(支管) (tube de ~). ② 〖전기〗접속, 분기회로.
brancher [brɑ̃ʃe] *v.i.* ① (새가)가지[횃대]에 앉다. ②《구어》(사람이)앉다, 쉬다; 묵다, 머무르다.
—*v.t.* ① 분기(分岐)시키다; (에서)지선(지관)을 끌다, (본선·본관에)연결시키다. ~ une conduite de gaz 가스관을(본관에)끌다. ~ un appareil radio sur le courant électrique 라디오를 전류에 연결하다. ② 〖전기〗분기회로를 가설하다;[~ *qn*] 전화를 연결하다. On vous a mal *branché.* 〔전화〕잘못 걸렸습니다. ③ [~ *qn sur qc*] (와)연결시키다, (에)관심을 갖게 하다. ~ le public *sur* l'affaire 사람들을 그 사건에 대해 관심을 갖게 하다. *être*

branché 《구어》알아듣다, 이해하다. Alors, tu es branché? 그래, 알아들었니? ④《속어》교잡하다. ⑤《엣》분가시키다.
être branché en direct sur qc …와 직결되어 있다.
—**se** ~ v.pr. ① (새가)앉다. ② [se ~ sur] (전선 따위가)연결되다; (사람이)와)연결되다. ~ sur un poste étranger 외국방송을 듣다. se ~ sur qn …와 연락을 취하다.
branchette [brɑ̃ʃɛt] n.f. 작은 가지.
branche-ursine [brɑ̃ʃyrsin] n.f. 《식물》아칸더.
branchial(ale, pl. **aux)** [brɑ̃ʃjal, -o] a. 《동물》아가미의.
branchié(e) [brɑ̃ʃje] a. 《동물》아가미 있는.
branchies [brɑ̃ʃi] n.f.pl. 《동물》아가미.
branchillon [brɑ̃ʃijɔ̃] n.m. 잔 가지.
branchiopodes [brɑ̃ʃ(k)jɔpɔd] n.m.pl. 《동물》새각류(鰓脚類).
branchu(e) [brɑ̃ʃy] a. 가지가 우거진.
branchure [brɑ̃ʃyːr] n.f. =**branchage**①.
branc-ursine [brɑ̃kyrsin] n.f. =**branche-ursine**.
brand [brɑ̃] n.m. =**branc**.
brandade [brɑ̃dad] n.f. (남프랑스의)대구 요리의 일종.
brande [brɑ̃ːd] n.f. ①《식물》히스의 일종; 히스의 황야. ②(불꽃이)잘 타게 만든 나무 묶음.
brandebourg [brɑ̃dbuːr] n.f. ① 소매 긴 외투. ② 정자(pavillon). —n.m. ① (pl.)장식단추, 장식끈; (군복의)늑골 모양의 장식. ② (정원의)울타리.
—**B**~ n.pr.m. 《지리》브란덴부르크(독일 중부 지방의 주(州)).
brandebourgeois(e) [brɑ̃dburʒwa, -aːz] a. 브란덴부르크의. —**B**~ n. 브란덴부르크 사람.
brandevin [brɑ̃dvɛ̃] 《네덜란드》n.m. (포도주로 만든)브랜디(eau-de-die de vin).
brandevinier(ère) [brɑ̃dvinje, -ɛːr] n. 브랜디 양조(판매)업자.
brandillement [brɑ̃dijmɑ̃] n.m. 《엣》(머리·다리·몸이)좌우로 흔들림.
brandiller [brɑ̃dije] v.t. 《엣》(머리·다리 따위를) 좌우로 흔들다. —v.i. 흔들리다(s'agiter). Le drapeau brandille au vent. 깃발이 바람에 휘날린다. —**se** ~ v.pr. 흔들리다.
brandir [brɑ̃diːr] v.t. ① (칼 따위를)휘두르다; (쳐들어)흔들다(agiter). ~ de petits drapeaux 작은 기를 흔들다. ②(위협하려고)들이대다; (위협스럽게) 휘둘러대다. Devant les objections, il brandit sa démission. 반대에 부딪치자 그는 사직하겠다고 위협했다.
brandissement [brɑ̃dismɑ̃] n.m. 휘두르기.
brandon [brɑ̃dɔ̃] n.m. 《엣》(불 붙이는)짚단. dimanche des ~s 《가톨릭》4순절의 제 1 일요일(이 날에 그 횃불을 들고 행진을 함). ②타다 남은 불. ~ de discorde 《비유적》불화의 씨; 이간질 하는 사람. ③ 《법》 농작물 압류를 표시하는 표지.
brandy [brɑ̃di] 《영》n.m. 브랜디.
branlage [brɑ̃laːʒ] n.m. 《비어》용두질, 수음.
branlant(e) [brɑ̃lɑ̃, -ɑ̃ːt] a. 흔들거리는, 건들거리는(↔solide). dent ~e 흔들리는 이. chaise ~e 건들거리는 의자. C'est un château ~. 《사람·문건이》 건들건들하여 금새 쓰러질 것같다. ②《엣》(의복이나 마구 따위에 단)금속제 장식(움직일 때마다 흔들림). —n.f. 《은어》이(dent).
branle [brɑ̃ːl] n.m. ①동요, 흔들림(balancement); 진동. en ~ 흔들리고[움직이고] 있는; 시작된. sonner en ~ 종을 난타하다. ②충격, 자극 (impulsion); 시동(始動). mettre qc en ~; donner le ~ à qc …을 움직이게 하다; …을 추진하다. se mettre en ~ (일 따위가)시작하다, 활동을 개시하다. ③ (16-17세기의)민속 무용(곡). ④《엣》(수용용의)해먹, 달아맨 침대.
mener le ~ 댄스를 리드하다; 출선해서 일하다, 앞장서다.
branle-bas [brɑ̃lba] n.m. 《복수불변》①(일·행사의 시작을 위한)법석, 소란, 동요. ~ de combat 출발을 위한 법석. ②《해군》(전투 준비로)해먹을 걷어올림; 전투 준비(~ de combat); 기상(起床); 기상 신호. B~! 기상!
branlement [brɑ̃lmɑ̃] n.m. 흔들리기.
branle-queue [brɑ̃lkø] n.m. 《복수불변》《조류》긴발톱할미새속(屬).
branler [brɑ̃le] v.t. ① 흔들다, 동요시키다. ~ la tête 고개를 흔들다. ②《속어》하다(faire). Qu'est-ce que tu branles là? 거기서 너 뭐 하니?
—v.i. ① 흔들리다, 흔들거리다(osciller). Les dents lui branlent. 그는 이가 흔들린다. ~ dans le [au] manche 손잡이가 흔들거리다(《비유적》(지위가)흔들리다, 위태롭다. ②《엣·속어》움직이다; 동요하다; 움직임을 보이다. Ne branle pas de là. 거기서 꼼짝하지 마. ③《엣》(관객이)흥미를 나타내다; 맛설이다.
Tout ce qui branle ne tombe pas. 《속담》흔들린다고 모두 떨어지는 것은 아니다.
—**se** ~ v.pr. 《비어》수음(용두질)하다.
se ~ ; **se ~ les couilles** 《비어》 빈둥거리다, 쉬다. **s'en ~** 《속어》아랑곳하지 않다.
branle-tête [brɑ̃ltɛt] n.m. 《복수불변》목을 흔드는 인형.
branlette [brɑ̃lɛt] n.f. ① (3단계로 된 낚싯대의) 가운데 대. ②《비어》용두질.
branleur [brɑ̃lœːr] n.m. 《야금》 (압연기(壓延機)의)전자두(輾子頭).
branloire [brɑ̃lwaːr] n.f. ① 시소(널판). ② (펌프 따위의)손잡이. ③ (짐수레 밑에 매다는)상자.
braquage [braka:ʒ] n.m. ①향하게 하기; (자동차 따위의)방향 변경. ②《속어》흉기에 의한 습격.
braque [brak] n.m. (털이 짧은)사냥개, 포인터.
—a. 《구어》머리가 약간 돈(détraqué).
—n. 《구어》머리가 돈 사람.
braquemart [brakmaːr] n.m. 《엣》 단검.
braquement [brakmɑ̃] n.m. 향하게 하기.
braquer [brake] v.t. ① [~ qc sur/vers qn] (으로)향하게 하다, (시선을)집중시키다. Les policiers ont braqué leurs armes sur les bandits. 경찰관들은 무기를 강도들에게 들이댔다[향하게 했다]. ~ ses regards sur qn …을 주시하다. ②(자동차 따위의)방향을 꺾다. ~ ses roues vers le trottoir 보도 쪽으로 바퀴를 꺾다. ③ [~ qn contre qn/qc] (에 대해) 맞서[반항]하게 하다. Il est braqué contre moi[ce projet]. 그는 나에[이 계획에] 대해 반대 입장을 취하고 있다. ~ le monde paysan contre le gouvernement (사태 따위가)농민층을 정부에 대립시키다.
—v.i. (자동차가)방향을 꺾다(바꾸다). Cette voiture braque bien. 이 자동차는 핸들이 잘 듣는다.
~ dans une direction 어떤 방향으로 선회하다.
—**se** ~ v.pr. 《구어》 말을 듣지 않다; 고집하다. [se ~ contre] (에)반대하다.
braquet [brake] n.m. ①《엣》 단검. ②《엣》(구두의)정. ③(자전거의 앞 톱니바퀴의) 연동(連動) 관계. mettre un grand[petit] ~ 속력을 내다[늦추다]. changer de ~ 속력을 바꾸다.
:bras [bra] n.m. ①팔, 상지, 상박(haut du ~). La mère tient son bébé dans ses ~. 어머니는 아기를 안고 있다. Il m'a saisi par le ~. 그는 내 팔을 잡았다. arrêter[retenir] le ~ de[à] qn …의 팔을

붙잡다; 제지하다, 말리다. charrette à ~ 손수레. à force de ~ 인력(완력)으로.
② 일손, 일꾼, 조력(자). La campagne manque de ~. 농촌에 일손이 부족하다. refuser le ~ à qc …에 대한 협력을 거부하다. être le ~ droit de qn …의 오른팔이다. Les bons ~ font les bonnes lames. 《속담》명인은 연장을 가리지 않는다.
③ 힘, 권력, 위력. ~ de Dieu 신의 위력. ~ de la justice 법의 힘.
④ (기구·물건의)팔, 손잡이; 가지. ~ de pompe 펌프 손잡이. ~ d'une chaise 의자의 팔걸이. ~ accoutume (측음기의)음관. ~ de la vigne 포도의 곁가지.
⑤ (옷의)소매. ~ d'une veste 저고리 소매. en ~ de chemise 샤쓰 바람인[으로].
⑥ (하천 따위의)지류. ~ d'une fleuve (강의)지류. ~ de mer 내포(內浦); 해협. ~ mort 『지리』우각호(牛角湖).
⑦ (동물의)앞다리; (갑각류의)집게발; (두족류의)촉수.
à ~ tendu(s) 팔을 쭉 펴서; 힘껏.
à pleins ~ ⓐ양팔 가득, 한아름. ⓑ열심히. travailler à pleins ~ 열심히 일하다.
à tour de ~ 힘있게, 능숙하게.
avoir le ~ long 덕망이 있다; 영향력이 크다.
avoir les ~ retournés 《속어》빈둥거리다, 게으르다.
avoir les ~ rompus 지쳐빠지다.
avoir qn[qc] sur les ~ …을 주체 못하고 있다; …에 대한 책임이 있다; …에 붙잡혀 있다. Elle a cinq enfants sur les ~. 그는 다섯 아이를 걸머지고 [부양하고] 있다. Qu'il est importun! Je l'ai toujours sur les ~. 그자는 당찮게 성가시게 구는지, 나는 아직도 그자에게 붙잡혀 있단 말이야.
~ dessus ~ dessous 서로 팔을 끼고. être ~ dessus ~ dessous 매우 사이가 좋다.
~ d'honneur 팔뚝을 치켜들며 상대를 조롱 야유하는 제스처.
casser[couper] ~ et jambes à qn …을 꼼짝 못하게 만들다; …을 실망시키다. Cette nouvelle me coupa ~ et jambes. 이 소식을 듣고 나는 기운이 쭉 빠지는 것 같았다.
être sur les ~ de qn …의 부양을 받고[신세를 지고] 있다.
faire les beaux[grands] ~ 뽐내다, 잘난 채하다.
gros ~ 《구어》강자, 강력한 리더; (스포츠의)챔피언; 대형화물차의 운전사.
gros comme le ~ (존대하여 부를 때 쓰임). appeler qn Monsieur gros comme le ~ …을 Monsieur 라고 거창하게 부르다.
les ~ cassés 《속어》건달, 게으름뱅이.
Les ~ me[m'en] tombent. 나는 기진맥진이다; 나는 어이없어 할 말이 없다; 낙담했어.
recevoir qn à[les] ~ ouverts …을 환영하다.
rester les ~ croisés; se croiser les ~ 아무것도 안하다; 수수방관하다.
tendre les ~ vers qn[qc] …의 도움을 청하다, …에게 탄원하다.
tendre[ouvrir] les ~ à qn …을 환영하다; …에게 구원의 손을 뻗다; …의 잘못을 용서하다.
vivre de ses ~ 자활하다.

brasage [braza:ʒ], **brasement** [brazəmã] n.m. 용접(하기).

braser [brɑze] v.t. 땜질하다, 용접하다.

brasero [bra(a)zero] n.m. 《에스파냐》n.m. 화로.

brasier [brazje] n.m. = brasero. ② 벌겋게 단 숯불, 장작불; 《비유적》열화, 열정. Son cœur était un ~. 그의 가슴은 이글이글 타오르고 있었다. Son corps est un ~. 그의 몸은 (고열로) 불덩어리 같다.

brasillement [bra(a)zijmã] n.m. (달빛·인광으로 인한)바다의 번쩍임.

brasiller [bra(a)zije] v.t. 잉걸불로 굽다.
—v.i. ① (고기 따위가)지글지글 구워지다. ② (바다가 별빛·인광에)번쩍거리다; (태양에)눈부시게 빛나다; 벌겋게 타다.

bras-le-corps (à) [abra(a)lkɔ:r] loc.ad. saisir qn à ~ 양팔로 …의 허리를 얼싸안다.

brasque [brask] n.f. 《야금》① 숯가루와 진흙을 섞은 반죽. ② (가마·도가니 따위의 내부에 바르는)내화점토(耐火粘土).

brasquer v.t. 내화점토로 바르다.

brassage [brasa:ʒ] n.m. ① (맥주를 양조하기 위해) 홉과 온수를 뒤섞음, (일반적으로)(맥주의)양조. ② 휘저어 섞음, 혼합(mélange). ~ des races 인종의 혼합. ~ de l'air 환기. ~ des affaires 여러 가지 사업을 크게 벌이기, 다각 경영. ③ 『해양』활대 돌리기(brasseyage).

brassard [brasa:r] n.m. ① 완장. ~ de deuil 상장(喪章). ② (금속 연마공·유리공·축구 선수의)가슴받이. ③ 『고고학』(갑옷의)팔받이.

brasse [bras] n.f. ① 발(두 팔을 벌린 길이); 『해양』 길(약 1.62–1.83 미터). ② 『수영』평영으로 한 번 팔을 휘저어 나가는 거리; 평영(平泳)~française. ~ sur le ventre. nager (à) la ~ 평영을 하다. ~ papillon 『수영』버터플라이. ~ sur le dos 배영(背泳). ③ 역청(瀝青) 교반기.

être sur les ~s (수심을 측정할 때)측연(測鉛)이 물밑에 닿다.

brassée [brase] n.f. ① 한아름. ② 『수영』평영으로 한 번 휘저어 나가는 거리(brasse).
saisir qn à la ~ 《엣》…을 껴안다.

brassement [brasmã] n.m. ① (맥주의)양조. ② 교반(攪拌), 혼합, 혼효(mélange).

brasser[brase] v.t. ① (맥주를 양조하기 위해)홉과 온수를 뒤섞다, (일반적으로)(맥주의)양조하다. ② 휘저어 섞다; 섞다, 혼합하다(mêler). ~ la salade 샐러드를 뒤섞다. ~ les cartes avant de donner 카드를 나누어주기 전에 섞다. ~ l'air 환기시키다. ③ 『야금』(무쇠를)교련(攪鍊)하다. ④ 《엣》(음모·계획 따위를)꾸미다(tramer). ~ des intrigues 음모를 꾸미다.
~ de l'argent 많은 돈을 움직이다. ~ des affaires 동시에 여러 사업을 벌이다.
—se ~ v.pr. 섞이다, 혼합되다(se mêler).

brasser[2] v.t. ① 『해양』(활대를) 돌리다; (목적보 없이)활대를 돌리다. ② 『항공』(시동을 위해) 손으로 프로펠러를 회전시키다(~ l'hélice).
—v.i. 『놀이』(볼을 던지기 위해)팔을 지나치게 벌리다.
—se ~ v.pr. 《엣》(몸을 따스하게 하기 위하여)팔로 온몸을 비비다.

brasserie [brasri] (< brasser) n.f. ① 맥주 양조장. ② 맥주 홀, 레스토랑.

brasseur(se)[1] [brasœ:r, -ø:z] n. ① 맥주 양조업자. ② 『야금』교련공(攪鍊工). ③ ~ d'affaires 《속어》동시에 여러 가지 사업을 벌이는 사람; 수완가; 엉터리 사업가. —n.m. 교반기(攪拌機).

brasseur(se)[2] n. 『수영』평영 선수.

brasseyage [brasɛja:ʒ] n.m. 『해양』활대를 돌리기, 전형(轉桁).

brassiage [brasja:ʒ] n.m. 『해양』① 수심(水深) 측정. ② 수심.

brassicaire [brasikɛ:r] n.f. 『곤충』(양배추에 붙는)흰나비.

brassicourt [brasiku:r] *a.m.*, *n.m.* 선천적으로 무릎이 굽은(말).

brassière [brasjɛ:r] *n.f.* ① 조끼 모양의 부인복; 소매가 달린 어린아이용 조끼. ~ de sauvetage 구명(救命) 조끼. ② (*pl.*)(배낭 따위의)멜빵. ③ (차 안의) 손잡이 가죽끈. ④〖예〗(비유적) 구속, 속박. être en ~(s) 속박되어 있다. mettre (tenir) *qn* en ~(s) …을 속박하다; …을 어린애 취급하다.

brassin [brasɛ̃] *n.m.* 맥주 양조통; (그)한 통분의 맥

brassure [brasy:r] *n.f.* (수레바퀴)테바, 살대. 1주.

brasure [brazy:r] *n.f.* ① 땜질한)이음매; 땜질; 경납(硬鑞).

bravache [brava∫] *n.m.* 허세부리는 사람. faire le ~ 허세를 부리다. ─ *a.* 허세부리는(fanfaron).

bravacherie [brava∫ri] *n.f.* 〖예〗허세.

bravade [bravad] *n.f.* ① 도전적 언동. ② 허세. par ~ 허세로.

bravader [bravade] *v.i.* 〖예〗① 도전적인 말(행동)을 하다. ② 허세부리다.

*__brave__ [bra:v] *a.* ① 용감한(courageux, ↔ lâche). homme ~ 용감한 사람. ② (명사 앞에서) 친절한(gentil); 선량한(bon); 정직한(honnête); 충실한(fidèle). ~ homme 정직한 사람. ③ mon ~ homme (ma ~ femme) 아저씨[아줌마]; 여보, 여보게 (아랫사람을 정답게 부르는 친밀감을 주는 호칭). ④ 〖예·구어〗가장 좋은 옷을 입은; 예쁜. se faire ~ 가장 좋은 옷을 입다.
─ *n.m.* ① 용감한 사람. ~ à trois poils 용감한 사람; (구어)(반어적)무서운 것이 없는 사람. en ~ 용감하게. faire le ~ = bravader. ② mon ~ 여보게. ③〖예〗자객(刺客).

bravement [bravmɑ̃] *ad.* ① 용감하게, 대담하게(courageusement). ② 〖구어〗아주 잘, 능란하게, 솜씨있게.

braver [brave] *v.t.* ① [~ *qn*] (에게)용감히 맞서다, 도전하다. Il n'hésita pas à ~ son père. 그는 서슴지 않고 아버지에게 대들었다. ② [~ *qc*] 대수롭지 여기지 않다; (위험·죽음을)무릅쓰다. ~ les règles 규율을 무시하다. Vingt fois, les pompiers bravèrent la mort pour sauver ceux qui étaient dans l'immeuble en flammes. 스무 번도 더 소방수들은 불길에 싸인 건물 안에 남아 있던 사람들을 구하기 위해 죽음을 무릅썼다.
─ *se* ~ *v.pr.* 서로 대들다[맞서다].

bravissimo [bravisimo] 〖이탈리아〗 *int.* 잘한다 ! 최고다 !

*__bravo__[1] [bravo] 〖이탈리아〗 *int.* 잘한다 ! 좋다 ! 브라보 ! ─ *n.m.* 박수갈채, 환호.

bravo[2] (*pl. i*) [bravo, -i] 〖이탈리아〗 *n.m.* 자객(刺客).

bravoure [bravu:r] *n.f.* ① 용감, 용맹, 용기(courage, ↔ lâcheté). faire preuve de ~ au cours d'un incendie 불이 났을 때 용감하게 행동하다. ② (*pl.*) 무공. air de ~ 〖음악〗화려한 곡. morceau de ~ (문학 작품의)뛰어난 부분.

brayage [brɛja:ʒ] *n.m.* 밧줄로 잡아 매기.

braye[1] [brɛ] *n.f.* 찰복.

braye[2] [brɛ(j)] *n.f.* 밧줄; 권양기(捲揚機).

brayer[1] [brɛ(e)je] *n.m.* ① 〖외과〗 탈장대(脫腸帶). ② (종의 추의) 가죽끈. ③ 〖군사〗(기수(旗手)의)군기 혀댕; (창의)미늘받이. ④ 〖건축〗(짐을 달아매는)밧줄.

brayer[2] [8] *v.t.* 〖건축〗(밧줄로)끌어올리다.

brayer[3] [8] *v.t.* 〖해양〗(배에)콜타르를 칠하다.

brayette [brajɛt] *n.f.* = braguette.

break [brɛk]〖영〗*n.m.* ①일종의 대형 4륜마차. ②〖자동차〗라이트밴. ③〖재즈〗 브레이크.

breakdown [brɛkdawn]〖영〗*n.m.* 신경쇠약(dépression nerveuse).

breakfast [brɛkfast]〖영〗*n.m.* 영국식 아침식사 (오트밀·홍차·계란 따위로 하는).

bréant [breɑ̃] *n.m.* = bruant.

brebis [brəbi] *n.f.* ① 양떼. ② 양같이 순한 사람(여자); 순진한 사람(여자). ~ galeuse (noire) 말썽꾸러기, 나쁜 영향을 끼치는 사람. ③ 신자. ~ égarée 길 잃은 양. À ~ tondue Dieu mesure le vent. 《속담》하느님은 견디지 못할 시련은 주지 않는다. *B~ comptées, le loup les mange.* 《속담》가장 좋은 계획도 실패하는 수가 있다. *repas de ~* 마실 것이 없는 식사.

brèche [brɛ∫] *n.f.* ① (벽 따위의)금, 틈, 구멍. faire une ~ dans un plafond 천장에 구멍을 뚫다. ② (요새의) 돌파구(passage). faire (ouvrir) ~ (dans) *qc* …에 돌파구를 만들다. ③ (배의 중간 허리의)구멍; (칼날의)이빠진 데. ④ 손해, 손상. C'est une ~ à l'honneur. 그것은 명예를 손상시키는 것이다. faire (une) ~ à (sa) fortune 재산을 축내다. ⑤ 〖지질〗각력암(角礫岩). *battre en ~* 맹렬히 공격하다. *entrer par là ~* 돌파구를 통해 침입하다; 억지를 써서 해내다. *être toujours sur la ~* 끊임없이 싸우다(일하다). *mourir sur la ~* 한창 활동 중에 죽다; 전사하다.

brèche-dent [brɛ∫dɑ̃] *a.* (불변) 앞니가 빠진. ─*n.* 앞니가 빠진 사람.

brechet [brə∫ɛ], **bréchet** [bre∫ɛ] *n.m.* 〖구어〗의 가슴빼.

bréchite [bre∫it] *n.m.* 〖패류〗조로갯 무리.

Bréda [breda] *n.pr.* quartier ~ 파리의 사창굴이었던 브레다구(區).

bredi-breda [brədibrəda] *ad.* 〖구어〗빠른 말로.

bredindin [brədɛ̃dɛ̃] *n.m.* 〖해양〗(가벼운 짐을 싣고 내리는 데 쓰는)도래래 장치.

bredouillage [brəduja:ʒ] *n.m.* ① 빨라서 알아듣기 어려운 말투. ② (그러한) 말.

bredouillant(e) [brəduja, -ɑ̃:t] *a.* (말이)빨라서 알아들을 수 없는.

bredouille [brəduj] *n.f.* ① 〖놀이〗(트리크락에서의)완승. ② (사냥꾼·낚시꾼의)실망, 실패. ③〖연극〗(단역(端役)의)하찮은 대사. ─ *a.* (불변) ① 완승한. ② (낚시·사냥에서 잡은 것(성과)이 없는. rentrer (revenir) ~ (낚시·사냥에서)빈손으로 돌아오다. ③ (비유적)얻지 못한, 성과가 없는. être ~ 완패하다; 〖구어〗완전히 실패하다. se coucher ~ 저녁밥도 안 먹고 자다; 취해서 자다. ①.

bredouillement [brədujmɑ̃] *n.m.* = bredouillage

bredouiller [brəduje] *v.i.*, *v.t.* (알아듣기 힘들 만큼)빠르게 말하다(bafouiller). ~ une excuse 알아듣기 힘들 만큼 빠른 말로 변명하다.

bredouilleur(se) [brəduja:r, -ø:z] *a.*, *n.* (알아듣기 힘들 만큼)빠르게 말하는(사람).

:**bref**[1] (*ève*) [brɛf, -ɛ:v] *a.* ① (시간적으로)짧은(court, rapide, ↔ long). ~ *épisode* 짤막한 삽화. ② 간결한(concis); 퉁명스러운(sec). avoir la parole ~*ève* 퉁명스럽게 말하다. lettre ~*ève* 간결한 편지. ③ 〖언어〗단음의. voyelle ~*ève* 단모음. ④〖예〗키 작은. *en ~* 간단히(말해서).
─ *ad.* ① 요컨대, en somme, en fin de compte enfin). *B~.* ça te plaît ou ça ne te plaît pas? 결론적으로 말해서, 그것이 마음에 드는 거야 안드는 거야? ② 간단하게. parler ~ 퉁명스럽게(간단히) 말하다.
─*n.f.* ① 〖언어〗단모음(voyelle ~*ève*); 〖운율〗단음절(syllabe ~*ève*). ② 〖음악〗2전음표

(note ~*ève*). ③ 【조류】 짧은꼬리참새.
bref² [brɛf] *n.m.* ① (로마 교황의) 교서. ② 각 교구의 연중 행사표. ③ 【해양】 허가증. ④ lettres de ~ 《옛》 (대법관의) 소환 허가장.
bregma [brɛgma] *n.m.* 【해부】 브레그마 (두개골의 시상봉합과 관상봉합과의 교접점).
bregmatique [brɛgmatik] *a.* 【해부】 브레그마의.
bréguet [brege] (< *Bréguet*, 19세기 프랑스의 유명한 시계 제작자) *a.* 브레게 식의. —*n.f.* 브레게 시계 (montre ~). —*n.m.* 브레게 정밀시계 (chronomètre ~).
bréhaigne [breɛɲ] *a.* (가축의 암컷이) 새끼를 배지 못하는 (↔ féconde).
breitschwanz [brɛ(aj)tʃvɑ̃:ts] 《독일》 *n.m.* 아스트라한 가죽의 일종; (그) 모피.
brêlage [brɛla:ʒ] *n.m.* (밧줄 따위로) 묶기.
brelan [brəlɑ̃] *n.m.* 카드놀이의 일종 (각자 3장씩 가지고 함); 같은 패 3장. ② 도박장.
brêler [brɛ(e)le] *v.t.* 밧줄로 묶다.
brelique-breloque [brəlikbrəlɔk] *ad.* 《구어》 난잡 [무질서] 하게, 닥치는 대로.
brelle [brɛl] *n.f.* 작은 뗏목.
breller [brɛ(e)le] *v.t.* = brêler.
breloque [brəlɔk] *n.f.* ① 자그만 장신구; (시계줄·팔찌 따위에 매다는) 패물. ② 【군사】 해산 나팔 [북]; (공습 후의) 경보 해제 신호. battre la ~ 해산 나팔 [북] 을 불다 (울리다); (공습 후의) 경보 해제의 신호를 하다 (→ 숙어란).
battre la ~ 《구어》 횡설수설하다, 갈팡질팡하다. ⓑ (시계·심장 따위가) 불규칙하게 가다, 기능이 나쁘다, 엉망진창이다.
breluche [brəlyʃ] *n.f.*, **breluchet** [brəlyʃɛ] *n.m.* 무명과 털의 혼방직물.
brème [brɛm] *n.f.* ① 【어류】 잉어 무리. ② 《속어》 카드놀이. ③ 창녀의 카드 [증명서]. être en ~ 등록된 창녀이다.
brémois(e) [bremwa, -a:z] *a.* 브레멘 (*Brême*, 독일의 도시) 의. —**B**~ *n.* 브레멘 사람.
breneux(se) [brənø, -ø:z] *a.* 《속어》 똥 묻은.
brenn [brɛn] *n.m.* 두목, 수령, 우두머리 (B.C. 4–3세기에 쓰임).
brequin [brəkɛ̃] *n.m.* 송곳 끝.
Brésil (le) [labrezil] *n.pr.m.* 【지리】 브라질.
brésil [brezil] *n.m.* 【식물】 (브라질) 소방 (蘇芳) (bois de *B~*).
brésilien(ne) [breziljɛ̃, -ɛn] *a.* 브라질의. —**B**~ *n.* 브라질 사람.
brésiline [brezilin] *n.f.* 브레질린 (brésil에서 뽑은 홍색 염료).
brésiller¹ [brezije] *v.t.* ① 잘게 부수다. ② 소방 (蘇芳) 으로 염색하다.
—*v.i.*, **se** ~ *v.pr.* 파삭파삭 부스러지다.
brésiller² [brezije] *v.i.* 빛나다, 반짝거리다.
brésillet [brezijɛ] *n.m.* 【식물】 brésil의 변종.
bressan(e) [brɛsɑ̃, -an] *a.* 브레스 (*Bresse*, 프랑스의 지방) 의. —**B**~ *n.* 브레스 사람.
bressant [brɛsɑ̃] (< *Bressant*, 프랑스의 배우) *n.f.* 브레상 식의 이발 (coiffure à la *B~*).
brestois(e) [brɛstwa, -a:z] *a.* 브레스트 (*Brest*, 프랑스) 의. —**B**~ *n.* 브레스트 사람.
Bretagne (la) [labratəɲ] *n.pr.f.* 【지리】 브르타뉴 (프랑스의 옛 주(州)).
brétailler [bretaje] *v.i.* 《구어》 ① 대수롭지 않은 일로 칼을 뽑다. ② 검도장에 출입하다.
brétailleur [bretajœ:r] *n.m.* 걸핏하면 칼을 뽑는 사람; 결투하기 좋아하는 사람.
bretauder [brətode] *v.t.* ① (동물의) 귀를 짧게 자르다; 거세하다. ② (동물의 털을) 고르지 않게 깎다; (사람의) 머리카락을 짧게 깎다.
bretèche [brətɛʃ], **bretesse** [brətɛs] *n.f.* ① (중세의) 총안 (銃眼) 이 달린 성벽의 수루. ② 활 모양으로 밖으로 내민 창.
bretelle [brətɛl] *n.f.* ① 가죽끈; (총의) 멜빵. mettre [porter] l'arme à la ~ 총을 메다. ② (*pl.*) (스커트의) 멜빵; (양복 바지의) 멜빵 (une paire de ~s). ③ 【철도】 교차선로; 교차로. ④ (고속 도로와 고속 도로 또는 간선 도로를 이어주는) 연결 도로 (~ de raccordement). ⑤ 【군사】 (전선에 평행으로 뻗은) 방어용의 교통로.
en avoir jusqu'aux (par-dessus les) ~**s** 《구어》 이도저도 묵과하지 않다; 곤드레만드레 취하다.
bretellerie [brətɛlri] *n.f.* 멜빵·혁대류 제조 공장.
bretellier(ère) [brətɛ(e)lje, -tɛljɛ:r] *n.* 멜빵·혁대류 제조공.
bretessé(e) [brətɛ(e)se] *a.* 【문장】 양쪽에 총안 (銃眼) 이 있는.
breton(ne) [brətɔ̃, -ɔn] *a.* 브르타뉴 (*la Bretagne*, 프랑스의 옛 주(州)) 의. —**B**~ *n.* 브르타뉴 사람.
—*n.m.* 브르타뉴어 (語).
bretonnant(e) [brətɔnɑ̃, -ɑ̃:t] *a.* 브르타뉴 본래의 언어·풍속을 가진. Breton ~ 브르타뉴어를 쓰는 [풍속을 지닌] 브르타뉴 사람.
brette [brɛt] *n.f.* (옛) 폭이 좁은 날이 있는) 석공의 끌; 《옛》 (결투용의) 장검 (長劍).
brettelé(e) [brɛtle] *a.p.* 톱니꼴 날이 있는.
bretteler [brɛtle] **5** *v.t.* ① 톱니꼴 날이 있는 끌로 자르다. ② (금속·보석류에) 운훈 (暈暈) 을 새기다.
brettelure [brɛtly:r] *n.f.* (금속·보석류의) 운훈.
bretter¹ *v.t.* = bretteler.
bretter² *v.t.* = bretteler.
bretteur [brɛtœ:r] *n.m.* 결투하기 좋아하는 사람.
bretture [brɛ(e)ty:r] *n.f.* ① (돌·나무에 끌 따위로) 새기기. ② (그) 새겨진 모양. ③ (*pl.*) (새기는 연장의) 톱니꼴 날.
bretzel [brɛtzɛl] *n.m.* 짭짤한 비스킷 (맥주 안주용).
breuil [brœj] *n.m.* 【사냥】 (짐승이 숨는) 잡목림.
breuvage [brœva:ʒ] *n.m.* 음료; 《문어》 음료; 《캐나다》 (알코올을 함유하지 않은) 음료수.
brève [brɛ:v] *a.*, *n.f.* ⇔*bref*¹.
brevet [brəve] *n.m.* ① 면허장, 증서; 보증. ~ de capacité 수업(修業) 증서. ~ d'état-major 육군 대학 졸업 증서. ~ d'apprentissage 도제(徒弟) 의 수업증서. ~ d'études du premier cycle 중학교육 초기 (前期) 수료증서 (《약자》 B.E.P.C.). ~ élémentaire 초등교육 자격증 (《약자》 B.E.). ② 특허 (증·권). ~ d'invention (d'inventeur) 특허권. possesseur du ~ 특허권 소유자. bureau des ~s 특허국. ③ 《구어》 명칭, 칭호, 이름. délivrer (décerner) à qn un ~ d'honnêteté … 의 정직함을 보증하다. ④ 《옛》 (왕의) 인가장; 《옛》 【군사】 사령장. ⑤ 【법】 원본환부증서 (공증인이 원본을 보존하지 않고 당사자에게 주는 증서) (acte en ~).
brevetable [brəv(ɛ)tabl] *a.* 면허장 (특허) 을 받을 수 있는.
brevetaire [brəv(ɛ)vtɛ:r] *n.m.* 《옛》 (프랑스혁명 이전의) 국왕인가서의 소지자.
breveté(e) [brəvte] *n.* 특허권 [면허장] 소유자.
—*a.p.* 특허를 얻은; 면허장을 가진, 유자격의 (qualifié, diplômé). technicien ~ 면허증을 가진 기술자. officier ~ 육군대학 출신의 장교.
breveter [brəv(ɛ)te] **4.5** *v.t.* (에게) 특허(증)를 주다; 면허장을 주다. faire ~ une invention 발명특허를 얻다.
bréviaire [brevjɛ:r] *n.m.* ① 【가톨릭】 성무일과서

(聖務日課書), 성무일과. ② 애독서.
brévicaude [brevikoːd] *a.* 【동물】꼬리가 짧은.
brévicole [brevikɔl] *a.* 【식물】짧은 줄기의.
brévicorne [brevikɔrn] *a.* 【동물】뿔이 짧은.
bréviligne [brevilin] *a.* 단지(短肢)의.
brévipède [breviped] *a.* 【동물】다리가 짧은.
brévipenne [brevipen] *a.* 【조류】날개가 짧은.
—*n.m.pl.* 단익류(短翼類).
brévirostre [brevirɔstr] *a.* 【조류】부리가 짧은.
brévité [brevite] *n.f.* 【음성】(음절·모음의)짧음.
B.R.I. 《약자》Banque des règlements internationaux 국제결제은행.
briard(e) [bri(j)aːr, -ard] *a.* 브리(Brie, 프랑스의 옛 지방)의. —*B*— *n.* 브리 사람. —*n.m.* ① 브리 사투리. ② 브리산의 개.
bribe [brib] *n.f.* ① (*pl.*)먹다 남은 음식(고기)(débris); (거지에게) 주는 빵의)조각, 덩어리(morceau). ② (*pl.*) 소량, 동강이; 단편. ~*s* de viande 소량의 고기. ~*s* de tabac 담배 꽁초. ~*s* d'un ouvrage 작품의 단편. ~*s* de souvenir 단편적인 추억. par ~*s* 단편적으로, 토막토막.
bric [brik] *n.m.* (bric-à-brac 및 다음 부사구 뿐) de ~ et de broc [dəbrikedabrɔk] 여기저기서 조금씩 긁어모은. de ~ ou de broc 이럭저럭.
bric-à-brac [brikabrak] *n.m.* (복수불변) ① 고물, 골동품 ② 고물상, 골동품상. ③ 잡탕 주변.
bricheton [briʃtɔ̃] *n.m.* 《은어》 ① 빵 (덩어리). ② 음식물.
brichetonner [briʃtɔne] *v.i.*, *v.t.* 《은어》먹다.
brick [brik] *n.m.* 【해양】(돛대 두 개의) 작은 범선.
bricolage [brikɔlaːʒ] *n.m.* 《구어》① (자질구레한) 수리, 뜯어 맞추기. ② 취미로【여가에서】자질을 하기, 아마추어【일요】목수. ③ (별이 안되는 일시적인) 품질; 자질구레한 일.
bricole [brikɔl] *n.f.* ① (집안에서)집을 손보거나 수선하는 것. ② (짐을 메거나 수레를 끄는 데 쓰는) 가죽 멜빵, 질빵, 가슴걸이; 가슴걸이로 매놓은 마구. ③ (대포 따위를)끄는 줄; (마차의 청동글을 내리는 데 쓰는)가죽끈; 【군대속어】(장교에의)가죽 혁대. ④ 되튐, 튀어 오름; 【당구】쿠션 먼저 맞히기; 【테니스】간접타. ⑤ (보통 ~*s*)자질구레한 일【것】; 잔잡은 것【일】. s'occuper à des ~*s* 잔잡은 일에 관계하다. Arrangez-moi ce poste de radio. Ce sera une ~. 이 라디오를 고쳐주세요, 당신에겐 별거 아닐것입니다. ⑥【낚시】등을 맞붙인 한 쌍의 밑바닥에 닿지 낚싯밥을 단 낚싯줄. ⑦ (*pl.*) 【사냥】(사슴을 잡는)그물. ⑧ (길을) 돌아가기, 우회 (détour); (비유적) 에두름. ⑨ 조그만 부속품, 조그만 물건. offrir une ~ 조그만 선물을 하다. ⑩ 술책, 속임수(ruse). donner une ~ à qn …을 속이다.
bricoler [brikɔle] *v.t.* ①《구어》손질하다, 작은 수선을 하다; 아마추어로 무엇을 만들다. Mon mari a *bricolé* son poste de radio. 남편은 라디오를 손수 고쳤다. ② (말에) 가슴걸이로 매어 마구 엮어놓다. ③ 비틀거리며 걷다(~ le chemin).
—*v.i.* ①《구어》(취미로 집에서)여러가지 잔일들을 한다. Le dimanche matin, j'aime ~. 나는 일요일 아침에 집에서 이것저것 잔일을 하기를 좋아한다. ② (일정한 직업 없이) 이것저것한다. Il n'a pas de travail fixe; il *bricole* pour l'un ou pour l'autre. 그는 일정한 직업 없이 이것저것 손대고 있다. ③ (사냥개가)사냥감을 찾아 다니다; 【당구】쿠션을 먼저 맞히다; 되튀다; 【테니스】공이 리바운드하다.
—se ~ *v.pr.* (일이)조작되다.
bricoleur(se) [brikɔlœːr, -øːz] *n.* 《구어》① (취미

로)여러가지 잔일을 하기 좋아하는. ② 여러가지 일(직업)에 손을 대는; (일정한 직업 없이) 이것저것 하는. ③ 자질이 좋아하는 사람. —*n.m.* 사냥감을 찾아다니는 개 (chien ~).
bricolier [brikɔlje] *n.m.* (2필 이상일 때)바깥쪽의 말.
bridable [bridabl] *a.* 말굴레를 씌울 수 있는, 낚을.
bridage [bridaːʒ] *n.m.* ① 말굴레를 씌움; 구속함; 억제【제어】함. ② 【요리】(가금을) 붙들어맴.
~ *de sauvetage* 구명 밧줄.
bride [brid] *n.f.* ① 말굴레 (재갈과 고삐의 총칭); 고삐; 제어(법); 구속, 속박. fureur sans ~ 횡포. mettre la ~ à un cheval 말에 굴레를 씌우다. tenir *qn* en ~ …을 구속하다, 억제하다. ② (모자의) 턱에 거는 끈; 단추구멍; 【군사】(견장을 다는)고리 (~ d'épaulette). ③ (상자 따위에) 두르는 금속띠; (수레바퀴의)플랜지; (두 개의 관(管)을 연결하는)이음고리. ④ 【해양】(용골(quille)을 선체에 (étambot)에 묶는)동아. ⑤ 【의학】견대(肩帶), 인대(靱帶). ⑥ 【요리】(닭 따위의 날개(다리)를 동여매는) 끈.
À cheval donné on ne regarde pas à la ~. 《속담》 받은 선물의 흠을 찾아내지 말라.
aller à ~ *abattue* (*à toute* ~) 전속력으로 달리다.
aller en ~ *en main* 말에서 내려 고삐를 잡고 걷다; 《구어》(사업에)신중히 처신하다.
~*s à veaux* 《구어》바보 같은 생각【이야기】.
la ~ *sur le cou* 고삐를 놓고; 자유롭게.
lâcher la ~ *à qn* …에게 모든 자유를 허용하다, …을 마구 터뜨리다.
tenir la ~ *haute* (*courte, serrée*) *à qn*; *serrer* [*retenir*] *la* ~ *à qn* …을 엄하게 다루다, 고압적으로 대하다.
tourner ~ 길을 되돌아오다.
bridé(e) [bride] *a.p.* ① 말굴레를 씌운; 속박【구속】된. sourire ~ 억지 웃음. ② 몸에 꼭끼게 옷을 입은. ③ *yeux* ~*s* (몽고족 특유의)째진 눈.
bridement [bridmɑ̃] *n.m.* = **bridage** ①.
brider [bride] *v.t.* ① (말 따위에)굴레를 씌우다 (↔ débrider). ② 구속[속박]하다, 억제하다 (↔ libérer). Il ne faut pas trop ~ les enfants. 자식을 너무 구속하지 마시오. ~ l'enthousiasme d'un jeune homme 젊은이의 열정을 억제하다. ③ (옷을)몸에 꼭끼게 입다. Ce veston le *bride*. 그의 옷은 이가 꽉 죄인다. ④ 【요리】(가금의)날개(다리)를 몸뚱이에 동여매다. ⑤ 【해양】(밧줄로)동여매다, 꽉 묶다. ⑥《속어》마치다; (문을)닫다.
Chacun bride sa bête. 《속담》각자 자기 멋대로 행동한다.
bridge [bridʒ] 【영】 *n.m.* ① 브리지 (카드놀이의 일종). ② 【치과】가공의치 (架工義齒).
bridger [bridʒe] [3] *v.i.* 【카드놀이】브리지(bridge)를 하다.
bridgeur(se) [bridʒœːr, -øːz] *n.* 【카드놀이】브리지를 하는 사람.
bridon [bridɔ̃] *n.m.* 작은 말굴레.
bridonner [bridɔne] *v.t.* 작은 말굴레를 씌우다.
bridure [bridyːr] *n.f.* ① 【해양】(밧줄로)졸라맴. ② 【요리】(가금을) 동여매기.
brie [bri] *n.m.* ① 브리산(産) 치즈. ② quart de ~ 《구어》큰 코 (grand nez).
brié [bri(j)e] *a.m. pain* ~ (노르망디 지방의 오래 보존할 수 있는)굳은 빵 (껍질이 굳고 속이 알참).
brief(ève) [bri(j)ɛf, -ɛːv] *a.* 【옛】 = **bref**.
briefing [brifiŋ] 【영】 *n.m.* ① 【항공】(비행 작전에 비행사에게 주는)간단한 지시. ②《일반적으로》브리핑, 상황보고.
brièvement [bri(j)ɛvmɑ̃] *ad.* 짧게, 간결하게.

brièveté [bri(j)evte] *n.f.* ① (시간이)짧음(↔ longueur). ② 간결. pour plus de ~ 간결하게 하기 위해. ③《드물게》작음(petitesse).
brif(f)e [brif] *n.f.*《구어》① 두툼한 빵조각; 먹을 것. ② 게걸스럽게 먹음.
brif(f)ée [brife] *n.f.*《속어》대식, 탐식.
brif(f)er [brife]《속어》*v.t.* ① 게걸스레 먹다. ② 구기다. —*v.i.* 식사를 하다.
brif(f)eton, brifton [briftɔ̃] *n.m.*《속어》빵.
brif(f)eur(se) [brifœːr, -ø:z] *n.*《속어》게걸스레 먹는 사람.
brig. (약자) brigade 《군사》여단.
brigade [brigad] *n.f.* ①《군사》여단. être de (faire) ~ avec qn …와 같은 여단에 있다. général de ~ 육군 준장. ~ d'infanterie보병여단. ②(현병의)분대; (노동자·경찰관의)조, 반. ~ des mœurs 풍기 단속반. ~ de balayeurs (시의)청소반. chef de ~ 직공장. travail à ~s relevées 교대제 노동.
brigadier [brigadje] *n.m.* ①《군사》기병(포병)하사;《옛·구어》어순장. ②(헌병 반장, (경찰관의)반장, (세관원·삼림 감시원의)반장; (노동자의)반장; 《토목》감독. ③《해양》수부장(水夫長); (보트의)이물에서 노젓는 사람.
brigadier-chef [brigadjeʃɛf] (*pl.* ~s-~s) *n.m.* (기병의)중사 대리, 중사 근무 하사.
brigand [brigɑ̃] *n.m.* ① 산적; 악당; 사기꾼. ③《옛》보병.
histoires de ~s 황당무계한 이야기.
brigandage [brigɑ̃daːʒ] *n.m.* ① 산적 같은 행위, 강도질(vol); 파렴치한 행위, 협잡. ② 강탈, 약탈 (pillage).
brigandeau [brigɑ̃do] (*pl.* ~x) *n.m.*《구어》악한; 사기꾼, 협잡꾼.
brigander [brigɑ̃de]《구어》*v.i.* 강도질[도둑질]을 하다. —*v.t.* 강탈하다.
briganderie [brigɑ̃dri] *n.f.* =**brigandage**.
brigandine [brigɑ̃din] *n.f.* 쇠사슬 갑옷.
brigantin [brigɑ̃tɛ̃] *n.m.* ①《해양》(돛대가 둘인)돛단배. ②(접게 된)휴대용 침대.
brigantine [brigɑ̃tin] *n.f.*《해양》(지중해 특유의)작은 배. ②《해양》스팽커(활대가 비스듬한 고물쪽 돛).
Bright [brajt] *n.pr.m.* 브라이트《영국의 의사》. mal de ~ 《의학》브라이트씨병.
brightique [brajtik] 《의학》*a.* 브라이트씨병의[에 걸린]. —*n.* 브라이트씨병 환자.
brightisme [brajtism] *n.m.* 《의학》브라이트씨병(의 상태).
brignole [brinɔl] *n.f.* 브리뇰(*Brignoles*, 남프랑스의 도시)산의 말린 자두.
brigue [brig] *n.f.* ① 술책, 책략(intrigue). ② 도당 (徒黨)(cabale).
briguer [brige] *v.t.* ① 술책을 써서 얻으려 하다. ② 열망하다(ambitionner, rechercher). ③《목적보아 없이》술책을 쓰다.
brigueur(se) [brigœːr, -ø:z] *n.* ① 술책가, 책략가. ② 열망하는 사람.
brillamment [brijamɑ̃] *ad.* ① 찬란하게, 눈부시게. ② 훌륭하게.
brillance [brijɑ̃:s] *n.f.* ①(광원 따위의)광휘, 광도. ②《음악》음색의 선명함.
*****brillant(e)** [brijɑ̃, -ɑ̃:t] *a.* ①(빛·보석·빛깔 따위가)빛나는, 찬란한(resplendissant). ~ comme un sou neuf 새 돈같이 빛나는, 번쩍번쩍한. ② 훌륭한, 뛰어난(remarquable). ~ élève 우등생. ~ sujet 모범생. ③ 화려한; 탐나는(enviable). situation ~*e* 탐나는 지위. ④ 재치가 넘치는. conversation ~*e* 재치있는 대화.
—*n.m.* ① 광택; 광휘; 광채. ② (재치 따위의)번득임. ~ de l'esprit 번득이는 재치. ③ 화려함, 현란함. ~ d'une cérémonie 의식의 화려함. ④ 브릴리언트형(型)의 다이아몬드. en ~ 브릴리언트형 다이아몬드처럼.
faux ~ 가짜 다이아몬드; 외면적[허망한] 광채, 겉치레, 허식.
brillanté(e) [brijɑ̃te] 《직물》*a.p.* 광택 있는.
—*n.m.* 돋음줄무늬가 있는 무명(coton ~); 기계로 짠 레이스(dentelle ~*e*).
brillanter [brijɑ̃te] *v.t.* ① 화려하게 장식하다; (문장 따위를)미사여구(美辭麗句)로 꾸미다; 《직물》(에)윤을 내다. ②(다이아몬드를)브릴리언트형으로 자르다.
—*se* ~ *v.pr.* 빛을 내다. *se* ~ *les ongles* 손톱에 윤을 내다.
brillantine [brijɑ̃tin] *n.f.* ①(윤을 내는)머릿기름의 일종. (놋그릇용의)광내는 가루약. ②《직물》이탈리아 공단.
brillantiner [brijɑ̃tine] *v.t.* 머릿기름을 바르다.
—*se* ~ *v.pr. se* ~ *les cheveux* 머리에 머릿기름을 바르다.
brillé [brije] *a.m.* =**brié**.
brillement [brijmɑ̃] *n.m.*《옛》광휘, 광채.
*****briller** [brije] *v.i.* ① 빛나다, 반짝이다; (태양이)비치다(resplendir). Le ciel est clair, le soleil *brille*. 하늘은 맑고 태양은 빛난다. Tout ce qui *brille* n'est pas or. 《속담》반짝이는 것이라고 모두가 금은 아니다. ②(눈 따위가)빛나다, 반짝이다(étinceler). yeux *brillants* de joie 기쁨으로 빛나는 두 눈. ③ 눈에 띄다(se manifester); 뛰어나다(se distinguer). Cet acteur *brille* dans les rôles passionnés. 이 배우는 정열적인 역을 할 때 특히 뛰어나다. Il a *brillé* à son examen. 그는 뛰어난 성적으로 시험에 합격했다. ~ par son absence (…이)없는 것이 눈에 띄다.
faire ~ ⓐ 번쩍번쩍하게 닦다. *faire* ~ *des chaussures* 구두를 번쩍번쩍하게 하다. ⓑ 두드러지게 하다; 내세우다, 강조하다. *faire* ~ *qn* …을 눈에 띄게 하다. *faire* ~ *une arme* (위협하기 위해)무기를 과시하다. *faire* ~ *qc à qn*(aux yeux de *qn*) …의 마음을 끌기 위해 …을 내세우다.
brillot(d)er [brijote] *v.i.* 희미하게 빛나다.
brimade [brimad] *n.f.* ① 신입생《신병》구박(골리기). ② (*pl.*)박해, 학대, 골탕먹이기.
brimbale [brɛ̃bal] *n.f.* ①(펌프의)자루, 지렛대. ②《기계》흔들대, 로커암.
brimbalement [brɛ̃balmɑ̃] *n.m.* 흔들림.
brimbaler [brɛ̃bale] *v.i.* 흔들리다. —*v.t.* 계속해서 흔들다.
brimborion [brɛ̃bɔrjɔ̃] *n.m.* 하찮은 것, 시시한 것 (일)(bagatelle).
brimer [brime] *v.t.* ①(신입생·신병을)골리다, 학대하다. ②《사투리》말라죽게 하다.
brimeur [brimœːr] *n.m.* 신입생 골리는 학생.
brin [brɛ̃] *n.m.* ① 새싹; 싹틈; 어린 가지, 가는 가지. arbre de ~ 원줄기가 하나로 쭉 뻗은 나무. beau ~ de fille 《구어》(비유적)날씬한 소녀. ②《구어》소량, 조금(un peu). un petit ~ 약간, 조금. prendre un ~ de repos 약간의 휴식을 취하다. Il n'y a pas un ~ de vent. 바람 한 점 없다. Il n'a pas un ~ de bon sens. 그는 양식(良識)이라고는 티끌만큼도 가지고 있지 않다. en prendre un ~ d'air 조금[한숨] 쉬러 가다. ~ à ~ 조금씩. ③ 실오라기; (밧줄 따위의)가닥 줄. ~ de fil 실오라기. ④(부채의)살;《무전》(안테나의)전선.

brinde [brɛ̃:d] *n.f.* 《엣》축배, 건배.
être dans les ~s 《엣·속어》취해 있다.
brindezingue [brɛ̃dzɛ:g] 《속어》*a.* 술취한. —*n.f.* 취함. *être en ~* ; *être dans les ~s* 취해 있다.
brindille [brɛ̃dij] *n.f.* 잔가지; (*pl.*) 꺾은 잔가지.
brinelle [brinɛl] *n.m.* (금속의)경도 시험기.
bringé(e) [brɛ̃ʒe] *a.* ① (고양이·소 따위가)얼룩 무늬가 있는. ② 《직물》얼룩얼룩한.
bringue¹ [brɛ̃:g] *n.f.* 《구어》 조각, 동강.
en ~s 갈기갈기; 난잡하게. *grande ~* 예쁘지 않은 키다리 여자.
bringue² *n.f.* 《속어》흥청거리며 놀기, 술잔치. *faire la ~* 흥청거리며 놀다; 방탕한 생활을 하다.
bringuebale [brɛ̃gbal] *n.f.* =**brimbale**.
bringuebaler [brɛ̃gbale] *v.i., v.t.* =**brimbaler**.
brinquebaler [brɛ̃kbale] *v.i., v.t.* =**brimbaler**.
brinvillière [brɛ̃vilje:r] *n.f.* (브라질 원산의)마전과(科)의 유독 식물.
brio [bri(j)o] *n.m.* ① 《음악》 힘, 열, 활발(virtuosité). *con — * 활발하게. ② 《구어》원기, 활발, 활기. *avec —* 활발하여, 힘차게, 훌륭하게.
briochain(e) [bri(j)ɔʃɛ̃, -ɛn], **briochin(e)** [bri(j)ɔʃɛ̃, -in] *a.* 생브리외(*Saint-Brieuc* [sɛ̃bri(j)ø], 프랑스의 도시)의. —**B**— *n.* 생브리외 사람.
brioche¹ [bri(j)ɔʃ] *n.f.* ① 빵과자의 일종. ② 《속어》 뚱뚱이배. *avoir*(*prendre*) *de la ~* 배가 나오다.
brioche² *n.f.* 《속어》실패, 실수(*gaffe*). *faire une ~* 실수를 하다.
brioché(e) [bri(j)ɔʃe] *a. brioche*¹ ① 모양의〔맛이 나는〕.
briois(e) [briwa, -a:z] *a., n.* =**briard**.
briolette [bri(j)ɔlɛt] *n.f.* (펜던트용의 호리병 모양의)다이아몬드.
brion [bri(j)ɔ̃] *n.m.* 《선박》 용골의 앞끝.
briotain(e) [bri(j)ɔtɛ̃] *a., n.* =**briotin**.
briotin(e) [bri(j)ɔtɛ̃, -in] *a.* 브리에(*Briey*, 프랑스의 도시)의. —**B**— *n.* 브리에 사람.
briquage [brika:ʒ] *n.m.* (갑판 따위를)마석(磨石)으로 닦기.
briquaillon [brikajɔ̃] *n.m.* 벽돌 조각.
***brique** [brik] *n.f.* ① 벽돌. ~ *à paver* 포장 벽돌. *maison de ~* 벽돌집. ~ *anglaise* (바드 지방산의) 숫돌. ~ *à pont*〔*à briquer*〕《해양》(갑판용의)마석(磨石). ② 벽돌 모양의 것. ~ *de savon* 벽돌 모양의 비누. ③ 《속어》백만 프랑.
vivre de ~s; *bouffer*〔*manger*〕*des ~s* 《속어》아무것도 먹을 게 없다.
—*n.m.* 벽돌 색깔.
—*a.* 《불변》불그스름한. *peau ~* 불그스레한〔벽돌 빛깔의〕피부.
briquer [brike] *v.t.* ① (갑판 따위를)마석으로 닦다 (*astiquer*). ② 《속어》닦다. *Elle brique ses casseroles*. 그녀는 냄비를 닦는다.
briquet¹ [brike] *n.m.* ① ライター(~ *à essence*〔*à gaz*〕); 발화장치, 점화기; 부싯돌. *pierre à ~* 부싯돌, 라이터돌. ②《엣》《군사》짧 안드는 주머니칼; 굽은 단검. ③ (*Pas-de-Calais* 지방의 광부들이 갱도에서 먹는)간단한 식사.
battre le ~ 불꽃을 내다; 《구어》(보행 중에)발목〔무릎〕을 치다.
briquet² *n.m.* 작은 사냥개.
briquetage [brikta:ʒ] *n.m.* ① 벽돌 공사. ② 모조 벽돌 무늬. ③ 벽돌을 만드는 재료.
briqueté(e) [brikte] *a.* 벽돌색의. *ton ~* 벽돌색 (teinte ~).
briqueter [brikte] [5] *v.t.* (에)벽돌을 쌓다〔깔다〕; 모조 벽돌 무늬를 씌우다〔칠하다〕.
briqueterie [brikt(ə)ri, -kɛtri] *n.f.* 벽돌 제조(소).

briqueteur [briktœ:r] *n.m.* 벽돌 직공.
briquetier [briktje] *n.m.* 벽돌 제조인〔판매인〕.
briqueton [briktɔ̃] *n.m.* 벽돌 조각.
briquette [brikɛt] *n.f.* 연탄, 조개탄.
bris [bri] *n.m.* ① 파괴, 파손. ② 《법》 고의적인 파괴. ~ *de clôture* 토지의 불법 침입. ~ *de navire* 《엣》(배의)난파; (난파선의)깨어진 뱃조각.
brisable [brizabl] *a.* 파괴할 수 있는.
brisance [briza:s] *n.f.* (화약의)파괴성.
brisant(e) [brizɑ̃, -ɑ̃:t] *a.* 파괴하는, 파괴성이 강한. *obus*〔*explosif*〕*~* 강력 포탄〔폭약〕.
—*n.m.* 암초; 둑; 방파제(*brise-lames*).
briscard [briska:r] *n.m.* =**brisquard**.
brise [bri:z] *n.f.* (세지 않은)바람; 미풍, 산들바람. ~ *de mer* 바닷바람.
brisé(e) [brize] *a.p.* ① 부서진; 쇠약한; 낙심한. *amitié ~e* 깨어진 우정. *cœur ~* 상심한 마음. *ligne ~e* 파선(破線). *être tout ~* 《구어》온 몸이 아픈. *voix ~e* 떨리는 목소리. ② 접을 된. *chaise ~e* 접의자. ③ 몹시 피로한. *être ~ de fatigue* 기진맥진하다.
—*n.m.* 《무용》브리제(발레에서 발을 마주치는 동작의 일종).
brise-arcs [brizark] *a.* 《불변》《전기》 무염(無焰)의, 호광(弧光) 방지의.
brise-bise [brizbiz] *n.m.* 《복수불변》① (창문 따위의)틈막이 헝겊, 문풍지. ② (창문의 아래쪽 반을 가리는)커튼.
brise-circuit [brizsirkɥi] *n.m.* 《복수불변》《전기》(회로)차단기; 컷아웃.
brisées [brize] *n.f.pl.* ① 《사냥》 (짐승이 달아난 길에 표하기 위해서)꺾어 놓은 나뭇가지; (짐승의)지나간 자국. ② (산림의 벌채 구역 표시로)꺾어놓은 나뭇가지.
aller〔*courir, marcher*〕*sur les ~ de qn* 《구어》 …와 경쟁하다. *revenir sur ses ~* 《구어》멈췄던 일을 다시 시작하다. *suivre les ~ de qn* 《구어》…을 흉내내다.
brise-fer [brizfɛ:r] *n.m.* 《복수불변》(단단한 물건도)부수기 잘하는 개구장이.
brise-glace(s) [brizglas] *n.m.* 《복수불변》① 교량(橋梁)의 얼음막이. ② 쇄빙기(碎氷機); 쇄빙선 (*navire ~*).
brise-jet [brizʒɛ] *n.m.* 《복수불변》(물이 튀지 않게 수도꼭지에 끼우는)고무관(금속관).
brise-lames [brizlam] *n.m.* 《복수불변》방파제, 둑, 방사제(防砂堤).
brisement [brizmɑ̃] *n.m.* ① 파괴하기, 깨뜨리기; 깨어지기, 부서지기. ~ *de cœur* (비유적)단장의 슬픔, 통한. ② 《신학》회개.
brise-mottes [brizmɔt] *n.m.* 《복수불변》《농업》 큰 써레.
brise-pierre [brizpjɛ:r] *n.m.* 《복수불변》《의학》 (방광 결석을 분쇄하는)쇄석기(碎石器)(*lithotriteur*).
***briser** [brize] *v.t.* ① 깨뜨리다, 부수다(*casser*); 꺾다; 파괴하다(*détruire*). ~ *une vitre* 유리를 깨다. ~ *en mille pièces* 산산조각을 내다. ② (희망·용기 따위를)꺾다; (마음을)상하게 하다; 분쇄하다; 억누르다(*vaincre*); (기력을)약하게 하다; (조약 따위를)파기하다. ~ *l'énergie* 용기를 꺾다. ~ *le cœur* 상심하게 하다. ~ *la résistance de l'ennemi* 적의 저항을 분쇄하다. ~ *une existence* 생애를 망치다. ~ *la carrière diplomatique de qn* …의 외교 관직을 망치다. ~ *une grève* 파업을 실패로 돌아가게 하다. ③ [~ *qn*] 피로하게 하다(*épuiser*). *Ce voyage m'a brisé*. 이 여행으로 나는 기진맥진했다.

다. être brisé de fatigue 녹초가 되다. ④ (회화·연설을)중단시키다(interrompre); 〖권투〗(클린치를)풀게 하다. ⑤ 〖물리〗(빛을)굴절시키다.
~ les fers[les chaines, le joug] de qn …의 쇠사슬을 끊다, 굴레를 벗기다, 해방시키다. ~ ses fers[ses chaines, son joug] 예속의 쇠사슬을 끊다; 미련을 버리다.
—v.i. ① (파도가)부서지다. ② [~ avec qn] (와)절교하다; [~ avec qc] (을)포기하다. ~ avec ses mauvaises habitudes 나쁜 버릇을 없애다. Brisons là. 이야기를 여기서 그만두시다.
—se ~ v.pr. ① 부서지다, 깨지다. Le verre s'est brisé. 유리컵이 깨졌다. Les vagues se brisent contre les rochers. 파도가 바위에 부딪쳐 부서진다. ② 파괴되다; 무너지다; 좌절되다(échouer); (마음이)상하다. L'assaut s'est brisé sur les lignes ennemies. 공격이 적의 전선에서 꺾이고 말았다. Tous les efforts se sont brisés contre l'obstacle. 모든 노력이 장애물을 만나 수포로 돌아갔다. ③ 〖물리〗(빛이)굴절하다; (가구 따위가)접히다. table qui se brise 접히는 테이블.
brise-roc [brizrɔk] n.m. 《복수불변》암석 분쇄기.
brise-soleil [brizsɔlɛj] n.m. 《복수불변》〖건축〗(건물 전면에 부착된)차양.
brise-tout [briztu] n.m. 《복수불변》(부수기 좋아하는)뒤뚱스런 사람.
briseur(se) [brizœːr, -øːz] n. ① 파괴자; 파괴하기 좋아하는 사람. ~ d'images(d'idoles) 우상 파괴자. ~ de grève 파업 파괴자. ② 《속어》상품을 사기하는 사람.
brise-vent [brizvã] n.m. 《복수불변》(식물의)바람막이, 방풍림.
brise-vue [brizvy] n.m. 《복수불변》(창문의)쇠그물.
brisis [brizi] n.m. 〖건축〗물매가 다른 두 지붕면이 만나는 곳[선].
briska [briska] 《러시아》 n.m. 옛 러시아식 4륜 포장마차; (여행용의)브리츠카 마차.
brisoir [brizwaːr] n.m. 〖식물〗(삼·아마의)타마기(打麻機), 삼마디; 짚 두들기는 기계; 양털 치는 채.

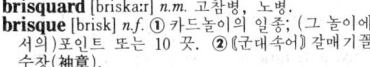
brisis

brisquard [briskaːr] n.m. 고참병, 노병.
brisque [brisk] n.f. ① 카드놀이의 일종; (그 놀이에서의)포인트 또는 10 곳. ② 《군대속어》갈매기꼴 수장(袖章).
vieille ~ 《구어》노병(老兵).
bristol [bristɔl] n.m. ① (명함용 따위의)고급 판지; 명함. déposer un ~ chez qn …의 집에 명함을 두다. ② (자수용의)구멍 뚫린 판지.
brisure [brizyːr] n.f. ① (얼음 따위의)금, 틈(cassure). ~ d'un marbre 대리석의 흠. ② (경첩 따위의)접히는 곳, 이음자리. porte à ~s 접게 된 문, 쌍창문. ③ 중절, 단절. ④ 〖문장〗분가의 가문을 나타내는 무늬. ⑤ (포탄 따위의)파편. ⑥《속어》상품의 사취(詐取).
britannique [brita(n)nik] a. 영국의; 영국인의. l'Empire ~ 대영제국. les Îles(Iles) B~s 영국 제도(諸島). Sa Majesté ~ 대영제국 황제 폐하.
—B~. n. 영국 사람(Anglais).
brittonique [britɔnik] a. 브리튼의 (기원전 10 세기에서 기원전 1 세기에 걸쳐 영국에서 산 켈트족의).
—n.m. 브리튼어(語).
brivadois(e) [brivadwa, -aːz] a. 브리우드(Brioude, 프랑스의 도시)의.
—B~. n. 브리우드 사람. —le B~. n.pr.m. 브리우드 지방.
briviste [brivist], **brivois(e)** [brivwa, -aːz] a. 브리브(Brive, 프랑스의 도시)의. —B~. n. 브리브 사람.
brize [briːz] n.f. 〖식물〗방울새속(屬).
broc¹ [bro] n.m. 《구어》물병을 옮기는 데 쓰이는)물병; 물 한 병의 양. ~ de toilette 세면용 물병.
broc² [brɔk] n.f.(m.)《옛》꼬치 (다음 성구로만 쓰임). *de ~ en bouche* (꼬치에 낀 채 입으로;)→즉석에서(sur l'heure). *manger de ~ en bouche* 막 구어낸 것을 (식기 전에)먹다. *faire qc de ~ en bouche* …을 즉석에서 하다.
broc³ [brɔk] 《다음 부사구뿐》*de bric ou[et] de ~* ⇨ bric.
brocage [brɔkaːʒ] n.m. (도로 포장용의)잡석, 부스러기 돌.
brocaille [brɔkaːj] n.f. ① = brocage. ② 주물(鑄物) 부스러기.
brocantage [brɔkɑ̃taːʒ] n.m. 고물(골동품) 매매.
brocante [brɔkɑ̃ːt] n.f. 《구어》① 고물(골동품) 장사, 고물(골동품) 장사를 하다. ② 《엣·속어》(잘세의)내직(제품).
brocanter [brɔkɑ̃te] v.i. 고물을 매매하다; 골동품 상을 하다. —v.t. 《구어》(고물(골동품)을)팔다, 교환하다.
brocanteur(se) [brɔkɑ̃tœːr, -øːz] n. 고물 장수, 골동품 상인(antiquaire).
brocard¹ [brɔkaːr] n.m. 〖사냥〗한 살난 수노루.
brocard² [brɔkaːr] n.m. ① 《구어》비웃음, 비꿈(moquerie). lancer[essuyer] des ~s 야유를 퍼붓다[당하다]. ② (법규를 외기 쉽도록 간결하게 요약한)잠언.
brocard³ n.m. 〖야금〗쇄광(碎鑛) 공장.
brocarder [brɔkarde] v.t. 《구어》비웃다, 풍자하다, 비꼬다(railler).
brocardeur(se) [brɔkardœːr, -øːz] n. 《문어》풍자하는(비웃는·비꼬는) 사람, 독설가.
brocart¹ [brɔkaːr] n.m. 〖사냥〗= brocard¹.
brocart² n.m. 〖직조〗수단(繡緞), 금단(金襴).
brocatelle [brɔkatɛl] n.f. ① 〖직물〗문직(紋織)비단. ② 색무늬가 든 대리석.
broccio [brɔtʃjo], **brocciu** [brɔtʃjy], **bruccio** [brytʃjo] n.m. (코르시카)염소의 치즈.
Brocéliande [brɔseljɑ̃ːd] n.pr. forêt de ~ 원탁기사 (圓卓騎士) 이야기의 요술사 메를랭(Merlin)과 요정 비비앙(Viviane)이 살았던 브르타뉴의 숲.
brochage [brɔʃaːʒ] n.m. ① 수단으로 짜기. ② (징의)무늬를 뜯기.
brochant(e) [brɔʃɑ̃, -ɑ̃ːt] a. 〖문장〗다른 무늬 위에 겹쳐지는.
~ sur le tout 《구어》게다가, 더구나.
broche [brɔʃ] n.f. ① 〖요리〗(고기 굽는)쇠꼬챙이, 꼬치; (훈제 청어의)나무 꼬치. mettre qc à la ~ …을 꼬챙이에 꿰다. tourner la ~ (굽기 위해) 꼬챙이를(불 위에)돌리다. faire cuire un poulet à la ~ 쇠꼬치 닭고기를 만들다. ② 석막 말뚝; (경첩의)빗장; 뜨개바늘; (물통의)마개. ③ 〖직조〗북, 방추(紡錘); 〖기계〗주축(主軸), (각종의)편. ④ 브로치, 장식 편. ⑤ 〖상업〗(소액의)화어음; 증권의 다발. ⑥ (pl.)〖엣〗(멧돼지의)송곳니.
faire un tour de ~ 《구어》난롯가에서 몸을 녹이다.
broché(e¹) [brɔʃe] a.p. ① 〖직조〗수단으로 짠. ② (책이)가제본된. livre ~ 가제본된 책.
—n.m. 〖직조〗수단으로 짜기; 수단, 문돋이 비단; 수단의 무늬.
brochée² n.f. 한 꼬치의 구운 고기.

brocher [brɔʃe] *v.t.* ① (책을)가제본하다. faire ~ un livre 책을 가제본시키다(제본 그 자체는 relier). ②《구어》(비유적)(일 따위를)날림으로 하다(~ un travail). ~ les devoirs du siècle 숙제를 부랴부랴 해치우다. (목적보어 없이) Je broche. (일을)서둘러 하고 있는 중이다. ③《직조》수단으로 짜다. ④(말굽에)못을 박다;《기계》(드리프트로 구멍을)뚫다. *pour ~ sur le tout* 게다가, 더구나.
brochet [brɔʃɛ] *n.m.*《어류》곤들매기.
brochetage [brɔʃtaːʒ] *n.m.* 꼬챙이에 꿰기.
brocheter [brɔʃte] ⑤ *v.t.* ①《요리》꼬챙이(꼬치)에 꿰다; (큰 꼬치에 꿴 고기를)작은 꼬치로 고정시키다. ②핀(못)으로 꽂다.
brocheton [brɔʃtɔ̃] *n.m.*《어류》어린 곤들매기.
brochette [brɔʃɛt] *n.f.* ①《요리》(고기 굽는)쇠꼬치; 꼬치구이. rognons à la ~ 꼬치구이 콩팥. ②(비유적)늘어선 줄(rangée), 무리, [une ~ de] *une ~ d'écoliers* 일렬로 늘어선 소학생. *une ~ de décorations sur la poitrine* 가슴에 줄줄이 단 훈장. ③(훈장을 다는)핀. ④(새끼 새에게 먹이를 줄 때 쓰는)막대. *enfant élevé à la ~* 공들여 키운 아이.
brocheur(se) [brɔʃœːr, øːz] *n.* ①가제본 직공. ②수단 직조공. ③《직물》수단짜기. ── *n.f.*《제본》가제본기. ②《기계》드리프트, 구멍뚫는 기계.
brochoir [brɔʃwaːr] *n.m.* (편자용의)쇠망치.
brochure [brɔʃyːr] *n.f.* ①가제본(공정); 가제본 공장. livre en ~ 가제본된 책. ②(가제본된)소책자, 팜플렛. ③《직물》수단의 무늬.
brocoli [brɔkɔli] *n.m.*《식물》모란채, 브로콜리; 양배추의 어린 싹.
brodequin [brɔdkɛ̃] *n.m.* ①(병사·사냥꾼이 신는 튼튼한)반장화, 군화. ②(고대의)희극배우 반장화(비극배우의 신발은 cothurne). chausser le ~《문어》희극을 하다(쓰다). ③(*pl.*)《역사》(구두 모양의)차꼬, 형틀.
broder [brɔde] *v.t.* ①(직물에)수놓다. ~ un mouchoir 손수건에 수놓다. ~ un chiffre sur une chemise 와이샤쓰에 숫자를 수놓다. (목적보어 없이) fil à ~ 자수실. métier à ~ 자수틀. ②(비유적) (이야기 따위를)과장하다(exagérer); 윤색하다 (embellir). ~ *une histoire* 과장해서 꾸미다. (목적보어 없이) Tu *brodes* un peu, cela s'est passé plus simplement. 넌 좀 과장하고 있어, 일은 그 보다는 단순했었단 말야.
broderie [brɔdri] *n.f.* ①자수; 자수제품; 자수업. ~ *au métier* 기계자수. faire de la ~ 수를 놓다. ②(자수와 같은)장식; (비유적)과장, 윤색. multiplier les ~s sur une histoire 어떤 이야기를 수없이 과장하여 말하다. ③《음악》장식음.
brodeur(se) [brɔdœːr, -øːz] *n.* 수놓는이; 《구어》과장하는; 윤색하는. ── *n.m.* 수놓는 사람; 과장(윤색)하는 사람. ── *n.f.* 자수업, 자수기계(~*se* mécanique).
broie [brwa(ɑ)] *n.f.* ①《직조》삼바디, 삼빗. ②《농업》큰 (기계)써레.
broiement, broîment [brwamɑ̃] *n.m.* =broyage.
broigne [brwaɲ] *n.f.* (중세기의)금속 또는 가죽으로 만든 갑옷.
broker [brɔkœːr]《영》*n.m.* 중개인(仲介人), 거간, 브로커.
bromacétique [brɔmasetik] *a.*《화학》취소산염 (臭素酸塩)의.
bromal [brɔmal] *n.m.* (복수없음)《약》브로말.
bromate [brɔmat] *n.m.*《화학》취소산염.
brome¹ [broːm] *n.m.*《화학》취소(臭素), 브롬.
brome² *n.m.*《식물》참새귀리속(屬).

bromé(e) [brome] *a.*《화학》브롬을 함유한.
broméliacées [bromeljase] *n.f.pl.*《식물》아나나스과(科).
bromélie [bromeli] *n.f.*《식물》아나나스과의 '물.
bromhydrate [bromidrat] *n.m.*《화학》취화수소산염.
bromhydrique [bromidrik] *a.*《화학》취화수소산의, acide ~《화학》취화수소산.
bromidrose [bromidroːz] *n.f.*《의학》(특히 겨드랑이·발의)취한증(臭汗症).
bromique [bromik] *a.*《화학》취소산의. acide ~ 취소산.
bromisme [bromism] *n.m.*《의학》취소 중독.
bromoforme [bromofɔrm] *n.m.*《의학》브로모포름.
bromoïl [bromoil] *n.m.*《사진》브로모일. [름.
bromure [bromyːr] *n.m.*《화학》취화물. papier au ~《사진》브로마이드 감광지.
bromurer [bromyre] *v.t.*《화학》에 취소(취화물)로 처리하다; 《사진》(에)취화물을 가하다.
bronchade [brɔ̃ʃad] *n.f.* ①(말의)비틀거림, 버둥거림. ②뒷걸음질침.
bronche [brɔ̃ːʃ] *n.f.*《해부》기관지(grosse ~); 기관지지(支枝) (petite ~).
bronchement [brɔ̃ʃmɑ̃] *n.m.*《드물게》(말이)비틀거림; 뒷걸음질침.
broncher [brɔ̃ʃe] *v.i.* ①(말이 헛디디거나 받쳐)비틀거리다, 버둥거리다; 뒷걸음질치다. ~ *contre une pierre* 돌에 걸려 비틀거리다. (사람이)비틀거리다 (trébucher); (비유적)실수를 하다, 틀리다 (faillir, se tromper); 멈칫거리다, (장애물 따위에)걸리다. *réciter sa leçon sans ~* 틀리지 않고 암송하다. [~ sur/contre] Je vois que vous *bronchez sur* cet imparfait du subjonctif. 당신은 이 접속법 반과거형에 쩔쩔매는군요. ③(주로 부정적)몸을 움직이다(bouger); (말이나 몸짓으로)감정을 나타내다. *Personne n'ose ~ devant lui*. 아무도 감히 그 앞에서 움직이지 않는다. *obéir sans ~* 두말 않고 (잠자코) 복종하다. *recevoir une insulte sans ~* 까딱않고 (태연히) 모욕을 받다.
Il n'est (Il n'y a) si bon cheval qui ne bronche.《속언》실수하지 않는 말(사람)이란 없다.
bronchial(ale, *pl.* **aux)** [brɔ̃ʃjal, -o] *a.*《해부》기관지의.
bronchiole [brɔ̃ʃjɔl] *n.f.*《해부》모세 기관지.
bronchique [brɔ̃ʃik] *a.*《해부》기관지의(bronchial).
bronchite [brɔ̃ʃit] *n.f.*《의학》기관지염(炎). ~ aiguë(chronique) 급성(만성)기관지염.
bronchitique [brɔ̃ʃitik]《의학》*a.* 기관지염의. ── *n.* 기관지염 환자.
bronchocèle [brɔ̃kɔsɛl] *n.m.*《의학》기관낭종.
broncho-pleurésie [brɔ̃kɔplørezi] *n.f.*《의학》기관지성 늑막염.
broncho-pneumonie [brɔ̃kɔpnømɔni] *n.f.*《의학》기관지 폐렴.
bronchorr(h)ée [brɔ̃kɔre] *n.f.*《의학》기관지루.
bronchoscope [brɔ̃kɔskɔp] *n.m.*《의학》기관지경(鏡).
bronchoscopie [brɔ̃kɔskɔpi] *n.f.*《의학》기관지경 검사.
bronchotomie [brɔ̃kɔtɔmi] *n.f.*《의학》기관(氣管) 절개(술).
brondir [brɔ̃diːr] *v.i.* ①(팽이 따위가)윙윙 소리를 내다. ②(난로가)그렁 소리를 내다.
brondissement [brɔ̃dismɑ̃] *n.m.* ①(팽이의)윙윙거리는 소리. ②(난로의)그렁거리는 소리.
brontomètre [brɔ̃tɔmɛtr] *n.m.*《옛》《기상》뇌명

계(雷鳴計).

brontosaure [brɔ̃tozɔ:r] *n.m.* 〖고대생물〗뇌룡.
bronzage [brɔ̃za:ʒ] *n.m.* ① 청동색으로 칠하기; 〖야금〗(총·포신 등) 갈[청] 색으로 하기. ② (햇볕에 살을) 구리빛으로 태움[그을림].
bronze [brɔ̃:z] *n.m.* ① 청동; 청동 제품(메달이나 옛 동전 따위); 청동제의 동상(statue de ~). âge du ~ 청동기 시대. ~ à canon 포동(砲銅)을 모방한 흑색 합금. ~ d'aluminium 알루미늄 청동. (homme) de ~ 〖구어〗무정한 마음(사람). œuvre coulée en ~ 청동으로 주조된 작품; 불후의 명작. ② 〖시〗 대포(canon); 〖옛〗종. ③ 〖옛〗청동화폐. grand ~ (moyen, petit) ~ 대형(중형·소형)청동화(현재는 sesterces, dupondii, as 로 나뉨).
bronzé(e) [brɔ̃ze] *a.p.* ① 청동색의. ② (피부가) 햇볕에 그을린. teint ~ 그을린 얼굴빛.
bronzer [brɔ̃ze] *v.t.* ① (동상 따위를) 청동색으로 하다; (쇠로 따위를) 갈색으로 만들다. ② (햇볕에 피부를) 태우다(brunir). Le soleil l'*a bronzé* 햇볕이 그의 살갗을 태웠다. ③ 〖옛〗(마음을) 무정하게 하다(endurcir).
—*v.i.* (햇볕에)피부가 타다. Tu *n'as pas beaucoup bronzé* pendant ces vacances. 너는 이번 방학에 별로 타지 않았다.
—*se* ~ *v.pr.* ① 청동색이 되다; (피부가)햇볕에 타다. ② 〖옛〗(마음이)무정해지다. Son cœur *s'est bronzé*. 그의 마음이 돌처럼 굳어졌다.
bronzerie [brɔ̃zri] *n.f.* 청동 주조술; 청동제품.
bronzeur [brɔ̃zœ:r] *n.m.* 청동색으로 칠하는 사람.
bronzier [brɔ̃zje] *n.m.* ① 청동 주조공. ② 청동제품 제작자.
brook [bruk] 〖영〗 *n.m.* (야외 횡단 경마의) 도랑.
broquart[1] [brɔka:r] *n.m.* =**brocard**[1].
broquart[2] *n.m.* =**broquette**.
broque[1] [brɔk] *n.m.* =**brocoli**.
broque[2] *n.f.* 〖속어〗하찮은 것(부정으로만 쓰임). (ne...) pas une ~ 〖속어〗아무것도, 조금도. *ne pas ficher une* ~ 아무 일도 하지 않다. *ne pas sortir une* ~ 아무말도 하지 않다.
broqueteur [brɔktœ:r] *n.m.* 〖농업〗곡식단을 차에 싣는 사람.
broquette [brɔkɛt] *n.f.* 징, 압정(押釘), 대갈못. *clouer qc avec des* ~ 못 ···을 못[징]으로 박다.
broquille [brɔkij] *n.f.* 〖속어〗① 일 순간, 일 분(minute). ② (귀걸이·반지 따위)가짜 보석의 판매. *faire la* ~ 가짜 보석을 팔다.
brossage [brɔsa:ʒ] *n.m.* 솔질하기.
*****brosse** [brɔs] *n.f.* ① 솔, 브러시; 붓, 화필(畫筆); (페인트) 솔. ~ à cheveux (화장용의) 머리솔. ~ à dents 칫솔. ~ 〖군대속어〗 코털 수염. ~ à habits 옷솔. ~ à peindre (de peinture) (화가의) 화필. ~ à reluire (구두의) 광을 내는 솔. cheveux (taillés) en ~ 짧게 깎은 머리. donner un coup de ~ à qc ···을 솔질하다. ② 〖곤충〗(꿀벌의 다리의) 센 털. ③ (pl.) 〖옛〗덤불, 잔나무 숲. ④ 〖컴퓨터〗(전자 계산기의) 브러시.
fait à la ~ *n.f.* 조잡하게 된(만들어진). *tableau fait à la grosse* ~ 대강대강(조잡하게) 그린 그림.
manier la ~ à reluire (비굴하리 만큼) 아첨하는 말을 하다.
passer la ~ *sur qc* ···을 페인트를 발라 지우다. *Passons la* ~ *sur ces souvenirs.* 〖구어〗그런 추억은 깨끗이 잊어버리자.
brossée [brɔse] *n.f.* ① 솔질(coup de brosse); 〖구어〗구타, 패배. *recevoir une* ~ 매맞다.
brosser [brɔse] *v.t.* ① 솔질하다, 브러시로 털다; 브러시로 닦다(문지르다). ~ un habit (des souliers) 옷(신발)을 솔질하다. ~ *qn* ···의 옷을 솔질하다. ② 〖미술〗붓으로 그리다, 〖비유적으로 조잡하게〗 ~ le portrait de *qn* ···의 초상화를 대략 그리다. ③ 〖스포츠〗(공이 커브를 그리며 날아가도록) 커트하다(couper); 〖구어〗(때리다, 패러쉬하다(rosser). ~ un tableau 그림을 대강대강 그리다. ~ un tableau général de la situation 〖비유적〗정세를 전반적으로 개관하다.
—*v.i.* 〖옛〗덤불을 헤치며 가다.
—*se* ~ *v.pr.* ① (se 는 간접목적어 보어) ···을 솔질하다, 칫솔질하다. ~ *se* ~ les dents 이를 닦다. ② (se 는 직접목적어 보어) 자기 옷을 솔질하다. Il ne *s'est pas brossé* avec soin. 그는 정성들여 (자기) 옷을 솔질을 하지 않았다. ③ 〖구어〗없이 지내다. Tu *peux te* ~. 네가 바라는 것을 얻지 못할 게다. ④ *se* ~ le ventre 〖속어〗배곯고 있다.
brosserie [brɔsri] *n.f.* 솔(브러시) 제조 공장(판매). ② 브러시 제품.
brosseur [brɔsœ:r] *n.m.* ① 솔질하는 사람; 〖군사〗(장교의) 당번 사병. ② 〖미술〗(화필을 쓰는) 화가. ~ de décors 배경 화가.
brossier(ère) [brɔsje, -ɛ:r] *n.* 솔(브러시) 제조(판매)자.
brou [bru] *n.m.* (호두 따위의) 껍데기. ~ de noix 호두주(酒); 호두 염료.
brouet [bruɛ] *n.m.* 〖옛〗유동식(流動食), 묽은 죽(bouillon). ~ noir (스파르타인이 상식(常食)한) 거무스름한 죽.
brouettage [brueta:ʒ] *n.m.* 손수레로 나르기.
brouette [bruɛt] *n.f.* (외바퀴의) 손수레; 〖옛〗바퀴 달린 가마(교자).
brouettée [bruete] *n.f.* 외바퀴 손수레 한 대 분. une ~ de fumier 손수레 한 대 분의 퇴비.
brouetter [bruete] *v.t.* ① 일륜(一輪) 운반차로 운반하다. ② 〖구어〗(환자용) 바퀴 달린 의자로 끌어 주다.
brouetteur [bruetœ:r] *n.m.* (광석·석탄 따위의) 일륜 운반차의 운반인; 〖옛〗가마꾼.
brouettier [bruetje] *a., n.m.* 일륜 운반차를 수선하는 (사람).
brougham [bruɔm, brugam] 〖영〗 *n.m.* 브롬형 마차 (2 륜 또는 4 륜 마차).
brouhaha [bruaa] *n.m.* 〖구어〗와글와글, 웅성웅성 〖불만 따위의 소리〗(rumeur); 함성, 박수갈채 (applaudissements). À la fin de la représentation, ce fut un ~ dans la salle. 공연이 끝나자 장내가 웅성거렸다.
brouillage [bruja:ʒ] *n.m.* ① 〖지질〗(지각 변동 따위로 인한) 광맥의 혼합. ② 〖무전〗(수신의) 혼신(混信), (전파) 방해.
brouillamini [brujamini] *n.m.* ① 혼잡, 혼란(confusion, désordre). Je ne comprends rien à ce ~. 이것은 뒤죽박죽이어서 뭐가 뭔지 통 모르겠다. ② 〖수의〗 말의 고약.
*****brouillard**[1] [bruja:r] *n.m.* ① 안개, 아지랭이(brume). Il fait du ~. 안개가 끼어 있다. ~ épais 농무. ~ à couper au couteau 짙은 안개. ② 〖비유적〗(안개처럼) 희미한 것, 모호한 것(obscurité). esprit plein de ~s 정신이 몽롱한 사람. être dans le(s) ~(s) 〖구어〗상황이 분명치 않다, 오리무중이다 (être dans le cirage) 약간 취해 있다.
avoir un ~ *devant les yeux* 흐릿하게 보이다. *n'y voir que du* ~ 〖구어〗(사건 따위가) 확실하지 않다, 뭐가 뭔지 통 알 수 없다.
brouillard[2] *n.m.* ① 〖상업〗일계장(brouillon). ② 압지; 거름종이(papier ~).

brouillasse [brujas] *n.f.* 〖해양〗 옅은 안개; 〖구어〗는개(bruine).

brouillasser [brujase] *v.imp.* 안개가 끼다; 는개가 오다. — *v.i.* (안개가)끼기 시작하다.

brouille [bruj] *n.f.* 〖속어〗불화(不和), 의가 나쁨 (mésintelligence). Il y a de la ~ dans le ménage. 집안에 불화가 있다. être en ~ avec *qn* …와 사이가 나쁘다.

brouillé(e) [bruje] *a.p.* ① 휘저은, 뒤섞은; (사진 따위가)선명치 않은; (하늘 따위가)흐릿한. œufs ~s 〖요리〗(계란을 휘저어 익힌)스크램블에그. Il a un teint ~. 그의 얼굴빛이 뿌옇다. ② [~ avec] (와)사이가 나쁜, 토라진. être ~ avec *qc* …와 인연이 없다; …에 약하다. Il est ~ avec l'argent. 그는 돈과는 인연이 없다, 돈이 멀어졌다. Il est ~ avec les mathématiques. 그는 수학에는 재능이 없다.

brouillement [brujmɑ̃] *n.m.* 휘젓기, 뒤섞기; 뒤섞인 상태.

brouiller [bruje] *v.t.* ①휘젓다, 고르게 섞다 (mêler); 뒤섞다, 뒤범벅으로 하다(bouleverser). ~ les dossiers 서류를 뒤범벅으로 만들다. ~ du papier (쓸데없이 휘갈겨)종이를 헤프게 쓰다. ~ les cartes 카드를 뒤섞다(battre); 불화의 씨를 뿌리다; 조화를 깨뜨리다. ②(실 따위를)엉클어지게 하다; (머리쇠 따위를)맡가뜨리다; (얼굴빛‧렌즈 따위를)흐리게 하다; 〖무전〗(전신을)방해하다. La buée *brouille* les verres de mes lunettes. 김이 내 안경알을 흐리게 한다. ~ les émissions de la radio 라디오 방송을 방해하다. ~ les pistes (뒤따라오지 못하게)발자국을 흐트려 놓다. ③ 혼란에 빠뜨리다, 당황케 하다(confondre). ~ les idées (la cervelle) à *qn* …의 생각(머리)을 혼란에 빠뜨리다. ④사이를 나쁘게 하다, 불화하게 하다 (désunir, ↔réconcilier). Cet incident *a brouillé* les deux amis. 이 사건이 두 친구의 사이를 갈라 놓았다. [~ *qn* avec *qn*] Un malentendu l'*a brouillé* avec son collègue. 오해가 그를 그의 동료와 불화하게 했다.

— *se* ~ *v.pr.* ①섞이다; 엉클어지다(s'emmêler). ②(날씨‧눈이)흐려지다. Le ciel *se brouille*. 하늘이 흐려진다. ③혼란되다, 어지럽게 되다(se troubler). Tout *se brouille* dans sa mémoire. 그의 기억 속에서 모든 것이 뒤죽박죽이다. Les cartes *se brouillent*. (비유적)사태가 혼미해진다. ④사이가 나빠지다, 다투다(se fâcher, se quereller). Ils *se sont brouillés*. 그들은 사이가 나빠졌다. [se ~ avec] Il *s'est brouillé* avec son voisin. 그는 이웃과의가 나빠졌다.

se ~ *avec la justice* (나쁜 짓을 해서)법망에 걸려들다.

brouillerie [brujri] *n.f.* 일시적인(대수롭지 않은) 불화, 의견 충돌(brouille).

brouilleur [brujœ:r] *a.* (전파를)방해하는. — *n.m.* (전파)방해 장치.

brouillon¹(ne) [brujɔ̃, -ɔn] *a.* 혼미한, 흐리멍덩한, 멍청한(confus). esprit ~ 정신이 혼란한 사람. congédier un employé ~ 일을 뒤죽박죽으로 하는 사원을 해고하다. — *n.* (위)의 사람.

brouillon² [brujɔ̃] *n.m.* ①초고, 초안. faire le ~ d'un document 어떤 문서의 초안을 잡다. ②〖상업〗일계장.

brouillonner [brujɔne] *v.t.* 초안을 잡다, 빨리 쓰다, 갈겨쓰다.

brouir [brui:r] *v.t.* (서리맞은 식물을 햇볕이)말라죽게 하다, 시들게 하다.

brouissure [bruisy:r] *n.f.* (서리가 내린 뒤)햇볕에 말라버림[시들어짐]; 상해(霜害).

broussaille [brusɑ:j] (<*brosse*) *n.f.* (보통 *pl.*)(가시)덤불. cheveux en ~(s) (비유적)터부룩한(헝클어엉킨) 머리. sourcils en ~(s) 짙은 눈썹.

broussailler [brusaje] *v.t.* (벽 따위를) (가시)덤불로 덮다. — *v.i.* (가시)덤불 속을 걷다(쏘다니다).

broussailleux(se) [brusajø, -ø:z] *a.* (가시)덤불 뒤덮인, 덤불이 무성한; (비유적)(머리카락 따위가)터부룩한, 헝클어진, (눈썹 따위가)짙은. avoir la barbe ~*se* 수염이 덥수룩하다.

broussard(e) [brusa:r, -ard] *n.* 〖구어〗(아프리카 식민지의)가시덤불숲의 주민.

brousse¹ [brus] *n.f.* ① (가시)덤불이 무성한 토지. ② (식민지의)삼림 지대, 미개간지.

brousse² *n.f.* (양‧염소의 젖으로 만든)치즈.

broussin [brusɛ̃] *n.m.* (나무의)옹이, 나무혹.

broussiné(e) [brusine] *a.* (나무가)혹이 생긴.

broussonétie [brusɔneti] *n.f.* 〖식물〗닥나무.

brout [bru] *n.m.* 새싹, 새눈; 새잎. temps du ~ (특히 사슴이 좋아하는)나무의 새싹이 돋는 계절.

broutage [bruta:ʒ] *n.m.* =**broutement**.

broutant(e) [brutɑ̃, -ɑ̃:t] *a.* bêtes ~*es* 〖사냥〗식용 동물, (특히)사슴.

broutard [bruta:r] *n.m.* (젖으로 양육하는 대신에)풀을 뜯어먹게 하는 송아지.

broutement [brutmɑ̃] *n.m.* ①(짐승이 풀‧나무의 새싹을)뜯어먹기. ②(기계 따위가)덜그럭거리는 소리, 덜컥덜컥.

brouter [brute] *v.t.* (풀‧새싹 따위를)뜯어먹다(paître); 〖구어〗먹다. — *v.i.* ①풀(새싹)을 뜯어먹다. ②(기계가)덜그럭거리다.

broutille [brutij] *n.f.* (보통 *pl.*) ①작은 가지; (포도의)곁순. ②하찮은 것(일)(babiole). acheter quelques ~*s* 하찮은 것들을 사다. n'aimer pas les conversations de ~*s* 쓸데없는 잡담을 좋아하지 않다. ③금‧은의 부스러기. ④〖법〗(재판용어에서)소사진(의 소송기록[서류]).

brouture [bruty:r] *n.f.* (풀이 뜯어먹힌)어린가지.

brownien [bro(aw)njɛ̃] *a.m.* ① 브라운(*Robert Brown*, 영국의 식물학자)의. mouvement ~ 브라운운동. ② 브라운(*John Brown*, 영국의 의사)의.

browning [bro(aw)niŋ] *n.m.* 브라우닝 (*Browning*, 영국의 발명가)식 자동권총.

broyage [brwaja:ʒ] *n.m.* (빻아서)가루로 만들기, 갈기, 빻기(broiement); (물감을)녹이기; (삼 따위를)빗질하기.

broyement [brwamɑ̃] *n.m.* =**broiement**.

broyer [brwaje] *v.t.* ①빻다, 찧다, 갈다(moudre); (음식을)씹어 부수다(croquer); 으깨다, 부수다; (삼 따위를)빗질 누르다; (물감을)녹이다. ~ avec ses dents 이빨로 와작와작 씹다. ~ des couleurs 물감을 녹이다. ②〖직물〗(삼 따위를)훑다. ③(저항 따위를)분쇄하다; (사람을)여지없이 때려 눕히다. ④pain *broyé* (옛)빵굽는 직공이 기술을 전수하며 만든(특제)빵.

~ *du noir* 슬픈 생각에 잠기다.

broyeur(se) [brwajœ:r, -ø:z] *a.* 빻는, 찧는, 가루로 만드는; (물감을)녹이는; (삼 따위를)훑는. — *n.* (위)의 사람. ~ *de noir* 슬픈 생각에 잠긴 사람, 비관주의자. — *n.m.* 분쇄기. — *n.f.* 〖직조〗삼빠는 기계.

broyon [brwajɔ̃] *n.m.* ~ à mortier 〖건축〗회반죽.

brrr [brrr] *int.* 덜덜 떨린다! (추위‧공포 때문에 몸이 떨리는 느낌을 나타냄).

bru [bry] *n.f.* 며느리(belle-fille).

bruant [bryɑ̃] *n.m.* 〖조류〗멧새속(bréant).

brucella [brysɛ(ɛl)la], **brucelle** [brysɛl] (<*Bruce*.

1855-1931 오스트레일리아의 생리학자)*n.f.* 《의학》 브루셀라균속(屬).
brucelles [brysɛl] *n.f.pl.* (작은)핀셋.
brucellose [brysɛ(el)loːz] *n.f.* 《의학》 브루셀라병〔브루셀라균에 의한 열병의 일종〕.
bruche [bryʃ] *n.m.* 《곤충》 콩바구미.
brucine [brysin] *n.f.* 《화학》 브루신.
brugeois(e) [bryʒwa, -aːz] *a.* 브뤼주(*Bruges*, 벨기에의 도시)의. —**B**~ *n.* 브뤼주 사람.
brugnon [brynɔ̃] *n.m.* 《원예》 유도(油桃).
brugnonier [brynɔnje] *n.m.* 유도나무.
bruine [bryin] *n.f.* ① 이슬비, 는개(crachin). ② (물에 녹인 분무용)물감.
bruinement [bryinmɑ̃] *n.m.* ① 이슬비(는개)가 내림. ② 이슬비, 는개.
bruiner [bryine] *v.imp.* 이슬비(는개)가 내리다. Il *bruine* toute la journée. 온종일 이슬비가 내린다.
bruineux(se) [bryinø, -øːz] *a.* 이슬비 내리는, 이슬비 모양의(같은).
bruir [bryiːr] *v.t.* (천을)증기로 추기다(적시다).
bruire [bryiːr] [51] *v.i.* (부정법·반과거 외에는 드묾) (잇달아)희미한 소리를 내다; (잎 따위가)살랑거리다; (시냇물이)졸졸거리다; (기계 따위가)윙윙거리다. Le vent *bruissait* dans les feuilles. 바람이 잎 사이에서 살랑거리고 있었다. ②《옛》(소리가)울려 퍼지다(retentir).
bruissage [bryisaːʒ] *n.m.* 천·실을 증기로 추기기(적시기).
bruissant(e) [bryisɑ̃, -ɑ̃ːt] *a.* bruire 하는. peupliers ~s 살랑거리는 포플러나무.
bruissement [bryismɑ̃] *n.m.* 희미한 소리; 살랑(졸졸)거리는 소리(murmure); 윙윙거리는 소리; (잡음이)잡음. ~ d'une robe 옷자락이 스치며 사각거리는 소리.
bruit [bryi] *n.m.* ① (시끄러운)소리, 잡음, 소음(tapage). ~ du tonnerre 천둥소리. à grand ~ 큰 소리로; 떠들썩거리며. à petit ~ 소리를 내지 않고, 살며시. ~s de la rue 거리의 소음. ~ à tout casser(rompre) 귀가 터질 듯한 소음. ~ de fond → fond. ~s parasites 《무전》공전(空電), 잡음. faire du ~ 시끄럽게 하다, 떠들썩거리다(→ 숙어란). faire un ~ infernal(d'enfer) 견딜 수 없는 소음을 내다(소란을 떨다). faire beaucoup de ~ pour rien (et peu de besogne) 대수롭지 않은 일에 떠들어대다. faire grand ~(autour de) *qc* ···에 대해 크게 떠들어대다. marcher sans ~ (sans faire de ~) 소리없이 (조용히) 걷다.
② 소동, 소란(vacarme). Il y aura du ~ dans cette réunion. 이 집회에서 한바탕 소란이 벌어질 것이다.
③ 《의학》(기관의)소리; 잡음. ~s cardiaques 심음(心音). ~s respiratoires 호흡음. ~s vasculaire 혈관음(血管音).
④ 소문, 풍문(rumeur). faux ~ 헛소문. ~s de guerre 전쟁이 일어나리라는 소문. ~ qui court 떠도는 소문. Il n'est ~ que de cela. 그 소문이 확 퍼져 있다. (비인칭)Il court un mauvais ~. 나쁜 소문이 돌고 있다.
⑤ 명성, 평판(éclat). Le ~ de votre nom est arrivé jusqu'à moi. 당신의 명성이 내게 까지 알려졌소. votre ~ 《옛》당신의 명성.
faire du ~ 떠들어대다; (사물의)평판이 자자하다. Cette découverte *a fait du* ~. 이 발명은 화제거리가 됐다.
bruitage [bryitaːʒ] *n.m.* (영화·연극·라디오의)음향 효과.
bruiter [bryite] *v.i.* 의음(擬音)을 내다, 음향 효과

를 넣다.
bruiteur [bryitœːr], **bruitiste** [bryitist] *n.m.* (라디오·영화·연극의)음향 효과 담당자.
brûlage [brylaːʒ] *n.m.* (잡초 따위를)태우기; (머리를)지지기.
brûlant(e) [brylɑ̃, -ɑ̃ːt] *a.* ① 불타는, 타오르는. ② 몹시 뜨거운(chaud, ↔ froid); 열렬한; 강렬한(ardent). sable ~ (타는 듯한)뜨거운 모래. avoir le front ~; avoir les mains ~es 신열이 나다. boire du café ~ 몹시 뜨거운 커피를 마시다. jeter des regards ~s 열렬한 시선을 던지다. ③ 신중을 요하는, 다루기 어려운, 미묘한. C'est une question ~e. 매우 미묘한 문제이다. terrain ~ (비유적)위험지대, 일촉즉발의 상황. s'engager sur un terrain ~ 몹시 까다로운 문제에 말려들다.
brûlé(e)[1] [bryle] *a.p.* ① 구운, 그을린, 탄. teint ~ 그을린 얼굴빛. crème ~*e* 우유·계란·군사탕으로 만든 과자. vin ~ 데워서 향료를 탄 포도주. ② 신용을 잃은; 결판이 드러난(démasqué). homme ~ 신용을 잃은 사람. réseau d'espionnage ~ 드러난 간첩망. ③ 타는듯한; 격정적인. cerveau ~; cervelle[tête] ~*e* (위험·위협을 마다하지 않는)열정적인(과격한) 사람, 광신자.
—*n.m.* 탄 것, 탄맛, 탄내. goût de ~ 탄맛. crier comme un ~ 큰 소리로 외치다. sentir le ~ 탄 냄새가 나다; (구어)(사업 따위가)수상하다; 심상치 않다.
—*n.f.* 조개의 일종; 누에의 병.
brûle-bout(s) [brylbu] *n.m.* (복수불변)(가운데의 초꽂이에 끼울 수 있게 꾸민)초받이.
brûlée[2] [bryle] *n.f.* 《속어》몹시 때리기, 매질. donner(flanquer) une ~ 몹시 구타하다.
brûle-gueule [brylgœl] *n.m.* (복수불변)《속어》(도기(陶器)로 만든)짧은 파이프.
brûlement [brylmɑ̃] *n.m.* ①《옛》연소(燃燒); 소실, 소각(燒却); 화형(火刑). ②《드물게》타는(듯한) 느낌.
brûle-parfum(s) [brylparfœ̃] *n.m.* (복수불변)향로(香爐)(cassolette).
brûle-pourpoint (à) [abrylpurpwɛ̃] *loc.ad.* ① 급작스럽게, 불쑥; 노골적으로, 단호히. poser une question *à* ~ 느닷없이 묻다. dire *à* ~ 단도직입적으로 말하다. ②《옛》(바로 가까이에서)마주 대고.
‡**brûler** [bryle] *v.t.* ① 태우다, 불사르다, 불지르다, 소진(燒盡)하다(consumer, incendier); (양초 따위를)불붙이다; (향불을)피우다; (총을)쏘다; (머리카락·상처 따위를)지지다. ~ la cervelle à *qn* ···의 머리를 권총으로 쏘다. ~ ses dernières cartouches 마지막 탄환을 쏘다;(비유적)마지막 수를 쓰다. ~ sans ~ une amorce(une cartouche) 총을 한방도 쏘지 않고서. ~ des mauvaises herbes 잡초를 태우다. *être brûlé* vif 화형에 처해지다. ~ un cadavre 시체를 태우다. ~ ses vaisseaux (적지에 상륙한 후 자기 배를 태워버리다)→ 배수의 진을 치다. ~ un cierge à la Sainte Vierge 성모 마리아에게 촛불을 올리다. ~ de l'encens devant *qn* 《종교》···앞에서 향불을 피우다. ~ une plaie 상처를 지지다.
② [~ *qn*] (에게)화상을 입히다; (불·추위·약품 따위로)변질시키다(roussir, calciner); 볶다; (술 따위를)증류하다; (피부를)검게 태우다; (햇볕·서리 따위가)시들게 하다; 《화학》부식시키다. *être gravement brûlé* dans l'incendie 화재로 중화상을 입다. ~ du café au four 커피를 볶다. ~ du vin 《옛》 술을 증류하다. ~ du linge au repassage 다리미질하다가 옷을 태우다. ~ le rôti 불고기를 지나치게

[까맣게] 굽다. peau *brûlée* par soleil 햇볕에 그을린 피부. Les bourgeons *ont été brûlés* par la gelée. 새싹이 서리맞아 시들었다.
③ (고통을 느낄 정도로)열을 가하다; 데게 하다; 쓰라리게 하다, 얼얼하게 하다(irriter), 메마르게 하다. La fumée *brûlait* ses yeux. 연기가 그의 눈을 쓰라리게 했다. Cette liqueur me *brûle* le gosier. 이 리쾨르는 (독해서) 목이 타는 것 같다. [~ *qn*] L'estomac le *brûle*. 그는 속이 쓰리고 아프다. *être brûlé* par un soleil de plomb 작열하는 햇볕에 허덕이다.
④ (난방·조명 따위를 위해)소모하다(consommer). ~ *du charbon* 석탄을 소모하다. ~ de l'électricité 전기를 소모하다.
⑤ [~ *qn*] 흥분시키다, 불타오르게 하다(enflammer); (격렬한 감정·감각이)괴롭히다(dévorer). La soif de l'aventure le *brûlait*. 그는 모험을 하고 싶어 못견디었다. Il *est brûlé* du désir de la revoir. 그는 그녀를 다시 보고 싶어 못견딘다.
⑥ (경제·장애를)재빨리 넘어서다, (차가 …에)멈추지 않고 통과하다(griller); 생각하다; 무시하다. ~ un signal[un feu rouge] 신호[붉은 신호]등을 무시하고 획 지나가다. ~ la politesse à *qn* …에게 인사도 하지 않고 가버리다. ~ la route[le pavé] 《구어》전속력으로 달리다. Le convoi *a brûlé* la station. 열차는 역을 통과했다.
⑦ (스파이 따위의)정체를 폭로하다(démasquer). *être brûlé* 《구어》(비밀 조직의 일원이)정체가 드러나다 (이로 인해 다른 조직원에게 위험한 존재가 됨).
⑧ 《속어》~ *qn*[총으로] 쏘아 죽이다. 낼).
⑨ 혹사하다; 위태롭게 하다(compromettre). ~ ses chevaux 말을 혹사하다. ~ sa santé[sa vie] 건강[생명]을 위태롭게 하다.
Le pavé lui brûle les pieds. 그는 빨리 떠나려한다.
— *v.i.* ① 타버리다, 연소하다(flamber); (센불에) 지나치게 익다, 타다. La forêt *a brûlé* entièrement. 숲이 완전히 타버렸다. La lampe *brûle*. 등잔불이 켜있다. La soupe *a brûlé*. 수프가 탄내가 난다, 수프가 지나치게 졸았다.
② (손·발 따위가)달다, 타는 듯이 뜨겁다. Il *brûle* de fièvre. 그는 불같이 신열이 난다. ~ de soif 타는 듯이 목이 마르다. Les mains lui *brûlent*. 그의 손이 탈 듯이 뜨겁다[열이 있다](→숙어란).
③ 열렬하다; 열망하다; 초조해하다. [~ de] ~ *d'amour* 열렬히 사랑하다. [~ de + *inf.*] Je *brûle de* la revoir. 나는 그녀를 다시 한 번 보고 싶어 못견디겠다. faire ~ *qn* …을 초조하게[안절부절 못하게]만들다.
④ (놀이·수수께끼에서)거의 알아맞히다[찾아내다]. Ça y est, je *brûle!* 됐어, 맞히 알겠다!
Les mains lui brûlent. (비유적) 그는 하고 싶어 손이 근질근질한다.
Les pieds lui brûlent. 그는 떠나고 싶어 못견딘다.
—*se ~ v.pr.* ① 불에 데다, 화상을 입다; 타죽다.
② (se ~ 간접목적보어)자기의 …을 태우다[데다]. ~ la main 손을 데다. *se ~* les yeux à force de lire (비유적)책을 (많이) 본 탓으로 눈을 버리다 ③ 몹시 그리워하다.   나다.
se ~ à la chandelle 《구어》(벌레가 불빛을 찾듯 유혹되어)파멸하다, 실패하다.
se ~ la cervelle 《구어》권총으로 자기 머리를 쏘아 자살하다.
se ~ les ailes[*les doigts*] (전망이 좋은듯한 일에 뛰어들어)손해를 보다, 혼이 나다.
brûlerie [brylri] *n.f.* 《드물게》(브랜디)증류소, 양조장; (커피볶는)로스트 공장.
brûle-tout [bryltu] *n.m.* (복수불변) ① =brûle-bout(s). ② 혈기왕성한 사람.
brûleur(se) [bryloe:r, -ø:z] *n.* 태우는[볶는] 사람; 브랜디 양조자. ~ de café 커피볶는 사람. —*n.m.* (가스등·렌지 따위의)화구(火口); 분유기(噴油器). ~ à gaz 분젠버너; 가스등구(燈口).
brûlis [bryli] *n.m.* 산림의 불탄 곳; 《농업》화전.
brûloir [brylwa:r] *n.m.* ① 커피볶는 기구; (말꼬리·양털 따위의)털을 태우는 램프. ③ (칠장이의)램프(~ de peintre en bâtiments).
brûlot [brylo] *n.m.* ① 《옛》(해전용의)화선(火船); 소이탄; 조명탄, ②《속어》(비유적)불붙이는 일꾼; 무모한[저돌적인]사람(risque-tout); 격한 논조의 신문. ③《속어》설탕을 넣어 증류한 브랜디. ④ 지나치게 후추를 친 요리. ⑤ 유리 연마기. 《사투리》(중부 프랑스의 축제의)장작불.
brûlure [bryly:r] *n.f.* ① 《옛》화상. ~*s* du premier degré 1도 화상. ② 타는 듯한 느낌; 염증. ~*s* d'estomac 뱃속이 쓰린 느낌. ③ (옷 따위의)탄 자국. Il a une ~ de cigarette à son gilet. 그는 조끼에 담뱃불에 탄 자국이 있다. ④《농업》상해(霜害); (식물이)말라 죽는 병; (보리의)흑수병(黑穗病). ⑤《옛》태우기, 굽기.
brumaille [bryma:j] *n.f.* 《구어》안개 낀 날씨, 엷은 안개.
brumailleux(se) [brymajø, -ø:z] *a.* (바다에)엷은 안개가 낀.
brumaire [bryme:r] *n.m.* 《프랑스사》무월(霧月) (10월 23일—11월 21일).
brumal(ale, *pl.* **aux)** [brymal, -o] *a.*《드물게》겨울의(hivernal).
brumasse [brymas] *n.f.* 《구어》《해양》엷은 안개.
brumasser [brymase] *v.imp.* 《구어》《해양》엷은 안개가 끼다. Il *brumasse*. 엷은 안개가 끼다.
*brume** [brym] *n.f.* ① 엷은 안개(기상학적으로 시계 1킬로 이상의 것); (일반적으로)안개; (특히) 해상의 안개(brouillard de mer). ~ artificielle《군사》연막(煙幕). signal de ~ (철도의)농무(濃霧)경계 신호 ② 애매한것, 막연한 것; 난해한 것.
brumer [bryme] *v.imp.* 안개가 끼다. Il *brume* ce matin. 오늘 아침에 안개가 끼었다.
brumeux(se) [brymø, -ø:z] *a.* ① 안개가 자욱한, 짙은 안개가 낀. temps ~ 안개 낀 날씨. ② 알쏭달쏭한, 난해한. philosophie ~*se* 난해한 철학.
brumisateur [brymizatœ:r] *n.m.* 분무기(atomiseur, vaporisateur).
*brun(e')** [brœ̃, -yn] *a.* 갈색의; 갈색[밤색] 머리카락의; (살갗이)거무스름한. cheveux ~*s* 갈색 머리. peau ~*e* 거무스름한 피부. bière ~*e* 흑맥주(↔bière blonde). Elle est ~*e*. 그녀는 갈색 머리이다. —*n.* 머리카락이 갈색[밤색]인 사람; (때로) 갈색[거무스름한] 피부의 사람. petite ~*e* aux yeux noirs 검은 눈동자에 갈색 머리의 아가씨.
courtiser la ~*e* et la blonde; aller de la ~*e* à la *blonde* 뭇 여자 저 여자로 전전하다.
—*n.m.* ① 갈색. ~ foncé 짙은 갈색. 《형용사적》cheveux ~ roux 적갈색의 머리카락. ~ de bismarck 비스마르크 브라운(실크·목면·가죽을 물들임). ~ de montagne (도료에 넣어 사용하는)갈색 안료. ② (B~) 《문학사》(중세 소설에 나오는)곰의 이름.
brunâtre [bryna:tr] *a.* 갈색을 띤.
brune² [bryn] *n.f.*《옛》저녁 때, 황혼(녘), 땅거미. à[sur, vers] la ~ 해질 무렵에, 황혼에.
brunella [brynɛla], **brunelle** [brynɛl] *n.f.*《식물》꿀풀.
brunet(te) [brynɛ, -ɛt] *a.* 갈색을 띤. —*n.* (예쁘한)밤색 머리의 젊은이; 살갗이 거무스름한 젊은

이. —*n.f.* 《옛》연가(戀歌).
bruni [bryni] *n.m.* ① (금은세공의)광택(↔ mat). ② (피혁의 가장자리를 염색하는)갈색 염료.
brunir [bryni:r] *v.t.* ① 갈색[밤색]으로 만들다; (얼굴색을)거무스름하게 하다, 햇볕에 그을리게 하다. Le soleil *brunit* la peau. 햇볕에 피부가 그을린다. ② (금속을)닦다, 갈다.
—*v.i.* 갈색[밤색]이 되다; 햇볕에 그을다. Il *a bruni* à la mer. 그는 바다에서 그을렸다. Cet enfant *a bruni* en grandissant. 이 아이는 커가면서 갈색 머리가 됐다.
—*se ~ v.pr.* ① 갈색[밤색]이 되다; 햇볕에 그을다. *se ~ au soleil* 햇볕에 그을다. ② (금속이)광이 나다.
brunissage [brynisa:ʒ] *n.m.* (금속을)닦기, 갈기.
brunissement [brynismɑ̃] *n.m.* 갈색[밤색]으로 되기; (햇볕에)그을리기(bronzage).
brunisseur(se) [brynisœ:r, -ø:z] *n.* 금속을 닦는[가는] 직공.
brunissoir [bryniswa:r] *n.m.* 금은세공의 연마기.
brunissure [brynisy:r] *n.f.* ① (금은세공의)광택, 윤. ②금속연마술. ③(포도의)갈색. ④잎에 작은 갈색 반점이 생기는 병; (감자의)세균병.
brushing [brœʃiŋ] 《영》 *n.m.* (머리칼을 컬하기 위하여)세트하기(mise en plis).
***brusque** [brysk] *a.* ①난폭한, 거친(brutal); 퉁명스러운(sec); 버릇없는. homme ~ 난폭한 사람. manières ~s 거친[버릇없는] 태도. Ne sois pas trop ~ avec cet enfant. 이 아이에 대해 너무 난폭하게 하지 마라. ton ~ 퉁명스러운 말투. ② 돌연한, 급작스런(inattendu); (비탈 따위가)가파른; 급격한. départ ~ 급작스러운 출발. changement ~ 갑작스러운 변화.
***brusquement** [bryskəmɑ̃] *ad.* ① 갑자기, 뜻밖에, 불쑥. La voiture de devant s'est arrêtée ~. 앞차가 갑자기 섰다. ②《옛》퉁명스럽게.
brusquer[1] [bryske] *v.t.* ①난폭하게[거칠게] 취급하다[다루다]. ~ *les enfants* 어린이를 난폭하게 다루다. ②급히[서둘러, 당돌하게]하다(hâter, ↔ retarder). ~ *une solution*(un dénouement) 서둘러 해결[결말]을 짓다. Notre voyage *a été brusqué*. 우리의 여행은 서둘러 이루어졌다. ③《군사》급습하다. *attaque brusquée* 급습(急襲).
brusquer[2] *v.t.* =busquer.
brusquerie [bryskəri] *n.f.* (언행이)거칢, 퉁명스러움, 버릇없음(rudesse); 버릇없는 언행. *traiter qn avec ~* …을 거칠게[버릇없이] 대하다.
brut(e[1]) [bryt] *a.* ①날[생긴] 그대로의, 원료 그대로의, 자연대로의, 가공하지 않은. pétrole ~ 원유. diamant ~ 다이아몬드 원석. terrain ~ 경작하지 않은 토지. soie ~e 생사. champagne ~ (2차 발효전의)엑스트라드라이 샴페인. ②동물적인, 야만적인; 《옛》교양 없는. bête ~e《구어》야수(와 같은 인간), 무지한 사람. ③《상업》총계의, (무게가)포장까지 합한(total). traitement ~ (세금·제 잡비 공제 전의)봉급 총액. bénéfice ~ 총수익(↔ bénéfice net). produit ~ 총생산. poids ~ 총량. ④ 무기(無機)의. corps ~s 무기체[물].
—*ad.*《상업》총계로, 총체로. Ces *colis* pèsent ~ 15 kilos. 이 소포들은 총 15 킬로 나간다.
—*n.m.* 원유; 엑스트라드라이 샴페인.
brutage [brytaːʒ] *n.m.* (금강석을)애벌 자르기.
***brutal(ale, pl. aux)** [brytal, -o] *a.* ①거친, 난폭한 (violent, ↔ doux); (충격이나 타격이)가혹한 (rude). être ~ avec *qn* …에 대해 난폭하다[거칠다]. choc(coup) ~ 가혹한 충격. ②꾸밈없는, 노골적인, 맹렬한(vif). description ~*ale* 노골적인

묘사. discussion ~*ale* 격렬한 논쟁. ③ 갑작스러운 (brusque). Sa mort a été ~*ale*. 그의 죽음은 갑작스러운 것이었다. ④《옛》짐승의, 짐승 같은, 야수 (동물)적인(bestial, ↔ humain). force ~*ale* (이성적 힘에 대하여)동물적인 힘, 완력.
—*n.* 난폭한 사람(brute).
brutalement [brytalmɑ̃] *ad.* 난폭하게; 노골적으로, 거침없이; 격렬하게.
brutaliser [brytalize] *v.t.* ①학대하다, 혹사하다 (maltraiter). ~ *sa femme* 아내를 학대하다. ②《구어》(에게)강요하다, 억지로 쓰다.
brutalité [brytalite] *n.f.* ①난폭함, 거침(dureté, sauvagerie); 난폭한 짓(말). Il est d'une grande ~. 그는 몹시 거칠다[난폭하다]. ~*s policières*(de la police) 경찰의 난폭한 행동. ②꾸밈없음, 솔직, répondre *avec* ~ 거침없이 대답하다. ③(충격 따위의)가혹함(rudesse); 갑작스러움(brusquerie). être *surpris par la* ~ *de l'événement* 돌발적인 사건에 경악하다. ④《옛》동물적임(bestialité).
brute[2] [bryt] *n.f.* ①짐승. ②짐승 같은 사람; 잔인한[난폭한] 사람. Quelle ~ ! 사람 같잖은 놈이다! travailler *comme une* ~《구어》악착스레 일하다.
Bruxelles [brysɛl] *n. pr. f.*《지리》브뤼셀《벨기에의 수도》. *filer à ~*《속어》(사업가가)도망치다, 자취를 감추다.
bruxellois(e) [brysɛlwa, -aːz] *a.* 브뤼셀의. —B~ *n.* 브뤼셀 사람.
bruyamment [brɥijamɑ̃] *ad.* 소란하게, 떠들썩하게. protester ~ 큰 소리로 항의하다.
bruyance [brɥijɑ̃ːs] *n.f.* 《옛》소란, 떠들썩함.
***bruyant(e)** [brɥijɑ̃, -ɑ̃ːt] *a.* 시끄러운, 소란한, 떠들썩한, 큰 소리의(turbulent, ↔ tranquille). enfants ~s 떠드는 아이들. habiter *un quartier* ~ 시끄러운 동네에 살다. scandale ~ 《비유적》세상을 떠들썩하게 한 추문. manifester *une joie* ~*e* 기쁨을 요란스럽게 나타내다, 펄펄뛰며 기뻐하다.
bruyère [brɥ(ɥi)jɛːr] *n.f.*《식물》히스《에리카 속에 딸린 떨기 나무》. terre de ~ 히스 부식토. ~ *arborescente* 흰 히스, 브라이어. pipe (en) ~; pipe de bois de ~ 브라이어의 파이프. racine de ~ 브라이어의 뿌리. ②히스가 우거진 황야.
bryologie [brijɔlɔʒi] *n.f.* 선태학(蘚苔學).
bryologiste [brijɔlɔʒist] *n.* 선태학자.
bryon [brijɔ̃] *n.m.*《식물》솔이끼속(屬).
bryone [brijɔn] *n.f.*《식물》브리오니아.
bryophytes [brijɔfit] *n.f.pl.*《식물》선태류.
bryozoaires [brijɔzɔɛ:r] *n.m.pl.*《생물》선태류, 이끼벌레류.
B.S.E.C. 《약자》brevet supérieur d'études commerciales. 고등상업교육수료증.
B.S.G.D.G. 《약자》breveté sans garantie du Gouvernement 정부 무보증의 《정증.
B.S.P. 《약자》brevet sportif populaire 국민체육증.
bt 《약자》《상업》brut (포장까지 합한)총중량의. ②billet 수표.
B.T. 《약자》brevet de technicien 기술자면허장.
B.T.A. 《약자》brevet de technicien agricole 농업기술자면허장.
bté 《약자》breveté 특허를 얻은; 특허소유자.
B.T.E. 《약자》Bureau des temps élémentaires 노동기본시간연구소.
btn 《약자》bataillon 《군사》대대.
B.T.S. 《약자》brevet de technicien supérieur 고등기술자면허장.
B.T.U. 《약자》British thermal unit 영국식 열단

bu(e) 위 (39.2°F에서 1파운드의 물을 1°F 올리는 데 소요되는 열량).

bu(e) [by] (*p.p.*<*boire*) *a.p.* 《속어》취한(ivre).

buanderie [bɥɑdri] *n.f.* 세탁장.

buandier(ère) [bɥadje, -ɛːr] *n.* (새 린네르를)표백하는 사람; 세탁 공장의 감독.

bubale [bybal] *n.m.* 《동물》(아프리카산의)영양.

bube [byb] *n.f.* 《옛》부스럼, 종기(pustule).

bubelé(e) [byble] *a.* 《옛》부스럼[종기]이 난.

bubon [byb5] *n.m.* 《의학》서혜선종(鼠蹊腺腫), 서혜임파선염, 가래톳.

bubonique [bybɔnik] *a.* 《의학》서혜선종의. peste ~ 임파선(腺) 페스트.

bubonocèle [bybɔnɔsɛl] *n.m.[f.]* 《의학》서혜(鼠蹊)헤르니아.

bucail *n.m.*, **bucaille** [bykaj] *n.f.* 《식물》메밀.

bucarde [bykard] *n.f.* 《동물》새조개속(屬).

buccal(ale, *pl.* **aux)** [bykal, -o] *a.* ① 《해부》입의, 구강(口腔)의. cavité ~*ale* 구강. ② 《언어》 =oral.

buccin [byksɛ̃] *n.m.* ① 《고대로마》나팔의 일종; (마차 따위의)나팔. ② 《패류》쇠고둥.

buccinateur [byksinatœːr] *a.m.* 협근(頬筋)의. muscle ~ 협근. ——*n.m.* ① 《고대로마》나팔수. ② 《해부》협근.

bucéphale [bysefal] *n.m.* ① (*B*~)알렉산더 대왕이 애용한 준마의 이름; 군마; 훌륭한 말. ② (반어적) 늙은 못쓸 말.

bûche¹ [byʃ] *n.f.* ① 장작. ~ de Noël 크리스마스 전 날 밤에 태우는 큰 장작; (크리스마스에 먹는)장작 모양의 케이크. ② 《속어》 카드놀이 》 (바카라에서) 나쁜 패. ③ 《속어》 바보, 얼간이(sot). Quelle ~! 이런 바보가 있나! ④ 담배 속에 든 피울 수 없는 줄기.

ne pas se remuer plus qu'une ~ 전혀 활동을 하지 않다, 손가락 하나 까딱하지 않다. *ramasser* [*prendre*] *une* ~ 《속어》자빠지다. *rester comme une* ~ 꼼짝 않고 있다.

bûche² *n.f.* 《속어》힘든 일; 기를 쓰고 하는 공부. temps de ~ 노동(공부) 시간.

bûcher¹ [byʃe] *v.t.* ① (재목이나 돌을)대충 깎다[다듬다](dégrossir), (돌의)흠돌을 깎다. ② 《속어》열심히 공부하다. ~ un examen 맹렬히 시험 공부를 하다. ~ son français 프랑스어를 열심히 공부하다. (목적보어 없이)Il *a bûché* ferme. 그는 열심히 공부했다. ② 《사냥》매를 대목(棗木)에 앉히다.

——*se* ~ *v.pr.* 《속어》서로 때리다.

bûcher² *n.m.* ① 장작 광. ② (고대에 화장(火葬)용의)장작더미, 화장대(火葬臺)(bûche funèbre). ③ 화형대; 분서대. faire un ~ de *qc* …을 다 태워버리다. monter[mourir] sur le ~ 화형당하다.

bûcheron(ne) [byʃrɔ̃, -ɔn] *n.m.* 나무꾼; 벌목 인부. ——*n.f.* 여자 나무꾼; 나무꾼의 아내.

bûchette [byʃɛt] *n.f.* (벌목 후의)나뭇조각; 《옛》(제비뽑기 위한)나무토막. tirer à la ~ 제비를 뽑다.

bûcheur(se) [byʃœːr, -øːz] *a.* 《속어》열심히 공부하는. ——*n.* 열심히 공부하는 사람(piocheur).

bûchille [byʃij] *n.f.* ① (대패·톱 따위에서 나온)부스러기. ② 선반 세공의 부스러기.

bucolique [bykɔlik] *a.* 목동의, 목가적인, 전원 생활의. existence ~ 전원 생활. poète ~ 전원 시인. ——*n.m.* 목가체(牧歌體). ——*n.f.pl.* 목가; (les *B*~*s*) 베르길리우스(*Virgile*)의 목가.

bucrane [bykran]*,* **bucrâne** [bykrɑːn] *n.m.* 《건축》소의 머리 모양의 장식.

budget [bydʒɛ] 《영》*n.m.* (국가·공공기관의)예산 (안); 가계(家計). ~ de l'État 국가예산. ~ de la Guerre 군사예산. dresser[discuter, voter] le ~ 예산을 작성[토의·가결]하다. ~ rectificatif 수정예산. ~ provisoire 잠정예산. ~ annexe 정부관련기관 예산. ~ en excédent[en déficit] 혹자[적자] 예산. ~ familial[domestique] 가계. boucler son ~ 가계의 수지균형을 맞추다. inscrire *qc* au ~ …을 예산에 올리다.

budgétaire [bydʒetɛːr] *a.* 예산(상)의. crédit ~ (어떤 지출에 배당된)예산액. prévisions ~*s* 예산 견적서. année ~ 회계연도.

budgétairement [bydʒetɛrmɑ̃] *ad.* 예산상.

budgétisation [bydʒetizɑsjɔ̃] *n.f.* 예산에 계상[편입]하기, 예산화.

budgétiser [bydʒetize] *v.t.* 예산에 계상하다.

budgétivore [bydʒetivɔːr] *a., n.* (악살)국가 비용으로 생활하는(사람); (국가 공무원을 가리켜)세금도둑.

buée [bɥe] *n.f.* ① 수증기; 김. dessiner sur la ~ des vitres 유리창에 서린 김 위에 그림을 그리다. ② 《옛·사투리》빨래.

buenos-ayrien(ne) [bɥenozɛrjɛ̃, -ɛn] *a.* 부에노스아이레스(*Buenos-Aires* [bɥenozɛːr], 아르헨티나의 수도)(사람)의. ——**B**~-**A**~ *n.* 부에노스아이레스 사람.

buen-retiro [bwɛnretiro] 《에스파냐》 *n.m.* 《옛·구어》 (사실(私室) ·시골의 별장의 뜻에서)변소.

buer [bɥe] *v.i.* 김이 나다. ② 《옛·사투리》세탁하다. ——*v.t.* 세탁하다(lessiver).

buffe [byf] *n.f.* 《속어》손바닥으로 때림.

buffet [byfɛ] *n.m.* ① 찬장; 《속어》(식기)의 벌. ~ glacière 아이스박스. ~ de cuisine 조리대. ~ d'argenterie 은식기 세트. ② 간이 식당; (역의)구내 식당(~ de gare); 식당의 진열대; (술집 따위의)스탠드. ③ (파티 따위에서)음식을 차려놓은 식탁; 차려놓은 음식. dresser le ~ 뷔페를 차리다. ④ ~ d'orgues 파이프오르간 상자. ~ d'eau (수 반을 쌓아올린)폭포식 분수. ⑤ 《속어》배, 위(胃). recevoir des coups dans le ~ 몇차례 배를 얻어먹다. avoir du ~ 배가 나와 있다.

danser devant le ~ 《구어》아무것도 먹을 것이 없다. *n'avoir rien dans le* ~ 《속어》 뱃속이 비어 있다.

buffetier(ère) [byftje, -ɛːr] *n.* (역의)구내식당 주인, 뷔페 경영자.

buffle [byfl] *n.m.* ① 《동물》물소; 물소 가죽(peau [cuir] de ~). valise en (peau de) ~ 물소 가죽 가방. ② (물소 ·가죽으로 만든)연마판; 《옛》물소 가죽 옷. ③ 연갈이, 바보(tête de ~).

bufflesse [byfles] *n.f.* 《동물》암 물소.

buffleterie [byflə(e)tri] *n.f.* ① 《군사》(물소 가죽으로 만든)가죽 장비, 혁구(革具). ② 물소 가죽의 무두질.

buffletier [byflətje] *n.m.* 가죽 장비 만드는 직공, 혁 구공.

buffletin [byflətɛ̃] *n.m.* ① 《동물》물소 새끼; 어린 물소의 가죽(peau[cuir] de ~). ② 《옛》(물소 가죽으로 만든)가죽 조끼.

bufflette [byflɛt] *n.f.* 《동물》암 물소.

bufflon(ne) [byflɔ̃, -ɔn] 《동물》 *n.* 물소 새끼. ——*n.f.* 암 물소.

bugalet [bygale] *n.m.* 《해군》탄약 운반용의 큰 거룻배[짐배]; 《옛》(브르타뉴 연안의)화물·여객 운송선.

buggy [bœ(y)gi] 《영》 *n.m.* 말 한 필의 2륜 마차.

bugle [bygl] 《영》 *n.m.* 《음악》뷔글나팔 (트럼펫의 일종); 《철도》(특히 아메리카의)기관차의 기적(소리).

bugle² *n.f.* 【식물】 금란초류(類).

buglose [byglo:z], **bugloss** [byglɔs] *n.f.* 【식물】 알칸나의 일종. ~ tinctoriale 알칸나《그 뿌리에서 붉은 염료를 채취》.

bugrane [bygran] *n.f.* 【식물】 양갈음초류.

building [bildiŋ] 《영》 *n.m.* 건물.

buire [buiːr] *n.f.* 《옛》(동·은·유리제의)물병; (노르망디의)물·우유를 담는 구리병.

buirette [buiret] *n.f.* 《사투리》마른 풀[건초]더미.

buis [bqi] *n.m.* ① 【식물】 회양목. ~ à bordure; ~ nain (humble) (화단가에 심는)작은 회양목. ② 회양목 재목; (회양목재로 만든)구두 뒤축 닦개. ③ ~ bénit 【가톨릭】(부활제 전 일요일에 신자에게 나누어 주는)회양목 가지.

buissaie [buise] *n.f.* 회양목 밭.

buisse [bqis] *n.f.* ① (구둣방의)구두 밑창을 휘게 하는 도구. ② (양복점의)솔기를 평평하게 하는 도구 (bouisse).

buissière [buisjεːr] *n.f.* ① =buissaie. ② 회양목으로 에워 싸인 화단.

buisson [buisɔ̃] *n.m.* ① (관목의)덤불; 총림(叢林), 수풀. tailler en ~ (가지가 3·4미터를 넘지 않도록)멀기나무 모양으로 전지하다. (arbre en) ~ 멀기나무 모양으로 전지한 과수. ~ ardent 【성서】(신이 모세에게서 모습을 나타내는)타오르는 덤불숲. guerre de ~s 게릴라전. ② 【요리】(특히 가재 따위를)쌓아올린 요리.

battre les ~s (숨어 있는 새들이 날아오르도록 장대로)덤불숲을 치다. Il a battu les ~s et un autre a pris les oiseaux. 수고한 내가를 남에게 빼앗겼다 〔죽 쑤어 까 주었다〕.

faire (trouver) ~ creux 있어야 할 사람《것·사냥감》이 없다〔보이지 않다〕.

se sauver à travers les ~s (논쟁에서)궤변을 부려 회피하다.

buisson-ardent [buisɔ̃ardɑ̃] (*pl.* ~**s**-~**s**) *n.m.* 【식물】 피라칸타《지중해 연안산 장미과의 일종》 (pyracanthe).

buissonnant(e) [buisɔnɑ̃, -ɑ̃ːt] *a.* 덤불 모양으로 자라는.

buissonner [buisɔne] *v.i.* ① 덤불 모양으로 자라다. ② 【사냥】(개가)덤불 속을 찾다; (수사슴이) 덤불 속에 숨다.

buissonnet [buisɔnε] *n.m.* 작은 덤불〔총림·수풀〕.

buissonneux(se) [buisɔnø, -øːz] *a.* 덤불이 많은, 멀기나무가 무성한; 덤불 모양의, 잔가지가 많고 키가 작은.

buissonnier(ère) [buisɔnje, -εːr] *a.* 덤불 속에 있는 《사는》. école ~ère 《옛》(신교도가 비밀에 세운)야외〔임간(林間)〕학교.

faire l'école ~ère 《구어》학교에 가지 않고 놀러 다니다, 학교를 빼먹다; 일터에 나가지 않다.

—*n.m.* 덤불 모양으로 전지한 나무(의 수풀).

bulbaire [bylbεːr] *a.* ① 【식물】 구근(구경)의. ② 【의학】 구부(球部)의, (특히) 연수(延髓)의.

bulbe [bylb] *n.m.*[*f.*] ① 【식물】 구근(球根), 근경(根莖), 인경(鱗莖). ② 구근 모양의 것. —*n.m.* ① 【해부】 구부(球部), 근; 연수(延髓). ~ pileux 모근, 모근. ~ oculaire [de l'œil] 안구. ~ dentaire 치근. ~ s vestibulaires 전정구(前庭球). ② (러시아 성당 따위의)구형(球形)돔.

bulbeux(se) [bylbø, -øːz] *a.* ① 【식물】 구근의; 구근 모양의; 구근으로 된. plante ~se 구근 식물. racine ~se 구근에서 나온 뿌리. ② 【해부】 구부상(球部狀)의.

bulbiculteur [bylbikyltœːr] *n.m.* 구근(球根) 재배자; 《특히》 튤립 재배자.

bulbiculture [bylbikylty:r] *n.f.* 구근 재배;《특히》 튤립 재배.

bulbiforme [bylbifɔrm] *a.* 구근 모양의.

bulbille [bylbij] *n.f.* 【식물】 구아(球芽), 인아(鱗芽).

bulb-keel [bœlbkil] (*pl.* ~~**s**) *n.m.* 《옛》【해양】 구상용골(球狀龍骨)《소형 요트 따위의 안정을 위한 용골》.

bulgare [bylga:r] *a.* 불가리아(*la Bulgarie*)의. —**B**~ *n.* 불가리아 사람. —*n.m.* 불가리아어(語). —**B**~ *n.m.pl.* 【종교】(중세의)이단자《처음에는 불가리아의 이단자를 지칭》.

Bulgarie [bylgari] *n.pr.f.* 【지리】 불가리아.

bulime [bylim] *n.m.* 【패류】 꼬마씨우렁이.

bullaire¹ [by(l)lεːr] *a.* (로마 교황의)교서의. —*n.m.* 교황 교서집.

bullaire² *a.* 【의학】 수포상(水泡狀)의.

bulldozer [buldozœːr] 《영》 *n.m.* 불도저, 《비유어》(일을 강력하게 밀어 붙이는)불도저 같은 사람.

bulle¹ [byl] *n.m.* ① (옛날에 어린이들이 목에 걸던)작은 금함(金盒). ② 로마 교황의 옥새; 교황의 교서, 칙서(勅書). ~ du pape 교황의 교서〔대칙서〕. ~ d'indication 종교회의 소집 교서. recevoir une ~ 교황으로부터 주교 임명의 사령장을 받다. ~ d'or 【역사】 황금문서《금인이 찍힌 중요문서, 특히 황제선거에 관한 칠 4세의 문서》. ③ (대가리가 큰)장식못.

bulle² *n.f.* ① 거품, 【의학】 수포(水泡), 물집; 【야금】 기포(氣泡). ~ du verre 유리의 기포. faire des ~s de savon 비눗방울을 만들다. ② (만화에서 인물의 대사를 나타내는)동그란 테(ballon, fumée).

bulle³ *n.m.* 마닐라지(papier ~). —*a.m.*《불변》(종이가)노란 빛을 띠고 광이 없는.

bullé(e) [by(l)le] *a.* ① 【식물】 수포상의 돌기가 있는 (bullaire). ② 교황이 날인한; (성직록에)교서에 의하여 수여된.

buller [by(l)le] *v.t.* (교황이)날인하다.

bulletin [byltε̃] *n.m.* ① (공적인)보고서. ~ de santé (중요 인물에 대한)용태 보고서. ~ météorologique 일기예보. ~ de naissance 호적초본. ~ des lois 법례집. ② (신문의)…란; (학회·단체 따위의 정기적인)회보; (journal). ~ de l'étranger (신문의)해외면. ~ syndical 조합회보. ~ de (状). ~ de bagages 【철도】 수하물 물표. ~ de paie [de salaire] 급료 명세표. ④ 【학교】 (학기말의)성적(통지)표. avoir un bon ~ 좋은 성적을 받다. ⑤ 투표 용지(~ de vote). ~ blanc〔nul〕백지 투표. 자 ~s 개표하다.

bulletinier [byltinje] *n.m.* 《드물게》(신문의)각 란의 집필자.

bulleux(se) [bylø, -øːz] *a.* ① 수포(기포)가 있는. ② 【의학】 수포성의. éruption ~se 수포성 발진. râles ~ 수포음.

bull-finch [bulfintʃ] 《영》 *n.m.* 【경마】 장애물용 울타리.

bull-terrier [bulterje] 《영》 *n.m.* 【동물】 불테리어《불독과 테리어의 잡종》.

bulteau [bylto] (*pl.* ~**x**) *n.m.* 둥글게 전지한 나무.

bûmes [bym] boire의 직설·단과거·1·복수.

buna [by(u)na] *n.m.* 부나《독일제 합성 고무》.

bungalow [bœ̃(ɔ̃)galo] 《영》 *n.m.* 방갈로.

bungare [bœ̃(ɔ̃)gaːr] *n.m.* 【동물】(인도·말레이 군도의)독사.

bunion [bynjɔ̃] *n.f.* ~ bulbeux 【식물】 땅콩.

bunker [bunkεːr] 《독일》 *n.m.* ① (2차 대전중 독일군이 구축한)벙커. ② (골프장의 코스 중)모래 장애물, 벙커.

buphtalme [byftalm] *n.m.* 【식물】 데이지.
bupleurum [byplœrɔm], **buplèvre** [byplɛ:vr] *n.m.* 【식물】 시호류.
bupreste [byprɛst] *n.m.* 【곤충】 비단벌레.
buraliste [byralist] *n.* ① 우체국의 사무원. ② 위탁세금 징수인, 세무서원. ③ (지방의)담배가게 주인. —*a.* receveur ~ 수납계원.
burat [byra] *n.m.* (법관복·상복·승려복 따위를 만드는)순모직물. ~ doux 검게[붉게] 염색된 평직울(법관·교수의 의복용). ~ raz (검게 염색된)흑스판 울(상복·승려복용). ~ voile (clair) (닻을 만드는)평직 울.
buratin [byratɛ̃] *n.m.*, **buratine** [byratin] *n.f.* 【직물】 명주섞인 모직물; 포플린의 일종.
bure¹ [by:r] *n.f.* 【직물】 ① (승복·죄수복 따위를 위한 갈색의)거친 모직물, 프라이즈; (그것으로)짠 옷. ② (비유적)승복; 승려의 신분. prendre la ~ 수도자가 되다.
bure² *n.m.* (광산의)수갱(豎坑).
‡**bureau** [byro] (*pl.* ~x) *n.m.* ① 사무실, 사무소. ~ d'un avocat 변호사 사무실. ~ de location (du théâtre) (극장의)매표소. ~ (관청의)국, 원. ~x de la Mairie 시청의 각국. ~ de l'enregistrement 등기소. ~ des contributions 세무서. ~ de poste 우체국. Deuxième B~ (군의)정보부 (제1과는 인사, 제3과는 교육훈련, 제4과는 운수·보급). chef de ~ 국장. ③ 사무용 책상; 책상; 짝모직물을 덮은 책상. ~ américain (à rideau, à cylindre) 접개식 뚜껑 달린 책상. ④ (집합적)(관청 따위의)사무직원, 관료; (의회·정당·조합의)간부; (심의·연구)위원회. lenteur des ~x administratifs 행정관리들의 (사무처리의) 완만성. ~ politique d'un parti 정당의 정치국. ~ d'études 심의회. ~ de vote 선거관리 위원회. B~ Veritas 선박·항공기술위원회 (각국의 대표로 구성된 민간 단체). ⑤ 《예》모임 소집. *Cette affaire est sur le ~.* 《구어》이 사건은 현재 심의 중이다. *déposer un projet de loi sur le ~* 법안을 제출하다. *prendre l'air du ~* 어떤 사건의 추이 [형편]를 살피다; 사무실에 잠간 얼굴을 내밀다.
bureaucrate [byrokrat] *n.* ① 관리, 관료. ②《구어》관료적인 사람.
bureaucratie [byrokrasi] *n.f.* ① 관료 정치, 관료적 방식. critiquer les abus de la ~ 관료주의적 폐습을 비판하다. ②(집합적)관료(전체).
bureaucratique [byrokratik] *a.* 관리의, 관청의; 관료적인.
bureaucratisation [byrokratizasjɔ̃] *n.f.* 관료화, 관료주의화.
bureaucratiser [byrokratize] *v.t.* 관료의 관할하에 두다; 관료(주의)화하다;《구어》관청식으로 하다.
bureaucratisme [byrokratism] *n.m.* 관료주의.
bureau-paysage, bureau paysage [byrope(j)iza:ʒ] *n.m.* (간막이를 하지 않은)넓은 사무실.
bureautique [byrotik] *n.f.* 업무의 전산 자동화.
burelage [byrla:ʒ] *n.m.* (우표의)투명 무늬.
burelain [byrlɛ̃] *n.m.* (경멸)(사무실에서 일하는)사무직, 화이트칼라(col-blanc).
burèle, burelle [byrɛl] *n.f.* 【문장】 가로줄 무늬.
burelé(e) [byrle] *a.* 【문장】 가로줄 무늬가 있는; (우표에)투명 무늬가 들어 있는.
burent [by:r] boire 의 직설·단과거·3복수.
burette [byrɛt] *n.f.* ① 【카톨릭】 (미사용의)포도주병, 물병. ②(기름·초 따위를 담는)목이 가느다란 병 [一 단 컵]. ③【화학】 뷰레트관 (管). ④《속어》대가리; 얼굴. ⑤ (*pl.*)《비어》불알. casser les ~s à qn《속어》…를 성가시게 하다, 약을 올리다(importuner, irriter).

burgau [byrgo] (*pl.* ~x) *n.m.* 【동물】 소라의 일종.
burgaudine [byrgodin] *n.f.* burgau 에 들어 있는 진주모(母).
Burgondes, Burgundes [byrgɔ̃:d] *n.m.pl.* 【역사】 부르군트족(族).
burgrave [byrgra:v] *n.m.* ① 【역사】 (중세 독일의)성주; 요새의 사령관. ②(옛·속어)(시대에 뒤떨어진)구닥다리 노인.
burgraviat [byrgravja] *n.m.* burgrave 의 신분[직위]; (그의) 영주권·재판권.
burin [byrɛ̃] *n.m.* ① 【미술】(금속 조각용의)끌. ciseler (sculpter) en ~ 끌로 조각하다. ② 【미술】(동판화의 한 기법으로서의)뷔랭(조각); 뷔랭판화(한 장). ③ (비유적)graver au ~ (마음에)깊이 새기기. ~ de l'histoire 역사상의 대사건. ④치과용 송곳[드릴]. 【광산】 착암봉(鑿岩棒); 레코드 원반 녹음용 바늘(~ graveur). ⑤ 【해양】 토글(영) toggle); (B~) 【천문】 조각구좌(彫刻具座)(라틴어명 : Caelum).
burinage [byrina:ʒ] *n.m.* ①끌로 파기. ②치과용 드릴로 구멍을 파기.
buriné(e) [byrine] *a.p.* 끌로 새겨진. visage ~; traits ~s (비유적)시련을 겪은 (강인한) 모습.
buriner [byrine] *v.t.* ① 끌로 새기다 [조각하다]. ②(비유적)간결하고 힘찬 필치로 쓰다. ③치과용 드릴로 구멍을 파다. ~ les dents d'un cheval 늙은 말의 이빨을 세공하여 나이를 속이다. —*v.i.* 《속어》열심히 공부[일]하다(bûcher).
burineur [byrinœ:r] *n.m.* ① (끌을 사용하는)금속조각사, 조판공(彫版工); 금속 조각가. ② 【광산】 착암공(鑿岩工). ③《속어》열심히 공부[일]하는 사람.
burlesque [byrlɛsk] *a.* (모양·시 따위가)우스팡스러운, 익살스러운(comique, ↔ grave). film ~ 희극영화. idées ~s 터무니없는 생각. genre ~ 고귀하고 웅장한 주제를 비속화함으로써 희극적 효과를 자아내는 문학장르(특히 프랑스의 17세기 전반기의 한 문학 유형을 지칭).
—*n.m.* 익살극.
—*n.* 뷔를레스크 작가.
burlesquement [byrlɛskəmɑ̃] *ad.* 우스팡스럽게, 익살맞게.
burlingue [byrlɛ̃:g] *n.m.* 《속어》사무소 (bureau); 배(ventre).
burnes [byrn] *n.f.pl.* 《비어》불알.
burnous [byrnu(s)] *n.m.* ① (아라비아 사람의)두건 달린 겉옷; 아라비아풍의 외투. ② (두건 달린 소매 없는)유아복. *faire suer le* ~ 《속어》하층 계급의 사람(원주민)들을 마구 착취하다.
buron [byrɔ̃] *n.m.* ① 양치는 목동의 오막집. ② (*Auvergne* 지방의 소규모의)치즈 제조[판매]소.
buronnier [byrɔnje] *n.m.* (*Auvergne* 지방의)치즈 만드는 양치기.
bursal(ale, *pl.* **aux)** [byrsal, -o] *a.* (임시)세(稅)에 관한.
bursite [byrsit] *n.f.* 【의학】 점액낭염 (粘液囊炎).
burundien(ne) [burundjɛ̃, -ɛn] *a.* 【지리】 부룬디 (*le Burundi*)의. —*n.* 부룬디 사람.
bus¹ [by] boire 의 직설·단과거·1(2)·단수; 과거분사 남성단수.
bus² [bys] *n.m.* 《구어》=autobus, omnibus.
busaigle [byzɛgl] *n.f.* 【조류】 (발끝에 것이 있는)말똥가리의 일종.
busard [byza:r] *n.m.* ① 【조류】 말똥가리 무리. ② 【건축】 나무 홈통.

busc [bysk] *n.m.* ① (코르셋의)가슴 살대. ②(수문의)문지방. ③(총게머리의)굽은 부분.
buse¹ [by:z] *n.f.* 〖조류〗말똥가리; 〖구어〗바보. *On ne saurait faire d'une ~ un épervier.* 〖격언〗외 덩굴에 가지 열릴까? 바보는 고칠 도리가 없다.
buse² *n.f.* ① (여러 종류의)도관(導管), 관(管); (풍구따위의)바람 구멍, 노즐; (물레바퀴로 물을 대는) 홈통; 송풍관. ~ *d'aérage* 〖광산〗(갱도의)통풍관(通坑).
busette¹ [byzɛt] *n.f.* (코크스 가마의)가스 분출구.
busette² *n.f.* 〖조류〗할미새의 일종.
business [biznɛs] 〖영〗 *n.m.* ① 일, 장사, 거래. *aller à son ~* 직장에 (일하러)가다. ②〖속어〗(물건을 가리키어)것, 저것(chose, truc); 복잡한 일. *Passe-moi ce ~ -là.* 저것 좀 나요. *Qu'est-ce que c'est que ce ~ ?* 도대체 무슨 일인가?
businessman(*pl.* **men**) [biznɛsman, -mɛn]〖영〗 *n.m.* 사업가, 상인(homme d'affaires).
busqué(e) [byske] *a.p.* ① 구부러진, 활 모양의. *nez ~* 매부리코. ② 가슴 살대(busc)가 달린. *femme ~e* 코르셋을 한 여자.
busquer [byske] *v.t.* ① (코르셋에)가슴 살대를 달다; 코르셋을 입히다. ~ *une petite fille* 소녀에게 코르셋을 입히다. ② 구부러뜨리다, 활 모양으로 만들다. **—se —** *v.pr.* 구부러지다; 코르셋을 입다.
buss-e, -es, -ent [bys] ⇨boire.
busserole [bysrɔl] *n.f.* 〖식물〗(석남과의)월귤나무의 일종.
buss-iez, -ions [bys-je, -jɔ̃] ⇨boire.
***buste** [byst] *n.m.* ①(이탈리아) *n.m.* 흉상(胸像), 반신상, ~ *en hermès* 어깨·가슴·등을 수직면으로 자른 흉상. ~ *de proue* 선수상(船首像). *se faire peindre en ~* 자기의 반신상을 그리게 하다.
bustier [bystje] *n.m.* ① 끈없는 브래지어. ② 흉상 제작자(전신입상 제작자는 statuaire).
:but¹ [by] *n.m.* (지방에 따라 또는 [byt]로 발음됨. liaison 때에는 보통 [byt], 문장 끝에서 간혹 [byt]로 발음됨)① 목표, 표적(cible); 〖군사〗과녁. *viser le ~* 과녁을 겨누다. *toucher*[*atteindre*] *le ~* 과녁을 맞히다. *manquer le ~* 과녁을 못 맞히다.
② 목적지; 〖스포츠〗결승점. ~ *du voyage* 여행 목적지. *courir au ~* 결승점을 향해 달리다.
③ 〖축구〗골; 득점. *gardien de ~* 골 키퍼. *ligne de ~* 골 라인. *gagner par 3 ~s à 2*, 2 대 2로 이기다.
④ 목적(fin, objectif). *toucher au ~* 거의 성공[완료]하다. ~ *de la vie* 인생의 목적. *Il a atteint le ~ qu'il s'était fixé.* 그는 자기가 설정했던 목적을 달성했다. *poursuivre son ~ jusqu'à complète réussite* 완전히 성공할 때까지 목적을 추구하다.
⑤ *complément de ~* 〖언어〗목적(상황)보어. *aller au-delà du ~* 〖구어〗예상 이상으로 성공을 거두다, 목표를 상회하다.
aller droit au ~ 〖구어〗직접 공격하다; 대뜸 문제의 핵심을 찌르다.
avoir (*se donner*) *pour ~ de+inf.* …하는 것을 목적으로 삼다.
~ *à ~* 대등하게.
dans le ~ de +inf. …할 목적으로, …하기 위하여. *Il est parti dans le ~ de la rencontrer.* 그는 그녀를 만날 목적으로 떠났다.
de ~ en blanc [d(ə)bytɑ̃blɑ̃] 〖군사〗(총·포가)직사로, 〖비유적〗돌연, 불쑥, 단도직입적으로(brusquement, à brûle-pourpoint). *interroger qn de ~ en blanc* …에게 난데없이 질문하다.
REM *but* 다음의 「목표,목적」따위의 뜻을 의미하는 가장 일반적인 말. *objet* but 와 거의 동일하게나 때에 따라 정신이 지향하는 이상으로서

의 목표를 가리킴. *objectif* 보다 구체적이고 확정적인 목표;*préciser son objectif* 자기의 목표를 명확히 하다. *fin* 「목적」의 달성에 갖가지 수단이 동원되는 목표;*Arrivera-t-il à ses fins?* 그는 자신의 목적을 이룰 수 있을까? *visée* 바램·야심의 목표: *Ses visées sont ambitieuses.* 그의 목표는 야심적이다.
but², **bût** [by] ⇨boire.
butadiène [bytadjɛn] *n.m.* 〖화학〗부타디엔.
butane [bytan] 〖화학〗 *n.m.* 부탄, 부탄가스(gaz ~). **—** *a. gaz ~* 부탄가스.
butanier [bytanje] *n.m.* 부탄(butane) 운반선(船); 액화가스 운반선.
bute [byt] *n.f.* 말굽 자르는 도구.
buté(e)¹ [byte] *a.p.* ① 고집센, 완고한(entêté). *avoir l'air ~* 고집스러워 보이다. *être ~ comme un âne* 지독하게 고집장이이다, 옹고집이다. ② 집착하는. *être ~ dans sa détermination* 자기의 결심을 고집하다.
butée² *n.f.* ① 추압(推壓); 〖기계〗추압 축받이 (*palier de ~*). ②〖토목〗(아치의 압력을 받는)대(臺), 교대(橋臺), 지주(支柱). ③〖기계〗제동장치.
butène [bytɛn] *n.m.* =**butylène.**
buter *v.i.* ① (…에)부딪치다(heurter); (발부리를 부딪혀)비트적거리다(trébucher); (장애물·난관에)마주치다(se heurter). ~ *contre* [*contre une pierre* 돌에 부딪치다. *Sa tête a buté contre le pare-brise.* 그의 머리가 (자동차) 앞창에 부딪쳤다. [~ *contre/sur*] ~ *contre*[*sur*] *un problème complexe* 복잡한 문제에 걸려들다. *parler en butant à chaque mot* (비유적)(이야기하는데) 말끝마다 걸리다(막히다). ②〖옛〗(을)겨누다, 노리다. ~ *à +inf.* …할 것을 노리다.
—*v.t.* ① 버티다; 기대게 하다, 기대어 놓다(appuyer, soutenir). *un mur* (*au moyen d'un arc-boutant*) 벽을 (부벽으로) 버티다. ~ *qc contre qc* …을 …에 기대어 놓다. ②〖옛〗[~ *qn*] (을)거역하게 만들다, 강하게 거절하게 만들다. *Cette maladresse a réussi à le ~.* 이 서투른 짓은 그를 완전히 돌아서게 만들었다.
—se — *v.pr.* ① [*se ~ contre/à*] (에)부딪치다. *Il s'est buté contre une souche.* 그는 그루터기에 부딪쳤다. *se ~ à qn* (비유적)…와 (감정적으로) 충돌하다. ② 고집부리다, 완강해지다(s'entêter). *Il se bute facilement quand on s'avise de le contredire.* 그의 말에 반대하려고 하면 그는 금새 고집불통이 된다.
bûtes [byt] *boire* 의 직설·단과거·2·복수.
buteur [bytœ:r] *n.m.* 〖축구〗골게터.
butin [bytɛ̃] *n.m.* ① 전리품, 노획품(trophée); (사냥·고고기압에서)잡은 것, 수확; 훔친 물건. ②(비유적)(학문·노력 따위의)성과. ③〖속어〗세간, 살림 도구; 이익(profit). *faire son*[*un beau*] ~ *dans une affaire* 어떤 거래에서 재미를 보다.
butinant(e) [bytinɑ̃, -ɑ̃:t] *a.* 꿀을 모으는.
butinement [bytinmɑ̃] *n.m.* ① 약탈, 노략질. ② 꿀을 모으기.
butiner [bytine] *v.t.* ①(꿀벌이 꽃 따위의)꿀을 걷어 모으다. ②(비유적)이것저것 찾아가지다, 수집하다(récolter). ~ *des renseignements* 정보를 수집하다. ③〖옛〗약탈하다; 〖구어〗훔치다.
—*v.i.* ①(꿀벌이)꿀을 모으다. ②꿀을 수집하다; 훔치다. ~ *dans les ouvrages de qn* …의 작품을 표절하다.
butineur(*se*) [bytinœ:r, -ø:z] *a.* (벌 따위가)꿀을 수집하는. **—***n.f.* 〖곤충〗(꿀벌의)일벌.
butoir [bytwa:r] *n.m.* ① 완충장치. (선로의)수레 멈춤장치, 완충기; 문의 완충기; 문의 완충용 덧대

butome [bytɔm] *n.m.* 【식물】꽃골풀.

butor [bytɔːr] *n.* ① 〖구어〗어리석고 조잡한 사람 (※ 여성형 butorde [bytɔrd] 는 드물게 사용). ② 〖조류〗알락해오라기.

butorderie [bytɔrd(ə)ri] *n.f.* 《드물게》버릇없음, 우둔함, 야비함.

buttage [bytaːʒ] ① 두둑 만들기; 〖식물에〗북주기. ②《속어》알인.

butte [byt] *n.f.* ① 작은 언덕(monticule, colline). la B~ (la ~ Montmartre) 몽마르트르 언덕. ② 【군사】 (사격장의)표적 언덕; 목표, 표적 대상; 【옛】사격놀이. mettre *qn* en ~ à *qc* …을 …의 표적이 되게 하다. ③【광산】지주(支柱);《속어》단두대(guillotine). monter à la ~ 단두대에 오르다. ⑤ avoir la ~《속어》아이를 배다. *être en ~ à qc* …의 표적[대상]이 되다. Elle *est* sans cesse *en ~ aux* taquineries de son frère. 그녀는 끊임없이 오빠의 놀림의 대상이 되고 있다.

buttée [byte] *n.f.* =**butée²**.

butter [byte] *v.t.* ①〖밭에 배수를 위하여〗두둑을 만들다;〖식물에〗북주다. ②《은어》때려 눕히다, 죽이다(buter, tuer).

—se ~ *v.pr.* (작은 언덕 아래에)숨다, 숨어 살다.

buttoir [bytwaːr], **butteur** [bytœːr] *n.m.* (흙을 긁어 모으는)작은 삽.

but(t)ure [bytyːr] *n.f.* 사냥개의 발 관절의 종기.

butyle [bytil] *n.m.* 【화학】부틸기.

butylène [bytilen] *n.m.* 【화학】부틸렌.

butylique [bytilik] *a.* 【화학】부틸기의. alcool ~ 부틸 알코올, 부타놀.

butyracé(e) [bytirase] *a.* 버터 같은.

butyrate [bytirat] *n.m.* 【화학】낙산염(酪酸塩).

butyreux(se) [bytirø, -øːz] *a.* ① 버터 모양[성질]의. ② 【화학】낙질(酪質)의. taux ~ (우유 1 킬로그램에 함유된)지방의 비율.

butyrine [bytirin] *n.f.* 【화학】부티린.

butyrique [bytirik] *a.* 【화학】낙산(酪酸)의. acide ~ 낙산.

butyromètre [bytirɔmɛtr] *n.m.* 유지계(乳脂計).

buvable [byvabl] *a.* ① 마실 수 있는, 음료가 되는. ②《속어》참을 수 있는; 받아들일 수 있는(acceptable). Ce n'est pas un roman exceptionnel, mais il est ~ (potable). 그건 특출한 소설은 되지 못하지만 그럭저럭 읽을 만은 하다. Votre article n'est pas ~. 당신이 쓴 기사를 받아들일 수 없읍니다.

buvande [byvɑ̃ːd], **buvante¹** [byvɑ̃ːt] *n.f.* 《사투리》 포도 찌꺼기와 물로 만든 음료.

buvant(e¹) [byvɑ̃, -ɑ̃ːt] *a.* 술을 마시는. être bien mangeant et bien ~ 아주 건강하다.

buvard [byvaːr] *a.m.* 빨아들이는. papier ~ 압지. —*n.m.* 압지(papier ~); 압지장(帳). Sur mon bureau, il y avait un grand ~ vert couvert de taches. 내 책상 위에는 잉크 자국으로 얼룩진 초록빛 커다란 압지장이 깔려 있었다.

buvée [byve] *n.f.* 《사투리》(겨·밀가루 따위를 물에 탄)가축용 음료.

buverie [byvri] *n.f.* 술잔치, 주연.

buvetier(ère) [byvtje, -ɛːr] *n.* 간이[구내]식당주인.

buvette [byvɛt] *n.f.* ① (극장·역 따위의)구내식당, 간이식당; 작은 술집. ② 광천수(鑛泉水)를 마시는 곳,《속어》음주.

buveur(se) [byvœːr, -øːz] *n.* 마시는 사람; 술꾼; 광천수(약수) 마시러 가는 사람. ~ d'eau 금주가. gros(grand) ~ 대음주가. ~ d'encre《속어》만년필기자. ~ de sang 〖문어〗유혈을 좋아하는 폭군.

buv-ez, -ons, etc. [byv-e, -ɔ̃] ⇨boire.

buvot(t)er [byvɔte] *v.t., v.i.* 〖구어〗(술을)찔끔찔끔 마시다.

buxacées [byksase], **buxinées** [byksine] *n.f.pl.* 【식물】회양목과(科).

B.V.《약자》Bene vixit. 그는 훌륭한 일생을 보냈도다.

b.v.(약자)balneum vaporis [-eːr] *n.* 증기욕(浴).

Bx-A.〖약자〗Beaux-Arts 미술(학교).

by [bi] *n.m.* 연못물을 빼는 도랑.

byline [bilin] *n.f.* (소련의)대중 서사시.

by-pass [bajpas] 〖영〗*n.m.* (수도 따위의)측관(側管); (자동차의)우회로; 【의학】바이패스 수술.

byronien(ne) [birɔnjɛ̃, -ɛn] *a.* 바이론풍(Byron)풍의.

byronisme [birɔnism] *n.m.* 바이론풍의 낭만적 태도 [시풍].

byrrh [biːr] *n.m.* 키니네가 든 쌉쌀한 적포도주.

byrrhe [biːr], **byrrhus** [birys] *n.m.* 【곤충】딱정벌레의 한 과(科).

bysse [bis], **byssus** [bisys] *n.m.* ① 【역사】(태고적 사람이 쓰던)올이 가는 아마포(亞麻布). ② 【동물】(부족류(斧足類)의)족사(足絲). ③ (균의)세사(細絲).

byssinose [bisinoːz] *n.f.* 【의학】비시노즈 (목화의 미립자 흡입으로 인한 폐질환).

Byzance [bizɑ̃ːs] *n.pr.f.* 〖지리〗비잔틴.

byzantin(e) [bizɑ̃tɛ̃, -in] *a.* ① 비잔틴(*Byzance*)의, 동로마 제국의. Empire ~ 동로마 제국. style ~ 〖건축〗비잔틴 양식. ② 쓸데없는, 부질없는. discussion(querelle) ~ 쓸데없는 논의.

—B~ *n.* 비잔틴 사람.

—*n.m.* 장미빛.

—La B~e *n.f.* 동로마 제국 연대기.

byzantinisme [bizɑ̃tinism] *n.m.* 하찮은[부질없는] 논쟁; 하찮은 일에 집착함.

byzantiniste [bizɑ̃tinist], **byzantinologue** [bizɑ̃tinɔlɔg] *n.* 비잔틴 문화(역사)의 연구자.

byzantinologie [bizɑ̃tinɔlɔʒi] *n.f.* 비잔틴 문화[역사] 연구; 비잔틴학.

C

C¹, c [se, 드믈게 sə] *n.m.* ① 프랑스 자모의 제 3자. C cédille; C à queue 세디유가 붙은 C(ç). fer en C, C 자형 쇠막대. ② 로마 숫자의 100. CL=150. XC=90. ③ 《음악》 다음(音), 다조(調).

C²《약자》carbone 《화학》 탄소.

C.《약자》① commandeur 《역사》 상급 훈작자(勳爵者). ② grande calorie 《물리》 큰 칼로리.

c.《약자》① cent 100. ② canton 《행정》 소군(小郡). ③ courant 《상업·통신》 이달의. ④ centimètre 센티미터. ⑤ centime 《화폐》 상팀. ⑥ centigrade 《물리》 센티그레이드. ⑦ petite calorie 《물리》 작은 칼로리. ⑧ 《전기》 capacité 용량; coulomb 쿨롱. ⑨ 《주식》 coupon 이자표; cours 증권시세; coupure (1,000 프랑 이하의)은행권. ⑩ contre 《신문》 …대(對). ⑪ conversion 《논리》 환위(換位). ⑫ 《수학》 복소수의 총합, 오일러(Euler) 정수(定數).

c/《약자》compte 《부기》 계정(計定).

Cⁱᵉ, Cᵒ《약자》compagnie 회사, 상사.

c' ce 의 생략형 (모음 e 앞에서 : c'était).

ç' ce 의 생략형 (모음 a 앞에서 : ç'a été).

Ca《약자》calcium 《화학》 칼슘.

ca. 《약자》centiare 100 분의 1 아르.

C.A. 《약자》① corps d'armée 《군사》 군단. ② chiffre d'affaires 《상업》 총매상고.

c.a. 《약자》courant alternatif 《전기》 교류.

:ça [sa] *pron. dém.* (구어로 cela의 단축형; ⇨cela) ① 《사물을 지칭》 저것, 그것. Donnez-moi ça. 저걸 주시오. Pas de ça! Je ne veux pas de ça! 저건 싫어요! Qu'est ce que ça veut dire? 그게[저게] 무슨 뜻이지?
② (비인칭적 주어로서) Comment ça va? 요즘 어때요?(인사말). Ça marche, vos affaires? 사업은 잘 됩니까? Ça n'est pas étonnant qu'il ait changé d'avis. 그가 생각을 바꾼것은 놀라운 일이 아니다. ③ (의문·부정·긍정의 강조) Qui ça? 누구라고? Où ça? 어디라고? Ça oui! 물론!
④ 《놀람·분노》 Ça alors, tu exagères! 저런, 당신 과장하는군! Ça, par exemple! 저런, 그럴 수가! ⑤ (경멸) (사람을 가리켜서)그 놈, 그 녀석. Ça bavarde trop. 그 녀석은 너무 말이 많아. Ça m'ennuie. 그 놈은 지겨워.

à part ça 그건 별도로 하고.
avec ça 설마, 아무리 그렇다 해도.
ça étant 그런 까닭에, 그렇기 때문에.
Ça y est. 됐다, 옳소.
C'est ça. 그렇습니다; 좋아, 알았어.
Il y a de ça. 그것도 사실이다.

çà [sa] *ad.* 여기에, 이쪽에, 이리, 이쪽으로. (de) çà et (de) là 여기저기, 도처에. jambe de çà, jambe de là (말에)걸터 타고, qui çà, qui là 어떤 사람은 이쪽에, 어떤 사람은 저쪽에.
—*int.* 자, 여봐(격려·주의 환기·짜증 등을 나타냄, 보통 Ah ça!). Ah ça! vous allez bientôt avoir fini de crier? 자자, 그만 우는 게 어때? Çà, allez-vous taire! 여봐, 입다물지 못할까! Or çà! 자, 그럼.

caama [kɑma] *n.m.* (f.) 《동물》 (남아프리카산의) 큰 영양.

cab¹ [kab] *n.m.* 《옛》 2 인승 단두(單頭) 2륜마차; 4륜마차.

cab² [kab] *n.m.* 약 1 리터 《고대유태의 용적단위》.

cabale [kabal] *n.f.* ① 음모, 책동(complot). monter une ~ contre …에 대하여 음모를 꾸미다. ② 도당, 파벌. ③ 《종교》 (유태인들의)구약성서에 대한 신비적 해석(kabbale). ④ 강신술(降神術).

cabaler [kabale] *v.i.* ① 음모를 꾸미다, 책동하다 (comploter). ~ contre[en faveur de] qn …에 대하여[…을 옹호하는] 음모를 꾸미다. ② 도당에 끼다, 한패가 되다.

cabaleur(se) [kabalœːr, -øːz] *a.* 음모를 꾸미는, 책동하는. —*n.* 음모가, 책동가.

cabaliser [kabalize] *v.i.* 강신술(降神術)을 쓰다.

cabaliste [kabalist] *n.(m.)* 카발(cabale)학자[연구가]; 강신술[비법]사; 《옛》 음모가.

cabalistique [kabalistik] *a.* 카발(cabale)의; 강신술의, 비법의; 신비스런; 난잡한.

caballero [kabajero] 《에스파냐》 *n.m.* 《옛》 (에스파냐의) 하급 귀족; 《señor 에 해당》.

caballier [kabalje] *a.m.* 말(馬)에 관계 있는.

caballin(e) [kabalɛ̃, -in] *a.* 말의. fontaine ~e 《그리스신화》 말의 샘 《천마 Pégase 가 발로 차서 솟게 했다는 샘》. —*n.m.* 《식물·약》 마노회(馬蘆薈) (aloès ~).

caban [kabɑ̃] *n.m.* ① 《해양》 (선원이 입는)두텁고 짧은 웃도리; 파일럿코트; (장교용)방수 외투; 방수 비옷. ② (두건 달린)외투.

cabanage [kabanaːʒ] *n.m.* 오두막살이 (하는 곳).

cabane [kaban] *n.f.* ① 오두막집, 오막살이집; 정자. ~ de berger 양치기의 오두막집. ② 가축 우리; 누에집. ~ à lapins 토끼장. ③ 《속어》 감옥; 창녀집, 갈보집. ④ (나룻배의)선실; (선원의)작은 침대. ⑤ 《항공》 (날개를 기체에 고정시키는)버팀 기둥. atterrir sur la ~ 추락하여 전복하다.

attiger la ~ 《속어》 과장하다, 허풍떨다.

cabaneau [kabano] (*pl.* ~*x*) *n.m.* (대구잡이 어부의)오막살이집.

cabaner [kabane] *v.i.* ① 오두막집에 살다. ② (배가)뒤집히다. —*v.t.* ① (수리하려고 배를)기울이다, 뒤집다. ② 누에집을 지어주다.

cabanon [kabanɔ̃] *n.m.* ① 작은 오두막집; 사냥용 오두막집. ② 《사투리》(특히 프로방스 지방의)작은 별장. ③ (감옥의)독방; (정신병자의)감금실. Il est bon pour le ~; Il est bon à mettre au ~. 그는 감금해 두어야 한다, 그는 미쳤다.

cabaret¹ [kabarɛ] *n.m.* ① (쇼송이나 풍자적인 시사희극이나 쇼 같은 것을 보고 식사도 할 수 있는)카바레, 나이트클럽 (boîte de nuit). ② 《옛》 술집, 주막, 음식점. ~ borgne 난잡한 술집. pilier de ~ 술집의 단골. ③ (술잔·찻잔 따위의)한 세트.
REM cabaret 술집의 뜻으로 현재 쓰이지는 않으나, 원래 동네나 마을의 싼 술집. **estaminet** 작은 대중용 카페. **café** 음료를 마시는 곳으로 커피나 차와 함께 음료 및 술을 마실 수 있음. **caboulot** 속어로서 쓴 술집. **bistro(t)** 대도시의 술집, 포도주나 리퀴르를 마실 수 있음. **guinguette** 변두리의 술집으로 춤을 출 수 있음. **taverne** 술집, 선술집으로서 경멸어.
cabaret² n.m. 〖식물〗 =asaret.
cabaret³ n.m. 〖조류〗 홍방울새.
cabaretier(ère) [kabartje, -ɛ:r] n. 술집 주인.
cabas [kaba] n.m. ① (포도·무화과 따위를 담는)광주리; 장바구니; 장바구니 (sac à provisions); 연장 주머니; (물건을 나르는)큰 광주리. ② 한 바구니의 분량. ③ 챙이 넓은 부인모; 낡은 밀짚모자. ④〖옛〗 구식 마차, 낡아빠진 마차. ⑤ 싸구려 침대.
cabasset [kabasɛ] n.m. (16세기의)챙이 없는 투구.
cabasson [kabasɔ̃] n.m. 〖옛·구어〗구식의 부인모.
cabèche [kabɛʃ] n.f. 〖속어〗머리; 목. couper (la) ~ 목을 자르다.
cabécou [kabeku] n.m. (Lot지방산의)염소젖 치즈.
cabéliau [kabeljo] n.m. = cabillau.
cabère [kabɛ:r] n.f. 〖곤충〗자벌레의 일종.
cabernet [kabɛrnɛ] n.m. (프랑스 서남부에서 재배되는)포도 묘목.
cabéru [kabery] n.m. (아프리카산의)들개.
cabestan [kabɛstɑ̃] n.m. ① 〖해양〗 캡스턴 (닻을 감아올리는 기계). ② 권양기(捲揚機). ~ volant 이동식 기중기. ~ à bras [à vapeur, électrique] 수동식 [증기·전기] 권양기.
cabiai [kabjɛ] n.m. 〖동물〗카피바라 남미의 강가에 사는 설치류의 일종(cochon d'eau).

cabestan ①

cabillau (pl. ~x), **cabillaud** [kabijo] n.m. 〖어류〗대구.
cabillot [kabijo] n.m. 〖해양〗밧줄 끝의 고리에 끼워 놓은 막대[큰 못](~ de tournage).
cabillot(t)er [kabijote] v.t. cabillot로 고정시키다.
cabin-cruiser [kabinkrɥizœr] 〖영〗 n.m. (거실·오락시설이 완비된)모터보트, 요트.
*cabine [kabin] n.f. 〖해양〗선실. ~ de luxe 특등실. ~ de passager 선실. ~ de vote 투표기입소. ~ de bains 해수욕장 따위의)탈의실; (목욕탕·해수욕장 따위의)탈의실, 탈의장(~ de bain). louer une ~ à la piscine 수영장에서 탈의실을 빌리다. ③ 공중 전화실, 전화 박스 (~ téléphonique). ④ (기관차의)기관차실; (비행기의)조종사실(~ de pilotage), 승무원실. ~ de signaux [d'aiguillage] 〖철도〗신호소. ⑤ (승강기의)사람 타는 곳, 캐빈.
*cabinet [kabinɛ] (<cabine) n.m. ① (큰 방에 딸린) 작은 방. ~ de bains 욕실; 탈의실. ~ de débarras 짐을 넣어두는 방. ~ de toilette 화장실. ② (pl.) 화장실(~ d'aisances). aller aux ~s 화장실에 가다. ③ 서재, 연구실; 집무실. ~ de travail [d'étude] 서재(연구실). ~ de lecture 열람실. ~ de directeur 사장실. homme de ~ 서재에 묻혀있는 사람; 사무가. La vie du ~ est nuisible à la santé. 서재 생활은 건강에 해롭다. ④ (변호사의) 사무실; (의사의)진찰실; (변호사·의사의)고객. L'avocat nous a reçus dans son ~. 변호사는 그 사무실에서 우리를 맞이했다. ~ de groupe (몇몇 의사가 공동으로 차린) 공동 진료소. Le médecin a un très bon ~. 그 의사는 많은 고객을 확보하고 있다. ⑤ (서적·미술품 따위의)진열실, 보관실; 수집품. ⑥ (보석·귀중품 따위를 넣는)장식장. ~ de cire 밀랍인형 전시실. ⑦ 내각, 정부; (장관의)비서실. le C— de l'Élysée 프랑스 정부. chef de ~ (장관·도지사의)비서실장. conseil de ~ (총리·수상이 주재하는)각의(閣議). entrer dans le ~ 입각하다. former un ~ 조각(組閣)하다. tenir ~ 각의를 열다.
cabji [kabʒi] n.m.〖군대속어〗하사.
câblage [kɑblɑ:ʒ] n.m. ① (밧줄 따위를)꼬기; 밧줄 제조. ② (집합적) (전기 따위의)배선. ③ (해저선에 의한)타전(打電). ④ (목재 따위의)케이블 운반(téléphérage).
câble [kɑ:bl] n.m. ① 굵은 밧줄, 로프; 쇠줄, 강삭 (鋼索). ② 〖해양〗 닻줄. ③ 〖전기〗 케이블, 피복선(被覆線); (공사용)전선; 해저 전선 (~ sous-marin). ~ aérien 가공삭도(架空索道). ~ de commande (비행기의)조종삭. ~ métallique 강삭 와이어, 강삭. ~ souterrain (électrique), téléphonique, isolé, hertzien, de transport 지하(전기·전화·무전·절연·송전)케이블. ④ 〖구어〗해저전신문, 전보(télégramme). ~ de dernière minute 최신해외뉴스. aviser qn par ~ …에게 (해저)전보를 치다. ⑤ 〖해양〗1련(鏈)(encablure). ⑤ 〖건축〗밧줄꼴 쇠시리.
couper le ~ 관계를 끊다, 절교하다. filer le [du] ~ 〖해양〗닻줄이 풀리게 하다;〖구어〗질질 끌다. filer son ~ par le bout 〖해양〗자기 배의 닻줄을 끊어버리다;〖구어〗죽다.
câble(e) [kɑble] a.p. ① 꼬아진, 꼰. ② 〖건축〗밧줄꼴 쇠시리를 단; 〖해양〗밧줄이 달린. ③ 해저전신으로 보낸. —n.m. 굵게 꼰 밧줄.
câble-adresse [kɑbladrɛs] n.f. (주소의)해외전신약호, 케이블어드레스.
câbleau [kɑblo] (pl. ~x) n.m. 〖해양〗(câble보다 가는)작은 밧줄; 방삭(舫索); 예삭(曳索); 〖철도〗 (차량 사이의)송전 케이블.
câble-chaîne [kɑbləʃɛn] (pl. ~s—~s) n.m. 쇠사슬 밧줄.
câblée [kɑble] n.f. = câble ④.
câblegramme [kɑbləgram] n.m. = câblogramme.
câbler [kɑble] v.t. ① (방적사·전화선 따위를) 꼬다. ② 해저전신으로 알리다(타전하다). ③ (전기기구 따위의)연접(접속)하다. ④ (산판에서 목재를)케이블 수송 하다.
câblerie [kɑ(ɑ)bləri] n.f. 밧줄[로프]제조(판매); 밧줄 제조공장.
câbleur [kɑblœ:r] n.m. 케이블 기사.
cabliau [kabli(j)o] (pl. ~x) n.m. 예인 밧줄.
câblier [kɑblije] n.m.① 케이블 제조업자. ② 해저전선 부설선. —a.m. 해저전선을 부설하는. navire (bateau) ~ 해저전선 부설선.
câbliste [kɑblist] n. (텔레비전용 카메라의)조작원.
câblodistribution [kɑblɔdistribysjɔ̃] 〖캐나다〗 n.f. 케이블 (유선) 텔레비전 방송(방식).
câblogramme [kɑblɔgram] n.m. 해저전신, 해외전보(보통 câble로 약칭).
câblot [kɑblo] n.m. = câbleau.
cabochard(e) [kabɔʃa:r, -ard] a. 〖구어〗고집센. —n. 고집장이.
caboche [kabɔʃ] n.f. ①〖속어〗 머리, 대가리(tête); 정신, 기억. avoir la ~ dure 〖속어〗머리가 둔하다; 고집이 세다. Il a une bonne ~. 그는 이해력이 많다. Rien ne lui entre dans la ~. 그는 이해력이 전혀 없다. ② (구두창 따위의)징, 장식징(못) (clou ~); 대갈못. ③ 〖어류〗둑중개의 일종. ④ (단으로 묶어놓은 담뱃잎의)끄트머리.
cabochiens [kabɔʃjɛ̃] n.m.pl. 〖역사〗(샤를 6세 치하의 부르고뉴당 중)급진파.
cabochon [kabɔʃɔ̃] n.m. ① (모나게 자르지 않고) 둥그스름하게 간 보석. émeraude en ~ 나슷하게 간 에메랄드. ② (융단 따위를 고정시키는)장식징(못). ③ (18세기)앞쪽이 뾰족한 부인용 모자.

caboclo [kabɔklo] 《포르투갈》 *n.m.* (브라질의 인디언과 백인 사이의)혼혈아, 트기; 농부(여성형은 cabocla).

cabombe [kabɔ:b] *n.f.* 《속어》양초, 军不.

cabosse [kabɔs] *n.f.* ① 《구어》타박상(打撲傷). 혹. ② 『식물』카카오나무의 열매. ③《남프랑스》옥수수 이삭.

cabosser [kabɔse] *v.t.* 《구어》(에게)타박상을 입히다; (에게)혹을 만들다; (때려서)찌부러뜨리다. Un choc *a cabossé* les carrosseries des deux voitures. 두 차가 충돌해서 차체들이 찌부러들었다.

cabot[1] [kabo] *n.m.* 《구어》① 엉터리 배우(cabotin). ② 개(chien). A la niche, sale ~! 집에 들어가, 더러운 개야! ③ 하사(下士)(caporal).

cabot[2] *n.m.* 『어류』둑중개의 일종.

cabotage [kabɔta:ʒ] *n.m.* 연안 항해, 근해 항해; 연안 무역. ~ national 국내 연안 항해.

caboter [kabɔte] *v.i.* 연안[근해] 항해를 하다. ~ de cap en cap 곶에서 곶으로 항해하다.

caboteur [kabɔtœ:r] *a.* 연안 항해의, 『무역』의.
—*n.m.* 연안 항해선 선원(marin ~); 연안 항해선 (bâtiment ~).

cabotier(ère) [kabɔtje, -ɛːr] *a., n.m.* =**caboteur**.
—*n.f.* (특히 Eure 강의)상선(商船).

cabotin(e) [kabɔtɛ̃, -in] *n.* 뜨내기 배우; 엉터리 배우(cabot); 연극조로 행동하는 사람. avoir une attitude de ~ 서투른 배우[익살광대] 같은 태도를 취하다. —*a.* 엉터리 배우 같은, 껜체하는.

cabotinage [kabɔtina:ʒ] *n.m.* ①(정치인 따위의) 연극조의 행동, 허세. ② 서투른 연기. ③ 엉터리 배우 노릇.

cabotiner [kabɔtine] *v.i.* ① 연극조로 행동하다, 허세를 부리다; 껜체하다. ② 뜨내기 배우 노릇을 하다. ③ 방종한 생활을 하다.

caboulot [kabulo] *n.m.*《속어》싸구려 음식점[다방·술집]; (가축 울 속의)방.

cabrade [kabrad] *n.f.* (말이)뒷발로 일어서기.

cabrage [kabra:ʒ] *n.m.* 『항공』급상승; (말이)뒷발로 일어서기.

cabre [ka:br] *n.f.* 『해양』기중기.

cabré(e) [kabre] *a.p.* ① 뒷발로 일어선; (비행기가)기수(機首)를 위로 향하여 수직으로 선. ② 반항적인, 대드는.

cabrement [kabrəmɑ̃] *n.m.* (말 따위가)뒷발로 일어서기.

cabrer [kabre] *v.t.* ① (말을)뒷발로 서게 하다; 『항공』급상승시키다. ~ un avion 비행기를 급상승시키다. ② 대들게 하다, 반항하게 하다(révolter). ~ *qn* contre un projet …에게 어떤 계획을 반대하게 하다.
—**se** ~ *v.pr.* ① (말이)뒷발로 일어서다; (비행기가)급상승하다. Tout à coup mon cheval *se cabra*. 내 말이 갑자기 앞발을 들고 일어섰다. ② 발끈하다, 반항하다(se révolter). *se* ~ à l'idée de céder 양보한다는 생각에 화가 치밀다. (*se* ~ 를 생각하여) Ne lui dites pas cela, vous le feriez ~. 그에게 그 사실을 말하지 마시오. 그가 듣게 되면 발끈할 것입니다.

cabrette [kabrɛt] *n.f.* ①《사투리》풍적(風笛). ② 『기계』케이블 북.

cabri [kabri] *n.m.* ① 어린 염소(chevreau); (아프리카산의)염소의 일종. bondir [sauter] comme un ~ 깡충깡충 뛰다. ② 《옛날 배의》작은 돛대. (톱질할 때 받치는)삼각대.

cabrillon [kabrijɔ̃] *n.m.* 염소젖으로 만든 치즈.

cabriole [kabri(j)ɔl] *n.f.* ① 뛰기, 뛰놀기, 도약(gambade). faire des ~s [la ~] 깡충깡충 뛰다. enfants qui font des ~s dans les prés 풀밭에서 깡충깡충 뛰놀고 있는 아이들. ② 재주넘기 (culbute); 『무용』뛰어오르며 양발을 맞추기. ~s d'un clown 광대의 재주넘기. faiseur de ~s 곡예사. ③ (면견 따위의)표변(豹變); 변절. ~s d'hommes politiques 정치가의 변절.
faire la ~ 《구어》약삭빠르게 굴다; 굽실거리다.
faire une ~ 《구어》털씩 넘어지다.

cabrioler [kabri(j)ɔle] *v.i.* 깡충깡충 뛰다.

cabriolet [kabri(j)ɔlɛ] *n.m.* (< *cabrioler*, 그 움직이는 모습에서 유래) ① (포장을 뗄 수 있는)1두 2륜 마차; 카브리올레형 자동차. ②(프랑스 혁명 후에 유행한)앞챙이 긴 여자 모자(chapeau =). ③(옛)(소형의)안락의자. ③ (경관의)포승(捕繩), 수갑. ④ 구두 골.

cabrioleur(se) [kabri(j)ɔlœ:r, -ø:z] *a.* 깡충깡충 뛰어다니는. —*n.* 깡충깡충 뛰는 사람.

cabriolet

cabrion [kabri(j)ɔ̃] *n.m.* ① 『선박』양재(梁材). ② 『해양』도삭기(導索器).

cabron [kabrɔ̃] *n.m.* 어린 염소 가죽; 연마봉(研磨棒)(가죽을 입힌).

cabrouet [kabruɛ] *n.m.* 손수레.

cabrouéter [kabruete] *v.t.* 손수레로 운반하다.

cabus [kaby] *a.m.* 공모양의. chou ~ 둥근 양배추.

cabussière [kabysjɛ:r]《남프랑스》*n.f.* 오리 그물.

caca [kaka] *n.m.* ①《어린애말》똥(crotte); 더러운[나쁜] 것(ordure). Attention! tu vas marcher dans le ~. 조심해, 똥을 밟을라! faire ~ 똥누다. ② ~ d'oie 황록색(黃綠色).

cacaber [kakabe] *v.i.* (자고새가)울다.

cacade [kakad] *n.f.*《속어》① 대량의 배변(排便). ② 어처구니 없는 실패. ③ 겁냄, 비겁한 양보.

cacafouiller [kakafuje] *v.i.* 《옛》=**cafouiller**.

cacahouète, cacahouette [kakawɛt], **cacahuate** [kakauat], **cacahuète** [kakauɛt] *n.f.* 땅콩.

cacao [kakao] *n.m.* 『식물』카카오의 열매(가루); 코코아. beurre de ~ 카카오 버터, 카카오 기름.

cacaoté(e) [kakaote] *a.* 카카오가 섞인, 카카오를 넣은.

cacaotier [kakaotje] *n.m.* =**cacaoyer**.

cacaotière [kakaotjɛ:r] *n.f.* =**cacaoyère**.

cacaouette [kakawɛt] *n.f.* =**cacahouette**.

cacaoyer [kakaoje] *n.m.* 『식물』카카오나무.

cacaoyère [kakaojɛ:r] *n.f.* 카카오 재배원.

cacarder [kakarde] *v.i.* (거위가) 꺼억꺼억 울다.

cacatoès [kakatɔɛs] *n.m.* 『조류』(도가머리 있는) 흰 잉꼬.

cacatois [kakatwa] *n.m.* ①『조류』=**cacatoès**. ②『해양』맨꼭대기 돛.

cachalot [kaʃalo] *n.m.* 『동물』향유고래. souffler comme un ~ 세차게 숨쉬다.

cachalotier(ère) [kaʃalotje, -ɛːr] *a.* 향유고래의; 향유고래잡이. —*n.m.* 향유고래 잡이 배.

cache[1] *n.f.* 숨는 곳, 숨길 곳, 은닉 장소. trouver la ~ 은닉 장소[비밀]를 발견하다.

cache[2] *n.m.* 『사진』인화형(印畫型); 『인쇄』종이누르개.

cache[3] *n.f.* (물고기·짐승을 잡는)그물.

cache- *préf.*「감추는 것·덮어 가리는 것」의 뜻.

caché(e) [kaʃe] *a.p.* 숨긴, 눈에 안띄는, 비밀의 (↔ apparent). vivre ~ 숨어 살다, 은둔생활을 하다. C'est un trésor ~. 그는 알려지지 않은 인재이다. douleur ~*e* 마음속 깊은 고뇌. esprit ~ 겸손한 사람; 엉큼한 사람. sentiers ~*s* 샛길. n'avoir rien de ~ pour qn …에게 숨길 아무것도 없다.

cache-cache [kaʃkaʃ] *n.m.* 숨바꼭질. jouer à ~ 숨바꼭질을 하다. partie[jeu] de ~ 숨바꼭질놀이.

cache-carte [kaʃkart] (*pl.* ~-~(*s*)) *n.m.* 【군사】 지도 보관용 봉투(케이스).

cache-col [kaʃkɔl], **cache-cou** [kaʃku] *n.m.* (복수불변)(남자용) 얇은 비단 목도리.

cache-corset [kaʃkɔrsɛ] *n.m.* (복수불변)(코르셋 위에 입는) 얇은 속옷.

cache-couture [kaʃkutyːr] *n.m.* (복수불변) 솔기를 감추는 리본(장식끈).

cachectique [kaʃɛktik] *a.,n.* 【의학】 악액질(惡液質)의 (환자).

cache-entrée [kaʃɑ̃tre] *n.m.* (복수불변) 열쇠 구멍 덮개.

cache-éperon [kaʃepʀɔ̃] (*pl.* ~-~(*s*)) *n.m.* 박차(拍車) 덮개.

cache-flamme [kaʃflɑːm] (복수불변), **cache-lueur** [kaʃlɥœːr] (*pl.* ~-~(*s*)) *n.m.* 소염(消炎) 장치.

cache-lumière [kaʃlymjɛːr] *n.m.* (대포의) 화문(火門) 덮개. (망원경용의) 흑색 유리.

cache-mèche [kaʃmɛʃ] *n.m.* (복수불변)(대포의) 도화삭(導火索) 엄호기.

Cachemire [kaʃmiːr] *n.pr.m.* 【지리】 캐시미르. ―**c**― *n.m.* 【직물】 캐시미어; 캐시미어직의 숄(châle de ~); (속어) 걸레. donner un coup de ~ 걸레로 닦다.

cachemirette [kaʃmirɛt] *n.f.* 무명과 소모사와의 능직물.

cachemirien(ne) [kaʃmirjɛ̃, -ɛn] *a.* 캐시미르 (Cachemire)의. ―**C**― *n.* 캐시미르 사람.

cache-misère [kaʃmizɛːr] *n.m.* (복수불변) 누더기를 가리는 겉옷(외투).

cache-mouchoir [kaʃmuʃwaːr] *n.m.* (복수불변) 【놀이】 손수건감추기.

cache-museau [kaʃmyzo] (*pl.* ~-~(*s*)) *n.m.* 큰 슈크림.

cache-nez [kaʃne] *n.m.* (복수불변) ① 목도리, 머플러. ②(말 재갈의) 코 가죽.

cache-peigne [kaʃpɛɲ] *n.m.* (복수불변) 빗을 감추는 머리털; 머리에 꽂은 빗을 감추는 모자 뒷장식.

cache-platine [kaʃplatin] *n.m.* (복수불변)(총의) 가죽제 격발장치 커버.

cache-pot [kaʃpo] *n.m.* (복수불변)(종이·천으로 만든) 화분 덮개; (화분 넣는) 장식용 그릇. à ~ 남몰래; 불법으로. faire qc à ~ …을 몰래하다. vendre à ~ ~을 밀매하다.

cache-poussière [kaʃpusjɛːr] *n.m.* (복수불변)(옛날의 여행용)먼지막이 외투, 더스트코트.

:**cacher** [kaʃe] *v.t.* ① 감추다; 가리다(masquer, voiler). ~ un visage dans ses mains 손으로 얼굴을 가리다. Cette maison nous *cache* la plage. 이 집 때문에 우리는 해변을 볼 수 없다. Ne te mets pas devant la fenêtre, tu me *caches* la lumière! 창앞에 있지 마, 네가 햇빛을 가리고 있잖아! L'arbre *cache* la forêt. 《속담》사실의 한 면만을 보다, 소경이 코끼리 만지듯하다.
② 비밀로 하다, 숨기다, 은폐하다(dissimuler). ~ sa vie 은둔 생활을 하다. ~ son âge 자기 나이를 숨기다. Tu as l'air bizarre, tu me *caches* quel- que chose? 너 참 이상하다, 너 나한테 무엇인가 숨기고 있지? ~ ses sentiments 제 감정을 숨기다. Je ne vous *cache* pas que je suis assez mécontent. 솔직이 말하건대 나는 아주 불만이다. ~ son jeu[ses cartes] 속셈을 감추다; 서투른 체하다.
③《속어》게걸스럽게 먹다(avaler).
pour ne rien vous ~ en 숨김없이 말하여서.
―**se ~** *v.pr.* ① 숨다, 은신하다; 가려지다(↔ se montrer). *se ~* derrière l'arbre 나무 뒤에 숨다. Il *se cache* pour n'être pas arrêté. 그는 체포되지 않으려고 은신한다. Sa méchanceté *se cache* sous une apparence d'indifférence. 그는 겉으로는 무관심한 표정이지만 속은 검다. Va *te ~*! 꺼져 버려!
②[se ~ de qn](을) 피하다, 몰래하다. L'enfant fume *en se cachant de* ses parents. 어린아이가 부모 몰래 담배를 피운다.
③[se ~ de qc/de + *inf.*] 숨기다, 비밀로 하다. Je ne *me cache* pas *de* la sympathie que j'ai pour lui. 나는 그에 대한 호감을 숨기지 않는다. Il ne *se cache* pas *d'*avoir voté «Non». 그는 부표를 던진 것을 숨기지 않는다.
④ 자신에게 감추다; 서로 숨기다.

cache-radiateur [kaʃradjatœːr] *n.f.* (복수불변)(중앙난방 시스템 실내의) 난방기 덮개.

cacherie [kaʃri] *n.f.* 《옛》 숨김.

cache-sexe [kaʃsɛks] *n.m.* (복수불변) 소형 팬티 (slip); (미개인의) 앞가리개.

cache-soupape(s) [kaʃsupap] *n.m.* (복수불변)(연기관의) 판(瓣) 덮개.

*****cachet** [kaʃe] (< *cacher*) *n.m.* ① 도장, 인장, 스탬프 (tampon), 소인(timbre); 봉인, 압인, 마크; 인인 (認印). ~ d'oblitération[de la poste] 우체국의 소인. enveloppe sur laquelle le ~ de la poste est peu lisible 우체국 소인이 잘 보이지 않는 편지. ~ volant 봉하지 않은 편지. ~ d'un fabricant 상표. lettre de ~ 《역사》(귀양·투옥 따위의)국왕이 날인한 명령서, 봉인장. ②(특이한) 흔적, 특징, 특이성. ~ d'originalité 독창성(의 흔적). ~ du génie 천재의 표징. manquer de ~ 특징이 없다. Ce village a du ~. 이 마을에는 특징이 있다. ③ 회수권; 수강표. prendre des repas au ~ 식권으로 식사하다. ④사례금, 보수. ~*s* énormes des vedettes du cinéma 인기 배우들이 받는 엄청난 보수. toucher de gros ~*s* 많은 출연료를 받다. ⑤ 약포, 오블라토; 정제(錠劑), 캡슐. ~ d'aspirine 아스피린정.
courir le ~ 《구어》 출장 교수를 하다. *mettre un ~ sur la bouche de qn* 《구어》…의 입을 다물게 하다.

cachetage [kaʃtaːʒ] *n.m.* 봉인하기.

cache-tampon [kaʃtɑ̃pɔ̃] *n.m.* (복수불변) = cache-mouchoir.

cacheté(e) [kaʃte] *a.p.* 봉(인)을 한. lettre ~*e* 봉인 편지. bouteille ~*e*; vin ~ 마개를 밀봉한 술. ―*n.m.* 《속어》병에 넣은 우량 포도주.

cacheter [kaʃte] [5] *v.t.* 봉인하다, 봉하다(↔ décacheter). ~ une bouteille 술병을 밀랍으로 봉하다. cire à ~ 봉랍(封蠟).
―**se ~** *v.pr.* 봉인되다, 봉해 지다.

cachette [kaʃɛt] *n.f.* 숨는 곳, 숨기는 곳. *en ~* 비밀로, 남몰래. *en ~ de qn* …몰래. rire *en ~* 속으로 웃다, 몰래 웃다. entrer chez qn *en ~* …의 집에 몰래 들어가다.

cachexie [kaʃɛksi] *n.f.* 【의학】 악액질(惡液質), 전신 쇠약.

cachiman, cachiment [kaʃimɑ̃] *n.m.* 【식물】 번려지(蕃荔枝)의 열매.

cachimantier, cachimentier [kaʃimɑ̃tje]

【식물】 버러지.
cachinnation [kaʃinɑsjɔ̃] *n.f.* 【의학】 (정신분열증 환자의)웃음 발작 증세.
cachot [kaʃo] *n.m.* 지하 감옥(basse-fosse); 감옥(prison); 독방(cellule); 독방 감금(의 형벌). être aux ~s (감옥살이를 하다. mettre[enfermer] qn dans un ~ [au ~] …을 투옥시키다.
cachotter [kaʃɔte] *v.t.* 숨기다; 비밀로 하다.
cachotterie [kaʃɔtri] *n.f.* 숨김, 숨김질.
cachottier(ère) [kaʃɔtje, -ɛːr]《구어》*a.* 숨기는, 숨기기를 잘하는. —*n.* 숨기기 잘하는 사람.
cachou [kaʃu] *n.m.* 구중 향정(口中香錠), 은단; 아선약(阿仙藥). —*a.* (불변)황갈색의.
cachouter [kaʃute] *v.t.* 아선약으로 물들이다.
cachucha [katʃutʃa] (에스파냐) *n.f.* 카추차(19세기 초엽에 유행한 에스파냐 무용의 일종).
cacique [kasik] *n.m.* ①《학생속어》수석 입학자(프랑스의 고등사범학교의); (시험·경연대회 따위의) 1위, 1등. ② (멕시코·페루의) 추장. ③ 중진(重鎭), 지도층, 거물.
caco- *préf.*「나쁜」의 뜻.
cacochyme [kakɔʃim]《옛·구어》*a.* 허약한, 약골인; 별난, 이상한. —*n.* 허약한 사람; 별난 사람.
cacochymie [kakɔʃimi] *n.f.*《옛》허약; 별남, 변덕; 【고대의학】 체액변성(體液變性).
cacodémon [kakɔdemɔ̃] *n.m.* 【신화】 악귀(惡鬼), 악령.
cacodylate [kakɔdilat] *n.m.* 【화학】 카코딜산염.
cacodyle [kakɔdil] *n.m.* 【화학】 카코딜.
cacographe [kakɔɡraf] *n.* 철자를 틀리는 사람.
cacographie [kakɔɡrafi] *n.f.* ① 철자틀리기, 오철(誤綴); 철자 연습장(교습법). ② 악필.
cacolet [kakɔlɛ] *n.m.* (여객·부상자·조난자 수송용 당나귀의)의자 달린 안장.
cacologie [kakɔlɔʒi] *n.f.* 표현 오용; 틀린 구문(※문법적 오류는 아니지만 관용이나 논리에 어긋나는 것:Il est sorti avec sa canne et ses enfants. 그는 지팡이와 아이들을 데리고 외출했다.
cacophonie [kakɔfɔni] *n.f.* ① 귀에 거슬리는 소리 (의 반복)(↔ euphonie)(예:Ta tante était tentée de t'attendre : 네 아주머니는 너를 기다리고 싶은 마음이 들었다). ②【음악】 불협화음. ③ (비유적) 뒤죽박죽인 것의 모임. Ces couleurs font une ~. 이 색깔은 배합이 뒤죽박죽이다.
cacophonique [kakɔfɔnik] *a.* 귀에 거슬리는; 불협화음의; 뒤죽박죽의.
cacosmie [kakɔsmi] *n.f.* 【의학】 악취환각증, 악취기호증.
cacostomie [kakɔstɔmi] *n.f.* 악취나는 숨결.
cacotrophie [kakɔtrɔfi] *n.f.* 영양불량.
cact(ac)ées [kakt(as)e] *n.f.pl.* 【식물】 선인장과.
cactier [kaktje] *n.m.* 【식물】 선인장(cactus).
cactiforme [kaktifɔrm], **cactoïde** [kaktɔid] *a.* 선인장 모양의.
cactus [kaktys] *n.m.* ① 【식물】 선인장. ② 말썽, 분란(complications); 말썽꾸러기.
cacuminal(ale), *pl.* **aux** [kakyminal, -o] 【언어】 *a.* 혀를 입천장에 닿게 하는, 반설(反舌)의; 권설음의. —*n.f.* 반설음.
C.A.D.《약자》Comité d'aide au développement 개발원조위원회.
c.-à-d.《약자》c'est-à-dire 즉.
cadastral(ale), *pl.* **aux** [kadastral, -o] *a.* 토지대장의, 지적의; 측지(測地)의.
cadastre [kadastr] *n.m.* 토지대장, 지적부; 측지(測地); 토지대장(등기부)과.
cadastrer [kadastre] *v.t.* 측지하다; 토지대장(지적부)에 기입(등기)하다.
cadastreur [kadastrœːr] *n.m.* 토지측량사.
cadavéreux(se) [kada(a)verø, -øːz] *a.* 송장같은, 사색을 띤. teint ~ 송장같은 안색.
cadavérique [kada(a)verik] *a.* 시체의; 송장같은. aliments ~s (식용)죽은 짐승의 고기. malade d'une pâleur ~ 사색이 된 병자. autopsie ~ 검시, 사체해부. rigidité ~ 사체경직.
cadavre [kadaːvr] *n.m.* ① 시체, 송장(corps, dépouille). être[rester] comme un ~ 꼼짝 않고 있다. ~ ambulant 뼈만 앙상한 사람, 송장송장. ② 잔해(殘骸)《속어》(다 마시고 난) 빈 술병. ③《속어》몸, 몸뚱아리. ④《속어》범죄; 비밀.
avoir son petit ~ 남에게 알리고 싶지 않은 집안의 비밀이 있다. *Il y a un* ~ *entre eux.*《구어》그들은 공범자로서 서로 얽매여 있다. *sentir le* ~ 사태가 악화되는 것을 느끼다.
caddie, **caddy** [kadi]《영》*n.m.* ① 【골프】 캐디(타구·봉 운반인). ② (백화점·공항 등에서 상품·짐 따위를 스스로 운반하는)손수레(chariot).
cade [kad] *n.m.* 【식물】 노간주나무의 일종. huile de ~ 노간주나무 기름(피부병·말의 상처 치료에 사용).
*****cadeau** [kado] (*pl.* ~**x**) *n.m.* ① 선물. offrir(recevoir) un ~ 선물을 주다(받다). Je voudrais te faire un ~ pour ton anniversaire. 너에게 생일선물을 하고 싶다. ~ de Nouvel An[de noces] 새해(결혼)선물. J'ai reçu cette cravate en ~. 나는 이 넥타이를 선물로 받았다. ②《옛》(연극·무도회·잔치 따위에서 부인을 위한)오락, 즐거움. ③ 【기술】 (총포의 구멍을 만들 때 사용하는 선반의)철 심봉.
faire ~ *de qc à qn*《구어》…에게 …을 선물하다. Ma mère m'a fait ~ *d'un cahier de recettes*. 어머니는 나에게 요리책을 선물로 주셨다.
C'est(Ce n'est) pas un ~.《구어》재미없는걸.
ne pas faire de ~ *à qn*《구어》…에게 엄하게 대하다; 사소한 일도 용서하지 않다.
<u>REM</u> cadeau 는 앞에 붙는 다른 명사와 합성되어 다음과 같은 뜻을 갖는다. (1) 앞에 오는 명사가 선물·증정품: billets-*cadeau* 선물(증정품)로서의 관람료. dictionnaire-*cadeau* 선물(증정품)로서의 사전. livre(-)*cadeau* 선물(증정품)로서의 책. (2) 앞에 붙는 명사가 선물을 담거나 포장하는 재료: boîte-*cadeau* 선물 상자. papier-*cadeau* 선물 포장지.
cadédiou [kadedju], **cadédis** [kadedis] *int.* 제기랄! 이거 참!(*Gascogne* 사투리).
cadenas [kadna] *n.m.* ① 맹꽁이 자물쇠. ~ à chiffres[à combinaisons] 수자맞추기 자물쇠. mettre un ~ aux lèvres de qn《구어》…의 입을 봉하다. ②《옛》(왕족·귀족용의)식기상자.
cadenasser [kadnase] *v.t.* ① (에)맹꽁이 자물쇠를 채우다. ~ une porte 문을 맹꽁이 자물쇠로 잠그다. ② 가두어 넣다, 감금하다.
cadence [kadɑ̃ːs] *n.f.* ① 박자, 장단, 가락, 템포. marquer la ~ 박자를 맞추다. marcher en ~ 보조를 맞춰 걷다. accélérer(ralentir) la ~ de ses pas 걸음을 빨리하다(늦추다). ~ de la vie moderne 현대 생활의 리듬. recevoir ses clients à la moyenne ~ de trois par heure 한 시간에 세 명꼴로 환자를 보다. ②【음악】종지(終止)형음; 카덴자(콘서트 등에서 곡의 종지 전의 무반주 솔로 부분); (문장·어구의) 말미(末尾). ~ parfaite(plagale) 완전(변격) 종지. ~ de tir (포 따위의 1분간의)발사회수.
cadencé(e) [kadɑ̃se] *a.p.* 율동적인, 박자가 맞는 (rythmé). phrases bien ~*es* d'un discours officiel 리듬이 대단히 잘 맞는 공식 연설의 문장. marcher

au pas ~ 발맞추어 걷다.
cadencer [kadɑ̃se] 2 *v.t.* ① (에)운율을 붙이다; (박자에)맞추다(rythmer). ~ un vers 시구에 운율을 붙이다. ~ ses phrases 문장에 리듬을 주다. ② 차차 종지로 이끌다. —*v.i.* 《음악》 종지(카덴차)를 부르다.

cadène [kadɛn] *n.f.* ①《옛》(죄수의)사슬. ②《해양》(밧줄의)걸쇠. ③(지중해 동부 연안 지방의) 양탄자.

cadenelle [kadnɛl] *n.f.* 노간주나무 열매.

cadenette [kadnɛt] *n.f.* ① 카드네(특히 18세기에 유행한 보병의 머리모양; 얼굴 양쪽으로 꼬아서 늘어뜨림). ②(여자아이의)자게 꼰 머리.

cadenza [kadɛntsa]《이탈리아》*n.f.* 《음악》 =cadence.

cadet(te) [kadɛ, -ɛt] *n.* 둘째 아이; 둘째 이하의 자녀; (특히) 막내. L'aîné a six ans, la —*te* trois ans. 장남은 6살이고 그 밑의 딸아이는 3살이다. Je suis l'aîné et j'ai trois ~*s*. 나는 장남이고 밑으로 동생이 셋이 있다. Jean est le ~ de ma famille. 장은 우리 가족의 막내이다. ②연하의 사람; (회사 따위의)후배. Ma femme est ma —*te* de trois ans. 내 아내는 나보다 3살 연하이다. Dans la compagnie, il est mon ~. 그는 회사에서 나의 후배이다. ③ 사관학교 생도; 《역사》(병졸로부터 시작해서 다음의 하급사관으로 진급하기 위해 종사하는, 주로 둘째 아들 이하의)청년귀족. ④《스포츠》나이 어린 선수(소년선수(minime)와 주니어 선수(junior)의 중간으로 13~16세). ⑤《골프》(특히)소년 캐디. —*a.* 둘째 아이 (이하)의; 막내의; 후배의. sœur ~*te* 여동생. branche —*te d'une famille* 어느 가계(家系)의 분가 후계(둘째 이하에서 파생되기 까지).

Cadets [kadɛ] *n.m.pl.* 《역사》(1906년경 러시아의)입헌 민주당원.

cadi [kadi] *n.m.* 회교도의 재판관.

cadis [kadi] *n.m.* 《직물》(올이 서는)두터운 모직.

cadméen(ne) [kadmeɛ̃, -ɛn] *a.* 《역사》 카드모스 (*Cadmos*)의. alphabet ~ 원시그리스자모(카드모스가 전했다고 하는 고대그리스 16자모; cadméennes 라고도 함).

cadmiage [kadmjaːʒ] *n.m.* 《기술》 카드뮴(cadmium)도금.

cadmie [kadmi] *n.f.* (주로 *pl.*)《야금》 카드미(아연·납을 제련할 때 나오는 산화아연·카드뮴의 혼합물).

cadmié [kadmje] *a.* 카드뮴으로 도금한.   〔주기〕.

cadmier [kadmje] *v.t.* 카드뮴을 입히다.

cadmifère [kadmifɛːr] *a.* 카드뮴을 함유한.

cadmique [kadmik] *a.* 《화학》 카드뮴의; 카드뮴을 함유한.

cadmium [kadmjɔm] *n.m.* ①《화학》 카드뮴. ② 카드뮴 옐로(jaune de ~).

cadogan [kadɔgɑ̃] *n.m.* =**catogan**.

cadole [kadɔl] *n.f.* 문의 걸쇠(프로방스 지방에서 사용)(loquet).

cadrage [kadraːʒ] *n.m.* ①《인쇄》(칼라 인쇄의) 색 배합(어림잡기); (문헌·자료 따위의 페이지의) 지면 배치, 레이아웃. ②《사진·영화》위치 조절 (파인더의 테두리 안에 피사체를 바로잡아 넣기). ③(집합적)《갱도 내부의》철근 또는 목재로 붕괴방지용의)테두르기.

cadran [kadrɑ̃] *n.m.* (시계·계기의)문자반, 눈금반, 다이얼. ~ lumineux 야광 문자반. ~ d'appel 전화 다이얼. ~ solaire 해시계. regarder l'heure au ~ d'une église 교회의 시계로 시간을 보다.
faire le tour du ~ 《구어》12시간을 줄곧 자다; 출발점에 되돌아오다.

cadrané(e) [kadrane] *a.* (수목에)별 모양의 균열이 생긴.

cadran(n)erie [kadranri] *n.f.* 문자반(지침반) 제조술(공장);《해양》 나침반·청우계를 두는 곳.

cadran(n)ier [kadranje] *n.m.* 문자반 제조업자, 지침반 제조업자.

cadran(n)ure [kadranyːr] *n.f.* (수목의)별 모양의 균열.

cadrat [kadra] *n.m.* 《인쇄》 공목(空木)《행간·자간을 메우는).

cadratin [kadratɛ̃] *n.m.* 《인쇄》 M 폭의 메움쇠, 전각공목(全角空木). demi-~ N 폭의 메움쇠, 반각(半角)공목.

cadrature [kadratyːr] *n.f.* (시계의)전침(轉針)기구(장치).

*****cadre** [kɑːdr] *n.m.* ① 액자, 테, 틀. mettre une photo(un tableau) dans un ~ 사진(그림)을 액자에 넣다. ~ d'une fenêtre 창틀. ~ à broderie 자수틀. ~ d'une ruche 꿀벌집의 칸막이(상자). ~ de déménagement 이사용 컨테이너. ②주위, 환경, 분위기, 배경. travailler dans un ~ agréable 즐거운 환경에서 일하다. enfant élevé dans un ~ urbain 도회지에서 자라난 아이. ③범위, 한계; (문학작품의)틀, 플랜. ~ d'action 행동범위. respecter le ~ de la légalité 적법성의 범위를 지키다. Nous avons beaucoup de problèmes dans le ~ national. 우리는 국내에 많은 문제점을 안고 있다. ~ rigide de la tragédie classique 고전비극의 엄격한 틀. ④(주로 *pl.*)관리직, 간부, 지도층. Le président a rassemblé les ~*s*. 사장은 간부들을 소집했다. Confédération Générale des C-*s* (각 회사의)관리직 총연합회《약자》C.G.C.》. Il fait partie des ~*s* d'une entreprise; 《구어》Il est ~ dans une entreprise. 그는 기업의 관리직이다. ~*s* supérieurs(moyens) 최고(중간) 관리직. 《동격》 femme ~ 여성 관리직. ⑤《군사》(장교와 하사관의)간부명부;《집합적》간부. ~ d'activité de réserve 현역(예비군) 간부명부. ~*s* sédentaire (항공대의)지상근무원. ~ noir (프랑스군 및 기병기병학교의)승마 교관. ⑥(관청·군의)직무명부. figurer sur les ~*s* 직무원명부에 실려있다. être rayé des ~*s* 직무원명부에서 제외되다, 해임되다. ~ des préfets 도지사명부. ⑦《심리》틀, 들짜기. ~*s* sociaux(psychologiques) de la mémoire 기억의 사회적(심리적) 틀짜기. ⑧ⓐ《전기》틀형공중선(안테나). ⓑ(갱도 내의)받침틀. ⓒ ~ du tympan《해부》고실(鼓室)벽. ⓓ《해양》상자형의 침대. ⓔ《어업》(낚싯줄을 감는)나무 견지. ⓕ(당구대의)외부 틀.
dans le ~ *de* ⓐ …의 범위 내에서. *dans le* ~ *de ses attributions* 자기 권한의 범위 내에서. ⓑ …의 일환으로. représentations théâtrales *dans le* ~ *du festival d'été de Paris* 파리 여름축제의 일환으로서의 연극 상연.

cadre-container [kɑːdrkɔ̃tɛnɛːr], **cadre-conteneur** [kɑːdrkɔ̃tnœːr] (*pl.* ~*s*-~*s*) *n.m.* =**container**.

cadrer [kɑdre] *v.i.* (주어는 사물) ~ avec/《옛》à / 합치(일치)하다(concorder). Ces résultats ne *cadrent* pas *avec* nos projets. 이 결과는 우리의 계획에 맞지 않는다.
—*v.t.* ①(사진 필름을)영사막에 맞추다. image mal *cadrée* 잘못 영사된 상. ②(투우에서 소의)동작을 겨누다.

cadreur(se) [kadrœːr, -øːz] *n.* 《영화》 카메라맨, 촬영기사.

caduc(que¹) [kadyk] *a.* ①《생물》 탈락성의, 조락

성의. Les bois du cerf sont ~s. 사슴의 뿔은 빠진다. arbre à feuilles ~ques 낙엽수. dents ~ques (젖니 따위의)빠지는 이. ② (낡아서)통용되지 않는, 전근대적인;《법》무효인. œuvre ~que 시대에 뒤떨어진 작품; (금방 사라질)유행성 작품. legs ~ (유산 상속자의 사망으로 인한)상속 무효. ③《음성》(모음이)탈락성의(petit의 무강세 모음 [ə]이 la petite fille [laptitfij]에서처럼 탈락하는 것). ④《문어》노쇠한, 쇠약한;《옛》무너지거나 직전의, 노후하기 직전의. âge ~ 노년. bâtiment ~ 붕괴 직전의 건물. ⑤ mal ~《옛》간질병, 지랄병. ⑥ membranes ~ques《해부》탈락막(膜).

caducée [kadyse] n.m. 《신화》① 헤르메스[메르쿠리우스]의 지팡이(두 마리의 뱀이 감겨 있고 정상에 두 개의 날개가 달린 지팡이로 평화와 상행위의 표상). ②(헤르메스의 지팡이를 닮은)사장(蛇杖)《의료기관·군 위생부대의 상징으로 현명과 신중의 표상》.

caducité [kadysite] n.f. ①(법률 따위의)실효, 실효; 시대에 뒤늦음. ② 덧없음, 허약함(précarité). ③《생물》조락성(凋落性), 탈락성. ④《옛》노쇠(70~80세); 노후, 붕괴 직전.

caduque² [kadyk] n.f. 《해부》탈락막(膜)(membranes ~s). caducée

cadurcien(ne) [kadyrsjɛ̃, -ɛn] a. 카오르(*Cahors*, 프랑스의 도시)의. —**C**~ n. 카오르 사람.

cæcal(ale, pl. aux) [sekal, -o] a. 《해부》맹장의. appendice ~ 맹장돌기.

cæciforme [sesifɔrm] a. 맹장 모양의.

cæcopicature [sekɔpikaty:r] n.f. 《외과》맹장 축소 수술.

cæcostomie [sekɔstɔmi] n.f. 《외과》(맹장에)인공항문 만들기.

cæcotomie [sekɔtɔmi] n.f. 《외과》맹장수술.

cæcum [sekɔm] n.m. 《해부》맹장. inflammation du ~ 맹장염.

cænogénèse [senɔʒenɛ:z] n.f. 《생물》변형발생, 신형발생.

cænogénétique [senɔʒenetik] a. 《생물》신형발생의, 변형발생의.

cænozoïque [senozɔik] a. (드물게)《지질》신생대의.

cæsalpin(i)ées [sezalpin(j)e] n.f.pl. 《식물》= césalpin(i)ées.

cæsium [sezjɔm] n.m. 《화학》세슘(*césium*).

CAF, C.A.F. [sɛaɛf] (*<coût, assurance, fret*) a., ad. 운임 및 보험료 포함가격의[으로].

cafard(e) [kafa:r, -ard] a. 위선의, 독실한 신자인 체하는(cagot). parler d'un ton ~ 독실한 신자 같은 투로 말하다.
—n. ①《구어》고자질하는 학생; 밀고자. C'était à cause de ce ~ qu'il avait été puni. 그가 벌을 받았던 것은 이 고자질이 때문이었다. ②위선자, 독실한 신자인 체하는 사람.
—n.m. ①《곤충》바퀴(cancrelat). ②《구어》우울, 울적함(tristesse, mélancolie). avoir le ~《구어》울적하다, 기분이 상해 있다.

cafardage [kafarda:ʒ] n.m. ①《구어》고자질 하기, 밀고. ②《옛》위선적인 행동을 하기, 독실한 신자인 체하기.

cafardant(e) [kafardɑ̃, -ɑ̃:t] a. 사람을 우울하게 하는.

cafarder [kafarde] v.t.《구어》고자질하다, 밀고하다. —v.i.《구어》① 고자질하다, 밀고하다. ② 우울해지다.

cafarderie [kafard(ə)ri] n.f. 위선; 독실한 신자인 체함.

cafardeur(se¹) [kafardœ:r, -ø:z] n.《구어》고자장이. Ne lui dis rien, c'est une ~se. 그녀에게 아무 말도 하지 마라, 그녀는 고자장이다.

cafardeux(se²) [kafardø, -ø:z] a.《구어》우울한; 우울하게 하는, 우울한 기분에 젖은.

cafardise [kafardi:z] n.f.《속어》① 고자질. ② 독실한 신자인 체하는 언동, 위선적 언동.

caf'conc', caf-conce [kafkɔ̃:s] n.m.《구어》= café-concert.

‡café [kafe] n.m. ① 커피. Il boit son ~ sans sucre. 그는 설탕을 넣지 않은 커피를 마신다. Elle boit une tasse de ~ au lait à son petit déjeuner. 그녀는 아침식사에 밀크커피를 한 잔 마신다. ~ complet 커피를 곁들인 아침식사《빵·버터·잼·우유·커피》. ~ (à la) crème 크림[밀크]커피. ~ décaféiné 카페인을 제거한 커피. ~ express 엑스프레스 커피. ~ glacé(froid) 냉커피. ~ en poudre 인스턴트 커피. tasse[cuiller] à ~ 커피잔(스푼). faire le[du] ~ dans une cafetière 커피포트로 커피를 끓이다. passer le ~ 커피를 필터로 여과하다. ② 커피의 열매; 커피나무. ~ vert 생[볶지 않은]커피원두. moulin à ~ 커피 분쇄기. plantation de ~ 커피 재배(밭). ③ 카페《술과 각종의 음료수가 있으며 가벼운 식사도 할 수 있음》. Nous avons rendez-vous dans un ~ près de la gare. 우리는 역 근처의 카페에서 약속이 있다. garçon de ~ 카페의 웨이터. ~ chantant《옛》(생음악·연주를 들려주는)카페. ~ de(en)《구어》카페인. Il n'est arrivé qu'au ~. 그는 커피타임이 되어서야 도착했다.

C'est un peu fort de ~.《구어》지독해, 용서할 수 없어; 거창한데.

donner un mauvais ~ à qn …에게 독을 타 먹이다.
—a.《불변》커피 브라운색의. robe ~ 커피 브라운색의 원피스. ~홈.

café-brasserie [kafebrasri] (*pl.* ~**s-**~**s**) n.f. 비어홀.

café-concert [kafekɔ̃sɛ:r] (*pl.* ~**s-**~**s**) n.m. 카페 콩세르《식사·음료를 들면서 음악·쇼 따위를 즐길 수 있음》(《구어》caf'conc').

caféier [kafeje] n.m. 《식물》커피나무.

caféière [kafejɛ:r] n.f. 커피 재배원.

caféine [kafein] n.f. 《화학》카페인《흥분·강심작용을 지닌 알칼로이드》.

café(i)rie [kafe(i)ri] n.f. = **caféière**.

caféisme [kafeism] n.m. 카페인 중독(증).

café-P.M.U. [kafepeemy] (*pl.* ~**s-**~**s**) n.m. 카페 엠유《경마장의 중계를 받아 경마를 하는 카페》.

café-restaurant [kaferɛstorɑ̃] (*pl.* ~**s-**~**s**) n.m. 음식점을 겸한 다방.

café-tabac [kafetaba] (*pl.* ~**s-**~**s**) n.m. 카페 타바《담배가게를 겸한 카페》.

cafetan [kaftɑ̃] n.m. 카프탄《터키 사람 따위가 입는 털가죽을 댄 외투》.

cafeteria, caféteria, cafétéria [kafeterja]《에스파냐》n.f. 카페테리아《알코올음료를 제외한 음료와 가벼운 식사를 제공하는 장소》;(기업·학교의)식당(《구어》cafèt').

cafétérie [kafetri] n.f. (호텔 따위의)커피 준비실.

café-théâtre [kafeteatr] n.m. 카페 테아트르《소극장을 겸한 카페로 1966년부터 유행》.

cafetier(ère) [kaftje, -ɛ:r] n. 카페주인. —n.f. 커피포트. ~ère automatique(russe) 퍼컬레이터《여과 장치가 된 커피포트》. ②《속어》대가리.

cafeton [kaftɔ̃] n.m.《옛·속어》카페.

caféyer [kafeje] n.m. = **caféier**.

cafier [kafje] n.m. = **caféier**.

cafiot [kafjo] n.m.《속어》묽은 커피.

cafouillage [kafuja:ʒ] *n.m.* 《구어》① (행동·기능의)혼란(désordre); (기계 따위의)부조(不調). ~ dans l'exécution d'un plan 계획 실행상의 혼란. ②《스포츠》(축구 따위에서 반칙을 동반하는)혼란상태. Le but est marqué sur un ~ de la défense. 수비의 혼란을 틈타서 득점을 했다.

cafouiller [kafuje] *v.i.* ①《구어》혼란을 일으키다, 엉망이 되다; (기계 따위가)상태가 나쁘다. La discussion *cafouillait* après son départ. 그가 떠난 후 토론은 뒤죽박죽이 되었다. ② 영문 모를 소리를 하다.

cafouilleur(se) [kafujœ:r, -ø:z], **cafouilleux(se)** [kafujø, -ø:z] *n.* 바보스러운 사람. —*a.* 바보짓을 하는, 뒤죽박죽인, 흐리멍텅한. exposé ~ 뒤죽박죽인 설명.

cafouillis [kafuji] *n.m.* =cafouillage.

cafre [kafr] *a.* 카프라리아(*Cafrerie*, 남아프리카 희망봉의 한 지방)의. —**C**~ *n.* 카프라리아 사람.

caftan [kaftɑ̃] *n.m.* =cafetan.

***cage¹** [ka:ʒ] *n.f.* ① (짐승의)우리, 새장. ~ d'une ménagerie(d'un cirque) 동물원[서커스]우리. Le dompteur fait entrer les tigres dans la ~. 조련사가 호랑이들을 우리 속에 넣는다. tourner comme un ours en ~ 우리 속의 곰처럼 어슬렁거리다. ~ aux lions 사자 우리. ~ à lapin 토끼장; 《구어》좁고 작은 집. ~ à poules 닭장; 《구어》《제1차 대전 당시의》복엽(複葉) 비행기. ~ d'écureuil (회전축이 있는)다람쥐장. ②(죄수를 가두는)감방; (쇠창살·격자 따위로 구분된)작은 방. ~ d'un concierge (아파트의)관리실. ③《어업》통발 (nasse); 활어조(活魚槽). ④《스포츠》(축구 따위의)골문. ⑤《해부》흉곽(胸廓). ⑥《건축》~ d'une maison 외곽(외벽); ~ d'un clocher 종루의 외곽 틀(종이 들어가는); ~ d'ascenseur 엘리베이터 샤프트(엘리베이터 통과하는 공간). ⑦《전기》~ de Faraday 패러데이 차단판; ~ d'écureuil 광주리형으로 감은 선; rotor à ~ d'écureuil 광주리형 회전자. ⑧ⓐ ~ d'extraction (광산에서 운반차·광부를 승강시키는)케이스, 광주리형 승강기. ⓑ ~ d'une pendule (d'une montre) 벽시계의 갑. ⓒ ~ d'hélice 《해양》스크루 실(구멍). ⓓ《기계》~ à billes 볼 케이스; ~ protectrice d'un moteur 엔진 커버. ⓔ ~ d'un laminoir 《야금》압연기의 스탠드.

cage² 《약자》courtage 《상업》중개(仲介)수수료.

cagée [kaʒe] *n.f.* (집합적) 새장 속의 새.

cageot [kaʒo] *n.m.* (과일·가금 따위를 나르는)고리바구니. plusieurs ~s de pêches 몇 바구니의 복숭아. ② 작은 새장.

cagerotte [kaʒrɔt] *n.f.* (치즈의)물 빼는 채롱.

caget [kaʒɛ] *n.m.* (치즈의)물기 빼는 채반(cajet).

cagette [kaʒɛt] *n.f.* ① 작은 새장. ② 새덫.

cagibi [kaʒibi] *n.m.* 《구어》작은 방.

cagier(ère) [kaʒje, -ɛ:r] *a.* 새장[우리]제조[판매]의. —*n.* 새장[우리]장이.

cagna [kaɲa] *n.f.* ①《군대어》엄폐호. ②《속어》낡은 집, 오두막집; 집, 가정.

cagnard¹(e) [kaɲa:r, -ard] *a.* 《구어》게으른, 빈둥거리는. —*n.* 게으름뱅이(paresseux).

cagnard² *n.m.* ①《남프랑스》양지. ②《해양》(선교(船橋)의 당직자용)바람막이 덮개. ③《옛》더러운 집; 창녀집.

cagnarder [kaɲarde] *v.i.* 《구어》빈둥거리다, 게으름피우다.

cagnarderie [kaɲard(ə)ri], **cagnardise** [kaɲardi:z] *n.f.* 《속어》게으름, 빈둥거림.

cagnat [kaɲa] *n.m.* 《속어》=cagna.

cagne¹ [kaɲ] *n.f.* 《옛》《경멸》암캐; 게으른 여자, 《스스로》타락한 여자.

cagne² *n.f.* 《학생속어》(고등 사범학교 문과)수험 준비 학급(khâgne).

cagner [kaɲe] *v.i.* 《속어》게으름피우다.

cagneux(se)¹ [kaɲø, -ø:z] *a.* 다리가 안쪽으로 휜; 다리가 X자형으로 휜; 안으로 굽은 jambes ~ses 안쪽으로 휜 다리. —*n.* 다리가 안쪽으로 휜 사람(말).

cagneux(se)² [ka(ɑ)ɲø, -ø:z] *n.* (고등 사범학교 문과)시험준비 학생(khâgneux).

cagnia [kaɲja] *n.f.* =cagna.

cagnot [kaɲo] *n.m.* 《어류》상어의 일종(chien de mer, milandre).

cagnotte [kaɲɔt] *n.f.* ① (노름의)판돈 상자; 판돈. manger la ~ 《구어》판돈을 유용하다. ②《구어》저금, 푼돈이 모은 돈, 비상금;《드물게》저금통. ③ (회사·그룹 따위의)공동 적립금. ④ (남프랑스에서 포도를 으깨는)작은 나무틀.

cagoler [kagɔle] *v.t.* (배를)흘러가는 대로 두다.

cagot(e) [kago, -ɔt] *n.* ①《옛·문어》독실한 신자인 체하는 사람, 위선자. ②《역사》(남프랑스, 특히 베아른(*Béarn*) 지방의)천민. —*a.* 《옛·문어》가짜 신자의, 위선적인.

cagotement [kagɔtmɑ̃] *ad.* 《드물게》독실한 신자인 체하여.

cagoterie [kagɔtri] *n.f.* 《드물게》독실한 신자인 체하는 언행, 위선적인 언동.

cagotisme [kagɔtism] *n.m.* 《옛》가짜 신심, 위선.

cagou [kagu] *n.m.* 《조류》(뉴칼레도니아산의)섭금류(涉禽類)의 새.

cagoulard [kagula:r, -ard] *n.* 《역사》혁명 비밀행동위원회(Comité secret d'action révolutionnaire)의 회원(1932–1940년에 활동한 극우(極右) 단체로 cagoule을 착용한 데서 유래, la Cagoule 이라고 함).

cagoule [kagul] *n.f.* ①(수도사 따위의 눈과 입부분만 뚫린)달린 소매 없는 외투. ②(눈부분만 뚫린)머리부분이 뾰족한 두건, 복면; (특히 어린이용의)방한모.

cagoulé(e) [kagule] *a.* 두건을 쓴, 복면을 쓴.

cague [kag] *n.f.*[*m.*] (네덜란드에서)운하항행용으로 사용되는 너벅선.

***cahier** [kaje] *n.m.* ① 공책, 노트, 장부. ~ de brouillon 잡기장. ~ de devoirs 숙제장. ~ d'écolier (국민학생의)학습노트. ~ de correspondance 통지장. ~ blanc(rayé, quadrillé) 공백[줄친, 방안(方眼)] 노트. ~ (주로 *pl.*)(정기 간행물의 표제로서) …평론[연구], …수첩. «Les C~s Marcel Proust» 「마르셀 프루스트 연구」. ③《인쇄》절지(折紙). ~ de 32 pages 32페이지분의 절지. ④ ~ des charges 《법》입찰 규정서, 입찰 안내서. ⑤ ~ de doléances 《역사》(구체제 삼부회의원 선거의 유권자들에 대한)진정서, 요구서.

cahin-caha [kaɛ̃kaa] *ad.* 《구어》그럭저럭, 간신히 (tant bien que mal). Ma santé(L'affaire) va ~. 나의 건강(사업)은 그저 그렇다.

cahorsain(e) [kaɔrsɛ̃, -ɛn], **cahorsin(e)**, [kaɔrsɛ̃, -in], **cahorsien(ne)** [kaɔrsjɛ̃, -ɛn] *a.* 카오르 (*Cahor*, 프랑스 남부지방의 도시)의(caducien). —**C**~ *n.* 카오르 사람.

cahot [kao] *n.m.* ①(울퉁불퉁한 길을 달리는)차의 요동, 덜거덕거림(secousse); (길의)울퉁불퉁함, 기복. ②장애, 곤란, 시련; 성쇠(vicissitude). rencontrer beaucoup de ~s de la vie 삶의 난관에 부딪치다. ~s de la vie 삶의 부침(浮沈).

cahotage [kaɔta:ʒ] *n.m.* ①《드물게》(길의 울퉁불퉁

한에 의한)요동, 덜거덕거림. ② (빈번하게 일어나는 불의의)변동. La politique est faite de ~s perpétuels. 정치세계란 변화무쌍한 것이다.

cahotant(e) [kaotɑ̃, -ɑ̃:t] *a.* (마차가)요동하는, 덜거덕거리는; (길이)울퉁불퉁한; 장애(곤란)가 많은. route ~e 울퉁불퉁한 길. voiture ~e 덜거덕거리는 차.

cahotement [kaotmɑ̃] *n.m.* (차의)흔들림, 동요.

cahoter [kaote] *v.i.* (차가)흔들리다, 덜거덕거리다. —*v.t.* ① 흔들다, 덜거덕거리게 하다(ballotter). ② 시련을 주다. vie cahotée《구어》파란 많은 일생. être longtemps cahoté par la fortune 오랫동안 운명에 시달리다.

cahoteux(se) [kaotø, -ø:z] *a.* 덜거덕거리는; 울퉁불퉁한.

cahoua, caoua, couah [kawa] *n.m.*《속어》(특히 군대에서)커피.

cahute [kayt] *n.f.* 오두막집, 누옥(baraque, cabane); (나룻배 따위의)선실.

caïc [kaik] *n.m.* =**caïque**.

caiche [kɛʃ] *n.f.*《해양》(17세기의)2돛 범선(6-12문의 대포를 장치한 소범선) (quaiche).

caïd [kaid] *n.m.* ① 카이드(북아프리카에서 재판권·경찰권·징세권을 가진 이슬람교의 지방관). ②《구어》두목, 수령, 보스. faire le(son) ~ 으스대다, 재다.

caïdat [kaida] *n.m.* caïd 의 직(위).

caïeu [kajø] (*pl.* ~**x**) *n.m.*《식물》구근(球根)의 눈, 소구근(cayeu).

caïlcedra(t) [kailsedra] *n.m.*《식물》유사마호가니(bois ~).

caillage [kajɑ:ʒ] *n.m.* 응결, 응고; (치즈 제조에서)우유의 응고(조작).

caillasse [kajɑs] *n.f.* ①《지질》(자갈을 많이 포함한)이회토(泥灰土). ②《구어》자갈.

caille[1] [kɑ:j] *n.f.*《조류》메추라기 (수렵조로도 이용하는 꿩과의 새). ②《구어》(아이·젊은 여자에 대한 애칭으로)귀여운 것, 예쁜이. ma petite ~ 내 귀여운 것. ~ coiffée《옛》바람둥이 여자. gras(rond) comme une ~ 통통하게 살찐. chaud comme une ~ (옷 따위를 입어서) 몸이 따듯한; 성미가 격한. l'avoir à la ~ 몹시 싫어하다.
—*a.* (불변)(동물의 체색이)흑백의 반점이 있는; (가금의 깃털이)갈색과 검은색으로 되어 있는.

caille[2] *n.f.*《은어》똥(excrément). avoir qn à la ~ …을 싫어하다.

caillé(e) [kaje] *a.p.* 응결(응고)된. —*n.m.* ① 응고시킨 우유(치즈의 원료); 프레시 치즈. ② (응고유 속의)건락소(乾酪素).

caillebot [kajbo] *n.m.*《식물》백당나무.

caillebot(t)age [kajbɔtɑ:ʒ] *n.m.* 응결함, 응결(응고)시킴.

caillebot(t)is [kajbɔti] *n.m.* ①(집합적)(통풍구·배수구 따위의)격자망;《해양》(해치 커버의)격자. ②(진흙땅 따위에 까는 격자형)디딤판.

caillebotte [kajbɔt] *n.f.* 프레시 치즈.

caillebotté(e) [kajbɔte] *a.p.* 엉긴, 응결한.

caillebotter [kajbɔte] *v.t.*《옛》응결(응고)시키다.
—**se** ~ *v.pr.* 엉기다, 응고하다.

caille-lait [kɑjle] *n.m.* (복수불변)《식물》꼭두서니나물(gaillet).

caillement [kajmɑ̃] *n.m.* 응결, 응고.

cailler [kaje] *v.t.* (우유·피 등을)엉기게 하다, 응결시키다. La présure caille le lait. 응유 효소가 우유를 응결시킨다.
—*v.i.*, **se** ~ *v.pr.* ① 응결(응고)하다. ② se ~ le sang 몹시 걱정하다. ③《속어》춥다. On se le caille. 몹시 춥다. 《비인칭》Ça caille dur aujourd'hui. 오늘은 몹시 춥다.

cailletage [kɑ[a]jtɑ:ʒ] *n.m.*《옛》(경박한)수다.

cailleteau [kɑ[a]jto] (*pl.* ~**x**) *n.m.*《조류》어린 메추라기.

cailleter [kɑ[a]jte] [5] *v.i.*《옛》(경박하게)수다를 떨다, 재잘거리다.

caillette[1] [kɑ[a]jɛt] *n.f.*《조류》바다제비 (pétrel 의 속칭).

caillette[2] *n.f.*《동물》주름위(반추 동물의 반추위의 제 4 위).

caillette[3] *n.f.*《옛》수다스러운 여자, 경박한 여자.

caillot [kajo] *n.m.* (우유·임파액·피 따위의)응고 덩어리; (특히) 핏덩이, 응혈(~ de sang).

caillot-rosat [kajoroza] (*pl.* ~**s**-~**s**) *n.m.*《식물》(장미향이 나는)서양배의 일종.

*****caillou** [kaju] (*pl.* ~**x**) *n.m.* ① 조약돌, 자갈. ~**x** du chemin 길에 까는 자갈. Arrêtez de lancer des ~**x**. 돌던지기를 멈추시오. ~**x** arrondis 둥근 자갈. ② (수정 비슷한)원석; 인조보석, 다이아몬드. ~ du Rhin 라인산 색수정. ~ d'Égypte 이집트석(벽석(碧石)의 일종). ③ 장애, 방해. Le chemin de la vie est semé de ~**x**. 삶의 길은 험난하다. ④《구어》바위, 암초 (écueil);《속어》머리; 대머리 (crâne). ⑤《지질》~ roulé (유수작용으로 생긴)자갈, 옥석(玉石); ~ strié (빙하작용으로 생긴)줄무늬 돌; ~ à facettes(풍화작용으로 생긴)다면석. ⑥ liqueur des ~**x** 물유리, 규산 칼륨 수용액 (도료용으로 사용).
avoir le cœur dur comme un ~; *avoir un cœur de* ~; *avoir un* ~ *à la place du cœur*《구어》(돌처럼) 냉혹한 마음을 가지고 있다. *être condamné à casser des* ~**x** 징역이 선고되다(길에 깔 자갈을 깨는 일을 시킨 데서).

cailloutage [kajutɑ:ʒ] *n.m.* ①《건축·토목》자갈을 깔기; 자갈 포장(을 하기). ②(자갈과 수성석회로 되는)콘크리트; 접토와 규사(硅質砂)로 만드는)도토(陶土); (자갈과 모르타르로 만드는 벽의)돌쌓기 모양장식.

cailloute [kajut] *n.f.*《구어》규폐(硅肺).

caillouté(e)[1] [kajute] *a.p.* ① 자갈로 포장(鋪裝)한. allée ~**e**(공원 따위의)자갈길. ② faïence ~**e**《요업》자갈(坩鍋)(소무 석영으로 만든 미술 자기). ③ (암탉의 깃털이)흑백이 섞임.
—*n.m.* (돌결무늬가 있는)유자직(孺子織)의 일종(테이블보 따위에 사용).

caillouté[2] *n.f.* ① (정원에 장식하는)조약돌 세공. ② =faïence ~.

caillouter [kajute] *v.t.* 자갈(조약돌)을 깔다. ~ une route 도로에 자갈을 깔다.

caillouteur [kajutœr] *n.m.* (자갈 까는)도로 인부.

caillouteux(se) [kajutø, -ø:z] *a.* ① 자갈투성이의. ②《문어》투박한, 조잡한.

cailloutis [kajuti] *n.m.* ① 분쇄한 자갈. ②《지질》(caillou 를 많이 함유한)암석물질. ~ glaciaire 빙하 퇴적물.

caïman [kaimɑ̃] *n.m.* ①《동물》카이만(류)(갑옷처럼 두터운 골판을 지닌 중남미산 악어의 총칭). ②《학생속어》(프랑스 고등사범학교의)조교.

Caïn [kaɛ̃] *n.pr.m.*《성서》카인(아담과 이브의 장남으로 동생 아벨을 죽임).

caïnite [kainit] *n.f.*《화학》카이나이트(암염층(岩鹽層)에 함유된 칼리염으로 비료로 쓰임).

caïnites [kainit] *n.m.pl.* 카인(Caïn) 숭배교도.

caïque [kaik] *n.m.*《해양》카이크:@에게해에서 사용되는 선수·선미가 뾰족하고 가늘고 긴 노젓는

Caire (le) 배. ⓑ 터키의 작은 연안 무역선. ⓒ 포르투갈의
Caire (le) [lɛkɛːr] *n.pr.m.* 〖지리〗 카이로. 〔어선.
caire¹ [kɛːr] *n.m.* 야자수의 섬유.
caire² 〖약자〗 commissionnaire 〖상업〗 위탁 판매업자; 운송업자.
cairn [kɛrn] 〖아일랜드〗 *n.m.* ① (켈트족의) 석총(石塚), 고분. ② (극지 탐험가의) 기념 적석(積石); 〖등산〗 케른.
*caisse [kɛs] *n.f.* ① (하물용) 나무상자; (커다란) 상자, 케이스. Il met ses livres dans des ~s. 그는 자기의 책들을 상자에 넣는다. acheter une ~ de pommes 사과를 한 상자 사다. raisin de ~ (상자에 든) 건포도. ~ à claire-voie 나무상자. ~ à outils 연장통. ~ à fleurs 화분용 나무상자. ~ à eau (배의 음료수용) 수조; (증기 기관차의) 물탱크.
② ⓐ 금고. avoir une somme en ~ 금고에 돈이 있다, 수중에 자금이 있다. ~ enregistreuse 금전 등록기. fracturer la ~ d'une banque 은행의 금고를 부수다. ⓑ 회계 (창구·과). employé préposé à la ~ 회계, 현금출납계, 금전 등록기 취급자. payer à la ~ 회계창구에서 지불하다. passer à la ~ 회계 창구로 가다 (지불이나 급료를 받기 위해서). Vous passerez à la ~ ! 〔구어〕 너는 파면이다 (나머지 급료나 받아가라). livre de ~ 금전출납부. tenir la ~ 회계를 맡다. ~s de l'État 국고. ⓒ (금고에 있는) 현금; (수중의) 자금. faire sa ~ (금고의) 현금 결산을 하다. s'enfuir avec la ~ 돈을 가지고 달아나다. ~ noire 지하자본. tenir la ~ 현금관리를 하다. ⓓ 기금; 금융기관, 금고. ~ de chômage 실업자 원조금고. ~ de (la) Sécurité sociale 사회보장금고. ~ d'épargne 저축은행. ~ des dépôts et consignations 예금공탁금고. ~ d'amortissement (공채의) 감채(減債) 금고. ~ de crédit mutuel 상호신용금고.
③ (기계장치를 덮는) 상자. ~ de piano 피아노의 몸체. ~ d'une auto 자동차의 차체.
④ 〖음악〗 ⓐ ~ de résonance (현악기의) 공명상자. 〖북의〗 몸체; 북. ~ claire 작은북, ~ roulante 중북, 테너 드럼. grosse ~ 큰북. battre la ~ 북을 치다. battre la grosse ~ 북치며 (떠들썩하게) 선전하다.
⑤ ~ du tympan 〖해부〗 귀의 고실(鼓室).
⑥ 〔속어〕 가슴. partir [s'en aller] de la ~ 폐병 (결핵) 에 걸리다. malade de la ~ 폐병환자.
⑦ 〖요리〗 (네모난) 구이판.
envoyer qn à la (grosse) ~ 〔속어〕…을 감옥에 넣다. *mettre qn en ~* 〔옛·속어〕…을 속이다, 놀리다.
caisserie [kɛsri] *n.f.* 상자 제조 (공장).
caissette [kɛsɛt] *n.f.* 작은 상자. 〔원.
caissier(ère) [ke(ɛ)sje, -ɛːr] *n.* 회계원, 현금출납계
caissier-comptable [kɛsjekɔ̃tabl] (*pl.* ~s-~s) *n.m.* 현금출납 겸 장부계원.
caisson [kɛsɔ̃] *n.m.* ① 작은 상자. ~ de fruits 작은 과일 상자. ② 〖토목〗 (수중 공사용) 잠함(潛凾), 케송. ~ à air comprimé 압축공기 케송. maladie [mal] des ~s 〖의학〗 잠함병, 케송병. ~ à décompression 감압(減壓)케송(잠함병의 치료에 사용). ③ 〖건축〗 격자(格子). plafond à ~s 격자천장. ④ 〖군사〗 (특히 양식·탄약의) 운반차.
⑤ ~ (de tête). se faire sauter le ~ 자기 머리를 권총으로 쏘다. ⑥ 〔옛〕 (마차의 뒤 또는 좌석 밑에 다는) 짐상자.
cajeput [kaʒpy(t)] *n.m.* 카유푸티유(油) (카유푸티의 잎이나 수피(樹皮) 따위를 증류해서 만드는 청록색의 정유로 의약품 따위에 사용).
cajeputier [kaʒpytje] *n.m.* 〖식물〗 카유푸티 (나무).
cajet [kaʒe] *n.m.* = **cagerotte**.

cajoler [kaʒɔle] *v.t.* ① (어린애 따위를) 귀여워하다, 애지중지하다, 응석을 받아주다. ② 비위맞추다, 아첨하다. ~ son supérieur 상사에게 아첨하다. —*v.i.* 〔옛〕 (까치 따위가) 지저귀다; 달콤한 말로 속삭이다.
cajolerie [kaʒɔlri] *n.f.* 부드러운 [달콤한] 말; 애무; 아첨, 아부; 응석. L'enfant a obtenu le jouet par ses ~s. 아이는 응석을 부려 장난감을 차지했다.
cajoleur(se) [kaʒɔlœːr, -øːz] *a.* 영너리치는, 아첨하는. voix ~se 아양떠는 목소리. —*n.* 아첨꾼.
cajou [kaʒu] *n.m.* 캐슈 (열대 남미산으로 그 열매 (anacarde) 는 식용).
cajun [kaʒœ̃] *n., a.* (미국 남부 루이지애나주의) 아카디아 (*Acadie*) 에서 온 프랑스인 (후손의).
cake [kɛk, keik] *n.m.* ① 과일이 든 케이크. ② en ~ (화장품이) 고형(固形)의.
cake-walk [kekwɔk] 〖영〗 *n.m.* 〖무용·음악〗 케이크워크 (19세기 말 구라파에서 유행한, 미국 흑인이 시작한 댄스 및 춤곡).
çâktisme [saktism] *n.m.* 〖종교〗 삭티 (çakti) 파 (힌두교 시아파의 한 종파).
Çakya-Mouni [sakjamuni] *n.pr.m.* 석가모니.
cal [kal] (*pl.* ~s) *n.m.* ① (손발에 생기는) 못, 굳은 살. ② 〖의학〗 (골절된 뼈 사이에 형성되는) 가골(假骨); 유합조직(癒合組織). ③ 〖식물〗 육상체(肉狀體).
Cal. 〖약자〗 grande calorie, kilocalorie 〖물리〗 큰 [킬로] 칼로리.
cal. 〖약자〗 ① calibre 〖군사〗 구경 (口徑). ② petite calorie 〖물리〗 작은 [그램] 칼로리.
calabrais(e) [kala(a)brɛ, -ɛːz] *a.* 칼라브리아 (*Calabre*) 의. —*n.* 칼라브리아 사람. —*n.m.* ① 칼라브리아 사투리. ② 감초가 든 과자.
calade [kalad] *n.f.* 〖승마〗 (조교용의) 경사지.
caladion [kaladjɔ̃], **caladium** [kaladjɔm] *n.m.* 〖식물〗 칼라듐 (잎이 아름다운 관상 식물).
calage [kalaːʒ] *n.m.* ① (쐐기·굄기구 따위로 하는) 고정, 부착; (정밀기계 따위의) 조정(調整) 고정. ~ d'un meuble (쐐기 따위에 의한) 가구의 고정. ~ d'une lunette astronomique 천체망원경의 각도 조정. vis de ~ 고정나사. ② ~ d'une hélice (항공) 프로펠러의 부착 각도. ③ (잘못된 조작·가솔린 부족으로 인한) 엔진 정지. ④ 〖해양〗 (돛·마스트를) 내리기.
Calais [kalɛ] *n.m.* 파리 중앙시장의 채소장수가 쓰는) 채소 바구니; (양배추·샐러드 따위의) 1다스. un ~ de chicorée 치커리 1다스.
calaisien(ne) [kalɛzjɛ̃, -ɛn] *a.* 칼레 (*Calais*, 프랑스 북부 도시)의, 칼레 사람의. —*C*~ *n.* 칼레 사람.
calaison [kalɛzɔ̃] *n.f.* 〖해양〗 만재흘수.
calalou [kalalu] *n.m.* (서인도제도의) 곡물과 야채로 만드는 스프.
calamande [kalamɑ̃ːd] *n.m.* 한 면에 광택을 낸 천 (샤쓰지 따위).
calamandre [kalamɑ̃ːdr] *n.m.* (실론산의) 흑단의 일종 (고급 가구용 목재).
calamandrie [kalamɑ̃dri] *n.f.* 〖식물〗 개곽향.
calambac [kalɑ̃bak], **calambar** [kalɑ̃baːr], **calambour** [kalɑ̃buːr] *n.m.* 〖식물〗 침향.
calame [kalam] *n.m.* 〖식물〗 갈대 (옛날에 붓으로 사용한).
calament [kalamɑ̃] *n.m.* 〖식물〗 박하류의 일종.
calamiforme [kalamiform] *a.* 갈대 줄기 모양의, 펜대 모양의.
calaminage [kalamina:ʒ] *n.m.* 〖내연기관〗 탄소 침전; 〖야금〗 (열간가공 (熱間加工)에 의해서 생기) 산화철의 피막으로 덮이기.

calaminaire [kalaminɛ:r] *a.* 〖광물〗 이극광(異極鑛)을 함유한.

calamine [kalamin] *n.f.* ① 〖광물〗 이극광; 능아연광(菱亞鉛鑛); 규(硅)아연광. ② 〖엔진의 실린더에 끼는〗검댕.

calaminé(e) [kalamine] *a.p.* 검댕이 낀.

calaminer (se) [səkalamine] *v.pr.* 검댕이 끼다.

calamistré(e) [kalamistre] *a.p.* (머리털이)곱슬거리는. cheveux ~s 웨이브진 머리; 포마드를 발라서 윤이 나는 머리.

calamistrer [kalamistre] *v.t.* (머리털을)곱슬하게 하다, 컬을 만들다.

calamite[1] [kalamit] *n.f.* 〖고대생물〗 노목(蘆木) 《속새류의 화석 식물로 높이 30m까지 달함》.

calamite[2] *n.f.* ① 〖광물〗 (각섬석군(角閃石群)에 속하는)투각섬석(透角閃石)의 일종. ② 〖엣〗천연자석(을 이용한 나침); 나침반.

calamité [kalamite] *n.f.* (큰)재해, 재앙; 불운, 불행. ~ naturelle 천재. ~ de la guerre 전쟁의 참화. ~ agricole 〖법〗 농업재해. La guerre est la pire des ~s pour le genre humain. 전쟁은 인류에게 있어서 최악의 재난이다.

calamiteusement [kalamitøzmɑ̃] *ad.* 재난에 휩쓸려; 비참하게.

calamiteux(se) [kalamitø, -ø:z] *a.* ① 재해의, 재난이 많은; 비참한(désastreux). ②〖구어〗황폐한.

calamus [kalamys] *n.m.* ① 〖식물〗 등·종려의 총칭. ② 〖고대로마〗 (펜으로 사용된)갈대(calame). ③ ~ scriptorius 〖해부〗 필첨(筆尖).

calance [kalɑ̃:s] *n.f.* 〖은어〗일이 없음; (공장의)조업 중지.

calandrage [kalɑ̃draʒ] *n.m.* (종이·천을)윤내는[주름펴는] 기계에 걸기.

calandre[1] [kalɑ̃:dr] *n.f.* ① 〖직조·제지〗 윤내는 기계. ② 차체 앞의 그릴. ~ de radiateur 라디에이터 그릴(자동차의 냉각장치).

calandre[2] *n.f.* 〖조류〗 종다리의 일종.

calandre[3] *n.f.* 〖곤충〗 바구미.

calandrelle [kalɑ̃drɛl] *n.f.* 〖조류〗 (건조지에 사는)종다리의 일종.

calandrer [kalɑ̃dre] *v.t.* 〖직조·제지〗 윤내는 기계(광택기)에 걸다, 윤을 내다.

calandrette [kalɑ̃drɛt] *n.f.* 〖조류〗 개똥지빠귀의 일종.

calandreur(se) [kalɑ̃drœ:r, -ø:z] *n.* 윤내는 기계(광택기)를 취급하는 직공. ―*n.f.* (광택기의)롤러.

calangue [kalɑ̃:g], **calanque** [kalɑ̃:k] *n.f.* (지중해의)바위로 둘러싸인 작은 만.

calao [kalao] *n.m.* 〖조류〗 코뿔새.

calbombe, **calebombe** [kalbɔ̃:b] *n.f.* 〖옛·속어〗초, 램프, 전구.

calcaire [kalkɛ:r] *a.* ① 석회질의. pierre(roche) ~ 석회석(암). terrain ~ 석회질 토양. eau ~ 경수. Cette eau est très ~ : le savon mousse difficilement. 이건 너무 센물이라 비누거품이 잘 일지 않는다. ② dégénérescence ~ 〖생리〗 석회변성, 석회침착(沈着). ―*n.m.* 석회암.

calcanéen(ne) [kalkaneɛ̃, -ɛn] *a.* 〖해부〗 발꿈치 뼈의.

calcanéum [kalkaneɔm] 〖라틴〗 *n.m.* 〖해부〗 발꿈뼈.

calcaréo-argileux(se) [kalkareɔarʒilø, -ø:z] *a.* 〖지질〗 석회 점토질의.

calcarifère[1] [kalkarifɛ:r] *a.* 석회분을 함유한.

calcarifère[2] *a.* 발톱이 있는.

calcariforme [kalkarifɔrm] *a.* 발톱 모양의.

calcarone (*pl.* **i**) [kalkarɔne, -i] 〖이탈리아〗 *n.m.* 〖광물〗 (유황의)증류가마.

calcédoine, **chalcédoine** [kalsedwan] *n.f.* 〖광물〗 옥수(玉髓).

calcédonieux(se) [kalsedɔnjø, -ø:z] *a.* 유백색 반점이 있는.

calcéiforme [kalseifɔrm] *a.* 〖식물〗 덧신 모양의.

calcémie [kalsemi] *n.f.* 〖생리〗 혈중 칼슘농도.

calcéolaire [kalseɔlɛ:r] *n.f.* 〖식물〗 칼세올라리아(슬리퍼형의 예쁜 꽃이 피는 관상식물).

calcéoliforme [kalseɔlifɔrm] *a.* = **calcéiforme**.

calcet [kalsɛ] *n.m.* (삼각돛 마스트의)돛대 꼭대기. mât de ~ 삼각돛 마스트.

calcicole [kalsikɔl] *a.* 〖식물〗 석회질 땅을 좋아하는(calciphile).

calcifère [kalsifɛ:r] *a.* 석회(분)을 함유한.

calciférol [kalsiferɔl] *n.m.* 〖생리〗 칼시페롤, 비타민 D_2.

calcification [kalsifikasjɔ̃] *n.f.* 〖화학〗 칼슘과의 화합; 〖의학〗 석회화, 석회침착.

calcifié(e) [kalsifje] *a.* 〖의학〗 석회화된, 석회가 침착된. artère ~e 석회화 동맥. ② 칼슘탄산염으로 변한.

calcifuge [kalsify:ʒ] *a.* 〖식물〗 석회질 땅을 싫어하는, 석회질 땅에서 자라지 않는(calciphobe).

calcin [kalsɛ̃] *n.m.* ① 유리 찌꺼기; 분말 유리. ② 〖기계〗 물때. ③ (돌의 절단면에 생기는)석회질 겉면(되(皮)).

calcinable [kalsinabl] *a.* ① 태워서 석회화하는. ② 〖야금〗 하소(煆燒)할 수 있는; 배소(焙燒)할 수 있는.

calcinateur [kalsinatœ:r] *n.m.* 〖야금〗 하소공(煆燒工); 배소공(焙燒工).

calcination [kalsinasjɔ̃] *n.f.* ① 태워서 석회로 만들기, 하소(煆燒). ② 〖야금〗 (금속·광석의)고열처리, 배소(焙燒).

calciner [kalsine] *v.t.* ① (석회석을)태워서 석회로 만들다; 하소(煆燒)하다. ② 고열로 태우다; 배소(焙燒)하다. ③〖구어〗겉게 태우다, 태우다.
―**se** ~ *v.pr.* 검게 태워지다.

calciphile [kalsifil] *a.* = **calcicole**.
calciphobe [kalsifɔb] *a.* = **calcifuge**.

calcique [kalsik] *a.* 칼슘의, 칼슘을 함유한; 석회의. sel ~ 칼슘염. lait ~ 칼슘 첨가 우유.

calcite [kalsit] *n.f.* 〖광물〗 방해석(方解石).

calcithérapie [kalsiterapi] *n.f.* 칼슘(염)요법.

calcium [kalsjɔm] *n.m.* 〖화학〗 칼슘. prendre du ~〖구어〗칼슘제를 복용하다.

calciurie [kalsjyri] *n.f.* 〖의학〗 칼슘뇨(증).

calcul[1] [kalkyl] *n.m.* ① 계산; 산수. Cet élève est fort(faible) en ~. 이 학생은 계산(산수)을 잘 한다 (못한다). faire une erreur de ~ 계산을 틀리다. ~ mental 암산. règle à ~ 계산자. ~ algébrique 대수계산. ~ différentiel 미분. ~ fonctionnel 함수계산. ~ infinitésimal 미적분. ~ intégral 적분. ~ logarithmique 대수(對數)계산. ~ numérique 수치계산. ② 예측, 예상; 〖경멸〗 타산, 계략. D'après mes ~s, notre travail devrait nous prendre encore deux mois. 내 짐작으로는 우리 일이 아직 두 달은 더 걸릴 것이다. C'est un mauvais ~. 그건 계산착오이다. agir par(sans) ~ 타산(무타산)으로 [이해타산 없이] 행동하다. déjouer les ~s de son adversaire 상대의 계략을 뒤엎어 엎다. ③ ~ propositions 〖논리〗 명제계산.
tout ~ fait 결국은.

calcul[2] *n.m.* 〖의학〗 결석(結石). ~ biliaire 담석. ~ rénal 신장결석. ~ urinaire 요도결석.

calculabilité [kalkylabilite] *n.f.* 〖학술〗 계산[예측]할 수 있음, 예측(豫測) 가능성.

calculable [kalkylabl] *a.* 계산[예측]할 수 있는.
calcula*teur*(*trice*) [kalkylatœːr, -tris] *a., n.* ① 계산하는(사람), 계산할 줄 아는(사람). ② 예측할 수 있는(사람), 선견지명이 있는(사람). ③ 타산적인(사람), 빈틈없는(사람). C'est un esprit ~ et intéressé. 그는 타산적이고 공리적인 사람이다.
—*n.m.* 계산기. ~ électronique 전자 계산기. ~ analogique[digital] 아날로그[디지털] 계산기.
—*n.f.* ① (사무용)소형 계산기. ~*trice* de poche 포켓용 계산기. ② 대형 계산기.
calculatoire [kalkylatwaːr] *a.* 〖드물게〗계산용의.
calculé(e) [kalkyle] *a.p.* ① 계산된, 예측된. effet ~ 계산된 효과. ② 타산적인. geste ~ 타산적인 행동. générosité bien ~*e* 타산적인 친절.
***calculer** [kalkyle] *v.t.* ① 계산하다. Il *a* bien *calculé* le temps de son voyage. 그는 여행시간을 잘 계산했다. ~ les bénéfices nets d'une entreprise 기업의 순이익을 계산하다. ② 예측하다, 예상하다. J'*ai calculé* qu'elle arriverait avant huit heures du soir. 나는 그녀가 저녁 8시까지는 도착하리라고 예상했다. ~ ses chances de succès 성공의 가능성을 예측하다. tout bien *calculé* 이럭저럭 생각컨대. ③ (효과·결과 따위를)미리 고려하다, 계산에 넣다. Il ne *calcule* que son intérêt. 그는 자기 이익밖에 생각지 않는다. ④ (지출을)조정하다. ~ son budget 예산을 조정하다.
—*v.i.* ① 계산하다. On apprend aux élèves à ~ 학생들에게 계산을 가르친다. ~ de tête 암산하다. machine à ~ 계산기. ② 돈을 아끼다, 지출을 조정하다.
—*se* ~ *v.pr.* 계산되다.
calculette [kalkylɛt] *n.f.* 휴대용[포켓용] 계산기.
calculeu*x*(*se*) [kalkylø, -øːz] 〖의학〗 *a.* 결석(結石)의; (특히) 요(尿)결석의; 결석이 있는. affection ~*se* 결석증.
calculiforme [kalkylifɔrm] *a.* 조약돌 모양의.
calculot [kalkylo] *n.m.* 〖조류〗(브르타뉴·뉴펀들랜드에 사는)펭귄의 일종(macareux).
caldarium [kaldarjɔm] 〖라틴〗*n.m.* 〖고대로마〗(목욕탕의)온탕 욕실.
caldeira [kaldera] 〖포르투갈〗*n.f.* 〖지리〗칼데라(화산의 분화작용으로 생긴 대형 분지)(caldera, caldère).
cale¹ [kal] *n.f.* ① 〖해양〗화물창, 배 밑바닥; 조선대(~ de construction). ~ à eau 물탱크, 수조(水槽). ~ sèche 건선거(乾船渠). eau de ~ 배 밑 바닥에 괴는 뱃물. mettre un navire sur ~ 배를 건조하다. passager de ~ 밀항자. supplice[peine] de la ~ 〖옛〗유죄 선원을 물속(갑판)에 떨어뜨리는 벌. ② 경사면(선창의 짐 부리기에 쓰는).
à fond de ~ ⓐ 배 밑창에. voyager *à fond de* ~ 배 밑창에 숨어서)밀항하다. ⓑ être *à fond de* ~ 무일푼이다.
cale² *n.f.* ① 쐐기, 지주(支柱), 버팀목; 굄목, 굄쇠. La table est branlante; mets une ~ sous un pied. 책상이 흔들린다. 한쪽 다리에 받침을 괴라. ② 사포(砂布)(샌드페이퍼)의 1 첩.
cale³ *n.f.* 〖의복〗(17세기에 시골의 소녀·시모가 쓴)턱에 끈달린 흰 모자; (12-15세기에 유행한 꼭끼는)두건.
calé(e) [kale] *a.p.* ① (피스톤이)물건에 끼여 움직이지 않게 된, 고정된(fixé); (엔진이)정지된. vol avec hélice ~*e* 〖항공〗(엔진을 끈 채 나는)활공. ② 확고한 지위의. financier ~ 금융계의 중진. ③ 〖구어〗박식한(instruit); 어려운, 까다로운(difficile). élève ~ 우등생. problème ~ 풀기 어려운 문제. être ~ sur[en] *qc* …에 완전히 통달하고 있다.

calebas [kalba] *n.m.* 돛을 내리는 밧줄.
calebasse [kalbas] *n.f.* ① 〖식물〗호리병박(의 열매); 호리병(그릇); (호리병 그릇으로)한 잔. ②〖속어〗대가리; 얼빠진 여자; (*pl.*)(처진)젖통. ③〖야금〗작은 노강.
calebassier [kalba(a)sje] *n.m.* 〖식물〗호리병박. ~ du Sénégal 아욱밤나무.
calèche [kalɛʃ] *n.f.* ① (접는 포장 달린)4 륜 마차. ②(18 세기의)여자용 두건. calèche ①
caléchier [kaleʃje] *n.m.* 〖옛〗마차제조인; 전세 마차업자.
caleçon [kalsɔ̃] *n.m.* (남자용)팬츠; (레슬링 선수 따위의)팬츠. ~ de bain 수영 팬츠(지금은 slip(maillot de bain).
jeter le ~ *à qn* …에게 싸움을 걸다.
caleçonnier(ère) [kalsɔnje, -ɛːr] *n.* 팬츠제조인, 팬츠판매인.
Calédonie (la) [lakaledɔni] *n.pr.f.* 〖고대지리〗칼레도니아〈스코틀랜드〉.
calédonien(ne) [kaledɔnjɛ̃, -ɛn] *a.* 칼레도니아(*Calédonie*)의. —C~ *n.* 칼레도니아 사람.
cale-étalon [kaletalɔ̃] (*pl.* ~**s**-~**s**) *n.m.* 〖기계〗(부품의 게이지로 측량하는)블록 게이지.
caléfaction [kalefaksjɔ̃] *n.f.* 〖학술〗가열(加熱), 가열상태; 〖물리〗(열판 위에 떨어진 액체의)구(球)상태, 온발포(溫發泡).
caléidoscope [kaleidɔskɔp] *n.m.* =**kaléidoscope**.
caleil [kalɛj] *n.m.* =**chaleil**.
calemande [kalmɑ̃ːd] *n.f.* =**calamande**.
calembour [kalɑ̃buːr] *n.m.* ① (동음이의어(同音異義語)의)말장난 놀이〈예: une personne alitée – une personnalité〉; 말재롱, 곁말, 신소리. faire [dire] des ~*s* 말재롱을 부리다. ②〖속어〗모욕, 욕설, 악담, 험담.
calembourdier(ère) [kalɑ̃burdje, -ɛːr], **calembouriste** [kalɑ̃burist] *n.* 〖속어〗말재롱[신소리]의 명수.
calembouresque [kalɑ̃burɛsk] *a.* 말재롱[신소리]의.
calembredaine [kalɑ̃brədɛn] *n.f.* 〖구어〗농담, 허튼 소리(sornette); 허튼 짓(sottise). dire[débiter] des ~ 허튼 소리를 지껄이다. faire des ~*s* 허튼 수작을 하다.
calence [kalɑ̃ːs] *n.f.* 〖속어〗〖인쇄〗일이 없는.
calendaire [kalɑ̃dɛːr] *n.m.* 〖가톨릭〗교구(教區) 호적부(출생·사망 날짜 따위를 기입하는). —*a. jour* ~ 〖법〗(노동일에 대한)날짜로세일.
calender [kalɑ̃dɛːr] *n.m.* (회교의)탁발승.
calendes [kalɑ̃d] *n.f.pl.* 〖역사〗고대로마 책력의 초하룻날. ②〖옛〗〖종교〗주님 사제의 회의.
renvoyer qc aux ~ *grecque*s 〖구어〗…을 무기 연기하다〈고대그리스 책력에는 calendes 라는 단어가 없었으므로〉.
calendre [kalɑ̃ːdr] *n.f.* (탱광용의)배수펌프 양수기.
***calendrier** [kalɑ̃drije] *n.m.* ① 역법(曆法), 책력. ~ grégorien; nouveau ~ 그레고리오력(曆). ~ julien; vieux ~ 율리우스력. ~ perpétuel 만년력. ② 달력, 캘린더. ~ bloc [américain, à effeuiller] 한 장씩 떼어쓰는 달력. Pâques tombe quand? —Attends, je regarde sur [consulte] le ~. 부활절이 언제지? 가만 있어, 달력을 볼께. ③ 일정표(programme). ~ des examens 시험 일정표.
Ce n'est pas un saint de votre ~; *Il ne figure pas sur votre* ~. 〖구어〗그는 당신 마음에 들지 않는

[당신의 친구가 아니다]. *vouloir réformer le ~* 쓸데없는 개혁을 하려 하다.

calendula [kalɑ̃dyla], **calendule** [kalɑ̃dyl] *n.f.* 《식물》 금잔화.

calenture [kalɑ̃tyːr] *n.f.* 《의학》 열병성 섬망(譫妄)《열대지방에서 일사병에 의해 병적으로 일어나는 수영에 대한 욕망》.

cale-pied [kalpje] (*pl.* ~-~s) *n.m.* 《자전거》 (페달에 달린) 발끼우개.

calepin [kalpɛ̃] *n.m.* 수첩, 비망록(agenda); 《옛》 사서(辭書). *Cela n'était pas dans son* ~. 이것은 뜻밖의 일이었다. *Mettez ça sur votre* ~! 《구어》 (교훈으로 삼아) 이것을 잊지 마라.

caler[1] [kale] *v.t.* ① 쐐기[받침대]로 고정시키다 [대다]. 《바퀴를》 쐐기를 박아 멈추게 하다; 고정[안정]시키다(stabiliser). ~ *une automobile avec une pierre* 돌로 자동차를 고다. ~ *sa tête sur un oreiller* 베개를 베다. ② 《기계》 마개[쐐기]를 끼우다; 《판(瓣)을》 움직이지 않게 하다; (엔진을) 멈추게 하다. *En stoppant, il a calé son moteur.* 그는 차를 멈추면서 엔진을 꺼뜨렸다. ③ 《기계·전기》 조정하다. ~ *un allumeur* (자동차의) 점화장치를 조정하다. ④ 《놀이》 (공기돌을) 튀기다.
— *v.i.* (모터가) 멈추다; 《구어》 (중도에) 멎다, 서다, 정지하다(s'arrêter). *Le moteur a calé en plein milieu du carrefour.* 네거리 한복판에서 차가 멈춰 서 꺼졌다. *Il a calé avant de finir.* 그는 끝내기 전에 손들었다.
— **se** ~ *v.pr.* ① (피스톤이) 고장 때문에 움직이지 않게 되다; (엔진이) 멈추다. ② 고정되다. *se* ~ *dans un fauteuil* 안락의자에 편히 앉다. ③ *se* ~ *les joues*; *se les* ~ 《속어》 배불리 먹다.

caler[2] *v.t.* 《돛 따위를》내리다. ~ *une voile* 돛을 내리다. ~ *une ligne*(*un filet*) 낚싯줄을 드리우다. ~ (*la voile*) 《구어》 양보하다, 퇴각하다(céder).
—*v.i.* 《해양》 물속에 잠기다, 홀수가 …이다. *Ce bateau cale six mètres.* 이 배는 홀수(吃水)가 6미터이다.

caler[3] *v.i.* 《구어》 ① 겁내다; 포기하다, 굴복하다. ~ *devant les menaces* 위협에 굴복하다. ② 빈둥거리며 지내다. ~ *de l'école* 학교를 빼먹다.
— **doux** 투지를 잃다, 야코죽다.

caleter [kalte] [4] *v.i.* 《속어》 달아나다, 급히 가버리다(calter).
—**se** ~ *v.pr.* (엔진이) 급히 멈추다.

caleur(se) [kalœːr, -øːz] *n.* 《속어》 ① 겁장이. ② 빈둥빈둥 세월을 보내는 사람. ③ 《철도》 (차량을 정지시키기 위해 레일에 세동차(制動子)를 끼우는) 세동수.

calfat [kalfe] *n.m.* 《해양》 배의 널빤지 틈을 메우는 데 쓰는 끈.

calfa [kalfa] *n.m.* 《해양》 배의 널빤지 틈을 메우는 직공.

calfatage [kalfataːʒ] *n.m.* 틈메우기.

calfater [kalfate] *v.t.* 《해양》 (배의 널빤지 틈을) 메우다.

calfateur [kalfatœːr] *n.m.* =**calfat**.

calfeutrage [kalføtraːʒ], **calfeutrement** [kalføtrəmɑ̃] *n.m.* calfeutrer 하기.

calfeutrer [kalføtre] *v.t.* (의) 틈을 메우다(막다). ~ *une porte*(*une fenêtre*) *avec du papier* 문(창문) 틈을 종이로 메우다.
—**se** ~ *v.pr.* 메워지다, 막아지다; 《구어》 (사람이) 틀어박히다, 칩거하다(s'enfermer). *Il se calfeutre chez lui.* 그는 집안에 틀어박혀 꼼짝 않는다.

Caliban [kalibɑ̃] *n.m.* 서민《Renan 의 희곡 *Caliban* 의 주인공으로서, Shakespeare 의 *The Tempest* 에서 빌려왔음》(↔Prospéro).

caliborgne [kalibɔrɲ] *a.* 《옛·속어》 애꾸눈의; 사팔눈의; 눈이 나쁜. — *n.* 애꾸눈; 반소경; 사팔뜨기.

calibrage [kalibraːʒ] *n.m.* ① (총포·관의) 구경을 정하기. ② (의) 구경측정; (온도계 따위의) 눈금매기기. ③ (도자기의) 본뜨기, 성형. ④ (원고의) 조판페이지로 어림잡기. ⑤ (과일 따위를 크기(직경)에 따라) 등급매기기.

calibre [kalibr] *n.m.* ① (총포·관 따위의) 구경(口徑), 안지름; 지름; 탄경(彈徑)(diamètre). pièce [canon] *de gros* ~ 대구경포, 중포(重砲). *canon de 40* ~*s* 40 구경포. 《보어 없이》 *balle de* ~ 거포탄(巨砲彈). ② 구경 측정 기구, 게이지; 원형, 형판(型板), 주형(鑄型). *tour à* ~ (도기 제조용의) 녹로대. ~ *à coulisse* 집게자. ~ *à bague* 고리 게이지. ~ *à bouchon* 내경(內徑) 게이지. ~ *à limite* 한계 게이지. ~ *de référence* 검정(표준) 게이지 (~ *étalon*). ③ 《비유적》 중대한; (사람·물건의) 값어치; 역량; 종류, 형(taille). *erreur de* ~ 중대한 실책. *Ils sont du même* ~. 그들은 같은 종류의 사람들이다(한통속이다). *bêtise de grand* ~ 터무니없이 어리석은 짓. *Il n'est pas de ce* ~ -*là.* 《구어》 그는 그와 같은 종류의(그렇게 훌륭한) 위인이 못된다.

calibrement [kalibrəmɑ̃] *n.m.* ① =**calibrage**. ② 검정(檢定) 《눈금매기기》.

calibrer [kalibre] *v.t.* ① 구경(직경)을 정하다; 정해진 구경으로 가공하다; (의) 구경(안지름)을 매다; (온도계에) 눈금을 매기다. ~ *un canon de fusil* (소총의) 총신을 소정의 구경으로 가공하다. ~ *un mortier* 박격포의 구경을 재다. ② 크기에 따라 나누다. ~ *des fruits* 과일을 크기에 따라 선별하다. ③ 《요업》 (진흙을) 본뜨다. 《인쇄》 (의) 조판 페이지를 어림잡다.

calibreur [kalibrœːr] *n.m.* 구경 측정기.

calice[1] [kalis] *n.m.* 《고대의》 술잔; 《가톨릭》 성배(聖杯); (종교적 의미의) 고난. *partager le* ~ *du Christ* 그리스도의 고난을 함께하다. *boire* (*avaler*) *le* ~ (*d'amertume*) 《구어》 고난을 맛보다. *boire le* ~ *jusqu'à la lie* 어떤 고난(괴로움)도 끝까지 참고 견디다.

calice[2] *n.m.* ① 《식물》 꽃받침. ② 《해부》 신배(腎杯)(~ *du rein*).

calicé(e) [kalise] *a.* 《식물》 꽃받침이 있는.

caliche [kalif] *n.m.* 《지질》 칼리체 《지표에 나트륨염 또는 탄산염이 함유된 지층》.

caliciflore [kalisiflɔːr] *a.* 《식물》 꽃받침성의.

caliciforme [kalisiform] *a.* 잔(꽃받침) 모양의. *cellule* ~ 《의학》 소배상(小杯狀)세포.

calicin(e) [kalisɛ̃, -in], **calicinal(ale**, *pl.* **aux**) [kalisinal, -o] *a.* 《식물》 꽃받침의.

calicinaire [kalisinɛːr] *a.* =**calicin**.

calicot [kaliko] *n.m.* ① 《직물》 캘리코, 옥양목; (광고 선전용의) 좁다란 옥양목 천. ② 《옛·속어》 (나사상점·포목점의) 점원.

caliculaire [kalikylɛːr] *a.* 《식물》 덧꽃받침 모양의, 부악(副萼) 모양의.

calicule [kalikyl] *n.m.* 《식물》 덧꽃받침, 부악.

caliculé(e) [kalikyle] *a.* 《식물》 덧꽃받침 있는.

calier [kalje] *n.m.* 《해양》 화물창에 짐을 싣고 부리는 선원.

califat [kalifa] *n.m.* 칼리프의 직위(통치·관할구).

calife [kalif] *n.m.* 칼리프(회교국의 왕).

californien(ne) [kalifɔrnjɛ̃, -ɛn] *a.* 캘리포니아(*la Californie*)의. —**C**~ *n.* 캘리포니아 사람.

californium [kalifɔrnjɔm] *n.m.* 《화학》 칼리포르늄《방사성 원소 α; 원소 기호 Cf; 원자번호 98》.

califourchon (à) [akalifurʃɔ] *loc.ad.* (말타듯)걸터앉아(à cheval). se mettre [s'asseoir] *à* ~ sur *qc* …에 걸터앉다. —*n.m.* (옛)특기. C'est son ~. 이건 그의 특기이다.

calige¹ [kaliːʒ] *n.f.* (고대로마) 군화.

calige², **caligus** [kaligys] *n.m.* 《동물》 물고기에 기생하는 요각류(橈脚類).

caligineux(se) [kaliʒinø, -ʒiz] *a.* 안개와 같은, 몽롱한.

calimande [kalimɑ̃ːd] *n.f.* 《사투리》《어류》 (일반적으로)가자미; 참가자미.

calimbé [kalɛ̃be] *n.m.* (기아나 토인의)허리(싸개).

câlin(e) [kalɛ̃, -in] *a.* 어리광부리는, 아양떠는; (말씨 따위가)달콤한, 상냥한(caressant). enfant ~ 아양떠는 아이. musique ~*e* 달콤한 음악. regarder d'un œil ~ 다정한[아양떠는 듯한] 눈길로 바라보다. —*n.* 아양떠는 아이(사람); (옛)감언이설로 속이는 사람; (옛)나태한 사람(paresseux). faire le [son] ~ 아양떨다, 감언으로 농락하다.

câlinage [kalinaːʒ] *n.m.* 귀여워하기; 얼러맞추기.

câlinement [kalinmɑ̃] *ad.* 아양부리며, 다정하게.

câliner [kaline] *v.t.* (여자·아이를)애무하다, 얼러주다(choyer); 달콤한 말로 꾀다. ~ un enfant 아이를 어르며 귀여워해주다.
—*se* ~ *v.pr.* (옛)(자세를)편안히 하다.

câlinerie [kalinri] *n.f.* 귀여워하기, 얼러줌. ② 아양떠는 말(태도). Méfiez-vous de ses ~*s*. 그 사람의 감언이설에 넘어가지 마시오.

calino [kalino] *n.m.* 《구어》바보, 얼간이《Goncourt 형제의 원작을 Barrière 가 각색한 통속 희극 속의 인물 *Calino*에서 유래》.

calinotade [kalinotad] *n.f.* 우직(愚直).

caliorne [kaljɔrn] *n.f.* 《해양》 (중량 화물용의)감아올리는 도르래.

caliptriforme [kaliptriform] *a.* 갓[모자] 모양의.

calisson [kalisɔ̃] *n.m.* 아몬드 과자.

calleux(se) [kalø, -øːz] *a.* ① 살갗이 경결(硬結)된, 못이 생긴. main ~*se* 못이 박힌 손. corps ~ 《해부》뇌량(腦梁). ② 무감각한; 냉담한.

call-girl [kɔlgœrl] (*pl.* ~~~*s*) (영) *n.f.* 콜걸.

calli- *préf.* 「미(美)」의 뜻.

calligramme [ka(l)ligram] *n.m.* 칼리그람《시구의 배열이 어떤 도형을 이루고 있는 시; Apollinaire 의 조어》.

calligraphe [ka(l)ligraf] *n.* 달필가, 명필; 서예가(書藝家); (중세의)필경(筆耕), 사자생(寫字生).
—*a.* 달필의.

calligraphie [ka(l)ligrafi] *n.f.* 달필, 서예, 습자; 서예 작품.

calligraphier [ka(l)ligrafje] *v.t.* (글씨를)잘 쓰다, 공들여 쓰다.

calligraphique [ka(l)ligrafik] *a.* 달필의; 서예의. exercices ~*s* 습자.

calligraphiquement [ka(l)ligrafikmɑ̃] *ad.* 훌륭한 필적으로, 달필로.

callionyme [ka(l)ljɔnim] *n.m.* 《어류》양태류(類).

callipédie [ka(l)lipedi] *n.f.* (옛)우생학(優生學).

callipyge [ka(l)lipiːʒ] *a.* 엉덩이가 아름다운; 엉덩이가 큰. Vénus ~ (나폴리 박물관에 있는)아름다운 엉덩이의 비너스.

callisthénie [ka(l)listeni] *n.f.* 미용[유연]체조.

callisthénique [ka(l)listenik] *a.* 미용체조의.

callitriche [ka(l)litriʃ], **callithrix** [ka(l)litriks] *n.m.* 《동물》 긴꼬리원숭이; 녹색원숭이; 《식물》 별이끼류의 일종.

callitrich(in)ées [ka(l)litriʃ(in)e] *n.f.pl.* 《식물》별이끼과(科).

callitypie [ka(l)litipi] *n.f.* 《사진》 칼리타이프.

callosité [ka(l)lozite] *n.f.* (피부의)경결(硬結), 못.

callot [kalo] *n.m.* =**calot**.

calmande [kalmɑ̃ːd] *n.f.* =**calamande**.

calmant(e) [kalmɑ̃, -ɑ̃ːt] *a.* 진정시키는; 진통 작용의. remède ~ 《옛》진통[진정]제《지금은 remède analgésique [anesthésique]》. —*n.m.* 《의학》진통[진정]제.

calmar [kalmaːr] *n.m.* 《동물》오징어의 일종.

****calme** [kalm] *n.m.* ① 고요함; 온화함; 잔잔함 (tranquillité). ~ de la forêt 숲의 정적. travailler dans le ~ 조용히 [방해 없이] 일하다. ~ plat (바다가)아주 잔잔함. pris par le ~ 《해양》(바람이)바람이 자서 항행하지 못하게 됨. ② (마음·정국(政局) 따위의)평온, 무사, 평화; 침착, 냉정; 《상업》활기 없음, 부진. garder son ~ 평온[냉정]을 유지하다. ramener le ~ dans un État 국내에 평온을 회복시키다. parler avec ~ 침착[냉정]하게 말하다. avoir du ~ 냉정을 유지하다, 당황하지 않다. ~ des affaires 경기의 침체.
—*a.* ① 평온한; (공기·밤이)고요한; (바다·날씨가)잔잔한(tranquille, serein). mer ~ 고요한[잔잔한] 바다. passer un week-end ~ 주말을 조용히 보내다. La situation est de nouveau ~. 상황이 다시 평온해졌다. ② (사람이)온화한; 냉정한, 침착한(↔emporté); (마음·생활이)평온한, 무사한(paisible, ↔agité). homme ~ qui ne s'énerve pas 화내지 않는 온화한 사람. Restons ~*s*. (흥분하지 말고)침착하자. ③ (경기가)침체한, 활발하지 못한. marché ~ 침체된 시장. La Bourse a été ~. 주식 시장은 활발하지 못했다.

calmement [kalməmɑ̃] *ad.* 고요하게, 잔잔하게; 침착하게; 평온하게.

****calmer** [kalme] *v.t.* (폭풍·파도를)가라앉히다; (병자의 기분을)가라앉히다; (고통·신경을)진정시키다; (성을)누그러뜨리다(adoucir, apaiser, ↔exciter, aviver). ~ les manifestants 시위자들을 진정시키다. ~ la discussion 격론을 가라앉히다. ~ une douleur 고통을 가라앉히다. ~ sa colère [ses nerfs] 분노[흥분]를 진정시키다.
—*v.i.* 《해양》잔잔해지다.
—*se* ~ *v.pr.* 고요해지다; 잔잔해지다; 침착해지다. Calme-toi, je t'en prie: ce n'est rien. 제발 진정해, 아무 일도 아니니까. Le vent commence à se ~. 바람이 자기 시작한다.

calminer [kalmine] *v.t.* (바람이 자서 배를)움직이지 못하게 하다.

calmir [kalmiːr] *v.i.* 《해양》(바람·파도가)고요해지다, 잔잔해지다.

calo [kalo] 《에스파냐》*n.m.* (집시 말이 많이 섞인)에스파냐 속어(俗語).

caloge [kalɔːʒ] *n.f.* ① 개집, 토끼집; 병아리 넣는 둥우리. ② 낡은 어선을 뒤집어 창고 대용으로 쓰는 것. ③ 목자의 오두막.

calomel [kalɔmɛl] *n.m.* 《약》감홍(甘汞), 염화제일 수은.

calomniateur(trice) [kalɔmnjatœːr, -tris] *a., n.* 중상하는 (사람).

calomnie [kalɔmni] *n.f.* 중상, 비방(diffamation). ~ noire [infâme] 음흉한 [비열한] 중상. petite ~ 악담. semer des ~*s* contre *qn* …에 대해 중상모략하다.

calomnier [kalɔmnje] *v.t.* (날조하여)중상하다, 비방하다. ~ les gens de bien 선량한 사람을 비방하다. ~ la conduite de *qn* …의 행실에 대해 중상하다. (목적보어 없이) Il se plaît à ~. 그는 (남을)

중상하기를 좋아한다.
calomnieusement [kalɔmnjøzmɑ̃] *ad.* 중상적으로. 중상하여.
calomnieux(se) [kalɔmnjø, -ø:z] *a.* 헐뜯는, 중상적인(↔flatteur). accusation ~se 중상적 비난. dénonciation ~se 중상적인 밀고(誣告罪).
caloporteur [kalɔpɔrtœ:r] *a.m.* fluide ~ (열기관의)방열액; (원자력 발전의)열냉각액.
calorescence [kalɔresɑ̃:s] *n.f.* 【물리】 칼로레상스 (표면에 흡수된 광선이 열방사로 변화하는 것).
caloricité [kalɔrisite] *n.f.* 온열력(力).
calorie [kalɔri] *n.f.* 칼로리(열량의 단위).
calorifère [kalɔrifɛ:r] *a.* 열전도의. —*n.m.* 난방 장치. ~ à air chaud(à eau chaude) 증기(온수) 난방 장치.
calorifiant(e) [kalɔrifjɑ̃, -ɑ̃:t] *a.* 덥게 하는.
calorification [kalɔrifikɑsjɔ̃] *n.f.* 【의학】 체열 발생, 발열.
calorifique [kalɔrifik] *a.* 【물리】 열을 발생하는, 열의. capacité ~ 열용량.
calorifugation [kalɔrifygɑsjɔ̃] *n.f.*, **calorifugeage** [kalɔrify3a:3] *n.m.* 단열, 보온.
calorifuge [kalɔrify:3] *a.* 단열의; 내화성의; 내열 (耐熱)의. paroi à revêtement ~ 내화성 내벽. —*n.m.* 열절연체; 내화물.
calorifuger [kalɔrify3e] ③ *v.t.* 단열〔보온〕하다.
calorimètre [kalɔrimɛtr] *n.m.* 【물리】 칼로리미터, 열량계〔법〕.
calorimétrie [kalɔrimetri] *n.f.* 【물리】 열량 측정.
calorimétrique [kalɔrimetrik] *a.* 열량 측정〔법〕의. méthodes ~s 열량 측정법.
calorique [kalɔrik] *n.m.* 【물리】 열소(熱素); 열. ~ latent 잠열(潛熱). ~ spécifique 비열(比熱). —*a.* 【생리】 열을 내는; 열의, 열량의. ration ~ (1일에 필요한)칼로리 섭취량.
calorisation [kalɔrizɑsjɔ̃] *n.f.* 알루미늄 도금.
caloriser [kalɔrize] *v.t.* 알루미늄 도금하다.
calot¹ [kalo] *n.m.* ① 점판암의 채석 덩어리. ② 작은 쐐기. ③ 【놀이】 큰 공기돌. ④《속어》눈알. ribouler(rouler) des ~s 눈이 휘둥그래지다; 곁눈질하다.
calot² *n.m.* 【군사】 (군모의)모체(帽體); 《군대속어》 약모(略帽).
calotin [kalɔtɛ̃] *n.m.*《속어》《경멸》① 성직자, 승려. ② (성직자의 편을 드는)신자. —*a.m.* 성직자의; 신자의.
calotte [kalɔt] *n.f.* ① (가톨릭 성직자가 쓰는)빵모자. 《옛》(추기경의)붉은 모자. ~ noire des prêtres 사제의 흑모(黑帽). ~ violette des évêques 주교의 자모(紫帽). porter la ~《구어》성직에 있다. recevoir la ~ 추기경에 임명되다(recevoir le chapeau). ②《속어》《경멸》성직자, 중; 맹신자. ③(실내용의) 테 없는 모자; 《군사》 약모(略帽); (모자의)꼭대기, 윗부분. ④ 빵모자 모양의 것; (구면체의)상반부; 【건축】 완만한 반원 천장; (펌프 따위의)덮개; (회중시계의)케이스. ~ des cieux 《구어》 천공, 창공. ~ crânienne [du crâne] 【해부】 두개(頭蓋). ~ glaciaire 【지질】 (극지 따위의)빙원(氷原). ⑤《구어》 뺨 [머리]을 때리기(gifle). donner(flanquer) une ~ 빵을 한 대 치다.
calotter [kalɔte] *v.t.* ①《구어》(의)뺨을 철썩 때리다. ②(비유적) 모욕을 가하다. ③ 【골프】 (공의) 윗부분을 치다. ④《속어》훔치다.
—*se v.pr.* 서로 뺨을 때리다.
calottier [kalɔtje] *n.m.* 빵모자 제조인.

calottin [kalɔtɛ̃] *n.m.* =**calotin**.
calotype [kalɔtip] *n.m.* 《옛》【사진】 칼로타이프 사진법.
caloyer(ère) [kalɔje, -ɛ:r] *n.* 【그리스정교】 그리스의 바질(*Basil*)교단의 수도사.
calquage [kalka:3] *n.m.* ① 투사(透寫). ②《속어》 (예술품 따위의)모조.
calque [kalk] *n.m.* ① 투사(透寫), 모사(模寫); 《구어》 모방, 표절(imitation). ② 【언어】 직역어 (예: grattè-ciel은 sky-scraper (마천루)의 직역). prendre un ~ 투사하다. reproduire un dessin par le ~ 투사해서 도면을 베끼다. toile à ~ 투사포(布).
calquer [kalke] *v.t.* ① (트레이싱페이퍼로)투사하다, 베끼다, (조금도 틀리지 않게)베껴내다. ~ à la pointe 펜으로 투사하다. ~ au papier transparent 투사지(트레이싱페이퍼)로 베끼다. ~ par frottement 탁본(拓本)을 뜨다. toile à ~ 투사포(布). ② 흉내내다, 모방하다(imiter). [~ qc sur qc] ~ sa conduite *sur* celle d'un ami 친구의 행동을 본떠 그대로 행동하다. 《목적보어 없이》Cet auteur *calque* et ne crée pas. 이 작가는 모방할 뿐 독창적인 데가 없다.
—*se v.pr.* 투사되다; [se ~ sur](을)흉내내다.
calqueur(se) [kalkœ:r, -ø:z] *n.* 투사하는 사람.
calquoir [kalkwa:r] *n.m.* 투사쇠; 투사기.
calter [kalte] *v.i.*《속어》=**caleter**.
calumet [kalymɛ] *n.m.* ① 【식물】 (파이프 제조용)갈대. ②(북미 인디언의)긴 담뱃대. ~ de guerre(백색과 회색의)전쟁담뱃대 〔선전(宣戰)의 표시〕. ~ de paix (적색의)화평 담뱃대. fumer le ~ de la paix avec *qn* …와 화해하다. offrir le ~ de la paix à *qn* …에게 화해를 제의하다.
calus [kalys] *n.m.* ① 【의학】 피부경결(硬結), 못; 【식물】 가피(假皮). ②무감동.
calva(dos) [kalva(dɔ:s)] *n.m.* 사과 브랜디.
calvadosien(ne) [kalvadozjɛ̃, -ɛn] *a.* 칼바도스 (*Calvados*, 프랑스의 도(道))의. —*n.* 칼바도스 사람.
calvaire [kalvɛ:r] *n.m.* ① (*C*~)골고다 언덕 《그리스도가 못박힌 곳》. ② 그리스도가 못박힌 언덕 상, (그)십자가가 서있는 언덕. ③ (기나긴) 고난, 시련 (épreuve). gravir(faire) son ~ 고난을 겪다.
calville [kalvil] *n.f.* 사과의 일종.
Calvin [kalvɛ̃] *n.pr.m.* 칼뱅 《프랑스의 종교개혁자, 1509~1564》.
calvinien(ne) [kalvinjɛ̃, -ɛn] *a.* 칼뱅주의(파)의.
calvinisme [kalvinism] *n.m.* 【신학】 칼빈주의.
calviniste [kalvinist] *a.* 칼빈주의를 신봉하는, 칼빈파의. —*n.* 칼빈주의자.
calvitie [kalvisi] *n.f.* 대머리, 독두(禿頭); 탈모증.
calycanthe [kalikɑ̃t] *n.m.* 【식물】 생강나무.
calycanthées [kalikɑ̃te] *n.f.pl.* 【식물】 생강나무과(科).
calyciflore [kalisiflɔ:r] *a.* =**caliciflore**.
Calypso [kalipso] *n.pr.f.* 《그리스신화》 칼립소 《호머의「오딧세이」에 나오는 님프로서, 오딧세우스를 7년간 포로로 잡아둔다》. faire sa ~ 《구어》 (남자를)유혹하다.
calypso [kalipso] 《영》 *n.m.* 칼립소 《자메이카의 포크댄스의 일종》.
calyptre [kaliptr] *n.f.* ① 《고대의 성직자·부인의》면사포. ② 【식물】 선모(蘚帽).
calyptré(e) [kaliptre] *a.* 【식물】 선모가 있는.
cam [kɑ̃] *n.m.* bois de ~ 【식물】 캠우드, 아프리카 자단.
camaïeu [kamajø] (*pl.* ~**x**) *n.m.* ① 《옛》 카메오 (camée); 카메오용 귀석, 옥석. ② 단색화; 《구어》

특색 없는[단조로운] 그림[문학작품]. peindre en ~ 단색으로 그리다.

camail [kamaj] *n.m.* ① 쇠사슬(로 엮은) 두건. ② 〖가톨릭〗 백의 위에 입는 어깨 망토; (부인복의)케이프. ~ rouge (추기경이 입는) 빨간 어깨 망토. ③ (말의)머리쇠우개. ④ 〖조류〗 (닭 따위의)가느다란 목덜미 깃털.

camail ①

camail ②

camaldule [kamaldyl] *n.* 〖가톨릭〗 카말돌리회의 수도사(수녀).

‡camarade [kamarad] *n.* 동료, 동료, 친구(copain); (공산주의 용어로서)동무. ~ de bouteille 술친구. ~ de classe[de promotion] 동기생. ~ de collège[d'école] 동창생, 학교 친구. ~ de malheur[d'infortune] 같은 불행을 맛본 사람. ~ de bureau 직장동료.
être ~ de qc (사물이 ~)와)일치하다. (faire) ~ (!) 〖구어〗항복(하다), 졌다(고 외치다).

camaraderie [kamaradri] *n.f.* ① 친교; 동지애, 우의, 우정. Leur ~ date de l'enfance. 그들은 어렸을 때부터 친구이다. ② 도당, 파; 파벌의식, 당파심. ~ littéraire 문학파벌.

camard(e) [kama:r, -ard] *a.* ① 〖구어〗 (비쁨) 들창코의; (코가)납작하게 주저앉은. nez ~ 납작코. enfant ~ 코가 납작한 아이. ② 〖해양〗 (배가)이물이 평평한. ~ 들창코의 사람. —*n.m.* 이물이 평평한 배. —*n.f.* 〖문어〗죽음.

camarguais(e) [kamarge, -e:z], **camarguen(ne)** [kamarge, -en] *a.* 카마르그(la Camargue, 론 강 하구의)지방의. **—C~** *n.* 카마르그 사람.

camarilla [kamarija] *n.f.* 도당, 파벌; (경멸)측근; (에스파냐의)궁정당(宮廷黨). ~ militaire 군벌.

camarin [kamarɛ̃] *n.m.* 〖조류〗 아비류(類)(plongeon의 속칭).

camarine [kamarin] *n.f.* 〖식물〗 시로미, 암고란.

camaro [kamaro] *n.m.* 〖구어〗 동무, 친구.

cambial(ale, *pl.* **aux)**[1] [kɑ̃bjal, -o] *a.* 환전(換錢)의.

cambial(ale, *pl.* **aux)**[2] *a.* 〖식물〗 부름켜의.

cambiste [kɑ̃bist] *n.m.* 환전상; 거래 중개인. —*a.* 환전(상)의; 어음·증권 교환의. marché ~ 어음·증권시장. place ~ 증권거래 중심지.

cambium [kɑ̃bjɔm] *n.m.* 〖식물〗 부름켜, 형성층.

Cambodge [kɑ̃bɔdʒ] *n.pr.m.* 〖지리〗 캄보디아.

cambodgien(ne) [kɑ̃bɔdʒjɛ̃, -ɛn] *a.* 캄보디아(le Cambodge)의. **—C~** *n.* 캄보디아 사람.

cambouis [kɑ̃bwi] *n.m.* ① (오래 사용해서)더러워진 기름. ② le Royal C~ 〖군대은어〗수송대; 수송병.

cambouisé(e) [kɑ̃bwize] *a.* 더러운 기름이 낀.

cambrage [kɑ̃bra:ʒ] *n.m.* (활 모양으로)휘기.

cambrai [kɑ̃brɛ] *n.m.* 〖직물〗 (캉브레의)고급 흰 린네르; 기계로 짠 레이스.

cambré(e) [kɑ̃bre] *a.p.* (활 모양으로)휜; 만곡의. jambes ~es 안짱다리. avoir la taille ~e 몸[허리]이 뒤로 젖혀져 있다. chaussure ~e 밑창이 (위로) 휘어진 신발.

cambrement [kɑ̃brəmɑ̃] *n.m.* =**cambrage**.

cambrer [kɑ̃bre] *v.t.* (활 모양으로)휘게 하다; 구부리다, 만곡시키다. ~ une poutre 기둥을 휘게 하다. ~ le corps[la taille] 몸을 뒤로 젖히다. ~ les reins 가슴을 펴다.
—*se* ~ *v.pr.* 활 모양으로 휘다, 구부러지다; 몸을 뒤로 젖히다[바로 세우다]; 가슴을 펴다.

cambrésien(ne) [kɑ̃brezjɛ̃, -ɛn] *a.* 캉브레(Cambrai, 프랑스의 도시)의; 캉브레지(Cambrésis)지방의. **—C~** *n.* 캉브레[캉브레지] 사람.

cambrésine [kɑ̃brezin] *n.f.* (캉브레산의)고급 린네르(cambrai).

cambreur [kɑ̃brœ:r] *n.m.* (목재·구두밑창 따위를)휘게 하는 직공.

cambrien(ne) [kɑ̃brijɛ̃, -ɛn] *a.* 캄브리아(Galles, 웨일스)의; 〖지질〗 캄브리아기(게)의. **—C~** *n.m.* 웨일스 사람. —*n.m.* 캄브리아기(게).

cambrillon [kɑ̃brijɔ̃] *n.m.* 구두창 복판의 흰 부분(의 가죽).

cambrio [kɑ̃brijo] *n.m.* 〖속어〗=**cambrioleur**.

cambriolage [kɑ̃brijɔla:ʒ] *n.m.* 불법 침입; 침입강도질.

cambriole [kɑ̃brijɔl] *n.f.* 〖속어〗① (작은)방. ② 불법 침입(cambriolage); 침입 강도의 한패.

cambrioler [kɑ̃brijɔle] *v.t.* (집으로)불법 침입하다, 강도질하다. ~ un appartement[un magasin] 아파트[상점]를 털다. ~ *qn*] Ils ont été cambriolés. 그들은 집을 털렸다 (보통 수동태). —*v.i.* 침입 강도질하다.

cambrioleur(se) [kɑ̃brijɔlœ:r, -ø:z] *n.* (침입)강도 (cambrio).

cambrique [kɑ̃brik] *a.* 웨일스(Galles)의. **—C~** *n.* 웨일스 사람. —〖언어〗 웨일스어(語).

cambrousard(e) [kɑ̃bruza:r, -ard] 〖속어〗*n.* 시골뜨기(paysan), 촌놈; 얼간이. —*a.* 시골뜨기의, 촌스러운; 얼빠진.

cambrouse [kɑ̃bru:z], **cambrousse** [kɑ̃brus] *n.f.* 〖속어〗 (도시에 대하여)시골(campagne); 시골에서 갓 올라온 하녀.

cambrure [kɑ̃bry:r] *n.f.* ① (활 모양으로)휨, 만곡. ② =**cambrillon**.

cambuse [kɑ̃by:z] *n.f.* ① 〖해양〗 주보(酒保); (선소의)음식점; (작업장의)식당(cantine). ② 〖속어〗싸구려 주막; 누추한 집(방).

cambusier [kɑ̃byzje] *n.m.* 〖해양〗 주보 관리인; (조선소의)음식점 관리인; (식량)창고 관리인; 싸구려 주막의 주인.

came[1] [kam] *n.f.* 〖기계〗 캠. ~ à cylindre 원통 캠. ~ de réglage (유압 브레이크의)조정캠. arbre à ~s 캠축(軸). roue à ~s 스프로킷.

came[2] *n.f.* 〖속어〗① 상품, 물품(marchandise). ② 마약; (특히)코카인.

came[3] *n.m.* 〖속어〗행상인, 노점상인(camelot).

camé(e) [kame] *a.* 마약에 중독된(drogué). —*n.* 마약 중독자(toxicomane).

camée [kame] *n.m.* ① 카메오(돋을 새김한 옥석·조가비). ② (카메오를 모방한)단채화, 도자기.
profil de ~ 균형잡힌 윤곽의 얼굴.

caméléon [kamelɛɔ̃] *n.m.* ① 〖동물〗 카멜레온; 〖속어〗지조없는 사람. ~ de soie 광선에 따라 광택이 변하는 명주. ~ minéral 광물 카멜레온 (망간산염). solution de ~ 〖화학〗 카멜레온액 (망간산염의 용액). ② (C~) 〖천문〗 카멜레온좌(座).
—*a.* (불변) 광택이 변하는. étoffe ~ 광선에 따라 광택이 변하는 천.

caméléonesque [kameleɔnɛsk] *a.* (카멜레온의 빛깔처럼)변하기 쉬운.

caméléonisme [kameleɔnism] *n.m.* 〖동물〗 (파

caméléopard [kameleɔpa:r] *n.m.* ①《옛》《동물》기린. ②(C~)《천문》기린좌(座).

camélia [kamelja] *n.m.* 《식물》동백(꽃). «La Dame aux ~s»「춘희」(*Dumas fils* 의 소설).

camélidés [kamelide] *n.m.pl.* 《동물》낙타과.

camélien(ne) [kameljɛ̃, -ɛn] 《동물》*a.* 낙타의. —*n.m.pl.* 낙타류(類).

caméliforme [kameliform] *a.* 낙타 모양을 한.

cameline [kamlin], **caméline** [kamelin] *n.f.* 《식물》 쟁이의 일종.

camelle [kamɛl] *n.f.* (염전의)소금의 더미(낙타의 등 모양에서 나옴).

camellia [kamelja] *n.m.* =**camélia**.

camelot [kamlo] *n.m.* ①《직물》캠릿(낙타·앙고라 털로 짠 가벼운 모직물). ②행상인, 노점 상인. ③신문팔이. ~ **du roi** (왕당지인 Action française 를 파는)젊은 왕당원.

camelote [kamlɔt] *n.f.* ①《구어》싸구려 물품, 날림으로 만든 물건(주로 부분관사와 함께)(pacotille). vendre(acheter) de la ~ 조악품을 팔다(사다). C'est de la ~. 그건 싸구려다. —《속어》《일반적으로》상품. C'est de la bonne ~. 그건 좋은 물건이다. —*a.* 싸구려[날림]의 [다].

cameloter [kamlɔte] *v.i.* 값싼 물건을 만들다[팔다].

camelotier(ère) [kamlɔtje, -ɛ:r] *n.* 값싼(조악한) 물건 판매(제조)인. —*n.m.* 조악한 종이.

camelotin [kamlɔtɛ̃] *n.m.* 《직물》폭이 좁고 엷은 낙타 털로 짠 모직물.

camembert [kamɑ̃bɛ:r] *n.m.* (노르망디 지방산의) 치즈.

camer (se) [s(ə)kame] *v.pr.* 《속어》마약을 먹다.

caméra, camera [kamera] *n.f.* ①《영화》촬영기;《텔레비전》카메라.

caméral(ale, pl. aux) [kameral, -o] *a.*《옛》국가 재정의.

caméraman(pl. men) [kameraman, -mɛn]《영》*n.m.*《영화》촬영 기사, 카메라맨.

camérier [kamerje] *n.m.* ①(로마교황·추기경의)시종. ②(교황청의)재무관;《옛》(수도원의)재산 관리계. ③하인.

camérière [kamerjɛ:r] *n.f.* ①《옛·구어》하녀(고상한 호칭으로). ②《옛》(귀부인의)시녀.

caméristat [kamerista] *n.m.*《옛》국민학교의 부속 기숙사.

caméristе [kamerist] *n.f.* =**camérière**. —*n.*《옛》소학교 기숙생. 「(위).

camerlingat [kamɛrlɛ̃ga] *n.m.* camerlingue 의 직

camerlingue [kamɛrlɛ̃:g] *n.m.* 로마 교황 공석시의 대행자.

caméronien(ne) [kamerɔnjɛ, -ɛn] *n, a.* 카메론(R. Cameron, 스코틀랜드의 종교가)파의 청교도(의).

Cameroun (le) [ləkamrun] *n.pr.m.* 《지리》카메룬(사하라이남 아프리카의 공화국).

camerounais(e) [kamrunɛ, -ɛ:z] *a.* 카메룬의.
—**C**~ *n.* 카메룬 사람.

***camion** [kamjɔ̃] *n.m.* ①화물자동차, 트럭; 4 륜 대형 짐마차; (화물차로 운반할 정도의)많은 양. ~ à benne basculante 덤프 트럭. un ~ de paperasses (트럭 1 대분쯤 되는)서류 더미. ②페인트를 배합하는 양동이. ③작은 핀.

camion-atelier [kamjɔ̃atəlje] (*pl.* ~**s**-~**s**) *n.m.* 이동식 공장.

camion-auto [kamjɔ̃[o]to] (*pl.* ~**s**-~**s**) *n.m.* 화물 자동차, 트럭.

camion-citerne [kamjɔ̃sitɛrn] (*pl.* ~**s**-~**s**) *n.f.* 액체 운반용 자동차.

camionnage [kamjɔna:ʒ] *n.m.* camion 으로 운반하기; (그)운임; 운송업.

camionner [kamjɔne] *v.t.* 짐마차로(트럭으로) 운반하다.

camionnette [kamjɔnɛt] *n.f.* 소형 트럭.

camionneur [kamjɔnœ:r] *n.m.* ①트럭 운전수, 짐 마차(수레)꾼. ②트럭[짐마차·짐수레]운송업자.

camisard(e) [kamiza:r, -ard] *n.m., a.* 《종교》(1685년 낭트 칙령 폐지후 반란을 일으킨 세벤(*Cévennes*) 지방의)칼빈파 신교도(의).

camisole [kamizɔl] *n.f.* 캐미솔(여자용의 소매 없는 속옷); 짧은 웃도리.
~ **de force** (미친 사람이나 죄인에게 입히는)구속복(拘束服), 꽉 죄는 재킷. Il mérite la ~ de force. (구속복을 입혀야 할 만큼)그는 미쳤다.

camisoler [kamizɔle] *v.t.* (에게) 구속복[꽉 죄는 재킷]을 입히다.

camomille [kamɔmij] *n.f.* 《식물》노란냉국, 카밀레(국화(菊花)과의 약용 식물)(petite ~, ~ sauvage); 카밀레의 꽃. tisane de ~ 카밀레의 꽃을 달인 차.

camorra [kamɔrra] 《이탈리아》*n.f.* (나폴리에 있었던 도적 따위의)비밀 결사.

camoufe [kamuf] *n.f.* 《속어》=**comoufle**.

camouflage [kamufla:ʒ] *n.m.* 변장, 《군사》위장 (僞裝), 캄플라지; (비유적)위장, 은폐 (déguisement). ~ de bénéfices 이득(소득)의 은폐. ~ de branchages 나뭇가지에 의한 위장.

camoufle [kamufl] *n.f.* 《속어》초(bougie); 램프, 등잔.

camouflement [kamufləmɑ̃] *n.m.* 《속어》변장(變裝) (déguisement).

camoufler [kamufle] *v.t.* ①변장시키다 (déguiser); 《군사》위장[캄플라지]하다 (masquer). tenue (de combat) camouflée 미채(迷彩)(전투)복. ②《속어》숨기다 (cacher). ~ ses fautes 잘못을 숨기다. Il *est* bien camouflé. (법인 따위가)잘 숨어 있다.
—**se** ~ *v.pr.* 변장하다; 위장되다, 캄플라지되다; 《속어》숨다.

camouflet [kamuflɛ] *n.m.* ①《문어》모욕 (affront); 《옛》(남의 얼굴에 내뿜는)담배연기. donner(infliger) un ~ 모욕을 주다(가하다). ②《군사》(적의 지하의 적을)공격하기 위한 화약갱(火藥坑); 포탄의 지하폭발; 지하폭발로 생긴 구멍.

camoufleur [kamuflœ:r] *n.m.* 위장 기사(技師), 캄플라지하는 사람.

***camp** [kɑ̃] *n.m.* ①《군사》야영(지), 주둔지, 기지; 야영 부대; (*pl.*)군대. ~ léger (신병 교육용)간이 캠프. ~ d'instruction(de manœuvres) 교육 캠프. ~ d'aviation 항공기지. asseoir(lever) le ~ 야영 천막을 치다(거두다). faire un ~ dans …에서 야영하다. lit de ~ 야전용 침대. ~ retranché (fortifié) 요새화된 항구적 주둔지. vie des ~s 군대 생활. ②수용소. ~ de prisonniers(de réfugiés) 포로(피난민)수용소. ~ de concentration (전시중·정치적 혼란기의)국민이나 적국 비전투원 따위의 수용소. ③당파, 진영; (경기·놀이의)조(組). ~ opposé 반대당(파). passer(entrer) dans le ~ adverse 반대파로 옮겨가다 (changer de ~). tirer les ~s (운동·놀이에서)조(組)를 정하다. ④(등산·휴가 생활 따위의)캠프(생활), 캠프장. faire un ~ de deux semaines 2주간의 캠프생활을 하다. feux de ~ 캠프파이어. ~ de base 베이스캠프. passer la nuit au ~ 캠핑장에서 자다. ⑤《옛》(결투 재판의)결투장 (~ clos). demander le ~ 결투에 의한 결판을 요구하다. prendre le ~ 《옛》도

전에 응하다; 《구어》 도망치다.
~ volant 《군사》 일시적인 주둔; 유격대; 《구어》 캠핑 여행. faire un ~ volant de six jours 6일간의 캠핑(여행)을 하다. être(vivre) en ~ volant 《구어》 일시적으로 머물다[드내기 생활을 하다).
lever(ficher, 《속어》 foutre) le ~ 갑자기 떠나다; 도망치다.

campagnard(e) [kɑ̃panaːr, -ard] a. 시골의; 촌뜨기의(rustique, ↔ citadin). manières -es 촌스러운 태도. ― n. 시골사람, 촌뜨기.

:campagne [kɑ̃paɲ] n.f. ① 평야, 평원, 들판; 밭(champ). village situé à la ~ 들판에 자리잡은 마을. travaux de la ~ 밭(농사)일(travaux des champs). habiter en pleine ~ 벌판 한가운데 살다. La voiture tomba en panne en rase ~. 차가 벌판 한가운데서 고장났다. ② 시골, 농촌(↔ ville); 전원. vie de ~ 전원생활. partie de ~ 피크닉, 소풍. maison de ~ 시골 별장. aller à la ~ 시골에 가다; 《속어》 감옥에 가다. ③ 별장(maison de ~). acheter une ~ 시골에 작은 별장을 사다. 《군사》 (요새에 대하여) 전쟁터; 야전; 전투(combat, guerre); 원정; 종군; 《해군》 순항; 해전. faire ~ 전쟁에 나가다, 종군하다. artillerie de ~ 야전 포병. ~ d'Égypte (나폴레옹의) 이집트 원정. tenue de ~ 완전무장. infliger une tenue de ~ (병사를 벌하기 위해) 완전무장시키다. mettre une armée en ~ 군단을 전투에 투입하다. tenir la ~ 진지를 유지하다. ⑤ (정치·언론 따위의) 조직적 운동, 활동. ~ électorale 선거운동. ~ de propagande 선전공세. ~ de presse (여론 환기를 위해) 신문을 통한 조직적 활동, 프레스 캠페인. ~ publicitaire(de publicité) 선전 광고. faire ~ pour(contre) …을 위해(반대하여) 운동하다. ⑥ 시기, 시즌. ~ agricole 농번기. ~ de pêche 출어기; 낚시 시즌.
battre la ~ 《군사》 정찰하다; 《사냥》 사냥할 짐승을 찾아 헤매다; 《글이나 이야기에서 열 길로 새다; (환자가) 헛소리를 하다.
emmener qn à la ~ 《속어》 …의 말을 문제로 삼지 않다, 옅보다; …을 장난삼아 속이다.
entrer(se mettre) en ~ 《군사》 전투태세에 들어가다; 《구어》 운동(활동)을 시작하다.
être en ~ 《군사》 출정중이다; 《구어》 활동하고 있다.
faire une bonne ~ 《상업》 좋은 사업 성과를 거두다; (반어적) 헛수고를 하다.

campagnol [kɑ̃paɲɔl] n.m. 《동물》 들쥐.
campane [kɑ̃pan] n.f. ① 《옛》 종. ② (종 모양의) 술, 가두리장식. ~ de lit(de carrosse) 침대(4륜마차)의 장식 술. ③ 《건축》 코린트식 또는 이오니아 혼합 양식의 종을 거꾸로 한 모양의 기둥머리. ④ 《식물》 메꽃속. ⑤ 《수의》 (말의) 발치꿈치 피부의 낭종(囊腫).
campanelle [kɑ̃panɛl] n.f. ① 《옛》 (말의) 방울; 작은 종. ② 《식물》 메꽃속(屬).
campanien(ne) [kɑ̃panjɛ̃, -ɛn] a. 캄파니아(Campanie, 이탈리아 서남부의 지방)의. ― C― n. 캄파니아 마을.
campaniflore [kɑ̃paniflɔːr] a. 《식물》 종 모양의 꽃이 피는.
campanile [kɑ̃panil] n.m. ① (교회와 떨어져 있는) 종각, 종탑. ② (건물 위의) 작은 종탑.
campanulacées [kɑ̃panylase] n.f.pl. 《식물》 초롱꽃과(科).
campanule [kɑ̃panyl] n.f. 《식물》 풍령초(風鈴草), 잔대.
campanulé(e) [kɑ̃panyle] a. 종 모양의.
―n.f.pl. 초롱꽃과(科).

campé(e) [kɑ̃pe] a.p. ① 야영하는; 《비유적》 (어떤 상태·위치에) 세워진, 놓여진, 자리에 선(établi, fixé). chapeau ~ sur la tête 머리 위에 얹혀진 (쓴) 모자. ② 《문학·미술에서》 잘 그려진, 잘 묘사된; (사람이) 튼튼한. récit bien ~ 잘 묘사된 이야기. portrait bien ~ 잘 그려진 초상화. gaillard bien ~ (골격이) 튼튼한 사나이.

campêche [kɑ̃pɛʃ] n.m. 《식물》 로그우드(열대 아메리카산의 콩과 식물).

campement [kɑ̃pmɑ̃] n.m. ① 야영; 야영지; 《군사》 야영부대. faire un ~ 야영하다. ② (야영처럼) 난잡한 임시숙소. Je suis en ~. 나는 임시로 이렇게 지내고 있다. ③ 《항공》 (격납고에서 꺼내 비행선·기구의) 계류(繫留).

*__camper__ [kɑ̃pe] v.i. ① 야영하다. L'armée campe devant les lignes ennemies. 군대는 적진 앞에 진을 친다. ② 캠핑하다, 야숙하다. ~ en montagne 산에서 야숙(캠핑)하다. ③ 《구어》 (어떤 곳에) 임시로 거처하다(séjourner); 방랑 생활을 하다. Nous campons à l'hôtel. 우리는 호텔에 머무르고 있다.
―v.t. ① 야영시키다. ② 《구어》 (자리에) 놓다, 설치하다. ~ un chapeau sur la tête 머리에 모자를 쓰다. ③ 《문학·미술에서》 묘사하다, 그리다. ~ un personnage sur le papier 종이 위에 사람(의 초상)을 그리다. romancier qui excelle à ~ des caractères 성격을 잘 묘사하는 작가. ④ 《속어》 후려치다(flanquer); 뒤엎다(renverser). ~ qn à la porte …을 밖으로 내쫓다. ~ un lit 침대를 뒤엎다.
~ là qn 이 곤경(궁지)에 빠져 있는 것을 못본 채 하다(내버려두다). ~ qc sur le dos(les bras) de qn …의 책임을 …에게 씌우다. la ~ belle à qn …을 바보로 만들다.
― se ~ v.pr. ① 야영하다, 천막을 치다. ② 버티고 서다(앉다)(se planter), 자세를 취하다. Il s'est campé devant moi en me fixant. 그는 나를 뚫어져라 바라보며 내 앞에 버티고 섰다. se ~ dans le fauteuil 안락의자에 털썩 앉다.

campeur(se) [kɑ̃pœːr, -øːz] n. 캠핑하는 사람.
camphol [kɑ̃fɔl] n.m. 《화학》 용뇌(龍腦), 보르네오 장뇌(樟腦).
camphorate [kɑ̃fɔrat] n.m. 《화학》 장뇌산염.
camphorique [kɑ̃fɔrik] a. acide ~ 《화학》 장뇌산(樟腦酸).
camphre [kɑ̃ːfr] n.m. 《화학》 장뇌. essence de ~ 장뇌유(油).
camphré(e) [kɑ̃fre] a.p. 장뇌를 함유한.
camphrer [kɑ̃fre] v.t. (에) 장뇌를 넣다.
camphrier [kɑ̃frije] n.m. 《식물》 녹나무.
camphrique [kɑ̃frik] a. 《화학》 장뇌의.
campimètre [kɑ̃pimɛtr] n.m. (안과의사의) 시야계 (視野計).
campine [kɑ̃pin] n.f. 캄핀(Campine, 벨기에의 《방》닭.
camping [kɑ̃piŋ] n.m. 《영》 천막 생활, 캠프; 캠프장. matériel de ~ 캠프 용품. terrain de ~ 캠프장. faire du ~ 캠핑 생활을 하다. Le ~ est trop près de la route. 캠프장이 도로에서 너무 가깝다.
camping-car [kɑ̃piŋkar] (pl. ~-~s) n.m. 캠핑용 자동차.
camping-caravaning [kɑ̃piŋkaravaniŋ] (pl. ~s-~s) n.m. 캠핑과 캐러배닝; 캠핑장과 캐러배닝장.
camplouse [kɑ̃pluz], **campluche** [kɑ̃plyʃ] n.f. 《속어》 (도회지에 대하여) 시골.
campos[1] [kɑ̃po] n.m. 《속어》 (학교의) 휴업, 휴가. J'ai ~ aujourd'hui. 나는 오늘 쉰다. donner ~ à qn …에게 휴가를 주다. se donner ~ (학교·회사 따위에) 쉬다. [원]
campos[2] 《포르투갈》 n.m. 캄푸스 (브라질의 대초

campus [kɑ̄pys] 《영》 *n.m.* 캠퍼스, 대학구내.
campylographe [kɑ̄pilɔgraf] *n.m.* 곡선을 그리는 기계.
campylomètre [kɑ̄pilɔmεtr] *n.m.* 【측량】 곡선계 (curvimètre).
camus(e) [kamy, -y:z] *a.* ① 코가 납작한; 들창코의. ②(옛) 당황한, 아연한(embarrassé). —*n.* 코가 납작한 사람.
camuson [kamyzɔ̃] *n.f.* 〔구어〕코가 납작한 여자.
can [kɑ̃] *n.m.* (재목·철판 따위의) 가장자리.
Canada (le) [ləkanada] *n.pr.m.* 【지리】캐나다. au ~ 캐나다에. —**C**~ *n.* 사과의 일종 (집합적으로는 m., 낱개로는 f.).
canadien(ne) [kanadjɛ̃, -ɛn] *a.* 캐나다의. —**C**~ *n.* 캐나다 사람. —*n.f.* 안에 털을 댄 짧은 외투; 캐나다식의 작은 배.
canaille [kanɑ:j] *n.f.* ① 하층 계급, 천민(賤民) (populace). ② 어중이떠중이, 하찮은 족속들; 악당, 불량배, 불한당(coquin, fripon). ~ fieffée; franche ~ 이루 말할 수 없는 악당. cette petite ~ (어린이에 대해 농담으로) 이 꼬마.
—*a.* 천한, 비루한, 하찮은. air ~ 불량스런 태도.
canaillerie [kanɑjri] *n.f.* ① 천한(비루한) 짓; 상스러운 말; 불량한 짓(friponnerie). C'est de la pure ~. 말할 수 없이 상스런(불량한) 짓이다. ② 천한, 상스러움.
canal**(*pl.* ***aux) [kanal, -o] *n.m.* ① 운하; 수로; 해협. C~ de Suez 수에즈 운하. C~ de la Manche 영불해협. ~ latéral (하천을 따라 운항용으로 된 ~)병행운하. ~ de jonction (두 개의 하천을 연결하는) 연결운하. ~ d'irrigation (d'arrosage) 용수로. ~ de dessèchement (de drainage) 배수로. ~ d'amenée (de prise) 취수로(取水路). ~ de flottage 목재 운반용 운하. ~ de fuite (de décharge) 방수로. ②배수구(排水溝); 배수거(渠). ~ à ciel ouvert 개거(開渠). ~ couvert 암거(暗渠). ③ 토관, 파이프. ~ à air (d'aérage) 송기관(管). ~*aux* de la fontaine 분수의 도수관. conduire l'eau par ~*aux* 관으로 물을 끌다. ④ 【해부】 관, 【식물】 맥관. ~ alimentaire 소화관. ~ vertébral (rachidien) 척추관. ~ de l'urètre 요도. ⑤ 〔목재·돌·금속 따위의〕 표면에 새긴홈, 【건축】 (기둥의) 세로홈; 카나다에서 텔레비전의) 채널 (chaîne); (옛) (총포신의) 화문(火門). ⑥ rayons ~*aux* 【물리】 양극선 (陽極線), 카날선. ⑦ (전달하는) 경로, 수단, 방법. La prière est le ~ des grâces. 기도는 은총의 통로이다. par le ~ de …을 통하여(par l'intermédiaire de). ⑧ (옛)(강의) 지류, 하상(河床).
canaliculaire [kanalikylε:r] *a.* 【해부】세관상(細管狀)의.
canalicule [kanalikyl] *n.m.* 【해부】 세관; 【건축】 작은(도) 관.
canaliculé(e) [kanalikyle] *a.* 【생물】 세관이 있는; 세관 모양의.
canaliforme [kanaliform] *a.* 【해부】세관상의, 【식물】 물관(도관)상의; 홈이 있는, 홈 모양의.
canalisable [kanalizabl] *a.* 운하로 만들 수 있는.
canalisateur(trice) [kanalizatœ:r, -tris] *a., n.* canaliser 하는 (사람·기계).
canalisation [kanalizasjɔ̃] *n.f.* ① 운하 개설; (하천의) 운하화; 배수 공사. ② 도관 (에 의한 운반); 송전(送電)(선); (석유의) 송유관. établir une ~ dans un bâtiment 건물에 가스·수도·전기를 끌다. ~ principale 송전간선(送電幹線). ~ souterraine 지하 케이블망.
canaliser [kanalize] *v.t.* ① (에)운하를 파다; (에)

물길(수로)을 트다. ~ une rivière 강을 운하로 만들다. ~ une région 지역에 수로를 트다. ②(에) 도관을 시설하다; 전기를 끌다; 도관으로 나르다. ~ une maison pour l'électricité 집에 배선 공사를 하다. ③ (한 방향으로) 모으다, 집중시키다; 정리하다. ~ les réclamations 신청서를 수합하다. ~ ses dépenses (어떤 일에) 중점적으로 지출하다. ~ les correspondances 우편물을 수합하여 분류하다. ~ la foule des spectateurs (몰려드는) 관객을 정리하다.
canal-tunnel (*pl.* ~*aux*-~*s*) [kanaltynεl, kano-] *n.m.* 【토목】 지하 운하.
canamelle [kanamεl] *n.f.* 【식물】 사탕수수.
cananéen(ne)[1] [kananeε̃, -εn] *a.* =**channaéen**.
cananéen(ne)[2] 【고대지리】 *a.* 가나 (Cana, 갈릴리의 마을)의. **C**~ *n.* 가나 사람.
canapé [kanape] *n.m.* ① (등받이가 있는) 긴 의자, 소파. ② 【요리】카나페 (생선·햄·채소 따위를 얹은 토스트).
canapé-lit [kanapeli] (*pl.* ~*s*-~*s*) *n.m.* 침대 겸용의 긴 의자(소파).
canaque [kanak] *a.* 카나카 (하와이 및 남양군도)의. —**C**~ *n.* 카나카 사람.
canar [kanar] *n.m.* 【광업】 막다른 갱의 환기관.
canara [kanara] *n.m.* 인도 남부 지방의 말.
***canard**[1] [kana:r] *n.m.* 【조류】 오리(~ domestique); 오리수컷 (~ sauvage). ② (속어) (오리처럼) 아내에게 충실한 남편. mon petit ~ 《구어》귀여운 사람, 여보 (애칭). ~ privé 《속어》 (경관의) 끄나풀. ② 《구어》 허위보도, 유언비어; (저질) 신문. lancer des ~*s* 유언비어를 퍼뜨리다. acheter son ~ 《보는》 신문을 사다. ③《구어》 작은 말; 쓸모없는 말. ④ 《구어》 (커피 또는 브랜디에 담근) 각설탕. ⑤ (환자용의) 흡입병. ⑥ 【음악】 (악기 따위의) 부정음 (不正音). faire un ~ (악기, 특히 클라리넷이) 엉뚱한 소리를 내다.
froid de ~ 지독한 추위.
Il n'a pas cassé trois pattes à un ~. 그는 별 재주가 없는 (대수롭지 않은) 사람이다.
marcher en ~ (*comme un ~*) (오리처럼) 뒤뚱뒤뚱거리며 걷다.
mouillé (*trempé*) *comme un ~* 《구어》 흠뻑 젖은.
plonger comme un ~ 잠수를 잘하다; 《비유적》 (위협을) 잘 피하다.
canard[2](*e*) [kanar, -d(ə)] *a.* 오리 빛의, 오리 같은; 오리 사냥의. bois ~ (강 하류에서 운반도중) 침몰했거나 뒤집혀진 재목, 뗏목에서 떨어져나간 재목. barque ~*e* 고물에 물을 뒤집어쓰는 작은 배. chien ~ 오리 사냥개, 워터 스패니얼.
canardeau [kanardo] (*pl.* ~*x*) *n.m.* 새끼 오리, 새끼 물오리.
canardement [kanardmɑ̃] *n.m.* 숨어서 쏨, 저격.
canarder [kanarde] *v.t.* 《구어》 숨어서 저격하다. ~ *qn des fenêtres* …을 창에 기대어 쏘다.
—*v.i.* ① (배나 비행기가 앞으로 기울다; (떠 있는 나무가) 가라앉다. ② 《구어》허위보도하다. ③ 【음악】 부정음을 내다, 엉뚱한 음을 내다.
—*se ~ v.pr.* 서로 총을 쏘다.
canarderie [kanard(ə)ri] *n.f.* 오리 사육장.
canardeur [kanardœ:r] *n.m.* 《구어》 앞뒤로 몹시 흔들리는 배; 저격자 (狙撃者).
canard-faisan [kanarfəzɑ̃] (*pl.* ~*s*-~*s*) *n.m.* 【조류】고방오리.
canardier [kanardje] *n.m.* ①《구어》 유언비어를 퍼뜨리는 사람. ② 《속어》 신문팔이.
canardière [kanardjε:r] *n.f.* ① 오리를 기르는 연못. ② 물오리 사냥터; 물오리를 사냥하기 위하여 숨는 장소. ③ 물오리 사냥용의 엄폐총 ; 《군사》총안(銃眼).

canari [kanari] n.m. 《조류》 카나리아. —a. (불변) 카나리아 색의. robe jaune ~ 카나리아 같은 노란빛의 옷.

canarien(ne) [kanarjɛ̃, -ɛn] a. 카나리아 군도(les (îles) Canaries)의. —C~ n. 카나리아 군도 사람.

Canaries (îles) [(il)kanari] n.pr.f.pl. 카나리아 군도(群島).

canasse [kanas] n.m. (수입용의)차(茶) 상자, 담배 상자; (남미산의)싸구려 담배.

canasson [kanasɔ̃] n.m. 《속어》늙은〔쓸모없는〕말; (일반적으로) 말.

canasta [kanasta] n.f. 《에스파냐》 n.f. 《놀이》 카나스타(두 벌의 카드로 하는 놀이).

canastre [kanastr] n.m. =canasse.

cancale [kɑ̃kal] n.f. 캉칼(Cancale, 영국 해협에 임한 항구)산의 굴(huître).

cancan [kɑ̃kɑ̃] n.m. ① (특히 pl.) 험담, 욕; 잡담, 고 십, 뒷공론(racontar, ragot). dire(faire) des ~s sur qn ~에 관하여 험담하다. ② 캉캉춤. french ~ 프렌치 캉캉 (주로 20세기초 카바레에서 여자들이 춘 테속썩한 춤.

cancanage [kɑ̃kanaːʒ] n.m. 험담, 험구.

cancaner [kɑ̃kane] v.i. 험담하다, 욕하다; 잡담 하다, 뒷공론하다. ② (오리가)울다. ③ 캉캉춤을 추다.

cancanier(ère) [kɑ̃kanje, -ɛːr] a, n. 험담(욕)하기 좋아하는(사람).

cancel [kɑ̃sɛl] n.m. ①(철책으로 둘러싼)국새(國璽)를 두는 곳. ②《옛》(교회 내의 난간으로 둘러 싼)합창대석. (사)의 직.

cancellariat [kɑ̃se(ɛl)larja] n.m. 대법관(대법원 판

canceller [kɑ̃se(ɛl)le] v.t. ①《고대법》말살하다. ② 무효로 하다; 취소하다; 파기하다.

cancer [kɑ̃sɛːr] n.m. ① 《동물》 게. ② 《의학》 암, 암종(癌腫). ③ (비유적)암적인 것; 병폐. avoir un ~ au sein 유방암에 걸려 있다. ~ de l'estomac 위암. ~ administratif 행정적인 병폐. ③ (C~) 《천문》 게좌, 해좌(蟹座). tropique du C~ 북회귀선, 하지선(夏至線).

cancéreux(se) [kɑ̃serø, -øːz] a. 《의학》암에 걸린, 암종의. —n. 암종 환자.

cancériforme [kɑ̃seriform] a. 《의학》 암종(癌腫)모양의.

cancérigène [kɑ̃seriʒɛn] a. 《의학》 암을 발생시키는, 발암의. action ~ 발암 작용.

cancérisation [kɑ̃serizasjɔ̃] n.f. 《의학》 암성(癌性)변화.

cancérisé(e) [kɑ̃serize] a. (기관 따위가)암에 걸린, (종양 따위가)악성화[암화]된.

cancérogène [kɑ̃seroʒɛn] a. =cancérigène.

cancérologie [kɑ̃serɔlɔʒi] n.f. 암연구, 암학.

cancérologique [kɑ̃serɔlɔʒik] a. 암연구의.

cancérologue [kɑ̃serɔlɔg] n. 암연구가, 암전문의.

canche [kɑ̃ːʃ] n.f. 《식물》 줄기나 꽃꼭지가 털처럼 가느다란 벼[화본]과(科)의 식물 (겨이삭 따위).

cancoillotte [kɑ̃kwajɔt] n.f. (프랑스 Franche-Comté 지방산의)크림치즈.

cancre [kɑ̃ːkr] n.m. ①(구어)(학교의)게으름뱅이, 열등생; 《옛》거지; 가난뱅이; 《속어》욕심장이, 노랭이. ②《동물》 게의 일종.

cancrelas, cancrelat [kɑ̃krəla] n.m. 《구어》 《곤충》 바퀴(cafard).

cancroïde [kɑ̃krɔid] n.m. 《의학》 표피암(表皮癌), 유암(類癌).

candéfaction [kɑ̃defaksjɔ̃] n.f. (금속의)백열(白

熱)처리.

candela [kɑ̃dela] n.f. 《물리》 칸델라 (광도(光度)의 단위;기호 cd).

candélabre [kɑ̃delabr] n.m. ①《옛》나뭇가지 모양의 큰 촛대; 가로등(기둥); 《건축》촛대 모양의 장식. ② 《원예》 (과수의) 가지 시렁(가지를 촛대 모양으로 가지런히 다듬기).

candelette [kɑ̃dlɛt] n.f. 《옛》 《해양》 선박의 삭구(索具)(특히 동삭(動索)의 도르래 장치).

candeur [kɑ̃dœːr] n.f. ① 순진함, 천진난만함(naïveté, pureté). ~ de cygne[d'agneau] 순진무구. parler(agir) avec ~ 순진하게 말하다(행동하다). fausse ~ 가장된 순진함. en toute ~ 그지없이 순진하여. ②《시》순백(純白)에 돌입한다.

candi [kɑ̃di] a.m. 반투명 결정(結晶)의; 설탕에 절인. —n.m. 얼음사탕(sucre ~); 설탕에 절인 과일(fruit ~).

candida [kɑ̃dida] n.m. 캔디다균(피부병·포도주 변질의 한 원인).

***candidat(e)** [kɑ̃dida, -at] n. 후보자; 지원자(aspirant); 수험자. ~ aux élections (의원)선거 입후보자. ~ au baccalauréat 대학입학 자격 수험생. ~s qui se présentent au concours de musique 음악 경연에 출연하는 응모자. être (un) ~ à la tuberculose (비유적) 결핵의 소인(素因)이 있다.

candidature [kɑ̃didatyːr] n.f. 후보자의 자격; 입후보; 수험(신청); (빨기에에서의)박사 시험. poser sa ~ 입후보하다. retirer sa ~ 입후보를 사퇴하다. ~ officielle 공인(公認)후보.

candide [kɑ̃did] a. 순박한, 순진한, 천진난만한 (naïf, simple, ↔ sournois); 《옛》솔직한. cœur[homme] ~ 순진무구한 마음[사람]. —n. 순박한〔천진난만한〕 사람.

candidement [kɑ̃didmɑ̃] ad. 순진[천진난만]하게; 《옛》솔직하게.

candidose [kɑ̃didoːz] n.f. 《의학》 캔디다증(症).

Candie [kɑ̃di] n.pr.f. (île de)~ 칸디아 섬 (크레타 섬의 별명).

candiote [kɑ̃djɔt] a. 칸디아 섬의. —C~ n. 칸디아 섬 사람.

candir (se) [səkɑ̃diːr] v.pr. ① (녹은 설탕이) 굳다, 결정체가 되다. (se 를 생략하여) faire ~ du sucre 설탕을 굳히다. ② (과일이)설탕으로 덮이다, 설탕에 절여지다.

candisation [kɑ̃dizasjɔ̃] n.f. ① 설탕을 결정시키기 (굳히기). ② (과일 따위에)사탕을 입히기, 설탕에 절이기.

candite [kɑ̃dit] n.f. 《광물》 첨정석(尖晶石).

cane [kan] n.f. 《조류》 (집)오리(canard)의 암컷. faire la ~ 《속어》겁내다, 움츠러들다, 양보하다. marcher comme une ~ 《속어》뒤뚱거리며 걷다.

Canebière (la) [lakanbjɛːr] n.pr.f. 마르세유의 최번화가. homme de la C~ 마르세유 사람.
—C~ n.f. (프랑스 남동부 지방에서의) 삼밭.

canéfice [kanefis] n.f. 《식물》 계수나무 열매.

caneficier [kanefisje] n.m. 《식물》 계수나무.

canepetière [kanpətjɛːr] n.f. 《조류》 느시 (작은 너새)(outarde ~).

canéphore [kaneforr] n.f. ① 《고대그리스》 제물을 담은 광주리를 머리에 이는 처녀. ② 《건축》 (위)의 처녀상이 새겨진 기둥.

canepin [kanpɛ̃] n.m. 어린 양(염소)의 얇은 가죽.

caner [kane] v.i. ① 겁내다, 움츠러들다; 《속어》 양보하다, 물러서다(céder, reculer); 죽다. ~ devant un danger 위험 앞에서 꽁무니빼다, 후퇴하다. ② 오리처럼 뒤뚱뒤뚱 걷다. ③ 재잘거리다.
—v.t. (학교를) 빼먹다 (~ l'école).

caneter [kante] *v.t.* (실을)실패에 감다.
canetière [kantjɛːr] *n.f.* 〖직조〗① 실감는 기계. ② 실감는 여직공.
caneton [kantɔ̃] *n.m.* ① 오리(물오리) 새끼; 〖요리〗물오리(새끼)고기. ②(C~) 오리형 요트.
canette¹ [kanɛt] *n.f.* ① 오리 새끼; 물오리 새끼. ② 〖문장〗물오리 새끼.
canette² *n.f.* (맥주의)병; 〖직조〗(재봉틀·방적기의)실통(cannette). une ~ de bierre 맥주 한 병.
caneur(se) [kanœːr, -.øːz] *a.*, *n.* 〖속어〗비겁한(사람), 겁많은(사람)(poltron); 일을 중도에 그만두는(사람).
canevas [kanva] *n.m.* ① (자수용)바탕천《올이 굵은 삼베》; 화포(畫布); 돛베. ② (극·소설 따위의) 구상; 초고; 밑그림. ~ d'un discours (d'un roman) 연설[소설]의 골자. tracer un ~ 밑그림을 그리다. ③ 〖음악〗곡에 맞춰 임시로 지은 가사; 〖측량〗약도. ④ (권투장의)바닥.
  broder sur le ~ 《구어》이야기를 윤색(潤色)하다.
canezou [kanzu] *n.m.* (소매 없는)속적삼.
canfouine [kãfwin] *n.f.* 〖군대속어〗① 주보. ② 집, 누옥(陋屋).
cange [kãːʒ] *n.f.* (나일강의)돛단배.
cangue [kãːg] *n.f.* (중국에서 죄인의 목에 씌우던) 칼; 칼을 씌우는 형벌.
caniche [kaniʃ] *a.* 털이 북슬북슬한. —*n.m.* 푸들의 일종(chien(ne)~). suivre *qn* comme un ~ …의 뒤를 졸졸 따라다니다.
canichon¹ [kaniʃɔ̃] *n.m.* 작은 푸들(개의 한 품종).
canichon² *n.m.* 〖조류〗새끼(작은) 오리.
caniculaire [kanikylɛːr] *a.* 천랑성(天狼星)의; (천랑성이 새벽에 뜨는)삼복의, 한여름의, 무더운. chaleurs ~*s* 삼복(三伏)더위.
canicule [kanikyl] *n.f.* ① 삼복. ②(C~) 〖천문〗 천랑성; 큰개자리.
canidés [kanide] *n.m.pl.* 〖동물〗개과(科).
canif [kanif] *n.m.* 작은 칼, 나이프.
  donner un coup de ~ *dans le contrat* 《구어》남편 (부인)에게 불충실하다, 바람 피우다.
canillée [kanije] *n.f.* 〖식물〗청개구리밥.
canin(e) [kanɛ̃, -in] *a.* 개의. avoir faim ~*e* 몹시 배가 고프다. —*n.f.* 송곳니(dent ~*e*).
canisse [kanis] *n.f.* 〖사투리〗갈대(roseau); 갈대 울타리.
canitie [kanisi] *n.f.* 〖의학〗백모증(白毛症), (머리털·수염의)흼.
caniveau [kanivo] (*pl.* ~*x*) *n.m.* 〖토목〗홈을 판 돌; 길가의 도랑; (관·전선 따위를 부설하는)암거(暗渠), 선거(線渠), 콘딧.
canja [kãːʒa], **canje** [kãːʒ] *n.f.* =cange.
canna¹ [kana] *n.f.* 〖식물〗칸나.
canna² *n.m.* 〖동물〗아프리카산의 고라니.
cannabinacées [kanabinase] *n.f.pl.* 〖식물〗삼과 (科). 〖麻〗
cannabis [kanabis] *n.m.* 〖식물〗인도 대마(大麻).
cannabisme [kanabism] *n.m.* 〖의학〗대마 중독.
cannage [kanaːʒ] *n.m.* ① 칸(canne, 옛날의 길이의 단위)으로 재기. ② 등나무로 엮기.
cannaie [kanɛ] *n.f.* 등나무(대나무) 숲; 사탕수수 밭; 갈대 밭.
cannais(e) [kanɛ, -ɛːz] *a.* 칸(Cannes, 남프랑스의 도시)의. ~C~ *n.* 칸 사람.
cannamelle [kanamɛl] *n.f.* =canamelle.
canne¹ [kan] *n.f.* ① (등·대나무 따위의)지팡이; 목도(木刀), 〖검술〗 ~ —épée(à épée), ~ armée ce에 칼을 꽂은 지팡이. ~ à pêche 낚싯대. ~ blanche 장님 지팡이; 소경. ② 〖식물〗등, 갈대; 참대; 사탕수수(~ à sucre). sièges en ~ 등의자. sucre de ~ 자당(蔗糖). ③ 봉(棒)(모양의 것), 봉술(棒術). ~ à vent 녹은 유리를 불어 부풀리는 관. ~ thermo-électrique 〖전기〗고온계. ④ (옛날의)길이의 단위《1.75—2 미터》.
  avoir la ~ 《비어》발기(勃起)하다. *casser sa* ~ 《속어》죽다. *mettre les* ~*s* 《속어》도망치다.
canne² *n.f.* (노르망디 지방에서 쓰는)우유 운반통.
canné(e) [kane] *a.p.* 등으로 엮은.
canneau [kano] (*pl.* ~*x*) *n.m.* 〖건축〗둥근 주름무늬 장식.
canneberge [kanbɛrʒ] *n.f.* 〖식물〗덩굴월귤.
cannebière [kanbjɛːr] *n.f.* =canebière.
canne-fusil [kanfyzi] (*pl.* ~*s*-~*s*) *n.f.* 스틱〔단장〕총(銃).
cannelas [kanla] *n.m.* 육계당(肉桂糖).
cannelé(e) [kanle] *a.p.* 세로 홈을 판; 주름을 잡은, 물결 모양의, 골이 진. croix ~ 물결무늬 십자. pièce de monnaie ~*e* 가장자리가 물결무늬된 화폐. —*n.m.* 〖직물〗골이 진 견직물.
canneler [kanle] [5] *v.t.* ① 〖건축〗(에)세로 홈을 파다. ② 주름 잡히게 하다, 골이 지게 하다.
cannelier [kanəlje] *n.m.* 〖식물〗육계(肉桂)《향료》(cannellier).
cannelle¹ [kanɛl] *n.f.* 육계(肉桂) 껍질, 계피.
  mettre en ~ 《구어》…을 산산조각으로 부수다; 쳐부수다.
cannelle² *n.f.* ① 마개; (물통 따위의)주둥이, 물꼭지(cannette). ②(방적기의)실통.
cannelé(e) [kanle] *a.* 육계 빛깔의.
cannellier [kanelje] *n.m.* =cannelier.
cannelloni [kane(ɛ)lɔni] 《이탈리아》 *n.m.* 〖요리〗굵은 마카로니.
cannelure [kanlyːr] *n.f.* ① 〖건축〗(기둥의)세로 홈; 골밀어 홈; (피스톤의)둥근 홈, (철판 따위의)골; 〖야금〗(압연기의)홈, 주름. ② (*pl.*) 〖식물〗(줄기의)선, 가는 홈(줄); 〖지질〗단층열하(斷層裂罅); 〖식물〗골과 골 사이의 부분.
canner [kane] *v.t.* ① (의자의 밑판과 등을)등으로 엮어 대다. ② (옛)(직물을)칸(canne)으로 재다.
cannetière [kantjɛːr] *n.f.* =canetière.
cannetille [kantij] *n.f.* ① (자수용이)금(은)실. ② 금실(은실)의 술. ③ 백금선(線).
cannetiller [kantije] *v.t.* 금(은)실로 장식하다.
cannette [kanɛt] *n.f.* ① 마개, 물통둥이, 물꼭지. ② 맥주병(~ à bière). ③ (재봉틀·방적기 따위의)실통.
canneur(se)¹ [kanœːr, -øːz] *n.* 등의자 직공.
canneux(se)² [kanø, -øːz] *a.* 갈대와 같은.
cannibale [ka(n)nibal] *a.* 사람을 잡아먹는, 식인종의; 야만의 (sauvage). joie de ~*s* (야만족의 굿 같은)광란의 축제. clientèle de ~*s* (특매장에)쇄도하는 고객의 무리.
cannibaliser [ka(n)nibalize] *v.t.* 《구어》(폐품이 된)차량·기계 따위에서 부품을 떼어내어)다른 차량·기계를 수리하다.
cannibalisme [ka(n)nibalism] *n.m.* 식인(食人)풍습; 잔인성(férocité). acte de ~ 잔학 행위. C'est du ~. 그건 잔학무도한 짓이다.
cannier(ère) [kanje, -ɛːr] *n.* =canneur.
canoë [kanɔe, kanu] 《영》 *n.m.* 카누, 마상이. faire du ~ 카누 타다.
canoéisme [kanɔeism] *n.m.* 카누 젓기; 카누경기.
canoéiste [kanɔeist] *n.* 카누 젓는 사람; 카누선수.
***canon**¹ [kanɔ̃] *n.m.* ① 〖군사〗대포, 포; 〖집합적〗포병. ~ antiaérien(contre-avion)(s)) 고사포. ~ antichar 대전차포. ~ à tir rapide 속사포. ~ à tir

tendu(courbe) 평(곡)사포. ~ sans recul 무반동포. ~ à pivot 선회(회전)포. ~ atomique 원자포. ~ de bord 함포. ~ de campagne 야포. ~ de tranchée 박격포. tirer au ~ 포사격하다. tirer le ~ à qn …을 위하여 예포를 쏘다. gros ~ 중포대. ~ à électrons 〖물리〗 전자총. ②포신(砲身), 총신, 총대. fusil à deux ~s 2연(連)총. ~s 연(連)총 강강(滑腔)포. ~ (à âme) rayée 라이플 총, 선조(旋條)포. ③(시계의)태엽 상자; (주사기 따위의)통(筒), 동부(胴部) 〖건축〗 홈통; 유황봉(硫黃棒); (자물쇠의)관부(管狀部). ④〖옛〗 8분의 1파인트(pinte) (액체 계량 단위); 1리터; 《구어》포도주병; 〖약〗 약물 계량기. boire un ~ (포도주를)한 잔 마시다. ⑤〖수의〗(말의)정강이. ⑥(pl.)〖옛〗(17세기경)반바지 아랫부분에 달았던 술.
crever comme un ~ de vieux mousquet 불시에 죽다; 뜻밖의 실패를 하다. *faire le ~* 〖광산〗 발파약이 잘못 파열하여)밖으로 뿜어 나오다. *ne pas attendre le ~* (상대의 포격을 기다리지 않고)미리 항복해 버리다.

canon² *n.m.* ①〖가톨릭〗 교회법전, 종규(宗規); 미사의 전문(典文). ~ de l'Église 교회 전범(典範). ~s d'un concile 공의회의 법령. droit ~ 교회법. ~ d'autel (기도문이 적혀 있는)독송(讀誦) 액자. ②교회정경(正經)(신·구약 성서 중에서 공인된 경전, 그외의 것은 apocryphe(외경)); 〖가톨릭〗(공인된)성인 명렬(名列); 〖문학〗작가명표 (B.C. 4세기에 문예의 각 부분의 모범이 되는 작가들을 열거해 놓은). ~ des Écritures 성서성경, 정전(正典). ~ des juifs 유태교 정전. ~ pascal 이동 축일표. ③모범, 규범; 〖미술〗규칙; 기준작품. ④〖음악〗윤창곡(輪唱曲). ⑤〖인쇄〗캐넌 활자. gros ~ 48포인트 활자. petit ~ 28포인트 활자.

canon³, **cañon** [kaɲɔ] *n.m.* (에스파냐의)계곡.
canonial(ale, *pl.* **aux)** [kanɔnjal, -o] *a.* ①종규(宗規)에서 정한, 규정한, 성전(聖典)의. heures ~ales 성무공과(聖務工課). défenses ~ales (교회의) 금령(禁令). ②성당 참사회원(chanoine)의. offices ~aux 참사회원의 미사. maison ~ale 참사회관.
canonialement [kanɔnjalmã] *ad.* ①종규에 의하여. ②〖구어〗관례에 의하여.
canonicat [kanɔnika] *n.m.* 성당 참사회원의 직위(자격·봉급); 《구어》한직. C'est un (vrai) ~. 마음편한(한가한) 지위이다.
canonicité [kanɔnisite] *n.f.* (성서의)정전성(正典性); 종규에 합치함.
canonique [kanɔnik] *a.* ①〖가톨릭〗교회 법전에 합치된; 종규에 관한 livres ~s 성서정전(正典). âge ~ 40세(성직자의 하녀가 될 수 있는 나이); 《구어》상당한 연배. droit ~ 교회법. ②규범의 (normatif); 표준의(général); 《구어》규칙에 맞는. doctrine ~ 기준론(에피쿠로스의 인식론에서 만인 공통의 지각을 지식의 기반으로 삼음). équation ~ 표준 방정식. forme ~ 〖언어〗기준형. phrase ~ 기본문형. Ce n'est pas ~. 《구어》그건 이치에 맞지 않는다(옳지 않다). ③cinq livres ~s (중국의)오경(五經).
canoniquement [kanɔnikmã] *ad.* 교회 법규에 의하여; 《구어》판례에 의하여.
canonisable [kanɔnizabl] *a.* 〖가톨릭〗성인품에 올릴 수 있는.
canonisation [kanɔnizasjɔ̃] *n.f.* 〖가톨릭〗시성식(諡聖式), 성인품에 올리기.
canoniser [kanɔnize] *v.t.* ①〖가톨릭〗성인품에 올리다; 《구어》성인 취급을 하다, 무턱대고 칭찬하다. Jeanne d'Arc *a été canonisée* en 1920. 잔다르크는 1920년에 성인품에 올랐다. ②~ un décret 〖고대법〗법령을 공포하다. ③《옛》규율로 삼다, 성시하다. ~ les opinions de ses maîtres 스승의 의견을 신성시(절대시)하다.
canoniste [kanɔnist] *n.m.* 교회법 학자.
canon-mitrailleuse [kanɔ̃mitrajøːz] (*pl.* ~s-~s) *n.m.* 속사 기관총; 자동 기관포.
canonnade [kanɔnad] *n.f.* 연속포격; 포화. vive ~ 맹포격.
canonnage [kanɔnaːʒ] *n.m.* 포격술; 함포 사격.
canonner [kanɔne] *v.t.* 포격하다; 《구어》맹렬히 공격하다. —**se** ~ *v.pr.* 서로 포격하다.
canonnerie [kanɔnri] *n.f.* 대포 주조소, 주포 공장.
canonnier [kanɔnje] *n.m.* 포수(砲手); 포병. ~ marin (보불 전쟁·1 차 대전시의)하천 경비 포병대. ~ garde-côte 연안 경비 포병대.
canonnière [kanɔnjɛːr] *n.f.* ①〖해군〗포함(砲艦). ②총(활) 쏘는 구멍, 총안(銃眼); 《옛》포안(砲眼). ③〖건축〗배수공(孔), (운하의 수문 따위의)배수구. ④나무 딱총. ⑤《옛》원뿔꼴의 궁륭(穹窿). —*a.* 포함 역할을 하는.
canonnière-aviso [kanɔnjɛravizo] (*pl.* ~s-~s) *n.f.* 포함(砲艦).
canon-obusier [kanɔ̃ɔbyzje] (*pl.* ~s-~s) *n.m.* 곡사포(曲射砲).
canon-revolver [kanɔ̃revɔlvɛːr] (*pl.* ~s-~s) *n.m.* =canon-mitrailleuse.
canope [kanɔp] *n.m.* 〖고대이집트〗 사람 모양의 뚜껑이 있는 상징적인)장례용 토기(土器).
canot [kano] *n.m.* 보트; 놀잇배; 마상이. ~ automobile(à moteur) 모터보트. ~ pneumatique (구조용)고무보트. ~ de plaisance 놀잇배. ~ de pêche 낚싯배. ~ de sauvetage 구명보트. ~ de course 경주용 보트. faire une partie de ~ 뱃놀이를 가다.
canotage [kanotaːʒ] *n.m.* 보트젓기, 보트놀이; 〖스포츠〗조정. faire du ~ 보트놀이를 하다; (스포츠로서)조정을 하다.
canoter [kanote] *v.i.* 보트를 젓다, 보트놀이하다.
canoteur(se) [kanotœːr, -øːz] *n.* 보트를 젓는 사람, 보트놀이하는 사람.
canotier [kanotje] *n.m.* ①(*f.* canotière)(주) 보트 놀이하는 사람; (기선·군함의)보트 조수(漕手). ②(보트놀이할 때 쓰는)밀짚모자, 백모자.
canqueter [kãkte] [5] *v.i.* (집오리 암컷이)꽥꽥 울다.
canson [kãsɔ̃] *n.m.* 도화지.
cant¹ [kã] *n.m.* =can.
cant² [kaːt] 《영》 *n.m.* ①(점잖은 체하는)위선적인 태도. ②《영어의》변말.
cant. 《약자》cantonnement 〖군사〗숙영(지).
cantabile [kãtabile] (이탈리아》《옛》 *n.m.* 〖음악〗 칸타빌레 (느리고 애수를 띰). —*a.* moderato ~ 우아하게 느리게. —*ad.* 노래하듯이, 우아하게.
cantal [kãtal] (*pl.* ~s) *n.m.* 칸탈 치즈(*Auvergne* 산의 소젖과 산양 젖으로 만듦).
cantalien(ne) [kãtaljẽ, -ɛn] *a.* 칸탈(*Cantal*, 프랑스의 주)의. —**C**~ *n.* 그곳 사람.
cantaloup [kãtalu] *n.m.* ①고급 멜론. ②《속어》오베르뉴(*Auvergne*) 사람.
cantar [kãtaːr] *n.m.* 칸타르(옛날 에스파냐·이탈리아 등지의 중량이나 용량의 단위).
cantate [kãtat] *n.f.* 〖음악〗칸타타, 가요(곡).
cantatille [kãtatij] *n.f.* 소 칸타타, 짧은 가요(곡).
cantatrice [kãtatris] *n.f.* 여류 성악가, 여가수.
canter¹ [kãte] *v.t.* (목재를)세워놓다.

canter² [kátœːr] 〖영〗 n.m. 〖경마〗 캔터(경마를 계량장에서 스타트라인까지 구보시키는 것).

canthare [kátaːr] n.m. 칸타로스(고대 그리스·로마의 술통).

cantharide [kátarid] n.f. 〖곤충〗 땅가뢰의 일종; 〖약〗 칸다리스(발포제). emplâtre de ~s 칸다리스 고약. poudre de ~ 칸다리스(분말).

cantharidine [kátaridin] n.f. 〖약〗 칸다리딘(cantharide 로 만든 강력 발포제).

canthère [kátɛːr] n.m. 〖어류〗 도미 무리.

canthus [kátys] n.m. 〖해부〗 안각(眼角). grand [petit] ~ 내[외]안각.

cantilène [kátilɛn] n.f. 〖영〗 세속가(성가 motet 에 대해); 〖문학〗 애가(哀歌); 찬가; 단조롭고 쓸쓸한 가락.

cantilever [kátilevœːr] 〖영〗 n.m. 〖토목〗 캔틸레버, 외팔보, 내다지보. —a. 〖불변〗 pont ~ 캔틸레버식 다리(강 양쪽에서 내민 캔틸레버를 중앙에서 맞이어 만든 다리).

cantine [kátin] n.f. ① 〖군사〗 주보(酒保); 공장·학교 따위의) 구내 식당(réfectoire); 취사계. ② 〖군사〗 야전용 취사 도구 상자; 장교용 트렁크(~ d'officier); 휴대용 의료 상자(~ médicale).

cantiner [kátine] v.t., v.i. 〖속어〗(감옥 매점에서) 음식물을 사다.

cantinier(ère) [kátinje, -ɛːr] n. 주보(酒保)관리인; (공장·학교 따위의)식당業.

cantique [kátik] n.m. 성가, 찬송가, (특히) 크리스마스 축가. recueil de ~s 찬송가집. ~ spirituel 영가. le C~ des C~s (구약성서 중의)아가(雅歌). entonner un ~ 성가를 부르다.

cantoche [kátɔʃ] n.f. 〖군대속어〗 주보(cantine).

canton [kátɔ̃] n.m. ① 지구(地區); 구역; (프랑스 행정구역의)면(canton 보다 큰 구역은 arrondissement (군), 작은 구역은 commune (구)), (스위스 행정구역의)주. ~s voisins des frontières 국경 인접 지역. chef-lieu de ~ 면사무소 소재지. ② 〖토목〗 구획; (철도·도로 따위의), (산림의)구역. ~ en défense 방목(放牧)금지구역. ③ 〖문장〗 왼편 위쪽의 일부 (→ écu 그림).

cantonade [kátɔnad] n.f. 〖연극〗 무대 측면; 무대 뒤(옆). **parler [dire] à la** ~ 무대 뒤를 향하여 대사를 말하다; (특정한 사람에게가 아니라)아무에게나 말하다.

cantonais(e) [kátɔnɛ, -ɛːz] a. (중국의)광동(廣東)의. —C— n. 광동 사람. —n.m. 광동어(語).

cantonal(ale, pl. aux) [kátɔnal, -o] a. (프랑스의)면의. route ~ale 지방도로. élections ~ales 면의원 선거.

cantonné(e) [kátɔne] a.p. ① 〖군사〗(부대 따위가)숙영(宿營)한; 〖축산〗(병든 소 따위가)격리된. (일반적으로)몰아 박힌. être ~ dans l'étude philosophique 철학 연구에 몰두하고 있다. ② 〖문장〗(십자가 무늬가)네[한] 귀퉁이에 있는; 〖건축〗(건물 따위가)기둥·석축 따위로 장식된; (가구의)모서리에 기둥 장식을 한. croix ~e de quatre étoiles 〖문장〗 네 귀퉁이에 별장식을 한 십자가 무늬.

cantonnement [kátɔnmã] n.m. ① 〖군사〗 숙영(지); 숙사; 숙사 배당. quartiers de ~ 숙영지. être en ~ 숙영 중이다. rentrer dans ses ~s 숙영지로 돌아가다. ② 구획; 격리(지구), 감금; (산림의)구역, (철도의)구간; 지정 어로(漁撈)구역.

cantonner [kátɔne] v.t. ① 〖군사〗 숙영시키다. ~ une troupe 부대를 숙영시키다. ② 격리시키다; 가두다. ~ les bestiaux malades 병든 가축을 격리시키다. [~ qn] On l'a cantonné dans ses premières responsabilités. 그는 처음 맡았던 책임 분야에 (계속) 머물렀다(그외의 것을 맡기지 않았다는 뜻). ③ 구획하다. ~ un train 〖철도〗 열차 진행중의 구간을 폐쇄하다(다른 열차의 진입을 막기 위해 신호로 표시함).
—v.i. 〖군사〗 숙영하다.
—se ~ v.pr. ① 숙영하다. ② 틀어박히다; 고립하다; (에)한정하다(se borner à). [se ~ dans] se ~ dans ses études 자기 연구에만 전념하다. se ~ dans le silence 굳게 침묵을 지키다. Je me cantonnerai dans l'explication de ce fait. 나는 이 사실을 설명하는 것으로 그치겠다.

cantonnier(ère¹) [kátɔnje, -ɛːr] n.m. 도로(보수)인부. ~ en chef 인부의 우두머리.

cantonnière² [kátɔnjɛːr] n.f. ① (침대 주위에 드리운)휘장; (창문 위쪽에 친)장식용 천. ② (트렁크의)귀퉁이에 박은 쇠.

Cantorbéry [kátɔrberi] n.pr.m. 〖지리〗 캔터베리(영국의 도시).

canulaire [kanylɛːr] a. =**cannulé**.

canulant(e) [kanylã, -ãːt] a. 〖속어〗지긋지긋한, 귀찮은(ennuyeux).

canular(d) [kanylaːr] n.m. 〖구어〗 ① 짓궂은 장난, 남을 속이기(farce, blague). monter un ~ (장난삼아)남을 속이다, 장난질하다(원래는 학생은어, 지금은 일반화되었다). ② 〖학생은어〗(고등사범학교에서)신입생을 들볶기[구박하기].

canularesque [kanylaresk] a. 〖구어〗허풍스런, 거짓말 같은. histoire ~ 황당무계한 이야기.

canule [kanyl] n.f. ① (세척기·관장기의)노즐; 〖외과〗 카쉴레 (인체에 약을 넣거나 액체를 뽑기 위해 투입되는 관), 주사기의 바늘, 투관(套管), (통·주전자 따위의)주둥이. ② 〖속어〗성가신 녀석; 귀찮은 일.

canulé(e) [kanyle] a. 노즐 모양의, 투관 모양의; 대롱 주둥이 모양의.

canuler [kanyle] v.t. 〖속어〗 [~ qn] 진력나게(귀찮게) 하다, 지긋지긋하게 굴다(importuner); (장난으로)속이다(mystifier).

canus(e¹) [kany, -yːz] a. 리옹(Lyon)의 견직공의.

canut(se²) [kany, -yːz] n. 리옹의 견직 공장 종업원.

canyon [kanjɔ̃] n.m. =**canon**.

canzone [kantsone, kãdzɔn] (pl. ~s, canzoni [kantsoni]) (이탈리아) n.f. 〖음악〗 칸초네.

canzonette [kãdzɔnɛt] n.f. 〖음악〗 칸초네타, 짧은 가요.

caodaïsme [kaodaism] n.m. 카오다이교(베트남의 철학적 종교).

caoua [kawa] n.m. 〖아라비아〗 〖군대속어〗커피.

caouan(n)e [kawan] n.f. 〖동물〗 왕바다거북.

***caoutchouc** [kautʃu] n.m. ① 고무, 탄성 고무(élastique). arbre à ~ 고무나무. ~ brut 생고무. ~ artificiel (synthétique) 인조(합성)고무. ~ régénéré 재생고무. ~ mousse 스폰지고무. ballon de [en] ~ 고무공. ~ imperméable 고무입힌 방수천, (pl.)〖구어〗고무 장화(chaussures en ~); 타이어, 고무바퀴. ② 〖직조〗 고무실, 고무끈. ③ 〖식물〗 인도고무나무. ④ ~ minéral (fossile) 〖광물〗 탄성천연고무, 엘라테라이트(élatérite).

caoutchoutage [kautʃutaːʒ] n.m. (에)고무를 입히다.

caoutchouter [kautʃute] v.t. (에)고무를 입히다; 타이어를 달다. tissu caoutchouté 고무 입힌 천.

caoutchouteux(se) [kautʃutø, -øːz] a. 고무 같은; 고무(질)의.

caoutchoutier(ère) [kautʃutje, -ɛːr] a. 탄성 고무의. —n.m. 〖식물〗 (인도)고무나무.

caoutchoutifère [kautʃutifɛːr] a. 탄성고무를 채집

Cap. 할 수 있는.
Cap. 《약자》 capitaine 《군사》 대위.
cap. 《약자》 ① capital 《상업》 자본. ② capitale 《지리》 수도.
C.A.P. 《약자》 ① certificat d'aptitude professionnelle 직업 교원 자격증. ② certificat d'aptitude pédagogique 교원 자격증.

cap [kap] *n.m.* ① 갑(岬), 곶(promontoire, pointe). ~ de Bonne-Espérance 희망봉. ② 뱃머리; 기수(機首). mettre le ~ sur... 뱃머리[기수]를 …으로 돌리다(se diriger vers). changer de ~ 진로[방향]를 바꾸다. ③ 《해양》 ~ magnétique [au compas, de boussole] 나침반에 나타난 배의 방위; ~-hornier 케이프 혼 갑(cap Horn)을 경유하던 원양 항로 또 대양 범선. ④ ~ de l'avion 《항공》 항공기의 편차각. ⑤《옛》머리; 두목, (특히 남프랑스 항구의 수부나 노동자의)우두머리.
~ *à* ~ *avec qn*《옛》~와 얼굴을 마주대고, 마주보고(tête à tête).
doubler [franchir, dépasser, passer] le ~ (비유적)어려운 국면[어떤 한계]을 넘어서다. Le gouvernement *a doublé le ~*. 정부는 위기를 벗어났다. *doubler le ~* de la soixantaine. 이건 주의하지 않으면 빠뜨리기 쉬운 부분이다. *Il a doublé le ~* de la cinquantaine. 그는 50 고개를 넘어섰다.
ne plus savoir où mettre le ~《구어》어찌할 바를 모르다(perdre la tête).

*capable [kapabl] *a.* ① [~ de *qc*/de+*inf.*] (사람이)능력있는, 재능있는(apte à); (사물 결과가)~ 능한, 적합한(propre à, susceptible de). garçon ~ *de* tous les dévouements 어떤 헌신적인 일도 할 수 있는 아이. Il est ~ *de* comprendre cette explication. 그는 이 설명을 이해할 능력이 있다. programme ~ *de* plaire aux auditeurs les plus difficiles 가장 까다로운 성층의 마음에도 들 만한 프로그램. ② [~ de+*inf.*] …할[일]지도 모르는(우발성). Voilà un détail ~ *de* passer inaperçu si (l')on n'y veille pas. 이건 주의하지 않으면 빠뜨리기 쉬운 부분이다. Il est bien ~ *d'*avoir oublié le rendez-vous. 그는 약속을 잊었을지도 모른다 (충분히 그럴 만한 사람이다 라는 뜻). ③ [~ de *qc*/de+*inf.*] …조차도 불사하는, 능히 …할 성격을 가진. Il est ~ *des* pires bassesses pour... 그는 …하기 위해서는 지독한 비열한 짓도 능히 할 수 있다. ④ (보어 없이) 수완있는, 솜씨 좋은(adroit, habile), 유능한, 재능있는(compétent, qualifié). homme ~ 유능한 사람. C'est un ouvrier très ~. 이 사람은 매우 손씨 좋은 직공이다. ⑤ 《법》(법적으로)능력[자격]이 있는, ~ en justice 법적 능력이 있는. ~ de contracter 채무(債務) 능력있는. ⑥ segment ~ d'un angle donné 《기하》 주어진 각과 동등한 값(圓周角)을 내접하는 원호(圓弧). ⑦《옛》수용[허용]할 수 있는.
~ *de tout* 무슨 일이라도 다 해낼 수 있는; 무슨(악한)짓이라도 놓치 않는. Il est ~ *de tout* pour réussir. 그는 성공하기 위해서는 못할 짓이 없다.
Il n'est pas ~ de raison [d'entendre quelque chose]. 그는 지금 무슨 말을 해도 귀를 기울일 사람이 아니다.
REM *capable* 과 *susceptible* 은 동의어이지만 본래 *capable* 은 능동적, *susceptible* 는 피동적 의미를 갖는다:Elle est seule *capable* de faire ce travail. 이 일을 할 수 있는 사람은 그 여자 뿐이다. immeuble *susceptible* de réparation 수리 가능한 건물. 현대 불어에서는 *susceptible* 이 *capable* 의 영역을 침범하고 있다. Il est *capable* d'enseigner le chinois. 그는 중국어를 가르칠 능력이 있다. Il est susceptible d'enseigner le chinois. 그는 기회가 주어지면 중국어를 가르칠 수 있다. 이처럼 *capable* 은 항시적 의미, *susceptible* 은 수시적 의미를 갖는다.

capablement [kapabləmɑ̃] *ad.*《옛》솜씨있게, 능란하게, 썩 잘.

capace [kapas] *a.*《옛》넓은, 널찍한.

capacimètre [kapasimɛtr] *n.m.* 전기 용량계.

capacitaire [kapasitɛːr] *n.* 법과 적격증(capacité en droit)소지자.
—*a.* 《학술》(법률상)능력있는, 유자격의. suffrage ~ 개인의 직업[학력]에 따라 투표권이 주어지는 선거(제도).

capacitance [kapasitɑ̃ːs] *n.f.* 《전기》 전기 용량(capacité électrique).

capacité [kapasite] (<*capable*) *n.f.* ① 용적, 용량; 적재량. tonneau d'une grande ~ 대용량의 통. ~ d'un véhicule 차의 적재량. ~ pulmonaire [vitale] 폐활량. ② 역량, 재능, 수완(compétence). homme de grande ~ 수완가. On lui a confié une tâche au-dessus de ses ~*s.* 그는 그의 능력을 넘어서는 임무를 위임받았다. ~ productrice d'une société 회사의 생산능력. ③《법》능력, 자격. ~ d'exercice des droits 행위 능력. (certificat de) ~ en droit 법과 적격 자격증 (Baccalauréat 합격자가 아닌 학생으로서 법과대학에서 2년 수료한 자에게 주어짐). avoir ~ pour... …할 법적 능력[자격]이 있다. ④ (*pl.*)유능한[수완 있는] 사람.

caparaçon [kaparasɔ̃] *n.m.* 마의(馬衣), 마갑.

caparaçonner [kaparasɔne] *v.t.* (말에)마의[마갑]를 입히다. 《구어》(옷)이상스럽게 몸치장을 하다.
—*se* ~ *v.pr.* 《구어》이상스럽게 몸치장을 하다.

caparaçonnier [kaparasɔnje] *n.m.* 마의 제조인.

cape¹ [kap] *n.f.* ①(두건 달린)소매 없는 망토; (머리와 어깨를 덮는 부인용)두건. ~ d'agent de police 경관의 망토. ② 투우사가 소를 도발하기 위해 쓰는 붉은 천(muleta). ③(엽궐련의)겉똴 두루말이잎. ④《해양》돛을 적게 한 상태. être [se mettre] à la ~; tenir la ~ (폭풍우 때)바람이 감속 항해하다.
de ~ *et d'épée* 기사도의, 무용(武勇)의. roman *de* ~ *et d'épée* 무협소설. comédie (film) *de* ~ *et d'épée* 검극(劍劇)(한국영화).
n'avoir que la ~ *et l'épée* 허울뿐이고 빈털터리이다.
quitter la ~ *pour l'épée* 평복을 벗고 입대하다.
sous ~ 몰래(속으로). rire *sous* ~ 몰래 웃다. divertir *sous* ~ 남몰래 놀다[재미보다].

cape² (<《영》*cap*) *n.f.* ①(드물게)중산모자(melon). ②(영국에서 구기선수가 국제 시합에서 쓴)선수모.

cape¹ ①

capéer [kapee] *v.i.*《해양》(폭풍우 때)되도록 돛을 적게 하여 감속 항해하다.

capelage [kaplaːʒ] *n.m.* 《집합적》《해양》(배의)삭구(索具); 조범(操帆) 장치.

capelan [kaplɑ̃] *n.m.* ①《어류》빙어과의 작은 물고기(대구잡이의 미끼로 씀). ②《옛》가난한 신부(목사); 《남프랑스》신부, 사제. ③《남프랑스》반딧벌레 무리의 유충.

capeler [kaple] [5] *v.t.* ①《해양》(에)삭구를 장치하다; (밧줄을)(에)둘둘 말다. ~ une vergue avec une estrope 활대에 밧줄 고리를 매다. ② 뒤집어 쓰다, 덮다. barque *capelée* par une vague [une lame] 파도를 뒤집어쓴 배. ~ les masques 방독 마스크를 쓰다.

capelet [kaple] *n.m.* 《수의》(말의)발뒤꿈치 피부의 낭종(囊腫).

capeline [kaplin] *n.f.* ① (여자용의) 햇볕 가리는 모자, 밀짚모자; 어린 이용 두겁. ②《옛》중세 보병의 철모. ③《외과》(머리에 감는 모자형의)붕대.

capendu [kapɑ̃dy] *n.m.* 《원예》빨간 사과의 일종.

capeline ①

caperon [kaprɔ̃] *n.m.* = **capron**.

C.A.P.E.S. [kapɛs]《약자》certificat d'aptitude pédagogique à l'enseignement secondaire 중등교원 자격증.

capésien(ne) [kapɛs(z)jɛ̃, -ɛn] *n.*《학생은어》중등교원 자격 준비자〔소지자〕.

capessien(ne) [kapɛsjɛ̃, -ɛn] *n.*《학생은어》= **capésien**.

C.A.P.E.T. [kapɛt]《약자》certificat d'aptitude pédagogique à l'enseignement technique 기술과 교원 자격증.

capétien(ne) [kapesjɛ̃, -ɛn] *a.*《프랑스사》카페(*Capet*) 왕가의. ━ *n.* 카페 왕가의 사람. ━ *n.m.pl.* (les *C*−s) 카페가〔家〕.

capeyer [kapɛ(e)je] *v.i.* = **capéer**.

capharnaüm [kafarnaɔm] *n.m.* ①《구어》잡동사니가 쌓인 곳, 난잡하게 물건을 쌓아 놓은 장소〔방〕. *Cette boutique est un vrai* ~. 이 상점은 그야말로《물건들이》뒤죽박죽이군. ②(*C*~) 가버나움《예수가 군중을 모아 놓고 설교한 곳》.

cap-hornier [kapɔrnje] *n.m.* = **cap**③.

capillacé(e) [kapi(l)lase] *a.* 털같이 가느다란, 털모양의.

capillaire [kapi(l)lɛːr] *a.* ① 털같이 가느다란;《물리》모세관(작용)의. phénomènes ~s 모(세)관 현상. tube ~ 모(세)관. constance 〔tension〕 ~ 표면장력〔tension superficielle〕. électromètre ~ 모(세)관 전위계〔電位計〕. ② 머리털의, 털의. artiste ~ 이발사. ━ *n.m.* ①《식물》고사리 따위의 양치류. ②(*pl.*)〔해부〕모세〔혈〕관〔vaisseaux ~s〕. ━ *n.f.pl.*《인체》모세관.

capillarimètre [kapi(l)larimɛtr] *n.m.* 모(세)관 현상계〔計〕.

capillariose [kapi(l)larjoːz] *n.f.* 가금(家禽)의 소화기병.

capillarite [kapi(l)larit] *n.f.*《의학》모세 혈관염.

capillarité [kapi(l)larite] *n.f.* 털 같이 가느다란; 모(세)관 현상; 모(세)관 현상학〔론〕.

capilliculteur [kapi(l)likyltœːr] *n.m.* 미용사.

capilliculture [kapi(l)likyltyːr] *n.f.* 이발, 미용.

capillifolié(e) [kapi(l)lifɔlje] *a.*《식물》머리털 모양의 잎이 있는.

capilotade [kapilɔtad] *n.f.* 고기를 잘게 썰어서 넣은 스튜. *avoir les pieds* 〔*les reins, le dos*〕 *en* ~ (피로해서)발〔허리·등〕이 몹시 아프다. *mettre qn en* ~ 《구어》⋯을 녹초가 되도록 때려 눕히다; ⋯을 중상하다.

capiston [kapistɔ̃] *n.m.*《군대은어》중대장.

capitainat [kapitena] *n.m.* capitaine의 직위.

***capitaine** [kapitɛn] *n.m.* ①《군사》육군 대위, 중대장(~ *commandant*, ~ *en premier*) 〔해군의〕함장. ~ *d'infanterie* 보병 대위. ~ *aviateur* 공군 대위. ~ *de corvette* 〔*de frégate, de vaisseau*〕 해군 소령〔중령·대령〕. *passer* ~ 대위가 되다. ②(상선의)선장. ~ *au long cours* 원양항해의 선장. ~ *de port* 항무관(港務官). ③《일반적으로》장, 우두머리; 대장, 지휘관;《스포츠》팀의(주장), 대기업체의 장. ~ *de gendarmerie* 헌병 대장. ~ *des* 〔*de*〕 *pompiers* 소방 대장. *grand* ~ 대장(大將), 명장. ~ *d'une bande de brigands* 도적단의 두목. ~ *d'une équipe de football* 축구팀의 주장. ~*s d'industrie*《경제》대실업가들. ④《옛》왕가의 관리관(gouverneur). ~ *des chasses* 〔*de louveterie*〕 수렵관.

capitainerie [kapitɛnri] *n.f.* ①《옛》(왕정시대의 프랑스의)수렵관의 관할구역〔직위〕. ②항무관(港務官)사무소(~ *du port*).

***capital¹(ale¹, *pl.* aux)** [kapital, -o] *a.* ① 주요한, 중대한(majeur, ↔ minime); 기본의, 제 1 의(essentiel, ↔ secondaire). faute ~*ale* 중대한 과오. jouer un rôle ~ 중요한〔중추적〕역할을 하다. [Il est ~ de+*inf.*] *Il est* ~ *de* tenir votre parole. 약속을 지키시는 것은 중요한 일이다. [Il est ~ que+*sub.*] *Il est* ~ *que* le secret soit parfaitement gardé. 비밀이 완전히 지켜진다는 것이 가장 중요한다. sept péchés ~*aux* 《종교》 7 죄종(罪宗)《교만·탐욕·사음(邪淫)·질투·탐식·분노·태만》. ②《생명〔머리〕에 관계되는, 사형의. peine ~*ale* 사형. exécution ~*ale* 사형 집행. ennemi ~ 불구대천의 원수, 숙적. taille ~*ale* 인두세(人頭税). ③ 수위(首位)의, 첫째의. lettre ~*ale* 머리글자, 대문자. ville ~*ale*《옛》수도.
━ *n.m.* 중요한 것, 요점, 핵심(essentiel). Le ~ est de se bien porter. 중요한 것은 건강하게 지내는 일이다. faire son ~ de *qc* ⋯을 중시하다, ⋯에 전념하다.

***capital²(*pl.* aux)** *n.m.* ① 자본(금)(fonds). ~ *social* (회사의)자본금. augmentation de ~ 증자(增資). ~ *fixe*〔*engagé*〕 고정자본. ~ *circulant* 〔*de circulation*〕 유통 자본. engager〔investir〕 *dans une affaire un* ~ 사업에 투자하다. ② 원금(principal). ~ *d'une dette* 부채의 원금. amortir〔rembourser〕 *un* ~ 원금을 갚다〔상환하다〕. dépenser son revenu sans entamer le ~ 원금에는 손대지 않고 그것에서 얻는 수입을 쓰다. ③(*pl.*)《재정》유동자본. circulation des ~*aux* 자본의 유통. fuite〔émigration〕 des ~*aux* 자본도피〔유출〕. placer ses ~*aux* 자본을 투자하다. ④《비유적》자산(fortune). *La santé est un précieux* ~. 건강은 소중한 자산이다. *avoir un riche* ~ *de connaissances* 풍부한 지식을 축적하고 있다. ⑤자본이 계급. *association* ~-*travail* 노자협회.

***capitale²** [kapital] *n.f.* ① 수도,《비유적》중심지. *habiter la* ~ 수도에 살다. *Genève était la* ~ *du protestantisme*. 주네브는 신교의 중심지였다. ②《인쇄》머리글자, 대문자. *écrire son nom de famille en* ~ 성을 대문자로 쓰다. ~ *romaine* 로마체 대문자.

capitalement [kapitalmɑ̃] *ad.*《옛》① 주로, 첫째로. ②치명적으로(mortellement). *punir* ~ 사형에 처하다.

capitalisable [kapitalizabl] *a.* 자본화할 수 있는.

capitalisation [kapitalizasjɔ̃] *n.f.* ① 자본화; (이자·수익의)현가 계상, 자본평가. ~ *boursière* 주식 자본화. ~ *des intérêts* (복리법에 의한)이자의 원금화. ② 축재, 저축.

capitaliser [kapitalize] *v.t.* ① 자본화하다; 자본(원금)으로 환원하다. ~ *les intérêts* 이자를 원금으로 환원하다. ②(연금 따위를)현가 계상하다. ~ *une rente* 연금을 자본가치로 산출하다. ③《비유적》축적하다(accumuler). ~ *une richesse* 부를 축적하다. ━ *v.i.* (자본을 만들기 위해)저축하다.

capitalisme [kapitalism] *n.m.* ① 자본주의. ②《집합적》자본주의 국가.

capitaliste [kapitalist] *n.* 자본가, 자본주의자;《구어》부자. *gros* ~ 큰 부자. ━ *a.* 자본가의, 자본주의의, 자본주의적인. régime ~ 자본주의 체제. économie ~ 자본주의 경제.

capitan [kapitɑ̃] *n.m.*《옛》허세부리는 사

capitane [kapitan] *n.f.* 《해양》 (옛날의)기함.

capitan-pacha [kapitɑ̃paʃa] (*pl.* ~s-~s) *n.m.* (터키의)제독(提督)(기함).

capitation [kapitɑsjɔ̃] *n.f.* (봉건시대의)인두세.

capité(e) [kapite] *a.* 《식물》 두상(頭狀)의. fleurs ~es 두상화.

capiteux(se) [kapitφ, -φ:z] *a.* ① (술기운이)머리로 오르는(enivrant). vin ~ 독한 술. ② (비유적) (사람을)취하게 하는, 흘리는(excitant). parfum ~ 사람을 취하게 하는 향기(향수). femme [beauté] ~se 남자의 마음을 흘리는 여자(아름다움).

Capitole (le) [ləkapitɔl] *n.m.* ① 《고대로마》 로마의 일곱 언덕의 하나; (그 언덕 위의)주피터의 신전. ② 툴루즈(Toulouse, 프랑스의 도시)의 시청. ③ (워싱턴의)국회 의사당.
monter [être conduit] au ~ 대승(大勝)하다.

capitolin(e) [kapitɔlɛ̃, -in] *a.* 《고대로마》 Capitole의. la Triade ~e 주피터, 주노, 미네르바의 3 신(神). Jeux C~s (주피터신에 바쳐진)카피톨리움 경기.

capiton [kapitɔ̃] *n.m.* ① (의자 따위에 넣는)풀솜. ② (의자등 따위의 속에 풀솜을 누벼 고정시킬 때 생긴)불룩한 부분; (*pl.*)(의자의)쿠션 부분. ③ (비유적)완충물.

capitonnage [kapitɔnaːʒ] *n.m.* ① capitonner 하기. ② (솜 따위의)불룩함; 쿠션 부분. ~ du wagon 열차의 좌석 쿠션.

capitonner [kapitɔne] *v.t.* (의자 따위의)속을 넣고 (군데군데) 누비다(rembourrer); 쿠션을 대다. porte *capitonnée*(소리 나지 않게)쿠션을 댄 문. bien *capitonnée* 《속어》 (여자가)풍족한.

capitoul [kapitul] *n.m.* 《역사》 중세의 툴루즈 시의 행정관.

capitoulat [kapitula] *n.m.* capitoul 의 직(위).

capitulaire [kapitylɛːr] *a.* ① 《종교》 교회 참사회의. acte ~ 참사회에서 작성한 보고서, assemblée ~ 교회 참사회. vicaire ~ (사교[司教]가 공석일 때 교구를 관리하는)참사회원. ② (책의)장(章)의; 장으로 나뉘어진. lettre ~ (장의 첫머리의)장식 대문자.
—*n.f.* (책의)장 첫머리의 장식 대문자(lettre ~).
—*n.m.pl.* 《역사》 (프랑크족의 왕의)법령집. les ~s de Charlemagne 샤를마뉴 대왕의 법령집.

capitulairement [kapitylɛrmɑ̃] *ad.* 참사회를 거쳐

capitulant [kapitylɑ̃] *a.m.* 《교회》 참사회에서 발언할 수 있는. —*n.m.* 교회 참사회 회원.

capitulard(e) [kapitylaːr, -ard] *a.* ① 항복론의. ② 《구어》(경멸》 비겁한, 겁많은(lâche). —*n.* (보불전쟁의 파리 농성 당시의)항복론자; 비겁한 사람; 겁쟁이.

capitulation [kapitylɑsjɔ̃] *n.f.* ① 《군사》 항복; 항복 조약; 항복 문서. dresser[signer] une ~ 항복 조약을 작성하다[조약에 서명하다]. ② (비유적) 타협. ~ de conscience 양심을 굽힘. ③ 《법》 거류민에 대한 특허 협약. les C~s 《역사》 오스만 제국이 거류 외국인에게 치외법권 따위를 허가한 협정서.

capitule [kapityl] *n.m.* ① 《식물》 두상화(頭狀花). en ~ 두상화의. ② 《종교》 (성무일과[聖務日課]에서 시편 뒤, 성가 앞에 낭송되는)성서에서 발췌한 구절.

capitulé(e) [kapityle] *a.* 《식물》 두상화의.

capituler [kapityle] *v.i.* ① 항복하다(↔ résister); 항복 조건을 정하다. ~ sans conditions 무조건 항복하다. ② (비유적) 타협하다(céder, ↔ tenir). ~ avec sa conscience 자기 양심을 굽히다[속이다].

caplan [kaplɑ̃] *n.m.* =**capelan**.

capnofuge [kapnɔfyːʒ] *a.* 연기를 막는.

capoc, capok [kapɔk] *n.m.* =**kapok**.

capon¹(ne) [kapɔ̃, -ɔn] *a.* ① 《옛·구어》 겁 많은, 비겁한(couard, lâche, poltron). ② charge ~*ne* 《옛》 명예직.
—*n.* 《구어》 ① 겁장이; 비겁한 사람; 《학생은어》 고자질하는 학생(élève ~). ② (노름판의)야바위꾼. ③ 《옛》 아첨꾼(flagorneur, flatteur).

capon² [kapɔ̃] *n.m.* (닻을 감아올리는)도르래. bossoir de ~ 조묘가(吊錨架).

caponner [kapɔne] *v.i.* 《구어》 ① 겁먹다; 비겁한 짓을 하다; 《학생》 고자질하다. ② (노름에서)야바위치다(filouter). —*v.t.* 《옛》 (에게)아첨하다 (cajoler, flagorner).

caponner *v.t.* (닻을)감아올리다.

caponnière [kapɔnjɛːr] *n.f.* ① (터널 안의)대피소. ② 《축성》 엄호된 통로(→ fortification 그림).

capoquier [kapɔkje] *n.m.* 《식물》 케이폭나무(fromager).

caporal(*pl.* aux) [kapɔral, -o] *n.m.* ① 《군사》 (육군·공군)하사. ② 《구어》 (프랑스의)담배의 일종 (tabac du soldat보다는 상질). ③ 《역사》 (코르시카 인민 해방 운동의)우두머리. le Petit C~ 나폴레옹 1세의 별명.
quatre hommes et un ~ 《구어》 최소단위[소수]의 군대; 군대. faire venir quatre hommes et un ~ 군대를 동원하다. On en viendrait à bout avec quatre hommes et un ~. 그럴 일이라면 몇 사람만으로[간단히] 해치울 수 있을 것이다.

caporal-chef(*pl.* ~aux-~s) [kapɔralʃef, kapɔro-] *n.m.* 《군사》 중사.

caporaliser [kapɔralize] *v.t.* 《드물게》 군국주의화하다; 군대식으로 다루다.

caporalisme [kapɔralism] *n.m.* 군국주의(militarisme, ↔ libéralisme); 군대식.

caporal-tambour(*pl.*—*aux*-~s) [kapɔraltɑ̃buːr, kapɔro-] *n.m.* 《군사》 고수(鼓手)하사.

capot¹ [kapo] *n.m.* ① (자동차·비행기의)발동기 덮개, 보네트. soulever le ~ pour vérifier le niveau d'huile 윤활유의 양을 점검하려고 보네트를 들어올리다. ② 《해양》 (갑판의 물건을 비로부터 보호하는)방수 덮개; (요트 따위의)갑판 승강구의 덮개; (잠수함의)덮개문, 뚜껑문. ③ 《건축》 계단의 통랑(通廊); (굴뚝의)통풍 갓. ④ 《원예》 속성재배 온상. ⑤ 《옛》 (16세기의)두건 달린 외투(capote); (특히)성 기사단의 의식용 망토.

capot² *n.m.* (카드놀이에서)완승(完勝)의 수(手). faire (un) ~ 완승하다. ② (비유적) 완전히 패배시키다. —*a.* (불변) 완패의, 전패의. Elles sont ~. 그 여자들은 전패했다. faire[rendre] *qn* ~ …을 완패시키다. être[rester] ~ 패배하다. ③ 《구어》 꼼짝 달싹 못하는, 어리벙벙한(confus, interdit).

capot³ *n.m.* faire ~ =capoter¹.

capotage¹ [kapota:ʒ] *n.m.* ① (차 발동기에)덮개 달기. ② (차 뚜껑·포장의)개폐 장치.

capotage² *n.m.* (배의)전복; (차·비행기의)곤두박질.

capote [kapɔt] *n.f.* ① (차의)포장, 덮개. ② (굴뚝의)갓. ③ ~ anglaise 《속어》 콘돔(préservatif). ④ 두건 달린 긴 외투; 《군사》 군용 외투; 《옛》 여자용 망토; (테없는)부인모.

capoter¹ [kapɔte] *v.i.* ① (배가)전복하다; (차·비행기가)곤두박질하다, 전복하다(culbuter). L'auto *a capoté* dans un virage. 차가 커브길에서 전복했다. ② 실패하다(échouer). Ce projet *a* définitivement *capoté*. 이 계획은 결정적으로 무산되었다.

capoter² v.t. (차에)포장[덮개]을 씌우다.
capouan(e) [kapwɑ̃, -an] a. (이탈리아)카푸아(Capoue)의. —C~ n. 카푸아 사람.
capout [kaput] n.m. faire ~ à qn《군대은어》…을 죽이다.
cappadocien(ne) [kapadɔsjɛ̃, -ɛn] a. 카파도시아(인)의 (고대 소아시아의 중부지방). —C~ n. 카파도시아 사람.
capparid(ac)ées [kaparid(as)e] n.f.pl. 【식물】 풍접초과(風蝶草科).
câpre [kɑ:pr] n.f. 서양 양각초[풍접초]의 꽃봉오리. sauce aux ~s 양각초[풍접초]꽃봉오리 소스.
capréolé(e) [kapreɔle] a. 【식물】 덩굴손 모양의, 덩굴손이 있는.
capricant(e) [kaprikɑ̃, -ɑ̃:t] a. ① 깡충대는(saccadé, sautillant). allure ~ 깡충거리는 걸음걸이. ② 【의학】 고르지 못한(inégal). pouls ~ 고르지 못한 맥박.
capriccio [kapritʃ(sj)o]이 (이탈리아) n.m. 【음악】 카프리치오, 광상곡, 기상곡(奇想曲).
*****caprice** [kapris] n.m. ① 변덕, 일시적 기분(fantaisie, lubie); 변덕스러운 짓. faire qc par ~ (selon ses ~s) …을 기분대로 하다. travailler de ~ 기분에 따라 일하다. faire un ~ [des ~s] (특히 아이들이)변덕스러운 짓을 하다, 투정하다. ② 일시적 [기분적] 사랑(《구어》amourette, béguin). ③ (종종 pl.) 갑작스러운 변화(≠constance); (유행의) 변덕; (운명의 장난; (경치 따위의) 기묘한 모습. suivre tous les ~s de la mode 유행의 온갖 변덕스러운 변화를 좇다. du sort 운명의 장난. ~s des nuages 구름의 천태만상. ④ 《옛》환상, 기막힌 착상(fantaisie). Ce poète a de bons ~s. 이 시인은 기막힌 착상을 가지고 있다. ⑤ 【음악】 =capriccio. ⑥ 【지질】 (광맥의)지맥(支脈).
capricieusement [kaprisjøzmɑ̃] ad. 변덕스럽게, 제멋대로.
capricieux(se) [kaprisjø, -ø:z] a. 변덕스러운, 기분적인(changeant, inconstant); 제멋대로인. enfant ~ 변덕스러운 아이. humeur ~se 변덕. —n. 변덕장이, 기분파.
capricorne [kaprikɔrn] n.m. ① 【곤충】 미끈이하늘소 무리. ② 【동물】 영양(羚羊). ③ (C~) 『천·점성』 산양좌, 마갈궁(磨羯宮). tropique du C~ 【천문】 남회귀선, 동지선.
capridés [kapride] n.m.pl. 《옛》【동물】 염소과(科) 《지금은 소과(科)(bovidés)에 들어감》.
câprier [kɑpri(je] n.m. 【식물】 양각초 [풍접초] (風蝶草).~ épineux 가시 양각초.
câprière [kɑpri(j)ɛ:r] n.f. 양각초 [풍접초] 밭. 양각초 [풍접초] 꽃봉오리(câpre)를 보존하는 통 [항아리].
caprification [kaprifikasjɔ̃] n.f. 【농업】 (야생무화과를 이용한)무화과 결실 촉진법.
caprifoliacées [kaprifɔljase] n.f.pl. 【식물】 인동과(科).
caprin(e) [kaprɛ̃, -in] a. 【동물】 염소의. espèces (races) ~es 염소류.
capriote [kapri(j)ɔt] a. 카프리(Capri, 이탈리아의 나폴리만의 섬)의. —C~ n. 카프리 사람.
capripède [kapriped] a. 염소 같은 발을 가진. faune ~ 염소의 발을 가진 목신(牧神)(satyre).
caprique [kaprik] a. acide ~ 【화학】 카프리산.
caprisant(e) [kaprizɑ̃, -ɑ̃:t] a. 【의학】 =capricant.
caproïque [kaprɔik] a. acide ~ 【화학】 카프론산 (acide caprique).
capron [kaprɔ̃] n.m. 【식물】 큰딸기.

capron(n)ier [kaprɔnje] n.m. 【식물】 큰딸기나무.
caprylique [kaprilik] a. acide ~ 【화학】 카프릴산(酸).
capselle [kapsɛl] n.f. 【식물】 냉이 《속칭: bourse-à-pasteur》.
capsulage [kapsylaːʒ] n.m. (병에)쇠마개 덮개 (capsule) 씌우기.
capsulaire [kapsylɛːr] a. 【식물·해부】 꼬투리 모양의; 낭(囊)의, 협막(莢膜)의. fruit ~ 협과(莢果). ligament ~ 【해부】 수정낭막.
capsulateur [kapsylatœːr] n.m. (병에)쇠마개를 씌우는 기계.
capsule [kapsyl] n.f. ① (코르크 마개 위에 씌우는) 쇠마개 덮개; (전화기 진동판의)덮개. ② 【식물】 꼬투리; 【해부】 협막(莢膜), 피낭(被囊). ~ articulaire 관절낭. ~ de cœur 심낭. ~ 【약】 교갑, 교갑. ④ (총포의)뇌관(~ fulminante). ~ d'une cartouche (뇌관 속의)점화약, pistolet d'enfant à ~s 어린이용 딱총. ⑤ 【화학】 작은 접시; 증발 접시. ⑥ 【우주】 (우주선의)머릿부분, 캡슐. ~ spatiale 우주 캡슐. ~ biplace 2인승 캡슐. ~-cabine 선실(船室). ~-usine 기계실.
capsuler [kapsyle] v.t. (병에)capsule을 씌우다. —v.i. (총포가)불발에 그치다.
capsulerie [kapsylri] n.f. 뇌관 제조(소).
capsuleur(se) [kapsylœːr, -øːz] n. 쇠마개 덮개를 씌우는 사람[기계].
captage [kaptaːʒ] n.m. ① (물을)끌어대기. ~ des eaux d'une rivière 냇물 끌어대기. ② (전류를 전차 따위에)끌어대기. ~ du courant 충전.
captal [kaptal] n.m. 《옛》 (중세의)대장, 우두머리; (Gascogne 지방의)대장, 수령(capitaine).
capta*teur*(trice) [kaptatœːr, -tris] n. 【법】 농락자, 사취자. ~ de succession 【법】 유산을 착복하려는 사람.
capta*tif*(*ve*) [kaptatif, -iːv] a. 【심리】 (어린아이 따위가)독점애의 경향이 있는.
captation [kaptasjɔ̃] n.f. 【법】 (유산 따위를 착복하기 위해)농락을 쓰는 수단.
captativité [kaptativite] n.f. 【심리】 (어린 아이 따위가 나타내는)독점애.
captatoire [kaptatwaːr] a. 농락[사취]하는, 사취에서 얻은. manœuvres ~s 착복하기 위한 술책, 사취 수단.
capter [kapte] v.t. ① (사람(의 마음)을)구슬러 끌어들이다, 매수하다; 교묘한 수단으로 손에 넣다, 사취하다; 얻다(gagner, ↔ perdre). ~ l'attention de qn …의 주의를 끌다. ~ la faveur des électeurs 유권자의 호감을 사다. ~ un héritage (교묘하게) 유산을 손에 넣다. ② (물을)끌어대다(canaliser); (전류를)끌어대다. ~ une source 샘물을 끌어대다. ③ (전신·전화를)도청하다, 가로채다(intercepter); (방송을)캐치하다. ~ un message du haut commandement ennemi 적의 상급사령부의 지령을 가로채다. ~ un sans-fil 무전을 캐치하다. ④ (매연·먼지 따위를)흡인[수]해서 모으다; (열·에너지를)모으다. ~ la chaleur solaire 태양열을 모으다.
capteur [kaptœːr] a. vaisseau ~ 다른 배를 나포하는 배. —n.m. ① (전시의)적선 포획용 선박. ② 【기계】 픽업《기계의 작동을 전기 신호로 변환하는 기》. ③ ~ piézo-électrique 피에조 전기 변환기. ④ 태양열 집적기.
captieusement [kapsjøzmɑ̃] ad. 《문어》걸려들기쉽게. interroger ~ un accusé 피고가 걸려들 수 있게 심문하다.
captieux(se) [kapsjø, -øːz] a. 속이기가 쉬운, 걸려

captif(ve)

들기 쉬운, 엉큼한, 궤변을 부리는(trompeur). argument ~ (남을 함정에 빠뜨리는)궤변. avoué ~ 궤변을 부리는 소송 대리인.

captif(ve) [kaptif, -i:v] a. ① (옛·문어)포로가 된 (prisonnier); 자유를 빼앗긴, 갇힌. roi ~ 포로가 된 왕. animaux ~s du jardin zoologique 동물원에 갇힌 짐승들. ② (비유적) [~ de/qn] (에)사로잡힌, 얽매인, (의)노예가 된(asservi, ↔ libre). être ~ de ses passions 정념에 사로잡히다. ③ 붙잡아 매어놓은(attaché); 【지질】 갇히어 있는. ballon ~ 계류(繫留)기구. nappe ~ve (불투수층 사이에 낀)지하수층.
—n. 포로(prisonnier). ~ de l'amour 사랑의 포로. —n.m. (구어)계류 기구(ballon ~).

captivant(e) [kaptivã, -ã:t] a. 마음을 사로잡는, 매력적인(attachant, séduisant). film ~ 흥미진진한 영화. homme ~ 매력있는 사람. charme ~ 사람의 마음을 사로잡는 매력.

captiver [kaptive] v.t. ① (의)마음을 끌다, 사로잡다, 매혹하다, 호리다(conquérir, charmer). ~ son auditoire 청중(의 마음)을 사로잡다. Les enfants *sont captivés* par cette émission. 아이들은 이 방송에 열중하고 있다. ② (옛) 포로로 하다(↔ libérer); (비유적) (정념 따위를)억제하다.
—**se** ~ v.pr. ① [se ~ à qn/qc] (에) 굴복하다, 따르다; 열중하다(se passionner). se ~ à une lecture 독서에 열중하다. ② 복종하다; 자기를 억제하다(se soumettre, se maîtriser).

captivité [kaptivite] n.f. ① 사로잡힌(자유를 빼앗긴)상태, 갇힘(emprisonnement); 얽매임, 속박. vivre en ~ 사로잡혀 살다. ② (비유적)(마음의)사로잡힘.

capture [kapty:r] n.f. ① 나포, 포획, 사로잡기; 체포(arrestation). ② 잡힌[노획된]것, (사로)잡힌 사람(butin, prise). ③ (세관에서 금지품의)압수(saisie), (선박의)나포. ④ ~ (d'électron) K (물리) K (전자)포획.

capturer [kaptyre] v.t. ① (산 채로)잡다, 사로잡다(attraper, prendre); 체포하다(arrêter). ~ un animal féroce 맹수를 사로잡다. ~ un voleur 도둑을 체포하다. ② 나포하다(saisir). ~ des navires ennemis 적군의 선박을 나포하다.

capuce [kapys] n.m. ① (수도사의)뾰족 두건. ② (칼의)날 밑의 윗부분.

capuche [kapyʃ] n.f. ① (여자용의)두건, 후드, (우비의)두건.

capuchon [kapyʃɔ̃] n.m. ① (망토 따위에 달린)(여자용으로 capuche); 【종교】 두건 달린 망토, imperméable à ~ 모자[두건] 달린 비옷. prendre le ~ 수도사가 되다. ② (각종의)덮개, 뚜껑. ~ de stylo 만년필 뚜껑. ~ de cheminée 굴뚝의 갓. ~ du tube de dentifrice 치약 튜브의 뚜껑. ③ 【식물】 관상(冠狀) 꽃잎; 【조류】 관정(冠頂).  capuchon

capuchon-de-moine [kapyʃɔ̃dmwan] (pl. ~s-~) n. 바곳속(屬).

capuchonné(e) [kapyʃɔne] a.p. 두건을 쓴, 두건 모양의; 【식물】 모자 모양의. pétale ~ 두건 모양의 (관상) 꽃잎.

capuchonnement [kapyʃɔnmã] n.m. (굴뚝 따위에) 갓 씌우기.

capuchonner [kapyʃɔne] v.t. ① (옛)두건을 씌우다. ② (굴뚝에)갓을 씌우다.

capucin(e¹) [kapysɛ̃, -in] n. ① 성프란체스코회 카

푸친회의 수도사[수녀]. ② 독실한 신자인 체하는 사람.
à la ~e ⓐ (의)자나 벽난로가 카푸친 수도사풍의 소박한, 장식이 없는. cheminée *à la ~e* 장식없는 소박한 벽난로. ⓑ 독실한 신자인 체하여.
barbe de ~ ⓐ (구어)긴 턱수염. ⓑ =chicorée. *~s de cartes* (어린아이가)마분지를 수도사 모양으로 오린 것. tomber comme des *~s de cartes* (구어) 연달아 팍팍 쓰러지다.
parler comme un ~ 코먹은 소리로 말하다.
—n.m. ① (사냥꾼들 사이에서)산토끼. ② (중남미산의)원숭이의 일종(saï, sajou).

capucinade [kapysinad] n.f. (옛)따분한 설교; 독실한 신자인 체하기.

capucine² [kapysin] n.f. ① 【식물】 한련(의 꽃). ② (어린이들 추는)원무. danser la ~ 원무를 추다. ③ 【건축】 (처마처럼 내민)빗물 흘림돌; (마차 따위의)포장. ④ (옛) (총신과 총상을 연결하는) 고리. —a. (불변)한련꽃 색의, 오렌지색의. robe ~ 오렌지색 원피스.

capucinière [kapysinjɛ:r] n.f. 카푸친 수도사의 집; (경멸)잡신자의 집.

capulet [kapylɛ] n.m. (피레네 지방의)여자용(用) 두건.

caput mortuum [kapytmɔrtyɔm] n.m. (옛) 【연금】 (증류한 후의)찌꺼기; 찌꺼기 같은 것.

capvirade [kapvirad] n.f. 【농업】 (남프랑스에서, 쟁기를 끄는 소가 되돌아 서는)밭고랑 끝(그대로는 갈리지 않기 때문에 다른 밭에 대해 직각으로 가는 곳).

capybara [kapibara] n.m. 【동물】 =cabiai.

caquage [kaka:ʒ] n.m. (청어·화약통)통에 쟁이기.

caque [kak] n.f. ① (절인 청어(harengs)를 쟁이는) 통. une ~ de harengs 청어통 한 통. serrés[pressés] comme des harengs en ~ (구어) 콩나물 시루같이 빽빽한. ② 화약통; 술통.
La ~ sent toujours le hareng. (속담) 태생은 속일 수 없다, 제버릇 개 못 준다.

caquer [kake] v.t. ① (청어 따위의 내장을 꺼내어) 절이다; (청어를)통에 쟁이다. ② (화약 따위를)통에 쟁이다.

caquet [kakɛ] n.m. ① (암탉이 알을 낳을 때의)꽥꽥거리는 소리(gloussement); (참새의)짹짹거리는 소리. ② (비유적) (허풍섞인)수다, 재잘거리기 (bavardage); 【동물】 (pl.)험구. ~ d'un fat 잘난체하는 자의 허풍. ~ *bon bec* (La Fontaine의 우화에 나오는)까치. *rabattre[rabaisser] le ~ à[de] qn* …의 입을 다물게 하다.

caquetage [kakta:ʒ] n.m. caqueter 하기.

caquillier [kakije] n.m. 【식물】 십자화과(科)의 【식물】.

*****car¹** [ka:r] conj. 왜 냐하면, 까닭은 …때문(parce que, puisque). Ferme la fenêtre, ~ il y a un courant d'air. 창을 닫아라, 생바람이 들어오니까.
~ en effet (구어)결국은 (car를 강조한 형태로서 일종의 중복법).
—n.m. (복수불변) 까닭, 이유. les si et les ~ (어) 「만약」「그 까닭은」따위를 자주 사용하는 번거로운 이론.

car² [영] n.m. ① 관광버스, 장거리 버스(autocar). ~ d'excursion 유람버스. ligne de ~s 장거리 버스 노선. ~ de police 경찰관 수송버스. ~ de reportage(라디오·텔레비전의)방송차. ② 열차차량. sleeping-~ 침대차. dining-~ 식당차.

car. (약자) cartonné 《제본》 판지 장정의.

Carabas [karaba] n.pr.m. le marquis de ~ 카라바 후작(Charles Perrault 의 동화 Le Chat botté 속의 인물);《구어》정체가 수상한 귀족, 협잡 귀족.

carabe [karab] n.m. 《곤충》먹장벌레.

carabidés [karabide] n.m.pl. 《곤충》 먹장벌레과.

carabin [karabɛ̃] n.m. ①《구어》의과 대학생. ~s de Saint-Côme 《옛》외과견습생(aides chirurgiens). ② (카드놀이 등의 도박에서)불쑥 뛰어들어 1 회 승부를 거는 사람(carabineur). ③《옛》(실력없는)3 류인, 시시한 인간. ~ d'orchestre 3 류악사. ④《옛》(16 세기의)경기병(cavalier).

carabinade [karabinad] n.f.《옛》작은 충돌[싸움]; 《속어》의과 학생들의 장난질.

carabinage [karabina:ʒ] n.m. 선조(旋條)를 파기; 선조(rayure).

carabine [karabin] n.f. 기병총; 가벼운 소총. ~ à air comprimé 공기총.

carabiné(e) [karabine] a.p. 《구어》엄청난, 지독한 (violent), 대단한, 심한(fort, ↔ faible). amende ~e 엄청난 벌금. grippe ~e 지독한 독감. brise ~e 《해양》돌풍.

carabiner [karabine] v.t. 《옛》(총신·포신 내부에)선조(旋條)를 파다(rayer).
— v.i. ①《노름》소심한 내기를 하다. ②《옛》경기병처럼 전투하다(se battre en carabin); 작은 전투[충돌]를 하다. ③《옛》《해양》(돌풍이)세차게 불다.

carabinier [karabinje] n.m. ①(이탈리아의)헌병; (에스파냐의)세관원. ②《옛》기병총으로 무장한 기병[보병]. arriver comme les ~s《구어》너무 늦게 도착하다, 지각하다.

carabiques [karabik] n.m.pl. = carabidés.

Carabosse [karabɔs] n.pr. la fée ~ (요술굿은 꼽추할망구 요정. une fée ~ 흉악한 심술장이 노파.

caracal [karakal] (pl. ~s) n.m. 《동물》 (북아프리카·남아시아의)스라소니의 일종. [리.

caraco [karako] n.m. 《옛·사투리》(여자용)긴 웃도

caracole [karakɔl] n.f.《옛》① 《승마》반회전, 선회. faire une ~ 말머리를 돌리다. ②《건축》나선(spirale). escalier en ~ 나선계단. ③ 《군사》 (기마대의)(반)원형의 방향전환.

caracoler [karakɔle] v.i. ①《승마》(말이)빙빙 돌며 이리저리 뛰다; (사람이 말을)이리저리 뛰게 하다. ②(짐승이)뛰어다니다. ~ sur son dada 자기가 잘 아는 문제를 종횡무진으로 논하다.

‡**caractère** [karakte:r] n.m. Ⅰ. ①ⓐ(사람·집단의) 성격, 성질(nature, naturel); 기질(tempérament). heureux ~; ↔ optimiste 낙천적인 성격. avoir bon[mauvais] ~ 성질이 좋다[고약하다]. chien d'un ~ hargneux 잘 무는 성질의 개. ⓑ기개, 기골, 과단성, 정신력(énergie, fermeté). homme de ~ [sans ~] 기개있는 [무기력한] 인간. avoir du ~ 기개가 있다, 성품이 의연(꿋꿋)하다. manquer de ~ 무기력하다, 우유부단하다. ⓒ인격, 품성; 인물, 인간; 《문학》(작가가 창조해 낸 독특한 성격의)작중 인물. les «C~s» de La Bruyère (라브리에르의)「인물론」. ②(사물의)특징, 특색, 특질(caractéristique); (사태의)형세, 모습(air, aspect); 개성, 독자성(personnalité, style). ~s de la physionomie 용모의 특징. ~s d'une maladie 병의 특징. style plat et sans ~ 싱겁고 개성이 없는 문체. Il y a du ~ dans les vieux quartiers de Paris. 파리의 옛 시가지는 품격[운치]이 있다. ③《생물》(유전)형질, 특징. ~s acquis 획득 형질. ~s héréditaires 유전형질. ~s sexuels secondaires 제 2 차 성징(性徵). ~s spécifiques 종(種) 특징. ④ (~+형용사; 흔히 -té, -tion, -ment 따위로 끝난 추상명사 구실을 함) le ~ difficile de cette entreprise 이 사업의 어려움(la difficulté de). le ~ discret de son allusion 그의 암시의 조심스러움 (la discrétion de). ⑤《옛》(법률상의)능력; 자격(qualité, pouvoir). avoir[n'avoir pas] ~ pour + inf. …할 능력[자격]이 있다(없다). agir en ~ de …의 자격으로 행세하다.

Ⅱ. ①문자, 글자(lettre). ~ hiéroglyphique 상형문자. écrire en ~s majuscules 대문자로 쓰다. ②활자; 자체(字體); 글씨체, 필적. ~ typographique 활자. ~s italiques(gothiques) 이탤릭(고딕)체. œil d'un ~ 활자의 면, 자면(字面). corps d'un ~ 활자의 축[스템]. ③기호, 부호(signe). ~s algébriques 대수기호. ~s phonétiques 발음기호. ④ 흔적, 표시(marque, empreinte). marquer [graver]en ~s ineffaçables 지울 수 없는 흔적을 남기다. ⑤《옛》부적.
danse(air) de ~ (지방색이 풍부한)민속무용[음악]. **sortir de son ~** 버럭 화를 내다.

caractériel(le) [karakterjɛl] a. 성격의. trouble ~ 《심리》성격장애. — n. 성격장애아.

caractériellement [karakterjɛlmɑ̃] ad. 성격적으로. gens ~ anormaux 성격적으로 비정상적인 사람들.

caractérisant(e) [karakterizɑ̃, -ɑ̃:t] a. 특징적인.

caractérisation [karakterizasjɔ̃] n.f. 특징지음, 성격규정; 《언어》특징부여.

caractérisé(e) [karakterize] a.p. ① 특징있는; 분명한, 명백한. erreur ~e 분명한 과오. ②(병의)증상이 나타난, 발병된. maladie bien ~e 증상이 뚜렷한 병.

caractériser [karakterize] v.t. ① 특징짓다, (의)특색을 나타내다(définir). ~ en quelques mots son théâtre 몇 마디로 그의 연극의 특색을 말하다. ② 특징을 이루다(distinguer, marquer); symptômes qui *caractérisent* une maladie 병의 특징을 이루는 징후들. [~ qn] franchise qui le *caractérise* 그 사람의 특징을 이루는 솔직함.
— **se ~** v.pr. ① 특징지어지다; 징후가 나타나다. [se ~ par qc] La mode, cette année, *se caractérise* par la longueur des jupes. 금년의 유행은 긴 스커트로 특징지어진다. ② 세 특징을 나타내다.

*caractéristique [karakteristik] a. 특징을 나타내는, 특유한, 독특한(particulier, typique). marque [signe, trait] ~ 특징. propriété ~ 특성.
— n.f. ① 특징, 특성, 특색(caractère, trait, particularité). ~s de cette nouvelle voiture 이 새 차의 특징. ②《언어》지표자(指標字)(lettre ~). ③《수학》지표; 특성 곡선. ④《전기》특성.
être ~ de …의 특징이다. Ces symptômes *sont ~s* de la tuberculose. 이 증후는 결핵의 특징이다.

caractérologie [karakterɔlɔʒi] n.f. 성격학.

caractérologue [karakterɔlɔg] n.m. 성격학자.

caracul [karakyl] n.m. (중앙 아시아산)양의 일종; (그)양의 모피.

carafe [karaf] n.f. ①(식탁용)물병, 음료병; (그)한 병분; (물병 모양의)포어기(捕魚器). une ~ d'eau 물 한 병. ②《속어》머리(tête).
avoir la ~《항공》불시착하다.
laisser qn en ~《구어》…을 버려둔 채 떠나가다.

rester en ~ 《구어》(자동차 따위가)꼼짝하지 않다; 따돌림을 당하다; (연설·연기 따위에서)말문이 막히다. Sa voiture *est restée* en ~. 그의 차는 (고장이 나서) 꼼짝 못하고 있다.
tomber en ~ 《속어》(자동차가) 고장나다.
carafon [karafɔ̃] *n.m.* ① 소형 병물; (그)한 병분. ② 포도주병 냉각기. ③《속어》머리.
caraïbe [karaib] *a.* (서인도 제도의)카리브(Caribes)의. — *n.* 《언어》카리브 지역의 아메리카어군(語群). —**C~** *n.* 카리브 사람. mer des **C~s** 카리브 해.
caraïte [karait] *n.m.* 《종교》유태교도.
caramanage [karamana:ʒ] *n.m.* 《기계》굴대 달기.
caramba [karāba] *int.* 죽어라! 《에스파냐에서 쓰이는 저주하는 말》.
carambolage [karābɔla:ʒ] *n.m.* ①《구어》연쇄 충돌 [추돌]. ~ d'automobiles 자동차의 연쇄 충돌. ② 《당구》캐넌(연달아 공 2개를 맞히기).
carambole [karābɔl] *n.f.* ①《옛》《당구》빨간 공. ② carambolier 의 열매. ③《속어》들치기.
caramboler [karābɔle] *v.t.* ① 메밀다, 되받다, 부딪다(heurter). ~ une voiture 자동차 한대와 충돌하다. ②《당구》(공을)맞히다. ③《속어》(여자를)따먹다. — *v.i.* ①《당구》캐넌을 치다. ②《구어》일거양득하다, 평먹고 알먹다. ③《속어》실패[파산]하다.
—se~ *v.pr.* 서로 부딪다; 쓰러지다. Plusieurs coureurs *se sont carambolés* sur le parcours. 경주자 몇 사람이 트랙에서 서로 부딪쳤다.
caramboleur [karābɔlœ:r] *n.m.* ①《당구》캐넌의 명수. ②《속어》팔묻치로 메미는 사람; 들치기.
carambolier [karābɔlje] *n.m.* 《식물》(인도산)괭이밥과(科)의 교수.
carambouillage [karābuja:ʒ] *n.m.* 외상으로 사서 현금으로 팔아치우는 사기.
carambouille [karābuj] *n.f.* = **carambouillage**.
carambouilleur [karābujœ:r] *n.m.* carambouillage 의 상습범.
caramel [karamɛl] *n.m.* ① 소당(燒糖), 캐러멜 (흑맥주·식초 따위의 착색제로 쓰임). ② 캐러멜(과자)(bonbons au ~). ~ au beurre 버터볼. ~ au lait 밀크 캐러멜. — *a.* 《불변》갈색의.
caramélé(e) [karamele] *a.* 캐러멜처럼 생긴; 캐러멜 맛이 나는; 캐러멜 색의.
caramélisation [karamelizasjɔ̃] *n.f.* 캐러멜화(化)하기.
caraméliser [karamelize] *v.t.* ① (설탕을 달여)캐러멜로 만들다; (에)캐러멜을 섞다[입히다]. eau-de-vie *caramélisée* 캐러멜이 든 브랜디.
— *v.i.* 캐러멜 색이 되다.
—se~ *v.pr.* 캐러멜이 되다; 캐러멜 색이 되다.
carangue [karā:g] *n.f.* 《어류》전갱이의 일종.
caranguer [karāge] *v.i.* 《해양》(폭풍 속에서)돛을 줍혀 빠져나가다.
caranx [karā:ks] *n.m.* = **carangue**.
carapace [karapas] *n.f.* ①《동물》딱지, 갑(甲), 갑각(甲殼). ② 딱딱한 껍질(croûte). Une ~ de glace s'est formée sur l'étang. 딱딱한 얼음층이 연못 위에 형성됐다. ③ 장갑(裝甲); (비유적) 방어물. ~ d'indifférence 무관심의 방벽 (무관심을 방벽삼아 슬픔이나 근심 따위를 피함).
carapata [karapata] *n.m.* 《군대속어》보병.
carapater (se) [s(ə)karapate] *v.pr.* 《속어》뺑소니치다(s'enfuir, filer).
carapoue [karapu], **carapousse** [karapus] *n.f.* 짧은 망토에 달린)두건의 일종.
caraque[1] [karak] *n.f.* 《해양》(16세기의)카라크배(대형 포르투갈 배). — *a.* porcelaine ~ 카라크배가 인도에서 실어온 자기(磁器).
caraque[2] *n.m.* ① 카라카스산 카카오(cacao ~). ② (카라카스 산)카카오나무.
carassin [karasɛ̃] *n.m.* 《어류》붕어. ~ doré 금붕어.
carat [kara] *n.m.* ① 캐럿 (보석의 무게 단위, 2 décigrammes). un diamant de 12 ~s 12캐럿의 금강석. ② 순금 함유도. or à vingt-quatre ~s 순금. ③ 알이 작은 금강석. parure en ~s 작은 금강석이 박힌 목걸이.
sot à vingt-quatre ~s 《구어》진짜 천치.
carate [karat] *n.m.* 펜토(Pinto)병(남미에 많은 세균성 피부병.
carature [karaty:r] *n.f.* (금을)합금하기; 금의 합금. ~ blanche 백금.
caravane [karavan] *n.f.* ① (사막의)대상(隊商) (여행자 따위의)무리, 단체. ~ scolaire 수학여행단. en ~ 떼를 지어. ③캠핑트레일러; (순회공연 따위의)포장마차. *Les chiens aboient, la ~ passe.* 《속담》남이야 뭐라건 자기 주관대로 해라.
caravaneige [karavanɛ:ʒ] *n.m.* 동계 스키장 캠핑.
—*n.f.* 동계 캠핑트레일러.
caravanier(ère) [karavanje, -ɛːr] *n.m.* ① 대상의 짐승 몰이꾼. ② 캠핑트레일러를 이용하여 여행하는 사람. —*a.* 대상의. chemin ~ 대상의 길.
caravaniste [karavanist] *n.* 대상의 일원(一員).
caravan(n)ing [karavaniŋ] 《영》*n.m.* 캠핑트레일러를 이용한 여행.
caravansérail [karavāseraj] *n.m.* ① 대상 숙박소. ② 각국인이 몰려드는 곳.
caravelle [karavɛl] *n.f.* ① (15–16 세기에 특히 탐험에 쓰인)쾌속범선. ② 제트 여객기의 일종.
carbamique [karbamik] *a.* acide ~ 《화학》카르바민산(酸).
carbatine [karbatin] *n.f.* (무두질하지 않은)생가죽.
carbet [karbɛ] *n.m.* (서인도 제도의)오두막집; (배)어구를 두는 헛간.
carbinol [karbinol] *n.m.* 《화학》카르비놀.
carbogel [karbɔʒɛl] *n.m.* 드라이아이스.
carbogène [karbɔʒɛn] *n.m.* 카르보겐 (산소 90%에 탄산가스 10%의 혼합물, 질식자 소생제).
carbogénothérapie [karbɔʒenɔterapi] *n.f.* 《의학》carbogène 치료법.
carboglace [karbɔglas] *n.f.* = **carbogel**.
carbohémoglobine [karbɔemɔglɔbin] *n.f.* 《생리》탄산 혈색소(血色素).
carbol [karbɔl] *n.m.* 《화학》석탄산.
carbolique [karbɔlik] *a.* acide ~ 《화학》석탄산, 페놀.
carboloy [karbɔlɔj] *n.m.* 《야금》카보로이(철·니켈·코발트·텅스텐의 합금).
carbonade[1] [karbɔnad] *n.f.* 《속어》세타 소다.
carbonado[2] *n.f.* = **carbonnade**.
carbonado [karbɔnado] *n.m.* 《에스파냐》(착공기에 쓰이는)검정 금강석.
carbonarisme [karbɔnarism] *n.m.* carbonari 의 주의(운동).
carbonaro(*pl. i*) [karbɔnaro, -i] *n.m.* 《이탈리아역사》숯당이당원.
carbonatation [karbɔnatasjɔ̃] *n.f.* 《화학》탄산염화; 탄산염 첨가.
carbonate [karbɔnat] *n.m.* 《화학》탄산염. ~ de calcium 탄산칼슘. —*n.f.* 《속어》세타 소다.
carbonater [karbɔnate] *v.t.* 《화학》탄산염으로 만들다; (에)탄산염을 첨가하다.
carbone [karbɔn] *n.m.* 《화학》탄소; (복사용의) 카본지, 묵지(papier ~). taper une lettre en six

exemplaires, avec des ~s 카본지를 대고 편지를 6통 타자기로 찍다.
carboné(e) [karbɔne] *a.* 탄소를 함유한; 탄화된. papier ~ 먹지, 카본지.
carboneux(se) [karbɔnφ, -φ:z] *a.* 탄소를 함유한, 탄소질의.
carbonifère [karbɔnifɛ:r] 【지질】 *a.* ① 석탄을 함유한. terrain ~ 석탄이 매장된 땅. ② 석탄기의. époque ~ 석탄기(紀). faune ~ 석탄기 동물. —*n.m.* 석탄기.
carboniférien [karbɔniferjɛ̃] *n,m.* 【지질】 = **carbonifère.**
carbonique [karbɔnik] *a.* 【화학】 ① 탄소의, 탄산의. anhydride (gaz) ~ 탄산가스. acide ~ 탄산. neige ~ 드라이아이스. ② 탄산기(基)의.
carbonisateur [karbɔnizatœ:r] *n.m.* 숯 굽는 가마, 탄화기(器).
carbonisation [karbɔnizasjɔ̃] *n.f.* 탄화(炭火); 타서 숯이 됨; 【의학】 (화상에 의한)탄화(4도 화상). ~ du bois (de la houille) 나무숯(코크스).
carboniser [karbɔnize] *v.t.* 탄화시키다; 숯이 되게 태우다. ~ une viande 고기를 새까맣게 태우다. L'incendie *a carbonisé* la forêt entière. 화재로 숲이 몽땅 타버렸다. *être carbonisé* 타죽다.
—**se ~** *v.pr.* 숯이 되다; 타다.
carbon(n)ade [karbɔnad] *n.f.* (숯불에 굽는)불고기. tranches de jambon à la ~ 숯불에 구운 햄.
carbonoïde [karbɔnɔid] *a.* 【화학】 탄소 비슷한.
carbonyle [karbɔnil] *n.m.* 【화학】 카르보닐; 페놀과 크레졸의 혼합물.
carborundum [karbɔrɔ̃dɔm] *n.m.* 【화학】 카르보런덤, 탄화규소(硅素).
carbosulfure [karbɔsylfy:r] *n.m.* 【화학】 이황화(二黃化)탄소.
carboxylase [karbɔksila:z] *n.f.* 【화학】 카르복실라아제.
carboxyle [karbɔksil] *n.m.* 【화학】 카르복실, 탄산기(基).
carburant(e) [karbyrɑ̃, -ɑ̃:t] *a.* 탄화수소를 함유한. —*n.m.* 발동기용 연료. indice d'octane d'un ~ 연료의 옥탄가(價).
carburateur(trice) [karbyratœ:r, -tris] 【화학】 *a.* 탄화(기화)시키는. —*n.m.* 기화기(氣化器).
carburation [karbyrɑsjɔ̃] *n.f.* carburer 하기.
carbure [karby:r] *n.m.* ① 탄화물. ② 탄화칼슘.
carburé(e) [karbyre] *a.p.* 탄소를 함유한, 탄소와 화합된.
carburéacteur [karbyreaktœ:r] *n.m.* 제트(터빈)기관 연료.
carburer [karbyre] *v.t.* ① (연료를)기화시키다. ② 【화학】 탄소와 화합시키다; 【야금】 탄화시키다. ③ (필라멘트를)백열시키다. —*v.i.* (속어)(일이)잘 돌아가다(marcher). Ça *carbure.* 잘된다.
carcaillat [karkaja] *n.m.* 메추라기의 울음소리.
carcailler [karkaje] *v.i.* (메추라기가)울다.
carcajou [karkaʒu] *n.m.* 【동물】 (아메리카산)오소리.
carcan[1] [karkɑ̃] *n.m.* ① (가죽의)목걸이; (여자의)목걸이; (속어)칼라. ② (옛)(죄인 목을 말뚝에 매다는)쇠고리; (그)형벌. ③ (비유적)굴레, 속박(contrainte). ~ de la discipline 규율의 속박.
carcan[2] *n.m.* (속어)늙다리말; 몹시 마른 히스테리한 여자.
carcasse [karkas] *n.f.* ① (짐승의)해골(ossature); 송장; (구어)(사람의)몸뚱이; 앙상한 몸. promener sa vieille ~ 늙은 몸을 끌고 다니다. ② (건물·기계·작품의)뼈대(armature, charpente); (배의)잔해(殘骸). ~ d'un immeuble en ciment armé 철근 콘크리트 건물의 뼈대.

carcel [karsel] *n.m.* 카르셀등(燈)(lampe ~); 카르셀(옛날의 조명도 단위, 9.5 촉광; 발명가인 시계공 이름에서).
carcéral(e) [karseral] *a.* 감옥의; 감옥같은.
carcin [karsɛ̃] *n.m.* 【동물】 바닷게.
carcinoïde [karsinɔid] *a.* 【의학】 암성(癌性)의.
carcinologie [karsinɔlɔʒi] *n.f.* ① 갑각류학(甲殼類學). ② (옛) = cancérologie.
carcinomateux(se) [karsinɔmatφ, -φ:z] *a.* 【의학】 암(癌)의, 암종(癌腫)의.
carcinome [karsinɔm] *n.m.* 【의학】 암, 암종.
carcinose [karsinɔ:z] *n.f.* 【의학】 암종증(症).
cardage [karda:ʒ] *n.m.* (양털을)솔질하여 고르기.
cardamine [kardamin] *n.f.* 【식물】 황새냉이속.
cardamome [kardamɔm] *n.f.* 【식물】 (소두구(小荳蔲)·축사밀 따위)새양과(科) 식물.
cardan [kardɑ̃] *n.m.* 【기계】 만능연결장치, 커플링(joint de C~; suspension à la C~).
carde [kard] *n.f.* ① 【식물】 (아티초크나 근대의 식용이 되는)엽맥(葉脈); 산토끼꽃의 밤송이 같은 열매(솔 세우는 데 썼음). ② 【직조】 소모(梳毛)솔(브러시); 소모기, 소면기(梳綿機); 보풀 세우는 틀빗. ~ métallique 【공업】 와이어브러시.
cardé(e)[1] [karde] *a.* 소모(梳毛)된.
cardée[2] *n.f.* 【직조】 (소모 브러시로)한 번에 소모하는 양.
carder [karde] *v.t.* (양털 따위를)빗다, 솔질하다, 소모(梳毛)하다; (의)보풀을 세우다.
~ *le poil*(*le cuir*) à *qn* (구어)…에게 손찌검을 하다, …을 때리다.
—**se ~** *v.pr.* 소모되다; 보풀이 서다.
cardère [kardɛ:r] *n.f.* 【식물】 산토끼꽃.
carderie [kard(ə)ri] *n.f.* 【직조】 소모(梳毛)공장, 소면(梳綿)공장.
cardeur(se) [kardœ:r, -φ:z] 【직조】 *n.* 소모직공; 보풀 세우는 직공. —*n.f.* 소모기, 소면기.
cardia [kardja] *n.m.* 【해부】 분문(噴門).
cardiaire [kardjɛ:r] *a.* 심장의. —*n.f.* 【식물】 익모초의 일종.
cardiale [kardjal] *a.* glandes ~s 【해부】 분문선(噴門腺).
cardialgie [kardjalʒi] *n.f.* 【의학】 심장통(心臟痛); 위통(胃痛).
cardialgique [kardjalʒik] 【의학】 *a.* 심장통의, 위통의. —*n.* 심장통 환자, 위통 환자.
cardiaque [kardjak] *a.* 심장의; 심장병의; 분문의. affection ~ 심장병. pulsations ~s 심장의 박동. artères ~s 관상 동맥. muscle ~ 심장근. —*n.* 심장병 환자. —*n.m.* (옛) 강심제. —*n.f.* 【식물】 익모초.
cardiectasie [kardjɛktazi] *n.f.* 【의학】 심장비대.
cardiff [kardif] *n.m.* (구어)무연탄.
cardigan [kardigɑ̃] (영) *n.m.* 카디건(앞을 단추로 채우는 털로 짠 스웨터).
cardinal(**ale, pl. aux**) [kardinal, -o] *a.* 기본적인, 주되는(capital, essentiel, ↔ secondaire). veines ~ales 【의학】 (태아의)주요 정맥. nombres ~aux 기수(基數). les quatre vertus ~ales 사추덕(四樞德). autel ~ 【가톨릭】 주제단. les quatre points ~aux 【천문】 방위 기점(基點), 동서남북.
—*n.m.* ① 【가톨릭】 추기경. ~-évêque (~-prêtre, ~-diacre) 주교(사제·조사제) 추기경. ~ vicaire 로마주교 총대리. avoir le chapeau de ~

추기경으로 뽑히다. ~ aux noirs 흑 추기경 (*Napoléon*과 *Marie-Louise*의 결혼식에 출석을 거부하여 추방된 13인의 추기경). ~ aux verts 녹 추기경 (정교(政敎)분리에 반대하여 1906년에 성명서를 낸 22인의 가톨릭 작가, *Brunetière*가 주동). ② 〖조류〗(북미산의)홍방울새의 일종.
cardinalat [kardinala] n.m. 추기경의 직위〔지위〕.
cardinalesque [kardinalɛsk] a. 〘구어〙(반어적) 추기경의 위엄을 지니는.
cardinalice [kardinalis] a. 추기경의.
cardinaliser [kardinalize] v.t. 〘구어〙추기경 자리에 앉히다; (추기경의 색깔처럼) 빨갛게 만들다. —**se ~** v.pr. 〘구어〙(코 따위가) 빨개지다.
cardinaliste [kardinalist] n.m. 〖역사〗추기경 지지자 (*Richelieu* 또는 *Mazarin*을 가리킴).
cardinifère [kardinifɛːr] a. (연체동물의)경첩 같은 접합부가 있는.
cardi(o)- préf., **-carde, -cardie** suff. 「심장」의 뜻 (예: *péricarde* 심낭(心嚢)).
cardiogramme [kardjɔgram] n.m. 〖의학〗심장박동도(곡선), 심전도.
cardiographe [kardjɔgraf] n.m. 〖의학〗심장박동제(計).
cardiographie [kardjɔgrafi] n.f. 〖의학〗심장박동 기록(술).
cardiologie [kardjɔlɔʒi] n.f. 심장(병)학.
cardiologue [kardjɔlɔg] n.m. 심장병 전문의사.
cardiopathie [kardjɔpati] n.f. 〖의학〗심장병.
cardio-pulmonaire [kardjɔpylmɔnɛːr] a. 〖의학〗심장과 폐의, 심폐의.
cardio-rénal(ale, pl. aux) [kardjɔrenal, -o] a. 〖의학〗심장과 신장의.
cardiosclérose [kardjɔskleroːz] n.f. 〖의학〗섬유성 심근염(心筋炎).
cardiotonique [kardjɔtɔnik] 〖의학〗a. 강심(强心)의. —n.m. 강심제.
cardio-vasculaire [kardjɔvaskylɛːr] a. 〖의학〗심장과 혈관의.
cardite [kardit] n.f. 〖의학〗심장염.
cardon [kardɔ̃] n.m. ① 〖식물〗아티초크의 일종. ② 〖동물〗딱하기, 잠새우.
cardonnette [kardɔnɛt] n.f. =chardonnette.
carêmage [karɛmaːʒ], **carêmage** [karema:ʒ] n.m. 〖농업〗(프랑스 동부의) 3월 파종.
carême [karɛm] n.m. 〖가톨릭〗① 사순절 (부활절 전 46일간). prêcher le ~ 사순절 기간에 설교하다. prédication du ~ 사순절 설교. viandes (provisions) de ~ 생선과 채소. ②(사순절 동안의)근신, 절제, 절식; 소박, 불편(restriction). faire (son) ~ 절식[금욕]하다. ③사순절 설교(집). le grand ~ (17-18세기에서)사순절 매 매일 행한 설교집. le petit ~ 일요일만의 설교집. *face* (*figure, visage*) **de** ~ 파리하고 침울한 얼굴. *tomber* (*arriver*) *comme mars en* ~ 어김없이 오다; 제 때에 오다. Voilà la feuille d'impôts: elle *tombe* toujours *comme mars en* ~. 세금 고지서야, 어김없이 오거든.
carême-prenant [karɛmprənɑ̃] (pl. ~s-~s) n.m. ①〘옛〙참회 화요일. ②사순절 시작전 3일간(의 축제 소동);(특히) 그 전날의 사육제, 카니발. ③ 가장(假裝)한 사람; 야릇하게 분장한 사람.
carénage [karenaːʒ] n.m. ① 배 밑바닥 손질; (그) 장소. ② (자체·기체의)유선형.
carence [karɑ̃ːs] n.f. ① (책임·의무 따위의) 회피, 태만 (abstention, ↔ action). ~ des autorités responsables 책임 당국의 태만. ②결여, 결핍 (absence, manque). ~ affective 〖심리〗애정 결핍. ③

〖의학〗(필수 영양소의)결핍, 실조증. maladie de (par) ~ 영양실조증. ~ maladive de la volonté 의지 결핍증. ④ 〖법〗지불불능; 무자산. certificat de ~ (벌금 따위의)지불불능 증명서. délai de ~ 보험무효기간 (실업·의료보험에 있어 보험금이 지불되지 않는 기간).
carencer [karɑ̃se] ② v.t. 〖의학〗(실험 따위에서) 영양실조가 되게 하다; (시장 따위에서)의식적 기피를 확인하다.
carène [karɛn] n.f. ① 〖선박〗배 밑바닥 (물에 잠기는 부분); 배 밑바닥의 손질; 〖시〗배 (navire). mettre [abattre] un navire en ~ (수리를 위해)배를 모로 누이다. ② 〖식물〗(콩과 식물의 꽃의)용골(龍骨) 꽃잎; 〖동물〗용골 돌기. ③ 〖항공·자동차〗유선형 기체 [차체]. centre de ~ 〖공학〗부력중심.
caréné(e) [karene] a.p. ① 유선형인. locomotive ~e 유선형 기관차. ② 〖생물〗용골 돌기가 있는.
caréner [karene] ⑥ v.t. ① (배의)밑바닥을 손질하다. ② (차체·기계를)유선형으로 만들다. ~ une auto 자동차를 유선형으로 하다. —v.i. (배의)밑 바닥이 손질되다.
carentiel(le) [karɑ̃sjɛl] a. 〖의학〗영양 결핍으로 인한. maladie ~le 결핍증.
caressant(e) [karɛsɑ̃, -ɑ̃ːt] a. ① 어루만지는, 쓰다 듬는; (고양이 따위가)애무를 좋아하는, 아양부리는(câlin). ~ enfant 어리광부리는 아이. ② 다정한, 상냥한(tendre, doux). mots ~s 다정한 말. ③ 〘옛〙간사한, 알랑거리는(flatteur).
caresse [karɛs] n.f. ① 쓰다듬기, 어루만짐, 애무. ~ des lèvres 키스. ~ voluptueuse 애무. faire des ~s à qn …을 어루만지다. ②〘문어〙(미풍·물결·햇빛 따위의)어루만짐, 기분좋은 촉감; 〖미술〗미묘, 은총. ~ de la brise 어루만지듯 부드러운 미풍. se fier aux ~s de la fortune 운명의 미소에 자신을 내맡기다. chaude ~ du soleil 따스한 햇빛. ③〘옛〙애정의 표시, 호의. faire mille ~s à qn …에게 한껏 호의를 베풀다.
caresser [karɛse] v.t. ① 쓰다듬다; 어루만지다, 애무하다. ~ un enfant 아이를 어루만지다. ~ les cheveux à qn …의 머리를 쓰다듬다. ~ qn [qc] de l'œil (du regard) 사랑스럽게 바라보다. ②(물건을)살짝 만지다, (바람 따위가)스치다. ~ les touches du piano 피아노 건반을 가볍게 치다. Le zéphyr *caresse* les joues. 산들바람이 뺨을 어루만지듯 스쳐간다. ③(계획·희망을)품다(nourrir). ~ un grand projet 굉장한 계획을 마음속에 품다. ④〘옛〙구슬리다, 발라맞추다(flatter). ~ les gens 사람들을 잘 구슬리다. ~ l'orgueil de qn 〘문어〙…을 우쭐하게 만들다. ~ *la bouteille* 〘구어〙술을 좋아하다. ~ *les côtes à qn* …을 때리다.
—**se ~** v.pr. ① 서로 어루만지다. ②자기의 …을 쓰다듬다.
caresseur(se) [karɛsœːr, -øːz] n. 애무하기 좋아하는 사람; 발라맞추는 사람.
caret¹ [karɛ] n.m. 밧줄 얼레. fil de ~ (동아줄 만드는)삼 가닥.
caret² n.m. 〖동물〗대모(玳瑁); 대모 등껍질.
carex [karɛks] n.m. 〖식물〗사초속(屬).
car-ferry (pl. ~s-~ies) [karfɛri, -(z)] 〖영〗n.m. 카페리.
cargaison [kargɛzɔ̃] n.f. ① 〖해양〗선하(船荷); (비행기·차의)하물(chargement); 화물의 적재. décharger la ~ (실려온)짐을 풀다. ②〘구어〙수집, 저장(collection, provision); 많은 양. avoir toute une ~ d'anecdotes 일화를 많이 알고 있다.
cargo [kargo] n.m. 소백화점 (hypermarché).

cargo(-boat) [kargo(boːt)] 《영》 n.m. 【해양】 화물선. ~ mixte 여객도 태우는 화물선.
cargue [karg] n.f. 【해양】 돛줄임줄.
cargue-bouline [karg(ə)bulin] (pl. ~s-~s) n.f. 【해양】 (돛의)가장자리 밧줄.
cargue-fond [karg(ə)fɔ̃] (pl. ~s-~s) n.f. 【해양】 가로돛 자락을 치켜올리는 밧줄.
cargue-point [karg(ə)pwɛ̃] (pl. ~s-~s) n.f. 【해양】 가로돛의 하단을 활대의 중앙부로 끌어올리는 줄.
carguer [karge] v.t. 【해양】 (cargue로 돛을 활대나 돛대에)졸라매다.
cargueur [kargœːr] n.m. 【해양】 돛을 졸라매는 선원.
cari [kari] n.m. 【요리】 카레(가루). riz au ~ 카레라이스. ~ de volaille 병아리의 카레 요리.
cariatide [karjatid] n.f. 【건축】 여인상주(女人像柱).
caribe [karib] a., n. =**caraïbe**.
caribou [karibu] n.m. ① 【동물】 캐나다순록. ② (순록이 잘 먹는)이끼의 일종.
caricatural(ale, pl. aux) [karikatyral, -o] a. 만화(풍자화)적인; 회화(戯畫)적인; 과장 왜곡된.
*****caricature** [karikatyːr] n.f. ① 회화, 만화, 풍자화. ②《구어》기묘한 흉내[묘사](parodie) [불물건; 우스꽝스런 모방가[작품]. La superstition n'est que la ~ du vrai sentiment religieux. 미신은 참된 종교심의 우스꽝스런 흉내일 뿐이다. Regarde-la: quelle ~! 저 여자 좀 보게, 정말 꼴불견이군.
caricatur(is)er [karikatyr(iz)e] v.t. 만화[풍자화]로 그리다; 회화(戯畫)거리로 만들다; 변질[왜곡]시키다(altérer). ~ sa théorie 그의 이론을 왜곡시키다.—v.i. 만화를 그리다.
caricaturiste [karikatyrist] n.m. 만화가, 풍자화가, 회화가.
caricoïde [karikɔid] a. 무화과 모양의.
carie [kari] n.f. ① 【의학】 카리에스, 골양(骨瘍). — dentaire 치아 카리에스. ② (곡식의)흑수병(黑穂病); (나무의)부패병. ③ ~ verte 【금속】(철·니켈·크롬 등의 합금에 생기는)녹. —**C**~ n.pr.f.【지리】카리아(소아시아의 옛 나라).
carié(e) [karje] a.p. ① 카리에스(골양)에 걸린. dent ~e 충치. ② 【식물】 흑수병에 걸린; 부패병에 걸린.
carien(ne) [karjɛ̃, -ɛn] a. 카리아(Carie)의.—**C**~ n. 카리아 사람.—n.m. 카리아(語).
carier [karje] v.t. 카리에스(골양)에 걸리게 하다. ~ les dents 충치가 되게하다.
—**se** ~ v.pr. 【의학】 카리에스[골양]에 걸리다.
carieux(se) [karjø, -øːz] a. 카리에스[골양]성의.
*****carillon** [karijɔ̃] n.m. ① 주명종(奏鳴鐘), 차임, (오케스트라의)관종(管鐘). ②(시계의 시간을)알리는 장치, 차임시계 (horloge à ~). ③ 낭랑한 종소리, 종악곡(鐘樂曲). ④《구어》큰 소리. ~ d'enfer 수라장을 이루는 광란. entendre un beau ~ 호되게 야단맞다. ⑤심한 질책. être sifflé à double ~ (배우 따위가)심하게 야유받다. à double ~ 심하게.
carillonné(e) [karijɔne] a.p. 주명종을 울려서 알리는; 성대한. fête ~e 성대한 축제. aux fêtes ~es 《구어》경사 날에(dans les grandes occasions).
carillonnement [karijɔnmɑ̃] n.m. 종악 연주; 주명종의 울림, 차임소리; 소란스런 소리.
carillonner [karijɔne] v.t. ① 주명종을 울리다; 주명종으로 알리다; (시계가 시간을)쳐서 알리다; 《구어》큰 소리로 알리다. ~ une nouvelle 떠들며 알리다. ② 심하게 호통치다(semoncer).—v.i. ① 종악을 연주하다; 주명종을 울리다; 일제히 울리다. ②《구어》시끄럽게 초인종을 울리다. ~ à la porte de qn …의 문전에서 요란스럽게 초인종을 울리다.
carillonneur [karijɔnœːr] n.m. ① 종악 연주가. ② 주명종을 치는 사람.
carinates [karinat] n.m. pl. 【조류】 (흉골에 이음새가 있는)심흉류(深胸類).
cariopse [karjɔps] n.m. =**caryopse**.
carique [karik] n.f. 【식물】 (프로방스의)야생 무화과나무.
cariqueux(se) [karikø, -øːz] a. 【의학】 (종양이)무화과상(狀)의.
carlin[1] [karlɛ̃] n.m. 이탈리아의 옛 화폐.
carlin[2]**(e**[1]**)** [karlɛ̃, -in] —n. 【동물】 땅개. nez de ~《구어》납작코.
carline[2] [karlin] n.f. 【식물】 (지중해안에 나는)영경퀴의 일종.
carlingage [karlɛ̃gaːʒ] n.m. 【선박】 기관대(臺); 【항공】 발동기대.
carlingue [karlɛ̃ːg] n.f. ① 【항공】 (비행기의)동체; 캐빈. ② 【선박】 내용골(內龍骨). ③《구어》(나치 독일의)비밀 경찰.
carlisme [karlism] n.m. 【프랑스사】 샤를 10세 옹호주의; (에스파냐)돈 카를로스(don Carlos)당.
carliste [karlist] a. ① 샤를 10세 옹호주의. ② 돈 카를로스파의.—n. (위)의 당원.
carlovingien(ne) [karlɔvɛ̃ʒjɛ̃, -ɛn] a., n. =**carolingien**.
carmagnole [karmaɲɔl] n.f. 【프랑스사】 ① 카르마뇰 윤무(輪舞)(의 노래); 혁명의 노래[연설]. ② (1792~1795 년 혁명군들이 입던)카르마뇰(don Carlos)복. —n.m. (카르마뇰 복장의)쟈코뱅 당원, 혁명가; 제 1 공화국의 군인.
carme[1] [karm] n. 【가톨릭】 카르멜회의.—n.m. ① 【가톨릭】 카르멜회의 수도사(frère ~). ~s déchaux (déchaussés) 맨발의 카르멜 수도사. ② 【조류】 비둘기의 일종. ③《속어》돈.—n.f. fausse ~《속어》가짜 돈.
carme[2] n.m. 【문학】 시 작품, 예언, 신탁. [것.
carme[3] n.m. (서양 주사위 놀이에서)4 금이 나오는
Carmel [karmɛl] n.pr. le Mont ~ 카르멜산(유명한 수도원이 있는 팔레스티나의 산). ordre du (Mont) ~ 카르멜회(le C~).
—**c**~ n.m. 카르멜회의 수도원.
carmeline [karməlin] n.f., a.f. (laine) ~ 【직물】 비쿠냐(vigogne)의 털[직물].
carmélite [karmelit] n.f. 【가톨릭】 카르멜회의 수녀. ~s déchaussées 맨발의 카르멜회 수녀.—a.《불변》담갈색의.—n.m. 엷은 갈색.
carmer [karme] v.i.《속어》돈을 지불하다, 맞돈을 치르다.
carmin [karmɛ̃] n.m. ① 양홍(洋紅), 카민. lèvres de ~ 진홍빛 입술. ② 입술 연지, 루즈.—a.《불변》양홍색의.
carminatif(ve) [karminatif, -iːv] 【의학】 a. 장(腸) 가스 배출의.—n.m. 장 가스 배출제.
carmine [karmin] n.f. 【화학】 카민, 코치니르.
carminé(e) [karmine] a.p. 양홍색의. vernis à ongles ~ 양홍색 매니큐어.
carminer [karmine] v.t. 양홍빛으로 물들이다.—**se** ~ v.pr. 자기의 …을 양홍빛으로 물들이다. se ~ les lèvres 입술에 연지를 바르다.

carminique [karminik] *a.* acide ~ 《화학》 카르민산.

carnage [karnaːʒ] *n.m.* ① 살육, 학살(massacre, tuerie). La bataille se termine toujours par un ~. 전쟁은 항상 살육으로 끝난다. ② 《사냥》 죽인 동물의 고기; (사자 따위의 먹이로서의)날고기; 사냥개에게 주는 고기.

carnaire [karnɛːr] *a.* 고기에서 영양을 취하는, 고기에 모여드는.

carnallite [karna(l)lit] *n.f.* 《광물》 카날라이트 (화학 비료의 원료).

carnasse [karnas] *n.f.* 아교 원료.

carnassier(ère) [karnasje, -ɛːr] *a.* 육식하는; 육식을 좋아하는. animaux ~s 육식동물.
— *n.m.pl.* 육식 동물(carnivores).
— *n.f.* ① (짐승의)송곳니(dent -ère). ② 사냥 망태기(자루)(carnier).

carnation [karnasjɔ̃] *n.f.* ① 혈색. ② 《미술》 (인체의)살색; 담홍색; 살색의 묘사.

carnau [karno] (*pl.* ~x) *n.m.* = **carneau**.

carnaval [karnaval] (*pl.* ~s) *n.m.* ① 사육제, 카니발(공현절(Épiphanie)에서 재(灰)의 수요일(mercredi des Cendres 사순절 첫날)까지 사순절 전에 펼쳐짐). jour de ~ 고해 화요일(사육제 마지막 날)(mardi gras). ② 사육제의 환락; (C~)사육제의 인형; 우스꽝스러운 옷차림의 사람. Sa Majesté C~ 카니발의 인형님이다. enterrer(brûler) C~ 사육제를 끝내다(사육제 마지막 행사로서 인형을 묻거나 태웠음). Il est triste comme s'il venait d'enterrer C~. 그는 축제가 끝난 후처럼 기가 죽어 있다. C'est un vrai ~. (카니발 인형처럼)옷차림이 괴짜다.

carnavalesque [karnavalɛsk] *a.* 사육제(소동)의, 사육제에 어울리는.

carne¹ [karn] *n.f.* (돌·책상 따위의)모서리, 귀.

carne² [karn] *n.f.* ① 질긴 싸구려 고기. ② 《옛》 늙은 말. ③ 심궂은 사람; (특히)놀아난 여자, 잡년.
— *a.* 심술 사나운.

carné(e) [karne] *a.* ① 살색의. œillet ~ 살색 카네이션. ② 고기로 된. alimentation ~e 육식.

carneau [karno] (*pl.* ~x) *n.m.* (보일러 따위의)연통, 염관(焰管); 가스(공기) 도입관.

carnèle [karnɛl] *n.f.* (경화(硬貨)의)가장자리.

*carnet [karnɛ] *n.m.* ① 수첩(agenda); 통장. ~ de banque 은행 통장. ~ d'adresses 주소록. ~ de bord (감상 따위를 적는)메모장. ~ de commandes 주문 접수장. ~ de notes 채점부(簿). ~ de correspondance 통지표. ② (한 장씩 떼어쓰게 된)철, 첩(帖). ~ de chèques 수표장(책)(chéquier). ~ de voyage 《철도》 (쿠폰식)승차권, 회수권. ~ (de tickets) de métro(d'autobus) 지하철(버스) 회수권. ③ 《광산》 통풍로.

carnet-bloc [karnɛblɔk] (*pl.* ~s-~s) *n.m.* 《카드 놀이》 점수 기입장.

carnet-répertoire [karnɛrepɛrtwaːr] (*pl.* ~s-~s) *n.m.* 주소록.

carnier [karnje] *n.m.* 《사냥》 사냥 망태기(자루).

carnification [karnifikasjɔ̃], **carnisation** [karnizasjɔ̃] *n.f.* 《의학》 육질화(肉質化).

carnifier (se) [s(ə)karnifje] *v.pr.* 《의학》 육질화하다.

carniolien(ne) [karnjɔljɛ̃, -ɛn] *a.* 카르니올라 (Carniole, 오스트리아의 옛 지방)의. —C~ *n.* 카르니올라 사람.

carnivore [karnivɔːr] 《동물》 *a.* 육식하는, plantes ~s 식충 식물. — *n.m.* 육식 동물. — *n.m. pl.* 육식류.

caro-bronze [karobrɔ̃ːz] *n.m.* 카로 청동 (구리와 주석의 합금, 발명자 이름에서).

carogne [karɔɲ] *n.f.* 《속어》놀아난 여자; 잡년 (charogne).

carolin(e) [karɔlɛ̃, -in] *a.* 《역사》 ① 샤를마뉴 (Charlemagne)대왕의; 샤를 5세(Charles Quint)의. —C~ *n.* (위)의 사람.

carolingien(ne) [karɔlɛ̃ʒjɛ̃, -ɛn] 《프랑스사》 *a.* 카롤링거 왕조의. dynastie ~ne 카롤링거 왕조.
—C~ *n.m.pl.* 카롤링거 사람.

carolinien(ne) [karɔlinjɛ̃, -ɛn] *a.* ① (미국의)캐롤라이나 주의. ② 캐롤라인 군도(les îles Carolines)의. —C~ *n.* (위)의 사람.

carolopolitain(e) [karɔlopɔlitɛ̃, -ɛn] *a.* 샤를빌 (Charleville, 프랑스의 도시)의. —C~ *n.* 샤를빌 사람.

carolorégien(ne) [karɔlɔreʒjɛ̃, -ɛn] *a.* 샤를루아 (Charleroi, 벨기에의 도시)의. —C~ *n.* 샤를루아 사람.

carolus [karɔlys] *n.m.* 샤를 8세 시대에 주조된 은화(11 드니에).

caronade [karɔnad] *n.f.* (옛날의 구경이 크고 포신이 짧은)함포.

caroncule [karɔ̃kyl] *n.f.* ① 《식물》 종부(種阜)(씨가 껍질에 붙은 부분의 돌기). ② 《동물》 혹; 군살; 유두(乳頭); (칠면조의)처진 살; (개의)순막(瞬膜).

caronculé(e) [karɔ̃kyle] *a.* caroncule 이 있는.

carotène [karɔtɛn] *n.m.(f.)* 《생화학》 카로틴.

carotide [karɔtid] 《해부》 *a.* 경동맥의.
— *n.f.* 경동맥(artère ~).

carotidien(ne) [karɔtidjɛ̃, -ɛn] *a.* 《해부》 경동맥의. canal ~ 경동맥관.

carotine [karɔtin] *n.f.* =**carotène**.

carotinémie [karɔtinemi] *n.f.* 《의학》 카로틴 혈증(血症).

carotique [karɔtik] *a.* 《의학》 심한 혼수상태의.

carottage [karɔtaːʒ] *n.m.* ① 속임수, 책략(escroquerie). ② (지질 조사를 위한)시굴, 채굴.

*carotte [karɔt] *n.f.* ① 《식물》 당근. ② 당근 모양의 엽궐련(~ de tabac); 담배 가게의 간판; (지질 조사에서 채취된)원통형의 암석(흙). ③ 《속어》 책략, 속임수; (위정자가 부하들의 환심을 사기 위한)선심공세(politique de la ~, ↔ politique du bâton); (증권의)지나친 값 부르기. ④ 《테니스》 드롭스트로크.
jouer(tirer) la ~ 《당구》 신중하게 승부를 겨루다.
Les ~s *sont cuites.* 《구어》그는 호되게 당했다, 파산했다.
poil de ~ 붉은 머리의 사람.
tirer une ~ à qn ···을 속이다, 속여서 돈을 울어내다. tirer une ~ de longueur à qn 오래 준비한 속임수로 ···의 금품을 울어내다.
vivre de ~s 검소하게 살다.
— *a.* (불변) 당근빛의(rouge ~).

carotter [karɔte] *v.t.* ① 《구어》 사취하다; 속이다. se laisser ~ 협잡(사취)당하다. ~ qc à qn(에게서) Il m'a *carotté* un billet de cent francs. 그는 날 속여 100프랑 한 장을 빼앗았다. L'élève *a carotté* quelques devoirs à son professeur. 학생은 몇가지 숙제를 선생님께 내지 않고 넘어갔다(선생님을 속였다는 뜻을 내포). ~ le service 꾀병을 부려 놀다. ~ une permission 《구어》 술내을 부려 외출(휴가)을 얻다. ② 《주식》 (에게) 터무니없는 값을 부르다. ③ (지질 조사를 위해 흙·암석을)채취하다.

—*v.i.* ① 도박을 쩨쩨하게 하다. ② 착복하다. [~ sur *qc*] L'économie *carottait sur le budget de nourriture*. 경리계는 식대의 일부를 슬쩍했다.

carotteur(se) [karɔtœːr, -ø:z], **carottier(ère)** [karɔtje, -ɛːr] *a., n.*《구어》사취[착복]하는(사람).

caroube [karub] *n.f.* 【식물】 캐롭(caroubier 의 열매).
——*n.m.* 아카시아류.

caroubier [karubje] *n.m.* 【식물】 캐롭나무(지중해 연안산 콩과(科)의 상록수).

carouble [karubl] *n.f.*《은어》곁쇠질; 침입.

caroubleur [karublœːr] *n.m.*《은어》곁쇠질하는 도둑.

carouge [karuːʒ] *n.f.* =**caroube**.

carousse [karus] *n.f.*《옛》주연(酒宴). faire ~ 축배를 들다.

Carpat(h)es (les) [lekarpat] *n.pr.f.pl.* les (Monts) ~ 카르파티아 산맥.

carpatique [karpatik] *a.* 카르파티아 산맥의.

carpe¹ [karp] *n.f.* ① 【어류】 잉어. ② saut de ~ (엎드린 몸을)뒤집기; 【수영】 다이빙의 일종(재크나이프).
bâiller comme une ~ 입을 딱 벌리고 잇따라 하품하다.
faire des yeux de ~ *pâmée; faire la* ~ *pâmée* 기절한 체하다; 다정한 눈짓으로 보다.
faire l'œil[*des yeux*] *de* ~ 다정한 눈으로 보다.
ignorant comme une ~ 전혀 모르는.
muet comme une ~ 말 한마디 없이 입을 다문, 말문이 막힌.
s'ennuyer comme une ~ 몹시 권태로와 하다.

carpe² *n.m.* 【해부】 손목 관절; 손목뼈.

carpeau [karpo] (*pl.* ~**x**) *n.m.* 【어류】 새끼 잉어.

carpellaire [karpe(ɛl)lɛːr] *a.* 【식물】 심피(모양)의.

carpelle [karpɛl] *n.m.* 【식물】 심피(心皮). [모양)깔

carpette¹ [karpɛt] *n.f.* ① 융단, 양탄자; 리놀륨 깔개; 털가죽 깔개. ~ de foyer 벽난로 앞의 깔개. ②《구어》비굴한 아첨군. s'aplatir comme une ~ devant *qn* …앞에서 굽실 거리다.

carpette² *n.f.* =**carpeau**.

carphologie [karfɔlɔʒi] *n.f.* 【의학】 무의식적으로 물건을 붙잡으려는 증상.

carpien(ne) [karpjɛ̃, -ɛn] *a.* 【해부】 손목 관절의; 손목뼈의.

carpier [karpje] *n.m.*, **carpière** [karpjɛːr] *n.f.* 잉어 양어장.

carpillon [karpijɔ̃] *n.m.* 【어류】 아주 작은 잉어.

carpocapse [karpɔkaps] *n.m.*[*f.*] 【곤충】(유충이 열매 속에서 성장하는)나방의 일종.

carpocyphose [karpɔsifoːz] *n.f.* 【의학】 마델롱 (*Madelung*)씨 변형 [손목의 완곡].

carpologie [karpɔlɔʒi] *n.f.* 과실(분류)학.

carpologique [karpɔlɔʒik] *a.* 과실학의.

carpophage [karpɔfaːʒ] *a.* 【동물】 열매를 먹는.
——*n.m.pl.* 과식류(果食類).

carpophore [karpɔfɔːr] *n.m.* 【식물】 과병(果柄).

carpophylle [karpɔfil] *n.m.* 【식물】 ① 한 잎으로 된 주름잡힌 심피(心皮). ② 바닷말의 일종.

carquois [karkwa] *n.m.* 화살통(箭筒), 화살통; 전동 모양의 장식 무늬. vider[épuiser] son ~《옛》있는 욕설[독설]을 다하다; 배수진을 치다. [는.

carrable [ka(ɑ)rabl] *a.* 【수학】 면적을 구할 수 있

carrare [kaːraːr] *n.m.* 【광물】 카라라(*Carrara*)산의 흰 대리석.

carre [ka(ɑ)ːr] *n.f.* ①(판자 따위의)횡단면; (책 따위의)모서리, 귀; (모자의)꼭대기; (구두의)네모진 코; (칼날·스케이트날의)측면; (진을 채워 넣기 위하여 나무에 넣어 낸)상처. ②(옷의)어깨.

:**carré(e)** [ka(ɑ)re] *a.* ① 【수학】 정 4각형의; 【수학】 평방의, 제곱의. dix mètres ~s 10 평방미터. nombre ~ 제곱수. racine ~*e* 제곱근. Combien d'habitants y a-t-il au kilomètre ~? 1 평방 킬로미터에 인구는 몇입니까? ② 네모진, 4 각의; 벌어진. épaules ~*es* 떡 벌어진 어깨. être ~ des épaules 어깨가 넓다. ③ 직각의; 수직의. trait ~ 【건축】 수선(垂線). voile ~*e*(수영 활대에)수직으로 달린 돛, 가로돛. trois-mâts ~ 【해양】 돛대 3 개의 가로돛배. ④ 2 쌍의. partie ~*e*《구어》 (놀이에서)남녀 짝을 지은 2 조(組)(四名의 混合의 뜻도 있음). ⑤ 솔직한, 명확한(franc, net, décidé). refus ~ 명백한 거절. être ~ en affaire 일처리에 솔직하다.
homme ~ *par la base* (정신적으로)균형잡힌[차분한] 사람. *tête* ~*e* 분별있는 사람; 외고집의 사람; 《속어》멍청이.
——*n.m.* ① 【수학】 정 4 각형; 네모꼴. ~ long 장방형. figure en ~ 4 각형. dessiner des ~s 네모꼴을 그리다. ② 평방, 제곱. élever un nombre au ~ 어떤 수를 제곱하다. ③ ⓐ 네모진 것; 스카프; 층계참(~ d'un escalier). 【농업】 작은 밭[두 (planche); 【원예】 화단; (시장의)네모진 광장. ~ de soie verte 초록색 비단 스카프. ~ de choux 네모진 배추밭. habiter le même ~ 같은 층에 살다. ⓑ 【군사】 방진(bataillon ~). ⓒ 【선박】 홀. ~ des officiers (고급 선원들의)식당; (해군의)사관실. ⓓ 【요리】 깎두기 모양으로 썬 조각; (양 따위의)허리 고기(~ mouton 그림). ⓔ 【해부】 방형근(muscle ~). ⓕ 【제지】 카레판(判) (약 0.56M × 0.45 m 의 인쇄 용지) (format ~). ⓖ ~ de l'Est 네모꼴 치즈 [프랑스 동부지방산]. ④ (카드에서)같은 패를 4 장 모음.
——*n.f.* ①《속어》방; 집. ②《옛》【음악】 각부(角符)(note ~*e*). ③ (*Anjou*지방의)장방형의 슬레이트. ④《옛》(침대의)닫집.

*****carreau** [ka(ɑ)ro] (*pl.* ~**x**) *n.m.* ① 작은 정 4 각형; 바둑판 무늬, 격자 무늬. chemise à ~*x* 체크 무늬 와이샤쓰. papier à ~*x* 바둑 무늬로 줄이 그어진 종이. mettre un croquis au ~ 【미술】 스케치를 하기 위해 바둑판 무늬를 넣다. ② 타일(dalle); 창유리(~ de vitre). sol pavé de ~*x* 타일을 깐 바닥. ~ de revêtement 장식타일. regarder aux ~*x* 창유리 너머로 바라보다. casser un ~ 유리장을 한장 깨다. ③ (네모진)자갈 바닥; 네모진 그물;《속어》외알 안경; (면화약(綿火藥) 따위의)평판(平板). avoir un ~ à la manque《속어》외눈이다. ④ 포도(舗道); (타일 따위를 깐)방바닥(carrelage); 지면; (광산·채석장의)채굴장 집적장(~ de mine). coucher sur le ~ 마룻바닥에서 자다. coucher[jeter] *qn* sur le ~《구어》…을 쓰러뜨리다. rester[demeurer] sur le ~ (부상·사망하여)그 자리에 남아 있다; 진급하지 못하다. mettre le cœur sur le ~《구어》구역질하다, 토하다. ⑤《카드놀이》다이아몬드. as de ~ 다이아몬드의 에이스. ⑥ 【건축】(방의 내부를 장식하는)얇은 석재. ⑦ 레이스 대(臺); (양복점의)다리미판; 큰 막대물. ⑧《옛》(석궁(石弓)의)큰 화살(~ d'arbalète). ⑨ ~ des Halles 옛 파리 중앙시장의 청과물 판매장.
~x célestes[*de Jupiter*] 천둥.
se garder[*se tenir*] *à* ~《구어》조심하다; 경계하다. Qui *se garde à* ~ *n'est jamais capot*.《속담》신중한 자는 결코 승부에 실패하지 않는다.
valet de ~ 경멸할 만한 자.

carreau-module [ka(ɑ)romɔdyl] (*pl.* ~**x**-~**s**) *n.m.* 지도의 좌표.

carreautage [ka(ɑ)rotaːʒ] *n.m.* 【직물】 바둑판

[체크] 무늬로 짜기.

carrefour [karfuːr] *n.m.* ① 네거리, 십자로. ②《비유적》(사상·문명 따위의)교류, 교차, 교차점; (대화·토론의)광장. ~ d'idées 사상의 교류점. sur la réforme de l'université 대학 개혁에 관한 심포지엄. ③(군중이 모이는)거리, 광장. langage de ~ 비속한 말. fille de ~ 《옛》창녀. ④기로, 갈림길. se trouver à un ~ 기로에 서다.

carréger [kareʒe] [3·6] *v.i.* (지중해에서)돛을 활짝 펴고 질주하다; 바람을 비스듬히 받고 나아가다.

carrelage [ka(ɑ)rlaːʒ] *n.m.* ①타일 붙이기; 포석 깔기. ②타일을 깐 바닥; 포장한 바닥; 포장길. ③4각 무늬.

carreler [ka(ɑ)rle] [5] *v.t.* ①(에)타일을 붙이다 [깔다]; ②포석을 깔다; (에)바닥을 대다. ~ une pièce 방바닥에 타일을 깔다. ②(종이 따위에)바둑무늬를 그리다. étoffe carrelée 바둑판[체크] 무늬의 천. ③《옛》(헌 구두를)수선하다.

carrelet [ka(ɑ)rlɛ] *n.m.* ①네모진 그물. ②《어류》넙치. ③네모꼴; (자물쇠 직공의)네모난 작은줄. ④(마구(馬具) 장수의)큰 바늘; (날이 네모난)검; 담검.

carrelette [ka(ɑ)rlɛt] *n.f.* (자물쇠 직공의)작은 줄.

carreleur [ka(ɑ)rlœːr] *n.m.* ①포장석(타일) 까는 인부. ②뜨내기 구두 수선공.

carrelure [ka(ɑ)rlyːr] *n.f.* ①(구두)수선, 창갈이. ②(구두 한 켤레분의)새 구두창. ③《속어》맛있는 식사.

carrément [ka(ɑ)remɑ̃] *ad.* ①4 각으로, 네모지게; 직각으로, 수직으로. pièce coupée ~ 네모지게 자른 조각. ②꼿꼿이. s'établir(se tenir) ~ sur ses jambes 꼿꼿이 버티고 서다. ③단호하게; 솔직하게 (franchement); 퉁명스럽게. refuser ~ 단호하게 거절하다. parler(répondre) ~ 퉁명스럽게[단호하게] 말하다(대답하다). ④《구어》(크기·양 따위를 비교하여)확실히, 정확히. En prenant cette route, vous gagnez ~ une heure sur l'autre itinéraire. 이 길로 가시면 다른 길보다 정확히 1시간은 덜 걸립니다.

carrer [ka(ɑ)re] *v.t.* ①네모지게 만들다(자르다); 《수학》제곱하다, (같은 면적의)정방형을 만들다. ~ une pièce[une planche] 석재(널)를 네모지게 자르다. On ne peut ~ un cercle. 원과 같은 면적의 정방형은 만들 수 없다. ②《속어》숨기다, 은닉하다.

— **se ~** *v.pr.* ①편하게 자리잡다, 깊숙이 앉다 (s'enfoncer). se ~ dans un fauteuil 안락의자에 깊숙이 앉다. ②네모지게 되다; 방진을 치다. ③《속어》숨다, 피하다.

carrick [karik]《영》*n.m.* (마차꾼의)깃이 여러 겹으로 된 외투.

carrier¹ [karje] *n.m.* 석수, 석공; 채석장 소유자.

carrier² *n.m.*《조류》전서구(傳書鳩).

carrière¹ [ka(ɑ)rjɛːr] *n.f.* ①직업(profession); 경력, 이력; 생애, 일생; (C~)외교관 직. ~ des lettres 문필업. ~ des armes 군직. embrasser [suivre] une ~ 어떤 직업에 종사하다. entrer dans la ~ 일생을 바칠 직업에 들어서다, 어려운 일을 시작하다. Il a eu une belle ~. 그는 훌륭한 생애를 마쳤다. Ce scandale pourrait bien briser sa ~. 이 스캔들은 그의 경력을 망칠 지도 모른다. ②《옛》경주장; 경마장. bout de la ~ 결승점. ③(영광·성공 따위로의)길, 행로; 활동 무대. ~ de la gloire 영광의 길. ~ de souffrance 고난의 길. ouvrir une ~ à qn …에게 성공의[수완을 발휘할] 기회를 주다. ouvrir une belle ~ à qn …에게 눈부신 활동 무대를 열어주다. ④도정(道程);

(말이)단숨에 뛰는 거리; 천체의 운행. Le soleil achève sa ~. 해가 기울고 있다. de ~ 본업의. Il est militaire[officier] de ~. 그는 직업군인[장교]이다.

donner (**libre**) **~ à** *qc* …을 마음껏 활동시키다[활용하다]. donner libre - à son imagination 마음껏 상상의 날개를 펴다.

faire ~ dans …의 직업에 종사하다, …의 직업에서 성공하다. faire ~ dans la magistrature 법관직에 종사하다, 법관으로 성공하다.

faire une ~ rapide 빨리 진급하다.

carrière² *n.f.* ①채석장. ②《식물》(배 속의)돌포(石細胞).

carriériste [ka(ɑ)rjerist] *n.*《경멸》야심가; 출세주의자(arriviste).

carriole [karjɔl] *n.f.* ①작은 2륜 포장마차, 짐수레; 헌 마차. ②《캐나다》썰매 달린 겨울마차.

carrossable [ka(ɑ)rɔsabl] *a.* 차가 통행할 수 있는.

carriole

carrossage [ka(ɑ)rɔsaːʒ] *n.m.* ①(수레 굴대 끝의)지면쪽으로의 경사. ②4륜 차로 나르기; (자동차)차체를 결합하기.

carrosse [ka(ɑ)rɔs] *n.m.*《옛》호화스러운 4륜 포장마차. ~ d'apparat 의장(儀裝)마차. ②(바퀴 달린 식탁응)포도주 바구니. ③《옛》《해양》고물 선실《선장·간부용》.

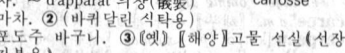
carrosse

avoir(**rouler**) **~**《구어》떵떵거리며 살다. **cheval de ~** (4륜마차를 끄는)크고 억센 말;《구어》투박한 사람, 머저리.

carrossée [ka(ɑ)rɔse] *n.f.*《구어》4륜마차 한 대의 승객.

carrosser [ka(ɑ)rɔse] *v.t.* ①4륜마차로 나르다. ②(자동차의)차체를 결합하다.

carrosserie [ka(ɑ)rɔsri] *n.f.* ①4륜마차 제조(술). ②(자동차의)차체; 차체 제조(술). ~ coque 전체를 강철로 용접한 차체.

carrossier [ka(ɑ)rɔsje] *n.m.* ①(4륜마차·자동차의)차체 제조인. ② carrosse를 끄는 큰 말.

carrousel¹ [karuzɛl]《이탈리아》*n.m.* ①기마 퍼레이드; 기마 퍼레이드장. ②(비행기·오토바이의)퍼레이드. ②회전목마, 메리고라운드. ③(비유적)(자동차의)혼잡. ~ des voitures sur la place de l'Opéra 오페라 광장에서의 자동차의 대혼잡. ④(한 직위의)갖은 경질.

carrousel² *n.m.* (운반용의)회전 크레인;《광산》갱내의)전차대(轉車臺);《담배의》혼합기.

carroyage [ka(ɑ)rwajaːʒ] *n.m.* (지도 따위에)바둑판 모양의 모눈을 치기.

carroyer [ka(ɑ)rwaje] *v.t.* (지도 따위에)바둑판 모양의 모눈을 치다.

carrure [ka(ɑ)ryːr] *n.f.* ①(사람·옷의)어깨폭; (가슴 따위의)넓이; 딱 벌어진 체격. homme d'une belle ~ 어깨가 딱 벌어진[훌륭한 체격의] 사나이. poitrine d'une belle ~ 딱 벌어진[늠름한] 가슴. ②《비유적》(인물의)역량(force). Un homme de sa ~ ne se décourage pas pour si peu. 그만큼 씩씩한 이는 그런 사소한 일에 낙담하지 않는다.

carry [kari] *n.m.* = **cari**.

cartable [kartabl] *n.m.* ①(국민학생용)손가방. ~ à bretelles 어깨에 메는 가방. ②압지철(壓紙綴); 메모첩. ③(판지의)서류철, 도화지 끼우개.

cartahu [kartay] *n.m.* ① 〖해양〗(배 위의 물건을 이동하는 데 쓰는)받줄. ② 빨랫줄. ③ 물건을 끌어 올리는 작은 도르래.

cartayer [karte(e)je] [8] *v.i.* 바퀴자국을 피하여 차를 몰다.

‡**carte** [kart] *n.f.* ① 엽서, 카드 (안내장·초대장 따위); 명함 (~ de visite); 메뉴 (~ de restaurant). ~ postale (illustrée) (그림)엽서. ~ d'invitation 초대장. laisser (déposer) sa ~ (상대방의 부재시에)명함을 두고가다. ~ des vins 포도주 메뉴. restaurant de grande ~ 일류 요리점.
② 지도; 도표. ~ de la Lune 월면도. ~ marine 해도, 수로도. porter sur la ~ 해도(海圖)에 표시하다. ~ muette 백지도. ~ météorologique 기상도. ~ touristique 관광지도. ~ astronomique 천체도. faire (dresser) la ~ d'une région 한 지역의 지도를 작성하다. tracer la ~ générale des sciences (비유적)학계의 개관을 묘사하다.
③ 〖카드놀이〗카드, 패 (~ à jouer); 카드놀이. ~s basses; basses ~s 약한 패 (2에서 10까지의 패). ~s hautes; hautes ~s 강한 패 (그림패와 에이스 패). faire les ~s 패를 돌리다. fausse ~ 소용없는 패; 버린 패. premier (dernier) en ~s 카드 놀이에서 패 처음 (나중)에 패를 내는 사람. un jeu de ~s 카드 한벌. battre les ~s 카드를 치다 (섞다). couper les ~s 분배하기 전에 카드를 두 무더기로 갈라 아래에 있던 것을 밑으로 넣다. jouer aux ~s 카드놀이하다. retourner une ~ 카드를 뒤집다.
④ 표; 증명서. ~ d'abonnement 정기 승차권. ~ de circulation (무료)승차권. ~ d'entrée 입장권. ~ à payer 계산서. ~ d'alimentation 식량 배급권. ~ d'étudiant 학생증. ~ d'identité 신분증. ~ de séjour (외국인의)체류 증명서. ~ à (de) demi-tarif 반액 증명서. ~ d'électeur 유권자 표. ~ de commerce 영업 인가증. ~ grise 자동차 등록증. ~ orange (파리의)지하철·버스 공용 정기권. ~ rose (자동차)운전면허증. femme (fille) en ~ (옛)등록된 창녀, 공창.
⑤ 복지(服地) 무늬형지(紙); 복지 견본 대지(臺紙). mise en ~ (의복의)도안, 디자인. metteur en ~ 도안 디자이너. ~ en ~ 데카르트 철학 신봉자.
⑥ (바늘·흑단추 따위)작은 물품을 한장의 대지에 붙인 것. une ~ d'agrafes 대지 한 장의 흑단추.
⑦ ~ perforée 펀치 카드.
à la ~ 메뉴 중에서 임의로 한 가지씩; (비유적)각자(의 형편)에 맞추는 (맞게) (↔ au menu, à prix fixe). manger à la ~ 자기 입맛에 맞는 일품 요리를 주문해서 식사하다. horaire à la ~ 각자에 맞는 시간표. meeting à la ~ (아무 때나)자기가 원할 때 참가하는 미팅.
avoir en main une belle ~ 우위(優位)에 서다.
avoir plus d'une ~ *dans son jeu* 수가 한두 가지가 아니다.
brouiller les ~s (구어)속셈을 숨기다.
~ *blanche* 백지위임장. avoir ~ *blanche* 전권을 갖다. donner ~ *blanche* à qn …에게 백지위임하다, 전권을 위임하다.
~ *forcée* 요술장이가 골라내게 하는 카드 (실제로 는 선택의 여지가 없지만, 부수적으로 강요당하는 일). avoir la ~ *forcée* 선택권이 없어지다.
dessous des ~s 카드의 뒷면; 비밀. connaître (voir) le *dessous des* ~s *de qn* …의 속셈(비밀)을 알다.
envoyer (remettre) sa ~ à qn …에게 결투를 신청하다.
jouer (jeter) ~s *sur table* 수중의 패를 공개하다; 정정당당하게 행동하다.
jouer sa dernière ~ 홍망을 걸고 해보다.
perdre la ~ 방향을 잃다; 혼란에 빠지다; 〖구어〗 침착성을 잃다.
savoir la ~ 〖구어〗비결 [요령]을 알고 있다.

carte-fiche [kartəfiʃ] (*pl.* ~*s*-~*s*) *n.f.* 색인(분류) 카드.

cartel¹ [kartɛl] *n.m.* ① (옛)결투장; 결투의 신청; 도 전. ②(옛)(포로 교환 따위의)협정. ~ d'échange 포로 교환 협정. ③ 괘종시계의 장식틀; 괘종시계 (pendule); 액자의 장식; 〖문장〗방패 무늬.

cartel² *n.m.* 〖정치〗(정당·노동조합 따위의)연합 (front); 〖경제〗카르텔, 기업 연합. ~ des gauches 좌파 연합. ~ de production (de vente) 생산자(판매) 카르텔. (한정사 없이) C~ 좌파정당 연합(1924). théâtres du ~ (G. Baty, Ch. Dullin, L. Jouvet, G. Pitoëff 등 4 인이 연합한) 극단활동 (1927-1940).

carte-lettre [kartəlɛtr] (*pl.* ~*s*-~*s*) *n.f.* 봉함(封緘) 엽서.

cartellisation [kartɛ(ɛ)lizasjɔ̃] *n.f.* 〖경제〗카르텔[의 형성].

cartellisme [karte(ɛ)lism] *n.m.* 〖정치〗연합 정치; 연합론(주의).

cartelliste [karte(ɛ)list] 〖정치〗 *a.* 연합(주의)의. —*n.m.* 연합주의자.

carter [kartɛːr] *n.m.* ① (기계 부품을 덮는)통, 케이스. ~ d'une chaîne de bicyclette; ~ garde-chaîne 자전거 체인 덮개. ~ du moteur (자동차의)크랭크 덮개. ~ des engrenages 톱니바퀴 통. ② (영화의)필름 케이스.

carterie [kart(ə)ri] *n.f.* (카드놀이의)카드 제조 (업); 카드 제조법(소).

carteron¹ [kart(ə)rɔ̃] *n.m.* = **quarteron**¹.

carteron²(*ne*) [kart(ə)rɔ̃, -ɔn] *a., n.* = **quarteron**².

cartésianisme [kartezjanism] *n.m.* 데카르트 철학 (17 세기 수학자·철학자인 *Descartes* 의 라틴명 *Cartesius* 에서).

cartésien(*ne*) [kartezjɛ̃, -ɛn] *a.* 데카르트(철학)의. philosophie ~*ne* 데카르트 철학. esprit ~ 데카르트적(합리적·명석한)정신. coordonnées ~*nes* 데카르트 좌표. ~ *n.* 데카르트 철학 신봉자.
—*n.f.* 〖수학〗데카르트의 장원형(長圓形) (ovale de Descartes).

Carthage [kartaʒ] *n.pr.f.* 〖역사〗카르타고.

carthaginois(*e*) [kartaʒinwa, -aːz] *a.* 카르타고의.
—C~ *n.* 카르타고 사람.

carthame [kartam] *n.m.* 〖식물〗잇꽃.

carthamine [kartamin] *n.f.* 〖화학〗카르타민.

cartier [kartje] *n.m.* (카드 놀이의)카드 제조(판매) 인; 카드 포장지.

cartiérisme [kartjerism] *n.m.* 후진국 원조 불신 [무용]론 (*Raymond Cartier* 의 주장에서).

cartilage [kartilaʒ] *n.m.* 〖해부〗연골, 연골 조직. articulaire 관절부의 연골.

cartilagineux(*se*) [kartilaʒinø, -øːz] *a.* 〖해부〗 연골의, 연골 모양의.

cartisane [kartizan] *n.f.* (옛)(자수용의)명주실·금실·은실을 얹은 작은 판지 (양피지).

cartographe [kartɔgraf] *n.m.* 지도 제도사.

cartographie [kartɔgrafi] *n.f.* ① 지도 제도; 제도법. ② 지도 수집.

cartographique [kartɔgrafik] *a.* 지도 제도의, 지도 제작상의.

cartomancie [kartɔmɑ̃si] *n.f.* 카드 점(占).

cartomancien(*ne*) [kartɔmɑ̃sjɛ̃, -ɛn] *a.* 카드 점의.
—*n.* 카드 점쟁이.

cartomètre [kartɔmɛtr] *n.m.* 곡선 측정기, 곡선계.

*carton [kartɔ̃] *n.m.* ① 두꺼운 종이, 판지, 마분지, 보드지. assiette en ~ 종이 접시. reliure de ~ 《책의》판지 장정, 하드커버 장정. La couverture des livres est en ~ fort. 책표지는 단단한 판지로 되어 있다. ② 종이 상자(boîte de ~); 서류함. ~ à chapeau(x) 모자 상자. un ~ de vieilles lettres 묵은 편지 한 상자. classer un dossier dans un ~ 서류를 서류함 속에 정리하다. rester(dormir) dans les ~s《구어》(처리되지 않고)뒤로 미루어져 있다, (계획 따위가)그대로 내버려져 있다. ③ 《미술》 (실물 크기의)밑그림; 《직물》무늬의 지형(紙型). ④ 《사진》대지(臺紙); 《지리》지도 아래쪽의 확대도. ⑤ (데생을 치르는)도화지 끼우개 (~ à dessins); (국민학생용의)손가방(cartable). ⑥ 《인쇄》2장 4페이지분, 끼움 페이지; 《제본》 페이지. ⑦ (판지로 만든 사격용)과녁. *de ~* 겉뿐인, 허울좋은. homme *de ~* 허울좋은 사람, 능이 약한이. maison *de ~* 허술하게 지은 집. *faire un*《구어》과녁을 쏘다; (사람을)쏘다. *manier(battre) le ~*《은어》카드놀이를 하다.

cartonnage [kartɔnaʒ] *n.m.* ① 판지 《제품》제조; (집합적)판지 상자《제품》. ② 《제본》판지 장정, 하드커버; 판지 장정의 책. ~ *pleine toile* 클로스 제본. ③ 판지 상자 포장.

cartonné(e) [kartɔne] *a.p.*《제본》판지 장정의.

cartonner [kartɔne] *v.t.* ① 판지(하드커버)로 장정하다. ② 재조판시키다; 삽입 페이지로 하다. —*v.i.* (경멸)카드놀이를 하다.

cartonnerie [kartɔnri] *n.f.* 판지 제조[판매]업; 판지 제조소.

cartonneur(se¹) [kartɔnœːr, -øːz] *n.* 판지 표지 제본인.

cartonneux(se²) [kartɔnø, -øːz] *a.* ① 판지 같은. ② (음식이)말라 굳어진.

cartonnier(ère) [kartɔnje, -jɛːr] *a.* ① 판지《제품》을 제조[판매]하는. ②《속어》카드놀이를 좋아하는. ③《속어》서투른. —*n.* 판지 제조공; 판지 장수; 카드놀이를 좋아하는 사람. —*n.m.* (카드식)서류 정리 상자. —*n.f.*《곤충》(미국산의)말벌의 일종(guêpe *~ère*).

carton-paille [kartɔpaːj] (*pl.* ~*s*-~*s*) *n.m.* 짚 마분.

carton-pâte [kartɔpaːt] (*pl.* ~*s*-~*s*) *n.m.* 혼응지(混凝紙), 재생지. *paysage de ~* (무대장식처럼)부자연스러운[틀에 박힌] 풍경. *personnage en ~* 인형; 겉모양 뿐인 [허울 좋은] 사람.

carton-pierre [kartɔpjɛːr] (*pl.* ~*s*-~*s*) *n.m.* (건축의 장식에 쓰이는)딱딱한 판지.

cartoon [kartun]《영》*n.m.* 만화영화(dessins animés)의 한 컷, 원화(原畵); (신문·잡지 따위의)연재만화.

cartothèque [kartɔtɛk] *n.f.* 지도 보관소.

cartouche¹ [kartuʃ] *n.f.* ①《군사》 탄약통, 약포 (藥包). ~ *à balle* 실탄 약포. ~ *à blanc* 공포 약포. ~ *à broche* 공이치기 탄약포. ~ *de chasse* 엽총용 약포. ② 인화(引火) 약포 상자; (잉크·컬러 따위를 넣는)원통형 갑(필름을 넣는)파트로네; (전기 안전 차단기를 넣는)퓨즈통. ③《옛》(대학명부에 프랑스 군대가 발행한 각종)증명서.

cartouche² *n.m.* ①《건축》소용돌이꼴 장식; 꽃무늬 틀장식, 카르투슈 (그 안에 잠언·가문(家紋)따위를 새김). ② (지도 구석의)작은 지도. ③《고고학》(고대 이집트의 왕·신의 이름을 안에 새긴) 긴 타원형 장식.

cartouche³ *n.m.*《구어》강도, 갱, 노상 강도.

cartouche-amorce [kartuʃamɔrs] (*pl.* ~*s*-~*s*) *n.f.*《광산》(연결된 약포들 중의)뇌관 달린 약포.

cartoucherie [kartuʃri] *n.f.* 탄약통[약포] 제조소.

cartouchier [kartuʃje] *n.m.*《옛》《군사》= **cartouchière**.

cartouchière [kartuʃjɛːr] *n.f.*《군사》탄약통(통). ~ *d'infirmier*《속어》응급치료 상자.

cartulaire [kartylɛːr] *n.m.*《종교사》기록집, 기록부.

carus [karys] *n.m.*《의학》심한 혼수.

carvelle [karvɛl] *n.f.* 각못(clou à ~).

carvi [karvi] *n.m.*《식물》카라웨이 《회향의 일종》. ~ *noix de terre* 땅콩.

cary [kari] *n.m.* =**cari**.

carya [karja] *n.m.*《식물》아메리카호도속(屬).

caryatide [karjatid] *n.f.* =**cariatide**.

caryer [karje] *n.m.* =**carya**.

caryocinèse [karjɔsinɛːz] *n.f.*《생물》간접 핵분열, 유사분열.

caryophyllacées [karjɔfilase] *n.f.pl.*《식물》석죽과(科).

caryophyllé(e) [karjɔfile]《식물》*a.* 석죽의; 석죽과의. —*n.f.pl.* 석죽과(科).

caryopse [karjɔps] *n.m.*《식물》영과(穎果).

:cas [kɑ] *n.m.* ① 일, 사태; 입장, 처지(situation). ~ *prévu* 예상했던 일. ~ *de force majeure* 불가항력의 사태. C'est un ~ assez rare. 그것은 아주 드문 일이다. comme c'est souvent le ~ 그런 일이 자주 있듯이. être tous dans le même ~ 모두 같은 처지에 있다. être dans le ~ *de*+*inf*. …할 수 있는 입장이다. Il m'a mis dans un ~ embarrassant. 그는 나를 난처한 입장에 빠뜨렸다.
② 경우; 사례. dans(en) ce ~ 그런 경우에는, 그렇다면. en tel(pareil) ~ 그런 경우에. selon le [les] ~ 경우에 따라서, 케이스 바이 케이스로. hors le ~ *de* …의 경우를 제외하고. le ~ échéant 만약에 그런 경우에는 (au ~ de besoin). poser le ~ *que*+*sub*. …라고 가정하다. ~ *type* 전형적인 사례. étudier les ~ généraux (particuliers) 일반[특수]사례를 연구하다.
③ 기회. C'est le ~ *ou jamais*. 다시 없는[절호의] 기회이다. C'est le ~ *de*+*inf*. …할 기회이다. C'est le ~ *de le dire*. 시기 적절한 말이다. Ce n'est pas le ~. 그런 상황이 아니다; 사실은 그렇지 않다.
④ 요건, 사유; 원인. ~ *de divorce* 이혼 요건(사유). ~ *de guerre* 전쟁의 원인. ~ *de légitime défense* 정당방위의 요건.
⑤《의학》증례(症例); 환자. ~ *grave* 중증(환자). ~ *bénin* 경증(환자). ~ *urgent* 급환.
⑥《법》소송(사유); 범죄. soumettre un ~ *au juge* 소송을 제기하다. ~ *pendable*《예》교수형에 처할 만한 범죄; 용서할 수 없는 죄. le ~ *dont il est accusé* 그의 기소사유(가 된 범죄).
⑦《구어》괴짜; 《비어》통, 하반신. C'est vraiment un ~. 정말 괴짜이다《문제의 인물이다》. Il a fait son ~ *au pied d'un mur*. 그는 담 밑에서 용변을 봤.
⑧《언어》격(格). ~ *sujet* 주격.
⑨ ~ *de conscience* 양심의 문제 《본래는 종교용어로서 교회의 규율로 선악이 판별되지 않는 행위를 말하며, 일반적으로는 개인의 양심으로 결정할 문제를 가리킴》; 난처한[결정하기 힘든] 문제.
au~ (dans le ~, pour le ~) où+*cond.*; *au(en) ~ que*+*sub.*《옛》*cond.*》 …의 경우에는, …의 경우에 대비하여, 만약 …이면, …경우에도, 설사 …일지라도. *Au ~ où* vous viendriez, prévenez-moi. 당신이 오실 경우에는 저에게 미리 알려 주세요.
dans(en) aucun ~ 어떠한 경우에도 결코 …않다. *En aucun ~*, vous ne devez vous dessaisir de cette

pièce officielle. 어떤 경우에도 당신은 이 공문서를 잊어서는 안됩니다 (꼭 지니고 다녀야 한다는 뜻). *dans tous les ~; en tout ~* 어떤 일이 일어나더라도, 어쨌든, 여하간. Je ne sais pas qui a dit cela, en tout ~ ce n'est pas moi. 누가 그렇게 말했는지 모르지만, 어쨌든 나는 아니다. *en ~ de* + '무관사 명사' …의 경우에. *en ~ d'accident*, prévenir M.X. 유고시에서는 X씨에게 알릴 것. *en ~ de besoin [de nécessité]* 만약의 경우에는 (le ~ échéant). *faire ~ de qn [qc]* …을 존중[중요시]하다. *faire grand [peu de] ~ de* …을 매우 중요시하다 [별로 중요시하지 않다]. *ne faire aucun ~ de* …을 무시하다, 안중에도 없다.

casanier(ère) [kazanje, -ɛːr] *a.* 집안에 틀어박혀 있기를 좋아하는, 외출을 싫어하는 (sédentaire). —*n.* (위)의 사람.

casaque [kazak] *n.f.* ① (남자의)겉옷. ~ *de cocher* 마부의 겉옷. ~ *de forçat* 도형수 복. ② (기마수의)짧은 조끼; (여자용의)헐렁한 블라우스 [점퍼]; 서커스 단원의 웃도리 (veste). ③ 〖옛〗〖군사〗(총수의)외투, 겉옷. *prendre la ~* 총수가 되다. ④ *grande ~* 〖연극〗주연으로서의 하인역. *sur la ~* 전신에, 온몸에. *tourner ~* 적에게 등을 보이다, 도망치다; 변절하다, 탈당하다.

casaquin [kazakɛ̃] *n.m.* ① (여자용)짧은 화장옷; 점퍼 블라우스; (남자의)작은 조끼. ② (속어)몸뚱이. *donner [tomber, sauter] sur le ~ à [de] qn* (속어)…을 때리다; 꾸짖다. *donner sur le ~* (술의 취기가)머리에까지 오르다 (porter à la tête). *ne rien avoir dans le ~* 〖속어〗배가 고프다. *tomber sur le ~* 벌렁 뒤로 넘어지다.

casarca [kazarka] *n.m.* ~ (roux) 〖조류〗붉은 빛의 흑부리오리의 일종.

casba(h) [kaz(s)ba] *n.f.* ① (바르바리족 추장의)성채, ② 〖속어〗집. ③ la C~ d'Alger 알제리의 성채 주위에 퍼져 있는 아랍인 동네.

cascabelle [kaskabɛl] *n.f.* ① (뱀의)발성 기관. ② 〖동물〗방울뱀.

cascade [kaskad] *n.f.* ① 폭포. ~ *artificielle* 인공폭포. *Le torrent tombe en ~ du haut de la paroi.* 급류는 암벽 꼭대기에서 폭포가 되어 떨어진다. ② 연속 [적으로 일어나기]; 풍부함, 다량. ~(*s*) *de rires* 계속 터져 나오는 웃음소리. une ~ *de citations* 인용의 범람. *en ~* (사건 따위가)쉴새없이 연달아 (일어나는). ③ 단속(斷續). *discours plein de ~s* 말이 이어지지 않는 [비약이 많은] 연설. *par ~(s)* 단속적으로, 단편적으로. ④ 〖구어〗방탕; 흥청거리는 소동. *faire [se livrer à] des ~s* 불량 [방탕]한 생활을 하다. ⑤ 〖속어〗〖연극〗(배우의)즉흥적인 대사 [몸짓], 개그. *prendre un rôle à la ~* 즉흥적인 익살을 섞어가며 연기하다. ⑥ 〖물리〗(전지 콘센트 따위의)직렬 (直列), 종속접속, *convertisseur en ~* 직렬 정류기 (整流器). ~ *nucléaire* 핵 캐스케이드 (고(高)에너지의 입자가 물질의 원자핵과 충돌하면서 몇개의 입자가 생기고 이와같은 입자가 잇달아 급속적으로 증가하는 현상). *méthode des ~s* 〖수학〗저차방정식으로의 환원법 (프랑스 수학자 Rolle (1652—1719)의 고안).

cascader [kaskade] *v.i.* ① 폭포가 되어 떨어지다. (웃음 따위가) 한바탕 일어나다; 비틀거리다, 쓰러지다. ② 〖구어〗방탕하다; 방탕하다. ③ (배우가)즉흥적인 익살 [몸짓]을 섞다.

cascadeur(se) [kaskadœːr, -øːz] 〖속어〗*a.* 방탕한, 바람을 피우는. —*n.* 방탕자, 난봉꾼; 즉흥적인 익살을 섞는 배우; (영화의)스턴트맨 (위험한 장면에서 대역을 맡는 전문가); (서커스의)곡예사.

cascaret [kaskarɛ] *n.m.* 〖속어〗꼬마같은 사내.
cascarille [kaskarij] *n.f.* 〖식물〗카스카릴라; (그)나무껍질.
cascatelle [kaskatɛl] *n.f.* 작은 폭포.
case [kɑːz] *n.f.* ① 작은 집; 오두막집 (cabane, hutte). ② (서랍 따위의)간막이; (서류 정리장 따위의)상자; (마소 운반차의)간막이; (장부의)횡선으로 구분한 칸; (장기판 따위의)눈. ~ *postale* 우편 사서함. *valise à quatre ~s* 4개의 칸으로 나뉘는 여행 가방. *tiroir à plusieurs ~s* 몇 개의 칸이 있는 서랍. ~*s d'un formulaire* 서식 (書式)의 (기입해야 할)공란. *inscrire son nom dans la première ~* 첫째 칸에 이름을 기입하다.
avoir une ~ vide [en moins] 〖구어〗머리가 좀 모자라다. *Il a une ~ en moins.* 그 사람은 어딘가 좀 모자란다 (Il lui manque une ~).

caséate [kazeat] *n.m.* 〖화학〗유산염 (lactate).
caséation [kazeɑsjɔ̃] *n.f.* ① (카세인의)응고, (우유의)치즈화(化). ② 〖의학〗건락화 (乾酪化), 건락 변성 (乾酪變性).
caséeux(se) [kazeø, -øːz] *a.* ① 치즈[모양]의. *partie ~se du lait* 우유의 치즈화된 부분. ② 〖의학〗건락상태의.
caséification [kazeifikɑsjɔ̃] *n.f.* = **caséation**.
caséifier [kazeifje] *v.t.* (우유를)치즈화하다; (우유 속에)카세인을 만들다, (우유에서)카세인을 뽑아내다.
—*se* ~ *v.pr.* 카세인 상태가 되다.
caséiforme [kazeifɔrm] *a.* 치즈 [건락] 상태의.
caséine [kazein] *n.f.* 〖화학〗카세인, 건락소 (乾酪素). ~ *végétale* 식물성 카세인.
caséinerie [kazeinri] *n.f.* 카세인 [건락소] 제조소.
caséinier [kazeinje] *n.m.* 카세인 제조업자. [酸].
caséique [kazeik] *a. acide* ~ 〖화학〗유산 (乳
casematage [kazmataʒ] *n.m.* casemater하기.
casemate [kazmat] *n.f.* ① 〖군사〗궁로 (穹窿)포대, 토치카; 〖해양〗포곽 (砲郭). ② 지하 감방; 〖속어〗(병사·공장·병원 따위의)변소.
casemater [kazmate] *v.t.* 〖군사〗(에)궁로포대 (토치카)를 만들다; 〖해양〗(에)포곽을 설치하다.
caser [kaze] *v.t.* ① (에)(상자 따위의)간막이 안에 넣다, 치우다; 정돈하다, 적당한 자리에 넣다 (ranger). ~ *des papiers* 서류를 분류상자에 넣다. ~ *des livres* 책을 정돈하다. ② 〖구어〗[~ *qn*] (에게)저자리를 정해주다 (loger), (에게)일자리를 마련해 주다 (placer, établir). *chercher un logement pour* ~ *un ami* 친구가 머무를 거처를 찾다. ~ *qn* (*dans un emploi*) …을 취직시켜 주다. *Il est bien casé.* 그는 좋은 일자리를 얻었다. ~ *sa fille dans une famille riche* 딸을 부자집에 시집보내다.
—*se* ~ *v.pr.* ① 정착하다, 거처를 정하다; 자리에 앉다. *Il a pu se* ~ *dans cet hôtel.* 그는 이 호텔에 머물 수 있었다. *J'ai réussi à me* ~ *dans le car déjà bondé.* 나는 이미 만원을 이룬 버스 안에서 용케 자리를 찾았다. ② (주어는 사물)(자리에)놓이다 (se situer). *À quel endroit se* ~ *cet article?* 이 기사는 어디에 들어갑니까? ③ 취직하다; 결혼하다, 가정을 이루다. *se* ~ *chez qn* …에 가정을 이루다. *Elle a trouvé à se* ~. 그녀는 결혼할 상대를 구했다.
caseret [kazrɛ] *n.m.*, **caseret** [kazrɛ] *n.m.*, **caserette** [kazrɛt] *n.f.* (치즈를 만들때 사용하는)물기 빼는 기구 (바구니).
caserne [kazɛrn] *n.f.* ① 병사 (兵舍), 병영; (집합적)병사에 수용되는 사병. *être à la* ~ 입대 [입영]해 있다, 군인이다. *plaisanterie [propos] de* ~ (군인들이 쓰는 말같은)상스러운 농담 [언사]. ② 멋없이

casernement

크기만한 집, (병사(兵舍)같은)서민 아파트. ③ … 서, 대. ~ de pompiers 소방서.

casernement [kazɛrnəmɑ̃] *n.m.* ① 병사에 수용하기(되기); 병사에 수용되는 기간. ② 병사(설비). ③ 기숙제도.

caserner [kazɛrne] *v.t.* 병사에 수용하다; 기숙사에 넣다, (구어) 가두다. *être caserné* (구어) 집 안에 죽치고 있다. —*v.i.* 병사에서 묵다.

casernet [kazɛrnɛ] *n.m.* 【해군】항해일지. ~ d'appel 사병명부, 점호부.

casernier(ère) [kazɛrnje, -ɛːr] *a.* 병사(兵舍)의. —*n.m.* 병사 감수(監守).

casette, cazette [kazɛt] *n.f.* ① (옛)오두막집. ② ⓐ【요업】(고급 도자기를 구울 때 담는)토갑(土匣). ⓑ (작은)상자.

caséum [kazeɔm] (라틴)*n.m.* =caséine.

cash [kaʃ] (영) *ad.* (속어)현금으로(comptant). payer ~ 현금으로 지불하다.

casher [kaʃɛːr] *a.* (불변)(유태교)(율법에 따라 피를 전부 제거한 육류에 대하여)법에 맞는, 정결한(cascher, cacher, kascher, kasher, kawcher 등의 철자도, kawcher의 여성형은 kawchère).

cash-flow [kaʃflo] (영) *n.m.* 【경제】캐시 플로 (업체의 결산에 있어서 순이익과 감가상각비를 합친 것).

casier [kazje] *n.m.* ① ⓐ 간막이 선반, 정리함. ~ à musique (간막이 있는)악보장. ~ à épices 드 상자. ~ du courrier 우편함. ~ armoire (서랍 달린)정리창(함), 서류정리 캐비닛. ~ à épices 조미료 상자. ⓑ (casier를 구성하는 개개의)작은 간, 간막이(case). ② 【법】범죄기록(보관소), (법무부의)신원증명서. ~ judiciaire 범죄기록(보관소). avoir un ~ judiciaire intact(vierge) 전과가 없다. ~ fiscal 납세기록. ③【어업】(새우 따위를 잡는)통발, 바구니. ~ à homards 바다가재잡이 통발.

casilleux(se) [kazijø, -øːz] *a.* (유리가)잘 부서지는.

casimir [kazimiːr] *n.m.* 캐시미어 직물의 일종. ②(속어)조끼.

casino [kazino] (이탈리아) *n.m.* 카지노, 오락장, 도박장; 극장.

cas-limite [kalimit] *n.m.* 한계사례(事例), 극단적인 경우.

casoar [kazoaːr] *n.m.* ① 【조류】화식조(火食鳥). ②(속어)(사관생도 군모 앞쪽에 꽂는)장식 깃털.

caspien(ne) [kaspjɛ̃, -ɛn] *a.* 카스피해 연안의. —C~ *n.* 카스피 해안 사람. —C~ne *n.pr.f.* 카스피 해(la mer C~ne).

casque [kask] *n.m.* ① ⓐ (전투용)헬멧; (옛날의)투구. ~ d'acier 철모. ~ à pointe (1차대전 때 독일군인이 쓴)첨두모(尖頭帽); (비유적)독일군. les C~s bleus 국제연합군. C~ d'acier 철모단(1차대전 후의 독일재향군인회). ⓑ (투구 모양의)각종 헬멧. ~ de pompier (de mineur) 소방(광부)모. ~ respiratoire 소방모, 방독 마스크. ~ de motocycliste 오토바이용 헬멧. ~ colonial (열대지방용)방서모(防暑帽). ~ à mèche (옛)취침모자, 나이트 캡. ⓒ (퍼머넌트용)드라이어. ⓓ (머리에 끼는)수화기, 헤드폰. écouter au ~ 헤드폰으로 듣다. ~ éclairant (의사가 머리에 끼는)액대경(額帶鏡). ④ (여자의)머리형 C~ d'or 황금의 머리(20세기 초 파리의 두 남자가 쟁탈전을 벌인 창부의 별명). ⑤【생물】투구 모양의 것(돌기); 【동물】(화식조 따위의)도가머리; 【패류】투구조개.

casoar

avoir le (son) ~ (속어)(과음하여)골치가 아프다. *en avoir dans le* ~ (속어)얼근하게 취하다. *s'en donner dans le* ~ 곤드레만드레 취하다.

casqué(e) [kaske] *a.p.* (철모(투구)를 쓴; (구어) [~ de] (을)(머리에)쓴. ~ d'un bonnet de nuit 나이트 캡을 쓴. 【생물】투구 모양의, 투구 모양의 돌기가 있는.

casquer [kaske] *v.t.* (에)투구(철모)를 씌우다. ②(속어)(돈을)치르다, (에게)돈을 치르다. —*v.i.* (속어)돈을 치르다.

***casquette** [kaskɛt] *n.f.* (학생·선원 따위의)챙 달린 모자, 제모; ⓐ d'écolier 국민학생모. ~ de skieur 스키모. ~ à (trois) ponts (19세기의 건달들이 쓴)3 각모.

être un peu ~ (속어)얼근하다. *la ~ du père Bugeaud* 보초교대의 나팔곡(曲). 〔인.

casquettier [kasketje] *n.m.* casquette 제조(판매)

casqueur(se) [kaskœːr, -øːz] (속어)*a.* (남을 위하여)돈을 치르는. —*n.* 돈을 치르는 사람.

cassable [kasabl] *a.* ① 깨어지기(부서지기) 쉬운. ②(비유적)파기할 수 있는.

cassade [kasad] *n.f.* ① (옛)엉터리 수작, 거짓말. ② (카드놀이에서)공갈을 쳐서 패를 버리게 하기.

cassage [kasaːʒ] *n.m.* 깨뜨리기, 부수기. ~ des minerais 광석의 분쇄, 쇄석(碎石). ~ de vitres (비유적)(유리창을 깨뜨린다는 뜻에서)맹렬한 반대. ~ de pieds(de gueule) 격투, 난투.

Cassandre [kasɑ̃ːdr] *n.pr.f.* 【그리스신화】카산드라(트로이의 왕 프리아모스의 딸로 트로이의 함락을 예어하였으나, 아무도 그녀를 믿지 않았다). —*c~ n.* 남이 믿어주지 않는 예언자, 재난의 예언자. —*n.m.* 【연극】(옛 이탈리아 희극의)늙은 익살역; 익살맞은 노인.

cassant(e) [kasɑ̃, -ɑ̃ːt] *a.* 깨어지기(부서지기) 쉬운(fragile). ~ comme du verre 유리처럼 깨지기 쉬운. ②(과일·비스킷 따위가)파삭파삭한; (샤츠 가)너무 풀이 센. poire ~*e* 사각사각한 배. chemise ~*e* (너무 풀이 세어)빳빳한 샤츠. pantalon au pli ~ 날카롭게 주름잡은 바지. ③ (비유적)퉁명스런, 붙임성 없는; 건방진. homme ~ 퉁명스런 사람. ton ~ 퉁명스런 어조. ④ (속어)(흔히 부정형)피곤한, 고달픈(fatigant); 보통과 다른, 각별한. métier pas ~ 편안한 일자리(장사). Ce film n'a rien de ~. 이 영화는 그저 평범하다. ⑤ tectonique ~*e* 【지질】단층이 많은 지질 구조. —*n.m.* (문어)퉁명스러움.

cassate [kasat] *n.f.* (향료와 설탕에 절인 과일이 든)아이스크림.

cassation¹ [kɑ(a)sɑsjɔ̃] *n.f.* ①【법】파기. ~ d'un jugement 판결의 파기. ~ d'un mariage 결혼 파기. demande (pourvoi, recours) en ~ 상고(上告). se pourvoir en ~ 상고하다. Cour de ~ 파기원(프랑스 최고 재판소). ②(하사관을 졸병으로)강등시킴.

cassation² *n.f.* 【음악】(18세기에 유행한 기악곡의 한 형식)카사치오네.

cassave [kasaːv] *n.f.* ① 【식물】카사바; 카사바 녹말(farine de ~). ② 카사바 녹말로 만든 빵과자.

casse¹ [kɑːs, kas] *n.f.* ① (가정용·공업용)냄비, (금속·도기제의)손잡이 달린 남비; (고기를 굽기 위한 철제·도기제의)냄비, (오븐용)내열접시. ② (유리 제조공이 쓰는)큰 국자(순가락); (비누 제조 공장의)동 남비. ③ (용광로 속의)금속이 녹아 들게 된 오목한 곳.

casse² *n.f.* 【인쇄】활자 케이스. bas[haut] de ~ 소(대)문자 케이스. mettre en ~ 해판하다. mise en ~ 해판(解版).

casse³ *n.f.* 《식물》 계수나무(cassier); 계피; 《약》 센나(완하제).
Passe-moi la ~ et je te passerai le séné.《속담》오는 정에 가는 정이 있다.

casse⁴ *n.f.* (세균 또는 화학적 원인으로 일어나는)포도주의 변질.

casse⁵ [ka:s] *n.f.* ① 깨뜨림, 부숨; 파손; 파손물; (깨어진)금, 틈. payer la ~ 파손된 물건을 배상하다. répondre de la ~ 파손에 대한 책임을 지다. ② 《구어》피해, 손해; 사상자. faire de la ~ 피해를 주다, 손해를 입히다. Il y aura de la ~.(비유적) 난처한(곤치아픈)일이 생기겠군. ③《옛》《군사》(계급의)강등;《속어》해직. donner la ~ à qn …을 해직(파면)시키다. ④《상업》폐품. vendre à la ~ 폐품으로[무게로]팔다. mettre une voiture à la ~ 자동차를 폐차처분하다.
— *n.m.* 《은어》(강도의)불법 침입(cambriolage).

cassé(e) [kase] *a.p.* ① 깨어진, 부서진; 금이 간; 끊긴; 망가진, 부러진. bras — 부러진 팔. papier — 구겨진(파손된) 종이. ② (사람이)노쇠한, 허리가 굽은; (목소리가)쉰. voix — 쉰 목소리. ③ vin — 변질된 포도주; blanc — 다소 새어 엷게 섞인 백색. *avoir le nez* ~ 실패하다.
— *n.m.* ①파(손)지(papier~). ② 시럽 당도(糖度)의 1단계(냉수 속에서 쉽게 부서지는 정도).

casse-assiettes [kasasjɛt] *n.m.* 《복수불변》발한화를 잘 내는 사람. — *a.* 《불변》난폭한.

casseau [ka(a)so] (*pl.* ~*x*) *n.m.* ① 《인쇄》활자 케이스의 반쪽면; (수학 기호·인테르 따위를 넣는) 작은 케이스. ② (*pl.*) 《수의》(말 따위의 치료에 쓰이는)원통형의 목제 기구.

casse-bras [kasbra] *n.m.* 《복수불변》《속어》갑작스런 실패, 비운.

casse-chaîne [kɑsʃɛn] *n.m.* 《복수불변》《직조》(씨실이 끊겼을 때 방직기의)정지 장치.

casse-cœur [kɑskœ:r] *n.m.* 《복수불변》《옛·속어》염색가, 오입장이. [개.

casse-coke [kɑskɔk] *n.m.* 《복수불변》코크스 깨는

casse-cou [kasku] *n.m.* 《복수불변》① 위험한 장소 [길]; 사고가 많이 나는 곳. ②《구어》저돌적인 사람(imprudent, risque-tout). ③ (사나운 말의)조련사; (서커스에서 위험한 곡예를 하는)곡마사.
— *a.* 《불변》《구어》 무모한, 저돌적인.
— *int.* (술래잡기에서)조심하라 ! crier — à qn …에게 큰 소리로 위험을 알리다, 경고하다.

casse-croûte [kaskrut] *n.m.* 《복수불변》① 간단한 식사. ~ pour le voyage 여행용 도시락. ② 경식당 (輕食堂), 스낵 바. ③《빵의》껍질 부수는 기구.

casse-croûter [kaskrute] *v.i.* 《속어》간단하게 식사하다.

casse-cul [kasky] *n.m.* 《복수불변》《예》엉덩방아.
— *n.* 《복수불변》《구어》(비유적)귀찮아서 짜증이 나는 사람[것]. — *a.* 《불변》《구어》귀찮아서 짜증이 나는. C'est ~, ces recherches. 이 연구는 정말 짜증나는군.

casse-gueule [kɑsgœl] *n.m.* 《복수불변》① 《속어》 독한 브랜디(casse-pattes). ②《구어》위험한 곳; 위험한 짓; 전쟁. aller au ~ 전쟁에 나가다. ③ 저속한 댄스홀. — *a.* 《불변》위험한, 모험적인 (périlleux). [물]

casse-lunettes [kaslynɛt] *n.m.* 《복수불변》《식

cassement [kasmɑ̃] *n.m.* ① 《드물게》깨뜨림. ②《원예》순 자르기, 전지. ③피로. ~ de bras et jambes 팔로와 다리가 축 늘어짐. ~ de tête (소음·고된 일 따위로 인한)심한 피로, 두통거리 (ennui, tracas). ④《속어》강도질(cambriolage).

casse-museau [kɑsmyzo] *n.m.* 《복수불변》① 얼굴을 주먹으로 때리기. ②파삭파삭한 과자의 일종. ③《식물》가막살나무류의 속칭(viorne).

casse-noisettes [kɑsnwazɛt] *n.m.* 《복수불변》① 호두까개(기구). ②《조류》 등고비 무리.
menton en ~《구어》코로 휘어오른 턱, 주걱턱.

casse-noix [kɑsnwa(ɑ)] *n.m.* 《복수불변》① 호두까개(기구). ② 《조류》 잣까마귀 무리.

casse-noyau [kɑsnwajo] (*pl.* ~-~*x*) *n.m.* 《조류》콩새 무리.

casse-os [kɑso] *n.m.* 《복수불변》뼈 빠개는 기구.

casse-pattes [kɑspat] *n.m.* 《복수불변》《속어》독한 브랜디, 독주(casse-gueule).

casse-pieds [kɑspje] *n.m.* 《복수불변》《구어》귀찮은 사람[것](importun). Celui-là, ce qu'il est ~ ! 저 사람, 정말 귀찮게 구네! — *a.* 《불변》귀찮은, 구체스런.

casse-pierre(s) [kɑspjɛːr] *n.m.* 《복수불변》① 돌 깨는 망치; 《토목》쇄암기(碎岩機). ②《식물》범의귀(saxifrage), 돌회향(criste-marine), 쇄기풀(pariétaire) 등의 속칭.

casse-pipes [kɑspip] *n.m.* 《복수불변》①《속어》 (장터·야시장의)사격장. ②《구어》전쟁(guerre), 교전 지역(zone des combats). aller au ~ 전쟁터에 나가다.

casse-poitrine [kɑspwatrin] *n.m.* 《복수불변》《속어》독한 브랜디(casse-gueule, casse-pattes).

✶**casser** [kɑse] *v.t.* ⓐ 부수다, 깨뜨리다(briser). ~ une assiette 접시를 깨다. ~ des œufs 계란을 깨다. ⓑ 끊다(rompre); 부러뜨리다; 꺾다(couper). ~ un lacet de chaussure 신발끈을 자르다 [끊다]. Le coup lui *a cassé* le bras. 그 타격이 그의 팔을 부러뜨렸다. ~ du bois(도끼로)장작을 빠개다. ⓒ 망가뜨리다(endommager). ~ la télévision 텔레비전을 망가뜨리다.
② [《법》 파기하다; (약혼 따위를)취소하다. ~ un jugement 판결을 파기하다. ~ un mariage 결혼을 취소하다, 파혼하다.
③ (관인을)강등시키다; 면직시키다, 해임하다. ~ un fonctionnaire 관리를 면직시키다.
④ [~ *qn*] 쇠약하게 하다. Les débauches l'*ont fort cassé*. 방탕으로 그는 몸을 절단냈다.
⑤ (일·습관 따위를)중단하다(interrompre); (장애·저항을)물리치다, 분쇄하다(vaincre). ~ le travail 일을 중단하다, 일을 방해하다. ~ l'obstacle(la force ennemie) 장애[적군]을 분쇄하다.
⑥《경제》(시장을)혼란케 하다, (주가 따위를)급락시키다. ~ le marché 시장을 마비시키다. ~ les prix[les cours] 물가[주가]를 급락시키다.
⑦《옛》토지를 경작하다, 일구다.
⑧《속어》침입 강도질하다(cambrioler).
à tout ~ ⓐ 몹시; 전속력으로. conduire sa moto *à tout* ~ 오토바이를 전속력으로 몰다. ⓑ 굉장한, 엄청난. fête *à tout* ~ 굉장한 잔치. ⓒ 기껏해야. Il gagne deux mille francs *à tout* ~. 그는 기껏해야 2천프랑 번다.
Ça ne casse rien.《속어》그건 별 것 아니다.
~ *la croûte*《구어》간단히 요기하다, 식사하다.
~ *la figure* [*la gueule*] *à qn*《구어》…의 면상을 치다, …을 구타하다.
~ *la tête* [*les oreilles, les pieds,* 《비어》 *les couilles*] *à qn*《구어》…을 성가시게 하다(importuner). Ce travail me *casse* la tête. 이 일은 정말 못해 먹겠군. Tu nous *casses* les pieds ! 귀찮게 구는군! (완곡어법에 의하면 Tu nous *les casses* ! 라고도 한다).
~ *le morceau* (*à qn*)《구어》까놓고 이야기하다, 자백하다; (에게) 그에 대한 비난을 숨김없이 말해 주다.

~ *sa pipe* 《속어》죽다.
ne rien ~《속어》힘이 없다; 대수롭지 않다. Il *ne casse rien.* 그는 기운이 없다(Il ne *casse* pas des briques).
Qu'est-ce que je lui ai cassé!; Je lui ai cassé quelque chose! 그에게 할 말을 다 해주었지! ; 한바탕 퍼부었다.
sans en ~ *une* 《속어》한마디 말도 없이.
—*v.i.* ① 깨어지다, 부서지다; 끊기다; 잘리다; 부러지다. Le verre *a cassé* en tombant. 유리컵이 떨어져 깨졌다.
② 《스포츠》 (선수가) 갑자기 힘이 떨어지다.
Tout passe, tout lasse, tout casse. 《속담》 세상만사가 무상하다.
—*se* ~ *v.pr.* ① 깨어지다, 부서지다; 끊기다; 부러지다; 잘리다; 상하게 하다. Le verre *se casse* facilement. 유리는 잘 깨진다.
② (se는 간접목적보어) 자기의 …을 부러뜨리다 [깨뜨리다]. Il *s'est cassé* la jambe en tombant. 그는 넘어지면서 다리가 부러졌다. *se* ~ les yeux à lire 책을 읽어서 눈을 버리다. *se* ~ la voix (무리해서) 목소리가 쉬다.
③ 쇠약해지다, 약해지다, 허리가 굽다. Il commence à *se* ~. 그는 (늙어서) 약해지기 시작한다.
④ 《구어》(주로 부정형) 애쓰다, 노력하다(s'évertuer). Pas besoin de *te* ~ pour ça. 그것 때문에 애쓸 [고생할] 필요 없다.
⑤ 《속어》가버리다, 도망치다(s'en aller).
Quand la corde est trop tendue, elle se casse. 《속담》 줄이 너무 팽팽하면 끊어진다, 무엇이든 한도가 있는 법이다.
se ~ *la figure* ⓐ 넘어지다, 뒹굴다. ⓑ 사고를 당하다. ⓒ (전쟁·사고 따위로) 죽다.
se ~ *la tête* (*à*+*inf.*) 《속어》(…하는 데) 골치를 썩이다. Ne *te casse* pas *la tête!* 속썩이지 마! (Ne t'en fais pas).
se ~ *le nez à la porte de qn* …을 찾아갔다가 못 만나다.
se ~ *les dents contre* (*sur*) *qc* …에 대항하지 못하다, (어려운 일을) 헤쳐나가지 못하다.
casserie [kasri] *n.f.* 사탕을 원추형의 덩어리로 자르는 공장.
*****casserole** [kasrɔl] *n.f.* ① (손잡이 달린) 냄비; 스튜 냄비. ~ *en aluminium* 알루미늄 냄비. veau à la ~ 《요리》 송아지 스튜. ② 《구어》 《연극·영화》 투광기, 라이트, 영사기(projecteur). ③ 《구어》 (경찰의) 앞잡이, 정보원. ④ 음이 맞지 않는 악기 [목소리]. chanter comme une ~ 음이 맞지 않게 [엉망으로] 노래 부르다.
passer à la ~ 《속어》 살해 당하다; 죽도록 혼나다; (여자가) 강제에 의해 몸을 맡기다; 밀고하다.
casserolée [kasrɔle] *n.f.* 냄비 한 그릇분.
casseroler [kasrɔle] *v.t.* 《속어》밀고하다.
casse-sucre [kassykr] *n.m.* 《복수불변》 사탕절단기.
cassetée [ka(a)ste] *n.f.* 《인쇄》 활자 케이스 하나분(의 양).
casse-tête [kastet] *n.m.* 《복수불변》 ① (무기로서의) 곤봉; 도끼; (호신용) 단장; (순경의) 곤봉(matraque). ② 《구어》 힘드는 일, 두통거리. ③ 시끄러운 소리, 소음. ④ 《구어》 머리까지 오르는 술.
~ *chinois* 지혜의 판 (나무 조각을 조립하여 만드는 퍼즐); (비유적) 난제 중의 난제, 골칫거리.
cassetin [ka(a)stɛ̃] *n.m.* ① 《인쇄》 (활자 케이스의) 칸. ② 《야금》 (용광로의) 금속이 녹아 모이는 오목한 부분.
casse-trame [kastram] *n.m.* 《복수불변》 《직조》 (방직기의) 씨실이 끊겼을 때의 정지 장치.

cassette [kaset] *n.f.* ① (돈·보석 따위를 넣는) 작은 상자. ~ *à bijoux* 보석 상자. ② (왕의) 개인 금고 (재산); 《구어》 개인의 돈, 아랍치. biens de la ~ 왕실 소유지. ③ 카세트(테이프); 카세트 녹음기.
casseur(se) [kasœːr, -øːz] *n.* ① 깨뜨리는 사람 [꾼]. Mon mari est un grand ~. 제 남편은 걸핏하면 물건을 잘 깨뜨립니다. ~ *de pierres* 돌 깨는 일꾼. ~ *d'assiettes* (*de vitres*) 소란 [말썽]을 일으키는 사람, 난폭한 사람. ② (데모할 때의) 파괴자; 《구어》 난폭한 사람, 깡패. ③ 폐품업자, 폐차업자.
④ 《은어》 침입 강도.
jouer les ~*s* 허세부리다.
—*a.* 식기를 자주 깨뜨리는; (행동·태도 따위가) 깡패 같은.
cassie [kasi] *n.f.* 《속어》《식물》 아카시아속(屬)의 나무.
cassier[1] [ka(a)sje] *n.m.* 《식물》 계수나무(casse).
cassier[2] *n.m.* 《인쇄》 활자 케이스 (넣어두는) 장.
cassine [kasin] *n.f.* ① 작은 별장; 《구어》 오막살이, 판자집. ② 《군사》 작은 요새.
Cassiopée [kasjɔpe] *n.pr.f.* ① 《그리스 신화》 카시오페아. ② 《천문》 카시오페아좌(座).
cassis[1] [kasis] *n.m.* ① 《식물》 까막까치밥나무; (그) 열매. ② 카시스주(酒). ③ 《속어》 머리.
cassis[2] [ka(a)si(s)] *n.m.* (도로를 가로질러 패인) 도랑, 배수구.
cassitérides [kasiterid] *n.m.pl.* 《광물》 주석원광. les C~ 《지리》 (지금의) 시칠리아 군도 (고대인들이 주석을 채광하던 섬들).
cassitérite [kasiterit] *n.f.* 《광물》 주석광.
cassolette [kasɔlɛt] *n.f.* ① 향로. ② 향이 들어 있는 목걸이 장식. ③ 《구어》 향기; (시)를 발하는 것, 향기; (반어적) 악취. ④ 《요리》 (요리를 담는) 향로형 용기; (이 용기에 담긴) 요리.
casson [kasɔ̃] *n.m.* ① (유리 따위의) 파편, 조각; 유리 (카카오) 가루. ② 설탕 덩어리.
cassonade [ka(a)sɔnad] *n.f.* (한 번밖에 정제하지 않은) 조당(粗糖), 검붉은 설탕, 흑설탕.
cassoulet [kasulɛ] *n.m.* 《요리》 (랑그독 지방식의) 스튜.
cassure [kasyːr] *n.f.* ① 깨어진 금, 틈(fissure, fente). ② 《광물》 절단면; 《지질》 균열, 단층. ③ (비유적) (우정 따위의) 금, 균열, 절교(rupture). provoquer une ~ *dans une amitié* (*une alliance*) 우정 [동맹 관계] 을 금가게 하다, 절교 [단교] 하게 하다. ④ (깃·소매 끝을) 꺾어올린 주름. ⑤ (과자 따위의) 부스러기.
castagne [kastaɲ] *n.f.* 《속어》 주먹질(싸움).
castagner (**se**) [sɔkastaɲe] *v.pr.* 《속어》 주먹질하다, 싸움판을 벌이다(se battre).
castagnettes [kastaɲɛt] *n.f.pl.* 《음악》 캐스터네츠.
castanéacées [kastanease] *n.f.pl.* 《식물》 밤나무과(科).
castapiana [kastapjana], **castapiane** [kastapjan] *n.f.* 《속어》 매독; 성병.
caste [kast] *n.f.* ① 카스트 (인도의 세습적 계급제도). sous-~ 부(副) 카스트 (카스트 속에 다시 복잡하게 분류된 것). des prêtres 성직자 카스트. hors-~ 천민(賤民)(paria, intouchable). mettre *qn* hors-~ …을 추방하다, 사회적으로 매장하다. ② (경멸) (폐쇄적) 특권계급, 특권의식. esprit de ~ 특권의식. ③ 《구어》 (친족·친구·동조자 따위의) 패거리, 일당(clan). ④ 《동물》 (벌·개미 따위의) 계급.
castel [kastɛl] *n.m.* 작은 성(petit château); (봉건 영주의) 성채.
castelet [kastlɛ] *n.m.* ① 꼭둑각시 놀음 (인형극) 의 무대. ② (누에의 알을 까는) 부화기(器).

castelroussin(e) [kastɛlrusɛ̃, -in] *a.* 샤토루(*Châteauroux*, 프랑스의 도시)(사람)의. —**C**~ *n.* 샤토루 사람.

castillan(e) [kastijɑ̃, -an] *a.* ① 카스틸랴(*Castille*, 에스파냐의 주)의. ② 에스파냐식의. —**C**~ *n.* 카스틸랴 사람. —*n.m.* 카스틸랴어(語); (옛 에스파냐의)금화.

castille [kastij] *n.f.* ①《드물게》싸움, 언쟁; 반목, 불화. chercher ~ à *qn* …에게 시비를 걸다. être en ~ 반목하고 있다. ②《옛》모의 전투. [석.

castine [kastin] *n.f.* 《야금》(융제(融劑)용)석회

castor [kastɔ:r] *n.m.* ①《동물》비버, 해리(海狸). ② 비버의 모피;《옛》비버 털모자, drap de ~ (비버 모피로 짠)두꺼운 직물. ~ du Canada 사향쥐(의 모피). ~ du Chili 코이푸(의 모피). ③ mouvement des ~s (건설업자의 손을 빌지 않고 공동으로 짓는)주택 공동 건축운동. ④ huile de ~ des Anglais 《약》 피마자유. ⑤《속어》소년수부.

castoréum [kastɔreɔm] *n.m.* 《약》 카스토레움, 해리향(海狸香).

castorine [kastɔrin] *n.f.* ①《화학》 카스토린. ②《직물》 비버 털이 섞인 모직물.

castoriser (se) [s(ə)kastɔrize] *v.pr.* 《속어》정착하다, 자리잡다.

castramétation [kastrametɑsjɔ̃] *n.f.* 포진법(布陣法), 진영의 배치.

castrat [kastra] *n.m.* 거세된 사내; 《특히》(17-18세기에 유행하던)거세된 가수; (소프라노 유지를 위해 어릴 때)거세된 가수.

castration [kastrɑsjɔ̃] *n.f.* 거세, 생식선 제거; 식물의)생식 기능의 퇴화. ~ par ablation des testicules(des ovaires) 고환(난소)의 제거에 의한 거세. complexe de ~ 《심리》 거세 콤플렉스.

castrer [kastre] *v.t.* 거세하다(châtrer).

castreur [kastrœ:r] *n.m.* 거세하는 사람(châtreur).

castrisme [kastrism] *n.m.* (< *Fidel Castro*, 쿠바의 수상) *n.m.* 카스트로주의(방식).

castriste [kastrist] *a.* 카스트로주의의(자)의. —*n.* 카스트로주의자.

castrothéodoricien(ne) [kastrɔteɔdɔrisjɛ̃, -ɛn] *a.* Château-Thierry(*Aisne* 지방의 마을)의. —**C**~ *n.* Château-Thierry 사람.

casualisme [kɑ(a)zɥalism] *n.m.* 《철학》 우연론.
casualiste [kɑ(a)zɥalist] *n.m.* 《철학》 우연론자.
casualité [kɑ(a)zɥalite] *n.f.* 《드물게》우연성.

casuel(le) [kazɥɛl] *a.* ① 우연의; 불시(임시)의. emploi ~ 임시직, 임시고용. charges ~les 《형사》 1대(代)에 한한 직(職). ② 《언어》 격(格)의. —*n.m.* 임시수입; 《구어》 《가톨릭》 (결혼식·장례식 따위에 신부가 받는)사례금, 성식사례.

casuellement [kɑ(a)zɥɛlmɑ̃] *ad.* 《옛》우연히; (하는)김에. Parlez-lui de moi, ~. 그에게 말하는 김에 내 이야기도 해주시오.

casuiste [kɑ(a)zɥist] *n.m.* ① 《신학》 (양심(도덕)문제의)결의(決疑)론자. ②《비유적》공연히 까다로운 구별을 짓는 사람, 궤변가.

casuistique [kɑ(a)zɥistik] *n.f.* ①《신학》(양심문제)결의론. ② (경멸)공연히 까다로운 구별을 짓는 경향, 궤변.

casus belli [kazysbelli] 《라틴》 *n.m.* 《복수불변》개전(開戰)이유가 되는 사실(선전포고를 정당화하는 명목).

c. at. (약자) coupon attaché 《주식》 이익배당권이 붙은 이자표.

cata- *préf.* 「반(反)·하(下)」의 뜻.
catabolique [katabɔlik] *a.* 《생물》 이화작용의.
catabolisme [katabɔlism] *n.m.* 《생물》 이화작용.

catacaustique [katakɔ(o)stik] 《광학》 *a.* 반사화선(反射火線)의. —*n.f.* 반사화선.

catachrèse [katakrɛ:z] *n.f.* 《수사학》 (말의 본래의 뜻에서 벗어난)비유적 전용, 남유(濫喩)(예: pieds d'une table 테이블의 다리 따위).

cataclysme [kataklism] *n.m.* ① 대홍수(inondation); 《지질》 (지각의)격변, 대지진. ②《비유적》대변동, 대이변; 재난(catastrophe).

cataclysmique [kataklismik] *a.* cataclysme 의. pluie ~ 천재지변과도 같은 폭우.

catacombes [katakɔ̃:b] *n.f.pl.* (때로 단수) (고대 로마의)지하 묘지(납골소); (초기 그리스도 교도가 숨어서 예배를 본)카타콤.

catacoustique [katakustik] *a.* 반향의, 되울림의. —*n.f.* 《물리》 반향학(cataphonique).

catadioptre [katadjɔptr] *n.m.* 《광학》 반사굴절장치(cataphote).

catadioptrique [katadjɔptrik] 《광학》 *a.* 반사굴절의. —*n.f.* 반사굴절학.

catafalque [katafalk] *n.m.* 영구대(靈柩臺).

cataire [katɛ:r] *a.* 고양이의. frémissement ~ 《의학》 (심장의)묘진(猫震). —*n.f.* 《식물》 개박하(népète).

catalan(e) [katalɑ̃, -an] *a.* 카탈로니아(*la Catalogne*)의. —**C**~ *n.* 카탈로니아 사람. —*n.m.* 카탈로니아어(語).

catalanisme [katalanism] *n.m.* 《정치》 (에스파냐와의 분리를 꾀하는)카탈로니아 자치운동.

catalaniste [katalanist] *a.* 카탈로니아 자치운동의. —*n.* 카탈로니아 자치운동(지지)자.

catalauniens [katalɔnjɛ̃], **catalauniques** [katalɔnik] *a.m.pl.* 카탈로니(평야의) champs ~ 《역사》 카탈로니 평야(*Châlons* 과 *Troyes* 의 중간에 있는 평야로 451 년 여기서 *Attila* 가 패했음).

catalectes [katalɛkt] *n.m.pl.* (고대 작가의)문집, 선집(選集).

catalectique [katalɛktik] *a.* 《운율》 운각(韻脚)이 불완전한(그리스·로마의 시에서 1음절이 모자라는 시구).

catalepsie [katalɛpsi] *n.f.* 《의학》 카탈렙시, 강경증(強硬症).

cataleptiforme [katalɛptifɔrm] *a.* 강경 증상의.

cataleptique [katalɛptik] 《의학》 *a.* 카탈렙시(강경증)의. —*n.* 강경증 환자.

catalogne [katalɔɲ] *n.m.* couverture de(en) ~ 바르셀로나 담요. —**C**~ *n.pr.f.* 《지리》 카탈로니아(에스파냐의 동북부 지방).

catalogue [katalɔg] *n.m.* 목록, 카탈로그. dresser un ~ 목록을 작성하다. salle des ~s (도서관의)목록실. vente sur ~ 통신판매. ~ des étoiles 성표(星表). ~ raisonné 설명문이 있는 카탈로그; (미술의)개인작품 목록.

cataloguer [katalɔge] *v.t.* (의)목록을 만들다; 종류별로 나누다.

catalogueur [katalɔgœ:r] *n.m.* 목록 작성자.
catalpa [katalpa] *n.m.* 《식물》 개오동나무.
catalyse [katali:z] *n.f.* 《화학》 촉매작용.
catalyser [katalize] *v.t.* ① 《화학》 (에)촉매작용을 일으키다. ② 《비유적》 (촉매작용에 의해)반응을 유발하다(provoquer); 결집하다. ~ les volontés 의지들을 결집시키다.

catalyseur(se) [katalizœ:r, -ø:z] *a.* 촉매작용을 일으키는. —*n.m.* 촉매(물질). 《비유적》반응을 일으키는 사람(사물). jouer le rôle d'un ~ 촉매 역할을 하다.

catalytique [katalitik] *a.* 《화학》 촉매의. phénomène ~ 촉매현상. réaction ~ 촉매반응.

catamaran [katamarɑ̃] *n.m.* ① (인도네시아의)뗏목배. ② 쌍동선. flotteurs disposés en ~ (수상기(水上機)의)한쌍의 부주(浮舟).

cataménial(ale, *pl.* **aux)** [katamenjal, -o] *a.* 월경의. flux ~ 월경.

cataphasie [katafazi] *n.f.* 【의학】응답 반복증.

cataphorèse [katafɔrɛːz] *n.f.* 【화학】전기영동(泳動).

cataphote [katafɔt] *n.m.* (도로·자동차 후미 따위에 다는)야간 반사경〔장치〕.

cataplasme [kataplasm] *n.m.* ① 【의학】엄법(罨法), 찜질. ② (비유적)기름진 음식. ③ 【구어】(지폐·서류 따위의)두툼한 다발〔꾸러미〕.

catapultable [katapyltabl] *a.* 【항공】캐터펄트로 발사되는.

catapultage [katapyltaːʒ] *n.m.* catapulter 하기.

catapulte [katapylt] *n.f.* ① 노포(弩砲), 쇠뇌. ② 【항공】캐터펄트 (비행기·로켓의 발사장치).

catapulter [katapylte] *v.t.* ① 【항공】(비행기를)캐터펄트로 발사하다. ② 【구어】갑자기 내던지다〔내동댕이치다〕(projeter); (사람을)멀리 보내다. Sous le choc, le cycliste a été catapulté à plusieurs mètres. 충격에 의해 자전거를 탔던 사람은 몇 미터 밖으로 내동댕이쳐졌다.

catapulteu*r*(se) [katapyltɶ, -ɶːz] *a.* (속어)회한한, 아주 멋진.

cataracte¹ [katarakt] *n.f.* ① 폭포; 폭포처럼 쏟아지는 물. ~s de pluie 억수로 쏟아지는 빗물. ② 【성서】수문. ouvrir les ~s du ciel (하늘의 수문을 열어)큰 비를 내리다. lâcher les ~s 【구어】노여움을 터뜨리다.

cataracte² *n.f.* 【의학】백내장(白內障). ~ noire 흑내장.

cataracté(e) [katarakte] *a.* 백내장에 걸린.

cataracter (se) [s(ə)katarakte] *v.pr.* 【의학】백내장에 걸리다.

catarrhal(ale, *pl.* **aux)** [kataral, -o] *a.* 【의학】카타르의.

catarrhe [kataːr] *n.m.* ① 【의학】카타르; 카타르성 염증. ② 【구어】독한 감기.

catarrheu*x*(se) [katarɶ, -ɶːz] *a.* 카타르에 걸리기 쉬운; 카타르에 걸린; 카타르성의.

catastrophe [katastrɔf] *n.f.* ① 큰 재앙, 대이변, 대변동(désastre, calamité, fléau); 큰 불행(malheur). Quelle ~! 이런 변이 있나! C~! J'ai oublié ma clé! 열쇠를 잊어버렸어. ~ aérienne 비행기(추락)사고. ② (특히 고대 비극의)대단원; 파국. *en* ~ @위급〔긴급〕상태에서, 데이변, 를 retour *en* ~ (우주선 따위의)긴급귀환. atterrir *en* ~ 긴급착륙하다. ⓑ 황급히. marier une fille *en* ~ (최악의 사태를 피하기 위해)딸을 서둘러 시집보내다.

catastrophé(e) [katastrɔfe] *a.p.* 【구어】크게 실망한, 불행에 빠진; 아연실색한(abattu).

catastropher [katastrɔfe] *v.t.* 불행에 빠뜨리다, 낙담시키다(abattre).

catastrophique [katastrɔfik] *a.* ① 큰 재앙〔이변〕의; 파국적인. inondation ~ 대재해를 초래할 수. ② 【구어】지독한, 형편 없는. Son roman est ~. 그의 소설은 영망이다.

catastrophisme [katastrɔfism] *n.m.* ① 【고대지질】지각격변설. ② 극단적 비관론, 파국론. [의.

catastrophiste [katastrɔfist] *a.* 극단적 비관주의

catatonie [katatɔni] *n.f.* 【정신의학】카타토니, 긴장증(症).

catau [kato] *n.f.* 【구어】① 시골 처녀; 【옛】(여관의)하녀. ② 창녀.

catch [katʃ] 《영》 *n.m.* 프로레슬링, prises de ~ 프로레슬링의 수〔기술〕. match(rencontre) de ~ 프로레슬링 시합.

catcher [katʃe] *v.i.* 프로레슬링 시합을 하다.

catcheu*r*(se) [katʃɶːr, -ɶːz] *n.* 프로레슬링 선수.

catéchèse [kateʃɛːz] *n.f.* 【가톨릭】교리문답(catéchisme); (교리문답)종교 교육.

catéchète [kateʃɛt] *n.m.* 【가톨릭】=catéchiste.

catéchétique [kateʃetik] *a.* 교리문답의. —*n.f.* 교리문답의 교육.

catéchisation [kateʃizɑsjɔ̃] *n.f.* 교리〔신앙〕교육.

catéchiser [kateʃize] *v.t.* ① 【가톨릭】(에게)교리를 가르치다. ② 【구어】도리를 가르치다, 설득하다(instruire, endoctriner); 꾸짖다. ~ les nouvelles recrues du parti 신입당원을 훈련시키다.

catéchisme [kateʃism] *n.m.* ① 【가톨릭】교리교육, 교리문답 강의; 교리문답서. aller au ~ 교리 교육을 받으러 가다. ② (학설 따위의)요강, 기본, 입문서. ~ démocratique 민주주의의 초보. ③ 【구어】(개인의)신조(article de foi); 애독서. ④ 【옛】가르침, 지도; 설교, 질책. faire le ~ à qn …을 훈련시키다; 훈계하다.

catéchiste [kateʃist] *n.* 교리문답을 가르치는 사람; 전도사.

catéchistique [kateʃistik] *a.* 【가톨릭】교리교육의〔에 의한〕.

catéchuménat [katekymena] *n.m.* 【가톨릭】영세 지망자의 신분〔자격〕, 영세 준비 과정.

catéchumène [katekymɛn] *n.* ① 【가톨릭】영세 지망자, 교리문답 수강자. ② (비유적)초심자, 입문자.

catégorie [kategɔri] *n.f.* ① 【논리】범주, 카테고리. ~s grammaticales 【언어】문법 범주(품사·성·수 따위). ② 부류, 종목(espèce); (사람들의)유별, 그룹. ranger des livres en plusieurs ~s 책을 여러 부문으로 분류 배열하다. ~s sociales défavorisées 혜택을 받지 못하는 사회계층(의 사람들). ③ (품질 따위의)등급. viande de première ~ 1등급 쇠고기. ④ (경별)(사람의)종류, 부류. Ces gens-là sont de la même ~. 이 사람들은 같은 부류에 속한다.

catégoriel(le) [kategɔrjel] *a.* ① 【철학】범주의; 개념적인, 추상적인. ② 【노동】직종별의, 부문별(部門別)의. syndicats ~s 부문별 노동조합. reclassement ~ 부문별 임금조정〔개정〕. ③ symbol ~ 【언어】(생성문법의)범주기호(명사구 SN, 동사구 SV 따위).

catégorique [kategɔrik] *a.* ① 명확한, 단정적인 (clair, précis). réponse ~ 단정적인 대답, 확답. refus ~ 단호한 거절. ② 【논리·철학】정언적(定言的)인. proposition ~ (절대적 진리의)정언적 명제. jugement ~ (아리스토텔레스의)정언적 판단. impératif ~ (칸트 철학에서)정언적〔단언적·무상(無上)〕명령.

catégoriquement [kategɔrikmɑ̃] *ad.* 범주에 따라, 뚜렷이, 명백히; 단호히. refuser(répondre) ~ 단호히 거절하다〔대답하다〕.

catégorisation [kategɔrizɑsjɔ̃] *n.f.* (범주에 따른)분류 (classement par catégories); 【언어】범주화.

catégoriser [kategɔrize] *v.t.* (범주에 따라)분류하다, 유별하다.

caténaire [katenɛːr] *a.* ① 사슬 모양의; 연쇄의. réaction ~ 연쇄반응. gangli-

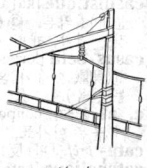

caténaire

ons sympathiques ~s 〖해부〗 (사슬 모양의)교감 신경절(節). ② 〖전기〗 현수식(懸垂式)의. suspension ~ (전차용 가선을 수직으로 매다는)현수 가선(架線).
—*n.f.* 〖철도·전기〗 현수가선(suspension ~).

caténation [katenɑsjɔ̃] *n.f.* 〖생물〗 (염색체의)연쇄, 연결.

caterpillar [katɛrpilaːr] 〖영〗 *n.m.* 무한궤도 장치, 캐터필러(chenille).

catgut [katgyt] 〖영〗 *n.m.* 장선(腸線).

cathare [kataːr] 〖종교〗 *n.m. pl.* (중세의 기독교 이단의 일파인)카타리파(派). —*a.* 카타리파의.

catharsis [katarsis] *n.f.* ① 〖연극〗 카타르시스, 감정의 정화 (비극이 관객의 감정을 정화시킨다는 아리스토텔레스의 이론). ② 〖심리〗 정화법 (억압된 감정을 표출시킴으로써 치료 효과를 얻는 정신치료의 방법).

cathartique [katartik] *a.* ① 〖심리〗 정화하는. méthode ~ 정화법. ② 〖종교〗 정화의. rite ~ 정화의식. ③ 〖의학〗 하제(下劑)의, 변을 잘 통하게 하는.

*****cathédral(ale, *pl.* aux)** [katedral, -o] *a.* ① 〖드물게〗 〖종교〗 주교 자리가 있는. église ~ale 주교좌성당. ② 대성당 소속의. chanoine ~ 대성당 참사회원. —*n.f.* 〖종교〗 주교좌 성당, 대성당. style à la ~ale 〖미술〗 대성당 양식.《동격》verre ~ale (표면이 우툴두툴한)무늬유리.

Catherine [katrin] *n.pr.f.* 카트린(여자 이름). coiffer sainte ~ 《구어》(처녀가)25세.

catherinette [katrinɛt] *n.f.* ① 〖구어〗 미혼녀, 25살이 된 처녀. ② 이미 시기가 지난 신간. ③ 〖속어〗 〖식물〗 대국(동대목)속(屬); 가시나무(ronce). ④ 〖곤충〗 무당벌레.

cathéter [katetɛːr] *n.m.* 〖외과〗 (특히 요도(尿道) 용의)카테테르, 소식자(消息子).

cathétériser [kateterize] *v.t.* 〖의학〗 카테테르를 삽입하다.

cathétérisme [kateterism] *n.m.* 〖의학〗 카테테르법(法). ~ cardiaque 심장 카테테르법.

cathétomètre [katetɔmɛtr] *n.m.* 〖물리〗 캐디토미터 (두 지점의 높이의 차를 재는 기기).

cathode [katɔd] *n.f.* 〖전기〗 음극(↔anode).

cathodique [katɔdik] *a.* 〖전기〗 음극의; 음극에서 나오는. rayons ~ 음극선. tube ~ 음극선관.

catholicisant(e) [katɔlisizɑ̃, -ɑ̃ːt] *a.* 가톨릭교로 기울어진.

catholiciser [katɔlisize] *v.t.* 가톨릭 교도로 만들다, 가톨릭화하다.

catholicisme [katɔlisism] *n.m.* 가톨릭교, 천주교, 구교; 가톨릭 사상; 가톨릭 교회.

catholicité [katɔlisite] *n.f.* 가톨릭 교리; 가톨릭적 성격(성질); 《집합적》전(全) 가톨릭 교도(국). usage reçu dans (toute) la ~ (모든)가톨릭 국가에서 따르는 풍습.

catholicon [katɔlikɔ̃] *n.m.* 만병통치약(panacée).

*****catholique** [katɔlik] *a.* 〖종교〗 가톨릭(교)의. religion ~ 가톨릭교, 천주교. l'Église ~ (로마)가톨릭 교회. sentiments [opinions] ~s 상당히 가톨릭적인 감정(의견). le Roi [la Reine] C~ 에스파냐 국왕의 칭호(Sa Majesté ~). ② 《구어》도리에 맞는; 정상적으로 부정문에서. cognac peu ~ 수상쩍은 코냑. Ce n'est pas bien ~. 그것은 도리에 어긋난다, 아무래도 수상쩍다. ③ 〖옛〗 보편적인; 만능의. remèdes ~s 만병통치약.
—*n.* 가톨릭 교도.

catholiquement [katɔlikmɑ̃] *ad.* 가톨릭교식으로; 가톨릭교도로서.

cati [kati] *n.m.* 〖직물〗 윤, 광택; 윤내는 약(풀).

catilinaire [katilinɛːr] *n.f.* ① (les C~s)(키케로의) 카틸리나(*Catilina*)공격 연설. ② 〖문어〗 통박, 맹렬한 비꿈 〖공격 연설〗.

catillac [katijak], **catillard** [katijaːr] *n.m.* 〖식물〗 (삶아 먹는 큰)겨울배.

catimini [katimini] *n.m.* ① 〖옛〗 월경. ② (숨어서) 은밀히 하는 일. **en** ~ 몰래, 은밀히. agir *en* ~ 숨어서 은밀히 행동하다가 일을 하다.

catin [katɛ̃] *n.f.* ① 〖옛〗 창녀(prostituée, putain). ② 〖옛〗 (특히 시골의)처녀; 〖옛·사투리〗 인형.

cation [katjɔ̃] *n.m.* 〖전기〗 양이온(↔anion).

catir [katiːr] *v.t.* 〖직물〗 (압착하여)윤을 내다. ~ une étoffe à chaud [à froid] 가열 [냉각] 압착하여 천의 윤을 내다.

catissage [katisaːʒ] *n.m.* 〖직물〗 (압착하여)윤내기.

catisseur(se) [katisœːr, -øːz] 〖직물〗 *a.* (압착하여)윤내는. —*n.* 윤내는 사람.

catoblépas [katɔblepaːs] *n.m.* ① 〖동물〗 아프리카 영양(羚羊)(antilope). ② 〖이집트신화〗 노려봄으로써 사람을 죽인다는 상상의 동물.

catogan [katɔgɑ̃] *n.m.* 〖옛〗 쪽(머리); 쪽짓는 리본 [매듭].

Caton [katɔ̃] *n.pr.m.* 〖로마사〗 카토(*Caton* l'Ancien[le Censeur]) 기원전 234-149, 사치를 배격한 농민 출신의 정치가).

catonien(ne) [katɔnjɛ̃, -ɛn] *a.* 카토(*Caton*)처럼 준엄한, 엄격한(sévère, rigide). conseils ~s 카토와 같은 준엄한 충고. règle ~ne 카토법.

catoptrique [katɔptrik] *a.* 〖광학〗 반사광의.
—*n.f.* 반사광학.

catoptrophobe [katɔptrɔfɔb] *a.* 〖의학〗 공경증 (恐鏡症)의. —*n.* 공경증 환자.

catoptrophobie [katɔptrɔfɔbi] *n.f.* 〖의학〗 공경증.

c. att. 〖약자〗=**c. at.**

cat(t)leya [katlɛja] *n.f.* 〖식물〗 (열대 아메리카·멕시코산의)카틀레야 (난초의 일종).

Catulle [katyl] *n.pr.m.* 〖라틴문학〗 카툴루스.

Caucase (le) [ləkɔ(o)kaːz] *n.pr.m.* 〖지리〗 코카서스 산맥.

caucasien(ne) [kɔ(o)kazjɛ̃, -ɛn] *a.* 코카서스 (사람)의. C~ *n.* 코카서스 사람.

caucasique [kɔ(o)kazik] *a.* =**caucasien.**

*****cauchemar** [koʃmaːr] *n.m.* ① 악몽, 무서운 꿈. Chaque nuit, je fais d'affreux ~s. 매일 밤 나는 끔찍한 악몽에 시달린다. ~ de la guerre 전쟁의 악몽. ② 고민(두통)거리, 거북한(싫은, 귀찮은) 상대. Les mathématiques sont mon ~. 수학은 나의 두통거리이다. Quel ~ d'aller travailler chaque matin! 매일 아침 일을 하러 가는 것은 얼마나 귀찮은 일인가! C'est un ~ cet individu! 저 녀석은 싫어!

cauchemardant(e) [koʃmardɑ̃, -ɑ̃ːt] *a.* 《속어》지긋지긋한, 성가신, 신경에 거슬리는.

cauchemarder [koʃmarde] *v.i.* 악몽을 꾸다, 악몽에 시달리다.

cauchemardesque [koʃmardɛsk], **cauchemaresque** [koʃmarɛsk], **cauchemardeux(se)** [koʃmardø, -øːz] *a.* 《속어》악몽과 같은.

cauchois(e) [koʃwa, -aːz] *a.* 코 (*Caux*, 노르망디의 지방)의. —**C~** *n.* 코 사투리.

caudal(ale, *pl.* aux) [kodal, -o] 〖동물〗 *a.* 꼬리의. —*n.f.* 꼬리지느러미(nageoire ~ale).

caudataire [kodatɛːr] *n.m.* ① (교황·왕의)옷자락을 받드는 사람. ② 추종자, 아첨꾼(adulateur).

caudé(e) [kode] *a.* 〖동물〗 꼬리가 있는; 〖식물〗 꼬리 모양의.

caudebec [kɔdbɛk] *n.m.* 펠트모자(chapeau de feutre).

caudex [kodɛks] 《라틴》 *n.m.* ① 《고대로마》 (로마를 흐르는 티베레 강을 건너던)거룻배. ② 《옛》 《식물》 (나무의)몸통(뿌리).

caudicule [kodikyl] *n.f.* 《식물》 화분괴병(花粉塊).

caudifère [kodifɛ:r], **caudigère** [kodiʒɛ:r] *a.* 《생물》 꼬리가 있는; 끝이 꼬리 모양의 일을 가진.

caudillo [kaw(ko)dijo] 《에스파냐》 *n.m.* 《역사》 ① (le C~) 스페인 총통(프랑코 장군의 정식 칭호). ② (19세기 스페인·라틴아메리카 제국에서) 쿠데타에 의해서 정권을 획득한 장군. ③ 《스페인》의 국토회복운동(la Reconquête))의)사령관.

caudimane [kodiman] 《동물》 *a.* 《잡아쥐기에 알맞게》꼬리가 말린. —*n.m.* 꼬리가 말린 동물.

caudines [kodin] *a.f.pl.* ◇fourche.

caudrette [kodrɛt] *n.f.* 《어업》 새우(가재)잡이 그물(balance).

-caule *suff.*, **cauli-** *préf.*「줄기」의 뜻《예:acaule 줄기가 보이지 않는. cauliforme 줄기 모양의》.

caulerpe [kolɛrp] *n.f.* 《식물》 바위덩굴(속).

caulescent(e) [kolesɑ̃, -ɑ̃:t] *a.* 《식물》 줄기 있는.

caulicole [kolikɔl] *a.* 《나무줄기에》기생하는. —*n.f.* 기생식물.

caulicule [kolikyl] *n.f.(m.)* 《식물》 작은 줄기(tigelle).

caulifère [kolifɛ:r] *a.* 《식물》 줄기가 있는. 「는.

caulifloré(e) [koliflore] *a.* 《식물》 줄기에 꽃이 피

cauliforme [kolifɔrm] *a.* 《식물》 줄기 모양의.

cauri(s) [kori(s)] *n.m.* 《패류》 보패(寶貝), 자안패(子安貝)《조가비는 인도·아프리카의 일부에서 화폐로서 사용됨》. 「다.

causailler [kozaje] *v.i.* 《속어》수다스럽게 지껄이

causal(ale, *pl.* **aux)** [kozal, -o] *a.*《남성복수형은 드뭄》① 원인의, 원인이 되는; 인과관계를 나타내는. Entre ces deux faits, le lien ~ apparaît nettement. 이 두 사실 사이에 인과관계가 뚜렷이 나타난다. ② 《언어》 (접속사·절의)원인(이유)을 나타내는. conjonction ~ale 원인 접속사《parce que, puisque 따위》. proposition ~ale 원인절《원인 접속사에 의해 유도되는 종속절》.

causalgie [kozalʒi] *n.f.* 《의학》 작열통(灼熱痛).

causalisation [kozalizasjɔ̃] *n.f.* 《논리》 (원인에서) 결과의 연역; (결과에서)원인의 귀납.

causaliser [kozalize] *v.i.* 《논리》 원인에서 결과를 연역하다, 결과에서 원인을 귀납하다.

causalisme [kozalism] *n.m.* 《철학》 인과론.

causalité [kozalite] *n.f.* 《철학》 인과관계, 인과성, 원인성. loi(principe) de ~ 인과율.

causant(e)[1] [kozɑ̃, -ɑ̃:t] *a.* 《옛》원인으로 작용하는.

causant(e)[2] *a.* 《구어》이야기하기 좋아하는, 수다스러운. peu ~ 과묵한.

causateur(trice) [kozatœ:r, -tris] *a.* 원인이 되는.

causatif(ve) [kozatif, -i:v] 《언어》 *a.* ① 원인(이유)을 나타내는. ② 사역(使役)의. verbe ~ 사역동사. —*n.m.* 사역동사.

causation [kozasjɔ̃] *n.f.* 《논리》 원인 작용, (어떤 사실의 원인이 되는)원인력.

causativement [kozativmɑ̃] *ad.* 《언어》 사역적(使役的)으로.

‡**cause** [ko:z] *n.f.* ① 원인. ~s économiques d'une guerre 전쟁의 경제적 원인. Le travail est la ~ de sa réussite. 공부가 그의 성공의 원인이다. rechercher les ~s d'un accident 사고의 원인을 규명하다. Il n'y a pas d'effet sans ~. 원인 없는 결과는 없다. à petite ~ grands effets 작은 일이 큰 일을 초래하다. effet sans ~ 《상업》 무인증권(無因證券). complément (circonstantiel) de ~ 《언어》 원인의 보어.

② 이유, 동기(raison, motif). colère sans ~ 이유 없는 분노. pour une ~ légère(fugitive) 사소한 이유로. Pour quel ~? 무슨 이유로? à ces ~s 《법》이상과 같은 이유로. ayants ~ 《법》(재산·권리의)피양도인.

③ 《법》 목적. ~ licite 합법적 목적. ~ d'une convention 협정의 목적. L'obligation sans ~ ne peut avoir aucun effet. 목적 없는 의무는 여하한 효력도 가질 수 없다.

④ 《철학》 원인. ~ première 제1원인《운동의 궁극적 원인; 종교적으로는 신》. ~ seconde 부원인. ~ finale 목적인(因), 궁극인. ~ suprême (universelle) 최고(보편)인(因)《신》.

⑤ 소송(사건). ~ civile(criminelle) 민사(형사)소송. confier une ~ à un avocat 소송을 변호사에게 의뢰하다. avocat sans ~s 소송사건의 의뢰가 없는(인기 없는) 변호사. la bonne ~ 유리한 소송. gagner(perdre) une ~ 승소(패소)하다. avoir (obtenir) gain de ~ 소송에 이기다; 요구를 관철시키다. donner gain de ~ à *qn* …에게 승소를 선고하다; …의 요구를 채워주다. La ~ est entendue. 본건의 변론을 종결합니다.

⑥ (소송인 따위의)이익. plaider la ~ de *qn* …의 이익을 변호하다. défendre la ~ de *qn* …의 이익 (입장)을 지키다. pour les besoins de ~ 피변호인 (자신)의 이익을 위해; 자신의 형편이 좋을때에.

⑦ 대의, 주의주장, 입장, 이익. défendre (soutenir, favoriser) la ~ de *qn* …의 주의(주장·이익)를 옹호(지지)하다. embrasser(épouser) une ~ 어떤 입장을 신봉하다. ~ d'un parti 당의 방침. pour la ~ de la justice 정의를 위해서.

à~de...; 《속》*à~que+ind.* …때문에, …을 위해서. C'est à~de toi que je me suis fait gronder. 내가 꾸중들은 것은 너 때문이다. Il me pardonne à ~ de mes parents. 그가 나를 용서하는 것은 내 양친의 얼굴을 보아서이다.

avoir pour ~ qc …이 원인이다. Les accidents les plus graves ont souvent pour ~ des erreurs humaines. 가장 심각한 사고는 흔히 인간의 실수로 일어난다.

en ~ 소송중인; 문제의. affaire *en ~* 계쟁중인 사건. mettre *qn en ~* …을 법정에 끌어내다; 연루시키다. remettre *qc en ~* …을 다시 문제삼다; 재검토하다.

et pour ~ 그것도 당연하다, 그만한 이유가 있다. Il n'a pas répondu *et pour ~*. 그는 대답하지 않았는데 그럴만한 이유가 있다.

être (la) ~ de...(que+ind.) …이 원인이다. Vous *êtes ~* de ma perte. 당신이 나의 파멸의 원인이오. Vous *serez ~ que* mon fils mourra de poitrine. 내 아들이 폐병으로 죽는다면 당신 때문이오.

faire ~ commune avec qn …와 공통의 이해를 위해 손을 잡다; …와 같은 주장(주의)를 표방하다.

hors de ~ 소송과 무관계의; 문제 밖의. mettre *qn hors de ~* …의 혐의를 벗기다. Cela est *hors de* ~. 그것은 문제 밖이다, 의심의 여지가 없다.

Non sans ~! 이유가 없는 것은 아니다; 그것도 그럴만하다.

pour ~ de …을 위해서, …때문에, …을 기하여.

pour la bonne ~ ⓐ 대의(명분)을 위해서. ⓑ 《구어》《비꼼》훌륭하신 이유로; 결혼을 목적으로.

prendre fait et ~ pour qn …을 두둔하다, 편들다.

causé(e) [koze] *a.* 《상업》 사유를 명기한. traite ~*e* 발행하는 이유를 명기하는 어음.

***causer**[1] [koze] *v.t.* ① (의) 원인이 되다, 일으키다, 야기하다. ~ un malheur 불행을 가져오다. ~ du scandale 스캔들을 일으키다. La musique me *cause* de grandes joies. 음악은 내게 커다란 기쁨을 가져다 준다. ② 〖상업〗 (어음을) 발행하다. ~ un billet 화어음에 발행사유를 명기하다.

***causer**[2] *v.i.* ① (허물 없이) 이야기하다, 잡담하다. Pierre est en train de ~ avec Marie. 피에르는 마리와 이야기하고 있다. ~ de littérature (de politique) 문학 (정치)을 화제로 하다. ② 이러쿵저러쿵 뒷공론을 하다, 험담을 하다. Les voisins *causent* sur son compte. 이웃사람들은 그의 일에 대해서 뒷공론을 한다. On commence à (en) ~. 사람들이 소문을 내기 시작한다. ③ 수다를 떨다; 말이 지나치다.

~ *de la pluie et du beau temps* [de choses et d'autres] 《구어》 쓸모없는 잡담을 하다 [세상 이야기를 하다].

C~ toujours(, *je t'écoute*). 《구어》 마음대로 지껄여라, 네 이야기 따윈 듣지 않을테니.

C'est assez causé; Assez causé. 《구어》 이제 이야기는 지겹다, 행동으로 옮기자.

trouver à qui ~ 《구어》 힘겨운 상대를 만나다. Si tu te mêles de mes affaires, tu *trouvras à qui* ~. 내가 내 일에 손을 대면 상대해 주겠다 [본때를 보여 주겠다].

—*v.t.* 이야기하다, 말하다. ~ littérature (musique) 문학 [음악]을 논하다. ~ français 프랑스어로 말하다. ~ la langue anglaise 영어를 말하다.

causerie [kozri] *n.f.* ① 한담, 잡담. ② (딱딱하지 않은) 강연, 담화 (conférence). ③ (신문 문예란 따위의) 한담, 만필.

causette [kozεt] *n.f.* 가벼운 잡담. faire la ~ [un bout de ~, un brin de ~, une petite ~] avec *qn* …과 잠깐 잡담을 하다.

causeur(*se*) [kozœ:r, -φ:z] *a.* 《드물게》 이야기하기 좋아하는, 수다스러운; 입이 가벼운. —*n.* 이야기하기 좋아하는 사람 (↔ taciturne); 수다장이.
—*n.f.* 2인용 소형 소파.

causotter [kozɔte] *v.i.* 《구어·드물게》 잡담을 하다.

causse [ko:s] *n.m.* 〖지리〗 (남프랑스 Cévennes 산맥 남부의) 석회질 고원 (高原). avens des —s 석회질 고원의 천연 우물.

Causses [kos] *n.m.* [*f.*] *pl.* 코스 (마시프 상트랄 (*Massif central*) 남부의 석회질 고원).

causticité [kɔ[o]stisite] *n.f.* ① 〖화학〗 소작성 (燒灼性), 부식성, 가성도 (苛性度). ② 신랄함; 비꿈, 빈정댐. ~ d'une satire 풍자의 신랄함.

caustifier [kɔ[o]stifje] *v.t.* 《드물게》〖화학〗 가성화 (苛性化) 하다.

caustique[1] [kɔ[o]stik] *a.* ① 부식성의, 가성 (苛性)의, 소작성의. soude ~ 가성소다. ② 신랄한, 빈정 꼬는. critique ~ 혹평. —*n.m.* 부식제, 소작제.

caustique[2] *n.f.* 〖물리〗 화선 (火線) (courbe ~); 화면 (火面) (surface ~).

caustiquement [kɔ[o]stikmɑ̃] *ad.* 신랄하게, 빈정대며.

cautèle [kotɛl] *n.f.* ① 〖문어〗 빈틈 없음, 교활함, 용의 주도함 (↔ franchise, naïveté). ② 〖교회법〗 유보 (留保). absolution à ~ 조건부 사면.

cauteleusement [kotlφzmɑ̃] *ad.* ① 가면을 쓰고, 감언 이설로. ② 《옛》 빈틈 없이, 교활하게.

cauteleux(*se*) [kotlφ, -φ:z] *a.* ① 음흉한, 탈을 쓴, 교약한. ② 《옛》 교활한, 용의 주도한.

cautère [ko[o]tɛ:r] *n.m.* 〖의학〗 소작기 (燒灼器) (달군 인두·질산은 막대 따위). ~ actuel 달군 인두. ② 소작혼 (~ potentiel). pierre à ~ 초산은 (막대기). ③ (소작에 의한) 누농 (漏膿), 고름빼기. ④ (박차의) 톱니고리.

C'est un ~ *sur une jambe de bois*. 《격언》 칼로 물 베기이다, 소용 없는 짓이다.

cautérisant(*e*) [kɔ[o]terizɑ̃, -ɑ̃:t] *a.* 소작 (燒灼) 하는, 부식하는.

cautérisation [kɔ[o]terizasjɔ̃] *n.f.* 〖의학〗 소작법; 부식 (법).

cautériser [kɔ[o]terize] *v.t.* ① 〖외과〗 소작 (燒灼) 하다; 부식제로 처리하다. ~ une plaie 화농 방지를 위해 상처를 태우다. ~ une dent 이의 신경을 죽이다. ② (양심 따위를) 마비시키다, 무감각하게 하다. Le crime est un poison qui *cautérise* la conscience. 범죄는 양심을 마비시키는 독약이다.

caution [kosjɔ̃] *n.f.* 보증, 보증금, 담보; 보증인. donner [fournir] ~ pour *qn* …에 대해 보증을 서다. verser [déposer] une ~ 보증금을 지불하다. ~ judiciaire 사법적 담보, 소송 보증금. ~ légale 법정 담보. mettre *qn* en liberté sous ~ …을 보석하다. se porter [se rendre] ~ pour *qn* …의 보증인이 되다.

sujet à ~ 신용할 수 없는, 의심스러운. nouvelle *sujette à* ~ 의심스러운 뉴스.

cautionnaire [kosjɔnɛ:r] *a.* 보증의, 담보에 관한.

cautionnement [kosjɔnmɑ̃] *n.m.* ① 보증; 보증서. ~ conjoint [solidaire] 공동보증 (연대) 보증. ② 보증금; 보석금; (선거의) 공탁금 (~ électoral). ③ 지지, 승인.

cautionner [kosjɔne] *v.t.* ① (의) 보증인이 되다. ② 보증하다, 책임지다. ~ la probité de *qn* …의 성실성을 보증하다. ③ 지지하다, 승인하다. ~ une politique 어떤 정책을 지지하다.

cav. 《약자》 cavalerie 〖군사〗 기병.

cavaillon [kavajɔ̃] *n.m.* ① (포도나무의) 쟁기질하지 않은 부분. ② 카바이용 (길고 과육이 백 [황] 색인 남프랑스산의 멜론).

cavalcade [kavalkad] *n.f.* ① (기병대·아이들 따위의 무리가) 소란스럽게 돌아다니기; 소란스러운 한 메 [무리]. une ~ de gamins courant dans la rue 길거리를 뛰어다니는 소란스러운 아이들의 무리. ② 기마 행렬; 꽃수레 행렬; (가장 따위의) 행렬. ~ du mardi gras 카니발의 행렬. ③ 《옛》 (여러 사람의) 기마 산책.

cavalcader [kavalkade] *v.i.* ① (무리·집단으로) 뛰어다니다. Les enfants *cavalcadent* dans toute la maison. 아이들이 온 집 안을 뛰어다닌다. ② 《옛》 (여럿이) 말타고 산책하다.

cavalcadour [kavalkadu:r] *a.m.* (옛 왕실의) 주마관 (主馬官)의. écuyer ~ 주마관. —*n.m.* 주마관 (écuyer ~).

cavale[1] [kaval] *n.f.* ① 〖문어〗 (순종의) 암말. ② 《속어》 키다리 여자.

cavale[2] *n.f.* 《속어》 탈출, 도주 (évasion). être en ~ 도망 중이다.

cavaler [kavale] *v.i.* 《속어》 ① 뛰다, 뛰어다니다; 도망 [도주] 하다, 내빼다. ~ après *qn* …을 뒤쫓다, 추적하다. Il m'a vu, et il *a cavalé*. 그는 나를 보더니 도망쳤다. ② 방탕한 생활을 하다. ③ 《옛》 말을 타고 가다.
—*v.t.* 《속어》 지겹게 하다, 성가시게 괴롭히다.
—*se* ~ *v.pr.* 《속어》 뛰다; 도주하다.

cavalerie [kavalri] *n.f.* ① 기병 (대). corps de ~ 기병부대. combat de ~ 기병전. charge de ~ 기병대의 기습. ~ légère 경기병 (hussards, chasseurs 따위). ~ lourde 중기병 (cuirassiers, carabiniers 따위). ~ de ligne 전선 기병 (dragons, lanciers 따위). ② (집합적) 말. ~ d'un cirque 서커스의 말.

cavaleur(se)

une ~ de deux cents chevaux 200 마리의 말의 무리. ③ 【군사】 (1942년에 개조된)기갑 부대 (armée blindée et ~). ④ ~ de Saint-Georges 《구어》 (뒷면에 성 조지의 기마상이 조각된)영국 금화; 성 조지 군단, 성 조지의 현금[실탄](무력보다는 금력으로 국제 분쟁을 해결하려고 한 영국의 정책을 빗대서 하는 표현). ⑤ traites(effets, papiers) de ~ 【상업】 융통 어음.

grosse ~ 중기병; 《구어》 (실용성만 강조한)튼튼하나 아기자기한 맛이 없는[풍류없는] 물건, 실용품. *C'est de la grosse ~*. 튼튼하나 볼품없는 물건이다.

cavaleur(se) [kavalœr, -ø:z] *a.* 《구어》 남자[여자]를 쫓아다니는, 난잡한. —*n.* 호색가.

cavalier(ère) [kavalje, -ɛːr] *n.* ① 말을 타는 사람, 기수. être bon[mauvais] ~ 말타는 것이 훌륭하다 [서투르다]. C'est un beau ~. 훌륭한 명기수이다. ~ de cirque 서커스의 곡마사. quatre ~*s* de l'Apocalypse 《성서》 묵시록의 네 기사. ② (댄스의)파트너, 상대역. Cette dame n'a pas de ~ pour danser. 이 부인은 댄스의 상대가 없다.

—*a.* ① 승용용의. allée ~*ère* 승마길. piste ~*ère* (공원·숲의)승마전용도로. bottes ~*ères* 승마화. ② 무례한, 무뚝뚝한. réponse ~*ère* 무뚝뚝한 대답. procédé ~ 무례한 방법. Je le trouve un peu ~. 그자는 좀 버릇이 없는 것 같다. ③ plan ~ 투시부감도. ④ Parlement ~ (1661-1679년의)영국의회. ⑤ (옛)자유분방한; 기사(풍)의.

—*n.m.* ① 기병, 기갑부대병. ② (여성을)에스코트하는 남성; (귀부인을 따르는)기마 종사(從士). servir de ~ à une dame 부인의 에스코트역을 하다. ~ servant (여자에게)싹싹한 남자. ~ seul (카드리유(quadrille)의)남성 솔로(의 스텝). ③ (옛)(사교계의)스타, 사교에 능한 남자. ④ 《옛》기사 (16·17세기의 귀족 칭호, 호칭으로)귀하, 기사님. ⑤ ⓐ 《역사》 (크롬웰파에 대립하는)영국의 왕조파 귀족. ⓑ 《체스》 나이트 (→ échecs 그림). ⓒ 【인쇄】 카발리에 (46cm × 62cm의 인쇄용 종이). ⓓ (서류 정리용의)분류가막이 금속판. ⓔ (화물·목재 따위를 말타듯이 싣는)운반차. ⓕ 라이터 (저울의 정밀 측정용 분동 (分銅)으로 0.01g). ⓖ U자형의 못 (낚시기구). ⓗ 〔전기〕 U 링크. ⓘ (도로·철로변의)축대.

faire ~ seul 단독 행동을 하다; 사람을 멀리하다.

cavalièrement [kavaljɛrmɑ̃] *ad.* ① 퉁명스럽게, 무례하게. ② (옛) (여성에게)정중하게, 공손하게.

cavatine [kavatin] *n.f.* 카바티나: ⓐ 오페라의 아리아보다 단순한 형식을 갖는 독창곡. ⓑ 가요 성격을 띤 기악곡.

cave¹ [kaːv] *a.* ① joues ~*s* 움푹한 볼. yeux ~*s* 쑥들어간 눈. ② 【해부】 조직. veines ~*s* 대정맥. veine ~ supérieure[intérieure] 상[하]대정맥. système ~ 정맥조직. ③ 〔천문〕 année ~ (음력의)11년(353일); lune[mois] ~ (음력의)작은 달 (29일).

***cave²** *n.f.* ① 지하실; 지하 저장고. Il est descendu à la ~ chercher une bouteille de vin. 그는 지하실로 포도주 한 병을 가지러 내려갔다. ~ à provisions [à charbon] 양식[석탄] 저장고. ~ de la ~ au grenier 지하실에서 지붕 밑까지; (집안)구석구석까지. rate de ~ (지하실용의)가는 초; 《구어》 (지하술창고의 주류를 검사하는)세무원. ② (지하의 저장고; 지하실에 저장된)포도주류. ~ bien montée 풍부한 술창고. Avoir une bonne ~ 좋은 포도주를 가지고[저장하고] 있다. ~ d'un restaurant [d'un hôtel] 레스토랑[호텔]의 저장 포도주. ③ 지하 술집[카바레]. ④ (술 따위의)캐비닛. ~ à liqueurs 리쾨르(병의) 캐비닛. ⑤ (옛)(교회의) 지하 매장소, 묘혈(墓穴).

aller de la ~ au grenier ⓐ 맥락이 없는 이야기로 뛰다, 횡설수설하다. ⓑ 삐뚤삐뚤한 글을 쓰다. ⓒ 극단으로 달리다.

cave³ *n.m.* 《은어》 얼간이; 착실하기만 한 사람; 미숙자. —*n.f.* (포커 따위의)내것돈.

caveau [kavo] (*pl.* ~*x*) *n.m.* ① (교회·묘지의)지하 묘소, 지하 납골소. ~ du Panthéon 팡테옹의 지하 묘소. ~ de famille 지하의 가족 묘지. ② (노래부르는 연예석이 있는)지하 술집[카바레]. ③ (옛)(지하실의)작은 방; 작은 지하실; 움.

cavecé(e) [kavse] *a.* (말의)머리의 색이 몸과 다른(다음 표현에서만 사용). cheval rouan ~ de noir 머리만 검은 밤색 말.

caveçon [kavsɔ̃] *n.m.* (말을 조련할 때 쓰는) 말굴레. donner un coup de ~ à qn (옛) …의 기를 꺾다, 자만심을 꺾어 주다.

cavée [kave] *n.f.* 〔사냥〕 (숲 속의)움푹한 길.

caver¹ [kave] *v.t.* ① 뚫다, 파다. La mer *cave* les falaises. 바닷물이 벼랑에 구멍을 뚫는다. ② (볼·눈이)움푹 들어가게 하다. yeux *cavés* par les veilles 며칠 밤샘으로 쑥 들어간 두 눈. ③ (자동사적으로)천착하다. ~ encore plus avant dans le cœur humain 인간의 심성을 더욱 깊이 연구하다.

L'eau qui tombe goutte à goutte cave la pierre. 《속담》 낙숫물이 돌을 뚫는다.

—*se* ~ *v.pr.* 움푹해지다, 패이다.

caver² *v.t.* 《옛》(도박에서)돈을 걸다(miser). ~ trois cents francs 300 프랑을 걸다.

—*v.i.* 《옛》돈을 걸다; 예측하다. ~ sur sa défaite 그가 지는 쪽에 걸다. ~ au plus fort 최고액을 걸다; 극단으로 달리다. ~ au plus (bas) 최악의 사태에 대비하다.

—*se* ~ *v.pr.* ① 《옛》돈을 걸다. *se* ~ de trente francs 30 프랑을 걸다. ② 《옛》파산하다.

cavernaire [kavɛrnɛːr] *a.* 〔동물〕 동굴에서 사는.

caverne [kavɛrn] *n.f.* ① 동굴, 동혈(antre, grotte). étude des ~*s* 동굴학(spéléologie). âge des ~ 혈거시대. ~ calcaire 종유동(鐘乳洞). ② 깊은 지하실. ③ (악당 따위의)은신처, 소굴. ~ de voleurs 도둑들의 소굴. ④ 【의학】 폐 따위의 공동(空洞). ~ pulmoneuse 폐의 공동.

caverneux(se) [kavɛrnø, -øːz] *a.* ① 동굴이 많은. montagnes ~*ses* 동굴이 많은 산. ② 【의학】 공동(空洞)이 있는. poumon ~ 공동이 있는 폐(肺). ③ 〔해부〕 (세포 조직이)해면 모양의. corps ~ 해면체. tissu ~ 해면 조직. ④ voix ~*se* 굵고 우렁찬 목소리.

cavernicole [kavɛrnikɔl] 〔동물〕 *a.* 혈거(穴居)의. —*n.m.* 혈거 동물.

cavernule [kavɛrnyl] *n.f.* 《의학》 작은 공동.

cavernuleux(se) [kavɛrnylø, -øːz] *a.* 《의학》 작은 공동이 있는.

cavesson [kavsɔ̃] *n.m.* = caveçon.

cavet [kavɛ] *n.m.* 【건축】 카베트(단면이 4분원형으로 된 쇠시리).

caviar [kavjaːr] *n.m.* ① 캐비아 (철갑상어 알젓). ~ russe 러시아 캐비어. ② ⓐ ~ rouge 연어 알젓, 대구 알젓. ⓑ ~ vert 잉어 알. ③ 캐비어 (암흑)색; (신문 따위의 일부를 지우기 위해 검열관이 사용하는)흑색 도료. passer au ~ (위험한 글귀를)흑색으로 칠하다; 검열하다(caviarder).

C'est du ~ pour le peuple. 《격언》 돼지에 진주.

caviardage [kavjardaːʒ] *n.m.* (검열 또는 편집장에 의한)기사의 일부 삭제.

caviarder [kavjarde] *v.t.* 《구어》 (신문 따위를)검은 잉크로 지우다; (검열에서)삭제하다.

cavicorne [kavikɔrn] *a.* 동각(洞角)을 가진.
— *n.m.(pl.)* 〖동물〗동각류〖소처럼 속이 빈 뿔을 지닌 우제류(偶蹄類)의 총칭〗.

cavillation [kavi(l)lɑsjɔ̃] *n.f.* 〖드물게〗궤변, 억지, 트집; 핑계.

cavin [kavɛ̃] *n.m.* ① 저지, 습지. ② 〖군사〗참호.

caviste [kavist] *n.* (호텔·레스토랑의) 지하 술창고 담당자; (포도주 제조소의) 직공, (포도주를) 통에 담는 직공.

cavitaire [kavitɛːr] *a.* 〖의학〗공동(空洞)의, 공동이 있는. tuberculose ~ 공동결핵증.

cavitation [kavitɑsjɔ̃] *n.f.* 〖물리〗공동현상〖스크루·프로펠러의 회전 때문에 후방에 생기는 진공〗.

cavité [kavite] *n.f.* ① 움푹한 곳, 구멍, 공동. agrandir(combler, boucher) une ~ 구멍을 더 크게 하다(메우다). ② 〖해부〗와(窩), 강(腔). ~s du cœur 심장의 들어간 부분. ~ orale(buccale) 구강(口腔). ~ pulmonaire 〖의학〗폐의 공동. 〖물리〗résonateur à ~ 공동공진기(空洞共振器); ~ résonnante 공명실.

cavum [kavɔm] *n.m.* 〖의학〗비인두(鼻咽頭).

cawcher(ère) [kaʃɛːr] *a.* =kascher.

caye [kaj] *n.f.* (카리브 해 등지에서 해상으로 약간 드러나 보이는) 산호초.

cazette [kazɛt] *n.f.* 〖도예〗=casette.

cayenne [kajɛn] *n.f.* 〖식물〗고추〖갈아서 카옌 페퍼를 만듦〗(poivre (de) ~).

cayeu [kajø] (*pl.* ~**x**) *n.m.* =caïeu.

cc. 《약자》centimètre cube 입방센티미터.

C.C. 《약자》① corps de cavalerie 〖군사〗기병군단. ② corne de cerf 〖약〗녹용 엑스. ③ cours complémentaire 〖학교〗보충 수업.

c.c. 《약자》courant continu 〖전기〗직류.

c/c 《약자》① compte courant 〖상업〗당좌 계정. ② cours de compensation 〖증권〗이월가격.

C.C.E.S. 《약자》(le) Comité consultatif économique et social 경제사회문제 자문위원회.

C.C.I. 《약자》Chambre de commerce internationale 국제상공회의소(영) I.C.C.).

C.C.P. 《약자》compte courant postal, compte chèque postal 우편대체예금계좌.

Cd 《약자》cadmium 〖화학〗카드뮴.

cd 《약자》candela 〖광학〗칸델라.

c. de f. 《약자》chemin de fer 철도.

c. de g. 《약자》centre de gravité 〖물리〗중심.

C.D.M. 《약자》centre de distribution de modulations 〖텔레비전〗변조실.

C.D.R. 《약자》Commission des réparations 배상위원회.

Cdt 《약자》commandant 〖군사〗지휘관; 소령.

C.-du-N. 《약자》Côtes-du-Nord (프랑스의 도).

Ce [sə] *n.m.* ① cérium 〖화학〗세륨. ② compagnie 〖상업〗회사.

:**ce¹** [s(ə)] *pron. dém. neut.* (모음 앞에서는 c', 단지 a 앞에서는 ç'가 됨. ce+est→c'est; ce+a été → ç'a été) I. (être, 또는 조동사[준조동사]+être (devoir être, pouvoir être 등), 또는 être를 조동사로 («»허는 자동사의 주어로서)) ① 이것(들)은, 저것(들)은, 그것(들)은; 이 사람(들)은, 저 사람(들)은, 그 사람(들)은. C'est(Ce doit être, Ce peut être) vrai. 그것은 정말이다(틀림없다, 일지도 모른다). C'est lundi. 월요일이다. C'est l'heure. 정각이다. C'est tout. 그것이 전부이다. C'est beau. (그것은) 아름답다. C'est pour rire. 농담이다. C'est arrivé ce matin. 그건 오늘 아침에 일어난 일이다. Ç'a été la cause de bien des malheurs. 그것은 수많은 불행의 원인이었다. C'est mon ami français. 이분은 나의 프랑스인 친구예요. C'était le soir, vers sept heures. 저녁 7시 쯤이었다. C'est un brave homme. 이 사람은 좋은 분이야. Qui est là? C'est moi(Ce sont les amis). 누구죠? 나야[내 친구들이야]. Ce sont de braves gens. 이 사람들은 좋은 분들이야.

REM 복수명사 앞에서는 ce sont이 원칙이지만 구어(口語)에서는 자주 c'est로 대신함: C'est des livres. Ce sont eux(elles). 가 구어에선 흔히 C'est eux(elles). 로 됨. vous, nous의 경우도: C'est vous (nous). 또한 수량·가격 따위의 표현이나 열거된 명사 중 최초의 것이 단수일 경우도: C'est dix francs la douzaine. 이것은 한 다스에 10프랑씩이다. C'est un foulard et des gants. 이것은 스카프와 장갑들이다.
② (주어 강조) Vouloir, c'est pouvoir. 원함은 성사함이니라, 하고자 하면 안 되는 일이 없다. Paris, c'est bien loin! 파리는 너무 멀다!
③ (의미상의 주어인 명사·부정법·명사절에 선행해서) C'est demain dimanche. 내일은 일요일이다. C'est lui le coupable. 죄를 범한 것은 그이다. C'est un péché (que) de mentir. 거짓말하는 것은 죄악이다. C'est dommage qu'il ne soit pas là. 그이가 없어서 안됐군.
④ [ce... ici/là] (ceci(cela)) C'est *ici* ma serviette. 이게 내 책가방입니다. C'est *là* mon fils. 저 애가 내 아들이야.
⑤ [C'est... qui/que...] …은 …이다. C'est moi *qui* ai fait cela. 그것을 한 것은 저입니다. C'est un trésor *que* la santé. 건강은 보배이다. C'est à vous *que* je parle. 나는 당신에게 말하고 있는 거요.
⑥ⓐ [c'est que...] Une chose regrettable, *c'est qu'*il n'est pas venu plus tôt. 유감스런 일은 그가 더 일찍 오지 않았다는 것이다. ⓑ [C'est que...] (parce que...) Pourquoi ne venez-vous pas avec nous? —*C'est que* je suis malade. 왜 우리와 함께 가지 않습니까? 몸이 불편하기 때문입니다. ⓒ [si..., c'est que] …한 것은 …해서이다. S'il ne vient pas, *c'est qu'*il a oublié le rendez-vous. 그가 오지 않는 것은 약속을 잊어버려서이다. ⓓ [c'est que...!] C'est *qu'*il fait chaud! 참 덥기도 하지!
⑦ [Est-ce que...?] …인가? Est-ce qu'il vient? 그가 옵니까?

II. (관계대명사의 선행사로) ① (ce=la chose) …한 바의 것[일], …인 것[일]. *ce que* j'ai vu 내가 본것. *ce* qui est sur la table 탁자 위에 있는 것. *ce qu'*il a d'original 그의 독창적인 점. *ce* à quoi nous pensons 우리가 생각하는 것. *ce* dont tu parles 네가 말하는 것.
② (앞의 절을 받는 동격으로) ⓐ (que 와 함께, 주격으로) On essaya de le convaincre, *ce qui* le fâcha. 그를 설복하려고 했는데 그것이 그를 화나게 했다. ⓑ (que 와 함께, 목적격으로) Il est déjà parti, *ce que* je ne savais pas. 그는 벌써 떠났는데 나는 그것을 모르고 있었다.
③ (que 와 함께, 주절의 보어가 되는 간접의문을 인도) J'ignore *ce qu'*il fait. 나는 그가 무엇을 하는지 모르오. Savez-vous *ce qu'*il est devenu? 그가 어떻게 되었는지 아십니까? Je vais vous dire *ce* que c'est. 그 전말[내력]을 말하겠소. Savez-vous *ce que* c'est que+명사(de+*inf.*) 무엇이 …인지를 아십니까?
④ (que 와 함께, 주절의 보어가 되는 감탄문을 인도) Tu ne peux pas savoir *ce que* cela me dégoûte. 그것이 얼마나 내게 불쾌한지를 너는 모를거야.
⑤ 《구어》(que 와 함께, 독립절에서) 정말! 참으로! *Ce que* tu as changé! 너 참 변했구나!

⑥ (qui 와 함께, 주절의 보어가 되는 간접의문문의 주격으로) Je ne sais pas *ce* qui va arriver. 어떤 일이 일어날지 나는 모르겠다.
⑦ (주절의 동사가 전치사를 요구할 때 그 보어가 되는 종속절 앞에) :à ce que, de ce que, en ce que etc.) chercher à *ce* que+*sub*. …하도록 애쓰다. être content de *ce* que+*ind*.[*sub*.] …한 것이 기쁘다. différer en *ce* que…. …하는 점이 다르다.
⑧ (cela 대신) On l'a attaqué et *ce* en plein jour. 그가 습격당했는데, 그것도 대낮에 말이야. *Ce* n'est pas à dire que…. …라는 말은 아니다, …라는 의미는 아니다.
à ce que… 〖법〗 …할 목적으로.
Ce que c'est que de nous! 우리는 이 무슨 가엾은 (비참한) 꼴인가!
ce (que) disant 그렇게 말하며.
ce voyant 그것을 보고.
depuis ce 그 후부터.
en vertu de ce que dessus 〖법〗 상술한 사실에 따라.
outre ce 〖예〗 그것 이외에도
pour ce (faire) 그렇게 하기 위하여.
sur ce 그리고 나서.

:**ce²** (*cet* [set]) (*f. cette* [set], *pl. ces* [se]) *a.dém.* (cet 는 모음 또는 무음의 h 로 시작되는 낱말 앞에 오는 남성단수형) ①이, 저, 그. ⓐ (사람·사물을 가리켜) *ce* homme 이(그) 사람. *ce* livre 이(그) 책. *cette* dame 이(그) 부인. *ces* gens 이(저·그) 사람들. *ces* arbres 이(저·그)나무들. ⓑ (시간·공간적으로 가까운 것을 가리켜) *ce* matin(soir) 오늘 아침(저녁). *cette* nuit 간밤; 오늘 밤. *ce* pays 이 나라. *cette* ville 이 도시. ⓒ (이미 말했거나, 상대방이 알고 있거나, 앞으로 말하려고 하는 사람·사물을 가리켜) *ce* premier(dernier) 전자(후자). ⓓ (관계절·보어와 함께) *ce* livre dont vous parliez 당신이 말하던 그 책.
② (감정적 용법) ⓐ (경멸·칭찬·동정 따위) *Cette* question! 그따위 질문을! Ah, *ces* élèves! 아, 한심한 학생들! *Ce* courage! 정말 용감하군! *Cette* politesse! 정말 예의바르구려! *Ce* pauvre homme! 가엾은 사람! ⓑ (구어)〔un/une de ces〕 지독한; …중의 하나. J'ai *une de ces* faims. 나는 지독히 배고파요. *un de ces* jours 근일중, 근간에. ⓒ (강조) 그 같은, 그같이. Il a *cet* avantage qu'il tient sa parole. 그는 약속을 잘 지키다는 장점이 있다.
③ (ces messieurs(dames, demoiselles)) ⓐ (하인 또는 종업원이 주인이나 손님들에 대해 쓰는 경우) Qu'est-ce que je sers à *ces messieurs* ? 손님들께서는 무엇을 드시겠습니까? ⓑ (주인이 손님에 대해) *Ces dames* sont à la terrasse. 여자 손님들은 테라스에 계신다.
④ (복합형 :ce…-ci(-là)) 이, 저, 그. *ce* crayon-*ci* (-*là*) 이(그) 연필. *Cette* robe-*là* 저 드레스. *ces jours-ci* 요즘, 최근에; 며칠 안에(미래). *ce jour-là* 그날. *ce* matin-*là* 그날 아침.

C.E. 〖약자〗 (la) Communauté européenne 유럽공동체((영)) E.C.).
C.E. 〖약자〗 cours élémentaire 초등 과정.
Cé [se] *n.m.* C 자의 명칭.
C.E.A. 〖약자〗 ① (le) Commissariat à l'énergie atomique 원자력 위원회. ② Confédération européenne de l'agriculture 유럽농업연맹.
C.E.A.E.O.N.U. 〖약자〗 Conseil Économique pour l'Asie et l'Extrême-Orient des Nations Unies 국제연합 아시아 및 극동지방 경제 위원회.
céans [seɑ̃] *ad.* 〖옛·문어〗이 안에; 집에; 여기에. Elle n'est pas ∼. 그 여자는 집에 없다. maître de ∼ 이 집 주인.

C.E.C.A. 〖약자〗 Communauté européenne du charbon et de l'acier 유럽석탄강철 공동체((영)) E.C.S.C.).
:**ceci** [səsi] *pron. dém. neut.* ①이것. ⓐ(cela 와 대비해서 가까이 있는 것을 가리킴) C∼ est un stylo, cela est une plume. 이것은 만년필이고 저것은 깃펜이다. C∼ et cela me plaît(plaisent). 이것과 저것이 내 맘에 든다(동사는 단수가 더 나음). Il a richesse et vertu: ∼ vaut mieux que cela. 그는 부와 덕을 지니고 있는데 덕이 부보다 더 가치 있다 (ceci 는 바로 앞의 단어〔후자〕를 가리킴). ⓑ (cela와 대비해서 눈 앞에 있는 것을 가리킴 : 일반적으로 cela, ça 로 대치됨) C∼ est à moi. 이것은 내것이다. Cet homme est haut comme ∼. 이 사람은 이만큼 키가 크다. C∼ sont(est) ses vêtements. 이것이 그의 옷이다((속사가 복수일 경우에 동사는 단수·복수 모두 쓰임, 그러나 일반적으로는 단수로 씀).
② 이 일, 이 점. ⓐ (이제부터 이야기하고자 하는 것을 가리킴) Écoutez bien ∼ : je ne vous obéirai jamais plus. 〔다음〕말을 잘 들어 두시오. 나는 앞으로 절대 당신에게 복종하지 않겠소. J'ajoute simplement ∼. 이 점만 덧붙여 말하겠소. 〔entre nous ∼〕이것은 우리끼리의 비밀인데. ⓑ〔ceci (de+형용사) que…〕(que 이하의 내용을 가리킴) On me reconnaît à ∼ que je porte un costume blanc. 내가 흰 옷을 입고 있기 때문에〔있다는 점으로〕사람들은 나를 알아볼수가 있다. Le quartier ∼ *de particulier* qu'il n'est habité que par les Chinois. 그 거리는 중국 사람들만이 산다는 특이한 점을 지니고 있다. ⓒ (지금 이야기하고 있는 것, 방금 이야기한 것을 가리킴; cela 쪽이 일반적) C∼ dit, il nous quitta. 그렇게 말하고 그는 떠났다. ∼ (étant) dit; ∼ soit dit en passant 그것은 그렇다 치고. ∼ fait 그러고 나서.
∼, *cela* 이것저것, 이러쿵저러쿵. Nous avons parlé de ∼, de *cela*. 우린 이런저런 이야기를 했다.
une ∼ 〖속〗 이러쿵저러쿵 소문이 있는 여자, 매음녀.

cécidie [sesidi] *n.f.* 〖식물〗 영류(癭瘤), 혹(기생·공생으로 인해 이상 발육을 일으킨 부분).
cécité [sesite] *n.f.* ① 실명(失明), 맹목(盲目). être atteint〔frappé〕 d'une ∼ complète 완전히 장님이 되다. ∼ corticale 피질맹(皮質盲)(피질 시층추의 상해로 인해서 일어나는 시각 상실). ∼ oculaire 안구성 실명. ∼ des neiges 설맹(雪盲). ∼ psychique 정신맹(시각의 상실은 아니며 사물을 보고도 그것이 무엇인지 인식하지 못하는 것을 가리킴). ∼ verbale 실독증(失讀症), 독자(讀字) 불능증. ∼ muscale 음맹. ②〖문어〗(비유적) 무지; 무분별; 몰이해(aveuglement).
CÉCODIS 〖약자〗 Centre d'Études de Consommation et de Distribution 소비유통 연구센터.
C.E.D. 〖약자〗 Communauté européenne de défense 유럽 방위공동체.
cédant(e) [sedɑ̃, ɑ̃ːt] 〖법〗 *a.* (권리 따위를)양도하는. ─ *n.* 양도인.
*****céder** [sede] 6 *v.t.* ① 양도하다, 넘겨주다. Il m'a *cédé* sa place. 그는 내게 자기의 자리를 내주었다. Le cinéma *cède* la place à la télévision. 영화가 텔레비전에 자리를 내주고 있다. ∼ la parole à *qn* …에게 발언권을 넘겨주다, …에게 먼저 발언하도록 하다. ∼ le passage à *qn* …에게 길을 양보하다, …를 먼저 가게 하다. ∼ à *qn* (vendre); 〖법〗 양도하다. Il a *cédé* son magasin de tissus. 그는 그의 옷감가게를 팔았다. ∼ un bien〔un droit〕재산〔권리〕을 양도하다.

~ du terrain 퇴각하다; 양보하다. **~ le haut du pavé à qn** …에게 보도의 안쪽을 양보하고 걷다; …에게 높은 지위를 양보하다. **~ le pas à...** …에게 길을 양보하다; …보다 한 단계 미치지 못하다. **le ~ à...** 《문어》 … 보다 떨어지다, 뒤지다. Il ne le cède à personne en courage. 그는 용기에 있어서는 아무에게도 뒤지지 않는다. Ce tableau ne le cède en rien aux autres. 이 그림은 다른 것들과 비교해서 전혀 손색이 없다.
— v.t.ind. ① [~ à] …에 양보하다, 존중하다; 굴하다, 지다. Il a cédé à sa sœur. 그는 누이동생의 말을 들어주었다. Il a fini par ~ aux prières de ses enfants et les a emmenés au cinéma. 그는 마침내 아이들의 간청에 져서 그들을 영화관에 데리고 갔다. ~ à ses supérieurs 상사에게 복종하다, 상사의 뜻대로 움직이다. ~ à la force 힘에 굴하다. L'épée cède à la plume. 검은 펜에게 진다, 문(文)은 무(武)보다 강하다.
② [~ en qc à qn] …에 관해서는 …보다 뒤지다. Je lui cède en expérience. 나는 경험에 있어서는 그보다 못하다.
③ [~ à qc] …에 몸을 맡기다, 탐닉하다; (사물의 압력에) 저항하지 못하다; [~ à qn] (특히 여성이) …에게 몸을 맡기다. Il cède complètement à sa passion d'amour. 그는 완전히 사랑의 정열에 빠져 있다. ~ à son instinct 본능에 몸을 맡기다. ~ à la tentation 유혹에 굴복하다. ~ à la colère 노여움에 몸을 맡기다.
— v.i. ①양보하다; 굴종하다, 지다. Il ne faut pas ~ sur les prix. 가격에 있어서 양보해서는 안 된다. Nos troupes ont cédé sous les assauts de l'ennemi. 우리 부대는 적의 공격에 꺾였다.
② (압력을 이기지 못해 물건이)굽다, 휘다, 느슨해지다; 부서지다. Les emballages ont cédé en cours de route. 포장이 도중에 느슨해졌다. Les branches cédaient sous le poids de la neige. 나뭇가지가 눈의 무게로 휘었다. Le pont a cédé sous la violence des eaux. 다리는 거센 물결의 힘에 부서졌다.
③사라지다, 없어지다. La fièvre céda. 열이 있었다.
cédétiste [sedetist] a. 프랑스 민주 노동 동맹(Confédération française démocratique du travail)의.
— n. 프랑스 민주 노동 동맹(C.F.D.T.) 조합원.
CEDEX [sedeks] (< Courrier d'Entreprise à Distribution Exceptionnelle) n.m. 세덱스(대도시의 중요 기업·정부 산하 단체 따위를 위한 우편의 특별 배달 제도).
cédille [sedij] n.f. 《언어》(모음 a, o, u 앞의 c를 [s]음으로 발음나게 하기 위하여) c자 밑에 붙이는 기호, 세디유(ç).
cédiller [sedije] v.t. 《드물게》(c자 밑에) 세디유를 붙이다.
cédraie [sedrɛ] (< cèdre) n.f. 서양삼나무 숲.
cédrat [sedra] n.m. 《식물》시트론.
cédratier [sedratje] n.m. 《식물》시트론나무.
cèdre¹ [sedr] n.m. 《식물》서양삼나무(의) (그)재목.
cèdre² n.m. = **cédrat**.
cédulaire [sedylɛːr] a. 《세무》소득 종별의. impôt ~ 종별 소득세.
cédule [sedyl] n.f. ① (1949년 이전의 세법으로)종별 소득 신고서; 소득 종별. ~ des bénéfices agricoles 농업 소득 부분. ② ~ de citation 《법》(증인이나 감정인의)소환장. ③《예》(약속이나 의무 따위의)증서; 차용증; 각서, 메모.
C. E. E. 《약자》(la) Communauté économique européenne 유럽 경제 공동체.

C.E.É.A. 《약자》Communauté européenne de l'énergie atomique 유럽 원자력 공동체(Euratom).
C.E.G. 《약자》collège d'enseignement général 일반 교육(종합) 중학교.
cégésimal(ale, pl. aux) [seʒesimal, -o] a. c.g.s. 단위계의(c=centimètre, g=gramme, s=seconde).
cégétiste [seʒetist] a., n. 《구어》C.G.T. (Confédération Générale du Travail(프랑스)노동 총동맹)의 (회원).
C.É.I. 《약자》Commission électro-technique internationale 국제 전기공학 위원회(《영》I.E.C.).
ceign-ais, -ant, -is, etc. [sɛɲ-ɛ, -ɑ̃, sɛ(e)ɲi] ⇨ ceindre.
ceindre [sɛ̃ːdr] [27] v.t. ① 《주어는 사람》@ [~ qn] (의) 허리를 띠로 두르다, 에워싸다. Un grand tablier ceignait ma petite sœur. 내 여동생은 큼직한 앞치마를 두르고 있었다. ⓑ [~ qc] (을) 둘러싸다. diadème qui ceint la tête des trois rois de mage 세 왕의 머리를 감싸고 있는 관. ⓒ [~ qc de qc] (을) (으로) 감싸다. Un bras ceignait ses reins d'une étreinte douce. 한쪽 팔은 다정한 포옹으로 그의 허리를 감싸고 있었다.
② 《주어는 사람》[~ qc de qc] (에) (을) 두르다. ~ sa tête d'un bandeau 머리에 띠를 두르다. ~ la ville de murailles 도시에 성벽을 둘러 쌓다. ③ @ (관을)쓰다; (검을)차다, 지니다; (어깨에 현장 따위를)걸치다. ~ la couronne(le diadème) 왕관을 쓰다, 왕위에 오르다. ~ l'épée 칼을 차다, 전투 준비를 하다. ~ l'écharpe (municipale) 시장의 현장을 두르다. ⓑ 《칸·현장》을 씌워(채워·둘러)주다. ~ à qn la couronne …에게 왕관을 씌워주다, …을 왕위에 오르게 하다. ~ l'épée(l'écharpe) à qn …에게 칼(현장)을 채워 주다(둘러주다).
~ ses reins 《구어》허리띠를 조르다; 채비(태세)를 갖추다.
—**se ~** v.pr. [se ~ de] (을)차다, 걸치다, 쓰다.
se ~ les reins = ~ ses reins.
cein-s, -t [sɛ̃] ⇨ ceindre.
ceintes [sɛ̃ːt] n.f. 《해양》외부 요판(外部腰板).
ceintrage [sɛ̃traːʒ] n.m. ① 《해양》밧줄로 단단히 죄기. ② 휘기, 아치 모양으로 하기. ③ 졸라매는 밧줄.
ceintre [sɛ̃tr] n.m. ① 《해양》뱃전 보호용의 밧줄. ② 《건축》아치, 홍예.
ceintrer [sɛ̃tre] v.t. ① 《해양》(배를)밧줄로 꼭 잡아매다. ② 구부리다, 아치형으로 하다.
ceinturage [sɛ̃tyraːʒ] n.m. ① 《해양·차륜술》 쇠고리를 두르기. ② (나무를 마르게 하기 위해 몸통에) 고리 모양의 칼집을 내기; (벌채할 나무에)고리 모양의 표시를 하기.
*ceinture [sɛ̃tyːr] n.f. ① 띠, 허리띠, 벨트, 밴드, (허리에 두르는) 돈 주머니. boucler[attacher, serrer] sa ~ 벨트를 매다. ~ de chasteté 정조대. ~ de sauvetage 구명대(옷). ~ de sécurité 안전벨트. Attachez vos ~s! 안전벨트를 매십시오! (비행기 안에서 안내방송); 《비유》위험이 있으니, 주의 하십시오. ② 허리, 웨이스트(혁대를 매는 부분). entrer dans l'eau jusqu'à la ~ 허리까지 물에 잠기다. nu jusqu'à la ~ 상반신 나체. ③ 《화물》(고리 모양)의 (것). route de ~ 순환 도로, chemin de fer de ~ 철도의 순환선. la Grande [Petite] C~ (파리 주변을 도는 철도의) (소)환상선. ⓑ 지대. ~ verte 녹지대, 그린벨트. ~ de végétation (물가의)식물 군생대. ~ rouge (de Paris) (파리 교외의 공산당 지지자가 많은) 적색 지대. ~ noire (de Chicago) (시카고의)흑인 거주 지역. la C~ dorée (de Bretagne) (브르타뉴 지방의 비옥한) 황금 지대. ⓒ 띠 모양(의 것). ~

d'une colonne 〖건축〗(원주(圓柱) 끝에 있는) 환상 장식. ~ d'un projectile (포탄의)쇠고리. ~ de Van Allen 〖천문〗반알렌대. ④ 〖의학〗 ~ scapulaire 견대(肩帶); ~ pelvienne 요대(腰帶); ~ orthopédique 복대(腹帶); ~ de grossesse 임신부들이 입는 코르셋. ⑤ 〖스포츠〗(레슬링의) 허리띠; (유도의)띠, 계급(품급). ~ noire 검은 띠(의 사람). être ~ noire 가장 강한 위치에 있다. ⑥ 〖옛〗웨이스트 니퍼, 코르셋. ⑦ ⓐ ~ d'appartement[d'étage] (천장 따위에 설치한)수도관. ⓑ ~ de deuil 〖종교〗(저명인사의 장례식때 성당에 치는) 장막.

dénouer[défiler] sa ~ (여성이) 남성에게 몸을 맡기다, 결혼하다(처녀대(ceinture de vierge)에서 유래된다).

ne pas arriver à la ~ de qn …의 발 밑에도 미치지 못하다.

se mettre[se serrer] la ~; faire ~〘구어〙먹지 않고 지내다; 아무 일도 하지 않고 지내다; 내핍 생활을 하다. (~생래하여)〘~〙참아라, 아무 것도 없다.

ceinture-arrière [sɛ̃tyraʁjɛːʁ] *(pl.* ~s-~*)* *n.f.* 〖레슬링〗허리둘러메치기.

ceinturer [sɛ̃tyʁe] *v.t.* ①허리에 손을 두르다, 껴안다; 꽉 붙들다; (레슬링 따위에서 상대의)허리를 팔로 감다, 태클하다. *Le policier a ceinturé le malfaiteur.* 경찰이 범인을 꽉 껴안아 붙잡았다. ② (벽 따위를)둘러싸다, 울을 치다. *Une double enceinte ceinture la ville.* 이중의 성벽이 도시를 둘러싸고 있다. ③벨트(띠)를 두르다. *évêque ceinturé de violet* 자색 띠를 두른 사제. ~ *un obus[une roue]* 포탄[바퀴]에 쇠고리를 두르다.

ceinturier [sɛ̃tyʁje] *n.m.* 벨트[밴드] 제조(판매)업.

ceinturon [sɛ̃tyʁɔ̃] *n.m.* 〖군사〗(검·총 따위를 차는)검대(劍帶), 혁대.

ceinturonnier [sɛ̃tyʁɔnje] *n.m.* 혁대 제조[판매]인.

cel [sɛl] *n.m.* 〖법〗(소지품·출산 따위의)은닉.

‡**cela** [s(ə)la] *pron. dém. neut.* (구어에서는 ça로 쓰는 경우가 많음)①저것, 그것. ⓐ(ceci와 대비해서 멀리 있는 것을 가리킴) *Prenez-vous ceci ou ~?* 당신은 이것을 갖겠소, 저것을 갖겠소? *Ceci vaut mieux que ~.* 이것이 저것보다 낫다. ⓑ(ceci와 대비하지 않고 눈앞에 있는 것을 가리킴, 일반적으로 ceci 보다 자주 사용됨) *Je sais ~.* 나는 이 일을 알고 있다. *Pas plus grand que ~.* (이것보다 크지 않다)→ 겨우 이 정도이다.

② ⓐ (이미 언급된 것을 가리켜) 그일, 지금 말한 것. *Il va quitter le bureau, tous ses collègues sont déjà au courant de ~.* 그는 회사를 떠난다, 동료들은 이미 그 일을 알고 있다. *Ne parlez pas de ~ à mes parents.* 그 일을 내 부모님께 말씀하시지 마십시오. *C~ dit, il partit.* 그렇게 말하고 그는 떠났다. ⓑ (다음에 연속될 내용을 가리켜서)다음의 일, 다음의 점. *Nous avons au moins ~ en commun: la sincérité.* 우리는 적어도 성실함에 있어서는 공통이다. ⓒ [~ (de+형용사) que…] (…의 하의 내용을 가리킴) *Ils ont ~ de charmant qu'ils vous accueillent très simplement.* 그들은 꾸밈없이 이 손님을 맞이한다는 장점을 지니고 있다. *Il a ~ pour lui que tout le monde l'aime.* 그는 모두가 사랑한다는 잇점을 지니고 있다.

③ (화제가 되어 있는 상황을 가리켜서)그것, 그 일. *Donnez-moi ~.* 그것을 주십시오. *C~ ne fait rien.* 그건 아무것도 아니다. *C~ va de soi.* 그것은 당연하다. *C~ va sans dire.* 말할 나위도 없다. *C~ vaut mieux.* 그것이 낫다. *C~ veut dire…* 그것은 … 을 뜻한다. *C~ est remarquable.* 그것은 멋있다. *C~ n'est pas bien.* 그것은 좋지 않다.

④ (문장 끝에 놓여서 문을 강조함) *C'est chanter, ~!* 그것이야말로 노래이다. *C'est magnifique, ~!* 참 멋있는데! *Comment[Pourquoi] ~!* 도대체[어째서] 또(그래)!

⑤ 〖구어〗(경멸·친근감을 지니며, 사람을 가리킴) 그(저) 사람, 그(저) 놈. *Cromwell, ~ veut être roi!* 크롬웰 그자가 왕이 되려고 하다니! (경멸감을 지니고 말하는 것).

avec ~. 그리고; 게다가; 그래서.
Ce n'est pas ~!; N'est-ce que ~? 단지 그것뿐인가!
C'est ~. 그렇습니다, 그대로입니다; 알았읍니다.
comme de ~. 조금도 ~아니다. *Je m'en soucie comme de ~.* 그 따위 일에 조금도 신경쓰지 않는다.
de ~. 그것에 대해서; 그때부터. *Il y a longtemps de ~.* 그때부터 오랜 시간이 지났다.
en ~ (que…) 그[…라는] 점에서는.
Pas de ~ (ça)! 제발 그것을 그만두시오!
pour ~. ⓐ 그 점에 관해서는. *Oh! pour ~, oui!* 아, 그 점에 관해서는 그렇습니다. ⓑ 그래서, 그런 이유로. *Il a échoué, mais ce n'est me moque pas de lui pour ~.* 그는 실패를 했지만 그렇다고 해서 나는 그를 경멸하지 않는다.

céladon [seladɔ̃] *n.m.* ① 감상적인 연인. ② 연초록색. ③ 중국의 청자. — *a.* 〘불변〙 연초록의.

céladonique [seladɔnik] *a.* (사랑하는 남성에 대해) 플라토닉하고 감상적인.

céladonisme [seladɔnism] *n.m.* (여성에 대한)감상적인 플라토닉 러브.

célastre [selastʁ] *n.m.* 〖식물〗 노박덩굴속.

célation [selasjɔ̃] *n.f.* 〖법〗(임신·분만 따위의) 「자.

-cèle *suff.* 「종양(腫瘍)」의 뜻.

célébéen(ne) [selebeɛ̃, -ɛn] *a.* 셀레베스 섬 *(Célèbes)*의. — *n.* 셀레베스섬 사람.

célébrant [selebʁɑ̃] *n.m.* 〖가톨릭〗 미사 집행 사제(주례). — *a.m.* 미사를 집행하는.

célébrateur [selebʁatœːʁ] *n.m.* 〘드물게〙(종교의식·제전 따위의)집행자.

célébration [selebʁasjɔ̃] *n.f.* ① (식의)거행; 축하. ~ *de la messe* 미사집행. ~ *d'un mariage* 결혼식의 거행. ~ *d'un anniversaire* 기념일의 축하. ② 찬양, 칭찬, 기념. *Ce concert est une ~ de la musique noire.* 이 연주회는 흑인 음악을 찬양하기 위한 것이다.

*****célèbre** [selebʁ] *a.* ① 유명한, 이름 높은. *film* ~ 유명한 영화. *Maupassant est un écrivain* ~. 모파상은 저명한 작가이다. *La France est* ~ *par[pour] ses vins.* 프랑스는 포도주로 유명하다. *se rendre* ~ 유명해지다. *adage* ~ 자주 입에 오르내리는 격언. ② 〘옛〙성대한, 엄숙한(solennel).

célébrer [selebʁe] ⑥ *v.t.* ① (식을)올리다; 축하하다, 기념하다. ~ *un mariage* 결혼식을 올리다. ~ *des funérailles* 장례식을 올리다. ~ *la messe* 미사를 올리다. *Les Jeux olympiques sont célébrés tous les quatre ans.* 올림픽은 4년마다 개최된다. ~ *un anniversaire* 기념일을 축하하다. ② 〘문어〙찬양하다, 칭찬하다. ~ *les mérites de qn* …의 공덕을 찬양하다. ~ *la mémoire de qn* …의 유업을 찬양하다. ③ 〘옛〙공포하다, 널리 알리다.

celebret [selebʁɛt] 〘라틴〙 *n.m.* 〖가톨릭〗(사제가 소속 교구 밖에서 미사를 올릴 수 있는)소속 지구와 미사 집행 허가증; 사제 신분 증명서.

célébrité [selebʁite] *n.f.* ①저명, 명성(notoriété, renom). ② 명사, 저명 인사. ③ 〘옛〙성대함(solennité).

celer [s(ə)le] ④ 〘옛·문어〙 *v.t.* 숨기다 (↔ dire),

닉〔은폐〕하다(cacher, dissimuler). ~ qc à qn …에게 …을 숨기다. se faire ~ (방문객을) 있으면서도 없다고 하여 돌려보내다. **—se** v.pr. 숨다.

célères [selɛːr] n.m.pl. 〖고대로마〗 (로마의 전설적 건설자 로뮬루스(Romulus)의)근위 기병대.

célérette [seleret] n.f. (어린이용)2륜차.

céleri [sɛlri] n.m. 〖식물〗 셀러리; 뿌리 셀러리.

célérifère [selerifɛːr] n.m. (초기의)자전거, 셀러리페르(발로 땅을 차며 달리는 목제의 이륜차); 〖옛〗 급행 마차.

célérité [selerite] n.f. ①〖문어〗재빠름, 신속. ② 〖물리〗 전달 속도; 〖화학〗 반응 속도.

célesta [selɛsta] n.m. 〖음악〗 첼레스타(업라이트 피아노와 비슷한 외형으로 건반이 붙은 타악기로 해머가 강철봉을 두드려서 소리를 냄).

céleste [selɛst] a. ①하늘의, 천공의. corps ~ 천체. sphère ~ 천구. espace [voûte] ~ 천공. bleu ~ 하늘색. ~s flambeaux 〖시〗 (하늘에 걸린 불꽃)→ 별. harmonie ~ 하늘의 음악, 천구의 하모니(피타고라스학파의 이론 중의 하나). ②천상의, 신의. ~ patrie 천상의 조국, 천국. demeure ~ 하늘의 거처, 천국. royaume ~ 천국. béatitude ~ 천상의 지복(至福). manne ~ 하늘로부터의 만나, 하늘의 은혜. esprits ~s 천상의 제령(천사·성인 따위). Père ~ 하늘의 아버지, 신. colère [courroux] ~ 신의 노여움. ③천사와 같은, 이 세상것이 아닌(merveilleux, surnaturel). beauté ~ 이 세상의 것이 아닌 아름다움. voix ~ 신묘한 목소리, 신의 말씀; 〖음악〗 복스 엥젤리커(굽이치는 듯이 미묘한 소리를 내게 하는 오르간 음전(音栓)의 하나). ④ C~ Empire 중국(옛날 중국 황제는 하늘의 아들이라 여겨졌기 때문에); (명사적) les C~s 중국인.

célestement [selɛstəmɑ̃] ad. 천국(천사)같이.

célestin [selɛstɛ̃] n.m. 셀레스틴회 수사(교황 셀레스틴 5세가 1251년에 창립한 수도회의).

célestine [selɛstin] n.f. 〖광물〗 천청석(天青石).

celiaque [seljak] a. 〖의학〗 복강(腹腔)의.

célibat [seliba] n.m. ①독신(생활). vivre dans le ~ 독신생활을 하다. clause du ~ 〖법〗 독신 조항(결혼할 경우 계약 파기의 조건). ②(부부간의) 금욕.

***célibataire** [selibatɛːr] a. ①독신(자)의. vieillard ~ 독신의 노인. Catherine reste ~ 카트린은 독신인 채로 있다. mère ~ 〖법〗 미혼모(fille-mère 에). ②〖화학〗 (전자 따위가)고립의. —n. 독신자(vieux garçon, vieille fille).

célimène [selimɛn] n.f. 〖연극〗 코케트(멋 부리는)역; (기지가 넘치고 협구가인)코케트한 여자(Molière 의 *Le Misanthrope*의 인물명에서).

cella [se(ɛl)la] 〖라틴〗 n.f. 〖고고학〗 (고대그리스·로마 사원의) 신상(神像) 안치소.

celle [sɛl], **celle-ci** [sɛlsi], **celle-là** [sɛlla] pron. dém. f. ⇨celui.

cellérier(ère) [selerje, -ɛːr] a., n. 〖가톨릭〗 (수도원의)양식 담당의(수사·수녀).

celles [sɛl], **celles-ci** [sɛlsi], **celles-là** [sɛlla] pron. dém. f. pl. ⇨celui.

cellier [selje] n.m. (포도주·영화 따위의)지하 저장실.

cellite [sɛllit] n.f. 〖화학·영화〗 셀리트(불연성 셀룰로이드).

cello-disque [sɛllɔdisk] (pl. ~~s) n.m. 셀룰로드제 레코드.

celloïdin(e) [sɛllɔidɛ̃, -in] a. 〖사진〗 콜로디온을 칠한. papier ~ 인화지. —n.f. 셀로이딘.

cellophane [sɛlɔfan] n.f. 셀로판. sous ~ 셀로판 포장의.

cellulaire [selylɛːr] a. ①세포로 된, 세포질의. structure ~ 세포 구조. texture ~ 〖광상〗 (암석의)세포 조직. tissu ~ 〖해부〗 봉와상(蜂窩狀) 결체 조직. ②독방의. emprisonnement[prison] ~ 독방 감금. voiture ~ 독방식 죄수 호송차.

cellulalgie [selylalʒi] n.f. 〖의학〗 봉와직염(蜂窩織炎)에 의한 동통(疼痛).

cellular [selylaːr] 〖영〗 n.m. 성기게 짠 면직물.

cellule [selyl] n.f. ①작은방, 독방; (1인용)감방; 〖군사〗 영창. avoir huit jours de ~ 일주일간의 영창을 살다. ②(벌집의)방, 구멍. ③ 〖생물〗 세포; (정치 조직의)세포; 핵. ~ communiste 공산당 세포. la famille, ~ de la société 사회의 소단위로서의 가족. ④(항공기의)기체(機體)(엔진이나 장비품은 제외); 낱개 구조. ⑤ 〖기술〗 ~ électrolytique 전해조(電解槽); ~ photo-électrique 광전관, 광전지(光電池); ~ de mémoire 기억소자(素子). ⑥ ~ mélodique 〖음악〗 선율(旋律)핵(세포).

cellulé(e) [selyle] a. ① 〖생물〗 세포로 나뉜. ② 독방에 갇힌. —n.m. 독방 죄수.

celluleux(se) [selylø, -øːz] a. 〖생물〗 세포로 나뉜, 세포 조직의.

celluliforme [selyliform] a. 세포 모양의.

cellulifuge [selylifyːʒ] a. 〖생리〗 세포에서 분리되는.

cellulite [selylit] n.f. 〖의학〗 봉와직염(蜂窩織炎).

celluloïd(e) [selyloid] n.m. 셀룰로이드. jouets en ~ 셀룰로이드제 장난감.

cellulolysant(e) [selylolizɑ̃, -ɑ̃ːt] a. 〖생물〗 셀룰로스를 분해하는(세포균 따위).

cellulose [selyloːz] n.f. 〖화학〗 셀룰로스, 섬유소(纖維素).

cellulosique [selylozik] a. 〖화학〗 셀룰로스[섬유소]의; 셀룰로스를 함유하는.

cellulosité [selylozite] n.f. 〖생물〗 세포 조직.

célosie [selozi] n.f. 〖식물〗 맨드라미(~ à crête).

célotex [selɔtɛks] n.m. 〖상표명〗 셀로텍스(단열 방음용의 합성판).

Celtibères [sɛltibɛːr] n.m. pl. 〖역사〗 켈트이베리아족.

Celtibérie [sɛltiberi] n.pr.f. 〖고대지리〗 켈트이베리아(에스파냐 중북부의 옛 호칭).

celtibérien(ne) [sɛltiberjɛ̃, -ɛn] a. 켈트이베리아(사람)의. C~ 켈트이베리아 사람. —n.m. pl. =**Celtibères**.

celtique [sɛltik], **celte** [sɛlt] a. 켈트족(*les Celtes*)의. —n.m. 켈트어(語).

celtisant(e) [sɛltizɑ̃, -ɑ̃ːt] a. 켈트 연구의. —n. 켈트 연구.

celtiser [sɛltize] v.t. 켈트화하다.

celtisme [sɛltism] n.m. 켈트 풍습[투·양식]; 켈트구.

celtiste [sɛltist] n. 켈트 학자.

‡celui [səlɥi] (f. **celle** [sɛl], m.pl. **ceux** [sø], f.pl. **celles** [sɛl]) pron. dém. (사람·사물을 가리키되 단독으로 쓰이지 않음) ①(관계대명사절과 함께) 그것, 그 사람. Montrez-moi le livre, ~ que vous lisez. 자네가 읽고 있는 그 책을 보여주게. C~ qui mange peu dort bien. 적게 먹는 사람은 잠을 잘 잔다. *celles* que nous avons rencontrées 우리가 만난 여자들.

②[~ de+보어] Cette fleur est plus belle que *celle* de Marie. 이 꽃은 마리의 것보다 더 아름답다. les hommes d'aujourd'hui et *ceux* d'autrefois 오늘날의 인간과 예전의 인간. *ceux* de Paris et *ceux* de Lyon 파리의 시민과 리용의 시민 (앞에 나온 명사를 받지 않을 때는 「사람」을 가리킴).

③(분사·형용사·전치사와 함께) Voici des lettres,

celles reçues *et celles* à expédier. 여기에 편지들이 있는데 수신한 것과 발신한 것들이오. les croix portant le nom d'une fille *et celles* portant le nom d'un garçon 소녀의 이름이 새겨진 십자가들과 소년의 이름이 새겨진 십자가들. tous *ceux* porteurs d'un uniforme 제복을 입은 모든 사람들. J'ai raté le train, je prendrai *d'*après. 기차를 놓쳤고, 다음 것을 타지.

④ (동격 보어절과 함께) Il savait le fait, ~ que son ami n'avait pas assisté à la réunion. 그는 친구가 그 모임에 참석하지 않았다는 것을 알고 있었다.

⑤ (-ci, -là와 함께) ⓐ (*celui*-ci[-là], *celle*-ci[-là], *ceux*-ci[-là], *celles*-ci[-là]) 이 [저] 사람 (들), 이 [저] 것 (들); 다음 (과 같은) 것[점]. *Ceux-ci* coûtent plus cher que *ceux-là*. 이쪽 것들이 저쪽 것들보다 더 비싸다. Toute la question est *celle-ci*: Pourquoi n'est-elle pas venue? 문제는 바로 이 점이다. 어째서 그 여자가 오지 않았는가? De tous ses amis, c'est ~*ci* qui est le plus fidèle. 그의 모든 친구들 중에 제일 성실한 사람은 이 사람이다. ⓑ (대립적으로, celui-ci..., celui[ceux]-là...) 후자는 ..., 전자는 ...; 어떤 자[것]는, 또 어떤 자[것]는 .... J'ai rencontré un homme et une femme; *celle-ci* était fatiguée, mais ~-*là* ne l'était pas. 나는 한 남자와 여자를 만났는데 여자는 피로했고, 남자는 그렇지 않았다. Il y avait plusieurs femmes, *celles-ci* parlaient, *celles-là* chantaient. 여러 여자들이 있었는데 어떤 이는 이야기를, 또 어떤 이는 노래를 하고 있었다.

⑥ (선행사 celui, celle, ceux, celles 이 même, seul 또는 동사에 의해 관계대명사절과 떨어져 올 때 -là를 붙임) ~-*là* est heureux qui ~하는 사람은 행복하다. Quant à vos livres, j'ai lu *ceux-là* seuls que vous m'aviez prêtes. 당신의 책에 대해서는, 당신이 빌려준 책만을 읽었습니다.

cembro [sɛbro] *n.m.* 【식물】 (알프스 지방의) 소나무의 일종 (학명: Pinus cembra).

cément [semã] *n.m.* 【야금】 침탄재 (浸炭材); 【해부】 (이의) 시멘트질, 백악질. ~ solide (gazeux) 고체 (기체) 침탄제.

cémentation [semãtasjɔ̃] *n.f.* 【야금】 침탄 (浸炭) 제법 (철에 탄소를 침투시켜 표면을 굳힘).

cémentatoire [semãtatwaːr] *a.* 【야금】 침탄제철용의.

cémenter [semãte] *v.t.* 【야금】 (철을 침탄에 의해) 굳히다; (이를) 시멘트로 땜질하다.

cémenteux(se) [semãtø, -øːz] *a.* 시멘트질의.

C.E.N. 《약자》 Centre d'études nucléaires 원자력 연구센터.

cénacle [senakl] *n.m.* ① (문예 아동의) 동인, 그룹, 서클. le ~ de la poésie d'avant-garde 전위시 서클. le C~ 낭만파 (그룹) (*Ch. Nodier* 와 *V. Hugo* 를 중심으로 한). ② (그리스도의) 최후의 만찬실.

cendre [sãːdr] *n.f.* ① 재. ~ bleu native 청동분 (青銅粉). ~ noire 갈탄 (褐炭), 아탄 (亞炭). ~ verte 천연의 탄산동 (炭酸銅). ~ de plomb 산탄 (散彈). hommes qui font tomber leurs ~s de cigarettes n'importe où 아무데나 담뱃재를 떨어뜨리는 사람들. Son visage devint couleur de ~. 그의 얼굴이 잿빛이 되었다. ciel de ~ 회색빛 하늘. ② 타다 남은 것. ③ (회개의 표시로 몸에 뿌리는) 재; 뉘우침, 회개; (*pl.*) 【가톨릭】 성회 (聖灰). mercredi des *C~s* 성회례의 수요일. ④ (보통 *pl.*) 유해 (restes). *couver sous la* ~ (원한 따위를) 꾹 참고 복수의 때를 기다리다, 남몰래 칼을 갈다. *Paix à ses* ~*s*. 그의 유해여 편히 쉬소서 (죽은이의 욕은 하지 말자).

réduire (*mettre*) *qc en* ~ ...을 잿더미로 만들다. *renaître de ses* ~*s* (불사조처럼) 되살아나다, 새 생명을 얻다.
troubler les ~*s des morts* 【구어】 죽은 사람의 욕을 하다.
venger la ~ (*les* ~*s*) *de qn* 《문어》 고인의 원한을 갚다 (원수를 갚다).

cendré(e¹) [sãdre] *a.p.* 회색의; 재를 뿌린, (특히 경기장 트랙에) 신더 (탄가루와 모래) 를 깐. substance ~*e* (뇌의) 회백질. lumière ~*e* 【천문】 지구조 (地球照) (태양광선을 받지 않는 달의 부분이 지구의 빛을 받아 발하는 청백색의 빛). —*n.m.* C~ de Champagne (나뭇재 속에서 익힌) 샹드레치즈.

cendrée² [sãdre] *n.f.* ① (석탄재와 모래를 깐) 경기장; (경기장에 까는) 신더. ② 금속의 미분말 (微粉末); 연화 (鉛黃). ~ d'affinage (금속 정련용의) 골회 (骨灰), brique de ~ 【건축】 분탄 (粉炭) 벽돌. ③ (납으로 된) 산탄; 낚싯봉.

cendrer [sãdre] *v.t.* ① (백) 색으로 칠하다. ~ un mur 벽을 회색으로 칠하다. ② (에) 재를 섞다. ③ (에) 재를 덮다 (깔다). ~ une piste 트랙에 신더를 깔다.

cendreux(se) [sãdrø, -øːz] *a.* ① 재투성이의. ② 잿빛의. teint ~ 창백한 얼굴.

cendrier(ère) [sãdrije, -ɛːr] *n.m.* 재떨이; (난로 위의) 재받이. —*n.f.* 토탄, 토탄 채굴장. —*n.* (옛) (세탁용의) 재를 파는 사람.

Cendrillon [sãdrijɔ̃] *n.pr.f.* 상드리용, 신데렐라 (*Perrault* 의 동화 주인공). avoir un pied de ~ 발이 매우 작다. faite (habillée) comme une ~ 지저분한 옷을 입은. —*n.f.* (집안의 궂은 일을 하는 딸 (젊은 여자); 혹사당하는 (학대받는) 여자.

cène [sɛn] *n.f.* ① (C~) 그리스도 최후의 만찬 (의 그림). ② (가톨릭의) 성찬식, 성체배수. faire la ~ 성찬을 받다.

cenelle [s(ə)nɛl] *n.f.* 【식물】 산사나무의 열매.
cénématique [senematik] *n.f.* 【언어】 표현소론.
cénème [senɛm] *n.m.* 【언어】 표현소 (表現素).
cénesthésie [senɛstezi] *n.f.* 전신 감각, 내부 감각 (건강상이나 허탈감 따위로 느끼는).
cénesthésique [senɛstezik] *a.* 전신 감각의.
cénobite [senɔbit] *n.m.* 【가톨릭】 (공동 생활을 하는) 수도자; 고행자.
cénobitique [senɔbitik] *a.* 수도자 (생활) 의; 고행의, 검소한.
cénobitisme [senɔbitism] *n.m.* 수도 생활.
cénotaphe [senɔtaf] *n.m.* (유해가 들어 있지 않는) 기념비, 묘비.
cens [sãːs] *n.m.* ① (선거권을 얻기 위한) 납세금액. ② 【고대로마】 국세 조사. ③ (봉건 영주에 대한) 토지세, 소작 부과세.
censé(e) [sãse] *a.* (라고) 여겨지는, 간주되는 (supposé, considéré comme). [être ~ +*inf.*] Nul n'est ~ ignorer la loi. 아무도 법을 모르고 있다고 여겨지지는 않는다. [être ~ +형용사] Il *est* ~ mort. 그는 죽은 것으로 여겨지고 있다.
censément [sãsemã] *ad.* (구어) 겉으로는, 이를테면 (pour ainsi dire); 사실상 (en principe). Il *est* ~ le maître. 그는 아닌게 아니라 주인으로 통한다.
censeur [sãsœːr] *n.m.* ① (출판물·영화 따위의) 검열관; (회사의) 감사. ② (공립 중고등학교의) 교감, 반장, 감독생 (영국 대학의) 학감. ③ (남의 작품·행동에 대한 준엄한) 비평가; 트집꾼. ④ 흠잡는 사람.
censier(ère) [sãsje, -ɛːr] *a., n.m.* (봉건시대의) 토지세 (금전부과세) 를 징수 (지불) 하는 (사람) (장부).
censitaire [sãsitɛːr] *n.m.* (봉건시대의) 토지세 (금전부과세) 납부자; 납세 유권자.
censive [sãsiːv] *n.f.* (봉건제도하의) 토지세 (금전부

과세〕대상 토지.
censorat [sɑ̃sɔra] *n.m.* 검열관[감사]의 직[임기]; 교감의 직[임기].
censorial(ale, pl. aux) [sɑ̃sɔrjal, -o] *a.* 검열(관) 의. lois *—ales* 검열법.
censuel(le) [sɑ̃syɛl] *a.* (봉건제도하의)토지세[부과세]의; 토지[부과]세의 대상이 되는.
censurable [sɑ̃syrabl] *a.* 비난[비판]할 만한.
censure [sɑ̃sy:r] *n.f.* ① (출판물·영화 따위의)검열; 검열 위원회[기관]. abolir la ~ 검열을 폐지하다. ② (회사의)감사, 회계감사. ③ 준엄한 비판; 비난; 흠잡기. s'exposer à la ~ publique 세상의 혹독한 비판의 대상이 되다. ④ 【가톨릭】 (교리에 어긋난 작품·문장에 대한)부인. ~ d'un livre 금서 (조치). ⑤ 【심리】 (잠재의식 억압력). ⑥ (정부에 대한 의회의)견책, 불신임. motion de ~ 불신임 결의. ⑦ 【고대로마】 국세조사 겸 풍기 단속관의 직; 풍기 단속.
censurer [sɑ̃syre] *v.t.* ① 트집[흠]을 잡다, 비난하다 (blâmer, critiquer). ② 검열하다; 출판[발표]을 금지하다; (검열에서)삭제하다. ~ un article de journal 신문의 기사를 검열하여 삭제하다. Ce film *a été censuré.* 이 영화는 검열에서 걸렸다. ③ (작품을)준엄하게 비판하다. ④ (의회가 정부·일부 각료에 대하여)견책[불신임] 결의를 채택하다. ~ le gouvernement 정부에 대한 불신임을 결의하다. ⑤ 【교리에 어긋난 것을】옳지 않다고 선언하다, 부인하다. ~ un livre 어떤 책을 금서로 정하다.
—se ~ *v.pr.* 준엄하게 자기비판하다.
‡**cent**[1] [sɑ̃] *a. num.* (딴 수사가 따를 때는 복수형이 되지 않음) ① 100의. ~ un [sɑ̃œ̃] 101 의. deux *—s* 200 의. deux ~ cinquante 250 의. le ~ mètres 100 미터 경주. Ouvrez votre livre à la page ~ 책의 100 페이지를 펴시오. ② 많은. Il a ~ fois raison. 그가 백번 옳다. Je vous l'ai dit ~ fois. 내 입이 닳도록 말하지 않았던가.
~ *et un* 수많은. Il y a ~ *et une* façon de procéder. 일을 처리해 나갈 방법은 얼마든지 있다.
en un mot comme en ~ 간단히 말해서, 요컨대.
Il y a ~ *sept ans.* 아주 오래 전이다.
le numéro ~ (여관의)화장실(변소).
les C~ *jours* = Cent-Jours (les).
—*n.m.* 100. trente pour ~ 30 퍼센트.
(à) ~ *pour* ~ 100%; 완전히. Il est Parisien *à* ~ *pour* ~. 그는 순수한 파리 사람이다. Son plan (Son pressentiment) *a réussi à* ~ *pour* ~. 그의 계획(예상)은 100 퍼센트 성공했다.
Je vous le donne en ~. 《구어》 맞혀볼테면 맞혀봐 (안될걸). Devinez qui j'ai rencontré, *je vous le donne en* ~. 내가 누구를 만났는지 맞혀봐요, 자, 맞쳐보라니까.
le trois pour ~ 연리 3푼의 프랑스 국채.
pour ~ 100에 대해. prêter à cinq *pour* ~ 5 푼 이자로 빌려주다.
cent[2] [sɛnt] 《영》 *n.m.* 센트 (미국의 화폐 단위).
cent. 《약자》 ① centime 상팀. ② centième 100분의 1. ③ centiare 【도량형】 100분의 1아르.
centaine [sɑ̃tɛn] *n.f.* ① 100; 100 개; 100 살; 100 배; (단위가) 100개의 것. Elle a dépassé la ~. 그녀는 100 살이 넘었다. ② 약 100. une ~ de mètres 약 100 미터. plusieurs ~*s* de personnes 수백 명의 사람들. Les gens arrivaient par ~*s* pour regarder le défilé. 사람들은 행렬[퍼레이드]을 보려고 수백명씩 몰려들었다.
centaure [sɑ̃tɔ:r] *n.m.* ① 【그리스신화】 반은 사람 반은 말인 괴물. ② 명기수; 오토바이의 명수. ③ 상반되는 양면을 가진 사람. ④ (C~) 【천문】 켄타우루스座.
centaurée [sɑ̃tɔ(o)re] *n.f.* 【식물】 수레국화.
centauresse [sɑ̃tɔrɛs] *n.f.* 【그리스신화】 반은 사람 반은 말인 여인.
centavo [sɑ̃tavo] 〔에스파냐〕 *n.m.* 센타보 (100분의 1페소, 라틴아메리카의 화폐).
centenaire [sɑ̃tnɛ:r] *a.* 100살[년]의; 매우 오래된.
—*n.* 100 살의 노인. **—***n.m.* 100 년제. le deuxième ~ 200 년제.
centenier [sɑ̃tənje] *n.m.* 【고대로마】 100 인대장, 백부장; (중세의) 100 가(家) 조장.
centenille [sɑ̃tnij] *n.f.* 【식물】 앵초[취란화]과(科)의 식물.
centennal(ale, pl. aux) [sɑ̃te(ɛn)nal, -o] *a.* 100 년마다 거행되는[돌아오는], 100년에 한번의; 100년간의. exposition *—ale* 100년 고전시.
—*n.f.* 100 년 고전시. la C—*ale des* beaux-arts 1800–1900, 1800–1900 년의 미술 100 년 고전시.
centésimal(ale, pl. aux) [sɑ̃tezimal, -o] *a.* 100 등분된. fraction *—ale* 100 분의 1의 분수.
cent-gardes [sɑ̃gard] *n.m.pl.* (100 명으로 된 나폴레옹 3세의) 근위 기병대.
centiare [sɑ̃tja:r] *n.m.* 100 분의 1아르 (1 제곱미터).
centibar [sɑ̃tiba:r] *n.m.* 【기상】 센티바, 100분의 1바 (기압의 단위).
centième [sɑ̃tjɛm] *a. num.* ① 100 번째의, 제 100의. C'est ~ fois qu'on vous avertit. 당신에게 수없이 통고하지 않았습니까. ② 100 분의 1. 15 ~*s*, 100 분의 15. — 100. — *n.m.* 100 번째의 것. — *n.f.* 100 번째의 공연 (~ représentation).
centièmement [sɑ̃tjɛmmɑ̃] *ad.* 100 번째로.
centig(r). 《약자》 ① centigramme 센티그램. ② centigrade 【물리】 100 도 눈금(섭씨)의.
centigrade [sɑ̃tigrad] *a.* 【물리】 100 도로 나뉘어진, 100 도 눈금의. thermomètre ~ 100 분도(分度)(섭씨) 온도계. —【수학】 센티그레이드 (직각의 100분의 1 각도).
centigramme [sɑ̃tigram] *n.m.* 센티그램 (100분의 1그램).
centil. 《약자》 centilitre 센티리터.
centilitre [sɑ̃tilitr] *n.m.* 센티리터 (100 분의 1 리터).
centim. 《약자》 centimètre 센티미터. ~[2] 제곱센티미터. ~[3] 세제곱센티미터.
***centime** [sɑ̃tim] *n.m.* ① 상팀 (100 분의 1 프랑). pièce d'un ~ 1상팀 동전. ② 적은 돈, 한푼, 푼돈. n'avoir plus un ~ 이제 한푼도 없다. pas pour un ~ 한푼의 값어치도 없다. ③ —(*s*) additionnel(*s*); ~*s* le franc 부가세.
***centimètre** [sɑ̃timɛtr] *n.m.* ① 센티미터. ~-gramme 그램센티미터 (일의 중력 단위). ② 《구어》 (센티 눈금의)줄자, 띠자.
centinode [sɑ̃tinɔd] *n.f.* 【식물】 마디풀.
centipède [sɑ̃tipɛd] 【동물】 *a.* 발이 많은, 다족의. — *n.m.* 지네.
centisthène [sɑ̃tistɛn] *n.m.* 상티스텐 (100 분의 1 스텐).
Cent-Jours (les) [lesɑ̃ʒu:r] *n.m. pl.* (나폴레옹의) 백일천하 (1815 년 3월 20일–6월 28일).
centon [sɑ̃tɔ̃] *n.m.* ① 표절시, 여기저기서 갖다 맞춘 시; 모방작. ② 표절곡, 모방곡.
centoniser [sɑ̃tɔnize] *v.t.* 표절시[곡]를 모아 엮다.
cent-pieds [sɑ̃pje] *n. m.* 《복수불변》《구어》【동물】 지네.
centrafricain(e) [sɑ̃trafrikɛ̃, -ɛn] *a.* 중앙아프리카 공화국 (République *—e*)의.
centrage [sɑ̃tra:ʒ] *n.m.* 중심 잡기, (여러 부품들의) 중심 직선 배치.

central(ale, *pl.* **aux**) [sātral, -o] *a.* ① 중심의, 중앙의. point ~ d'un cercle 원의 중심점. quartier ~ d'une ville 도시의 중심가. Asie [Amérique] ~ale 중앙아시아(중앙아메리카). Massif ~ 〖프랑스의〗중심산지, 마시프상트랄. feu ~ 〖물리〗융해금속(옛날 지구 중심에 존재한다고 믿었던). ② 중앙집중의, 중추의. force ~ale 중심력. attraction ~ale de la terre 지구의(중심으로 향하는)인력. chauffage ~ 센트럴히팅, 중앙집중난방. système nerveux ~ 〖해부〗중추신경조직. ③ 중앙집권의. pouvoir ~ 중앙권력(정부). Administration ~ale 중앙행정기구, 중앙관서. poste ~ale 중앙우체국. siège ~ d'une société 회사의 본사(의 소재지). ④ 중요한, 긴요한. problème ~ 중요과제. idée ~ d'une thèse 이 논문의 중심사상. moment ~ d'une fête 축제의 절정. ⑤ⓐ École ~ale (des arts et manufactures) 중앙공예학교; (옛) 중앙학교(후의 lycée). ⓑ maison [prison] ~ale 중앙형무소. ⓒ empires ~aux; puissances ~ales 〖역사〗동맹국(제 1 차 대전에서 연합국에 대항해서 싸운 독일·오스트리아·헝가리 따위). ⑥ 〖언어〗 중설(中舌). voyelle ~ale 중설모음.
—*n.m.* ① 〖정보〗 중앙처리장치((영) CPU). ② ~ téléphonique [télégraphique] 중앙전화(전보) 국; ~ sous-station 〖철도〗 변전소.
centralement [sātralmā] *ad.* 중심적으로; 중앙에.
centralisateur(trice) [sātralizatœ:r, -tris] *a.* 중앙 (중심)으로 모으는. politique ~*trice* 중앙집권정책. —*n.* 중앙집권주의자.
centralisation [sātralizasjɔ̃] *n.f.* ① 중심(중앙)으로 모음, 집중(↔ décentralisation). ② 중앙집권.
centraliser [sātralize] *v.t.* 중심(중앙)으로 모으다, (정보 따위를) 모으다, 수집하다; 중앙집권화하다. ~ des renseignements 정보들을 한 곳에 모으다.
—**se** ~ *v.pr.* 중앙으로 모이다; 수집되다.
centralisme [sātralism] *n.m.* 중앙집권주의(제도).
centraliste [sātralist] *a.* 중앙집권주의의. —*n.* 중앙집권주의자.
centralité [sātralite] *n.f.* (정치활동의)중심, 중추; 〖생리〗 (뇌·척추의 신경의)중추.
‡centre [sā:tr] *n.m.* ① 중심, 중앙, 한복판. ~ de gravité 중심(重心), 무게중심. ~ de pression 압력중심. ~ d'un cercle 원의 중심, 주요테마. (동계) idée ~ 중심사상. mot ~ 주요단어 (mot-clé). ~ commercial 상업중심지, 종합상가, 쇼핑센터. ~ d'aviation 공항. ~ de villégiature 휴양지, 정양지. ~ industriel 공업중심지. ~ téléphonique 전화교환국. grands ~s 주요도시. ② 중심지, 연구소, 훈련소. C~ d'études techniques agricoles 농업기술연구소((약자) C.E.T.A.). C~ national de la recherche scientifique 국립과학연구소((약자) C.N.R.S.). ~ de rééducation 재교육기관, 연수원. ④ 중부지방. ⑤ 〖해부〗 중추(中樞). ⑥ 〖정치〗 중도파(좌파·우파에 대한); 〖군사〗 (군대배치의 좌익·우익에 대한)중앙. ⑦ 〖스포츠〗 (볼의)센터링. faire un ~ 센터링하다.
au~ (de...) (…의)중심에, 중앙에. *au~ du* carrefour 십자로 한가운데에.
en plein ~ de... …의 한복판에.
centre-africain(e) [sātrafrikɛ̃, -ɛn] *a.* =**centrafricain(e)**.
centre-école [sātrekɔl] (*pl.* ~*s*-~*s*) *n.m.* 항공학교.
centrer [sātre] *v.t.* ①중심을 정하다. La roue est mal *centrée*. 바퀴의 중심이 잘못 정해져 있다. ② 중심(중앙)에 두다(맞추다); 중심으로 돌리다. ~ une gravure dans son cadre 판화를 액자의 한가운데에 넣다. ~ le sujet 피사체(被寫體)를 중앙에 두다. ③ [~ *qc* sur *qc*] (에)집중시키다. La discussion *a été centrée sur* les moyens à employer. 토론은 어떤 방법을 사용할 것인가에 집중되었다. Cette pièce *est centrée sur* le personnage de Minos. 이 연극은 미노스라는 인물을 중심으로 만들어져 있다. ④ 〖축구〗센터링하다.
—*v.i.* 〖축구〗 (공을)센터링하다.
centreur [sātrœ:r] *n.m.* 〖기계〗 중심잡이장치.
centrier [sātrije] *n.m.* 〖정치〗 중도파의원.
centrifugation [sātrifygasjɔ̃] *n.f.* 원심분리.
centrifuge [sātrify:ʒ] *a.* ① 원심성의. force ~ 원심력. inflorescence ~ 〖식물〗 원심꽃차례(화서(花序)). ② 원심력에 의한. essoreuse ~ 원심(회전)건조기.
centrifuger [sātrifyʒe] 〖3〗 *v.t.* 원심분리기에 걸다; (크림을)분리하다. —*a.* 원심분리의.
centrifugeur [sātrifyʒœ:r] *n.m.* 원심분리기.
centrifugeuse [sātrifyʒø:z] *n.f.* (조종사를 가속도에 익숙하도록 훈련시키는)원심가속기.
centripète [sātripɛt] *a.* 〖물리〗 향심성의. force ~ 구심력, 향심력. inflorescence ~ 〖식물〗 구심꽃차례(화서).
centriste [sātrist] *a.* 중도파의. —*n.* 중도파의원.
centro-américain(e) [sātroamerikɛ̃, -ɛn] *a.* 중앙아메리카의, 중미의.
centrobarique [sātrɔbarik] *a.* 중심(重心)의.
centrodonte [sātrɔdɔ̃:t] *a.* 〖동물〗 이가 뾰족한.
centromère [sātrɔmɛ:r] *n.m.* 〖생물〗 (염색체의)동원체(動原體).
centrosome [sātrozom] *n.m.* 〖생물〗 중심체.
cent-suisses [sāsɥis] *n.m. pl.* 〖역사〗 (스위스 사람 100명으로 된 프랑스 왕의)친위대.
centumvir [sɛ̃tɔmvi:r] 〖라틴〗 *n.m.* 〖고대로마〗 100인 법원의 판사.
centumviral(ale, *pl.* **aux**) [sɛ̃tɔmviral, -o] 〖라틴〗 *a.* 〖고대로마〗 100인 법원 판사의.
centumvirat [sɛ̃tɔmvira] 〖라틴〗 *n.m.* 〖고대로마〗 100인 법원 판사직(임기).
centuple [sātypl] *a.* 100배의. —*n.m.* 100배.
au~ 백배로 하여; 많이 불려서. rendre *qc au ~* …을 몇 십배로 갚다.
centupler [sātyple] *v.t.* 100배로 하다; (무수히) 불어나게 하다, 늘리다, 증가시키다. —*v.i.* 100배로 불어나다; 크게 늘다.
centurie [sātyri] *n.f.* 〖고대로마〗 100인회, 100인대(隊).
centurion [sātyrjɔ̃] *n.m.* 〖고대로마〗 100인 대장, 백부장(百夫長).
cénure [seny:r] *n.m.* 〖수의〗 포낭충(胞囊蟲).
cep [sɛp] *n.m.* ① 포도그루(~ de vigne [sɛdviɲ, sɛpdəviɲ]). ② 보습의 밑바닥. ③ (*pl.*)(옛) 차꼬, 수갑.
C.É.P. 〖약자〗 certificat d'études primaires 초등교육졸업장.
cépage [sepa:ʒ] *n.m.* 포도묘목; (각종의)포도나무.
cèpe [sɛp] *n.m.* 〖식물〗 식용 버섯의 일종.
cépée [sepe] *n.f.* (한 그루에서 많이 돋은)새 가지의 덤불; 어린나무숲.
‡cependant [s(ə)pādā] *conj.* 그렇기는 하지만, 그럼에도 불구하고(pourtant, néanmoins). Elle s'habille simplement, et ~ avec un goût très sûr. 그녀는 옷을 수수하게 입지만 대단히 정확한 취미를 갖고 있는데. —*ad.* (옛) 그러는 동안에, 그 동안에.
~ *que* (옛) …하는 동안에; …인데.
céphalalgie [sefalalʒi], **céphalée** [sefale] *n.f.*

céphalalgique [sefalalʒik] *a.* 두통의.
céphalématome [sefalematɔm] *n.m.* 〖의학〗(신생아의)두혈종(頭血腫).
céphalique [sefalik] *a.* 〖의학〗머리의; 두개(頭蓋)의. artère ~ 경(頸)동맥. indice ~ 두지수(頭指數), 두개지수.
céphalite [sefalit] *n.f.* 〖의학〗뇌염.
céphaloïde [sefaloid] *a.* 〖생물〗머리 모양의, 두상(頭狀)의.
céphalomètre [sefalɔmɛtr] *n.m.* 두개측정기.
céphalométrie [sefalɔmetri] *n.f.* 두개(頭蓋)측정.
céphalopodes [sefalɔpɔd] *n.m.pl.* 〖동물〗두족류(頭足類).
céphalo-rachidien(ne) [sefalɔraʃidjɛ̃, -ɛn] *a.* 〖의학〗뇌척수의.
céphalothorax [sefalɔtɔraks] *n.m.* 〖동물〗(갑각류·거미류의)머리가슴, 두흉부.
céphalotomie [sefalɔtɔmi] *n.f.* 〖외과〗(태아의)두개절개술.
céphéides [sefeid] *n.f.pl.* 〖천문〗맥동형 변광성(脈動形變光星).
cèphe [sɛf] *n.m.* 〖곤충〗막시류(膜翅類)의 곤충.
ceps [sɛp] *n.m.* =cèpe.
cérambycidés [serabiside] *n.m.* 〖곤충〗하늘소과(科).
cérambyx [serābiks] *n.m.* 〖곤충〗=capricorne.
cérame [seram] *n.m.* 〖고대그리스〗토기, 도기. —*a.* 도기의 소재가 되는; grès ~ 도기의 원료가되는; 사암 도자기.
céramique [seramik] *a.* 도자기의; 도자기 제조의. —*n.f.* 도자기 제조법(술); 도자기; 타일. salle de bains en ~ peinte 색타일을 깐 욕실.
céramiste [seramist] *a.* 도자기 제조(업)의. —*n.* 도자기 제조업자, 도공.
céramographie [seramɔgrafi] *n.f.* 고대 도자기학.
cérasine [serazin] *n.f.* 〖화학〗케라진.
céraste [serast] *n.m.* 〖동물〗뿔뱀.
cérat [sera] *n.m.* 〖약〗(밀랍과 기름을 원료로 한)밀랍연고, 납고.
cératoïde [seratɔid] *a.* 각형(角形)의; 각질의.
cératotomie [seratɔtɔmi] *n.f.* 〖의학〗각막절제술.
céraunies [seroni] *n.f.pl.* 부싯돌(silex).
céraunographe [serɔnɔgraf] *n.m.* 〖기상〗뇌전(雷電)자기계.
céraunographie [serɔnɔgrafi], **céraunologie** [serɔnɔlɔʒi] *n.f.* 〖기상〗뇌전(雷電)학.
cerbère [sɛrbɛːr] *n.m.* 〖그리스신화〗(지옥을 지키는)머리 셋 달린 개.
—C~ *n.pr.m.* 〖그리스신화〗(지옥을 지키는)머리 셋 달린 개.
cerceau [sɛrso] *n.m.* (*pl.* ~x) n.m. ①(통의)테; (놀이용)굴렁쇠. jouer au ~ 굴렁쇠를 굴리며 놀다. ②(반원형의)테, 틀, (스커트 장식·마차 포장 따위의)활 모양의 살대. ③ (*pl.*)(독수리·매 따위의)꼬리 깃털.
avoir le dos en ~ 〖구어〗몹시 굽부정하다.
cercelle [sɛrsɛl] *n.f.* 〖조류〗(작은)오리.
cercis [sɛrsis] *n.m.* 〖식물〗밥태기나무, 소방목(蘇方木).
cerclage [sɛrklaːʒ] *n.m.* ①테 두르기(끼우기); (바퀴에)타이어를 끼우기. ②타이어. ③〖의학〗슬개(膝蓋)주위 봉합(縫合).
*****cercle** [sɛrkl] *n.m.* ①원, 동그라미, demi-~ 반원, bouton en forme de ~ 원형 단추. faire un ~ avec un compas 컴퍼스로 원을 그리다. Ils font ~ autour de lui. 그들은 그의 주위로 몰려든다. quart de ~ 〖천문·해양〗(천체 고도를 재는)4분의, 상한

의(象限儀). ②범위; 주기(週期); 순환(循環). ~ de mes relations 내가 사귀는 범위. agrandir le ~ de ses connaissances 지식의 범위를 확대하다. ~ des saisons 계절의 순환. ③둘러싼 군중; 모임, 서클, 클럽. ~ littéraire 문학 서클. ~ militaire (des officiers) 장교 클럽. aller à son ~ 서클 모임에 가다. dîner au ~ 클럽에서 저녁식사를 하다. ④(통의)테; 통; 타이어; 다이얼, 문자판. vin en ~s 통술. ⑤〖지리〗권(圈). ~ polaire arctique [antarctique] 북(남)극권. ~ horaire 〖천문〗시권(時圈). ~ des tropiques 적도권. ~ à réflexion 반사측각기(測角器). ~ de visée 〖측량〗각도계, 측각기.
~ *vicieux* 〖논리〗순환논법; 악순환(물가와 급료와의 관계 따위). Raisonner ainsi, c'est faire un ~ *vicieux*. 그러한 식으로 따지고 들어간다면 결국 제자리로 돌아오고 만다.
en ~ 원형으로, 둥글게(en rond). On s'est tous assis *en* ~ autour du feu. 모두들 불 둘레에 둥그렇게 앉았다. ranger des sièges *en* ~ 의자를 둥그렇게 놓다.
les ~*s de l'Enfer* (*Dante*의 신곡에 있는)지옥도(동심원과 같이 배치되어 있음).
cerclé(e) [sɛrkle] *a.p.* 둘러싸인. yeux ~s de bistre 둘레에 검은 무리가 진 눈. —*n.m.* 테.
cercler [sɛrkle] *v.t.* ①둘러싸다, 에워싸다. Les arbres *cerclent* le lac. 나무가 호수를 둘러싸고 있다. ②(통 따위에)테를 끼우다; (바퀴에)타이어를 끼우다. ③(에)제한을 가하다(limiter).
cercleux [sɛrklø] *n.m.* 〖구어〗클럽 회원.
cerclier [sɛrklije] *n.m.* 테 만드는 사람, 테장수.
cercopithèque [sɛrkɔpitɛk] *n.m.* 〖동물〗(아프리카산의)기꼬리원숭이.
cercueil [sɛrkœj] *n.m.* ①관(棺). mettre au ~ 입관하다; 매장하다. ②(비유적)죽음; 묘지, 무덤, 파멸. conduire *qn* au ~ 을 죽음에 이르게 하다. descendre au ~ 〖문어〗죽다. La guerre est le ~ de la prospérité. 전쟁은 번영의 파멸이다.
cerdagnol(e) [sɛrdaɲɔl], **cerdan(e)** [sɛrdā, -an] *a.* 세르다뉴(*Cerdagne*, 프랑스와 에스파냐 국경지대)의. ~*n.* 세르다뉴 사람.
céréale [sereal] *n.f.* 곡식, 곡물; 화본(벼)과(科)식물. —*a.f.* 곡물의. lois ~s 〖영국사〗곡물조례.
céréaliculture [serealikylty:r] *n.f.* 곡식 재배.
céréalier(ère) [serealje, -ɛ:r] *a.* 곡물의.
céréaline [serealin] *n.f.* 〖화학〗세레알린. 〖상.
céréaliste [serealist] *n.m.* 곡물연구가; 곡물도매
cérébelleux(se) [serebɛlø, -ø:z] *a.* 〖해부〗소뇌(小腦)의.
cérébral(ale, pl. aux) [serebral, -o] *a.* ①〖해부〗(대)뇌의, 뇌수의. artères ~ales 대뇌동맥. congestion (hémorragie) ~ale 뇌충혈(뇌일혈). ②두뇌의, 지적(知的)인. travail ~ 정신 노동. surmenage ~ 두뇌의 과로. ③(감성이 결여된)이지적인. (명사적)C'est un ~ pur. 그 사람은 머리밖에는 없다.
cérébralité [serebralite] *n.f.* 두뇌의 힘; 지성. froide ~ de cet écrivain 이 작가의 냉철한 지성.
cérébrasthénie [serebrasteni] *n.f.* 〖의학〗뇌신경 쇠약증.
cérébration [serebrasjɔ̃] *n.f.* 〖심리〗뇌작용.
cérébrite [serebrit] *n.f.* 〖의학〗뇌염.
cérébro-cardiaque [serebrɔkardjak] *a.* 〖의학〗뇌와 심장의, 뇌심성의.
cérébro-malacie [serebrɔmalasi] *n.f.* 〖의학〗뇌연화증.
cérébrome [serebrɔm] *n.m.* 〖의학〗신경절 세포

종(腫).
cérébropathie [serebrɔpati] *n.f.* 【의학】 뇌질환.
cérébro-sclérose [serebrɔsklerɔːz] *n.f.* 【의학】 뇌동맥 경화증.
cérébroscopie [serebrɔskɔpi] *n.f.* 【의학】 뇌병안(眼) 진단법.
cérébro-spinal(*ale, pl. aux*) [serebrɔspinal, -o] *a.* 【해부·의학】 뇌척수의. méningite ~*ale* 뇌척수막염. liquide ~ 척수액.
cérébrostimyline [serebrɔstimilin] *n.f.* 【의학】 (뇌에 자극을 주는)뇌하수체 분비물.
cérémonial(*ale, pl. als*) [seremɔnjal] *a.* 《드물게》 종교 의식의(cérémoniel). — *n.m.* 의례, 예법; 【가톨릭】 의식. ~ d'un mariage 결혼식(절차). Il est très attaché au ~. 그는 예법에 엄하다. ② 예식서; 【가톨릭】 전례, 의식서.
cérémonialisme [seremɔnjalism] *n.m.* 의식(형식)존중주의.
cérémonie [seremɔni] *n.f.* ① 의식. ~ du mariage 결혼식. ~ funèbre 장례식. maître des ~*s* (de ~) (교회의)의전장(儀典長); 사회자. tenue de ~ 정장(正裝). ② 의례. faire une visite de ~ 의례적인 방문을 하다. ③ 까다로운[지나친] 예절. Assez de ~*s*! 너무 격식을 부리지 마시오! C'est pure ~. 《구어》 (마음에도 없는)겉뿐이다, 순전한 체면치레이다.
en grande ~; *avec* ~ 위용을 갖추고, 격식을 차려
faire des ~*s* 《구어》 지나치게 깍듯이 예절[격식] 차리다.
faire qc par (*pure*) ~ 의례적으로 ⋯을 하다.
sans ~ 허물없이, 격식 차리지 않고.
cérémoniel(*le*) [seremɔnjɛl] *a.* 의례의.
cérémonieusement [seremɔnjǿzmã] *ad.* 의식[형식] 위주로; 지나치게 격식을 차려.
cérémonieux(*se*) [seremɔnjǿ, -ǿːz] *a.* 의식[형식] 위주의; 격식을 부린, 태를 부린(affecté). manières ~*ses* 격식부리는 행동.
cerf [sɛːr] *n.m.* ① 사슴; 수사슴(↔ biche). courir comme un ~ 사슴처럼 날렵하게 달리다. agile comme un ~ 사슴처럼 민첩한. avoir des jambes de ~ 사슴처럼 발이 빠르다; 사슴처럼 발이 가늘다. C'est un ~ (à la course). 《구어》 그는 사슴처럼 발이 재다. ② 【요리】 사슴 고기. ③ 겁장이. ④ 《속어》 명기수(名騎手). ⑤ corne de ~ 【약】 녹용엑스. ⑥ mal de ~ 【수의】 (말의)파상풍.
se déguiser en ~ 《속어》 도망치다.
cerfeuil [sɛrfœj] *n.m.* 【식물】 전호속(屬)(잎은 향료·샐러드에 쓰임).
cerf-volant [sɛrvɔlã] (*pl.* ~*s*-~*s*) *n.m.* ① 【곤충】 사슴벌레. ② (연(鳶). ~ cellulaire 상자형 연. jouer au ~ 연을 날리다. ③ 기상관측용의 연. ④ 《속어》 【상업】 융통어음. ⑤ ballon ~ 계류[달아맨] 기구(氣球).
cerf-voliste [sɛrvɔlist] *n.m.* 연 날리는 사람.
cérifère [serifɛːr] *a.* 【식물】 밀랍(蜜蠟)이 채취되는; 【동물】 밀랍을 만드는.
cérifère² *a.* 【광물】 세륨을 함유한.
cérique [serik] *a.* 【화학】 세륨의.
cerisaie [s(ə)rizɛ] *n.f.* 버찌 과수원.
***cerise** [s(ə)riːz] *n.f.* ① 【식물】 버찌. ~*s* à l'eau-de-vie 버랜디에 담근 버찌. confiture de ~ 버찌 잼. tarte aux ~*s* 버찌파이. bouche en ~ 《앵두》같은 (작고 두툼한) 입술. rouge comme une ~ (얼굴이) 새빨간. ② 《속어》 ⓐ 불운. ⓑ 머리, 얼굴 (visage). ③ ⓐ ~ de caféier 커피의 열매; ~ d'hiver(de juif, de suif) 꽈리속(屬). ⓑ oiseaux aux ~*s* 꾀꼬리의 일종.

avoir la ~ 《속어》 재수없는 꼴을 당하다.
C'est un panier de ~*s.* 모두가 훌륭하다.
faire deux morceaux d'une ~ 《구어》 사소한 일에 구애되다, 꼼꼼스리다.
ficher la ~ 불운을 가져오다.
— *n.m.* ① 버찌색. ② 세리스(염기성 염료).
cerisette [s(ə)rizɛt] *n.f.* ① 건버찌. ② 【식물】 꽈리속(屬)의 일종. ③ 버찌로 만든 음료.
cerisier [s(ə)rizje] *n.m.* ① 【식물】 서양벚나무, 버찌나무. ② 버찌나무 재목. ③ ~ d'amour; petit ~ d'hiver 【식물】 꽈리속(屬).
cérite¹ [serit] *n.f.* 【광물】 세르석(石). [종.
cérite², cérithe [serit] *n.m.* 【패류】 뿔고동의 일
cérium [serjɔm] *n.m.* 【화학】 세륨.
C.E.R.N. [sɛrn] 《약자》 Centre européen pour la recherche nucléaire 유럽공동 원자핵연구소.
cerne [sɛrn] *n.m.* ① (눈 둘레에 간혹 지는)거무스레한 무리, (상처 둘레의)검푸른 멍. ② 달무리. ③ (나무의)연륜, 나이테. ④ 《옛》 원, 동그라미 ⑤ 【미술】 (명료한)윤곽.
cerné(*e*) *a.p.* 포위된, 둘러싸인; 거무스레한 무리가 진. yeux ~*s* 검푸르게 멍이 든 눈.
cerneau (*pl.* ~*x*) *n.m.* 생호두알. vin de ~*x* 호두의 계절(8·9월)에 먹으면 맛이 좋은 포도주.
cernement [sɛrnəmã] *n.m.* ① 포위. ② 환상박피(環狀剝皮).
cerner [sɛrne] *v.t.* ① 포위하다(encercler); 둘러싸다(entourer); 거무스레한 무리로 두르다. ~ une maison(un quartier) 집[구역]을 포위하다. Des montagnes *cernent* la ville. 산들이 도시를 에워싸고 있다. La fatigue *cerne* les yeux. 피로 때문에 눈둘레에 검은 무리가 졌다. [— *qn*] 성가시게 부라다니다, 달라붙다. Les soucis le *cernent* de tous côtés. 사방에서 근심거리가 그를 에워싸고 있다. ② 명확하게 구분하다; 【미술】 윤곽을 뚜렷하게 그리다. ~ une question(une difficulté) 문제의 범위를 파악하다, 그 요점을 이해하다. ④ ~ des noix 호두를 까다. ⑤ ~ un arbre 나무껍질을 둥근 모양으로 도려내다; (이식 따위를 위해)나무뿌리 둘레의 흙을 파다.
— *se* ~ *v.pr.* 눈 둘레에 검은 무리가 지다.
cernure [sɛrnyːr] *n.f.* (둘레에 생기는)검은 무리.
céroféraire [serɔferɛːr] *n.m.* 【가톨릭】 촛불 드는 사람.
cérographie [serɔgrafi] *n.f.* 밀랍판화법.
céroïde [serɔid] *a.* 밀랍 모양의.
céroplastique [serɔplastik] *n.f.* 밀랍 모형술.
cérotique [serɔtik] *a.* acide ~ 【화학】 세로틴산.
céroxyle [serɔksil] *n.m.* 【식물】 밀랍야자나무.
*****certain**(*e*) [sɛrtɛ̃, -ɛn] *a.* ① 확실한(assuré); 뚜렷한(évident, manifeste, ↔ douteux); 확신하는 (sûr). La nouvelle est ~*e*. 그 소식은 확실하다. ~ et sûr 《구어》 절대 확실한. [~ de *qc*/de + *inf.*] Je suis ~ de mes calculs. 나는 내 계산에 자신이 있다. Elle est ~*e* de réussir. 그녀는 성공을 확신한다. [Il est ~ que+*ind.*] Il est ~ qu'il viendra. 그가 올 것이 확실하다. ② 정해진, 일정한. but ~ 일정한 목적. ③ (명사 앞에서; 이 경우 다음 명사와 연음함)어느, 어떤; 몇몇, 몇 사람의, 얼마만큼의, 상당한. (de) ~*es* gens 어떤 사람들. [un ~ +명사] dans *un* ~ sens 어떤 의미로는. dans ~*s* pays 어떤 나라에서는. *après un* ~*s* temps 얼마 후에. *d'un* ~ âge 상당한 연배의. ④ un ~ M. Dubois (경멸) 뒤부아라든가 하는 사람.

— *pron.ind.pl.* (다음 말과 연음하지 않음) ① 어떤 사람들. C~*s* sont incapables de garder un secret. 어떤 사람들은 비밀을 못지킨다. ② (한정된 사물

사람 중의)몇몇, 어떤(사람). ~s d'entre vous 당신들 중의 몇몇(사람). —n.m. 확실한 것; 확실성; 〖경제〗 환시세, 환율. Il ne faut pas quitter le ~ pour l'incertain. 불확실한 것을 위해 확실한 것을 버려선 안된다. Londres donne le ~ à Paris. 파운드는 파리에서 프랑스의 환시세를 표시하는 기준이 된다.

‡**certainement** [sɛrtɛnmɑ̃] ad. ① 확실히, 꼭, 틀림없이. Je ne viendrai ~ pas. 나는 분명코 오지(가지) 않을 것이다. ②《강한 긍정》물론이죠(bien sûr). Mais ~. 암, 물론이죠. ~ que...《구어》…을 확실하다(Il est ~ que). C~ qu'il viendra. 틀림없이 그는 올 것이다.

certes [sɛrt] ad.①《문어》확실히; 물론(bien sûr). Oui —. 암, 그렇고말고요. Avez-vous lu ce roman? —C~, et je l'aime beaucoup. 당신은 그 소설을 읽었읍니까? 물론이죠, 나는 그것을 무척 좋아합니다. ② 확실하지만 《양보·반대의 뜻이 따름》. Je ne veux ~ pas vous décourager, mais l'entreprise me semble bien difficile. 당신의 용기를 꺾자는 것은 아니지만 내가 보기에는 그 계획은 매우 어려울 것 같다.

certif. 《약자》certifer certificat의 약자.

*****certificat** [sɛrtifika] n.m. ① 증명서. délivrer [produire] un ~ 증명서를 교부[발행]하다. ~ de résidence 거주 증명서, 주민등록증. ~ médical 진 강 진단서. ~ de scolarité 재학 증명서. ~ de garantie 보증서. ~ de stage 연수[실습] 증명서. ~ de vaccination 예방접종 증명서. ~ de vie (연금 따위를 받기 위한)생존 증명서. ~ d'indigence [d'indigents] (생활 보호를 받는)극빈자 증명서. ~ d'inscription 등록(재석) 증명서. ~ d'origine (가축의)혈통 증명서, (상품의)원산지 증명서. ~ de sortie (자격)증서. ~ d'études primaires 초등학교 수료증서《약자로 le ~, ~ d'études, certif. 라고도 함》. classe du ~ d'études 국민학교의 최상급반《초등교육 수료시험의 수험준비반》. ~ d'aptitude professionnelle 직업적성 증명서 《약자》 C.A.P. ~ d'aptitude pédagogique à l'enseignement secondaire 중등교원 학사 증서 《약자》 C.A.P.E.S.). ~ de licence 학사 증명서. ② 《신원 따위의》보증; (pl.) 《전(前) 고용자 따위가 발행하는》신원보증서, 소개장. ~ de travail 《고용자가 피고용자의 퇴직시에 발행하는》취업 증명서. Il se donne un ~ de sincérité. 그는 성실을 자기보증으로 삼고 있다. Elle a de bons ~s, mais elle a une mauvaise réputation. 그녀의 경력(신원)은 확실하지만 평판은 나쁘다.

certificateur [sɛrtifikatœːr] n.m. 증명자, 보증인. ~ de caution 〖법〗 부(副)보증인.
—a.m. 증명하는. notaire ~ (연금수령자의)생존 증명 공증인.

certificatif(ve) [sɛrtifikatif, -iːv] a. 증명하는. pièces ~ves 증명서류.

certification [sɛrtifikasjɔ̃] n.f. 〖법〗(문서에 의한)보증, 증명; 〖항공〗(민간항공기의)합격증명(서).

certifié(e) [sɛrtifje] a. ① 중등 교원 자격증(C.A.P.E.S.)을 가진. professeur ~ 유자격 중등교원. ② 인정된, 보증된. copie ~e conforme 원본과 틀림없다고 인정된 사본.
—n. 중등 교원 자격자. les ~s et les agrégés 중등 자격자와 중고등 교육교원 자격자.

certifier [sɛrtifje] v.t. 증명하다; 확인하다. Pouvez-vous me ~ l'exactitude de cette information? 그 정보의 정확성을 내게 증명할 수 있겠읍니까? ~ une signature 본인의 서명임을 증명하다. [~ que + ind.] Il m'a certifié qu'il viendrait.

그는 오겠다고 내게 확약했다.

certitude [sɛrtityd] n.f. ① 확실함, 정확함. Il guérira; c'est une ~. 그가 완쾌되리라는 것은 확실하다. avec sûreté et ~ 확실하고 정확하게. ~ d'un fait 사실의 확실함. ② 확신. J'ai la ~ d'avoir payé. 나는 값을 치루었다고 확신합니다. en plein de ~; en toute ~ 확신을 품고, 단언하다. ③ 안정성, 불변성 (stabilité). Il n'y a nulle ~ dans les choses du monde. 이 세상의 모든 것은 변하기 마련이다. ④ 〖철학〗확실성. ~ immédiate [médiate] 직접[간접]적 확실성.

cérulé(e) [seryle], **céruléen(ne)** [seryleɛ̃, -ɛn] a. 《문어》푸르스름한.

cérumen [serymɛn] n.m. 〖생리〗 귀에지.

cérumineux(se) [seryminø, -øːz] a. ① 귀에지의, 귀에지를 이루는[분비하는]. ② 밀랍같은.

céruse [seryːz] n.f. 백연(白鉛), 연백; 〖연극〗분. ~ en lamelles (미술) 분수 백연.

cérusite [seryzit] n.f. 〖광물〗 백연광. 「철.

cervaison [sɛrvɛzɔ̃] n.f. (6—9월간의)사슴 사냥

cervantesque [sɛrvɑ̃tɛsk] a. 세르반테스(Cervantes, 에스파냐의 작가)풍[투]의.

*****cerveau** [sɛrvo] n.m. (pl. ~x). n.m. ① 뇌. ~ antérieur [moyen, postérieur] 전[중·후]뇌. inflammation du ~ 뇌염. ramollissement du ~ 뇌연화. rhume de ~ 코감기. être enrhumé du ~ 코감기에 걸리다. transport au ~ 뇌충혈. Vous me rompez le ~. 《구어》당신을 상대하니 골치가 아프오. ② 두뇌, 지력. ~ puissant 우수한 두뇌. ~ électronique 전자두뇌. ~ étroit[borné] 아둔한 머리. lavage de ~ 세뇌. avoir le ~ dérangé [brouillé, fêlé] 《구어》머리가 약간 돌았다, 약간 머리가 이상하다. se creuser [se presser] le ~ 지혜를 짜다. ③ 중추기관, 수뇌; 지도자(부); 대부(代父). La capitale est le ~ du pays. 수도는 나라의 중심이다. Le ~ de cette entreprise, c'est le bureau d'études. 이 회사의 중추는 이 연구소이다. ④ 지식인(학자·기술자·전문가 따위); 정예, 우수한 두뇌의 소유자. C'est un ~. 이 사람은 재인(才人)이다. fuite [drainage] des ~x 두뇌 유출. Les ~x s'exilent à l'étranger. 두뇌가 해외로 유출되다. ⑤ 《어떤 성격의》 사람. ~ brûlé 열정적인(과격한) 사람. ~ creux 망상가. ⑥ 《종의》용두머리.

cervelas [sɛrvəla] n.m. 〖요리〗 순대[소시지]의 일종.

cervelet [sɛrvəlɛ] n.m. 〖해부〗 소뇌.

cervelle [sɛrvɛl] n.f. ① 〖해부〗 뇌장(腦漿); 머리. se brûler (se faire sauter) la ~ 권총으로 머리를 쏘아 자살하다. ② 《요리용 동물의》골. ~ de mouton au beurre noir (볶은 버터를 끼얹은)양골. ③ 두뇌, 지능. C'est une tête sans ~. 그 녀석은 골이 비었다. petite ~; ~ d'oiseau; ~ de moineau 머리가 모자라는 사람, 열간이. Cela lui trotte dans la ~. 《구어》그 일이 그녀의 머리에서 떠나지 않는다. ④ 사람, 준재. ~ légère (évaporée) 경박(경솔)한 사람. ~ folle 머리가 약간 이상한 사람. ⑤ 〖해양〗키의 꼭대기의 갑판용 볼트[데 볼트].

avoir (se mettre) qc *dans la* ~ 《엣》…을 깊이 명심하다; …하기로 마음먹다.

avoir la ~ *en ébullition; se creuser la* ~ 머리를 짜다, 신경을 곤두세우다.

casser (rompre) la ~ *de* qn 《구어》(소음·수다 따위로)성가시게 하다, 신경에 거슬리게 하다. 「하다.

mettre (tenir) qn *en* ~ …으로 애태우게 하다[고민케 하다].

mettre la ~ *de* qn *à l'envers* 《구어》대경실색게

tourner la ~ 《구어》 머리를 혼란시키다.

cervical(*ale*), *pl.* **aux** [sɛrvikal, -o] *a.* ① 〖해부〗 목의, 경부(頸部)의. *nerfs* ~*aux* 목신경. ② 자궁 경(子宮頸)의. ③ 치경(齒頸)의.

cervicite [sɛrvisit] *n.f.* 〖의학〗 자궁경관염.

cervico-brachial(*ale*), *pl.* **aux** [sɛrvikɔbrakjal, -o] *a.* 〖해부〗 경상박의(頸上膊)의.

cervidés [sɛrvide] *n.m.pl.* 〖동물〗 사슴과(科).

cervin(*e*) [sɛrvɛ̃, -in] *a.* 사슴의, 사슴같은.
—*n.pr.m.* le Mont C~ 마터호른산(Matterhorn).

cervoise [sɛrvwa:z] *n.f.* 《옛》(골족(族)의) 맥주의 일종.

ces [se] *a.dém.pl.* ⇨ce².

C.E.S. 《약자》 collège d'enseignement secondaire 중학교.

césalpinie [sezalpini] *n.f.* 〖식물〗 실거리나무.

césalpin(i)ées [sezalpin(j)e] *n.f.pl.* 〖식물〗 실거리나무과(科).

césar [seza:r] *n.m.* ① 〖로마사〗 로마 황제(처음은 율리우스 케사르의 자손, 후에는 로마제국의 모든 황제 칭호). ② 제왕, 군주; 폭군.

césarien(*ne*¹) [sezarjɛ̃, -ɛn] *a.* (율리우스)케사르의; 로마 황제의; 케사르(황제)에게 충실한.
—*n.m.* 케사르(황제·독재)지지자.

césarienne² [sezarjɛn] *n.f., a.f.* 제왕절개수술(opération ~)(의).

césarisme [sezarism] *n.m.* 황제 정치; 독재 정치.

césium [sezjɔm] *n.m.* 〖화학〗 세슘.

cespiteux(*se*) [sɛspitø, -ø:z] *a.* 〖식물〗 잔디처럼 빽빽하게 나는.

cessant(*e*) [sɛsɑ̃, -ɑ̃:t] *a.* 중지(중단)되는. toute(s) affaire(s)[chose(s)] ~*e*(*s*) 만사를 제쳐놓고.

cessation [sɛsasjɔ̃] *n.f.* 중지, 정지. ~ des hostilités 휴전, 정전(停戰). ~ de payements 지불 정지. ~ du travail 조업(操業) 중지.

*****cesse** [sɛs] *n.f.* 중단, 중절, 휴지. sans ~ 끊임없이, 줄곧. Il pleut sans ~. 끊임없이 비가 내린다.
n'avoir (*pas*) *de* ~ *que* (*ne*) + *sub.* … 할 때까지는 그만두지 않다. Cet enfant *n'a de* ~ *qu'il n'obtienne ce jouet.* 이 아이는 장난감을 손에 넣을 때까지는 직성이 풀리지 않는다.

cesser [sese] *v.i.* (비 따위가) 멎다; (언덕 따위가) 끝나다; (유행 따위가) 사라지다. Le vent *a cessé.* 바람이 멎었다. La fièvre *a cessé.* 열이 식었다. *faire* ~ *des querelles* 싸움을 그치게 하다.
—*v.t.* 그만두다; 멈추다, 중단(중지)하다. Cessez le feu! 〖군사〗사격 중지! Il *a cessé* son travail à trois heures. 그는 3시에 그의 일을 중단했었다. ~ toutes relations avec *qn* …와 일체 관계를 끊다.
—*v.t.ind.* [~ de + *inf.*] … 하는 것을 멈추다. Il a décidé de ~ *de* fumer. 그는 담배를 끊기로 결심했다. [ne (pas) ~ de + *inf.*] 계속해서 … 하다. Le moteur *ne cesse* (*pas*) *de* tourner pendant le contrôle. 엔진은 점검하는 동안 연속해서 돌아간다. *ne* ~ *de* + *inf.*[que + *sub.*] 《문어》 … 할 때까지 계속해서 …하다.

cessez-le-feu [sesel(ə)fø] *n.m.* 《복수불변》휴전.

cessibilité [sesibilite] *n.f.* 〖법〗 양도성.

cessible [sesibl] *a.* 〖법〗 양도할 수 있는.

cession [sesjɔ̃] *n.f.* 〖법〗 양도. ~ de biens (채권자에 대한) 재산 양도. ~ d'une créance 채권의 양도. faire ~ de ses droits sur une propriété 소유권을 *qn*에게 양도하다. faire ~ *de qc* à *qn* …에게 …을 양도하다. ② 양도증(서)(acte de ~). ③ 〖기계〗(열의) 방출; (동력의) 공급. ④ (주식·증권 따위의) 의뢰.

cessionnaire [sesjɔnɛ:r] *n.* ① 〖법〗 양도받는 사람, 양수인. ② 〖상업〗 (수표의) 소지자; 배서인.

cession-transport [sesjɔ̃trɑ̃spɔ:r] (*pl.* ~*s*-~*s*) *n.f.* 〖법〗 권리·재산의 양도.

:c'est-à-dire [sɛtadi:r] *loc. conj.* ① 즉, 다시 말하면 (autrement dit, soit) (약자) (c.-à-d.). *Je lis un livre,* ~ *un ami* 책, 다시 말해서 친구. *Ce matin, je me suis levé à huit heures,* ~ *très tôt pour moi.* 오늘 아침 나는 8시에 일어났다, 다시 말해서 나에게는 매우 일찍 일어난 셈이다. ② [~ que + *ind.*] 실은 …; 아뇨 사실은 … 《해명·결론·정중한 사절》. Il n'y a plus d'eau, ~ *que* nous allons mourir de soif. 이제 더 이상 물이 없다, 말하자면 우리는 목말라 죽게 됐다는 것이다. Vous venez avec nous dimanche? — C~ *que* j'ai promis d'aller voir un ami. 일요일에 우리와 함께 가시죠? 아뇨, 실은 어떤 친구를 만나러 가기로 약속을 해서요. J'ai perdu mon briquet, ~ *que* j'ai dû le laisser dans ma voiture. 내 라이터를 잃어버렸는데 실은 차에 놓아둔 것 같다.

ceste¹ [sɛst] *n.m.* 〖고대로마〗 ① 권투용 장갑. ② 권투, 주먹질.

ceste² *n.m.* ① 〖고대로마〗 (비너스 또는 주노의) 허리띠. *avoir dérobé le* ~ *de Vénus* 더없이 매력적인 아름다움을 지니다. ② 〖동물〗 해파리류.

cestodes [sɛstɔd] *n.m.pl.* 〖동물〗 촌충류.

cestoïde [sɛstɔid] 〖동물〗 *a.* ① 띠 모양의. ② 촌충의.
—*n.m.pl.* 촌충류(vers ~*s*).

césure [sezy:r] *n.f.* 〖운율〗 중간 휴지(休止).

cet [sɛt] *a.dém.m.s.* ⇨ce².

C.E.T. 《약자》 Collège d'enseignement technique 기술교육중학교.

cétacé(*e*) [setase] 〖동물〗 *a.* 고래과의. —*n.m.* 고래과(科)의 동물; (*pl.*) 고래과.

cétérac(**h**) [seterak] *n.m.* 〖식물〗 개고사리.

cétine [setin] *n.f.* 〖화학〗 세틴, 경랍(鯨蠟).

cétoine [setwan] *n.f.* 〖곤충〗 잔꽃무지(장미의 해).

cétone [setɔn] *n.f.* 〖화학〗 케톤.

cette [sɛt] *a.dém.f.sing.* ⇨ce².

cettui [sɛtɥi] *pron.dém.* 《옛》=celui-ci.

cétyle [setil] *n.m.* 〖화학〗 세틸.

ceux [sø] *pron.dém.m.pl.* ⇨celui.

cévadille [sevadij] *n.f.* 〖식물〗 세바디라. 〖산맥.

Cévennes (**les**) [lesevɛn] *n.pr.f.pl.* 〖지리〗 세벤

cévenol(*e*) [sevnɔl] *a.* 세벤(Cévennes, 프랑스의 …)의. —C~ *n.* 세벤 사람.

Ceylan [sɛlɑ̃] *n.pr.m.* 〖지리〗 실론 섬.

ceylanais(*e*) [selane, -ɛz] 〖지리〗 *a.* 실론(Ceylan) 섬의. —C~ *n.* 실론 섬의 사람.

cézigue [sezig] *pron.pers.* 《속어》 그자, 그이, 그녀.

cf. 《라틴·약자》 confer 비교하라, 참조.

C.F.D.T. 《약자》 (la) Confédération française démocratique du travail 프랑스 민주 노동동맹.

C.F.P. 《약자》 (la) Compagnie française des pétroles 프랑스 석유회사.

C.F.T.C. 《약자》 Confédération française des travailleurs chrétiens 프랑스 그리스도교 노동자동맹 (1919년 창설).

cg 《약자》 centigramme 센티그램.

C.G. 《약자》 consul général 총영사.

c.g.s. 《약자》 centimètre, gramme, seconde 〖물리〗 시지에스 단위.

C.G.T. 《약자》 ① Confédération générale du travail 노동총동맹. ② Compagnie générale transatlantique 대서양 기선(해운)회사.

ch. 《약자》 ① chant 〖문학〗 (장시의)편(篇). ② cheval 마력. ~ eff.; chevaux effectifs 유효마력. ③ chapitre 장.

chabanais [ʃabanɛ] *n.m.* 《속어》 ① 매음굴, 갈보집.

② 큰 소동.

chabichou [ʃabiʃu] n.m. (Poitou 산의)염소젖 치즈.

chable [ʃabl] n.m. ① (도르래에)감아 올리는 밧줄. ② =chablis¹.

chabler¹ [ʃable] v.t. ① (하물을)밧줄로 끌어올리다. ② (배를)끌다. ③ 《옛》(밧줄을)꼬다.

chabler² [ʃable] v.t. (호도·밤 따위를)장대로 떨다.

chablis¹ [ʃabli] n.m.,a. (bois) ~ (폭풍·폭설·부패 따위로)쓰러진 나무.

chablis² n.m. 샤블리(Chablis)산의 백포도주.

chabot [ʃabo] n.m. 《어류》 둑중개의 일종(~ de rivière); 황어; 버들모치.

chabotte [ʃabɔt] n.f. 《야금》 모루, 쇠모탕.

chabraque [ʃabrak] n.f. 《군사》 안장깔개.

chabrol [ʃabrɔl], **chabrot** [ʃabro] n.m. 《구어》 포도주를 탄 수프.

chacal [ʃakal] (pl. ~s) n.m. ① 《동물》 재칼(남아시아와 북아프리카산의 여우와 승냥이의 중간형). ② (경멸) 남의 노력의 결과를 이용하려는 비열한. ③ 《군사》 (프랑스의) 알제리 주둔 경보병.

chacon(n)e [ʃakɔn] n.f. ① 샤콘 무도(곡). ② (17 ~18세기의)샤콘 곡의 댄스.

‡**chacun(e)** [ʃakœ, -yn] pron.ind (다음 낱말과 연음하지 않음) ① (글 속의 어떤 말과 관계하여)각각, 각자, 저마다. ~ de ces arbres 그 나무들 하나하나. ~ d'eux 그들 각자. Ces livres coûtent 10 francs ~. 그 책들은 매 권(한 권에) 10프랑씩이오. Remettez ces livres ~ à sa(leur) place. 이 책들을 각각 제자리에 다시 갖다 놓으시오. C~ des enfants aura sa part. 어린이들은 저마다 제 몫을 갖게 될 것이다. C~ d'eux a refusé. 그들은 모두 거절했다. Elles portent ~e une nouvelle robe. 그녀들은 저마다 새 옷을 입고 있다. ~ à son tour 차례로 돌아가며.

② (단독적 용법, 이 때는 사람만을 가리키며 남성 단수형으로만 쓰임) 저마다, 누구나(tout le monde). C~ travaille pour sa famille. 누구나 제 가족을 위해서 일한다. C~ est libre de faire ce qui lui plaît. 누구나 자기가 좋아하는 것을 할 자유가 있다. C~ doit observer la loi. 사람은 누구나 법을 지켜야 한다. C~ a son idéal. 누구나 자기 이상을 가지고 있다.

③ [un ~; tout (un) ~] 《옛》누구나, 모두 (구어에서는 익살스럽게 쓰이기도 함). Tout un ~ est au courant. 모두가 다 그 사정을 알고 있다. Éloignez un ~. 아무도 가까이 오게 하지 말아라. Un ~ doit mourir. 누구나 죽음은 면할 수 없다.

C~ pour soi et Dieu pour tous. 《격언》 저마다 자기 일에 전념하고 남의 일은 신에게 맡겨라.

—n.f. 《구어》 연인, 좋아하는 여자. C~ avait sa ~e. 사내마다 저마다 자기 애인이 있었다. ~ avec sa ~e 각자 자기 애인과 함께.

—a.ind. 《옛》 각각의 (chaque).

chacunière [ʃakynjɛːr] n.f. 《속어》 (chacun 뒤에 쓰임) 각자의 집. Ils s'en allèrent chacun à sa ~. 그들은 저마다 자기 집으로 갔다.

chadburn [ʃadbœrn] n.m. 《해양》 명령전달.

chadouf [ʃaduf] n.m. 두레박틀.

chafaud [ʃafo] n.m. ① 대구 말리는 시렁. ② 건초 저장고. ③ 《옛》 =échafaud.

chafouin(e) [ʃafwɛ, -in] a. (외모가) 여위고 험상궂은, 간사스러운. —n. (위)의 사람.

*****chagrin**¹ [ʃagrɛ̃] n.m. ① 슬픔, 괴로움, 근심 (tristesse), souci, affliction). avoir du ~ 슬프다. mourir de ~ 크게 상심하다; 상심 끝에 죽다. Ta conduite me cause du ~. 너의 행동은 나를 가슴 아프게 한다. noyer son ~ dans le vin 자신의 슬픔을 술로 달래다. ~ d'amour 사랑의 슬픔 (실연의 괴로움). ② 《옛》 신경질남, 시무룩함; 우울, 울적.

chagrin²(**e**) [ʃagrɛ̃, -in] a. 《문어》 슬픈, 침울한, 시무룩한; 《옛》 슬프듯한; 꾀까다로운. esprit ~ 침울한 [꾀까다로운] 사람. ciel ~ 음침한 하늘. visage ~ 우울한 표정. être ~ de …를 슬퍼하다. avoir l'air ~ 우울한 모습을 하고 있다. être d'une humeur ~e 시무룩해 있다.

chagrin³ n.m. ① 겉이 오톨도톨한 가죽(주로 장정용으로 쓰임). «La peau de ~» 「오톨도톨한 가죽」(발자크의 소설, 1831). ② 《어류》 상어의 일종; (연마용) 상어 가죽.

C'est la peau de ~. 점점 작아져가는 것이 마치 (발자크의) 오톨도톨한 가죽 같다 (Balzac의 소설 La peau de ~ 에서 주인공의 소망을 이루게 해 주는 신기한 힘을 가진 가죽인데 그것을 이용할 때마다 점점 줄어든다는 이야기에서).

chagrinant(e) [ʃagrinɑ̃, -ɑ̃ːt] a. 슬프게 하는; 우울한. nouvelle ~e 슬픈 소식. 울적한.

chagriné(e)¹ [ʃagrine] a. 슬퍼하는; 애타하는; 성가시어 하는.

chagriné(e)² a. 겉이 오톨도톨하게 무두질한. 난.

chagrinement [ʃagrinmɑ̃] ad. 《구어》 슬프게; 슬픈 듯이; 성가신 듯이.

chagriner¹ [ʃagrine] v.t. ① 슬프게 하다 (attrister). Cette nouvelle m'a beaucoup chagriné. 그 소식을 듣고 나는 몹시 가슴이 아팠다. ② 《옛》 성가시게 하다, 짜증나게 하다.

—**se** ~ v.pr. 슬퍼하다, 짜증내다. se ~ que + sub. …한 것이 슬프다 (짜증나다).

chagriner² v.t. (가죽을)겉이 오톨도톨하게 무두질하다.

chah [ʃa] n.m. 페르시아 왕.

chahut [ʃay] n.m. ① 《구어》 소란; 소동, 야단법석 (vacarme, tapage). faire du ~ 소동 [소란]을 떨다. ② (1840년경 유행했던)난잡한 댄스의 일종.

chahutage [ʃayta:ʒ] n.m. 《구어》 ① 소동. ② (연극·스포츠 관련) 야유.

chahuter [ʃayte] v.i. ① 《구어》 소란을 피우다; (강의·강연·연극·운동 경기가 한창일 때) 야유하다. ② chahut 을 추다.

—v.t. ① 야유하다. L'orateur s'est fait ~ par une partie de l'assistance. 연사는 일부 관중들의 야유를 받았다. ② 《구어》 떠밀어내다 (bousculer); 막 우당탕거리게 만들다. ③ 꾸짖다; 괴롭히다, 들볶다 (houspiller). Elle a été chahutée par des voyous. 그녀는 깡패들에게 괴롭힘을 당했다.

chahuteur(se) [ʃaytœːr, -øːz] a. n. 《구어》 ① 공연히 트집잡는(사람). ② 소란을 피우는(사람). ③ 《옛》 chahut을 추는(사람).

chahutoir [ʃaytwaːr] n.m. 《속어》 싸구려 댄스홀.

chai [ʃɛ] n.m. ① 술 창고. ② (포도원 부속의)포도주 저장 창고.

chaille¹ [ʃaːj] n.f. 《광물》 수석(燧石)덩어리. ② (길에 까는)쇄석(碎石).

chaille² [ʃaj] chaloir의 고어. 현재·3·단수.

Chaillot [ʃajo] n.pr. 옛 파리 근교의 마을 (현재는 파리 시내). À ~ ! 《속어》 귀찮다니까! 꺼져버려! ahuri de ~ 바보.

chaînage [ʃɛnaːʒ] n.m. ① 《측량》 측쇄(測鎖)측량. ② 껍쇠 (쩔재)로 벽을 잇기; 벽을 잇는 껍쇠(쩔재).

*****chaîne** [ʃɛn] n.f. ① 사슬. La ~ a sauté. 사슬이 끊어졌다. ~ antidérapante (자동차의)미끄러짐 방지 체인. ~ de fer 쇠사슬. anneau [maillon] d'une ~ 사슬고리. Elle porte autour du cou une jolie ~ en or. 그녀는 목에 예쁜 금줄을 두르고 있다. ~ de sûreté 문의 안전 도어체인 (문 단속용으로 문에 매단 쇠사슬). ~ à neige (자동차

의)스노체인. ~ d'ancre (배의)닻줄. ~ d'arpenteur (측량용의)측량쇠줄. ~ d'attelage (des wagons) (열차의)연결기. ~ de transmission 구동용(驅動用)체인. ~ sans fin 순환사슬. ② 《문어》 (죄인을 묶는)사슬; 도형수의 행렬; 고역; 《갤러선의 노젓는》형벌. condamner qn à la ~ …을 노젓는 형에 처하다. ~ 《문어》 속박, 멍에(joug); 굴복. briser(secouer) ses ~s 속박을 끊고 자유의 몸이 되다. ~ des affections 애정의 속박. Ils sont unis par une étroite ~. 그들은 견고한 유대로 맺어져있다. ④ (연속 작업의)열, 행정(行程). rompre la ~ 열을 망가뜨리다. ~ de fabrication(de montage) 생산[조립]라인. ~ automatisée 자동화 작업공정. ~ de froid 저온유통체제. ⑤ 연쇄, 연관, 연속. ~ des événements 사건의 연속, 일련의 사건들. ~ des idées 사고의 연속. ~ des causes et des effets 인과관계의 사슬. collision en ~ 연쇄충돌. ⑥ (상점의)연쇄체(制), 체인형식, 체인스토어. grandes ~s à succursales 여러개의 지점을 가진 대형 체인점. ~ de restaurants 체인식 레스토랑. ⑦ 《텔레비전·라디오》 채널 (~ radiophonique, ~ de télévision). accorder à la deuxième ~ 제 2 채널에 맞추다. ⑧ 《스테레오 따위의》장치, 세트. ~ haute fidélité 하이파이 세트. ~ stéréo(phonique) 스테레오 세트. ⑨ 《지리》 산맥 (~ de montagnes); 열. ~ des Alpes 알프스 산맥. ~ de rochers (d'étangs) 바위(못)의 열. ⑩ 《정보》체인, ~ d'asservissement de régulation (전산기의 의한) 자동제어장치. ⑪ ⓐ 《물리·화학》 ~s ouvertes 개쇄(開鎖). ~s fermées 폐쇄. ⓑ 《해부》 ~ nerveuse(ganglionnaire) 신경(마디)의 연쇄. 《생물》 ~ alimentaire(biologique) 먹이(생물)사슬. ⓒ 《언어》 ~ parlée 언어연쇄. ⑫ 《건축》 ~ d'encoignure 모퉁이 돌쌓기. ⑬ 《직물》 fil de ~ 세로실(날실). ⑭ 《무용》 ~ des dames 레이스체인, 《스퀘어댄스의 일종》.

chaînée [ʃɛ(e)ne] n.f. 《측량》 측쇄(測鎖)의 길이 (10 m).

chaîner [ʃɛ(e)ne] v.t. ① 《측량》 (측쇄로)재다. ② 《건축》 (벽을)철재(꺽쇠)로 연결하다.

chaînetier [ʃɛntje] n.m. 사슬 만드는 사람.

chaînette [ʃɛnɛt] n.f. ① 작은 사슬. ② 《기하》 수곡선(垂曲線)(arc en ~). faire la ~ 가운데가 축늘어지다, 휘다. ③ point de ~ 《재봉·편물》사슬뜨기, 사슬수.

chaîneur [ʃɛnœ:r] n.m. ① 《측량》 측쇄측량사. ② (열 속에 낀)한 사람.

chaînier [ʃɛ(e)nje] n.m. 굵은 사슬 제조인.

chaîniste [ʃɛ(e)nist] n. 시계줄(사슬) 제조인.

chaînon [ʃɛnɔ̃] n.m. ① (사슬의)고리. ② (그물의)코. (산맥 중의)한 산; 작은 산맥, 지맥. ③ 줄지은 것(사람) 중의 하나.

***chair¹** [ʃɛ:r] n.f. ① 살; 육체. la ~ et les os 살과 뼈. Le poignard a pénétré dans la ~ (en pleine ~). 단도가 몸에(몸속 깊이) 꽂혔다. C'est une personne bien en ~. 그는 살집이 좋은 사람이다. amas(masse) de ~ 살덩이; 몸집이 큰 사람. marchand de ~ humaine 인육상인 (노예상인·용병모집자·포주 따위). ② 저민 고기; (물고기·새의)살; 《옛》 (짐승의)고기(viande). ~ à pâté (à saucisse) 파테(소시지)용의 저민 고기. ~ rouge(blanche) 붉은(흰) 살코기. ~ crue(cuite) 생(익힌) 고기. Le lion se nourrit de ~. 사자는 육식동물이다. ③ (과일 따위의)과육. ~ parfumée d'une poire 향기그윽한 배의 과육. ④ 살갗; 살색; (pl.) (그림 따위의) 나체(부분). ④ blanche(rose) 흰 (장미빛) 살색. bas (couleur de) ~ 살색 스타킹 (형용사로 사

용될 때는 불변). avoir(donner) la ~ de poule 닭살이 돋다(소름이 끼치다). Ce sculpteur rend bien les ~s. 이 조각가는 살갗의 느낌을 잘 표현한다. ⑤ (정신에 대한) 육체 (주로 종교관계에서 사용됨). mortifier(mater, macérer) sa ~ 고행을 하다. œuvre(acte) de ~ 육체의 맺음, 성교. péché de la ~ 육욕의 죄. résurrection de la ~ 육체의 부활. vivre dans la ~ 현세에 살다. vivre selon la ~ 현세욕에 따라 살다.
~ à canon 총알받이 (일개병졸을 말함).
en ~ et en os 현신의, 본인의. Son portrait est vivant, on croirait le voir **en ~ et en os**. 초상화가 워낙 생생해서 마치 그의 실물을 보는 듯하다.
entre cuir et ~ 슬그머니, 살며시. rire **entre cuir et ~** 살며시 웃다.
être de ~ et de sang 눈물이 있는, 인정이 있는.
la ~ de sa ~ 《문어》 친자식.
ni ~ ni poisson 우유부단한.

chair² n.m. 《철도》 레일의 좌철(座鐵).

chaire [ʃɛr] n.f. ① 강단; 설교단; 교단. Le professeur est en ~. 교수는 지금 강의 중이시다. ② 강좌; 교수직. ~ de philosophie 철학 강좌. être nommé à une ~ (정)교수로 임명되다. ③ 설교; (교회에서의 고위성직자의)좌석(자리·직). ~ d'un évêque 주교석. ~ apostolique(de saint Pierre) 교황좌(직). ④ 《옛》의자, 자리, 좌석.

chais [ʃɛ] n.m. = **chai**.

≠chaise [ʃɛːz] n.f. ① 의자 (일반적으로 등이 있고 팔걸이가 없는 것). offrir une ~ à qn …에게 의자를 권하다. politique de la ~ vide (집행 따위의)결석전술. s'asseoir sur une ~ 의자에 앉다. ~ à bascule (berçante) 흔들의자; 로킹체어. ~ de cannes 등의자. ~ électrique (사형용의)전기의자. ~ haute (d'enfant) 높은(어린이용) 의자, 하이체어. ~ longue 긴의자. ~ pliante 접는 의자. ~ roulante 바퀴달린 의자. ② 《옛》 가마 (~ à porteurs); 역마차 (~ de poste, ~ roulante²). ③ ~s en musique 《놀이》 의자뺏기놀이. ④ 《건축》 (종루·풍차 따위의)기반. ⑤ nœud de ~ 《해양》 (배를 매는) 결삭(結索).
faire la ~ (à qn) (…을 태워 운반하기 위하여) (손)가마를 만들다.

chaise à porteurs

chaise-bascule [ʃɛzbaskyl] (pl. ~s-~s) n.f. 저울의 일종.

chaise-lit [ʃɛzli] (pl. ~s-~s) n.f. 침대겸용 의자.

chaise-longue [ʃɛzlɔ̃ːg] (pl. ~s-~s) n.f. (접게 된) 야전용 침대의자. faire (de la) ~ 쉬다, 눕다.

chaisier(ère) [ʃɛ(e)zje, ɛːr] n. 의자직공 (공원 따위의) 의자 사용료 징수인.

chako [ʃako] n.m. = **shako**.

chalade [ʃalad] n.f. = **calade**.

chaland(') [ʃalɑ̃] n.m. (바닥이 편편한)짐배; 거룻배.

chaland²(e) [ʃalɑ̃, ɑ̃ːd] n. ① 《구어》구혼자. ② 《구어》친한 사람, 친구; 녀석, un drôle de ~ 이상한 녀석, 괴짜. ③ 《옛》고객, 단골 손님.

chalandeau [ʃalɑ̃do] (pl. ~x), **chalandou** [ʃalɑ̃du] n.m. 《보통 경멸》 거룻배의 사공.

chalandise [ʃalɑ̃diːz] n.f. 《옛》 ① 단골 손님이 많음. ② 단골로 삼음; 애용. ③ 단골 손님.

chalaze [kalaːz] n.f. ① 《생물》 난대(卵帶). ② 《식물》 합점(合點). ③ 《의학》 배점(胚點).

chalazie [kalazi] n.f., **chalazion** [kalazjɔ̃] n.m.

【의학】 다래끼, 맥립종(麥粒腫).
chalcocite [kalkɔsit] *n.f.* 【광물】 휘동광.
chalcographe [kalkɔgraf] *n.m.* 동판 조각사, 동판화가.
chalcographie [kalkɔgrafi] *n.f.* 동판 조각술[실]; 동판 인쇄집(集); 동판조각 전시장.
chalcographier [kalkɔgrafje] *v.t.* 동판에 조각하다, 동판화를 만들다.
chalcopyrite [kalkɔpirit] *n.f.* 【광물】 황동광.
chalcosine [kalkɔzin] *n.f.* 【광물】 휘동광.
chaldaïque [kaldaik] *a.*, *n.* =**chaldéen**.
chaldéen(ne) [kaldeɛ̃, -ɛn] *a.* 칼데아(*Chaldée*, 바빌로니아의 지방)의. —**C**— *n.* 칼데아 사람.
châle [ʃɑːl] *n.m.* 숄, 어깨걸이.
chalet [ʃalɛ] *n.m.* ① (스위스 산간의) 오두막; (프랑스의) 치즈 막사. ② 별장. ③ ~ de nécessité 《옛》 공중 변소.
chaletier(ère) [ʃaltje, -ɛːr] *n.* (스위스에 많은) 오두막집 주인; (민예품의) 별장 주인.
***chaleur** [ʃalœːr] *n.f.* ① 더위; (*pl.*) 더운 시기. Certaines personnes supportent mal la ~. 어떤 사람들은 더위에 잘 견디지 못한다. Quelle ~! 무척 덥구나! être incommodé par la ~ 더위를 먹다. coup de ~ 일사병. premières[dernières] ~s 초여름[잔서]. ② 열, 따뜻함. corps bon conducteur de la ~ 열의 양도체(良導體). se réchauffer les mains à la ~ 난로 불에 손을 쬐다. ③ 열심, 열기, 열렬함. dans la ~ de la dispute 토론의 열기에 휩싸여서; 토론 중에. défendre [accueillir] qn avec ~ …을 열심히[열렬히] 변호[환영]하다. ~ du style 문체의 생기[열기]. ④ (관능적인) 격정; (암놈의) 발정; (*pl.*) 발정기. époque des ~s 발정기. ⑤ ⓐ 【물리】 quantité de ~ 열량; ~ latente de fusion 융해 잠재열; ~ spécifique 비열(比熱); ~ atomique 원자열; ~ de réaction 반응열. ⓑ 【생리】 ~ animale (naturelle, vitale) 체온; ~ végétale (발아시 따위의) 발열. ⓒ 【의학】 bouffée de ~ (폐경기 따위의) 머리의 열, 홍분; ~ de la fièvre 열병으로 인한 신열. ⓓ 【미술】 ~ de coloris 색조의 따뜻함.
chaleureusement [ʃalœrøzmɑ̃] *ad.* 열심[열렬]히; 진정으로, 뜨겁게. applaudir ~ 열렬히 박수하다.
chaleureux(se) [ʃalœrø, -øːz] *a.* ① 열렬한, 열심의; 진정어린. ② 추위를 안타는. Il est ~. 그는 추위를 안타는 사람이다.
chalicose [ʃalikoːz] *n.f.* 【의학】 규폐증(硅肺症), 규석증(硅石症).
châlit [ʃali] *n.m.* 침대틀.
challenge [ʃalɑ̃ːʒ] 《영》 *n.m.* ① 〔스포츠〕 도전경기. ② 우승배 (coupe ~).
challenger¹ [ʃalɑ̃ʒe] *v.t.* (우승자에) 도전하다.
challenger², challengeur [ʃalɑ̃ʒe(œ)r, ʃalɑ̃ndʒœːr], **challengeur** [ʃalɑ̃ʒœːr] *n.m.* (복싱 등의) 도전자, (실업계·선거전의) 도전자. le champion du monde et son ~ 세계 챔피언과 도전자.
chaloir [ʃalwaːr] |64| *v.imp.* 《옛》 (직설(접속)·현재·3·단수(chaut, chaille)와 직설·반과거·3·단수(chalait)로만 쓰임) 관련[관계]이 있다. non qu'il m'en *chaille* 나에게 관계가 있다는 것 아니지만. Peu m'en *chaut*. 나에게 별로 상관 없다. Il m'en *chaut*. 《옛》 나에게도 관계가 있다. Il ne m'en *chalait*. 《옛》 나에게 관계 없는 일이었다.
—*v.i.* 관계가 있다.
chalon [ʃalɔ̃] *n.m.* (강의)예망(曳網); 【직물】 살롱 모직.
chaloupe¹ [ʃalup] *n.f.* 【해양】 (군함의) 대형 보트, 란치. ~ canonnière 포함.

chaloupe² [ʃalup] *n.f.* 《속어》 ① 소란스런 댄스 (~ orageuse). ② 요란스럽게 차린 여자.
chaloupé(e) [ʃalupe] *a.p.* 몸을 흔드는. tango ~ 몸을 흔드는 탱고.
chalouper [ʃalupe] *v.i.* ① 《구어》 몸을 흔들며 걷다 [춤추다]. ② chaloupe 춤을 추다. —*v.t.* 《속어》 (춤을) 소란스럽게 추다.
chaloupier [ʃalupje] *n.m.* 대형 보트[란치]의 승무원.
chalumeau [ʃalymo] (*pl.* ~**x**) *n.m.* ① 【공업·화학】 취관(吹管). ~ oxhydrique 산수소 취관. ~ oxyacétylénique 산소 아세틸렌 취관. ② (짚, 갈대 따위의) 대롱, (음료를 마시는) 빨대, 스트로. ③ 【음악】 갈대 피리; (클라리넷의) 처저음역; 관악기.
chalut [ʃaly] *n.m.* 트롤망, 예망.
chalutage [ʃalytaːʒ] *n.m.* 트롤망 어로작업 [어업].
chaluter [ʃalyte] *v.i.* 트롤망으로 어로하다.
chalutier(ère) [ʃalytje, -ɛːr] *a.* 트롤망으로 어로하는. pêche ~ère 트롤망으로 어로작업. —*n.m.* 트롤망을 끄는 어부[배]. ~ à vapeur 트롤어선 기선.
chalybé(e) [kalibe] *a.* 【약】 철분을 함유한.
Cham [kam] *n.pr.m.* 【성서】 함(*Ham*).
chamade [ʃamad] *n.f.* 《옛》 【군사】 (농성자의) 협상 또는 항복의 북[나팔] 신호.
battre la ~ 협상[항복]의 북을 울리다; 《구어》 (손님을 끌려고) 북을 두드리다; 항복하다. Son cœur se mit à *battre la* ~. 그의 가슴은 두근거리기 시작했다.
chamærops [kamerɔps] *n.m.* =**chaméïrops**.
chamaillard(e) [ʃamajaːr, -ard] *a.* 싸움 잘하는.
—*n.* 싸움꾼.
chamaille [ʃamaj] *n.f.* =**chamaillerie**.
chamailler [ʃamaje] *v.t.* 《옛》 (에게) 싸움을 걸다.
—*v.i.* 《옛》 싸움을 하다.
—*se* ~ *v.pr.* 싸움을 하다, 서로 치다.
chamaillerie [ʃamajri] *n.f.* 싸움, (말) 다툼.
chamailleur(se) [ʃamajœːr, -øːz] *a.* 다투기 잘하는. —*n.* 다투기 잘하는 사람.
chamaillis [ʃamaji] *n.m.* ①《속어》 드잡이, 난투, 싸움. ② 소란스런 소리.
chaman [ʃamɑ̃], **chamane** [ʃaman] *n.m.* 샤머니즘[교]의 도사, 샤먼.
chamanisme [ʃamanism] *n.m.* 샤머니즘, 황교(黃敎) (시베리아·동몽고 따위의).
chamaniste [ʃamanist] *n.m.* 샤머니즘 신자, 샤먼교도.
chamarrage [ʃamaraːʒ] *n.m.* ① 요란스러운 치장. ② (문체 따위를) 화려하게 수식하기.
chamarre [ʃamaːr] *n.f.* ① (낡은)웃옷. ②《옛》 장식.
chamarré(e) [ʃamare] *a.p.* (장식이) 요란스런, 화려한. Le général avait un costume ~ de décoration. 그 장군은 훈장이 더덕더덕 달린 옷을 입고 있었다.
chamarrer [ʃamare] *v.t.* ① ~ de …(으로) 꾸미다, 단장하다. ② (경멸) 요란스레 [야하게] 장식하다. ~ un récit 이야기를 윤색하다. ~ un discours de grec et de latin 희랍어와 라틴어로 연설을 현란하게 장식하다.
—*se* ~ *v.pr.* 요란스레 [야하게] 차려 입다.
chamarrure [ʃamaryːr] *n.f.* ① 요란스런 장식[치장]. ② (문체 따위의) 화려한 수식.
chambard [ʃɑ̃baːr] *n.m.* 《구어》 ① 소란 (vacarme). ② 전복, 대변혁; 소란스런 항의.
chambardement [ʃɑ̃bardəmɑ̃] *n.m.* 《구어》 = **chambard**②.
chambarder [ʃɑ̃barde] *v.t.* 《구어》 ① 약탈하다. ② 뒤엎다 (bouleverser). ~ les projets de qn …의 계회을 뒤엎어버리다.
chambardeur [ʃɑ̃bardœːr] *n.m.* 《속어》 파괴자. ~s de la société 사회질서의 파괴자.

chambart [ʃɑ̃ba:r] *n.m.* =**chambard**.
chambellan [ʃɑ̃bɛllɑ̃] *n.m.* 시종. grand ~ 시종장.
chambertin [ʃɑ̃bɛrtɛ̃] *n.m.* 상베르탱산 포도주.
chamboulement [ʃɑ̃bulmɑ̃] *n.m.* 《구어》뒤죽박죽.
chambouler [ʃɑ̃bule] 《구어》 *v.i.* 다리가 휘청거리다. — *v.t.* 뒤집어엎다, 뒤죽박죽으로 만들다 (bouleverser); 대경실색케 하다.
chambourin [ʃɑ̃burɛ̃] *n.m.* ① (인조수정 원료인)백사(白砂). ② 녹색 유리.
chambranle [ʃɑ̃brɑ̃:l] *n.m.* (문·창·벽난로 따위의) 틀(→ porte 그림). ~ de cheminée 벽난로 틀 장식 (→ cheminée 그림).
:**chambre** [ʃɑ̃:br] *n.f.* ① 침실(~ à coucher); 《옛》방 (pièce). Mon père est déjà monté dans sa ~. 아버지는 벌써 침실로 올라가셨다 (침대에 누워 있다). appartement avec un salon, deux ~s et une salle de bain 거실과 침실 2개와 욕실이 있는 아파트. ~ à un lit [à deux lits] (호텔의)싱글베드[트윈베드]의 침실. ~ garnie (meublée) (임대용의) 가구딸린 방. ~ d'ami 손님용 침실. ~ de malade 병실. ~ à gaz (사형용의)가스실. ~ ardente¹ (불이 환하게 비치는)영안실. ~ sourde 방음실. ~ de sûreté 유치장. ~ de torture 고문실. ~ forte 금고실. ~ froide 냉동실. sport en ~ 옥내 스포츠. femme de ~ (방을 담당하는)하녀; 청소부. valet de ~ 사환; (객실 담당의)보이. robe de ~ 실내복. pot de ~ 요강. musique en ~ 실내악. stratège en ~ (경멸)탁상 전략가.
② 《역사》 la ~ (du roi) 왕의 침실; page de la ~ 왕의 침실의 시종.
③ 회의소, 조합. ~ de commerce et d'industrie 상공 회의소. ~ de compensation 어음 교환소. ~ des métiers 수공업 조합.
④ 의회. les C~s 양원. C~ des députés 프랑스 하원(1946년 이후에는 Assemblée nationale(국민의회)). C~ des pairs¹ 《역사》(1814년~1848년의)귀족원. C~ haute; C~ des pairs²(lords)영국상원. C~ basse; C~ des communes 영국 하원.
⑤ 법정; (재판소의)부. première [deuxième, seconde] ~ d'un tribunal 재판소의 제 1 [제 2] 법정. ~ du conseil 평의부 (비공개 법정). ~ correctionnelle (대도시의)재판소의 경범죄부. ~s mixtes 합동부 (민사부간의 판결의 통일을 도모하기 위하다). ~ ardente² 《역사》 화형 재판소 (이단·독살자 따위를 재판한 특별법정).
⑥ 《해양》 (배의) ~실; (특히)상급 선원실. ~ de chauffe 보일러실. ~ de navigation 항해실. ~ des cartes 해도실. ~ des machines 기관실.
⑦ ⓐ 《기술》 ~ à air (타이어의)튜브; pneu sans ~ 튜브리스타이어; valve d'une ~ à air 튜브밸브. ⓑ (대포·총 따위의)약실. ⓒ 《기계》 ~ de combustion (내연 기관의)연소실; ~ d'expansion (증기엔진의)팽창실; ~ de vapeur (보일러의)증기 부분. ⓓ 《사진》 ~ noire 암실. ⓔ 《광학》 ~ claire 사생기 (현미경에 의한 상을 사생할 때 사용). ⓕ 《물리》 ~ de Wilson 윌슨 안개 상자 (~ à brouillard); ~ à bulles 거품상자; ~ à étincelles 방전 상자. ⓖ 《해부》 ~ antérieure (postérieure) de l'œil 전 [후] 안방(眼房). ⓗ 《동물》벌집의 방. ⓘ 《식물》 ~ pollinique 꽃가루실, 화분실.

faire ~ commune [à part] (부부가)침실을 함께 [따로] 하다.
faire la ~ 방을 청소하다.
garder la ~ (병으로)집에 있다, 자가요양하다.
mettre [tenir] en ~ ~을 방(집)에 가두다.
mettre une femme en ~ 《옛》첩을 얻다.
travailler en ~ (직공 따위가 상점을 갖지 않고)자

택에서 일을 하다.
chambré(e¹) [ʃɑ̃bre] *ap.* ① 간힌, 외톨이가 된. ② 오목오목한. ③ (포도주가)실내 온도와 같아짐.
chambrée² *n.f.* ① 동거인; 같은 내무반원. ② 공동 거실, 내무반, 병사(兵舍) (~ militaire). compagnon de ~ 공동 거실의 동료; 한 내무반의 전우. argot de ~ 군대속어, 사병들의 은어. chef de ~ 《군사》(공동 거실의 책임자인)상사. ③ (집합적)한방에 모인 대중;(연극의)관객. ④ 매상고.
chamberlan [ʃɑ̃brəlɑ̃] *n.m.* 자택에서 일하는 직공.
chambre-magasin [ʃɑ̃br(ə)magazɛ̃] (*pl.* ~s—~s) *n.f.* 《광업》갱도 안에 설치한 광석 담는 포켓.
chambrer [ʃɑ̃bre] *v.t.* ① ~ du vin 붉은 포도주를 실내 온도와 같게 하다. ②《구어》(질책·설득을 위해 사람을)곁으로 부르다;《옛》방에 가두다. ③《속어》놀리다, 바보 취급하다. ④ ~ un canon [un fusil]《군사》 대포[총]에 약실(藥室)을 달다.
— *v.i.*《옛》[~ avec] (와)방을 함께 쓰다.
— *se* ~ *v.pr.* (총포가 마멸해서)총신 [포신]에 공동이 생기다.
chambrerie [ʃɑ̃brəri] *n.f.* (일부 교회·수도원의)재무실. 계산실.
chambrette [ʃɑ̃brɛt] *n.f.* 작은 방.
chambrier [ʃɑ̃brije] *n.m.* 집사;《옛》(군주의)재산 관리인.
chambrière [ʃɑ̃brije:r] *n.f.* ① (말 조교용의)긴 채찍; (말을 풀었을 때 수레를 수평으로 유지해 주는)받침목. ② (수레 만들 때의)수레 받침대. ③《옛》시비, 몸종 (femme de chambre).
chameau [ʃamo] (*pl.* ~x) *n.m.* ① 《동물》낙타 (속); (특히)쌍봉 낙타(~ à deux bosses). ~ à une bosse 단봉 낙타(dromadaire, méhari). transporter à dos de ~ 낙타에 싣고 운반하다. poil de ~ 낙타털 직물. Il a voyagé à dos de ~. 그는 낙타를 타고 여행했다. ②《얕은 내를 건널 때 배를 띄우는》부함(浮艦). ③《속어》까다로운 사람; 심술궂은 사람 (la ~《속어》못 먹지 않은 여자).
essayer de faire passer un ~ par le trou d'une aiguille 바늘 구멍으로 낙타를 들여보내려 하다, 무척 곤란한 [불가능한] 일을 시도하다. *rejeter le moucheron et avaler le ~*《속어》소사에 집착하여 대사를 놓치다.
chamelée [ʃamle] *n.f.* 낙타 한 마리가 운반할 수 있는 짐의 양(量).
chamelet [ʃamle] *n.m.* 《동물》새끼 낙타.
chamelier [ʃaməlje] *n.m.* 낙타 부리는 사람.
chamelle [ʃamɛl] *n.f.* 《동물》암낙타.
chamelon [ʃamlɔ̃] *n.m.* 《동물》새끼 낙타.
chamérops [kamerɔps] *n.m.* 《식물》종려류의 일종.
chamite [kamit] *n.m.* ① 《성서》햄(Cham [kam])의 후예. ②(*pl.*)햄족.
chamitique [kamitik] *a.* 햄족의, 햄어의.
— *n.m.* 햄어 (語).
chamito-sémitique [kamitosemitik] *n.m., a.* 햄·셈족(의); 햄·셈어족(의).
chamois [ʃamwa] *n.m.* ① 《동물》샤무아(속)(산악지대의 야생 영양). ~ des Pyrénées 피레네 샤무아. ② 샤무아 가죽, 셈 가죽 (샤무아나 양·염소의 안쪽 무두질한 가죽을 말함) (cuir de ~). —*a.* (*inv.*) 《불변》담황갈색의.
chamoisage [ʃamwaza:ʒ] *n.m.* 가죽의 무두질.
chamoiser [ʃamwaze] *v.t.* (물고기 기름으로 샤무아 가죽처럼 부드럽게) 무두질하다.
chamoiserie [ʃamwazri] *n.f.* 무두질 공장; 무두질한 가죽, 유혁(鞣革)산업 (매매업).
chamoiseur [ʃamwazœ:r] *n.m.* 무두장이.
chamoniard(e) [ʃamɔnja:r, -ard] *a.* 샤모니(Chamonix-Mont-Blanc)의. —C~ *n.* 샤모니 사람.

chamotte [ʃamɔt] *n.f.* 《요업》 구운 진흙.

‡**champ** [ʃɑ̃] *n.m.* ① 밭. Nous labourons notre ~. 우리는 우리의 밭을 갈려한다. ~ de blé 밀밭. ~ d'expérience[d'expérimentation] 실험 농장, 농업 시험장.
② (*pl.*)들(판), 전원; 시골(campagne). J'aime la paix des ~*s.* 나는 전원의 평화로움을 좋아한다. fleurs des ~*s* 들꽃. travaux des ~*s* 들일. vie aux [des] ~*s* 전원 생활. se promener les ~*s* 들을 거닐다[소요하다]. en plein(*s*) (-(*s*) 들 한가운데에서, 야외에서. ~*s* Élysées[Élyséens, Élysiens] 《신화》엘리제 들《정의로운 사람·영웅이 죽으러 가는 장소》.
③ (전투 따위의)터, 장; 광장. ~ de bataille 전쟁터《~ d'honneur, ~ du carnage, ~ de la gloire, ~ de Bellone, ~*s* de Mars》. rester maître du ~ de bataille 전투의 승리자가 되다. mourir au ~ d'honneur 명예롭게 전사하다. ~ d'exercice[de manœuvre] (군대의)연병장. ~ de tir 사격장; (화포의)사정 거리, 착탄 범위. ~ de mines 지뢰밭. ~ de course 경마장. ~ de clos 《옛》(경기장의 울타리 쳐진)기마 시합장, 결투장. ~ de foire 장이 서는 광장.
④ 분야, 영역, 분야. ~ d'activité 활동 범위. ~ des connaissances humaines 인간의 지식이 미치는 범위. ~ d'expérience 경험의 영역. ~ de recherches 연구 분야(영역). Ce problème sort du ~ de compréhension des élèves. 이 문제는 학생들의 이해범위를 넘고 있다.
⑤《학술》장(場); 야(野); 계(界). ~ psychologique 심리학 장. ~ de (la) conscience 의식 분야, 의식의 범위. ~ de gravitation[de gravité, de pesanteur] 중력장. ~ magnétique permanent 영구자장. ~ électromagnétique 전자장. ~ tournant 회전자체. ~ électrique 전장(電場). ~ acoustique 음장(音場). ~ vectoriel 벡터장.
⑥《광학》시야, 시계, 시역(視域). ~ visuel (de vision) 시야. profondeur de ~ (피사체)심도. être hors ~ 피사(被寫) 범위를 벗어나 있다.
⑦《언어》장(場), 영역. ~ sémantique 의미장. ~ lexical 어휘장. ~ notionnel 개념 영역.
⑧ ⓐ ~ opératoire 《의학》수술 부위, 국소(局所). ⓑ《문장》문지(紋地). ⓒ (동전·메달 따위의)바탕.

à tout bout de ~ 노상, 끊임없이, 무슨 일이건.
aux ~*s* (북이)연타로; (나팔을)계속 불어서《(행진의 신호 또는 열병식의 경례 표시》. *Aux* ~*s!* 북을 두드려라; 나팔을 불어라!《호령》.
avoir un œil aux ~*s et l'autre à la ville* 모든 것에 주의를 기울이다.
~ *de repos*[*des morts, de la mort*] 묘지, 묘원.
~ *libre; libre* ~ 자유로운 행동. donner[laisser] le ~ *libre* à *qn*[*qc*] …에게 행동의 자유를 주다. donner *libre* ~ à son imagination 사상을 자유롭게 하다, 공상의 나래를 펴다. donner un ~ *libre* à sa colère 분노를 터뜨리다.
courir les ~*s* 들을 뛰어다니다; 하염없는 공상에 잠기다. Son esprit *court les* ~*s.* 그의 마음은 여기 공상, 공상에 잠겨 있다. être fou à *courir les* ~*s* 멍청하다.
du ~ (행동 따위의)폭, ~ 여지, 여유. laisser [donner] *du* ~ à *qn* …에게 활약의 여지를 (남겨) 주다. prendre[avoir] *du* ~ (도약을 위해)충분히 뒤로 물러나다; 여유를 갖다.
se sauver à travers ~*s* 들을 가로질러 도망치다; 《구어》(질문에 대해)이리저리 회피하다.
sur-le-~ 당장에(immédiatement). Décidez-vous *sur-le-*~. 당장 결정을 내리시오.

Champagne [ʃɑ̃paɲ] *n.pr.f.* 샹파뉴《프랑스 북부의 지방》.

champagne¹ *n.f.* ① 샹파뉴:ⓐ《지리》샹파뉴·샤랑트 지방 따위에서 보이는 백악질(白堊質)의 토양. ⓑ《문장》방패 무늬의 하단 3 분의 1. ② fine ~ 핀 샹파뉴《코냑 지방의 최고급 브랜디》.

champagne² *n.m.* 샴페인《샹파뉴 지방의 발포성 흰 포도주》. ~ brut(sec, demi-sec) 매우 쓴(쓴·[엷은], 약간 엷은] 샴페인. ~ frappé 《와인쿨러에》차게 만든 샴페인. battre le ~ 《가스를 빼기 위해서》샴페인을 잘 흔들다. sabler le ~ 《파티 따위에서》샴페인을 실컷 마시다. ~ nature 《비발포성의》샹파뉴 지방산 흰 포도주.
—*a.* 《불변》샴페인색의《엷은 황색》.

champagnisation [ʃɑ̃paɲizɑsjɔ̃] *n.f.* 샴페인 제조법《원주(原酒) 포도주를 병에 넣어 2차 발효를 시켜서 발포성을 갖게 함》.

champagniser [ʃɑ̃paɲize] *v.t.* (원주(原酒) 포도주를)발포성으로 만들다.

champart [ʃɑ̃paːr] *n.m.* ① 영주가 영지에서 추수의 일부를 징수하는 권리, 현물세. ② (가축의)혼합 사료.

chambord [ʃɑ̃bɔːr] *n.m.* 《토목》(구덩이를 파고 그 곁에 쌓아둔)성토(盛土).

Champ-de-Mars [ʃɑ̃dmars] *n.pr.m.* 샹 드 마르스: ⓐ《역사》고대 로마에서 민회나 군사훈련이 열린 티베르 강 연안의 평야. ⓑ 파리 사관학교와 센 강 사이에 있는 광장.

champelure [ʃɑ̃plyːr] *n.f.* (포도나 과실의)서리 피해, 상해(霜害).

champenois(e) [ʃɑ̃pnwa, -aːz] *a.* 샹파뉴(*Champagne*)의. —**C**~ *n.* 샹파뉴 사람. —*n.m.* (오일 (oïl)어의)샹파뉴 방언. —*n.f.* 샴페인병.

champêtre [ʃɑ̃pɛtr] *a.* 밭의; 시골의, 전원의. bal ~ 전원 무도회. garde ~ (지방자치단체의)전원 감시인.

champi [ʃɑ̃pi] *a., n.* =champis.

champignon [ʃɑ̃piɲɔ̃] *n.m.* ①《식물》버섯; (*pl.*) 《식물》균류(菌類). ~ comestible[vénéneux] 식용(독) 버섯. ~ de couche[de Paris] (재배하는)버섯의 총칭. chapeau[pied] d'un ~ 버섯의 갓 [줄기]. ②《구어》(자동차의)가속 페달. appuyer sur le ~ 가속 페달을 밟다. ③ 모자걸이.
~ *atomique* 버섯 구름, 원자운. *pousser comme un* ~ 쑥쑥 자라다, 점점 커지다. *ville*(-)~ (급성장 한)신흥 도시.

champignonner [ʃɑ̃piɲɔne] *v.i.* (버섯처럼)빨리 자라다, 많이 늘다.

champignonnier [ʃɑ̃piɲɔnje] *n.m.* =champignoniste.

champignonnière [ʃɑ̃piɲɔnjɛːr] *n.f.* 버섯 재배용 지하실; 버섯을 심는 판.

champignonniste [ʃɑ̃piɲɔnist] *n.* 버섯 재배인.

champion(ne) [ʃɑ̃pjɔ̃, -ɔn] *n.* ① 챔피언, 선수권 보유자. Il est ~ du monde de boxe des poids moyens. 그는 권투의 미들급 세계챔피언이다. ~*ne* de tennis 테니스의 여자 챔피언. ② 일류 선수; 일류의 사람, 우수한 사람. C'est un ~ dans ce domaine. 그는 이 분야에서는 일류이다. ~ de la gaffe 서투른 명인. ③ 옹호자, 투사. ~ de la liberté 자유의 투사.
—*a.* 일류의, 우수한. C'est ~! 멋있는데!
—*n.m.*《역사》(명예 따위를 걸고 시합장(champ clos)에서 싸우는)기사, 투사, 검투사.

championnat [ʃɑ̃pjɔna] *n.m.* 선수권(쟁탈전). ~ international de basket-ball 국제 농구 선수권전. concourir dans un ~ 선수권을 놓고 겨루다.

champis(se) [ʃɑ̃pi, -is] a. 《옛》내버려진, 사생(私生)의. enfant ~ 사생아. —n. 버린 아이, 사생아.
champlé(e) [ʃɑ̃ple] a. 서리를 맞은, 상해를 입은.
champlevage [ʃɑ̃lvaːʒ] n.m. champlever 하기.
champlevé(e) [ʃɑ̃lve] a. 조각된, 새긴. —n.m. (화폐 주형을 만들기 위한)부조(浮彫)작성.
champlever [ʃɑ̃lve] [4] v.t. (금속에)조각하다, 새기다. ~ une plaque d'argent 은판을 조각하다.
champlure [ʃɑ̃plyːr] n.f. =**champelure**.
champoreau [ʃɑ̃pɔro] (pl. ~x) n.m. 포도주(럼·브랜디)를 탄 커피.
chamsin [kamsin] n.m. (사하라의)열풍 (khamsin).
chananéen(ne) [kananeɛ̃, -ɛn] a. 가나안(인)의. —C— n. 가나안 사람. —n.m. 가나안어(語).
chançard(e) [ʃɑ̃saːr, -ard] a., n. 《구어》운(재수)좋은(사람).
:**chance** [ʃɑ̃ːs] n.f. ① 운; 행운. bonne(mauvaise) ~ 행운(악운). Je vous souhaite bonne ~ ! 행운을 빕니다 ! (Bonne ~!). courir(tenter) sa ~ 운을 시험하다, 운을 걸다. J'ai de la ~. 운이 좋은데. Pas de ~ ! 운이 없어, 할 수 없지 ! La ~ voulut que+sub. 우연히 …하게 되었다. avoir la ~ de+inf. 운좋게 …하다. La ~ tourne. 운(수)는 돌고 돈다. porter ~ à qn …에게 행운을 가져다주다. pousser sa ~ 행운의 물결을 타다. par ~ 다행스럽게도. coup de ~ 다행스러운 우연. C'est bien ma ~! (비꼼)내 운이라니 (재수가 없다). ② (주로 pl.) 확률, 가능성, 기회. calculer ses ~s (내기 따위에서)자기가 이길 확률을 계산하다. théorie des ~s 《수학》확률론. Le projet a des ~s d'aboutir. 그 계획은 성공할 가능성이 있다. donner sa ~ à qn …에게 기회를 주다. ③ donner[jeter] la ~ 《옛》주사위를 던져 접수를 내다.
chancel [ʃɑ̃sɛl] n.m. (교회의 본전(本殿)을 둘러싼 낮은)울타리.
chancelant(e) [ʃɑ̃slɑ̃, -ɑ̃ːt] a. ① 비틀거리는. démarche ~e 비틀거리는 걸음걸이. ② 위태로운, 흔들리는. empire ~ 위태로운 제국. Sa santé reste ~e. 그의 건강이 쇠약해져 있다. 「기」.
chanceler [ʃɑ̃sle] [5] v.i. ① 비틀거리다 (vaciller, tituber). ② (결심 따위가)동요하다, 흔들리다; 위기에 처하다, 망설이다. ~ dans sa résolution 결심하는 데 망설이다.
chancelier [ʃɑ̃səlje] n.m. ① (단체 따위에 인장을 지키는 고관), 총재; 서기관. Grand ~ de l'ordre de la Légion d'honneur 레지옹도뇌르 훈위국(勳位局) 총재. ~ d'une ambassade(d'un consulat) 대사관(영사관)의 1등 서기관. ② C~ de l'Échiquier (영국의)재무부 장관. ③ (독일·오스트리아의)수상. le ~ Hitler 히틀러총통. ④ (문교부 장관의 자격을 갖는 대학구장(recteur ~) ; ~ de l'université 《옛날의》대학사무국장. ⑤ 《옛날의》대법관; 《국새》상서(尙書).
chancelière [ʃɑ̃səljɛːr] n.f. ① 대법관 부인. ② (속에 털을 댄)슬리퍼.
chancellerie [ʃɑ̃sɛlri] n.f. ① 법무부. ② 대사관 사무국(~ d'une ambassade); 영사관 사무국. ~ consulaire 영사관 사무국. style de ~ 외교문서의 문체. ③ ~ d'Université 대학 사무국; Grande ~ (de la Légion d'honneur) 레지옹도뇌르 훈위국 사무국; ~ romaine (pontificale) 로마교황청 상서국; C~ du Vatican 교황청 비서과. ④ 《옛날의》상서국.
chanceux(se) [ʃɑ̃sø, -øːz] a. 《구어》① 행운의, 운좋은. A eu le gros lot de la loterie, il est ~. 그는 복권에서 특등에 당첨되었다, 그는 운좋은 사람이다. ② 《옛》우연적인, 운에 맡기는, 불확실한.

—n. 운이 좋은 사람.
chanci(e) [ʃɑ̃si] a.p. 《옛》곰팡이가 슨. —n.m. 곰팡이 ; 곰팡이가 슨 퇴비.
chancir [ʃɑ̃siːr] v.i., se ~ v.pr. 《옛》곰팡이가 슬다.
chancissure [ʃɑ̃sisyːr] n.f. 《옛》곰팡이.
chancre [ʃɑ̃ːkr] n.m. ① 《의학》하감(下疳); 궤양. ~ mou 연성하감. ② 《식물》암종병; 근류병(根瘤病). ③ (비유적)암, 만연되는 악. manger comme un ~ 《속어》탐욕스럽게 먹다.
chancrelle [ʃɑ̃krɛl], **chancroïde** [ʃɑ̃krɔid] n.m. 《의학》연성하감(軟性下疳).
chancreux(se) [ʃɑ̃krø, -øːz] a. ① 《의학》하감성의. ② 《식물》암종병에 걸린.
(')**chand** [ʃɑ̃] (<(mar)chand) n.m. 《옛·속어》상인, 장사꾼(marchand). ~ de vin 술집 주인.
chandail [ʃɑ̃daj] n.m. (<marchand d'ail) n.m. (파리 중앙시장의 야채 장수들이 입는)두둠한 스웨터 (pull-over), 쉐타.
chandeleur [ʃɑ̃dlœːr] n.f. 《가톨릭》성축절(聖燭節) (그리스도 봉헌축일 및 성모의 취결례(取潔禮)를 기리는 축제일; 2월 2일).
chandelier[1] [ʃɑ̃dəlje] n.m. ① 촛대. bobèche d'un ~ 촛대의 초 받침용 접시. ~ à sept branches (유태교의 제례용)칠지(七枝) 촛대. ~ pascal 부활절의 대촛대. ~ d'argent 은촛대. ② 지주(支柱), 받침; (화덕의)내화도토(耐火陶土)의 받침. ~ de tranché 《군사》(적군 보이지 않게 말뚝을 박든)장애용 울타리. ③ 《옛·구어》(전처 애인을 남편의 눈으로부터 속이기 위한)가짜 애인. être sur le ~ 영광의 자리에 있다. faire le ~ (토끼가)뒷다리로 서서 멀리를 살피다. mettre la lumière sur le ~ ⓐ 진실을 명확하게 밝히다. ⓑ 재능(두각)을 나타내다. porter le ~ (사슴이)손바닥 모양의 큰 뿔을 지니다.
chandelier[2] **(ère)** [ʃɑ̃dəlje, -ɛːr] n. 《옛》양초 제조 (판매)인.
*'**chandelle** [ʃɑ̃dɛl] n.f. ① 양초(bougie). s'éclairer à la ~ 촛불로 불을 밝히다. souffler la ~ 촛불을 불어 끄다. ~ romaine 로마 꽃불, 통 모양의 꽃불. ③ 《테니스》로빙(높고 느린 공). faire une ~ (테니스에서)로빙을 하다. ④ 《구어》콧물; 고드름. ⑤ 《건축·채광》지주.
brûler la ~ par les deux bouts 《구어》낭비하다; 체력을 소모하다, 무리를 해서 몸을 망치다.
devoir une belle(fière) ~ à qn …에게서 대단한 혜를 입고 있다.
(*en*) *voir trente-six ~s* (머리를 얻어 맞아서)눈이 빙빙 돈다, 어지럽다.
faire la ~ (머리를 대고)물구나무서다. Le jeu n'en vaut pas la ~. (도박이 촛대 값도 안 나온다)→ 그것은 해볼만한 가치가 없다.
monter en ~ (비행기 따위가)급상승하다.
moucher la ~ 초의 심지를 자르다, 《구어》하찮은 일을 하다, 밑바닥 일을 하다.
souffler sa ~ 죽다.
tenir la ~ 사랑의 중매를 하다.
chandeller [ʃɑ̃d(ə)le] v.t. 《건축》지주(支柱)로 받치다.
chandellerie [ʃɑ̃dɛlri] n.f. 양초 공장(상인).
chanfrein[1] [ʃɑ̃frɛ̃] n.m. ① (말 따위의 이마에서 코끝까지의)앞머리 부분. ② (말 앞머리 부분의)피 반점. ③ (퍼레이드 말의 이마에 장식하는)깃털 장식. ④ (새의 주둥이 근처에 난)장식 털. ⑤ (중세의 군마의)마면(馬面) 투구.
chanfrein[2] n.m. 《기술》(돌·목재 따위의)깎은 부분, 사면각(斜面角).
chanfreinage [ʃɑ̃frena:ʒ] n.m. 《기술》(돌·목재

따위의)(다듬어)깎기.

chanfreiner [ʃɑ̃fʀ(ə)ne] *v.t.* (석재·목재·금속 따위의)면을 깎다, 모서리를 비스듬히 깎다.

change [ʃɑ̃:ʒ] *n.m.* ① 환전; 환전소(bureau de ~); 환; 환시세(cours des ~s). agent de ~ 환전업자. contrôle des ~s 환관리. lettre de ~ 어음. marché des ~s (외국)환시장. opération de ~ 어음 거래; 환전업. ② 《구어》바꾸는 것[물건]. avoir un ~ de chaussures 바꿔 신을 (새) 구두가 있다. ③ (마춘 사가 관중이 눈치채지 않게 행하는)소도구의 바꿈. ④ 《옛》변화(changement); 교환(échange).
donner le ~ ⓐ (쫓기는 사냥감이 다른 동물을 내세워서)사냥개를 속이다. ⓑ *donner le ~ à qn* (속마음을 감추고)⋯을 속이다; (다른 물건을 진짜처럼 믿게 해서) ⋯을 속이다.
gagner[perdre] au ~ 바꿔서 득[손해]를 보다.
prendre le ~ ⓐ (사냥개가 처음의 사냥감을 단념하고)대신이 된 사냥감을 쫓다. ⓑ 속다.
rendre[bailler] le ~ 《옛》보복하다.

changeable [ʃɑ̃ʒabl] *a.* 바꿀 수 있는; 변경[교환·환금]할 수 있는.

changeant(e) [ʃɑ̃ʒɑ̃, -ɑ̃:t] *a.* 변하기 쉬운; (색 따위가)가지가지로 변하는. couleur ~*e* (빛에 따라)여러 색으로 변하는 색. reflets ~*s* des eaux 수면의 반짝반짝 빛나는 반사.

*****changement** [ʃɑ̃ʒmɑ̃] *n.m.* ① 변화, 변경. Il y a eu bien des ~*s* ici depuis que vous êtes parti. 당신이 떠난 후 이곳에는 많은 변화가 있었다. ~ de temps 날씨의 변화. ~ de saison 계절의 변화. ~ d'adresse 주소의 변경. ~ de programme 계획 변경. ~ politique[de régime] 정치[체제]의 변혁. ~ d'air 전지(轉地). ~ en mieux[en mal] 호전[악화]. ~ de sentinelle 보초의 교대. ~ de ministère 내각의 경질. ② 갈아타기. Il n'y a pas de ~; c'est direct. 갈아타는 것이 없고 직통입니다. ④ ⓐ 《연극》 à vue (막을 내리지 않고 하는)장면 전환. ⓑ 《전기》 ~ de fréquence 주파수의 변환. ⓒ 《기계》 ~ de marche 역동(장치). ⓓ 《생물》 ~ de peau 탈피. ⓔ 《승마·무용》 보조[스텝]를 바꾸기. ⓕ 《음악》 ~ de ton[de tonalité] 조바꿈. ⓖ 《자동차》변속(기). ⓗ 《항공》 ~ du pas (프로펠러의)피치의 변경. ⓘ 《언어》 ~ linguistique 언어 변화; ~ phonétique 음성 변화.

‡changer [ʃɑ̃ʒe] ③ *v.t.* ① 바꾸다, 교체하다, 교대시키다. Il a enfin *changé* sa vieille voiture pour une nouvelle. 그는 마침내 헌 차를 새 차와 바꿨다. ~ les draps 시트를 바꾸다. ~ l'air 환기하다. ~ des dollars contre des francs 달러를 프랑으로 바꾸다. On a *changé* le directeur. 소장이 바뀌었다. ~ un billet de cent francs 100 프랑 짜리를 (잔돈으로) 바꾸다. ~ un ministre 장관을 교체하다. ~ le personnel d'une administration 사무직원을 이동시키다.
② (옷을)갈아[바꿔] 입히다. ~ un bébé 애기의 옷을 갈아 입히다. (목적보어 없이)Il faut que je rentre chez moi pour ~. 옷을 갈아 입기 위해 집에 돌아가야겠다.
③ (모습·습관 따위를)바꾸다; (사람·기분 따위를)바꾸다. Il faut ~ votre manière de vivre. 당신은 생활 태도를 바꿔야겠소. ~ *sa* coiffure 머리 모양을 바꾸다. ~ sa voix 목소리를 바꾸다. Cette épreuve l'*a changé* complètement. 이 시련으로 그는 일변했다. Cette robe vous *change*. 이 옷이 당신은 전과는 달라 놓았다.
④ ⓐ (계획 따위를)바꾸다, 변경하다. ~ ses projets 계획을 바꾸다. ~ le sens d'une phrase 문장

의 뜻을 바꾸다. ⓑ [ne rien ~ à...] (을[에 있어서])아무 것도 바꾸지 않다(못하다). Votre nouvelle proposition *ne changera rien à* ma décision. 당신의 새로운 제안은 나의 결정을 전혀 변경시키지 못합니다. Vous *n'y changerez rien*. 《구어》그것은 당신으로서는 어쩔 수 없습니다.
⑤ [~... de...] (의 장소·모양·색 따위를)바꾸다. ~ un fonctionnaire *de* poste 공무원의 부서를 바꾸다. ~ *sa* voiture *de* place 차의 위치를 바꾸다(이동하다). ~ son fusil *d'*épaule 총을 다른 어깨로 갈아메다; 의견[계획·방법·직업·정당]을 바꾸다.
⑥ [~... en...] (을)(으로)바꾸다, 변화시키다. La fée *a changé* les souris *en* cochers. 요정은 생쥐를 마부로 바꿨다. ~ *qc* en bien[mal] ⋯을 좋게 [나쁘게] 하다. ~ un espoir *en* certitude 희망을 확신으로 바꾸다.

~ les idées à qn ⋯의 기분을 전환하다. Allons au cinéma, ça te *changera les idées*. 영화나 보러 가자, 그러면 네 기분이 나아질거야.

—*v.t. ind.* [~ de] ① ⋯을 바꾸다, 대체하다. Après son mariage, elle *a changé de* nationalité. 그여자는 결혼 후 국적을 바꾸었다. ~ *d'*habits 옷을 갈아입다. ~ *d'*attitude 태도를 바꾸다.
② (방향 따위를)바꾸다; 갈아타다. Le vent *a changé de* direction. 바람 방향이 바뀌었다. ~ *de* vitesse (자동차를)변속하다. On *change de* train à Lyon. 리용에서 기차를 갈아탄다.
③ (장소를)바꾸다. ~ *d'*adresse 주소를 바꾸다, 이전하다. ~ *de* place *avec qn* ⋯와 장소[자리·입장]를 바꾸다. ~ *d'*air 전지(요양)하다.
④ (표정 따위를)바꾸다. ~ *de* couleur 안색을 바꾸다. ~ *de* visage 얼굴 표정을 바꾸다. ~ *de* ton [*de* note] 어조를 바꾸다.

~ de batterie; ~ ses batteries 수단을 바꾸다, 새로운 방법을 강구한다.

—*v.i.* 바뀌다, 변화하다. Le temps va ~. 날씨가 변할것 같다. Les temps *sont* bien *changés*. 사정이 아주 달라졌다 (상태를 강조할 때 조동사는 être). Vous *n'avez pas changé*. 당신은 옛날 그대로군요. Je *ne changerai pas avec* vous. 나는 당신과 입장을 바꾸고 싶지 않다.
pour ~ 《구어》《반어적》여전히, 버릇대로. Et *pour ~* il arrive en retard. 그는 여전히 늦게 온다.
—se ~ *v.pr.* ① 옷을 갈아 입다. Elle est rentrée pour *se* ~. 그녀는 옷을 갈아 입기 위해 귀가했다.
② 갈아[바꿔]타다.
③ [se ~ en] (으로)바뀌다. La pluie risque de *se* ~ *en* neige. 비가 눈으로 바뀔 것 같다. Mes soupçons *se changèrent en* certitude. 나의 의심은 확신으로 변했다.
④ *se* ~ les idées 기분전환하다.

changeur(se) [ʃɑ̃ʒœ:r, -ø:z] *n.* ① 환전상. ② (카지노·경마장의)회계, 칩교환계. —*n.m.* ~ de disques 자동레코드 교환장치; ~ de fréquence 주파수 변환기.

chanlat(t)e [ʃɑ̃lat] *n.f.* 《건축》처마널.

chanoine [ʃanwan] *n.m.* ① 《가톨릭》주교좌성당의 참사원; (아우구스티누스 교단 따위의)수도참사회원(chapitre des ~s). ② 《은어》ⓐ 연금 생활자. ⓑ 재범자(récidiviste); ~ de l'abbaye de Mont-à-Regret 사형수.

avoir une mine de ~ 윤이 나는[행복한 듯한] 얼굴을 하고 있다. *gras comme un* ~ 살이 많이 찐; 유복한. *mener une vie de* ~ 풍족[쾌적]한 생활을 누리다.

chanoinesse [ʃanwanes] *n.f.* ① (성 아우구스티누스 교단 따위의)수녀(~ régulière); (프랑스 혁명

이전의)유목(有牧)수녀; [옛날의]세속 수녀(~ séculière). ② 샤누아네스(둥글고 작으며 벌꿀이 든 과자) (nonnette).

chanoinie [ʃanwani] *n.f.* 《옛》=canonicat.

‡chanson [ʃɑ̃sɔ̃] *n.f.* ① 가요, 노래, 샹송. chanter une ~ 노래를 부르다. ~ populaire anglaise 영국 민요. ~ d'amour 연가, 사랑의 노래. ~ de marche [de route] 행진곡. ~ à boire [de table] ~bachique 술마시며 부르는 노래. ~ de toile 비틀가. boîte à ~s 민요 술집, 샹송 카페. air [paroles] d'une ~ 가곡(가사). ② [노래의]곡; 악보. composer une ~ 작곡하다. sifloter une ~ à la mode 유행가를 휘파람으로 불다. acheter une ~ 악보를 사다. ③ 가사; (시의 제명으로서)노래. écrire une ~ 가사를 쓰다. ④ 《문학사》(중세의 음유시인이 노래한)서사(서정)시. ~ de geste 무훈시. ⑤ (작은 새 따위의)지저귐, 속삭임, 노랫소리. écouter la ~ du vent 바람의 속삭임을 듣다. ⑥ 《구어》되풀이, 입버릇, 잔소리. C'est toujours la même ~ 그건 노상 되풀이되는 소리이다. On connaît la ~ par cœur. 그 잔소리에 이젠 지쳤다. ⑦ (*pl.*) 《옛》헛소리. C~s! 헛소리 그만 해! **comme on dit dans la ~; comme dit la ~** 노래 가사에 있듯이. **mettre... en ~s** …을 우스갯거리(풍자의 대상)로 하다. **Tout finit par des ~s.** 모든 것은 노래 가락이 결말을 짓는다(프랑스인의 경박함을 가르킨 말). **Voilà bien (C'est) une autre ~.** 또 귀찮은 일이 생겼다; 그것은 별 문제이다; 그건 뜻밖의 일이다.

chansonner [ʃɑ̃sɔne] *v.t.* 풍자가요로 비꼬다. ~ le gouvernement 풍자가요를 지어서 정부를 비꼬다.
—*v.i.* 풍자가요를 짓다.

chansonnette [ʃɑ̃sɔnɛt] *n.f.* ① (가벼운, 풍자적인 내용의)짤막한 가요. ② 《구어》《법》친절한 심문. (대사를 섞은 것이)재치 있는 노래.

chansonneur(se) [ʃɑ̃sɔnœːr, -ϕːz] *n.* 풍자가요작

chansonnier [ʃɑ̃sɔnje] *n.m.* (풍자가요를 만들거나 풍자만담을 하는)연예인, 샹소니에. ② 《옛》풍자가요작자; (중세의)서정시인 ③ 가요집; (특히 중세 음유시인의)서정시집.

‡chant¹ [ʃɑ̃] *n.m.* ① 노래부르기, 가창(법), 성악. Elle apprend le ~. 그녀는 성악을 공부하고 있다. La cérémonie s'est terminée par le ~ de l'hymne national. 식은 국가 제창으로 끝났다. ~ de ~ (가)창법. ② 노래, 가곡, 노랫소리. ~ d'adieu 이별의 노래. ~ pastoral 목가. ~ de triomphe [de victoire] 개선(승리)의 노래. ~ populaire 대중가요. ~ religieux [sacré, d'Eglise] 성가. ~ grégorien 그레고리오 성가. écouter le ~ des sirènes 사이렌의 노랫소리에 매혹되다. ③ (형식으로서의)노래. ~ à deux chœurs (antiphonique) (미사의)교창가(交唱歌). ④ (악곡의)선율부; (악기의)음. ~ léger d'un violon 바이올린의 가벼운 음. ⑤ (작은 새 따위의)노랫소리, 지저귐. au ~ du coq 수탉의 울음소리로. ~ du cygne 백조의 노래; (시인 따위의)최후의 결작. ⑥ (노래로 부르기 위한)서정[서사]시. ~ nuptial 결혼 축가. ⑦ (서정시 따위의 구성 요소로서)편(編), 시편. premier ~ de l'«Iliade» 「일리아드」의 제 1 시편. ~ royal 왕가(王歌) (중세 시의 형식).

chant² *n.m.* 《들보게》(직육면체의)최소의 측면 (옛) champ). **mettre (poser) de ~** des briques 최소 측면을 앞으로 해서 벽돌을 쌓다.

chantable [ʃɑ̃tabl] *a.* 노래가 되는, 노래할 가치가 있는.

chantage [ʃɑ̃taːʒ] *n.m.* 공갈, 협박; 강탈. exercer un (pouvoir de) ~ sur *qn* …을 공갈하다. faire du ~ d'argent 돈을 강탈하다. ~ affectif [sentimental] 애정을 미끼로 한 협박. ~ au suicide 자살하겠다는 협박.

chantant(e) [ʃɑ̃tɑ̃, -ɑ̃ːt] *a.* ① 노래하는, 노래부르는. troupe ~*e* 음악 그룹, 음악 동호회. café ~ 《옛》음악을 들려주는 다방. ② 주선율(멜로디)을 노래 [연주]하는. basse ~*e* 벨로디를 연주하는 베이스. ③ 노래 부르기 쉬운. air très ~ 부르기 매우 쉬운 노래. ④ 노래 부르는 듯한, 음악적인, 마음 편한. accent ~ des Marseillais 마르세이유 사람들의 노래하는 듯한 〔아름다운〕 목소리. ⑤ 억양을 붙인, 가락이 있는. diction ~*e* d'un acteur 배우의 억양을 붙인 〔부자연스러운〕 말투. ⑥ ⓐ 《철도》 rail ~ (열차 통과시)높은 음을 내는 철도. ⓑ 《물리》 flamme ~*e* 발성염(發聲炎) (가는 유리관 속에서 진동에 의해 소리를 내는 가스 불꽃).

chanteau [ʃɑ̃to] (*pl.* ~*x*) *n.m.* ① 《옛·사투리》 (빵의)자른 한 조각. ② 성별(聖別)한 빵 조각 (~ de pain bénit). ③ 재단하고 남은 헝겊. ④ 《음악》 (바이올린 따위의 몸통의 폭을 넓히기 위해 붙이는)보조판. ⑤ (통 밑바닥의)둥근 테.

Chanteclair, Chantecler [ʃɑ̃tklɛːr] *n.m.* 《문학사》여우 이야기(*le Roman de Renart*, 12-13 세기)속의 수탉의 이름; E. Rostand의 희곡의 제명인 동시에 그 주인공인 수탉의 이름.

chantefable [ʃɑ̃tfa:bl] *n.f.* 《문학사》노래 이야기(중세의 낭독 산문과 음유시절이 교차로 배치된 이야기).

chantepleure [ʃɑ̃tplœːr] *n.f.* ① (포도주를 통에 따르는)대형 깔때기. ② 물뿌리개, 살수기. ③ (통의)마개 구멍. ④ 낙수 홈통의 아랫구멍; (벽에 뚫은)물빼는 구멍.

‡chanter [ʃɑ̃te] *v.i.* ① 노래하다. Les enfants apprennent à ~. 아이들이 노래를 배운다. ~ faux [juste, fort] 가락이 틀리게[정확하게, 큰 소리로] 노래부르다. ~ en (dans un) chœur 합창하다. ~ à livre ouvert (악보를)처음보고 노래 부르다. ② (새·곤충 따위가)지저귀다, 울다; 기분좋음을 음을 연주하다. entendre ~ les rossignols 종달새의 지저귐을 듣다. ③ 노래 하듯이 말하다; (이상한)억양을 붙여 말하다. ~ en récitant 이상한 가락을 붙여 낭송하다. ④ 《문어》시를 짓다. ⑤ faire ~ *qn* …을 협박하다, 강탈하다. ***C'est comme si on chantait.*** 《구어》무슨 소리를 해도 소용없다, 아무 소용없다.
—*v.t.* ① (노래를)부르다. ~ un air d'opéra 오페라의 아리아를 부르다. ~ la messe 미사성가를 올리다. pain à ~ (la messe) 미사 축성 성체. ~ Noël 크리스마스 축가를 부르다. ② (주로 시로)칭찬하다, 찬양하다. ~ la beauté de Vénus (시로) 비너스의 아름다움을 찬양하다. ~ les louanges de *qn* …을 칭찬하다. ③ 《구어》말하다, 이야기하다. Qu'est-ce que tu me *chantes* là? 무슨 이야기인가? Il *chante* cela sur tous les tons. 그는 같은 말만 되풀이한다. ~ goguettes [pouilles] à *qn* …에게 욕을 하다, …을 매도하다. ~ victoire 자신의 성공을 사방에 떠들어대다, 자화자찬하다.
—*v.t. ind.* [~ à] (《구어》) …의 마음에 들다(plaire). Cela ne me *chante* guère. 이것은 내 마음에 들지 않는다. ***si cela vous chante*** 괜찮으시다면, 마음에 드시면, ***comme ça vous chante*** 좋을실대로.

chanterelle¹ [ʃɑ̃trɛl] *n.f.* ① 《음악》샹트렐(현악기의 최고현(絃)). ~ de violon 바이올린의 첫째 줄, E 선. voix de ~ 높은 목소리. appuyer sur la ~ (설득을 위해 상대의)급소(약점)을 찌르다, 초점을 역설하다. ② (새를 꾀어들이는)붙모새.

chanterelle² *n.f.* 《식물》식용 버섯의 일종.

chanteur(se) [ʃɑ̃tœːr, -ɸːz] *n.* 가수, 노래 부르는 사람. ~ amateur(professionnel) 아마추어(직업) 가수. ~ de charme (부드럽고 감상적인 노래를 부르는)매혹의 가수. forte ~ (오페라의)성량이 풍부한 가수. –se légère 레지에로 소프라노(특히 오페레타에서 경쾌하고 구르는 듯한 고음을 내는 여가수). ~ de chorale 합창단원.
— *a.* ① oiseaux ~s 잘 지저귀는 작은 새. ② maître ~ 《구어》강탈을 일삼는 남자.

chantier [ʃɑ̃tje] *n.m.* ① 건설(공사)현장, 작업장. ~ de construction (de démolition) 건설(해체)현장. ~ d'abattage (d'une mine) (탄광의)채굴현장. ② 작업대; 선대(船臺), 조선소(~ (de construction) naval). ~ d'embarcation (갑판위의)구명 보트의 받침대. ③ (술 창고의)술통대. mettre du vin sur le ~ 포도주를 술창고의 보관하다. ④《구어》흐트러진 장소. Quel ~! 몹시 흐트러졌군! ⑤ (굴 양식장의)작업용 둑.
en ~; sur le ~ 작업 중인, 진행 중인. navire *sur le* ~ 건조중인 배. mettre un projet *en* ~ 계획을 실행에 옮기다. Il a beaucoup de travail *sur le* ~. 그는 많은 일을 하고 있다.

chantignole [ʃɑ̃tiɲɔl] *n.f.* 《건축》① 서까래; (선반을 받치는)까치발. ② (굴뚝용)얇은 벽돌.

chantilly [ʃɑ̃tiji] *a.* (불변) crème ~ 《요리》샹티이 크림(거품낸 생크림). crème fouettée.

chantonné(e) [ʃɑ̃tɔne] *a.* (종이 따위가)조악한, 꺼칠까칠한.

chantonnement [ʃɑ̃tɔnmɑ̃] *n.m.* 낮은 소리로 노래하기; 콧노래.

chantonner [ʃɑ̃tɔne] *v.i., v.t.* 낮은 소리로 노래하다, 콧노래를 부르다.

chantoung [ʃɑ̃tuŋ] *n.m.* (중국 산동성 원산의)비단의 일종(shant(o)ung).

chantournage [ʃɑ̃turnaːʒ] *n.m.* ①(목재·금속의)도림질. ②(그림의)가장자리 도려내기(법).

chantournement [ʃɑ̃turnəmɑ̃] *n.m.* 도려낸 판자의 윤곽, 형(型); 종단면도(圖).

chantourner [ʃɑ̃turne] *v.t.* ①(판자·금속을)곡선으로 자르다, 도려내다. scie à ~ 실톱. ②《미술》(모서리를 도려내서)윤곽을 부각시키다.

chantre [ʃɑ̃ːtr] *n.m.* ①(교회의)성가 대원. grand ~ (성가대의)선창자. voix de ~ 낭랑한 목소리. ②《문어》가수; 서사(서정)시인. ~ d'Ionie 이오니아의 시인(호메로스). ~ de la Thrace 트라키아의 시인(오르페우스). ③(비유적)가수. ~s des bois 숲속의 가수(작은 새들). ~ du printemps 봄의 가수(뻐꾸기). ~ des nuits 밤의 가수(나이팅게일).

chanvre [ʃɑ̃ːvr] *n.m.* ①《식물》삼, 대마. ② 삼(대마) 섬유. cheveux couleur de ~ 삼빛(담황색)의 머리털. cravate de ~ 《구어》교수용 밧줄.

chanvreux(se) [ʃɑ̃vrɸ, -ɸːz] *a.* 삼(대마) 같은.

chanvrier(ère) [ʃɑ̃vrje, -ɛːr] *a.* 삼(대마)의.
— *n.* 삼(대마) 재배자; 마직공(麻織工). — *n.f.* 삼(대마)밭.

chanvrin [ʃɑ̃vrɛ̃] *n.m.* 《식물》털향유.L(대마)밭.

chanvrine [ʃɑ̃vrin] *n.f.* 《식물》향수란(등골나무속(屬).

chaos [kao] *n.m.* ①카오스, 혼돈(천지창조 이전의 상태); 대혼란. ~ d'un champ de bataille 전쟁터의 혼돈상태. idées en ~ 혼란된 생각. plonger le pays dans le ~ économique 나라를 경제적 혼란에 빠뜨리다. ②~ de blocs 《지리》암해(岩海)(대형의 바위덩이들이 쌓인 장소).

chaotique [kaotik] *a.* 혼돈된; 혼란한. spectacle ~ d'une ville bombardée 폭격으로 엉망진창이 된 도시 광경.

chaouch [ʃauʃ] *n.m.* (북아프리카·중동)수위L(守衛).

chap. 《약자》chapitre 장(章).

chapardage [ʃapardaːʒ] *n.m.* 《구어》좀도둑질, 훔치기, 날치기(larcin).

chaparder [ʃaparde] *v.t.* 《구어》훔치다, 날치기하다. ~ une pomme 사과 1개를 훔치다.

chapardeur(se) [ʃapardœːr, -ɸːz] *n., a.* 날치기(의). petit garçon ~ 날치기하는 소년.

chape [ʃap] *n.f.* ①《가톨릭》장포제의(長袍祭衣)(성당에서 미사 이외의 예식 때 사제가 차양옷 위에 입는 소매 없는 망토). ② 덮개, 커버(couvercle). ~ d'une voûte 둥근 천장의 방수 도료. ③《기계》(활차의)커버; 계철(係鐵); (나침반 바늘의)중앙 지점(支點); (저울의)축(軸)받이. ④《문장》샤페(방패의 상변 중앙으로 하면 양끝으로 두 개의 사선으로 그어진 삼각형 문양). ⑤새의 등 부분의 털. *sous* ~《옛》은밀하게.

chapé(e) [ʃape] *a.* ①《가톨릭》장포제의를 입은. ②《문장》샤페의.

:**chapeau** [ʃapo] (*pl.* ~**x**) *n.m.* ① ⓐ모자. mettre (enlever) son ~ 모자를 쓰다(벗다). Il me salue d'un coup de ~. 그는 모자를 조금 치키며 내게 인사한다. carton à ~ 모자 상자. monsieur à ~ 쓴 신사; 부르주아. ~ à claque; ~ gibus 오페라 모자. ~ de cortège 의식용 모자. ~ d'homme (de femme) 남자(여자)용 모자. ~ de paille 밀짚 모자. ~ de pluie 방수모. ~ de soleil 차양모. ~ haut-de-forme; ~ de haute forme 실크 해트. ~ tricorne 삼각모. ⓑ(붉은 색의)추기경의 모자(~ de cardinal, ~ rouge); 추기경의 자리. obtenir (recevoir) le ~ 추기경이 되다.
② 모자 모양의 것, 갓. ~ d'un champignon 버섯의 갓. ~ d'un oiseau 새 대가리.
③ 서문, 전문(前文). ~ d'un article de journal 신문의 머리 기사.
④ ⓐ《요리》~ d'un pâté 파테의 상피, 겉껍질. ⓑ《건축》~ d'escalier 이층 들보(목조 계단의 최상부를 받치는 들보); ~ de lucarne 천창 지붕. ⓒ《자동차》~ de roue 차축 덮는 캡; ~ de distributeur 배전기 캡; ~ de palier 베어링 캡. ⓓ《음악》~ chinois 차이니즈 퍼빌리언(방울종을 천개형(天蓋形)으로 매어서 자루에 늘어뜨린 악기). ⓔ《광업》(갱도의)압복(押木); ~ de fer 산화되어 검붉어진 노두(露頭). ⓕ《옛》《해양》~ de capitaine(de mérite) 선장 사례(함을 돌봐준 데 대한 사례로 선장에게 주는 수고비).

~ *bas* 모자를 벗고(경의·감탄 따위를 나타냄). mettre ~ *bas* 모자를 벗다. parler(saluer) ~ *bas* 예의 바르게 말하다(인사하다). C~ *bas*!《구어》탈모; 감탄했소, 내가 졌소!
enfoncer son ~ 모자를 깊숙이 쓰다; (사람·일 따위에 대하여)단단히 마음의 태세를 갖추다.
faire passer le ~ (기부금을 걷기 위해)모자를 돌 L리다.
mettre au ~ 《은어》책임 지우다; 혐의가 걸리다.
porter le ~ 《은어》책임 지우다; 혐의가 걸리다.
faire porter le ~ 책임을 지우다; 혐의를 걸다.
sur les ~*x de roue* 전속력으로, 맹렬한 기세로. conduire *sur les* ~*x de roue* 전속력으로 운전하다.
tirer son ~ *à qn* …에게 모자를 벗다, 감탄하다. ⓑ …와 헤어지다.
travailler du ~ 《속어》정신이 돌았다, 머리가 이상하다.

chapeautage [ʃapotaːʒ] *n.m.* (정치적·경제적 실력자에 의한)감독, 감시; 지배.

chapeauté(e) [ʃapote] *a.p.* 《구어》모자를 쓴. monts ~s de neige 꼭대기가 눈에 덮인 산들.

chapeauter [ʃapote] *v.t.* ①《구어》모자를 씌우다.

chapechute

~ un enfant 어린아이에게 모자를 씌우다. ②위에 서다, 지배하다, 감독하다. ~ de nombreuses entreprises 많은 기업을 운영하다[지배하다]. ③(신문 기사 따위의)머리 기사를 쓰다.

chapechute [ʃapʃyt] n.f. 《옛》요행.

chapelain [ʃaplɛ̃] n.m. 《종교》성당(chapelle)의 전속 신부(사제). ②《옛》(학교·병원·군대·형무소 따위의)전속 신부, 교목, 군목.

chapeler [ʃaple] [5] v.t. ①(사투리)(빵 껍질을)갈라내다. ②《속어》따다, 때리다, 다치다(hacher). Le couteau lui a chapelé les doigts. 그는 칼로 손가락 여기저기에 상처를 입었다.

chapelet [ʃaplɛ] n.m. ①《가톨릭》묵주, 로자리오.(신공). dire son ~ 묵주신공을 바치다. ②(불교·이슬람교 따위의)염주. ③(염주처럼)이어진 것; 일련(一連). ~ d'îles 열도. ~ de saucisses (염주처럼)이어진 소시지. bombes lancées en ~ 계속해서 투하되는 폭탄. ~ d'injures 계속되는 욕지거리. défiler[dévider] son ~ 《구어》계속해서 할 말을 하다. ④ⓐ《건축》구슬 테. ⓑ《기계》~ hydraulique ; pompe à ~ 사슬 펌프. ⓒ(양질의 브랜디를 따를 때 생기는)염주 모양의 기포.

chapelier(ère) [ʃapəlje, -ɛːr] a. 모자 제조[판매]의. ―n. 모자 제조[판매]인(부인모의 경우는 modiste). ―n.f. 모자용 트렁크(malle ~ère).

chapelle [ʃapɛl] n.f. ①(학교·병원·저택 따위의 부속)예배당. ~ d'un pensionnat 기숙사의 예배당. ②(본당이 아닌)소교회, 소성당. C~ Sixtine (바티칸의)시스티나 예배당. Sainte-C~ (파리의)생트 샤펠 성당. ③(교회내의)소성당, 부제단(副祭壇), 가정 제단. ④(미사용)제구(祭具)의 한 벌. ~ portative 휴대용 제구. ⑤(교회의)성가대 ; 성당 소속 사제단. maître de ~ 성가대 지휘자. ⑥ ~ ardente (매장하기까지의)시체 안치소. ⑦ 당파. avoir l'esprit de ~ 당파 정신이 있다. ⑧(빵이 가마의)천장, (기관의)천장, (暖室).

chapellenie [ʃapɛlni] n.f. 성당 전속 신부(chapelain)의 지위[수입].

chapellerie [ʃapɛlri] n.f. ①모자 판매[제조]업. ②모자점.

chapelure [ʃaplyːr] n.f. ①(요리용)빵가루.

chaperon [ʃaprɔ̃] n.m. ①(젊은 여자의 사교계 출입에)수행하는[돌보는] 여자, 샤프롱. jouer le rôle de ~ à qn ; servir de ~ à qn ~의 샤프롱 일을 맡아하다. ②(어깨까지 덮이는)모자의 일종, 두건. (대학 교수·사법관의 예복 왼쪽 어깨에 드리우는)현수포(懸垂布). ③《건축》(담벼위의)갓돌, 관석(冠石). ④《사냥》(매의 눈을 가리는)두건.

chaperonner [ʃaprɔne] v.t. ①(젊은 여자를)수행하다, 보살피다(surveiller). ②《건축》갓돌[관석]을 씌우다. ③《사냥》(매에)머리 덮개를 씌우다. ~ un mur 벽에 갓돌을 세우다.

chapier [ʃapje] n.m. ①《종교》(영창대의) chape를 입은 지휘자. ② chape 제조[판매]인. ③chape 용의 선반(옷장).

chapiteau [ʃapito] n.m. (pl. ~x) n.m. ①《건축》주두(柱頭), 기둥머리, (교각(橋脚)의)머리부분. (corinthien(dorique, ionien, romain, gothique) 코린트(도리크, 이오니아·로마네스크·고딕)식 기둥머리(→ colonne 그림). ②곡마단의 천막, 곡마단. ③(증류기·꿀방울 따위의)뚜껑, 덮개. ④단집, 천개(天蓋). ~ de niche 성상감(聖像)의 단집.

chapitral(ale, pl. aux) [ʃapitral, -o] a. 《종교》교회(성당)참사회의.

***chapitre** [ʃapitr] n.m. ①(책의)장(章) ; (경비(經費) 따위의)항목. Dans la vie d'homme, le plus long ~ est celui des adversités. 인생에 있어서 가장 긴 장(章)은 역경의 장이다. Tu en es où de ton livre? -Au troisième ~. 너는 책 어디까지 읽었니? 3장까지. ②문제 ; 주제. sur le[au] ~ de ... ~에 관하여. Il est strict sur le ~ de l'honneur. 그는 명예에 관하여는 엄격하다. ③교회(성당) 참사회 ; 수도회 총회 ; 《구어》회합. ~ de Notre-Dame de Paris 파리 노트르담 성당 참사회. ~ conventuel 수도원 참사회. ~ provincial 교구 참사회. tenir ~ 《구어》회의를 열다 ; 토의하다.

chapitrer [ʃapitre] v.t. ①《종교》(수도사를 수도원 집회 자리에서)견책하다 ; 꾸짖다(réprimander) ; 설득하다. On a beau le ~, il ne s'agisse pas. 그를 아무리 꾸짖어야 소용없다, 그는 얌전해지지 않는다. ②항목별로(장으로)나누다.

chaplinesque [ʃaplinɛsk] a. 채플린 희극의, 채플린식의.

chapon [ʃapɔ̃] n.m. ①(식용으로 만들기 위해 통통하게 살찌운)거세된 수탉. ②마늘을 칠한 빵(~ de Gascogne, ~ à l'ail). ③(포도가 열리기 전)포도의 어린 나무. ④ vol de ~ 《옛》(장자가 상속하는)성관 주변의 토지(닭이 나는 범위라는 뜻).
se coucher en ~ 《속어》배가 터지도록 먹고 자다.
avoir les mains faites en ~ rôti 《속어》손버릇이 나쁘다. Qui ~ mange, ~ lui vient. 《속담》돈이란 돈 끼는 자본에는 쓰는 자에게 모여드는 법이다.

chaponnage [ʃapɔnaːʒ] n.m. 《축산》거세(去勢). ~ d'un coq 수탉의 거세.

chaponneau [ʃapɔno] (pl. ~x) n.m. 거세된 병아리(jeune chapon).

chaponner [ʃapɔne] v.t. (수탉을)거세하다.

chaponnière [ʃapɔnjɛːr] n.f. ①거세한 닭을 키우는 곳(삶는 냄비). ②《군사》(요새의 보루 간을 연결하는)엄호된 통로(caponnière).

chapoter [ʃapɔte] v.t. (나무를)대패로 밀다.

chapska [ʃapska] 《폴란드》n.m. 《군사》(제 2제정 때의 창기병의 관모양)군모.

chaptalisation [ʃaptalizasjɔ̃] n.f. 보당(補糖)(포도주 양조에서 발효 전에 설탕을 첨가하는 것).

chaptaliser [ʃaptalize] (<Chaptal, 프랑스 정치가·화학자) v.t. (발효 전의 포도즙에)설탕을 넣다.

:chaque [ʃak] a.ind. (복수없음)…마다, 매(每)… ; 각각의, 각자의. C~ homme a ses défauts. 사람마다 결점이 있다. ~ côté de l'entrée 입구의 양쪽. ~ année[jour, mois, nuit] 매년[일·월·밤]. ~ dix minutes《구어》10분마다 (정확하게는 toutes les dix minutes). ~ fois que ... 할 때마다. entre ~ maison 집과 집사이.
C~ tête, ~ avis. 《속담》사람이 바뀌면 의견도 바뀐다, 십인십색(十人十色).
―pron.ind 《구어》각기, 각각(chacun). Ces cravates coûtent dix francs ~. 이 넥타이는 각각 10 프랑씩이다.

char¹ [ʃaːr] n.m. ①(축제나 장례식 따위에 사용하는 장식이 있는)수레, 장식 수레. ~ fleuri 꽃수레. ~ de carnaval 카니발의 장식 수레. ~ funèbre(de deuil) 영구차(corbillard). ~ d'assaut, ~ de combat) 전차, 탱크(~ de combat). ~ lourd (léger) 중전차(경전차). régiment de ~s 기갑부대. ③(고대의)이륜마차, 전차. course de ~s 전차 경주. ~ du soleil (de la lune) 《문어》태양(달). Le ~ de l'État navigue sur un volcan. 국가는 위기에 처해있다. atteler(attacher, enchaîner) à son ~ ~을 부하로 맞다. ④(옛)(시골의)짐수레. ~ à bœufs 소달구지. ~ de foin 건초(乾草) 수레. ⑤ (캐나다에서)수레, 자동차.

char² n.m. 《은어》허풍, 사기, 야바위짓(bluff). Arrête ton ~! 허풍은 고만 쳐! Sans ~! 야바위치지

지 마, 농담이겠지 !
charabia [ʃarabja] *n.m.* ① 《구어》횡설수설, 종잡을 수 없는 말. J'entendais tous ces étrangers discuter entre eux dans leur ~. 나는 이 외국인들이 모두 자기들만이 아는 말로 떠벌리는 것을 듣고 있었다. ② 오베르뉴(*Auvergne*)사투리.
charade [ʃarad] *n.f.* ① 《놀이》 문자 수수께끼 (예:Mon premier est un métal précieux [*or*]; mon second est un habitant des cieux [*ange*], mon tout [mon ensemble] est un fruit délicieux [*or*+*ange*→ *orange*] "); 몸짓 수수께끼(~ en action). ② 《비유적》이해하기 힘든 일[것·작품].
charadiste [ʃaradist] *n.* 문자 수수께끼의 창안자; 《문자》수수께끼를 알아맞히기 좋아하는 사람.
charadriidés [karadriide] *n.m.pl.* 《조류》 물떼새과.
charançon [ʃarɑ̃sɔ̃] *n.m.* 바구미.
charançonné(e) [ʃarɑ̃sɔne] *a.* 바구미가 먹은.
:**charbon** [ʃarbɔ̃] *n.m.* ① 석탄 (~ de terre, ~ minéral). mine de ~ 탄광. exploitation du ~ 채탄. chauffage au ~ 석탄난로. ~ de pierre; ~ sans fumée 무연탄. ~ aggloméré 연탄. ② 탄, 숯, 목탄 (~ de bois); 탄가루. avoir un ~ dans l'œil 눈에 탄가루가 들어가다. ③ 숯불. faire griller de la viande sur des ~s 고기를 탄불에 굽다. avoir des yeux de ~ 타는 듯한 눈을 하고 있다. aller au ~ 《구어》(일시적이지만 위험을 동반하는)곤란한 일[괴로운 역할]을 하다. ④ 〔데생〕목탄 (fusain); 목탄화(dessin au ~). faire un carton de fresque au ~ 목탄으로 프레스코화의 밑그림을 그리다. collection de ~s 목탄화 콜렉션. ⑤ 골탄 (骨炭)(~ noir). pastilles de ~ 골탄환(위장약). ⑥ⓐ ~ actif[activé] 활성탄. ⓑ 《전기》(전극용의)탄소봉. ⓒ 《수의》탄저(炭疽); 《의학》비장 탈저(脫疽). ⓓ 《식물》흑수병(黑穗病), 깜부기병.
être sur des ~s (*ardents*) 몸이 달다; 불안하다, 초조하다. *marcher sur les ~s ardents* 미묘한[위험한] 입장에 처하다.
charbonnage [ʃarbɔnaːʒ] *n.m.* ① 채탄. ② (보통 *pl.*) 탄갱(炭坑); 탄광개발기업. C~s de France 프랑스 석탄공사.
charbonnaille [ʃarbɔnaːj] *n.f.* ① 분탄(粉炭). ② (석탄의)타고 남은 찌꺼기.
charbonné(e¹) [ʃarbɔne] *a.p.* ① 흑색의(noir); 흑반(黑斑)이 있는. plumage ~ 검은 반점이 있는 것털. ② 탄화된. ③ 깜부기병(흑수병)에 걸린.
charbonnée² *n.f.* ①(숯불에 구운)불고기. ② 목탄화. ③ 《광업》 석회암 사이에 낀 탄층.
charbonner [ʃarbɔne] *v.t.* ① 탄화(炭化)시키다; 검게 태우다. ② (그림을)목탄으로 그리다, 숯으로 낙서하다. ~ un mur 숯으로 벽에 낙서하다. ③ 숯[석탄]으로 검게 칠하다. ④ 깜부기(흑수)병에 걸리게 하다.
— *v.i.* ① 숯이 되다; 검게 타다. La mèche de lampe *charbonne*. 등의 심지가 그을리다. ② 《선박》(배가)석탄을 싣다.
— *se* ~ *v.pr.* ① 탄화하다. ② 자기 …을 숯[석탄]으로 검게 칠하다. se ~ le visage 자기 얼굴을 숯으로 검게 하다[더럽히다].
charbonnerie [ʃarbɔnri] *n.f.* ①(옛)탄소. ② (la C~) 《역사》카르보나리당(19세기초 나폴리에서 조직된 급진 공화주의자들의 비밀 결사).
charbonnette [ʃarbɔnet] *n.f.* (숯을 굽기 위해)베어놓은 나무.
charbonneux(se) [ʃarbɔnø, -øːz] *a.* ① 숯과 같은; 탄화된; 숯으로 검게 된. salle enfumée et ~*se* 그을러서 까맣게 된 방. ② 《의학》탄저병의; 탄저균을 매개하는.
charbonnier(ère) [ʃarbɔnje, -ɛːr] *a.* 숯의; 석탄의; 석탄을 운반하는; 석탄상(商)의. navire ~ 석탄 운반선. —*n.* 석탄상인; 숯장이.
—*n.m.* 석탄운반선(船)(navire[bateau] ~); 카르보나리 당의 당원.
C~ est maitre dans sa maison [*chez soi*]. 《속담》누구나 자기집에서는 왕. *la foi du* ~《구어》소박한 사람의 신념.
—*n.f.* ① 숯저장소; 숯굽는 곳. ② 《조류》(머리가 검은)곤줄박이.
charcuter [ʃarkyte] *v.t.* ① 《구어》서투르게 수술을 하다. ② 〔예〕(고기를)마구 자르다.
—*se* ~ *v.pr.* (실수해서)살을 베다.
***charcuterie** [ʃarkytri] *n.f.* ① (행·소시지 따위)돼지고기 제품(류). acheter[manger] de la ~ 돼지고기 제품을 사다[먹다]. ② 돼지고기(제품) 푸줏간, 돼지고기 가공업.
charcutier(ère) [ʃarkytje, -ɛːr] *n.* 돼지고기(제품) 장수;《구어》서투른 외과의사. —*a.* 돼지고기장사(장수)의.
chardon [ʃardɔ̃] *n.m.* ① 《식물》엉겅퀴. ~ étoilé 수레국화. ② (담 위에 박은)도둑 방지용 대못.
bête à manger du ~ 천하의 바보 같은.
chardonner [ʃardɔne] *v.t.* (엉겅퀴로 직물의)털이 일게 하다. —*se* ~ *v.pr.* (직물의)털이 일다.
chardonneret [ʃardɔnrɛ] *n.m.* 《조류》방울새속의 일종.
chardonnette [ʃardɔnɛt] *n.f.* 《식물》엉겅퀴류의 일종.
charentais(e) [ʃarɑ̃tɛ, -ɛːz] *a.* 샤랑트(*Charente*, 프랑스의 도)의. —*C~ n.* 샤랑트 사람. —*n.f.* 검은 펠트 슬리퍼(pantoufle ~).
:**charge** [ʃarʒ] *n.f.* ① 짐, 적하(積荷). Ce garçon porte une lourde ~ sur son dos. 이 소년은 등에 무거운 짐을 지고 있다. bête de ~ 짐 실어 나르는 가축. ~ d'un cheval 말 한 필분의 짐. rompre ~ 짐을 내리다. rupture de ~ (트럭에서 철도 따위에로)짐을 옮겨싣기.
② 짐의 중량, 적재량. ~ utile d'un wagon[d'un camion] 화차(트럭)의 적재허용중량. ~ maximale 최대 적재량. ligne[capacité] de ~ d'un navire 배의 적재 흘수선(용량).
③ 선적, 적재. vaisseau en ~ — 선적 중인 배.
④ 하중, 부하(負荷). ~ admissible 허용 하중. ~ de sécurité [de limite] 안전(하게) 하중. ~ de rupture d'un avion (항공기의)익면(翼面)하중. ~ alaire 하중. ~d'eau 《수력공학》낙차, 수압.
⑤ 장전(裝塡)(량·물); (특히) 화약량. ~ d'un canon (발포시키기에 족한)대포의 화약량(장전). ~ explosive 폭발물.
⑥ (종이·플라스틱·고무 따위를 강화시키거나 중량을 주기 위한)첨가제, 증량제(增量劑).
⑦ 《전기》ⓐ 전하(電荷), 전기량(~ électrique). mettre un conducteur en ~ 도선에 전기를 흐르게 하다. ~ magnétique 자기량, 자하(磁荷). ~ d'espace [de spatiale] 공간전하. ⓑ 충전. ~ d'une batterie d'accumulateurs 배터리의 충전. courant de ~ 충전전류.
⑧ (무게의 단위로서의)한 짐; 《야금》(한 번에 노(爐)에 넣는)연료와 광석의 양. une ~ de bois 재목 한 짐.
⑨ 부담, 부양. Il a de grosses ~s de famille. 그는 가계의 부담이 크다[부양가족이 많다]. Il a trois enfants à sa ~. 그는 세 아이를 부양하고 있다. ~ locatives (아파트 따위의)관리비 부담액(이 경우에는 ~s 만으로도 씀). ~s sociales (사업주의)사

chargé(e)

회보장 부담금. cahier des ~s 《물품의 양도·부동산 따위의》계약 규정서.
⑩ 책임. mettre en ~ 〖사회보험에서 보험금 지불의〗부담인수; 《택시의》기본 요금. avoir d'âmes 《교회의》신도를 지도할 책임이 있다; 《비유적》도덕적 책임이 있다.
⑪ 직; 《특히》공직; 직무, 임무. ~ d'avoué [de notaire] 대리소송인《공증인》의 직. femme de ~ 가정부. entrer en ~ 취임하다. s'acquitter de sa ~ 임무를 완수하다.
⑫ 세금 부담. ~ foncière 토지세. ~s fiscales 《급료의》조세 부담. ~s réelles 물품세. supporter de lourdes ~s 무거운 세금 부담을 견디다.
⑬ 〖법〗 추소(追訴)사항; 《피고에게 불리한》증거, 증언. témoin à ~ 검찰측 증인.
⑭ ~ affective [émotive] 〖심리〗 정동적 부하(情動的負荷) 《정동 반응을 일으키는 계기》.
⑮ 풍자; 야유; 《풍부한 풍자가 깃든》희화(戲畵). jouer un rôle en ~ 우스꽝스럽게 과장된 연기를 하다. portrait en ~ 희화화된 초상화.
⑯ 〖군사〗 공격, 돌격. À la ~! 돌격! pas de ~ 돌격보(步). sonner [battre] la ~ 돌격의 나팔 [북]을 울리다. revenir [retourner] à la ~ 공격 [요구]를 되풀이 하다.
⑰ 〖스포츠〗《볼을 가진 상대방 선수에 대한》차징, 태클.
à ~ de... ...《의 부담》을 조건으로. Vous pouvez utiliser ma voiture à ~ de la maintenir en bon état. 잘 쓴다는 조건으로 제 차를 쓰셔도 됩니다. à ~ de revanche 사례를 한다는 조건으로.
être à ~ à qn ...의 부담이 되다, 폐를 끼치다. Ce travail m'est à ~. 이 일은 내게 부담이 된다.
être à la ~ de qn ⓐ ...에게 부양되다 [받다]. Cette vieille femme tenait à travailler pour ne pas être à la ~ de ses enfants. 이 노부인은 자식들의 신세를 지지 않으려고 굳이 일하려고 했다. ⓑ ...에게 지불의 의무가 있다. L'entretien de l'immeuble est à la ~ du locataire. 건물의 유지비는 세든 사람의 부담이다.

chargé(e) [ʃarʒe] a.p. ① 짐을 실은. cheval ~ 짐을 실은 말. Je suis ~ comme un mulet [âne]. 나는 짐이 잔뜩이다. ② 장전된. fusil ~ 장전된 소총. ③ 충전한. batterie ~e 충전된 배터리. ④ 〖의학〗 묵직한, 답답한. avoir l'estomac ~ 위가 더부룩하다. langue ~e 백태가 낀 혀. ⑤ [~ de] 《로》 가득 찬; 덮인. ciel ~ (de nuage) 구름으로 덮인 하늘. temps ~ 흐린 날씨. être ~ d'ans 나이가 들 대로 들다. être ~ de dettes 빚이 잔뜩 있다. être ~ de gloire 영광에 싸여 있다. avoir une journée ~e 일이 많은《분주한》하루를 보내다. ⑥ 장식이 너무 친, 복잡한; 과장된. couleur ~e 강렬한 채색. décoration ~e 너무 더덕더덕한 장식. portrait ~ 과장된《희화화된》초상화. ⑦ 책임이 있는. être ~ de famille 가족을 책임지고 있다. ⑧《유가증권이 든 우편물을》가격표시 등기로 한. lettre ~e 가격표시된 등기서장(書狀).
—*n.m.* (professeur) ~ de cours 《대학의》시간강사; ~ d'affaires 대리대사 《공사》; ~ d'études 고문 참석; ~ de mission 특별 임무를 띤 관리《각료》; ~ de recherches 국립 과학 연구소의 연구원.

chargebot [ʃarʒəbo] *n.m.* 〖옛〗화물선.

chargement [ʃarʒəmɑ̃] *n.m.* ① 짐《화물》의 적재《싣기》. gabarit de ~ 《중량·높이 따위의》적재 규격 측정기. wagon à ~ exceptionnel 적재 제한이 다 과된 화차. ② 적하(積荷). Le ~ de ce camion est trop lourd. 이 트럭의 적하는 너무 무겁다. ③ 장전; 《연료의》투입. ~ d'un appareil photographi-que 카메라의 필름넣기. ~ d'un poêle 스토브에 연료 투입. ④ 《유가증권이 든 우편물을》가격표시 등기로 우송하기; 가격표시 등기. ⑤ 〖컴퓨터〗 로드하기《컴퓨터의 내부 기억장치에 프로그램을 기억시키기》; 《입력장치에》데이터 매체를 걸기.

:charger [ʃarʒe] ③ *v.t.* ① ⓐ《에》짐을 싣다. ~ un camion 트럭에 짐을 싣다. ⓑ 《을》싣다; 《사람을》태우다. ~ une valise sur son épaule 여행가방을 어깨에 메다. taxi qui *charge* un voyageur 《구어》손객을 태우는 택시.
② 장전하다. 《연료를》넣다. ~ un fusil 총에 탄환을 재다. ~ un poêle 난로에 연료를 넣다.
③ 충전하다. ~ une batterie d'accumulateurs 배터리를 충전하다.
④ 무게를 주다, 부담을 주다. Cette poutre *charge* trop la muraille. 이 들보는 벽에 대해서 너무 무겁다. ~ l'estomac 위에 부담을 주다, 답답하게 《무겁게》하다. ~ le peuple de taxes 국민에게 세금 《중세》을 과하다.
⑤ [~ qn de] 《에게 ...의》책임 [임무]을 지우다; 《을》담당시키다. ~ qn de tous les crimes ...에게 온갖 죄를 덮어씌우다. ~ un avocat d'une cause 변호사에게 사건을 맡기다. On m'a *chargé* de surveiller cette femme. 그녀의 감시를 내게 맡겼다.
⑥ [~ qc de] 《을 ...으로》가득 채우다, 가득하게 하다, 덮다. ~ un récit *de* beaucoup d'événements 많은 사건들로 이야기를 채우다.
⑦ [~ qn de] 《에게 ...을》퍼부어대다. ~ qn d'injures [de compliments] ...에게 욕설 [찬사]을 퍼부어대다. ~ qn *de* coups ...에게 주먹질을 퍼부어대다.
⑧ 희화화(戲畵化)하다, 과장하다. ~ un portrait 초상화를 우스꽝스럽게 그리다. ~ un récit 이야기를 과장하다. ~ son rôle 《배우가》과장되게 연기하다.
⑨ 공격 《돌격》하다. ~ l'ennemi 적을 향하여 돌격하다.
⑩ 고발하다; 불리한 증언을 하다. ~ un accusé [un prévenu] 피고의 죄를 고발하다.
⑪《유가증권이 든 우편물을》가격표시 등기로 하다. ~ un paquet 소포를 가격표시 등기로 부치다.
⑫ 〖컴퓨터〗 로드하다《컴퓨터의 내부 기억장치에 프로그램을 기억시키다》; 《입력장치에》데이터 매체를 걸다.
—*v.i.* ① 《배가》짐을 싣다. Ce cargo *charge* pour Marseille. 이 화물선은 마르세유행의 짐을 싣고 있다. ② 돌격하다, 돌진하다. *Chargez!* 돌격 ! ③ 〖옛〗과장하다. Tu *charges*! 과장하고 있네 !
—se ~ *v.pr.* ① 짐을 지다 [메다]. *se ~* les épaules d'un fardeau 무거운 짐을 메다. ② 장전되다; 《연료가》투입되다, 넣어지다. Cette chaudière *se charge* chaque matin. 이 보일러는 매일 아침 연료가 보급된다. ③ 덮이다. Le ciel *se charge*. 하늘이 구름으로 덮여 있다. ④ [se ~ de] Je *me charge* de ce travail. 이 일은 내가 맡겠소. *se ~ d'*une mission 임무를 맡다.

chargeur(se) [ʃarʒœr, -øz] *n.* ⓐ 하역인부(의).
—*n.m.* ① 하주(荷主). 《동격》 commissionnaire ~ 해운업자. ② 《대포 따위의》탄약병; 《자동소총의》탄창. ③ ~ d'accumulateurs 〖전기〗 충전기(器). ④ 필름 매거진《필름 갈는 틀》; 필름 갈아 끼우는 다크백. ⑤ 〖컴퓨터〗로딩 프로그램 《로더 컴퓨터 내부 기억장치에 프로그램을 기억시키는 매체》.
—*n.f.* 화물 적재기; 〖컴퓨터〗 로더.

charibotée [ʃaribote] *n.f.* 《구어》대량의 잡동사니. une ~ de 엄청나게 많은.... Il a descendu du gre-

nier toute une ~ de livres. 그는 다락방에서 엄청나게 많은 책을 내려왔다.
chariboter [ʃaribɔte] *v.i.* 《구어》 ① 두서없이 일하다. ② 흐트러 놓다. ③ 과장하다.
chariot [ʃarjo] *n.m.* ① (네 바퀴)짐수레. ~ de fourrage 꼴 실은 수레. transport par ~ 수레 운반. ② (역·공항 따위의)운반차. ~ électrique 전동운반차. ~ d'enfant 유아용 보행보조차. ~ alsacien (알자스)유모차 (작은 바퀴가 달린 유모차). ③ (기계의)이동대. ~ d'une machine à écrire 타자기의 캐리지. ~ d'un tour 선반(旋盤)의 왕복대. tour à ~ 슬라이드[미끄럼]선반. ④ le grand[petit] C~ 《천문》 큰[작은] 곰자리.
chariotage [ʃarjota:ʒ] *n.m.* (슬라이드)선반 가공.
charismatique [karismatik] *a.* 카리스마의; 카리스마적인, 교조적(敎祖的)인. homme ~ 신통력. dons ~s 신통력. homme ~ (정치가 따위의)교조적인 인물.
charisme [karism] *n.m.* ① 카리스마 (성령에 의해서 주어진 예언·기적 따위를 행하는 능력). ② (정치가 따위의)교조적인 영향력.
charitable [ʃaritabl] *a.* ① 인정많은, 자비로운. Vous devez être ~ envers tout le monde. 당신은 누구에게나 인정을 베풀어야 합니다. Ce n'est pas très ~ de votre part de + *inf.* …하시다니 당신은 도무지 친절하지 않군요. ② 이웃사랑의, 베푸는; 자선의. œuvres ~s 자선사업. ③ (때로 비꼼)동정의(하는). conseil ~ 동정적인 충고.
charitablement [ʃaritabləmɑ̃] *ad.* 이웃사랑의 마음으로, 베푸는 마음으로, 자비롭게; (비꼼)동정심으로.
charité [ʃarite] *n.f.* ① 베푸는 마음씨, 자비, 동정. avoir de la ~ pour[envers] le prochain 이웃에 대해 베푸는 마음씨를 갖다. Ayez[Faites-moi] la ~ de nous rendre ce service. 죄송하지만 이 것을 부탁드릴 수 있을까요. ② 베푸는 것, 자선. demander la ~ 동냥하다. faire la ~ à *qn* …에게 동냥을 주다[적선하다]. La ~, mes bons messieurs! 적선을 베푸십시오. être à la ~ 거지노릇을 하다, 동냥으로 먹고 살다. fête[vente] de ~ 자선시장터. ③ 《신학》 애덕 (신과 이웃에 대한 초자연적인 사랑, 특히 이웃사랑). La ~ excuse tout. 사랑은 모든 것을 용서한다. Filles de la C~ 애덕수녀회.
charivari [ʃarivari] *n.m.* ① 시끄러운 소리; (크게 떠들어 내는)소란(tapage). ~ des manèges, des haut-parleurs 회전목마, 확성기의 소음. ② 《옛》 남비 두드리기 (어울리지 않는 신혼부부나 비난할 대상이 있는 집 앞에서 비난의 뜻을 나타내는 중세의 풍습).
charivarique [ʃarivarik] *a.* ① 소란스러운, 떠들썩한. repas ~ 소란스러운 식사. ② 조화롭지 못한. couleurs ~s 조화롭지 못한 색채.
charivariser [ʃarivarize] *v.t.* (솥·남비 따위를 두들기며) 떠들어 내다. ② v.i. 소란을 피우다, 난장판을 벌이다; 소란한 음악소리를 내다.
charlatan [ʃarlatɑ̃] *n.m.* 약장수, 돌팔이 의사; 협잡꾼, 사기꾼. ~ politique 선동 정치가, 지키지도 않을 약속을 국민에게 하는 정치가.
charlatanerie [ʃarlatanri] *n.f.* 《옛》약장수 같은 언동; 협잡, 사기, 야바위.
charlatanesque [ʃarlatanɛsk] *a.* 《옛》 약장수 같은, 야바위꾼의.
charlatanisme [ʃarlatanism] *n.m.* 협잡; 사기 야바위짓[언동].
Charlemagne [ʃarləmaɲ] *n.pr.m.* 《역사》 샤를마뉴 대제(大帝).
charlemagne [ʃarləmaɲ] *n.m.* 《놀이》 ① (카드의) 하트의 킹. ② faire ~ 돈을 따고 내 빼다.

charleston [ʃarlɛstɔn] 《미영》 *n.m.* (1920—1925년에 유행한)미국 흑인의 춤.
charlot [ʃarlo] *n.m.* 《옛》 사형집행인. C~ *n.pr.m.* Charles의 애칭; 희극배우 채플린의 애칭.
charlotte [ʃarlɔt] *n.f.* ① 《요리》 샤를로트 (과일, 비스킷, 크림으로 만든 푸딩). ② (리본·레이스 따위로 장식된)부인용 모자.
*__charmant(e)__ [ʃarmɑ̃, -ɑ̃:t] *a.* 매혹적인, 매력적인; 호감이 가는. prince ~ 매력적인 왕자; (여성의)동경의 남성. Votre robe est ~e. 당신의 드레스는 매력적입니다. voix ~e 매혹적인 목소리. Il a été tout à fait ~ avec ses invités. 그는 손님에게 무척 상냥했다. petite maison ~e 산뜻한 집. Il pleut encore, c'est ~! (반어적)아직도 비가 오네, 지긋지긋하군.
*__charme¹__ [ʃarm] *n.m.* ① 매력. avoir du ~ 매력이 있다. subir le ~ de *qn* …에게 매혹되다. Le pont Mirabeau est plein de ~. 미라보 다리는 무척 매력적이다. chanteur de ~ (부드러운 선율의 감상적인 노래를 부르는)매혹의 가수. lunettes de ~ 멋장이 안경. offensive de ~ (정적(政敵) 따위의)회유, 농락. ② (*pl.*) (여성의)육체적 매력, 요염함. les ~s d'une femme 여자의 요염한 매력. ③ 《문어》 마력, 마법; 《옛》 주문. opérer un ~ 마법을 걸다. rompre un ~ 마법에서 풀리다, 꿈에서 깨다. prononcer des ~s 주문을 외다. ④ 마법의 약, 미약; 부적. collier des ~s 마법의 목걸이.
être sous le ~ de qn …의 매력에 사로잡혀 있다. *faire du ~ à qn* …을 유혹하려 하다. *se porter comme un ~* 《구어》(마법에 걸린 듯이)건강하다.
charme² *n.m.* 《식물》 소사나무속(屬).
charmer [ʃarme] *v.t.* 매료하다; 현혹시키다. Ce pianiste a charmé l'auditoire. 이 피아니스트는 청중을 매혹시켰다. ② 즐겁게 하다, 즐거운 것으로 만들다. ~ les yeux[l'esprit] 눈[마음]을 즐겁게 하다. La promenade *charme* les soirs d'été. 산책이 여름 저녁을 즐거운 것으로 만든다. ③ 기쁘게 하다. Votre invitation m'a *charmé*. 당신의 초대는 나를 기쁘게 했소. ④ 《문어》 마법을 걸다. ~ les serpents (피리로)뱀을 춤추게 하다. ⑤ 《문어》 (고통 따위를)진정시키다.
être charmé de qc[*de + inf.*] …때문에[…하여] 매우 기쁘다. *Je suis charmé de votre visite*[*de vous voir*]. 방문해 주셔서[뵙게 되어] 대단히 반갑습니다[기쁩니다].
charmeur(se) [ʃarmœ:r, -ø:z] *a.* 매혹하는. grâce ~se 요혹적인 아름다움. —*n.* (여성형으론 드물게 charmeresse [ʃarmərɛs]도 쓰임) ① 매혹하는 사람. Ce garçon est un ~. 이 남자는 사람을 매혹한다. ② ~ de serpents 뱀 부리는 사람. ③ 《문어》 마법사. —*n.f.* ① 《직물》 샤르뫼즈 (안은 능직으로 겉은 광택이 나는 사틴 또는 비단 천). ② (*pl.*) 《은어》 콧수염.
charmille [ʃarmij] *n.f.* 《식물》 소사나무의 묘목; (아치 형의)소사나무 가로수(길); 관목에 덮인.
charmoie [ʃarmwa] *n.f.* 소사나무 숲.
charnel(le) [ʃarnɛl] *a.* ① 육체적인(↔ spirituel). être ~ 육체적 존재. couleur ~le 살색. enveloppe ~le (영혼의 집으로서의)육체, 몸. ② 물질적인, 현세상의. biens ~s 물질적인 재산. cité ~le (천국에 대해)지상의 나라, 이 세상. ③ 육체의, 관능적인, 성적인. désir ~ 육욕. union ~le 육체적 결합. amour ~ 성애(性愛).
charnellement [ʃarnɛlmɑ̃] *ad.* 육욕적으로, 관능적으로; 물질적으로. connaître *qn* ~ …와 육체관계를 갖다.
charnier [ʃarnje] *n.m.* ① 납골당, 묘지. ② 《교

회》 (옛날의 유골 안치소였던)회랑. ③ 시체안치소, 시체더미. ~s des camps de concentration 강제수용소의 시체유기(遺棄)용 구덩이. ④《옛》고기저장통(倉)(소); 《해양》저수통.

charnière [ʃarnjɛːr] n.f. ① 경첩, 돌쩌귀. couvercle à ~(s)경첩달린 뚜껑. nom à ~(s)《구어》(de 로 연결된)긴 이중이) 성 (예:François de Salignac de la Mothe-Fénelon). ② (결정적인)전환점. être à la ~ de deux siècles 두 세기의 전환점에 있다. ③ 다리를 놓아주는(중재하는) 것. ④《구어》턱. ⑤ⓐ 《군사》(부대와 부대와의)연결점; 합류점. ⓑ 《해부》매듭 관절, 경첩 관절. ⓒ 《동물》(쌍패류(雙貝類)의)접합대, 경첩관. ⓓ 힌지 (우표를 수집앨범에 붙일 때 쓰는 풀기 있는 작은 종이조각) (hinge). ⓔ 《제본》헤드밴드 (표지의 접합부분을 보강하기 위하여서는 헝겊 또는 가죽). ⓕ 《지질》 (단층의)접합층. ⑧ ~ universelle 《기계》만능 접합기.

charnon [ʃarnɔ̃] n.m. 암돌쩌귀.
charnu(e) [ʃarny] a. ① 살이 많이 찐(↔décharné). corps ~ 살찐 몸. lèvres ~es 두터운 입술. ② 과육(果肉)이 많은, 다즙질(多汁質)의. feuille ~e 두툼한 나뭇잎. L'abricot est un fruit ~. 살구는 즙이 많은 과일이다.
charnure [ʃarny:r] n.f. 살집. avoir une ~ ferme [abondante] 단단한[풍만한] 몸이다.
charognard [ʃa(a)rɔɲaːr] n.m. ① 《하이에나 따위》썩은 고기를 먹는 짐승; (특히)독수리(vautour). ② (남의 불행을 틈타는)비인간(욕설로 사용). ③《속어》썩은 고기를 파는 악덕 푸줏간.
charogne [ʃa(a)rɔɲ] n.f. ① 짐승의 썩은 시체. ② (경멸) 썩은 고기; (인간의)시체. ③ (욕지거리로) 못된 놈, 망골.
charol(l)ais(e) [ʃarɔlɛ, -ɛːz] a. 사롤레(Charolais, 프랑스의 지방)의. —n.f. 《요리》(소의 앞다리)주육(肘肉) (수프용).
charpentage [ʃarpɑ̃taːʒ] n.m. (건물·배 골조의)건축, 건조.
charpente [ʃarpɑ̃ːt] n.f. ① 《건축물의》 골조, 뼈대. ~ métallique 철근 골조. bois de ~ 골조용 목재. ~ d'un toit 지붕 골조. ② 골격; 구조. du corps humain 인체의 골격. avoir la ~ solide 튼튼한 골격[체격]을 하고 있다. ~ d'une pièce de théâtre 희곡의 구성. ③ 골조 만들기(기술).
charpenté(e) [ʃarpɑ̃te] a.p. 틀잡힌; 골격이 만들어진, (희곡 따위의)구성이 잘된(structuré). garçon bien ~《속어》골격이 튼튼한 소년. pièce bien ~e 구성이 잘된[짜임새 있는] 희곡.
charpenter [ʃarpɑ̃te] v.t. ① (재목 따위를)네모지게 깎다; 틀을 만들다. ② (지붕 따위의 뼈대를), 조립하다. ③ (연설·희곡의)구상을 하다. ~ un roman [un drame] 소설[희곡]의 골격을 구상하다.
~ **sur** qn《속어》아무를 세게 때리다.
—**se** ~ v.pr. (자신의 신체부위를)절단하다, (목재 따위의)절단되다, 깎이다.
charpenterie [ʃarpɑ̃tri] n.f. 목수[재목]일[직업]; 목수의 일터; 재목을 두는 곳. faire de la ~ 목수일을 하다.
***charpentier** [ʃarpɑ̃tje] n.m. ① 목수(~ en bois), 대목; 배목수. outillage de ~ 대목연장. ~ en fer 철공공(鐵骨工). ~ navire[marine] (승선해서 일을 하는)배목수. 배목수일 전문부의. ③ ~ de baleine (고래의 살을 저며내는)고래 해체자.
charpie [ʃarpi] n.f. ① 《옛》(헌 천을 찢거나 풀어서 만든)붕대. faire de la ~ pour les soldats 군인을 위해 붕대를 만들다. ② [en ~] 잘게 찢은, 너덜너덜한. viande réduite en ~ 푹 삶아서 흐물흐물해진 고기. mettre... en ~ ···을 산산조각으로 만들다; 갈기갈기 찢다; (사람을)호되게 공격하다.
charquer [ʃarke] v.t. (고기를 보존하기 위해서)건조시키다.
charquerie [ʃark(ə)ri] n.f. (도살장 부속)식료품 가공공장.
charre [ʃar] n.m. =char².
charrée [ʃare] n.f. ① 《세제·비료·유리제조 따위에 쓰이는》나뭇재(cendre de bois). ② (소다를 만들고 난)찌꺼기.
charretée [ʃarte] n.f. 수레 1대분; 《구어》많은 분량. une ~ de lettres 많은 편지. une ~ de bois 차 한 대분의 목재.
—a.《속어》지긋지긋하다.
charretier(ère) [ʃartje, -ɛːr] n. 짐수레꾼, 마차꾼, 상스러운 사람. langage de ~ 상스러운 말. jurer comme un ~ 상스럽게 욕설을 늘어놓다.
Il n'y a si bon ~ qui ne verse.《속담》원숭이도 나무에서 떨어진다.
—a. 짐수레를 끄는; 수레가 지나갈 수 있는. porte ~ère 짐수레가 드나들 수 있는 문. chemin ~; voie ~ère.
charretin [ʃartɛ̃], **charreton** [ʃartɔ̃] n.m. ① (짐칸에)가로장이 없는 수레. ② 손수레.
***charrette** [ʃarɛt] n.f. ① (두 바퀴 달린)짐수레 (carriole). ~ à bras 손수레. ~ des condamnés 《역사》프랑스 혁명 당시 기요틴으로 호송하던)죄수차. ~ d'enfant (유아의)보행기(補行器). ② 《속어》수레마차. ③《속어》자동차.

charrette

bien conduire sa ~ 일을 잘 처리해 나가다.
C'est la cinquième roue de la ~. 대수롭지 않은 사람이다, 계산에 넣을 것이 못된다.
mettre la ~ *devant les bœufs* 앞뒤가 전도되다.
monter dans la (fatale) ~《옛》형장에 끌려가다, 사형을 당하다.
se mettre en ~ 지각하다.
charriable [ʃarjabl] a. 짐수레로 운반할 수 있는.
charriage [ʃarjaːʒ] n.m. ① 짐수레로 하는 운반. ② (유수작용에 의한)토사 따위의)유출, 운반. ③ 《지질》(유수작용에)겹쳐 쌓인 단층. ④ 허풍; 야바위, 놀림, passer qn au ~ ···을 우롱하다, 속이다, 놀리다.
charrier¹ [ʃarje] v.t. ① (짐수레로)운반하다, 씻어 내리다; 굴려 가다; 떠내려 가게 하다. vent qui *charrie* des nuages 구름을 몰아 가는 바람. ②《속어》조롱하다; 농을 걸다(plaisanter).
sans ~《속어》농담은 빼고.
—v.i.《속어》과장해서 말하다, 허풍을 떨다 (exagérer). Il me semble que vous *charriez* un peu. 당신은 좀 과장하는 듯하다. ②《옛》(강이)얼음을 떠내려 보내다.
~ *droit avec* qn《구어》···에게 공정하게 대하다.
charrier² [ʃarje] n.m. 잿물을 받이는 겹.
charrière [ʃarjɛːr] n.f. 짐수레길.
charrieur(se) [ʃarjœːr, -øːz] n.《속어》허풍선이, 야유하는 사람. ② 짐수레꾼. —a. 허풍떠는.
charroi [ʃarwa] n.m. ① 짐수레로 하는 운반(운송); 운임. chemin de ~ 짐수레길. ② 짐수레의 행렬. ③《옛》짐수레; (pl.)《군사》수송대.
charron [ʃa(a)rɔ̃] n.m. 수레 만드는 목수.
charronnage [ʃa(a)rɔnaːʒ] n.m. 수레 제조(업), 수레 제조술. bois de ~ 수레 제조용 목재.
charronnerie [ʃa(a)rɔnri] n.f. 수레 제조업; 수레 제조 작업장.

charroyer [ʃarwaje] ⑦ v.t. 수레로 운반하다.
charroyeur [ʃarwajœːr] n.m. 짐수레꾼.
charruage [ʃarɥaːʒ] n.m. 쟁기질; 쟁기 경작; (쟁기 한 대로 하루에 갈 수 있는)경작 면적.
charrue [ʃary] n.f. ① 〖농업〗쟁기. ~ à traction humaine(animale) 사람(짐승)이 끄는 쟁기. faire passer la ~ dans un champ 밭을 쟁기로 갈다. ② 〖문어〗농업; (대혁명 이전의 쟁기 한 대로 갈 수 있는)경작지. Les empires naissent de la ~. 제국은 쟁기(농업)로 해서 흥성한다(농업이 입국의 초석이다). ③ 제설기(除雪機)(= chasse-neige).
cheval de ~ 〖옛·구어〗얼간이; 조잡한 남자.
mettre (tenir) la main à la ~ 손수 일을 하다.
tirer la ~ 〖구어〗고된 일에 손대다.
charruer [ʃarɥe] 〖옛·문어〗v.t. (쟁기로)갈다.
— v.i. 쟁기질하다.
charrue-semoir [ʃarysmwaːr] (pl. ~s-~s) n.f. 씨뿌리기 겸용의 쟁기.
charruyer [ʃarɥije] n.m. 〖사투리〗쟁기일을 맡은 사람.
charte [ʃart] n.f. ① 헌장. la C~ (constitutionnelle) 〖역사〗루이 18세가 공포한 (1814 년) 헌장. la C~ des Nations Unies 국제연합헌장. la Grande C~ 〖영국사〗마그나 카르타, 대헌장. ② 〖옛〗증서, 문서; (특히 도시에 자치권을 인정하는)인정서, 특허장, 면허장. ~ de vente 매각증서. vieilles ~s 고문서. compagnie à ~ 특허회사. l'École des ~s 고문서 학교.
charte-partie [ʃartəparti] (pl. ~s-~s) n.f. 〖해양〗용선 계약(서)(하주(용선자)와 선주(운영자) 사이에 맺는 운송계약).
charter [tʃarœr, ʃarter] 〖영〗n.m. 전세(대절) 비행기(편).
chartérisation [ʃarterizasjɔ̃] n.f. (정규비행기)전세계약비행으로 바꾸기.
chartil [ʃarti] n.m. 수확 운반용 마차; 마차 헛간.
chartisme [ʃartism] n.m. ① 〖영사〗차티스트 운동, 인민헌장운동(1838~1848 영국에서 전개된, 보통선거권 획득을 목표로 한 대중운동). ② 〖정〗입헌왕정주의(루이 18세가 공포한 헌장(la Charte)을 지지하는 이론).
chartiste [ʃartist] n. ① 고문서 학교 학생(졸업생). ② 입헌왕정파, 헌장지지자. ③ (영국의)차티스트(인민헌장)운동 추진자. —a. 차티스트 운동의.
chartrain(e) [ʃartrɛ̃, -ɛn] a. 샤르트르(Chartres, 프랑스의 도시)의. —n. 샤르트르 사람.
chartre¹ [ʃartr] n.f. ① 〖옛〗감옥. tenir *qn* en ~ privée (정식 수속을 밟지 않고) …을 불법 감금하다. ② 〖종교〗성골함(聖骨函).
chartre² n.f. 〖옛〗= charte.
chartré(e) [ʃartre] a. 〖옛〗특권을 받은, 특권이 주어진. villes ~es 특권도시, 자유도시.
chartreuse [ʃartrøːz] n.f. ① 〖가톨릭〗샤르트르회의 수도원. la (Grande) C~ (알프스 산 속의)샤르트르 대수도원(1084 년 Saint Bruno 가 창립). « La C~ de Parme » 「파르므의 수도원」(스탕달의 작품). ② 샤르트르회즈 (샤르트르 수도원에서 만드는 약초 술). ③ 〖옛〗작은 별장.
chartreux(se) [ʃartrø, -øːz] n. 샤르트르회 수도사 (수녀). —a. 수녀· 샤르트르회 (회색빛의 꼬리를 가진 몸집이 큰 고양이).
chartrier [ʃartri(j)e] n.m. 〖학술〗① (왕국·수도원의)고문서집; 고문서 보관소. ② 문서 보관자.
chas¹ [ʃa] n.m. ① 바늘구멍, 바늘귀. ② 〖건축〗추(錘) 내림 판(추의 줄을 꿰는 네모진 금속판).
chas² n.m. (녹말로 만든)풀.
‡**chasse** [ʃas] n.f. ① 사냥, 수렵. faire bonne (mauvaise) ~ 사냥에서 많이(별로 못)잡다. partie de

~ 사냥. partir en ~ 사냥나가다. prendre son permis de ~ 수렵허가증을 받다. ~ sans autorisation 밀렵. ~ au lièvre 토끼 사냥. ~ au faucon 매사냥. ~ à courre (à bruit, à cri) 개 사냥. ~ noble (royale) 사냥개를 써서 하는 사냥(다른 도구를 쓰지 않음). ~ à tir 엽총 사냥. ~ aux papillons 나비 채집. ~ sous-marine 잠수 물고기 잡이. ② 수렵기; 수렵장. La ~ est ouverte. 금렵이 풀렸다. ~ gardée 금렵지. ③ 사냥감. Je vous enverrai de ma ~. 사냥해서 잡은 것을 좀 보내드리겠습니다. ④ (사냥개를 포함한)사냥꾼의 일행. La ~ a passé par là. 사냥꾼 일행이 그곳을 지나갔다. ⑤ 〖음악〗(사냥나팔의)수렵곡. ⑥ 〖비유〗추적, 추구. ~ aux souvenirs 추억을 더듬기. donner (faire) la ~ à un voleur 도둑을 추적하다. prendre en ~ des voleurs 도둑의 뒤를 쫓다. Qui va à la ~ perd sa place. 〖속담〗자리를 비운 사이 자리를 잃는다. ⑦ 〖군사〗추격, 〖해군〗(적함선의)추격; 〖공군〗전투기(avion de ~). canons de ~ 배 앞머리의 대포. posséder une ~ nombreuse 수많은 전투기를 보유하다. prendre ~ sur (devant) un adversaire (배가)적의 추격을 피하다. ⑧ 〖청소를 위한〗방수(放水)(~ d'eau); 송수; (변소의)수세장치(~ de cabinets), bassin de ~ d'un port 항만의 방수용 탱크. actionner (tirer) la ~ d'eau (수세식 변소의)수세 장치를 누르다(당기다). ⑨ ~ infernale (fantastique, fantôme, sauvage, volante) (불행의 전조로 알려진)악령의 공중 여행(騎行). ⑩ ⓐ 사냥 풍경을 그린 직물. ⓑ (자동차·오토바이의)앞 차축이 뒤쪽으로 기욺; (기계의)유극(遊隙). ⓒ 〖인쇄〗(다음 페이지로)넘기기; (활자의)폭; (표지의)본문보다 여분으로 나온 부분. ⓓ 〖야금〗표면을 평평하게 두드리는 망치.

châsse [ʃaːs] n.f. ① 〖가톨릭〗성골함(聖骨函), 유물함. ② (안경 따위의)테, 틀, (면도칼 따위의)자루. ③ (pl.) 〖속어〗(사람의)눈. ④ (수레 목수의) 망치.
paré comme une ~ 화려하게 치장을 한.
chassé [ʃase] n.m. 〖무용〗샤세(발을 미끄러지듯 내딛는 동작).
chasse-avant [ʃasavɑ̃] n.m. (복수불변) ① 공장의 감독, 직장(職長). ② 독려하는 사람, 자극제.
chasse-bestiaux [ʃasbestjo] n.m. (복수불변) (기관차 앞의)배장기(排障器) (철도 위의 짐승을 쫓기 위한) (chasse-corps).
chasse-carrée [ʃaskare] n.f. (복수불변) (자물쇠 제조용의 끝에 사각형인) 망치.
chasse-chien [ʃasʃjɛ̃] (pl. ~-~s) n.m. 〖속어〗문지기; 교회당지기.
chasse-clavette [ʃasklavɛt], **chasse-clef** [ʃaskle] n.m. 쐐기 박는 기구.
chasse-clou [ʃasklu] (pl. ~-~s) n.m. 못박는 망치 (못대가리를 판자 속에 넣기 위한).
chasse-coquin [ʃaskɔkɛ̃] n.m. 〖속어〗교회당지기.
chasse-corps [ʃaskɔːr] n.m. (복수불변) = chasse-bestiaux.
chasse-cousin(s) [ʃaskuzɛ̃] n.m. (복수없음) 〖구어〗(사촌 따위의 식객이 몰려오는 것을 물리치기 위한)조잡한 음식물. donner du ~ à *qn* …을 푸대접하다.
chasse-crapaud [ʃaskrapo] n.m. (복수불변) 독충 새의 벌칙(engoulevent).
chasse-croisé [ʃasekrwaze] (pl. ~s-~s) n.m. ① 〖무용〗크로스샤세. ② 교차, 엇갈림; (지위·직무 따위의)교체.
chasse-fleurée [ʃasflœre] n.f. (복수불변) (염료통 안의 염료를 휘젓는 데 쓰는)염료용 주걱.

chasse-goupille [ʃasgupij] *n.m.* 핀 뽑는 도구.
chasselas [ʃasla] *n.m.* 일종의 백포도주 (특히 *Fontainebleau* 지방산).
chasse-marée [ʃasmare] *n.m.* 《복수불변》《옛》선어(鮮魚)를 운반하는 빠른 수레; (그)수레꾼; 연안 항해용 소범선.
aller d'un train de ~ 《옛·구어》매우 빨리 가다.
chasse-mouches [ʃasmuʃ] *n.m.* 《복수불변》파리채; 파리장(말에 씌우는 그물).
chasse-navettes [ʃasnavɛt] *n.m.* 《복수불변》(면이나 양모의)정리기구.
chasse-neige [ʃasnɛːʒ] *n.m.* 《복수불변》① (기관차·자동차 앞의)제설기(除雪器), 제설차. ② 《스키》제동.
chasse-noix [ʃasnwa] *n.m.* 《복수불변》(무기 제조에 사용되는)핀 뽑는 기구.
chasse-pierres [ʃaspjɛːr] *n.m.* 《복수불변》(기관차 앞의)제장기(除障器)〈선로 위의 장해물을 제거〉.
chasse-pointe(s) [ʃaspwɛ:t] *n.m.* = chasse-clou.
chassepot [ʃaspo] *n.m.* 《옛》(1866-1874 년에 프랑스군이 쓰던)샤스포식 소총.
chasse-punaise [ʃaspynɛːz] *n.m.* 《식물》승마(升麻)속(屬)(cimicaire).
‡**chasser** [ʃase] *v.t.* ① 사냥하다. ~ le renard 여우를 사냥하다. ~ le sanglier à courre 사냥개로 멧돼지를 사냥하다. ② 쫓다, 몰다; 쫓아내다. ~ les moutons devant soi 양을 몰고 가다. ~ les mouches 파리를 쫓다. ~ les mauvais souvenirs 싫은 추억을 쫓아내다. Il faut ~ le chien qui nous suit. 우리를 따라오는 개를 쫓아버려야 한다. Un clou *chasse* l'autre. 《속담》새로운 것이 묵은 것을 대신한다. ~ l'eau (물깔레 따위로)물을 해치다. ~ un domestique 하인을 쫓아내다, 해고하다. ③ ~ un clou 못을 박다. ④ 《해양》 ~ un navire 배를 뒤쫓다; ~ son poste 함대에 끼다(복귀하다).
—*v.t.ind.* [~ à] …을 사냥하다; 추구하다. ~ *au poil*[*à la plume*] 짐승[새]을 사냥하다. ~ *aux millions* 부를 추구하다. ~ *au vrai* 《구어》색시감을 찾다. ~ *à la femme* 여자의 꽁무니를 따라다니다. ~ *aux voix* 표를 모으다.
—*v.i.* ① 사냥하다. ~ à courre[au fusil] 사냥개[엽총]로 사냥하다. ② (구름 따위가)흐르다. Les nuages *chassent* du sud. 구름이 남쪽으로부터 몰려온다. ③ (자동차가)앞으로 미끄러지다(미끄러지다). Dans le virage, les roues arrières ont *chassé*. 커브에서 뒷바퀴가 미끄러진다. L'ancre *chasse*. (바닥에)닻이 걸리지 않는다. Ce navire *chasse* sur ses ancres. 이 배는 닻을 끌며 표류한다. ④ 《인쇄》(활자사이)스페이스를 잡다; 활자의 간격을 넓게 하다; (다음 페이지로)보내다. ⑤ 《스포츠》(자동차 경기에서)앞차를 바짝 뒤쫓다. ⑥ 《무용》샤세(chassé)를 추다.
~ *sur les terres de qn* …의 영토를 해치다, 권리를 침해하다.
chasseresse [ʃasrɛs] *n.f.* 《문어》여자 사냥꾼.—*a.* 《문어》사냥하는. Diane ~ 사냥의 여신 다이아나.
chasse-rivets [ʃasrivɛ] *n.m.* 《복수불변》 리벳 자르는 공구.
chasse-roues [ʃasru] *n.m.* 《복수불변》(자동차의 바퀴가 닿지 않게 대문이나 담 모퉁이에 세운)굇돌, 쇠말뚝.
***chasseur(se)** [ʃasœːr, -ø:z] *n.* ① 사냥꾼, 수렵가, 엽사. C'est un grand ~. 그는 사냥을 좋아하는 사람이다. ② 추구하는 사람; 수집가. ~ *d'images* 보도사진가, 카메라 리포터. ~ *d'autographes* 《유명인의 사인·원고 따위의》자필문서 수집가. ~ *de femmes* 《구어》엽색가. ~ *de sorcières* 마녀사냥

선동자.
—*n.m.* ① 《군사》 전투기(avion de chasse); 전투기의 조종사. ~ *à réaction* 제트전투기. ~ *d'interception* [tout temps] 전천후전투기. ~ *de sous-marins* 구축잠항정. ~ *à pied* 엽보병(獵步兵). ~*s alpins* 알프스엽병. ② (호텔·레스토랑의)제복입은 종업원; 《옛》 (주인마차의 뒤쪽에 서서 타는)수렵복을 입은 종복. ~*s* à cheval 엽기병. ~*s alpins* 알프스엽병.
—*a.* ① 사냥하는. peuples ~*s* 수렵민족. ② poulet ~ 《요리》 플레샤쇠르 (버섯·백포도주를 넣은 영계 요리).
chasseur-bombardier [ʃasœrbɔ̃bardje] (*pl.* ~*s-*~*s*) *n.m.* 《공군》 전투폭격기; (그)조종사.
chasseur-fusée [ʃasœrfyze] (*pl.* ~*s-*~*s*) *n.m.* 《공군》 로켓 전투기.
chasse-vase [ʃasvɑːz] *n.m.* 《복수불변》《토목》(수로의)준설기(浚渫機).
chassie [ʃasi] *n.f.* 눈곱.
chassieux(se) [ʃasjø, -ø:z] *a.* 눈곱이 끼는; 눈곱이 낀.—*n.* 눈곱이 낀 사람.
châssis [ʃasi] *n.m.* ① (창 따위의)틀, 테, 새시. ~ *d'une fenêtre* 창틀. ~ *mobile* 양쪽으로 나뉘어 열리는 창. ~ *à guillotine* 상하개폐식 창. ~ *d'aérage* 환기창. ~ *d'un tableau* 그림 틀. ~ *à melon* 멜론 재배용 프레임(온상). ② 《자동차》 차체, 몸체; 《사진》(건판을 끼우는)테; 《원예》온실용 프레임; 《군사》 포좌(砲座). un beau ~ 《속어》(여자의) 아름다운 육체[몸매].
châssis-frein [ʃasifrɛ̃] *n.m.* 《기계》제동장치.
châssis-magasin [ʃasimagazɛ̃] *n.m.* 《사진》(감광판 둘레의)틀.
châssis-presse [ʃasiprɛs] *n.m.* 《사진》현상틀.
chaste [ʃast] *a.* ① 순결한, 정숙한(pudique, pur). femme ~ 순결한 여자. les ~*s sœurs* 《신화》뮤즈여신. ② (애정·생각 따위가)순수한; (옷차림이)단정한(décent); (문체가)간결한. amour ~ (純愛). vêtements ~*s* 단정한 복장. Le vers de Racine est ~. 라신의 시는 간결하다.
—*n.* 순결[정숙]한 사람.
chastement [ʃastəmɑ̃] *ad.* 순결하게, 정숙하게; 단정하게.
chasteté [ʃastəte] *n.f.* ① 순결, 정숙; 동정(童貞). ceinture de ~ 정조대. ~ *conjugale* 정절(貞節). vœu de ~ 정결 허원(許願). ② 《옛》 (문체 따위의)간결함. ~ *de style* 문체의 간결함.
chasuble [ʃazybl] *n.f.* 《가톨릭》① 상제의(上祭衣) 《사제가 미사때 흰 옷(aube)위에 입는 소매 없는 제의》. ② 《의복》 샤쥐블 《상제의를 닮은 드레스나 아동복》 (robe) ~.
chasublerie [ʃazybləri] *n.f.* (위의) 제조 (판매).
chasublier(ère) [ʃazybli(j)e, -ɛ:r] *n.* (위의) 제조 (판매)인.

chasuble

‡**chat(te)** [ʃa, ʃat] *n.* ① 고양이 《새끼 고양이는 chaton》. ~ *de gouttière* 잡종고양이. ~ *siamois* (persan) 샴 [페르시아] 고양이. Le ~ miaule (ronronne). 고양이가 야옹거린다 (가르랑거린다). La nuit, il n'y a pas de ~ dans les rues. 밤에는 거리에 고양이 한 마리도 없다 《인적이 없다》. ② 고양이과 동물 《표범·사자 따위를 포함》. ~ *sauvage* 살쾡이. gros ~ 《어린애말》큰 사자, 호랑이. ③ (어린이·여성의 애칭으로)너, 당신. mon petit ~ 내 귀여운 아가야, 여보 당신. ma petite ~*te* 당신. ④ 《놀이》 술래잡기 《잡힌 사람

이 chat 가 됨). ~ percé 샤페르세 (쫓기다가 무엇이든 위에 올라가면 잡지 못하게 되는 사람). ~ coupé 샤쿠페 (쫓기는 사람과 술래 사이에 끼어들어서 그 자신이 쫓기게 되는 사람). ⑤ⓐ saut de ~ 〖무용〗 소드샤 (다리를 벌리고 굽혀서 옆으로 뛰는 동작). ⓑ langue de ~ 〖제과〗 랑그드샤 (얇고 가는 쿠키). ⓒ œil de ~ 마노. ⓓ ~ à neuf queues (끝에 쇠발톱이 달린 아홉개의 가죽끈으로 된) 고문용 채찍. ⓔ trou de ~ 〖해양〗 돛대 승강구. ⓕ or de ~ 〖미술〗 (조각에 바르는) 금분. ⓖ ~ marin 〖동물〗 바다표범. ⓗ ~ fourré 법관 (모피가 달린 제복을 입었기 때문에). ⓘ 〖해양〗 경주용 요트; 〖옛〗 거룻배.

acheter[vendre] ~ en poche 보지도 않고 물건을 사다[팔다].
appeler un ~ un ~ 거침없이[노골적으로] 말하다.
avoir un ~ dans la gorge 목소리가 쉬어 있다, 목이 막히다.
C'est de la bouillie pour les ~s. (설명 따위가) 졸렬해서 이해하기 힘들다; 소용없다, 무익하다.
C'est le ~[la ~te]! 그건 고양이 탓이라고 말하겠지; 〖옛〗 어림없다, 당치않다 (책임을 회피하는 사람을 비꼼).
comme un ~[une ~te] 고양이처럼. écrire *comme un ~* 작아서 읽기 힘들게 글을 쓰다, 더럽게[난잡하게] 쓰다. être gourmand [curieux] *comme une ~te* 먹길 좋아하다[호기심이 강하다]. courir *comme un ~* maigre 재빨리 뛰어다니다; 여자의 뒤를 쫓다. passer *comme un ~* sur la braise 재빨리[살짝] 지나가다.
éveiller le ~ qui dort 잠자는 호랑이를 깨우다.
faire une toilette de ~ 간단하게 세수[화장]하다.
Il n'est si petit ~ qui n'égratigne. 아무리 작은 고양이라도 할퀸다.
jeter le ~ aux jambes 〖옛〗 죄를 뒤집어 씌우다, 궁지로 몰아넣다.
jouer avec qn comme le ~ avec la souris …을 노리개로[조롱감으로] 삼다; …을 뜻대로 움직이다.
Le ~ parti, les souris dansent. (고양이가 없을 때

쥐가 춤춘다) → 강자가 없을 때는 약자가 주인.
Qui naquit ~ court après les souris. 고양이로 태어나면 쥐를 쫓는다 (세 살적 버릇이 여든까지 간다).
—*a.* 부드러운 [구슬리는] 목소리의; (여성 특유의) 아양을 떠는. manières ~*tes* 아양 떠는 태도.

châtaigne [ʃatɛɲ] *n.f.* 〖식물〗 ① 밤 (marron). ~ d'eau 〖식물〗 마름. ~ de terre 미나리과의 식물 뿌리. ~ de mer 〖동물〗 성게. ② 말의 발굽 뒤에 생긴 티눈. ③ 〖속어〗 주먹질. Il lui a flanqué une ~. 그는 그에게 주먹을 한방 먹였다.

châtaigneraie [ʃatɛɲrɛ] *n.f.* 밤나무 숲.
châtaignier [ʃatɛ(e)ɲje] *n.m.* 〖식물〗 밤나무; 밤나무 재목.

châtain(e) [ʃatɛ̃, -ɛn] *a.* (여성은 《문어》이외에서는 드물게 사용) 밤색의. cheveux ~ clair[roux] 엷은 [불그레한] 밤색의 머리털 (다음에 형용사가 올 때는 불변). —*n.m.* (복수불변) 밤색. —*n.* 밤색 머리의 사람.

chataire [ʃatɛːr] *n.f.* = cataire.
chat-cervier [ʃaservje] (*pl.* ~*s-~s*) *n.m.* 〖옛〗 산고양이.

*****château** [ʃato] (*pl.* ~*x*) *n.m.* ① (중세기의) 성, 성채 (~ fort, forteresse). ② (귀족들의) 저택; (왕의) 궁전 (palais). ~ de Versailles [de Fontainebleau] 베르사유[퐁텐블로] 궁전. ③ 큰 별장. ④ 〖선박〗 선박의 상부[구조]구조(물). ⑤ (핵연료 수송을 위해 특별히 고안된) 금속 컨테이너.

~ *de cartes* (아이들이) 카드로 세운 성; 덧없는 것, 무너지기 쉬운 것.
bâtir[faire] des ~x en Espagne 공중 누각을 세우다; 공상에 잠기다.
vie de ~ 호화로운[안락한] 생활; 별장생활. mener une *vie de ~* 호화로운 생활을 영위하다.

chateaubriand, châteaubriant [ʃatobri(j)ɑ̃] *n.m.* 〖요리〗 비프스테이크의 일종.
châteauroussin(e) [ʃaturusɛ̃, -in] *a.* 샤토루(*Châteauroux*, 프랑스의 도시)의. —*C~ n.* 샤토루 사람.

châtelain(e) [ʃatlɛ̃, -ɛn] *n.m.* 성주; 별장의 주인.

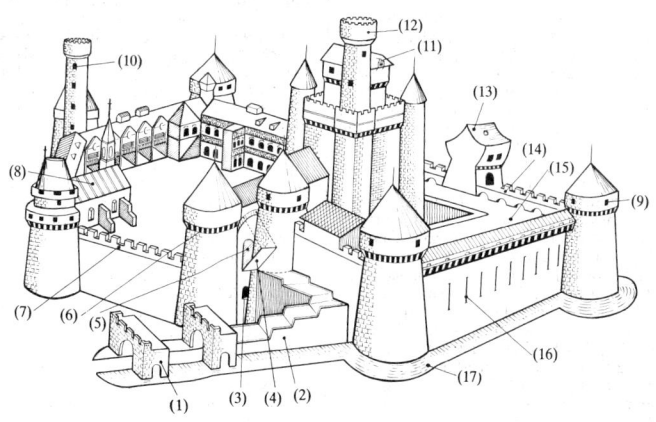

château

(1) barbacane (2) rampe crénelée (3) poterne (4) pont levis (5) herse (6) mâchicoulis (7) créneaux (8) chapelle (9) tour d'angle (10) tour de guet (11) donjon (12) échauguette (13) tour flanquant (14) chemin de ronde (15) citerne (16) meurtrière (17) fossé

châtelet [ʃatlɛ] *n.m.* ① 작은 성, 작은 성채. ②(성채의)보루. le (Grand) C~ 《역사》(대혁명 이전)파리 최고 재판소. le Petit C~ 《역사》(대혁명 이전)파리 감옥.

châtellenie [ʃatelni] *n.f.* 성주의 지배권(영지).

chat-huant [ʃauɑ̃] (*pl.* ~s-~s) *n.m.* 《조류》부엉이.

châtiable [ʃɑtjabl] *a.* 벌을 주어 마땅한.

châtié(e) [ʃɑtje] *a.p.* ① 벌받은(puni). enfant ~ par son père 아버지로부터 벌받은 아들. ②《문장이》세련된. style ~ 세련된 문체.

châtier [ʃɑtje] *v.t.* ① 벌하다(punir); 징계하다. ~ un enfant 어린애에게 벌을 주다. ~ une faute de qn …의 잘못을 벌하다. Qui aime bien *châtie* bien. 《속담》귀여운 자식은 매로 키워라. ②(수도(修道)로 육체에)고통을 주다; 억제[억압]하다. Les ascètes *châtient* leur corps. 수도사는 육체에 고통을 준다. ~ ses nerfs[sa voix]날카로운 신경을 진정시키다[목소리를 죽이다]. ③《문장·말을》다듬다, 세련되게 하다. ~ sa prose[ses vers, son style]문장[시구·문체]을 다듬다. ④ 박차를 가하다, 채찍질하다. ~ son cheval 말에 박차를 가하다. —**se** ~ *v.pr.* 자신을 벌하다.

chatière [ʃatjɛ:r] *n.f.* ①(문 밑의)고양이가 다니는 구멍;(지붕에 있는)환기 구멍(→ maison 그림). ② 고양이 덫. ③ 비밀 입구.

châtieur [ʃɑtjœ:r] *n.m.* 벌을 주는 사람.

châtiment [ʃɑtimɑ̃] *n.m.* 벌, 징벌(punition). recevoir[subir] un ~ 벌을 받다. ~ corporel 체벌. «le Crime et le C~»「죄와 벌」(도스토에프스키의 소설).

Chat-Noir (le) [ləʃanwa:r] *n.pr.m.* 흑고양이(19세기 파리의 카바레; 예술가들이 모여 들었던 곳).

chatoiement, chatoîment [ʃatwamɑ̃] *n.m.* (빛의 각도에 따라 변하는)다채로운 광채, 아롱진 빛깔.

chaton[1] [ʃatɔ̃] *n.m.* (반지의)거미발(보석을 물리는 부분); 반지의 보석.

chaton[2] [ʃatɔ̃] *n.m.* ① 어린 고양이. une portée de ~s 한 배의 새끼 고양이. ②(가구 밑에 쌓인)솜털 모양의 먼지. ③《식물》미상(尾狀)꽃차례.

chatonner [ʃatɔne] *v.i.* 《드물게》(고양이가)새끼를 낳다. —*v.t.* (보석을)반지의 거미발에 물리다.

chatouillant(e) [ʃatujɑ̃, -ɑ̃:t] *a.* 간지럽게 하는; 기쁘게 하는; 자존심을 추켜주는. ~es approbations 사람을 즐겁게 해주는 찬사.

chatouille [ʃatuj] *n.f.* 《구어》간지르기. faire des ~s à qn …을 간지럽게 하다.

chatouillement [ʃatujmɑ̃] *n.m.* ① 간지르기; 간지럼. être sensible au moindre ~ 간지럼을 아주 잘 타다. ②《가벼운》쾌감, 만족. L'harmonie produit le ~ de l'oreille. 하모니는 귀에 쾌감을 준다.

chatouiller [ʃatuje] *v.t.* ① 간지르다. mouche qui le *chatouille* 그를 간지럽게 하는 파리. ~ qn à la plante des pieds …의 발바닥을 간지럽게 하다. ~ une femme 여자를 애무하다. ~ un cheval de l'éperon 박차로 말의 배를 가볍게 차다. ②쾌감을 주다, 즐겁게 하다(plaire). parfum qui *chatouille* l'odorat[le nez] 코를 기분좋게 자극하는 향기. ~ l'amour-propre de qn …의 자존심을 만족시켜 주다. ③자극하다. ~ la curiosité 호기심을 자극하다. ~ son adversaire 적을 자극하다. ~ le moteur 모터에 시동을 걸다.

~ **les côtés à qn** …의 옆구리를 쿡 찌르다. ~ **qn à l'endroit sensible** …의 가려운 데를 긁어주다; …에게 만족을 주다.

—**se** ~ *v.pr.* 서로 간지르다; 자기를 간지르다. Les enfants s'amusent souvent à *se* ~. 애들은 때로 서로 간지르며 즐긴다. ② *se* ~ pour se faire rire 《속어》억지로 웃어보이다.

chatouilleux(se) [ʃatujø, -ø:z] *a.* ① 간지럼 잘 타는. Cet enfant est ~. 이 애는 간지럼을 잘 탄다. ②예민한, 민감한; 화를 잘 내는, 자극받기 쉬운 (susceptible). amour-propre ~ 상처받기 쉬운 자존심. ~ sur le point d'honneur 명예의 문제에 민감한, 체면에 신경을 많이 쓰는. cheval ~ (채찍이나 박차에)민감한 말. ③《문어》미묘한. Ce sont des choses ~ses. 그것은 미묘한 문제이다.

chatoyant(e) [ʃatwajɑ̃, -ɑ̃:t] *a.* ①색이 영롱한; 다채로운. l'éclat ~ d'un diamant 다이아몬드의 아롱지게 반짝거리는 빛. pierre ~e 묘안석(猫眼石). style ~ 다채롭고 생기 있는 문체. imagination ~e du poète 시인의 다채로운 상상.

chatoyer [ʃatwaje] [7] *v.i.* ①(보석이나 옷감 따위가)아롱지게 빛나다, 반짝이다(étinceler). des étoffes qui *chatoient* 빛의 각도에 따라 빛깔을 달리 하는 피륙. ②생기가 나다.

chat-pard [ʃapa:r] (*pl.* ~s-~s) *n.m.* (아프리카산의)산고양이, 삵쾡이.

châtré(e) [ʃɑtre] *a.p.* ① 거세된(émasculé); 생기 없는(veule). —*n.m.* 《구어》거세된 사람, 내시, 환관(宦官). —*n.* 금육자.

châtrer [ʃɑtre] *v.t.* ① 거세하다(castrer). ~ un cheval 말을 거세하다. ②《구어》(문학 작품의)일부를 삭제하다. ~ une pièce de théâtre 《구어》희곡의 일부를 커트하다. ③《원예》수술을 잘라내다. —**se** ~ *v.pr.* 거세되다; 금욕하다.

châtreur(se) [ʃɑtrœ:r, -ø:z] *n.* 거세하는 사람; 삭제자.

chatte [ʃat] *n.f.* 암코양이(chat의 여성형). 너자.

chattée [ʃate] *n.f.* 한배의 새끼 고양이.

chattemite [ʃatmit] *a., n.f.* 《구어》얌전한 체하는 (사람); 아첨꾼. faire la ~ 아첨하다.

chattemiterie [ʃatmitri] *n.f.* 얌전한 체하기.

chatter [ʃate] *v.i.* (고양이가)새끼를 낳다.

chatterie [ʃatri] *n.f.* ①아양, 아첨, 사탕발림; 애무. Il m'a fait toutes sortes de ~. 그는 나에게 온갖 아양[아첨]을 떨었다. dire des ~s 달콤한 말을 속삭이다. ②(*pl.*) 달콤한 과자. aimer les ~s 단 것을 좋아하다. ③ 고양이 사육장.

chatterton [ʃatertɔ̃] *n.m.* 《전기》채터톤 혼합물(해저전선용의 형겊 절연체); 절연(絶緣)테이프.

chat-tigre [ʃatigr] (*pl.* ~s-~s) *n.m.* 《동물》 삵쾡이 무리(총칭).

:**chaud(e**[1]) [ʃo, ʃo:d] *a.* ① 뜨거운(↔ froid); 더운, 따뜻한(↔ frais). eau ~e 뜨거운 물. à peine ~ 미지근한. animaux à sang ~ 온혈 동물. climat ~ 따뜻한 기후. pays ~ 남국. serre ~e 온실. courant marin ~ 난류. lainage ~ 따뜻한 모직물. couverture ~e 따뜻한 모포. Pas ~! (반어적)춥군요. Attention, le plat est ~! 조심하세요, 음식이 뜨거워요!

② 열이 있는. avoir les mains ~es de fièvre 열이 있어 손이 뜨겁다. se sentir le front ~ 이마에 열이 있는 것을 느끼다. fièvre ~e 뇌염.

③ 열렬한, 정열적인. avoir la tête ~e; avoir le sang ~ 흥분하기 쉬운 성격이다. ~s admirateurs 열렬한 찬미자(팬)들. voix ~e 열정적인 목소리. discussion ~e 열기띤 토론. style ~ 정열적인 문체. C'est un homme ~ en amitié. 그는 우정이 아주 두터운 사람이다. Il n'est pas très ~ pour cette aventure. 그는 이 모험에 냉담하다.

④ (사회 정세 따위가)격동의, 소란스런; 격렬한.

les années ~es 격동의 시기. La bataille fut ~e. 전투는 몹시 격렬했다.
⑤《구어》다정한, 다감한. Elle est ~e comme une caille. 그녀는 아주 다정하다.
⑥《구어》갓나온, 새로운, 최신의. Il apporte la nouvelle toute ~e. 그는 최신 뉴스를 가지고 왔다.
⑦취한. être ~ de vin 포도주를 많이 마셔서 취해 있다. se mettre ~ 술에 취하다.
⑧ⓐ《놀이》main ~e 맹소드(눈을 감고 손바닥을 맞아 누가 때렸는가를 알아맞히는 놀이). ⓑ《회화》tons ~s; couleurs ~es 따뜻한 색.
être ~e (동물이)발정기에 있다.
Il n'y a(Il ne se trouve) rien de trop ~ pour qn. …에게 있어서 어려운 일은 아무 것도 없다.
Mains froids, ~es amours. 《속담》손이 차면 정이 많다.
n'avoir rien de plus ~ que de 《옛》…하는 것 이상으로 긴급한 일은 없다.
n'être ni ~ ni froid 무관심하다, 냉담하다.
tomber de fièvre en ~ mal 《옛》사태가 악화되다 (단순한 열에서 뇌염으로 발전한다는 뜻이다).
— ad. ① 뜨겁게; 따뜻하게. manger(boire, servir) ~ 뜨거울 때 먹다(마시다·제공하다).
② coûter ~《구어》비싸게 먹히다(coûter cher).
③ tout ~ 즉각, 즉시. annoncer tout ~ que…《구어》는 즉시 알리다. Il écrit tout ~ sans réfléchir. 그는 생각 없이 즉석에서 쓴다. tout ~ tout bouillant 급히 서둘러서.
— n.m. 뜨거움; 더위; 따뜻함. endurer le ~ et le froid 더위도 추위도 견디다. Il craint le ~ autant que le froid. 더위에서도 추위에서도 그는 약하다. On crève de ~, ici! 《구어》이곳에서는 더워서 미칠 (죽을) 것만 같다.
à ~ ⓐ 뜨겁게 하여서. étirer un fil de fer à ~ 철사를 뜨겁게 달구어서 늘이다. ⓑ《비유적》흥분하여, 화를 내어. Il est dangereux d'agir à ~. 홧김에 행동하는 것은 위험하다.
au ~ 따뜻한 곳에. rester au ~ dans son lit (감기에 걸려서)침대에 누워 따뜻하게 하고 있다. tenir un plat au ~ 요리를 따뜻하게 보관하다.
avoir ~ ⓐ 덥게 느끼다, 덥다. J'ai ~. 덥다. ⓑ《구어》위험한 꼴을 당하다; 위기를 모면하다. J'ai eu ~! 정말 위험했어.
Cela ne me fait ni ~ ni froid. 그런 것은 나에게는 상관 없다.
Il fait ~. ⓐ 덥다. Il fait ~ aujourd'hui. 오늘은 덥다. ⓑ 격렬하다. Il faisait ~ à cette bataille. 그 싸움은 정말 격렬했다. ⓒ Il fera ~ quand … ; Il fera plus ~ qu'aujourd'hui quand …하기에는 아직도 시간이 있다, 그것은 앞으로의 일이다.
prendre un ~ et froid 오한이 나다.
tenir ~ à qn …을 따뜻하게 하다; …을 쉴새없이 몰아붙이다. Ce chandail me tient ~. 이 스웨터는 따뜻하다. «tenir au ~» "따뜻한 곳에 보관할 것."

chaude² [ʃo:d] n.f. ①《야금》가열; 열. faire une ~ 가열하다. ~ rouge 적열(赤熱). ②《종교》화톳불. ③ à la ~《옛》즉각, 즉시, 곧.
chaudeau [ʃodo] (pl. ~x) n.m.《옛》뜨거운 수프; 《요리》(설탕·향료를 넣은) 뜨거운 에그밀크.
chaudement [ʃodmɑ̃] ad. ① 따뜻하게; 열렬히, 열심히. être vêtu ~ 따뜻하게 옷을 입다. applaudir ~ 열렬히 박수를 보내다. ②《옛》즉시.
chaude-pisse [ʃodpis] (pl. ~s-~s) n.f.《속어》《의학》임질.
chauderie [ʃodri], **chaudrerie** [ʃodrəri], **chaultrie** [ʃoltri] n.f. (인도에서 나그네가 무상으로 잠깐씩 묵는) 여인숙.

chaud-froid [ʃofrwa(ɑ)] (pl. ~s-~s) n.m.《요리》 젤리·마요네즈를 친 냉육(冷肉).
chaudière [ʃodjɛːr] n.f. ① 보일러, 기관(汽罐). ~ tubulaire 연관(煙管)식 보일러. ~ locomotive 증기 기관차의 보일러. ~ de chauffage central 중앙 난방식 보일러. petite ~《해양》보조 보일러. ② 큰 솥, 가마솥; 큰 솥에 담긴 분량. ~ à vide 진공남비.
chaudrée [ʃodre] n.f. 생선 수프.
chaudron [ʃodrɔ̃] n.m. ① 남비; 작은 솥; 한 남비 분의 분량. ② 엉터리 악기. ③ 비누제조용 통. ④《식물》수선화(水仙花).
Le ~ mâchure la poêle. 《속담》(남비가 프라이팬 보고 검다고 한다) → 똥 묻은 개가 겨 묻은 개를 나무라다, 오십보 백보이다.
chaudronnée [ʃodrone] n.f. 한 남비(솥)의 분량.
chaudronnerie [ʃodronri] n.f. 주물 제조(판매)업; 주물 공장; 보일러 제작(공장)(grosse ~).
chaudronnier(ère) [ʃodrɔnje, ɛːr] n. ① 주물 제조(판매)업자. ② 보일러 제작공; 보일러 제조업자. ③ 철물 장수. ~ ambulant(au sifflet) 땜장이.
— a. 주물(제조)의, 주물(제조)에 종사하는. l'industrie ~ère 주물 산업.

:**chauffage** [ʃofa:ʒ] n.m. ① 난방; (보일러에)불때기. bois de ~ 장작. ~ au gaz(par l'électricité, à la vapeur) 가스(전기·증기)난방. ~ central 중앙난방. ~ urbain(collectif) 한 지역 전체의 공동 난방. Le ~ occupe une bonne part de notre budget. 우리 집의 가계에서 난방비가 차지하는 비중은 크다. Nous arrêtons tout ~ le 31 mars. 우리는 3월 31일에 모든 난방을 끊습니다. ②난방기구, 난방시설(설비). Le ~ est en panne en ce moment. 난방기구가 지금 고장나 있다. ③《기계》과열. ④《속어》(시험을 위한)주입식 공부.
chauffant(e) [ʃofɑ̃, ɑ̃:t] a. 열을 내는, 따뜻한. couverture ~e 따뜻한 모포.
chauffard [ʃofaːr] n.m.《구어》엉터리 운전사.
chauffe [ʃo:f] n.f. ① 가열; (보일러 따위의)불때기. donner une ~ à qc …에 열을 가하다. activer la ~ 난로(보일러)의 온도를 높이다. chambre de ~《선박》화실(火室), 화부실(火夫室). chef de ~ 화부장(長). porte de ~ (보일러 따위의)아궁이. surface de ~ 수열면(受熱面). bleu de ~ 화부의 작업복(상하가 붙음). ②과열. ③《야금》(용광로의)연료실. ④증류.
chauffe-assiettes [ʃofasjɛt] n.m.《복수불변》(전열에 의한)접시 데우는 기구.
chauffe-bain [ʃofbɛ̃] n.m. 목욕물 온수기.
chauffe-eau [ʃofo] n.m.《복수불변》(가스·전기 따위의)온수기. ~ instantané 순간 온수기.
chauffe-la-couche [ʃoflakuʃ] n.m.《복수불변》《속어》오쟁이진 남편.
chauffe-linge [ʃoflɛ̃:ʒ] n.m.《복수불변》의류 건조장치.
chauffe-lit [ʃofli] (pl. ~-~(s)) n.m. 잠자리 보온기(탕파 따위).
chauffe-pieds [ʃofpje] n.m.《복수불변》각로(脚爐), 발 보온기.
chauffe-plats [ʃofpla] n.m.《복수불변》(식탁 위에서)요리를 데우는 기구.
:**chauffer** [ʃofe] v.t. ① 덥히다, 가열하다; (옷 따위를)말리다. ~ de l'eau à 100° 물을 100도까지 끓이다. ~ ses mains à la flamme du foyer 난로에 손을 쬐다. place chauffée par le soleil 햇빛으로 따스해진 광장. ~ une locomotive(une chaudière) 기관차(보일러)에 석탄을 지피다.
②《구어》부추기다, 고무하다; 흥분시키다, 활기

를 불어넣다; 촉진시키다. ~ le zèle de qn …의 열성을 불러일으키다. ~ un élève 학생을 맹렬히 공부시키다. ~ une scène 《연극》 무대에 활기를 불어넣다. ~ qn à blanc …을 몹시 흥분[분개]시키다. ~ une affaire 어떤 일을 촉진하다(서두르다). ③《속어》현장에서 체포하다(surprendre); 《속어》 훔치다(voler). On l'a chauffé en train de tricher. 그는 사기를 치다가 붙들렸다. se faire ~ 체포되다. se laisser ~ sa montre 시계를 도둑맞다.
④ (식물을) 속성재배하다.
~ les pieds de qn 《옛》(발을 불로 지져서)고문하다, 자백시키다.
—v.i. ① 뜨거워지다, 더워지다, 열이 나다. faire ~ de l'eau 물을 데우다. La locomotive chauffe. 기관차가 열이 난다.
② (모터 따위가) 과열되다. La roue chauffe. 차륜이 (위험할 정도로) 과열되고 있다.
③ 《비유적》열광하다, 흥분하다, 열기를 띠다. La discussion chauffe. 토론이 격렬해진다. Toute la salle chauffe terrible. 《구어》장내는 흥분의 도가니로 변한다.
Ça va ~; Ça chauffe. 《구어》(논쟁 따위가)격렬해지고 있다, 최고조에 달하고 있다.
Faites ~ la colle. 무너질 모양이다, 한바탕 소동이 벌어질 모양이다.
Le bain chauffe. 소낙비가 한 차례 퍼부을 것 같다.
—se ~ v.pr. ① 더워지다, 따뜻해지다. Cette pièce se chauffe mal. 이 방은 좀처럼 따뜻해지지 않는다.
② (자기 몸을)덥게 하다. se ~ au soleil 햇빛을 쬐다, 햇빛으로 더워지다. se ~ les muscles 《스포츠》예비 운동을 하다.
montrer de quel bois on se chauffe 혼내주다.
chaufferette [ʃofrɛt] n.f. ① 발 보온기; (자동차 따위의) 히터. ② = chauffe-plats.
chaufferie [ʃofri] n.f. 【야금】조절로(條鐵爐); (배의) 기관실.
chauffe-théière [ʃofteʃɛ:r] n.m. (식지 않게 차(茶) 주전자에 씌우는) 덮개.
chauffeur [ʃofœ:r] n.m. ① 운전사. ~ de camion 트럭 운전사. Elle est ~ de taxi. 그녀는 택시 운전 기사이다. les ~s du dimanche 운전 솜씨가 서투른 운전자. ② 화부(火夫). ~ de locomotive 기관차의 화부. ~-mécanicien (배·기관차의)기관사. ③ 《학생속어》주입식으로 가르치는 교사. ④ 가열기, 히터. ⑤ 선동자. ⑥《옛》(발바닥을 불로 지져서) 고문하는 산적.
chauffeuse [ʃofø:z] n.f. ① (난로 옆에 놓는)낮은 의자; 《드물게》여자 운전사.
chauffoir [ʃofwa:r] n.m. (수도원·공장 따위의)난방 장치가 된 휴게실; 《의학》 습포.
chaufour [ʃofu:r] n.m. 석회 가마.
chaufournerie [ʃofurnəri] n.f. 석회 제조.
chaufournier [ʃofurnje] n.m. 석회 제조공.
chaulage [ʃolaːʒ] n.m. 【농업】석회수에 담그기, 석회수를 붓기.
chauler [ʃole] v.t. ① (흙에)석회를 섞다; (과일나무에)석회수를 뿌리다; (씨를)석회수에 담그다.
② (벽을)석회로 바르다(~ le mur).
chauleuse [ʃoløːz] n.f. 석회수 살포기.
chaulier [ʃolje] n.m. 석회 제조[판매]업자.
chaulmoogra [ʃolmugra] n.m. 【식물】 대풍자 (대풍수의 열매).
chaumage [ʃomaːʒ] n.m. 【농업】(밭의)그루터기 제거(시키기).
chaumard [ʃomaːr] n.m. ① 【해양】 밧줄 걸이. ② (도로래의)바퀴 구멍.

chaume [ʃoːm] n.m. ① (밀·보리 따위의)짚; 이엉; 초가집. toit de ~ 밀짚 지붕. couvrir un toit en ~ 지붕을 밀짚으로 이다. être né sous le ~ 가난한 농가에서 태어나다. ② (밀·보리·벼 따위의)그루터기; 그루터기가 늘어서 있는 밭. ③ 【화본(禾)과】식물의 줄기.
chaumer [ʃome] v.t., v.i. (밭에서 밀·보리 따위의)그루터기를 뽑아(내다).
chaumier [ʃomje] n.m. ① (보리 짚을)베는 사람; (초가)지붕을 이는 사람. ② 보리[밀] 짚더미.
chaumière [ʃomjɛːr] n.f. ① 초가집; (초가지붕의 멋을 살린)식당, 접객업소. ②《문어》가난한, 빈한. ③ 시골 별장. une ~ et un (son) cœur 《속어》검소한 부부 살림.
chaumine [ʃomin] n.f. 작은 초가집, 오두막집.
chaussant(e) [ʃosɑ̃, -ɑ̃ːt] a. 발에 잘 맞는, 신기 편한. Ces mocassins sont très ~s. 이 가죽 신발은 신기에 아주 편하다.
chausse [ʃoːs] n.f. ① (대학교수·법관 따위의 어깨에서 아래로 늘어뜨리는)견장(肩章). ② 여과용 여과낭(濾過囊)헝겊《원뿔꼴》. ③ (pl.)《옛》(남자용)짧은 바지. ④ (수세식 화장실의)배수관(~ de latrines). ⑤ 《문장》 원 3각 무늬.
courir[hurler, être] après les ~s de qn《구어》…을 귀찮게 따라다니다, 괴롭히다.
faire dans ses ~s 겁에 질리다.
n'avoir pas de ~s 매우 가난하다.
porter les ~s 《속어》(아내가)내주장(內主張)을 하다.
prendre son cul pour ses ~s 큰 실수를 하다.
tirer ses ~s 《구어》재빨리 도망치다.
y laisser ses ~s 《구어》(현장에서) 숨지다[죽다].
chaussé(e) [ʃose] a.p. 신을 신은. voiture bien ~e 《구어》타이어가 튼튼한 차.
chaussée [ʃose] n.f. ① 차도; 도로. ~ pavée 포장[아스팔트]도로. ingénieur des ponts et ~s 토목기사. ② 두렁(길), 둑, 제방. ③ 암초.
chausse-pied [ʃospje] n.m. 구둣주걱.
·chausser [ʃose] v.t. ① 신다. 《구어》(옷 따위를)입다. ~ ses souliers[ses bas] 구두[양말]를 신다. ~ du 40, 사이즈 40의 신을 신다. ~ des lunettes 《구어》안경을 쓰다. ② 신겨주다. (차에 타이어를)달다. ~ un enfant (de souliers) 어린아이에게 구두를 신기다(~ des souliers à un enfant). ~ un cheval 말에 편자를 달다. ~ une voiture 차에 타이어를 달다. ③ (에게)신을 만들어 주다; 신발을 대주다. Ce cordonnier chausse toute ma famille. 우리집 식구들은 모두 이 구두장수에게서 신발을 만들어 신는다[산다]. se faire ~ chez qn …의 구둣방에서 구두를 맞추다. ④ 【원예】북주다. ~ un arbre 나무에 북주다. ⑤ (구두 따위가 …에게)맞다. Ce soulier me chausse bien. 이 구두는 나의 발에 잘 맞는다. ⑥《문어》《비유적》(생각 따위에)사로잡히다, 고집하다. ~ sa tête (être chaussé) d'une idée 어떤 생각에 사로잡히다, 고집하다.
être difficile à ~ 성미가 까다롭다.
s'enfuir un pied chaussé et l'autre nu 황급히 달아나다, 걸음아 나 살려라 하다.
—v.i. (신이)발에 맞다. Ce soulier chausse bien. 이 구두는 잘 맞는다. Ce bottier chausse bien(mal). 이 제화공의 구두는 발에 잘 맞는다[안맞는다].
Cela me chausse bien. 그건 내게 안성마춤이다.
~ de la même pointure 서로 뜻이 맞다.
—se ~ v.pr. ① 구두[양말]를 신다. se ~ avec un chausse-pied 구둣주걱으로 구두를 신다. se ~ d'une idée 어떤 생각을 고집하다. se ~ (la tête) de qc …에 열중하다. ③ se ~ chez qn …에서 구두를 사다.

chaussetier [ʃostje] *n.m.* 양말·내의류 판매인.
chausse-trape [ʃostrap] *n.f.* ① 덫, 함정; 술책 (ruse). Il discutait pied à pied en évitant habilement les ~s de son adversaire. 그는 상대방의 함정을 교묘하게 피하면서 차근차근 논박했다. ②《옛》《군사》마름쇠 (7기병의 공격을 방비하던 것). ③《식물》수레국화류의 일종.

*****chaussette** [ʃoset] *n.f.* (남자·어린이용의 뜨개질한) 양말; 《옛》짧은 양말. une paire de ~s 양말한 컬레. ~s de coton 면양말. marcher en ~s 신을 벗고 살금살금 걷다. ~s à clous《속어》징박은 구두. jus de ~《속어》맛없는 커피.
chausseur [ʃosœ:r] *n.m.* 구둣방.
chausson [ʃosɔ̃] *n.m.* ① 실내화; 운동화; 슬리퍼. ②《스포츠》쇼송, 킥복싱. ③《속어》(노동자의) 동료; 못된 놈. ④《요리》과일 파이. ~ aux pommes 사과 파이.
un peigne dans un ~《옛·속어》아주 볼품 없는 가구. *Tout son équipage tiendrait dans un ~.*《옛·속어》그는 아주 가난하다.
chaussonnier [ʃosɔnje] *n.m.* 슬리퍼 제조(판매)인.
:chaussure [ʃosy:r] *n.f.* ① 구두, 신 (soulier). ~s montantes (à tige) 발목까지 덮는 신발 (galoche, basket 따위). ~s de cuir 가죽구두. ~s de sport (basket, ski, marche) 스포츠 (농구·스키·보행) 화. taille d'un ~ 구두의 사이즈. mettre (enlever) ses ~s 구두를 신다 (벗다). cirer des ~s 구두를 닦다. ② 구두 제조 (판매) 업. travailler dans la ~ 구두방 (제화점) 에서 일하다.
avoir un pied dans deux ~s 양다리 걸치다. *~ à tout pied* 평범한 [아무 새로울 것 없는] 물건 [설 (說)]. *trouver ~ à son pied* [point] 구하던 것을 찾다; (사람이) 제 짝을 만나다; 호적수를 만나다.
chaut [ʃo] chaloir 의 직설·현재·3·단수.
*****chauve** [ʃo:v] *a.* ① 대머리의. tête ~ 대머리. vieillard ~ 대머리 노인. ② (산 따위가) 수목이 없는, 민둥민둥한. mont ~ 민둥 산. Les arbres sont ~s en hiver. 겨울에는 나무들이 벌거숭이가 된다.
~ comme un genou [*un œuf*]《구어》대머리의.
—*n.* 대머리.
chauve-souris [ʃovsuri] (*pl.* ~**s**-~) *n.f.*《동물》박쥐.
chauvin(e) [ʃovɛ̃, -in] (< *Nicolas Chauvin*, 제1제정 시대의 모범적인 병사) *a.* 맹목적인 애국주의의, 국수주의적인. journal ~ 국수주의적인 신문.
—*n.* 맹목적인 애국자, 국수주의자.
chauvinique [ʃovinik] *a.* 국수주의적인.
chauvinisme [ʃovinism] *n.m.* 맹목 [배타] 적 애국심, 국수주의.
chauviniste [ʃovinist] *a.* 국수주의자의.—*n.* 맹목적 애국주의자, 국수주의자.
chauvir [ʃovi:r] [18] *v.i.* (sentir 와 같이 변화하지만, 직설·현재·단수 및 명령·단수에서는 finir 와 같이 변화함) ~ des oreilles [de l'oreille] (당나귀 따위가) 귀를 쫑긋 세우다.
chaux [ʃo] *n.f.* ① 석회. ~ éteinte 소(消) 석회. hydraulique 수화(水化) [수경(水硬)] 석회. pierre à ~ 석회석. ~ vive 생석회. eau de ~ 석회수. lait (blanc) de ~ (묽은) 회반죽. blanchir un mur à la ~ 벽에 석회를 칠하다. ②《옛》칼슘. hydrate de ~ 수산화칼슘.
bâtir à ~ *et à sable* (*à* ~ *et à ciment*) 아주 단단하게 [견고하게] 쌓다 [짓다]. *Il est bâti à* ~ *et à ciment.* 그는 체격이 건장하다.
chavirabilité [ʃavirabilite] *n.f.*《해양》(선체의) 불안정 (성).
chavirable [ʃavirabl] *a.*《해양》(선체가) 불안정한.
chavirage [ʃavira:ʒ] *n.m.* (선체·차량 따위의) 전복.
chavirement [ʃavirmɑ̃] *n.m.* ① 전복. ②(쓰레기 따위를) 내던지기.
chavirer [ʃavire] *v.t.* ① 뒤엎다; 전복시키다, 넘어 뜨리다 (renverser). ~ une table 테이블을 뒤엎다. Une vague *a chaviré* notre canot. 파도가 우리 보트를 전복시켰다. Il partit, *chavirant* des chaises. 그는 의자를 넘어뜨리며 떠났다. ② (깊이) 감동시키다, 동요시키다. J'en *suis* tout *chaviré*. 나는 그것에 깊이 감동되었다. Cette nouvelle nous *a* tous *chavirés*. 이 소식은 우리 모두를 동요시켰다.
—*v.i.* ① 뒤집히다, 전복되다; 비틀거리다. Notre barque *a chaviré*. 우리의 작은 배가 전복되었다. Ses yeux *chavirèrent*. 그는 눈이 핑핑 돌았다. J'ai le vertige, tout semble ~. 나는 현기증이 난다, 온 천지가 뒤집히는 것 같다. Un ivrogne *chavirait* dans la rue. 술주정뱅이가 노상에서 비틀거리고 있었다. ②《해양》(갑판 개구(開口)를 통해 물이 들어갈 정도로 배가) 기울어지다. ③《구어》실패하다. Ce négociant *a chaviré*. 그 상인은 실패했다.
ch. d'aff. (약자)chargé d'affaire《외교》대리 대사.
ch. de f. (약자)chemin de fer 철도. ㄴ사(공사).
chébec [ʃebɛk], **chebec** [ʃ(ə)bɛk] *n.m.* (지중해의) 작은 세 돛대 범선.
chèche [ʃɛʃ] *n.m.* 북아프리카 병사의 머리수건, 두건.
chéchia [ʃeʃja] *n.f.* 세샤모자 (아랍인 따위의 붉은 술이 달리고 챙이 없는 모자).
check-list [(t)ʃeklist]《영》*n.f.*《항공》(이륙전의) 기체 점검표; (일반적으로) 검사 항목표;《의학》검사 점검표.
check-up [(t)ʃekœp]《영》*n.m.*《의학》종합건강 진단 (bilan de santé); (일반적으로) 종합검사.
cheddite [ʃedit, ʃɛddit] *n.f.*《화약》쉐다이트 (폭약의 일종).
:chef [ʃɛf] *n.m.* (여성의 경우에도 불변) ① 우두머리, 수령, 장(長), ~ de famille 가장. ~ d'État 국가원수. ~ de l'Église 교황. ~ du gouvernement 수상 (총리). ~ de bureau (de service) 과(계)장. ~ de gare 역장. ~ de rayon 매장주임. ~ d'équipe 작업반장; 《스포츠》팀의 주장. ~ d'atelier 공장장. ~ mécanicien (상선의) 기관장. ~ opérateur《영화》촬영주임.
② 지도자. tempérament de ~ 지도력. ~ d'école 유파의 리더. ~ de file (행렬의) 선두; (운동의) 선도자; (해군의) 유도함. ~ de bande (강도 집단의) 수령. ~ d'orchestre (des chœurs) 오케스트라 (합창단) 의 지휘자.
③ 요리장 (~ de cuisine, ~ cuisinier).
④《군대》ⓐ 사령관, (부대)장. ~ d'état-major 참모총장. ~ de bataillon 대대장. ~ de musique 군악대장. ⓑ 특무상사 (sergent-~).
⑤ 창시자, 시조. ~ du nom et des armes (같은 성과 문장을 갖는 귀족의) 가계의 수장. ~ d'ordre religieux 수도회의 창시자.
⑥《법》조항, 항목 (article). ~s d'accusation 고소조항. ~s d'un discours《옛》논설의 주 항목.
⑦《옛》머리 (tête). ~ orné de longs cheveux 긴 머리로 덮인 머리.
⑧《문장》(방패의) 상부 (→ écu 그림).
au premier ~ 무엇보다도 먼저. Il importe, *au premier* ~, *que...* 무엇보다도 먼저, ⋯하는 것이 중요하다. Vous êtes le responsable *au premier* ~. 누구 보다도 먼저 당신에게 책임이 있다. Cela m'intéresse *au premier* ~. 그것은 무엇보다도 나의 흥미를 끈다. *de ce* ~ 그러한 연유로, 따라서.
de son (propre) ~ 자기의 권한으로, 자기 책임하에, 자기 생각으로, faire (décider) qc de son propre ~ 스스로 [자진하여] …을 하다 (결정하다).

du ~ *de qn* 〖법〗 …로부터의 권리이양에 의해. avoir une maison *du* ~ *de* sa mère 어머니로부터의 권리이양에 의해 집을 소유하다.
en ~ 장으로서(의). rédacteur *en* ~ 편집장. ingénieur *en* ~ 주임기사. commandant *en* ~ 군사령관. commander une armée *en* ~ 군대의 총지휘를
mettre à ~ 끝마치다. 말다.
venir à ~ 완수하다. *venir à* ~ *de* son dessein 계획을 완수하다.

chef-d'œuvre [ʃɛdœːvr] (*pl.* ~*s*~) *n.m.* ① 걸작. L'homme est le ~ de la nature. 인간은 자연이 만들어낸 걸작이다. «Don Juan» est un des ~*s*~ *de* Molière. 「동쥐앙」은 몰리에르의 걸작품의 하나이다. Cette négociation est un ~ d'habileté. 이 교섭은 극히 교묘하게 이루어졌다. L'appartement était un ~ de mauvais goût. (경멸) 그 아파트는 아주 전형적으로 볼품없는 것이었다. Vous avez fait là un ~! (반어적) 정말 큰 실수 (바보짓)를 저질렀구나! ② (예) (장인(匠人)자격을 가름하는) 작품.

chéffesse, cheffesse [ʃefɛs] *n.f.* 〘속어〙 여자책임자 (지휘자). ⓑ ~ *de rayon* 매장의 여자 책임자.

chef(e)taine [ʃɛftɛn] *n.f.* (소년단·유년부원의) 소녀대장.

ch. eff. 〘약자〙 chevaux effectifs 유효 마력, 축(軸)마력.

chefferie [ʃɛfri] *n.f.* 족장(族長)의 관할 구역; 〘옛〙 공병 관구(管區).

chef-lieu [ʃɛfljø] (*pl.* ~*s*~*x*) *n.m.* 도청 (군청) 소재지; (뜻을 넓혀서) 중심지. Londre, métropole du luxe, est le ~ de la misère. 화려함의 도시 런던은 또한 비참의 도시이기도 하다.

chégros [ʃegro] *n.m.* (제화용의) 초먹인 실.

cheich [ʃɛʃ] *n.m.* = chèche.

cheik(h) [ʃɛk] *n.m.* (아라비아의) 족장(族長), 장로; 설교자.

chéilite [keilit] *n.f.* 〘의학〙 구순염(口脣炎).

cheire [ʃɛːr] *n.f.* (Auvergne 지방의) 용암.

chéiroptères [keiropɛːr] *n.m.pl.* = chiroptères.

chelem [ʃ(ə)lɛm] 〘카드놀이〙 ① (복수불변) 전승(全勝) (전 트릭(13)을 다 따기). réussir le petit ~ 12트릭을 따다. —*a.* (불변) être ~ 영패하다. faire *qn* …을 영패시키다.

chélicère [kelisɛr] *n.f.* 〘동물〙 (거미·전갈 따위의 머리에 달린) 갈퀴.

chélidoine [kelidwan] *n.f.* ① 〘식물〙 애기똥풀. ② 〘광물〙 마노.

chélifère [kelifɛːr] *n.m.* 〘동물〙 집게벌레의 일종.

chelléen(ne) [ʃɛleɛ̃, -ɛn] *n.m., a.* 셸기(期) (구석기 시대 초기)(의).

chéloïde [kelɔid] *n.f.* 〘의학〙 해족종(蟹足腫), 켈로이드.

chélone [kelon], **chélonée** [kelone] *n.f.* 〘동물〙 귀별류(龜鼈類) (바다거북속(屬)의 일종.

chéloniens [kelɔnjɛ̃] *n.m.pl.* 〘동물〙 귀별류.

:**chemin** [ʃ(ə)mɛ̃] *n.m.* ① 길, 도로(route). demander son ~ à *qn* …에게 길을 묻다. se tromper de ~ 길을 잘못가다. perdre son ~ 길을 잃다. ~ *de terre* 비포장도로. ~*s royaux* 〘예〙 간선도로. ~ *de traverse* 지름길, 간도(間道). ~ *rural* 시골길. ~ *privé* 사설도로. ~ *forestier* 숲(속)길. prendre son ~ *par mer* 해로를 택하다.
② 도정; 거리. Il y a une heure de ~ pour aller à l'école. 학교까지는 걸어서 한 시간 걸린다. Nous avons encore un long ~ à parcourir. 우리가 가야 할 길 (도정·여정)은 아직도 멀다. La ligne droite est le plus court ~ d'un point à un autre. 직선은 두 점을 연결하는 최단거리이다. faire le ~ à pied 도보로 가다. changer de ~ 도정을 변경하다.
③ (비유적) (과정·수단으로서의) 길; 추이, 변천. ~ *de la gloire* 영광의 길. prendre le ~ *du succès* 성공의 길을 가다. suivre le bon ~; être dans le bon ~ 올바른 길을 가다, 성공의 도상에 있다. ~ *de la vie* 인생길(항로).
④ (자동차 따위의) 주행거리; (보석연마기에 남은) 다이아몬드의 궤적(軌跡).
⑤ ⓐ ~ *d'escalier* 계단의 카펫. ⓑ ~ *de table* (길 쭉한) 식탁보. ⓒ ~ *de roulement* (공항의) 유도로; 〘기술〙 안내레일. ⓓ ~ *de ronde* (성벽 위의) 순시로(→ château 그림). ⓔ ~ *couvert* 〘축성〙 (흉장과 호사이의) 엄폐도(→ fortification 그림). ⓕ ~ *du piston* (실린더 내에 있는) 퍼스톤의 왕복로. ⓖ ~ *de halage* 예선도, 曳船道.

aller son (grand) ~ 자기의 갈 길을 가다, 정정당당하게 처신하다.
à moitié ~ 중도(에서).
~ *battu (fréquenté)* 밟힌 길로 다져진 길, 왕래가 잦은 길.
~ *de Saint-Jacques* 〘구어〙 은하수.
en ~ 도중에서. perdre son temps *en* ~ 도중에서 시간을 낭비하다. s'arrêter *en* ~ 중도에서 그만두다. Ne vous arrêtez pas *en* si beau ~. 성공을 눈앞에 두고 포기하지 마시오.
être dans [sur] le ~ *de qn* …의 방해가 되다.
être en ~ *de* +*inf.* 지금 …하는 중이다.
être en bon ~ 순조롭게 진행되고 있다.
être toujours sur les ~*s* (*par voies et par* ~*s*)는 돌아다니고 (활동하고) 있다.
faire (abattre) du ~ 나아가다, 전진하다; (배가) 항진하다; 진보하다, 점차 발전하다.
faire la moitié (une partie) du ~ …의 (일의) 반 (일부)을 마치다; 양보하다, 타협하다.
faire son ~ (인생에) 나아가다, 전진하다; 출세하다; 확고한 기반을 굳히다.
faire un bout de ~ *avec qn* …와 잠깐 동행하다.
faire voir du ~ *à qn* …을 심하게 다루다.
montrer (ouvrir, tracer) le ~ …의 본보기를 보여 주다.
ne pas en prendre le ~ 실현하려면 까마득하다.
ne pas y aller par quatre ~*s* 똑바로 목적을 향해 가다, 솔직하게 말 (행동)하다.
passer (poursuivre) son ~ 길을 계속가다.
prendre le ~ *des écoliers* 먼 길로 돌아가다; 〘구어〙 등교 (하교)길에 놀다, 도중에서 딴 짓을 하다.
Qui trop se hâte reste en ~. 〘속담〙 일을 급히 서두르면 그르친다.
se mettre en ~ *pour; prendre le* ~ *de* …로 향하여 출발하다.
se mettre sur le ~ *de qn* …을 방해하다.
sur le ~ *de* …의 도중에서. Je l'ai rencontré *sur le* ~ *du retour*. 집에 돌아오는 길에 그를 만났다.
trouver le ~ *du cœur de qn* …의 호감을 사는 요령을 알고 있다.
vieux comme les ~*s* 아주 오랜.
voleur de grand ~ 노상 강도.

chemin de fer [ʃ(ə)mɛ̃dfɛːr] (*pl.* ~*s*~~) *n.m.* ① 철도, transport par ~ 철도 수송. ligne de ~ 철도 노선. réseau de ~*s de fer* 철도망. accident de ~ 철도 사고. voie de ~ 철도의 노선, 궤도. ② 철도 운송(수단). ~ *rapide* (기차의) 급행. horaire des ~*s de fer* 기차 시간표. prendre le ~ 기차를 타다. faire un voyage en ~ 철도여행을 하다. ③ 철도 행정 [사업]. Société nationale des ~*s de fer* français 프랑스 국영 철도 (약자) S.N.C.F.). employés des ~*s de fer* 철도 종사원. ④ 장난감 기차. ⑤ (카드로 하는) 도박의 일종.

chemineau [ʃ(ə)mino] (pl. ~x) n.m. ① 뜨내기 노동자; 부랑자. ② 〖해양〗부정기 화물선.
***cheminée** [ʃ(ə)mine] n.f. ① 난로, 벽난로. faire du feu dans la ~ 난로에 불을 피우다. ② (벽난로의) 정면 장식, 맨틀피스(manteau de ~). ③ 굴뚝 (→ maison 그림); 배기관. ramoner une ~ 굴뚝청소를 하다. ~ d'usine 공장의 굴뚝. ~ d'appel (일정한 온도에서 작동하는)배기 장치. ④ 〖군사〗화문(火門); (램프의)등피; (용암의)분출구; 〖등산〗좁은 수직 통로. ⑤ 구멍, 원통형 도관(導管); 〖항공〗에어 포켓(trou d'air); (파라슈트 꼭대기의)공기구멍.

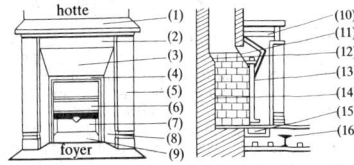

cheminée ①

(1) tablette (2) chambranle (3) ébrasement (4) encadrement (5) pied-droit, jambage (6) rideau, trappe (7) contrecœur (8) panneau en faïence (9) âtre (10) plancher de la gorge (11) contre-soubassement (12) pente (13) rideau (14) contre-cœur (15) arrivée d'air extérieur (16) hourdis plein

cheminement [ʃ(ə)minmã] n.m. ① 앞으로 걷기, 나아감. ~ à travers la jungle 정글을 뚫고 나아감. ~ des eaux souterraines 지하수의 흐름(침투). ② 〖군사〗(은밀한)전진; (pl.) 대호(對壕)작업. ③ (사상·이념의)발전, 진보(progrès); 사고(思考)과정. ~ de la pensée d'un auteur 작가의 사상의 발자취. ④ 〖측량〗평판(平板) 측량법.
cheminer [ʃ(ə)mine] v.i. ① (천천히 힘들게)걸어가다, 나아가다, 전진하다. ~ avec peine 힘들게 걷다. ~ pendant des heures, sans trêve 쉬지 않고 몇 시간 동안 줄곧 걷다. ②(길이)뻗다, 이어지다. sentier qui chemine à flanc de coteau 언덕 중턱으로 나 있는 오솔길. La route cheminait à perte de vue. 길이 한없이 뻗어 있었다. ③(사상 따위가)진전(진보)하다. L'esprit chemine. 인간의 정신은 진보한다. L'affaire chemine bien. 일이 잘 되어 가고 있다. ④ 〖군사〗(호를 파가면서)전진하다. ⑤ 〖측량〗평판 측량법으로 측량하다. ⑥《옛》출세하다, 출세의 길을 걸어가다.
~ droit 《구어》(비유적)(바른 길을 걷다.
cheminot [ʃ(ə)mino] n.m. 철도 종사원.
chemisage [ʃ(ə)miza:ʒ] n.m. 〖기계〗피복(被覆) (공정·작업); (총·실린더 따위의)내장 작업.
⁑chemise [ʃ(ə)mi:z] n.f. ① ⓐ 샤쓰, 와이샤쓰(d'homme). ~ à manches longues(courtes) 긴(짧은) 소매의 와이샤쓰. ~ de sport 스포츠 샤쓰. en bras(en manches) de ~ 웃도리를 벗고. ⓑ (부인용의)슈미즈, 잠옷(~ de femme, ~ américaine). ~ de nuit (부인용)잠옷, 네글리제. ② (두꺼운 종이를 둘로 접어 만든)서류덮개, 홀더; (책의)커버 (~ couvre-livre). ranger des papiers dans une ~ 서류를 홀더에 정리하여 두다. ③ 〖건축〗(건물의)초벽, 모르타르; (토관을 보호하기 위한)석벽. ④ (보호용의)덮개, 커버, 재킷. ~ de cylindres d'automobile 자동차의 실린더 덮개. ~ d'un projectile 포탄의 외피. ~ d'un canon 대포 커버. ~ d'eau 〖기계〗(냉각용)수투(水套). ⑤ 〖역사〗

C~s rouges 붉은 샤쓰(Garibaldi의 의용병). C~s noires 검은 샤쓰(이탈리아의 파시스트). C~s brunes 갈색 샤쓰(나치 당원, 특히 돌격대). ⑥ ~ de mailles 〖옛〗쇠사슬 갑옷.
cacher qn[qc] dans sa ~; cacher qn[qc] entre la peau[la chair] et la ~ 《옛》…을 남모르게 감추다. *Entre la chair et la ~*, il faut cacher le bien qu'on fait. 《속담》착한 일은 남이 모르게 해야 한다.
changer de qc[qn] comme de ~ …을 마구 갈아입우다. *changer d'amis comme de ~*. 그는 친구를 헌 신짝처럼 갈아입우다.
en ~ 웃도리를 벗고; 속옷 바람으로.
être dans la même ~; *être comme cul et ~* 《속어》아주 사이가 좋다.
jusqu'à sa (dernière) ~ 《구어》가진 것을 몽땅, 빈털터리가 되도록. jouer *jusqu'à sa ~* 도박을 해서 빈털터리가 되다. laisser dans une affaire *jusqu'à sa dernière ~* 사업에 실패해서 완전히 파산하다.
mettre qn en ~ …을 빈털터리가 되게 하다.
n'avoir même pas de ~ 한푼 없다, 아주 가난하다.
se moquer[se soucier] de qc comme de sa première ~ ⇒se moquer.
vendre sa ~ 빚을 갚으려고 전 재산을 내놓다.
chemiser [ʃ(ə)mize] v.t. 피복(被覆)하다; (총·실린더 따위의)안을 대다. chemisé d'acier 강철로 안을 댄(내장한).
chemiserie [ʃ(ə)mizri] n.f. 남성용 내의 제조업; (특히 샤쓰 따위의)남성용 잡화(점).
chemisette [ʃ(ə)mizɛt] n.f. (여자용)슈미제트, 얇은 반소매 블라우스; (남자의)반소매 샤쓰.
chemisier(ère) [ʃ(ə)mizje, -ɛːr] n. 남성용 내의 제조(판매)업자. ──n.m. (여자용)잠바.
chênaie [ʃɛnɛ] n.f. 떡갈나무 숲.
chenal(pl. **aux**) [ʃ(ə)nal, -o] n.m. ① (하천·항구의)수로(水路), 통로. ② (공장·물방아용의)물길. ③ ~ pro-glaciaire 〖지질〗빙하로 팬 골짜기. ④ = chéneau.
chenapan [ʃ(ə)napã] n.m. 《옛·구어》건달, 깡패(vaurien).
***chêne** [ʃɛn] n.m. 〖식물〗떡갈나무, 참나무. ~ des Indes 탸크 나무. ~ vert 털가시나무(yeuse). fruit de ~ 도토리. couronne de ~ (로마시대의 승리자에게 준)떡갈나무 잎의 관(冠). képi à feuilles de ~(떡갈나무 잎의 장식이 있는)프랑스 장군의 제모. *pousser[être] fort comme un ~* 건장하게 자라다(건장하다).
chéneau [ʃeno] (pl. ~x) n.m. (처마의)홈통, 홈통 덮개.
chêneau [ʃeno] (pl. ~x) n.m. ① 〖식물〗어린 떡갈나무. ② 개곽향속(屬); 담자리꽃나무.
chêne-liège [ʃɛnljɛːʒ] (pl. ~s-~s) n.m. 〖식물〗코르크떡갈나무.
chenet [ʃ(ə)nɛ] n.m. (난로 안의)장작 받침쇠. ~s de cuisine 불고기 굽는 틀.
chênette [ʃɛnɛt] n.f. 〖식물〗개곽향속(屬).
chenevière [ʃɛnvjɛːr] n.f. 삼(대마)밭.
chènevis [ʃɛnvi] n.m. 삼(대마)씨(새의 먹이).
chènevotte [ʃɛnvɔt] n.f. (껍질을 벗긴)삼대.
chenil [ʃ(ə)ni(l)] n.m. ① 개 사육장, 개집. ②《구어》누추한 집.
chenille [ʃ(ə)nij] n.f. ① (나비 따위의)애벌레; (일반적으로)벌레. ~ du mûrier 누에(ver à soie). laid comme une ~ 벌레처럼 징그러운. ② 〖기계〗(전차 따위의)무한 궤도. tracteur à ~s 무한 궤도 트랙터. ③ 〖직물〗슈닐사(장식용 실의 일종); 투구의 장식 털실. ④ 발광(發光)벌레처럼 자지는 로켓탄. ⑤ 〖식물〗=chenillette ②.

chenillé(e) [ʃ(ə)nije] a. 무한 궤도가 달린.
chenillère [ʃ(ə)nijɛːr] n.f. ① (애)벌레의 집. ② 【식물】 =chenillette ②.
chenillette [ʃ(ə)nijɛt] n.f. ① 무한 궤도식 소형 자동차(장갑차). ② 【식물】 콩과식물의 일종.
chénopode [kenɔpɔd] n.m. 【식물】 명아주.
chénopodiacées [kenɔpɔdjase] n.f.pl. 【식물】 명아주과(科).
chenu(e) [ʃ(ə)ny] a. ①〘문어〙백발이 된. vieillard ~ et voûté 백발이 되고 허리가 굽은 노인. ②〘문어〙흰; (봉우리가)흰 눈으로 덮인; (나무의 윗가지에)잎이 없는. ondes ~es 희빛의 파도. ③〘속어〙최고급의, 굉장히 좋은(excellent). vin ~ 최고급 포도주. —n.m.〘속어〙최상의 것, 멋진 것. C'est du ~! 이건 기막히게 좋다.
cheptel [ʃɛptɛl, ʃ(ə)tɛl] n.m. ① 가축 임대계약(bail à ~). ② 임대한 가축; (한 지방의)가축 전체. ③ 목축업 자본. ~ vif et ~ mort 가축과 목축 용구 〘시설〙.
cheptelier(ère) [ʃɛtəlje, -ɛːr] n. 가축 임대차인(賃借〘人〙.
chéquard [ʃekaːr] n.m. 〘역사〙 파나마 운하 사건 때의 수회자; 〘구어〙 수회자(收賄者).
***chèque** [ʃɛk] n.m. 〘상업〙 수표. ~ sur Séoul 서울에서 지불하는 수표. ~ à ordre 지정인불 수표. ~ au porteur 지참인불 수표, 무기명 수표. carnet de ~s 수표책. ~ de banque(bancaire) (은행 발행의)예금수표. ~ de voyage 여행 수표. ~ barré 횡선수표. ~ certifié (지불)보증수표. ~ sans provision(contrepartie) 부도수표. ~ postal 우편환. compte ~ postal 우편저금 구좌 (〘약자〙 C.C.P.). toucher un ~ 수표를 현금으로 바꾸다. tirer(émettre, libeller) un ~ 수표를 끊다. 수표를 발행하다. Préférez-vous être payé par ~ ou en espèce? 수표로 받겠소, 현금으로 받겠소?
donner un ~ en blanc à qn …에게 백지수표를 주다(비유적) …에게 백지위임하다, …의 자유에 맡기다.
chèque-dividende [ʃɛkdividɑ̃:d] (pl. ~s-~s) n.m. 〘상업〙 배당권(券), 배당수표.
chéquier [ʃekje] n.m. 수표책(carnet de chèques).
***cher(ère)¹** [ʃɛːr] a. ① ⓐ 사랑하는, 정다운, 애지중지하는(aimé, cheri). ses ~s amis 사랑하는 친구들. C'est son plus ~ enfant 그가 그의 가장 사랑하는 자식이다. séparer des êtres qui nous sont ~s 우리의 정다운 사람들과 헤어지다. ⓑ 친애하는 (정중한 인사말). (Mes) ~s auditeurs 친애하는 청중 여러분. C~ Monsieur 선생님 〘편지의 서두에서〙. Mon ~ ami 친애하는 벗에게 〘편지의 서두에서〙. ② 고귀한, 귀중한, 소중한(précieux). Sa mémoire m'est ~ère. 그에 대한 추억이 나에게는 소중하다. La liberté est plus ~ère que la vie. 자유는 생명보다도 귀하다. 〘(coûteux, ↔ bon marché). (물건을)비싸게 파는; 경비가 많이 드는(dispendieux, ↔ économique). Ces vêtements sont trop ~s. 그 옷들은 너무 비싸다. restaurant pas ~ 비싸지 않은 식당, 싼 식당. La vie est ~ère à Paris. 파리에서는 생활비가 많이 든다.
—ad. 비싸게. coûter ~ 값이 비싸다. 비싸게 치이다; (비유적) 큰 대가를 치르다(얻다). vendre ~ 비싸게 팔다. 바가지 씌우다.
Il me le payera ~; Je le lui ferai payer ~. 나도 그만큼을 톡톡히 맛을 보여줄테다, 어디 두고 보자.
ne pas donner ~ à(de) qc …을 하찮게 생각하다.
ne pas valoir ~ 값어치가 없다, 하찮다. Cet ouvrage *ne vaut pas ~.* 이 책은 보잘것없다.
vendre ~ sa vie(sa peau) 최후의 순간까지 싸우다.
—n. 친한 사람. mon ~; ma ~ère 여보, 당신(부부간 따위에서 쓰는 친숙한 호칭). 〘型板〙
cherche¹ [ʃɛrʃ] n.f. (돌을 자르는 데 쓰는)톱, 톱판.
cherche² n.f. 〘옛〙찾음. (다음 구에만 쓰임) être à (la) ~ de 〘카드놀이〙 득점이 없다. être en ~ de qc (qn) …을 찾고 있다.
cherché(e) [ʃɛrʃe] a.p. (태도・문체 따위가)과장된, 일부러 꾸민, 지나치게 손질한(artificiel).
cherche-fuite(s) [ʃɛrʃ(ə)fɥit] n.m. 〘복수불변〙 가스 누출 검출기.
cherche-pôles [ʃɛrʃapo:l] n.m. (불변) 전극(電極) 검출용기. papier ~ 〘전기〙 폴 페이퍼. —n.m. (복수불변) 전극 검출기.
:chercher [ʃɛrʃe] v.t. ① ⓐ (잃은 것・모르는 것을)찾다, 찾아보다, 구하다. ~ sa clé 열쇠를 찾다. Je vous ai cherché partout. 나는 당신을 여기저기서 다 찾아보았다. ~ un mot dans le dictionnaire 사전에서 낱말을 찾다. ~ la vérité 진리를 찾다. ~ la solution d'un problème 문제의 해답을 구하다. ~ qc dans la tête …을 생각해내려고 애쓰다. ⓑ (어떤 대상을)얻으려 하다, 구하다, 추구하다. ~ un appartement 아파트를 구하다. ~ un emploi 직장을 구하다. ~ (une) femme 신부감을 찾다. ~ la solitude 고독을 추구하다, 혼자 있고 싶어하다. ~ la gloire 영예를 추구하다. ~ fortune(aventure) 무슨 좋은 수를 생각하여 바라다, 행운을 찾아가다다. ~ le sommeil 잠을 청하다. ~ dispute(querelle) (à qn) (…에게) 싸움을 걸다.
② ⓐ [aller/venir ~ qn/qc] (을) 찾으러 가다(오다]; 부르러 가다(오다); 맞이하러 가다(오다]; 가지러 가다(오다). Il irait la ~ au bout du monde. 그는 세상 끝일라도 그녀를 찾으러 가리라. Ils sont venus me ~. 그들은 나를 부르러 왔다. J'irai mes amis à la gare. 나는 친구들을 역으로 마중가겠다. Je viendrai le billet. 내가 표를 가지러 가겠소. ⓑ [envoyer ~ qn] (을) 부르러 보내다. J'ai envoyé ~ le médecin. 나는 의사를 부르러 보냈다.
③ [~ à+inf./à ce que+sub.] (하려고)힘쓰다 (s'efforcer), 시도하다(tenter, essayer). ~ à comprendre 이해하려고 애쓰다. J'ai cherché à vous téléphoner hier. 어제 당신에게 전화를 걸려고 했었습니다. Cherchez à ce qu'on soit content de vous. 사람들의 마음에 흡족하도록 노력하시오.
④ (불행 따위를)초래하다, 자초하다. Vous cherchez un accident en conduisant si vite. 그렇게 차를 빨리 몰다가는 사고를 자초하게 될 것이오.
⑤ (귀찮게)따라다니다. Il cherche cette femme tout le temps. 그는 그 여자를 줄곧 따라다닌다.
⑥ 〘속어〙(싸움 따위를)걸어오다, 도발하다(provoquer). Si tu me cherches, tu vas me trouver. 싸움을 걸어오면 상대해주마.
~ des histoires à qn 〘구어〙 …에게 트집부리다, …에게 시비를 걸다.
~ la pierre philosophale; ~ la quadrature du cercle 해결할 수 없는 문제를 다루다.
~ ses mots (말이 얼른 생각나지 않아)머뭇거리다.
—v.i. ① 찾아보다, 구하려하다; 연구하다. Tu as bien cherché partout? 여기저기 다 찾아보았느냐? Cherchez et vous trouverez. 〘역언〙 구하라 그러면 얻을 것이다. Il continuera à ~ dans ce domaine. 그는 그 방면의 연구를 계속할 것이다.
② (주어는 사물) [~ dans les...] (액수가) (에) 달하다(atteindre). Ça va ~ dans les mille francs. 그것은 1,000 프랑은 될 것이다.
—se ~ v.pr. ① 서로 찾다(구하다). Ils se sont cherchés longtemps. 그들은 오랫동안 서로 찾았다.

regards qui *se cherchent* 서로 찾는 눈길. ② 자신을 위해 찾다(구하다). ③《옛》자신의 참모습(능력·인격)을 알리려고 하다, 자기자신을 알리려고 하다.

chercheur(se) [ʃɛrʃœːr, -ø:z] n. ① 찾는 사람. ~ de champignons 버섯을 따러다니는 사람. ~ d'or 금광(노다지)을 찾아다니는 사람. ~ de 연구자, 탐구자. Il est ~ dans un laboratoire de physique. 그는 어느 물리학 연구소의 연구원이다.
— n.m. (망원경·카메라 따위의)파인더;《기계》검출기. ~ de pôles 전극 검출기. ~ de fuites 가스 누출 검출기(cherche-fuites).
— a. ① 연구욕이 왕성한, 탐구적인. esprit ~ 탐구열이 있는 사람. ② tête ~ se《군사》자동 유도 장치가 달린 미사일·탄두.

chère² [ʃɛːr] n.f. ① 맛있는 음식, 진수성찬; 음식, 요리. homme de bonne ~ 미식가. faire bonne ~ 맛있는 음식을 먹다. faire mauvaise [maigre] ~ 조식(粗食)하다, 변변치 못한 음식을 먹다. La ~ était exquise. 음식이 기막히게 좋았다. ②《옛》낯, 얼굴. faire bonne ~ à qn …을 환대(환영)하다. *Il n'est ~ que de vilain.*《속담》남에게 한턱 낼 때는 구두쇠일수록 헤게 부린다.

chèrement [ʃɛrmɑ̃] ad. ① 소중히; 극진히; 정답게. aimer ~ qn 을 깊이 사랑하다. conserver ~ un souvenir 추억을 소중히 간직하다. embrasser ~ qn …에게 정답게 키스하다. ② 비싼 대가를 치르고,《옛》비싸게(cher). payer ~ son succès 크나큰 희생을 치르고서야 성공을 거두다. vendre ~ sa vie 적에게 큰 손실을 입히고 죽다, 최후까지 싸우고 죽다.

chérer [ʃere] [6] v.i. =cherrer.

chergui [ʃɛrgi]《아라비아》n.m. 셰르기(사하라 사막에서 모로코 쪽으로 부는 따뜻하고 건조한 바람).

chéri(e) [ʃeri] a.p. 극진히 사랑하는, 애지중지하는; 귀여움 받는(préféré). enfant ~ de ses parents 부모가 각별히 사랑하는 아이. peuple ~ de Dieu 신의 사랑을 받는 민족(헤브라이 사람들).
— n. 사랑하는 사람. mon ~; ma ~e 당신(특히 내외간의 애칭).

chérif [ʃerif] n.m. ① 아라비아의 왕. ② 마호메트의 딸의 후손.

chérifat [ʃerifa] n.m. chérif 의 신분.

chérif(f)ien(ne) [ʃerifjɛ̃, -ɛn] a. 모로코(왕)의;《옛》아라비아 왕의. l'Empire ~ 모로코.

chérir [ʃeriːr] v.t. ① 극진히 사랑하다, 애지중지하다; 소중히 여기다(aimer). ~ ses enfants 아이들을 귀여워하다. ~ le souvenir de qn …의 추억을 소중히 간직하다. ~ la vérité 진실을 소중히 여기다. ② (에) 집착하다, 집념하다. ~ son opinion 자기의 생각에 집착하다. ~ son malheur 불행을 끝내 잊지 못하다.
— se~ v.pr. 자신을 아끼다; 서로 사랑하다; 극진히 사랑[존중]받다.

chérissable [ʃerisabl] a. 극진히 사랑할 만한.

chérot [ʃero] a.m.《구어》엄청나게 비싼.

cherrer [ʃɛre] v.i.《은어》① 과장하다, 허풍떨다; 과장된 말로 조롱하다. ②《권투》맹공격하다.

cherry [ʃeri]《영》n.m. 체리브랜디(~-brandy).

cherté [ʃɛrte] n.f. 값비쌈, 고가(高價). se plaindre de la ~ de la vie 생활비가 비싼 것을 불평하다.

chérubin [ʃerybɛ̃] n.m. ①《가톨릭, 지품(智品)》천사(제 2위의 천사》;《날개가 돋친》게루빔의 상(像). ②《구어》예쁜(귀여운) 어린이. mon petit ~ 내 귀여운 아이《애칭》. avoir une face(un teint) de ~ 동그란 얼굴에 빰이 발그레하다.

chérubique [ʃerybik] a. 게루빔의.

chervi(s) [ʃɛrvi] n.m.《식물》미나리, 수근.

chester [ʃɛstɛːr]《영》n.m. 체스터 치즈.

chétif(ve) [ʃetif, -iːv] a. ① (몸이)허약한, 연약한, 가냘픈(débile, ↔fort, robuste). enfant ~ 허약한 아이. arbre ~ 가냘픈 나무. ②《문어》신통치 않은, 변변치 않은, 빈약한, 보잘것없는(médiocre). ~ve récolte 흉작. repas ~ 초라한 식사. ③《옛》지체가 낮은, 천한. — n. 허약한 사람.

chétivement [ʃetivmɑ̃] ad.《문어》허약하게; 빈약하게.

chétiveté [ʃetivte], **chétivité** [ʃetivite] n.f. ①《문어》허약, 약함; 빈약. ②《옛》포로의 신세[몸] (captivité).

Ch(ev).《약자》chevalier 레지옹도뇌르 5 등 훈장 수여자.

chevaine [ʃ(ə)vɛn] n.m.《어류》황어(chabot).

:cheval(*pl. aux*) [ʃ(ə)val, -o] n.m. ① 말《총칭 또는 수말, 암말은 jument, 망아지는 poulain》. monter (sur) un ~ 말을 타다. enfourcher son ~ 말에 걸터앉다. descendre de ~ 말에서 내리다. faire une chute de ~ 말에서 떨어지다. Le ~ hennit. 말이 운다. ~ de course 경주용 말. ~ de bataille 군마. ~ de selle 승용마. ~ de trait [de harnais, d'attelage] 짐수레를 끄는 말.
② 말고기(viande du ~). bifteck de ~ 말고기 스테이크. manger du ~ 말고기를 먹다.
③ 승마, 마술(équitation). aimer le ~ 말타기를 좋아하다. faire du ~ 승마를 하다. costume [culotte] de ~ 승마복.
④ (pl.)기사, 기병(cavaliers). à la tête de cinq cents ~aux 500 명의 기사의 선두에 서서.
⑤《구어》정력적인 사람; 남자같이 드센 여자 (grand ~; 큰) 우악스런 사람. C'est un vrai ~ de labour. 그는 황소같이 정력적인 사람이다.
⑥《기계》마력(~-vapeur,《약자》CV). acheter une (voiture de) quatre-~aux 카트르 슈보[4 마력짜리 차]를 사다.
⑦ ~ de bois¹ 목마. (manège de) ~aux de bois 회전목마; ~ à bascule 흔들목마. ~ de Troie 트로이의 목마; (적을 공격하기 위한)술책. ~ fondu《놀이》등을 짚고 뛰어 넘기. ~ d'arçons; ~ de bois²《체조》안마. (jeu des) petits ~aux《놀이》경마게임(원반 위에서 말들을 경주시키는 장난감). petit ~;《구어》alimentaire《기계》기관(특히 보조 증기펌프). ~ marin《그리스신화》해마;《어류》해마(hippocampe). ~ de rivière 하마(hippopotame).
à ~ 말을 타고. À ~!《기병》승마!《구령》. aller à ~ 말타고 가다. gendarme à ~ 기마경관. *à ~ sur* qc 을 …에 걸터앉아. être à ~ sur une branche d'arbre 나뭇가지에 걸터앉다. à ~ sur deux périodes《비유적》두 시기에 걸쳐서. ⓑ《구어》…에 대해서 까다로운[엄격한]. Il est très à ~ sur les principes. 그는 원칙에 관해서 매우 엄격하다. ⓒ …에 대해서 으스대는. Il est à ~ sur sa naissance. 그는 자기의 가문에 대해서 으스댄다. *brider son ~ par la queue* 일의 선후를 틀리다, 서투른 짓을 하다.
Cela ne se trouve pas dans le pas [sous les pieds, sous le sabot] d'un ~.《구어》(대개 많은 돈에 대해 말할 때)그리 흔하지 않다; 쉽사리 구할 수 없다.
Ce n'est pas un mauvais ~.《속어》그는 나쁜 놈이 아니다, 괜찮은 놈이다.
C'est un bon [mauvais] ~. 그는 장래성이 있는[없는] 사람이다.
~ *échappé* 다루기 힘든 망나니, 반항아.
écrire [envoyer] une lettre à ~ à qn …에게 호된

문구로 편지를 쓰다.
fièvre de ~ 고열.
homme de ~ 말을 좋아하는 사람; 기사.
L'œil du maître engraisse le ~.《속담》주인이 살펴야 일이 제대로 된다.
loger à pied et à ~《엣》(여관이)걸어온 사람이나 말타고 온 사람이나 모두 재워주다.
monter sur ses grands ~aux《구어》기세가 등등하다; 발끈하다.
remède de ~ 강력한 치료법; 극약(劇藥).

cheval-arçons(*pl.* **~aux-~**)[ʃ(ə)valarsɔ̃, ʃ(ə)vo-] *n.m.* (체조용)안마.

chevalement [ʃ(ə)valmɑ̃] *n.m.*《건축》버팀기둥, 지주(支柱). *~ de sondage* (유전의)굴착탑.

chevaler [ʃ(ə)vale] *v.t.* ① 기둥으로)버티다, 기둥으로 떠받치다. (étayer) *un mur* 벽을 지주로 떠받치다. ② 받침대에 올려놓다. *~ les cuirs* (가공하기 위해서)가죽을 작업대에 올려놓다.

chevaleresque [ʃ(ə)valrɛsk] *a.* 기사의, 기사도적인, 기사다운; 의협적인. *esprit ~* 기사도 정신. *bravoure ~* 기사다운 용맹성.

chevaleresquement [ʃ(ə)valrɛskəmɑ̃] *ad.* 기사답게; 의협적으로.

chevalerie [ʃ(ə)valri] *n.f.* ① 기사도; 기사제도; 기사의 신분[지위]; 기사단(團). *roman de ~* 기사도 소설. *~ errante* 기사편력, 무사수업. *fleur de la ~* 기사의 정화, 무사의 귀감. *conférer la ~ à qn* …에게 기사의 지위를 부여하다. ② *ordre de ~*《역사》기사 수도회, 십자군 수도회; 훈작사단(勳爵士團). *être décoré de plusieurs ordres de ~* 여러 개의 훈장을 가지고 있다. ③ (유서깊은)귀족. *maison d'ancienne ~* 엣부터의 귀족 집안.

chevalet [ʃ(ə)valɛ] *n.m.* ① (여러가지 종류의)대(臺), 핀[버팀]대, 받침, 작업대. *~ de scieur* 톱질 받침대. *~ de menuisier* 목공 쇠대. ③ *~ porte-serviettes* 수건걸이. *~ pour linge* 빨래 너는 대[틀]. *~ d'un tableau noir* 칠판 받침대. ② ⓐ 화가(畫架)(~ de peintre). *tableau de ~* 화가대(版)의 작은 그림. ⓑ (바이올린의)줄받침, 브리지(~ d'un violon) *~ violon* 그림. ⓒ《군사》총가(銃架). ⓓ (자동차를 들어 올리는)대. ③ (다리의)구각(構脚). ③《엣》(형법용의)목마, 고문대.

cheval-heure (*pl.* **~aux-~s**)[ʃ(ə)valœ:r, ʃ(ə)vo-] *n.m.*《기계》마력시(馬力時)《시간당 출력의 단위》.

chevalier [ʃ(ə)valje] *n.m.* ①《중세기의》기사. *armer qn ~* …에게 기사의 지위를 부여하다. *~ errant* (무예를 닦기 위해서)편력하는 기사. *~s de la Table Ronde* (아더왕 전설에 나오는)원탁의 기사. *~s de la Triste Figure* 돈키호테. ② (귀부인의) 수행원; (특히 여자에게)정중한 사람; 신사; (어떤 사람이나 주의의)옹호자. *~ servant* 귀부인의 수행원;《구어》여자의 비위를 맞추려고 급급한 남자. *se faire le ~ de qn* …을 옹호하고 나서다. *se conduire en vrai ~* 신사답게 행동하다. ③ 수훈받은 사람, 수훈자;《특히》레지옹도뇌르 5등 수훈자(~ *de la Légion d'honneur*). ④ 기사 수도회(chevalerie)의 기사. *~ de Malte* 몰타 섬의 기사 수도회 기사. ⑤ (영국의)나이트《남작 아래의 작위》. ⑥《고대그리스·로마》기사계급. ⑦《조류》도요새(類);《어류》농어류.
~ de fortune 행운을 찾아 떠돌아다니는 사람.
~ de la petite épée《엣》소매치기.
~ de l'ordre de Jean-Guillaume 교수형을 받은 죄인.
~ d'industrie《구어》사기꾼.
~ du crochet 넝마주이.

chevalière [ʃ(ə)valjɛ:r] *n.f.* ① 가문(家紋) 따위가 새겨진 반지(*bague à la ~*). ②《드물게》기사의 부인; 기사 수도회의 수녀.

chevalin(e) [ʃ(ə)valɛ̃, -in] *a.* 말의; 말 같은. *boucherie ~e* 말고기; 말고기 가게. *visage ~*; *figure ~e* (얼굴의)말상.

cheval-vapeur (*pl.* **~aux-~**)[ʃ(ə)valvapœ:r, ʃ(ə)vo-] *n.m.*《기계》마력(馬力).

chevance [ʃ(ə)vɑ̃:s] *n.f.*《엣》재산.

chevauchable [ʃ(ə)voʃabl] *a.* 말로 갈 수 있는.

chevauchant(e) [ʃ(ə)voʃɑ̃, -ɑ̃:t] *a.* (기와 따위가)부분적으로 포개진[겹친].

chevauchée [ʃ(ə)voʃe] *n.f.* ① 말타고 가기, 기마여행. ② 말이 쉬지 않고 갈 수 있는 거리. ③ 기마행렬, 한 떼의 말타고 가는 사람들.

chevauchement [ʃ(ə)voʃmɑ̃] *n.m.* ① (부분적으로)포개, 겹침, 중복. *~ des tuiles* 기와의 포개깔기. *~ des lettres* 글자의 부분적인 겹침. ② (비유적) (영향·관할·권리 따위가)다른 영역으로 미침. ③《지질》돌출 단층.

chevaucher [ʃ(ə)voʃe] *v.i.* ① (이·기왓장 따위가 부분적으로)포개지다;《천사 따위가》겹치다. ②《외과》(부러진 뼈가)서로 겹치다;《인쇄》(인판된 것이)겹치다, 뒤섞이다. *dents qui chevauchent* 겹쳐진 이. ③《지질》돌출 단층을 이루다. ④《엣·문어》말타고 가다(aller à cheval).
— *v.t.* (말타듯)걸터앉음; (말에)올라타다.
— *se ~ v.pr.* 서로 겹치다, 중첩되다.

chevaucheur(se) [ʃ(ə)voʃœ:r, -ø:z] *n.* 걸터앉은 사람. — *n.m.* ①《엣·문어》기수, 말타기 좋아하는 사람. ②《엣》(왕의)말 관리자; (왕의 편지를 전하는)전령.

chevau-léger [ʃ(ə)voleʒe] (*pl.* **~(x)-~s**) *n.m.*《프랑스사》경기병(輕騎兵); (*pl.*)경기병대.

chevêche [ʃ(ə)vɛʃ] *n.f.*《조류》올빼미류의 일종.

chevelu(e) [ʃavly] *a.* ① 머리털이 길고 많은, 머리가 터부룩한. *Gaule ~e*《역사》장발족이 사는 갈리아. ② 머리털이 난. *cuir ~* 털이 난 두피(頭皮). ③《문어》푸른 잎(나뭇)으로 덮인. *monts ~s*《시》나무가 빽빽한 산. ④《식물》(종자나 뿌리에)털이 있는. *racine ~e* 뿌리털. ⑤ *comète ~e*《천문》꼬리 달린 혜성.
— *n.m.* (집합적)《식물》뿌리털.

chevelure [ʃəvly:r] *n.f.* ① (총칭)머리털, 모발, 두발. *~ maigre* 성긴 머리숱. *avoir une belle ~* 머리털이 아름답다. ②《문어》잎; 가지. *verte ~ du pin* 소나무의 푸른 잎. ③《식물》(종자나 뿌리의)털. ④《천문》혜성의 꼬리. *C~ de Bérénice* 베레니스 성좌.

chevenne, chevesne [ʃ(ə)vɛn] *n.m.*《어류》잉어과의 민물고기.

chevet [ʃ(ə)vɛ] *n.m.* ① 침대의 머리; 머리맡. *lampe de ~* 머리맡 전등. *table de ~* 나이트 테이블, 머리맡 탁자. *livre de ~* 애독서. *épée de ~* 머리맡에 두고 자는 칼; 언제나 의지하는 것(친구). *veiller au ~ de qn* 아픈 이의 머리맡에서 간호하다. ②《엣》긴 베개, 장침(traversin). ③《건축》(교회당의) 후진(後陣)(abside)(→ *église* 그림). ④《광산》광상(鑛床).

chevêtre [ʃ(ə)vɛtr] *n.m.* ①《건축》마루들보. ②《의학》(골절된)턱뼈를 고정시키는 붕대. ③《엣》(소·말의)굴레.

:cheveu [ʃ(ə)vø] (*pl.* **~x**) *n.m.* ① 머리카락; (*pl.*)두발, 머리털; (가끔 *sing.* 로 총칭)머리칼(chevelure). *~x blonds*[*noirs, blancs*] 금발[검은, 흰]머리. *~x en bataille*[en broussaille] 헝클어진 머리. *porter les ~x longs*[*courts*] 머리를 길게[짧게] 하고 있다. *perdre ses ~x* 머리가 빠지다.

faire couper les ~x 머리를 깎다, 이발하다. se teindre les ~x 머리를 염색하다. Elle a le ~ crépu. 그녀는 곱슬머리이다. ②《구어》곤란, 귀찮은 일(ennui), 문제. ~ 가 있다 ~ 될 일이 생기다. trouver un ~ 귀찮은 일이 생기다. Voilà le ~. 그것이 바로 문제이다. ③《도자기 따위에 생긴》가는 금, 균열(félure). ④ ~x d'ange 아주 가늘 국수; 아주 가늘게 잘라서 설탕에 잰 오렌지[레몬]. ~ d'or 도자기의 가장자리에 칠한 금줄.
arriver(venir) comme un ~ (des ~x) sur la soupe 나쁜 때에 오다; 격에 맞지 않다.
avoir mal aux ~x《구어》(과음으로)머리가 아프다〔무겁다〕.
couper les ~x en quatre《구어》지나치게 세밀하게 따지다.
en ~x(여자가)모자를 쓰지 않고. sortir en ~x (모자를 쓰지 않고)맨머리로 외출하다.
faire dresser les ~x(sur la tête) 공포에 질리게 하다, 머리칼이 곤두서게 하다.
ne pas toucher (à) un ~ (de la tête) de qn …의 털 끝도 만지지 않다, 전혀 해를 끼치지 않다.
ne tenir qu'à un ~; s'en falloir d'un ~ 위기일발이다, 자칫하면 큰일날 뻔하다.
saisir l'occasion aux[par les] ~x《구어》재빨리 기회를 잡다, 호기를 놓치지 않다.
s'arracher les ~x《구어》(비통한 나머지)머리를 쥐어뜯다.
se faire des ~x (blancs) 걱정을 하다. 노여뜯다.
se prendre aux ~x《구어》(여자들이)서로 머리를 잡아끌고 싸우다.

chevillage [ʃ(ə)vijaːʒ] *n.m.* 쐐기 박기, 볼트로 죄기; 《집합적》쐐기, 볼트.
chevillard [ʃ(ə)vijaːr] *n.m.* 육류 도매상.
cheville [ʃ(ə)vij] *n.f.* ① 쐐기, 볼트; 갈고리. enfoncer[ficher, planter] une ~ 쐐기를 박다. vente à la ~ (고기를 갈고리에 걸고 파는)육류 도매. ② 발목. robe qui arrive à la ~ 발목까지 닿는 옷. se fouler la ~ 발목을 삐다. ③《문학》(시의 운율을 위해서 넣은)뜻없는 낱말, 허사(虛辭). ④ (현악기나 피아노의)현 감는 통, 줄받침(=violon à corde). ~ *ouvrière* (수레의)큰 볼트; 주동인물. Pendant vingt ans, il a été la ~ *ouvrière* de ce club sportif. 20년 동안 그는 이 스포츠 클럽의 주동인물이었다.
être en ~ avec qn《구어》…와 함께 사업을 하다, …와 사업상의 관계를 갖다.
ne pas arriver[venir] à la ~ de qn …의 발 밑에도 못 미치다, …와는 비교도 안된다. Il *ne vous vient pas à la ~*. 그가 너를 따라오려면 아직 멀었다.
chevillé(e) [ʃ(ə)vije] *a.p.* ① 쐐기를 박은, 볼트로 죈. ② 《비유적》단단히 뿌리를 박은. avoir l'âme [la vie] ~e au corps (중병을 이겨낼 만큼)생명력이 강하다. avoir l'espoir ~ à l'âme 무슨 일이 있어도 희망을 잃지 않다. ③ (사슴에)뿔이 난, 《문장》사슴뿔 모양으로 있는.
cheviller [ʃ(ə)vije] *v.t.* ① 쐐기를 박다; 볼트로 죄다. ~ une porte 문을 볼트로 고정시키다. ②《드물게》(시의 음절을 맞추기 위하여)허사로 채우다.
chevillette [ʃ(ə)vijɛt] *n.f.* 작은 쐐기[볼트].
chevillier [ʃ(ə)vije] *n.m.* 현악기의 줄받침 부분.
chevillon [ʃ(ə)vijɔ̃] *n.m.* (의자 등받이의)구부정한 나무; 《직조》날실을 가지런히 하는 막대.
cheviotte [ʃəvjɔt] *n.f.* 《직물》 체비엇(cheviot) 양털; (그)모직물.
chevir [ʃ(ə)viːr] *v.i.* 《옛》[~ de] (을)처리[조치]하다(disposer de, venir à bout de).
*chèvre [ʃɛːvr] *n.f.* ① 염소, (특히)암염소(↔ bouc). La ~ bêle. 염소가 운다. fromage de ~ 염소젖으로 만든 치즈. barbe[barbiche] de ~ 염소수염; 염소(같은 사람의)수염. sentier[chemin] de ~ 좁고 험한 길. sauter(bondir) comme une ~ 염소처럼 재빠르게 뛰다. ② 염소가죽(=고기·치즈). ③《기계》기중기; (차체를 들어 올리는)잭. 《천문》카펠라(*Capella*)성(星).
devenir ~ 화가 치밀어 오르다, 머리 끝까지 화가 나다. faire *devenir ~* (남을)화가 치밀어 오르게 하다, 약올리다.
être amoureux d'une ~ coiffée 아무 여자에게나 반해 버리다.
ménager la ~ et le chou《구어》쌍방에 좋게 말하다, (화를 입지 않도록)몸조심하다.
Où la ~ est attachée, il faut qu'elle broute.《속담》제 팔자를 감수할 수밖에 없다.
prendre la ~《문어》골을 내다.
vin à faire danser les ~s 아주 신 포도주.

chevreau [ʃ(ə)vro] (*pl.* *~x*) *n.m.* 새끼 염소; (새끼)염소 가죽. gants de(en) ~ 염소 가죽의 장갑.
chèvrefeuille [ʃɛvrəfœj] *n.m.* 《식물》 인동덩굴.
chèvre-pied(s) [ʃɛvrəpje] (*pl.* *~-~s*) *a.m.* 염소 발을 한. Satyre ~ 《그리스신화》염소 발을 한 반인반양(半人半羊)의 사티로스(숲의 신).
—n.m. = Satyre ~.
chèvrerie [ʃɛvrəri] *n.f.* 염소 우리(사육장).
chevreter [ʃəvrəte] [5] *v.i.* (염소가)새끼를 낳다(chevroter).
chevrette [ʃ(ə)vrɛt] *n.f.* (암)새끼 염소.
chevretter [ʃ(ə)vrɛ(e)te] *v.i.* = **chevreter**.
chevreuil [ʃ(ə)vrœj] *n.m.* 《동물》 노루.
chevrier(ère) [ʃəvri(j)e, -ɛːr] *n.* 염소지기.
—n.m. 《식물》 흰 강남콩의 일종.
chevrillard [ʃ(ə)vrijaːr] *n.m.* 《동물》 새끼 노루(생후 6개월까지의).
chevron [ʃ(ə)vrɔ̃] *n.m.* ①《건축》(네모진)서까래. ② V 자를 거꾸로 한 모양(가문·군인의 계급장 따위). tissu à ~s V 자를 거꾸로 한 무늬가 있는 천. gagner ses ~s (군인의)계급이 올라가다.
chevronnage [ʃ(ə)vrɔnaːʒ] *n.m.* 《건축》 서까래를 댐; 《총칭》서까래.
chevronné(e) [ʃ(ə)vrɔne] *a.p.* ①(가문·군인 계급장 따위의)V 자를 거꾸로 한 무늬의. ②(군인·직공 따위가)고참의; 숙련된(expérimenté). vieux soldat ~ 고참병. conducteur ~ 노련한 운전사.
chevronner [ʃ(ə)vrɔne] *v.t.* 서까래를 대다.
chevrotain [ʃ(ə)vrɔtɛ̃] *n.m.* 《동물》 사향노루.
chevrotant(e) [ʃ(ə)vrɔtɑ̃, -ɑ̃ːt] *a.* ① (목소리가)떨리는. voix ~e 떨리는 목소리. vieillard tout ~ 목소리가 몹시 떨리는 노인. ②《옛·문어》(손 따위가)떨리는. mains ~es 떨리는 손.
chevrotement [ʃ(ə)vrɔtmɑ̃] *n.m.* ① (목소리가)떨림; 떨리는 목소리로 노래함[말함]. ②《음악》전음(顫音), 트레몰로(tremolo, trémolo). ③ 어리석은 웃음.
chevroter [ʃ(ə)vrɔte] *v.i.* ① 목소리를 떨며 노래하다[말하다]. ②(염소가)메에 하고 울다(bêler). ⓑ염소가 새끼를 낳다(chevreter).
—v.t. 떠는 목소리로 말하다(노래하다). ~ un air 목소리를 떨면서 곡을 부르다.
chevrotin [ʃ(ə)vrɔtɛ̃] *n.m.* = **chevrotain**.
chevrotine [ʃ(ə)vrɔtin] *n.f.* 노루사냥용 총알.
chewing-gum [ʃwiŋgɔm] (*pl.* *~s*) *n.m.* 껌(생라하여 chewing [ʃwiŋ]한다). un paquet de ~ 껌 한 통. mastiquer du ~ 껌을 씹다.
*chez [ʃe] *prép.* ①…의 집에(서); …의 가게에(서). Venez ~ moi. 우리 집에 오시오. Il réside ~ son oncle. 그는 아저씨댁에 기숙하고 있다. Je vais ~ le coiffeur. 나는 이발소에 간다. J'ai acheté du

pain ~ le boulanger. 나는 빵가게에서 빵을 샀다. Allo, je suis bien ~ monsieur Dupont? 《전화》 여보세요, 뒤퐁씨 댁입니까? se sentir ~ soi (제 집에 있듯이)편안하다. Faites comme ~ vous. (당신 집에서처럼)어려워하지 마세요, 편안하게 하세요.
② (거주지·나라 따위를 가리켜서)…의 나라(고장)에서; …의 시대에. On préfère le thé ~ les Anglais. 영국에서는 홍차를 더 좋아한다. Ça ne se fait pas ~ nous. 우리 나라(고장)에서는 그렇게 하지 않아요. ~ les Romains(les Grecs) 로마(그리스)시대에는. porter la guerre ~ l'ennemi 적국 내에서 전쟁하다.
③ …에게 있어서; …의 작품에서. Il se lève tôt: c'est ~ lui une habitude. 그는 일찍 일어난다. 그것은 그의 버릇이다. Il y a de l'intelligence ~ les bêtes. 짐승에게도 지능이 있다. On trouve cet exemple ~ Molière. 우리는 몰리에르의 작품에서 그 예를 찾아볼 수 있다.
④ (직명과 함께 써서)…의 근무처(사무실). aller ~ le préfecture de police 경찰서로 가다. aller ~ le directeur 부장실로 가다.
⑤ (다른 전치사를 앞세워서 명사구처럼 사용)…의 집(고장, 나라, 가게). Il sort de ~ elle. 그는 그녀의 집에서 나온다. Il est de ~ nous. 그는 우리 나라(고향) 사람이다. Je passerai par ~ vous. 당신 집에 들르죠. Il habite au-dessus de ~ moi. 그는 우리 집 위층에 산다.
⑥ (식당·다방 따위의 상호로서 명사구처럼)…의 가게. C~ Marie 마리네 가게(다방·식당).
chez-moi [ʃemwa], **chez-soi** [ʃeswa] n.m. (복수불변) 자기 집; 가정. Chacun veut un ~. 사람은 저마다 자기 집을 원한다.
chi [ki] n.m. 그리스 자모의 제 22 자 (Χ, χ).
chiade [ʃjad] n.f. 《학생속어》 (특히 시험 전의)맹렬한 공부.
chiadé [ʃjade] a.p. 《학생속어》 어려운(difficile). problème ~ 어려운 문제.
chiader [ʃjade] v.t., v.i. 《학생속어》 (맹렬히)공부하다, (시험)준비를 하다(préparer, travailler). ~ son bac 바칼로레아 응시 준비를 하다.
chialer [ʃjale] v.i. 《속어》 울다.
chialeur(se) [ʃjalœːr, -øːz] a., n. 《구어》 우는(사람). Quelle ~se cette gamine! 이 계집애는 울기도 잘한다!
chiant(e) [ʃjɑ̃, -ɑ̃ːt] a. 《속어》 귀찮은, 성가신(emmerdant). ~ comme la pluie 아주 성가신.
chianti [kjɑ̃ti] n.m. (이탈리아 Sienne 산(產)의)적포도주.
chiard [ʃjaːr] n.m. 《속어》 어린애.
chiasma [kjasma] n.m. 《의학》 시신경(視神經)의 교차; 《생물》 염색체의 교차.
chiasme [kjasm] n.m. 《수사학》 교착어법, 변화반복법(예: Il faut manger pour vivre et non pas vivre pour manger).
chiasse [ʃjas] n.f. ① (파리 따위의)똥(chiure). ~ de mouche 파리똥. ② 《속어》 복통; 설사. ③ 《속어》 귀찮은 일, 성가신 일(ennui). *avoir la* ~ 《속어》 설사하다; (비유적) 겁을 먹다.
chibouk n.m., **chibouque** [ʃibuk] n.f.[m.] (터키의)긴 담뱃대, 장축.
*__chic__ [ʃik] n.m. ① (작품·사람 따위의)멋(élégance, ↔ vulgarité). Il a du ~. 그는 멋장이다, 세련미가 있다. Son chapeau a du ~. 그의 모자는 멋있다. porter une robe avec ~ 드레스를 멋있게 입다. C'est le grand ~ cette année. 그것은 금년에 대유행이다. ② (특히 그림의)기교, 솜씨, 손재주(habileté, ↔ maladresse). peintre qui a plus de ~ que de talent 재능보다는 기교가 있는 화가. 요령, 비결, 재주(adresse). [avoir le ~ pour/de/ inf.] Il a le ~ pour (de) résumer ce qu'il a lu. 그는 읽은 것을 요약하는 데 재주가 있다. ③ 《학생속어》 박수갈채. ~ pour qn …에 대한 박수갈채.
de ~ 준비 없이, 기억(상상)으로. prononcer une allocution *de* ~ 준비 없이 연설을 하다. peindre [dessiner] *de* ~ 모델 없이 그리다.
—a. (여성불변) ① 멋진, 세련된(élégant). robe ~ 멋진 드레스. gens ~ (s) 세련된 사람들. Elle est toujours ~. 그녀는 언제나 멋있다. ② 《속어》 아주 좋은, 희한한, 기막힌. On a fait un ~ voyage. 우리는 기막힌 여행을 했다. ③ 《구어》 너그러운, 친절한. Il est très ~ à mon égard. 그는 나에게 매우 친절하다. C'est un ~ garçon(type). 그는 마음씨 좋은 소년(녀석)이다.
bon ~ bon genre 젊잖고도 멋있는, 고상한. restaurant *bon ~ bon genre* 고상한 분위기의 식당(《약자·구어》B.C.(-)B.G. [besebeʒe]). [족의 표시].
—int. C~ (alors)! 잘 됐다! 멋지다! 《기쁨·놀람》.
chicane [ʃikan] n.f. ① 억지, 트집, 싸움(querelle). ~s des sophistes 궤변가들의 억지. chercher ~ à qn …에게 트집을 잡다; 싸움을 걸다. ② (경멸) (복잡한)소송, (사소한 일을 끌고)소송하기. gens de ~ 법률가, 법조인, 소송을 좋아하는 사람들. ③ (지그재그로 된)장애물, 통로; 《스키》 지그재그 코스. établir des ~s 지그재그로 장애물을 놓다. barrières en ~ 지그재그로 놓인 방책. ④ 《카드놀이》 (브리지에서)으뜸패가 없다는 선언. ⑤ 《기계》 방해판(액체·기체 따위의 자연스런 움직임을 방해하는 장치).
chicaner [ʃikane] v.i. (소송에서)억지를 쓰다; 궤변을 늘어놓다.
—v.t.ind. [~ sur] …에 대해 억지 부리다; 궤변을 늘어놓다. Il *chicane* sur tout. 그는 만사에 억지를 쓴다. Nous n'allons pas ~ *sur* ces détails. 우리는 세세한 부분에 대해서는 트집잡을 생각이 없다.
—v.t. ① (에게) 트집잡다. Il *chicane* sans cesse ses voisins. 그는 늘 이웃들에게 트집을 잡는다. On m'a *chicané* sur ces dépenses. 나는 그 지출에 대해서 트집을 잡혔다. ② (옛) [~ qc à qn] (에게 …에 대해서) 트집잡다; (에게; …을) (내주지 않으려고) 다투다. Nul ne songe à lui ~ le courage. 그의 용기에 대해서 트집잡을 사람은 아무도 없다. ~ un coin de terre à qn …에게 한 귀퉁이의 땅도 내주지 않으려고 하다. ③ 《구어》 괴롭히다, 성가시게 하다. Cela me *chicane*. 그 일로 성가시다. ④ ~ le vent 《해양》 (돛단배가) 바람을 거슬러서 가다.
—*se* ~ v.pr. [se ~ avec (와)] 서로 트집을 잡다, 다투다.
chicanerie [ʃikanri] n.f. 트집, 부질없는 말썽.
chicaneur(se) [ʃikanœːr, -øːz] n. 소송걸기 좋아하는 사람; ―a. 트집잡기 좋아하는, 억지를 잘 쓰는(↔ arrangeant, conciliant). esprit ~ 트집장이. procureur ~ 억지를 쓰는 검사.
chicanier(ère) [ʃikanje, -ɛːr] n. (사소한 일에도)트집을 잡는 사람, 잔소리꾼. —a. 트집잡기 좋아하는, 잔소리가 심한.
chicard [ʃikaːr] a.m. 《옛·속어》 맵시 있는, 멋있는 (chic). —n.m. 《옛》 (사육제에서)긴 장화를 신고 큰 귀털이 달린 투구를 쓴 가장(假裝); (위)의 가장을 한 남자.
chiche¹ [ʃiʃ] a. ① [~ de] (이)적은, 헤프지 않은. être ~ de ses paroles 말수가 적다. être ~ *de* compliments 헤프게 칭찬하지 않다. ② 《문어》 빈약한, 초라한. ~ récompense 빈약한 보상. repas bien ~ 아주 초라한 식사. ③ 《옛》 인색한(avare).

chiche² *n.m.* 《식물》이집트콩(pois ~).
chiche³ *int.* 《구어》좋다! 두고 봐라!《도전적인 기분을 나타냄》. Tu n'oserais jamais. —*C*—! 너는 감히 못할걸. 못한다니, 어디 두고 봐라! *C*— que j'y arrive! 꼭 해내고 말테다.
— *a.* 《구어》[être ~ de+*inf.*] 감히 …할 수 있다(être capable de). Tu n'es pas ~ de lui parler! 너는 그에게 감히 말을 못붙일 거다.
chiche-kebab [ʃiʃkebab] (*pl.* ~s~s) *n.m.* 《터키》시슈케바브(양고기 꼬치구이).
chichement [ʃiʃmɑ̃] *ad.* 《옛·문어》검소하게; 빈약하게, 보잘것없게. vivre ~ 검소하게 살다. rue ~ éclairée 조명이 빈약한 거리.
chichi [ʃiʃi] ① 《구어》뽐내는 태도; 점잔빼기; (지나치게) 격식차리기 (affectation). faire des ~*s* 《구어》점잔빼다, 태를 부리다. gens à ~ 격식을 좋아하는 사람들. Pas tant de ~*s*! 그렇게 점잔뺄 것 없소! ② (*pl.*) 가발로 된 부분적인 곱슬머리.
chichiteux(se) [ʃiʃitø, -ʃiz] *a.* 《구어》점잔빼는; (물건이) 지나치게 멋부린.
chiclé [ʃikle], **chicle** [ʃikl] *n.m.* 《중남미산 sapotier 나무의 유액으로, 추잉검의 원료》.
chicon [ʃikɔ̃] *n.m.* 《식물》상치류의 일종.
chicoracées [ʃikɔrase] *n.f.pl.* 《식물》상치과.
chicorée [ʃikɔre] *n.f.* 《식물》풀상치; 풀상치 뿌리의 가루《커피의 대용품으로 사용》. une tasse de ~ 치커리차 한 잔.
chicot [ʃiko] *n.m.* ① 나무의 그루터기; 부러진 나뭇가지의 파편. ② (썩거나 부러진) 이촉, 치근. ③ (뿔 따위의) 남은 조각.
chicoter [ʃikɔte] *v.i.* ① 《옛·구어》하찮은 일로 말다툼하다. ② 《드물게》(쥐가) 울다(couiner).
— *v.t.* 《에게》트집잡다.
chicotin [ʃikɔtɛ̃] *n.m.* 《약》알로에즙. amer comme ~ 몹시 쓴.
chicot(t)e [ʃikɔt] *n.f.* 《드물게》가죽끈으로 엮은 채찍《아프리카에서 체벌을 주기 위해서 사용》.
chiée [ʃje] *n.f.* 《속어》다수, 다량. une ~ de types 많은 사람들.
chie-en-lit [ʃiɑ̃li] *n.* =chienlit.
:**chien(ne)** [ʃjɛ̃, -ɛn] *n.* ① 개. Le ~ aboie. 개가 짖는다. Le ~ remue la queue. 개가 꼬리를 흔든다. dresser un ~ 개를 훈련시키다. tenir un ~ en laisse [à l'attache] 개를 잡아매두다. ~ couchant [d'arrêt] 지시견(指示犬)《포인터·세터 따위의 사냥개》(→ 숙어란). ~ courant [de meute] 추적견, 사냥개. ~ de berger 양 지키는 개. ~ policier 경찰견. ~ d'aveugle 장님을 인도하는 개. ~ de race 순종개. ~ enragé 미친개. ~ de garde 집 지키는 개. ~ de chasse 사냥개. ~ d'agrément 애완견. ② 개과(科)의 동물, 견속(犬屬). Le loup, le chacal sont des ~*s*. 늑대와 재칼은 개과에 속한다. ③ 《구어》(경멸) 뭣사람을 시중드는 사람, 남의 밑에서 일하는 사람; 잔소리꾼; 인색한 사람; 비겁한 자《이 외에도 경멸적인 의미로 많이 쓰임》. Son père est d'un ~. 그의 아버지는 지독한 노랭이이다. C'est un mauvais ~. 그는 잔소리가 심하다. ~ du quartier [de la caserne] 특무상사. ~ du bord 부함장 보좌관, 부함장. ~ du commissaire 경찰서장의 비서. ⓑ 개같은 놈(욕설). Hors d'ici, ~! 이 개같은 놈아, 나가라! fils de ~ 개자식. Quel ~! 정말 싫다!
④ 《구어》(여성의) 육체적 매력. Elle a du ~. 그녀는 섹시하다. Cette mini-jupe lui donne beaucoup de ~. 그 미니스커트가 그녀를 아주 매력적으로 보이게 한다.
⑤ 이마에 내려뜨린 머리칼, 애교머리. être coiffée à la ~*ne*; porter des ~*s* (여성이) 애교머리를 하고 있다.
⑥ (총의) 공이치기; (광석을 운반하는) 손수레; (석공의) 망치.
⑦ ⓐ 《동물》 ~ de prairie 마르모트 무리《북미산》. ⓑ 《어류》 ~ d'eau 타이거 피쉬; ~ marin [de mer] 작은 상어; ~ (총칭).
⑧ 《천문》Grand *C*~ 큰개 자리; Petit *C*~ 작은 개 자리
à la ~*ne* 개처럼. nager à la ~*ne* 개헤엄을 치다.
Autant vaut être mordu d'un ~ que d'une ~ne. 이러나 저러나 불행을 당하기는 마찬가지이다.
C'est saint Roch et son ~. 그들은 늘 붙어다닌다.
Ce n'est pas fait pour les ~s. 《구어》그것은 가치 있는 것이다.
C'est un ~ qui aboie à la lune. 그는 제 힘으로는 어림도 없는 일을 하려는 주제넘은 사람이다.
~ **couchant** 비굴한 아첨꾼. faire le ~ couchant 비굴하게 아첨하다. être le ~ couchant de qn …의 아첨꾼(앞잡이)이다.
~*s* **écrasés** 신문의 하찮은 삼면기사. faire les [être aux, avoir la rubrique des] ~*s* écrasés (신문기자가) 하찮은 삼면기사를 담당하고 있다.
C~ mort ne mord pas. 《속담》죽은 자는 말이 없다.
C~ qui aboie ne mord pas. 《속담》짖는 개는 물지 않는다.
comme ~ **et chat** (개와 고양이 사이처럼)늘 반목하여. vivre *comme* ~ *et chat* 서로 싸우면서 살다.
comme un ~ 비참하게; 천덕스럽게; 지독하게. vivre *comme un* ~ (세상의 버림을 받고) 비참하게 살다. mourir *comme un* ~ 비참하게 죽다; 종교적인 축복도 받지 못하고 죽다. être malade *comme un* ~ 병으로 큰 고생을 한다, 중병에 걸려 있다. traiter [tuer] qn *comme un* ~ …을 개처럼 (사정 없이) 다루다 [죽이다].
coup de ~ 갑작스런 폭풍우; 갑작스런 봉기, 소요.
de ~; **un** ~ **de**; **une** ~**ne de** 《구어》아주 나쁜, 지독한. vie *de* ~ 비참한 생활. mal *de* ~ 지독한 고통 (어려움). Quel temps *de* ~! ; Quel ~ *de* temps! 고약한 날씨이군! *Une* ~*ne de musique*! 형편 없는 음악이구!
en ~ **de fusil** 다리를 웅크리고. être couché *en* ~ *de fusil* 웅크리고 누워 있다.
entre ~ **et loup** 땅거미질 무렵에.
être comme le ~ **du jardinier** 심보가 나쁘다.
faire le jeune ~ (강아지처럼) 경망스럽다.
garder à qn **un** ~ **de sa** ~**ne** …에게 앙갚음하려고 벼르고 있다.
le premier [**un**] ~ **coiffé** 아무나 닥치는 대로.
Leurs ~*s* ***ne chassent pas ensemble.*** 그들은 사이가 나쁘다.
Qui veut noyer son ~ ***l'accuse de la rage.*** 《속담》개를 빠뜨려 죽이려는 사람은 광견병을 핑계로 댄다; 핑계 없는 무덤은 없다.
rompre les ~*s* 《사냥》짐승 쫓던 개를 불러들이다; (싸움이 벌어지도록) 화제를 바꾸다.
se regarder en ~*s* **de faïence** 성나서 서로를 쳐다보다, 서로 노려보다.
— *a.* ① 인색한(avare). ② 가혹한, 무자비한. mer ~*ne* 거친 바다.
chien-chien [ʃjɛ̃ʃjɛ̃] (*pl.* ~s~s) *n.m.* 《구어》(비꼼) 강아지 새끼. C'est le ~ à la mémère. 그것은 그 아낙네의 강아지 새끼야.
chiendent [ʃjɛ̃dɑ̃] *n.m.* ① 《식물》개밀속(屬). ② brosse de ~ (부엌에서 쓰는) 솔. ③ 《구어》난처한 일(embarras).
chien-estafette [ʃjɛ̃ɛstafɛt] (*pl.* ~s~s) *n.m.* 《군

chienlit [ʃjɑ̃li] *n.* ① 《옛·문어》(사육제의)탈을 쓴 사람. ② 《구어》괴상하게 차려입은 사람.
—*n.f.* ① 《옛·문어》(사육제의)탈. ② (떠들썩한) 가장행렬; 사육제와 같은)야단스런 잔치. ③ 《구어》소란, 소동, 난장판(pagaïe). Cette manifestation a tourné à la ~. 그 데모는 난장판이 되고 말았다. ④ 《속어》싫은 것, 칠색. une ~ de guerre 생각하기도 싫은 전쟁.

chien-loup [ʃjɛlu] (*pl.* ~s~s) *n.m.* 이리 비슷한 개(《영》wolf-dog).

chienne [ʃjɛn] *n.f.* ① 암캐(→chien). ② 음탕한 여자, 화냥년.

chiennée [ʃjɛ(e)ne] *n.f.* 한배의 강아지.

chienner [ʃjɛ(e)ne] *v.i.* 《드물게》(암캐가)새끼를 낳다.

chiennerie [ʃjɛnri] *n.f.* ① 《구어》치사스러운 짓, 파렴치한 행위. ② 《특히 여성의)방종; 음탕한 행위. ③ 괴로운 일, 싫은 일. cette ~ de métier 이 따분한 직업. ④ 《옛》인색(ladrerie). ⑤ 《옛》개의 무리.

chier [ʃje] *v.i.* 《비어》똥누다. aller ~ 똥누러 가다. avoir envie de ~ 똥이 마렵다.
Ça chie ; Ça va. 일이 귀찮게[난처하게] 된다.
Ça ne chie pas. 그것은 대수롭지 않다.
~ *dans la colle* 지나친 짓을 하다, 너무하다.
~ *dans les bottes de qn* …을 골탕 먹이다.
~ *dans sa culotte(son froc)* 겁을 집어먹다.
~ *sur qn(qc)* …을 얕잡아보다, 멸시하다.
en ~ 난처한[불쾌한] 처지에 빠지다.
envoyer ~ *qn* …을 내쫓다.
faire ~ *qn* …을 지긋지긋하게[불쾌하게] 하다.
se faire ~ 지긋지긋해지다.
Y a pas à ~. 그것은 어쩔 수 없는 일이다; 뻔한 일이다.
—*v.t.* 《비어》① (똥을)누다. ~ des cordes 된 똥을 간신히 누다. ② (아이를)낳다. ③ 얕잡아보다, 멸시하다. *C'est chié.* 대성공이다.

chierie [ʃiri] *n.f.* 《비어》싫은(성가신) 것[일].

chiffe [ʃif] *n.f.* ① 《드물게》질이 나쁜 천; 넝마, 누더기. être mou comme une ~ 《구어》(비유적) 완전히 힘이 빠져 있다. ② 《구어》무기력한 남자.

*****chiffon** [ʃifɔ̃] *n.m.* ① 넝마, 헝겊; 걸레. vendre des ~s 넝마를 팔다. commerce des ~s 넝마장사. passer un coup de ~ sur un meuble 세간을 걸레질하다. ~ à poussière 총채. ~ à chaussures 구두 걸레. ② 종이 쪽. ~ de papier 파지; 무가치한 계약[협정·조약]. ③ 구겨진 옷; 헌옷. plier[mettre] des vêtements en ~ 옷을 아무렇게나 접어두다[벗어두다]. ④ (*pl.*) 《구어》(여자의)옷가지, 장신구. ne s'occuper que de ~s 옷치장에만 마음을 쓰다. *parler* ~s 《구어》(여자들이)몸치장 얘기를 하다; 쓸데없는 수다를 떨다.

chiffonnade [ʃifɔnad] *n.f.* 《요리》시포나드(샐러드용을 버터에 데치는 요리).

chiffonnage [ʃifɔnaːʒ] *n.m.* ① 구김질; 구겨진 천. ② 잔 바느질. ③ 《회화》시포나주(새 그림을 형겊 조각으로 문질러서 옛것처럼 보이게 하는 것).

chiffonné(e) [ʃifɔne] *a.p.* ① 구겨진. vêtement tout ~ 마구 구겨진 옷. ② (얼굴이)주름 투성이의; 녹초가 된; 반듯하지는 않지만 호감을 주는.

chiffonnement [ʃifɔnmɑ̃] *n.m.* = chiffonnage.

chiffonner [ʃifɔne] *v.t.* ① (의복·종이 따위를)구기다(froisser). ~ un vêtement 옷을 구기다. ~ une lettre 편지를 구겨버리다. ~ une femme 《구어》여자와 장난하면서 옷을 흐트러놓다. ② 《속어》난하게 하다(contrarier); 성가시게 굴다(taquiner). Cette nouvelle l'a chiffonné. 그 소식이 그를 난처하게 만들었다. ③ (옷 따위에)작은 장식을 달다. ~ un ruban sur un chapeau 모자에 리본을 달다. ④ (잔)바느질을 하다.
—*v.i.* (여자가)옷치장에 정신이 팔리다.
—*se* ~ *v.pr.* 구겨지다.

chiffonnier(ère) [ʃifɔnje, -ɛːr] *n.* 넝마주이, 넝마장수. *se disputer [se battre] comme des* ~s 체면불구하고 마구 다투다[싸우다]. *vêtu comme un* ~ 구겨지고 더러운 옷을 입은, 누더기를 걸친.
—*n.m.* (여자가 장신구·재봉도구 따위를 넣어두는)작은 서랍장.

chiffrable [ʃifrabl] *a.* 계산할 수 있는; 암호로 적을 수 있는.

chiffrage [ʃifraːʒ] *n.m.* ① 수자로 표시함; 산정(算定). ~ d'un revenu 수입의 산정. ② 암호로 적기, 암호화(↔déchiffrage). ③ 《음악》(수자로 표시된)저음부(低音部)의 화성 가호.

:chiffre [ʃifr] *n.m.* ① 수자. ~s arabes[romains] 아라비아[로마]수자. nombre de deux[trois] ~s 두[세]자리의 수자. écrire un nombre en ~s 어떤 수를 수자로 쓰다. science des ~s 《구어》산수. ② (수자로 표시된)수; 총계, 총액. en ~s ronds 단수(端數)를 없애고, 개수(概數)로. ~ des dépenses 지출 총액. ~ des naissances 출생자수. ~ d'affaires 매상고. faire du ~ 매상고를 늘리다. ③ 기호(문자); (C~) (군대·외무부의)암호과(service de ~). écrire en ~s 암호로 쓰다. faire un ~ 암호를 작성하다. clef du ~ 를 푸는 열쇠. ~ d'un coffre-fort 금고의 비밀번호. officier du ~ 암호 장교. ④ 표징, 상징, 수수께끼. Le Vieux Testament est un ~. 구약성서는 하나의 상징이다(*Pascal*의 말). ⑤ (성명의 첫글자 따위의)연결문자. marquer de l'argenterie au ~ de qn 은그릇에 …의 이니셜을 새기다. ⑥ 《음악》(저음부의 화음을 나타내는)화성 수자.
C'est un zéro en ~. 그는 아무 짝에도 쓸모없는 녀석이다.

chiffré [ʃifre] *a.p.* ① 번호가 붙은. fiches ~es 번호를 붙인 카드. ② 수자로 표시된. musique ~e 《음악》수자로 기보된 음악. ③ 암호로 적은. correspondance ~e 암호로 된 서신.

chiffrement [ʃifrəmɑ̃] *n.m.* (통신문의)암호화 (chiffrage ②).

chiffrer [ʃifre] *v.i.* ① 《구어》큰 금액이 되다. Ça finit par ~! 엄청난 금액인데! ② 《옛》(수자로)계산하다.
—*v.t.* ① (에)수자로 번호를 매기다(numéroter). ~ des fiches 카드에 번호를 매기다. ~ les pages d'un registre 장부의 페이지에 번호를 매기다. ② 계산하다(compter); 산정하다. ~ ses revenus 수입을 산정하다. ③ (전보 따위를)암호로 적다(↔déchiffrer). ~ un télégramme 전보를 암호화하다. ④ (에)이니셜[연결문자]을 적어넣다. ~ du linge 와이샤쓰(마) 위에 이니셜을 박아넣다.
—*se* ~ *v.pr.* 계산되다; 총계가 …이 되다.

chiffreur(se) [ʃifrœr, -øːz] *n.* ① 암호로 적는 사람; (외무부 따위의)암호 담당 직원. ② 《드물게》계산하는 사람, 수자로 적는 사람.

chiffrier [ʃifri(j)e] *n.m.* 《옛》《상업》(거래)일기장, 시산표(試算表).

chiffrier-balance [ʃifri(j)ebalɑ̃ːs] *n.m.* 《상업》=chiffrier.

chignard(e) [ʃiɲaːr, -ard] 《옛·구어》*a.* 투덜거리는; 우는 소리 하는. —*n.* (위의)사람.

chigner [ʃiɲe] *v.i.* 《옛·구어》투덜거리다(grogner);

우는 소리 하다(pleurnicher).
chignole [ʃiɲɔl] *n.f.* ① 《구어》고물 자동차(마차); 《경멸》자동차. ② 구멍 뚫는 기계, 송곳, 드릴.
chignon [ʃiɲɔ̃] *n.m.* ① 틀어올린 머리, 쪽 땋아올린 머리. porter(se faire) un ~ 머리를 틀어올리다. crêper le ~ d'une femme 여자의 머리채를 잡아끌다. se crêper le ~ (여자들이)서로 머리채를 잡아 끌며 싸우다. ②《옛》목덜미.
chihuahua [ʃiɣuaɣua] *n.m.* 《동물》치와와 《멕시코산의 아주 작은 개》.
chiisme [ʃiism] *n.m.* 《회교》시아파의 교의.
chiite [ʃiit] *a., n.* 《회교》시아파의 (교도).
chilien(ne) [ʃiljɛ̃, -ɛn] *a., n.* 칠레의 (le Chili)의.
—C~ *n.* 칠레 사람.
chimère [ʃimɛːr] *n.f.* ① 공상, 망상, 몽상(illusion, rêve, ↔ réalité). se forger(se créer) des ~s 공상을 그리다. se repaître de ~s 공상에 빠지다. ② (C~) 《그리스신화》키마이라, 키메라 《사자의 머리·양의 몸·용의 꼬리를 가진 전설의 괴물》. ③《어류》은상어속(屬); 《곤충》나비의 일종.
chimérique [ʃimerik] *a.* 공상에 잠기는; 공상적인, 가공의(fabuleux), 비현실적인. homme ~ 공상가. Ses projets sont tout à fait ~s. 그의 계획은 완전히 공상적인 것이다. —*n.* 공상가, 몽상가(rêveur).
chimériquement [ʃimerikmɑ̃] *ad.* 《문어》가공적으로, 공상적으로.
chimico-légal(ale, *pl.* **aux)** [ʃimikɔlegal, -o] *a.* 법화학(法化學)의.
chimico-physique [ʃimikɔfizik] *a.* 물리화학의(physico-chimique).
*****chimie** [ʃimi] *n.f.* ① 화학. ~ appliquée 응용화학. ~ organique(minérale) 유기(무기)화학. ~ biologique 생화학. ②《문어》(은밀한)내적변화; 변화시키는 힘.
chimiosynthèse [ʃimjosɛ̃tɛːz] *n.f.* 《생화학》화학합성.
chimiothérapie [ʃimjoterapi] *n.f.* 《의학》화학요법.
chimiotropisme [ʃimjotrɔpism] *n.m.* 《생물》굴화성(屈化性), 화학 굴성.
*****chimique** [ʃimik] *a.* 화학의, 화학적인. notation ~ 화학 기호법. symbole ~ 화학 기호. industrie ~ 화학공업. réaction ~ 화학반응. produits ~s 화학물질[제품].
chimiquement [ʃimikmɑ̃] *ad.* 화학적으로, 화학 작용에 의해. eau ~ pure 화학적으로 순수한 물.
chimisme [ʃimism] *n.m.* 화학 작용; 화학적 기서(機序) 《화학적 견지에서 본 자연적 생·생물학적 현상 전체》.
chimiste [ʃimist] *n.* 화학자. ingénieur ~ 화학 기술자. ~ de laboratoire 실험 화학자.
chimpanzé [ʃɛ̃pɑ̃ze] *n.m.* 《동물》(아프리카의)성성성, 침팬지.
chinage [ʃinaːʒ] *n.m.* ① 《직물》혼색(混色)으로 하기; 혼색, 얼룩무늬(bigarrure). ②《속어》고물 수집; 고물상, 조롱.
chinchilla [ʃɛ̃ʃi(l)la] *n.m.* 《동물》친칠라; 친칠라 모피.
Chine (la) [laʃin] *n.pr.f.* 《지리》중국. encre de ~ 먹. la République populaire de ~ 중화 인민 공화국.
—**c**~ *n.m.* (중국산)고급 종이(papier de ~); 《때로 f.》 (중국의)도자기.
—**c**~ *n.f.* ① 고물장수(brocante). ② 행상. marchand à la ~ 행상인. vente à la ~ 행상인 방문 판매. ③《속어》빌리기; 얻기; 빌은[얻은] 물건. tabac de ~ 졸라서 얻은 담배.
chiné(e) [ʃine] *a.p.* 여러 빛깔의; 여러가지 실로 짠. robe beige ~ de bleu 푸른색이 섞인 갈색 드레스.
chiner[1] [ʃine] *v.t.* (직물을)혼색으로 하다.
chiner[2] *v.t.* ① 고물을 긁어 모으다; 고물상을 하다. ② 행상을 하다, 호별 방문으로 팔다. ③ 놀리다 (railler); 빈정거리다. ④《항의하다 (protester).
chinetoque [ʃintɔk] *n.* 《구어》《경멸》중국인.
chineur(se) [ʃinœːr, -ø:z] *n.* ① 행상인, 고물 상인; 노동자. ② 빈정거리는 사람.
*****chinois(e)** [ʃinwa, -a:z] *a.* ① 중국의; 중국식의. caractère ~ 한자. pavillon ~ 중국식의 정자, 정각. ②《비유적》기묘한, 야릇한, 알기 어려운.
—*n.* ① (C~) 중국인. ② 괴상한 놈, 수상한 사람; 까다로운 사람.
—*n.m.* ① 중국어 (langue ~e). ②《구어》알 수 없는 말, 횡설수설. C'est du ~. 도무지 무슨 말인지 모르겠군. ③ 설탕에 절인 중국산의 작은 귤. ④ 용의 일종(龍子).
chinoiser [ʃinwaze] *v.i.* 《구어》까다롭게 굴다, 트집 잡다. —*v.t.* 《옛》중국인처럼 보이게 하다.
chinoiserie [ʃinwazri] *n.f.* ① 중국산(취미)의 골동품, 중국의 민예품. ②《구어》번거로운 수속 절차; 쓸데없는 까다로움. ~s administratives 행정 절차의 번거로움.
chinook [ʃinuk] 《아메리카인디언》*n.m.* 로키 산맥의 바람.
chintz [ʃints] 《영》*n.m.* 친츠 《커튼·의자 커버용》.
chinure [ʃinyːr] *n.f.* 혼색으로 짠 직물(혼색으로 염색한 실의 모양새(외관).
chiot [ʃjo] *n.m.* (젖먹이)강아지.
chiote [kjɔt] *a.* 키오스(Chio) 섬의. —C~ *n.* 키오스 사람.
chiottes [ʃjɔt] *n.f.pl.* 《속어》변소. Aux ~! 망할 자식아 ! 《망신을 주기 위한 욕설》.
chiourme [ʃjurm] *n.f.* 《집합적》도형수(徒刑囚); 《옛》갤리선 젓는 죄수. garde ~ 간수.
chiper [ʃipe] *v.t.* ① 《구어》훔치다, 가로채다 (voler). Il nous a chipé cent francs. 그는 우리에게서 100 프랑을 훔쳐갔다. ② (병에)걸리다. ~ un rhume 감기에 걸리다. ③《옛》현장에서 체포하다. se faire ~ 현행범으로 체포되다.
être chipé pour qn 《속어》…에게 반하다.
chipette [ʃipɛt] *n.f.* 《속어》① (머리칼의)컬(~ de cheveux). ② 하찮은 것. Ça ne vaut pas ~. 아무 짝에도 쓸모없다.
chipeur(se) [ʃipœːr, -ø:z] *n.* 《구어》날치기, 좀도둑. —*a.* 손버릇이 나쁜. Cet enfant est très ~. 이 아이는 손버릇이 매우 나쁘다.
chipie [ʃipi] *n.f.* 《구어》심술궂은 여자, 성미 까다로운 여자.
chipolata [ʃipolata] *n.f.* 작은 순대 [소시지].
chipotage [ʃipotaːʒ] *n.m.* chipoter(*v.i.*)하는 일.
chipoter [ʃipote] *v.i.* ① 맛없는 듯이 깨지락거리다 (grignoter). ② 어정버정 일하다, 마지못해 일하다. ③ 하찮은 일로 말다툼하다. ④ 인사하게 흥정하다. ~ sur des comptes 계산을 가지고 옥신각신하다.
—*v.t.* ① (요리 따위를)맛없게 깨지락거리다. ② 치사하게 흥정하다(따지다). ③ 만지작거리다. ~ des fruits 과일을 만지작거리다. ④《구어》괴롭히다, 속상하게 하다.
—*se* — *v.pr.* 하찮은 일로 서로 다투다.
chipoterie [ʃipotri] *n.f.* 하찮은 궤변.
chipotier(se) [ʃipotœːr, -ø:z], **chipotier(ère)** [ʃipotje, -ɛːr] *a.* ① 어정버정 일하는. ② 하찮은 일로 말다툼하는. ③ 쩨쩨하게 에누리하는. —*n.* (위)의 사람.

chippendale [ʃipɛndal] *a.* 《불변》 (가구가) 치펜데일식의 (영국 가구가 *T. Chippendale*에서 유래).

chips [ʃip(s), tʃip] 《영》 *n.m.pl.* 『요리』 얄팍한 감자 튀김(pommes ~).

chique [ʃik] *n.f.* ① 씹는 담배. mâcher sa ~ 씹는 담배를 씹다. ②《벵기에》캔디. ③《구어》(치통 때문에) 부어오른 볼. ④ (실이 적은) 작은 고치. ⑤ 『곤충』 모래벼룩. ⑥ 작은 찻잔. ⑦《옛》(빵 따위의) 먹다 남은 조각.
avaler sa ~ 《속어》 죽다.
Ça ne vaut pas une ~. 《속어》 그것은 한푼의 가치도 없다.
couper la ~ *à qn* 《속어》 …의 말을 가로막다; …을 아연실색케 하다.
mou comme une ~ 《구어》 무기력한, 게으른.
poser (déposer) sa ~ 《속어》 (하는 수 없이) 말을 중단하다, 잠자코 있다; 죽다.

chiqué [ʃike] *n.m.* 《구어》 ① 잘난 (점잖은) 체하는 태도, 겉치레 (affectation). faire du ~ 잘난 체하다, 허세를 부리다; 점잔빼다. Il fait ça au ~. 그는 겉치레로 그렇게 한다. Pas de ~ entre nous. 우리들끼리는 점잔뺄 것 없다. ② 속임수, 눈가림. Ce match de catch, c'est du ~. 그 프로레슬링 시합은 속임수이다.

chiquement [ʃikmɑ̃] *ad.* 《구어》 ① 스마트하게; 멋지게. Elle était ~ fringuée. 그녀는 멋있는 옷차림을 하고 있었다. ② 친절하게, 너그럽게. Il m'a très ~ prêté de l'argent. 그는 친절하게도 내게 돈을 꾸어주었다.

chiquenaude [ʃiknod] *n.f.* ① 손가락으로 튀기기. donner une ~ à qc …을 손가락으로 튀기다; 가볍게 털다. donner une ~ à qn …의 얼굴을 손가락으로 튀김하여 놀리다. projeter une boulette de pain d'une ~ 빵을 동그랗게 비벼서 손가락으로 튀기기. ② (작은) 자극, 충격, 계기. Une ~ peut déclencher la hausse des prix. 사소한 계기로 물가가 오르는 수가 있다.

chiquenauder [ʃiknode] *v.t.* 《드물게》 손가락으로 튀기다.

chiquer[1] [ʃike] *v.t.* ①(담배를) 씹다. tabac à ~ 씹는 담배. ②《옛·속어》 먹다. Il n'y a rien à ~. 먹을 것이 아무것도 없다. ③《속어》 때리다.
—*v.i.* ①담배를 씹다. ②음식을 먹다, 식사하다.
—*se* ~ 《속어》 서로 때리다, 주먹질하다.

chiquer[2] *v.i.* ①《옛·은어》(일을) 솜씨 있게 해내다; (그림 따위를) 재간있게 그리다. ②《구어》 잘난 체하다; 가장하다, 속이다. *Il n'y a pas à* ~. 《속어》 터무니없는 기대를 걸어서는 안된다.

chiquet [ʃike] *n.m.* ①《옛·속어》소량, 조금. un ~ de vin 한 모금의 포도주. ~ à ~ 조금씩. ②(질이 나쁜) 고치(chique)에서 얻은) 하급의 명주실.

chiquetage [ʃikta:ʒ] *n.m.* 갈기갈기 찢기; (과자·도자기 따위에) 줄무늬 넣기.

chiqueter [ʃikte] [5] *v.t.* 《드물게》 갈기갈기 찢다; (과자·도자기 따위에) 줄무늬를 넣다.

chiqueur(se) [ʃikœ:r, -ø:z] *n.* ①담배 씹는 사람. ②《옛》 잘난 체하는 사람, 사기꾼. ③모델 없이 그리는 화가; (재능보다도) 손재주가 있는 화가.

chiragre [kiragr] 『의학』 *n.f.* 손가락 통풍(痛風).
—*n.* 손가락 통풍 환자.

chirographaire [kirografɛ:r] *a.* 『법』 사서증서(私署證書)만을 가진, 저당권 없는, 무담보의(↔ hypothécaire). créance ~ 무담보 채권. ②(외교문서에) 서명된.

chirographe [kirograf] *n.m.* ①(국가원수 따위의) 서명이 있는 외교문서. ②로마 교황의 서한.

chirographie [kirografi] *n.f.* 수상학(手相學).

chirographique [kirografik] *a.* 수상학의.

chirologie [kiroloʒi] *n.f.* ①수상학. ②《옛》(농아자의) 수화법(手話法).

chiromancie [kiromɑ̃si] *n.f.* 수상술.

chiromancien(ne) [kiromɑ̃sjɛ̃, -ɛn] *n.* 손금장이.

chiropracteur [kiropraktœ:r] *n.m.* 『의학』 지압사(指壓師), 카이로프랙터.

chiropractie [kiropraksi], **chiropraxie** [kiropraksi] *n.f.* 『의학』 (척추의) 지압 치료, 카이로프랙터.

chiroptères [kiroptɛ:r] *n.m.pl.* 『동물』 익수류(翼手類) (박쥐 따위).

chirurgical(ale, *pl.* **aux)** [ʃiryrʒikal, -o] *a.* 외과(용)의. subir une intervention ~ale 수술을 받다.

chirurgicalement [ʃiryrʒikalmɑ̃] *ad.* 외과적으로.

chirurgie [ʃiryrʒi] *n.f.* 외과, 외과학. ~ générale 일반외과. ~ plastique (esthétique) 성형외과.

*****chirurgien(ne)** [ʃiryrʒjɛ̃, -ɛn] *n.* 외과의사. Elle est ~. 그 여자는 외과의사이다 (여성형은 거의 쓰이지 않음). ~-dentiste 치과의사.

chirurgique [ʃiryrʒik] *a.* 《옛》 외과의, art ~ 외과술.

chistera [(t)ʃistera] *n.f.*(m.) (바스크 지방의 공놀이(pelote)용의) 버들가지로 엮은 장갑의 일종. 〔질(質)〕

chitine [kitin] *n.f.* 『화학·동물』 키틴.

chitineux(se) [kitinø, -ø:z] *a.* 『화학』 키틴질의.

chiton [kitɔ̃] *n.m.* (고대 그리스 사람의) 실내의(衣), 속옷.

chiure [ʃjy:r] *n.f.* (벌레의) 곤충, 특히 파의 똥(chiasse).

ch.-l. 《약자》 chef-lieu 도.(군) 청 소재지.

chlamyde [klamid] *n.f.* 『고대그리스·로마』 (바른쪽 어깨를 훅으로 잠그는) 짧은 망토.

chlamydosaure [klamidozo:r] *n.m.* 『동물』 (오스트레일리아산의) 큰 도마뱀.

chleuh(e) [ʃlø] *n., a.* 《구어》 (경멸) 독일놈(년)(의) (2차대전 때 생긴 말). avion ~ 독일놈의 비행기.

chlorage [klora:ʒ] *n.m.* (양모 따위의) 염소 처리.

chloral [kloral] *n.m.* 『화학』 클로랄. hydrate de ~ 《약》 포수(抱水) 클로랄.

chloralisme [kloralism] *n.m.* 『의학』 클로랄 중독(中毒).

chloramphénicol [klorɑ̃fenikɔl] *n.m.* 클로람페니콜 《항생 물질의 하나》.

chlorate [klorat] *n.m.* 『화학』 염소산염.

chlore [klo:r] *n.m.* 『화학』 염소; 《속어》 염화칼슘.

chloré(e) [klore] *a.* 『화학』 염소(塩素)를 함유한. eau ~*e* 염소수.

chlorelle [klorɛl] *n.f.* 『식물』 클로렐라 《녹조류(綠藻類)의 일종》.

chlorer [klore] *v.t.* (양털 따위를) 염소로 처리하다.

chloreux(se) [klorø, -ø:z] *a.* 『화학』 염소성의. acide ~ 아염소산.

chlorhydrate [kloridrat] *n.m.* 『화학』 염산염.

chlorhydrique [kloridrik] *a.* 『화학』 염화수소의, 염산의. gaz ~ 염화수소(chlorure d'hydrogène). acide ~ 염산.

chlorique [klorik] *a.* acide ~ 염소산.

chlorite [klorit] *n.m.* 『화학』 아염소산염.

chlor(o)- *préf.* 「염소·엽록(葉綠)」의 뜻.

chloro-anémie [kloroanemi] *n.f.* 『의학』 위황(萎黃) 빈혈.

chlorobromure [klorobromy:r] *n.m.* papier au ~ 클로로브로마이드지(紙) 《사진 인화지》.

chloroforme [klɔrɔfɔrm] 〖화학〗 클로로포름.
chloroformé(e) [klɔrɔfɔrme] *a.p.* ① 클로로포름을 함유한. ②(비유적)마비된, 무감각해진. opinion publique ~*e* 무감각해진 여론.
chloroformer [klɔrɔfɔrme] *v.t.* ① 〖의학〗 클로로포름으로 마취시키다. ②(비유적)마비시키다, 무감각하게 만들다. ~ l'opinion publique 여론을 마비시키다.
chloroformique [klɔrɔfɔrmik] *a.* 클로로포름의.
chloroformisateur [klɔrɔfɔrmizatœ:r] *n.m.* 클로로포름 마취기.
chloroformisation [klɔrɔfɔrmizasjɔ̃] *n.f.* 〖의학〗 클로로포름 마취.
chloroformiser [klɔrɔfɔrmize] *v.t.* =chloroformer.
chlorométrie [klɔrɔmetri] *n.f.* 염소 적정(滴定)〔정량법(定量法)〕.
chloromycétine [klɔrɔmisetin] *n.f.* 〖의학〗 클로로마이세틴.
chlorophycées [klɔrɔfise] *n.f.pl.* 〖식물〗 녹조류(綠藻類).
chlorophylle [klɔrɔfil] *n.f.* ① 〖식물·생화학〗 엽록소(葉綠素). ②(비유적)신선한 공기; 전원, 초원. évasion des fins de semaine vers la ~ 전원으로의 주말 도피.
chlorophyllien(ne) [klɔrɔfiljɛ̃, -ɛn] *a.* 〖식물·생화학〗 엽록소의. corps ~*s* 엽록체.
chloropicrine [klɔrɔpikrin] *n.f.* 〖화학〗 클로로피크린.
chloroplaste [klɔrɔplast] *n.m.* 〖식물〗 엽록체.
chlorose [klɔro:z] *n.f.* 〖의학〗 위황병(萎黃病); 빈혈; 〖식물〗 백화(白化) 현상.
chlorotique [klɔrɔtik] 〖의학〗 *a.* 위황병〔빈혈증〕에 걸린. ―*n.* 위황병 환자.
chloruration [klɔryrasjɔ̃] *n.f.* 〖화학〗 염화물 만들기, 염화.
chlorure [klɔry:r] *n.m.* 〖화학〗 염화물. ~ de sodium 염화나트륨(sel marin). ~ de chaux 표백분. ~ mercurique 염화 제 2 수은.
chloruré(e) [klɔryre] *a.p.* 〖화학〗 염소와 화합한, 염소를 함유한.
chlorurer [klɔryre] *v.t.* 〖화학〗 염소와 화합시키다, 염화물로 만들다.
***choc** [ʃɔk] *n.m.* ①(두 물체의)충돌(collision); 충격, 타격(coup). ~ violent 세찬 충격. résister au ~; supporter le ~ 충격을 견디어내다. ~ de voitures 자동차 충돌. ~ de verres 축배의 잔을 부딪치기. appareil de ~ 완충기. onde de ~ 충격파. essai de ~ 충격 시험. ②(의견·이해 따위의)충돌(opposition); 〖군사〗(양군의)충돌, 돌격, 습격. ~ des opinions 의견충돌. ③〖의학〗(정신·신경 계통의)쇼크. ~ opératoire 외과 수술에 의한 쇼크. méthode de ~ 충격요법. ④(심리적인)충격, 타격. Cela m'a donné un ~. 나는 그 일로 충격을 받았다.
~ en retour 반동, 반발; 〖전기〗 역력(逆力).
de ~ ⓐ 돌격의, 공격의. troupes de ~ 기습대, 돌격대. ⓑ 전투적인, 전위적인. communiste *de* ~ 전투적 공산주의자. art *de* ~ 전위적 예술. enseignement *de* ~ 집중교육, 강훈. ⓒ 파격적인, 맹렬한. rayon *de* ~ (백화점의)대바겐 코너. vendeur *de* ~ 맹렬한 세일즈맨.
-choc *suff.* 「충격을 일으키는, 파격적인」의 뜻(예: prix(-)*choc* 파격적인 가격. questions-*choc* 충격적인 문제. image-*choc* 충격적인 사진).
***chocolat** [ʃɔkɔla(ɔ)] *n.m.* ① 초콜릿; 초콜릿 음료. une tasse de ~ 초콜릿 한 잔. tablette de ~ 판형 초콜릿. ~ au lait 밀크 초콜릿. glace au ~ 초콜릿 아이스크림. ②초콜릿 빛깔(couleur ~).
―*a.*(불변)초콜릿 색의.
être ~ 〘구어〙기대가 어긋나다, 속아 넘어가다.
chocolaté(e) [ʃɔkɔla(ɔ)te] *a.* 초콜릿을 넣은; 초콜릿 맛 나는.
chocolaterie [ʃɔkɔla(ɔ)tri] *n.f.* 초콜릿 제조공장〔장사〕.
chocolatier(ère) [ʃɔkɔla(ɔ)tje, -ɛ:r] *a.* 초콜릿 제조〔판매〕의. ―*n.m.* 초콜릿 제조업자〔판매인〕. ―*n.f.* 초콜릿 끓이개.
chocottes [ʃɔkɔt] *n.f.pl.* 〘엣·속어〙이. brosse à ~ 칫솔. avoir les ~ 〘구어〙(이가 맞부딪치도록)무서워하다(avoir peur).
choéphore [kɔefɔ:r] *n.* 〖고대그리스〗 죽은 사람에게 제물을 바치는 사람.
chœur [kœ:r] *n.m.* ① 합창대, 코러스; (교회의)성가대. ~ de jeunes filles 소녀합창대. chef des ~*s* 합창 지휘자. maître de ~ 교회성가대장. ② 합창곡. ~ à quatre parties 4 부합창곡. ~ à l'unisson 제창곡. symphonie avec ~ 합창이 딸린 교향곡. ②(비유적)(같은 생각이나 태도를 가진 사람들의)무리, 집단. ~ des mécontents 불평분자의 집단. ④(종교적 의식·연극 따위의)합창 가무단(歌舞團); 〖고대그리스〗 합창대, 코러스. ⑤(성당의)내진(內陣)〔성직자와 성가대가 차지하는 자리〕(→ église 그림). ⑥ 〖가톨릭〗(천사나 순교자의)계급.
en ~ 목소리를 맞추어, 일제히. protester *en* ~ 이구동성으로 항의하다.
enfant de ~ ⓐ 성가대의 소년; (미사 때의)신부의 조수, 복사. ⓑ 〘구어〙풋내기, 속기 잘하는 사람.
choir [ʃwa:r] [61] *v.i.* 〘엣·문어〙(주로 부정법에 쓰임)떨어지다; 넘어지다. se laisser ~ dans un fauteuil 쓰러지듯 의자에 주저앉다.
laisser ~ *qn*[*qc*] …을 저버리다(abandonner, plaquer). Après de belles promesses, il nous *a laissé* ~. 허울좋은 약속을 하더니 그는 우리를 저버리고 말았다.
choisi(e) [ʃwazi] *a.p.* 선택된, 선발된; 정선된. œuvres ~*es* 선집(選集). société ~*e* 상류사회. peuple ~ de Dieu 신의 선민.
―*n.m.* 최고급품.
:**choisir** [ʃwazi:r] *v.t.* 고르다, 선택하다, 선정〔선발〕하다; 선택된 직업을 잡다. Qu'est-ce que vous *choisissez* comme dessert? 디저트는 무엇으로 하시겠소? Il a été choisi comme président. 그는 의장으로 선출되었다. [~ de/entre] ~ *de* deux choses l'une 두 가지 중에서 하나를 고르다. ~ un bon livre *entre* mille 수많은 책 중에서 좋은 것을 고르다. *Choisissez entre* la mer et la montagne. 바다로 갈 것인지 산으로 갈 것인지 선택〔결정〕하시오. [~ de+*inf.*] J'ai choisi de me marier. 나는 결혼하기로 작정했다. (~+의문사절)*Choisissez* si vous partirez ou non. 떠날지 안떠날지 결정하시오. *Choisis* où tu veux habiter. 어디서 살고 싶은지 결정해라. (*목적보어 없이*) ~ parmi plusieurs choses 몇 가지 중에서 고르다. Je ne peux pas ~ sans réfléchir. 생각해보지 않고서는 고를 수가 없다.
~ la liberté 자유를 선택하다; (비꼼)달아나다.
―*se* ~ *v.pr.* 자신을 위해서 선택하다; 서로 고르다; 선택되다.
choisissable [ʃwazisabl] *a.* 선택될 만한, 선택할 수 있는.
***choix** [ʃwa] *n.m.* ① 선택, 선정(sélection). arrêter 〔fixer, porter〕 son ~ sur *qc* …을 선택하기로 하다.

faire ~ de qc …을 선택하다. Avez-vous fait votre ~? 선택하셨습니까? ② 선택의 가능성[권리]. laisser le ~ à qn …에게 선택권을 맡기다. au ~ de qn …의 의사에 따라. Pour le voyage, on a le ~ entre le bateau et l'avion. 여행 수단으로 배와 비행기 중에서 고를 수 있다. On n'a pas le ~. 선택의 여지가 없다, 달리 도리가 없다. ③ 추려(뽑아)낸 것(사람)(작품의)선집. ~ de poésies 시선집. Il a un ~ magnifique de tableaux. 그는 기막힌 그림들을 수장하고 있다. ④ (상품 따위의)종류, 급(級), 품종. Cette boutique a un grand ~ de cravates. 이 가게에는 많은 종류의 넥타이들이 있다. de tout premier ~ 최고급의.
au ~ ⓐ 《상업》 골라잡아 (가격 균일). Tous ces articles coûtent dix francs au ~. 이 물건들은 골라잡아 어느 것이나 10프랑이오. ⓑ 随(발달)에 의해서. avancement au ~ 발탁에 의한 승진.
de ~ 정선된, 특선의. article de ~ 특선품. papier de ~ 상질의 종이.
n'avoir que l'embarras du ~ 선택이 곤란할 만큼 많다. **sans ~** 무차별로, 아무렇게나.
choke [tʃɔk], **choke-bore** [tʃɔkbɔːr] (pl. ~~-s) 《영》 n.m. (총구를 향해 점점 좁아진)총열통 (탄환의 흩어짐을 막기 위한 장치).
cholagogue [kɔlagog] 《의학》 a. 담즙 분비 촉진의. —n.m. 담즙 분비 촉진제.
chol(é)- préf. 「담즙」의 뜻.
cholécyste [kɔlesist] n.m. 《해부》 담낭 (vésicule biliaire) (외과학의 용어).
cholécystectomie [kɔlesistektɔmi] n.f. 《의학》 담낭 절제(切除).
cholécystite [kɔlesistit] n.f. 《의학》 담낭염.
cholécystographie [kɔlesistɔgrafi] n.f. 《의학》 담낭 촬영.
cholécystostomie [kɔlesistɔstɔmi] n.f. 《의학》 담낭 피스튤 형성.
cholécystotomie [kɔlesistɔtɔmi] n.f. 《의학》 담낭 절개(切開).
cholédoque [kɔledɔk] a. canal ~. 《해부》 수담관(輸膽管).
cholélithiase [kɔlelitjaːz] n.f. 《의학》 담석증.
cholémie [kɔlemi] n.f. 담혈증(膽血症).
choléra [kɔlera] n.m. ① 《의학》 콜레라. ~ infantile 소아 콜레라. ~ morbus[mɔrbys]; ~ asiatique 진성 콜레라. ~ nostras[nɔstraːs] 유사 콜레라. ② 《구어》 재앙, 화근; 몹쓸 사람.
n. 콜레라 환자.
cholériforme [kɔleriform] a. 《의학》 콜레라 상(狀)의, 콜레라 같은.
cholérine [kɔlerin] n.f. 《의학》 유사 콜레라.
cholérique [kɔlerik] 《의학》 a. 콜레라의.
n. 콜레라 환자.
cholestérol [kɔlɛsterɔl] n.m. 《생물》 콜레스테롤, 콜레스테린.
cholestérolémie [kɔlɛsterɔlemi] n.f. 《의학》 (혈액 속의)콜레스테롤 농도.
cholet [ʃɔlɛ] (< Cholet, Maine-et-Loire의 도시) n.m. 쇼레 천(손수건 만드는 데 사용되는).
cholette [ʃɔlɛt] n.f. 《놀이》 자치기.
choliambe [kɔljãːb] n.m. 《운율》 (파행적인 운율의)장단격의 일종.
choline [kɔlin] n.f. 《생물》 콜린 (lécithine의 성분).
cholurie [kɔlyri] n.f. 《의학》 황달성 소변. (분).
chômable [ʃomabl] a. (드물게)휴업할 수 있는, 휴업해야 할. fête ~ 휴업할 수 있는 명절.
*****chômage** [ʃomaːʒ] n.m. ① (공장의)조업정지; (축제일의)휴업. ~ du dimanche 일요 휴업. ~ d'une usine 공장의 조업중지. ~ technique 기술상의 조업중지. ② 실업 (~ involontaire). ~ complet 완전실업. ~ partiel 반실업. ~ caché 잠재실업. ~ chronique 만성적인 실업. ~ saisonnier 계절적인 실업. ~ frictionnel 유동적[일시적] 실업. ~ volontaire 취업 거부. assurance ~ 실업보험. assistance ~ 실업구제. ~ structurel 구조적 실업. se mettre en ~ 동맹파업하다. ouvriers en ~ 실직 노동자. secours(allocation, indemnité) de ~ 실직 수당. s'inscrire au ~ (구어)실직 수당을 받다. être en ~ 실업 중이다; 휴업 중이다; 움직이지[활동하지] 않다. La politique n'est jamais en ~. 정치는 연중무휴이다.
chômé(e) [ʃome] a.p. 휴업의, 휴무의. jour ~ et payé 유급 휴일.
chômer [ʃome] v.i. ① 일을 쉬다; (공장 따위가)조업을 중지(중단)하다; 《영》 (축제일)휴업하다. ~ pendant la morte saison 불경기에 조업을 중지 [중단]하다. usine qui chôme 조업을 중단하고 있는 공장. ② 실직하다, 일자리를 잃다. Nombre d'ouvriers chôment cet hiver. 이번 겨울에는 많은 노동자가 실직하고 있다. ③ (논·밭·돈 따위가)놀다; (이야기 따위가)그치다. Les ennuis ne chôment jamais. 근심은 그칠 사이가 없다. laisser ~ son argent 돈을 무익하게 묵혀두다. ④ [~ de] (이) 부족하다. ~ de besogne 일이 없다. N'épargnez pas le bois, vous n'en chômerez point. 숲이 없어지는 것은 아니니까 염려 말고 나무를 자르시오.
—v.t. 휴업하고 축하하다. ~ (la fête d')un saint 성인(聖人)의 날을 휴업하고 축하하다.
chômeur(se) [ʃomœːr, -ø:z] n. 실직자. —a. 실업 중의, 실직한.
chondrine [kɔ̃drin] n.f. 《생화학》 연골소.
chondriome [kɔ̃drijoːm] n.m. 《생물》 콘드리옴.
chondriosome [kɔ̃drijozoːm] n.m. 《생물》 콘드리오솜(세포 내의 사립체(糸粒體)), 미토콘드리아 (mitochondrie).
chondrite [kɔ̃drit] n.f. ① 《의학》 연골염(軟骨炎). ② 《광물》 (둥근 모양의)운석(隕石).
chondroblaste [kɔ̃drɔblast] n.m. 《생물》 연골 아 세포(芽細胞).
chondrologie [kɔ̃drɔlɔʒi] n.f. 연골(조직)학.
chondromatose [kɔ̃drɔmatoːz] n.f. 《의학》 연골 종증(腫症).
chondrosarcome [kɔ̃drɔsarkoːm] n.m. 《의학》 연골 육종(肉腫).
chop [tʃɔp] 《영》 n.m. 《테니스·탁구》 (공을)위에서 아래로 내려 깎기, 잘라치기.
chope [ʃɔp] n.f. 맥주컵, 조키; (맥주컵) 한 잔의 분량. boire une ~ (de bière) 맥주 한 조키를 마시다.
choper[1] [ʃɔpe] v.t. ① 《속어》 훔치다(voler). ~ une montre 시계를 훔치다. ② 붙잡다(arrêter), 잡다(prendre). Le voleur s'est fait ~. 도둑이 붙잡혔다. ~ une bonne place 좋은 일자리를 잡다. ③ 병에 걸리다. ~ un rhume 감기들다.
choper[2] [tʃɔpe] v.t. 《테니스》 (공을)깎아치다.
chopin [ʃɔpɛ̃] n.m. 《속어》뜻밖의 행운; 숙기 쉬운 사람, 호인. faire un (beau) ~ 돈 많은 남자(여자)를 물다.
chopine [ʃɔpin] n.f. ① (포도주의)병, 컵. boire une ~ de vin 포도주 1병을 마시다. ② (옛) 반 리터 (옛 컵). ③ 《기계》 (퍼어 올리는 펌프·수압기 따위의 피스톤인)플런저, 피스톤.
chopiner [ʃɔpine] v.i. 《속어》 술을 많이 마시다.
chopinette [ʃɔpinɛt] n.f. 《옛》 작은 병(petite chopine).
chopper [ʃɔpe] v.i. 헛더디다, 발부리를 부딪다; 실수하다. —v.t. 《속어》 =**choper**[1].

choquable [ʃɔkabl] *a.* 분개하기 쉬운, 화를 잘내는.
choquant(e) [ʃɔkɑ̃, -ɑ̃:t] *a.* 불쾌한; 거슬리는; 눈에 띄는. manières ~es 불쾌한 태도.
choquer¹ [ʃɔke] *v.t.* ① (에)(에)부딪치다, 충돌하다(heurter). ② (컵을)맞부딪치다. ~ les verres (건배를 하기 위해)컵을 서로 부딪치다, 건배하다 (trinquer). ③ 〈감정을〉상하게 하다, 화나게 하다; (귀·눈·마음에) 거슬리다(blesser). ~ les sentiments de *qn* …의 감정을 상하게 하다. ④ (에)어긋나다(contrarier). ~ la raison(le bon sens) 도리 〔양식〕에 어긋나다.
— *v.i.* 건배하다. Voulez-vous ~ ? —Choquons. 건배하시겠읍니까? 건배합시다.
— **se** ~ *v.pr.* ① 맞부딪다. ② 서로 맞부딪치다. ③ [~ de] (에)분개하다(se fâcher). Elle s'est choquée de cette question indiscrète. 그녀는 그와 같은 무례한 질문에 분개했다.
choquer² 〖해양〗 *v.t.* (밧줄을)늦추다. ~ brusquement une amarre 닻줄을 급히 풀다. — *v.i.* (밧줄이)늦춰지다.
choral(ale, *pl.* als, 〖드물게〗 **aux)** [kɔral, -o] *a.* 합창의, 합창대의. composition ~ale 합창곡.
— *n.m.* (합창용의)성가. ~als de Bach 바흐의 성가. — *n.f.* 합창대; 합창회. ~ale d'un lycée 고등학교 합창대.
chorédrame [kɔredram] *n.m.* 무용극.
chorée [kɔre] *n.m.* 〖운율〗 장단격(長短格)(trochée). — *n.f.* 〖의학〗 무도병(舞蹈病)(danse de Saint-Guy).
chorège [kɔrɛːʒ] *n.m.* 〖고대그리스〗 (자비로 유지하고 훈련시키는)합창대장; 무용단의 지휘자.
chorégie [kɔreʒi] *n.f.* 합창대장의 직.
chorégraphe [kɔregraf] *n.* 무용법 고안자; (발레 따위의)안무가(按舞家).
chorégraphie [kɔregrafi] *n.f.* 무용술; (발레의)안무법(按舞法).
chorégraphique [kɔregrafik] *a.* chorégraphie 의. virtuosité ~ 무용의 묘기.
choréique [kɔreik] 〖의학〗 *a.* 무도병의. convulsions ~s 무도병의 경련. —*n.* 무도병 환자.
choreute [kɔrøːt] *n.m.* 〖그리스연극〗 합창단원.
choriambe, choriambe [kɔrjaːb] *n.m.* 〖운율〗 장단단장격(長短短長格).
choriambique [kɔrjɑ̃bik] *a.* 〖운율〗 장단단장격의. vers ~ 장단단장격 시구.
chorion [kɔrjɔ̃] *n.m.* 〖생물〗 난포막(卵胞膜); 〖해부〗 진피(眞皮).
choriste [kɔrist] *n.* 합창단원; 성가대원. ~s de l'Opéra 오페라좌의 합창단원.
chorizo [ʃɔrizo] 〖에스파냐〗 *n.m.* (고추를 많이 넣은)에스파냐 소시지.
chorographie [kɔrɔgrafi] *n.f.* 지방 지지(地誌).
choroïde [kɔrɔid] 〖해부〗 *a.* 맥락막(脈絡膜)의(같은). — *n.f.* 맥락막(membrane ~).
choroïdite [kɔrɔidit] *n.f.* 〖의학〗 맥락막염 〔의〕.
choroïdien(ne) [kɔrɔidjɛ̃, -ɛn] *a.* 〖해부〗 맥락막의.
chorus [kɔrys] *n.m.* ① 합창, 코러스; 동시에 나는 소리. ② (재즈 음악에서)주요 테마를 이루는 부분. prendre un ~ 주제를 즉흥적으로 연주하다. ~ de trompette 트럼펫 즉흥 독주.
faire ~ 〖구어〗 일제히 찬성하다; 일제히 되풀이 하다. (남의 말을)일제히 되풀이 하다. Quelqu'un protesta et tous les auditeurs firent ~. 누가 이의를 제기하자 청중이 일제히 되풀이 하였다.
‡chose [ʃoːz] *n.f.* ① 사물; 물건, 것; (사람에 대하여)사물. Dieu a créé toutes ~s. 신은 만물을 창조했다. Elle a acheté beaucoup de ~s. 그녀는 많은 물건을 샀다. C'est la plus belle ~ du monde. 그것은 세계에서 제일 아름다운 것〔일〕이다. Voilà une petite ~ pour vous. 조그마한 것이지만 받아주세요. traiter *qn* comme une ~ …을 물건처럼 다루다. les êtres et les ~s 생물과 무생물. Elle me croyait son jouet, sa ~. 그녀는 나를 장난감 또는 자기 물건으로 여기고 있었다. ~ en soi 〖철학〗 사물 그 자체.

② 일, 사항; 문제; 사건. J'ai beaucoup de ~s à faire aujourd'hui. 오늘 나는 할 일이 많다. Qu'il vienne ou pas, c'est la même ~. 그가 오건 안 오건 마찬가지 일이다. Ce n'est pas ~ aisée de+*inf.* …하는 것은 그리 쉬운 일이 아니다. La ~ publique 공공의 문제, 국사; 국가. La ~ parle d'elle-même. 설명이 없어도 명백하다. C~ étonnante, il est venu me voir. 놀랍게도, 그가 나를 보러 왔다. C'est ~ faite. 그것은 끝난 일이다. ~s humaines 인간에 관한 제반 사항. C'est dans l'ordre des ~s. 그것은 자연의 이치이다〔일이 그렇게 되도록 되어 있다〕.

③ (주로 *pl.*) 현실, 사정, 사태, 상황. regarder les ~s en face 사태〔현실〕를 직시하다. Les ~s vont [tournent] mal. 사태는 악화되고 있다. cours naturel des ~s 사태의 자연스런 추이. dans l'état actuel des ~s 현 상태에 있어선. par la force des ~s 사태의 추이로 인해, 어쩔 수 없이.

④ 내용. ouvrage plein[vide] de ~s 내용이 충실[빈약]한 작품. Il y a de fort jolies ~s dans ce livre. 이 책에는 아주 재미 있는 내용이 있다.

⑤ 〖법〗 ~s sans maître 주인 없는 물건; ~s communes 공유물(물건·물질·원소). ~ jugée 기결사항. *autre* ~ 다른 것(부정대명사로 다루어짐). Ce n'est pas ce que je veux dire; c'est *autre* ~. 그것은 내가 말하고자 하는 것이 아니다. 다른 것이다. C'est un élève très brillant; c'est tout *autre* ~ que son frère. 그는 대단한 학생이다, 자기 형〔동생〕과는 아주 다른. Dans ce livre, j'ai lu *autre* ~ d'aussi intéressant. 다른 이야기지만 마찬가지로 재미있는 것을 이 책에서 읽었다. Au fait, *autre* ~,… 그건데, 이야기는 바뀌어지지만… Voilà *autre* ~ —! 〖구어〗 뜻밖의 일이다.
C'est pas des ~s *à faire*[*dire*]. 〖구어〗그것은 할 짓〔할 말〕이 아니다.
C~ *promise,* ~ *due.* 〖속담〗약속한 것은 이행할 의무가 있다.
de deux ~s *l'une* 둘 중 어느 하나이다. *De deux* ~s *l'une,* c'est un fou, c'est un artiste de génie. 그는 미치광이던가, 천재적 예술가이던가 둘 중의 하나이다.
dire le mot et la ~ 사실대로〔노골적으로〕 말하다.
Dites bien des ~*s*(*aimables*) *à qn de ma part.* …에게 안부를 잘 전해주시오.
faire bien[*bien faire*] *les* ~*s* 후하게〔기분좋게〕 대접하다.
grand-~ (부정문에 쓰임) 많은 것, 대단한 것. Je n'y ai pas compris *grand-*~. 나는 그것을 잘 이해하지 못 했었다.
leçon de ~*s* 실물교육.
ne pas faire les ~*s à moitié*(*à demi*) 타협하지 않고 철저하게 하다.
parler de ~*s et d'autres* 이 얘기 저 얘기하다.
sur toute(*s*) ~(*s*) 무엇보다도 먼저, 우선.
—*n.m.* 〖구어〗 그 아무개, 거시기, 모(某), 어떤 것〔곳〕(이름이 생각나지 않을 때나 밝히고 싶지 않을 때 쓰는 말). à C~, en Normandie 노르망디 지방 어느 곳에. Donnez-moi un, (ce) ~. 그것 하나 주세요. le petit C~ 꼬마. Madame C~ 그

아무개 [모] 부인. Monsieur C~ 그 아무개, 모씨.
—*a*. (물변) (구어) (기분이) 언짢은, 거북스러운, 난처한(décontenancé); 바보스러운.
avoir l'air tout ~ 기운이 없어 보이다, 어쩐지 심상치 않은 기색이다.
être tout ~ 어쩐지 기분이 언짢다; 망연자실하다.
être un peu ~ 약간 바보스럽다.

chosette [ʃozɛt] *n.f.* 사소한 일, 하찮은 일.

chosification [ʃozifikasjɔ̃] *n.f.* 【철학】(관념의)물체화, (인간의)사물화.

chosifier [ʃozifje] (< *chose*) *v.t.* (관념을)대상화[사물화]하다, 구체화하다.

chosisme [ʃozism] *n.m.* 【철학】인간현상을 사물로 묘사하는 철학; 관념을 물체화[인간을 사물화]하는 경향(추상적인 것을 구체화하거나 추상적인 것을 감각적으로 생각하는 것)(concrétisme).

chosiste [ʃozist] *n.* 관념을 물체화[인간을 사물화]하는 사람. —*a*. 관념을 물체화[인간을 사물화]하는 경향이 있는.

chott [ʃɔt] 《아라비아》 *n.m.* (북아프리카의)염수호(塩水湖)(lac salé).

***chou** [ʃu] (*pl.* ~*x*) *n.m.* ① 【식물】양배추, 캐비지. cœur(trognon) d'un ~ 배추고갱이. ~ rouge 보라색 양배추. ~ de Bruxelles [à jets] 긴 대에 달리는 싹배추. soupe aux ~ 배추 수프. ~ farci 롤 캐비지. ~ de chien 산쪽속(屬)(mercuriale). ~ de mer 갯배추(crambe). ② ~ à la crème 【제과】 슈크림; ~ de ruban (리본의) 나비매듭(nœud de ruban). ③ (구어)(호칭) 귀여운 사람(*f.* choute). mon(petit) ~ 당신, 귀여운.
aller à travers ~*x* (구어)경솔하게 행동하다.
aller planter ses ~*x* 시골에 은퇴하다; 하던 일을 그만두다.
arriver dans les ~*x* 【경주】참패하다.
bête comme ~ ⓐ(구어)(문제·일이)이해[해결]하기 쉬운(simple comme bonjour). Ce problème est bête comme ~. 이 문제는 아주 간단하다. ⓑ(옛)(사람이)멍청한, 어리석은.
C'est ~ *vert et vert* ~. 결국 같은 결과이다.
~ *pour* ~ 저마다의 값어치를 지니고; (구어)꼭 그대로; 적절히, 꼭 맞게. composer ~ *pour* ~ 【인쇄】원고 그대로 조판하다.
être dans les ~*x* (속어)궁지에 몰리다; (계획이)뒤틀리다; (시험·경쟁 따위에)꼴찌이다.
être né sous un ~ 어디서 태어났는지 모르다.
faire ses ~*x gras de qc* (구어)···으로 큰 이익을 얻다; 사복을 채우다.
feuille de ~ (구어)엉터리 [싸구려] 신문.
rentrer dans le ~ *à qn* (속어)···을 맹렬히 공격하다; (자동차 따위가)···을 들이받다.
s'entendre à une chose comme à ramer des ~*x* ···을 전혀 모르다.
—*a*. (불변, 《드물게》 *f.* choute)(구어)착한, 친절한; 예쁜, 귀여운. Ce que tu es ~ [choute]! 참친절해 너는! chapeau ~ 예쁜 모자.

chouan [ʃwɑ̃] *n.m.* ① 【조류】올빼미(chat-huant의 사투리). ② 【프랑스사】올빼미당원, 반혁명 왕당파(반혁명 왕당파의 수령 Jean Cotteret의 별명). ③ (서부 지방 사투리로)보수파.

chouanner [ʃwane] *v.i.* (올빼미 당원과 같은 수법의)게릴라전을 벌이다.

chouannerie [ʃwanri] *n.f.* 【프랑스사】올빼미당(黨), (la ~) 올빼미당의 반란.

choucas [ʃuka] *n.m.*, **chouchette** [ʃuʃɛt] *n.f.* 【조류】갈가마귀.

chouchou(te) [ʃuʃu -ut] *n.* (구어)마음에 드는 것, 귀염둥이(préféré, favori).

chouchoutage [ʃuʃutaːʒ] *n.m.* (구어)편애(prédilection).

chouchouter [ʃuʃute] *v.t.* (구어)귀여워하다; (어린애를)응석받이하다(gâter).

choucroute [ʃukrut] *n.f.* 슈크루트 (양배추 절임).

chouette¹ [ʃwɛt] *n.f.* 【조류】올빼미. vieille ~ 《구어》마귀 같은 할멈. *faire la* ~ (카드놀이에서) 2명 이상을 상대하다.

chouette² 《속어》*a.* 멋진, 근사한(chic). ~ femme 아름다운 여자. C'est ~. 멋지다, 아름답다.
—*int.* 근사하다! Ah, ~ alors! 멋진데! C'~! on n'a pas de maths aujourd'hui. 신난다! 오늘은 수학 시간이 없다.

chouettement [ʃwɛtmɑ̃] *ad.* 멋지게, 근사하게.

chou-fleur [ʃuflœːr] (*pl.* ~*x*-~-*s*) *n.m.* 【식물】꽃양배추, 콜리플라워.

chou-navet [ʃunavɛ] (*pl.* ~*x*-~-*s*) *n.m.* 【식물】스웨덴순무(양배추의 일종).

chou-palmiste [ʃupalmist(ə)] (*pl.* ~*x*-~-*s*) *n.m.* 종려나무 가지끝에 나는 싹.

choupette [ʃupɛt] *n.f.* (구어)①(어린아이의)머리털 다발. ②(어린아이의)머리 리본.

chouque [ʃuk], **chouquet** [ʃukɛ] *n.m.* 【선박】(돛대를 묶는)버팀목.

chou-rave [ʃuraːv] (*pl.* ~*x*-~-*s*) *n.m.* 【식물】(줄기가 순무 모양의)양배추의 일종.

chourin [ʃurɛ̃] *n.m.* 《속어》단도(短刀)(surin).

chouriner [ʃurine] *v.t.* 《속어》(단도로)찔러 죽이다(suriner).

chourineur [ʃurinœːr] *n.m.* 《속어》(단도로)찔러 죽이는 사람, 살인자.

choute [ʃut] *n.f.* ⇨chou.

chow-chow [ʃuʃu, tʃawtʃaw] (*pl.* ~*s*-~-*s*) *n.m.* (중국종의)발바리의 일종.

choyer [ʃwaje] [7] *v.t.* 귀여워하다; 소중히 하다. ~ *ses enfants* 자기 아이들을 귀여워하다.
~ -se ~ *v.pr.* 몸을 아끼다, 자애(自愛)하다.

C.H.R. (약자) Compagnie hors rang 【군사】사령부 본부중대.

chrême [krɛm] *n.m.* 【종교】성유(聖油).

chrémeau [kremo] (*pl.* ~*x*) *n.m.* 【종교】(세례 후 어린애에게 씌우는)세례 모자.

-chrèse *suff.* 「사용」의 뜻(예:catachrèse 말의 잘못된 전용).

chrestomathie [krɛstɔmat(s)i] *n.f.* 고전문선집, 명문집.

***chrétien(ne)** [kretjɛ̃, -ɛn] *a.* 기독교(도)의; 기독교 도덕적인; 성실한, 정직한. peuples ~*s* 기독교 국민. foi ~*ne* 기독교 신앙. humanisme ~ 기독교적 인도주의. monde ~ 기독교 세계. Le roi Très C~ 프랑스국왕의 칭호(Sa Majesté Très C~*ne*). mener une vie ~*ne* 기독교도적인 생활을 하다. religion ~*ne* 기독교. par des moyens peu ~*s* (구어)비양심적인 수단으로.
parler ~ (구어)예의 바르게 말하다; 알기 쉬운 말을 쓰다.
—*n.* 기독교 신자.   로.

chrétiennement [kretjɛnmɑ̃] *ad.* 기독교(도)적으로

chrétienté [kretjɛ̃te] *n.f.* (집합적)기독교도국(國), 기독교도 전체, 기독교 세계. ~ primitive 초기 기독교도.

chris-craft [kriskraft] 《영》 *n.m.* 소형 모터보트.

crismal(ale, pl. aux) [krismal, -o] *n.m.* 【종교】성유 담는 그릇; 유골함.

chrisme [krism] *n.m.* 그리스도의 명(銘)(X와 P를 합친 것 또는 P에 가로줄을 친 것).

chrisme

Christ [krist] *n.pr.m.* 그리스도. Jésus-~ 예수 그리스도 (가톨릭 [ʒezykri], 신교 [ʒezykrist], 또한 가톨릭에선 le ~, 신교에선 ~로 관사 없이 쓰임). Cent ans avant J.-C. 기원전 100 년.
—**c~** *n.m.* 십자가의 그리스도상. ~ d'ivoire 상아의 그리스도상.
christiania [kristjanja] *n.m.* 《스키》 크리스차니아 (1/4바퀴 회전하며 급히 멈추기).
christianisation [kristjanizɑsjɔ̃] *n.f.* 기독교화.
christianiser [kristjanize] *v.t.* 기독교화하다; 기독교신자로 만들다. —**se** ~ *v.pr.* 기독교도가 되다.
christianisme [kristjanism] *n.m.* 기독교. livre sacré du ~ 기독교의 성전, 성서.
christique [kristik] *a.* 그리스도에 관한.
christologie [kristɔlɔʒi] *n.f.* 그리스도 연구, 그리스도의 교훈 연구.
christologique [kristɔlɔʒik] *a.* 그리스도 연구의.
chromage [kromaːʒ] *n.m.* 크롬 도금 (鍍金).
chromate [krɔmat] *n.m.* 《화학》 크롬산염.
chromaté(e) [krɔmate] *a.* 《화학》 =**chromé.**
chromater [krɔmate] *v.t.* 《화학》 =**chromer.**
chromatie [krɔmati] *n.f.* 《광학》 색수차(色收差).
chromatine [krɔmatin] *n.f.* 《생물》 염색질(質).
chromatique [krɔmatik] *a.* ① 《음악》 반음계의 (半音階의). gamme ~ 반음계. ② 《광학》 빛깔의, 빛깔에 관한. aberration ~ 색수차. ③ 《생물》 염색체의. réduction ~ 염색체의 감수분열.
—*n.f.* 《광학·미술》 색채론, 색학(色學).
chromatiquement [krɔmatikmɑ̃] *ad.* 반음계로; 채색을 하여.
chromatiser [krɔmatize] *v.t.* ① 《음악》 반음계로 하다. ② 무지개색으로 하다.
—**se** ~ *v.pr.* 무지개색으로 되다.
chromatisme [krɔmatism] *n.m.* ① 채색 (coloration), 착색. ② 《광학》 색수차(色收差). ③ 《음악》 반음계(의 성격).
chromatographie [krɔmatɔgrafi] *n.f.* 《화학》 크로마토그래피.
chromatophore [krɔmatɔfɔr] *n.m.* 《동물》 색소포(色素胞); 《식물》 색소체(色素體).
chromatopsie [krɔmatɔpsi] *n.f.* ① 《생리》 색시각. ② 《의학》 색시증(色視症).
chromatoscope [krɔmatɔskɔp] *n.m.* 《광학》 크로마토스코프(異色光선 합성장치).
chromatrope [krɔmatrɔp] *n.m.* (환등의)회전 채광판(彩光板), 회전 채색판(彩色板).
chrome [kroːm] *n.m.* ① 《화학》 크롬. jaune de ~ 크롬 황(黃); 황연(黃鉛) (chromate de plomb) (노란색 안료). acier au ~ 크롬강(鋼). ② 크롬강 제품(자동차·자전거의 차체).
-chrome, **-chromie** *suff.* 「색」의 뜻(예: polychrome 다색의. héliochromie 천연색 사진술).
chromé(e) [krome] *a.p.* 크롬 도금한; 크롬으로 처리한, 크롬을 함유한. acier[fer] ~ 크롬강[철]. cuir ~ 크롬 가죽. —*n.m.* 크롬강.
chromer [krome] *v.t.* 크롬으로 도금하다; 크롬 명반으로 무두질하다; 크롬과 화합시키다.　　「산.
chromeux [krɔmø] *a.m.* acide ~ 《화학》 아크롬
chromique [krɔmik] *a.* 《화학》 크롬 산화물의. acide ~ 크롬산(酸). anhydride ~ 무수크롬산.
chromisation [krɔmizɑsjɔ̃] *n.f.* 《야금》 금속 표면의 크롬 처리.
chromiser [krɔmize] *v.t.* 《야금》 (금속 표면에) 크롬 처리를 하다.
chromiste [krɔmist] *n.* 착색 석판 인쇄공; 착색 활판 인쇄공; 사진 조판공.
chromite [krɔmit] *n.f.* 《광물》 크롬철강.

chromo [kromo] *n.f.* 착색 석판화〔술〕. —*n.m.* 《속어》 저속한 채색그림.
chromo- *préf.* 「색」의 뜻.
chromocinématographie [krɔmosinematɔgrafi] *n.f.* 천연색 영화술.
chromogène [krɔmɔʒɛn] *a.* 《화학》 색을 내는; 《생물》 색소를 만드는. —*n.m.* ① 《화학·염색》 색원체(色原體) (substance ~). ② 색소 유전자.
chromolithographe [krɔmɔlitɔgraf] *n.m.* 착색 석판 인쇄공.
chromolithographie [krɔmɔlitɔgrafi] *n.f.* 착색 석판술; 착색 석판 인쇄 그림.
chromolithographique [krɔmɔlitɔgrafik] *a.* 착색 석판술의.
chromophore [krɔmɔfɔːr] *n.m.,a.* 《화학》 발색단 (發色團)(의)(유기화합물이 색을 띠는 원인으로 생각되는 원자단(原子團)).
chromophotographie [krɔmɔfɔtɔgrafi] *n.f.* 천연색 사진술.
chromoscope [krɔmɔskɔp] *n.m.* 《사진》 크로모스코프, 표색기(表色器).
chromosensible [krɔmɔsɑ̃sibl] *a.* 《사진》 색에 민감한, 색을 감광시키는.
chromosome [krɔmozoːm] *n.m.* 《생물》 염색체.
chromosomien(ne) [krɔmɔzɔmjɛ̃, -ɛn], **chromosomique** [krɔmɔzɔmik] *a.* 《생물》 염색체의, 염색체에 관한.　　「(層).
chromosphère [krɔmɔsfɛːr] *n.f.* 《천문》 채층(彩
chromotype [krɔmɔtip] *n.m.* 착색 활판도(圖); 천연색 사진.
chromotypie [krɔmɔtipi], **chromotypographie** [krɔmɔtipɔgrafi] *n.f.* 착색 활판술; 착색 활판도, 착색 사진.
chronaxie [krɔnaksi] *n.f.* 《생리》 크로낙시, 시치 (時値) (신경·근육에 전류를 통하여 흥분에 도달하는 최소 지속 시간).
-chrone, **-chronique** *suff.* 「때·시간」의 뜻(예: synchrone 동시의. diachronique 통시적인).
chronicité [krɔnisite] *n.f.* 《의학》 만성 (상태).
chronique[1] [krɔnik] *a.* 《의학》 만성의 (↔ aigu); 계속[되풀이]되는 (constant). difficultés financières ~s 계속적인 재정적 곤란. maladie ~ 만성 질환. chômage ~ 만성적 실업. passer à l'état ~ 만성 증상이 되다.
chronique[2] *n.f.* ① 연대기, 편년지(編年誌). ② (신문의)기사; 시평(時評); 고십; 소문(bruit). ~ scandaleuse 추문. ~ financière 경제 소식(난). ~ sportive 스포츠란. ~ littéraire 문학 시평.
chroniquement [krɔnikmɑ̃] *ad.* 만성적으로.
chroniquer [krɔnike] *v.i.* (신문의)보도 기사를 쓰다; 그날의 뉴스를 적다.
chroniqueur(se) [krɔnikœːr, -øːz] *n.* ① 연대기 작가, 연대기 편자, 편년사가(編年史家). ② 《신문》 시평난 담당자. ~ dramatique 연극평 담당자. ~ littéraire [sportif]문예란[스포츠란] 담당자.
-chronisme *suff.* 「때·시간」의 뜻(예: anachronisme 시대 착오).
chrono [krɔno] *n.m.,a.* 《구어》 스톱워치 (chronomètre)(측정의). faire du 120 ~ 스톱워치에 의한 계측으로 시속 120킬로를 내다.
chronogramme [krɔnɔgram] *n.m.* 연대표 기록, 기년명 (紀年銘)(C=100, D=500, M=1000 따위).
chronographe [krɔnɔgraf] *n.m.* 크로노그래프, 스톱워치, 검속기(檢速器).
chronologie [krɔnɔlɔʒi] *n.f.* 연대학; 연표, 연보, 연대순. ~ astronomique 천문 연대학. citer des faits sans souci de leur ~ 순서[연대순]에 구애없

이 사전을 열거하다. établir la ~ (d'une époque) (어떤 시기의)연표를 작성하다.

chronologique [krɔnɔlɔʒik] *a.* 연대순의; 연대학의. ordre ~ 연대순.

chronologiquement [krɔnɔlɔʒikmɑ̃] *ad.* 연대학상으로, 연대학에 의하여; 연대순으로.

chronologiste [krɔnɔlɔʒist] *n.m.* 연대 학자.

chronométrage [krɔnɔmetraʒ] *n.m.* 시간 측정.

chronomètre [krɔnɔmɛtr] *n.m.* 크로노미터(항해·물리학·천문학에 쓰이는 정밀시계); 〖음악〗 박절기(拍節器)(métronome). – à déclic 스톱위치. – de marine (de bord) 경선의(經線儀). – étalon 표준시계. réglé comme un ~ 시계처럼 정확한.

chronométrer [krɔnɔmetre] [6] *v.t.* 시간을 측정하다; 〖스포츠〗 (스톱위치로)시간을 재다. ~ une course (une épreuve sportive) 경주(운동 경기)시간을 재다.

chronométreur [krɔnɔmetrœ:r] *n.m.* 〖스포츠〗 시간 측정원, 타임키퍼; (노동 작업의)시간 측정인. – analyseur (노동)시간 측정 분석 기사.

chronométrie [krɔnɔmetri] *n.f.* 시간 측정법; 크로노미터 제조.

chronométrique [krɔnɔmetrik] *a.* 크로노미터의, 크로노미터로 측정한; 정밀한.

chronopharmacologie [krɔnɔfarmakɔlɔʒi] *n.f.* 시간 약리학(약물의 효과와 시간의 관계를 연구하는 것).

chronophotographie [krɔnɔfɔtɔgrafi] *n.f.* 고속도 촬영, 동체(動體)사진술(저속·고속도 촬영에 의한 운동 분석).

chronorupteur [krɔnɔryptœ:r] *n.m.* 〖전기〗 자동 단속기, 타이머(전기기구에 부착되어 정해진 시간이 지나면 자동적으로 스위치가 나가는).

chronoscope [krɔnɔskɔp] *n.m.* 크로노스코프, 초시계(광속 따위의 미세한 시간을 측정하는 기계).

chronotachymètre [krɔnɔtakimɛtr] *n.m.* (자동차 따위의)회전 속도계.

chrysalide [krizalid] *n.f.* 〖곤충〗 번데기. *sortir de sa ~* 〖구어〗 출세하다; 유명해지다; 곤경에서 빠져나오다.

chrysanthème [krizɑ̃tɛm] *n.m.* 〖식물〗 국화.

chrysanthémiste [krizɑ̃temist] *n.m.* 국화 재배인.

chryséléphantin(e) [krizelefɑ̃tɛ̃, -in] *a.* 금과 상아로 만든.

chrysobéryl [krizɔberil] *n.m.* 〖광물〗 금록석.

chrysocale [krizɔkal], **chrysocalque** [krizɔkalk] *n.m.* 인조금(구리·주석·아연의 합금).

chrysocolle [krizɔkɔl] *n.f.* 〖광물〗 규공작석(硅孔雀石).

chrysolit(h)e [krizɔlit] *n.f.* 〖광물〗 귀감람석(貴橄欖石), 황옥(黃玉).

chrysomèle [krizɔmɛl] *n.f.* 〖곤충〗잎벌레류(類).

chrysoprase [krizɔpra:z] *n.f.* 〖광물〗 녹옥수(綠玉髓).

chrysostome [krizɔstɔm] *a.* 설교를 잘 하는, 웅변에 능한.

chthonien(ne) [ktɔnjɛ̃, -ɛn] *a.* 지하의, 지옥의. divinités ~nes 지옥의 신들.

C.H.U. (약자) centre hospitalier universitaire 대학 부속병원.

chu(e) [ʃy] choir 의 과거분사.

chuchotage [ʃyʃɔtaʒ] *n.m.* =chuchotement.

chuchotant(e) [ʃyʃɔtɑ̃, -ɑ̃:t] *a.* 밀담하는, 속삭이기, 밀담.

chuchotement [ʃyʃɔtmɑ̃] *n.m.* 속삭이기, 쑥덕거리기, 밀담.

chuchoter [ʃyʃɔte] *v.t., v.i.* ① 속삭이다, 쑥덕거리다, 밀담하다. ~ à l'oreille de qn …의 귀에 대고 속삭이다. ② (새가)낮은 소리로 지저귀다; (나뭇잎이)바삭바삭 소리내다.
—**se**— *v.pr.* 서로 속삭이다.

chuchoterie [ʃyʃɔtri] *n.f.* 속삭임, 밀담; 욕, 험담.

chuchoteur(se) [ʃyʃɔtœ:r, -ø:z] *a.* 속삭이는, 쑥덕거리는; 험담하는, 험담하기 좋아하는. —*n.* (위)의 사람.

chuchotis [ʃyʃɔti] *n.m.* =chuchotement.

chuintant(e) [ʃɥɛtɑ̃, -ɑ̃:t], **chuinté(e)** [ʃɥɛte] 〖언어〗 *a.* 슈음(音)([ʒ, ʃ])의. —*n.f.* 슈음 (consonne ~e).

chuintement [ʃɥɛtmɑ̃] *n.m.* 슈음으로 발음하기. ~ de la vapeur 증기가 슈우하는 소리.

chuinter [ʃɥɛte] *v.i.* ① (올빼미가)울다. ② 〖언어〗 슈음을 내어 발음하다(suis ce chuis, si je chi 로 발음하는 따위). ③ (가스가)슈우소리를 내다.

chulo [(t)ʃulo] 〖에스파냐〗 *n.m.* (투우장에서 소를 성나게 하는 일을 맡는)투우사.

chut [ʃyt] *int.* 쉬! 조용히 하시오! dire «~» "조용히 하시오"라고 말하다. C~, il dort. 쉬, 그가 자고 있어.

*****chute** [ʃyt] *n.f.* ① 떨어짐, 추락, 낙하; (나뭇잎·이빨·머리털 따위의)빠짐; 폭포(~ d'eau). – de neige (de pluie) 강설(降雪)(강우). – des cheveux 탈모. C~ du Niagara 나이아가라 폭포. – des corps 물체의 낙하. angle de ~ 〖군사〗 낙하각. – libre 자유낙하. faire une ~ 낙하하다, (넘어지)다. – des dents 발치(拔齒). faire une – de cheval (de bicyclette) 말(자전거)에서 떨어지다. – du jour 일몰(日沒). – des feuilles 낙엽; 〖시〗 가을. ② 몰락, 와해(瓦解), 함락. – du ministère 내각의 실각. – de l'Empire Romain 로마 제국의 몰락. – de Singapour 싱가포르의 함락. ③ 타락, 전락, 죄. – originelle 원죄(原罪). – de l'homme 인간의 타락. ④ (물가·기온 따위의)하락, 강하, 저하. – des prix 가격의 하락. – de tension (de potentiel) 〖전기〗 전압(전위)강하. – du moral d'une troupe 군대의 사기 저하. – de température (de pression) 기온(기압·전압)의 강하. – d'une titre 주가 하락. – disponible (utile) 유효 낙차. ⑤ (예술작품·공연 따위의)실패. – d'une pièce de théâtre 희곡의 실패. ⑥ 끝; (시구·음악 따위의)종결부; 〖연극〗 폐막 (~ du rideau). – d'une période dramatique 장면의 종말. – des reins 아래 허리. ⑦ 〖의학〗 하수(ptôse), 탈장; 〖언어〗 (음성·문자의)탈락. – du rectum 직장의 탈장. ⑧ (재단하고 남은 옷감의)자투리. ⑨ – d'un toit 〖건축〗 지붕의 물매. ⑩ (브리지 놀이에서)계약한 트릭(trick) 수를 채우지 못함.
point de ~ 낙하점; 정착지, (일)자리, 직장 (poste, situation).

chuter¹ [ʃyte] *v.i.* 〖구어〗 ① (연극 따위가)실패하다, 실패로 끝나다(échouer). Cette pièce a chuté. 이 연극은 실패했다. ② 쓰러지다(tomber). faire ~ le ministre 내각을 쓰러뜨리다. ③ (값이)내리다(baisser); (수가)줄다(diminuer). Dans les cinémas, le public *a chuté* de 60%. 영화관에 관객이 60% 줄었다. ④ (브리지 놀이에서)계약한 트릭 수를 못채우다.

chuter² *v.t.* 〖구어〗쉿! 하며 말을 못하게 하다; (배우를)야유하다. ~ un acteur 배우를 야유하다.

chva [kva] *n.m.* 〖음성〗 슈와([ə]의 명칭)(schwa).

ch.v(ap). (약자) cheval-vapeur 〖기계〗 마력.

chx (약자) chevaux 〖기계〗 마력.

chylaire [ʃilɛ:r] *a.* 〖생리〗 유미의.

chyle [ʃil] *n.m.* 〖생리〗 유미(乳糜)(지방분이 섞여 젖빛으로 된 임파액).

chyleux(se) [ʃilø, -ø:z] *a.* 【생리】 유미성의, 유미상(狀)의.

chylifère [ʃilifɛ:r] *a., n.m.* 【생리】 (vaisseaux) ~s 유미관(乳糜管).

chylification [ʃilifikasjɔ̃] *n.f.* 【생리】 유미화.

chylifier [ʃilifje] *v.t.* 유미화하다. [化).
—**se** ~ *v.pr.* 유미화되다.

chyme [ʃim] *n.m.* 【생리】 유미즙(汁).

chymification [ʃimifikasjɔ̃] *n.f.* 유미즙화.

chymifier [ʃimifje] *v.t.* 유미즙화하다.
—**se** ~ *v.pr.* 유미즙화되다.

Chypre [ʃipr] *n.pr.f.* 【지리】 L'île de ~ 키프로스 섬. —**c~** *n.m.* 키프로스 섬산의 포도주.

chypriote [ʃipri(j)ɔt] *a.* 키프로스(Chypre) 섬의. —**C~** *n.* 키프로스 사람.

Ci (약자) curie 【물리】 퀴리 (방사성 물질의 양을 나타내는 단위).

‡**ci¹** [si] *ad.* ① (ce [cet, cette, ces]... -ci) 이것 (이것들)의…, 최근의…(là와 대비를 이룸). cet homme -ci (et celui-là) 이 사람(과 저 사람). ce livre -ci 이 책. à cette heure -ci 이 시각에. ces jours-ci 요즈음. ② (celui [celle, ceux, celles] -ci) 이 것 [사람] (들), 후자. Celui-ci est plus beau que celui-là. 이 것은 저것보다 더 아름답다. ③ 【상업】 도합하여, 합계 (해서). Deux mètres de drap à 30 francs, ci 60 francs. 미터당 30 프랑의 베 2 미터, 합계 60 프랑. ④ (옛) 여기에 (ici).

REM **ci**는 연결 부호로 이어진 형용사·부사와 함께 쓰여 "가까운, 여기에 있는"을 의미한다: ci-après 다음에, 아래에. ci-contre 반대쪽 페이지에. ci-dessous 아래에. ci-joint 동봉해. temoins ci-présents 여기에 출두한 증인들.

*****ci²** *pron.dém.neut.* (구어) 이것. Comment vous portez-vous? —Comme ci comme ça. 요즈음 어떻게 지내십니까? 뭐 이럭저럭 지내지요. Il me dit toujours: «Donne-moi ci et donne-moi ça.» 그는 늘 나에게 "이거 줘, 저거 줘"라고 말하다.
faire ci et ça (구어) 이것저것 어중간한 일을 하다.

C.I. (약자) certificat d'importation 수입 증명서.

ci-annexé(e) [sianekse] *a.* (명사 앞에서는 불변) 동봉한, 첨부한, pièces ~es 동봉한 서류. Vous trouverez ~ quittance. 영수증을 동봉합니다.

ciao [tʃao] (이탈리아) *int.* 안녕 (작별인사).

ci-après [siapre] *ad.* 금후, 장래에; (서류 따위에서) 밑에, 다음에, 하문 (下文)에. résolution énoncée ~ 하기 (下記)의 결의.

ci-bas [siba] *ad.* 하부에, 밑에. signature apposée ~ 【법】 하기의 서명.

cibiche [sibiʃ], **cibige** [sibi:ʒ] *n.f.* (속어) 궐련 (cigarette).

cible [sibl] *n.f.* ① 과녁, 표적; 목표, 대상. ~ publicitaire 광고 선전 목표의 대상이 된 사람들. être la ~ de; servir de ~ à …의 표적이 되다. prendre pour ~ 공격하다. tir à la ~ 표적 사격, 사격 연습. ② langue ~ 【언어】 목표언어.

ciblot [siblo] *n.m.* (군대속어) 시민 (civlot).　[器].

ciboire [sibwa:r] *n.m.* 【종교】 성합, 성체기 (聖體器).

ciborium [sibɔrjɔm] *n.m.* 【건축】 제단 위의 닫집.

cibouIard [sibula:r] *n.m.* (속어) 머리 (ciboulot).

ciboule [sibul] *n.f.* ① 【식물】 파. ② (속어) 머리. Il a perdu la ~. 그는 이성을 잃었다.

ciboulette [sibulɛt] *n.f.* 【식물】 산파.

ciboulot [sibulo] *n.m.* (속어) 머리 (tête). avoir une idée dans le ~ (좋은) 생각이 떠오르다. courir sur le ~ 초조하게 만들다.

cicatrice [sikatris] *n.f.* ① 【의학】 상처자국, 흉터. ~ de coupure (d'écorchure, de brûlure) 벤(할퀸·화상) 자국. ② (마음의) 상처; (전쟁을 겪은) 흔적. ~s de la guerre 전쟁의 상흔. ③ (벽 따위의) 파손; 【식물】 (잎·가지·열매 꼭지 따위가 떨어져 나간) 흔적.

cicatricé(e) [sikatrise] *a.* 흉터가 있는, 상처자국인 있는. front ~ 흉터 있는 이마.

cicatriciel(le) [sikatrisjɛl] *a.* 흉터의, 상처의.

cicatricule [sikatrikyl] *n.f.* 작은 흉터; 【생물】 (노른자의) 배접 (胚點); 【식물】 (잎·열매 따위가 떨어진) 흔적; 배꼽.

cicatrisable [sikatrizabl] *a.* (상처를) 아물게 할 수 있는, 낫게 할 수 있는.

cicatrisant(e) [sikatrizɑ̃, -ɑ̃:t] *a.* (상처를) 아물게 하는; 【의학】 흉터를 굳히는, —*n.m.* 유착약 (癒瘡藥), 유착제.

cicatrisation [sikatrizasjɔ̃] *n.f.* 흉터를 굳힘, 상처가 아물어 붙음, 유착 (癒着).

cicatriser [sikatrize] *v.t.* (상처를) 아물게 하다, 흉터를 굳히다; (마음의 상처를) 낫게 하다 (guérir, apaiser). Le temps *cicatrise* les plus grandes douleurs. 시간의 흐름은 가장 큰 마음의 상처도 고친다. ~ une douleur 고통을 진정시키다.
—*v.i.*, **se** ~ *v.pr.* 상처가 낫다, 흉터가 아물다. La plaie se cicatrise. 상처가 아물다. La brûlure ne se cicatrise pas facilement. 화상은 쉽사리 아물지 않는다.

cicer [sisɛ:r] (라틴) *n.m.* =**cicérole**.

cicéro [sisero] *n.m.* 【인쇄】 12 포인트 활자 (1458년 Cicéron 작품의 최초 출판활자) (~ gros œil). ~ petit œil 10 포인트 활자.

cicérole [siserɔl] *n.f.* 【식물】 이집트콩.

Cicéron [siserɔ̃] *n.pr.m.* 【고전문학】 키케로.
—**c~** *n.m.* 웅변자.

cicerone [siseron, tʃitʃerone] (*pl.* ~**s**, **ciceroni** [tʃitʃeroni]) (이탈리아) *n.m.* 안내자, (명소·고적의) 안내자. être le ~ de *qn* …의 안내자가 되다. faire le ~ 안내역을 담당하다. servir de ~ à des touristes 관광객의 안내자가 되어주다.

cicéronien(ne) [siseronjɛ̃, -ɛn] *a.* 키케로 (Cicéron, 로마의 정치가) 식의; 웅변적인. —*n.* 키케로 숭배자 (모방자).

cicindèle [sisɛ̃dɛl] *n.f.* 【곤충】 길앞잡이.

ciconiidés [sikoniide] *n.m.pl.* 【조류】 황새과 (科).

ci-contre [sikɔ̃:tr] *ad.* 반대쪽 페이지에, 이면에; 여백 (난외)에; 부속 서류에. Voir la gravure ~. 여백의 삽화 참조.

C.I.C.R. (약자) Comité international de la Croix-Rouge 국제 적십자 위원회.

cicutaire [sikytɛ:r] *n.f.* 【식물】 독미나리.

cicutine [sikytin] *n.f.* 【화학】 코니친 (conicine).

cid [sid] (에스파냐) *n.m.* 수령.

ci-dessous [sidsu] *ad.* 하문 (下文)에, 하기에, 아래에, 다음에. Voir ~ 하기 참조.

ci-dessus [sidsy] *ad.* 상기에, 전기한 바. Voir ~. 상기 참조.

ci-devant [sidvɑ̃] *ad.* 앞에, 이전에 (auparavant). penser à *qn* ni plus ni moins que ~ 이전과 같이 …을 생각하다.
—*a.* (불변) (옛) 옛날의, 이전의 (ancien). Il était un ~ jeune homme. 그는 옛날 그대로의 젊은이였다. Dupont et Cie, ~ Leblanc 【상업】 뒤퐁 회사, 옛 르블랑 회사.
—*n.* (복수 불변) 【프랑스사】 (대혁명 시대의) 칭호를 박탈당한 귀족; (구어) 몰락한 집안, 시대에 뒤떨어진 사람.

cidre [sidr] *n.m.* 능금주. une bolée de ~ 능금주 1 주발. eau de vie de ~ 칼바도스 (따위).

cidrerie [sidrəri] *n.f.* 능금주 양조(양조장).
cidricole [sidrikɔl] *a.* 능금주(양조)의.
cidrier(ère) [sidri(j)e, -ɛːr] *a.* 능금주의. ―[사.
Cie 〖약자〗 compagnie 회사. Durand et Cie 뒤랑상
:ciel [sjɛl] (*pl.* 보통 **cieux** [sjø], 때로 **ciels**) *n.m.* ① 하늘. ~ étoilé 별이 총총한 하늘. lever les bras [les mains] au ~ 두 팔[손]을 위로 쳐들다. immensité des *cieux* 하늘의 광대무변함; 가없는 하늘. voûte du ~ [des *cieux* 하늘의 ~〖시〗비. être suspendu entre ~ et terre 공중에 떠 있다. Il est toujours entre (le) ~ et (la) terre. 그는 언제나 공상에 잠겨 있다.
② 천기, 날씨. ~ serein 청명한 하늘. ~ sombre [menaçant] 어두운[비가 올 듯한] 하늘. état du ~ 날씨, 하늘의 상태. Le ~ s'éclaircit[s'assombrit]. 하늘이 개인다[흐린다].
③ (*pl.* cieux 또는 ciels)기후, 풍토; 고장. changer de ~ 장소를 옮기다. sous d'autres *cieux* 다른 나라(타향)(에서).
④ (*pl.* cieux) (신이 있는)하늘, 천국. Notre Père qui est aux *cieux* 하늘에 계시는 우리 아버지[하느님]. gagner le ~; monter au ~ [aux *cieux*]천당에 가다, 죽다. mériter le ~ 천국에 갈 수 있다. royaume des *cieux* 하늘의 왕국.
⑤ (*pl.* cieux) 신 (C~); 하늘. grâce au ~ 하느님의 은총으로; 덕택으로. invoquer le ~ 하느님의 가호를 빌다. par le ~ 신을 걸고, 천지신명께 맹세하고. volonté du ~ 하늘의 뜻. C'est un coup du ~ ! 천벌이다. Cela était écrit au ~. 그렇게 될 운명이었다. feu du ~ 벼락, 번개; 천벌.
⑥ (*pl.* ciels)(침대의)닫집(~ de lit); 〖건축〗(교회당의)닫집; (용광로·화실(火室) 따위의)덮개; 〖광산〗(갱도 따위의) 천장.
⑦ (*pl.* ciels) (그림에 그려진)하늘. ~s de Van Gogh 반 고흐의 하늘. Les ~s de ce peintre sont vaporeux. 이 화가가 그리는 하늘은 흐릿하다.
⑧ (*pl.* cieux 또는 ciels) (고대 우주론의)하늘, 천체, 우주. carte du ~ 천체도. ~ de Mars 화성천[권](火星天[圈]). sept *cieux* des planètes 행성의 칠천[권](七天[圈]).
⑨ (사람의 운명을 지배한다고 믿어지는)별; 천명. influences du ~ 천체의[운명을 좌우하는] 힘. lire dans les *cieux* 별을 보고 점치다.
à ~ ouvert 야외에서, 한데에서; 공공연하게.
Au nom du ~ !; Plutôt au ~ ! 제발.
C~ !; Ô ~ !; Juste ~ !; Cieux ! 어머나! 이런! 원통해라! 그럴 수가! (즐거움·놀라움·괴로움을)
élever qn jusqu'au ~ …을 극찬하다. (나타냄).
être (ravi) au troisième [septième] ~ 환희의 절정에 달하다.
ne voir ni ~ ni terre 바로 눈 앞에 있는 것도 보지 못했다.
remuer ~ et terre ⇨remuer.
sous le ~ 이승에서.
tomber du ~ 〖구어〗뜻하지 않게 굴러 들어오다; 멍청해 있다, 놀라서 어안이 벙벙하다.
voir les cieux ouverts 기뻐서 하늘에라도 올라간 기분이다.
―*a.* 〖불변〗 bleu ~ 스카이블루의, 하늘색의(bleu de ~). robes bleu ~ 하늘색 드레스.
ciels [sjɛl] *n.m.pl.* ⇨ciel.
cierge [sjɛrʒ] *n.m.* ① 〖종교〗(성당용의)큰 양초. brûler (offrir) un ~ à (l'autel de) la Sainte Vierge 성모 마리아를 위해 초를 켜다. *se tenir* droit comme un ~ 〖구어〗마치 촛대와 같이 부동의 자세로 서 있다. ② 〖식물〗 선인장속(屬). ~ amer[laiteux] 등대풀. ~ de Notre-Dame 미역풀.

chat avec la queue en ~ 꼬리를 세운 고양이. *devoir à qn un beau ~* 〖구어〗…에게 매우 감사하지 않으면 안되다.
ciergé(e) [sjɛrʒe] *a.* 〖해양〗 (마스트에 대해서)우뚝 서 있는.
cierger [sjɛrʒe] [3] *v.t.* (모직물 가장자리에)초를 칠하다.
ciergier(ère) [sjɛrʒje, -ɛːr] *a.m.* 큰 양초를 만드는 [파는]. ―*n.m.* 초 제조인[판매인].
cieux [sjø] *n.m.pl.* ⇨ciel.
CIF, C.I.F. [sif] (<〖영〗*cost, insurance, freight*) *a., ad.* =C.A.F.
cifran [sifrɑ̃] *n.m.* (양복점의)다림질판.
cigale [sigal] *n.f.* ① 〖곤충〗 매미;〖구어〗시인; 선견지명이 없는 사람. chant des ~s 매미소리. ② 〖해양〗 닻고리. ③ ~ de mer 〖동물〗 갯가재속(屬)(squille).
cigalier [sigalje] *n.m.* (1876년에 남프랑스 출신 예술가가 모인)매미회(*la Cigale*)회원.
cigalière [sigaljɛːr] *n.f.* 매미가 많고 더운 곳.
ciganisme [siganism] *n.m.* 〖언어〗 루마니아어에서 차용한 프랑스어의 단어.
cigare [sigaːr] *n.m.* 여송연, 엽궐련, 시가.
***cigarette** [sigarɛt] *n.f.* 궐련. ~ à bout filtre 필터 달린 궐련. fumer[griller] une ~ 궐련을 피우다. un paquet de ~s 궐련 한 갑.
cigarière [sigarjɛːr] *n.f.* 여송연 제조 여직공; 여송연 파는 여자.
cigarillo [sigarijo] *n.m.* 작은 여송연.
ci-gisent [siʒiːz], **ci-gît** [siʒi] *loc.ad.* 여기에 잠들다(묘비에 씀).
cigogne [sigɔɲ] *n.f.* ① 〖조류〗 황새;〖구어〗 비쩍 마른 키다리 여자. contes [à(de) la] ~ 〖구어〗전혀 터무니없는 이야기, 꾸민 이야기. cou de ~ 〖구어〗 긴 목. ② 〖기계〗 크랭크레버; (둥근 숫돌의)핸들. ③ (중세의 전쟁에서 쓰던 지렛대 꼴의)사람 운반도구.
cigogneau [sigoɲo] (*pl.* ~*x*) *n.m.* 새끼황새.
ciguë [sigy] *n.f.* 〖식물〗 독(毒)당근;〖의학〗독당근에서 빼낸 독약.
C.I.I. [sedøzi] 〖약자〗Compagnie internationale pour l'Informatique 국제 정보처리 회사.
ci-inclus(e) [siɛ̃kly, -yːz] *a.* (명사 앞에서는 불변) 동봉의. ~ la copie de la réponse 답장의 사본을 동봉해서. copie ~e 동봉한 사본. ―*ad.* 동봉해서. Vous trouverez ~ une lettre de votre père. 춘부장의 편지를 동봉합니다.
ci-joint(e) [siʒwɛ̃, -ɛːt] *a.* (명사 앞에서는 불변) 동봉의; 첨부의. copies ~es 동봉한 사본들. Vous trouverez ~ quittance. 동봉한 영수증을 받아주십시오.
cil [sil] *n.m.* ① 속눈썹. battre des ~s 눈을 깜박이다. faux ~s 인조 속눈썹. ② 〖생물〗섬모(纖毛). ~s vibratiles (원생동물의)진동성 섬모.
ciliaire [siljɛːr] *a.* 속눈썹의; 섬모의;〖해부〗모양체(毛樣體)의. muscles ~s 모양체근(筋). zone [corps] ~ 모양권.
cilice [silis] *n.m.* (산양의 털로 만든)거친 피륙; (고행자가 입는)말총 내의. porter le ~ 고행 중이다.
cilicien(ne) [silisjɛ̃, -ɛn] *a.* 〖지리〗 실리시아의 (*la Cilicie*, 고대 소아시아의 나라). ―C~ *n.* 실리시아 사람.
cilié(e) [silje] *a.* ① 속눈썹이 있는. ② 〖생물〗 섬모가 있는. épithélium ~ 섬모상피(纖毛上皮).
―*n.m.pl.* 섬모충류.
cilifère [silifɛːr], **ciligère** [siliʒɛːr] *a.* 섬모[세모(細毛)]를 가진.

ciliforme [siliform] *a.* 섬모 모양의.
cillement [sijmɑ̃] *n.m.* 눈을 깜박거림.
ciller [sije] *v.t.* 《옛》(눈을) 깜박거리다. ~ les yeux 눈을 깜박거리다. —*v.i.* 눈을 깜박거리다. ne pas oser ~ 겁이 나서 꼼짝 못하다.
cimaise [simɛːz] *n.f.* 《건축》 ① (코니스 상단의) 반곡선의 쇠시리. ② (전람회장 벽의 끝자리 닿는 높이에 해당하는) 굽도리 상단선(上端線). tableau pendu sur la ~ 눈의 높이에 걸린 그림. obtenir les honneurs de la ~ (전람회에서 그림이) 가장 잘 보이는 자리에 걸리다.
cimbalaire [sɛ̃balɛːr] *n.f.* =**cymbalaire**.
Cimbres [sɛ̃ːbr] *n.pr.m.pl.* 《역사》 킴브리족(族).
cimbrien(ne) [sɛ̃brijɛ̃, -ɛn] *a.* 킴브리족의.
cimbrique [sɛ̃brik] *a.* 킴브리족의. langues ~s 킴브리어(語).
cime [sim] *n.f.* ① (나무·바위·산 따위의) 꼭대기, 정상, 봉우리(sommet). ~ d'une montagne 산꼭대기. monter jusqu'à la ~ d'un arbre 나무 꼭대기까지 오르다. ② (명예 따위의) 절정. ~ des honneurs 최상의 명예. ③ 《식물》 취산꽃차례, 취산화서(聚繖花序)(cyme).
*****ciment** [simɑ̃] *n.m.* ① 시멘트. ~ armé 철근 콘크리트. mettre une surface en ~ 표면에 시멘트를 칠하다. sac de ~ 시멘트 부대. ~ à prise rapide [lente] 빨리 [천천히] 굳는 시멘트. ~ dentaire 치과용 시멘트. ② 튼튼한 정신적 유대. ~ de l'amitié 우정으로 맺은 유대.
cimentage [simɑ̃taːʒ] *n.m.* 보석을 세공대(臺)에 고정시키기.
cimentaire [simɑ̃tɛːr] *a.* 시멘트의.
cimentation [simɑ̃tasjɔ̃] *n.f.* 시멘트 접합.
cimenter [simɑ̃te] *v.t.* ① 시멘트를 칠하다; 시멘트로 접합하다. ② (평화 따위를) 공고히 하다. ~ une amitié 우정을 굳게 하다. ~ la paix 평화를 공고히 하다. —**se** ~ *v.pr.* 시멘트로 굳다.
cimenterie [simɑ̃tri] *n.f.* 시멘트 공업 [공장].
cimentier [simɑ̃tje] *n.m.* 시멘트 제조자.
cimeterre [simtɛːr] *n.m.* (터키의) 언월도(刀).
*****cimetière** [simtjɛːr] *n.m.* 묘지. tombes d'un ~ 묘지의 무덤들. expédier *qn* au ~ …을 묘지로 보내다, ~을 죽이다. ② 많은 사람이 죽은 곳, 폐허. La ville après le siège n'était que de vastes ~s. 포위공격을 당한 후, 그 도시는 광대한 묘지 [폐허]에 지나지 않았다. ③ (폐차·고물 따위의) 폐기장. ~ de bateaux 폐선처리장.
cimi(ci)cide [simi(si)sid] *a.* 벌레 [빈대]를 죽이는.
cimicifuge [simisifyːʒ] *a.* 벌레 [빈대]를 방제하는.
cimier [simje] *n.m.* ① (투구의) 꼭대기 장식. ② 《문장》 꼭대기 무늬. ③ (사슴·소의) 엉덩이 살. ④ (나무의) 꼭대기.
cimmérien(ne) [simmerjɛ̃, -ɛn] 《역사》 *a.* 킴메르 사람의. *ténèbres ~nes* 《구어》 암흑. —**C**~ *n.* 킴메르 사람.
C.I.N.A. 《약자》 Commission internationale de navigation aérienne 국제항공위원회.
cinabre [sinabr] *n.m.* 《광물·화학》 진사(辰砂); 《미술》 주색(朱色).
cincenelle [sɛ̃snɛl] *n.f.* 《해양》 (배를) 끌기 위한 줄(cinquenelle).
cinchona [sɛ̃kɔna] *n.m.* 《식물》 키나, 기나나무(quinquina).
cinchonine [sɛ̃kɔnin] *n.f.* 《화학》 신코닌.
cincle [sɛ̃ːkl] *n.m.* 《조류》 ① 물까마귀속(屬). ~ plongeur 물까마귀. ② 깝작도요.
ciné [sine] *n.m.* 《속어》 =**cinéma**.
ciné-actualités [sineaktyalite] (*pl.* ~**s-**~),

cinéac [sineak] *n.m.* 뉴스 영화관.
cinéaste [sineast] *n.* 영화인 (시나리오 작가·영화감독·영화제작 관계자).
cinéchromie [sinekrɔmi] *n.f.* 영화의 색채기술.
ciné-club [sineklœb] *n.m.* 영화연구 [애호인] 클럽.
ciné-comédie [sinekɔmedi] *n.f.* 희극영화.
cinéfier [sinefje] *v.t.* 《드물게》 태워서 재로 만들다; 화장(火葬)하다.
cinéflash [sineflaʃ] (*pl.* ~**es**) *n.m.* 영화촬영용 플래시.
cinégraphe [sinegraf] *n.m.* 영화촬영기.
cinégraphie [sinegrafi] *n.f.* 《옛》 영화예술.
cinégraphique [sinegrafik] *a.* ① 시나리오의, 영화비평의. ② 《옛》 영화예술의.
cinégraphiste [sinegrafist] *n.m.* 《옛》 시나리오 라이터, 영화각본 작가.
ciné-journal [sineʒurnal] *n.m.* (복수없음) 뉴스 영화.
:cinéma [sinema] (<*cinématographe*) *n.m.* ① 영화. ~ en relief 입체 영화. ~ muet 무성 영화. ~ parlant [sonore] 발성 영화. prises de vue de ~ 영화촬영. séance de ~ 영화회. ② 영화관(salle de ~). Ils vont au ~ une fois par semaine. 그들은 일주일에 한 번씩 영화관에 간다. ouvreuse de ~ 영화관의 안내양. ~ d'art [d'essai] 예술 [실험] 영화관. ~ d'exclusivité 독점 개봉관. ~ permanent 철야상영관. ③ 영화계. chercher une situation dans le ~ 영화계에서 일자리를 찾다. être dans le ~ 영화계에 종사하다. vedette de ~ 영화계의 스타. *C'est du ~.* 그건 엉터리이다, 믿을 수 없는 이야기이다. *faire du ~* 영화에 출연하다; 영화를 만들다, 사건을 꾸미다, 연극하다. *faire un petit ~* 상상하다. *se faire du (un)* ~ 열중하다, 흥분하다.
cinéma-' *préf.* 「움직임·운동」의 뜻.
cinéma-² *préf.* 「영화」의 뜻.
cinémanie [sinemani] *n.f.* 영화애호, 영화광.
cinéma-œil [sinemaœj] *n.m.* 《영화》 카메라 아이 촬영법.
cinémascope [sinemaskɔp] *n.m.* 시네마스코프.
cinémathèque [sinematɛk] *n.f.* 필름 라이브러리, 필름 보관소.
cinématique [sinematik] 《기계》 *a.* 운동학(運動學)의 [적(的)]. —*n.f.* 운동학.
cinématiquement [sinematikmɑ̃] *ad.* 운동학상.
cinématiser [sinematize] *v.t.* 영화화하다; (영화화함으로써 원작품을) 변질시키다.
cinématographe [sinematɔgraf] *n.m.* ① 영사기, 영화촬영기. ② 《학술》 영화. droits d'adaptation (au) ~ 영화화 권리.
cinématographiable [sinematɔgrafjabl] *a.* 영화할 수 있는.
cinématographie [sinematɔgrafi] *n.f.* 영화기술.
cinématographier [sinematɔgrafje] *v.t.* 영화로 만들다. scène *cinématographiée* 촬영 장면.
cinématographique [sinematɔgrafik] *a.* 영화의, 영사의. art ~ 영화예술. industrie ~ 영화산업. Institut des hautes études ~s 파리 영화연구소(《약자》 I.D.H.E.C. [idek]).
cinématographiquement [sinematɔgrafikmɑ̃] *ad.* 영화적으로, 영화적 수법으로.
cinématographiste [sinematɔgrafist] *n.m.* 영화촬영기사.
cinématurgie [sinematyrʒi] *n.f.* 영화제작술, 영화학.
cinéma-vérité [sinemaverite] *n.m.* 《영화》 시네마베리테 (다큐멘터리적 수법을 활용하는 영화).
cinémitrailleuse [sinemitrajøz] *n.f.* 《군사》 카메라총, 사진총.
cinémographe [sinemɔgraf] *n.m.* 《물리》 속도조정 기록계.

cinémomètre [sinemɔmɛtr] *n.m.* ① 속도계. ② 속도측정 촬영기.

ciné-parc [sinepark] (*pl.* ~-~**s**) 《캐나다》 *n.m.* 드라이브인 영화관.

cinéphile [sinefil] *n., a.* 영화 팬(의).

cinéphilie [sinefili] *n.f.* 영화애호.

cinéphobe [sinefɔb] *n., a.* 영화혐오(의).

cinéphoto [sinefɔto] *n.m.* 소형 영사기.

cinéprojecteur [sineprɔʒɛktœːr] *n.m.* 영사기.

cinéraire [sinerɛːr] *a.* 시체의 재를 넣는, 납골용의. urne ~ 시체를 태운 재를 넣는 단지.
—*n.m.* [*f.*] 《고고학》 ① 납골소. ② =urne ~.
—*n.f.* 《식물》 시네라리아(국화과).

cinérama [sinerama] *n.m.* 시네라마.

cinération [sinerasjɔ̃] *n.f.* =incinération.

ciné-reporter [sinerəpɔrtɛːr] *n.m.* 뉴스(기록) 영화기자.

ciné(-)roman [sinerɔmɑ̃] *n.m.* ① 영화소설(영화제작을 위해서 쓴 소설). ② (영화의 줄거리를 소설화한)소설. ③ 연속극영화(무성영화 시대의 호칭).

cinéroute [sinerut] *n.m.* (자동차를 탄 체 관람하는)

-cinèse *suff.* 「움직임·운동」의 뜻. ㅣ야외영화장.

ciné-shop [sinefɔp] (*pl.* ~-~**s**) *n.m.* 시네숍(영화관계의 음반·책·광고 따위의 판매점).

cinésithérapeute [sineziterapɸːt] *n.* (뼈·관절의) 운동요법사(kinésithérapeute).

cinésithérapie [sineziterapi] *n.f.* 《의학》 운동요법(kinésithéraphie).

cinétique [sinetik] 《기계》 *a.* 운동의, 운동학상의. énergie ~ 운동에너지. —*n.f.* 동력학.

ciné(-)tir [sinetiːr] *n.m.* 《군사》 (영화이용에 의한)동체(動體)사격(훈련).

C.-Infr. 《약자》 Charente-Inférieure 《프랑스의 옛 도(道), 현재의 Charente-Maritime》.

cing(h)alais(e) [sɛ̃gale, -ɛːz] 《지리》 *a.* 실론(*le Ceylan*)의. —**C**~ *n.* 실론 사람, 스리랑카 사람.
—*n.m.* 실론어(語).

cinglage[1] [sɛ̃glaːʒ] *n.m.* 항행(航行); 24시간의 항정(航程).

cinglage[2] [sɛ̃glaːʒ] *n.m.* 《야금》 《철의》단련. [정(航程).

cinglant(e) [sɛ̃glɑ̃, -ɑ̃ːt] *a.* ① (채찍 따위로)매리는. ② (바람·눈·비가)후려 때리는; (바람·추위가)살을 에는 듯한. bise ~e 살을 에는 듯한 북풍. ③ (비평이)가혹한, 준엄한, 가차없는. remarque ~e 신랄한 비평.

cinglé(e) [sɛ̃gle] *a.p.* 《속어》 정신이 약간 돈 (piqué). —*n.* 정신이 약간 돈 사람.

cinglement [sɛ̃gləmɑ̃] *n.m.* cingler 하기.

cingler[1] [sɛ̃gle] *v.t.* ① (회초리·가죽끈 따위로)매리다, 매질하다. Il lui *a cinglé* le visage d'un coup de fouet. 그는 그자의 얼굴을 채찍으로 후려쳤다. ② (비·바람·파도가)내려치다, 휘몰아치다(fouetter). La pluie *cingle* les vitres. 비가 유리창을 내려치고 있다. ③ 비난하다, 비평하다, 힐난하다(critiquer, blesser). ~ son adversaire d'une réplique impitoyable 가혹한 대답으로 상대방을 몰아세우다. (목적보어 없이)parole qui *cingle* 가혹한 말. ④ 《야금》 《철》을 단련하다, 압연하다. ⑤ 《건축》 (판자에)먹줄을 치다.

cingler[2] *v.i.* ① 《해양》 일정한 항로를 잡다, 배가 …쪽으로 방향을 잡다. ② 전진하다. (성공 따위)를 지향하여 나아가다.

cingleur [sɛ̃glœːr] *n.m.* 《야금》 ① 단련(단접)공. ② (단철(鍛鐵) 용의)압축기. [기.

cingleuse [sɛ̃glɸːz] *n.f.* 《야금》 (단접용의)압축

cinglon [sɛ̃glɔ̃] *n.m.* (채찍 따위에 의한)일격, 후려치기; 《구어》 핀잔, 야유.

cinglure [sɛ̃glyːr] *n.f.* (드문게)채찍으로 후려치기;

아픔; (모욕·멸시 따위의)고통.

cinnamate [si(n)namat] *n.m.* 《화학》 계피산염(桂皮酸塩).

cinname [si(n)nam] *n.m.* =cinnamome.

cinnamique [si(n)namik] *a.* 《화학》 육계[계피]의. acide ~ 계피산(酸).

cinnamome [si(n)namɔm] *n.m.* 《식물》 ① 계수나무. ② 육계, 계피. huile de ~ 계피유.

cinoche [sinɔʃ] *n.m.* 《속어》 영화.

cinoque [sinɔk] *a.* 《속어》 머리가 약간 돈(fou).

:cinq [sɛ̃(ːk)] 《자음 혹은 유성 h로 시작하는 단어 앞에서는 [sɛ̃]》 *a.num.* 《불변》 ① 다섯의. ~ hommes [sɛ̃kɔm] 다섯 사람. J'en ai ~ [sɛ̃ːk]. 나는 그것을 다섯 개 가지고 있다. La main a ~ doigts. 손에는 손가락이 다섯 개 있다. Louise a ~ ans. 루이즈는 다섯 살이다. mesure à ~ temps 《음악》 5박자. ② (서수형용사의 대용; [sɛ̃ːk])다섯째의. ~ heures 5시. numéro(tome) ~ 제5번[권]. page ~ 제5페이지. chapitre ~ 제5장. Elle *est* arrivé ~ ou sixième. 그녀는 다섯번짼가 여섯번째로 도착했다.

~ minutes 잠시. (Attendez-moi) ~ minutes. 잠깐만 (기다리시오).

répondre à *qn* en ~ lettres; dire à *qn* les ~ lettres 《구어》 ···에게 개똥 같은 놈이라고 욕하다(、'merde (똥)'의 다섯 글자로 대답하다).

—*n.m.* (복수불변)[sɛ̃ːk] ① (숫자의)5. C~ et quatre font neuf. 다섯 더하기 넷은 아홉이다. Un virgule ~ 1.5 [1 코머 5]. ② 5자(字). écrire un gros ~ 큰 5자를 쓰다. ③ 카드의 5(의 패); 주사위의 5. le ~ de cœur 하트의 5. ④ (날·시간의)5 일 [시·분]. entre quatre et ~ 4시와 5시 사이에. 3 heures moins ~ 3시 5분전. ⑤ 5번지; 5호실. Elle habite au ~ rue de Rome. 그녀는 롬가 5번지에 산다.

en ~ sec 《구어》 잠시 동안에, 순식간에(en un tour de main). *En* ~ *sec*, il a dépanné la machine. 그는 눈 깜짝할 사이에 기계 고장을 수리하였다.

Il était (C'était) moins ~. 《속어》 하마터면 큰일 날 뻔했다 (5분만 더 있었으도 당할 뻔했다).

un ~ et trois font huit 《구어》 한쪽 다리가 짧은 사람. faire ~ et trois font huit 다리를 절다.

cinq-à-sept [sɛ̃kasɛt] *n.m.* 《복수불변》 오후 5시에서 7시 사이의 초대[사교모임].

cinqcentiste [sɛ̃kɑ̃tist], **cinquécentiste** [sɛ̃kesɑ̃tist] *n., a.* 16세기 이탈리아의 예술가(의).

cinq-feuilles [sɛ̃kfœːj] *n.m.* 《복수불변》 《건축》 5원형(圓形)장식, 5판화장식(quintefeuille).

cinq-mâts [sɛ̃ma] *n.m.* 《해양》 5대의 돛대를 가진 배.

cinq-six [sɛ̃ksis] *n.m.* 표준강도보다 10퍼센트 강한 브랜디.

cinquantaine [sɛ̃kɑ̃tɛn] *n.f.* ① 약 50; 50 대; 50 세. atteindre la ~ 50세가 되다. une ~ de personnes 50명 가량. ② (옛) 50년제(祭); 금혼식(金婚式). Ils ont fait la ~ (de leur mariage). 그 부부는 금혼식을 올렸다.

***cinquante** [sɛ̃kɑ̃ːt] *a.num.* 《불변》 ① 50의. ~ ans 50세(세). ~ francs 50프랑. ~ mille 5만. ② 50째의. page ~ 제50페이지.

—*n.m.* 《복수불변》 50; 50일; 50번지. le nombre 50, 50이라는 수. ~ cent ~ 150. ~ pour cent 50퍼센트, 절반. habiter au ~ rue de Rome 롬가 50번지에 살다.

cinquantenaire [sɛ̃kɑ̃tnɛːr] *n.m.* 50년제. ~ du cinéma 영화 50년제. ~ de son entrée en fonction 그의 근속 50주년 기념. —*a.* 쉰 살이 된; 50대의.

—*n.* 50대(세)의 사람.
cinquantenier [sɛ̃kɑ̃tənje] *n.m.* (14·15세기 민병의)50인장(長).
cinquantième [sɛ̃kɑ̃tjɛm] *a.num.* ① 50 번째의. article ~ 제 50 조. ② 50 분의 1 의. la ~ partie d'un tout 전체의 50 분의 1. —*n.* 50 번째의 사람.
—*n.m.* 50 분의 1. trois ~s 50 분의 3.
*****cinquième** [sɛ̃kjɛm] *a.num.* ① 다섯째의. ~ année 제 5 년. ~ étage 6 층. être dans la ~ classe; être en ~ 《학교》 제 5 학급에 있다(중학교 2 학년에 해당). ② 5 분의 1 의. la ~ partie 다섯 번째의 부분; 5 분의 1.
—*n.* ① 다섯번째 사람. Vous êtes le[la] ~. 당신은 다섯째입니다. ② 제 5 학급 학생(중학교 2 학년에 해당). C'est un ~. 그 사람은 중학교 2 학년 학생입니다.
—*n.m.* ① 5 분의 1. consacrer un ~ du budget au loyer 가계의 5분의 1을 집세에 충당하다. ② 6 층. habiter au ~ 6 층에 살다. ③《구어》(파리의) 제 5 구(~ arrondissement).
—*n.f.* 《학교》 제 5 학급(중학교 2 학년에 해당). être en ~ 제 5 학급에 있다. professeur (chargé de (faire la) ~ 제 5 학급의 담임교사.
cinquièmement [sɛ̃kjɛmmɑ̃] *ad.* 다섯번째로.
cintrage [sɛ̃traːʒ] *n.m.* 아치형으로 하기.
cintre [sɛ̃tr] *n.m.* ①《활 모양, 궁형(弓形), 궁륭형(穹窿形), 아치형. arc plein ~ 반원형 아치(→ arc 그림). ②《건축》 홍예틀; 《선박》(장갑철판 따위의)굽이, 굴곡부; (경기용 자전거의)핸들의 굽은 부분. ③ (어깨 모양으로 된)옷걸이. ④《보통 *pl.*》(막·무대장치 따위를 끌어올려 두는)무대의 안 천장. loges du ~ 복스의 맨 윗자리.
cintré(e) [sɛ̃tre] *a.p.* ① 아치 모양의; 굽은, 만곡된. manteau ~ (여자의)몸에 꼭 맞는 외투. ②《구어》 머리가 돈.
cintrement [sɛ̃trəmɑ̃] *n.m.* ① 홍예틀을 설치하기. ②《드물게》=cintrage.
cintrer [sɛ̃tre] *v.t.* ①《건축》 홍예틀을 달다; 궁륭형〔아치형〕으로 만들다. ~ une porte 아치형의 문을 만들다. ② (재목·철판 따위를)휘다(courber, bomber). ~ un tube 관을 휘다. ③《구어》(저고리 따위의)허리통을 몸에 꼭 맞게 하다.
—*v.i.* (돋보기)휘다; (행렬 따위가)비뚤어지다.
cintreur [sɛ̃trœːr] *n.m.* 《야금》 구부리는 가공을 하는 사람.
cintreuse [sɛ̃trøːz] *n.f.* 《야금》 구부리는 기계.
cintrier [sɛ̃trje] *n.m.* 《연극》(극장의)무대천장 담당자.
cion《약자》commission《상업》 수수료.
ciota(t) [sjɔta], **ciouta(t)** [sjuta] *n.m.* 백포도주의 일종.
cipahi [sipai] *n.m.* =cipaye.
cipal(*pl.* **aux**) [sipal, -o] *n.m.* 《옛·속어》파리의 경찰대(garde municipal의 단축형).
cipaye [sipaj] *n.f.* 인도인 용병(유럽 특히 영국의), 세포이. —*a.* 인도인 용병의.
cipolin [sipɔlɛ̃] *n.m.* 《광물》 이탈리아산 대리석(회색과 초록색 줄무늬가 들어 있음). —*a.* 회색과 초록색 줄무늬가 들어 있는.
cippe [sip] *n.m.* 《광물》(고대인의 묘표·이정표로 사용된)작은 돌기둥.
ci-présent(e) [siprezɑ̃, -ɑ̃ːt] *a.* 《법》 여기에 있는〔출정한〕. témoins ~s 여기에 출정한 증인들.
C.I.R. 《약자》Comité intergouvernemental pour les réfugiés 난민대책 정부간 위원회.
cirage [siraːʒ] *n.m.* ① 밀초를 바르기; 구두닦기. ~ des parquets 마룻바닥에 왁스칠하기. ② (가죽 따위의)광택제; 구두약. ~ de[pour] chaussures 구

두약. brosse à ~ 구둣솔. enduire de ~ 구두약을 칠하다. noir comme du ~ 대단히 검은.
être dans le ~ ⓐ《속어》《항공》아무것도 안보이다. ⓑ《구어》무엇이 무엇인지 모르게 되다, 정신이 흐리멍덩하다.
C.I.R.C. 《약자》Centre international de recherche sur cancer 국제암연구센터.
circadien(ne) [sirkadjɛ̃, -ɛn] *a.* 《의학·생물》 일주(日周)의, 생물학적 사이클(약 24 시간 주기)의. rythme ~ 일주기, 24 시간 리듬.
circaète [sirkaɛt] *n.m.* 《조류》 매무리.
circassien(ne) [sirkasjɛ̃, -ɛn] *a.*《옛》시르카시아(*la Circassie*, 코카서스 북서 지방)의. —C~ *n.* 시르카시아 사람. —*n.f.* 《직물》 (면과 양모의)능직(綾織).
circée [sirse] *n.f.* 《식물》 바늘꽃과에 속하는 쌍떡잎 herbe aux sorciers).
circinal(**ale**, *pl.* **aux**) [sirsinal, -o] *a.* 《식물》 소용돌이 모양의.
circiné(e) [sirsine] *a.* ① 《식물》 소용돌이 모양으로 된. feuilles ~es 소용돌이 모양으로 말린 잎. ② 《의학》 윤상(輪狀)의. herpès ~ 중륜상(重輪狀)포진.
circom-, circon- *préf.*「주위·부근」의 뜻〈예:*cir*conférence 원주).
circompolaire [sirkɔ̃pɔlɛːr] *a.* 북[남]극 주위에 있는, 극에 가까운. expédition ~ 극지 탐험.
circoncire [sirkɔ̃siːr] [31] *v.t.* ①《유태교》할례(割禮)를 하다, 《종교》정결하게 하다. ②제거하다; 메어내다; (과수의)껍질을 둥글게 도려내다.
circoncis(e) [sirkɔ̃si, -iːz] (*p.p.*<circoncire) *a.* 할례를 받은. —*n.* ① 할례를 받은 사람. ②《경멸》유태인.
circoncision [sirkɔ̃sizjɔ̃] *n.f.* ① 할례. ② 《의학》 포피(包皮)절제. ③ (과수의)껍질을 둥글게 도려내기. ~ *du cœur* 마음을 정결하게 함, 번뇌를 떨쳐버림.
circonférence [sirkɔ̃ferɑ̃ːs] *n.f.* ① 《기하》 원주(圓周). ② 주위, 주변(périphérie, pourtour).
circonférentiel(le) [sirkɔ̃ferɑ̃sjɛl] *a.* 원주의; 주위의, 주변의.
circonflexe [sirkɔ̃flɛks] *a.* ① accent ~ 《언어》(불어의)이상 시르콩플렉스(^); (희랍어의)굽은 악센트(˜). ②《구어》휜, 굽은, jambe ~ O자형으로 굽은 다리. —*n.m.* 악상 시르콩플렉스(flexe 로 생략되기도 함).
circonjacent(e) [sirkɔ̃ʒasɑ̃, -ɑ̃ːt] *a.* 주위에 있는, 주변의.
circonlocution [sirkɔ̃lɔkysjɔ̃] *n.f.* 완곡한 표현, 에 두르는 말. parler par ~s 완곡하게 말하다. user de ~s 완곡한 어법을 사용하다. après de longues ~s 장황하게 늘어놓은 후에, 둘러 말한 후에.
circonscriptible [sirkɔ̃skriptibl] *a.* 《기하》 외접(外接)할 수 있는.
circonscription [sirkɔ̃skripsjɔ̃] *n.f.* ① 지구(地區), 관구, 구역, 구획. ~ électorale 선거구. ~ administrative 행정 구역. ~ ecclésiastique 교구. ~ militaire 군관구. faire une tournée dans sa ~ 자기 선거구를 한바퀴 돌다. ②《기하》 외접(하기). ③《옛》한계, 경계.
circonscrire [sirkɔ̃skriːr] [38] *v.t.* ① (의)주위에 선을 긋다, 경계선을 긋다[~ par](로)둘러싸다. ~ une propriété *par* des murs 토지를 담으로 둘러싸다. ②제한하다, 한정하다(borner, limiter). ~ l'épidémie 전염병을 다른 곳으로 번지지 않도록 하다. ~ le sujet 주제를 한정하다. ③《기하》 외접원(外接圓)을 그리다, 외접시키다. ~ un cercle à

un polygone 다각형에 외접원을 그리다.
—se *v.pr.* ① 스스로를 한정하다. *se ~ dans son sujet* 자기의 주제에 한정해서 다루다. ② 한정[제한]되다; 집중되다. *Le débat se circonscrit autour de cette idée.* 토론은 이 견해에 집중되었다. *Une mission divine ne peut se restreindre ni se ~.* 신성한 사명은 제한도 한정도 될 수 없다. ③ 『기하』 외접하다.

circonscrit(e) [sirkɔ̃skri, -it] (*p.p.<circonscrire*) *a.p.* ① 둘러싸인. *ville ~e par des remparts* 성벽에 둘러싸인 도시. ② 제한된, 한정된(délimité). *espace très ~* 극히 제한된 공간. ③ [~ à] 『기하』(에) 외접한. *courbe ~e à un polygone* 다각형에 외접하는 곡선.

circonspect(e) [sirkɔ̃spɛ(pɛkt), -ɛkt] *a.* 조심성 있는, 신중한, 용의주도한(prudent). *diplomate ~* 신중한 외교관. *être ~ dans ses actions* 신중하게 행동하다.

circonspectement [sirkɔ̃spɛktəmɑ̃] *ad.* 《드물게》 조심성 있게, 신중하게.

circonspection [sirkɔ̃spɛksjɔ̃] *n.f.* 조심성, 신중함, 용의주도. *avec ~* 조심성 있게, 신중히. *sans ~* 경솔하게. *apporter[mettre] beaucoup de ~ dans une affaire* 일에 극히 세심한 주의를 하다.

***circonstance** [sirkɔ̃stɑ̃:s] *n.f.* ① (어떤 사건·사실에 수반하는)(개개의)사실, 사정(cas); 《법》 정상. *Cela dépendra des ~s.* 그것은 사정[상황]에 따라 다를 것입니다. *~s inespérées* (여러 가지)에기치 않은 사실[사정]. *concours de ~* 여러 사정의 겹침. *en égard aux ~* 사정을 참작하여, 사정을 고려해서. *~s aggravantes[atténuantes]* 《법》 가중[경감]사유. ② 정세, 상황, 사태, 국면(situation), 경우(cas). *dans les ~s actuelles* 현재(의) 상황으)로서는. *Il y a des ~s où il vaut mieux se taire.* 입을 다물고 있는 쪽이 좋은 경우가 있다. *C'est l'homme de la ~.* 그야말로 적임자이다(이 상황에서 문제를 해결할 만한 인물이다). *quand les ~s le demandent* (그것이)필요한 경우에는, 형편에 따라서는. *quand les ~s s'y prêtent* 상황이 허락하면, 형편이 닿으면. *se montrer à la hauteur des ~s* 초연하여 정황에 좌우되지 않다, 사태에 임해 끄떡도 하지 않다. ③ 기회. *savoir profiter des ~s* 호기를 이용할 줄 알다. ④ *complément de ~* 《언어》 상황보어.
~s et dépendances 《법》 (부동산의)종물(從物), 부속물.
dans cette ~ 이 경우에는, 이 위급한 때에.
de ~ 임시변통의; 알맞는, 제 때를 탄; 일시적인; 시사(時事) 적인. *mesures de ~* 임기응변의 조치. *repartie de ~* 임기응변의 응답. *pièce de ~* 시사극. *Ce n'est pas de ~.* 적당하지 않다. *visage de ~* 꾸며낸 얼굴 표정.

circonstancié(e) [sirkɔ̃stɑ̃sje] *a.p.* 상세한, 자세한(détaillé). *compte rendu ~* 자세한 보고.

circonstanciel(le) [sirkɔ̃stɑ̃sjɛl] *a.* 상황을 나타내는; 상황에 의한. *complément ~* 《언어》 상황보어. *proposition ~le* 《언어》 상황절. *supériorité ~le* 상황에 의한 우월.

circonstancier [sirkɔ̃stɑ̃sje] *v.t.* 《드물게》 (의)사정[상황]을 상세히 말하다.

circonstant [sirkɔ̃stɑ̃] *n.m.* 《언어》 상황사(狀況詞)(actant).

circonvallation [sirkɔ̃va(l)lasjɔ̃] *n.f.* (포위군이 포위장소에 둘러치는)참호.

circonvenir [sirkɔ̃vni:r] [16] *v.t.* ① 구슬리다, (감언으로)꾀다, 속이다, 농락하다(abuser, embobeliner). *~ ses juges* 재판관들을 농락하다. ② 《옛·문어》 에워싸다.

circonvention [sirkɔ̃vɑ̃sjɔ̃] *n.f.* 《옛》 포위; 속이기, 사기, 농락.

circonvenu(e) [sirkɔ̃vny] (*p.p.<circonvenir*) *a.p.* 속아넘어간, 농락당한.

circonvoisin(e) [sirkɔ̃vwazɛ̃, -in] *a.* 《문어》 주위의, 가까이 있는(avoisinant). *lieux ~s* 근처.

circonvolution [sirkɔ̃vɔlysjɔ̃] *n.f.* ① 선회, 맴돌기, 감돌기. *décrire des ~* 원을 그리다. ② 《해부》 회전. *~s cérébrales* 대뇌 회전.

circonvolutionnaire [sirkɔ̃vɔlysjɔnɛ:r] *a.* 소용돌이 모양의.

circuit [sirkɥi] *n.m.* ① 한 바퀴 도는 거리; 둘레, 주위(contour, pourtour). *~ d'une ville* 도시의 둘레. *avoir trois kilomètres de ~* 둘레가 3킬로이다. ② (관광·스포츠 따위에서)한 바퀴 돌기, 일주(tour). *~ touristique* 일주 여행. *~ d'attente* (비행기가)착륙을 기다리기 위한 선회. *~ d'autocars* 버스 회유 여행. *le C~ de l'Ouest* 서부 프랑스 일주 경기. ③ 돌아가는 길, 에움길, 우회로; (강물 따위의)굴곡(détour). *On a dû faire un long ~ pour éviter la ville.* 도시를 피해 가기 위해서 먼 길을 돌아가지 않으면 안되었다. ④ 《수학》 폐곡선. ⑤ 《전기》 회로, 회선. *~ ouvert[fermé]* 개[폐]회로. *~ à action en retour* 귀환회로. *~ unifilaire(bifilaire)* 단선(복선)회로. *~ imprimé* 인쇄회로. *~ anodique[de plaque]* 양극회로. *~ magnétique* 자기회로. *~ fantôme* 중신(重信)회로. *~ oscillant* 진동회로. *~ en dérivation(parallèle)* 병렬회로. *~ intégré* 집적회로. *~ de voie* 궤도회로. *couper[rétablir] le ~* 회로를 끊다[잇다]. *mettre une lampe en [hors] ~* 전등 스위치를 넣다[끄다]. *mise en ~* 《전기》 접속. ⑥ 《경제》 유통, 순환. *~ des capitaux* 자본의 순환[유통]. ⑦ 《옛》 완곡한 표현, 에둘러 하는 말.
en ~ fermé 《구어》 외부와 차단되어, 내대적으로.
être hors ~; ne plus être dans le ~ 더 이상 유통이 안되다; 관여하던 일에서 물러나다.
mettre dans le ~ 이용하다(utiliser).

circulaire [sirkylɛ:r] *a.* ① 원을 그리는(rotatoire). *mouvement ~* 《기계》 원운동. *fonction ~* 《수학》 원함수(圓函數). *aimant ~* 유형자석. ② 원형의, 둥근(rond). *scie ~* 둥근 톱. *La piste du cirque est de forme ~.* 서커스의 트랙은 둥글게 되어 있다. ③ 순환(순회)하는; 회람하는; 주기적인. *argument[raisonnement] ~* 《논리》 순환논법. *chemin de fer ~* 《철도》 순환선. *permutation ~* 원순열(圓順列). *voyage ~* 주유(周遊) 여행. *billet ~* 회유권(回遊卷); 《상업》 순회 어음. *lettre ~* 회람장.
—*n.f.* ① 회장(回章); 《행정》 통첩. *~ administrative* 행정회장. ② 《해군》 (대포의)호형포상(弧形砲床).

circulairement [sirkylɛrmɑ̃] *ad.* ① 원을 그리며, 둥글게; 순환적으로. *se mouvoir ~* 원운동을 하다. ② 회람으로(par lettre circulaire).

circulant(e) [sirkylɑ̃, -ɑ̃:t] *a.* ① 유통하는. *billets ~s* 유통어음. *espèces ~es* 유통화폐. ② 순회하는; 통행하는. *bibliothèque ~e* 순회도서관. *foule ~e* 왕래하는 군중. ③ 순환성의. *anticoagulant ~* 《생리》 순환성 항응형(抗凝血)인자.

circulariser [sirkylarize] *v.t.* (특히 궤도를)원형으로 하다.

circularité [sirkylarite] *n.f.* 《드물게》 둥긂, 원형.

***circulation** [sirkylasjɔ̃] *n.f.* ① 돌기, 순환. *~ du sang[de la sève]* 혈액[수액] 순환. *~ d'air* 환기. *grande ~* 대순환, 신체순환; 교통, 왕래. *petite ~*

소순환, 폐(肺)순환. ② 퍼짐, 전파, 유포(propagation). mise en ~ de fausses nouvelles 헛소문의 유포. ③ 내왕, 교통, 통행. agent de la ~ 교통 순경. carte de ~ 통행증, 패스. «C~ interdite» "통행금지." ~ en sens unique 일방통행. accident de la ~ 교통사고. ~ routière 도로교통. ~ des voyageurs 여객수송. arrêter la ~ des personnes(des voitures) 사람(자동차)의 통행을 막다. La ~ est fort active(intense) dans cette rue. 이 길은 교통이 대단히 복잡하여라. ④ 〖경제〗유통. ~ des capitaux 자본순환, 자금유통. ~ des monnaies 화폐유통. mettre des billets en ~ 지폐를 발행하다. retirer une monnaie de la ~ 화폐를 환수하다.

circulatoire [sirkylatwa:r] a. 〖해부〗 혈액순환의. appareil ~ 혈액순환계통[기관]. troubles ~s 혈액순환이상.

***circuler** [sirkyle] v.i. ① 돌다, 순환하다. Le sang circule dans le corps. 혈액은 체내를 순환한다. faire ~ l'air 환기하다. ② (사람이나 차가)왕래하다. «Circulez!» "가시오!" (경관이 통행로에 정지해 있는 사람·차량에게 통행을 명하는 지시). Les autos circulent. 자동차들이 줄지어 간다. ③ (손에서 손으로)전해지다, 돌다; (상품·화폐 따위가)유통하다. faire ~ la bouteille 술병을 차례로 돌리다. faire ~ un livre 책을 차례로 돌려가며 읽다. L'argent circule. 돈이 유통한다.

circum- préf. 「주위」의 뜻.
circumduction [sirkɔmdyksjɔ̃] n.f. 회전, 선회.
circumlunaire [sirkɔmlynɛ:r] a. 달 주변의, 달 주위를 회전하는. mission ~ 달탐색 임무.
circumméridien(ne) [sirkɔmmeridjɛ̃, -ɛn] a. 〖천문〗자오선 근처의.
circumnavigateur [sirkɔmnavigatœ:r] n.m. (대륙의)주항자(周航者).
circumnavigation [sirkɔmnavigasjɔ̃] n.f. (대륙의)주항. voyage de ~ 세계일주항행.
circumnaviguer [sirkɔmnavige] v.t. (드물게)일주 [주항]하다.
circumnutation [sirkɔmnytasjɔ̃] n.f. 〖식물〗 (덩굴손 따위의)감아돌기 운동.
circumpolaire [sirkɔmpɔlɛ:r] a. 극(極) 주위의; 극지 부근의(circompolaire).
circumstellaire [sirkɔmstelɛ:r] a. 항성 주위를 회전하는; 항성 주위의.
circumterrestre [sirkɔmtɛrɛstr] a. 지구 주변의.

***cire** [si:r] n.f. ① 밀랍(蜜蠟)(~ d'abeilles). ~ vierge 생밀랍. ~ à cacheter[d'Espagne] 봉랍(封蠟). ~ grasse 구두 왁스. ~ végétale 목랍(木蠟). ~ à modeler 세공용 밀랍. pain de ~ 생밀랍 덩어리. frotter un parquet avec de la ~ 마루를 밀랍으로 문지르다. ② (밀)랍인형, (밀)랍세공. poupée de ~ 납인형. Ils sont égaux comme de ~. 그들은 같은 성격의 사람들이다. ③ 밀랍 비슷한 것; 귀에지, 눈곱; 양초(bougie de ~). ④ 〖조류〗 (부리의)납막(蠟膜).
aller comme de ~ 〖구어〗 (옷이)꼭 맞다.
arriver comme de ~ 제 때에 오다.
caractère de ~ 〖구어〗 순진한 성격.
~ molle 〖구어〗 휘어잡기 쉬운 사람, 고분고분한 성격.
être jaune comme ~ (얼굴이)노랗다.
un cœur de ~ 따뜻하고 유순한 사람.
ciré(e) [sire] a.p. ① 밀랍을 입힌, 왁스를 바른, 왁스로 닦은. parquet ~ 밀랍 마루. ② 구두약으로 닦은. ③ 방수한. toile ~e 방수포. Cela glisse [coule] comme sur une toile ~e. 그것은 아무런 감도도 주지 않는다. —n.m. 〖해양〗방수복.

cirer [sire] v.t. ① (에)밀랍을 먹이다[입히다], (마루 따위를)왁스로 닦다. ~ des meubles 가구를 왁스로 닦다. ~ des parquets 마룻바닥을 밀랍[왁스]으로 닦다. ~ des chaussures 구두약으로 닦다. Je cire mes chaussures tous les matins. 나는 매일 아침 구두를 닦는다. ~ les bottes à qn〖구어〗…에게 비굴하게 아첨하다. ③ (옷에)방수하다.
~ ses bottes avant de mourir 〖구어〗 죽기 전에 속죄하다, 죄를 고백하고 죽을 준비를 하다.
cireur(se¹) [sirœ:r, -ø:z] n. 밀랍 입히는[방수하는] 사람; 구두닦이. petit ~ 구두닦이 소년. —n.f. 마루닦는 가전 기구(~ électrique).
cireux(se²) [sirø, -ø:z] a. 밀랍의, 밀랍색의, 밀랍 비슷한. visage ~ 밀랍색 얼굴.
cirier(ère) [sirje, -ɛ:r] a. 밀랍을 만드는. —n.m. ① 밀랍 제조[판매]인, 양초 장수. ② 밀랍세공사. ③ 〖식물〗 소귀나무(북미산). —n.f. ①(밀랍을 만드는)일벌(abeille ~ère). ②(교회의)양초 장수.
ciron [sirɔ̃] n.m. ① 〖동물〗 (치즈 따위에 끼는)진드기, 응벌레. ②(음이)작은 농포(膿疱). ③ 약한 사람.
cirque [sirk] n.m. ① 곡마[곡예]장; 서커스(단), 곡마[곡예]단. gens du ~ 서커스 단원. musique de ~ 서커스의 음악; 시끄러운 음악. ②〖구어〗야단법석. Qu'est-ce que ce ~? 이 무슨 법석이람. ③ 〖고대로마〗 원형 경기장(arène). ④ 〖지질〗 원곡(圓谷). le ~ de Gavarnie 가바르니 원곡.
cirré(e) [sire] a. =cirr(h)eux.
cirr(h)eux(se) [sirø, -ø:z] a. 〖동·식물〗 cirre 가 달린.
cirr(h)al(ale, pl. aux) [siral, -o] a. cirre 의, cirre 가 달린.
cirr(h)e [si:r] n.m. ① 〖식물〗 덩굴손, 권수(卷鬚). ② 〖동물〗 촉수, (더듬이)촉각, 촉모.
cirrhose [siro:z] n.f. 〖의학〗 (간 따위의)경변(증), 경화(증). ~ graisseuse 지방성 간경변. ~ alcoolique 알코올성 간경변.
cirrifère [sirifɛ:r] a. 〖식물〗 덩굴손이 있는.
cirriforme [siriform] a. 〖식물〗 cirre 모양의; 〖동물〗 촉수 모양의.   〖類〗
cirripèdes [siripɛd] n.m.pl. 〖동물〗 만각류(蔓脚
cirro-cumulus [sirokymylys] n.m. (복수불변) 〖기상〗 양털구름, 권적운(卷積雲).
cirro-stratus [sirostratys] n.m. (복수불변) 〖기상〗 권층운(卷層雲).
cirrus [sirys] n.m. 〖기상〗 권운(卷雲).
cirse [sirs] n.m. 〖식물〗 엉겅퀴속(屬)(chardon).
cirure [siry:r] n.f. 밀랍 닦는 도료, 납액(蠟液).
cis- préf. 「이쪽」의 뜻.
cisaillage [sizaja:ʒ] n.m. (금속의)절단.
cisaille [siza:j] n.f. ① (화폐제조 때의)쇠붙이 부스러기. ② (pl.)(쇠붙이를 자르거나 나뭇가지를 치는)큰 가위, 전정가위, 전지가위 (cf. sing.) 〖제본·사진〗 재단기. ~s à ardoise 판암(板岩)절단기. ~ à tôle 양철절단기. ③ 〖철도〗 (역의 선로망을 비스듬히 횡단하는)사행선.
cisaillement [sizajmɑ̃] n.m. ① cisailler 하기. ② (붙은 두 쪽의 금속의)닳음. ③ 〖교통〗 두 통행로의 교차, (도로의)평면교차. ④ angle de ~ 〖철도〗 사행각도.
cisailler [sizaje] v.t. ① cisailles 으로 자르다. ~ des fils de fer 철사를 자르다. (모자 따위에)둥근 주름을 잡다. ②〖구어〗(~ qn)(을)해치다(nuire à); 헐뜯다, 중상하다(discréditer). ④ 〖철도〗 사행하여 교차하다.
—se ~ v.pr. 전단변형(剪斷變形)을 일으키다.
cisailleur [sizajœ:r] n.m. 금속 절단공. —a. 절단하

cisailleuse [sizajø:z] *n.f.* 금속 절단기.
cisalpin(e) [sizalpɛ̃, -in] *a.* 《고대사》 (로마쪽에서 본)알프스 이남의(↔ transalpin). Gaule *~e* (고대 로마인들이 말한)북이탈리아.
　—C~*e n.pr.f.* =Gaule *~e*.
C.I.S.C. 《약자》 Confédération internationale des syndicats chrétiens 국제 기독교 노동조합 연합.
***ciseau** [sizo] (*pl.* ~**x**) *n.m.* ① 끌, 정. ~ de menuisier (de sculpteur) 목공[조각] 끌. ~ à froid (금속용)정; 장도리. creuser une rainure au ~ 끌로 홈을 파다. ⓑ조각(술). tailler(travailler) au ~ 조각하다. le pinceau et le ~ (비유적)회화와 조각. ouvrage de ~ 조각(작품). ② (*pl.* 속에서는 *sing.*) 가위. ~x à ongles 손톱가위. une paire de ~x 가위 하나. ~x de couturière (de tailleur) 재단 가위. ~x de la Parque (생명의 줄을 끊는)아트로포스의 가위. coup de ~x (부분적) 삭제; (출판물 따위의)커트, 삭제; 〖수영〗발놀림의 일종(주로 횡영에서). ③ 〖스포츠〗 (레슬링의)가위조르기; (체조에서의)양다리의 가위식 개폐. ④ 〖무용〗 (발레의)시조, 가위뛰기(saut en ~x). sauter en ~x 두 다리를 벌렸다 오므렸다 하며 뛰다. ⑤ 〖놀이〗 (두 벌로 기호 나눈)카드를 한 장씩 어긋매겨 합쳐서 섞기.
faire un livre à coups de ~x 《구어》가위와 풀로 책을 엮다. *mettre les voiles en ~x* 서로 바람을 막지 않도록 돛을 엇갈리게 돌리다.
ciselage [sizla:ʒ], **cisèlement** [sizɛlmɑ̃] *n.m.* ① 조각, 조탁. ② (포도송이에서)쭉정이 골라 따내기.
ciselé(**e**) [sizle] *a.p.* ① 끌로 새긴 것 같은. ② tranche *~e* 〖제본〗가지런히 자른 가장자리. ③ (얼굴 따위가)윤곽이 뚜렷한. coiffure *~e* 잘 손질한 머리.
ciseler [sizle] [5,4] *v.t.* ① (금은·보석 따위를)끌로 새기다 [조각하다]; (가죽 따위에)무늬를 찍어내다. ~ un bijou 보석을 세공하다. une statue 조각상을 조각하다. art de ~ l'ivoire [le métal] 상아[금속]조각술. ② 문장을 다듬다, 조탁하다(polir). phrase *ciselée* 다듬은 글. ③ 〖요리〗 (생선 토막이에)불이 고루 가게)칼집을 넣다. ④ (포도송이에서)쭉정이 알을 따내다.
ciselet [sizlɛ] *n.m.* (세공사의)작은 끌; (조각가의) 조각칼.
ciseleur [sizlœːr] *n.m.* 조각사; (금은)세공사(orfèvre); (문장)조탁가(彫琢家).
cisellement [sizɛlmɑ̃] *n.m.* =**cisèlement**.
ciselure [sizly:r] *n.f.* ①조각술. ②조각된 장식. fines ~s 섬세한 조각물. ③ (문장을)다듬기.
ciseron [sizrɔ̃] *n.m.* 《구어》 〖식물〗 이질트풍.
cisjuran(**e**) [sisʒyrɑ̃, -an] *a.* 《옛》(파리에서 보아서)쥐라(*Jura*) 산맥 이쪽의.
cisleithan(**e**) [sislɛjtɑ̃, -an] *a.* (비엔나에서 보아서) 레이타(*Leitha*) 강 이쪽의.
Cisleithanie (**la**) [lasislɛjtani] *n.pr.f.* 〖역사〗(옛 오스트리아·헝가리 제국의)레이타 이쪽 타일.
cismontain(**e**) [sismɔ̃tɛ̃, -ɛn] *a.* (로마에서 보아서) 알프스 이쪽의.
cisoir [sizwaːr] *n.m.* (금은세공사의)끌, 조각칼.
cisoires [sizwaːr] *n.f.pl.* (철물상의)큰 작두.
cispadan(**e**) [sispadɑ̃, -an] *a.* 〖역사〗(로마에서 보아서) 포(*le Pô*) 강 이쪽의. —C~*e n.pr.f.* 포 강 이남 지방(Gaule *~e*).
cisrhénan(**e**) [sisrenɑ̃, -an] *a.* (프랑스에서 보아서) 라인 강 이쪽의.
cissampelos, cissampélos [sisɑ̃pelo:s] *n.m.* 〖식물〗 거지덩굴속(屬).

cissoïde [sisɔid] *n.f.* 〖수학〗 시소이드, 질주선(疾走線).
ciste[1] [sist] *n.m.* 〖식물〗 시스터스속(屬)(지중해 연안산의 관목).
ciste[2] *n.f.* ① 〖고고학〗 상자꼴의 석분(石墳). ② (고대그리스·로마에서 제례(祭禮)행렬에 들고 가던)성물가마, 성물상자.
cistercien(**ne**) [sistɛrsjɛ̃, -ɛn] *a.* 〖종교〗 시토 (*Cîteaux*, 프랑스 지명)수도회의. ordre ~ 시토회 (1098 년 *Robert de Molesmes*에 의해 설립된 교단). —*n.* 〖종교〗 시토 수도회의 수도사[수녀].
　—C~ *n.* 시토(*Cîteaux*) 사람.
cistre [sistr] *n.m.* 〖음악〗 (16·17세기의 만돌린 비슷한)현악기.
cistude [sistyd] *n.f.* 〖동물〗 남생이.
citable [sitabl] *a.* 인용 [소개]할 수 있는.
citadelle [sitadɛl] *n.f.* (도시를 지키는)성채, 요새(fortification). ~ imprenable (inexpugnable) 난공불락의 요새. ② (비유적)본거지, 아성(牙城) (bastion); 보루. Rome, ~ du catholicisme 가톨릭의 아성인 로마.
citadin(**e**) [sitadɛ̃, -in] *a.* 도시의(urbain). populations ~*es* 도시인. —*n.* 도시인(↔ campagnard). —*n.f.* 《옛》(도시에서의)삯마차.
citateur(**trice**) [sitatœːr, -tris] *a.* 인용하는. —*n.* 인용하기 좋아하는 사람. —*n.m.* (드문말)인용구집.
citation [sitasjɔ̃] *n.f.* ① 인용(exemple); 인용(구) [문]; 인증(引證). thèse bourrée de ~s 인용투성이인 논문. tirer une ~ de ···에서 인용하다. fin de ~ 인용문(연설 따위에서의 인용의 끝을 밝히는 말). Un dictionnaire sans ~ est un squelette. 인용(문) 없는 사전은 살 없는 해골과 같다. ② 〖법〗 소환 (장). notifier une ~ à *qn* ···에게 소환장을 내다, ~을 소환하다. acte de ~ 소환장. ~ directe (피의자의)직접소환. ③ 〖군사〗 표창. ~ à l'ordre du jour 군령에 의한 표창.
cité [site] *n.f.* ① (고대의 정치적 자치제로서의)도시, 도시국가; (일반적으로)도시(ville). ~s grecques 그리스의 도시(국가). Rome est une des plus célèbres ~s du monde. 로마는 가장 이름난 도시의 하나이다. ~ commerçante 상업도시. ~ linéaire 〖행정〗선형도시. ② (도시 교외의)가옥 [주택] 단지, 집합주택지. ~ ouvrière 노동자 주택단지. ~ universitaire 대학생촌, (파리의)국제 학생 기숙사 구역. ③ 어떤 도시의 발상지[중심지]. la *C~* 센 강 복판의 섬(파리의 발상지). *C~* de Londres 런던의 금융·상업 중심가. ④ (종교적으로)이상적인 나라. ~ sainte (신의)성스런 도시, 천국(~ de Dieu); 성지(로마·예루살렘·메카 따위). ~ céleste[future] 하늘나라, 천국.
droit de ~ (고대 도시국가의)시민권; (비유적)허용받을 권리. refuser le *droit de ~* à *qn* ···을 받아들이지 않다, 인정하지 않다. Tout a *droit de ~* en poésie. 무엇이든지 시의 소재가 될 수 있다.
cité-dortoir [sitedɔrtwaːr] (*pl.* ~**s**-~**s**) *n.f.* (대도시권의)교외주택지, 베드 타운.
cité-jardin [siteʒardɛ̃] (*pl.* ~**s**-~**s**) *n.f.* 전원 도시.
***citer** [site] *v.t.* ① 인용하다, 따오다; 증거로서 끌어내다, 인증하다. ~ (un passage de) Pascal 파스칼의 말을 인용하다. ~ un article de loi 법률의 한 조항을 인증하다. Je *cite.* (인용의 시작을 알리기 위해)이제 인용합니다. ② 예로 들다, (이름 따위를)대다(nommer). Citez-moi les principales comédies de Molière. 몰리에르의 주요 희극작품명을 대시오. ~ *qn* en exemple ···을 예로 들다. ~ ses sources (ses références) 정보원[출전]을 밝히다. ③ 〖법〗 소환

출)하다(convoquer). ~ un témoin 증인을 소환한다. ④〖군사〗표창하다. ~ un régiment à l'ordre du jour 군령에 의해 연대를 표창하다.
—**se** ~ *v.pr.* 자신을 예로 들다. se ~ soi-même à tout propos 어떤 일에나 자신의 경우를 예로 들다〔자기 이야기를 들고 나오다〕.

citérieur(e) [siterjœːr] *a.* 〖지리〗(말하는 쪽에서 보아 산맥·강의)이쪽의. les Alpes ~es 프랑스쪽의 알프스.

citerne [sitɛrn] *n.f.* ① 빗물받이 웅덩이, 저수 탱크, 저수통. ② (유조선의)유조(油槽); (물·술·액체 연료)탱크. bateau-~ 유조선. wagon-~ 탱크차.

citerné(e) [siterne] *a.* 저수통 모양의. fosse ~e 저수호(壕).

citerneau [siterno] (*pl.* ~**x**) *n.m.* (저수[유조]탱크에 부착된)정화조.

cithare [sitaːr] *n.f.* 〖음악〗키타라(고대 그리스의 현악기); 치터(근대 현악기의 일종).

cithatède [sitared] *n.* (고대 그리스의)키타라를 연주하며 노래하는 사람.

cithariste [sitarist] *n.* 치터 연주자.

*****citoyen(ne)** [sitwajɛ̃, -ɛn] *n.* ① 시민, 시민권 소지자; (고대의 시민권을 가진)시민. ~ d'honneur 명예시민. droits du ~ 시민권. ~ du monde 세계의 시민(현협한 국가주의가 아니라 세계적 시야를 가진 휴머니스트를 가리킴). remplir [accomplir] ses devoirs de ~ 시민의 의무를 다하다; 투표하다 (voter). ② 국민, 공민. ~ français 프랑스 국민. Tout ~ doit obéissance aux lois. 국민 모두는 법에 복종해야 한다. (bon) ~ 양민. ③ 《구어》인간, 녀석(individu). un drôle de ~ 별난 녀석. ④ (프랑스 혁명 때) monsieur, madame 대신 쓰인 호칭. ⑤《문어》《비유적》주민. ~nes de l'étang (연못의 주민인)개구리 떼. ~ du ciel 천국의 시민.
—*a.* 《시의》시민의 ~ 민병. roi ~ 시민 왕.

citoyenneté [sitwajɛnte] *n.f.* 시민권, 시민의 자격. ~ française 프랑스 시민권. ② 《집합적》국민.

citrange [sitrɑ̃ːʒ] *n.m.* 레몬나무(citronnier)와 오렌지나무(oranger)의 잡종 과일.

citragon [sitragɔ̃] *n.m.* = **mélisse**.

citrate [sitrat] *n.m.* 〖화학〗구연산염(枸櫞酸塩). papier au ~ (d'argent) 〖사진〗인화지.

citré(e) [sitre] *a.* 〖약〗레몬이 든. potion ~e 레몬이 든 물약.

citrin(e) [sitrɛ̃, -in] *a.* 레몬색의, 연두빛의. —*n.m.* 레몬색, 연두빛. —*n.f.* 〖광물〗황수정; 〖화학〗레몬유.

citrique [sitrik] *a.* 〖화학〗레몬에서 뽑아낸. acide ~ 구연산(枸櫞酸).

*****citron** [sitrɔ̃] *n.m.* ① 레몬(citronnier 열매). jus de ~; ~ pressé 레몬 주스. essence de ~ 레몬유(油). ②《속어》머리, 대가리. ③〖곤충〗나방의 일종.
en faire un ~《구어》놀란 얼굴을 하다. *être jaune comme un* ~ 얼굴이 샛노랗다. *presser qn comme un* ~ …을 이용할 대로 이용하다, 착취하다. *se presser [se creuser] le* ~ 머리를 짜내다.
—*a.* (불변) 레몬색의. étoffes ~ 레몬빛 천.

citronellal [sitronelal] *n.m.* 〖화학〗(레몬유에서 얻어지는)시트렐랄데히드, 시트로네랄.

citronellol [sitronelɔl] *n.m.* 〖화학〗(시트로네랄에 상응하는)시트렐알코올, 시트로네롤.

citronnade [sitronad] *n.f.* 레몬수, 레모네이드.

citronnat [sitrona] *n.m.* 레몬잼, 레몬마말레이드; 설탕에 절인 레몬 껍질.

citronné(e) [sitrone] *a.p.* 레몬 냄새가 나는; 레몬즙을 탄. tisane ~e 레몬즙을 탄 탕약.

citronnelle [sitronɛl] *n.f.* ①〖식물〗레몬향이 나는 식물. ② 레몬 껍질을 넣어 빚은 리뀌르(eau des Barbades).

citronner [sitrone] *v.t.* 〖요리〗(에)레몬즙을 타다. ~ un poisson 생선에 레몬즙을 뿌리다.

citronnier [sitronje] *n.m.* 〖식물〗레몬나무, 구연.

citronyle [sitronil] *n.f.* 〖화학〗시트로닐. 〔수.

citrouillard [sitruja:r] *n.m.* 《군대은어》기병.

citrouille [sitruj] *n.f.* ①〖식물〗서양호박. ②《속어》큰 대가리; 바보.

citrus [sitrys] *n.m.pl.* 〖식물〗감귤류(柑橘類).

Çiva [siva] *n.pr.m.* 〖종교〗시바(힌두교의 3대 신격의 하나, 파괴와 생식을 주관하는 신).

civade [sivad] *n.f.* 《사투리》귀리(avoine).

civadière [sivadjɛːr] *n.f.* 《옛》〖해양〗제 1 기움나래의 돛.

civaïsme, çivaïsme [sivaism] *n.m.* 시바교(敎).

civaïte, çivaïte [sivait] *a.* 시바교를 믿는. —*n.* 시바교도.

cive [siːv] *n.f.* 〖식물〗파류(類)(civette²).

civelle [sivɛl] *n.f.* (바다에서 민물로 올라오는) 새끼 뱀장어.

civelot [sivlo] *n.m.* 《속어》(군인에 대한)민간인. en ~ 평복으로.

civet [sivɛ] *n.m.* 〖요리〗양파와 포도주를 넣은 (토끼·사슴의)스튜 요리.

civette¹ [sivɛt] *n.f.* 〖동물〗사향고양이; 사향고양이의 향(香); 사향고양이의 모피.

civette² [sivɛt] *n.f.* =**cive, ciboulette**.

civière [sivjɛːr] *n.f.* 들것, 담가(擔架), 담가식 운반원. charger des pierres sur une ~ 돌을 들것에 싣다. porteur de ~ 들것 나르는 사람.

*****civil(e)** [sivil] *a.* ① 시민의, 공민의. société ~e 민사회. vie ~e (공적 생활에 대한)시민으로서의 생활. guerre ~e 내란. ②〖법〗민법의, 민사의(↔criminel). droit ~ 민법. droits ~s 사권(私權). code ~ 민법전. état ~ (호적상의)신분. acte de l'état ~ 호적등본. mort ~e 민사사(民事死) (사형 따위의 중형이 선고된 후 민법상 사권이 정지됨). procédure ~e 민사소송. tribunal ~ 민사법원. partie ~e (형사재판에서의)손해배상 청구인. ③ 군인이 아닌, 민간인의(↔militaire). retrouver la vie ~e 민간인으로 돌아가다. vêtement ~ (군복에 대한)사복. ingénieur ~ 토목기사. ④ (종교적이 아닌)세속의; 비종교적인(laïc, ↔religieux). mariage ~ (시장 앞에서 올리는)민법상의 결혼식. enterrement ~ 종교적 의식에 의하지 않은 장례. ⑤《옛》예절바른. d'une façon fort ~e 매우 정중하게. ⑥ 〖천문시〗[력](에 대하여)상용(常用)의, 역법(曆法)의. année ~e 속년(曆年). jour ~ ~ 역일(曆日).
—*n.m.* ① (군인에 대한)민간인; (성직자에 대한) 속인. les militaires et les ~s 군인과 민간인. ②(제복아닌)평복; 《속어》민간인 생활. officier en ~ 평복 차림의 장교. dans le ~ (군복을 입지 않은) 민간생활에서는. ③〖법〗민사; 민사법정. poursuivre *qn* au ~ …을 민사법정에 고소하다.

civilement [sivilmɑ̃] *ad.* ①민사상의, 민법상. se marier ~ 종교의식에 따라 혼례를 올리지 않고 시청에서 결혼하다. ②〖법〗민사[민법]상. être ~ responsable 민법상 책임이 있다. ③《문어》공손히, 바르게(poliment).

civilisable [sivilizabl] *a.* 개화[문명화]될 수 있는. peuplades difficilement ~s 개화시키기 힘든 야만족

civilisant(e) [siviliza̅, -ɑ̃ːt] *a.* =**civilisateur**. 〔들.

civilisateur(trice) [sivilizatœːr, -tris] *a.* 개화[문

명화)시키는. religion ~*trice* 개화시키는 종교. —*n.* 개화자, 교화자.

***civilisation** [sivilizasjɔ̃] *n.f.* ① 개화, 교화(progrès). ~ de la Gaule par les Romains 로마인들에 의한 갈리아의 개화. ② 문명, 문화(↔ barbarie). ~ occidentale 서양문화. aire de ~ 문화권. langue de ~ 문명언어(문화의 보전및 전파에 중요한 역할을 수행하는 언어).

civilisé(e) [sivilize] *a.p.* 개화[개명]된, 문명화된 (cultivé, ↔ barbare). —*n.* 문명인.

civiliser [sivilize] *v.t.* ① 개화[개명]시키다, 교화 하다, 문명으로 이끌다. Les Grecs ont *civilisé* l'Occident. 그리스인들이 서구를 개화시켰다. ② (구어)예의바르게 하다, 세련되게 하다(polir). ~ un butor 버릇없는 자에게 예의를 가르치다. —*se* ~ *v.pr.* 개화하다; 예의바르게 되다, 때를 벗다. Il *se civilise* à votre contact. 그는 당신과 (자주) 만나더니 사람이 되어간다(때를 벗는다).

civiliste [sivilist] *n.m.* 〖법〗 민법학자.

civilité [sivilite] *n.f.* ① (*pl.*) (예의로서의)인사, 경의. présenter[faire] ses ~s à *qn* …에게 경의를 표하다(인사하다). Mes ~s à Madame votre mère. 당신 어머님께 안부 전해 주시오. ② (옛)예의, 예절. règles du ~ 예의규범. avec ~ 예의바르게. formule de ~ (편지 말미 따위에 쓰는)인사말.

civique [sivik] *a.* 공민의; 시민의; 애국의(patriotique). droits ~*s* 공민권. instruction ~〖학교〗 공민교육. sens ~ 공덕(公德)심. chant ~ 애국가. couronne ~ 시민의 영관(榮冠)(고대 로마에서 시민을 구출한 병사에게 씌워 준 관).

civisme [sivism] *n.m.* ① 공민정신, 공덕심(sens civique). ② (옛)애국심.

civlot [sivlo] *n.m.* (군대은어)(군인에 대한)일반시민, 민간인(ciblot, civelot). capiston en ~ 평복을 입은 중대장.

c/j(약자) courts jours 〖상업〗 단기(短期)의.

C.J.M. (약자) Code de justice militaire 군형법(軍刑法).

C.J.P. (약자) Centre des jeunes patrons 청년 경영자 센터.

Cl (약자) chlore 〖화학〗 염소.

cl (약자) centilitre 센터리터.

C.L. (약자) Crédit Lyonnais 〖상업〗 리옹 은행.

clabaud [klabo] *n.m.* ① 〖사냥〗 (귀가 처지고 잘 짖어대는)몰이 사냥개; 마구 짖는 개. ② (구어)요란하게 떠들어대는 사람. —*a.m.* chapeau ~ 챙이 처진 모자(chapeau en ~).

clabaudage [klaboda:ʒ] *n.m.* ① 〖사냥〗 개가 마구 짖어냄; 짖어대는 소리. ② (비유적) (사람이) 떠들어댐; 욕지거리, 험담(médisance).

clabaudement [klabodmɑ̃] *n.m.* =**clabaudage** ②.

clabauder [klabode] *v.i.* ① (사냥개가)마구 짖어대다. ② (비유적) 꽁꽁히 떠들어대다; [~ contre/sur] (에 대해)욕을 퍼붓다, 험담하다(médire). Il ne cesse de ~ *contre* vous. 그는 당신에 대해 계속 험담을 하고 있다. —*v.t.* (옛)요란하게 떠들어대다(청찬하다).

clabauderie [klabodri] *n.f.* =**clabaudage** ②.

clabaudeur(se) [klabodœːr, -øːz] *n.* 마구 짖어대는 개; (비유적) 욕장이, 험구장이.

clabot [klabo] *n.m.* 〖기계·자동차〗 클라보(기계의 두 부분이 서로 물리게 된 일종의 맞물림(crabot).

clabotage [klabota:ʒ] *n.m.* 클라보로 맞물리기.

claboter[1] [klabote] *v.t.* 클라보로 맞물리다.

claboter[2] [klabote] *v.i.* (속어)죽다, 뒈지다(clamecer).

clac[1] [klak] *n.m., int.* claquement 의 소리(철벅·덜그럭·삐걱·덜컥 따위)(clic).

clac[2] *n.m.* (은어)갈보집.

clade [klad] *n.m.* 〖생물〗 단계통군(單系統群)(동일 선조에서 파생된 것으로 간주되는 생물군).

clafouti(s) [klafuti] *n.m.* (Limousin, Berry 지방의) 버찌 넣은 과자(~ aux cerises).

claie [klɛ] *n.f.* ① (버들가지·철사 따위로 엮은)망, 발, 체, 사립짝, 바자. cribler(passer) du sable sur une ~ 모래를 체질하다. ② 울, 울타리 (clôture). ~ de parc à bestiaux 가축장 울타리. ③ (식물을 햇빛으로부터 보호하는)햇빛가재. ④ 〖제본〗 밴드.

traîner qn sur la ~ (옛)…의 시체를 사람취에 실어 말로 끌게 하다(형벌); (구어) …을 욕보이다.

claim [klɛm] (영) *n.m.* 광산 청구권; (광구의)불하 청구지.

clain [klɛ̃] *n.m.* (옛) 〖법〗 소송, 소추(訴追).

:**clair(e**[1]) [klɛːr] *a.* ① 밝은(빛을 많이 내거나 받는), 환한(lumineux, éclairé, ↔ sombre). La lune est ~ ce soir. 오늘밤은 달이 밝다. feu ~ 잘 타는 밝은 불. chambre ~ 환한 방. temps ~ 갠 날씨. (비인칭) Il fait ~. 날이 밝다. ② (색이)연한, 엷은(↔ foncé). vert(bleu) ~ 연두빛[하늘색]. robe ~*e* 밝은 빛깔의 드레스. teint ~ 흰(밝은)얼굴빛. ③ 맑은, 환한, 투명한(transparent). eau ~*e* d'un ruisselet 맑은 개울물. vitre ~*e* 투명한 창유리. ④ 성성한(↔ serré); 묽은(↔ dense). bois ~ 나무가 성긴 숲. tissu ~ 올이 성긴 [색이 연한] 피륙. sauce trop ~*e* 너무 묽은 소스. ⑤ (소리가)맑은, 분명한, 똑똑한, 낭랑한(distinct, ↔ sourd). à haute et ~*e* voix 높고 낭랑한 목소리로. avoir la parole ~ 말소리가 분명하다. tintement ~ 맑은 종소리. ⑥ (표현·의미 따위가)이해하기 쉬운, 분명한, 명백한(net, ↔ obscur). exposé ~ 분명한 설명. règle peu ~*e* 애매한 규칙. La situation est peu ~*e*. 상황은 분명하지 않다(불투명하다). Ton rôle dans ce projet n'est pas très ~. 이 계획에서 너의 역할은 명확하지 않다. Il est ~ que + *ind*. …하는 것은 분명하다. C'est ~. 그것은 명백하다. ⑦ (머리가)명석한, 투철한(lucide). avoir l'esprit ~ 통찰력이 있다. ⑧ 확실한, 순전한. profit tout ~ 순이익(純利益). argent ~ 현금. ⑨ lait ~ 유장(乳漿); œuf ~ 무정란(卵).

C'est de l'eau ~e. 진부한[하찮은] 일[것]이다.

~ comme le jour [*comme le jour de l'eau de roche*] 명약관화한.

le plus ~ de qc …의 대부분; …의 중요한 점. passer *le plus ~ de* son temps à + *inf.* 자기 시간의 태반을 …하는데 보내다. Le plus ~ de cet article, c'est que... 이 기사[논문]의 주안점은 …이다.

*Son affaire est ~*e. 그는 틀림없이 벌을 받을 것이다(Son compte est bon).

—*n.m.* ① 빛(clarté); (그림 따위의)밝은 부분. au ~ de la lune 달빛 속에, 달밤에. Il y a ~ de lune. 달빛이 밝다. les ombres et les ~*s* dans[d'] un tableau 그림의 어두운 부분과 밝은 부분. ② (잔디의)성긴 부분; (양말 따위의)닳아 얇아진 부분. raccommoder les ~*s* d'un bas[d'une étoffe]. 양말[천]의 닳아 얇아진 부분을 깁다.

en ~ 암호를 쓰지 않은; 분명히 말해서. message (dépêche) *en* ~ 암호 아닌(보통문의 통신[전보]. Il m'a répondu évasivement; *en* ~, cela ne l'intéresse pas. 그는 어물어물 대답했다, 분명히 말해서 관심이 없는 것이다.

être au ~ (sur qc) (…에 대해)분명히 알다. Je suis

loin d'être au ~ sur tout cela. 나는 이 모든 것에 대해 전혀 모른다.
mettre sabre au ~ 칼을 뽑아들다.
mettre (ses notes) au ~ (기록한 것을)정서하다.
tirer qc au ~ ①…을 밝히다. *tirer une affaire au ~* 일(의 내용) 을 확실히 하다. ⓑ(액체를)거르다. *tirer du vin au ~* 포도주를 거르다.
—*ad.* ①분명히, 똑똑히, 뚜렷이. voir ~ 똑똑히 보다; (비유적)분명히 이해하다(comprendre). Maintenant je vois ~ dans cette affaire. 이제 이 일의 내막을 분명히 알게 됐다. parler ~ et net 분명하고 솔직하게 이야기하다.
②음성음성하게, 영성하게. semer ~ 듬성듬성하게 심다.
clair-brun(*e*) [klɛrbrœ̃, -yn] *a.* 연한 갈색의.「糖」
claircage [klɛrsaːʒ] *n.m.* (설탕의)탈색, 세당(洗糖).
claircer [klɛrse] [2] *v.t.* (설탕을)탈색(세당)하다.
claire² [klɛːr] *n.f.* ① 굴 양식장; 양식굴(huîtres (fines) de ~). ② (설탕의)정제(精製) 솥; (정련용 솥을 만드는)굴회(骨灰).
claire-étoffe [klɛretɔf] *n.f.* 【야금】납과 주석의 합금(claire-soudure).
*****clairement** [klɛrmɑ̃] *ad.* 분명하게, 명백하게; 똑똑히(distinctement). distinguer ~ 분명하게 구분하다. expliquer ~ 똑똑히 설명하다.
claire-soudure [klɛrsudyːr] *n.f.* =**claire-étoffe**.
clairet(*te*) [klɛrɛ, -ɛt] *a.* (빛·소리가)연한, 엷은, 맑은; 묽은. vin ~ 빛깔이 연한 적포도주. soupe ~*te* 묽은 수프. voix ~*te* 맑은 목소리. les ombres et les ~*s* d'un tableau 그림의 어두운 부분과 밝은 부분. —*n.m.* 빛깔이 연한 적포도주.
—*n.f.* ① (남프랑스의)백포도 모종; (그것으로 만든)거품나는 백포도주. ② 【요리】콘샐러드.
clair-étage [klɛretaːʒ] (*pl.* ~*s*~*s*) *n.m.* 【고딕식 교회 따위의】빛이 드는 밝은 층(claire-voie).
claire-voie [klɛrvwa] (*pl.* ~*s*~*s*) *n.f.* ① (창·문의)살, 오리; 살울타리; 격자창; 【해양】갑판의 구멍창. ② (고딕 교회의)상부의 밝은 층.
à ~ 사이가 떠 공간이 있는(있게), 빛이 새는. clôture *à ~* 살울타리. porte *à ~* 살문. semer *à ~* 씨를 드문드문 뿌리다. tissu *à ~* 올이 성긴 천.
clairière [klɛrjɛːr] *n.f.* 숲속의 빈터(éclaircie); 【직물】올이 성긴 부분(clairure).
clair-obscur [klɛrɔpskyːr] (*pl.* ~*s*~*s*) *n.m.* ① 【미술】명암법, 농담법. ② 명암; 미광(pénombre); (비유적)애매모호함(ambiguïté).
clair-obscuriste [klɛrɔpskyrist] *n*(*m.*) 명암법을 사용하는 화가.
clairon [klɛrɔ̃] *n.m.* ① 보병 나팔; 나팔수. sonner [jouer] du ~ 나팔을 불다. ② 날카로운 소리. ~ bruyant du coq 수탉의 소란스런 울음소리. ③ 【음악】클라리넷의 제 2 음역(音域); 파이프오르간의 음전(音栓).
claironnant(*e*) [klɛrɔnɑ̃, -ɑ̃ːt] *a.* (소리가)세고 날카로운; 쩟소리의. voix ~*e* 쩟소리.
claironner [klɛrɔne] *v.i.* ① 나팔을 불다; (비유적) (나팔처럼)날카로운 소리를 내다. Le coq *claironne*. 수탉이 소리 높이 운다. ② (기쁨·자랑 따위의로)외쳐대다. —*v.t.* (비유적)(자랑거리·비밀 따위를)불어내다, 퍼뜨리다(publier). son succès 자기의 성공을 떠벌리다. ~ un secret partout 비밀을 동네방네 떠벌리다.
clairsemé(*e*) [klɛrsəme] *a.p.* 성긴, 듬성듬성한(↔serré, dense); 드문드문 흩어진(épars). arbres ~*s* 듬성듬성한 나무들. population ~*e* 희박한 인구. spectateurs ~*s* dans une salle 회장 안에 드문드문 앉아 있는 관객들.

clairure [kle(e)ryːr] *n.f.* (피륙의)올이 성긴 부분.
clairvoyance [klɛrvwajɑ̃ːs] *n.f.* 통찰력, 혜안, 선견지명(lucidité, perspicacité).
clairvoyant(*e*) [klɛrvwajɑ̃, -ɑ̃ːt] *a.* ① 통찰력 있는, 선견지명 있는(lucide, perspicace). esprit ~ 명민한 머리. ② 정상의 시력을 가진(↔aveugle).
—*n.* ① 통찰력 있는 사람. ② (맹인에 대하여)시력이 정상적인 사람, 눈이 보이는 사람.
clakson [klaksɔ̃] *n.m.* =**klaxon**.
clam [klam] *n.m.* 【패류】대합조개.
clamariot(*e*) [klamarjo, -ɔt], **clamartois**(*e*) [klamartwa, -aːz] *a.* 클라마르(*Clamart*, 프랑스의 도시)의. —**C**~ *n.* 클라마르 사람.
clameau [klamo] (*pl.* ~*x*) *n.m.* 걸쇠.
clamecer [klamse] [2] *v.i.* 《속어》=**clamser**.
clamer [kla(ɑ)me] *v.t.* 부르짖다, 외치다; 주장하다(crier). ~ sa douleur à grande voix 큰 소리로 호소하다. ~ son innocence 자신의 무죄를 부르짖다.
clameur [kla(ɑ)mœːr] *n.f.* ① 외치는 소리; (비난·항의 따위의 집단적인)외침, 웅성대는 소리, 함성(acclamation). ~ fervente, mêlée de battements de mains 박수가 섞인 열렬한 갈채[함성]. ② (비유적)소음(bruit). ~*s* du vent 바람이 우는 소리. ③ 【옛】【법】즉시출두명령; (재산의)차압.
clameux(*se*) [kla(ɑ)mø, -ø:z] *a.* 【옛】시끄러운.
clamp [klɑ̃] *n.m.* ① 【외과】집게, 겸자(鉗子). ② 【해양】(돛대·활대 따위에)덧댄 나무.
clampe [klɑ̃ːp] *n.f.* =**clameau**.
clampin(*ne*) [klɑ̃pɛ̃, -in] *a.* 《문어》다리를 저는(boîteux). —*n.* 【옛·구어】① 게으름뱅이. faire le ~ 게으름피우다. ② (행진에서)뒤처진 자, 낙오자.
clampiner [klɑ̃pine] *v.i.* 《구어》빈둥거리다, 게으름 부리다(paresser).
clamser [klamse], **clampser** [klɑ̃pse] *v.i.* 《속어》죽다(mourir).
clan¹ [klɑ̃] *n.m.* ① 씨족; (특히 스코틀랜드·에이레의)씨족. ② 동아리, 패, 파벌, 도당(parti). esprit de ~ 당파심. former un ~ 패를 짜다. ③ ~ des scouts 보이스카우트의 연장조.
clan² *n.m.* 【해양】(도르래의)활차공(滑車孔).
clandé [klɑ̃de] *n.m.* 《속어》비밀 매음굴.
clandestin(*e*) [klɑ̃dɛstɛ̃, -in] *a.* 남몰래 하는, 은밀한(secret, ↔public); 불법적인(↔légal). signe ~ 넌지시 하는 눈짓. journal ~ 비밀[지하] 신문. marché ~ 암시장. passager ~ 밀항자. maison de jeux ~*e* 비밀 도박장. —*n.* 밀항자; 지하활동을 하는 사람. —*n.f.* 【식물】산머루삼이류(類).
clandestinement [klɑ̃dɛstinmɑ̃] *ad.* 남몰래, 비밀히; 불법으로. déménager ~ 아무도 몰래 이사가다. journal ~ imprimé 지하 신문.
clandestinité [klɑ̃dɛstinite] *n.f.* ① 비밀, 은밀, 내밀(secret). vivre dans la ~ 지하생활을 하다. ② 【법】내밀죄.
clangoreux [klɑ̃gɔrø] *a.m.* bruit ~ du cœur 【의학】심장의 금속성 잡음.
clanique [klanik] *a.* 【사회】씨족의; 도당의, 일당의. nom ~ 씨족명.
clapée [klape] *n.f.* ① (미장이가)회를 벽에 갖다 붙이기. ② 흙은 하나의 분량.
clapement [klapmɑ̃] *n.m.* =**clappement**.
claper [klape] *v.i.* =**clapper**.
clapet [klapɛ] *n.m.* ① 뺄브, 판(瓣)(valve). ~ d'aspiration [de refoulement] 흡입[배출]판. ~ de sûreté 안전판. ~ de retenue 역지판(逆止瓣), 배압판 ② 【전기】정류기(整流器). ③ 《속어》주둥이, 혓바닥; 수다. Ferme ton ~! 아가리 닥쳐! Quel ~! 잘도 떠벌리는군!

clapier [klapje] *n.m.* ① 토끼장; 토끼굴; 집토끼 (lapin de ~). ②《구어》누추하고 좁은 집;《옛》싸구려 갈보집. ③ (산의) 바윗더미. ④《의학》종기의 뿌리.

clapir¹ [klapiːr] *v.i.* (토끼가) 낑낑거리다.

clapir² (se) [s(ə)klapiːr] *v.pr.* 《드물게》(토끼가) 굴에 숨다.

clapotage [klapɔtaːʒ] *n.m.* =clapotis.

clapotant(e) [klapɔtɑ̃, -ɑ̃ːt] *a.* (물결이) 찰랑거리는.

clapotement [klapɔtmɑ̃] *n.m.* =clapotis.

clapoter [klapɔte] *v.i.* (물결이) 찰랑거리다.

clapoteux(se) [klapɔtø, -øːz] *a.* 《옛》출렁이는, 찰랑거리는 (clapotant).

clapotis [klapɔti] *n.m.* (물결의) 찰랑거림, 찰랑거리는 소리.

clappement [klapmɑ̃] *n.m.* ① 혀 차는 소리 (~ de langue, ~ des lèvres). ② 혀 차는 것과 같은 소리. ~ des savates 나막신의 탁탁거리는 소리.

clapper [klape] *v.i.* 혀를 차다. ~ de la langue en dégustant du vin 포도주를 맛보면서 혀를 차다.

claquage [klakaːʒ] *n.m.* ①《생리》인대(靭帶)의 팽창. ~ d'un muscle 근육의 팽창(절단). ②《스포츠》에 기인한 갑작스러운 기력상실(défaillance). ③《전기》절연파괴.

claquant(e) [klakɑ̃, -ɑ̃ːt] *a.* 《속어》지치게 하는 (épuisant). travail ~ 힘빠지는 일.

claque¹ [klak] *n.f.* ① 손바닥으로 때리기(치기) (gifle). donner(recevoir) une ~ sur la joue 따귀 치다(맞다). tête(figure) à ~s 《구어》보기흉한 얼굴(을 한 사람). ② (돈받고 고용된) 박수부대. ③ (신발의) 운두, 등, 갑피(甲皮).
en avoir sa ~ 《구어》기진맥진하다, 진력이 나다 (en avoir par-dessus la tête). *prendre ses cliques et ses* ~*s* 《구어》머뭇거리지 않고 떠나가다.

claque² *n.m.* 《옛》원기둥꼴의 모자 (chapeau ~). 오페라해트.

claque³ *n.m.* 《비어》갈보집.

claqué(e) [klake] *a.p.* ①《속어》기진맥진한, 녹초가 된. ② (신발에) 갑피를 댄. ―*n.* 《속어》죽은 사람, 사자(死者). jardin des ~s 묘지.

claquebois [klakbwa] *n.m.* 《음악》목금(木琴).

claquedent [klakdɑ̃] *n.m.* 《속어》① 추위에 떠는 가난뱅이 (거지) (claquefaim). ②《옛》싸구려 주막집; 갈보집.

claquefaim [klakfɛ̃] *n.m.* 《속어》(굶어죽게 된) 거지.

claquement [klakmɑ̃] *n.m.* ① claquer 하는 소리 (철썩·삐걱·덜그럭·쾅 따위). ~ de doigts 뚝뚝하는 손가락(꺾는) 소리. ~ d'un fouet 철썩하는 매질 소리. ~ valvulaires 《의학》심음(心音). ② 《음성》흡착음(吸着音); 혀 차는 소리 (clic).

claquemurer [klakmyre] *v.t.* (좁은 곳에 꼼짝 못하게) 가두다 (cloîtrer).
―*se ~ v.pr.* ① (자기 집에) 죽치다, 들어박히다. *se ~ aux choses du ménage* (비유적) 집안의 살림살이에 얽매이다. ② 몰두하다.

claque-patin [klakpatɛ̃] *n.m.* 《옛·속어》가난뱅이.

claquer [klake] *v.i.* ① 부딪는 소리를 내다 (이가) 딱딱 마주치다, (깃발이) 펄럭이다, (문이) 쾅 하고 닫히다, (총알이) 팍 하고 부딪다, (회초리가) 철썩 소리를 내다. ~ des dents (춥거나 무서워서) 이를 딱딱 마주치다. ~ des mains 박수하다. faire ~ la langue 혀를 차다. faire ~ ses doigts 손가락을 꺾어 뚝뚝소리를 나게 하다. drapeau qui *claque* au vent 바람에 펄럭이는 깃발. faire ~ la porte 문을 쾅 닫다. ②《구어》몹시 지치다; 죽다 (mourir). 《...뜻으로 조동사는 être》. J'ai été très malade, j'ai failli en ~. 큰 병이 걸려서 하마터면 죽을 뻔 했네. ③《속어》망가지다, 못쓰게 되다, 터지다, 끊어지다 (se casser). Ne serre pas trop, la ficelle va ~. 너무 죄지 마라, 끈이 끊어질라.
~ dans la main(*dans les mains, dans les doigts*) *à qn* 《구어》실패로 돌아가다. Cette affaire m'a *claqué dans la main*. 이 일은 실패로 돌아갔다.
~ de froid 《속어》몹시 춥다.
~ du bec 《구어》배가 고프다.
―*v.t.* ① (소리 나게) 부딪다, 닫다. Le vent *a claqué* la porte. 바람에 문이 쾅 하고 닫혔다. ② [~ *qn*] (에게) 손찌검하다, (을) 때리다 (gifler). ③《속어》 낭비하다, 막 쓰다 (gaspiller). ~ *un billet de mille francs* 1,000 프랑 짜리 지폐를 함부로 써 없애다. ④《속어》(사람·짐승을) 지치게 하다 (fatiguer). ~ *un cheval* 말을 지치게 하다. Ce long voyage m'*a claqué.* 이 긴 여행으로 나는 녹초가 되었다. ⑤ (구두 밑창에) 덧가죽을 대다.
~ la porte au nez de qn ...을 문밖으로 내쫓다, 괄시하다.
―*se ~ v.pr.* ①《속어》지쳐빠지다, 기진맥진하다. *Il s'est claqué pour préparer son examen.* 그는 시험공부를 하느라고 녹초가 됐다. ②《se는 간접목적보어》(운동선수·말 따위가) 근육·힘줄을) 다치다. *se ~ un muscle* 자기의 근육을 다치다.

claquet [klakɛ] *n.m.* ① (물방아 깔때기 위의) 물갈퀴판. ②《식물》빨간이탈리스.
aller comme le ~ d'un moulin 끊임없이 지껄여대다. Sa langue *va comme le ~ d'un moulin*. 《구어》그는 말이 너무 많다.

claqueter [klakte] 【4,5】 *v.i.* ① (황새가) 울다; (암탉이 알 낳을 때) 꼬꼬댁거리다 (caqueter). ②《옛》혀 다를 떨다. ③《옛》(손으로) 때리다 (gifler).

claquette [klakɛt] *n.f.* ① 캐스터네츠; 딱따기; (딸랑딸랑 소리나는) 방울 노리개 《장난감》. ②《구어》수다장이. ③ (*pl.*) 탭댄스.

claqueur(se) [klakœːr, -øːz] *n.* ① (극장에서) 박수부대 (claque). ② 손찌검을 잘하는 사람.

claquoir [klakwaːr] *n.m.* 딱따기, 캐스터네츠.

clarien(ne) [klarjɛ̃, -ɛn] *a.* 《고대지리》 클라로스의 (Claros, 아폴로의 신탁으로 유명한 이오니아의 도시)의. ―*C~ n.* 클라로스 사람.

clarifiant(e) [klarifjɑ̃, -ɑ̃ːt] *a.* (액체를) 맑게 하는, 여과(정화)하는.
―*n.m.* 청징제(淸澄劑), 정화제.

clarificateur(trice) [klarifikatœːr, -tris] *a.* ① (액체를) 맑게 하는 (clarifiant). ② (비유적) (문제·상황 따위를) 명확하게 하는. *intelligence ~trice* 본질을 밝히는 명철한 지성.

clarification [klarifikasjɔ̃] *n.f.* (액체를) 맑게 하기, 여과, 정화 (épuration). ② (비유적) 밝힘, 해명 (éclaircissement).

clarifier [klarifje] *v.t.* (액체를) 맑게 하다, 여과하다, 정화하다, 정제(精製)하다 (purifier). ~ *du sucre* 설탕을 정제하다. ② (비유적) 밝히다, 분명히 하다 (éclaircir). ~ *un problème*(*une situation*) 문제(상황)을 분명하게 하다.
―*se ~ v.pr.* 맑아지다; 정화되다, 정제되다.

clarine [klarin] *n.f.* (가축의 목에 단) 방울.

clariné(e) [klarine] *a.* 방울 달린.

clarinette [klarinɛt] *n.f.* ① 클라리넷. ② 클라리넷 주자. ③ (풍금의) 클라리넷 음전(音栓). ④《속어》총, 소총.

clarinetter [klarine(ɛ)te] *v.i.* 《구어》 클라리넷을 불다.

clarinettiste [klarine(ɛ)tist] *n.* 클라리넷 주자.

clarisse [klaris] *n.f.* 《가톨릭》 클라라 (*Sainte Claire*) 회의 수녀.

clarkia [klarkja] *n.m.*, **clarkie** [klarki] *n.f.* 《식물》 클라캬 (북미원산의 관상용 식물).

clarté [klarte] *n.f.* ① 빛, 광명, 밝음(lumière). ~ du jour 햇빛. ~ de la lune 달빛. ~ de l'aurore [du crépuscule] 박명, 미광. répandre de la ~ (빛을)비치다. ~ des glaces 〖航海〗얼음의 반사광. jouir de la ~ du jour 〖문어〗생(生)을 누리다. ② 맑음, 청명, 투명(transparence). ~ (얼굴의)빛남, 광택. ~ de l'eau 물의 맑음. ~ du teint 얼굴의 빛남. ~ d'une vaisselle 식기의 광택. ③ 명확, 분명(netteté); 명석(lucidité). ~ de la langue française 프랑스 말의 명확성. parler avec ~ 분명하게 말하다. ~ d'esprit 정신의 명석함. ④ (*pl.*) 〖예〗빛나는 진리, 지식; 정통, 통달(connaissance). ~s de la science 과학의 진리. avoir des ~s sur *qc* …에 대해 환히 알다.

clase [klɑ:z] *n.f.* 〖지질〗지각의 균열.

clash [klaʃ] (*pl.* ~**es**)〖영〗*n.m.* (의견 따위의)충돌, 대립(conflit, désaccord).

-clasie *suff.* 「파괴하는 것」의 뜻.

clasmatose [klasmato:z] *n.f.* 〖생리〗세포가 세포질의 일부를 외부로 방출하는 과정.

classage [klɑsa:ʒ] *n.m.* 〖공학〗섬유소로부터 섬유를 분리시킴.

:classe [klɑs] *n.f.* ① 학급, 클라스. camarade de ~ 동급생. Cette ~ est toujours bruyante. 이 학급은 항상 시끄럽다. Toute la ~ a ri. 반 전원이 웃었다. ② 교실(salle de ~). entrer en ~ 교실에 들어가다. ~ de physique-chimie 물리·화학(이과) 교실. ~ de neige (국민학생의)스키교실. ~ de mer (여름)바다교실. ~ de philosophie 중등학교 7학년 철학학급. ③ 수업. suivre la ~ de musique 음악수업을 받다. Il a quatre heures de ~ par jour. 그는 매일 4시간의 수업이 있다. livre de ~ 교과서. ④ 학년. ~ de 11ᵉ 제 11학년인 국민학교 1학년으로서 현재의 준비과(classe de cours préparatoire)에 해당함). hautes ~s; ~s supérieures 고학년. petites ~s 저학년. terminale 최종학년. entrer en ~ de 6ᵉ 제 6학년에 올라가다. redoubler une ~ 낙제하다; 유급하다. sauter une ~ 월반하다. rentrée des ~s 신학년(학기)의 시작. ⑤ 학교. aller en ~ 학교에 가다. ⑥ 계급. ~s sociales 사회계급. ~ ouvrière 노동자계급. ~ laborieuse〔agricole〕 근로자(농민)계급. ~s moyennes 중류계급. ~ dirigeante〔dominante〕 지도자(지배자)계급. lutte des ~s 계급투쟁. ~s privilégiées 특권계급. ⑦ 등급. voyager en seconde(deuxième) ~ 2등칸을 타고 여행하다. wagon de première ~ 1등칸. ~ économique〔touriste〕 이코노믹(투어리스트)클라스. hôtel de première ~ 일류호텔. violoniste de première ~ 일류 바이올리니스트. ⑧ 일류, 우수. sprinter de (grande) ~ 일류 단거리주자. immeuble de ~ 호화건물. ⑨ (군대의)동년병; 같은 나이의 사람. être de la même ~ 동년병이다; 같은 나이이다. être bon pour la ~〖구어〗군무에 적합하다. ⑩〖구어〗제대. Demain, c'est la ~! 내일모레면 제대다! Vive la ~! 제대만세! être de la ~ 얼마있으면 제대한다. ⑪ⓐ〖생물〗(동식물 분류상의)강(綱). ⓑ〖광물〗결정족, 정족(晶族). ⓒ〖수학〗집합, 류(類). ⓓ〖언어〗(부)류. ⓔ〖통계〗계급, 조. *avoir* ~ 수업이 있다. Le professeur Durand *a* ~ de 8 à 10 heures. 뒤랑 선생은 8시에서 10시까지 수업이 있다.

avoir de la ~ (예술가 따위가)우수하다, 재능이 있다; (작품 따위가)훌륭하다, 멋이 있다.

C'est ~.《속어》마지막이다; 이젠 충분하다.

en avoir ~《구어》이젠 지겹다.

faire (*la*) ~ 수업하다. La nouvelle institutrice *fait* bien *la* ~. 새로 온 여선생은 잘 가르친다.

faire ses ~ ⓐ 수업(교육)을 받다, 경험을 쌓다. J'ai fait mes ~ au lycée Henri IV. 나는 앙리 4세학교를 졸업했다. ⓑ 신병교육을 받다; 군에 복무하다.

classé(e) [klɑse] *a.p.* ① 분류된, 정리된(rangé); 〖행정〗지정된. site ~ 풍치지구. ② (좋은 뜻에서)정평있는, 권위있는;〖구어〗(나쁜 뜻에서)사람이 정평있는. poète ~ 권위있는 시인. C'est un homme ~. 그자는 딱지가 붙은 자이다. ③ (사건·문제 따위가)매듭지어진. affaire ~*e* 매듭지어진 사건;〖법〗기각된 사건. valeurs ~*es* 투자주(株).

classe-lettres [klɑsletr] *n.m.* (복수물병)편지함.

classème [klɑsɛm] *n.m.* 〖언어〗분류소.

classement [klɑsmɑ̃] *n.m.* ① 분류; 정리(classification). ~ (par ordre) alphabétique 알파베순에 의한 분류. ② 등급(매기기), 성적(rang). ~ des vins 포도주의 등급(매기기). avoir un bon ~ 좋은 성적을 받다. donner à des élèves leur ~ trimestriel 학생들에게 학기말성적을 주다. prendre la tête d'un ~ 성적이 일등이 되다. ③〖행정〗(법률상의)지정. ~ comme site protégé 풍치보호지구의 지정. ④〖법〗공소기각의 결정.

*****classer** [klɑse] *v.t.* ① 분류〔정리〕하다(arranger); 〖병참〗강(綱)으로 분류하다(diviser). ~ des fiches 카드를 분류하다. ~ les plantes〔les insectes〕식물〔곤충〕을 분류하다. ② 등급을 매기다, 평가하다; 분류하다. ~ un vin 포도주의 등급을 매기다. ~ *qn* parmi les grands écrivains …을 대작가 속에 넣다. tableau *classé* comme chef-d'œuvre 걸작으로 평가된는 그림. ~ un édifice comme monument historique 어떤 건물을 역사적 기념물로 지정하다. ③ (사건·문제 따위를)처리〔해결〕된 것으로 간주하다. ~ une affaire 사건을 매듭지은 것으로 보다, 사건을 마감하다. ~ une question 문제를 재론하지 않기로 하다. ~ *qc* 끝장난 일이다, 만사 끝이다. 《구어》[~ *qn*](을)불량한 사람으로 치다. Cet individu, je l'*ai* tout de suite *classé*. 나는 그를 이내 쓸모없는 사람으로 판정했다.

—*se* ~ *v.pr.* 분류(정리)되다; 부류에 들어가다, 등급이 매겨지다. *se* ~ parmi les chefs-d'œuvre 결작의 하나로 간주되다. [se ~ + 속사] *se* ~ premier 첫째〔1등〕가 되다.

classeur(se) [klɑsœ:r, -ø:z] *n.* (서류 따위를)정리하는 사람, 선별계원. —*n.m.* ① 서류함; 서류가방, 파일(porte-feuille). tiroir ~ 서류정리 사랍. ②〖광업·화학·제지〗분급기(分級器). —*n.f.* ~ totalisatrice 유별합계 금전 계산기.

classicisme [klasisism] *n.m.* ①〖문학사〗고전주의. ② 고전미, 고전적 격식. ③《구어》고풍.

classificateur(trice) [kla(ɑ)sifikatœ:r, -tris] *a.* 분류하는. manie ~*trice* 분류하기 좋아하는 괴벽. —*n.* 분류자; 분류학자. —*n.m.* 분급기(分級器).

classification [kla(ɑ)sifikasjɔ̃] *n.f.* 분류, 유별; 등급매기기(classement). ~ en botanique 식물학상의 분류. ~ décimale (도서의)10진법 분류.

classificatoire [kla(ɑ)sifikatwa:r] *a.* 분류의, 분류상의. parenté ~ 유별적(類別的) 친족(혈연관계가 아니지만 인척으로 간주되는 법주:외가의 사촌과 친가의 사촌 사이의 경우).

classifier [kla(ɑ)sifje] *v.t.* 분류〔유별〕하다; 등급을 매기다.

*****classique** [klasik] *a.* ①〖문학〗(17세기 프랑스)

의)고전주의의, 고전(주의)적인(↔romantique); 【미술】 (16-18세기 프랑스의)고전파의; 【음악】 클래식의. théatre ~ 고전극. goût ~ 고전주의적 취미. grands écrivains ~s 고전주의 대작가들. ② 고대 (그리스·로마)의, 고전(古典)의 (↔moderne). langues ~s 그리스어와 라틴어. enseignement ~ (그리스어와 라틴어의 교육을 중심으로 한)고전교육. ③ 규범(전형)이 되는, 권위 있는, 널리 통하는. doctrine devenue ~ 널리 인정받는〔권위 있는〕학설. Son manuel est considéré comme ~. 그의 교과서는 하나의 고전〔전형〕으로 간주되다. ④ 전통적인, 고전적인. beauté ~ 고전적 미〔미인〕. veston de coupe ~ 전통적 방식으로 재단된 웃저고리. plongeon ~ 【수영】 (전통적인)수직 다이빙. ⑤ 〔구어〕예사인, 상습적인, 으레 있는, 늘 하는 (habituel). réaction ~ 판에 박은〔흔한〕 반응. C'est un〔le〕coup ~. 늘 하는 수작이다. ⑥ 학교용의, 학교에서 사용되는. livres ~s 교과서. éditions ~ 교과서판(版).
—n.m. ① (그리스·로마·17세기 프랑스의)고전작가; 고전이〔권위 있는〕작가〔작품〕. grands ~s 대고전작가〔작품〕. ~s du cinéma 영화의 명작들. ② 【음악】 고전음악(musique ~). aimer le ~ 고전음악을 좋아하다.

classiquement [klasikmã] *ad.* ① 고전적으로. ② 전통적으로, 관례에 따라.

-claste *suff.* 「파괴」의 뜻(예:iconoclaste 성상파괴주의자).

clastique [klastik] *a.* ① 【지질】 풍화로 부스러진. roches ~s 풍화의 흔적이 있는 바위. ② 〔인체 모형이〕분해될 수 있는. ③ 【심리】 (성격의)파괴적인.

clatir [klati:r] *v.i.* 〔옛〕사냥개가 (사냥감을 추적할 때) 짖어대다.

clatissement [klatismã] *n.m.* 〔옛〕 (사냥감을 추적할 때)사냥개의 짖는 소리.

claude [klo:d] 〔옛·구어〕 *a.* 바보같은. —*n.m.* 바보.

claudicant(e) [klodikã, -ã:t] *a.* 〔문어〕절뚝거리는 (boiteux); (비유적) (논증 따위가)취약한, 결함 있는.

claudication [klodikasjɔ̃] *n.f.* 〔문어〕절뚝거림, 절름발이 걸음.

claudien(ne) [klodjɛ̃, -ɛn] *a.* (로마 황제)클라우디우스(*Claudius*)의.

claudiquer [klodike] *v.i.* 〔문어〕절뚝거리다.

clause [klo:z] *n.f.* 【법】 (계약·조약의)약정 조항, 약관. ~ de style (계약서 따위의)관례적인 조항; 중요하지 않은 형식적 조항. ~ pénale (계약 중의)위약 조항. ~ à ordre 채권양도 조항. ~ de la nation la plus favorisée 최혜국 조항.

claustra [klostra] 〔영〕 *n.m.*〔*f.*〕 채광 간막이벽, 클라우스트라.

claustral(ale, pl. aux) [klostral, -o] *a.* 수도원의; 수도원 생활 같은. vie ~ale 수도(원) 생활. silence ~ 수도원 안과 같은 고요.

claustration [klostrasjɔ̃] *n.f.* ① 수도원에 가두기, 수도원 생활. ②〔문어〕칩거; 유폐, 감금.

claustre [klostr] *n.m.* =**claustra.**

claustrer [klostre] 〔문어〕 *v.t.* 가두다, 유폐〔감금〕하다. **—se ~** *v.pr.* 칩거하다. *se ~ dans le silence* 침묵하다, 일반인구도 하지 않다.

claustrophobe [klostrɔfɔb] *a., n.* 【정신의학】 밀실공포증의(환자).

claustrophobie [klostrɔfɔbi] *n.f.* 【정신의학】 밀실공포증.

clausule [klozyl] *n.f.* 【운율】 결구(結句).

clavage [klava:ʒ] *n.m.* 【건축】 (아치에) 종석얹기.

clavaire [klavɛ:r] *n.f.* 【식물】 버섯의 일종.

claveau¹ [klavo] (*pl.* ~x) *n.m.* 【건축】 홍예 종석.

claveau² (*pl.* ~x) *n.m.* ① 양의 천연두, 양두(羊痘). ② 양두에서 나오는 고름(백신으로 사용).

clavecin [klavsɛ̃] *n.m.* 【음악】 클라브생, 하프시코드.

claveciniste [klavsinist] *n.* 클라브생 연주자.

clavelé(e') [klavle] *a.* =**claveleux.**

clavelée² *n.f.* =**claveau**²①.

claveleux(se) [klavlø, -ø:z] *a.* 〔수의〕 양두에 걸린; 양두의.

clavelisation [klavlizasjɔ̃] *n.f.* 양두의 예방접종.

claveliser [klavlize] *v.t.* 양에 종두를 놓다.

clavetage [klavta:ʒ] *n.m.* 【기계】 쐐기마개, 꺾쇠(로 죄기).

claveter [klavte] ⑤ *v.t.* 【기계】 clavette로 죄어 박다.

clavette [klavɛt] *n.f.* 【기계】 쐐기마개, 꺾쇠(~ de sûreté).

clavetter [klavete] *v.t.* =**claveter.**

clavicorde [klavikɔrd] *n.m.* 【음악】 클라비코드 (피아노의 전신).

claviculaire [klavikylɛ:r] *a.* 〔해부〕 쇄골의.

clavicule [klavikyl] *n.f.* 〔해부〕 쇄골(鎖骨).

clavicul é(e) [klavikyle] *a.* 쇄골이 있는.

clavier [klavje] *n.m.* ① (피아노·타이프라이터 따위의)건반, 키(전체를 말하는, 개개의 것은 touche). instrument à ~ 건반악기. téléphone à ~ 버튼식 전화기. ② 음역(étendue); (감정의)폭(gamme) ~ d'une voix 성역. Cet écrivain a un vaste ~. 이 작가는 감정의 폭이 넓다. ③〔옛〕열쇠 고리; 열쇠를 맡는 사람.

claviste [klavist] *n.m.* 【인쇄】 식자공.

clayère [klɛjɛ:r] *n.f.* 굴 양식장.

clayette [klɛjɛt] *n.f.* (상하기 쉬운 식품을 나르는 데 쓰는)고리바구니; (냉장고 따위의)채반.

claymore [klemɔ:r] 〔영〕 *n.f.* (엣 스코틀랜드 무사가 쓰던)큰 칼.

clayon [klɛjɔ̃] *n.m.* ① (치즈를 거르거나 열매를 말리는 데 쓰는)작은 체; (과자를 담는)채반. ② 사립짝, 문.

clayonnage [klɛjɔna:ʒ] *n.m.* (사태를 막기 위해 말뚝에 나뭇가지를 엮은)책(柵); 책을 치기.

clayonner [klɛjɔne] *v.t.* 책을 쳐서 막다. ~ un fossé 도랑에 책을 치다.

clé [kle] *n.f.* =**clef.**

clean [klin] 〔영〕 *a.* 말끔한, 말쑥한. aspect ~ 말쑥한 모습.

clearance [klirɑ̃:s] 〔영〕 *n.f.* 【생리】 클리랑스(신장이나 간장의 배설 기능을 나타내는 계수).

clearing [klirĩɡ] 〔영〕 *n.m.* 【상업】 어음 교환, 청산. ~-house 어음 교환소.

cleb [klɛb], **clébard** [klebaːr], **clebs** [klɛps] *n.m.* ①〔속어〕개(*chien*). ②〔군대속어〕하사 (*caporal*).

*****clef** [kle] *n.f.* ① 열쇠. donner un tour de ~ 열쇠를 잠그다. fermer la porte à ~ 열쇠로 문을 잠그다. ~ maîtresse 마스터 키. ~ passe-partout 만능 열쇠. fausse ~ 위조 열쇠. ~ 요충지, 관문. Sedan est une des ~s de la France. 스당은 프랑스의 요충지의 하나이다. ③ (비밀·암호·수수께끼 따위를 푸는)열쇠, 실마리, 비결. ~ La ~ de la réussite, c'est la ténacité. 성공의 비결은 끈기이다. Les mathématiques sont la ~ de toute science. 수학은 모든 과학의 열쇠이다. ~ du mystère 비밀의 열쇠. roman à ~s 모델 소설. personnage à ~s (소설의)

재 인물. ④ 【기계】 스패너. ~ anglaise 만능 스패너. ~ d'accordeur 【음악】 조음 스패너. ⑤ 【건축】 종석(claveau); 들보 받침대. ⑥ (전신기의) 키, 전건. ⑦ 【음악】 음부기호, 음자리표; 관악기의 키. ~ de sol 높은음자리표(𝄞). ~ de fa 낮은음자리표(𝄢). ⑧ 【해양】 (선체의) 반침대; (돛대의) 쐐기, 꺾쇠. ⑨ 【스포츠】 (레슬링 따위의) 록, 죄기. ~ de bras 암 록. ⑩ ~s de saint Pierre 【종교】 교황권(pouvoir des ~s). ⑪ (형용사적) [명사+(-)~] 관건이 되는, 기본적인, 핵심적인(fondamental, essentiel). industrie ~ 기간산업. notion ~ 중심개념. mot(-)~ 키 워드. occuper une position ~ 핵심적인 자리를 차지하다. poste ~ 중요한 지위.

à la ~ ⓐ 당연히, 결국(말에 힘을 주기 위해 쓰임). et une amende *à la ~* 그리고 당연히 벌금이 있다. dîner avec du champagne *à la ~* 물론 샴페인을 곁들인 저녁 식사를 하다. ⓑ 【음악】 음자리표가 붙은. deux bémols *à la ~* 음자리표가 붙은 두 플랫.

clef de voûte

~ de voûte ⓐ 【건축】 아치의 종석. ⓑ (비유적) 요체, 요점, 핵심. Cet alibi est la *~ de voûte* de la défense. 그 알리바이가 피고측 변호의 요체이다.
~s en main 당장에 입주할 수 있는, 즉시 사용가능한. acheter une maison *~s en main* 당장 들어가 살 수 있는 집을 사다.
la ~ des champs 통행의 자유. prendre *la ~ des champs* 자유롭게 출입하다(달아나다).
mettre la ~ sous la porte ⓐ 문 밑에 열쇠를 놓다. ⓑ (비유적) 몰래 사라지다(달아나다).
présenter(remettre) les ~s de la ville au vainqueur 항복하다.
sous ~ ⓐ 열쇠를 걸고. tenir les documents *sous ~* 열쇠로 잠가 서류를 보관하다. ⓑ 가두어서, 감금하여. mettre qn *sous ~* …을 감금하다.

cléistogame [kleistɔgam] *a.* 【식물】 꽃이 오므라진 채 수정(受精)하는, 폐화(閉花)수정의.
clématite [klematit] *n.f.* 【식물】 참으아리속.
clémence [klemɑ̃:s] *n.f.* ① 《문어》 [~ pour/envers /] (에 대한) 관용, 인자, 너그러움(générosité). ~ de Dieu 신의 자비. faire preuve de ~ 관용을 베풀다. ② (기후의) 온화함(douceur).
clément(e) [klemɑ̃, -ɑ̃:t] *a.* ① 관대한, 관용을 베푸는. se montrer ~ 너그럽게 대하다. ② (병이) 가벼운. (기후가) 온화한(doux, ↔ rigoureux). hiver [ciel] ~ 포근한 겨울(온화한 날씨). variole ~ 경증의 천연두. [감].
clémentine [klemɑ̃tin] *n.f.* 【식물】 작은 귤(橘)나무.
Clémentines [klemɑ̃tin] *n.f.pl.* 클레멘스 교령집(敎令集)(교황 *Clément V*의 법령집).
clémentinier [klemɑ̃tinje] *n.m.* 【식물】 작은 밀감(귤)나무.
clenche [klɑ̃:ʃ], **clenchette** [klɑ̃ʃɛt] *n.f.* (문빗장의) 걸쇠. lever[abaisser] la ~ 빗장 걸쇠를 벗기다[물리다].
clephte [klɛft] *n.m.* (15세기에 터키인에 반항한 그리스의) 두멧 사람(klephte).
clepsydre [klɛpsidr] *n.f.* 《옛》 물시계.
cleptomane [klɛptɔman] *a.* 【의학】 도벽(盜癖)있는. —*n.* 도벽 환자(kleptomane).
cleptomanie [klɛptɔmani] *n.f.* 【의학】 도벽(kleptomanie).
clerc [klɛ:r] *n.m.* ① (법률사무소의) 서기, 서생. ~ de notaire 공증인 사무소의 서기. petit ~ 사동. ② 성직자(↔ laïque); (특히 서품 이전의) 신학생. ③ (문어) 지식인, 인텔리(intellectuel); (옛) 학자(lettré). être ~ en la matière 그 문제에 있어서 전문가이다. *faire un pas de ~* 실수[서투른 수작]를 하다. *parler latin devant les ~s* 신부에게 라틴어로 말하다, 주제넘은 짓을 하다.
clergé [klɛrʒe] *n.m.* (집합적) (한 교회·지방·도시의) 성직자들(ecclésiastiques). ~ du diocèse de Paris 파리 관구 성직자들. ~ régulier[séculier] 교구[재속(在俗)] 성직자. haut[bas] ~ 고위[하위] 성직자.
clergeon [klɛrʒɔ̃] *n.m.* ① (옛·구어) 성가대의 어린이. ② (옛) (재판소 따위의) 서기.
clergie [klɛrʒi] *n.f.* (옛) 성직자의 신분; (성직자의) 학문, 교육. privilège de ~ 【역사】 (재판절차에서의) 성직자의 특권.
clergyman(*pl.* **men**) [klɛrʒiman, -mɛn] 《영》 *n.m.* ① 성공회 목사, 신교 목사. ② (평상복과 비슷한) 사제의 복장(habit de ~).
clérical(**ale**, *pl.* **aux**) [klerikal, -o] *a.* ① 성직자에 편드는(↔ anticlérical). presse ~*ale* 성직자 지지 신문. ② 성직자다운, 성직자스러운. vie ~*ale* 성직자 생활. —*n.* 성직자 지지자.
cléricaliser [klerikalize] *v.t.* 【정치】 (에게) 성직자 지상주의를 고취하다.
cléricalisme [klerikalism] *n.m.* 【정치】 교권주의, 성직자 지상주의(성직자의 정치·교육에 대한 간여의 주장).
cléricaliste [klerikalist] *n.* 교권주의자, 성직 지상주의자.
cléricature [klerikaty:r] *n.f.* ① 성직(지망)자의 신분. entrer dans la ~ 성직자가 되다. ② (법률사무소의) 서기의 신분.
clérouchie [kleruʃi], **clérouquie** [kleruki] *n.f.* 【고대그리스】 클레루키아(아테네의 식민지).
clérouque [kleruk] *n.m.* 【고대그리스】 (아테네 시민의 자격을 가진) 식민지민.
clic [klik] *int.* 찰칵, 딸그락, 찰싹(clac). C~! la photo est prise. 찰칵! 하고 사진이 찍혔다. —*n.m.* ① (위)의 소리(claquement). ② 【음성】 흡착음(吸着音).
clic-clac [klikklak] *int., n.m.* 찰깍, 딸그락, 찰싹(하는 소리). ~ d'un fouet 찰싹하는 채찍 소리.
clichage [kliʃa:ʒ] *n.m.* ① 【인쇄】 연판제조 제판(製版). ~ par électrolyse 전자제판. ② 【광산】 (광석차를) 엘리베이터에 넣는 작업.
cliche [kliʃ] *n.f.* ① 《속어》 설사(diarrhée). avoir la ~ 설사가 나다. ② 겁, 두려움.
cliché¹ [kliʃe] *n.m.* ① 【인쇄】 연판, 스테로판, 전기판. ~ en plomb 납연판. ~ de cuivre 동판. ~ galvano 전기도금판. ② 【사진】 음화, 네거티브(~ photographique); 사진. ~ net(vigoureux) 분명한 네거티브. prendre des ~s d'une fracture 골절된 부분의 사진을 찍다. ③ 《구어》 판박이[상투적]문구, 시시한(진부한, 케케묵은) 생각(banalité). conversation pleine de ~s 상투적인 말만 늘어놓는 대화.
cliché²(*e*) [kliʃe] *a.p.* ① 판을 뜬. pages mal ~*es* 판을 잘못 뜬 페이지들. ② 판에 박힌, 상투적인. phrases ~*es* 상투적인 문장.
clicher¹ [kliʃe] *v.t.* ① 【인쇄】 연판[전기판]을 뜨다. ② 곧이곧대로 흉내내다(imiter).
clicher² *v.i.* 【음성】 치찰음·순음을 잘못 내다.
clicherie [kliʃri] *n.f.* 【인쇄】 제판공장, 제판부.
clicheur [kliʃœ:r] *n.m.* 【인쇄】 제판공.
clichien(**ne**) [kliʃjɛ̃, -ɛn] *a.* 클리시(*Clichy*, 프랑스의 도시)의. —**C**~ *n.* 클리시 사람. —**C**~**s** *n.m.pl.* 【역사】 클리시 왕당(王黨).
click [klik] *n.m.* =**clic**.

:client(e) [kli(j)ɑ̃, ɑ̃:t] *n.* ① (단골)손님, 고객; (의사의)환자; (변호사의)의뢰인. magasin plein de ~s 손님이 꽉 찬 상점. ~ de passage 일시적인 손님, 뜨내기 손님. avoir beaucoup de ~s 손님이 많다, 장사가 잘 되다. être ~ de tel coiffeur 어느 이발사의 단골이다. Le chauffeur de taxi a déposé son ~ à la gare. 택시 운전사가 손님을 역에 내려놓았다. ②(구어) 녀석, 작자(individu). C'est un drôle de ~. 별난 녀석이다. ③【고대로마】(귀족의)보호를 받던 평민;(옛)(일반적으로)피보호자(protégé).

*clientèle [kli(j)ɑ̃tɛl] *n.f.* ①(집합적)손님, 고객. ~ d'un avocat 변호사의 의뢰인. avoir une grosse ~ 고객이 많다. ②(집합적)신봉자, 지지자(adepte). ~ d'un parti politique 어느 정당의 지지자들. ~ électorale (선거에서)지지하는 유권자들. ③ 단골 노릇. avoir la ~ de qn …을 단골 손님으로 삼고 있다. accorder(retirer) sa ~ à qn …의 단골이 되다(…와의 거래를 끊다). ④(집합적)【고대로마】피보호자. être sous la ~ de qn …의 보호하에 있다.
faire de la ~ (의사·변호사가)개업하다.

clifoire [klifwa:r] *n.f.* (사투리)물딱총.

clignant(e) [kliɲɑ̃, ɑ̃:t] *a.* (눈, 불빛이)깜박거리는.

clignement [kliɲmɑ̃] *n.m.* ①눈느끼; 눈을 깜박거림; 눈짓. lancer(faire) un ~ d'œil à qn …에게 눈짓(윙크)하다. ②《문어》(불빛 따위의)깜박거림, 점멸.

cligne-musette [kliɲmyzɛt] *n.f.* (옛)숨바꼭질(cache-cache).

cligner [kliɲe] *v.t.* (눈을)반쯤(지그시) 감다, 가늘게 뜨다; (눈을)깜박이다(clignoter). regarder un tableau *en clignant* les yeux 눈을 가늘게 뜨고 그림을 바라보다. —*v.t.ind.* [~ de] …에게 눈을 가늘게 뜨다; (눈)윙크하다. ~ *de l'œil à qn* …에게 눈짓(윙크)하다. ~ *des yeux*(*des paupières*) 눈을 깜박여 보이다, 곁눈주다. —*v.i.* (눈이)깜박이다; (빛이)깜박이다, 점멸하다.

clignotant(e) [kliɲɔtɑ̃, ɑ̃:t] *a.* ①(눈을)깜박이는. membrane ~*e* des oiseaux (옛)새의 순막. ②(빛이)반짝이는, 깜박이는, 점멸하는. lumière ~*e* 깜박이는 빛. feux ~s 점멸신호. signal ~ 【해양】단속신호. —*n.m.* 【자동차】 방향 지시등, 깜박이. ②(경제계획 따위의)위험 지표(지표).

clignotement [kliɲɔtmɑ̃] *n.m.* (눈의)깜박임; (빛의)반짝임, 점멸.

clignoter [kliɲɔte] *v.i.* (눈이)깜박거리다; (눈께풀이)경련하다. Il a sommeil, ses yeux *clignotent*. 그는 졸려서 눈이 깜박거린다. ②(빛이)반짝거리다, 깜박거리다. Les étoiles *clignotent*. 별이 반짝거린다.

clignoteur [kliɲɔtœ:r] (벨기에) *n.m.* (자동차의)깜박이(clignotant).

*climat [klima(ɑ)] *n.m.* ①(한 지방·나라의)기후, 풍토. ~ doux [sec, humide] 따뜻한(건조한, 습한)기후. ~ tropical (tempéré, froid) 열대〔온대·한대)성 기후. ②환경, 분위기(atmosphère). ~ social (politique) 사회적(정치적) 환경. ~ favorable au travail 작업에 적합한 분위기. Un ~ de bonne camaraderie règne dans la classe. 우애성친 분위기가 교실에 감돈다. ③(옛)지방, 고장, 나라. sous ces ~s 그 고장에서는. changer de ~ 전지(轉地)하다. ④【농업】 (Bourgogne 지방의)포도주 산지, 포도밭.

climatère [klimate:r] *n.m.* 【의학】 (여성의)갱년기, 폐경.

climatérique [klima(ɑ)terik] *a.* ①(연령이나 시기가)위험한. époque ~ du monde 세계적인 위기의 시대. année ~ de la femme 여성의 갱년기. 《옛》액년인. année ~ 액년(7 또는 9의 배수에 해당하는 연령, 특히 49, 81세). ③(옛·드물게)기후상의(climatique).
—*n.f.* 액년(année ~). grande ~ 대액년(63세).

climatique [klima(ɑ)tik] *a.* 기후의, 기후상의, 풍토적인. conditions ~s 기후 조건. station ~ 보양[휴양]지.

climatisation [klimatizasjɔ̃] *n.f.* 실내공기조절, 에어컨디셔닝.

climatisé(e) [klimatize] *a.p.* 공기조절장치를 갖춘; (특히)냉방장치가 된. restaurant ~ 냉방장치가 된 식당.

climatiser [klimatize] *v.t.* 공기조절[냉난방]장치를 하다. ~ *une salle* 방에 공기조절장치를 하다.

climatiseur [klimatizœ:r] *n.m.* 실내공기조절기, 에어컨디셔너.

climatisme [klimatism] *n.m.* 기후요법; 보양지문제(보양지의 시설·장소 따위에 관한 여러 문제).

climatologie [klimatɔlɔʒi] *n.f.* 기후학.

climatologique [klimatɔlɔʒik] *a.* 기후학의. cartes ~s 기후도.

climatologiste [klimatɔlɔʒist], **climatologue** [klimatɔlɔg] *n.* 기후학자.

climatopathologie [klimatɔpatɔlɔʒi] *n.f.* 기후[풍토] 병리학.

climatothérapie [klimatɔterapi] *n.f.* 【의학】기후 요법.

climax [klimaks] *n.m.* ①【식물】극상(極相), 안정기. ②(병의)최강상태; (성적인)정점, 오르가슴. ③【수사학】점층법(漸層法).

clin [klɛ̃] *n.m.* 【선박】(배 거죽의)겹쳐입히기; 【기계】겹쳐있기. embarcations à ~s 겹쳐죽을 입힌 보트.

clin d'œil [klɛ̃dœj] *n.m.* 눈짓; 윙크(복수형은 clins d'œil 또는 clins d'yeux). faire un ~ à qn …에게 눈짓하다. *en un* ~ ; (드물게) *d'un* ~ ; *dans un* ~ 눈 깜짝할 사이에, 순식간에.

clinfoc [klɛ̃fɔk] *n.m.* 【해양】뱃머리의 가벼운 삼각돛.

clinicat [klinika] *n.m.* 개인 병원 원장의 직무.

clinicien [klinisjɛ̃] *a.* 임상의사(praticien). —*n.m.* 임상의사(여의사에 대해서는 최근에 clinicienne 라는 여성형도 쓰인다)(médecin ~).

*clinique [klinik] 【의학】 *a.* 임상의. médecine ~ 임상의학. signe ~ 임상징후, 임상소견(보거나 촉진 따위로 알 수 있는). —*n.f.* ①개인병원, 진료소. ~ d'accouchement 산부인과 병원. ②임상의학; 임상강의(실험). chef de ~ 임상교육 지도의사. —*n.m.pl.* 임상학 시험(examens ~s).

cliniquement [klinikmɑ̃] *ad.* 임상적으로, 임상적 견지에서.

clinomètre [klinɔmɛtr] *n.m.* 클리노미터, 경사 측정기. ~ d'un navire 선박 경사제.

clino-rhombique [klinɔrɔ̃bik] *a.* = monoclinique.

clinquant(e) [klɛ̃kɑ̃, ɑ̃:t] *a.* (야단스럽게)번쩍거리는. bijoux ~ 번쩍거리는 값싼 보석. phrases ~*es* 공허한 미사여구. —*n.m.* ①(장식용으로 쓰는)금빛(은빛)의 얇은 조각, 금박, 은박. robe ornée de ~ (금·은 조각 따위로)번쩍번쩍하게 장식한 드레스. ②싸구려 장식; 번지르르한 겉치레. ~ du style 문체의 허식. C'est uniquement du ~. 그것은 겉치레일 뿐이다.

clinquanter [klɛ̃kɑ̃te] *v.t.* (옷 따위에)값싼 장식을 하다.

clip [klip] (영) *n.m.* ①(핀처럼 꽂는)클립; (클립식의)브로치. ②클립(노래 따위를 흥겹게 하기 위한

clipper [klipœːr] 《영》 n.m. ① 유람 보트; 《옛》쾌속정. ② 쾌속 여객기.

cliquart [klika:r] n.m. ① (파리 남부지방에서 나는 건축용의)석회암. ② (모자이크·포석용의)사암.

clique [klik] n.f. ① (경멸) 패거리, 도당; (특히 정치적인)파벌(bande). ② (집합적) 북과 나팔로 구성된)군악대. ~ du régiment 연대 군악대.

cliques [klik] n.f.pl. 《사투리》 나막신.

cliquet [klikɛ] n.m. 《기계》(톱니바퀴·윈치의 축 따위의)멈춤쇠; (팔찌 따위의)걸쇠.

cliquetant(e) [kliktɑ̃, -ɑ̃:t] a. (쇠사슬·열쇠 따위가)짤랑짤랑하는, 부딪는 소리가 나는.

cliquètement, cliquettement [kliketmɑ̃] n.m. 부딪는 소리(cliquetis).

cliqueter [klikte] 5 v.i. 부딪는 소리가 나다.

cliquetis [klikti] n.m. (사슬·열쇠·접시·칼·유리 따위가)부딪치는 소리; 《자동차》 (발동기의)덜컹거리는 소리. ~ de clefs et de chaînes 열쇠들과 쇠사슬의 부딪치는 소리. ~ de mots 요란스럽게 늘어놓는 객설.

cliquette [klikɛt] n.f. ① (어망의)돌추(錘). ② 《옛》 막따기(claquette). ③ 《사투리》덧붙은 걸쇠.

clissage [klisaː3] n.m. ① (병을)버들가지로 두르기; 《외과》 부목(副木)을 대기.

clisse [klis] n.f. ① (병을 보호하기위해 두르는) 버들가지발; (치즈의 물 빼는)체. ② 《외과》 부목.

clisser [klise] v.t. (병에)버들가지 발을 두르다; 《외과》 부목을 대다.

clitique [klitik] 《언어》 a. 접어(接語)의. pronom ~ 접어대명사. — n.m. 접어(대명사).

clitoridectomie [klitɔridɛktɔmi] n.f. 《의학》 음핵절제(切除).

clitoridien(ne) [klitɔridjɛ̃, -ɛn] a. 《해부》 음핵의.

clitoris [klitɔris] n.m. 《해부》 음핵. (陰核)의.

clivable [klivabl] a. 결대로 쪼갤 수 있는.

clivage [klivaː3] n.m. ① (정치·사회적인)분리, 분열; 구분(différenciation). ~s idéologiques 이념적인 분리. ~ des opinions 의견의 분열. ② (광물 따위를)결대로 쪼개기, 결에 따라 쪼갬 것; 쪼개진 틈. face[plan] de ~ 쪼개진 면. ③ 《생물》 (염색체 따위의)분열; 《의학》 (기관 따위의)절개. ④ ~ de moi 《정신분석》 자아의 분열.

cliver [klive] v.t. ① (광석·금강석을)결대로 쪼개다. ② (비유적)가르다, 분리시키다. phrase clivée 《언어》 분열문(C'est ... qui[c'est ... que] 따위의 강조구문). —**se** — v.pr. 결대로 쪼개지다.

cloacal(ale, pl. **aux)** [klɔakal, -o] a. ① 《해부》 배설구의. ② 《문어》 시궁창 같은, 추잡한. littérature immonde et ~e 더럽고 추잡한 문학.

cloaque [klɔak] n.m. ① 시궁창, 수렁(bourbier). le grand ~ de Rome 로마의 대하수구. ② (비유적) 더러운 곳; 소굴. Ces logements sont des ~s. 이 집들은 시궁창. ~ de vices 악의 소굴; 악덕하기 적이 없는 사람. ③ 《해부》 (새·파충류 따위의)배설구.

clochard(e) [klɔʃaːr, -ard] n. 《구어》부랑자, 룸펜, 방랑자(vagabond, clodo(t)).

clochardisation [klɔʃardizasjɔ̃] n.f. (개인 또는 집단의)부랑자화; 극빈화.

clochardiser [klɔʃardize] v.t. 부랑자[극빈자]로 만들다. —**se** — v.pr. 부랑자[극빈자]가 되다.

*** cloche**[1] [klɔʃ] n.f. ① 종. cerveau (panse, battant) d'une ~ 종의 머리[배·추]. coup de ~ 타종, 종소리. ~ d'alarme 경종. fonte d'une ~ 종의 주조. sonner la ~ à toute volée 종을 힘껏 치다. ② (식물류 따위를 덮어 보호하는)유리 뚜껑. ~ à fromage 치즈 뚜껑. ~ de métal 접시 보온 뚜껑. ③ 종 모양의 꽃(fleur en ~); (C~)《챙 없는》종 모양의 여자모자(chapeau ~). ④ ~ à plongeur 《종모양의)잠수기(潛水器); 잠함(潛函).

avoir la ~ fêlée 머리가 돌다.

déménager à la ~ de bois 《구어》야음을 타서 도주하다, 몰래 이사하다.

heures hors ~ 잔업, 시간 외 근무.

Le Bon Dieu lui-même a besoin de ~s. 《속담》사람은 자기선전을 할 필요가 있다.

noblesse de la ~ 《옛》시(동·읍)장이나 그 차석자의 자손(집안).

Qui n'entend qu'une ~ n'entend qu'un son. 《속담》한쪽 말만 듣고는 진실을 알지 못한다.

se taper la ~ 《구어》배가 터지도록 먹다.

son de ~ 《구어》(어떤 일에 대해)의견, 견해.

sonner les ~s à qn 《구어》…를 마구 야단치다.

cloche[2] n.f. ① 《구어》 미련퉁이, 숙맥, 쓸모 없는 자 (bon à rien). Quelle ~! 미련퉁이 같으니라구! ② 《구어》《집합적》 부랑자, 룸펜. —a. 미련한, 바보같은(stupide). discours un peu ~ 좀 얼빠진 듯한 이야기.

clochement [klɔʃmɑ̃] n.m. 《드물게》 절뚝거리기; (기능상의)결함.

cloche-pied (à) [aklɔʃpje] loc.ad. 한 발로. sauter à ~ 한 발로 뛰다.

*** clocher**[1] [klɔʃe] n.m. ① (성당의)종루, 종각, 종탑 (campanile). flèche du ~ 종루의 뾰족탑. ② 교구(paroisse) ; (비유적)고향, 고장. revoir[retrouver] son ~ 《문어》그리운 고향[정든 곳]에 돌아오다. esprit de ~ 맹목적 애향심; 지방 근성. querelles[disputes, rivalités] de ~ 지방적인 사소한 싸움(반목). **course au ~** 《경마》야외 융단 경주, 크로스 컨트리. **Il faut placer le ~ au milieu de la paroisse.** 《속담》여럿에게 필요한 것은 여럿에게 편한 곳에 두어야 한다. **n'avoir vu que le ~ de son village; n'avoir vu que son ~** 《구어》우물 안의 개구리다.

clocher[2] v.i. ① 《구어》결함이 있다; 틀리다, 잘못되다(aller de travers). raisonnement qui cloche 잘못된 추리. ② 《옛》절뚝거리다(boiter). ~ du pied droit 오른발을 절다.

clocher[3] v.t. ① (멜론 따위에)종모양의 유리뚜껑을 씌우다. ② 특정 기차의 출발시각을 종소리로 알리다. —v.i. 《옛》종을 치다, 시간을 치다.

clocher-arcades [klɔʃearkad] (pl. ~**s**~) n.m. (성당의 벽 윗부분을 파서 만든)아치형 종루.

clocheter [klɔʃte] 5 v.i. 울리다, 울려퍼지다.

clocheton [klɔʃtɔ̃] n.m. ① 작은 종루. ② 《건축》 (버팀벽 따위의)피라미드 모양 장식.

clochette [klɔʃɛt] n.f. ① 작은 종; 방울. ② 방울 모양의 꽃. ~s du muguet 은방울꽃. ~ des blés 메꽃. ~ des bois 히아신스.

clodo(t) [klɔdo] n.m. 《속어》부랑자, 룸펜.

cloison [klwazɔ̃] n.f. ① (방·상자 따위의)간막이. ~ de brique 벽돌 간막이. ~ d'un tiroir 서랍의 간막이. mur de ~ 얇은 간막이의 벽. ~ de feu (건물의)방화벽. écouter derrière la ~ 간막이 너머로 엿듣다. ② 《생물》 간막이막(膜). ~s du cœur 심장막. ③ (정신적)장벽(barrière). abattre [faire tomber] les ~s entre les classes 계급 사이의 장벽을 무너뜨리다. ~ **étanche** ⓐ (배의)방수격벽. ⓑ (비유적)꽉 막힌 장벽.

cloisonnage [klwazɔnaː3] n.m. 간막이하기; (집합적) 간막이; construction en ~ 간막이 공사.

cloisonné(e) [klwazɔne] a.p. ① 간막이된; 장벽이 있는. salle ~e 간막이된 큰 방. enseignements

trop ~s 지나치게 세분된 교육. ② 【생물】 격막 있는. ③ 【공예】 유선칠보(有線七寶)의.
—*n.m.* 유선칠보(émail ~).

cloisonnement [klwazɔnmɑ̃] *n.m.* ① =cloisonnage. ② 간막이(격막·세포)식 구조; 분할, 구획. ~ des services d'espionnage 간첩 활동의 세포조직. ~ des partis politiques 정당의 분립.

cloisonner [klwazɔne] *v.t.* ① 간막이하다, 사이를 막다, 가르다(compartimenter). ② (정신적)장벽을 쌓다, 격리하다(집단을) 갈라놓다.

cloître [klwatr] *n.m.* ① (수도원 안뜰을 둘러싼)회랑. ② 수도원(couvent, monastère); 수도원 생활, 은둔 생활. enfermer dans un ~ 수도원에 가두다. ③ (일반인의 출입이 금지된)수도원 경내(境内), 금역(禁域); (옛) 참사회원만이 사는 구내.

cloîtré(e) [klwatre] *a.p.* ① 수도원에 갇힌. couvent ~ (외출이 금지된)봉쇄 수도원. ② (비유적)은거하는, 세속을 떠난. vie ~*e* 은둔생활.

cloîtrer [klwatre] *v.t.* ① 수도원에 가두다. ~ une jeune fille 소녀를 수도원에 넣다. ~ un couvent 수도원을 봉쇄화(봉쇄)하다. ② 외딴 곳에 가두다, 격리하다(enfermer).
—*se* ~ *v.pr.* ① (봉쇄)수도원에 들어가다. ② 죽치다, 은거하다(se retirer). *se* ~ *dans ses occupations* 자기 일에 몰두하다.

clone [klɔn] *n.m.* 【식물】 영양계, 분지계(分枝系) (영양 생식에 의해서 번식한 식물군).

clonie [klɔni] *n.f.* 【의학】 (근육의)일시적 경련.

clonique [klɔnik] *a.* 【의학】 간헐적(間歇的) 경련성의. stade ~ de l'hystérie 히스테리의 간헐적 경련(흥분)기.

clonus [klɔnys] *n.m.* 【의학】 (근육의)간헐성 경련.

clope [klɔp] *n.f.* (은어)담배 꽁초(mégot).
des ~*s* (구어)아무것도 아닌 것, 아주 하찮은 것. Il gagne *des* ~*s.* 그는 벌이가 신통치 않다.

clopin-clopant [klɔpɛ̃klɔpɑ̃] *ad.* ① 절뚝절뚝, 절뚝거리며. aller ~ 절뚝절뚝 걷다. ② 불규칙적으로, 그럭저럭. Le commerce va ~ 장사가 되는둥 마는둥하다.

clopiner [klɔpine] *v.i.* (구어)절름거리다, 힘들게 걷다.

clopinettes [klɔpinɛt] *n.f.pl.* (구어)아무것도 아닌 것(rien). Des ~ ! 전혀 없다! 완전히 헛탕이다!

cloporte [klɔpɔrt] *n.m.* ① 【동물】쥐며느리. ② (속어)문지기 (clos porte 의 익살).
vivre comme un ~ 집에서 죽치다.

cloquage [klɔka:ʒ] *n.m.* (페인트 따위의)부풀어 오르기.

cloque [klɔk] *n.f.* ① (화상 따위로 생긴)물집, 수포 (水疱). ② (페인트 따위의)부풀음, 기포. ③ (복숭아 나무 따위의)잎이 말라드는 병. ~ *herbe à* ~ 【식물】 짜리.
être en ~ (구어)임신해서 배가 부르다.

cloqué(e) [klɔke] *a.p.* ① cloque 가 생긴. feuilles ~*es* 병으로 말려든 잎. ② (피륙의)물집 모양의 무늬가 박힌. —*n.m.* 물집 무늬가 박힌 피륙.

cloquer [klɔke] *v.i.* 물집이 생기다; (페인트 따위가)부풀어 오르다, 기포가 생기다. Sa peau a *cloqué* après la brûlure. 데고 나서 그의 피부에 물집이 생겼다. peinture qui *cloque* 기포가 생긴 페인트.
—*v.t.* (피륙에)물집 모양의 무늬를 박아넣다.

clore [klɔ:r] [35] *v.t.* ① (문이)닫다, (눈이)감다, (입을)다물다(fermer); (길을)막다; (편지를)봉하다(cacheter). La porte ~ 문을 잠그다. ~ la bouche (le bec) à *qn* …의 입을 다물게 하다. ~ l'œil (la paupière) 눈을 감다, 자다. ~ les yeux de *qn* …의 임종을 지키다; (죽어가는)사람의 눈을 감겨² [klo] *n.m.* (문어)끝맺다, 마무르다, 마감하다 (achever, ↔ ouvrir). ~ un débat 토론을 끝맺다 (중지하다). ~ la séance 폐회하다. ~ un chapitre 장을 마무리하다. ~ la marche 맨 뒤에 따라 가다. ③ (옛)둘러싸다, 둘러치다(clôturer). ~ un terrain 땅에 울을 치다.
【REM】 이 동사는 주로 문어에서 쓰일 뿐이나, 또한 부정법 및 과거분사의 형태로만 나타나는 것이 보통이다. 일반적으로는 이 동사 대신에 fermer, clôturer 를 사용한다.

clos¹(e) [klo, -o:z] (*p.p. < clore*) *a.p.* ① (울 따위로)에 워싼; 닫힌(fermé). jardin ~ de murs 담을 친 정원. avoir la bouche ~*e* 침묵(비밀)을 지키다. à huis ~ 비밀의, 비공개의(재판 따위). ② 끝난. La séance est ~*e*. 폐회되었다.
à la nuit ~*e* 밤이 이슥해서.
champ ~ (담을 친)투기장; 결투의 장소; 싸움터.
~ *et coi* 집에서 조용히.
~ *et couvert* (집을 손질하여)비바람을 견뎌낼 수 있게, 안전하게 살 수 있게.
les yeux ~ 눈을 감고, (눈 딱 감고)무모하게.
L'incident est ~. 이 일에 대해서는 이 이상 다투지 말자.
maison ~*e* 갈보집, 유곽.

clos² [klo] *n.m.* ① (울로 둘러 싼 작은)농지, 밭. ~ d'arbres fruitiers 울을 친 과수원. ② 포도밭(~ de vigne). ③ le ~ *et le couvert* 【법】 (집주인이 세든 사람에게 보장해야 하는)안전한 주거 조건(벽이나 지붕 따위를 손질하는 일).

closeau [klozo] (*pl.* ~*x*) *n.m.* (옛)(울을 친)작은 농장, 채마밭.

close-combat [klozkɔ̃ba] *n.m.* 【군대】육박전; 격투.

closerie [klozri] *n.f.* ① (울을 친)작은 농장, 작은 포도밭. ② (옛)(파리의)유원지. [인].

closier(ère) [klozje, -ɛ:r] *n.* closerie 의 농부(소작

clôture [kloty:r] *n.f.* ① (둘러친)울, 울타리, 담장 (enceinte, barrière). mur de ~ 둘러친 벽. ~ de haies vives 생울타리. ~ métallique 철책. ~ forcée 【법】 (이웃의 요구에 의해서 소유주가 치는)울타리. bris de ~ 【법】 불법토지침입. ② 폐쇄; 종결(fermeture, ↔ ouverture). ~ d'un magasin 폐점. ~ de la session parlementaire 국회의 폐회. ~ d'un compte 【상업】 결제, 결산. demander (prononcer) la ~ des débats 토론의 종결을 요구 (선언)하다. ③ 【종교】 (수도원의)출입 금지 구역; 금역의무(법). violer la ~ monastique 수도원 금역의무를 어기다.

clôturer [klotyre] *v.t.* ① (에)울을 둘러치다(clore, enclore). ~ *un champ* 밭에 울타리를 치다. ② 닫다; 종결하다, 마감하다(achever, terminer); 【상업】 결제(결산)하다. ~ *un débat par un vote* 투표로 토론을 종결하다.
—*se* ~ *v.pr.* 폐쇄 수도원에 들어 가다.

*****clou** [klu] *n.m.* ① 못, 정. petits ~*s* 짧은 못. ~ à tête (대가리가 있는)보통 못. ~ sans tête 쐐기못. ~ à crochet 꺾쇠못. pointe d'un ~ 못의 (뾰족한) 끝. ~ de tapissier (가구의)장식못. ~ barbelé 스파이크. chaussures à ~*s* 정박힌 구두. boîte à ~*s* 못상자. enfoncer (fixer) un ~ 못을 박다. ~ avec un marteau 망치로 못을 박다. planter des ~*s* 못을 박다. rabattre un ~ 못대가리를 구부려 박다. ② 【건축】 못 대가리 모양의 장식; (*pl.*)(속어)정박은 횡단보도. traverser aux (dans les) ~*s* 횡단보도로 건너가다. ③ 【의학】 정(疔). ~ de rue 【수의】 (못에 찔려 생기는)염증. ④ 【요리】 말려서 양념으로 쓰는 정향 봉오리(~ de girofle). ⑤ (구어)헌어빠진 차 (수레·자전거); 낡은 기계, 연장. ⑥ (구어)전당

포. mettre qc au ~ ···을 저당잡히다. ⑦ 유치장, 영창. ⑧ (흥행 따위에서의)인기품목, 흥미거리. ~ d'une fête 축제의 인기품목. ⑨ tête de ~ 〖인쇄〗활자의 흠자국.
bouffer des ~s 〖속어〗먹을 게 없다.
Ça ne vaut plus un ~. 〖구어〗아무런 가치도 없다.
compter les ~s à [de] la porte (문간에서)오래 기다리다.
Des ~s! 〖속어〗(부정·비꼬는 대답)틀렸어! 안 된다니까! 허튼소리 마라!
maigre comme un ~ 삐삐 마른.
ne pas (en) ficher [foutre] un ~ 전혀 아무일도 하지 않다.
planter son ~ (어떤 곳에)정착하다.
poser [reprendre] ses ~s 파업하다[파업을 중지하고 다시 일하다].
river son ~ à qn (토론 따위에서) ···의 말문을 열지 못하게 하다, ···의 기를 죽이다.
clouage [klua:ʒ] *n.m.* 못질(하기).
cloué(e) [klue] *a.p.* ① 못(징)으로 박은. caisse ~*e* 못으로 만든 상자. ② (못박힌 듯이)움직이지 않는, 꼼짝하지 않는. être ~ à son bureau 꼼짝하지 않고 열심히 일하다. rester ~ d'admiration 감탄한 나머지 못박힌 듯 꼼짝 않고 있다. pièce ~*e* (체스에서)꼼짝 못하게 된 말. ③ 〖문장〗칠보로 된 특별한 징을 박은.
cloument [klumɑ̃] *n.m.* =clouage.
clou-épingle [kluepɛ̃:gl] (*pl.* ~*s*-~*s*) *n.m.* 구부렁못(대가리가 구부러진 못의 일종).
***clouer** [klue] *v.t.* ① 못질하다, 못박아 고정시키다. ~ le couvercle d'une caisse 상자 뚜껑에 못을 박다. ~ des tableaux au mur 그림에 못을 박아 벽에 걸다. ~ qn dans son cercueil ···의 관 뚜껑에 못질하다. ② 꼼짝 못하게 하다(fixer). La maladie l'a cloué au lit. 그는 병 때문에 자리에 꼼짝없이 누워 있었다. ~ qn à la chambre (병 따위가) ~을 방에 박혀 있게 하다. ~ qn au sol (칼 따위로) ···을 꼼짝달싹 못하게 하다. être (rester) cloué sur place (놀람·감탄 때문에) 그 자리에 꼼짝 않고 있다.
~ *qn au pilori* (죄인을)공시대에 못박다; ···으로 하여금 세상사람의 지탄을 받게 하다. ~ *le bec [la bouche] à qn* 〖구어〗···을 입다물게 하다. ~ *le pavillon* (항복 않겠다는 의사 표시로)기를 돛대에 못박다; 기치를 선명히 하다, 주장을 고집하다.
cloueur(se) [kluœ:r, -ø:z] *n.m.* 못질하는 사람; (특히 가죽을 무두질하기 위해서 널판자에 박는)못질 전문 직공. —*n.f.* 못박는 자동장치.
cloutage [kluta:ʒ] *n.m.* 장식못(징·편자)을 박기.
clouté(e) [klute] *a.p.* 장식못(징·편자)을 박은. passage ~ (징 박은)횡단보도.
clouter [klute] *v.t.* 장식못(징·편자)을 박다.
clouterie [klutri] *n.f.* 못 제조(판매); 못공장.
cloutier(ère¹) [klutje, -ɛ:r] *n.m.* 못 제조인; 못장수. —*a.* machine ~ 못 제조기.
cloutière² [klutjɛ:r] *n.f.* ① 못상자. ② 못대가리를 만드는 데 쓰이는 구멍 뚫린 철판이 뜻으로는 clouère, cloutère, clouvière라고도 함).
clouure [kluy:r] *n.f.* 장도리; 못구멍.
clovisse [klɔvis] *n.f.* 〖패류〗새조개.
clown [klun] 〖영〗*n.m.* (*f.* 〖드물게〗**clownesse** [klunɛs]) ① (서커스 따위의) 어릿광대, 피에로(bouffon). ② 익살꾼, 망석중이(farceur). faire le ~ 익살부리다. ③ 〖옛〗(영국 소극(笑劇)의)익살광대.
clownerie [klunri] *n.f.* 어릿광대짓, 익살, 우스꽝스러운 짓(farce); (집합적) 어릿광대패. faire des ~s 어릿광대짓을 하다.
clownesque [klunɛsk] *a.* 어릿광대의(같은).
cloyère [klwajɛ:r, klɔ-] *n.f.* (생선)광주리(bourriche); 〖상업〗굴 300개들이 광주리.
club [klœb] 〖영〗*n.m.* ① (스포츠·사교·정치 따위의) 클럽, 결사(association); 집회소; 문학 서클. ~ alpin 등산 클럽. le Pen C~ 펜클럽. ~ des Jacobins 자코뱅파 결사. dîner au ~ 클럽[회관·집회소]에서 저녁을 먹다. passer la soirée à son ~ 클럽에서 저녁을 보내다. ② 가죽 안락의자. ③ 골프채. ④ (동격) ambiance-~ 클럽적인 분위기; piscines-~ 클럽적인 분위기의 풀장.
club(-)house [klœbaus] 〖영〗*n.m.* (클럽 회원들이 드나드는)식당, 스포츠센터, 집회장소.
clubiste [klybist] *n.m.* ① 클럽 회원. ② (프랑스혁명 때의)정치결사회원.
clubman(pl. men) [klœbman, -mɛn] 〖영〗*n.m.* 클럽회원, 클럽의 단골.
clunisien(ne) [klynizjɛ̃, -ɛn] *a.* 〖가톨릭〗클뤼니(*Cluny*) 수도회의.
clunisois(e) [klynizwa, -a:z] *a.* 클뤼니(*Cluny*, 프랑스의 도시)의. —*C~ n.* 클뤼니 사람.
cluniste [klynist] *n.m.* 〖가톨릭〗클뤼니 수도회의 수도사.
clupéidés [klypeide] *n.m.pl.* 〖어류〗청어(청어리)과(科).
cluse [kly:z] *n.f.* 〖지질〗산협(山峽). ~ morte 물이 흐르지 않는 산협.
clusia [klyzja] *n.f.*, **clusie** [klyzi] *n.f.* 〖식물〗클루지아.
clypéastre [klipeastr], **clypéaster** [klipeastɛ:r] *n.m.* 〖동물〗해어속(屬).
clypéiforme [klipeifɔrm] *a.* 〖생물〗방패 모양의.
clysmien(ne) [klismjɛ̃, -ɛn] *a.* 〖지질〗수식(水蝕)의.
clysoir [klizwa:r] *n.m.* 〖의학〗관장기.
clysopompe [klizɔpɔ̃:p] *n.m.* 〖옛〗〖의학〗펌프식 관장기, 관장주입기.
clystère [klistɛ:r] *n.m.* 〖옛〗〖의학〗관장(灌腸)(lavement).
Cm 〖약자〗coefficient de moment 〖물리〗모멘트 계수; curium 〖화학〗큐륨.
cm¹ 〖약자〗centimètre 센티미터.
cm² 〖약자〗centimètre carré 제곱센티미터.
cm³ 〖약자〗centimètre cube 세제곱센티미터.
c/m 〖약자〗cours moyen 〖주식〗평균시세.
C.M. 〖약자〗① 〖군사〗compagnie de mitrailleurs 기관총 중대; centre mobilisateur 동원본부. ② cours moyen 〖학교〗중급.
c/n 〖약자〗① compte nouveau 〖부기〗신규계정(거래). ② cours nul 〖주식〗시세 불형성.
C.N.C. 〖약자〗Centre national de la cinématographie 국립 영화센터.
C.N.E. 〖약자〗Comptoir National d'Escompte 국립할인은행.
cnémalgie [knemalʒi] *n.f.* 〖의학〗종아리의 동통(疼痛).
cnémide [knemid] *n.f.* (고대 그리스 병정의)정강이받이, 각반.
C.N.E.S. 〖약자〗Centre national d'études spatiales 국립 우주연구소.
C.N.E.X.O. 〖약자〗Centre national d'exploitation des océans 국립 해양개발센터.
cnidaires [knidɛ:r] *n.m.pl.* 〖동물〗유자포동물(강장 동물의 한 아문(亞門)).
cnidien(ne) [knidjɛ̃, -ɛn] *a.* 〖고대지리〗크니두스(*Cnide*, 고대 도시)(사람)의. —*C~ n.* 크니두스 사람.

cnidoblaste [knidɔblast] *n.m.* 〖생물〗(강장 동물의)자세포(刺細胞).

cnidose [knidoːz] *n.f.* 〖의학〗 홍역.

C.N.P.F. 〖약자〗 Conseil national du patronat français 프랑스 경영자 전국평의회.

C.N.R. 〖약자〗 Conseil National de la Résistance (2차대전 때의)항독 국민회의.

C.N.R.S 〖약자〗 Centre national de la recherche scientifique 국립 과학연구소.

C.N.S. 〖약자〗 Comité national des sports 전국 스포츠 위원회.

C.N.T. 〖약자〗 Confédération nationale du travail 노동총연합회.

Co 〖약자〗 cobalt 〖화학〗 코발트.

Co. 〖약자〗 compagnie 회사.

co- *préf.*「공동의·합동의」의 뜻.
〖REM〗 모음 및 약간의 자음(주로 신어) 앞에서는 co- (예: *co*accusé 공동피고, *co*production 공동제작), l 의 앞에서는 col- (예: *col*laborer 협력하다), b, m, p 의 앞에서 com- (예: *com*battre 싸우다), r 의 앞에서 cor- (예: *cor*respondre 부합하다), 기타의 자음 앞에서는 con- (예: *con*centrer 집중하다. *con*certer 합의하다)이 된다.

C.O., C/o., c/o 〖약자〗 compte ouvert 〖상업〗 당좌계정.

C.O.A. 〖약자〗 compagnie d'ouvriers d'administration 〖군사〗(병기창 따위에서 작업하는)작업자.

coaccusé(e) [kɔakyze] *n.* 〖법〗 공동피고, 나부대.

coach [koːtʃ] 〖영〗 *n.m.* ① 〖자동차〗 투도어형 승용차. ② 〖영화〗 (외국 배우에게 프랑스어를 가르치는)코치(교사).

coacquéreur [kɔakəreːr] *n.m.* 공동취득자.

coacquisition [kɔakizisjɔ̃] *n.f.* 공동취득.

coactif(ve) [kɔaktif, -iːv] *a.* 강제권 있는; 〖언어〗 강제의 뜻을 나타내는. verbe ~ 강제동사(노력의 뜻을 나타내는 동사). — *n.m.* 강제동사.

coaction [kɔaksjɔ̃] *n.f.* 〖드물게〗 강제(력).

coactivité [kɔaktivite] *n.f.* 〖드물게〗 강제적 성질.

co(-)adaptateur [kɔadaptatœːr] *n.m.* (라디오·텔레비전·영화를 위한)공동번안자, 공동각색자.

coadapter [kɔadapte] *v.t.* 서로 적응시키다.

coadjuteur(trice) [kɔadʒytœːr, -tris] *n.* 〖가톨릭〗(계승권이 있는)보좌 주교, (수녀원장의)보좌 수녀.

coadjuvant(e) [kɔadʒyvɑ̃, -ãːt] *a.* 상호보조적인.

coadministrateur [kɔadministratœːr] *n.m.* 공동관리자, 〖법〗 공동수탁인, 공동관재인.

coadné(e) [kɔadne] *a.* 〖식물〗 합생(合生)의.

coagulabilité [kɔagylabilite] *n.f.* 응결(응고)성. ~ du sang 혈액의 응고성.

coagulable [kɔagylabl] *a.* 응결할 수 있는.

coagulant(e) [kɔagylɑ̃, -ãːt] *a.* 응결(응고)시키는. substance ~e 응결성 물질. — *n.m.* 응고(응결)제.

coagula*teur(trice)* [kɔagylatœːr, -tris] *a.* 〖화학·물리〗 응결성의.

coagulation [kɔagylasjɔ̃] *n.f.* 〖화학·물리〗 응결, 응고(congélation). ~ du lait 우유의 엉김. ~ de curiosité 호기심의 고갈.

coaguler [kɔagyle] *v.t.* 엉기게 하다, 응결(응고)시키다(cailler, ↔ fondre). ~ du sang 혈액을 응고시키다. — *v.i.* 엉기다. L'albumine *coagule* à la chaleur. 단백질은 열을 가하면 응고한다.
— se ~ *v.pr.* 엉기다, 응결(응고)하다(se figer).

coagulum [kɔagylɔm] *n.m.* (피 따위의)엉긴 덩어리; 응결제.

coalescence [kɔalesɑ̃ːs] *n.f.* 〖생물〗 합착, 합생, 유착(癒着); 〖언어〗 두 음의 합착(예: ae [ae] 가 [e]로 발음되는 경우 따위).

coalescent(e) [kɔalesɑ̃, -ãːt] *a.* 〖생물〗 유착하는, 합생하는.

coalisé(e) [kɔalize] *a.p.* 동맹[연합·제휴]한(allié). puissances ~es 동맹국들. armées ~es 연합군. — *n.m.pl.* 동맹국(군), 연합국(군).

coaliser [kɔalize] *v.t.* 동맹[연합·제휴]하게 하다 (grouper, ↔ désunir). ~ les nations contre un ennemi commun 공동의 적에 대하여 여러 국가들이 동맹을 맺게 하다.
— se ~ *v.pr.* 동맹[연합·제휴]하다(s'unir). Les deux partis *se sont coalisés*. 두 정당은 연합했다.

coalite [kɔalit] *n.m.* 쿨라이트, 저온 건류 코크스.

coalition [kɔalisjɔ̃] *n.f.* ① 동맹, 연합, 제휴(alliance), 〖내각〗 연립내각. ~ de deux partis 두 정당의 제휴. ② (노동자·상인 따위의)협정, 공동행위, 단결. ~ électorale 선거의 공동전선. ~ de producteurs 생산자 협정. ~ en vue d'une grève 동맹파업을 위한 단결. ③ (비유적) (정신적 의미로)협동, 결탁. ~ des passions 여러 가지 정념의 협동작용.

coalitionniste [kɔalisjɔnist] *n.m.* 〖드물게〗 동맹의 일원, 연합[동맹]론자.

coallié(e) [kɔalje] *a., n.m.pl.* =**coalisé**.

coaltar [kɔltaːr] 〖영〗 *n.m.* 콜타르.

coaltarer [kɔltare] *v.t.* (선박에)콜타르를 칠하다.

coaptation [kɔaptasjɔ̃] *n.f.* 〖외과〗 접골.

coarcté(e) [kɔarkte] *a.* 〖의학〗 좁아진.

coarctation [kɔarktasjɔ̃] *n.f.* 〖의학〗 협착.

coassant(e) [kɔasɑ̃, -ãːt] *a.* (개구리가)개골개골 우는; 왁자한.

coassement [kɔasmɑ̃] *n.m.* 개구리(두꺼비)울음소리; (비유적) 사람들의 떠들어대는 소리.

coasser [kɔase] *v.i.* (개구리가)개골개골 울다; 떠들어대다.

coassociation [kɔasɔsjasjɔ̃] *n.f.* 협동, 협력.

coassocié(e) [kɔasɔsje] *n.* 같은 회사 사원, 협동자, 공동사업자; 협동조합원.

coassurance [kɔasyrɑ̃ːs] *n.f.* 공동보험, 상호보험.

coati [kɔati] *n.m.* 〖동물〗(남미산)곰의 일종.

coauteur [kɔotœːr] *n.m.* 공저자, 합작자(collaborateur); 〖법〗 공동정범자.

coaxial(ale, pl. aux) [kɔaksjal, -o] *a.* 〖기계〗한 굴대에 달린; 〖수학〗 같은 축을 가진. câble ~ 〖통신〗 동축(同軸)케이블. hélices ~ales 〖항공〗 동축 프로펠러.

cob [kɔb] 〖영〗 *n.m.* 승마용 말의 일종(중간 크기에 목이 굵고 짧음).

cobéa [kɔbea] *n.m.* =**cobéa**.

cobalt [kɔbalt] *n.m.* 코발트. alliage au ~ 〖화학〗 코발트 합금. bleu de ~ 코발트 블루(채료). bombe au ~ 코발트 폭탄.

cobalteux(se) [kɔbaltø, -øːz] *a.* 〖화학〗 2가(價) 코발트를 함유한.

cobaltifère [kɔbaltifɛːr] *a.* 코발트를 함유한.

cobaltine [kɔbaltin] *n.f.* 〖광물〗 휘(輝)코발트광 (鑛)(cobalt gris).

cobaltique [kɔbaltik] *a.* 〖화학〗 3가 코발트를 함유한.

cobaltiser [kɔbaltize] *v.t.* 코발트 도금을 하다.

cobaltocre [kɔbaltɔkr] *n.m.* 〖광물〗 코발트화 (華)(érythrine).

cobaye [kɔbaj] *n.m.* ① 〖동물〗 모르모트(cochon d'Inde). ② (속어)실험재료가 되는 인간. servir de ~ 실험재료로 쓰이다.

cobéa [kɔbea] *n.m.*, **cobée** [kɔbe] *n.f.* 〖식물〗 코베아.

cobelligérant(e) [kɔbɛliʒerɑ̃, -ɑ̃:t] *n.m.* 공동 교전국(allié). —*a.* 공동 교전하는. nations *-es* 공동 교전국들.

COBOL [kɔbɔl] (<《영》 *Common Business Oriented Language*) *n.m.* 《컴퓨터》 코볼《사무데이터 처리 언어》.

cobra [kɔbra], **cobra capello** [kɔbrakapello] *n.m.* 《동물》 코브라.

coca [kɔka] *n.m.* ① 《식물》 코카《남미산 관목》. ② 《구어》 코카콜라.
—*n.f.* 코카《코카 잎에서 채취한 홍분제[자극제]》. vin de ~ 코카주(酒).

coca-cola [kokakɔla] *n.m.* 《복수불변》 《상품명》 코카콜라《청량 음료수의 일종》.

cocagne [kɔkaɲ] *n.f.* 《옛》 잔치, 축연《현재에는 다음 숙어로만 쓰임》.
mât de ~ 보물〔상품〕따먹기 기둥.
pays de ~ 무엇이든 있는 꿈나라, 보물의 나라.
vie de ~ 넉넉해 걱정 없는 생활, 극락생활.

cocaïne [kɔkain] *n.f.* 《약》 코카인. abus de la ~ 코카인 과용〔중독〕.

cocaïnisation [kɔkainizɑsjɔ̃] *n.f.* 《의학》 코카인 마취〔주사〕.

cocaïniser [kɔkainize] *v.t.* (에게) 코카인으로 마취시키다, 코카인 주사를 놓다.

cocaïnisme [kɔkainism] *n.m.* 《의학》 코카인 중독.

cocaïnomane [kɔkainɔman] *n.* 코카인 과용자《중독 환자》.

cocaïnomanie [kɔkainɔmani] *n.f.* 코카인 과용벽〔중독증〕.

cocarde [kɔkard] *n.f.* ① (군인·당원 따위의) 둥근 모표, 휘장. ~ tricolore 프랑스 3색 휘장. ~ blanche (왕당파의) 백색 휘장. prendre la ~ 《옛》 군인이 되다. ② (비행기의) 국별(國別) 표지. ③ 《비유적》 당파. changer de ~ 《옛》 당파〔의견〕를 바꾸다. ④ 《옛》 (여자의 옷·모자 따위에 다는) 리본 장식; (말·투우의 머리에 다는) 꽃장식(→harnais 그림). ⑤ 《속어》 머리. taper sur la ~ (술 따위가) 독해서 취하게 하다. avoir sa ~ 《속어》 술취하다.

cocarder [kɔkarde] *v.t.* 휘장을 달다.
—*se ~ v.pr.* 《속어》 술취하다.

cocardier(ère) [kɔkardje, -ɛ:r] *a.* ① 휘장〔군대·군복〕을 너무 좋아하는; 맹목적 애국심의(chauvin). Le français est né ~. 프랑스인은 태어날 때부터 훈장을 좋아한다. patriotisme ~ 맹목적 애국심. esprit ~ 맹목적 애국정신. chansons *-ères* 군가. ② (투우 따위가 머리에) 꽃장식을 단.
—*n.* 맹목적 애국자, 군국주의자.

cocasse [kɔkas] *a.* 《구어》 우스꽝스러운, 익살맞은, 얄궂은(drôle); 괴상한, 별난(extraordinaire). enfant ~ 별난 아이. histoire ~ 괴상한 이야기.
—*n.m. ~* 익살.

cocasserie [kɔkasri] *n.f.* 《속어》 cocasse 한 것; (*pl.*) (어릿광대 따위의) 익살맞은 짓.

coccidés [kɔkside] *n.m.pl.* 《곤충》 깍지벌레과.

coccidie [kɔksidi] *n.f.* (동물 창자에 기생하는) 포자충의 일종.

coccidiose [kɔksidjoz] *n.f.* 《의학》 포자충성병.

coccinelle [kɔksinɛl] *n.f.* 《곤충》 무당벌레(bête à bon Dieu).

coccobacille [kɔkɔbasil] *n.m.* 타원형의 작은 박테리아.

coccus [kɔkkys] *n.m.* 《생물》 구균(球菌). 뇌라우.

coccygien(ne) [kɔksiʒjɛ̃, -ɛn] *a.* 《해부》 꽁무니뼈[미저골]의.

coccyx [kɔksis] *n.m.* 《해부》 꽁무니뼈, 미저골(尾骶骨).

coche¹ [kɔʃ] *n.m.* 《옛》 역마차, 합승마차.

faire〔être〕la mouche du ~ 공연히 끼어들어 야단이다. *manquer〔rater, louper〕le ~* 《구어》 좋은 기회를 놓치다.

coche² *n.f.* ① 팬 자리, 새긴 금(entaille). ~ d'une flèche 화살의 오늬. ② (막대기에 외상을 표해 둔) 눈금. prendre du pain à la ~ 빵을 외상으로 사먹다. ③ 《목공》 먹줄금.

coche³ *n.f.* 《옛》 (강에서 말이 끌던) 거룻배.

coche⁴ *n.f.* 《옛·사투리》 암퇘지; 《속어》 뚱뚱하고 저속한 여자.

coché(e) [kɔʃe], **côché(e)** [koʃe] *a.p.* (알이) 수정한.

cochelet [kɔʃlɛ] *n.m.* 아주 어린 수탉. L(受精)

cochêne [kɔʃɛn] *n.m.* 《식물》 마가목.

cochenillage [kɔʃnijaʒ] *n.m.* 양홍(洋紅) 염료를 탄 물에 담그기.

cochenille [kɔʃnij] *n.f.* 《곤충》 연지벌레, 진디; 양홍(洋紅)《염료》.

cocheniller [kɔʃnije] *v.t.* ① 연지벌레를 잡다. ② 양홍으로 물들이다.

cochenillier [kɔʃnije] *n.m.* 《식물》 (멕시코산) 선인장.

cocher¹ [kɔʃe] (<*coche*¹) *n.m.* ① 마차꾼, 마부(conducteur). siège du ~ 마부자리. Fouette ~ ! 《구어》 자, 어서 하자〔가〕! ② (*C~*) 《천문》 마부좌. ③ 《어류》 두동갈이돔.

cocher² (<*coche*²) *v.t.* (에) 금을 새기다; (나무에) 외상 표시를 새기다, 《의》 대조 표시를 적다.

cocher³, **côcher** [koʃe] *v.t.* (수탉이 암탉과) 교미하다(couvrir).

cochère [kɔʃɛ:r] *a.f.* 마차가 드나들 수 있는. porte ~ (마차가 드나들 수 있는) 대문, 정문. —*n.f.* 《구어》 여자 마차꾼.

cochet [kɔʃɛ] *n.m.* 어린 수탉.

cochevis [kɔʃvi] *n.m.* 《조류》 뿔종다리.

Cochinchine [kɔʃɛ̃ʃin] *n.pr.f.* 《지리》 코친차이나《현재의 베트남》.

cochinchinois(e) [kɔʃɛ̃ʃinwa, -ɑ:z] *a.* 코친차이나 (*la Cochinchine*)의. race *-e* 코친종(種)《닭》.
—*C~ n.* 코친차이나 사람.

cochl. 《약자》 cochleare 《약》 한 스푼(의 양).

cochléaire¹ [kɔkleɛ:r] *a.* 《해부》 달팽이 모양의. nerf ~ 청각 신경. organe ~ (귀의) 달팽이관.

cochléaire² 《생물》 스푼 모양의.

cochlearia [kɔklearja] *n.m.* 《식물》 물레나물. ~ de Bretagne 서양패운냉이.

cochleat. 《약자》 cochleatim 《약》 한 스푼씩.

cochlée [kɔkle] *n.f.* 《해부》 (귀속의) 달팽이관.

cochléiforme [kɔkleifɔrm] *a.* 소용돌이 모양의.

cochoir [kɔʃwa:r] *n.m.* (통장이의) 날이 휜 손도끼.

*****cochon**¹ [kɔʃɔ̃] *n.m.* ① 돼지(porc); (특히 식용음으로 거세한) 수퇘지. ~ de lait 젖먹이 돼지. ~ sauvage 멧돼지(sanglier). Ce paysan élève des ~*s*. 이 농부는 돼지를 기른다. Le ~ grogne. 돼지가 꿀꿀거린다. groin de ~ 돼지의 코. bauge de ~ 돼지우리. gardeur de ~*s* 돼지 치는 사람. ② 《요리》 제육〔요리〕. manger du ~ 돼지고기를 먹다. graisse de ~ 돼지기름. fromage de ~ 《요리》 돼지머리·족의 젤리 요리; 가늘게 썬 제육 요리. ③ 《동물》 ~ de fer 돌고래. ~ d'Inde(de Barbarie) 기니피그, 모르모트(cobaye); ~ cuirassé 아르마딜로. ④ 《옛》 광채(光澤).

avoir des yeux de ~ 《구어》 눈이 아주 작다.

avoir une tête de ~ 《구어》 고집이 세다.

C'est donner des perles〔de la confiture〕à un ~. 《구어》 돼지에 진주, 말 귀에 염불이다.

comme un ~ ; *comme ~s* 《구어》 돼지처럼; 탐욕스

럽고 지저분하게. gras[sale] *comme un* ~ 돼지같이 살찐[지저분한]. manger *comme un* ~ 돼지같이 지저분하게 먹다. travailler *comme un* ~ 게으름피며 일을 하지 않다. amis[copains] *comme* ~s 절친한 친구.
faire[*jouer*] *un tour de* ~ *à qn* 《구어》…에게 치사한 수작을 하다; …을 배신하다.
le ~ *qui sommeille* 《구어》성욕(性慾).
Un ~ *n'y retrouverait pas ses petits.* 《구어》극도로 혼란하고 어수선하다.

*cochon²(ne) [kɔʃɔ̃, -ɔn] n. ①《구어》더러운 사람; 추잡한 남자(여자), 치사한 사람; 갈보, 오입장이, 색로; 비겁자. C'est vraiment un ~. 참 돼지처럼 더러운 사람이군. ②《구어》더러운 것, 싫어하는 것. Quel ~ de temps! 더러운 날씨군! C—ne de vie! 고약한 생활이군! ③ Mon ~! 《속어》야, 자네 (친한 상대를 부르는 말).
—*a.* 《속어》돼지 같은; 추잡하고 치사하게 구는; 비열한; 음탕한. avoir des yeux ~s 음탕한 눈초리를 하고 있다. histoire ~*ne* 음담패설. film (cinéma) ~ 도색영화. Ce n'est pas ~. 《속어》쓸만하다; 괜찮다; 제법이다.

cochonceté [kɔʃɔ̃ste] n.f. 《속어》상스러운 농담.
cochonnaille [kɔʃɔnɑ:j] n.f. 《구어》돼지고기; 푸줏간에서 파는]요리한 돼지고기.
cochonnée [kɔʃɔne] n.f. (돼지의)한배의 새끼; 《식물》마디풀.
cochonner [kɔʃɔne] v.i. (돼지가)새끼를 낳다.
—v.t. 《구어》잡치다, 그르치다; 더럽히다. Il a *cochonné* tout. 그는 모든 것을 잡쳤다.
cochonnerie [kɔʃɔnri] n.f. 《구어》① 불결, 추잡 (saleté); 음탕한 언행, 음행(淫行) (gauloiserie). Cet homme est d'une ~! 이 사람은 더럽다! ② 더러운 것, 오물; 형편 없는 것[음식]. Ce tissu, c'est de la ~. 이 천은 형편 없는 것이다. ③ 속임수, 비열한 수작.
cochonnet [kɔʃɔne] n.m. ① 새끼 돼지. ② 코쇼네 (의 표적으로 쓰이는 작은 공); 12면의 주사위. ③《직물》날염용 원통.
cochylis [kɔkilis] n.m. 《곤충》나방의 일종(포도의 해충).
cocker [kɔkɛ:r]《영》n.m. 《동물》(스파니엘종의) 작은 사냥개.
cocktail [kɔktɛl]《영》n.m. 칵테일; 칵테일 파티; 혼합물, 범벅(mélange). préparer un ~ dans un shaker 셰이커로 칵테일을 만들다. ~ *au gin* 진의 칵테일. être invité à un ~ 칵테일 파티에 초대받다. Sa dissertation n'est qu'un ~ de citations. 그의 논문은 인용문의 칵테일에 불과하다.
~ *Molotov* 몰로토프 칵테일, 화염병(스페인 내란과 그 후 대전시 게릴라와 소련병이 사용한 일종의 수류탄).

coco¹ [kɔ(o)ko] n.m. ① 야자의 열매, 코코넛(noix de ~). fibre de ~ 야자열매껍질의 섬유. gâteau à la noix de ~ 코코넛이 든 케이크(과자). lait [beurre] de ~ 코코넛 밀크[버터]. huile de ~ 야자유. ②(야자와 유사한 뜻에서)레몬을 넣은 감초수(甘草水). ③《옛·속어》대가리; 위; 밥통;《항공》가솔린. ~ *déplumé* 대머리. *se garnir* [*remplir*] *le* ~ 배불리 먹다.
avoir le ~ *fêlé* 《구어》머리가 약간 이상하다.
dévisser le ~ (은어)목을 조여 죽이다.
coco² n.m. ①《구어·어린이말》꼬꼬, 닭; 달걀. manger un ~ bien frais 신선한 달걀을 먹다. ②《군대 속어》말(cheval). ③《경멸》놈(악한 같은 녀석).《구어》귀여운 이(애칭). Viens, mon petit ~! 아가야, 이리 오너라! (Quel) drôle de ~ (!) 《속어》(얼마나) 괴상한 녀석(이냐!). joli(gentil) ~ 《속어》(반어적) 따분한(보기 싫은) 녀석. ④ (pl.)《식물》달걀 모양의 제비콩.
coco³ n.f. 《구어》코카인.
coco⁴ n.《경멸》공산주의자, 공산당원.—a. 공산주의의, 공산당의. presse ~ 공산당계의 신문.
cocodès [kɔkɔdɛs] n.m. 《옛》(꼴 사나운)멋장이.
cocodette [kɔkɔdɛt] n.f. 《옛》경박한(바람기 있는) 여자.
cocon [kɔkɔ̃] n.m. (누에)고치; (거미의)알주머니.
dévider un ~ 고치에서 실을 뽑다.
s'enfermer[*se retirer*] *dans son* ~ 《구어》세상을 멀리하여 살다, 고독하게 살다.
coconnage [kɔkɔnɑ:ʒ] n.m. (누에의)고치짓기.
coconner [kɔkɔne] v.i. (누에가)고치를 짓다.
coconnier(ère) [kɔkɔnje, -ɛːr] a. 고치의. —n.m. 고치장수. —n.f. 잠실, (누에의)고치 저장소.
cocontractant(e) [kɔkɔ̃traktɑ̃, -ɑ̃ːt] n. 《법》공동계약자.
cocorico [kɔkɔriko] n.m. 꼬끼오(수탉 우는 소리).
cocorli [kɔkɔrli] n.m. 《조류》세발가락도요새.
cocose [kɔkɔːz] n.f. 코코아 버터.
cocoter [kɔkɔte] v.i. 《속어》= cocotter.
cocoteraie [kɔkɔtrɛ] n.f. 코코야자나무 숲.
cocotier [kɔkɔtje] n.m. 《식물》야자나무.
secouer le ~ ; *faire monter au* ~ 노인·병약자를 제거하다(아프리카 원주민이 노인을 야자나무에 올라가서 흔들어 떨어뜨린다는 전설에서).
cocotte [kɔkɔt] n.f. ①《구어·어린이말》암탉, 꼬꼬; 종이(로 접은)암탉. ②《구어》귀여운 이(애칭).《구어·어린이말》말(cheval), ma ~ 귀여운 이(애칭). ③ 경박한 여자. ④《요리》스튜 냄비의 일종. ~-*minute* 압력솥(상표명). ⑤《속어》(계속해서 손님을 받는)매춘부; (십자로 중앙에 있는 교통정리의)발판. ⑥《구어》《의학》급성결막염, 임질;《수의》아구창(鵞口瘡). ⑥ (pl.)《구어》《음악》(소프라노의)고음역의 스타카토. ⑦《의복》닭 볏 모양의 리본(장식).
sentir[*puer*] *la* ~ 싸구려 향수냄새가 나다.
cocotter [kɔkɔte] v.i. 《속어》악취를 풍기다;《옛》(여자가)놀아나는 생활을 보내다.
cocot(t)erie [kɔkɔtri] n.f. (집합적) 경박한 여자들.
cocquard [kɔkaːr] n.m. 수꿩과 암탉의 트기.
cocréancier(ère) [kɔkreɑ̃sje, -ɛːr] n. 공동채권자.
coction [kɔksjɔ̃] n.f. ①《한의》(식물 따위의)열처리, 끓임. ②소화. ~ *période des bronchites* 《의학》기관지염의 성숙기.
cocu(e) [kɔky] 《비어》n. 오쟁이진 남편, 부정한 아내의 남편;《드물게》외도한 남편의 아내. ~ *en herbe* 오쟁이진 남편이 될(듯한)남자. ~ *en gerbe* 오쟁이진 남편. Elle est ~*e*. 그녀의 남편은 바람을 피웠다. *avoir une chance*[*une veine*] *de* ~ 무척 운이 좋다.
—*a.* 속은, 오쟁이진. ~, *battu et content* 형편없이 얼빠진 자(부인이 화냥질을 하는데도 순진하게 속고 만족하는).
couage [kɔkɥaːʒ] n.m. 《비어》화냥년의 남편임, 오쟁이지고 있음.
cocufiable [kɔkyfjabl] a. 부인이 화냥질을 할 수 있는 사람의, 속을 수 있는 사람의.
cocufier [kɔkyfje] v.t. 《비어》화냥질하다; (의)아내와 사통하다(tromper).
Cocyte [kɔsit] n.pr.m.《그리스신화》코키토스(저승 *Hadès*의 내, *Achéron* 강으로 흘러들어감).
coda [kɔda] n.f. 《음악》코다(곡의 종결부);《무용》(발레의)마지막 등장, 마지막 춤.
codage [kɔdaːʒ] n.m. 전신약호(電信略號)[암호]화.

codamine [kɔdamin] *n.f.* 【화학】 코다민.

***code** [kɔd] *n.m.* ① 법전, 법규(집); (관습상의)법, 준칙. ~ Justinien 유스티니아누스법전. ~ Napoléon 나폴레옹법전. ~ civil 민법전. ~ de procédure civile 민사소송법전. ~ pénal 형법전. ~ de commerce 상법전. ~ de la route 도로교통법. ~ du travail 노동법전. ~ forestier 산림법전. ② 법률; 법률서. étudier le ~ 법률을 공부하이다. être dans le ~ 합법적이다. avoir toujours le ~ en main; brandir à tout propos le ~ 사사건건 법률을 끄집어내다. ③ 규범, 규칙. ~ de la politesse 예의규범. ~ de moral 도덕규범. ④ 신호(표), 암호(표). ~ morse 모르스 부호. ~ secret 암호. télégramme en ~ 암호전보. ~ télégraphique 전신약호. ~ international [de signaux] 【해양】 국제기(旗)신호, 국제신호부호. ⑤ 코드 [메시지를 해독할 수 있는 기호체계]. mettre en ~ 코드화하다. ~ gestuel [graphique] 몸짓 [서기(書記)] 코드. ~ linguistique 언어코드 [기호체계]. ⑥ ~ génétique 【생물】 유전암호, 유전 코드. ⑦ 【자동차】 (도로교통법의 규정에 따라) 희미하게 한 헤드라이트(éclairage ~, phares ~). se mettre en éclairage ~ (앞에서 오는 차에 대하여) 헤드라이트를 희미하게 [어둡게] 하다.

codé(e) [kɔde] *a.p.* 전신약호화된, 코드화한.

codébiteur(trice) [kɔdebitœːr, -tris] *n.* 【법】 공동 채무자.

codécision [kɔdesizjɔ̃] *n.f.* 【정치】 (각 정부간 또는 각 기관간의)공동결정.

codéfendeur [kɔdefɑ̃dœːr] *n.m.* 【법】 공동피고.

codéine [kɔdein] *n.f.* 【화학】 코데인.

codemandeur(eresse) [kɔdmɑ̃dœːr, -drɛs] *n.* 【법】공동 원고.

codéputé [kɔdepyte] *n.m.* 공동대리인 [대표자].

coder [kɔde] *v.t.* (통신문을)전신 약호로 하다.

C.O.D.E.R. 《약자》 Commission de développement économique régional 지방 경제발전 위원회.

codétenteur(trice) [kɔdetɑ̃tœːr, -tris] *n.* 【법】 공동 소유자.

codétenu(e) [kɔdtny] *n.* 【법】 동수 (同囚).

codex [kɔdɛks] 《라틴》 *n.m.* ① 약전 (藥典) (= pharmaceutique). ② 【역사】 고문서; 사본.

codicillair [kɔdisi(l)lɛːr] *a.* 【법】 유언 추가서의.

codicille [kɔdisil] *n.m.* 【법】 유언 추가서.

codificateur(trice) [kɔdifikatœːr, -tris] *n.* 【법】 법전 편찬가. ―*a.* 법전 편찬을 하는.

codification [kɔdifikɑsjɔ̃] *n.f.* ① 법전편찬, 법령집성, 성문화. ② 코드화, 체계화, 합리화; 【무전】(통신문)전신 약호로 함.

codifier [kɔdifje] *v.t.* 법전으로 엮다, 체계화하다; 【무전】 (통신문을)전신약호로 하다. ~ le bon usage 올바른 관용(어법)을 체계화하다. ~ le langage (정리하여)언어의 문법을 짜다.

codirecteur(trice) [kɔdirɛktœːr, -tris] *a.* 공동 지배 [관리]의. ―*n.* 공동 지배인 [관리인].

codirection [kɔdirɛksjɔ̃] *n.f.* 공동 지배 [관리].

codominance [kɔdɔminɑ̃s] *n.f.* 【생물】 공유우성 (2가지 대립 유전자 간에 우열이 없다).

codon [kɔdɔ̃] *n.m.* 【생화학】 코돈(유전암호의 기본 단위로 m-RNA의 3개의 뉴클레오티드의 배열로 정함).

codonataire [kɔdɔnatɛr] *n.* 공동기증 (증여)을 받는 사람.

codonateur [kɔdɔnatœr] *n.* 공동기증을 하는 사람.

coéchangiste [kɔeʃɑ̃ʒist(ə)] *n.* (부동산 따위의)교환하는 당사자.

cæcum [sekɔm] *n.m.* =**cæcum**.

coéducation [kɔedykɑsjɔ̃] *n.f.* 남녀 공학.

coéducationnel(le) [kɔedykɑsjɔnɛl] *a.* 남녀 공학의.

coefficient(e) [kɔefisjɑ̃, -ɑ̃ːt] *a.* 【수학·물리】 계수(係數)의, 율(率)의.
―*n.m.* ① 【수학·물리】 계수, 율. ~ d'absorption 흡수계수. ~ de dilatation [de frottement] 팽창 [마찰]계수. ~ d'élasticité 탄성계수. ~ de réduction 환산율. ② 【경제】 지수, 계수. ~ des prix [du coût de la vie] 물가 [생계비]지수. ~ d'utilisation du matériel (기업의)수익률. ③ 요인; 정도. prévoir un ~ d'erreur 일정의 오차를 예견하다. ④ (시험의)득점조정계수.

cœl-, cœlio- *préf.* 「공동(空洞)·복부」의 뜻.

cœlacanthe [selakɑ̃t] *n.m.* 【어류】 실러캔스(중생대의 물고기).

cœlentérés [selɑ̃tere] *n.m.pl.* 【동물】 강장(腔腸) 동물문(門).

cœliaque [seljak] *a.* 【해부】 복강(腹腔)의. 「(법).

cœlioscopie [seljɔskɔpi] *n.f.* 【의학】 복강경 검사

coemption [kɔɑ̃psjɔ̃] *n.f.* 【로마법】 매매; (특히) 매매혼.

cœnesthésie [senɛstezi] *n.f.* =**cénesthésie**.

cœnure [senyːr] *n.m.* =**cénure**.

coéquation [kɔekwɑsjɔ̃] *n.f.* 세금 할당.

coéquipier(ère) [kɔekipje, -ɛːr] *n.* 【스포츠】 같은 팀의 사람.

coercibilité [kɔɛrsibilite] *n.f.* 【물리】 압축 [응축할 수 있는 성질, 수압성(受壓性).

coercible [kɔɛrsibl] *a.* 【물리】 압축(응축)할 수 있는 (compressible). impulsions difficilement ~s 억제하기 힘든 충동.

coercitif(ve) [kɔɛrsitif, -iːv] *a.* ① 【법】 강제하는. pouvoir ~ 강제권. lois ~ves 강제법. ② force ~ve 【물리】 항자성(抗磁性).

coercition [kɔɛrsisjɔ̃] *n.f.* 【법】 강제권. exercer une ~ 강제권을 발동하다. prendre des mesures de ~ 강제조치를 취하다. droit de ~ 강제권. obtenir *qc* par ~ 강제적으로 …을 손에 넣다.

coercitivité [kɔɛrsitivite] *n.f.* 【전기】 보자성(保

cœsium [sezjɔm] *n.m.* 【화학】 세슘. 「磁性).

coesre, coère [kɔɛr] 《은어》 (중세기의 거지)왕초.

coéternel(le) [kɔetɛrnɛl] *a.* 【신학】 함께 무궁한, 영원한 옛적부터 공존하는. le Fils, ~ au Père 아버지인 신(神)과 함께 영원한, 옛적부터 존재하는 아들(인 신).

:cœur [kœːr] *n.m.* I. ① ⓐ 심장. Son ~ bat. 그의 심장이 뛴다. ~ droit [gauche] 우심[좌심]. avoir une maladie de ~ 심장병을 앓고 있다. opération à ~ ouvert 심장절개 수술. ~-poumon artificiel 인공심폐. greffe du ~ 심장이식. ⓑ 가슴, 위(의 주변). presser [serrer] *qn* sur [contre] son ~ …을 가슴에 꼭 껴안다. mettre la main sur son ~ 가슴 [심장 위]에 손을 얹다. avoir mal au ~ 구토증을 일으키다. mettre [jeter] le ~ sur le carreau 토하다. avoir le ~ barbouillé 구역질이 나다. avoir le ~ sur le bord des lèvres 토할 것만 같은 기분이다. ② 하트형(의 것); (카드놀이의)하트. ~ suspendu à un collier 목걸이로 내려뜨린 하트형의 장식. dessiner un ~ allongé 가느다란 하트형을 그리다. ~ en sucre 하트형의 과자. ~ à la crème 하트형의 크림치즈. roi [reine, as] de ~ 하트의 킹[퀸·에이스]. Il s'est défaussé à ~. 그는 하트를 버렸다. ③ 중심, 심(芯), 핵심; (원자로의)노심. L'île de la Cité est le ~ de Paris. 시테 섬은 파리의 중심이다. ~ de l'Europe 유럽의 중심부[심장부]. habiter au ~ d'une ville 도시의 한복판에서 살고 있다. au ~ de l'hiver 한겨울에. ~ d'un chou 개배지의 심. ~ du sujet 주제의 핵심.

Ⅱ. (비유적) ① (감수성을 나타내는)마음, 심정. avoir le ~ sensible 감수성이 예민하다. toucher le ~ 감동시키다. arracher[briser, crever, fendre] le ~ 가슴을 에다, 가슴이 터질 듯한 생각을 갖게 하다. faire mal au ~ à qn …의 마음을 아프게 하다. chagrin qui gonfle[perce, serre] le ~ 가슴이 터질 듯한(을 찌르는 듯한, 죄는 듯한) 슬픔. Ces paroles me vont droit au ~. 그 말은 나의 가슴을 찌른다(정곡을 찌른다).
② 마음(의 상태), 기분. avoir le ~ léger[joyeux, gai] 마음[기분]이 가볍다[즐겁다]. avoir le ~ gros[lourd, triste] 기분이 찜찜하다[마음이 무겁다, 슬픈 기분이다]. ~ plein d'angoisse 괴로움으로 가득찬 마음.
③ (애정을 나타내는)마음, 사랑. ~ d'une mère 모성애. ~ ardent d'amour 사랑에 불타는 마음. offrir son ~ à qn …에게 마음을 바치다. femme de son ~ 마음 속으로 사랑하는 여자, 사랑의 여자. affaire de ~ 연애사건; 정사(情事). courrier du ~ (잡지 따위의)애정상담란. peine de ~ 사랑의 아픔. ~ fidèle 변하지 않는 마음. ~ volage 경박한 마음, 바람기. mon (cher) ~ 여보, 당신 (사랑하는 사람을 부르는 호칭).
④ (인정을 나타내는)마음; 친절; 관대한 사람. homme de ~ 관대한[마음씨 착한] 사람. avoir bon ~ 친절하다. C'est un ~ d'or[un brave ~]. 매우 관대한(선량한) 마음의 소유자이다. ~ dur [sec] 무정한[냉혹한] 사람. ~ de pierre[de tigre] 목석 같은[잔인한] 사람. n'avoir pas de ~ 피도 눈물도 없다.
⑤ 성의, 진심; 본심. d'un ~ innocent[candide, pur, simple] 순진한 마음으로, 사심없이. parler du ~ 성의를 갖고 말하다. ouvrir[vider] son ~ à qn …에게 속마음을 털어놓다. ami de ~ 마음의 친구, 사랑의 벗.
⑥ (의욕을 나타내는)마음. [avoir le ~ à] Je n'ai pas le ~ à rire. 웃을 기분이 아니다. se donner du ~ à l'ouvrage 일에 힘을 기울이다.
⑦ (문어)용기; (옛)자부심, 품격. Le ~ lui manque. 그에게는 용기가 없다. avoir du ~ 용기(자부심)을 갖다. [avoir le ~ de+inf.] 감히 …하다. Il n'aura pas le ~ de faire cela. 그에겐 그런 일을 할 용기가 없을 거다. Haut les ~s! 용기[기운]을 내라 (Courage!). donner du ~ à qn …에게 용기를 주다. ~ de poule[de poulet] 연약한 마음. ~ de fer 강철 같은 마음. ~ bien né[haut placé] 기품이 있는(고귀한) 사람.

à ~ ⓐ [avoir à ~ qc/de+inf.] …에 관심을 쏟다 (집착하다); 꼭 …하고 싶다. J'ai à ~ leur proposition. 나는 그들의 제안에 큰 관심을 갖고 있다. Il a à ~ de vous parler. 그는 당신에게 꼭 말하고 싶어한다. ⓑ [tenir à ~ qn] …의 마음에 걸리다, 비상한 관심을 품다. C'est un projet qui me tient à ~. 이것이 내 관심을 끄는 계획이다.
à ~ joie 기꺼이, 마음껏. Ils s'en sont donné à ~ joie. 그들은 마음껏 즐겼다. chanter à ~ joie 마음껏 노래하다.
à ~ ouvert ⓐ 솔직하게, 터놓고. discuter à ~ ouvert 터놓고 토론하다. ⓑ 열렬히. recevoir qn à ~ ouvert …을 마음으로부터 환영하다.
aller(droit) au ~ (말 따위가) 감동시키다. Ce mot me va au ~. 그 말은 나를 깊이 감동시킨다.
avec ~ 열심히, 성의껏. travailler avec ~ 열심히 일하다.

avoir le ~ bien accroché (구어)용기가 있다.
avoir le ~ sur la main 친절(관대)하다.
beau[joli] comme un ~ 매우 귀엽다, 매우 사랑스럽다.
~ à ~ 흉금을 터놓고, 솔직하게. parler ~ à ~ 서로 흉금을 터놓고 이야기하다.
de bon(grand) ~ 외어서, 암기하여. Je sais par ~ quelques poèmes de Verlaine. 나는 베를렌의 시 몇 편을 외고 있다. apprendre[réciter] par ~ 암기[암송]하다. ⓑ 구석구석까지, 속속들이, 완전히. Je sais ce quartier par ~. 그 동네라면 나는 구석구석까지 다 알고 있다. Je connais cette personne par ~. 그 사람이라면 나는 속속들이 잘 알고 있다. ⓒ dîner par ~ (옛)먹은 셈치다, 식사를 거르다.
porter qn dans le ~ …을 사랑하다.
sans ~ 냉혹한, 용서 없는.
selon le ~ de qn 마음에 드는. épouse[secrétaire] selon son ~ 이상적인 아내[비서]. le roi selon le ~ de Dieu 신의 마음에 드는 왕.
si le ~ vous en dit 만일 원한다면, 마음이 내킨다면.
sur le ~ ⓐ [rester sur le ~] (먹은 음식이)위(胃)에 얹혀 있다. J'ai encore mon dîner sur le ~. 저녁 먹은 것이 아직도 위에 걸려있다(소화가 안된다). ⓑ [avoir qc sur le ~] …이 마음에 걸려 잊혀지지 않다; …을 마음속 깊이 간직하다. Elle a confié à sa mère tout ce qu'elle avait sur le ~. 그녀는 마음 속 깊이 간직하고 있는 것을 전부 어머니에게 털어놓았다. avoir une injure sur le ~ 모욕당한 일을 마음에 간직하다.

cœur-poumon [kœrpumɔ̃] (pl. ~s-~s) n.m. (artificiel) 인공심폐(心肺).
cœur-rouge [kœrruːʒ] n.m. 《임업》 적신(赤身).
coexécuteur(trice) [kɔɛgzekytœːr, -tris] n. 《법》 (유언의)공동 집행인.
coexistant(e) [kɔɛgzistɑ̃, -ɑ̃ːt] a. [~ avec] (와)공존하는.
coexistence [kɔɛgzistɑ̃ːs] n.f. 공존. ~ pacifique 《정치》 평화적 공존.
coexister [kɔɛgziste] v.i. [~ avec] (와)공존하다.
coextensif(ve) [kɔɛkstɑ̃sif, -iːv] a. 《철학》 (어떤 개념이 다른 개념과 부분적 또는 전면적으로)공통의 외연(外延)을 갖는, 공외연적 (共外延的)인.
cofacteur [kɔfaktœːr] n.m. 《수학》 (행렬의)여인자(餘因子).
cofferdam [kɔferdam] (영) n.m. 코퍼댐(군함 내에서 포탄 따위에 의한 침수를 막기 위해서 설치된 장소); 《수력공학》 (교각 공사 때 따위의)포위 방축; 둑, 방축.
coffin [kɔfɛ̃] n.m. ① (풀 베는 사람이 허리에 차는) 숫돌 케이스. ② 《옛·사투리》 (원형의 깊은)상자, 바구니. mettre un corps en son ~ (구어)시체를 납관(納棺)하다.
coffrage [kɔfraːʒ] n.m. ① (콘크리트 공사의)판자

틀. ② 《광산》 갱도 판자틀. planches de ~ (갱도의)측면 판자.

coffrant(e) [kɔfrɑ̃, -ɑ̃:t] *a.* 방수하는. cadre ~ 《광산》 수갱(竪坑)의 방수틀(醫坑의).

coffre [kɔfr] *n.m.* ① (뚜껑 달린)큰 궤, 상자, 함. ~ de bois(d'acier) 큰 나무[철]상자. ~ à outils 도구상자. ~ à linge 속옷상자. ② 금고(~ -fort). avoir(louer) un ~ à la banque 은행에 금고를 갖고 있다(빌리다). ~s de l'État 국고. ③ (자동차의)트렁크. ⑷ (피아노·오르간의)통. ⑤ 《구어》 가슴; 위; 폐. n'avoir rien dans le ~ depuis deux jours 이틀 동안 아무 것도 먹은 것이 없다. ⑥ 《해양》 선체; 요(凹)감판. ~ d'amarrage 계류[계선]부표(浮標). ~ à air (구명정의)공기탱크. ⑦ 《집합적》 《건축》 콘크리트용 판자틀. ⑧ 《어류》 거북복. ⑨ 《요리》 (양의)전반신 고기.
avoir du ~ 체격이 좋다; 성량이 풍부하다; 용기가 있다.

coffre-fort [kɔfrəfɔ:r] (*pl.* ~**s**-~**s**) *n.m.* ① 금고. chiffre[combinaison secrète] d'un ~ 금고의 열쇠 번호. ② (비유적)부(富), 재산.

coffrer [kɔfre] *v.t.* 《구어》감옥에 가두다; 《광산》 (갱도에)방수를 하다.

coffret [kɔfrɛ] *n.m.* 손궤, 작은 궤[상자]. ~ à bijoux 보석상자.

coffretier [kɔfrətje] *n.m.* 상자 제조[판매]인.

cogérance [kɔʒerɑ̃:s] *n.f.* 공동관리.

cogérant(e) [kɔʒerɑ̃, -ɑ̃:t] *n.* 공동관리인.

cogérer [kɔʒere] *v.t.* 공동관리(운영)하다. université *cogérée* par les professeurs et les représentants des étudiants 교수와 학생대표에 의해 공동으로 운영되는 대학.

cogestion [kɔʒɛstjɔ̃] *n.f.* 《법》 공동[경영]관리.

cogitation [kɔʒitasjɔ̃] *n.f.* 《옛》(비꼼) 사고(思考), 사유(思惟).

cogiter [kɔʒite] *v.i.* (비꼼) 생각하다.

cogito [kɔʒito] *n.m.* 《철학》 코기토《데카르트 철학의 근본원리로 «cogito, ergo sum (라틴어)=je pense, donc je suis» (나는 생각한다, 그러므로 존재한다)에서 나옴》.

cognac [kɔɲak] *n.m.* 코냐(Cognac 산의 브랜디).

cognaçais(e) [kɔɲasɛ, -ɛ:z] *a.* 코냐(Cognac, 프랑스의 도시)(사람)의. ──C~ *n.* 코냐 사람.

cognage [kɔɲa:ʒ] *n.m.* 《속어》싸움; 《자동차》 (엔진의)덜거덕거리는 소리.

cognasse [kɔɲas] *n.f.* 야생 마르멜로의 열매.

cognassier [kɔɲasje] *n.m.* 《식물》 야생 마르멜로 나무;《원예》 마르멜로나무.

cognat [kɔɡna] *n.m.* 《로마법》 혈연자;《특히》모계의 혈족, 외척.

cognation [kɔɡnasjɔ̃] *n.f.* 《로마법》 같은 혈족, 혈족 관계; 인척.

cogne [kɔɲ] *n.m.* 《속어》경관.

cognée [kɔɲe] *n.f.* 도끼. jeter le manche après la ~ 넌덜머리가 나서 단념하다, 포기해버리다. mettre la ~ à (la racine de) l'arbre 나무(뿌리)에 도끼를 대다;《구어》악을 뿌리째 뽑으려 하다, 과감하게 일을 하다.

cogne-fétu [kɔɲfety] (*pl.* ~-~(*s*)) *n.m.* 《구어》(하찮은 일로)떠들어대는 사람.

cognement [kɔɲmɑ̃] *n.m.* 연거푸 두드리기;《기계》 노킹.

cogner [kɔɲe] *v.t.* ① 두드리다, 박아 넣다(frapper sur). ~ un clou 못을 박다. ~ une idée dans la tête de qn ···에게 사상을 강력히 주입하다. ② (에)충격을 주다, 부딪치다(heurter). ~ les passants 지나가는 사람과 부딪치다. ③ 《속어》치다, 때리다 (battre). Il *m'a cogné* du coude. 그는 나를 팔꿈치로 쳤다.

──*v.t.ind.* [~ sur/à/contre] ···을 두드리다, 때리다. ~ *à(contre)* la porte 문을 노크하다(두드리다). ~ du poing *sur* la table 테이블을 주먹으로 두드리다.

──*v.i.* ① 부딪치다; 충돌하다. J'entends qc qui *cogne.* 무엇인가가 부딪치는 소리가 들린다. ② (엔진 따위가)딸각딸각 소리내다, 노킹을 일으키다. ③ 《속어》구리다. 《구어》때리다. Il *cogne* dur. 《권투》 그는 강타자이다. ④ (포탄 따위가)작렬하다. ⑥ 《속어》기분 나쁘다. Ça *cogne* ici. 기분 잡치는데.

──se ~ *v.pr.* ① [se ~ à/contre] (에)부딪치다; 《속어》서로 치고받고하다. Il *s'est cogné* à un meuble. 그는 가구에 몸을 부딪쳤다. ② 자기의 ···을 부딪치다. *se* ~ la tête 자기 머리를 부딪치다. *se* ~ la tête contre les murs 궁지에서 빠져 나오려고 필사적으로 발버둥치다. ③ 타박상을 입다. Je *me suis cogné.* 나는 타박상을 입었다.

cogneur [kɔɲœ:r] 《권투》 *a.m.* 강타하는. ──*n.m.* 강타자.

cognitif(ve) [kɔɡnitif, -i:v] *a.* 《철학》 인식의, 인식력 있는. faculté ~*ve* 인식력. fonction ~*ve* 인식 기능.

cognition [kɔɡnisjɔ̃] *n.f.* 《철학》 인식(능력); (일반적으로)지식.

cognon [kɔɲɔ̃] *n.m.* 《속어》싸움.

cognoscibilité [kɔɡnɔsibilite] *n.f.* 인식할 수 있음.

cognoscible [kɔɡnɔsibl] *a.* 《철학》 인식 가능한.

cohabitation [kɔabitasjɔ̃] *n.f.* 동거; 공동생활; 공존. ~ entre le métro et le tramway 지하철과 전차의 공존.

cohabiter [kɔabite] *v.i.* 동거하다; 공동생활을 하다; 공존하다. deux amis qui *cohabitent* 공동생활을 하고 있는 두 친구.

──*v.t.* (에서)같이 살다. ~ une même maison 한 집에서 함께 살다.

cohérence [kɔerɑ̃:s] *n.f.* (긴밀한)결합; 응집; 논리적인 일관성, 통일. Ce discours manque de ~. 이 연설은 일관성이 없다.
avec ~ 일관성 있게, 조리 정연하게. s'exprimer *avec* ~ 논리적으로[일관성 있게] 생각하는 바를 표현하다.

cohérent(e) [kɔerɑ̃, -ɑ̃:t] *a.* ① 긴밀히 결합된(homogène); 일관성 있는, 논리적인, 조리 있는, 문맥이 통하는 (logique, ordonné). politique ~*e* 일관성 있는 정책. équipe très ~*e* 긴밀히 결합된 팀. raisonnement ~ 조리 있는 추론. ② 《물리》 (빛따위가)간섭성의, 응집성의.

cohéreur [kɔerœ:r] *n.m.* 《무전》 코허러(무선전신용 검파기).

cohériter [kɔerite] *v.i.* 《법》 공동상속하다.

cohéritier(ère) [kɔeritje, -ɛ:r] *n.* 《법》 공동 상속인.

cohésif(ve) [kɔezif, -i:v] *a.* 응집성의; 결합력 있는, 들러붙는. ~*ve* 응집력.

cohésion [kɔezjɔ̃] *n.f.* 《물리》 응집(력); 결합, 단결; 일관성. ~ d'un récit 이야기의 짜임새. force de ~ 《물리》 응집력. porter atteinte à la ~ du groupe 집단의 단결을 해치다.

cohésionner [kɔezjɔne] *v.t.* 《식물·화학》 응집시키다; 결합[단결]시키다.

cohésivement [kɔezivmɑ̃] *ad.* 응집하여; 결합하여.

cohobation [kɔɔbasjɔ̃] *n.f.* 《화학》 재증류.「여.

cohober [kɔɔbe] *v.t.* 《화학》 재증류하다.

cohorte [kɔɔrt] *n.f.* ① 《구어》 떼, 무리, 일당. une joyeuse ~ 명랑한 한 떼. ② 《고대로마》 보병대

(légion의 1/10로 5—6 백명). ③《문어》군단, 군세. ④《통계》(인구 통계학에서 동년자·동시대자·동세대의) 총수. ~ des femmes nées en 1950, 1950년 출생의 여자 총수. ~ des mariages de 1985, 1985년도 결혼 총수.

cohue [kɔy] *n.f.* (떠들썩한) 군중; 혼잡 (bousculade). ~ de soldats 떠들썩한 병사들의 무리. ~ du marche [de voiture] 시장[자동차]의 혼잡.

coi(te) [kwa, -at] *a.* 조용한, 말없는, 침묵의 (muet). rester [se tenir] ~ 잠자코 있다; 가만히 움직이지 않고 있다.

C.O.I. (약자) Comité olympique international 국제 올림픽 위원회 《영》I.O.C.

coiffage [kwafa:ʒ] *n.m.* 【군사】뇌관, 탄모 (彈帽); 【치과】피복 (被覆).

coiffant(e) [kwafɑ̃, -ã:t] *n.m.* (모자를) 쓰는 법, 쓴새. —*a.* (모자 따위가) 잘 맞는. chapeau ~ 잘 맞는 모자. coupe ~*e* 잘 어울리는 헤어컷.

coiffe [kwaf] *n.f.* ① 머리쓰개, 부인모 (지금은 시골 여자만의). ~ bretonne [de Bretonne] 브르타뉴풍의 머리쓰개. ~ des religieuses 수녀의 머리쓰개. ② 모자 안. ~ de chapeau 모자의 안. ~ (képi에 달린) 차양; 《군사》(포탄의) 탄두관 (彈頭冠); 뇌관. ④《해부》머리망 (大網膜); (아이가 출산시 머리에 쓰고 있는) 양막 (羊膜)의 일부. ⑤《요리》장막 (腸膜). ⑥《식물》선모 (蘚帽); 뿌리골무. ⑦《제본》(책등의) 헤드밴드.

coiffé(e) [kwafe] *ap.* ① 모자를 쓴. femme ~*e* à la mode 유행 모자를 쓴 여자. ② [~ de] (을) 쓴; (에) 덮인. homme ~ *d'*un bonnet noir 챙없는 검은 모자를 쓴 남자. montagne ~*e de* nuages 구름에 덮인 산. ③ 머리를 땋은. ~*e* à la chinoise 중국풍으로 머리를 땋은. ④《속어》chèvre ~ *e* 못생긴 여자; chien ~ 못생긴 남자. ⑤ chien bien ~ 귀를 길게 내려뜨린 개; cheval bien ~ 귀가 짧고 민첩하게 움직이는 말.

être ~ de ...《옛·구어》...에 열중하고 있다. être né ~《구어》행운을 타고나다. pion ~《놀이》(체스의) 장군을 부르는 졸. voile ~*e*《해양》바람을 정면으로 받는 돛.

coiffer [kwafe] *v.t.* ① (의) 머리를 손질하다 [빗다], 조발하다. Elle se fit ~ par sa femme de chambre. 그녀는 하녀에게 머리를 손질하게 했다. (목적보어 없이) Ce coiffeur *coiffe* bien. 이 이발사는 머리 치지는 솜씨가 훌륭하다. aller se faire ~ 머리 손질하러 (이발관·미용원에) 가다. ②[~ de] (모자를) 씌우다, (으로) 덮다 (chapeauter, recouvrir); (병 따위에) 마개를 하다; (모자가 ...에게) 맞다; (모자를) 쓰다. ~ un garçon *d'un* béret 소년에게 베레모를 씌우다. La neige *coiffait* les collines. 눈이 언덕을 덮고 있었다. ~ une bouteille 병 (김이 안빠지게) 마개를 하다. Cette toque *coiffe* bien. 이 챙없는 모자는 잘 어울린다. Du combien *coiffez-vous*? 당신 모자의 치수는 얼마입니까? Je *coiffe* du 46. 내 모자 치수는 46이다. ③《구어》열중하게 하다. ~ *qn d'*une opinion ...을 어떤 주의주장에 빠지게 [열중하게] 하다. ④ 앞지르다. ~ un concurrent au poteau 골인직전에 상대를 앞지르다. ⑤【군사】(목표 지점에) 이르다. ⑥ (비유적) 관장하다, 통괄하다; 보살피다, 비호하다. Ce directeur *coiffe* les services commerciaux. 이 부장은 영업부를 관장한다. ~ *Saint-Catherine*《구어》(처녀가) 25세를 맞이하다. ~ son mari 남편을 속여 부정한 짓을 하다.

—*v.i.*《해양》(배가) 앞바람을 받다.

—*se* ~ *v.pr.* ① 자기 머리를 손질하다 [빗다]. *se* ~ à la mode 유행형으로 머리를 매만지다. ②[se ~ de] (을) 쓰다. *se* ~ *d'un* joli chapeau 예쁜 모자를 쓰다. *Coiffez-vous.* 모자를 쓰십시오. ③《구어》[se ~ de] (에) 열중하다 (s'éprendre). *se* ~ *d'une* opinion 어떤 주의 (설)를 맹신하다. ④《속어》(술에) 취하다.

coiffeur(se) [kwafœ:r, ɸ:z] *n.* 이발사, 미용사. ~ pour hommes 이발사. ~ pour dames 미용사. minutes de ~ 장시간 (시간이 많이 걸린다는 뜻). —*n.f.* 소형 (부인용) 경대.

*****coiffure** [kwafy:r] *n.f.* ① 머리쓰개, 모자. ~ ancienne 옛날 머리쓰개 (모자). ~ militaire 군모. ~ de fleurs 꽃의 머리장식. mettre une ~ 모자를 쓰다. ôter sa ~ 모자를 벗다. ② 머리 모양. changer de ~ 머리모양을 바꾸다. ③ 이발, 머리하기. salon de ~ 이발소 (미장원). haute ~ 고급 미장원. ~ négligée 흐트러진 머리. ~ à [sans] raie 가리마가 타져 있는 [없는] 머리.

coignassier [kwaɲasje] *n.m.* =**cognassier**.

coignet [kwaɲɛ] *n.m.* 작은 쐐기.

:coin [kwɛ̃] *n.m.* ① 모서리; 모퉁이. ~ de la table 테이블의 모서리. ~ de la rue 길 모퉁이. magasin du ~ 모퉁이의 (바로 옆에 있는) 상점.

② (방 따위의) 구석. les quatre ~*s* *d'une* chambre 방의 네 구석. mettre un enfant au ~ (벌주기 위해) 어린아이를 방의 구석에 세우다. chercher *qc* dans tous ~*s* ...을 구석구석까지 찾다. ~ à manger (겸실·장소의) 식사하는 구석진 장소. 《동격》 ~ fenêtre (열차의) 창가의 좌석.

③ 구석진 장소, 한 구석, 작은 곳. mourir au ~ *d'un* bois (세상에서 버림받아) 혼자 구석진 곳에서 쓸쓸히 죽다. se cacher dans un ~ 어느 구석진 곳에 몸을 숨기다. Je ne voudrais pas le rencontrer au ~ *d'un* bois. (그는 수상쩍은 꼴을 하고 있으므로) 으슥한 곳에서 만나고 싶지 않다. posséder un ~ de terre 땅의 한 구석 (작은 땅)을 손에 넣다. dans un ~ de sa mémoire 기억의 한 구석에.

④ 끝, 가, 가장자리. surveiller *qn* du ~ de l'œil ...을 곁눈으로 감시하다. sourire du ~ de la bouche 입가에 짓는 미소, 남몰래 짓는 (의미 있는) 미소.

⑤ 쐐기. enfoncer un ~ entre [dans] ...에 쐐기를 박다; 분열시키다.

⑥ (신문·잡지의) 난; (제본·사진용의) 코너. ~ du médecin 신문의 의학 코너.

⑦ⓐ (엣돈·메달 따위의) 주형; (금은세공의 품질보증의) 각인 (刻印). monnaie à fleur de ~ 각인이 뚜렷한 화폐. ⓑ (말·소 따위의) 앞니 (dent en ~).

au ~ *du feu* 난롯가에서. causerie *au du feu* 노변 담화.

blague dans le ~《구어》농담은 그만하고....

~*s et recoins* 구석구석.

connaître qc dans les ~*s* ...을 속속들이 알고 있다.

en boucher un ~ *à qn* (입을 열 수 없을 만큼) ...을 어리벙벙하게 하다.

jouer aux quatre ~*s*《놀이》구석차지하기 놀이를 하다.

les quatre ~*s du monde*《구어》세계의 구석구석 [도처].

marqué au ~ *de* 틀림없는 진짜의, 진정한.

petit ~ ⓐ 시골의 한적한 곳. se retirer dans un *petit* ~ 조용한 시골 곳에 은퇴하다. ⓑ 변소. aller au *petit* ~ 변소에 가다.

rester dans son ~ 자기자리 (집)에서 꼼짝 안하다.

tenir son ~《구어》자기입장을 고수하다.

coinçage [kwɛ̃sa:ʒ] *n.m.* 쐐기로 고정시킴; 구석에 처박음.

coincement [kwɛ̃smɑ̃] *n.m.* (기계의) 고장, (밸브

coincer [kwɛ̃se] [2] *v.t.* ① 쐐기로 고정시키다, 쐐기를 박다. ~ des rails 레일을 쐐기로 고정시키다. ② 《구어》꼼짝 못하게 하다, 구석[틈]에 처박다, 궁지에 몰다(bloquer, serrer); 체포하다. Ce tiroir *est coincé*. 이 설합은 꼼짝 움직이지 않는다. ~ qn contre le mur …을 벽에 밀어붙이다. ~ qn dans l'impasse …을 막다른 골목으로 몰아넣다. Le ministre s'est fait ~ sur ce problème. 장관은 그 문제에 대한 답변에 아주 애를 먹었다. Ah! cette fois tu *es coincé*. 아, 이번에는 너도 꼼짝 못하게 되었다. On *a coincé* le voleur. 도둑을 체포했다. —*v.i.*, **se ~** *v.pr.* (꼭 끼어서)꼼짝 못하게 되다.
coïncidence [kɔɛ̃sidɑ̃:s] (< *coïncider*) *n.f.* ① 동시에 일어남, 일치. ~ accidentelle 우연의 일치. heureuse ~ 행운의 만남. ② 《수학》(도형의)일치, 합동; 《물리》일치, 동시. circuit de ~ 동시(일치) 회로. montage de compteurs en ~ 동시계수장치. La ~ de deux figures démontre leur égalité. 두 도형의 일치는 그것들이 똑같다는 것을 증명한다.
coïncident(e) [kɔɛ̃sidɑ̃, -ɑ̃:t] *a.* ① (와)일치하는, 부합하는. deux figures ~*es* 일치하는 두 도형. ② 동시에 일어난(simultané). événements ~*s* 동시에 일어난 사건들.
coïncider [kɔɛ̃side] *v.i.* ① 일치하다, 부합하다, 꼭 들어맞다. Deux cercles de même rayon *coïncident*. 동일한 반경의 두 원은 일치한다. faire ~ l'extrémité de deux tubes 두 관의 끝을 꼭 들어맞게 하다. Votre désir *coïncide* avec le mien. 당신의 소망은 나와 똑같다. ② 동시에 일어나다. Les deux faits *coïncident*. 그 두 사실은 동시에 일어났다.
coin-coin [kwɛ̃kwɛ̃] *n.m.* (복수불변) 넙넙 (거위의 울음소리); 《속어》(자동차의)경적소리.
coïnculpé(e) [kɔɛ̃kylpe] *n.* 《법》연대 피고, 공동 피의자.
coin-de-feu [kwɛ̃df⌀] (*pl.* **~s-~-~**) *n.m.* (벽난로 주위에 놓는 등 있는)작은 의자.
coing [kwɛ̃] *n.m.* 《식물》마르멜로의 열매.
coinsto, coinsteau [kwɛ̃sto] (*pl.* **~x**) *n.m.* (빵 따위의)조각; 한 쪽 구석, 피난처; 창녀가 나타나는 곳(장소).
cointéressé(e) [kɔɛ̃terɛ[e]se] *a.p.* 이해(利害)를 같이하는. —*n.m.pl.* 공동이해 관계자.
cointéresser [kɔɛ̃terɛ[e]se] *v.t.* 이해를 같이하게 하다, 같은 이해 속에 끌어들이다.
coir [kwa:r] *n.m.* 코코야자 열매껍질의 섬유.
coireau [kwaro] *n.m.* 옥수수 가루로 만든 과자.
coït [kɔit] *n.m.* 성교, 교접, 교미.
mal de ~ 《수의》(말의)구역(嘔疫).
coïte[^1] [kwat] ⇨ coi.
coïter [kɔite] *v.i.* 《학술》교접(교미)하다.
coit(t)e[^2] [kwat] *n.f.* 깃털 이불; (*pl.*) 《선박》조선대. ~*s* courantes 진수대.
cojouissance [kɔʒwisɑ̃:s] *n.f.* 《법》공용(권).
coke[^1] [kɔk] 《영》*n.m.* 코크스. petit ~ 가루 코크스.
coke[^2] [kɔk] 코카인(cocaïne).
cokéfaction [kɔkefaksjɔ̃] *n.f.* 코크스화(化).
cokéfiable [kɔkefjabl] *a.* 코크스가 되는, 코크스화 [하는.
cokéfier [kɔkefje] *v.t.* 코크스화하다.
cokerie [kɔkri] *n.f.* 코크스 제조소.
coketier(ère) [kɔktje, -ɛ:r] *n.* 코크스 제조[판매] [인.
coking [kɔkiŋ] 《영》*n.m.* (원유의)코크스화.
col [kɔl] *n.m.* ① 칼라, 깃. ~ montant 세운 깃. ~ mou 소프트칼라. ~ rabattu 접은 깃. ~ blanc 사무원, 화이트칼라. ~ bleu 노무자, 공장노동자. ② (병 따위의)목, 목부분; 《해부》목, 경부(頸部); 《옛》(사람의)목(cou) (지금은 숙어중에 쓰임). vase à long ~ 목이 긴 병. ~ de l'utérus (de la vessie) 자궁(방광)의 경부. tour de ~ 목도리. ③ 《지질》고개, 재; 《기상》안장꼴 고압부. traverser (franchir) les ~*s* des Alpes 알프스 산맥의 고개를 넘다.
~ de cygne (d'oie) 《기계》 S 자관.
faux ~ (떼다 붙였다 하는)칼라; 《구어》(맥주의)거품. un demi sans *faux* ~ 거품 없이 (맥주)한 잔(맥주를 주문할 때 쓰는 말).
se pousser du ~ 《구어》뽐내다, 거드름피우다.
travailler à ~ tordu 《광산》(광부가)고개를 구부린 자세로 일하다.
col- *préf.* 「상호의·공동의」의 뜻.
Col. 《약자》colonel 《군사》육군대령, 연대장.
cola [kɔla] *n.m.* 《식물》 = **kola**.
colapte [kɔlapt] *n.m.* 《조류》딱다구리과의 새.
colarin [kɔlarɛ̃] *n.m.* 《건축》(도리아식 따위의 기둥머리의)프리즈, 띠 모양의 장식.
colas [kɔla] *n.m.* 《속어》바보, 얼간이; 까마귀.
colat. 《약자》colature 《약》여과액.
colateur [kɔlatœ:r] *n.m.* 배수거(排水渠). [度).
colatitude [kɔlatityd] *n.f.* 《천문》여위도(餘緯
colature [kɔlaty:r] *n.f.* 《약》여과(액), 여과액.
colback [kɔlbak] *n.m.* ① (앞챙 달린)털가죽 모자. ② 《속어》멱살(col, collet). saisir *qn* au ~ …의 멱살을 잡다.
colbasse [kɔlbas] *n.f.* 《속어》뺨.
col-bleu [kɔlblø] (*pl.* **~s-~s**) *n.m.* 《해군속어》수병.
colchicine [kɔlʃisin] *n.m.* 《화학》콜히친. [녕.
Colchide [kɔlʃid] *n.pr.f.* 《고대지리》콜키스(흑해 동부의 고대 지방).
colchique [kɔlʃik] *a.* 콜키스(*Colchide*)의. —*n.m.* 《식물》콜히쿰속(屬).
colcotar [kɔlkɔtar] *n.m.* 《화학》철단(鐵丹), 벵갈라 (보석·유리의 연마제).
col-cravate [kɔlkravat] (*pl.* **~s-~s**) *n.m.* (승마용의)목도리.
colcrete [kɔlkrɛt] 《영》*n.m.* 콜크레트 (콘크리트의 일종; 시멘트와 물로된 덩어리).
cold-cream [kɔldkrim] 《영》*n.m.* 콜드크림.
col-de-cygne [kɔldəsiɲ] (*pl.* **~s-~-~**) *n.m.* 《기계》(백조의 목처럼) 두번 굽은 도관, S 자관.
-cole *suff.* 「(에)사는」「(을)기르는」의 뜻(예: arbori*cole* 나무에 살다. agri*cole* 농업의). [遺者).
colégataire [kɔlegatɛ:r] *n.* 《법》공동수유자(受
coléoptères [kɔleɔptɛ:r] *n.m.pl.* 《곤충》초시류(鞘翅類). un *coléoptère* 초시류의 곤충.
‡**colère** [kɔlɛ:r] *n.f.* ① 성, 화, 노여움, 노여움. violente ~; ~ noire 격노. Il est en ~ contre moi. 그는 나에 대하여 화를 내고 있다. mettre en ~ qn …을 화나게 하다. dominer (retenir) sa ~ 분노를 억제하다. accès (crise) de ~ 분노의 폭발. avoir des ~*s*; faire une ~ 화를 내다. être rouge de ~ 화가 나서 얼굴이 시뻘겋다. suffoquer de ~ 화가 나서 숨이 막히다. sous le coup de la ~ 홧김에. ② 《가톨릭》분노; 신의 노여움(~ divine, ~ céleste). jour de ~ 최후의 심판의 날. hymne de la ~ 노여움의 노래 [장례식의 미사에서 노래하는 성가]. enfants de ~ 《성서》신의 벌을 받을 사람들. ③ (비유적) 사나움, 격렬, 광란. ~ des flots 노도(怒濤).
—*a.* (목소리가)노기를 띤; 성 잘 내는. homme très ~ 화 잘 내는 사람. regard ~ 분노의 눈초리.
coléreux(se) [kɔlerø, -ø:z] *a.* 성 잘 내는, 성마른. ton ~ 노기찬 말투[어조].

colérique [kɔlerik] *a., n.* 성마른 (사람).
coliart [kɔljaːr] *n.m.* 홍어류(類) (총칭).
colibacille [kɔlibasil] *n.m.* 【생물】 대장균.
colibacillose [kɔlibasiloːz] *n.f.* 【의학】 대장균증.
colibri [kɔlibri] *n.m.* 【조류】 벌새.
colichemarde [kɔliʃmard] *n.f.* (칼이)밑쪽으로 끝이 뾰족한. —*n.f.* 밑쪽이 굵고 끝이 뾰족한 칼.
colicitant(e) [kɔlisitɑ̃, -ɑ̃ːt] *n.m., a.* 【법】 공동 경매인(의).
colifichet [kɔlifiʃɛ] *n.m.* ① 싸구려 장신구(babiole); (pl.) 쓰레기, 잡동사니. rayon des ~s 【상업】 장신구 잡화 판매부. ② 새 모이(버터·소금기 없는 비스킷).
colimaçon [kɔlimasɔ̃] *n.m.* 【동물】 달팽이. escalier en ~ 나선 계단.
colin¹ [kɔlɛ̃] *n.m.* (희극 속에서)사랑에 빠진 시골 청년(foll). jouer les ~s 콜랭역을 하다.
colin² *n.m.* ① 【조류】 (북미산의)자고 무리. ② 【어류】 검정대구; 《구어》 대구 무리. ③ 《구어》 (실내)변기, 요강.
colinéaire [kɔlineɛːr] *a.* 【수학】 (점의)동일선상에 있는.
colinette [kɔlinɛt] *n.f.* (옛)여자용 잠자리옷.
colin-maillard [kɔlɛ̃majaːr] *n.m.* (눈가림)술래잡기; (그)술래. jouer à(au) ~ 술래잡기를 하다. chercher *qc* en ~ 《구어》 …을 더듬거리며 찾다.
colin-tampon [kɔlɛ̃tɑ̃pɔ̃] *n.m.* (옛)(프랑스의 스위스 용병의)북 행진곡.
se moquer [*se soucier*] *de qn*(*qc*) *comme de* ~ 《예구어》 …을 조금도 개의치 않다.
colique [kɔlik] *a.* 【해부】 결장(結腸)의, 대장의. artère ~ 동맥결장. —*n.f.* ① 【의학】 심한 복통, 산통; 설사. ~ hépatique 간장 산통(肝臟疝痛), ~ néphrétique 신장 산통. ~ de miséréré 장폐색(腸閉塞). ~ intestinale 장산통. ~s spasmodiques 경련성 산통, 장산통. ② (구어)긴 【너석】 귀찮은 일. Quelle ~, ce travail! 정말 성가신 일이로군! ③ 공포, 두려움. ~ du candidat 수험생의 두려움. *avoir la* ~ 배가 아프다; 《구어》무서워하다, 겁내다. *donner la* ~ *à qn* 《비어》…을 더듬거리다, 괴롭히다.
coliqueu*x*(*se*) [kɔlikø, -øːz] *a.* 복통을 앓는; (약 따위가)복통을 일으키는.
coliquidateur [kɔlikidatœːr] *n.m.* 【법】 공동 청산인(清算人).
***colis** [kɔli] *n.m.* ① 꾸러미, 소포, 소하물. ficeler(faire) un ~ 소포를 만들다. recevoir(expédier) un ~ 소포를 받다(발송하다). un ~ de livres 한 꾸러미의 책. ~ postal 우편소포. "~ restant" "유치(留置)소포." ② 수하물. ~ à la main 수하물. service des ~ 【철도】 철도 수하물 취급소. ③ 《속어》솜씨 없는 사람.
Colisée (le) [lekɔlize] *n.m.* 【고대로마】 콜로세움.
colistier [kɔlistje] *n.m.* (동일 선거인 명부에 실린)경쟁 후보자.
colite [kɔlit] *n.f.* 【의학】 대장염, 결장염.
colitigant(e) [kɔlitigɑ̃, -ɑ̃ːt] *a., n.* 【법】 맞소송을 하는(사람).
collabo, kollabo [kɔ(l)labo] (<*collaborateur*) *n.m.* ①(경멸)(2차대전시)독일 부역자. ②(부당한 지배를 행사하는 외국·집단·당파에의)협력자.
collaborat*eur*(*trice*) [kɔ(l)labɔratœːr, -tris] *n.* ① 협력자; 공저자; 기고가; 공동 편찬자. ~s d'un journal 신문의 기고가. ~s d'un dictionnaire 사전의 공동집필자. ② (제 2 차대전 중의)독일 협력자.
③《속어》고용인; 부하.
collaboration [kɔ(l)labɔrasjɔ̃] *n.f.* ① 협력, 협동, 공저, 공동 편찬; 기고. travailler en étroite ~ avec... …와 긴밀한 협력하에 일하다. livre écrit en ~ 공저로된 책. apporter sa ~ à *qc* …에 협력하다. ~ d'un spécialiste à un journal 전문가의 신문 기고. biens acquis par la ~ (부부 따위의)공동 취득 재산. ② (제 2 차대전 중의)대독 협력.
collaborationiste [kɔ(l)labɔrasjɔnist] *n.* =**collaborateur**.
collaborer [kɔ(l)labɔre] *v.t.ind.* [~ à/avec] …에 협력하다, …에 참여하다, …에 기고하다 (participer à). Il a collaboré depuis longtemps à nos activités. 그는 오래전부터 우리들의 활동에 협력해 주고 있다. ~ à ce film 영화제작에 협력[참여]하다. ~ avec sa femme à un roman 아내와 협력하여 소설을 쓰다. ~ à un journal 신문에 기고하다.
—*v.i.* (2 차대전중) 독일에 협력하다.
collage [kɔlaːʒ] *n.m.* ① (아교·풀로)붙임, 접착. ~ d'affiches 포스터 붙이기. ~ des métaux 금속의 접착. ② 【미술】 콜라주(화폭에 종이·머리카락·나뭇잎·펜 따위를 붙이는 기법; 작품). ③《구어》동거, 내연 관계. Il a un ~ 《속어》그는 (결혼하지 않고)동거생활을 하고 있다. ④ (포도주를)맑게 함.
collagène [kɔlaʒɛn] *a.* 【생물】 교원질(膠原質)의. —*n.m.* 교원질.
collagénose [kɔlaʒenoːz] *n.f.* 【의학】 교원병.
collaire [kɔ(l)lɛːr] *a.* 【동물】 목의.
collant(e¹) [kɔlɑ̃, -ɑ̃ːt] *a.* ① 들러붙는; 접착의; 풀칠이 되어 있는. boue ~e 들러붙는 진흙. enveloppe auto-~e 풀칠이 되어있는 봉투. papier ~ 스티커. ② 몸에 딱 붙는. costume ~ 몸에 딱 붙는 옷. jupe ~e 타이트스커트, pantalon ~ 몸에 꼭 맞는 바지. ③《구어》귀찮게 달라붙는, 성가시게 구는.
—*n.m.* ① 접착테이프[스티커]. ② (무용수·제조선수 따위가 입는 스타킹, 팬티 스타킹.
collante² [kɔlɑ̃ːt] *n.f.* (학생속어)시험 통지서.
collapsus [kɔ(l)lapsys] *n.m.* 【의학】 허탈.
collargol [kɔlargɔl] *n.m.* 【약】 콜라르골, 교질은(膠質銀).
collatéral(ale, pl. aux) [kɔ(l)lateral, -o] *a.* ① 옆에 있는, 서로 나란한. rues ~ales 서로 나란히 뻗어 있는 길. ② 【해부】 부행(副行)의. artère ~ale 부행동맥. ③ 【법】 방계(傍系)의. parents ~aux 방계친족. ④ 【법】 방계 상속의. ④ nef ~ale 【건축】 (교회의)측당(側堂). ⑤ points ~aux 【지리】 중간방위(동남·동북·서남·서북).
—*n.m.* ① 【법】 방계 친족(parents ~aux). ② 【건축】 (교회의)측랑(側廊)(nef ~ale.).
collatéralement [kɔ(l)lateralmɑ̃] *ad.* 【법】 방계적으로, 부계적으로.
collateur [kɔ(l)latœːr] *n.m.* 【종교】 성직록(聖職祿) 수여자.
collatif(ve) [kɔ(l)latif, -iːv] *a.* (성직록이)수여될 수 있는.
collation [kɔ(l)lasjɔ̃] *n.f.* ① 간식, 간단한 식사. Les enfants font la ~ à quatre heures. 어린애들은 4 시에 간식을 먹는다. ② 조회, 대조. faire la ~ de deux manuscrits d'un texte 원문의 두 개의 사본을 대조하다. ③ (칭호·학위·성직록 따위의)수여. ~ d'un doctorat 박사학위의 수여.
collationnement [kɔ(l)lasjɔnmɑ̃] *n.m.* 대조(collation), 교정; 【제본】 쪽수 맞추기; (전문(電文)의)복창 반복.
collationner [kɔ(l)lasjɔne] *v.t.* 대조하다, 교정하다; (서류에)대조의 표시를 하다. ~ une copi

avec l'original 사본을 원본과 대조하다. —v.i. 간단한 식사(간식)를 하다.

*__colle__ [kɔl] n.f. ① 풀. tube(pot) de ~ 풀의 튜브(통). ~ liquide 물풀. ~ gomme 고무풀. ~ de pâte 밀가루풀. ② 아교(~ forte). ~ de poisson 부레풀, 어교(魚膠). ③ 《제지》 아교풀. ④ (포도주를 맑게 하기 위해 사용하는)청정제(淸澄劑). ⑤ 《구어》 귀찮게 구는 사람, 귀찮은(성가신)일; 곤란한 질문. poser une ~ 곤란한 질문을 던지다. ⑥ 《학생은어》 (주로 면접의)예비시험; (방과 후에 벌로)남아 공부하기. passer une ~ d'histoire 역사 예비시험을 치르다. infliger une heure de ~ à un élève 학생에게 벌로 방과 후에 한시간을 남아서 공부하게 하다. ⑦ 《구어》 동거. vivre(être) à la ~ 동거생활하다. ⑧ 《속어》 (사람을 속여먹기 위한)농담, 거짓말.

__collé(e)__ [kɔle] a.p. 찰싹 들러붙은. avoir les yeux ~s de sommeil 졸려서 눈이 떠지지 않는다. être ~ avec qn …와 동거하다.

__collectage__ [kɔ(l)lɛktaːʒ] n.m. (여러 곳을 돌아다니며 농산물·우유 따위를)사모으기.

__collectaire__ [kɔ(l)lɛktɛːr] n.m. 짧은 기도서.

__collecte__ [kɔ(l)lɛkt] n.f. ① (기부 따위의)모집, 모금. organiser une ~ 모금운동을 벌이다. faire la ~ de vêtements usagés pour les sinistrés 이재민을 위해 헌옷을 모으다. ② 돌아다니며 모으기, 수집. ~ des ordures ménagères 가정집의 쓰레기의 회수. ~ du lait (생산자로부터의)우유의 집하. ~ des données 정보 자료의 수집. ③ (구체세하은)세금의 징수. ④ 《교회》 집회의 기도; 신자들의 모임.

__collecter__ [kɔ(l)lɛkte] v.t. ① (기부금 따위를)모으다. 수집하다. ~ des fonds(dons) 자금(기부금)을 모으다. ~ des signatures 서명을 모으다. ② (우유 따위를)돌아다니며 모으다. —__se~__ v.pr. 《의학》 (피·고름 따위가)고이다, 축적되다.

__collecteur(trice)__ [kɔ(l)lɛktœːr, -tris] a. 한 군데로 모으는, 수집하는. égout ~ 하수도 간선(본관). bague ~trice 《전기》 집전환(集電環). —n. (세금·회비·자금 따위를)모으는 사람. ~ de fonds 자금을 모으는 사람. ~ d'impots 《옛》 (영국 식민지의)세금징수원. —n.m. 《기술》 콜렉터, 집전극(集電極). ~ d'ondes (라디오의)안테나. ~ d'échappement (내연기관의)배기 콜렉터.

*__collectif(ve)__ [kɔ(l)lɛktif, -iːv] a. ① 집단(단체)의, 집단성의, 공동의. convention ~ve 단체 협약. conscience ~ve 집단 의식. billet ~ de chemin de fer 철도의 단체 승차권. visite ~ve de musée 박물관의 단체 견학. démission ~ve 총사직. propriété ~ve 공유 재산, 공유지. sécurité ~ve 집단 안전 보장. ferme ~ve 집단 농장. travail ~ 공동(집단)작업. ② 《논리·언어》 집합적인, 총괄적인. concept ~ 집합 개념. nom ~ 집합 명사. —n.m. ① 집단, 군중; (한 기업의)노동자 집단. ② 공동 주택, 아파트. ③ 《재정》 보충 예산안(~ budgétaire). ④ 《언어》 집합 명사(peuple, foule 따위).

*__collection__ [kɔ(l)lɛksjɔ̃] n.f. ① 수집; 수집품, 콜렉션. faire ~ de qc …을 수집하다. belle ~ d'estampes 훌륭한 판화 콜렉션. ~ particulière (privée) 개인 소장. Il a une riche ~ de livres. 그는 많은 책을 소장하고 있다. ② (잡지 따위의)전권(全卷), 총서. avoir la ~ entière(complète) d'une revue 어떤 잡지를 전권(한 권도 빠짐없이) 가지고 있다. ~ des romans policiers 추리소설 총서. ③ (신상품의)견본집, 카탈로그; 《의복》 (디자이너의 신작)콜렉션. présentation de ~ chez Dior 디오르 상점에서의 콜렉션 쇼. nouvelle ~ de printemps 봄 신작 발표회. robe de ~ 신작 드레스. 《구어》 긁어 모으기; (사람의)집단. une belle ~ d'imbécile 병신 같은 사람들의 모임(집단). ⑤ 《군사》 군장비품(병사의 군복·소지품); 《의학》 농양.

__collectionnement__ [kɔ(l)lɛksjɔnmɑ̃] n.m. 수집.

__collectionner__ [kɔ(l)lɛksjɔne] v.t. 모으다, 수집하다, 채집하다. ~ des bibelots(des objets d'art) 골동품(미술품)을 수집하다. ~ des insectes rares 희귀한 곤충류를 채집하다. Il collectionne les échecs. 《구어》 그는 실수를 많이 저지른다.

__collectionneur(se)__ [kɔ(l)lɛksjɔnœːr, -øːz] n. 수집가, 채집가.

__collectivement__ [kɔ(l)lɛktivmɑ̃] ad. 집단적으로, 전체로서, 일괄하여; 《언어》 집합적인 뜻으로.

__collectivisation__ [kɔ(l)lɛktivizasjɔ̃] n.f. 집산화, 공유화. ~ des terres 토지의 공유화.

__collectiviser__ [kɔ(l)lɛktivize] v.t. 집산화하다, 공유하다.

__collectivisme__ [kɔ(l)lɛktivism] n.m. 집산주의.

__collectiviste__ [kɔ(l)lɛktivist] a. 집산주의의. —n. 집산주의자.

__collectivité__ [kɔ(l)lɛktivite] n.f. 집단, 단체(↔individu); 공유(관계); (개인에 대해서)사회. ~ nationale 국가. ~ locale 지방 공공단체. ~ publique 공공단체. ~ professionnelle 직업 집단. ~ des moyens de production 생산수단의 공유.

__collectorat__ [kɔ(l)lɛktɔra] n.m. (인도의)세금 징수관의 직; 그 임기.

*__collège__ [kɔlɛːʒ] n.m. ① 콜레주, 중등학교(국민학교(école primaire)를 나온 11세 이상의 학생 대상으로의 학교). ~ d'enseignement technique 기술 교육 콜레주(1976년 이전의 단기 직업과정; 현재의 직업교육 리세(lycée d'enseignement professionnel)). ② (콜레주의 건물·학생·교육기간을 포함하여)학교. cour du ~ 학교 운동장. Le ~ est en vacances. 학교는 방학중이다. amis de ~ 중학교의 친구. ③ C~ de France 콜레주 드 프랑스(1530년경, François I 세가 창립한 고등교육기관으로 공개 강좌제). ④ (같은 직·권리를 갖는 사람들의)집단, 회; 《옛》 동업자 조합. ~ des professeurs d'un établissement 어떤 학교의 교수진용. ~ électoral 선거구의 전유권자. ~ des cardinaux 추기경단.

sentir le ~ 현학적인(학교 특유의 고리타분한) 냄새가 나다. *Il sent encore son ~.* 그는 아직도 학생 냄새가 남아 있다, 학생 기분에서 빠져나오지 못하고 있다.

__collégial(ale, pl. aux)__ [kɔleʒjal, -o] a. ① 성직자회의; 공립(사람)의. ② direction ~ale 집단 지도(체제). tribunal ~ 합의재판소. —n.f. 성직자회 조직의 교회(église ~ale).

__collégialement__ [kɔleʒjalmɑ̃] ad. 집단 지도(체제)에 의해서.

__collégialité__ [kɔleʒjalite] n.f. 집단지도(체제).

__collégien(ne)__ [kɔleʒjɛ̃, -ɛn] n. (콩·사립 중학교의)학생; (경멸) 풋나기. —a. 중학교의.

__collègue__ [kɔ(l)lɛg] n. 동료, 동업자; (남프랑스·구어)친구(camarade). Je vous présente mon ~ Kim. 나의 동료인 김군을 소개합니다.

__collement__ [kɔlmɑ̃] n.m. 풀칠하기, 부착.

*__coller__ [kɔle] (<__colle__) v.t. ① 붙이다, 바르다, 아교(갖풀)로 붙이다, 풀칠하다; (비유적) 밀착시키다. ~ une affiche au mur 벽에다 포스터를 붙이다.

~ un timbre sur une enveloppe 봉투에 우표를 붙이다. ~ deux lames de bois entre elles 두 장의 엷은 판자를 붙이다. ~ son oreille à la porte 문에 귀를 갖다대다. ~ ses lèvres sur la main de *qn* …의 손에 입술을 갖다대다. ~ son regard sur *qn* …을 뚫어지게 주시하다.
② 《구어》 (어려운 질문으로) 대답 못하게 하다; 불합격(낙제)시키다; (학생을 벌로) 잡아두다. On m'*a collé* sur la géographie. 나는 지리 문제에 대답을 못했다. Il *a été collé* à son examen. 그는 시험에 낙제했다. ~ (une privation de sortie à) un élève 학생에게 외출 금지시키다.
③ 《구어》 성가시게 붙어다니다. Il m'*a collé* jusqu'à Paris. 그는 파리까지 귀찮게 나를 쫓아왔다.
④ 《속어》 처박다, 넣다(mettre). On l'*a collé* en prison. 그를 감옥에 넣었다.
⑤ 《제지》 아교포수하다.
⑥ (포도주를) 맑게 하다.

—*v.t.ind.* [~ à] ① …에 달라붙다. La neige *colle* aux chaussures. 눈이 구두창에 달라붙는다.
② …에 꼭 맞다, 들어맞다. Cette légende ne *colle* pas *au* tableau. 이 설명문은 그림과 맞지 않는다. Son interprétation ne *colle* pas *à* la réalité. 그의 해석은 현실과 맞지 않는다.

—*v.i.* ① (에) 달라붙다, 밀착하다(adhérer). maillot qui *colle* au corps 몸에 꼭 붙는 수영복. Ce timbre ne *colle* pas. 이 우표는 잘 붙지 않는다.
② 《속어》 잘 되어가다(aller, marcher); 사이가 좋다. S'il y a quelque chose qui ne *colle* pas, préviens-moi. 잘 안되는 일이 있으면 내게 알리게. Ça *colle*? 잘 되어 가나? 별고 없나?
③ 《구어》 꼭 맞다. Son physique *colle* à merveille avec ce rôle. 그녀의 체격(조건)이 이 역할에 꼭 들어맞는다.

—*se* ~ *v.pr.* ① [se ~ contre/sur] (에) 달라붙다; 《속어》 [se ~ à] (에) 들러붙어 안 떨어지다. vêtement qui *se colle sur* la peau 피부(몸)에 꼭 달라붙는 옷. *se ~ sur* les livres 책과 씨름하다.
② 《속어》 동거하다, 같이 살다.
③ [se ~ à/contre] (에) 몸을 꼭 붙이다. *se ~ contre* l'épaule de *qn* …의 어깨에 몸을 꼭 붙이다.

collerette [kɔlrɛt] *n.f.* ① (여성복의) 장식깃; 【고향】 목가리개. ② 【식물】 (미나리과의) 총포(總苞); (버섯의) 광이고리, 균륜(菌輪). ~ de la vierge 【식물】 별풀속(類). ③ 【기계】 (관 따위의) 테두리쇠.

colleron [kɔlrɔ̃] *n.m.* (말의) 목걸이(줄).

collet [kɔlɛ] (< col) *n.m.* ① (여자용) 짧은 목도리 [어깨걸이]; 《옛》깃, 칼라. ② 목 모양의 부분, 목; 【식물】 경령(頸領); 【요리】 (양 따위의) 목덜미 고기. ③ 【기계】 저널, 축경(軸頸). ④ 【해양】 닻목; (밧줄 끝의) 고리; 노자루. ⑤ 올가미. chasser[prendre] des lapins au ~ 토끼를 올가미로 잡다.
~ *monté* 근엄한 [점잖은] 체하는 사람. Ils sont trop ~ *monté*. 그들은 너무 점잔을 뺀다.
prendre [*saisir*] *qn par le* [*au*] ~ ; *mettre la main au* ~ *de qn* …을 잡다, …의 덜미를 잡다.
se prendre au ~ 드잡이[격투]하다.

colletage [kɔlta:ʒ] *n.m.* 맞붙어 싸움, 드잡이; 【직물】이랑짜기; 올가미로 잡기.

colleter [kɔlte] [5] *v.t.* ① (의) 목덜미를 잡다. ② (와) 드잡이하다, 맞붙어 싸우다; 《구어》 껴안다.
—*v.i.* 올가미를 쐬우다.
—*se* ~ *v.pr.* [se ~ avec] (와) 맞붙어 싸우다, 드잡이하다(se battre). *se ~ avec* les difficultés 《구어》 악전고투하다.

colleteur [kɔltœr] *n.m.* 올가미 치는 사람 (밀렵자 따위); 《구어》 싸움장이.

colletin [kɔltɛ̃] *n.m.* (갑옷의) 목[어깨]가리개.

colleur(se) [kɔlœ:r, -ø:z] *n.* ① 【아교】 접착하는 직공; 【제지】 아교포수공. ~ *d'affiches* 벽보를 붙이는 사람. ② 《속어》 허풍선이, 거짓말쟁이; 붙어서 떨어지지 않는 사람; 【학생속어】 시험관.
—*n.f.* (직물의) 풀 먹이는 기계; (필름의) 접합기.

colley [kɔlɛ] 《영》 *n.m.* 콜리(종의 개).

*****collier** [kɔlje] *n.m.* ① 목걸이; 목걸이 훈장. ~ *de perles* [*de diamants*] 진주 [다이아몬드] 목걸이. affaire du C—【역사】 (마리 앙투아네트의) 목걸이 사건. grand ~ *de la Légion d'honneur* 레지옹도뇌르 훈장 목걸이. ② 목고리, 줄. ~ *de chien* 개의 목걸이. ~ *en cuir* [*à grelots*] 가죽 [방울 달린] 목걸이 줄. ~ *de force* (사냥개를 훈련시키기 위한) 목걸이 줄. ③ (마차를 끄는 말의) 목에 거는 마구(~ harnais 그림). cheval de ~ 짐수레 끄는 말, 마차 끄는 말. ④ (비유적) 박차, 분발. (고된) 작업. cheval franc du ~ 강한 힘으로 끄는 말. être franc du ~ (말이) 기운차게 끌다; (비유적) (사람이) 힘차게 [열심히] 일하다. donner un coup de ~ (힘차게) 이끌다, 노력을 기울이다. à plein ~ 전력을 다하여, 용기백배하여. reprendre le ~ 《구어》 고된 일을 다시 착수하다 [시작하다]. ⑤ (새 따위의) 목의 고리무늬; 권륜(圈輪). ⑥ (소 따위의) 목덜미 살 (~ *de bœuf*, *mouton* 그림). ⑦ barbe en ~; ~ *de barbe* (볼에서 턱에 이르는) 짧은 반원형의 수염. ⑧ 【기계】 테두리 쇠; (박차의) 활꼴 부분. ~ *de serrage* 죄는 고리.

collier-écrou [kɔljeekru] (*pl.* ~*s*-~*s*) *n.m.* 【기계】 나사 테두리.

colliger [kɔ(l)liʒe] [3] *v.t.* 수집하다; 요약하다. ~ *les livres rares* 희귀본을 수집하다.

collignon [kɔliɲɔ̃] *n.m.* 《옛·속어》 (경멸) ① 마차꾼. ② 합승 마차.

collimater [kɔ(l)limate] *v.t.* 【광학】(의) 시준(視準)을 바르게 하다.

collimateur [kɔ(l)limatœr] *n.m.* 【천문】시준의 (視準儀); 【광학】시준경. *avoir* [*prendre*] *dans le* ~ (경제용어) 면밀히 관찰하다, 주시하다; 공격의 표적으로 삼다.

collimation [kɔ(l)limasjɔ̃] *n.f.* 【천문】시준(視準), axe de ~ 시준축.

*****colline** [kɔlin] *n.f.* 언덕, 구릉, 야산; 융기, 둔덕. monter sur une ~ 언덕 위에 오르다. ~ *arrondie* 둥근 언덕. La double ~ 【시】이중의 언덕(파르나스 산). la ville aux sept ~*s* 일곱 개의 언덕이 있는 도시(로마).

collision [kɔ(l)lizjɔ̃] *n.f.* ① 충돌(heurt). ~ *de voitures* 자동차 충돌. Il y a eu une ~ *de trains*. 열차 충돌 사고가 있었다. ② 싸움(combat); (이해 관계 의) 알력, 충돌, 불화. ~ *entre manifestants et forces de l'ordre* 데모대와 경찰과의 충돌. ~ *d'intérêts* 이해관계의 상충(마찰). *entrer en* ~ *avec qc*[*qn*] …와 충돌하다, 싸움을 벌이다.

collocation [kɔ(l)lokasjɔ̃] *n.f.* ① 【법】(채권자에 대한) 판상(배상)순서. ② 【논리】배열, 배치. ③ 【언어】연어(連語)관계. ④ 서열, 분류. ⑤ 빵가루에 감김, 투옥.

collocher [kɔlɔʃe] *v.i.* 《속어》 (남녀가) 동거하다.

collodion [kɔ(l)lodjɔ̃] *n.m.* 【화학】 콜로디온.

collodionné(e) [kɔ(l)lodjone] *a.p.* 콜로디온을 바른.

colloïdal(ale, pl. aux) [kɔ(l)lɔidal, -o] *a.* 【화학】 콜로이드성의, 아교질의.

colloïde [kɔ(l)lɔid] 【화학】 *n.m.* 콜로이드, 아교

colloque [kɔ(l)lɔk] *n.m.* 대화(entretien); 토론, 토의, 회의(symposium, conférence). ~ de médecins 의사 토론회. participer à des ~s internationaux 국제회의에 참가하다.

colloquer [kɔ(l)lɔke] *v.t.* ① 【법】 판상[배상]순서를 정하다. ② 《옛》 설치하다; 떠넘기다.

collotypie [kɔ(l)lɔtipi] *n.f.* 《인쇄》 콜로타이프 제판법.

colluder [kɔ(l)lyde] *v.i.* 【법】 공모하다.

collure [kɔlyːr] *n.f.* 아교칠, 접착.

collusion [kɔ(l)lyzjɔ̃] *n.f.* 공모, 결탁.

collusoire [kɔ(l)lyzwaːr] *a.* 【법】 공모에 의한, 결탁한.

collusoirement [kɔ(l)lyzwarmɑ̃] *ad.* 【법】 공모[결탁]하여.

collutoire [kɔ(l)lytwaːr] *n.m.* 《의학》 구강도포제(口腔塗布劑).

colluvion [kɔ(l)lyvjɔ̃] *n.f.* 《지질》 붕적층(崩積層).

collyre [kɔ(l)liːr] *n.m.* 《의학》 안약.

colmar [kɔlmaːr] *n.m.* 《식물》 (프랑스의)콜마르(*Colmar*)산의 배.

colmarien(ne) [kɔlmarjɛ̃, -ɛn] *a.* 콜마르(*Colmar*, 프랑스의 도시)의. ─**C**~ *n.* 콜마르 사람.

colmatage [kɔlmataːʒ] *n.m.* colmater 하기.

colmate [kɔlmat] *n.f.* ① 《농업》 객토(客土)들이기. ② 《구멍 따위를》메우기, (파이프 따위가)막힘. ③ 《군사》 (전선의)보충, 정비.

colmater [kɔlmate] *v.t.* ① 《농업》 객토를 들이다, 객토로 개척[개량]하다, (진지에)침나답으로 개척하다. ~ un bas-fond marécageux 저습지를 객토를 들여 개척하다. ② (도로의)구멍을 메우다, 막다(boucher, fermer); 《군사》 (돌파된 진지를)다시 정비하다. ~ une fuite 물 새는 곳을 막다. ~ la brèche d'un conduit 파이프 터진 곳을 막다. ─**se** ~ *v.pr.* (파이프 따위가)막히다.

colocase [kɔlɔkaːz], **colocasie** [kɔlɔkazi] *n.f.* 《식물》 토란속(屬).

colocataire [kɔlɔkatɛːr] *n.* 공동으로 세든 사람.

colocation [kɔlɔkasjɔ̃] *n.f.* 공동으로 세들기.

cologarithme [kɔlɔgaritm] *n.m.* 《수학》 역대수(逆對數).

Cologne [kɔlɔɲ] *n.pr.f.* 《지리》 쾰른(독일의 도시). eau de C~ 오데콜론(화장수).

Colomb [kɔlɔ̃] *n.pr.m.* Christophe ~ 크리스토퍼 콜럼버스(1446?─1506).

colombage [kɔlɔ̃baːʒ] *n.m.* 《건축》 (벽 속의)간주(間柱); 목골 벽돌쌓기.

colombaire [kɔlɔ̃bɛːr] *n.m.* 납골당, 유골 안치소.

colombe¹ [kɔlɔ̃b] *n.f.* ① 《조류》 비둘기. ② 《구어》순결한 처녀. ③ (정치·외교상의)비둘기파, 온건파. ④ (여성에 대한 호칭) Oui, ma ~. 그래요, 아가씨.

colombe² *n.f.* ① 《건축》 (벽 속의)간주(間柱). ② (통장이의)대패.

colombeau [kɔlɔ̃bo] (*pl.* ~**x**) *n.m.* 《옛》숫놈 새끼 비둘기.

colombelle [kɔlɔ̃bɛl] *n.f.* 암놈 새끼 비둘기.

colombia [kɔlɔ̃bja] *n.f.* 《상표명》 바다표범의 털 가죽.

Colombie [kɔlɔ̃bi] *n.pr.f.* 《지리》 콜롬비아(남미의 공화국); (캐나다의)콜롬비아 주.

colombien(ne) [kɔlɔ̃bjɛ̃, -ɛn] *a.* 콜롬비아(*la Colombie*)의. ─**C**~ *n.* 콜롬비아 사람. ─*n.m.* 콜롬비아어(語).

colombier¹ [kɔlɔ̃bje] *n.m.* ① 《옛·문어》 비둘기장; 《속어》고향의 집. ② 《선박》 진수대(進水臺).

굴림대.

colombier² *n.m.* 《제지》 콜롬비에판 (약 63cm × 90cm).

colombin(e¹) [kɔlɔ̃bɛ̃, -in] *a.* 비둘기(색)의.
─*n.m.* ① 《조류》 산비둘기; (*pl.*)비둘기목(目). ② 《광물》 녹연광(綠鉛鑛). ③ 《속어》 똥; 《속어》 순진한 청년.
─*n.f.* ① 비둘기똥, 적자색. ② 비둘기[가금류]의 똥(거름). ③ 《식물》 매발톱꽃속(屬). ④ 《연극》 (무언극의)광대의 애인.
avoir le ~ 《속어》고약한 냄새가 나다.
avoir les ~**s** 《속어》무서워하다.

colombine² [kɔlɔ̃bin] *n.f.* 《약》 콜롬빈.

colombium [kɔlɔ̃bjɔm] *n.m.* 《화학》 니오븀(niobium).

colombo [kɔlɔ̃bo] *n.m.* 《식물·약》 콜롬보 뿌리.

colombophile [kɔlɔ̃bɔfil] *a.* 비둘기를 좋아하는; 비둘기를 치는. ─*n.* 비둘기를 좋아하는 사람; 비둘기 사육가.

colombophilie [kɔlɔ̃bɔfili] *n.f.* 비둘기 사육.

colomnaire [kɔlɔmnɛːr], **colonnaire** [kɔlɔnɛːr] *a.* 《건축》 원주 모양의.

colomnifère [kɔlɔmnifɛːr] *a.* 《옛》《건축》 원주가 있는.

colon¹ [kɔlɔ̃] *n.m.* ① 식민자; 개척자; 《구어》(본토 출신의)식민지 주민. ② 《고대로마》 자유 소작인. ③ ~ partiaire 《법》 소작지를 농작물로 바치는 소작인. ④ 하기(夏期) 학교(colonie de vacances)의 학생; 감화원(colonie pénitentiaire)의 수용자.

colon² [kɔlɔ̃] *n.m.* ① (군대로서의)연대장, ② 《속어》 대장, 우두머리. *Eh bien, mon ~* ! 굉장하군! 놀랍군! (놀람·찬양·동감의 표시).

côlon [kolɔ̃] *n.m.* 《의학》 결장(結腸).

colonage [kɔlɔnaːʒ] *n.m.* 《법》땅세를 농작물로 바치는 소작.

colonais(e) [kɔlɔnɛ, -ɛːz] *a.* 쾰른(*Cologne*, 독일의 도시)의. ─**C**~ *n.* 쾰른 사람.

colonat [kɔlɔna] *n.m.* ① 《역사》 (고대로마·중세의)소작제도; (토지에 소속된)자유소작인(의 신분). ②《집합적》 (구)식민지에의 이주민.

***colonel** [kɔlɔnɛl] *n.m.* 육군 대령, 연대장.

colonelle [kɔlɔnɛl] *a.f.* 연대장 직속의. ─*n.f.* 연대장 직속의 1 중대(compagnie ~); 대령 부인, 연대장 부인.

colonial(ale, *pl.* **aux)** [kɔlɔnjal, -o] *a.* 식민(지)의. expansion ~*ale* au XIXe siècle 19세기에 있어서의 식민지 확장. régime ~ 식민지 체제. pacte ~ 식민지 협정. style ~ 식민지 양식.
─*n.m.* 식민지 거주자; 식민지부대 병사; 식민지의 재간.
─*n.f.* 프랑스 식민지 부대(troupes ~*ales*).

colonialisme [kɔlɔnjalism] *n.m.* 《정치》 식민주의; 제국주의.

colonialiste [kɔlɔnjalist] 《정치》 *a.* 식민주의의. politique ~ 식민지 확대정책. ─*n.* 식민주의자.

***colonie** [kɔlɔni] *n.f.* 《정치》 식민지; 《집합적》 식민자. anciennes ~s françaises 프랑스의 구식민지. ~ d'exploitation 개척 이민지. ministre des C~s 식민지 장관. ~ agricole (경범죄를 범한 자를 위한)농업 식민지, 재건 부락. envoyer une ~ outre-mer 해외(식민)이주단을 보내다. ② (타지방에 이주한)동향인, 동국인. ~ chinoise de Paris 파리의 중국인(촌). petite ~ de bohèmes 보헤미안의 소집단. ③ 《생물》 (동물 따위의)집단; (세균의)취락(聚落), 군체. ~ de castors (살고있는)해리의 집단. ~ microbienne 세균락. ④ (예술가 따위의)집단. ⑤ 감[교]화원(~ péniten-

colonisable [kɔlɔnizabl] *a.* 식민지를 건설할 수 있는(건설하기에 알맞은).

colonisa*teur*(***trice***) [kɔlɔnizatœːr, -tris] *a.* 식민하는. —*n.* 식민지 개척자. les ~s et les colonisés 식민지 지배자와 피지배자.

colonisation [kɔlɔnizɑsjɔ̃] *n.f.* ① 식민지화, 식민지 건설. ② (상업목적의)토지개발. ~ intérieure 국내지역의 개발[개척]. ③ (암세포 따위의)전이 증식; (식물이 겉줄기에서 싹을 내는)번식. ④ (나쁜 의미로)개발. ~ des sites par la spéculation du loisir 레저 투기에 의한 미관지구의 개발.

colonisé(***e***) [kɔlɔnize] *a.p.* 식민지화된. —*n.* 식민지 피지배자.

coloniser [kɔlɔnize] *v.t.* ① 식민지를 건설하다; 식민하다. ~ un pays où personne n'a encore vécu 아직 아무도 살지 않은 나라를 식민지화하다. ② 《구어》침략하다, 점령하다; 몰려들다(envahir). Les touristes étrangers *colonisent* Paris en été. 여름이 되면 외국 관광객들이 파리를 독차지한다.

coloniste [kɔlɔnist] *n.* 《예》식민주의자.

colonnade [kɔlɔnad] *n.f.* 《건축》열주(列柱), 주랑(柱廊).

***colonne** [kɔlɔn] *n.f.* ① 원주, 기둥; (침대의)기둥; 기둥 모양의 것. ~ dorique (1) [ionique (2), corinthienne (3)] 도리아[이오니아·코린트식] 원주. rangée de ~s 원주열. statue-~ 조상주(彫像柱). lit à ~s 4주식(四柱式) 침대. ~ de fumée 기둥처럼 솟아오르는 연기, 연기기둥. ~ de mercure 수은주. ~ barométrique 기압계의 수은주. ~ de marbre 대리석 원주. ② 《비유적》(국가의)기둥, 중진. ~s de l'Etat [de l'église] 국가[교회]의 중진. ③ (신문 따위의)난, 기사; (인쇄물의)종단, 종행. dans les ~s d'un quotidien 신문기사에서. Ce dictionnaire est imprimé en deux ~s. 이 사전은 2단으로 짜여 있다. cinq ~ à la (page) une 일면의 5단(기사). ④ 《군사》종대(縱隊). ~ par quatre 4열 종대. ~ d'infanterie 보병 종대. chapeau porté en ~ 《예》2 각모를 세로로 쓰고. cinquième ~ 《정치》제 5열; 대척협력자, 스파이. en ~ 《해양》종진(縱陣)을 펴고. en ~ de route 행군 종대로. marcher sur deux ~s 2 열 종대로 행진하다. ⑤ (원주 모양의)기념비, 기념주. la C~ 방돔 광장의 기념주(~ de la place de Vendôme). ~ de la Bastille[de Juillet] 바스티유 광장의 기념주. ~ funéraire 석주(石柱)형 묘, 원주 모양의 묘. ⑥ 《수학》(수자의)위(位), (행렬의)열. ~ des unités(des dizaines) 1(10)의 위(位). ⑦ 《해부》~ vertébrale 척추; ~ charnues (심장의)육주(肉柱); vessie à ~s 육주방광. ⑧ ⓐ ~ montante 《건축》(건물 내부의 가스·수도·전기 따위의)공급주관(主管). ⓑ 《기술》주신. ~ à plateau (석유의)분류탑; ~ à distiller 증류탑. ⓒ ~ de direction 《자동차》핸들축. ⓓ ~ minéralisée 암주. ⓔ ~ miliaire 마일 표석, 이정표. ⓕ ~ Morris (파리의)광고탑(~ d'affiches). ⑨ ~ solaire 《천문》태양주.

colonnette [kɔlɔnɛt] *n.f.* 《건축》작은 기둥, 작은 원주.

colophane [kɔlɔfan] *n.f.* 《화학》콜로포니움.

colophaner [kɔlɔfane] *v.t.* (바이올린의 활에)송진을 칠하다.(면).

colophon [kɔlɔfɔ̃] *n.m.* 《인쇄》(책 끝의)판권.

coloquinte [kɔlɔkɛ̃ːt] *n.f.* ① 《식물》콜로신트. ② 《속어》대가리.

colorable [kɔlɔrabl] *a.* 착색할 수 있는.

colorage [kɔlɔraːʒ] *n.m.* (봉봉 과자의)착색.

colorant(***e***) [kɔlɔrɑ̃, -ɑ̃ːt] *a.* 착색하는. principes ~s 색소. substance ~*e* 착색제, 염색제. shampooing ~ 머리 염색제. —*n.m.* 염료, 착색제. ~s végétaux[artificiels] 식물성[화학]염료. ~s vitaux 생체염색 색소.

coloration [kɔlɔrɑsjɔ̃] *n.f.* ① 착색, 염색. se faire faire une ~ 머리를 염색하게 하다. ② 채색된 빛, 색조. ~ éclatante[vive] 선명한[생생한] 색조. ~ de la peau 피부색. ③ ~ d'une voix 《비유적》(독특한)음색.

-colore *suff.* 「색」의 뜻(예: tricolore 3 색의).

coloré(***e***) [kɔlɔre] *a.p.* ① 착색된, 유색의. maison ~*e* en bleu 하늘색으로 칠한 집. verre ~ 빛깔이 들어 있는 유리. réaction ~*e* 《화학》유색 반응. ② 빛깔이 선명한, 혈색이 좋은. avoir le teint ~ 혈색이 좋다, 얼굴이 붉은 빛을 띠고 있다. vin ~ 색이 짙은 적포도주. ③ 생생한, 생기가 감도는 (vif, animé), 생기가 넘치는 문체. conversation ~*e* 활기찬 대화. ④ [~ de] (감정 따위가)혼합된; (색조를)띠고 있는. espoir ~ d'inquiétude 불안감이 감도는 희망.

colorer [kɔlɔre] *v.t.* ① 착색하다, 채색하다, 물들이다, 염색하다. [~ en] ~ un tissu *en* bleu 천을 푸른색으로 염색하다. Le soleil *colore* le couchant. 태양이 서쪽하늘을 물들이고 있다. ~ ses lèvres 입술에 루즈를 바르다. ②《문어》(문체를)아름답게 꾸미다, 화려하게 하다(farder); (이야기 따위를)윤색하다, 수식하다(orner). Les métaphores *colorent* le style. 은유는 문체에 생기를 감돌게 한다. [~ *qc* de *qc*] On *colore* toujours ses fautes *de* divers prétextes. 사람은 자기의 과오를 여러 가지 구실을 붙여 미화한다.
— **se** ~ *v.pr.* ① 물들다, 착색되다, 염색되다, 채색되다. Les fruits commencent à *se* ~. 과일이 물들기 시작한다. ② [se ~ de] 색조(기미)를 띠다. La science *se colore* quelquefois *de* mystique. 과학도 때로는 신비스러움을 띨 때가 있다. ③ 얼굴을 붉히다.

coloriage [kɔlɔrjaːʒ] *n.m.* 착색(법). mauvais ~ 서투른 채색.

colorier [kɔlɔrje] *v.t.* 채색하다;《구어》(문장을)수식하다. ~ une estampe[une carte, une poterie] 판화[지도·도자기]를 채색하다.

colorieur [kɔlɔrjœːr] *n.m.* 《요업》채색자; 《염물》날염용 롤러.

colorimètre [kɔlɔrimɛtr] *n.m.* 비색계(比色計).

colorimétrie [kɔlɔrimetri] *n.f.* 《물리》비색정량(比色定量); 비색분석.

coloris [kɔlɔri] *n.m.* ① 채색법; 색 배합. ② (얼굴·과일 따위의)빛깔(teint). ~ des joues 얼굴빛, 안색. ③ (문체의)화려함. Ce style manque de ~. 이 문체는 생기가 없다.

colorisation [kɔlɔrizɑsjɔ̃] *n.f.* ① 착색, 채색. ② 《공학》빛깔이 나타남, 색조. ③《드물게》(약품 배합중의)변색.

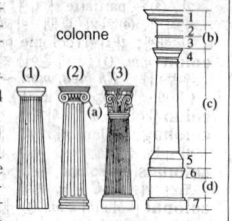

(a) volute (b) entablement
(c) fût (d) piédestal
1. corniche 2. frise
3. architrave 4. chapiteau
5. base 6. corniche 7. socle

coloriste [kɔlɔrist] *n.* 채색에 능한 화가; 채색공; 문체가 화려한 작가.

colossal(ale, *pl.* **aux)** [kɔlɔsal, -o] *a.* 거대한(gigantesque); 대단한(immense), taille ~ale 거구. fortune ~ale 막대한 재산. entreprise ~ale 대규모의 사업. faire un effort ~ 엄청난 노력을 하다. État d'une puissance ~ale 초강대국. —*n.m.* 거대한 것, 대규모적인 것.

colossalement [kɔlɔsalmɑ̃] *ad.* 거대하게; 대규모로, 굉장하게. Il est ~ riche. 그는 상상하기 어려울 정도로 굉장한 부자이다.

colosse [kɔlɔs] *n.m.* ① 거상(巨像); 거인(géant, hercule). C~ de Rhodes 아폴로 신의 거상. ② 위인, 거물. ~ de la littérature française 프랑스 문학계의 거물. ③ 대국. le ~ du Nord 러시아. ~ romain 로마 대제국.

colossien(ne) [kɔlɔsjɛ̃, -ɛn] *a.* 콜로사이(*Colosses*, 프리기아 지방의 옛 도시)의. —C~ *n.* 콜로사이 사람.

colostomie [kɔlɔstɔmi] *n.f.* 【의학】 결장루조설수술 (結腸瘻造設手術).

colostrum [kɔlɔstrɔm] *n.m.* (산모의) 초유 (初乳).

côlotomie [kolotomi] *n.f.* 【의학】 결장(結腸)절개수술.

colpo- *préf.* 「질(膣)」의 뜻.

colpocèle [kɔlpɔsɛl] *n.f.* 【의학】 질헤르니아, 질탈(膣脫).

colportage [kɔlpɔrtaːʒ] *n.m.* ① 행상, 도부장사. ~ de livres 서적외판(가택방문 판매). littérature de ~ (16세기부터 19세기까지의) 행상용의 소형책, (가택방문 판매의) 대중문학. ② 퍼뜨리기, 유포. ~ de fausses nouvelles 헛소문의 유포.

colporter [kɔlpɔrte] *v.t.* ① 행상하다, 도부치다. ② 퍼뜨리다, 유포하다(divulguer, propager). ~ des bruits 소문을 퍼뜨리다.

colporteur(se) [kɔlpɔrtœːr, -ø:z] *n.* ① 행상인, 도부장수. ② 퍼뜨리는 사람(propagateur). —*a.* 행상하는. marchand ~ 행상인.

colt [kɔlt] *n.m.* 〖영〗 콜트 자동권총.

coltar [kɔltar], **coltarer** [kɔltare], **coltariser** [kɔltarize]=**coaltar, coaltarer, coaltariser**.

coltin [kɔltɛ̃] *n.m.* (특히 하역 인부용의) 가죽 모자.

coltinage [kɔltinaʒ] *n.m.* 하역업; 하역, 짐부리기.

coltiner [kɔltine] *v.t.* (짐을) 지다, 나르다.
—**se** ~ *v.pr.* 〖구어〗(se 는 간접목적보어)(어려운 일을) 하다; 떠맡다(exécuter). *se* ~ *seul tout le travail* 일을 혼자서 떠맡다.

coltineur [kɔltinœːr] *n.m.* 하역 인부, (석탄 따위의) 운반 인부.

colubridés [kɔlybride] *n.m.pl.* 【동물】 뱀과(科).

colubrin(e) [kɔlybrɛ̃, -in] *a.* 뱀의; 뱀 같은.

columbarium [kɔlɔ̃barjɔm] (*pl.* ~**s**) 〖라틴〗 *n.m.*=**colombaire**.

columelle [kɔlymɛl] *n.f.* (무덤의) 작은 기둥; 【동물】(권패류의) 각축(殼軸), 【식물】 과축(果軸), 주축(柱軸); (속귀의) 달팽이관.

columérien(ne) [kɔlymerjɛ̃, -ɛn] *a.* 쿨로미에(*Coulommiers*, 프랑스의 옛 도시)의. —C~ *n.* 쿨로미에 사람.

colure [kɔlyːr] *n.m.* 【천문】 분지경선(分至經線).

col(-)vert [kɔlvɛːr] (*pl.* ~**s**)–~**s**) *n.m.* 【조류】 넓적부리.

colza [kɔlza] *n.m.* 【식물】 평지, 유채(油菜) 평지씨. huile de ~ 평지 기름(種油).

com. 〖약자〗commission 【상업】 수수료.

com- *préf.* 「상호의·공동의」의 뜻.

coma [kɔma] *n.m.* 【의학】 혼수. entrer[être] dans le ~ 혼수상태에 빠지다[빠져 있다].

Comanches [kɔmɑ̃ʃ] *n.m.pl.* 코만치족(族). 「자」.

comandant(e) [kɔmɑ̃dɑ̃, -ɑ̃:t] *n.* 공동위탁자[위임자].

comandataire [kɔmɑ̃datɛːr] *n.m.* 【법】 공동수임자[대리인].

comasque [kɔmask] *a., n.*=**cômien**.

comateux(se) [kɔmatø, -øːz] *a.* 【의학】 혼수상태의, 혼수성의. être dans un ~ 혼수상태에 빠져 있다. —*n.* 【의학】 혼수상태의 환자.

*****combat** [kɔ̃ba] *n.m.* ① 전투. livrer ~ à l'ennemi 적과 전투를 개시하다. mettre un ennemi hors de ~ 적의 전투능력을 상실게 하다. ~ offensif(défensif) 공격(방어)전. ~ aérien(naval, terrestre) 공중(해상에서)에인 이작전. ~ de rues 시가전. ~ à l'arme blanche 백병전. tenue de ~ 전투복. ② 싸움 (querelle); 격투; (스포츠의) 투기, 시합. ~ entre deux ivrognes 두 주정뱅이끼리의 싸움. ~ singulier (중세의 1대 1의) 결투. ~ à outrance (상대가 죽을 때까지 싸우는) 사투. ~ de boxe 권투 시합. ~-vedette (권투에서) 메인 이벤트. ~ de taureaux 투우. ③ 〖문어〗〖비유적〗 투쟁(lutte), 경쟁; 갈등. ~ entre la vie et la mort 삶과 죽음과의 싸움. ~ d'esprit 기지의 경쟁. La vie est un ~ perpétuel. 삶이란 끊임없는 투쟁이다. combattre le bon ~ 대의를 위해 싸우다. ~ du cœur 마음의 갈등. ④ (*pl.*) 〖문어〗 전쟁(guerre). Dieu des ~s 전쟁의 신.

combatif(ve) [kɔ̃batif, -iːv] *a., n.* 전투적인[호전적인](사람). instinct ~ 투쟁본능. air ~ 호전적 태도. troupes ~ves 전투의욕이 왕성한[사기가 높은] 부대.

combativité [kɔ̃bativite] *n.f.* 투쟁성, 호전성. ~ d'une troupe 부대의 사기. perdre[accroître] sa ~ 투지를 상실하다[높이다]. manque de ~ 투쟁 의욕의 상실.

combattable [kɔ̃batabl] *a.* 싸울 수 있는, 논쟁의 여지 있는. argument ~ 반박의 여지가 있는 논거.

*****combattant(e)** [kɔ̃batɑ̃, -ɑ̃ːt] *n.m.* ① 【군사】 전투원(guerrier). non-~ 비전투원. association d'anciens ~s 재향군인회. croix du ~ 무공훈장. ② 선수, 전사; 싸움질하는 사람. ③ 【어류】 투어(관상어 중 투쟁적인 물고기의 총칭). ④ 【조류】 목도리도요.
—*a.* 싸우는, 전투하는. troupes ~es 전투부대.

combattif(ve) [kɔ̃batif, -iːv] *a., n.*=**combatif**.

combattivité [kɔ̃bativite] *n.f.*=**combativité**.

*****combattre** [kɔ̃batr] [45] *v.t.* ① [~ *qn*] (와) 싸우다. ~ l'ennemi 적과 싸우다. Napoléon *combattit* l'Europe. 나폴레옹은 유럽과 싸웠다. ② (비유적) [~ *qc*] (에) 저항하다, 반대하다; 억제하다. ~ le projet gouvernemental 정부안에 반대하다. L'opposition *combattit* le gouvernement. 야당은 정부를 공격했다. ~ une hérésie 이단과 싸우다. ~ un incendie 화재와 싸우다, 소화에 노력하다. ~ sa vie chère 물가와 싸우다. ~ son désir 욕망을 억제하다.
—*v.t.ind.* ① [~ contre] …와 싸우다(se battre). ~ *contre* son ennemi 적과 싸우다. ~ *contre* le racisme 인종차별에 투쟁하다. ~ *contre* les tentations(la maladie) 유혹(병)과 싸우다. ② [~ pour] …을 위하여 싸우다. ~ *pour* la cause de l'indépendance 독립의 대의를 위해 싸우다. ③ [~ de] …을 경합하다, 경쟁하다. ~ *d'esprit(de générosité)* avec *qn* …와 재치(선심)를 겨루다.
—*v.i.* 싸우다. ~ à l'arme blanche 백병전을 벌이다. ~ corps à corps 각개전투하다. renoncer sans

avoir combattu 싸우지도 않고 체념[포기]하다. —se ~ v.pr. 서로 싸우다.

combe [kɔ:b] n.f. ① 작은 골짜기. ② 【지질】 (Jura, Savoie 지방의)협곡, 배사곡.

:**combien** [kɔ̃bjɛ̃] ad. ①(《수량의 의문》)ⓐ[~ de+명사] 얼마큼의, 몇 개의, 얼마나 많이. C~ de livres avez-vous achetés? 당신은 책을 몇 권이나 샀읍니까?(C~ avez-vous pris de livres?). C~ de personnes sont venues? 몇 사람이나 왔습니까? Depuis ~ de jours êtes-vous ici? 여기 오신지 얼마 되십니까?(《간접의문에서》)Je vous demande de personnes viendront avec nous. 몇 사람이나 우리와 함께 갈 것인지 당신에게 묻고 있는 겁니다. Je ne sais pas ~ de temps il faut pour faire ce trajet. 이 길을 가는 데 시간이 얼마나 걸리는지 나는 모른다. ⓑ(de 없이:구어적 표현)(값·거리·사람 수 등을 물으며)얼마만큼의, 어느 정도의. C~ coûte ce manteau? 이 외투는 얼마입니까? C~ vous dois-je? 값이 얼마입니까? 얼마나 지불하면 됩니까? C'est ~ en tout? 전부 합쳐서 얼마죠? Ça fait ~? 얼마죠? C~ y a-t-il d'ici à la mer? 여기서 바다까지는 얼마나 되니까? C~ sont venus? 몇 사람이나 왔습니까? C~ êtes-vous? 모두 몇 분이십니까?
②(감탄)ⓐ[~ de+명사]얼마나 많이, 몇 개나, 몇 사람이나. C~ de fois aurai-je à répéter la même chose! 똑같은 말을 얼마나 많이 되풀이해야 한단말인가! ⓑ(de 없이) 얼마나. C~ facilement il se console! 얼마나 쉽게 그는 위로를 받는지! C~ rares sont ceux qui s'y intéressent! 그 문제에 관심을 갖는 사람이 얼마나 드문지! 《삽입구로서》je vous admire, ô ~! 당신을 얼마나 찬양하는지!
③(《양보》)[~ de+명사+que+sub.] 얼마만큼의 …라도. C~ d'obstacles qu'il y ait 그 얼마나 많은 장애가 있다 할지라도.
Je ne sais ~. 수없이 많은. On lui a téléphoné je ne sais ~ de fois. 그에게 수없이 전화를 걸었다. Il y a je ne sais ~ (de temps). 꽤 오래전의 일입니다.
—n.m. 《복수불변》(《구어》) ①(몇 월의)며칠; 몇 번째. Le ~ sommes-nous aujourd'hui? 오늘은 며칠입니까? Le ~ êtes-vous?(학교성적이)당신은 몇 등입니까?
②몇 블마다, 몇 시간마다. Le train part tous les ~? 기차는 몇 분(시간) 간격으로 출발합니까?

combientième [kɔ̃bjɛ̃tjɛm] n.m.,a. (《구어》)몇 번째(의). Il est le ~ à la composition de français? 그는 불어 작문에서 몇 등인가? Nous sommes le ~? 오늘은 며칠입니까?

combinable [kɔ̃binabl] a. 결합할 수 있는; 【화학】화합할 수 있는.

combinaise [kɔ̃binɛ:z] n.f. 《속어》=combine.

*combinaison [kɔ̃binɛzɔ̃] n.f. ①조합, 결합, 배합. ~ de couleur 색의 배합. ~ d'idée 관념의 결합. ~ ministérielle (당파 따위에 의한)각료구성. ② 책략, 술책, 교묘한 수단(combine, manœuvre). ~ politique 정략. ~ financières 금융상의 조작(계략). Trouvez une ~ pour en sortir. 거기서 빠져 나갈 방책을 강구해 보시오. ③ 【화학】 화합(물) (~ chimique). ④ 【의복】 (여자의)콤비네이션, 슬립; (상하가 연결된)작업복, 비행복(~ de mécanicien[de pilote]). ⑤(금고의)수자 배합(~ de chiffres); 【수학】 조합.

combinaison-culotte [kɔ̃binɛzɔkylɔt] (pl. ~s-~s) n.f. 《의복》(샤쯔와 드로즈로 된)콤비네이션(《영》cami-knickers).

combinaison-jupon [kɔ̃binɛzɔʒypɔ̃] (pl. ~s-~s) n.f. 《의복》 프린세스형 페티코트〔슬립〕.

combinard(e) [kɔ̃bina:r, -ard] a. (《구어》)(《경멸》)교활한(malin). —n. 교활한 사람.

combinat [kɔ̃bina] n.m. (소련의)종합 공업공동체, 콤비나트.

combinateur(trice) [kɔ̃binatœ:r, -tris] a. 결합(조합)하는. —n.m. 【철도】제어기, 열차집중제어장치; 【전기】정류자; 【자동차】(라이트 따위의)전환 스위치.

combinatoire [kɔ̃binatwa:r] a. 결합의; 배합의. latitude ~ (언어 단위의)결합허용범위. variante ~ 《언어》결합변이체, 결합이음(異音). —n.f. 《언어》 결합관계.

combine [kɔ̃bin] n.f. 《속어》① 계략, 책략수(truc). monter une ~ 교활한 수법을 쓰다. ② 《의복》슬립, 콤비네이션(combinaison).

combiné(e) [kɔ̃bine] a.p. 결합된, 짜맞추어진; 연합의; 《화학》화합의. état major ~ (육·해·공 3군의)통합사령부. armées du Nord et du Sud ~s 남북연합군. opération ~e (육·해·공 3군의)연합작전. circuits ~s 【전기】결합회로.
—n.m. ① 혼합물. ② 《화학》화합물(composé). ③ 《전화》송수신기; 라디오 겸용 전축. ④ 《항공》수직이착륙기. ⑤ 《스포츠》(스키 따위의) 종합경기. ⑥ 《의복》올인원(코르셋과 브래지어가 붙어 있는 것).

combiner [kɔ̃bine] v.t. 결합시키다, 짜맞추다 (associer, composer); (빛깔을)배합하다; 《화학》화합시키다. ~ leurs forces 힘을 합치다, 협력하다. ~ des couleurs 색을 배합하다. ②생각해내다, 궁리(연구)하다, 고안하다, 꾸며내다 (organiser, élaborer). ~ un voyage 여행계획을 짜다. ~ un plan 계획안을 꾸미다. ~ un mauvais coup 나쁜 일을 꾸미다.
—se ~ v.pr. 결합되다, 배합되다; 《화학》(와)화합하다. couleurs qui se combinent 배합이 잘된 색깔. [se ~ avec] La haine se combine avec l'amour. 증오는 사랑과 결합된다.

comble¹ [kɔ:bl] n.m. ①(《구어》)절정, 극치. être au ~ du bonheur 행복의 절정에 있다. porter qc à son ~: …을 절정으로 끌어올리다. Sa colère était à son ~. 그의 노여움은 극도에 달했다. ②(비유적) 과도, 지나침. C'est le ~ de la grossièreté. 그것은 지나치게 무례한 행동이다. Ça, c'est le ~! 터무니 없는 일이다, 그건 너무하군! ③꼭대기; 지붕. ~ à un pan(à deux pans) 한면(두면)으로 경사진 지붕. ~ brisé(à Mansart) 망사르드 지붕. faux ~ 내부에 공간이 있는 지붕. ④ (pl.) 다락방, 지붕 꼭대기방(→ maison 그림). aménager les ~s en grenier(en appartement) 다락방을 창고(방)으로 개조하다. loger sous(dans) les ~s 다락방에서 살다.
de fond en ~ 머리 끝에서 발 끝까지; 온통, 완전히. fouiller une maison de fond en ~ 집안 구석구석을 샅샅이 뒤지다.
pour ~ de malheur 《구어》설상가상으로, (불행이)엎친데 덮쳐서. Il tomba malade, et pour ~ de malheur, il perdit tout son bien. 그는 병에 걸렸고, 설상가상으로 전 재산을 잃었다.
pour y mettre le ~ 궁극에 가서는, 설상가상으로.

comble² a. ①(넘칠만큼)가득한. panier ~ 넘칠 만큼 가득한 바구니. ②대만원의, 입추의 여지 없는. Toutes les voitures étaient ~s. 모든 차는 대만원이었다. spectacle qui fait salle ~ 객석을 가득 메우게 하는 흥행물.
La mesure est ~. 이제 더 이상은 견딜 수 없다.

combleau [kɔblo] (pl. ~x) n.m. 《군사》(포차 따위의)끄는 밧줄(combleau).

comblement [kɔ̃bləmɑ̃] *n.m.* combler 하기; 매립. ~ d'un puits(d'un lac) 샘(호수)의 매립. terrain de ~ 매립지.

combler [kɔ̃ble] *v.t.* ① (구멍 따위를)채우다, 메우다(boucher), (부족·손해 따위를)메우다. ~ les creux d'une route 길의 팬 곳을 메우다. ~ le déficit du budget 예산의 결손을 메우다. ~ une lacune(un vide) 결함(공백)을 메우다. ② (욕구를)충족시키다, 채우다(exaucer). ~ les vœux (les souhaits) de *qn* …의 소원을 성취시키다. ~ [~ *qn* de *qc*](을)(으로)가득 채우다; (에게)한껏 주다. Cela me *comble de* joie. 그것은 나를 기쁨으로 가득 채워준다. ~ *qn de* bienfaits …에게 은혜(친절)를 한껏 베풀다. ~ *de* malheurs 불행에 짓눌리다. ③ [~ *qn*](을)만족시키다(satisfaire). Vous me *comblez*! 친절하시군요! être *comblé* 만족하다, 복이 많다. ⑤ 《옛》가득 채우다. carrosse *comblé* de laquais 하인들이 가득 탄 마차.

~ *la mesure* 한도를 넘다. Ses bêtises *ont comblé la mesure*. 그의 어리석은 행동은 한도를 넘었다 (더 이상은 참을 수가 없다).

—*se* ~ *v.pr.* 메이다, 가득 차다.

combrétacées [kɔ̃bretase] *n.f.pl.* 《식물》 사군자과(科).

combrière [kɔ̃brijɛːr] *n.f.* 《어업》 다랑어잡이 그물.

combuger [kɔ̃byʒe] ③ *v.t.* (술이 새지 않도록 술통을)물에 불리다.

comburable [kɔ̃byrabl] *a.* 《화학》 가연성의.

comburant(e) [kɔ̃byrɑ̃, -ɑ̃ːt] 《화학》 *a.* 연소시키는. —*n.m.* 조연물(助燃物).

combustibilité [kɔ̃bystibilite] *n.f.* 가연성; 연소력.

combustible [kɔ̃bystibl] *a.* 연소성의. matière ~ 가연재료. gaz ~ 연료가스. —*n.m.* 연료. ~s gazeux(liquides, solides) 기체(액체·고체)연료. ~s fossiles 화석연료 (석탄·석유 따위). ~ nucléaire (atomique) 핵연료. ~s artificiels 2 차 연료. ~ de la pensée (비유적) 사상의 양식.

combustion [kɔ̃bystjɔ̃] *n.f.* ① 연소. mettre *qc* en ~ …을 태우다, 타오르게 하다. moteur à ~ interne 내연기관. poêle à ~ lente 완만 연소 스토브. ~ des morts 화장. ② 《화학》 연소. ~ des aliments (체내에서)음식물의 완만한 연소. chaleur de ~ 연소열. ~ nucléaire 핵연료의 연소, 핵분열. ③ 《비유적》 불난리 같은 소란, 혼란(tumulte). avoir la tête (tout) en ~ 머리가 어수선하다. mettre la France en ~ 프랑스를 혼란에 빠뜨리다.

Côme [koːm] *n.pr.* 《지리》 (이탈리아의)코모.

come-back [kɔmbak] 《영》 *n.m.* (배우 따위의)재등장, 인기회복.

COMECON [kɔmekɔ̃] 《영·약자》Council for Mutual Economic Assistance(동유럽)경제상호 원조회.

*****comédie** [kɔmedi] *n.f.* ① 희극(↔ tragédie). ~ italienne 이탈리아 희극. ~ grecque ancienne 고대 그리스 희극. ~ de caractère 성격희극. ~ d'intrigues 갈등희극. ~ de mœurs 풍속희극. ② 극, 연극, 희곡. jouer la ~ 연극을 공연하다. ~ historique 역사극. ~ à ariettes(à couplets) 《옛》 음악극(지금은 opéra-comique). ~ pastorale 목가극. courte ~ 촌극. «la C~ humaine» 「인간희극」(발자크가 자기 소설에 붙인 표제). ③ (비유적)(속)는연극, 가장(假裝); (특히 아이들의) 장난, 소동. Tout cela est une pure ~. 그것은 순 익살극이다. jouer la ~ (감정·생각 따위를)가장하다. Allons, pas de ~! (아이들에게)자, 떠들지 마! faire la ~ (아이들이)소란을 피우다. ④ 《옛》극장; 극단. aller à la ~ 극장에 가다.

donner la ~ 사람을 웃기다, 엉터리 수작을 부려 눈길을 끌다. Partout où il va, il *donne la* ~. 그는 어디를 가든 사람들을 웃긴다.

donner la ~ *au public* 세상의 웃음거리가 되다.

secret de la ~ 공공연한 비밀.

Comédie-Française (la) [lakɔmedifrɑ̃sɛːz] *n.f.* 프랑스 극장 (근대극 이외에 고전극도 하는 파리의 국립 극장 및 극단; Théâtre Français이라 함).

Comédie-Italienne (la) [lakɔmediitaljɛn] *n.f.* (17·18 세기의)이탈리아 극장.

*****comédien(ne)** [kɔmedjɛ̃, -ɛn] *n.* ① 배우(acteur); 희극배우(↔ tragédien). ~s ambulants 순회극단 배우. ~ expérimenté 노련한 배우. grand ~ 명배우. troupe de ~s 극단. ② 위선자(hypocrite). Méfiez-vous de lui, c'est un grand ~. 그를 조심하세요, 그는 대단한 위선자에요.
—*a.* 겉으로 꾸며, 부자연한. manières (paroles) ~nes 부자연한 태도(말투).

comédon [kɔmedɔ̃] *n.m.* (끝이 거무스름한)여드름.

comestibilité [kɔmestibilite] *n.f.* 식용이 됨, 가식성(可食性).

comestible [kɔmestibl] *a.* 먹을 수 있는, 식용의. champignon ~ 식용 버섯. denrées ~s 식료품.
—*n.m.* 음식물; (*pl.*) 식료품(aliments). magasin (boutique) de ~s 식료품 가게.

cométaire [kɔmetɛːr] *a.* 《천문》 혜성의.

comète [kɔmɛt] *n.f.* ① 《천문》 혜성. année de la ~ (혜성이 잘 관찰되는)혜성년. ② 《의복》 (폭 3-5 mm 되는 빌로드의)가는 리본; 《제본》 헤드밴드; 《문장》 혜성무늬; 《군사》 유성불꽃 (불꽃·통화 따위의 신호(조명) 타).

tirer des plans sur la ~ 《구어》 공상적인 (터무니없는) 계획을 하다.

vin de la ~ 특별히 맛이 좋은 술 (거대한 혜성이 나타난 1811 년의 포도주가 특별히 맛있었음). C'est comme le *vin de la* ~. 그것은 아주 드문 일이다, 천하일품이다.

comices [kɔmis] *n.m.pl.* ① 《고대로마》 민회(民會). ② 《프랑스사》 (대학명 중의)선거회. ~ agricoles 농사 공진회.

comics [kɔmiks] 《영》 *n.m.pl.* 만화신문(잡지); 연재만화(bandes dessinées).

cômien(ne) [komjɛ, -ɛn] *a.* 코모(*Côme*)의. —*C*~ *n.* 코모 사람.

comifère [kɔmifɛːr] *a.* 《식물》 머리털 같은 털이 있는.

coministe [kɔministr] *n.m.* 같은 내각의 장관.

*****comique** [kɔmik] *a.* ① 《연극》희극의, ~ pièce ~ 희극작품. genre ~ 희극. film ~ 희극영화. acteur ~ 희극배우. ② 우스꽝스러운, 웃기는(amusant, drôle). Il a toujours une histoire ~ à raconter. 그는 항상 재미있는 이야기를 해준다. visage ~ 우스꽝스럽게 생긴 얼굴.

avoir le masque ~ 희극 배우가 될 만한 얼굴을 하고 있다.

—*n.m.* ① 희극(genre ~), 희극성, 희극적인 것 [점]. bas ~ 저속한 [급의] 희극. Cet acteur n'est bon que dans le ~. 이 배우는 희극 역할 밖에는 못 한다. Le ~ de l'histoire, c'est que... (그 이야기의)우스운 것은 …이다. avoir le sens de ~ 유머 감각이 있다. ② 희극배우(acteur ~), 희극작가 (auteur ~); 광대 같은 사람. grand ~ du cinéma 영화의 위대한 희극배우. Paul, c'est le ~ de la classe. 폴은 그 반의 광대이다.

comiquement [kɔmikmɑ̃] *ad.* 희극적으로, 우스꽝스럽게.

comitadji [kɔmitadʒi] 《터키》 n.m.pl. 【역사】 (마케도니아의)해방 의용군; (불가리아·마케도니아의)비정규군.

comitard [kɔmitaːr] n.m. 【정치】《경멸》(정치위원회의)위원; 위원회에 의한 지배의 지지자.

comitat [kɔmita] n.m. (헝가리의)행정구역.

comitatif(ve) [kɔmitatif, -iːv] 【언어】 a. 수반을 나타내는. —n.m. 반격(伴格).

*****comité** [kɔmite] n.m. 위원회. nommer [élire, désigner] un ~ 위원회를 임명[선출·지명]하다. membre d'un ~ 위원회 위원. discuter [examiner] en ~ secret 비밀회의에서 토의[검토]하다. C~ économique franco-coréen 한불 경제(합동) 위원회. ~ consultatif [exécutif] 자문[집행] 위원회. ~ électoral 선거관리 위원회. ~ de conciliation 조정 위원회. ~ d'entreprise (노사대표에 의한)기업운영 위원회. ~ de gestion 운영 위원회. ~ de lecture (출판·공연을 위한 작품·각본의)심사 위원회. ~ de salut public 【프랑스사】 (1793년의)행정부(공안 위원회).
en petit ~; en ~ restreint 《구어》친한 사이끼리. dîner en petit ~ 절친한 사람들만의 저녁식사.

comitial(ale, pl. aux) [kɔmisjal, -o] a. ① 【고대로마】 민회의. ② mal ~ 【의학】 간질병.

Comm. 《약자》① commandeur de la Légion d'honneur 레지옹도뇌르 3등훈장 수훈자. ② commandant 【군사】 지휘관, 사령관; 육군 소령.

comma [kɔmma] (pl. ~s) n.m. ① 【인쇄】 콜론 (:), 코마(,). ② 【음악】 소음정.

command [kɔma] n.m. 【법·상업】 익명의 매입자, 공매 위탁인. déclaration de ~ 위탁 신고.

*****commandant(e)** [kɔmɑ̃dɑ̃, -ɑ̃ːt] a. 지휘하는, 사령의; 《구어》명령하기 좋아하는. officiers ~s 지휘장교. capitaine ~ 지휘관. bâtiment ~ 【해군】기함.
—n.m. ① 【군사】 지휘관, 사령관. ~ d'armes [《옛》 de place] 주둔 사령관. ~ en chef 총사령관. ~ en second 부사령관. ~ militaire 의회경비 부대장. ② 【해군】 함장; 【항공】 기장; 【공군】 비행중대장. ~ de bord 기장. ③ 육군[해군·공군]소령. ~ de bataillon [d'escadron] 보병[기병]소령.
—n.f. 《구어》지휘관의 처.

command-car [kɔmɑ̃dkaːr] 《영》 n.m. 지휘차.

commande [kɔmɑ̃ːd] n.f. ① 【상업】 주문, 마춤; 주문품. faire [passer] une ~ au fabricant [chez l'épicier] 메이커 [식료품 상점]에 주문하다. Le garçon prend les ~s. 웨이터가 주문을 받는다. recevoir [refuser] une ~ 주문을 받다 [거절하다]. marchandise payable à la ~ 주문과 동시에 현찰하는 [현금 주문의] 상품. livre [carnet] de ~s 주문장부. ouvrage de ~ 주문품. ② 【기계】 조종(장치), 운전 [제어] 장치. ~s manuelles [à main] 수동식 조종장치. moteur à ~ électrique 전기제어 모터. ~ à distance 원격제어. levier de ~ 조종간. organes de ~ 조종 기관. poste de ~ 조종실, 조타실. avion à doubles ~s 2중 조종장치가 붙은 비행기 [연습기]. bielle de ~ 【철도】 운전간. ③ (주로 pl.) (사업 따위의)지휘, 관리. prendre les ~s 조종간을 잡다; 지휘하다. tenir les ~s 키[조종간]를 잡다; 관리운영을 담당하다. passer les ~s à qn 키[지휘]를 …에게 맡기다. ④ 【언어】 《생성문법에서의》의 절점간의 통어(統御). ⑤ 【해양】 손으로 꼰 밧줄; 【군사】 주교(舟橋)의 결박 밧줄.
de ~ 을 주문의. ⑤ 억지의, 겉뿐인; 강요된, 긴요한. optimisme de ~ 가장된 낙관론. sourire de ~ 억지웃음. larmes de ~ 거짓눈물. ⓒ 《옛》의무적인, 규정된 (obligatoire). fêtes de ~ (교회에서)정해진 제일.
sur ~ 주문에 의한; 명령에 따른. travail [ouvrage] sur ~ 주문제작.

commandé(e) [kɔmɑ̃de] a.p. ① 【기계】 조종되는, 수동식의. parachute à ouverture ~e 수동으로 조작하는 낙하산. ② en service ~ 【군사】 특별근무의.

commandement [kɔmɑ̃dmɑ̃] n.m. ① 명령; 【군사】 구령. obéir à un ~ 명령에 복종하다. avoir une attitude de ~ 위압적인 태도를 취하다. parler d'un ton de ~ 명령조로 말하다. exécuter les ~s de qn …의 명령을 실행하다. faire ses derniers ~s (옛)유언을 하다. transmettre un ~ 【군사】 호령을 전달하다. ② 【종교】계율, 계명. les dix ~s 십계명. observer les ~s 계율을 지키다. ③ 【군사】 지휘권, 사령권; 사령관(부); (일반적으로) 지위, 지배. prendre [exercer] le ~ 지휘권을 행사하다. poste de ~ 사령실(탑). avoir le ~ sur …의 위에 서다; …을 지배하다. assumer le ~ de cette unité …이 부대의 지휘를 맡다. haut ~ des armées 군의 최고사령부. ~ de l'air 공군 사령관. ④ 【군사】 사령관(부). 【법】 지불명령(최고). ⑤ être au ~ 【스포츠】 (경주에서)선두에 서다.
avoir qc à (son) ~ 《옛》…을 수중에 넣다, 마음대로 사용하다. avoir l'anglais à ~ 영어를 자유자재로 말하다.

*****commander** [kɔmɑ̃de] v.t. ① 명하다, 명령하다 (ordonner). ~ la retraite [le feu] 퇴각[발포]을 명령하다. Vous n'avez qu'à me ~. 저에게 명령만 내려주십시오. ~ à qn de + inf. La police nous a commandé de nous retirer plus loin. 경찰은 우리에게 더 멀리 물러나라고 명령했다. ② 지휘하다; 지배하다 (dominer, diriger). ~ un régiment [une flotte] 연대[함대]를 지휘하다. ~ ses hommes 부하를 지휘하다. ~ les opérations 작전의 지휘를 하다. ③ 주문하다. ~ un café au garçon 웨이터에게 커피를 주문하다. ~ un tableau à un peintre 화가에게 그림을 주문하다. ④ 《주어는 사물》(존경심 따위를)불러 일으키다, 가지게 하다 (appeler). Sa conduite commande l'admiration. 그의 행동은 찬양을 불러일으킨다. ⑤ 내려다보다, 부감(俯瞰)하다; (요소를)要制하다. Le château-fort commande la ville. 그 요새는 마을을 내려다보는 위치에 있다. La salle à manger commande le salon. 객실로 가려면 식당을 지나야 한다. ⑥ 【기계】 (기계를)움직이다, 운전[조작]하다. pédale qui commande les freins 브레이크를 작용케 하는 페달.
—v.t.ind. [~ à] ① 을 지배[제어]하다, 명령하다. ~ à ses soldats 병사들을 통솔하다. ② (감정 따위를)누르다, 억제하다(maîtriser). ~ à sa colère 분노를 참다. ~ à ses pleurs 눈물을 꾹 참다. Il ne peut plus ~ à ses jambes. 그는 두 다리를 마음대로 쓰지 못하게 됐다.
—v.i. 명령하다, 지휘[지배]하다. Qui est-ce qui commande ici? 여기 지휘자가 누구인가? Le travail commande. 일이 제일이다.
—**se** ~ v.pr. ① 자제하다; 제어되다. Ce sentiment ne se commande pas. 이 감정은 억제되지 않는다. La sympathie ne se commande pas. 공감은 뜻대로(억지로) 생겨나는 것은 아니다. ③ (se는 간접목적보어)자기를 위해 주문하다. (방 따위가)서로 통해 있다.

commanderie [kɔmɑ̃dri] n.f. 【역사】 기사령(騎士領), 기사관.

commandeur [kɔmɑ̃dœːr] n.m. ① 【역사】 (중세

의)기사령을 가진 기사분대장. ② ~ de la Légion d'honneur 레지옹도뇌르 3등 훈장 수훈자.

commanditaire [kɔmɑ̃ditɛ:r] *n.m.* 〖상업〗(합자회사나 유한책임사원, 공동 출자자(associé ~).

commandite [kɔmɑ̃dit] *n.f.* ① 〖상업〗 합자회사 (société en ~); 합자회사 사원의 출자. société en ~ par actions 주식합자회사 ② 〖인쇄〗 식자공 동료들.

commandité(e) [kɔmɑ̃dite] 〖상업〗 *a.p.* 출자를 받은. ──*n.m.* (합자회사의)업무 담당사원; 무한책임사원(associé ~).

commanditer [kɔmɑ̃dite] *v.t.* (합자회사 사원으로서)출자하다.

commando [kɔ(m)mɑ̃do] *n.m.* ① 특공대(원). ~ de parachutistes 낙하산 특공대. ~ de terroristes 기습 테러단. raid de ~s 특공대의 습격. ② 〖역사〗(남아프리카의)보어 사람의 100인대(隊)(의 용군). ③ (제 2 차 세계대전 중 독일에서 농업·공장 따위의 노동에 종사시킨)포로반(kommando).

:**comme** [kɔm] *conj.* (부사·전치사적이고 기능을 겸함)
I. ① (유사·합치) …와 마찬가지로, …와 같이, …처럼. ⓐ [~+명사/대명사] Il sera médecin ~ son père. 그는 그의 아버지와 마찬가지로 의사가 될 것이다. J'ai rarement vu des gens ~ vous. 나는 당신과 같은 사람을 별로 보지못했읍니다. ⓑ [~+절] Faites ~ vous voudrez. 당신 좋으실 대로[마음대로] 하십시오. Tout s'est passé ~ nous l'avions prévu. 우리가 예상한 대로 되어 나갔다. ~ vous savez 당신도 아다시피. Il écrit ~ il parle. 그는 말하는 것처럼 글도 쓴다. Il s'est marié, mais il vit ~ quand il était célibataire. 그는 결혼했지만 총각 때처럼 산다. ⓒ [~+부사(구)/과거분사] Il fait froid ~ en hiver. 한겨울처럼 춥다. ~ d'habitude 항상 그렇듯이. Ils sont arrivés ~ prévu. 그들은 예정대로 도착했다.

② (예시)(예를 들자면) …라고 하는, …등등의, …따위의. les animaux domestiques ~ le chien, le chat, le cheval 개·고양이·말과 같은 가축들.

③ (부가) …와, 및, 함께. sur la terre ~ au ciel 지상에서도, 천상에서도. les jeunes ~ les vieux 늙은이도 젊은이도. Le français ~ l'italien viennent du latin. 프랑스어와 이탈리아어는 라틴어에서 파생한 것이다(※단순히 유사성을 나타내는 경우는 동사를 단수로 쓴다 : Le français, ~ l'italien, vient du latin. 프랑스어는 이탈리아어와 마찬가지로 라틴어에서 파생했다).

④ (자격) …으로서(보통 무관사 명사를 씀). Je l'ai choisie ~ secrétaire. 나는 그녀를 비서로 선택했다. Qu'est-ce que vous prenez ~ cigarettes? 담배는 무엇을 피우십니까? C~ travail, c'est intéressant, mais ~ salaire, ce n'est pas assez. 일 자체로는 흥미롭지만 월급에 있어서는 충분치 않다.

⑤ (애매함) …와 같은 것; 말하자면. ~ de(pour ainsi dire). Il était ~ malade. 그는 병에 걸린 것이나 다름 없었다. Il était ~ envoûté par cette femme. 그는 마치 그 여자에 홀려있는 듯 했다.

II. ① (원인·이유) …이므로, …이니까, …때문에(주절의 앞에 위치함). C~ elle arrive, il faut préparer une chambre. 그녀가 내일 오니까 침실을 마련해야 겠다. C~ Suzanne ne parle pas coréen, et que Mansou ne parle pas français, ils discutent en anglais. 수잔은 한국어를 못하고, 만수는 프랑스어를 못하기 때문에 그들은 영어로 토론을 한다(comme를 되풀이하는 대신 que를 씀). (도치) Riche ~ il est, il pourra vous aider. 그는 부자이니까 당신을 도와줄 수 있을 것이다.

② (동시성) (마침) …할 때에, …하고 있는 터에 (대개 반과거를 씀). Il est venu ~ je sortais de chez moi. 내가 막 집을 나서려고 할 때 그가 왔다.

③ (비례) …함에 따라서. C~ le temps passait, il s'impatientait de plus en plus. 시간이 흘러감에 따라 그는 차차 싫증이 났다.

III. ① (감탄) 얼마나, 참으로. C~ c'est joli, le paysage! 경치가 얼마나 아름다운지 ! (간접화법) Regardez ~ il court! 그가 얼마나 잘 달리는지 보세요 !

② 〖옛〗(의문) 어떻게(comment). Tu sais ~ il est. 너는 그가 어떤 사람인지 알고 있다.

~ ça(cela) ⓐ 그와같이, 그렇게. Faites ~ ça. 그렇게 해보십시오. ⓑ 그렇게 하면 ; 그런 까닭에. Ouvre la fenêtre; ~ ça on aura moins chaud. 창문을 열어라, 그러면 좀 시원해지겠지. ⓒ 〖감탄〗 굉장한, 멋진(épatant). Une bagnole ~ ça! 참 멋진 차야 !

~ ci ~ ça 〖구어〗 그런대로. Je vis ~ ci ~ ça. 그럭저럭 살고 있다.

~ il faut ⇨falloir. Tiens-toi ~ *il faut* à table. 식탁에서 얌전히 앉아있어라(자세르 똑바로 해라).

~ pour+ *inf.* 마치 …하듯이. Il nous a fait des signes ~ *pour* nous appeler. 그는 마치 우리를 부르는 듯한 시늉을 했다.

~ qui dirait 〖구어〗 말하자면. J'ai aperçu ~ *qui dirait* un éclair. 나는 번개같은 것을 보았다.

~ quoi ⓐ 그런 까닭에. Je suis heureux maintenant, ~ *quoi* tout finit par s'arranger. 그는 지금 행복하다, 그래서 모든 일은 마침내 순조롭게 해결되어 간다. ⓑ …라는 내용의(을). Faites-moi un certificat ~ *quoi* mon état de santé nécessite un repos. 내 건강상태가 휴식을 필요로 한다는 내용의 증명서를 떼어 주십시오. ⓒ 〖옛·문어〗 어떤 방식을(de quelle manière).

~ si ⓐ 마치 …인 것처럼(보통 직설법 반과거·대과거와 함께 쓰임). Elle agit ~ *si* elle avait vingt ans. 그녀는 마치 20세인 것처럼 행동한다. ⓑ [faire ~ si] …인 체하다. Elle *a fait* ~ si elle ne m'avait pas remarqué. 그녀는 나를 못본 체했다.

C~ vous y allez! 〖구어〗 당신 참 거창하군요 ; 잘 하는 군요.

Dieu sait ~ (신만이 안다는 뜻에서 대개 나쁜 의미로) 아무도 모르는[의심스런] 방법으로. Il a réussi, *Dieu sait* ~! 그는 성공했어, 무슨 수를 썼는지 모르지만.

(il) faut voir ~ 〖구어〗 훌륭하게, 멋지게. Il s'en est tiré, *faut voir* ~. 그는 아주 멋지게 빠져나왔다.

tout ~ 〖구어〗 거의 …같은. Je n'ai pas tout à fait terminé, mais c'est *tout* ~. 완전히 끝낸 것은 아니지만 끝난 것이나 다름없어.

commedia dell'arte [kɔ(m)medjadɛlarte] 〖이탈리아〗 *n.f.* 코메디아델아르테(16·17세기에 이탈리아에서 성행했던 즉흥희곡; 등장인물들은 정형화된 가면을 썼음). [비.

commélyne [kɔ(m)melin] *n.m.* 〖식물〗 자주달개

commémoraison [kɔ(m)memɔrɛzɔ̃] *n.f.* 〖가톨릭〗(성자의)기념 기도.

commémoratif(ve) [kɔ(m)memɔratif, -i:v] *a.* 기념하는. 기념의. fête ~ve 기념제. [~ de] jour ~ d'une victoire 전승기념일.

commémoration [kɔ(m)memɔrasjɔ̃] *n.f.* 기념, 추도; 기념제. 〖가톨릭〗 ~ des morts 가톨릭 위령망정례(追悼已亡瞻禮), 만령절(萬靈節)(11월 2일). **en ~ de** …을 기념하여. *en* ~ *de* l'armistice 휴전 기념으로.

commémorer [kɔ(m)memɔre] *v.t.* 기념하다, 추념하다. ~ la victoire 전승을 기념하다. ~ la nais-

commençant(e) sance de qn …의 탄생을 기념하다.

commençant(e) [kɔmɑ̃sɑ̃, -ɑ̃:t] *a.* 초심(初心)의, 초학의; 초기의. —*n.* 초심자, 초학자(débutant).

commencé(e) [kɔmɑ̃se] *a.p.* 시작한, 시작될. Le film est ~. 영화는 시작됐다.

*‡***commencement** [kɔmɑ̃smɑ̃] *n.m.* ① 시작, 처음. ~ de l'année 연초. ~ de l'autoroute 고속도로의 입구. ~ d'un roman 소설의 처음 부분(발단). dès (depuis) le ~ 처음부터. du ~ jusqu'à la fin 처음부터 끝까지. Commencez par le ~. (순서를 따라) 처음부터 시작하십시오. ② (*pl.*) (국가 따위의) 초기; (학문·예술 따위의) 초보, 기초. ~s de la République 공화국의 초기. Il a de bons ~s dans les mathématiques. 그는 수학의 기초가 잘 되어 있다. ③ ~ de preuve par écrit 《법》 서증(書證)의 단서.
au ~ 최초에(는); 《문어》 《성서》 태초에는.
C'est le ~ *de la fin.* (국가의)종언[멸망·와해]의 시작에 있다.

*‡***commencer** [kɔmɑ̃se] [2] *v.t.* ① 시작하다, 착수하다. ~ un travail 일을 시작하다. ~ un débat(une discussion) 토론을 시작하다. ~ un livre 책을 읽기[쓰기] 시작하다. [~ *par*] Il *commence* sa journée *par* la lecture du journal. 그는 신문을 읽는 것으로 하루를 시작한다. [~ *à*(《드물게》*de*+*inf.*)] Il *commence à* comprendre. 그는 이해하기 시작한다. Prends ton parapluie, il *commence à* pleuvoir. 우산을 가지고 가게, 비가 오기 시작하니까. (목적보어 없이) On *commence* juste. 마침 막 시작한 참이다. ② (주어는 사물) (의)치를 이루고 있다. Ce mot *commence* la phrase. 이 단어가 문두에 있다. le jour qui *commence* l'année 1년의 첫날. ③ 초보를 가르치다. [~ *qn*] ~ un élève en mathématiques 학생에게 수학의 기초를 가르치다. [~ *qc*] ~ le français aux élèves 학생들에게 프랑스어의 초보를 가르치다. ④ (구어) (병에) 걸리다.
Ça commence à bien faire. (구어) 이젠 지겨워진다.
—*v.i.* 시작되다. Le cours *commence* à neuf heures. 강의는 9시에 시작된다. ② [~ *par*] (부터) 시작하다; (의 일부터) 먼저하다. Le dîner *commence par* faire des devoirs. 숙제부터 먼저해라. *Par* où allez-vous ~? 어디서부터 시작하겠습니까?
à ~ *par* …을 필두[시초]로. Nous avons besoin de tant de choses, *à* ~ *par* une maison, puis une voiture, etc. 우리는 많은 것이 필요하다. 제일 먼저 집, 그리고 자동차 등등.
Ça commence bien. (구어) (반어적) 처음부터 싹수가 노랗다. Il pleut! Eh bien, *ça commence bien!* 비가 오잖아! 잘 되어 가는군!
pour ~ 우선, 먼저. *Pour* ~, prenons un apéritif. 우선 아페리티프 한 잔씩 마십시다.

commendataire [kɔmɑ̃dɑte:r] 《가톨릭》 *a.* 일시적으로 성직록을 받는. —*n.* (위)의 수도원장.

commende [kɔmɑ̃:d] *n.f.* 《가톨릭》 성직록의 일시적 보유; 일시적 성직록; 《법》 사용수익권, 용익권.

commender [kɔmɑ̃de] *v.t.* 《가톨릭》 (에게)성직록을 일시적으로 주다.

commensal(ale, *pl.* **aux)** [kɔ(m)mɑ̃sal, -o] *n.* ① 식탁을 같이하는 사람, 회식자; 단골 손님. ② 《생물》 공생 동물(식물).

commensalisme [kɔ(m)mɑ̃salism] *n.m.* 《생물》 공생.

commensalité [kɔ(m)mɑ̃salite] *n.f.* 식탁을 같이 함.

commensurabilité [kɔ(m)mɑ̃syrabilite] *n.f.* 《수학》 통분성.

commensurable [kɔ(m)mɑ̃syrabl] *a.* 《수학》 통분할 수 있는; 같은 단위로 잴 수 있는.

commensuration [kɔ(m)mɑ̃syrɑsjɔ̃] *n.f.* 《수학》 통분(通分).

*‡***comment** [kɔmɑ̃] *ad.* ① (의문) 어떻게, 어떤 식으로. C~ faire? 어떻게 할까? C~ est-il, ce garçon? 그 청년은 어떤 사람입니까? C~ allez-vous? 안녕하십니까? C~ trouvez-vous ce chapeau? 이 모자는 어떻습니까? C~ partiras-tu, en voiture ou par le train? 무엇으로 떠나겠소, 자동차로? 기차로? C~ s'appelle-t-il? 그의 이름은 무엇입니까? (간접의문) Je ne sais ~ il a pu s'échapper. 그가 어떻게 해서 도망칠 수 있었는지 알 수 없다.
② 왜, 어째서. C~ cela? 왜 그렇지요? C~ n'êtes-vous pas avec les autres? 왜 다른 사람들과 같이 있지 않소? 다른 사람은 다 어디 가고 혼자 있소. ne lui as-tu pas écrit? 어째서 그에게 편지를 쓰지 않았나?
③ (감탄) 뭐! 무엇이라고! C~! n'étiez-vous pas au courant? 뭐라고요, 모르고 계셨단 말인가요? / Tu es encore ici? 아니, 아직도 여기 있니?
C~ *(dites-vous)*? 무슨 말씀이시고요? 뭐라고요? C~? Vous pouvez répéter? 뭐라고요? 다시 한번 말씀해 주시겠어요 (※상대방의 말을 못 알아들었을 때 하는 말. 잘 알아듣지 못해서 반문할 때 *Comment?* 이 *Pardon?* 보다 더 정중한 표현이며 *Quoi?* 또는 *Hein?* 은 구어적 표현으로 쓰인다).
~ *que* 《속어》 (의문·감탄) 어떻게, 어떠한. C~ qu'elle est cette maison? 그 집은 어떤가?
C~ *se fait-il que*+*sub.*(*ind.*)? …이라는 것은 어찌된 일입니까?
Et ~ *!*; *Mais* ~ *donc!* 《속어》 물론이지! Puis-je entrer? —*Mais* ~ *donc!* 들어가도 좋습니까? 물론, 좋고말고!
Je me sens je ne sais ~. 어쩐지 컨디션이 나쁘다.
n'importe ~ ⓐ 어떻게든, 반드시. ⓑ 아무렇게나. Il travaille *n'importe* ~. 그는 아무렇게나 일한다.
—*n.m.* 방법. Il ne s'intéresse pas au ~, il ne voit que le résultat. 그는 방법에는 관심이 없고 결과만을 본다.

commentaire [kɔ(m)mɑ̃tɛ:r] *n.m.* ① 주석(註釋), 해설; (*pl.*) 역사적 기록. faire le ~ d'un texte 본문에 주석을 달다. ② 논평. ~ de presse 신문의 논평. donner une nouvelle sans faire de ~ 이 뉴스를 논평없이 전하다. ③ (나쁜 의미의) 해석, (악의 있는) 언급, 비난. faire des ~s sur *qn*(*qc*) …에 대해 이러쿵저러쿵 입에 올리다. Sa conduite a donné lieu à bien des ~s. 그의 행동은 숱한 이야기거리가 되었다.
Cela se passe de ~s. 《구어》 (사람의 의도·감정에 대해서) 설명할 필요조차 없다, 너무나도 명백하다. Il n'a même pas répondu à ma lettre; *cela se passe de* ~s. 그는 내 편지에 답장조차도 하지 않았는데, 그의 의도는 너무나도 명백하다.
Pas de ~*s!* 설명은 필요 없다! 듣기 싫다!
Sans ~ *!* 《구어》 그 자체로서 충분하다; 마음대로 판단하시오.

commentateur(trice) [kɔ(m)mɑ̃tatœ:r, -tris] *n.* 주석자, 주해자; (뉴스) 해설자.

commenter [kɔ(m)mɑ̃te] *v.t.* ① 주해하다, ~에 주석을 달다. ~ Baudelaire 보들레르 작품에 주석을 달다. ② 해석하다. journaliste qui *commente* l'actualité ~시사 문제를 해설하는 기자. ③ (에) 대해서 이러쿵저러쿵 말하다. ~ les faits et gestes de ses voisins 이웃사람들의 모든 행동에 대해 이

러쿵저러쿵 말하다.
commérage [kɔmeraːʒ] *n.m.* 《구어》험구; 잡담, 쑥 덕공론.
commerçable [kɔmɛrsabl] *a.* 매매 [거래·유통]될 수 있는.
commerçant(e) [kɔmɛrsɑ̃, -ɑ̃ːt] *a.* ① 상업이 번창한[발달한]. nations ~es 상업국가. ville ~e 상업도시. rue ~e 상점가. ② 장사의 재주가 있는. Il est très ~. 그는 장사를 아주 잘한다.
—*n.* 상인; 《속어》소상인. petit ~ 소상인. ~ en gros(en détail) 도매 [소매] 상인. boutique [magazin] d'un ~ 상점.
commerce [kɔmɛrs] *n.m.* ① 상업, 거래, 무역 (trafic). chambre de ~ 상업회의소. faire du ~; être dans le ~ 장사를 하다, 상업에 종사하다. Ministère(Conseil) du C— 상무성. acte de ~ 《법》상행위. ~ en détail(en gros) 소매[도매]상. ~ extérieur 무역. balance du ~ extérieur 무역수지. convention(traité) de ~ 무역협정. marchandise hors ~ 비매품. livres de ~ 상업장부. navire de ~ 상선. 《상업》, 《집합적》상인. Cette loi concerne tout le ~. 이 법률은 모든 상인에게 적용된다. petit ~ 소매상(인). ② 영업권; 영업재산, 상점(fonds de ~). acheter un ~ de quincaillerie 철물점을 사다. ouvrir(tenir) un ~ 상점을 열다[경영하다]. ④《경멸》관계; (성적인)관계, 성교. faire ~ de son nom 매명행위를 하다. faire ~ de son corps(de ses charmes) 몸을 팔다, 매춘을 하다. ~ adultère 간통. avoir ~ avec une femme 여자와 육체관계를 갖다. ⑤《옛》교제, 교류, 교화. avoir(entretenir) un ~ d'amitié avec *qn* …와 친교를 맺고 있다[교제하다]. homme d'un ~ difficile 사귀기 어려운 사람. être d'un ~ agréable (d'un bon ~ 붙임성이 있다. ~ d'esprit 정신적 교류. *être*(*se trouver*) *dans le* ~ (상품이)상업에 종사하다; (상품이)시판되고 있다. Ce livre est tout récent, il *n'est* pas encore *dans le* ~. 이 책은 최근에 나온 것이어서 아직 시판되지 않고 있다.
commercer [kɔmɛrse] [2] *v.i.* [~ avec] ① 장사를 하다, (와)무역(교역)하다. ②( ) ③ (와)교제하다.
commercial(ale, pl. aux) [kɔmɛrsjal, -o] *a.* ① 상업[거래·무역·통상]의. attaché ~ 상무관. droit ~ 상법. liberté ~*ale* 무역의 자유. nom ~ 상호. politique —*ale* 상업정책. publicité —*ale* 상업광고. service ~ 영업부[과]. traité ~ 통상조약. vitesse —*ale* 상품의 유통속도. ②《경멸》상업적인. film purement ~ 순전히 상업적인 영화.
—*n.f.* (소형 화물로 쓸 수 있는)라이트 밴, 스테이션 왜건.
commercialement [kɔmɛrsjalmɑ̃] *ad.* 상업[거래·무역·통상]상으로, 상업적으로.
commercialisation [kɔmɛrsjalizasjɔ̃] *n.f.* ① 상업[상품]화. ~ d'un produit 제품의 상품화. ②《국제법》상업화(국가 간의 채권(債權)을 채권(債券)으로 만들어서 개인에게 팔기).
commercialiser [kɔmɛrsjalize] *v.t.* ① 상업[상품]화하다. Cet article *sera* bientôt *commercialisé*. 이 상품은 곧 시장에 나갈 것이다[상품화될 것이다]. ②《국제법》상업화하다. ~ une dette 채권(債權)을 채권화하다.
commercialité [kɔmɛrsjalite] *n.f.* ① (어음 따위의)유통성, 양도성. ~ d'une dette 채권(債券)의 환금성(換金性). ② 상황(商況).
commère [kɔmɛːr] *n.f.* ①《옛》《가톨릭》대모(代母). ② 수다스러운 여자. ~*s* du quartier 동네의 수다스러운 아주머니들. propos de ~ 수다스러

여인네들의 쑥덕공론(commérage). «les Joyeuses C—s de Windsor»「윈저의 즐거운 아낙네들」(세익스피어의 희곡). ③《구어》아주머니(애칭). ④《연극》(쇼 따위의)사회자, 진행자.
commérer [kɔmere] [6] *v.i.* 《드물게》수다를 떨다.
commettage [kɔmɛtaːʒ] *n.m.* 밧줄 꼬기.
commettant [kɔmɛtɑ̃] *n.m.* 《상업·법》① 위임자, 대리지정인(mandant). ~ et préposé 본인과 대리인. ② (*pl.*) 선거인, 유권자.
commettre [kɔmɛtr] [46] *v.t.* ① (범죄·과실 따위를)범하다. ~ une action blâmable 비난받을 행동을 저지르다. ~ *un crime* 죄를 범하다. ~ *une trahison* 배반하다. ②《옛》위태롭게 하다(compromettre). ~ son avenir 그의 장래를 위태롭게 하다. ③《문어》[~ *qc* à *qn*] (에게 …을)맡기다, 위임[위탁]하다(confier). Il m'a *commis* son sort. 그는 내게 그의 운명을 맡겼다. ④ [~ *qn* à *qc*] (을 …에)임명하다(désigner, nommer). ~ *qn* à un emploi …에게 직무를 맡기다. ~ *un expert* 《법》감정인을 임명하다. ⑤ (밧줄을)꼬다. ~ *des aussières en grelin* 작은 밧줄로 왕밧줄을 꼬다.
—*se* ~ *v.pr.* ① (죄 따위가)범해지다, 행해지다. (비인칭) Il *se commet* bien des atrocités pendant les guerres. 전쟁 중에는 잔인한 일이 많이 일어난다. ②《옛》자신을 위태롭게 하다. ③ [se ~ avec *qn*] (와)관계를 가지다. *se* ~ *avec des voyous* 건달들과 관계를 갖다.
commination [kɔ(m)minasjɔ̃] *n.f.* ①《종교》신벌(神罰)의 선어. ②《수사학》위협법.
comminatoire [kɔ(m)minatwaːr] *a.* 《법》위협적인; 《구어》(말투가)협박적인. parler sur un ton ~ 협박적인 어조로 말하다. lettre ~ 협박장.
comminuer [kɔ(m)minɥe] *v.t.* 《외과》(밖으로부터의 타격이)뼈를 부스러뜨리다.
comminutif(ve) [kɔ(m)minytif, -iːv] *a.* 《외과》뼈가 부서진. fracture ~*ve* 분쇄성 골절.
comminution [kɔ(m)minysjɔ̃] *n.f.* 《외과》분쇄, 분쇄 골절.
comm-is,-isse, etc. [kɔm-i, -is] ⇒commettre.
commis [kɔmi] *n.m.* ① 서기, 사무원(employé); 점원(여점원은 ~*e*). ~ des douanes 세관원. ~-greffier 《법》(재판소의)서기보. ~ aux vivres (여객선의)식량보급 담당원. ~ aux écritures 장부계원. ~*e* de librairie 서점의 여점원. ~ voyageur (상사의)외무사원. avoir un bagout de ~ voyageur 《비유적》외판원처럼 구변이 좋다. ②《거래》의)대리인. ③ grands ~ de l'État 정부의 고급공무원; premier ~《역사》(왕정 시대의)부대신.
commisération [kɔ(m)mizerasjɔ̃] *n.f.* 《문어》동정, 연민. avoir(éprouver) de la ~ pour *qn* …에 대해 동정심을 갖다.
commissaire [kɔmisɛːr] *n.m.* ① 위원, 역원, 계원. ~ du bord (상선의)사무장. ~ de la piste (진행경과의)기록계. ~ aux Affaires étrangères 외교위원. ~ de la Marine(de l'Air) 해군(공군) 경리관. ~ des(aux) comptes (회사의)감사역. ~*s* d'un bal(d'une réunion) 무도회[회합] 간사. ② 경찰서장; ~ (~ de police). faire(porter) sa plainte au(devant le) ~ 경찰에 고발하다. ③《스포츠》커미셔너, 역원; (축제 따위의)주최자, 간사. ~ des courses 경마회 역원. ~ d'une fête 축제 간사.
commissaire-priseur [kɔmisɛrprizœːr] (*pl.* ~*s*-~*s*) *n.m.* 공매인, 경매인; (경매품의)평가인.
commissariat [kɔmisarja] *n.m.* ① 위원[역원]의 직[신분]; 《해양》사무장 직. ~ des comptes 감사직. ② (위원의)사무소. ~ à l'énergie atomique 원자력 위원회. ~ de la marine 《해양》 선박 사

무국. ~(de police)경찰서. ③ 【행정】 해군성.
commission [kɔmisjɔ̃] *n.f.* ① 위탁, 위임; (위임된)권한. donner(recevoir) ~ de+*inf.* …할 것을 위임하다[위임받다]. exécuter une ~ 위임받은 권한을 행사하다. avoir la ~ de+*inf.* …할 권한을 (위임)받다. ② 【상업】 수수료, 구전; 중매업, 위탁매매. toucher sa ~ 수수료를 받다. droits de ~ 중매수수료. vente à la ~ 위탁판매. représentant à la ~ 【상업】 중매인. contrat de ~ 대리계약. faire la ~ 위탁매매하다. ③ 심부름; 용무, 장보기(course); 장 본 물건(provisions); 전갈(message). faire une ~ de[pour] *qn* …의 심부름을 하다. envoyer faire une ~ par un enfant 아이를 심부름 보내다. Ma mère est partie faire les ~*s*. 엄마는 장보러 가셨어. ~*s* qu'elle a rapportées du marché 그녀가 시장에서 사들인 물건. J'ai une ~ pour vous de la part de vos parents. 당신 부모로부터 당신에게 전할 말이 있다. ④ 위원회. ~ administrative (병원 따위의)관리(운영)위원회. ~ d'armistice 휴전위원회. ~ de développement économique régional 지방경제발전 위원회(《약자》 CODER). ~ d'examen 시험위원회. ~ des affaires étrangères(du budget) 외교(예산)위원회. ~ parlementaire 국회위원회. 【법】 특별위원회. ~ militaire 특별군사법정. ⑤ faire la grosse (petite) ~ (어린이가)대(소)변을 보다.

commissionnaire [kɔmisjɔnɛːr] *n.m.* ① 【상업】 위탁판매(중매)업자, 대행업자. ~ d'achat 구매업. ~ expéditeur[de transport] 운송업자. ~ en douane(s) 통관절차 대행인. ~ exportateur (importateur) 수출(수입) 대행업자. ② 용달인, 심부름꾼. petit ~ 잔심부름꾼.

commissionné [kɔmisjɔne] *a.p.* (임무·직권)을 위임받은. agent ~ 위탁매매인. —*n.m.* 【군사】 재무부가 허가된 특별상사인.

commissionner [kɔmisjɔne] *v.t.* ① 위임하다; (에게)권한을 주다. ② 매매를 위탁하다. ③ 【군사】 (군인에)재복무를 명하다.

commissoire [kɔmiswaːr] *a.* 【법】 해제되는. clause ~ (계약 당사자의 한 쪽이 계약을 이행하지 않는 경우의)계약해제 조항.

commissural(ale, *pl.* **aux)** [kɔ(m)misyral, -o] *a.* 【식물】 접합면의; 【해부】 연합(성)의.

commissure [kɔ(m)misyːr] *n.f.* 【식물·해부】 접합면[부], 연합(부). ~ du cerveau; ~ cérébrale 【해부】 신경중추의)교련(交聯), 횡연합(橫聯合) 신경. ~ des lèvres[des paupières] 입아귀[눈초리]. ② 【건축】 돌의 연결부.

commodat [kɔ(m)mɔda] *n.m.* 【법】 사용대차(使用貸借).

***commode** [kɔmɔd] *a.* ① 편리한, 알맞은, 적합한 (convenable, pratique), habit ~ 편리한 옷. Ce que vous me demandez là n'est pas ~. 《구어》그것 어려운 부탁이군요. lieu ~ pour la conversation 담소하기에 알맞은 장소. ② 용이한, 간단한. [~ à+*inf.*] texte ~ à traduire 번역하기 쉬운 원문. ③ (집 따위가)안락한, 편안한(accommodant). voiture ~ 안락한 차. vie ~ 쾌적한 삶; 안락한 생활. ④ 사람이 좋은, 순한. être peu ~ 대하기 까다롭다. Il n'est pas ~. 그는 까다롭다. mari ~ (경멸)아내에게 관대한(순해 빠진)남편. —*n.m.* 편리; 쾌적.
—*n.f.* (다리가 있고 낮은) 서랍장.

commode

commodément [kɔmɔdemã] *ad.* 편리하게, 편안하게(confortablement); 용이하게.

commodité [kɔmɔdite] *n.f.* ① 안락, 편리(confort). pour plus de ~ 더욱 편리하게. à sa ~ 자기 편한 대로. ② (*pl.*) 편리한 것, 쾌적한 것; 편리. ~*s* de la vie 생활을 편리하게 하는 것. ~*s* d'un appartement 아파트의 여러 설비. ~*s* de la conversation 〔에〕 팔걸이 의자(17세기 précieux의 용어). ③ (*pl.*) 변소. aller aux ~*s* 변소에 가다.

commodore [kɔmɔdɔːr] 《영》 *n.m.* 【해군】 (미국·영국의)함대(艦隊)사령관; 준장(准將); (영국의)최고참 선장.

Commonwealth [kɔmɔ(œ)nwɛlt(θ)] 《영》 *n.m.* 영연방(le ~ britannique).

commotion [kɔ(m)mɔsjɔ̃] *n.f.* ① (정신적)충격, 쇼크. éprouver une ~ morale 정신적 충격을 받다. Cela lui a donné une ~. 이것은 그에게 충격을 주었다. ② (지진 따위의)진동; 충격. ~ *s* d'un tremblement de terre 지진의 진동. ~ électrique 【물리】 전격. ③ (사회적)소요, 혼란, 격동. ~ politique 정치적인 동요. ④ 【의학】 진탕. ~ cérébrale 뇌진탕.

commotionné(e) [kɔ(m)mɔsjɔne] *a.p., n.* (육체적·정신적) 충격을 받은(사람); 진탕에 걸린(사람).

commotionner [kɔ(m)mɔsjɔne] *v.t.* 충격을 주다; 【의학】 진탕에 걸리게 하다. Cette nouvelle l'*a commotionné*. 이 소식은 그에게 충격을 받았다.

commuable [kɔ(m)myabl] *a.* [~ en] 【법】 (으로)감형될 수 있는.

commuer [kɔ(m)mye] *v.t.* [~ en] 【법】 (으로)감형하다. ~ la peine de mort *en* celle de prison perpétuelle 사형을 종신형으로 감형하다.

***commun(e')** [kɔmœ̃, -yn] *a.* 공통의, 공통적인. traits ~*s* 공통의 특징. but ~ 공통의 목적. langue ~*e* 【언어】 공통어; (전문어가 아닌) 보통말. C'est un point ~ entre eux. 그것이 그들의 공통점이다. Cela n'a rien de ~. 그것은 아무런 공통점도 없다. [~ avec] avoir des intérêts ~*s avec qn* 과 공통의 이해 관계가 있다. ② 공유의, 공동의. travail ~ 공동 작업. faire vie ~*e* 공동생활을 하다. à frais ~*s* 비용을 공동 부담하여. Marché ~ 공동 시장, 유럽 경제공동체. ③ 공유의, 공동의. biens ~*s* 【법】 (부부의)공유 재산. terres ~*es* 공유지. maison ~*e* 시청, 읍사무소. ④ 일반의, 보편적인, 다수의. bien ~ 공공의 복지. intérêt ~ 공공의 이익. volonté ~*e* 일반(다수)의 의사. opinion ~*e* 여론. sens ~ 상식. ⑤ 보통의, 일상의. nom ~ 보통명사. droit ~ 보통법. ⑥ 보잘것없는, 시시한(médiocre); 천한(trivial). lieux ~*s* 상투적인 말. Il a des manières très ~*es*. 그는 태도가 몹시 야비하다. figure ~*e* 천하게 생긴 얼굴. ⑦ 【수학】 공통의, 공(公)의. diviseur(dénominateur) ~ 공약(공배)수. le plus grand ~ diviseur ~ 최대공약수.
Il n'y a pas de ~e mesure. 함께 논할 바가 못된다, 비교가 되지 않는다.
—*n.m.* ① 공동, 공통, 공유(재산). ② 일반, 대다수. le ~ des mortels 일반대중. le ~ des hommes 대다수의 인간. ③ 보통; 시시한 것 (médiocrité). hors[au-dessus] du ~ 보통(수준) 이상의. ④ 〔에〕 (집합적)서민층; 하인. hommes[gens] du ~ 서민계급의 사람. ⑤ (*pl.*) 부속건물; 《사투리》딸림채.
en ~ 공동으로. vivre en ~ *avec qn* …와 공동생활을 하다. se servir de *qc en* ~ …을 공동으로 사용하다. transport *en* ~ 공동운송(교통).
vivre sur le ~ 사회의 비용으로[사람에 기대어]살아가다.

communal(ale, *pl.* **aux)** [kɔmynal, -o] *a.* ① 공유

의, 공동의. bois ~*aux* 공유림. ② 시〔군·면〕의. école ~*ale* 공립국민학교. ③ 교구(教區)의.
—*n.m.* 시〔군·면〕의 재산; (종종 *pl.*) 공유지.
—*n.f.* 공립국민학교(école ~*ale*).

communaliser [kɔmynalize] *v.t.* 지방자치체의 소유로 하다.

communaliste [kɔmynalist] *a.* 지방자치주의의.
—*n.* 지방자치주의자.

communard(e) [kɔmynaːr, -ard] *n., a.* 《구어》 《프랑스사》 (1871년의) 파리코뮌(la Commune)에 가담한 사람(의) (fédéré).

communautaire [kɔmynotɛːr] *a.* 공동체의; 공동의. esprit ~ 공동체 정신. vie ~ 공동생활.

communauté [kɔmynote] *n.f.* ① (재산의) 공유; (사상·이해관계의) 공동(성); (부부의) 공유 재산(제). ~ des biens 재산의 공유. ~ d'idées (de langue) 사상〔언어〕의 공통성. se marier sous le régime de la ~ 공유 재산제로 하여 결혼하다. 〔en ~〕 vivre *en* ~ 공동생활을 하다. posséder *qc en* ~ (avec *qn*) (…와) …을 공유하다. ② (이해가 공동된) 단체, 사회(association, corporation); 공동체. ~ d'intérêts 이해 공동체; 연방(聯邦). ~ nationale 국가. ~ de travail 노동자 협동조합. ~ linguistique〔culturelle〕언어〔문화〕공동체. ~ de religieux 교단. C~ européenne 유럽공동체. ~ française 프랑스공동체 (1958년의 헌법에 의해 Union française de 바꾸었음). ~ économique européenne 유럽경제공동체(약자) C.E.E.) (Marché~). C~ européenne de l'énergie atomique 유럽원자력공동체(Euratom). ③ 《종교》 교단(教團); 수도원.

***commune**² [kɔmyn] *n.f.* ① 시, 읍, 면(프랑스의 최소 행정구); 시〔읍·면〕 주민; 시청, 군청, 면사무소. ② (귀족에 대한) 서민; (*pl.*) 시골 사람. ③ 《프랑스·중세》 자유도시; (*pl.*) 자유도시의 민병. ④ 《프랑스사》 (1789-1799 및 1871 년의) 파리 혁명정부(la C~ de Paris). ⑤ Chambre des ~*s* (영국의) 하원(les C~*s*); ~ populaire (중국의) 인민공사.

communément [kɔmynemɑ̃] (< *commun*) *ad.* 일반적으로, 보통. ~ parlant 일반적으로 말해서. On dit ~ que... 흔히 …라고 말한다.

communiant(e) [kɔmynjɑ̃, -ɑ̃ːt] *n.* 《카톨릭》 성체배령자(聖體拜領者); 첫영성체자(premier ~).

communicabilité [kɔmynikabilite] *n.f.* 전달〔연락〕할 수 있음.

communicable [kɔmynikabl] *a.* ① 통지〔전달〕할 수 있는〔해야 하는〕. impression peu ~ 전달하기 어려운 인상. ② (병 따위가) 감염되는. ~ par contact 접촉 감염의. ③ 《법》 (소송 따위를) 제기해야 할, 통지해야 할; (권리가) 양도될 수 있는. dossier ~ au ministère public 검사에게 통지할 만한 사건. droit ~ 양도될 수 있는 권리. ④ (방 따위가) 왕래할 수 있는; 서로 통하는. chambres ~*s* 서로 통하는 방들. Ces deux rivières sont ~*s*. 이 두 강은 연결되어 있다.

communicant(e) [kɔmynikɑ̃, -ɑ̃ːt] *a.* ① (방 따위가) 서로 통하는; 연락〔연결〕하는. routes ~*es* 연결로. deux pièces ~*es* 서로 통하는 두 방. vases ~*s* 《물리》 연통관(連通管). ③ 《해부》 (동맥이) 교통하는. artère〔veine〕 ~*e* 교통동맥〔정맥〕.

communicateur(trice) [kɔmynikatœːr, -tris] *a.* 연락〔연결〕하는, 통하는. tuyau ~ 연결관.
—*n.m.* 《기계》 전도기, 전달장치.

communicatif(ve) [kɔmynikatif, -iːv] *a.* ① (웃음·기쁨 따위가) 쉽사리 전파되는. L'ennui est ~. 권태는 쉽게 (남에게) 전파된다. ② 마음을 터놓는, 이야기하기 좋아하는(expansif). personne peu ~*ve* 쉽사리 마음을 터놓지 않는 사람. ③ encre〔solution〕~*ve* 《인쇄》 (수용성의) 복사용 잉크(용액).

***communication** [kɔmynikasjɔ̃] *n.f.* ① 전달, 전도; (생각·소식 따위의) 전파, 전언(avis, message). ~ du mouvement 운동의 전달. ~ d'une maladie 병의 전염. ~ d'une nouvelle 어떤 소식의 전달. ~ des idées 사상의 전달. donner〔recevoir〕~ d'une affaire 어떤 사건을 통지하다〔통지받다〕. J'ai une ~ à vous faire. 당신에게 전할 말이 있습니다. Votre ~ m'est bien parvenue. 당신의 전언은 확실히 받았습니다. ② 연락, 교섭; 교통. Les ~*s* par terre entre ces deux villes sont coupées〔fermées〕. 이 두 도시간의 육로교통이 끊겼다〔폐쇄되어 있다〕. porte de ~ (두 방 사이의) 사잇문. réseaux de ~*s* 연락망. voies de (grandes) ~*s* 간선도로. ~ routière〔maritime〕도로(해상)교통. ~ téléphonique〔télégraphique〕전화〔전신〕통신. demander une ~ 전화를 신청하다. Vous avez eu la ~? 통화를 하셨나요? payer deux ~*s* 2 통화분의 요금을 내다. ④ 발표, 보고(exposé). faire une ~ importante au congrès 학회에서 중요한 발표를 하다. ⑤ 《도서 따위의》 대출; 《법》 (서류의) 송부. ~ des livres (도서관에서의) 도서대출. ~ des pièces au défenseur 변호사측에의 서류송부. ~ au ministère public 검찰측에의 서류송부. ⑥ 《학술》 의사소통, 커뮤니케이션. ~ linguistique 언어(에 의한) 의사소통. ~ de masse 대중전달, 매스커뮤니케이션. théorie des ~*s* 커뮤니케이션 이론. ⑦ ligne de ~ 《군사》 후방 연락선, 병참선(兵站線).

communicativement [kɔmynikativmɑ̃] *ad.* 툭 터놓고, 숨김없이.

communié(e) [kɔmynje] *n.* 성체배령자.

communier [kɔmynje] *v.i.* 성체배령하다. ② 《문어》 (정신적으로) 일체가 되다, 공감하다. ~ avec *qn*〔avec les sentiments de *qn*〕 …와 공감하다, …와 같은 감정을 갖다. —*v.t.* 《드물게》 (에게) 성체를 배령케 하다.

***communion** [kɔmynjɔ̃] *n.f.* ① 성체배령. (신자들의) 단체, 공동체. appartenir à la même ~ 같은 종파에 속하다. diverses ~*s* chrétiennes 기독교의 여러 종파. la ~ de l'Église; la ~ chrétienne 교회. la ~ humaine 인간사회, 인류. ③ (사상·감정의) 일치, 공동. être en ~ avec la nature 자연에 몰입해 있다. être (vivre) en ~ d'idées avec *qn* …와 생각〔뜻〕을 같이하다. ④ (두 natures 그리스도에 있어서의) 신성(nature divine)과 인성(nature humaine)의 일치; ~ des saints 《가톨릭》 성인통공(通功).

communiqué [kɔmynike] *n.m.* 공식성명, 코뮈니케; 《라디오》 뉴스. ~ officiel du gouvernement 정부의 공식성명서. remettre un ~ à la presse 보도진에 공식성명을 발표하다. ~ des opérations (de guerre) 전황(戰況) 공보(전시중 군당국에 의해 매일 발표됨).

***communiquer** [kɔmynike] *v.t.* 알리다, 전하다, 통지하다(faire connaître). 〔~ *qc* à *qn*〕 Il *m'a communiqué* ses projets. 그는 내게 자기의 계획을 알렸다. ② 건네다, 제출하다(transmettre); (자료·도서 따위를) 열람시키다. On lui *a communiqué* les pièces du procès. 그는 소송서류를 건네〔열람〕받았다. ③ 나누다, 공유하다(faire partager). ~ sa joie à *qn* …와 즐거움을 나누다. ④ 옮기다; (병을) 전염시키다. Le soleil *communique* sa chaleur à la terre. 태양은 열을 지구에 전한다. Elle lui *a*

communiqué sa maladie. 그녀는 그에게 자기의 병을 옮겼다.
— *v.i.* ① 연락을 취하다. Nous pourrons ~ par téléphone(par lettre). 우리는 전화(편지)로 연락할 수 있겠죠. ~ avec les savants 학자들과 교섭이 있다. ②[~ à/avec] 통하다, 연결되다. porte qui *communique au[avec le] jardin* 정원으로 통하는 문. chambres qui *communiquent* (entre elles) 서로 통하는 방들.
—**se ~** *v.pr.* ①[se ~ à qc] (에) 전해지다; (병이) 전염되다; (불이) 번지다. Le feu *s'est communiqué aux* bâtiments voisins. 불이 이웃 건물에 번졌다. ②(se ~ 간접목적보어) 서로 전달하다, 교환하다. *se ~ des renseignements* 정보를 교환하다. ③ (방 따위가) 서로 통하다. ④ 《드물게》 마음을 터놓다, 말하기 좋아하다. Je *me communique* fort peu. 나는 남들과 터놓고 이야기하지 않는다.

communisant(e) [kɔmynizɑ̃, -ɑ̃:t] *a.* 공산주의적인, 용공적인. —*n.* (공산주의) 동조자.

*****communisme** [kɔmynism] *n.m.* 공산주의.

*****communiste** [kɔmynist] *n.* ① 공산주의자, 공산당원. ②〖법〗공유자. —*a.* 공산주의의. parti ~ 공산당(〖약자〗P.C.). Parti ~ français 프랑스 공산당(〖약자〗P.C.F.). cellule ~ 공산당 세포조직.

communité [kɔmynite] *n.f.* 《드물게》(재산 따위의) 공용, 공유.

commutable [kɔmytabl] *a.* ①=commuable. ② éléments ~*s*〖언어〗대치 가능한 (언어) 요소.

commutateur [kɔmytatœ:r] *n.m.*〖전기〗① 전류전환기, 집전환(集電環)(~-collecteur). ② 전환스위치(~-permutateur); 배전판(tableau-~);〖구어〗전등의 스위치. tourner le ~ 스위치를 돌리다. ~ téléphonique 전화교환기 잭(jack).〖수학〗교환자(交換子).

commutatif(ve) [kɔmytatif, -i:v] *a.* ① 교환의; 상호의, 서로의. contrat ~*ve*〖법〗쌍무계약. justice ~*ve*〖철학〗교환적 정의(누구에게나 같은 것을 주어야 한다는 만민평등관). ② 〖논리·수학〗교환 가능한 (항 또는 인수의 순서를 바꾸어도 결과가 같은 경우)(interchangeable).

commutation [kɔmytɑsjɔ̃] *n.f.* ① 경감(輕減); 〖법〗감형(~ de peine). ② 변경, 교환;〖언어〗대치(代置);〖수학〗대입, 치환. ~ des facteurs d'une opération 연산(演算)의 인수(因數) 교환. ~ et permutation 치환과 순열(順列). ③〖전기〗전환, 정류(整流). mécanisme de ~ 스위치〖개폐〗장치. pôle de ~ 보극(補極). ~ automatique (전화의) 자동교환.

commutativité [kɔmytativite] *n.f.* 교환 가능성.

commutatrice [kɔmytatris] *n.f.*〖전기〗회전 전류기.

commuter [kɔmyte] *v.t.* ① (전류의) 방향을 전환시키다, 정류(整流)하다. ② 교환하다;〖언어〗대치하다. ③《드물게》감형하다 (보통은 commuer). —*v.i.* 변화하다.

comorien(ne) [kɔmɔrjɛ̃, -ɛn], **comorois(e)** [kɔmɔrwa(ɑ), -a(ɑ):z] *a.* 코모르(Comores) 군도의. —**C~** *n.* 코모르 군도 사람.

comourants [kɔmurɑ̃] *n.m.pl.*〖법〗동시사망자.

compacité [kɔ̃pasite] *n.f.*〖지질〗(토양 따위의) 조밀함, 밀도.

compact [kɔ̃pakt] *a.* ① 치밀한, 올이 촘촘한, 꽉들어찬(dense, serré). terrain ~ (점토질 따위의) 단단한 토양. métaux ~*s* 고밀도 금속. foule ~*e* 밀집한 군중. majorité ~*e* 과반수를 훨씬 넘는 다수, 굳게 뭉친 다수. ② 소형의(《영》 compact 에서 유래). bible ~*e* 소형판 성서. voiture ~*e* 소형승. téléviseur ~ 소형텔레비전.
—*n.f.* 콤팩트 파우더 (휴대용 분) (poudre ~*e*).

compactage [kɔ̃pakta:ʒ] *n.m.*〖토목〗땅다지기.

compacteur [kɔ̃paktœ:r] *n.m.* (도로공사의) 롤러.

*****compagne** [kɔ̃paɲ] *n.f.* ① 여자 동무(compagnon의 여성형). ~ de classe (d'école) 학교의 여 동급생. ~ de voyage (여행의) 동행인, 일행. ② 아내(épouse). (동물의) 암컷. ③ 《비유적》부수물. jalousie, ~ *de l'amour* 사랑에 동반하는 질투.

*****compagnie** [kɔ̃paɲi] *n.f.* ① 함께 있음; 동행; 동석; 어울리기. aimer la ~ 사람과 함께 있는 것을 좋아한다. Votre ~ m'est très agréable. 당신과 자리를 함께 하여 아주 기쁩니다. dame de ~; demoiselle de ~ (노인·병자를) 보살피는 여자, 간호인; (젊은 여자를) 수행하는 여자, 샤프롱(chaperon). ②(집합적) 동행, 일동; 사회계층. Salut la ~ ! 여러분 안녕 ! (만날 때와 떠날 때). Je vous laisse en bonne ~. 그럼 여러분, 서로 재미있게 지내십시오(전 먼저 실례하겠읍니다)(작별할 때의 인사). haute(grande) ~ 상류사회. ③(연극·무용 따위의) 극단, 단체(société, collège). ~ de ballets(de musique) 발레극단(악단). ~ savante(religieuse) 학술(종교) 단체. C~ de Jésus 예수회. l'Illustre ~ 고명한 학회(아카데미 프랑세즈를 가리킴). ④ 회사(société). ~ de gaz 가스회사. ~ aérienne(de navigation) 항공(해운) 회사. ~ financière 금융회사. ~ d'assurances 보험회사. C~ Française des Pétroles 프랑스 석유회사(〖약자〗C.F.P.). ⑤〖군사〗중대;〖옛〗부대. C~*s* républicaines de sécurité 공화국 보안기동대(1945년에 창설,〖약자〗C.R.S.). ⑥(동물의) 무리(bande). ~ de perdrix 자고새 떼. ⑦ bête de ~ 어미 곁을 떠나려 않으려는 어린 멧돼지 (생후 1~2년);《비유적》사교적인 사람.

aller[voyager] de ~ avec qn …와 함께 가다(여행하다).

en ~ de …와 함께. Il voyage *en ~ de* sa fiancée. 그는 약혼녀와 함께 여행한다. Je vous laisse *en ~ de* Jacques. 자크를 두고 가겠소.

en galante ~ 여자를 동반한 (남자에 대하여).

et ~ ⓐ 회사, 상회(〖약자〗et Cie). Dupont et Cie 뒤퐁상회. ⓑ …와 그 동류. Ces gens-là, c'est hypocrite *et ~*. 그자들은 위선자 집단이다.

être de bonne[mauvaise] ~ 가정교육이 잘 (못) 되어 있다.

fausser ~ à qn 슬쩍 떠나버리다.

tenir ~ à qn …의 상대(친구)가 되어주다, …의 곁에 머물다.

*****compagnon** [kɔ̃paɲɔ̃] *n.m.* (여성형은 compagne) ① 동무, 친구(camarade, copain); (직장의) 동료. ~ d'école 학우. ~ d'armes 전우. vivre en ~*s* 친구로서 (터놓고) 지내다. ~ de route [de voyage] (여행의) 동행자, 일행. ~ de table 회식자. ~ d'infortune 불행을 같이 한 사람. ~ par le cœur 마음의 벗. ② 반려, 남편; (동물 한 쌍 중에서) 수컷. mon ~ de vie 나의 남편. femme sans ~ 미망인. ③ 수반물(隨伴物). L'orgueil est le ~ de l'ignorance. 무지에는 교만이 따른다. ④〖옛〗(견습기간은 끝났으나 독립하지 못한) 장색(~ et maître 사이); (프리메이슨단(franc-maçonnerie) 의) 위계로서의) 장색; 직공. ~*s* du Tour de France 전국 편력의 직공. ~ tailleur 양복점 직공. ⑤《구어》녀석(이 뜻으로 여성형은 compagnonne). bon ~ 좋은 녀석. hardi ~ 대담한 (믿음직한) 녀석. joyeux [fameux] ~ 쾌활한 (재미있는) 녀석. petit ~ 쓸모없는 녀석. vilain ~ 고약한 놈.

de pair à ~ avec qn …와 대등하게. parler *de pair à*

~ avec qn …와 동등한 입장에서 말하다.
compagnonnage [kɔ̃paɲɔnaːʒ] *n.m.* ① 《옛》(도제 살이 후의)의무적이 봉사 기간; 미숙련 장색의 신분. ② 동업조합.
compagnonne [kɔ̃paɲɔn] *n.f.* (《익살》여장부(주로 노동하는 여자에 대해 쓰임). horrible ~ 《경멸》 흉측한 노파.
comparabilité [kɔ̃parabilite] *n.f.* 비교 가능성.
***comparable** [kɔ̃parabl] *a.* ① (와)비교될 수 있는. grandeurs ~s 《동일 단위로》비교될 수 있는 크기. [~ avec/à] L'esprit n'est pas ~ avec la matière. 정신은 물질과 비교될 수 없다. ② [~ à](와)비견할 수 있는, 필적할만한. Rien n'est ~ à son œuvre. 그의 작품에 필적될 수 있는 것은 없다. Il ne vous est pas ~. 그는 당신과는 견줄 수가 없다.
comparablement [kɔ̃parabləmɑ̃] *ad.* 비교할 수 있을 만큼.
***comparaison** [kɔ̃parɛzɔ̃] *n.f.* ① 비교, 대조. Goûtez ces deux vins, vous ferez des ~s. 이 포도주들을 맛보고 비교해 보시오. faire la ~ entre A et B, A와 B를 비교하다. mettre deux choses en ~ 두 개의 물건을 비교하다. entrer en ~ avec qc …와 비교가 되다. point de ~ 비교되는 점. ~ d'écritures 《법》필적의 비교감정. ~ de fait, 필적. soutenir la ~ (faire ~) avec …와 필적할 만하다. Il n'y a pas de ~ possible. 비교의 여지가 없다. c'est sans (aucune) ~. 그것은 비교할 수 있는 것이 없다(월등·우월하다는 뜻). ③ 《언어》비교. adverbe de ~ 비교의 부사. ~ de supériorité〔d'égalité, d'infériorité〕 우등〔동등·열등〕비교급. degrés de ~ 비교급〔원급·비교급·최상급〕. ④ 비유; 《수사학》직유(直喩). ~ qui accentue la différence 차이를 두드러지게 하는 비유. C~ n'est pas raison. 《속담》비유는 증명이 아니다.
en ~ de; par ~ à …와 비교해서.
être hors de ~ 비길 데 없다, 뛰어나다.
par ~ 비교적.
sans ~, 비교할 것도 없이, 단연. J'aime mieux, *sans ~*, être ici. 나는 단연 여기 있는 게 더 좋다.
comparaître [kɔ̃parɛtr] 41 *v.i.* ① 《법》출두〔출정〕하다. ~ en personne〔par avoué〕본인이〔변호사가 대리로〕출정하다. citation à ~ 소환장. ordre de faire ~ 출두명령. refus de ~ 출두거부. ② (비유적)〔모습이〕나타나다.
comparant(e) [kɔ̃parɑ̃, -ɑ̃ːt] 《법》*a.* 출두〔출정〕하는. —*n.* 출두〔출정〕하는 사람.
comparateur(trice) [kɔ̃paratœːr, -tris] *a.* 비교하기 좋아하는. —*n.m.* 《도량형》비교측정기.
comparatif(ve) [kɔ̃paratif, -iːv] *a.* ① 비교의, 비교에 기반을 둔. étude –*ve* 비교연구. ② 《언어》비교를 나타내는. —*n.m.* 《언어》비교급. adjectif au ~ 비교급 형용사. ~ d'égalité〔d'infériorité, de supériorité〕동등〔열등·우등〕비교급.
comparatisme [kɔ̃paratism] *n.m.* 《언어》(문학·문법 따위로)비교연구.
comparatiste [kɔ̃paratist] *n.* (문학·문법 따위의)비교 연구가〔학자〕.
comparativement [kɔ̃parativmɑ̃] *ad.* 비교적 (relativement); [~ à qc] (와)비교해서.
comparé(e) [kɔ̃pare] *a.p.* 비교의. littérature –*e* 비교문학.
***comparer** [kɔ̃pare] *v.t.* ① [~ avec/《드물게》à] (와)비교하다. J'ai comparé votre maison avec la mienne. 나는 당신의 집을 내 집과 비교해 보았다. Comparez ces écrivains entre eux. 이 작가들을 서로 비교해 보시오. ~ un écrivain à un autre 한 작가를 다른 작가와 비교하다. 《목적보어 없이》~

avant de choisir 고르기 전에 비교하다. ② [~ à] (에)비하다, 겨주다; (에)비유하다. On ne peut ~ aucun poète à Racine. 어느 시인도 라신에 비길수 없다. On peut ~ le rôle du cœur à celui d'une pompe. 심장의 역할은 펌프의 역할에 비유될 수 있다. ③ [~ à] (와)《필적 따위를》대조하다. ~ le texte *au* manuscrit 텍스트를 원고와 대조하다. ~ des écritures 《법》필적을 비교감정하다.
—*se* ~ *v.pr.* ① 비교되다. Ces choses ne sauraient *se* ~. 이것들은 도저히 서로 비교될 수 없다. ② [se ~ avec/à] 자신을 비교하다. *se* ~ *à* autrui 자신을 타인과 비교하다. ③ [se ~ à *qc*] 동등하게 여겨지다, 견줄 만하다(특히 pouvoir 동사 뒤에서 사용됨). Rien ne peut *se* ~ *au* bonheur d'une conscience tranquille. 평온한 양심의 행복에 비길 만한 것은 아무것도 없다.
REM comparer 가 avec 와 함께 쓰일 때는 양자 사이의 차이점을 비교하고, à 와 함께 쓰일 때는 유사점을 비교하는 뜻이 된다.
comparoir [kɔ̃parwaːr] *v.i.* 《옛》= **comparaître** (*inf.* 및 *p.pr.*(comparant)로서만 쓰임).
comparse [kɔ̃pars] *n.* ① 《연극》단역(端役). ② 《경멸》말단 노릇하는 사람, 송사리. le principal accusé et ses –*s* 주범과 그 하수인들.
compartiment [kɔ̃partimɑ̃] *n.m.* ① 구획, 간막이. tiroir à –*s* 간막이 있는 서랍. –*s* de plafond 천장의 격자무늬. diviser en trois –*s* 세 칸으로 나누다. ② (열차의)칸, 실(室). ~ de première〔de seconde〕classe 1〔2〕등실. ~ pour fumeurs 흡연실. ③ (바둑판 따위의)눈; (책의 등·표지 따위의)금박의 간막이 무늬; ~ des machines 《해양》기관실.
compartimentage [kɔ̃partimɑ̃taːʒ] *n.m.* 간막이하기, 구획하기.
compartimenter [kɔ̃partimɑ̃te] *v.t.* 구획〔구분〕하다, 간막이하다. ~ une armoire 옷장을 간막이하다. société très *compartimentée* 세분된 사회. ~ les problèmes 《비유적》문제들을 정리 구분하다.
comparu-s, -t, etc. [kɔ̃pary] <comparaître.
comparution [kɔ̃parysjɔ̃] *n.f.* 《법》출두, 출정. ~ personnelle 본인의 출두. mandat de ~ 소환장.
compas [kɔ̃pa] *n.m.* ① 컴퍼스. tracer un cercle avec un ~ 컴퍼스로 원을 그리다. ~ d'épaisseur (à calibrer); ~ sphérique 《기계》캘리퍼스, 측경기(測徑器). ② 《속어》다리. avoir un bon ~ 다리가 길다; 보폭이 넓다. allonger son〔le〕~ 걸음을 빨리하다. ③ 나침반(boussole). naviguer au ~ 나침반으로 항해하다. ~ de route 조타(操舵) 나침반. ~ de relèvement 방위나침반. prendre un relèvement au ~ 나침반으로 방위를 정하다. ④ 척도, 표준(mesure). asservir les autres à son ~ 남을 자기 기준〔생각〕에 따르도록 강요하다.
au ~ 《구어》정확하게, 빈틈없이. *avoir le* ~ *dans l'œil* 눈이 정확하다.
compassé(e) [kɔ̃pa(ɑ)se] *a.p.* (자로 잰 듯이)규칙적이고 틀에 박힌, 딱딱한, 어색한(affecté); 신중한. allure –*e* 딱딱한 태도. être ~ dans ses discours 신중하게 이야기하다.
compassement [kɔ̃pa(ɑ)smɑ̃] *n.m.* ① (컴퍼스로) 재기; 엄밀한 지도 작성. ② 《드물게》(태도 따위의)딱딱함, 어색함.
compasser [kɔ̃pa(ɑ)se] *v.t.* ① (컴퍼스로)재다, 측정하다. ~ des distances 거리를 측정하다. ~ une carte 《해양》해도상의 위치·거리를 측정하다. ② ~ les feux 《군사》폭화약이 폭발할 수 있도록 조절하다. ③ 《문어》(언동을)신중히 하다; 딱딱하게〔어색하게〕하다. ~ son attitude 신중히 생각한 끝에 태도를 취하다.

compassion [kɔ̃pa(a)sjɔ̃] *n.f.* 동정, 연민(apitoiement, pitié). avoir de la ~ pour *qn* …에게 동정하다. par ~ 동정심에서.

compatibilité [kɔ̃patibilite] *n.f.* ① 양립성; 합치, 양립(accord). ② 《의학》《혈액·조직의》적합성. ③ 《언어》《언어 요소의》양립 가능성; 《컴퓨터》 호환성(互換性).

compatible [kɔ̃patibl] *a.* [~ avec] (와)양립될 수 있는, 서로 모순되지 않는; 화합하는, 융통성 있는. Votre projet est ~ avec le mien. 당신의 계획은 나의 것과 모순되지 않는다. caractères ~s 서로 화합되는 성격. ~s 병용할 수 있는 약. matériels ~s 《컴퓨터》 호환성(互換性) 자료.

compatir [kɔ̃patiːr] *v.t.ind.* ① [~ à *qc*] …을 동정하다; 관대하다. ~ à la douleur de *qn* …의 고통을 동정하다. ~ aux défauts de *qn* …의 결점에 관대하다. ② 《옛》[~ avec *qc*] …과 양립하다.

compatissant(e) [kɔ̃patisɑ̃, -ɑ̃ːt] *a.* [~ pour](에) 동정하는, 동정에 넘치는(charitable, miséricordieux); (에) 관대한(bon, humain).

compatriote [kɔ̃patri(j)ɔt] *n.* 동국인, 동향인. Ils sont ~s. 그들은 같은 나라[고향] 사람들이다.

compendieusement [kɔ̃pɑ̃djøzmɑ̃] *ad.* 《옛》간략하게, 간추려서; 《속어》(오용)장황하게.

compendieux(se) [kɔ̃pɑ̃djø, -øːz] *a.* 《옛》간략한, 간추린(abrégé, concis).

compendium [kɔ̃pɛ̃djɔm] 《라틴》 *n.m.* (복수불변) 대요, 요약(condensé, abrégé).

compensable [kɔ̃pɑ̃sabl] *a.* 보상될 수 있는.

compensant(e) [kɔ̃pɑ̃sɑ̃, -ɑ̃ːt] *a.* 보상하는.

compensateur(trice) [kɔ̃pɑ̃satœːr, -tris] *a.* ① 보상의, 배상의. indemnité ~trice (손해)배상금. ② 《전기》(전압을)고르게 하는, 보정(補整)하는. 《기계》압력을 조정하는, 보정(補整)하는. balancier[pendule] ~ 《물리》보상(補整)흔들이. —*n.m.* (컴퓨터 따위의)조정기; 《전기》균압기(均壓器). ~ différentiel 차동장치(差動裝置).

compensatif(ve) [kɔ̃pɑ̃satif, -iːv] *a.* 보상의.

compensation [kɔ̃pɑ̃sasjɔ̃] *n.f.* ① 보상, 배상 (dédommagement), droits à ~ 구상권(求償權). à titre de ~ 보상으로, 위자료로서. Cela fait la ~. 그것으로 보상이 되다. ② 《법》《상업》어음교환. ~ légale 법률상의 상쇄. ~ entre les gains et les pertes 득실의 상쇄. ~ de créances [de dettes] 채권[채무]의 상쇄. chambre de ~ 어음교환소. ~ des dépens 소송비용의 상쇄. ③ 《기계·전기》평형; 《기술》보정(補整). horloge de ~ 보정흔들추가 달린 시계. antenne de ~ 평형안테나. ~s loi[principe] de ~ 《수학》대수(代數)의 법칙. ⑤ 《의학》(신체기관의)대상(代償)작용; 《심리》보상.

en ~ (de)(…의)보상으로, 대신에(en revanche). L'appartement est petit, mais, *en ~* nous avons une vue magnifique. 아파트는 작지만 그 대신 전망이 기가 막힌다. *en ~ de* mes pertes 나의 손실의 보상으로. entrer *en ~ de qc* …의 배상으로.

compensatoire [kɔ̃pɑ̃satwaːr] *a.* 배상의, 보상의. allongement ~ 《언어》(인접자음의 소실에 의한)대상(代償)연장.

compensé(e) [kɔ̃pɑ̃se] *a.p.* ① 균형잡힌. gouvernail ~ 《해양》평형타(舵). semelle ~e; talon ~ 웨지 힐 (바닥이 평평하고 뒤축이 높은 신)《(영)》 wedge heel》. ② 보정된; 《의학》대상된. affections cardiaques bien ~es 대상된 심장병.

compenser [kɔ̃pɑ̃se] *v.t.* ① 보상하다, 벌충하다, 보완하다. ~ une perte par un gain 손실을 벌이로 벌충하다. Les primes *compensent* l'insuffisance de son salaire. 보너스가 그의 불충분한 월급을 메워준다. (목적보어 없이)Pour ~, je t'emmènerai au théâtre. 그 대신, 너를 극장에 데리고 가마. ② 《법》상쇄하다; 《상업》(어음)교환청산하다. ~ une dette 《법》부채를 신용장으로 지불하다. ~ les dépens 《법》소송비용을 쌍방에게 부담시키다. ③ 《기계》보정(補整)하다. ~ un compas 나침반의 바늘을 조정하다.

—*se ~ v.pr.* (서로)보상하다, 상쇄되다, 균형을 이루다. Les pertes et les gains *se compensent*. 득실은 상쇄된다.

compérage [kɔ̃peraːʒ] *n.m.* 《옛》① 대부모(代父母)의 관계. ② 공모(共謀), 은밀한 합의(complicité, connivence).

compère [kɔ̃pɛːr] *n.m.* ① 《종교》대부(代父). ② (협잡꾼 따위의)한패거리, 공모자; (연예의)사회자. ③ 《옛》친한 친구. bon[joyeux] ~ 마음씨 좋은(수다한) 사람. rusé[fin] ~ 교활한 녀석.

compère-loriot [kɔ̃pɛrlɔrjo] (*pl.* ~*s-*~*s*) *n.m.* ① 《조류》꾀꼬리. ② 《구어》다래끼.

compétemment [kɔ̃petamɑ̃] *ad.* 《드물게》정당한 권한(자격)을 가지고(avec compétence).

compétence [kɔ̃petɑ̃ːs] *n.f.* ① 《법》(재판소 따위의)권능, 권한(autorité, pouvoir); 관할. relever de la ~ de *qn* …의 권한(관할)에 속하다. ~ d'un tribunal 재판소의 관할. ② 능력, 자격(capacité, qualité). Cela ne rentre pas dans ma ~. 《구어》그것은 내 능력 밖의 문제이다. Je n'ai pas de ~ en ce domaine. 나는 이 분야에는 무능하다(자격이 없다). ③ 《구어》전문가, 권위(자). les plus hautes ~s médicales 의학의 최고의 권위자들. C'est une ~ en la matière. 그는 그 분야의 권위자이다. ④ 《언어》언어능력.

compétent(e) [kɔ̃petɑ̃, -ɑ̃ːt] *a.* ① 관할에 속하는; (법)이 정한)권한(자격)이 있는. autorité ~e 주무관청. âge ~ pour *qc*[pour+*inf*.] …이 (…하는 이) 법률상 허용된 연령. tribunal ~ 관할재판소. Adressez-vous au service ~. 소관부서에 문의하 보십시오. ② 유능한(capable), 적임의, (에)정통한, 밝은. ~ en matière de finance 재정문제에 정통한. En lieu ~…에 의하면… (Dans les milieux ~s), on dit …소식통에 의하면….

compéter [kɔ̃pete] [6] *v.i.* ① [~ à] (의)관할에 속하다, 권한 내에 있다. ② (에게)(권리로서) 속하다. part qui *compète* aux héritiers 상속자에게 정당한 권리로서 돌아오는 몫.

compétiteur(trice) [kɔ̃petitœːr, -tris] *n.* 《드물게》경쟁자. —*a.* 경쟁하는.

compétitif(ve) [kɔ̃petitif, -iːv] *a.* 경쟁(대항)하는; 《상업》(시장에서의)경쟁을 견디어 낼 수 있는, 자유경쟁이 가능한. examen ~ 경쟁시험. prix ~ 경쟁 가격. marché ~ 자유 경쟁 시장.

compétition [kɔ̃petisjɔ̃] *n.f.* ① 경쟁, 대항. être [entrer] en ~ avec …와 경쟁하다(경쟁에 들어가다). ② 대항경기, 시합《sportive》.

compétitivité [kɔ̃petitivite] *n.f.* 《상업》경쟁력.

compilateur(trice) [kɔ̃pilatœːr, -tris] *n.* ① 편집 [편찬]자. ② 남의 저작을 차용하여 사용한 사람, 표절자. —*n.m.* 《컴퓨터》컴파일러, 부호변역기 《언어로 쓰여진 원 프로그램을 번역해서 기계어로 고치는 프로그램》.

compilation [kɔ̃pilasjɔ̃] *n.f.* ① 편집, 편집물. ② 《경멸》(남의 저작에서 그러모은)편집물, 표절본. ③ 《컴퓨터》컴파일링, 컴파일 언어로 번역하기.

compiler [kɔ̃pile] *v.t.* ① (자료 따위를 그러모아)편집하다. ② 《경멸》도용[표절]하다. ③ 《컴퓨터》컴파일하다, 컴퓨터 언어로 번역하다.

compisser [kɔ̃pise] *v.t.* 《옛》(에) 오줌을 누다.
complaignant(e) [kɔ̃plɛɲɑ̃, -ɑ̃:t] 《법》 *a.* 고소하는. —*n.* 고소인, 원고.
complaindre [kɔ̃plɛ:dr] [27] *v.t.* 《옛》 불쌍히 여기다. —**se** — *v.pr.* 《옛》 한탄하다, 불평하다.
complainte [kɔ̃plɛ̃:t] *n.f.* ① 애가(哀歌); (*pl.*) 《구어》 하소연. Finissez vos ~s. 우는 소리 좀 그만하시오. ②《옛》 《법》 고소.
complaire [kɔ̃plɛ:r] [33] *v.t.ind.*《문어》[~ à *qn*] …의 비위를 맞추다, 환심을 사다; …의 마음에 들게 하다. Je cherche à lui ~. 나는 그의 마음에 들려고 애쓴다.
—**se** — *v.pr.* ① [se ~ dans/à/en] (에) 만족하다, (을) 좋아하다. *se* ~ *dans* la nature 자연을 즐기다. Il *se complaît* en lui-même. 그는 자기만족에 빠져있다. [se ~ à + *inf.*] Il *se complaît* à rendre service. 그는 남에게 봉사하는데 만족을 느낀다. ② 서로 만족을 느끼다.
compl-ais, -aît, -aisons, etc. [kɔ̃plɛ-ε, -ɛzɔ̃] ⇨ complaire.
complaisamment [kɔ̃plɛzamɑ̃] *ad.* ① 쾌히, 친절히. ② (홀로) 만족해서, 신이 나서.
complaisance [kɔ̃plɛzɑ̃:s] *n.f.* ① 배려, 호의, 친절. Il m'a montré tant de ~. 그는 나에게 많은 배려를 해주었다. [avoir la ~ de + *inf.*] Auriez-vous *la ~ de* fermer la porte? 문 좀 닫아 주시겠읍니까? ② 아양, 교태. basse ~; ~ basse 아첨, 영합. avoir des ~s pour un homme (여자가) 남자에게 아양을 부리다. ~ d'un mari (처의 부정한 행실에) 대해 눈을 감는) 남편의 관대함. ③ 자기만족. Elle se regarde dans la glace avec ~. 거울 속의 자기 모습을 황홀한 듯이 바라보다. ④ 《성서》 사랑.
de ~ 남의 환심을 사려는, 아첨하는. sourire(rire) *de* ~ 아첨하는 미소. 《웃음》. certificat(attestation) *de* ~ (자격 없는 사람에게) 호의로서 발급하여 주는 증명서, billet(effet) de ~ 《상업》 융통어음.
complaisant(e) [kɔ̃plɛzɑ̃, -ɑ̃:t] *a.* ① 친절한, 호의에 넘치는(aimable, obligeant). être ~ pour(envers, à l'égard de) *qn* …에 대해 친절하다. ② 아양떠는 (servile). être lâcheraison ~ 비굴하게 아첨하다. ③ 관대한, (잘못을) 눈감아 주는. mari ~ (처의 행실에) 관대한 남편. ④ 자기만족적인. se regarder d'un œil ~ 흐뭇하게 자신의 모습을 바라보다.
—*n.* 아양떠는 사람, 아첨꾼.
complanter [kɔ̃plɑ̃te] *v.t.* (종류가 다른 식물을 땅에) 심다. ~ une terre de *qc* 땅에 …을 심다.
*complément [kɔ̃plemɑ̃] *n.m.* ① 보충, 보완(물). ~ d'un ouvrage 작품의 보완. ~ d'information 정보의 보완. ~ à une lettre 편지의 추신. Payez le ~ dans un mois. 잔금은 한달 후에 치러주세요. officier de ~《옛》 예비역 장교. ②《언어》 보어. ~ d'objet direct(indirect) 직접[간접] 목적보어. ~ déterminatif 한정보어. ~ de circonstance 상황보어. ③ 《수학》 d'un angle 《수학》 여각(餘角). ④ 《생물》 보체(補體).
complémentaire [kɔ̃plemɑ̃tɛ:r] *a.* 보충하는, 보충적인(additionnel). indemnité ~ 추가 수당. angle ~ 《기하》 여각. couleurs ~s 보색(補色). pour renseignements ~s s'adresser à… 더 자세한 것은 …에 문의할 것. proposition ~《언어》 보문.
—*n.m.* d'un ensemble 《수학》 여(보) 집합.
complémentarité [kɔ̃plemɑ̃tarite] *n.f.* 보충, 《철학》 《언어》 상보성(相補性).
:complet(ète) [kɔ̃plɛ, -ɛt] *a.* ① ⓐ 완전한, 완비된, 다 갖춘. œuvre ~*ète* 전집. petit déjeuner ~ (빵·잼·커피로 된) 아침식사. ⓑ 철저한, 전적인. destruction ~*ète* 철저한 파괴. défaite ~*ète* 완패. ⓒ (사람이) 완벽한, 완전무결한, 전능의. artiste ~ 완벽한 예술가. athlète ~ 만능 선수. = idiot 《익살》 지독한 바보. ⓓ (세월이) 꽉 찬. dix années ~*ètes* 만 10년. ② (극장·버스 따위가) 만원인 (plein). autobus ~ 만원 버스. afficher «*complet*» "만원" 표시를 붙이다. ③《구어》《익살》 곤드레만드레가 된.
C'est ~ ! 《구어》 《익살》 (나쁜 일이) 이건 완벽하군! (모든 게 철저하게 망쳐졌다는 뜻) (Il ne manque plus que ça!).
—*n.m.* ① 정원. ~ d'un régiment 연대의 정원. ② (상·하복, 조끼를 갖춘) 양복 한 벌.
au (grand) ~ 정원의, 만원의; 전원이 함께. famille *au grand* ~ 가족 전원. J'ai lu ses œuvres *au* ~. 나는 그의 작품을 전부 읽었다.
complètement[1] [kɔ̃plɛtmɑ̃] *ad.* 완전히, 전부(totalement); 전적으로, 철저하게. lire un roman ~ 어떤 소설을 끝까지 읽다. guéri(rétabli) ~ 완쾌된 (완치된).
complètement[2], **complétement** [kɔ̃plɛ(e)tmɑ̃] *n.m.* 《드물게》 완전하게 갖추기; 《군사》 정원의 보충.
*compléter [kɔ̃plete] [6] *v.t.* 보충하다, 채우다 (ajouter, rapporter); 완성시키다(achever).
—**se** — *v.pr.* ① 서로 보충하는 성격. caractères qui *se complètent* 서로 보충하는 성격. ② 보충되다, 완료 (완성) 되다. Sa collection *se complète* peu à peu. 그의 콜렉션이 조금씩 갖추어진다.
complétif(ve) [kɔ̃pletif, -i:v] *a.* 보충하는; 《언어》 보어 역할을 하는. proposition ~*ve* 보어절.
—*n.f.* 보어절 (proposition ~*ve*).
complexe [kɔ̃plɛks] *a.* 복합의; 복잡한, 착잡한 (compliqué, ↔ simple). nombre ~《수학》 복소수 (複素數). phrase ~ 《언어》 복문. affaire ~ 복잡한 [복잡하게 얽힌] 문제.
—*n.m.* ① 복합체, 복잡한 것. 《심리》 복합, 콤플렉스. ~ d'infériorité 열등 콤플렉스. Œdipe 에디푸스 콤플렉스. avoir(donner) des ~s 열등감을 갖다 (주다). ② 콤비나트, 공업단지; 종합 (복합) 시설. ~ pétrolier 석유공업단지. ~ culturel(sportif) 종합 문화(운동) 시설. ~ de loisirs 종합 레저시설. ③ 《의학》 징후군. ~ primaire (결핵의) 초기 징후군. ⑤ 《수학》 복체(複體); 《화학》 착화합물, 혼합물.
complexé(e) [kɔ̃plɛkse] *a., n.* 《구어》 콤플렉스를 가진(사람), 극도로 소심한 (사람).
complexer [kɔ̃plɛkse] *v.t.* 《구어》 (에게) 콤플렉스를 갖게 하다, 겁먹게 하다. Un rien le *complexe*. 아무 것도 아닌 일에 그는 주눅이 든다.
complexification [kɔ̃plɛksifikasjɔ̃] *n.f.* 복잡하게 만들기, 복잡화 (↔ simplification).
complexifier [kɔ̃plɛksifje] *v.t.* 더욱 복잡하게 만들다; 완벽하게 하다, 완성시키다. ~ un réseau aérien 항공망을 더 복잡하게 만들다 (확장하다).
complexion [kɔ̃plɛksjɔ̃] *n.f.* ①《문어》체질(tempérament). ~ faible(robuste) 허약한(건장한) 체질. ②《옛》기질, 성격(nature). être de ~ mélancolique 우울한 기질이다. ③《옛》조립, 구성.
complexité [kɔ̃plɛksite] *n.f.* 복잡성.
complication [kɔ̃plikasjɔ̃] *n.f.* ① 복잡화, 착잡; 분규(ennui). situation d'une ~ inextricable 복잡하게 뒤얽힌 상황. éviter(fuir) les ~s 난처한 일을 피하다. ②《의학》 합병증, 병발증; 악화.
complice [kɔ̃plis] *a.* 공범의; (은밀히) 찬동하는. être ~ d'un crime 범죄의 공범이다. échanger un coup d'œil ~ 합의의 눈짓을 주고받다.

complicité

—*n.* 공범자(acolyte); 가담자. l'auteur du crime et ses ~*s* 주범과 공범. ~ par assistance 방조자. ~ par instigation 교사범.

complicité [kɔ̃plisite] *n.f.* ① 〖법〗 공범; 공모, 가담(connivence). être accusé de ~ 공범으로 기소되다. ② 암암리의 양해, 묵계; 결탁. s'échapper grâce à la ~ d'un gardien 간수의 묵인 하에 도망쳐 나오다. avec la ~ de la nuit (비유적) 야음을 타서. **de ~ avec** *qn* …와 공모하여 [단짝이 되어].

complies [kɔ̃pli] *n.f.pl.* 〖가톨릭〗 종과(終課), 만도(晚禱).

compliment [kɔ̃plimɑ̃] *n.m.* ① 치하, 찬사, 축사(félicitation). faire[adresser] des ~*s à qn* …에게 축하의 인사말을 하다. Je vous fais mes ~*s!*; Tous mes ~*s!* 축하합니다; (반어적) 잘되셨군요. Les femmes aiment les ~*s!* 여자들은 칭찬을 좋아한다. Tout cela est pur ~. 이것은 순전한 외교적 언사이다. ② 인사(말). (Faites bien) mes ~*s à qn* …에게 인사를 전해주십시오. ~ de condoléances 조사(弔詞). **sans ~** 칭찬은 빼고, 가식없이.

complimenter [kɔ̃plimɑ̃te] *v.t.* ① 축하하다, 치하하다. ~ *qn* sur/pour / ~ *qn* sur son mariage …에게 결혼을 축하하다. ~ un élève *pour* son succès à l'examen 학생에게 합격을 축하하다. ② (목적어보어 없이) 인사하다, 인사의 말을 하다.

complimenteur(se) [kɔ̃plimɑ̃tœ:r, -ø:z] *a, n.* 아첨하는(사람), 알랑거리는(사람).

compliqué(e) [kɔ̃plike] *a.p.* ① 복잡한, 착잡한, 까다로운(↔ clair, simple). machine ~*e* 복잡한 기계. C'est bien ~. 매우 까다로운 문제이다. ② (사람이) 까다로운, esprit ~ 까다로운 기질(사람). [~ de] (을)병발시킨. coqueluche ~*e de* bronchite 기관지염을 병발시킨 백일해. —*n.m.* 복잡한 것. —*n.* 〖구어〗 까다로운 사람.

*****compliquer** [kɔ̃plike] *v.t.* 복잡하게 만들다, 까다롭게 하다(embrouiller). Il *complique* toujours les choses. 그는 항상 일을 복잡하여 [어렵게] 만든다. ② 〖의학〗 병발시키다.

—**se** ~ *v.pr.* ① 복잡해지다. L'affaire *se complique* de ce fait. 일 (사건)이 이 사실 때문에 더욱 복잡해[어려워]진다. ② (병이)악화되다(s'aggraver); (다른 병을)병발시키다.

ne pas se ~ l'existence(la vie) 번거로운 [골치아픈] 일을 피하다, 쉽게쉽게 살아가다.

complot [kɔ̃plo] *n.m.* 음모(conspiration, intrigue); 모의, 비밀계획. chef de ~ 주모자. ~ contre la sûreté de l'État 반국가 음모, 역모(逆). former [ourdir, tramer] un ~ 음모를 꾸미다. faire le ~ de+*inf.* …할 모의를 하다. mettre *qn* dans le ~ …을 음모[모의]에 끌어넣다.

comploter [kɔ̃plɔte] *v.i.* 음모를 꾸미다. ~ contre *qn(qc)* …에 대해 음모를 꾸미다.

—*v.t.* 음모를 꾸미다; 모의하다. ~ un coup d'État 쿠데타를 모의하다. Qu'est-ce que vous *complotez* encore? 또 무슨 모의를 하고 있소? [~ de+*inf.*] Ils *ont comploté de* le tuer. 그들은 그를 죽일 음모를 꾸몄다. ~ *de* faire une surprise *à qn* (나쁜 뜻없이) …을 깜짝 놀라게 해줄 계획을 짜다.

comploteur(se) [kɔ̃plɔtœ:r, -ø:z] *n.* 음모자.

complu-s, -t [kɔ̃ply] ⇨complaire.

compo [kɔ̃po] (< *composition*) *n.f.* 〖학생은어〗 작문; 시험; 답안.

componction [kɔ̃pɔ̃ksjɔ̃] *n.f.* ① (신 앞에 자신의 부족함을 느끼는)겸손한 감정; (신을 모독하데 대한)회한. ② (익살) 점잔빼는 품. prendre un air de ~ 점잔을 빼다. avec ~ 점잔빼며.

componé(e) [kɔ̃pɔne] *a.* 〖문장〗 두 빛깔이 번갈아 사용된.

componentiel(le) [kɔ̃pɔnɑ̃sjɛl] *a.* 〖언어〗 성분의. analyse ~*le* 성분분석.

comporte [kɔ̃pɔrt] *n.f.* (포도 운반용의)통.

comportement [kɔ̃pɔrtəmɑ̃] *n.m.* 행동, 거동(conduite); 태도(attitude), 반응. son ~ avec moi 나에 대한 그의 태도. ~ d'un auditoire 청중의 반응. psychologie du ~ 〖심리〗 행동심리학.

*****comporter** [kɔ̃pɔrte] *v.t.* (주어는 사물) ① 허용하다, 용인하다(admettre). Toute règle *comporte* des exceptions. 모든 규칙은 예외를 허용한다. ② 포함하다, 내포하다(contenir). discours qui *comporte* trois parties 세 부분으로 구성된 연설.

—**se** ~ *v.pr.* ① 행동하다, 처신하다(se conduire). Il *s'est* mal[bien] *comporté* à mon égard. 그는 나에 대한 태도가 나빴다[좋았다]. *se ~ en* (comme un) lâche 비겁하게 행동하다. ② (주어는 사물) 움직이다, 작동하다(fonctionner). voiture qui *se comporte* bien sur la route 길을 잘 달리는 차. tel qu'il *se comporte* 〖법〗 현상대로.

composacées [kɔ̃pozase] *n.f.pl.* =**composées**.

composant(e) [kɔ̃pozɑ̃, -ɑ̃:t] *a.* 구성(조성)하는.
—*n.m.* 〖화학〗 성분; 〖물리〗 (전자기기의)구성부품; 〖언어〗 구성요소; 성분.
—*n.f.* ① 〖수학·물리·전기〗 성분. ~*e* de force 분력(分力). ~*e* de marée 분조(分潮). ② (일반적으로)구성요소. diverses ~*es* du développement économique 경제 발전의 제 요인. ③ 〖언어〗 (생성문법을 구성하는)각 부문. ~*e* syntaxique 통사부(문).

composé(e) [kɔ̃poze] *a.p.* ① 구성된, 조성된; 복합의; 〖건축〗 (기둥머리 따위)여러 양식을 절충한. machine bien ~*e* 잘 조립된 기계. corps ~ 〖화학〗 화합물. ~ 〖언어〗 합성어. engrais ~ 복합비료. raison ~*e* 〖수학〗 복비(례). intérêts ~*s* 〖경제〗 복리(複利). mesure ~*e* 〖음악〗 복합박자. ② (눈길에서)부자연스런, 꾸민.
—*n.m.* ① 합성물. ② 〖화학〗 화합물; 〖언어〗 합성어. les ~*s* et les dérivés 합성어와 파생어.

composées [kɔ̃poze] *n.f.pl.* 〖식물〗 국화과(科).

*****composer** [kɔ̃poze] *v.t.* ① 구성하다, 조성하다, 형성하다. pièces qui *composent* une machine 기계를 구성하는 부분들. ~ un bouquet 꽃다발을 만들다. ~ un remède 약을 조제하다. ~ un numéro de téléphone 전화의 다이얼을 돌리다. ② (예술작품을)창작하다; 작곡하다; (편지 따위를)쓰다. ~ un drame 드라마를 쓰다. ~ un opéra 오페라를 작곡하다. ③ 〖인쇄〗 조판하다, 식자하다. ~ un texte à la monotype 모노타이프로 원고를 조판하다. machine à ~ 식자기. ④ (얼굴·태도를)꾸미다, 고치다(affecter). ~ son attitude[son maintien] 짐짓 태도를 꾸미다, 점잔빼다.

—*v.i.* ① 작곡하다; 작문하다; 책을 쓰다; 구도(構圖)하다; 답안을 쓰다. ~ sur le piano 피아노를 사용하여 작곡하다. ~ en thème 작문의 답안을 쓰다. ② [~ avec] (와)화해[타협]하다(transiger). ~ avec ses adversaires 적과 타협하다. ~ avec sa conscience 양심을 속이다.

—**se** ~ *v.pr.* ① [se ~ de] (으로)성립[구성]되다. La maison *se compose de* quatre pièces. 이 집은 방이 네 개가 있다. ② 〖옛〗 태도를 꾸미다, 새침해지다. (*se* 는 간접목적보어) *se* ~ une figure 새침한 표정을 짓다.

composeuse [kɔ̃pozø:z] *n.f.* 〖인쇄〗 식자기.

composite [kɔ̃pozit] *a.* ① 〖건축〗 (코린트식과 이오니아식의)혼합 양식의. ② (로켓·미사일이)다단식(多段式)의. —*n.m.* 혼합양식.
composit*eur(trice*) [kɔpozitœ:r, -tris] *n.* ① 〖음악〗 작곡가; 〖인쇄〗 식자공. ② aimable ~ 〖법〗 중재인. —*n.m.* 〖인쇄〗 식자기.
***composition** [kɔpozisjɔ̃] *n.f.* ① 구성, 조립; 구성 내용. ~ d'une machine 기계의 조립. ~ d'un remède 약의 조제. ~ d'un menu 메뉴의 내용. ② 합성; 성분. ~ chimique 화학 성분. ~ de l'eau 물의 성분. ③ 〖예술 작품의〗창작, 제작; (제작된)작품. ~ (musicale) 작곡. personnage de ~ 창작되「작품 속의」인물. tableau d'une savante ~ 절묘한 구성의 그림. ④ 작문; 시험, 답안(compo, compote, compal). ~ française 프랑스어 작문. ~ 3 trimestrielles 학기말 시험. corriger des ~s 답안지를 채점하다. ⑤ 〖언어〗 합성, 복합. ⑥ 〖인쇄〗 식자, 조판; 조판실. ~ mécanique (manuelle, à la main) 기계식자(손으로 하는 식자). ~ photographique 사식(寫植). ⑦ 〖예〗 타협, 화해(accommodement, compromis). entrer en ~ avec *qn* …와 타협하다(venir à ~). homme de bonne ~ 타협적인 사람.
compost [kɔ̃pɔst] 〖영〗*n.m.* 〖농업〗 퇴비.
compostage¹ [kɔ̃pɔsta:ʒ] *n.m.* (땅에)퇴비를 주기.
compostage² *n.m.* (표 따위에)날짜[번호·소인]찍기.
composter¹ [kɔ̃pɔste] *v.t.* 〖농업〗 퇴비를 주다.
composter² *v.t.* (표 따위에 스탬프로)날짜[번호·소인]를 찍다.
composteur [kɔ̃pɔstœ:r] *n.m.* ① 〖인쇄〗 식자가(架). ② (표 따위에)날짜[번호·소인] 찍는 기구, 압인기, 스탬프.
compote [kɔ̃pɔt] *n.f.* ① 〖요리〗 (비둘기 따위의)스튜의 일종; 과일의 설탕절임, 정과. ~ de pommes 사과에 설탕을 넣어 졸인 것. ②〖학생은어〗작문; 답안; 시험(compo). *en* ~ 〖구어〗(얼굴·눈에)얻어 맞아 멍든. avoir les yeux *en* ~ 얻어 맞아서 눈이 부어 있다. réduire *qn en* ~ …을 묵사발이 되게 두들기다.
compotier [kɔ̃pɔtje] *n.m.* (굽 달린)정과 그릇.
compound [kɔ̃pund] 〖영〗*a.* 《불변》혼합의, 복식의. locomotive ~ (여러 개의 실린더를 가진)복식 증기기관차. moteur ~ 〖항공〗 복합엔진. fil ~ 복권동선(複捲銅線). —*n.m.* 〖전기〗 합성 절연체. —*n.f.* 복식기관차.
compoundage [kɔ̃punda:ʒ] *n.m.* 〖전기〗 (발동기를)복식으로 하기.
compounder [kɔ̃punde] *v.t.* 〖전기〗 (발동기를)복식으로 하다.
comprador(*pl. es*) [kɔ̃pradɔ:r, -ɔres] 〖에스파냐〗 *n.m.* 〖상업〗 (중국의)중매인, 브로커.
compréhensibilité [kɔ̃preɑ̃sibilite] *n.f.* 이해될 수 있음.
compréhensible [kɔ̃preɑ̃sibl] *a.* 이해할 수 있는, 알기 쉬운(intelligible); 분명한, 사리에 맞는. paroles difficilement ~s 이해하기 어려운 말. désir bien ~ 극히 당연한 욕구. Il est ~ que + *ind.* …한 것은 이해된다(납득된다).
compréhensi*f(ve*) [kɔ̃preɑ̃sif, -i:v] *a.* ① 이해력 있는; 관대한(indulgent). parents ~s 이해심 많은 부모. ② 포함[포괄]하는. conception ~*ve* 포괄적 개념. signification plus ~*ve* 보다 넓은 의미. connaissance ~*ve* 〖신학〗 신의 포괄적 인식.
compréhension [kɔ̃preɑ̃sjɔ̃] *n.f.* ① 이해(력)(entendement). Ce livre est d'une ~ aisée (difficile). 이 책은 이해하기 쉽다(어렵다). Il a la ~ rapide (lente). 그는 이해가 빠르다(늦다). ② 이해심, 관대. être plein de ~ à l'égard des autres 남들에 대한 이해심이 많다. ③ 〖논리〗 내포.

comprenable [kɔ̃prənabl] *a.* = **compréhensible**.
compren-*ant*, *-ons*, etc. [kɔ̃prən-ɑ̃, -ɔ̃] ⇨ **comprendre**.
‡**comprendre** [kɔ̃prɑ̃:dr] 〖26〗 *v.t.* ① 깨닫다, 이해하다(saisir, concevoir); 납득하다, (라고)생각하다 (se rendre compte). ~ le français 프랑스어를 (듣고) 알다. faire ~ *qc* à *qn* …에게 …을 이해시키다[설명하다]. Comment comprends-tu ton rôle? 자네는 자네 역할을 어떻게 생각하나? [~ *qn*] Parle plus distinctement, je te *comprends* mal. 더 명확히 말하게, 무슨 말인지 잘 모르겠네. [~ *qc* à] Il *comprend* quelque chose à la peinture. 그는 그림을 조금 안다. Je ne *comprends* rien à ce qu'il dit. 나는 그가 하는 말을 전혀 알아듣지 못하겠다. Je n'y *comprends* rien. 나는 그 이유를 통 모르겠다. Je *comprends* sa colère. 나는 그가 화내는 것을 알겠다. [~ que + *ind.*/(부정형) *sub.*] J'ai bien *compris* qu'il ne voulait pas venir. 나는 그가 오기 싫어한다는 것을 잘 알았다. Je ne *comprends* pas qu'il soit si en retard. 그가 왜 이렇게 늦는지 알 수가 없다 (※*comprendre que* 구문에서 긍정형의 경우도 어떤 사실을 객관적으로 인정하는 것이 아니라 주관적으로「…하는 것은 당연하다고 생각한다」의 뜻일 경우에는 *comprendre* que + *sub.*: Je *comprends* qu'elle soit fâchée. 그녀가 화를 내는 것은 당연하다). [~ + 간접의문형] Personne n'a *compris* pourquoi elle est partie. 그녀가 왜 떠났는지 아무도 알지 못했다.
② 《주어는 사물》포함하다, 내포하다(comporter, impliquer). La maison *comprend* en outre une cave et un garage. 집은 그 외에도 지하실과 차고가 있다. Le recensement a été fait sans ~ les étrangers. 인구조사는 외국인을 포함시키지 않고 [제외하고] 이루어졌다. 《수동적》Le pourboire *est compris* dans le prix total. 전체 액수 속에 팁이 포함되어 있다. *y compris* ⇨ **compris**.
~ *les choses* 사리에 밝다; 마음이 관대하다. *ne ~ rien à rien* 전혀 모르다, 완전히 백치 상태이다.
—*se* ~ *v.pr.* ① 이해되다. Cela *se comprend* de soi. 그야 그렇지[자명한 일이지](C'est évident).
② 자신을 알다. ③ (상호적) ~로 이해하다가.
comprenette [kɔ̃prənɛt] *n.f.* 〖구어〗이해력(compréhension). Il a la ~ un peu dure. 그는 잘 알아듣지 못한다. avoir la ~ facile [difficile] 잘 알아듣다[알아듣지 못하다].
compresse [kɔ̃prɛs] *n.f.* 〖의학〗 압정포(壓定布), 습포(濕布).
compresser [kɔ̃pre[e]se] *v.t.* ① 〖구어〗 (사람을 차 따위에) 밀어 넣다. ②〖예〗 압축[압착]하다.
compresseur [kɔ̃presœ:r] *n.m.* 압축기, 콤프레스; 〖외과〗 (혈관 따위의)압박기, 지혈기; 〖토목〗 도로포장용 롤러(rouleau ~). —*a.m.* 압착용의; 속박적인.
compressibilité [kɔ̃prɛsibilite] *n.f.* ① 〖물리〗 압축률. ②(지출 따위의)삭감[축소] 가능성.
compressible [kɔ̃prɛsibl] *a.* ① 압축[압착]될 수 있는, 압축성의. ② (지출 따위를)삭감[축소]할 수 있는. frais ~s 삭감할 수 있는 비용.
compressi*f(ve*) [kɔ̃prɛsif, -i:v] *a.* ① 압축[압착]하는. appareil ~ 〖의학〗 (혈관 따위의)압박기. ② 압박[속박]하는. mesures ~*ves* 억압적 조치, 억압 수단.
compression [kɔ̃prɛsjɔ̃] *n.f.* ① 압축, 압착. pompe de ~ 압축 펌프. temps de ~ (엔진의)압축행정(行程). ②(예산의)삭감; (인원의)감소. ~ du personnel 인원의 감축. ③《비유적》압박, 속박. mesures de ~ 억압수단.

comprimable [kɔ̃primabl] *a.* =**compressible**.
comprimant(e) [kɔ̃primɑ̃, -ɑ̃:t] *a.* 압축하는.
comprimé(e) [kɔ̃prime] *a.p.* ① 압축된. air ~ 압축공기. frein à ~ 에어 브레이크. ② (입력 따위가) 움푹 들어간. ③ (비유적) (감정 따위가) 억압된. désirs ~ s 억압된 욕망. ─ *n.m.* 【약】 정제 (錠劑). un ~ d'aspirine 아스피린 1정.
comprimer [kɔ̃prime] *v.t.* ① 압축하다 (presser, serrer); 죄다, 짓누르다, 짜다. ~ un gaz 가스를 압축하다. ~ une artère (출혈 따위를 막기 위해) 동맥을 압박하다. Ce vêtement me *comprime* la gorge. 이 옷은 목 언저리를 죈다. ② (비유적) 억압하다 (opprimer) ; (눈물·감정을) 참다, 억누르다 (retenir). ~ sa colère [ses larmes] 분노 [눈물] 를 꾹 참다.
compr-imes, -is, -it [kɔ̃pr-im, -i] ⇨comprendre.
compris(e) [kɔ̃pri, -i:z] (*p.p.*<*comprendre*) *a.p.* ① 이해된. C'est ~ ! (구어) C~ ! 알았다. ② 포함된. tout ~ 모두 포함해서. [y ~] Tout le monde était là, y ~ Jacques. 자크도 포함해서 모두가 왔었다. <u>REM</u> y *compris* 는 명사 앞에서는 불변이고 명사 뒤에서는 성·수에 일치: distribuer les documents, y *comprise* une liste [une liste y *comprise*] 한 장의 리스트를 포함한 자료를 나누어 주다.
compromettant(e) [kɔ̃prɔmetɑ̃, -ɑ̃:t] *a.* 위험에 빠뜨리는, 위험한, 누를 끼치는.
compromettre [kɔ̃prɔmetr] [46] *v.t.* ① [~ qn] 위험한 일에 끌어넣다, 연루시키다; (의) 명예 [평판] 를 위태롭게 하다 (더럽히다). ~ qn dans une affaire de vol …을 절도 사건에 연루시키다. ~ une femme 여자의 평판을 더럽히다. homme politique *compromis* dans un scandale 스캔들에 말려든 정치가. ② [~ qc] (명예·평판 따위를) 위태롭게 하다, 해치다. ~ son honneur [sa santé] 자기의 명예를 [건강을] 해치다.
─*v.i.* 【법】 중재에 따르기로 약정하다, 중재계약을 맺다; 타협하다. ② (옛) [~ à] (에) 맡기다 [따르다]. ~ à la décision de son sort 운명의 결정에 따르다. ③ (옛) [~ de] (을) 위태롭게 하다.
─**se** ~ *v.pr.* 자기의 명예 [평판] 를 위태롭게 하다, 위험한 일에 말려들다. *se* ~ dans une affaire 어떤 사건에 말려들다. Elle *s'est compromise* avec ce jeune homme. 그녀는 이 젊은 사람 때문에 평판에 금이 갔다.
comprom-is, -isse, -it [kɔ̃prɔm-i, -is, -i] ⇨compromettre.
*****compromis** [kɔ̃prɔmi] (<*compromettre*) *n.m.* ① 타협, 화해 (accord). aboutir [en arriver] à un ~ 타협에 이르다. passer un ~ avec *qn* …와 타협하다. ② 【법】 중재 (계약). accepter un ~ 타협을 승낙하다. mettre une affaire en ~ 사건을 중재에 맡기다. ~ d'avarie 해상손해계약. ③ 《문어》 중간 상태. ~ entre l'indifférence et le mépris 무관심과 멸시의 중간적인 태도.
compromission [kɔ̃prɔmisjɔ̃] (<*compromettre*) *n.f.* ① (명예·생명 따위를) 위태롭게 하는 언동, 체면을 더럽히는 행동. être exposé à des ~ s 명예를 위태롭게 할 지경에 처하다. ② (주로 *pl.*) (경멸) 타협, 양심을 굽히기. au prix de n'importe quelle ~. 그 어떤 (비굴한) 타협을 해서라도.
compromissoire [kɔ̃prɔmiswa:r] *a.* clause ~ 【법】 중재조항.
compt. 《약자》 《상업》 ① comptant 현금의. ② comptabilité 부기.
comptabilisable [kɔ̃tabilizabl] *a.* (계산·부기 속에) 기재될 수 있는, 계수화 [통제화] 될 수 있는.
comptabilisation [kɔ̃tabilizasjɔ̃] *n.f.* (거래 내용 따위의) 기장 (記帳), 기부.
comptabiliser [kɔ̃tabilize] *v.t.* ① (계산·부기·통계 속에) 기재하다; 기장하다. ② 계수화하다, 통계화하다. ~ les accidents 교통사고의 통계를 내다.
comptabilité [kɔ̃tabilite] *n.f.* ① 부기 (학), 회계, 출납. ~ en partie simple [double] 단 [복] 식 부기. livre de ~ 회계장부. tenir [gérer] la ~ 장부에 기재하다; 회계를 맡다. ~ publique 공공재정 (예산편성·심의·실시의 절차). commission de ~ 결산위원회. ② 회계과, 경리과; (관청의) 주계국. chef de ~ 회계주임.
comptable [kɔ̃tabl] *a.* ① 회계의, 회계원의. chef ~ 회계주임 (과장). quittance ~ 본 영수증. pièce ~ (금전지불을 증명하는) 영수증. rapport ~ 회계보고. officier ~ 경리관. ② 책임 있는. être ~ envers sa patrie 조국에 대해 책임을 지다. [~ de] être ~ de ses actions 자기의 행동에 책임이 있다. ③ [언어] 가산 (可算) 의. nom ~ 가산명사.
─*n.* 회계원 (agent ~). ~ agréé 공인 회계사. ~ public (국세의 징수·지급을 맡은) 세무관.
comptage [kɔ̃ta:ʒ] *n.m.* 계산, 셈.
comptant [kɔ̃tɑ̃] *a.m.* 현금의. argent ~ 현금. dix mille francs ~ 현금 1 만프랑.
argent ~ (비유적) 확실한 것. C'est de l'*argent* ~. 그것은 틀림 없는 일이다. prendre qc pour *argent* ~ …을 틀림없는 것으로 믿다.
─*ad.* 현금으로. payer ~ 현금으로 지불하다.
─*n.m.* 현금. [au ~] achat *au* ~ 현금 매입. acheter *qc au* ~ 을 현금으로 사다. «Payable *au* ~» "현금 지불"; (어음의) "서시 지급".
‡**compte** [kɔ̃:t] *n.m.* ① 셈, 계산 (calcul); 계정. vérifier son ~ 검산하다. faire le ~ de …을 계산하다. ~ y est [n'y est pas]. 계산이 맞다 [틀리다]. ~ rond [borgne] 우수리 없는 [있는] 수. solde de ~ 결산.
② 회계 (대차의) 셈; 회계의 회계 보고. livre de ~ s 출납부, 장부. ~ de profits et pertes 손익 계산서. arrêter [clore] des ~ s 결산하다. Cour des ~ s (회계) 감사원. ouvrir un ~ (장부에) (거래선의) 대장을 열다 (→ ③). faire ses ~ s 회계 보고를 하다.
③ (남의 따위의) 구좌. ouvrir un ~ dans une banque 은행에 구좌를 트다. ~ (à) chèque postal 우편 대체 구좌. ~ courant à intérêts [sans intérêts] 보통예금 [당좌예금] 구좌. ~ de dépôt (저축) 예금 구좌. ~ à terme 정기예금. ~ sur livrets 정기적금식 예금. avoir un joli ~ en banque 상당한 은행예금을 가지고 있다.
④ 보고, 설명; 해명 (justification). demander des ~ s à *qn* …에게 설명 [해명] 을 요구하다. devoir des ~ s à *qn* …에게 변명해야 한다.
⑤ 고려 (considération).
à bon ~ 싼값으로. acheter *qc à bon* ~ …을 싼값으로 사다.
à ce ~ (*-là*) 그 조건이라면, 그렇다면. *À ce* ~ *-là*, je n'aurai aucune chance de réussir. 그런 상황이라면 나는 성공할 가능성이 전혀 없을 것이다.
à ~ *de qn*; *à son* ~ …의 부담 [책임] 으로, prendre *qc à son* ~ …을 부담하다 [책임지다]. éditer un livre *à* ~ *d'auteur* 저자 자비로 책을 출판하다. Les frais de voyage sont *à mon* ~. 여비는 내 부담이다.
au bout du ~; *à la fin du* ~: *en fin de* ~; *de* ~ *fait*; *tout* ~ *fait* 숙고 끝에, 결국. *Au bout du* ~, je pars demain. 곰곰히 생각해 봤지만 내일 떠나겠소. Et *en fin de* ~, que veux-tu? 요컨대 뭘 원하는 거야 [어떻게 하겠다는 거야].
au ~ *de qn* (옛) …의 의견에 의하면. *à votre* ~ (당

신의) 말씀에 의하면. *avoir son* ~ ⓐ 제 몫[이익]을 차지하다; 소원이 성취되다. ⓑ 《구어》호되게 당하다; 살해되다. ⓒ 《속어》곤드레만드레 취하다. ⓓ 녹초가 되다. *avoir un (être en)* ~ *chez qn* …와 거래하다. *Cela fait mon* ~. 그것은 바로 내가 바라던 바다. ~ *à demi* 공동계산[출자]. *se mettre de* ~ *à demi avec qn* …와 손익을 반분(半分)하다. ~ *à rebours* 카운트 다운(《영》count-down). ~ *à rebours* de la fusée 로켓 발사의 카운트 다운. Le ~ *à rebours* de nos vacances a commencé. (방학의 카운트 다운이 시작됐다) → 방학이 멀지 않았다. ~ *rendu* 보고(서); 서평(⇨rendre ~ de). ~ *rendu* d'un ouvrage 서평. *de bon* ~ ⓐ 정확히 세어서. cent mille francs *de bon* ~ 에누리 없는 10만프랑. ⓑ être *de bon* ~ 지불이 정확하다; (사람이) 공평하다, 성실하다. *demander son* ~ (사임 전에) 급료를 요구하다. *donner son* ~ *à qn* (…에게 급료를 지불하고) 해고하다. ⌈가 되다. *en avoir pour son* ~ 호되게 당하다; 곤드레만드레 취하다. *être loin du* ~ 계산이 틀리다. 『…를 후대하다. *faire bon* ~ 물건을 후하게 주다. *faire bon* ~ *à qn* *faire* ~ *de* (《예》…을 존중하다. 『수하지 않다. *laisser une marchandise pour* ~ 주문한 상품을 인 *mettre qc sur le* [*au*] ~ *de qn* [*qc*] …을 …의 탓으로 하다. Cette erreur doit *être mise au* ~ *de* la fatigue. 이 과오는 피로의 탓으로 돌려져야 한다. *pour le* ~ *de qn* ⓐ …을 위해서. Il l'a acheté *pour son* ~. 그는 자신을 위해서 (…를 위해서)그것을 샀다. ⓑ …에 관해서는. *Pour mon* ~, j'ai tout fait. 나로서는 할 일을 다 했다. ⓒ …의 부담으로. C'est *pour mon* ~. 그건 내가 부담할 일이군(별수 없이 내가 할 일이군). *règlement de* ~s 복수. *régler son* ~ *à qn* 《구어》(…에게 빚을 갚다) → …에게 복수하다; …을 혼내주다, 죽이다. *régler de vieux* ~s 오랜 한을 풀다. avoir un ~ *à régler* 한을 품고 있다. *rendre* ~ *de qc (à qn)* ⓐ (…에게) …을 보고[설명·해설]하다. *rendre* ~ *d'un accident* 사고(의 경위)를 보고하다. *rendre* ~ *d'une pièce de théâtre* 희곡 작품을 비평하다. ⓑ …을 변명하다. *rendre* ~ *de sa conduite* 자기의 행위에 대해 변명하다. Je n'ai pas de ~s *à vous rendre*. 당신에게 변명할 것이 없읍니다(떳떳합니다). *se rendre* ~ *de qc* (*que* + *ind.*) …을 납득하다, 양해하다, 알아차리다. Je *me suis rendu* ~ *qu'*il me trompait. 그가 나를 속이고 있다는 것을 나는 깨달았다. (보어 없이) Tu *te rends* ~ ! 알겠지. *Son* ~ *est bon.* 두고보자, 혼내줄 테다(Son ~ sera bientôt réglé). *sur le* ~ *de qn* …에 관하여. Il n'y a rien à dire *sur son* ~. 그에 관해서는 할 말이 아무 것도 없다. *tenir* ~ *de* …을 참작하다, 고려하다. Je *tiendrai* ~ *de vos conseils.* 당신의 충고를 명심하겠습니다. 『분사구문』~ *tenu de la situation actuelle* 현 상황을 고려하여. *trouver* [*faire*] *son* ~ *à* …에 이득을 보다, …으로 벌다.

compte-fils [kɔ̃tfil] *n.m.* 《복수불변》《직물》(검사(檢絲)용의) 확대경.
compte-gibier [kɔ̃tʒibje] *n.m.* 《복수불변》《사냥》(사냥하여 잡은) 꿩을 세는 사람.
compte-gouttes [kɔ̃tgut] *n.m.* 《복수불변》(안약 따위의) 점적기(點滴器), compte-fils

피페트; 기름치는 기구; (만년필의) 스포이트. *au* ~ 《구어》아주 조금씩, 인색하게.
—*a.* (불변) flacon ~ 점적병.
compte-pas [kɔ̃tpa] *n.m.* 《복수불변》보수계(步數計), 보도계(步度計).

‡**compter** [kɔ̃te] *v.t.* ① 세다(dénombrer); (수에) 달하다, (연한이) 되다. ~ de l'argent 돈을 세다. il y a vingt ans *comptés* 만 20년전. Cette ville *compte* cent mille habitants. 이 도시는 인구 10만을 헤아린다. ~ quatre-vingts hivers 80 의 고령이다. ~ les jours [les heures] 초조하게 기다리다. Ses jours *sont comptés.* 그는 살 날이 얼마 남지 않았다. ② (에) 넣다, 셈에 넣다; (자기) 편에 넣다(ranger). *En me comptant,* nous sommes cinq. 나를 넣어서 우리는 다섯이다. ~ *qn parmi* [*entre, dans*] ses amis …을 친구로 치다. ③ 지불하다, 치르다(payer); (돈을) 인색하게 쓰다, (물건을) 인색하게 주다. Vous lui *compterez* mille francs pour son travail. 그의 일[노동]에 대해 천프랑을 지불하시오. ~ *l'argent que l'on dépense* 돈을 인색하게 쓰다, 지출에 인색하게 하다 (regarder à la dépense). Une poignée de cerises seulement? Tu nous *les comptes!* 버찌 한 줌만 주는 건가 ? 정말 인색하군. ④ (돈을) 청구하다; 격적하다. Il nous *a compté* deux cent francs de réparation. 그는 수리 비로 2 백 프랑을 요구했다. Il faut ~ huit jours avant son retour. 그가 돌아오자면 1주일은 있어야 한다. ⑤ [~ + *inf.*](할) 셈이다, (할) 작정이다; [~ *que* + *ind.*](라고) 생각한다. Je *compte* partir demain. 내일 떠날 예정이다. Je *compte* bien *qu'*il viendra demain. 나는 그가 내일 오리라고 생각한다. ⑥ [~ *qc pour* + 속사](으로) 여기다, 간주하다. Je le *compte pour mort.* 나는 그 사람이 죽은 것으로 여기고 있다. ~ *qc pour peu* [*beaucoup, rien*] …을 경시(중요시·무시)하다.
à pas comptés 느린[조심스런] 걸음걸이로.
être compté 《권투》(다운당하여) 카운트되다. Ce boxeur *a été compté* au premier round. 이 권투 선수는 1 라운드에서 다운당했다.
on peut ~ *qc* 셀 수 있을 만큼 드물다. *On peut* ~ les visites *qu'*il m'a faites depuis un an. 1 년간 그가 나를 방문한 것은 그저 몇 번 뿐이다.
on ne compte plus qc 셀 수 없을 만큼 많다. *On ne compte plus* les gaffes qu'il a commises. 그가 범한 실수는 부지기수이다.
sans ~ *qc (que*…) …이외에도, …을 제외하고도.
tout bien compte 결국.
—*v.i.* ① 수를 세다; 셈을 하다, 계산하다. ~ *sur ses doigts* 손가락을 써서 셈을 하다. ~ *de tête* 암산하다.
② 수[계산]에 들다, 편에 들다[끼다]; (비유적) 중요하다. ~ *parmi* [*au nombre de*] … …의 하나로 들다. Cela ne *compte pas.* 그것은 문제도 되지 않는다, 아무렇든지 좋다. Ça *compte* beaucoup pour moi. 그것은 내게 아주 중요하다. homme [avis] qui *compte* 중요한[무시 못할] 인물[의견].
③ 씀씀이가 인색하다, 아껴쓰다. dépenser sans ~ 아낌없이 쓰다. être obligé *de* ~ 아껴쓰지[지출을 줄이지] 않을 수 없다.
à ~ *de* …부터. *À* ~ *de ce jour-là,* il ne revient plus. 그날 이후로 그는 다시 오지 않는다.
ne ~ *pour rien* 조금도 중요하지 않다, 아무 소용이 없다(《속어》~ pour du beurre).
—*v.t.ind.* ① [~ *sur*] …을 기대하다. Je *compte sur* votre aide. 당신의 도움을 기대합니다. Pour ce travail, je *compte sur* vous. 이 일은 당신이 해주시

겠죠〔당신을 믿습니다〕. [y ~] J'y *compte* bien. 그렇게 되리라 믿는다(기대한다).
② [~ avec] …을 고려하다, 염두에 두다. Il a de l'influence et il faut ~ *avec* lui. 그는 영향력 있는 사람이니까 무시해서는 안 된다. Il faut ~ *avec* le mauvais temps. 날씨가 나쁠 경우도 염두에 두어야 한다.
③《옛》[~ de] …부터 시작되다(dater).
—se — v.pr. ① 계산되다；셀 수 있을 만큼(수효가)되다. Ses jours *se comptent*. 그가 살 날은 얼마 남지 않았다.
② 수에 들다；편에 들다. Ils ne *se comptent* pas parmi les invités. 그들은 초대객들 속에 들어있지 않다.
compte-rendu [kɔ̃trɑdy] (*pl.* ~**s**-~**s**) *n.m.* 보고(서)；서평(compte).
compte-secondes [kɔ̃tsəgɔ̃:d] *n.m.*《복수불변》스톱워치.
compte-tours [kɔ̃ttu:r] *n.m.*《불수불변》《기계》회전계(回轉計).
compteur(**se**) [kɔ̃tœ:r, -ø:z] *n.*《드물게》계산하는 사람. **—** *n.m.* 계량기. **— à gaz**〔**à eau, d'électricité**〕가스〔수도·전기〕미터. **— de vitesse**〔**de distance**〕속도〔거리〕계. **— de taxi** 택시 요금 미터. **~ (de) Geiger** 가이거 계수기. relever le **—** 검침하다. **—** *a.* boulier **—** 주판식 계산기.
compteur-indicateur [kɔ̃tœr̃edikatœ:r] (*pl.* ~**s**-~**s**) *n.m.*《자동차》속도계.
comptine [kɔ̃tin] *n.f.* 〔놀이에서 순번을 정하기 위해 부르는〕어린이들의 셈노래〔Am, stram, gram, pîké, pîké kollégram 따위〕.
***comptoir** [kɔ̃twa:r] *n.m.* ①《상업》카운터, 계산대, 판매대. demoiselle de **—**《옛》여점원；출납계의 여자(caissière). garçon de **—** 바텐더. tenir le **—** 카운터에서 회계를 맡다. ②《상사·은행 따위의》해외지점. C**—** colonial 해외 판매지점. ③〔판매〕조합. **— de vente en commun** 공동판매조합. **— central d'achats** 〔국가의 보조기관으로 구매·저장·공급 업무를 행하는〕구매중앙집단. ④ 은행；〔특히〕프랑스 은행 지점. C**—** national d'escompte de Paris 파리왕인은행〔1966 년 Banque nationale pour le commerce et l'industrie (국립상공업은행)과 합병하여 Banque nationale de Paris 가 되었음〕.
comptoir-caisse [kɔ̃twarkɛs] (*pl.* ~**s**-~**s**) *n.m.* 계산대, 카운터.
compulsation [kɔ̃pylsasjɔ̃] *n.f.* 〔소송서류 따위의〕조사；열람.
compulser [kɔ̃pylse] *v.t.* 〔서류 따위를〕조사하다, 참조하다(examiner)；열람하다.
compulseur [kɔ̃pylsœ:r] *n.m.* 《드물게》《상업·법》〔서류의〕조사관.
compulsif(**ve**) [kɔ̃pylsif, -i:v] *a.* 《심리》강박의；《옛》강제하는.
compulsion [kɔ̃pylsjɔ̃] *n.f.* 《심리》강박(強迫)；《옛》《법》강제.
compulsoire [kɔ̃pylswa:r] *n.m.* 《법》〔소송서류 따위의〕열람허가；열람.
comput [kɔ̃pyt] *n.m.* 《가톨릭》책력 계산법.
computateur [kɔ̃pytatœ:r] *n.m.* 《항공》〔거리·진로의〕계산기.
computation [kɔ̃pytasjɔ̃] *n.f.* ①《가톨릭》〔교회력에 의한 축일 따위의〕산출. ②《법》〔기한의〕결정. **~ d'un délai**〔채무자에 대한〕변제 유예기간의 결정.
computer¹ [kɔ̃pyte] *v.t.* 〔이동 축일 따위를〕계산하다, 산정(算定)하다.

computer² [kɔmpjutœ:r], **computeur** [kɔ̃pytœ:r] 《영》*n.m.* 컴퓨터(ordinateur).
comt. 《약자》commandant 《군사》지휘관, 사령관；육군소령.
comtadin(**e**) [kɔ̃tadɛ̃, -in] *a.* 브나스크(*Venasque*) 백작령(*Comtat-Venaissin*)의. **—C—** *n.* 브나스크 백작령 사람.
comtal(**ale, pl. aux**) [kɔ̃tal, -o] *a.* 백작의；〔중세 초기의〕영주의.
comtat [kɔ̃ta] *n.m.* 백작령(領).
comte [kɔ̃:t] *n.m.* ① 백작. ②〔프랑스 중세 초기의〕영주；〔로마 제국 시대의〕고관.
comté [kɔ̃te] *n.m.* ① 백작령. ②〔영국의〕주(州).
comtesse [kɔ̃tɛs] *n.f.* 백작 부인；여자 백작〔백작령 소유자로서〕.
comtois(**e**) [kɔ̃twa, -a:z] *a.* 프랑슈콩테(*Franche-Comté*)의. **—C—** *n.* 프랑슈콩테 사람. **—** *n.f.* 받침 달린 벽시계.
con《약자》commission 《상업》대리(권)；커미션, 수수료.
con [kɔ̃] *n.m.* ①《속어》머저리, 바보(imbécile). Sale ~ ! 처치 바보 같은 놈! faire le **~** 바보짓을 하다. ②《비어》여자의 성기〔노골적인 표현으로서 표기할 때는 보통 *c.*〕.
à la **—** 어리석은, 우스꽝스러운(stupide, à la noix). boulot *à la* **—** 어처구니 없는 일.
— *a.* (*f.* (~*ne*)) 는 드물》《속어》얼빠진, 바보같은. être **— comme la lune** 지독한 바보이다. histoire *~ne* 터무니없는 이야기.
conard(**e**) [kɔna:r, -ard] *a., n.m.* 《비어》=**con.**
conasse [kɔnas] *n.f.* 《비어》① 천한〔바보〕여자(idiote). ② 여자의 성기(con).
concassage [kɔ̃kasa:ʒ] *n.m.* 《광산》분쇄, 쇄광.
concasser [kɔ̃kase] *v.t.* 〔광석을〕분쇄하다.
concasseur [kɔ̃kasœ:r] *n.m.* 분쇄기.
concaténation [kɔ̃katenasjɔ̃] *n.f.* 《논리》〔삼단논법의〕연쇄(連鎖). **~ des causes et des effets** 인과 관계.
concave [kɔ̃ka:v] *a.* 오목한, 요면의(↔ convexe). miroir **—** 오목거울.
concavité [kɔ̃kavite] *n.f.* 오목한 모양；〔렌즈 따위의〕요면；《구어》오목한 곳.
concavo-concave [kɔ̃kavokɔ̃ka:v] *a.* 양쪽이 요면인, 〔안팎〕양쪽의 가운데가 오목한(biconcave).
concavo-convexe [kɔ̃kavokɔ̃vɛks] *a.* 요철(凹凸)의, 한 면은 오목하고 한 면은 볼록한.
concéder [kɔ̃sede] [6] *v.t.* ①〔권리 따위를〕양도하다；허용하다, 허가하다. **~ l'exploitation d'un terrain** 토지의 개발권을 인가하다. **~ une ligne d'autobus** 버스노선을 인가하다. ②〔상대방의 주장 따위를〕받아들이다, 인정하다(admettre). [~ *qc* à *qn*] Je vous *concède* ce point. 이 점은 당신에게 양보합니다. [~ *que*+*ind.*] Je vous *concède que* c'est une erreur. 그것이 오류라는 점은 당신의 말대로 인정합니다.
—se — *v.pr.* 양도(양보)되다.
concélébration [kɔ̃selebrasjɔ̃] *n.f.* 《가톨릭》〔미사 따위의〕공동집전.
concélébrer [kɔ̃selebre] *v.t.* 《가톨릭》〔미사를〕공동집전하다.
concentrateur [kɔ̃sɑ̃tratœ:r] *n.m.* 《화학》〔액체의〕농축기；《기계》집신기(集信機). **~ acoustique** 집음기.
concentration [kɔ̃sɑ̃trasjɔ̃] *n.f.* ① 집중〔하기〕；집결. **~ de la population dans les grandes villes** 인구의 대도시로의 집중. **~ des pouvoirs** 권력의 집중. **~ des troupes** 부대의 집결. **~ du feu**〔du tir

집중포화[사격]. ~ des entreprises (합병·연합 따위에 의한)기업 집중. ② (정신력·주의력의) 집중. ~ d'esprit 정신의 집중(통일). Ce travail exige une grande ~. 이 일은 커다란 정신 집중을 요한다. ③ 『화학』 농축, 농도. ~ des sirops 시럽의 농축. ~ moléculaire 분자의 농도. pile à ~ 농담(濃淡)전지. ④ 『광산』 선광(選鑛). ⑤ camp de ~ (포로·정치범 따위의)수용소.

concentrationnaire [kɔ̃sɑ̃trasjɔnɛːr] a. 강제수용소의, 수용소에 수용된.
—n. 강제수용자.

concentrationniste [kɔ̃sɑ̃trasjɔnist] a. 강제수용소의.

concentré(e) [kɔ̃sɑ̃tre] a.p. ① 집중된, 인구가 밀집한. population ~e dans une grande ville 대도시에 집중된 인구. ville très ~e 인구가 밀집된 도시. ② 정신이 집중된; (표출되지 않고)안으로 쌓인, (감정이)억눌린. homme ~ (감정·생각을 잘 나타내지 않는)내향적인 사람. colère ~e 분노. ~ en soi-même 내향적인. ③ 농축된. lait ~ 농축우유, 연유. solution ~e 농축액. odeur ~e 짙은 냄새. ④ (문장 따위가)간결한.
—n.m. ① 농축물, 엑스(extrait). ② 정선된 광석.

concentrer [kɔ̃sɑ̃tre] v.t. ① 집중시키다, 집결시키다(réunir, grouper); (주의력 따위를)집중시키다, 초점에 모으다. ~ les troupes 부대를 집중시키다. [~ qc sur] ~ son attention sur qc …에 주의력을 집중시키다. Concentrons nos efforts sur ce point. 이 일을 위하여 우리의 힘을 모읍시다. ② 농축하다, 짙게 하다. ~ du lait(une solution chimique) 우유(화학 용액)를 농축하다. ③ 《옛·문어》(감정 따위를)억누르다, 억제하다; 숨기다. ~ sa haine[sa colère] 증오[분노]를 억누르다. La timidité nous concentre en nous-mêmes. 수줍음은 우리를 내향적으로 만든다.
—se ~ v.pr. ① 집중하다[되다]; [se ~ sur] (에) 정신을 집중하다; (주어는 사물을) (에)집중하다. forces armées qui se concentrent 집결되는 병력. se ~ sur un problème difficile 어려운 문제에 정신을 집중하다(몰두하다). Toutes ses affections se concentraient sur son fils aîné. 그의 모든 애정을 큰아들에게 쏟았다. ② 자기 안에 갇히다. se ~ en soi-même (외부와 차단된외)자기 속에 들어박히다.

concentrique [kɔ̃sɑ̃trik] a. ① 『수학』 동심(同心)의, cercles ~s 동심원. ② 동심원을 그리는; 구심적인, 중심을 향한. vol ~ d'un oiseau 원을 그리는 새의 비행. mouvement ~ de l'ennemi 포위망을 좁히는 적의 행동.

concentriquement [kɔ̃sɑ̃trikmɑ̃] ad. 중심을 같이하여, 동일점을 중심으로; 구심적으로. [중주의.

concentrisme [kɔ̃sɑ̃trism] n.m. 『경제』 기업 집

concept [kɔ̃sɛpt] n.m. 개념. ~ d'espace[de temps] 공간[시간]의 개념. ~ a priori 선험적 개념.

conceptacle [kɔ̃sɛptakl] n.m. 『식물』 생식과(生殖窠).

concep*teur*(*trice*) [kɔ̃sɛptœːr, -tris] n. (계획·디자인 따위의)창안자, 입안자.

conceptibilité [kɔ̃sɛptibilite] n.f. 『철학』 이해될 수 있음.

conceptible [kɔ̃sɛptibl] a. 『철학』 이해[상상]될 수 있는.

concepti*f*(*ve*) [kɔ̃sɛptif, -iːv] a. 『철학』 개념을 구성할 수 있는. faculté ~ve 개념 구성(구상) 능력.

conception [kɔ̃sɛpsjɔ̃] (<*concevoir*) n.f. ① ⓐ 개념. ~s psychologiques 심리적 개념 ~s juridiques 법률 개념. ⓑ 생각하는 방식, 견해(idée, point de vue); 학설, 이론. se faire une ~ originale de qc …에 대해 독창적인 생각[관념]을 품다. nouvelles ~s stratégiques 새로운 전략적인 이론. ⓒ 착상, 구상. projet au stade de la ~ 구상 단계의 계획. ~ d'un roman 소설의 구상. ② 이해(력), 깨달음. avoir la ~ facile[lente] 이해가 빠르다[느리다]. ③ 수태, 회임, 임신. éviter la ~ 피임하다. troisième mois de la ~ 임신 3개월. Immaculée ~ 『가톨릭』 (성모의)무염시태. ④ ~ assistée par ordinateur 『컴퓨터』 컴퓨터에 의한 자동설계 (《약자》C.A.O.)

conceptionnel(le) [kɔ̃sɛpsjɔnɛl] a. 개념(상)의.

conceptisme [kɔ̃sɛptism] n.m. 『문학사』 컨셉티즘(17세기 초, 스페인 문학에서 사용된 지적이고 세련된 표현양식); 《비유적》고상한 문체.

conceptualisation [kɔ̃sɛptɥalizasjɔ̃] n.f. 개념[관념]화.

conceptualiser [kɔ̃sɛptɥalize] v.t. 개념[관념]화하다; 《목적보어 없이》 관념[추상]에 치우치다.

conceptualisme [kɔ̃sɛptɥalism] n.m. 『철학』 개념론.

conceptualiste [kɔ̃sɛptɥalist] 『철학』 n. 개념론자. —a. 개념론의.

conceptuel(le) [kɔ̃sɛptɥɛl] a. ① 『철학』 개념(론)의. ② 『생리』 수태의.

concernant [kɔ̃sɛrnɑ̃] prép. …에 관한, …에 대하여 (touchant, au sujet de). Aucune décision n'a été prise ~ cette affaire. 이 사건에 관해 아무런 결정도 내려지지 않았다.

concerné(e) [kɔ̃sɛrne] a.p. 관련된, 저촉된, 문제된 (intéressé, touché).

*****concerner** [kɔ̃sɛrne] v.t. 《3인칭으로만 쓰임》 (에) 관계되다, 관계를 갖다(intéresser). nouvelles qui *concernent* le conflit 분쟁과 관련된 뉴스. Cela ne vous *concerne* pas. 그것은 당신과는 아무 관계도 없다. 《현재분사형》 affaire vous *concernant* 당신에게 관계되는 사건.
en[pour] ce qui concerne qc …에 관해서는. *Pour ce qui me concerne, je préférerais rester à la maison.* 나로서는 차라리 집에 있었으면 합니다.
REM être [se sentir] concerné 와 같은 수동적 용법은 일부의 비판에도 불구하고 널리 쓰여지고 있다: La France *est concernée* par ce conflit. 프랑스는 이 분쟁에 관련되어 있다. Je ne me sens pas *concerné* par cette affaire. 나는 그 사건과 관련이 없다.

*****concert** [kɔ̃sɛːr] n.m. ① 음악회, 콘서트. aller au ~ 음악회에 가다. donner un ~ 음악회를 열다. ~ donné en plein air 야외 음악회. ② 《문어》 합주, 합창; 합주단, 악단. ③ 《문어》 협력, 일치. ~ de critiques (d'éloges) 이구동성의 비판[찬양]. ④ 《옛》 모의, 상담. être en ~ 모의중에 있다.
(agir) *de ~ avec* qn …와 일치협력해서 (행동하다).

concertant(e) [kɔ̃sɛrtɑ̃, -ɑ̃ːt] 『음악』 a. 연주하는, 합창[합주]하는; 각 파트를 연주하는. instrument ~ 협주악기. symphonie ~e (복수의 솔로 악기를 갖는)협주 교향곡.
—n. 《옛》(합주) 연주자.

concertation [kɔ̃sɛrtasjɔ̃] n.f. 협의, 협조; 합의제도. ~ politique entre les grands 강대국간의 정치적 협조 (협의).

concerté(e) [kɔ̃sɛrte] a.p. ① 합의된, 계획된; 합의에 의한. action ~e 예정된 행동. politique ~e (주민 참여로)에 의한 정치. ② (태도 따위가) 부자연하게 꾸민, 어색한. prendre un air ~ 부자연한 태도를 짓다.

concerter [kɔ̃sɛrte] v.t. ① 협의한다, 타협하다; (계획을·)꾸미다. ~ un plan avec ses collègues 동

concertina

료와 계획을 협의하다. ② (얼굴 따위를)꾸미다; (표정·태도 따위를)고치다; (마음)가다듬다.
—*v.i.* (합창·합주에서)연주하다, 노래하다.
—**se** ~ *v.pr.* 의논하다; 공모하다. *se* ~ *sur le moyen d'agir* 실행방법에 대해 협의하다.
concertina [kɔsɛrtina] *n.m.* 【음악】 콘서티나(6각형 초롱 모양의 아코디온과 비슷한 악기).
concertino [kɔsɛrtino] [이탈리아] *n.m.* 【음악】 ① (concerto grosso 의 하나인) 독주 악기군(群). ② 짧은 협주곡.
concertiste [kɔsɛrtist] *n.* (콘체르토의)독주자; (콘서트의)연주자.
concerto [kɔsɛrto] [이탈리아] *n.m.* 【음악】 협주곡, 콘체르토.
concesseur [kɔsɛsœ:r] *n.m.* 【법】양도인.
concessible [kɔsesibl] *a.* 양도할 수 있는.
concessif(ve) [kɔsesif, -iv] *a.* 양도의; 【언어】양보를 나타내는. *proposition* ~ 양보절.
concession [kɔsesjɔ̃] *n.f.* ① 양도, 위양. *faire la* ~ *d'un terrain* 토지를 양도하다. ② 양보. *faire une* ~ (*des* ~) 양보하다. *proposition de* ~ [언어] 양보절. ③ (정부가 개발사업 따위에 주는)허가, 인가; 불하. *obtenir la* ~ *d'un chemin de fer* [d'une mine] 철도영업 [광산채굴]권을 얻다. ④ (식민지의)전관거류지, 조계(租界) = (묘지 내의) 사용허가지. ~ *française à Changhaï* 상해의 프랑스 조계. ~ *funéraire à perpétuité* 영구히 불하받은 묘지.
concessionnaire [kɔsesjɔnɛːr] *a.* (불하된 토지·권리 따위를)양도받은; 정부의 허가를 얻은. *société* ~ 대리 판매회사, 직매점. —*n.* (불하된 토지 따위의)양수인; (영업권·허가의)획득자; (판매 대리권 획득)양도를 얻은 사람. ~ *général de la publicité* 광고 총대리점. ~ *d'une marque d'automobiles* 어떤 차종의 특약판매점[딜러].
concetti [kɔsɛ(ʃ, tʃ)etti, kɔnt͡ʃeti] [이탈리아] *n.m.pl.* (17 세기 이탈리아의 시인 마리니에 의해 프랑스에 도입된)부자연하게 멋부린 문체; 말의 기교.
concevable [kɔsvabl] *a.* 상상할 수 있는; 이해할 수 있는 (compréhensible). *Il n'est pas* ~ *que* + *sub.* …은 생각할 수 없다.
*****concevoir** [kɔsvwaːr] [53] *v.t.* (희망·애정 따위를 마음속으로)품다, (마음에)품다; 생각해내다, 착상하다; 구상하다; (감정 따위를)느끼다 (éprouver). *On pourrait* ~ *d'autres solutions.* 다른 해결책을 생각해낼 수도 있을 것이다. *Il a conçu beaucoup d'amitié pour vous.* 그는 당신에게 많은 우정을 품고 있었다. ~ *un plan* 어떤 계획을 구상하다. ② 이해하다, 납득하다 (comprendre); (목적보어 없이) 생각하다, 이해하다. *Je conçois facilement sa déception.* 나는 그의 실망을 쉽사리 이해할 수 있다. [~ *qn*] *Je ne vous conçois pas.* 《구어》나는 당신을 이해할 수 없다. [~ *que* + *ind./sub.*] *Je conçois bien que cela t'ennuie.* 이것이 너를 싫증나게 한다는 것은 잘 안다. *On concevrait mal qu'il ne réponde pas à l'invitation.* 그가 초대에 응하지 않은 것은 이해하기 어렵다. ③ (말로)표현하다. *lettre ainsi conçue* 다음과 같이 쓰여진 편지. ④ 아이를 배다, 임신하다. ~ *un enfant* 아이를 임신하다. (목적보어 없이) *femme qui ne conçoit plus* 임신불능이 된 여자.
REM *concevoir que* 의 구문에서. (1) *que* 이하가 사실로서 표현될 때는 *ind.* : *Je conçois que vous êtes fatigué.* 당신이 피로하다는 것을 알겠다. (2) *que* 이하가 의도 실로서가 아닌 화자의 주관적 판단·상상으로 표현될 때는 *sub.* : *Je conçois que vous soyez fatigué.* 당신이 피로하다는 것은 당연하다고 생

한다. (3) 주절이 부정·의문일 때 주로 *sub.*: *Concevez-vous qu'il soit fatigué?* 그가 피로하다고 생각하십니까?
—**se** ~ *v.pr.* 품어지다, 생각되다; 이해되다. *Cela se conçoit facilement.* 그것은 쉽게 이해할 수 있다.
conche [kɔʃ] *n.f.* (사투리)(프랑스 서남지방의)작은 만, 내포(内浦).
conchifère [kɔkifɛːr] 【동물】 *a.* 쌍각(雙殻)이 있는. —*n.m.pl.* 쌍각류.
conchiforme [kɔʃifɔrm] *a.* 조가비 모양의.
conchoïdal(ale, *pl.* aux) [kɔkɔidal, -o] *a.* 조가비 모양의; 【기하】나선(螺線)의.
conchoïde [kɔkɔid] *a.* =**conchoïdal.** —*n.f.* 【기하】나선.
conchylien(ne) [kɔkiljɛ̃, -ɛn] *a.* 【지질】조가비를 함유하는.
conchyliologie [kɔkiljɔlɔʒi] *n.f.* 패류학(貝類學).
conchyliologiste [kɔkiljɔlɔʒist] *n.m.* 패류학자.
conchylis [kɔkilis] *n.m.* =**cochylis.**
*****concierge** [kɔsjɛrʒ] *n.* ① 문지기, (집의)관리인, 수위; (감옥의)간수. *loge du* ~ 수위[관리인]실. ② (루이 11세 시대까지)시테(*Cité*)성에 거주하던 궁중관리. ③ 수다장이. *C'est un vrai* ~. 《구어》정말 수다장이이다.
conciergerie [kɔsjɛrʒəri] *n.f.* ① 문지기(수위)의 직; 문지기 방, 수위실. ② (*C*~) 【역사】(혁명 때 사형수를 수용한)파리 재판소 부속 감옥. ③ (캐나다)아파트, 맨션.
concile [kɔsil] *n.m.* 【종교】공의회, 종교회의; (*pl.*) 종교회의의 결의문. ~ *général*(*œcuménique*) 세계주교회의, 공의회. ~ *national* 전국주교회의. *le* ~ *de Trente* 트리엔트공의회. ②《구어》(비유적)회의, 집회.
conciliable [kɔsiljabl] *a.* 양립[화해]할 수 있는.
conciliabule [kɔsiljabyl] *n.m.* ①(옛)【종교】(이단자·배교자의)비밀 회의, 비공식 회의. ②《옛》비밀 집회, 모의. *tenir un* ~ 비밀 집회를 열다, 모의하다. ③《구어》잡담, 밀담.
conciliaire [kɔsiljɛːr] *a.* 【종교】공의회의, 종교회의의.
conciliant(e) [kɔsiljɑ̃, -ɑ̃ːt] *a.* 타협적인; 화해시키는. *caractère* ~ 타협적인 성격.
conciliateur(trice) [kɔsiljatœːr, -tris] *a.* 타협(화해)시키는. *mesures* —*trices* 타협책. —*n.* 화해자, 조정자. *jouer le rôle de* ~ 조정역을 맡다.
conciliation [kɔsiljasjɔ̃] *n.f.* ① 화해; 중재; 【법】조정(調停). *comité de* ~ (노동쟁의 따위의)조정위원회. *bureau de* ~ 조정 재판소. *non*— ~ 조정 불성립. ② (상반되는 이해득실을)양립시키기. ~ *de deux doctrines opposées* 상반되는 두 학설의 절충. ③ (상반되는 원문 사이의)교정.
conciliatoire [kɔsiljatwaːr] *a.* 조정의, 화해의.
concilier [kɔsilje] *v.t.* ① 화해[타협]시키다; 조정하다; 일치[양립]시키다(accorder). ~ *les deux époux* 부부를 화해시키다. ~ *un différend* 분쟁을 조정하다. ~ *les dépenses à faire avec* l'*exiguïté du budget* 지출해야 할 비용을 빠듯한 예산에 맞추다. ②(옛)(주어는 사물)[~ *qc à qn*] (존경·인심 따위를)얻게 하다(attirer).
—**se** ~ *v.pr.* ① 화해[타협]하다; 일치[양립]하다. [*se* ~ *avec*] *Cela ne se concilie pas avec mes idées.* 이것은 내 생각과 일치하지 않는다. (상호적) *deux doctrines qui ne peuvent se* ~ 양립할 수 없는 두 학설. ② [*se* ~ *qc*] 얻다, 획득하다. *se* ~ *l'amitié d'autrui* 타인의 우정을 얻다. ③ [*se* ~ *qn*] (의)호감을 사다, 자기 편으로 만들다. *Peu à peu, il s'est concilié notre estime.* 점점, 그는 우리의

인정을 받았다.
concis(e) [kɔ̃si, -i:z] *a.* 간결한; 간결한 문장의. style ~ 간결한 문체. écrivain ~ 간결하게 표현하는 작가.

concision [kɔ̃sizjɔ̃] *n.f.* (설명 따위의)간결, 간략(함). avec ~ 간결하게.

concitoyen(ne) [kɔ̃sitwajɛ̃, -ɛn] *n.* 동향인(同鄕人), 동국인; (비유적)동지.

conclave [kɔ̃kla:v] *n.m.* 【가톨릭】(추기경의)교황 선거회의(실).

conclaviste [kɔ̃klavist] *n.m.* 【가톨릭】(교황선거회의장에서의)추기경의 수행원.

conclu-s, -t [kɔ̃kly] *cf.* conclure.

concluant(e) [kɔ̃klyɑ̃, -ɑ̃:t] (*p.pr.*<*conclure*) *a.* 결정적인(décisif); 확고한, 명확한. preuve ~*e* 결정적 증거.

*****conclure** [kɔ̃kly:r] [48] *v.t.* ① 종결하다, 끝마치다, 결말을 짓다. ~ un discours 연설을 끝마치다. C'est une affaire *conclue*. 그것은 이미 말끝이 난 일이다. ②(조약·계약 따위를)맺다, 체결하다 (signer). ~ un marché 매매계약을 맺다. ③ [~ de](에서)결론[결과]을 이끌어 내다. De cet examen, on peut ~ deux choses. 이 조사에서 두가지 결론을 내릴 수 있다. J'*en conclus* que... 이것으로부터 나는 ...라고 결론짓는다. ④(옛)(불행 따위를)극에 이르도록 하다(achever).
— *v.t.ind.* [~ à] ① ...이라는 결론[교훈]을 끌어내다; ...이라는 결론에 이르다. Les enquêteurs *concluent à* l'assassinat. 조사관들은 암살이라 결론을 내렸다. 그 판사들은 무죄를 결정했다. ②(옛)[~ à+*inf.*] ~ 할 결심[결단]을 내리다(décider de). ~ *à* le faire baptiser 그에게 세례를 주기로 결정하다. ③(옛)...에 필연적으로 도달하다.
— *v.i.* ①결론을 내리다. pour ~ 결론으로서. ②결정적이다. ~ contre[en faveur de] *qn* ...에게 결정적으로 불리하다[유리하다].
—se ~ *v.pr.* ①정해지다; 체결되다. La paix s'est *conclue*. 강화조약이 체결되었다. ②결론이 내려지다. (비인칭) Il *se conclut* de qc que... ...에서 ...이라는 결론이 내려진다.

conclusif(ve) [kɔ̃klyzif, -i:v] *a.* 결론을 내리는; 결정적인.

*****conclusion** [kɔ̃klyzjɔ̃] *n.f.* ①종결, 결말. ~ d'un débat 토론의 종결. ②(계약 따위의)체결. ~ d'un traité 조약의 체결. ③결론(↔ introduction); 귀결. ~ d'une thèse 논문의 결론. tirer une ~ de *qc* ...에서 결론을 끌어내다. en ~ 결론으로서, 결국적으로. ④(*pl.*)【법】(배심의)평결(評決); 사실 인정; 항변, 진술; 청구. ~*s* du jury 배심원의 사실 인정. ~*s* écrites[verbales](법률적 주장이나 이의의)서면[구두]진술. déposer[signifier] ses ~*s* (법률적 주장을)제기하다. ~*s* en dommages-intérêts 손해배상의 청구. ~*s* du ministère public 검찰측의 의견. ⑤【음악】종결부(coda).

concocter [kɔ̃kɔkte] *v.t.* 고심하여 구상[제작]하다, 세심하게 준비하다(élaborer). ~ une nouvelle forme d'action 새로운 활동방식을 고안하다.
—se ~ *v.pr.* (수동적)(공들여)만들어지다.

concoction [kɔ̃kɔksjɔ̃] *n.f.* ①(음식물의)열처리, 삶음. ~ des œufs 달걀을 삶음. ②소화.

conçoi-s, -t, -ve, etc. [kɔ̃swa, -a:v] *cf.* concevoir.

concombre [kɔ̃kɔ̃:br] *n.m.* 【식물】오이. ② ~ de mer【동물】해삼.

concomitamment [kɔ̃kɔmitamɑ̃] *ad.* 공존적으로, 동시에.

concomitance [kɔ̃kɔmitɑ̃:s] *n.f.* 공존(共存), 병존(併存)(simultanéité).

concomitant(e) [kɔ̃kɔmitɑ̃, -ɑ̃:t] *a.* 상반(相伴)하는, 공존하는, 부수[수반]하는; 동시의. symptômes ~*s* d'une maladie 어떤 병의 수반 증상. hausse des prix ~*e* à la dépréciation de la monnaie 화폐하락에 수반한 물가상승. méthodes des variations ~*es* 【논리】공변법(共變法). grâce ~*e* 【신학】(인간의 자유의지를 돕는 신의)상반적(相伴的) 은총.

concordance [kɔ̃kɔrdɑ̃:s] *n.f.* ①일치, 화합, 부합(accord). ~ des deux témoignages 두 증언의 일치. [en ~ avec]être *en ~ avec qc* ...와 일치하다. mettre ses actes *en ~ avec* ses principes 행동을 원칙에 합치시키다. méthode de ~【논리】일치법, 계합법(契合法). ~ de phases 【물리】위상(位相)의 일치. ②【언어】(형용사·동사시제 따위의)일치. ~ des temps 시제의 일치. ③대조성서사전, (작가·작품 따위의)용어색인. ④【지질】(지층의)정합(整合).

concordant(e) [kɔ̃kɔrdɑ̃, -ɑ̃:t] *a.* ①일치하는, 부합되는. preuves ~*es* 일치하는 증거. ②【지질】정합의. couches ~*es* 정합층.

concordat [kɔ̃kɔrda] *n.m.* ①【국제법】(교황과 한 나라와의)협약, 정교(政敎)조약; (C~)【역사】(1801년의 교황과 나폴레옹과의)협약. ②【상법】강제화의(强制和議); 화해, 협약(convention). banqueroute simple liquidée par un ~ 강제화의에 의해 청산된 파산.

concordataire [kɔ̃kɔrdatɛ:r] *a.*【종교사】정교 조약을 승인한[에 관계 있는]. —*n.m.* ①정교 조약 찬성자. ②【상법】(강제화의에 승복한)파산자.

concorde [kɔ̃kɔrd] *n.f.* 일치, 화합, 조화(harmonie). vivre dans la ~ 화목하게 살다.
—C~ *n.m.* (초음속)콩코드 여객기.

concorder [kɔ̃kɔrde] *v.i.* ①일치하다, 부합하다 (accorder). Les deux témoignages *concordent*. 두 증언이 일치한다. [~ avec] Son train de vie ne *concorde* pas *avec* ses ressources. 그의 생활양식은 그의 재력[수입]과 어울리지 않는다. ②(옛)화합하다. ③(파산자가 채권자로부터)강제화의를 인가받다.

concourant(e) [kɔ̃kurɑ̃, -ɑ̃:t] (*p.pr.*<*concourir*) *a.* (직선·힘따위가)동일점으로 모이는; 경합하는. 【수학】한 점에 집중하는 직선. droites ~*es*

concourir [kɔ̃kuri:r] [20] *v.t.ind.* (주어는 사람·사물)[~ à] ...에 일치하여 행동하다; ...에 협력하다 (collaborer, coopérer). ~ *au* même but 같은 목표를 향하다. Tout *concourt à* le ruiner. 모든 것이 하나같이 그를 파산으로 몰고간다.
—*v.i.* ①경쟁하다, 경연(콩쿠르)에 참가하다. ~ pour le prix 상을 타려고 경쟁하다. ~ en finale 결승전에 나가다. ②동등한 권리를 갖다; 【법】(채권자가)경합하다. officiers qui *concourent* pour l'avancement 진급에 대해 동등한 권리를 갖는 장교. ③(직선 따위가)한 점에 집중하다(교차하다). ④(옛)에 협력하다.

*****concours** [kɔ̃ku:r] *n.m.* ①경쟁, 경쟁시험, 콩쿠르; 【스포츠】경기; 공진회. ~ d'admission 입학 시험. ~ agricole 농업 경진회. ~ d'élégance[de beauté]미인대회[콘테스트]. ~ général 전국고교 작문경연. ~ par coupes 【골프】타수경기, 스트로크 플레이. être admis au ~ 경쟁시험에 합격하다. ouvrir un ~ 콩쿠르를 개최하다. ②협력(aide, appui). avec l'aimable ~ de *qn* ...에게 협력을 얻어. prêter son ~ à *qn* ...에게 협력하다. ③일치, 교차, 결합; (옛)(사람의)집합; 군중. par un heureux ~ de circonstances 다행히도 여러가지 사정이 겹쳐

서. point de ~ 《수학》교차점. ~ des voyelles 모음의 중복. un grand ~ de curieux 《옛》구경꾼들의 큰 무리. ④ 《법》(채권자의)경합.
hors ~ 경쟁 외의, 무심사의; 《구어》특별한, 유례없는. fromage *hors* ~ 최고급 치즈.
concouru-s, -t [kɔ̃kury] ⇔concourir.
concrescence [kɔ̃kresɑ̃:s] *n.f.* 《식물》합생(合生).
concrescent(e) [kɔ̃kresɑ̃, -ɑ̃:t] *a.* 《식물》합생의.
concrescible [kɔ̃kresibl] *a.* 응고[응결]할 수 있는.
concret(ète) [kɔ̃krɛ, -ɛt] *a.* ① 구체적인, 구상적(具象的)인(↔abstrait); 실제[실질]적인. cas ~ 구체적 실례. citer un exemple ~ 구체적인 예를 들다. nombre ~ 《수학》실수(實數). nom ~ 《언어》구상명사. avantages ~s 실질적인 이익. ② 《옛》고형의, 응결한, 응고한.
—*n.m.* 구체성; 구상(具象).
concrètement [kɔ̃krɛtmɑ̃] *ad.* ① 구체적으로. expliquer ~ 구체적으로 설명하다. ② 구체적으로 말해서, 실제적으로(pratiquement). C~, quel avantage en tirez-vous? 실제적으로 그것에서 무슨 이익을 얻으시는 겁니까?
concréter [kɔ̃krete] [6] *v.t.* ① (드물게) 응결(응고)시키다, 고형으로 만들다. ② 《구어》 (구체적인 예를)들다. —*se* ~ *v.pr.* 응결[응고]하다.
concrétion [kɔ̃kresjɔ̃] *n.f.* ① 응결, 응고; 응결[응고]물. ② 구체적 표현, 구상화; 《철학》이미지(심상) 형성. ③ 《지질》결핵체, 응괴(凝塊); 《의학》결석(結石).
concrétionnaire [kɔ̃kresjɔnɛ:r] *a.* 《지질》결핵 모양의(암석 따위).
concrétionner [kɔ̃kresjɔne] *v.t.* 《전기》(필라멘트를)소결(燒結)시키다.
—*se* ~ *v.pr.* 응결되다, 고형화되다.
concrétisation [kɔ̃kretizasjɔ̃] *n.f.* 구체화; 구체적 관념.
concrétiser [kɔ̃kretize] *v.t.* (추상적인 것을)구체화하다(matérialiser). ~ un concept 개념을 구체화하다. ~ un programme 계획을 구체화[실현]하다. —*se* ~ *v.pr.* 구체화되다; 실현되다.
conçu-s, -t [kɔ̃sy] ⇔concevoir.
concubin(e) [kɔ̃kybɛ̃, -in] *a.* 내연(內緣)관계의, 첩[소실]의. —*n.f.* 내연의 처; 첩, 소실. entretenir une ~ 첩을 두다. —*n.m.* 《옛》샛서방, 내연의 남편; (*pl.*) 내연 관계의 부부.
concubinage [kɔ̃kybina:ʒ] *n.m.* 내연 관계, 축첩, 첩살이; 첩의 신분.
concubinaire [kɔ̃kybinɛ:r] *a.* 내연의, 첩의, 축첩의. —*n.m.* 축첩자; (*pl.*) 내연의 부부.
concubinairement [kɔ̃kybinɛrmɑ̃] *ad.* 내연으로, 소실로서.
concubinat [kɔ̃kybina] *n.m.* 《드물게》내연 관계.
conculquer [kɔ̃kylke] *v.t.* 《드물게》짓밟아버리다.
concupiscence [kɔ̃kypisɑ̃:s] *n.f.* (현세의 쾌락에의) 욕망, 사욕(邪慾); (특히) 음욕, 색욕. ~ de la chair 육욕.
concupiscent(e) [kɔ̃kypisɑ̃, -ɑ̃:t] *a.* 정욕[색욕]에 빠진, 탐욕스러운; 음란한. âme ~e 사욕에 빠진 영혼. paroles ~es 음란한 말.
concupiscible [kɔ̃kypisibl] *a.* (사물을)탐내는. appétit ~ 소유욕.
concurremment [kɔ̃kyramɑ̃] *ad.* ① [~ avec](와)공동하여, 함께. agir ~ *avec qn* …와 공동으로 행동하다. ② 《드물게》경쟁적으로. se présenter ~ pour une place 한 자리를 놓고 경쟁하다. venir ~ 《법》(채권자가)경합하다. ③ 동시에.
concurrence [kɔ̃kyrɑ̃:s] *n.f.* ① 경쟁(compétition, rivalité). libre ~ (상업의)자유경쟁. ~ vitale 생

존경쟁. faire ~ à *qn* …와 (맞붙어) 경쟁하다. [en ~ avec] Ce magasin est *en* ~ *avec* celui d'en face. 이 가게는 앞집과 경쟁하고 있다. ② 《법》 (채권자의)경합. exercer une hypothèque en ~ 경합해서 [동일순위로] 저당권을 행사하다. venir en ~ (채권자가)경합하다. ③ ~ de fêtes 《가톨릭》축일의 경합.
jusqu'à ~ *de* …의 한도로. *jusqu'à* ~ *de* mille francs 1,000프랑 한도로.
concurrencer [kɔ̃kyrɑ̃se] [2] *v.t.* (와)경쟁하다, 겨루다. nouveau produit qui *concurrence* les précédents 이전의 상품과 경쟁하는 새 상품.
concurrent(e) [kɔ̃kyrɑ̃, -ɑ̃:t] *a.* ① 경쟁하는, 서로 겨루는. industries ~es 경쟁산업. ② 《옛》(힘이) 동일점을 향해 작용하는; (행동이)협력적인. —*n.* 경쟁자. ~ sérieux 대적(大敵). écarter[vaincre] ses ~s 경쟁자들을 물리치다[이기다].
concurrentiel(le) [kɔ̃kyrɑ̃sjɛl] *a.* 서로 경쟁하는, 서로 겨루고 있는(compétitif). marché ~ 자유경쟁시장. prix ~ 경쟁가격.
concussion [kɔ̃kysjɔ̃] *n.f.* 공무원의 횡령, 독직(瀆職)(malversation).
concussionnaire [kɔ̃kysjɔnɛ:r] *a.* 독직의. —*n.* 독직자; 재물 잘취자.
concuteur [kɔ̃kytœ:r] *n.m.* 《군사》(포의)공이쇠, 격침(擊針).
condamnable [kɔ̃dɑ(a)nabl] *a.* 처벌할 만한; 비난할 만한(blâmable). action ~ 비난받을 행동.
condamnateur(trice) [kɔ̃dɑ(a)natœ:r, -tris] *n.m.* (죄의)선고자.
condamnation [kɔ̃dɑ(a)nasjɔ̃] *n.f.* ① ⓐ 유죄판결, 유죄선고[언도]; 선고된 형. prononcer une ~ à mort 사형을 선고하다. ~ à deux ans de prison(aux travaux forcés à perpétuité) 금고 2년[종신 징역]형(의 판결). réduire[commuer] une ~ 감형하다. subir[encourir] une ~ 유죄판결을 받다. ~ aux dépens 소송비용부담의 판결. ⓑ (*pl.*) 벌금, 손해배상금. payer le montant des ~s 벌금의 총액을 내다. ② 비난, 규탄(accusation). ~ d'un régime totalitaire 전체주의 체제에 대한 규탄. ~ du gaspillage de l'énergie 낭비에 대한 비난. ③ (사용의)금지; (책 따위의)발매금지. ~ d'une porte (사용 못하도록)문을 폐쇄하기, 폐문. ~ d'un livre 책의 발매금지(처분).
passer ~ (죄를 인정하고)판결에 복종하다; (비유적) 자기의 잘못을 시인하다, 비난을 감수하다.
condamnatoire [kɔ̃dɑ(a)natwa:r] *a.* 《법》 (판결이)유죄의. sentence ~ 유죄 판결.
condamné(e) [kɔ̃dɑ(a)ne] *a.p.* ① 유죄 선고를 받은. ② (환자가)불치의 선고를 받은, 죽음을 면할 수 없는. ③ (문 따위가)사용금지된. fenêtre ~e 봉해진 창문.
—*n.* 유죄 선고를 받은 사람. ~ à mort 사형수.
cigarette du ~ 사형 집행전에 사형수에게 주는 담배; (사지(死地)를 향해 떠나는 사람에게 주는) 최후의 선물.
***condamner** [kɔ̃dɑ(a)ne] *v.t.* ① 《법》 유죄를 선고하다; 형을 언도하다(↔acquitter). [~ *qn à*] ~ *qn à* mort …에게 사형선고를 내리다. ~ *qn à* (《옛》 en) cent francs d'amende …에게 100프랑의 벌금을 물리다. ② [~ *qn à qc*/*à*+*inf.*] 강요하다, 억지로 하게 하다(forcer). ~ *qn au repos* 억지로 쉬게 하다. Mon métier me *condamne à* vivre éloigné de ma famille. 내 직업은 어쩔 수 없이 나를 가족과 떨어져 살게 한다. (수동태)Tout ce vieux quartier *est condamné à* disparaître. 이 구시가지는 사라져버릴 운명이다. ③ 비난하다, 책망하다(blâmer).

son acte 그의 행동을 비난하다. ~ les armes atomiques 원자무기(의 사용)을 규탄하다. [~ qn de + inf.] Je ne peux pas le ~ d'avoir agi ainsi. 나는 그가 그렇게 행동한 데 대해 비난할 수 없다. ④ (환자에)불치를 선고하다; (환자를)포기하다. (서적을)판매[사용]금지하다; (문 따위를)봉해버리다, 폐쇄하다. ~ une porte 문을 폐쇄시키다. ~ sa porte (비유적)면회를 사절하다.
— **se** ~ v.pr. ① 유죄를 선고 받다. ② 스스로를 비난(책망)하다. ③ [se ~ à + inf.] 어쩔 수 없이(억지로) …하다. Rester dans le désert, c'est se ~ à mourir de soif. 사막에 남아 있는 것은 갈증으로 스스로를 죽음에 몰아 넣는 것이다.

condé [kɔ̃de] n.m. ① (경찰이 발급하는 도로상에서의 전시·공연 따위의)허가, 인가. ② 형사; 경찰서장(grand-~).

condensabilité [kɔ̃dɑ̃sabilite] n.f. 압축성; 응결[응축]성.

condensable [kɔ̃dɑ̃sabl] a. 압축[응축·응결]할 수 있는.

condensant(e) [kɔ̃dɑ̃sɑ̃, -ɑ̃:t] a. 압축[응축]시키는.

condensateur [kɔ̃dɑ̃satœ:r] n.m. 〖전기〗축전기, 콘덴서(accumulateur); 〖광학〗집광 렌즈; 〖기계〗응축기, 복수기(復水器)(condensateur).

condensation [kɔ̃dɑ̃sasjɔ̃] n.f. ① 〖물리〗(증기의)응축, 응결; 〖전기〗축전. ② (관념·기억·감정 따위의)응축, 압축. ~ des pensées 〖정신의학〗(꿈의 작용에서 볼 수 있는)사고내용의 압축(프로이트의 설).

condensé(e) [kɔ̃dɑ̃se] a.p. ① 응축한, 압축한(concentré). lait ~ 연유(煉乳). ② 요약된, 간추린. roman ~ 소설의 요약(다이제스트). — n.m. 요약, 개요, 줄거리(résumé).

condenser [kɔ̃dɑ̃se] v.t. ① 응축[응결]시키다; 압축시키다, (기체를)액화하다. ~ du lait 우유를 농축하다. ~ un gaz par pression 압력을 가해 가스를 액화하다. ② 간결히 표현하다, 요약하다(résumer). ~ sa pensée 생각을 간결히 표현하다. ③ 축전하다. ~ de l'électricité 전력을 축전시키다. ④ ~ une colonne 〖군사〗종대를 밀집시키다.
— **se** ~ v.pr. ① 응축[응결]되다, 압축되다; (기체가)액화되다. ② 간결해지다, 요약되다. ③ (인구가)조밀해지다.

condenseur [kɔ̃dɑ̃sœ:r] n.m. ① 〖기계〗응축[응결]기, 복수기(復水器); 〖전기〗콘덴서. ② 〖광학〗집광 렌즈.

condescendance [kɔ̃desɑ̃dɑ̃:s] n.f. ① (경멸섞인)겸방짐, 교만(arrogance). ② (옛)(아랫사람에 대한)관대, 친절.

condescendant(e) [kɔ̃desɑ̃dɑ̃, -ɑ̃:t] a. ① 겸방진, 거만한(hautain). ② (아랫사람에 대해)관대한, 친절한.

condescendre [kɔ̃desɑ̃:dr] [25] v.t.ind. [~ à] (주로 아랫사람이) …에 응하다, …대로 해주다. aux désirs[à la volonté] de qn …의 요구(뜻)대로 해주다. Le président ne condescend jamais à la recevoir. 사장은 결코 그녀를 접견하는 데 동의하지 않는다.

condiment [kɔ̃dimɑ̃] n.m. ① 〖요리〗양념, 조미료. ② (비유적)자극제.

condimenter [kɔ̃dimɑ̃te] v.t. 요리에 양념을 넣다.

condisciple [kɔ̃disipl] n.m. 동급생, 동창생.

condit [kɔ̃di] n.m. ① 사탕절이 과일 ② 향미(香味)를 첨가한 포도주.

:condition [kɔ̃disjɔ̃] n.f. ① 조건; 운명; 기본 요건. ~s de vente[d'achat] 판매[구입]조건. imposer [poser] une ~ à qn …에게 조건을 붙이다. satisfaire aux ~s requises 필요한 조건을 충족시키다. ~ sine qua non 필요불가결한 조건, 필수조건. capituler[se rendre] sans ~ 무조건 항복하다.
② 상태, 컨디션; (pl.) 상황, 사정; (생활 따위의)환경, 처지. ~ physique 몸(건강)의 상태. Il est dans de bonnes ~s pour passer son examen. 그는 시험을 치르기에 좋은 컨디션에 있다. ~s de vie des travailleurs 노동자들의 생활상태. ~s politiques d'un pays 어떤 나라의 정치적 상황. travailler dans de bonnes ~s 좋은 조건에서 일하다. ~s normales de température et de pression 기온과 기압의 표준상태. ~ humaine 인간조건(인간이 놓여있는 상황·운명).
③ 사회적 지위, 신분; (옛)귀족. gens de simple ~ 신분이 낮은 사람들, 서민. personne de ~ élevée[de basse ~] 신분이 높은[낮은] 사람. gens de ~ (옛)신분이 높은 사람들, 귀족. Chacun doit vivre selon sa ~. 사람은 누구나 제 신분에 맞도록 살아야 한다. épouser qn de sa ~ 자기와 같은 신분의 사람과 결혼하다.
④ (계약의)조건, 조항. ~s d'un contrat 계약조건. ~ casuelle 우성(偶成)조건. ~ résolutoire[suspensive] 해제[정지]조건.
⑤ 〖직물〗(직물의)습도상태, 습도조정(conditionnement). mettre des soies à la ~ 견(絹)의 습도를 조정하다.
⑥ (은어)방, 집; 침입강도. changer de ~ 이사하다. faire une ~ 침입강도질을 하다.
⑦ (옛)하인의 신분, 하인살이(domesticité). être en[de] ~ chez qn …의 집에서 하인살이를 하다.
à ~ 조건부로. acheter à ~ 〖상업〗(불만일 경우 상품을 반환한다는)조건부로 사다.
à cette ~ 그 조건으로.
à ~ de + inf.[que + sub.] …의 조건으로, 만약에 …이라면. Vous pouvez sortir à ~ de rentrer avant minuit. 당신은 자정 전에 돌아온다는 조건으로 외출해도 된다.
dans ces ~s 그런 사정으로.
en ~ ① (사물·사람의 건강에 대해)(어떤)상태(컨디션)에 있는. (품질형용사와 함께) Ce livre est en bonne ~. 이 책은 보존상태가 좋다. Les athlètes sont en bonne[excellente, grande] ~ (physique). 운동 선수들은 컨디션이 매우 좋다.
mettre en ~ ⓐ 〖스포츠〗컨디션을 조절하다. ⓑ (정보·선전 따위로 사람의 마음·사고를)조작[조종]하다. L'opinion publique a été mise en ~ par les ondes. 여론은 전파에 의해 조종되었다(명사화:mise en ~).
sous ~ 조건부로. accepter **sous** ~ 조건부로 수락하다.

conditionnalisme [kɔ̃disjɔnalism] n.m. 〖신학〗조건부 영혼 불멸론.

conditionné(e) [kɔ̃disjɔne] a.p. ① 조건지어진; (조건으로)제약된, 조종된. homme ~ par son milieu 환경에 지배받는 인간. réflexe ~ 조건반사. masses ~es par la propagande 선전에 의해 조종되는 대중. ② (어떤)상태에 있는. appartement bien ~ 잘 꾸며진(시설이 좋은) 아파트. produit ~ 포장된 상품. ③ fait ~ 〖철학〗피제약적 사실. ④ à air ~ 공기가 조절된, 냉온방이 된.

*****conditionnel(le)** [kɔ̃disjɔnɛl] a. 조건부의. mode ~ 〖언어〗조건법. réflexe ~ 조건반사(réflexe conditionné). stimulus ~ 〖심리〗조건자극.
— n.m. 〖언어〗조건법.

conditionnellement [kɔ̃disjɔnɛlmɑ̃] ad. 조건부로 (sous condition).

conditionnement [kɔ̃disjɔnmɑ̃] n.m. ① 조절, 조

conditionner

정; (직물의)습도 조정; (곡식의)습도 조정; (실내)공기의 조절, 에어컨디션. ~ de l'air; ~ climatique 공기조절, 냉온방(조절). ② 〖상업〗(제품의)포장. ③ 〖심리〗(조건반사에 의한)조건화; (조직적 선전 따위의)(여론의)조작.

conditionner [kɔ̃disjɔne] v.t. ① 조건짓다, 결정짓다, 좌우하다(déterminer, commander). Votre accord *conditionne* ma décision. 당신의 동의가 내 결정을 좌우한다. ② 조절하다, 조정하다; (의)공기를 조절하다; (의)습도를 조절하다. ~ l'air 공기를 (냉·온방으로) 조절하다. ~ une salle 실내를 에어컨으로 조절하다. ~ les textiles(du blé) 직물[소맥]의 습도를 조절하다. ③ (상품을 시장에 내놓기 위하여)포장하다. ~ des articles 상품을 포장하다. ④ 〖심리〗(조건반사에 의해)조건짓다; (개인·대중을)조종하다. On *est* plus ou moins *conditionné* par la publicité. 사람은 다소간 선전에 의해 조종받고 있다(선전의 영향을 받는다). ⑤ (의) 필요조건이 되다.

conditionneur(se) [kɔ̃disjɔnœːr, -øːz] n. 상품 포장공. —n.m. 공기 조절기, 에어컨; 곡물 건조기.

condoléances [kɔ̃dɔleɑ̃ːs] n.f.pl. 문상, 조위, 애도; 조사(弔辭). offrir(présenter, exprimer, faire) ses ~ 애도의 뜻을 전하다, 조의를 표하다. (Toutes) mes ~! 애도의 말씀을 드립니다.

condom [kɔ̃dɔ̃] n.m. 콘돔.

condominium [kɔ̃dɔminjɔm] 〖영〗n.m. 〖국제법〗(2이상의 국가에 의한)공동통치; 공동주권; 콘도미니엄 〖종〗.

condor [kɔ̃dɔːr] n.m. 〖조류〗콘도르〖독수리의 일종〗.

condottiere(pl. 〖예〗i) [kɔ̃dɔ(t)tjeːr, -i] 〖이탈리아〗 n.m. ① 용병대의 대장. ② 용병; (비유적) 난폭한 무사, 난폭자.

conductance [kɔ̃dyktɑ̃ːs] n.f. 〖전기〗 전도도(傳導度), 컨덕턴스.

***conducteur(trice)** [kɔ̃dyktœːr, -tris] n. ① 인도하는 사람, 안내자; 지휘자, 지도자; (현장)감독. ~ de troupeau (양을 모는)목자. ~ d'âmes 영혼〖정신〗의 지도자. ~ de travaux (공사의)현장감독. ② (각종 차를)모는 사람, 운전수; 〖예〗차장(현재는 receveur), ~ de locomotive 기관사. ~ de presse 〖인쇄〗운전기 조작수.
—n.m. (전기·열의)전도체; 도선(導線).
—a. ① 전도성의. corps(bon) ~ (양)도체. fil ~ 〖전기〗 도선(→ 숙어란). ② 이끄는, 지도하는. tuyau ~ 도관(導管). idée ~*trice* 행동원리.

fil ~ 〖신화〗 (미궁의)길잡이 실; (연구 따위의) 길잡이; 사상의 맥락.

conductibilité [kɔ̃dyktibilite] n.f. ① (전기·열·자기 따위의)전도성, 전도율[도]. ② 〖생리〗(신경 자극의)전도성.

conductible [kɔ̃dyktibl] a. (전기·열·자기 따위의) 전도성의. corps ~ 전도체.

conduction [kɔ̃dyksjɔ̃] n.f. ① (전기·열·자기 따위 의)전도. ② 〖로마법〗임차(賃借).

conductivité [kɔ̃dyktivite] n.f. 〖전기〗 전도율〖도〗; 전도성.

‡conduire [kɔ̃dɥiːr] [32] v.t. ① ⓐ ~ qn (을)이끌다, 인도하다, 데리고 가다, 안내하다(mener, emmener); 인솔하다; 전송하다. ~ qn à la gare …을 역으로 데리고 가다. ~ sa fiancée ~ 약혼자를 안내하다. les pas de qn 〖문어〗…을 안내하다. ~ ses invités jusqu'à la porte 손님을 대문까지 전송하다. ⓑ (주어는 사물)[~ à](로)인도하다, 이르게 하다(mener). Cette réussite l'*a conduit* à la gloire. 이 성공은 그를 영광으로 인도했다. ~ l'État à la ruine 국가를 파멸로 이끌고가다. (목적보어 없이) La santé *conduit au* bonheur. 건강은 (사람을) 행복으로 이끈다. [~ qn à + inf.] Voici les motifs qui me *conduisent* à écrire cet ouvrage. 이것이 나로 하여금 이 책을 쓰게 한 동기이다. ② 조종하다, 운전하다(말을)몰다, (배를)몰다. ~ une auto 자동차를 운전하다. (목적보어 없이) permis de ~ 운전면허(증). Il *conduit* bien. 그는 운전을 잘한다. ③ [~ qc] 운반하다; (물 따위를) 보내다; (전기 따위를)전하다. ~ les marchandises de Paris à Nice 상품을 파리에서 니스로 운송하다. ~ un canal jusqu'à …까지 운하를 끌다 〖연장하다〗. corps qui *conduit* la chaleur〖l'électricité〗 열〖전기〗를 전하는 물체, 도체. ④ 관리하다, 경영하다. ~ une entreprise 기업을 경영하다. ⑤ 지도하다, 지휘하다; 감독하다; (회의의)사회를 보다. ~ une armée〖un orchestre〗군대〖오케스트라〗를 지휘하다. ~ des travaux 공사를 감독하다.
~ *se* ~ v.pr. ① 처신하다, 행동하다. *se* ~ bien〖mal〗 avec qn …에게 예의를 지키다〖못되게 굴다〗, …와 사이가 좋다〖나쁘다〗. Tu *t'es* encore mal *conduit* à l'école! 너 또 학교에서 버릇없이 굴었니! ② 자기를 인도하다, 가다(se diriger). Cet aveugle *se conduit* seul. 그 장님은 혼자서 걸어간다. ③ 운전되다, 조종되다.

conduis, -ons, -ant, etc. [kɔ̃dɥi, -zɔ̃, -zɑ̃] ⇨ conduire.

conduit [kɔ̃dɥi] n.m. ① 도관, 수로, 파이프. ~ à vent (통풍용의)공기통로. ~ d'eau 낙수홈통, 도수관. ~ d'eaux sales 하수도. ~ de décharge 방수로; 배수관, 하수관. ② 〖해부〗관(管). ~ respiratoire 기관지. ~ lacrymal 누관(淚管). ~ urinaire 요관, 요도. ③ 〖예〗〖음악〗12·13세기의 대위법을 수반한 음악형식.

***conduite** [kɔ̃dɥit] n.f. ① 이끌음, 인도; 안내; 호송. être chargé d'une ~ d'un aveugle 맹인의 안내를 맡다. sous la ~ de qn …의 안내를 받아, …의 인솔하에. ② 조종, 운전; 운전대. règles de la ~ 운전규칙. voiture avec la ~ à gauche 좌측에 운전대가 있는 차. ③ (사업 따위의)경영, 관리; 지도, 감독(direction); (군대의)지휘; 통치. prendre la ~ de ~을 지휘〖감독〗하다. travailler sous la ~ de qn …의 지도〖감독〗하에 일하다. prendre la ~ de la barque 기업을 경영〖지휘〗하다. ④ 품행, 행실, 소행, 행동. changer de ligne de ~ 행동방침을 바꾸다. bonne ~ 행실방정. avoir de la ~ 품행이 좋다〖단정하다〗. manquer de ~ 품행이 나쁘다. (s')acheter une ~ 〖구어〗행실을 고치다(s'amender). ⑤ (일련의)관, 파이프, (굴뚝의)연통; 수채. ~ d'eau 수도관. ~ forcée 수압관. ⑥〖예〗(문학작품의)구성, 전개(déroulement). ~ d'un roman〖d'un drame〗소설〖극〗의 전개.

faire la ~ *à qn* …을 전송하다. *faire un bout〖un brin〗 de* ~ *à qn* 〖구어〗…을 조금만 전송하다. *faire à qn la〖une〗 ~ de Grenoble* 〖예〗…에게 고약하게 굴다〖대하다〗.

conduite-intérieure [kɔ̃dɥitɛ̃terjœːr] (pl. ~*s*-~*s*) n.f. 세단형 승용차.

condyle [kɔ̃dil] n.m. 〖해부〗과(髁) (뼈끝의 둥근 돌기).

condylien(ne) [kɔ̃diljɛ̃, -ɛn] a. 〖해부〗과(髁)

condyloïde [kɔ̃dilɔid] a. 〖해부〗과상(髁狀)의.

condylome [kɔ̃dilɔːm] n.m. 〖의학〗콘딜롬.

cône [koːn] n.m. ① 〖기하〗 원추, 원추형. ~ droit (oblique) 직(사)원추. tailler en ~ 원추형으로 깎다. ② 원뿔 모양의 것; 〖패류〗 복족류(腹足類)의 도(圖)원추형 조개의 1속(屬); 〖지질〗 화구구(火口丘); 〖식물〗 구과(毬果); (홉의)암꽃.

de charge [de choc] d'une torpille 어뢰의 탄두. ~ **de pin** 솔방울. ~ **de tempête** 〖해양〗 폭풍경보구(球). ~ **de lumière** 〖물리〗 광추(光錐). ~ **d'ombre** 〖천문〗 본영(本影).

côn(e) [kone] *a.p.* 〖패류〗 원뿔꼴의.

cône-ancre [konɑ̃:kr] (*pl.* ~**s**-~**s**) *n.m.* 〖해양·공군〗 부묘(浮錨).

conéine [kɔnein] *n.f.* =conicine.

côner [kone] *v.t.* 〖기계〗 원추형으로 만들다.

conf. 《라틴·약자》 =cf.

confabulation [kɔ̃fabylɑsjɔ̃] *n.f.* 〖옛〗 (허물없는) 담소.

confabuler [kɔ̃fabyle] *v.i.* 《옛》 허물없이 이야기하다, 담소하다.

confarréation [kɔ̃fareɑsjɔ̃] *n.f.* 〖고대로마〗 종교결혼식.

confection [kɔ̃fɛksjɔ̃] *n.f.* ① (음식 따위를)만듦 (préparation, exécution); (기계 따위의)제작, 제조; (도로 따위의)건설; (약의)조제; (목록 따위의)작성; (법률의)제정. ~ des listes électorales 선거인명부 작성. gâteaux de ma~ 내가 만든 과자. ②(옷 따위의)기성품, 《특히》여자 기성복 (robe de ~). vêtement de ~ 기성복. maison de ~ 기성복점. rayon de ~(백화점의)기성복부. travailler dans la ~ 기성복계에서 일하다. ③ 꾸며냄, 조작. théorie de ~ 꾸며낸[조작된] 이론. ④ 〖옛〗〖약〗(~**tion**①)당의정.

confectionnement [kɔ̃fɛksjɔnmɑ̃] *n.m.* =**confection**.

confectionner [kɔ̃fɛksjɔne] *v.t.* 만들다, 제조하다, 제작하다; 작성하다. ~ un plat 요리를 만들다. vêtements confectionnés 기성복.

confectionneur(se) [kɔ̃fɛksjɔnœ:r, -ø:z] *n.* 제조[제작]인; 기성복 상인.

confédéral(ale, pl. aux) [kɔ̃federal, -o] *a.* 국가연합[연방]의; 동맹의. congrès ~ 연방회의.

confédérateur(trice) [kɔ̃federatœ:r, -tris] *a.* 연방[연합](주의)의. —*n.* 연방[연합]주의자.

confédératif(ve) [kɔ̃federatif, -i:v] *a.* 《드물게》 연방의, 동맹의.

confédération [kɔ̃federɑsjɔ̃] *n.f.* 연방, 국가연합; 동맹, 연맹; 결사. C~ helvétique 스위스연방. C~ des petites et moyennes entreprises 중소기업연맹. C~ générale du travail 노동 총동맹. C~ française démocratique du travail 프랑스 민주노동연합(《약자》C.F.D.T.).

confédéré(e) [kɔ̃federe] *a.p.* 연합의, 동맹국의; 《상인들이》조합을 맺은. États ~s (선량한) 국가연합. —*n.m.pl.* 연합국, 동맹국; 〖역사〗(남북전쟁 당시의)아메리카 연방군(남부연합군).

confédérer [kɔ̃federe] *v.t.* 동맹시키다, 연합시키다. ~ les peuples 제민족을 연합시키다.
—**se** ~ *v.pr.* (와)동맹을 맺다, 연합하다.

confer [kɔ̃fɛr] 《라틴》 *v.t.* 비교하라(comparez), 참조하라(《약자》cf.).

***conférence** [kɔ̃ferɑ̃:s] *n.f.* ① 회의, 회담, 협상; 협의회; 〖옛·문어〗모임. ~ au sommet 정상회담. ~ de presse 기자회견. ~ de paix 강화회의. être en ~ avec …와 협의중에 있다. tenir ~ 회의를 소집하다; 협의하다. ②강연, 강의(cours). donner [faire] une ~ 강연을 하다. maître de ~s (대학의)조[부]교수(정교수는 professeur titulaire). salle de ~ 강당. ③ 〖옛〗(원문과의)비교, 대조. ④ C~ de Saint-Vincent-de-Paul 성 뱅상드폴회(1833년에 창설된 자선단체).

conférencier(ère) [kɔ̃ferɑ̃sje, -ɛ:r] *n.* 연사, 강사, 강연자; 〖옛〗(회의의)사회자; 토론자.

conférer [kɔ̃fere] [6] *v.t.* ① (세례·작위 따위를)주다, 수여하다. ~ la Légion d'honneur 레지옹도뇌르 훈장을 수여하다. en vertu des pouvoirs qui me sont conférés 나에게 주어진 권한에 의해. privilèges que *confère* l'ordre 법이 많음으로 해서 얻는 특권들. ②〖옛〗(원문을)비교참조하다, 대조하다 (collationner). [~ qc avec] ~ un auteur avec un autre 한 작가와 다른 작가를 비교하다. ~ des épreuves 〖인쇄〗 교정쇄를 대조하다.
—*v.i.* [~ avec] (와)상의하다(discuter). ~ de son affaire avec son avocat 자기 일에 대해 변호사와 상의하다. 〖일종〗.

conferve [kɔ̃fɛrv] *n.f.* 〖식물〗 녹조류(綠藻類).

confès(esse¹) [kɔ̃fɛ, -ɛs] *a., n.* 고해성사를 본(사람). mourir ~ 참회하고 죽다.

confesse² [kɔ̃fɛs] *n.f.* (다음 표현으로 쓰임)〖종교〗 참회, 참회. aller à ~ 고해하러 가다. revenir de ~ 고해하고 돌아오다.

confesser [kɔ̃fɛ(e)se] *v.t.* ① 자백[고백]하다, (솔직히)인정하다(avouer). [~ qc] ~ son erreur 자기의 과오를 시인하다. [~ que+*ind.*] Je *confesse* que j'avais tort. 내 잘못이 있음을 자백한다. ② 《구어》 [~ qn] (로 하여금)실토케 하다. ③ 〖가톨릭〗 죄를 고해하다; (신부가)(의)고해를 듣다. ~ ses péchés à un prêtre 신부에게 고해하다. ~ et absoudre un pénitent 참회자의 고해를 듣고 죄를 사하다. *C'est le diable à ~.* 그것은 매우 어렵다; 될 수가 없다.
—*v.i.* (신부가 신자의)고해를 듣다. Ce prêtre ne *confesse* pas. 이 사제는 고해성사를 하지 않는다(할 권한이 없다).
—**se ~** *v.pr.* ① 〖가톨릭〗 고백하다, 참회하다. *se ~* à un prêtre 사제에게 자기의 죄를 고백하다. ② 자기가 …이라고 고백하다. [se ~ de qc/de+*inf.*] *se ~* d'un vol 도둑질을 자백하다. 《속사와 함께》 *se ~* criminel 죄인임을 고백하다.

confesseur [kɔ̃fɛsœ:r] *n.m.* ① 〖종교〗고해[참회]를 듣는 신부. ② 〖종교사〗(기독교 초기의)기독교 신앙 표명자. ③속이야기를 할 수 있는 사람 (confident).

confession [kɔ̃fɛsjɔ̃] *n.f.* ① 자백, 고백; (*pl.*) 참회록. faire la ~ de qc …을 자백하다. ② 〖가톨릭〗 참회, 고해; (사제가)고해를 듣기. entendre *qn* en ~; faire la ~ de *qn* (사제가)…의 고해를 듣다. billet de ~ 고해증명서. ③ (신앙의)표명; 교파, 유파. ~*s* chrétiennes 기독교 각파. *On lui donnerait le bon Dieu sans ~.* 그는 법 없이도 살 수 있을 것 같은 (선량한)얼굴을 하고 있다. *sous le sceau de la ~* 비밀을 지킨다는 약속으로.

confessional(*pl.* aux) [kɔ̃fɛsjɔnal, -o] *n.m.* 〖가톨릭〗 참회실, 고해실; 《비유적》 참회.

confessionnel(le) [kɔ̃fɛsjɔnɛl] *a.* 신앙고백의; 종교의; 종파의. école ~*le* 종파학교. querelles ~*les* 종파전쟁.

confessionniste [kɔ̃fɛsjɔnist] *n.m.* 〖종교〗 루터교파(luthérien).

confetti [kɔ̃fɛ(t)ti, -eti] (*pl.* ~**s**)〖이탈리아〗 *n.m.* (사육제 따위에 던지는)색종이조각. lancer à *qn* une poignée de ~*s* (축하의 뜻으로) …에게 색종이조각을 던지다.

‡confiance [kɔ̃fjɑ̃:s] *n.f.* ① 신뢰, 신용, 신임(↔ défiance, méfiance). ~ aveugle [excessive] 절대적인 [맹목적인, 극단적인] 신용. avoir ~ en *qn*; faire ~ à *qn* …을 신용[신임]하다. Faites-moi ~. (나를 믿고)내게 맡기십시오. inspirer [donner] ~ à *qn* …에게 신뢰감을 불어넣다(주다). abuser de la ~ de *qn* …의 신의를 악용하다, …을 배신하다. abus de ~ 〖법〗 배임(죄). ②자

신, 확신, 안심. ~ en soi 자신(自信). perdre [prendre] ~ 자신을 잃다(갖다). ③ (정부에의)신임. voter la ~ 신임투표를 하다. poser la question de ~ 신임투표를 요구하다.
avec ~ 확신을 가지고, 자신을 갖고; 신용하고.
de ~ ⓐ신용하고. acheter qc de ···을 신용하고 사다. ⓑ신용할 수 있는. homme de ~ 신용(신뢰) 할 수 있는 사람. poste[mission] de ~ 신임할 수 있는 사람에게만 맡길 수 있는 직책[임무].
en (toute) ~ 신용하고, 안심하고.

confiant(e) [kɔ̃fjɑ̃, -ɑ̃:t] a. ① [~ en/dans] (을)신용하는, 신뢰하는. être ~ dans le succès[en sa parole] 성공[그의 말]을 믿다. ② 남을 쉽게 믿는, 낙관적인. caractère ~ 남을 잘 믿는 성격. ③ 자신이 있는(assuré), 자부심이 강한, 거만한.

confidemment [kɔ̃fidamɑ̃] ad. 은밀히, 남몰래.

confidence [kɔ̃fidɑ̃:s] n.f. ① 속내 이야기; 비밀. faire une ~ à qn ···에게 속내 이야기를 하다. ② 비밀을 앎. être dans la ~ 비밀을 알고 있다. mettre qn dans la ~ ···에게 비밀을 알리다.
en ~ 비밀히, 내밀히. parler en ~ 내밀히 이야기 하다.

confident(e) [kɔ̃fidɑ̃, -ɑ̃:t] n. 속내 이야기를 할 수 있는 사람, 절친한 친구; [고전극] 속내 이야기를 듣는 역; (왕비·공주 따위의)시녀(suivante).
—n.m. (19세기 후반의)S자형 안락의자.
—a. (에)속내, 은밀히; 비밀을 말하는.

confidentiel(le) [kɔ̃fidɑ̃sjɛl] a. 비밀의. entretien ~ 비밀회담. lettre ~le 친전(親展). à titre ~ 내밀 [비밀]히.

confidentiellement [kɔ̃fidɑ̃sjɛlmɑ̃] ad. 비밀리에, 은밀히.

***confier** [kɔ̃fje] v.t. ① 의뢰하다, 맡기다, 부탁하다, 위탁하다, 위임하다(↔ ôter, retirer). [~ qn/qc à] ~ son enfant à un ami 아이를 친구에게 맡기다. Il m'a confié ses clés. 그는 열쇠를 내게 맡겼다. ~ qc à la garde[aux mains] de qn ···을 ···에게 맡기다. ~ qc à la mémoire ···을 기억해두다. ② 비밀을 말하다(↔ cacher). [~ qc à] ~ ses secrets à un ami 친구에게 비밀을 털어놓다. [~ à qn que+ind.] Il m'a confié qu'il aimait Jeanne. 그는 잔을 사랑한다고 내게 고백했다.
—**se ~** v.pr. ① 신뢰하다, 부탁하다, 기대다. [se ~ à/en/dans] se ~ au hasard 운명을 하늘에 내맡기다. Confiez-vous en moi. 나를 믿으시오. ② [se ~ à qn] 마음속[비밀]을 털어놓다, 속내 이야기를 하다. Il ne se confie à personne. 그는 누구에게도 속내 이야기를 하지 않는다. ③ [수동적]맡겨지다. Des papiers aussi importants ne se confient pas au premier venu. 그렇게 중요한 서류는 아무에게나 맡길 수 없다.

configuration [kɔ̃figyrɑsjɔ̃] n.f. ① 지세(地勢), 지형; 외형, 윤곽. ~ d'un pays 그 나라의 지세. ② [천문] (혹성의) 위치. ③ 【컴퓨터】 구성 (컴퓨터 시스템을 형성하는 요소의 한 세트). 하다. [

configurer [kɔ̃figyre] v.t. 의 형태를 만들다, 형성

confiné(e) [kɔ̃fine] a.p. ① (공기가)탁한, 유통하지 않는, 밀폐된. air ~ 탁한 공기. ② 갇혀있는, 틀어박힌. vivre ~ chez soi 집에만 틀어박혀 살다. ③ [~ dans] (에)골몰하는. poète ~ dans l'imitation 모방만을 일삼는 시인.

confinement [kɔ̃finmɑ̃] n.m. ① [법] 감금, 금족, 억류; 독방감금. ② (병자의)격리; 【물리】 (방사성 물질의)밀폐.

confiner [kɔ̃fine] v.t.ind. [~ à/avec] ···와 접경[인 접]하다. La France confine à l'Italie. 프랑스는 이 탈리아와 경계를 같이 한다. conduite qui confine à la trahison (비유적)배신과 다름없는 행동.
—v.t. 감금하다, 유폐하다(enfermer). ~ un fou dans sa chambre 미친 사람을 방에 가두다.
—**se ~** v.pr. ① 숨어있다, 은둔하다(se cloîtrer). se ~ chez soi 집에만 틀어박혀 있다. se ~ à la compagne 시골에 은둔하다. ② 몰두하다, 골몰하다; 전문적으로 하다(se spécialiser). se ~ dans un rôle (배우가)어떤 역할을 전문적으로 하다.

confinité [kɔ̃finite] n.f. (두 나라의)인접.

confins [kɔ̃fɛ̃] n.m.pl. 경계, 국경; 한계; (과학 따위의)궁극; 끝. ~ de la France 프랑스 국경. ~ de la vie et de la mort (비유적)삶과 죽음의 경계. aux ~ du Sahara 사하라 사막 끝에.

confire [kɔ̃fi:r] [31] v.t. (과일·야채 따위의 보존을 위해)담그다, 설탕에 절이다.

confirmand(e) [kɔ̃firmɑ̃, -ɑ̃:d] n. 【카톨릭】 견진(堅振)을 받는 사람.

confirmateur(trice) [kɔ̃firmatœ:r, -tris] n. 확인자. ~ d'une nouvelle 정보의 확인자.

confirmatif(ve) [kɔ̃firmatif, -iv] a. 확인하는, 확증하는. lettre ~ve 확인장. arrêt ~ de la Cour d'appel 【법】 상급재판소의 확정판결[항소기각 판결].

confirmation [kɔ̃firmɑsjɔ̃] n.f. ① 확인, 확증. ~ d'une nouvelle 정보의 확인. ② 【법】 추인, (조약의)비준. ~ d'un jugement (상급법원에 의한)전(前)판결의 확인. ~ directe[indirecte] 【논리】 (주장한 명제의)직접적[간접적] 확증. ③ 【카톨릭】 견진(의 성사), 견진례.

confirmatoire [kɔ̃firmatwa:r] a. 확인하는.

***confirmer** [kɔ̃firme] v.t. ① (신념 따위를)굳게 하다, 견고하게 하다(affermir). [~ qn dans] ~ qn dans ses résolutions ···의 결심을 굳게 하다. ② 확인하다, 확증하다. ~ un bruit 소문을 확인하다. ~ nos soupçons 우리의 의혹(이 정당하다는 것)을 확증하다. [~ que+ind.] Les résultants confirment que... 결과는 ···임을 입증한다. ③ 비준하다, 추인하다. Le roi confirme les droits de cette ville. 왕은 이 도시의 권리를 비준했다. ④ 【카톨릭】 견진 성사를 베풀다. ⑤[속어] (따귀를)때리다(souffleter). ⑥ (동물의)조련을 끝마치다. ~ un cheval (un chien) 말[개]을 완전히 길들이다.
—**se ~** v.pr. ① 확실해지다, 확인되다. ②[se ~ dans] (을)견지하다. se ~ dans son opinion 의견을 굳히다[견지하다].

confis-ant, -ons, etc. [kɔ̃fiz-ɑ̃, -ɔ̃] ⇨confire.

confiscable [kɔ̃fiskabl] a. 몰수할 수 있는.

confiscateur(trice) [kɔ̃fiskatœ:r, -tris] n. (드물게) 몰수자.

confiscation [kɔ̃fiskɑsjɔ̃] n.f. 몰수, 압수; 몰수재산. ~ des biens 재산몰수.

confiserie [kɔ̃fizri] n.f. ① 당과(糖菓) 판매[제조]; 과자점(공장); 당과. ② 설탕이나 기름에 절이기; 정어리를 기름에 절이는 공장.

confiseur(se) [kɔ̃fizœ:r, -øz] n. 당과 제조[판매]인, 과자상. trêve des ~ [구어] (성탄절·정초의) 전통적인 정쟁(政爭)의 중단.

confisquer [kɔ̃fiske] v.t. [~ qc à qn] ① 몰수[압수]하다, (아이에게 금지된 것을)압수하다. ~ des marchandises de contrebande 밀수상품을 몰수하다. ~ un couteau à un élève 학생에게서 나이프를 압수하다. ② 빼앗다, 혼자 차지하다. Je te confisque ta sœur jusqu'au dîner. 저녁식사 때 까지 자네 누이를 빌리겠네.

confit(e) [kɔ̃fi, -it] (p.p.<confire) a.p. ① (설탕 따위에) 절인, 담근. fruits ~s 설탕에 절인 과일. ② (비유적)[~ en/dans] (에) 젖은. être ~ en dévotion

[dans la piété] 신앙이 독실하다.
—n.m. 《요리》지방으로 싼 고기; 《농업》(양계·양돈용의)겨를 물에 탄 사료; 《피혁》(겨를 풀어)석회분을 빼는 데 쓰는 액체.

confiteor [kɔ̃fiteɔ:r] 《라틴》 n.m. 《복수불변》《종교》고해의 기도. dire(faire) son ~《구어》죄를 고백하다, 후회하다.

***confiture** [kɔ̃fity:r] n.f. 《종종 pl.》① 《요리》 잼, 《옛》과일의 설탕조림. tartine de ~ 잼을 바른 빵. manger de la ~ [des ~s] 잼을 먹다. ② 《회화》부자연스러운 색의 배합.
en ~《구어》으스러진. avoir le bras en ~ 팔이 으스러지다. Je lui ai mis le nez en ~. 그의 코가 으스러지도록 때려주었다.

confiturerie [kɔ̃fityrri] n.f. 잼 제조[판매]; 잼 제조공장.

confiturier(ère) [kɔ̃fityrje, -ɛ:r] a. 잼 제조의.
—n. 잼 제조인; 잼 상인. —n.m. 잼을 넣는 그릇.

confl. 《약자》confluent 《지리》 합류.

conflagration [kɔ̃flagrasjɔ̃] n.f. ① 대소동, 혼란, 동란. ② 《옛》대화재.

conflictuel(le) [kɔ̃fliktɥɛl] a. 분쟁을 일으키는, 충돌의. situation ~*le* 분쟁[쟁]의 상태, 불화상태.

conflit [kɔ̃fli] n.m. 투쟁, 쟁의, 분규; (이해·의견 따위의)충돌, 알력, 갈등; 《법》권한쟁의; 《옛》싸움. ~ armé 무력충돌. ~ collectif de travail 노동쟁의. ~ de pouvoir 권력의 쟁탈. entrer en ~ avec *qn* …과 충돌하다. ~ d'attribution[de juridiction] 재판관할의 저촉. tribunal des ~*s* 권한쟁의 재판소.

confluence [kɔ̃flyɑ̃:s] n.f. ① 합류. ~ des courants de pensée (비유적) 사조의 합류. ② 《의학》(물집·발진의)융합.

confluent(e) [kɔ̃flyɑ̃, -ɑ̃:t] a. 《의학》 variole ~*e* 융합성 두창(痘瘡). 《식물》 feuilles ~*es* 합착엽(合着葉).
—n.m. ① 합류점. ② 《의학》(혈관의)접합점.

confluer [kɔ̃flye] v.i. ① 합류하다. L'Allier *conflue* avec la Loire 알리에 강은 루아르 강과 합류한다. ② 집결하다, (한 곳으로)집중되다. Des soldats *confluaient* au pied des murailles. 병사들은 성벽 밑에 집결했다.

confondant(e) [kɔ̃fɔ̃dɑ̃, -ɑ̃:t] (p.pr.<confondre) a. 당황케 하는, 어리둥절하게 하는. question ~*e* 얼떨떨하게 하는 질문.

***confondre** [kɔ̃fɔ̃:dr] [25] v.t. ① 혼동하다, 잘못 알다. ~ deux jumeaux 두 쌍둥이를 혼동하다. ~ des noms 이름을 혼동하다. [~ A et/avec B] ~ le sucre *avec* le sel 설탕과 소금을 혼동하다. ~ Jeanne *et* Marie 잔과 마리를 혼동하다. (목적보어 없이) Il est possible que je *confonde*. 내가 잘못 알고 있는지 모르겠다. ② 섞다, 혼합하다(mêler). Ces rivières *confondent* leurs eaux. 이 강들은 합류한다. ③ 꺾다, 좌절시키다(anéantir). ~ les plans de l'ennemi 적의 계획을 좌절시키다. ~ l'orgueil de *qn* …의 콧대를 꺾다. ④《옛》당혹케 하다, 아연실색케 하다(consterner). Son insolence me *confond*. 그의 오만불손에는 어이가 없다. [être confondu] J'*étais confondu* de gratitude devant tant de gentillesse. 그 극진한 친절에서 나는 감사의 마음으로 어찌할 바를 몰랐다. ⑤ 침묵시키다, 꼼짝못하게 하다. ~ *qn* d'un raisonnement serré 치밀한 논리로 …을 꼼짝못하게 하다. ~ un meurtre 살인자를 꼼짝못하게 추궁하다.
—se ~ v.pr. ① 섞이다, 뒤섞이다; 합류되다. ~ avec la foule 인파에 휩쓸리다. ② [se ~ en] (인사 따위를)되풀이 말하다. *se ~ en* remerciements 고맙다고 되풀이 하다. *se ~ en* excuses 계속 변명을 늘어놓다. ③《옛》당황하다; 황송해 하다, 매우 부끄러워하다.

confondu(e) [kɔ̃fɔ̃dy] (p.p.<confondre) a.p. 절망하고 있는; 아연실색한(stupéfait); 황송해 하는; 당황한(interdit). avoir l'air ~ 얼떨떨한 표정을 짓고 있다. ~ de votre bonté. 당신의 친절에는 그저 황송할 따름입니다.

conformateur [kɔ̃fɔrmatœ:r] n.m. ① (모자 따위의)형틀. ② (구두의)화대틀.

conformation [kɔ̃fɔrmasjɔ̃] n.f. (기관·인체 따위의)형태, 구조. ~ anatomique 해부학적 구조. vice de ~ 기형.

conforme [kɔ̃fɔrm] a. ① [~ à] (에)일치된, 적합한. article ~ à l'échantillon 견본과 동일한 상품. Il a trouvé une maison ~ à ses besoins. 그는 자기의 필요에 알맞은 집을 발견했다. mener une vie ~ à ses moyens 분수에 맞는 생활을 하다. ② 원문[원본]과 동일한. Pour copie ~. (등본 따위가) 원본과 상위 없음. ② 규정[규범]에 맞는. pièce d'identité ~ 정식 신분 증명서. ④ 표준적인, 평균의. vie ~ 평준 생활. ⑤ 《수학》 représentation ~ 등각사상(等角寫像); 《지질》정각(正角)의.

conformé(e) [kɔ̃fɔrme] a.p. (의)모양의. enfant bien[mal] ~ 신체가 정상인[신체에 장애가 있는] 아이.

conformément [kɔ̃fɔrmemɑ̃] ad. [~ à] (에)따라서, 맞추어, 비추어(↔ contrairement). ~ aux règles 규칙에 따라서.

conformer [kɔ̃fɔrme] v.t. [~ *qc* à] (에)맞추다, 일치[부합·합치]시키다(accorder, adapter). ~ sa conduite *à* ses paroles 말과 행동을 일치시키다. ② 형성하다.
—se ~ v.pr. [se ~ à] (에)따르다(respecter); 순응하다, 적응하다(s'accommoder); 본받다. *se ~ au* règlement 규칙을 따르다. *se ~ aux* circonstances 환경에 순응하다.

conformisme [kɔ̃fɔrmism] n.m. ① 순응적인 태도, (체제)순응주의. ② 《종교》 영국국교 준봉(遵奉)주의.

conformiste [kɔ̃fɔrmist] a. ① 순응주의의, 인습적인. morale ~ 고루한 도덕. ② Église ~ (다른 개신교에서 본)영국 국교의. —n. 순응주의자; 영국국교도.

conformité [kɔ̃fɔrmite] n.f. ① 일치, 부합, 합치 (concordance). ~ de vues[de goûts] 견해[취미]의 일치. [~ de A avec B] vérifier la ~ *d'une* copie *avec* l'original 사본이 원본과 일치하는가를 확인하다. [être en ~ avec] Tout *est* en ~ *avec* ce que nous avions décidé. 모든 것이 우리가 결정했던 것과 일치한다. ②《옛》순응; 복종.
en ~ avec(《옛》*de*) …에 따라서, …에 맞도록 (conformément à).

***confort** [kɔ̃fɔ:r] n.m. ① 쾌적한 설비; (설비를 갖춘)쾌적한 생활. aimer son ~ 쾌적한 생활을 좋아하다. appartement qui a tout le ~ 모든 편리한 시설을 갖춘 아파트 (중앙난방시설·승강기·욕실 따위). biens de ~ ménager 가정용 주택 설비재. pneu ~ 저압 타이어. ② 《정신적인》안락; (~ moral 경멸로)안일, 나태. apporter au malade un ~ moral 병자에게 평안함을 주다. ~ intellectuel 지적 안일 [나태]. ③《옛》원조(aide), 위로(réconfort).

***confortable** [kɔ̃fɔrtabl] a. ① 쾌적한, 안락한; 마음이 편한. maison ~ 쾌적한 집. voiture ~ 안락한 자동차. mener une vie ~ 쾌적한 생활을 하다. bourgeois ~ 돈걱정 없는 부르주아. se sentir ~ 마음이 편하다. ②《구어》상당한. Il a des revenus

~s. 그는 상당한 수입이 있다. —n.m. ① (속을 채워 넣고 전체를 덮어 쬐운 19세기의) 안락의자. ②〚에〛안락.

confortablement [kɔ̃fɔrtabləmɑ̃] ad. ① 안락하게, 쾌적하게, 마음 편안하게(grassement). vivre ~ 안락하게 살다. ② 꽤 많이, 상당히. être ~ payé 충분한 급료를 받다.

confortant(e) [kɔ̃fɔrtɑ̃, -ɑ̃ːt]〚에〛a. 건강하게 하는. remède ~ 강장제. —n.m. 강장제(強壯劑).

conforter [kɔ̃fɔrte] v.t. ① 튼튼하게 하다, 굳게 하다(raffermir). ~ un régime politique 어떤 정체(政體)를 튼튼히 하다. être conforté dans son argument 자신의 이론을 굳히다. ②〚에〛건강하게 하다; 힘을 돋우다, 위로하다.
—se ~ v.pr. 튼튼해지다.

confraternel(le) [kɔ̃fratɛrnɛl] a. 동료의.
confraternellement [kɔ̃fratɛrnɛlmɑ̃] ad. 동료로서, 동료답게.
confraternité [kɔ̃fratɛrnite] n.f. 동료 관계; (동료간의)의(誼), 우의.
confrère [kɔ̃frɛːr] n.m. ① 동료, 동업자(성직자·아카데미 회원·변호사·의사·기자 따위의 사이에서). ② C~s de la Passion〚문학〛(그리스도)수난극회원.
confrérie [kɔ̃freri] n.f. ①〚교회〛신심회(信心會);〚역사〛동업자 신심회. ② 협회, 단(團). ~ des cuisiniers 요리인 조합. C~ de la Passion (그리스도)수난극회. ②〚비꼼〛오쟁이진 남편들(grande ~). entrer dans la ~ (남자가)살림을 차리다.
confrontation [kɔ̃frɔ̃tɑsjɔ̃] n.f. ① 대조(comparaison), 조회. ~ de deux textes 두 텍스트의 대조. ~ des écritures 필적 대조. ② 대면, 대결;〚법〛대질. ~ de points de vue 여러 관점(견해)들의 대결. ~ de l'accusé avec les témoins 피고와 증인들과의 대질.
confronter [kɔ̃frɔ̃te] v.t. ① 대조하다, 조회하다. ~ des textes 텍스트를 비교 연구하다. ② 대면시키다, 대결시키다;〚법〛대질시키다. ~ les témoins (entre eux) 증인들을 대질시키다. ~ qn avec | ~ le prévenu avec les témoins 피의자를 증인과 대질시키다. être confronté à(avec) une difficulté (구어) 곤란에 직면하다.
—v.t.ind. [~ à]〚에〛~에 인접해〔면해〕있다.
confucianisme [kɔ̃fysjanism] n.m. 유교, 유학.
confucianiste [kɔ̃fysjanist] a. 유교의. —n. 유교 신봉자, 유생.
Confucius [kɔ̃fysjys] n.pr.m. 공자(孔子).

*confus(e) [kɔ̃fy, -yːz] a. ① 혼잡한, 무질서한(désordonné), amas ~ de vêtements 뒤범벅이 된 옷더미. foule ~e 혼잡한 인파. ② 혼란된; 불명료한, 막연한(embrouillé, vague). situation ~ e 혼란한 상황. idée ~e 불명료한(혼미한) 생각. souvenir ~ 희미한 추억. rumeur ~e 웅성거리는 소리. ③ 매우 부끄러워하는, 당혹한, 송구스러워하는 (déconcerté). se sentir ~ 얼떨떨해 하다. Je suis ~. 송구스럽습니다(고마움·가벼운 사죄를 나타내는 정중한 표현). [~ de] être ~ de son erreur 자기의 잘못을 부끄럽게 생각하다.
confusément [kɔ̃fyzemɑ̃] ad. 난잡하게, 어수선하게(pêle-mêle); 흐리멍덩하게, 막연히, 희미하게(vaguement). objets entassés ~ 어지럽게 쌓인 물건들. Je devine ~ ses intentions. 나는 그의 의도를 희미하게 짐작할 수 있다.
confusion [kɔ̃fyzjɔ̃] n.f. ① 혼동, 착오(erreur); 오해(méprise). ~ de noms[de dates, de personnes] 이름〔날짜·사람〕의 착각. grossière ~ 심한 착각. ② 혼란(désordre); 불명료, 애매. ~ politique 정치적 혼란〔분규〕. jeter[mettre] la ~ dans l'assemblée 집회를 혼란시키다. ~ mentale〚의학〛정신착란. ~ des idées 관념의 혼란〔불명료〕. ③ 부끄러움, 당혹, 황송. être couvert(rempli) de ~ 부끄럽게 여기고 있다; 당혹하고 있다. rougir de ~ 당황해서 얼굴이 붉어지다. à ma(grande) ~ (무척) 창피스럽게도. ④ 합병, 병합. ~ des pouvoirs〚정치〛집권(集權), 삼권 비분립. ⑤〚법〛(권리 따위의 한 사람에 의한)병합. ~ de part[de paternité] (재혼금지 기간을 지키지 않음으로써 야기된)아이의 친부 불명확. ~ des peines 형의 비병과(非併科)(2개 이상의 형이 선고되었을 경우 무거운 형만을 과하는 것).
~ des langues (바벨탑의)언어의 혼란. C'est ici la ~ des langues. 각기 제 말들만 해서 의견이 모아지지 않는다.
en ~〚에〛어수선하게, 혼잡스럽게.
confusionnel(le) [kɔ̃fyzjɔnɛl] a.〚정신의학〛정신착란의, 착란의.
confusionner [kɔ̃fyzjɔne] v.t. (속어) 당황하게 하다; 창피를 주다.
confusionnisme [kɔ̃fyzjɔnism] n.m. ① 혼란상태, 지리멸렬;〚심리〛혼돈성.〚정치〛인심교란 정책.
conga [kɔ̃ga]〚에스파냐〛n.f. 콩가(쿠바 섬의 흑인 춤); 콩가(춤)곡.
congaï [kɔ̃gaj], **congaye** [kɔ̃gaj] n.f. (베트남 식민시대의)안남(安南)여자.
conge [kɔ̃ːʒ] n.m. ① 콘기우스(고대로마의 용적단위로 약 3리터). ② (리커(liqueur) 제조용의)배합용기.

*congé [kɔ̃ʒe] n.m. ① 휴가; (학교 따위의)유일, 짧은 방학. ~ payé 유급 휴가, [~ 비꼼] 휴가중인의 봉급장이. ~ (de) maternité 출산 휴가. ~ parental 육아 휴가. ~-formation 연수 휴가. demander un ~ 휴가를 신청하다. obtenir[prendre] un ~ d'une semaine 일주일간의 휴가를 얻다〔갖다〕. [être en ~] Le secrétaire est en ~ de maladie. 비서는 병가중이다. Les étudiants ont eu trois jours de ~ en mars. 학생들은 3월에 사흘 쉬었다. ② 작별; 작별의 허락. [prendre ~ de] Il a pris ~ de ses amis. 그는 친구들과 작별 인사를 했다. donner ~ à qn² …을 떠나보내다. ③ (소유형용사를 동반해서) 해임, 해고, 사임;〚군사〛귀휴(30일 이상의 휴가);〚에〛제대. demander son ~ 사직원을 내다. donner [signifier] son ~ à qn …을 해고하다. prendre son ~ 사임하다; 제대하다. ④ 임대 계약의 해제(의 통지). donner ~ à un locataire 세든 이에게 가옥 양도를 통고하다. ⑤ (상품의)운반 허가;〚해양〛출항 허가(증);〚에〛허가. ⑥〚건축〛(기둥 따위의) 도려낸 모양. ⑦ ~ faute de plaider〚법〛(원고의 결석으로 피고가 얻는)결석 판결.
congéable [kɔ̃ʒeabl] a. (드물게)〚법〛(소유자가 임의로)해약할 수 있는. bail à domaine ~ 해약 조건부 임대(貸地)계약.
congédiable [kɔ̃ʒedjabl] a. 해고할 수 있는; 휴가를 얻을 수 있는. militaires ~s 제대 군인.
congédiement [kɔ̃ʒedimɑ̃] n.m. 해고; 임대 계약 해제의 통지.
congédier [kɔ̃ʒedje] v.t. ① (손님 따위를)돌아가게 하다; 내쫓다(renvoyer). ~ un visiteur importun 귀찮은 손님을 내쫓다. ② 휴가를 주다; 해고하다. (학생을)퇴학처분하다. ~ un militaire 병사를 제대시키다. ③ (나유적) 추방하다, 멀리하다(chasser). ~ la religion 종교를 추방하다.
congelable [kɔ̃ʒlabl] a. 응고될 수 있는.

congelant(e) [kɔ̃ʒlɑ̃, -ɑ̃:t] a. 응고시키는, 얼리는.

congélateur [kɔ̃ʒelatœ:r] a. 냉동용의. —n.m. 프리저, 냉동고(기).

congélation [kɔ̃ʒelɑsjɔ̃] n.f. ① 동결; 냉동. point de ~ (de l'eau) 빙점. ~ de la viande 고기의 냉동. ~ des pieds 발의 동상. ②(기름 따위의)응고. ~ de l'huile 기름의 응고.

congeler [kɔ̃ʒle] [4] v.t. ① 얼리다, 냉동시키다. ~ des aliments 음식을 냉동시키다. viande *congelée* 냉동육. ~ les plantes (서리 따위가)식물을 얼어죽게 한다. ~ les mains 손에 동상을 입히다. ~ un sirop 시럽을 응고시키다. ②응고시키다(épaissir). ~ un sirop 시럽을 응고시키다.
—**se ~** v.pr. 빙결하다, 응고하다. L'eau *se congèle* à 0°. 물은 영도(零度)에서 언다.

congénère [kɔ̃ʒenɛ:r] a. ①동류의, 동종의, 동속(同屬)의. plantes ~*s* 동종의 식물. ② muscles ~*s* 〖해부〗 공력근(共力筋), 협동근. —n. 동종의 것; (흔히 경멸) 동류, 같은 패거리. lui et ses ~*s* 그와 그의 패거리들.

congénial(ale, pl. aux) [kɔ̃ʒenjal, -o] a. 〖옛〗 [~ à](에)어울리는, 적절한. amusements ~*aux à son* caractère 그의 성격에 어울리는 오락.

congénital(ale, pl. aux) [kɔ̃ʒenital, -o] a. 선천적인, 타고난; (비유적)천성적인(inné). malformation ~*ale* 선천적 기형. optimisme ~ 타고난 낙천주의. C'est un crétin ~. 《구어》저 녀석은 배냇병신이다.

congénitalement [kɔ̃ʒenitalmɑ̃] ad. 선천적으로, 천성적으로.

congère [kɔ̃ʒɛ:r] n.f. (바람에 쌓인)눈더미.

congestible [kɔ̃ʒɛstibl] a. 충혈하기 쉬운.

congestif(ve) [kɔ̃ʒɛstif, -i:v] a. 〖의학〗 충혈(성)의, 충혈하기 쉬운.

congestion [kɔ̃ʒɛstjɔ̃] n.f. 〖의학〗 충혈, 울혈. ~ cérébrale(pulmonaire) 뇌(폐)충혈(울혈).

congestionné(e) [kɔ̃ʒɛstjɔne] a.p. ①얼굴이 새빨개진, 상기된. avoir le visage ~ ; être ~ 얼굴이 새빨갛다. ②교통이 정체된. route ~*e* 차가 밀리는 도로.

congestionner [kɔ̃ʒɛstjɔne] v.t. ① 충혈시키다; (얼굴을)붉게 하다. Un bon repas *l'avait* congestionné. 식사를 잘해서 그의 얼굴은 빨갛게 상기되어 있었다. avoir le visage *congestionné* de colère 화가 나서 얼굴이 새빨개져 있다. ②(길 따위를)막다, 혼잡하게 하다(encombrer). ~ l'autoroute(차가)고속도로를 꽉 메우다.
—**se ~** v.pr. ①충혈되다, 얼굴을 붉히다. ②(길이)혼잡스러워지다.

congiaire [kɔ̃ʒiɛ:r] n.m. ①콩기우스(conge)의 용기(容器). ②〖고대로마〗(축제 때 황제가 내리는 기름·포도주, 후에는 금화의)하사품, 선물. —a. 하사품으로 내려지는.

conglobé(e) [kɔ̃glɔbe] a. 〖식물〗 구형(球形)의.

conglober [kɔ̃glɔbe] v.t. (둥글게)(꽃·잎 따위를)구형으로 만들다, 공모양으로 만들다.
—**se ~** v.pr. (둥글게)구형이 되다.

conglomérat [kɔ̃glɔmera] n.m. ①〖지질〗 만암(礫岩), 역암(礫岩). ②(비유적)(이질적인 것의)집단, 집적. ③〖경제〗(업종이 다른 업체들을 합병한)복합 기업(〖영〗conglomerate).

conglomération [kɔ̃glɔmerɑsjɔ̃] n.f. 집적(集積), (사람의)밀집.

congloméré(e) [kɔ̃glɔmere] a.p. ①집적된; 밀집된. ②〖의학〗 tubercule ~ 집합 결핵 결절(結節); glandes ~*es* 세엽상선(細葉狀腺).

conglomérer [kɔ̃glɔmere] [6] v.t. 한 덩어리로 만들다; 집적시키다.

—**se ~** v.pr. 덩어리가 되다; 집적(응집)되다.

conglutinant(e) [kɔ̃glytinɑ̃, -ɑ̃:t] (옛) 〖의학〗 a. 유착성의. —n.m. 유착제(癒着劑).

conglutinatif(ve) [kɔ̃glytinatif, -i:v] a. =**conglutinant**.

conglutination [kɔ̃glytinɑsjɔ̃] n.f. ① 점착(粘着); 접합. ② 〖의학〗 (상처의)유합.

conglutiné(e) [kɔ̃glytine] a.p. 유착한.

conglutiner [kɔ̃glytine] v.t. ① (액체를)끈적거리게 하다; (끈끈이 따위로)접합시키다. ② 〖의학〗 유합시키다.

congolais(e) [kɔ̃gɔlɛ, -ɛ:z] a. 〖지리〗 콩고의(*le Congo*)의. C~ n. 콩고 사람. —n.m. 야자 열매를 넣은 과자.

congou [kɔ̃gu] n.m. 중국산의 하급 홍차의 일종.

congratulateur(trice) [kɔ̃gratylatœ:r, -tris] (비꼼) n. 경축자; 축하의 말을 즐겨하는 사람.
—a. 축하하는; 축하의 말을 즐겨하는.

congratulation [kɔ̃gratylɑsjɔ̃] n.f. 축하(의 말) (현재는 약간 과장된 표현) (félicitation). échanger d'interminables ~*s* 끝없이 축하의 말을 주고받다.

congratulatoire [kɔ̃gratylatwa:r] a. 〖옛〗 (농조) 축하의. épître ~ 축하문.

congratuler [kɔ̃gratyle] v.t. 축하하다, 축하의 말을 하다 (현재는 약간 과장된 표현).
—**se ~** v.pr. 자축하다; 서로 축하하다.

congre[1] [kɔ̃:gr] n.m. 〖어류〗 붕장어(붕장어과(科) 물고기의 총칭) (anguille de mer).

congre[2] n.m. (강에 말뚝을 박아 만든)양어장.

congréage [kɔ̃grea:ʒ] n.m. 〖해양〗 congréer 하기.

congréer [kɔ̃gree] v.t. 〖해양〗 (굵은 밧줄의 골을 메우기 위해)가느다란 줄을 나선형으로 감다.

congréganisme [kɔ̃greganism] n.m. (왕정복고 시대의)수도회 조직, 수도회 정신.

congréganiste [kɔ̃greganist] 〖종교〗 a. (단식(單式) 수도회의. école ~ 수도회 경영의 학교.
—n. 수도회원, 수녀.

congrégation [kɔ̃gregɑsjɔ̃] n.f. ①단식수도원(單式誓願)에 의한 성직자의)수도회(〖성직(盛式)서원에 의한 수도회는 ordre). ②(로마 교황청의)성성(聖省)(~ romaine). C~ de la Propagande 포교성성. ③(신앙·자선을 목적으로 한)종교단체. ~ de Sainte-Vierge 성모회. ④(개신교 교회에서 지역공동체·소교구 따위의)회중, 신도조합. ⑤협회, 협회. ⑥(C~) 〖역사〗 (왕정복고 시대의 지도자 계급을 모아 결성한)종교결사.

congrégationalisme [kɔ̃gregɑsjɔnalism] n.m. 회중제도(영국 따위에서 각지의 회중(congrégation)의 독립과 자치를 표방한 제도).

congrégationaliste [kɔ̃gregɑsjɔnalist] n., a. 회중파(의).

*****congrès** [kɔ̃grɛ] n.m. ①(외교·학술 따위의)회의. ~ de Vienne 〖역사〗 빈 회의. ~ de sociologie 사회학 학회. ~ eucharistique 〖가톨릭〗 성체회의. ② C~ du Parlement 양원 합동회의(프랑스 제3·4 공화국에서 대통령의 선출과 헌법 개정을 행했음). ③ (미국의)국회, 의회(〖영〗 congress). ④ 〖옛·학술〗 성교(coït).

congressionel(le) [kɔ̃grɛsjɔnɛl] a. (국회)회의의; (미국)국회의.

congressiste [kɔ̃gre(e)sist] n. 회의 참가자; (미국)국회의.

congru(e) [kɔ̃gry] a. ①〖수학〗 합동의, 상합(相合)의. triangle ~ 합동 3각형. ②〖옛〗(말 따위가)적절한, 정확한(convenable). réponse ~*e* 적절한 답. grâce ~*e* 〖신학〗 (인간의 자유의지와 조화된)적합한 은총.

portion ~*e* 〖옛〗 (은혜를 입은 신도가)사제에게 주는 보수; (비유적) 겨우 연명할 만한 수입. réduire *qn* à la *portion* ~*e* …에게 겨우 먹고살 만한 돈밖에는 주지않다.

congruence [kɔ̃gryɑ̃:s] *n.f.* ① 〖수학〗합동(合同). ② 〖옛〗적합, 적절, 일치.

congruent(e) [kɔ̃gryɑ̃, -ɑ̃:t] *a.* ① 〖수학〗합동(식)의. ② 〖옛〗적절한, 부합되는.

congruité [kɔ̃gruite] *n.f.* 〖신학〗자유의사와 조화된 은총의 효력. ② 〖드물게〗적합, 부합.

congrûment [kɔ̃grymɑ̃] *ad.* 〖문어〗적합하게, 적절히, 어울리게.

conicine [kɔnisin] *n.f.* 〖화학〗코니친.

conicité [kɔnisite] *n.f.* 원추형, 원뿔꼴.

conidie [kɔnidi] *n.m.* 〖식물〗(버섯 따위의)분생포자(胞子).

conifère [kɔnifɛ:r] 〖식물〗*a.* 구과(毬果)를 맺는. —*n.m.* 침엽수; (*pl.*) 구과식물(소나무·잣나무·삼나무 따위).

coniforme [kɔnifɔrm] *a.* = conique. 〖나무 따위〗

coni(i)ne [kɔn(i)in] *n.f.* 〖화학〗= conicine.

conique [kɔnik] *a.* 원추형의, 원뿔꼴의. —*n.f.* 〖수학〗원추곡선(section ~).

conirostre [kɔnirɔstr] *a., n.m.* 〖동물〗원추형의 부리를 가진(새), 후취류(厚嘴類)의(새).

conjectural(ale, *pl.* **aux)** [kɔ̃ʒɛktyral, -o] *a.* 추측에 의한, 억측에 바탕을 둔.

conjecturalement [kɔ̃ʒɛktyralmɑ̃] *ad.* 추측해서, 억측으로, 짐작으로.

conjecture [kɔ̃ʒɛkty:r] *n.f.* 억측, 추측, 짐작(hypothèse, supposition). faire(former) des ~ sur *qc* …에 대하여 추측하다. par ~ 추측으로, 짐작으로. se perdre en ~ s 여러가지 억측을 하다; 갈피를 못 잡다. se livrer à des ~s 제멋대로 추측하다.

conjecturer [kɔ̃ʒɛktyre] *v.t.* 추측하다, 억측하다, 짐작하다 (présumer, prévoir). ~ l'évolution politique de ce pays 이 나라의 정치적 변화를 추측하다. (목적어 없이) ~ sur ce qu'on ignore 알지 못하는 것에 대하여 추측하다.

conjectureur [kɔ̃ʒɛktyrœ:r] *n.m.* 《드물게》억측하기를 좋아하는 사람.

conjoindre [kɔ̃ʒwɛ̃:dr] [27] *v.t.* 〖옛〗① 맺다(unir). ② 결혼시키다.
—**se** ~ *v.pr.* 〖옛〗[se ~ à] (와)결혼하다.

conjoint(e) [kɔ̃ʒwɛ̃, -ɛ̃:t] (*p.p.< conjoindre*) *a.p.* ① 결합된, 부수된. problèmes ~s 떼어 놓을 수 없는 문제들. notes ~es (본문에의)부록 주(註). ② 〖의학〗병발의. maladies ~es 병발증, 합병증. ③ 〖법〗공동의. débiteurs ~s 공동 채무자. legs ~ 공동 유산. personnes ~es 공동 수익자. ④ mouvement ~ 〖음악〗순차 행진. ⑤ 〖언어〗forme ~e 접합형; pronom ~ 접합 대명사.
—*n.* 배우자; (*pl.*) 부부. futurs ~s (장래 부부가 될)약혼자들.

conjointement [kɔ̃ʒwɛ̃tmɑ̃] *ad.* 함께, 동시에; 공동으로. agir ~ 협동해서 행동하다. [~ avec] signer ~ *avec qn* …와 함께 서명하다.

conjoncteur [kɔ̃ʒɔ̃ktœ:r], **conjoncteur-disjoncteur** [kɔ̃ʒɔ̃ktœrdisʒɔ̃ktœ:r] (*pl.* ~s–~s) *n.m.* 〖전기〗차단기, 단류기(斷流器).

conjonctif(ve) [kɔ̃ʒɔ̃ktif, -i:v] *a.* ① 〖해부〗결합의. tissu ~ 결합조직. membrane ~ve 결막. ② 〖언어〗접속(사)의. particules ~ves 〖옛〗접속사(conjonction). locution ~ve 접속사구(afin que, bien que, de sorte que 따위).

***conjonction** [kɔ̃ʒɔ̃ksjɔ̃] *n.f.* ① 결합, 제휴(union); 만남(rencontre). ~ des efforts 노력의 결합. ~ de la nature et de l'histoire 자연과 역사의 결합. en ~ avec …와 제휴해서. ② 〖천문〗합(合), 회합; 삭(朔). ~ des planètes 천체의 회합. ③ 〖언어〗접속사. ~ de coordination 등위 접속사 (et, mais, ou, donc 따위). ~ de subordination 종속 접속사(comme, quand, que, si 따위). ④ 교접(交接).

conjonctionnel(le) [kɔ̃ʒɔ̃ksjɔnɛl] *a.* 〖언어〗접속사적인.

conjonctionnellement [kɔ̃ʒɔ̃ksjɔnɛlmɑ̃] *ad.* 〖언어〗접속사로서.

conjonctival(ale, *pl.* **aux)** [kɔ̃ʒɔ̃ktival, -o] *a.* 〖의학〗결막(結膜)의.

conjonctive [kɔ̃ʒɔ̃kti:v] *n.f.* 〖해부〗결막.

conjonctivite [kɔ̃ʒɔ̃ktivit] *n.f.* 〖의학〗결막염. ~ granuleuse 트라코마(trachome).

conjoncture [kɔ̃ʒɔ̃kty:r] *n.f.* ① 상황, 정세, 국면. dans la ~ politique actuelle 현재의 정치 정세에 있어서. ~ difficile 곤란한 국면. ② (특히)경제정세, 경기. fluctuations de la ~ (économique) 경기의 변동. études de ~ 경기예측.

conjoncturel(le) [kɔ̃ʒɔ̃ktyrɛl] *a.* 경제 정세의, 경기의. politique ~*le* 경기 대책.

conjoncturiste [kɔ̃ʒɔ̃ktyrist] *n.m.* (수학적 통계에 의한)경제 정세 분석가.

conjugable [kɔ̃ʒygabl] *a.* 〖언어〗동사변화(활용)시킬 수 있는.

***conjugaison** [kɔ̃ʒygɛzɔ̃] *n.f.* 〖언어〗(동사의)변화(표). ~ régulière(irrégulière, défective) 규칙(불규칙·결여)동사변화. ② 〖생물·해부〗접합. ~ de nerfs 신경의 접합. cartilage de ~ 골단연골(骨端軟骨)(발육 도중에 골간(骨幹)과 골단을 연결하는). ③ 결합(réunion). ~ de nos efforts 우리들 노력의 결합.

conjugal(ale, *pl.* **aux)** [kɔ̃ʒygal, -o] *a.* 부부의. amour ~ 부부애. union ~*ale* 결혼. devoir ~ (성교를 거절하지 않는)부부간의 사랑의 의무. foyer ~ 가정. semonce ~*ale* 베갯밑 공사.

conjugalement [kɔ̃ʒygalmɑ̃] *ad.* 부부로서, 혼인상으로. vivre ~ 정식으로 부부생활을 하다.

conjugué(e) [kɔ̃ʒyge] *a.p.* ① 결합된; 짝을 이룬. influences ~es 복합적인 영향. feuilles ~es 〖식물〗우상복엽(羽狀複葉). poulies ~es 조합활차(組合滑車). mots ~s 〖옛〗동근어(同根語). ② 켤레의. points ~s 〖수학〗켤레점. forces ~s 〖물리〗켤레초점. nerfs ~s 〖해부〗켤레신경.
—*n.f.* (*pl.*) 〖식물〗접합조류(接合藻類).
—*n.m.* (*pl.*) ~s harmoniques 〖수학〗조화켤레.

conjuguer [kɔ̃ʒyge] *v.t.* ① 〖언어〗(동사)변화시키다, 활용시키다. ~ un verbe 어떤 동사를 활용시키다. ② 접합하다, 결합시키다(joindre, unir). ~ nos efforts 우리의 노력을 한데 묶다.
—**se** ~ *v.pr.* (동사가)변화하다, 활용되다.

conjungo [kɔ̃ʒɔ̃go] 〖라틴〗*n.m.* (복수없음)〖옛·구어〗결혼(사제가 부르는 성혼문(conjungo) 「나는 그대들을 부부로 선언함」에서 유래).

conjurateur(trice) [kɔ̃ʒyratœ:r, -tris] *a.* 액막이의, 푸닥거리의. —*n.* ① 액막이꾼, 주술사(exorciste). ② 〖드물게〗(음모의)주모자.

conjuration [kɔ̃ʒyrasjɔ̃] *n.f.* ①액막이, 푸닥거리, 주술(exorcisme). ②음모(conspiration), 공모(coalition). ~ d'Amboise 〖역사〗앙부아즈의 음모. ~ des mécontents 불평분자들의 공모. ③ (*pl.*) 간청, 탄원.

conjuré(e) [kɔ̃ʒyre] *n.* 공모자, (음모)가담자.

conjurer [kɔ̃ʒyre] *v.t.* ①액막이, 재액·재앙을 쫓다, 피하다. ~ le mauvais sort 악운을 쫓다. ~ un accident[l'échec des négociations] 사고[협상의

실패)를 피하다. ② 청원하다, 간청하다(adjurer, supplier). [~ qn de+inf.] Je vous conjure de m'écouter. 제발 제 말씀 좀 들어주십시오. ③《옛》도모하다, 기도하다(comploter). ~ la mort d'un tyran 폭군의 살해를 모의하다.
—v.i. 《옛》음모에 가담하다, 공모하다.
—se ~ v.pr. 《옛》함께 음모를 꾀하다, 공모하다. se ~ contre le roi 왕에 대한 모반을 꾀하다. (주어는 사물) Ces circonstances se conjurèrent pour me ruiner. 이러한 사정들이 겹쳐서 나는 파멸했다.
conjureur [kɔ̃ʒyrœːr] n.m. 재앙을 쫓는 자.
connais [kɔnɛ] ⇨connaître.
connaissable [kɔnɛsabl] a. 알 수 있는, 인식 가능한. L'absolu n'est pas ~. 절대 불가지(不可知)이다. —n.m. 인식 가능한 것.
:connaissance [kɔnɛsɑ̃ːs] n.f. ① 앎; (pl.) 지식. avoir une ~ précise de qc …에 대해 정확히 알고 있다. avoir une bonne ~ du français 프랑스어를 잘 알다. [~ en qc] enrichir ses ~s en histoire 역사에 관한 지식을 풍부히 하다. [prendre ~ de] prendre ~ d'une nouvelle 어떤 소식을 알게 되다. prendre ~ d'un texte 텍스트를 조사연구하다.
② 인식; 이해력(compréhension), 식별력(entendement, intelligence). théorie de la ~ 《철학》인식론. ~ sensorielle(intuitive, expérimentale, scientifique) 감각적(직관적·경험적·과학적) 인식. ~ du bien et du mal 선악의 식별. être en âge de ~ 철이 든 나이이다.
③ 의식, 지각(conscience). tomber[rester] sans ~ 의식을 잃고 있다. perdre[reprendre] ~ 의식을 잃다(되찾다).
④ 면식, 교우; (pl.) 지인, 지기. [faire la ~ de qn; faire ~ avec qn] Je suis très heureux de faire votre ~. 처음 뵙겠습니다(알게 되어서 매우 기쁩니다). J'ai déjà fait ~ avec lui. 나는 벌써 그 사람과 이사를 나누었다. visage(personne) de ~ 아는 얼굴(사람). vieille ~ 오래전부터 아는 사람. Ce n'est pas un ami, mais une simple ~. 그 사람은 친구가 아니라 그저 아는 사이일 뿐이다.
⑤《속어》그 여자.
⑥《법》재판권.
⑦ (pl.)《사냥》(사냥감의 종류·크기·나이 따위를 식별하는 데 도움이 되는) 표지, 실마리.
à la ~ de qn …이 알도록. porter qc à la ~ de qn …에게 …을 알리다. venir à la ~ de qn (어떤 사실이) …에게 알려지게 되다.
à ma ~ 내가 아는 한에 있어서는.
avoir ~ de qc ⓐ …을 알고 있다. ⓑ 《해양》(육지·배의 위치 따위를) 확인하다.
donner ~ de qc à qn …에게 …에 대해서 알리다(통지하다).
en ~ de cause ⓐ《법》재판권을 가지고. ⓑ 사정을 잘 알고. Je vous donne ce conseil en ~ de cause. 나는 사정을 잘 아는 입장에서 당신에게 충고합니다.
être en pays de ~ 그 내용[사정]을 잘 알고 있다.
faire ~ avec qc …을 (처음으로) 알게 되다, 체험하다. À cause du chômage, il a fait ~ avec les privations. 이러한 덕택에 그는 궁핍한 생활이 어떤 것인지를 알았다.
connaissant(e) [kɔnɛsɑ̃, -ɑ̃ːt] (p.pr.<connaître) a. 《옛》정통한.
gens à ce ~s《법》본건에 관한 전문가.
connais-e, -es, etc. [kɔnɛs] ⇨connaître.
connaissement [kɔnɛsmɑ̃] n.m.《해양·상업》선하증권(船荷證券), 선하 수송계약.
connaisseur(se) [kɔnɛsœːr, -øːz] (여성형은 드묾)

n. 전문가, 감정가, 정통한 사람. [~ en] être ~ en peinture moderne 현대미술의 전문가이다. juger [examiner] en ~ 전문가로서 감정하다. faire le ~; se donner l'air de ~ 전문가인 체하다.
—a. 전문가다운. d'un air[d'un œil] ~ 전문가다운 태도로[눈으로]. Elle est très ~se. 그녀는 그 분야에 통하고 있다.
:connaître [kɔnɛtr] 41 v.t. Ⅰ. [~ qn] ① (얼굴·이름을) 알고 있다. Je ne connais pas cet acteur. 나는 이 배우를 모른다 (이 배우에 대해 들은 적이 없다). Je ne la connais que de vue (de nom). 그녀에 대해서는 얼굴[이름]밖에 모릅니다. On connaît bien ce poète en Corée. 그 시인은 한국에 잘 알려져 있다.
② (사람을) 알다, (와) 면식[안면·교제]이 있다. ~ un ministre 장관을 알고 있다. Où l'avez-vous connue? 어디서 그녀를 알게 되었습니까? chercher à ~ un homme en vue 이름있는 사람을 사귀려고 힘쓰다. Je ne le connais plus.《구어》그와 일은 이제 모르겠다, 그와는 절교이다. ~ une femme 여자와 정을 통하다 (성적 표현).
③ (성격 따위를) 알고 있다. Je connais bien les enfants. 나는 아이들이 (어떻다는 것)을 잘 알고 있다. Vous ne me connaissez pas encore. 당신은 내가 어떤 사람인가를 아직도 모릅니다.
④ 식별하다. ~ qn à sa voix 목소리로 …인지 알다. ~ le coupable 범인을 식별하다.
⑤ (으로) 인정하다, 승인하다(admettre). [~ qn pour/comme/de] ~ qn pour un homme sincère …을 성실한 사람으로 인정하다. Il ne connaît de maître que lui-même. 그는 자신 이외에는 아무도 스승으로 인정하지 않는다 (전혀 남의 말을 듣지 않는 사람이다).
Ⅱ. [~ qc] ① 알고 있다. Je connais le nom de cet écrivain. 나는 이 작가의 이름을 알고 있다. On n'en connaît pas encore les résultats. 그 결과는 아직 모른다. [~ qc à qn] Je lui connais une grande ambition. 나는 그가 커다란 야심을 품고 있는 것을 알고 있다.
② (체험으로) 알다, 체험하다(éprouver); (장소에) 간 적이 있다. Connaissez-vous l'Italie? 이탈리아를 아십니까? (가보신 적이 있습니까?). ~ la faim 굶주림을 알다 (굶주려 본 적이 있다). ~ la prison 감옥에 들어간 적이 있다. Je n'ai jamais connu une telle jalousie. 나는 이런 질투심을 느껴 본 적이 없다.
③ (성질·기능 따위를) 알고 있다; (학문·기술 따위에) 정통해 있다. ~ le cœur des femmes 여자의 마음을 알고 있다. ~ son métier 자기의 직업에 정통해 있다. ~ l'anglais 영어를 잘하다. [ne pas ~ grand-chose/rien à] Je ne connais pas grand-chose à la politique. 나는 그 정치는 잘 모른다. Je n'y connais rien. 그 일은 전혀 모른다. (목적보어 없이) désir de ~ 지식욕.
④ (을) 갖다, 얻다; 겪다(subir). Il ne connaît pas la pitié. 그에게는 연민의 정이 없다. Ce film a connu un grand succès. 그 영화는 대성공을 거두었다. Cet homme a connu un sort misérable. 이 사람은 비참한 운명을 겪었다. ~ une grande popularité 인기가 있다. (주어는 사물) Sa charité ne connaît pas de bornes. 그의 자비심은 끝이 없다.
⑤ [ne ~ que] (만을) 고려하다, 인정하다. Il ne connaît que son intérêt. 그는 자기 이익밖에는 안중에 없다.
⑥ 의식하다. ~ le bien et le mal 선악을 가리다.
Connais pas!《구어》알 게 뭐야, 난 관계없어.
~ son monde 상대를 잘 알다.

en ~ un bout(un rayon) 《구어》정통하다, 상세히 알다. **faire ~ ... à qn** …에게 …을 알리다; …에게 …을 소개하다. *faire ~ un nouveau produit au public* 대중에게 신제품을 알리다. *Il m'a fait ~ son opinion.* 그는 나에게 자기 의견을 말해 주었다. *C'est lui qui m'a fait ~ Thérèse.* 그가 나에게 테레즈를 소개했다. **faire ~ à qn que + ind.** …에게 …을 알리다(전하다).
Je ne connais que ça. 그보다 더 좋은 것은 없다. *Une bonne pipe après le repas, je ne connais que ça.* 식사 후에 파이프 한 대 피우는 것 보다 좋은 것은 없지.
Je ne connais que lui(cela). 그 사람(그것)에 대해서는 잘 알고 있다.
la ~ dans les coins 《구어》사물에 정통하다.
ne pas ~ sa force 발끈하다, 자신을 잊다.
se faire ~ ⓐ이름을 대다. ⓑ유명해지다, 명성을 얻다. *Il s'est fait ~ par son premier roman.* 그는 처녀작으로 명성을 얻었다.
—*v.t.ind.* [~ de] …의 재판권을 갖다. *Ce tribunal ne connaît pas de cette affaire.* 이 법정은 그 사건의 재판권을 갖지 않는다.
—**se ~** *v.pr.* ① 자기 자신을 알다. Il faut bien *se ~* avant de choisir un métier. 직업을 택하기 전에 자신을 잘 알아야 한다. *Connais-toi toi-même.* 너 자신을 알라.
② 서로 알게되다(알고 있다). *Ils se sont connus à l'université.* 그들은 대학에서 사귀었다. *se ~ de vue* 서로 안면이 있다.
③ 식별되다. *L'arbre se connaît à ses fruits.* 나무는 그 열매로 식별된다.
④ [s'y ~ en] (에)정통하고 있다(s'y entendre). *Il s'y connaît en musique.* 그는 음악이라면 훤하다.
Ça se connaît. 《구어》곧 알게 된다.
ne plus se ~ 제정신이 아니다, 흥분하다. *Il ne se connaît plus.* 그는 (자신을 억제할 수 없을 만큼) 흥분해 있다.
ou je ne m'y connais pas 그것은 확실하다, 보증한다(앞에서 한 말을 다짐하는 말).
connard [kɔnaːr] *n.m.* =conard.
connasse [kɔnas] *n.f.* =conasse.
conne [kɔn] *n.f.* =con.
conné(e) [kɔne] *a.* ① 《동물》《의학》타고난, 선천적인. ② 《식물》(잎이)합생(合生)의.
conneau [kɔno] (*pl.* ~x)《속어》*n.m.* 바보, 얼간이 (conard).
—*a.* (불변) ~* 바보 같은, 바보 같이.
connecter [kɔnɛkte] *v.t.* 잇다, 결합시키다; 《기술》(전기 회로 따위에)접속하다.
connecteur [kɔnɛktœːr] *n.m.* ① 《전기》 코넥터, 접속기. ② 《논리》 명제연산자(命題演算子). ~ *propositionnel* 명제 결합자.
connectif(ve) [kɔ(n)nɛktif, -iːv] *a.* ①《결합하는.
—*n.m.* ① 《식물》 약포(葯胞). ② 《해부》 세로 연결(신경). ③ 《논리》 (명제 논리학에서)결합자, 《수학》 접속(연결)사.
connerie [kɔnri] *n.f.* ① 《속어》바보짓, 어리석음(imbécillité). *C'est de la ~!* 이건 바보같은 짓이다. *dire des ~s* 바보 같은 소리를 하다.
connétable [kɔnetabl] *n.m.* 《역사》① (1627년 폐지된)원수(元帥); 프랑스군 총사령관. ②《카페 왕조 때의》고관.
connétablie [kɔnetabli] *n.f.* 《역사》① conné-table의 직. ② (원수를 재판장으로 하는)군법회의, 군사재판.
connexe [kɔ(n)nɛks] *a.* ① 결합된, (밀접)관계가 있는. *assurances sociales et services ~s* 사회보장 및 관련업무. ② 《식물》(잎이)합생의. ③ 《법》(사건이)부대(附帶)의; 유사의. *causes ~s* 부대소송. ④ 《수학》(면 따위가)연결된.
connexion [kɔ(n)nɛksjɔ̃] *n.f.* ① 결합, 연결, 관련, 밀접한 관계(liaison, enchaînement). *~ des événements* 사건들의 연계. *machine à ~ directe* 직동기관(直動機關). ② 《전기》 접속, 결선(結線). ③ 《수학》 연결.
connexité [kɔ(n)nɛksite] *n.f.* ① 관련, 밀접한 관계, 결합(rapport, liaison). *~ entre la sociologie et la psychologie* 사회학과 심리학과의 연관. ② 《법》관련성.
con(n)il [kɔnil] *n.m.* 《옛》토끼(lapin).
con(n)in [kɔnɛ̃] *n.m.* =con(n)il.
connivence [kɔ(n)nivɑ̃ːs] *n.f.* (몰래)서로 짜기, 공모; 《옛》묵인, 묵허. *être(agir) de ~ avec qn* …와 공모하고 있다(짜고 행동하다).
connivent(e) [kɔ(n)nivɑ̃, -ɑ̃ːt] *a.* 《생물》(꽃잎 따위의)끝이 가까이 접해 있는. *feuilles ~es* 복합엽. *ailes ~es* 복합시(翅).
conniver [kɔ(n)nive] *v.i.* ① [~ avec] (와)공모하다. ② [~ à] (을)눈감아주다, 묵과하다.
connotatif(ve) [kɔ(n)nɔtatif, -iːv] *a.* ①《논리》내포된. ②《언어》(한 단어·진술에 내포하는)암시적(주관적) 의미의, 공시(共示)의.
connotation [kɔ(n)nɔtasjɔ̃] *n.f.* ①《논리》내포 (하나의 개념에 포함되는 속성). ②《언어》암시적(주관적) 의미, 공시.
connoter [kɔ(n)nɔte] *v.t.* 《논리》내포하다; 《언어》공시적인, 내포된 의미를 나타내다.
connt 《약자》connaissance 《상업》선하증권.
connu(e) [kɔny] (*p.p.*<*connaître*) *a.p.* ① (잘)알려진, 유명한; 혼해빠진. *C'est une nouvelle ~e de tout le monde.* 모두가 알고 있는 뉴스이다. *Ça, c'est ~ !* 그건 뻔한 거야(*C'est bien ~ !*). *auteur ~* 유명한 작가. *plaisanterie ~e* 진부한 농담. ② (존재가)알려져 있는, 발견된. *monde ~* 기지(旣知)의 세계.
Air ~ ! 그것은 흔히 들려대는 이유(변명)이다.
être en pays(terrain) ~ 상황을 잘 알고 있다. *Quand il s'agit de musique il est en terrain ~.* 음악에 관한 것이라면 그의 분야이다.
ni vu ni ~ 《구어》알려지지 않게, 비밀히. *Il est parti, ni vu ni ~.* 그는 아무도 모르게 떠났다.
—*n.m.* 기지(旣知)(의 사실).
connu-s, -t [kɔny] ⇨connaître.
conoïdal(ale, *pl.* aux) [kɔnɔidal, -o] *a.* 원뿔꼴의, 원뿔꼴 비슷한.
conoïde [kɔnɔid] *a.* 원뿔꼴의, 원추형의.
—*n.m.* 원추체; 《수학》 원추곡선체.
conopée [kɔnɔpe] *n.m.* 《가톨릭》성궤(tabernacle)의 덮개.
conque [kɔ̃ːk] *n.f.* ① 《패류》 소라고둥; 고둥모양의 장식. ② 《그리스신화》 (해신 트리톤(*Triton*)의)소라고둥. ③ 《해부》 이각(耳殼); 이개(耳介). ④ 《건축》 (교회당의 뒤쪽으로 빠져 나온 후진(後陣)(abside)의) 둥근 지붕; 후진.
conquérant(e) [kɔ̃kerɑ̃, -ɑ̃ːt] *a.* ① 정복하는. *peuple ~* 정복 민족. *ambition ~e* 정복욕. ② 당당한, 의기양양한. *avec un air ~* 자신만만하게, 의기양양하게. ③ (사람·이성의 마음을)빼앗는, 매료하는.
—*n.* 정복자; (특히)이성의 정복자. *rentrer chez soi en ~* 의기양양한 태도로 돌아오다. *~ des cœurs* 여성을 유혹하는 사람, 돈황, 엽색가.
conquérir [kɔ̃keriːr] [15] *v.t.* ① 정복하다, 쟁취하다(soumettre, vaincre). *~ un empire* 제국을 정복

하다. **(**목적보어 없이**)** ambition de ~ 정복욕. ~ le pouvoir **(**비유적**)** 권력을 정복하다. ~ un marché 시장을 정복하다. ② (존경심·애정 따위를) 획득하다; (사람의) 마음을 끌다, (여자를) 정복하다. ~ le droit de cité de ses supérieurs 상관의 신임을 얻다. ~ une femme 여자의 마음을 정복하다.
— **se** ~ *v.pr.* 쟁취 [획득] 되다; 정복되다.

conquet [kɔ̃kɛ] *n.m.* (수확한 포도를 담는) 큰 통.

conquêt [kɔ̃kɛ] *n.m.* 【법】 취득재산.

conquête [kɔ̃kɛt] *n.f.* ① 정복, 쟁취; 정복지. faire la ~ d'un pays 한 나라를 정복하다. ~ de l'espace [de l'air] 우주 [하늘] 의 정복. étendre ses ~s 판도를 넓히다. ~ d'une vraie liberté 참다운 자유의 획득. ③ (사람의 마음을) 빼앗기, 매료. faire la ~ de *qn* ···의 마음을 사로잡다, ···의 마음에 들다. ④ 새 것으로 만든 여자 [남자]. Tu as vu sa dernière ~ ? 저 녀석의 새 애인을 보았나 ?

conquier-s, -t, *etc.* [kɔ̃kjɛːr] ⇔conquérir.

conquis(e) [kɔ̃ki, -iːz] (*p.p.*<conquérir) *a.p.* ① 정복된, 쟁취된. ville ~e 정복된 도시. se conduire comme en pays ~ (정복한 나라에서처럼) 제멋대로 [난폭하게] 행동하다. ② 매료된, 유혹된. femme ~e 새 것으로 만든 여자.

conquistador(*pl.* ~**s,** [kɔ̃kistadɔːr, -ɔrɛs] [에스파냐어] *n.m.* 【역사】 콘키스타도르 (16세기에 멕시코·페루를 정복한 에스파냐인들의 호칭).

consacrant [kɔ̃sakrɑ̃] 【가톨릭】 *a.m.* évêque ~ 서품주교 **(**서품 (ordre) 을 주례하는**)**. prêtre ~ 집 전사제 (미사 때 빵과 포도주를 축성하는**)**.
— *n.m.* évêque [prêtre] ~.

consacré(e) [kɔ̃sakre] *a.p.* ① 축성된. hostie ~e 축성된 빵. église ~e 축성된 교회. homme ~ 범하지 못하는 사람 (사제·수도자 따위**)**. ② [~ à] (에) 바쳐진, 할당된. vie ~e à la littérature 문학에 바쳐진 인생. dépenses ~es aux livres 도서에 할당된 지출. ③ (정당한 것으로) 인정된; 정식의. expression ~e par l'usage 관용적으로 인정된 표현.

*****consacrer** [kɔ̃sakre] *v.t.* ① 【기독교】 축성하다; 《문어》 신성화하다, 신성시하다. ~ une église [l'hostie] 교회 [빵] 을 축성하다. ② [~ *qc* à ···] (에 ···을) 바치다. 봉헌하다 (vouer, destiner); 할 당하다 (accorder). ~ un temple à Jupiter 주피터에게 신전을 봉헌하다. ~ son énergie à une tâche 어떤 일에 정력을 쏟다. ~ sa jeunesse à l'étude 젊음을 연구에 바치다. Combien de temps pouvez-vous me ~? 저에게 시간을 얼마나 내주실 수 있읍니까? ③ (영속적으로) 확립하다; 정당한 [정식의] 것으로 하다, 인정하다. ~ le souvenir des morts de la guerre 전몰자를 영원히 기리다. ~ un abus 오용 (誤用) 을 옳은 것으로 인정하다. L'usage *consacre* des mots nouveaux. 신어는 관용법으로써 인정받는다.
— **se** ~ *v.pr.* [se ~ à] (에) 몸을 바치다; 몰두하다. Il *se consacre* entièrement à ce projet. 그는 전적으로 이 계획에 몰두하고 있다.

consanguin(e) [kɔ̃sãgɛ̃, -in] *a.* 부계 (父系) 의; (부계) 근친의. frère ~ 이복형제, sœur ~e (배다른) 자매. parents ~s au quatrième degré 【법】 부계 4 촌의 친족. mariage ~ 【법】 근친 결혼. croisement ~ 【생물】 근친 교배.
— *n.* 부계 혈족, 배다른 형제 [자매].

consanguinité [kɔ̃sãgɥinite] *n.f.* (부계) 혈족관계; 【생물】 근친교배.

consciemment [kɔ̃sjamã] *ad.* 의식하고, 의식적으로, 일부러.

‡conscience [kɔ̃sjãːs] *n.f.* ① 의식, 자각. ~ de soi-même 자의식. ~ sociale 사회의식. ~ collective 집단의식. ~ de classe 계급의식. [avoir ~ de *qc*/de+*inf.*] Il a ~ de son talent. 그는 자기의 재능을 의식하고 있다. Il n'a pas ~ d'avoir commis une faute grave. 그는 중대한 과오를 범했다는 사실을 모르고 있다. prendre ~ de *qc* ···을 자각하다 [깨닫다]. prise de ~ de *qc* ···에 대한 자각 [인식]. ② 정신, 의식. perdre ~ 의식을 잃다, 실신하다. reprendre ~ 의식을 되찾다, 다시 정신이 들다. ③ 양심; 신앙. avoir de la ~ 양심적이다. agir selon [contre] sa ~ 양심에 따라 [어긋나게] 행동하다. avoir la ~ en paix [en repos]; avoir la ~ nette [tranquille] 양심에 거리낄 것이 없다 (avoir bonne ~). homme de ~ 성실한 사람. affaire de ~ 양심의 문제. examen de ~ 양심의 규명. liberté de ~ 신앙의 자유. opprimer les ~s 신앙의 자유를 탄압하다. ④ (속어) 밥통, 위. Cela me reste sur la ~. 위에 걸려 있다 [마음에 거리끼어서 가시지 않는다]. ⑤ 【인쇄】 시간제 노동 (travail en ~).

avoir bonne [*mauvaise*] ~ 양심에 거리낌이 없다 [가책을 느끼다].

avoir qc sur la ~ ···이 양심을 거리끼게 하다, 마음에 걸리다.

dire tout ce qu'on a sur la ~ 마음 속에 있는 것을 전부 털어놓다.

en (*bonne*) ~ 양심에 거리낌 없이; 솔직히 말해서. En ~, je me sens un peu responsable de cette affaire. 솔직히 말해서 이 일에 조금은 책임을 느낍니다.

en avoir gros sur la ~ 양심에 크게 가책을 느끼다.

en mon âme et ~ ; *dans ma* ~ 양심에 맹세코, 정 직하게 (en toute sincérité).

la main sur la ~ 가슴에 손을 얹고; 솔직하게, 정 직하게.

peser sur la ~ (최악의) 마음을 괴롭히다. 닁큼.

se donner bonne ~ **(**경멸**)** 자기의 양심을 속이다.

sur mon honneur et ~ (배심원이 판결을 내릴 때 선서하며) 명예와 양심을 걸고.

consciencieusement [kɔ̃sjãsjøzmã] *ad.* 양심적으로, 정직하게, 성실히.

consciencieux(se) [kɔ̃sjãsjø, -øːz] *a.* (사람·일이) 양심적인, 성실한, 정직한, 정직한 (honnête, ↔malhonnête). — *n.m.* ① 시간제로 일하는 식자공 (植字工). ② (*pl.*) 【종교사】 양심파.

conscient(e) [kɔ̃sjã, -ãːt] *a.* ① 의식적인; 의식을 가진. efforts ~s 의식적인 노력. être ~ 의식을 가진 존재 (인간). travailleur ~ et organisé 의식화된 조직 노동자. ② [~ de] (을) 의식한, 자각한. être ~ de ses responsabilités 자기의 책임을 자각하다.
— *n.m.* 의식.

conscientisation [kɔ̃sjãtizasjɔ̃] *n.f.* (제 3 세계의 교육자·종교가가 행하는 민중의) 자각촉진 [의식고양] 운동, 의식화 운동.

conscriptible [kɔ̃skriptibl] 【군사】 *a.* 병역 의무가 있는. — *n.m.* 병역 의무자.

conscription [kɔ̃skripsjɔ̃] *n.f.* 【군사】 징병, 모병. tirer [tomber] à la ~ 징병 추첨을 하다 [에 걸리다].

conscriptionnaire [kɔ̃skripsjɔnɛːr] *n.m.* 징집된 병사. [한.

conscriptionnel(le) [kɔ̃skripsjɔnɛl] *a.* 징병에 관

conscrit(e) [kɔ̃skri] *n.m.* 【군사】 징병 적령자; 신병. ②【구어】 풋나기, 무경험자; 【학교】 신입생.
se faire avoir comme un ~ 쉽사리 속아 넘어가다.
— *a.* pères ~s 【고대로마】 원로원 (元老院) 의원.

consécration [kɔ̃sekrasjɔ̃] *n.f.* ① (신에 대한) 봉헌; 【가톨릭】 (미사중의 빵과 포도주의) 변화지

례; (주교의)서품(식); 성별(聖別). ~ d'une église 교회의 성별(헌당식). ~ d'un évêque 주교의 서품(식). ②(용어·관습 따위의)인정, 용인. ~ de l'usage 관습의 용인[확립]. Son succès est la ~ de son talent. 그의 성공에 의해 그의 재능은 널리 인정되었다. avoir la ~ du temps 시간의 심판을 견디어내다.

consécutif(ve) [kɔ̃sekytif, -i:v] *a*. ① 뒤이어 계속되는, 연속되는. pendant trois mois ~s 3개월 계속해서. ② 결과로서의, 결과를 나타내는(causé, entraîné). 〖의학〗속발(續發)의. phénomènes ~s à une maladie 병후에 일어나는 현상. ③ proposition ~ve 〖어ㅇ〗결과절; quinte ~ve 〖음악〗병행 5도; image ~ve 〖심리〗잔상(殘像).

consécution [kɔ̃sekysjɔ̃] *n.f.* 인과관계; 계기(繼起). mois de ~ 〖천문〗태음월(太陰月). ~ empirique 〖논리〗경험적 인과관계.

consécutivement [kɔ̃sekytivmɑ̃] *ad*. ① 뒤이어; 연달아, 계속해서 (coup sur coup). Il eut ~ deux accidents. 그는 연달아 사고를 두 번 겪었다. ② [~ à](의)결과로. ~ à la hausse des prix 물가 상승의 결과로서.

consécutrice [kɔ̃sekytris] *a.f.* image ~ 〖심리〗잔상, 잔영(殘影)(image consécutive).

‡**conseil** [kɔ̃sɛj] *n.m.* ① 충고, 권고, 조언. donner [demander] ~ à qn …에게 조언을 하다[구하다]. suivre un ~ 충고를 따르다. écouter les ~s de la raison 이성의 소리에 귀를 기울이다. homme de bon ~ 신뢰할만한 조언자, 분별 있는 사람. être de bon ~ 사려깊다, (조언자로서)신뢰할 만하다. ②(옛)결의, 결심; (*pl.*) 섭리. (주어느 사람가) 그 일에 대한 결심이 섰다. ~s de Dieu 하느님의 뜻. ③ 조언자, 상담역, 고문; 〖법〗보좌인, 변호인. ingénieur(avocat)-~ 고문기사(변호사인). esthéticienne-~ 미용 상담녀. ~ judiciaire 후견인. ~ fiscal 세무 상담원. ④ 회의, 이사회, 심의회. réunir(assembler) un ~ 회의를 소집하다. président du C~ 총리대신, 수상. chambre du C~ 회의실. ~ d'administration 이사회. ~ de famille 가족회의. ~ d'université 대학평의회. ~ des professeurs 교수회. ~ de guerre 〖군사〗군사회의. C~ de la République (1946년의 신헌법에 의한 프랑스의)공화 국회(참의원에 해당함). ~ de préfecture 도(道)의회. C~ des Anciens 〖프랑스사〗원로원(元老院). ~ de révision 징병심의회. C~ de direction du Fonds monétaire international 국제통화기금(IMF)이사회. C~ de Sécurité (국제연합의)안전보장이사회, ~ des ministres (대통령 임석의)각의. C~ d'État 참사원(參事院); 최고 행정재판소. C~ économique 경제 평의회. C~ municipal 시(市)의회. *donneur de ~s* 남의 뒷바라지하기를 좋아하는 사람. *La nuit porte ~*. 〖속담〗밤이 되면 [하룻밤 자고 나면] 좋은 생각이 떠오르는 법이다. *prendre ~ de son bonnet de nuit* 하룻밤 곰곰히 생각하다. *tenir ~* 회의를 하다.

conseillable [kɔ̃sɛjabl] *a*. 권할 수 있는.

*****conseiller**[1] [kɔ̃sɛ[e]je] *v.t.* 충고하다, 조언하다; 권하다(recommander). [~ *qc à qn*] Je te *conseille* la patience. 인내심을 가지라고 자네에게 충고하겠네. [~ à *qn de*+*inf.*] J'ai *conseillé* à Jean *de* rester. 나는 장에게 남아 있으라고 권했다. (주어느 사람가) La prudence me *conseille de* me taire. 나는 잠자코 있는 것이 신중할 듯하다. [~ *qn*] ~ un ami dans l'embarras 곤경에 처해 있는 친구에게 조언을 주다. Tu *as été* mal *conseillé*. 너는 좋지 못한 조언을 들었다[코치를 받았다].

—*se* ~ *v.pr*. ① 스스로에게 상담하다; 스스로에게 권하다. Une semblable chose ne *se conseille* pas. 이런 일은 권할 수 없는 일이다. ③ (상호적)서로 충고하다. ④(옛)[se ~ à](에)상담하다. *se* ~ *au Ciel* 하늘에 조언을 구하다.

conseiller[2]**(ère)** [kɔ̃sɛ[e]je, -sɛjɛːr] *a*. 충고하는, 권고하는.
—*n.* ① 충고자, 조언자; 고문. ~ technique[juridique] 기술[법률] 고문. ~ du travail (대기업의)후생 고문. ~ des grâces[des dames] (옛)거울. ② 의원, 참사, 심의원. ~ général; ~ de préfecture 도의회의원, 도의원. ~ municipal 시[읍·면]의회의원. ~ d'ambassade 대사관 참사관. ~ à la cour d'appel[de cassation] 〖법〗고등법원 판사.
—*n.f.* 여자의원; 의원 부인.

conseilleur(se) [kɔ̃sɛjœːr, -øːz] *n.* 충고자, 조언자, 권고자, 상담역.

consensuel(le) [kɔ̃sɑ̃sɥɛl] *a*. 〖법〗합의상의, 합의로 성립된. contrat ~ 낙성(諾成)계약.

consensus [kɔ̃sɛ̃sys] (라틴) *n.m.* 합의 ②〖생리〗교감(交感). par le ~ commun(〖옛〗omnium) 만장일치로, 여러 사람의 동의로.

consentant(e) [kɔ̃sɑ̃tɑ̃, -ɑ̃:t] *a*. ①〖법〗승인하는, 동의[합의]하는. ② (*f.*)〖문어〗(남자의 뜻에) 응하는.

consentement [kɔ̃sɑ̃tmɑ̃] *n.m.* 동의, 승인(accord, approbation); 〖법〗합의. donner son ~ à *qc* …에 동의하다. se marier sans le ~ de ses parents 부모의 승낙을 받지 않고 결혼하다. ~ exprès (tacite) (구두·서면으로)표명된[암암리의] 동의. *par le ~ universel; du ~ de tous* 전원일치로, 만장일치로.

consenti(e) [kɔ̃sɑ̃ti] *a.p.* ① 합의된, 수락된. disciplines librement ~es 자유의지로 수락된 규율. ② (돛대 따위가)휜.

*****consentir** [kɔ̃sɑ̃tiːr] [18] *v.t.ind.* [~ à] …을 동의[승낙]하다. ~*au mariage* 결혼을 승낙하다. J'y *consens* avec plaisir. 그 일에 기꺼이 동의하오. [~ à+*inf.*/(à ce) que+*sub.*] Je ne *consentirais* jamais à lui causer des peines. 그에게 아픔을 주는 일은 결코 하지 않을 것이오. Il *consent à ce que* je parte. 그는 내가 떠나는 것에 동의한다.
—*v.i.* 〖해양〗(돛 따위가)휘다, 구부러지다. Ce mât a fortement *consenti*. 이 돛은 몹시 휘었다.
—*v.t.* ① [~ que+*sub.*] (…하는 것에)동의하다. Je *consens que* vous partiez. 당신이 떠나는 것에 동의합니다. ② 허가하다, 승인하다(autoriser). ~ une vente[un délai] 매각[유예]을 허가하다. ~ une avance d'argent 선불해주다. ③(옛)동의하다; 인정하다. ~ un projet 어떤 계획에 동의하다. *vérité consentie par tous* 만인이 인정하는 진리.

conséquemment [kɔ̃sekamɑ̃] *ad*. 〖옛〗따라서, 그 까닭에, 그 결과로서(par suite, en conséquence); 〖옛〗시종일관하여.
~ *à qc* …의 결과로서, …에 따라서.

*****conséquence** [kɔ̃sekɑ̃:s] *n.f.* ① 결과(résultat, ↔cause). graves ~s 중대한 결과. Cette affaire aura pour ~ que … 이 사건은 …하는 결과를 초래할 것이다. proposition subordonnée de ~ 〖어ㅇ〗결과 종속절. ② 결론, 귀결(conclusion, déduction). tirer une ~ de *qc* …로부터 결론을 얻다[끌어내다]. ③ (영향의)중대성, 중요성. homme sans[de peu de] ~ 영향력이 작은 사람, 보잘것 없는 인물; 믿을 수 없는 사람. ④ (추론·행동 따위의)일관성.
de ~ 〖옛·문어〗중대한, 중요한. personne *de ~* 중

요한 인물.
de la dernière ~ 가장 중대한. affaire *de la dernière* ~ 중차대한 사건[일].
en ~ 그런 까닭에, 따라서(par conséquent). Nous devons partir avant le jour: *en* ~, levons-nous à quatre heures. 우리는 해뜨기 전에 떠나야 합니다. 그러므로 4시에 일어납시다.
en ~ *de* …의 결과로서; …에 따라서. agir *en* ~ *de* vos ordres 당신의 명령에 따라 행동하다.
tirer à ~ 중례가 되다[구어]중대한 결과를 가져오다. Cela ne *tire pas à* ~. 그것은 상관 없다, 지장 없다. Cela *tire à* ~. 그것은 중대한 일이다.

*conséquent(e) [kɔ̃sekā, -āːt] *a.* ① 논리적인 필연성을 지닌, 일관성 있는, 합리적인(logique, ↔absurde); 【논리】필연적인. être ~ dans sa conduite 행동에 일관성이 있다. esprit ~ 시종 일관된 정신. ② [~ avec/à] (와)일치된, 합치된, 모순되지 않은(conforme à). conclusion ~ *e aux* prémisses 전제와 합치된 결론. acte ~ *à* ses principes 자신의 원칙에 어긋나지 않는 행위. Il n'est pas ~ *avec* lui-même. 그는 자가당착(모순)에 빠져 있다. ③ 【속어】중대한, 중요한(considérable). ④ (partie) ~*e* 【음악】(둔주곡의)응답부(réponse); terme ~ 【논리】(생략 삼단논법의)후건(後件).
—*n.m.* 【논리】후건; 【수학】후항(後項).
par ~ 그러므로, 따라서, 그런고로. Il pleut, *par* ~ le projet de promenade est abandonné. 비가 오고 있다, 따라서 산책 계획은 포기된다.

conséquentiel(le) [kɔ̃sekāsjɛl] *a.* 결과로서 일어나는, 결과로서 야기되는.

conservable [kɔ̃sɛrvabl] *a.* 보존할 수 있는, 보존이 가능한.

conservateur(trice) [kɔ̃sɛrvatœːr, -tris] *n.* ① 보수주의자, 보수당원. C~ (영국의)보수당원. ② 보관인, 관리자; (도서관·박물관의)관장, 학예연구원. ~ des eaux et forêts 산림관리부장. ~ des hypothèques 등기사(士). ③ 【문학사】C~ (1818–1820)에 걸쳐 *Chateaubriand* 등이 편집자가 되기까지; C~ littéraire (1819–1821)에 걸쳐 V. Hugo가 주관한 문학지.
—*n.m.* ① (식품의)방부제. ② (냉동된 식품을 보관하는)냉동고.
—*a.* ① 보수적인, 보수주의의. parti ~ 보수당. ② 보존하는. produit ~ (식품)보존용 방부제. ③ transformation ~*trice* de structure 【언어】구조보존의 변형.

conservatif(ve) [kɔ̃sɛrvatif, -iːv] *a.* 보관(보존)의, 보관을 목적으로 하는. règlement ~ 보관규정.

conservation [kɔ̃sɛrvasjɔ̃] *n.f.* ① 보존, 저장; 보관, 유지. ~ par le froid (식료품의)저온에 의한 보존. veiller à la ~ d'un monument 기념건조물의 유지를 돌보다. instinct de ~ 자기보존본능, 생존본능. ~ de l'énergie[de la masse]【물리】에너지[질량]보존. ~ du mouvement du centre de gravité 【물리】질량 중심의 운동보존. ② 보존상태; 관리자의 직; 보관소. statue d'une belle ~ 잘 보존된 동상. ~ des hypothèques 등기소. ~ forestière 산림관리구역. ③ 【정치】보수. esprit de ~ 보수(주의적)정신. politique de ~ 보수정책.

conservatisme [kɔ̃sɛrvatism] *n.m.* 보수주의.

conservatoire [kɔ̃sɛrvatwaːr] *a.* 보호하는. acte (mesure) ~ 【법】보존행위(처분).
—*n.m.* 박물관; (음악·미술 따위)학교. C~ des arts et métiers 공예학교. C~ national supérieur de musique 국립 고등 음악학교. C~ national d'art dramatique 국립 연극학교.

*conserve [kɔ̃sɛrv] *n.f.* ① 절여서 저장한 음식; 통조림. boîte à[de] ~ 통조림 통. viande en[de] ~ 통조림 고기. musique en ~ 레코드 음악. mettre en ~ 통조림으로 만들다. ② (*pl.*)색안경, 선글라스. ③ 【인쇄】(재판을 위해 보존하는)조판, 보판. ④ (옛)(배와 동행하는)호위선.
de ~ 《구어》같이, 함께. naviguer *de* ~ 【해양】같은 항로를 따르다, 같은 길을 가다. aller[agir] *de* ~ avec *qn* …와 동행하다(공동보조를 취하다).

conservé(e) [kɔ̃sɛrve] *a.p.* 보존된; 유지된. documents mal ~*s* 잘못 보존된 문서. personne bien ~ 《비유적》(나이에 비해)젊어보이는 사람, 곱게 늙은 사람.

*conserver [kɔ̃sɛrve] *v.t.* ① 저장하다, 보존하다, 보관하다; 관리하다. ~ de la viande 고기를 저장하다. ~ le double de cette lettre 그 편지의 사본을 보관하다. ② (목적보어는 추상명사)유지하다, 간직하다(garder); [~ *qn*] (의 생명을)지키다. ~ la santé 건강을 유지하다. *J'ai conservé* votre souvenir. 나는 당신을 기억하고 있다. ~ un secret 비밀을 간직하다. ~ sa tête; ~ son sang-froid 침착성을 잃지 않다. Je prie Dieu qu'il vous *conserve*. 하느님이 당신을 지켜주시기를 빕니다. ③ (안경·외투·모자 따위를)벗지 않다(garder). ④ ~ un navire 【해양】다른 배와 동행(同航)하다. ⑤ ~ une forme 【인쇄】(인쇄 후에)조판을 보존하다, 보관하다.
—*se* ~ *v.pr.* ① [se ~+속성] 자기 자신을 …의 상태로 유지하다; (물건이)…의 상태로 보존되다. *se* ~ pur 자기 마음을 순결하게 가지다. *se* ~ dans un poste 자기 지위를 보존하다. ② 보존되다, 저장이 가능하다. fruits qui ne *se conservent* pas 저장이 불가능한 과일. ③ 몸을 아끼다, 건강에 유의하다. *Conservez-vous* bien. 몸조심 하시오. ④ 《se ~ 간접목적보어》 자기를 위해 …을 남겨두다. *se* ~ le meilleur lit 자기 몫으로 제일 좋은 침대를 잡아두다.

conserverie [kɔ̃sɛrv(ə)ri] *n.f.* 통조림 제조(공장).

*considérable [kɔ̃siderabl] *a.* ① 무시할 수 없는, 상당한, 중요한, 중대한(important). C'est un personnage ~. 그 분은 매우 중요한 인물이다. Cette pièce a obtenu un succès ~. 이 희곡은 대성공을 거두었다. ② (금액·수량 따위가)막대한, 많은 (↔insignifiant). pertes ~*s* en hommes et en matériel 막대한 인적·물적 손실. sommes ~*s* 거액. dépense ~ 막대한 지출. temps ~ 장시간.

*considérablement [kɔ̃siderabləmã] *ad.* 매우, 몹시, 막대하게, 엄청나게(beaucoup).

considérant [kɔ̃siderā] *n.m.* 《보통 *pl.*》【법】(법조문·판결문의)전문(前文), 서언(序言).

*considération [kɔ̃siderasjɔ̃] *n.f.* ① 검토(examen). demander une longue ~ 오랜 검토를 요하다. ② (*pl.*) 고찰(réflexion); 의견(observation). se perdre en ~*s* philosophiques 철학적 성찰에 몰입하다. présenter des ~*s* sur *qc* …에 대한 의견을 제시하다. ③ 고려, 배려. être digne de ~; mériter ~ 고려해 볼 만하다. apporter de la ~ à *qc* …에 신경을 쓰다, 주의하다. agir avec[sans] ~ 분별있게[무분별하게] 행동하다. ④ (동기가 되는) 생각, 이유. Ces ~*s* l'ont porté à partir. 이러한 생각[이유] 때문에 그는 떠나게 되었다. ⑤ 존경, 경의(estime, respect). jouir de la ~ de ses collègues 동료들의 존경을 받다. avoir de la ~ pour *qn* …을 존경하다. avoir de la ~ de son chef 상사로부터 평가받다. homme de ~ 《옛》존경받는 사람. Ceci est de peu de ~. 그것은 그다지 중요하지 않다. Agréez l'assurance de ma ~ distinguée. 경백(敬白), 경구.
en ~ *de* …을 고려[참작]하여(en raison de). relâ-

cher qn en ~ de son grand âge 고령을 감안해서 …을 석방하다.
par ~ pour ~ qn; 《예》 **à la ~ de** qn …을 생각해서.
prendre [**mettre, faire entrer**] qc **en ~** …을 참작 [고려]하다.
prise en ~ d'un projet de loi 법안의 심의개시.
considéré(e) [kɔ̃sidere] *a.p.* ① 신중한. homme peu ~ 경솔한 사람. ② 《예》 존경받는.
considérément [kɔ̃sideremɑ̃] *ad.* 《예》 신중하게, 조심성 있게.
*****considérer** [kɔ̃sidere] ⑥ *v.t.* ① 주시하다, 관찰하다(observer). ~ qn bien en face …의 얼굴을 정면으로 쳐다보다. ② 고려하다, 고찰하다(examiner). ~ une affaire sous tous ses aspects 문제를 다각적으로 고찰하다. ③ 《예》 존경하다, 중히 여기다(estimer, révérer, ↔dédaigner). spécialiste que l'on *considère* beaucoup 매우 존경받는 전문가. ④ 여기다, 간주하다. [~ qn/qc comme+속사] Ils le *considèrent* **comme** un père. 그들은 그를 아버지처럼 여기고 있다. Je *considère* cette réponse *comme* un refus. 나는 이 대답을 거절의 뜻으로 간주한다.
à tout ~ ; tout bien considéré 모든 것을 다 검토한 결과, 잘 생각해 본 즉. ***considérant que…*** 《법》 …인 까닭에, …임에 비추어.
—se *v.pr.* ① 자신을 바라보다. ② 스스로를 존경하다 (상호적) 서로 존경하다. ③ [se ~ comme+속사] 자기를 …로 간주하다. se ~ *comme* un poète 자신을 시인으로 생각하다. se ~ *comme* un poète 자신을 시인으로 생각하다. ④ 검토[고찰]되다. Tout doit se ~. 모든 것이 검토되어야 한다.
consignataire [kɔ̃siɲatɛːr] *n.m.* 《법》 《공탁금의》 수탁자(受託者). 《상업》 《상품의》 수탁자, 수하인(受荷人), 위탁판매인.
consigna*teur*(*trice*) [kɔ̃siɲatœːr, -tris] *n.* 《상업》 위탁인, 하송인(荷送人).
consignation [kɔ̃siɲasjɔ̃] *n.f.* ① (돈의) 공탁; 공탁금, 보증금. ~ d'un cautionnement 신원 보증금의 공탁. caisse de dépôts et ~s 공탁소. faire une ~ au greffe 법원에 보증금을 공탁하다. ② 《상업》 위탁; 위탁품. marchandises en ~ 위탁된 상품. envoyer qc à qn en ~ …에게 …을 위탁하다.
consigne [kɔ̃siɲ] *n.f.* ① 《군사》 명령, 보초수칙; (보초의) 군호(軍號); (일반적인 뜻의) 명령; 지시 (instruction, mots d'ordre). observer(respecter, appliquer) la ~ 명령을 지키다(따르다, 실행에 옮기다). violer(manquer à) la ~ 명령을 어기다. [avoir pour ~ de+*inf.*] J'ai pour ~ de lui remettre ces dossiers. 나는 이 서류를 그에게 전하라는 지시를 받았다. ② 《군사·학교》 금족(禁足)령; 외출금지. soldats en ~ 외출금지령을 받은 병사들. infliger trois jours de ~ à un soldat 병사에게 3일간 외출금지의 벌을 내리다. ③ 《군사》 위병소; 《해군》 하급자대기실. ④ 《철도》 (정거장의) 수하물 보관소. déposer[mettre] ses bagages à la(en) ~ 짐을 수하물 보관소에 잠시 맡기다. ~ automatique (역·공항 등의) 코인로커. ⑤ (세관 등에서의) 상품의) 차압. marchandises en ~ à la douane 세관에 차압된 상품들. ⑥ (상품 따위의) 위탁금, 보증금; 위탁된 물건. ⑦ armoires-~s(역 등의) 코인라커; garages-~s (역의) 객차용 정차장.
être de ~ 근무 중이다.
forcer la ~ 《군사》 보초선을 돌파하다; 《구어》 억지로 밀고 들어가다.
Je ne connais que la ~. 《구어》 명령은 따라야 한다, 명령은 명령이다.
manger la ~ 《구어》 명령을 망각하다.
consigner [kɔ̃siɲe] *v.t.* ① (돈을) 공탁하다; (상품을) 위탁하다; (짐 따위를) 맡기다. ~ de l'argent [une somme] 돈[어떤 금액]을 공탁하다. ~ des bagages 수하물을 (보관소에) 잠시 맡기다. ~ des marchandises 상품을 위탁하다. ② (병·상자 따위에 대해) 보증금을 받다. ~ 50 centimes chaque bouteille 한 병에 50 상팀의 보증금을 떼다. emballages non *consignés* 보증금이 계상되지 않은 포장용구. ③ 기입하다, 기록하다(enregistrer). ~ une réflexion sur un carnet 수첩에 어떤 생각을 적어두다. ~ qc au procès-verbal …을 조서(調書)에 기록하다. ④ (병사·학생을) 금족에 처하다, 외출금지시키다. Les troupes sont *consignées*. 군대는 대기 중에 있다. ~ un élève indiscipliné 규칙을 어긴 학생을 (방과 후에) 남게 하다. ⑤ (세관이 물품을) 압류하다. marchandises *consignées* par la douane 세관에 압류된 상품들. ⑥ (어떤 장소의) 출입을 금하다. ~ un cabaret 카바레 출입을 금하다.
~ sa porte à qn; ***~*** qn ***à sa porte*** …의 면회를 사절하다.
consistance [kɔ̃sistɑ̃ːs] *n.f.* ① (고체의) 견고도(dureté); (액체의) 농도, 밀도(密度). épaissir la ~ d'une sauce 소스를 진하게 하다. prendre (de) la ~ (액체가) 굳어지다. ② (비유적) 꿋꿋함, 견실함, 안정성(fermeté); 신용, 신빙성. bruit sans ~ 근거 없는 뜬소문. homme sans ~ 일정한 주견이 없는 자; 《예》 신용할 수 없는 자. temps qui n'a pas de ~ 변덕스러운 일기. ③ 《법》 유산의 구성 물건; 토지. héritage en ~ d'une maison et de deux terres 한 채의 집과 두 군데의 토지로 성립되는 유산. ④ 《심리》 일관성. degré de ~ à un questionnaire 질문에 대한 (회답의) 일관성의 정도.
consistant(e) [kɔ̃sistɑ̃, -ɑ̃ːt] *a.* ① 견고한, 단단한. viande trop ~e 너무 질긴 고기. sauce ~e 진한 소스. ② (비유적) 견실한; (소문 따위가) 근거 있는; 일관된. caractère ~ 줏대 있는 성격. bruit assez ~ 꽤 신빙성이 있는 소문. argument ~ 일관된 논거. ③ [~ en] 《법》 (으로) 형성[구성]되는, 이루어지는. propriété ~e en bois 산림으로 형성된 소유지.
*****consister** [kɔ̃siste] *v.t.ind.* ① [~ en/dans] …으로 성립되다, 이루어지다; …에 있다(se composer, résider). Son revenu *consiste* en rentes. 그의 수입원은 연금이다. Le bonheur *consiste dans* la vertu. 행복은 미덕(美德)에 있다. En quoi *consiste* votre projet? 당신의 계획은 어떤 것입니까? ② [~ à+*inf.*] …하는 데 있다. Son travail *consiste à* écrire des adresses sur des enveloppes. 그의 일은 봉투 위에 주소를 적는 것이다.
consistoire [kɔ̃sistwaːr] *n.m.* ① 《종교》 추기경회의; (신교의) 장로회의, (영국 교회의) 감독 법원. ② (일반적으로) 회의, 집회, 모임.
consistorial(ale, *pl. aux*) [kɔ̃sistɔrjal, -o] *a.* 《종교》 추기경회의의; (신교의) 장로회의의.
—*n.m.* 장로회 의원.
consistorialement [kɔ̃sistɔrjalmɑ̃] *ad.* 《종교》 추기경회의(장로회의)의 결의에 따라.
consœur [kɔ̃sœːr] *n.f.* 《종교》 같은 종파의 수녀. ② (약간 비꼼) (여자) 동업자, (여자) 동료 (confrère의 여성형).
consol [kɔ̃sɔl] (<Consol, 발명자) *n.m.* 《해양·항공》 콘솔 항법(무선항법의 일종).
consolable [kɔ̃sɔlabl] *a.* 위로될 수 있는, 위안을 받을 수 있는.
consolant(e) [kɔ̃sɔlɑ̃, -ɑ̃ːt] *a.* 위안이 되는. parole ~e 위안이 되는 말.
consola*teur*(*trice*) [kɔ̃sɔlatœːr, -tris] *n.* 위안자. le C~ 성령(聖靈)(l'Esprit ~, le Saint-Esprit).

la C~*trice* des affligés 성모 마리아.
—*a.* 위로하는, 위안하는.

consolation [kɔ̃sɔlɑsjɔ̃] *n.f.* ① 위로(의 말), 위안 (adoucissement, apaisement). 위로가 되는 것[사람]. apporter de la ~ à *qn* …을 위로하다. adresser des mots de ~ 위로의 말을 하다. Son fils est sa seule ~. 그의 아들은 그의 유일한 위안이다. prix[lot] de ~ (게임 따위에 진 사람에게 주는)위로상[금]. ② épreuve de ~ 《스포츠》 패자부활전. ③ (속어) 브래스 담배, 술집.

consolatoire [kɔ̃sɔlatwa:r] *a.* 《문어》 위안의.

console [kɔ̃sɔl] *n.f.* ① 《건축》 소용돌이꼴의 까치발, (벽에 대어 장치한) 까치발 달린 테이블, 콘솔 테이블. ② 《음악》 (파이프) 오르간의 연주대 (臺); 하프의 상부. ③ 《컴퓨터》 (컴퓨터의)조작대, 제어대.

console

consoler [kɔ̃sɔle] *v.t.* ① 위로하다, 위안하다. ~ les malheureux 불행한 자들을 위로하다. [~ *qn* de *qc*] Cette bonne nouvelle l'*a consolé* de son échec. 이 희소식은 그의 실패를 위로해 주었다. 《목적보어 없이》 Le temps console. 시간이 가면 위안이 된다. ② [~ *qc*] 가라앉히다, 달래다(apaiser). ~ un chagrin[une douleur] 슬픔[괴로움]을 가라앉히다.
—*se* ~ *v.pr.* ① 마음을 달래다. Voyons, *console-toi!* 자, 기운을 내 ! [se ~ de] Elle ne *se console* pas de la mort de son fils. 그녀는 아들의 죽음을 잊지 못한다[계속 슬퍼한다]. ②《상호적》서로 위로하다. ③《주어는 사물》가라앉다. douleur qui ne *se console* pas 가라앉지 않는 고통.

consolidant(*e*) [kɔ̃sɔlidɑ̃, -ɑ̃:t] *a.* 공고히 하는, 튼튼히 하는, 《의학》 유착(癒着)시키는.

consolidatif(*ve*) [kɔ̃sɔlidatif, -i:v] *a.*《드물게》 견고히[공고히] 하는, 튼튼히 하는.

consolidation [kɔ̃sɔlidɑsjɔ̃] *n.f.* ① 튼튼히 [공고히] 하기; 《비유적》 (지위·세력 따위의) 강화 (affermissement). ~ d'un pont 교량의 보강. ~ du pouvoir 권력의 강화. ~ du franc 프랑화(貨)의 강화. ② 《의학》 유착(癒着). ③ 《재정》 (일시 차입금을)장기 공채로 바꾸기. ④ 《경제》 (회사·결산따위의)병합, 《법》 (권리의)병합. ~ de trois sociétés 세 회사의 정리통합. ~ des bilans (계열 회사들의)결산서의 통합. ⑤ 《철도》 중기관차.

consolidé(*e*) [kɔ̃sɔlide] *a.p.* ① 강화된. ② 《재정》 장기공채화된. dette ~*e* 장기공채. dette non ~*e* 일시차입금. rentes ~*es* 정리연금.
—*n.m.pl.* (영국의)정리공채.

consolidement [kɔ̃sɔlidmɑ̃] *n.m.* 《드물게》 튼튼히 하기, 견고히 하기.

consolider [kɔ̃sɔlide] *v.t.* ① (토대를)튼튼히 하다, 견고히 하다. ~ un mur[un édifice] 벽[건물]을 보강하다. ② (지위 따위를)공고히 굳히다. ~ une alliance(la République) 동맹[공화국의 기반]을 강화하다. Le parti *a consolidé* sa position. 정당은 그의 지반을 굳혔다. ③ 《의학》 (상처·골절을)유착시키다. ④ 《재정》 (일시 차입금을)장기 공채로 하다. ⑤ 《법》 (분산된 권리를동일인에게)병합하다.
—*se* ~ *v.pr.* ① 견고히 되다, 강화되다, 기반이 공고해지다. Le régime *s'est consolidé*. 정치체제[정권]의 기반이 다져졌다[강화되었다]. ②《의학》 유착하다.

consommable [kɔ̃sɔmabl] *a.* 소비할 수 있는.

consomma*teur***(***trice***)** [kɔ̃sɔmatœ:r, -tris] *n.* ① 소비자(↔producteur); (음식점 따위의)손님 (client). ② 《신학》 완성자, 성취자. ~ de la foi 신앙을 완성시키는 자(그리스도).
—*a.* 소비하는, 소비의. classes ~*trices* 소비계급.

consommation [kɔ̃sɔmɑsjɔ̃] *n.f.* ① 소비; 소비량. La ~ s'accroît en raison de la production. 소비는 생산에 비례하여 증가한다. biens de ~ 소비재 (財). taxes de ~ 소비세. société de ~ 소비사회. coopérative de ~ 생활협동조합. ② (음식점에서의)음료(boisson); 음식물. client qui a pris quatre ~*s* 넉 잔을 마신 손님. régler les ~*s* 음식 값을 치르다. ③ 완성, 성취(achèvement); 종말, 끝장. ~ d'un crime 죄의 수행. ~ du mariage (결혼의 완성이)육체적 결합. jusqu'à la ~ du temps [des siècles, du monde] 세상이 끝날 때까지.

consommé(*e*) [kɔ̃sɔme] *a.p.* ① 소비되어 버린. 《문어》 완전한, 완벽한(accompli, parfait); [~ en/dans] (에)통달한, 노련한. art ~ 완벽한 기술[기교]. diplomate ~ 노련한 외교관. homme ~ *dans* les affaires 사업에 능숙한 사람.
—*n.m.* 《요리》 콩소메, 맑은 수프.

*****consommer** [kɔ̃sɔme] *v.t.* ① 소비하다; (연료 따위를)소모하다; 낭비하다. Les Français *consomment* plus de pain qu'aucun autre peuple. 프랑스 사람들은 다른 어떤 국민보다도 빵을 더 먹는다. Cette voiture *consomme* trop d'essence. 이 자동차는 휘발유를 너무 많이 소모한다. ~ sa jeunesse 청춘을 낭비하다. ②《문어》완성하다, 성취하다. ~ son œuvre 작품을 완성하다. ~ un crime 죄를 범하다. Tout *est consommé*. 모든 것은 이루어졌다[십자가 위에서의 그리스도의 말]. ③ 《법》 권리행사를 하다.
—*v.i.* (식당·다방 따위에서)음료를 마시다.
—*se* ~ *v.pr.* ① 소비되다. provisions qui *se consomment* dans Paris 파리에서 소비되는 식량. ② 성취되다. crime qui *s'est consommé* dans la nuit 밤중에 일어난 범행.

consomptible [kɔ̃sɔ̃ptibl] *a.* 소비[소모]될 수 있는. biens[produits] ~*s* 소비재, 소비용품.

consomptif(*ve*) [kɔ̃sɔ̃ptif, -i:v] *a.* 《의학》 (병이) 소모성의.

consomption [kɔ̃sɔ̃psjɔ̃] *n.f.* ① 소비, 소모, 소멸. brûler jusqu'à l'entière ~ 완전히 태워버리다. ② 《의학》 (오래되거나 중한 병으로 인한)체력소모, 쇠약; 《옛》 폐병.

consonance [kɔ̃sɔnɑ̃:s] *n.f.* ① 《음악》 협화음 (↔dissonance). ~ parfaite[imparfaite, mixte] 완전[불완전·혼합]협화음. ② 《언어》 동음소(同音調), 어미동음. ③ 어구(語句)의 음조. nom aux ~*s* douces 부드러운 음조의 이름.

consonant(*e*) [kɔ̃sɔnɑ̃, -ɑ̃:t] *a.* ① 《음악》 협화음을 내는. intervalles ~*s* 협화음정. ② 동음으로 끝난. —*n.m.* 《언어》 공명음(*Saussure*의 용어로 sonante 보다 넓은 음성을 이루는 음을 말함).

consonantification [kɔ̃sɔnɑ̃tifikɑsjɔ̃] *n.f.* 《언어》 (모음의)자음화.

consonantique [kɔ̃sɔnɑ̃tik] *a.* 《언어》 자음의; 자음화의.

consonantisme [kɔ̃sɔnɑ̃tism] *n.m.* 《언어》 자음조직(↔vocalisme).

*****consonne** [kɔ̃sɔn] 《언어》 *n.f.* 자음(자(字)); 자음화. ~*s* sourdes 무성자음([p, t, k ...]). ~*s* sonores ou sonantes 유성자음([b, d, g ...]). ~*s* nasales 비(鼻)자음([m, n, ɲ]). ~*s* occlusives 폐쇄(閉鎖)자음([p, b, d ...]).

—a. 자음의. lettres ~s 자음자.
conson(n)er [kɔ̃sɔne] v.i. ① 〖음악〗 협화음을 내다. ②(비유적)[~ avec/à] 일치하다, 어울리다, 화합하다.
consort [kɔ̃sɔːr] a. (여성불변)(권력을 지닌 여왕(왕)의)배우자의. prince ~ (영국·네덜란드의)여왕의 부군. reine ~ 왕비. —n.m.pl. 〖법〗 공동이해관계인(人). ②(비유적)일당, 파당. un tel et ~s 모(某)씨와 그의 일당.
consortial(ale, pl. **aux)** [kɔ̃sɔrsjal, -o] a. 《드물게》기업연합의.
consortium [kɔ̃sɔrsjɔm] n.m. 〖상업〗기업연합 [합동]. ~ de vente (여러 기업의)합동판매회사.
consoude [kɔ̃sud] n.f. 〖식물〗컴프리(지치과(科)의 식물, 약용).
conspirant(e) [kɔ̃spirɑ̃, -ɑ̃ːt] a. (어떤 요인 따위가)협력[협동]하는.
conspirateur(trice) [kɔ̃spiratœːr, -tris] n. 음모자. —a. 음모의. menées ~trices 책동.
conspiration [kɔ̃spirasjɔ̃] n.f. ① 음모, 모반, 책동 (complot). chef de la ~ 음모의 주동자. tramer [ourdir, préparer] une ~ contre qn …에 대해 음모를 꾸미다. ②(옛)협력, 협동(association); 결탁, 공모. ~ du silence 결탁된 침묵(어떤 일에 다 같이 침묵을 지킴).
conspirer [kɔ̃spire] v.i. ① ~ contre](에 대하여)음모를 꾸미다; 도당을 이루어 결탁하다. ~ contre l'État 국가전복의 음모를 꾸미다. ~ contre qn …에 대해 음모를 꾸미다.
—v.t.ind. [~ à/à + inf.] …(하기)에 협력하다, 협동하다(concourir). Tout conspire à la réussite de ce projet. 모든 점에서 이 계획이 성공하게끔 되어 있다.
—v.t. 〖옛〗획책하다(méditer, préparer). ~ la mort de qn …을 살해할 것을 획책하다.
conspuer [kɔ̃spɥe] v.t. 모욕하다, 망신을 주다, 야유하다. ~ un orateur[une pièce] 연사(연극 작품)를 야유하다.
constable [kɔ̃stabl] 〖영〗 n.m. (영국의)경찰관.
constamment [kɔ̃stamɑ̃] ad. 끊임없이, 부단히, 줄곧(incessamment); 한결같이, 끈질기게. être ~ malade 줄곧 아프다. aimer qn ~ …을 변함 없이 사랑하다.
constance [kɔ̃stɑ̃ːs] n.f. ① 불변, 항구성(continuité, permanence); 항상성(régularité). ~ d'un amour; ~ en amour 변함 없는 사랑. ~ d'un phénomène 어떤 현상의 항상성 (변함 없이 늘 일어남). Devant la ~ de ses échecs, il a fini par se décourager. 계속되는 실패를 당하고 그는 끝내 용기를 잃고 말았다. ②〖문어〗집요함, 끈질김; 〖문어〗인내(patience). travailler avec ~ 끈질기게 일하다. Vous avez de la ~ de l'attendre si longtemps! 그토록 오래 그 사람을 기다리시다니 참을성이 많으시군요. ③〖옛〗확고부동, 의연함(fermeté). souffrir avec ~ 의연하게 고통을 견디다.
*__constant(e)__ [kɔ̃stɑ̃, -ɑ̃ːt] a. ① 변함 없는, 한결같은, 성실한(ferme, fidèle); 끈기 있는(persévérant). [~ en/dans] être ~ dans ses amitiés[dans ses convictions] 우정(신념)을 변함 없이 지키다. efforts ~s 끈기 있는[꾸준한] 노력. ②(사물에 대해)불변의, 부단한, 항구적인(durable, permanent). bonheur ~ 변함 없는 행복. En ce monde, il n'y a rien de ~. 이 세상에 항구불변한 것은 하나도 없다. quantité ~e 〖수학〗 불변량. vents ~s 〖해양〗 항풍(恒風). ③〖문어〗의연한, 확고한(ferme). être ~ dans l'adversité 역경에 처해서도 꺾이지 않다. ④《드물게》확실한(certain).
fait ~ 확실한 사실. Il est ~ que + ind. …은 의심할 여지가 없다, 확실하다(주절이 부정일 때는 sub. 또는 ind.).
—n.f. ① 〖수학〗 상수(常數), 불변수; 계수(係數), 율(率). ② ~ personnelle 〖심리〗 지능수. ③(비유적)항구적 성격(경향). ~ du tempérament national français 프랑스 국민성의 항구적 특징.
constantan [kɔ̃stɑ̃tɑ̃] n.m. (전기 저항선용)니켈합금.
constat [kɔ̃sta] n.m. ① 〖법〗(집달리·경관 등에 의한)공정증명(公正證明), 조서(調書)(procèsverbal). ~ d'adultère 간통에 관한 조서. ②확실한 사실, 증명이 끝난 사항. ~s scientifiques 확실한 과학적 사실. dresser un ~ d'échec 실패를 확인하다.
constatable [kɔ̃statabl] a. 증명할 수 있는; 확인할 수 있는.
constatation [kɔ̃statasjɔ̃] n.f. ① 확인; 검증, 증명. ~ d'une erreur 확인하다. ~ d'identité 신원증명. ②확인(증명)된 사실; 확증된 사실. ~ d'une enquête 설문을 통해 확인된 사항. faire part de ses ~s 자신의 의견을 통고하다.
constaté(e) [kɔ̃state] a.p. 확인된. valeur ~e 등기가격.
*__constater__ [kɔ̃state] v.t. ① 확인하다(reconnaître). ~ une erreur 잘못을 확인하다. On constate une hausse des prix. 물가 상승을 실감한다. [~ que + ind.] Vous pouvez ~ (par) vous-même qu'il n'est pas venu. 당신이 직접 확인하십시오, 그는 오지 않았읍니다. ②증명하다. ~ le décès [la naissance] (의사가)사망[출생]을 증명하다. papiers qui constatent l'identité 신원을 증명하는 서류. ③(확인한 것을)기재[기록]하다. ~ par procès-verbal 조서를 통해 기록하다(확인하다).
—**se** ~ v.pr. 확인되다; 확증되다; 인정되다. Ce fait se constate par l'expérience. 이 사실은 실험에 의해 확증된다.
constellation [kɔ̃ste(ɛl)lasjɔ̃] n.f. ① 성좌(星座). ②별처럼 반짝이는 것; (비유적)한 무리의 유명인사들. ~ du romantisme français 프랑스 낭만주의의 거성들.
constellé(e) [kɔ̃ste(ɛl)le] a. ① 별이 총총한; 찬란한. ciel ~ (d'étoiles) 별이 총총한 하늘. ②[~ de](별과 같이)총총히 흩뿌려진[점박은]. robe ~e de pierreries 보석이 총총히 박힌 드레스.
consteller [kɔ̃ste(ɛl)le] v.t. ① (하늘을)성좌로 뒤덮다, (별이 하늘을)뒤덮다. astres qui constellent le ciel 하늘에 뿌려진 별들. ②(비유적)(별처럼 반짝이며)장식하다. décorations qui constellent un habit 옷 위에 찬란히 빛나는 훈장.
—**se** ~ v.pr. (하늘이)별로 가득히 덮이다. ciel qui se constelle d'étoiles 별들이 총총한 하늘.
consternant(e) [kɔ̃sternɑ̃, -ɑ̃ːt] a. 깜짝 놀랄, 기절할(만한); 한심하기 짝이 없는(lamentable). nouvelles ~es 아연실색할 소식.
consternation [kɔ̃sternasjɔ̃] n.f. 경악, 망연자실; 비탄(désolation).
consterné(e) [kɔ̃sterne] a.p. 깜짝 놀란, 아연실색한; 비탄에 젖은.
consterner [kɔ̃sterne] v.t. 깜짝 놀라게 하다, 아연실색하게 하다; 비탄에 빠뜨리다. Cette nouvelle m'a consterné. 이 소식을 듣고 나는 망연자실했다. Elle a été consternée par[de] l'échec de son fils. 그녀는 아들의 실패 때문에 크게 낙담했다.
constipant(e) [kɔ̃stipɑ̃, -ɑ̃ːt] a. 변비증을 일으키는.
constipation [kɔ̃stipasjɔ̃] n.f. 〖의학〗 변비증.
constipé(e) [kɔ̃stipe] a.p. ① 변비증을 일으킨. ②〖구어〗당황한, 거북스러운(contraint, embarras-

sé). avoir un air ~ 거북스러운 태도를 보이다.
—n. 변비증 환자.
constiper [kɔ̃stipe] v.t. [~qn] 변비증을 일으키다. Il *est constipé*. 그는 변비에 걸렸다.
constituant(e) [kɔ̃stitɥɑ̃, -ɑ̃:t] a. ① 구성하는. éléments ~s de l'air 공기의 구성요소[성분]. ②『정치』헌법제정권을 가진; (학자가)헌법을 만드는. pouvoir ~ 헌법제정[개정]의 권한. Assemblée ~e 제헌 국회.
—n.m. ① 구성분자, 구성요소.『화학』성분. ~s d'une phrase 문(文)의 구성요소. ②『프랑스사』헌법제정의회의 의원. ③『법』대리권 수여자.
—n.f. ① la C~e『역사』헌법제정의회(Assemblée ~e). ② 캐나다 퀘벡(*Québec*) 대학의 분교[연구소].
constitué(e) [kɔ̃stitɥe] a.p. ① (골격이)구성된; 형성된. enfant bien[mal] ~ 체격이 좋은[나쁜] 어린아이. gouvernement bien ~ (비유적) 안정된 정부. ② 헌법에 의해 정해진, 법정(法定)의. autorités ~es 정부당국, 관헌. corps ~s 법인. ③ 투자된(placé). argent ~ en viager 종신연금 자금.
*****constituer** [kɔ̃stitɥe] v.t. ① (전체를) 구성하다, (의)구성 요소가 되다(former, composer). ①본질을 이루다. parties qui *constituent* le tout 전체를 구성하는 여러 부분. Cette action *constitue* un délit. 이 행위는 경범죄를 구성한다. ② 설립하다; 조직하다(organiser), (나라를)세우다. ~ une société commerciale 상사를 설립하다. ~ un ministère 내각을 조직하다. ~ une équipe d'experts 전문가의 팀을 구성하다. ③ 임명하다, 지정하다, 자격을 주다. [~ qn+속사] ~ qn son héritier …을 상속인으로 지정하다. ~ qn prisonnier …을 수감하다. ~ qn à la garde des enfants …에게 아이를 돌보는 일을 맡기다. ~ avoué 소송 대리인으로 지정하다. ~ qn en frais ~을 소송비용의 부담자로 하다. ④ (재산 따위를)지정하다, 설정하다. ~ une rente à qn …에게 연금을 주기로 하다.
—**se**~ v.pr. ① 구성되다, 성립되다. Le nouveau cabinet *s'est constitué*. 새 내각이 수립되었다. (주어는 사람) [se ~ en] Les députés *se sont constitués en* commission. 대표들로 위원회가 구성되었다. ② [se ~+속사] 자기가 …이 되다. *se* ~ prisonnier 자수하다; 포로가 되다. *se* ~ partie civile 손해 배상을 청구하다. ③ (을 간접목적보어로) 자신을 위해 …을 만들다. J'ai commencé à *me* ~ une bibliothèque. 나는 내 도서실을 만들기 시작했다. ④ (주어는 사물) [se ~ de] (으로 내용이) 구성되다, 성립되다. De quoi *se constituent* vos repas? 당신 식사의 내용은 어떤 것들입니까?
constitu*teur*(*trice*) [kɔ̃stitytœːr, -tris] n.『법』(연금 따위의) 수여자, 교부자.
constitutif(ve) [kɔ̃stitytif, -iːv] a. ① [~ de] (을) 구성하는. éléments ~s de l'air 공기의 성분. éléments ~s d'un délit 범죄의 구성요인[요건]. ②『법』(권리를)설정하는. titre ~ de propriété 소유권 설정 증서, 부동산 등기증.
*****constitution** [kɔ̃stitysjɔ̃] n.f. ① 구성, 형성; 설립(institution). ~ d'un club sportif 스포츠 클럽의 조직. ~ d'une assemblée 의회의 구성. ~ du dossier 일건 서류의 작성. ②구조, 성분(composition). ~ de l'univers 우주의 구조. formule de ~『화학』구성식. ③ 체질, 체질(structure). avoir (être d') une bonne ~ 좋은 체격을 갖다. ④설정, 설치, 제정. ~ de rente 연금의 설정. ~ de rente(de pension) 연금[지참금]의 설정. ~ d'avoué『법』소송대리인의 지정. ⑤ (C~)헌법, (헌법에 의해 정해진)정체(政體). réviser[réformer] la C~ 헌법을 개정하다. C~ coutumière 관습법. ~ républicaine 공화체제. ⑥《옛》투자(placement). mettre son bien en ~ 재산을 투자하다.
constitutionnaliser [kɔ̃stitysjɔnalize] v.t.『법』(법에)합헌성을 부여하다.
constitutionnalisme [kɔ̃stitysjɔnalism] n.m. 《옛》입헌제; 입헌주의.
constitutionnalité [kɔ̃stitysjɔnalite] n.f. 합헌적 성격, 합헌성.
constitutionnel(le) [kɔ̃stitysjɔnɛl] a. ① 입헌적인, 헌법에 의한; 합헌적인. gouvernement ~ 입헌정체. monarchie ~le 입헌군주국. ② 체질에 의한, 선천적인. faiblesse ~le 허약체질.
—n.m. 헌법옹호자; 입헌당원.
constitutionnellement [kɔ̃stitysjɔnɛlmɑ̃] ad. ① 헌법에 따라, 합헌적으로. ② 체질적으로.
constricteur [kɔ̃striktœːr] a.m. ①『생리』(근육 따위가)수축하는. ② (목 따위를)감아서 졸라 죽이는. —n.m.『생리』괄약근(括約筋), 수축근. ②『동물』왕뱀(boa ~).
constrictif(ve) [kɔ̃striktif, -iːv] a. 수축성의.
—n.f.『언어』협착음(狹窄音)([f, v, ʃ, ʒ…]).
constriction [kɔ̃striksjɔ̃] n.f. ① (근육의) 수축; 압축. ~ des vaisseaux sanguins 혈관의 수축. ② (가슴의)압박감. ③『언어』협착; 좁히기.
constringent(e) [kɔ̃strɛ̃ʒɑ̃, -ɑ̃:t] a.『의학』괴 죄는.
construc*teur*(*trice*) [kɔ̃stryktœːr, -tris] n.m. 건설(건조)자, 건립자, 건축가. ~ de maisons 건축가. ~ mécanicien 기계기사. ~ de navires(de bateaux) 조선기사. ~ d'empire 건국자, 제국의 건설자. —a. 건축을 하는; 건설적인; 종합능력이 있는. animaux ~s 보금자리를 만드는 동물. intelligence ~*trice* 구성력.   [는.
constructible [kɔ̃stryktibl] a. 건축[건조]할 수 있는.
constructif(ve) [kɔ̃stryktif, -iːv] a. ① 조립하는, 건조하는; 건축[제조]능력을 지닌. ② 건설적인. proposition ~ve 건설적인 제안.
*****construction** [kɔ̃stryksjɔ̃] n.f. ① 건축, 건조, 제조, 건설; 조립. La nouvelle gare est en ~. 새 역사(驛舍)는 건축 중이다. faire la ~ d'une machine 기계를 제조하다. La ~ de cette maison a été très longue. 이 집의 건축은 매우 오래 걸렸다. (집·다리 따위) 건축물; 건물(bâtiment). Il y a de nouvelles ~s dans la rue. 거리에는 새 건물들이 있다. En éléments préfabriqués 조립식 건물. ② 건설[건조] 산업. ~ aéronautique[automobile] 항공기[자동차] 제조산업. ~ navale 조선업. ③ (문학작품·철학책 따위의)구성; 구축물, 체계. ~ d'un roman[d'une thèse] 소설[논문]의 구성. ~ du dogme orthodoxe 정통파 교의체계. ⑤『언어』(문장의)구문, 구문, 구성; 구조체. faire la ~ (d'une phrase) 문을 구성하다. ⑥『기하』작도, 도형.
constructivisme [kɔ̃stryktivism] n.m.『미술』구성주의.
constructiviste [kɔ̃stryktivist] n.m.『미술』구성주의자.
:construire [kɔ̃strɥiːr] [32] v.t. ① 건축[건조]하다(bâtir, édifier, ↔démolir); 제조하다. ~ une maison (un pont, un vaisseau) 집 (다리·선박)을 건조하다. M. Dupont a fait ~ une maison. 뒤퐁씨는 집을 신축했다. permis de ~ 건축허가(증). ~ Cette usine *construit* cent voitures par jour. 이 공장은 하루에 자동차 백 대를 조립한다. ② (시·문장 따위를)짓다, (작품을)구성하다(composer); (이론·체계 따위를)세우다(créer). ~ un roman [un poème, une

pièce de théâtre) 소설[시·희곡]을 구성하다. ~ un système(une théorie) (철학이론)체계[이론]를 세우다. ~ sa vie(son avenir) 생(미래)을 설계하다. Cette phrase *est* mal *construite*. 이 문장은 구성이 잘못되었다.
 —se — *v.pr.* ① 건축[건조·조립·구성]되다. ② 자기를 위하여 …을 세우다[건축하다, 짓다, 만들다]. *se* ~ une maison 자기 집을 짓다.

consubstantialisme [kɔ̃sypstɑ̃sjalism] *n.m.* 【신학】(삼위일체에서의) 동일실체론.

consubstantialité [kɔ̃sypstɑ̃sjalite] *n.f.* 【신학】동질(同質), 동체.

consubstantiation [kɔ̃sypstɑ̃sjɑ̃sjɔ̃] *n.f.* 【신학】(성체의 빵·포도주의 본성과 그리스도의 인성의) 공존설.

consubstantiel(le) [kɔ̃sypstɑ̃sjɛl] *a.* [~ à/avec] 【신학】(와)동질[동체]의.

consubstantiellement [kɔ̃sypstɑ̃sjɛlmɑ̃] *ad.* 【신학】동질[동체]로.

consuétudinaire [kɔ̃syetydinɛːr] *n.* 【신학】상습죄인. —*n.m.* 관습법 (수도회칙 보칙(補則)).

*****consul** [kɔ̃syl] *n.m.* ① 영사. ~ général 총영사. ② 【고대로마】집정관. (1799—1804년). le Premier C~ 제 1 집정관 (나폴레옹 1세). ④ 상업재판관; (옛 남프랑스 몇몇 도시의)시청지방, 지방행정관.

consulaire [kɔ̃sylɛːr] *a.* ① 영사의. agent ~ 영사관. facture ~ 【상업】영사증명송장(送狀). ② 상업재판소의; (중세의)상업재판기관 판사의. juge ~ 상업재판소 판사. Palais ~ 상업재판소. ③ 【고대로마】집정관의. province ~ 집정관통치령. ④ 【역사】집정의. personnage ~ 명예집정관;【속어】정치가.

*****consulat** [kɔ̃syla] *n.m.* ① 영사의 직[임기]; 영사의 관저, 영사관. ②(C~) 【프랑스사】집정정치시대 (1799—1804); 【고대로마】집정관의 직[임기]. ③ 상업재판관의 직무.

consultable [kɔ̃syltabl] *a.* (도서·문헌 따위가)열람[참고]할 수 있는; 참조할 수 있는, 참조하기[찾아 보기] 쉬운.

consultant(e) [kɔ̃syltɑ̃, -ɑ̃ːt] *a.* ① 고문의; 입회의; 의논 상대가 되는, 조언해주는. avocat ~ 고문변호사. ② 상의를 구하는. ③ 왕진(往診) 전문의. —*n.* ① 고문; 입회의사 (médecin ~, ↔ médecin traitant); 의논상대자. ② 진찰받는 사람, 의논을 구하는 사람. ③ 왕진 전문의사.

consultatif(ve) [kɔ̃syltatif, -iːv] *a.* 상의의; 의논상대가 되는; 자문의. à titre ~ 의견을 듣기 위해서, 참고로. comité ~ 자문위원회. avoir (une) voix —*ve* 발언권을 가지다 (투표권 없이).

consultation [kɔ̃syltɑ̃sjɔ̃] *n.f.* ① 상담, 협의, 의논. après ~ d'avocat 변호사와 상의하고 나서. ~ de spécialistes 전문가와의 상담. entrer en ~ avec *qn* …와 협의를 시작하다. ~ entre confrères (주치의와 입회의사와의)협의. ② 진찰. cabinet(heure) de ~ 진찰실(시간). "C~ externe" "외래환자 진찰실." Le médecin donne des —*s* le matin. 그 의사는 오전에 진찰한다. service des —*s* (병원의) 진료상담실. ③ (변호사·전문가 따위의)감정(鑑定); 감정서, 감정서. ~ d'un expert en bijoux 보석감정인의 감정서. ④ 참고, 조회, 참조, 열람. ~ d'un document 서류의 열람, 자료의 참조. dictionnaire d'une ~ facile 찾아보기 편리한 사전. ⑤ (여론의)조사. de l'opinion 여론조사. ~ nationale (populaire de la nation) 국민의 의사를 묻음.

consulte [kɔ̃sylt] *n.f.* ① (옛날 이탈리아·스위스의) 행정심의회. ~ des finances 재정심의회. ② (코르시카 섬의)의회. ③ (옛)자문, 상의, 의논. ④ ~ sacrée (로마교황의)자문법원.

*****consulter** [kɔ̃sylte] *v.t.* ① (변호사 따위와)상의하다, 의논하다, 문의하다; 진찰을 받다; 감정을 청하다. ~ *qn* sur(au sujet de) *qc* …에 관하여 …에게 의견을 묻다. Il ne prend aucune décision sans ~ sa femme. 그는 아내와 의논하지 않고서는 어떤 결정도 내리지 않는다. Vous devriez ~ un médecin. 의사의 진찰을 받아야 할 것 같군요. ② 참조하다; (문서·사전 따위를)찾다, 뒤지다, 열람하다; (시계·거울 따위를)보다. ~ un dictionnaire 사전을 찾아보다. ouvrage à ~ 참고서. ~ l'indicateur Chaix [ʃɛks] [des chemins de fer] 철도 시각표를 찾아보다. ~ le thermomètre (sa montre) 온도[시계]를 보다. ~ son miroir 거울에 자신을 비춰보다. ~ un plan 지도를 보다. ③ (자기 마음 따위에)묻다, 영감에 따르다, 깊이 생각해보다. ~ sa raison 이성에 비춰보다. Il ne *consulte* que son intérêt. 그는 자기의 이익 밖에는 생각지 않는다. Il ne *consulte* que sa conscience. 그는 오로지, 양심의 소리에 귀를 기울일 뿐이다. ~ son porte-monnaie 자기 주머니 사정을 고려하다. ④ (옛)검토하다, 조사하다. ~ *qc* à *qn* …을 …의 판단[검토]에 맡기다.

 ~ *ses* forces 자기 힘[능력]을 헤아리다. ~ *son oreiller* (*son bonnet de nuit*, (옛) *son chevet*) (구어) 하룻밤을 지나며 깊이 생각해보다.

 —*v.i.* ~ avec (와)상의하다, 의논하다 (conférer, délibérer). Ils *consultent* ensemble. 그들이 함께 협의한다. Il *a consulté avec* l'avocat sur cette affaire. 그는 이 사건에 관하여 변호사와 상의했다. ② (변호사 따위가)상담을 하다; (의사가)진찰을 하다; (주치의가)입회진찰을 하다. Le docteur Durand *consulte* l'après-midi. 뒤랑선생은 오후에 진찰한다. Le médecin traitant *consulte* avec un spécialiste. 그 주치의가 전문의와 입회진찰을 한다. ③ (옛)마음속에 물어보다, 반성하다 (réfléchir); 주저하다 (hésiter). Je ne *consulte* point pour suivre mon devoir. 나는 내 의무를 완수하는데 주저하지 않는다.

 —se — *v.pr.* ① 숙고하다. ② 참조하다. ③ 서로 상의하다 (s'entretenir).

consulteur(trice) [kɔ̃syltœːr, -tris] *a.* 의논 상대가 되는, 고문의. ② (의사가)입회의. —*n.m.* 의논 상대, 고문, 입회 상담역. —*n.m.* 【가톨릭】고문 신학자((옛) ~ du Saint-Office); 【가톨릭】(카푸친회의)총회장 고문. —*n.f.* 【가톨릭】(수녀회의)수녀원장 고문.

consumable [kɔ̃symabl] *a.* 타버릴 수 있는.

consumant(e) [kɔ̃symɑ̃, -ɑ̃ːt] *a.* ① (불이)다 태워버리는. ② 쇠약하게 하는.

consumer [kɔ̃syme] *v.t.* ① (불이)태워 없애다, 태워버리다 (brûler). Le feu *a consumé* tout un quartier. 그 화재는 한 구역을 모두 태워버렸다. ② (몸을)쇠약하게 하다, 초췌하게 하다; 들볶다, 속이 타게 하다 (dévorer). La maladie le *consumait*. 병이 그를 초췌한 모습으로 만들었다. (목적보어 없이) La chaleur *consume*. 더위로 초췌해진다. ③ 멸각하다, 소멸시키다. ④ 다 써버리다, 소비하다, 소모하다. sa vie dans l'étude 연구에 일생을 보내다. Il *a consumé* tout son patrimoine. 그는 유산을 다 써버렸다.

 —se — *v.pr.* ① 다 타버리다, 소진하다; 소멸되다. ② 쇠약해지다, 야위다. ③ 탕진되다, 소비[소모]되다.

consumérisme [kɔ̃symerism] *n.m.* 소비자 운동.

consumériste [kɔ̃symerist] *n.f.* 소비자 운동가.
contabescence [kɔ̃tabesɑ̃:s] *n.f.* ① 〖식물〗 (수술이나 꽃가루의)위축. ② 〖의학〗 위축.
contabescent(e) [kɔ̃tabesɑ̃, -ɑ̃:t] *a.* ① (수술이나 꽃가루가)완전하지 못한. ② 〖의학〗 위축한.
*****contact** [kɔ̃takt] *n.m.* ① (물체와의)접촉. On se brûle au ~ du feu. 불에 닿으면 화상을 입는다. contagion par ~ 접촉에 의한 감염. J'aime le ~ de ce tissu. 나는 이 천의 감촉이 좋다. mettre deux choses en ~ 두 개의 물건을 접촉시키다. ② (사람과의)접촉; 교제, 연락; 절충, 교섭. ~s humains 사람과의 접촉. Elle a changé à son ~. 그 여자는 그와 교제하면서부터 사람이 달라졌다. rester en ~ avec qn par lettres ⋯와 편지로 연락을 유지하다. Il a de nombreux ~s avec le monde des affaires. 그는 실업계의 인사들과 접촉이 많다[교제가 넓다]. prendre ~ avec qn ⋯와 연락을 취하다; ⋯와 접촉하다. prendre les ~s préliminaires avec qn ⋯와 예비절충[교섭]을 하다. perdre le ~ avec qn ⋯와의 연락이[교제가] 끊어지다. ③ 〖군사〗 (적과의)접촉; (비밀)역락원. prise de ~ 적정(敵情)정찰. ④ 〖전기〗 접촉; 스위치; (엔진의)점화. établir(mettre) le ~ 스위치를 넣다. couper le ~ 스위치를 끊다. clef de ~ (자동차 따위의)엔진 키. ⑤ 〖광학〗 접착. verres(lentilles) de ~ 콘택트렌즈. ⑥ épreuve (copie) par ~ 〖사진〗 밀착인화. ⑦ 〖수학〗 point de ~ 접점; angle de ~ 접촉각. ⑧ ~ de langues 〖언어〗 언어의 접촉.
contacter [kɔ̃takte] *v.t.* (사람·조직 따위와)접촉하다, 연락하다.
contacteur [kɔ̃taktœːr] *n.m.* 〖전기〗 스위치, 접촉기. ~ au pied 시동 페달.
contadin(e) [kɔ̃tadɛ̃, -in] 〖드물게〗 *a.* (이탈리아의)시골의. —*n.* (이탈리아의)시골 사람, 촌뜨기.
contage [kɔ̃taːʒ] *n.m.* 〖의학〗 전염병원체, 병독, 감염병균.
contagier [kɔ̃taʒje] *v.t.* 〖드물게〗 전염[감염]시키다(현재는 contagionner로 쓰임).
contagieux(se) [kɔ̃taʒjø, -øːz] *a.* ① 전염[감염]성의; 전염병의. maladie ~se 전염병. ② 해를 끼치는, 유해한; 독이 있는; 전염을 돕는(매개하는). miasmes ~s 장기(瘴氣). ③ 전파하기 쉬운, 옮기기 쉬운, 감화력이 있는, 영향을 끼치는. Le rire est ~. 웃음은 전염된다.
—*n.* 감염균 소유자, 전염병 환자.
contagifère [kɔ̃taʒifɛːr] *a.* 전염 병원(病原)[병균]을 옮기는.
contagion [kɔ̃taʒjɔ̃] *n.f.* ① 전염, 감염; 전염병. fuir la ~ 전염병을 피하다. ② (악습의)만연, (웃음 따위의)옮아감. ~ du bâillement 하품의 전염.
contagionner [kɔ̃taʒjɔne] *v.t.* 〖드물게〗 전염[감염]시키다. —*se* ~ *v.pr.* 감염되다.
contagiosité [kɔ̃taʒjozite] *n.f.* 전염성, 감염성.
container [kɔ̃tɛnɛːr], **containier** [kɔ̃tɛnje] 〖영〗 *n.m.* ① (화물수송용)컨테이너. ② (상품·군수품의 낙하산투하용 금속제)케이스, 용기(conteneur).
containérisable [kɔ̃tɛnerizabl] *a.* 컨테이너로 운송할 수 있는.
containérisation [kɔ̃tɛnerizasjɔ̃] *n.f.* 컨테이너 운송, 운송의 컨테이너 방식화.
containériser [kɔ̃tɛnerize] *v.t.* 컨테이너로 운송하다.
contamination [kɔ̃taminasjɔ̃] *n.f.* ① 오염, 오탁(汚濁); 〖의학〗 전염, 감염. ~ radio-active 방사능에 의한 오염. ~ de l'eau d'une rivière 하천의 오염. ② 〖언어·문학〗 혼효(混淆), 혼성. ③ (악습에)물듦, 타락.
contaminé(e) [kɔ̃tamine] *a.p.* 병균으로 오염된, 전

염병 유행의. vêtements ~s 병균으로 오염된 의복. eau ~e 오염된 물. localités ~es 오염지구.
contaminer [kɔ̃tamine] *v.t.* ① 오염시키다; (에)병균을 옮기다, 독물로 오염시키다. ~ un pays어느 나라[지방]에 전염병을 유행시키다. ② 악영향을 주다, 타락시키다. —*se* ~ *v.pr.* 전염병에 걸리다, 감염되다.
*****conte** [kɔ̃ːt] *n.m.* ① (가공의)짤막한 이야기, 소화(小話), 설화. C~s des Mille et une nuits 천일야화. ~ gras(licencieux) 음담, 외설스러운 이야기. ~ satirique 풍자적인 이야기. ② 동화. C~s de Perrault 페로동화집. ~ de fées 요정이야기, 선녀이야기. Il a écrit de nombreux ~s pour enfants. 그는 많은 동화를 썼다. ③ (문학의 장르로서의)단편소설, 콩트. ~s de Maupassant 모파상의 단편소설. ④ 〖문어〗가공의 이야기, 꾸며낸 이야기, 터무니없는 이야기. Ce sont des ~s. 엉터리 이야기이다. ~ d'enfants (de bonnes femmes, de vieilles, de grand-mères) 황당무계한 이야기. ~ fait à plaisir 완전히 꾸며낸 이야기; 거짓말, 터무니없는 말. grand faiseur de ~s 지독한 거짓말쟁이. ⑤ 〖예〗 (사건·모험 따위의) 이야기, 실화. faire le ~ d'une anecdote 어떤 일화를 이야기하다.
~ *à dormir debout* 터무니없는 이야기. ~ *bleu (en l'air)* 꿈같은 이야기, 황당무계한 이야기. ~ *de ma mère l'Oie* 믿을 수 없는 옛날 이야기. ~*s rimés* 자랑가.
conté [kɔ̃te] *n.m.* ① 콩테치즈. ② 〖회화〗 콩테.
contemplateur(trice) [kɔ̃tɑ̃platœːr, -tris] *n.* 주시[응시]하는 사람; 주의깊은 사람. ② 명상가, 관조(觀照)생활자.
contemplatif(ve) [kɔ̃tɑ̃platif, -iːv] *a.* 주시(응시)하는, 숙고하는; 정관(靜觀)하는, 관조생활의, 명상적인. vie ~ve 명상하는 생활. —*n.* 정관자, 명상가. les ~s 〖종교〗명상생활자.
contemplation [kɔ̃tɑ̃plasjɔ̃] *n.f.* ① 주시, 응시; 조망. Il était en ~ devant le paysage. 그는 그 경치를 넋을 잃고 바라보고 있었다. ② 관조(생활), 명상, 묵상, 심사숙고; 정관. être plongé[s'abîmer] dans la ~ 명상에 잠기다.
contemplativement [kɔ̃tɑ̃plativmɑ̃] *ad.* 주시[응시]하면서, 명상적으로.
contempler [kɔ̃tɑ̃ple] *v.t.* ① 주시하다, 응시하다; 관찰하다. Il *contemplait* le paysage avec admiration. 그는 감탄하면서 그 경치를 바라보고 있었다. ② (에 관하여)곰곰 생각하다, 숙고하다; 명상하다, 정관하다. ~ la mort 죽음에 대해 명상하다. (〖목적보어 없이〗) Il passe sa vie à ~. 그는 명상하며 생을 보내고 있다.
—*se* ~ *v.pr.* ① 자기 자신의 모습을 주시[응시]하다; 자기 자신을 조용히 생각해보다. ② 서로 주시[응시]하다. ③ 주시[응시]를 받다.
*****contemporain(e)** [kɔ̃tɑ̃pɔrɛ̃, -ɛn] *a.* ① 같은 시대의. être ~ de qn ⋯와 같은 시대 사람이다. ② 현대의. auteurs (écrivains) ~s 현대 작가. histoire ~e 현대(역)사.
—*n.* 같은 시대 사람, 동시대인; 현대인. nos ~s 우리들의 동시대인; 현대인. Nous ne sommes pas ~s. 우리들은 세대가 다르다.
contemporanéité [kɔ̃tɑ̃pɔraneite] *n.f.* 〖드물게〗 동(同)시대성, 동시대성; 현대성.
contempteur(trice) [kɔ̃tɑ̃ptœːr, -tris] *n.* 남을 경멸하는 사람. ~s de la gloire 영달을 아랑곳하지 않는 사람. —*a.* [~ de] (을)경멸[무시]하는. critique ~ *des* nouveautés 새로운 것을 경멸하는 비평가.
contemptible [kɔ̃tɑ̃ptibl] *a.* 〖예〗 멸시[경시·무시]

할 만한.
contenance [kɔ̃tnɑ̃:s] *n.f.* ① 용적, 용량(capacité). La ~ de cette bouteille est d'un litre. 이 병의 용량은 1리터이다. ② 면적(superficie). Ce champ est d'une ~ de cent hectares. 이 밭의 면적은 100헥타르이다. ③ 태도, 몸가짐, 거동 (attitude, air); 침착성. garder une ~ assurée 자신있는 태도를 유지하다. Il ne sait quelle ~ faire. 그는 어떤 태도를 취해야 할지 모른다.
faire bonne ~ 태연자약하다, 침착하다. *perdre* ~ 침착성을 잃다, 당황하다. *se donner [se faire] une* ~ 태연한 척하다.
contenant(e) [kɔ̃tnɑ̃, -ɑ̃:t] *a.* 포함하고 있는. ―*n.m.* 그릇, 용기(容器).
contendant(e) [kɔ̃tɑ̃dɑ̃, -ɑ̃:t] (옛) *a.* 경쟁하는, 적대하는, 다투는. parties ~*es* 〖법〗원고와 피고. ―*n.* 경쟁자.
conteneur [kɔ̃tnœːr] *n.m.* ① 컨테이너. ② 〖야금〗(압출 가공의)원통, 컨테이너.
conteneurisation [kɔ̃tnœrizɑsjɔ̃] *n.f.* 컨테이너 이용[사용].
conteneurisé(e) [kɔ̃tnœrize] *a.* 컨테이너 이용의, 컨테이너를 사용한.
***contenir** [kɔ̃tniːr] 〖16〗 *v.t.* ① 포함하다; 내포하다, (안에)지니다, 간직하다; 함유하다(renfermer). L'eau *contient* de l'oxigène et de l'hydrogène. 물은 산소와 수소의 성분을 지니고 있다. Cette boîte *contient* du tabac. 이 갑에는 담배가 들어 있었다. armoire *contenant* du linge 내의가 들어 있는 장. ② 용적[용량·면적]이 …이다(tenir). Cet autocar peut ~ trente personnes. 이 관광버스에는 30명이 탈 수 있다. Cette bouteille *contient* deux litres. 이 병에는 2리터가 들어간다. ③ 억제하다, 억누르다 (retenir, dominer); 제지[저지]하다. ~ son émotion 감동을 억누르다. ~ ses larmes 눈물을 억제하다. La police avait peine à ~ les manifestants. 경찰은 데모대를 저지하느라 몹시 힘들었다. ④ ―〖군사〗(적을)견제하다, 매어두다.
―*se* ~ *v.pr.* ① 자제하다(se maîtriser). ne pouvoir *se* ~ de joie 기뻐해 마지않다, 기쁨을 억누를 수 없다. ② 서로 견제하다.
:**content(e)** [kɔ̃tɑ̃, -ɑ̃:t] *a.* 만족한(↔mécontent); 기쁜. [être ~ de *qc*] Il est très ~ de sa voiture [sa situation]. 그는 그의 자동차[지위]에 매우 만족하고 있다. [être ~ de+*inf.*] Je suis ~ de vous voir. 당신을 뵙게 되어서 기쁩니다. [être ~ de ce que +*ind./sub.*] Je suis fort ~ de ce que vous avez [ayez] réussi. 당신이 성공하신 것이 매우 기쁩니다. [être ~ que+*sub.*] Je serais ~ que vous veniez me voir. 당신이 저를 보러 오신다면 좋겠는데요. Cet enfant a un caractère difficile, il n'est jamais ~. 이 아이는 성미가 까다로와서 만족해하는 법이 없다. *être* ~ *de soi (-même)* 자기가 한 일에 대해서 만족하다, 잘난 체하다, 뻐기다.
―*n.m.* (구어) 만족할 만한 양(수). avoir son ~ de *qc* …을 마음껏 가지다. manger tout son ~ 배불리 [실컷] 먹다. s'amuser tout son ~ 마음껏 즐기다.
contentement [kɔ̃tɑ̃tmɑ̃] *n.m.* ① 만족; [~ de] (에)만족함; 기쁨(plaisir). avoir [donner] ~ 만족해하다 [만족스럽게 해주다]. ~ de soi-même 자기 만족. Son ~ est visible. 그가 만족해 하는 것이 완연하다. ②(구어) 만족시킴, 충족. Il a tout fait pour le ~ de vos désirs. 그는 당신의 욕구를 충족시키기 위해 모든 것을 했다. C~ *passe richesse.* 《속담》만족이 부(富)보다 낫다.
***contenter** [kɔ̃tɑ̃te] *v.t.* 만족시키다(satisfaire). ~ sa curiosité 호기심을 충족시키다. Cet élève *contente* ses maîtres et ses parents. 이 학생은 선생님과 부모님을 만족시켜주고 있다. ~ ses créanciers 채권자에게 지불하다.
―*se*― *v.pr.* ① 만족하다. ② [*se* ― *de*](로)만족하다, 족하며 여기다. Il *se contente d'*un petit appartement. 그는 작은 아파트로 만족한다. [*se* ― *de* inf./que+*sub.*] Pendant les vacances, il *s'est contenté d'*aller au cinéma de temps en temps. 그는 방학동안 이따금 영화구경 가는 것으로 만족했다.
contentieux(se) [kɔ̃tɑ̃sjø, -ø:z] *a.* ① 이론이 분분한, 계쟁(係爭)의(contesté). ② (옛)언쟁하기 좋아하는. ―*n.m.* 소송; 법무과[계], 소송과[계]. agent [chef] du ~ 법률고문, (회사 따위의)소송 대리인.
contentif(ve) [kɔ̃tɑ̃tif, -iːv] *a.* 〖의학〗(환부를)고정시키는《붕대 따위》. appareil ~ (골절 따위의)고정기구.
contention[1] [kɔ̃tɑ̃sjɔ̃] *n.f.* ① (정신적인)긴장, 전념. Trop de ~ fatigue l'esprit et même le corps. 지나친 긴장은 정신 뿐만 아니라 육체도 피곤하게 만든다. ②(옛)언쟁, 논쟁.
contention[2] *n.f.* ① 〖의학〗(골절 따위의)고정정복(固定整復). ② 〖정신의학〗(정신질환자의) 구속. ③ moyens de ~ 〖수의〗구속법.
contenu(e) [kɔ̃tny] (*p.p.*<*contenir*) *a.p.* ① 포함된, (안에)들어 있는, 내포된, 함유된, 간직된. vin ~ dans une bouteille 병에 든 포도주. ② 억제된, 억눌린; (성격·문체 따위가)감정을 잘 나타내지 않는 (maîtrisé). style ~ 억제된 문체. colère ~*e* 울분. ―*n.m.* 내용(물), 알맹이. L'étiquette indique la nature du ~. 꼬리표는 내용물의 성질을 가리킨다. ~ d'une lettre 편지의 내용. ~ d'un mot 〖언어〗어떤 말의 의미내용.
conter [kɔ̃te] *v.t.* ① 이야기하다, 말하다(raconter). Il nous a *conté* ses peines. 그는 자기의 고생을 우리들에게 이야기했다. ② 터무니없는 거짓말을 하다. Que me *contez*-vous là? 그런 터무니없는 거짓말 마세요. ③ (상세히)보고하다.
Allez ~ *ça ailleurs !* 《구어》거짓말 말아 !
~ *fleurette à une femme* 《구어》여자를 구슬리다, 치근치근 접근하다.
en avoir long à ~ 《구어》말하면 길어지다, 할 이야기가 많다.
en ~ *(de belles, de fortes) à qn* 《구어》…을 속이려고 애쓰다, 속이다.
s'en laisser (faire) ~ 《예》속다, 속아 넘어가다.
contestabilité [kɔ̃tɛstabilite] *n.f.* 이의를 제기할 만함(할 수 있음).
contestable [kɔ̃tɛstabl] *a.* 이의가 있는, 이론의 여지가 있는(discutable); 의심스러운. Il n'est pas ~ que+*ind.* …에는 이의를 제기할 여지가 없다.
contestablement [kɔ̃tɛstabləmɑ̃] *ad.* 의심스럽게.
contestant(e) [kɔ̃tɛstɑ̃, -ɑ̃:t] *a.* 소송하는.
―*n.* ①(정치·사회문제 따위에 대한)항의하는, ②(예)소송인.
[[론).
contestantisme [kɔ̃tɛstɑ̃tism] *n.m.* 반체제주의
contestataire [kɔ̃tɛstatɛːr] *a.* 반체제주의의. étudiants ~*s* 반체제 학생. ―*n.* 반체제주의자; 이의 신청인.
contesta*teur(trice)* [kɔ̃tɛstatœːr, -tris] *a.,n.* = contestataire.
contestation [kɔ̃tɛstɑsjɔ̃] *n.f.* ①이의, 이론(異論). mettre un droit en ~ 권리에 이의를 주장하다. ②논쟁, 언쟁(discussion); 분쟁, 의견의 차이 (différend). avoir une ~ avec *qn* …와 다투다. être en ~ avec *qn* …와 계쟁중이다, …와 다투다.

있다. point hors de ~ 논쟁의 여지가 없는 점, 확실한 점. ~ qui s'élève entre A et B, A와 B 사이에 일어나는 분쟁. sujet de ~ 제쟁점. ③《정치》항의, 체제비판. porter une ~ radicale (기존체제에 대하여)근본적인 이의를 제기하다.
sans ~ (*possible*) 이의 없이, 분명히.

conteste [kɔ̃tɛst] *n.f.* ①《옛》쟁의, 논쟁.
sans ~ 이의 없이, 물론, 말할 것도 없이, 분명히. Il est, *sans* ~, le plus grand poète français. 그는 두말할 것도 없이 프랑스의 가장 위대한 시인이다.

contesté(e) [kɔ̃tɛste] *a.p.* 이론(의문)의 여지가 있는(incertain). point ~ 논쟁점.
—*n.m.* (국제적으로)분쟁 중인 토지.

*****contester** [kɔ̃tɛste] *v.t.* ①(권리·자격·정당성 따위에)이의(이론)를 제기하다(discuter), 인정하지 않다(récuser) ; (사실·발언 따위를)반박하다. Pierre *conteste* toujours ce que je dis. 피에르는 항상 내가 하는 말에 이의를 제기한다. [~ à *qn/qc*] Il me *conteste* ma qualité. 그는 내 자격을 인정하지 않는다. [~ *que* + *sub.*] Il *conteste que* votre rôle ait été important. 당신의 역할이 막중했다는 것을 그는 인정하지 않는다. [ne pas ~ *que* (ne) + *sub.*] Il ne *conteste pas que* vous (*ne*) disiez la vérité. 당신이 진실(사실)을 말하고 있다는 것을 나는 부인하지 않습니다. ②(기존체제에)항의하다, 비판하다. ③(배심원을)기피하다, 거부하다.
—*v.i.* [~ avec]다투다, 언쟁하다. 나는 당신과 다툴 기분이 아니다. Je ne veux pas ~ *avec* vous. ②[~ contre](에)항변하다, 반대하다. ③《보어 없이》(정치·사회문제에 대해)항의하다 ; (기존질서에)항거(반대)하다, 반항하다. Les étudiants *contestent* dans la rue. 학생들이 거리에서 항의시위를 하고 있다.
—**se** ~ *v.pr.* ① 서로 이의를 제기하다, 서로 인정하지 않다. ② 반대론이 제기되다, 부인되다.

conteur(se) [kɔ̃tœːr, -øːz] *n.* ① 이야기하는 사람 ; 이야기를 좋아하는 사람. ② 콩트 작가. ③ 허풍선이, 거짓말쟁이. —*a.* 이야기하기 좋아하는.

contexte [kɔ̃tɛkst] *n.m.* ① 문맥, (문장의)전후 관계. Un mot ne prend tout son sens que dans son ~. 한 단어는 문맥 속에서만 그 의미를 완전히 지닌다. ②《법》(증서의)본문, 본문. ③ 맥락 ; 상황, 배경(situation). ~ historique [politique] 역사적(정치적) 상황[배경].

contextuel(le) [kɔ̃tɛkstɥɛl] *a.* 문맥상의, 문맥에 의한 ; 맥락의, 배경의.

contexture [kɔ̃tɛksty:r] *n.f.* ①(근육 따위의)조직 ; 직물의 짜임방식. ②《구어》(소설 따위의)구성, 구조(composition, structure).

contigu(ë) [kɔ̃tigy] *a.* ① 인접한, 잇달린. deux chambres ~ *ës* 붙어있는 두 방. [~ à *qc*] La salle à manger est ~ *ë au* salon. 식당은 거실에 잇달려 있다. angles ~*s*《기하》인접각. ② 비슷한, 밀접한 관계가 있는. idées ~*ës* 비슷한 사상.

contiguïté [kɔ̃tigɥite] *n.f.* ① 인접, 근접. ② 인접관계, 근접(유사)성. ~ des idées 사상의 유사성.

continence [kɔ̃tinɑ̃:s] *n.f.* ①(특히 성욕의)절제, 금욕(ascétisme, ↔ incontinence, intempérance). ②(말 따위의)억제.

*****continent** [kɔ̃tinɑ̃, -ɑ̃:t] *a.* ①《옛》절제하는, 금욕하는 ; 정숙한, 순결한(chaste) ; (말 따위를)억제 하는 속성의. moine ~ 금욕을 지키는 수도사. ②《의학》 계속 속성의. fièvre ~*e* 계속성 열. ③《옛》(토지)한 압이 계속되는. terre ~*e* 대륙.
—*n.*《문어》금욕중인 사람 ;《종교》금욕자.
—*n.m.* ① 대륙. Ancien ~ 구대륙(유럽·아시아·아프리카). Nouveau ~ 신대륙(아메리카). ②(섬에 대하여)뭍 ; 본토 ; (영국에 대하여)유럽 대륙. retourner sur le ~ 뭍으로[본토에] 돌아가다.

continental(ale, *pl.* aux) [kɔ̃tinɑ̃tal, -o] *a.* 대륙의 ; 대륙적인, 대륙성의. climat ~ 대륙성 기후. ② 유럽 대륙의. puissances ~*ales* 유럽 대륙의 강대국. —*n.m.pl.* (유럽)대륙의 주민.

continentaliser [kɔ̃tinɑ̃talize] *v.t.*《드물게》대륙화하다 ; (사상·정신을)유럽 대륙식으로 만들다.

continentalité [kɔ̃tinɑ̃talite] *n.f.*《기후》대륙성.

contingence [kɔ̃tɛ̃ʒɑ̃:s] *n.f.* ①《철학》우연성, 우발성(↔ nécessité). ②(보통 *pl.*)우발사건 ; 우발적인 사태(국면). ③ angle de ~《기하》접촉각. ④ table de ~《통계》분할표.

contingent(e) [kɔ̃tɛ̃ʒɑ̃, -ɑ̃:t] *a.* ①《철학》우연의, 우발적인(accidentel, ↔ nécessaire). être ~ 우연적 존재. proposition ~*e* 가능명제. ② 이차적인, 중요하지 않은(sans importance). faits ~*s* de la vie générale 의 사소한 일들. ③ 할당하는, 분담의. portion ~*e*《법》할당부[액].
—*n.m.* ① 몫(lot) ; 분담(액), 할당(액). réclamer son ~ 자기 몫을 요구하다. ~ d'impôts 조세부담액. ~ d'importation 수입할당액. ②《군사》(징병된)할당정원, 할당병력 ;《집합적》징집[소집]병, (일반적으로)정원. appel d'un ~ 징집병의 소집. soldats du ~ 징집병. ~ français au sein de l'O.T.A.N. 북대서양조약기구에 대한 프랑스의 출병 할당병력.

contingentaire [kɔ̃tɛ̃ʒɑ̃tɛ:r] *a.*《경제》(수입·수출품의)규제의, 할당의.

contingentement [kɔ̃tɛ̃ʒɑ̃tmɑ̃] *n.m.* (수입품 따위의)할당, 분배. ~ d'une denrée 식량의 할당.

contingenter [kɔ̃tɛ̃ʒɑ̃te] *v.t.* 할당하다, 할당액을 정하다 ; (할당에 의하여)분배하다.

continu(e) [kɔ̃tiny] *a.* 연속된, 계속적인, 부단의, 끊임없는 ; 꾸준한(continuel, assidu). Il travaille de façon ~*e*. 그는 꾸준히 공부하고 있다. chaîne ~*e* 연속공정. ②ⓐ《수학》fonction ~*e* 연속 함수 ; fraction ~*e* 연분수. ⓑ《음악》basse ~*e* 통주저음 ; ⓒ《야금》coulée ~*e* 연속주조. ⓓ《전기》courant ~ 직류(전류).
—*n.m.* ①《철학·물리·수학》연속(체). ②《전기》직류(courant ~). ③ papier en ~《인쇄》권지(卷紙).
—*n.f.*《음성》계속음. ②《옛》인내.

continuateur(trice) [kɔ̃tinɥatœ:r, -tris] *n.* 계승자, 후계자.

continuation [kɔ̃tinɥasjɔ̃] *n.f.* ① 계속, 연속(suite, ↔ cessation). ~ de ses recherches 연구의 계속. ② 연장(prolongation). ~ d'une autoroute 고속도로의 연장.《구어》(계속해서)잘 하세요! (때로 비꼼)잘 해보시지요! *Bonne* ~ !

continuel(le) [kɔ̃tinɥɛl] *a.* 연속[계속]적인, 끊임없는, 부단의(constant) ; 빈번한(fréquent, ↔ rare). Il a de ~*les* disputes avec sa sœur. 그는 그의 누나와 줄곧 다툰다. pluie ~*le* 줄기찬 비.

continuellement [kɔ̃tinɥɛlmɑ̃] *ad.* 계속적으로, 끊임없이, 부단히 ; 항상, 시종, 줄곧(sans arrêt). travailler ~ 끊임없이 공부하다. Ils se querellent ~. 그들은 줄곧 다툰다.

⁂continuer [kɔ̃tinɥe] *v.t.* ① 계속하다(poursuivre). Il *continue* ses voyages. 그는 여행을 계속한다. [~ à(de + *inf.*)] Il *a continué* à parler pendant deux heures. 그는 두 시간 동안 이야기를 계속했다. Il *continue de* pleuvoir. 계속해서 비가 내린다. ② 계승하다, (이)계승하다 ; 계속하다(reprendre). ~ la politique de *qn* …의 정책을 이어가다. Mazarin *continua* Richelieu. 마자랭은 리슐리외의

후계자가 되었다. Il veut ~ la lettre qu'il a commencée. 그는 쓰기 시작한 편지를 계속 쓰고자 한다. ③《옛》(사람을 직무에)유임시키다. ~ qn dans son emploi [ses fonctions] …의 일[직무]을 계속시키다. ④연장하다(prolonger). ~ une ligne 선을 연장하다.

—v.i. ①(중단없이)계속되다. La pluie continue. 비가 계속 온다. ②연장되다. Cette chaîne de montagnes continue jusqu'à la mer. 이 산맥은 바다까지 계속 뻗어있다. ③(이야기·행동·가던 길 따위를)계속하다. Continue, Jean, je t'écoute. 장, 말을 계속해, 듣을 테니까.

—se ~ v.pr. ①계속되다; 연장[연기]되다. ②서로 계속하다.

continuité [kɔ̃tinųite] n.f. 연속(성); 계속(성); 항상성. ~ de la douleur 통증의 지속.
solution de ~ 단절.

continûment [kɔ̃tinymɑ̃] ad. 연속적으로, 끊임없이, 연달아.

continuo [kɔ̃tinųo] (이탈리아) n.m. 《음악》 통주저음(basse continue).

continuum [kɔ̃tinųɔm] n.m. 《수학·물리》 연속체. ~ espace-temps 시공연속체.

contondant(e) [kɔ̃tɔ̃dɑ̃, -ɑ̃:t] (p.pr.< contondre) a. 《의학》 타박상을 입히는. instrument ~ 둔기.

contondre [kɔ̃tɔ̃:dr] [25] v.t. 《옛》 타박상을 입히다.

contorniate [kɔ̃tɔrnjat] n.m. (큰 상패 따위에)가장자리에 둥그렇게 두른 선.

contorsion [kɔ̃tɔrsjɔ̃] n.f. ①비틀기, 찡그리기; (근육·사지의)뒤틀림, 찌그러짐; 찡그린 얼굴(grimace). ~s d'un acrobate 곡예사의 몸 비틀기. ~s de la bouche 입을 찡그리기. faire des ~s 몸을 뒤틀다; 얼굴을 찡그리다. ②과장된 몸짓(태도). ~s d'un employé subalterne 하급직원의 아첨하는 태도. ③(사실의 왜곡(歪曲).

contorsionner [kɔ̃tɔrsjɔne] v.t. (손발을)비틀다, (몸을)뒤틀다, (얼굴을)찡그리다.
—*se* ~ v.pr. 자기의 몸을 뒤틀다.

contorsionniste [kɔ̃tɔrsjɔnist] n. (몸을 마음대로 뒤트는)곡예사; 찡그린 얼굴을 하는 사람.

contorté(e) [kɔ̃tɔrte] a. 《식물》 (꽃잎 따위가)비꼬인, 소용돌이처럼 말린.

contour [kɔ̃tu:r] n.m. ①윤곽, (윤곽의)곡선, 외형. tracer les ~ d'une figure 도형의 윤곽을 그리다. visage aux ~s précis 윤곽이 뚜렷한 얼굴. ②주위, 둘레; (pl.)《옛》주변. Le ~ du tapis est plus foncé que son centre. 그 양탄자의 둘레는 가운데보다 색이 짙다. ~ d'une ville 도시의 주위(외곽). aux ~s de Paris 파리근교에. ③(보통 pl.)(강·도로 따위의)굴곡, 꾸불꾸불한 길(méandre). ~ d'une rivière 강의 곡행(曲行). ④⑧《측량》등고선. ⓑ《수학》 ~ apparent (투영도 따위의)외형. ⓒ 《음악》 ~ mélodique 멜로디 곡선. ④《음성》 ~ (d'intonation) 억양곡선. ⓔ《군사》(깃발·견장의)가두리(장식).

contournage [kɔ̃turnaːʒ] n.m. =**contournement**.

contourné(e) [kɔ̃turne] a.p. ①모양지어진. vase mal ~ 일그러진 꽃병. ②비꼬인, 비뚤어진, 뒤틀린, (조개껍질이)나선형의. croissant ~ 하현달. jambes ~es 비뚤어진 다리. ③(문장 따위가)부자연스런. style ~ 부자연스런 문체. ④《문장》 (동물의 얼굴이)왼쪽을 향한.

contournement [kɔ̃turnəmɑ̃] n.m. ①윤곽을 그리기. ②우회하기; 빙 돌기, 일주(一周). route de ~ 우회도로, 바이패스. ③비꼬기(뒤틀기); (pl.)(도로의)굴곡. ~s d'un sentier 오솔길의 굴곡. ④《전기》 섬락(閃絡)(~ d'un isolateur).

contourner [kɔ̃turne] v.t. ①(의)윤곽을 그리다; 둥글게 하다. ~ des arabesques 당초무늬를 그리다. ~ un vase 꽃병이 둥근 형태가 되게 하다. ②우회하다, 돌다, 일주하다. La rivière *contourne* la ville. 강은 도시를 싸고 흐른다. ③교묘히 회피하다(éluder). ~ la loi (구어)법망을 뚫다. ~ une difficulté 어려운 문제를 교묘히 피하다. ④비꼬다, 비틀다, 뒤틀다; 굽히다, 왜곡(歪曲)하다. ~ son style 문장을 부자연스럽게 꾸미다. ~ la vérité 진실을 왜곡하다.
—*se* ~ v.pr. ①뒤틀어지다. ②몸을 뒤틀다.

contra- *préf.* 「반대·방어」의 뜻.

contracepteur(trice) [kɔ̃traseptœːr, -tris] a. 피임하고 있는.

contraceptif(ve) [kɔ̃traseptif, -iːv] a. 피임의. produits ~s 피임약. pilule ~ve 피임용 정제. moyens ~s 피임법. —n.m. 피임약(produit ~).

contraception [kɔ̃trasepsjɔ̃] n.f. 피임(법).

contractable [kɔ̃traktabl] a. ①《드물게》계약으로 정해질 수 있는. ②수축할 수 있는.

contractant(e) [kɔ̃traktɑ̃, -ɑ̃:t] a. 《법》계약하는. parties ~es 계약당사자. hautes parties ~es (조약을 체결하는)동맹국. ②수축시키는.
—n.m.pl. 계약 당사자.

contracte [kɔ̃trakt] a. 《언어》 축약(縮約)형이 있는. verbes ~s 축약동사.

contracté(e) [kɔ̃trakte] a.p. ①《구어》긴장한, 불안한. ②수축된. 《언어》축약된. article ~ 축약관사. forme ~ 단축형.

contracter[1] [kɔ̃trakte] v.t. ①(약혼·교제 따위를)맺다, 계약하다. ~ mariage avec qn …와 정혼하다. ~ un engagement[un pacte] 고용계약[협정]을 체결하다. Il a contracté une assurance contre le vol. 그는 도난에 대한 보험에 들었다. (목적보어 없이) Les mineurs ne peuvent ~ 미성년자는 계약을 체결할 수 없다. ②(부채·의무를)지다. ~ une dette envers qn …에게 빚을 지다. ③몸에 배게 하다, (습관을)붙이다, (악에)물들다, (병에)걸리다, 감염되다. Il a contracté tout jeune l'habitude de fumer. 그는 아주 젊어서부터 담배 피우는 버릇이 들었다. Sylvie a contracté la rougeole. 실비는 홍역에 걸렸다.
—v.i. 약혼하다.
—*se* ~ v.pr. ①결합되다; (빚이)생기다. ②(습관이)붙다; (병이)들다.

contracter[2] v.t. ①(근육 따위를)수축시키다, (얼굴을)찌푸리다, 찡그리다. ~ les muscles 근육을 수축시키다. ②《언어》축약(단축)하다.
—*se* ~ v.pr. ①수축하다, 줄어들다, 비틀리다, 일그러지다. Le cœur *se contracte* et se dilate tour à tour. 심장은 번갈아가며 수축했다 확장했다 한다. ②《언어》축약(단축)되다.

contractif(ve) [kɔ̃traktif, -iːv] a. 수축하는.

contractile [kɔ̃traktil] a. 《생리》 수축성이 있는.

contractilité [kɔ̃traktilite] n.f. 《생리》수축성.

contraction [kɔ̃traksjɔ̃] n.f. ① (근육·혈관 따위의) 수축, 위축; (얼굴 따위의)찌푸러짐, 굳어짐; 정신적 긴장. J'ai des ~s dans les jambes. 나는 다리가 땡긴다. ~ musculaire 근육의 경련. ②《언어》 축약(단축).

contractualisation [kɔ̃traktɥalizasjɔ̃] n.f. (관청·기업 직원의)임시 직원화.

contractualiser [kɔ̃traktɥalize] v.t. 임시 직원화하다, 임시 직원이 되게 하다.

contractuel(le) [kɔ̃traktɥel] a. ①《법》계약에 의한. obligation ~le 계약에 의한 부채. ②촉탁의,

임시의. agent ~ 임시 직원. —*n.* (주차위반 단속 담당)경찰보조원.

contracture [kɔ̃trakty:r] *n.f.* ① 〖건축〗 (기둥 윗부분의)차차 가늘어짐. ② 〖의학〗 위축, (근육의)연축(攣縮).

contracturé(e) [kɔ̃traktyre] *a.p.* 〖의학〗 위축된, 연축된.

contracturer [kɔ̃traktyre] *v.t.* ① 〖의학〗 위축시키다, 연축을 일으키다. ② (기둥 머리를)차차 끝이 가늘게(뾰족하게) 하다.

contradicteur [kɔ̃tradiktœ:r] *n.m.* ① 반대자, 반박자. ② 〖법〗 (소송의)상대방.

*__**contradiction**__ [kɔ̃tradiksjɔ̃] *n.f.* ① 모순, 자가당착, 배치(背馳). Il y a ~ entre ses principes et ses actes. 그의 원칙과 행동 사이에는 모순이 있다. principe de ~ 모순률. ② 반대, 반론, 항변. Il ne supporte pas la ~. 그는 반론을 허용하지 않는다. avoir l'esprit de ~ 무엇에나 반대하는 성미이다. *être en* ~ *avec qn*(*qc*) …와 대립(모순)되다. Ses paroles *sont en* ~ *avec* ses actes. 그의 말은 행동과 모순된다.

contradictoire [kɔ̃tradiktwa:r] *a.* ① [~ à] (와)모순되는, 이반되는. témoignage ~ *à* un autre 다른 사람의 증언과 모순되는 증언. Sa conduite est ~. 그의 행동은 조리에 맞지 않는다. proposition ~ 〖논리〗 모순명제. influences ~s 상반되는 영향력. ② 반대의, 반론의, 반대자가(반대론이) 있는. 토론이 행해지는; 〖법〗 대심(對審)의. affirmation ~ à la vôtre 당신 주장과 반대되는 주장. conférence ~ 토론이 따르는 강연회. examen ~ 〖법〗 반대심문. jugement ~ 〖법〗 대심판결《궐석판결의 반대》.
—*n.f.* 〖논리〗 모순명제(proposition ~).
—*n.m.*[*f.*] *pl.* 〖옛〗모순사항.

contradictoirement [kɔ̃tradiktwarmɑ̃] *ad.* ① 모순되게. ② 서로 대립되게. s'entretenir ~ avec *qn* …와 대결자세로 담화하다. ③ 〖법〗 대심(對審)의 형식으로.

contraignable [kɔ̃trɛɲabl] *a.* 강제할 수 있는; 구속할 수 있는. ~ par corps 〖법〗 민사(民事) 구속할 수 있는.

contraignant(e) [kɔ̃trɛɲɑ̃, -ɑ̃:t] (*p.pr.*<*contraindre*) *a.* 강제하는; 구속하는, 속박하는. obligation ~*e* 구속력을 갖는 의무.

contraign-e, -ez, -ons, etc. [kɔ̃trɛɲ, -treɲe, -treɲɔ̃]⇨contraindre.

contraindre [kɔ̃trɛ̃:dr] [27] *v.t.* ① 할 수 없이 …하도록 하다, 강제하다, 강요하다 (forcer, obliger). [~ *qn à qc*] La maladie le *contraint au repos*. 그는 병 때문에 할 수 없이 쉰다. [~ *qn* à/de+*inf.*] La panne de voiture *a contraint* les voyageurs à coucher à l'hôtel. 자동차가 고장나서 여행자들은 할 수 없이 호텔에서 묵었다. On le *contraindra à* [*de*] partir. 그는 출발하지 않을 수 없을 것이다. [être contraint de+*inf.*] La ville *a été contrainte à* [*de*] se rendre. 그 도시는 항복하지 않을 수 없었다. 《간접목적보어 없이》 Je ne veux pas vous ~ dans vos goûts. 나는 당신의 취향을 강요할 생각은 없습니다. ② 구속(속박·억압)하다. ~ ses goûts (ses passions) 자기 취향(정영)을 억제하다. ~ la liberté 자유를 억압(속박)하다. ~ *qn* par saisie de biens[par corps] …의 재산을 압류하다[신병을 구속하다]. ~ *qn* par voie de droit[de justice] …을 법적으로 구속하다(고소하다).
—**se** ~ *v.pr.* ① 참다, 억제하다 (se retenir). Il ne sait pas *se* ~. 그는 자제할 줄 모른다. ② 억지로 …하다. [se ~ à/de+*inf.*] *Contraignez-vous à* suivre son conseil. 싫더라도 그의 충고를 따르시오.

contraint(e¹) [kɔ̃trɛ̃, -ɛ̃:t] (*p.p.*<*contraindre*) *a.p.* ① 거북한, 기를 펼 수 없는; 부자연스러운, 어색한. sourire ~ 어색한 웃음. politesse toute ~*e* 억지로 꾸민 예의바름. Il a l'air ~. 그는 어색해 보인다. ② 강제된, 강요된. ~ et forcé 강요당해서.

contrainte² [kɔ̃trɛ̃:t] *n.f.* ① 강제, 강압. employer la ~ [exercer une ~] sur *qn* …에게 압력을 넣다. faire *qc* par ~ 강제에 못이겨 …을 하다. par ~ de *qn* …의 압력으로. Il n'a cédé que par la ~. 그는 오직 강요에 못이겨 물러섰다. ② 속박, 구속, 부자유. ~ de la mesure[de la rime] 음절수(운)의 구속. ~*s* de politesse 예의범절. ~ diffuse 습관·도덕관 따위의 구속. vivre dans la ~ 구속받고 살다. ③ 거북함, (남에게 양보하거나 위한)자제. être la ~ 거북스러워하는 태도[표정]. avec ~ 사양하여. Il a pleuré sans aucune ~. 그는 전혀 거리낌없이 울었다. ④ 〖법〗 구속, 강제; 압류. ~ par corps 신병구속; 〖옛〗채무불이행자의 투옥. ~ par saisie de biens 압류. porteur de ~ 집행관, 집달리. ⑤ 〖언어〗 제약.

:contraire [kɔ̃trɛ:r] *a.* ① 반대의(opposé); [~ à] (와)상반되는, 반대의, (에)어긋나는; 역(逆)의. Je marchais vers le sud et il venait en sens ~. 나는 남쪽으로 가고 있었고, 그는 반대 방향에서 오고 있었다. Son attitude est ~ *à la* morale. 그의 태도는 도덕에 어긋나는 것이다. ~ *à la raison* 이성에 어긋나는, 비상식적인. vent ~ 역풍. à moins d'avis ~ 반대 의견이 없으면. jusqu'à avis ~ 추후 반대 통지가 있을 때까지. propositions ~*s* 〖논리〗 반대명제(反對命題). défense au ~ 〖법〗 반대요구, 반소(反訴). ② [~ à] (에)불리한, 해로운; (에)부합되지 않는. aliment ~ *à la* santé 건강에 해로운 음식. Le vin lui est ~. 그는 술이 받지 않는다. sort ~ 불운.
—*n.m.* 반대(되는 것), 역(逆), 대립; 〖언어〗 반의어. Vous faites le ~ de ce que vous dites. 당신은 말하는 것과 반대되는 짓을 하고 있다. soutenir [prouver] le ~ 반대주장을 하다[뒷받침하다].
au ~ 그와 반대로, 그렇기는 커녕.
au ~ *de* …에 반하여, …와 반대로. aller *au* ~ *de qn* …에게 불리해지다, …을 거역하다.

contrairement [kɔ̃trɛrmɑ̃] *ad.* 반대로; [~ à](에)반하여, (와)반대로. Il a agi ~ *à mes* ordres. 그는 내 명령과는 반대로 행동했다. ~ *à ce que* l'on m'avait dit 내가 들은 것과는 반대로.

contralte [kɔ̃tralt] *n.m.* =**contralto**.

contralto [kɔ̃tralto] (*pl.* ~*s, contralti* [kɔ̃tralti]) 《이탈리아》 *n.m.* 〖음악〗 ① 콘트랄토, 최저 여성음. ② 콘트랄토 가수.

contrapontiste [kɔ̃trapwɛ̃tist], **contrapontiste, contrapuntiste** [kɔ̃trapɔ̃tist] *n.* 〖음악〗 대위법(對位法)에 정통한 작곡가.

contraposition [kɔ̃trapozisjɔ̃] *n.f.* 〖논리〗 환질환위법(換質換位法).

contrapuntique [kɔ̃trapɔ̃tik] *a.* 〖음악〗 대위법을 쓴, 대위법의.

contrariant(e) [kɔ̃trarjɑ̃, -ɑ̃:t] *a.* ① (남의 계획·기대를)방해하는, 거스르는, 성가시게 하게 (상하게) 하는. caractère ~ 반대하기 좋아하는 성격. Que vous êtes ~! 당신 정말 짓궂군요. ② (사정이)난처한, 공교로운. Comme c'est ~! 난처하게 되었는걸! Quel temps ~! 공교롭게 비야!

*__**contrarié(e)**__ [kɔ̃trarje] *a.p.* ① 방해된, 저지된. amour ~ 방해받은 사랑. ② [~ de] (에, 으로)난처한, 울화가 치민, 속이 상한. avoir un air ~ 난처한 표정을 짓다.

contrarier [kɔ̃trarje] *v.t.* ①(에)거역하다, 반대하다; 방해하다, 훼방놓다. ~ les desseins de *qn* …의 계획에 반대하다. Ce vent *contrarie* la marche du navire. 이 바람은 배의 항행을 방해한다. ②기분상하게 하다, 언짢게 하다, 화나게 하다(ennuyer, fâcher). Il ne cesse de me ~. 그는 끊임없이 내 기분을 해친다. ③(색깔 따위를)대조(대립)시켜 돋보이게 하다(opposer). ~ les couleurs 반대색을 배치하여 돋보이게 하다. ④(벽돌 따위)틀?서로 엇물리게 늘어 놓다.
— *se* ~ *v.pr.* ① 서로 대립하다; 상반되다, 서로 어긋나다[모순되다, 방해되다]. ② 서로 괴롭히다(귀찮게 굴다, 기분을 해치다]. ③ 난처해 하다; 화를 내다. ④ 대조되어 눈에 드러나다.
contrariété [kɔ̃trarjete] *n.f.* ① 상반, 대립, 모순, 충돌, (색깔의)부조화; 불일치. ② 방해, 장해, 곤란. ③《구어》불만; 난처함, 당황.
esprit de ~ 외고집.
contrastant(e) [kɔ̃trastɑ̃, -ɑ̃:t] *a.* (색깔 따위가)대조적인.
contraste [kɔ̃trast] *n.m.* ① 대조, 대비. Il y a un fort ~ entre ces couleurs. 이 색깔들은 서로가 매우 대조적이다. ~ du laid et du beau; ~ entre le laid et le beau 미와 추의 대비. ②《텔레비전》콘트라스트. régler le ~ 《텔레비전 화상의》콘트라스트를 조정하다. ③《언어》(인접요소 사이의)대비, 대조. ④ substance de ~ 《의학》조영제. ⑤《옛》말다툼, 언쟁.
comme ~ *à qc* …을 두드러지게 하는 것으로서.
être en [*faire*] ~ *avec qc* …와 대조를 이루다. *mettre une chose en* ~ *avec une autre* … 을 …와 대조시키다.
contrasté(e) [kɔ̃traste] *a.p.* 《사진》 대조가 강한.
contraster [kɔ̃traste] *v.i.* [~ avec] (와)대조를 이루다, 대조가 되다, 두드러지게 눈에 띄다. Ces deux couleurs *contrastent* violemment. 이 두 색깔은 아주 대조적이다. —*v.t.* 대조[대비]시키다, 두드러지게 눈에 띄게 하다.
contrastif(ve) [kɔ̃trastif, -i:v] *a.* 《언어》대조의, 대비의. linguistique ~ve 비교언어학, 대조언어학. fonction ~ve 대조적 기능. étude ~ve 대비연구(같은 어족에 속하지 않은 언어끼리의 비교).
*****contrat** [kɔ̃tra] *n.m.* ①계약(pacte). ~ de mariage 혼인재산 관리계약. ~ de vente(d'assurance) 매매(보험)계약. passer un (avec) (와)계약을 체결하다. ratifier(approuver, valider) un ~ 계약을 승인하다. casser(annuler) un ~ 계약을 취소하다. ~ social 사회계약론, 민약론. rompre un ~ 계약을 파기하다. ②계약서(acte). dresser un ~ 계약서를 작성하다. ③약속, 협정. ~ tacite 묵약. ~ verbal 구두약속. ④ bridge ~ 《놀이》콘트랙트 브리지.
contravention [kɔ̃travɑ̃sjɔ̃] *n.f.* ①법규(의)위반. ~ aux lois sur les douanes 관세법 위반. ②경범죄(~ de simple police); 경범죄의 조서; (교통위반 따위의)벌금. dresser une ~ à *qn* 《구어》…의 경범죄 조서를 작성하다. ~ à …에게 딱지를 떼다. ~ pour excès de vitesse 속도위반. payer ~ 벌금을 내다. se mettre[être] en ~; commettre une ~ 《구어》위반하다, 죄를 범하다.
contraventionnel(le) [kɔ̃travɑ̃sjɔnɛl] *a.* 위반의; 경범죄의.
contravis [kɔ̃travi] *n.m.* (전(前)과)상반되는 의견.
:contre¹ [kɔ̃(:)tr] *prép.* ①《대립》…에 반대하여, …에 반하여, …을 거슬러. nager ~ le courant 흐름을 거슬러 헤얶져 올라가다. agir ~ l'avis de ses parents 부모의 충고에 반하는(거역하는) 행동을 하다. Je suis ~ votre avis. 나는 당신의 의견에 반대이다. ~ tôute attente 모든 기대에 어긋나게. ②《적대》…에 대하여; …을 향하여; …와 맞부딪쳐, …와 충돌하여, …에 대항하여. se fâcher ~ *qn* …에 대하여 화를 내다. lancer une pierre ~ une fenêtre 창문을 향하여 돌을 던지다. se battre ~ l'ennemi 적과 싸우다. Nous jouons ~ l'équipe de Brésil. 우리는 브라질팀과 대전한다.
③《접촉·근접》…에 의지하여, …에 기대어; …에 접근하여, …와 맞대어; …의 곁에. joue ~ joue 뺨을 맞대고서. s'appuyer ~ le mur 벽에 기대다. s'asseoir tout ~ elle 그녀 바로 곁에 앉다.
④《대비》…에 대비하여; …을 피하여. s'abriter ~ la pluie 비를 피하다. remède ~ la fièvre 해열제.
⑤《방지·예방》…에 대비하여; …을 피하여. s'abriter ~ la pluie 비를 피하다. remède ~ la fièvre 해열제.
⑥《교환》…와 바꾸어. échanger une chose ~ une autre 어떤 물건과 다른 물건을 교환하다.
avoir quelque chose ~ …에 대하여 반대이다. *envers et* ~ *tout* (*tous*) ⇨envers¹.
—*ad.* 반대로, 반대하여, (그것을)향하여. parler pour et ~ 찬성하기도 하고 반대하기도 하다. voter pour ou ~ 가부를 투표하다. Le parapet est solide; appuyez-vous ~. 난간은 견고합니다. 그것에 기대세요.
par ~ 그 대신에, 그 반면에. Les légumes ont baissé; *par* ~ la viande a augmenté. 야채값이 내렸다. 그 대신 고기값은 올랐다.
tout ~ 바로 곁에.
—*n.m.* 반대. Il y a du pour et du ~. 찬반 양론이 있다. disputer le pour et le ~ 찬반을 논하다. ②《권투》받아치기, 카운터블로; 《펜싱》(칼끝을 둥그렇게 돌려서)적의 칼끝을 막기; 《당구》(공과 공의)키스; 《카드놀이》(브리지의)더블.
à ~ 을 향하여; 바람을 거슬러서.
contre² [kɔ̃:tr] *n.m.* (재목을 쪼개기 위한)자루가 달린 쐐기.
contre- *préf.* ①「반대」의 뜻. ②「인접·부근」의 뜻.
contre-accélération [kɔ̃trakselerɑsjɔ̃] *n.f.* 《기계》 감속도(減速度).
contre-acclamations [kɔ̃traklamasjɔ̃] *n.f.pl.* …채에 대한 답수. [고소.
contre-accusation [kɔ̃trakyzasjɔ̃] *n.f.* 《법》맞
contre-à-contre [kɔ̃trakɔ̃:tr] *ad.* 《해양》나란히, 뱃전을 맞대고서.
contre-aiguille [kɔ̃trεgɥij] *n.m.* 《철도》(포인트의)기본 레일, 본선.
contre-alizé [kɔ̃tralize] *n.m., a.m.* 《해양》반대 무역풍(vents ~s)(의). [(道).
contre-allée [kɔ̃trale] *n.f.* 인도, 보도, 측도(側
contre-allumage [kɔ̃tralymɑ:ʒ] *n.m.* 《기계》(내연기관의)역화(逆火).
contre-amiral(*pl.* ~-~*aux*) [kɔ̃tramiral, -o] *n.m.* 해군 소장; 해군 소장의 기함(旗艦).
contre-appel [kɔ̃trapɛl] *n.m.* ①《펜싱》칼끝을 상대방의 칼의 반대쪽으로 뻗치기. ②《군사》불시점호(不時點呼). ③《전신》응신 신호.
~ *d'air* [kɔ̃tramiral] (逆氣流).
contre-applaudissements [kɔ̃traplodismɑ̃] *n.m.pl.* =contre-acclamations.
contre-approches [kɔ̃trapʀɔʃ] *n.f.pl.* 《군사》대항 참호(작업).
contre-appui [kɔ̃trapɥi] *n.m.* 돛을 서로 반대 방향으로 돌리기.
contre-arbre [kɔ̃trɑrbr] *n.m.* 《기계》간축(間軸), 대축(對軸).

contre-arc [kɔ̃trark] (*pl.* ~-~(**s**)) *n.m.* 〖선박〗 (선체 중앙부의)처짐. avoir du ~ (선체 중앙부가)처지다.

contre-arquer [kɔ̃trarke] *v.i.* (선체 중앙부가)처지다.

contre-assaillir [kɔ̃trasaji:r] ⑬ *v.t.* 역습하다.

contre-assemblée [kɔ̃trasɑ̃ble] *n.f.* 〖정치〗 (다른 집회에 대응하는)반대 집회.

contre-assiéger [kɔ̃trasjeʒe] 3·6 *v.t.* 〖군사〗 거꾸로 포위하다.

contre-assurance [kɔ̃trasyrɑ̃:s] *n.f.* 재보험.

contre-attaque [kɔ̃tratak] *n.f.* 〖군사〗 역습, 반격; (*pl.*) 〖축성〗 대루(對壘). passer à la ~ 반격으로 나가다.

contre-attaquer [kɔ̃tratake] *v.t.* 역습하다, 반격하다. ~ un adversaire dans sa spécialité 자기의 전문분야에 있어 상대를 반격하다. —*v.i.* 반격으로 나가다.

contre-aube [kɔ̃tro:b] (*pl.* ~-~(**s**)) *n.f.* (물레방아에 달린)물갈퀴 판자.

contre-aveu [kɔ̃travǿ] (*pl.* ~-~**x**) *n.m.* 반대 자백.

contre-avion(s) [kɔ̃travjɔ̃] *a.* 〚불변〛대공 방위용의. canon ~ 대공포.

contre-avis [kɔ̃travi] *n.m.* 《복수불변》 ① 이의, 반대 의견. ② 반대 통지; 명령 취소. sauf ~ 취소통지가 없으면.

contrebalancer [kɔ̃trəbalɑ̃se] ② *v.t.* ① (와)균형이 잡히다, 평형되다. poids qui en *contrebalance* un autre 다른 무게와 균형을 이루는〔같은〕 물건. ② 《추상적》(와)균형잡히게 하다, 조화시키다 (équilibrer). L'influence des lectures *contrebalance* celle de la télévision. 독서의 영향은 텔레비전의 영향과 균형을 이룬다. ③ (와)대응하다, (에)필적하다(égaler). Ses raisons *contrebalancent* les vôtres. 그의 이론은 당신의 이론과 대응하다〔손색이 없다〕. ④ 벌충〔상쇄〕하다, 메우다(compenser). Sa sincérité *contrebalance* tous ses défauts. 그의 성실성은 그의 모든 단점을 메워준다.
—**se** ~ *v.pr.* 서로 균형이 잡히다, 평형하다; 서로 대응되다; 상쇄되다. Les arguments de chaque partie *se contrebalancent*. 쌍방의 주장〔이론〕이 팽팽하게 맞서다. **s'en** ~ 《구어》개의치 않다(s'en moquer). Je m'en contrebalance. 그런건 문제 삼지도 않을거야.

contre-balancier [kɔ̃trəbalɑ̃sje] *n.m.* (펌프의)평형추(平衡錘).

contrebande [kɔ̃trəbɑ̃:d] *n.f.* 밀수업; 밀수입품, 수입 금지품. articles de ~ 밀수품. ~ de guerre (중립국을 통한)전시 밀수입; 전시 금제품. faire la ~ du tabac 담배를 밀수입하다. acheter de la ~ 밀수품을 사다. **être de** ~ 《구어》비합법적이다, 금지되어 있다. **en** ~ 수입금지 규정을 어기어, 몰래. **homme de** ~ 《구어》(사교집회 따위에)격이 맞지 않는 손님, 난입자.

contrebandier(ère) [kɔ̃trəbɑ̃dje, -ɛ:r] *a.* 밀수입하는. navire ~ 밀수선. —*n.* 밀수입자.

contre-barré(e) [kɔ̃trəba(ɑ)re] *a.* 〖문장〗 방패의 가운데에 가로줄이 엇걸리게 들어가 있는.

contrebas [kɔ̃trəba] *n.m.* 낮은 쪽(곳).
en ~ 아래쪽으로, 낮은 쪽으로.
en ~ **de** 보다 더 낮은 곳에. La rivière coule *en* ~ *de* la maison. 강은 집보다 더 낮은 곳으로 흐르고 있다.

contrebasse [kɔ̃trəba:s] *n.f.* 〖음악〗① 콘트라베이스, 더블베이스; 최저음 악기 (튜바 따위). ② 최저음 악기 연주자.

contrebassiste [kɔ̃trəbasist] *n.m.* 〖음악〗최저음 악기 연주자 (*contrebassier* [kɔ̃trəbasje] 는 이제 쓰이지 않음).

contrebasson [kɔ̃trəbasɔ̃] *n.m.* 〖음악〗 더블바순; 더블바순 주자.

contrebatterie [kɔ̃trəbatri] *n.f.* ① 〖군사〗 포전포대(砲戰砲臺); 포전포병 중대; 대(對)포병 사격. ② 대항책, 대항수단. dresser une ~ contre *qc* …에 대한 대응책을 세우다.

contrebattre [kɔ̃trəbatr] ㊺ *v.t.* 〖군사〗(포병이)반격하다; 응수하다.

contre-biais [kɔ̃trəbjɛ] *n.m.* 《복수불변》(천의 올·나무결에 대해)대각선으로 자르기.
à ~ 거꾸로. prendre une affaire *à* ~ 사건을 거꾸로 해석하다.

contre-bloquer [kɔ̃trəblɔke] *v.t.* 역(逆)봉쇄하다.

contre-bon-sens [kɔ̃trəbɔ̃sɑ̃:s] *n.m.* 《복수불변》부조리, 불합리, 터무니없음.

contre-bord (à) [akɔ̃trəbɔ:r] *loc.ad.* 〖해양〗 반대 방향으로. s'amarrer *à* ~ l'un〔l'un *à* ~〕 de l'autre 서로 이물from 고물을 거꾸로 하여 정박하다.

contre-bordée [kɔ̃trəbɔrde] *n.f.* 〖해양〗 역침로 (逆針路).

contre-boutant [kɔ̃trəbutɑ̃] *n.m.* 〖건축〗 버팀벽, (벽 따위의)지주. —*a.* 버티는.

contre-bouter [kɔ̃trəbute] *v.t.* 〖건축〗 (지주·버팀벽 따위로)버티다.

contre-brasser [kɔ̃trəbrase] *v.t.* 돛을 반대 방향으로 돌리다.

contre(-)butement [kɔ̃trəbytmɑ̃] *n.m.* = **contreboutant**.

contre(-)buter [kɔ̃trəbyte] *v.t.* = **contre-bouter**.

contre-butoir [kɔ̃trəbytwa:r] *n.m.* 〖철도·기계〗 (차량 따위의)완충기(緩衝器).

contre-cacatois [kɔ̃trəkakatwa] *n.m.* 《복수불변》 〖해양〗 윗돛대의 윗돛.

contre-calquer [kɔ̃trəkalke] *v.t.* (원화를)뒤집어 찍다, 전사(轉寫)하다.
—**se** ~ *v.pr.* 전사되다. Ce dessin *se contre-calque* facilement. 이 그림은 쉽게 전사된다.

contre-carlingue [kɔ̃trəkarlɛ̃:g] *n.f.* 〖선박〗 자매 내용골(內龍骨).

contrecarrer [kɔ̃trəka(ɑ)re] *v.t.* 거부하다, 전적으로 반대하다, 거역하다(contrarier, résister). [~ *qc*/《예》 *qn*] ~ un projet 계획을 정면으로 반대하다. ~ *qn* dans ses projets …의 계획하는 것을 반대하다(가로막다). —**se** ~ *v.pr.* 서로 반대의 행동을 취하다, 서로 방해하다.

contre-caution [kɔ̃trəkosjɔ̃] *n.f.* 〖법〗 부보증인.

contrechamp [kɔ̃trəʃɑ̃] *n.m.* 〖영화〗 전경(前景)과 정반대 위치에서의 촬영.

contre-chant [kɔ̃trəʃɑ̃] *n.m.* 〖음악〗(주된 가사와 화음으로)대위(對位)선율, 대선율.

contre-charme [kɔ̃trəʃarm] *n.m.* 마술을 푸는 마술.

contrechâssis [kɔ̃trəʃɑsi] *n.m.* 《복수불변》겹창; 이중 창틀.

contre-civadière [kɔ̃trəsivadjɛ:r] *n.f.* 〖해양〗 맨 위에 있는 기움돛.

contre-clavette [kɔ̃trəklavɛt] *n.f.* 〖기계〗 요(凹)자형 쐐기.

contre(-)clef [kɔ̃trəkle] *n.f.* 〖건축〗 종석(宗石)옆에 있는 홀예석.

contre-coalition [kɔ̃trəkɔalisjɔ̃] *n.f.* 반대 동맹.

contre(-)cœur¹ [kɔ̃trəkœ:r] (*pl.* ~-~(**s**)) *n.m.* ① (불빛을 반사시키기 위한)벽난로의 뒷벽(→cheminée 2.). ② 〖철도〗 바퀴 보호용 레일. ③ (소의 견후부(肩後部)의)지방 축적부.

contrecœur² [akɔ̃trəkœ:r] *loc. ad.* 내키지 않은, 마지못해. accepter une proposition *à* ~ 마지못해

제안을 수락하다.

contre-coudé(e) [kɔ̃trəkude] *a.* 《기계》 삽입된, 끼워 넣은.

contrecoup [kɔ̃trəku] *n.m.* ① 되됨, 튀어돌아옴. ② 《당구》(공과 공의)접촉. ③(비유적)반동, 반발(réaction); 반향; 여파(répercussion). La Révolution eut de nombreux ~*s* dans toute l'Europe. 대혁명은 전유럽에 무수한 파문을 일으켰다. ④ 충격(choc); 심한 진동. ⑤ 《기계》 반동력. faire ~ 반동에 이거내다. ⑥ 《승마》갑작스런 출발. *par* ~ 여파를 받아; 그 결과로서.

contre-courant [kɔ̃trəkurɑ̃] *n.m.* 역류(逆流); 《전기》역행류; (비유적) 역행.
à ~ 흐름을 거슬러. naviguer *à* ~ 조류를 거슬러 항해하다. rouler *à* ~ (차가)역행하다.

contre-courbe [kɔ̃trəkurb] *n.f.* ① 《건축》 팔호 모양의 볼록 곡선에 싸인 오목 곡선《홍예 장식 따위》. ② 《철도》 S 커브.

contre-course [kɔ̃trəkurs] *n.f.* 《기계》(피스톤의)반충(反衝).

contre-coussinet [kɔ̃trəkusinɛ] *n.m.* 축(軸)받이용의 쇠.

contre-critique [kɔ̃trəkritik] *n.f.* (다른 비평에 대한)반대 비평, 반론.

contre-culture [kɔ̃trəkylty:r] *n.f.* 반(反)문화.

contredanse [kɔ̃trədɑ̃:s] *n.f.* ① 카드리유(댄스의 일종); (그)댄스의 곡. ②(속어)규칙 위반.

contre-déclaration [kɔ̃trədeklarɑsjɔ̃] *n.f.* 반대 선언[진술·성명].

contre-dégagement [kɔ̃trədegaʒmɑ̃] *n.m.* 《펜싱》적과 동시에 검을 빼기.

contre-dégager [kɔ̃trədegaʒe] ③ *v.i., v.t.* 《펜싱》적과 동시에 검을 빼다.

contre-dénonciation [kɔ̃trədenɔ̃sjɑsjɔ̃] *n.f.* 《법》(차압 집행의 수속을)갑의 채무자인 제 3 채무자에 대하여 통지하는 행위.

contre-digue [kɔ̃trədig] *n.f.* 《토목》 2중 제방.

contredire [kɔ̃trədi:r] [29] *v.t.* ①(에)말대답하다, (에)항변하다(démentir); 《법》(에)반론하다, 반박하다(↔ approuver). ~ un témoin 증인을 반박하다. ~ ses idées[ses opinions] 그의 생각(의견)에 반대하다. (목적어 없이)aimer à ~ 반대말[말대꾸]하기를 좋아하다. ②(주어는 사물)(와)일치하지 않다(↔ s'accorder); (와)상반하다. La raison *contredit* souvent les sentiments. 이성은 흔히 감정과 상치된다. Cette hypothèse *est contredite* par les faits. 이 가설(假說)은 사실에 의해 부인되었다.
—*v.i.* 반대하다. [~ à *qc*] Nul n'*y contredit*. 아무도 그것을 반대하지 않는다.
—*se* ~ *v.pr.* ①(상호적)서로 말대답(반대)을 하다. Ils *se contredisent* l'un l'autre. 그들은 서로 반대하고 있다. ②(재귀적)스스로 모순되는 말을 하다, 자가당착하다. Il *se contredit* sans cesse dans ses explications. 그는 설명하는 데 있어 계속 모순된 말을 한다. ③(주어는 사물•상호적)서로 모순되다. arguments qui *se contredisent* 상호 모순되는 이론[주장].

contredisant(e) [kɔ̃trədizɑ̃, -ɑ̃:t] *a.* 반박하기 좋아하는. partie ~*e* 《법》 이의신립 측(側).

contredit [kɔ̃trədi] *n.m.* 의의(objection); 《법》답변서. affirmation sujette à ~ 이론(異論)의 여지가 있는 단정. sauf ~ 이론이 없으면.
sans ~ 이의없이(sans conteste). Le roman est *sans* ~ le meilleur de l'année. 이 소설은 이의없이 올해 최고의 작품이다.

contrée [kɔ̃tre] *n.f.* 지방(région); 나라(pays). ~*s* lointaines 먼 나라들.

contre-écartelé(e) [kɔ̃trekartəle] *a.* 《문장》세로줄과 가로줄로 4분된 각각을 다시 4분한.

contre-échange [kɔ̃treʃɑ̃:ʒ] *n.m.* 상호 교환. *en* ~ 그 대신.

contre-échelle [kɔ̃treʃɛl] *n.f.* 사척(斜尺).

contre-écrou [kɔ̃trekru] *n.m.* 《기계》압나사, 로크너트.

contre-effort [kɔ̃trefɔ:r] *n.m.* 《체조》(긴장 상태와 교대로 생기는)이완.

contre-électromoteur(trice) [kɔ̃trelɛktrɔmɔtœ:r, -tris] *a.* 《전기》 방해하는. force ~*trice* 임피던스.

contre-empreinte [kɔ̃trɑ̃prɛ̃:t] *n.f.* 《지질》 우묵한 자국 속의 도드라진 부분; 《공학》 압형(押型)의 인영(印影).

contre-enquête [kɔ̃trɑ̃kɛt] *n.f.* 《법》(어떤 조사를 반대측에서 검토하는)반대 조사.

contre-enveloppe [kɔ̃trɑ̃vlɔp] *n.f.* (타이어 보호용의)커버, 피복.

contre-épaulette [kɔ̃trepolɛt] *n.f.* 《군사》(술이 없는)견장[肩章], 계급장.

contre-épreuve [kɔ̃treprœ:v] *n.f.* ① 《인쇄》 역교정쇄(逆校正刷), 전사쇄(轉寫刷). ②(비유적)모사 模寫), 검증(vérification); 《정치》(확인을 위한)반대 투표. accepter une idée après ~ 어떤 사상을 검증한 후에 받아들이다.

contre-épreuver [kɔ̃treprœve] *v.t.* 《인쇄》 역(逆)교정쇄를 내다.

contre-escarpe [kɔ̃trɛskarp] *n.f.* 《축성》(누호(壘壕)의)바깥 축대.

contre-espalier [kɔ̃trɛspalje] *n.m.* 이중 과수 울타리.

contre-espion [kɔ̃trɛspjɔ̃] *n.m.* 대(對)간첩요원.

contre-espionnage [kɔ̃trɛspjɔnaʒ] *n.m.* 대(對)간첩활동[조직]; 스파이 감시.

contre-essai [kɔ̃trɛsɛ] *n.m.* 조사(照查)실험, 대조검사.

contre-étambot [kɔ̃tretɑ̃bo] *n.m.* 《선박》내선미재(內船尾材).

contre-étrave [kɔ̃tretra:v] *n.f.* 《선박》 부선수재(副船首材).

contre-examiner [kɔ̃trɛgzamine] *v.t.* 《법》(변호사가 상대방 증인을)반대 심문하다.

contre-expertise [kɔ̃trɛkspɛrti:z] *n.f.* 재(再)감정.

contre-extension [kɔ̃trɛkstɑ̃sjɔ̃] *n.f.* 《의학》반신장(反伸張)《신장하여 정복(整復)할 때 탈구•골절된 부분의 상부를 움직이지 않게 고정시킴》.

contrefaçon [kɔ̃trəfasɔ̃] *n.f.* ①위조(falsification); (저작권•특허권 따위의)침해. ~ des billets de banque 지폐의 위조. procès en ~ 권리침해에 대한 소송. ② 가짜, 위조물. Méfiez-vous des ~*s*. 위조품에 주의하시오.

contrefacteur [kɔ̃trəfaktœ:r] *n.m.* 위조자; 침해자.

contrefaction [kɔ̃trəfaksjɔ̃] *n.f.* 위조《화폐 따위 공공성을 가진 것의》.

contrefaire [kɔ̃trəfɛ:r] [28] *v.t.* ①(놀려, 서투르게)흉내내다(parodier). ~ la démarche de *qn* …의 동작을 (웃음거리로)흉내내다. ②ⓐ위조하다, (의)가짜를 만들다(falsifier); (상표•특허권 따위의)침해하다. ~ un sceau 인감을 위조하다. ⓑ(자기 목소리•글씨체 따위를)속이다, 바꾸다. ~ sa propre voix 《남을 속이기 위해》목소리를 바꾸다. ⓒ《구어》표절하다, 흉내내다. ~ l'écriture de *qn* …의 글씨체를 흉내내다. ③가장하다, (인)체하다(feindre). ~ la douleur 고통을 가장하다. ④(얼굴•모습 따위를)비뚤어지게 하다, 기형으로 만들다(défigurer).

—se *v.pr.* ① 위조〔모조〕되다. ② 자기를 속이다. On ne peut pas *se* ~ longtemps. 사람은 오랫동안 자신을 속일 수 없다.

contrefaiseur(se) [kɔ̃trəfəzœ:r, -ø:z] *n.* 《속어》 흥내장이.

contrefait(e) [kɔ̃trəfɛ, -ɛt] (*p.p.<contrefaire*) *a.p.* ① (열의 따위가) 허울뿐인, 가장된, 거짓의. édition ~e 해적판(édition pirate). ② 위조한, 가짜의. ③ 기형의. corps ~ 기형.

contre-fanon [kɔ̃trəfanɔ̃] *n.m.* 【해양】 옆돛자락을 치켜올리는 밧줄.

contre-fenêtre [kɔ̃trəfnɛtr] *n.f.* (이중창의) 외창(外窓); 〖옛〗 (18세기에, 창 외측 또는 내측에서 다는) 겉창(volet).

contre-fer [kɔ̃trəfɛ:r] *n.m.* (대패날의) 덧날.

contre-feu [kɔ̃trəfø] (*pl.* ~-~x) *n.m.* ① (벽난로의) 반사판(contre-cœur). ② 【기계】 (내연기관의) 역화(逆火). ③ (산불 따위 방지용의) 맞불.

contre-fiche [kɔ̃trəfiʃ] *n.f.* 받침 기둥, 지주.

contre-ficher [kɔ̃trəfiʃe] *v.t.* 【건축】 (에) 받침 기둥을 괴다.
—se *v.pr.* (se ficher 의 강한 표현) 《속어》 아랑곳하지 않다, Je m'en fiche et m'en *contre-fiche*. 그 따위 일은 안중에도 없다.

contre(-)fil [kɔ̃trəfil] *n.m.* 거꾸로의 방향. à ~ 거꾸로. à ~ *de l'eau* 물을 거슬러.

contre-filet [kɔ̃trəfilɛ] *n.m.* = **faux-filet**.

contre-finesse [kɔ̃trəfinɛs] *n.f.* (상대의 교활함에 대한) 대항 전략, 대책.

contre-flèche [kɔ̃trəflɛʃ] *n.f.* 【건축】 (위로) 휨.

contre-foc [kɔ̃trəfɔk] *n.m.* 【해양】 이물 삼각돛의 하나.

contrefort [kɔ̃trəfɔ:r] *n.m.* ① 【건축·축성】 버팀벽. ② 【지리】 (산맥의) 지맥(支脈). ③ (구두의) 뒤축 가죽.

contre-fossé [kɔ̃trəfose] *n.m.* 【축성】 (호 밖으로 만든) 대호(對壕), 이중호.

contre-foulement [kɔ̃trəfulmɑ̃] *n.m.* (관(管) 속의 물의) 역류.

contrefoutre (se) [s(ə)kɔ̃trəfutr] *v.pr.* 《속어》 아랑곳하지 않다, 무시하다 (= se contre-ficher). Je m'en *contrefous*. 그까짓 것 아무래도 좋아 (상관없다).

contre-fracture [kɔ̃trəfrakty:r] *n.f.* 【외과】 반대 골절.

contre-fruit [kɔ̃trəfrɥi] *n.m.* 【건축】 (벽의) 세로 기울기 (바깥쪽은 수직이고 안쪽은 위로 갈수록 얇아짐) (↔ 走法).

contre-fugue [kɔ̃trəfyg] *n.f.* 【음악】 역두법(逆遁法).

contre-garde [kɔ̃trəgard] *n.f.* 【축성】 보장(堡障), 외루벽(外壘壁) (→ fortification 그림).

contre-gouvernement [kɔ̃trəguvɛrnəmɑ̃] *n.m.* 야당의 예비 내각, 섀도캐비닛; (신임 대통령의) 예비 내각.

contre-greffe [kɔ̃trəgrɛf] *n.f.* 【원예】 이중 접목.

contre-greffer [kɔ̃trəgrɛ(e)fe] *v.t.* 【원예】 이중 접목하다.

contre-griffer [kɔ̃trəgrife] *v.t.* 《구어》 (에) 연서하다, 부서(副署)하다.

contre-hacher [kɔ̃traʃe] *v.t.* 【미술·조각】 (도판따위에) 망막으로 음영을 나타내다.

contre-hachure [kɔ̃traʃy:r] *n.f.* 【미술·조각】 복음영(複陰影).

contre-hâtier [kɔ̃tratje] *n.m.* 꼬치구이 대(臺).

contre-hauban [kɔ̃trəobɑ̃] *n.m.* 【해양】 후미 받침 밧줄.

contre-haut (en) [ɑ̃kɔ̃trəo] *loc.a., ad.* 아래에서 위로(의) (↔ contre-bas); 높은 수준(의).

en ~ *de qc* …보다 높은 곳에. *mesure prise en* ~ 전후가 뒤바뀐 조치.

contre-hermine [kɔ̃trɛrmin] *n.f.* 【문장】 검정 바탕의 하얀 무늬의 방패꼴 가문(家紋).

contre-heurtoir [kɔ̃trœrtwa:r] *n.m.* (현관문의 노커) (knocker) 의 받침쇠.

contre-hus [kɔ̃try] *n.m.* 《복수불변》 (상반부만 열리게 된) 문짝의 하반부.

contre-indication [kɔ̃trɛ̃dikɑsjɔ̃] *n.f.* 【의학】 금기 증후(禁忌徵候) (투약·치료 따위를 금해야 할 병의 증상).

contre-indiqué(e) [kɔ̃trɛ̃dike] *a.p.* 【의학】 금기의, 맞지 않는; 《구어》 (비유적) 부적당한; 위험한. traitement ~ 금기된 치료법. emprunt ~ 부적당한 차관.

contre-indiquer [kɔ̃trɛ̃dike] *v.t.* 【의학】 (어떤 징후가 약·수술 따위를) 금기하다.

contre-interroger [kɔ̃trɛ̃tɛrɔʒe] *v.t.* 【법】 반대 심문하다.

contre-jour [kɔ̃trəʒu:r] *n.m.* 역광선. *à* ~ 역광선을 받고; 광선의 방향이 좋지 않은. photo *à* ~ 역광 사진. tableau placé *à* ~ 광선의 방향이 잘못되어 놓인 그림.

contre-lattage [kɔ̃trəlata:ʒ] *n.m.* 【건축】 이중 (덧) 외(椳) 박기.

contre-latte [kɔ̃trəlat] *n.f.* 【건축】 덧외(椳), 이중외.

contre-latter [kɔ̃trəlate] *v.t.* 【건축】 (에) 덧외를 대다.

contre-lettre [kɔ̃trəlɛtr] *n.f.* 【법】 (공식증서의 규정사항을 무효화하는) 반대 (은닉) 증서.

contre-ligue [kɔ̃trəlig] *n.f.* (다른 동맹에 대항하는) 반대 동맹.

contre-limon [kɔ̃trəlimɔ̃] *n.m.* 【건축】 벽에 붙이는 측판(側板).

contre-maille [kɔ̃trəma:j] *n.f.* 【어업】 (그물의) 이중 그물코; 이중 그물코의 그물.

contre-mailler [kɔ̃trəmaje] *v.t.* 【어업】 (의) 그물코를 이중으로 하다.

contremaître(sse) [kɔ̃trəmɛtr, -trɛs] *n.* 직공장; 감독 (사람). —*n.m.* 【해양】 (범선시대 옛 해군의) 하사관, 부수부장(副水夫長).

contre-mandat [kɔ̃trəmɑ̃da] *n.m.* (위탁·위임의) 취소(영장).

contremandement [kɔ̃trəmɑ̃dmɑ̃] *n.m.* (명령·주문의) 취소.

contremander [kɔ̃trəmɑ̃de] *v.t.* (명령·주문을) 취소하다 (annuler, ↔ confirmer); (동맹파업의) 중지를 명하다. ~ *sa voiture* 주문한 차를 취소하다. ~ une grève 파업의 중지를 명하다.

contre-manifestant(e) [kɔ̃trəmanifɛstɑ̃, -ɑ̃:t] *n.* (어떤 시위에) 반대 시위 참가자.

contre-manifestation [kɔ̃trəmanifɛstɑsjɔ̃] *n.f.* 반대 시위.

contre-manifester [kɔ̃trəmanifɛste] *v.i.* (어떤 시위에 대하여) 반대 시위하다.

contre-manœuvre [kɔ̃trəmanœ:vr] *n.f.* 【군사】 (앞의 작전명령에 반대된) 반대명령; 반대책동.

contre-manœuvrer [kɔ̃trəmanœvre] *v.t.* 역계(逆計)를 쓰다.

contremarche [kɔ̃trəmarʃ] *n.f.* ① 【군사】 뒤로 돌아 전진, 배진(背進); 【해군】 (함대의) 방향전환. ② 【건축】 (층계 높이의) 수직 높이; (*pl.*) (층계의) 수직면 (→ escalier 그림).

contremarcher [kɔ̃trəmarʃe] *v.i.* 【군사】 뒤로 돌아 앞으로 가다; (함대가) 방향을 전환하다.

contre-marée [kɔ̃trəmare] *n.f.* 【해양】 역조(逆

潮). à ~ 조수에 거슬러.

contremark [kɔ̃trəmark] *n.f.* ① 〖연극〗 (극장에서 잠시 외출할 때의) 외출표. ② (화물 따위에 붙이는) 꼬리표; (금은 세공의) 극인(極印), 검증 각인(刻印). (화폐의) 부인(副印). ③ (말의 나이를 속이기 위해서) 말 이에 새긴 금.

contremarquer [kɔ̃trəmarke] *v.t.* ① (화물 따위에) 꼬리표를 달다; (금은 세공·화폐 따위에) 극인·부인을 새기다. ② (말의 나이를 속이려고 이에) 금을 새기다.

contremarqueur(se) [kɔ̃trəmarkœːr, -ø:z] *n.* 〖연극〗 외출표 담당자.

contre-mémoire [kɔ̃trəmemwa:r] *n.m.* 〖법〗 반대 진술.

contre-mesure [kɔ̃trəmzy:r] *n.f.* ① 대책(對策), 반대 조처. prendre des ~s 대책을 강구하다. ② jouer à ~ 〖음악〗 약한 박자 음표만을 연주하다.

contre-mine [kɔ̃trəmin] *n.f.* ① 〖군사〗 대갱도(對坑道). ② (비유적) (책략·음모에 대한) 대항책(對抗策).

contre-miner [kɔ̃trəmine] *v.t.* ① 〖군사〗 대갱도를 파서 대항하다. ② (비유적) 역계(逆計)를 쓰다. ~ les projets de qn …의 계획에 대해 은밀하게 대응책을 쓰다.

contre-mineur [kɔ̃trəminœ:r] *n.m.* 〖군사〗 대갱도를 파는 군인.

contre-mont (à) [akɔ̃trəmɔ̃] *loc.ad.* (옛) 산 위쪽으로; 상류로. Ce bateau va à ~. 이 배는 상류로 거슬러 올라간다.

contre-mot [kɔ̃trəmo] *n.m.* 〖군사〗 (대답의) 암호말, 군호.

contre-moulage [kɔ̃trəmula:ʒ] *n.m.* 주상(鑄像)의 복제(複製).

contre-mur [kɔ̃trəmy:r] *n.m.* 받침벽, 덧벽; 〖야금〗 (용광로의) 안쪽 금속벽.

contre-murer [kɔ̃trəmyre] *v.t.* 받침벽으로 버티다.

contre-note [kɔ̃trənɔt] *n.f.* 〖외교〗 (앞의 통고를 취소하는) 반대 통고.

contre-offensive [kɔ̃trɔfɑ̃si:v] *n.f.* 〖군사〗 반격, 역습 (contre-attaque 보다 대규모의 것).

contre-opération [kɔ̃trɔperɑsjɔ̃] *n.f.* 대항 작전.

contre-opposition [kɔ̃trɔpozisjɔ̃] *n.f.* 〖정치〗 반대당 내의 소수파, (여당에 동조 투표하는) 야당의 소수파.

contre-ordre [kɔ̃trɔrdr] *n.m.* 반대[취소] 명령. Il arrivera à midi, sauf ~. 명령의 취소가 없는 한 그는 정오에 도착할 것이다.

contre-ouverture [kɔ̃truverty:r] *n.f.* ① (한 구멍의) 상대되는 구멍. ② 〖외과〗 (고름·이물의 배출이 잘 되도록 종기나 상처 가까운 곳에 행하는) 근접 절개(口).

contre-pal [kɔ̃trəpal] *n.m.* 〖문장〗 금속에 에나멜로 갈라진 세로줄 무늬 방패꼴.

contre-paroi [kɔ̃trəparwa(ɑ)] *n.f* 〖야금〗 (용광로의) 덮개.

contrepartie [kɔ̃trəparti] *n.f.* ① 상대물, 보완물(補完物), 대상(代價), 인환물(引換物)(compensation). obtenir la ~ financière de la perte de temps subie 시간을 빼앗긴 데 대해 재정적 보상을 받다. Ce métier pénible a une ~ : la longueur des vacances. 이 고달픈 직업은 한 가지 보상이 있다, 즉 휴가가 길다는 것이다. ② (토론 따위의) 반대론, 반대편. prendre la ~ de ce qu'on dit d'autres ont dit 말한 것에 대해 반대론을 펴다. 〖증권〗 손님 의사와 반대의 매매를 하기[하는 사람]; 〖상업〗 (거래의) 상대방; 〖부기〗 (복식 부기의) 다른 한 쪽, 반대쪽; 부본, 사본, 〖음악〗 대부(對部). ④ 〖스포츠〗 설욕전.

en ~ 그 대신에(en revanche). On vous laisse toute initiative, mais, *en* ~, vous êtes responsable du résultat. 당신에게 모든 결정권을 주겠소, 그 대신 결과에 대한 책임은 당신에게 있오.

maison de ~ 〖증권〗 영터리 증권회사.

contrepartiste [kɔ̃trəpartist] *n.m.* 〖증권〗 손님 의사와 반대로 매매하는 증권업자, 영터리 중매인(仲買人).

contre-pas [kɔ̃trəpɑ] *n.m.* (복수불변) 〖군사〗 (걸음걸이를 맞추기 위한) 반걸음.

marcher à ~ *(de)* …와 발이 맞지 않다.

contre-passation [kɔ̃trəpɑ(a)sɑsjɔ̃] *n.f.* 〖상업〗 (발행인에게로의 부도수표)반환; 〖부기〗 반대쪽으로의 전기(轉記).

contre-passement [kɔ̃trəpɑsmɑ̃] *n.m.* = **contre-passation**

contre-passer [kɔ̃trəpɑse] *v.t.* 〖상업〗 (부도수표를 발행인에게) 반환하다; 〖부기〗 (기입 항목을) 반대쪽으로 전기(轉記)하다; 〖상업〗 분개장(分介帳)에 옮겨 기입하다. —*se* ~ *v.pr.* 상쇄하다.

contre-pédalage [kɔ̃trəpedala:ʒ] *n.m.*, **contre-pédale** [kɔ̃trəpedal] *n.f.* (자전거의) 페달을 거꾸로 밟기.

contre-pédaler [kɔ̃trəpedale] *v.i.* (자전거의) 페달을 거꾸로 밟다.

contre(-)pente [kɔ̃trəpɑ̃:t] *n.f.* 반대 사면(斜面); (산·언덕의) 급한 사면; 〖군사〗 (토지의 기복 위로 적에게 보이지 않는) 이사면(裏斜面); (배수 (排水)를 위한) 도로 양면의 경사.

contreperçage [kɔ̃trəpɛrsa:ʒ] *n.m.* contrepercer

contrepercer [kɔ̃trəperse] [2] *v.t.* (의) 반대쪽에 구멍을 내다; 한 재목의 구멍을 통하여 다른 재목에 구멍을 내다.

contre-performance [kɔ̃trəpɛrfɔrmɑ̃s] *n.f.* 〖스포츠〗 (선수의 뜻밖의) 실패, 성적 부진; (일반적으로) (정치가·사업가 따위의) 실패.

contre-peser [kɔ̃trəpəze] [4] *v.t.* (속어) (와) 균형을 이루다(équilibrer); (비유적) (에) 필적하다. *B contre-pèse A.* A와 B는 무게가 균형을 이룬다.

contrepet [kɔ̃trəpɛ] *n.m.* = **contre-petterie.**

contre-pèterie [kɔ̃trəpɛtri] *n.f.* = **contre-petterie.**

contre-pétition [kɔ̃trəpetisjɔ̃] *n.f.* (다른 청원에 대한) 반대 청원.

contre-pétitionnaire [kɔ̃trəpetisjɔnɛ:r] *n.* 반대 청원인.

contre-pétitionner [kɔ̃trəpetisjɔne] *v.i.* 반대 청원을 내다.

contre-petterie [kɔ̃trəpɛtri] *n.f.* 두 단어 이상의 문자·음절 또는 어순이 서로 바뀌어 엉뚱한 뜻이 되는 (femme *molle* à la fesse femme *folle* à la messe 로 하는 따위).

contre-pied [kɔ̃trəpje] *n.m.* (복수없음) 반대(inverse, opposé); 〖사냥〗 사냥감의 자국을 잘못 알고 반대로 쫓기. Votre théorie est le ~ de la sienne. 당신의 이론은 그의 이론과 반대다.

à ~ *(de)* (와) 거꾸로. plaider *à* ~ *de qc* …에 대한 반대론을 펴다. prendre un adversaire *à* ~ 〖스포츠〗 상대편이 예기하는 것과 반대쪽으로 공을 보내어 손을 못쓰게 하다.

prendre le ~ *(de)* (에) 반대하다.

être pris à ~ 허를 찔리다.

contre-placage [kɔ̃trəplaka:ʒ] *n.m.* 엷은 판자를 합치기, 합판.

contre-plainte [kɔ̃trəplɛ̃:t] *n.f.* 〖법〗 반소(反訴).

contre-planche [kɔ̃trəplɑ̃:ʃ] *n.f.* 〖인쇄〗 제 2 면.

contre(-)plaque [kɔ̃trəplak] *n.f.* 〖기계〗 보강판.

(補強板).
contre-plaqué(e) [kɔ̃trəplake] *a.p.* 엷은 판을 겹쳐 붙인, 합판의. —*n.m.* 합판(合板), 베니어판.
contre-plaquer [kɔ̃trəplake] *v.t.* 엷은 판을 겹쳐 붙이다; 합판으로 만들다.
contrepoids [kɔ̃trəpwa(ɑ)] *n.m.* ① 〖기계〗 분동(分銅), 평형추, (시계의)추; 〖무전〗 대지선(對地線); 균형, 균형(잡히게 하는 것)(équilibre). ~ d'une porte (놓으면 저절로 닫히는)문의 추. être en ~ 균형을 이루다. ② 〖줄타기 곡예사의〗균형 막대〖장대〗. ③ 〖승마〗(기수의)평형 자세.
faire ~ *(à qc)* (…와)균형을 이루다. prendre une valise de chaque côté pour *faire* ~ 양편에 짐을 하나씩 들어 균형을 잡다.
servir de ~ *à qc* (보완·저게하여)균형을 이루게 하다. Le pouvoir de l'Assemblée *sert de* ~ *à* l'arbitraire gouvernemental. 의회의 힘은 정부의 독선에 견제 역할을 한다.
contre-poil (à) [akɔ̃trəpwal] *loc.ad.* 털결과 반대로, 거꾸로. brosser un chapeau *à* ~ 모자의 털결과 반대로 솔질하다. prendre une affaire *à* ~ 처음부터 일을 엉뚱하게 시작하다. *prendre qn à* ~ 〖구어〗…을 거스르다, 역정나게 하다(irriter).
contre-poinçon [kɔ̃trəpwɛ̃sɔ̃] *n.m.* 〖금속〗(금속에 돋을글자를 나타내는)각인(刻印); (자물쇠장이의)천공기(穿孔器).
contre-poinçonner [kɔ̃trəpwɛ̃sɔne] *v.t.* 〖금속〗(에)각인을 박다.
contrepoint [kɔ̃trəpwɛ̃] *n.m.* 〖음악〗대위법; 대위법을 사용한 곡; 《비유적》다른 것에 겹쳐 나오는 부주제(副主題).
contre-pointe [kɔ̃trəpwɛ̃:t] *n.f.* ① (검(劍) 끝의)날이 붙은 부분; 군도술(軍刀術). ② 〖기계〗(선반 따위의)압심대(押心臺). ③ 〖전기〗 〖불꽃 간극의〗먼 쪽의 전극. ④ 〖예〗=courtepointe.
contrepointer [kɔ̃trəpwɛ̃te] *v.t.* 〖음악〗대위법을 써서 작곡하다.
contre-pointer [kɔ̃trəpwɛ̃te] *v.t.* (이불 따위를)누비다.
contrepointiste [kɔ̃trəpwɛ̃tist] *n.* 〖음악〗=contrapointiste.
contrepoison [kɔ̃trəpwazɔ̃] *n.m.* 해독제; 치유〖교정〗수단.
contre-police [kɔ̃trəpɔlis] *n.f.* (다른 경찰을 감독하는)비밀 경찰.
contre-porte [kɔ̃trəpɔrt] *n.f.* 〖건축〗 이중문; 〖축성〗제 2 관문.
contre-poser [kɔ̃trəpoze] *v.t.* 잘못〖거꾸로〗놓다; 〖부기〗(의)기입할 자리를 틀리다.
contre-position [kɔ̃trəpozisjɔ̃] *n.f.* 〖부기〗기입할 자리를 틀리기.
contrepousser (se) [s(ə)kɔ̃trəpuse] *v.pr.* 〖건축〗(아치나 궁륭의 각 재료가)서로 미는 힘으로 균형을 유지하다.
contre-pouvoir [kɔ̃trəpuvwa:r] *n.m.* (현 권력에 대한)견제〖대항〗세력.
contre-préparation [kɔ̃trəpreparɑsjɔ̃] *n.f.* 〖군사〗(포격 준비 중의 적에 대한)선제 포격〖폭격〗.
contre-pression [kɔ̃trəprɛsjɔ̃] *n.f.* 〖기계〗(피스톤 따위에)배압(背壓).
contre-profil [kɔ̃trəprɔfil] *n.m.* 〖건축〗 반대 쇠시리.
contre-profiler [kɔ̃trəprɔfile] *v.t.* 〖건축〗반대 쇠시리로 하다.
contre(-)projet [kɔ̃trəprɔʒɛ] *n.m.* (어떤 안에 대한)대안.
contre-promesse [kɔ̃trəprɔmɛs] *n.f.* 〖법〗계약 보증서.

contre-propagande [kɔ̃trəprɔpagɑ̃:d] *n.f.* 반대선전, 역선전.
contre(-)proposition [kɔ̃trəprɔpozisjɔ̃] *n.f.* 반대 제안.
contre-quille [kɔ̃trəkij] *n.f.* 〖선박〗내용골.
contrer [kɔ̃tre] *v.t.* 〖구어〗(남의 언행에)반대하다(s'opposer à); 공격(비판)하다; 방해하다(empêcher); 〖권투〗(상대의 강타를)받아치다. [~*qn*] ~ un adversaire 상대와 맞서 대항하다. ~ un concurrent 경쟁자에 대항하여 제압하다. [~*qc*] ~ un système social 사회제도를 비판하다. ~ un projet périlleux 위험한 계획을 가로막다.
—*v.i.* 〖카드놀이〗(브리지에서)더블을 걸다.
contre-rail [kɔ̃trəra:j] *n.m.* 〖철도〗호륜(護輪)레일, 바퀴보호용 레일.
contre-raison [kɔ̃trərɛzɔ̃] *n.f.* (어떤 이유에 대한) 반대 이유.
contre-réformation [kɔ̃trəreformɑsjɔ̃] *n.f.* 〖종교사〗=contre-réforme.
contre-réforme [kɔ̃trəreform] *n.f.* 〖종교사〗반(反)종교개혁; 〖정치〗병역 면제에 관한 개정(1914~1917).
contre-refoulement [kɔ̃trəfulmɑ̃] *n.m.* 〖수력공학〗=contre-foulement.
contre-rejet [kɔ̃trərəʒɛ] *n.m.* enjambement(한 행의 시구(詩句)가 다음 행에까지 걸치기)의 한 형태 《시구의 대부분이 전행(前行)에 있고 소부분이 다음 행으로 걸치는 것이 rejet, 이와 반대의 경우가 contre-rejet》.
contre-ressort [kɔ̃trər(ə)sɔ:r] *n.m.* 〖기계〗평형용수철; 〖자동차〗상하 요동막이.
contre-révolution [kɔ̃trərevɔlysjɔ̃] *n.f.* 반혁명.
contre-révolutionnaire [kɔ̃trərevɔlysjɔnɛ:r] *a.* 반혁명의. —*n.* 반혁명가.
contre-révolutionner [kɔ̃trərevɔlysjɔne] *v.t.* (의)혁명에 반대하다, 반혁명하다.
contre-riposte [kɔ̃trəripɔst] *n.f.* 〖펜싱〗받아 넘기기.
contre-rivure [kɔ̃trərivy:r] *n.f.* 〖금속〗(리벳의) 위쇄, 좌금(座金).
contre-ronde [kɔ̃trərɔ̃:d] *n.f.* 〖군사〗(보초의 근무상황을 감시하기 위한)장교 순찰.
contre-ruse [kɔ̃trəry:z] *n.f.* (상대의 책략에 대한) 대항책, 역수.
contre-sabord [kɔ̃trəsabɔ:r] *n.m.* 〖선박〗현창(舷窓).
contre-saison [kɔ̃trəsɛzɔ̃] *n.f.* 철 잃은 재배.
à ~ 철 아닌 때에.
contre-salut [kɔ̃trəsaly] *n.m.* 〖해군·군사〗(예포에 대한)답포(答砲).
contre-sangle [kɔ̃trəsɑ̃:gl] *n.f.*, **contre-sanglon** [kɔ̃trəsɑ̃glɔ̃] *n.m.* (말의)뱃대끈.
contrescarpe [kɔ̃trɛskarp] *n.f.* 〖축성〗(누호(壘壕)의)바깥 축대(→ fortification 그림).
contre-sceau [kɔ̃trəso] *(pl.* ~-~*x)*, **contre-scel** [kɔ̃trəsɛl] *n.m.* 연인(連印).
contre-sceller [kɔ̃trəsɛle] *v.t.* (에)연인하다.
contreseing [kɔ̃trəsɛ̃] *n.m.* 부서(副署); (공용우편물의)무료 배달 표시.
contresens [kɔ̃trəsɑ̃:s] *n.m.* ① 반대의 뜻; 오해, 오역, 오독(誤讀); 이치에 어긋남(absurdité, nonsens). faire un ~ 오역하다〖오독〗하다. version anglaise pleine de ~ 오역투성이의 영어 번역. prendre le ~ *des paroles de qn* …의 말을 곡해하다. ② 역방향. prendre le ~ *de la marée(du vent)* 조류〖바람〗을 거슬러 가다. prendre le ~ d'une affaire 〖구어〗일을 거꾸로 시작하다.

à ~ 거꾸로, 틀려서.
à ~ de …와 반대방향으로. nager à ~ du courant 물결을 거슬러 헤엄쳐 나가다. aller à ~ des intérêts du pays 국가 이익에 역행하다.
contre-signal(pl. ~-~aux) [kɔ̃trəsiɲal, -o] n.m. 〖군사〗 응답 신호, 응신(應信).
contresignataire [kɔ̃trəsiɲateːr] n.m. 부서인(人).
contresigner [kɔ̃trəsiɲe] v.t. (에)부서[연서]하다; 〖정치〗 (공용우편물에)무료배달의 서명을 하다. ~ l'acte de mariage 결혼증서에 연서하다.
contre-sortie [kɔ̃trəsɔrti] n.f. 〖군사〗 (포위를 뚫고 나오는 적에 대한)포위군의 반격, 역공.
contre-sujet [kɔ̃trəsyʒɛ] n.m. 〖음악〗 (둔주곡의)대위(對位)주제.
contre-sûreté [kɔ̃trəsyrte] n.f. 〖법〗 이중 보증.
contre-taille [kɔ̃trətaːj] n.f. 교차 절단(조각·펜화에 운음(暈溫)을 표시하는); 〖상업〗 (외상을 표시하는)부목(符木).
contre-tailler [kɔ̃trətaje] v.t. 교차 절단을 넣다; 〖조각〗 (교차된 선을 넣어)사각의 음영(陰影)을 새기다; 〖상업〗 (외상값을)부목에 표시하다.
contretemps [kɔ̃trətɑ̃] n.m. (복수불변) ① 불시의 일, (뜻밖의)사고(incident). Un fâcheux ~ a retardé notre départ. 뜻밖의 사고로 우리의 출발이 지연되었다. Quel ~ ! 이렇게 공교로울 수가 있나! ② 〖음악〗 싱커페이션. mesure à ~ 싱커페이션을 사용한 박자; 〖구어〗 래그타임.
à ~ 시기[운] 나쁠 때에, 계제 나쁘게(mal à propos). parler[agir] à ~ 시기에 적합치 않은 말을 하다[행동을 하다].
contre-tenir [kɔ̃trətniːr] 16 v.t. (못을 박을 때 판자를 뒤에서)받치다.
contre-tension [kɔ̃trətɑ̃sjɔ̃] n.f. 〖전기〗 (축전지를 충전할 때의)배압(背壓); (교류전류의)역위상(逆位相)전압.
contre-terrasse [kɔ̃trəteras] n.f. 〖건축〗 (정원의)낮은 쪽의 단(壇).
contre-terrorisme [kɔ̃trəterɔrism] n.m. (테러에 대한)보복 테러.
contre-terroriste [kɔ̃trəterɔrist] a. 보복 테러의. —n.m. 보복 테러주의자.
contre-timbre [kɔ̃trətɛ̃ːbr] n.m. (수입인지의)가격 정정의 각인.
contre-tirage [kɔ̃trətiraːʒ] n.m. (굴뚝 연기 따위의)내기, 역류(逆流).
contre-tirant [kɔ̃trətirɑ̃] n.m. 〖토목〗 덧받칠 목재.
contre-tirer [kɔ̃trətire] v.t. (판화의)반대 교정쇄를 내다; 〖옛〗복사하다, 2도 인쇄하다.
contre-tonique [kɔ̃trətɔnik] n.f. 종(從) 악센트가 있는 음절.
contre-torpilleur [kɔ̃trətɔrpijœːr] a. 어뢰정 방어의. —n.m. 구축함(destroyer).
contre-trame [kɔ̃trətram] n.f. (음모에 대한)대항 참호.
contre-tranchée [kɔ̃trətrɑ̃ʃe] n.f. 〖군사〗 대항 참호.
contre-transfert [kɔ̃trətrɑ̃sfɛːr] n.m. 〖심리〗 반대전위(정신분석 중 치료자가 환자에 대해 감정전위하는 것).
contre(-)type [kɔ̃trətip] n.m. ① 〖사진〗 좌우 반대의 복제; 복제 양화 필름. ② 〖상업〗 대응 견본, 카운터 샘플.
contre-ut [kɔ̃tryt] n.m. 〖음악〗 고음의 C조.
contre-vair [kɔ̃trəvɛːr] n.m. 〖문장〗 감색(紺色)과 흰색의 교차 무늬.
contre-valeur [kɔ̃trəvalœːr] n.f. 〖재정〗 교환 가치.
contrevallation [kɔ̃trəva(l)lasjɔ̃] n.f. 〖옛〗 〖축성〗 대루(對壘).

contre-vapeur [kɔ̃trəvapœːr] n.f. (증기기관의)배압(背壓)장치.
contrevenant(e) [kɔ̃trəvnɑ̃, -ɑ̃ːt] a. 〖옛〗 위반하는. —n. 위반자.
contrevenir [kɔ̃trəvniːr] 16 v.t.ind. [~ à] …을 위반하다, 어기다(enfreindre, violer). ~ au Code de la route 도로교통법을 위반하다.
contrevent [kɔ̃trəvɑ̃] n.m. (창문의)덧문, 겉창; 〖토목〗 내풍(耐風)용 버팀목.
contreventement [kɔ̃trəvɑ̃tmɑ̃] n.m. 〖토목〗 내풍 설비.
contreventer [kɔ̃trəvɑ̃te] v.t. (에)내풍용의 버팀을 괴다.
contre(-)vérité [kɔ̃trəverite] n.f. ① 허위, 거짓말. dire une ~ (명백한)허위를[진실에 어긋난 것을] 말하다. ② 반어, 역설; 풍자.
contre-vis [kɔ̃trəvis] n.f. (복수불변) 미동(微動)나사.
contre-visite [kɔ̃trəvizit] n.f. 〖정치·군사〗 재검사, 재점검; 〖의학〗 재진(再診).
contre-visiter [kɔ̃trəvizite] v.t. 〖정치·군사〗 재검사자[재점검·회진]하다.
contre-voie (à) [akɔ̃trəvwa] loc.ad. 〖철도〗 circuler à ~ 역방향으로 진행하다; descendre à ~ (플랫폼과)반대쪽에 내리다.
contribuable [kɔ̃tribɥabl] n. 납세자.
contribuant(e) [kɔ̃tribɥɑ̃, -ɑ̃ːt] a. 기부[출자]하는. —n.m. 기부자, 출자자.
contribuer [kɔ̃tribɥe] v.t.ind. [~ à] ① …을 위해 기부하다, 출자하다; 납세하다. ~ à l'achat de son cadeau 그의 선물을 사는데 분담금을 내다. ~ aux charges publiques en proportion de ses revenus 수입에 비례하여 세금을 내다. ② …에 공헌하다, 기여하다, 협력하다. ~ au succès d'une entreprise 사업[계획]의 성공을 위해 힘이 되어 주다. [~ à+inf.] ~ à redresser la situation 사태를 호전시키는 데 기여하다. La forêt contribue à rendre cette région agréable. 숲은 이 지역을 쾌적한 곳으로 만드는 데 한몫 거들고 있다.
contribuataire [kɔ̃tribɥatɛːr] a. 납세하는; 출자의.
contributif(ve) [kɔ̃tribytif, -iːv] a. 출자하는. part ~ve 출자하는 몫.
***contribution** [kɔ̃tribysjɔ̃] n.f. ① 출자, 기부; 할당(액), 분담(금). ~ à une entreprise 기업에의 출자. ~ de chaque propriétaire aux charges communes 공동비용에 대한 각 소유주의 분담금. ② 공헌, 기여. la ~ de Diderot à «l'Encyclopédie» 「백과사전」편찬에 대한 디드로의 기여[공헌]. apporter sa ~ à un ouvrage scientifique 학술적 저술에 협력[기여]하다. ③ 〖행정〗 조세, 세금(impôt); (C-s)세무서. ~ de guerre 〖군사〗 (점령지 국민에게 매기는)군세(軍稅). ~s directes 직접[간접]세. ~s foncières 지세. lever[percevoir] une ~ 세금을 징수하다.
mettre à ~ les réserves 〖재정〗 준비금을 인출하다. *mettre qn(qc) à ~* …에게 출자시키다; …의 도움을 청하다; …을 이용하다.
contributoire [kɔ̃tribytwaːr] a. 출자의; 납세의.
contristant(e) [kɔ̃tristɑ̃, -ɑ̃ːt] a. 마음 아프게 하는.
contrister [kɔ̃triste] v.t. 몹시 슬프게 하다(attrister, chagriner). —se v.pr. 몹시 슬퍼하다.
contrit(e) [kɔ̃tri, -it] a. 회개한, 후회하는(repentant). pécheur (자신의 죄에 대해) 회개한 죄인[마음]; [~ de qc/de+inf.] Il est ~ de sa maladresse [d'avoir menti]. 그는 자신의 실수[거짓말한 것]를 몹시 뉘우치고 있다.
contrition [kɔ̃trisjɔ̃] n.f. 회개, 후회(remords).
contrôlable [kɔ̃trɔlabl] a. 조사할 수 있는; 조절[통

제)할 수 있는.
contrôlage [kɔ̃trolaːʒ] *n.m.* 회계 감사; 금은의 순분(純分)검증 극인을 찍기.
contro-latéral(ale, *pl.* **aux)** [kɔ̃trɔlateral, -o] *a.* 【의학】 (병의 영향이)신체의 반대편으로 미치는.
***contrôle** [kɔ̃troːl] *n.m.* ① (행정적적인)감독, 감사, 관리. exercer un ~ sévère sur qc …을 엄중히 감독하다. ~ d'une comptabilité 회계 감사. ~ de qualité (제품의)품질관리. ~ de présence 【공학】작업시간의 관리; 출석부. ~ judiciaire 법적 작 ②(일반적으로)확인, 검사, 점검. Les agents arrêtent les passants pour un ~ d'identité. 순경이 신원확인을 위해 행인들을 세운다. ~ sanitaire aux frontières 국경검역(소). passer au ~ (세관 따위에서)검사를 받다. ~s techniques 기계의 점검. ③ 통제, 억제; 조절, 조정. ~ des naissances 산아제한. ~ des prix 가격통제. ~ de volume (라디오 녹음기의)음량조절. ~ à distance 원격조정. sous le ~ de la censure 검열 하에. garder le ~ de sa voiture 차의 제어력을 유지하다. perdre le ~ de soi-même 자제력을 잃다. (군대·단체의)명부, 등록부. porter *qn* sur les ~s …의 이름을 명부에 올리다. rayer *qn* des ~s …을 명부에서 제명하다. ⑤ (금·은의)순분검증 극인 (cachet [poinçon] de ~) (을 찍기); (그)자리. ⑥【항공】(공항의)관제탑 (tour de ~). ⑦ (극장·역 따위의)개찰 (구), 검사소.
contrôlement [kɔ̃trolmɑ̃] *n.m.* 【행정】관리, 감독, 단속.
***contrôler** [kɔ̃trole] *v.t.* ① (작업 따위를)감독하다, (회계를)감사하다; 관리하다, 검사(확인)하다. ~ le travail des élèves 학생들의 공부를 감독하다. ~ la qualité de la marchandise 상품의 품질을 관리(검사)하다. ~ les voyageurs à la douane 세관에서 여행자의 짐을 검사하다. ②(일반적으로)확인하다, 검토하다 (vérifier). ~ un renseignement 정보를 확인하다. Vous pouvez ~ ce que j'ai dit. 제가 말씀드린 것을 확인해보셔도 됩니다. ③ 억제하다, 통제하다 (maîtriser); 조절하다. ~ la hausse des prix 물가의 상승을 억제하다. Le chauffeur ivre ne *contrôlait* plus sa voiture. 술취한 운전사는 더 이상 차를 제대로 다루지 못했다. troupes qui *contrôlent* une zone 한 지역을 장악한 군대. ④ 감시하다 (surveiller); 참견하다. Quel droit avez-vous de me ~? 무슨 권리로 내 일에 참견하는 겁니까? (목적보어 없이) Il *contrôle* sur tout. 그는 모든 일에 참견한다. ⑤ (금·은에)순분검증 극인을 찍다 (poinçonner).

— **se** ~ *v.pr.* 자제하다, 자기의 감정을 억제하다. Quand il a bu, il ne *se contrôle* plus. 그는 술을 마시면 자제력을 잃고만다.

***contrôleur(se)** [kɔ̃troloeːr, -øːz] *n.* ① 【행정·법】 검사관, 감사관(inspecteur). ~ des douanes 세관 감사관. ~ financier 회계 감사관. ~ des matières d'or et d'argent 금은 순분 검사관. ② (작업 따위의)감독자; (극장·철도의)개찰원; (버스의)차장; (공항의)관제사(~ d'aérodrome). ③ (화물의)하물계(원), (회사 따위의)사사역, 작업시간 기록계원. ④ 【역사】 ~ du Trésor (16세기)국고 사감관. ~ des Finances (16세기)정세관(receveurs généraux)의 보좌관. ~ général (des Finances) 대장성의 보좌관, (1661년 이후)재무장관. ~ général de la Maison du roi 왕실 집기 관리관. ⑤ 【구어】 비평자.

— *n.m.* 자동 표시기; 제동(제어) 장치, 조절기. ~ d'atelier 타임레코더, 작업시간 기록기. ~ de pression (타이어의)압력 조절장치. —*a.* appareil ~ 제동(제어)장치.
controller [kɔ̃trolœ(ː)r] 《영》 *n.m.* (전동기 따위의) 제어장치.
contrôlographe [kɔ̃trolograf] *n.m.* (트럭·버스 따위의)운행 기록기.
contrordre [kɔ̃trɔrdr] *n.m.* =**contre-ordre**.
controuvé(e) [kɔ̃truve] *a.p.* 거짓의, 날조한 (inventé, mensonger, ↔ authentique). nouvelle ~e 데마고기, 허위 정보.
controuver [kɔ̃truve] *v.t.* ① 날조하다. ②《속어》부인하다, (의)허위를 증명하다.
controversable [kɔ̃trɔversabl] *a.* 논의할(논란의) 여지가 있는.
controverse [kɔ̃trɔvers] *n.f.* (의견·학설 따위에 대한)논쟁, 논의 (contestation). susciter une ~ 논쟁을 불러 일으키다. hors de ~ 논쟁의 여지가 없는. soutenir une ~ contre …에 대하여 논박하다.
controversé(e) [kɔ̃trɔverse] *a.p.* 논쟁의 대상이 되는, 논박의 대상이 되는 (contesté). théorie ~e 논란의 대상이 되는 학설.
controverser [kɔ̃trɔverse] *v.t.* 논쟁하다 (discuter); 반박하다 (contester). —*v.i.* 토론하다, 논의하다.
controversiste [kɔ̃trɔversist] *n.* 논객, 논쟁가. 【종교】 교론가 (教論家).
contumace[1] [kɔ̃tymas] *n.f.* 【법】(법정에의)결석. jugement par ~ 결석재판. purger sa ~ 결석재판 후에)법정에 출두하다. Il a été condamné à mort par ~. 그는 결석재판에서 사형선고를 받았다.
contumace[2] 【법】 *n.* 결석 피고. —*a.* 결석의.
contumax [kɔ̃tymaks] *a., n.* = **contumace**[2].
contus(e) [kɔ̃ty, -yːz] *a.* 타박상을 입은, 타박에 의한. plaie ~e 타박상.
contusion [kɔ̃tyzjɔ̃] *n.f.* 타박상.
contusionner [kɔ̃tyzjɔne] *v.t.* (에게)타박상을 입히다. jambe *contusionnée* 타박상을 입은 다리.
— **se** ~ *v.pr.* 타박상을 입다.
conurbation [kɔnyrbasjɔ̃] *n.f.* (대도시와 위성도시 또는 몇 개의 도시로 이루어진)거대집단, 연합도시, 메갈로폴리스.
conv. (약자) converti 【상업】 태환(兌換)한.
convaincant(e) [kɔ̃vɛ̃kɑ̃, -ɑ̃ːt] *a.* 설복(납득)시키는 힘이 있는, 타당성있는. démonstration ~e 설득력 있는 증명. Il n'a pas été très ~. 그는 별로 설득력이 없었다.
***convaincre** [kɔ̃vɛ̃ːkr] **49** *v.t.* ① 설득하다, 납득시키다. [~ *qn* de *qc*/de + *inf.*] Le médecin m'a *convaincu* des avantages de cette opération. 의사는 그 수술이 이롭다는 것을 내게 납득시켰다. Je l'ai *convaincu* de renoncer à son projet. 나는 그의 계획을 포기하도록 그를 설득했다. [~ *qn* que + *ind.*] Je l'ai *convaincu* qu'il fallait partir tout de suite. 당장 떠나야만 한다고 그를 설득했다. (수동태) Je suis convaincu qu'il viendra. 나는 그가 오리라고 확신한다. ② 확인시키다, 입증하다, (의 잘못임을) 인정하다, 《옛》 (의 진실됨을)증명하다. [~ *qn* de *qc*/de + *inf.*] On a *convaincu* l'accusé *de* participation au meurtre [*d'avoir* participé au meurtre]. 피고에게 살인 방조 [살인에 방조한 것]를 시인하게 했다. Sa théorie *fut convaincue* d'erreur. 그의 이론은 잘못임이 입증되었다.
— **se** ~ *v.pr.* 확신(납득)하다. [se ~ de *qc*] Il s'est *convaincu* de l'efficacité de ses méthodes. 그는 자신의 방법의 유효성을 확신했다. [se ~ que + *ind.*] Il fallait bien *vous* ~ *que* votre intervention aggravait la situation. 당신의 간섭이 사태를 악화시키는 것을 충분히 납득했어야만 했오.
convaincu(e) [kɔ̃vɛ̃ky] (*p.p.*<convaincre) *a.p.* ① 확

신한. homme ~ 확신에 넘친 사람. d'un ton ~ 확신 있는 어조로. [~ de qc/que+ind.] Êtes-vous ~ de son appui? 그의 지지를 확신하십니까? Je suis ~ qu'il viendra avec nous. 그가 우리와 함께 가리라 믿소. ② (죄가) 입증된. [~ de qc/de+inf.] être ~ d'un crime 범행이 입증되다.

convainqu-ait, -ant, -is, etc. [kɔ̃vɛ̃k-ɛ, -ã, -i] ↪ convaincre.

convalescence [kɔ̃valesã:s] n.f. ① 회복기. être [entrer] en ~ 회복기에 있다[들어서다]. ② 병후 의 요양. congé de ~ 병후의 정양휴가. ③ 《군사》 의병휴가. obtenir une ~ de deux mois de durée 2개월간의 의병휴가를 얻다.

convalescent(e) [kɔ̃valesã, -ã:t] a. 회복기의; 나아져 가는. —n. 회복기 환자. dépôts de ~s 《군사》 회복기 상병(傷兵) 수용소.

convallaire [kɔ̃vallɛ:r] n.f. 《식물》 은방울꽃.

convalo [kɔ̃valo] 《군대속어》 n.m. 회복기의 군인. —n.f. 의병휴가.

convection [kɔ̃vɛksjɔ̃] n.f. 《물리》 대류(對流).

convenable [kɔ̃vnabl] (<convenir) a. ① 알맞는, 적당한, 적절한, 어울리는(approprié, comme il faut). choisir un moment ~ 알맞는 때를 택하다. avoir une récompense ~ 적절한[상응하는] 보상을 받다. salaire ~ 적당한(그런대로 만족할 만한) 월급. [~ pour] coin de rivière ~ pour la pêche 낚시에 적합한 강가의 자리. ② 예의바른(décent). tenue ~ 단정한 옷차림. Il boit beaucoup, mais même ivre, il reste ~. 그는 술을 많이 마시지만 취해서도 여전히 예의바르다. Cet enfant a une conduite peu ~. 이 아이의 행실이 단정치 못하다. ③ 편리한, 웬만한(acceptable). logement ~ 웬만한 숙소.

convenablement [kɔ̃vnabləmã] ad. 알맞게, 적절하게; 예의바르게.

convenance [kɔ̃vnã:s] n.f. ① 적절(propriété), 적합, 합치(affinité); (취미 따위의) 일치; 《철학·미술》합목적성. style remarquable par la ~ des termes 어휘들의 적절한 사용이 돋보이는 문체. Il y a entre nous une grande ~ de goût. 우리들은 서로 취미가 완전히 일치한다. ② (종종 pl.) 예의바름, 예절(bienséance). respecter(braver) les ~s 예의를 지키다(무시하다). par(souci de) ~ 의리상, 체면 때문에. manque de ~ 결례. Ses raisons de ~ l'ont fait agir ainsi. 그는 체면 때문에 그렇게 행동해야만 했다. ③ 사정, 편의(commodité). consulter sa ~ 그의 형편(사정)을 알아보다. solliciter un congé pour[de] ~s personnelles 일신상의 이유로 휴직을 청원하다. mariage de ~ 《애정보다》신분·재산의 균형을 고려한 결혼.

à la ~ de qn …의 형편에 맞는, …의 형편대로. Vous choisirez une heure à votre ~. 당신의 형편대로 시간을 고르시오. être à la ~ de qn …의 마음에 들다. trouver qc à sa ~ …을 탐탁하게 생각하다.

convenant(e) [kɔ̃vnã, -ã:t] (p.pr.<convenir) a. 적당한, 합당한; 예의바른.

:convenir [kɔ̃vni:r] ⑯ v.t. ind. ① 《조동사는 avoir》 [~ à qn/qc] ⓐ …에 맞다, 적당하다, 어울리다. moyen de transport qui convient aux gens pressés 바쁜 사람들에게 적합한 교통수단. style qui convient au sujet 주제에 적합한 문체. si cela vous convient 괜찮으시다면. ⓑ …의 취미에 맞다, 마음에 들다(agréer, plaire), 《옛》걸맞다. Cet appartement m'a convenu. 이 아파트는 내 마음에 들었다. ② 《조동사는 avoir, 문어에선 être》 [~ de] ⓐ …을 시인하다, 인정하다(avouer, admettre). [~ de qc/que+ind.] Il est convenu de son erreur. 그는 자신의 과오를 시인했다. J'ai eu tort, j'en conviens. 내가 잘못했소, 그걸 시인하오. Convenez que vous avez tort. 당신이 틀렸다는 것을 인정하시오. [~ +inf.] Je conviens avoir dit cela. 나는 그렇게 말했음을 인정하오. ⓑ 결정짓다, 결의하다(décider); …에 동의하다, 합의하다. [~ de qc/de+inf.] Ils sont convenus du lieu de rendez-vous. 그들은 만날 장소를 정했다. Ils avaient convenu de se retrouver à Rome. 그들은 로마에서 재회하기로 합의했다.

—v.imp. ① [Il convient de+inf./que+sub.] …하는 것이 좋다(적합하다); …해야 한다. Puisque tu les as invités, il convient de les recevoir comme il faut. 그들을 초대한 이상 그들을 예의바르게 맞는 것이 옳다. Il convient que chacun fasse un effort. 각자 힘써야만 한다. ② [Il est convenu que+sub./ind.] …으로 결정되다, 합의되다. Il est convenu avec la direction que des places vous seront réservées. 당신들의 좌석이 준비되도록 집행부와 합의되었다.

comme il convient 적절하게; 예의바르게.

—**se ~** v.pr. 의기상투하다; 서로 어울리다. Ces jeunes gens se conviennent bien. 이 젊은이들은 서로 뜻이 맞는다[서로 잘 어울린다].

convent [kɔ̃vã] 《영》 n.m. (비밀 결사의) 총회.

conventicule [kɔ̃vãtikyl] n.m. 비밀 집회.

convention [kɔ̃vãsjɔ̃] n.f. ① 협약, 협정, 규약(accord, pacte); (pl.)협정서; (pl.) 《법》 조항, 조관(條款). ~ de Genève 《역사》 제네바 협정. ~s internationales(militaires) 국제《군사》 협정. ~ collective du travail (노사간의)단체 노동협약. ② 암묵적 약속(동의), 묵계; 관례, 관습; 풍속. C'est une ~ entre nous. 이것은 우리 사이의 약속[묵계]이다. ~s du théâtre classique 고전극의 관례(3 단일의 규칙 따위). ③ C~ nationale 《역사》 국민의회 (1792 년 9 월 20 일에 시작된 프랑스의 혁명의회).

de ~ 관용의; 판에 박은, 상투적인. signe *de* ~ 관용부호. Dans les œuvres de ce peintre, on ne trouve qu'une nature *de* ~. 이 화가의 작품 속에는 상투적인 자연 밖에는 없다.

conventionnalisme [kɔ̃vãsjɔnalism] n.m. 《철학》약속설 (H. Poincaré 의 자연과학의 공리·정의 따위는 약속일 뿐이라는 학설).

conventionnaliste [kɔ̃vãsjɔnalist] a. 《철학》 약속설의.

conventionné(e) [kɔ̃vãsjɔne] a. (사회보장제 집행기관과) 협약(협정)을 맺은; (일반적으로) 공공기관의 보조를 받는. médecin ~ 보험의(醫), formations musicales ~s 정부보조를 받는 음악집속.

conventionnel(le) [kɔ̃vãsjɔnɛl] a. 협정(약정)의; 관례의, 전통적인; 인습적인, 상투적인. bail ~ 계약에 의한 임대. signes ~les 관용부호. éducateur ~le 인습적인 (구태의연한) 교육. armement ~ (비)해위)재래식 무기.
—n.m. 《프랑스사》 국민의회 의원.

conventionnellement [kɔ̃vãsjɔnɛlmã] ad. 협정에 의하여; 인습적으로.

conventualité [kɔ̃vãtɥalite] n.f. 수도 생활.

conventuel(le) [kɔ̃vãtɥɛl] a. 수도원의.
—n.m. 수도사《승》(religieux ~).

conventuellement [kɔ̃vãtɥɛlmã] ad. 수도원의 규칙에 따라.

convenu(e) [kɔ̃vny] (p.p.<convenir) a.p. 약정된, 결정된; 판에 박힌, 상투적인. somme ~e 약속된 금액. comme ~ 결정된 대로 (comme il a été convenu 의 줄임). politesse ~e 틀에 박힌[겉치레

인] 친절. *C'est ~!* 그럼 결정됐어! 알았어!
—*n.m.* 결정; 상투적[관례적]인 것. s'en tenir au ~ 협정을 굳게 지키다.

convergence [kɔ̃vɛrʒɑ̃:s] *n.f.* ① 【물리】 수렴(收斂), 【생물】 병행 현상; 【군사】 집중 사격. ② (노력 따위의)집중; 일치 (↔ divergence). ~ des efforts 노력의 집중. ~ des opinions[des intérêts] 의견(이해관계)의 일치.

convergent(e) [kɔ̃vɛrʒɑ̃, -ɑ̃:t] *a.* 집중하는, 집중적인. feux ~s 집중 포화. lentille ~e 수렴 렌즈. opinions ~es 하나로 일치되는 의견들.

converger [kɔ̃vɛrʒe] [3] *v.i.* ① 한 점에 모이다, 집중하다(↔ diverger); 같은 목표를 향하다. faire ~ les feux d'une batterie 【군사】 포병대의 화력을 집중시키다. [~ sur/vers] Tous les chemins de fer français *convergent* sur Paris. 프랑스의 모든 철도는 파리로 집중된다. Nos pensées *convergent vers* la même conclusion. 우리의 생각은 같은 결론으로 모아진다. ② 【물리】 수렴(收斂)하다.

convers(e) [kɔ̃vɛ:r, -ɛrs] *a.* ① 【종교】 속사(俗事)에 종사하는. frère [sœur ~*e*] 보조수사[수녀]. ② 【논리】 환위(換位)의. —*n.m.* 보조수사.
—*n.f.* 보조수녀. 【논리】 환위 명제(換位命題) (proposition ~*e*).

conversation [kɔ̃vɛrsasjɔ̃] *n.f.* ① 회화, 담화; 화제. ~ familière 일상적인 회화, 잡담. sujet de ~ 화제. faire la ~ à[avec] *qn* …와 이야기하다. changer de ~ 화제를 바꾸다. avoir une longue ~ animée 활기있는 대화를 하다. commencer[engager] une ~ téléphonique 전화로 이야기하다. reprendre le fil de la ~ 중단된 이야기를 다시 계속하다. ② 화술, 말솜씨. J'aime sa ~. 나는 그의 이야기 솜씨를 좋아한다. ③ 회담, 교섭(pourparlers). ~ diplomatique 외교 교섭. Ils ont eu une ~ secrète avec le président. 그들은 사장과 비밀회담을 했다. ④ 【회화】 (가족적인 모임 따위를 그린)풍속화. ⑤《문어》편지왕래. ⑥《옛》 사귐, 교제.
avoir de la ~ 화제가 풍부하다, 화술이 능란하다.
être à la ~ 이야기로 지며, 대화에 주의를 기울이다. *faire les frais de la ~* 혼자 도맡아 지껄이다.

conversationniste [kɔ̃vɛrsasjɔnist] *n.* 화술에 능한 사람, 좌담가.

converser[1] [kɔ̃vɛrse] *v.i.* [~ avec] ① (친하게)이야기하다, 이야기를 나누다(↔ se taire). Il aime ~ *avec* vous. 그는 당신과 이야기하는 것을 좋아한다. ②《옛》교제하다, (함께)살다.

converser[2] *v.i.* 【군사】 (군대가)선회하다.
—*v.t.* 〔선개교(旋開橋)〕를 선개하다.

conversible [kɔ̃vɛrsibl] *a.* =convertible.

conversion [kɔ̃vɛrsjɔ̃] *n.f.* ① 개심, 개종, 전향. ~ d'un pécheur 죄인의 회심. [~ à] ~ des païens *au* christianisme 이교도의 기독교에로의 개종. ~ *au* communisme 공산주의에의 전향. ② 전환, 변환. [~ en] ~ des métaux *en* or 광물을 금으로 변화시키기. ~ des valeurs *en* argent liquide 유가증권의 환금. ~ des poids et mesures 도량형의 개정. ③ (기업의)방향전환; (사람의)배치전환. stage de ~ 직업전환훈련. ④ 【상업】 (공채이용의)이환(利換); 【수학】 환산; 【논리】 환위(換位); 【군사】 선회. faire une ~ 【군사】 선회하다; (선개교(旋開橋))를 선개하다.

converti(e) [kɔ̃vɛrti] *a.p.,n.* 개종한(사람).

convertibilité [kɔ̃vɛrtibilite] *n.f.* 바꿀 수 있음.
[~ en] ~ des valeurs *en* espèces 유가증권의 현금으로의 전환[환금]성.

convertible [kɔ̃vɛrtibl] *a.* 전환[변환]할 수 있는; 【논리】 환위(換位)할 수 있는. [~ en] chèque ~ *en* espèces 현금으로 교환되는 수표. —*n.m.* (보통 비행기와 헬리콥터의)전환식 비행기《수직적으로 이착륙함》.

convertir [kɔ̃vɛrti:r] *v.t.* ① 개종〔개심〕시키다. [~ *qn* à] ~ *qn au* christianisme …을 그리스도교로 귀의시키다. Finalement, je *l'ai converti à* notre projet. 마침내 나는 그를 우리 계획에 끌어들였다〔찬동하게 했다〕. ② 변화시키다; 태환(兌換)하다; 환산하다; 《특히》(공채 따위의 이율을)낮추다. [~ *qc en qc*] Les abeilles *convertissent* le pollen *en* miel. 꿀벌은 꽃가루를 꿀로 바꾼다. ~ des francs *en* dollars 프랑을 달러로 바꾸다. ③ 【논리】 환위하다.
—**se** ~ *v.pr.* ① 개종〔개심〕하다; 주장을 바꾸다. [se ~ à] Il *s'est converti au* communisme. 그는 공산주의로 전향했다. ② [~ en] (으로)변화하다; (다른 업종·직업으로)전환하다. Son amour *se convertit en* haine. 그의 사랑은 미움으로 바뀌었다. ouvriers qui acceptent de *se* ~ 다른 직업으로 전환하기로 한 직공.

convertissable [kɔ̃vɛrtisabl] *a.* 《드물게》개종〔개심〕할 수 있는; 바꿀 수 있는.

convertissage [kɔ̃vɛrtisa:ʒ] *n.m.* 【야금】 (전로(轉爐)로써)주철을 강철로 변화시키기.

convertissement [kɔ̃vɛrtismɑ̃] *n.m.* 【상업】 (유가증권의)현금화, 태환(兌換).

convertisseur [kɔ̃vɛrtisœ:r] *n.m.* ①《드물게》개종시키는 사람. ② 【야금】 전로(轉爐). ③ 【전기】 정류기, 변류기. ④ 제분기.

convexe [kɔ̃vɛks] *a.* 볼록꼴의(↔ concave). miroir ~ 볼록 거울.

convexion [kɔ̃vɛksjɔ̃] *n.f.* =convection.

convexité [kɔ̃vɛksite] *n.f.* 볼록꼴, 철면(凸面).

convexo-concave [kɔ̃vɛksokɔ̃ka:v] *a.* (렌즈가)오목볼록의.

convexo-convexe [kɔ̃vɛksokɔ̃vɛks] *a.* (렌즈가)양면이 볼록한.

convict [kɔ̃vikt] 《영》*n.m.* 죄수, 유배수(流配囚).

***conviction** [kɔ̃viksjɔ̃] *n.f.* ① 확신, 자신(certitude). agir avec ~ 확신을 가지고 행동하다. [avoir la ~ de *qc*/que+*ind.*] J'*en ai la* ~. 나는 그것을 확신하고 있다. J'ai la ~ *que* le conflit aura lieu. 나는 분쟁이 일어나리라고 확신한다. ② 신념, 신조. ~*s* politiques 정치적 신조. agir d'après[selon] ses ~*s* 신념에 따라 행동하다. ébranler les ~*s de qn* …의 신념을 흔들리게 하다. ③ 진지함, 열의 (sérieux). parler avec ~ 진지하게 말하다. ④ 【법】 증거. pièce à ~ (형사사건의)증거품.

convictionnel(le) [kɔ̃viksjɔnɛl] *a.* 【법】 증거가 되는.

convié(e) [kɔ̃vje] *n.* 초대된 사람, 빈객(賓客).

conviendr-ai,-as,-a, etc. [kɔ̃vjɛ̃dr-e, -a, -a] ⇨ convenir.

convien-s, -t [kɔ̃vjɛ̃] ⇨convenir.

convier [kɔ̃vje] *v.t.* ① (잔치 따위에)초대하다(inviter). [~ *qn* à *qc*] ~ ses amis à son anniversaire 친구들을 생일잔치에 초대하다. ② 권하다, 권유하다. [~ *qn* à *qc*/à+*inf.*] Le beau temps *convie à* la promenade. 날씨가 좋아서 산책하기 알맞다. On *l'a convié à* offrir sa démission. 그는 사표를 내도록 권유받았다.

convin-s, -t [kɔ̃vɛ̃] ⇨convenir.

convive [kɔ̃vi:v] *n.* (다른 사람과 함께 초대받은)회식자(invité, hôte). ~ de pierre 《석객(石客)》《*Don Juan* 가운데 등장하는)석객(石客)《동 취앙에게 살해된 기사가 석상(石像)이 되어 그의 만찬에 출현

convivialité [kɔ̃vivjalite] *n.f.* 주흥(酒興), 연회 기분.
convocable [kɔ̃vɔkabl] *a.* 소집될 수 있는.
convoca*teur(trice)* [kɔ̃vɔkatœːr, -tris] *n.* 소집자.
—*a.* 소집하는. circulaire ~*trice* 소집장.
convocation [kɔ̃vɔkasjɔ̃] *n.f.* 소집(장), 호출(장). ~ de l'Assemblée nationale 국회의 소집. ~ à un examen 시험통지.
convoi [kɔ̃vwa] (<*convoyer*) *n.m.* ① (일단의)수송차; (그) 호송대; 《군사》 수송대; (그)호위대. ~ de troupes 병원(兵員)수송(대). ~ de munitions 탄약(군수품) 수송(대). ② 《해양》 피호송 상선단; (그)호송 함대. ③ 《철도》 열차(train). ~ de voyageurs(de marchandises) 여객(화물) 열차. ④ 장렬(葬列)(~ funèbre). ⑤ (수송·호송되는 사람들의)1대(隊). ~ de prisonniers 죄수(포로)의 대렬; 《군사》 포로 호송 부대. aller au (suivre le) ~ de *qn* …의 장례식에 참석하다, 회장(會葬)하다.
naviguer en ~ 호위 하에 항해하다. *se faire un ~ de Limoges* 《구어》 (친구끼리)서로 집까지 바래다 주기를 되풀이 하다.
convoiement [kɔ̃vwamɑ̃] *n.m.* (선단 따위의)호송.
convoitable [kɔ̃vwatabl] *a.* 갈망되는.
convoiter [kɔ̃vwate] *v.t.* (무턱대고)탐내다, 열망하다(briguer); 사모하다. ~ le bien d'autrui 타인의 재물을 탐내다. ~ *qc* des yeux …을 탐내는 눈으로 바라보다.
convoiteur(*se*¹) [kɔ̃vwatœːr, -øːz] *n.* (드물게)탐내는(갈망하는) 자.
convoiteusement [kɔ̃vwatøzmɑ̃] *ad.* 탐나듯이, 욕심 많게.
convoiteux(*se*²) [kɔ̃vwatø, -øːz] *a.* 탐내는, 갈망하는. [~ de *qc*] ~ *de gloire*(*de richesse*) 명예(부)를 탐하는. —*n.* 탐내는 사람, 욕심장이.
convoitise [kɔ̃vwatiːz] *n.f.* 갈망(avidité); 선망; 욕(cupidité); 음탕(concupiscence). regarder *qn* (*qc*) d'un(avec un) œil de ~ …을 음탕한(탐내는) 눈으로 바라보다.
À ~ rien ne suffit. 《속담》욕심에는 한이 없다.
convol [kɔ̃vɔl] *n.m.* (과부의)재혼.
convoler [kɔ̃vɔle] *v.i.* (옛)(익살)결혼하다; 《특히》(과부가)재혼하다. ~ en justes noces 정식으로 결혼하다. ~ dans les bras de *qn* …의 양팔에 뛰어들다, 《속》. ~ en secondes(en troisièmes) noces 재혼(3혼)하다.
convoluté(*e*) [kɔ̃vɔlyte] *a.* 《식물》 (잎이)소용돌이꼴의.
convolution [kɔ̃vɔlysjɔ̃] *n.f.* 회선(回旋), 소용돌이.
convolvul(ac)é(*e*) [kɔ̃vɔlvyl(ac)e] 《식물》 *a.* 메꽃 비슷한. —*n.f.pl.* 메꽃과(科).
convolvulus [kɔ̃vɔlvylys] *n.m.* 《식물》 메꽃(lise-
convoquer [kɔ̃vɔke] *v.t.* ① (의회 따위를)소집하다, 초치하다. ~ les Chambres 의회를 소집하다. ~ les candidats à un examen 수험자를 소집하다. ② (의)출두를 명하다, 호출(소환)하다. La police *a convoqué* les témoins. 경찰이 증인을 소환했다.
—*se* ~ *v.pr.* 소집되다.
convoyage [kɔ̃vwajaːʒ] *n.m.* =convoiement.
convoyer [kɔ̃vwaje] *v.t.* 《군사》 (선단 따위를) 호송하다.
convoyeur(*se*) [kɔ̃vwajœːr, -øːz] *n.* ① 《군사》 호송 장교; (열차·선단의)호송 지휘관; 《해군》 호송함. ② 《기계》 컨베이어, 자동운반장치. ~ blindé (파편·석탄운반용 컨베이어).
—*n.f.* ~ de l'air 상병(傷兵) 수송기 간호원.
—*a.* 호송하는. bâtiment ~ 호위 함선.

convulsé(*e*) [kɔ̃vylse] *a.p.* 《의학》 경련을 일으킨.
convulser [kɔ̃vylse] *v.t.* 《의학》 (에)경련을 일으키다; 《구어》깜짝 놀라게 하다.
—*se* ~ *v.pr.* 경련이 일어나다.
convulsibilité [kɔ̃vylsibilite] *n.f.* 《의학》 경련성.
convulsif(*ve*) [kɔ̃vylsif, -iːv] *a.* 경련적인. rire ~ 발작적인 웃음.
convulsion [kɔ̃vylsjɔ̃] *n.f.* ① 《의학》 경련. ~s cloniques 간헐성(間歇性) 경련. avoir des ~s 경련을 일으키다. ② 《구어》심한 발작; (웃음·노여움 따위의)폭발; (자연계·사회의)격변, 변동(soubresaut). ~s politiques 대정변.
donner des ~s à qn (의형)…으로 하여금 경련을 일게 하다; 《구어》…으로 하여금 (감정의)발작이 일어나게 하다.
convulsionnaire [kɔ̃vylsjɔnɛːr] *a., n.* 《의학》 경련을 일으키는(사람). —*n.m.pl.* 《프랑스사》 (18세기의)얀센 파의 열광적인 신도.
convulsionner [kɔ̃vylsjɔne] *v.t.* ① (에)경련을 일으키다. visage *convulsionné* 경련을 일으킨 얼굴. ② 소란하게 하다, 대혼란에 빠뜨리다. La Révolution *a convulsionné* l'Europe. 대혁명은 유럽을 진동시켰다.
convulsivement [kɔ̃vylsivmɑ̃] *ad.* 경련적으로.
conyse [koniːz] *n.f.* 《식물》 금물쑥.
coobligation [kɔɔbligasjɔ̃] *n.f.* 《법》 공동채무.
coobligé(*e*) [kɔɔbliʒe] *n.* 《법》 공동채무자.
cooccupant(*e*) [kɔɔkypɑ̃, -ɑ̃ːt] *a.* 공동으로 점유하는. —*n.* 공동점유자.
cooccurrence [kɔɔkyrɑ̃ːs] *n.f.* 《언어》 (복수 언어요소의)공기(共起).
cool [kul] 《영》 *a.* (불변) 차가운, 냉정한. d'une voix ~ 차가운 목소리로.
coolie [kuli] 《영》 *n.m.* (중국·인도 따위의)하급 노동자, 쿨리, 인부.
coopérant(*e*) [kɔɔperɑ̃, -ɑ̃ːt] *n.* (후진국 원조에 따른)협력자; (후진국)파견교사(enseignant ~).
—*a.* 협조적이. Il est très ~. 그는 협조를 잘한다.
coopéra*teur(trice)* [kɔɔperatœːr, -tris] *n.* ① 협력자, 협동하는 사람, 동료. ② 협동조합원. —*a.* 협력하는. agent ~ 협력자.
coopératif(*ve*) [kɔɔperatif, -iːv] *a.* 협력(협동)의, 협조적이. société ~*ve* 협동조합. témoin ~ 협조적인 증인.
coopération [kɔɔperasjɔ̃] *n.f.* ① 협력, 협동작업 (collaboration). esprit de ~ 협력정신. J'ai besoin de votre ~ pour ce travail. 이 일을 위해 당신의 협력이 필요하다. ② 《경제》 협동체; (후진국에 대한)협조, 원조.
coopératisme [kɔɔperatism] *n.m.* 협동조합제.
coopérative² [kɔɔperatiːv] *n.f.* 협동조합(société ~). ~ agricole 농업협동조합. ~ de consommation 소비조합, 생활협동조합. ~ de production 생산조합.
coopérativement [kɔɔperativmɑ̃] *ad.* 협력하여.
coopérer [kɔɔpere] [6] *v.t. ind.* [~ à] …에 협력(협조)하다. ~ à la rédaction d'un dictionnaire 사전 편찬에 협력하다. Toutes ces couleurs *coopèrent* à l'harmonie de l'ensemble. (비유적) 이 모든 빛깔이 전체의 조화를 함께 이루고 있다. (목적어는 사물) Le témoin a accepté de ~. 증인은 협조할 것을 수락했다.
coopinionnaire [kɔɔpinjɔnɛːr] *n.* 주의주장을 같이하는 사람, 동지.
cooptation [kɔɔptasjɔ̃] *n.f.* 회원 자신에 의한 신회원의 선거, 호선(互選).
coopter [kɔɔpte] *v.t.* (신회원을)호선하다.

coordinateur(trice) [kɔɔrdinatœːr, -tris] *n.* (기업체 따위의 각기 다른 활동부서를 연결하여 조정하는)조정자. —*a.* 조정하는, 연결짓는.

coordination [kɔɔrdinɑsjɔ̃] *n.f.* 배열; 정리, 정돈(된 상태); 조정(調整)(된 상태); 〖언어〗 등위(법). ~ des recherches[des programmes scolaires] 연구활동[커리큘럼]의 조정. manquer de ~ (업무 따위가)잘 조정되어 있지 않다. conjonction de ~ 등위 접속사(et, mais, ou 따위).

coordonnant(e) [kɔɔrdɔnɑ̃, -ɑ̃ːt] *a.* 〖언어〗 등위로 하는. —*n.m.* 등위사(辭).

coordonnateur(trice) [kɔɔrdɔnatœːr, -tris] *a., n.* 정리[정돈·조정]하는 (사람). bureau ~ (기계 따위의)조정실.

coordonné(e) [kɔɔrdɔne] *a.p.* 정리[조정]된, 질서 있는; 〖언어〗 등위의. actions ~es 조직적인 행동. propositions ~es 등위절.
—*n.f.pl.* ① 〖기하·천문〗 좌표; 〖지리〗 경위(經緯). ~es sphériques 구(球)좌표. ② 〖구어〗(개인의)신상명세(주소·직업·연락처 따위); (기관·업체의)연락처. Voulez-vous me donner vos ~es ? 연락처를 가르쳐주시겠읍니까? repérer d'avance les ~es d'un établissement 한 업체의 (기업)내용을 사전에 알아내다.

coordonner [kɔɔrdɔne] *v.t.* (적당히)배열하다; 조직화하다; 정리[정돈]하다; 조정하다(combiner, harmoniser). Un comité a été formé pour ~ les secours. 구호사업을 조직하기 위해 위원회가 구성되었다. ~ les mouvements pour nager 헤엄치기 위해 여러 동작을 잘 맞추어나가다. [~ *qc avec qc*] Nous allons ~ notre action *avec* la vôtre. 우리의 행동을 당신들의 행동과 조화시켜 나가겠오. ~ des vêtements[des tissus] 옷(옷감)을 서로 조화롭게 배합하다.

copahu [kɔpay] *n.m.* 〖약〗 코파이바 발삼.
copaier [kɔpaje] *n.m.* 〖식물〗 코파이바 나무.
*****copain** [kɔpɛ̃] (*f.* **copine** [kɔpin]) *n.m.* 친구, 동무, 단짝(ami). —*a.* 동무인, 친한. être ~ avec ···와 친하다. être ~s comme cochons 〖속어〗단짝이다.

copal [kɔpal] *n.m.* 코펄(와니스의 원료가 되는 열대산 수지(樹脂)).
copalme [kɔpalm] *n.m.* 〖약〗 소합유(蘇合油).
copartage [kɔpartaːʒ] *n.m.* 〖법〗 (재산의)공동 분할(상속).
copartageant(e) [kɔpartaʒɑ̃, -ɑ̃ːt] *a.* 공동 상속하는. —*n.* 공동 상속인.
copartager [kɔpartaʒe] ③ *v.t.* 〖법〗 공동 상속하다.
coparticipant(e) [kɔpartisipɑ̃, -ɑ̃ːt] *n.* 〖법〗 공동 참여자, 협력자.
coparticipation [kɔpartisipɑsjɔ̃] *n.f.* 〖법〗 합자[조합]제, 공동참가. ~ des travailleurs aux bénéfices 노동자에게의 이윤분배.
copaternité [kɔpatɛrnite] *n.f.* 〖법〗 연대보증.
copayer [kɔpaje] *n.m.* =**copaïer**.
copeau [kɔpo] (*pl.* ~*x*) *n.m.* 나무 지저깨비, 대팻밥; (금속의)깎은 부스러기. ~ de placage 베니어판을 만드는 얇은 판자. vin de ~*x* 나무 지저깨비로 맑게 한 포도주.
avoir les ~*x* 〖속어〗겁내다, 무서워하다.
copeck [kɔpɛk] *n.m.* (러시아의)코펙 동전(100분의 1루블).
Copenhague [kɔpənaɡ] *n.pr.f.* 〖지리〗 코펜하겐.
copépodes [kɔpepɔd] *n.m.pl.* 〖동물〗 요각류(橈脚類)(절 갑류에 속하는 절지동물의 한 목(目)).
copermuter [kɔpɛrmyte] *v.t.* 〖교회〗 (성직록을)교환하다(échanger); 교환하다.
Copernic [kɔpɛrnik] *n.pr.m.* 〖역사〗 코페르니쿠스.
copernicien(ne) [kɔpɛrnisjɛ̃, -ɛn] *a.* 코페르니쿠스설의.
cophte [kɔft] *n.m.* 〖언어〗 코프트어. —*a.* 코프트(*Cophte*, 고대이집트 사람의 자손)의.
—**C**— *n.* ① 코프트 사람. ② 〖종교〗 코프트파.
copiage [kɔpjaːʒ] *n.m.* 커닝, 모사, 흉내.
*****copie** [kɔpi] *n.f.* ① 사본(double, duplicata); 〖법〗 초본, 등본. prendre[tirer] ~ de *qc* ···의 사본을 만들다. ~ certifiée conforme 원본대조필 사본. "pour ~ conforme" 〖법〗 "원본과 틀림 없음을 증명함." ② (예술품 따위의)복사, 복제(imitation, faux); (영화필름의)복제. ~ d'une œuvre de maître 걸작품의 복제. ~ réduite 축소복제. Ce n'est qu'une pâle ~ de votre ouvrage. 이것은 당신 작품의 볼품 없는 복제일 뿐이오. ~ de ~ de *qn* ···의 작품(연기)을 흉내내다. ③ (비유적)판박이, 흉내, 모방. Il est la ~ de son père. 그는 아버지를 빼낸 듯이 닮았다. ④ (숙제·시험 따위의)답안, 리포트 용지. corriger les ~*s* de ses élèves 학생들의 답안을 채점하다. remettre une ~ blanche 백지답안을 내다. ⑤ (인쇄용의)원고. ~ manuscrite(dactylographiée) 필사(타이프) 원고. journaliste en mal de ~ 〖구어〗기사를 짜내느라고 애쓰는 신문기자.
—*n.m.* 사본철. ~ de lettres 발신문철(發信文綴). ~ des factures 〖상업〗 (상품의)송장철.
copie-lettres *n.m.* 〖상업〗 발신문철.
copier [kɔpje] *v.t.* ① 베끼다(transcrire); (의)사본을 만들다; 〖상업〗 (의)사본을 뜨다. ~ *qc* au propre[au net] ···을 정서하다. ~ de la musique 악보를 베끼다, 사본하다. machine à ~ 복사기. ② (예술품을)모사하다, 복제하다(reproduire); 본뜨다, 그대로 베끼다. ~ un tableau[un maître] 그림[거장의 작품]을 모사하다. ~ les Américains [la vie américaine] 미국 사람(미국식 생활)을 흉내내다. ③ (비유적)[~ *qn*](의 동작·몸짓 따위를-)흉내내다, 모방하다(imiter). Les enfants copient les adultes. 아이들은 어른들을 흉내낸다. ④ 베껴쓰다, 커닝하다. [~ *qc sur qc*] Il *a* tout copié *sur* un dictionnaire. 그는 모든 것을 사전에서 베꼈다.

copieur(se¹) [kɔpjœːr, -ɸːz] *a., n.* 커닝하는(학생).
—*n.m.* ~ électrostatique =électrocopieur.
copieusement [kɔpjɸzmɑ̃] *ad.* 잔뜩, 수북히(abondamment). manger ~ 잔뜩 먹다. servir *qn* ~ ···을 융숭하게 식사대접하다.
copieux(se²) [kɔpjɸ, -ɸːz] *a.* 많은, 수북한, 풍부한(abondante). faire un repas ~ 푸짐한 식사를 하다.
copilote [kɔpilɔt] *n.* 〖항공〗 부조종사.
copinage [kɔpinaːʒ] *n.m.* (경멸) =**copinerie**.
copin(e) [kɔpɛ̃, -in] 〖속어〗=**copain**.
copiner [kɔpine] *v.i.* 〖구어〗벗하기, 사귐; (집합적) 친구. [~ avec *qn*] Ne copine pas *avec* ce gars-là. 저애하고 (친하게) 놀지마라.
copinerie [kɔpinri] *n.f.* 〖구어〗 벗하기, 사귐;(집합적) 친구. inviter toute la ~ 친구란 친구를 다 초대하다.
copiste [kɔpist] *n.* ① 베끼는 사람; (특히 인쇄술 발명 이전의)필경(筆耕), 필생; 〖종교〗(헤브라이 사람의)성서 해석자에게 준 명칭. ② 모방자, 표절자(imitateur). se faire ~ d'un peintre 어느 화가의 모방자가 되다. —*a.* 모방적인.
coplanaire [kɔplanɛːr] *a.* 〖기하〗 공면(共面)의.
copocléphile [kɔpɔklefil] *n.* 열쇠고리의 수집가.
copocléphilie [kɔpɔklefili] *n.f.* 열쇠고리 수집.
coposséder [kɔpɔsede] ⑥ *v.t.* 〖법〗 공동 점유하다, 공유하다.

copossesseur [kɔpɔsesœ:r] n.m. 《법》 공동 점유자; 공동 차지인(借地人)〔소작인〕.

copossession [kɔpɔsesjɔ̃] n.f. 《법》 공동 점유; 공동 차지.

copra(h) [kɔpra], 《옛》 **copre** [kɔpr] n.m. 《식물》 코프라. huile de ~ 야자유.

copreneur(se) [kɔprənœ:r, -ø:z] n. 《법》 공동 차지인(借地人).

coprésidence [kɔprezidɑ̃s] n.f. (회의의)공동주재; 공동의장단.

co(-)président(e) [kɔprezidɑ̃, -ɑ̃:t] n. 공동의장.

co(-)présider [kɔprezide] v.t. (회의 따위를)공동주재하다.

coprin [kɔprɛ̃] n.m. ~ à chevelure 《식물》 버섯의 일종.

coproduction [kɔprɔdyksjɔ̃] n.f. (영화 따위의)공동 제작.

coprolit(h)e [kɔprɔlit] n.m. 《지질》 분석(糞石).

coprologie [kɔprɔlɔʒi] n.f. 《생물》 화석분(化石糞)학; 《의학》 분변학.

coprophage [kɔprɔfaʒ] 《곤충》 a. 분식성(糞食性)의. —n.m.pl. 꽁지벌레류, 분충류(糞蟲類).

coprophile [kɔprɔfil] 《곤충》 a. 분식성의. —n.m. 꽁지벌레, 분충(糞蟲).

coprophilie [kɔprɔfili] n.f. 《의학》 대변 배설기관의 이상(성적 도착의 하나).

copropriétaire [kɔprɔpri(j)etɛ:r] n. 《법》 공유자.

copropriété [kɔprɔpri(j)ete] n.f. 《법》 공유.

coprostase [kɔprɔsta:z] n.f. 《의학》 장내 대변 축적(변비).

copte [kɔpt] a., n.m. =**cophte**.

coptée [kɔpte] n.f. 《옛·사투리》종소리.

copter [kɔpte] v.t. 《옛·사투리》(종을)울리다.

coptique [kɔptik] a. =**cophte**.

copulateur(trice) [kɔpylatœr, -tris] a. 《동물》 교접의, 교미의.

copulatif(ve) [kɔpylatif, -i:v] 《언어·논리》 a. 계합적(繫合的)인, 연결의. —n.f. 계합 접속사(接續詞)(conjonction ~ve).

copulation [kɔpylasjɔ̃] n.f. 교접, 성교, 교미; 《화학》 커플링, 배열(配結).

copule [kɔpyl] n.f. 《언어·논리》 계사(繫辭), 계합사(繫合詞); 《옛》 성교.

copuler [kɔpyle] v.i. 성교하다; 교미하다.

copurchic [kɔpyrʃik] 《속어》 a. 《여성불변》 굉장히 멋진. —n.m. 굉장한 멋장이.

copyright [kɔpirajt] 《영》 n.m. 저작권, 판권.

copyrighter [kɔpirajte] v.t. (에게)저작권〔판권〕을 주다.

*__coq__[1]** [kɔk] n.m. ① 수탉(, 꿩 따위의)수컷. combat de ~s 닭싸움, 투계. ~ gaulois 골의 수탉(프랑스의 상징). au (premier) chant du ~ 첫닭이 우는 꼭두새벽에. ~ faisan 수꿩.
② (종각 지붕에 다는 수탉 모양의)풍향기(~ de clocher).
③ 《의복》 주름 장식용 인두.
④ 《구어》정력적인 남자; (여자들에게)가장 인기 있는 사나이. ~ du village〔de la paroisse〕 마을에서 제일 가는 멋쟁이〔미남자〕. beau ~ 여자에게 인기가 있는 쾌남아. bon ~ (생행위에)정력적인 남자.
⑤ 《요리》 닭(요리)(요리에서 coq 는 poulet 와 동의어). ~ au vin 포도주가 든 소스로 조리하여 삶은 영계.
⑥ 《조류》 ~ de bruyère 뇌조의 일종; ~ d'Inde [kɔdɛ:d] 칠면조의 수컷.
À nous le ~. 우리가 이겼다.
avoir des jambes de ~ 다리가 가냘프다.
faire le ~ 선웃을 부리다, 허세부리다.
fier comme un ~ 《구어》의기양양한, 으스대는.
passer du ~ à l'âne 횡설수설하다.
poids ~ 《권투》 밴텀급.
rouge comme un ~ 화가 나서 얼굴이 시뻘개진.
se battre comme un petit ~ 맹렬히 싸우다.
se dresser comme un ~ sur ses ergots 고압적으로 나오다.

coq[2] n.m. 《해양》 요리사, 쿡. maître(-)~ 요리장. matelot ~ 견습 요리사.

coq-à-l'âne [kɔkalɑ:n] n.m. 《복수불변》(화제가 바뀌는)종잡을 수 없는 이야기, 횡설수설. faire des ~ 횡설수설하다.

coquard, coquart [kɔka:r] n.m. ①《속어》(타박상에 의한 눈가의)멍. ② 늙은 수탉; 멋장이 노인; 바보. ③ 수평과 암탉의 트기.

coque [kɔk] n.f. ① (달걀)껍질; (호두 따위의 목질의)껍질; 고치; 《동물》새조개 무리. Le poulet naissant brise la ~ avec son bec. 병아리는 태어날 때 주둥이로 알의 껍질을 깨뜨린다. Le ver à soie commence à faire sa ~. 이 누에는 고치를 만들기 시작한다. œuf à la ~ 반숙 달걀. ②(배·비행선의)선체, (비행기의)기체, (기관의)동부(胴部). partie immergée de la ~ 선체의 물에 잠긴 부분. à double ~ 이중 밑바닥의. vieille ~ 《구어》낡아빠진 배. ③(리본·머리털 따위의)꽃(나비), 매듭, (밧줄의)엉클어진 매듭, (전선·코드의)꼬인 매듭. ④~ d'œuf (유약을 잘못 칠한 결과 도자기 표면에 남는)얼룩점. ⑤~ du Lot 《제과》 부활절 때의 계란형 과자(Quercy 지방 풍속).
dîner à la ~ 《속어》진수성찬.
briser sa ~ 자기 껍질을 깨다, 변모〔변신〕하다, 발전하다.
ne faire que sortir de la ~ 갓 태어나다, 풋나기이다, 귀밑의 피도 안말랐다.
se renfermer (rentrer, rester) dans sa ~ (남과)어울리 않다.

-coque suff. 「균(菌)·종자(種子)」의 뜻(예:gonocoque 임균(淋菌)).

coquebin [kɔkbɛ̃, -in] n.《구어》고지식한 사람, 순진한 사람; 바보(niais). —a. 바보 같은. air ~ 바보 같은 표정.

coquecigrue [kɔksigry] n.f. 《옛》(전설의)괴상한 짐승; 공상, 환상; 허튼 소리; 얼간이.
à la venue des ~s 결코〔절대로〕~않다.

coque-fuselage [kɔkfyzalaʒ] (pl. ~s-~s) n.m. 《항공》비행정의 동체.

coquelet [kɔklɛ] n.m. 《요리》 수평아리, 영계.

coqueleux(se) [kɔklø, -øz] n. 《프랑스 북부·벨기에의》쌈닭 치는 사람; 닭쌈 붙이는 사람.

coquelicot [kɔkliko] n.m. 《식물》 개양귀비; 개양귀비 향료를 넣은 사탕과자. devenir rouge comme un ~ (당황하거나 수줍어)얼굴이 새빨개지다.
—a. 《불변》 심홍색의.

coqueliner [kɔkline] v.i. (수탉이)울다; 《구어》여자 비위를 맞추다.

coquelourde [kɔklurd] n.f. 《식물》 할미꽃속(類); 수선화속(類).

coqueluche [kɔklyʃ] n.f. 《의학》 백일해; (대중에게)인기 있는 사람; 《옛》두건. quintes de la ~ 백일해의 발작. être la ~ de la ville 장안의 인기를 끌다, 소문이 자자하다. être la ~ de toutes les femmes 온갖 여자에게나 인기가 있다.

coquelucheux(se) [kɔklyʃø, -ø:z] 《의학》 a. 백일해에 걸린. —n. 백일해 환자.

coqueluchon [kɔklyʃɔ̃] n.m. 《식물》 바꽃属

(類);〖옛〗두전의 일종.　　　　　　　　[자.
coquemar [kɔkmaːr] *n.m.* (자루 달린)탕관, 주전
coquerelle¹ [kɔkrɛl] *n.f.*, **coqueret** [kɔkrɛ] *n.m.*
　〖식물〗꽈리.
coquerelle² *n.f.* 〖문장〗세 개의 개암.
coquerico [kɔkriko] *n.m.* 꼬끼오〖닭의 울음소리〗
　(cocorico). pousser des ~s 꼬끼오하고 울다.
coquerie [kɔkri] *n.f.* 〖해양〗(부두에 있는 선원용
　의)취사장; (배 안의)조리장.
coqueriquer [kɔkrike] *v.i.* (닭이)울다.
coqueron [kɔkrɔ̃] *n.m.* 〖해양〗① 식량창고(저장
　실). ② 이물 끝의 뾰족한 부분. ③ (프랑스 서부의
　소나 말의 사료 혹은 곡물이)작은 더미.
coquet(te) [kɔkɛ, -ɛt] *a.* ①아양떠는, 교태를 부리
　는. Marie est très ~*te*. 마리는 몹시 아양을 떤다.
　②날씬한, 멋들어진, 스마트한; 아담한, 예쁘장
　한. mobilier ~ 예쁘장한 가구. ③〖구어〗상당한
　액수의. Le magot est ~. 숨겨둔 돈이 상당하다.
　—*n.m.* 〖옛〗멋장이. —*n.f.* ①요염한 여자, 바람
　둥이 여자. ② 식충채집통.
coqueter [kɔkte] *v.i.* ⑤ ①〔~ avec〕(에게)아양을
　떨다, 교태를 부리다. Elle *coquette* tout le jour,
　avec tout le monde. 그녀는 온종일 아무에게나 교
　태를 부린다. ②〔~ avec〕(사상·당파 따위에)추파
　를 던지다. ministre qui *coquette avec* l'opposition
　야당에 추파를 던지는 장관. ③(닭이)교미하다.
coquetier [kɔktje] *n.m.* 계란장수, 닭장수; 반숙 계
　란을 담는 그릇.
　gagner[**décrocher**] **le** ~ 〖구어〗잘 해내다; (비꼼)
　실수를 저지르다.
coquetière [kɔktjɛːr] *n.f.* 계란을 반숙하는 그릇.
coquettement [kɔkɛtmɑ̃] *ad.* 요염하게, 멋지게,
　우아하게; 아담하게. Cette femme
　est toujours ~ parée. 이 여인은 늘 멋진 장신구로
　몸치장을 한다. maison ~ meublée 아담하게[예쁘
　장하게]세간을 갖춘 집.
coquetterie [kɔkɛtri] *n.f.* ①(남에게 잘보이기 위
　한)상냥함, 애교. faire avec ~ les honneurs de la
　maison 상냥하게 주인노릇을 하다. ②(특히 이성
　에게)교태(부리기), 애교(떨기), 추파. Cette
　jeune personne a déjà de la ~. 이 아가씨는 벌써
　몸에 교태가 배어있다. dire des ~s à *qn* 〖구어〗(에
　게)마음을 끄는 달콤한 말을 하다. faire des ~*s* à
　qn …에게 치근덕거리다. être en ~ avec *qn* …와
　희롱거리다; …을 유혹하려 하다. ③(복장·화장
　따위의)멋부림, 결벽. être vêtu avec ~ 멋진 옷차
　림을 하고 있다. se faire une ~ de *qc*[+*inf.*]…(하
　는 것)을 멋으로 삼다.
　avoir une ~ *dans l'œil* 〖구어〗약간 사팔뜨기이다.
coquillage¹ [kɔkijaːʒ] *n.m.* 조개(류); 갑각류(甲殼
　類)〖총칭〗; 조가비. collier de ~*s* 조가비 목걸이.
coquillage² *n.m.* 〖야금〗냉경(冷硬) 주물.
coquillard¹ [kɔkijaːr] *n.m.* ①〖프랑스사〗패각단
　의 일원〖15세기 옷깃에 조가비를 달고 다니던 도
　적떼〗. ②(Saint-Jacques 순례자를 자처하며 조가
　비를 단 옷을 입고 다니던)거지〖17세기〗.
coquillard² *n.m.* 〖속어〗눈. s'en tamponner le ~ 안
　중에 없다, 전혀 개의치 않다.
coquillart [kɔkijaːr] *n.m.* 〖지질〗패각층(貝殼
　層); 〖건축〗조가비를 함유한 석회석.
coquille [kɔkij] *n.f.* ① 조개껍질; (달팽이의)껍질,
　(달걀·호두 따위의)껍질. d'œuf 달걀껍질과 같
　은 회색 얇은 도자기. ~ de noix 호두껍질; 작은
　배. ~ Saint-Jacques 〖패류〗가리비. escalier
　en ~ 나선계단.
　② 〖요리〗코키유〖조가비 모양의 그릇에 담아내
　는 요리〗.

③ 조가비 모양의 것〖그릇·장식〗. ~ à hors-
d'œuvre 오르되브르용 접시. ~ d'une commode 옷
장의 조가비(모양의) 장식. ~ de beurre 조가비꼴
의 버터. ~ d'une épée 칼코등이.
④ (모터의)케이스; (나선계단의)아래쪽; 〖야금〗
냉경(冷硬) 주형; (빵의)부분 껍질; 마차문의 발
걸이.
⑤ 〖인쇄〗오식. corriger une ~ 오식을 고치다.
⑥ 〖의복〗(수영복의 가슴의)컵; 〖스포츠〗(권
투선수 따위의 하복부용)서포터; 〖의학〗(척추치
료용)코르셋.　　　　　　　　　[하다.
être à peine sorti de sa ~ 〖구어〗풋나기이다, 미숙
faire payer (*ne pas donner*) *ses* ~*s* 엄청나게 벌다.
Le poisson dément sa ~. 〖속담〗(사람이)겉과 속이
ne jamais sortir de sa ~; *rester dans sa* ~. 〖구어〗
집에 들어박혀 있다; (의사표시를 하지 않고)항상
입을 다물고 있다.
Portez vos ~*s ailleurs*[*à d'autres*]. 그 수에는 넘어
가지 않겠다.
rentrer dans sa ~ 입을 다물어버리다; 내성적인
사람이 되어버리다.
Qui a de l'argent a des ~*s*. 〖속담〗돈만 있으면 무
엇이든 얻을 수 있다.
coquillé(e) [kɔkije] *a.p.* (석회암이)조가비를 함유
한; (빵의)껍질의 부분; (레이스 따위가)조가비 모
양의 주름이 진. —*n.m.* (레이스 따위의)조가비 모
양의 주름; (머리의)컬.
coquiller [kɔkije] *v.t.* (레이스 따위를)주름지게 하
다; 〖야금〗냉경시키다. —*v.i.* (직물류 따위가)
주름지다; (빵의)껍질이 부풀다.
coquillet [kɔkijɛ] *n.m.* 〖광물〗많은 조가비를 함
유한 석회석.
coquillettes [kɔkijɛt] *n.f.pl.* 달걀을 넣은 국수의 일
종〖조가비 모양의 먹국수〗.
coquilleux(se) [kɔkijø, -øːz] *a.* 〖지질〗조가비를
함유한; 〖구어〗통명스러운, 괴팍스러운.
coquillier(ère) [kɔkije, -ɛːr] *a.* 〖지질〗조가비를
함유한. —*n.m.* 조가비 수집; 조가비 표본상자.
coquin¹(**e**) [kɔkɛ̃, -in] *n.* 불한당, 불량배, 악당, 건
달; 망나니, 말괄량이; 자식, 녀석, 놈(〖옛〗)거지.
ce ~ de Paul 그 망나니 같은 폴 녀석. heureux ~
행운아. mon ~ de fils 내 아들 녀석.
~ *de la plus belle espèce* 형언할 수 없는 무뢰한(악당·불
량배). C~ *de sort!* 〖옛〗재수없구나, 이 무슨 팔자
인고! *tout de* ~ 비열한 수단.
—*a.* 장난꾸러기의, 말괄량이의(espiègle); 외설
스러운(égrillard, leste), 방종한, 음란한. plaisan-
terie ~*e* 야비한 농담. histoire ~*e* 외설스러운 이야
기. Cette femme est bien ~*e*. 이 여자는 아주 방탕
하다.
coquin² *n.m.* 〖광물〗인산석회의 덩어리.
coquinerie [kɔkinri] *n.f.* 못된 마음보; 나쁜 짓〖장
난〗, 파렴치한 짓, 악랄한 수단.
coquinet [kɔkinɛ] *n.m.* 〖옛·구어〗꼬마 망나니〖불량
배〗. 장난꾸러기 소년.
coquiole [kɔkjɔl], **coquioule** [kɔkjul] *n.f.* 〖식
물〗김의털.
cor [kɔːr] *n.m.* ① 뿔피리, 각적(角笛)(~ de
chasse); 〖음악〗호른(취주자)(corniste). don-
ner[sonner]du ~ 각적[사냥나팔]을 불다. ~ de
chasse 사냥용의 호른〖나팔〗. concerto pour ~ 호
른 협주곡. ~ anglais[d'harmonie]잉글리시[프렌
치]호른. ② (*pl.*)사슴뿔의 갈래, 가지뿔. cerf (de)
dix ~ *s* 7년생 사슴. ③ 티눈, 발의 못(~ au pied);
〖수의〗말등의 찰상(擦傷).
à ~ *et à cri* (각적과 사냥개로)소란스럽게. chas-

ser à ~ et à cri 각적과 사냥개로 몰아대다; 《구어》 호되게 나무라다. demander[réclamer] qc à ~ et à cri ~을 소란스럽게 [강경히] 요구하다.

cor. 《약자》 corollaire 《수학》 계(系).

coraco-claviculaire [kɔrakɔklavikylɛːr] a. 《해부》 오탁쇄골의.

coracoïde [kɔrakɔid] 《해부》 a. 오탁골(烏啄骨) 모양의. —n.f. 오탁골.

corail(pl. **aux**) [kɔraj, -o] n.m. 산호(珊瑚). récif de ~ 산호초. — des jardins 《식물》 고수의 일종. bois de ~ (가구용의) 앰보이나 재목. lèvres de ~ 빨간 입술. (형용사적) couleur ~ 산호색. serpent ~ (남미산의) 독사의 일종.

corallé(e) [kɔraje] a. 산호를 박은.
coraillère [kɔrajɛːr] n.f. 산호 채집(선).
corailleur(se¹) [kɔrajœːr, -ɸːz] a. 산호 채집(세공)의. —n. 산호 채집(세공)자. —n.m. 산호 채집선.
corailleux(se²) [kɔrajɸ, -ɸːz] a. 산호를 함유한; 산호로 된.
coralière [kɔraljɛːr] n.f. =**coraillère**.
corallaire [kɔra(l)lɛːr] a. 산호 같은, 산호 모양의.
coralliaires [kɔra(l)ljɛːr] n.m.pl. 《옛》 《동물》 = **anthozoaires**.
corallien(ne) [kɔra(l)ljɛ̃, -ɛn] a. 산호로 된[이루어진]. récif ~ 산호초.
corallifère [kɔra(l)lifɛːr] a. 산호가 붙어 있는, 산호를 함유한.
coralliforme [kɔra(l)lifɔrm] a. 산호 모양의.
coralligène [kɔra(l)liʒɛn] a. 산호(의 석회질)를 만드는.
corallin(e) [kɔra(l)lɛ̃, -in] a. 산호처럼 빨간. —n.f. 《식물》 산호조류(類).
coralligère [kɔra(l)liʒɛːr] a. =**corallifère**.
Coran [kɔrɑ̃] n.m. 《종교》 코란 (회교 경전); (비유적) 애독서.
coranique [kɔranik] a. 코란의 (에 관한), 코란의 가르침에 따르는. école ~ 코란 학습소.
corbeau [kɔrbo] (pl. ~**x**) n.m. ① 《조류》 까마귀; 까마귀류. noir comme un ~ 새까만. ② 《건축》 초엽, 까치발; 《고대로마》 (적선 침입·성벽 파괴용의) 쇠갈고리. ③ 《속어》 《경멸》 (가톨릭교의) 성직자, 사제; 매장 인부, 도굴범; 불행을 가져오는 사나이; 욕설장이. ④ (C~) 《천문》 까마귀좌. ⑤ 익명편지의 작성자. ⑥ 짐을 올리는 기계. ⑦ 《조류》 ~ blanc 《구어》 독수리; ~ cornu 콧뿔새; ~ de mer[d'eau] 가마우지; ~ de nuit 쏙독새. ⓑ 《해양》 nid de ~ 망대(望臺).
corbeautière [kɔrbotjɛːr] n.f. 까마귀의 둥지.
corbéen(ne) [kɔrbeɛ̃, -ɛn] a. 코르비 (Corbie, 프랑스의 도시) 의. —n. 코르비 사람.
corbeillais(e) [kɔrbejɛ, -ɛːz] a. 코르베이 (Corbeil, 프랑스의 도시) 의. —C~ n. 코르베이 사람.
corbeille [kɔrbɛj] n.f. ① 바구니, 한 바구니의 양; 바구니에 든 것. — à papier 휴지통. — à pain 빵바구니. — à courrier 서류통. Ils ont apporté une — de fleurs. 그들은 꽃 한 바구니를 가져왔다. — de mariage (약혼녀에게 보내는) 봉채; 신혼부부에게 주는 선물. ② 《건축》 (코린트식 기둥머리의) 꽃바구니 장식; (꿀벌의) 꽃가루 통; 《가톨릭교의) 성직단. ③ (파리 증권거래소의 거래인실) 중앙부를 둘러싼 울, 거래소; (극장의) 2층 정면의 좌석.
corbillard [kɔrbijaːr] n.m. 영구차; 《옛》 사륜마차. monter dans le ~ 《속어》 죽다.
corbillat [kɔrbija] n.m. 새끼 까마귀.
corbillon [kɔrbijɔ̃] n.m. ① 작은 바구니. ② 운(韻) 찾기 (on 으로 끝나는 낱말로 대답하는 놀이).
corbin [kɔrbɛ̃] n.m. 끝이 뾰족하게 굽은 각종 도구;

《옛》 까마귀 (속). —a.m. 구부러진 (recourbé). nez ~ 매부리코.
corbine [kɔrbin] n.f. =**corneille**.
corbleu [kɔrblɸ] int. =**cordieu**.
corchorus [kɔrkɔrys] n.m. 《식물》 황매화(co-rète).
cordage [kɔrdaːʒ] n.m. ① 밧줄로 동여매기; (라켓의) 장선(腸線)을 팽팽하게 치기; 장작을 끈으로 재기. ② 동아줄; (집합적) 밧줄류; (라켓의) 장선(腸線), 것. vieux ~ 낡은 밧줄 부스러기.
cordat [kɔrda] n.m. 《직물》 투박한 사지; 투박한 포장 (부대) 천, 거친 삼베.
:corde [kɔrd] n.f. ① 밧줄, 동아줄, 노끈; 빨랫줄; (등산용) 로프. mettre des chevaux à la ~ 말을 밧줄로 말똑에 묶다. mettre qc en ~ …을 밧줄처럼 꼬다. danseur de ~ 줄타는 곡예사. ~ d'escalier 계단의 손잡이로 쳐놓은 로프. ~ à sauter 줄넘기 줄. échelle de ~ 줄사다리. étendre du linge sur une ~ 세탁물을 빨랫줄에 널다.
② 목매는 줄; 교수형. homme de sac et de ~ 악질적인 사람. Il ne vaut pas la ~ pour le pendre. 그는 아무 쓸모 없는 인간이다. Il y va de la ~. 《구어》 교수형 (사형) 을 받을 만한 일이다. condamner à la ~ 교수형의 선고를 하다. supplice de ~ 교수형. Cela mérite la ~. 그와 같은 행위는 교수형을 받을 만하다.
③ (경기장의) 안쪽에 친 줄; (경주로의) 안쪽 (~ de piste); (pl.) (권투 링의) 로프. prendre un virage à la ~ (경마·경륜·자동차경주 따위에서) 되도록 커브의 안쪽을 돌다; (자동차가) 길 가장자리로 아슬아슬하게 달리다.
④ (악기의) 현; (pl.) 현악기; (라켓의) 장선. instrument à ~s 현악기. ~ à boyau 장선(腸線) (양의 창자로 만든 줄).
⑤ (활의) 현; 《수학》 현, 활꼴.
⑥ (비유적) (마음의) 금선(琴線); (영감·잠정의) 전율. ~ du cœur 심금(心琴). faire vibrer [toucher] la ~ sensible 심금을 울리다; 가슴을 찌르는 말을 하다.
⑦ ⓐ ~s vocales 성대. ⓑ 성역, 음역; 음정, 음색, 성부(聲部). quinte à cinq ~s 오부중창. La voix. de ce chanteur est belle dans ~s élevées. 이 가수의 목소리는 고음이 아름답다. Cette actrice a de belles ~s dans le bas. 이 여배우는 아름다운 목소리의 저음을 가지고 있다.
⑧ (미묘한) 문제(sujet). C'est une ~ qu'il ne faut pas toucher. 그것은 건드려서는 안되는 문제이다.
⑨ 《해부》 인대(靭帶), 힘줄. ~ d'Hippocrate 아킬레스건(腱) (tendon d'Achille).
⑩ (천이 닳아서 드러난) 올; (수도승·수녀의) 허리끈.
⑪ 《옛》 《도량형》 (장작을 재는) 코드자 (용적 단위, 약 4 입방미터).

aller[être] dans les ~s 곤경에 처하다, 궁지에 빠져 있다.
avoir de la ~ de pendu (dans sa poche) 운이 좋다.
avoir la ~ 감동적으로 연주하다.
dormir[coucher] à la ~ 값싼 여인숙에 묵다.
être au bout de sa ~ 《구어》 진퇴양난이다.
être usé jusqu'à la ~ (피륙 따위가) 닳아서 올이 보이다; (우정·농담 따위가) 진부하다.
filer sa ~ 자기 신세를 망치는 행동을 하다.
friser la ~ 몹시 위험한 짓을 하다.
grosse ~ (바이올린의) G선; 기요한 점; 중심인물. *grosses ~s de l'honneur et de la réputation* 명예와 명성이라는 중대사. *grosse ~ du parti* 당의 중심인물.
marcher[être] sur la ~ raide 위기에 처해 있다, 아슬아슬한 짓을 하다.

mettre la ~ au cou de qn …을 꼼짝 못하게 하다; …에게 죄를 씌우다; 파멸(파산)시키다.
montrer la ~ (피륙 따위가) 닳아서 올이 보이다; (사람이)초라한 꼴을 하다; 의도를 간파당하다.
n'être[ne rentrer] pas dans ses ~s 《구어》자기 분야가 아니다, 성미에 맞지 않다.
parler de ~ dans la maison d'un pendu 섣불리 말하지 말아야 할 일에 언급하다.
se mettre[avoir] la ~ au cou 궁지에 빠지다; 완전히 얽매이다; 《구어》(억살) 결혼하다.
tenir la ~ 경기장 주로(走路)의 안쪽을 달리다; 유리한 입장에 있다, 사건[문제]의 중심인물이다.
tirer sur la même ~ (공동의 목적을 위해서)힘을 합하다.
(trop) tirer sur la ~ [tendre la ~] 《구어》유리한 입장을 지나치게 이용하다; 남의 관대함에 지나치게 편승하다.
vendre qc **sous ~** 《상업》…을 짐도 풀지 않은 채로 팔다, 도매로 팔다.

cordé(e)¹ [kɔrde] a.p. 밧줄 모양의, 끈. **mains ~es de veines** 핏줄이 불근 솟은 손.

cordé(e)² (< cœur) a. 《식물·패류》 하트형의.

cordeau [kɔrdo] (pl. ~x) n.m. ① (지면·목재에 직선을 긋기 위한)가는 끈, 먹줄. ~ **de mesure** 측량용자. ② 《광산·군사》 도화선. ~ **Bickford** 안전도화선. ③ 밧줄. ~ **de tirage** 벤트 로프. ④ 《직물》(거친 직물 양쪽의)귀. ⑤ 낚싯줄.
tiré[fait, tracé] au ~ 일직선으로 그은; 질서정연한, 규칙적인.

cordée³ [kɔrde] n.f. ① (밧줄의)한 묶음, 한 단. **une ~ de bois** 장작 한 단. ② 낚싯줄. ③ 로프에 한 줄로 매달린 등산대원. **premier de ~** 자일의 선두[리더]. ④ (라켓의)장선(腸線), 것.

cordeler [kɔrdəle] [5] v.t. 꼬다.

cordelette [kɔrdəlɛt] n.f. 가는 끈, 노끈.

cordelier(ère) [kɔrdəlje, -ɛr] n. ① 성 프란체스코회 수도사[수녀]의 속칭. ② **club des** C~s 코르들리에 클럽 (1790년 Danton, Marat, C. Desmoulins이 창설한 클럽). **aller sur la mule des ~s** 《속어》지팡이를 짚고 걸어가다.
—n.f. ① 성 프란체스코회 수도사[수녀]의 띠; (잠옷·넥타이의)끈. ② 《건축》 새끼줄 모양의 쇠시리. ③ 《인쇄》 (페이지의)가장자리 장식; 《문장》 끈 모양의 장식.

cordelle [kɔrdɛl] n.f. 가는 밧줄, 노끈; 《해양》 (배를)끄는 밧줄.

corder [kɔrde] v.t. ① 꼬다. ~ **du chanvre** 삼을 밧줄로 꼬다. ② (끈·밧줄)동여매다. ③ (라켓의 것[장선])을 치다. ④ (담배를)말다. ⑤ (장작을)코르드자로 재다. ⑥ (비유적) 줄[끈] 모양으로 돌기하다, 튀어나오다. **Des veines leur cordaient le cou.** 그들의 목에 혈관이 불근 솟아 있었다.
—se ~ v.pr. 꼬이다, 엮어꼬이다; 《등산》 로프로 서로 몸을 연결시키다(encorder); 《야채의》 굵은 심줄이 생기다.

corderie [kɔrd(ə)ri] n.f. ① 밧줄[노끈]제조소 [제조업·판매업]. ② 《해양》 밧줄 넣어두는 방[장소].

cordés [kɔrde] n.m.pl. 《동물》 척삭(脊索) 동물.

cordi- préf. 「심장·마음」의 뜻.

***cordial(ale, pl. aux)** [kɔrdjal, -o] a. ① 마음으로부터의, 진심으로의, (벗 따위가)다정한(amical). **accueil ~** 화대. **haine ~ale(profonde)** 뿌리깊은 증오. ② 《약》 심장 기능을 강화하는. **remède ~** 강심제. ③ **Entente ~ale** 영불협상 (1904년).
—n.m. 《약》 강심제.

cordialement [kɔrdjalmɑ̃] ad. 진심으로, 충심으로, 성의를 다하여, 다정하게. C~ **à vous**; C~ **vôtre.** 여불비례(餘不備禮)《편지의 맺음말》.

cordialité [kɔrdjalite] n.f. 진심, 온정.

cordier(ère) [kɔrdje, -ɛr] a. 밧줄 제조[판매]의.
—n. 밧줄 제조업자, 밧줄 장수. —n.m. ① 《어업》트롤 어선[어부]. ② (바이올린 따위의)줄걸이 (→ violon 그림).

cordieu [kɔrdjø] int. 《예》저런! 제기랄!

cordifolié(e) [kɔrdifɔlje] a. 《식물》 심장 모양의 잎이 있는.

cordiforme [kɔrdifɔrm] a. 《생물》 심장 모양의.

cordillère [kɔrdijɛ:r] n.f. 《지리》 (스페인·남미의)산맥. **la** C~ **des Andes** 안데스 산맥.

cordite [kɔrdit] n.f. 코르다이트 폭약 (무연화약).

cordon [kɔrdɔ̃] n.m. ① 끈; (밧줄 따위의)가락, 꼰 줄; (문을 열 때 잡아당기기는) 문 끈; (훈장의) 리본, 수장(綬章); 《전기》 코드; 《해부》 섬유삭 (纖維索). ~ **ombilical** 탯줄. C~, **s'il vous plaît!** 문좀 열어주세요! **tirer le ~** (문지기가)문을 열다. C~ **bleu** 성령기사단(聖靈騎士團)의 기사. **grand ~ de la Légion d'honneur** 레지옹도뇌르 대훈장. **tenir les ~s de la bourse** 재정권을 쥐고 있다. ② (나무 따위가)늘어선 줄; 일직선; 《건축》 돌림띠. ~ **de troupes** 군대의 경계선. ~ **sanitaire** (전염병 유행지역의)교통차단선; 《군사》 경계망, 예방선. **d'agents de police** 경찰의 비상선, 경계선.

cordon-bleu [kɔrdɔ̃blø] (pl. ~s-~s) n.m. 《구어》 솜씨 좋은 여자 요리사. **Sa femme est un véritable ~** 그의 부인은 요리의 명수이다.

cordonné(e) [kɔrdɔne] a.p. 《건축》 돌림띠가 있는.

cordonner [kɔrdɔne] v.t. (끈을)꼬다; (머리를)땋다; (화폐에)가장자리 선을 두르다.

cordonnerie [kɔrdɔnri] n.f. 구두 제조[판매]; 제화(製靴)공장; 구둣방; (수도원의)신발 두는 곳.

cordonnet [kɔrdɔnɛ] n.m. 가는 끈, 꼰 끈[실]; (화폐의)가장자리 선.

***cordonnier(ère)** [kɔrdɔnje, -ɛr] n. 구두 수선공, 구두장이, 제화공; 구두장수.
Les ~s sont les plus mal chaussés. 《속담》 대장장이 집에 식칼이 귀하다.
—n.m. 《속어》 《곤충》 투구풍뎅이; 《어류》 큰 가시고기; 《조류》 갈매기의 일종.

cordouan(e) [kɔrdwɑ̃, -an] a. 코르도바(Cordoue, 에스파냐의 도시)의. —C~ n. 코르도바 사람. —n.m. 코르도바 가죽.

corédacteur(trice) [kɔredaktœ:r, -tris] n. 공동 편집인.

corê [kɔre] n.f. = **korê**.

Corée [kɔre] n.pr.f. 한국. **la République de** ~ 대한민국. **aller en** ~ 한국에 가다.

coréen(ne) [kɔreɛ̃, -ɛn] a. 한국(Corée)의.
—C~ n. 한국 사람. —n.m. 한국어.

co-référence [kɔreferɑ̃:s] n.f. 《언어》 공지칭 (共指稱).

corégence [kɔreʒɑ̃:s] n.f. 공동통치[섭정].

corégent(e) [kɔreʒɑ̃, -ɑ̃:t] n. 공동통치[섭정].

corégnant(e) [kɔreɲɑ̃, -ɑ̃:t] a. 공동통치[섭정]의.

corégone [kɔregɔn] n.m. 《어류》 코레고누스 《연어과(科)》.

coreligionnaire [kɔliʒjɔnɛ:r] n. 동종교(同宗敎者), 동신자(同信者); 동지.

coréopsis [kɔreɔpsis] n.m. 《식물》 공작국화.

coresponsabilité [kɔrɛspɔ̃sabilite] n.f. 공동책임.

coresponsable [kɔrɛspɔ̃sabl] a. (~에 대해) 공동책임이 있는, 공동책임을 지는. **L'U.R.S.S. et la Grande-Bretagne demeurent ~s de l'application du traité.** 소련과 영국은 조약의 적용에 있어 공동책임을 지고 있다.

corète [kɔrɛt] n.f. 《식물》 황매화.

corfiote [kɔrfjɔt] *a.* 【지리】 코르푸(*Corfou*)의. —C— *n.* 코르푸 사람.

coriace [kɔrjas] *a.* ① (고기가)가죽같이 질긴. ② 《구어》고집센, 완고한; 욕심 많은(dur). caractère ~ 완고한 성질.

coriacé(e) [kɔrjase] *a.* 가죽 같은.

coriacité [kɔrjasite] *n.f.* 강인(強靭).

coriandre [kɔrjɑ̃:dr] *n.f.* 【식물】 고수(의 씨).

coricide [kɔrisid] *n.m.* 티눈 치료약.

corindon [kɔrɛ̃dɔ̃] *n.m.* 【광물】 강옥석(鋼玉石).

Corinthe [kɔrɛ̃:t] *n.pr.f.* 【지리】 코린트(그리스의 반도·도시). raisins de ~ 알이 작은 씨 없는 건 포도.

corinthiaque [kɔrɛ̃tjak] *a.* 코린트의.

corinthien(ne) [kɔrɛ̃tjɛ̃, -ɛn] *a.* 코린트(*Corinthe*)의; 【건축】 코린트식의. ~C~ *n.* 코린트 사람. —*n.m.* 【건축】 코린트식(ordre ~).

corme [kɔrm] *n.f.* 【원예】 마가목 열매.

cormé [kɔrme] *n.m.* 마가목 열매로 빚은 과실주.

cormier [kɔrmje] *n.m.* 【식물·원예】 마가목.

cormoran [kɔrmɔrɑ̃] *n.m.* 【조류】 가마우지.

cornac [kɔrnak] *n.m.* ① 코끼리 조련사; 야수의 조련사. ②《구어》안내인; 추천자. (科).

cornacées [kɔrnase] *n.f.pl.* 【식물】 충충나무과.

cornage [kɔrnaːʒ] *n.m.* ① (짐승의)뿔의 생김새. ② 【수의】 (말의)천명증(喘鳴症). 〔髓〕.

cornaline [kɔrnalin] *n.f.* 【보석】 홍옥수(紅玉).

cornard¹ [kɔrnaːr] *a.* 뿔 있는, 뿔이 난; 오쟁이 진. —*n.m.* ① 뿔난 사람. ② 오쟁이진 남편(mari ~ cocu). ③《군대속어》영통한 짓, 실수, 실책. faire du ~ 실수를 하다, 잘못을 저지르다.

cornard²(e) [kɔrnaːr, -ard] *a.*《수의》천명증(喘鳴症)에 걸린. jument ~*e* 천명증에 걸린 암말. —*n.m.* 천명증에 걸린 말.

cornarder [kɔrnarde] *v.i.*《군대속어》잘못하다.

cornardise [kɔrnardiːz] *n.f.*《속어》오쟁이짐.

***corne¹** [kɔrn] *n.f.* ① (소 따위의)뿔; 뿔세공, 뿔제품. ~ à souliers 구둣주걱. ~ d'abondance 【그리스신화】 풍요의 뿔(제우스의 유모인 산양신의 뿔로 풍요의 상징). bêtes à ~s 유각(有角)동물. ② (곤충의)촉각; (달팽이 따위의)촉각, 더듬이; 【해부】 돌기. ~ cutanée 【의학】 피각(皮角). ③ 나팔, 경적; 【해양】 세로돛의 활대; 모, 귀; (페이지의)접은 귀. ~ d'automobile 자동차의 경적. chapeau à trois ~s 삼각모. ~ de brume 농무경적(濃霧警笛). faire une ~ à la page d'un livre 책 페이지의 귀를 접다(읽고 있는 중이라는 표시로). faire une ~ à une carte de visite 명함의 귀를 접다(부재중에 방문한 표시로).
④ ~ de bélier 【건축】 (이오니아식 주두(柱頭) 장식의)소용돌이꼴; ouvrage à ~s 【축성】 각보(角堡).
⑤ 뿔 모양의 것, 딱딱한 것; (살갗의)못, 티눈. manger de la ~ 나이가 들어가지 않을 만큼 딱딱한 고기를 먹다.
⑥《구어》(오쟁이진 남편의 표시인)뿔(머리 위에 손가락을 세움). porter(avoir) des ~s 오쟁이지다. donner(planter) des ~s à son mari 아내가 다른 남자와 간통하다. faire(montrer) les ~s à qn (집게손가락과 가운뎃손가락으로 뿔 모양을 해 보이면서) …을 놀리다, 업신여기다.

C'est le diable et ses ~s. 이것은 어려운 문제이다.
Les ~s lui en sont venues à la tête. 그는 깜짝 놀랐다, 대경실색했다.

montrer les ~s 공격(방어) 태세를 취하다.
rentrer les ~s 《구어》움츠리다.

corne² *n.f.* 【식물】 산수유의 열매(cornouille).

corné(e¹) [kɔrne] *a.p.* 각질(角質)의; 뿔 모양의.

silex ~ 각석(角石).

cornéal(ale, pl. aux) [kɔrneal, -o] *a.* =**cornéen**.

corneau [kɔrno] (*pl.* ~*x*) *n.m.* ①【해양】 (변소의)배변관; (*pl.*)선원의 변소. ② 잡종 사냥개.

corned-beef [kɔrn(d)bif] 《영》 *n.m.* 콘비프.

cornée² [kɔrne] *n.f.* 【해부】 각막.

cornéen(ne) [kɔrneɛ̃, -ɛn] *a.* 【해부】 각막의. lentille ~*ne* 콘택트렌즈(verre de contact).

corneillard [kɔrnɛjaːr] *n.m.* 【조류】 (작은)까마귀의 새끼.

corneille [kɔrnɛj] *n.f.* 【조류】 (작은)까마귀. ~ chauve 땡까마귀. ~ d'église 갈가마귀.

corneillon [kɔrnɛjɔ̃] *n.m.* =**corneillard**.

cornélien(ne) [kɔrneljɛ̃, -ɛn] *a.* ① 【불문학사】 코르네유(*Corneille*)풍의; 코르네유의 비극 같은. situation ~*ne* 코르네유적 상황(의무와 감정(사랑)의 갈등; 양단간에 결정을 내려야 할 판국).

cornement [kɔrnəmɑ̃] *n.m.* ① 【의학】 이명(耳鳴). ② 【음악】 (파이프 오르간의)울리는 소리.

cornemuse [kɔrnəmyːz] *n.f.* 【음악】 풍적(風笛), 백파이프.

cornemuser [kɔrnəmyze] *v.i.* 풍적을 불다.

cornemuseur [kɔrnəmyzœːr] *n.m.* 풍적(백파이프)연주자(※cornemuseux [kɔrnəmyzø] 로도 씀).

cornéole [kɔrneɔl] *n.f.* 【식물】 대청.

corner¹ [kɔrne] *v.i.* ① 뿔피리(나팔)를 불다; 경적을 울리다. ② 귀가 윙윙거린다. Les oreilles me *cornent.* 나는 귀가 윙윙거린다. Les oreilles ont dû vous ~. (당신 얘기를 하고 있었는데)귀가 가려웠겠지요. ③ (말이)헐떡이며 숨쉬다.
—*v.t.* ① 나팔(각적)을 불어 알리다. ② (소문 따위를)퍼뜨리다, 큰 소리로 말하다. ~ une nouvelle 소식을 퍼뜨리다. ~ *qc* aux oreilles de *qn* …을 아무의 귀에다 큰소리로 말하다; 귀에 못이 박히도록 말하다. ③ (양)뿔로 받다. ④ (명함 따위의)귀를 접다. ~ la page d'un livre 책의 귀를 접다.
—*se* ~ *v.pr.* ① 뿔 모양으로 되다, 뿔처럼 딱딱해지다. ② 서로 뿔을 받다. ③ (소문 따위가)퍼지다. nouvelle qui *se corne* dans toute la ville 온 시내에 퍼진 소문.

corner² [kɔrnɛr] 《영》 *n.m.* ① 【축구】 코너킥. ② 【경제】 매점(買占), 매점연합.

cornet [kɔrnɛ] *n.m.* ① 작은 나팔; (자동차의)경적 (~ avertisseur). ~ à bouquin (목동의 뿔나팔). ~ à pistons 코넷. ② (귀머거리용의)귀나팔; (전화의)수화기(~ de téléphone); 주사위 통(~ à dés). mettre sa main en ~ (잘 들리도록)귀에 손을 갖다대다. ③ 원뿔꼴로 만 종이(~ de papier); 뿔 모양의 꽃병; (아이스크림용의)원뿔꼴 그릇, 콘. ④ 【해양】 돛대 밑동 받침(돛대를 세웠다 뉘었다 하게 된 부분). ⑤《속어》위(胃). se coller [s'enfiler, se mettre] *qc* dans le ~《속어》…을 먹다. J'ai rien dans le ~. 배가 몹시 고프다. ⑥ 【해부】 하갑개골(下甲介骨). ⑦ 【식물】 천남성속의 식물.

acheter qc dans un ~ …을 살펴보지도 않고 사다.

cornette [kɔrnɛt] *n.f.* ① 옛 여성용 실내모자; (수녀의)베일. prendre la ~ 수녀가 되다. ②《속어》여자; 바람둥이 남편을 가진 여자. ③《옛》【군사】 (기병의)깃발, 기병대; 【해양】 연미기(燕尾旗)(끝이 제비꼬리처럼 생긴 기).
laver la ~ à une femme 《옛·구어》여자를 꾸짖다.
—*n.m.* (기병대의)기수.

cornette

cornettiste [kɔrne(ɛ)tist] *n.* 【음악】 코넷주자.

corneur(se) [kɔrnœːr, -ø:z] n. ① 각적을 부는 사람. ② 《구어》 큰소리로 떠들어대는 사람. ③ 《수의》 =cornard².

corniaud [kɔrnjo] n.m. ① 《사냥》 =corneau②. ② 《속어》 바보, 얼간이(imbécile).

corniche¹ [kɔrniʃ] n.f. ① 《건축》 코니스(벽·기둥 꼭대기에 얹힌 쇠시리 있는 수평돌출부)(→ colonne 그림); (실내의) 천장과 벽 사이의 돌림띠(→ maison 그림). ② (암벽의) 선반 모양의 돌출부; 벼랑 끝에 얼어붙은 설층(雪層); 벼랑가의 길(route en ~). la route de C~ (남프랑스 Côte d'Azur의) 연해 산복 도로.

corniche² n.f. 《식물》 마름의 열매.

corniche³ n.f. 《속어》 생시르(Saint-Cyr) 육군사관학교 수험준비반.

cornichon [kɔrniʃɔ̃] n.m. ① 《원예》 작은 오이. ~ de mer 《동물》 해삼. ②《엣》 (새끼 염소의) 작은 뿔. ③ 《속어》 생시르 육군사관학교 지망자. ④ 바보, 얼간이.

cornicule [kɔrnikyl] n.f. ① 작은 뿔. ② 《엣》 (곤충의) 더듬이, 촉각. ③ 《고대로마》 (군모의) 뿔 모양의 장식.

corniculé(e) [kɔrnikyle] a. 《식물》 (꽃잎이) 나팔모양의.

cornier¹(ère) [kɔrnje, -ɛːr] a. 구석의, 모퉁이의. —n.m. 《건축》 각주(角柱). —n.f. ① 《건축》 (두 지붕이 맞닿는) 골 부분. ② 앵글쇠. ③ 《인쇄》 죄는 쇠붙이.

cornier² [kɔrnje] n.m. 《속어》 =cornouiller.

corniforme [kɔrniform] a. 뿔 모양의.

cornillon¹ [kɔrnijɔ̃] n.m. 《동물》 각심(角心).

cornillon² n.m. 《구어》 《조류》 새끼 까마귀.

corniolle [kɔrnjɔl] n.f. 《식물》 마름(의 열매).

cornique [kɔrnik] a. 콘월(Cornouailles의). —n.m. 《언어》 콘월어(語).

corniste [kɔrnist] n.m. 《음악》 호른 취주자.

cornouaillais(e) [kɔrnwaje, -ɛːz] a. ① 코르누아유(Cornouaille)의. ② 콘월(Cornouailles)의. —C~ n. 코르누아유의 사람. ② 콘월어의 사람.

Cornouaille(s) [kɔrnwaːj] n.pr.f. ① 코르누아유(프랑스의 브르타뉴 남부의 옛주). ② 콘월(영국 남서 지방의 주). aller en ~ 아내에게 배반당하다.

cornouille [kɔrnuj] n.f. 《식물》 산수유 열매.

cornouiller [kɔrnuje] n.m. 《식물》 산수유; 산수유의 목재.

cornu(e¹) [kɔrny] a. ① 뿔이 있는; 《식물》 뿔 모양의 돌기가 있는; (말이) 허리께가 영덩이보다 더 높은. ② 《엣》 바보같은, 얼빠진; 아내에게 배반당한. ③ 《구어》 엉뚱한, 이상한(bizarre). raisonnement ~ 결론이 안나오는 추론.
—n.m. 황소(taureau); 악마(diable).

cornue² n.f. ① 《실험용》 증류기, 레토르트. ② 《야금》 전로(轉爐). ③ 《식물》 마름.

corollacé(e) [kɔrɔ(l)lase] a. 《식물》 화관(꽃부리) 모양의.

corollaire¹ [kɔrɔ(l)lɛːr] n.m. 《논리·수학》 계(係); 필연적 귀결. Le droit n'est qu'un ~ du devoir. 권리는 의무의 당연한 귀결에 불과하다.
—a. 필연적인 ~ proposition ~ 파생적 명세(命題).

corollaire² a. 《식물》 화관(꽃부리)의.

corollairement [kɔrɔ(l)lɛrmɑ̃] ad. 필연적(당연적) 결과(귀결)로서; 파생적으로.

corolle [kɔrɔl] n.f. 《식물》 화관, 꽃부리.

corollé(e) [kɔrɔ(l)le] a. 《식물》 화관이 있는.

corollifère [kɔrɔ(l)lifɛːr] a. 《식물》 화관을 가진.

corolliflore [kɔrɔ(l)liflɔːr] a. 《식물》 통꽃의.

corolliforme [kɔrɔ(l)liform] a. 화관 모양의.

corollin(e) [kɔrɔ(l)lɛ̃, -in] a. 《식물》 화관의.

coron¹ [kɔrɔ̃] n.m. 《식물》 (양모 따위의) 솜털, 부스러기 털.

coron² n.m. 《사투리》 (북프랑스와 벨기에의) 광부촌, 광부의 집.

coronaire [kɔrɔnɛːr] a. 《해부》 관상(冠狀)의. artères[veines] ~s 관상 동맥[정맥].

coronal(ale, pl. aux) [kɔrɔnal, -o] a. 《해부》 관상의; 전두(前頭)의; 《천문》 코로나의; 《언어》 설단(舌端) 상승의. —n.m. 《해부》 전두골.

coronarien(ne) [kɔrɔnarjɛ̃, -ɛn] a. 《의학》 관상동맥병에 걸린. —n. 《의학》 관상동맥병 환자.

coronarite [kɔrɔnarit] n.f. 《의학》 관상동맥염(炎)(경화증).

coronelle [kɔrɔnɛl] n.f. 《동물》 (유럽산) 독 없는 뱀의 일종.

coroner [kɔrɔnœːr] n.m. 《영》 검시관(檢屍官).

coroniforme [kɔrɔniform] a. 관상(冠狀)의. 「식물」

coronille [kɔrɔnij] n.f. 《식물》 소채과(蔬菜科)의.

coronographe [kɔrɔnɔgraf] n.m. 《물리》 코로나그래프, 코로나 관측장치.

coronoïde [kɔrɔnɔid] a. 《해부》 까마귀 부리 모양의.

corossol [kɔrɔsɔl] n.m. 《식물》 번려지속(屬)(의 열매).

corossolier [kɔrɔsɔlje] n.m. 《식물》 번려지속.

corozo [kɔrɔzo] n.m. 코로즈(상아종려의 열매에서 나는 단단한 백색 물질; 상아의 대용으로 씀).

corporal(pl. aux) [kɔrpɔral, -o] n.m. 《가톨릭》 성체포(聖體布). 「다.

corporaliser [kɔrpɔralize] v.t. 유형화(有形化)하

corporatif(ve) [kɔrpɔratif, -iːv] a. 동업조합의, 단체의.

corporation [kɔrpɔrasjɔ̃] n.f. 《집합적》 동업자(전체); 동업조합; 《역사》 길드.

corporatisme [kɔrpɔratism] n.m. 동업조합주의.

corporativement [kɔrpɔrativmɑ̃] ad. 동업조합으로서, 사단(社團)을 이루고. se grouper ~ 동업조합을 결성하다.

corporéité [kɔrpɔreite] n.f. 유형성(有形性).

corporel(le) [kɔrpɔrɛl] a. 유형의, 육체의, 육체를 지닌. peine ~le 체형(體刑). biens ~s 《법》 유형자산. Dieu n'est point ~. 신은 육체를 갖고 있지 않다.

corporellement [kɔrpɔrɛlmɑ̃] ad. 유형(물질)적으로; 육체적으로(matériellement, physiquement).

corporifier [kɔrpɔrifje] v.t. ① 형체를 갖추게 하다; 유형화하다. ② 《엣》 《화학》 고체화하다. ~ le mercure 수은을 고체화하다.

‡corps [kɔːr] n.m. ① 신체, 육체, 몸. ~ d'acier 건장한 신체. être en bon (mauvais) ~ 몸이 건강하다(하지 않다). femme belle de son ~ 방탕한 여자. Il a le ~ bon proportionné. 그는 균형이 잡힌 신체를 지니고 있다. L'homme est composé de ~ et d'âme(du ~ et de l'âme). 인간은 육체와 영혼으로 되어 있다. gardes du ~ (왕의) 호위병.
② 몸통, 동체. travailler au ~ (권투에서) 몸통을 공격하다. vêtement près du ~ 몸에 꼭맞는 옷. Il a le ~ long. 그는 몸통이 길다.
③ 시체. mettre un ~ en terre 시체를 매장하다. levée du ~ 출관(出棺). veiller le ~ 경야하다.
④ 물체, …물체(體). ~ composé 화합물. ~ simple 원소. ~ céleste 천체. ~ étranger 《의학》 이물(異物). ~ solide 고체. ~ liquide 액체. ~ gazeux 기체. Tout ~ a trois dimensions: longueur, largeur et profondeur. 모든 물체는 세로, 가로, 높이의 삼차원으로 성립된다.

⑤ (사물의)주체부; (나무의)밑둥; 차체; (자전거의)프레임; (펌프의)통; (배의)선체; (편지의)본문(~ d'une lettre); 【재봉】몸통, 동체. ~ de logis (부속건물에 대하여)본채. ~ d'un vaisseau (d'un navire)선체. ~ d'un livre (서문·색인 따위를 제외한)책의 본문. caserne en trois ~ de bâtiment 3동(棟)의 병사(兵舍).
⑥ 단체, 집단; 【군사】본대; 【종교·문학·법】문집. ~ d'armée 군단. ~ diplomatique 외교단. esprit de ~ 단체정신, 단결심. ~ de doctrine 교리집. ~ législatif 입법부, 의회. ~ politique (집합적)(정치권리의 행사라는 점에서 본)국민, 정치단체. grands ~ de l'État (집합적)국가의 중요기관; 고급 공무원. ~ électoral 선거민(총체). ~ de l'Église 기독교도(총체). ~ mystique (de Jésus-Christ) (예수의)신비체(神祕體). ~ de métier 동업조합, 동업자의 총체. ~ enseignant 교원(총체). repas du ~ 단체 회식. ~ de ballet 군무(群舞)의 무용수들. ~ des poètes grecs 그리스 시인 전집. ~ des lois 육법전서. ~ constitués 행정부 및 사법부. ~ de preuves (집합적)증거자료. ~ de réserves 예비군. ~ expéditionnaire 원정군. rejoindre son ~ 본대와 합류하다. ~ de garde 보초, 위병; 초소.
⑦ (물건의)견고도, 질김(consistance); 두께(épaisseur); (액체의)농도; (술의)강도. étoffe qui a du ~ 질긴 천. vin qui a du ~ 진한 포도주.
⑧ (재산에 대해서)사람(personne), 인신(人身). séparation de ~ et biens 【법】부부의 별거 및 재산분할. C'est un drôle de ~. 이상한 녀석이다. confiscation de ~ et de biens 【법】구금과 재산의 몰수. prise de ~ 【법】인신 구속.
⑨ⓐ 【수학】(대수학의)체. ⓑ 【인쇄】(활자의)크기, 포인트(force de ~). ⓒ 【해양】계류부표(浮標).

à ~ perdu 필사적으로; 무턱대고; 맹렬히.
aller du ~ 《구어》화장실에 가다.
à mi-~ 허리까지. Ils avaient de l'eau *à mi-~*. 그들은 허리까지 물에 잠겼다.
~ à ~ 몸과 몸을 서로 부딪쳐. combat *~ à ~* 접전; 백병전. un *~ à ~* 드잡이, 1대 1의 격전.
~ du délit 【법】범죄사실.
~ et âme 전심전력으로, 죽을 힘을 다해.
donner (du) ~ à qc ···을 구체화하다, 실현시키다.
en ~ 모두 함께, 한 덩어리가 되어.
faire bon marché de son ~ 생명을 가볍게 여기다.
faire ~ avec ···와 한몸이 되다, 합체하다.
faire rentrer à qn ses paroles dans le ~ ···의 말을 취소시키다.
n'avoir rien dans le ~ 먹은 게 아무것도 없다; 전혀 힘이 없다.
passer sur le ~ de (à) qn ···을 넘어뜨리다, 짓밟아 버리다.
perdu ~ et biens 【해양】(배가)승무원·화물과 함께 침몰한.
pleurer toutes les larmes de son ~ 울부짖다, 엉엉 울어대다.
prendre [saisir] ... à bras(-)le(-)~ 허리를 꽉 잡다; 용감히 덤벼들다. Il a pris la difficulté *à bras le ~*. 그는 그 난국과 용감히 대결했다.
prendre ~ ⓐ 통통해지다, 살찌다. ⓑ 형체를 이루다, 구체화되다. projet qui *prend ~* 구체화되어 가는 계획.
répondre de qn ~ pour ~ 책임지고 ···의 일을 도맡다 (보증하다).
savoir (connaître) ce qu'il a dans le ~ 《구어》···의 뱃속을 알다; ···의 능력을 알다.

tenir au ~ (음식이)피가 되고 살이 되다, 몸에 좋다.
voix qui manque de ~ 성량이 없는 음성. ㅣ몸다.

corps-à-corps [kɔrakɔːr] n.m. (복수불변) 백병전, 격투.

corps-de-garde [kɔrdəgard] n.m. (복수불변) 【군사】 보초, 위병; 초소, 위병소.

corps-mort [kɔrmɔːr] n.m. 【해양】계류부표(繫留浮標)· (데릴보의)고정된 끝.

corpulence [kɔrpylɑ̃ːs] n.f. 체격; 비만(肥滿).

corpulent(e) [kɔrpylɑ̃, -ɑ̃ːt] a. 체격이 좋은; 살찐 (gros, ↔ maigre).

corpus [kɔrpys] 《라틴》 n.m. ① 【문학·법·고문서】문집, 집성(集成). ~ d'inscriptions latines et grecques 라틴·그리스 비문집. ② 자료집; 【언어】(기술분석의 바탕이 되는)자료군(群).

corpusculaire [kɔrpyskyleːr] a. 미립자의, 원자의. théorie ~ (de la lumière) (빛의)미립자설.

corpuscule [kɔrpyskyl] n.m. 미립자, 원자; 【해부】소체(小體), 소구(小球).

corral [kɔral] (에스파냐) n.m. (남미 따위의)가축우리; (야수를 사로잡는)덧우리.

corrasion [kɔr(a)zjɔ̃] n.f. 【지질】마식(磨蝕), 삭마(削磨).

*corrrect(e) [kɔrεkt] a. ① 옳은, 정확한(exact). écrire d'une manière ~e 정확한 문장을 쓰다. description ~e 현실의 충실한 묘사. dessin ~ 대상에 충실한 데셍. écrivain ~ 기준에서 벗어나지 않는 문장을 쓰는 작가. Le calcul a été ~. 그 계산은 정확했다. ② (태도가)예절바른, 단정한; (성격이)올바른. tenue ~e 단정한 복장. Il a été ~ dans cette affaire. 그는 이 사건에서 온당한 행동을 취했다. ③ 《구어》쓸만한, 괜찮은, 웬만한(passable, convenable). On sert dans ce restaurant des repas tout à fait ~s. 이 식당에서는 아주 괜찮은 음식이 나온다.

correctement [kɔrεktəmɑ̃] ad. 올바르게, 정확히; 단정하게, 예절바르게(convenablement). Il écrit ~. 그는 올바르게 쓴다. Il se conduit ~ avec tout le monde. 그는 모든 사람에게 예의바르게 행동한다. s'habiller ~ 단정하게 옷을 입다.

correcteur(trice) [kɔrεktœːr, -tris] n. ① 정정자, 교정자; 矯正者; 【인쇄】교정자; (시험답안의)채점자. ② 수도원장. ─n.m. 보정기(補整器). ─a. aimant ~ correcteur (修正磁石).

correctif(ve) [kɔrεktif, -iːv] a. [~ de] (을)교정(矯正)하는; 징계하는; 【의학】완화하는. gymnastique ~ve 교정체조. châtiment ~ 징계. substance ~ve 완화제.
─n.m. 중화물, 완화제. Le sucre est ~ du citron. 설탕은 레몬의 신맛을 부드럽게 한다.

*correction [kɔrεksjɔ̃] n.f. ① 정정, 수정. aimant de ~ 수정자석; (숙제·답안지의)첨삭(添削), 채점; (저서의)가필, 정정; 【인쇄】교정. recevoir (accueillir) une pièce de théâtre à ~ 작가가 일부 수정한다는 조건으로 각본을 채택하다. signes de ~ 교정기호. ② 교정(矯正); 징계, 처벌, 견책. administrer [infliger] une ~ à qn (가)하다. envoyer un enfant en (maison de) ~ 어린이를 감화원에 보내다. ③ (용동의)단정, 예의바름. Il s'exprime avec ~. 그는 정확하게 생각하고 표현한다. Il a été d'une parfaite ~. 그는 아주 예의바르게 행동했다.
sauf [sous] ~ 내가 틀리지 않았다면, 실례지만.

correctionnaire [kɔrεksjɔnεːr] n. 【법】경범자.

correctionnalisation [kɔrεksjɔnalizɑsjɔ̃] 【법】경범재판소로 옮김.

correctionnaliser [kɔrεksjɔnalize] v.t. 【법】

범재판소에서)경범재판소로 이관하다.
correctionnel(*le***)** [kɔrɛksjɔnɛl] *a.* 【법】 경범의. délit ~ 경범죄. —*n.f.* ① (구어)경범재판소(tribunal de police ~e). passer en ~*le* 경범재판소에 회부되다. ② (집합적) 경범재판소의 재판관.

correctionnellement [kɔrɛksjɔnɛlmɑ̃] *ad.* 【법】 경범으로.

correctivement [kɔrɛktivmɑ̃] *ad.* 교정적인, 징계적인; 완화하기 위해.

Corrège (le) [lakɔrɛːʒ] *n.pr.m.* 코레지오.

corrégidor [kɔreʒidɔːr] 【에스파냐】 *n.m.* 《옛》【정치】(에스파냐의)시장(市長).

corrélatif(*ve***)** [kɔrelatif, -iːv] *a.* 상관적인; 【언어】 상관(相關)의. paire ~*ve* 상관쌍(雙).
—*n.m.* 상관물, 상관항(項); 【언어】 상관어(tel que el tel 과 que tel 에서 tel 을 지칭).

corrélation [kɔrelasjɔ̃] *n.f.* ① 상관(관계). ② 【운율】 관련적 대립. ② 【생물】 상관작용, (조직의) 연대작용. ~ nerveuse 신경조직의 연대작용. ③ 【지질】(지층의)대비(對比). ④ 【언어·음성·철학】 상관. faisceau de ~s 상관속(束).

corrélativement [kɔrelativmɑ̃] *ad.* 상관적으로.

corréler [kɔrele] *v.t.* 【통계】 (둘 이상의 사항을) 상관관계에 두다.

*****correspondance** [kɔrɛspɔ̃dɑ̃ːs] *n.f.* ① 대응, 해당; 일치, 조화; 교감(交感). Il y avait entre eux une parfaite ~ d'opinions et de sentiments. 그들 사이에는 의견과 감정의 완전한 일치가 있었다. ② (두 지점 사이의)교통; 갈아타기; (철도 따위의)접속(지점). établir la ~ aérienne entre Paris et Séoul 파리-서울간의 항로를 개설하다. L'omnibus assure la ~ avec le rapide de Paris. 이 완행열차는 파리행 특급열차와 연결(연락)이 되어 있다. attendre la ~ 연결열차·버스 따위를 기다리다. ③ 통신, 교신; 서신(往來); (신문·잡지의)특파원 통신; 통신란. Il reçoit une grosse ~. 그는 편지를 많이 받는다. la ~ de Stendhal 스탕달 서한집. carnet de ~ (학교의)통지표, 성적표. être en [entretenir une] ~ avec *qn* …와 교신하다. petite ~ 【신문】 인사란.

correspondancier(*ère***)** [kɔrɛspɔ̃dɑ̃ːsje, -ɛːr] *n.* 【상업】 통신 담당자.

correspondant(*e***)** [kɔrɛspɔ̃dɑ̃, -ɑ̃ːt] (*p.pr.*<*correspondre*) *a.* ① [~ à] (에)해당하는, 대응하는; 일치하는, 맞는. angles ~s 【기하】 동위각(同位角). somme ~*e* 해당(대응)하는 액수. ② 연락하는; 통신하는. membre ~ (학회의)통신회원.
—*n.* ① 교신 상대, 펜팔. ② (상거래의)대리인, 대리점. ③ (신문의)통신원, 특파원; (학회 따위의)통신회원. ~ de guerre 종군기자. ④ (학생의) 보증인, 감독자.

*****correspondre** [kɔrɛspɔ̃ːdr] [25] *v.t.ind.* [~ à] …에 대응하다, 해당하다; …일치(부합)하다; 관련이 있다, 연결되다; 【문어】 (사랑 따위에)응하다, 보답하다(répondre). Dans la nature humaine, à chaque qualité *correspond* un défaut. 인간의 본성에 있어 하나의 장점에는 반드시 하나의 결점이 대응한다. Il a trouvé un travail qui *correspond* à ses capacités. 그는 자기 능력에 부합되는 일자리를 구했다. Cet enfant ne *correspond* pas à l'affection de ses parents. 그 자식은 자기 부모의 사랑에 보답을 못하고 있다.
—*v.i.* ① (에)통하다. Ces deux chambres *correspondent.* 이 두 방은 서로 통한다. ② [~ avec] (와)통신(교신)하다; 연락되다. Il continue à ~ avec tous ses amis. 그는 그의 모든 친구들과 계속 서신 왕래를 한다. L'inondation empêche cette ville de ~ avec la capitale. 홍수 때문에 이 도시와 수도와의 연락이 두절되었다.
—*se* ~ *v.pr.* ① 어울리다, 일치하다. Les éléments de ces deux ensembles *se correspondent* à un. 그 두 집합의 원소는 일대일 대응한다. ② 서로 통하다; 서로 교신하다.

corrézien(*ne***)** [kɔrezjɛ̃, -ɛn] *a.* 코레즈(Corrèze, 프랑스의 도(道))의. —C~ *n.* 코레즈 사람.

corrida [kɔrida] 【에스파냐】*n.f.* ① 투우. ② 《속어》 혼잡, 난장판; 씨움판. ③ 영락한 경기(경주).

corridor [kɔridɔːr] *n.m.* ① 복도, 【지리】회랑(지대)(couloir). ② 《속어》 목구멍, 입.

corrigé(*e***)** [kɔriʒe] *a.p.* 정정된, 수정된; 【인쇄】 교정된. édition revue et ~*e* 개정판.
—*n.m.* 정정된 답안; 정해(正解), 모범답안.

*****corriger** [kɔriʒe] [3] *v.t.* ① 정정(수정·교정)하다, 바르게 하다, 고치다(rectifier). ~ *qn* d'une mauvaise habitude; ~ une mauvaise habitude de *qn* …의 나쁜 습관을 고쳐주다. ~ les devoirs d'élèves 학생들의 숙제를 고쳐주다. ② (비유적) 보상하다(réparer); 부드럽게 하다(adoucir); 완화하다, 중화하다. ~ l'injustice du sort 운명의 부정을 보상하다. ~ l'effet d'une parole trop dure 너무 심한 말을 부드럽게 하다. ③ 징계하다, 교정(矯正)하다, 견책하다, 꾸중하다. ~ modérément [sévèrement] 온건하게[엄하게] 꾸중하다. ④ (권투선수가 상대방 선수를)때려눕히다.
—*se* ~ *v.pr.* [se ~ de] (을)고치다; 행실을 고치다; 완화되다. L'acidité des groseilles *se corrige* par le sucre. 까치밥나무 열매의 신맛은 설탕으로 부드러워진다.

corrigeur(*se***)** [kɔriʒœːr, -ʃːz] *n.* 【인쇄】 정판공.

corrigible [kɔriʒibl] *a.* 고칠 수 있는, 정정(교정)할 수 있는.

corroborant(*e***)** [kɔrɔbɔrɑ̃, -ɑ̃ːt] *a.* 확증하는; 《옛》【의학】 강장하게 하는. —*n.m.* 강장제.

corroboratif(*ve***)** [kɔrɔbɔratif, -iːv] *a.* 확증적인; 《옛》【의학】=corroborant; 【언어】 의미를 강하게 하는. —*n.m.* 강장제.

corroboration [kɔrɔbɔrasjɔ̃] *n.f.* 확실하게 함, 확증; 《옛》【의학】 건장하게 함.

corroborer [kɔrɔbɔre] *v.t.* 확증하다(vérifier); 확고하게 하다; 《옛》【의학】 튼튼하게 하다.

corrodant(*e***)** [kɔrɔdɑ̃, -ɑ̃ːt] 【화학·의학】 *a.* 부식시키는. —*n.m.* 부식제.

corroder [kɔrɔde] *v.t.* 부식시키다, 침식하다; 소모시키다. Cet acide *a corrodé* la surface du métal. 그 산은 금속의 표면을 부식시켰다. Les rivières *corrodent* les rivages. 하천이 기슭을 침식한다. L'envie *corrode* l'âme. 욕망이 마음을 좀먹는다.
—*se* ~ *v.pr.* 부식되다; 침식되다; 소모되다.

corroi [kɔrwɑ[ɑ]] *n.m.* 마무리; (가죽의)무두질; 찰흙(를); 【해양】(방충·방습용)도료.

corroierie [kɔrwari] *n.f.* 가죽무두질(공장).

corrompre [kɔrɔ̃ːpr] [25] *v.t.* ① 부패시키다, 썩게 하다. La chaleur risque de ~ les aliments. 더위는 음식을 부패시키기 쉽다. ② 타락(퇴폐)시키다(dépraver, pervertir). ~ la femme de *qn* …의 아내를 유혹하다. ③ 손상시키다, 약화시키다, 어지럽히다(troubler). La crainte *corrompt* le plaisir. 위구심은 즐거움을 손상시킨다. L'inquiétude *corrompt* son bonheur. 불안감이 그의 행복을 어지럽힌다. ④ 매수하다(séduire). ~ un juge 판사를 매수하다. ⑤ 왜곡하다(déformer); (원문을)고쳐쓰다, 위조하다(trahir). Le commentateur a *corrompu* ce passage. 주해자[해설자]는 이 절을 틀리게 해석했다. ⑥ 《옛》파괴하다, 변형하다. La

corrompu(e) douleur *a corrompu* ses traits. 고통으로 그의 표정이 일그러졌다.
—**se** ~ *v.pr.* 썩다, 부패하다; 상하다; 타락하다; 매수되다; 손상되다. La viande *se corrompt*. 고기가 썩는다.

corrompu(e) [kɔrɔ̃py] (*p.p.<corrompre*) *a.p.* ① 부패한, 썩은, 상한. viande ~e 썩은 고기. lait ~ 쉰[변질된] 우유. air ~ 오염된 대기. ② 타락한; 매수된; 문란한; (원고에 가필하여)도리어 나빠진. jeunesse ~e 타락한 청년층. civilisation (société) ~e 퇴폐문명(사회). conscience ~e 금품에 좌우되는 양심. témoin ~ 매수된 증인. goût ~ 악취미. texte ~ 고쳐씌진 원문.
—*n.* 타락한 사람, 매수된 사람.

corrosif(ve) [kɔrozif, -i:v] *a.* ① 부식시키는; 침식성의. ② 신랄한, 지독한. ironie ~ve 신랄한 빈정거림.—*n.m.* 부식제.

corrosion [kɔrozjɔ̃] *n.f.* 부식, 침식.

corrosivement [kɔrozivmɑ̃] *ad.* 부식하여; 침식적으로.

corroyage [kɔrwaja:ʒ] *n.m.* 무두질; 대패질; (모르타르의)반죽; 《야금》 용접.

corroyer [kɔrwaje] [7] *v.t.* (가죽을)무두질하다; 대패질하다; (모르타르·찰흙을)반죽하다, 이기다; (금속을)용접하다; (쇠를)압연(壓延)하다.
—**se** ~ *v.pr.* 《야금》 용접되다.

corroyeur [kɔrwajœ:r] *n.m.* 무두질 직공.

corrugateur [kɔrygatœ:r] *n.m.* 《해부》 추미근(皺尾筋)(양미간을 주름지게 하는 근육).

corrugation [kɔrygasjɔ̃] *n.f.* 《해부》 주름.

corrupteur(trice) [kɔryptœ:r, -tris] *n.* 타락시키는 사람, 풍속 파괴자(교란자); 증회(贈賄)자; 개악자. habile ~ 노련한 유혹자. le ~ et le corrompu 증회자와 수회자(收賄者).
—*a.* 타락시키는; 뇌물을 주는. puissance ~*trice* de l'argent 사람을 타락시키는 돈의 힘. livre ~ 악서. doctrine ~*trice* 사설(邪說). présents ~s 뇌물. manœuvres ~*trices* 매수공작.

corruptibilité [kɔryptibilite] *n.f.* 부패하기 쉬움; 매수될 수 있음.

corruptible [kɔryptibl] *a.* 부패하기 쉬운; 매수할 수 있는.

corruptif(ve) [kɔryptif, -i:v] *a.* 부패(타락)시키는.

corruption [kɔrypsjɔ̃] *n.f.* ① 부패. préserver les aliments de la ~ 음식물을 상하지 않도록 보존하다. ~ de l'air 대기 오염. ~ de l'eau 물의 부패(오염). ② 타락, 퇴폐; 증회, 수회. ~ de l'âme 영혼의 타락. ~ des mœurs 풍속의 문란. tentatives de ~ sur un juge(sur un témoin) 판사(증인)의 매수 미수. ③ 왜곡(déformation); 불순화, 변칙. ~ du goût 취미의 저속화. ~ d'un passage 어떤 구절의 개악. ④ 《법》 ~ électorale 선거위반; ~ de fonctionnaires 공무원의 독직(瀆職).

corsage [kɔrsa:ʒ] *n.m.* ① 《의복》 (여자의)가슴옷, 블라우스; (여성복의)몸통 부분. Sa sœur porte un ~ bleu. 그의 누나는 푸른 블라우스를 입고 있다.
② (여자·동물 따위의)상반신, 동부(胴部).

corsagière [kɔrsaʒjɛːr] *n.f.* 블라우스 제조 여공.

corsaire [kɔrsɛ:r] *n.m.* ① 《역사》 사략선(私掠船)(전시에 적선을 공격 나포하는 허가를 얻은 민간 무장선); 해적선; 사략선 선장(승무원). ② 해적; (옛)몰인정한 사나이.
À ~, ~ et demi. 《속담》 남에게 심한 짓을 하면 더욱 더 심한 보복을 당한다. *C~ à ~, rien à gagner.* 《속담》 도로쿄리의 무익한 싸움, 집안싸움.
—*a.* ① 사략선의; 해적의. ② pantalon ~ 《의복》 무릎까지 꼭 끼는 짧은 바지.

corse [kɔrs] *a.* 코르시카(Corse)의. —**C~** *n.* 코르시카 사람. 코르시카 사투리.

corsé(e) [kɔrse] *a.p.* ① 실속 있는, 푸짐한; 강한, 대단한; (술이)향긋한, 진미가 있는; (천이)두께운; 과장된; 노골적인; 외설적인. étoffe ~e 두께운 천. repas ~ 푸짐한 식사. sauce très ~e 양념이 많이 든 소스. histoire ~e 노골적인 이야기. ② (옛)코르셋을 입은.

corselet [kɔrsəlɛ] *n.m.* ① 《고고학》 흉갑(胸甲), 가슴받이. ② 《곤충》 (곤충의)앞가슴.

corser [kɔrse] *v.t.* 강하게 하다; 과장하다, 늘리다; 풍미를 곁들이다; (술을)독하게 하다; (사건 따위를)복잡하게 하다. ~ un roman(un drame) 소설(극)에 박력을 가하다.
—**se** ~ *v.pr.* 진한 맛이 나다; (사건 따위가)복잡해지다; (이야기가)아슬아슬해지다, 접입가경이다. L'affaire *se corse*. 사건이 복잡해진다.

corset [kɔrsɛ] *n.m.* 코르셋; (보호용)우리. ~ de sauvetage 《해양》 구명 조끼.

corseté(e) [kɔrsəte] *a.* (코르셋을 입은 것처럼)어색한, 부자연스러운.

corseter [kɔrsəte] [5] *v.t.* ① (에)코르셋을 채우다 [입히다]. ② (비유적) 엄하게 규제하다, 어색하게 만들다. monde *corseté* de principes 제원리에 의해 딱딱하게 규제된 세계.

corsetier(ère) [kɔrsətje, -ɛ:r] *n.* 코르셋 제조(판매)인.

corso [kɔrso] *n.m.* (이탈리아 도시의)큰 가로, 한길 (의 왕래); (축제 매의)꽃차 행렬. ~ fleuri 꽃차.

cortège [kɔrtɛ:ʒ] *n.m.* ① 행렬. aller en ~ 행렬을 지어 행진하다. ~ funèbre 장례 행렬. ② 수행원 (단); 부수적인 것. roi suivi d'un brillant ~ 화려한 수행원단을 거느린 왕. Les infirmités sont le ~ de la vieillesse. 병약함은 나이가 들면 붙어다니는 것이다.

cortéger [kɔrteʒe] [3.6] *v.t.* (구어)수행하다, 동반하다.

cortès [kɔrtɛs] (에스파냐) *n.f.pl.* (에스파냐·포르투갈의)국회, 의회.

cortex [kɔrtɛks] *n.m.* 《라틴》 《식물》 피층(皮層); 《동물》 피질(皮質), 외피(外皮). ~ cérébral 대뇌피질. ~ surrénal 부신피질.

cortical(ale, *pl. aux)* [kɔrtikal, -o] *a.* 《식물》 피층의; 《해부》 피질의, 대뇌(부신) 피질의. hormones ~*ales* 부신피질 호르몬.

corticifère [kɔrtisifɛ:r] *a.* 피층(피질)이 있는.

corticiforme [kɔrtisiform] *a.* 피층(피질)같은.

corticine [kɔrtisin] *n.f.* 코티신《방화용 인조판》.

cortico-surrénal(ale, *pl. aux)* [kɔrtikosy(r)renal, -o] 《해부》 *n.f.* 부신피질. —*a.* 부신피질의.

cortiqueux(se) [kɔrtikø, øz] *a.* 《식물》 (과실이)딱딱한 피층으로 싸인.

cortisone [kɔrtizon] *n.f.* 《의학》 코르티손《신경통에 듣는 호르몬의 일종》.

corton [kɔrtɔ̃] *n.m.* (*Aloxe-Corton*에서 만드는)부르고뉴 포도주.

coruscant(e) [kɔryskɑ̃, ɑ̃:t] *a.* 《문어》 반짝거리는, 빛나는; 화려한, 눈부신.

coruscation [kɔryskasjɔ̃] *n.f.* 《문어》 섬광, 반짝임; 광휘, 찬란.

corvéable [kɔrveabl] *a.* 부역을 과할 수 있는; 《군사》 잡일을 시킬 수 있는.
—*n.m.* 부역 노동자; 《군사》 사역 병.

corvée [kɔrve] *n.f.* ① (봉건시대의)부역(노동). tenue de ~ 작업복. ② 《군사》 잡일, 사역. homme de ~ 사역 당번병. être de ~ 사역 당번이다. ③ (구어)고역. Ce travail est une ~. 이 일은 고역이다. ④ 《캐나다》 공동작업.

corvettard [kɔrvɛta:r] *n.m.* 《은어》해군소령.
corvette [kɔrvɛt] *n.f.* 《해군》(옛날의) frégate 다음가는)작은 군함. capitaine de ~ 해군소령.
corvidés [kɔrvide] *n.m.pl.* 《조류》까마귀과(科).
corvin(e) [kɔrvɛ̃, -in] *a.* 《조류》까마귀같은.
corybante [kɔribɑ̃:t] *n.m.* 《고대그리스》여신 퀴벨레(*Cybèle*)의 사제(司祭).
corymbe [kɔrɛ̃:b] *n.m.* 《식물》산방화서(繖房花序), 산방꽃차례.
corymbé(e) [kɔrɛ̃be], **corymbeux(se)** [kɔrɛ̃bɸ, -ø:z] *a.* 《식물》산방화 모양의.
corymbifère [kɔrɛ̃bifɛ:r], **corymbiflore** [kɔrɛ̃biflɔ:r] *a.* 《식물》산방화를 가진.
coryphée [kɔrife] *n.m.* ① (고대그리스 연극의) 합창대장. ② (가극에서의) 수석 가수; 발레의 주역. ③ 《구어》사회자, 통솔자, 우두머리.
coryphène [kɔrifɛn] *n.m.* 《어류》만새기.
coryza [kɔriza] *n.m.* 《의학》코감기, 급성카타르.
cos. 《약자》cosinus 《수학》코사인.
cosaque [kɔzak] *n.m.* ① (*C~*) 코자크 사람. ② 코자크 기병; 《옛·구어》난폭한 사람. —*n.f.* 《옛》코자크 춤. —*a.* 코자크(사람)의.
cosec. 《약자》cosécante 《수학》코시컨트.
cosécante [kɔsekɑ̃:t] *n.f.* 《수학》코시컨트.
cosignataire [kɔsiɲatɛ:r] *n.* 연서인(連署人).
cosinus [kɔsinys] *n.m.* 《수학》코사인, 여현(餘弦)(《약자》cos.).
cosinusoïde [kɔsinyzɔid] *n.f.* 《수학》여현 곡선.
cosismal(ale, pl. aux) [kɔsismal, -o] *a.* 《기상》같은 진파선의(震波線의).
-cosme *suff.* 「세계·우주」의 뜻(예 : macrocosme 대우주, microcosme 소우주).
cosmétique [kɔsmetik] *a.* 화장용의, 미용(이발)용의; 《인류학》신체장식의. préparations (produits) ~s 화장품. décorations ~s 신체장식(화장·문신 따위). —*n.m.* 화장품, 코즈메틱.
—*n.f.* 《옛》화장품 연구, 미용술(cosmétologie).
cosmétiquer [kɔsmetike] *v.t.* 포마드를 바르다.
cosmétologie [kɔsmetɔlɔʒi] *n.f.* 미용술.
cosmétologue [kɔsmetɔlɔg] *n.* 화장품(미용) 연구가.
cosmique [kɔsmik] *a.* ① 우주의. rayons ~s 우주선. espaces ~s 우주공간. corps ~s 천체. rayonnement ~ 우주방사. poussières ~s 우주먼지. vaisseau ~ 우주선. ② 한없이 넓은; 세계적인 규모의(universel). ③ 《천문》(별이) 태양과 동시에 출몰하는.
cosmiquement [kɔsmikmɑ̃] *ad.* 우주적으로; 세계적으로.
cosmo- *préf.* 「세계·우주」의 뜻.
cosmobiologie [kɔsmɔbjɔlɔʒi] *n.f.* 우주 생물학.
cosmodrome [kɔsmɔdrɔm] *n.m.* (소련의) 우주 로켓 발사 기지.
cosmogénie [kɔsmɔʒeni] *n.f.* 우주의 형성.
cosmogonie [kɔsmɔgɔni] *n.f.* 천지개벽설, 우주진화(발생)론.
cosmogonique [kɔsmɔgɔnik] *a.* 우주진화론의, 천지개벽설의.
cosmographe [kɔsmɔgraf] *n.m.* 우주형상지(形狀誌) 학자.
cosmographie [kɔsmɔgrafi] *n.f.* 우주형상지(誌).
cosmographique [kɔsmɔgrafik] *a.* 우주형상지의.
cosmoline [kɔsmɔlin] *n.f.* 바셀린.
cosmologie [kɔsmɔlɔʒi] *n.f.* 우주론.
cosmologique [kɔsmɔlɔʒik] *a.* 우주론의.
cosmologiste [kɔsmɔlɔʒist], **cosmologue** [kɔsmɔlɔg] *n.* 우주론자.
cosmonaute [kɔsmɔnɔ:t] *n.* 우주비행사(astronaute).
cosmonef [kɔsmɔnɛf] *n.f.* 우주선.

cosmopathologie [kɔsmɔpatɔlɔʒi] *n.f.* 《의학》우주병리학.
cosmopolite [kɔsmɔpɔlit] *a.* ① 국제적인, 세계 공통의, 전세계에 걸친; 《옛》세계주의의. existence ~ 국제적인 생활. ville ~ (각 나라 사람들이 거주하는) 국제도시. goûts ~s 국제적인 취미. ② 《생물》온 세계에 걸쳐 있는. espèces ~s 온 세계에 분포하여 있는 종(種), 보편종. —*n.* 《옛》세계주의자; 정처없는 사람; 보편종.
cosmopolitisme [kɔsmɔpɔlitism] *n.m.* 세계주의, 사해(四海)동포주의; 국제성.
cosmos [kɔsmo:(ɔ)s] *n.m.* ① 《철학·물리》우주, 세계. ② 우주공간, 외계. fusée qui se perd dans le ~ 우주공간 속으로 사라져간 로켓. ③ 《식물》코스모스.
cossard(e) [kɔsa:r, -ard] *n.m.* 《조류》말똥가리. —*n.* 《속어》게으름뱅이. —*a.* 《속어》게으른.
cosse[1] [kɔs] *n.f.* ① (콩의)꼬투리; (괴목)열매. ② 《전기》(전도체의) 단자. ③ 《해양》 (로프의)쥠 굴레. ④ (쇄석장의) 최상층.
cosse[2] *n.f.* 목화콩(의) 해충.
cosse[3] *n.f.* 《속어》게으름, 나태(paresse). avoir la ~ 게으름피우다.
cosser [kɔse] *v.i.* ① (양이) 뿔로 (서로) 받다; 다투다. ② 《구어》[~ contre] (에) 머리를 부딪다.
cossette [kɔsɛt] *n.f.* 말린 꽃상추 뿌리; 가늘게 썬 사탕무우. —*s* fraîches [épuisées] 설탕을 짜내기 전(짜낸 다음)의 가늘게 썬 사탕무우.
cosson[1] [kɔsɔ̃] *n.m.* 《곤충》① 바구미, 콩바구미. ② = cossus.
cosson[2] *n.m.* (전지된) 포도의 새싹.
cossu(e) [kɔsy] *a.* ① 《구어》부유한, 호사스런, (옷 따위가) 화려한; (이야기가) 재미있는, 우스꽝스러운. ② 《옛》 꼬투리가 많이 달린. **en conter de ~es** 《구어》황당무계한 이야기를 하다.
—*n.m.* 부유, 호사(opulence).
cossûment [kɔsymɑ̃] *ad.* 《구어》부유하게.
cossus [kɔsys] *n.m.* 《곤충》굴벌레나방과(科)의 일종.
costal(ale, pl. aux) [kɔstal, -o] *a.* 《해부》늑골의. nerfs ~aux 늑간신경.
costard [kɔsta:r] *n.m.* 《속어》(남자용) 옷.
costa(-)ricain(e) [kɔstarikɛ̃, -ɛn], **costaricien(ne)** [kɔstarisjɛ̃, -ɛn] *a.* 《지리》코스타리카(*Costa Rica*)의. —**C**~ *n.* 코스타리카 사람.
costaud [kɔsto] *a.* 《구어》튼튼한, 건장한 《costeau 라고도 씀; 여성형은 불변 또는 드물게 costaude [-od] (solide, robuste)》. homme ~ 건장한 남자. meuble ~ 단단한 가구. tissu ~ 질긴 천(직물). alcool ~ 강한 술. —*n.m.* 건장한 사람.
costière [kɔstjɛ:r] *n.f.* ① (*pl.*) 《야금》(용광로의) 측면의 돌벽. ② 《연극》(배경을 움직일 수 있게 무대 바닥에 만든) 홈.
*****costume** [kɔstym] *n.m.* ① (어떤 지방·시대의)의상, 복장. ~s nationaux 민족의상. ~ de cérémonie 예복. ② (남자의) 의복, 양복(vêtement, tenue). ~ de confection 기성복. se faire faire un ~ sur mesure 양복을 맞추다. ~ tailleur (여성용) 투피스.
en ~ **d'Adam** (**d'Ève**) 《구어》 벌거벗은, 실오라기 하나 걸치지 않은. **répéter en** ~ 《연극》 정식의 상을 갖추고 연습하다.
costumé(e) [kɔstyme] *a.p.* 가장한; 《연극》의상을 입은. bal ~ 가장무도회.
costumer [kɔstyme] *v.t.* ① 의상을 입히다, 분장시키다. [~ en] Elle a costumé sa fille en bergère. 그녀는 자기 딸을 양치는 여자아이로 분장시켰다. ②

costumier(ère) 《미술》풍속을 충실히 재현하다. Ce peintre *costume* bien ses personnages. 이 화가는 인물들의 의상의 특징을 충실하게 그리고 있다.
— **se** — *v.pr.* [se〜en](의)의상을 입다; (으로)분장하다. *se* — *en Turc* 터키 의상을 입다.

costumier(ère) [kɔstymje, -ɛːr] *n.* (연극·무용 따위의)의상 조달[대여]업자; 《연극》의상 담당자.

cosujet [kɔsyʒɛ] *n.m.* (같은 군주를 섬기는)동료 가신(臣).

cosy [kozi] (*pl.* 〜**s**), **cosy-corner** [kozikɔrnœːr] (*pl.* 〜-〜**s**)《영》 *n.m.* 코지코너(등에 장식장이 달린 긴 의자; 방의 한구석에). 또는

cot. 《약자》cotangente 《수학》코탄젠트.

cotable [kɔtabl] *a.* 《주식》시세를 매길 수 있는.

cotangente [kɔtɑ̃ʒɑ̃ːt] *n.f.* 《수학》여절(餘切), 코탄젠트.

cotation [kɔtasjɔ̃] *n.f.* 《주식》시세 매기기; (상품의)가격 표시; (도면상의)치수 표시.

cote [kɔt] *n.f.* ①(세금의)사정액, 부과금액; (출자금 따위의)할당액, 분담액. 〜 *d'impôt* 세금의 사정액. payer sa 〜 세금[분담금]을 내다. **mobilière**(**foncière**) 동산세[고정자산세]의 사정액. (도서·자료 따위의)정리번호. pièce sous la 〜 RA 3, 정리번호 RA 3의 서류. ②《주식·상품 따위의》시가; 시세표. 〜 *de la Bourse* 주식시세(표). OZ 축, 〜 *des changes* 환시세. valeurs hors(-)〜 장외거래 주식. 〜 *à terme* 선물시세. 〜 *au comptant* 현물시세. ④평가; 평점. 〜 *d'un devoir* 숙제의 평점. avoir la 〜 *auprès de qn* 《구어》…에게 높이 평가받고 있다. La 〜 *de ce chanteur a baissé*. 이 가수의 인기가 떨어졌다. 〜 *d'amour* 《구어》(인물 평가의)호감의 의한 평점. 〜 *morale* (영화의 청소년용·성인용 따위의)윤리평가. 〜 *d'écoute* (라디오 따위의)청취율; 시청율. ⑤(기계·도면의)치수. 〜 *nominale*(*réelle*) *d'une pièce* 어떤 부품의 명목(실질)치수. ⑥(지도상의)표고, 수위. être à la 〜 680 mètres(au-dessus du niveau de la mer) 해발 680미터이다. 〜 *de niveau d'un fleuve* 강의 수위. 〜 *d'alerte* 위험수위; 한계. ⑦(경마 따위의)배당율. ⑧《수학》(*x*축, *y*축에 대하여) OZ축, 【물리】축. ⑨(선박의)선급(船級).
〜 *mal taillée* 대략적인 지불액; 사화, 타협. *être à la* 〜 《구어》세상사람들의 이목을 끌고 있다.

coté(e) [kɔte] *a.p.* ①평판이 좋은, 인기있는. cheval très 〜 《경마》인기있는 말. conférencier 〜 정평있는 연사. champagne très 〜 격높은 샴페인. devoir bien 〜 (점수를 많이 받은)우수한 숙제. ②치수(표고)가 붙은. point 〜 (지도의)표고표시점. géométrie 〜*e* (입체)지도학, 화법, 기하학.

*côte [kot] *n.f.* ①갈비; 늑골. douze paires de 〜*s* 12쌍의 늑골. recevoir un coup de poing dans les 〜*s* 옆구리를 얻어맞다. caresser(chatouiller) les 〜*s à qn* 《구어》…의 옆구리를 때리다. 《요리》(특히 소의)등살(송아지·양·돼지의 등살은 côtelette 라고도 말함)(→bœuf 그림). 〜 *couverte* 살이 많은 등살. 〜 *de porc* 돼지의 등살. ③늑골 모양의 것. 〜*s d'un navire* 배의 늑재(肋材). 〜*s du tabac* 담배의 엽맥. 〜*s de melon* 멜론 껍질의 줄기. 〜*s d'un pull* 스웨터의 골. 〜, 사면, 포도밭이 있는 구릉; (*n.m.pl.*)(구릉산(産))포도주. 〜 *de Bourgogne* 부르고뉴의 구릉지대. 〜 *d'Or* 황금구릉《손(*Saône*)강 동쪽 사면으로 포도주의 명산지》. 〜*s de Provence* 코트드프로방스《남프랑스의 포도주》. boire un 〜 *du Rhône* 코트뒤론《론 구릉산의 포도주》한 잔(병)을 마시다. ⑤언덕길. monter la 〜 언덕길을 올라가다. Il est interdit de doubler en haut de la 〜. 언덕길에서 추월하는 것은 금지되어 있다. dévaler la 〜 *à toute vitesse* 전속력으로 언덕길을 내려가다. *à mi-*〜 언덕 중간에서. ⑥연안, 해안; (*pl.*)연안 지방. reggarger la 〜 해안에 다다르다. aller à la 〜; faire 〜 (배가)좌초하다. longer les 〜*s* 해안선을 따라 항해하다. *C*— *d'Azur* 코트다쥐르《프랑스의 지중해 연안》. *C*— *d'Argent* 은빛 해안《프랑스의 대서양 연안》. *C*— *d'Emeraude* 에메랄드 해안《프랑스의 영국해협 연안》. ⑦《지리》층애(層崖)지형, 케스타. ⑧〜*s de fer* 《역사》《영국의 크롬웰이 이끈》철기대(鐵騎隊).
avoir les 〜*s en long* 매우 게으르다; 지쳐 있다.
〜 *à* — (옆으로)나란히; 서로 기대어. Le chemin est trop étroit pour marcher 〜 *à* 〜. 길은 나란히 걷기에는 너무 좁다. vivre 〜 *à* 〜 서로 의지하며 살다.
être à la 〜 좌초하다; 《구어》(사업에)실패하다, 돈의 곤란을 받다.
être de la 〜 *d'Adam* 아담의 자손[후예]이다.
On lui voit[compterait] les 〜*s*. 《구어》그는 피골이 상접할 만큼 말라있다.
se tenir les 〜*s* 포복절도하다, 배꼽을 빼다.

:côté [kote] *n.m.* ①곁, 옆구리, 옆쪽. Il a été blessé au 〜 droit. 그는 오른쪽 옆구리에 상처를 입었다. porter l'épée au 〜 허리에 칼을 차다. être couché sur le 〜 옆으로 눕다. point de 〜 옆구리의 아픔. 〜 *du cœur* 몸의 왼쪽. être frappé de paralysie d'un 〜 *du corps* 반신불수가 되다.
②측면, 옆쪽; 면. 〜*s d'une armoire* 옷장의 양쪽 옆. 〜 *d'une église* 교회의 측망(側面). 〜*s d'un navire* 현측(舷側). 〜 *pile*(*face*) *d'une monnaie* 화폐의 이면(표면). 〜 *de l'endroit*(*de l'envers*) *dans une étoffe* 천의 표면(이면).
③측, 쪽; 방향. passer de l'autre 〜 *de la rue* 길 저쪽으로 건너가다. habitant de l'autre 〜 *de la frontière* 국경 저쪽에 사는 주민, 이웃나라의 주민. De quel 〜 voulez-vous aller? 어느 방향으로 가고 싶습니까? 〜 *appartement* — *midi* 남쪽의 아파트. 〜 *cour*(*jardin*) (무대의)위쪽(아래쪽)《(옛)〜 *du roi* 위쪽, 〜 *de la reine* 아래쪽》 (→théâtre 그림). 〜 *de l'épître* (교회의)독서대《제단으로 향해서 오른쪽》. 〜 *de l'évangile* 복음대《제단으로 향해서 왼쪽》.
④《수학》변. deux 〜*s d'un angle* 각의 2 변. Le carré fait de huit centimètres de 〜. 이 정방형은 한 변이 8 센티이다.
⑤(사물·사람의)측면, 양상, 관점. examiner tous les 〜*s de la question* 문제의 모든 측면을 검토하다. Par un 〜, il a raison. 한가지 면으로는 그가 옳다. Malgré tous ses mauvais 〜*s*, je l'aime bien. 여러 가지 단점은 있지만 그래도 나는 그를 좋아한다. 〜 *faible de qn* …의 약점[결점]. bons 〜*s de qn* …의 장점. petits 〜*s* 결점[단점].
⑥진영, 당파, 한편. se ranger toujours du 〜 *du plus fort* 항상 제일 강한 쪽에 붙다. 〜 *gauche du parti conservateur* 보수당의 좌파.
⑦(친척 따위의)관계, 핏줄. parents du 〜 *paternel*[*maternel*] 아버지[어머니] 쪽의 친척. C'est un oncle de 〜 *de mon père*. 그 분은 아버지쪽의 아저씨입니다. être né du 〜 *gauche* 첩 소생이다.
à — (*de*) ⓐ (의) 옆에, 곁에. demeurer *à* — *de qn* …의 옆집에 살다. s'asseoir *à* — *de qn* …의 옆에 앉다. Déposez vos affaires dans la salle d'*à* — 소지품은 옆방에 두세요. ⓑ (에) 벗어나, 빗나가서. La flèche est passée *à* — 화살은 빗나갔다. Tu es passé *à* — *de la vérité*. 네가 말하고 있는 것은 진실에서 벗어나고 있다. ⓒ (에) 비해서. Vos

malheurs ne sont rien *à ~ des* siens. 당신의 불행은 그에 비하면 하잘것 없다. ⓓ (…와는)별도로; (에) 덧붙여. *A ~ du* travail, je m'occupe du ménage. 일하는 별도로 나는 가사를 돌보고 있다.
à ~ de ça 더구나, 그런데도. Il est très bavard, *à ~ de ça* il n'écoute pas ce que d'autres disent. 그는 수다스러운 데다 남이 말하는 것을 듣지 않는다.
au(x) ~(s) de qn ⓐ …의 곁에서. veiller *aux ~s d'un malade* 환자 곁에서 철야하다. Asseyez-vous *à mes ~s*. 내 곁에 앉으십시오. ⓑ …의 쪽에서, …에게 편들어서. être *aux ~s des libéraux* 자유주의자들을 편들고 있다.
de ce ~ ⓐ 이쪽으로. Venez *de ce ~*. 이쪽으로 오십시오. ⓑ 그 점에 관해서는. *De ce ~*, ne vous en faites pas. 그 점에 관해서는 걱정하지 마십시오.
de ~ ⓐ 옆을 향해서, …쪽으로 향하여. se tourner *de ~* 옆으로 향하다. regarder *de ~* 곁눈질하다. marcher *de ~* 비스듬히 걷다. ⓑ 옆으로, 곁으로. se jeter[faire un bond] *de ~* 옆으로 뛰어 비키다. ⓒ 별도로 해서, 곁에. mettre *qc de ~* …을 곁에 놓다; …을 별도로 떼어놓다, 비축하다. mettre *de l'argent de ~* 저금해두다. laisser[mettre]… *de ~* …을 곁에 버려두다, 무시하다.
de ~ et d'autre 여기저기. flâner *de ~ et d'autre* 이리저리 거닐다.
de son ~ ⓐ …으로서는, …에 있어서는. *De mon ~*, je n'ai aucune objection. 나로서는 아무런 반대도 없습니다. ⓑ 자기쪽으로. mettre *qn de son ~* …을 한편으로 만들다. tirer les choses *de son ~* 아전 인수하다.
de tout ~; de tous ~s ⓐ 온갖 장소로. courir *de tous ~s* 사방팔방으로 뛰어다니다. ⓑ 온갖 장소에서. Les soldats sont accourus *de tous ~s*. 병사들이 온갖 곳에서 달려왔다.
du ~ de ⓐ …쪽으로; …의 가까이로. marcher *du ~ de* la gare 역쪽으로 걷다. La foule se formait *du ~ de* la mairie. 시청 근처에 군중이 모였다. ⓑ …의 진영에, …의 쪽에. être *du ~ du* faible 약자의 쪽을 들다. ⓒ …에 관해서. *Du ~ du* mariage, il n'a pas eu de chance. 결혼에 관해서는 그는 운이 없었다.
d'un ~…, d'un(de l') autre ~… 한쪽으로는… 또 한쪽으로는…. D'ici on voit, *d'un ~* la mer et *de l'autre ~* les montagnes. 여기서는 한쪽으로는 바다가 보이고 한쪽으로는 산이 보인다.
l'autre ~ 저 세상, 저승. passer[tomber] *de l'autre ~* 저승으로 가다, 죽다.
ne savoir de quel ~ se tourner (할일이 너무 많아서)어찌할 바를 모르다.
prendre qc du[par] bon ~ …의 좋은 면을 보다; …을 낙관하다.
se montrer du ~ gauche 옆으로 향하다; 외면하다.
se tenir les ~s de rire; rire à se tenir les ~s 배를 잡고 웃다, 포복절도하다.
sur le ~ ⓐ 옆으로, 쓰러뜨려서. jeter[mettre] *qn sur le ~* …을 때려 넘어뜨리다. coucher une bouteille *sur le ~* 술병을 넘어뜨리다; 한 병을 마셔 치우다. ⓑ être *sur le ~* (중병으로)몸져누워 있다; (장사가) 기울어 드는 채로 있다.
voir de quel ~ vient le vent 바람이 어디서 불어 오는가를 보다; 기회를 엿보다.
voir le beau ~ de la médaille 사물의 좋은 면만을 —*prép.* 《구어》…에 관해서는. *C-* hôtels, je m'en occuperai. 호텔에 관해서는 내가 맡겠다.
coteau [kɔto] (*pl. ~x*) *n.m.* ⓛ 경사면, 비탈. ② 작은 언덕. ③ 포도밭. ④ 《옛》포도주 감정원.
côtelé(e) [kolətəle] *a.* 《직물》이랑진.

côtelette [ko(ɔ)tlɛt] *n.f.* ⓛ 《요리》(양·송아지 따위의)등살; 커틀릿(→ mouton 그림). ② (*pl.*)《구어》(갈비 모양의)구레나룻.
manger des ~s 《구어》《연극》박수갈채를 받다.
pisser une ~ 《비어》애를 낳다.
cotentin(e) [kɔtɑ̃tɛ̃, -in] *a.* 코탕탱 (Cotentin, 프랑스의 지방)의. —**C—** *n.* 코탕탱 사람.
cote-part [kotpaːr] *n.f.* =quote-part.
coter [kɔte] *v.t.* ⓛ 부과하다, 과세하다. *être coté à neuf pour cent sur son loyer* 집세수입의 9퍼센트를 세금으로 내다. ② (자료에)정리번호를 매기다; 《해양》(배의)등급을 매기다. ~ *un chapitre*[*un article*] 장[항목]에 번호를 매기다. ③ (주식 따위에)시세를 매기다; 평가하다; 존중하다; (답안 따위를)채점하다. ~ *un devoir d'élève* 학생의 숙제를 채점하다. ④ (표고·수위·치수)따위의 숫자를 기입하다. ~ *les niveaux d'un canal* 운하의 수위를 기입하다.
coterie [kɔtri] *n.f.* (경멸)당파, 도당, 파벌, 파(clan); 《구어》동료, 한패. ~ *littéraire*[*politique*] 문학적[정치적] 당파. *esprit de ~* 당파 정신.
coteur [kɔtœːr] *n.m.* 《주식》시세 표시원.
cothurne [kɔtyrn] *n.m.* 《고대그리스·로마》(비극배우가 신던)반장화. 《옛》비극.
chausser le ~ 《구어》비극을 쓰다[연기하다].
cotice [kɔtis] *n.f.* 《문장》줄[사선]무늬.
coticé(e) [kɔtise] *a.* 《문장》줄무늬가 있는.
cotidal(ale, *pl.* **aux)** [kɔtidal, -o] *a.* 동조(同潮)의. *ligne ~ale* 동조선.
côtier(ère) [kotje, -ɛːr] *a.* 언덕의, 사면의; 연안의. *chemin ~* 언덕길. *bateau ~* 연안 항해선. —*n.m.* ⓛ 연안 항해선(bateau ~). ② 연안수로 안내인; 연안 주민. ③ (2필 이상의 말이 끌 때)바깥쪽 양쪽에서 끄는 말. —*n.f.* 《원예》경사진 밭.
cotignac [kɔtiɲa(k)] *n.m.* 마르멜로(코탕젱) 잼.
cotignelle [kɔtiɲɛl] *n.f.* 마르멜로 술.
cotillon [kɔtijɔ̃] *n.m.* ⓛ 《옛》속치마; (연애의 대상으로서의)여자. *courir*[*aimer*] *le ~* 《구어》여자의 꽁무니를 따라다니다. *Le ~ l'a perdu.* 여자가 그를 망쳤다. ② 코티용(4 사람 또는 8 사람이 함께 추는 일종의 피겨 댄스); 코티용의 소도구(accessoires de ~).
cotillonner [kɔtijɔne] *v.i.* 코티용춤을 추다.
cotillonneur(se) [kɔtijɔnœːr, -øːz] *n.* 코티용춤을 추는 사람.
cotinga [kɔtɛ̃ga] *n.m.* 《조류》(중남미산(產)의)미식조(美飾鳥).
cotir [kɔtiːr] *v.t.* 《옛·사투리》(과일에)흠을 내다, 상하게 하다. *La grêle a coti ces poires.* 우박이 이 배들을 상하게 했다.
cotisant [kɔtizɑ̃] *a., n.* 할당출자금을 내는(회원).
cotisation [kɔtizasjɔ̃] *n.f.* ⓛ 갹출금(醵出金), 추렴. *faire*[*organiser*] *une ~* 모금운동을 하다. ② 남세 사정액. ③ 분담금, 회비. ~ *d'admission* 입회금. *payer*[*verser*] *sa ~ annuelle* à *une association sportive* 스포츠협회에 연회비를 내다.
cotiser [kɔtize] *v.t.* 《행정》부과하다; (의)분담액을 정하다. —*v.i.* 분담금[회비]을 내다. ~ *au parti* 당에 회비를 내다.
—**se ~** *v.pr.* ⓛ 돈을 갹출하다, 추렴하다; 세금을 내다; 협력하다. *Ils se cotisent pour m'acheter un cadeau.* 그들은 내게 선물을 사주려고 추렴했다. ② (비유적)중지를 모으다. *se ~ pour trouver une idée* 좋은 생각을 찾아내기 위해 중지를 모으다.
cotissure [kɔtisyːr] *n.f.* (과일의)흠.
côtoiement [kotwamɑ̃] *n.m.* ⓛ 인접, 접촉. ② (사

*coton [kɔtɔ̃] n.m. ① 솜, 목화; 면포, 무명; 면사; 《군대속어》면화약. fil de ~ 무명실. ~ à broder 자수용 면사. ~ à repriser 바느질용 면사. Huile de ~ 면실유(棉實油). industrie du ~ 면직물 공업. filature [tissage] du ~ 면직 공장. bas de ~ 면양말. tissu de ~ 면옷감. ~ hydrophile (aseptique) (소독) 탈지면. Il a mis un ~ sur sa blessure. 그는 상처에 솜을 댔다. En été elle ne met que des robes en ~. 여름에 그 여자는 면옷만을 입는다. ② (식물·새 따위의) 솜털; (작물의) 보풀; (청년의) 솜털, 잔털. menton qui commence à se couvrir de ~ 솜털이 난 턱. ③ 《구어》곤란, 손실; 다듬; 피로운 일 (travail pénible). métier bien payé, mais où il y a du ~ 급료는 좋지만 괴로움이 많은 직업. ④ 《구어》《항공》구름과 안개. être dans le [du] ~ 구름과 안개 속을 비행하다.
avoir du ~ dans les oreilles 《구어》귀에 솜마개를 하고 있다; (기압 변화 따위로) 귀가 멍멍하다; 들으려 [이해하려] 하지 않다.
avoir les jambes [les bras] en ~ 다리 [팔] 이 약하다; 다리 [팔]에 힘이 빠지다, 지치다.
élever un enfant dans du ~ 어린애를 애지중지 키우다 (과잉보호하다).
filer un mauvais (vilain) ~ 《구어》(평판·건강·장사 따위가) 점점 나빠지다, 신통치 않다.
se sentir du ~ dans les os 《구어》몸이 노곤하다, 맥이 없다, 지쳐빠지다.
—a. (속어) 어려운, 난처한 (ardu). Ça, c'est ~! 이거 귀찮은데!
coton-collodion [kɔtɔ̃kɔllɔdjɔ̃] (pl. ~s-~s) n.m. 면화약(綿火藥).
cotonnade [kɔtɔnad] n.f. 면포; (pl.) 면제품.
cotonne [kɔtɔn] n.f. 표백한 무명.
cotonné(e) [kɔtɔne] a.p. (돛이) 닳아 해진; 면포를 씌운; (머리칼이) 짧고 곱슬곱슬한; (과일이) 곯은.
cotonner [kɔtɔne] v.t. (에) 솜을 넣다; 솜털로 덮다; 보풀을 일으키다.
—v.i. (직물이) 보풀이 일다; (과일·야채가) 곯다.
cotonnerie [kɔtɔnri] n.f. 면화재배; 면화재배지; 면공장.
cotonnette [kɔtɔnɛt] n.f. =cotonne. 「공장.
cotonneux(se) [kɔtɔnø, -øːz] a. ① 솜털이 많은; 보풀이 이는. ② (구름이) 솜같은; (과일이) 곯은; 《구어》 문제가 힘이 없는; (소리가) 희미한. ciel ~ 솜 같은 구름으로 뒤덮인 하늘. style ~ 힘이 없는 문체. se sentir tout ~ 몸이 노곤하다.
cotonnier(ère) [kɔtɔnje, -ɛːr] a. 면의, 면화의, 무명의. industrie ~ère 방적공업. —n. 면방적공. —n.m. 《식물》목화. —n.f. 《식물》풀솜나무.
cotonnine [kɔtɔnin] n.f. 돛베; 범포(帆布).
coton-poudre [kɔtɔ̃pudr] (pl. ~s-~) n.m. 면화약.
côtoyer [kotwaje] [7] v.t. ① (해안 따위를) 따라서 가다; (와) 나란히 걸어가다, 사귀다. ② (에) 접근하다 (frôler, coudoyer). Il a côtoyé un sujet très délicat. 그는 아주 미묘한 문제에 접근을 했다.
—v.i. 해안을 따라가다.
—se— v.pr. 나란히 걸어가다.
cotre [kɔtr] n.m. 《해양》(돛대 하나의) 쾌속선(快速船). ~ à voilier 그림.
cotret [kɔtrɛ] n.m. 나뭇단; 장작. jambes de ~ 《구어》작대기같이 기다란 다리. sec comme un ~ 말라빠진. *administrer de l'huile de ~ à qn* 《옛·속어》…을 막대기로 때리다.
cottage [kɔtɛdʒ, kɔtaːʒ] 《영》n.m. (아담한 시골집 모양의) 작은 별장.
cotte¹ [kɔt] n.f. ① (시골 여자의) 짧은 스커트. ② 《옛》웃옷, 상의. ~ de mailles 쇠사슬 갑옷. ③ (겹쳐 입는) 작업 바지.
donner la ~ verte à une femme 여자를 풀 위에 쓰러뜨리다. *trousser la ~ à un enfant* 《옛》아이의 볼기를 깎다.
cotte² n.m. 《어류》=chabot.
cottérézien(ne) [kɔtrezjɛ̃, -ɛn] a. 빌레르코트레 (Villers-Cotterêts, 프랑스의 도시) 의. —C— n. 빌레르코트레 사람.
Cottiennes [kɔtjɛn] a.f.pl. Alpes ~ 《지리》코티 알프스.
cotutelle [kɔtytɛl] n.f. 《법》공동후견(共同後見) (여자 후견인의 남편이 지니는 임무).
cotuteur(trice) [kɔtytœːr, -tris] n. 《옛》《법》공동후견인.
cotyle [kɔtil] n.f. ① 《해부》비구(髀臼). ② 《고대그리스》부피의 단위. ③ 《조류》갈색목.
cotylédon [kɔtiledɔ̃] n.m. ① 《해부》배반와(盃狀窩). ② 《식물》떡잎, 자엽; (유럽산) 바위솔의 일종.
cotylédonaire [kɔtiledɔnɛːr] a. ① 《해부》배상와의. ② 《식물》떡잎 [자엽] 의.
cotylédoné(e) [kɔtiledɔne] a. 《식물》떡잎 [자엽] 이 있는.
cotylifère [kɔtilifɛːr] a. 《식물》떡잎이 생기는.
cotyloïde [kɔtilɔid] a. 《해부》잔 [컵] 모양의. cavité ~ 비구(髀臼).
***cou** [ku] n.m. ① (사람·동물의) 목. ~ de cygne 길고 가느다란 목. ~ de taureau 굵은 목. se mettre un foulard autour du ~ 목에 스카프를 감다. Cet oiseau a le ~ très long. 이 새는 목을 길게 빼고 있다. La girafe a un long ~. 기린은 목이 길다. serrer le ~ de [à] qn …의 목을 조르다;《구어》 …을 교살하다.
② (옷 따위의) 목; (의복의) 칼라. ~ d'une bouteille 병의 목. ~ d'une chemise 와이셔츠의 칼라. tour de ~ 목도리.
③ 《조류》~-rouge 울새 (rouge-gorge); ~-tors 개미잡이 (torcol).
couper [trancher] le ~ à qn …의 목을 자르다.
jusqu'au ~ 목까지; 완전히. être dans l'eau *jusqu'au ~* 목까지 물이 차있다. être dans les dettes *jusqu'au ~* 빚으로 꼼짝 못하게 되다. être dans la misère *jusqu'au ~* 완전히 비참한 지경에 빠져 있다. être plongé *jusqu'au ~* 완전히 몰두하다.
laisser [mettre] la bride sur le ~ à qn …을 자유롭게 내버려두다.
prendre au ~ ⓐ 목을 조르다. ⓑ (비유적) 궁지에 몰아넣다.
rompre [casser] le ~ à qn …을 죽이다; 방해하다.
se jeter [sauter] au ~ de qn …을 열렬히 껴안다.
se rompre [casser] le ~ (높은 데서 떨어져서) 다치다, 죽다; (계획 따위가) 실패하다.
tendre le ~ 단두대에 목을 내밀다; 굴욕을 감수하다; (먼 데 있는 것을 보려고) 목을 길게 빼다.
tordre le ~ à qn …의 목을 조르다, 목졸라 죽이다.
tordre [casser] le ~ à une négresse 《속어》적포도주 한 병을 비우다.
couac [kwak] n.m. ① 《음악》음조가 맞지 않는 음. ② (까마귀의) 우는 소리.
couagga [kwagga] n.m. 《동물》얼룩말의 일종.
couaille [kwaːj] n.f. 질이 나쁜 양털.
couard(e) [kwaːr, -ard] a. ① 《문어》겁많은, 비겁한 (poltron, lâche). homme ~ 겁장이. ② 《옛》(동물 따위가) 꼬리를 밑으로 내린. —n. 겁장이. —n.m. 《요리》(소의) 엉덩이 고기.
couardement [kwardəmɑ̃] ad. (드물게) 겁장이처럼, 소심하게; 비겁하게도.
couardise [kwardiːz] n.f. 《옛》겁, 비겁 (lâcheté).

faire preuve de ~ 소심함을 드러내 보이다.
cou-blanc [kublɑ̃] (pl. ~s-~s) n.m. 《조류》 검은 딱새의 일종.
couchage [kuʃaʒ] n.m. ① 숙박, 취침; 잠자리, 침상; 침구(literie). bon ~ 좋은 침상. payer son ~ 숙박료를 지불하다. sac de ~ 슬리핑백. matériel de ~ 침구. ② 《원예》 묘상에 씨를 뿌리의; 휘묻이. ③ postes de ~ 《해양》 정박지. ④ 《속어》 성교. raconter des histoires de ~ 음란한 이야기를 하다. ⑤ (종이의)코팅.
couchant(e) [kuʃɑ̃, -ɑ̃ːt] a. (해가)떨어지는, 지는; (사냥개가)엎드리는. soleil ~ 석양; 해 질 무렵. chien ~ 사냥개의 일종. *faire le chien ~ auprès de qn* 《구어》…에게 아첨하다.
— n.m. ① 일몰; 석양, 저녁놀; 서쪽. admirer les couleurs du ~ 저녁 놀의 아름다운 빛깔들을 찬미하다. maison exposée au ~ 서향집. entre le midi et le ~ 남서(sud-ouest). ② 노년, 만년, 조락; 《시》 쇠퇴. au ~ de la vie 인생의 황혼기에.
être(toucher) à son ~ 《구어》(명성이)쇠퇴하다; 노년기에 접어들다.
*couche [kuʃ] n.f. ① 《문어》 잠자리; 신방; 결혼. s'étendre sur sa ~ 잠자리에 눕다. ~ nuptiale 신방. déshonorer(souiller) la ~ 간통하다. ② (pl.) 분만, 산욕. faire ses ~s 분만하다. retour de ~s 산후의 초경. ~s laborieuses(pénibles) 난산. ③ 기저귀. changer les ~s d'un bébé 아기의 기저귀를 갈아주다. ④ 층. 《지질》 지층. Une épaisse ~ de neige recouvrait le sol. 두터운 층의 눈이 지면을 덮고 있었다. ~ d'air(de l'atmosphère) 대기층. ~ géologique 지층. ~ de sable 사(砂)층. ~ de calcaire 석회암층. ~ horizontale(inclinée) 수평(경사)지층. ⑤ (사회의)계급, 계층. basses ~s de la société 사회의 하층계급. ~ d'âge 연령층. ⑥ 《원예》 온상, 묘상. ~ chaude(tiède, froide) 고온(중온·저온) 온상. ⑦ 《페인트》(칠하기, 칠; (피복·도금)층; 《비유적》 가면. ~ de peinture 페인트칠. première ~ 애벌칠. ~ d'argent(d'or) 은(금)박. mettre sur son visage une ~ de gravité 얼굴만은 근엄한 모습을 가장하다. ⑧ 《건축》 지주의 토대목재. ⑨ ⓐ 《토목》 ~ de fondation (도로의)기층; ~ de ballast 도상(道床). ⓑ 《식물》 ~s corticales 피층; ~s ligneuses 목질층. ⓒ 《해부》 ~ optique 시상(視床)(thalamus). ⓓ 《기계》 arbre de ~ 주축(主軸). ⓔ 《군사》 plaque de ~ (총의)개머리판. ⑩ 《원자물리》 원자각. modèle des ~s 핵모형.
en avoir(en tenir) une ~ 《속어》 바보천치이다.
(en) avoir une ~ de 《구어》 무척이나 많은 …을 갖고 있다.
couché(e¹) [kuʃe] a.p. ① 자리에 누운, 가로 누운; 기울어진, 경사진(penché). être ~ sur le dos 반듯이 누워 있다. lettres ~es 《인쇄》 사체(斜體) 활자. pli ~ 《지질》 횡와(橫臥)습곡. ② (태양 따위가)떨어진. à soleil ~ 일몰 직후에. ③ 기재된. Son nom est ~ sur la liste. 그의 이름은 리스트에 기재되어 있다. ④ papier ~ 아트지.
On est plus ~ que debout. 《속담》 인생의 태반은 누워서 보낸다, 일할 시간이란 얼마 안된다.
— n.m. ① (금박 따위를 입힌)무늬 없는 프린트. ② 《의복》 레이스 안깃에 달린 자수.
couche-culotte [kuʃkylɔt] (pl. ~s-~s) n.f. 기저귀 커버.
couchée² [kuʃe] n.f. 숙박소, 숙박지.
couche-point [kuʃpwɛ̃] n.m. 구두 뒤창을 대기 전에 바닥을 편편히 하는 가죽.
‡coucher [kuʃe] v.t. ① 재우다, 유숙시키다. ~ un enfant(un malade) 어린애〔병자〕를 침대에 뉘다. *être couché et nourri* chez qn …의 집에 하숙하다. ② 눕히; 쓰러뜨리다. ~ un blessé sur un brancard 부상자를 들것에 누이다. ~ une échelle par terre 사닥다리를 땅에 옆으로 뉘어 놓다. ③ 비스듬히 기울게 하다; (수평으로)기울게 하다. ~ un bâtiment (선창을 소제·수리하기 위해)배를 옆으로 기울게 하다. ~ son écriture 서체를 비스듬히 뉘어 쓰다. ~ un fusil en joue 총을 겨누다. ④ 《페인트·물감 따위를》칠하다; (금·은 따위를) 입히다. ~ de l'argent 은박을 입히다. ~ des couleurs(물감을 섞기 전에)나라히 칠하다. ⑤ 《옛》 기입하다, 기재하다. ~ qc par écrit …을 기재하다. ~ noir sur blanc 명기하다. ⑥ ~ des branches(un rameau, une plante) 《원예》 휘묻이하다. ⑦ 《옛》 (도박에서 돈을)걸다. ~ gros 많은 돈을 도박에 걸다; 큰 모험을 하다. ⑧ 《요리》 (짜는 주머니로)도마위에 짜내다.
~ qn sur le carreau(par terre) …을 쓰러뜨리다, 죽이다.
— v.i. ① 눕다, 자다. chambre à ~ 침실. ~ avec qn …와 동침하다; 《구어》…과 육체적 관계를 갖다. Allez ~! (개에게)자리가! ② 숙박하다, 밤을 보내다. *J'ai couché deux nuits dans cet hôtel.* 나는 이 여관에서 이틀 묵었다. ③ nom à ~ dehors 발음〔기억〕하기 어려운 이름.
— *se* ~ v.pr. ① 자리에 눕다, 잠을 자다. *Mes enfants se couchent à neuf heures.* 애들은 9 시에 잠 자리에 든다. ② (비유적)(태양·달·별이)기울다. *Le soleil se couche à l'ouest.* 해는 서쪽으로 진다. ③ 몸을 구부리다, 기울다. *Le yacht se couche sur l'eau.* 요트가 수면 위로 기운다. ④ 엎드리다. *Couchez-vous!* 《군사》 엎드렷! *se ~ sur le ventre* 배를 깔고 엎드리다. ⑤ 《은어》 (스포츠에서)시합을 포기하다.
Comme on fait son lit, on se couche. 《격언》 만사는 자기 할 탓이다, 자업자득이다.
envoyer qn (se) ~ …을 쫓아버리다.
Va te ~ ; Allez vous ~! ⓐ 자거라. ⓑ 《구어》 시끄러워; 꺼져; 날 내버려 둬.
— n.m. ① 취침; 숙박; 침구. *C'est l'heure de ~.* 취침시간이다. le ~ et la nourriture 숙박과 식사. ② (태양·달·별의)짐, 사라짐. ~ de soleil 일몰. ~ de la lune 달이 짐. ③ 《은어》 (창부집에서와)하루, 묵는 손님.
~ du roi 《역사》 왕의 취침 전의 최후의 접견.
petit ~ du roi 《역사》 왕이 공식 취침인사를 한 후 실제로 취침하기까지의 사적인 회견. 《침》.
coucherie [kuʃri] n.f. 《속어》 《경멸》 육체관계; 취침.
couche-tard [kuʃta:r] n. (복수불변) 늦잠꾸러기 (↔ couche-tôt).
couchette [kuʃɛt] n.f. 작은〔어린이〕 침대; (배·기차의)간이침대. compartiment à ~s 간이침대차.
coucheur(se) [kuʃœːr, -øːz] n. ① 동침자; 음란한 사람. ② 《제본》 금박직공. *mauvais ~* 《구어》 꽤 까다로운 사람.
— n.m. 《제지》 (습지의 수분을 제거하기 위해 두는)펠트모포.
— n.f. ① 아랑송자수 여공. ② = presse ~se.
— a. 《제지》 feutre ~ 펠트모포; presse ~se 초지기(抄紙機)의 압착부.
couchis [kuʃi] n.m. ① 《토목》 사상(砂床). ② 《건축》 (지주의)밑바닥 부분. ③ 《원예》 휘묻이하는 가지.
couchoir [kuʃwaːr] n.m. 금박용 팔레트.

couci-couça [kusikusa], **couci-couci** [kusikusi] 《이탈리아》 *loc. ad.* 《구어》그럭저럭(comme ci comme ça).

coucou [kuku] *n.m.* ① 〖조류〗뻐꾸기(의 울음소리); 뻐꾹시계(pendule à ~); 《속어》=cocu; 회중시계. ② 〖식물〗노랑앵초. ③ 《속어》합승마차의 일종; 《속어》〖항공〗(구식)비행기.
— *int.* C~, le voilà! 야아, 왔다아《숨바꼭질할 때나 뜻밖에 누가 나타났을 때 지르는 환호성》.

coucoumelle [kukumɛl] *n.f.* 〖식물〗식용버섯의 일종.

*****coude** [kud] *n.m.* ① 팔꿈치; (옷의)팔꿈치. Attention, ne mets pas tes ~s sur la table. 팔꿈치를 식탁 위에 올려놓지 않도록 조심해라. luxation du ~ 팔꿈치 관절의 탈골(탈구). courir ~s au corps bat tu 팔꿈치를 동체에 대고 달리다. habit troué(percé) au ~ 팔꿈치에 구멍이 난 옷.
② (도로·강·해안의)굽이, 모퉁이; 굴곡부. faire un ~ (길이)갑자기 구부러지다. Je vous attends au ~ de la route. 길모퉁이에서 기다리겠읍니다.
③ L자형의 관; 크랭크. arbre de transmission à deux ~s 2 연 크랭크축.
~ à ~ ⓐ 팔꿈치를 맞대고, 나란히. marcher ~ à ~ 나란히 걷다. ⓑ 단결하여, 협력하여. ⓒ 《명사적》팔꿈치를 맞댐; 단결, 결속. être au ~ à ~ 단결해 있다. sentiment du ~ 연대감.
donner un coup de ~ à qn 《주의시키려고》팔꿈치로 가볍게 …을 치다.
jouer des ~s à travers la foule 팔꿈치로 인파를 헤치고 앞으로 나아가다; 남을 희생시켜가며 자기 일을 해나가다.
Lâche-moi le ~! 《속어》시끄럽다! 귀찮다!
lever(hausser) le ~ 《옛·구어》술을 많이 마시다; 술꾼이다.
ne pas se moucher du ~ (비꼼)젠체하다.
se fourrer(se mettre) le doigt dans l'œil jusqu'au ~ 《구어》완전히 틀리다; 크게 잘못하다.
s'en mettre(s'en fourrer) jusqu'au ~ 《속어》과식하다.
se serrer(se sentir) les ~s 《구어》서로 돕다; 《군사》팔꿈치가 닿도록 간격을 좁혀 서다.
sous le ~ 미해결인 채로.

coudé(e¹) [kude] *a.p.* 팔꿈치 모양으로 구부러진.

coudée² [kude] *n.f.* (옛)길이의 단위(약 50 cm, 팔꿈치에서 손가락 끝까지).
avoir ses(les) ~s franches 《구어》팔꿈치를 마음대로 움직일 여유가 있다; 자유롭게 행동할 수 있다.
cent ~s 상당한 거리. être à cent ~s de la vérité 진실과는 아주 거리가 멀다.

cou-de-pied [kudpje] (*pl.* **~s~~~**) *n.m.* 발목.

couder [kude] *v.t.* (팔꿈치 모양으로)굽히다(plier). ~ une barre de fer 철봉을 구부리다.
— **se** ~ *v.pr.* 구부러지다.

coudière [kudjɛːr] *n.f.* (운동선수의)팔꿈치 보호대.

coudoiement [kudwamɑ̃] *n.m.* 팔꿈치로 치기(밀기); 《구어》교제, 접촉.

coudoyer [kudwaje] [7] *v.t.* ① 팔꿈치로 치다[밀다]. Il faut prendre garde de ~ les gens. 사람을 팔꿈치로 밀지 않도록 조심해야 한다. ② (와)팔꿈치를 맞대다; 이웃하다; 접촉하다. ~ des inconnus dans la rue 모르는 사람들과 길을 나란히 걷다. ~ toutes sortes d'hommes politiques 모든 부류의 정치인과 접촉하다(자주 만나다).
— **se** ~ *v.pr.* 서로 팔꿈치로 밀다, 서로 메밀다; 서로 접촉하다; 서로 접하다.

coudraie [kudrɛ] *n.f.* 개암나무 숲, 작은 숲.

coudre¹ [kudr] *n.m.* 〖옛〗〖식물〗=coudrier.

*****coudre²** [34] *v.t.* ① 꿰매다, 깁다, 바느질하다; 재봉하다. ~ à gros points 가봉하다. ~ des boutons à une robe 드레스에 단추를 달다. ② (자루 따위에) 넣어 꿰매다. 《외과》(상처)봉합하다; 〖인쇄〗(책의 각 장을)따로 꿰어 묶다; (문장 따위를)다듬어 잇다. ~ une plaie 상처를 봉합하다. ~ des cahiers 노트를 꿰어 묶다. ~ des phrases de Cicéron 키케로의 문장을 이어줍치다.
— *v.i.* 꿰매다, 바느질하다. machine à ~ 재봉틀.
~ à la main 손으로 깁다.
Bien taillé, mais il faut ~! 《속담》재단하고 나서 는 꿰매야 한다; 해체한 것은 다시 만들어야 한다.
ne savoir quelle pièce y ~ 어찌할 바를 모르다.

coudrette [kudrɛt] *n.f.* 개암나무의 작은 숲.

coudrier [kudrije] *n.m.* 〖식물〗개암나무.

coué(e) [kwe] *a.* 〖옛〗(개 따위가)꼬리가 잘리지 않은.

couenne [kwan] *n.f.* ① (요리용)돼지껍질. ② (후피동물의)가죽; 《속어》(사람의)피부. se gratter la ~ 《속어》면도하다. ③ 《속어》얼간이; 모욕. ④ (몸·얼굴의)검은 점. ⑤ 〖의학〗(디프테리아의)위막(僞膜); (염기 피의)담황막(淡黃膜).
— *a.* 《속어》얼간이의.

couenneux(se) [kwanø, -øːz] *a.* 〖의학〗(피가)담 황색으로 덮인. angine ~se 디프테리아.

couette¹ [kwɛt] *n.f.* ① 〖사투리〗깃털요. ② 〖기계〗축받이. ③ 〖선박〗선가(船架).

couette² [kwɛt] *n.f.* 《구어》(핀 따위로 묶은)짧은 머리뭉치; (옛)짧은 꼬리.

couette³ [kwɛt] *n.f.* 〖조류〗갈매기.

couffe [kuf] *n.f.*, **couffin** [kufɛ̃], **couf(f)le** [kufl] *n.m.* 큰 광주리(cabas).

coufique [kufik] *a.* écriture ~ 회교 기원 4세기 이전의 아라비아 문자의 서체.

cougourde [kuguʀd] *n.f.* ① 《구어》빙충맞이. ② 〖식물〗서양호박(프로방스에서의 명칭).

couguar [kug(w)aːʀ], **cougouar** [kugwaːʀ] *n.m.* 《구어》〖동물〗 퓨마.

couic [kwik] *int.* 꾁! 꽥! — *n.m.* (작은 짐승·사람이 목졸려 죽을 때의)비명.
faire ~ 《속어》죽다. n'y voir(comprendre, connaître) que ~ 《속어》아무것도 보지[알지] 못하다.

couille [kuj] *n.f.* 《속어》불알. avoir des ~s au cul 용감하다. C'est de la ~. 아무 가치도 없다. ~ molle 겁장이. partir en ~ 실패하다.

couillon [kujɔ̃] 《속어》 *n.m.* ① 바보(imbécile). ② 《남프랑스》(나쁜 뜻 없이)이봐, 여보게. ③ 《옛》 불알. — *a.* (*f.* ~ne)얼빠진, 바보의.

couillonnade [kujɔnad] *n.f.* 《속어》어리석은 짓[말].

couillonnant(e) [kujɔnɑ̃, -ɑ̃ːt] *a.* 《속어》싫은, 곤란한.

couillonner [kujɔne] *v.t.* 《속어》속이다(tromper).

couillonnerie [kujɔnʀi] *n.f.* 《속어》어리석은 짓[말].

couin [kwɛ̃] *n.m.* ① (오리의)울음소리. ② (자동차의)경적소리.

couiner [kwine] *v.i.* 《구어》① (토끼·개 따위가)비명을 지르다. ② (문 따위가)삐걱소리를 내다. ③ (어린아이가)울다.
— *v.t.* 《속어》쳇소리로 말하다.

couineur [kwinœːʀ] *n.m.* ① 《구어》(전신기의)전건 (電鍵), 키. ② 투ү성기.

cou-jaune [kuʒoːn] (*pl.* **~s-~s**) *n.m.* 〖조류〗명금(鳴禽)의 일종.

coul. (약자) coulomb 〖전기〗쿨롱.

coulage [kulaːʒ] *n.m.* ① 흐르게 함; (액체 따위의)새어 나감; 주조(鑄造). ~ de la lessive (잿물을 사용한)삶아빨기. ~ d'une statue 동상의 주조.

d'une chandelle 초가 흘러내림. ② 유출; 낭비에 의한 손실; 낭비(gaspillage); 《속어》(정원 따위의)부정이득. ~ du vin 포도주의 유실[누출]. Ce commerce est sujet à ~. 이 장사는 손실이 많다. Il y a du ~ dans cette administration[cette entreprise]. 이 관청[회사]에는 낭비가 있다. ③ (석유정제에서)원유의 제 1 차 증류분.

coulant(e) [kulã, -ã:t] *a.* ① (물이)흐르는; 종이가)매끈매끈한. nœud ~ 잡아당기면 죄어지게 되 밧줄고리매듭. papier ~ 《펜의》잘 나가는 종이. vin ~ 부드러워서 잘 넘어가는 포도주. ② 유창한, 경쾌한. style ~ 유창한 문체. dessin ~ 가벼운 필치의 소묘. cheval ~ 발걸음이 경쾌한 말. ③ 《구어》사람 좋은, 너그러운(accommodant). homme ~ en affaires 융통성 있는 사람.
— *n.m.* ① (풀리지 않은 채 죄어지거나 늦추어지는)고리매듭; (주머니부리 따위의)고리쇠; (혁대 따위의)가죽고리. ② 【광물】활석(滑石). ③ (현미경 따위의)신축자재통(伸縮自在筒). ④ 【식물】덩굴.
— *n.f.* 《속어》기름; 누수.

coule¹ [kul] *n.f.* 《속어》(두건 달린)승복(僧服).
coule² *n.f.* 《속어》낭비. maison où il y a beaucoup de ~ 낭비가 많은 가정.
coule³ (à la) [alakul] *loc.a.* 《속어》요령을 터득하고 있는, 돈버는 요령을 알고 있는. mettre qn à la ~ …에게 방법·비결·습관을 알게 해주다, 장사의 요령을 가르쳐 주다. type à la ~ 요령 좋은 사람.

coulé(e¹) [kule] *n.m.* ① 【당구】밀어치기. ② 주물(鑄物). ③ 【음악】슬러; 【무용】미끄럼질.
— *a.p.* ① 주조된. pièce ~*e* 주물. statue ~*e* en bronze 청동상. ② 흘려 쓴. écriture ~*e* 《옛》필기체. ③ (배가)침몰된; 《구어》실각한. navire ~ 침몰선. homme ~ 실각한 사람. ④ 규명된. question ~*e* 규명된 문제. ⑤ 【농업】결실을 맺지 못한. fruits ~*s* (비 따위로)익지 않고 떨어진 과일. ⑥ brasse ~*e* 잠수영법(潛水泳法).

coulée [kule] *n.f.* ① 분출, 유출. ~ de la lave d'un volcan 화산 용암의 분출. ② 주조; 주물. ~ de métal [d'acier] 금속[강철]의 주조. ③ 초서(草書)(écriture ~). ④ 【사냥】(짐승의)통로. ⑤ 【수영】다이빙; 수중에서 일직선으로 뻗는 자세.

coul(e)melle [kulmɛl] *n.f.* 【식물】느타리버섯의 일종.

coulement [kulmã] *n.m.* (액체가)흐르기.

***couler** [kule] *v.t.* ① 흐르게 하다, 흘리다; 여과하다. ~ de la cire dans une fente 틈새로 초를 흘려 넣다. ~ un lit de ciment sur le sol 지면에 시멘트를 한 층 부어넣다. ~ du lait 우유를 받다. ~ la lessive 세탁물을 양잿물로 삶아 빨다.
② (주형에)흘려 넣다; 주조하다. ~ du bronze dans un moule 주형에 청동을 흘려 넣다. ~ des canons 대포를 주조하다.
③ (시멘트 따위를 흘려서)굳히다. ~ des dalles (시멘트 따위로)포석을 고정하다.
④ 슬그머니 주다, 귓속말을 건네다, 눈길을 살짝 돌리다. ~ une pièce dans la main d'un employé 한 사용인의 손에 슬그머니 돈을 쥐어주다. Il m'a *coulé* un mot à l'oreille. 그는 내게 한마디 귀띔해 주었다. ~ un regard[les yeux] 살짝 쳐다보다.
⑤ (시간을)보내다. ~ une vie heureuse 행복한 나날을 보내다.
⑥ (배를)침몰시키다. ~ (bas) un navire 배를 침몰시키다.
⑦ 파산시키다, 파멸시키다, 실추시키다. ~ une maison de commerce 상사를 도산시키다.
⑧ ~ des notes 【음악】슬러(coulé)를 붙여 노래

[연주]하다.
⑨ ~ un pas de danse 【무용】발을 미끄러지게 하며 춤추다; ~ une bille 【당구】밀어서다.
— *v.i.* ① 흐르다. Cette rivière *coule* au milieu des champs. 이 강은 벌판 한가운데를 흐른다. La sueur *coulait* sur son front. 땀이 그의 이마위에 흐르고 있었다. laisser ~ ses larmes (하염없이)눈물 짓다. La lave *coule*. 용암이 흐른다.
② (통 따위가)새다. Ce stylo *coule*. 이 만년필은 잉크가 샌다. Son nez *coule*. 그는 콧물을 흘린다. robinet qui *coule* 물이 새는 수도꼭지.
③ (시간이)경과하다(s'écouler). Les années *coulent* insensiblement. 세월은 모르는 새에 흘러간다.
④ 미끄러지다; (문장·말 따위가)유창하다.
⑤ (배가)침몰하다. Le navire *a coulé* à pic. 배가 곧장 침몰했다.
⑥ (사업이)도산하다, 신용이 떨어지다; 《옛·속어》(사람이)죽다.
⑦ (비 따위로 꽃·과일이)떨어지다(tomber), 열매를 맺지 못하다. Les vignes *ont coulé*. 포도의 결실이 나빴다.
⑧ 【음악】슬러를 붙이다; 【무용】발을 미끄러뜨리듯 하며 춤추다; 【당구】밀어치기를 하다.
faire ~ le sang 유혈극의 참사를 일으키다.
laisser ~ l'eau 《구어》방치하다, 내버려두다.
— **se ~** *v.pr.* ① (이불 속으로)기어들다; 슬그머니 들어가다. Le serpent *s'est coulé* dans son trou. 뱀이 구멍 속으로 기어들어갔다. Il *s'est coulé* dans la foule. 그는 군중 속으로 슬쩍 끼어들어 갔다.
② 파산하다, 실각하다; 신용을 잃다. Ce professeur *s'est coulé*. 이 교수는 권위[신용]를 잃었다.
se la ~ douce [**bonne**] 《속어》편안하게 살다(se ~ la vie douce).

:couleur¹ [kulœ:r] *n.f.* ① 색, 빛깔. De quelle ~ est votre voiture? 당신의 차는 무슨 색입니까? ~ claire 밝은[엷은]색. ~ foncée 어두운[짙은]색. drapeau à trois ~*s* 3색기. ~*s* fondamentales [primaires] 3원색. ~ composée 혼합색.
② (흑백에 대하여)유색, 유색인. crayon de ~ 색연필. télévision en ~*s* 컬러 텔레비전. porter la ~ 빛깔이 있는 옷을 입다.
③ 염료, 페인트; 그림물감. boîte de ~*s* 화구상자. étoffe qui prend bien la ~ 염색이 잘 되는 천. ~ à l'huile [à l'eau] 유성[수성] 페인트.
④ (pl.) 안색, 피부색. perdre ses ~*s* 안색이 나빠지다. reprendre ses ~*s* 혈색을 되찾다. homme de ~ 유색인종(특히 흑인).
⑤ (그림의)색조, 배색. ~ générale d'un tableau 그림 전체의 색조. ~*s* légères 명쾌한 색계통(의 색).
⑥ (문장 따위의)생기; (음악의)음색. style plein de ~ 생기가 넘쳐흐르는 문체. ~ grave et sombre de la musique de Beethoven 베토벤 음악의 장중하고도 어두운 음색.
⑦ 외관, 양상, 모습; (시대의)특색. La situation apparaît sous de nouvelles ~*s*. 상황은 새로운 양상으로 나타난다. exposer qc sous de fausses ~*s* …의 외관을 꾸미다. costume qui fait très ~ locale 매우 향토색이 짙은 의상.
⑧ (정치적 의견·사상의)경향, 색채. Ce journal est d'une ~ conservatrice. 이 신문은 보수주의적 색채가 농후하다.
⑨ 《문어》(거짓)구실. donner une ~ [des ~*s*] à qc …에 구실을 만들어 붙이다. monter une ~ 《구어》거짓말을 하다.
⑩ (pl.) 국기, 깃발. les trois ~*s* 3색기. hisser [envoyer] les ~*s* 국기를 올리다. baisser[descendre] les ~*s* 국기를 내리다; 항복하다.

couleur²

⑪ (pl.) 【스포츠】 유니폼(의 색); 팀컬러; (옛) (하인들의)제복.
⑫ 【카드놀이】 (패의 4가지)종류. jouer dans la ~ 같은 종류의 카드를 내들다. jouer la ~ (룰렛에서)빨간색 혹은 검은색에 걸다. annoncer la ~ 으뜸패라고 선언하다; 【구어】입장을 분명히 하다, 의견을 분명히 밝히다.
⑬ cinq ~s liturgiques 가톨릭의 제의에 사용되는 빛깔 (백·적·녹·자·흑색).
en dire (en conter) *de toutes les* ~s *à qn* …에게 심한 말을 하다, …에게 모욕적인 언사를 쓰다.
en faire voir de toutes les ~s *à qn*【구어】…을 혼내주다, 심한 모욕을 주다.
en voir de toutes les ~s 【구어】쓴맛 단맛 다 보다, 파란곡절을 겪다.
haut en ~ ⓐ 혈색이 좋은, 붉은 얼굴의, 원기가 있어 보이는. ⓑ 특이한, 특색이 있는; (문장 따위가)과장이 많은.
ne pas connaître la ~ *de qc* …을 본 일이 없다; (…의 ractice) 모습을 보지 못하다. On *ne connaît pas la* ~ *de son argent*. 그가 돈을 내는 것을 본 적이 없다. On *n'en connaîtra jamais la* ~. 그런 일은 결코 일어나지 않을 것이다.
ne pas voir la ~ *de qc* 【구어】(빌려준 것·자기 것이 될 것이)손에 들어오지 않다, 되돌아오지 않다. *Vous n'en verrez plus la* ~. (당신이 빌려준 것은) 두번 다시 네 손에 돌아오지 않을 것이다.
porter les ~s *d'une dame* 여자가 좋아하는 색이 든 옷을 입다.
prendre ~ ⓐ (과자·빵·고기가)노릇하게 타다. ⓑ (계획 따위가)분명해지기 시작하다; 호전되다. *Nos affaires prennent* ~. 우리 사업이 호전되기 시작한다.
sous ~ *de* …의 구실 아래.
—*a.* 《불변》 [~ de] 빛깔의. *robe* ~ *de rose*〖du temps〗 장미빛〖하늘색〗 드레스.

couleur² *n.m.* 【야금】 주물공.

couleuvre [kulœvr] *n.f.* 독 없는 뱀의 일종. *paresseux comme une* ~ 몹시 게으르다.
avaler des ~s 모욕을 꾹 참다.

couleuvreau [kulœvro] *n.m.* (*pl.* ~**x**) *n.m.* couleuvre의 새끼.

couleuvrin(e¹) [kulœvrɛ̃, -in] *a.* 뱀 같은. 〔내끼.

couleuvrine [kulvrin], **couleuvrine²** [kulœvrin] *n.f.* 【옛】 장포(長砲).

couleuvrinier [kulvrinje], **couleuvrinier²** [kulœvrinje] *n.m.* 장포수.

couli [kuli] *n.m.* 쿨리 (중국·인도의 품팔이 일꾼).

coulicou [kuliku] *n.m.* 【조류】 뻐꾹새.

couliner [kuline] *v.t.* 【원예】 (나무껍질에 붙은) 벌레를 태워 죽이다.

coulis [kuli] *a.m. vent* ~ (틈으로 들어오는)외풍.
—*n.m.* ① 【건축】 접착제, 회반죽, 녹인 납; 【야금】 녹인 금속. ② (뛰레 상태의)소스, 수프. ~ *de tomates* 토마토 소스.

coulissant(e) [kulisɑ̃, -ɑ̃:t] *a.* (문 따위가 홈 위를)미끄러지는. *porte* ~*e* 미닫이.

coulisse [kulis] *n.f.* ①(미닫이 따위의)홈. *porte* 〖*fenêtre*〗 *à* ~ 미닫이문〖창〗. *trombone à* ~【음악】슬라이드 트롬본. ②【연극】(배경을 움직일 수 있게 바닥무대에 만든)홈; (보통 *pl.*)무대 뒤; 출연자 대기소. *fréquenter les* ~s 무대 뒤에 자주 드나들다. *argot de la* ~ 연극계의 용어. ③ 내막, 흑막. ~s *de la politique* 정계의 내막. *intrigues de* ~s 이면공작. ④【영화촬영】세트. ⑤【증권】거래소 이외의(무허가)시장; (구어)증권 브로커. ⑥【기계】(증기기관의)연동(連動)장치. ⑦ⓐ【의복】 끈을 넣도록 하여 꿰맨 옷단. ⓑ【해부】뼈의 홈.

être〖*se tenir, rester*〗*dans la* ~ 뒤에 숨어 조종하다. *regarder qn en* ~; *faire les yeux en* ~ *à qn*; *jeter un regard en* ~ …에게 추파를 보내다.

coulissé(e) [kulise] *a.p.* 홈이 있는.

coulisseau [kuliso] (*pl.* ~*x*) *n.m.* ① 작은 홈. ② (물건을 미끄러뜨려 옮기는)활판(滑板). 〔동.

coulissement [kulismɑ̃] *n.m.* 【기계】 미끄러짐

coulisser [kulise] *v.i.* 【기계】 미끄러지다, 미끄러져 움직이다. —*v.t.* (에)홈을 내다; 【재봉】 주름을 잡다.

coulissier(ère) [kulisje, -ɛːr] 【주식】*n.m.* 거래소 밖에서의 증권 중개인. —*a.* 거래소의.

*coulolr** [kulwaːr] *n.m.* ① 복도, 낭하. *Ce* ~ *mène à la cuisine*. 이 복도는 부엌으로 통한다. ② 통로. 그는 기차의 통로에서 담배를 피우고 있었다. ~ *aérien* 항공로. ③ (*pl.*)(국회 의사당 따위의)로비. *manœuvre de* ~ 로비 활동, *faire les* ~s 국회의원에게 이면공작을 하다. ④【지리】회랑(지대); 협곡. ⑤【스포츠】(트랙 경기·수영의)경주로, 코스; (테니스 코트의)외곽 구역. ⑥【기술】(석탄 따위를 흘러내리게 하는)통로. ⑦(옛)여과기 (濾過器).

couloire [kulwaːr] *n.f.* (치즈·야채 따위의)물기를 빼는 기구.

coulomb [kulɔ̃] *n.m.* 쿨롱 (전기량의 실용 단위).

coulombmètre [kulɔmetr] *n.m.* 전기계량기.

coulommiers [kulɔmje] *n.m.* 쿨로미에 (*Coulommiers*)산의 치즈.

coulpe [kulp] *n.f.* (옛)죄과, 허물. *dire sa* ~ 죄를 고백하다. *battre sa* ~ 자신의 죄를 인정하다, 회한을 나타내다.

coulure [kulyːr] *n.f.* ① (야금) (주물들의 이음매에서 융해된 금속이)새어나옴; 새어나오는 금속. ② 【원예】(비 따위 때문에)과실 흉년이 들기. ③ (그물의)끼와 남이 붙은 밧줄.

coumarine [kumarin] *n.f.* 【화학】 쿠마린.

coumys [kumis] *n.m.* = **koumis**.

:coup [ku] *n.m.* ① 때림, 구타, 일격. *J'ai frappé deux* ~s *à la porte*. 나는 문을 두 번 두드렸다. *Il a abattu l'arbre d'un seul* ~. 그는 일격에 나무를 쓰러뜨렸다. *donner*〖*recevoir*〗*un* ~ *de pied* 발로 차다〖차이다〗. *Il a été tué d'un* ~ *de couteau*. 그는 단도에 찔려 죽었다.
② 발포, 발사; 쏘는 소리. ~ *de fusil* 발포, 총격; 【구어】엄청나게 비싼 값. *revolver à six* ~s 6연발총. *entendre un* ~ *de canon* 포성이 들리다.
③ (치는, 울리는)소리. *L'horloge vient de sonner sept* ~s. 시계가 막 7시를 쳤다. ~ *de sifflet* 〖*sonnette*〗기적〖초인종〗소리. *les trois* ~s 【연극】개막을 알리는 신호 (3번 친다는 뜻에서).
④ 타격, 충격, 공격; 손해, 재난, 중대사. *porter un grand* ~ *à l'économie du pays* 국가경제에 큰 타격을 주다. ~ *dur* 시련; 위험한 군사행동. ~ *d'État* 쿠데타, 정변. *sale* ~ 【구어】곤란한(어려운)일, 큰 타격. ~ *du destin*〖*du sort*〗운명의 일격, 재난.
⑤ (중대한, 과격한)행위, 행동. *Il a manqué*〖*a réussi*〗 *son* ~. 그는 목적 달성에 실패했다〖성공했다〗. ~ *monté* (*prémédité*) 사전에 은밀하게 꾸며진 계획〖행동〗. ~ *d'éclat* 눈부심〖혁혁한〗공로. *mettre qn dans le* ~ = 음모계획에 참가시키다; …을 사정에 익숙하게 하다. ~ *pour rien* 헛수고.
⑥ (사람·동물의 몸의)움직임, 동작. *En quelques* ~s *d'ailes l'aigle attrapa sa proie*. 독수리는 몇번 날갯짓을 하더니 먹이를 잡았다. ~ *de cueille* (신호를 하기 위해)팔꿈치로 치기. ~ *de main* 도와주기; 【군사】기습공격. ~ *de pouce* 작은 원조 〖도

웅); 작은 수정. ~ d'œil 일별; 재빠른 판단력; 조망(眺望).

⑦ (도구·기구를 사용한)빠른 동작. donner un ~ de balai 비로 쓸다; (비유적) 일소하다. donner un ~ de téléphone(de fil) à qn …에게 전화를 걸다. donner un ~ de frein 브레이크를 걸다. ~ de pinceau (그림에)마지막 손질을 가하다.

⑧ (강한 자연의 힘의)엄습, 발생, 습격. ~ de foudre 벼락; 첫눈에 반함. ~ de tonnerre 천둥; (비유적)청천벽력. ~ de soleil 일사병. ~ de temps 일기의 급변. ~ de vent 돌풍.

⑨ 《스포츠》 ⓐ ~ bas (권투에서 벨트라인 아래의)로 블로, 허리 밑을 때림; 비겁한 행동. ⓑ ~ droit (테니스·탁구에서)포핸드 스트로크. ⓒ ~ d'envoi (축구에서)킥 오프. ⓓ ~ franc (축구·럭비의)프리킥.

⑩ 《놀이》 한 수(手). jouer sa fortune sur un ~ de dés 주사위 한 번 던지기에 운명을 걸다, 운을 하늘에 맡기다.

⑪ 단숨에 마시는 양, 한 잔. boire un ~ (특히 술을)한 잔 마시다. Je te paie un ~. 《구어》내가 한 잔 사겠다. boire à petits ~s 조금씩 음미하며 마시다. ~ de l'étrier 이별의 잔.

⑫《구어》(한)번, (한)회. Ce ~-ci c'est réussi. 이번에는 성공했다. encore un ~ 《문어》한 번 더. pour le ~ 이번에는. un autre ~ 다음 번에는.

à~(s) de qc …을 사용하여. traduire un texte à~ de dictionnaire 사전을 사용하여 본문을 번역하다. frapper qn à~s de bâton …을 곤봉으로 때리다.

après ~ 사후에, 때 늦게. ~ arrêté 기정 사실.

à tous ~s 《문어》그칠 새 없이.

à tous les ~s; à tout ~ 항상, 빈번히. Il vient à tout ~ me quereller. 그는 항상 내게 싸움을 걸어온다.

au ~ par ~ 그때그때 따라; 닥치는 대로.

avoir(attraper, prendre) le ~ pour+inf. …하는 비결〔요령〕을 터득하다.

beau ~ 좋은 수; 《경멸》어리석은 짓.

compter(regarder) les ~s 《구어》중립의 입장을 취하다, 방관하다.

~ d'accélérateur 액셀을 밟는 것; 《비유적》가속, 추진, 촉진.

~ d'air 바람을 쐬어 생긴 통증(충혈).

~ de chance 행운, 요행.

~ de feu 포격, 총격, 발포; 《비유적》(주방에서) 가장 바쁜 시간; (고기요리 따위가)지나치게 타기.

~ de force (위법적인)강권의 발동; 폭력적인 수

~ sur ~ 차례차례로, 계속하여.

du ~ 그 결과로, 그렇기 때문에; 이번에. On lui a demandé des preuves: du ~ il a été bien embarrassé. 그에게 증거를 요구했다. 그래서 그는 몹시 당황했다.

du même ~ 동시에; 그 기회에.

d'un ~ 한 번에; 단숨에.

du(au) premier ~ 처음부터, 대번에, 즉각적으로.

en mettre(en ficher) un ~ 열심히 노력하다. 로.

en prendre un (bon) ~ 《구어》손해를 입다.

être aux cent ~s 《구어》몹시 불안하다.

être(se sentir) dans le ~ 《세상물정 따위의)사정에 밝다, 행동(계획)이 잘 되어가고 있다.

expliquer le ~ à qn …에게 사정을 설명하다.

faire ~ double; faire d'une pierre deux ~s 일석이조(一石二鳥).

faire les cent(quatre cents) ~s 소동을 피우다; 방탕한 생활을 하다; 무분별한 행위를 일삼다.

marquer le ~ 일의 중대함을 강조하다; 일을 기념하여 축하하다; (화·불쾌감 따위의)감정을 표시하다, (운동으로)묵인할 수 없음을 표시하다.

sous le ~ de qc ⓐ …에 지배되어(좌우되어), …의 영향(위협) 하에. Il est encore sous le ~ de cette maladie. 그는 아직도 이 병에서 회복되지 않았다. ⓑ …에 위협받아. être sous le ~ d'un arrêt 체포될 염려가 있다.

sur le ~ 곧, 즉석에서. mourir sur le ~ 즉사하다.

tenir le ~ 《구어》저항하다, 견디어 내다; (작품 따위가)오래 지속되다.

tout à ~ 갑자기.

un ~ que+ind. 《속어》일단 …하면.

valoir le ~ 해볼 만한 가치가 있다.

*coupable [kupabl] a. ① 죄 지은, 유죄의(↔innocent). [~ de] s'avouer ~ d'un vol 도둑질한 것을 자백하다. se sentir ~ 자기가 죄를 지었다고 생각하다; 《심리》죄악감을 갖다. L'accusé est reconnu ~. 피고는 유죄로 인정되었다. plaider non ~ 무죄를 주장하다. ② (행위가)책망[비난] 받아 마땅한; 불의의, 사악한. amour ~ 불륜의 사랑.
—n. 죄인, 범죄자; 《구어》장본인. chercher le ~ 죄인을 찾다. Le grand ~ de ton échec, c'est le jeu. 너의 실패의 큰 원인은 도박에 있다.

coupablement [kupabləmɑ̃] ad. 《드물게》죄가 되게끔; 괘씸하게도.

coupage [kupaʒ] n.m. ① (산울타리 따위의)가지를 치기; (나무의)벌채; (잎담배 따위를)잘게 썰기. ② 포도주(알코올)의 혼합; (포도주 따위에)물을 타기. ③ 《농업》잘게 썰어 섞은 여물(건초).

coupailler [kupaje] v.t. 《구어》들쭉날쭉하게 자르다; 깎다.

coupant(e) [kupɑ̃, -ɑ̃:t] a. ① 날이 선, 예리한. outils ~s 날붙이. herbe ~e 《구어》잡으면 손을 베기 쉬운 풀. voix ~e 날카로운(엄한) 목소리. ② 《기하》할단(절단)하는(sécant). plan ~ 절단면. netteté ~e 《회화》선이나 색소의 날카롭고 명쾌함. —n.m. 《古》날.

coup-de-poing [kudpwɛ̃] (pl. ~s-~-~) n.m. ① 소형 권총. ② 《고고학》 도끼. ③ 《기계》 기름 치는 기구. ④ ~ américain (격투할 때 손에 끼는)손 모양의 쇠붙이.

*coupe¹ [kup] n.f. 잔, 술잔; 잔에 든 음료; 《비유적》(쾌락·고통 따위의). ~ en cristal 크리스탈 잔. boire une ~ de champagne 샴페인 한 잔 마시다. ~ à fruits 과일그릇. ~ du plaisir 쾌락의 잔. ~ d'aumône; 우승배; 우승배 쟁탈전. ~ Davis 《테니스》데이비스컵. C~ de France de football 프랑스 축구선수권 쟁탈전. finale de la C~ du monde 세계선수권의 결승전. ③ 둥근 분수반(噴水盤). boire la ~ jusqu'à la lie 갖은 고생을 다 겪다, 괴로움을 끝까지 이겨내다. Il y a loin de la ~aux lèvres. 《속담》꿈[이상·희망·계획]은 좋으나 현실은 멀다.

*coupe² [kup] n.f. ① 자름, 벰, 베기. ~ des blés(des foins) 밀(건초)베기. étoffe dure à la ~ 가위질하기 힘든 천. outil de ~ 절삭공구. ② 머리깎기; 머리형; 커트. ~ longue 장발의 머리형. se faire faire une ~ de cheveux 머리를 깎다. ③ 《의복》자르는 법, 재단(법). de bonne ~ 훌륭하게 재단된. prendre des leçons de ~ 재단강습을 받다. ④ 벌채, 벌목; 벌목구역. ~ claire 숲의 대량벌목. ~ à blanc 완전벌목. ⑤ (나무·천 따위의)자른 것, 천; 자르고 난 부스러기. Cette ~ n'est pas suffisante pour faire une jupe. 이 천으로 스커트를 만들기에는 부족하다. une ~ de drap 피륙 한 단. fausse ~ 재단하고 남은 조각. ⑥ 절단면, 단면; 단면도. ~ d'un tronc d'arbre 나무의 절단면. ~ de tissu 《생물》조직의 단면. ~ perpendiculaire 수직단면도. ~ d'un édifice 건물의 단면도. ⑦ 윤곽,

형태. ~ de visage régulière 균형잡힌 얼굴윤곽. ⑧《시구·문장·음절의》자르는 법, 구두법; 《악곡의》구분. ~ en cinq actes (비극 따위를)5막으로 구분하기. ~ syllabique[de syllabe]《음성》《단어의》음절 나누는 법, 분철. ~ binaire《음악》2 악절 구분. ⑨《수영》팔을 번갈아 앞으로 내밀어 젓기. ⑩《카드놀이》(섞은 패를)끊기. faire sauter la ~ (속임수로)패를 끊다. être heureux à la ~ 속임수를 쓰다.
à la ~《구어》ⓐ 시험삼아 잘라보고. acheter un melon *à la* ~ 한 쪽을 잘라 시식하고 나서 멜론을 사다. ⓑ 시험적으로.
~ *sombre* (인원·경비 따위의)삭감; (원고 따위의)삭제. On a fait une *~sombre* dans le personnel de l'entreprise. 회사의 직원을 대폭 삭감했다.
être sous la ~ *de qn* …의 지배하에 있다; 불리한 입장에 서다.
mettre… en ~ *réglée* …으로부터 정기적으로 부담한 돈[이익]을 뜯어내다.
coupe- préf. 「자르는 물건」의 뜻으로 합성명사를 만듦, 동사이므로 복수의 s는 취하지 않음《예: coupe-légumes 야채자르는 기구(instrument qui coupe des légumes)》.

coupé(e¹) [kupe] a.p. ① 잘린, 베어진; (문장이)구두점이 찍힌; 재단된. cheveux ~*s* courts 짧게 자른 머리. pays ~ de canaux 운하로 분단된 지방. robe bien ~*e* 재단이 잘 된 드레스. ② 거세된. cheval ~ 거세된 말. ③ 차단된, 끊긴. ~ d'avec qc; ~ de ses communications avec qc …와의 연락이 끊긴. route ~*e* 통행이 금지된 도로. ④ (물 따위가)물을 탄; [~ de/avec](으로)묽게 만든, (을)탄. vin ~ 물탄 포도주; 물탄 포도주. lait ~ 물을 타서 엷게 한 우유. ⑤ 구분된, 구획된. strophe bien ~*e* 휴지의 위치가 적절한 시의 절. ⑥ pan ~《건축》(벽면 따위가 교차돼)모서리를 떼어낸 면. ⑦ balle ~*e*《스포츠》《테니스·탁구에서》깎아 친 공. ⑧ écu ~《문장》《횡으로 2분할된》방패꼴 모양.
— *n.m.* ① (2인승) 4륜마차. ② 쿠페(운전대가 차체 밖에 있는 2인승 자동차). ③ (기차의)특별실. ④《문장》위아래로 등분된 방패 모양. ⑤《무용》쿠페(체중을 한 쪽 발에서 다른 쪽 발로 옮기기 위한 중계스텝으로서 잘리는 느낌의 동작).

coupe-air [kupɛːr] *n.m.*《복수불변》(수도관의 구부러진 부분에 넣는)악취 예방용의 물.
coupe-bordure [kupbɔrdyːr] (*pl.* ~-~(*s*)) *n.m.* (잔디밭의 가장자리를 가지런히 깎는)잔디깎는 기구.
coupe-boulons [kupbulɔ̃] *n.m.*《복수불변》볼트 절단기.
coupe-bourse [kupburs] *n.m.*《옛》소매치기.
coupe-cercle [kupsɛrkl] (*pl.* ~-~(*s*)) *n.m.* (좌금[座金]따위를)둥글게 도려내는 기구.
coupe-choux [kupʃu] *n.m.*《복수불변》①《군대속어》단검, 총검;《구어》면도칼. ②《옛》(수도원의)채소밭 책임자.
coupe-cigare(s) [kupsigaːr] *n.m.*《복수불변》여송연 칼.
coupe-circuit [kupsirkɥi] *n.m.*《복수불변》《전기》안전(차단)기.
coupe-cors [kupkɔːr] *n.m.*《복수불변》티눈 자르는 기구.
coupe-coupe [kupkup] *n.m.*《복수불변》(밀림에 길을 내기 위한)가지 치는 군도.
coupée² [kupe] *n.f.*《해양》현문(舷門).
coupe-épreuves [kupeprœːv] *n.m.*《복수불변》《사진》재단기.
coupe-feu [kupfø] *n.m.*《복수불변》숲속의 방화용 도로.

coupe-ficelle [kupfisɛl] *n.m.*《복수불변》《군사》 화약 폭파수[병].
coupe-fil [kupfil] *n.m.*《복수불변》철사 절단기.
coupe-file [kupfil] *n.m.*《복수불변》(경찰 발행의) 자유 통행증.
coupe-filets [kupfilɛ] *n.m.*《복수불변》(자동식 수뢰의 앞 끝에 달린)수뢰방어망 절단기.
coupe-foin [kupfwɛ̃] *n.m.*《복수불변》여물[건초] 절단기, 작두.
coupe-froid [kupfrwa(ɑ)] *n.m.*《복수불변》(창·문 따위의)틈막이(헝겊).
coupe-gazon [kupgazɔ̃] *n.m.*《복수불변》잔디 깎는 기구(tondeuse à gazon).
coupe-gorge [kupgɔrʒ] *n.m.*《복수불변》(자객·강도 따위가 출몰하는)험악한 장소(통로); 복마전(伏魔殿); 도박장. [기.
coupe-jambon [kupʒɑ̃bɔ̃] *n.m.*《복수불변》햄 절단
coupe-jarret [kupʒarɛ] (*pl.* ~-~*s*) *n.m.*《옛》① 강도; 자객. ② 깡패.
coupe-légumes [kuplegym] *n.m.*《복수불변》《요리》채소칼.
coupé-lit [kupeli] (*pl.* ~*s*-~*s*) *n.m.*《철도》(열차의 의자·침대 겸용 장치가 된)특별실.
coupellation [kupɛ(l)lɑsjɔ̃] *n.f.*《야금》회취법(灰吹法).
coupelle [kupɛl] *n.f.* ① 작은 잔[컵]. ②《야금》(금·은의 정련에 쓰는)골회(骨灰); 소형 도가니. passer[mettre] de l'or à la ~ 금을 회취법으로 정련하다. or de ~ 골회 도가니에서 (회취법으로) 정련한 금 (순도가 높음). ③《옛》시련. mettre [passer] à la ~ 어려운 시련을 겪게 하다. ④ (포에)화약을 재는 둥근 주걱.
coupeller [kupe(l)le] *v.t.*《야금》회취법(灰吹法)으로 정련하다.
coupement [kupmɑ̃] *n.m.* ① 톱질하기. ②《철도》 예각(銳角)교차.
coupe-net [kupnɛt] *n.m.*《복수불변》철사 절단기.
œuf-œufs [kupœf] *n.m.*《복수불변》《요리》삶은 계란 자르는 기구; 계란 깎는 기구.
coupe-ongles [kupɔ̃gl] *n.m.*《복수불변》손톱깎.
coupe-paille [kupρaːj] *n.m.*《복수불변》짚 절단기.
coupe-pain [kupρɛ̃] *n.m.*《복수불변》빵 자르는 칼.
coupe-papier [kuppapje] *n.m.*《복수불변》페이퍼 나이프.
coupe-pâte [kuppɑːt] *n.m.*《복수불변》밀가루 반죽 베는 칼.

couper [kupe] (*< coup*) *v.t.* ① 자르다, 베다, 절단하다; 깎다; (의복을)재단하다(tailler). ~ du pain[de la viande] 빵[고기]을 자르다. ~ de l'herbe[les blés] 풀[밀]을 베다. ~ un bras à qn …의 팔을 절단하다. ~ l'extrémité pour rendre plus court 짧게 하기 위해 끝을 잘라내다. se faire ~ les cheveux 머리를 깎다. ~ une robe 드레스를 재단하다. La bise *coupe* le visage. 《비유적》찬 바람이 얼굴을 세차게 때린다.
② (식을》(barrer, bloquer); 끊다, 차단하다, 중단하다(interrompre);《옛》방해하다. ~ le chemin à qn …의 앞길을 가로막다[방해하다]. ~ la retraite à l'ennemi 적의 퇴로를 차단하다. ~ la parole à qn …의 말을 가로막다. La communication téléphonique *a été coupée*. 전화가 끊겼다. ~ le gaz[le courant] 가스[전기]를 끊다. ~ les vivres à qn《구어》…의 생활비 원조를 끊다.
③ (식욕 따위를)잃게 하다; (열을)내리게 하다. ~ l'appétit 식욕을 잃게 하다. ~ le souffle 숨차게 하다. ~ la fièvre 열을 내리게 하다.
④ [~ *qc de*](에서)떼어놓다, 격리시키다(sépa-

rer); 분할하다, 나누다(diviser). ~ une armée de ses bases 군대를 기지로부터 떼어놓다. ~ une pièce par une cloison 방을 칸막이로 나누다. ~ une œuvre en trois chapitres 작품을 3 장(章)으로 나누다.
⑤ 가로지르다, 교차하다(traverser). Un petit bateau *coupe* les vagues. 작은 배가 파도를 가로 르며 나아간다. Ce chemin en *coupe* un autre. 이 길 은 다른 길과 교차하고 있다.
⑥ (문장의 일부를)삭제하다. ~ un passage dans un discours 연설의 일부를 삭제하다.
⑦ (술 따위에)다른 액체를 섞다, 물을 타다. ~ son vin; ~ du vin avec de l'eau; ~ le vin d'eau 포도주에 물을 타다.
⑧ 〖스포츠〗 ⓐ (테니스·탁구 따위에서 공을)깎 아치다. ~ une balle 공을 깎아치다. ⓑ (경주자 의)진로를 방해하다.
⑨ 〖카드놀이〗 (상대방 카드를) 으뜸패로 자르 다; (카드를)둘로 나누어 섞다(~ les cartes).
⑩ 〖수의〗 (고양이·말 따위를)거세하다.
à ~ au couteau [par tranches] (안개 따위가)아주 짙은; 보통이 아닌. bêtise *à ~ au couteau* 굉장한 바보짓.
Ça te [vous] la coupe!《속어》어때, 그래도 할 말 있어! 놀랐지!「다.
~ la bourse à qn …의 지갑을 훔치다, 돈을 뜯어내
~ les jambes à qn …을 몹시 피로하게[기진맥진하 게] 만들다. 「키다.
~ qc par [dans] la racine …을 뿌리뽑다, 근절시
~ ses effets à qn …의 문문을 막히게 하다, 기세를 꺾다; 의표를 빗나가게 하다.
Je lui couperai le nez [les oreilles].《구어》《협박하 는 투로.》그놈 가만두지 않을 거다[어디 두고보자].
— *v.i.* ① (칼이)잘 들다. Ce couteau *coupe* bien. 이 칼은 잘 든다.
② (지름길로)질러가다. ~ par le bois 숲을 가로 질러 곧장 가다. ~ à travers champs 들판을 가로 질러 가다; 제일 가까운 길로 가다.
③ (전화 따위를) 끊다, 중단하다. Ne *coupez* pas, s'il vous plaît. (전화를)끊지 말고 기다려주십시 오. *Coupez!* (영화촬영 따위에서)컷!
④ [~ dans] (을)신용하다, 믿다. Il *coupe dans* tout. 그는 무엇이든 다 믿는다[진실로 받아들인
⑤ 〖카드놀이〗 (둘로 나누어) 카드를 섞다. 「다].
~ dans le vif 환부를(생살까지) 도려내다; 단호한 조치를 취하다.
— *v.t.ind.* [~ à]《구어》…을 피하다, 면하다 (échapper). ~*à* une corvée 고역을 면하다. Il n'y *coupera* pas. 그는 피할 길이 없을 것이다. [y ~ de] Tu n'y *couperas* pas d'une amende. 벌금을 면치 못 할 거야.
~ court à qc …에 종지부를 찍다. prendre des mesures efficaces pour ~ *court à* la crise économi- que 경제적 위기에 종지부를 찍기 위해 효과적인 조치를 취하다.
—**se** ~ *v.pr.* ① 자기 몸을 베다, (se는 간접목적 보어》자기의 …을 자르다[베다]. Il s'est *coupé* en se rasant. 그는 면도하다가 베었다. *se* ~ le doigt [au pouci] 손가락을 베다. *se* ~ les ongles 손톱을 깎다. *se* ~ la gorge 자살하다.
② 잘리다; (옷의 주름이)닳아서 해어지다.
③ (길이)교차하다. Ces deux lignes *se coupent*. 이 두 선은 교차한다.
④ (이야기가)모순되다(se contredire); (거짓이) 폭로되다(se trahir). Le faux témoin a fini par *se* ~. 가짜 증인은 마침내 거짓이 폭로되었다.
⑤ [se ~ de] (와)관계를 끊다, (의)지지를 잃다.

se ~ *de* sa famille 가족관계를 끊다.
se ~ *en quatre (pour* qn) ⓐ (…을 위해) 온갖 노력 을 다하다. ⓑ 여러가지 일을 동시에 하다.
coupe-racines [kuprasin] *n.m.*《복수불변》〖농 업〗 뿌리 자르는 기구.
couperet [kupre] *n.m.* 고기 베는 칼; 단두대의 날.
couperose [kupro:z] *n.f.* ① 〖의학〗 농진(膿疹) 붉은 코. ② 유산염(硫酸塩)《sulfate의 옛 용어》. ~ blanche 호반(皓礬). ~ bleue 담반(膽礬). ~ verte 녹반.
couperoser [kuproze] *v.t.* (얼굴에)농진(膿疹)이 나게 하다. nez *couperosé* (농진이 생긴)빨간 코.
—**se** ~ *v.pr.* 농진이 나다.
coupe-sève [kupsɛ:v] *n.m.*《복수불변》〖원예〗 환 상박피(環狀剝皮)용 나이프.
coupe-tube(s) [kuptyb], **coupe-tuyaux** [kup- tɥijo] *n.m.*《복수불변》 원통 절단기.
coupeur(se) [kupœ:r, -ø:z] *n.* ① 재단사; 포도따는 사람. ② ~ de bourses 소매치기; ~ de têtes 목을 자르는 토족; ~ d'oreilles 〖옛〗 검객.
~ *de cheveux [de fil] en quatre* 지나치게 세밀하게 따지는 사람.
—*n.f.* ① 재단기. —*se* à bois 목재 재단기《제지 용). ② 〖광산〗 굴착기. ③ ~*se* (de feuilles) 〖곤 충〗 (잎 따위)벌의 일종.
—*n.m.* ~ d'eau=bec-en-ciseaux.
coupe-vent [kupvɑ̃] *n.m.*《복수불변》(기관차 앞에 댄)바람받이.
coupe-verre [kupvɛ:r] *n.m.*《복수불변》 유리칼, 유 리 절단기.
couplage [kupla:ʒ] *n.m.* ① (차량 따위의)연결. ② 〖전기〗 (2회로의) 접속; 〖기계〗 (기기·부품의) 결합. ③ 〖화학〗 배합.
*****couple** [kupl] *n.m.* ① 부부, 남녀 한 쌍; (암수의)한 쌍. ~ sans enfants 아이가 없는 부부. ~ de pi- geons 한 쌍의 비둘기. ~ bien assorti 천생배필의 부부. ② 《같은 생각 따위로 맺어진)두 사람; 연관 된 감정, 관념; 《옛·사투리》한 조. un ~ d'amis 사이좋은 두 사람. le ~ éternel de l'amour et de la jeunesse 영원한 짝을 이루는 사랑과 청춘. ramer en ~ 한 쌍의 노를 젓다. un ~ d'heures 《사투리》 2 시간. ③ 〖물리·기계〗 우력(偶力), 대력(對力). ~ *de démarrage* 시동(始動) 회전력. ~ conique 감속기. ④ 〖전기〗 ~ voltaïque 볼타 전극대(電 極對). ~ thermoélectrique 열전대(熱電對). ⑤ 〖선박〗 늑골, 늑재(肋材).
—*n.f.* ① (두 마리씩 짝지어 놓는)연계 밧줄; (두 마리의 개를 매는) 가죽끈. ②《옛》두 개, 한 쌍. une bonne ~ de soufflets 따귀를 두 번 갈기기.
couplé(e) [kuple] *a.p.* 연결(연동)된. roues ~*es* 연 결륜(輪). télémètre ~ 《카메라의》연동거리계.
—*n.m.* (경마의)복식.
couplement [kupləmɑ̃] *n.m.* =**couplage**.
coupler [kuple] *v.t.* ① 두 사람(두 개)을 짝지우다, 한 조로 만들다. ② (사냥개를)두 마리씩 잡아매 다. ③ 〖전기기계〗 (전기기계·전지 따위를)연결하다. ~ deux moteurs en série 두개의 모터를 직렬로 연 결하다.
couplet [kuple] *n.m.* ① (노래의)절; (중세 무훈시 의)연절; (희곡 따위의 대사의)한 절. chanson de huit ~*s* 8 절로 된 노래. ② (*pl.*)노래. faire des ~*s* contre qc …을 풍자하는 노래를 만들다. ~ *s de circonstance* 세태를 풍자한 노래. ③ 똑같은 문구, 되풀이하는 말[이야기](refrain). Il nous a encore casé son ~ sur les jeunes d'aujourd'hui. 그는 오늘 의 젊은이들에 대해 또 같은 넋두리를 늘어놓았다.
④《옛》돌쩌귀, 경첩.

coupleter [kuplǝte] ④ *v.t.* 《옛》노래로 풍자하다.
coupleur [kuplœ:r] *n.m.* 《전기》단속기.
coupoir [kupwa:r] *n.m.* 절단기.
coupolard [kupola:r] *n.m.* 《드물게》《경멸》프랑스 학사원 회원; (특히) 아카데미프랑세즈 회원.
coupole [kupol] *n.f.* ① 둥근 천장, 둥근 지붕(coupole은 둥근 지붕의 내부를, dôme은 외부를 가리킴). ~ d'un observatoire 천문대의(회전식) 둥근 지붕. ② 《구어》프랑스 학사원; (특히) 아카데미프랑세즈. être reçu sous la C~ 아카데미프랑세즈 회원으로 선출되다. ③ 《군사》회전식 포탑. ~ vitrée avant 《항공》(투명한) 원형 관측실. ⑤ 술잔을 보기 위한 작은 잔(tâte-vin).
coupon [kupɔ̃] *n.m.* ① 헝겊, 재단하고 남은 조각; (일정한 길이의) 천 조각. ~ de robe 드레스용으로 재단한 천. ② 《철도》짧은 레일. ③ 한 장씩 떼어 쓰게 된 표, 쿠폰; 회수권. ~ de dividende 배당권. ~ détaché 배당락(落). ~ de rente 연금배당권. ~ d'embarquement 승선권, 탑승권. ④ 《임업》숲의 벌채 구역.
coupon-réponse [kupɔ̃repɔ̃:s] (*pl.* ~s-~) *n.m.* ~ (international) 국제 공동 반신 우표.
coupure [kupy:r] *n.f.* ① 벤 상처; (직물 따위의) 흠. se faire une ~ au doigt 손가락을 베다. Il n'y a aucune trace de ~ sur le tapis. 양탄자에는 아무런 흠도 없다. ② (신문기사 따위의) 오려낸 것[기사] (~s de journaux). ③ (연극·영화 따위의) 삭제, 컷 (suppression, censure). ④ 《전기·가스·수도의》차단. ~ de courant 정전. ⑤ 《비유적》중단, 단절 (cassure, fossé). (의견 따위의) 상충. ~ entre le passé et l'avenir 과거와 미래의 단절. ~ d'un entretien 회담의 중단. Une ~ s'est établie sur cette question à l'intérieur de la majorité. 여당 내부에서 이 문제에 대해 의견이 대립되었다. ⑥ 소액지폐. payer en ~s de dix francs 10 프랑짜리 지폐로 지불하다. ⑦ 《토목》배수; 《농업》용수로. ⑧ 《지질》단층.
couque [kuk] *n.f.* (북프랑스의) 과자의 일종.
:cour [ku:r] *n.f.* ① 안뜰; (공장·역 따위의) 구내; (학교) 운동장. ~ d'une école (de récréation) 교정, 운동장. chambre qui donne sur la ~ 안뜰에 면해 있는 방. ~ d'honneur (성·궁전·학교 따위의 바깥) 문짝을 맞이하는 앞뜰, 현관. ~ des Miracles 《구어》(예전) 파리의 거지와 불구자들이 모이던 곳. ②궁정, 조정; 왕국 정부; (집합적) 조신(朝臣); 어전회의; (세력가·부인의) 측근, 추종자들; 제왕에 대한 문안(인사). noblesse de ~ 궁정 귀족. abbé de ~ (궁정에 드나들던) 속승(俗僧). recevoir l'ordre de la ~ 왕명을 받다. Elle a toujours autour d'elle une ~ d'admirateurs. 그녀의 주위에는 항상 숭배자들이 따라다닌다. homme [gens] de ~ 조신(朝臣). faire sa ~ au roi 《옛》(임금)에게 문안을 드리다. ③ 재판소; (~ de justice); 상급 재판소; (집합적) 재판관. ~ de justice 법정. C~ d'appel 상고재판소, 항소법원. C~ des comptes 회계검사원(院). C~ de cassation 파기원(프랑스의 최고재판소). annoncer la ~ 재판관의 출정을 알리다(Messieurs, la C~! 일 고 외치다). mettre qn hors de ~ 의 소송을 기각하다. Haute ~ (de justice) (대통령·장관의) 탄핵재판을 행하는) 고등법원. ④ (사투리) (북프랑스의) 카페 아가씨의 별소.
côté ~ 《연극》(관중쪽에서) 무대 오른편(↔côté jardin).
être bien [mal] en ~ 총애를 받다(잃다).
faire la ~ à une femme (남자가) 여자의 마음에 들려고 애쓰다, 여자에게 수작을 걸다.

cour. 《약자》courant(편지의)이 달의 (예:le 5 ~ 금월 5일).
courable [kurabl] *a.* (짐승이) 사냥할 만큼 자란.
***courage** [kura:ʒ] *n.m.* ① 용기, 담력(《구어》cran); 용맹(bravoure); 기운. se battre avec ~ 용감하게 싸우다. Il faut du ~ pour faire ça. 그것을 하려면 용기가 필요하다. donner du ~ à qn ~에게 기운(원기)을 불어넣어 주다. reprendre [perdre] ~ 용기(기운)를 되찾다(잃다). (avoir le ~ de+inf.) Il a eu le ~ de le refuser. 그는 용감하게도 그것을 거부했다. ② 열의, 열성. travailler avec ~ 열심히 일하다. ③《옛》마음, 감정; 기분. homme de ~ 정직한 사람. calmer les ~s émus 흥분된 마음(감정)을 진정시키다.
avoir le ~ de ses opinions 소신대로 해나가다.
prendre son ~ à deux mains 만신의 용기(기운)를 발휘하다, 전력을 다하다.
—*int.* C~!; Du ~! 기운(용기)를 내라(Ayez du ~!). Bon ~! 기운을 내서 열심히 하십시오.
courageusement [kuraʒøzmɑ̃] *ad.* 용감하게, 씩씩하게; 꿋꿋하게(fermement). Il s'est battu ~. 그는 용감하게 싸웠다. supporter ~ 꿋꿋하게 견디어 내다.
***courageux(se)** [kuraʒø, -ø:z] *a.* ① 용감한, 담대한. âme ~se 용기있는 사람. Il s'est montré ~ dans le malheur. 그는 역경 속에서도 꿋꿋했다. ② 열의가 있는, 정력적인. étudiants ~열심히 공부하는 학생.
courailler [kuraje] *v.i.* (경멸) 빈둥빈둥 나돌아다니다; 바람을 피우다.
courailleur(se) [kurajœ:r, -ø:z] (경멸) *n.* 빈둥빈둥 나돌아다니는 사람; 바람둥이.
—*a.* 놀러 다니는; 바람을 피우는.
couramment [kuramɑ̃] *ad.* ① 유창하게, 술술. parler ~ le français 불어를 유창하게 하다. lire et écrire ~ en coréen 한국어를 자유로이 읽고 쓰다. ② 일반적으로, 보통. Ce mot s'emploie ~. 이 말은 흔히 쓰인다. faute qu'on commet ~ 흔히 누구나 범하는 잘못.
***courant(e)** [kurɑ̃, -ɑ̃:t] (*p.pr.<courir*) *a.* ① 흐르는, 달리는; 흐르는 듯한. eau ~e 흐르는 물; (특히) 수돗물. chambre d'hôtel sans eau ~e 수도가 들어오지 않는 호텔방. chien ~ 사냥개. écriture ~e 초서. ② 현재의, 지금의. mois ~ 이달(금월). année ~e 금년. le cinq ~ 이 달 5 일. fin ~e 이달 말. ③ 유통되고 있는, 현행의. monnaie ~e 통화. au prix ~ 시가로. compte ~ 당좌예금. ④《비유적》일상의, 보통의; 흔한, 평범한(banal). langage ~ 일상어. dépenses ~es 경상 비. affaires ~es 일상업무. mot d'un usage ~ 잘 쓰이는 말(단어). opinion ~e 일반적인 의견. C'est un problème ~. 그것은 흔한(대단치 않은) 문제이다. ⑤ 길이의. Cette muraille a 100 mètres ~s. 이 벽은 길이가 100 미터이다.
main ~e ⓐ (계단의) 손잡이. ⓑ (등산에서 하산할 때 쓰는) 자일. ⓒ 당좌책. *tout ~* 《옛》급히, 서둘러서.
—*n.m.* ① (물·공기 따위의) 흐름. Le ~ est très rapide en cet endroit. 이 곳에는 급류가 흐른다. ~ marin 해류, 조류. ~ froid 한류. ~ d'air 통풍; 《기상》기류(~ aérien, ~ atmosphérique). ~ ascendant 상승기류. ② (사람·물건의) 흐름, 유동. (세론·사상 따위의) 움직임, 경향, 사조. ~ de populations 인구의 유동. ~s commerciaux 상품의 유동. ~ d'idées 사조. suivre le ~ 세상에 따르다. ~ des affaires 일상업무. Le ~ passe entre nous. 《구어》우리들은 서로 (마음이) 통한다. ③ 전류(~

électrique). ~ alternatif(continu) 교류[직류]. couper le ~ 전기를 끊다. prise de ~ 콘센트. ~ triphasé(polyphasé) 삼당(다상)교류. ④ 기간. dans le ~ de l'année 금년 중에. *au ~ de la plume* 붓대가 움직이는 대로, 힘 안들이고, 생각나는 대로. Il a écrit cette lettre *au ~ de la plume*. 그는 이 편지를 생각나는 대로 썼다. *au ~ de qc* …에 정통한, …을 잘 알고 있는. [être au ~ de] Êtes-vous *au ~ de* notre projet? 당신은 우리의 계획을 알고 있읍니까? [mettre/tenir au ~ de] J'ai mis Jean *au ~ de* ce changement. 나는 장에게 변경된 것을 알려주었다. Je vous *tiendrai*, par mes lettres, *au ~ des* nouvelles. 편지로 계속 소식을 드리겠읍니다. [se mettre au ~ de] Il s'est vite mis *au ~ du* travail qu'il avait à faire. 그는 자기가 해야 할 일의 내용을 재빨리 파악했다.

se déguiser en ~ d'air 〖구어〗슬그머니 사라지다.

—*n.f.* ① 〖무용〗쿠랑트(17 세기에 유행한 3 박자의 춤). ② 《속어》설사.

courantin(e) [kurɑ̃tɛ̃, -in] *n.* ① 사환, 심부름꾼. ② 《예》건달. —*n.m.* 〖꽃불〗도화선.

courantographe [kurɑ̃tɔgraf], **courantomètre** [kurɑ̃tɔmɛtr] *n.m.* 〖해양〗조류계.

courant-jet [kurɑ̃ʒɛ] (*pl.* ~**s**-~**s**) *n.m.* 〖기상〗제트기류.

courbache [kurbaʃ] *n.f.* (동양의)긴 회초리.

courbage [kurbaʒ] *n.m.* 구부리기.

courbaril [kurbaril] *n.m.* 〖식물〗(남미산)옻나무의 일종; 〖(脂)〗.

courbarine [kurbarin] *n.f.* courbaril 의 수지(樹脂).

courbatu(e) [kurbaty] *a.* 녹초가 된, 기진맥진한; 〖수의〗(말이 과로하여)절름발이가 된.

courbature [kurbaty:r] *n.f.* 과로, 기진맥진함; 〖수의〗(말이 과로하여)절름발이가 된.

courbaturé(e) [kurbatyre] *a.p.* 기진맥진한.

courbaturer [kurbatyre] *v.t.* 기진맥진하게 하다; (말을)절게 만들다.

*courbe [kurb] *a.* 휜, 굽은. ligne ~ 곡선.

—*n.f.* ① 곡선, 커브. La route fait une ~. 길이 커브를 그린다. ② 〖수학〗곡선. ~ plane 평면곡선. ~ gauche (de l'espace) 공간곡선. inflexion d'une ~ 변곡선. ③ 그래프(의 곡선); 《비유적》 (발전·진보의)곡선. ~ barométrique 등압선. ~ de niveau [지리] 등고선. ~ des prix(des salaires) 물가(임금)곡선. Les productions suivent une ~ toujours ascendante. 생산고는 계속 상승하고 있다.

courbé(e) [kurbe] *a.p.* ① 굽은, 휜. bâton ~ 휜 곤봉. ~ sous le poids des années 나이 탓으로 허리가 굽은. ② 《비유적》억눌린, 굴복된. gens ~s sous le despotisme 압정에 억눌려 사는 사람들.

courbement [kurbəmɑ̃] *n.m.* 〖드물게〗구부리기; 휘어짐; 만곡.

courber [kurbe] *v.t.* ① 굽히다, 구부리다, 휘게 하다. ~ une branche 가지를 휘게 하다. [~ *qn*] La vieillesse l'a *courbé*. 늙어서 그는 허리가 구부러졌다. ② (머리를)숙이다; (몸을)굽히다. ~ la tête (le front) 머리(이마)를 숙이다; 굴복하다. ③ [~ *qn*] 복종시키다. Le tyran *courbe* les gens sous sa loi (sa volonté). 폭군은 사람들을 자기 멋대로 굴복시킨다.

—*v.i.* 굽다, 구부러지다, 휘다. ~ sous le poids des fruits(나무가)과일 무게로 휘다.

—*se* ~ *v.pr.* ① 구부러지다; 허리를 구부리다; 머리를 숙이다. ~ pour saluer 허리를 구부리며 인사하다. ② 《비유적》굽실거리다. *se* ~ devant ses supérieurs 상사에게 굽실거리다.

courbet [kurbɛ] *n.m.* 〖원예〗(가지치는)손도끼의 일종.

courbette [kurbɛt] *n.f.* ① 쿠르베트(말이 뒷발로 서고 앞발을 가볍게 구부린 자세). ② (*pl.*)(허리를 크게 구부리며)굽실거리기. faire des ~*s* en(devant) *qn* …에게 굽실거리다.

courbetter [kurbɛ(e)te] *v.i.* (말이) courbette 의 자세를 취하다.

courbotte [kurbɔt] *n.f.* (풍무의)손잡이.

courbure [kurby:r] *n.f.* ① 구부러짐, 휨, 만곡(彎曲); 만곡부. double ~ S 자 모양. ~ des reins 허리의 곡선. ~ d'une voûte 둥근천장의 만곡. ② (곡선·곡면의)곡률(曲率). rayon de ~ 곡률반경, 곡선반경. ~ de l'espace 공간곡률.

courcailler [kurkaje] *v.i.* (메추라기가)울다.

courcaillet [kurkajɛ] *n.m.* 메추라기의 울음소리; 메추라기 소리를 내는 피리.

courçon [kurs5] *n.m.* 〖원예〗서너 개의 눈을 남기고 자른 가지.

coureau [kuro] (*pl.* ~**x**) *n.m.* ① (보르도 지방의)작은 배. ② (*Bretagne* 지방의)섬들 사이의 여울.

courette [kurɛt] *n.f.* 작은 안뜰.

coureur(se) [kurœ:r, -ø:z] (<*courir*) *n.* ① 경주자, 러너. ~ de fond 장거리 경주자(선수). ~ de vitesse 단거리 경주자(선수). ~ cycliste 자전거 경주자. ~ automobile 자동차 경주자. ② 달리는 사람(동물). C'est un infatigable ~. 그는 아무리 달려도 피로를 모른다. ③ 나돌아다니는(찾아다니는) 사람; (특히 여자를)쫓아다니는 사람. ~ d'aventures 모험을 좋는 사람. ~ de cafés 다방에서 살다시피 하는 사람. ~ de théâtres 연극광. ~ de prix 상품을 노리고 아무 경기에나 뛰어드는 사람. ~ de filles(de jupons) 엽색가.

—*n.m.* ① 《옛》심부름꾼, 파발꾼. ② 〖역사〗(18 세기까지의)척후기병. ③ (*pl.*) 〖조류〗주조류(走鳥類)(oiseau ~).

—*n.f.* 바람기 있는 여자.

—*a.* 잘(쏜살같이) 달리는; 놀아나는. Il est très ~. 그는 바람기가 많다.

courge [kurʒ] *n.f.* 〖식물〗호박의 일종; 호리병박의 일종. ~ citrouille 양호박. ~ melonnée(musquée) 호박.

courgette [kurʒɛt] *n.f.* 〖원예〗기다란 호박.

‡**courir** [kuri:r] [20] *v.i.* ① 뛰다, 달리다. ~ pour ne pas manquer son train 기차를 놓치지 않으려고 뛰어가다. ~ à fond de train(à toute allure) 전속력으로 달리다. ~ à perdre haleine 숨을 헐떡거리며 뛰다. ~ à toute bride(à toutes jambes) 전속력으로 달리다. ~ comme le vent 빨리 달리다.

② 서두르다, 서둘러 가다; 몰려들다. J'ai pris ma voiture et j'ai *couru* chez lui. 나는 차를 타고 그에게로 달려 갔다. ~ chercher un médecin 급히 의사를 부르러 가다. [~ à] ~ *aux* armes 급히 무기를 들다. ~ *au* feu 불난 곳으로 달려가다. Tout Paris *court* à cette pièce. 파리 사람들이 온통 이 연극에 몰려들고 [쇄도하고] 있다.

③ 뛰어다니다, 분주히 다니다. J'ai *couru* partout pour trouver une pièce de rechange. 나는 (바꿔낄) 부속품을 찾느라고 사방을 뛰어다녔다.

④ 경주에 참가하다. ~ à bicyclette(en auto) 자전거 (자동차) 경주에 참가하다. faire ~ un cheval 말을 (경주에) 출전시키다.

⑤ 흐르다, 흐르듯 움직이다; (시간이)흐르다. L'eau *court*. 물이 흐른다. plume qui *court* sur le papier 종이 위에 써나가는 펜. par le temps qui *court* 현재로서는, 목하. le mois(l'année) qui *court* 금월 [금년].

ⓖ (길 따위가)걸게 뻗어 있다, 이어져 있다. Le chemin *court* le long de la côte. 해안선을 따라 길이 뻗어 있다.
ⓗ 유포되다, 퍼지다, 전해지다(circuler). faire ~ une nouvelle 어떤 소식〔뉴스〕을 퍼뜨리다. Le bruit *court* que... ···라는 소문이 퍼지다. (비인칭) Il *court* un bruit sur elle. 그녀에 대해 소문이 돌고 있다.
ⓘ [~ à] (결과를 향해)달려가다. ~ *à* sa perte(*à* sa ruine) 파멸을 향해 나아가다, 파멸은 정해져 있는 것이다.
ⓙ (기한 따위가 ···부터)계산되다. L'intérêt *court* à partir du 3 mars. 이자는 3월 3일을 기점으로 계산된다.
ⓚ [~ à] (배가)(로)항로를 잡다(s'orienter). ~ *à* terre 육지로 향해 가다. ~ *au* nord 북으로 항로를 잡다.

~ *après*....을 (손에 넣으려고) 열심히 쫓다. ~ *après* une femme 여자의 뒤꽁무니를 쫓아다니다. ~ *après* les honneurs(la fortune, le succès) 명예〔재산·성공〕을 추구하다. ~ *après* son ombre 불가능한 것을 추구하다. ~ *après* l'esprit 《옛》재치를 뽐내려고 노력하다.
~ *sur* la place (시장에)공급과잉이 되다.
~ *sur*(*sus à*) *qn*[*qc*] ⓐ ···에 덤벼들다; ···와 싸우다. Ce chien *court sur* les passants. 이 개는 행인들에게 달려든다. ⓑ ~ *sus aux* abus 악폐와 싸우다. ⓒ (일 따위를)서둘러 해치우다. ⓓ (나이가) ···에 가까워지다. Il *court sur* ses 60 ans. 그는 곧 60세가 된다.
en *courant* 급히, 서둘러서(à la hâte). répondre *en courant* à une lettre 편지에 서둘러 답장하다.
laisser ~ 되는 대로 내버려두다, 방임하다.
—*v.t.* ① 뒤쫓다, 추구하다. ~ le cerf 사슴을 쫓다. ~ les honneurs 명예를 추구〔갈망〕하다. ~ les filles(le jupon) 여자의 뒤꽁무니를 쫓다.
② (이리저리)뛰어다니다(parcourir). ~ la ville (les bois) 도시〔숲속〕를 이리저리 뛰어다니다. ~ la poste 역마차로 여행하다; 〖비유적〗일을 급히 서둘러 하다.
③ 자주 다니다(fréquenter). ~ les théâtres(les bals) 극장〔댄스홀〕에 열심히 드나들다.
④ (위험 따위에)빠지다(s'exposer à). ~ un danger 위험을 당하다. ~ sa chance 운을 걸고 부딪쳐 보다. ~ le risque de+ *inf.* ···하는 위험을 무릅쓰다.
⑤ (경주에)나가다, 참가하다. ~ le 100 mètres 100미터 경주에 나가다. ~ le tour de France 프랑스 일주 자전거 경주에 참가하다.
⑥《속어》[~ *qn*] 귀찮게 굴다. Il commence à me ~. 그는 나를 못살게 굴기 시작한다.

courlan [kurlɑ̃] *n.m.* 〖조류〗두루미의 일종.
courlieu [kurljø], **courlis** [kurli] *n.m.* 〖조류〗마도요.
couroir [kurwa:r] *n.m.* 〖해양〗(선실 사이의)통로, 복도.
***couronne** [kurɔn] *n.f.* ① 관; 화관, 월계관; (비유적) 명예; 상. ~ de fleurs 화관. ~ du martyr(de gloire) 순교〔영광〕의 관. ~ funéraire(mortuaire) (관이나 묘위에 놓는)화환. ② (왕위 따위를 상징하는)관, 왕관. ~ royale(impériale) 왕(황제)관. ~ fermée 머리 전체를 덮는 왕관. ~ ouverte 머리 주위를 두른 관. ~ d'épines 가시관 (고난의 상징). triple ~ 로마 교황의 3중관. ③ 왕위, 왕권; 왕국; 국왕. la ~ de France 프랑스 왕국. héritier de la ~ 왕위 계승자. donner la ~ à *qn*···을 대관시키다. discours de la ~ 칙어, 회칙. ④ (왕관 무늬가 있는)금·은화; (영국의)크라운 은화; 왕관 무늬가 든 종이; 크라운판 지형(46×36 cm). ⑤ 관모양의 것. se placer en ~ 둥그렇게 앉다. ~ parisienne (근교를 포함한 환상(環狀)의)파리도시권. ⑥ 〖기계〗(도르래·톱니바퀴의)링; 관모양 바퀴. ⑦ 〖천문〗(태양·달 둘레의)무리; (개기식 때의)광환(光環), 코로나(~ du soleil). ⑧ⓐ〖의학〗veines en ~ 관성맥; ~ de Vénus (매독 제 3기의)발진. ⓑ 〖해부〗치관(齒冠). ⑨ ouvrage à ~ (성의)관상외보(冠狀外堡).
couronné(e) [kurone] *a.p.* ① 관을 쓴. ② 왕위에 오른. tête ~*e* 군주, 왕. ③ 영예에 오른, 상을 받은. entreprise ~*e* de succès 성공의 영광을 얻은 기업. roman(auteur) ~ du prix Goncourt공쿠르상 수상 소설〔작가〕. ③ 꼭대기가 덮인; 둘러싸인. sommet ~ de neiges éternelles 만년설로 뒤덮인 정상. ④ (말이)무릎에 상처를 입은.
couronnement [kurɔnmɑ̃] *n.m.* ① 관을 씌움; 대관식. ~ d'un roi 왕의 대관(식). ② (기둥·벽 따위의)꼭대기를 장식하기; 꼭대기 장식. ③ 완성, 끝마무리. Cette noble action fut le ~ de toutes les autres. 이 고귀한 행위가 다른 모든 고귀한 행위들의 마지막을 장식했다. ④ 〖군사〗(고지의)점령. ⑤ (나무를)관 모양으로 손질함; (수목의)가지 끝이 마름. ⑥ 〖수의〗〖말〗~ 무릎의 부상.
couronner [kurone] *v.t.* ① [~ *qn* de] (에)관을 씌우다. Nous *avons couronné* Alice *de* fleurs. 우리는 알리스에게 꽃관을 씌워주었다. ~ d'oranger (신부에게 순결의 상징으로)오렌지꽃을 관을 씌우다. ② (에게)영광을 베풀다, 상을 주다. Dieu *couronne* les martyrs. 신은 순교자들에게 영광을 베푼다. ~ un ouvrage(un auteur) 작품〔작가〕에 상을 주다. ③ 왕관을 씌우다, 왕위에 오르게 하다. Le roi *fut couronné* solennellement. 왕은 엄숙하게 왕위에 올랐다. ④ (꽃의 꼭대기를)왕관 모양으로 꾸미다; (수목의 꼭대기 모양으로 손질하다; (건물 따위의)꼭대기를 장식하다〔덮다〕. Sa tête *était couronnée* d'un bandeau multicolore. 그녀의 머리는 다채로운 빛깔의 머리띠로 장식되어 있었다. ⑤ (산이 거리·계곡 따위를)우뚝 솟아 둘러싸다; 〖군사〗(고지를)점령하다. Plusieurs coteaux *couronnent* cette ville. 여러 개의 언덕들이 이 마을을 둘러싸고 있다. ~ une position(une hauteur) 진지〔고지〕를 점령하다. ⑥ (의)최후를 장식하다; 완성하다; (소원 따위를)이루어주다. Cette nomination *a couronné* sa carrière. 이 임명은 그의 생애의 마지막을 장식했다. Le succès *couronne* son entreprise. 그의 기업은 마침내 성공했다〔성공리에 끝났다〕. ⑦ (말의)무릎을 다치게 하다.
La fin couronne l'œuvre.《속담》일은 최후가 중요하다. *pour ~ (le) tout* 《구어》게다가; 결국은. *Pour ~ le tout* il est arrivé en retard. 게다가 그는 늦게 오기까지 했다.
—se ~ *v.pr.* ① 왕관을 쓰다, 왕위에 오르다. Napoléon 1er *se couronna* de ses mains. 나폴레옹 1세는 자기 스스로 황제의 자리에 올랐다. ② [se ~ de] (으로)꼭대기가 덮이다(장식되다). Ces collines *se couronnent* de jolies fleurs en mai. 이 언덕은 5월이 되면 아름다운 꽃들로 뒤덮인다. ③ (말이)무릎에 상처를 입다; 〖구어〗(사람이 넘어져서) 무릎을 다치다. Ce petit garçon *s'est couronné* en tombant. 이 사내아이는 넘어져서 무릎에 상처를 냈다.
courr-ai, -ons, etc. [kur-e, -ɔ̃]⇨courir.
courre [ku:r] *v.i.*《부정법의 다음 용법에만 쓰임》. chasse à ~ (총포 없이 사냥개를 쓰는)기마 수렵. laisser ~ (les chiens)사냥개를 놓아 짐승을 쫓게 하다. —*v.t.* (사슴 따위를)몰아대다, 쫓다.

courrier [kurje] *n.m.* ① (집합적) 우편물, 편지. Le facteur a déjà distribué le ~. 우편배달부는 벌써 편지를 배달했다. Y a-t-il du ~ pour moi? 나에게 편지온 것 있어요? Je passe prendre mon ~. 내 우편물을 찾으러 간다. rédiger(faire) son ~ 편지를 쓰다. heure du ~ 우편물 발송(도착) 시각. par retour du ~ 즉각 회신으로. ② 우체국 직원; 우편계. ~ ambulant 우편배달부. ~ convoyeur 우편수송계. ~ diplomatique(d'ambassade, de cabinet) 공문서 송달리. ③ 우편수송; 우편기; (일반적) 정기 항공편; (옛) 우편마차. ~ maritime(aérien) 선편(항공편). court-~ 단거리 항공기(1,000 킬로미터 이내). moyen-~ 중거리 항공기(2,000 킬로미터 이내). long-~ 장거리 항공기. ④ ···신문; (신문의) 통신란, 소식란. ~ de l'Ouest 서프랑스 일보. ~ littéraire(des sports, de la Bourse, des lecteurs, du cœur) 문예(스포츠·주식·독자·신상상 담)란. ⑤ (옛) 여행 중의 시종(valet de pied); 파 발꾼(estafette). ~ de malheur 불행(흉보)을 전하는 사람.

courrière [kurjɛːr] *n.f.* 소식을 전하는 사람, 전령.
courriériste [kurjerist] *n.* (문예·예능·소식란의) 잡보(탐방) 기자.
courroie [kurwa] *n.f.* ① 가죽띠, 가죽끈. ~ de reculement (말의)엉덩이 끈(→ harnais 그림). ② [기계] 벨트, 피대. ~ de commande(de transmission) 전도(傳導)벨트. *allonger(étendre)* **la** ~ (구어) 아껴서 오래 쓰다; 검소하게 오래 살다. *lâcher la* ~ *à qn* ···을 자유롭게 내버려두다, ···의 고삐를 늦춰 주다. *serrer la* ~ *à qn* ···에게 주는 자금을 줄이다.

courroucé(e) [kuruse] *a.p.* 노한; (문어) (바다가) 풍랑이 심한. d'un ton ~ 노기띤 어조로. flots ~s 노도.
courroucer [kuruse] [2] *v.t.* (문어) 노하게 하다. ~ son père 아버지를 노하게 하다. **—se** ~ *v.pr.* 노하다; (문어) (바다가) 사납게 파도치다(s'agiter). La mer *se courrouce*. 바다가 사납게 노호한다.
courroux [kuru] *n.m.* (문어) 노여움, 분노. ~ du ciel 하늘의 노여움. Il pâlit de ~. 그는 분노로 얼굴이 파래졌다. être(entrer) en ~ 노하다(노기를 띠다). flots ~ (비유적) 노도.

‡cours [kuːr] *n.m.* ① (물·개천 따위의) 흐름; (혈액·체액의) 순환. ~ rapide(impétueux) 급류(격류). ~ supérieur(inférieur) d'un fleuve 강의 상류(하류). descendre(remonter) le ~ d'un fleuve 강을 따라 내려가다(거슬러 올라가다). ~ d'eau (총칭) 하천. ~ du sang 피의 흐름.
② (천체의) 운행. ~ du Soleil(des astres) 태양(천체)의 운행.
③ (시간의) 흐름; (일의) 경과, 추이, 방향. ~ des saisons 계절의 변화. ~ de la vie 인생. ~ de l'histoire 역사의 흐름. ~ de la conversation 대화의 흐름. prendre un nouveau ~ 새로운 방향으로 나가다. La nouvelle stratégie a modifié le ~ de la guerre. 새 전술은 전쟁의 추이를 바꿔놓았다. [suivre son ~] L'enquête *suit son* ~. 조사는 진행되고 있다. [suivre le ~ de *qc*] *suivre le* ~ *des événements* 사태의 추이를 지켜보다.
④ 유통, 통용; 신용. ~ des monnaies 화폐의 유통. monnaie sans ~ ···통화.
⑤ (변동하는) 시가, 시세. Le ~ du blé a monté. 밀 시세가 상승했다. acheter des marchandises (des effets) au ~ 시가로 상품(유가증권)을 사다. ~ de la Bourse 주식시세. ~ au comptant 주식의 현금매매.
⑥ ⓐ 강의, 강좌; 강의록. donner un ~ 강의를 하다. ouvrir un ~ 강좌를 개설하다. ~ public 공개강좌. ~ par correspondance 통신강좌, chargé de ~ 강사. ~ contre-maître ~ d'anglais 영어학 강의록을 사다. ⓑ ~ (주로)초등교육의 과정, (학)급. ~ du soir 야학. ~ élémentaire(moyen, supérieur) 국민학교의 초급(중급·상급) 과정. ~ de fin d'études 국민학교의 최상급 과정(12–14세). ⓒ 강습회; 각종 학교. ~ de danse 댄스 강습회(교실). ~ de sténo 속기 강습회. ~ de jeunes filles 신부학교. ~ de secrétariat 비서 양성학교.
⑦ [해양] 항해, 항정(航程). navigation au long ~ 원양항해. capitaine au long ~ 원양항해선의 선장.
⑧ 큰거리, 산책길(allée, promenade). (주로 고유명사로) le C~-la-Reine (파리의)구르라렌(산책로). le ~ Mirabeau 미라보 거리.
⑨ [건축] ~ d'assise 석적층(石積層); ~ de plinthe(각 층의 높이를 표시하듯 외벽에 붙인)수평대(帶).
⑩ (옛) 빠른 걸음(course). traverser d'un ~ impétueux 성급한 걸음으로 건너가다.
au ~ *de qc* ···의 사이에, 도중에. *au* ~ *de* son voyage en France 그의 프랑스 여행중에. *au* ~ *de* ces dix dernières années 과거 10년 사이에.
avoir ~ 통용되다, 사용되고 있다. Cette monnaie n'a plus ~. 이 화폐는 이제 통용되지 않는다. Cette mode *a eu* ~ pendant quelque temps. 이 패션은 한동안 유행했다.
donner ~ *à qc* ···을 흐르게 하다; ···을 통용하게 하다. *donner* ~ *à* ses larmes 마음껏 눈물을 흘리다.
donner libre ~ *à qc* (감정 따위를) 터뜨리다, 넘쳐 흐르게 하다. *donner libre* ~ *à* sa joie 마음껏 기쁨을 누리다, 기뻐 날뛰다.
en ~ *(de qc)* ⓐ (···의)진행 중의. travaux en ~ 진행중인 공사. L'appartement est en ~ d'aménagement. 아파트는 지금 개축 중에 있다. ⓑ (···의)도중에. tomber en panne *en* ~ *de* route 주행(운행)중에 고장이 나다. ⓒ 현행의, 통용되는. année en ~ 올해.
laisser libre ~ *à qc* ···을 자연스런 흐름(경과)에 내맡기다. Je *laissais libre* ~ à mes rêveries. 나는 몽상에 빠져 있었다.
prendre ~ (옛) 용법이 확립되다, 유포되다. Cette locution *a pris* ~ au moyen âge. 이 표현은 중세에 확립되었다.
rompre (*le*) ~ *à qc* (옛) ···을 중단(종식) 시키다.

‡course [kurs] (<*courir*) *n.f.* ① 달림, 뛰기. au pas de ~ 달음박질로. prendre sa ~ 달려가다, 도망치다. rattraper *qn* à la ~ 뛰어가 ···을 따라잡다.
② 경주; 경기, 레이스; (*pl.*) 경마. ~ à pied 도보 경주. ~ de vitesse(de fond, de demi-fond) 단거리(장거리·중거리) 경주. ~ sur(de) cent mètres 100 미터 경주. ~ d'obstacles 장애물경주. ~ de cent mètres dos 100 미터 배영경기. ~ cycliste 자전거 경기. ~ d'automobiles (de motos) 자동차(오토바이) 레이스. ~ de taureaux 투우(corrida). champ de ~s 경마장. jouer(parier) aux ~s 경마에 돈을 걸다.
③ (비유적) 경쟁(compétition). ~ aux armements 군비확장경쟁. ~ au pouvoir 권력투쟁.
④ 외출, 용무, 심부름; (*pl.*)쇼핑(achats); 산물들. Il est en ~. 그는 (용무로) 외출중이다. J'ai une ~ urgente à faire. 나는 급한 용무가 있다. aller faire ses ~s 장을 보러 가다, 쇼핑하러 가다. garçon de ~ 심부름꾼.
⑤ 산보(promenade); (탈것의)운행; (택시의)주

행(거리·요금). faire une belle ~ à pied[à cheval, en voiture] 걸어서[말을 타고, 자동차로] 즐거운 산책을 하다. Le navire revient de sa ~ lointaine. 배가 긴 항해에서 돌아온다. Ce chauffeur de taxi a fait dix ~s dans la matinée. 택시기사는 오전 중에 10회 운행했다. tarif[prix] de la ~ 운임표.

⑥ 흐름, 움직임, 운행(cours);《문어》(시간의)흐름, 경과; 생애. ~ d'un fleuve 강물의 흐름. ~ des nuages 구름의 흐름. ~ du soleil 태양의 운행. ~ du temps 시간의 흐름. arriver au bout de la ~ 인생의 종말에 다다르다.

⑦《기계》이동거리; (피스톤 한 번의)행정(行程). ~ -aller[avant] 전진행정. ~ -retour[rappel] 되돌아오는 행정.

⑧《해양》해적행위, 약탈. faire la ~ (적을 습격하여)해적행위를 하다.

à bout de ~ 몹시 지쳐, 녹초가 된.
en fin de ~ 종착점에 도달한; 전도가 없는.
être dans la ~《구어》ⓐ 경주에 참가하다. ⓑ 세상 물정에 밝다, 세상 움직임에 따라가다(être à la page). J'ai pris ma retraite et je ne *suis* plus *dans la ~*. 은퇴를 해서 이젠 세상물정을 모른다.
être hors de ~ 경쟁에 뒤떨어지다; 세상물정에 뒤떨어지다.

course-croisière [kursəkrwazjɛr](*pl.* ~s-~s)*n.f.*《스포츠》(요트의)외양(外洋) 레이스.
course(-)poursuite [kurspursчit]*n.f.*(비유적)(두 사람·두 집단 사이의)치열한 경쟁.
courser [kurse]*v.t.* ①《구어》(경주에서)뒤따르다. ②《속어》(특히 여자를)따라다니다.
coursier¹ [kursje] *n.m.* ①《문어》준마. ②(물방아의)수로(水路). ③《해군》선수포(船首砲).
coursier²(ère) [kursje, -ɛːr] *n.* 심부름꾼.
coursive [kursiːv] *n.f.*《선박》(이물에서 고물로 통하는)통로.
courson(ne) [kursɔ̃, -ɔn] *a.* 짧게 자른. —*n.m.*[*f.*] =courçon.

:court¹(e) [kuːr, kurt] *a.* ①(거리)짧은, 단거리의, 가까운; (키가)작은. porter une robe très ~*e* 아주 짧은 옷을 입고 있다. cheveux ~*s* 짧은 머리. avoir la taille ~*e*; être ~ de taille 키가 작다. ~ chemin 지름길. ondes ~*es* 단파.

② (시간)짧은; 재빠른. rester un ~ moment 잠시 머물다. Les jours de l'hiver sont ~*s*. 겨울해는 짧다. Je trouve le temps ~. 시간이 짧다[빨리 간다고] 느끼다. dette à ~ terme 단기 부채. dans le plus ~ délai possible 가능한한 빠른 시일 내에.

③《구어》부족한, 궁한(insuffisant). Cent francs, c'est un peu ~.《구어》100 프랑으로는 좀 부족하다. idées ~*es* 단견(短見). 《문어》[être ~ de] être ~ d'esprit 재치가 모자라다. être ~ d'haleine (말이)호흡곤란이 되다.

④(비유적)재빠른, 민첩한(prompt, rapide). employer le plus ~ expédient 가장 빠른 방법을 쓰다. être ~ dans [] Il *est* ~ *dans* ses décisions. 그는 결단이 빠르다.

à ~e vue 좁은 시야의, 단견의. politique *à ~e vue* 근시안적 정책.
avoir la mémoire ~e; avoir ~e mémoire; être ~ de mémoire 기억력이 나쁘다.
avoir l'haleine ~e 숨이 차다, 헐떡이다.
avoir la peau trop ~e 《속어》게으름뱅이다.
avoir la vue ~e 근시이다; 선견지명이 없다.
en être pour sa ~e honte; rester avec sa ~e honte 《문어》(남의 웃음거리가 되어)기가 팍 죽다, 창피를 느끼다.
la faire ~e et bonne 《구어》굵고 짧게 살다.

pour (vous le) faire ~ 간단히 말하면.
—*n.m.* 지름길, 간단한 방법. passer par le plus ~ 지름길로 가다; 가장 쉬운 방법을 택하다. couper au ~; prendre le[au] plus ~ 지름길을 가다.
savoir le ~ et le long de qc …의 자초지종을 자세히 알다.

—*ad.* 짧게; 별안간, 갑자기, 급히. couper les cheveux ~ 머리를 짧게 자르다. s'arrêter ~ 갑자기 멈춰 서다. s'habiller ~ 짧게 옷을 입다.
à ~ (de) (…이)부족하여. Il est toujours *à ~ d'argent*. 그는 항상 돈이 부족하다.
être pendu haut et ~ 《구어》교수형에 처해지다.
prendre qn de ~ 《구어》…의 허를 찌르다; …에게 여유를 주지 않다; …의 이야기를 가로막다.
respirer ~ 숨을 헐떡이다.
rester (demeurer, se trouver) (tout) ~ 말문이 막히다; 어찌할 바를 모르다.
tourner ~ ⓐ 급커브로 꺾다. ⓑ 별안간 다른 것[일]으로 옮겨가다. L'orateur *a tourné* ~. 연사는 갑자기 다른 이야기로 넘어갔다. ⓒ 별안간 중지되다(끝나다).
tout ~ 짧게; 간단히; 갑자기. Réponds-moi par "oui ou non" *tout* ~. 간단히 "그렇다, 아니다"로 답해라. s'arrêter *tout* ~ 별안간 멈춰서다.

court² [kort, kuːr]《영》*n.m.* (테니스)코트.
court.《약자》courtage《상업》중개인 수수료.
courtage [kurtaːʒ] *n.m.* ①매매중개, 거간. faire le ~ de …의 중개업(브로커)을 하다; 중개업; 중개 수수료, 구전.
courtaud(e) [kurto, -oːd] *a.* 땅딸막한;《옛》(개·말의)꼬리와 귀를 자른.
—*n.* 땅딸보;《옛》꼬리와 귀를 자른 개[말]; ~ (de boutique)《경멸》점원.
courtauder [kurtode] *v.t.* (개·말의)꼬리와 귀를 자르다.
court-bouclée [kurbukle] *a.f.* (여자가)머리를 짧게 자른.
court-bouillon [kurbujɔ̃](*pl.* ~s-~s) *n.m.*《요리》포도주와 후추 따위로 만든 소스(생선 요리용); (그 소스를 친)생선요리.
court-circuit [kursirkчi](*pl.* ~s-~s) *n.m.* ①《전기》다락(短絡), 쇼트(court-circuitage); 쇼트사고, 누전. ②《구어》직접교섭.
court-circuitage [kursirkчitaʒ] *n.m.*《전기》다락시킴.
court-circuiter [kursirkчite] *v.t.* ①《전기》단락시키다. ②《구어》(정상적인 중계·수속을)뛰어넘다, 직접교섭하다. ~ la voie hiérarchique (수속 절차에 있어)계층[계통]을 밟지 않다. grossite qui *court-circuite* les détaillants 소매상을 거치지 않고 직접 고객을 상대하는 도매상.
court-circuiteur [kursirkчitœːr] *n.m.*《전기》단락기(短絡器).
court-courrier [kurkurje](*pl.* ~-~s) *a.* (수송기가)단거리의. —*n.m.* 단거리 수송기.
courte-botte [kurtəbɔt](*pl.* ~s-~s) *n.m.*《옛》난장이(처럼 키가 작은 사람).
courtement [kurtəmã] *ad.*《옛》짧게, 간략하게.
courtepointe [kurtəpwɛ̃ːt] *n.f.* (솜을 넣고)누빈 이불(담요).
courte-queue [kurtəkø](*pl.* ~s-~s) *a.*《옛》꼬리를 자른(개·말). —*n.f.*《식물》(대가 짧은)버찌 나무의 일종(cerise de Montmorency).
courter [kurte]《상업》*v.t.* (세일즈맨이)팔다. —*v.i.* 중개를 맡다.
courtes-cornes [kurtəkɔrn] *n.m.*《복수불변》《축산》영국산의 뿔이 짧은 소.

courtier(ère) [kurtje, -ɛːr] *n.* ① 〖상법〗 중개인, 브로커, 알선인. ~ en vins(en grains) 포도주(곡물) 중개인. ~ immobilier 부동산 알선업자, 복덕방. ~ maritime 선박 중개인, 해운 중개인. ~ de charge 증권(주식) 중개인, 해운 중개인. ~ (clandestin) 무허가 중개인. ② 소개자; 조정자. —*ère* de mariage 결혼 중매를 하는 여자. ~ de chair humaine 포주.

courtil [kurti] *n.m.* 〖옛〗(울타리 따위로 둘러선 농가의)작은 뜰.

courtilière [kurtiljɛːr] *n.f.* 〖곤충〗 땅강아지(taupe-grillon).

courtille [kurtij] *n.f.* ①〖옛〗(농가의 울타리가 있는)뜰, ② la C~ 쿠르티유(옛날 포도밭이 있던 곳에 숱집들이 들어선 파리 북부의 구지역).

courtine [kurtin] *n.f.* ① 〖교회〗제단 뒤에 친 포장, 커튼; (침대 둘레의)커튼. ② 〖건축〗(양쪽에 정자가 붙은 건물의)정면. ③ 〖축성〗(성곽 본채의)성문과 맞무 사이의 성벽(→ fortification 그림). ④ (*pl.*)〖속어〗경마. jouer aux ~s 경마에서 내기를 걸다.

courtisan(e¹) [kurtizɑ̃, -an] *n.m.* ① 궁인; 조정의 고관, 조신(朝臣). ②〖경멸〗추종자, 아첨꾼. —*a.* ① 궁정의, 궁인(조신)다운. poète ~ 궁정시인. ②〖경멸〗추종하는, 아첨하는. manières ~*es* 추종하는 태도.

courtisane [kurtizan] *n.f.* (고대 그리스 따위에서 교양있는 유복한)유녀(遊女); (근대의)고급 창녀.

courtisanerie [kurtizanri] *n.f.* ①〖문어〗비굴한 알랑거림, 아첨, 추종. ②〖옛〗궁정인다운 행동, 궁정의 관습.

courtisanesque [kurtizanɛsk] *a.* 궁인풍의; 아첨의.

courtiser [kurtize] *v.t.* ① 알랑거리다, 아첨하다. ~ les riches 부자들의 비위를 맞추다. ② (여자에게)치근거리다, (여자를)구슬리다. ③ ~ les Muses 시를 짓다; ~ la gloire 명예를 추구하다.

court-jointé(e) [kurʒwɛte] (*pl.* ~-~s) *a.* (말이)발목(paturon)이 짧은.

court-jus [kurʒy] *n.m.* 〖속어〗=**court-circuit**.

courtois(e) [kurtwa, -aːz] *a.* ① 정중한, 예의바른. manières ~*es* 예의바른 태도. refus ~ 정중한 거절. aborder une personne de façon ~*e* 여성에게 부드럽게 접근하다. ② (중세의)궁정식(풍)의. amour ~ 궁정풍의 연애. littérature ~*e* 궁정풍 연애문학. roman ~ 기사도 연애 이야기. ③ arme ~*e* (기마시합용의)끝이 뭉뚝한 창(칼); parler à pointes ~*es* 부드럽게 이야기하다. combattre *qn* à armes ~*es* ⋯와 신사적으로 논쟁하다.

courtoisement [kurtwazmɑ̃] *ad.* 정중하게, 예의바르게.

courtoisie [kurtwazi] *n.f.* 정중함; 예의(바름); 의례, 의전; 친절. recevoir *qn* avec ~ 정중하게 ⋯을 맞이하다.

court-vêtu(e) [kurvety] (*pl.* ~-~s) *a.* 짧은 옷(미니스커트)을 입은.

couru(e) [kury] (*p.p.*<*courir*) *a.p.* ① 인기있는, 유행하는. ② 뻔한, 확실한. C'est ~ (d'avance)! 〖구어〗말하지 않아도 알 수 있다.

cousailler [kuzaje] *v.i.* 헌 옷을 꿰매다.

cousant [kuzɑ̃] ⇨coudre.

couscous [kuskus] ① 쿠스쿠스(곡물가루를 말려서 좁쌀 모양으로 만든 것). ② 〖요리〗 쿠스쿠스 요리(고기·야채를 넣어서 간을 맞춘 수프로 찐 쿠스쿠스에 얹어 먹는 북아프리카의 요리).

cous-e, -es ⇨coudre.

cousette [kuzɛt] *n.f.* 〖구어〗양재사의 조수. ② (작은 휴대용)바늘집, 반짇고리.

couseur(se) [kuzœːr, -øːz] *n.* 봉제공; (제본의)철공(綴工). —*n.f.* 공업용 재봉틀; (제본용의)가철기(假綴機).

cous-ez, -ons, etc. [kuz-e, -ɔ̃] ⇨coudre.

‡**cousin¹(e)** [kuzɛ̃, -in] *n.* ① 사촌, 종형제, 종자매. ~ germain (친)사촌(적어도 조부모중에 하나를 같이 하는). ~ au deuxième degré; ~s issus de germains 6 촌 재종(quatrième 를 넘으면 petits-~s 라 부름). ~ à la mode de Bretagne 가깝게 내왕하는 먼 척족. ~ par alliance 사촌의 배우자, 배우자의 사촌. mon ~ 〖역사〗프랑스 국왕이 신하들에게 준 칭호의 하나. ②〖구어〗연줄, 근친(자); 비슷한 것(사람), 동류. Tous les amoureux sont ~s d'un poète. 연애를 하는 사람들은 모두 조금씩은 시인이다.

Le roi n'est pas son ~. 그는 아주 우쭐해 있다(왕조차도 사촌이라고 부르지 않는다).

cousin² [kuzɛ̃] *n.m.* 〖곤충〗집모기.

cousinage [kuzinaːʒ] *n.m.* ① 사촌 친척; 모든 사촌, 모든 친척. ② (사람·사물의)유사함, 근친.

cousinaille [kuzinaːj] *n.f.* 〖구어〗귀찮을 정도로 많은 친척.

cousiner [kuzine] *v.i.* [~ avec] (을)사촌취급하다; (와)가까이 지내다.

cousinière¹ [kuzinjɛːr] *n.f.* 〖옛〗모기장.

cousinière² *n.f.* 〖옛〗부양 친족.

cous-is, -it [kuzi] ⇨coudre.

cousoir [kuzwaːr] *n.m.* (수동으로 책을 철하는)철정기(綴釘機); (장갑을 봉합할 때 쓰는)바이스; (말의 후렴의)패드; (금박사(金箔師)의)가죽 패드; (조판사(彫版師)가 세공물을 올려놓는)모래주머니; (레이스 제조용의)받침목. ② 〖해양〗(제 1 의 경사돛의)받침대, (닻 사슬 구멍의)바퀴.

coussin [kusɛ̃] *n.m.* ① 쿠션, 방석. ~ de canapé 긴 의자용 쿠션. ~ pneumatique(à air) 공기 베개. ② (금속에 조각할 때 밑에 받치는)모래주머니; (레이스 뜨개질용의)받침대. ③ =coussinet ②. ④ ~ d'air (선체나 차체를 받쳐주는)공기 쿠션. véhicule à ~ d'air 호버크라프트(수면에 분사한 공기의 압력으로 선체를 띄워 앞으로 나아가는 배).

coussiner [kusine] *v.t.* 〖드물게〗(차 따위에)쿠션을 대다.

coussinet [kusinɛ] *n.m.* ① 작은 쿠션; 〖의복〗패드, ② 〖기계〗축받이, 베어링, ③ 〖철도〗체어(레일을 받쳐주는 좌철(座鐵), 침목에 고정됨). ④ (아치의)도림대; (이오니아식 원주의)소용돌이 모양의 방위주두(方圓柱頭). ⑤ 〖식물〗엽침(葉枕). ⑥ 〖의학〗피하지방.

cousu(e) [kuzy] (*p.p.*<*coudre*) *a.p.* ① 꿰맨, 수를 놓은. ~ à la main 손으로 만든(재봉한). habit ~ de pierreries 보석으로 수를 놓은 옷. visage ~ de cicatrices 상처 투성이의 얼굴. ② 달라붙은. enfant ~ à la robe(aux jupes) de sa mère 늘 어머니를 따라다니는 아이.

avoir(garder, tenir) la bouche ~*e* 입을 다물다, 비밀을 지키다.

Bouche ~*e*! 〖구어〗조용히 하고 있어; 다른 소리 말아!

~ *de fil blanc* 〖구어〗흰 실로 수놓은; 일목요연한.

~ *d'or* 금실로 수를 놓은; 굉장한 돈이 많은. Mon oncle est tout ~ *d'or*. 나의 아저씨는 굉장한 부자이다.

coût [ku] *n.m.* ① 비용, 경비, 코스트. Le ~ de la vie augmente. 생활비가 오른다. ~ de transport 운송비. ~ de production 생산비. ② 대가, 보상. ~ d'une imprudence 부주의에 대한 자각.

Le ~ *fait perdre le goût.* 〖속담〗값이 비싸면 살 마

음이 없어지다.
coûtant [kutɑ̃] *a.m.* 《다음 숙어뿐》*au*(*à*) *prix* ~ 원 가로.

***couteau** [kuto] (*pl.* ~*x*) *n.m.* ① 나이프, 칼, 단도. affûter[aiguiser, repasser] le ~ 칼을 갈다. enfoncer[plonger, planter] un ~ dans le ventre de *qn* …의 배를 칼로 찌르다. jouer du ~; manier le ~ 칼을 휘두르다, 칼부림하다. ~ de poche 주머니 칼. ~ pliant 접는 칼. ~ de cuisine 부엌칼, 식칼. ~ à beurre[fromage, poisson] 버터[치즈·생선] 칼. ~ de table 식탁용 칼. ~ à papier 페이퍼 나이프(coupe-papier). ~ à palette; ~ de peintre 팔레트 나이프. ~ à raser 면도칼. ~ de chirurgie 외과용 나이프, 메스.
② 《옛》 단검, 도(刀); 《칼》날. ~ à armer 단검. ~ de tranchée (백병전용의) 단검(~-poignard). ~ de chasse 엽도, 사냥칼. ~ de la guillotine 단두대의 날.
③ ⓐ 받침날, 나이프에지(저울대의 지점(支點)) (~ de balance). ⓑ (팽팽하게 뻗친)부인모의 깃털 장식. ⓒ 《패류》 긴맛조개. ~ à pommes à ~ 생식용 사과(가공용 사과는 pommes à cidre). ⓒ ~ de chaleur (말의)땀을 닦는 주걱.
enfoncer(*remuer, retourner*) *le* ~ *dans la plaie* 슬픔[고통]을 더하게 하다.
enfoncer le ~ *dans le cœur de qn* …의 마음에 심한 고통을 주다.
être à ~*x tirés avec qn; être aux épées et aux* ~*x avec qn* …와 내놓고(공공연하게) 싸우고 있다, 불화의 상태에 있다.
visage en lame de ~ 날카로운(뾰족한) 얼굴.

couteau-poignard [kutopwaɲa:r] (*pl.* ~*x*-~*s*) *n.m.* 사냥칼(제1차 대전 때의)백병전용 단검.

couteau-scie [kutosi] (*pl.* ~*x*-~*s*) *n.m.* (빵 따위를 써는)톱나칼.

coutelas [kutlɑ] *n.m.* ① 큰 식칼, 고기칼; (종이의 가장자리를 잘라내는)재단칼; 외날 단검. ② 《어류》황새치.

coutelet [kutlɛ] *n.m.* 《옛》(중세의)손톱깎이·귀이개·칫솔 종류.

coutelier(*ère*) [kutəlje, -ɛ:r] *n.* 칼붙이 제조(판매)인, 칼장수. —*a.* 칼붙이 제조(판매)의. —*n.f.* (드물게)칼 상자.

coutellerie [kutɛlri] *n.f.* 칼붙이 제조(판매)업; 칼붙이 공장(상점). ② (집합적)칼붙이 제품.

:coûter [kute] *v.i.* 값이 …이다, 비용[돈]이 들다. Combien *coûte* ce briquet? —Il *coûte* dix francs. 이 라이터는 얼마입니까? 10프랑입니다. Ça *coûte* cher[gros, chaud]. 그건 비싸다. Ça ne *coûte* rien. 공짜이다, 거저이다. Cela ne *coûte* rien d'espérer. 희망을 품는 건 돈이 안든다. (비인칭) Il *coûte* beaucoup à bâtir. 건축에는 비용이 많이 든다.
〖REM〗 **coûter**동사의 복합시제에 있어서 값·비용을 나타내는 어구가 선행해도 과거분사는 일치시키지 않는다:les deux mille francs que ce livre m'*a coûté* 이 책을 사는 데 내가 지불한 2,000프랑. 하지만 그 이외의 명사는 직접목적보어로 간주되어 과거분사에 일치시킨다:les peines que ce travail m'*a coûtées* 이 일을 하면서 내가 겪은 고통.
Ça coûtera ce que ça coûtera. 《구어》얼마가 들든 간에 상관없다, 비용은 문제되지 않는다.
coûte que coûte 어떠한 희생을 치르더라도. Il fallait le sauver, *coûte que coûte*. 어떠한 희생을 치르더라도 그를 구하지 않으면 안되었다.
~ les yeux de la tête (*la peau des fesses*) 《구어》(눈이 나올 정도로)엄청나게 비싸다.
Il n'y a que le premier pas qui coûte. 괴로움은 최초의 한 발짝뿐이다.
—*v.t.ind.* [~ à] …에 비용이 들다; …에게 고통을 주다. Ce voyage m'*a coûté* deux mille francs. 이 여행에 2,000프랑의 비용이 들었다. Cela lui *a coûté* de quitter. 그는 떠난다는 게 괴로웠다. Tout me *coûte*. 나는 모든 게 귀찮다.
Il en coûte… (*à qn de+inf.*) ⓐ (…에)비용이 들다. *Il m'en a coûté* six mille francs pour acheter cette voiture. 이 차를 사는 데 6,000프랑이 들었다. ⓑ (…에)…하는 고통을 주다. *Il en a coûté à* Louis *de renoncer à ce concours.* 루이에게 있어서 이 연주회를 단념한다는 것은 괴로운 일이었다. ⓒ (…에)…을)잃게 하다. *Il t'en coûtera* ton meilleur ami. (그런 짓을 하면)너는 가장 친한 친구를 잃게 될 거다. ⓓ (에)비싸게 먹히다. *quoi qu'il en coûte* 아무리 비싸게 먹히더라도, 어떠한 희생을 치르더라도.
—*v.t.* ① (고통·불안 따위를)주다, 일으키다. Cette affaire nous *a coûté* beaucoup d'ennuis(de peines, de fatigues, d'efforts, de larmes). 이 사건은 우리를 무척 고생시켰다.
② (에게)(의 대가를)치르게 하다; (에게)(을)잃게 하다. [~ *qc à qn*] La guerre lui *a coûté* un fils. 전쟁으로 그는 아들 하나를 잃었다. ~ *la vie à qn* …의 생명을 빼앗다.

coûteusement [kutøzmɑ̃] *ad.* 많은 비용을 들여.

coûteux(*se*) [kutø, -ø:z] *a.* ① 비용이 드는, 값비싼(cher, dispendieux). peu ~ 값싼, 헐한. ② 희생[고통]이 따르는. gloire ~*se* 많은 희생을 치르고 얻은 영광.

coutier(*ère*) [kutje, -ɛ:r] *n.* 《옛》양달링 직공(제조인·판매인).

coutil [kuti] *n.m.* 《직물》양달령; 즈크(즈크제의)작업복, 사냥복.

coutre [kutr] *n.m.* ① 보습. ② (장작 패는)도끼.

coutrier [kutri(j)e] *n.m.* 《사투리》《농업》(깊숙히 파헤치는)쟁기.

coutrillon(*ne*) [kutrijɔ̃, -ɔn] *a.* 쿠트라(Coutras, 프랑스의 도시)의. —*n.* 쿠트라 사람.

***coutume** [kutym] *n.f.* ① (사회의)관습, 풍습, 관례. selon la ~ du pays 그 나라의 관습에 따라서. us et ~*s* [yzekutym] 관행, 관례. C'est une vieille ~ du pays. 그건 그 지방의 오랜 풍습이다. ② 《법》관습법; (*pl.*)관례집; 《옛》일정한 관습법을 공유하는 지역. ~ internationale 국제관례. ~ constitutionnelle 성문화된 관습. ③ 《문어》(개인의)관습, 버릇(habitude). Une fois n'est pas ~. 한 번만으로는 관례가 될 수 없다. La ~ est une seconde nature. 습관은 제2의 천성이다.
avoir ~ de+inf. …하는 습관이 있다. J'*ai ~ de* lire un peu avant de me coucher. 나는 자기 전에 약간의 독서를 하는 습관이 있다.
de~ ⓐ 습관으로, 평상시대로. comme de ~ 언제나처럼. ⓑ *avoir de ~* 《문어》(그렇게 하는 것이)습관이다.
prendre ~ de+inf. …하는 습관을 몸에 붙이다. Il *a pris ~ de* parler tout seul. 그는 혼잣말을 하는 버릇이 들었다.
selon sa ~ 평상시대로, 언제나의 습관대로.

coutumier(*ère*) [kutymje, -ɛr] *a.* ① 평소의, 익숙한(habituel). Prenons notre chemin ~. 늘 가던 길로 갑시다. travaux ~*s* 평소의 일. ② 《법》관습법의. droit ~ 관습법. pays ~ (성문법에 의하지 않고)관습법에 의한 나라(지방). ③ 《옛》관습의.
être ~ *de+inf.* …하는 습관이다.
être ~ *du fait* (일반적으로 나쁜 것에 대해서)그러한 버릇이 있다, 노상 있는 일이다.

—n.m. 《법》 관례집.
coutumièrement [kutymjɛrmɑ̃] ad. 《드물게》풍습에 따라.
couture¹ [kuty:r] n.f. ① 재봉(술), 바느질(하는 방법), 꿰매기; 재봉한 것, 바느질한 것. faire de la ~ 재봉(바느질)하다. ~ à la main(à la machine) 손(재봉틀) 바느질. boîte à ~ 재봉상자, 바느질 상자. être penché sur la ~ 바느질거리에 몸을 웅크리고 있다, 열심히 바느질하다. ② 솔기. ~ apparente(sellier) 눈에 띄는 솔기. bas sans ~s 솔기 자국이 없는 스타킹. faire une ~ à grands points 가봉하다. reprendre la ~ 솔기를 꿰매다. rabattre la ~ 공그르기. ~ anglaise 뒤집어 꿰매기. ~ (de) côté 가장자리 꿰매기. ③ 의상실, 양장점. travailler dans la ~ 양장점에서 일하다. maison de ~ 양장점. haute ~ 《집합적》고급 의상실; 고급 부인복 디자이너. 《동격》robe ~ 고급 재봉의 드레스. ④ (사람들간의)인연. resserrer leur ~ 그들의 관계를 좀더 밀접하게 하다. ⑤ ⓐ (상처의)꿰맨 자국; (길고 가느다란)상처. ⓑ (금속판 따위의)이음새, 접합부.
battre qn **à plate(s) ~(s)** ⋯을 완전히 때려눕히다.
examiner sur(sous) toutes les ~s 여러 각도에서 면밀히 조사하다.
couture² n.f. 《옛·사투리》농경지.
couturé(e) [kutyre] a.p. 상처자국이 있다.
Il a le visage ~. 그는 얼굴에 상처자국이 있다.
couturer [kutyre] v.t. (얼굴에)상처자국을 내다.
couturerie [kutyrri] n.f. 《옛》재단사의 작업장; 재봉.
couturier(ère) [kutyrje, -ɛːr] a. ① 재단사의. ② 《해부》봉합의.
—n. 양장 재단사, 양재사, 양장점 주인.
—n.f. ① 침모, 양장점 여점원, 여직공; 《연극》무대의상을 갖춘 총연습《총연습 전에 의상 전문가들을 초대하여 의상에 마지막 손질을 하기 의연습》(répétition des ~ères). ② 《조류》재봉새 (fauvette ~ère).
—n.m. 《해부》봉합근(縫合筋).
couvade [kuvad] n.f. 의만(擬娩)《여자가 분만할 때 겪을 고통·의식·간호를 남자가 대신 연기하는 미개인의 풍습》.
couvage [kuva:ʒ] n.m. =**couvaison**.
couvain [kuvɛ̃] n.m. (곤충의)알(늘이; (꿀벌의)알·유충의 벌집; (새의)알, 포란기.
couvaison [kuvɛzɔ̃] n.f. 《옛》(새의)알품기, 포란, 포란기간.
couvée [kuve] n.f. ① 《집합적》한배에 품는 알; 한배의 새끼《병아리》(nichée). ② 《구어》아이들; 많은 가족. ③ 가슴에게 숨을 쉬다.
être de la même ~ (사람·작품에 대해)같은 경우 [환경]에서 자란; 같은 상황(발상)에서 생겨난.
couvent [kuvɑ̃] n.m. ① 수도원, 수녀원(monastère, abbaye, cloître); 수녀원. entrer au ~ 수도사(수녀)가 되다. ② (수도원의)수도자 전원. ③ (수녀원 부속)기숙 여학교.
couventine [kuvɑ̃tin] n.f. ① (수도원에 사는)수녀. ② (수녀원 부속)기숙 여학교 학생.
couver [kuve] v.t. ① (새가)알을 품다, 알을 까다; 새끼를 품다. mettre une poule à ~ 암탉이 알을 품게 하다. ② 극진히 비호하다, 응석을 받아주다. Il ne faut pas trop ~ les enfants. 아이들의 응석을 지나치게 받아주면 안 된다. ③ (계획 따위를)은밀히 꾸미다, 은밀히 품다. ~ un projet 은밀히 계획을 세우다. ~ une vengeance 복수의 뜻을 계속해서 품다. ④ 《구어》(병의)징후를 나타내다. ~ une grippe 감기가 들려고 한다. ⑤ 지그시 바라보다,

지켜보다. Elle me *couve* d'un regard haineux. 그녀는 증오의 눈으로 나를 노려본다.
avoir couvé un œuf de canard (기도(음모)가)뜻밖의 결과를 가져와 놀라다. **étonné comme une poule qui a couvé un œuf de cane** 《구어》(한 일의)뜻밖의 결과에 놀라서.
—v.i. ① (새가)알을 품다. ② 은밀히 준비되어있다, 은밀히 진행되다; (불은 붙지 않고)속으로 타다. ~ sous la cendre (불꽃이 일지 않고)속으로만 타다; 은밀히 진행되고 있다.
—se ~ v.pr. 《옛》은밀하게 꾀해지다.
****couvercle** [kuvɛrkl] n.m. ① 뚜껑, 덮개. Il n'est si méchant pot qui ne trouve son ~. 《속담》아무리 못생긴 여자에게도 천생배필은 나타나기 마련이다, 짚신도 짝이 있다. ② fermenter(bouillir) du ~《속어》미치다, 착란하다.
****couvert(e)** [kuvɛːr, -ɛrt] (p.p. < couvrir) a.p. ① [~ de](에)덮인; 덮개가 있는; 지붕이 있는. Il est rentré tout ~ de sang. 그는 피투성이가 되어 돌아왔다. arbre ~ de fruits 과일이 잔뜩 열린 나무. allée ~e 가로수가 하늘을 덮은 길. pays ~ 삼림으로 덮인 나라. feu ~ (재속에)묻혀 있는 불. voix ~e 쉰 목소리. wagon ~ 《철도》유개차.
② 옷을 입은; 모자를 쓴. bien(chaudement) ~ (추위에 대비해서)잔뜩 껴입은. Restez ~. 모자를 쓴 채로 계십시오.
③ 뚜껑이 덮인. casserole ~e 뚜껑이 덮인 냄비. bouche d'égout ~e 맨홀이 덮인 하수구.
④ (일기·하늘이)흐린. temps ~ 흐린 날씨. ciel ~ 구름낀(흐린) 하늘.
⑤ 덮여 가려진(숨겨진). visage ~ d'un voile 베일로 가린 얼굴. obstacle ~ 가려진 장애물. rocher ~ 암초. maladie ~e 잠복하고 있는 질병. à mots ~s; en paroles ~es 우회적으로 암시해서, 넌지시 풍겨서.
⑥ 비호된, 안전한.
—n.m. ① 식탁용 기구《식탁보·냅킨·접시·컵·스푼·나이프·포크 따위》. dresser(mettre) le ~ 식탁에 식기를 늘어놓다, 식탁(식사) 준비를 하다. ôter [enlever] le ~ 식탁에서 식기를 치우다. grand ~ 《옛》군주가 주최하는 공적인 회식. petit ~ 《옛》군주의 평상시 식사.
② (한 벌의)스푼과 나이프와 포크. acheter une douzaine de ~s en argent 한 다스의 은제 스푼과 나이프와 포크를 가지고 계십시오《접시를 바꿀 때》. Gardez votre ~. 나이프와 포크를 가지고 계십시오《접시를 바꿀 때》.
③ (한 사람분의)식기 일절, 테이블 세트; 회식자. Il manque un ~. 식기가 1인분 모자란다. banquet de cent ~s 회식자 100명의 연회. avoir toujours son ~ mis chez qn ⋯의 집에서 식사를 자주 하다; ⋯의 집에 자유로이 출입하다.
④ 《문어》나무 그늘. Les promeneurs se mirent sous le ~ des marronniers. 산책하는 사람들은 마로니에나무 그늘로 들어갔다.
⑤ 《문어》주거, 집. donner le ~ à qn ⋯에게 살 곳을 제공하다(주다). le vivre et le ~ 양식과 집.
⑥ 《문어》은신(피신)처; 《사냥》(짐승이 몸을 숨기는)굴, 덮불; 《군사》은폐물.
⑦ 《옛》봉투(소포)의 수신인.
à ~ ⓐ 보호된, 안전한. Avec toutes ces précautions, vous êtes à ~. 이만큼 조심했으니 당신은 안전합니다. mettre sa fortune à ~ 재산의 안전을 기하다. ⓑ 《상업》신용대부의 지불이 보증되어 있는. ⓒ 《요리》《조리할 때》뚜껑을 덮고.
à ~ de ⓐ ⋯로부터 보호되어. Ici on est à ~ de pluie. 여기서는 비를 맞지 않습니다. ⓑ ⋯에게 보호되어. Il est à ~ d'un politicien influent. 그는

유력한 정치가의 비호를 받고 있다.
sous le ~ de ⓐ …의 책임하에, 보증하에. agir sous le ~ de son directeur 상사의 책임하에 행동하다. ⓑ …을 가장하여. sous le ~ de l'amitié 우정을 가장하여, 우정을 미끼로 하여. ⓒ (편지를 제삼자인)…에게 보내는 봉투에 넣어서; …의 경유(로).
—*n.f.* ① (도기의)유약. ② (옛)모포; (말을 덮어주는 뚜껑의 (馬衣); (마차 따위의)덮개. faire danser la ~e à qn (군대 따위에서)…을 모포에 태워서 행가래치다.

*couverture [kuverty:r] *n.f.* ① 모포, 담요; 침대 커버. ~ de voyage 여행용 휴대 모포[담요]. ~ chauffante(électrique)전기 담요. faire la ~ (옛) (침대에 즉시 누울 수 있도록) 침대의 가장자리를 접다; 침대를 꾸미다. passer qn dans la ~ (구어) …을 모포에 올려 행가래치다; …을 속이다. tirer la ~ à soi 모포를 자기쪽으로 끌어당기다; 자신의 이득만 취하다. ② 지붕; 덮개. ~ de chaume 초가지붕. ~ en tuiles 기와지붕. ③ (책 따위의)표지; 북 커버, 노트 커버. livre sous ~ cartonnée 하드커버의 책. ~ brochée 임시로 철한 책. ④ 위장, 구실, 속임(수). servir de ~ à de noirs desseins 음모나 흉계의 숨은 역할을 수행하다. ⑤ (신문기자 따위의)담당 범위[구역]; 업무 범위; 보도, 취재. Ce problème est hors de la ~ de notre société. 이러한 문제는 본사에서 취급하지 않습니다. ⑥ 《상업》 (적가의)보전금, 보증금, 담보; (보험금 따위의)보증 한도액, 지불 한도액. ⑦ 《군사》엄호대, 수비대. troupes de ~ (비상시의)국경수비대. ~ aérienne 하늘로부터의 엄호. ⑧ (유력자 따위의)비호를 받기. ⑨ⓐ 《농업》 (씨앗이나 나무 뿌리 위에 덮는)짚, 퇴비. ⓑ (고기의)피하지방. ⓒ 《제과》 쿠베르튀르 (초콜릿·봉봉 따위의 코팅에 쓰이는 제과용 초콜릿). ⓓ (에스파냐 귀족에 허용된 왕 앞에서)모자 쓰는 권리.

couvet [kuvɛ] *n.m.* (노점 상인이 쓰는)화로.

couveuse [kuvøːz] *n.f.* ① 알을 품은 닭. bonne ~ 알을 잘 까는 암탉. ② 인공 부화기 (~ artificielle). ③ 조산아 보육기(早産兒保育器).

couvi [kuvi] *a.m.* (알이)부화되지 않은, 썩은.

couvoir [kuvwaːr] *n.m.* ① (암탉 따위에게 알을 부화시키기 위한)둥지. ② 인공 부화장.

couvrant(e) [kuvrɑ̃, -ɑ̃ːt] *a.* 덮는, 방호의; 피복성 (被覆性)이 있는. pouvoir ~ d'une peinture 페인트의 피복력. —*n.f.* 《구어》 모포, 담요.

couvre- *préf.* 「…을 덮는[보호하는] 것」의 뜻.

couvre-amorce [kuvrəmɔrs] *n.m.* 뇌관 캡슐.

couvre-bec [kuvrəbɛk] *n.m.* (클라리넷 따위의)취구 캡.

couvre-bouche [kuvrəbuʃ] *n.m.* 총구(포구) 덮개.

couvre-chaîne [kuvrəʃɛn] *n.m.* 《자전거》 체인 케이스.

couvre-chaussure [kuvrəʃosyːr] *n.m.* 오버슈즈, 덧신; 눈구두.

couvre-chef [kuvrəʃɛf] (*pl.* ~-~s) *n.m.* ① 《익살》 (남자용)벙거지, 모자(chapeau). ② (중세에 머리에 쓰던 천으로 만든)머리 덮개, 두건.

couvre-culasse [kuvrəkylas] (*pl.* ~-~s) *n.m.* 개머리판, 포판(砲板).

couvre-engrenages [kuvrəɑ̃grənaːʒ] *n.m.* 《복수불변》《기계》 기어 박스, 기어 커버.

couvre-essieu [kuvrɛsjø] (*pl.* ~-~x) *n.m.* 차축(굴대)통.

couvre-feu [kuvrəfø] (*pl.* ~-~x) *n.m.* ① (수도원 따위의)소등의 종소리, 소등(시간); (중세의)소등 신호의 만종(晩鐘). ② (계엄령하의)야간 통행 금지(령).

couvre-galets [kuvrəgalɛ] *n.m.* 《복수불변》《기계》회전축의 먼지막이 뚜껑.

couvre-joint [kuvrəʒwɛ̃] (*pl.* ~-~s) *n.m.* 《건축》① 접합부에 덧대는 판자. ② 석재·벽돌 틈을 메우는 시멘트.

couvre-lit [kuvrəli] (*pl.* ~-~s) *n.m.* 침대커버.

couvre-livre [kuvrəliːvr] (*pl.* ~-~s) *n.m.* (서적의)커버.

couvre-manche [kuvrəmɑ̃ːʃ] (*pl.* ~-~s) *n.m.* 라켓의 손잡이, 그림의 형겊 커버.

couvre-nuque [kuvrənyk] (*pl.* ~-~s) *n.m.* (모자 뒤쪽에 달아서 햇볕 따위를 막는)목덜미 덮개; (소방복의)목덜미 덮개.

couvre-objet [kuvrɔbʒɛ] (*pl.* ~-~s) *n.m.* (현미경의)커버 유리.

couvre-œil [kuvrœj] *n.m.* 안대(眼帶).

couvre-pied(s) [kuvrəpje] *n.m.* 발치를 덮는 이불.

couvre-plat [kuvrəpla] (*pl.* ~-~s) *n.m.* (종 모양을 한 보온용의)접시 덮개 (dessus-de-plat).

couvre-radiateur [kuvrəradjatœːr] (*pl.* ~-~s *n.m.* 《자동차》 방열기의 케이스.

couvre-selle [kuvrəsɛl] (*pl.* ~-~s) *n.m.* 안장 커버.

couvre-théière [kuvrətejɛːr] (*pl.* ~-~s) *n.m.* 홍차 보온기.

couvreur [kuvrœːr] *n.m.* ① 지붕 잇는 일꾼. ~ ardoise[en tuiles]너새공, 기와공. ② (frère) ~ 프리 메이슨 집회의 망보는 사람.

‡**couvrir** [kuvriːr] [12] *v.t.* ① 덮다, 덮어 씌우다. Les feuilles mortes *couvrent* le sol. 낙엽이 땅을 덮고 있다. ~ un lit 침대에 커버[모포·담요]를 씌우다. ~ un livre 책에 커버를 하다; 제본하다. ~ le feu (오래 따위에)재를 덮어 불을 오래가게 하다. ~ la maison 지붕을 잇다[얹다]. ~ un toit de tuiles 지붕에 기와를 얹다. ~ la table d'une nappe blanche 식탁에 흰 식탁보를 씌우다.
② 옷을 입히다; (모자를)씌우다. ~ chaudement son enfant 아이에게 따뜻하게 옷을 입히다. Il est *couvert* d'un manteau. 그는 망토를 걸치고 있다. ③ 덮어 숨기다, 감추다, 싸서 감추다. ~ son visage de ses mains 두 손으로 얼굴을 감싸다[가리다]. Le bruit du moteur *couvre* sa voix. 모터소리 때문에 그 말소리가 들리지 않는다. ~ un mystère [une énigme] 비밀[수수께끼]을 (안에) 숨기다. ④ [~ qc de]으로(로)가득하게 하다, 메우다. [~ qn de](에게)(무엇을)듬뿍 주다, 퍼붓다(combler). A couvert de taches sa nouvelle chemise 그는 새 샤쓰를 얼룩투성이로 만들었다. ~ qn de …에게 많은 돈을 주다. ~ qn de honte[d'insultes] …에게 큰 창피를 주다(욕설을 퍼붓다). ~ qn d'éloges …을 극찬하다. ~ qn de baisers …에게 키스를 퍼붓다. ~ son fils *de* cadeaux 아들에게 선물을 듬뿍 안겨주다.
⑤ 비호하다, 책임지다(protéger); 지키다. ~ qn de son corps 몸으로 감싸다[지키다]. Ce chef *couvre* toujours ses subordonnés. 이 상사는 항상 부하를 감싸준다. ~ la retraite d'une troupe 부대의 후퇴를 엄호하다. Une forte armée *couvre* les frontières. 강력한 군대가 국경을 수비하고 있다. Cette citadelle *couvre* la ville. 이 성채가 마을을 지키고 있다.
⑥《문어》(결점 따위를)메꾸다, 보상하다(compenser). ~ ses défauts 그의 결점을 보상하다.
⑦ (지출액을)메꾸다, 보충하다; (비용을)지불하다(régler). ~ les frais 경비를 메꾸다[충당하다]. ~ un enjeu 내깃돈을 치르다. ~ une souscription 예약금을 내다. [~ qn] Prière de nous ~ par chèque. 수표로 지불해주기 바람.

⑧ (어느 기간·범위를)취급하다, 담당하다; (어떤 주제·뉴스를)취재하다; 완전 보도하다. Ce livre *couvre* toute la période du Moyen Âge. 이 책은 중세기 전체를 다루고 있다. Ce journaliste *couvre* la réunion au sommet. 이 기자는 정상회담에 관해 보도한다.

⑨ (어느 거리를)나아가다. Il a *couvert*, à bicyclette, 100 km en une journée. 그는 자전거로 하루에 100 킬로를 주파했다.

⑩ (동물의 수컷이 암컷과)교미하다.

~ *les yeux à qn* …에게 진실을 보지 못하게 하다, …을 기만하다.

~ *sa marche* 《군사》적이 눈치채지 않게 행군하다; (비유적)은밀히 행동하다.

~ *son jeu* 자기카드를 감추다; (비유적)의도를 숨기다.

—*v.i.* ① (조수·파도가)바위를 숨기다. La mer *couvre* à marée haute. 만조시 바다는 완전히 바위를 덮는다.

② (암초·바위가)바다 밑에 숨다. Les écueils *couvrent* à cette heure-ci. 암초는 이 시간이면 완전히 바다 밑으로 숨는다.

se ~ *v.pr.* ① [se ~ de](으로)덮이다, 싸이다, 가득하다. La place *se couvre de* curieux. 광장은 구경꾼들로 가득하다. *se* ~ *de gloire*. 영광에 싸이다. *se* ~ *d'injures* 매도되다.

② 옷을 입다, 모자를 쓰다. *Couvrez-vous* bien, il fait froid. 날씨가 추우니 옷을 껴입으시오. *Couvrez-vous*. 모자를 쓰십시오.

③ (하늘이)흐리다. Le temps *se couvre*. 하늘이 흐려진다. L'horizon *se* ~. 지평선이 어두워진다; (비유적)전도가 암울하다.

④ [se ~ de](으로)몸을 지키다, 숨다. *se* ~ *d'un bouclier* 방패로 몸을 지키다. *se* ~ *d'une colline* 언덕에 숨다. *se* ~ *de l'autorité de qn* …의 권위를 방패로 삼다. *se* ~ *d'un prétexte* 핑계를 대다.

⑤ (복싱·펜싱에서)적의 공격에서 몸을 지키다.

couvrure [kuvry:r] *n.f.* 책에 커버를 하기.

covalence [kɔvalɑ̃:s] *n.f.* 《화학·물리》공유원자가(共有原子價). rayon de ~ 공유결합반경(共有結合半徑).

covariance [kɔvarjɑ̃:s] *n.f.* 《통계·수학》공분산(共分散).

covariant(e) [kɔvarjɑ̃, -ɑ̃:t] *a.* 《수학》공변(共變)의. tenseur ~ 공변 텐서.

covenant [kɔvnɑ̃] *n.m.* 《역사》(스코틀랜드 내부의)동맹, 맹약. le National C~ 국민 계약 (1638 년, 찰스 1 세의 영국 국교 강압에 대하여 장로파 교회를 지키기 위해서 맺어진 동맹).

covenantaire [kɔvnɑ̃tɛ:r] *n.m.* 《역사》(특히1638년 스코틀랜드)국민 동맹의 서약자.

covendeur [kɔvɑ̃dœ:r] *n.m.* 《법》공동 판매인.

cover-coat [kɔvɛrkot] (*pl.* ~-~**s**) 《영》*n.m.* ① 두 늬를 넣어서 짠 얇은 천, 외투용 모직물. ② 《옛》(두꺼운 모직물로 만든 여행용의)더스트 코트.

cover-girl [kɔvɛrgœrl] 《영》*n.f.* (잡지의)표지모델, 커버걸.

covoyageur(se) [kɔvwajaʒœːr, -øːz] *n.* 여행의 일행, 동행자.

cow-boy [kawbɔj, kobɔj] (*pl.* ~-~**s**) 《영》*n.m.* 카우보이.

cow-pox [kopɔks, kawpɔks] 《영》*n.m.* 《복수불변》우두(牛痘).

coxal(ale, *pl.* **aux)** [kɔksal, -o] *a.* 《해부》허리 관골부(關骨部)의, 가랑이의, 고관절(股關節)의. os ~ 관골(臗骨).

coxalgie [kɔksalʒi] *n.f.* 《의학》고(股)관절통.

coxalgique [kɔksalʒik] 《의학》*a.* 고관절통의.
—*n.* 고관절통 환자.

coxarthrose [kɔksartro:z] *n.f.*, **coxarthrie** [kɔksartri] *n.f.* 《의학》고관절증.

coxotuberculose [kɔksotybɛrkylo:z] *n.f.* 《의학》고관절결핵.

coyau [kɔjo] (*pl.* ~**x**) *n.m.* 《건축》(지붕의)부연.

coyer [kɔje] *n.m.* 숯돌 케이스(coffin).   ┗(附椽)

coyote [kɔjɔt] *n.m.* 《동물》코요테《북미·중미산의 개과의 육식 동물》.

C.P.D.E. 《약자》Compagnie Parisienne de Distribution d'Électricité 파리 전기 회사.

C.P.E.M. 《약자》Certificat préparatoire aux études médicales 의학 준비과정 수료증서.

C.(P.)J.I. 《약자》cour (permanente) de justice internationale 《상설》국제 사법 재판소("상설"이란 명칭은 국제 연맹 때의 옛이름》.

cpt. 《약자》comptant 《상업》현금(의).

cpte 《약자》compte 《상업》계산(서).

C.Q.F.D., c.q.f.d. 《약자》ce qu'il fallait démontrer 위와 같이 증명됨, 증명을 마침.

Cr 《약자》chrome 《화학》크롬.

cr. 《약자》crédit《부기》대변.

C.R. 《약자》① Calendrier Républicain 《역사》프랑스 혁명력(曆). ② compte rendu 보고서.

crabe [kra:b] *n.m.* ① 게. marcher en ~ 《구어》게걸음치다. panier de ~*s* 《구어》(비유적)서로 미워하며 헐뜯는 사람들. ② 무뢰배도좌. ③《속어》어리석은 놈; 고집장이; 간수; (군대의)병장; 연예인. ④ 《의학》(프램베지아(pian)의 발바닥에 생기는)하감(下疳)(의 일종).

crabier(ère) [kra(a)bje, -jɛ:r] *a. n.m.* (새·동물에)게를 먹는. —*n.m.* ①《조류》늪 백로, 늪 해오라기(남유럽에 사는 작은 백로)(héron). ②《동물》게잡이 바다표범(phoque ~).

crabot [krabo] *n.m.* =**clabot**.

crabotage [krabɔta:ʒ] *n.m.* ① (슬레이트 채굴장의)수갱(竪坑). ② =clabotage.

crac' [krak] *int.* ① 딱, 우지끈(부딪는 소리); 재깍, 뻥그랑(부딪는 소리). ② 자! 글쎄. On allait partir, et ~ ! voilà qu'il se met à pleuvoir. 떠나려고 했더니, 글쎄 비가 오지 않겠나.
—*n.m.* 딱(재깍)하는 소리;《상업》파산. Monsieur de C~ 허풍선이 (Collin d'Harleville 의 희극 *Monsieur de Crac dans son petit Castel* (1791) 에 나오는 주인공).

crac² [krak] *n.m.* (십자군에 의해서 시리아·팔레스티나에 세워진)성채.

crachat [kraʃa] *n.m.* ① (뱉어 낸)침, 가래; 저속한 욕지거리; 《구어》토해내는 것. ~s de volcan 화산의 분화물. ~s de la mitraille 기관총의 탄알. ②《구어》(커다란)훈장. ③ (유리의)거미줄 모양의 균열. ~s de lune 《식물》땅주물늑 바닷말(nostoc)의 속칭.
maison faite de boue et de ~ 질 나쁜 재료로 만들어진 집. *se noyer dans un* ~《구어》대수롭지 않은 일에 좌절하다.

craché(e) [kraʃe] *a.p.*《구어》꼭 닮은《항상 명사·대명사 뒤에 놓인》. être le portrait tout ~ *son père* 아버지를 꼭 닮다. C'est lui tout ~. 그건 과연 그답다.

crachement [kraʃmɑ̃] *n.m.* ① 침(가래) 뱉기; 각혈 (~ de sang, hémoptysie). ② 불꽃을 튀김; 총구에서 불을 뿜음. ③ (수화기·라디오 따위의)직직하는 잡음. ④ (넣은)속이 삐져나옴; 《야금》녹은 금속이 거푸집에서 샘;《기계》증기가 샘.

*****cracher** [kraʃe] *v.i.* ① 토해내다, 뱉어내다. Il a

craché un chewing-gum. 그는 껌을 뱉었다. ~ du sang 각혈하다. ~ ses poumons(결핵 따위로)심하게 기침하다, 피를 토하며 기침하다. ② 분출시키다, 흘러보내다. Le vieux remorqueur *a craché* de la fumée noire 낡은 예인선이 검은 연기를 뿜어냈다. ~ du feu(du gaz) 불[가스]을 토하다. ③(욕지거리 따위를)내뱉다, 지껄여대다. ~ des injures 모욕의 말을 하다. ~ son mépris à la face de *qn* …을 면전에서 매도하다. ~ on sait à *qn* …에게 생각하는 바를 거침없이 말하다. ④(구어)지불하다. Il me faut ~ encore mille francs. 나는 아직 1,000 프랑을 더 지불해야 한다. ⑤(옛)(라틴어·인용구 따위를)으스대며〔자랑스럽게〕말하다. ~ du latin 라틴어를 자랑스럽게 인용하다.
— *v.i.* ① 침〔가래〕을 뱉다. Il est défendu de ~ dans les trains. 열차 안에서 침뱉는 것은 금지되어 있다. ~ par terre 땅바닥에 침을 뱉다. ~ contre le ciel 하늘에 침을 뱉다; 하늘을 저주하다. C'est comme si on *crachait* en l'air. 하늘에 침뱉기이다, 헛수고이다. ② 욕지거리를 퍼붓다, 욕을 하다. ③(구어)[~ sur *qc*](을)경멸하다. ne pas ~ sur un million de francs 100만 프랑도 거들떠보지 않는다. ne pas ~ sur *qc* …을 경멸하지 않다, 좋아하다. ④(펜이)잉크를 흘러다. ⑤(텔레비전·라디오가)잡음을 내다. ⑥(기관총 따위가)불을 뿜다. ⑦(속어)(마지못해)돈을 내다. faire ~ *qn* …에게 돈을 내게 하다.

cracheur(se) [kraʃœːr, -øːz] *a., n.* (드물게)자주 침을 뱉는(사람).

crachin [kraʃɛ̃] *n.m.* 안개비, 는개, 이슬비.

crachiner [kraʃine] *v.imp.* 안개비〔는개·이슬비〕가 내리다.

crachoir [kraʃwaːr] *n.m.* 타구(唾具). tenir(conserver) le ~ 《구어》이야기를 독차지하다, 자기만 지껄여대다. tenir le ~ à *qn* 《구어》말 한마디 못하고 듣기만 하다.

crachotement [kraʃɔtmɑ̃] *n.m.* ① 계속해서 조금씩 침〔가래〕을 뱉기. ② 단속적으로 소량의 액체를 내보내기; 가볍게 단속적인 소리를 내기.

crachoter [kraʃɔte] *v.i.* ① 계속해서 조금씩 침〔가래〕을 뱉다. ②《구어》(조금씩)액체가 새다, 똑똑 떨어지다. robinet qui *crachote* 물이 조금씩 새는 수도꼭지. ③ 단속적으로 가벼운 소리를 내다. La bouilloire *crachote*. 끓는 주전자에서 보글보글 소리가 난다.

crachouiller [kraʃuje] *v.i.* 《구어》(목을 그르렁거리며)계속 침을 뱉다, 퉤퉤 침을 뱉다.

crack [krak] 《영》 *n.m.* ①(경마의)명마(名馬), 인기마. ②《구어》명선수; 천재. C'est un ~ en mathématiques. 《구어》그는 수학의 천재이다.

crackage [krakaːʒ] 《영》 *n.m.* =craquage.

cracker [krakœr] 《영》 *n.m.* 크래커〔짭짤하고 바삭바삭한 얇은 비스킷〕.

cracking [krakiŋ] 《영》 *n.m.* =craquage.

cracovien(ne) [krakɔvjɛ̃, -ɛn] *a.* 크라쿠프(Cracovie, 폴란드의 도시)의. — **C**~ *n.* 크라쿠프 사람.
— *n.f.* 크라쿠프 무용(곡).

cracra [krakra] *a.* 《복수불변》《속어》더러운, 때묻은(crasseux).

crado(t) [krado] *a.* 《복수불변》《구어》몹시 더러운.

*****craie** [krɛ] *n.f.* ① 백묵, 분필, 초크. marquer à la ~ 《비유적》특별히 표시하다. ② 백악(白堊). dépôt de ~ 〖지질〗 백악층.

craign-ant, -ons, etc. [krɛɲ-ɑ̃, -ɔ̃]<craindre.

craillement [krajmɑ̃] *n.m.* (까마귀의)울음소리.

crailler [kraje] *v.i.* (까마귀가)울다.

:craindre [krɛ̃ːdr] 〖27〗 *v.t.* ① 두려워하다, 걱정하다, 무서워하다. ~ l'échec 실패를 두려워 하다. Je *crains* une tempête pour demain. 내일 폭풍우가 닥칠까 걱정된다. [~ que (ne)+*sub.*] Je *crains qu'*il (ne) vienne. 그가 오지나 않을까 염려된다. *Craignez*-vous *qu'*il se fâche? 그가 화를 내는 게 무섭습니까? Le président *craint que* son parti *ne* soit pas d'accord avec lui. 대통령은 당이 자기를 지지하지 않게 될까 두려워한다. [~ de+*inf.*] Il *craignait d'*être seul. 그는 혼자 있는 것이 두려웠다. Je *crains de* l'avoir blessé. 나는 그에게 상처를 입히지 않았을까 두렵다. [à ~] Il n'y a rien à ~ 두려워할 것 아무것도 없소. (비인칭)Il est à ~ qu'elle (ne) soit en retard. 그녀는 늦을듯 우려가 있다. ②(주어는 사물)[~ *qc*](에)약하다, (을)싫어하다. Cet arbre ne *craint* pas le froid. 이 나무는 추위에 강하다. «*Craint* l'humidité» "습기방지"(물품 포장 따위에 쓰이는 주의). ③《구어》싫어하다. Il ne *craint* ni la faim, ni le froid, ni la fatigue. 그는 굶주림도 추위도 피곤도 문제삼지 않는다. Je *crains* pas le vin. 나는 포도주를 싫어하는 편이 아니오(좋아하오). ④ 외경(畏敬)하다. ~ Dieu 신을 외경하다, 신의 법도를 지키다.
je le crains; nous le craignons 두려워하지만, 걱정이지만〔문의 중간에 삽입해서〕. *ne ~ ni Dieu ni diable* 아무것도 두려워하지 않다.

— *v.i.* [~ pour](의 일을)염려하다. On *craint* pour sa santé. 사람들은 자신의 건강을 염려한다.

REM [craindre que (ne)+*sub.*] ⓐ 주절과 종속절의 주어가 같을 경우에는 사용하지 않음. 그런 경우 [craindre de+*inf.*]를 사용. ⓑ 주절이 긍정일 때 종속절에 허사 ne 가 사용되는 수가 많으며, 주절이 의문일 경우에는 사용하지 않는 게 보통. 또한 주절이 부정일 경우 허사나 ne 는 사용하지 않음. ⓒ 주절과 종속절의 긍정·부정의 배합은 다음과 같이 번역됨: Je *crains qu'*il *ne* vienne. 그가 오면 곤란하다(오지 않았으면 좋겠다: ne 는 허사). Je *crains qu'*il ne vienne pas. 그가 오지 않을까 곤란하다(왔으면 좋겠다: ne 는 pas 와 함께 부정을 나타냄). Je ne *crains* pas *qu'*il vienne. 그가 와서 곤란할 건 없다(올테면 와라). Je ne *crains* pas *qu'*il ne vienne pas. 그가 오지 못한다고 해서 곤란할 건 없다(오지 않아도 좋다).

*****crainte** [krɛ̃ːt] *n.f.* ① 두려움, 공포, 겁을 냄. avoir ~ de *qc* …을 두려워하다. approcher de *qn* avec ~ 두려움에서 복종하다. ② 근심, 불안, 염려. La ~ du ridicule m'a empêché de parler. 웃음거리가 되지 않을까 걱정이 되어 말을 못했습니다. Soyez sans ~ [N'ayez ~], ça ne fait pas mal. 걱정마십시오, 많이 들지는(괴롭지는) 않습니다. ③ 경외, 외경. ~ de Dieu 신에 대한 경외의 마음. Dieu nous fait ~ 신은 우리들에게 외경심을 불어넣어 주신다.
dans la ~ [de~, par ~, ~] de qc [de+inf.; que (ne)+sub.] (…을)두려워해서; (…하면)안되기 때문에. *dans la ~ de* son départ 그가 떠나지 않을까 걱정해서. Il marche lentement, *dans la ~ de* tomber. 그는 넘어지지나 않을까 두려워서 천천히 걷는다. J'ai caché ces médicaments *dans la ~ que* les enfants *ne* les touchent. 아이들이 건드리면 안되기 때문에 그 약들을 감췄다.
prendre ~ 두려워하다, 기가 죽다.

craintif(ve) [krɛ̃tif, -iːv] *a.* ① 두려워하는, 겁이 은, 벌벌 떠는. caractère ~ 겁많은 성격. regar ~ 불안한 눈빛. ② [~ de](을)걱정하는, 염려하는. gouvernement ~ *des* difficultés économiques 불황을 염려하고 있는 정부. Elle est ~*ve* d'être vue. 그녀는 사람들의 눈에 띌까 두려워한다.

craintivement [krɛ̃tivmɑ̃] *ad.* 두려워하며, 벌벌 떨며, 불안스럽게, 조심스럽게.

crambe [krɑ:b], **crambé** [krɑbe] *n.m.* 《식물》 갯배추 《새싹은 식용》.

cramer [krame] *v.t.* 《구어》(가볍게)태우다. ~ du linge en le repassant (실수로)다리미로 천을 살짝 태우다. —*v.i.* 《구어》가볍게 타다; 《속어》(화재로)타다, 타버리다.

cramique [kramik] *n.m.* (벨기에)코린토스의 포도와 우유·버터를 넣어 만든 빵.

cramoisi(e) [kramwazi] *a.* ① 진홍빛의. rideau ~ 진홍빛 커튼. ② (안색이)새빨간. devenir ~ sous l'effet de la colère 노여움으로 얼굴이 붉어지다.

crampe [krɑ̃:p] *n.f.* ① 《의학》 경련. ~s d'estomac 위경련. ~ de poitrine 협심증. ~ des écrivains 서경(書痙). avoir une ~ en nageant 수영 중에 경련이 일어나다. ② 귀찮은 사람[일](crampon). ③ 《옛·비어》도주, 도망(évasion); 성교. ④ 꺾쇠(crampon).

cramper [krɑ̃pe] *v.t.* 《비어》(와)성교를 하다(baiser); 벌주다(punir). être crampé de sortir 금족[외출금지]령을 받다. —*v.i.* 《비어》성교하다; 도망치다.

crampillon [krɑ̃pijɔ̃] *n.m.* U[V]자型 작은 못.

crampon [krɑ̃pɔ̃] *n.m.* ① 꺾쇠; 갈고리쇠(~ à crochet). ② 아이젠, 스파이크. chaussures à ~스파이크 슈즈. ③ (편자의)뾰족한 징, 바닥징. ④《속어》귀찮게 구는 사람. Quel ~! 정말 귀찮은 사람이군! ⑤《식물》(담쟁이 덩굴 따위의)부착근(根).

cramponnant(e) [krɑ̃pɔnɑ̃, -ɑ̃:t] *a.* ①《식물》(뿌리가 딴 물체에)얽혀 붙는. racines ~es 부착근. ②《구어》(사람이)귀찮은.

cramponné(e) [krɑ̃pɔne] *a.p.* ① 꺾쇠로 고정된. ② [~ à] (에)매달린, 꼭 잡은. ③ croix ~e 《문장》꺾쇠 달린 십자무늬.

cramponnement [krɑ̃pɔnmɑ̃] *n.m.* 꺾쇠로 고착시키기; 스파이크를 달기; 매달리기; 귀찮게 굴기. force de ~ 매달리는 힘.

cramponner [krɑ̃pɔne] *v.t.* ① 꺾쇠로 고착시키다, 고리못을 박다. ②《구어》귀찮게 매달리다. Elle me *cramponne* avec ses questions. 그녀는 귀찮게 물어보면서 떨어지지 않는다.
—*v.i.* (등산에서)아이젠을 끼고 나아가다.
—**se** ~ *v.pr.* 매달리다, 꼭 달라붙다. se ~ à la rampe de l'escalier 난간의 손잡이에 꼭 달라붙다. L'enfant se *cramponne* à sa mère. 아이가 어머니에게 매달려 떨어지지 않는다. se ~ à la vie 생명에 집착하다.

cramponnet [krɑ̃pɔne] *n.m.* (자물쇠의)스테이플 《U 자 모양 부분》.

crampser [krɑ̃pse] *v.i.*, **se** ~ *v.pr.* 《속어》죽다, 뒈지다.

cran¹ [krɑ̃] *n.m.* ① (무엇을 걸거나 고정시키기 위한)홈, (톱니의)홈. hausser d'un ~ les rayons d'une bibliothèque 책장의 선반을 한칸씩 올리다. ~ de sûreté 총의 안전장치. couteau à ~ d'arrêt 제동장치가 있는 접는 나이프. ~ de mire (총의)가늠자. ②(벨트의 구멍). serrer[lâcher] sa ceinture d'un ~ 벨트를 구멍 하나만큼 줄이다[늘리다]. ③《비유적》단계, 서열. avancer(reculer) d'un ~ 한 단계로 나아가다(물러나다). monter (baisser) d'un ~ dans l'échelle 계급의 한 단계를 올라가다(내려가다). ④《구어》대담성, 침착한 성격, 인내력. avoir du ~ 대담하다. ⑤ ⓐ (머리의)웨이브. ⓑ 《인쇄》 (활자와 활자를 연결할 때의)골. ⓒ 《의복》 (재봉상 위해 천에 표시한)가위자국. ⓓ 《군대은어》영창의 하루. quatre ~s 4 일간의 영창. *être[se mettre] à* ~ 《구어》당장이라도 화가 터질 듯하다. *faire un ~* 《빵장수가 빵을 판 만큼 막대기에》표시를 하다; (술병에 먹은 양을)표시하다. *faire un ~ de plus à sa ceinture; se mettre un ~; se serrer d'un ~* (특히 먹는 것을)절제하다.

cran² *n.m.* 《식물》서양고추냉이.

cran³ *n.m.* mettre un vaisseau en ~ 《옛》《해양》배 밑바닥을 수리하다.

cranage [kranɑ:ʒ] *n.m.* ① (톱니바퀴의)톱니를 끝손질하기. ② 배 밑바닥의 수리.

***crâne¹** [krɑ:n] *n.m.* ① 두개(骨). fracture du ~ 두개골절. ② 머리. ~ chauve[pelé] 대머리. ~ puissant 큰 머리통. avoir un ~ haut 이마가 넓다. avoir mal au ~ 머리가 아프다. ③《비유적》머리, 이성, 지성. avoir le ~ dur 돌대가리이다, 이해가 더디다, 완고하다. avoir le ~ vide (머리 속이 비어서)생각해 낼 수 없다. avoir un large ~ 지성이 풍부하다. casser le ~ à qn 아무의 골치를 썩이다. être tombé sur le ~ 미친놈 같은 말을 하다. mettre qc dans le ~ de …을 머리 속에 넣다, 기억해두다. se mettre dans le ~ de +*inf.* …하기를 마음 속에 다지다, 결심하다.

crâne² *a.* ① 용감한, 위세 있는; 원기 왕성한. ② 허세부리는; 겉치레의. ③《옛》훌륭한, 멋있는; (그럴이)엄청난.

crânement [krɑnmɑ̃] *ad.* ① 《구어》 씩씩하게, 기운차게; 위세 좋게. ② 몹시. Elle est ~ jolie. 그녀는 대단한 미인이다.

craner [krane] *v.t.* ① (톱니바퀴의 톱니를)끝손질하다, 홈을 내다. ② (머리를)웨이브하다. ③《옛》배 밑바닥을 수리하다.

crâner [krane] *v.i.* 《구어》뽐내다, 허세를 부리다.

crânerie [krɑnri] *n.f.* ① 용기, 씩씩함. ② 허세, 강한 체하기. ③《옛》《회화》필력, 필세.

crâneur(se) [krɑnœ:r, -ø:z] 《구어》 *a., n.* 뽐내는(사람), 허세부리는(사람).

crangon [krɑ̃gɔ̃] *n.m.* 《동물》작은 새우.

craniectomie [kraniɛktɔmi] *n.f.* 두개골 절제수술.

crânien(ne), **cranien(ne)** [kranjɛ̃, -ɛn] *a.* 《해부》두개의. boîte ~e 두개. os ~ 두개골. nerf ~ 뇌신경.

craniologie [kranjɔlɔʒi] *n.f.* 두개학(頭蓋學).

craniométrie [kranjɔmetri] *n.f.* 두개 측정.

cranioscopie [kranjɔskɔpi] *n.f.* 두개 진찰.

crannoge [kranɔ:ʒ] *n.m.* (고대 아일랜드의)섬에 세운 옛 성채.

cranter [krɑ̃te] *v.t.* ①(에)홈을 파다; 톱니를 만들다. ②(머리에)웨이브를 주다.

craonnais(e) [kra(aɔ)nɛ, -ɛ:z] *a.* ① 크랑(Craon [krɑ̃, kraɔ̃], 프랑스의 도시)의. ② 크란(Craonne [kra:n, kraɔn], 프랑스의 도시)의. —**C~** *n.* (위)의 사람. —*n.m.* 크랑산(産)의 돼지.

crapahut [krapay] *n.m.* 《군대은어》험한 지형을 오랫동안 행군하기.

crapahuter [krapayte] *v.i.* 《군대은어》험한 지형을 오랫동안 행군하다; 야전 훈련을 하다.

crapaud [krapo, -o:d] *n.m.* ①《동물》두꺼비. coassement ~s 두꺼비의 울음소리. laid comme un ~ (두꺼비처럼)몹시 미운, 못생긴. ② 추한 사람; 더러운 사람, 망나니. ③ ⓐ ~ volant 《조류》쏙독새 《매과의 새》. ⓑ ~ de mer 《어류》독중개(~쟁이); 아귀(류). ④ (속을 넣은)낮은 안락의자(fauteuil ~); 소형의 그랜드 피아노(piano ~). ⑤ 보석의 흠[상처]. ⑥ (말 따위의)굽바닥의 종기. ⑦《철도》(레일을 고정하는)용수철 클립. ⑧

crapaudière

《옛》바퀴 없는 구포용(舊砲用) 포가(砲架). *avaler un ~ [des ~s]* 괴로운(굴욕적인) 일을 참고 견디다. *cracher des ~s* 심한 욕설을 퍼붓다.

crapaudière [krapodjɛ:r] *n.f.* ① 두꺼비가 많은 곳. ② 《속어》《비유적》습기차고 더러운 곳. Ce jardin est une vraie ~. 이 정원은 정말 습기차고 더럽다. ③ 소굴. ~ d'usuriers 고리대금업자들의 소굴.

crapaudine [krapodin] *n.f.* ① 두꺼비돌《물고기의 화석》. ② 《기계》수직축받이. ③ (저수지·목욕탕의)배수구; 배수구의 거르개. ④ 《수의》(말의)발굽바닥의 종기. ⑤ 다리를 머리 위로 꺾어 올리는 곡예. ⑥ poulet à la ~ 《요리》뼈를 발라내어 구운 영계.

crapaü(t) [krapay] *n.m.* ① 《군대은어》난행군(難行軍), ② (체조에 사용되는)그네.

crapaüter [krapayte] *v.i.* ①《군대은어》험한 길을 행진하다(crapahuter). ② 체조하다.

crape [krap] *n.f.* 《사투리》건달, 악당(crapule).

crapette [krapɛt] *n.f.* 크라페트《카드놀이의 일종》.

crapouillot [krapujo] *n.m.* (1차 세계대전 때의)참호용 박격포[탄].

crapouilloter [krapujɔte] *v.t.* 박격포로 포격하다.

crapoussin(e) [krapusɛ̃, -in] *n.* ①《옛·구어》작달막하고 못생긴 남자[여자]. ②《옛》애아, 애새끼.

crapulados [krapylados] *n.m.* 《옛》=**crapulos**.

crapule [krapyl] *n.f.* ① 비열한 사람; 악당; 고약한 사람; 방탕자. ②《집합적》방탕한 사람들. fréquenter[se mêler à] la ~ 건달들과 어울리다. 《옛》방탕. tomber dans la ~ 방탕한 생활에 빠지다. *—a.* 비열한. coup ~ 비열한 짓.

crapuler [krapyle] *v.i.* 《옛》방탕한 생활을 하다.

crapulerie [krapylri] *n.f.* ① 방탕; 비열. ② 비열한 행위(canaillerie); 외설작품.

crapuleusement [krapyløzmɑ̃] *ad.* 방탕하게.

crapuleux(se) [krapylø, -ø:z] *a.* ① 방탕한, homme ~ 난봉꾼. ②《사물에 대해》음탕한, 외설적인. langage ~ 비속한 언어. crime ~ 외설죄.

crapulos [krapylos] *n.m.* 《속어》값싼 여송연.

craquage [kraka:ʒ] *n.m.* (석유의)증유 분해, 분류(分溜).

craquant(e) [krakɑ̃, -ɑ̃:t] *a.* 삐거덕[바드득·바스락]소리가 나는. neige ~e 《밟으면》빠드득·빠드득 소리나는 눈.

craque[1] [krak] *n.f.* 《지질》결정광맥, 정족(晶簇).

craque[2] *n.f.* 《속어》거짓말, 허풍(hâblerie, vantardise). débiter[raconter] des ~s 허풍을 늘어놓다.

craquelage [krakla:ʒ] *n.m.* 《요업》(도자기에)금가게 하기[굽기].

craquelé(e) [krakle] *a.* (도자기를)금이 가게 구운; 금이 간(fendillé). porcelaine ~e 잔 금이 간 자기. *—n.m.* 《요업》금이 가게 구운 도기.

craquèlement, craquellement [krakɛlmɑ̃] *n.m.* (도자기·벽 따위의)금이 간 상태.

craqueler [krakle] [5] *v.t.* 《요업》금이 가게 굽다; 금이 가게 하다(fendiller). ~ de la porcelaine 도자기를 금이 가게 굽다.

—se ~ v.pr. 금이 가다, 갈라지다. La terre *se craquelle* sous l'effet de la sécheresse. 가뭄으로 땅이 갈라진다.

craquelin [kraklɛ̃] *n.m.* ① 《제과》비스킷. ②《동물》=craquelot(③). ③《해양》삐걱거리는 낡은 배. ④《속어》비실비실한 사내, 약골;《속어》거짓말장이. ⑤ (양말의)주름.

craquelot [kraklo] *n.m.* ① 훈제 비웃. ②《껍질을 바꾼 새게 새우》(낚싯밥용).

craquelure [kraklyr] *n.f.* (옛 그림·도자기에 생기는 니스·그림물감의)금, 균열.

craquement [krakmɑ̃] *n.m.* ① 삐거덕[바드득·바스락]하는 소리. ~ des feuilles sous les pieds 발에 밟히는 낙엽의 바스락 소리. ②(비유적)불화 (의 징조)(désaccord). Il y a des ~s dans la machine gouvernmale. 정부기구안에 불화[알력]의 징조가 보인다.

craquer[1] [krake] (< *crac*) *v.i.* ① 삐거덕[바드득·바스락] 소리를 내다. Les marches *craquent* sous son poids. 계단이 그의 무게로 삐걱거린다. gâteau qui *craque* sous la dent 깨물면 바스락 소리가 나는 과자. faire ~ ses doigts 손가락을 꺾어 딱 소리내다. ② (옷 따위가)소리내며 찢어지다. Son pantalon *a craqué* aux genoux. 그의 바지의 무릎이 소리내며 찢어졌다. ③ (학설 따위가)흔들리다; (계획이)무산되다(échouer). entreprise commerciale qui *craque* 쓰러져가는 상사. Le projet *a craqué*. 계획이 무산되고 말았다. ④ (정신적·육체적으로) 기진맥진하다[s'effondrer]. Ses nerfs *ont craqué*. 그는 (견디다 못해) 쓰러졌다[다운되었다](Il *a craqué*). Ce champion de tennis *a craqué* au dernier set. 이 테니스 선수는 마지막 세트에서 기력이 뚝 떨어졌다. ⑤ (황새·영무새 따위가)울다. ⑥《구어》허풍떨다.

plein à ~ 터질 듯이 가득찬, 초만원의. wagon *plein à ~* 초만원의 열차.

~ dans la main[entre les mains] de qn ⓐ (사업 따위가 뜻밖에)실패하다, 무너지다. Cette affaire *a craqué dans sa main*[lui *a craqué dans la main*]. 이 일은 그의 수중에서 무산되고 말았다. ⓑ (사람이 ...와의)약속을 어기다, 배신하다. Il *craquera entre vos mains*. 그는 (여차하면) 당신과의 약속을 어길 것이다.

—v.t. ① (옷 따위를)찢다(déchirer); (거울 따위를)깨다, 부수다(briser). ②《구어》낭비하다, 탕진하다(dépenser). ~ *un héritage* 유산을 탕진해 버리다. ~ *une allumette* 《구어》성냥을 긋다.

craquer[2] *v.t.* 《공업》(중질(重質)의 석유를)크래킹하다, 경질의 석유로 만들다(cracking). essence *craquée* 분해 가솔린.

craquerie [krakri] *n.f.* 《속어》거짓말, 허풍.

craquètement, craquettement [krakɛtmɑ̃] *n.m.* ①톡톡(파닥파닥) 튀는 소리; 이가 부딪는 소리. ②(황새·귀뚜라미 따위가)우는 소리.

craqueter [krakte] [5] *v.i.* ① (소금이)불 속에서 톡톡 튀는 소리를 내다. ②(황새·귀뚜라미·매미 따위가)울다.

craqueur(se) [krakœ:r, -ø:z] *n.* 《속어》거짓말장이, 허풍선이.

craqûre, craqure [kraky:r] *n.f.* ① (철판 따위의)균열. ②《구어》분열, 불화. ~ *d'un ménage* 부부간의 불화.

crase [krɑ:z] *n.f.* ①《언어》(어미 모음과 다음 말의 어두모음의)모음축음 (合縮). ②~ sanguine《의학》(출혈을 방지하는)혈액의 응고; 《옛》(사람의 기질을 결정하는)체액의 혼합.

crash [kraʃ] *n.m.*《항공》비행기의 동체착륙.

crassan(n)e [krasan] *n.f.*《원예》배의 일종.

crasse [krɑs] *a.f.* ① 터무니없는, 용서할 수 없는 (grossier, inadmissible). bêtise ~ 터무니없는 어리석음. ②《옛》진한, 끈적끈적한. humeur ~ 《의학》점액.

—n.f. ① 때. main couverte *de* ~ 때투성이의 손. enlever la ~ 때를 씻다. ②《기계》(보일러의)쩌꺼지; 《야금》쇠찌꺼기. ③ 비열한 짓[수단]; 천한 신분. faire une ~ *à qn* ...에게 비열한 짓을 하다. être né dans la ~ 비천한 신분으로 태어나다.

crassement[1] [krɑsmɑ̃] *ad.*《옛》인색하게.

crassement² *n.m.* (총구에) 낀 때.
crasser [krase] *v.t.* (총구에) 때를 남기다.
—**se** — *v.pr.* (총구에) 때가 끼다.
crasserie [krasri] *n.f.* 【옛】 ① 인색함(avarice). ② (비유적) 비열함; 비열한 수단(말)(vilenie).
crasset [krasɛ] *n.m.* 《사투리》 작은 남포.
crasseux(se) [krasø, -ø:z] *a.* ① 때투성이의, 때묻은, 더러운. chemise ~ *se* 때묻은 와이샤쓰. ②《옛》 천한, 비천한. ③【옛】 인색한. —*n.* ① 비천한 사람; (*pl.*) 천민. ②【옛】깍정이, 노랭이.
crassicaule [krasikol] *a.* 《식물》 줄기가 굵은.
crassier [krasje] *n.m.* 《야금》 쇠찌꺼기 더미; 쇠찌꺼기 버리는 곳.
crassulacées [krasylase] *n.f.pl.* 《식물》 돌나물과
crassule [krasyl] *n.f.* 《식물》 꿩의 비름. 《科》.
-crate, -cratie, -cratique *suff.* 「힘·능력·지배」의 뜻(예: bureaucrate 관료. aristocratie 귀족《계급》. démocratique 민주적인).
cratère [kratɛ:r] *n.m.* ① (화산의) 분화구. ②【고대 그리스】 술에 물을 타는 큰 잔; 잔. ③ 유리 제조용 가마의 구멍; 《전기》 화점(火点).
cratérelle [kraterɛl] *n.f.* 《식물》 식용 버섯의 일종.
cratériforme [krateriform] *a.* 분화구 모양의; 잔 모양의.
craticulaire [kratikylɛ:r] *a.* 석쇠 모양의. 《科》.
craticuler [kratikyle] *v.t.* (전사를 위해 도면 등을) 방형(方形)으로 구획하다(graticuler).
cravache [kravaʃ] *n.f.* (승마용) 채찍. appliquer des coups de ~ 채찍질하다. mener (conduire) *qn* à la ~ …을 난폭하게 다루다.
cravachée [kravaʃe] *n.f.* 채찍질.
cravacher [kravaʃe] *v.t.* 채찍질하다. ~ un cheval 말에 채찍을 가하다. —*v.i.* 《구어》 전속력으로 달리다; (비유적) 필사의 노력을 다하다.
cravan(t) [kravã] *n.m.* 《패류》 삿갓조개; 《조류》 흑기러기.
*****cravate** [kravat] *n.f.* ① 넥타이. épingle de ~ 넥타이 핀. ② (여자용) 모피 목도리. ③ (훈장의) 수(綬); (기·창 따위의 끝의) 장식휘장. ~ de commandeur de la Légion d'honneur 레지옹도뇌르 3등훈장의 수. ④ 《해양》 (돛이나 닻을 감는) 굵은 밧줄. ⑤ 《레슬링》 헤드록. ⑥ 《조류》 (목에 띠 모양으로 생긴) 목털. ~ jaune (목털이 노란) 뿔농다리류의 일종. ~ verte (목털이 녹색의) 병색.
~ **de chanvre (de justice)** (속어) 교수(絞首) 형졸. **donner un tour de ~ à** *qn* ~의 목을 조르다. **s'en jeter un derrière la ~** 《속어》 한 잔 들이켜다.
—*n.m.* 크로아티아의 기병; 경기병. ②《옛》 크로아티아인의 말.
—*a.* 크로아티아의; 경기병의.
cravate-plastron [kravatplastrɔ̃] (*pl.* ~*s*-~*s*) *n.f.* (매어서 가슴에 드리우는) 넥타이.
cravater [kravate] *v.t.* ① [~ *qn*] (에게) 넥타이를 매어주다. ② [~ *qc*] (기·창 따위를) 리본으로 묶다. ~ une gerbe de fleurs 꽃다발을 리본으로 묶다. ③ 《구어》 (사람의) 목을 매달다; 《속어》 (범인 따위를) 잡다(attraper). ~ *qn* de chanvre (옛) …을 교수형에 처하다. Il s'est fait ~ par la police. 그는 경찰에 붙잡혔다. ④《레슬링》 헤드록을 걸다. ⑤《속어》 속이다(duper). **se laisser ~** 속아넘어가다.
cravatier(ère) [kravatje, -ɛ:r] *n.* 넥타이 상인(제조인).
crave [kra:v] *n.m.* 《조류》 긴부리까마귀.
crawl [kro:l] *n.m.* 《수영》 크롤. nager le ~ 크롤 수영을 하다.
crawler [krole] *v.i.* 크롤 수영하다.
crawleur [krolœ:r] *n.m.* 크롤 수영을 하는 사람.
crayer [krɛ(e)je] [8] *v.t.* (드물게) 분필로 표하다.
crayère [krɛjɛ:r] *n.f.* 백악갱(白堊坑).

crayeux(se) [krɛjø, -ø:z] *a.* 〖지질〗백악질의; 백악같은, 하얀.
*****crayon** [krɛjɔ̃] *n.m.* ① 연필. à bille 볼펜. ~ de couleur 색연필. ~ pastel 크레파스. ~ de rouge à lèvres 입술연지. ~ à sourcils 눈썹 그리는 연필. écrire(dessiner) au ~ 연필로 쓰다[그리다]. tailler(affûter) un ~ 연필을 깎다. ② 연필그림, 데생, 스케치, (특히 연필로 그린) 초상화. ~ à trois couleurs 3색 데생. ③ 《데생기법, 《비유적》 문체; 묘사, 소묘(esquisse); 《옛》 데생화가. avoir le ~ ferme 필체[문체]가 견실하다[확고하다]. faire un fidèle ~ d'un homme 어떤 사람의 성격을 충실히 묘사하다. ④ 《약》 막대기 모양의 약제. ~ hémostatique 지혈제(劑)(桿劑). ~ de nitrate d'argent 초산은봉-(硝酸銀棒-). ⑤ 《동식물의》 핵연로봉. ⑥ ~ émetteur(électronique, lumineux) 《컴퓨터》 라이트 펜《디스플레이 장치에 표시된 정보를 변경·수정·편집하는 펜 모양의 부품》.
crayon-lèvres [krɛjɔ̃lɛ:vr] (*pl.* ~*s*-~) *n.m.* 입술연지, 립스틱.
crayonnage [krɛjɔnaʒ] *n.m.* 연필로 쓰기; 연필 스케치.
crayonner [krɛjɔne] *v.t.* ① 연필로 쓰다[그리다, 스케치하다]. ② (문어) (성격 따위를) 간략하게 묘사하다(ébaucher, esquisser).
crayonneur(se¹) [krɛjɔnœ:r, -ø:z] *n.* 스케치하는 사람, 데생가; 《구어》 서투른 화가.
crayonneux(se²) [krɛjɔnø, -ø:z] *a.* 이회암질(泥灰)
cré(e) [kre] *a.* 《속어·사투리》=**sacré**. 「염병할」.
créance [kreɑ̃:s] *n.f.* ① (주로 숙어적 표현에서) 신뢰, 신용; 신임(confiance). lettre de ~ (외교관 따위의) 신임장; 《상업》 신용장(lettre de crédit). ② 채권(증서). ③ 《옛》 믿음; 신앙. perdre toute ~ 믿음을 완전히 잃다.
donner(ajouter) ~ **à** *qc* 을 믿다; 믿게 하다. Il ne *donne* aucune ~ **à** mes paroles. 그는 내 말을 전혀 믿지 않는다. 《주어는 사물》 Son caractère *donne* ~ **à** ses paroles. 그의 성격은 그의 말을 신뢰하게 한다.
***mériter** ~ 믿을 만하다. Ses récits *méritent* notre ~. 그의 이야기는 우리가 믿을 만하다.
trouver ~ 신용[신임]을 얻다.
créancier(ère) [kreɑ̃sje, -ɛ:r] *n.* 채권을 가진. nation —*ère* de dettes de guerre 전시 채권 보유국. —*n.* 채권자. ~ chirographaire 무담보채권자, ~ gagiste (hypothécaire) 유담보채권자, 저당권자. ~ privilégié 우선 채권자.
créateur(trice) [kreatœ:r, -tris] *n.* ① 창조자. le C~ et les créatures 창조주와 피조물. ② 창시자, 창립(설립)자, 창작자. ~ d'un genre littéraire 어떤 문학장르의 창시자. ~ de la mode 패션 디자이너. ~ de costumes 《텔레비전 드라마 따위의》 의상 디자이너. ③《연극》 (어떤 역의) 초연배우. ~ 《상업》 (어떤 상품의) 제조자(producteur). ~ exclusif d'un modèle 어떤 상품모델의 독점제조원 《사》. *a.* 창조의. évolution ~ *trice* 창조적 진화.
créatif(ve) [kreatif, -i:v] *a.* 창조적인, 창조적인. esprit ~ 창조적인 정신. cadres ~ *s* (회사 따위의) 창조적인 간부.
créatine [kreatin] *n.f.* 〖화학〗크레아틴.
créatinine [kreatinin] *n.f.* 〖화학〗크레아티닌.
*****création** [kreasjɔ̃] *n.f.* ① 창조; 천지 창조〖개벽〗; 창조물, 만물, 우주(monde, univers). depuis la ~ du monde 천지개벽 이래로, merveilles de la ~ 우주의 경이. ② (인간에 의한) 제작, 창작, 발명 (invention); 창작물, 작품. ~ littéraire[artistique] 문학[예술]의 창조. ~*s* de Balzac 발자크의

작품. ~ de l'imagination 상상력의 산물. ③ (신상품의)창안, 신안; 신제품; (특히 패션의)시작. ~ d'un modèle 어떤 모델의 창안. Ce produit est notre ~. 이 제품은 당사의 신안이다. présenter les dernières ~s de la mode 패션의 최신작을 발표하다. ④ 창립, 설립, 신설. ~ d'une succursale 지점의 개설. ~ de nouveaux emplois 새 직종의 신설. ⑤ 〖연극〗 초연. ~ d'un opéra 오페라의 초연.

créativité [kreativite] n.f. 창조성, 창조력; 〖언어〗 창조성 (*Chomsky*의 이론).

créature [kreaty:r] n.f. ① 피조물; (특히 창조주 le créateur에 대하여)인간. ~s animées 생물. ~s inanimées 무생물. ~ (humaine) 인간. ② (보통 형용사와 함께) 여자(femme). belle ~ 미녀. sotte ~ 어리석은 여자. vilaine ~ 나쁜 녀석. ③ (경멸) (권력자의)비호를 받는 자, 측근자. ~s du didacteur 독재자의 수족들.

crebleu [krəblø] *int.* 체! 빌어먹을! (sacrebleu).

crécelle [kresɛl] n.f. ① 따르라기: ⓐ 나무조각으로 만든 바람개비 모양의 장난감. ⓑ 부활제의 목·금요일에 종 대신 울리는 기구. ② 〖구어〗 수다꾼. Quelle ~! 잘도 떠벌이는군! ③ 〖조류〗 떼새(bruant)의 속칭. ④ voix de ~ 〖구어〗 귀찮이 들릴 듯한 시끄러운 [불쾌한]목소리.

crécelle ①

crécerelle [krɛ(e)srɛl] n.f. 〖조류〗 황조롱이.

crèche [krɛʃ] n.f. ① 여물통, (특히 그리스도 탄생때 넣은)구유; (성탄절에) 그리스도 탄생을 나타내는 전통적인 장식. ② (3세 미만의)탁아소. mettre son bébé à la ~ 어린아이를 탁아소에 맡기다. ③ 어린이용 침대; 〖문어〗 요람. ④ 〖속어〗 방; 집.

crécher [kreʃe] [6] v.i. 〖속어〗 살다 (habiter, loger).

crécy [kresi] n.f. (*Crécy*산의) 당근; 당근 수프.

crédence [kredɑ̃:s] n.f. ① 식기장, 찬장. ② (교회의)제기단. ③ 〖옛〗 (학교내의)음식물 매점. ④ 〖옛〗 신뢰, 신용(confiance). ⑤ (중세때 음식에 독의 유무를 가리는)검식(檢食)탁자.

crédencier [kredɑ̃sje] n.m. 〖옛〗 검식 책임자.

crédibilité [kredibilite] n.f. 믿을 수 있음, 신빙성; 〖군사〗 (전력 따위의)신뢰성, (군사도발의)억제력. ~ d'un récit 이야기의 신빙성.

crédible [kredibl] a. 믿을 수 있는; 〖군사〗 (전력 따위가)신뢰성있는, 억제력있는.

crédieu [kredjø] *int.* 체! 빌어먹을! (Sacré (nom de) Dieu의 축약형).

C.R.E.D.I.F. 〖약자〗(le) Centre de Recherches et d'Études pour la Diffusion du français 불어 보급연구 교육기관 (불어 시청각교육으로 유명).

crédirentier(ère) [krediratje, -e:r] n., a. 〖법〗 연금 권리자(의), 연금 수령자(의).

*****crédit** [kredi] n.m. ① 〖상업〗 (금전상의)신용. avoir du ~ 신용이 있다. avoir un ~ solide (상사따위가)신용도가 높다. ② 신용매매, 할부매매; 지불유예. carte de ~ 크레디트 카드. accorder un ~ de six mois 6개월의 지불유예(분할불입)를 인정하다. ② 대출, 신용대출. ~ hypothécaire 담보대출. obtenir de sa banque un ~ de cent mille francs 은행에서 10만프랑을 대출받다. ~ à long [moyen, court] terme 장기(중기·단기)대출. ~ 신용장(lettre de ~). ouverture de ~ 신용장 개설. ~ en blanc 백지 신용장. ~ à découvert 무지정 신용장. ~ en banque (établissement de ~). ~ agricole 농업협동조합(은행). société de ~ 금융회사. C~ Lyonnais 리옹은행. C~ commercial de France 프랑스 상업은행. C~ Foncier de France 프랑스 부동산은행. C~ national 프랑스 정부의 금융기관. ~ municipal 공영 전당포. ⑥ 예산(액); 돈, 자금(fonds). ~s ordinaires [extraordinaires] 일반(특별)예산. ~s additionnels [supplémentaires] 추가예산. Faute de ~s suffisants, les travaux ont été arrêtés. 충분한 예산[자금]이 없어서 공사는 중단되었다. ⑦ 〖부기〗 대변(貸邊) (↔débit). balance du ~ et du débit 대차대조(貸借殘高). porter une somme au ~ de qn ⋯의 대변에 기입하다(→숙어란). ⑧〖문어〗 신용, 신뢰(confiance); 신임(créance). avoir du ~ auprès du roi 왕의 신임을 얻고 있다. perdre tout son ~ 신용을 완전히 잃다. faire ~ à qc[qn] ⋯을 신용[신뢰]하다. Je n'accorde aucun ~ à ce qu'il me raconte. 나는 그가 하는 말을 전혀 믿지 않는다. (주어는 사물) théorie qui gagne[perd] du ~ 지지를 얻고 있는[잃어가는] 학설. nouvelle qui prend ~ 확실성을 띠는 뉴스. ⑨〖문어〗 명성, 인망; 영향력. jouir d'un grand ~ parmi les jeunes 젊은 이들 사이에서 평판이 자자하다[신망이 두텁다]. user de son ~ auprès de qn ⋯에게 영향력을 행사하다. ⑩〖캐나다〗 대학의 학점(단위).

à ~ 신용대부로, 외상으로.

être en ~ auprès de qn ⋯의 신뢰를 얻고 있다, ⋯에게 신용이 있다. secrétaire qui *est en ~ auprès du directeur* 관리자의 신임을 얻고 있는 비서.

faire ~ à qn ⋯에게 외상판매하다. J'ai oublié une porte-monnaie, vous pouvez me *faire ~* jusqu'à demain? 지갑을 두고왔는데, 내일까지 외상으로 해줄 수 있겠죠? ⓑ〖문어〗 ⋯을 신용하다.

mettre qc en ~ ⋯을 신용하게 하다, ⋯에게 세력을 주다. *mettre une nouvelle en ~* 뉴스를 믿게 하다. *mettre une mode en ~* 어떤 패션을 유행하게 하다.

porter qc au ~ de qn ⋯을 ⋯의 장점[공적]으로 평가하다.

crédit-bail [kredibaj] (*pl. ~s-~s*) n.m. 〖경제〗 임대차(賃貸借)하기.

créditer [kredite] v.t. 〖부기〗 (의)대변에 기입하다(↔débiter). ~ qn de 100 francs; ~ 100 francs à qn ⋯의 대변에 100프랑을 기입하다. ~ un compte bancaire de mille francs 천프랑을 은행구좌에 예금으로 기입하다. ~ (에게)의 인출을 허가하다, 신용대부하다. ~ un commissionnaire chez un banquier 대리인에게 은행에서 돈을 인출하게 하다. 〖être crédité de...〗〖스포츠〗(의)기록이 공인되다. Il a été crédité d'un temps de 10 secondes 5 dixièmes aux cent mètres. 그는 100미터 경주에서 10초 5의 기록이 공인되었다.

créditeur(trice) [kreditœ:r, -tris] n. 채권자; 〖부기〗 대변. —a. 대변의, compte ~ 대변.

credo [kredo] 〖라틴〗 n.m. (복수불변) ① 〖가톨릭〗 크레도, 사도신경. ~ de Nicée 니케아 신경. ② 신조; 주의, 소신. ~ politique 정치신조.

crédule [kredyl] a. 쉽게 믿는(confiant); 순진한(naïf). Vous êtes trop ~. 당신은 너무 순진하다. —n. (남의 말을)잘 믿는 자; 순진한 사람.

crédulement [kredylmɑ̃] ad. 경솔하게 남을 믿고.

crédulité [kredylite] n.f. 경신(輕信), 고지식함.

*****créer** [kree] v.t. ① (신이)창조하다. Dieu *créa* le ciel et la terre. 하느님이 천지를 창조하다. ② (사람이 새로)만들어 내다; 창작하다 (inventer, composer). ~ un nouveau système de pensées 새로운 사상체계를 창조하다. ~ une belle œuvre 아름다운 작품을 창작하다. (목적보어 없이) la joie de ~ 창조하는 기쁨. ③ 창설, 설립(설치)하다(fonder, établir). ~ une ville (신)도시를 세우다. ~ des emplois 고용을 창출하다. ~ un

service de publicité 광고과를 신설하다. ④ 야기시키다, 만들어내다(causer, provoquer). Cela va me ~ des ennuis. 이것은 내게 곧 권태를 일으킬 것이다. ⑤ (상품을)창안하다; (새·패션을 따위를) 내놓다. ~ un nouveau modèle 새 상품을 고안하다, 신제품을 내놓다. ⑥ 〖연극〗 초연하다. ~ une pièce 어떤 연극을 초연하다. ⑦〖옛〗[~ qn+속사](에게)(의)직위를 주다. ~ qn chevalier ···을 기사로 임명하다.
— **se** ~ *v.pr.* ① 새로 만들어지다, 창조되다. Rien ne se perd, rien ne *se crée*. 없어지는 것도 없고 생겨 나는 것도 없다. ② 자신을 위하여 만들다. *se* ~ une clientèle 고객을 만들다. *se* ~ des chimères 공상을 품다.

créma [krema] *n.f.* 〖야금〗 (가마 안의)철의 산화.
crémaillère [kremajɛːr] *n.f.* ① (벽난로에 남비를 거는)갈고리. ② 〖기계〗 래크, 래크 바. fauteuil à ~ 높이를 조절할 수 있는 의자. chemin de fer à ~ 아프트식 철도. ③ (높이를 조절할 수 있는)선반. ~ de bibliothèque 책장의 자재반.
pendre la ~ 〖구어〗 (새 집이)이사 축하연을 베풀다. 〖생각하여〗 À quand *la* ~ ? 이사턱은 언제 내실겁니까?

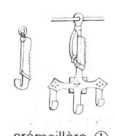
crémaillère ①

crémant [kremɑ̃] *a.m.* (샴페인이)저발포성(低發泡性)의. —*n.m.* 저발포성 샴페인.
crémation [kremasjɔ̃] (<*crémer*²) *n.f.* 화장(火葬) (incinération).
crématiste [krematist] *n., a.* 화장주의자(의).
crématoire [krematwaːr] *a.* 화장의. —*n.m.* 화장 가마(four ~); 화장터.
crématorium(*pl. a*) [krematɔrjɔm, -ja] *n.m.* 화장터.
***crème** [krɛm] *n.f.* ① 크림, 유지(乳脂); 크림모양의 것. ~ fraîche 생크림. café ~ 크림커피, 밀크커피. chou (à la) ~ 슈크림. ~ glacée 아이스크림. fromage à la ~ 크림치즈. tarte à la ~ 크림파이. potage ~ 크림수프. ~ de chantilly 거품크림. ~ de beauté 화장[미용]크림. ~ de nuit 나이트크림. ~ froide 콜드크림. ~ nutritive 영양크림. ~ à raser 면도용 크림. ~ pour chaussures 구두약(cirage). ③ (진하고 달콤한)리뀌르. ~ de cacao 카카오 리뀌르. ~ de menthe 박하술. ④ 〖구어〗진짜, 정수(精髓). C'est la ~ des hommes. 사내 중의 사내이다.
~ *fouettée* ⓐ 거품을 일으킨 크림 (~ Chantilly). ⓑ (비유적) 내용은 없으면서 화려한 문체(文體), 미사여구, 경박한 것.
—*a.* (불변) 크림빛의. gants ~ 크림색 장갑.
crémé(e) [kreme] *a.p.* 크림빛의.
crément [kremɑ̃] *n.m.* 〖언어〗 첨가(접미사·어미요소 따위).
crémer¹ [kreme] ⑥ *v.i.* (우유 표면에)더껑이가 덮이다(엉기다). Le lait commence à ~. 우유가 굳기 시작한다. —*v.t.* 크림빛으로 만들다.
crémer² *v.t.* 화장(火葬)하다(incinérer).
crémerie, crèmerie [krɛmri] *n.f.* ① (우유·버터·치즈 따위의)유제품 판매점; 유제품. ② 간이식당. dîner à la ~ 간이식당에서 저녁식사를 하다. *changer de* ~ 〖구어〗이사하다(déménager); 다른 곳으로 가다, 자리를 뜨다(aller ailleurs).
crémet [kremɛ] *n.m.* 크림치즈의 일종.
crémeux(se) [kremø, -øːz] *a.* ① (우유가)크림을 많이 함유한. ② 크림모양의; 크림빛의. —*n.f.* 크림분리기.
crémier(ère) [kremje, -ɛːr] *n.* 우유(제품)판매인;

간이식당 경영자. ~ -glacier 아이스크림 제조인. —*n.f.* 크림 그릇.

crémone¹ [kremɔn] *n.m.* 크레모나(*Crémone*, 이탈리아의 도시)(산)의 바이올린.
crémone² *n.f.* 여닫이창문 빗장쇠, 에스파냐 빗장.
crénage [krenaːʒ] *n.m.* 〖인쇄〗 활자의 외면을 깎기.
créneau [kreno] (*pl.* ~*x*) *n.m.* ① (성벽 따위에 뚫은)총안. ② 총안 모양의 장식무늬. ③ 〖군사〗 (각부대간의)행군간격. ④ (주차 또는 진행중인)두 자동차 사이의 간격; 추월차선. ~ entre deux voitures en stationnement 주차하고 있는 두 자동차 사이의 간격. faire un ~ 두 자동차 사이에 주차하다. ⑤ (일과중의)빈시간. ne disposer qu'un ~ d'un quart d'heure pour... ···하는데 15분의 빈시간밖에는 없다. ⑥ (방송 따위에서)배당된 방송시간. ~*x* réservés aux grandes formations politiques 대정당에 할당된 방송시간. ⑦ 〖경제〗 (시장의)미개척분야. ⑧ ~ de lancement 〖우주〗 (로켓 따위의)발사 가능시간대.
crénelage [krɛ(e)nlaːʒ] *n.m.* (화폐의 가장자리의)톱니 모양(으로 만들기).
crénelé(e) [krɛ(e)nle] *a.p.* ① 총안을 뚫은. tour ~*e* 총안을 뚫은 탑. ② (바퀴에)톱니가 붙은; (화폐·잎 따위의 가장자리가)톱니모양의. feuille ~*e* 가장자리가 톱니모양으로 된 잎.
créneler [krɛ(e)nle] ⑤ *v.t.* ① (성벽 따위에)총안을 뚫다. ~ une muraille 성벽에 총안을 만들다. ② (바퀴 따위에)톱니를 붙이다; (화폐 가장자리를)톱니모양으로 만들다(denteler). ~ une roue 차바퀴에 톱니를 붙이다.
crénelure [krɛ(e)nlyːr] *n.f.* (화폐·잎 따위의 가장자리의)톱니 모양, 깔쭉깔쭉함. dentelles en ~ 톱니 모양의 레이스.
créner [krene] ⑥ *v.t.* 〖인쇄〗 (활자의)외면을 깎다; (활자의)몸에 니크(cran)를 새기다.
crénom [krenɔ̃] *int.* 제 ! 빌어먹을 ! 《Sacré nom de Dieu의 축약형》.
crénothérapie [krenoterapi] *n.f.* 〖의학〗 약수(鑛泉)치료.
créole [kreɔl] *n.* 식민지 (*Antilles, Guyane* 따위)태생의 백인. —*a.* (백인이)식민지 태생의; 크레올어(語)의. parlers ~*s* 크레올어. —*n.m.* 크레올어 《식민지 특히 서인도 제도에서 원주민이 유럽 무역상인을 상대로 쓰는 프랑스어·에스파냐어·영어 따위가 뒤섞인 혼성어》.
créoliser(se) [sakreɔlize] *v.pr.* 크레올어(語)를 닮다; 크레올풍이 되다. français *créolisé* 크레올어를 닮은 프랑스어.
créophage [kreɔfaːʒ] 〖드물게〗 *a.* 육식의. —*n.* 육식 동물.
créosol [kreozɔl] *n.m.* 〖화학〗 크레오솔.
créosotage [kreozɔtaːʒ] *n.m.* (재목에)크레오소트 주입(부패방지를 위한 처리).
créosote [kreozɔt] *n.f.* 〖화학〗 크레오소트.
créosoter [kreozɔte] *v.t.* (재목에)크레오소트를 주입하다.
crêpage [krɛpaːʒ] *n.m.* ① (크레이프를)주름지게 짜기, 크레이프 가공. ② (머리를)거꾸로 빗어올려 부풀리기. ~ *de chignon* [*de cheveux*] 〖속어〗(여자의)서로 머리를 쥐어뜯는 싸움질.
crêpe¹ [krɛp] *n.f.* (전처럼 넓적하게 부친) 크레이프 빵. ~ à la confiture 잼을 바른 크레이프빵. ~ flambée (럼주(酒) 따위를 뿌려 불을 붙인 후에 먹는)크레이프 플랑베.
faire la ~ 〖옛〗 (자동차 따위가)전복하다. *laisser tomber qn comme une* ~ ···을 사정없이 버리다.

***retourner** qn **comme une** ~* 《구어》…의 의견을 완전히 바꾸게 하다.
　—*n.m.* ① 《직물》 크레이프(주름진 비단). ~ crêpé 결이 잔 크레이프. ~ de Chine 크레이프드신(주름진 두꺼운 비단의 일종). ②(크레이프의) 상장(喪章); 미망인의 베일. porter un ~ 상장을 달다. ③(비유적) 슬픔; 어둠. s'envelopper d'un ~ noir 깊은 슬픔에 잠기다. ~ de la nuit 밤의 어둠. ④(구두 따위의) 고무창(~ de caoutchouc).
crêpé(e) [kre(e)pe] *a.p.* (천이)주름진; (머리가)곱슬곱슬한. étoffe ~*e* 결이 주름진 직물.
　—*n.m.* 짧은 곱슬머리.
crêpelé(e), **crépelé(e)** [krεple] *a.* (머리가)잘게 웨이브진.
crêpelu(e), **crépelu(e)** [krεply] *a.* (머리가)곱슬곱슬한.
crêper [krε(e)pe] *v.t.* ①(머리를)거꾸로 빗어올려 부풀게 하다. ②(크레이프를)주름지게 짜다; 크레이프처럼 주름지게 만들다.
　—**se** ~ *v.pr.* ①곱슬곱슬해지다, 지져지다. ②자기 머리를 거꾸로 빗어올려 부풀게 하다.
se ~ le chignon 《구어》(여자가)서로 머리를 쥐어뜯으며 싸우다.
crêperie [krεpri] *n.f.* 크레이프빵 가게.
crépi(e) [krepi] *a.p.* 초벽 바른. —*n.m.* 초벽(에 이는 벽토).
crépide¹ [krepid] *n.m.* 《식물》 개보리뺑이류.
crépide² *n.f.* 고대 그리스·로마인들의 샌들.
crêpier(ère) [krepje, krepjε:r] *n.* 크레이프 상인.
　—*n.m.* 크레이프빵 굽는 철판.
crépin [krepε̃] *n.m.* ①《구어》제화(製靴)재료업자. ②(*pl.*)(가죽 이외의)구두제조 재료와 용구.
crépine [krepin] *n.f.* ①(가구 장식용의)술. ②(양·돼지 따위의)대망(大網). ③(펌프·관 따위에 다는)여과기.
crépiner [krepine] *v.t.* ①(가구를)술로 장식하다. ②(수도 파이프 따위의)구멍에 여과기를 달다.
crépinette [krepinεt] *n.f.* 《요리》 (대망(大網)으로 말은)납작한 소시지.
crépir [krepi:r] *v.t.* ①(벽을)애벌바르다, 초벽을 하다. ② ~ *le cuir* 가죽을 기름두둘두둘하게 만들다.
crépis [krepi] *n.m.* =**crépide¹**.
crépissage [krepisa:ʒ] *n.m.* crépir 하기.
crépissure [krepisy:r] *n.f.* (벽의)애벌바름, 초벽(한 벽).
crépitant(e) [krepitɑ̃, -ɑ̃:t] *a.* ①따닥따닥[탁탁] 튀는(소리내는)(petillant). feu ~ 탁탁 소리내며 타는 불. ②《의학》단골음(斷骨音)의, 염발음(捻髪音)의. râles ~*s* (폐렴과 같은 경우의)염발음.
crépitation [krepitasjɔ̃] *n.f.* ①따닥따닥[탁탁] 소리. ②《의학》 ~ *osseuse* 단골음; ~ *pulmonaire* (폐렴과 같은 경우의)염발음.
crépitement [krepitmɑ̃] *n.m.* =**crépitation①**.
crépiter [krepite] *v.i.* 따닥따닥[탁탁] 소리내다 (petiller). Le sel *crépite* dans le feu. 소금이 불 속에서 탁탁 튀다. ②단골음(斷骨音)의.
crépon [krepɔ̃] *n.m.* ①《직물》두꺼운 크레이프(주름진 비단). ②다리, 덧머리, 헤어패드.
creps [krεps] *n.m.* =**crépon①**.
crépu(e) [krepy] *a.* ①(머리가)짧고 곱슬곱슬한. Les nègres ont les cheveux ~. 흑인의 머리는 짧고 곱슬곱슬하다. ②feuilles ~*es* 《식물》 잎맥이 오그라든 잎.
crépure [krepy:r] *n.f.* ①(머리가)곱슬곱슬하게 하기. ②《직물》 크레이프의 주름.
crépusculaire [krepyskylε:r] *a.* ①어스름한; 황혼의. calme ~ 황혼녘의 정적. ②(비유적)조락하는, 쇠퇴하는. période ~ 쇠퇴기. beauté ~ 시들어가는 아름다움. ③(곤충 따위가)황혼에 나타나는. papillon ~ 황혼에만 나타나는 나비.
crépuscule [krepyskyl] *n.m.* ①어스름, 박명, 황혼. au ~; à l'heure du ~ 황혼녘에. ②(비유적)말기, 쇠퇴기(déclin). ~ *de la vie* 만년, 인생의 황혼기. ~ *d'un empire* 제국의 말기. ③《문어》여명(~ *du matin*).
crescendo [kreʃɛdo, kreʃɛndo] 《이탈리아》*ad.* 《음악》점점 세게 (↔ decrescendo); (일반적으로)더욱 더 세게[힘차게]. exécuter ~ 점점 세게 연주하다. [aller (en) ~] 더더욱 격[심]해지다. Les dépenses *vont* ~. 점점 비용이 더든다.
　—*n.m.* (복수불변)(소리의)점차적인 강화. Ce vacarme monte en ~. 이 소음은 점차 커졌다.
crésol [krezɔl] *n.m.* 《화학》 크레졸.
cresson [kresɔ̃, 《속어·사투리》krɑsɔ̃] *n.m.* ①잎이 매운 샐러드용의)물냉이. ~ *alénois* 후추풀. ~ *de cheval* (*de chien*) 개불알풀속(屬). ~ *des prés* 황새냉이류. ②《속어》머리카락. Il n'y a plus de ~ *sur la fontaine*. 《속어》공산명월(대머리).
cressonnette [kresɔnεt] *n.f.* 《식물》황새냉이속(屬)의 속칭(cardamine).
cressonnière [kresɔnjε:r] *n.f.* 물냉이 재배지.
Crésus [krezys] *n.pr.m.* 《고대사》 크로이소스(리디아의 왕, 갑부로서 유명). C'est un vrai ~. 그는 갑부[백만장자]이다. être riche comme ~ 대단한 부자이다. —**c**— ~ 《구어》 백만장자.
crésyl [krezil] *n.m.* 《상품명》 크레질(크레졸을 기본으로 한 소독제).
crésyler [krezile] *v.t.* 크레질로 소독하다.
crêt [krε] *n.m.* 산봉우리; 산꼭대기; 계곡 끝의 바위 낭떠러지.
crétacé(e) [kretase] *a.* 《지질》 백악(질)의. période ~ 백악기. terrain ~ 백악층. —*n.m.* 백악기.
crête [krεt] *n.f.* ①(닭의)볏, 계관; (새의)도가머리, 관모. ②정점, 꼭대기(sommet). ~ *d'une vague* 파도머리, 물마루. ~ *d'un toit* 지붕의 용마루. ~ *d'une montagne* 산꼭대기, 능선. ③(전력 따위의)최고치. puissance de ~ 최고출력. ④《해부》(뼈의)돌기부. ~ *du tibia* 경골의 돌기. ⑤(모자·머리 따위의)깃털 장식, 투구의 머리장식. ***avoir la ~ rouge*** 골을 잘내다, 곧잘 흥분하다. ***baisser la ~*** 기가 죽다, 공손하다. ***lever la ~*** 《구어》도도하다; 노기를 띠다, 시비조로 나오다. ***rabaisser la ~ à*** *qn* 《구어》…을 코가 납작하게 만들다.
crêté(e) [krεte] *a.* 볏[관모]이 있는.
crête-de-coq [krεtdəkɔk] (*pl.* ~*s*—~~) *n.f.* ①《식물》맨드라미. ②《의학》(성병성의)생식기 유두종.
crêteler [krε(e)tle] 5 *v.i.* (암탉이 알을 낳고)꼬꼬댁거리다.
crételle [kretεl] *n.f.* 《식물》 왕바랭이.
crêter [krε(e)te] *v.t.* ①(가구에)끈장식을 하다. ②(볏모양의 지붕같은 것을)얹다.
　—**se** ~ *v.pr.* (수탉이 싸우려고)볏을 세우다; (비유적)씩씩하게 대들다.
crétification [kretifikasjɔ̃] *n.f.* 《의학》백악화(白堊化).
crétin(e) [kretε̃, -in] *n.* 백치(idiot), 바보(imbécile), 크레틴 환자. —*a.* 백치의, 바보의; 크레틴병에 걸린. Je ne l'aurais pas cru aussi ~. 그가 그렇게 바보인 줄은 몰랐다.
crétinerie [kretinri] *n.f.* 《구어》바보같은 짓(말).
crétineux(se) [kretinφ, -φ:z] *a.* 크레틴병의; 백치에 가까운.
crétinisant(e) [kretinizɑ̃, -ɑ̃:t] *a.* 바보로 만드는.

lecture ~e 사람을 바보로 만드는 독서.
crétinisation [kretinizasjɔ̃] *n.f.* 바보로 만들기.
crétiniser [kretinize] *v.t.* 《구어》 백치[바보]로 만들다(abêtir).
crétinisme [kretinism] *n.m.* 크레틴병; 《비유적》저능, 백치.
crétois(e) [kretwa, -a:z] *a.* 크레타(Crète)섬의. —C~ *n.* 크레타섬 사람.
creton [krətɔ̃] *n.m.* ① (*pl.*)짐승의 지방을 녹인 찌꺼기. ② 개의 사료용 비스킷(pain de ~s).
cretonne [krətɔn] *n.f.* (커튼 따위에 쓰이는)두툼하고 질긴 무명의 일종.
creusage [krøza:ʒ], **creusement** [krøzmɑ̃] *n.m.* ① (나무 따위를)깎음, 파냄. ② (우물·운하 따위의) 팜, 굴착(掘鑿). ~ d'un canal 운하파기. ③《문어》(문제 따위의)천착.
*****creuser** [krøze] (<creux) *v.t.* ①(에)구멍을 파다, (의)속을 파[후벼]내다(évider); 더 깊이 파다. ~ un puits[un tunnel] 우물[터널]을 파다. La pluie *a creusé* le sol. 비가 내려서 움푹 패이게 했다. machine à ~ 굴착기. ②(얼굴·눈 따위를)움푹하게 하다; (몸을)휘게 하다(cambrer). La faim *creuse* les yeux. 배가 고파서 두 눈이 움푹 들어갔다. visage *creusé* de rides 주름이 파인 얼굴. ~ la taille 몸을 젖히다. danseur qui *creuse* les reins 허리를 활처럼 뒤로 젖히는 무용수. ③《비유적》(문제를)파헤치다, 깊이 연구하다(approfondir); 숙고하다. ~ un sujet 한 문제[주제]를 깊이 연구하다〔천착하다〕. ④파다, 새기다. ~ une médaille 메달에 모양을 새기다. ⑤《목적보어 없이》배를 고프게 하다, 식욕이 나게 하다. Le grand air *creuse* (l'estomac). 야외에 나오니 식욕이 당긴다.

~ *sa fosse avec ses dents* 과식하다.
~ *un abime devant qn* …의 파멸을 준비하다.
~ *un abime entre deux personnes* 둘의 사이를 갈라놓는(désunir, séparer).
—*v.i.* 파들어가다. ~ *plus profond* 더 깊이 파들어가다. ~ *dans la terre* 땅속을 파다. ~ *avant dans son âme* 그의 마음 속을 깊이 파들어가다.
—**se** ~ *v.pr.* 파지다; 움푹 들어가다; (골짜기가)깊이 패다; (볼·눈 따위가)움푹 들어가다. Les joues *se creusent*. 볼이 움푹 들어간다. ②(간격·사이가)벌어지다. L'écart *s'est creusé* entre les deux candidats. 두 후보자 사이에 간격이 벌어졌다. ③《속어》머리를 쥐어짜다(se ~ la tête(l'esprit, la cervelle, le cerveau)). J'ai beau *me* ~ (la tête), je ne trouve aucun expédient. 아무리 머리를 쥐어짜도 소용없다. 전혀 묘안이 떠오르지 않는다.

creuset [krøze] *n.m.* ①《화학·공업》도가니. ~ brasqué 내화(耐火)도가니. épurer au ~ 도가니에서 정제하다. ②《비유적》(여러 가지 많은 것이)혼합[융합]되는 장소. ~ de civilisation 문명의 융합처. ③(지적·도덕적)정화의 수단; (문제·언어 등의)순화(épuration); (인간을 강화시키는 시련(épreuve)). s'épurer au ~ du malheur 불행의 시련을 통해 정화되다. ④《야금》(용광로의)아궁이(바닥).
creuseur [krøzœ:r] *n.m.* ①(우물 따위를)파는 사람. ~ de falaise 암굴 거주(원시)인. ②《비유적》철저한 탐구자, 연구가.
creusois(e) [krøzwa, -a:z] *a.* 크뢰즈(*Creuse*, 프랑스의 도(道))의. —C~ *n.* 크뢰즈 사람.
creute [krø:t] *n.f.* 《사투리》채석장이었던 터; 동굴 (grotte).
*****creux(se)** [krø, -ø:z] *a.* ①속이 빈(vide, ↔ plein). arbre ~ 속이 텅 빈 나무. dent ~se 충치. rendre un son ~ 속이 빈 소리를 내다. ②속(안)이 움

푹 패인(↔ plat), (볼·눈 따위가)쑥 들어간(↔ rebondi). assiette ~se 우묵한 접시. mer ~se 파도가 높이 치는 바다. avoir les joues ~ses 볼이 움푹 들어가다. ③(말·생각이) 내용이 빈곤한, 실속 없는 (pauvre, ↔ riche). paroles ~ses 무의미한 말. discours ~ 내용없는 담화[연설]. tête[cervelle] ~se 머리가 텅 빈 사람. ④활동이 없는, 한산한. heures ~ses (사람의 활동·교통량·전기 따위의 소모량이 적은)한산한 시간. année ~se 경기가 부진한 해. classes ~ses (전쟁 따위로 출생률이 낮아) 인원 미달이 된 학급.

avoir le nez ~ 《속어》눈치 빠르다, 통찰력이 있다.
avoir l'estomac(le ventre) ~ 시장하다, 배고프다.
Il y en a pour une dent ~*se; Il n'y en a pas de quoi boucher une dent* ~*se*. 《구어》(식사가)간에 기별도 안간다; 먹을 것이 아무것도 없다.
viande ~*se* 영양분이 적은 고기; 빈약한 요리; (비유적)(심신의)자양분이 되지 않는 것; 터무니없는
voix ~*se* 굵직하게 울리는 목소리. 저음.
—*ad.* 공허하게. songer ~ 공상에 잠기다. sonner ~ 텅 빈 소리를 내다. tousser ~ 헛[마른]기침을 하다.
—*n.m.* ①공동(空洞), 오목한(움푹한) 곳. ~ de l'aisselle 겨드랑이. ~ de l'estomac 명치. ~ d'un rocher 암굴, 석굴. ~ d'une lame[d'une vague] 파고(波高). dire dans le ~ de l'oreille à *qn* …에게 귓속말을 하다. ②(주장·학설 따위의)공허함. Je trouve un grand ~ [bien du ~] dans cette théorie. 나는 이 학설이 대단히 헛된 것이라 생각한다. ③ 한산한 시기; 불경기, 불황. ~ *du trafic* 교통량이 적은 시간. Il y a un ~ *dans la vente de cet article*. 이 상품의 판매가 저조하다(판매량이 뚝 떨어졌다). ④《구어》적음(低音). avoir un bon ~ 멋있는 저음을 내다. ⑤《미술》(조각·판화의)음각; (凹형의)주형(moule à ~). ⑥《기공》저장탱크의 비어있는 부분의 높이. ⑦ ligne de ~ 《기상》기압골, 곡선(谷線).
avoir(se sentir) un ~ *dans l'estomac* 배고프다.
être dans le ~ *de la vague* 컨디션이 저조하다, 슬럼프에 빠져 있다.

crevable [krəvabl] *a.* 터지는, 파열하는.
crevaille [krəva:j] *n.f.* 《속어》(진탕 먹는)대향연, 잔치상(ripaille).
crevaison [krəvezɔ̃] *n.f.* ①(타이어·보일러의)터짐, 파열; 터진 곳. Nous avons eu une ~. 우리 차의 타이어가 빵꾸났다. ②《속어》죽음(mort). faire sa ~ 죽다, 뻗다. ③피로(fatigue).
crevant(e) [krəvɑ̃, -ɑ̃:t] *a.* ①《속어》①지쳐 떨어지게 하는, 고달픈(fatigant, épuisant). travail ~ 죽도록 고달픈 일. ②배꼽을 빼게 하는, 웃음이 터져나오게 하는(amusant, drôle). film ~ 폭소영화. ③《예》지루하기 짝이 없는.
crevard(e) [krəva:r, -ard] *a.* 허약한, 병든 (malingre). —*n.m.* 허약한 사람.
crevasse [krəvas] *n.f.* ①금, 균열(fissure). ~ d'un mur 벽의 금. ②《종종 *pl.*》(살갗의)튼 데. Elle a des ~s aux mains. 그녀는 손이 텄다. ③(빙하의) 크레바스. ~s des glaciers 빙하의 크레바스. ~s séismiques 지진으로 인한 지면의 균열.
crevasser [krəvase] *v.t.* ①금이 가게 하다, 틈이 벌어지게 하다(fissurer, lézarder). ②(피부가)트게 하다(gercer). —*v.i.* 금이 가다, 틈이 벌어지다; (피부가)트다.
—**se** ~ *v.pr.* 금이 가다, 틈이 벌어지다.
crevé(e) [krəve] *a.p.* ①터진, 파열된; 《속어》도려내진. pneu ~ 빵꾸난 타이어. navire ~ (좌초 따위로)균열된 배. balle ~e 바람이 빠진 공. tuyau ~

《속어》정확하지 않은 정보. ②(짐승·식물이)죽은; 《속어》(사람이)죽은(mort). Il y avait un chien ~ dans la rivière. 강물에는 죽은 개가 한 마리 있었다. ③《구어》지쳐 떨어진, 기진맥진한(fatigué), être complètement ~ 완전히 녹초가 되다. ④《옛》 비만한, 뚱뚱한(gros, bouffi).
—n.m. ①《옛》나약한 젊은이. petit ~ (나른한 태를 내는)멋쟁이. ②(여성복 소매의)터진 틈((프랑수아 I세 시대의 복장에서).

crève [krɛːv] n.f. 《속어》중병; 죽음(mort). attraper la ~ 지독한 병에 걸리다; 죽다. avoir la ~ 몹시 아프다, 위독하다.

crève-cœur [krɛvkœːr] n.m. 《복수불변》비통; 애끓는 심정; 지독한 실망. Quel ~! 이런 비통함이 ! «Le C~-C~»「단장(斷腸)」(Aragon이 1941년에 쓴 시집).

crève-la-faim [krɛvlafɛ̃], **crève-de-faim** [krɛvdəfɛ̃] n.m. 《복수불변》《속어》굶기를 밥먹듯 하는 가난뱅이.

crever [krəve] ④ v.t. ①터뜨리다; 도려내다; 구멍을 뚫다; 돌파하다. le barrage 둑을 무너뜨리다. ~ un ballon 풍선을 터뜨리다. ~ un pneu 타이어를 빵구내다. ②《속어》지쳐 빠지게 하다, 녹초가 되게 하다(fatiguer, épuiser). ~ un cheval 말을 너무 타서 지쳐 떨어지게 하다. ③《속어》죽이다. Ce type a crevé plus d'un flic. 그 녀석은 경관을 여럿 죽였다. ~ la peau[la paillasse, la panse] à qn《속어》…을 죽이다.
~ *le cœur à qn* …의 마음을 아프게 하다, …을 상심케 하다; …의 분통이 터지게 하다.
~ *l'écran* (영화·텔리비전에서)강한 인상을 주다.
~ *le plafond* (한도·예상·기록 또는 정원 따위의) 제한을 초과하다; 독창적인 일을 해내다.
la ~《속어》몹시 배고프다(~ de faim); 몹시 목이 마르다(~ de soif).
—v.i. ①터지다, 파열하다, 무너지다; (포탄이) 작렬하다. La bombe a crevé en l'air. 포탄이 공중에서 작렬했다. Les nuages *crèvent*. 구름이 별안간 비가 되어 쏟아진다. ②《구어》[~ de](으로)터질 듯하다. ~ *d'embonpoint* [*de graisse*] 지독하게 살이 찌다. ~ *de santé* 굉장히 건강하다. ~ *d'argent* 주체할 수 없을 만큼 돈이 많다. ~ *d'orgueil* 거만하기 짝이 없다. ③[~ de](로)죽을 지경이다; 죽도록 …하다. ~ *d'envie*[*de chaleur, de faim, d'ennui*] 부러워[더워, 배고파, 갑갑해] 죽을 지경이다. ~ *de rire* 배꼽을 빼다. ④(짐승·식물이)죽다; 《속어》(사람이)죽다. ~ comme un chien 혼자 쓸쓸하게 죽다, 굉장한 고통 속에서 죽다.
à ~ 과도하게, 어마어마하게. manger à ~ 폭식하다. rire à ~ 배꼽빠지게 웃어대다.
~ *dans les mains* (사업 따위가)망하다.
—*se* ~ v.pr. ①《속어》몹시 지치다, 자기의 …을 해치다. *se* ~ à la tâche 일을 너무해서 지치다. *se* ~ la santé 건강을 해치다. *se* ~ les yeux 눈을 버리다, 눈을 피로하게 하다. ②터지다, 파열하다.
③《옛》폭음[폭식]하다.

crève-tonneau [krɛvtɔno] n.m. 《복수불변》《파스칼이 고안한》액체 압력 실험기.

crevette [krəvɛt] n.f. 작은 새우.   [물].

crevettier [krəvet(j)e] n.m. 《작은》새우잡이 배(그

crevettine [krəvetin] n.f. 『동물』갑각류 단각목(端脚目)《통칭》.

crève-vessie [krɛvvesi] n.m. 《복수불변》기압 실험.

C.R.F. 《약자》Croix-Rouge Française 프랑스 적십

:**cri** [kri] (<*crier*) n.m. ①(기쁨·슬픔·고통 따위의) 고함, 외침, 부르짖음. jeter[pousser] un ~ 고함을 지르다. applaudir avec des ~s de joie 기쁨의 환호성으로 갈채를 보내다. ~ de surprise 놀라움의 외침. ~ d'angoisse[de frayeur, d'effroi] 공포의 부르짖음, 비명.
②큰소리, 부르는 소리. appeler qn à grands ~s 큰소리로 …을 부르다. ~ des vendeurs de journaux 신문팔이의 외침소리.
③(사람들의 항의·반대·비난 따위의)소리, 의견, 호소. ~ de réprobation contre qn …에 대한 비난의 소리. ~ général d'approbation 전반적인 찬성의 소리. rester sourd aux ~s du peuple 대중의 호소에 귀를 막다. ~ public 여론; 《옛》포고.
④(마음 속의)소리. ~ de la conscience 양심의 소리(가책). C'est le ~ du cœur. 그것은 본심이다. ~ de la chair 육욕. sentir le ~ d'un appétit [de soif] 공복감[갈증]을 느끼다.
⑤울음소리. ~ du nouveau-né 갓난아기의 울음소리.
⑥(짐승·곤충의)우는 소리; (물체의)날카로운 소리. imiter le ~ d'un oiseau 새 우는 소리를 흉내내다. ~ de la lame 쇠줄로 쓰는 소리.
C'est du ~《속어》구호[허울]뿐이다.
~ *de guerre* (공격의)함성; 《구어》슬로건.
Il n'y a qu'un ~; *Ce n'est qu'un* ~. 모든 사람의 의견이 일치되다.
jeter[*pousser*] *les hauts* ~*s* 큰소리로 항의[규탄]하다.
(*le*) *dernier* ~ 최신형[최신 완성품](의)《형용사로 쓰일때는 불변》. Cette voiture est *du dernier* ~. 이 자동차는 최신형이다. appareil photographique *dernier* ~ 최신형 사진기.

criage [kri(j)aːʒ] n.m. (상인이)고함을 질러 선전하기; 고함처서 발표하기.

criaillement [kri(j)ɑjmɑ̃] n.m. 시끄러운 소리, 아우성; 《보통 pl.》불평, 잔소리.

criailler [kri(j)aje] v.i. 고함을 지르다, 아우성을 치다; 우는 소리를 하다, 푸념하다; (거위·꿩·공작 따위가)울다; 귀에 거슬리는 소리를 내다.

criaillerie [kri(j)ajri] n.f. 《보통 pl.》고함소리, 아우성 소리; 불평, 잔소리. ~ *des enfants* 어린아이의 떠드는 소리. ~ *des parents* 부모의 잔소리.

criailleur(*se*) [kri(j)ajœːr, -øːz] n. 시끄럽게 떠드는 사람; 우는 소리[푸념]하는 사람; 잔소리꾼.

criant(*e*) [kri(j)ɑ̃, -ɑ̃ːt] a. ①외치는, 고함치는. ②명백한, 이론의 여지 없는(manifeste, flagrant). vérité ~*e* 명백한 진리. ③언어도단의, 괘씸한. injustice ~*e* 언어도단의 부정.

criard(*e*) [kri(j)aːr, -ard] a. ①소란스러운, 떠들썩한, 시끄러운. gamin ~ 떠들어대는 아이. oiseau ~ 시끄럽게 우는 새. ②잔소리가 많은. mari ~ 잔소리가 많은 남편. ③성화같이 재촉하는《받는》. dettes ~*es* 성화같이 독촉받는 빚. ④(소리가)날카로운, 귀에 거슬리는; (빛깔이)눈에 거슬리는; (화장 따위가)요란스런. voix ~*e* 날카로운 목소리. toilette ~*e* 요란한 몸치장.
—n. 시끄러운 사람; 잔소리꾼.
—n.f. 암탉; 줄칼; 톱; 초인종, 벨; 방수포.

criblage [kriblɑːʒ] n.m. 체로 치기; (광물의)선별.

crible [kribl] n.m. ①체(tamis); 선별기(~ à la machine, trieuse). passer par le ~《구어》체로 걸러지다, 엄선되다. passer qc au ~ …을 체로치다, 선별하다. ~ *à sable* 『토목』체판(tube criblé). ~ *d'Ératosthène* 『수학』에라토스테네스의 체《일련의 수자를 걸러내어 소수를 구하는 방법》.

criblé(*e*) [krible] a.p. 체질한, 체처럼 구멍투성이의. ~ *de blessures*(*de petite vérole*) 상처《곰보》투성이의. ~ *de dettes* 빚투성이의. première édi-

cribler [krible] *v.t.* ① 체로 치다; 선별하다. ~ du blé 밀을 체질하다. ② (체처럼)많은 구멍을 뚫어 놓다, 구멍투성이로 만들다. ~ qn de blessures …의 전신에 상처를 입히다. ③ [~ de] (로)압도하다. ~ qn de questions …에게 질문을 퍼붓다.
cribleur(se¹) [kriblœ:r, -ø:z] *n.* 체질하는 사람; 선별공. —*n.f.* 체, 선별기.
cribleux(se²) [kriblø, -ø:z] *a.* 체처럼 구멍투성이 의, 체 모양의.
criblure [kribly:r] *n.f.* 체로 친 찌꺼기.
cribreux(se) [kribrø, -ø:z] *a.* =**cribleux**.
cric¹ [kri] *n.m.* ① (무거운 짐 따위를 올리는)잭, 손기중기. On utilise un ~ pour changer la roue d'une voiture. 자동차 바퀴를 갈기 위해 잭을 사용한다. ② 《속어》(하급)브랜디, 알코올.
cric² [krik] *int.* 탕, 딱, 쟤각, 쟁겅, 철꺽, 와지끈. —*n.m.* 터지거나 부러지는 소리. On entendit un petit ~. 뭔가 재깍하는 소리가 들렸다.
cric(-)crac [krikkrak] *int.* 우지끈, 뚝딱; 찰칵. —*n.m.* 부러지거나 터지는 소리.
cricket [krike(t)] 《영》*n.m.* 《스포츠》크리켓.
cricoïde [krikɔid] 《해부》*a.* 환상(環狀)의. —*n.m.* 환상연골(軟骨).
cri(-)cri [krikri] *n.m.* (복수불변) ① 귀뚜라미[매미]의 울음소리. ② 《구어》 귀뚜라미. ③ 《속어》 바싹 여윈 노파(~ ravageur).
cric-tenseur [kriktɑ̃sœ:r] *(pl.* ~**s**-~**s**) *n.m.* 철사[전선]를 둘러대는 연장.
crid [krid] *n.m.* =**criss**.
criée [kri(j)e] *n.f.* 공매, 경매; 경매장; 《옛》 (법정) 소환, 공고. vente à la ~ 경매. meubles vendus à la ~ 경매에서 팔린 가구. faire la ~ 경매에 부치다. chambre de ~ (공설)경매장.
:**crier** [kri(j)e] *v.i.* ① 고함치다, 외치다; 울부짖다. ~ de peur 공포에 질려 울부짖다. On entend ~ les enfants dans la rue. 거리에서 아이들이 고함치는 (울부짖는) 소리가 들린다. Ne criez pas si fort! je ne suis pas sourd. 그렇게 고함치지 마세요, 나는 귀머거리가 아니예요.
② 꾸짖다, 야단치다; 비난하다, 탄핵하다, 고발하다. ~ contre les employés peu consciencieux 비양심적인 종업원을 야단치다. ~ après de mauvais élèves 불량학생들을 꾸짖다. ~ à la trahison[à l'injustice] 배신[부정]을 규탄하다.
③ 《문어》 호소하다, 애원하다. ~ vers Dieu[au Seigneur] 신에게 호소하다.
④ (동물이)짖다, 울다. Le chien battu *criait*. 얻어맞은 개가 울부짖었다. Les oiseaux *criaient* dans la forêt. 새들이 숲 속에서 울고 있었다.
⑤ 낡아서 소리를 내다, 삐걱거리다. tiroir qui *crie* 삐걱거리는 서랍.
⑥ (색 따위가)눈에 거슬리다. Les couleurs *crient*. 색깔이 눈에 거슬린다.
— **à tue-tête** 고래고래 소리지르다.
—*v.t.* ① 큰소리로 말하다, 외치다. ~ qn qc …에게 ~을 큰소리로 말하다[외치다]. ~ un ordre 큰소리로 명령하다. ~ au feu '불이야'하고 외치다. ~ merveille 탄성을 지르다. ~ gare(casse-cou) 위험하다고 소리치다, 위험을 경고하다. ~ grâce[merci] 살려달라고 외치다, 싸움에 졌노라고 자인하다.
② (큰소리로)호소하다, 요구하다. ~ au juge son innocence 재판관에게 자기의 무죄를 주장하다. ~ vengeance 복수하겠다고 부르짖다. ~ famine [misère] 기아[빈곤]을 호소하다. ~ la vérité 진실을 강하게 요구하다.

③ 떠들어대다, 소문을 내다; 포고[공표]하다. faire ~ qc par la ville 소문을 온 장안에 퍼뜨리게 하다. faire ~ un objet perdu 잊은 물건을 공고하다.
④ 큰소리로 사라고 외치다; 경매하다. ~ des meubles 가구를 경매에 부치다. ~ des journaux [des pommes, des fraises] 신문[사과·딸기]을 사라고 외치다.
⑤ 《옛》(사람을)질책하다.
crierie [kriri] *n.f.* (보통 *pl.*) ① 소란한 고함소리, 떠드는 소리. ② 불평.
crieur(se) [kri(j)œ:r, -ø:z] *n.* ① 고함[외]치는 사람, 떠드는 사람. ② 경매인; 가두 판매인(~ des rues). ~ de journaux 신문팔이. ③ 《옛》포고사항을 공고하는 관원(~ public).
:**crime** [krim] *n.m.* ① 범죄; 《법》 중죄. commettre un ~ 죄를 범하다. Les ~s sont jugés par la cour d'assises. 중죄는 중죄재판소에서 다루어진다. ~ d'État 국사범. ~ d'incendie 방화죄. ~ capital 죽을 죄. ② (윤리적·종교적인)죄. C'est un ~ contre l'humanité. 그것은 인류에 대한 죄이다. ~ contre nature (존속살인·근친상간 등의)인륜에 어긋난 죄. ③ 범행; (특히) 살인. Ce n'est pas un accident, c'est un ~. 그것은 사고가 아니라 범죄이다. théâtre du ~ 범행 현장. arme du ~ 흉기. ~ passionnel 치정에 의한 살인. ④ 《구어》 중대한 과실, 큰 잘못. Il a eu dix minutes de retard: ce n'est pas un ~. 그가 10분 늦긴 했지만 크게 탓할 것은 못된다. C'est un ~ de tromper un si bon père. 그렇게 선량한 아버지를 속이는 것은 큰 잘못이다. *faire un* ~ *à qn de qc* 《구어》 …을 ~에 대하여 크게 책망하다[나무라다].

REM **crime**은 도덕·법률상의 중죄에 해당하며 사형·징역·금고에 처해짐. **délit**는 경범죄로 2개월에서 5년의 금고 혹은 벌금형, **contravention**은 경범죄로 1일에서 2개월의 구류 혹은 벌금. **forfait**는 중대한 사건을 터뜨려 사람들의 주목을 끄는 대죄를 말하며 **péché**는 종교적인 죄악을 말함.
criméen(ne) [krimeɛ̃, -ɛn] *a.* 《지리》 크리미아(*la Crimée*)의. —**C**~ *n.* 크리미아 사람.
criminalisable [kriminalizabl] *a.* 《법》 형사재판에 회부해야 할.
criminaliser [kriminalize] *v.t.* 《법》 (민사재판에서) 형사재판으로 회부하다.
criminaliste [kriminalist] *n.* 형법학자; 범죄학자.
criminalité [kriminalite] *n.f.* (행위의)범죄성; (집합적)범죄행위.
criminatoire [kriminatwa:r] *a.* 죄를 씌우는, 고발하는, 비난하는.
*****criminel(le)** [kriminɛl] *a.* ① 죄를 범한. Il est ~ devant Dieu et devant les hommes. 그는 신 앞에서도, 인간 앞에서도 죄인이다. ② (행위가)죄가 되는, 범죄적인. acte ~ 범죄행위. intention ~*le* 범죄의 고도. ③ 《법》 죄의, 형사범의. code d'instruction ~*le* 형사 소송법. droit ~ 형법. juridiction ~*le* 형사 재판. peine ~*le* 중죄형. procès ~ 형사소송. ④ 사악한, 죄가 되는; 큰 허물이 되는. amour ~ 사련(邪戀). concevoir de ~*les* pensées 사악한 생각을 품다. C'est ~ de ne pas aimer le vin. 포도주를 싫어하는 것은 크나큰 잘못이다. silence ~ 비난받아 마땅한 침묵.
—*n.* 《구어》 살인범(*meurtrier*); 장본인. Le ~ s'est avoué. 살인범은 자백했다. ② 죄인; 형사범. ~ de guerre 전범. ~ d'État 국사범.
—*n.m.* ① 《법》 형사재판. être jugé au ~ 형사재판에 의해 재판을 받다. avocat au ~ 형사재판 변호사. poursuivre qn au ~ …에게 형사소송을 제기하다. ② 《옛》 죄악. prendre qc au ~ …을 죄악

criminellement [kriminɛlmɑ̃] *ad.* 죄가 될 만큼, 범죄적으로; 형사사건으로. poursuivre ~ 형사법으로 기소하다.

criminogène [kriminɔʒɛn] *a.* 범죄를 유발하는. facteur ~ 범죄의 발생요인. situations ~*s* 범죄를 유발시킬 상황.

criminologie [kriminɔlɔʒi] *n.f.* 범죄학. ~ clinique 임상범죄학.

criminologiste [kriminɔlɔʒist], **criminologue** [kriminɔlɔg] *n.* 범죄학자.

crin [krɛ̃] *n.m.* ① (말·사자 따위의)갈기, 말총, 꼬리털. saisir le cheval par les ~*s* 말의 갈기를 잡다. faire les ~*s* 말의 다리털을 깎다. ~ d'archet (바이올린 따위의 말총으로 만든)활. ② (말총의 대용이 되는)식물섬유(~ végétal); (인공)말총 (~ synthétique); 낚싯줄. ~ de Florence(d'Espagne) 낚싯줄. ③《옛》머리카락. se prendre aux ~*s* 서로 머리채를 잡고 싸우다. ④《구어》성마른 남자. être comme un ~; être à ~ 매우 기분이 언짢다. 몹시 신경질이 나 있다. Quel ~ ! 천하의 신경질쟁이로군!
à tous ~s; à tout ~ (말이)갈기와 꼬리털이 잘리지 않은;《구어》털보의;《구어》극단적인, 열렬한, 철저한. pacifiste à tous ~*s* (à tout ~) 철저한(열렬한) 평화주의자.

crincrin [krɛ̃krɛ̃] *n.m.*《구어》싸구려 바이올린, 깽깽이; 바이올린장이.

crinier [krinje] *n.m.* 털 가공인.

crinière [krinjɛ:r] *n.f.* ① 말·사자의)갈기. ②《투구의》장식용 털(것). ③《구어》덥수룩한 머리; 탐스러운 머리. ④《문어》물결 이는 파도.

criniforme [kriniform] *a.*《생물》털 모양의.

crinoïdes [krinɔid] *n.m.pl.*《동물》갯나리류.

crinoline [krinɔlin] *n.f.* ① (말총·말 갈기로 짠)치 칠고 뻣뻣한 천. ②《제2제정시대에 유행한》스커트를 부풀리게 보이려고 받쳐 입는 페티코트.

criocère [kri(j)ɔsɛ:r] *n.f.*《곤충》아스파라거스잎 벌레 무리.

crique¹ [krik] *n.f.* ① 내포(內浦), 작은 만. ②《군사》(성 밖에 설치한)호, 크리크.

crique² *n.f.* = **criqûre**.

crique³ *n.m.* ①《옛·속어》허약한 사람, 병약자. ②《속어》(아이들을 겁주기 위해 말하는)귀신. Je veux bien que le ~ me croque si je mens. 내 말이 거짓말이면 귀신에게 잡혀가도 좋아(절대로 거짓말이 아니다).

criquer¹ [krike] *v.i.* (경철이 식을 때)금이 가다.

criquer² (se) [s(ə)krike] *v.pr.*《속어》뽐내치다.

criquet [krikɛ] *n.m.* ①《곤충》메뚜기. ②《구어》귀뚜라미; 매미. ③《구어》작은 말; 키가 작고 허약한 사내. ④《속어》하급 포도주. ⑤ clé à ~《옛》스패너.

criqueter [krikte] ⑤ *v.i.* ① (쇠붙이가)삐걱거리다. ② (귀뚜라미·매미가)울다.

criquetis [krikti] *n.m.*《조각》(질이 나쁜 동판을 새길 때)끌이 잘 안나가서 나는 소리.

criqûre [kriky:r] *n.f.* (강철의)균열, 금.

***crise** [kri:z] *n.f.* ① 위기, 급변, 난국; 공황. ~ politique 정치적 위기(난국). ~ du pouvoir 정변. ~ économique 경제공황. ~ ministérielle 내각의 공백기; 내각총사직. Nous sommes en pleine ~. 우리는 위기에 처해 있다. ~ de la moralité 도덕의 위기. ② (병세의)급변, 고비; 발작. Le malade a franchi sa ~. 환자는 고비를 넘겼다. ~ cardiaque 심장발작. ~ d'épilepsie 간질의 발작. ~ de nerfs [nervøse] 히스테리의 발작. ~ d'appendicite 급

성맹장염. ~ d'asthme(de rhumatisme) 천식(류머티즘)의 발작. ③ 중대한 결핍, 부족(manque, pénurie). La France souffre d'une ~ de la natalité. 프랑스는 출생률의 저하로 고심하고 있다. ~ de logement 주택난. ~ de la main-d'œuvre 노동력 부족. ~ d'emploi 취직난. ④ 흥분, 열광; 변덕. ~ religieuse 종교적 흥분. avoir des ~*s* de poésie 때때로 시적 열광상태에 빠지다. avoir une ~ de larmes 별안간 울음을 터뜨리다. piquer une ~ de colère 화를 벌컥 내다. faire prendre à qn une ~ (de nerfs)《구어》…을 화나게 하다, 역정나게 하다. ⑤ (소설·연극 따위의)절정, 클라이맥스. *par* ~*s* 발작적으로, 느닷없이, 때때로. travailler *par* ~*s* 갑자기 일에 열을 올리다.

crispant(e) [krispɑ̃, -ɑ̃:t] *a.*《구어》귀찮은, 신경질이 나게 하는. enfant ~ 성가신 아이.

crispation [krispasjɔ̃] *n.f.* ① 경련, (근육의)발작적인 수축. ② 성가심(agacement). donner des ~*s* à *qn*《구어》…을 성가시게(짜증나게·신경질나게)하다. ③ (가죽 따위가)수축하여 주름이 잡힘. ④ (정신적인)마비, 정체.

crisper [krispe] *v.t.* ① (근육의)경련을 일으키게 하다. La souffrance crispa son visage. 괴로움으로 그의 얼굴은 경련을 일으켰다. ② (손을)꽉 쥐다. ~ les poings 두 주먹을 불끈 쥐다. Il avait la main crispée sur le pistolet. 그는 권총을 손에 꽉 쥐고 있었다. ③ 긴장시키다. ~ sa volonté 마음을 긴장시키다. ④ (피부를)수축시키다, 옥죄다, 오므라들게 하다. ⑤《구어》속이 닳게 하다, 신경질이 나게 하다, (의)신경을 자극하다(agacer). Sa lenteur me crispe. 그가 늑장부리는 데 울화통이 터진다. musique qui crispe les nerfs 신경을 자극하는 음악.
—se ~ *v.pr.* ① 경련을 일으키다; 긴장하다. Les traits se crispent dans la colère. 화가 나서 얼굴에 경련이 일어난다. ② (손을)꽉 쥐다; 달라붙다, 매달리다. Ses mains se crispaient sur le volant. 그의 손은 핸들을 꽉 쥐고 있었다. ③ 화(짜증, 신경질)를 내다. Cet homme se crispe facilement. 이 사람은 곧 화를 잘 낸다.

crispin [krispɛ̃] *n.m.* ① (희극의)종(하인)역. ② (두건 달린)짧은 망토. ③ (펜싱용)장갑.

criss [kris] *n.m.* (말레이 사람이 사용하는, 날이 ∫도 모양의)단검, 크리스.

crissement [krismɑ̃] *n.m.* 이를 갈기(가는 소리)(~ des dents); (쇠붙이 따위의)마찰(소리); (매미 따위의)울음소리.

crisser [krise] *v.i.* 이를 갈다; 삐걱거리다(grincer).

crissure [krisy:r] *n.f.* 강철 표면의 주름.

cristal(*pl.* **aux**) [kristal, -o] *n.m.* ① 결정(체); 수정 (~ de roche); 크리스털 글라스. pur comme du ~ 수정처럼 맑은. ~ cubique 입방결정체. ~*aux* de sel marin 해수염(海水鹽)의 결정. ② (수정같이) 맑음, 투명함(transparence); 맑은 물; (*pl.*같이)수정(크리스털 글라스) 제품. ③ (*pl.*)《구어》세탁 소다 (cristaux de soude).

cristallerie [kristalri] *n.f.* 크리스털 글라스 제조(소); 《집합적》크리스털 글라스 제품.

cristallier [kristalje] *n.m.* ① 크리스털 글라스(수정 유리) 세공인. ② 수정(유리) 제품 찬장.

cristallière [kristaljɛ:r] *n.f.* 수정광(鑛); 수정유리 가공자.

cristallifère [kristalifɛ:r] *a.* 수정을 함유하는.

cristallin(e) [kristalɛ̃, -in] *a.* ① 결정(結晶)한; 결정의. corps ~ 결정체. structure ~*e* 결정 구조. ② (수정처럼)투명한, 맑은. ③《해부》수정체의. lentille ~*e*《해부》(눈의)수정체.
—*n.m.* 결정질;《해부》수정체.

—*n.f.* 〖식물〗 빙초(氷草) 《남아프리카산 사철채송화 무리, 얼음에 덮인 듯이 보임 》.

cristallisable [kristalizabl] *a.* 결정이 되는.

cristallisant(e) [kristalizɑ̃, -ɑ̃:t] *a.* 결정이 되게 하는[되는].

cristallisation [kristalizɑsjɔ̃] *n.f.* ① 결정 작용, 결정 현상. ② 응결. ③ (수정의)결정체. ④ (감정·생각의)구체화, 확정.

cristallisé(e) [kristalize] *a.p.* 결정(結晶)이 된. ~ par la glace 얼음으로 덮인. sucre ~ 굵은 설탕.

cristalliser [kristalize] *v.t.* ① 결정시키다. ~ du sucre 설탕을 굵게 결정시키다《굵은 설탕으로 만들다》. ② 〖문어〗 (비유적)명확한 형태를 주다; 결집시키다, 굳히다, 고정시키다(concrétiser, fixer). Les événements *ont* brusquement *cristallisé* la menace de guerre. 여러 사건들로 갑자기 전쟁의 위협이 분명해졌다. ~ des partis 여러 당파들을 결집하다. ~ projet qui reste fluide 유동적인 계획을 확정짓다.
—*v.i.* ① 결정하다. Le soufre *cristallise* en prisme oblique. 유황은 사각주체(斜角柱體)의 결정으로 된다. ② (감정·사고 따위가)명확해지다, 굳어지다(se préciser). Ma pensée commence à ~. 내 생각이 명확해지기 [확고해지기] 시작한다.
—*se*— *v.pr.* ① 결정하다. ② (감정·사고 따위가) 명확해지다, 굳어지다.

cristallisoir [kristalizwa:r] *n.m.* 〖화학〗 결정용 유리 용기 [접시].

cristallite [kristalit] *n.f.* 〖지질〗 (결)정자(晶子), (결)정립(粒).

cristallo- *préf.* 「수정·결정」의 뜻.

cristallogénie [kristalɔʒeni] *n.f.* 결정 생성론.

cristallographie [kristalɔɡrafi] *n.f.* 결정학.

cristallographique [kristalɔɡrafik] *a.* 결정학의.

cristalloïde [kristalɔid] *a.* 결정체[수정] 모양의.
—*n.m.* 〖식물·물리·화학〗 정질(晶質).
—*n.f.* 〖해부〗 결정체낭.

cristalloluminescence [kristalɔlyminesɑ̃:s] *n.f.* 결정 냉광(冷光).

cristallomancie [kristalɔmɑ̃si] *n.f.* 수정점(占).

cristallométrie [kristalɔmetri] *n.f.* 결정형론(結晶形論).

cristallophyllien(ne) [kristalɔfiljɛ̃, -ɛn] *a.* 〖지질〗 변성암질(變成岩質)의; (바위가)수정편(水晶片)으로 된. terrain ~ 변성암 지층. roches ~es 결정편암.

cristau(x) [kristo] *n.m.* 《속어》세탁 소다.

cristé(e) [kriste] *a.* 〖생물〗 볏[도가머리]이 있는; 볏모양의 돌기가 있는.

criste-marine [kristəmarin] (*pl.* ~s-~s) *n.f.* = **crithme**.

cristi [kristi] *int.* 《구어》이런, 어머나《놀람》.

critère [kritɛ:r] *n.m.* ① (판단의)표준, 기준. ~ de choix 선택의 기준. Ce n'est pas un ~ 《구어》그것은 기준[근거]이 되지 못한다. ② 〖철학〗 (진리의)표지(標識).

critérium [kriterjɔm] *n.m.* ① (판단의)표준, 기준(critère). ② 〖스포츠〗 선발 경기.

crithme [kritm] *n.m.* 〖식물〗 돌회향풀《미나리과 》.

crithmum [kritmɔm] *n.m.* = **crithme**.

criticailler [kritikaje] *v.t.* 《구어》(까다롭게)트집 잡다, 깎아내리다.

criticailleur [kritikajœ:r] *n.m.* 까다로운 트집장이.

criticisme [kritisism] *n.m.* 〖철학〗 비판철학 《칸트의 인식론에 비판에 기반을 둔 철학체계》.

criticiste [kritisist] *n.m.* 〖철학〗 비판철학[주의]자. —*a.* 비판철학(과)의.

critiquable [kritikabl] *a.* 비판의 여지 있는.

critiquailleur [kritikajœ:r] *n.m.* 까다롭게 트집잡는 비평가.

critiquant(e) [kritikɑ̃, -ɑ̃:t] *a.* 비평[비판·비난]하기 좋아하는, 말하기 좋아하는.

***critique** [kritik] *n.* 비평가; 《옛》트집장이. ~ littéraire (dramatique, d'art, musical) 문예《연극·미술·음악》비평가. ~ impitoyable 혹평가.
—*n.f.* ① 비평, 평가; 평론. exercer une ~ sur soi-même 자기비판하다. faire une ~ des livres dans un journal 신문에 서평을 쓰다. avoir une bonne (mauvaise) ~ 좋은 [나쁜] 평가를 받다. ② 《집합적》비평가(들), 평론계. La ~ s'est nettement divisée sur sa nouvelle pièce. 그의 새로운 희곡에 대해서 비평가들의 의견이 뚜렷하게 나뉘어졌다. ③ 비평적 고증. ~ d'un texte 텍스트의 고증. ~ philologique 문헌학적 고증. ~ historique 사적 고증. ④ 논박; 비난, 혹평. réfuter une ~ 비난을 반박하다. se répandre en ~s sur qc ~에 비난을 퍼붓다. supporter la ~ 혹평을 견디다. ⑤ 〖철학〗비평학; 비판론. ~ de la connaissance 지식비판. «C~ de la raison» 「순수이성비판」.
—*a.* ① 비판적인; 비평의; 고증의. remarques ~s 비평, 비판의. compte rendu ~ 서평. édition ~ 원전대조본, 고증본. avoir le sens ~ 비판적인 눈을 갖고 있다. philosophie ~《칸트의》비판철학. ② 위기의, 위급한; 중대한. moment ~ 위기. situation ~ 위태로운 사태. ③ 〖의학〗 결정적인. La maladie entre dans sa phase ~. 병은 결정적인 고비로 접어들었다. âge [temps] ~ 《여자의》 갱년기; 폐경기. ④ 〖수학·물리〗 임계의. point ~ 〖물리〗 임계점. ⑤《옛》트집잡는.

critiquer [kritike] *v.t.* ① 비평하다; 비난하다 (blâmer). ~ la politique du gouvernement 정부의 정책을 비판하다. Sa conduite est fort *critiquée*. 그의 행동은 크게 비난을 받고 있다. 《문학작품 따위를》비평하다, 평가하다. ~ un ouvrage (un écrivain) 작품 [작가] 을 비평하다. ② 비판·검토하다, 고증하다. ③ 헐뜯다, 트집잡다. trouver toujours à ~ 항상 트집만 잡다.
—*se*— *v.pr.* ① 자기를 비판하다; 서로 비판[비난]하다. ② (작품 따위가) 비판 [비난] 받다. ouvrage qui ne peut que *se* ~ 비난받아 마땅한 작품.

critiqueur(se) [kritikœ:r, -ø:z] *n.* 비평하는 버릇이 있는 사람; 트집잡기 좋아하는 사람; 까다롭게 말이 많은 사람.

croassement [krɔasmɑ̃] *n.m.* (까마귀의)우는 소리; (*pl.*) 《트집 잡으며》시끄럽게 떠드는 소리.

croasser [krɔase] *v.i.* ① (까마귀가)까악까악 울다. ② (악평하며)시끄럽게 떠들어대다.

croate [krɔat] *a.* 크로아티아(*la Croatie*)의. —**C**~ *n.* 크로아티아 사람. —*n.m.* 크로아티아어 (語).

croc¹ [krɔk] *int.* 《구어》와드득, 우직우직 《깨무는 소리》. ② 바드득, 바지직 《밟아 부셔뜨리는 소리》.

croc² [krɔ] *n.m.* ① 갈고리(crochet), 훅; 갈고리장대. viande [saucisse] suspendue à un ~ 갈고리에 걸려 있는 고기 [소시지]. à ciseaux 〖해양〗 자매갈고리, 시스터 훅. moustache en ~ 카이저로 수염. ② 〖기계〗 (톱니바퀴의 역회전을 막는)톱니멈추개. ③ (개·이리 따위의)송곳니, 이빨; 《구어》(사람의)이. ④ 〖농업〗 괭이.
avoir [*mettre*] *qc à son* ~ 《옛》…을 예비로 가지고 있다.
avoir les ~*s* 《구어》몹시 배고프다. _____ 있다.
être au ~ 《옛》중단되어 있다.
montrer les ~*s* (이빨을 드러내며)위협하다.
pendre [*mettre*] *qc au* ~ 《구어》…을 쓰지 않고 놔

두다; …을 그만두다, 포기하다.
croc-en-jambe [krɔkɑ̃ʒɑ̃:b] (*pl.* ~**s**~.~) ((받음물변)) *n.m.* ① 다리를 걸어 넘어뜨리기, 딴죽. faire [donner] un ~ à *qn* …을 (다리를 걸어) 넘어뜨리다. ② 남을 믿어내고 대신 그 자리를 차지하기.
croche [krɔʃ] *a.* ((옛)) 갈고리 모양의, 구부러진.
avoir la main ~; *avoir les pattes* ~**s** ((속어)) 욕심이 많다.
— *n.f.* ① (*pl.*) ((대장장이의))불집게. ② 《음악》 8분 음표. double[triple] ~ 16[32]분 음표. suite de ~ 연음부. ③ (낚싯줄이 걸리는 물속의)장해물. ④ ((속어)) 손.
croche-patte [krɔʃpat] (*pl.* ~.~**s**) *n.m.* =**croc-en-jambe**.
croche-pied [krɔʃpje] (*pl.* ~.~**s**) *n.m.* =**crochepatte**.
crocher [krɔʃe] *v.t.* ① (갈고리로)걸다, 걸어잡다. ② 갈고리 모양으로 구부리다. ③ ((구어))(손·팔로) 잡다, 붙잡다; 체포하다. ~ un ami par le bras 친구의 팔을 끼다. Les gendarmes l'*ont croché*. 헌병이 그를 체포했다. ④ 《해양》 혜먹을 치다. ⑤ (편물의)코를 맞추다. ⑥ ~ une note 《음악》 음표에 꼬리를 붙이다.
— *v.i.* (닻이)바닥에 걸리다.
crochet [krɔʃɛ] *n.m.* ① 작은 갈고리, 훅(petit croc), (액자 따위의)걸이; (문·창문의)걸쇠. ~ de boucherie (푸줏간의)고기를 매다는 갈고리. lustre suspendu à un ~ 갈고리에 매달린 샹들리에. ② (편물용品)뜨개바늘, 코바늘; 뜨개질. faire du ~ (코바늘)뜨개질을 하다. vêtement de ~ 실로 짠 옷. ③ (짐승의)이빨, 어금니; ((속어))(사람의)이; (뱀의)독니(毒牙); (독수리의)발톱. ④ ((구어))방향전환, 우회; 급커브. La route fait un rapide ~ à cent mètres d'ici. 여기서 100 미터 앞에 급커브가 있다. Sa pensée a fait un brusque ~. 그는 갑자기 생각을 바꾸었다. ⑤ (*pl.*)각괄호([ ]). mettre une phrase entre ~**s** 문장을 각괄호 안에 넣다. ⑥ 《권투》 훅. ~ du droit 라이트 훅. ⑦ 《음악》음표의 꼬리. ⑧ 《농업》괭이; 《어업》(조개를 캐는)쇠갈퀴, (고기 잡는)작살. ⑨ (여자가 마에 늘어뜨린)애교머리, 컬(accroche-cœur). ⑩ 《건축》크로켓 (커브진 꽃 모양의 돌출새김). ⑪ ~ radiophonique; radio ~ 라디오 가요 콩쿠르.
être(*vivre*) *aux* ~**s** *de qn* …에게 얹혀서 살다.
crochetable [krɔʃtabl] *a.* 결쇠로 열어지는.
crochetage [krɔʃtaʒ] *n.m.* (갈고리로)결쇠질하여 열기.
crochet-bascule [krɔʃebaskyl] (*pl.* ~**s**-~**s**) *n.m.* 대저울, 천평칭(balance romaine).
crocheter [krɔʃte] [4] *v.t.* ① (갈고리로)결쇠질하여 열다. ② (갈고리로)찔러 잡다(거둬들이다). ~ de vieux chiffons dans une poubelle 쓰레기통에서 넝마를 갈고리로 찔러 거두다. ③ (상대를)바꾸어 상대로)피하다. ④ 《인쇄》 각괄호 안에 넣다, (괄호를 붙여서)1행에 못들어가는 부분을 앞[뒷]줄로 보내다.
— *v.i.* 우회하다, 방향을 바꾸다.
— *se* ~ *v.pr.* ((속어))드잡이하다, 맞붙어 싸우다.
crocheteur [krɔʃtœːr] *n.m.* ① 문을 결쇠질하여 여는 사람(도둑). ② 짐꾼, 인부. ③ 상스러운(거친) 사람, 상놈. langage de ~ 상스러운 말. métier de ~ ((속어))천한 직업, 수지 안맞는 일.
crochetier [krɔʃtje] *n.m.* 갈고리 (훅) 제조인.
crochu(**e**) [krɔʃy] *a.* ① 갈고리 모양으로 굽은 (↔droit). nez ~ 매부리코(nez aquilin). ③ (말이)무릎과 무릎 사이가 가까이 붙은.
atomes ~**s** ⓐ 《철학》(데모크리토스·에피쿠로스의 원자론에서)갈고리가 달린 원자. ⓑ 《구어》(두 사람 사이의)공감(sympathie spontanée). *avoir les doigts* ~**s**(*les mains* ~**es**) ((구어)) 욕심이 많다, 수전노이다; 손버릇이 나쁘다, 도벽이 있다.
croco [krɔko] *n.m.* ((구어))=**crocodile**.
crocodile [krɔkɔdil] *n.m.* ① 《동물》 악어. ② 악어가죽(약자)croco). sac en ~ 악어가죽 핸드백. ③ 《철도》 자동경보기, 비상벨, 비상정지기; 돌을 켜는 톱. ④ 잔인한(냉혹한) 사람.
larmes(*pleurs*) *de* ~ ((구어)) 거짓눈물. ((類))
crocodiliens [krɔkɔdiljɛ̃] *n.m.pl.* 《동물》 악어류.
crocus [krɔkys] *n.m.* 《식물》 사프란속(屬).
croi-e(**s**) [krwa(ɑ)] ⇨**croire**.
*:**croire** [krwa(a):r] [43] *v.t.* ① 믿다, 확신하다. [~ *qc*] Je *crois* sa promesse. 나는 그의 약속을 믿는다. Je *crois* ce qu'on m'a raconté. 사람들이 내게 한 말을 나는 믿는다. ((목적보어 없이)) ~ facilement (légèrement) 쉽게 (경솔하게) 믿어버리다. laisser ~ *qc* à *qn* (틀린 것을 일부러)…에게 믿게 하다. [~ *qc de qn*] Un ambitieux, voilà ce qu'on *croit de* moi. 사람들은 내가 야심가라고 믿고 있다. [~+*inf.*] Tout le monde *croit* avoir raison. 모든 사람은 자신이 옳다고 믿는다. Il *croyait* être le seul héritier. 그는 자기가 유일한 상속자라고 믿고 있었다. [~ *que*+*ind.*] Nous *croyons* absolument *qu'il n'a pas menti*. 우리들은 그가 거짓말하지 않았다는 것을 확신한다.
② [~ *qn*] (의)말을 믿다, (을)믿다. Je *crois* ma fille, car elle ne ment jamais. 나는 내 딸을 믿는다, 그 애는 한번도 거짓말한 적이 없으니까. Il ne *croit* point les médecins. 그는 의사들의 말은 전혀 믿지 않는다. ~ *qn* sur parole …의 말을 믿다. Je vous *crois*. ((구어))물론입니다(Je pense comme vous.); 물론입니다(C'est évident.). Je te *crois*. 그렇구말구(évidemment); (나쁜 뜻으로)설마 그럴라구. *Croyez*-moi. ((구어))(상대방의 동의를 구해서)그렇지요, 그렇다 말입니다.
③ (라고) 생각하다; (…같은) 느낌이 들다. [~+*inf.*] Je *crois* rêver. 꿈만 같다. Je *crois* avoir trouvé la solution. 나는 해답을 찾았다고 생각한다. Il *croit* partir ce soir. 그는 오늘 저녁에 떠날 생각이다. [~ *que*+*ind.*/*sub.*] ((주절이 부정문·의문문일 경우 종속절의 내용이 의혹을 나타낼 때 접속법을 사용함)) Je *crois qu'il est parti*. 나는 그가 출발했다고 생각한다. Je *crois que* oui [non]. 그렇다고[그렇지 않다고]생각한다. *Croyez*-vous *que* ce soit utile? 그것이 쓸모있다고 생각하십니까? Je ne *crois pas qu'*il vienne. 나는 그가 오리라고 생각하지 않는다. aimer à ~ *que*+*ind.* …을 간절히 바라다.
④ 상상하다. *Croiriez*-vous qu'il a volé? 그가 도둑질을 했다는 것이 상상이 되십니까? Vous ne sauriez ~ à quel point j'ai été touché. 내가 얼마나 감동했는지 상상도 못하실 겁니다.
⑤ [~+속사](라고)여기다, 생각하다. Sa famille le *croit* innocent. 그의 가족은 그가 결백하다고 생각한다. Je vous *crois* capable de réussir. 나는 당신이 성공할 수 있다고 생각한다. Je te *croyais* rentré à la maison. 나는 네가 집에 돌아와 있었다고 생각했다.
⑥ [en~]신뢰하다, 신용하다. Si vous m'*en croyez*, vous ne ferez pas cela. 내 말을 믿으신다면 그렇게 하지 마십시오. *En croyez*-vous cette lettre? 이 편지를 신용합니까? *en*~ l'expérience de *qn* …의 경험을 신뢰하다. *en*~ ses yeux [ses oreilles] 제 눈[귀]을 의심하다, 도저히 믿어지지 않다.

⑦〖옛〗존재를 믿다. Vous ne *croyez* point l'autre vie? 내세가 있다고 생각하지 않습니까? ⑧〖옛〗(사람의 말을)따르다.
à ce que je crois; (que) je crois 내 생각으로는. *à l'en ~* 그의 말에 의하면, 그의 말을 믿는다면. *~ qc comme l'Évangile[comme parole d'Évangile, comme article de foi]* …을 굳게 믿어 의심치 않다. *Il est à ~ que*+ind. …라고 생각할 수 있다. *Il est à ~ qu*'il n'a jamais rien lu. 그는 아무것도 못 읽은 것 같다.
Je (le) crois bien!; *Je te crois!*; *Je vous crois!* 《구어》《강조》아무렴, 그렇구 말구요.
Me croira qui voudra, mais… 내 말을 믿건말건 내 알 바 아니지만.
On croirait que… 마치 … 인 것 같다.
—v.t.ind. ①[~ à] …을 믿다; …의 존재를 믿다. Il ne *croit* pas à l'avenir de l'humanité. 그는 인류의 미래를 믿지 않는다. *~ à l'innocence de qn* 아무개의 결백을 믿다. *~ au diable[aux fantômes]* 악마[유령]의 존재를 믿다. Le médecin *crut* à une fièvre scarlatine. 의사는 성홍열이라고 생각했다. ②[~ à] …이 있을 법하다[임박하다고]생각하다. *~ à la guerre[à la révolution]* 전쟁[혁명]이 일어날 것이라고 생각하다.
③[~ à/en] …을 신뢰하다. *~ en ses amis* 친구를 신뢰하다. malade qui *croit en* son médecin[*au* médecin] 의사를 신뢰하는 환자. *~ en soi* 자신을 갖고 있다; 《경멸》자만심에 빠져 있다.
④[~ en/à]《신앙으로서》…의 존재를 믿다. *~ en* Dieu 하느님을 믿다. *~ au* Messie 구세주를 믿다.
C'est à ne pas y ~ (à n'y pas ~).《구어》그런 일은 있을 것 같지 않다, 도저히 믿을 수 없다.
~ au Père Noël (산타클로스가 있다고 생각할 만큼)단순하게 잘 믿다.
trop ~ de 《옛》…을 과신하다; (사람을)과대평가하다. *trop ~ de* soi 자만심에 빠져 있다.
y ~ dur comme fer 굳게 믿다.
—v.i. 믿다, 확신하다; 신앙을 가지다. Il *croit* trop facilement. 그는 너무 쉽게 믿어버린다.
—*se ~* v.pr. ①《구어》《경멸》자만심이 강하다, 지나친 자신을 갖다(s'en ~). Jean *se croit* beaucoup. 그는 자만심이 강하다.
②[se ~ +속사] 자신을 … 이라고 생각하다. Il *se croit* beau. 그는 자기가 미남이라고 생각한다. Il *se ~* dans une situation désespérée 자신이 절망적인 상태에 있다고 생각하다. Il *se croit* du talent. 그는 자신이 재능이 있다고 믿는다.
③《옛》자신을 가지고 있다; 자기 생각에 따르다.
se ~ le droit[le devoir] de 자신이 … 할 권리[의무]가 있다고 생각하다. Il *s'est cru* le devoir d'aider son petit frère. 동생을 도와주는 것이 자신의 의무라고 그는 생각했다.

crois [krwa(ɑ)] ⇨croire.
croîs [krwa(ɑ)] ⇨croître.
croisade [krwazad] n.f. ①〖역사〗십자군. ②개선(改善)운동, 캠페인(campagne). *~ antialcoolique*[contre l'alcoolisme] 금주운동. *~ en faveur des orphelins* 고아돕기 운동.
croisé(e¹) [krwaze] a.p. ①엇갈린, 교차한; 십자형의; (양복의 앞자락이)겹쳐진. rester les bras *~s* 팔짱을 끼고 있다; 무위도식하다, 허송세월하다. barreaux *~s* 십자형 창살. veste *~e* 앞이 겹쳐진 웃저고리(↔ veste droite). feux *~s* 십자포화(砲火). mots *~s* 십자 말풀이, 크로스워드 퍼즐. rimes *~es* 교차운(交韻)《남성운과 여성운이 엇갈리는 것》. vers *~s* 교운시구(交韻詩句). ②잡교(雜交)의. race *~e* 잡종. chien *~* 잡종 개. ③〖직물〗능직(綾織)의. tissu *~* 능직.
—n.m. ①〖역사〗십자군 병사. armée des *~s* 십자군. ②〖직물〗능직포(布). ③(동물의)잡종.

croisée² n.f. ①(교차점(點). ②십자(형). ②십자형의 유리창. ③(교회의)외진(外陣). ④〖광학〗(망원경의 초점에 그려져 있는)십자사.

*croisement [krwazmɑ̃] n.m. ①엇갈림, 교차; (두 가지 것을)엇걸기. *~ sur deux niveaux* 입체교차 (立體交叉)(saut-de-mouton). ②의 팔짱끼기. *~ des jambes* 다리를 꼬고 앉기, 책상다리. ②교차점; 십자로. ③(동물의)잡교; (사람·식물의)잡종. *~ entre A et B*, A 와 B 의 잡종. ④〖언어〗혼합. ⑤〖직물〗능직으로 짜기.

*croiser [krwaze] (< *croix*) v.t. ①(두 가지 것을 십자형으로) 교차시키다. S'asseoir *en croisant* les jambes 양다리를 꼬며 앉다, 책상다리를 하고 앉다. *~ les bras* 팔짱을 끼다. *~ son couteau et sa fourchette à la fin du repas* 식사가 끝난 후 칼과 포크를 포개 어놓다. *~ les rimes* 운(韻)을 교차시키다. ②가로지르다, 엇갈리다; 마주치다(rencontrer). J'ai *croisé* Paul dans l'escalier. 나는 계단에서 폴과 만났다. Ce chemin *croise* la grande route. 이 길은 한길과 교차한다. ③(옷·쇼울의 앞자락을)포개다. *~ une veste* 웃저고리의 앞자락을 포개다(겹쳐지게 하다). ④(십자를 그어)말소하다. ⑤〖생물·농업〗잡교[이종 교배]시키다(hybrider). ⑥〖직물〗능직으로 짜다. ⑦(총검을)앞으로 비스듬히 찌르다.
~ le chemin de qn …의 길을 가로막다, …을 방해하다, …의 계획에 훼방을 놓다.
~ le fer ⓐ검(劍)으로 싸우다, 검으로 싸우다. ⓑ *~ le fer avec qn* …와 대립하다.
—v.i. ①(양복의)앞이 서로 겹치다. ②〖해양〗(선박이)왕래하다, 순항하다.
—*se ~* v.pr. ①교차하다, 엇갈리다; 만나다. deux chemins qui *se croisent* 교차되는 두 개의 길. Nos lettres *se sont croisées*. 우리의 편지는 서로 엇갈렸다. On *se croise* souvent dans ce petit village. 이 작은 마을에서 서로 자주 마주친다. ②(팔·다리를)끼다, 꼬다. *se ~ les jambes* 다리를 꼬다. *se ~ les mains derrière le dos* 뒷짐지다. *se ~ les bras* 팔짱을 끼다; 아무 일도 하지 않다. ③잡교(雜交)가 되다, 이종(異種)교배가 되다. Le loup peut *se ~ avec* le chien. 이리는 개와 교배가 된다. ④〖역사〗십자군에 가다.

croisette [krwazɛt] n.f. 조그만 십자가; 〖식물〗용담; 〖광물〗십자석(石).
croiseur [krwazœːr] n.m. ①〖군사〗순양함. ②교차 광맥(鑛脈). —a. 〖광물〗(주광맥을)가로지르는. filon *~* 교차광맥.
croisière [krwazjɛːr] n.f. ①〖군사〗순항; 순양대. missile de *~* 순항미사일. ②(요트나 배에 의한)유람, 항해여행; (연구를 위한)원양항해, 조사항해. faire une *~ en* Grèce 순항유람선으로 그리스를 여행하다. *~ océanographique* 해양학술조사 항해. *~ aérienne* 비행기 단체관광여행. *~ noire* [jaune] 아프리카[아시아] 횡단여행《André Citroën이 기획》.
vitesse de ~ 〖항공·해양〗순항 속도; (생산·제조의)최적 지속 속도, 운전 속도.

croisillon [krwazijɔ̃] n.m. ①(십자가의)가로나무; (창문 따위의)가로지른 살. ②〖기계〗(미끄럼베드)의 크로스베드; 벨톱니바퀴. ③(교회당의)외진(外陣)(transept)(→ église 그림). ④〖항공〗(비행기 날개에 쓰이는)대각선 지주(支柱).
croisillonnage [krwazijɔnaːʒ] n.m. 〖공공〗(날개의)엇걸기, 받쳐주기.
croisillonner [krwazijɔne] v.t. ①가로창살을 대

다. ② 《항공》 (날개를)지주로 보강하다.
croissance [krwasā:s] *n.f.* 성장, 발육; 증가, 증대, 발전. âge de ~ 성장기. ~ rapide d'un enfant 어린이의 빠른 성장. ~ d'une ville 도시의 발전. taux de ~ économique 경제성장률. ~ zero 《경제》제로성장.
croissant¹ [krwasā] *n.m.* ① 초승달; 크루아상(초승달 모양의 빵). ② 회교도의 깃발; 터키 제국. lutte de la Croix et du C~ 기독교와 회교도의 투쟁. ③ (난로의 부젓가락 따위를 거는)걸고리; (나뭇가지를 치는)자루가 긴 낫.
croissant²(**e**) [krwasā, -ā:t] *a.* 성장하는, 발육하는; 증대하는, 증가하는. population toujours ~e 일로의 인구. fortune ~e 늘어나는 재산. courbe ~e (그래프의)상승곡선.
croiss-e(s), -ez, -ons [krwa(a:)s, krwa(a)se, -ɔ̃] ⇨croître.
croisure [krwazy:r] *n.f.* ① 교차점. ② 《운율》 남성운과 여성운의 교차. ③ 《직물》 능직(綾織).
croit [krwa(a)] ⇨croire.
croît¹ [krwa(a)] ⇨croître.
croît² *n.m.* (가축의)번식.
croître [krwa(a:)tr] [41] *v.i.* ① 성장하다, 발육하다, 자라다(grandir, pousser). enfant qui *croît* régulièrement 정상적으로 자라는 어린이. Ces animaux *croissent* jusqu'à certain âge. 이 동물들은 어느 연령까지만 발육한다. ② 증대(증가·증식)하다. famille qui *croît* rapidement 급속도로 식구가 늘어나는 가족. Sa fièvre *croît* tous les jours. 그의 열은 매일같이 높아간다. Le vent(La pluie) *croît*. 바람이(비가) 심해진다. Les jours vont *en croissant*. 낮이 점점 길어진다. La lune commence à ~. 달이 커지기 시작한다. La rivière a crû. 강물이 불었다. ~ en taille 키가 크다. ~ en beauté(en sagesse) 하루하루 아름다워(슬기로와)지다. ~ en nombre 수가 늘어나다. Son ambition *croissait* de jour en jour. 그의 야망은 날이 갈수록 커갔다. ③ (식물이)자라다, 자라나다(pousser). pays où *croissent* la vigne et l'olive 포도와 올리브가 자라는 (서식하는) 나라들.
ne faire que ~ *et embellir* (소녀 따위가)커가면서 더 아름다워지다; (비꼼)더욱 더 심해지다.
—*v.t.* 《옛》증대시키다; 증가시키다.
*****croix** [krwa] *n.f.* ① (사형용)십자가(특히 예수가 못 박혀 죽은; 이 경우에는 주로 대문자); 고난, 고행. mettre(attacher, clouer) *qn* sur la ~ …을 십자가에 못박아 죽이다; 몹시 괴롭히다. mettre en ~ 십자가에 매달다(못박다). mourir pour la ~ 기독교를 위하여 생명을 바치다. chemin de la C~ (그리스도의)십자가 행로; 성로신공. lourde ~ de la maladie (십자가를 진 것 같은)중병. Chacun a sa ~. 사람은 제각기 겪어야 할 시련을 갖고 있다. lutte de la ~ et du croissant 십자군과 모슬렘 교도와의 전쟁.
② (예수를 상징하는 금속·목재의 장식물로서의) 십자가, 십자고상(十字苦像)(crucifix); 십자형(의 것); 《옛》동전[메달]의 앞면; 《인쇄》 단검(短劍)표(†). en forme de ~ 십자형의. chemins qui se coupent en ~ 직각으로 교차하는 길. faire le signe de la ~ 십자(성호)를 긋다. ~ rouge 적십자(la C~-Rouge 국제적십자사). ~ de Lorraine ‡형. ~ grecque +형. ~ de Saint-André ×형. ~ gammée 卍형(Svastika). ~ latine †형. ~ érigée sur un chemin 길 가에 세워진 십자기둥. ~ funéraire 무덤에 세운 십자가. ~ pectorale(주교가 가슴에 다는 십자고상. gagner ~ de bois 《속어》전사하다. ~ de diamants 다이아몬드가 박힌 십자모양

의 펜던트. signer en faisant une ~ (글을 쓸 줄 모르는 사람이)십자가를 그려서 서명〔사인〕에 대신하다. n'avoir ni ~ ni pile 무일푼이다.
③ 훈장, 십자훈장; 상패. ~ de la Légion D'honneur 레지옹도뇌르 훈장. ~ de guerre 무공훈장. ~ de mérite(학생에게 주는)상. avoir la ~ 학생이 상을 타다.
④ 《속어》속기 쉬운 사람.
⑤ ~ de Saint-Jacques 《식물》 아마릴리스(수선화속).
⑥ C~ du Sud 《천문》남십자성.
aller à la ~ *avant le temps* 《구어》쓸데 없이 걱정을 하다, 공연한 걱정을 한다.
avoir la ~ *de sa mère* 《속어》(소녀가)매우 순진해
~ *de* (*par*) *Dieu* 《옛》 알파벳.   〔보이다.
faire une ~ *à la cheminée* 《구어》대서특필하다.
faire une ~ *sur qc* …을 단념하다; 포기하다.
la ~ *et la bannière* à recevoir *qn* avec *la* ~ *et la bannière* 《구어》…을 성대히 맞이하다. ⓑ *C'est la* ~ *et la bannière*. 그것은 큰 일〔어려운 일〕이다.
prendre la ~ 《역사》십자군에 가담하기를 선서하다.
cromesquis [krɔmeski] *n.m.* 《요리》크로메스키(게·새·새고기 따위를 넣고 크레이프로 싸서 튀긴 크로켓).
cromlech [krɔmlɛk] *n.m.* 《고고학》크롬레크, 환상열석(環狀列石)(몇 개의 입석(立石)을 원형으로 늘어놓은 것).
cromorne [krɔmɔrn] *n.m.* 《음악》크롬호른(목관악기의 일종); 오르간의 크롬호른 음전(音栓).
crône¹ [krɔːn] *n.f.* 《어업》물고기가 숨는 구멍.
crône² *n.m.* 《기계》 기중기(grue).   〔tons (à).
croppetons (à) [akrɔpʃtɔ̃] *loc.ad.* 《옛》 ⇨**coupe-**
croquade [krɔkad] *n.f.* 《미술》스케치, 소묘.
croquant¹ [krɔkɑ̃] *n.m.* ① 《역사》크로캉(앙리 4세·샤를 13세에 반란을 일으킨 농민). ②《경멸》농사꾼, 촌놈. ③《옛》거친 남자, 버르장머리 없는 남자.
croquant²(**e**¹) [krɔkɑ̃, -ɑ̃:t] *a.* (비스킷 따위가)바삭바삭한. biscuit ~ 바삭바삭한 비스킷.
—*n.m.* ①《살코기 속의》연골, 오도독 뼈. ② 크로캉(으깬 아몬드·계란 노른자위·설탕 등으로 만드는 쿠키).
croquante² [krɔkɑ̃:t] *n.f.* 《옛》씹으면 바삭바삭하는 파이.
croque au sel (à la) [alakrɔkosɛl] *loc.ad.* 소금만으로 양념하여. manger une salade *à la* ~ 샐러드를 소금만으로 양념하여 먹다.
croque-en-bouche [krɔkɑ̃buʃ] *n.m.* 《복수불변》 =croquembouche.
croqueji [krɔkʒi] *n.m.* 《비어》구두.
croque-lardon [krɔklardɔ̃] (*pl.* ~~(**s**)) *n.m.* 《옛》 얹혀사는 사람, 기식자, 식객.
croque-madame [krɔkmadam] *n.m.* 《복수불변》 croque-monsieur 위에 계란 삶은 것을 얹은 것.
croquembouche [krɔkɑ̃buʃ] *n.m.* 크로캉부슈 (당을 입힌 작은 슈크림을 피라미드형으로 얹은 장식 케이크).
croquement [krɔkmɑ̃] *n.m.* 바삭바삭하는 소리.
croque(-)mitaine [krɔkmitɛn] (*pl.* ~~**s**) *n.m.* ① (옛날이야기에 나오는)요귀; (아이들을 무섭게 하려고 말하는)귀신, 도깨비. Si tu n'es pas sage, le ~ viendra te manger. 얌전하게 있지 않으면 도깨비가 와서 너를 잡아 먹는다. ② 《구어》무서운 사람.
croque-monsieur [krɔkməsjø] *n.m.* 《복수불변》 크로크므시외(햄샌드위치에 치즈를 얹어 오븐에 구운 것).

croque-mort [krɔkmɔːr] *n.m.* ①《구어》장의사(葬儀社)의 일꾼(agent des pompes funèbres). ②음침한 사람.

croqueneau(*pl.* ~**x**), **croquenot** [krɔkno] *n.m.* 《속어》커다란 구두.

croque-noisette [krɔknwazɛt], **croque-noix** [krɔknwa] *n.m.* 《복수불변》《동물》다람쥐류.

croque(-)note [krɔknɔt] (*pl.* ~-~(**s**)) *n.m.* 《구어》서투른 음악가, 가난한 악사.

croquer [krɔke] *v.i.* ①(음식물 따위가)우적우적[와작와작] 소리를 내다. Ce gâteau *croque* sous la dent. 이 과자는 바삭바삭 소리를 낸다. ②[~ dans](을)씹다. ~ *dans* une pomme 사과를 씹다. —*v.t.* ①바삭바삭[우적우적, 와작와작] 씹다; 우적우적 먹다. Arrête de ~ des bonbons: ça fait mal aux dents. 사탕을 와작와작 씹지마, 이에 나쁘니까. chocolat à ~ 판(板)초콜릿. ~ un morceau (빵 따위를)조금 베어먹다; 재빨리 식사를 마치다. ②낭비하다. ~ un héritage[une fortune] 유산(재산)을 탕진하다. ③감추다, 속이다. ~ une once (곡 중에서)어느 분을 속이다. ④《속어》산산조각으로 망가뜨리다. ~ un vase 꽃병을 산산조각으로 만들다. ⑤재빨리 소묘하다, 크로키를 하다. ~ une fille[un tendron, une poulette]《은어》젊은 여자를 유혹하다[꼬시다]. être (jolie) à ~《구어》(스케치하고 싶을 만큼)퍽 귀엽다, 예쁘다. n'en ~ que d'une dent《옛·구어》(갖고 싶은 것이)조금 밖에 손에 들어오지 않는다.

croquet[1] [krɔkɛ] *n.m.* 《사투리》얇은 아몬드 쿠키.

croquet[2] *n.m.* 《놀이》크로케〖나무공 놀이〗.

croquet[3] *n.m.* 《의복》장식용 가리비꼴의 작은 술.

croquette [krɔkɛt] *n.f.* ①《요리》크로케. ②둥글 납작한 초콜릿. ③《식물》활나무의 일종.

croqueur(se) [krɔkœːr, -føːz] *n.* ①게걸스럽게 먹는 사람[동물]. ②낭비하는 사람. ~ *de dot* (아내의)지참금을 탕진하는 남자. ~*se de diamants* 낭비벽이 있는 정부(~ *de femmes*). ④크로키를 하는 화가.

croquignole [krɔkiɲɔl] *n.f.* ①《제과》크로키놀〖밀가루·계란 흰자위·설탕 등으로 만드는 쿠키〗. ②《옛》(상대의 머리나 코를)손가락으로 튀기기; (비유적) 모욕.

croquignolet(te) [krɔkiɲɔlɛ, -ɛt] *a.*《구어》(비꼼)(사람에 대해서)귀여운.

croquis [krɔki] *n.m.* ①크로키, 약화(略畵), 속사화(速寫畵). Il m'a montré ses ~ *de voyage*. 그는 나에게 여행 스케치를 보여주었다. ②약도, 스케치. ~ *coté* 치수를 적어넣은 스케치, 공작도. ~ *explicatif d'un mode d'emploi* 사용법의 설명도. ③(소설 따위의)초고, 원고; 개략적인 보고.

croskill [krɔskil] *n.m.*《농업》흙덩이 분쇄기(brise-mottes).

crosne [kroːn] *n.m.*《식물》두루미냉이.

cross [krɔs] *n.m.* ①《권투》크로스카운터. ② = cross-country.

cross-country [krɔsku(œ)ntri]《영》*n.m.*《스포츠》산야 도보 횡단 경주, 단교(斷郊) 경주.

crosse [krɔs] *n.f.* ①(주교 따위의)사목(司牧) 지팡이. ②(하키 따위의)스틱, (골프의)클럽. ③소용돌이 모양. ~ *de canne* 지팡이[스틱] 끝의 구부러짐. ~ *d'un divan* (바이올린 끝 부의)소용돌이 모양. ~ *de piston* 피스톤의 크로스 헤드. ~ *de bœuf*《요리》소의 정강이 살(→bœuf 그림). ④(총의)개머리판; (피스톨의) 총상(銃床). ⑤《식물》(양치류의)소용돌이꼴 어린 싹. ⑥《해부》궁(弓). ~ *de l'aorte* 대동맥궁. ⑦《건축》(특히 코린트 양식의 주두(柱頭)에 사용되는)이파리(葉) 장식. *Autant(Au temps) pour les* ~*s.*《속어》다시 처음부터 시작이다, 무효이다. *mettre(lever) la* ~ *en l'air*《구어》ⓐ상관의 전투명령을 거부하다. ⓑ항복하다.

crossé(e[1]) [krɔse] *a.p.* ①《가톨릭》(대수도원장이)사목 지팡이를 가질 자격이 있는. *abbé mitré et* ~ 주교의 자격을 갖춘 수도원장. ②(끝이)소용돌이 모양의.

crossée *n.f.* 《골프》강타(强打), 드라이브.

crosser [krɔse] *v.t.* ①《스포츠》(스틱이나 클럽으로)공을 치다. ~ *la balle* 공을 치다. ②《속어》때리다, 학대하다; (비유적)깎아내리다, (신랄하게)공격하다. ~ *le gouvernement* 정부를 맹렬히 공격하다. C'est un homme à ~. 맞아[경멸받아] 마땅한 사람이다. —*v.i.* 하키를 치다. —*se* ~ *v.pr.*《구어》서로 치고받다(se battre), 싸움을 하다(se quereller).

crosseron [krɔsrɔ̃] *n.m.* (사목 지팡이의)소용돌이꼴 두부(頭部).

crosses [krɔs] *n.f.pl.* 싸움〖다음과 같은 표현에만 쓰임〗. *chercher des ~ à qn* (사람)에게 싸움을 걸다; …을 곤란하게 만들다. *prendre les ~ de qn* …의 싸움을 도맡다. *avoir des ~ avec qn* …와의 사이에 분쟁의 씨가 도사리고 있다.

crossette [krɔsɛt] *n.f.* ①《원예》삽목(揷木)〖꺾꽂이〗용 나뭇가지; 《건축》초엽, 까치발.

crosseur(se) [krɔsœːr, -øːz] *n.* ①하키하는. ②《구어》꾸짖기 잘하는, 대뜸 싸우려드는. —*n.m.* ①하키하는 사람. ②《구어》꾸짖기 잘하는 사람; 대뜸 싸우려 드는 사람. ③《속어》검사(procureur général).

crossman [krɔsman]《영》*n.m.*《스포츠》산야 도보횡단 경주자.

crossoptérygiens [krɔsɔpteriʒjɛ̃] *n.m.pl.*《동물》총기류(總鰭類)〖화석 어류, 실라칸드(cœlacanthe)가 이에 속함〗.

crotalaire [krɔtalɛːr] *n.f.*《식물》활나물.

crotale [krɔtal] *n.m.*《동물》방울뱀(serpent à sonnette); 《고대그리스》캐스터네츠의 일종.

croton [krɔtɔ̃] *n.m.*《식물》파두(巴豆). *huile de* ~ 파두유(油).

Crotone [krɔton] *n.pr.f.*《고대지리》크로토나〖이탈리아 남부의 도시〗.

crotoniate [krɔtɔnjat]《고대지리》*a.* 크로토나의 (Crotone). —**C**~ *n.* 크로토나 사람.

crotte [krɔt] *n.f.* ①(양·말 따위의)똥; (일반적으로)똥. ~ *de cheval* 말똥. *Les trottoirs sont couverts de ~s de chien.* 보도는 개똥투성이이다. ~*s de nez* 코딱지. ②《구어》하찮은 것(~ *de bique*). *C'est de la ~ de bique.* 그건 찌꺼기야. *Il ne se prend pas pour une* ~. 그는 자기가 위대하다고 생각한다[우쭐댄다]. ③ ~ *de bonbon* 초콜릿 봉봉. ④《간투사적》제기랄, 빌어먹을 (후회·초조 따위를 나타냄) (merde). *ma (petite)* ~ (애정을 담은)귀여운 아이. ⑤《문어》(도로의)진흙, 진흙 경운[처거]. *marcher dans une* ~ *épaisse* 지독한 진창 속을 걷다. *tomber dans la* ~ 몰락하다.

crotté(e) [krɔte] *a.p.* 진흙으로 더럽혀진; 참담한, 처참한. *vêtement* ~ 진흙투성이의 옷. ~ *comme un barbet*; ~ *jusqu'à l'échine*; ~ *jusqu'aux oreilles* 온 몸이 진흙투성이의. *jupon* ~ 비참한 처지의

crotte-mort 여자; 가창(街娼). **poète ~** 가난뱅이 시인. **Il fait ~.** 《옛》 《날씨가》 비가 올 듯하다.

crotte-mort [krɔtmɔːr] *n.m.* 《속어》 장의사(葬儀社)의 일꾼(croque-mort).

crotter [krɔte] *v.t.* 《옛》 진흙으로 더럽히다. **~ son pantalon** 바지를 진흙으로 더럽히다. ―*v.i.* 《동물이》 똥을 싸다; 《속어》 《사람이》 똥을 누다. ―**se** ~ *v.pr.* 진흙으로 더러워지다.

crottin [krɔtɛ̃] *n.m.* 《말·소·양 따위의》 똥. **Le ~ est un excellent fumier.** 말똥은 아주 좋은 비료이다. ② ~ **de Chavignol** (*Sancerre* 지방의 염소젖으로 만든) 블루치즈.
ramasser le ~ des chevaux de bois 《속어》 목마(木馬)의 똥을 줍다, 아무 일도 하지 않다(ne rien faire).

crouillat [kruja], **crouille** [kruj] 《아라비아》 *n.m.* 《속어》《경멸》《북아프리카의》 아라비아인.

croulant(e) [krulɑ̃, -ɑ̃ːt] *a.* ① 무너져가는, 쓰러져가는. **mur ~** 붕괴 직전의 벽. **autorité ~e** 쇠퇴해 가는 권위. ② 늙어빠진.
―*n.* 《구어》 노인 《젊은이들이 특히 부모를 놀리는 표현》; 늙다리. **Cette soirée n'est pas pour les ~s.** 이 파티는 노인들을 위한 게 아니다.

croule [krul] *n.f.* (멧도요가 우는) 해질녘; 멧도요(bécasse) 사냥.

croulement [krulmɑ̃] *n.m.* 무너짐, 붕괴, 도괴.

crouler[1] [krule] *v.i.* ① 무너지다, 붕괴하다(s'écrouler). **Cette maison** *croule* **sous les ans.** 이 집은 낡아서 무너져가고 있다. **Le tremblement de terre a fait ~ les immeubles.** 지진으로 건물이 무너졌다. ② 흔들리다; 《쓰러지듯》 주저《물러》앉다. **Elle se laissa ~ à terre.** 그녀는 쓰러지듯 맨바닥에 주저《물러》앉았다. **~ de fatigue[de sommeil]** 피곤해서《졸려서》 서 있을 수 없다. **La salle** *croulait* **sous les applaudissements.** 회장은 박수로 떠나갈 듯했다. ② 좌절하다; 도산하다. **faire ~ un projet** 계획을 좌절시키다.
―*v.t.* 흔들다. **~ la queue** 《사냥》 《짐승이 겁이 나서》 꼬리를 흔들다.

crouler[2] *v.i.* (멧도요가) 울다.

croulier(ère) [krulje, -ɛːr] *a.* 《땅이》 질척한, 발이 빠지는. **terres ~ères** 《발이 빠지는》 늪지.
―*n.f.* 《경작에 부적합한》 늪지.

croup [krup] *n.m.* 《의학》 크루프 《위막성 후두염으로 심한 마른 기침과 호흡곤란을 일으킴》.

coupade [krupad] *n.f.* 《승마》 크루파드 《말이 뒷다리를 배에 붙이고 도약하는 형식》.

croupal(ale, pl. aux) [krupal, -o] *a.* 《의학》 크루프성의.

croupe [krup] *n.f.* ① 《말의》 엉덩이. **prendre(porter) qn en ~** …을 말의 엉덩이에 태우다; …을 오토바이의 뒤에 태우다. ② 《사람 특히 여성의》 궁둥이. **~ proéminente** 튀어나온 궁둥이. ③ 《건축》 세모꼴의 측면 지붕; (교회 후진 위의) 둥근 지붕. ④ 《옛》 《마차의》 뒷구.

croupé(e) [krupe] *a.* **cheval bien[mal] ~** 엉덩이가 잘(못) 생긴 말.

croupetons (à) [akruptɔ̃] *loc.ad.* 《옛》 쪼그리고. **se tenir à ~** 쪼그리고 있다.

croupeux(se) [krupø, -øːz] *a.* 《의학》 크루프성 후두염에 걸린, 크루프성의.

croupi(e) [krupi] *a.p.* ① 《물 따위가》 괴어서 썩은. **eau ~e** 썩은 물. ② 《게으름·무지에》 빠져 있는. ~ **dans l'ignorance** 무지 속에 몽매한.

croupiat [krupja] *n.m.* 《해양》 선미계류삭(船尾繫留索) 《배를 일시적으로 부표나 암벽에 연결하는 선미 로프》(croupière).

croupier [krupje] *n.m.* 크루피에 《룰렛을 돌리거나 칩을 집배하는 사람》. ② 《법》 금융거래의 협력자. ③ 《다른 기수의》 안장 뒤에 탄 기수.

croupière [krupjɛːr] *n.f.* 《말의》 껑거리끈(→harnais 그림). ② 《해양》 선미계류삭. **mouiller en ~** 선미 《고물》에서 닻을 내리다.
tailler des ~s à qn 《옛》 《도망치는 적을》 뒤쫓아 치다; …을 궁지에 몰아넣다.

croupion [krupjɔ̃] *n.m.* ① 《새의》 선골부 《仙骨部》 《꼬리 깃털이 나는 부분》; (요리에서 어린 새나 칠면조의) 꼬리 부분의 살. ② 《구어》 《사람의》 엉덩이(cul). ③ **Parlement C~** 《역사》 잔부(殘部)의회 《영국에서 1648년 장로교회파 의원 추방후, 나머지 의원들로 성립된 의회》.
se casser (*se décarcasser*) *le ~* 《속어》 무척 노력하다 《고생》하다.

croupir [krupiːr] *v.i.* ① (늪의 물 따위가) 괴어서 썩다. ② 《오물 속에》 눕다. **enfant qui** *croupit* **dans ses langes** 더러운 기저귀에 싸여 있는 아이. ③ (창피스러운 상태에) 머무르다, (나태 따위에) 빠지다. ~ **dans l'ignorance** 무지 속에 안주하다.

croupissant(e) [krupisɑ̃, -ɑ̃ːt] *a.* (물이) 괴어서 썩고 있는; 아무 일도 하지 않는, 나태한. **vie ~e** 나태한(게으른) 생활.

croupissement [krupismɑ̃] *n.m.* 《문어》 쾸, 정체, 나태, 게으름.

croupon [krupɔ̃] *n.m.* 《머리·복부를 제거한》 소가죽.

croustade [krustad] *n.f.* 《요리》 크루스타드 《파이나 빵의 속을 도려내고 된 고기·생선 따위를 넣은 것》. ~ **de homard** 바다가재 크루스타드.

croustillant(e) [krustijɑ̃, -ɑ̃ːt] *a.* ① 《비스킷 따위가》 바삭바삭한(croquant). ② (이야기 따위가) 아슬아슬한; 외설스러운(grivois). ③ (여자가) 요염한, 매력적인(appétissante, provocante).

croustille [krustij] *n.f.* ① 작은 빵껍질. ② 《요리》 감자 튀김.

croustiller [krustije] *v.i.* ① 빵껍질을 먹다. ② (비스킷 따위가) 바삭바삭 소리가 나다. ③ 《속어》 먹다, 식사를 하다. ―*v.t.* 《간단한 식사나 과자 따위를》 먹다.

croustilleux(se) [krustijø, -øːz] *a.* 《이야기·노래 따위가》 음탕한, 상스러운, 추잡한.

croûte [krut] *n.f.* ① 빵의 딱딱한 껍질; 빵부스러기. **Marie ne mange que la mie et laisse la ~ à son petit chien.** 마리는 빵의 속만 먹고 껍질은 강아지에게 준다. ~ **au pot** 《요리》 빵껍질(토스트)을 넣은 수프. ② 《요리》 파이 껍질; 크루트(버터로 튀긴 빵); 치즈의 외피. **pâté en ~** 껍질이 딱딱한 파이. ~ **aux champignons** 토스트에 버섯을 얹은 요리. ~ **rouge** 붉은 크루트《겉이 붉은 덴마크산 치즈》. ③ 《구어》 《가벼운》 식사, 간식; 《속어》 밥. **À la ~!** 자, 밥(도시락) 먹자! **à mes ~s** 손수 만든 도시락으로; 자신의 부담으로. **casser la ~** (10시·4시 따위에) 간식을 먹다, 식사를 하다. **casser une ~** 간단한 식사를 하다. **gagner sa ~** 생계를 세우다, 살기 위해 돈벌이하다. ④ (물건의 표면에 생기는) 굳은《딱딱한》 껍질, 각(殼). ~ **terrestre** 지각. ~ **de neige** 설각(雪殼). ~ **calcaire** (석회분이 굳어서 생기는) 물때. ⑤ 《의학》 딱지, 가피(痂皮). ~ **d'une plaie** 상처에 앉은 딱지. ~**s de lait** 유아(乳痂)《아이의 두부 습진》. ⑥ 《소·말의》 생가죽, 미가공 가죽. ⑦ 《구어》 서툰 그림. **foire aux ~s** (엉터리 화가의) 서툰 그림 노상(路上)전시. ⑧ 《구어》 고루한 사람, 둔한 사람, 아둔패기. **vieille ~** 시대에 뒤진 사람.

croûtelette [krutlɛt] *n.f.* 작은 빵껍질.

croûter [krute] *v.i.* ① 《속어》 먹다(manger). ②(표

먼이)굳어지다. neige qui *croûte* 굳어가는 눈.
—*v.t.*《속어》먹다.
croûteux(se) [krutø, -ø:z] *a.* ① 딱딱한 껍질(각)이 생긴, 표면이 굳어진. ②《의학》딱지가 앉는, 가피 형성의. dermatose ~*se* 딱지가 앉는(가피 형성의) 피부병.
croûtier [krutje] *n.m.*《구어》엉터리 화가, 서투른 화가.
croûton [krut3] *n.m.* ① (바게트 따위의) 긴 빵의 양끝, 굳은 빵밑동의. ② (*pl.*)《요리》크루통《주사위 모양으로 자른 빵을 버터나 기름으로 튀긴 것》. potage aux ~*s* 크루통을 넣은 수프. ③《속어》고루한 사람, 아둔한 사람. vieux ~ 시대에 뒤진 사람.
croûtonner [krutone] *v.i.* ①《구어》간식을 먹다. ② 서투른 그림을 그리다.
crouya [kruja] *n.m.* =**crouillat.**
crown(-glass) [kro(aw)n(glas)]《영》*n.m.* (복수불변) 크라운 글라스《투명하고 굴절도가 낮은 광학 유리》.
croyable [krwajabl] *a.* ① 믿을만한, 믿을 수 있는《주로 부정문·의문문에 사용》(↔ incroyable). Son histoire est à peine ~. 그의 이야기는 믿기 어렵다. nouvelle ~ 믿을만한 뉴스. ②《옛》(사람이) 신용할 수 있는.
croyance [krwajā:s] *n.f.* ① [~ à] (의 존재에 대한) 믿음. ~ au Père Noël[*au* diable] 산타클로스(악마)의 존재에 대한 믿음. ~ *au* progrès 진보에 대한 믿음. ② 신앙, 종교. ~ religieuse). respecter les ~*s* des autres 타인의 신앙을 존중하다. ~ en Dieu 신에 대한 믿음. ~*s* religieuses 민간(세속) 신앙. ③ 신조, 신념 ; 예상. ~*s* politiques 정치적인 신조(신념). à ma ~ 내가 믿는 바에 의하면. au-delà de toute ~ que... 모든 예상을 넘어서서. avoir la ~ que...《옛》…라고 믿다. ④《문어》신뢰, 신용. avoir la ~ en *qn* …을 신뢰하다. ~ en soi 자신(自信). prêter ~ à *qn* …을 신용하다.
croy-ais, -ez, -ons [krwaj-ε, -e, -3]⊃**croire.**
croyant(e) [krwajā, -ā:t] (*p.pr.*<*croire*) *a.* ① 신앙을 지니고 있는. ②《문어》[~ à] 믿고 있는, 신뢰하고 있는. —*n.* 신자, (*pl.*)회교도(의 자칭).
C.R.S.《약자》Compagnies Républicaines de Sécurité 공화국 기동경찰대. un ~ 기동대원.
***cru(e¹)** [kry] *a.* ① (음식물이) 날것의, 생것의. Le poisson frais peut se manger ~. 신선한 생선은 날것으로 먹을 수 있다. viande ~*e* 날고기. eau ~*e* 경수(硬水). ② 가공하지 않은. soie ~*e* (세정·염색 전의) 생사(生絲). cuir ~ (무두질하지 않은) 생가죽. métal ~ 정련(제련)하지 않은 금속. lait ~ 저온살균하지 않은 우유, 금방 짠 우유. ③ (광선·색깔 따위가) 강렬한, 거칠은, 선한. lumière ~*e* 직사광. couleur ~*e* 강렬한 색, 원색. ④ (말 따위가) 통명스러운, 노골적인, 음탕한. Sa réponse a été trop ~*e*. 그의 대답은 무척 통명스러웠다. parole ~*e* 노골적인 말, 꾸밈이 없는 말. histoire ~*e* 노골적인(음탕한) 이야기.
—*ad.* 솔직히, 꾸밈없이. parler ~ 솔직하게(꾸밈없이) 말을 하다. dire tout ~ 거침없이 말하다.
à ~ ① 안장 없이. monter **à** ~ un cheval 안장 없이 말을 타다. ② 맨살에, 바로. construction à ~ 토대 없이 지면에 직접 세운 건물. ⓒ (빛이) 직사광으로, 눈부시게. ⓓ 날것으로. pommes sautées à ~ 날것으로 튀긴 감자.
vouloir avaler[manger] *qn* tout ~《구어》(몹시 화가 나서) …을 심하게 혼내주다.
cru² [kry] *n.m.* (포도주의) 특정한 포도원 ; (특정 포도원산(產)의) 포도주. ~ célèbre 유명한 포도원. grand [premier] ~ du Bourgogne 부르고뉴 지방의 특급(일급) 포도원. boire un grand ~ 특급 포도주를 마시다. les meilleurs ~*s* du Bordelais 보르도 지방의 최고의 명주(샤토(Château)). ~ (어떤 식료품의) 특산지. ~ du beurre 버터의 산지. ③ (비유) (정치·종교 따위의) 주의 주장. divers ~*s* politiques 갖가지 정치적 의견의 표방.
de son (propre) ~ 자기가 만들어낸, 자가제의. Ce roman est *de mon* ~. 이 소설은 나의 창작입니다.
du ~《구어》그 지방의, 그 고장의. vin *du* ~ (어느) 고장의 포도주. journaux *du* ~ 지방 신문. patois *du* ~ 그 지방 특유의 지방어.
cru³ croire 의 과거분사.
crû(ue²) [kry] croître 의 과거분사.
cruauté [kryote] *n.f.* ① 잔혹, 잔인, 흉포. traiter son chien avec ~. 자기의 개를 잔인하게 다루다. ~ des bêtes féroces 맹수의 잔혹성. ~ raffinée 치밀하게 계산된 잔인성. ② 잔혹한 행위. ~ *s*《옛》(여자의)매정함, 박정함. ~ *du* destin 운명의 비정함. ~ des circonstances 상황의 가혹함.
cruche [kryʃ] *n.f.* ① 항아리, 단지, 물병 ; 단지 하나의 양. boire à la ~ 물병의 물을 마시다 ; 단지를 비우다. offrir une ~ de miel 단지의 벌꿀을 주다. Tant va la ~ à l'eau (qu'à la fin elle se casse).《속담》항아리를 너무 자주 샘에 가져가면 나중에는 깨지고만다 (그릇을 내돌리면 깨어지기 마련이다). ② 바보, 멍청이. Quelle ~ cette fille! 이 계집애는 왜 이리 멍청할까!
—*ad.* 바보스럽게, 멍청하게.
cruchée [kryʃe] *n.f.*《드물게》한 잔의 물.
crucherie [kryʃri] *n.f.*《드물게·구어》어리석음
cruchette [kryʃet] *n.f.* 작은 물병.
cruchon [kryʃ3] *n.m.* 작은 단지, 도제(陶製) 컵, 조끼 ; 작은 단지 하나분. boire un ~ de bière 맥주 한 조끼를 마시다. ② (도제의 보온용 물통《뜨거운 물을 넣고 담요 따위로 싸서 보온용으로 사용》. ③《구어》바보, 멍청이.
crucial(ale, *pl.* **aux)** [krysjal, -o] *a.* 십자형의. incision ~*ale* 십자절개(切開). ② 결정적인, 본질적인, 기본적인 ; 중대한(décisif, essentiel). C'est le moment ~ *du* choix. 지금이 택일의 결정적인 순간이다. point ~ 가장 중요한 점. problème ~ 기본문제. année ~*ale* 결정적인해. expérience ~*ale*《철학》결정적 실험《베이컨 철학의 용어》.
crucifèracées [krysiferase] *n.f.pl.*《식물》십자화과(十字花科)《배추·무우 따위》.
crucifère [krysifε:r] *a.* ① 십자가를 가진. ② 십자가를 붙인(새긴). colonne ~ 십자가가 새겨진 원주(圓柱). ③《식물》십자형의 화관(花冠)을 지닌. —*n.* 십자가를 가진 사람. —*n.f.pl.*《식물》십자화과(crucifèracées).
crucifiant(e) [krysifjā, -ā:t] *a.* ① (금식·단식 등으로) 육신에 고통을 주는. pratiques ~*es* 고행(苦行).
crucifié(e) [krysifje] *a.p.* ① 십자가에 못박힌, 책형당한. ②《문어》고뇌의, 고통을 이겨내는. visage ~ de remords 회한에 짓이겨진 얼굴.
—*n.m.* 십자가에 못박힌 사람,《특히》예수 그리스도 (le C~).
crucifiement, crucifiment [krysifimā] *n.m.* ① 십자가에 매어달기, 책형(磔刑). ② 십자가에 못박힌 그리스도의 그림. ③ 수난, 고행, 고난. ~ de la chair 엄격한 금욕(禁慾).
crucifier [krysifje] *v.t.* ① 십자가에 못박아 죽이다, 책형에 처하다. ② 괴롭히다, 고통을 주다, 고행시키다. ~ sa chair (수도자 따위가)자신의 육체를 괴롭히다, 고행하다. ③《문어》십자꼴로 짜다(꾸미다) ; 사방으로 나누다.

crucifix [krysifi] *n.m.* (그리스도의)십자가; 십자가에 매달린)그리스도의 수난상(像). mangeur de ~ 《구어》사이비 신자. d'ivoire 상아 십자가상. mettre une injure au pied de ~ 《종교》신(神)을 모독하다.

crucifixion [krysifiksjɔ̃] *n.f.* 십자가에 못박아 죽이기; 《미술》그리스도의 수난도.

cruciforme [krysifɔrm] *a.* ① 십자형의. ligaments ~s 《해부》십자인대. hyperbole ~ 《수학》직각쌍곡선. ② 《식물》십자화관의.

cruciverbiste [krysiverbist] *n.* 크로스워드(mots croisés) 애호가(mots-croisiste).

crud(e)ammoniac [krudamɔnjak] 《영》 *n.m.* (비료로 쓰는)조제(粗製) 암모니아수(水).

crudité [krydite] *n.f.* ① (음식물이)날것임. ② (*pl.*) 《요리》생야채(과일); 생야채 샐러드. Félix a pris des ~s comme hors-d'œuvre. 펠릭스는 전채로 생야채 샐러드를 먹었다. ③ (날음식이)소화에 나쁨; 소화불량, 속쓰림. ④ (물의)경성(硬性). ⑤ (빛·색 따위의)생생함, 강렬함. ~ des couleurs 색채의 강렬함. ~ du langage 노골적인 말투. ⑥ (*pl.*)노골적인 말; (작품의)아슬아슬한, 노골적인 부분.

crue³ *n.f.* ① (하천·호수 따위의)수량 증가. La rivière est en ~. 강물이 불어나고 있다. fleuve à ~s périodiques 계절적으로 불어나는 강. ② (식물 따위의)성장;《문어》(사람의)성장. La ~ du lin est rapide. 아마(亞麻)의 성장은 빠르다. ③ (도시의)팽창, 발전.

***cruel(le)** [kryɛl] *a.* ① 잔인한, 잔혹한, 흉포한. être ~ envers les animaux 동물들에게 잔인하다. tyran ~ 냉혹한 전제군주. tigre ~ 흉포한 호랑이. bataille ~le 잔혹한 전쟁. jeu ~ 잔인한 놀이. mot ~ 잔인한 말. joie ~le 잔혹한 즐거움. ② 가혹한, 엄한, 견디기 어려운. La mort de son enfant a été une ~le épreuve pour elle. 그녀에게 아이의 죽음은 가혹한 시련이었다. chagrin ~ 견디기 어려운 슬픔. sort ~ 가혹한 운명. compétition commerciale ~le 가혹한 장사 경쟁. père ~ 엄격한 아버지. froid ~ 무서운 추위. soleil ~ (가차 없이)따가운 햇볕. ③《구어》매우 곤란한, 귀찮은 것이 있다. 으로는 일반적으로 명사 앞에 놓임). Leur requête nous a jetés dans un ~ embarras. 그들의 요구는 우리를 매우 곤란한 입장에 몰아넣었다. ④ (여자가)매정하는, 차가운.
en faire voir de ~les à qn ~을 혼내주다, 곤경에 빠뜨리다.
—*n.* 《옛》(연애관계에서)차가운 사람;《특히》매정한 여자. ne jamais rencontrer de ~les (연애에서 여성으로부터)매정한 짓을 당한 적이 없다, 사랑놀음에는 항상 성공한다.

cruellement [kryɛlmɑ̃] *ad.* ① 잔인하게, 가혹하게, 무자비하게. traiter *qn* ~ 을 가혹하게 취급하다. reprocher *qn* ~ …을 매섭게 비난하다. ② 괴롭게, 고통스럽게, 심하게, 몹시. souffrir ~ 몹시 괴로워하다. faire ~ défaut 몹시 부족하다.

cruenté(e) [kryɑ̃te] *a.* 《의학》출혈하고 있는. plaie ~e 출혈하고 있는 상처.

cruiser [kruzœːr]《영》 *n.m.* 순항용 요트.

crûment [krymɑ̃] *ad.* 노골적으로, 거침 없이, 적나라하게; 강렬하게. dire les choses ~ 거칠 없이 말하다, 있는 그대로 말하다. éclairer *qc* ~ …을 강렬하게 비추다.

cruor [kryɔːr] *n.m.* 《생리》응혈(凝血), 핏덩이; 혈구(血球).

crural(ale, *pl. aux*) [kryral, -o] *a.* 《해부》하퇴부(下腿部)의, 다리의, 넓적다리의.

cru-s [kry], **cruss-e(s)** [krys], etc. ⇨croire.
crû-s [kry], **crûss-e(s)** [krys], etc. ⇨croître.

crustacé(e) [krystase] *a.* 등딱지가 붙어 있는;《동물》갑각류(甲殼類)의;《식물》지의체(地衣體)가 고착하는. —*n.m.pl.* 《동물》갑각류(의 동물).

crûtes [kryt] ⇨croire, croître.

cruzeiro [kruzejro] 《포르투갈》 *n.m.* 크루제이로(브라질의 화폐단위).

cryo- *préf.* 「한랭·저온」의 뜻.
cryobiologie [krijɔbiɔlɔʒi] *n.f.* 저온생물학.
cryocautère [krijɔkotɛːr] *n.m.* 저온소작기(低溫燒灼器).
cryochirurgie [krijɔʃiryrʒi] *n.f.* 《의학》냉동수술.
cryogène [krijɔʒɛn] *a.* 《물리》저온생성의. —*n.m.* 한제(寒劑); 저온액체.
cryogénie [krijɔʒeni] *n.f.* 저온생성.
cryogénique [krijɔʒenik] *a.* 저온생성의.
cryolit(h)e [krijɔlit] *n.f.* 《광물》빙정석(氷晶石).
cryologie [krijɔlɔʒi] *n.f.* 저온물리학(physique du froid); 빙설학(氷雪學).
cryomètre [krijɔmɛtr] *n.m.* 《물리》저온측정기. ~ de Backman 베크만의 저온측정기.
cryométrie [krijɔmetri] *n.f.* 《물리》저온측정(cryoscopie).
cryophore [krijɔfɔːr] *n.m.* 《물리》크리오포르(기화열에 의하여 얼게 하는 장치).
cryoscopie [krijɔskɔpi] *n.f.* 《물리》(용액의)빙결점(水結點) 연구(법).
cryostat [krijɔsta] *n.m.* 《물리》저온유지장치, 저온통(일정한 저온도를 유지하는 장치).
cryothérapie [krijɔterapi] *n.f.* 《의학》한랭요법(寒冷療法).
cryotron [krijɔtrɔ̃] *n.m.* 크라이오트론(자장에 의하여 제어할 수 있는 초전도성 소자(素子); 컴퓨터의 연산료의).
cryoturbation [krijɔtyrbasjɔ̃] *n.f.* 《지질》동결교란(작용).
crypte [kript] *n.f.* ① (교회의)지하 납골당; 지하 성당, 지하 예배당(보통 지상 교회보다 역사가 깊음). ② 지하 동굴; 지하실. ③ (의식 따위의)심층부. ④《해부》여포선(腺胞線). ~s amygdaliennes 편도선의 여포선.
cryptique [kriptik] *a.* ① 지하 동굴의, 지하실의; 지하 동굴에 사는. ②《문어》숨은, 비밀의. ③《해부》여포선의.
crypto- *préf.* 「숨은, 눈에 띄지 않는」의 뜻.
crypto-capitalisme [kriptokapitalism] *n.m.* 잠재적 자본주의.
crypto-communisme [kriptokɔmynism] *n.m.* 잠재적 공산주의.
cryptocommuniste [kriptokɔmynist] *n., a.* 잠재적 공산주의자(의); 잠재적 공산당 동조자(의).
cryptogame [kriptɔgam] 《식물》 *a.* 은화 식물(隱花植物)의. —*n.* 〔*m.*〕은화식물, 민꽃식물(↔ phanérogame).
cryptogamie [kriptɔgami] *n.f.* 《식물》은화 식물의 성질; 은화 식물 연구.
cryptogamique [kriptɔgamik] *a.* 《식물》은화 식물의. maladies ~s 기생균에 의한 식물의 병.
cryptogénétique [kriptɔʒenetik] *a.* 《의학》(병인)원인 불명의, 잠복성의, 특발성의.
cryptogramme [kriptɔgram] *n.m.* 암호문(서). déchiffrer[décrypter] un ~ 암호문을 해독하다.
cryptographe [kriptɔgraf] *n.* 암호문 전문가(암호문을 작성하고 해독하는 사람). —*n.m.* 암호작성·해독장치.
cryptographie [kriptɔgrafi] *n.f.* 암호(통신)법, 암

cryptographier [kriptɔgrafje] v.t. 암호문으로 만들다.

cryptographique [kriptɔgrafik] a. 암호통신법의. langage ~ 암호문. caractères ~s 암호문자. message ~ 암호통신문.

cryptologie [kriptɔlɔʒi] n.f. 비밀[암호]문 연구, 비밀[암호]문서학.

cryptoméria [kriptɔmerja] n.f. 《식물》 삼나무.

crypton [kriptɔ̃] n.m. ⇒**krypton**.

cryptorchidie [kriptɔrkidi] n.f. 《의학》 정류 고환(停留睾丸).

cryptotélégraphie [kriptɔtelegrafi] n.f. 암호전보 (電報).

Cs 《약자》 césium 《화학》 세슘.

cs 《약자》 cours 《주식》 시세.

csardas [ksardɑːs] 《헝가리》 n.f. 《무용》 차르다시 《헝가리 민속무용·무곡》.

Cslt 《약자》 consulat 《프랑스사》 집정정치 시대 ; 영사직 ; 영사의 임기 ; 영사관.

C.s.m.f. 《약자》 (la) Confédération des syndicats médicaux français 프랑스 의사연맹.

C.S.N.U. 《약자》 Conseil de la Sécurité des Nations-Unies 국제연합 안전보장이사회.

csse 《약자》 caisse 《상업》 케이스, 상자.

ct 《약자》 ① courant 이 달의. ② centilitre 센티리터.

C.T. 《약자》 cabine téléphonique 전화박스.

C.T.A. 《약자》 communiquer à toutes adresses 《무전》 전체 수신인에게 통지할 것 ; 동문전보(同文電報).

Cte 《약자》 ① comte 백작 계산. ① 電報 .

cte [st] a. 《속어》 이, 그(ce, cet, cette).

cténaires [ktenɛːr], **cténophores** [ktenɔfɔːr] n.m.pl. 《동물》 즐파(櫛板)류.

cténoïde [ktenɔid] a. 《동물》 (비늘이) 빗 모양의.

Ctesse 《약자》 comtesse 백작 부인.

ctg. 《약자》 ① courtage 《상업》 중개료, 구전, 커미션. ② cotangente 《수학》 코탄젠트.

cts 《약자》 centimes 상팀.

Cu 《약자》 cuivre 《화학》 구리, 동.

c.u. 《약자》 ① charge utile 유효하중(有效荷重) ; 《항공》 적재량. ② cours unique 《주식》 단독[무경쟁] 시세.

cub. 《약자》 cube, cubique 입방(의).

cubage [kybaːʒ] n.m. ① 체적 계산 ; 체적 계산법. ② 체적, 용적, 부피.

cubain(e) [kybɛ̃, -ɛn] a. 쿠바(Cuba) 섬의.
—C~ n. 쿠바 사람.

cubature [kybatyːr] n.f. 《수학》 입체 구적법(求積法).

*****cube** [kyb] n.m. ① 《기하》 입방체, 정육면체. salle en forme de ~ 입방체의 방. ② 입방체의 물건, 나무쌓기. ~s de glace 각빙(角氷), 네모진 얼음. jeu de ~s 나무쌓기 놀이. ③ 《수학》 입방, 3승(乘). a au ~, a au 3 (a^3). Le ~ de 3 est 27. 3의 3승은 27이다. élever un nombre au ~ 수를 3승하다. ④ ~ d'air (일 따위의) 공적(空積), 기적(氣積). ⑤ 《학교》 (리세 (lycée) 의) 그랑드제콜 (grandes écoles) 준비과정 또는 그랑드제콜의 3학년 학생. ⑥ gros ~ 《구어》 500cc 이상의 오토바이.
—a. 입방의. caisse d'un mètre ~ 1 입방 미터의 상자. centimètre ~ 입방 센티미터.

cubèbe [kybɛb] n.m. 《식물》 쿠베바 《후추과의 식물, 열매는 임질의 약으로 쓰임》.

cuber [kybe] v.t. 《수학》 세제곱하다 ; 체적[용적]을 구하다. ~ des bois 목재의 용적을 구하다.
—v.i. ① 용적이 …이다. réservoir qui cube 15 litres 용적 15 리터의 물통. ② Ça cube! 《구어》 값이 무척 비싸다, 막대한 비용이 든다.

cubilot [kybilo] n.m. 《야금》 용선로(鎔銑爐).

cubique [kybik] a. ① 입방체의. chambre ~ 입방체의 방. ② 《수학》 입방의, 3승의, 3차의. La racine ~ de 27 est 3. 27의 3승근은 3이다. équation ~ 3차 방정식. mètre ~ 《옛》 입방 미터 (mètre cube), 입방체. ③ 《광업》 등축 (等軸) [입방] 정계(晶系) ④ 등직한, 묵직한. homme ~ et puissant 단단하고 힘이 있어 보이는 남자.
—n.f. 《수학》 3차 곡선.

cubisme [kybism] n.m. 《미술》 입체파, 입체주의.

cubiste [kybist] a. 입체파의, 입체주의의. peinture ~ 입체파 그림.
—n. 입체파 화가 [조각가].

cubital(ale, pl. aux) [kybital, -o] 《해부》 a. 팔꿈치의 ; 척골 (尺骨) 의. artère ~ale 척골 동맥. paralysie ~ale 척골신경 마비. griffe ~ale 갈고리손 《척골신경 마비에서 나타나는 손의 모양》. os ~ 척골. nerf ~ 척골신경.
—n.m. 팔꿈치 관절 (muscle ~) ; 척골신경.

cubitière [kybitjɛːr] n.f. (갑옷의) 팔꿈치 가리개.

cubitus [kybitys] n.m. 《해부》 척골, 팔꿈치.

cubocube [kybɔkyb] n.m. 《옛》 《수학》 9제곱 (neuvième puissance).

cuboïde [kyboid] a. 입방체의, 주사위 모양의.
—n.m. 《해부》 주사위뼈 (os ~) ; 《수학》 직평행 6면체.

cucu(l) [kyky] a. 《불변》 《구어》 바보 같은, 못난 ; 어리석은 (niais). Ce qu'il est ~! 정말 그는 바보 같구나!

cuculle [kykyl] n.f. ① (고대 로마에서 옥외 공사 때 사용한) 두건 달린 겉옷. ② (수도사의) 두건.

cucullifère [kykyllifɛːr] a. 《생물》 두건 모양의 부속기관을 가진.

cuculliforme [kykyllifɔrm] a. 《식물》 두건 모양.

cucurbitacées [kykyrbitase] n.f.pl. 《식물》 박과(科) 《concombre 오이, courge 호박, melon 멜론, pastèque 수박 따위》.

cucurbit(a)in [kykyrbitɛ̃] n.m. 촌충의 (호박씨 모양의) 두편 (片節) [마디].

cucurbite [kykyrbit] n.f. 《화학》 (증류기 (alambic) 의) 증류 솥.

cueillage [kœjaːʒ] n.m. ① (과일 따위를) 따기. faire le ~ 과일을 따다. ② 과일 따는 시기, 수확기 (cueillaison). approcher du ~ 수확기가 가까워 오다. ③ 용해된 유리를 떠내기.

cueillaison [kœjɛzɔ̃] n.f. ① 《문어》 따기 ; (과일의) 수확기. ② (비유적) 주워모으기 (cueillette) ; 얻어내기.

cueille [kœj] n.f. ① 《옛·사투리》 =cueillage②. ② 《해양》 (돛의) 포 (布).

cueille-fleurs [kœjflœːr] n.m. 《복수불변》 《원예》 꽃 따는 가위.

cueille-fruits [kœjfrɥi] n.m. 《복수불변》 《원예》 과일 따는 기구.

cueillette [kœjɛt] n.f. ① (과일·꽃 따위를) 따기 (récolte). ~ des pommes 사과 따기 [수확]. ② 따 들인 과일 [꽃]들. ③ 야생 식물 채취. vivre de ~ 야생 식물을 먹으며 살다. ④ (과일·꽃을) 따는 계절. ⑤ (낟가 따위를) 주워모으기. ⑥ (의연금 따위를) 모으기. faire une ~ pour les pauvres 가난한 사람들을 위해 모금하다. ⑦ 《해양》 뱃짐 모으기. à la ~ (…의) 전적화물, 홈처서. charger un navire à la(en) ~ (여러 하주로부터) 화물을 모아서 배에 싣다. navigation à la ~ 부정기 항해.

cueilleur(se) [kœjœːr, -ɸːz] n. ① (과일 따위를) 따는 사람. ② 녹은 유리를 떠내는 사람. ③ 목화 따는 기계.

*cueillir [kœji:r] [14] *v.t.* ① (꽃·과일 따위를)따다. Les enfants vont ~ des fleurs dans le champ. 아이들은 들로 꽃을 따러 간다. Ces fraises *ont été cueillies* ce matin. 이 딸기는 오늘 아침에 딴 것이다. ② (따서)모으다. ~ un bouquet 꽃을 따서 꽃다발을 만들다. ③ 수집하다;《구어》얻다, 취하다. ~ des légendes populaires 민간 전설을 수집하다. ~ un applaudissement 박수갈채를 얻다. ~ une femme 여자의 환심을 사다. ~ un baiser (살짝)키스를 훔치다. ④《구어》(차로 사람을)마중(데우러)가다. Je passerai te ~ en voiture au bureau. 차로 회사까지 너를 데리러 갈게. ⑤《속어》(불의에)체포하다, 붙잡다. se faire ~ 체포되다, 붙잡히다; (배우가)야유를 받다. ⑥ (녹은 유리를 부는 대롱으로)떼내다.

~ qn à froid …을 불의에 습격하다.
~ des lauriers [des palmes] 성공하다, 영예를 얻다.
~ des marguerites [des pâquerettes] 《속어》농땡이치다, 우물쭈물하다.

—se ~ *v.pr.* ① 따지다. ②《속어》체포되다.

cueilloir [kœjwa:r] *n.m.* 과일 채집기; 과일 채집 바구니.

cuesta [kwɛsta] 《에스파냐》 *n.f.* 《지리》케스타(한쪽이 급한 벼랑으로 되어 있고 다른 쪽은 완만한 사면을 이루는 구릉).

cufat, cuffa(t) [kyfa] *n.m.* 《광산》(입갱(立坑)에서 작업 인부·광석 따위를 실어나르는)승강통.

cui [sɥi] *pron.dém.* 《속어》=**celui.**

cui-cui [kɥikɥi], **cuic** [kɥik] *n.m.* (복수불변)(작은 새의)지저귐(소리).

cuider [kɥide] 《옛》*v.t.* 믿다(croire), 생각하다. Cuides-tu que…? 자네는 …라고 생각하는가?
—se ~ *v.pr.* 《옛》자만심을 갖다; 으스대며 걷다.

cuill (약자) cuillerée 《약》한 숟가락의 분량.

*cuiller, cuillère [kɥijɛ:r] *n.f.* ① 스푼, 숟가락; 스푼 하나(의 양)(cuillerée). Donnez-moi une ~. 스푼 하나를 주십시오. ~ à café 커피 용 스푼, 차숟가락(petite ~). ~ à dessert [entremets] 디저트 스푼, 중간 숟가락. ~ à soupe 수프 수푼, 큰 숟가락. ~-fourchette (캠프용의)스푼 포크. ~ à pot 수프용 국자. ~ à sauce 소스용 스푼. ②《속어》손. serrer la ~ à qn …와 악수하다. servir à la ~ (테니스에서)언더 핸드로 서브하다. ③ (용융된 금속·화약을 떠내는)국자. ④ 넘기는 바늘(물 속에서 회전시켜 물고기를 꾀는 낚싯줄에 매단 쇠붙이). ⑤ 둥근 끌. ⑥ (수류탄의)안전장치. ⑦《식물》서양고추냉이의 일종.

avaler [rendre] sa ~ 《예》죽다, 뒈지다.
en deux [trois] coups de ~ *à pot* 《구어》재빨리, 서둘러, 급히.
être à ramasser à la petite ~ 《구어》(완전히 나가 떨어져서)비참한 상태이다; 지쳐서 녹초가 되다.
ne pas y aller avec le dos de la ~ 《구어》멋대로 행동하다, 거침 없이 말하다.

cuillerée [kɥijre] *n.f.* 한 숟가락(의 분량). Ajoutez une ~ à café de sucre. 차순갈 하나만큼의 설탕을 더 넣으시오.
une ~ *pour papa, une* ~ *pour maman* 아빠를 위해 한 순갈, 엄마를 위해 한 순갈(식욕이 없는 유아에게 먹이기 위해서 하는 말).

cuilleron [kɥijrɔ̃] *n.m.* ① 숟가락 바닥. en ~ 숟가락 모양의. ②《곤충》(쌍시류(雙翅類)의)소편(小片), 낱개.

*cuir [kɥi:r] *n.m.* ① 피혁, 가죽. Ma serviette est en vrai ~. 내 가방은 진짜 가죽제품이다. livre relié en ~ 가죽으로 장정한 책. ~ à rasoir 면도날 가는 가죽 띠. ~ de bœuf [de crocodile, de lézard] 소 (악어·도마뱀) 가죽. ~ artificiel; faux ~ 인조 가죽, 합성 피혁. ~ brut [vert] (무두질하지 않은) 가죽. ~ verni 에나멜 가죽. ② 가죽제품(특히 가죽의 상의·윗도리·코트). porter le ~ 가죽옷을 입다. ④ 피혁산업, 피혁제품 판매업. ④ (동물의)두터운 피부. ~ de l'éléphant [du rhinocéros] 코끼리[코뿔소]의 피부. ⑤ 인간의 피부(다음 표현 이외는 엉뚱용법). ~ chevelu 두피. entre ~ et chair 피부 밑에; 은밀히. ⑥《구어》연독[리에종]의 잘못(예: Il est à Paris [ilezapari]). faire plusieurs ~s 리에종을 여러 번 틀리다. ⑦《군대은어》흉갑(胸甲)기병(cuirassier의 단축).

avoir le ~ *dur* 지치지 않다, 피곤을 모르다. *avoir le* ~ *épais* 낯가죽이 두껍다, 후안무치하다. *tanner le* ~ à *qn* 《구어》…을 때리다, 아프게 하다.

cuirasse [kɥiras] *n.f.* ① 갑옷, 흉갑(胸甲). cavalier en ~ 갑옷차림의 기병. défaut de la ~ 갑옷의 틈, 약점, 허점. endosser [ceindre] la ~ 갑옷을 입다;《예》입대하다. ② (전함·전차의)철갑, 장갑(裝甲). ③ (전기 케이블의)피막, 외장(外裝). ④《동물》(거북의)등껍질; (갑구어(甲冑魚)의)각피, 껍질. ⑤《지질》경반(硬盤)(carapace). ⑥ (비유적)각, 두터운 껍질. ~ de froideur 냉담의 껍질(파고들지 못할 만한 냉담성). ~ d'égoïsme 이기주의의 두터운 껍질.

cuirasse

cuirassé(e) [kɥirase] *a.p.* ① 갑옷을 입은; 장갑된. char ~ 장갑차, 전차. division ~e 기갑사단. ② 군은 껍질이 있는. poissons ~s 갑주어. ③ 흔들리지 않는, 무감동한. ~ contre les injustices du sort 운명의 불공평에 대해 익숙해진. vieillard ~ (어떤 일을 당해도)흔들리지 않는 노인. ④ moteur ~ 《전기》밀폐형 전동기.

—n.m. 장갑함(navire ~).

cuirassement [kɥirasmɑ̃] *n.m.* (전함·전차 따위의)장갑, (요새의)방어벽.

cuirasser [kɥirase] *v.t.* ① (에게)갑옷을 입히다. ② (군함을)장갑하다. ③ [~ contre] (로부터)지키다. ~ un jeune homme *contre* les passions 젊은이가 정욕에 빠지는 것을 걱정으로부터 지키다.

—se ~ *v.pr.* ① 갑옷을 입다; 장갑되다. ② (몸을) 지키다[싸다]; [se ~ contre] (에)마음을 움직이지 않다, 무관심하다. se ~ contre les affronts 모욕에 대해 무감각하다.

cuirassier [kɥirasje] *n.m.* ① 《군사》기갑부대병; 기갑연대. ② 《옛날의》흉갑기병.

*cuire [kɥi:r] [32] *v.t.* ① (음식물을)익히다, 굽다(faire ~). ~ de la viande 고기를 굽다[익히다]. Son pain *est cuit* au feu de bois. 그의 빵은 장작으로 구워졌다.《목적보어 없이》Ce boulanger *cuit* deux fois par jour. 이 빵장수는 하루에 두 번 굽는다. ~ au four 오븐으로 익히다. ~ à petit feu 약한 불로 익히다(mijoter). ~ à l'eau 물로 삶다, 찌다. ~ à l'étouffée, ~ à l'étuvée 찌다. ~ à sec 익히다, 굽다. Cette eau *cuit* mal les œufs. 이런 온도의 물로서는 계란을 삶지 못한다. pommes à ~ 가공용 사과(pommes à croquer 생식용 사과). chocolat à ~ (끓여서 마시는)코코아; 제과용 초콜릿. ② (벽돌·도기 따위를)굽다. ~ des briques 벽돌을 굽다.
③ (살갗을)태우다; 열이 나게 만들다. Le soleil me *cuit* le dos. 햇볕으로 등이 따갑다.
④《구어》(불안 따위가 사람을)초조하게 만들다, 괴롭히다. L'envie de la voir me *cuit* le cœur. 그녀를 만나고 싶어서 마음이 초조하다.

⑤ (과일을)과숙[조숙]시키다. Le soleil *a cuit* les fruits. 햇볕이 과일을 조숙시켰다.
⑥《엣》소화시키다. viande difficile à ~ 소화가 잘 되지 않는 고기.
dur à ~《구어》(사람이)만만치 않은. Il est plus *dur à ~* que je pensais. 그는 내가 생각했던 것보다 더 만만치 않다.
— *v.i.* ① (음식물이)익다, 구워지다. Le poulet *cuit* dans le four. 닭이 오븐에서 익고 있다. Ces pois ne *cuisent* pas bien. 이 콩은 잘 삶아지지 않는다. ~ à gros bouillons 부글부글 끓다. ~ trop fort 너무 익다.
②《구어》더위에 지치다. On *cuit* dans cette chambre. 이 방은 더워서 못견디겠다.
③ 얼얼하다. Les yeux me *cuisent*. 눈이 뻑뻑하다.
④《구어》(불안 따위로)초조해지다; 어찌할 바를 모르다. faire ~ *qn* à petit feu (불안·초조로)…을 안절부절 못하게 하다. Je *cuisais* dans cette situation épouvantable. 나는 그 무서운 상황 속에서 어찌할 바를 몰랐다.
Il en cuit à qn …을 후회하도록 만들다. *Il vous en cuira.* 이제 곧 후회하겠지.

cuir-lanière [kɥirlanjɛːr] (*pl.* ~s-~s) *n.m.* (면도날의)혁지(革砥).

cuisage [kɥizaːʒ] *n.m.* 숯굽기.

cuisant(e) [kɥizɑ̃, -ɑ̃ːt] (*p.pr.<cuire*) *a.* ① 찌는 듯한; 쓰린; (비유적)신랄한, 혹독한. blessure ~e 쓰린 상처. déception ~e 혹독한 실망감. froid ~ 살을 에는 추위. remarque ~e 신랄한 지적. ②《사투리》익히기 쉬운; 굽기 쉬운. haricots ~s 삶기[굽기] 쉬운 콩.

cuis-ant, -ons, -ez etc. [kɥiz-ɑ̃, -ɔ̃, -e] ⇨**cuire**.

cuiseur [kɥizœːr] *n.m.* ① (벽돌·옹기 따위를)굽는 사람; 포도주 증류인;《속어》서투른 요리사. ② (특히 가축의 사료를 대량으로 삶기 위한)큰 솥, 큰 냄비. ~ à pression 압력솥.

cuisinage [kɥizinaːʒ] *n.m.*《구어》(피고·증인에서 자백을 얻기 위한)경찰관의 심문, 고문.

‡cuisine [kɥizin] *n.f.* ① 부엌, 주방. Nous avons une grande ~. 우리는 넓은 부엌을 가지고 있다. éléments de ~ 부엌 설비 (식기 선반·식탁 따위). ustensiles de ~ 부엌 조리도구 일체. ~ roulante (행군 따위에 따라가는)이동 취사차. ~ portative 휴대용 취사도구. ② 요리(법), 조리(법). apprendre la ~ française 프랑스 요리를 배우다. faire la ~ 요리하다. ~ au beurre[à l'huile] 버터[기름]를 사용한 요리. livre de ~ 요리책; 식사 차림책. recettes de ~ 요리 만드는 법. ③ (만들어진)요리, 음식. faire de la bonne ~ 맛있는 요리를 만들다. ~ indigeste 소화가 잘 안되는 요리. ~ soignée [fine] 정성들인[고급] 요리. amateur de bonne ~ 식통(食通)(gourmet). ④《구어》의심스러운 조작, 잔재주. ~ électorale 선거에서의 잔재주. ~ parlementaire 의회에서의 책략. ~ des nouvelles 뉴스의 조작. ⑤《집합적》(호텔·레스토랑 따위에서 고용된)요리사.
de ~ 과오가 많은, 서투른, 엉터리의. compte *de ~* 엉터리 계산. parler un latin *de ~* 서투른 라틴어를 말하다.
faire aller[*rouler*] *la ~* 식비를 솜씨있게[요령있게] 꾸려나가다[쓰다].

cuisiné(e) [kɥizine] *a.p.* 요리된, 조리가 끝난. plats ~s 조리가 끝난 요리. plats ~s en conserves [surgelés] 조리가 끝난 캔[냉동] 식품.

cuisine-poêle [kɥizinpwɑːl] (*pl.* ~s-~s) *n.f.* 요리용 난로.

cuisiner [kɥizine] *v.i.* 요리하다, 조리하다. Elle *cuisine* remarquablement. 그녀는 요리 솜씨가 무척 좋다.
— *v.t.* ① 요리를 만들다. ~ un ragoût 스튜를 만들다. ②《구어》(자백을 받기 위해 온갖 수단으로)심문하다. ③《구어》잔재주를 부리다, 조작하다. ~ une élection 선거에서 잔재주를 부리다.

cuisine-salle de séjour [kɥizinsaldəseʒuːr] *n.f.* (부엌·응접실을 겸한)리빙키친.

cuisinette [kɥizinɛt] *n.f.* 간이 부엌.

*****cuisinier(ère)** [kɥizinje, -ɛːr] *n.* ① 요리사, 요리하는 사람. Elle est très bonne ~*ère*. 그녀는 훌륭한 요리사이다. bonnet de ~ 쿡 모자. habile ~ 솜씨있는 요리사. mauvais ~ 서툰 요리사. aide-~ 쿡 조수, 접시닦이.
— *n.m.* 요리책. le ~ français 프랑스 요리책.
— *n.f.* 요리용 스토브.

cuissage [kɥisaːʒ] *n.m.* droit de ~ 《역사》초야권(初夜權)《봉건시대의 영주가 신하의 신부에 대해서 갖고 있던》.

cuissard [kɥisaːr] *n.m.* ① (특히 갑옷의)넓적다리 가리개, 정강이 가리개. ② (자전거 경주 선수의)덧바지.

cuissardes [kɥisard] *n.f.pl.* (넓적다리 끝까지 오는) 고무[가죽] 장화(bottes ~).

cuisse [kɥis] *n.f.* ① 넓적다리. os de la ~ 대퇴골. vêtement qui recouvre les ~s 무릎까지 오는 옷. ② 넓적다리 고기. ~ de mouton 양의 넓적다리 살. ~ de bœuf 소의 넓적다리 살(→ bœuf그림). ③《동물》(절족 동물의)퇴절, 넓적다리마디. ④《구어》(특히 여성의)엉덩이; 정사. avoir la ~ légère[gaie, accueillante](여자가)엉덩이가 가볍다(곧 남자와 잔다). arriver par les ~s 방사(房事)가 이루어지다. histoire de ~ 음담패설.
montrer ses ~s (무대 따위에서)엉덩이를 내놓다; 무대에 오르다; 시시한 연극에 나가다. *se claquer*[*se taper*] *(sur) les ~s* 만족해 하다. *se croire sorti de la ~ de Jupiter* 《구어》출신[지위]를 내세우다, 우쭐대다. *se faire rire les ~s de* …을 바보 취급하다, 비웃다.

cuisseau [kɥiso] (*pl.* ~*x*) *n.m.* 《요리》(송아지의)넓적다리 고기.

cuisse-de-nymphe [kɥisdənɛ̃ːf] *a.* 《변》분홍색의.
— *n.f.* (*pl.* ~s-~-~) 분홍 장미.

cuisse-(ma)dame [kɥis(ma)dam] (*pl.* ~s-~) *n.f.*《식물》배의 일종《붉고 누런 색의 긴 서양배》.

cuissière [kɥisjɛːr] *n.f.* (고수(鼓手)의) 넓적다리 가리개.

cuisson [kɥisɔ̃] *n.f.* ① (요리의)열처리(익히기·굽기·조리기), (설탕·시럽의)가열. ②《요리》국물, 즙(汁). ③《공업·공예에서의》굽기, 하소(煆燒). ~ des briques[de la porcelaine] 벽돌[도자기]굽기. ④ (화상의 아픔과 비슷한)격렬한 아픔.

cuissot [kɥiso] *n.m.* ① (짐승의)허벅살. ② = cuissard.

cuistance [kɥistɑ̃ːs] *n.f.*《속어》요리, 취사; 음식.

cuistancier [kɥistɑ̃sje] *n.m.*《略語》=cuistot.

cuistot [kɥisto] *n.m.*《군대속어》취사병, 취사당번(cuistancier); 《일반적으로》요리당번, 조리사(cuistaud, cuisteau 라고도 씀).

cuistre [kɥistr] *n.m.* ① 현학가, 유식한 체하는 사람. ②《옛》학교의 사환. ③ (교양없는)상스러운 자. — *a.* 유식한 체하는. Il est un peu ~. 그는 다소 현학자연 한다.

cuistrerie [kɥistrəri] *n.f.* ① 유식한 체하기. ② 교양 없는 태도[행위].

cuit(e) [kɥi, -it] (*p.p.*<*cuire*) *a.p.* ① (고기 따위가) 익힌, 구운. viande ~*e* à point [bien ~*e*] 적당히 익

힌[잘 익힌] 고기. ② (식용외의 것으로) 익힌, 구운. terre ~e 테라코타. brique ~e 구운 벽돌. soie ~e 정련한 생사. ③ 햇볕에 탄[그을린] (brûlé). teint ~ 햇볕에 그을린 얼굴빛. ④《구어》(사람·사업 따위가) 궁지에 몰린, 실패한(raté). Vous êtes ~! 당신은 꼼짝 못하게 됐다, 이젠 빠져나갈 길이 없다! L'affaire est ~e! 일[사업]은 끝장났다. ⑤ 《속어》(술에 만취되어) 곤드레만드레가 된(ivre mort).
avoir des yeux ~s 《구어》무표정한 눈을 하고 있다. *avoir son pain ~* 《구어》풍족한 생활을 하다. *C'est (du) tout ~.* 만사 오케이이다, 성공은 틀림없다. *Les carottes sont ~es.* 《속어》일은 끝장난 거나 다름 없다.
— n.f. ① (도자기·벽돌 따위를) 굽기. ② (시럽의) 농축; 전당(煎糖)《제당에서 당즙을 농축하여 결정화하기》; 《농업》(그뤼에르 치즈 따위의) 가스공(孔). ③《속어》만취, 명정(酩酊). avoir[prendre] une (bonne) ~ 대취하다. ④ eaux de ~ 《화학》(결정을 추출하는데 적합한) 농축용액.

cuiter(se) [sakyite] *v.pr.*《속어》술에 취하다.
cuit-légumes [kqilegym] *n.m.*《복수불변》야채를 삶는 솥.
cuivrage [kqivra:ʒ] *n.m.* 구리 도금(하기).
***cuivre** [kqi:vr] *n.m.* 구리.《주로 *pl.*》구리 제품, 구리 그릇. ~ blanc 백동. ~ jaune 황동, 놋쇠 (laiton). ~ rouge 금속동《황동에 대한 순동》. ~ noir 정련되지 않은 구리, 조동(粗銅). minerais de ~ 동광. astiquer〖《구어》faire〗 les ~s 제품을 닦다〖윤내다〗. eau de ~ 동제품을 닦는 액체. ② 동화, 동전(monnaie de ~). ③《미술·조판》동판(畫). acheter les ~s des illustrations d'un livre 책 삽화의 동판을 사다. ④《pl.》금관악기; 금관악기의 소리. orchestre de ~s 브라스 밴드. cri de ~ du coq 수탉의 우렁찬 소리. ⑤ 적동색, 구리빛. ciel de ~ 구리빛 하늘.
cuivré(e) *a.p.* ① 구리빛의. peau ~e 구리빛의 살결. ② (목소리가) 매우 높은, 쇳소리가 나는.
cuivrer [kqivre] *v.t.* ① 구리로 도금하다, 구리를 씌우다. ② 구리빛으로 만들다. ~ le teint 얼굴을 구리빛으로 그을리다. ③《음악》(어떤 음을) 높이 울리게 하다. — *v.i.*(나팔 따위가) 울림높은 소리를 내다. — *se* ~ *v.pr.* 구리빛이 되다.
cuivrerie [kqivrəri] *n.f.* 구리 제련소; 구리제품 판매점[제조소].
cuivreux(se) [kqivrø, -ø:z] *a.* ① 구리질의, 구리를 함유한. ②《화학》제1동(銅)의. oxyde ~ 산화(酸化) 제 1동. ③ 적동색의, 구리빛의. nuages ~ 구리빛 구름.
cuivrique [kqivrik] *a.*《화학》제2동의. oxyde ~ 산화(酸化) 제 2동. sels ~s 제 2동염.
cul [ky] *n.m.* ①《속어》(사람의) 엉덩이; (동물의) 궁둥이. trou du ~ [비어]항문. courir au ~ de qn ~를 쫓아가 달리다. ② (병 따위의) 밑바닥; (마차·자동차 따위의) 뒷부분; 《선박》고물. mettre une bouteille à ~ 병을 세워 놓다. pousser la voiture au ~《구어》차를 뒤에서 밀다. ③《구어》바보, 천치 (crétin, imbécile). Quel ~! 이런 바보 천치가 있나! Ce qu'il est ~! 정말 바보란 말 이야! ④ gros ~ 대형 트럭(poids lourd).
aller le ~ nu《속어》망하다, 빈곤하게 살다.
arrêter un cheval sur ~ 말을 급정지시키다.
avoir le feu au ~《속어》(엉덩이에 불이 붙은 것처럼) 몹시 서둘러대다, 부리나케 달리다[도망치다].
baiser le ~ de la vieille《속어》영패하다.
bas du ~; bout du ~ 《속어》키가 작은 똥똥보.
botter le ~ à qn《속어》···을 엉덩이를 걷어차서) 쫓아버리다; ···을 학대하다.
casser le ~ à qn《속어》···을 괴롭히다.
coup de pied au ~ 엉덩이를 걷어차기; 모욕을 가하기. donner[recevoir] des *coup de pied au ~* 엉덩이를 걷어차다[차이다].
~ par-dessus tête《구어》곤두박이, 거꾸로. renverser ~ *par-dessus tête* 거꾸로 쓰러뜨리다.
~ terreux 농부.
en avoir plein le ~《속어》진저리가 나다, 지긋지긋하다(en avoir assez).
en rester sur le ~《속어》깜짝 놀라 넋을 잃고 있다, 기절초풍하다.
être à ~《옛·속어》진퇴유곡이다.
être sur le ~ 기진맥진하다, 탈진상태이다.
faire ~ sec《구어》단숨에 술잔을 비우다.《생략하여》C~ sec! 자, 잔을 비웁시다!
l'avoir dans le ~《속어》실패하다.
lécher le ~ à qn《속어》···에게 비열하게 아첨하다.
montrer son ~; tourner le ~ 도망치다.
saluer à ~ ouvert《옛·속어》(엉덩이가 보일 정도로) 깊이 허리를 굽혀 절하다.
se casser le ~ pour《속어》···하기 위해 분투하다.
se taper le ~ par terre《속어》포복절도하다.
tenir au ~ et aux chausses《옛》···의 사생활을 들추어 괴롭히다.
tirer au ~《속어》꾀를 부려 일에 게으름피다.《명사적》C'est un *tire-au-~*. 게으름뱅이이다.
tirer au ~ levé《속어》(새가) 나는 순간에 쏘다.
tomber sur le ~ 엉덩방아를 찧다; 깜짝 놀라다(en rester sur le ~).
y aller de ~ et de tête《옛·속어》마구 해대다.

culasse [kylas] *n.f.* ① 포신(砲身) 뒤끝; 폐쇄기(閉鎖機)《~ mobile》. ②《보석》(다이아몬드의) 밑면. ③《전기》(자석·변압기의) 계철(繼鐵). ④《기계》(내연기관의) 기통(汽筒) 머리. ⑤《옛·속어》궁둥이, 엉덩이. tomber sur la ~ 엉덩방아를 찧다.
culasser [kylase] *v.t.* (포신(砲身)에) 폐쇄기를 달다.
cul-blanc [kyblɑ̃] (*pl.* ~*s*~*s*) *n.m.*《조류》배가 흰 새의 속칭《도요새·검은딱새 따위》.
cul-brun [kybrœ̃] (*pl.* ~*s*~*s*) *n.m.*《곤충》누에나방의 일종.
culbutage [kylbyta:ʒ] *n.m.* 뒤집어엎기; 곤두박질.
culbutant [kylbytɑ̃] *n.m.*《조류》비둘기의 일종;《군대속어》바지.
culbute [kylbyt] *n.f.* ① (손으로 땅을 짚고) 재주넘기, 곤두박질, 전복. jouer à faire des ~s 재주넘기하며 놀다. faire une ~ en descendant les marches 계단을 내려오다 곤두박질하다. ② (비유적) (정부 따위의) 전락, 도산, 실패(faillite). [faire la ~] Le ministère *a fait la ~*. 내각이 붕괴됐다. Le banquier *a fait la ~*. 이 은행가는 파산했다. ③《상업》(상품을 전매해서) 곱장사를 하기. commerçant qui fait la ~ 2배의 값으로 되파는 상인. ④《수영》턴. ⑤《옛》(여자의 뒷머리를 맨) 리본.
Au bout du fossé, la ~.《속담》도랑 끝에까지 가면 굴러 떨어진다《위험을 모르고 나아가는 사람에게 하는 말》.
culbutement [kylbytmɑ̃] *n.m.* 곤두박질하기(culbutage);《우주》(우주선의) 상회전.
culbuter [kylbyte] *v.i.* ① 곤두박질하다, 추락하다. ~ du haut d'un escalier 계단의 위에서 곤두박질하다[굴러 떨어지다]. voiture qui *culbute* 곤두박질하는 자동차. ② (비유적) (내각이) 쓰러지다, 붕괴[와해]하다; 파산하다, 도산하다.
— *v.t.* ① 거꾸로 쓰러뜨리다, 넘어뜨리다(verser). ~ une table 테이블을 넘어뜨리다. être

culbuté par une voiture 차에 치어 쓰러지다. ②《비유적》(내각을)전복시키다, 붕괴시키다(bouleverser). L'opposition *a culbuté* le ministère. 야당은 내각을 붕괴시켰다. ③《적을》격파하다(rompre), 무너뜨리다. ~ l'ennemi 적을 격퇴하다. ~ la résistance 저항을 무너뜨리다. ④ ~ la feuille 《인쇄》(인쇄한 종이를 뒤집어)뒷면을 인쇄하다.
~ *une femme* 《속어》여자를 (쓰러뜨려) 범하다.

culbuteur [kylbytœːr] *n.m.* 오뚜기《장난감》; 《기계》(내연기관의)밸브로커; (화차·트럭 따위의)짐칸을 들어올려 짐을 부리는 장치.

culbutis [kylbyti] *n.m.* 《옛》뒤죽박죽; 잡동사니; 곤두박질하기(culbute).

cul-de-basse-fosse [kydbasfoːs] (*pl.* ~s-~-~) *n.m.* (습한)지하감옥.

cul-de-bouteille [kydbutɛj] (*pl.* ~s-~-~) *n.m.* (*pl.*)(침입을 막기 위해)담 위에 설치한 유리조각 (tessons). ─*a.* 《불변》짙은 녹색의.

cul-de-chaudron [kydʃodrɔ̃] (*pl.* ~s-~-~) *n.m.* 《군사》지뢰의 폭발에 의해 파헤쳐진 구덩이의 밑바닥.

cul-de-four [kydfuːr] (*pl.* ~s-~-~) *n.* 《건축》사분궁륭(四分穹窿).

cul-de-jatte [kydʒat] (*pl.* ~s-~-~) *n.m.* ① 앉은뱅이, 두 다리가 없는 사람. ② 다리가 짧거나 구부러진 사람.

cul-de-lampe [kydlɑ̃ːp] (*pl.* ~s-~-~) *n.m.* 《건축》천장에 매달린 장식물; 《인쇄》(책의 장(章) 끝·여백 따위의) 컷.

cul-de-plomb [kydplɔ̃] (*pl.* ~s-~-~) *n.m.* ① 둔한 사람. ② 궁둥이가 무거운 사람, 앉으면 일어설 줄 모르는 사람.

cul-de-porc [kydpɔːr], **cul-de-pot** [kydpo] (*pl.* ~s-~-~) *n.m.* 《해양》밧줄 끝의 매듭.

cul-de-poule [kydpul] (*pl.* ~s-~-~) *n.m.* ① 《창문 쇠고리의》손잡이. ②《해양》(돌출한)둥근 선미 (船尾). ③ en ~ (입이)둥글게 내민, 뾰로통한.

cul-de-sac [kydsak] (*pl.* ~s-~-~) *n.m.* ① 막다른 골목(길목), (impasse); 출구가 없는 장소. ②《비유적》(상황 따위의)막다른 처지, 궁지; 장래성이 없는《직업》. ③《해부》(질·늑막·복막 따위의)맹낭(盲囊).

culée [kyle] *n.f.* 《건축》(아치의 양단을 받치는)대〔臺〕; (동근 천정을 받치는)측벽(側壁). ③《토목》(橋臺). ②(가죽의)두터운 부분《벨트나 구두 밑창에 쓰임》. ③《해양》배의 후진.

culement [kylmɑ̃] *n.m.* (자동차·선박 따위의)후진.

culer [kyle] *v.i.* ①《해양》후진하다《드물게》(사람·차 따위가)후퇴하다; 후진하다(reculer). Nagez à ~! (노를)거꾸로 저어라! 후진하라! ②(바람이)고물쪽으로 돌다.

culeron [kylrɔ̃] *n.m.* (말의)껑거리끈.

culex [kylɛks] *n.m.* 《곤충》모기.

culicidés [kyliside] *n.m.pl.* 《곤충》모기과(科).

culier(ère) [kylje, -ɛːr] *a.* 항문(肛門)의. boyau ~ 직장(直腸). *n.f.* ① (말의)엉덩이끈. ②《건축》(물을 빼는)돌출.

culinaire [kylinɛːr] *a.* 요리의. recettes ~s 요리 만드는 법. art ~ 요리법.

culmen [kylmɛn] *n.m.* (라틴)(산맥·산의)최고봉.

culminance [kylminɑ̃ːs] *n.f.* 《드물게》최고점.

culminant(e) [kylminɑ̃, -ɑ̃ːt] *a.* 《천문》자오선상의, 최대 고도(高度)의; 꼭대기의.
point ~ 최고봉; (비유적)절정. *point* ~ *des Alpes* 알프스 산맥의 최고봉. être au *point* ~ *de sa gloire* 영광의 절정에 있다.

culminatif(ve) [kylminatif, -iːv] *a.* 《음성》정점

(절정)을 표시하는. fonction ~*ve* (악센트의)정점(頂點)표시기능.

culmination [kylminasjɔ̃] *n.f.* ①《천문》천체의 자오선(子午線) 통과, 남중(南中). ②《비유적》절정, 정상(sommet).

culminer [kylmine] *v.i.* ①《천문》(천체가)자오선을 통과하다, 남중(南中)하다. ②(봉우리가)정점에 달하다; 높이 솟다. pic qui *culmine* au-dessus des sommets voisins 옆의 봉우리들보다 한결 높이 솟은 봉우리. ③《비유적》절정에 달하다(plafonner). Sa fureur *culmina* quand... ···했을 때 그의 분노는 절정에 달했다.

cul-nu(d) [kyny] (*pl.* ~**s**-~**s**) *n.m.* (그림 속의)천사.

culot [kylo] *n.m.* ① 밑바닥; 후부. ~ d'un bénitier 성수반의 밑바닥. ~ d'obus 포탄의 후미. ~ de bougie (자동차 따위의)점화플러그. ② 용기·파이프 밑바닥에 괴는)찌꺼기(résidu). ③ 맨 나중에 태어난 (짐승)새끼; 《옛》막내둥이; 《학생은어》학급의 꼴찌, 시험의 꼴찌. ④《속어》뻔뻔스러움, 대담성(audace, effronterie). Il ne manque pas de ~. 그는 배짱도 좋다. avoir du ~ 《속어》뻔뻔스럽다. avoir le ~ de + *inf.* 뻔뻔스럽게도 ···하다.

culoté(e) [kylote] *a.* 《속어》뻔뻔스러운, 배짱좋은 (hardi, 《속어》gonflé).

culottage [kylotaːʒ] *n.m.* (파이프를 담배진에)절게 하기; 《미술》(그림을)고색창연하게 하기, 짙은 색조를 주기.

*****culotte** [kylɔt] *n.f.* ① 짧은 바지, 반바지; 바지; 운동 팬츠; (여자의)속바지, 팬티. ~ de cheval 승마용 바지. ~ de bain (여자·어린이용의)수영팬티. ~*s longues* (어린이용의)긴 바지. jupe-~ 큐롯 스커트. ②《요리》(소의)넓적다리 고기(→ bœuf à la mode). ③ 차관(叉管), Y자상 파이프. ④《구어》도박에서 크게 잃음. prendre une ~ (도박에서)크게 지다. ⑤《속어》취하기, 명정. avoir〔se donner, prendre〕 une ~ 몹시 취하다.

baisser〔poser〕 ~ 《속어》변을 보다, 변소에 가다.
~ de peau 《군대속어》편협〔완고〕한 군인.
jouer ses ~ 《구어》마지막 돈을 걸다.
porter la ~ (아내가)남편을 휘두르다〔꼼짝 못하게 지배하다〕. Dans ce ménage, c'est la femme qui *porte la* ~. (남편이)엄처시하에 있다.
se moquer de qn comme de sa première ~ ···을 형편없이 업신여기다, 무시할 대로 무시하다.
trembler〔faire〕 dans sa ~ 《속어》겁에 질리다, 심히 놀라다.

culotté(e)¹ [kylote] *a.p.* (파이프가)절은; (그림이)고색창연한, 거무스레해진; (오래 사용하여)손때가 묻은. pipe ~*e* 검게 절은 파이프. cuir ~ (손때가)거무스레해진 가죽.

culotté(e)² *a.p.* 《구어》(사람이)뻔뻔스러운.

culotter¹ [kylote] *v.t.* (에)짧은 바지를 입히다.
—**se** ~ *v.pr.* 짧은 바지를 입다.

culotter² *v.t.* (파이프를)검게 절게하다; (오래 사용하여)거무스레하게 만들다.
—**se** ~ *v.pr.* 검게 절다; 거무스레해지다. se ~ le nez (코가 빨개질 정도로)술에 취하다.

culotteur [kylotœːr] *n.m.* 《구어》(파이프를)절게 하는 사람. grand ~ de pipes 파이프 담배를 많이 피우는 사람.

culottier(ère) [kylotje, -ɛːr] *n.* 짧은 바지〔반바지〕제조〔판매〕인.

culottin [kylotɛ̃] *n.m.* ①(여자용의)작은 팬티. ②《속어》짧은 바지를 막 입기 시작한 어린애.

culpabilisant(e) [kylpabilizɑ̃, -ɑ̃ːt] *a.* 《정신의학》죄의식을 갖게 하는.

culpabilisation [kylpabilizasjɔ̃] *n.f.* 《정신의학》

죄의식을 갖게 함.
culpabiliser [kylpabilize] *v.t.* 〖정신의학〗 죄의식을 갖게 하다. La mort de sa femme le *culpabilise*. 아내의 죽음은 그에게 죄의식을 갖게 하였다.
culpabilité [kylpabilite] *n.f.* ① 유죄성, 유죄. prouver la ~ d'un accusé 피고의 유죄를 입증하다. avouer[nier] sa ~ 자기의 유죄를 시인하다[부인하다]. ② sentiment[complexe] de ~ 〖정신의학〗 죄의식.
cul-roussselet [kyrusle] (*pl.* ~s~s) *n.m.* 〖조류〗 꾀꼬리의 일종(rossignol des murailles, rougequeue).
*__culte__ [kylt] *n.m.* ① (신·성인에 대한)예배, 숭배, 신앙. bâtiment du ~ 예배당, 교회. rendre un ~ à la divinité 신에게 예배를 드리다[숭배하다]. ② (일반적으로) 숭배, 예찬(vénération, adoration). ~ des ancêtres 조상숭배. ~ de la patrie 조국숭배. ~ de la personnalité (독재국가 따위에서)개인숭배. avoir le ~ de la tradition 전통을 몹시 중히 여기다. rendre[vouer] un véritable ~ à qn … 을 진심으로 숭배하다[예찬하다]. ③ 종교. ~ protestant 신교. changer de ~ 종교[신앙]를 바꾸다. liberté des ~s 종교[신앙]의 자유. ④ 종교예식, (특히) 종교식의 예배; 제사, 제식. assister au ~ (신교의)예배에 참석하다. célébrer selon le ~ catholique 가톨릭의식에 따라 식을 올리다.
cultellaire [kylte(l)lɛːr] *a.* 작은 칼 모양의.
cul-terreux [kytɛrø] *n.m.* 《속어》(경멸)농부.
cultisme [kyltism] *n.m.*, **cultéranisme** [kylteranism] *n.m.* 〖문학사〗 문체의 지나친 기교 (17세기 스페인의 일부 작가, 특히 *Góngora* 에 의해 유행된 기교를 부리는 문체) (gongorisme).
cultivable [kyltivabl] *a.* 경작에 적합한, 경작이 가능한. ~ espace 경작이 가능한 공지(空地).
*__cultivateur(trice)__ [kyltivatœːr, -tris] *n.* 농부, 경작자(agriculteur, fermier, paysan). riche ~ 부농. petit ~ 영세농. —*a.* 농사에 종사하는. peuple ~ 농경 민족. —*n.m.* 작은 쟁기; 경운기.
cultivé(e) [kyltive] *a.p.* ① 경작된; 재배된. terrain bien ~ 잘 경작된 토지. ② 교양이 있는; 학식이 깊은. esprit ~ 교양 있는 사람.
*__cultiver__ [kyltive] *v.t.* ① 경작하다; 재배하다, 가꾸다. ~ un champ 밭을 갈다. ~ la vigne 포도를 재배하다. ② (비유적) 기르다, 배양하다; 닦다, 연마하다; (에)전념하다. ~ un goût[un don] 취미[재질]를 기르다[발전시키다]. ~ l'intelligence 지능을 계발하다. ~ la poésie 시에 열중하다. ③ (와)친히 교제하다, (교우 관계를)돈독히 하다. ~ ses relations 교우 관계를 소중히 유지해 나가다. C'est un homme à ~. 친히 사귈만한 사람이다.
—*se* ~ *v.pr.* ① 지식(교양)을 쌓다. Il lit beaucoup pour *se* ~. 그는 교양을 쌓기 위해 독서를 많이 한다. ② (수동제) 경작되다.
cultriforme [kyltriform] *a.* 〖학술〗 작은 칼 모양의.
cultrirostre [kyltrirɔstr] *a.* 〖조류〗 (주둥이가)작은 칼 모양의.
cultuel(le) [kyltɥɛl] *a.* 종교[예배]의, 종교의식에 관계되는. association ~*le* 종교단체, 교단(敎團). —*n.f.* 종교단체, 교단.
cultural(ale, *pl. aux*) [kyltyral, -o] *a.* 경작의, 농사의. procédés ~*aux* 경작법.
culturalisation [kyltyralizasjɔ̃] *n.f.* se culturaliser 하기.
culturaliser (se) [s(ə)kyltyralize] *v.pr.* 교양에 관심을 갖다; 교양을 쌓다; (방송 따위가)교양 프로에 중점을 두다.
culturalisme [kyltyralism] *n.m.* (미국에서 일어난)문화주의(운동).
culturaliste [kyltyralist] *a.* (과학적 지식을 중히 여기는)교양주의의.
:**culture** [kyltyːr] *n.f.* I. ① 경작, 재배; 양식. ~ mécanique 기계화 농법[경작]. ~ alterne (spécialisée) 윤작(단작). ~ hâtée[forcée] 촉성재배. ~ en serre 온실재배. ~ sans sol 수경(水耕)재배. ~ des abeilles 양봉. ② (보통 *pl.*)경작지, 농토; 재배 식물, 작물. étendue des ~s 농지 면적. Les ~s ont été ravagées par la tempête. 농작물은 폭풍으로 피해를 입었다. ③ (세균 따위의)배양. ~ microbienne 세균의 배양. ~ de tissus 〖생물〗 조직 배양. bouillon de ~ 배양액.
II. ① 문화. ~ orientale 동양문화. maison de la ~ 문화의 집 (프랑스에서 문성청 직속으로 운영되는 문화시설). ② 교양, 교육, 지식. homme de haute ~ 교양이 높은 사람. ~ générale 일반교양. ~ philosophique 철학의 소양. ③ 연마, 수련, 단련. ~ de l'esprit 정신의 도야. séances de ~ physique 체육강습회.
culturel(le) [kyltyrɛl] *a.* 문화의; 교양의. attaché [conseiller] ~ (대사관의)문정관. relations ~*les* 문화교류. bénéfice ~ des voyages 여행에서 얻는 교양면의 이득.
culturisme [kyltyrism] *n.m.* 보디빌딩.
culturiste [kyltyrist] *a.* 보디빌딩의. —*n.* 보디빌딩 을 하는 사람.
cum. 《약자》 cumulatif 《주식》 누가(累加)배당의.
cuméen(ne) [kymeɛ̃, -ɛn] 〖고대지리〗 *a.* 쿠메 (*Cumes*) (사람)의. —*C*~ *n.* 쿠메 사람.
cumène [kymɛn] *n.m.* 〖화학〗 큐멘.
Cumes [kym] *n.pr.f.* 〖고대지리〗 쿠메 (이탈리아 서남부 캄파니아 해안에 있는 그리스 최대의 식민지; 신탁(神託)의 성지 (聖地)).
cumin [kymɛ̃] *n.m.* 〖식물〗 커민 (미나리과(科)의 풀); (그)씨 (조미료 및 약용).
cuminique [kyminik] *a.* 〖화학〗 커민의. acide ~ 커민산(酸).
cumul [kymyl] *n.m.* ① 겸직, 겸임 (~ de fonctions [de charges]). impossibilité de ~ (공무원의)겸직금지. ② 〖법〗 병합(倂合). ~ d'actions 소송의 병합. ~ des peines (2종류 이상의 형벌의)형과(倂科)(가중(加重)).
cumulable [kymylabl] *a.* ① 누가(累加) 할 수 있는, 병합 가능한. ② 겸직할 수 있는.
cumulard [kymylaːr] *n.m.* (경멸) 부정(不正) 겸직자[겸임자]; 직함을 많이 가진 사람.
cumulatif(ve) [kymylatif, -iːv] *a.* 〖법〗 누가적 (累加的)인, 병합적인. donation ~*ve* (2가지 이상의 재산의)누적증여. processus ~ 〖경제〗 누가 프로세스 (여러 인자가 누가적으로 작용하여 경기변동을 야기시키는 과정). facteurs ~*s* 〖생물〗 누가 유전자.
cumulation [kymylasjɔ̃] *n.f.* (드물게)겸직; 〖법〗 형벌의 병과 [가중] 제도.
cumulativement [kymylativmɑ̃] *ad.* 겸임[겸직]으로; 중복해서; 〖법〗 병합해서. exercer ~ plusieurs fonctions 몇 개의 직을 겸임하다.
cumuler [kymyle] *v.t.* ① (증거 따위를)누가하다 (assembler). ② 겸하다; 겸임하다. ~ deux emplois 두 개의 직을 겸하다. ~ deux traitements 두 곳에서 봉급을 받다. 《목적보어 없이》 Il *cumule*. 그는 겸직하고 있다.
cumulo-nimbus [kymylɔnɛ̃bys] *n.m.* 《복수불변》 〖기상〗 적란운(積亂雲).
cumulo-stratus [kymylɔstratys] *n.m.* 《복수불변》 〖기상〗 적층운(積層雲).

cumulo-volcan [kymylɔvɔlkɑ̃] *n.m.* 【지질】용암 돔(dôme)을 이룬 화산.
cumulus [kymylys] *n.m.* 《복수불변》【기상】뭉게구름, 적운(積雲).
cunctateur [kɔ̃ktatœːr] *n.m.* (군인·정치가의)신중파, 정관주의자.
cunéaire [kyneɛːr] *a.* 설형(楔形)의, 쐐기 모양의.
cunéifolié(e) [kyneifɔlje] *a.* 【식물】설형의 잎을 가진.
cunéiforme [kyneifɔrm] *a.* 설형(楔形)의. écriture ~; caractères ~s (앗시리아의)설형문자. —*n.m.* 【해부】설형골(骨)(os ~).
cunette [kynɛt] *n.f.* 【축성】성지(城池)의 작은 도랑; 【토목】배수거(排水渠).
cuniculture [kynikylty:r] *n.f.* 토끼기르기.
cupide [kypid] *a.* ①《문어》욕심 많은, (재물을)탐하는(avide). âme ~ 욕심. regard ~ 탐욕스런 눈초리. ②《옛》[~ de](을)열망하는.
cupidement [kypidmɑ̃] *ad.* 《문어》욕심을 부려, 탐욕스럽게.
cupidité [kypidite] *n.f.* 탐욕, 욕심, 강한 물욕(convoitise).
Cupidon [kypidɔ̃] *n.pr.m.* 【로마신화】큐피드, 연애의 신. —**c~** *n.m.* 미소년, 미남 청년; 미남이라고 뽐내는 남자.
cupressinées [kypresine] *n.f.pl.* 【식물】편백과.
cuprifère [kyprifɛːr] *a.* 구리를 함유한.
cuprique [kyprik] *a.* 구리질의; 동(銅)의. acide ~ 동산(銅酸). bouillie ~ 보르도 액(식물의 살균제의 일종).
cuprite [kyprit] *n.f.* 【광물】적동광(赤銅鑛).
cupro-alliage [kyprɔaljaʒ] (*pl.* ~-~**s**) *n.m.* 【야금】동합금(銅合金).
cupro-aluminium [kyprɔalyminjɔm] (*pl.* ~-~**s**) *n.m.* 알루미늄동(銅)(통칭 알루미늄청동 bronze d'aluminium).
cupro-ammoniacal(ale, *pl.* **aux)** [kyprɔa(m)mɔnjakal, -o] *a.* 【화학】구리(동)암모니아의. liqueur ~*ale* 동암모니아 용액.
cupro-ammoniaque [kyprɔa(m)mɔnjak] (*pl.* ~-~**s**) *n.f.* 【화학】동암모니아.
cupro-nickel [kyprɔnikɛl] *n.m.* 구리와 니켈의 합금, 백동.
cuproxyde [kyprɔksid] *n.m.* 【화학】산화 제 1 동.
cupulaire [kypylɛːr] *a.* 【식물】잔 모양의.
cupule [kypyl] *n.f.* 【식물】잔 모양의 기관(器官), 각두(殼斗), (도토리·밤 따위의)깍정이.
cupulé(e) [kypyle] *a.* 【식물】각두(殼斗)(깍정이)가 있는.
cupuliféracées [kypyliferase] *n.f.pl.* 【식물】너도밤나무과(科)(밤나무·개암나무·참나무·너도밤나무 따위).
cupulifère [kypylifɛːr] *a.* 깍정이가 있는. —*n.f.pl.* 너도밤나무과(科).
curabilité [kyrabilite] *n.f.* 치료(치유)가능성.
curable [kyrabl] *a.* 고칠(치료할) 수 있는(guérissable). maladie ~ 고칠 수 있는 병.
curaçao [kyraso] (<*Curaçao, Antilles*군도의 한 섬) *n.m.* 퀴라소 (오렌지의 껍질로 만든 술 이름).
curage [kyraːʒ] *n.m.* ① 준설; 준설토(진흙). ~ d'un égout 하수구의 준설(청소). ②【외과】(손을 사용한)소파(搔爬)(~ digital); 절제. ③【직물】(표백하기 위해)에서 바래기.
curaillon [kyrajɔ̃] *n.m.* 《속어》《경멸》젊은 성직자.
curare [kyraːr] *n.m.* 쿠라레(남미의 토인들이 화살에 바른 독; 현재는 마취용 약품으로 쓰임); 쿠라레 독이 채취되는 식물.

curarine [kyrarin] *n.f.* 쿠라레(가 함유된)독소.
curariser [kyrarize] *v.t.* 쿠라레로 마비(중독)시키다.
curassé [kyrase] *n.m.* 《속어》=**cuirassé**.
curassier [kyrasje] *n.m.* 《속어》=**cuirassier**.
curatelle [kyratɛl] *n.f.* 【법】재산관리, 후견; 후견인의 지위.
cura*teur*(*trice*) [kyratœːr, -tris] *n.* 【법】재산 관리인; (미성년자·심신장애자의)후견인.
curatif(ve) [kyratif, -iːv] *a.* 치료의. —*n.m.* 약, 치료제.
curation [kyrasjɔ̃] *n.f.* 《드물게》【의학】치료.
curculionidés [kyrkyljɔnide] *n.m.pl.* 【곤충】바구미과(科).
curcuma [kyrkyma] *n.m.* 【식물】강황(薑黃); 【염색·약·요리】강황 뿌리의 가루.
curcumine [kyrkymin] *n.f.* 강황에서 채취한 황색.
cure [kyːr] *n.f.* ①【의학】치료, 요법; 온천요법, 탕치(湯治). ~ d'air (대기(大氣)요법. faire une ~ (thermale) 온천(수)요법을 하다. ~ de jeûne 단식요법. maison de ~ 요양소. Il vous faut une ~ de repos. 당신은 휴양이 필요하다. ②《옛》주의, 배려《현재는 다음의 성구에만 쓰임》. n'avoir ~ de …에 개의하지 않다. ③【종교】주임신부(사제)의 직(자리); 소교구(paroisse); 교회.
On a beau prêcher à qui n'a — de bien faire. 《속담》하려는 뜻이 없는 사람에게는 설교해봤자 헛것이다, 우이독경.
*curé [kyre] *n.m.* 주임신부(사제)(prêtre); 《구어》신부. manger(bouffer) du ~ 《속어》신부를 싫어하다, 반종교적이다. C'est Gros Jean qui en remontre à son ~. (농부가 신부에게 설교한다)→ 부처님께 설법하는 격이다.
cure-casserole(s) [kyrkasrɔl] *n.m.* 《복수불변》남비닦기(수세미의 일종).
cure-dent(s) [kyrdɑ̃] *n.m.* ①이쑤시개. ②《옛》(사교계에서)식사 후의 모임. venir en ~《속어》식사가 끝날 무렵에 오다. ③《옛》총검(銃劍).
curée [kyre] *n.f.* ①【사냥】(사냥개에게 나누어주는)사냥한 짐승의 고기; 사냥한 짐승의 고기를 나누어 주기. faire ~ 사냥꾼이 사냥개에게 먹이를 나누어 주다. sonner la ~ 먹이를 주는 신호를 울리다. ②(이권·지위 따위의)쟁탈전. se ruer à la ~ des places 공석을 노려 몰려들다(쟁탈전을 벌이다). être âpre à la ~ 이익·입신출세 따위에 급급하다. *faire ~ de l'honneur de qn*《옛》…의 명예를 더럽히다, …의 얼굴에 먹칠하다.
cure-feu [kyrfø] (*pl.* ~-~(**x**)) *n.m.* 부젓가락.
curement [kyrmɑ̃] *n.m.* =**curage**.
cure-môle [kyrmoːl] *n.m.* 준설선(浚渫船).
cure-ongles [kyrɔ̃ːgl] *n.m.*《복수불변》손톱 손질기구.
cure-oreille(s) [kyrɔrɛj] *n.m.* 귀이개.
cure-pied [kyrpje] *n.m.* 말굽 소제기.
cure-pipe [kyrpip] *n.m.* 파이프 소제기구.
curer [kyre] *v.t.* ①청소하다, 쳐내다(nettoyer). ~ un port 항구를 준설하다. ②【임업】~ un bois 산림의 고목이나 쓸데없는 가지를 제거하다. 【농업】~ une vigne en pied 포도나무의 쓸데 없는 가지를 잘라내다.
—**se** ~ *v.pr.* 자신의(이·귀·손톱 따위를)소제하다, 이·귀·입·신손톱에 이를 쑤시다. *se* ~ les oreilles 귀소제를 하다.
cureter [kyrte] [5] *v.t.* 【의학】긁어내다; 소파수술하다.
cureton [kyrtɔ̃] *n.m.* 《속어》《경멸》=**curaillon**.
curettage [kyrɛtaːʒ], **curetage** [kyrtaːʒ] *n.m.* ①【의학】소파(搔爬)(술). ②(구획정리를 위한)불량건물의 철거.
curette [kyrɛt] *n.f.* ①【의학】큐렛(이물(異物)

적출용 기구). ②(파이프·총 따위의)소제도구.
cureur [kyrœ:r] *n.m.* (우물 따위의)청소부.
curial(ale, *pl.* **aux)**¹ [kyrjal, -o] *a.* 《가톨릭》① 교구(敎區)의. assemblée ~ale 교구의 재정을 의논하는)교구회의. ② 주임 사제의. maison ~ale 사제관(presbytère).
curial(ale, *pl.* **aux)**² 《고대로마》 *a.* 쿠리아(curie)의. ―*n.m.* 쿠리아의 한 사람; 원로원 의원.
curie¹ [kyri] *n.f.* ① 《고대로마》 쿠리아《고대로마의 tribu(族)를 세분한 것》; 쿠리아의 집회소; 원로원(의사당). ② la ~ romaine 《가톨릭》로마 교황청.
curie² *n.m.* 《물리》 퀴리《방사능의 단위, 현재는 becquerel이 쓰임, 기호는 Ci》.
curiethérapie [kyriterapi] *n.f.* 《의학》 라듐 요법.
curieusement [kyrjøzmɑ̃] *ad.* ① 기묘하게; 괴상하게(bizarrement). marcher ~ 이상하게 걷다. ② 《드물게》호기심에 끌려, 신기하게. ③《옛》주의 깊게, 세밀하게.
:**curieux(se)** [kyrjø, -ø:z] *a.* ① 호기심을 끄는, 신기한, 기묘한, 이상야릇한(bizarre, singulier, ↔ ordinaire). ~*se* habitude 이상야릇한 버릇. C'est un homme ~, un original. 묘한 사람이지, 괴짜란 말이야. esprit ~ 지식욕이 왕성한 정신(사람). ② [~ de *qc*/de+*inf.*] (을)알고 싶어하는, 보고 싶어하는; 하고 싶어하는(désireux). être ~ de tout 모든 것에 호기심을 갖다(을 알고 싶어하면). Je serais ~ de voir votre nouvelle voiture. 당신의 새차가 몹시 보고 싶습니다. ③《옛·문어》주의 깊은; 세밀한, 면밀한; (세공 따위가)정교한. ~ observateur 주의깊은 관찰자. ④《옛》희귀한, 드문. sciences ~*ses* 신비학《연금술·점성술 따위》. *Chose ~se,...* 이상하게도 …하게. *Chose ~se,* il n'était pas venu. 이상하게도 그는 오지 않았다. ―*n.* 호기심 많은 사람; 구경꾼. Des ~ s'arrêtent devant la vitrine. 구경꾼들이 진열장 앞에서 걸음을 멈춘다. écarter les ~ 구경꾼을 쫓다. ―*n.m.* ① 신기한 일, 이상스러운 점. Le ~ de l'affaire, c'est que... 사건의 이상야릇한 점은 …이다. ②호사가, 수집가. ③《속어》에심판사. 경찰서장(commissaire de police); 고해신부.
curion [kyrjɔ̃] *n.m.* 《고대로마》 쿠리아(curie)의 장(長); 쿠리아의 제사장.
*****curiosité** [kyrjozite] *n.f.* ①호기심, 흥미; (비밀 따위를)캐기 좋아함. être poussé par la ~ 호기심에 이끌리다. satisfaire sa ~ 자기의 호기심을 충족시키다. avoir des ~*s* malsaines 불건전한 호기심을 갖다. ② 이상야릇함; 진기함(bizarrerie). ③《주로 *pl.*》진귀한 물건, 골동품; 명소(名所). ~*s* de Paris 파리의 명소(명물). objets de ~*s* 골동품, 고물, 고미술. magasin de ~*s* 골동품 상점. ④《옛》골동취미, 수집벽. ~ des tableaux 그림 수집벽. ⑤《옛》주의, 세심.
curiste [kyrist] *n.* 온천요법을 하는 사람, 온천 요양객.
curium [kyrjɔm] *n.m.* 《화학》 퀴륨.
curling [kœrliŋ] 《영》 *n.m.* 컬링《얼음판에서 무거운 돌원반을 굴려 표적을 맞추는 놀이》.
curlu [kyrly] *n.m.* 《사투리》 《조류》 =**courlis**.
currente calamo [kyrɛ̃tekalamo] 《라틴》 *ad.* 붓가는 대로.
curriculum vitae [kyrikylomvite] 《라틴》 *n.m.* 《복수불변》이력(서). établir son ~ 이력서를 쓰다.
curry [kyri] *n.m.* =**cari**.
curseur [kyrsœ:r] *n.m.* (계산자·컴퍼스·저울 따위의)유표(游標), 슬라이더; 《천문》(천문관측용 측미계(測微計)의)가동사(可動絲).
cursif(ve) [kyrsif, -i:v] *a.* ① 갈겨 쓴, 초서체의. ②

(독서 따위가)빠른, 피상적인. écriture ~*ve* 초서체(anglaise).
―*n.f.* 초서체; 《인쇄》 초서체 활자. écrire en ~ 갈겨쓰다, 초서체로 쓰다.
cursivement [kyrsivmɑ̃] *ad.* 초서체로; 조잡하게.
curtirostre [kyrtirɔstr] *a.* 《조류》 부리가 짧은.
curule [kyryl] *a.* 《고대로마》 ① 높은 자리에 앉을 자격이 있는, 고위 고관의. ② chaise ~ (상아로 만든)고관 의자.
curure [kyry:r] *n.f.* (보통 *pl.*) (도랑 따위에서)쳐낸 흙.
curvatif(ve) [kyrvatif, -i:v] *a.* 《식물》 (잎이)가장자리가 약간 휘는 경향이 있는.
curvation [kyrvasjɔ̃] *n.f.* 《드물게》 굴곡.
curvi- *préf.* 《구부러진》의 뜻.
curvicaude [kyrvikod] *a.* 《동물》 꼬리가 굽은.
curvicaule [kyrviko:l] *a.* 《식물》 줄기가 휜.
curvifolié(e) [kyrvifolje] *a.* 《식물》 잎이 휜.
curvigraphe [kyrvigraf] *n.m.* 《제도》 원호정규(圓弧定規)《원호를 그릴 때 사용되는 자》.
curviligne [kyrviliɲ] *a.* 《수학》곡선의, 곡선으로 만드는. angle ~ 2 곡선이 만드는 각. figure ~ 곡선도형.
curvimètre [kyrvimɛtr] *n.m.* 《측량》곡선계.
curvirostre [kyrvirɔstr] *a.* 《조류》부리가 굽은.
cuscute [kyskyt] *n.f.* 《식물》 새삼《새삼과에 딸린 한해살이의 덩굴꽃 기생 식물》.
cuspide [kyspid] *n.f.* ① 《식물》 (잎 따위의)첨형(尖形); 첨점(尖點). ② 《치과》 치아의 끝.
cuspidé(e) [kyspide] *a.* 《식물》 뾰족한. feuilles ~*es* 첨두(尖頭)엽.
cuspidifolié(e) [kyspidifolje] *a.* 《식물》 끝이 뾰족한 잎을 가진, 첨두엽을 가진.
cusson [kysɔ̃] *n.m.* 《속어》 《곤충》 바구미.
cussonné(e) [kysone] *a.* (나무 따위가)벌레먹은.
custode¹ [kystɔd] *n.m.* ① (이탈리아 박물관 따위의)장 지기; 《종교》 (탁발승단의)부(副)관구장; 《로마사》 (정무관 선거의)감독관, 대장.
custode² *n.f.* ① 《가톨릭》 성체용기(聖體容器) (덮개); 주 제단의 장식휘장. ② (자동차의)후부측판(後部側板). glaces de ~ 후부의 창유리. ③ 《옛》 막(幕); 침대의 커튼.
cutané(e) [kytane] *a.* 피부의. affection [maladie] ~*e* 피부병. tissus ~*s* 피부조직.
cuticole [kytikɔl] *a.* 피하(皮下)의.
cuticulaire [kytikylɛ:r] *a.* 《생물》 각피(角皮)의.
cuticule [kytikyl] *n.f.* 《식물》 큐티쿨라, 각피(角皮); 《해부》 소피(小皮).
cuticuleux(se) [kytikylø, -ø:z] *a.* 큐티쿨라[각피] 상태의.
cutine [kytin] *n.f.* 《식물》 큐틴, 각피소(角皮素).
cutinisation [kytinizasjɔ̃] *n.f.* 《식물》 큐틴[각피]화(化).
cuti-pronostic [kytipronɔstik] *n.m.* 《의학》 피부반응에 의한 진단법.
cuti-réaction [kytireaksjɔ̃] *n.f.* 《의학》 (결핵 예방의)피부 반응 검사(《약자》cuti). faire une *cu*~ 투베르쿨린 반응을 검사하다.
cutter [kœtœ:r] 《영》 *n.m.* =**cotre**.
cuvage [kyva:ʒ] *n.m.*, **cuvaison** [kyvɛzɔ̃] *n.f.* (포도주·맥주의) 발효공정.
cuve [ky:v] *n.f.* ①큰 통, 물통; (술의)양조통, (저장용의)탱크. ~ à lessive 세탁용[빨래] 통. ~ de brasseur 맥주 양조통. ~ à essence 휘발유탱크. ~ de décantation 침강(沈降)탱크. ~ à développer [à laver] 《사진》 현상통. ~ de réacteur 원자로 용기. ② 《고고학》 ~ funéraire 석관(石棺). ~ reliquaire 성(聖)유물함.

cuveau [kyvo] (*pl.* ~*x*) *n.m.* 작은 통.
cuvée [kyve] *n.f.* ① 통 하나의 분량. une ~ d'eau 한 통의 물. une ~ de lessive 통 하나의 (가득한) 세탁물. ② 한 양조통 안의 포도주; 한 포도원에서 생산된 포도주 (전 생산량). Ces tonneaux sont de la même ~. 이 술통은 같은 양조통에서 나온 것들이다. ~ de soixante tonneaux (한 포도원의 수확량을 가리켜) 60통 분의 포도주. ③ 포도주의 등급. tête de ~ (유명 포도원의) 최고급 와인. vin de ~ extra (de ~ hors ligne) 특급의 와인. vin de la première (de la seconde) ~ 1급 (2급) 와인. ④ 시기 (époque). de la dernière ~ 최근의 (récent).
de la même ~ 《비유적》 출처가 같은. contes *de la même* ~ 출처가 같은 (엇비슷한) 이야기.
cuvelage [kyvla:ʒ], **cuvellement** [kyvɛlmɑ̃] *n.m.* (광갱) 따위의) 내부 공사; (굴착 우물에) 파이프를 박기.
cuveler [kyvle] [5] *v.t.* (광갱 따위의) 내부 공사를 하다; (굴착 우물에) 파이프를 박다.
cuve-matière [kyvmatjɛ:r] (*pl.* ~**s-**~) *n.f.* (맥주 양조용의) 몰트통.
cuver [kyve] *v.i.* (술 따위가) 발효하다. faire ~ le vin 포도주를 발효시키다.
— *v.t.* ① 발효시키다. ② 《구어》 (술이) 깨게 하다; (비유적) (감정을) 진정시키다, 억제하다 (calmer). ~ son vin (수면이나 휴식으로) 술을 깨게 하다. ~ sa colère 화를 가라앉히다.
*****cuvette** [kyvɛt] *n.f.* ① 대야, 양푼. ~ de toilette 세수대야, 세면기. ② 물받이; (기압계의) 수은조; (수세식 변소의) 변기. ③ (사진의) 현상 접시; (지리) 분지 (盆地); (음악) (하프의) 반침대 (臺).
④ (시계의) 뒤딱지.
cuvier [kyvje] *n.m.* 《옛·사투리》 빨래대야.
C.V. 《약자》 ① curriculum vitæ 이력서. ② capacité (thoracique) vitale 폐활량.
c.v. 《약자》 cheval-vapeur; cheval fiscal 마력; cette ville 《옛》 (상용문에서) 당지 (當地), 당시 (當市).
Cx 《약자》 Coefficient de traînée 【물리】 (유체 (流體) 의) 저항계수.
cyanamide [sjanamid] *n.f.* 【화학】 시안아미드, 시아나미드.
cyanate [sjanat] *n.m.* 【화학】 시안산염 (酸鹽).
cyanhydrique [sjanidrik] *a.* 【화학】 시안화 (化) 수소의. acide ~ 청산 (青酸).
cyanine [sjanin] *n.f.* 【식물·염색】 청 (青) 색소.
cyanique [sjanik] *a.* 【화학】 시안의.
cyaniser [sjanize] *v.t.* 【화학】 (공중 (空中) 질소를) 시안화하다, (청산으로 고정시키다.
cyanite [sjanit] *n.m.* 【광물】 남정석 (藍晶石).
cyanoferrate [sjanɔferat] *n.m.* 【화학】 페로시안화물 (化物).
cyanoferrique [sjanɔferik] *a.* 【화학】 페로시안화물의.
cyanogène [sjanɔʒɛn] *n.m.* 【화학】 시안, 청소 (青素) (가연성 유독가스).
cyanogénèse [sjanɔʒenɛ:z] *n.f.* (식물의) 청산 (青酸) 발생.
cyanomètre [sjanɔmɛtr] *n.m.* 【기상】 시안계, 청도계 (青度計).
cyanophycées [sjanɔfise] *n.f.pl.* 【식물】 바닷말류.
cyanose [sjanɔ:z] *n.f.* 【의학】 치아노제 《혈액 속의 산소결핍으로 피부가 짙은 청색으로 변하는 상태》, 청색증 (青色症) (maladie bleue).
cyanoser [sjanɔze] *v.t.* 【의학】 청색증에 걸리게 하다.
cyanurage [sjanyra:ʒ] *n.m.* 【농업】 청산 (青酸) 살균 (흙속에 청산을 주입하여 살균하는 방식).
cyanuration [sjanyrasjɔ̃] *n.f.* 【화학】 시안화물로 만들기; 【야금】 청화법 (青化法) (금·은의 정련법의 하나).
cyanure [sjany:r] *n.m.* 【화학】 시안화물, 청화물 (青化物) (유독물). ~ de mercure 시안화수은. ~ de potassium 청산가리 (시안화칼륨).
cyanurer [sjanyre] *v.t.* 【농업】 (땅속의 균을) 시안화물로 살균하다; 【야금】 (금·은을) 청화법 (青化法) 에 의하여 정련하다.
Cybèle [sibɛl] *n.pr.f.* 【그리스신화】 시벨레 (땅과 농업의 여신으로 이따금 레아 *Rhéa* 와 혼동됨) (Grande Déesse, Grande Mère).
cybernéticien(ne) [sibɛrnetisjɛ̃, -ɛn] *n., a.* 사이버네틱스 학자 (의).
cybernétique [sibɛrnetik] *n.f.* 사이버네틱스 《생물과 기계 및 그 상호간의 전달과 제어에 관한 학문; 컴퓨터·자동제어장치 (로봇) 등의 근본 연구대상). —*a.* 사이버네틱스의. moyens ~s 《컴퓨터·로봇을 이용한》 사이버네틱스 처리방법.
cybernétisation [sibɛrnetizasjɔ̃] *n.f.* 사이버네틱스의 적용 (이용).
cybernétiser [sibɛrnetize] *v.t.* (에) 사이버네틱스를 적용 (이용) 하다.
cycadées [sikade] *n.f.pl.* 【식물】 소철과 (蘇鐵科).
cycas [sika:s] *n.m.* 【식물】 소철.
cyclable [siklabl] *a.* (도로가) 자전거 전용의 《중형의 오토바이도 포함됨》. piste ~ (도로에 설치된) 자전거 전용 도로.
Cyclades (les) [lesiklad] *n.pr.f.pl.* 【지리】 시클라드 제도 (諸島) (에게 해 (海) 에 있는 도서).
cyclamen [siklamɛn] *n.m.* 【식물】 시클라멘 《원예 식물》; 시클라멘에서 얻은 향수. —*a.* 《분변》 시클라멘꽃 빛깔의. robe ~ 엷은 자색의 드레스.
cyclane [siklan] *n.m.* 【화학】 시클란, 시클로 파라핀.
cycle [sikl] *n.m.* ① 순환기, 주기; 순환, 순환현상; 【기계】 순환과정, 사이클. ~ solaire 태양주기. ~ des saisons 계절의 순환. ~ économique 경기 (景氣) 순환. ~ à quatre temps 【기계】 (엔진의) 4행정 (行程) 사이클. ~ d'érosion 【지질】 침식 윤회. ② (상업 용어로서의) (2륜) 자전거 ((영) cycle). commerce de ~s 자전거 판매업, 자전거 공업. ③ 【문학】 (서사시 따위의) 작품군 (群); (소설 따위의) 연작. ~ d'Arthur 아더왕 이야기군 (시리즈). ④ 【교육】 학사 (學事) 의 과정 (~ d'études). premier (second) ~ (중등교육의) 전기 (후기) 과정 《전기는 우리 나라의 중학교, 후기는 고등학교 과정》; (고등교육의) 제 1 기 (제 2 기) 과정 《제 1 기는 대학 1·2 학년, 제 2 기는 대학원 석사과정》. troisième ~ 박사학위과정 (D.E.A. 와 doctorat de troisième cycle).
-cycle *suff.* 「원 (圓)·바퀴 (輪)」, 《가끔》 「자전거」의 뜻 (예: *hémicycle* 반원. *motocycle* 모터사이클).
cyclecar [siklǝka:r] 《영》 *n.m.* 《옛》 소형 자동차.
cycler [sikle] *v.i.* 《옛》 자전거를 타다.
cyclique [siklik] *a.* ① 【천문】 주기 (週期) 의, 순환의; 주기적인. phénomènes ~s 주기적 현상. crise économique ~ 주기적 경제위기. ② 【문학】 사시군 (史詩群) 의; 연작의. poèmes ~s 동일 사건·인물로 이어지는 일군의 (서사시). roman ~ 연작소설 (連作小說). ③ 【화학】 환식 (環式) 의. composé ~ 환식화합물. ④ fleur ~ 【식물】 윤생화 (輪生花). ⑤ groupe ~ 【수학】 순회군; code ~ 【컴퓨터】 순회부호.
cyclisme [siklism] *n.m.* 자전거 경기 (여행).
*****cycliste** [siklist] *n.* 자전거 선수 (coureur ~); 자전

거 타는 사람. —*n.m.* 《군사》 자전거병.
—*a.* 자전거의. course ~ 자전거 경주.
cyclo [siklɔ] *n.m.* 《약자》 =**cyclomoteur, cyclotouriste**.
cyclo-camping [siklokɑ̃piŋ] 《영》 *n.m.* 자전거 여행을 하며 야영생활하는 것.
cyclo-cross [siklɔkrɔs] *n.m.* 《스포츠》 자전거 크로스 컨트리 경주.
cyclographe [siklɔgraf] *n.m.* 《제도》(큰 원을 그릴 때 사용하는)화원기(畫圓器).
cyclohexane [siklɔɛksan] *n.m.* 《화학》시클로헥산.
cycloïdal(ale, pl. aux) [siklɔidal, -o] *a.* 《수학》 사이클로이드의.
cycloïde [siklɔid] *n.f.* 《수학》사이클로이드.
cyclomètre [siklɔmɛtr] *n.m.* 원호(圓弧) 측정기.
cyclométrie [siklɔmetri] *n.f.* 측원법(測圓法).
cyclomoteur [siklɔmɔtœːr] *n.m.* 소형 모터가 달린 자전거, 소형 오토바이(《약자》cyclo).
cyclomotoriste [siklɔmɔtɔrist] *n.* 모터사이클을 타는 사람.
cyclonal(ale, pl. aux) [siklɔnal, -o] *a.* 《기상》 태풍의, 구풍(颶風)의, 선풍(旋風)의(cyclonique); 저기압의. aire —*ale* 저기압권(圈).
cyclone [siklɔːn] *n.m.* ① 《기상》사이클론(인도양·벵갈만·아라비아 해 등지에서 발생하는 열대성 저기압); 저기압. ②(일반적으로)태풍 (ouragan, tempête), 회오리바람(tourbillon);(비유적)태풍 같은 사람. arriver comme un ~(en ~) 맹렬한 기세로 달려오다. ③ (aspirateur à) ~ 《기계》(공업용의)집진장치.
cyclonique [siklɔnik] *a.* 《기상》사이클론의, 강한 열대성 저기압의; 선풍성의. pluies ~*s* 열대성 저기압이 동반하는 비[폭우].
cyclope [siklɔp] *n.m.* ① (주로 C~)《그리스신화》 키클로페스, 외눈 거인. ② 외눈(박이), 《생물》 단안(單眼)기형체. ③ travail de ~*s* 거대한 사업.
cyclopéen(ne) [siklɔpeɛ̃, -ɛn] *a.* ① 키클로페스 족(族)의. légendes ~*nes* 키클로페스 전설. monuments ~*s* 《고고학》(모르타르를 사용하여 큰 돌을 쌓아서 만든)거대한 건축물(키클로페스 족이 만든 것으로 전해짐). ② 거대한(gigantesque). travail ~ 거대한 일.
cyclo-pousse [siklopus] *n.m.* 자전거 리어카, 인력거.
cyclopropane [siklɔprɔpan] *n.m.* 《화학》시클로 프로판(의학에서 마취제로 쓰이는 유기합성물).
cycloraméur [siklɔramœːr] *n.m.* (어린이용)세발자전거.
cyclo-sportif [siklosportif] *n.m.* 스포츠로서 자전거 타기를 하는 사람.
cyclostomes [siklɔstɔm] *n.m.pl.* 《동물》원구류(圓口類).
cyclothymie [siklɔtimi] *n.f.* 《의학》조울증(흥분과 우울이 번갈아 일어나는 정신병의 일종).
cyclothymique [siklɔtimik] *a.* 《의학》조울증의. —*n.* 조울증 환자.
cyclotourisme [siklɔturism] *n.m.* 자전거 여행.
cyclotouriste [siklɔturist] *a.* 자전거 여행자의.
—*n.* 자전거여행자.
cyclotron [siklɔtrɔ̃] *n.m.* 《물리》사이클로트론(원자 파괴용의 고주파 전자 가속기).
cycnoche [siknɔk] *n.m.* 《식물》(기니아 원산)난초의 일종.
cygne [siɲ] *n.m.* ① 《조류》백조; 백조의 솜털. ~ chanteur(sauvage) 큰 백조. ②《작품(作風)이 청수한》시인, 소설가, 음악가(별명). le ~ de Mantoue 베르길리우스(Virgile). le ~ de Cambrai 페늘롱(Fénelon). ③ (C~) 《천문》백조좌. ④ col

de ~ 이중으로 구부러진 관(管); bec de ~ 수도꼭지; (외과용의)겸자(鉗子).
chant du ~ (백조가 죽기 전에 노래하는)가장 아름다운 노래;(비유적)(시인·소설가·음악가의)최후의 작품. *être blanc comme un* ~ (머리·수염이) 새하얗다;(색이)하얗다. *faire un* ~ *d'un oison* (구어)지나치게 칭찬하다.
cylindrage [silɛ̃draːʒ] *n.m.* 롤러로 밀기.
*****cylindre** [silɛ̃ːdr] *n.m.* ① 《기하》원기둥, 원주. ②《기계》(엔진의)기통(氣筒), 실린더. moteur à quatre ~*s* 4 기통 엔진[발동]. une six-~ 6 기통 자동차(une automobile à six-~*s*). ③ (금속의)압연 롤러(~ de laminoir); (땅을 다지는)롤러; (피룩의)프린트 롤러; (인쇄기의)인쇄동(胴). ④ (구식 축음기·손풍금·오토 피아노 따위의)원통. ⑤ ~ central《식물》중심주(柱). ⑥ ~ urinaire 《의학》요원주(尿圓柱). ⑦ bureau à ~ 개폐식 뚜껑이 달린 사무용 책상.
cylindrée [silɛ̃dre] *n.f.* 원기둥의 부피; (발동기의) 기통의 용적, 배기량(排氣量); (엔진의)총배기량. grosse(petite) ~ 대형(소형) 엔진 차.
cylindre-enveloppe [silɛ̃drɑ̃vlɔp] (*pl.* ~*s-*~*s*) *n.m.* 《공업》(실린더가 들어가는)엔진의 몸체, 기두(汽頭).
cylindrer [silɛ̃dre] *v.t.* ① 롤러로 밀다[감다]. ~ une route 길을 롤러로 밀다. ~ le métal 금속을 압연하다. ② 원통형으로 만들다. ~ du papier 종이를 원통형으로 말다.
cylindre-sceau [silɛ̃drəso] (*pl.* ~*s-*~*x*) *n.m.* 《앗시리아·바빌로니아 시대의)원통도장.
cylindreur(se) [silɛ̃drœːr, -øːz] *n.* 롤러 다루는 직공, (금속의)압연공(壓延工).
cylindricité [silɛ̃drisite] *n.f.* 《드물게》원기둥 모양, 원통형.
cylindriforme [silɛ̃drifɔrm] *a.* 원기둥 모양의, 원통형의.
cylindrique [silɛ̃drik] *a.* 원기둥의; 원통형의. surface ~ 《수학》기둥면(柱面), 원주(원통)면. tuyau ~ 원통형의 관(管).
cylindro-conique [silɛ̃drokɔnik] *a.* 첨단(尖端) 원통 모양의. cartouche ~ 첨두식 탄약통.
cylindroïde [silɛ̃drɔid] *a.* 원기둥 모양의.
cymaise [simɛːz] *n.f.* =**cimaise**.
cymbalaire [sɛ̃balɛːr] *n.f.* 《식물》해란초.
cymbale [sɛ̃bal] *n.f.* 《음악》심벌즈. coup de ~ 심벌즈의 타음(打音).
cymbalier [sɛ̃balje], **cymbaliste** [sɛ̃balist] *n.m.* 심벌즈 주자.
cymbalum [sɛ̃balɔm] *n.m.* 침발롬(헝가리의 민속 음악 연주에 쓰이는 현악기의 일종).
cymbiforme [sɛ̃bifɔrm] *a.* 《해부·식물》(두 끝이 동그란)배(舟) 모양의.
cyme [sim] *n.f.* 《식물》취산(聚繖) 꽃차례.
cymène [simɛn] *n.m.* 《화학》시멘.
cymomètre [simɔmɛtr] *n.m.* 《무전》(전자파의)파장계(波長計).
cymrique [simrik] *a.* =**kymrique**.
cynancie [sinɑ̃si] *n.f.* =**esquinancie**.
cynégétique [sineʒetik] *a.*《문어》사냥의, 수렵의.
—*n.f.* 사냥술.
cynipidés [sinipide] *n.m.pl.*《곤충》혹벌과(科).
cynips [sinips] *n.m.* 《곤충》혹벌.
cynique [sinik] *a.* ① 《철학》퀴닉학파[견유학파]의. école ~ 견유학파. ② (비유적)파렴치한; 추잡스러운(impudent). individu ~ (비행을 부끄러워할 줄 모르는)파렴치한 자. langage ~ 뻔뻔스러운 말(투). ③ spasme ~ 《의학》(얼굴의 경련로 개처럼 이를 들어내는)경소(痙笑).
—n. 【철학】 견유학자; 파렴치한 사람.
cyniquement [sinikmɑ̃] ad. 파렴치하게, 뻔뻔스럽게.
cynisme [sinism] n.m. ① 【철학】 견유주의. ②(비유적) 파렴치, 추잡스러움. ~ de sa conduite 그의 행동의 파렴치함.
cynocéphale [sinɔsefal] n.m. 【동물】(얼굴 모양이 개 같은)비비(狒狒). —**les C-~s** n.pr.f.pl. 【고대지리】 키노스케파레(뎃사리아의 소산맥).
cynodrome [sinɔdro:(ɔ)m] n.m. 개의 경주장.
cynoglosse [sinɔglɔs] n.f. 【식물】 큰꽃말이속.
cynophile [sinɔfil] n., a. 애견가(의).
cynor(r)hodon [sinɔrɔdɔ̃] n.m. 【식물】 들장미의 열매.
Cynoscéphales (les) [lesinɔsefal] n.pr.f.pl. 【고대지리】 =**les Cynocéphales**.
Cynosure [sinozy:r] n.f. 【천문】 작은곰자리(Petite Ourse).
cynotechnique [sinoteknik] a. (특히 군대에서) 개의 이용에 관한.
cyon [sjɔ̃] n.m. 《드물게》(아시아의 사막 지대에 군서하는)들개.
cypéracées [siperase] n.f.pl. 【식물】 사초과.
cypho-scoliose [sifoskɔljo:z] n.f. 【의학】 척주후측(脊柱後側) 굴곡.
cyphose [sifo:z] n.f. 【의학】 척주후만(脊柱後彎).
cyprès [siprɛ] n.m. 【식물】 실편백(애도 상징). changer les lauriers en ~ 승리를 애도로 바꾸다.
cypriaque [siprjak], **cyprique** [siprik] a. 키프로스(아프로디테)에 속하는.
cyprière [sipriɛ:r] n.f. 실편백숲.
cyprin [siprɛ̃] n.m. 【어류】 잉어(과(科)의 물고기). ~ doré 금붕어.
cypriniculture [siprinikyltyr] n.f. 잉어 양식.
cyprinidés [siprinide] n.m.pl. 【어류】 잉어과.
cypriote [siprijɔt] a. 키프로스(Chypre) 섬의.
—**C~** n. 키프로스 사람.
cypripède [sipripɛd] n.m. 【식물】 참새불란주.
Cypris [sipris] n.pr.f. 《그리스신화》 사랑의 여신 아프로디테(로마 신화의 비너스에 속함).
Cyrard [sira:r] n.m. 《속어》 생시르(Saint-Cyr)사관학교 학생.
Cyrénaïque [sirenaik] n.pr.f. ① 【고대지리】 키레나이카(북아프리카의 그리스 식민지). ② 키레나이카(동부 리비아). —a. =**Cyrénéen**. école -~e 【철학】 키레네학파. —n. =**Cyrénéen**. —n.m.pl. 키레네 학파의 사람들.
Cyrène [sirɛn] n.pr.f. 【고대지리】 키레네(키레나이카의 수도).
cyrénéen(ne) [sireneɛ̃, -ɛn] a. 【고대지리】 키레네(Cyrène)의. —**C~** n. 키레네 사람.
cyrillique [siri(l)lik] a. alphabet ~ 【언어】 키릴 자모(슬라브계 언어의 자모의 모체).
Cyropédie (la) [lasirɔpedi] n.f. 『그리스문학』 키로스(Cyrus)의 교육《Xénophon의 정치소설》.
cystalgie [sistalʒi] n.f. 【의학】 방광통(膀胱痛), 방광신경통.
cystectomie [sistɛktɔmi] n.f. 【외과】 방광절제술(切除術).
cysticerque [sistisɛrk] n.m. 【동물】(갈고리촌충의)낭미충(嚢尾蟲), 포충(胞蟲).

cystine [sistin] n.f. 『화학』 시스틴.
cystique [sistik] a. 『해부·의학』 방광의; 낭(嚢) 모양의.
cystite [sistit] n.f. 【의학】 방광염, 방광 카타르.
cystocèle [sistɔsɛl] n.f. 【의학】 방광 헤르니아.
cystographie [sistɔgrafi] n.f. 【의학】 방광 X 선 촬영[조영](술).
cystolithe [sistɔlit] n.m. 【의학】 방광 결석.
cystoscope [sistɔskɔp] n.m. 【의학】 방광경.
cystoscopie [sistɔskɔpi] n.f. 【의학】 방광 직시(直視)검사(법).
cystostomie [sistɔstɔmi] n.f. 【의학】 피스텔 형성수술, 방광 조루수술(造瘻手術).
cystotome [sistɔtɔm] n.m. 【의학】 방광 전개기(切開器).
cystotomie [sistɔtɔmi] n.f. 【의학】 방광절개.
cyte [sit] n.m.(f.) 【생물】 생식모세포.
-cyte pref. 「세포」의 뜻《예:leucocyte 백혈구. ovocyte 난모세포(卵母細胞)》.
Cythère [sitɛr] n.pr.f. 시테라《그리스 남안의 작은 섬으로 아프로디테[비너스]가 이 섬의 바다에서 태어났다는 전설이 있음》. l'enfant de ~ 큐피드. jeux de ~ 연인들의 놀이.
cythéréen(ne) [siteree, -ɛn] a. 시테라 섬의; 사랑에 바쳐진(consacré à l'amour).
cytise [siti:z] n.m. 【식물】 양골담초류(類).
cyto- pref. 「세포」의 뜻.
cyto-architectonique [sitoarʃitɛktɔnik] n.f. 세포구축학(細胞構築學).
cytoblaste [sitoblast] n.m. 【생물】 세포핵.
cytochimie [sotoʃimi] n.f. 세포 화학.
cytochrome [sitokro:m] n.m. 【생물】 시토크롬《세포내 호흡의 촉매작용을 하는 물질》.
cytodiagnostic [sitodjagnɔstik] n.m. 【의학】 세포 진단학.
cytologie [sitɔlɔʒi] n.f. 【생물】 세포학.
cytologique [sitɔlɔʒik] a. 세포학의, 세포학적인.
cytologiste [sitɔlɔʒist] n. 세포학자.
cytolyse [sitɔli:z] n.f. 【생물】 세포 용해[붕괴].
cytolytique [sitɔlitik] a. 【생물】 세포를 용해하는. —n.m. 【생물】 세포 용해 물질.
cytopathologie [sitopatolɔʒi] n.f. 【의학】 세포병리학.
cytoplasma [sitoplasma], **cytoplasme** [sitoplasm] n.m. 【생물】 세포질.
cytoplasmique [sitoplasmik] a. 세포질의.
cytostatique [sitɔstatik] 【생물】 세포의 발육을 저지하는. —n.m. 세포 발육 저지제(劑).
cytotoxine [sitotɔksin] n.f. 세포 독소(毒素).
cytozoaires [sitozɔɛ:r] n.m.pl. 【생물】 세포포자충류(細胞胞子蟲類)에 속하는 원생 동물의 일종.
cyzicénien(ne) [sizisenjɛ̃, -ɛn] a. 시지쿠스(Cyzique)의. —**C~** n. 시지쿠스 사람.
Cyzique [sizik] n.pr.f. 【고대지리】 시지쿠스《소아시아 Phrygie의 고도(古都)》.
Cz 《약자》 coefficient de portance 양력계수.
czar [ksa:r], **czarévitch** [ksarevitʃ] n.m., **czarine** [ksarin] n.f. =**tsar, tsarévitch, tsarine**.
czardas [ksardɑ:s, tsardaʃ] n.f. =**csardas**.
czimbalum [tʃimbalɔm] n.m. =**cymbalum**.

D

D¹, d¹ [de, 《드물게》də] *n.m.* ① 프랑스 자모의 제 4자. ② (*D*)로마 숫자의 500. ③ 《음악》 라음 (音), 라조(調).
le système D 《구어》 어려운 처지·곤경에서 벗어나는 요령, 약은 꾀 (système des gens débrouillards의 뜻). *employer le système D* 《구어》 곤경에서 잘 벗어날 줄 알다.

D² 《약자》① deutérium 《화학》 듀테륨, 중수소. ② dimanche (달력에서) 일요일 (기도서의 달력으로는 능요일). ③ angle droit 《수학》 직각. ④ 독일 자동차의 표지.

d² 《약자》① dextrogyre 《화학》 우선성(右旋性)의. ② déci- 《수학·도량형》 10분의 1의.

D. 《약자》① don …씨(에스파냐 남자에 대한 존칭). ② 《가톨릭》 dom …경; Dame 성모. ③ route départementale 지방도. ④ doit, débit 《부기》 차변(借邊). ⑤ départ 발송일. ⑥ déport 인도 지연 역일보(逆日步).

d. 《약자》① droit 오른쪽; droite 오른쪽. ② déclinaison 《천문》 방위각. ③ demande 《상업》 수요(需要), 주문. ④ densité 《물리》 밀도. ⑤ dose 《약》 복용량.

d' [d] de의 단축형.

da, dà [da] *int.* 《옛》《익살》 (oui, non, nenni 또는 문장 끝에 덧붙여 vraiment의 뜻을 나타냄).
Oui-da! 암 그렇고 말고.

D.A. 《약자》① documents contre acceptation 《상업》 인수서류 인도(引渡). ② Directeur de l'arrière 《군사》 병참감.

dab(e¹) [dab] 《속어》 *n.m.* ① 아버지. grand-~ 할아버지 (grand-père). beau-~ 장인, 시아버지 (beau-père). le Grand *D*~ 하느님. ② 정부(情夫).
—*n.f.* (dabe 또는 dabesse) ① 어머니. ② 정부(情婦)(maîtresse).
—*n.f.pl.* 부모. mes ~s 내 부모님.

dabe², **dabesse** [dabɛs] *n.f.* =dab(e).

d'abord [daboːr] ⇨abord.

da capo [dakapo] 《이탈리아》 *loc. ad.* 《음악》 처음부터 반복해서 (《약자》 D.C.).

dace [das] *a.* 다키아의 (*la Dacie*)(사람)의. —*D*~ *n.* 다키아 사람.

dache [daʃ] *n.m.* 《속어》 envoyer *qn* à ~ …을 쫓아내다; …을 혼내주다. *Va-t'en à* ~!; *Va le dire à* ~! 꺼져라!

dachshund [daksund] 《독일》 *n.m.* 닥스훈트 사냥개.

Dacie (la) [ladasi] *n.pr.f.* 《고대지리》 다키아 (지금의 루마니아의 옛 국명).

dacien(ne) [dasjɛ̃, -ɛn]**, dacique** [dasik] *a.* 다키아 (*la Dacie*)(사람)의.

dacoït [dakoit] *n.m.* 《역사》 (19세기초 인도·버마를 휩쓴) 강도, 암살단원.

dacoïtisme [dakoitism] *n.m.* 《역사》 dacoït가 행한 강도 행위, 약탈.

dacquois(e) [dakwa, -a:z] *a.* 닥스(Dax, 프랑스의 도시)(사람)의. —*D*~ *n.* 닥스 사람.

dacron [dakrɔ̃] *n.m.* 《상표명》 데이크론 (합성 직물 섬유).

dacry(o)- *préf.* 「눈물」의 뜻.

dacry(o)adénite [dakri(j)(ɔ)adenit] *n.f.* 《의학》 누선염(淚腺炎).

dacryocystectomie [dakri(j)ɔsistɛktɔmi] *n.f.* 《의학》 누낭(淚囊)절제.

dacryocystite [dakri(j)ɔsistit] *n.f.* 《의학》 누낭염(淚囊炎).

dacryogène [dakri(j)ɔʒɛn] *a.* 《의학》 눈물의, 눈물이 나게 하는.

dacryolithe [dakri(j)ɔlit] *n.f.* 《의학》 누도결석(淚道結石).

dactyle [daktil] *n.m.* ① 《옛》《운율》 (고전시의) 장단단격(長短短格), 강약약격. ② 《식물》 오리새 (벼과의 목초). ③ 《도량형》 그리스의 길이의 단위 (1 피트의 16 분의 1; 0.0185 m).

dactylé(e) [daktile] *a.* 《생물》 손가락 모양의.

dactylifère [daktilifɛːr] *a.* 《동물》 손가락이 있는.

dactylique [daktilik] *a.* 《운율》 장단단격의. ㄴ는.

dactylo [daktilo] *n.* 《옛》 타이피스트 (dactylographe). —*n.f.* =dactylographie.

dactylo- *préf.* 「손가락」의 뜻.

dactylogramme [daktilɔgram] *n.m.* ① 타자기로 친 서류·[원고], 타이프 원고. ② 지문(指紋).

dactylographe [daktilɔgraf] *n.* 《옛》 타자수, 타이피스트 (지금은 dactylo). —*n.m.* 《옛》 타자기.

dactylographie [daktilɔgrafi] *n.f.* ① 타자기 사용법. ② 《드물게》 (맹인의 점자를 통한) 수화법, 점자(법).

dactylographier [daktilɔgrafje] *v.t.* 타자기로 치다 (taper). —*une lettre* 편지를 타자기로 치다.

dactylographique [daktilɔgrafik] *a.* ① 타자기의, 타자기로 치는. travaux ~s 타자칠 일감. ② (점자를 통한) 수화법(手話法)의. signes ~s 수화기호 [문자].

dactylolalie [daktilɔlali]**, dactylologie** [daktilɔlɔʒi] *n.f.* (점자를 통한) 수화법(手話法).

dactylolalique [daktilɔlalik]**, dactylologique** [daktilɔlɔʒik] *a.* (점자를 통한) 수화법의.

dactyloptère [daktilɔptɛːr] *a.* 《어류》 가시지느러미가 있는. —*n.m.* 쭉지성대.

dactyloscopie [daktilɔskɔpi] *n.f.* 지문법(指紋法), 지문감정 (법).

dactyloscopique [daktilɔskɔpik] *a.* 지문법의[에 의한]. empreintes ~s 지문.

dactylotype [daktilɔtip] *n.f.* 《옛》 타자기.

dactyphone [daktifɔn] *n.m.* 전자식 전화교환장치 (번호 기억장치가 있는 사무실용 전화).

dada [dada] *n.m.* ① 《어린애말》 말(馬). ② 《미술·문학》 다다이즘 (전통적 예술문화에 반대하여 비(非)이성·우연·직관을 주장하는 운동, 1916년) (dadaïsme). ③ 《구어》 즐겨 말하는 화제, 지론(持論) (manie, idée fixe). enfourcher son ~ 《구어》 즐겨 말하는 화제를 꺼내다. *C'est son* ~. 이것은 그의 지론이다. —*a.* école ~ 다다파(派). mouvement ~ 다다운동.

dadais [dadɛ] *n.m.* 얼간이, 바보(niais, nigaud). grand ~ 큰 바보.

dadaïsme [dadaism] *n.m.* =dada ②.
dadaïste [dadaist] *n.* 《미술·문학》 다다이스트, 다다주의자. —*a.* 다다주의자의, 다다이슴의.
Dag., dag. 《약자》décagramme 10 그램.
dagard [dagaːr] *n.m.* 《옛》 =daguet.
dagorne [dagɔrn] *n.f.* ① 《속어》 성깔머리 사나운 노파. ② 《옛》 뿔 하나가 빠진 늙은 암소.
dague [dag] *n.f.* ① 단검. ② 《사냥》 멧돼지의 엄니; (가지가 돋지 않은) 2 살박이 사슴의 뿔. ③ (제본용) 가죽을 긁는 칼. ④ 9 조쳔(條欄)《옛날 선원을 벌주는 데 썼던 끝이 9 갈래로 된 모시풀 채찍》.
daguer [dage] *v.t.* ① 《사냥》 (짐승을) 단검으로 죽이다. ② (수사슴이) 교미하다.
daguerréotype [dagɛreɔtip] *n.m.* ① 은판(銀板) 사진기(술).
daguerréotyper [dagɛreɔtipe] *v.t.* 《옛》 은판 사진으로 박다.
daguerréotypie [dagɛreɔtipi] *v.t.* 《옛》 은판 사진술; 은판 사진 제작장.
daguet [dagɛ] *n.m.* 《사냥》 두 살짜리 수사슴.
dahabieh [daabje] *n.f.* (나일강의) 돛단 객선.
dahir [daiːr] *n.m.* 모로코 왕의 명령.
dahlia [dalja] *n.m.* 《식물》 다알리아.
dahoméen(ne) [daɔmeɛ̃, -ɛn] *a.* 다호메(le *Dahomey*, 서부아프리카의 나라)(사람)의. —**D~** *n.* 다호메 사람.
Dahomey (le) [lədɔmeɛ] *n.pr.m.* 다호메《서부아프리카의 국가, 프랑스 식민지였으며 1960 년에 독립》. la République du ~ 다호메 공화국.
daigner [de(ɛ)ne] *v.t.* [~ +*inf.*] …해주다(condescendre à). Il *n'a pas daigné* me répondre. 그는 나에게 대답(답장) 도 해주지 않았다. Le roi *a daigné* lui parler. 임금님은 그에게 말을 걸어 주었다. *Daignera*-t-il se souvenir de moi? 나를 기억하실까 도 할까?《나소 비꼬아서》. *Daignez* agréer mes hommages. 경구《편지 끝의 인사말》.
dail *n.m.*, **daille** [daj] *n.f.* ① 짧은 자루의 낫. ② 낫 가는 숫돌(pierre de ~).
d'ailleurs [dajœːr] *loc. ad.* ⇨ailleurs.
daim [dɛ̃] *n.m.* ① (흰 반점 있는) 사슴의 일종. ② 쉬에드 가죽(cuir de suédé); 《옛》사슴 가죽(peau de ~). chaussures de ~ 쉬에드 가죽 구두. ③ 《속어》 얼간이, 멍텅구리, 《옛·구어》 멋장이.
daïmio, daïmyo [daimjo] 《일본》 *n.m.* (일본 봉건 시대의) 영주 다이묘(大名).
daine [dɛn] *n.f.* 《드물게》 암사슴《사냥꾼은 dine 라 부름》.
dais [dɛ] *n.m.* ① (왕좌·제단·설교단 위에 치는) 단집, 천개(天蓋); 《가톨릭》 (성체 거동행렬 때의) 이동 닫집; (마차·자동차의) 포장. ② (비유적) ~ de feuillage 지붕처럼 빽빽하게 우거진 나뭇잎; ~ d'azur 창공. ③ haut ~ 《옛》 (공식적인 의식에서 왕·여왕이 참석할 때의) 높은 자리, 단(壇). ④ 《옛》 식탁.
dakhma [dakma] *n.m.* (인도의) 침묵의 탑.
Dal., dal. 《약자》décalitre 10 리터.
dalaï-lama [dalailama] *n.m.* 달라이라마《티벳트의 라마교의 교주》(grand lama).
daleau [dalo] *n.m.* =dalot.
dallage [dalaːʒ] *n.m.* ① 포석(타일) 을 깔기, 포장 공사. ② 《집합적》 포도(鋪道); 타일 바닥. ~ de marbre 대리석 바닥.
dal(le¹) [dal] *n.m.* 《속어》《다음 경우에만 씀》 que ~ 전혀, 아무것도(rien). n'y comprendre [n'y entraver] *que* ~ 조금도 [조금도] 모르다.
dalle² *n.f.* ① 포석(鋪石), 타일; (대리석·유리 따위의) 판(板). pièce pavée de ~ 돌바닥의 방. ~ de marbre 대리석의 판석(板石). ~ funéraire(tumulaire) (무덤의) 평석(平石). ② 《건축》 (철근 콘크리트의) 평판(平板); 슬레이트. ③ 《속어》 목구멍(gorge, gosier). avoir la ~ en pente 술마시기를 좋아하다. se rincer[se mouiller] la ~ 한잔 마시다. ④ (클로다이프의) 감광판. ⑤ (생선의) 썬 토막, 《옛·속어》 5 프랑 은화. ⑥ roches ~s 《지질》 성층암(成層岩).
daller [dale] *v.t.* (에) 포석(타일)을 깔다, 포장하다.
—**se ~** *v.pr.* 포석(타일)이 깔리다, 포장되다.
dalleur [dalœːr] *n.m.* 포장 인부.
dalmate [dalmat] *a.* 달마티아(*la Dalmatie*, 유고슬라비아의 주(州))(사람)의. —**D~** *n.* 달마티아 사람. —*n.m.* 달마티아어(語).
Dalmatie (la) [ladalmasi] *n.pr.f.* 달마티아《유고슬라비아의 도리아 해에 면한 지역》. chien de ~ 달마티아 개《갈색 반점이 있는 흰색의 애완용 개》.
dalmatien(ne) [dalmasjɛ̃, -ɛn] *n.* 달마티아 개 (chien de Dalmatie).
dalmatique [dalmatik] *n.f.* ① 《가톨릭》 (부제(副祭)가 입는 짧은 소매의) 제의(祭衣). ② (로마 황제·귀족들의) 백의(白衣). ③ (중세 프랑스의 왕이 외투 밑에 입은) 예복.
dalot [dalo] *n.m.* ① 《해양》 (갑판의) 배수구(~ de pont). ② 《건축·토목》 배수로, 홈통(daleau).
daltonien(ne) [daltɔnjɛ̃, -ɛn] *a.* 《의학》 색맹(色盲)의. —*n.m.* 색맹자. ~ léger 색약자.
daltonisme [daltɔnism] *n.m.* 《의학》 색맹(achromatopsie).
dam [dã] *n.m.* ① 《종교》 지옥에 떨어지기(damnation). peine du ~ 지옥의 형벌. ② 《옛》 손해(dommage) (현재는 다음 표현에서만 쓰임). à son ~ de; au (grand) ~ de …에게 해롭게(au préjudice de).
Dam., dam. 《약자》décamètre 10 미터.
damage [dama:ʒ] *n.m.* 《토목》 (땅바닥을) 다지기.
damalisque [damalisk(ə)] *n.m.* 《동물》 아프리카산 영양(羚羊).
daman [damɑ̃] *n.m.* 《동물》 발굽토끼.
damar [damaːr] *n.m.* =**dammar**.
damas [dama] *n.m.* ① 《직물》 (*Damas* 원산의) 무늬를 짜 넣은 피륙의 일종. ② (*Damas* 산의) 순도가 높은 강철; 그 강철로 만든 검. ③ 《식물》 (*Damas* 원산의) 서양자두나무.
—**D~** [damaːs] *n.pr.m.* 《지리》 다마스커스《시리아의 수도》.
trouver son chemin de ~ ⓐ (지금까지의 주장을 번복하여) 새 신념을 갖게 되다. ⓑ 자기에게 알맞는 길을 찾다.
damascène [damasɛn] *a.* 다마스커스(사람)의. —**D~** *n.* 다마스커스 사람.
damasquin(e) [damaskɛ̃, -in] *a.* 다마스커스(사람·식)의. glaive ~ 다마스커스 검(劍). —*n.m.* (16 —17 세기, *Damas* 산의) 꽃무늬 비단.
—**D~** *n.* 다마스커스 사람.
damasquinage [damaskina:ʒ] *n.m.* 금은 상감술(象嵌術) (세공).
damasquiné(e) [damaskine] *a.p.* (쇠붙이에)금 또는 은이 박힌.
damasquiner [damaskine] *v.t.* (쇠붙이에)금·은을 박다(상감하다).
damasquinerie [damaskinri], **damasquinure** [damaskiny:r] *n.f.* =**damasquinage**. 〔사.
damasquineur [damaskinœ:r] *n.m.* 금은 상감 기술
damassé(e) [damase] *a.p.* ① 《직물》 무늬를 넣어 짠; 능직품(綾織風). ② acier ~ 다마스커스 강철. ③ (아마(亞麻) 및 면의) 무늬를 넣어 짠 직물. ② 다마스커스 강철.

damasser [damase] *v.t.* ① 〖직물〗돋을무늬를 넣어 짜다. ② (강철에)물결모양의 돋을무늬를 넣다.
damasserie [damasri] *n.f.* ① 〖직물〗능직 제조, 능직 제조 공장. ② 능직 무늬.
damasseur(se) [damascer, -ϕ:z] *n.* 능직 직공.
damassin [damasɛ̃] *n.m.* 물결 무늬를 넣어 짠 무명베〖능직천〗.
damassure [damasy:r] *n.f.* 능직 무늬(로 짜기).
‡dame[1] [dam] *n.f.* ① 기혼 여성(↔demoiselle); 《구어》부인, 아내, 여편네; 〖법〗부인(夫人). Est-ce une ~ ou une demoiselle? 그녀는 기혼인가요 미혼인가요? devenir ~ 시집가다, 남의 아내가 되다. la ~ X contre le sieur Y 〖법〗X부인 대 Y씨. votre ~《구어》댁의 부인. Il est sorti avec sa ~. 그는 자기 아내와 함께 외출했다. Monsieur X et sa ~ Y씨 부처.
② 여성, 부인(婦人)(femme보다 정중한 표현). chaussures pour ~s 부인화. «D~s»"부인용(화장실)." «Monsieur(-) ~»(상점이나 레스토랑에서)"어서 오십시오." Qui est cette vieille ~? 저 노부인은 누구신가요? ~ de compagnie 귀부인에게 시중드는 여자. ~ de comptoir 카운터를 보는 여자. ~ de petite vertu 창녀(娼女).
③ 귀부인, 상류 부인. D~s de France 프랑스의 왕녀들. ~ d'honneur(de la reine) 궁녀, (궁중)시녀. la première ~ 퍼스트 레이디. agir en grande ~ 귀부인답게 행동하다. faire la (grande) ~ 귀부인 행세를 하다. belles ~s《구어》상류 부인. ~ de charité(d'œuvres); ~ patronnesse 자선사업을 하는 귀부인.
④ (기사가)충성을 맹세한 귀부인; 궁녀, 시녀. la ~ de ses pensées (기사가)흠모하는 귀부인. D~ du Ciel 성모 마리아.
⑤ (종단의)수녀. ~s du Sacré-Cœur 성심회의 수녀. ~ de chœur 합창대의 수녀.
⑥ (봉건 영주의)부인; 여영주(女領主).
⑦ (pl.) 체커놀이(jeu de ~s); (체커의)여왕; (카드놀이·체스의)여왕, 퀸. ~ de cœur 하트의 퀸. jouer aux ~ 체커놀이를 하다. courtiser la ~ de pique 카드놀이를 좋아하다. mener un pion à ~ 졸을 여왕으로 만들다(졸이 적진의 최후의 단에 이르면 권이 됨).
⑧ (여성명사인 추상명사를 의인화하는 명칭) ~ justice 사법, 정의.
⑨ (땅을 다지는)달구.
⑩ 〖해양〗노받이.
aller à ~ 《속어》쓰러지다(tomber).
dame[2] *int.* (사투리·구어) 〖강조〗참말로(ma foi, bien sûr). Ils sont partis? – D~ oui! 그들은 떠났읍니까? 그럼요. Pourquoi y allez-vous? –(Mais) ~, il le faut. 왜 거기에 가십니까? 꼭 가야 하니까요.
dame-blanche [dɑ̃blɑ̃:ʃ] (*pl.* ~*s*-~*s*) *n.f.* (옛) (1830 년경에 사용된 두 칸짜리 백색의)합승 마차.
dame-d'onze-heures [damdɔ̃zœ:r] (*pl.* ~*s*-~-~) *n.f.* 〖식물〗산자고속(屬).
dame-jeanne [damʒa:n] (*pl.* ~*s*-~*s*) *n.f.* (버들가지 따위로 싼 보존·운반용의)목이 가는 큰 병.
damer [dame] *v.t.* ① (체커놀이에서 졸을)여왕으로 만들다. ② (땅을 다로)다져서 굳히다.
~ le pion à qn …에게 이기다, …을 추월하다.
dameret [damrɛ] *n.m.* (옛)(여자처럼)모양을 내고 아양떠는 사나이. – *a.m.* 모양을 내는, 아양떠는.
dame-ronde [damrɔ̃:d] (*pl.* ~*s*-~*s*) *n.f.* (벽이나 축대 위에 설치된)원추형의 석조(石組).
dameur(se) [damœ:r, -ϕ:z] *a.* (땅을 다지는 데 쓰는). – *n.f.* (땅을 다지는 데 쓰는)롤러.

damier [damje] *n.m.* ① 체커놀이판. mots en ~ 크로스워드 퍼즐, 글자 맞추기. ② 〖직물〗바둑판 무늬(carreau). (tissus) en ~ 바둑판 무늬의 피륙. ③ 바둑판 형의 도시계획(échiquier, plan orthogonal). ④ 〖해양〗(바둑판 무늬의)부표(bouée à ~); pavillon à ~, blanc et rouge (함선의 급식 시간을 알리는)신호기.
dammar [damar] *n.m.* 다마르나무의 수지(樹脂), 다마르.
dammara [damara] *n.m.* 〖식물〗다마르나무(인도네시아·뉴질랜드산의 송백과(科)식물로 수지를 채취함).
damnable [dɑnabl] *a.* ① 〖신학〗지옥에 떨어져 마땅한, 천벌을 받을 만한. action ~ 천벌을 받을 만한 행위. ② (비유적)가증스러운(détestable), 극악무도한.
damnablement [dɑnabləmɑ̃] *ad.* 지옥에 떨어져 (천벌을 받아)마땅한 만큼; 가증할 만큼, 극악하게.
damnation [da(ɑ)nasjɔ̃] *n.f.* ① 〖신학〗지옥에 떨어뜨리기(떨어지기); 영벌(永罰), 천벌. la D~ de Faust 파우스트의 영벌(*Berlioz* 의 곡). ② (문어) 저주; 저주·절망을 나타내는 욕설)제기랄, 빌어먹을(Enfer et ~!, Mort et ~!).
damné(e) [dɑne] *a.p.* ① (명사 뒤에서) 지옥에 떨어진; 천벌을 받은(déchu, réprouvé). âme ~*e* 영벌을 받은(지옥에 떨어지는) 영혼; 악인. ② (비유적)(명사 앞에서) 가증스런(détestable), 빌어먹을, 망할 놈의(maudit, sacré). Ces ~*s gamins!* 빌어먹을 놈의 애새끼들! cette ~*e* fièvre 이 망할 놈의 열.
C'est son âme ~e. 그것은 그의 뒤에 도사리고 있는 흑막이다. *être l'âme ~e de qn* (그 사람 때문에 지옥에 떨어질 정도로)…에게 맹종하다.
– *n.* 지옥에 떨어진(영벌을 받은) 사람; 악마에 홀린 사람.
souffrir comme un ~ 혼된 고통을 겪다, 끔찍하게 고생하다. *un ~ de coquin* 지독한 악당.
*****damner** [dɑne] *v.t.* 〖종교〗지옥에 떨어뜨리다; 영벌에 처하다. Dieu damne les mauvais riches. 신은 사악한 부자들을 영벌에 처한다.
Dieu me damne! ⓐ (놀람) 세상에 이럴 수가! 이 내 귀가 웬일이냐! ⓑ (단언) 정말이지, 틀림없이. *Dieu me damne!* Voilà son portrait véritable. 정말이지, 이거야말로 그 사람의 본성을 그대로 보여주는 것이오.
—*v.i.* 《구어》[faire ~ *qn*] …을 성나게(역정나게) 하다(impatienter). Sa lenteur me *fait* ~. 그의 태만에 나는 미칠 지경이다.
—*se* ~ *v.pr.* 지옥에 떨어지다; 영벌을 받다.
se ~ pour qn 《구어》(그 사람을 위해서라면 지옥이라도 갈 만큼)…을 사랑하다. Il *se damnerait* pour elle. 그는 그녀를 위해서라면 지옥이라도 갈 마음이 있다.
Damoclès [damɔklɛs] *n.pr.m.* 다모클레스 (기원전 세기초 *Syracuse* 의 왕 *Dionysius* 의 총신).
l'épée de ~ 다모클레스의 머리 위의 칼; 절박한 위험 (늘 왕의 행복을 찬양하는 다모클레스를 왕이 어느 날 왕좌에 앉히고 그 위에 말의 꼬리털 하나로 검(劍)을 매달아 놓아 왕이 항상 위험에 처해 있음을 깨닫게 했다는 고사에서 유래).
damoir [damwa:r] *n.m.* (땅을 다지는)달구(dame).
damoiseau [damwazo] (*pl.* ~*x*) *n.m.* ① (익살)(여자들에게 환심을 사려는)멋쟁이. ② (옛)(기사가 되기 전의)젊은 귀족, 도련님.
damoisel [damwazɛl] *n.m. damoiseau* 의 옛 형태.
damoiselle [damwazɛl] *n.f.* (demoiselle 의 옛 형태) ① (옛)아씨(중세 귀족의 결혼하지 않은 딸이

대한 호칭); 소귀족 부인의 시녀. ② (소귀족, 후에 평민의) 부인 (夫人). ③ (중세의 귀부인이 사용하던 인형 모양의) 회전식 화장대.

damper [dɑ̃mpœr] 《영》 n.m. 《기계》 (기계의 진동을 억제하는) 제동자(制動子), 댐퍼.

dan [dan] 《일본》 n.m. (유도의) 단(段).

danaïde [danaid] n.f. 나비의 일종 (아프리카산).

Danaïdes [danaid] n.pr.f.pl. 《그리스신화》 아르고스 왕 다나오스 (Danaos)의 50명의 딸 (남편들을 죽인 죄로 지옥에서 밑없는 물통을 채우는 형에 처해짐). **le tonneau de** ~ 다나이데스의 통 (충족되지 않는 것, 끝없는 노고, 물속듯하는 낭비벽 등의 비유).

dancing [dɑ̃siŋ] 《영》 n.m. 댄스홀.

dandin [dɑ̃dɛ̃] n.m. 《옛·속어》 얼간이, 바보.

dandinant(e) [dɑ̃dinɑ̃, -ɑ̃:t] a. (걸음걸이가) 흔들흔들하는; 몸을 좌우로 흔드는. démarche ~e 몸을 좌우로 흔드는 걸음걸이.

dandinement [dɑ̃dinmɑ̃] n.m. ① 몸을 좌우로 흔들기 (흔들며 걷기). ② (자동차의 앞바퀴가) 몹시 흔들리기.

dandiner [dɑ̃dine] v.t. (드물게) (몸을) 좌우로 흔들다 (balancer). —v.i. 가짜 미끼로 낚시하다.
—**se** ~ v.pr. 몸을 좌우로 흔들다.

dandinette [dɑ̃dinɛt] n.f. 가짜 미끼로 하는 낚시질. pêcher à la ~ 가짜 미끼로 낚시하다.

dandy [dɑ̃di] (pl. ~**s**) 《영》 n.m. (특히 19세기에 유행한) 멋장이; 댄디즘 신봉자.

dandysme [dɑ̃dism] n.m. ① (특히 19세기에 유행한) 멋; 멋장이 취미. ② 댄디즘 (Baudelaire 가 추구한 정신적 귀족주의).

Danemark [danmark] n.pr.m. 《지리》 덴마크.

*__danger__ [dɑ̃ʒe] n.m. ① ⓐ 위험 (péril, risque). courir un ~ 위험에 직면하다, 위험을 당하다. éviter (fuir) un ~ 위험을 피하다. échapper au ~ 위험을 모면하다 [벗어나다]. «D~, sortie de camions» "위험, 트럭의 출구" (게시문). [en ~] Sa vie est en ~. 그의 생명이 위태롭다. Ne restez pas là, vous êtes en ~. 거기 있지 마시오, 위험합니다. mettre en ~ la réputation de qn …의 평판(명예)을 위태롭게 하다. [hors de ~] Le malade va mieux, il est maintenant hors de ~. 환자는 상태가 좋아졌다, 이제 위험은 벗어났다. [Il y a du ~ à + inf.] Il y a du ~ à se promener seul par là. 그곳을 혼자 산책하는 것은 위험하다. ⓑ [~ de qc] …이 미치는 위험, 악영향. ~s de l'alcool 술의 해독. ~ des mauvaises doctrines 나쁜 학설(이론)이 미치는 악영향. ⓒ 위험한 사람. C'est un ~ public. 이 사람은 공공의 위험이다 (사람들에게 위해를 미치는 사람이다). ② 걱정, 우려. [(Il n'y a) pas de ~ que + sub.] Il n'y a pas de ~ qu'il pleuve. 비가 올 염려는 없다. [que이하 없이] Tu crois qu'il nous aidera?—Pas de ~! 그 사람이 우리를 도와줄까? 그런 걱정은 마! (그럴 리는 만무라는 뜻). ③ (pl.) 《해양》 암초. ④ 《옛》 (영주의) 지배력, 권력, 권리.

dangereusement [dɑ̃ʒʁøzmɑ̃] ad. 위험하게, 위독하게 (gravement, grièvement). être ~ blessé (malade) 중상을 입다 (병이 위독하다). conduire ~ 위험하게 운전하다.

*__dangereux(se)__ [dɑ̃ʒʁø, -ø:z] a. ① 위험한 (périlleux). route ~se 위험한 길. rivière ~se à traverser 건너기 위험한 강. ~ pour l'avenir 장래에 위해로운. [Il est ~ de + inf./que + sub.] Il est ~ de se pencher par la fenêtre. 창밖으로 몸을 내미는 것은 위험하다. ② (사람이) 해로운, 고약한 (méchant, redoutable), 해를 끼치는 (nuisible, pernicieux); 중한. maladie ~se 중병. serpent ~

독사.

danois(e) [danwa, -a:z] a. 덴마크(사람)의. broderie ~e 《수예》 덴마크식 자수(刺繡). —**D**~ n. 덴마크 사람. —n.m. ① 덴마크어(語). ② 덴마크개(chien ~).

:**dans** [dɑ̃] prép. ① 《장소》 ⓐ …의 안(속)에(서); …에 (는), …에 있어서 (à l'intérieur de). objets rangés ~ un tiroir 서랍 안에 정돈된 물건들. Il se promène ~ le parc. 그는 공원(안)을 산책한다. manifester ~ les rues 가두에서 시위하다. ~ la main 손 안에 (à la main 은 손에). habiter ~ Paris 파리 시내에 거주하다. ~ la France moderne 현대 프랑스에서는 (한정어를 수반하지 않을 때에는 en France). ~ Corneille 코르네유(의 작품)에(서). ⓑ …의 안쪽에, 내부에. ~ un rayon de 10 kilomètres 반경 10킬로 내에. copier qc ~ un livre …을 책에서 베끼다. lire ~ le journal la nouvelle de cet accident 신문에서 이 사건의 소식을 읽다. ⓓ …의 위에(의). Il y avait de la bonté ~ son visage. 그의 얼굴에는 친절한 마음씨가 감돌고 있었다. ⓔ 《비유적》 …에, …안에. entrer ~ un complot 음모에 가담하다.

② 《시간》 ⓐ …에, …의 사이 (동안)에, …의 기간 중에 (au cours de, pendant). ~ ce temps-là 그 때 (무렵)에. ~ la suite 후에. ~ le temps que … 동안에; …의 시대에. ~ ma jeunesse 나의 청춘 시절에, 내가 젊었을 때. ⓑ …이내에 [안으로]. ~ la journée 그날 안으로. ~ la semaine 주내로. ~ les trois jours 사흘 안으로. ~ trois jours 사흘 후에. ~ l'année 연내로. ⓒ 《시간을 나타내는 수사(數詞)와 함께》 …의 후에, …이 지났을 때에. Quand partez-vous?—D~ dix jours. 언제 떠나십니까? 10일 후에요. D~ combien de temps reviendrez-vous? (지금부터) 얼마 후에 돌아오시렵니까? ~ peu (de temps) 머지않아, 곧. ~ un moment (une minute) 곧, 즉시. ⓓ …에 즈음하여, …할 때에. ~ sa fuite 달아날 때에. ⓔ voir ~ l'avenir 장래를 내다보다.

③ ⓐ 《사정·상태·양태》 être ~ la misère 가난하다. être ~ la nécessité de …을 해야할 상황에 몰려 있다. tomber ~ le coma 혼수상태에 빠지다. ~ la paix et (comme) ~ la guerre 평시에나 전시에나. vivre ~ l'oisiveté 한가롭게 살다. ~ un sourire de joie 기쁨의 미소를 짓고. ⓑ 《원인》 …므로. D~ son ignorance, il croyait… 그는 무식해서 …이라고 믿고 있었다. ⓒ 《대립》 …인데도. Vous ne raisonnez pas trop mal, ~ l'ignorance où vous êtes. 당신은 모르면서도 꽤 근사한 이론을 펴는군. ⓓ 《직업》 être ~ le commerce 상업에 종사하다. être ~ les autos 자동차 장사를 하고 있다. ⓔ …에 맞는 (합치하는). contrat qui est ~ les formes 형식 (격식)에 맞는 계약. ⓕ …에 의하면. ~ son opinion 그의 의견에 의하면. ⓖ …으로 (서). ~ le but 이러한 목적으로. ~ la pensée de …의 생각으로. ~ l'intention (le dessein) de …할 생각(의향)으로. ⓗ …에 의한, 식의, …에 따라서 (selon, d'après). agir ~ les règles 규칙에 따라 행동하다. peinture ~ la manière de Raphaël 라파엘풍의 그림.

~ les… 약…. Ce livre coûte ~ les vingt francs. 이 책은 약 20프랑쯤 된다. Il a ~ les quarante ans. 그는 대략 마흔 살 정도이다.

dansable [dɑ̃sabl] a. (악곡 따위가) 댄스를 할 수 있는.

dansant(e) [dɑ̃sɑ̃, -ɑ̃:t] a. ① 춤추는, 춤추고 있는; 춤추기 좋아하는, 무도의. pas ~ 춤추는 듯한 (경쾌한) 걸음걸이. ② 《음악이》 춤추고 싶어지게 하는, 춤추기에 알맞은, 흥겨운. ③ 무도가 벌어지

***danse** [dɑ:s] n.f. ① 춤, 댄스, 무도, 무용. pas de ~ 댄스의 스텝. ~ de salon 사교춤. ~ classique (folklorique) 고전[민속] 무용. ~ rythmique (acrobatique) 율동체조[곡예]. salle de ~ (호텔의)무도장, 댄스홀. ② 〖정관사 사용〗무도법(chorégraphie); 무도곡(air de ~). ③〖속어〗구타, 따귀때리기; 혼내주기; 싸움; 벌칙.
avoir le cœur à la ~ 〖구어〗마음이 들떠 있다; 의욕에 차 있다.
commencer(ouvrir) la ~ 앞장서서 춤추다; (비유적)맨먼저 행동을 개시하다.
~ *de Saint-Guy* 〖의학〗 무도병(chorée).
~ *sur la corde* 줄타기; 위험한 짓.
donner(flanquer) une ~ *à qn* …을 호되게 때리다, 꾸짖다.
entrer dans la(en) ~ ⓐ 댄스에 끼어들다, (함께) 추기 시작하다. ⓑ〖구어〗(행동에)참가하다; (전투 따위를)개시하다. L'artillerie venait d'*entrer dans la* ~. 대포가 막 불을 뿜기 시작한 판이었다(비유적인 뜻일 때는 en이 더 많이 쓰임).
Gare la ~*!* 뒤가 두렵다!
payer la ~ 비용을 부담하다.
recevoir une ~ 〖속어〗몹시 두들겨 맞다, 아주 혼나다.
Voilà la ~ *qui va commencer.* 드디어 전투개시다; 자 이제부터다.

***danser** [dɑse] v.i. ①〖주어는 사람〗춤추다; 껑충껑충 뛰다; 마음이 들뜨다. apprendre à ~ 춤을 배우다. maître à ~ 〖옛〗무도교사(professeur de danse). ~ sur un air(sur une musique) 곡〖음악〗에 맞추어 추다. air à ~ 〖옛〗무용곡(musique de danse). ~ de joie 기뻐 날뛰다. ②〖주어는 사물〗요동하다, 흔들리다. La barque *danse* sur les vagues. 배가 물결에 흔들린다. flamme qui *danse* 나부끼는 불길.
~ *devant le buffet* 〖구어〗먹을 것이 없다.
~ *sur la corde raide* 줄타기를 하다; 위태로운 짓을 하다.
faire ~ *qn* (여성 파트너)와 춤추다; (춤출 수 있도록)어떤 곡을 연주하다;〖구어〗…을 혼내 주다.
faire ~ *les écus* 〖옛〗돈을 물쓰듯 쓰다(낭비하다).
ne pas savoir sur quel pied ~ 〖구어〗어찌할 바를 모르다, 어리둥절하다.
—v.t. 춤을 추다. ~ *une valse* 왈츠를 추다.
—**se** ~ v.pr. (수동적) 추어지다. Le menuet ne *se danse* plus. 미뉴에트 춤은 이젠 추는 사람이 없다.

danseur(se) [dɑsœ:r, -ø:z] n. ① 춤추는 사람; (댄스의)파트너 (cavalier, cavalière). être bonne ~ 춤을 잘 추다. ② 무용가, 댄서. ~ *classique* 고전무용가. ~*se de ballet* 발레리나. ~*se de music-hall* [de cabaret] 뮤직홀(카바레)의 댄서.
~ *de corde* 줄타는 곡예사. (monter) *en* ~*se* 자전거에 서서(타다).

dansot(t)er [dɑsɔte] v.i. 〖속어〗서투르게[어색하게] 춤추다.

dantesque [dɑtɛsk] a. ① 단테(Dante)풍의. ② 무시무시한, 굉장한, 어마어마한(effroyable).

dantiste [dɑtist] n.m. 단테학자(연구가).

dantonisme [dɑtɔnism] n.m. 당통(Danton)주의.

dantoniste [dɑtɔnist] n.m. 당통류(流)의. —n. 당통주의자.

dantzicois(e), dantzikois(e) [dɑts(dz)ikwa, -a:z] a. 단치히(Dantzig [dɑts(dz)ik], 폴란드의 도시)의. —**D**~ n. 단치히 사람.

danubien(ne) [danybjɛ̃, -ɛn] a. 다뉴브 강(le Danube)의[에 임한].

D.A.O. 〖약자〗 dessin assisté par ordinateur 컴퓨터 지원설계.

D.A.P. 〖약자〗 défense aérienne passive 〖군사〗 방공.

daphné [dafne] n.m. 〖식물〗 월계수; 서향나무.
—**D**~ n.pr.f. 〖그리스신화〗 다프네.

daphnie [dafni] n.f. 〖동물〗 물벼룩.

daraise [darɛ:z] n.f. (못의)배수구.

darbystes [darbist] n.m.pl. 〖종교사〗 플리머드교파(教派) (1830년경 *Plymouth*에서 일어남).

darce [dars] n.f. =**darse**.

dard[1] [da:r] n.m. ① (벌·전갈 따위의)침, 독침; (뱀의)혀. ② 투창(投槍)(javelot); 〖건축〗 투창 모양의 장식; 〖어업〗 작살. ~ *à feu* 화창(火槍). ~ *de la satire* 풍자의 화살. ③ 〖식물〗 암술; 〖원예〗 (과일이 열리는 배·사과나무의)작은 가지. ④ (샤브르의)칼집 끝의 장식 금속.

dard[2] n.m. (사투리) 〖어류〗 황어.

dardement [dardəmɑ̃] n.m. 투창(작살)으로 찌름; 던짐; 쏨.

darder [darde] v.t. ① (화살·창 따위를)던지다, 쏘다(jeter, lancer); (햇살·눈길 따위를)던지다; (벌 따위가 침을, 뱀이 혀를)내밀다. ~ *son regard sur qn(qc)* …을 쏘아보다, 뚫어지게 바라보다. Le soleil *darde* ses rayons. 태양이 따갑게 내리쬔다. cactus qui *darde* ses épines 가시가 돋쳐 있는 선인장. ② (비유적) 퍼붓다, 쏘아붙이다 (décocher). ~ *des traits piquants* 독설을 퍼붓다.
—v.i. (태양이)따갑게 내리쬐다.

dardière [dardjɛ:r] n.f. 사슴의 함정.

dardillon [dardijɔ̃] n.m. ① (낚시의)미늘. ② 작은 투창.

dare-dare [dardaːr] ad. 〖구어〗급히, 부랴부랴(en toute hâte). *partir* ~ 부랴부랴 떠나다.

dariole [darjɔl] n.f. 〖요리〗 크림 과자의 일종.

darique [darik] n.f. 옛 페르시아의 금화.

darne [darn] n.f. 〖요리〗 (연어 따위의)썬 토막.

daron [darɔ̃] n.m. 〖속어〗아버지.

daronne [darɔn] n.f. 〖속어〗어머니.

darse [dars] n.f. (지중해 항구 내의)선거(船渠), 도크(darce).

darsonvalisation [darsɔ̃valizasjɔ̃] n.f. 〖의학〗 고주파(전류)요법 ≒arsonvalisation (d').

dartois [dartwa] n.m. 〖요리〗 (크림 또는 잼을 넣은)파이의 일종(gâteau à la Manon).

dartre [dartr] n.f. 〖의학〗 옴; 수포진(水皰疹); (소 따위의)피부병. maison plaquée de ~*s* 〖구어〗 고친 자국이 여기저기 있는 낡은 집.

dartreux(se) [dartrø, -ø:z] 〖의학〗 a. 옴의. —n. 옴 환자.

dartrose [dartroːz] n.f. 〖원예〗 (감자의)탄저병.

darwinien(ne) [darwinjɛ̃, -ɛn] a. 다윈(설)의.

darwinisme [darwinism] n.m. 다윈(*Darwin*)설, 진화론.

darwiniste [darwinist] n., a. 다윈설의 신봉자(의), 진화론자(의).

dashpot [daʃpɔt] 〖영〗 n.m. 〖기계·전기〗 제동호(制動壺), 대시포트.

dasyure [dazjyːr] n.m. 〖동물〗 (오스트레일리아산의)주머니담비.

D.A.T. 〖약자〗 défense anti-aérienne du territoire 국토 방공(체제).

data [data] 〖라틴〗 n.m.pl. 자료, 기지 사항.

datable [databl] a. 날짜(시대)를 추정[결정]할 수 있는(↔ indatable).

dataire [datɛːr] n.m. 교황청의 비서관.

datation [datasjɔ̃] n.f. ① 날짜(연월일) 기입. ② 연대 추정, 연대 결정. ~ *d'un mot* 어떤 단어가 처음

으로 기록에 나타난 날짜[연대]의 추정[결정].

*date [dat] *n.f.* ① 날짜, 연월일. ~ d'une lettre(d'un reçu) 편지[영수증]의 날짜. ~ de naissance 생년월일. Quelle ~ avons-nous aujourd'hui? 오늘은 며칠입니까? acte en ~ du 15 janvier 1월 15일자의 증서. inscrire la ~ 날짜를 기입하다. à la(en) ~ du 15 courant 금월 15일부(附).
② (어떤 사건이 일어난)날짜, 일시, 연대. À la ~ dont vous parlez, j'étais encore enfant. 당신이 말하는 그 당시에는 나는 아직 어린애였읍니다. ~ historique 역사적인 날. À l'école, j'aimais bien l'histoire, mais je n'arrivais pas à retenir les ~s. 학교시절에 역사 과목은 좋아했지만 연대를 외우기가 어려웠다.
③ (중요한)사건. La prise de la Bastille est une ~ importante de la Révolution. 바스티유의 탈취는 프랑스혁명사의 중요한 사건이다.
④ (앞으로 있을 행사·모임 따위의)일시, 날짜. fixer la ~ d'une réunion 모임의 날짜를 잡다.
⑤ 【상업】 기한, 기일(terme, échéance). à longue(courte) ~ 장기(단기)의. ~ de paiement d'un billet 어음의 지불 기일. traite payable à 20 jours(3 mois) ~ 발행일로부터) 20일(3개월)후에 지불되는 어음.
de fraîche ~ 최근의.
de longue (vieille) ~ 오래 전부터의, 연래의. connaître de longue ~ 오래 전부터 알고 있다.
être le premier (le dernier) en ~ 연대[시간]적으로 가장 빠르다[늦다].
faire ~ 새시대[기원]를 긋다, 획기적인 일이 되다.
porter sa ~ 그 시대를 느끼게 하다; 옛스럽다.
prendre ~ *avant qn* …보다 우선권을 갖다.
prendre ~ *avec qn* …와 만날 시간·장소를 정하다.
sans ~ 날짜가 없는; 연대가 오래된.

dater [date] *v.t.* ① (편지·문서 따위에)날짜를 써넣다. J'ai daté ma lettre[mon testament]du 2 janvier. 나는 내 편지(유서)의 날짜를 1월 2일로 적었다. lettre datée de Paris et du 30 mai 파리 발(發) 5월 30일부(附)의 편지. ②(사건·작품의)날짜[연대]를 추정[결정]하다. ~ une œuvre d'art (un événement) 어떤 작품(사건)의 연대를 추정[확정]하다.
—*v.i.* ① 새 시대를 긋다 (faire époque), 획기적이다, 역사에 남다(faire date). Cette aventure datera dans sa vie. 이 사건은 그의 생애에 남을 것이다. ② 시대에 뒤떨어져(낡아)보이다, 구식이 되다. théorie qui commence à ~ 시대에 뒤떨어지기 시작한 설[이론]. Ce chapeau date. 이 모자는 (벌써) 구식이다. ③ [~ de](부터)시작되다, (으로)거슬러 올라가다, (에)나타나다[일어나다]. voiture qui date de 1950(de quinze ans) 1950년(15년 전)에 나온 차.
à ~ *de* …부터, 이후. *Cela ne date pas d'hier.* 어제나 오늘부터 시작된 일이 아니다, 매우 오래 된 것이다. ~ *de loin* 먼 옛날로 거슬러 올라가다.
—*se* ~ *v.pr.* 날짜를 써넣다.

daterie [datri] *n.f.* 교황청의 비서과.

dateur(se) [datœ:r, -ø:z] *a.* 날짜를 기입[표시]하는. timbre ~ 일부인(日附印). —*n.m.* 날짜 기입기(記入機).

datif¹ [datif] *n.m.* 【언어】(굴절언어에서의)여격.

datif²(ve) [datif, -i:v] *a.* 【법】(판사 또는 가족회의가)선정한. tuteur ~ 선정 후견인.

dation [da(ɑ)sjɔ̃] *n.f.* 【법】 부여(附與); (후견인의)선정.

datisme [datism] *n.m.* 【수사학】 동의어 반복.

datographe [datɔgraf] *n.m.* (시계 문자판에의)날짜표시 장치.

datte [dat] *n.f.* 【식물】 대추야자의 열매.
C'est comme des ~*s*. 《속어》그것 틀린다; 방법이 없다, 불가능하다. *Des* ~ *s!* 그럴리가! 설마 그럴 려구! 《의심스러움을 나타냄》. *ne pas en ficher une* ~ 《옛·속어》전혀 아무 일도 하지 않다.

dattier [datje] *n.m.* 【식물】 대추야자. [풀.

datura [datyra] *n.m.* (복수불변) 【식물】 가시독말

daube [do:b] *n.f.* 스튜, 고기찜. bœuf en(à la) ~ 쇠고기찜, 쇠고기 스튜.

dauber¹ [dobe] *v.t.* (쇠고기를)스튜로 하다, 쇠고기찜을 만들다.

dauber² [dobe] *v.t.* 《옛》① 조롱하다(railler, se moquer); 험담하다. ② 주먹으로 치다.
—*v.i.* [~ sur] …을 조롱하다, 험담을 하다. ~ sur ses voisins 이웃사람들을 헐뜯다.

daubeur(se) [dobœ:r, -ø:z] *n.* ① 조롱하는[헐뜯는] 사람. ② (대장간의)망치공.

daubière [dobjɛ:r] *n.f.* 스튜 냄비.

daumont [domɔ̃] *n.m.* (< (*duc*) *d'Aumont*, 이 마차의 창안자》 《옛 속어》 4두 마차. à la(en) D~ 《마부 2인의》4두 마차로.

daupher [dofe] *v.t.* 《속어》(와)비역하다, 계간(鷄姦)하다.

dauphier [dofje] *n.m.* 《속어》계간자.

dauphin¹ [dofɛ̃] *n.m.* ① 【동물】돌고래; (D~) 【천문】 돌고래좌(座). ② 【건축】 석루조(石漏槽; 【해양】계선주(繫船柱). ③ (Avesnes 산의)치즈의 일종.

dauphin²(e) [dofɛ̃, -in] *n.m.* ① 국가 주석[고관]의 지명 후계자. ② 【역사】 프랑스 황태자; 도피네(*Dauphiné*)의 영주(領主). le grand D~ 루이 14세의 황태자. ③ 《속어》(매음굴의)포주.
—*n.f.* 프랑스 황태자비.
—*a.* édition ~ 【인쇄】 황태자판(루이 14세의 황태자를 위해 편찬된 고전판).

dauphinelle [dofinɛl] *n.f.* 【식물】 참제비고깔.

dauphinois(e) [dofinwa, -a:z] *a.* 도피네(*Dauphiné*, 프랑스의 지방)의. —D~ *n.* 도피네 사람.

daurade [do(ɔ)rad] *n.f.,* **daurat** [do(ɔ)ra] *n.m.* 〔어류〕 도미의 일종.

dauw [do] *n.m.* 〔동물〕(남아프리카산)얼룩말.

*davantage [davɑ̃ta:ʒ] *ad.* ①《동사를 수식해서》더 많이(plus); 더 오래(plus longtemps). Pressez-vous ~, sinon vous serez en retard. 더 서둘러요, 그렇지 않으면 늦을 거예요. Je n'en dirai pas ~. 그 일에 대해서는 더 말하지 않겠어요. Ne vous attardez pas ~. 더 오래 지체하지 마시오. ②[~ *de qc*]더 많은. Il faut faire ~ *d'exercice* si tu ne veux pas grossir. 살찌고 싶지 않으면 더 많은 운동을 해야지. Il y a chaque année ~ *de* voitures dans les rues. 도로에는 차가 해마다 불어난다. Il *en* voudrait ~. 그는 그것을 더 갖고 싶어했다. ③《형용사 대신 쓰는 중성대명사 le와 함께》(한층)더 (그렇다). Il est intelligent, son frère l'est ~. 그는 머리가 좋다, 하지만 그의 형이 더 좋다. 《비교의 que와 함께》 …보다 더(많이). Rien ne dérange ~ une vie *que* l'amour 사랑보다 더 인생을 어지럽게 하는 것은 없다. ⑤《제일 많이》 Vous rayez les endroits où l'auteur se complaît ~. 저자가 제일 마음에 들어 하는 곳을 당신은 지워버리는군요. ⑥ 《옛》그 이상.
bien ~ ; ~ *encore* 훨씬 더 (davantage의 강조). *Il ne me semble pas* ~ *que*… 그리고 …라고도 생각되지 않는다. *Il y a* ~. 그뿐 아니다.

David [david] *n.pr.m.* 〔성서〕 다윗.

davier [davje] *n.m.* ① 치과용의 겸자(鉗子); (대장

간의)쇠집게; (통장이의)테 끼우는 연장; (가구공의)판자 맞추는 연장. ② 【해양】 (닻줄을 미끄러지게 하는)회전봉; (닻을 거는)기둥.

daw [do] *n.m.* =**dauw**.

Dayaks [dajak] *n.pr.m.pl.* (보르네오 섬의)다야크족.

db (약자) décibel 【물리】 데시벨.

D.B. (약자) division blindée 【군사】 기갑사단.

D.C. (약자) da capo 【음악】 다카포(처음부터 반복하라는 지시).

D.C.A. (약자) défense contre avions 【군사】 방공. canon de ~ 고사포.

D.D.T. (약자) dichloro-diphényl trichloréthane 디·디·티.

‡**de** [də] *prép.* (모음[무성 h]앞에서는 **d'**; **de**+정관사 **le**, **les** 는 **du**, **des** 가 됨) I. [de+명사·대명사] ① (소유·소속) …의. fils *de* Pierre 피에르의 아들. style *de* Flaubert 플로베르의 문체. Ce n'est pas d'un honnête homme. 그것은 신사의 짓이 아니다.
② (출발·이탈) ⓐ (장소) …부터, …에서. venir *de* l'école 학교에서 오다. rentrer *du* bureau 퇴근하다. arracher un clou *de* la muraille 벽에서 못을 빼다. *de* Londres à Paris 런던에서 파리까지. regarder *de* la fenêtre 창문으로 내다보다. *de* place en place 이리저리, 여기저기서. *de* vous à moi 당신과 나 사이에서. *de* 20 à 30 personnes 20명 내지 30명. savoir qc *de* source sûre 확실한 소식통으로부터 …을 알게 되다. ⓑ (시간) …부터 (à partir de). *de* six à neuf heures 6시부터 9시까지. *du* matin au soir 아침부터 저녁까지. *de* longue date 오래전부터. La location part *de* lundi prochain. 임대는 다음 월요일을 기점으로 한다.
③ (기원) vins *de* France 프랑스산 포도주. D'où êtes-vous? – *De* Normandie. 당신 어디 출신이오? 노르망디 출신이오. Je n'ai rien reçu *de* lui. 나는 그에게서 아무것도 안받았다. Jean *de* La Fontaine 장드라퐁텐(귀족의 표시로 성앞에).
④ (전전·변화의 기점) Je ferai *de* mon fils un avocat. 나는 내 아들을 변호사로 만들겠다. D'ouvrier, il devint contremaître. 그는 노무자에서 십장으로 승진했다.
⑤ (원인·동기) …때문에. être puni *de* ses fautes 자기 과실 때문에 벌받다. mourir *de* faim 굶어 죽다. blanc *de* peur 무서워서 새파래진. Nous sommes contrariés *de* ce qu'il fait(fasse) mauvais temps. 우리는 일기가 나빠서 곤란하게 되었다. Nous sommes heureux *de* sortir ce soir. 오늘 저녁 외출하여 즐거워 한다.
⑥ (방법·도구) …을 가지고, …으로. être armé d'un bâton 몽둥이로 무장하다. coup *de* bâton 몽둥이질. montrer *du* doigt 손가락으로 가리키다.
⑦ (방식·양태) …로, …하게. accepter *de* grand cœur 쾌히 승낙하다. citer *de* mémoire 기억으로[을 더듬어서] 말하다. agir *de* concert 일제히 행동하다. d'un pas rapide 빠른 걸음으로. *de* la sorte 그렇게(ainsi). répondre d'une voix douce 상냥한 목소리로 대답하다.
⑧ (수동태의 동작주) …에 의해서, …으로부터. être aimé[respecté] *de* tous 모든 사람의 사랑[존경]을 받다.
REM 수동태의 동작주 보어는 par 와 de 에 의해 이끌리는데, par 는 일시적·특수적 행위 및 그 동작주를 강조하는 경우에 쓰고, de 는 일반적·습관적 상태를 나타내는 데 씀.
⑨ (재료) …으로 만든, …으로. pont *de* fer 철교. sac *de* papier 종이 봉지. remplir d'eau 물을 채우다. couvert *de* boue 진흙투성이가 되다.
⑩ (주제) …에 관해서, …에 관한. *de* l'amour 애론. parler *de* son pays 고향 이야기를 하다. chapitre qui traite *de* la mode 유행을 다룬 장. Que savez-vous *de* lui? 그 사람에 관해서 뭘 알고 있읍니까?
⑪ (막연한 시간) …에, …동안. *de* nos jours 오늘날에는. *du* temps de …의 시대에. travailler *de* nuit 밤에 일하다. ne rien faire *de* la journée 하루 종일 아무것도 안하다.
⑫ (방향·장소) …으로, …에. *de* ce côté 이쪽으로. *de* droite et *de* gauche 우로 좌로. le train d'Italie 이탈리아행 열차(이탈리아발 의 뜻도 됨). s'approcher *de* la ville 도시에 가까와지다. *de* toutes parts 사방에서.
⑬ (목적·용도) …용의. robe *de* soirée 야회복. cabinet *de* travail 서재. salle d'attente 대합실.
⑭ (정도·수량) …만큼, …쯤. être âgé *de* vingt ans 나이가 스무 살이다. avancer d'un pas 한 걸음 나가다. retarder *de* cinq minutes 5 분 늦다.
⑮ (특징·성질·종류) objet *de* luxe 사치품. chambre d'hôtel 호텔방. regard *de* pitié 연민의 시선. enfant d'un bon naturel 성질이 좋은 어린이. homme *de* génie 재주 있는 사람. Elle est d'une grande beauté. 그녀는 대단한 미인이다.
⑯ (의미상의 주어) arrivée *des* invités 초대객들의 도착. chute *du* ministère 내각의 붕괴.
⑰ (의미상의 목적어) oubli *du* passé 과거의 망각. étude *des* lettres 문학의 연구.
⑱ (형용사 뒤에서, 부분적 주제) être rouge *de* figure 얼굴이 빨갛다. être large d'épaules 어깨가 딱 벌어지다.
⑲ (비교의 기준) [plus/moins + de + 수사] …이상[이하]; [최상급 + de + 집합명사/복수명사] …중에서. moins[plus] *de* cent 백 이하[이상]. le plus fort *de* tous 모든 사람들 중에서 제일 강한.
⑳ (부분) la moitié d'une somme 한 금액의 반, 절반의 액수. la plupart *des* hommes 대부분의 사람들. (l')un *de* nous 우리들 중의 하나. un verre d'eau 물 한 컵. beaucoup *de* livres 많은 책. le plus travailleur *des* deux 둘 중에서 일을 더 잘하는 사람. le plus beau pays *du* monde 이 세상에서 가장 아름다운 나라(→ 91 참조).
㉑ (배분) …마다. Il gagne cent francs *de* l'heure. 그는 시간당 100프랑을 번다.
II. [문법적 기능] ① [de+inf.] ⓐ (주어·논리적 주어를 이끌어) D'être à jamais séparé *de* lui me déchirait le cœur. 그와 영원히 헤어지게 된 것이 가슴 아팠다. Il est ennuyeux *de* rester chez soi. 집에 남아 있는 것은 따분하다. C'est à vous d'y aller. 당신이 거기에 갈 차례다. ⓑ (타동사의 직접 목적보어) J'ai oublié d'apporter le livre. 그 책을 가져오는 것을 잊었다. Cessez *de* parler. 말을 그만 그치시오. ⓒ (속사) Mon intention n'est pas *de* vous faire insulte. 제 의도는 당신을 모욕하려는 것이 아닙니다. ⓓ (동사의 간접목적보어) Il a convenu *de* venir me voir. 그는 나를 만나러 오기로 했어요. Je m'étonne *de* vous voir ici. 당신을 여기서 만나다니 놀랍군요. ⓔ (형용사의 보어) Je suis content *de* te voir réussir. 네가 성공해서 기쁘다. ⓕ (절대부정법; 종속절 역할) *De* me voir dans mon lit, des larmes lui sont venues. 내가 침대에 누워 있는 것을 보자 그는 눈물을 글썽거렸다. ⓖ (비교의 대상이 되는 경우) Plutôt mourir *que d'*y renoncer. 그것을 단념하느니 차라리 죽지. ⓗ (서술의 부정법) Et les enfants *de* sauter et *de* crier. 그러자 애들은 뛰고 소리치던 것.
② [de + 명사] ⓐ (동격) la ville *de* Paris 파리 시. ce maladroit *de* Pierre 그 서투른 피에르녀석. le

mot de liberté 자유라는 말. une drôle d'idée 괴상한 생각. ⓑ《동사의 간접목적어 보어》changer d'avis 생각을 바꾸다. douter de qc …을 의심하다. se souvenir de qc …을 상기하다. ⓒ《형용사의 보어》digne d'éloges 칭찬받을 만한. La salle est pleine de monde. 그 방에는 사람들이 가득차 있다. ⓓ《부사의 보어》beaucoup de monde 많은 사람들(→ 위 I. 의 ④). ⓔ《속사를 유도》traiter qn de voleur …을 도둑으로 취급하다.
③ [de+형용사]ⓐ《…부정·의문대명사 및 지시대명사 ce, ceci, cela 의 뒤에서》quelque chose de bon 무슨 좋은 것. Quoi de neuf? 뭐 새로운 일이 있소? Rien de neuf. 아무 새로운 것도 없다. ce qu'il a d'original 그의 독창적인 점. ⓑ《수사나 수사가 붙은 명사 뒤에서》Nous avons trois jours de libres. 우리들에게는 노는 날이 사흘 있다. En voici une de terminée. 그 중 하나가 끝났다. ⓒ《속사를 유도》Il qualifie ce journal de tendancieux. 그는 이 신문을 좌익적이라고 한다.
④《특수용법(gallicisme)》comme de juste 당연하게. Ce ciel est d'un bleu! 하늘이 참 푸르기도 하다! Il trouvait ça d'un mauvais goût. 그는 정히 이것을 나쁘다고 보았어. Si j'étais (que) de Philippe je montrerais moins de patience. 내가 필립이라면 그렇게 참지 않을 중이다. Ce que c'est que de nous! 우리는 왜 이런 꼴인가 !
Ⅲ.《부분적인 의미를 나타내는 소사(小辭)》① [de+형용사·지시대명사] Mangez de ce gâteau. 이 과자를 좀 잡수어 보시오. Avez-vous de ses nouvelles? 그의 소식을 듣습니까?
②《du, de la 부분관사》ⓐ《셀 수 없는 물건의 부정량(不定量)》얼마간의, 약간의. boire de l'eau (얼마만큼의) 물을 마시다. avoir du courage 용기가 있다. du monde 사람들. J'ai mangé du pain que vous m'avez donné. 당신이 준 빵을 (조금) 먹었소.
③《des 부정관사 복수》《셀 수 있는 물건의 불특정한 수》몇몇의, 몇 개의. acheter des crayons 연필을 몇개 사다. 《특정의 셀 수 있는 물건의 일부》몇몇의, 몇 개의…. Achetez des fruits de ma récolte. 내가 수확한 과일을 몇 개 사시오.
④《형용사 앞에서 du, de la, des 는 de 가 됨, 단 복합명사 또는 그와 유사한 경우는 du, de la, des 를 그대로 씀》boire de(《구어》du) bon vin 좋은 포도주를 마시다. De hautes montagnes 높은 산들. des jeunes filles 처녀들. du bon sens 양식.
⑤ⓐ《부정문에서》Je n'ai pas d'argent. 나는 돈이 없다. Je n'ai pas de l'argent pour le dépenser follement. 낭비할 돈은 갖고 있지 않다. Il parle sans faire de fautes. 그는 틀리지 않고 말한다. ⓑ《이중부정》Il ne peut parler sans faire de(s) fautes. 그는 틀리지 않고서는 말하지 못한다.
⑥《과장적 용법》Mille francs! c'est de l'argent. 천 프랑이라니 엄청난 돈이다. Elle gagne des cent francs par jour. 그녀는 하루에 백 프랑이나 번다. Il y a des années qu'il est mort. 그가 죽은지 이미 여러 해 되었다. mettre des heures à+inf. …하는 데 몇 시간이나 [꽤 오래] 걸리다.

dé¹ [de] n.m. ①《놀이》주사위; (pl.) 주사위놀음 (jeux de dés). 도미노 패; (골프의) 티(tee). dé à jouer 주사위 (dé à coudre(골무)와 구별하기 위한 말). coup de dé(s) 주사위 던지기, 주사위 한번 던지기. cornet à dés 주사위 통. jouer aux dés 주사위놀이를 하다. dé pipé(chargé) (납을 넣은) 야바위 주사위. agiter[jeter] les dés 주사위를 던지다[굴리다]. ②《건축》(원주·동상 따위의 네모난) 대(臺). ③《기계》축받이쇠, 좌철(座鐵). (목제

도르래바퀴의)마멸방지 쇠붙이. ④《요리》네모나게 썬 것. couper des carottes en dés 당근을 네모나게 썰다.
À vous le dé; Vous avez le dé. 당신이 주사위를 던질 차례요; 이번은 당신 차례요.
jouer sa vie(sa fortune) sur un coup de dés 운명을 한 판에 걸다.
Le dé en est jeté; Les dés sont jetés. 주사위는 던져졌다; 일은 이미 벌어졌다.
quitter le dé 주사위에서 손을 떼다; 포기하다.
rompre le(s) dé(s) 아직 구르고 있는 주사위를 누르다; 남의 일을 훼방놓다.
tenir le dé (dans) la conversation 《에》혼자 독차지해서 말하다.
dé² n.m. 골무(dé à coudre);《구어》작은 술잔.
dé³ n.m. D 자;《창(槍) 따위의》D 자꼴 고리쇠.
dead-heat [dedit]《영》n.m. (경마의)동시착, 공동우승. 동시 착하다.
—a.《불변》동점의, 공동우승의.
déalbation [dealbasjɔ̃] n.f. (표본용 뼈의)표백.
déambulation [deãbylasjɔ̃] n.f.《에》산책, 산보.
déambulatoire [deãbylatwaːr] a. 산책하는.
—n.m.《건축》(교회의 측랑에 연결돼 성가대 주위에 있는)회랑(回廊)(→ église 그림).
déambuler [deãbyle] v.i. 산책하다, 거닐다.
de auditu [deodity] loc.ad. 소문에 의하면(↔ de visu). ne savoir une chose que de auditu 어떤 일을 소문으로만 알고 있다.
déb [beb] (< débutante) n.f. 사교계에 갓 진출한 아가씨;《일반적으로》젊은 아가씨.
déb.《약자》débit《부기》차변(借邊).
débâcher [debaʃe] v.t. (수레·짐·선박 따위의)포장을 벗기다.
débâclage [debakla:ʒ] n.m.《에》(항구의)빈 배의 정리; (하천의 항행소통을 위한) 배·뗏목의 정리.
débâcle [debakl] n.f. ① (강 따위의)유빙(流水), 해빙(解氷)(dégel). ~ de la Seine 센 강의 해빙. ② 와해, 붕괴(effondrement); 도산(faillite); (물가의)대폭락; (건강의)쇠퇴; (군대의)궤주(潰走)(déroute). ~ d'un gouvernement 정부의 붕괴. ~ d'une fortune 파산. ③《구어》설사.
débâclement [deba(a)kləmã] n.m. ① =débâclage. ② (하천의)해빙(기).
débâcler [debakle] v.i. ① 얼음이 녹다, 해빙하다. ②《구어》와해 (붕괴)하다. —v.t.《에》① (항구에서)빈 배를 내보내다; (하천의)배·뗏목을 정리하다. ② (문이나 창의 빗장을 열다.
débâcleur [debaklœːr] n.m.《에》항내 정리원.
débagouler [debagule] v.t. ①《속어》토하다(vomir). ②《욕설을》퍼붓다(proférer).
—v.i.《에·속어》토하다, 게우다.
débagouleur(se) [debagulœːr, -øːz] n.《에》독설가.
déballlonner [debajɔne] v.t. (의)재갈을 벗기다; 해금(解禁)하다.
déballage [debala:ʒ] n.m. ① 짐 풀기; 풀어놓은 짐. ② 노점, (노점의)싸구려 판매; 난잡한 진열. ③《구어》마음속을 털어놓음, 고백(aveu).《은어》벌거벗음.
déballer [debale] v.t. ① (상자 따위에서 물건을)풀어놓다, 끄집어내다. ~ des marchandises(ses affaires) 상품(자기 소지품)을 끄집어내다. ② (상품을) 진열하다;《비유적》(지식)을 늘어놓다. ~ son savoir 지식 보따리를 풀러놓다. ③《구어》털어놓다; 드러내보이다. ~ ses secrets 비밀을 털어놓다. ④ 낙담시키다, être tout déballé《속어》아주 풀이 죽어있다.
—v.i. ① 상품을 늘어놓다. ②《구어》고백하다. ③

déballeur(se)

《속어》대소변 보다.
—**se ~** v.pr. ① 짐이 풀리다. ②《속어》옷을 벗다.
déballeur(se) [debalœːr, -øːz] n. 짐푸는 사람.
déballonner(se) [sədebalɔne] v.pr. 《속어》(어려운 일을 당했을 때)꽁무니를 빼다, 우유부단하다.
débalourder [debalurde] v.t. (회전기계의 불균형을)없애다, (의)균형을 잡다.
débanaliser [debanalize] v.t. (을)범속성(banalité)을 없애다, (을)참신한 멋이 나게하다.
débandade [debɑ̃dad] n.f. 패주, 궤주(潰走)(débâcle, déroute). ~ d'une armée 군대의 패주.
à la(en) ~ 산산이 흩어져, 지리멸렬하게; 아무렇게나. maisons bâties *à la* ~ le long de la route 길을 따라 조화 없이 아무렇게나 서 있는 집들.
débander[1] [debɑ̃de] v.t. 《드물게》패주시키다.
—**se ~** v.pr. (군중 따위가)흩어지다(se disperser); 《군사》패주하다(↔rallier, rassembler). en *se débandant* 산산이 흩어져서, 지리멸렬하게.
débander[2] v.t. ① 느슨하게 하다, 풀다(활의 시위를)늦추다; (마음의 긴장을)풀다, 헐게 하다(détendre). ② (의)붕대(눈가림)를 풀다, 벗기다.
—**se ~** v.i. 《속어》발기(勃起)가 풀리다.
—**se ~** v.pr. 풀리다, 느슨해지다. 「키다.
débanquer[1] [debɑ̃ke] v.t. 【노름】(물주를)파산시-
débanquer[2] v.t. (배에서)걸상을 떼어내다.
—v.i. 《해양》(특히 뉴펀랜드의)뱅크를 벗어나다; 《속어》물러나다.
débaptiser [debatize] v.t. [~ *qn*](의)이름을 고치다, 개명시키다.
—**se ~** v.pr. ①개명하다. ②세례를 폐하다.
débarbouillage [debarbuja:ʒ] n.m. 세수; (더러운 것을)닦아냄, 씻음.
débarbouiller [debarbuje] v.t. ①세수시키다; (창 따위를)닦다. ②《구어》궁지에서 건져주다. ③《속어》깨닫게 하다, 계몽하다.
—**se ~** v.pr. ①세수하다. ②《구어》똑똑해지다; 곤경에서 벗어나다; (날씨가)맑아지다.
débarbouilloir n.m., **débarbouilloire** [debarbujwaːr] n.f. 《구어》수건, 타월.
débarcadère [debarkadɛːr] n.m. 선창, 부두; 【철도】플랫폼.
débardage [debardaːʒ] n.m. 양륙(揚陸); (석재·목재·야채 따위의)반출.
débarder [debarde] v.t. 양륙하다, 부리다; (목재·석재를)반출하다; (헌 배를)해체하다.
débardeur(se) [debardœːr, -øːz] n.m. 하역인부; (사육제 때의)하역인부 가장복.
—n. 하역인부로 가장한 사람.
débarqué(e) [debarke] a.p. 상륙(下船)한. —n. 상륙[하선]한 사람. nouveau ~ 방금 도착한 사람.
—n.m. 양륙, 상륙; 하차. au ~ 상륙[하선] 시에.
débarquement [debarkəmɑ̃] n.m. ① 양륙, 상륙(↔embarquement); 하차, 하선. ~ *de marchandises*[*de voyageurs*] 화물의 양륙[여행자들의 하선(下船)]. carton *de* ~ 상륙표. planche(s) *de* ~ (선창에서 배에 걸친)도판(渡板). ②【군사】상륙(下陸). le D— 노르망디 상륙작전. troupes *de* ~ 상륙부대. ③(선원의)해고.
*****débarquer** [debarke] v.t. ①(짐을)부리다, 양륙하다; 상륙[하선·하차]시키다(↔décharger). ~ *des marchandises*[*des passagers*] 화물을 양륙하다[승객들을 하선시키다]. ②[~ *qn*]《구어》해고하다, 쫓아내다, 내쫓다 — 좇겨나다. 면직되다.
—v.i. ①상륙[하차]하다. Dans quel port avez-vous *débarqué*?어느 항구에서 하선했었요? ②《구어》갑자기 들이닥치다. Un beau matin les cou-

sins *débarquèrent* chez nous. 어느날 아침 사촌들이 별안간 우리집에 들이닥쳤다. ③《구어》사정에 어둡다.
débarras [debara] n.m. ①《구어》귀찮은 것을 쫓아버림[없애버림]. Bon ~! (귀찮은 것이 없어져서)시원하게 됐군! ②(잡동사니를 치워 두는)방, 광, 다락방(cabinet de ~).
débarrassement [debarasmɑ̃] n.m. (식탁을)치움; 방해물을 치움.
*****débarrasser** [debarase] v.t. ① [~ *qn* (de *qc*)] (의)(짐스러운 …을) 덜어(없애, 제거시켜)주다. ~ *qn d'un fardeau* …을 짐에서 해방시켜 주다. ~ *un visiteur de son manteau*[*de son chapeau*] 방문객의 외투[모자]를 벗겨주다. ~ *un enfant d'une mauvaise habitude* 어린애의 나쁜 버릇을 없애주다. ②[~ *qn de qn*] (을)(귀찮은 어떤 사람에게서)해방시켜 주다. ~ *un ami d'un bavard* 어떤 친구를 수다장이에게서 해방시키다. ③[~ *qc* (de *qc*)](방해물을)치우다, 제거해 주다. ~ *une pièce des livres qui l'encombrent* 방에 가득찬 책을 치우다. ~ *le chemin* 길을 치우다. ④《속어》낙태[유산]시키다.
~ *qn de son argent* (익살) …에게서 돈을 옭아내다(뺏다).
—**se ~** v.pr. ①[se ~ de *qc*/*qn*]면하다, 몰아내다, 제거하다; (옷 따위를)벗다; (짐을)내리다; (돈을)갚다. 죽이다. *se* ~ *d'un objet inutile* 불필요한 물건을 없애다. *se ~ d'un vêtement* 옷을 벗다. *se* ~ *d'un visiteur* 방문객을 내쫓다. ②《속어》유산하다.
Débarrassez-vous! 외투[모자]를 벗으시오.
débarrer [debare] v.t. ① ~ *une porte* 문의 빗장을 벗기다. ② ~ *une étoffe* (직물의 흠인)얼룩을 제거하다(⇨barre).
débarricader [debarikade] v.t. (에서)장벽을 걷어 치우다; 개통시키다.
débat [deba] (< *débattre*) n.m. ①토론, 토의. ~ *vif* 격론. être en ~ *sur une question* 어떤 문제에 관해 토론 중이다. mettre *une question en* ~ 어떤 문제를 토론에 붙이다. entrer *dans le vif*(le cœur) *du* ~ 다음 핵심적인 문제의 토론으로 넘어가다. ~ *télévisé* 텔레비전 토론. conférence *suivie d'un* ~ 토론이 끝나고 벌어지는 강연회(conférence-~) (이 단어는 의견을 나타내는 명사 뒤에 하이픈으로 연결해서 복합어를 많이 만든다:causerie-~, déjeuner-~, dîner-~, soirée-~ 등). ②(비 유적)『마음의』갈등(~ *intérieur*). ~ *de conscience* 양심의 갈등. ③(*pl.*)(국회·정치집회 따위에서의)토론; 【법】(쟁점의)심리(審理). ~s *parlementaires* 의회의 토론. diriger les ~s (회의의)의장이 되다.
débatelage [debatlaːʒ] n.m. 양륙(揚陸).
débateler [debatle] 5 v.t. 배에서 부리다.
debater [debatœːr, -ø:z] n.m. 【정치】(능란한)토론가, 토의자.
débâter [debate] v.t. (말 따위의)길마를 내리다. ~ *un mulet*(*un âne*) 노새[당나귀]의 길마를 내리다.
débâtir[1] [debatiːr] v.t. (건물을)헐다.
débâtir[2] v.t. (가봉한 옷의)시침을 풀다.
débattable [debatabl] a. 토론의 여지가 있는.
débattement [debatmɑ̃] n.m. 발버둥, 허위적거림.
débatteur [debatœːr] n.m. 능란한 토론가.
débattre [debatr] 45 v.t. [~ *qc*](에 대해서)토의(토론)하다(examiner, discuter sur). ~ *une question* 어떤 문제에 대해서 토의하다. ~ *un prix* 값을 흥정하다[깎다]. tout *débattu,* tout bien pesé 모든 일을 다 따져보고, 심사숙고하고 나서.(보여 없-

débiteur¹(se)

이) Ils distinguent, *débattent*, jugent, critiquent. 그들은 분류하고, 의논하고, 판단하고, 비평하다.
—*v.t.ind.* [~ de/sur *qc*] …에 대해서 토의[토론]하다.
—**se ~** *v.pr.* ① 발버둥치다, 허위적거리다, 몸부림치다; [se ~ contre](와)싸우다(lutter). *se ~ contre* la misère 빈곤과 싸우다. *se ~ dans* l'eau 물속에서 허위적거리다. *se ~ comme un beau diable* 발악적으로 발버둥치다. ② 논의되다.

débauchage [deboʃa:ʒ] *n.m.* (직공을)뽑아감, 스카웃함; 해고, 정리; (군인을)탈주시킴.

débauche [deboʃ] *n.f.* ① 방탕, 난봉(inconduite, licence). vivre dans la ~ et l'ivrognerie 방탕한 생활을 하다, 주색에 빠지다. lieu de ~ 술집, 기생집. ② (*pl.*)(옛)방탕한 놀이. ③ 과도(過度), 범람, 남용. ~ de couleurs 지나치게 잡다한 색채의 범람. L'auteur se livre à des ~s d'imagination. 작가는 지나칠 정도의 상상력을 휘두른다.

débauché(e) [deboʃe] *a.* 방탕한, 방자한(dévergondé); 무절제한; 해고된. —*n.* 방탕자(libertin, viveur). —*n.f.* (공장의)퇴근 시간.

débaucher [deboʃe] *v.t.* [~ *qn*] ① 파업시키다, (파업에)끌어들이다; 일자리를 뜨게 하다; 해고하다(congédier); (군인을)탈주시키다. ② (구어) 기분전환시키다; (옛)타락시키다, 유혹하다.
—**se ~** *v.pr.* (옛)타락하다.

débaucheur(se) [deboʃœ:r, -ø:z] *n.* 유혹[농락]하는 사람.

débec(que)tage [debεkta:ʒ] *n.m.* (속)진절머리나게 함; 구토, 구역질.

débec(que)tant(e) [debεktã, -ã:t] *a.* (속)진절머리나게 하는, 불쾌한; 구역질나게 하는.

débecqueter [4] , **débecter** [debεkte], **débecquer** [debε(e)ke] *v.t.* (속)구역질나게 하다, 혐오감을 일으키게 하다(dégoûter). Une lâcheté comme ça, ça me *débecquete*(*débecte*). 그런 비굴한 짓은 구역질난다.

débenzolage [debɛ̃zɔla:ʒ] *n.m.* (가스에서의)벤졸 제거시.

débenzoler [debɛ̃zɔle] *v.t.* (에서)벤졸을 제거하다.

débet [debε] *n.m.* 채무액; (결산 때의)대차 부족액.

débiffé(e) [debife] *a.* (옛·속)쇠촉된.

débiffer [debife] *v.t.* (옛·속)망치다, 부수다; (용모·몸 따위를)쇠약하게 하다, 상하게 하다.
—**se ~** *v.pr.* 쇠약해지다, 상하다.

débile [debil] *a.* ① 허약한, 나약한(chétif, fragile). esprit ~ 박약한 정신. ② C'est ~ (구어)그것은 돌발이하다, 말도 안된다(C'est ridicule [stupide]). —*n.* 나약(허약)한 사람; (구어) 바보, 얼간이. — *mental* 정신박약자.

débilement [debilmã] *ad.* 허약(나약)하게.

débilitant(e) [debilitã, -ã:t] *a.* 쇠약하게 하는.
—*n.m.* 쇠약하게 하는 약(요법).

débilitation [debilitɑsjɔ̃] *n.f.* (의학) 쇠약.

débilité [debilite] *n.f.* 허약, 쇠약(faiblesse, ↔ force). — *mentale* 정신박약. — *légère* 경우(輕愚)(정신연령이 10세 정도인 사람).

débiliter [debilite] *v.t.* 쇠약하게 하다, 약하게 하다 (affaiblir). —**se ~** *v.pr.* 쇠약해지다, 약해지다.

débillardement [debijardmã] *n.m.* (목재의)모서리를 깎기.

débillarder [debijarde] *v.t.* (목재의)모서리를 깎다.

débinage [debina:ʒ] *n.m.* (속)헐뜯기(dénigrement). ② 도망. ③ (비밀의)폭로.

débine [debin] *n.f.* (속)영락(零落), 곤궁; 액운. tomber dans la ~ 궁하게 되다.

débiner [debine] *v.t.* ① (구어)헐뜯다, 욕설하다(dénigrer). ② (비밀 따위를)드러나게 하다, 폭로하다. ③ (농업) 두벌갈이하다(biner).
—*v.i.* ① (속)영락하다, 빈털터리가 되다. ② (군대속)죽다, 살해되다.
—**se ~** *v.pr.* ① (속)빈털터리가 되다. ② (속)퇴각하다, 달아나다(s'enfuir, se sauver). ③ (속어)서로 헐뜯다. ④ (농업) 두벌갈이되다.

débineur(se) [debinœ:r, -ø:z] *a, n.* (속)헐뜯는(사람); 폭로하는(사람).

débirentier(ère) [debirɑ̃tje, -ε:r] *n.* (법) 정기금(定期金)채무자, 연금지급자(↔ crédirentier).

débit¹ [debi] *n.m.* ① 소매; 판매성적; 소매점. article d'un bon[faible] ~ 잘(안) 팔리는 물건. boutique qui a beaucoup de[en gros] ~ 물건이 많이 팔리는 가게. ~ de tabac 담배 가게. ~ de boissons 술집, 주점. ② (목재·석재의)자르기; (고기의)잘단. ~ d'un chêne en planches 떡갈나무를 잘라 널빤지로 만들기. ③ (공업) 생산고; (광산의)산출량; (발전소의)출력; (물·전류·가스 따위의) 유량(流量), (교통수단의) 유송능력. ~ horaire 시간당 유량. ~ du courant de circulation 교통량. ~ d'une ligne du métro 어떤 지하철 노선의 수송량. ④ 말솜씨, 어조(élocution).
avoir le ~ facile 구변이 좋다, 잘 지껄이다.

débit² *n.m.* (부기) 차변(借邊)(↔ crédit). note de ~ 차변표. porter[mettre, inscrire] une somme au ~ de *qn* 어느 금액을 …의 차변에 기입하다.

débitable [debitabl] *a.* (목재·석재·수목 따위가)절단될 수 있는; 차변에 기입할 수 있다.

débitage [debita:ʒ] *n.m.* 절단, 자르기.

débitant(e) [debitã, -ã:t] *n.* 소매상인; 주류 소매인 (~ de vins); 연초 소매인(~ de tabac).

débiter¹ [debite] *v.t.* ① 소매하다, 팔다(vendre). ~ de la marchandise 상품을 소매하다. buvette qui *débite* des rafraîchissements 청량음료를 파는 구내식당. ② (목재·석재를)자르다; (고기를)베다, 썰다(découper, diviser). ~ du bois en planches 목재를 잘라서 널빤지로 만들다. scie à ~ 나무 자르는 톱. ③ (액체·가스를)배출하다; (기계·공장이)생산하다(produire); (교통수단이) 승객들을)운송하다. robinet qui *débite* mille litres d'eau à l'heure 한 시간에 천 리터의 물을 급수하는 수도꼭지. usine qui *débite* dix mille voitures par mois 매월 만 대의 자동차를 생산하는 공장. À Grenoble, les téléskis *débitent* 2600 skieurs à l'heure. 그르노블에서는 리프트가 스키어들을 매시간 2,600명씩 실어나른다. ④ 낭독하다, (연설조로)말하다; (경멸)떠들다, 지껄이다, 말을 퍼뜨리다(exprimer). ~ un Pater (사제가)주기도문을 낭송하다. ~ son rôle (연극) 대사를 말하다. ~ des banalités 시시한 얘기를 지껄여대다. ~ des nouvelles 소문을 퍼뜨리다.

— *bien sa marchandise* 청산유수로 술술 말하다.
~ *de l'ouvrage* (수공업으로)계속 만들어내다; (속어)일을 잘 하다.
—**se ~** *v.pr.* ① 서로 말을 주고받다. ② 팔리다; 잘라지다; 말하여지다, 퍼뜨려지다.

débiter² *v.t.* (부기) 차변에 기입하다; 매상전표를 끊다. ~ une somme à *qn*; ~ *qn* d'une somme 어느 금액을 …의 차변에 기입하다. ~ les frais postaux au client 우편요금을 고객부담으로 하다.

débiteur¹(se) [debitœ:r, -ø:z] *a.* 자르는.
—*n.* ① (옛)(경멸)수다쟁이꾼; 퍼뜨리는 사람. ~ de mensonges 거짓말장이. ② (큰 상점의)손님을 계산대에 안내하는 점원; (옛)소매 상인(détaillant). ③ (목재를)자르는 사람.

—*n.m.* 【기계】 급수장치.

débiteur²(trice) [debitœr, -tris] *n.* 【법】 채무자 (↔ créditeur, créancier); (정신적인 면에서)빚진 사람. ~ insolvable 변제불능의 채무자. ~ d'une rente 연금지불 의무자. Je serai toujours votre ~. 은혜는 잊지 않겠습니다. ~ hypothécaire [sur hypothèque] 저당권 설정자; 담보 제공자. —*a.* 부채 가 있는. société ~*trice* 채무가 있는 회사. compte ~ 차변계정(借邊計定).

débitmètre [debimεtr] *n.m.* (물·가스의)유량계.

débitter [debite] *v.t.* 【해양】 닻사슬·밧줄을)계주(繫柱)에서 벗기다[풀어내다].

déblai [deblε] *n.m.* ①【토목·철도】뚫기, 파기, 개착(開鑿). route en ~ 산등을 깎아낸 도로. ②(*pl.*)굴착(掘鑿)한 흙; (가옥의)헐어낸 부스러기, 타다 남은 것.

déblaiement [deblεmɑ̃] *n.m.* ①개착; (장애물의) 제거(↔ remblayage). ②파낸 흙의 소비.

déblatération [deblaterɑsjɔ̃] *n.f.* 욕, 험담.

déblatérer [deblatere] [6] *v.t.* (말을)험하게 해대다, 패언(悖言)하다. ~ des injures 욕설을 퍼붓다. —*v.i.* [~ contre](에 대하여)독설을 퍼붓다 (médire). ~ *contre* le pouvoir 권력자를 매도하다.

déblayage [deblε(e)jaʒ] *n.m.* (비유적)(장애물·사회악·악습 따위의)일소, 소탕.

déblayer [deblε(e)je] [8] *v.t.* ①(의 장애물을)제거하다, 치우다, 소제하다(dégager). ~ la neige 눈을 치우다, 제설하다. ~ l'entrée [le chemin] (길)을 치우다. ②(지면을)고르게 하다(aplanir). ③(구어)(목적보어 없이)【연극】어떤 역을 훌륭히 두드러지게 하다(~ un rôle).
~ *le terrain* (구어)미리 장애물을 제거하다, 예비 공작을 해놓다; (급히)떠나다.

déblayement [deblεjmɑ̃] *n.m.* = **déblaiement**.

déblocage [deblɔkaʒ] *n.m.* ①봉쇄(동결)해제. ~ d'un crédit 예금의 봉쇄해제. ~ *d'un capital* 자본금 동결의 해제. ②(비유적)장애배제. ~ *dans les rapports sociaux* 인간관계에 있어서의 장애물 제거. ③【기계】제동(브레이크)을 풀어주기. ④【철도】폐색 구간의 개통; 【인쇄】복자(伏字)로 바로 잡아주기.

déblocus [deblɔkys], **déblocuement** [deblɔkmɑ̃] *n.m.* 【군사】포위(봉쇄)해제.

débloquer [deblɔke] *v.t.* ①(도시·항구의)포위(봉쇄)를 풀다; (물건 따위를)다시 나돌게 하다, 해금하다. ②【철도】(의)브레이크를 풀다; (의)정지 신호를 통과신호로 바꾸다; (장애물을)걷어 치우다, 없애다, (을 위해)진로를 터주다. ~ *la voie vers un traité* 조약의 체결에 방해가 되는 요인들을 제거하다. ~ *l'économie coréenne* 한국경제의 성장을 막는 장애물을 제거하다. ③【인쇄】(의)복자(伏字)[역자(逆字)]를 고쳐 끼우다. ④(속어)(술)을 맑게 하다.
—*v.i.* (속어) ①술을 맑게 하다. ②못난 소리를 하다(divaguer). ③대변을 보다.
—*se* ~ *v.pr.* (정체상태에서)벗어나다. La situation politique paraît en voie de *se* ~. 정국이 차츰 정체상태에서 헤어나고 있는 것 같다.

débobinage [debɔbinaʒ] *n.m.* (감긴 코일을)풀기.

débobiner [debɔbine] *v.t.* (감긴 실·코일을)풀다.
—*se* ~ *v.pr.* (속어)급히 도망하다.

déboire [debwa:r] *n.m.* ①(옛)(술·약 따위의)쓴 뒷맛. ②(쾌락 뒤의)허전함, 공허; (*pl.*)환멸, 실망. éprouver [essuyer] des ~s 환멸을 맛보다. ③실패, 곤경(échec).

déboisage [debwazaʒ] *n.m.* 【광업】(땅 속에 박았던)지주(支柱)를 철거하기.

déboisement [debwazmɑ̃] *n.m.* 산림의 벌채.

déboiser [debwaze] *v.t.* (산림을)베어내다, 벌채하다. ~ *les montagnes* 산림을 베어내다.
—*se* ~ *v.pr.* (산림·개척지용의)개간용 가래.

déboiseuse [debwazø:z] *n.f.* (산림·개척지용의)개간용 가래.

déboîtement [debwatmɑ̃] *n.m.* 【의학】탈구(脫臼)(luxation); 【기술】(수도관 따위의)분리; 【군사】대오를 이탈하기; (자동차의)앞지르기.

déboîter [debwate] *v.t.* ①(~ *qc* (de *qc*)) (끼운 것을)빼지게 하다, 뽑아내다(démonter). ~ *une porte de ses gonds* 문을 돌쩌귀에서 빼내다. ②(목적보어는 신체부위 명사)[~ *qc* à *qn*] 탈구시키다(démettre). Sa chute lui *a déboîté* l'épaule. 그는 넘어지는 바람에 어깨 뼈가 빠졌다.
—*v.i.* 대열에서 벗어나다; 차선(車線)에서 벗어나다. On doit toujours avertir avant de ~. 앞지르려면 언제나 차선변경 신호를 해야 한다.
—*se* ~ *v.pr.* ①(주어는 사람, 목적보어는 신체부위 명사)[*se* ~ *qc*] 자기 …뼈를 빼다. Il *s'est déboîté* l'épaule. 그는 어깨뼈를 삐었다. ②(주어는 신체부위 명사) 탈구하다. Depuis son accident, son genou *se déboîte* facilement. 그는 사고가 있은 후로 무릎뼈의 탈골이 잦다.

débonder [debɔde] *v.t.* ①[~ *qc*] (의)마개를 뽑다, (의)수문을 열다. ~ *un tonneau* [un réservoir] 통의 마개를 뽑다[저수지의 수문을 열다]. ②(을) (속마음을)털어놓다. ③(속어)[~ *qn*] 변이 통하게 하다, 설사를 시키다. Ce purgatif *l'a débondé*. 이 하제로 변이 통했다.
—*v.i.* 흘러나오다, 넘쳐흐르다, (옛)심중을 털어 놓다. lac qui *a débondé* 넘쳐흐르는 호수.
—*se* ~ *v.pr.* ①(주어는 사물) (통·저수지 따위가)마개가 빠지다, 수문이 열리다. ②(옛)(주어는 사람) 심중을 털어놓다(s'épancher).

débondoir [debɔdwa:r] *n.m.* 술통 제조업자가 쓰는 연장의 일종.

débondonner [debɔdɔne] *v.t.* (통의)마개를 뽑다.

débonnaire [debɔnε:r] *a.* ①양순한, 마음이 약하고 착하고 어진(bon enfant, bonasse). directeur ~ 무골호인인 사장. ②(옛)우호한(clément, indulgent), 관대한. ~ *n.* 무골호인, 선량한 사람.

débonnairement [debɔnεrmɑ̃] *ad.* 우호하게; 순하게, 호락호락하게.

débonnaireté [debɔnεrte] *n.f.* 온화, 사람이 좋음, 너무 순함.

débord [debɔ:r] *n.m.* ①(화폐의)가장자리. ②(냇물의)넘쳐 흐름, 범람; (하천의)수면의 오름. ~ *de plaintes* (비유적)쉴 새 없이 내뱉는 하소연. ③【철도】(화물을 내리는).

débordant(e) [debɔrdɑ̃, -ɑ̃:t] *a.* ①넘쳐 흐를 듯한 (exubérant); [~ *de*](이)넘쳐 흐르는. joie ~*e* 억제하기 힘든 기쁨. ~ *de vie* (santé) 기력(건강)이 넘치는. ②【군사】장애물을 뒤로 하는(迂廻)하는. attaque ~*e* 우회공격.

débordé(e) [debɔrde] *a.p.* ①(드물게)(주어가)넘쳐 흐르는, 범람한. ②(주어는 사람)[~ *de*] (에)압도당한, (손님·주문 따위가 밀려와)정신을 못차리는. ~ *de travail* 일에 몰려 있다. (보어 없이) Je suis ~. 나는 바쁘다. ③(옛)(사람·생활이)방탕한(dissolu). ④가장자리가 삐져나온. drap ~ 침대 아래쪽으로 접어넣은 것이 삐져버린 이불. ⑤【군사】(뒤로)우회당한; (폭동 따위에 대하여)무력한.

débordement [debɔrdəmɑ̃] *n.m.* ①(하천의)범람 (crue); (바다의)침식; 【의학】(체액의)다량 배출. ~ *du Nil* 나일 강의 범람. ~ *de bile* 담즙의 배출.

출.② (군중의)난입; (사물의)쇄도; (이민족의)침입. ~ de peuple dans la rue 도로로 난입한 군중. ~ des barbares dans l'Empire romain 이민족의 로마제국 침입. ③ (감정의)넘쳐 흐름, 발작; (욕설 따위의)퍼붓기(torrent). ~ de joie(d'injures) 기쁨[욕설]의 폭발. ④ 방탕; 《종종 *pl.*》방자한 생활(débauche). ⑤ 【군사】우회. ⑥ 【해양】 (노를)벗겨놓기.

déborder [debɔrde] *v.i.* ① [~ de *qc*] 넘쳐 흐르다, 범람하다; (…에 푸어 따위가 사람에서)빠져나오다. L'eau *déborde du* verre. 컵의 물이 넘친다. Les pluies ont fait ~ l'étang. 비가 많이 와서 연못이 넘쳐 흘렀다. linge qui *déborde de* tiroir entrouvert 반쯤 열린 서랍에서 빠져나온 속옷. ② [~ de *qc*] (…으로)가득하다; (생기 따위에)넘치다. ~ d'esprit[de joie] 기지[기쁨]에 넘치다. La ville *déborde de* touristes. 그 도시는 관광객으로 북적거린다. ③ [~ de] 《해양》 (항구를)떠나다; 난바다로 나가다. Le canot a *débordé du* quai. 보트가 부두를 떠났다. ④《속어》토하다.
faire ~ le vase[la coupe] 마침내 …의 성을 폭발시키고 말다. *faire ~ qn* 격앙케 하다.
—*v.t.* ① 넘치게 하다; 범람시키다; (에서)빠져나오다. ② (경계·한계를)넘어서다. ~ le cadre de la question 문제의 한계를 넘다. orateur qui *déborde* son sujet 본론에서 빗나가는 역사. ② 불쑥 솟아나다(에서); (침대 가에 집어넣었던 이불 끝의)접힘을 빼내다; (의)가장자리를 떼어내다. ③ 《군사》 (적군·적진의)배후로 우회하다. ~ l'aile droite 적군의 우익으로 우회하다. ④ (보트를)뱃전[선창]에서 밀어내다; (배에서)선복(船腹)의 널빤지를 떼어내다; (노를)벗겨 놓다.
—se ~ *v.pr.* 자기의 이불이 침대에서 빠져나오게 하다; 《옛》 (하천이)범람하다; 《옛》방탕하다. *se ~ en dormant* 자는 동안에 이불을 차서 침대에서 빠져나오다.

débordoir [debɔrdwa:r] *n.m.* 쌍자루 대패.

débosseler [debɔsle] [5] *v.t.* (금속제품의)타흔(打痕)을 없애다.

débosser [debose] *v.t.* 【해양】(굵은 밧줄의)지삭(止索)을 벗기다.

débotté, débotter[1] [debote] *n.m.* ①《옛》장화를 벗을 때. ② 도착할 때.
au ~ 《구어》도착하자마자(바로); 불시에.

débotter[2] [debote] *v.t.* (의)장화를 벗기다.
—*v.i.*, *se ~ v.pr.* 장화를 벗다.

débouchage [debuʃa:ʒ] *n.m.* ① (병의)마개를 뽑기. ② 《군사》시한신관(時限信管)을 끊다.

débouché [debuʃe] *n.m.* ① (좁은 곳에서 넓은 곳으로의)출구, 【군사】진출로; (하수구의)낙수구(落水口), 유출구; 【토목】(교각(橋脚)사이의)수로; (난관에서부터의)탈출구, 돌파구. chercher un ~ pour se tirer d'affaire 궁지에서 빠져나가기 위한 돌파구를 찾다. ~ sur la mer 수출항. ② 《상업》시장, 판로(marché); 취직자리; 방편. L'industrie cherche des ~s. 기업이 새 시장을 찾는다. diplôme d'ingénieur qui offre des ~*s* variés 다양한 취직처를 제공해주는 기사 자격증.

débouche-becs [debuʃbɛk] *n.m.* (복수불변) (아세틸렌 가스 분출구의)노즐.

débouchement [debuʃmɑ̃] *n.m.* ① =débouchage. ②출구, 배출구; 판로.

déboucher[1] [debuʃe] *v.t.* ① [~ *qc*] (의)마개를 뽑다. ~ une bouteille 병마개를 뽑다. ② (막힌 파이프 따위의)장애물을 제거하다 (désobstruer); 《구어》[~ *qn*](의)변을 통하게 하다. ~ un passage 길을 통하게 하다. ~ un tuyau 막힌 관을 뚫다. ③ 【군사】(신관을)끊다.
—*se ~ v.pr.* (막힌 것이)뚫리다; 지혜가 싹트다.

déboucher[2] *v.i.* ① [~ (de)] (좁은 데서 넓은 데로)갑자기 튀어나오다(surgir). Un lapin *débouche de son* terrier. 토끼 한 마리가 갑자기 굴에서 튀어 나왔다. ② [~ sur/dans *qc*] (…으로)빠져나가다, (으로)통하다;《비유로》(에)이르다, (으로)귀착되다. Cette rue *débouche sur la* plage[*dans une* avenue]. 이 길은 해변[큰거리]으로 통한다. philosophie qui *débouche sur* une résignation stoïque 스토아 체념 사상에 도달하는 철학. Ces problèmes vont ~ *sur* la métaphysique. 이 문제들은 결국 형이상학으로 귀착할 것이다. ③ [~ dans](으로)(군대가)진출하다; (하천이)흘러들다.

débouchoir [debuʃwa:r] *n.m.* ① 마개뽑이. ② 보습 벗기는 막대. ③ 보석 세공사의 도구. ④ 【군사】신관(信管) 절단기.

déboucler [debukle] *v.t.* ① (혁대 따위의)쥠쇠를 끄르다(dégrafer). ②《속어》(죄수를)석방하다. ③ (머리털의)컬을 펴다(défriser).
~ sa ceinture 《구어》돈을 아낌없이 쓰다.
—*se ~ v.pr.* ① (머리털의)컬이 펴지다. ② 쥠쇠가 끌러지다.

débouillage [debuja:ʒ], **débouilli** [debuji] *n.m.* 《직물》(열탕에 담그는)염색시험.

débouillir [debuji:r] [19] *v.t.* débouillage 하다.

déboulé [debule] *n.m.* 《사냥》 (토끼 따위가)갑자기 튀어나옴. tirer un lapin au ~ 튀어나오는 토끼를 쏘다.

débouler [debule] *v.i.* ①《구어》굴러 떨어지다(tomber); 《구어》급히 떠나다, 도망가다; (벽이)무너지다. ② (토끼 따위가)갑자기 튀어나오다.
—*v.t.* ~ l'escalier 계단에서 굴러 떨어지다.
—*n.m.* =**déboulé**.

déboulonnage [debulɔna:ʒ], **déboulonnement** [debulɔnmɑ̃] *n.m.* 볼트를 뽑기.

déboulonner [debulɔne] *v.t.* ① (의)볼트를 뽑다. ~ un rail 레일의 볼트를 빼다. ②《구어》(위신을)떨어뜨리다, 몰아내다, 면직시키다. ~ (la réputation de) *qn* …의 명성을 더럽히다. ~ *qn* de son poste de maire …을 시장 자리에서 몰아내다.

débouquement [debukmɑ̃] *n.m.* ① 【해양】(배가)해협[운하]을 빠져나가기. ② 해협.

débouquer [debuke] *v.i.* (배가)해협(운하)을 빠져나가다.

débourbage [deburba:ʒ] *n.m.* débourber 하기.

débourber [deburbe] *v.t.* ① (의)진흙을 걸어내다, (도랑 따위의)진흙을 쳐내다; 【광산】(광석을)씻다; (포도주를)가라앉히다, (침전시켜)맑게 하다; 《양어》(물고기를 맑은 물에 넣어)진흙을 토하게 하다. ② (차 따위를)진창에서 끌어내다; 《옛·구어》궁지에서 구해내다.
—*se ~ v.pr.* 《주어는 사람》① 진창 속에서 나오다. ② 궁지에서 빠져나오다.

débourbeur [deburbœ:r] *n.m.* ① 세광기(洗鑛機). ② (뿌리의)진흙 제거기. ③ (발효하기 전의 포도즙에서)재강을 걷어내는 기계, 침전조.

débourgeoiser [deburʒwaze] *v.t.* ① 부르주아 근성을 제거하다. ② 촌티를 벗게 하다. ③ 중산계급에서 끌어올리다.
—*se ~ v.pr.* ① 부르주아 근성을 버리다. ② 상류계급의 사람과 혼인을 하다.

débourrage [debura:ʒ] *n.m.* débourrer 하기.

débourrement [deburmɑ̃] *n.m.* (포도나무의)발아.

débourrer [debure] *v.t.* ① (가죽에서)털을 제거하다(dépiler); (소모(梳毛) 빗에서)양털 부스러기를 소제하다. ② (총포에서)화문전(火門栓)을 뽑

débourroir 아내다; (의자 따위에서)속을 뽑아내다; (파이프에서)담뱃재를 긁어내다; (철도 침목 밑의)자갈을 골라내다. ③ (말에 처음으로 안장과 고삐를 달아서)훈련시키다; 《구어》(사람을)사회생활에 익숙케 하다, 세련되게 하다.
~ **sa pipe** 파이프에서 담뱃재를 긁어내다; 《속어》똥을 싸다.
— *v.i.* (포도나무 따위가)발아하다.
— **se** ~ *v.pr.* ① 세련되다. ② 담뱃재[찌끼]가 빠지다. ③ (여자의 몸이)날씬해지다. ④ (포도나무 따위가)발아하다.
se ~ **le cœur** 마음 속에 쌓인 것을 털어놓다.
débourroir [deburwa:r] *n.m.* 충전물 발취기(充填物拔取器)《소파 따위의 속을 긁어내는 기구》.
débours [debu:r], **déboursé** [deburse] *n.m.* (보통 *pl.*)《상업》선금; 입체금(立替金); 지출, 추가지불금. rentrer dans ses ~ 입체금을 받아내다.
déboursement [debursəmɑ̃] *n.m.* 지출, 지불.
débourser [deburse] *v.t.* 지불하다; (목적보어 없이)돈을 쓰다, 지불하다.
déboussolage [debusɔla:ʒ] *n.m.* 당황, 방향 상실, 실성(失性).
déboussolant(e) [debusɔlɑ̃, -ɑ̃:t] *a.* 당황하게 하는, 어찌할 바를 모르게 하는, 어이없게 하는.
déboussolé(e) [debusɔle] *a.p.* 당황한, 어찌할 바를 모르는, 난처한; 실성한, 미친.
déboussoler [debusɔle] *v.t.* 당황하게(어리둥절하게) 하다; (비유적)방향을 상실케 하다.
:**debout** [dəbu] (연음하지 않음) *ad.* ① (사람이)일어난 상태로(levé, ↔ couché), 서있는 상태로(Sur ses pieds, ↔ assis); (사물이)세워진 상태로. Ne restez pas ~, asseyez-vous. 서있지 말고 앉으시요. se mettre ~ 일어서다(se lever, se dresser). mettre(dresser) *qc* ~ ⋯을 세우다, 일으키다, 일으켜 세우다. Tous les matins, il est ~ à six heures. 매일 아침 그는 6시에 일어난다.
② 살아있는[건강한] 상태로, 끄떡없이. Le malade sera bientôt ~. 환자는 곧 일어설 것이다.
③ 《해양》거슬러서. être ~ à la lame(au vent) (배가)물결[바람]을 거슬러가다. avoir (le) vent ~ 역풍을 받고 있다.
bois travaillé ~ 결을 거슬러서 다듬은 목재.
dormir ~ 몹시 졸리다. conte à *dormir* ~ 싱겁기짝없는 이야기; 믿을 수 없는 말, 허튼소리.
être (*encore*) ~ (아직까지)끄떡없다, 염려할 것 없다. Cette muraille *est* toujours ~ 이 담벽은 아직 끄떡없다.
mettre qc ~ 세우다; (어떤 일을)패를 올리다 (mettre *qc* en train), 훌륭히 성취시키다.
mourir ~ 서서 죽다; 집무중에 쓰러지다, 죽는 순간까지 활동을 계속하다.
ne pas tenir ~ 《구어》(이론·작품 따위가)되어먹지 않다, 성립되지 않다.
passer ~ 《세관》통관허가증을 가지다.
se tenir ~ 서 있다; (동물이)뒷발로 서다; (학설 따위의 타당성이)그대로 유지되다.
tenir ~ 성립되다, 이치에 맞다.
tomber ~ 용하게 곤경을 벗어나다.
— *int.* 서! 일어섯! 일어나!
Allons, ~! 자 일어나시오!; 기운을 내시오!
— *a.* (불변)서있는; 일어나있는; 살아있는; 수직의. place ~ 입석. magistrature ~ 《법》검사(직). record encore ~ 《스포츠》아직 깨뜨리지 못한 기록. vent ~ 역풍; 역경.
débouté [debute], **déboutement** [debutmɑ̃] *n.m.* 《법》(소송의)각하(却下), 기각.
débouter [debute] *v.t.* 《법》각하하다, 기각하다.

~ *qn* (de sa demande) ⋯의 청을 물리치다.
déboutonner [debutɔne] *v.t.* [~ *qc*] (의)단추를 끄르다. ~ son pardessus 외투 단추를 끄르다.
à ventre déboutonné (복부의 단추를 메어야 할 정도로)잔뜩, 지나치게. manger *à ventre déboutonné* 배가 터지도록 먹다. rire *à ventre déboutonné* 포복절도하다.
— **se** ~ *v.pr.* ① (자기 옷의)단추를 끄르다; (의복의)단추가 끌러지다. Voulez-vous vous ~ ? 옷의 단추를 끄르세요. Votre pardessus *s'est déboutonné*. 당신 외투의 단추가 끌러졌어요. ② 《구어》흉금을 터놓고 이야기하다. *S'est longuement déboutonné*. 그는 오랜 시간 속애기를 털어놓았다. ③ 《구어》실토하다. *Il n'y a pas de quoi se* ~. 이 정도의 음식으로는 배를 채우지 못하겠군.
débraillé(e) [debraje] *a.p.* ① (옷차림이)단정치 못한(négligé); (비유적)신중하지 못한. ② 난잡한; (이야기 따위가)음탕한. Il 단정치 못한 꼴.
— *n.* 옷차림이 단정치 못한 사람.
débrailler [debraje] *v.t.* 몸단장을 흐트러뜨리다.
— **se** ~ *v.pr.* ① 가슴 단추를 끄르다, 가슴을 드러내다; 치장에 개의치 않다. ② 《구어》이야기가 추잡해지다.
débranchement [debrɑ̃ʃmɑ̃] *n.m.* 《철도》(차량의)측선(側線)으로 배차하기; 《전기》전원(접속)을 끊기, 절단.
débrancher [debrɑ̃ʃe] *v.t.* 《철도》(차량을)측선으로 배치하다; 《전기》(의)전원(접속)을 끊다.
débraquer [debrake] *v.t.* 포구(砲口)·눈 따위를 딴데로 돌리다.
débrayage [debrɛja:ʒ] *n.m.* ① débrayer 하기. ② 클러치 페달(pédale de ~). ③ 파업(grève).
débrayer [debrɛ(e)je] 8 *v.t.* (의)연동장치(기어·클러치)를 벗기다. — *v.i.* ① 클러치를 벗기다, 기어를 바꾸다. ② 《구어》일을 파하다; 파업하다. ③ (주어는 사람) [~ de *qn*(*qc*)](와)단절되다, (에서)소외되다. ~ de la réalité 현실과 담을 쌓다.
débrayeur [debrɛjœ:r] *n.m.* 연동 차단기.
débrêler [debrɛ(e)le] *v.t.* 《철도》(적재한 화물의)밧줄을 풀다.
débridé(e) [debride] *a.p.* ① 말굴레를 벗긴. ② 구속이 없는; (비유적)(언행이)도가 지나친, 방자한(déchaîné); (식욕이)왕성한. — *n.f.* ① (옛)승마대(乘馬隊)의 짧은 휴식. ② 쉬고 있는 한 패.
débridement [debridmɑ̃] *n.m.* ① 말굴레를 벗김, 짐풀기. ② 구속이 없음, 해방; (감정의)폭발. ~ des instincts de violence 폭력 본능의 폭발. ③ 《외과》연번(緣邊) 절제수술.
débrider [debride] *v.t.* ① (말의)굴레를 벗기다 (↔ brider); (목적보어 없이)승마자가 말굴레를 벗기고)휴식하다. ② 구속에서 풀어주다, 자유롭게 해주다; 《구어》재빠르게 말하다(해치우다). ~ les yeux à *qn* ⋯의 눈을 뜨게 하다, 깨닫게 하다. ③ 《요리》(요리하기 위해 가금류를 묶었던) 끈을 풀다. ④ 《외과》연번(緣邊) 절제수술을 하다. *sans* ~ 휴식 없이; 줄곧, 계속해서.
débris [debri] *n.m.* (보통 *pl.*)파편, 조각(fragment), 쓰레기; 잔해, 남은 것, 잔존물(déchet, détritus); 먹다 남은 것. ~ d'un vase 깨어진 꽃병의 파편. ~ de vieilles machines 낡은 기계의 잔해. ~ d'un repas 먹다 남은 음식.
débrochage [debrɔʃa:ʒ] *n.m.* 《제본》(책의)꿰맨 실 뽑기.
débrocher [debrɔʃe] *v.t.* ① (고기를)꼬치에서 빼다. ② 《제본》(책의)꿰맨 실을 뽑다.
débronzer [debrɔ̃ze] *v.t.* ① 청동도금을 벗기다. ② (비유적)탈을 벗기다, 정체를 폭로시키다.

débrouillage [debruja:ʒ] n.m. ① 얽힌 것을 풀기. ② 어려운 고비를 타개하기.
débrouillard(e) [debruja:r, -ard] 《구어》a. 능수능란한, 융통성 있는, 약삭빠른; 재치 있는, 영악한. —n. (위)의 사람.
débrouillardise [debrujardi:z], **débrouille** [debruj] n.f. 능수능란함, 영악함.
débrouillement [debrujmɑ̃] n.m. 얽힌 것을 풀기; (난국의)타개; (분규의)해결; (서류의)정리.
*__débrouiller__ [debruje] v.t. ① [~ qc] (얽힌 것을 풀다; (어려운 일을)해결하다; 해명하다; (서류를)정리하다. ~ du fil (헝클어진)실을 풀다. ~ un cas compliqué 복잡한 사건을 해결하다. ② [~ qc] (을)분간하다, 판별하다(éclaircir); (수수께끼를)풀다; [~ qn] (사람을)깨우치다, 계발하다. ~ les sentiments secrets de qn …의 비밀스러운 마음속을 밝히다. ~ un enfant 어린이의 이해력을 깨우치다. ~ (약색 따위를)명랑하게 하다.
—**se ~** v.pr. ① 어려운 고비를 넘기다, 요령있게 차리하다, 적절한 조치를 취하다(s'arranger). Débrouillez-vous! 그건 알아서 처리하시오. Cet élève se débrouille très bien en français. 이 학생은 불어과목에서 이해가 썩 빠르다. Ne l'aide pas, laisse-le se ~ tout seul. 그를 도와주지 말고 혼자서 해결하도록 내버려두어라. se ~ pour+inf.(pour que+sub.) …하도록 선처하다, …할 수 있게 손을 쓰다. ② (날씨가)판별되다, 해명되다. ③ 《옛》(하늘·안색 따위가)밝아지다. Le ciel se débrouilla. 하늘이 밝아졌다.
débrouilleur(se) [debrujœ:r, -ø:z] n. 《옛》① (분규의)해결자. ② 면고 따위의)판독자.
débroussaillant [debrusajɑ̃] n.m. 가시덤불 제거제(약품).
débroussaillement [debrusajmɑ̃] n.m. débroussailler 하기.
débroussailler [debrusaje] v.t. ① (에서)가시덤불을 제거하다. ②(비유적)명백하게 하다, 밝히다(élucider), 뚜렷하게 하다(éclaircir). ~ une question complexe 복잡한 문제를 풀다.
débrutir [debryti:r] v.t. (유리·보석·대리석 따위를)애벌갈다.
débrutissement [debrytismɑ̃] n.m. 애벌갈이.
débuché, débûché [debyʃe] n.m. 《사냥》 (짐승이)수풀에서 뛰어나올 때; (그)때를 알리는 나팔소리. au ~ 《옛》 최초에.
débucher, débûcher [debyʃe] v.i. 《사냥》(짐승이)수풀에서 뛰어나오다; (은둔생활자가)세상에 나오다. —v.t. (짐승을)수풀에서 몰아내다.
—n.m. = débuché.
débudgétisation [debydʒetizasjɔ̃] n.f. 《경제》 예산에 넣지 아니함.
débudgétiser [debydʒetize] v.t. 《경제》 예산에 넣지 않다.
débusquement [debyskəmɑ̃] n.m. 《군사》(적을)엄폐물(진지)로부터 격퇴하기; 《구어》(의)지위를 빼앗기.
débusquer[1] [debyske] v.t. ① 《군사》 엄폐물(진지)에서 (적을)격퇴하다; 《구어》(의)지위를 빼앗다. ② 《사냥》 몰아내다.
—v.i. 《군사》 엄폐물에서 나오다; 《사냥》 숲에서 나오다; 이동하다.
débusquer[2] v.t. 《의복》 (부인복의)코르셋의 살대를 뽑아내다.
:__début__ [deby] n.m. ① 처음, 발단, 시초; 시작, 개시; 초기(commencement). d'un livre 책의 첫머리. état du ~ 처음(시초의) 상태. appointements de ~ 초임. du ~ à la fin 처음부터 끝까지, 철두철미. ~ du jour 날샐 무렵, 새벽. ② (pl.)(배우의)데뷔, 첫무대; (사교계의)첫출입, (사회로의)제일보. Il a eu des ~s éblouissants; Ses ~s ont été éblouissants. 그의 데뷔는 화려했다. ③ 《당구》 공을 쳐서 순번을 정하기.
(*tout*) *au ~*; *au tout* ~ 처음에는(d'abord).
au — *de* …의 (시)초에. *au* — *du* siècle 세기 초에.
faire ses ~*s à*(*dans*) …에 데뷔(진출)하다. Il *a fait ses* ~*s* à la Comédie-Française (*dans* le cinéma) l'année dernière. 그는 작년에 코메디프랑세즈 (영화계)에 데뷔했다.
débutant(e) [debytɑ̃, -ɑ̃:t] n. ① 초심자, 신출내기, 미경험자. ② 신진(新進), 신인.
*__débuter__ [debyte] v.i. ① [~ à/dans](에)처음으로 나가다, 첫발을 내딛다; 첫 없이 첫무대에 나서다, 데뷔하다; 사교계에 처음 나가다; 처녀작을 발표하다. ~ dans la vie 인생의 제일보를 내딛다. métier où l'on débute à mille francs par mois 초봉이 천 프랑인 직업. Il ne sait pas encore très bien son métier, il débute(c'est un débutant). 그는 아직 일이 서툴러, 초심자이니까. ② 시작되다(commencer). La séance débute à quinze heures. 회의는 15시에 개회한다. ~ bien(mal) 서두가 잘(잘못)되다. ~ [~ par] La symphonie débute par un allégro. 이 교향악은 알레그로로 시작된다. ③ (당구 따위의 놀이에서)공을 쳐서 순번을 정하다.
Par où ~? 무엇부터 시작할까? *pour* ~ 우선.
—v.t. 개시하다. ~ la séance par un discours 연설로 개회하다. Il a très mal débuté le latin. 그의 라틴어 공부는 시초부터 잘못됐다.
debye [dəbaj] n.m. 《물리》 데바이 (전기 쌍극자(雙極子) 모멘트의 단위).
dec. 《약자》 decoctio 《약》 전제(煎劑).
déc. 《약자》 ① décédé 고인이 된, 고(故). ② décembre 12월. ③ décime 10상팀.
decà [dəsa] ad. 《옛》 이쪽에.
— (et) delà 이곳저곳에, 여기저기. ~ et delà qc 《옛》 …의 이쪽과 저쪽에.
au(*en, par*) ~ 《옛》이쪽에.
en ~ *de* …의 이편에; …이하로. maison qui se trouve *en* ~ *du* pont 다리 이편쪽에 있는 집. rester *en* ~ *de* la vérité 사실을 파악하지 못하고 있다. film très *en* ~ *de* ce qu'on espérait 기대에 훨씬 미치지 못하는 영화.
déca- préf. 「10」의 뜻.
décabilloter [dekabijote] v.t. 《해양》 (두 밧줄 끝을)연결하는 비너장을 빼다.
décabocher [dekaboʃe] v.t. 《속어》 (의)의견[생각]을 고치게 하다, 미망(迷妄)을 깨우치다. ~ qn de qc …에게 …을 하지 않게 하다.
décabosser [dekabose] v.t. [~ qc] (의)요철[울퉁불퉁함]을 없애다. ~ une casserole 냄비 바닥의 요철을 없애다.
décabristes [dekabrist] n.m.pl. (1825년 12월 니콜라스 1세를 폐위케 하기 위해서 조직된)12월당원 (décembristes 라고도 함).
décachetage [dekaʃta:ʒ] n.m. (편지의)개봉.
décacheter [dekaʃte] [5] v.t. ~ une lettre (편지의)겉봉을 뜯다.
décadaire [dekadɛ:r] a. 《프랑스사》 (공화력의)열흘마다의; 10일간의.
décade [dekad] n.f. ① 10. ② (특히 공화력의)10일간. ③ 10년 간(décennie). dernière ~ du XIX° siècle 19세기의 마지막 10년간. ④ 10 권(장)을 한데 모은 책; 순간지(旬刊誌).
décadenasser [dekadnase] v.t. (의)자물쇠를 열

décadence [dekadɑ:s] *n.f.* ① (문화·사회·집안 따위의)데카당스, 쇠퇴, 몰락, 조락(凋落)(déclin, abaissement, affaissement). entrer[tomber] en ~ 쇠퇴하기 시작하다. poètes de la ~ 로마 쇠퇴기의 시인. ②(옛)폐허(ruine).

décadent(e) [dekadɑ̃, -ɑ:t] *a.* ① 타락해가는, 퇴폐적인. ②퇴폐기의; (19세기 말의)퇴폐파의, 데카당파의. civilisation ~e 쇠퇴[퇴폐]기의 문명.
—*n.m.* 퇴폐파의 예술가·작가.

décadentisme [dekadɑ̃tism] *n.m.* 퇴폐주의, 데카당주의.

décadi [dekadi] *n.m.* 《프랑스사》(공화력의)10일째(휴일).

décaèdre [dekaɛdr] *n., a.* 《수학》10면체(의).

décaféiner [dekafeine] *v.t.* 카페인을 빼다.

décagénaire [dekaʒenɛ:r] *a.* 10대의, 틴에이저의.
—*n.* 10대 소년[소녀].

décagonal(ale, pl. aux) [dekagɔnal, -o] *a.* 《수학》10각형[10변형]의.

décagone [dekagɔn] 《수학》 *n.m.* 10각형, 10변형. —*a.* 10각형의.

décag(r). 《약자》décagramme 10그램.

décagramme [dekagram] *n.m.* 《도량형》 데카[10]그램.

décaissage [dekɛsa:ʒ] *n.m.* ①(물건을)상자에서 꺼내기. ②《원예》이식.

décaissement [dekɛsmɑ̃] *n.m.* ①=décaissage ①. ②《상업》지불.

décaisser [deke(ɛ)se] *v.t.* ①상자에서 끌어내다(déballer). ②《상업》(현금을)지불하다. ③《원예》이식하다.

décal. 《약자》décalitre 10리터.

décalage [dekala:ʒ] *n.m.* ①(시간·날짜·장소를)변경하기, 옮기기. ~ de l'heure 서머타임으로 바꾸기. ②위치의 어긋나기; 편차. ~ des balais 《기계》브러시변위(變位). ~ de phase 《전기》위상변위(位相變位). ~ vers le rouge 《천문》적색편위(赤色偏位). ③차이, 간격. ~ horaire 시차. ~ entre les principes et la réalité 원칙과 현실과의 괴리. ~ entre deux contestations 두 항의 내용간의 견해차. ~ d'heure 《지구·수레 바퀴》를 뽑아내기.

décalaminage [dekalamina:ʒ] *n.m.* 《기계》(기통의)탄소의 제거.

décalaminer [dekalamine] *v.t.* 《기계》(기통의) 탄소를 일부 또는 완전히 제거하다.

décalcification [dekalsifikasjɔ̃] *n.f.* ①《의학》(혈액·뼈의)칼슘 상실; 탈회법(脫灰法), 골질(骨質)석회 제거. ②《지질》석회암의 소멸.

décalcifier [dekalsifje] *v.t.* 《의학·지질》(에서)칼슘[석회질]을 제거하다.
—*se* ~ *v.pr.* 석회질이 없어지다.

décalcomanie [dekalkɔmani] *n.f.* ①전사술(轉寫術). ②전사화(轉寫畵).

décaler [dekale] *v.t.* ①(시간·날짜·장소를)미루다(앞당기다), 변경하다, 바꾸다, 옮기다. ~ l'heure 시간을 서머타임으로 변경하다. ~ le départ d'une heure 출발을 한 시간 늦추다(앞당기다). ~ des lignes de départ 출발선을 변경하다. ②(의자리를 어긋나게 하다, 들쭉날쭉하게 하다, 옮겨놓다(déplacer). ~ les bancs d'un mètre 벤치를 1미터 옮겨놓다. ~ 《기계》쐐기를 뽑다; ②(수레바퀴 고정시킨)쐐기를 뽑다. ~ un meuble 가구 밑에 받친 쐐기를 뽑다.

décalitre *n.m.* 《도량형》 데카[10]리터.

décalogue [dekalɔg] *n.m.* 《교회》 십계명.

décalotter [dekalɔte] *v.t.* ①(의)베레모를 벗기다. ~ un enfant de chœur 성가대의 소년의 모자를 벗게 하다. ②(의)뚜껑을 제거하다. ~ un pot 냄비 뚜껑을 열다. ~ un citron 레몬의 꼭지를 따다.
—*v.i.* 《의학》 포경수술을 하다.

décalquage [dekalka:ʒ] *n.m.* 복사, 전사(轉寫).

décalque [dekalk] *n.m.* ①트레이싱; 복사, 전사, 탁본. papier à ~ 복사지, 전사지. ②복사화.

décalquer [dekalke] *v.t.* 복사하다; 전사하다.

décalvant(e) [dekalvɑ̃, -ɑ:t] *a.* 《의학》 대머리로 만드는, 탈모성의.

décalvation [dekalvasjɔ̃] *n.f.* ①대머리로 만들기, 두발 탈모. ②(옛)죄인의 삭발 형벌.

décam. 《약자》décamètre 10미터.

Décaméron (le) [lədekamerɔ̃] *n.pr.m.* (복카치오의)데카메론, 10일 야화.

décamètre [dekamɛtr] *n.m.* 《도량형》데카[10]미터; (그)줄자(卷尺).

décamper [dekɑ̃pe] *v.i.* ①《군사》진지를 철수하다. ②(구어)서둘러 도망가다, 물러가다, 떠나다. *Décampez d'ici!* 여기서 꺼져! ~ devant la police 경찰을 보고 도망가다. ③《옛》출발하다.

décan [dekɑ̃] *n.m.* ①《고대로마》10인대장, 십부장; 10인의 성직자의 장. ②《고대천문》십분자각(十分角).

décanailler [dekanaje] *v.t.* 점잖게 만들다.
—*se* ~ *v.pr.* 점잖아지다.

décanal(ale, pl. aux) [dekanal, -o] *a.* 승원장[학장](doyen)(직)의.

décanat [dekana] *n.m.* 승원장[학장]의 직[임기].

décaniller [dekanije] *v.i.* ①《속어》①물러가다, 줄행랑치다(décamper); 출발하다. ②잠자리에서 나오다, 일어나다.

décantage [dekɑ̃ta:ʒ] *n.m.*, **décantation** [dekɑ̃tasjɔ̃] *n.f.* ①(액체의)침전물을 제거하기(맑은 윗부분의 액체를 떠내기), 경사(傾瀉). ②(사상·관념을)명확히 하기.

décanter [dekɑ̃te] *v.t.* (의)맑은 윗물을 따라 옮기다, 경사하다. ~ de vin (침전물을 없애기 위해서)포도주의 맑은 부분을 옮기다. ②(사상·관념을)명확히 하다. ~ ses idées[une théorie] 자기의 사상[학설]을 명확히 하다.
—*v.i.*, *se* ~ *v.pr.* 맑아지다. ②(생각이 머리속에서)분명해지다. *Mes réflexions se décantent peu à peu.* 내 사고가 서서히 명쾌해진다.

décanteur [dekɑ̃tœ:r] *n.m.* 경사기(傾瀉器).

décapage [dekapa:ʒ] *n.m.* (금속을)갈기, (금속제품을)묽은 산으로 씻기.

décapant [dekapɑ̃] *n.m.* 금속 연마액. ~ pour vernis 와니스 제거액.

décapelage [dekapla:ʒ], **décapèlement** [dekapɛlmɑ̃] *n.m.* 《해양》삭구(索具)를 풀어 벗기기.

décapeler [dekaple] [5] *v.t.* ①《해양》(돛대·활대에)삭구(索具)를 끄르다. ~ un mât(une vergue) 마스트[활대]의 삭구를 끄르다. ②밧줄을 펴다. ~ le double d'une amarre 밧줄의 구부러진 부분을 펴다. ③《옛》벗다.

décapement [dekapmɑ̃] *n.m.* = **décapage**.

décaper[1] [dekape] *v.t.* ①(금속·돌 따위를)갈다, 닦다, (금속제품을)묽은 산으로 씻다. ②(표면의 칠[때]을 닦아내다. ③~ une chaussée 《토목》(자갈을 다시 깔려고)도로표면을 곡괭이로 파다.

décaper[2] *v.i.* 《해양》갑(岬)을 벗어나서 난바다로 나가다.

décapétale [dekapetal], **décapétalé(e)** [dekapetale] *a.* 《식물》10개의 꽃잎이 있는.

décapeur(se) [dekapœ:r, -øz] *n.m.* 금속 닦는 직공.
—*n.f.* 《토목》스크레이퍼(scraper).

décapitaliser[1] [dekapitalize] *v.t.* (어떤 도시에서)

수도의 자격을 박탈하다, 비수도화하다.

décapitaliser² [dekapitalize] *v.t.* ① (이익에서)원금을 빼내다. ② (기업에서)투자 자본을 회수하다.

décapitation [dekapitɑsjɔ̃] *n.f.* 참수(斬首). être condamné à la ~ 참수형에 처해지다.

décapité(e) [dekapite] *a.p.* 목이 잘린; [~ de](을)잃은. —*n.* 참수형을 받은 사람.

décapiter [dekapite] *v.t.* ① 참수형에 처하다, (의)목을 자르다(guillotiner). ~ un criminel 죄인의 목을 자르다. ② (나무의)꼭대기를 자르다; (못 따위의)대가리를 자르다. La tempête *a décapité* plusieurs arbres. 폭풍우 때문에 여러 그루의 나무 꼭대기가 부러졌다. ③ (수뇌부·주요부분을)괴멸시키다, 마비시키다. ~ un parti politique (지도자를 넘어뜨려서)정당을 마비시키다.

décapode [dekapɔd] 〖동물〗 *a.* 10 각(脚)의. —*n.m.pl.* 10 각류(脚類).

décapolaire [dekapɔlɛr] *a.* 〖전기〗 10 극의.

décapole [dekapɔl] *n.m.* 〖역사·성서〗 (고대 팔레스티나 지방의)10개 도시 동맹, 데카폴리.

décapotable [dekapɔtabl] *a.* 접는 식 지붕의《자동차》. automobile ~ 접는식 지붕을 갖춘 자동차.

décapoter [dekapɔte] *v.t.* (자동차의)지붕을 접어치우다.

décapsulateur [dekapsylatœːr] *n.m.* (유리병의)마개뽑이.

décapsulation [dekapsylɑsjɔ̃] *n.f.* ① 마개 뽑기. ② 〖외과〗(신장의)피막박리(皮膜剝離).

décapsuler [dekapsyle] *v.t.* ① (병의)마개를 뽑다(ouvrir). ~ une bouteille 병마개를 따다. ② 〖외과〗(신장의)피막을 벗기다.

décapsuleur [dekapsylœːr] *n.m.* =**décapsulateur**.

décapuchonner [dekapyʃɔne] *v.t.* ① (외투의)두건을 벗기다. ~ un enfant 어린아이의 두건을 벗기다. ② (만년필 따위의)캡[두껑]을 벗기다. ~ un stylo 만년필의 뚜껑을 벗기다. ③ (비유적)환속시키다. —**se** ~ *v.pr.* ① 두건을 벗다. ② 환속하다.

décarbonater [dekarbɔnate] *v.t.* 〖화학〗(의)탄산을 제거하다. chaux *décarbonatée* 탈탄산칼슘.

décarbonisation [dekarbɔnizɑsjɔ̃] *n.f.* 탄소 제거, 탈탄(脫炭).

décarboniser [dekarbɔnize] *v.t.* 〖야금·기계〗(의)탄소를 제거하다.

décarburant(e) [dekarbyrɑ̃, -ɑ̃ːt] 〖야금〗 *a.* 탈탄하는. —*n.m.* 탈탄제.

décarburation [dekarbyrɑsjɔ̃] *n.f.* 〖야금〗 탄소 제거, 탈탄.

décarburer [dekarbyre] *v.t.* 〖야금〗 (에서)탄소를 없애다, 탈탄하다.

décarcasser [dekarkase] *v.t.* 뼈를 발라내다[부수다]. ~ un poulet 닭뼈를 발라내다. ~ un parapluie 우산의 살을 부러뜨리다. —**se** ~ *v.pr.* 〖구어〗무척 애쓰다, 고생하다(se démener, se multiplier). Je *me suis décarcassé* pour vous procurer ce billet. 이 표를 당신에게 구해 주려고 많은 애를 썼다. Pas besoin de *te* ~! 그렇게 고생스럽게 일할 필요는 없어.

décarêmer(se) [s(ə)dekarɛme] *v.pr.* ① (사순절의 단육(斷肉) 후에)육식하다. ② 금욕의 벌충을 하다.

décarrade [dekarad] *n.f.* 〖속어〗도망(fuite); 출발(départ); 외출; (극장에서 관객의)퇴장시간; (매춘부 등의 주 1회)휴가.

décarrelage [dekarlaʒ] *n.m.* 타일 떼어내기.

décarreler [dekarle] 〖5〗 *v.t.* (에서)포장돌[타일]을 제거하다. faire ~ une cuisine 부엌의 타일을 제거하다.

décarrer [dekare] *v.i.* ①《속어》탈주[도망]하다; 몰래 빠져나가다(s'enfuir). Je *décarre* par une porte de derrière. 뒷문으로 (살며시) 달아나겠다. ② 외출하다, 나가다(sortir). Quand je *décarrais* dans une boîte, c'était toujours lui qui payait. 술집에 가면 언제나 그가 계산하곤 했다. —*v.t.* 〖속어〗(물건을)밖으로 내놓다, (동물을)산책시키다; 감옥에서 내보내다.

décartellisation [dekartɛ(el)lizɑsjɔ̃] *n.f.* 〖경제〗카르텔의 해체, 기업 집중 배제. politique de ~ 카르텔 금지 정책.

décartonner [dekartɔne] *v.t.* (책 따위의)표지를 벗기다.

décarver [dekarve] *v.t.* 〖해양〗 2개의 목재 사이에 간격을 없애기 위해 쐐기를 박다.

décaser [dekaze] *v.t.* ① (서류 따위를)정리상자에서 내놓다. ② 〖체스〗(말을)움직이다. ③《구어》(세든 사람을)내쫓다. ④ 전근시키다.

décasquer [dekaske] *v.t.* (에게)투구를 벗게 하다. —**se** ~ *v.pr.* 투구를 벗다.

décastère [dekastɛːr] *n.m.* 〖도량형〗 10 입방미터.

décasthène [dekastɛn] *n.m.* 10 스텐《M.T.S. 단위계에서 힘의 크기를 나타내는 단위》.

décastyle [dekastil] *n.m.* 〖건축〗 10 주식(柱式) 건축물.

décasyllabe [dekasi(l)lab] *a.* 10 음절의, 10 각(脚)의. —*n.m.* 10 음절의 시.

décasyllabique [dekasi(l)labik] *a.* =**décasyllabe**.

décathlon [dekatlɔ̃] *n.m.* 〖올림픽의〗10종 경기.

décathlonien [dekatlɔnjɛ̃] *n.m.* 〖육상〗 10종 경기선수《경기자》.

décatholiciser [dekatɔlisize] *v.t.* 비(非)가톨릭적으로 만들다. —**se** ~ *v.pr.* 비가톨릭화하다.

décati(e) [dekati] *a.p.* ① (모직물 등의)광택이 없는 (délustré). ② 젊음[미색]을 잃은; 시든, 한물간. Elle se sentait joliment changée et ~*e.* 그녀는 자신이 무척 변했고 노쇠해졌음을 느꼈다.

décatir [dekatiːr] *v.t.* ① 〖직물〗(모직물의)광택을 없애다(délustrer). ② 《구어》(의)젊음[미색]을 잃게 하다; 노쇠하게 하다. —**se** ~ *v.pr.* ① 〖직물〗 광택이 없어지다. ②《구어》젊음[미색]을 잃다; 늙다, 노쇠하다(vieillir).

décatissage [dekatisaʒ] *n.m.* 〖직물〗광택을 없애기.

décatisseur(se) [dekatisœːr, -ø:z] 〖직물〗 *a.* 광택을 없애는. —*n.* (위)의 직공.

decauville [dəkovil] (<*Decauville*, 프랑스의 발명가) *n.m.* ① 경편(협궤)철도(chemin de fer *D*~). ② 경편철도용의 자재.

décavaillonner [dekavajɔne] *v.t.* (포도나무의 포기 사이를)쟁기질하다.

décavaillonneuse [dekavajɔnø:z] *n.f.* (포도나무 포기 사이를 파헤치는)쟁기.

décavé(e) [dekave] *a.p.* ① 노름으로 빈털터리가 된. ②《구어》파산한(ruiné). ③ 핼쑥해진, 움푹 패인. visage ~ 핼쑥해진 얼굴. yeux ~s 움푹 패인 눈. —*n.* ① (위)의 사람. ② 〖주식〗(계약 불이행으로)제명된 사람.

décaver [dekave] *v.t.* (도박에서)내깃돈을 전부 빼앗기다, 빈털터리가 되다.

décbre (약자)décembre 12월.

decca [deka] (<*Decca*, 영국의 회사) *n.m.* 〖항공·해양〗데카항법방식《송신국에서 발사되는 전파의 위상차(位相差)를 측정해서 현재의 위치를 검출하는 방식》.

décédé(e) [desede] *a.p.* 죽은, 서거한. photo-

décéder [desede] ⑥ v.t. 《조동사는 être》(천명(天命)으로)죽다, 사망하다, 서거하다(특히 공용어에서 사용)(mourir). Il *est décédé* le 30 juin. 그는 6월 30일에 서거했다.

déceindre [desɛ̃:dr] ㉗ v.t. ①(의)허리띠를 벗기다. ②(패검(佩劍) 따위의)띠를 풀다, 띠에서 벗겨놓다.

déceinturer [desɛ̃tyre] v.t. (차에서)타이어를 떼어내다.

décelable [deslabl] a. 발견가능한. poison ~ 검출가능한 독. sans cause ~ 원인불명인 채로.

décèlement [desɛlmɑ̃] n.m. 《드물게》검출; (비밀·음모 따위의)적발; 탄로, 발각. ~ d'un complot 음모의 적발.

déceler [dɛ(e)sle] ④ v.t. ①(숨겨진 것을)밝혀내다, 간파하다, 적발(검출)하다(découvrir); (비밀 따위를)폭로하다(dévoiler), ~ une intrigue 음모를 알아내다. ~ une fuite 〔전기〕 누전을 검출하다. On *a décelé* chez elle un don extraordinaire pour la musique. 그녀에게는 아주 놀랄만한 음악적 재능이 있다는 것이 발견되었다. ②(…의)존재를 나타내다(révéler, dénoter), Il n'y a rien qui *décèle* une présence humaine. 인간의 존재를 알려주는 것이 아무것도 없다. ③(사실·감정 따위를)나타내다, 드러내다(montrer, trahir). Le ton de sa voix *décelait* une certaine inquiétude. 그의 어조에는 불안스러움이 엿보였다. ④(에)고발하다.
—**se** ~ v.pr. ①폭로되다. ②자기 비밀을 입밖에 내다; 탄로나다. ③서로 폭로하다.

décélération [deseleʀɑsjɔ̃] n.f. 감속(減速).

déceleur(se) [dɛslœ:r, -ø:z] n. 적발자; 《에》밀고자, 누설자. 《전기》 (누전)탐지기(~ de fuites).

décem- préf. 「10」의 뜻.

‡**décembre** [desɑ̃:br] n.m. 12월; 《시》혹한, 겨울. Coup d'État du 2 ~ 《역사》 12월 2일의 쿠데타(1851년 나폴레옹 3세에 의한 쿠데타). l'homme de ~ 나폴레옹 3세.

décembrisade [desɑ̃brizad] n.f. 《프랑스사》(나폴레옹 3세가 행한) 12월 정변(政變).

décembriseur [desɑ̃brizœ:r] n.m. 《프랑스사》 12월 정변을 일으킨 나폴레옹 당.

décemment [desamɑ̃] ad. ①단정하게, 예의바르게(convenablement); 점잖게. homme ~ vêtu 단정하게 옷입은 사람. ②당연히, 마땅히, 상식적으로(raisonnablement). D~, on ne peut pas refuser cette offre. 상식적으로, 이 제안을 거절할 수 없다. ③정확하게(correctement). réciter ~ les vers 시를 정확하게 낭송하다.

décemvir [desɛmvi:r] n.m. ①《고대로마》 10대관(大官)의 1인(특히 12동판법(銅板法) 편찬위원의 일원). ②10인조의 1인.

décemviral(ale, pl. aux) [desɛmviral, -o] a. 《고대로마》 10대관(大官)의.

décemvirat [desɛmvira] n.m. 《고대로마》 ① 10대관의 직. ②10년정치.

décence [desɑ̃:s] n.f. 예절바름, 점잖음, 얌전함; 품위. garder une certaine ~ (특히 성적인 언동에서)끝까지 품위를 지키다. blesser[choquer] la ~ 품위를 손상하다; 천한 언동을 하다. rappeler qn à la ~ (천한 언동에 대해서)…을 점잖게 나무라다. vivre avec ~ 절제 있는 생활을 하다. Ayez au moins la ~ de vous taire. 입을 다물 줄 아는 예의는 지녀야지요.

décennaire [desɛnnɛ:r] a. 10씩의(décennal).

décennal(ale, pl. aux) [desɛnnal, -o] a. ①10년간 계속하는. engagement ~ 10년 계약. prescription ~e 《법》 10년의 시효. ②10년마다 행하여지는. fête ~e 10년제. —n.f.pl. (로마황제가 정한) 10년기 제전.

décennie [desɛni, desnj] n.f. 10년간. au cours de la dernière ~ 최근의 10년 사이에.

décent(e) [desɑ̃, -ɑ̃:t] a. ①예의바른, 점잖은; 얌전한; 품위있는. tenue ~e 점잖은 복장. conversation ~e 점잖은 대화. ②적당한, 알맞은, 괜찮은; 온당한. niveau de vie ~e 적당한(체면을 유지할만한) 생활 수준. situation ~e 괜찮은 보수. Est-il ~ de le déranger à une heure aussi matinale? 이렇게 아침 일찍 그를 찾아가도 실례가 되지 않을까요?

décentrage [desɑ̃tʀa:ʒ] n.m. ①중심에서 벗어남, 중심이 어긋나기. ②《광학》편심(偏心). ③《사진》 렌즈의 중심과 화면의 중심을 어긋나게 하는 촬영방법.

décentralisable [desɑ̃tʀalizabl] a. 지방 분권을 행할 수 있는.

décentralisateur(trice) [desɑ̃tʀalizatœ:r, -tʀis] a. 지방분권에 관한. —n. 지방분권론자.

décentralisation [desɑ̃tʀalizasjɔ̃] n.f. ①분산. ~ universitaire 대학의 분산(많은 분교를 설치해서 학생을 수용하기 쉽게 하는 것). ~ humaine 인구분산. ②지방분권. ~ administrative 행정의 지방분권.

décentralisé(e) [desɑ̃tʀalize] a. (파리로부터)지방으로 분산된. cadre ~ 지방으로 전임된 간부.
—n. 지방전임 공무원(사원).

décentraliser [desɑ̃tʀalize] v.t. ①(산업·학교 등을)분산시키다(disséminer). ~ l'industrie automobile 자동차 산업을 분산시키다. ②지방분권을 실시하다. ~ l'administration 행정권의 지방분권을 실시하다.
—**se** ~ v.pr. (파리의 관청·회사 등이) 지방이나 근교로)분산되다.

décentration [desɑ̃tʀasjɔ̃] n.f. =**décentrage**.

décentré(e) [desɑ̃tʀe] a.p. 중심을 벗어난, 편심적(偏心的)인.

décentrement [desɑ̃tʀəmɑ̃] n.m. =**décentrage**.

décentrer [desɑ̃tʀe] v.t. ①(의)중심을 이동시키다. ②《사진》 (렌즈를)상하·좌우로 이동하다.
—**se** ~ v.pr. (렌즈의)중심이 맞지 않다.

déception [desɛpsjɔ̃] (<*décevoir*) n.f. ①《에》기만, 배반(tromperie). les plus cruelles ~s 가장 잔인한 배반행위. ②실망, 환멸(désappointement). causer une ~ 실망시키다. éprouver une ~ 환멸을 느끼다.

décercler [desɛʀkle] v.t. (통 따위의)테를 벗기다.
—**se** ~ v.pr. (통 따위의)테가 벗겨지다.

décérébré(e) [deseʀebʀe] a.p. 뇌가 제거된; 지적기능을 상실한. élite ~e 지적기능을 상실한 엘리트.

décérébrer [deseʀebʀe] v.t. 《생리》 (동물의)뇌를 제거하다.

décernement [desɛʀnəmɑ̃] n.m. (상 따위의)수여.

décerner [desɛʀne] v.t. ①(상 따위를)수여하다. ~ une décoration à qn …에게 훈장을 수여하다. ②《법》(영장을)발부하다. ~ un mandat d'arrêt contre qn …에 대하여 체포영장을 발부하다. ③《에》명령하다, 언도하다.

décerveler [desɛʀvale] v.t. ①《구어》뇌(골)를 꺼내다. ②지적기능을 상실하게 만들다.
—**se** ~ v.pr. 두뇌가 유출되다. Ce pays *se décervèle* de plus en plus. 이 나라에서는 더욱더 많은 두뇌가 유출되고 있다.

décès [desɛ] *n.m.* 【법】사망, 서거. acte de ~ 사망 증명서. constation du ~ 사망확인. Fermé pour cause de ~. 상(喪)중이기 때문에 휴업중입니다(가게 전면에의 게시).

décesser [dese(e)se] *v.t.* (속어)그치다, 그만두다. ne pas ~ de+*inf.* …하기를 그만두지 않다.

décevable [de(e)svabl] *a.* 속기 쉬운.

décevant(e) [de(e)svɑ̃, -ɑ̃:t] *a.* ① 실망시키는, 기대에 어긋나는. réponse ~e 기대에 어긋나는 대답. On attendait beaucoup de lui, mais il a été ~. 우리는 그에게 기대를 많이 걸었지만 그는 우리를 실망시키고 말았다. ② (옛) 사람을 속이는(mensonger, tompeur); 믿을 수 없는, 기만적인.

décevoir [de(e)svwa:r] [53] *v.t.* ① (기대를)저버리다(trahir), 실망시키다. Cet étudiant m'a déçu. 이 학생은 나의 기대를 저버렸다. ~ la confiance 신뢰를 저버리다. ~ l'attente[les espérances] 기대를 저버리다. [~ *qn*] Jean m'a déçu quand il n'a pas tenu sa promesse. 장은 약속을 안 지켜서 나를 실망시켰다. ②(옛)기만하다, 속이다(tromper). ~ les yeux de *qn* …의 눈을 속이다.

déchaîné(e) [deʃɛ(e)ne] *a.p.* ① 미친듯이 날뛰는(emporté, effréné); 맹위를 멸치는(furieux). vents ~s 맹위를 멸치는 바람. mer ~e몹시 사납게 몰아치는 바다. ② (감정이 폭발된; 흥분(興奮)된. passions ~es 겉잡을 수 없는 감정. Cet enfant est ~. 이 아이는 몹시 흥분해 있다. ③ (드물게) 사슬이 풀린. chien ~ 사슬이 풀린 개.

déchaînement [deʃɛnmɑ̃] *n.m.* ① 미친 듯이 날뛰기, 휩쓸아치기. ~ des tempêtes 폭풍우의 맹위. ②(비유적)(감정의)폭발, 격앙(emportement, explosion). ~ des passions 정열의 폭발. ~ de l'envie contre *qn* …에 대한 질투의 폭발. ③(드물게)쇠사슬을 풀어놓음.

déchaîner [deʃɛ(e)ne] *v.t.* ① 미친듯이 날뛰게 만들다; 맹위를 멸치게 하다. ② (비유적)(감정을)폭발시키다(exciter, soulever); (사람을)격분시키다. ~ les passions 정열을 폭발시키다. Cette insulte *a déchaîné* sa colère. 이 모욕이 그의 분노를 폭발시켰다. ~ l'hilarité 《구어》웃음이 터져 나오게 하다. ~ l'opinion contre *qn* …에 대해 반대여론을 불러 일으키다. ③ 《드물게》쇠사슬을 풀어주다. ~ un chien 개의 사슬을 풀어주다.

—se ~ *v.pr.* ① (바람·폭풍우·감정 따위가)맹위를 멸치다, 폭발하다. Les vents *se déchaînèrent*. 바람이 맹위를 멸쳤다. Ses passions *se déchaînent*. 그의 정열이 폭발한다. ② [se ~ contre](아주)격분[격노]하다(s'emporter). Il *s'est déchaîné contre* ses rivaux. 그는 자기 경쟁자들에게 분통을 터뜨렸다.

déchalander [deʃalɑ̃de] *v.t.* =**déschalander.**

déchalasser [deʃalase] *v.t.* (포도나무의)받침나무를 빼어내다.

déchalement [deʃalmɑ̃] *n.m.* 썰물, 간조.

déchaler [deʃale] *v.i.* ① (조수가)써다. ② (썰물 때 개펄·좌초선의 바닥 면이)드러나다.

déchant [deʃɑ̃] *n.m.* 【교회음악】디스칸투스(그레고리오의 선율 위에 다른 성부(聲部)를 붙여 다성화(多聲化)하기; 대위법의 초기 형식).

déchanter¹ [deʃɑ̃te] *v.i.* 【교회음악】디스칸투스를 부르다.

déchanter² *v.i.* 《구어》《비유적》기대(환상)를 버리다. Il croyait avoir réussi, mais il lui fallait ~. 그는 성공한 것으로 믿고 있었으나 그 환상에서 깨어나야만 했다.

déchaperonner [deʃaprɔne] *v.t.* ①(매의)머리싸개를 벗기다. ②(담벼락의)갓돌을 없애다.

déchard(e) [deʃa:r, -ard] *n.* 《속어》빈털터리, 가난한 사람(miséreux); 낭비가(dépensier); 기둥서방(souteneur). **—a.** 빈털터리의.

décharge [deʃarʒ] *n.f.* ① (물질적·정신적)부담의 경감, 면제. ~ pour l'État 국가의 부담경감. ~ d'une taxe 세금의 감면. pour la ~ de sa conscience 마음의 짐을 덜기 위해. ②(채무의)변제(증서); 영수(증). ~ de mandat 환어음의 지불. porter une somme à la ~ de *qn* (장부에)금액을 지불된 이라고 기입하다. donner ~ d'une livraison 주문품의 인수증을 주다. ③ 죄의 경감; 변호. témoin à ~ 변호인측 증인. ④《문어》(몽둥이 따위로)마구 갈기기. ~ d'artillerie 포의 일제사격. recevoir une ~ en pleine poitrine 정통으로 가슴 한가운데를 총에 맞다. ⑤ 쓰레기 버리는 곳(~ publique). 《옛》헛간, 광. ⑥ 【전기】 방전. ~ électrique. ~ d'un condensateur 콘덴서의 방전. ~ atmosphérique 공중방전. ⑦【인쇄】(여분의 잉크 흡수용)인쇄지(紙); (갓 물들인 직물 표면의)과잉 염료. ⑧ 【정신의학】(에너지의)방출. ~ émotionnelle 감정의 방출. ⑨ 배출, 배수; 【생리】배설, 배출. tuyau de ~ 배수관. canal de ~. ~ d'adrénaline dans le sang 아드레날린의 혈중(血中)배출. ~ de ventre 【의학】 내용물의 배설. ⑩ arc de ~ 【건축】(하중을 지탱하는)보조 아치. ⑪ 《옛》짐을 부림, 양륙(déchargement); 하역장.

à la ~ de *qn* …의 변호를 위해서. Il faut dire, *à sa ~*, que... 그를 변호하기 위해서 …라는 것을 말해 둘 필요가 있다.

déchargé(e) [deʃarʒe] *a.p.* ① décharger 된. ②(말이)마른 모양의 나귀.

déchargement [deʃarʒəmɑ̃] *n.m.* ① 짐부리기, 양륙(débarquement). entrer en ~ 짐을 부리기 시작하다. ~ d'une péniche 너벅선의 짐을 부림. ② 탄알(화약)을 뽑아냄.

déchargeoir [deʃarʒwa:r] *n.m.* ①(지하구(地下溝)의)배출구; 수문, 수갑(水門). ②【기계】배수관. ③【직조】(베틀의)말코.

‡décharger [deʃarʒe] [3] *v.t.* ① (의)짐을 부리다, 하역하다; (짐을)부리다. ~ un navire 배의 짐을 부리다. ~ un porteur de son fardeau 짐꾼의 짐을 내려주다. ~ des marchandises 상품을 풀다(양륙하다). ~ des bagages de la voiture 차에서 짐을 내리다.

② [~ *qn*] (의무·책임 따위를)면제하다, 경감하다. ~ un contribuable 납세자에게 면세(감세)조치를 취하다. ~ un accusé 【법】 피고에게 유리한 증언을 하다. [~ *qn* de] ~ *qn d'un travail* …을 일에서 면제해 주다. ~ *qn d'impôts* …의 세금을 덜어주다. Mes secrétaires me *déchargent de* presque tout. 비서들이 내 일을 거의 다 해주고 있다. ~ *qn d'une accusation* …을 무죄로 하다.

③ (의)과잉 하중(荷重)을 제거하다; 【인쇄】여분의 잉크를 흡수하다. ~ une poutre 들보에 걸린 하중을 덜다. ~ un arbre de ses branches 나무가지를 치다. ~ son estomac 토하다, 토해내다. ~ un rouleau (백지를 인쇄하여)롤러의 여분의 잉크를 제거하다.

④ 《비유적》(마음의)짐을 덜다; (마음을)털어놓다, (분노를)터뜨리다. ~ sa conscience 마음의 짐을 덜다, 마음을 홀가분하게 하다. ~ son cœur 《옛》속마음을 털어놓다. ~ sa bile(sa colère, sa rate) 화를 터뜨리다.

⑤ (총을)쏘다; 탄알(화약)을 빼다. ~ son revolver sur(contre) …에게 권총을 쏘다. ~ son fusil avant de le nettoyer 총을 닦기 전에 총알을 빼내

déchargeur

다. Le pistolet *est déchargé*. 그 권총은 장전되어 있지 않다.
⑥ 〖전기〗 (전기를)방전시키다. La batterie de ma voiture *est déchargée*. 내 차의 배터리가 다 됐다.
⑦〖옛〗〖상업〗 ~ un registre 장부에 지불필이라고 기입하다, 지불된 금액을 선을 그어 지우다; ~ la feuille d'un livreur 배송전표(配送傳票)에 수령서명을 하다.
⑧〖옛〗(일격을)가하다. ~ un coup sur la tête 머리를 한대 갈기다. ~ un regard foudroyant sur qn 〖문어〗…을 무서운 눈초리로 노려보다.
—*v.i.* ① (빛깔이)바래다(우중충해지다). Cette étoffe ne *décharge* pas au lavage. 이 천은 세탁해도 물이 빠지지 않습니다.
② (속어) 사정(射精)하다(éjaculer).
—**se** ~ *v.pr.* ① [se ~ de] 짐을 부리다, 짐을 내리다. *se* ~ *d'un secret* (비유적) 비밀을 털어놓다.
② [se ~ de qc sur qn] (일·책임 따위를) 남에게 전가하다(떠맡기다). Il *s'est déchargé* de sa responsabilité *sur moi*. 그는 자기의 책임을 나에게 전가했다.
③ (강 따위가)흘러나오다(흘러들어가다). Tous ces égouts *se déchargent* dans la Seine. 이 하수도들은 모두 센 강으로 흘러들어간다.
④ (총이)발사되다 ; (배터리가)방전(放電)되다, 다되다 ; (빛깔이)바래다, 퇴색하다.

déchargeur [deʃaʀʒœːʀ] *n.m.* ① 짐부리는(하역) 기계. ② 〖전기〗(수력발전의 터빈을 설치하여 전기량을 일정하게 유지시키는)방전기. ③〖옛〗짐부리는 일꾼.

décharné(e) [deʃaʀne] *a.p.* ① 바싹 마른, 앙상한. visage[bras] ~ 야윈 얼굴[팔]. ② (나무 따위가) 헐벗은, 황량한. arbre ~ 헐벗은 나무. colline ~*e* (나무가 없어)황량한 언덕. ③〖옛〗(문체 따위가) 무미건조한.

décharnement [deʃaʀnəmɑ̃] *n.m.* 말라빠짐; 〖옛〗 무미건조.

décharner [deʃaʀne] *v.t.* ① 바싹 마르게 하다 (amaigrir). Cette maladie *l'a* complètement *décharné*. 이 병으로 그는 바싹 말랐다. ②〖옛〗(뼈에 붙은)살을 깎아내다.

déchasser [deʃase] *n.f.* ①〖옛〗내쫓다. ② (쐐기를)뽑다.—*v.i.* 〖무용〗(오른발로 한발 나갔다가)왼발로 미끄러져 한발 다가가다.

déchaumage [deʃomaːʒ] *n.m.* 〖농업〗(밭의)그루터기를 갈아엎기.

déchaumer [deʃome] *v.t.* ① 〖농업〗(의)그루터기를 갈아엎다. ~ la terre 밭을 갈아엎다. ② (황무지를)개간하다.

déchaumeur [deʃomœːʀ] *n.m.* 《드물게》=**déchaumeuse**.

déchaumeuse [deʃomøːz] *n.f.* 벤 그루터기를 갈아엎는 쟁기.

déchaussage [deʃosaːʒ] *n.m.* ① 신발을 벗기기. ② (나무의)뿌리를 드러나게 하기.

déchaussé(e) [deʃose] *a.p.* ① 맨발의. carme ~ 맨발의 카르멜회 수도사(carme déchaux). ② (나무·담·치아가)뿌리를 드러낸. mur ~ 기초가 드러난 담. dent ~*e* 잇몸이 노출된 이.

déchaussement [deʃosmɑ̃] *n.m.* ① 〖농업〗(과수의)밑동 갈기 ; (농작물 따위의 밑동의)노출 ; (담의 기초·잇몸의)노출 ; 신을 벗김.

déchausser [deʃose] *v.t.* ① (의)구두(양말)를 벗기다. ~ un enfant 어린아이의 구두를 벗기다. ~ un arbre 나무의 밑동을 노출시키다.
—**se** ~ *v.pr.* ① 구두(양말)를 벗다. ② 뿌리가 드러나다. Vos dents *se déchaussent*. 당신의 이는 잇몸이 드러나있군요.

déchausseuse [deʃosøːz] *n.f.* 포도 재배용 쟁기.

déchaussoir [deʃosway] *n.m.* ① 치막박리기(齒膜剝離器). ②〖농업〗déchausser ②하는 연장.

déchaussure [deʃosyːʀ] *n.f.* (보통 *pl.*) 〖사냥〗① 늑대가 똥을 쌀 때에 땅을 긁어 덮은 자국. ② 늑대가 있는 곳.

déchaux [deʃo] *a.m.* =**déchaussé** ①.

dèche [dɛʃ] *n.f.* 《속어》① 빈곤, 궁색, 여의치 못함. être dans la ~ [dans une ~ noire] ; battre la ~ 무일푼이다, 아주 궁핍하다. ② 비용 (dépens). Il n'y a pas de ~ 비용은 별로 들지 않습니다.

déchéance [deʃeɑ̃ːs] (< *déchoir*) *n.f.* ① (지위·명성 따위의)실추, 영락 ; 타락 ; 퇴폐. Je l'ai rencontré. Quelle ~ ! 그를 만났는데, 무척 타락했던데. ~ des mœurs 풍속의 퇴폐. ~ physique[intellectuelle] 체력[지력]의 쇠퇴. ② 〖법〗 권리[자격]의 박탈 ; 실격, 면직 ; (국왕의)폐위. ~ d'un parlementaire 의원의 제명. ~ nobiliaire 귀족칭호의 박탈. ~ de la puissance paternelle 친권의 실효. ③ (증서·저작권 따위의)실효 ; 시효. ~ quadriennale 〖민법〗(국가·지방공공단체 따위에 대한) 4 년간의 청구권의 실효[시효성립]; 〖법〗(정세의)시효성립. ④ ~ originelle 〖신학〗원죄에 의한 실총(失寵).

décherr-ai, -as [deʃɛʀ-e, -a] ◁ déchoir.

déchet [deʃɛ] *n.m.* ① (주로 *pl.*) 찌꺼기 [부스러기]; 폐물. ~*s* d'étoffe 천의 조각. ~ *s de viande* 고기 부스러기. ~*s de la nutrition* 영양섭취 후의 노폐물, 배설물. ~*s radioactifs* 방사성 폐기물. ~*s industriels* 산업 폐기물. utilisation des ~*s* 폐물 이용. ② 감손(減損). ~ de route 〖상업〗 수송중의 감손(freinte). tenir compte du ~ 감손을 계산에 넣다. ~ de la nutrition 영양섭취 후의 노폐물. ~ *de l'humanité* 인간 쓰레기. ④ 태작(駄作) ; (작품의)쓸데없는 부분, 하찮은 것. ⑤ 〖옛〗(신용·권위·매력 따위의)실추(失墜) ; 악평.

décheux(se) [deʃø, -øːz] 《속어》 *a.* 궁핍한. —*n.* 궁핍한 사람, 빈털터리, 가난뱅이.

déchevelé(e) [deʃəvle] *a.p.* 〖옛·문어〗머리털이 흐트러진.

décheveler [deʃəvle] [5] *v.t.* 〖옛·문어〗(의)머리털을 흐트러뜨리다. ~ une femme 여자의 머리를 흐트러뜨리다.
—**se** ~ *v.pr.* 〖옛·문어〗산발하다, 자신의 머리를 흐트러뜨리다.

déchevêtrer [deʃəvetre] *v.t.* ① 〖옛〗(소·말 따위의) 굴레를 벗기다. ② 〖건축〗(마루의)버팀목을 제거하다.

décheviller [deʃəvije] *v.t.* (의)쐐기[나무못]를 뽑다. ~ un meuble 가구의 쐐기못을 뽑아 해체하다.

déchiffonner [deʃifɔne] *v.t.* (의)구김살[주름]을 펴다. ~ une jupe 스커트의 주름을 펴다.
—**se** ~ *v.pr.* ① 구김살이 펴지다. ② 얼굴[하늘]이 환해지다.

déchiffrable [deʃifrabl] *a.* 풀 수 있는, 판독할 수 있는.

déchiffrage [deʃifraːʒ] *n.m.* ① 〖음악〗 초견(初見) (악보를 처음 보고 연주하거나 노래하기). épreuve de ~ 초견의 시험. ② 해독, 해명.

déchiffrement [deʃifʀəmɑ̃] *n.m.* 해독, 해독.

déchiffrer [deʃifre] *v.t.* ① 해독하다, 판독하다, 꿰뚫어보다. ~ des hiéroglyphes 상형문자를 해독하다. écriture difficile à ~ 판독하기[알아보기] 힘든 문자[문서]. ~ un télégramme 전보를 해독하다. ~ les intentions de qn …의 의도를 꿰뚫어보

다. ~ une intrigue 음모를 간파하다. ② 〖음악〗 초견(初見)으로 연주하다〔노래하다〕. ~ de la musique〔un morceau, un air〕악보〔곡〕를 초견으로 연주〔노래〕하다. (목록보아 없이)Elle ne sait pas ~. 그녀는 초견으로 못하다.

déchiffreur(se) [deʃifrœ:r, -ø:z] *n.* 해독자, 판독자. ~ de dépêches 암호전문 해독자. ~ de chartes 고문서 해독자. ~ de musique 초견으로 연주〔노래〕하는 사람.

déchiquetage [deʃikta:ʒ] *n.m.* déchiqueter 하기.

déchiqueté(e) [deʃikte] *a.p.* ① 갈가리 찢긴; 잘게 자른〔썬〕. drapeau ~ 너덜너덜한 깃발. ② 〖식물〗 (잎 가장자리가) 톱니모양의. feuille ~e 가장자리가 톱니모양의 나뭇잎. ③ 〖지질〗 (해안선 · 산이) 들쭉날쭉한, 요철이 심한; 울퉁불퉁한. ④ (비유적) 짤막짤막한. style ~ 짧은 구절로 된 문체, 단문체(短文體).

déchiqueter [deʃikte] [5] *v.t.* ① (고기 · 옷감 따위를) 잘게 찢다〔썰다〕; 촌단(寸斷)하다, 가닥가닥 하다(déchirer, tailler). ~ une étoffe 옷감을 잘게 자르다. ② (선박 · 차량을) 해체하다. ③ (평판 · 명성을) 깎아내리다, 헐뜯다. ~ la réputation de qn …의 명성을 폄(貶)하다. ④ (가장자리를) 들쭉날쭉하게 만들다, 톱니모양이 되게 하다. ⑤ (도구에) 자루를 달다, 구멍을 뚫다; (가죽 따위에) 장식 구멍을 뚫다; (재산 따위에) 큰 구멍을 내다.
—**se** ~ *v.pr.* (사람이) 서로 난자하다; (동물이) 서로 갈기갈기 물어뜯다.

déchiqueteur(se) [deʃiktœ:r, -ø:z] *n.* 〖기계〗 쇄단기(碎斷機).

déchiqueture [deʃikty:r] *n.f.* ① (헝겊 · 천의) 서투르게 잘라낸 자리. ② (산 · 해안선 따위의) 들쭉날쭉한, 기복; (잎 가장자리의) 톱니모양의. ~ de la montagne 산의 기복. ③ 〖예〗 잘라낸 헝겊, 피륙의 지스러기.

déchirage [deʃiraʒ] *n.m.* ① (낡은 배 · 뗏목의) 해체. ② (해체된 배의) 선판(bois de ~).

déchirant(e) [deʃirɑ̃ -ɑ̃:t] *a.* 애절한, 비통한 (navrant); 가슴을 찢는 듯한(aigu, perçant), (고통의) 격심한(douloureux). spectacle ~ 보기에 애절한 광경. cri ~ 고통스러운 비명. faim ~e 심한 공복.

déchiré(e) [deʃire] *a.p.* ① 찢어진; 분열된. vêtement tout ~ 너덜너덜 찢어진 옷. Le pays est ~. 그 나라는 분열되어 있다. ② (양심적으로) 고민하는. Il est ~. 그는 몹시 고민하고 있다.
femme pas trop ~e《속어》(나이에 비해)매력이 여전한 여인.

déchirement [deʃirmɑ̃] *n.m.* ① 찢기, 찢김(lacération). ~ d'une étoffe 옷감의 찢어짐. ② d'un muscle 근육의 파열. ② (정신적 · 육체적인)격렬한 고통. ~ d'entrailles 격렬한 복통(腹痛); 애를 끊는 듯한 괴로움. ~ de la faim 굶주림의 고통. ~ des adieux 가슴이 찢어지는 이별의 아픔. ③ 분열. Ce pays est en proie à de graves ~s politiques. 이 국가는 지금 심각한 정치적 분열 상태에 있다.

‡**déchirer** [deʃire] *v.t.* ① 찢다, 깨뜨리다; 할퀴다. ~ une lettre en menus fragments 편지를 갈기갈기 찢다. ~ la chemise à une branche 나뭇가지에 걸려 샤쓰를 찢다. ~ le voile 베일을 찢다; (비유적) 사실을 밝히다. Un coup de fusil *déchira* le silence. 한발의 총성이 정적을 깨뜨렸다. ② 극심한 고통을 주다, 괴롭히다. Le hurlement des sirènes me *déchirait* le tympan. 고막을 찢는 듯한 사이렌 소리. toux qui *déchire* la poitrine 가슴이 찢어지는 듯한 기침. Un sentiment de remords me *déchire*. 후회하는 마음이 나를 괴롭힌다. ~ le cœur de qn …의 마음을 찢어 놓다. ③ (집단 · 당 · 국가 따위를) 분열시키다, 찢어 놓다. La guerre civile *a déchiré* ce royaume. 내란이 이 왕국을 분열시켜 놓았다. ④ 심하게 비판〔공격〕하다. La presse *déchire* ce politicien. 신문이 이 정치가를 혹평하고 있다.
—**se** ~ *v.pr.* ① 찢어지다, 갈라지다. Ce papier *se déchire* facilement. 이 종이는 쉽게 찢어진다. Son cœur *se déchirait*. 그의 마음은 찢어질 듯 했다. ② 긁히는 상처를 입다. *se* ~ la main 손을 긁히다. *se* ~ aux épines 가시에 긁히다. ③ 서로 괴롭히다; 서로 으르렁대다, 서로 중상하다. amants qui *se déchirent* 서로를 괴롭히는 연인들.

déchireur(se) [deʃirœ:r, -ø:z] *n.* 찢는 사람. —*n.m.* ① 폐선(廢船)해체 청부업자. ② 쇄단기(碎斷機).

déchirure [deʃiry:r] *n.f.* ① 찢어진 부분; 열상(裂傷). ② 격렬한 마음의 고통.

déchloruration [deklɔryrasjɔ̃] *n.f.* 〖의학〗 염소제거, 식염제거, 무염(無塩)요법, 탈염법.

déchloruré(e) [deklɔryre] *a.p.* 염분을 제거하는. régime ~ 무염식, 감염식(減塩食).

déchlorurer [deklɔryre] *v.t.* 염분을 제거하다.

déchoir [deʃwa:r] [61] *v.i.* (부정법과 과거분사 이외에는 별로 쓰이지 않음; 반과거형 · 현재분사형은 존재하지 않음; 조동사는 주로 être, 동작을 강조할 때는 avoir)〖문어〗 ① (인기 따위가) 하락하다; (체면 따위가) 손상되다. Sa réputation commence à ~. 그의 명성은 떨어지기 시작한다. Vous pouvez accepter sans ~. 그것을 인정한다고 해서 당신의 체면이 손상될 리가 없다. ~ *de* son rang〔권위 · 신용〕을 실추시키다, 잃다. ~ *de* son poste〕계급〔지위〕을 잃다. être déchu de ses privilèges 특권을 박탈당하다. ② 〖신학〗 은총을 잃다. ③ (체력 · 용모 · 미 따위가) 쇠하다, 저하하다(décliner). L'âge la fit ~. 나이가 들면서 그녀의 용모는 쇠했다.
—*v.t.* 〖드물게〗 (특권 따위를) 박탈하다, 면직하다. ~ *qn* de ses grades …을 파면시키다.

déchouer [deʃwe] *v.t.* (좌초선을) 떠오르게 하다 (déséchouer).

déchoy-ons, -ez [deʃwaj-ɔ̃, -e] ⇨déchoir.

déchristianisation [dekristjanizasjɔ̃] *n.f.* 비기독교화.

déchristianiser [dekristjanize] *v.t.* 그리스도교를 버리게 하다.
—**se** ~ *v.pr.* 그리스도교를 버리다.

déchu(e) [deʃy] *(p.p.<déchoir) a.p.* ① (지위 · 권위 · 영광 따위를)잃은; 실추된; 쇠한. roi ~ 왕좌에서 쫓겨난 왕, 폐왕. père ~ de son autorité 권위를 상실한 아버지. ville ~e 삭막해진 도시. ② 〖신학〗 은총을 잃은; 타락한. ange ~ 타락한 천사, 악마. humanité ~e 은총을 상실한 인간.

déchu-s, -t [deʃy] ⇨déchoir.

de-ci, de-là [dəsida] *loc.ad.* ⇨ci¹.

déci- *préf.* 「10 분의 1」의 뜻.

décibar [desibar] *n.m.* 데시바(기압의 단위).

décibel [desibɛl] *n.m.* 〖전기 · 물리〗 데시벨《음의 강도의 단위로 벨(bel)의 10 분의 1; 기호 dB (db)》.

décidabilité [desidabilite] *n.f.* 〖논리〗수용가능성.

décidable [desidabl(ə)] *a.* 〖논리〗(가설연역법에서 명제가)모순이 없고 수용가능한.

décidé(e) [deside] *a.p.* ① 결연한, 단호한. homme ~ 결단성 있는 사람. parler d'un ton ~ 단호한 어조로 말하다. marcher d'un pas ~ 결연한 발걸음으로 걷다. ② 결정된, 확정된. C'est (une) chose ~e. 그것은 벌써 확정된 일이다; 기정사실이다. ③

décidément [desidemã] *ad.* ① 확실히, 정말로, 어찌 생각하든(문두에 놓여서 뜻을 강조함). D~, tu n'as pas de chance. 너는 정말로 운이 없다. ② 결단을 가지고, 굳은 마음으로; 확실하게.

décider [deside] *v.t.* ① 결정하다, 정하다. ~ un mariage 결혼을 결정하다. Il n'a encore rien *décidé*. 그는 아직 아무것도 결정하지 않았다. [~ de + inf.] Ils *ont décidé* de partir. 그들은 떠나기로 결정했다. Qui *décidez*-vous d'emmener? 누구를 데리고 가기로 결정했습니까? [~ que + ind./sub.] J'ai *décidé que* nous partirons ce soir. 나는 오늘 저녁 우리가 떠날 것을 결정했다. [~ + 간접의문] On peut difficilement ~ qui a raison. 누가 옳은지 판정하기가 어렵다. (목적보어 없이) Qui *décide*? 누가 정합니까?
② [~ qn] 결심하게 하다, 결심시키다. ~ des clients hésitants 망설이는 손님들에게 결심하게 하다. [~ qn à qc] ~ le gouvernement *à* la guerre 정부로 하여금 전쟁을 결심시키다. ~ qn au repos 에게 휴식을 취할 마음을 갖게 하다; …을 쉬게 하다. [~ qn à + inf.] J'ai enfin pu le ~ à faire ce voyage. 마침내 그가 이 여행을 할 결심을 하도록 만들었다. Ce succès l'*a décidé à* continuer. 이 성공으로 그는 계속할 결심을 하게 되었다.
③ (옛·문어) (문제점·쟁점 따위의) 판정을 내리다; 결말을 내리다.
—*v.t.ind.* [~ de/sur] …에 대해서 정하다, 결정하다. ~ *de* son avenir 자기 장래의 일을 정하다. ~ *de* l'orientation économique d'un pays 나라의 경제정책을 정하다. ~ *de* la paix ou de la guerre 전쟁이냐 평화냐를 정하다. C'est lui qui *décide* de tout. 모든 것에 대해 결정권을 쥐고 있는 것은 바로 그 사람이다. ~ *sur* le bien-fondé d'une demande 요구의 정당성에 대해서 판단하다.
en ~ 결말을 내다, 정하다. Le sort *en a décidé*. 운명이 결말을 지었다.
—**se** ~ *v.pr.* ① 결심하다. (목적보어 없이) *Décide*-toi. 결심해라. [se ~ à qc/à + inf.] *se* ~ *au* mariage 결혼을 결심하다. *se* ~ *à* partir 떠나기로 결심하다.
② 정해지다, 결정되다; (문제 따위가) 해결되다. Son sort *se décide* aujourd'hui. 그의 운명은 오늘 결정된다.
③ [se ~ pour] (을)선택하기로 정하다. *se* ~ *pour* la robe bleue 파른 색 드레스로 정하다. Réflexion faite, il *se décida pour* la fuite. 생각한 끝에 그는 도망가기로 마음먹었다.
④ (구어) (기계 따위가) 작동을 시작하다. Ma voiture *s'est* enfin *décidée* à démarrer. 나의 차는 겨우 움직이기 시작했다.

décideur [desidœr] *n.m.* 결정권을 가진 자(기관).
—*a.* 결정권을 가진. organisme ~ 결정권을 가진 기관.

décidu(e) [desidy] *a.* 《식물》 탈락성의.

décig(r). 《약자》 décigramme 10 분의 1 그램.

décigrade [desigrad] *n.m.* 《수학》 10 분의 1 그라드(《약자》 dgr).

décigramme [desigram] *n.m.* 《도량형》 10 분의 1 그램(《약자》 dg).

décil. 《약자》 décilitre 10 분의 1 리터.

décile [desil] *n.m.* 《통계》 데실, 10분위수(分位數) (전체를 10등분한 것의 임의의 하나).

décilitre [desilitr] *n.m.* 《도량형》 10 분의 1 리터.

déciller [desije] *v.t.* = **dessiller.**

décim. 《약자》 décimètre 10 분의 1 미터.

décimable [desimabl] *a.* 10 분의 1 세(dîme)를 과할 수 있는.

décimal(ale, *pl.* **aux)** [desimal, -o] 《수학》 *a.* 10 진법에 의한. système ~ 10 진법. —*n.f.* 소수(小數) (fraction ~ale).

décimalisation [desimalizasjɔ̃] *n.f.* 10 진법으로 하기.

décimaliser [desimalize] *v.t.* 10 진법으로 하다.

décimalité [desimalite] *n.f.* 10 진법임.

décimateur [desimatœr] *n.m.* 《역사》 10 분의 1 세(dîme) 징수자.

décimation [desimasjɔ̃] *n.f.* 많은 사람을 죽이기, 대량학살(살해); 《고대로마》 10명에 1명을 죽이기. ~ des prisonniers 포로들의 대량학살.

décime [desim] *n.f.* 성직자에게 부과되는 수입의 10분의 1세. —*n.m.* ① 1프랑의 10분의 1, 10상팀(동전). ② 1 프랑에 10 상팀의 특별 가세.
—*a.* 《화학》 10 분의 1 규정의.

décimer [desime] *v.t.* ① (유행병·전쟁 따위가) 많은 사람(동물)을 죽이다. La guerre *avait décimé* la jeunesse. 전쟁은 수많은 젊은이들의 목숨을 앗아갔다. ② 《고대로마》 10 명에 1 명을 죽이다.

décimètre [desimɛtr] *n.m.* 《도량형》 데시미터.

décimétrique [desimetrik] *a.* 데시미터의.

décimo [desimo] (라틴) *ad.* 10 번째에.

décinormal(ale, *pl.* **aux)** [desinɔrmal, -o] *a.* 《화학》 (용액의 농도가) 10분의 1규정의.

décintrage [desɛ̃traːʒ], **décintrement** [desɛ̃trəmã] *n.m.* 《토목·건축》 공가(拱架)를 헐기.

décintrer [desɛ̃tre] *v.t.* 《토목·건축》 (에서) 공가(拱架)를 떼어내다.

décirer [desire] *v.t.* 납(蠟)을 닦아내다.

décisif(ve) [desizif, -iːv] *a.* ① 결정적인. moment ~ 결정적인 순간. coup ~ 결정타. bataille ~*ve* 결전. témoignage ~ de son innocence 무죄를 확증시키는 증언. jugement ~ 《법》 결정판결. ② (옛) 단호한, 결연한. ton ~ 단호한 어조. personne ~*ve* 결단성 있는 사람.

décision [desizjɔ̃] *n.f.* ① 결정; 판정; 결의. La ~ appartient au chef. 결정권은 장(長)에게 있다. soumettre une question à la ~ de *qn* 어떤 문제를 …의 결정(판정)에 맡기다. ~ exécutoire 행정명령. ~ administrative 행정처분. ~ ministérielle 부령(部令). ② 결심, 결의, 결정. prendre une ~ 결심하다, 결정을 내리다. [la ~ de + *inf.*] Elle a pris *la* ~ *de* divorcer. 그녀는 이혼할 결심을 했다. ③ 결단(력); 각오. avoir de la ~ 결단력이 있다. agir avec ~ 과단성 있게 행동하다. ④ (문제·논쟁 따위의) 결말, 해결. amener la ~ 해결을 짓다. ⑤ 《군사》 명령서. ~ journalière 1일 명령서. ⑥ théorie de la ~ (사이버네틱스에 있어서의) 의지결정론; problème de la ~ 《논리》 결정문제(일련의 문제에 대한 해답수속의 유무를 묻고 구체적으로 나타내기를 요구하는 문제).

décisionnaire [desizjɔnɛːr] *a., n.* (옛) 신속하게 결정하는(사람); 과단성 있는(사람).

décisionnel(le) [desizjɔnɛl] *a.* 결정의.

décisivement [desizivmã] *ad.* 결정적으로; 단호하게. juger ~ 결정적인 판단을 내리다.

décisoire [desizwaːr] *a.* 《법》 소송의 판결에 결정적인.

décistère [desistɛːr] *n.m.* 《도량형》 10 분의 1 스테르.

décisthène [desistɛn] *n.m.* 《도량형》 10 분의 1 스텐.

déciviliser [desivilize] *v.t.* (의)문명을 파괴하다. **—se ~** *v.pr.* 야만스러워지다.

déclama*teur*(*trice*) [deklamatœːr, -tris] *n.* ① 낭독자. ② 미사여구를 쓰는 사람. ③ 【고대로마】 연설법 교사. **—*a.*** =**déclamatoire**.

déclamation [deklamasjɔ̃] *n.f.* ① 낭독(법). poème qui se prête peu à la ~ 낭독하기 어려운 시. ② 수사(修辭)적 허식(enflure); 미문조(美文調). ③ 【고대로마】 웅변법.

déclamatoire [dekla(a)matwaːr] *a.* ① (글이)미사여구로 됨; 과장된(↔naturel). style ~ 과장된 문체. ② 낭독의.

déclamer [dekla(a)me] ① 낭독하다. ~ des vers 낭랑하게 시를 읊다. (목적보어 없이) s'exercer à ~ 낭독연습을 하다. ② (경멸)과장하여 말하다, 거창한 표현으로 말하다. ~ pompeusement des banalités 보통의 일을 거창한 말로 떠들어대다.
—*v.i.* ① 《문어》 [~ contre] (을)탄핵하다, 논란하다. ~ contre le gouvernement 정부를 탄핵하다. ② (경멸)거창한 말투를 쓰다.

déclanche [deklɑ̃ːʃ] *n.f.* = **déclenche**.
déclanchement [deklɑ̃ʃmɑ̃] *n.m.* =**déclenche-**
déclancher [deklɑ̃ʃe] *v.t.* =**déclencher.** └**ment.**
déclancheur [deklɑ̃ʃœːr] *n.m.* =**déclencheur.**
déclarable [deklarabl] *a.* 신고해야 할.
déclarant(*e*) [deklarɑ̃, -ɑ̃ːt] *n.* 【법·행정】 (세금 따위의)신고자.

déclaratif(*ve*) [deklaratif, -iːv] *a.* ① 【법】 선언적인. jugement ~ 선언적 판결, 확인판결. acte ~ 선언법(기존 법률을 확인하는 법률). ② 【언어】 phrase ~*ve* 평서문; verbes ~*s* 진술동사 (dire, raconter 따위; verbe de croyance (croire), verbe d'opinion (penser)에 대립되는 호칭).
—*n.m.* [언어] =verbe ~.

déclaration [deklarasjɔ̃] *n.f.* ① 선언. faire une ~ publique 공공연하게 선언하다. ~ de guerre 선전포고. ~ sous serment 서약(서). ~ des droits de l'homme et du citoyen 인권선언. ② 고백. faire une(sa) ~ d'amour à *qn* …에게 사랑의 고백을 하다. ~*s* emflammées 열렬한 사랑의 고백. ~ de ses péchés 【종교】 죄의 고백. ③ 신고. ~ de faillite 파산신고. ~ de revenus[d'impôts] dans les délais préscrits 정해진 기한내에 소득[납세]신고를 하다. ~ en[de] douane 세관에서의 신고(서). ⑤ 계출. ~ d'état-civil 호적상의 계출(출생·사망·이혼 따위의). ⑥ 표시. ~ d'intention 【법】 의사표시. ⑦ ⓐ ~ d'expédition 송장(送狀). ⓑ ~ d'avarie 【해운】 해난보고(서).

déclaratoire [deklaratwaːr] *a.* 선언의.
déclaré(*e*) [deklare] *a.p.* 공공연한.
***déclarer** [deklare] *v.t.* ① 선언하다, 선고하다. ~ sous serment 선서(宣誓)하다. ~ la guerre à un pays 어떤 나라에 선전포고를 하다. (속사와 함께) ~ *qn* coupable …을 유죄라고 선고하다. Le président *a déclaré* la séance ouverte. 의장은 개회를 선언했다. Je le *déclare* mon héritier. 나는 그를 나의 상속인으로 선언한다. ~ *qn* en faillite ~의 파산을 선고하다.
② 언명하다. [~ que+*ind.*] Il a *déclaré qu*'il partait en voyage. 그는 여행떠난다고 말했다. [~ + *inf.*] Il *déclara* avoir vingt ans. 그는 20 살이라고 말했다.
③ (의사·감정을)표명하다, 표시하다. ~ ses sentiments(ses intentions) à *qn* 자신의 소감[의도]을 …에게 표명하다. Il est temps de ~ vos intentions. 이제 당신의 의사를 표명할 때이다.
④ 신고하다, 계출하다. ~ des marchandises à la douane 세관에 물품을 신고하다. (N'avez-vous) rien à ~? 신고할 물건 없읍니까? (통관할 때 세관원이 여행자에게 묻는 말). ~ un enfant à la mairie 어린아이의 출생을 구청에 신고하다. ~ ses revenus au fisc 세무서에 소득신고를 하다.
⑤ (옛) (을)고백하다(avouer). ~ son amour 사랑을 고백하다. On lui fit ~ ses complices. 마침내 그는 공범자의 이름을 고백하고 말았다.
⑥ ~ trèfle(pique) 【카드놀이】 클로버[스페이드]를 으뜸패로 선언하다.
—se ~ *v.pr.* ① 자기가 …라고 선언[공언]하다. Il *s'est déclaré* l'auteur de ce livre. 그는 자기가 이 책의 저자라고 선언했다.
② 자기생각을 알려주다, 제 뜻을 밝히다. Il *s'était* déjà *déclaré* à ce sujet. 그는 이 문제에 관해 이미 자기의 의사를 밝혔었다. (속사와 함께) Elle *s'est déclarée* satisfaite. 그녀는 만족의 뜻을 표명했다. [se ~ pour/contre *qn/qc*] Je me *déclare* pour ce candidat. 나는 이 지원자의 채용에 찬성한다. Il *s'est déclaré* pour[contre] la peine de mort. 그는 사형(제도)에 대해 찬성(반대)의 뜻을 표명했다.
③ 사랑을 고백하다. amoureux timide qui n'ose *se* ~ 사랑을 감히 고백하지 못하는 수줍은 남자.
④ (위험한 현상이)나타나다, 일어나다, 발생하다 (se manifester). Un incendie *s'est déclaré* dans la forêt. 숲 속에 화재가 났다.

déclassé(*e*) [deklase] *a.p.* ① ⓐ (자신이 속해 있는 사회적 계급에서)낙오한, (사회적 지위를)잃은. ⓑ 【스포츠】 격하된. ② ⓐ 자격을 상실한. hôtel ~ (시설이 노후했다든가 그밖의 이유로)등급이 떨어진 호텔. ⓑ 【철도】 등급이 변경된. billet ~ 등급이 변경된 차표. **—*n.m.* (le ~)** 낙오자, 탈락자.

déclassement [deklasmɑ̃] *n.m.* ① (사회적 지위의)실추, 낙오. ② 자격상실. ③ 【군사】 (요새·군함 따위의)폐기. ④ 【철도】 등급 변경.

déclasser [deklase] *v.t.* ① [~ *qn*] ⓐ (의 사회적 지위를)떨어뜨리다; 낙오시키다, 탈락시키다. De telles occupations, de tels goûts vous *déclassent*. 그런 일과 그런 취미는 당신의 사회적 지위를 떨어뜨리리오. ⓑ 【스포츠】 (반칙을 한 선수의)등급을 떨어뜨리다[격하시키다]. ~ un champion 어떤 선수를 격하시키다. ⓒ 【철도】 (승객의)등급을 변경하다. ~ un voyageur 승객의 등급을 변경하다.
[~ *qc*] ⓐ 등급을 떨어뜨리다. ~ un hôtel trop vétuste 너무 노후한 호텔의 등급을 떨어뜨리다. ⓑ 자격을 취소하다. ~ un monument 어떤 문화재의 지정을 취소하다. ⓒ 【군사】 (요새·군함 따위를)폐기하다; (수병을)제명하다. ③ ⓐ 흐트려놓다, 어지럽히다. ~ les livres d'une bibliothèque 서재의 책들을 흐트러놓다. ⓑ (의)분류를 변경하다 (déplacer). ~ les dossiers 사무서류의 분류를 변경하다.
—se ~ *v.pr.* ① ⓐ (사회적 지위가)떨어지다; 낙오하다. ⓑ 【스포츠】 (반칙 때문에 선수의)등급이 떨어지다. ② (승격의)등급을 변경하다.

déclaveter [deklavte] [5] *v.t.* (의)쐐기를 뽑다.
déclenche [deklɑ̃ːʃ] *n.f.* 【기계】 분리 장치.
déclenchement [deklɑ̃ʃmɑ̃] *n.m.* déclencher하기.
déclencher [deklɑ̃ʃe] *v.t.* ① (기계의)멈춤장치를 벗기다; 시동시키다. L'ouverture de cette porte *déclenche* une sonnerie. 이 문을 열면 초인종이 울린다. ② ~ l'obturateur 【사진】 (사진기의)셔터를 누르다. ③ (갑자기)행하다, 일으키다. ~ une grève 파업을 일으키다. ~ des applaudissements 박수갈채를 터뜨리다. ④ (공격 따위를)개시하다 (commencer). ~ le feu 발포하기 시작하다. ~

déclencheur

l'offensive 공격을 개시하다. ⑤《엣》《문의》결속을 벗기다.
—se ~ v.pr. ① (기계의)멈춤장치가 벗겨지다; 시동되다. ② (전쟁 따위가)발발되다, 시작되다. La guerre s'est déclenchée. 전쟁이 발발했다. ③《속어》빠()가 터지다.

déclencheur [deklɑ̃ʃœːr] n.m. ①《기계》시동장치. ②《사진》서터.

déclergification [deklɛrʒifikasjɔ̃] n.f. 몇몇 성직자들이 속인과의 장벽을 없애고자 하는 의지.

déclericalisation [deklerikalizasjɔ̃] n.f. 교권방기(教權放棄).

déclericaliser [deklerikalize] v.t. 《종교》(소교구(小教區)·학교 따위의 유지·관리를 속인(laïc)에게 맡기다. ~ une paroisse 소교구의 관리를 속인에게 맡기다.

déclic [deklik] n.m. ① 가동정지장치, 연차단장치. faire jouer un ~ 가동정지장치를 움직이다. chronomètre à ~ 스톱워치. ② (금속성의)짤까닥 소리. ~ de l'appareil photographique 카메라 서터의 소리.

***déclin** [deklɛ̃] n.m. ① (해의)기울음; (달의)이지러짐, (일년·하루의)끝. Le soleil est à [sur] son ~. 해가 지고 있다. La lune est sur son ~. 달이 이지러지고 있다. ~ du jour 황혼. ② (생명·힘·재능 따위의)종말, 쇠퇴, 하락. au ~ de sa vie 만년에. ~ de la civilisation 문명의 쇠퇴. Cet écrivain est sur son ~. 이 작가는 사양길에 들어서고 있다.

déclin. 《약자》déclinaison《천문》방위각.

déclinable [deklinabl] a. 《언어》(성·수·격의)어미를 변화시킬 수 있는.

déclinaison [deklinɛzɔ̃] n.f. ①《천문》방위각; 적위(赤緯). ②편차(偏差), 편각(偏角). ③《언어》(성·수·격에 따른)어미변화.

déclinant(e) [deklinɑ̃, -ɑ̃ːt] a. ① 기운, 기울어지는. plan ~ 경사면. ② 쇠퇴하여 가는. forces ~es 쇠퇴하여 가는 체력.

déclinateur [deklinatœːr] n.m. 《측량》방향라반(方箍羅盤); 방위 각계(方位角計).

déclinatif(ve) [deklinatif, -iːv] a. 《언어》(성·수·격의)어미변화의.

déclination [deklinasjɔ̃] n.f. 《엣》① 쇠퇴, 쇠운(déclinement). ② 경사; 언덕길(pente).

déclinatoire [deklinatwaːr] a. 《법》(재판소의)무관할(無管轄)을 주장하는. exception ~ 무관할 항변. —n.m. ①《법》(재판소의)무관할을 주장하는 행위. ~ de compétence 재판관할의 거부. élever un ~ (관할권에 대한)이의신청을 하다. ②《측량》=déclinateur.

déclinement [deklinmɑ̃] n.m. =déclination.

décliner [dekline] v.t. ① 사양하다, 거절하다; 《법》거부하다(repousser, refuser). ~ une invitation 초대에 응하지 않겠다고 사양하다. ~ une responsabilité 책임을 회피하다. ~ la compétence d'un juge 재판관의 권능을 거부하다. ②《언어》(성·수·격에 따라)어미변화시키다, 굴절시키다. ③《측량》(평판(平板)을)일정한 방향으로 향하게 하다. ④ (성명·직업 따위를)말하다(indiquer). ~ ses noms et qualités 성명과 자격을 말하다.
—v.i. ① (생명·힘·능력 따위가)쇠퇴하다, 약해지다(affaiblir). maladie qui décline 쇠약해지는 환자. Sa vue décline. 시력이 약해지고 있다. ② (해가)저물다. Le jour décline. 날이 저물어 간다. ③《천문》(별이)기울다, (자침이)편차가 생기다.
—**se ~** v.pr. ① 거절[사절]당하다. charge qui ne peut se ~ 사퇴할 수 없는 직무. ② (성·수·격에 따라)어미가 변화하다.

déclinomètre [deklinɔmɛtr] n.m. 방위각계(方位角計), 편각계(偏角計).

déclinquer [deklɛke] v.t. ①《선박》(뱃전을 겹쳐 붙인 배의)바깥 뱃전을 벗기다. ②《속어》부수다, 망가뜨리다(déglinguer, disloquer).

décliquer [deklike] v.t. (의)톱니(역회전)막이를 떼다.

décliquetage [deklikta:ʒ] n.m. décliqueter 하기.

décliqueter [deklikte] ⑤ v.t. (의)톱니(역회전)막이를 떼다.

déclive [dekliːv] a. ① 경사진. terrain ~ 경사지. ②《의학》(신체의 벤 곳·상처·종양 따위의)가장 깊은 부분의. l'endroit le plus ~ d'une tumeur 종양의 가장 깊은 부분. —n.f. 경사; 내리막, 사면. en ~ 경사진(en pente). chaussée en ~ 경사진 차도.

décliver [deklive] v.i. 경사지다.

déclivité [deklivite] n.f. ① 경사(pente). ~ d'un chemin [d'un terrain] 길[지면]의 경사. ② 경사지. ~ d'une montagne 산의 경사지.

déclochardisation [deklɔʃardizasjɔ̃] n.f. 실업자 취업 정책; 불량배 소탕 정책.

déclocher [deklɔʃe] v.t. 《원예》종 모양의 유리덮개를 벗기다.

décloisonnement [deklwazɔnmɑ̃] n.m. (학문·제도 따위의)장벽 제거, 울타리 제거. ~ des marchés nationaux 각국 시장의 장벽 제거.

décloisonner [deklwazɔne] v.t. (제도·학문 영역간에 존재하는 심리적인)장벽을 없애다(제거하다). ~ les corps des fonctionnaires 각 부처 공무원간의 장벽을 없애다.

décloître [deklwatr] v.t. 수도원에서 내보내다.
—**se ~** v.pr. 수도원에서 나오다.

déclore [deklɔːr] ⑤ v.t. ① (의)울타리를 제거하다. ② 《엣》(꽃을)피우다, (입술 따위를)벌리다.

déclos(e) [deklo, -oːz] a.p. ① 울타리를 제거한. ②《엣》(꽃이)핀; 벌린(ouvert). rose ~e 활짝 핀 장미. lèvres ~es 벌린 입술.

déclouer [deklue] v.t. ① (의)못을 뽑다. ~ une caisse 못을 뽑아서 상자를 열다. ② (그림을)못에서 떼어내다. ③《속어》(저당물)을찾다.
—**se ~** v.pr. 못이 뽑히다.

décoagulation [dekɔagylasjɔ̃] n.f. 용해, 액화.

décoaguler [dekɔagyle] v.t. 용해시키다, 액화시키다. —**se ~** v.pr. 용해하다, 액화하다.

décochement [dekɔʃmɑ̃] n.m. 《활을》쏘기.

décocher [dekɔʃe] v.t. 《활을》쏘다. ~ un regard 노려보다. ~ un coup à qn …을 주먹으로 치다. ~ une parole 말로 쏘아 붙이다. ~ une épigramme contre qn …에게 신랄한 비난을 하다. ②《야금》주형(鑄型)에서 끄집어내다.

décocté [dekɔkte] n.m. 탕약(湯藥).

décoction [dekɔksjɔ̃] n.f. ①(탕약을)달이기, (infusion). ②탕약(tisane). ③《구어》비; 《속어》(주먹·탄환 따위의)빗발침. recevoir une ~ de coups de bâton 몽둥이로 흠씬 두들겨 맞다.

décodage [dekɔdaːʒ] n.m. (암호 따위의)해독.

décoder [dekɔde] v.t. (전신암호를)풀다, 번역하다, (암호문을)해독하다.

décodeur [dekɔdœːr] n.m. ①《컴퓨터》데코더, 해독기. ② 암호문 해독가.

décoffrage [dekɔfraːʒ] n.m. décoffrer 하기.

décoffrer [dekɔfre] v.t. (시멘트가 굳은 다음)틀을 벗겨내다.

décognoir [dekɔɲwaːr] n.m. 《인쇄》조판을 죄는 쐐기를 두들기는 마치.

décohéreur [dekɔerœːr] n.m. 《무전》데코히러.

décoiffage [dekwafaːʒ], **décoiffement** [dekwafmɑ̃] n.m. décoiffer 하기.

décoiffer [dekwafe] *v.t.* ① ⓐ (의)머리를 풀다[헝클어뜨리다](dépeigner). Le vent l'*a décoiffée*. 바람이 그녀의 머리를 헝클어뜨렸다. ⓑ (의)모자를 벗기다. ~ une mariée 신부의 면사포를 벗기다. ② (포탄의)신관(信管)을 벗기다. (병의)마개를 뽑다. ③ 《옛·구어》(비유적》단념시키다. ~ qn de qc …에게 …을 단념시키다.
—*se* ~ *v.pr.* ① (자기의)머리를 풀다[헝클다]. ② 모자를 벗다.

décoincement [dekwɛ̃smɑ̃], **décoinçage** [dekwɛ̃sa:ʒ] *n.m.* 쐐기뽑기.

décoincer [dekwɛ̃se] ② *v.t.* (레일 따위의)쐐기를 뽑다; (끼인 것을 제거해서)움직일 수 있게 하다. ~ un tiroir bloqué 걸린 서랍을 고치다.
—*se* ~ *v.pr.* 쐐기가 뽑히다.

déçoi-s, -t, -ve [deswa, -a:v] ⇨décevoir.

décolérer [dekɔlere] ⑥ *v.i.* 노여움을 가라앉히다 《특히 부정문에 쓰임》. De toute la journée il n'*a pas décoléré*. 그는 하루 종일 노여움을 가라앉히지 못했다. La mer ne *décolère* pas depuis ce matin. 《비유적》바다가 아침부터 계속 사납다.

décollage [dekɔla:ʒ] *n.m.* ① (포스터 따위를)뜯기, 메기. ② 〖항공〗떠오르기, 이륙, 이수(離水) (↔ atterrissage). ③ (경제적)비약, 발전. ~ économique 경제력의 상승[경제적 발전].

décollation [dekɔlɑsjɔ̃] *n.f.* 참수(斬首), 단두.

décollé(e) [dekɔle] *a.p.* 《구어》(귀가)불쑥 나온. oreilles ~*es* 불쑥 나온 귀. encolure ~*e* 완만하게 벌어진 옷깃.

décollement [dekɔlmɑ̃] *n.m.* ① 벗기기; 떨어지기. ② 〖의학〗박리(剝離), 절단. ~ de la rétine 망막박리.

décoller¹ [dekɔle] *v.t.* 《문어》(의)목을 자르다.

décoller² *v.t.* ① (붙어 있는 것을)뜯다, 떼다; 〖의학〗박리(剝離)하다, 절단하다. ~ un timbre-poste [une affiche] 우표[광고]를 떼다. ② 《구어》(de qn) (에게서)떨어지다. Il ne nous *a* pas *décollés* une minute. 그는 잠시도 우리에게서 떨어지지 않았다.
—*v.t.ind.* [~ de] ① …에서 떠나다, 가버리다 《특히 부정문에서 s'en aller, partir》. Cet enfant ne *décolle* pas *de* la télévision. 그 아이는 텔레비전에서 떠나지 않는다. Pas moyen de le faire ~. 그 자를 내보낼(쫓아버릴) 방도가 없군. ~ *de* la réalité 현실에서 유리(遊離)되다. ② 〖스포츠〗(자전거 따위의 경주자가)일정한 달리던 선수와 간격이 벌어지다, …을 뒤로 제치다 《드물게 뒤떨어진다는 뜻으로도 쓰임》. Le cycliste *a décollé du* peloton. 그 자전거 선수는 대열을 제치고 앞으로 나갔다.
—*v.i.* ① (비행기가)뜨다, 이륙[이수]하다. L'avion de New York vient de ~. 뉴욕행 비행기가 지금 막 이륙했다. ② (경제적으로)발전하다. Que faut-il pour que l'Afrique *décolle*? 아프리카가 경제적으로 발전하려면 무엇이 필요한가? ③ (지적·사회적으로)상승하다, 높은 곳에 이르다. ~ des bas-fonds 사회의 밑바닥으로부터 벗어나다[상승하다], 높아지다. ④ 야위다, 여위다(maigrir). Il *est décollé*. 그는 쇠약해졌다. Ce qu'il *a décollé* depuis sa maladie! 그는 병석에 누운 이래로 무척 야위었구나!
—*se* ~ *v.pr.* 뜯어지다, 떨어지다. ② 《비어》늙어빠지다; (병으로)쇠약해지다.

décolletage [dekɔltaʒ] *n.m.* ① 옷깃을 넓게 트기. ② 가슴을 드러내기. ② 〖농업〗(근채(根菜)의)잎·줄기를 자르기. ③ 나사 홈을 만들기; 볼트[나사] 제조.

décolleté(e) [dekɔlte] *a.p.* 옷깃을 넓게 튼, 어깨·가슴을 드러낸; 노골적인, 음란한. robe ~*e* 가슴과 등을 드러낸 야회복.
—*n.m.* ① (옷의)깃을 깊이 판 부분; 네크(라인). ~ en pointe V 네크. ~ carré 스퀘어 네크. ~ bateau 보트 네크. ② 어깨·가슴 따위의 드러난 부분. ③ 노골적임.

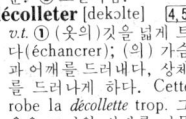

décolleté en pointe

décolleté carré

décolleter [dekɔlte] ④,⑤ *v.t.* (옷의)깃을 넓게 트다(échancrer); (의) 가슴과 어깨를 드러내다, 상체를 드러나게 하다. Cette robe la *décollette* trop. 그 옷은 그녀의 상체를 너무 드러내놓고 있다. ② 〖농업〗(근채(根菜)의)잎·줄기를 자르다. ③ (나사의)홈을 파다. tour à ~ 나사홈을 깎는 선반(旋盤).
—*v.i.* (옷의)깃을 깊이 파이다.
—*se* ~ *v.pr.* 가슴과 등을 드러내다; 가슴과 등이 드러난 옷을 입다.

décolleté bateau

décolleté ①

décolleteur(se) [dekɔltœ:r, -ø:z] *n.* 나사홈을 깎는 직공. —*n.f.* ① 〖농업〗(근채(根菜)의)잎·줄기 재단기. ② 나사홈 깎는 기계.

décolmater [dekɔlmate] *v.t.* (막힌 수채구멍 따위)를 뚫다.

décolonisateur(trice) [dekɔlɔnizatœ:r, -tris] *a.* 비식민지화의, 식민지 해방의.
—*n.* 식민지 해방자.

décolonisation [dekɔlɔnizɑsjɔ̃] *n.f.* 비식민지화.

décolonisé(e) [dekɔlɔnize] *a.p.* 식민지에서 해방된, 독립한. pays ~*s* d'Afrique (식민지에서 해방된)아프리카의 독립국가들.

décoloniser [dekɔlɔnize] *v.t.* (식민지를)해방하다; 식민지적 착취를 벗어나게 하다.

décolorant(e) [dekɔlɔrɑ̃, -ɑ̃:t] *a.* 표백하는; 탈색하는. —*n.m.* 표백제, 탈색제.

décoloration [dekɔlɔrɑsjɔ̃] *n.f.* ① 퇴색, 변색; 탈색, (얼굴빛·문장 따위의)생기 없음.

décoloré(e) [dekɔlɔre] *a.p.* ① 퇴색[변색]한, 빛이 바랜(déteint). ② (안색 따위가)창백한; (문장이) 생기가 없는; (생활이)무미건조한.

décolorer [dekɔlɔre] *v.t.* ① (색이)바래게 하다, 퇴색시키다(déteindre). Le soleil *a décoloré* sa robe. 햇볕에 그녀의 옷이 바랬다. ② 생기를 없애다, 멋없게 만들다. Trop d'exactitude *décolore* le style. 정확도가 지나치면 문장이 무미건조해진다.
—*se* ~ *v.pr.* ① 퇴색하다, 변색하다(se faner). ② 생기를 잃다; 창백해지다; 멋없게 되다. ③ 자기 머리털의 빛깔을 엷게 하다.

décomblement [dekɔ̃bləmɑ̃] *n.m.* 《옛》치움, 쳐냄.

décombler [dekɔ̃ble] *v.t.* 《옛》치우다, 철거하다; (도랑 따위를)쳐내다.

décombrement [dekɔ̃brəmɑ̃] *n.m.* 파편을 치우기.

décombrer [dekɔ̃bre] *v.t.* (파편을)치우다.

décombres [dekɔ̃:br] *n.m.pl.* ① (부서진 물건의)파편, 잔해(殘骸). ② (구세도의)잔해. ~ de l'Ancien Régime 구세제의 잔해.

décommandement [dekɔmɑ̃dmɑ̃] *n.m.* (주문 따위의)취소.

décommander [dekɔmɑ̃de] *v.t.* (주문·명령·약속 따위를)취소하다(annuler); 해약하다. ~ une robe 옷 주문을 취소하다. ~ le dîner du 23 avril 4월 23일의 저녁 약속의 취소를 알리다.
—*se* ~ *v.pr.* 회합의 약속을 취소하다[취소를 통지

décommettre [dekɔmetr] [46] *v.t.* (끈의)꼬임을 풀다; (밧줄을)풀다.

décompensation [dekɔ̃pɑ̃sasjɔ̃] *n.f.* 〖의학〗(심장의)대상부전(代償不全), 대상기능상실〖불완전한 혈액 순환을 보충하는 심장 기능의 약화〗.

décompensé(e) [dekɔ̃pɑ̃se] *a.* 대상기능을 상실한.

décompléter [dekɔ̃plete] [6] *v.t.* 불완전하게 하다; 부족이 생기게 하다.

décomplexé(e) [dekɔ̃plekse] *a.p.* 열등감에서 벗어난; 긴장이 풀린(détendu), 걱정이 없어진, 태평스러운(insouciant).

décomplexer [dekɔ̃plekse] *v.t.* (열등감에서)벗어나게 하다, 해방시키다. Notre succès nous *a décomplexés*. 그 성공은 우리를 열등감에서 벗어나게 했다.

décomposable [dekɔ̃pozabl] *a.* 분해〔분석〕할 수 있는. substance ~ par la chaleur 열에 의해 분해되는 물질.

décomposant(e) [dekɔ̃pozɑ̃, -ɑ̃:t] *a.* 분해 작용을 일으키는.

décomposé(e) [dekɔ̃poze] *a.p.* ① 분해된. ② 부패한. aliments ~s 부패한 음식. ③ 〖식물〗(잎이)작은 잎으로 갈라진. ④ (얼굴이 슬픔·공포 따위로)일그러진, 질린. traits ~s 일그러진 표정.

décomposer [dekɔ̃poze] *v.t.* ① (성분·요소를)분해하다, 분석하다. ~ la lumière (프리즘 따위가)빛을 분해하다, 광분해(光分解)하다. ~ de l'eau par électrolyse 물을 전기분해하다. ~ une fraction 《수학》 분수를 분해하다. ~ un compte 《경영》 계산서의 내역을 뽑다. ~ une phrase en propositions 《언어》 문장을 절로 분해하다. ~ un mouvement de gymnastique 체조의 동작을 세부적으로 분석하다. ② (유기물을)변질[부패]시키다 (putréfier). La chaleur *décompose* la viande. 더위가 고기를 부패시킨다. ③ 분해하다, 해체하다. ~ une propriété 소유지를 분할하다. ~ une société 회사를 해체하다. ④ (얼굴을)일그러뜨리다. La douleur *décomposa* son visage. 고통이 그의 얼굴을 일그러뜨렸다.

—*se* ~ *v.pr.* ① 분해되다. ② 부패되다. ③ (얼굴이)일그러지다, 질리다. Son visage *se décomposa* de terreur. 그의 얼굴은 공포로 질렸다.

décomposition [dekɔ̃pozisjɔ̃] *n.f.* ① (성분·요소 따위의)분해, 분석. ~ chimique 화학적 분해. ~ de la lumière par le prisme 프리즘을 통한 빛의 분해. ~ en fraction partielle 《수학》 부분분수로 분해하기. ~ des dépenses 《경영》 지출의 명세. ~ d'une phrase 《언어》 문장의 해부(분해). ② (유기물의)변질, 부패. ~ du sang 혈액의 변질. ③ 분할, 해체. ~ d'une propriété 소유지의 분할. ~ d'une société 회사의 해체. ④ (얼굴이)갑자기 일그러짐. ~ des traits 표정의 일그러짐.

décompresseur [dekɔ̃presœ:r] *n.m.* 압력 복구(경감)장치. —*a.* 압력 복구의.

décompression [dekɔ̃presjɔ̃] *n.f.* ① 압력 감소, 감압(減壓). robinet de ~ 《기계》(배기용)꼭지. soupape de ~ 안전밸브. ② 〖의학〗기압 감소로 인한 증세, 고산병(高山病).

décomprimer [dekɔ̃prime] *v.t.* (의)압력을 덜다.

décompte [dekɔ̃:t] *n.m.* ① 할인, 공제(déduction, réduction). ② 차액, 잔액. ③ 명세 계산; 명세서. ④ ~ syllabique (시의)음절 계산. *faire le* ~ 할인하다; 《구어》불리한 점을 미리 참작하다. *trouver* [*éprouver*] *du* ~ 기대가 어긋나다, 실망하다.

décompter [dekɔ̃te] *v.t.* ① 할인하다, 공제하다. ② 자세히 계산하다. —*v.i.* (시계가)시간을 틀리게 치다.

déconcentration [dekɔ̃sɑ̃trasjɔ̃] *n.f.* ① 분산. ~ d'une université 대학의 분산. ② 〖행정〗지방으로의 행정권의 분산; (기업 따위의 상부가 하부에 대하여 행하는)권한이양.

déconcentrer [dekɔ̃sɑ̃tre] *v.t.* ① 〖행정〗사무를 분산시키다; (권한을)지방으로 분산시키다. ② 분산시키다. ~ une ville saturée 포화상태의 도시를 분산시키다. ③ (주의를)흐트리다.

—*se* ~ *v.pr.* 주의를 흐트리다.

déconcert [dekɔ̃sɛr] *n.m.* ① 불일치. ② 당황, 혼란. 당황(칭찬)하다.

déconcertant(e) [dekɔ̃sɛrtɑ̃, -ɑ̃:t] *a.* 당황하게 하는, 어리둥절하게 하는(déroutant); 뜻하지 않은, 난데없는(inattendu). attitude ~*e* 어리둥절하게 하는 태도. nouvelle ~*e* 뜻하지 않은 소식.

déconcerté(e) [dekɔ̃sɛrte] *a.p.* 《옛》 당황한; 뒤틀린.

déconcertement [dekɔ̃sɛrtəmɑ̃] *n.m.* 《드물게》 당황, (계획 따위의)어긋남. ~ de nos projets 우리들 계획의 어긋남.

déconcerter [dekɔ̃sɛrte] *v.t.* ① 당황하게 하다, 어리둥절하게 하다(confondre, décontenancer). Cette réponse nous *a déconcertés*. 그 대답을 듣고 우리는 당황했다. ~ (목적을 어 없이) Il a un toupet qui *déconcerte*. 그는 사람을 당황하게 하는 뻔뻔스러운 데가 있다. ② 《옛》뒤틀리게 하다; (계획 따위를)좌절시키다. ~ un projet criminel 범죄 계획을 좌절시키다.

—*se* ~ *v.pr.* ① 당황하다, 어리둥절해지다. ② 뒤틀리다.

déconditionner [dekɔ̃disjɔne] *v.t.* (어떤 단체를 규제하고 있는)조건을 제거하다; 심리적 억압으로부터 벗어나게 하다(soustraire). ~ l'opinion publique (어떤 종류의 선전에 억제되어 있던)여론(세론)을 해방하다.

déconfès(esse) [dekɔ̃fɛ, -ɛs] *a., n.* 참회하지 않은 (사람); 자선을 위해 재산을 교회에 바치지 않은 (유증을 하지 않은)(사람).

déconfessionnalisation [dekɔ̃fesjɔnalizasjɔ̃] *n.f.* 〖가톨릭〗 종교색(宗敎色)을 제거〔일소〕하기.

déconfessionnaliser [dekɔ̃fesjɔnalize] *v.t.* (어떤 조직·제도로부터)종교색을 제거하다, 없애다. L'Église a décidé de ~ ses institutions. 가톨릭교회는 그의 여러 제도로부터 종교색(宗敎色)을 일소하기로 결정했다.

déconfire [dekɔ̃fi:r] [31] *v.t.* ① 당황하게 하다. Ses regards me *déconfisent*. 그의 시선은 나를 당황하게 한다. ② 《옛》패배시키다.

déconfi-s, -t [dekɔ̃fi] ⇨déconfire.

déconfit(e) [dekɔ̃fi, -it] *a.p.* ① 당황한, 어쩔 줄 모르는. mine ~ 몹시 당황해 하는 얼굴. ② 《옛》패배당한; 부서진.

déconfiture [dekɔ̃fity:r] *n.f.* ① 《구어》실패, 참패, 파멸(défaite). ~ d'un parti politique aux élections 어떤 정당의 선거 참패. ② 《구어》파산(faillite); 〖법〗(채무자의)지불불능. tomber en ~ 파산하다. ③ 《옛》(군대의)완패.

déconfort [dekɔ̃fɔ:r] *n.m.* 《옛》낙담.

déconforter [dekɔ̃fɔrte] 《옛》*v.t.* 낙담시키다.

—*se* ~ *v.pr.* 낙담하다.

décongélation [dekɔ̃ʒelasjɔ̃] *n.f.* (냉동물을)데워 녹이기, 해동(解凍).

décongeler [dekɔ̃ʒle] [4] *v.t.* (냉동물을)데워녹이다; 해동하다.

décongestion [dekɔ̃ʒɛstjɔ̃] *n.f.* (도시·대로의)혼잡 완화. plan de ~ de la circulation dans les centres urbains 도시 중심부의 교통 완화 계획.

décongestionnement [dekɔ̃ʒɛstjɔnmɑ̃] *n.m.* =

décongestion.
décongestionner [dekɔ̃ʒɛstjɔne] v.t. ① (의)충혈을 고치다[완화하다]. Les révulsifs décongestionnent les poumons. 유도제(誘導劑)는 폐의 충혈을 고친다. ② (의)혼잡을 완화시키다. ~ une rue encombrée 도로의 혼잡을 완화하다.

déconnecter [dekɔnekte] v.t. ① 〖전기〗 끊다, 단절하다. ②(비유적)분리하다(séparer). Il ne faut pas ~ l'enseignement du monde environnant où l'on a à vivre. 교육을 살아가야 하는 주변 환경으로부터 분리시켜서는 안된다.

déconner [dekɔne] 《속어》 v.t. (지루하게) 말하다.
—v.i. 바보같은 소리를 하다; (지루하게) 지껄이다, 지껄여대다.

déconnexion [dekɔneksjɔ̃] n.f. ① 끊기, 단절; 〖전기〗 단선. ② (접속부의) 분리.

déconseiller [dekɔ̃se(e)je] v.t. 그만두게 하다, 만류하다(détourner, dissuader). livre à ~ pour les jeunes gens 젊은이에 권할 수 없는 서적. [~ qc à qn; ~ à qn de+inf.;《드물게》~ qn de qc] Il me l'a déconseillé. 그는 내게 그것을 만류했다.

déconsidération [dekɔ̃siderɑsjɔ̃] n.f. 평판이 좋지 않음; 신용을 잃음, 불신(discrédit). tomber en ~ 평판이 나빠지다.
jeter la ~ sur …에게 불신의 눈초리를 던지다.

déconsidéré(e) [dekɔ̃sidere] a.p. 신용이 없는, 평판이 나쁜.

déconsidérer [dekɔ̃sidere] [6] v.t. (의)신용을 떨어뜨리다; 평판이 나빠지게 하다. Ce scandale l'a déconsidéré. 이 추문으로 그는 평판이 나빠졌다.
—se ~ v.pr. 신용[신망]을 잃다. Il se déconsidère par une telle conduite. 그는 그런 행동 때문에 신용을 잃었다.

déconsigner [dekɔ̃siɲe] v.t. ①〖군사〗(의)외출금지를 풀다. ② 〖철도〗(휴대품 보관소에서 수하물을)찾다. ~ un colis 화물을 잠시 보관시켰다가 찾다. ③ (병 따위의)값을 환불하다. ~ une bouteille 빈 병값을 환불하다.

déconstiper [dekɔ̃stipe] v.t. 〖의학〗(에게)변비를 없애다.

déconstitutionnalisation [dekɔ̃stitysjɔnalizɑsjɔ̃] n.f. 헌법 파기; (어떤 제도·결정의)합헌성파기(合憲性破棄).

déconstitutionnaliser [dekɔ̃stitysjɔnalize] v.t. 헌법을 파기하다; (제도·법적 조치의)합헌성을 파기하다. ~ une nation 일국의 헌법을 파기하다.
—se ~ v.pr. (어떤 국가가)입헌제(立憲制)를 잃다; (제도·법적 조치가)합헌성을 잃다.

déconstruction [dekɔ̃stryksjɔ̃] n.f. ① (건축물의)파괴. ②〖드물게〗(기계·문장 따위의)해체.

déconstruire [dekɔ̃strɥi:r] [32] v.t. (건축물을)파괴하다; 〖드물게〗(기계·문장 따위를)해체하다.
—se ~ v.pr. 〖드물게〗해체되다.

décontamination [dekɔ̃taminɑsjɔ̃] n.f. (방사능·공해물질 따위의)오염방지. ~ après un éventuel bombardement atomique 원폭공격 후의 오염방지.

décontaminer [dekɔ̃tamine] v.t. (방사능·공해물질 따위의)오염을 방지하다. programme pour ~ l'atmosphère 대기의 오염 방지 계획.

décontenance [dekɔ̃tɑ̃s] n.f. 당황.

décontenancé(e) [dekɔ̃tɑ̃nɑse] a.p. 당황한.

décontenancement [dekɔ̃tɑ̃nɑ̃smɑ̃] n.m. 당황(하게 만들기).

décontenancer [dekɔ̃tɑ̃nɑse] [2] v.t. 당황케 하다 (déconcerter). Mon objection l'a décontenancé. 나의 반대는 그를 당황케 만들었다.

—se ~ v.pr. 당황하다.

décontractant(e) [dekɔ̃traktɑ̃, -ɑ̃:t] a. 진정시키는 (apaisant), 긴장을 가라앉히는.

décontracté(e) [dekɔ̃trakte] a.p. ①(근육이)이완된, 풀린(détendu). ②긴장이 풀린; 느긋한.

décontracter [dekɔ̃trakte] v.t. 이완시키다; (긴장 따위를)풀다(détendre).
—se ~ v.pr. (근육·긴장이)풀리다.

décontraction [dekɔ̃traksjɔ̃] n.f. ①(근육의)이완. ②(긴장의)풀림;《구어》느긋함.

déconventionner [dekɔ̃vɑ̃sjɔne] v.t. ~ un médecin(제065조시로서)의사에게 의료보험공단과의 관계를 정지시키다.

déconvenue [dekɔ̃vny] n.f. 실망(déception), 낙담. éprouver une grande ~ 대단히 실망하다.

décor [dekɔ:r] n.m. ① (가옥·실내 따위의)장식. ~ somptueux 호화로운 실내장식. ②〖연극〗무대장치, (무대의)배경; (pl.)대도구. changement de ~s 배경화하다. ~ praticable 실물 장치〖문·창 따위〗. changement de ~ 무대전환(으로 바꾸라). ~ simultané 동시무대. ③ 경관; (생활)환경. vivre dans un ~ de verdure 푸르른 경관 속에서 생활하다. ④ 외관, 외양. Tout cela n'est que du ~. 이것은 모두 겉치레뿐이야.
aller[entrer] dans le ~ 《구어》(차량이)도로를 벗어나 벽 따위에 부딪치다. *changement de* ~ 정세[상황]의 급변. *envers du* ~ (비유적)무대의 안쪽; (생활·사건 따위의)이면.

décorateur(trice) [dekɔratœ:r, -tris] n. 실내장식가. (동격) peintre ~ 장식화가. tapissier ~ 벽면장식업자(벽지나 장식융단 따위로 장식하는 사람). ②배경화가, 무대장치가(~ de théâtre). ~ de télévision 텔레비전 무대장치가.

décoratif(ve) [dekɔratif, -i:v] a. ①장식적인; 장식용의. peinture[sculpture] ~ve 장식용 그림[조각]. arts ~s 응용미술《약칭:arts déco》. école [musée] des arts ~s 응용미술학교[박물관]. ②《구어》《경멸》장식이 되는, 모임을 돋보이게 하는. plante ~ve 장식이 되는 식물. invité ~ 모임을 돋보이게 하는 손님

décoration [dekɔrɑsjɔ̃] n.f. ① 장식술, 장식하기. entendre bien la ~ 장식(술)을 잘 알다. ② 장식품. ~s d'un salon 거실의 장식물[품]. ③훈장. remise de ~ 훈장수여. porter une ~ 훈장을 달다. ④《옛》(사람이 사는)환경. changement de ~ 생활환경의 변화. ⑤《옛》무대장치(décor).

décorativement [dekɔrativmɑ̃] ad. 장식적으로.

décorder [dekɔrde] v.t. ① (밧줄의)꼬임을 풀다. ~ un câble 밧줄의 꼬임을 풀다. ② (의)끈을 풀다. ~ des bœufs 소를 풀어주다.

décoré(e) [dekɔre] a.p. ①장식된. ②훈장을 가진.
—n. 훈장 소유자.

*****décorer** [dekɔre] v.t. ①장식하다, 꾸미다(parer); 미화하다(embellir). ~ une église(un salon, un jardin) 성당[거실·정원]을 장식하다. Cette chambre *est décorée* de nombreux tableaux. 이 방은 수많은 그림으로 장식되어 있다. ②(비유적)꾸미다, 겉치레하다, 《에》허울좋은 이름을 붙이다. ~ sa cruauté du nom de justice 정의라는 이름으로 잔인함을 감추다. ③ (에게)(훈장 따위를)수여하다 (médailler). ~ qn de la Légion d'honneur ~에게 레지웅도뇌르 훈장을 수여하다. ④(목적보어 없이)레지웅도뇌르 훈장을 수여하다. Il va *être décoré*. 그는 레지웅도뇌르 훈장을 받을 것이다.
—se ~ v.pr. [se ~ de](이라고)자칭하다. *se* ~ *du titre de* savant 학자라고 자칭하다.

décorner [dekɔrne] v.t. ①(의)뿔을 없애다. ②(책

장의)귀접침을 떠다.
Il fait un vent à ~ les bœufs. (구어) 강풍이 불다.
décorticage [dekortika:ʒ] n.m. ① 나무껍질을 벗기기. ② (곡식의)겨·깍지벗기기. ~ du riz 정미(精米)하기.
décortication [dekortikɑsjɔ̃] n.f. ① (기생동물을 제거하기 위해 나무껍질을)벗기기. ② 【외과】 피술(剝皮術). ③ 【치과】치관박리법(剝離法).
décortiquer [dekortike] v.t. ① 탈곡하다, 껍질을 벗기다, 박피하다. ~ un arbre[un fruit, des graines] 나무[열매·씨앗]의 껍질을 벗기다. ~ (갑각(甲殼)류의)껍질을 벗기다. ~ un crabe 게의 껍질을 벗기다. ② (비유적)(문장 따위를)철저하게 분석하다. ~ un texte[une phrase] 원문[문장]을 상세하게 분석해 보다.
décorum [dekɔrɔm] (라틴) n.m. (복수없음)① 예의, 범절(bienséance, protocole). garder[observer] le ~ 예절을 지키다. ② (공식석의)의식, 관례. ~ royal 왕실의 예식. ③ (구어)화려한 외관.
décote [dekɔt] n.f. (세금의)감면, 공제. ② 【경제】 동화·채권 따위의)시세 하락, 가격의 하락.
découcher [dekuʃe] v.i. 외박(外泊)하다.
—se ~ v.pr. (옛) 일어나다다(se lever).
découd(s) [deku] ⇨découdre.
découdre [dekudr] [34] v.t. ① (꿰맨 것을)뜯다, (의)솔기를 풀다. ne pas oser ~ les lèvres (옛) 감히 입을 열려고 하지 않다. ② (짐승이)뿔로 받아 배를 찢다[터뜨리다].
—v.i. (구어)[en ~] 싸우다(se battre); 도망가다. Il est toujours prêt à en ~. 그는 걸핏하면 싸우려 한다.
—se ~ v.pr. ① (꿰맨 것이)뜯어지다; 솔기가 풀리다. ② (사업·우정 따위가)파탄에 이르다[다.
découenner [dekwane] v.t. (돼지의)껍질을 벗기다.
découlant(e) [dekulɑ̃, -ɑ̃:t] a. 흘러나오는. terre ~ de lait et de miel (성서) 젖과 꿀이 흐르는 땅.
découlement [dekulmɑ̃] n.m. (옛) (방울방울)흘러 떨어짐.
découler [dekule] v.i. ① [~ de] (에서)생기다, 유래하다(résulter, provenir). effets qui découlent d'une cause 어떤 원인에서 발생하는 결과. ② (비언칭)Il découle de ce principe que+inf. 이 원칙에서 …라는 결과가 생긴다. ② (옛·문어) (물이)묵묵히 떨어지다, 흘러나오다. Le sang découle de la plaie. 상처에서 피가 흘러나오다.
découpage [dekupa:ʒ] n.m. ① (종이·과자·고기 따위를)자르기, 썰기. ② (옷감·가죽·금속판 따위를)오려내기, 재단. ③ 오려낸 그림. ④ 【영화】 시나리오의 각 장면. ⑤ 구분(division, répartition). ~ électoral 선거구 구분법.
découpe [dekup] n.f. ① 【의복】 장식구멍; (pl.)부채꼴 가장자리 장식. ② (목재의)절단. ③ (최고기 따위의)분할법.
découpé(e) [dekupe] a.p. ① 금어낸, 오려낸. bien ~ (의복에)재단이 잘된, 모양이 좋은. ② 【식물】 (잎의)가장자리가 톱니 바퀴 모양의. ③ (배경에서부터)부각된, 두드러지게 드러나 보이는.
découper [dekupe] v.t. ① (종이·과자·고기 따위를)자르다, 썰다. ~ le gâteau en trois morceaux 과자를 세 조각으로 자르다. couteau[fourchette] à ~ 고기 자르는 (식탁용) 칼[포크]. ② (천·가죽·금속판 따위를)재단하다; (에)톱니모양을 만들다. ~ un article dans un journal 신문기사를 오려내다. scie à ~ 실톱. ③ (윤곽을)두드러지게 하다, 뚜렷하게 드러내다(détacher). La tour découpe son profil sur le ciel bleu. 탑이 푸른 하늘 위로 그 윤곽을 뚜렷하게 드러내다.

—se ~ v.pr. ① 끊기다, 오려내어지다. ② [se ~ sur] (에) (윤곽이) 뚜렷하게 드러나다. montagnes qui se découpent sur le ciel clair 맑은 하늘 위로 윤곽이 뚜렷이 드러나는 산들.
découpeur(se) [dekupœ:r, -ø:z] n. ① (가죽·금속판의)재단공; 【영화】필름 편집자. **—n.f.** 【기계】재단기.
découple [dekupl] n.m. 【사냥】 (두 마리씩 매어놓은 사냥개를)풀어놓기, 풀어놓음.
découplé(e) [dekuple] a.p. ① (사냥개가)풀어진. ② (옛) 동작이 자유로운. enfants adroits et ~s 동작이 능란하고 자유자재인 아이들. ③ bien ~ 몸매 시가 좋은, 날씬한.
découpler [dekuple] v.t. ① (두 마리씩 매어진 사냥개를)풀어놓다; (목적없이 없이) 사냥개를 풀어놓다. Dès qu'on fut arrivé, on découpla. 도착하자마자 사냥개를 풀어놓았다. ② [~ à/après qn 경관들에게] ...을 뒤쫓게 하다. ~ les agents après qn 경관들에게 ...을 뒤쫓게 하다. (차량 따위의)연결을 풀다. ④ 【전기】(2개의 회로를 결합하는)커플을 떼다. ⑤ 【음악】(파이프 오르간의 2개의 건반을 연결하여 연주하는)커플을 떼다. **—n.m.** =**découple.**
découpoir [dekupwa:r] n.m. ① 절단기; 절단 가위. ~ à l'emporte-pièce 검분(檢分) 가위. ~ à figures 【재봉】장식구멍을 뚫는 기계. ② 절단기의 날.
découpure [dekupy:r] n.f. ① 오려내기(세공); 오려낸 것; 장식구멍을 뚫기; 투조(透彫), 구멍새김. ~ de journal 신문을 오려내기. ② (해안선의)요철(凹凸); 【식물】(잎 가장자리의)톱니꼴; (구어)옷매무시, 옷차림.
***décourage(e)** [dekuraʒe] a.p. 낙담한. Il a l'air ~. 그는 낙담한 듯하다. être ~ de+inf. …할 마음이 없다.
décourageant(e) [dekuraʒɑ̃, -ɑ̃:t] a. 낙담[실망]시키는, 맥이 빠지는. nouvelle ~e 실망시키는 소식. Vous êtes ~. 당신은 낙심시키는구려.
découragement [dekuraʒmɑ̃] n.m. 낙담, 실망, 실의(↔ courage, énergie, espérance). tomber dans le ~ 낙담하다. 기가소침하다. renoncer par ~ 낙담하여 포기하다.
***décourager** [dekuraʒe] [3] v.t. ① 낙담시키다, 맥이 빠지게 하다; 기력을 잃게 하다(accabler, démoraliser). nouvelle qui décourage 실망시키는 소식. [~ qn de qc/+inf.] Il m'a découragé de travailler. 그는 나에게서 일할 마음을 빼앗아갔다. ② (계획 따위의)의욕을 꺾다(dissuader). ~ un projet 계획을 좌절시키다, 수포로 돌아가게 하다. ③ 중단하다(arrêter). Froid et hautain, il décourageait la familiarité. 냉정하고 거만해서 그에게는 친근감을 가질 수 없었다.
—se ~ v.pr. 낙담하다. Ne vous découragez pas, recommencez! 낙담하지말고 다시 시작해 보시오.
décourber [dekurbe] v.t. (굽은 것을)바르다. ~ une planche 널빤지를 바르다[바르게 하다].
découronnement [dekurɔnmɑ̃] n.m. ① 【드물게】 폐위(廢位). ~ d'un roi 국왕의 폐위. ② 윗가지가 잘림; (건물)상부의 철거.
découronner [dekurɔne] v.t. ① (의)왕위를 찬탈(篡奪)하다; (명예를)박탈하다. ~ les gloires de qn …의 영광을 박탈하다. ~ qn de qc …에게서 ...을 박탈하다. ② (나무의)윗가지를 자르다; (건물의)상부를 철거하다. arbre découronné par la tempête 태풍으로 윗가지가 꺾인 나무. ~ une hauteur (군사) 고지의 정을 격퇴하다.
décours [deku:r] n.m. ① (달의)이지러짐. lune en ~ 이지러지는 달. ② (병세의)쇠퇴, 약화. [dre
décous-ant, -is, -ons [dekuzɑ̃, -i, -ɔ̃] ⇨**décou-**

décousu(e) [dekuzy] (*p.p.*<*découdre*) *a.p.* ① 솔기가 풀린, 해어진; (집의)지붕새가 튼튼하지 않은. ② 일관성이 없는, 지리멸렬한(incohérent). propos ~s 일관성이 없는 말.
—*n.m.* 지리멸렬.

décousure [dekuzy:r] *n.f.* ①〖옛〗(옷 따위의)솔기가 풀림, 해어짐. ②(사냥개가 사슴·멧돼지 따위에게 입은)열상(裂傷).

découvert¹(e¹) [dekuvɛ:r, -ɛrt] (*p.p.*<*découvrir*) *a.p.* ① 모자를 쓰지 않은; (차 따위가)덮개가 없는. à la tête ~e. 그는 모자를 쓰지 않고 있다. wagon ~ 무개화차. ② 얇게 입은; 살갗을 드러낸, être trop ~ pour la saison 계절로 보아 너무 얇게 입다. poitrine ~e 헤쳐진 가슴. front ~ 벗겨진 이마. ③ 덮이지 않은, 노출된. allée ~e 가로수가 하늘을 덮고 있지 않은 길. ④〖군사〗엄폐물이 없는; (도시 따위가)무방비의. **terrain** ~ (큰 건물 앞의)광장;〖군사〗엄폐물이 없는)비보호 지역.
—*n.m.* ①〖상업〗신용대부, 당좌대월. ②〖재정〗결손, 적자. ~ de la balance commerciale 무역결손(적자). ③ 비피보험부분〖보험에 들지 않은 부분〗. ④〖군사〗비보호지역(terrain ~). ⑤〖스포츠〗(격투기에 있어서)무방비 자세, 틈.

découvert² [dekuvɛ:r] *loc.ad.* ① 드러내놓고. mettre à ~ les ruines d'un temple 신전의 유적을 발굴하다. ② 공공연하게; 솔직하게, 노골적으로. agir à ~ 공공연하게 행동하다. montrer son cœur à ~ 속마음을 털어놓다. parler à ~ 솔직하게 이야기하다. ③〖군사〗엄호없이; 엄폐물이 없는 곳에서. combattre à ~ 엄폐물없이 싸우다. ④〖상업〗보증없이, 무담보로. crédit à ~ 무담보 대출, 신용대출. vendre à ~〖주식〗현물 없이 매매하다. être à ~ (은행 따위에)계좌가 비다, 예금 잔고가 없다.

découverte² [dekuvɛrt] *n.f.* ① 발견; 발견물. ~ d'un trésor 보물의 발견. voyage de ~ 탐험 여행. ② (음모의)간파;〖군사〗수색, 정찰(reconnaissance). ③〖펜싱〗틈이 있는 몸가짐[자세]. ④ (연극·영화의)배경.

à la ~ *de qc* …을 발견[탐험·정찰]하기 위하여.

découvrement [dekuvrəmɑ̃] *n.m.* ①〖기계〗미끄럼판(瓣)에 의한 판실(瓣室)의 개구도(開口度).

découvreur(se) [dekuvrœ:r, -ø:z] *n.* 발견자.

:découvrir [dekuvri:r] ⑫ *v.t.* ① 발견하다, 찾아내다. On *a découvert* des remèdes à beaucoup de maladies. 많은 병에 대한 약이 발견되었다. Newton *découvrit* la loi de l'attraction universelle. 뉴턴은 만유인력의 법칙을 발견했다. ~ un virus au microscope 현미경으로 바이러스를 발견하다. ~ un talent à *qn* …의 재능을 찾아내다. ~ une jeune pianiste 젊은 피아니스트를 발굴하다. J'*ai découvert* au hasard qu'il me mentait. 그가 나를 속인다는 것을 우연히 알게 됐다. ~ *qn* égoïste …이 이기주의자임을 알아차리다.

② 덮개를 벗기다, 드러내놓다. ~ une casserole 냄비의 뚜껑을 열다. ~ ses dents blanches (웃어서)흰 이를 드러내다. ~ une statue 조상(彫像)의 제막식을 하다. 《목적보어 없이》La mer *découvre*. 썰물로 개벌이 드러난다.

③ 드러내어 보이다, 밝히다; (비밀)폭로하다. Il *a découvert* ses intentions. 그는 제 의향을 털어놓았다. ~ son cœur 마음속을 피력하다. ~ son jeu 〖카드놀이〗손수를 보이다; (비유적)솜씨를 드러내 보이다. ~ les dessous d'une affaire 사건의 내막을 폭로하다. ~ le pot aux roses (음모 따위의)비밀을 폭로하다. Un geste la *découvre*. 어떤 몸짓이 그녀의 성격을 드러내 보인다.

④ (보이지 않던 것을)갑자기 눈앞에 보다, 멀리 바라보다, 전망하다. ~ un panorama magnifique 갑자기 눈앞에 장엄한 전경이 펼쳐지다. Du haut de la colline, on *découvre* le lac. 언덕 위에 올라가니 호수가 보인다.

⑤〖군사〗무방비 상태로 하다; 위험에 드러내 놓다. ~ une frontière 국경의 수비를 풀다. ~ le flanc aux attaques 측면을 적의 공격에 노출시키다. écarter les bras et ~ la poitrine〖펜싱〗팔을 벌리고 가슴에 (빈)틈을 내보이다.
—*v.i.* (썰물이 되어서)모습을 보이다. Les roches *découvrent* à marée basse. 그 바위들은 썰물 때 모습을 드러낸다.
—*se* ~ *v.pr.* ① (모자·옷 따위를)벗다. *se* ~ pour saluer *qn* …에게 인사하기 위해 모자를 벗다. *se* ~ les bras 팔을 드러내놓다[걷어 올리다]. Si le bébé *se découvre*, il risque de prendre froid. 아기가 이불을 걷어차면 감기들기 쉽다. ② 무방비상태가 되다, 틈을 보이다. Ce boxeur *ne se découvre* jamais. 이 권투선수는 결코 틈을 보이지 않는다. ③ (하늘이)개다, 맑아지다. Le temps *se découvrira* cet après-midi. 날씨는 오후에 갤 것이다. ④ [se ~ à] (생각·계획 따위를)털어놓다. Enfin il *se découvrit* à moi. 그는 마침내 나에게 다 털어놓았다. ⑤ 자기를 발견하다, 자신을 알다; (병·성향 따위를)자기 속에서 발견하다. *se* ~ un goût pour la musique 자기가 음악에 끌리는 것을 깨닫다. ⑥ 갑자기 모습을 나타내다; 드러나다; 발견되다. Brusquement toute la vérité *se découvrit* à moi. 갑자기 나에게 모든 진상이 드러났다[밝혀졌다].

décramponner [dekrɑ̃pɔne] *v.t.* ①(의)꺾쇠를 빼다; 손을 떼게 하다; (사람을)떼어놓다.
—*v.i.* (구어)벗어나다, 가버리다. ne plus vouloir ~ (귀찮은 녀석이)떨어지려 하지 않다.
—*se* ~ *v.pr.* ① 꺾쇠가 빠지다. ② [se ~ de *qn*] (을)뿌리치다. *se* ~ *d'un importun* 귀찮은 사람을 뿌리치다.

décrassage [dekrasa:ʒ], **décrassement** [dekrasmɑ̃] *n.m.* 때를 벗김.

décrasse-peigne [dekraspɛɲ] *n.m.* 《복수불변》머리빗의 때를 벗김; 때 벗기는 도구.

décrasser [dekrase] *v.t.* ①(의)때를 벗기다, 청소하다, (기억을)새롭게 하다, 환기시키다. ② 세련되게 (교육)하다, 촌티를 벗기다. ~ un jeune homme (무지로)어리석은 자를 교육시키다. ~ un paysan 시골뜨기의 촌티를 벗기다. ~ son esprit 정신을 도야하다. ③〖옛·문어〗(사회적 신분이 낮은 자를)출세시키다.
—**se** ~ *v.pr.* ① 자기 때를 벗기다. ② 촌티를 벗다, 세련되다. ③〖옛·문어〗출세하다.

décrassoir [dekraswa:r] *n.m.* ①(의)빗다. ② =décrasse-peigne.

décravater [dekravate] *v.t.*(의)넥타이를 풀다.
—**se** ~ *v.pr.* 자신의 넥타이를 풀다.

décréditement [dekreditmɑ̃] *n.m.* 명예훼손.

décréditer [dekredite] *v.t.* 《옛》(의)신용을 떨어뜨리다, 명예를 훼손하다.
—**se** ~ *v.pr.* 신용을 잃다. *se* ~ auprès de *qn* …의 […에 대하여] 신용을 잃다.

décrément [dekremɑ̃] *n.m.* 〖수학〗감소(값); 〖전기〗감쇠율(減衰率).

décrémètre [dekremɛtr] *n.m.* 〖전기〗감쇠계.

décrêpage [dekrɛpa:ʒ] *n.m.* 곱슬머리를 풀기.

décrêper [dekrepe] *v.t.* 곱슬머리를 풀다; (부풀려 말아올린 머리(crêpage)를)원래대로 풀다.

décrépir [dekrepiːr] *v.t.* (거친)초벽바름을 떨어뜨리다; 노화시키다, 황폐시키다.
— **se ~** *v.pr.* 초벽바름이 떨어지다; 노화되다.

décrépissage [dekrepisaːʒ] *n.m.* 초벽바름을 떨어 뜨림[긁어 냄].

décrépi(e) [dekrepi, -it] *a.* 늙어빠진(usé, vieux); 황폐한.

décrépitation [dekrepitasjɔ̃] *n.f.* 소금이 타서 튀는 소리; 소금을 태움.

décrépiter [dekrepite] *v.i.* (소금이)타서 튀다.
—*v.t.* (소금을)소리 안 날 때까지 태우다.

décrépitude [dekrepityd] *n.f.* 노쇠, 쇠약; 쇠퇴, 조락(凋落); (가옥의)노후, 황폐.

decrescendo [dekres(ʃ)ẽdo, dekreʃɛndo] (이탈리아) 【음악】 *ad.* 차차 약하게. —*n.m.* 데크레셴도; 점차적인 약화.

décret [dekrɛ] *n.m.* ① (주권자·행정책임자의)명령, 법령, 시행령. ~ présidentiel 대통령령. ~ général [réglementaire] 일반명령. ~ administratif 행정명령. ~ de mobilisation 동원령. ② 【교회】 교회법, 결의서. ~ du pape 교황령. ~s des conciles 공의회의 결의서. ~ de Gratien 그라티아노 교회 법령(교회법의 원전). ③ 〖문어〗 (인간의 힘을 초월한)의지, 힘. ~s de la Providence 신의 뜻. ~s du destin(du sort) 숙명, 운명의 정함. ④ 〖옛〗【법】 (재산의)압류명령; 체포령.

décrétale [dekretal] *n.f.* 【가톨릭】 교황령; (*pl.*) 교황령집.

décréter [dekrete] *v.t.* ① (법령으로서)공포하다, 포고하다; 선언하다. ② 비난하다, 탄핵하다. ③〖옛〗【법】 (의)구속(압류) 영장을 발부하다. ~ la prise de corps contre *qn*; ~ *qn* de prise de corps ~에게 구속 영장을 발부하다. ~ une maison 가옥을 압류하다.

décret-loi [dekrɛlwa] (*pl.* **~s-~s**) *n.m.* (법률과 동일한 효력을 갖는)시행령.

décreusage [dekrøzaːʒ], **décreusement** [dekrøzmã] *n.m.* =**décrûment, décrusage, décrusement.**

décreuser [dekrøze] *v.t.* =**décruser.**

décri [dekri] *n.m.* 〖옛〗 (화폐의)통용 금지; 판매 금지; (가치·신용·평판 따위의)하락, 저하. tomber dans le ~ 인기를 잃다.

décrier [dekrije] *v.t.* ① 헐뜯다(discréditer, ↔ louer). ~ ses voisins 이웃을 비난하다. ②〖옛〗 (화폐의)통용을 금지하다, 가치를 하락시키다; (상품의)판매를 금하다.
—**se ~** *v.pr.* ① 자기를 헐뜯다. ② 악명을 초래하다. Cette femme *s'est fort décriée* par sa mauvaise conduite. 그 여자는 좋지 않은 행동으로 평판이 몹시 나빠졌다. ③ 서로 헐뜯다. Ils *se décrient* sans cesse. 그들은 끊임없이 서로를 비난한다.

*****décrire** [dekriːr] [38] *v.t.* ① 묘사하다, 서술하다 (dépeindre, exposer); 기술하다. ~ par le détail [en détail] 상세히 묘사[기술]하다. ② (도형 따위를)그리다(peindre). ③〖옛〗 베껴 쓰다.
—**se ~** *v.pr.* 자신을 묘사하다; 묘사되다. Cela ne peut (pas) *se* ~. 그것은 필설로는 표현할 수 없다.

décri-s, -t [dekri] ⇨ décrire.

décrispation [dekrispasjɔ̃] *n.f.* (특히 정치에 있어서의)긴장 완화.

décrisper [dekrispe] *v.t.* (긴장을)완화시키다; (행동을)부드럽게 하다(dépassionner).

décriv-es, -ez, -ons [dekriːv, -ive, -ivɔ̃] ⇨ décrire.

décrochable [dekrɔʃabl] *a.* 고리에서 벗길 수 있는.

décrochage [dekrɔʃaːʒ] *n.m.* ① (고리·못 따위에서) 벗김; (수화기를)듦; 【철도】 연결을 뗌. ② 【군사】 적과의 접촉을 끊음; 철수, 퇴각. ③〖구어〗 (곤란 따위에서의)이탈; (일·활동의)포기; (남녀 관계의)해소(解消). ④ (자국방송을 위한 키스테이션과의)연결 중단. ⑤ 【항공】 양력(揚力)의 급격한 저하; 【우주】 궤도이탈; 【전기】 (전기기기 따위의)동기성(同期性) 상실; (음성의)난조. ~ de l'orbite lunaire (우주선의)달궤도 이탈. ⑥ 【경제】 (값의)하락; (경기의)후퇴.

décrochement [dekrɔʃmã] *n.m.* ① décrochage①, ②. ② (벽 따위의)움푹 들어간 부분. ③ 【지질】 (가로의)단층.

décrocher [dekrɔʃe] *v.t.* ① (못·고리 따위에서)벗기다; 떼어내다. ~ une enseigne 간판을 떼어내다. ~ le téléphone 전화의 수화기를 들다. ②【철도】 (차량의)연결을 풀다; [~ de](에서)분리하다(séparer). ~ le franc marocain *du* franc français 프랑스 프랑에서 모로코 프랑을 분리하다. ③〖구어〗 손에 넣다; 획득하다. ~ prix littéraire 문학상을 획득하다. ~ la timbale 힘든 목적을 달성하다; (나쁜 의미로)자업자득이다. ④ ~ ses concurrents 【스포츠】 (경주에서)상대를 떼어놓다. ⑤〖옛〗 (담보물을)되찾다. ⑥ se faire ~ 〖은어〗 아이를 떼다, 낙태하다.
~ *les quatre chiffres* (수입 따위의)4 단위 숫자로 되다. *vouloir ~ la lune* 무리한 일[것]을 바라다.
—*v.i.* ① (오랫동안 하던 일·활동을 일시 적으로)그치다. Tous les week-ends, je *décroche* pour m'occuper de ma maison de campagne. 주말마다 나는 일을 마치고 시골집을 돌본다. ② [~ de](에서)이탈하다; (을)중단하다, 그치다. Ils *décrochent* d'une métropole condamnée. 그들은 저주받은 조국을 이탈한다. ③ 【항공】 (비행기가)양력을 잃다; 현대에서 이탈하다; 【운동】 (경주자가)탈락하다. ④ (공격을 계속하던 적에게서)벗어나다. ⑤ 【전기】 (무전기가)동기성(同期性)을 잃다. ⑥ 【방송】 (자국 방송을 위해)키스테이션과의 연결을 끊다. ⑦ [~ de](보다)저하하다, 낮아지다. Le franc *a décroché du* dollar. 프랑스 화가 달러보다 싸졌다.
—**se ~** *v.pr.* ① (못·고리에 있던 것이)벗겨지다; 산에서)미끄러지다. [se ~ de](약속 따위를)피하다; (비행기가 양력을 잃어)추락하다. réussir à *se* ~ *d'*un engagement 용케 약속을 피하다.
à se ~ la mâchoire 턱이 빠질 정도로 크게. rire (bâiller) *à se* ~ *la mâchoire* 크게 웃다(하품하다).

décrochez-moi-ça [dekrɔʃemwasa] *n.m.* (복수불변)〖속어〗 헌옷; 헌옷 가게.

décrochoir [dekrɔʃwaːr] *n.m.* 갈고리 벗기는 장대.

décroire [dekrwa(a)ːr] *v.t.* 〖옛〗 믿지 않다(지금은 다음 경우에만 쓰임). Je ne crois ni ne *décrois*. 믿지도 안 믿지도 않는다.

décrois [dekrwa(a)] ⇨ décroire.

décroisement [dekrwazmã] *n.m.* 짠[교차시킨] 것을 풀어놓음.

décroiser [dekrwaze] *v.t.* ① (짠(교차시킨) 것을) 풀다. ~ les bras [les jambes] 팔짱낀 팔(포갠 다리)을 풀다. ② 【해양】 (의)의장(艤裝)을 풀다.
—**se ~** *v.pr.* (엉킨 실이)풀리다.

décroissance [dekrwasãːs] *n.f.* 감소, 감퇴; 쇠퇴 (diminution, déclin); 〖해의〗짧아짐; (달의)이지러짐; (열의)내림, 하강. courbe de ~ 【수학】 하강곡선.

décroissant(e) [dekrwasã, -ãːt] *a.* 감소하는, 줄어드는; (달이)이지러지는; 【언어·음악】 소리가 차차 약해지는, 점약음(漸弱音)의.

décroissement [dekrwasmã] *n.m.* =**décroissance**

décroiss-ons, -ez [dekrwasɔ̃, -e] ⇨ décroître.
décroît [dekrwa(a)] *n.m.* 【농업】 임대 가축의 감소; 달이 이지러져 감, 하현(下弦)(기간).
décroître [dekrwa(α:)tr] [41] *v.i.* 《조동사는 동작을 나타낼 때 avoir, 상태인 경우는 être》(차차)줄어들다, 감소하다(diminuer); (낮이)짧아지다; (강물이)줄다; (달이 이지러지다; (열이)내리다; (빛·소리가)약해지다; 쇠퇴하다. Les eaux *ont* bien *décru(sont* bien *décrues)*. 물이 줄었다.
décrottage [dekrɔta:ʒ] *n.m.* ① (구두 따위의)진흙을 털음. ② 〖건축〗(건축자재를 재사용하기 위한)재생작업; (자갈·모래를)물에 씻기.
décrotter [dekrɔte] *v.t.* ① (구두 따위의)진흙을 털다; (구두를)닦다; 광내다. ~ des habits 옷의 진흙을 털어내다. ②《구어》(사람을)세련시키다; (무식한 사람을)교육하다(polir); (갈비 따위를 뼈만 남기고)말끔히 먹어 치우다.
—**se** ~ *v.pr.* 자기 몸에 묻은 진흙을 털다; 교육을 받다. enfants qui *se décrottent* facilement 쉽게 교육이 되는 아이들.
décrotteur(se) [dekrɔtœʀ, -ɸ:z] *n.* 구두닦이; 【농업】(뿌리 따위의)흙 터는 기계.
décrottoir [dekrɔtwa:r] *n.m.* 진흙떨이 구둣주걱; 진흙떨이, 신발닦개.
décrottoire [dekrɔtwa:r] *n.f.* (흙 터는)구둣솔.
décrouir [dekrui:r] *v.t.* 【야금】 달구어 천천히 식히다.
décrouissage [dekruisa:ʒ] *n.m.* décrouir 함.
décroûter [dekrute] *v.t.* 【야금】(금강석의 조광(粗鑛)에서)잡석 부분을 제거하다; (사슴이)뿔껍질을 벗다.
—**se** ~ *v.pr.* (사슴 따위가)뿔을 나무에 문질러 껍질을 벗다.
décru-s, -t [dekry] ⇨ décroître.
décrue [dekry] *n.f.* (강물 따위의)감수(減水); 감수량, 감소; 감퇴. ~ de la vitalité nationale 국가 활력의 감퇴.
décruer [dekrye] *v.t.* (생사·생견을 알칼리 액에 씻어)탈취(脫臭)하다.
décrûment [dekrymɑ̃], **décrusage** [dekryza:ʒ], **décrusement** [dekryzmɑ̃] *n.m.* décruer 함.
décruser [dekryze] *v.t.* =décruer.
décryptage [dekripta:ʒ], **décryptement** [dekriptəmɑ̃] *n.m.* (암호문의)해독.
décryptant(e) [dekriptɑ̃, -ɑ̃:t] *a.* 암호 해독의.
décrypter [dekripte] *v.t.* (암호문을)해독하다.
déçu(e) [desy] (*p.p.*<*décevoir*) *a.* ① 실망한, 환멸을 느낀. ~ de ce que+*ind.* …에 실망한. ② (기대 따위가)어긋난.
au ~ *de qn* 《옛》…을 속여서.
décubitus [dekybitys] *n.m.* 【의학】 누운 자세, 수면 자세. ~ dorsal 반듯이 누운 자세. ~ latéral 옆으로 누운 자세.
décuirassement [dekɥirasmɑ̃] *n.m.* 장갑 제거.
décuirasser [dekɥirase] *v.t.* (군함의)장갑(裝甲)을 제거하다.
décuire [dekɥi:r] [32] *v.t.* (너무 좋아서 되직한 것에)물을 타다, 묽게 하다. —**se** ~ *v.pr.* 묽어지다.
décuiter [dekɥite] 《속어》 *v.t.* (의)술을 깨게 하다.
—**se** ~ *v.pr.* 술이 깨다.
décuivrer [dekɥivre] *v.t.* 구리 도금을 제거하다.
de cujus [dekyʒys] 《라틴》 *n.m.* 【법】 유언자(testateur).
déculassement [dekylasmɑ̃] *n.m.* déculasser 함.
déculasser [dekylase] *v.t.* (총의)놀이쇠를 떼다; (포의)폐쇄기를 제거하다.
déculottée [dekylɔte] *n.f.* 참패, 완패.
déculotter[1] [dekylɔte] *v.t.* ① (의)반바지를 벗기다. ~ un enfant 어린아이의 반바지를 벗기다. ② homme *déculotté* 《옛》(채권자를 피하려고)재산을 아내 명의로 한 남자. —*v.i.* 《속어》파산하다.
—**se** ~ *v.pr.* ① 반바지를 벗다. ②《속어》(숨기려던 것을)말하다, 털어놓다; (다급한 때에)겁을 먹다.
déculotter[2] *v.t.* (파이프 따위의)진을 제거하다.
déculpabilisation [dekylpabilizasjɔ̃] *n.f.* 죄의식에서의 해방.
déculpabiliser [dekylpabilize] *v.t.* [~ *qn*](을) 죄의식에서 해방시키다.
déculturation [dekyltyrasjɔ̃] *n.f.* 〖농업〗 ① 경작 포기. ②전통문화의 포기[방치].
décuple [dekypl] *a.* 10배의. —*n.m.* 10배.
décuplement [dekypləmɑ̃] *n.m.* 10배로 함.
décupler [dekyple] *v.t.* 10배로 하다; 굉장히 커지게 하다, 크게 증대시키다.
—*v.i.* 10배가 되다; 현저하게 커지다; (가격이)무척 오르다.
—**se** ~ *v.pr.* 현저하게 커지다; 10배의 힘을 내다. *se* ~ pour faire face à tout 어떤 경우라도 대처할 수 있도록 10배의 힘을 내다.
décurie [dekyri] *n.f.* 〖고대로마〗 10인대(隊), 10인조(組); 원로원의 한 구분.
décurion [dekyrjɔ̃] *n.m.* 〖고대로마〗 10인대[조]장; (동로마 제국의)원로원 의원.
décurrent(e) [dekyrɑ̃, -ɑ̃:t] *a.* 〖식물〗 아래로 휜.
décurtation [dekyrtasjɔ̃] *n.f.* 가지 끝이 말라 죽음.
déçus, -t [desy] ⇨ décevoir.
décuscuter [dekyskyte] *v.t.* 새삼을 제거하다.
décuscuteuse [dekyskytɸ:z] *n.f.* (새삼의 씨를 제거하는)곡식 정선기.
décussation [dekysasjɔ̃] *n.f.* 〖해부〗(시신경의)교차(交叉).
décussé(e) [dekyse] *a.* 〖식물〗 십자대생(十字對生)의, 십자 마주나기의.
décuvage [dekyva:ʒ] *n.m.*, **décuvaison** [dekyvezɔ̃] *n.f.* décuver 함.
décuver [dekyve] *v.t.* (포도주를)다른 통에 옮기다.
dédaignable [dedɛɲabl] *a.* 멸시할 만한.
dédaigner [dedɛ(e)ɲe] *v.t.* ① 경멸하다, 멸시하다, 무시하다, 얕보다, 업신여기다(mépriser); 등한시하다, 개의치 않다; 거들떠 보지 않다. Elle *dédaigne* les hommes. 그 여자는 남자들을 거들떠 보지도 않는다. Cette offre n'est pas à ~. 이 제안은 무시할 수 없다. ②《문어》[~ de+*inf.*] Il *dédaigne* de répondre. 그는 대답조차 안하려 한다. ②(경멸하여)거절[거부]하다; 코웃음치다.
—**se** ~ *v.pr.* 서로 경멸하다; 멸시받다.
dédaigneusement [dedɛɲɸzmɑ̃] *ad.* 멸시하듯, 건방지게, 젠체하여.
dédaigneux(se) [dedɛɲɸ, -ɸ:z] *a.* 경멸적인, 건방진, 거만한; 깔보는, 무시하는. ~ de *qc* …을 얕보는, 멸시하는. être ~ des conventions sociales 사회관습을 무시하다.
—*n.* 건방진[거드름피우는] 사람. faire le ~ [la ~*se*] 거드름피우다, 젠체하다.
dédain [dedɛ̃] *n.m.* 멸시, 경멸(mépris); 무시; (*pl.*) 멸시하는 태도. sourire de ~ 깔보는 듯한(거만한) 웃음. avec ~ 멸시하는 듯, 거만하게. prendre *qn* en ~ …을 멸시하다.
dédale [dedal] *n.m.* ① 미궁(迷宮), 미로(labyrinthe). ② 착잡, 뒤얽힘.
dédaléen(ne) [dedaleɛ̃, -ɛn] *a.* ① 다이달로스(*Dédale*, 그리스의 건축가)가 만든. ② 복잡한, 뒤섞인, 풀 수 없는(※dédalien, dédalique로도 씀).
dédaler [dedale] *v.t.* (의)포석을 제거하다.
dédamer [dedame] *v.i.* 〖체스〗(상대편의 맨 끝줄까지 진출해서 여왕이 된)말을 움직이다.

dedans [d(ə)dā] *ad.* 안에, 안으로(↔ dehors). J'ai ouvert l'armoire et regardé ~. 나는 옷장을 열고 그 안을 들여다 보았다. avoir vent ~ 〖해양〗(돛이)바람을 안고 있다.
donner(*tomber*) ~ 덫에 걸리다, 함정에 빠지다.
entrer(*rentrer*) ~ ⓐ〖구어〗부딪치다, 충돌하다. Une moto m'*est entrée*(*rentrée*) ~. 나는 오토바이에 부딪쳤다. J'ai failli *rentrer* ~. 나는 하마터면 부딪칠 뻔했다. ⓑ〖속어〗덤벼들다; 해치우다. Attention, il va te *rentrer* ~. 정신차려, 그 녀석이 덤벼들려고 한다.
être ~ 〖카드놀이〗(블롯(belote)에서)지다.
là- ~ 그 안에. ⇨là-dedans.
mettre(*ficher*, 〖속어〗*foutre*) *qn* ~ ⓐ〖구어〗…을 속이다. Il m'a *mis* ~. 그는 나를 속였다. ⓑ〖속어〗…을 감옥에 쳐넣다.
se mettre ~ 〖구어〗틀리다, 잘못하다.
—*n.m.* ⓛ내부; 안쪽. ~ d'une maison 집의 내부(내장·인테리어). du ~ au dehors 안에서 밖으로. ennemis du ~ et du dehors 국내외의 적. rêne du ~ 〖승마〗(마장을 돌 때의)안쪽의 고삐. pieds du ~ 〖승마〗안쪽의 발.
② avantage ~ 〖테니스〗어드밴티지(서브하는 측의 득점).
③ (소 따위의)내장 지방(脂肪).
au(-) ~ 안에, 안쪽에; 국내에; 마음속에. Il fait sombre *au*(-) ~. 안은 어둡다. Mais, *au*(-) ~, notre politique a bien réussi. 그러나 국내에서는 우리들의 정책이 크게 성공했다. garder sa douleur *au*(-) ~ 자기 가슴속에 괴로움을 숨겨두다.
au(-) ~ *de* …의 안에; …의 안쪽에. *au*(-) ~ *de* moi 내 마음속에.
de ~ 안에서, 안쪽에서. fermer la porte *de* ~ 문을 안에서 잠그다.
en ~ 내부가, 안쪽이; 안쪽으로 향해서; 마음속에서. vide *en* ~ 속이 텅 비어 있다. avoir les yeux *en* ~ 눈이 움푹 들어가 있다. marcher les pieds *en* ~ 안짱다리로 걷다. calculer *en* ~ 속으로 계산하다(어림잡다).
en ~ *de* …의 안에, …의 안쪽에, …의 범위 안에. rester *en* ~ *de* ses possibilités 자기가 할 수 있는 범위 안에 머무르다.
mettre(*taper*) *en plein* ~ 과녁을 맞히다; (사업에)성공하다.
par(-) ~ 안에서, 안쪽에서; 안을 통해서.
—*prép.* 〖옛〗…의 안에(서)(단, *de* ~, *par* ~ 형태로는 현재도 사용됨). retirer ses mains *de* ~ ses poches 호주머니에서 손을 빼다.

dédicace [dedikas] *n.f.* (서 따위의)헌증, 증정, 헌사(獻辭); 〖종교〗(교회당의)헌납, 헌당(獻堂) 기념제.

dédicacer [dedikase] [2] *v.t.* 〖구어〗(책 따위를)헌정하다, 바치다; (에)헌사를 쓰다.

dédicataire [dedikatɛ:r] *n.* (책의)헌납(증정)을 받는 사람.

dédicateur(*trice*) [dedikatœ:r, -tris] *n.* 헌납자; 증정자, 바치는 사람.

dédication [dedikasjɔ̃] *n.f.* 〖고대로마법〗(교회당 따위의)헌납.

dédicatoire [dedikatwa:r] *a.* 헌납의, 헌정의.

dédier [dedje] *v.t.* ⓛ(신·성자를 위하여 성당을)헌납하다. ②(권두에 헌사를 박아 저서 따위를)헌정하다, 바치다. ~ une œuvre à sa mère (권두에 헌사를 박아)작품을 어머니에게 바치다. ③ (노력 따위를 …에)바치다.
—*se* ~ *v.pr.* 몸을 바치다.

dédire [dedi:r] [29] *v.t.* (의)말(행동)을 취소하다; 부인하다, 부정하다(désavouer).
en ~ *qn* 그것에 대해서 …의 말을 부정하다.
—*se* ~ *v.pr.* ⓛ한 말을 취소하다(se rétracter); [*se* ~ *de*] (…을)취소하다. Je *me dédis de* tout ce que j'ai dit hier. 어제 내가 한 모든 것을 취소한다. ② 약속을 취소하다; [*se* ~ *de*] (…을)식언하다. Il n'est plus possible de *s'en* ~. 이젠 물러설(빠져나갈) 수가 없다. ③〖옛〗자기 잘못을 정정하다.
Cochon qui s'en dédit. 〖속어〗그 말(약속)을 취소하면 돼지다(약속을 한 후 덧붙이는 말).

dédi-s, -t, -se(s) [dedi, -i:z] ⇨dédire.

dédit [dedi] *n.m.* (한 말의)취소; 위약, 파약; 위약금. avoir son dit et son ~ 이렇게도 말하고 저렇게도 말하고 도저히 믿을 수가 없다.

dédommagement [dedɔmaʒmɑ̃] *n.m.* 손해 배상; 변충, 보상.

dédommager [dedɔmaʒe] [3] *v.t.* ⓛ배상하다; 변충하다. ~ *qn de*[*pour*] *qc* …에게 …의 배상(변상)을 하다. se faire ~ par *qn* …에게 배상시키다. ②(노력 따위에)보상하다, 보답하다. Le succès l'a *dommagé* de tant d'années d'efforts. 성공함으로써 여러해 동안의 노력이 보상받았다.
—*se* ~ *v.pr.* [*se* ~ *de*] (의)보상을 받다; (입은 손해를)메우다. Il s'est habilement *dédommagé des* pertes subies. 그는 피해 입은 손실을 재치 있게 메

dédorage [dedɔra:ʒ] *n.m.* 도금을 벗김.

dédoré(e) [dedɔre] *a.p.* 도금이 벗겨진; 〖구어〗볼품 없이 영락한.

dédorer [dedɔre] *v.t.* (의)도금을 벗기다.
—*se* ~ *v.pr.* 도금이 벗겨지다.

dédorure [dedɔry:r] *n.f.* = **dédorage**.

dédossement [dedosmɑ̃] *n.m.* dédosser 함.

dédosser [dedose] *v.t.* (목재를)깎아서 모서리를 날카롭게 하다; (다년생 식물을)분근(分根)하다.

dédouanage [dedwana:ʒ], **dédouanement** [dedwanmɑ̃] *n.m.* ⓛ통관(通關). ~ de marchandises 상품의 통관. ② 명예회복, 복권; (행동의)해명, 정당화.

dédouaner [dedwane] *v.t.* ⓛ(상품 따위를)통관시키다; (어떤 품목의)관세를 없애다. ②(의)명예를 회복시키다, 복권하다; (행동을)정당화하다.
—*se* ~ *v.pr.* 자신의 명예를 회복하다, 자신을 정당화하다.

dédoublable [dedublabl] *a.* 2 분할 수 있는; 〖화학〗두 성분으로 분해할 수 있는; 〖철도〗(정규 열차 시간과 간격의 차이로)증차할 수 있는. objectif ~ 〖사진〗접합렌즈.

dédoublage [dedubla:ʒ] *n.m.* ⓛ(알코올의)희석, 물타기(~ de l'alcool). ②(의복의)안감을 뗌; (배의)피복(被覆)을 벗겨냄.

dédoublant(*e*) [dedublɑ̃, -ɑ̃:t] *a.* 2 분하는; 〖화학〗복분해(複分解)를 일으키는.

dédoublé [deduble] *n.m.* 알코올을 희석해서 만든 브랜디(recoupe).

dédoublement [dedubləmɑ̃] *n.m.* ⓛ양분(兩分), 2 중화(重化). ~ d'une classe 한 반을 2 반으로 편성함. ~ des prix 2 중 가격. ~ d'un train 〖철도〗열차의 증발(增發). voie de ~ 대피선, 측선(側線). Le héros de ce roman n'est qu'un ~ de l'auteur. 이 소설의 주인공은 바로 작가의 분신이다. ② ~ de la personnalité 〖심리〗이중인격, 인격분열. ~ du moi dans les rêves 꿈속에서의 자아분열. ③〖화학〗복분해(複分解); 〖생물〗(세포 따위의)분열.

dédoubler [deduble] *v.t.* ⓛ(두 겹짜리를)외겹으로 하다; 한 줄로 하다. ~ une feuille de papier 두 겹으로 된 종이를 하나로 펴다. ②(하나를)둘로 나누

다; 【화학】 복분해하다; (술에)물을 타다; (열차를)특별히 증발시키다, 잇달아 운행시키다. ③ (옷의)안감을 떼다; (배의)피복판을 떼어내다.
—**se** — *v.pr.* ① 2분되다, 2중으로 보이다. ② 【심리】 이중인격이 되다; 인격이 유리되다. Je ne peux pas *me* ~. (몸을 둘로 쪼갤 수는 없다) → 동시에 두 곳으로는 못간다, 두가지 일을 한꺼번에 할 수는 없다.

dédramatisation [dedramatizasjɔ̃] *n.f.* 비연극화, 극적으로 묘사[이야기]하지 않음.

dédramatiser [dedramatize] *v.t.* 비연극화하다; 극적으로 묘사[이야기]하지 않다; 심각하게 여기지 않다. ~ la mort 죽음을 심각하게 여기지 않다.

déductible [dedyktibl] *a.* 공제할 수 있는.

déductif(ve) [dedyktif, -i:v] *a.* 【철학】 연역적(演繹的)인.

déduction [dedyksjɔ̃] *n.f.* ① 공제, 할인, 에누리 (décompte). sous ~ de 10% 1할 할인으로. ~ faite des frais 경비를 공제하고. somme qui entre en ~ de …에서 공제한 금액. ② 【논리】 연역법; 추론(raisonnement); 결론(結論). tirer des ~s des données actuelles 현재의 자료에서 결론을 끌어내다. ~ légitime[erronée] 옳은[틀린] 추론. ③ (예)상술(詳述), 장황하게 늘어 놓음.

déduire [dedɥi:r] [32] *v.t.* ① 공제하다; 할인하다. Quand on *déduit* les frais, on voit que le bénéfice est mince. 비용을 공제하고 보면 이익금은 보잘것 없다는 것을 알게 된다. ② 【논리】 연역하다; 추론하다; 결론짓다. On peut en ~ que... …에서 …라고 추론할 수 있다. ~ les conséquences 결론을 이끌어 내다. ③ (예) 장황하게 늘어놓다, 상술하다. en ~ (구어) (남의 이야기를) 에누리해서 듣다. Voilà ce qu'il dit, mais il faut *en* ~. 그는 이렇게 말하지만 에누리해서 들어야 한다.
—**se** — *v.pr.* 연역되다; 추론되다; 결론이 내려지다; 할인되다.

dédui-s, -t [dedɥi] ⇨**déduire**.

déduit [dedɥi] *n.m.* (예) 오락, 낙(divertissement); 연애 사건, 정사(情事); 사냥.

dédurcir [dedyrsi:r] *v.t.* 부드럽게 하다.
—**se** — *v.pr.* 부드러워지다.

deep tank [diptɑ̃k] *n.m.* 【해양】 (바닷물로 채우는)선박의 바닥짐 물탱크.

déesse [dɛɛs] *n.f.* ① 여신. ~ de l'amour 사랑의 여신(Aphrodite[Vénus]). la ~ de la Liberté 자유의 여신(Minerve). ~ aux yeux bleus 푸른 눈의 여신(Minerve). ~ aux cent bouches(예) 풍문의 여신(*Jupiter*의 사자 *la Renommée*). être digne du lit des ~s 행운이 깃들어 있다. ② (여신처럼)고상하고 아름다운 여인; 애인. port d'une ~ 여신과 같은 기품 있는 거동.

défâcher [defaʃe] (구어) *v.t.* 가라앉히다, 달래다.
—*v.i.*, **se** ~ *v.pr.* 성이 풀리다.

défaçonner [defasɔne] *v.t.* ① 볼품[모양] 없게 하다, 모양을 망가뜨리다. ② 영망으로 하다.
—**se** — *v.pr.* ① 볼품 없이 되다, 모양이 일그러지다. ② 영망진창으로 망가지다.

de facto [defakto] (라틴) *loc. ad., a.* 사실상(의) (↔ de jure). gouvernement reconnu ~ 사실상 승인된 정부.

défaillance [defajɑ̃:s] *n.f.* ① (기력·체력의)쇠약, 쇠퇴, 감퇴(faiblesse); 기절, 실신. ~ cardiaque 【의학】 심부전증. ~ de mémoire 건망증. ② (기계 따위의)기능저하, 고장; (조직·행정장치의)미능부전, 무능력. ~ du système de sécurité 안전장치의 고장. ~ des pouvoirs publics 행정당국의 무능. ~ du franc 프랑화의 하락. ③ 과실, 실패; (예술작품의)결점, 약점; 【법】 불이행. coupable de ~ 의무 불이행 죄가 되는. ④ (천체의)식(触)(éclipse). ⑤ (예) (집안 따위의)영락, 단절.
moments de ~ 주의가 산만해질 때; 기분이 울적해질 때, 비관적[염세적]으로 될 때.
sans ~ 완벽하게; 확고하게. mémoire *sans* ~ 완벽한 기억.

défaillant(e) [defajɑ̃, -ɑ̃:t] *a.* ① 쇠약한, 약해진; 기절한, 실신한. santé ~e 쇠약해진 건강. enfant ~ de fatigue 피곤하여 녹초가 된 아이. voix ~e d'émotion 감동으로 목이 메인 목소리. ② (기력·지력이)저하된. mémoire ~e 쇠한 기억력; 건망증. se sentir ~ 의욕이 나지 않다; 무기력해지다. ③ (도구·기계 따위가)쓸모 없는; (조직·제도 따위가)비능률적인, 결함이 있는. ④ 【법】 (요건·조건을)이행하지 않는. témoin ~ (호출에 응하지 않는) 결석 증인. candidat ~ (시험일에)결석한 학생. ⑤ (예) (가게·혈통 따위가)끊어지는.
—*n.* 【법】 결석자.

défaillir [defaji:r] [23] *v.i.* ① 실신하다, 졸도하다. A la vue du sang, elle *défaillit*. 그녀는 피를 보고 기절했다. ~ d'effroi[de faim] 공포(허기)로 실신하다. ~ de joie 기쁨으로 정신이 명해지다. ② (체력·기력이)쇠퇴하다, 감퇴하다. Ses forces *défaillent* de jour en jour. 그의 체력은 날로 쇠퇴하여 가고 있다. sentir ~ son courage 용기가 꺾이는 것을 느끼다. ③ (기계·제도 따위의)기능이 저하하다. ④ 【법】 (요건·조건을)이행하지 않는다, 태만히 하다. ⑤ (예) 사라지다, 없어지다; (가게·종족 따위가)끊기다.
sans ~ 확고하게, 의연하게.

***défaire** [defɛ:r] [28] *v.t.* ① 해체하다, 부수다; 풀다. ~ un mur 벽을 부수다. ~ une machine 기계를 해체[분해]하다. ~ un nœud 매듭을 풀다. ~ un tricot 뜨개질을 풀다. ~ un paquet 꾸러미를 풀다. ~ une réputation 평판을 망치다. ② (모양을 갖춘 것을) 흐트러뜨리다, 무너뜨리다. ~ sa valise 가방의 내용물을 꺼내다. ~ son lit (잠자기 위해)침대시트를 들추다. ~ sa coiffure 머리(모양)을 흐트러뜨리다. ~ la table 식탁을 치우다. ③ (단추·핀따위를)벗기다, 끄르다; (옷·장신구 따위를)벗다, 떼다. ~ les boutons 단추를 끄르다. ~ son collier 목걸이를 풀다. ~ sa cravate 넥타이를 풀다(늦추다). ~ son manteau 외투를 벗다. ④ (약속·계약 따위를)파기하다, 해소하다. ~ un contrat 계약을 파기하다. ~ un mariage 이혼하다. ⑤ (피로·근심 따위가)얼굴을 초췌하게 하다, 야위게 하다, 수척하게 하다; (성격 따위를)바꾸게 하다. La maladie *l*'a complètement *défait*. 그는 병으로 아주 초췌해졌다. ⑥ (예·문어) ~ *qn de* […으로부터] …을 없애주다, 제거해주다. *Défaites-moi* de ce gêneur! 성가신 사람을 쫓아주시오. ~ *qn de* l'habitude de fumer …에게 담배 피우는 습관을 없애주다. ⑦ (예) 이기다, 무찌르다, 압도하다; 국이다; 당황케 하다. L'ennemi *a été défait* dans la plaine. 적은 평야에서 격퇴되었다. Cette réponse acheva de le ~. 이 대답은 그를 몹시 당황하게 했다.
—**se** — *v.pr.* ① 망가지다, 무너지다; 풀리다. Ma broche *se défait* facilement. 내 브로치는 쉬 망가진다. La coiffure *s'est défaite.* 머리(모양)이 흐트러졌다. ② 모습이 바뀌다, 수척해지다, 야위다; 사람이 변하다; (얼굴이)일그러지다. Son visage *s'est défait* sous le coup de l'émotion. 그녀는 감동으로 얼굴이 일그러졌다. ③ [se ~ de] (을)내쫓다; 처분하다. *se* ~ *d'*un employé 종업원을 해고하다. *se* ~ *d'*une mauvaise habitude 나쁜 습관을 고치다.

se ~ d'une vieille bicyclette 헌 자전거를 처분하다. Je ne veux pas *m'en ~.* 나는 그것을 처분하고[말고] 싶지 않다. ④【옛】(옷을)벗다. Si vous avez chaud, vous pouvez *vous ~.* 더우시다면 옷을 벗으시오. ⑤【옛】당황하다; 방언자실하다; 자살하다.

défaisable [defzabl] *a.* 풀 수 있는, 해체할 수 있는.
défais-ant, -ons [defzɑ̃ -ɔ̃] ⇨défaire.
défaiseur(se) [defzœːr, -ø:z] *n.* 해체하는 사람.
défait(e¹) [defɛ, -ɛt] (*p.p.<défaire*) *a.p.* ① 해체된, 무너진; 풀린, 흐트러진. ② (군대 따위가)패배된, 패주한. ③ 해쓱한, 수척한; (얼굴이)일그러진; (머리털·옷 따위가)헝클어진.
défaite² [defɛt] *n.f.* ① 패배, 패전; 실패 (↔ victoire). ~ de Napoléon à Waterloo 워털루에서의 나폴레옹의 패전. ~ électorale 선거에서의 패배. sentiment de ~ 좌절감. ②【옛】(곤란·의무 따위에서의)도피, 회피 (échappatoire).
de (bonne) ~ 【옛】잘 팔리는. La bonne marchandise est *de bonne ~.* 좋은 상품은 잘 팔린다. fille *de ~* 【옛·구어】인기있는 아가씨.
défaitisme [defɛ(e)tism] *n.m.* 패배주의; 비관론 (pessimisme), 자기상실.
défaitiste [defɛ(e)tist] *a.* 패배의. propos ~ 패배주의적(비관적) 언사. —*n.* 패배주의자; 비관론자.
défalcation [defalkɑsjɔ̃] *n.f.* ①【상업】공제; 공제액. ~ faite de *qc* …을 공제하고. ②(공금의)유용, 사용(私用).
défalquer [defalke] *v.t.* ① 공제하다 (déduire). ~ les poids de la caisse 상자의 무게를 빼다. ②(공금을)유용하다. —*se* ~ *v.pr.* 공제되다.
défanatisable [defanatizabl] *a.* 광신(狂信)을 깨우칠 수 있는.
défanatiser [defanatize] *v.t.* (의)광신을 깨우치다.
défarder [defarde] *v.t.* (의 연지)·분을 지우다.
~ la vérité 〔구어〕진실을 숨김없이 밝히다.
défass-e, -es, etc. [defas] ⇨défaire.
défatiguer [defatige] *v.t.* 피로를 풀다. Le bain tiède vous *défatigue.* 미지근한 물로 목욕하면 피로가 풀린다. —*se* ~ *v.pr.* 피로가 풀리다.
défaufilage [defofilaʒ] *n.m.* 시침(假縫)을 해제함.
défaufiler [defofile] *v.t.* 시침(假縫)을 뜯다.
défausser [defose] *v.t.* (굽은 것을)곧게(바르게) 하다, 퍼다.
—*se* ~ *v.pr.* 곧게 퍼지다; 【카드놀이】불필요(위험)한 패를 버리다. ~ de l'as de carreau 다이아몬드의 에이스를 버리다.
*défaut [defo] *n.m.* ① 부족, 결핍, 결여 (↔ excès). ~ d'attention 주의부족. ~ d'exercice 운동부족. ~ de vitamines 비타민 부족. ~ de communication 커뮤니케이션의 결여. contravention pour ~ d'éclairage (야간의 자동차 따위의)불을 켜지 않은 위반. ②(물리적인)결함, 흠. Ce diamant a un léger ~. 이 다이아몬드에는 자그마한 흠이 있다. ~ du verre (기포 따위가 들어가 생기는)유리제품의 흠. ~ de conformation (몸의)기형. ~ de prononciation 발음의 결함. ③ (정신적인)결점, 단점, 흠. ~ de caractère 성격상의 결점. Son plus grand ~ est la vanité. 그의 가장 큰 결점은 허영심이다. Ce livre a le ~ *d'*être trop long. 이 책은 너무 긴 것이 흠이다. se corriger de ses *~s* 자신의 결점을 고치다. ④ (작품·일 따위의)흠, 오류. *~s* d'une méthode 방법의 오류. *~s* d'un tableau 그림의 흠. *~s* d'une copie d'écolier 학생의 답안의 틀림. mémoire jamais en ~ 절대로 틀리지 않는 기억. ⑤ 갈라진 틈. ~ des côtes 늑골 밑; 늑간(肋間). ~ de l'épaule 어깨 밑의 오목한 곳 〔쇄골

위〕. ~ de la cuirasse[de l'armure] 갑옷의 이음새; (비유적) 약점. ⑥【법】(재판에의)결석, 불출두. jugement par ~ 결석재판. donner ~ 결석을 확인하다. rabattre un ~ 결석판결을 반송하다.
⑦ valeur approchée par ~ 【수학】반올림하여 어림잡은 수. ⑧ ~ de masse 【물리】(원자의)질량결손. ⑨【사냥】chiens en ~ 사냥거리의 흔적을 놓친 사냥개; mettre les chiens en ~ (사냥감이)사냥개에게 자신의 흔적을 놓치게 하다, 사냥개를 따돌리다; relever le ~ (사냥개가)놓친 흔적을 되찾다.
à ~ de; 〔옛〕*au ~ de* …이 없으면, …대신에. *À ~ du* directeur, j'aimerais voir sa secrétaire. 소장님이 안계시면 비서를 만나고 싶습니다. boire de l'eau *à ~ de* vin 포도주가 없어서 물을 마시다. *à ~ de* mieux (그 이상의 것이 없기 때문에)차선책으로, 할 수 없이, 도리없이. (부사적) chercher un appartement dans la ville ou, *à ~*, dans la banlieue 아파트를 시내에서 구하다가 그것이 안되면 교외에서 찾다.
être(se mettre) en ~ ⓐ 잘못하다; 위반하다; 약속을 어기다. ⓑ 【사냥】(사냥개가)사냥감의 흔적을 놓치다.
faire ~ 부족하다; 【법】(재판에)결석하다. Le courage lui *fait ~.* 그에게는 용기가 부족하다. Le temps me *fait ~* pour raconter la chose en détail. 자세히 이야기 할 시간이 내게 없다.
mettre qn en ~ …이 잘못하게 하다; …의 눈을 속이다.
prendre(surprendre, trouver) qn en ~ …의 위반 현장을 잡다.
défaut-congé [defokɔ̃ʒe] *n.m.*【법】(공판에서 원고가 결석한 경우 피고에게 주어지는)결석 허가.
défaveur [defavœːr] *n.f.* ① 실총(失寵). encourir la ~ du souverain 군주의 노여움을 사다. ② 인망 없음, 신용 없음 (discrédit); 【상업】(시세)하락.
être en ~ (auprès de *qn*) (의)신망을 잃고 있다.
défavorable [defavorabl] *a.*【법】불리한. conditions *~s* 불리한 조건. ② 호의적이 아닌; 적의를 가진. Il s'est montré ~ à votre proposition. 그는 당신의 제안에 대해서 반대 입장을 표명했다.
défavorablement [defavorabləmɑ̃] *ad.* 불리하게, 불찬절하게.
défavoriser [defavorize] *v.t.* 불리하게 하다.
défécateur [defekatœːr] *n.m.*【화학】청정기, 과 장치.
défécation [defekɑsjɔ̃] *n.f.*【약·제당】(시럽·주류를)맑게 함; 【생리】배변(排便).
défectibilité [defɛktibilite] *n.f.* 불완전성.
défectible [defɛktibl] *a.* 오류를 범하기 쉬운; 불완전한.
défectif(ve) [defɛktif, -iːv] *a.* ①【언어】결여적 (缺如的)인. verbe ~ 결여 동사. ②(결정(結晶)의)반면상(半面像)의. ③ hyperbole ~*ve*【수학】불완전 쌍곡선.
défection [defɛksjɔ̃] *n.f.* ① 탈당, 탈퇴. ~ massive 대량 탈퇴. ~ générale 주위 사람들의 외면. ② 몸을 사림, 초대받고도 참석 안함. De nombreux invités firent ~. 초대된 많은 사람들이 참석하지 않았다. ③【천문】(천체의)식(蝕). ~ de la lune 월식.
défectionnaire [defɛksjoneːr] *n.* 〔드물게〕탈당자; 배신자. —*a.* 탈당한; 배신의.
défectionner [defɛksjone] *v.i.* 〔드물게〕탈당하다; 배신하다.
défectivité [defɛktivite] *n.f.*【언어】결여성.
défectueusement [defɛktɥøzmɑ̃] *ad.* 미비[불

전]하게.
défectueux(se) [defektɥø, -ø:z] *a.* 결함[흠]이 있는, 미비한; 불충분한, 불완전한(imparfait, insuffisant). machine ~ 결함이 있는 기계. acte ~ 〖법〗불비한 증서.
défectuosité [defektɥozite] *n.f.* 결함, 불비, 결점.
déféminiser [defeminize] *v.t.* (의)여성다움을 없애다[잃게하다]. **—se ~** *v.pr.* 여성다움을 잃다.
défendable [defɑ̃dabl] *a.* 방어[변호]할 수 있는.
défendeur(eresse) [defɑ̃dœ:r, -rɛs] *n.* 〖법〗(민사)피고인(↔ demandeur).
‡**défendre** [defɑ̃:dr] [25] *v.t.* ① 지키다, 보호하다; (무력으로)방어하다, 방위하다, 수비하다. ~ son honneur 명예를 지키다. ~ les faibles 약자를 돕다. ~ sa (propre) vie;〖속어〗~ sa peau 자신의 생명을 지키다; 생명을 걸고 항전하다. ~ son pain 생활을 위해 싸우다. [~ de/contre] Ces vêtements nous *défendent* du froid. 의복은 추위로부터 우리를 보호한다. Le bois *défend* les cultures contre le vent. 숲이 농작물을 바람으로부터 지켜준다. ~ son pays les armes à la main 무기를 들고 조국을 지키다. ~ la frontière 국경을 수비하다.
② 변호하다. ~ son client (변호사가)의뢰인의 변호를 하다. ~ les intérêts de *qn* …의 이익을 위해 변호하다. ~ la mémoire de son père 돌아가신 아버지의 명예를 변호하다[지키다].
③ (학설·이론 따위를)옹호하다. ~ son point de vue 자신의 견해를 주장하다. ~ une théorie[une doctrine] 이론[교리]을 옹호하다.
④ 금하다, 금지하다. ~ l'alcool[le tabac] à *qn* …에게 술[담배]을 금하다. La loi *défend* le vol. 법은 도둑질을 금한다. [~ à *qn* de+*inf.*] Le médecin m'a *défendu* de boire. 의사는 내게 음주를 금했다. [~ que+*sub.*] Je *défends* qu'on sorte avant midi. 정오 전에 외출하는 것을 금한다. (《비인칭》) Il *est*[《구어》C'*est*] *défendu* de marcher sur les pelouses. 잔디 위로 걷는 것은 금지되어 있다.
à son corps défendant 마지못해, 할 수 없이;〖옛〗자신을 지키기 위해, 정당방위로[을]위해). Ils ont accepté ces conditions *à leur corps défendant*. 그들은 할 수 없이 그 조건들을 받아들였다.
~ sa porte (à qn) 〖구어〗…안으로 들이지 않다, 출입을 금하다. ~ *sa porte* pendant le travail 작업 중에 면회를 사절하다. ~ *sa porte aux* importuns 귀찮은 사람의 출입을 금하다.
—se ~ *v.pr.* ①[se ~ contre/de] (로부터)자기를 지키다, 자신을 방위하다. *se* ~ par les armes 무기로 자신을 방위하다. *se* ~ *contre* les agresseurs 공격자(침략자)와 싸우다. *se* ~ *du* froid [*de* la pluie] 추위[비]를 막다. *se* ~ *des* mauvaises tentations 나쁜 유혹에 저항하다.
② 자신을 변호하다; 해명하다; 부정하다. *se* ~ *contre* une accusation 기소[비난]에 대해 자신을 변호하다. *se* ~ *de* toute complicité 일체의 공범관계를 부인하다. Je *ne* me *défends* pas d'avoir été trop sévère. 내가 너무 엄했던 것을 부정하지 않는다[인정한다].
③ (학설·이론 따위가)지지[옹호]될 수 있다. Cette théorie ne peut plus *se* ~. 이 학설은 더이상 지지받지 못한다. Ça *se défend.*《구어》그것은 좋은 생각이다; 그것은 옳다, 그것도 일리가 있다.
④《구어》[se ~ dans/en/à] 《…을 》잘하다. *se* ~ *en* anglais (*aux* échecs) 영어 [체스]를 잘하다. Il *se défend* bien *en* affaires. 그는 사업을 성공시키고 있다. Lui, il *se défend*. 그는 잘하고 있다.
⑤《구어》나이에 비해서 젊다(원기왕성하다).
⑥ 〖승마〗 (말이)말을 듣지 않다, 뒷다리로 차며

저항하다.
⑦ 스스로 금하다; 거절하다. *se* ~ tout luxe 스스로 온갖 사치를 금하다. *se* ~ d'accepter une proposition 제안을 받아들이기를 거절하다. *se* ~ de conclure 결론내리기를 미루다[보류하다].
ne (pas) pouvoir se ~ *de qc*[*de*+*inf.*] 《…》하지 않을 수 없다. Je *ne peux me* ~ *d'*un sentiment de solitude. 나는 고독감을 느끼지 않을 수 없다. Elle *ne pouvait pas se* ~ *de* pleurer. 그녀는 울지 않을 수 없었다.
défend(s), défens [defɑ̃] *n.m.* 〖옛〗벌목 금지; (삼림)에서의)가축의 방목 금지.
défendu(e) [defɑ̃dy] (*p.p.*<*défendre*) *a.p.* 지켜진, 방어된; 금지된. port bien ~ (바람·파도로부터) 잘 보호된 항구. fruit ~ 금단의 열매. livre ~ 금서.
défenestration [defenɛstrasjɔ̃] *n.f.* 창문으로 사람을 내던짐. ~ de Prague 〖역사〗1618년 신교도 귀족들이 페르디낭드 2세의 지방장관을 창 밖으로 내던진 사건 (30년전쟁의 계기가 됨).
défenestrer [de(e)fnɛstre] *v.t.* (사람을)창문으로 내던지다.
****défense**[1] [defɑ̃:s] *n.f.* ① 지킴, 방어, 방위; 국방(~ nationale). aller [courir] à la ~ de …을 지키러 가다[달려가다]. mettre *qc* en état de ~ …을 방어 [응전] 태세에 놓다. légitime ~ 정당방위. ministère de la D~ nationale 국방부. ~ contre avions ◇D.C.A. ~ passive (시민을 공습으로부터 지키는)방공조치(sécurité civile). zone de ~ 방위관구. ~ opérationnelle du territoire 국토방위작전 (《약자》D.O.T.). Les ennemis firent une ~ énergique. 적군은 격렬하게 항전했다.
② 옹호; 비호. travailler à la ~ de la liberté 자유의 옹호에 힘쓰다. prendre la ~ *des* faibles 약자를 지켜주다. ~ d'un idéal 이상의 옹호. «D~ et illustration de la langue française» "프랑스어의 옹호와 찬양" (*Du Bellay*의 시론).
③ 변호, 항변; 변호인측. assurer la ~ de l'accusé (변호사가)피고의 변호를 하다. On peut dire pour sa ~ que… 그의 변호를 위해 …라고 말할 수 있다. droit de la ~ 변호권. ~ au contraire 반소(反訴). La parole est à la ~. 변호인측의 발언을 허용합니다. témoin de la ~ 변호인측 증인.
④ (위험·적 따위로부터 몸을 지키는)방어물; 〖해양〗방현재(防舷材) (뱃전의 충격을 막는). ~*s* d'une forteresse 요새의 방어시설. pneus servant de ~*s* 방현재로 쓰이는 타이어.
⑤ 금지. ~ de fumer 금연. ~ d'entrer 출입금지. ~ absolue d'afficher 광고지[벽보] 부착 엄금. faire ~ à *qn* de+*inf.*《문어》…에게 …하는 것을 금하다.
⑥ (지붕공사중 통행인의 접근을 금하는)출입금지의 표찰; (지붕에서 일하는 사람의)안전망.
⑦ ~ de l'organisme 〖생리〗 (항체 따위를 만들어 병균에 대항하는)생체의 방어활동; instinct de ~ 〖심리〗방어본능; mécanismes de ~ 〖정신의학〗 방위기능체제.
⑧ 〖스포츠〗수비; (집합적) 수비요원.
⑨ (그물·바늘에 걸린 물고기의)저항.
⑩ 〖제본〗먼지.
avoir de la ~ (공격·유혹 따위에 대해)저항력이 있다, 저항하는 방법을 알고 있다.
être sans ~ (contre qc) (…에 대해서)무방비이다, 저항[응전]할 수 없다, 맞서 싸울 수 없다.
défense[2] *n.f.* ① 〖동물〗 (코끼리·멧돼지 따위의)엄니. ~ d'éléphant 상아. ② 〖식물〗(장미·선인장 따위의)가시.
défenseur [defɑ̃sœ:r] *n.m.* (여성에도 사용) ① 방어

자, 수호자; 옹호자, 지지자. ~s de la patrie 조국을 수호하는 사람들. ~ des faibles 약자의 편을 드는 사람들. ~ de la liberté 자유의 옹호자. ~ d'une théorie 이론의 지지자. ~ de la foi 《역사》 신앙의 수호자《교황 레오 10세가 헨리 8세에게 수여한 칭호; 한때 폐지되었으나 영국 국회에 의해서 부활된 이후 대대로 영국 국왕의 정식 칭호가 됨》. ② 《법》 변호인. donner un ~ à un accusé 피고에게 변호사를 붙여주다.

défensi*f(ve)* [defɑ̃sif, -i:v] *a.* ① 방어의, 방위의. Le bouclier est une arme ~ve. 방패는 방어용 무기이다. système ~ 방어체제. alliance ~et offensive 공수동맹. ② 수세(守勢)의; 소극적인. adopter une attitude ~ve 수세를 취하다; 소극적인 태도를 취하다.
—*n.f.* 수세; 방어태세. être(rester, se tenir) sur la ~ve 《공격에 대비해서》 방어태세를 갖추다. mettre qn sur la ~ve …에게 방어태세를 취하게 하다, 조심성 있게 하다.

défensivement [defɑ̃sivmɑ̃] *ad.* 방어적으로, 수세를 취하여.

déféquer [defe(e)ke] ⑥ *v.t.* 《화학》 (액체·설탕물을) 맑게 하다; 여과하다.
—*v.i.* 《의학》 배변(排便)하다.

défer-ai, -a [defre, -a] ⇨défaire.

déféran*t(e)* [deferɑ̃, -ɑ̃:t] *a.* 공손한. attitude ~e 검손한 태도, 황송한 자세.

déférence [deferɑ̃:s] *n.f.* 겸양; 공손, 경의(respect), avoir de la ~ pour qn …에 대하여 공손하다. avec ~ 공손하게.

déféren*t(e)* [deferɑ̃, -ɑ̃:t] *a.* ① 공손한, 정중한 (courtois, respectueux). ② 수송하는; 밖으로 나르는. canal ~ 수정관(輸精管).
—*n.m.* (화성면의) 조돌국명의 각인.

déférer [defere] ⑥ *v.t.* ① 《법》 (사건을) 고소하다, (사람을) 소환하다, 고발하다. ~ qn en(à la) justice …을 법원으로 소환하다(고소하다). ② 《옛》 (명예·자격을) 수여하다.
—*le serment à qn* 《법》 …에게 선서시키다.
—*v.t.ind.* [~ à] …에게 아량을 베풀다; 복종(양보)하다; 경의를 표하다. ~ à l'avis de qn …의 의견에 복종하다.
—*se ~* *v.pr.* 수여되다.

défer-ez, -iez, -ions [defre, -je, -jɔ̃] ⇨déferre.

déferlage [deferla:ʒ], **déferlement** [deferlǝmɑ̃] *n.m.* déferler 하기.

déferlan*t(e)* [deferlɑ̃, -ɑ̃:t] *a.* (파도가) 부서지는.

déferler [deferle] *v.t.* 《해양》 (돛을) 펼치다; (신호기를) 게양하다.
—*v.i.* ① (파도가) 부서지다; (군중 따위가) 몰려오다, 쇄도하다. Un flot de lettres anonymes déferlait. 익명의 편지가 쇄도했다. ② 《박수·웃음소리 따위가》 터지다; (감정이) 폭발하다.

déferrage [defera:ʒ], **déferrement** [defermɑ̃] *n.m.* déferrer 하기(당하기).

déferrer [defere] *v.t.* ① (의)편자를 떼다; 철구(鐵具)(레일)를 떼다. ~ une roue 수레바퀴의 철구를 떼다. ~ un chemin de fer (망가진 철도의) 레일을 걷다. ~ un navire 《해양》 배의 닻을 버리다. ~ un prisonnier 죄수의 사슬을 풀어주다. ② 《구어》 당황하게 하다. ~ qn (des quatre pieds) 《옛》 …을 당황하게 하다.
être déferré d'un œil 《예·속어》 애꾸눈이다.
—*v.i.* 《옛》 칼을 떼다.
—*se ~* *v.pr.* ① 편자가 빠지다; 철구(레일)가 빠지다. ② 《옛》 어쩔 줄 몰라하다, 당황하다.

déferrure [deferry:r] *n.f.* 편자를 뗌; 편자가 빠짐.

défervescence [defervesɑ̃:s] *n.f.* ① 《의학》 해열; (열병에서) 열이 내리는 시기. ② 《화학》 거품이 잘 일지 않음.

défet [defe] *n.m.* 《제본》 파지.

défeuillaison [defœjezɔ̃] *n.f.* 낙엽, 낙엽기.

défeuiller [defœje] *v.t.* ① (나무의) 잎을 지우다. L'automne a défeuillé les arbres. 가을이 되자 나뭇잎이 떨어졌다. ② (p.p. 로만 사용) rose défeuillée 꽃잎이 진 장미. —*se ~* *v.pr.* 잎이 떨어지다.

déffe [def] *n.f.* 《속어》 = casquette.

défi [defi] *n.m.* ① 도발, 도전(provocation); 결투 신청. lancer(jeter) un ~ 도전하다; 결투신청을 하다. relever le ~ 도전에 응하다. ② (비유적) [~ à] (권위·전통에 대한) 반항. ~ à l'autorité des parents 부모의 권위에 대한 반항. ~ à la société 사회에 대한 반항. ③ 곤란, 위협.
avec ~ 도발적으로, 거만하게.
en ~ de qc …을 무시하여, 무릅쓰고.
mettre qn au ~ de + inf. …에게 …을 할 수 있겠으면 가 라고 말하다. Je te *mets au ~ de* faire ce travail en deux jours. 그 일을 이틀만에 할 수 있으면 어디 좀 해 보게《여기에 대한 대답은: Je relève le défi 또는 Chiche! 그래, 해볼테야!》.

défiance [defjɑ̃:s] *n.f.* 의혹, 불신(soupçon, méfiance). ressentir de la ~ pour qn …에 대해 의혹을 품다.

défiancer [defjɑ̃se] ② *v.t.* (의 약혼을) 파혼시키다. —*se ~* *v.pr.* (자기의 약혼을) 파혼하다.

défian*t(e)* [defjɑ̃, -ɑ̃:t] *a.* 의심을 품는; 불신하는 듯한, 경계하는.

défibrage [defibra:ʒ] *n.m.* défibrer 하기.

défibrer [defibre] *v.t.* ① 《제지》 빻다, 분쇄하다. ② 《제당》 (의) 섬유질을 제거하다.

défibreu*r(se)* [defibrœ:r, -ø:z] *n.m.* 《제지》 원료 (목재) 분쇄기; 《제당》 섬유질 제거기.
—*n.* 펄프 제조공.

déficeler [defisle] ⑤ *v.t.* 꾸러미 끈을 풀다.
—*se ~* *v.pr.* 끈이 풀리다.

déficience [defisjɑ̃:s] *n.f.* 결핍, 부족; (정신·육체적인) 결함.

déficien*t(e)* [defisjɑ̃, -ɑ̃:t] *a.* 부족한, 결핍된; 불완전한; 결함 있는. —*n.* 《의학》 정신장애자; 장애자(障碍者). ~ visuel 시력장애자.

déficit [defisit] (*pl.* ~s) *n.m.* 부족; 결손, 적자. être en ~ 적자를 내고 있다.

déficitaire [defisitɛ:r] *a.* 적자의, 적자 운영하는; 수확이 적은.

défier [defje] *v.t.* ① (에게) 도전하다; 《옛》 결투를 신청하다. ~ le champion 챔피언에게 도전하다. ~ qn au tennis …에게 테니스로 도전하다. ~ qn à boire …에게 마시기 시합을 도전하다. ② [~ qn de + inf.] (에게) (을) 할 수 없으리라고 말하다. Je te *défie* de faire mieux. 너는 더 잘하지는 못하겠지 [더 잘할 수 있으면 해보아라]. Je vous en défie. 당신은 그런 일을 할 수 없을 것이다. ③ (주어는 사물) 견디다. Ces nouveaux matériaux *défient* toute épreuve. 이 새로운 자재들은 어떠한 시험에도 견딘다. Ces marchandises *défient* toute concurrence 이 상품들은 어떠한 경쟁에도 지지 않는다. ~ le temps (건물 따위가) 비바람에 견디다. ④ 대항하다, 저항하다, 무릅쓰다(braver). ~ le danger 위험을 무릅쓰다. ~ le sort 운명에 대항하다. ~ l'autorité 권위와 맞서 싸우다. ⑤ (통념·개념 따위에) 어긋나다, 모순되다. Le génie *défie* toute prévision. 천재라는 것은 어떠한 예측도 불허한다.
—*se ~* *v.pr.* ① (문어) [se ~ de] (을) 의심하다, 신용하지 않다, 경계하다(se méfier). *se ~ de* tou-

무엇이건 의심하려 들다. **se ~ des hommes** 남자에게 경계심을 품다, 남자를 믿지 않다. **se ~ de soi-même** 자기 자신을 믿지 않다; 자신의 능력을 회의하다. 【옛】[se ~ que+*sub.*](~ 을)눈치채다.

défiger [defiʒe] ③ *v.t.* (응결한 것을)녹이다;《속어》《비유적》(사람을)부드럽게[융통성 있게] 만들다. —**se ~** *v.pr.* 녹다;《속어》《비유적》부드러워지다.

défigurant(e) [defigyrɑ̃, -ɑ̃:t] *a.* 얼굴[외모]을 추하게 하는; (물건을)뒤틀리게 하는.

défiguration [defigyrasjɔ̃] *n.f.*, **défigurement** [defigyrmɑ̃] *n.m.* 보기 흉하게 함[됨]; 보기 흉함; 훼손; (사실의)왜곡.

défigurer [defigyre] *v.t.* ① (의)모양(모습)을 흉하게 하다. **larmes qui *défigurent* un visage** 얼굴을 흉하게 만드는 눈물. [~ *qn*] **Cet accident l'a complètement *défiguré*.** 이 사고로 그의 얼굴이 엉망이었다. ② (비유적)(의미·사실 따위를)왜곡하다 (dénaturer).
—**se ~** *v.pr.* (얼굴이)흉하게 되다; (모양이)뒤틀리다; (사실이)왜곡되다.

défilade [defilad] *n.f.* ① 《군사》 분열 행진; 《해군》 (함대의)종렬 진행. **aller à la ~** 《속어》한 줄로 나아가다. ② 연속되는 죽음. **Chaque hiver amène une ~.** 겨울마다 사람이 잇달아 죽는다.

défilage [defilaːʒ] *n.m.* (직물의)올을 풀기; 《제지》 헌 로프를 만들기 위해 넝마를 갈기갈기.

défilé¹(e) [defile] *a.p.* 《군사》엄폐(掩蔽)[차폐(遮蔽)]된. **zone ~e** 엄폐지역. —*n.m.* 《제지》 분쇄기에 넣은 넝마.

défilé² *n.m.* ① (산간의)협로, 험로; (강 따위의)좁은 부분. ② 《군사》 분열행진, 종대행진(비행). ③ (사람·차량의)행렬.

défilement¹ [defilmɑ̃] *n.m.* ① 《군사》 분열행진. ② (필름·테이프를)돌리기.

défilement² *n.m.* 《군사》 차폐(遮蔽); 차폐[엄호]하는 것; 엄폐물의 이용.

défiler¹ [defile] *v.t.* ① (실로 엮은 것을)흩뜨리다. ~ **des perles** 진주를 이었던 실을 빼다. ② (직물의)실을 풀다. ~ **des chiffons** (펄프용의)넝마를 풀다(짓이기다). ③ 《군사》 엄폐[차폐]하다.
~ son chapelet (기도하면서)염주(묵주)를 돌리다; 《속어》계속해서 떠들어대다, 하고 싶은 말을 단숨에 말하다.
—**se ~** *v.pr.* ① (이어졌던 것의)실이 빠지다; 올이 풀리다. ② 《군사》(적의 눈에서)엄폐[차폐]되다. ③ 《속어》슬며시 떠나다, 도망하다; 숨다; 책임을 피하다.

défiler² *v.i.* ① 열을 지어 나아가다, 종렬진행하다. ~ **musique en tête** 군악대를 선두로 행진하다. ~ **deux par deux** 2열 종대로 행진하다. ② 차례차례로 나타나다; 차례차례로 지나가다. **Les visiteurs ont *défilé* toute la journée.** 방문객이 온종일 줄을 이었다. **faire ~ un film** 필름을 돌리다. ③《옛》한 줄로 걷다; 종대행렬을 망가뜨리다.
—*v.t.* **~ la parade** 《군사》 분열행진을 펼치다; 죽다.

défileur(se) [defilœːr, -ɸːz] *n.* 《제지》 넝마 분쇄공. —*a.f., n.f.* (pile) ~*se* 넝마 분쇄기.

défilocher [defiloʃe] *v.t.* =**effilocher**.

défini(e) [defini] *a.p.* ① 한정된, 정의된, 일정한 (déterminé); 명확한(précis). **mot insuffisamment ~** 정의 불충분한 말. **sans raison bien ~e** 명확한(뚜렷한) 이유 없이. **quantité ~e** 정량(定量). **intégrale ~e** 《수학》 정적분. ② 《언어》 **article ~** 정관사; **passé ~** 정과거.
—*n.m.* ① 《논리》 한정개념, 정의된 개념(대

상). ② 유한(有限).

définir [definiːr] *v.t.* ① 정의하다, 규정하다 (déterminer). ~ **l'homme** 인간이란 무엇인가를 정의하다. ~ **un concept** 어떤 개념을 정의하다. ~ *qc* **comme...** ...을 ~ 로 정의하다. (목적보어 없이) **Avant de discuter, il faut toujours ~.** 논쟁을 하기 전에, 필히 (개념·용어 따위를) 정의하는 것이 필요하다. ② 명확하게 하다, 명시하다; (조건 따위를)정하다. ~ **sa position** 입장을 명확하게 하다. **sensation difficile à ~** 뭐라고 말하기 어려운 느낌. [~ *qn*] **Je l'*ai* vite *défini*: un égoïste.** 나는 그가 어떤 사람인가를 이내 파악했다, 그는 이기주의자이다. ~ **les conditions d'un contrat** 계약 조건을 정하다. ③ 《가톨릭》(공의회 따위의 교의를)제정하다. ④ 《드물게》(토지 따위의)경계를 정하다.
—**se ~** *v.pr.* ① 정의되다, 명확하게 되다, 결정되다. **Cela *se définit* de soi-même.** 그것은 자명한 것이다. ② 스스로를 규정하다. **Il *se définit* comme un révolutionnaire.** 그는 자기를 혁명가로 여긴다.

définissable [definisabl] *a.* **définir** 할 수 있는.

définiteur [definitœːr] *n.m.* 《종교》 (수도회의)총회의원.

*****définitif(ve)** [definitif, -iːv] *a.* 결정적인(décisif, irrévocable), 최종적인. **édition ~ve** 결정판. **victoire ~ve** 결정적인(완전한) 승리. **Sa décision est ~ve.** 그의 결심은 확정적이다. **jugement ~** 《법》 최종판결. **en ~ve** 결국, 요컨대.
—*n.m.* 결정적인(최종적인) 일. **faire du ~** 《구어》 결정적인 수를 쓰다.

définition [definisjɔ̃] *n.f.* ① 정의(定義), 한정; 《종교》 결정. ② 《텔레비전》 주사선수(走査線數); (영상의)선명도(~ d'une image).
par ~ 정의상으로; 이론상으로, 당연히.

*****définitivement** [definitivmɑ̃] *ad.* 결정적으로(une fois pour toutes), 드디어, 마침내, 결국; 확정적으로(décidément).

définitoire [definitwaːr] *a.* (낱말·어구의)정의를 내리는.

défi-s, -t, -sse [defi, -s] ⇨**défaire**.

défla(c)quer [deflake] *v.i.* 《비어》 사정(射精)하다; 설사하다, 배변(排便)하다.

déflagrant(e) [deflagrɑ̃, -ɑ̃:t] *a.* 《화학》 돌연성 (突燃性)의.

déflagrateur [deflagratœːr] *n.m.* 《화학》 돌연기(突燃器); 《전기》 폭약 점화 장치.

déflagration [deflagrasjɔ̃] *n.f.* ① 《화학》 돌연(突燃); ② (일반적으로) 폭발.

déflagrer [deflagre] *v.i.* 《화학》 돌연하다《폭음과 불꽃을 동반하는 급격한 폭발》.

déflation [deflasjɔ̃] *n.f.* ① 공기(가스)를 뺌. ②《지리》 풍식(風蝕). ③《경제》통화 수축, 디플레이션(↔ inflation).

déflationniste [defla(ɑ)sjɔnist] *a.* 디플레이션의, 디플레이션 경향의. —*n.m.* 디플레이션 정책론자.

défléchir [defleʃiːr] *v.t.* (빛 따위를)굴절시키다; (의)방향을 돌리다. —*v.i.* 굴절하다; 《식물》 (줄기·가지가)아래로 처지다.
—**se ~** *v.pr.* 《역학》 (타아가)반굴(反屈)하다.

déflecteur(trice) [deflektœːr, -tris] *n.m.* (자동차의)삼각창; 《기계》 (터빈 따위에서 물·가스의 흐름을 바꾸는)전향장치; 《해양》 전향측정기. —*a.* 《물리》 (장치를)편향시키는.

déflegmateur [deflɛgmatœːr] *n.m.* 《화학》 분축기(分縮器), 분류관(分溜管).

déflegmation [deflɛgmasjɔ̃] *n.f.* 《화학·공업》 분류(分溜).

déflegmer [deflɛgme] *v.t.* (증류·증발에 의해)(의)

수분을 없애다; 분류(分溜)하다.
défleuraison [deflœrɛzɔ̃] *n.f.* 낙화(落花)(défloraison); 낙화의 계절.
défleuri(e) [deflœri] *a.p.* (나무가)꽃이 진.
défleurir [deflœri:r] *v.i.* 꽃이 지다, 낙화하다.
— *v.t.* (의)꽃을 지게 하다; 아름다움을 빼앗다.
— **se ~** *v.pr.* 꽃이 지다.
déflexion [deflɛksjɔ̃] *n.f.* ① 【물리】편향, 편차; 【공업】뒤틀림. ②【옛】【언어】어간 모음의 변화. ③【심리】일탈, 방심(déviation).
défloliant [deflɔljɑ̃] *n.m.* 낙엽제(落葉劑).
défloljie [deflɔlje] *v.t.* (낙엽제로)낙엽지게 하다.
défloraison [deflɔrɛzɔ̃] *n.f.* =**défleuraison**.
défloration [deflɔrasjɔ̃] *n.f.* 처녀성을 빼앗음, 능욕(凌辱).
défloré(e) [deflɔre] *a.p.* ① 꽃이 진. ② 처녀성을 잃은; 신선미가 없는.
déflorer [deflɔre] *v.t.* ① (의)꽃을 꺾다. ② (의)처녀성을 빼앗다; (의)신선미를 없애다.
— **se ~** *v.pr.* 낙화하다; 신선미를 잃다.
défluent [deflyɑ̃] *n.m.* 【지리】분류(分流).
défoliation [defɔljasjɔ̃] *n.f.* 낙엽; 【군사】고엽작전(화학무기로 한 지역에 걸쳐 식물이나 나뭇잎을 고갈시키기).
défonçage [defɔ̃saːʒ] *n.m.* ① 밑바닥을 빼기; 부서짐; 전복. ② (도로 따위를)파헤치기; 【농업】심경(深耕).
défonce [defɔ̃s] *n.f.* 《구어》(마약·각성제 따위를 복용한 후의)환각상태.
défoncé(e) [defɔ̃se] *a.p.* ① 밑바닥이 빠진. ② 파헤쳐진; 깊이 갈은.
défoncement [defɔ̃smɑ̃] *n.m.* =**défonçage**.
défoncer [defɔ̃se] ② *v.t.* ① (통 따위의)밑판을 빼다; (벽 따위를)뚫다, 부수다; 【군사】격파하다. ~ une porte 문을 부수다. ~ un matelas 매트리스를 찢다. ~ la voile 【해양】(강풍이)돛을 찢다. ~ une armée 【군사】군대를 처부수다. ② (도로 따위의)구멍을 내다, 파헤치다. ~ un chemin 도로를 울퉁불퉁하게 하다; 길에 차바퀴 자국을 남기다. ③ 【농업】깊이 갈다. ④ 【기술】(목재를)천공기로 가공하다. ⑤ 《구어》(마약 따위가)환각상태를 일으키다.
— **se ~** *v.pr.* ① 밑이 빠지다; 망가지다; 구멍이 뚫리다. ② 《구어》(마약을 먹고)도취[환각]상태에 빠지다. ③ 온갖 힘을 다 짜내다.
défonceuse [defɔ̃søːz] *n.f.* 【기계】(목공용의)천공기; 【농업】큰 쟁기.
déforestation [defɔrɛstasjɔ̃] *n.f.* 산림 벌채.
déformable [defɔrmabl] *a.* 변형시킬 수 있는.
déformant(e) [defɔrmɑ̃, -ɑ̃ːt] *a.* 형태를 왜곡시키는, 형태를 왜곡시키는. miroir ~ (물체의 형태를 왜곡시키는)곡면경.
déformateur(trice) [defɔrmatœːr, -tris] *a.* 《문어》(형태·의미를)왜곡시키는. interprétation ~*trice* 곡해(曲解), 잘못된 해석.
déformation [defɔrmasjɔ̃] *n.f.* ① 변형, 변모. ② (사실)왜곡, 개악(改惡). ~ professionnelle 직업적 습벽(習癖). ③【미술】데포르마시옹(일부러 변형해서 표현에 특수한 효과를 나타내기). ④【수학】변형. ~ infinitésimale 무한소 변형.
déformer [defɔrme] *v.t.* ① 변형시키다, 보기흉하게 만들다. ~ une tôle d'acier 강판을 변형시키다. ~ un chapeau 모자를 쭈그러뜨리다. ② (의미·진실 따위를)왜곡하다; 타락시키다. On fait un fait sur를 왜곡하다. ~ les paroles de qn …의 말을 왜곡해서 전하다. ~ le goût 취미를 타락시키다. (목적보어 없이) Cet enseignement *déforme* plus qu'il ne forme. 이 교육은 인간을 계발시키기 보다는 빗나가게 한다. ③ 【미술】데포르메하다.
— **se ~** *v.pr.* 변형되다, 일그러지다; 타락하다. Mon pantalon *s'est déformé* au lavage. 나의 바지는 세탁으로 인해 모양이 변했다.
défoulant(e) [defulɑ̃, -ɑ̃ːt] *a.* (욕망·본능을)만족[해방]시키는; 《구어》울분을 푸는.
défoulement [defulmɑ̃] *n.m.* 【심리】(욕망·본능을)만족시키기;《구어》울분을 풀기.
défouler(se) [s(ə)defule] *v.pr.* (억압된 욕망·본능을)(해방)시키다, 《구어》(자신의 본능·욕망을)만족시키다.
défournage [defurnaːʒ], **défournement** [defurnəmɑ̃] *n.m.* défourner 하기.
défourner [defurne] *v.t.* (도기·빵 따위를)가마[솥]에서 꺼내다.
défourneur(se) [defurnœːr, -øːz] *n.m.* (도기·빵 따위를)가마[솥]에서 꺼내는 직공. — *n.f.* (코크스 가마의)압출기.
défourrer [defure] *v.t.* (외투에서)털가죽을 떼다, (곡물을)타작하다; 【해양】(밧줄에서)마찰 방지용 헝겊을 떼다.
défrai [defre] *n.m.* 《옛》비용의 지출[지불].
défraîchi(e) [defreʃi] *a.p.* 신선미를 잃은; 색이 바랜; 한물 간; 시들은. articles ~s 재고 정리품.
défraîchir [defreʃiːr] *v.t.* (의)광택을 잃게 하다; (의)광택을 지우다; 시들게 하다.
— **se ~** *v.pr.* 바래다, 퇴색하다.
défrancisation [defrɑ̃sizasjɔ̃] *n.f.* 프랑스 국적을 상실(버림); 비프랑스화.
défranciser [defrɑ̃size] *v.t.* 비(非)프랑스화하다; (의)프랑스적 특성을 잃게 하다. — **se ~** *v.pr.* 비프랑스화하다, 프랑스국적을 잃다.
défrapper [defrape] *v.t.* 【해양】(삭구(索具)를)풀다, 끄르다.
défrayer [defreje] ⑧ *v.t.* ① (의)비용을 지불해주다. ② (에)소재를 제공하다. ~ la compagnie 모인 사람들을 즐겁게 하다; 좌중의 웃음거리가 되다. ~ la conversation 좌흥을 돋구다; 화제거리가 되다.
défrichable [defriʃabl] *a.* 개간할 수 있는. L뇌.
défrichage [defriʃaːʒ] *n.m.* (황무지의)개간.
défriche [defriʃ] *n.f.*, **défriché** [defriʃe] *n.m.* 개간지(terrain défriché).
défrichement [defriʃmɑ̃] *n.m.* ① =défrichage. ② =défriche.
défricher [defriʃe] *v.t.* ① 개간하다; (새 분야를)개척하다. ② (에)초보를 가르치다; 최초로 해명하다[밝혀내다]. — **se ~** *v.pr.* 개간되다.
défricheur(se) [defriʃœːr, -øːz] *n.* 개간자; 개척자, 선구자. — *n.f.(.)* 개간 쟁기.
défringuer [defrɛ̃ge] 《속어》*v.t.* (강도 따위가)옷을 벗기다. — **se ~** *v.pr.* 옷을 벗다.
défriper [defripe] *v.t.* (의)주름을 펴다.
— **se ~** *v.pr.* 주름이 펴지다.
défrisement [defrizmɑ̃] *n.m.* 컬[웨이브]을 펴기; 《구어》기대에 어긋남, 실망.
défriser [defrize] *v.t.* 컬[웨이브]을 펴다; 《구어》실망시키다. — **se ~** *v.pr.* 컬[웨이브]이 펴지다; 자기 머리의 컬을 펴다.
défroisser [defrwase] *v.t.* (의) 주름[구김]을 펴다.
— **se ~** *v.pr.* 주름[구김살]이 펴지다.
défroncement [defrɔ̃smɑ̃] *n.m.* (스커트 따위의)주름을 펴기; 근심에 잠긴 눈살을 펴기.
défroncer [defrɔ̃se] ② *v.t.* ① (스커트 따위의)주름을 펴다. ② les sourcils 미간을 펴다.
défroque [defrɔk] *n.f.* ① (수도사의)유물; 보잘것 없는 유물. ②(보통 *pl.*)헌옷, 유행이 지난 의상.

défroqué(e) [defrɔke] (나쁜 의미로) *a.p.* 환속(還俗)한. —*n.* (경멸) 환속자.
défroquer [defrɔke] *v.t.* 환속시키다.
—*v.i.*, **se** ~ *v.pr.* 환속하다.
défruiter [defrɥite] *v.t.* 열매(과실)를 따다; 과일맛(향기)을 없애다.
défrusquer [defryske] 《속어》 *v.t.* ① (의)옷을 벗게 하다. ② (의)옷을 훔치다.
—**se** ~ *v.pr.* 옷을 벗다.
défubler [defyble] 《옛》 *v.t.* (옷·모자를)벗게 하다.
—**se** ~ *v.pr.* 탈모하다.
défunt(e) [defœ̃, -œ̃:t] *a.* 사망한, 작고한, 고…; 전의. espoir ~ 사라진 희망. mon ~ père 나의 선친. —*n.* 고인.
dégagé(e) [degaʒe] *a.p.* ① 환히 트인, 열린, 장애물이 없는. ciel ~ 맑게 갠 하늘. front ~ 벗겨진 이마. vue ~*e* 넓게 트인 조망. chambre ~*e* 비상구가 있는 방. escalier ~ 비상계단. ② 해방된, 거리낌없는, 자유로운. ton ~ 거리낌 없는 어조. ③ (말 따위가)음탕한.
—*n.m.* 《무용》《발끝을 밀어서 앞(옆·뒤)쪽으로 발을 삐는 동작》. ④ 《펜싱》 데가제 《교차된 칼끝을 풀기》.
dégagement [degaʒmɑ̃] *n.m.* ① 〔장애물〕제거, 정리. ~ de la voie publique 공공도로의 청소(사고처리·토사 제거·제설 따위). ~ d'une rue (혼잡한)도로의 교통정리. ~ des cadres (군대·회사의)간부정리(해고). ② (끼인 것·묻힌 것을)빼내기, 발굴; 구출. ~ d'une pièce coincée (끼어서)움직이지 않는 부분을 빼내기. ~ des vestiges 유적의 발굴. ~ des blessés ensevelis sous les décombres 무너진 더미 아래 묻힌 부상자의 구출. ③ (약속·계약 따위에서의)취소, 해제; 《정치》 탈당. ~ (의무의)이탈, 탈퇴. ~ d'une parole[d'une promesse] 약속의 취소. ~ d'un parti 탈당. ④ (증기·가스 따위의)배출, 발산; (열의)방출. ~ de vapeur 증기의 배출. ~ de calories 칼로리의 방출. ⑤ (건물내)통로, 출구, 비상구. ~ de secours 비상구. 다용도실, 선반; (건물 주위의)빈터, 광장. un grand ~ devant la maison 집 앞의 넓은 공터. ⑦ autoroute de ~ 자동차 전용도로; voie de ~ 《철도》대피선. ⑧ ~ d'un véhicule au-dessus du sol 자동차의 지상으로부터의 높이(garde au sol). ⑨ (저당물의)찾기. ⑩ 《군사》 구출; 소탕, 후퇴. ⑪ 《의학》 아두만출(兒頭娩出)[정상분만. ⑫ 《스포츠》 (축구·럭비의)롱패스, 롱킥; 《펜싱》데가주망 《교차된 칼을 풀기》. ⑬ 《옛》 (곤란·제약 따위로부터의)벗어남, 탈출; (문제를 푸는)열쇠.
*****dégager** [degaʒe] [3] *v.t.* ① (의 장애물을)치우다; 정리하다. ~ la voie publique 공공도로를 청소하다(길을 틔우다). ~ le passage (지나갈 수 있도록)통로를 비어주다. ~ le bureau des dossiers inutiles 책상 위에서 불필요한 서류를 치우다. (목적보어 없이) Allons, *dégagez*! 《구어》(구경꾼 따위를 쫓을 때)자, 비켜요, 비켜!
② (끼인 것·묻힌 것을)빼내다, 끌어내다; (단추·브레이크 등을)풀다. ~ une ancre prise (바위 따위에)끼인 닻을 끄집어내다. ~ un bouton 단추를 (단추구멍에서) 풀다. ~ les blessés des voitures accidentées 사고차에서 부상자를 끌어내다(구출하다). ~ le frein 브레이크를 풀다(늦추다). ~ sa main (남에게 잡힌)손을 빼다.
③ (약속을)취소하다, (의무·채무 따위를)면제하다. ~ sa parole(sa promesse) 약속을 취소하다. ~ qn d'une promesse 약속을 지킴으로서 의무가 해제되다는 뜻). ~ qn d'une dette …의 부채를 면제해 주다. ~ sa responsabilité 자기에게 책임이 없다는 것을 확언하다.
④ (열·가스·냄새 따위를)발산하다, 내뿜다 (exhaler). fleurs qui *dégagent* un parfum discret 은은한 향기를 풍기는 꽃. Les plantes *dégagent* du gaz carbonique. 나무는 탄산가스를 내뿜는다.
⑤ (에서)(결론 따위를)끄집어내다[인용하다](extraire). ~ la morale des faits 사실에서 교훈을 끌어내다. ~ les lois 법칙을 끌어내다(밝히다).
⑥ (옷이 몸의 일부를)노출하게 하다. robe qui *dégage* les bras et le cou 두팔과 목을 노출시키는 드레스. vêtement qui *dégage* la taille 몸매를 뚜렷이 드러내는(몸에 맞는) 옷.
⑦ 《군사》 ~ une région 어느 지역에서 적을 소탕하다; ~ un soldat 《옛》병사를 제대시키다.
⑧ (자금 따위를)방출하다, 지출하다. ~ des crédits pour une entreprise 어떤 기획을 위해 자금을 방출하다.
⑨ ⓐ ~ le fer 《펜싱》교차된 칼을 비키다. ⓑ ~ la balle 《축구·럭비》공을 (자기 진영에서) 멀리 차다(패스하다). ⓒ ~ ses buts 상대의 공격을 멀리 물리치다. ⓓ 《무용》데가제하다 《한쪽다리의 무게를 빼고 미끄러지듯이 앞(뒤·옆)으로 나아가는 것》.
⑩ ~ l'inconnu 《수학》 미지수(X항)를 끌어내다.
⑪《옛》 (담보물을)되찾다.
—**se** ~ *v.pr.* ① 장애물이 제거되다, 트이다. La rue *se dégage* peu à peu. 길이 차츰 트인다(소통이 된다). Le ciel *se dégage*. 하늘이 맑아진다. Mon nez *se dégage*. 막힌 코가 뚫린다.
② (se ~ de)(에서)빠져나오다; (비유적)(에서)해방되다. ~ de ses liens 구속에서 벗어나다. *se* ~ *d'une obligation* 의무에서 해방되다. faire des efforts pour *se* ~ 빠져 나오려고[몸을 빼려고] 애쓰다.
③ (가스·냄새 따위가)발산되다. Une odeur discrète *se dégage* de ces roses. 은은한 향기가 장미꽃에서 풍겨나온다. (비인칭) Il *se dégage* une bonne odeur de la cuisine. 부엌에서 맛있는 냄새가 풍겨온다. Une sorte de tristesse *se dégage* de cette lettre. 이 편지는 어떤 슬픔을 풍기고 있다.
④ (사실 따위가)밝혀지다, (결론 따위가)끌어내어지다. La vérité *se dégage* progressivement. 사실이 점점 명확해진다. (비인칭) Il *se dégage* de ces témoignages que... 이 증언들에서 … 이라는 것이 밝혀진다.
dégaine [degɛn] *n.f.* 《구어》꼴불견; 우스꽝스러운 행동[몸짓].
dégainement [degɛnmɑ̃] *n.m.* 칼을 뽑기.
dégainer [degɛ(e)ne] *v.t.* 칼을[권총을]뽑아들다; (목적보어 없이)칼을 뽑다. —*v.i.* 검객.
dégaineur [degɛnœ:r] *n.m.* 《옛》 툭하면 칼을 뽑아드는 자.
dégalonner [degalɔne] *v.t.* (의)장식 끈(술)을 제거 하다.
déganter [degɑ̃te] *v.t.* (의)장갑을 벗기다.
—**se** ~ *v.pr.* 장갑을 벗다.
dégarni(e) [degarni] *a.p.* (있어야 할 것이)없는; [~은] 떨어진. bouche ~*e* 이 빠진 입. tête ~*e* de cheveux 대머리.
dégarnir [degarni:r] *v.t.* ① 부속물(비품·장식)을 제거하다, (속에)든 것을 치우다. ~ un lit 침구를 걷다. ~ une boîte de bonbons 과자상자를 비우다. ~ un compte en banque 은행구좌를 비우다. ② 《군사》 (의)군대를 철수시키다, 방어태세를 풀다. ~ le front 전선에서 병사를 철수시키다. ~ une pièce (체스 따위에서)말을 무방비 상태로 하다. ③ ~ un arbre 《원예》나무의 가지를 치다. ④ 《해양》 ~ un mât 마스트의 삭구를 제거하다; ~ les avirons (보

트의)노를 거두다.
—se ~ v.pr. ① (머리털이)빠지다; (나무의)잎이 떨어지다. Son front se dégarnit. 그의 앞이마가 벗겨진다. ② (방 따위에서)사람들이 나가다, 비다 (se vider). La salle se dégarnissait peu à peu. 장내에서 차츰 사람들이 빠져나갔다. ③ (주어는 사람) (돈을 써버려서)빈털터리가 되다. ④ (에)(옷을) 얇게 입다.

dégarnissage [deganisa:ʒ] n.m. (비품 따위를)제거하기;《건축》(돌담의)이음쨈을 긁어내기;《철도》(선로의)자갈 제거.

dégasconner [degaskɔne] v.t. 가스코뉴(Gascogne, 프랑스의 지방)사투리(풍습)를 없애다.
—se ~ v.pr. 가스코뉴 사투리(풍습)가 없어지다.

dégasoliner [dega(a)zɔline] v.t. (천연가스를)간이 증류하다.

dégât [dega] n.m. ① (주로 pl.)피해, 손해(dommages). La tempête a fait de grands ~s dans les vignobles. 폭풍은 포도밭에 큰 피해를 입혔다. constater[estimer] les ~s 손해를 따져보다. payer les ~s 손해에 대한 배상금[보험금]을 지불하다. limiter les ~s 피해를 최소한으로 막다. ~s du temps 시간의 흔적 (노쇠 따위). ② (정신적)타격. produire des ~s affectifs 심리적 타격을 주다. ③ (에)낭비.

dégauchir [degoʃi:r] v.t. ① (목재·석재 따위를)반듯하게 다듬다; 평평하게 하다(aplanir). ②《구어》(편협한, 융통성 없는)성격을 고쳐주다; (어린아이의)낯가림을 고쳐주다.
—se ~ v.pr.《구어》(편협한, 융통성 없는)성격이 고쳐지다.

dégauchissage [degoʃisa:ʒ], **dégauchissement** [degoʃismɑ̃] n.m. dégauchir 하기.

dégauchisseuse [degoʃisø:z] n.f. 기계 대패.

dégausser [degose] v.t. (배에)배자 장치(排磁裝置)를 하다(주로 자기 기뢰를 방지하기 위해 선체에 철선 감기).

dégazage [degaza:ʒ] n.m. 가스 제거.

dégazer [degaze] v.t. 에서)가스를 제거하다.

dégazoliner [dega(a)zɔline] v.t. = **dégasoliner**.

dégazonnage [dega(a)zɔna:ʒ], **dégazonnement** [dega(a)zɔnmɑ̃] n.m. 잔디 제거.

dégazonner [dega(a)zɔne] v.t. (의)잔디를 없애다.
—se ~ v.pr. 잔디가 없어지다;《속어》머리가 벗겨지다.

dégel [deʒɛl] n.m. ① 해빙(解氷), 서리(눈)가 녹음. barrière de ~ (대형차에 대한)해빙기 통행규제. ② (비유적)긴장의 완화(détente); 마음의 풀림. ~ des relations diplomatiques 외교관계의 긴장완화. ③ (정치·경제·사회적인)활동의 재개. ④《재정》(자금 동결의)해제.

dégelée [deʒle] n.f. 난타. ~ de coups de bâton 몽둥이로 마구 매리기; 욕을 마구 하기.

dégèlement [deʒɛlmɑ̃] n.m. 해빙, 해빙시킴.

dégeler [deʒle] 4 v.t. ① (얼었던 것을)녹이다. ~ un tuyau 얼어붙은 수도관을 녹이다. ~ ses pieds 언 발을 녹이다(→se ~). ② (비유적)(긴장을)풀다; 활기를 주다. ~ les spectateurs 관객들의 마음을 달아오르게 하다[흥미를 갖게 하다]. ~ l'atmosphère de la salle 회의장의 분위기를 부드럽게 하다[활기를 주다]. ~ les relations internationales 국제관계의 긴장을 완화하다. ③《재정》(자금 동결을)해제하다; 유통[활동]을 재개시키다. ~ des crédits 자금의 동결을 해제하다.
—v.i. 얼음이 녹다. Le ruisseau commence à ~. 시냇물이 녹기 시작한다. faire ~ la viande congelée 냉동육을 녹이다. (비인칭)Il dégèle. 얼음(눈)

이 녹는다.
—se ~ v.pr. ① (얼었던 것이)녹다. ②《구어》(자기의 몸을)녹이다; (몸이)따뜻해지다. se ~ les pieds 언 발을 녹이다(se는 간접목적보어). ③ (긴장이)풀리다, 부드러워지다. La réunion commence à se ~. 집회의 분위기가 부드러워진다.

dégénératif(ve) [deʒeneratif, -i:v] a.《의학》퇴화[퇴행]성의.

dégénération [deʒenerasjɔ̃] n.f. (가계 따위의)쇠퇴; 퇴화.

dégénéré(e) [deʒenere] a.p. 퇴화한; 쇠퇴한;《구어》(재능·품격 따위가)떨어진. —n. 변절자; 전락자;《심리》백치, 천치.

dégénérer [deʒenere] 6 v.i. ① (종(種)의)특질을 잃다, 퇴화하다(s'abâtardir). animaux qui ont dégénéré 퇴화한 동물들. Le blé dégénère dans un mauvais terrain. 밀은 나쁜 토질에서는 퇴화한다. ② (~ en qc.)(악화하여) (으)로되다. Leur dispute a dégénéré en rixe. 그들의 논쟁은 주먹다짐이 되어 버렸다. ③ (비유적)(사람·재능 따위가)쇠퇴하다; 퇴폐하다(s'avilir, se dégrader). Cet artiste a dégénéré. 이 예술가는 쇠퇴했다(창조적 능력 따위가). mœurs qui dégénèrent de plus en plus 더욱더 퇴폐하여가는 풍속. ④《예·문어》(전 세대에 비하여)나쁘게 되다, 타락하다.

dégénérescence [deʒeneresɑ̃:s] n.f.《생물》퇴화 (abâtardissement);《의학》변질.

dégénérescent(e) [deʒeneresɑ̃, -ɑ̃:t] a. 퇴화하는; 변질성의.

dégermer [deʒɛrme] v.t. (보리·감자 따위의)눈을 따다.

dégingandage [deʒɛ̃gɑ̃da:ʒ], **dégingandement** [deʒɛ̃gɑ̃dmɑ̃] n.m.《속어》휘청거리는[어설픈] 걸음걸이[몸짓].

dégingandé(e) [deʒɛ̃gɑ̃de] a.p. 키가 홀쭉한; (동작이)휘청거리는[어설픈]. grand garçon ~ 키가 큰 어설픈 청년. démarche ~e 휘청거리는 걸음걸이. style ~ 어설픈 문장.

dégingander [deʒɛ̃gɑ̃de]《예·속어》휘청휘청 걷다; 어설픈 몸짓을 하다.
—se ~ v.pr. (태도·걸음걸이가)어설퍼지다.

dégîter [deʒite] v.t.《사냥》(굴·보금자리에서)몰아내다; 내쫓다.
—se ~ v.pr. 보금자리에서 나오다.

dégivrage [deʒivra:ʒ] n.m. dégivrer 하기.

dégivrer [deʒivre] v.t. (냉장고·자동차의 유리·비행기의 날개 따위의)서리를 제거하다.

dégivreur [deʒivrœ:r] n.m. 제상(除霜)장치.

déglaçage [deglasa:ʒ], **déglacement** [deglasmɑ̃] n.m. déglacer 하기.

déglacer [deglase] 2 v.t. ① (의)얼음을 녹이다; (몸을)녹이다. ② (종이의)광을 지우다.

déglingue [deglɛ̃:g] n.f.《구어》와해, 파멸. tomber dans la ~ 온통 다 망가지다.

déglinguer [deglɛ̃ge] v.t.《구어》부수다, 망가뜨리다, 해체시키다(détraquer, désarticuler). ~ un appareil-photo 사진기를 망가뜨리다.
—se ~ v.pr. 엉망이 되다, 망가지다.

dégluement [deglymɑ̃] n.m. dégluer 하기.

dégluer [deglye] v.t. (에서)끈끈이를 떼다; (을)끈끈이에 떼다. ~ les yeux 눈꼽을 떼다.
—se ~ v.pr. ① 끈끈이에서 떨어지다. ② 자기의 눈꼽을 떼다. ③《구어》탈출하다; 빚을 갚다.

déglutination [deglytinasjɔ̃] n.f.《언어》낱말의 잘못된 분해(m'amie를 ma mie로 분해하는 따위) (↔ agglutination).

déglutiner [deglytine] v.t. 끈끈이를 제거하다.

déglutir [deglyti:r] *v.t.* 삼키다(avaler).
déglutition [deglytisjɔ̃] *n.f.* 《생리》 삼킴.
dégobillade [degɔbijad] *n.f.*, **dégobillage** [degɔbija:ʒ] *n.m.* 《구어》 구토, 구역질.
dégobiller [degɔbije] *v.t.* 《구어》 *v.t.* 토하다, 구토하다 (vomir). — *v.i.* 토해내다, 토하다.
dégobillis [degɔbiji] *n.m.* 《속어》 구토.
dégoisage [degwaza:ʒ], **dégoisement** [degwazmɑ̃] *n.m.* 《구어》 재잘거리기.
dégoiser [degwaze] *v.t.* 《속어》(경멸)(연설 따위를)지껄이다; 재잘거리다(débiter); (욕설·험구 따위를)중얼거리다. Qu'est-ce qu'il *dégoise*? 저 녀석이 뭐라고 중얼거리는 거야?
— *v.i.* 거침없이 떠들어대다.
dégommage [degɔma:ʒ] *n.m.* dégommer 하기;《구어》파면(destitution).
dégommer [degɔme] *v.t.* ① (의)고무질(質)을 없애다; (기계의)점착(粘着)을 제거하다. ②《구어》해고하다, 파면하다, 내쫓다; (경기 따위에서)이기다. se faire 《구어》벼슬을 잃다, 해직되다.
dégonder [degɔ̃de] *v.t.* (문에서)경첩을 떼다.
dégonflage [degɔ̃fla:ʒ] *n.m.* ① 겁을 먹음, 기가 죽음. ②값의 하락. ③《물리》(원자로 냉각실의) 압력 상실.
dégonflé(e) [degɔ̃fle] *a.p.* ① 수축한; 공기가 빠진. ② 기죽은, 겁먹은. — *n.* 겁장이.
dégonflement [degɔ̃flǝmɑ̃] *n.m.* 수축(시킴); 공기를 빼기; 부은 것을 가라앉히기; 기가 꺾임.
dégonfler [degɔ̃fle] *v.t.* ① 공기(가스)를 빼다, 수축시키다;《구어》겁먹게 하다. ~ un ballon 공(풍선)을 수축시키다. ② (비유적)과장을 폭로하여 (고발하다). ~ un bluff publicitaire 과대 광고를 폭로하다. ③ 낮게 평가하다; (값을)끌어내리다. ~ l'importance de *qc* …의 중요성을 낮게 평가하다, (의도적으로)과소평가하다. ④ 부기를 빼다. ~ un abcès 종양의 부기를 빼다. ⑤ (비유적)(마음속의 생각을)토로하다. ~ son cœur 마음을 털어놓다.
— *v.i.* 부기가 빠지다.
— **se** ~ *v.pr.* ① 공기(가스)가 빠지다, 줄어들다; 부기가 빠지다. Le pneu *s'est dégonflé*. 타이어가 빵구났다. ② 겁을 먹다, 주춤거리다(flancher). Devant le danger, il *s'est dégonflé*. 위험 앞에서 그는 겁을 먹었다.
dégorgeage [degɔrʒa:ʒ], **dégorgement** [degɔrʒǝmɑ̃] *n.m.* ① 토해내기, 구토, 배출; 유출 (구). ~ de (la) bile 담즙의 배출. ~ de la Seine 센 강의 하구. ~ des voyageurs sur le quai 플랫폼에서 쏟아져 나오는 여행객들. ② (막힌)오물의 제거; 배수관. ~ d'un égout 하수구의 배수관. ~ des vaisseaux du placenta 《의학》 후산(後産). ④《양모 따위의》세척. ⑤ (샴페인 제조에서)침전물 제거.
dégorgeoir [degɔrʒwa:r] *n.m.* ① 배수구; (펌프의) 주둥이. ②《어업》낚시 뽑이; 《군사》(총의)꽂을대. ③ 세탁용 물레방아.
dégorger [degɔrʒe] ③ *v.t.* ① 토해내다;《옛》(음식 따위를)토하다. Égout qui *dégorge* de l'eau sale 오수를 토해내는 하수구. Le soir, les usines *dégorgent* leurs ouvriers. (비유적)저녁이 되면 공장마다 노동자들이 쏟아져 나온다. ② (의)막힌 것을 제거하다. ~ un évier bouché 막힌 개수구를 뚫다. ~ un poisson 물고기가 삼킨 낚시바늘을 뽑다. ③ 《식물》(가죽·양모·모션 따위의)세척하다, 바래다. ④ (샴페인 제조에)침전물을 제거하다. ⑤ ~ le fer 《야금》 달군 쇠를 자르다. ⑥《요리》 (물에 담가서)피를 빼다. ~ du foie de veau 송아지 간의 피를 빼다.

— *v.i.* ① 넘쳐 흐르다, 흘러 들어가다. L'égout *dégorge* dans une rivière. 하수구의 물이 강에 흘러든다. ② (더러운 것을)토해내다; 더러운 때가 빠지다. faire ~ un ivrogne 취한 사람을 토하게 하다. tissu qui *dégorge* dans la lessive 세척수에서 때가 빠지는 옷감. ③ 《요리》 faire ~ des ris de veau (물에 담가서)송아지 흉선의 피를 빼다; faire ~ du poisson (담수에 담가서)물고기의 진흙(소금) 냄새를 빼다; faire ~ des concombres 소금을 뿌려 오이의 물을 빼다.

— **se** ~ *v.pr.* ① (물이)흘러들다; (군중 따위가)넘치다. ② 《옛》[se ~ de] (을)토해내다; (《문어》감정을 토로하다. Elle *s'est dégorgée* en sanglots. 그녀는 감정이 복받쳐 흐느껴 울었다.

dégot(t)er [degɔte] *v.t.* ① 《옛》(공으로 상대의 공·표적을)쓰러뜨리다. ② 《속어》(남의)지위를 빼앗다(détrôner); (을)능가하다, 눌러이기다. ③ 《구어》찾아내다, 끌어내다(découvrir); 알아채다. Où *avez-vous dégoté* ce bouquin? 이 책을 어디서 구했어요?

— *v.i.* 《속어》(자세·태도가)주의를 끌다. ~ bien [mal] 자태(모습)가 훌륭하다(나쁘다). Ce qu'il *dégotte*, à cheval! 말을 타니 보기 좋은데!

dégoudronner [degudrɔne] *v.t.* 타르를 제거하다.
dégoulinade [degulinad] *n.f.*, **dégoulinage** [degulina:ʒ] *n.m.* 《구어》(천천히)흘러 내리는 액체; (그)흔적.
dégoulinant(e) [degulinɑ̃, -ɑ̃:t] *a.* (물·페인트 따위가)방울져(흘러) 떨어지는.
dégouliner [deguline] *v.i.* 《구어》(계단 따위에서) 줄러 떨어지다; 방울져 떨어지다.
dégoupiller [degupije] *v.t.* 쐐나사를 풀다. ~ une grenade 수류탄의 안전핀을 뽑다.
dégourdi(e) [degurdi] *a.* ① 저린[언] 것이 풀린. membres ~s 저림이 풀린 수족. ② 빈틈없는; 약삭빠른; 날렵한. — *n.* 빈틈없는 사람; 약삭빠른 사람. ③ 《요리》 유약을 바르지 않고 굽기.
dégourdir [degurdi:r] *v.t.* ① (손·발의)저림(언 것)을 풀다. ~ ses doigts 곱은 손가락을 풀다(se ~ les doigts). ② 약간 덥히다. faire ~ l'eau 물을 미지근하게 하다. ③ (자고 있던 것을)불러 깨우다; 활동시키다. ~ des sentiments jusqu'ici dormis 여지껏 잊혀졌던 감정을 불러 일으키다. ~ sa langue 입을 열다, 말을 하다. ④ (비유적)[~ *qn*] 어색함(딱딱함)을 풀어주다; 세상사에 익숙하게 하다, 세련되게 하다. ~ une recrue 신병을 훈련한다. La grande ville *dégourdit* vite les adolescents. 대도시는 청년들을 이내 세련되게 만든다. ⑤ (도기를)유약 없이 굽다.

— **se** ~ *v.pr.* ① (손·발의)저림[언 것]이 풀리다; 몸을 덥히다. courir un peu pour *se* ~ les jambes 곱은 발을 풀기 위해 조금 달리다. ② (비유적) 어색함(딱딱함)이 풀리다, 세련되다; 촌티를 벗다. ③ (구어)순결을 잃다, 첫 체험을 하다.

dégourdissage [degurdisa:ʒ] *n.m.* (사용 전에 행하는)액체연료의 가열.
dégourdissement [degurdismɑ̃] *n.m.* ① (손발의) 저림을 가라앉힘, 저린 데가 풀림. ② (액체를)미지근하게 데움.
dégourdoche [degurdɔʃ] *a.* 《속어》약삭빠른(dégourdi).
*****dégoût** [degu] *n.m.* ① (음식에 대한)반발, 거부감; 식욕 부진. ② 싫증, 불쾌감, 혐오(répugnance, aversion). essuyer des ~s《옛》기분 나쁜 꼴을 당하다. avoir du ~ pour *qc* …을 싫어하다. prendre *qc* en ~ …에 싫증을 내다.
dégoûtamment [degutamɑ̃] *ad.* 불쾌하게, 아주 싫

어하며.

dégoûtant(e) [degutã, -ã:t] *a.* ① 몹시 불쾌한, 메스꺼운. individu ~ 불쾌한 녀석. plat ~ 맛이 없어 보이는 요리. histoire ~e (듣기 거북한)천한 이야기. C'est ~ de travailler avec lui. 그와 함께 일하는 것은 불쾌하다. ② 몹시 더러운, 불결한. Ton pull est ~, il faut le laver. 네 스웨터는 더럽다, 빨아야겠다. chambre ~e 더러운 방.
— *n.* 불쾌한 놈, 불결한 놈.

dégoûtation [degutɑsjɔ̃] *n.f.* 《속어》구역질나는 녀석[것].

dégoûté(e) [degute] *a.p.* ① [~ de] (에)지긋지긋한, 진저리나는. être ~ du monde 세상이 지긋지긋해지다. manger à (en) ~ 실컷 먹다. ② 까다로운. n'être pas ~ 《구어》까다롭지 않다; (반어적)까다로운 일을 요구하다.
— *n.* faire le ~ [la ~e] 꾀까다롭게 굴다.

***dégoûter** [degute] *v.t.* ① [~ qn] (에게)혐오감을 불러일으키다; 진저리나게 하다, 지겹게 하다. Cet insecte la *dégoûte*. 이 벌레는 그녀에게 혐오감을 준다. Sa conduite *dégoûte* tout le monde. 그의 행동은 모두의 빈축을 사고 있다. [~ (qn) de qc] La ville *dégoûte* de la province. 도시는 지방을 혐오한다. [~ qn de+*inf*.] Cela te *dégoûte* de travailler. 그것이 그들로 하여금 일할 의욕을 잃게 한다. ② 식욕을 잃게 하다; (음식물을)싫어하게 하다. ~ qn du fromage …에게 치즈를 싫어하게 하다.
— **se ~** *v.pr.* 싫증이 나다, 지긋지긋해지다. Tu te *dégoûtera* de ces gâteaux. 너는 곧 이 과자에 싫증이 날 것이다.

dégouttant(e) [degutã, -ã:t] *a.* 방울져 떨어지는; [~ de] (이)뚝뚝 떨어지는.

dégouttement [degutmã] *n.m.* 방울져 떨어짐; 똑똑 떨어지는 (물)방울.

dégoutter [degute] *v.i.* 방울져 떨어지다; 흘러내리다. La pluie *dégouttait* de ses vêtements. 빗물이 그의 옷에서 흘러내리고 있었다. Son front *dégoutte* de sueur. 그의 이마에서 땀방울이 뚝뚝 떨어진다. (보통 없이)Il pleuvait tout à l'heure, les toits *dégouttent* encore. 조금전에 비가 내렸는데, 처마에서는 아직도 빗방울이 흘러 떨어진다.
Quand il pleut sur le curé, il dégoutte sur le vicaire. 주인이 재앙을 만나면 그 밑의 사람에게도 그 여파가 온다.
— *v.t.* (엣) ① 방울져 떨어뜨리다, 흘리다. Le plafond *dégoutte* de l'eau. 천장에서 물방울이 떨어진다. ② (숨겼던 감정을)표면에 나타내다. ~ l'orgueil 자존심을 드러내 보이다.

dégoutture [deguty:r] *n.f.* 물방울. ~s du toit 지붕(처마)의 물방울.

dégradant(e) [degradã, -ã:t] *a.* 품위를 떨어뜨리는 (avilissant). action(couduite) ~e 품위를 떨어뜨리는 행위[처신].

dégradateur [degradatœ:r] *n.m.* 《사진》바림틀 (사진의 화상 가장자리를 뒷배경에 녹아들 듯이 흐릿하게 만드는 장치).

dégradation¹ [degradɑsjɔ̃] *n.f.* ① (지위·자격 따위의)박탈, 파면. ~ civique 공권 박탈. ~ militaire 《군사》군적박탈, 군적박탈. ② (건물 따위의)파손, 파괴; 피해. ~ de monuments 《법》공공건물(기념물)의 파손. ~ des murs 벽의 파손. ③ (정치·경제·사회환경의)점진적 악화; (정신적인)타락, 퇴폐. ~ du climat international 국제정세의 악화. ④ 《지질》삭(削)평형작용, 저균(低均)작용(부식·풍의 작용으로 평형을 이룸). ⑤ 《화학》(유기화합물의)감성(減性)(성분을 잃기), 분해. ⑥ 《물리》(에너지의)감손, 분산; 붕괴. ~ de l'énergie 에너지의 감손[붕괴].

dégradation² *n.f.* ① (색조·빛 따위의)점감(漸減), 차차 흐려짐, 점담(漸淡); 흐릿하게 함. ② (상황·상태의)단계적 이행.

dégradé(e)¹ [degrade] *a.p.* ① 강등된, 관직을 박탈당한. ② 타락한. homme ~ 타락한 사람. ③ 훼손된, 피해를 입은. mur ~ 훼손된 벽.

dégradé(e)² *a.p.* (색·빛이)서서히 엷어지는.
— *n.m.* ① (색·빛의)점감, 《영화》(화면의)색조처리. ② (머리를)층층으로 커트하기.

dégrader¹ [degrade] *v.t.* ① (지위·칭호를)박탈하다, 파면하다; 강등(격하)시키다. ~ qn du titre (의)자격을 박탈하다. ② 품위(값어치)를 떨어뜨리다; 타락시키다. L'alcoolisme *dégrade* l'homme. 알코올중독은 인간을 망쳐버린다. ~ les relations 관계를 악화시키다. ③ 파손하다, 손해를 주다.
— **se ~** *v.pr.* ① 품위(가치)가 떨어지다; 타락하다. ② (물건이)파손되다, 망가지다, 상하다; (사태가)악화되다. La situation politique *se dégrade* de jour en jour. 국제정세가 날로 악화되고 있다. ③ 《물리》(에너지가)감소(분산)되다.

dégrader² *v.t.* ① (색조·빛을)서서히 엷게 하다, 흐릿하게 하다. ② (머리를)층층으로 커트하다.

dégrafée [degrafe] *n.f.* 바람기 있는 여자, 매춘부.

dégrafer [degrafe] *v.t.* (옷이나 팔찌의)혹 단추를 끄르다; (의)옷의 혹을 끄르다. ~ une robe(son ceinturon) 드레스(혁대)의 혹을 풀다. ~ un navire 《해양》(배의 닻을 감아올려)출항하다.
— **se ~** *v.pr.* 혹이 벗겨지다; 혹을 자기가 끄르다. robe qui *se dégrafe* sans cesse 자꾸만 혹이 벗겨지는 옷.

dégraissage [degrɛsa:ʒ], **dégraissement** [degrɛsmã] *n.m.* ① 지방빼기. ② 얼룩빼기, 얼룩크리닝. ③ 《구어》(해고 따위에 의한)인원 정리[감원].

dégraissant(e) [degrɛsã, -ã:t] *a.* 탈지(脫脂)의; 얼룩제거의. produit ~ pour le lavage des ustensiles de cuisine (기름기를 제거하는)취사용구 세제.
— *n.m.* (기름기를 제거하는)세제; 얼룩제거제.

dégraisse-peigne [degrɛspɛɲ] *n.m.* 빗 소제기.

dégraisser [degrɛ(e)se] *v.t.* ① 지방(기름살)을 제거하다. ~ un bœuf 소의 기름살을 제거하다. ~ un bouillon 찌개《국》의 표면에 뜬 기름기를 제거하다. ~ la laine 양모를 탈지하다. ② (의류·머리 따위의)기름때(기름기)를 빼다. donner un costume à ~ 의복을 드라이크리닝 보내다. ~ ses cheveux 머리를 감아 기름기를 씻어내다. ③ 군살을 빼다, 마르게 하다. ④ 《구어》(예산 따위를)깎다, 삭감하다; (특히 인원을 정리[감원]해서)경비를 삭감하다. ⑤ 《토목》(목재를)깎다. ⑥ 《농업》(땅이)부식토(옥토)를 잃어가다; (땅을)메마르게 하다. ⑦ ~ le vin (포도주 제조과정에서)포도주의 점성(粘性)을 제거하다. ⑧ ~ l'argile 《요업》 점토의 점성을 제거하다. ⑨ 《엣·구어》(부당한 세금 따위의)돈을 털취하다.

dégraissage(se) [degrɛsɛ:r, -ɸ:z] *n.* (엣) (기름얼룩을 제거하는)세탁인. — *n.f.* (양모의)정련기.

dégraissoir [degrɛswa:r] *n.m.* 《직물》양모를 빗으로 빗기 전에 씻는 기계; 탈수기.

dégraphitage [degrafita:ʒ] *n.m.* 흑연을 벗기기.

dégraphiteur [degrafitœ:r] *n.m.* (칠함)흑연을 벗기는 사람.

dégrapper [degrape] *v.t.* (열매를)송이에서 따내다. ~ les raisins 포도 열매(알)를 따내다.

dégras [degrɑ] *n.m.* (가죽 무두질에 쓰는)방수유지(油脂).

dégrat [degra] *n.m.* 《해양》(대구잡이)어선의 출항.

dégraveler [degravle] ⑤, **dégraver** [degrave] v.t. (의)자갈을 제거하다.
dégravoiement, dégravoîment [degravwamã] n.m. (물이 벽·담장 따위의)기초를 노출[침식]시키기; (유수가)하상의 자갈을 쓸어내기.
dégravoyer [degravwaje] ⑦ v.t. (유수가)(강바닥의)모래·자갈을 씻어 내리다; (담·건물의)기초를 드러나게 하다. ~ un bras de rivière 강의 지류의 모래·자갈을 쓸어내리다. L'eau a *dégravoyé* ce mur. 물에 씻겨서 벽의 토대가 드러났다.
***degré** [dəgre] n.m. ① 단계; 정도. le premier [dernier] ~ de la civilisation 문명의 첫[최종]단계. le plus bas[haut] ~ de la hiérarchie sociale 사회계급의 최하층[최상층]. parvenir au plus haut ~ de la gloire 영광의 정점에 다다르다. ~ de difficulté 난이도. Il y a des ~s dans la pauvreté. 가난에도 여러 정도의 차이가 있다. ② (여러 분야의)등급. enseignement du premier[second] ~ 초등(중등) 교육. ~ de prêtre 사제의 계급[품급]. ~ de parenté 〖법〗 촌수. parent au premier ~ 1 촌. brûlure du second ~ 〖의학〗 2도 화상. ③ 〖언어〗 ~ de signification[de comparaison] (형용사·부사의)급; ~ positif[comparatif, superlatif] 원급[비교급, 최상급]. ④ 〖수학〗 차(次). équation du premier[second] ~ 1차(2차) 방정식. ⑤ (온도·각도·위도 따위를 가리키는)도. Il fait vingt ~s à l'ombre. 그늘에서는 20도이다. ~ centigrade[centésimal] 섭씨의 도(~ Celsius). ~ Fahrenheit 화씨의 도. ~ Réaumur 열씨의 도. ~ absolu 절대온도(~ Kelvin), angle de 180 ~s 〖수학〗 180도. ~ densimétrique 〖화학〗 농도. ~ Baumé 보메도. ~ alcoolique (술의)알코올 도(度); ~ 〖음악〗 ~s de la gamme 음계의 각(各) 도(度); ~ conjoint[disjoint] 연속(도약)음정. ⑦ 〖옛〗학위(grade universitaire); (군대의)계급(grade militaire). ⑧〖문어〗(계단의)단; 〖옛〗계단. ~s du trône 왕좌의[로 올라가는] 계단.
à aucun ~ (부정문에서)전혀 ···아니다.
de ~ en ~ 점점, 조금씩, 서서히.
jusqu'à un certain ~ 어떤 정도까지는.
par ~(s) 서서히, 조금씩. La lumière s'affaiblissait par ~s. 빛은 서서히 약해졌다.
dégréage [degrea:ʒ], **dégréement** [degremã] n.m. 〖해양〗의장(艤裝) 해체.
dégréer [degree] v.t. 〖해양〗의장을 해제하다; (마스트 따위의 삭구를)제거하다.
dégressif(ve) [degresif, -i:v] a. 차츰 줄어드는. impôt ~ 체감세(遞減稅).
dégression [degresjɔ̃] n.f. (세금의)체감.
dégressivité [degresivite] n.f. (세금의)체감성.
dégrèvement [degrɛvmã] n.m. ① 〖법〗 감세(減稅). ~ pour charge de famille 가족부양공제. ② 저당 해제.
dégrever [degrave] ④ v.t. ① (세금 따위를)경감하다. ~ un contribuable[une industrie, un produit] 납세자[기업·제품]에 대하여 감세하다. ② (의)저당을 해제하다. ~ un immeuble 부동산의 저당을 해제하다.
dégrillage [degrija:ʒ] n.m. 폐수 정화(의 첫과정).
dégringolade [degrɛ̃gɔlad] n.f. 〖구어〗 ① 전락(chute). ② 폭락; 영락, 몰락. ~ du franc 프랑화의 폭락. ~ d'un financier 금융업자의 몰락.
dégringoler [degrɛ̃gɔle] v.i. (조동사는 avoir, 또는 être) ① 〖구어〗굴러 떨어지다, 급경사로 뛰어내리다. Il a[est] *dégringolé* dans l'escalier. 그는 계단에서 굴러 떨어졌다. Un bois de pins *dégringole* jusqu'à la côte. 소나무숲이 해안까지 급경사로 이

어져 있다. ② 몰락하다; 폭락하다. Cette entreprise a *dégringolé*. 이 기업은 도산했다. La Bourse *dégringole*. 주식이 폭락한다.
— v.t. 〖구어〗뛰어내리다. ~ l'escalier quatre à quatre 계단을 급히 뛰어내리다.
dégripper [degripe] v.t. 〖기계〗(접합부를)메다.
dégrisement [degrizmã] n.m. 술에서 깨기; 미망[환상]에서 깨어나기; 쌀쌀한 태도, 냉정함.
dégriser [degrize] v.t. 술에서 깨게 하다; 〖비유〗(의)미망[환상]을 깨우다. Le sommeil m'*a dégrisé*. 자고났더니 술이 깼다. Cet échec l'*a dégrisé* du courage de la veille. 이 실패로 그는 전날의 흥분에서 깨어났다.
—*se ~* v.pr. 취기(미몽)가 깨다, 흥분이 식다.
dégrossage [degrosa:ʒ], n.m. 애벌깎기.
dégrosser [degrose] v.t. 〖기술〗(금·은의 지금(地金)을)잡아 늘이다, 압연(壓延)하다.
dégrossir [degrosi:r] v.t. ① (석재·목재 따위를)애벌 깎다, 대충 다듬다. ② 대략적인 계획을 세우다; 초잡다; (해결의)실마리를 주다. ~ un projet 계획의 초안을 잡다. ~ une épreuve 〖인쇄〗 초교를 보다. ③ 〖구어〗(사람을)세련되게 하다, (기초를)가르치다. La vie citadine a *dégrossi* cette jeune fille. 도시생활이 이 아가씨를 세련되게 만들었다.
—*se ~* v.pr. (사람이)세련되다; 경험을 쌓다.
dégrossissage [degrosisa:ʒ], **dégrossissement** [degrosismã] n.m. ① 애벌깎기; (특히 압연가공에서의)거칠게 잡아늘이기. ② 초안, 초벌잡기; 밑그림. ③ (사람을)세련되게 하기.
dégrossisseur [degrosisœ:r] n.m. 애벌 압연기.
dégrouiller (se) [s(ə)degruje] v.pr. 〖학생속어〗서두르다. 〖*se* 를 생략해서〗Dégrouille! 서둘러라.
dégroupement [degrupmã] n.m. ① 분산; 이산. ② 별도 표제[어](~ des entrées).
dégrouper [degrupe] v.t. ① (집단·집회를)분산[이산]시키다. ② (동음이의어로)별도 표제[어]를 만들다. (~ 란).
déguenillé(e) [degnije] a., n. 누더기를 걸친(사람).
déguenniller [degnije] v.t. 〖속어〗(옷을)누더기로 만들다; 영락시키다; 욕하다.
déguerpir [degɛrpi:r] v.i. 도망하다; 물러나다. Mon locataire a *déguerpi* sans payer le loyer. 세든 사람이 집세를 내지 않고 도망쳤다. faire ~ un marauder 밭도둑을 몰리치다[몰아내다].
—v.t. 〖옛〗〖법〗(세금·채무를 면하기 위해 유산 따위를)포기하다.
déguerpissement [degɛrpismã] n.m. ① 〖옛〗〖법〗(재산 따위의)권리 포기. ② 〖드물게〗도망, 도주; 퇴거.
dégueulade [degœlad] n.f. 〖비어〗(특히 과음으로 인한)구토(물).
dégueulage [degœla:ʒ] n.m. 〖비어〗구토(물).
dégueulasse [degœla:s] 〖속어〗a. 더러운; 지독한. Ce couloir est ~! 이 복도(통로)는 더럽다. temps ~ 지독한 날씨. C'est pas ~. 이건 꽤찮은데, 나쁘지 않은데. —n. 싫은 녀석, 지저분한 녀석.
dégueulasserie [degœla(a)sri] n.f. 싫은 일, 더러운 것, 불쾌한 일.
dégueulatoire [degœlatwa:r] a. 〖속어〗구역질나게 하는.
dégueulbi(te) [degœlbi, -it], **dégueule** [degœl] a. 〖속어〗싫은, 구역질나는(dégoûtant). époque ~te 구역질나는 시대.
dégueulée [degœle] n.f. 〖비어〗구토물. ~ d'injures 욕설의 연발.
dégueuler [degœle] v.i., v.t. 〖속어〗게우다(vomir), (욕설을)퍼붓다.
dégueulerie [degœlri] n.f. 〖속어〗 ① 게우기. ② 싫

dégueulis [degœli] *n.m.* 《속어》게운 것.
dégueuloir [degœlwa:r] *n.m.* ① 《학교 따위의 식당에서 먹다 남은 찌꺼기를 버리는》통. ②《일반적으로》접시(assiette).
déguignonner [degiɲɔne] *v.t.* 《구어》《사람의》운을 터주다.
déguinder [degɛ̃de] *v.t.* 《화물을 도르래나 기중기로》내리다.
déguisable [degizabl] *a.* 속일 수 있는; 숨길 수 있는. Le sentiment de l'amour n'est pas ~. 사랑의 감정은 속일 수 없다.
déguisé(e) [degize] *a.p.* ① 변장한, 가장한. bal ~ 가장무도회. homme ~ en clown 광대로 분장한 남자. 《감정 따위가》숨겨진, 감춰진; 위장한. mépris ~ 감춰진 경멸. incrédule ~ en chrétien 기독교 신자로 위장한 신앙 없는 자. hostilité à peine ~*e* 거의 드러내 놓은 적의. ③ 《제과》《버찌 따위에》당의(糖衣)를 입힌. fruit ~ 당의 프루트 과자. —*n.* 변장한 사람.
déguisement [degizmã] *n.m.* ① 변장(travesti); 가장; 가장복. recourir au ~ 몸을 변장하다. Il s'est enfui sous un ~. 그는 변장하고 도망쳤다. ②《엣·문어》겉치레, 꾸밈, 눈속임; 숨김. parler sans ~ 있는 그대로 말하다.
déguiser [degize] *v.t.* ① 가장[분장]시키다 《화장 따위가》다른 사람처럼 보이게 하다. [~ en] J'ai déguisé ma fille en clown. 나는 딸을 광대로 분장시켰다. Le maquillage déguise la figure des femmes. 화장이 여성의 얼굴을 다른 사람처럼 바꾼다. ② 《정체를 숨기기 위해》바꾸다, 위장하다, 속이다. ~ sa voix 목소리를 바꾸다. ~ son écriture 필체를 바꾸다. ~ ses sentiments 감정을 속이다. ~ son jeu 솜씨를 감추다. ③《엣·문어》감추다. ~ la vérité 진실을 감추다. 《목적 보어 없이》 parler sans ~ 감추지 않고(숨김 없이) 말하다. ④ 《요리》《재료의 구별을 못하도록》가공하다. 《제과》《버찌 따위에》당의를 입히다. ⑤《엣》《사람의》얼굴을 밉게 만들다(défigurer).
—se ~ *v.pr.* ① [se ~ en] (으로)변장[분장]하다. se ~ en moine 수도사로 분장하다. se ~ en courant d'air 《속어》몸을 감추다, 도망치다. ② 자신의 사상[감정]을 숨기다[속이다]. se ~ à soi-même 자기 자신을 속이다 《진실 따위가》숨겨지다, 위장되다.
dégurgitation [degyrʒitasjɔ̃] *n.f.* 《삼킨 것을》뿉기.
dégurgiter [degyrʒite] *v.t.* 《먹은 것을》뱉아내다, 토해내다. ~ ses connaissances 《시험보는 날에》기억하고 있는 것을 모두 쏟아놓다.
dégustateur(trice) [degystatœ:r, -tris] *n.* 《포도주 따위의》맛을 감정하는 사람.
dégustation [degystasjɔ̃] *n.f.* 시음; 시식. ~ de vins 포도주의 감정. verre à ~ 시음용 글라스.
déguster [degyste] *v.t.* ① 《술 따위의》맛보다, 시음하다. ② 즐거이 맛보다(savourer). ~ un bon vin 맛좋은 포도주를 음미하며 마시다. ~ sa joie 즐거움을 음미하다. ③《속어》《구타·욕 따위를》당하다, 혼이 나다. Qu'est-ce qu'ils *ont dégusté*! 그들은 무척 혼이 났어.
déhaler [deale] *v.t.* 《해양》《예인(曳引) 로프를》배에 걸다; 《항구 밖으로》예인하다.
—se ~ *v.pr.* 《해양》《배가 예인로프 따위로》위험한 장소를 벗어나다.
déhâler [deɑle] *v.t.* 햇볕에 탄 빛이 없어지다.
—se ~ *v.pr.* 햇볕에 탄 빛이 없어지다.
déhanché(e) [deɑ̃ʃe] *a.p.* ① 허리를 흔드는[비튼]; 한 쪽으로 체중을 실은. allure ~*e* 허리를 흔드는 걷기. statue ~*e* 《한 쪽 허리가 떨어져나가》몸체가 기운 자세의 조상. ②《수의》《특히 말이》골반이 탈구된; 《골절로 인해》요부 돌기가 없어진.
déhanchement [deɑ̃ʃmɑ̃] *n.m.* 허리를 흔들기; 허리를 비틀기; 몸이 옆으로 기울기; 기운 자세.
déhancher (se) [sədeɑ̃ʃe] *v.pr.* 허리를 흔들며 걷다《춤추다》; 체중을 한 쪽 허리에 걸다. marcher *en se déhanchant* 허리를 흔들거리며 걷다.
déharder [dearde] *v.t.* 《사냥》《사냥개를 맨》끈을 풀다.
déharnachement [dearnaʃmɑ̃] *n.m.* 《말》안장을 내리기.
déharnacher [dearnaʃe] *v.t.* 《말의》안장을 내리다.
—se ~ *v.pr.* 마장(馬裝)이 풀리다; 《구어》꼭 끼이는 옷을 벗다; 장신구를 풀다. se ~ en rentrant de son travail 일에서 돌아와서 옷을 갈아입다.
déhiérarchiser [deʒerarʃize] *v.t.* 《사회적인》계급을 없애다, 평준화하다.
déhiscence [deisɑ̃:s] *n.f.* 《식물》《꽃가루주머니·꽃의》열개(裂開).
déhiscent(e) [deisɑ̃, -ɑ̃:t] *a.* 《식물》열개하는. fruit ~ 열과(裂果).
déhonté(e) [deɔ̃te] *a, n.* 《엣》파렴치한(사람).
:dehors [dəo:r] 《뒤에 오는 말과 연독[리에종]하지 않음》*ad.* 밖에(서); 집(문)밖에(서). aller ~ 밖으로 나가다, 외출하다. manger ~ 외식하다. coucher ~ 노숙하다; 외박하다. [être ~] Je *serai* ~ toute la journée. 나는 온종일 집을 비울 것이다. mettre[jeter, 《구어》 flanquer] *qn* ~ ···을 밖으로 쫓아내다; ···을 해고하다.
toutes (les) voiles ~ ⓐ 《해양》돛을 모두 펼치고[올리고]. ⓑ 급히; 온갖 수단을 동원해서; (이것) 보란듯이, 자랑스럽게.
—*n.m.* ① 바깥, 바깥쪽; 《문어》외국. porte du ~ 바깥《문》문. ~ d'une boîte 상자의 바깥쪽. travailleurs venus du ~ 외국에서 온 노동자들. gens du ~ 외국인. ②《주로 *pl.*》외관; 겉보기(apparence); 《문어》예절. avoir des ~ aimables 상냥해 보이다. sauver[garder] les ~ 체면을 지키다. cacher une vilaine âme sous de beaux ~ 겉보기는 훌륭하지만 그는 비열한 마음을 숨기고 있다. 《승마·스케이트》《회전운동 때의》바깥쪽, 아웃《사이드》. ④ (*pl.*)《구어》《건물 바깥쪽의》부속물《구내·가로수·수위실 따위》; 《군사》바깥 요새《외채(外寒)》.
au(-) ~ 밖에, 밖으로; 외면에서. Il pleut à verse *au(-)* ~. 밖에서는 억수같은 비가 퍼붓는다.
au(-) ~ de ···의 밖에서(으로). *au(-)* ~ *de* son pays [*de* sa maison] 외국에서[집 밖에서].
de ~ 밖으로부터, 밖에서 보면; 밖의. appeler *qn de ~* ···을 밖에서 불러들이다.
en ~ ⓐ 밖에, 밖으로, 바깥쪽으로. s'ouvrir *en ~* 《문·창이》바깥쪽으로 열리다. Ne vous penchez pas *en ~*. 《열차·버스의 창》밖으로 몸을 구부리지 마시오. marcher les pieds *en ~* 갈짓자 걸음을 걷다. ⓑ 《성격이》개방적인, 툭 터진, 탁 트인. personne (tout) *en* ~ 탁 트인 사람. ⓒ 그것밖에(는). Je n'ai rien à vous dire *en* ~. 그 밖에는 당신에게 말할 것이 아무것도 없습니다. ⓓ 외관으로는, 보기에는. *En* ~, c'est un homme assez froid, mais en réalité il est très sensible. 그는 보기에는 냉정하지만 사실은 무척 섬세한 사람이다.
en ~ de ⓐ ···의 밖에 (으로). se pencher *en ~ de* la fenêtre 창밖으로 몸을 내밀다. C'est *en ~ de* la question. 그것은 문제밖이다. ⓑ ···을 제하면[빼놓으면], ···이외의. *En* ~ *de* cela, tout va bien. 그것을 빼고는 만사 순조롭다. ⓒ *en ~ de* moi 내가 아니

모르는 동안에.

par(-)~ 밖[바깥쪽]으로부터; 바깥쪽에. passer par(-)~ 밖으로 지나가다. maison belle par(-)~ 밖에서 보면(외관상으로는) 아름다운 집.

—prép. 《옛》…의 밖에(hors).

déhotter (se) [s(ə)deɔte] v.pr. 《은어》출발하다(partir); 서두르다(se hâter).

déhouillement [deujmɑ̃] n.m. 석탄을 다 파냄.

déhouiller [deuje] v.t. 《광산》(광맥의)석탄을 다 파내다; 채탄(採炭)하다.

déhouilleuse [deujøːz] n.f. 채탄기.

déhourdage [deurdaːʒ] n.m. 초벽을 벗기기.

déhourder [deurde] v.t. 초벽을 벗기다.

déicide [deisid] a. 신을 죽인; 그리스도를 십자가에 못박아 죽인. —n. (위)의 사람; 신앙의 파괴자.
—n.m. 신을 죽인 죄(그리스도를 십자가에 못박은 죄를 가리킴).

déicole [deikɔl] a. 신을 믿는(협의로는 기독교의 신, 광의로는 어떤 신성(神性)을 가리킴).
—n.m. 신심자(信心者).

déictique [deiktik] 《언어》a. 지시적(指示的)인.
—n.m. 지시소(指示素).

déification [deifikɑsjɔ̃] n.f. 신으로 섬김, 신격화; 숭배. ~ des empereurs romains 로마황제들의 신격화. ~ de l'argent 금전 숭배.

déifier [deifje] v.t. 신으로 섬기다, 신격화하다, 신으로 보다; 신처럼 받들다. ~ le pouvoir 권력을 숭배하다.

déionisation [deionizɑsjɔ̃] n.f. 비(非)이온화.

déisme [deism] n.m. 자연신교, 이신론.

déiste [deist] a. 자연신교[이신론]를 믿는. —n. 이신론자(理神論者).

déité [deite] n.f. 《문어》(신화의)신, 여신.

‡déjà [deʒa] ad. ① 이미, 벌써. Est-il ~ midi? 벌써 정오인가? ② 전에. Je vous l'ai ~ dit. 나는 그것을 전에 당신에게 말했었다. ③《구어》《강조》그것만으로도 (벌써). Ça n'est ~ pas si mal. 그것 만으로도 과히 나쁘지 않군. ④《구어》(한 번 들은 것을 다시 물을 때, 문 뒤에 놓여》도대체, 그런데. Comment donc s'appelle-t-il ~? 그 자의 이름이 대체 뭐였더라? ⑤《옛》(부정문에서)아직까지는, 아직. **d'ores et** ~ 지금부터(벌써).

dejada [deʒada] n.f. (바스크 공놀이에서)벽면 위로 힘 없이 날아오는 공.

déjanter [deʒɑ̃te] v.t. (바퀴에서)타이어를 떼다.

déjaugeage [deʒoʒaːʒ] n.m. (배가)흘수선(吃水線)을 드러내기.

déjaugement [deʒoʒmɑ̃] n.m. déjauger 하기.

déjauger [deʒoʒe] [3] v.i. (배가)흘수선을 드러내다. **—se** ~ v.pr. (수상비행기의 부주(浮舟)가)물에서 뜨다.
—n.m. vitesse au ~ 《항공》(수상기의)이수시 (離水時)의 속도.

déjaunir [deʒoniːr] v.t. 노란색을 제거하다.

déjà-vu, déjà vu [deʒavy] n.m. (복수불변) ① 이미 본 것. ② 《심리》기시(既視)체험, 기시(감)(이제까지 체험하지 않은 새로운 상황을 만났을 때, 이전에 본 일이 있는 듯하게 느껴지는 것).

déjecteur [deʒɛktœːr] n.m. 《기계》(보일러의)물때 제거 장치.

déjection [deʒɛksjɔ̃] n.f. ①《의학》배변, 배설; (pl.)배설물, 분변(糞便). ②《pl.》《지질》(화산의)분출물. ③ cône de ~(s) 《지리》(충적(沖積))선상지(扇狀地), 충적선; 애추(崖錐).

déjeté(e) [deʒte] a.p. ① 굽은, 휜; (나이·병 따위로)늙어빠진. mur ~ 휜[굽은] 벽. taille ~e 굽은 몸. ②《벨기에·구어》난잡한, 흐트러진 채로 있는.

③ pli ─ 《지질》횡와습곡.

déjeter [deʒte] [5] v.t. 휘게 하다; 구부러뜨리다.
—se ~ v.pr. 휘다, 구부러지다.

déjettement [deʒɛtmɑ̃] n.m. 휨, 만곡.

déjeuné [deʒœne] n.m. 《옛》=déjeuner.

‡déjeuner [deʒœne] v.i. ① 점심을 먹다. inviter qn à ~ 점심에 초대하다. ~ d'un sandwich 샌드위치 [도시락]로 점심을 때우다. ②《옛·사투리》아침을 먹다 (구어로는 petit-déjeuner.
—n.m. ① 점심. prendre le ~ 점심을 먹다. ~ d'affaires 상담을 위한 점심(점심 초대). ~ sur l'herbe 피크닉 (야외에서의 점심). ~(-)dîner 이른 저녁식사(저녁을 겸한, 양이 많은 늦은 점심)(~ dînatoire). ②《옛·사투리》아침(식사), 조반 (petit-~). ~ à la fourchette 고기와 포도주로 차린 조반. ③ 점심의 내용 《요리》. ~ froid 찬 고기의 점심. préparer le ~ pour un voyage 여행을 위한 도시락을 만들다. ④ 조반용 식기 세트 《찻잔·설탕그릇·커피포트 따위》.

~ de soleil 색이 바래기 쉬운 천; (비유적) 오래 가지 않는 것 《감정·계획 따위》.

REM 옛날에는 조반을 déjeuner (사투리로는 지금도 쓰임), 점심을 dîner, 저녁을 souper 라 했음.

déjeuneur(se) [deʒœnœːr, -øːz] n. (레스토랑 따위에서)아침[점심]을 먹고 있는 사람.

déjoindre [deʒwɛ̃ːdr] [27] v.t. =disjoindre.

déjouer [deʒwe] v.t. (책략·계획 따위를)실패하게 하다, 좌절시키다; (감시 따위를)피하다. ~ les plans d'un adversaire 상대방의 계략을 알아내다. ~ la vigilance des créanciers 채권자들의 주의를 피하다.

déjucher [deʒyʃe] v.t. (암탉을)홰에서 내리다. faire ~ qn (숨은 곳·소굴 따위에서)…을 떠나게 하다; 끌어내리다. —v.i. 홰에서 내리다; 《속어》(사람이)잠자리에서 일어나다.

déjuger [deʒyʒe] [3] v.t. 《법》(먼저의 판결을)취소하다; 비난하다. La postérité nous déjuge. 후손들이 우리를 비난한다.
—se ~ v.pr. 전 판결을 취소하다; 번의(翻意)하다. Elle s'est déjugée et a annulé sa décision. 그 여자는 생각을 바꾸어 결정을 취소했다.

de jure [deʒyre]《라틴》《법》loc.a. 법적인, 정당한, 정식의. **—loc.ad.** 법률상, 정당하게, 정식으로 (↔ de facto). reconnaître ~ un État 국가를 정식으로 승인하다.

*delà [d(ə)la] 《단독으로 사용되지 않음》n.m. 저기, 저쪽.

au(-)~ [odla] ⓐ 그 쪽에(서), 그 앞에(서). Vous trouverez une église; la gare est un peu au ~. 교회가 있습니다. 역은 좀 더 가면 있읍니다. ⓑ 그 이상으로. J'ai fait tout ce qu'il fallait, et même au ~. 해야 할 일은 다, 심지어는 그 이상도 했다.

au(-)~ de …의 저쪽으로[에서], …의 앞으로[에서]. s'en aller au ~ de la frontière 국경을 넘어 도망가다. Au-~ des montagnes, c'est l'Italie. 산너머에는 이탈리아가 있다. C'est au-~ de mes capacités. 그것은 내 능력의 한계를 넘는다. au-~ de toute imagination 온갖 상상을 초월해서.

en ~ [ɑ̃dla] 조금 더 앞으로[에서], 밖에서[으로]. Restez à l'intérieur de la ligne blanche, ne vous mettez pas en ~. 흰 선 안에 계십시요, 선 밖으로 나가시면 안됩니다.

l'au-~ 저 세상, 내세; 피안(彼岸).

par(-) ~ (장애물의)저쪽에서. Attendez-moi par ~. 저쪽에서 기다려 주십시요.
—prép. 《옛》…의 저쪽에(서).

délabialisation

par(-)~ …을 넘어서, …의 저쪽에. *par ~ les mers* 바다 저쪽[저편]에. *par ~ le bien et le mal* 선악을 넘어서.
—*ad.* 《옛》저쪽에.

délabialisation [delabjalizasjɔ̃] *n.f.* 《음성》《음음의》비음음화.

délabialiser [delabjalize] *v.t.* 《음성》《순음음의》비순음화하다.

délabré(e) [delabre] *a.p.* (건물 따위가)황폐된, 손상된; 누더기가 된; (건강 따위가)상한. meubles ~s 부서진 가구류. vêtements ~s 다 해진 옷. maison ~e 폐가, 흉가. estomac ~ 쇠약해진 위장.

délabrement [dela(a)brəmɑ̃] *n.m.* ① (가구 따위의)대파손; (건물의)황폐. ② (재산 따위의)파산적 상태. ③ (건강의)쇠약.

délabrer [delabre] *v.t.* (크게)손상시키다, 상하게 하다; 매우)해치다. Le temps *a délabré* ce château. 세월의 흐름에 따라 이 성은 손상됐다.
—*se ~* *v.pr.* 파손되다, 황폐화하다; 건강을 망치다. Il s'est *délabré* la santé en travaillant trop. 그는 과도하게 일을 해서 건강을 해쳤다.

délabyrinther [delabirẽte] *v.t.* 《문어》해명하다, 의혹을 풀다.

délacer [delɑse] [2] *v.t.* (구두 따위의)끈을 풀다 [늦추다]. ~ un corset 코르셋을 늦추다.

*****délai** [dele] *n.m.* ① 기일, 기한; 기간. ~ de livraison (상품의)인도 기일. terminer un article dans les ~s fixés 마감 날짜까지 원고[기사·논문]를 쓰다. respecter[dépasser] les ~s 기한을 지키다[넘기다]. faire *qc* dans un ~ d'une semaine 1주 일간의 기한으로 …을 하다. dans les meilleurs ~s 가능한한 빨리. expiration du ~ 기간[기일] 만료. dernier ~ 최종 기한[마감]. ② 유예(기간). obtenir un ~ de huit jours 1주일간의 유예를 얻다. se donner[s'accorder] des ~s par paresse pour + *inf.* 게을러서 …하는 것을 계속 연기하다. ③ 《법》 ~ d'ajournement 변호인 소환 기일; ~ de préavis 해고[직] 통고 기간(↔congé); ~ de grâce 지불유예 기간; ~ franc (개시일과 기일을 제외한)실질적 유예 기간; ~ de protection 저작권 보호 기간. ④ (반응 따위가 일어나기 까지의)시간, 속도. ~ d'allumage de combustibles 연료의 점화 속도. ~ d'attente 《정보》(컴퓨터의) 호출 시간. ⑤ 《옛》지역.
à bref ~ 금방, 곧; 단기간내에. assignation *à bref ~* 5일 이내의 출두[소환] 명령.
sans ~ 즉시. partir *sans ~* 즉시 출발하다.

délai-congé [delekɔ̃ʒe] (*pl.* ~*s*-~*s*) *n.m.* 《법》해고[퇴직·계약해제] 예고 기간(délai de préavis).

délainage [delenaːʒ] *n.m.* (양피의)털뽑기. [Avis].

délainer [delene] *v.t.* (양피의)털을 뽑다.

délaineuse [delenøːz] *n.f.* (양피의)털뽑는 기계.

délaissé(e) [delɛ(e)se] *a.p.* 버림받은, 버려진; 방치된. garçon[enfant] ~ 버려진 아이[기아]. épouse ~*e* 버림받은 아내. mourir ~ 임종하는 사람도 없이 죽다. champ ~ (돌보지 않고)방치된 밭.
—*n.* 버림받은 사람.

délaissement [delɛsmɑ̃] *n.m.* ① 버려진[돌보지 않는] 상태; 《드물게》(저)버림. souffrir de son ~ (사람에게서 버림받아)고독을 괴로와하다. ② 《법》(상속권·소유권 따위의)포기, 기권; (피보험물[배]의)보험위임 (보험금과 교환으로 배을 보험회사에 넘기기).

délaisser [delɛ(e)se] *v.t.* ① 저버리다(négliger); 내버려두다, 돌보지 않다; 버리다(abandonner); 단념하다. mari qui *délaisse* sa femme 아내를 돌보지 않는 남편. ~ les sciences pour les lettres 이과를 포기하고 문과를 택하다. ② 《법》(상속권·소유권을)포기[기권]하다; (보험금과 교환으로 피보험물(배)을 보험회사에)위임하다.
—*se ~* *v.pr.* 버림받다; 서로 저버리다.

délaitage [deleta:ʒ], **délaitement** [deletmɑ̃] *n.m.* (버터 제조에서)유장(乳漿)[버터 밀크] 제거.

délaiter [dele(e)te] *v.t.* (버터에서)유장(乳漿)[버터 밀크]을 제거하다.

délaiteuse [delɛtøːz] *n.f.* 유장(버터 밀크) 분리기.

délardement [delardəmɑ̃] *n.m.* ① 《요리》 (돼지고기의)기름살[비계] 제거; (고기 속에 박힌)기름 살[비계의 등기름]제거하기. ② 《기술》(목재·석재의 면 깎기; 얇게 깎기.

délarder [delarde] *v.t.* ① 《요리》(돼지고기 따위의)비계를 제거하다; 고기에 끼워넣은 비계를 제거하다. ② (목재 따위를)얇게 깎다; (목재 따위의)모서리를 없애다.

délassant(e) [delasɑ̃, ɑ̃:t] *a.* 피로를 푸는; 심심파적의.

délassement [delasmɑ̃] *n.m.* ① 휴식(détente); 위안, 오락(récréation). ② 《음악》경음악.

délasser [delɑse] *v.t.* (의)피로를 풀다; 기분을 전환시키다. Un bain vous *délassera*. 목욕을 하면 피로가 풀릴 것입니다. (목적보어 없이) Le sommeil *délasse*. 수면은 피로를 풀어준다.
—*se ~* *v.pr.* 휴식하다, 쉬다. *se ~ de ses fatigues* 피로를 풀다. aller voir un film pour *se ~* 기분전환으로 영화를 보러가다.

déla*teur*(*trice*) [delatœːr, -tris] *n.* 밀고자.
—*a.* 《드물게》밀고하는.

délation [delɑsjɔ̃] *n.f.* ① (비열한 동기에 의한)밀고. faire une ~ 밀고행위를 하다. ② ~ *du serment* 《법》선서를 시키기.

délatter [delate] *v.t.* (천정 따위의)외(椳)를 들어버리다(↔latter).

délavage [delava:ʒ] *n.m.* ① (물 따위로)색을 엷게 [흐릿하게]함; 색이 바램. ② 물에 담그기.

délavé(e) [delave] *a.p.* ① (색이)엷게 스며든, 엷은. robe d'un rose ~ 엷은 핑크색 드레스. ciel ~ 담청색의 하늘. uniforme ~ (자주 빨아서)색이 바랜 제복. ② 물에 잠긴[젖은]. terre ~*e* après l'inondation 홍수로 잠긴 땅. foin ~ (비 따위에) 젖은 건초.

délaver [delave] *v.t.* ① (물 따위로)색을 엷게 [흐릿하게 하다]; (비유적)부드럽게 하다. ~ une aquarelle 수채화의 색채를 흐릿하게 하다. ② 물로 적시다; 물에 잠그다. La pluie *délavait* le chemin. 비가 와서 길이 흠뻑 젖어있었다. ③ (모르타르·시멘트 따위를)물로 용해하다.

délayable [delɛjabl] *a.* 용해성의.

délayage [delɛja:ʒ], **délayement** [delɛjmɑ̃] *n.m.* ① (도료·가루 따위를)녹이기; (양을)늘이기. ② (문장 따위의)늘이기, 장황한 이야기.

délayé(e) [delɛ(e)je] *a.p.* (문장 따위가)장황한.

délayer [delɛ(e)je] [8] *v.t.* ① (액체를)녹이다, 용해시키다; (양을)타다, 묽게 하다; 연하게 하다. ② 장황하게 늘어놓다.
—*se ~* *v.pr.* 용해되다.

délayeur [delɛjœːr] *n.m.* 용해 담당 직공, 용해기.

delco [delko] (<《영》 *Dayton Engineering Laboratories Company*) *n.m.* 《자동차·상표명》델코 (엔진의 점화 배전기 또는 그 점화코일).

déléatur, deleatur [deleaty:r] 《라틴》*n.m.* (복수 불변) 《인쇄》삭제 부호.

déléaturer [deleatyre] *v.t.* 《드물게》(교정에서)삭제하다.

délébile [delebil] *a.* 《드물게》(잉크 따위가)지워질

délectable [delɛktabl] *a.* 《문어》 ① 맛있는(délicieux). ② 아주 기분좋은; 아주 재미있는. histoire ~ 사람을 재미있게 하는 이야기.

délectation [delɛktasjɔ̃] *n.f.* ① 희열, 환희. Lire Balzac est pour moi une ~ quotidienne. 발자크를 읽는 것이 내게는 나날의 즐거움이다. déguster un mets avec ~ 맛있을 다시어 요리를 맛보다. ② 《신학》 (종교적인)환희. ~ morbide(morose) (유혹자의 상상적·자기확대적인) 환희[쾌감].

délecter [delekte] *v.t.* 《옛·문어》 아주 즐겁게 하다.
—**se ~** *v.pr.* [se ~ à/de] (을)대단히 즐기다. Il *se délecte* à la lecture de votre ouvrage. 그는 당신의 작품을 대단히 즐기며 읽고 있다. Elle *se délecte* à raconter ses souvenirs. 그녀는 추억담을 이야기하는 것이 무한한 즐거움이다.

délég. 《약자》 délégation 《주식》 위임, 위탁. 〔자.

délégant(e) [delegɑ̃, -ɑ̃:t] *n.* 《법》 (채권의) 위임

délégataire [delegatɛ:r] *n.* 《법》 (채권의) 피위임자(↔ délégant).

délégateur(trice) [delegatœ:r, -tris] *n.* 《법》 위임자, 수권자(授權者).

délégation [delegasjɔ̃] *n.f.* ① ⓐ 대표단. ~ nationale 각국 대표단. envoyer(réunir) une ~ 대표단을 파견하다(결성하다). président d'une ~ 대표단단장. ⓑ (어떤 문제의 협의·검토를 위해 공식적으로 위임된 위원들에 의한) 위원회. ~ municipale (spéciale) 특별시정위원회. ~ cantonale 면(읍) 교육위원회. D~ à l'aménagement du territoire et à l'action régionale 국토정비 지방진흥청(《약자》 D.A.T.A.R.). ② 위임, 위탁; 위임장. agir par[en vertu d'une] ~ 위임을 받고[대리인으로] 행동하다. ~ rectorale (교육장의 위임 형식으로 이루어지는) 미자격 교원 파견. donner une ~ 위임장을 교부하다. ③ (권리·권한 따위의) 양도; 양도증서. ~ de pouvoir à *qn* ...에의 권한 양도. ~ d'une créance 채권의 양도. ~ de trois mille francs 3천 프랑의 양도증서. ~ de solde 《군사》 (전시 중 병사 봉급의) 가족에게의 양도 [지급] (분).

délégatoire [delegatwa:r] *a.* 위임 (양도)에 의한.

délégué(e) [delege] *n.* ① 대표(자). nommer[désigner] un ~ à un congrès international 국제회의에 대표를 지명하다. ~ du personnel 종업원[직장] 대표. ~ syndical 조합대표. ~ de la 3ᵉ circonscription de Paris à l'Assemblée nationale 파리 제 3 선거구에서 선출된 국회의원. ② 《교육》 ~ rectoral (리세 따위의) 미자격 (자격증이 없는) 교원; ~ cantonal (초등교육을 감독하는)읍[면] 교육위원. ③ ~ militaire départemental 《군사》 사단장 대리, 부사단장 (옛날의 분관구 사령관). ④ le président du tribunal ou son ~ 《법》 재판소 소장 또는 그 대리.
—*a.* 대표의; 위임(위탁)된.

déléguer [delege] ⑥ *v.t.* ① 대표로 임명하다, 대표로 파견하다. ~ *qn* dans une fonction ...을 어떤 직(職)에 임명하다. ~ un représentant à une assemblée 대표를 회의에 파견하다. ~ un débiteur 제삼자에게 자기의 채무를 떠맡기다. ② (권리·권한을) 양도하다, 위임하다. ~ ses pouvoirs à *qn* ...에게 자기의 권한을 양도[위임]하다. ~ sa solde à sa femme 《군사》 봉급 수취인을 아내로 지정하다.
—**se ~** *v.pr.* 위임되다.   〔다.

délenter [delɑ̃te] *v.t.* 《드물게》 (머리의) 서캐를 잡

délentoir [delɑ̃twa:r] *n.m.* 《드물게》 서캐빗는 참빗.

délestage [delɛsta:ʒ] *n.m.* ① (배의) 바닥 짐 《구어》트) 내리기; (기구의) 모래주머니 투하. ② 《구어》 홈치기. ③ 《전기》 (일시적인) 송전 정지 (중단). ④ (교통체증 완화를 위한 일시적인)도로폐쇄. itinéraire de ~ (교통체증 때의) 우회로.

délester [delɛste] *v.t.* ① (배의) 바닥 짐 (밸러스트·평형짐) 을 내리다; 하중을 줄이다. ~ un navire 배의 밸러스트를 내리다. ~ un aérostat 기구의 모래주머니를 던져 버리다. ~ *qn* d'un fardeau ...의 짐을 내려주다. ~ *qn* de son argent ...의 돈을 훔치다. ③ (일시적으로) 송전을 중단하다. ④ (교통체증 완화를 위해 일시적으로) 교통을 폐쇄하다.
—**se ~** *v.pr.* 무거운 짐을 내리다; 던져버리다; 기분을 가볍게 하다. L'avion *s'est délesté* de ses bombes. 비행기가 폭탄을 투하했다.

délesteur [delɛstœ:r] *n.m.* ① 밑짐 운반선. ② 밑짐 부리는 사람.

délétère [deletɛ:r] *a.* 독 있는, 해로운 (nuisible). gaz ~ 유독 가스. plantes ~s 유독 식물.

délétion [delesjɔ̃] *n.f.* 염색체의 파괴.

déliage [delja:ʒ] *n.m.* 풀기, 절연.

déliaison [deljɛzɔ̃] *n.f.* 《해양》 선판(船板) 의 틈바구니.

déliaque [deljak] *a.* 델로스(Délos)의. —**D~** *n.* 델로스 사람.

déliaste [deljast] *n.m.* 《그리스사》 (아테네 사람들이 아폴로 축제를 위해 5년마다 델로스 섬으로 보내던) 대사(특사) (를 칭하는 말).

délibérant(e) [deliberɑ̃, -ɑ̃:t] *a.* 토의의, 심의의. assemblée ~*e* 심의회.

délibératif(ve) [deliberatif, -i:v] *a.* ① 토의의; 의결 [표결] 가능한. avoir voix ~*ve* dans une assemblée 회의에서 발언권 (투표권) 을 갖다. genre ~ (의회에서 의결을 촉구하는) 찬성 (반대) 연설; 《수사》 토론연설. ② 자문적 (自問的) 표현의. forme (construction) ~*ve* 자문문 (예: Comment faire? 어떻게 할까? Que dire? 무엇을 말할까?).

délibération [deliberasjɔ̃] *n.f.* ① 토의, 심의. La ~ a été très animée. 토의는 아주 활발했다. mettre une question en ~ 문제를 토의에 부치다. ② 의결; 표결. ~*s* prises par les députés 국회의원에 의한 의결. ③ 숙고. se décider après mûre ~ 깊이 생각한 다음에 결정하다.

délibératoire [deliberatwa:r] *a.* 《법》 토의 (심의) 에 관한, 의결의.

délibéré(e) [delibere] *a.p.* 결연한, 확고한; 깊이 생각하고 나서의. Il est entré dans ma chambre d'un air ~. 그는 결연한 태도로 내 방에 들어왔다. acte ~ 심사숙고 후의 행위. refus ~ 확고한 거절.
de propos ~ 고의로, 일부러. cacher la vérité *de propos* ~ 고의로 진실을 숨기다.
—*n.m.* 《법》 (판결 전의 재판관의) 합의; 판결. mettre une affaire en ~ 사건을 합의에 부치다. rendre un ~ 판결을 내리다.

délibérément [deliberemɑ̃] *ad.* ① (곰곰히) 생각한 끝에; 고의적으로; 단호하게(résolument).

délibérer [delibere] ⑥ *v.i.* ① 토의하다; 심의하다. se retirer pour ~ (심사원 배심원 따위가) 협의하기 위해 자리를 뜨다. ~ à huis clos 비공개로 심의하다. ② 《문어》 숙고하다. ~ longuement avant d'accepter 승낙하기 전에 깊이 생각하다.
—*v.t.ind.* ~ de/sur (토의·심의·숙고 끝에) 결정하다. ~ *sur* l'application de la peine 형벌 적용을 결정하다. Nous *avons délibéré* de ne rien faire là-dessus. 우리는 그 일에 대해서는 아무말도 하지 않기로 했다.

*****délicat(e)** [delika, -at] *a.* ① 섬세한, 세련된. traits ~s 세련된 용모. style ~ 세련된 문체. sons ~s d'un clavecin 클라브생의 섬세한 음색. dentelle

~e 정교한 레이스. ② 우아한; 경묘한. parfum ~ 은은한 향기. couleur ~e 우아[섬세]한 색채. pinceau ~ (화가의) 경묘한 필치. toucher ~ d'un pianiste 피아니스트의 경쾌한 터치. ③ 민감한, 예민한, 감수성이 강한. esprit ~ 예민한 정신. sensibilité ~e 민감한 감성. lecteur ~ 민감한 독자. ④ 세심한; 배려하는, 마음을 쓰는. attention ~e 세심한 배려. Il est peu ~ avec ses clients. 그는 손님들에게 조금도 성의가 없다. ⑤ 과민한, 허약한; 약한, 무른. peau ~e 예민한 피부. santé ~e 약한 체질. poitrine ~e (폐병 따위에 걸리기 쉬운) 허약한 가슴. fleur ~e (재배하기 힘들 정도로) 약한 꽃. ~e (상황·입장 따위가) 미묘한, 어색한. situation ~e 힘든 상황. problème ~ 미묘한 문제. opération chirurgicale ~e 어려운 외과 수술. ⑦ (성미가) 까다로운; ⑧ (예) 상처받기 쉬운, 툭하면 화내는(susceptible). être ~ sur la nourriture 음식(의 맛)에 까다롭다.
—n. 까다로운 사람. faire le ~ [la ~e] 까다롭게 굴다; 까다로운 말[짓]을 하다.

*délicatement [delikatmɑ̃] ad. ① 섬세하게, 품위있게; 솜씨 있게; 정교하게. parler ~ de la poésie 시에 대해 섬세하게 이야기하다. bijou ~ travaillé 정교하게 세공된 보석. ② 가볍게, 슬쩍, 살짝. essuyer ~ un verre de cristal 크리스털 잔을 살짝 닦다. effleurer ~ qc …을 살짝 스치다. ③ 신중하게, 세심하게. éviter ~ des sujets personnels 신중하게 개인적인 문제를 피하다. refuser ~ 완곡하게 거절하다.

*délicatesse [delikates] n.f. ① 섬세함(됨). ~ des traits 용모의 섬세함. ~ d'un mets 요리의 세련된 맛. ~ d'un coloris 색채의 미묘함. ② 우아함; 경묘함. ~ d'un parfum 향수의 우아함. ~ de, pinceau (화가의) 필치의 경묘함. ③ 예민한[성], 민감한[성]. ~ du sentiment 감정의 예민함. du goût 미각의 예민함. ~ morale 도덕적 민감성. ~ du jugement 판단의 날카로움. ④ 세심함, 배려. manque de ~ 세심함의 결여. avoir des ~s pour [envers] qn …에게 마음을 쓰다 [예의를 다]. garder le silence par ~ 조심성 있게 침묵을 지키다. ⑤ 과민, 허약, 약함. ~ des nerfs 신경과민. ~ de l'épiderme 피부의 과민성. ~ d'estomac 위의 허약. ⑥ (상황·입장 따위의) 미묘함, 난처함, 어색함. ~ d'une situation 어떤 상황의 미묘함(난처함). calculs d'une ~ infinie 복잡하기 짝이 없는 계산. ⑦ (pl.)(문어) 진수성찬; 과자(friandise). ⑧ (옛) (성미의) 까다로움; (툭하면 화를 내는) 급한 성미; 상처받기 쉬움 [쉬운 기질].

délice [delis] n.m. 커다란 기쁨 [즐거움] (의 근원 [원천]). Ce rôti est un (vrai) ~. 이 구운고기는 정말로 맛이 있다.
—n.f.pl. 더없는 즐거움 [환락]. lieu [séjour] de ~s 낙원. jardin des ~s 지상의 낙원, 에덴동산. mettre ses ~s à + inf. …하기를 더없는 즐거움으로 삼다. vivre dans les ~s (더없이) 안락한 생활을 하다. ~s de Capoue 〖역사〗 카푸아의 환락 (한니발이 칸느의 전투에서 승리한 후 카푸아에서의 겨울 야영 때 환락에 빠짐으로써 병사들의 사기가 꺾였다는 고사).
faire les ~s de qn …에게 기쁨의 원천이 되다; …의 더없는 귀여움을 받다. faire ses ~s de qc …을 더없는 즐거움으로 삼다.

*délicieusement [delisjøzmɑ̃] ad. 즐겁게; 기분좋게; 매혹적으로. s'abandonner ~ au sommeil 기분좋게 잠에 빠져들다.

*délicieux(se) [delisjø, -ø:z] a. ① 더없이 기분좋은, 감미로운. sensation ~se 감미로운 느낌. vie ~se 즐거운 생활. ② 맛있는. fruits ~ 맛있는 과일. ③ 더없이 매력적인. robe ~se 아주 멋진 드레스. ④ (비꼼) 재미있는, 이상한, 별난. Il est ~ avec toutes ses petites manies. 그는 여러 가지 기벽을 지닌 별난 사내이다. ⑤ (옛) 확락의, 관능적인.

délicoter [delikɔte] v.t. (말의) 덕굴레를 벗기다.
—se ~ v.pr. (말이) 덕굴레를 벗다.

délictuel(le) [deliktyɛl], délictueux(se) [deliktyø, -ø:z] a. 〖법〗 범법의, 위법의. fait ~ 경범죄를 구성하는 사실.

délié(e)[1] [delje] a.p. (문어) ① 가는, 가냘픈. fil ~ 가는 실. taille ~e 가냘픈 몸매. ② 민첩한. doigts ~s d'un pianiste 피아니스트의 민첩한 손놀림. ③ 예민한; 정밀한, 섬세한(pénétrant). esprit ~ 예민한 정신 (의 사람).
—n.m. 〖연주가의〗 민첩한 손(가락) 놀림. jouer en ~ 민첩한 손놀림으로 연주하다.

délié(e)[2] a.p. 풀려 가는, 풀린. corde ~e [cordon ~] 풀린 끈. avoir la langue (bien) ~e (구어) 말이 많다; 웅변이다.

déliement [delimɑ̃] n.m. 〖드물게〗 풀기, 끄르기, 풂, 풀어주기.

délien(ne) [deljɛ̃, -ɛn] a, n. = déliaque.

délier [delje] v.t. ① (묶인 것을) 풀다, 끄르다, (끈 따위의) 매듭을 풀다. ~ un bouquet 꽃다발을 풀다. ~ un chien 개를 풀어주다. ~ une corde 끈을 풀다. ② (의무 따위에서) 해방하다. ~ qn d'une promesse …을 약속에서 풀어주다. ~ qn de ses tâches …을 일에서 해방시키다. ③ 〖가톨릭〗 죄를 사하다. ④ ~ 예민하게 하다, 정밀하게 하다. ~ l'esprit 정신수양을 하다, 정신을 맑게 하다.
n'être pas digne de ~ le cordon des souliers de qn …의 발 밑에도 이르지 못하다 (…의 구두끈을 풀 자격도 없다).
—se ~ v.pr. ① [se ~ de] (으로부터) 해방되다. se ~ d'une obligation 의무로부터 해방되다 (자유로와지다). ② 풀리다, 끌러지다. Les langues se délient. (모두의) 잡담이 시작된다. ③ (자신의) …을 풀다. se ~ les cheveux 땋은 머리를 풀다.

délies [deli] n.f.pl. 〖그리스사〗 (아폴로 신을 위해 델로스(Délos)에서 거행되던) 아폴로 축제.

délignage [delinaʒ] n.m. (흠이 난 널판에 편편하게) 조각을 붙이기.

déligneuse [delinø:z] n.f. 널판조각 붙이는 기구.

délignifier [delinifje] v.t. 〖기술〗 목질소 (木質素)를 분해처리하다.

délignification [delinifikasjɔ̃] n.f. 〖기술〗 비목질화 (非木質化), 목질소의 분해처리.

délignure [delinyːr] n.f. (널판조각을 붙일 때 생기는) 나무 부스러기.

délimitateur(trice) [delimitatœːr, -tris] n. 경계획정자.

délimitation [delimitasjɔ̃] n.f. 경계(획정); 범위(한정); 경계선.

délimiter [delimite] v.t. (뚜렷이) 경계를 정하다; (의) 범위를 정하다. ~ la frontière entre deux États 두 국가간의 국경을 정하다. ~ un sujet de thèse 논문주제의 범위를 정하다.

délinéament [delineamɑ̃] n.m. 윤곽.

délinéateur [delineatœːr] n.m. (노변 표지선을 알리는 흰색 반사물질을 칠한) 표지판.

délinéation [delineasjɔ̃] n.f. 윤곽을 그리기.

délinéavit [delineavit] n.m. (화화의 밑에 화가의 이름 다음에 써넣는) 판화어(말).

délinéer [delinee] v.t. (의) 윤곽을 대강 그리다, 대략적인 윤곽을 나타내다.

délinquance [delɛ̃kɑ̃ːs] n.f. (집합적) 범죄, 비행.

augmentation de la ~ juvénile 청소년 범죄[비행]의 증가.

délinquant(e) [delɛkɑ̃, -ɑ̃:t] n. 【법】경범죄인, 비행을 저지르는 자;《구어》범인. ~ primaire 초범. —a. 경범죄를 범한; 비행을 저지른. jeunesse ~e (집합적) 비행청소년.

déliquescence [delikesɑ̃:s] n.f. ① 【화학】조해(潮解), 조해성. ②《구어》(사회 따위의) 퇴폐, 쇠퇴; (몸의) 쇠약. ~ sénile 노쇠.

déliquescent(e) [delikesɑ̃, -ɑ̃:t] a. ① 【화학】조해성의. ②《구어》(사회 따위가) 퇴폐한, 쇠퇴한; (몸이) 쇠약한.

déliquium [delikɥi(j)ɔm]《라틴》n.m. 【화학】조해(潮解)상태.

délirant(e) [delirɑ̃, -ɑ̃:t] a. ① 미친듯한, 상식을 벗어난; 열광적인. enthousiasme ~ 미친듯한 열광. comportements ~s 상식을 벗어난 행동. foule ~e 열광적인 군중. Faire cela, c'est ~! 그런짓을 하다니, 바보같은 짓이다. ③ 정신착란의; 섬망(譫妄)상태의; 헛소리하는. fièvre ~e 열성 섬망증. malade ~ 섬망증 환자. idée ~e 망상.
—n. 섬망증(헛소리하는) 환자(malade ~).

délire [deli:r] n.m. ① 정신착란, 망상; 【의학】섬망(譫妄). avoir le ~ 정신 착란에 빠져 있다; 헛소리하다. crise(accès) de ~ 정신착란의 발작. ~ onirique 몽상섬망. ~ de persécution 피해망상. ~ de grandeur 과대망상 (mégalomanie). ~ alcoolique 술중의 헛소리. ~ hallucinatoire 환각성 헛소리. C'est du ~.《구어》그것은 미친 짓이다. ② 열광, 흥분; (정신의) 극도의 고양. fans en ~ 열광하는 팬. ~ de l'amour 사랑의 열광.

délirer [delire] v.i. ① 정신착란을 일으키다, 헛소리를 하다(divaguer). Le malade délire. 환자가 헛소리를 한다. ②《구어》이상한 (이상한) 짓(말)을 하다. Il délire! 저 놈은 이상한 놈이구나. ③ 흥분하다. [~ sur](에) 열광하다. ~ sur un match de football 축구시합에 열광하다.

delirium tremens [delirjɔmtremɛ̃:s]《라틴》n.m. 《복수없음》【의학】(알코올 중독에 의한) 섬망증.

délissage [delisa:ʒ] n.m. 【제지】(제지용 파지의) 선별[절단].

délisser [delise] v.t. 【제지】(파지를) 선별[절단]하다. —v.i. 파지의 선별[절단]을 하다.

délisseur(se) [delisœr, -ø:z] n. 선별공(選別工).

délissoir [deliswa:r] n.m. 파지를 선별하는 기구.

délit¹ [deli] n.m. ① 부정행위, 불법[위법]행위; 죄. commettre un ~ contre la morale (contre la société) 도덕 (사회)에 반하는 행위를 하다. ~ de 【법】(형법상의) 죄, 범죄; 위반(~ pénal). ~ de droit commun 관습법 위반. ~ politique 정치적 범죄. ~ international 국제범죄. ~ de vitesse 속도 위반. corps du ~ 범죄 구성사실. prendre qn en flagrant ~ de qc …을 …의 현행범으로 체포하다. 《구어》…의 …을 하는 현장을 덮치다. ③ 【법】경범죄(중죄(crime)와 위경죄(contravention)의 사이에 위치하는 범죄)(~ correctionnel).

délit² n.m. ① 【건축】정리(節理)[돌결]의 반대쪽. ②【지질】편암(片岩)의 갈라짐.

délitage [delita:ʒ], **délitement** [delitmɑ̃] n.m. ① (누에의) 누에박석을 갈아주기. ②【석재를】절리(節理)방향[돌결]에 따라서 절단하기 (délitation).

délitation [delitasjɔ̃] n.f. 《옛》① 돌을 결에 따라 절단하기. ② (암석의) 박리(剝離).

déliter [delite] v.t. ① (돌을) 결에 따라 절단하다(깨다); (돌을) 결과 반대로 놓다. ② (누에의) 누에박석을 갈아주다. —se ~ v.pr. ① (암석이) 결에 따라

박리되다. ② 《문어》 풍화하다, 와해되다.

délitescence¹ [delitesɑ̃:s] n.f. 【의학】(염증 따위의) 증상의 돌연한 소실, 잠복기.

délitescence² n.f. 【학술】풍해(風解); 풍화.

délitescent(e) [delitesɑ̃, -ɑ̃:t] a. ① 【의학】잠복성의, 잠복기의. ②【학술】풍해[풍화]성의.

délivrance [delivrɑ̃:s] n.f. ① (구속으로부터의) 해방, 석방(libération). ~ d'une ville occupée 점령된 도시의 해방. ② (고통 따위로부터의) 해방, 해방감. ~ après l'aveu 고백하고 난 뒤의 해방감. ③ (증명서 따위의)교부(livraison). ~ d'un certificat 증명서의 교부. ④ 후산(後産); 분만, 출산. heureuse ~ 순산.

délivre [deli:vr] n.m. 《옛》【의학】후산(arrière-faix); 태반(placenta).

délivrer [delivre] v.t. ① 자유의 몸이 되게 하다; 해방하다, 구해내다. ~ un esclave 노예를 해방하다. [~ de] ~ qn de son créancier …의 빚장이를 쫓아주다. ~ qn d'un souci …의 근심을 덜어주다. ~ qn d'une maladie …의 병을 고쳐주다. ② (증명서 따위를) 교부하다; (상품 따위를) 인도하다. Ce médicament ne peut être délivré que sur ordonnance. 이 약은 처방전(箋) 없이는 드릴 수 없습니다. ③ 분만시키다; 후산시키다.
—se ~ v.pr. ① 자유의 몸이 되다, 해방되다(se libérer). [se ~ de] se ~ de ses occupations 일에서 해방되다. se ~ de ses obsessions 강박관념에서 해방되다. se ~ par un sanglot 울어서 기분이 가벼워지다. ② (증명서 따위가) 교부되다; (상품 따위가) 인도되다.

délivreur(se) [delivrœr, -ø:z] n. 【직조】송출(送出)롤러. ②《드물게》인도인, 교부자; 말의 사료 담당자. ③《옛》해방자.

délocaliser [delokalize] v.t. (의) 지방색을 없애다.

délogement [delɔʒmɑ̃] n.m. ① 쫓아내기; (사냥감을) 몰아내기. ②《옛》이사, 퇴거.

déloger [delɔʒe][3] v.i. ① 이사하다; 퇴거하다. ② 물러나다; 죽다(~ du monde). Délogez de là. 거기서 비켜주시오. ③ (벤기에) 외박하다.

~ sans trompette; ~ sans tambour ni trompette 몰래 퇴거하다, 야반도주하다; 은밀히 철수하다.
—v.t. (귀찮은 사람·사물을 지위·장소에서) 쫓아내다, 몰아내다. ~ un locataire 세든 이를 쫓아내다. ~ l'ennemi de ses positions 적을 진지에서 철퇴시키다. ~ son supérieur pour monter d'un échelon (자기가) 진급 단계 오르기 위해서 상사를 몰아내다. ~ une bille (당구 따위에서 방해가 되는) 공을 옆으로 치우다. 「Cycladesd 작은 섬).

Délos [delo:s] n.pr.f. 【고대지리】델로스(에게 해스의 옛 도시, 아폴로 신전이 있었음).

délot [delo] n.m. 가죽 골무.

délover [delove] v.t. 【해양】(감은 밧줄을) 풀다.

déloyal(ale, pl. **aux)** [delwajal, -o] a. ① 불성실한, 부실한. ami ~ 불성실한 친구. être ~ envers son parti 당을 배반하다. ② 비겁한, 비열한, 교활한. conduite ~ale 비겁한 행위. coups ~aux 《복싱》벨트라인 아래의 로 블로(coups bas).

déloyalement [delwajalmɑ̃] ad. 《드물게》불성실하게; 비겁하게.

déloyauté [delwajote] n.f. 불성실; 배신행위. commettre une ~ 배반[배신]행위를 하다.

delphax [dɛlfaks] n.m. 【곤충】(날개의 길이가 다양하고 더듬이가 긴) 동시류(同翅類)의 곤충.

Delphes [dɛlf] n.pr.f.pl. 【고대지리】델포이(그리스의 옛 도시, 아폴로 신전이 있었음).

delphien(ne) [delfjɛ̃, -ɛn] a. 델포이의.
—D~ n. 델포이 사람.

delphinette [dɛlfinɛt] n.f. =dauphinelle.

delphinidés [dɛlfinide] *n.m.pl.* 《동물》 돌고래과.
delphinium [dɛlfinjɔm] *n.m.* 《식물》 참제비고깔속(屬).
delphinologie [dɛlfinɔlɔʒi] *n.f.* (정신 감응력 분야에서) 돌고래 연구.
delphinologiste [dɛlfinɔlɔʒist] *n.f.*, **delphinologue** [dɛlfinɔlɔɡ] *n.* delphinologie 의 전문가.
delta [dɛlta] *n.m.* ① 그리스 자모의 제 4 자 (Δ, δ). en (forme de) ~ 삼각형의. avion à ailes en ~ 삼각익기(翼機)(avion à ailes-~, aile-~, deltaplane). rayon ~ 《원자물리》 델타선. ② 《지리》 삼각주. ~ du Rhône 론강 델타지대
deltacisme [dɛltasism] *n.m.* 《의학》 d 발음 부전증(d, t 발음의 결함).
deltacortisone [dɛltakɔrtizɔn] *n.f.* 《화학·의학》 프레드니손(코르티손의 유도체)(prednisone).
deltaïque [dɛltaik] *a.* 《지리》 삼각주의, 델타(지대)의. plaine ~ 델타 평원.
delta-plane [dɛltaplan] *n.m.* (동체가 없는)소형 삼각글라이더.
deltoïde [dɛltɔid] *a.* 《해부·식물》 델타 모양의, 삼각형의. —*n.m.* 《해부》 삼각근(muscle ~).
deltoïdien(ne) [dɛltɔidjɛ, -ɛn] *a.* 《해부》 삼각근(筋)의.
delto-pectoral(ale, *pl.* **aux)** [dɛltɔpɛktɔral, -o] *a.* 삼각근과 흉근 사이의.
déluge [delyʒ] *n.m.* ① (D~) 《성서》 노아의 대홍수(~ de Noé). ② 홍수; 폭우. La Terre a connu plusieurs ~s. 지구는 여러 차례의 (대)홍수를 겪었다. ~ de larmes (비유적)눈물의 비. ~ de louanges (비유적)수많은 찬사. ~ d'envahisseurs 홍수처럼 밀어닥치는 침략자.
Après moi[*nous*] *le ~.* 내 [우리] 가 죽은 후에 무슨 일이 일어나던 알 바 없다; 내일의 일은 내일의 일.
remonter au D~; être d'avant le ~ 《구어》먼옛날로 거슬러 올라가다; 이야기를 먼 곳(시초)으로부터 시작하다.
déluré(e) [delyre] *a.p.* 빈틈없는, 영악한(malin); 뻔뻔스런(effronté). garçon ~ 영악한 아이. clin d'œil ~ 장난스런 눈짓.
—*n.* 빈틈없는 사람, 뻔뻔스런 사람.
délurer [delyre] *v.t.* 《드물게》영악하게 만들다; 뻔뻔스러게 만들다.
délusoire [delyzwa:r] *a.*《드물게》교묘하게 남의 눈을 속이는, 기만적인.
délustrage [delystra:ʒ] *n.m.* 《직물》 광을 없애기.
délustrer [delystre] *v.t.* 《직물》 (반질반질한 옷감의)광을 없애다;《드물게》볼품 없게 만들다.
—**se** ~ *v.pr.* 광택이 없어지다;《구어》퇴색하다.
délutage [delyta:ʒ] *n.m.* 《요업》 déluter 하기.
déluter [delyte] *v.t.* 《요업》 (에서)봉니(封泥)를 제거하다;《구어》코르크를 빼출시키다.
dem.《약자》demain 내일.
démacler [demakle] *v.t.* (녹은 유리를)휘젓다.
démagnétisant(e) [demaɲetizɑ̃, -ɑ̃:t] *a.* 자력을 없애는, 소자(消磁)하는. champ ~ 반자장(反磁場). facteur ~ 반자장 계수(係數).
démagnétisation [demaɲetizasjɔ̃] *n.f.* ① 《물리》 자력(자기)을 없애기, 멸자(滅磁), 소자(消磁). ② (기뢰를 피하기 위한 배의)배자(排磁)(장치).
démagnétiser [demaɲetize] *v.t.* ① 《물리》(의) 자기성(磁氣性)을 없애다. ② (선박에)배자 장치를 하다.
démagogie [demaɡɔʒi] *n.f.* 민중 선동(책); 우민정치. faire de la ~ 민중을 선동하다.
démagogique [demaɡɔʒik] *a.* 민중 선동의.
démagogue [demaɡɔɡ] *n.m.* 선동정치가. —*a.* 민중을 선동하는.

démaigrir[1] [demeɡri:r] *v.i.* 살이 빠지다. Il n'est pas engraissé, mais il *a démaigri.* 그는 뚱뚱해진 것이 아니라 살이 좀 빠졌을 뿐이다.
démaigrir[2] *v.t.* (재목 따위를)가늘게 [얇게] 하다.
démaigrissement [demeɡrismɑ̃] *n.m.* 《건축》 가늘게 [얇게] 깎기; 깎아낸 부분; 《지질》(해류에 의한 모래사장의)침식.
démaillage [demaja:ʒ] *n.m.* démailler 하기.
démailler [demaje] *v.t.* (그물·편물의)코를 풀다; (쇠사슬의)이음매를 풀다.
—**se** ~ *v.pr.* (양말이)해지다.
démaillonner [dema(a)jɔne] *v.t.* (포도 수확후 덩굴을)버팀 나무에서 벗기다.
démailloter [demajɔte] *v.t.* (아이의)배내옷을 벗기다. —**se** ~ *v.pr.* 배내옷을 벗다.
:**demain** [dəmɛ̃] *ad.* ① 내일. D~ c'est dimanche. 내일은 일요일이다. On se verra ~ soir. 내일 저녁에 만납시다. ② 곧, 장차; 가까운 미래에. Quelle sera ~ l'exploration de l'espace? 장래의 우주개발은 어떻게 될까?
—*n.m.* 내일; (가까운)장래. Quel est le programme pour ~? 내일의 스케줄은 어떻게 됐소? monde de ~ 미래의 세계.
À ~! 그럼 내일 또 만나자.
Ce n'est pas pour ~; C'est pas ~ la veille.《구어》 그것은 오늘 내일이 아니다, 그렇게 쉽게 될 일이 아니다.
de ~ en huit 내주의 내일.
D~ il fera jour. 내일도 날이다, 서두를 필요 없다.
d'ici (*à*) ~ 오늘부터 내일까지, 오늘 내일 사이에.
jusqu'à ~ 내일까지;《구어》오랫동안. Elle bavardera *jusqu'à* ~. 그녀는 한도 끝도 없이 떠들어댈 것이다.

démanché(e) [demɑ̃ʃe] *a.p.* ① 자루가 빠진. couteau ~ 자루가 빠진 칼. ②《예·구어》(한부분이 빠져서)덜커덕거리는; (걸음걸이나 동작이)비틀비틀하는. —*n.m.* 《음악》 =**démanchement.**
démanchement [demɑ̃ʃmɑ̃] *n.m.* 자루를 뽑기; 탈구(脫臼); 《음악》 고음(高音)을 내기 위해 손을 현악기의 몸통 가까이 접근시키기.
démancher[1] [demɑ̃ʃe] *v.t.* ① (의)자루를 뽑다(빼다). ②《예》(결합된 부분을)떼어내다;《구어》(계획을)뒤엎다. ~ le bras à *qn* …의 팔을 탈골시키다. ~ un complot 음모를 뒤엎다.
—*v.i.* 《음악》(현악기의 고음을 내기 위해)손을 몸통에 접근시키다.
—**se** ~ *v.pr.* ① 자루가 빠지다. ②《구어》(결합된 것이)분해되다; (구어)무너지다. ③ 몹시 애쓰다, 수고하다. *se* ~ pour obtenir un poste 자리를 얻으려고 무진 애를 쓰다.
démancher[2] *v.t.* (의)소매를 없애다. —*v.i.* 팔을 드러내놓다; 《해양》(배가)해협을 떠나다.
****demande** [dəmɑ̃:d] *n.f.* ① 요구, 청원, 청구, 신청. [~ de *qc*] ~ d'emploi 구직. ~ d'explication 해명의 요구. faire *qc* sur [à] la ~ de *qn* …의 요청에 의해 …을 하다. satisfaire[accorder] une ~ 요구를 들어주다. ② 요구서, 신청서, 청원서. rédiger[formuler] une ~ 요구서를 작성하다. présenter[adresser] une ~ 신청서를 제출하다. ③ 《상업》 주문(commande); 《경제》 수요. livrer sur ~ 주문에 의해서 배달하다. fabriqué à la ~ 주문생산[제작]된. loi de l'offre et de la ~ 수요공급의 법칙. Il y a eu une forte(grosse) ~ de charbon cet hiver. 이 겨울엔 석탄의 수요가 많았다. argent payable sur ~ 《상업》콜머니. ④《법》청구, 소구(訴求). former une ~ en divorce 이혼청구를 하다. ~ en

dommages-intérêts 손해배상 청구. ~ principale (accessoire) 본소(本訴)(부대청구). ⑤결혼신청(~ en mariage). repousser la ~ de qn …의 결혼신청을 거절하다. ⑥〖질문, 물음〗(question). leçon par ~s et réponses 문답식 수업. Belle ~!〖구어〗쓸데없는 질문이다, 물어보나마나나 ! ⑦À la ~!〖해양〗조심하라 ! 천천히 !〖키잡이에게 하는 말〗. filer une chaîne à la ~ 밧줄이 끊기지 않도록 팽팽해짐에 따라 밧줄을 풀어주다.
À sotte(folle) ~, pas de réponse《속담》어리석은 물음에는 대답할 필요가 없다.
demandé(e) [dəmɑ̃de] a. 수요가 많은; 유행하는. article ~ 수요가 많은 상품.
‡**demander** [dəmɑ̃de] v.t. ①ⓐ요구하다, 원하다, 부탁하다. ~ un emploi 일자리를 구하다. ~ une aide(un conseil) 도움〖조언〗을 요청하다. [~ qc à qn] Il m'a demandé mon dictionnaire. 그는 나에게 사전을 빌려달라고 부탁했다. [~ à qn de + inf.] Je lui ai demandé d'être à l'heure. 나는 그에게 시간을 지켜달라고 당부했다. [~ que + sub.] Quand il parle, il demande qu'on se taise. 그는 말할 때 사람들이 조용히 하기를 원한다. ⓑ요청하다(exiger). [~ qc de qn/qc] ~ une grande attention des élèves 학생들에게 특별히 주목할 것을 요청하다. Je ne demandais pas beaucoup de cette réunion. 나는 이 모임에 대해 많은 것을 바라지 않았었다. ⓒ[~ qn] 찾다, 부르다; (직장에서)구하다. Allô! qui demandez-vous? (전화에서)여보세요, 누구를 찾으십니까 ? On vous demande. 면회입니다; 전화왔습니다. Il demande sans arrêt sa mère. 그는 계속 어머니를 찾고 있다. On demande deux secrétaires. 두 사람의 비서를 구한다. ⓓ(값을)청구하다, 요구하다(réclamer). [~ (un prix) de qc] Vous en demandez trop(cher, beaucoup). 너무〖비싸게, 많이〗(값을)부르시는군요. ⓔ[~ à + inf.] …하기를 바라다(vouloir); 필요가 있다(avoir besoin de).《주어는 사람》Quelqu'un demande à vous voir. 누군가가 당신을 만나기를 원한다. Je ne demande qu'à vous plaire. 그는 오직 당신을 기쁘게 하기만을 바란다.《주어는 사물》Ce que vous dites mérite d'être vérifié. 당신이 말하고 있는 것은 확인해볼 필요가 있다.
②묻다, 질문하다(interroger sur). ~ l'heure 시간을 묻다. ~ qc à qn [Je lui ai demandé la raison de son absence. 나는 그에게 불참한 이유를 물었다. [~ à qn + 간접 의문형] Demandez-lui s'il vient avec nous. 그에게 우리와 함께 가겠느냐고 물어보시오. Je lui ai demandé où il travaillait. 나는 그에게 어디서 일하느냐고 물었다.
③《주어는 사물》요구하다, 필요로 하다(exiger). Ce travail demande beaucoup de patience(de la précision). 이 작업은 많은 인내〖정확성〗를 요구한다.
④(상품을)찾다, 수요가 있다. On demande beaucoup cet article en ce moment. 요즈음 이 상품에 대한 수요가 많다.
⑤청혼하다. ~ une jeune fille en mariage; ~ la main d'une jeune fille 청혼하다.
~ pardon 용서를 빌다. Je vous demande pardon. (용서를 빌기 위해)죄송합니다; (상대의 말을 반박할 때 mais… 와 함께)실례지만….
Je ne demande pas mieux. 안성맞춤이다, 이것도 과분하다.
Je ne demande pas l'heure qu'il est. 지금 몇 시냐고 묻지 않았다, 쓸데없이 참견하지 마시오.
Je vous demande un peu. 도대체 이건 어찌된 일인가, 정말 놀랐는데〖놀라움·반대·비난을 나타냄〗.

ne pas ~ mieux que de + inf.[*que + sub.*] (…한다면)더 이상 바랄 게 없다(consentir volontiers à). *Je ne demande pas mieux que de vous aider.* 당신을 도와드릴 수 있기를 바랄 뿐입니다. *On ne demande pas mieux qu'il vienne.* 그가 온다면 더 이상 바랄 게 없다.
—*v.t.ind.* [~ après]〖구어〗…의 안부를 묻다; …에게 말하고 싶어하다; …을 찾다. *Personne n'a demandé après moi pendant mon absence?* 내가 없는 동안에 날 찾는 사람이 없었소 ?
—**se ~** *v.pr.* ①생각해보다, 스스로 물어보다; 의아하게 생각하다; 망설이다. *On se demande pourquoi il m'a dit cela.* 그가 왜 이런 말을 내게 했는지 의아스럽다. *On peut se ~ si…* …인지 아닌지 의심스럽다. *Je me demande si j'irai.* 나는 갈 것인가 망설이고 있다.
②《수동적》의심받다.《주어는 사물》S'il est timide? Cela ne se demande pas. 그가 소심하냐고 ? 그건 물으나마나 자명한 일이다.
③《상호적》서로 묻다. Ils *se sont demandé* leurs adresses. 그들은 서로 주소를 물었다.

demandeur¹(*se*) [dəmɑ̃dœ:r, -ø:z] *n.* ①《엥》의뢰하는 사람. ②《경제》수요자; (특히 따위의)신청자. ③《전화》의뢰자.
demandeur²(*eresse*) [dəmɑ̃dœ:r, -rɛs] *n.*《법》원고. ~ en appel 공소인(控訴人).
démangeaison [demɑ̃ʒɛzɔ̃] *n.f.* ①가려움, 근질근질함. avoir(éprouver, sentir) des ~s aux jambes 다리가 근질근질하다. ②《비유적》강한 욕구. avoir une (grande) ~ de + inf.《구어》…하고 싶어 안달하다.
démanger [demɑ̃ʒe] 3 *v.t., v.i.* 가렵다, 근질근질하다. ~ qn (à une partie du corps) Sa cicatrice le démange. 그는 상처 나은 곳이 가렵다. *Ça me démange* dans le dos et sur les jambes. 등과 발이 가렵다. [~ (une partie du corps) à *qn*] Ça lui démange le nez. 그는 코가 근질근질하다.
Ça démange à qn de + inf. …하고 싶어 못 견디다. *Ça me démange de* lui en parler. 그에게 그 얘기를 해주고 싶어 죽을 지경이다.
gratter qn où ça le démange …의 마음에 드는 짓을 하다, …에게 아첨하다; 가려운 데를 긁어주다.
Le poing(*La main*) *lui démange.* 그는 때려주고 싶어 주먹이 근질근질하다.
La langue lui démange. 그는 말하고 싶어 못 견딜 지경이다.

démanillage [demanija:ʒ] *n.m.* démaniller 하기.
démaniller [demanije] *v.t.*《해양》(의) 매는 고리를 벗기다.
démantèlement [demɑ̃tɛlmɑ̃] *n.m.* ①(요새·성벽 따위의)파괴.《지질》(침식작용에 의한)지층파괴. ②(기구·조직 따위의)파괴, 분해.
démanteler [demɑ̃tle] 4 *v.t.* ①(요새·성벽·공업시설 따위를)부수다, 파괴하다(démolir). ②(기구·조직 따위를)파괴하다(détruire). ~ un réseau d'espionnage 스파이 조직을 와해시키다.
démantibuler [demɑ̃tibyle] *v.t.*《구어》(기계·가구 따위를)파괴하다; 망그러뜨리다; (턱을)빠지게 하다.
—**se ~** *v.pr.*《구어》(기계 따위가)망가지다; 턱이 빠지다.
démaquillage [demakija:ʒ] *n.m.* 화장을 닦아내기. crème ~ 클린싱 크림.
démaquillant(*e*) [demakijɑ̃, ɑ̃:t] *a.* 화장을 지우는. lait ~ 클린싱 유액. —*n.m.* 클린싱 크림〖크림〗.
démaquiller [demakije] *v.t.* ①화장을 닦아내다. ~ un acteur 배우의 분장을 지우다. ②《속어》(계획 따위를)망그뜨리다.

—se ~ *v.pr.* 화장을 닦아내다.
démarcage [demarka:ʒ] *n.m.* =démarquage.
démarcatif(ve) [demarkatif, -i:v] *a.* 경계 획정의. ligne ~ve 경계선.
—n.m. 〖언어〗 경계표지요소.
démarcation [demarkasjɔ̃] *n.f.* 경계선 획정; 구획, 구분; 경계선(ligne de ~). procéder à la ~ de deux propriétés voisines 인접한 두 토지의 경계선을 획정하다. ~ entre le législatif et l'exécutif 입법부와 행정부의 구분.
démarchage [demarʃa:ʒ] *n.m.* 〖상업〗 방문판매.
*démarche [demarʃ] *n.f.* ① 발걸음, 걸음걸이(allure); 거동. ~ légère 가벼운 걸음걸이. Elle a une jolie ~. 그녀는 걸음걸이가 예쁘다. ② (행동의)방식(conduite); (사고의)과정, 방식. faire une fausse ~ 행동을 잘못하다. arriver aux mêmes conclusions par des ~s différentes 다른 (사고·추리의)방식에 의해 같은 결론에 도달하다. ③ 운동, 교섭. faire des ~s pour obtenir une subvention (정부의)보조금을 얻기 위해 교섭하다. faire une ~ auprès de *qn* …에게 교섭(운동)하다. ④ 〖옛〗걸음; 한 발짝의 거리.
démarcher [demarʃe] *v.i.* (호별)방문판매하다.
démarcheur(se) [demarʃœ:r, -ø:z] *n.* (은행·상사의)외무원, 권유원; (호별)방문 판매원.
démariage [demarja:ʒ] *n.m.* 〖옛〗이혼; 〖원예〗 솎아내기.
démarier [demarje] *v.t.* 〖옛〗이혼시키다; 〖원예〗 (식물을)솎다. **—se ~** *v.pr.* 이혼하다.
démarquage [demarka:ʒ] *n.m.* ① (옷감 따위의)표지(마크)를 없애기; (작품의)표절(plagiat). ② 〖스포츠〗(럭비·축구 따위에서)상대의 마크를 따돌리기. ③ 〖놀이〗 감점(démarque).
démarque [demark] *n.f.* ① 〖상업〗 (상품의 정찰표를 떼내고)싸게 팔기. ② 〖놀이〗 감점. ~ de dix points 감점 10점.
démarquer [demarke] *v.t.* ① (옷감 따위의)표를 제거하다; 〖상업〗(상품의 정찰을 바꾸어)싸게 팔다. ② (원작의 표시를 제거한다는 뜻에서)표절하다. ~ un auteur étranger 외국작가의 작품을 표절하다. ③ 〖스포츠〗(럭비·축구 따위에서)자기 편의 마크를 벗어나게 하다. ~ son partenaire 자기 편을 적의 마크로부터 구하다.
—v.i. (말이)연령을 나타내는 이의 특징을 잃다.
—se ~ *v.pr.* ① [se ~ de *qc/qn*] (와)구분되다(se différencier de). chercher à se ~ de ses concurrents 경쟁자와의 다른 점을 스스로 보여주려고 하다. ② 〖스포츠〗 적의 마크를 따돌리다[벗어나다].
démarqueur(se) [demarkœ:r, -ø:z] *n.* ① 상표나 정찰표 따위의 표찰을 제거하는 사람. ② 표절자.
démarrage [demara:ʒ] *n.m.* ① 출범(出帆); (발동기의)시동; (자동차 따위의)출발. bouton de ~ 시동 스위치. faire un ~ en côte 언덕에서 차를 출발시키다. ② 〖스포츠〗 스타트; (비유적) 시작, 개시. ~ d'une usine 공장의 가동개시. Un bon ~ est nécessaire si on veut réussir dans la suite. 뒤이어 잘 해나가려면 시작이 좋아야 한다.
avoir(faire) un ~ sec 〖스포츠〗스타트에서부터 용이하게 떼어놓다.
démarrer [demare] *v.t.* ① (배의)밧줄을 풀다; 출범시키다; 시동을 걸다; (차 따위를)출발시키다. ~ la barque 배의 밧줄을 풀어 떠나가게 하다. ② 〖구어〗(사업 따위를)시작하다(commencer). ~ une affaire(la campagne électorale) 사업(선거전)을 시작하다.
—v.i. ① 출범하다; 출발하다; (사업 따위가)잘되기 시작하다. faire ~ la voiture 차에 시동을 걸다; 차를 출발시키다. Ça démarre bien. 시작이 순조롭다. ② [~ de] (에서)움직이다; 떠나다(보통 부정형으로 쓰임). Ne démarre pas d'ici. 여기서 움직이지 마. Je ne *démarrerai* pas *de* mon projet. 나는 내 계획을 포기하지 않겠다. ne pas ~ de ses préjugés 자신의 편견을 버리지 않다. ③ 〖스포츠〗 (경주중에)스퍼트 하다[제쳐 달린다].
démarreur(se) [demarœ:r, -ø:z] *n.m.* ① 시동기[장치]. ~ automatique (à main) 자동(수동) 시동장치. appuyer sur le ~ 시동장치를 작동시키다.
—n. 〖스포츠〗 스타트가 좋은 선수.
démasclage [demaskla:ʒ] *n.m.* (코르크나무의)겉껍질을 벗김.
démascler [demaskle] *v.t.* (코르크나무의)겉껍질을 벗기다.
démasquer [demaske] *v.t.* ① (의)가면을 벗기다; (비유적) 폭로하다(dévoiler). [~ *qn/qc*] ~ un hypocrite 위선자의 가면을 벗기다, 정체를 폭로하다. ~ une intrigue 음모를 폭로하다. ~ ses propres intentions 자신의 의도를 밝히다. ② ~ une batterie 〖군사〗 포대의 은폐물을 벗기다.
—se ~ *v.pr.* 가면을 벗기다; (구어)정체를 드러내다. L'imposteur a fini par se ~. 사기꾼은 마침내 정체를 드러내고야 말았다.
démastiquage [demastika:ʒ] *n.m.* 퍼티를 없앰.
démastiquer [demastike] *v.t.* (에서)퍼티(mastic)를 없애다.
démâtage [demata:ʒ], **démâtement** [dematmɑ̃] *n.m.* 마스트의 제거; (포격·폭풍에 의한)마스트의 파괴.
démâter [demate] *v.t.* ① 〖해양〗 (의)마스트를 제거하다 [쓰러뜨리다]; (포격을)철거하다. ② 〖구어〗 어쩔 줄 모르게 하다; 낭패를 보게 하다.
—v.i., se ~ *v.pr.* (배가)마스트를 잃다.
dématriculer [dematrikyle] *v.t.* (군장비의)번호를 없애다.
dème [dem] *n.m.* ① 〖역사〗 고대 그리스의 행정 구분. ② 고대 그리스 주(éparchie)의 일부.
démêlage [demela:ʒ], **démêlement** [demɛlmɑ̃] *n.m.* ① (얽힌 실·끈 따위를)풀기; (머리를)빗기; (양모의)빗질. ② (사건·문제 따위의)해명, 해명. ③ 〖맥주〗 뜨거운 물과 맥아(麥芽)와의 교반(攪拌).
démêlé [demɛ(e)le] *n.m.* (보통 *pl.*) 다툼, 말썽, 분쟁. avoir des ~s avec le fisc 세무관리 문제로 말썽이 생기다. avoir des ~s avec la justice 소송사건에 말려들다.
démêler [demɛ(e)le] *v.t.* ① (얽힌 것을)풀다; (머리를)빗다; (양모 따위를)빗질하다. ~ ses cheveux avec une brosse (엉킨)머리를 솔로 빗다. pêcheur qui démêle sa ligne 엉킨 낚싯줄을 푸는 낚시꾼. ② (복잡한 사건·문제를)풀다, 해결하다, 밝히다(débrouiller, éclaircir). ~ une affaire compliquée 복잡한 사건을 해결하다. avoir *qc* à ~ avec *qn* (문어)의 일로 ~가 있다, 교섭 중이다. ③ 식별하다, 알아내다(discerner); 구분하다(distinguer). ~ les intentions de *qn* …의 의도를 꿰뚫어 보다. ~ le vrai du(d'avec le) faux 진위를 가려내다. ④ 〖맥주〗(맥아(麥芽)를)뜨거운 물과 섞어 휘젓다.
—se ~ *v.pr.* ① 풀리다; 자기 머리를 빗다. ② 면제되다, 빠져나오다(se tirer de). [se ~ de *qc*] se ~ d'un embarras 난처한 처지를 모면하다. ③ 판명되다, 명백해지다. La vérité commence à se ~. 진상이 드러나기 시작하다.
démêleur(se) [demɛlœ:r, -ø:z] *n.* (양모를)빗질하는

démêloir [demɛlwa:r] *n.m.* (머리빗는)얼레빗; (헝클어진 것을 빗는)빗.

démêlure [demɛ(e)ly:r] *n.f.* 빗어낸 머리털.

démembrement [demɑ̃brəmɑ̃] *n.m.* (손발의)절단; 해체; (나라 따위의)분할; (분할시킨 것의)일부; 〖법〗(소유권의)일부 이양.

démembrer [demɑ̃bre] *v.t.* (의)사지(四肢)를 절단하다; 〖구어〗분할하다(diviser); 해체하다. ~ un domaine en plusieurs lots 소유지를 여러 몫으로 분할하다.

déménagement [demenaʒmɑ̃] *n.m.* 이사, 이전; 이삿짐. entreprise de ~ 이삿짐 운송업. Son ~ est arrivé. 그의 이삿짐이 도착했다.
~ à la cloche (de bois) 〖속어〗감쪽같이 이사해서 도망함; 야간도주.

déménager [demenaʒe] ③ *v.t.* (가구를)옮기다, (집에서)가구를 실어내다. ~ l'armoire pour la mettre dans l'entrée 옷장을 옮겨 현관으로 내놓다. ~ un appartement 아파트에서 짐을 실어내다. Les voleurs *ont déménagé* toute la maison. (익살) 도둑이 집을 몽땅 털어 갔다.
—*v.i.* ① 이사하다. Il *a déménagé* pour habiter Paris. 그는 파리로 이사갔다. ② 〖구어〗제 정신을 잃다, 미치다. Il dit cela? *a déménagé*? 그런 말을 했다고? 그 사람 돌았군! ③ 〖구어〗떠나다, 자리를 옮기다. On n'est pas bien ici, on *déménage*? 여기 좋지 않군, 자리를 옮길까? ④ 〖속어〗죽다, 토하다(~ son dîner).
faire ~ *qn* 〖구어〗…을 내보내다, 내쫓다. *Sa raison* (*Sa tête*) *déménage.* 그는 머리가 돌았다.

déménageur [demenaʒœ:r] *n.m.* 이삿짐 운송업자.

démence [demɑ̃:s] *n.f.* 정신착란; 〖법〗심신(心神) 상실; 미친 짓, 광기(folie); 〖의학〗치매(癡呆). C'est de la ~ d'agir ainsi. 그렇게 행동하는 것은 미친 짓이다.

démener (se) [s(ə)demne] ④ *v.pr.* ① 날뛰다, 소란을 피우다. se ~ comme un diable dans un bénitier 멋대로 날뛰다, 동분서주하다; 발버둥치다. [se ~ pour *qc*/pour+*inf.*] Il *se démène* pour trouver un emploi. 그는 직장을 구하려고 갖은 애를 다 쓴다. ③ [~ contre] (에 대해)분개하다.

dément(e) [demɑ̃, -ɑ̃:t] *a.* 미친. —*n.* 미친 사람; 〖법〗심신 상실자; 〖의학〗치매.

démenti [demɑ̃ti] *n.m.* ① 부인, 반박, 취소. faire publier un ~ (정부 따위의)부인 성명을 내게 되다. donner un ~ à un bruit 뜬소문을 부인하다. ② 반증, 부정적 사실, 모순. Sa conduite donne un ~ à ses déclarations. 그의 행동은 그의 언명이 진실이 아니었음을 반증했다.
(*en*) *avoir le* ~ (옛)비참하게 실패하다.

démentiel(le) [demɑ̃sjɛl] *a.* 정신착란의, 발광의. état ~ 정신착란 상태.

démentir [demɑ̃ti:r] 18 *v.t.* ① (의)말이 거짓이라고 부인하다(논박하다); (이 잘못이라 하여)부인하다; 취소하다. [~ *qn*] 증언(소문)을 부인하다. [~ *qc*] ~ un témoignage (une rumeur) 증언(소문)을 부인하다. ② (에)위배되다, 모순되다; (기대를)어기다(décevoir). ~ son renom 자신의 명성에 어긋나는 행동을 하다. Les résultats *ont démenti* tous les pronostics. 결과는 모든 예측에 어긋나게 나타났다. Tout *a démenti* son espoir. 모든 것이 그의 희망을 저버렸다.
—*se* ~ *v.pr.* ① 모순되다; 앞서 한 말을 뒤엎다. ② (주어는 보통 부정형) 변하다. (보통 부정형) Son amitié ne *s'est* jamais *démenti*. 그의 우정은 조금도 변함이 없었다. ③ 서로 상대의 말을 부인하다. Ils

se sont démentis. 그들은 서로 부인했다.

démerdard(e) [demɛrda:r, -ard] (비어) *a.* 날랜, 빈틈없는. —*n.* 날랜[빈틈없는] 사람.

démerder (se) [sədemɛrde] *v.pr.* 〖속어〗① [se ~ de] (에서) 벗어나다; 곤경에서 벗어나다 (se débrouiller, se tirer d'embarras). ② (보통 명령형) 몹시 서두르다(se hâter).

démerdeur(se) [demɛrdœ:r, -ø:z] *a, n.* 《비어》= **débrouillard.**

démérite [demerit] *n.m.* ① 단점, 허물, 죄과(faute, tort). Quel ~ ai-je auprès de lui? 어떻게 해서 내가 저 사람의 신용을 잃었을까? ② (옛) 불명예.

démériter [demerite] *v.i.* ① 문책받을 짓을 하다. homme qui n'a jamais *démérité* 비난받을 짓을 한 일이 없는 사람. ② [~ auprès de *qn*] (의) 존경 (신용)을 잃다; [de *qc*] (의) 이름을 더럽히다. ~ de son pays 조국을 욕되게 하다. ③ 〖신학〗은총을 잃다, 벌을 받다.

déméritoire [demeritwa:r] *a.* 비난받을 만한, 존경 (신용)을 잃게 하는, 욕되게 하는.

démesure [de(e)məzy:r] *n.f.* 정상을 벗어난 감정 (태도), 도가 지나친 언동.

démesuré(e) [de(e)məzyre] *a.* ① 터무니 없이 큰 (énorme). ② 과도한, 터무니 없는 (excessif). ambition ~e 터무니 없는 (엉뚱한) 야망.

démesurément [de(e)məzyremɑ̃] *ad.* 굉장히, 엄청나게, 터무니 없이.

démettre [demetr] 46 *v.t.* ① 탈구(脫臼)시키다. ~ un bras à *qn* …의 팔을 탈구시키다. ② 면직하다, 해임하다. ~ *qn* de ses fonctions …을 면직하다. ③ 〖법〗기각하다. ~ *qn* de son appel …의 공소를 기각하다.
—*se* ~ *v.pr.* ① 탈구하다; 자기의 …이 탈구하다. ② [se ~ de] 사임하다. se ~ de ses fonctions 사직하다.

démeublé(e) [demøble] *a.p.* 가구가 없는; 〖구어〗이가 빠진. bouche ~e 이가 빠진 입.

démeublement [demøbləmɑ̃] *n.m.* 가구를 치워버리기; 가구가 없음.

démeubler [demøble] *v.t.* 가구를 없애다. ~ un appartement 아파트의 가구를 없애다.
—*se* ~ *v.pr.* 〖구어〗이가 빠지다.

demeurant(e) [dəmœrɑ̃, -ɑ̃:t] *a.* 살고 있는; 거주하는, 〖법〗거주자; 생존자. —*n.m.* 〖옛〗잔존물, 생존자. ~s d'un autre âge 전 세대의 유물.
au ~ 요컨대, 그래도 역시, 결국(au reste). Il est un peu vif, mais *au* ~ bon garçon. 그는 성미가 좀 급하지만 그래도 역시 좋은 사람이다.

demeure [dəmœ:r] *n.f.* ① 〖옛〗머물음, 체류, 체재; 주거, 저택. faire longue ~ 오래 체류하다. ~ céleste (éternelle) (때로 *pl.*) 천국. ~ mortelle 현세, 하계. ~ de l'âme 육체. dernière ~ 묘. ② 〖법〗지연; 지체(retard), sans plus de ~ 더 이상 지체하지 않고. mise en ~ 재촉, 최고.
à ~ 고정되어, 영구히. Le poste de radio est sur mon bureau *à* ~. 라디오는 내 책상 위에 고정되어 있다. On est au printemps *à* ~ dans cette île. 이 섬은 언제나 봄이다.
être (*se trouver*) *en* ~ (채무의) 지불이 늦어지다; (에 대해) 은혜를 갚지 못하고 있다.
mettre qn en ~ *de*+*inf.* …에게 하도록 독촉 (강요) 하다.

demeuré(e) [dəmœre] *a.p., n.m.* 고지식한(사람), 우둔한(사람).

demeurer [dəmœre] *v.i.* ① (일반적으로 조동사는 être) ⓐ 머물러 있다, 지속되다, 남다. Je *demeure* chez un ami. 나는 친구 집에 머물고 있다. La

voiture *est demeurée* au garage. 차는 서비스 공장에 가 있었다. gloire qui *demeurera* éternellement 영원히 남을 영광. ~ au fond du cœur 마음에 걸리다, 잊혀지지 않다. ⓑ[~+속사]…인 채로 있다 [남다]; (상태에) 있다. Je *suis demeuré* un instant perplexe. 나는 한동안 어찌할 바를 모르고 있었다. Un point *demeure* obscur. 한가지 점이 여전히 불분명하다. ~ dans l'erreur 계속 오류에 빠져 있다. ⓒ[옛] (조동사 avoir, 지금은 rester 가 많이 쓰임) 지체하다, 시간이 걸리다. Elle *a demeuré* longtemps à sa toilette. 그녀는 화장하는 데 오래 걸렸다. [~ à+inf.] Elle *demeure* longtemps *à* venir. 그녀는 오는 게 더디다. Ma plaie *a demeuré* longtemps *à* guérir. 내 상처는 낫는 데 오래 걸렸다. ⓓ[옛] (의)소유가 되다. [~ à *qn*] La ferme lui *est demeurée* après le partage. 농장은 분할 후에 그의 것이 되었다. ⓔ[옛] 미해결로 남다. Le problème *demeure*. 문제는 그대로 남는다.
② (조동사 avoir, 오늘날에는 habiter 를 많이 씀) 살다, 거주하다. ~ à Paris 파리에 살다.
~ *sur le cœur*[*sur l'estomac*] (먹은 것이) 내려가지 않다; (원한 따위가) 마음에 사무쳐 있다.
~ *sur la place; y* ~ 그 자리에서 죽다.
en ~ *là* (일이) 진전이 없다; (이야기·일 따위를) 그 정도로 해두다. Demeurons-en là. 그 이야기 [일]는 그 정도로 해둡시다 [끝냅시다](Restons-en là).
—*v.imp.* 남다, 잔류하다. Il *m'est demeuré* une cicatrice. 흉터가 남았다. Il ne lui *est rien demeuré* de tous ses biens. 그의 모든 재산에서 남은 것이라곤 아무 것도 없다.

:**demi(e)** [dəmi] *a.* 반의, 절반의; 불완전한. (명사앞에서 접두사로서, 성수불변) une ~-heure 반시간. un ~-litre 반리터. un ~-savant 반식자. (명사뒤에서 et ~) passer un mois et ~ à la campagne 시골에서 한달 반을 보내다. Il est trois heures et ~*e*. 3시 반이다.
et ~ …을 능가하는. A malin, malin *et* ~ 약은 사람 위에는 더 약은 사람이 있다; 뛰는 놈 위에 나는 놈이 있다.
—*n.m.* ① (남성 명사를 받는) 절반; 【수학】 0.5, 2분의 1; 【구어】 (맥주의) 반 리터들이 컵, 맥주 한 컵. boire un ~ 맥주 한 컵을 마시다. trois ~s 2분의 3. ② 【축구】 중위(中衛), 하프 백. ~ de mêlée (럭비의) 스크럼 하프.
à ~ 절반; 어중간하게. porte ouverte *à* ~ 반쯤 열린 문. ne pas faire *à* ~ 중도에서 그만두지 않다, 완전하게 하다.
—*n.f.* (여성 명사를 받는) 절반; 반 시간. Prenez-vous une bouteille?—Une ~*e* suffira. 한 병을 드시겠소? 반 병이면 됩니다. partir à la ~*e* 반 (30 분)에 떠나다.
—*ad.* 반쯤 (à moitié); 거의; 불완전하게. (접두사로서, 형용사·과거분사 앞에서) ~-cuit 반숙의. ~-mort 반쯤 죽은, 다 죽어가는. ~-nu 반라의, 거의 벗다시피 한.

demi-arrière [dəmiarjɛːr] *n.m.* 【축구】 후위.
demi-axe [dəmiaks] *n.m.* (타원의) 반축(半軸).
demi-bain [dəmibɛ̃] *n.m.* (허리까지 차는) 좌욕통.
demi-barrière [dəmiba(ɑ)rjɛːr] *n.f.* 【철도】 (건널목의) 반차단기 (전체 폭의 반만 차단하는 장치).
demi-bas [dəmiba] *n.m.* (복수불변) 반양말.
demi-bastion [dəmibastjɔ̃] *n.m.* (정면과 한 측면으로 된) 반 능보 (稜堡).
demi-bâton [dəmibatɔ̃] *n.m.* 【음악】 2소절 휴지.
demi-batterie [dəmibatri] *n.f.* (군함의) 현측포열 (舷側砲列) (마스트와 선수 사이의 포열).
demi-blanc(che) [dəmibla, -ɑ:ʃ] *a.* 【직물】 반표백된.
demi-bosse [dəmibos] *n.f.* 반양각 (半陽刻), 반부조 (半浮彫) (ronde bosse 와 bas-relief 의 중간).
demi-botte [dəmibɔt] *n.f.* 반장화.
demi-bouteille [dəmibutɛj] *n.f.* 반 병.
demi-brigade [dəmibrigad] *n.f.* (옛) 【군사】 (프랑스 대혁명 시대의) 여단; (현재의 2-3 대대 규모의) 반 여단.
demi-cercle [dəmisɛrkl] *n.m.* 【기하】 반원; 【펜싱】 (칼 끝의) 반원을 그리는) 방어; 【측량】 측각기, 반원의(儀); 【해양】 폭풍의 반원. ~ dangereux [maniable] 위험 [항해 가능] 반원.
pincer [*repincer*] *qn au* ~ (옛) 틈타서 …을 해치우다 (…에게 보복하다).
demi-circulaire [dəmisirkylɛːr] *a.* 반원형의. canaux ~s 【해부】 (귀의) 삼반규관 (三半規管).
demi-clef [dəmikle] *n.f.* 【해양】 반매듭.
demi-colonne [dəmikɔlɔn] *n.f.* 【건축】 반원주 (半圓柱) (반은 벽 속에 파묻힌 것).
demi-congé [dəmikɔ̃ʒe] *n.m.* 반휴일.
demi-coupe [dəmikup] *n.f.* 반단면도.
demi-couronne [dəmikurɔn] *n.f.* 〔영〕 반크라운 리 은화 (영국 화폐).
demi-cylindrique [dəmisiledrik] *a.* 반원통형의.
demi-deuil [dəmidœj] *n.m.* ① (상(喪)의 후반기 또는 근친자가 아닐 때 입는) 반상복, 약식 상복; 상의 후반기, être en ~ 반상복을 입고 있다. (형용사적) robe ~ 반상복 드레스. ② poularde ~ 【요리】 화이트소스를 친 영계. ③ 【곤충】 (유럽)의 노랑나비의 일종.
demi-diamètre [dəmidjamɛtr] *n.m.* 반경 (rayon).
demi-dieu [dəmidjø] (*pl.* ~-*x*) *n.m.* 신인 (神人) (신과 사람 사이의 자식, 또는 신으로 모셔진 영웅); 반신 (半神) (Faune, Nymphe, Satyre 와 같이 격이 낮은 신).
demi-douzaine [dəmiduzɛn] *n.f.* 반 다스; 6 인조.
demi-droite [dəmidrwat] *n.f.* 【수학】 반직선.
démieller [demje(ɛ)le] *v.t.* 꿀을 받아내다.
demi-figure [dəmifigyr] *n.f.* 【미술】 반신상.
demi-fin(e) [dəmifɛ̃, -in] *a.* ① 중간 크기의 (gros 과 fin 의 중간). ② (금이 50% 함유된) 12 금의; 반합 금의. bijouterie ~*e* 12 금의 보석류. —*n.m.* 12 금; 반합금; 중간 서체 (書體).
demi-finale [dəmifinal] *n.f.* 【스포츠】 준결승.
demi-fond [dəmifɔ̃] *n.m.* (복수불변) 중거리 경주 (course de ~).
demi-fortune [dəmifɔrtyn] *n.f.* (옛) 1 두 (頭) 4 륜마차의 일종.
demi-frère [dəmifrɛːr] *n.m.* 의붓 형제. ~ de même père 이복 형제 (frère consanguin). ~ de même mère 이부 형제 (frère utérin).
demi-gros [dəmigro] *n.m.* (복수불변) 【상업】 중간 도매상.
demi-guêtre [dəmigɛtr] *n.f.* 스패츠, 짧은 각반.
demi-heure [dəmiœːr] *n.f.* 반시간, 30 분.
de ~ *en* ~; *toutes les* ~*s* 30 분마다.
demi-jeu (à) [adəmiʒø] *loc.ad.* 【음악】 약음으로.
demi-jour [dəmiʒuːr] (*pl.* ~-~(*s*)) *n.m.* ① 【미술】 (그림 따위의) 흐릿한 빛. ② 여명의 빛; (때로) 땅거미.
demi-journée [dəmiʒurne] *n.f.* 반나절.
démilitarisation [demilitarizasjɔ̃] *n.f.* 비무장화.
démilitariser [demilitarize] *v.t.* 군사적 성격을 없애다, (어떤 나라·지대를) 비무장화하다. zone *démilitarisée* 비무장 지대.
demi-litre [dəmilitr] *n.m.* 반 리터.
demi-livre [dəmilivr] *n.f.* 〔옛·속어〕 50 프랑 (19 세

기에는 100 프랑을 une livre 라 했음).
demi-long(ue) [dəmilɔ̃, -ɔ̃ːg] a. 절반 길이의; 적당한 길이의. —n.f. 《언어》 반장모음.
demi-longueur [dəmilɔ̃gœːr] n.f. ① 《스포츠》 (말·소형 배 따위의)절반 길이. gagner d'une ~ 절반 길이만큼 앞서 승리하다. ② 《언어》 반장음표시(ˑ).
demi-louis [dəmilui] n.m. 《옛》 10 프랑 금화.
demi-lune [dəmilyn] n.f. 《축성》 반월보(堡) (→ fortification 그림). 《철도》 (차량 대피용의) 부설 철로; (궁전의 입구·십자로 따위의)반월형의 부분. —a. 《불변》 (가구가)반달형의.
demi-mal(pl. ~-~aux) [dəmimal, -o] n.m. 《속어》 불행중 다행.
demi-mesure [dəmimzyːr] n.f. ① (보통 양의)반량(半量)[용기]. ② 《구어》 (비유적)임시 변통의 수단; 어중간한 조치. Cette décision n'est qu'une ~ inefficace. 이 결정은 효과 없는 눈가림[임시변통] 일 뿐이다. ③ (중요한 치수만을 재서 만드는)반마춤 옷, 이지 오더.
demi-mondain(e) [dəmimɔ̃dɛ̃, -ɛn] a. 화류계에 속하는. —n.f. 화류계의 여자, 고급 매춘부.
demi-monde [dəmimɔ̃d] n.m. 《옛》 드미 몽드, 화류계(Alexandre Dumas fils 의 동명의 희곡에서 유래, 사교계에 기생하는 여성 및 이들과 교제하는 남성들의 세계).
demi-mort(e) [dəmimɔːr, -ɔrt] a. 반쯤 죽은. hommes ~s de faim 아사지경의 사람들.
demi-mot [dəmimo] n.m. 《문어》 완곡한 어법; 반구(半句) (euphémisme).
à ~ 말을 다 하지도[듣지도] 않고, 몇 마디 암시만으로. se faire comprendre à ~ 다 말하지 않고도 자기의 뜻을 알게 하다.
déminage [deminaːʒ] n.m. 지뢰의 제거; 《해군》 소해(掃海).
déminer [demine] v.t. 지뢰를 제거하다; 소해하다.
déminéralisation [demineralizasjɔ̃] n.f. 광물질 탈실(脫失), 무기성분 감소.
déminéraliser [demineralize] v.t. 《의학》 (유기체의)광물질을 탈실(脫失)시키다.
démineur [deminœːr] n.m. 지뢰 제거인[기사].
—a. char ~ 지뢰 제거차. [jour.
demi-obscurité [dəmiɔpskyrite] n.f. =demi-
demi-onde [dəmiɔ̃d] n.f. 《물리》 반(장).
—a. 《불변》 antenne ~ 반파장 안테나.
demi-pause [dəmipoːz] n.f. 《음악》 2분쉼(표).
demi-pension [dəmipɑ̃sjɔ̃] n.f. 반기숙[하숙] (비)(식사를 한 번만 하는); 《학교》 반기숙 제도(학교에서 점심식사만을 제공받는 통학생의 제도); 상이군인 연금·양로연금 반액.
demi-pensionnaire [dəmipɑ̃sjɔnɛːr] n. 반 기숙생 (interne 기숙생, externe 통학생).
demi-période [dəmiperjɔd] n.f. 《물리》 (진동의) 반주기.
demi-pièce [dəmipjɛs] n.f. (피륙의)반필; (포도주의)반통.
demi-pique [dəmipik] n.f. 《옛》 (백병전 때 또는 보병장교가 지휘할 때 칼 대신에 사용된)단창(短槍).
demi-place [dəmiplas] n.f. 반액의 좌석(표); 반액표. payer ~ 좌석료를 반액 할인받다.
demi-pointe [dəmipwɛ̃ːt] n.f. 《무용》 드미 푸엥트. marcher sur la ~ des pieds 발 끝으로 걷다.
demi-portion [dəmipɔrsjɔ̃] n.f. 《구어》 소량; (경멸) 꼬마, 난장이.
demi-pose [dəmipoːz] n.f. 《사진》 밸브 노출.
demi-produit [dəmiprɔdɥi] n.m. 반제품.
demi-quart [dəmikaːr] n.m. 8분의 1; 《해양》 (나침 방위의)반눈금.
demi-queue [dəmikø] n.m. 《복수불변》 중형 그랜드피아노.
demi-reliure [dəmirəljyːr] n.f. 《제본》 (책 등에만 가죽을 대는)반혁 장정.
demi-ronde [dəmirɔ̃ːd] n.f. 반원통꼴의 줄(lime).
démis(e) [demi, -iːz] ⇨démettre.
demi-saison [dəmisɛzɔ̃] n.f. 중간 계절(봄과 가을). —n.m. 《복수불변》 춘추복.
demi-sang [dəmisɑ̃] n.m. 《복수불변》 잡종 말.
demi-savant [dəmisavɑ̃] n.m. 《구어》 반식자. [식].
demi-savoir [dəmisavwaːr] n.m. 미숙한 학문[지
demi-section [dəmisɛksjɔ̃] n.f. 《군사》 (보병·포병)소대의 반, 2개 분대.
demi-sel [dəmisɛl] n.m. ① 《복수불변》 살짝 소금을 친 크림치즈. ② 《속어》 (매춘업을 직업적으로 하지 않는)노푸. —a. 《불변》 살짝 소금을 친.
demi-setier [dəmistje] n.m. 《속어》 (특히 포도주의) 4분의 1 리터.
demi-sœur [dəmisœːr] n.f. 의붓자매.
demi-solde [dəmisɔld] 《군사》 n.f. 반급(半給)·휴직금. —n.m. 《복수불변》 반급을 받는 장교.
demi-sommeil [dəmisɔmɛj] n.m. 반수(半睡)상태, 선잠.
demi-soupir [dəmisupiːr] n.m. 《음악》 8분쉼표.
démission [demisjɔ̃] n.f. ① 사직, 사임; 사직서(lettre de ~). ~ volontaire[forcée] 자진[강제]퇴직. remettre sa ~ 사표를 제출하다. ② (비유적)(의무·책임 따위의)포기, 회피(abandon). ~ de biens 《법》 재산권의 포기. ~ des parents 부모들의 책임회피.
donner sa ~ ⓐ 사표를 제출하다, 사직하다. donner sa ~ d'office 권고사직하다, 해임[파면] 당하다. ⓑ (의무·책임 따위를)저버리다, 방기하다.
démissionnaire [demisjɔnɛːr] a, n. 사표를 낸(사직한)(사람).
démissionner [demisjɔne] v.i. 사직하다. ~ d'un emploi 직을 사임하다. —v.t. 사임하게 하다. 《구어》 (책임·의무 따위를)포기[회피]하다.
demi-tarif [dəmitarif] n.m. 반액. billet[place](à) ~ 반액 할인권(좌석권).
demi-tasse [dəmitɑːs] n.f. 작은 커피잔.
demi-teinte [dəmitɛ̃ːt] n.f. 《미술·사진》 반농담(半濃淡), 바림; (명암의)중간색; 《음악》 반음.
demi-terme [dəmitɛrm] n.m. ① 대차 계약 기간의 반; (그)기간; (거기에 해당되는)지불 금액. ② 《의학》 임신 5개월; (그때 있는)임신부.
demi-tige [dəmitiːʒ] n.f. 《원예》 (생장이 억제된)중키의 과수.
demi-ton [dəmitɔ̃] n.m. 《음악》 반음.
demi-tour [dəmituːr] n.m. ① 반회전; 되돌아가기; 《군사》 뒤로 돌기; (승마의)반바퀴. D~ à droite! 《군사》 뒤로 돌아! ② (자물쇠의)용수철첩.
faire ~ 되돌아가다; 차가 U 턴하다.《구어》 갑자기 의견을 180도 바꾸다.
demi-transparence [dəmitrɑ̃spɑrɑ̃ːs] n.f. 반투명.
demi-transparent(e) [dəmitrɑ̃spɑrɑ̃, -ɑ̃ːt] a. 반투명의.
démiurge [demjyrʒ] n.m. (플라톤 학파에서 말하는)조화의 신; 《문어》 조물주(créateur).
demi-vierge [dəmivjɛrʒ] n.f. (정신적으로 순결을 잃은)반처녀.
demi-voix (à) [admivwa(a)] loc.ad. 작은 소리로; 《음악》 저음조로.
demi-volée [dəmivɔle] n.f. 《테니스》 숏바운드로 되치기, 하프 발리.
demi-watt [dəmiwat] 《전기》 n.f. (0.5 와트로 1

démobilisateur(trice) 578

축광을 내는)가스가 든 전구(ampoule ~). —*n.m.* 반 와트.

démobilisateur(trice) [demɔbilizatœːr, -tris] *a.* ① 동원해제의. ② (정치적·사회적)의식을 약화[마비]시키는, 탈의식화하는. mesure qui aura un effet ~ sur les Français 프랑스인들을 공적인 문제에 무관심하게 만드는 결과를 가져올 조치.

démobilisation [demɔbilizɑsjɔ̃] *n.f.* ① 동원해제제; 복원. ② démobiliser② 하기.

démobilisé [demɔbilize] *n.m.* 동원해제된 자; 제대 군인. —*a.p.* 동원해제된; 복원한.

démobiliser [demɔbilize] *v.t.* ① 동원해제하다; 복원시키다. ② (정치적·사회적)의식을 약화[마비]시키다, 투쟁정신을 약화시키다, 탈의식화하다. Les militants *sont* totalement *démobilisés*. 열성분자들은 완전히 기력(투쟁력)을 상실했다.

démocrate [demɔkrat] *a.* 민주(주의)의; 민주당의. —*n.* 민주주의자; 민주당원.

démocrate-chrétien(ne) [demɔkratkretjɛ̃, -ɛn] *a.* 기독교 민주당의. —*n.* (위)의 당원.

__démocratie__ [demɔkrasi] *n.f.* ① 민주 정체[정치], 민주주의. ~ représentative 의회 대의정치(↔~ directe). ~ parlementaire 의회 민주정치[정체]. ~ présidentielle 대통령제민주정치. ② 민주국가.

démocratique [demɔkratik] *a.* ① 민주주의의의, 민주적인. république ~ 민주 공화국[정체]. ② 인민의, 대중의. langue ~ 민중의 말.

démocratiquement [demɔkratikmɑ̃] *ad.* 민주(주의)적으로.

démocratisation [demɔkratizɑsjɔ̃] *n.f.* 민주화; 대중(일반)화. ~ de l'enseignement 교육의 대중화.

démocratiser [demɔkratize] *v.t.* 민주화하다; 대중화하다; 일반화하다. ~ la science 과학을 일반화하다.

—*se* ~ *v.pr.* 민주화되다; 대중화되다.

démodé(e) [demɔde] *a.p.* 유행에 뒤진, 구식의. chapeau(habit) ~ 구식 모자(의복). (주어는 사람) Tu es ~ avec tes idées sur le mariage. 너의 결혼관은 구식이군.

démoder [demɔde] *v.t.* 유행에 뒤지게 하다.

—*se* ~ *v.pr.* 유행에 뒤떨어지다.

démodex [demɔdɛks] *n.m.* (복수불변)《동물·의학》모낭충속(屬).

démodulateur [demɔdylatœːr] *n.m.* 《전기》복조기(復調器).

démodulation [demɔdylɑsjɔ̃] *n.f.* 《전기》복조.

démographe [demɔgraf] *n.* 인구통계학자.

démographie [demɔgrafi] *n.f.* 인구통계(학).

démographique [demɔgrafik] *a.* 인구통계(학)의; 인구의. poussée ~ 인구의 급증.

__demoiselle__ [dəmwazɛl] *n.f.* ① 미혼 여자, 아가씨, 처녀(fille). rester ~ 여자자로 있다. nom de ~ 처녀 시절의 성. votre ~ 《구어》댁의 따님. ② 여점원, 여사무원. ~ de magasin 여점원. ~ du téléphone 전화 교환수. ③《옛》신분이 높은 여자, 마님, 아씨. ④《속어》(포도주의)병; 반 병. casser le cou à la ~ 술병의 마개를 뽑다. ⑤《지질》(빗물에 침식된)주상암(柱狀岩). ⑥ⓐ《곤충》잠자리(류)(libellule). ⓑ《조류》~ de Numidie (북아메리카산)학(grue). ⓒ《어류》망둥어(속); 처녀고기(속). ⑦《기술》(포장용사용)못, 돌출봉(棒)(~ de paveur); (새장갑의)손가락을 넓히는 도구(~ de gantier).

~ *de compagnie* 귀부인의 시녀.

~ *d'honneur* ⓐ《옛》(왕비나 왕녀의)시녀. ⓑ(결혼식에서)신부의 들러리.

démoli [demɔli] *n.m.* 《속어》(사고로)절름발이가 된 곡에사.

__démolir__ [demɔliːr] *v.t.* ① (건물 따위를)파괴하다, 부수다(abattre, détruire, ↔bâtir, construire). ville *démolie* par un bombardement 폭격으로 파괴된 도시. ② (비유적) (정부 따위를)무너뜨리다(명성·권위 따위를)손상하다. (학설 따위를)뒤엎다. ~ une doctrine 학설을 무너뜨리다. ~ le crédit de *qn* …의 신용을 떨어뜨리다. ③ [~ *qn*](의)건강을 해치다; (의)기를 죽이다, 낙담시키다; (의)권위[명성]를 실추시키다. Les excès l'*ont démoli*. 방탕한 생활이 그의 건강을 해쳤다. Cet échec l'*a* complètement *démoli*. 이 실패로 그는 완전히 실의에 빠졌다. chercher à ~ un ministre 장관의 권위를 실추시키려 하다. ④《구어》[~ *qn*] 때리다, 후려치다(frapper). ~ *qn* en quelques coups de poing …을 주먹으로 몇 대 치다. ~ le portrait à *qn*《구어》…을 때려 눕히다.

démolissage [demɔlisa:ʒ] *n.m.* ① 파괴. ② (명성·권위 따위를)떨어뜨리기. ③《속어》(사람을)때려 눕힘.

démolisseur(se) [demɔlisœːr, -øːz] *n.* 파괴자, 타도자. ~ d'un tradition 전통의 파괴자. —*a.* 파괴하는; 파괴적인. esprit ~ 파괴적인 정신.

démolition [demɔlisjɔ̃] *n.f.* ① (건물·선박 따위의)파괴(destruction, ↔construction). ② (정부의)전복; (사회제도·사상 따위의)타도; 멸망(ruine). ③ (*pl.*)(파괴된 건물의)잔해(décombres).

démon [demɔ̃] *n.m.* ① 악마, 타락한 천사; 마왕, 사탄(일상적으로는 diable을 씀). être habité(possédé) du(d'un) ~ 악마에게 사로잡히다. avoir de l'esprit comme un ~ 《구어》재기발랄하다. ② 악마 같은 사람; 악의에 찬 사람;《구어》장난꾸러기. Cet homme est un vrai ~. 이 남자는 정말 악독하다. faire le ~ 《구어》법석을 떨다. Oh! le petit ~! 이런 말썽꾸러기가 있나! ③ 마귀, 귀신·악덕 따위의 의인화). ~ du jeu 도박의 강한 유혹. ~ de la jalousie 질투의 화신. ~ de midi 중년에 마가 낌(인생 중반에 빠지기 쉬운 성적·감정적 유혹). ④ (운명·행동을 다스리는)수호신, 영(génie, divinité) (《그리스신화》다이모니온. J'ai confiance en mon ~ familier. 나는 우리 가정의 수호신을 믿고 있다. ~ de la poésie 시적 영감. le ~ familier de Socrate 소크라테스의 다이모니온 (어떤 일의 선악을 판단하기 어려울 때 내심에 속삭여 주었다고 함).

démone [demɔn] *n.f.* 《드물게》여자 마귀(악마).

démonétisation [demɔnetizɑsjɔ̃] *n.f.* ① (화폐의)유통폐지. ② (비유적)신용·명성의 추락(discrédit). ~ de la police 경찰의 명예실추.

démonétiser [demɔnetize] *v.t.* ① (화폐의)유통을 폐지하다. ② (비유적)신용[평판]을 떨어뜨리다. Sa théorie *est* un peu *démonétisée*. 그의 학설은 다소 빛을 잃었다.

—*se* ~ *v.pr.* ① (화폐의)유통이 정지되다. ② (비유적)신용[평판]을 잃다.

démoniaque [demɔnjak] *a.* 악마의, 악마 같은 (diabolique, satanique); 마귀에 홀린, 신들린. ruse ~ 사악한 계략. femme ~ 마귀들린 여자.

—*n.* ① 마귀들린 사람; 악마 같은 사람. ② 격하기 쉬운 사람.

démonicole [demɔnikɔl] *a.* 귀신 숭배의. —*n.* 귀신 숭배자.

démonisme [demɔnism] *n.m.* 귀신 숭배.

démoniste [demɔnist] *n.m.* 귀신 신봉자.

démonographe [demɔnɔgraf] *n.m.* 귀신학자, 귀신 연구가.

démonographie [demɔnɔgrafi], **démonologie**

[demɔnɔlɔʒi] *n.f.* 귀신학, 마신(魔神)연구.
démonographique [demɔnɔgrafik], **démonologique** [demɔnɔlɔʒik] *a.* 귀신학의, 귀신 연구의.
démonomane [demɔnɔman] *n.* 《의학》 빙의(憑依)망상 환자.
démonomanie [demɔnɔmani] *n.f.* 《의학》 빙의망상(악마나 귀신에 사로잡혔다고 믿는 망상).
démonstrateur(trice) [demɔ̃stratœːr, -tris] *n.* 《옛》 (진리·학술의)증명자, 교시자; (상점 따위에서 기구 사용법을 설명하는)실연(實演) 선전원.
démonstratif(ve) [demɔ̃stratif, -iːv] *a.* ① 증명하는, 논증하는; 설득력 있는. argument ~ 논증. 《언어》 지시의. adjectif(pronom) ~ 지시형용사〔대명사〕. ③ 감정을 드러내는(ouvert, ↔ fermé). C'est un homme froid, peu ~. 그는 감정을 드러내지 않는 차가운 사람이다.
—*n.m.* 《언어》 지시사(詞).
démonstration [demɔ̃strasjɔ̃] *n.f.* ① 증거, 예증(preuve); 증명, 논증. ~ par l'absurde 귀류법(歸謬法)에 의한 논증. faire la ~ de l'innocence de l'accusé 피고의 무죄를 입증하다. ②《종종 pl.》 (감정 따위의)표명, 표시(manifestation). être touché par des ~s d'amitié 우정의 표시에 감격하다. ③ 실험; (상점·가두에서 상품의)실연 선전. ~ d'un professeur 어떤 교수의 실험강의. ~ d'un aspirateur 진공소제기의 사용법 실연. ④《군사》 양동〔시위〕작전.
démonstrativement [demɔ̃strativmɑ̃] *ad.* 논증적으로, 설득력 있게 논하여.
démontable [demɔ̃tabl] *a.* 분해할 수 있는. canot ~ 조립식 보트. construction ~ 조립식 건물.
démontage [demɔ̃taːʒ] *n.m.* ① 분해; 분해 소제〔수리〕. ②《염색》 탈색.
démonté(e) [demɔ̃te] *a.p.* ① 분해된; (고정된 곳에서)떼어낸. fusil ~ 분해소제한 총. ② 말에서 떨어진〔내린〕. ③ (바다가)풍랑이 심한. ④ (사람이)당황한, 혼란에 빠진(déconcerté).
démonte-pneu [demɔ̃tpnø] *n.m.* 《자동차》 (테에서)타이어를 떼어내는 기구.
démonter [demɔ̃te] *v.t.* ① 말에서 떨어뜨리다〔내리게 하다〕. ② 당황하게 하다; 실망시키다(déconcerter, troubler). Ses objections *ont démonté* l'orateur. 그의 반론은 연사를 당황케 했다. ③ (기구 따위를)분해하다, (고정된 곳에서)떼다; 사용불능케 하다. ~ un poste de radio 라디오를 분해하다. ~ une roue de la voiture 자동차의 바퀴를 떼어내다. ④ ~ un oiseau 《사냥》 새의 날개를 맞춰 떨어뜨리다.
—se ~ *v.pr.* ① 분해되다. Cette montre *se démonte* facilement. 이 시계는 쉽게 분해된다. ② (기계·신체의 상태가)이상해지다, 탈이나다, 고장나다. ③ 당황하다. Il *s'est démonté* à l'oral. 그는 구술시험에서 당황했다. sans *se* ~ 당황하지 않고, 침착하게. *bâiller à se* ~ *la mâchoire* 턱이 빠지도록 크게 하품을 하다. *se* ~ *le visage* 얼굴을 찌푸리다, 감정을 얼굴에 드러내다.
démonteur(se) [demɔ̃tœːr, -øːz] *n.* 분해자.
démontrabilité [demɔ̃trabilite] *n.f.* 증명 가능성.
démontrable [demɔ̃trabl] *a.* 증명할 수 있는.
démontrer [demɔ̃tre] *v.t.* ① 증명하다, 논증하다 (prouver). L'avocat *a démontré* son innocence. 변호사는 그의 무죄를 입증했다. 〔~ à *qn* que+*ind.*〕 Je vais te ~ *que* tu as tort. 네가 잘못이라는 것을 입증해 보여주겠다. ② (주어는 사물) 보여주다, 나타내다, 명시하다. Sa rougeur *démontre* sa honte. 그의 빨간 얼굴빛은 그의 부끄러움을 나타낸다. ③ (기구 사용법을)실연하다.

~ *par A plus B* 엄밀하게 증명하다.
—*se* ~ *v.pr.* 증명되다, 입증되다, 논증되다.
démontreur [demɔ̃trœːr] *n.m.* 증명인, 논증자.
démophile [demɔfil] *n.* 《드물게》 민중의 벗.
démoralisant(e) [demɔralizɑ̃, -ɑ̃ːt] *a.* ①《문어》 도덕〔풍속〕을 문란케 하는. ② 사기를 저하시키는, 실망을 주는(décourageant).
démoralisateur(trice) [demɔralizatœːr, -tris] *a.* ①《문어》 도덕〔풍속〕을 문란케 하는. ② 사기를 저하시키는. —*n.* (위)의 사람.
démoralisation [demɔralizasjɔ̃] *n.f.* ① 도덕의 퇴폐, 풍기문란. ② 사기의 저하.
démoraliser [demɔralize] *v.t.* ① 《옛·문어》 (의)도덕을 퇴폐케 하다, 풍기를 문란케 하다. ② (의)사기를 저하시키다, 실망을 주다(décourager). Il *démoralise* les gens avec ses discours pessimistes. 그는 비관적인 이야기로 사람들을 낙담시킨다. ~ l'armée 군의 사기를 저하시키다.
—*se* ~ *v.pr.* ① 풍기가 문란해지다. ② 사기가 저하되다.
démordre [demɔrdr] [25] *v.i.*《옛》(물었던 것을)도로 놓다. —*v.t.ind.*《대개 부정으로》〔ne pas ~ de *qc*〕 (태도·의견을)고집하다, 단념하지 않다. Il *ne* veut *pas* ~ de son idée. 그는 자기 생각을 단념하려 하지 않는다. Il *n'en démord pas*. 그는 자신의 말을 끝까지 고집한다.
démotique [demɔtik] *a.* 민중의, 민간에 통용되는. écriture ~ (고대 이집트의)민용(民用) 문자.
—*n.m.* 민용 문자.
démotorisation [demɔtɔrizasjɔ̃] *n.f.* 자가용차의 폐지, 탈자동차화.
démoucheter [demuʃte] [5] *v.t.* (검술용 장검 끝에 씌운)가죽을 벗기다.
—*se* ~ *v.pr.* 가죽이 벗겨지다.
démoulage [demulaːʒ] *n.m.* 틀〔거푸집〕에서 꺼내기.
démouler [demule] *v.t.* 틀에서 꺼내다.
démoustication [demustikasjɔ̃], **démoustication** [demustifikasjɔ̃] *n.f.* (어떤 지역의)모기 구제(驅除).
démoustiquer [demustike] *v.t.* (어떤 지역의)모기를 구제하다, 모기를 잡아 없애다.
dem. réd.《약자》demandes réduites 《상업》 수요의 감소.
démuétiser [demɥetize] *v.t.* 《언어》 (무음 e를)발음하다, 유성음으로 하다.
démultiplicateur(trice) [demyltiplikatœːr, -tris] 《기계》 *a.* 감속(減速)의. —*n.m.* 감속 장치(engrenage ~).
démultiplication [demyltiplikasjɔ̃] *n.f.*《기계》 감속시키기; 감속률.
démultiplier [demyltiplije] *v.t.*《기계》 감속하다.
démuni(e) [demyni] *a.p.* (~ d'argent). 공급되지 않은, 없는; 《상업》품절된; 무일푼의(~ d'argent). [~ de *qc*] ~ de tout papier d'identité 신분증을 하나도 소지하지 않은. ~ de main-d'œuvre 노동력이 부족한, 일손이 모자라. 《보어 없이》 Je suis complètement ~. 나는 빈털터리이다.
démunir [demyniːr] *v.t.* 빼앗다, 박탈하다(dépouiller). 〔~ *qn* de *qc*〕 Cette période de crise nous *a démuni* de nos petites économies. 이 어려운 시기가 우리의 조그마한 저축금을 앗아가 버렸다〔다 쓰게 했다〕. se laisser ~ 빈털터리가 되다.
—*se* ~ *v.pr.* 〔se ~ de *qc*〕 (을)빼앗기다. *se* ~ *de* son argent 돈을 털리다; 돈을 다 써버리다. Ne *vous démunissez pas* de ce livre. 이 책을 잃어버리지 마시오.
démurer [demyre] *v.t.* (벽을 쳐서 막았던 문〔창문〕)

démuseler [demylze] [5] *v.t.* ① 재갈[부리망]을 벗기다. ②(비유적)자유를 주다, 제한을 없애다; (감정을)폭발시키다. ~ la presse 언론에 자유를 돌려주다. —*v.i.* 《속어》이야기에 한몫 끼다.
—**se** ~ *v.pr.* ① 재갈[부리망]을 벗다. ②(감정이)폭발하다.

démutiser [demytize] *v.t.* 이야기하는 방법을 가르치다, (벙어리를)교육하다.

démystifiant(e) [demistifjɑ̃, -ɑ̃:t] *a.* 신화[기만]에서 깨어나게 하는 (détrompant).

démystification [demistifikasjɔ̃] *n.f.* 신화[기만]에서 각성[해방]시키기.

démystifier [demistifje] *v.t.* 신화[기만]에서 깨어나게 하다, (그)허구를 깨닫게 하다 (détromper).

démythifier [demitifje] *v.t.* (에서)신화적 성격을 제거하다, 비신화화하다 (démystifier 와 혼동하여 오용됨).

dénager [denaʒe] [3] *v.t.* 《해양》노를 반대로 젓다. *Dénage partout!* 양현(兩舷) 뒤로!

dénaire [denɛ:r] *a.* 10의, 십진(十進)의. système ~ 십진법.

dénantir [denɑ̃ti:r] *v.t.* (채권자로부터)저당품을 빼앗다. —**se** ~ *v.pr.* [se ~ de *qc*] 담보물을 내주다; (일반적으로)(가지고 있는 것을)내주다, 잃다 (se dépouiller de).

dénasalisation [denazalizasjɔ̃] *n.f.* 《언어》비비음화(非鼻音化).

dénasaliser [denazalize] 《언어》 *v.t.* 비음성(鼻音性)을 잃게 하다, 비모음(鼻母音)을 보통 모음으로 변화시키다. —**se** ~ *v.pr.* 비음성을 잃다.

dénatalité [denatalite] *n.f.* 출산율의 저하.

dénationalisation [denasjɔnalizasjɔ̃] *n.f.* ① 국적의 박탈(상실); (예)국민성의 박탈(상실). ②(국유화되었던 기업의)민영화, 비국유화.

dénationaliser [denasjɔnalize] *v.t.* ①(예)국적을 박탈하다; 국민성을 상실시키다. ~ une marchandise 상품을 딴 나라 제품으로 속이다. ②(국유화되었던 기업을)민영화시키다.
—**se** ~ *v.pr.* (다른 나라에 귀화한 사람이)국적을 상실하다.

dénatter [denate] *v.t.* 땋은(엮은) 것을)풀다.

dénaturalisation [denatyralizasjɔ̃] *n.f.* 귀화권의 박탈, 국적 상실.

dénaturaliser [denatyralize] *v.t.* (의)귀화권을 박탈하다, 국적을 상실케 하다.

dénaturant(e) [denatyrɑ̃, -ɑ̃:t] 《화학》 *a.* 변성(變性)시키는. —*n.m.* 변성제(劑).

dénaturation [denatyrasjɔ̃] *n.f.* 《화학》변성(시키기).

dénaturé(e) [denatyre] *a.p.* ① 변질된, 변성된. alcool ~ 변질[불순] 알코올. ②(취미 감정이)야 릇한, 비뚤어진, 악독한. goûts ~s 이상 취미. parents ~s 자식들을 저버린 부모. fils ~ 패륜아. passion ~e 비뚤어진 정념.

dénaturer [denatyre] *v.t.* ① 변질[변성]시키다; (사람의 말·행위를)왜곡[곡해]하다(fausser). Vous *dénaturez* mes paroles. 당신은 내 말을 곡해하고 있다. ②(성질 따위를)비뚤어지게 하다, 자연에서 어긋나게 하다(déformer, défigurer).
—**se** ~ *v.pr.* ① 변질[변성]되다, (사실이)왜곡되다. ②(성질이)비뚤어지다, 고약해지다.

dénazification [denazifikasjɔ̃] *n.f.* (제2차 대전 후의)비나치스화.

dénazifier [denazifje] *v.t.* 나치스의 영향을 몰아내다, 비나치스화(化)하다.

denché(e) [dɑ̃ʃe] *a.* 《문장》톱니 모양의.

dendrite [dɛ̃(a)drit] *n.f.* 《광물》모수석(模樹石); 화석수(化石樹); 《해부》수상(樹狀)돌기.

dendritique [dɛ̃(a)dritik] *a.* 《지질·광물》나뭇가지 모양의.

dendro- *préf.* **-dendron** *suff.* 「나무」의 뜻.

dendrographie [dɛ̃(a)drɔgrafi] *n.f.* 수목학(樹木學).

dendroïde [dɛ̃(a)drɔid] *a.* 나뭇가지 모양의.

dendrologie [dɛ̃(a)drɔlɔʒi] *n.f.* 수목학.

dendromètre [dɛ̃(a)drɔmɛtr] *n.m.* 측수기(測樹器).

dénébulisateur [denebylizatœ:r] *n.m.* 안개 제거기, 제무기.

dénébulisation [denebylizasjɔ̃] *n.f.* (인공적)안개 제거, 제무(除霧)법.

dénébuliser [denebylize] *v.t.* 인공적으로 안개를 없애버리다.

dénégateur(trice) [denegatœ:r, -tris] *n.* 부인[부정]하는 사람.

dénégation [denegasjɔ̃] *n.f.* 부정; 《법》거부, 부인(négation, désaveu). faire des gestes de ~ 부인하는 몸짓을 하다. ~s d'un accusé 피고의 (범죄 사실의) 부인.

dénégatoire [denegatwa:r] *a.* 《법》부인하는.

déneigement [denɛʒmɑ̃] *n.m.* (도로·철도 따위의)제설(除雪).

dengue [dɛ̃:g] *n.f.* 《의학》뎅그열(熱).

déni [deni] *n.m.* 《예·문어》부인; 거절, 거부; 《법》거부. ~ de justice (재판관의)재판 거부. ~ d'aliments 부양의무의 거부. ②《정신분석》현실 거부(~ de la réalité). ③《일반적으로》(어떤 사람에 대한)불공정(injustice). La note attribuée à cet élève est un véritable ~ de justice. 이 학생에게 준 점수는 참으로 불공평하다.

déniaisé(e) [denje(e)ze] *a.p.* ①《예》세상 물정에 밝아진, 영악해진. ②《구어》처녀성을 잃은, 동정(童貞)을 잃은.

déniaisement [denjɛzmɑ̃] *n.m.* 《예》세상 물정에 밝아지기; 순결성의 상실.

déniaiser [denje(e)ze] *v.t.* 《예》세상 물정에 익숙케하다, 영악해지게 하다; 《구어》순결성을 잃게 하다. Ce voyage l'a un peu *déniaisé*. 이번 여행은 그로 하여금 세상사를 조금은 알게 만들었다.
—**se** ~ *v.pr.* 영악해지다, 세상 물정에 밝아지다; 순결성을 잃다.

dénichement [deniʃmɑ̃] *n.m.* ①(새집에서 새·알을)끄집어내기. ②(힘들여)찾아내기.

dénicher [deniʃe] *v.t.* ①(새집에서 알 따위를)끄집어내다. ②《구어》(귀한 말을)찾아내다; (은닉처에서)끌어내다, (적을)몰아내다. ~ un voleur de sa retraite 도둑을 은닉처에서 끌어내다. ~ les ennemis de leurs positions 적을 그들의 진지에서 격퇴하다. ③《구어》찾아내다, 발견하다(découvrir). Elle a eu bien du mal à ~ une bonne. 그녀는 식모를 구하는 데 무척 애를 썼다.
—*v.i.* 《드물게》(새가)새집에서 떠나버리다; 《예·구어》사라지다, 떠나가다.
~ *sans tambour ni trompette* 말없이 사라지다.
Les oiseaux ont déniché (*sont dénichés*). (탈옥수따위가)도망쳤다.

dénicheur(se) [deniʃœ:r, -ø:z] *n.* 새집에서 새(알)를 끄집어내는 사람(아이); 진품을 잘 찾는 명수. ~ *de fauvettes* 《예》여자 비단뱀을 쫓는 사람. ~ *de merles* 《예》(기회 포착에 능한)약삭빠른 사람.

dénicotinisation [denikɔtinizasjɔ̃] *n.f.* 니코틴 줄이기(감소시키기).

dénicotiniser [denikɔtinize] *v.t.* (담배의)니코틴 함유량을 줄이다.

dénicotiniseur [denikɔtinizœ:r] *n.m.* (담배의)필

터(filtre).

denier [dənje] *n.m.* ① 《고대로마》데나리우스 은화; 《옛 프랑스의》드니에(1 sou의 12분의 1); 《옛》《영국의》페니. ② 《옛》이자. ③ 《가톨릭》교무금, 연보금(지금은 offrande paroissiale) (~ du culte). ④ (종종 *pl.*) 돈. ⑤ 데니어(견사의 굵기의 단위).
à beaux ~s comptants 현금으로; 고가로. vendre qc à beaux ~s comptants …을 현금으로 팔다.
~ à Dieu (세를 얻거나 집을 샀을 때 수위·중개인에 대한)행하, 팁.
~ de saint Pierre 교황에게 바치는 헌금(예전에는 ~s de l'État; ~s publics 공금. [세금].
(payer) *de ses ~s* 자기 돈으로(치르다).
n'avoir pas un ~ 한푼도 없다.
payer jusqu'au dernier ~ 마지막 한푼까지 털다.

dénier [denje] *v.t.* ① (사실을)부인하다, 부정하다. ~ toute responsabilité (자기에게 돌아오는)모든 책임을 부인하다. [→+부정법과거] Il *dénie* avoir participé à la manifestation. 그는 데모에 참가하지 않았다고 단언하다. ② [~ *qc à qn*] (권리 따위를)부당하게 거부[거절]하다. Personne ne peut ~ *à* autrui la liberté de jugement. 아무도 타인의 판단의 자유를 거부할 수 없다.

dénigrant(e) [denigrã, -ã:t] *a.* 중상하는, 헐뜯는.

dénigrement [denigrəmã] *n.m.* 중상(모략), 헐뜯기, 비방; 《드물게》중상[비방]하는 말.
par ~ 경멸조로(péjorativement).

dénigrer [denigre] *v.t.* 중상하다, 헐뜯다, 비방하다(calomnier, décrier). ~ les ouvrages de *qn* …의 작품을 헐뜯다. ~ ses concurrents 경쟁자를 중상하다. **—se ~** *v.pr.* (상호적) 서로 헐뜯다.

dénigreur(se) [denigrœ:r, -ø:z] *a*, *n.* 중상모략하는(사람).

Denis [dəni] *n.pr.m.* Monsieur et Madame ~ (부유한 중산층의)다정한 노부부(*Désaugier*의 노래에서 유래).

dénitrification [denitrifikasjɔ̃] *n.f.* 《생물》 탈질소 작용(脫窒素作用).

dénitrifier [denitrifje] *v.t.* 《생물》(에서)질소를 제거하다.

dénivelé(e) [denivle] *a.p.* 기복이 있는, 평탄하지 않은, 울퉁불퉁한; 둥고선을 그은. **—***n.f.* 두 지점 사이의 높이의 차이; 두 층(層) 사이의 고저차.

déniveler [denivle] [5] *v.t.* ① (토지·표면에)고저(高低)가 생기게 하다, 기복을 넣다. La crue de la rivière *a dénivelé* la chaussée. 강물이 범람해서 차도에 기복이 생겼다(울퉁불퉁해졌다). ② 《측량》(의)기복을 측량하다; (에)등고선을 기입하다.

dénivellation [denive(l)lasjɔ̃] *n.f.*, **dénivellement** [denivɛlmã] *n.m.* ① (토지)기복이 생기게 함; 기복; 고저차(差). ② 고저차 측량. ③ 《물리》 강하, 저하. ~ *de potentiel* 전압 강하.

dénoircir [denwarsi:r] *v.t.* (에서)검은 빛을 없애다. **—se ~** *v.pr.* 검은 빛이 사라지다; (비유적)결백해지다.

dénombrable [denɔ̃brabl] *a.* 셀[열거할] 수 있는.

dénombrement [denɔ̃brəmã] *n.m.* (많은 사람·사물을)세기; 열거(énumération); (인구 따위의)조사(recensement). faire le ~ de tous les cas 모든 경우를 (빠짐없이)열거하다. ~ *de la population* 인구조사.

dénombrer [denɔ̃bre] *v.t.* 세다(compter), 열거하다(énumérer); (인구 따위를)조사하다(recenser). ~ les voitures à l'entrée de l'autoroute 고속도로 입구에서 차량을 정확하게 세다.

dénominateur [denɔminatœ:r] *n.m.* 《수학》 분모. ~ *commun* 공분모; (비유적)공통점. Ils ont pour ~ *commun* l'amour de la nature. 그들은 공통점으로서 자연에 대한 사랑을 가지고 있다.

dénominatif(ve) [denɔminatif, -i:v] *a.* 명사의 어근에서 파생한. **—***n.m.* 명사파생어(예: numéro → *numéroter*).

dénomination [denɔminasjɔ̃] *n.f.* 명칭, 호칭.

dénommé(e) [denɔme] *n.* (구어) (라고)불리는 사람. un ~ Antoine 앙투안이라는 사람.

dénommement [denɔmmã] *n.m.* 명명(命名).

dénommer [denɔme] *v.t.* ① 명명하다, (에)이름을 붙이다(nommer, appeler). ② 《법》지명하다. ~ *une personne dans un acte* 증서에 있는 사람을 지명하다.

dénoncer [denɔ̃se] [2] *v.t.* ① 고발하다(accuser); 적발하다. ~ *ses complices* 공모자를 고발하다. ② (위험 따위를)알리다, 널리 알게 하다(signaler). ~ *les dangers de la crise économique* 경제적 위기의 위험을 널리 알리다. ③ (조약 따위의)폐기를 통고하다. ~ *l'armistice* 휴전 조약의 폐기를 통고하다. ④ 《문어》나타내다, 표시하다(dénoter). visage qui *dénonce* la franchise 솔직성을 나타내는 얼굴. ⑤ 《옛》선언[공표]하다(déclarer). ~ *la guerre* 선전포고하다.
—se ~ *v.pr.* ① 자수하다. *se ~ à la police* 경찰에 자수하다. ② 서로 고발하다.

dénonciateur(trice) [denɔ̃sjatœ:r, -tris] *n.* 고발인, 고소인; 밀고자. **—***a.* 고발하는; 밀고하는. *lettre ~trice* 고발장; 밀고장.

dénonciation [denɔ̃sjasjɔ̃] *n.f.* ①고발, 밀고. ~ *calomnieuse* 무고죄. ②(조약·협정 따위의)폐기 통고; 《법》통고. ~ *d'un traité* 조약의 파기통고. ③《옛》선언(déclaration).

dénotation [denɔtasjɔ̃] *n.f.* 표시; 《논리》외연(外延)(extention); 《언어》외시(↔ connotation).

dénoter [denɔte] *v.t.* 나타내다, 표시하다(indiquer, désigner). [~ *qc/que+ind.*] visage qui *dénote* l'énergie 정력을 나타내 보이는 얼굴. Son attitude *dénote* qu'il n'est pas content. 그의 태도는 그가 만족하지 않는다는 것을 나타낸다. ②《논리》외연에 의해 나타내다; 《언어》외시(外示)하다(↔ connoter).

dénouable [denwabl] *a.* (매듭 따위를)풀 수 있는; 해결할 수 있는.

dénouement, dénoûment [denumã] *n.m.* ① (매듭을)풀기. ② 결말, 종국, 해결(fin, solution); (소설·희곡의)대단원. heureux ~ 해피엔딩.

***dénouer** [denwe] *v.t.* ① (의)매듭을 풀다(délier). ~ *les lacets de ses chaussures* 신발의 끈을 풀다. ②《옛·문어》(손·입 따위를)열게 하다(desserrer). ~ *la langue* 입을 열게 하다, 말하게 하다. ③ (몸을)유연하게 하다. ④ (어려움을)해결하다(résoudre); (작품의 줄거리를)결말짓다. ~ *une crise* 위기를 해결하다[매듭짓다]. ⑤ (관계를)끊다. ~ *la liaison* 교제[관계]를 끊다.
—se ~ *v.pr.* ① 매듭이 풀리다. *lacets qui se dénouent sans cesse* 자꾸만 풀리는 신발 끈. ② 해결되다, 결말이 지어지다. ③ (손·입 따위를)열다. *Sa langue s'est dénouée à la fin*. 그는 드디어 말하기 시작했다.

dénoueur(se) [denwœ:r, -ø:z] *n.* 매듭을 푸는 사람; (문제·분규의)해결자.

dénoyage [denwaja:ʒ] *n.m.* 《광산》(침수된 광갱(鑛坑)의)배수(排水).

dénoyauter [denwajote] *v.t.* (과일의)핵[씨]을 제거하다.

dénoyauteur [denwajotœ:r] *n.m.* (과일의)핵[씨]

dénoyer 을 발라내는 기구.
dénoyer [denwaje] [7] *v.t.* 《광산》(침수된 광갱을)배수하다.
denrée [dɑre] *n.f.* (보통 *pl.*) 식료품; 산물(産物); 《옛》상품. ~s alimentaires 식료품. ~s périssables 상하기 쉬운 식료품. ~ coloniales [du pays] 식민지[내지(内地)] 산물. ~ rare 희귀한 물건, 진품.
***dense** [dɑ:s] *a.* ① 빽빽한, 농밀한; (안개 따위가)짙은. ② (인구가)조밀한, 밀집한(compact). foule ~ 밀집한 군중. feuillage ~ des arbres 빽빽한 나뭇잎. ③ 《문체가》밀도 높은(condensé); 압축된. ④ 《물리》농도[밀도]가 짙은.
densification [dɑsifikasjɔ] *n.f.* (인구·건축물의)밀집화, 조밀화.
densifier [dɑsifje] *v.i.* 건축물이 밀집하다.
—*v.t.* 건축물을 밀집하게 하다. 　　　　[계.
densimètre [dɑsimɛtr] *n.m.* 《물리》밀도[비중]
densimétrie [dɑsimetri] *n.f.* 《물리》밀도[비중] 측정.
densimétrique [dɑsimetrik] *a.* 《물리》밀도 측정의, 비중계의.
densité [dɑsite] *n.f.* ① (인구 따위의)밀도; 농도. ~ de population 인구밀도. ~ d'un brouillard 안개의 농도. population de faible ~ 밀도가 낮은 인구. ② 《물리》밀도, 비중. ~ de courant 《전기》전류 밀도.
‡**dent** [dɑ] *n.f.* ① 이, 치아(齒牙). ~s du haut [du bas] 웃[아랫]니. ~s de lait 유치(乳齒). ~s de remplacement 영구치. ~s de sagesse 사랑니. rage de ~ 심한 치통. avoir mal aux ~s 이가 아프다. se brosser les ~s 이를 닦다. se faire soigner les ~s 이를 치료받다. se faire arracher une ~ 이를 뽑다. ~s artificielles; fausses ~s 의치.
② 톱니; 톱니 모양의 것. ~s d'une scie 톱니. Ce couteau a des ~s. 이 칼에는 톱니가 있다. ~s d'une broderie 자수의 스캘럽.　　　　　 [(crête).
③ 《지리》뾰족한 산봉우리, 첨봉(aiguille, pic, *à belles ~s* ⓐ 게걸스럽게(de bon appétit). manger[mordre] *à belles ~s* 게걸스럽게[아작아작] 먹다(깨물다). ⓑ 맹렬히, 혹독하게(violemment). déchirer qn *à belles ~s* …을 혹평하다.
armé jusqu'aux ~s 완전무장한.
avoir la ~ 《속어》배가 고프다.
avoir la ~ dure 《구어》입바른 소리[신랄한 비판]를 하다.
avoir les ~s longues 《구어》욕심[야심]이 많다. 몹시 배고프다.
avoir une ~ contre qn 《구어》…에게 원한을 품다.
donner un coup de ~ à qn …을 물어뜯다; 《구어》…을 비방하다.
(manger, rire, accepter) du bout des ~s 마지못해(먹다, 쓴웃음을 짓다, 수락하다).
(parler, répondre) entre ses ~s 입 안에서 어물어물(말하다, 대답하다).
être guéri du mal de ~s; n'avoir plus mal aux ~s 《속어》저승으로 가다.
être sur les ~s 기진맥진해 있다, (일이 이루어지기[시작되기]를)조마조마하게 기다리다.
faire [percer] ses ~s 이가 나다 (어린아이의)이가 나다.
grincer des ~s (노여움으로) 이를 갈다.
manger de toutes ses ~s 게걸스레 먹다.
montrer les ~s 이를 드러내고 웃다; 《구어》적의를 나타내다, 위협하다.
n'avoir rien à se mettre sous la ~ 먹을 것이 아무것도 없다.
ne pas desserrer les ~s 《구어》함구무언이다. 　[다.
rester sur les ~s 실패하다; 난처한 입장에 놓여 있

rire à pleines ~s 가가대소하다.
se casser les ~s sur une difficulté 《구어》좌절[실패]하다.
serrer les ~s (de douleur, de colère) 이를 악물고 (고통·노여움을) 꾹 참다.
tenir la mort entre les ~s 숨이 넘어가려 하다.
tomber sous la ~ de qn …에게서 욕을 먹다; 학대받다.
une sans-~s 《구어》이가 빠진 노파.
vouloir prendre la lune avec les ~s 불가능한 일을 바라다.
dentaire¹ [dɑtɛ:r] *a.* 이의; 치과의. formule ~ 치열식(齒列式). racine ~ 치근(racine des dents). soins ~s 치아 치료.
dentaire² *n.f.* 《식물》미나리냉이.
dental(ale, *pl.* **aux)** [dɑtal, -o] *a.* 《언어》치음(齒音)의; 《음》이의. —*n.f.* 치음.
dent-de-chien [dɑdʃjɛ] (*pl.* ~s-~-~) *n.f.* 《식물》얼레지속(屬).
dent-de-lion [dɑdəljɔ] (*pl.* ~s-~-~) *n.f.* 《식물》민들레.
dent-de-loup [dɑdlu] (*pl.* ~s-~-~) *n.f.* (양피지·종이·가죽 따위를)가는 도구, 연마기.
dent-de-scie [dɑdsi] (*pl.* ~s-~-~) *n.f.* 《건축》(초기 영국식 건축의)송곳니 장식.
denté(e¹) [dɑte] *a.p.* ① 이가 있는. ② 톱니 모양의. roue ~e 톱니바퀴.
dentée² *n.f.* (사냥개가 짐승에 달려들어 물기.
dentelaire [dɑtlɛ:r] *n.f.* 《식물》갯질경이과.
dentelé(e) [dɑtle] *a.p.* 톱니 모양의, 깔쭉깔쭉한. côte ~e (톱니처럼)들쭉날쭉한 해안. noyaux ~s du cervelet 소뇌의 치상핵(齒狀核). —*n.m.* 《해부》거근(鋸筋).
denteler [dɑtle] [5] *v.t.* 깔쭉깔쭉하게 하다, 톱니 모양으로 만들다; (가죽에)구멍을 뚫다.
—*se ~ v.pr.* 톱니 모양으로 되다.
dentelle [dɑtɛl] *n.f.* ① 《레이스》; (*pl.*)레이스 세공품. corsage de ~ 레이스 블라우스. ② 《인쇄》 (페이지의)가장자리의 장식.
avoir les pieds en ~ 《속어》일하기를 싫어하다.
faire de la ~ (축구에서 팀 전체가)스탠드 플레이를 하다.
dentellerie [dɑtɛlri] *n.f.* ① 레이스 제조; 레이스 공장. ② 레이스 제품.
dentellier(ère) [dɑte(e)lje, -ljɛ:r] *a.* 레이스의.
—*n.f.* ① 레이스 제조 여공. ② 레이스 제조기.
dentelure [dɑtly:r] *n.f.* 톱니 모양, 《건축》톱니 모양의 장식.
denter [dɑte] *v.t.* (에)이를 만들다[새기다].
denticule [dɑtikyl] *n.m.* ① 작은 이. ② (*pl.*) 《건축》톱니 모양의 장식.
denticulé(e) [dɑtikyle] *a.* 《건축》톱니 모양의 장식을 한.
dentier [dɑtje] *n.m.* ① 의치(義齒), 틀니. ~ complet [partiel] 완전[부분] 틀니. ② (드물게) 치열.
dentiforme [dɑtifɔrm] *a.* 이 모양의.
dentifrice [dɑtifris] *n.m.* 치약. —*a.* eau [pâte, poudre] ~ 물[연·가루]치약.
dentilabial(ale, *pl.* **aux)** [dɑtilabjal, -o] *a.* 《음성》순치음(脣齒音).
dentine [dɑtin] *n.f.* 《해부》이의 상아질.
dentirostres [dɑtirɔstr] *n.m.pl.* 《조류》겸취류(鎌嘴類) 《마도요·벌새 따위》.
dentiste [dɑtist] *n.* 치과 의사. aller chez un ~ 치과에 가다. cabinet de ~ 치과치료실(병원). —*a.* 치과의. chirurgien ~ 치과 의사.
dentisterie [dɑtist(ə)ri] *n.f.* 치과술, 치과학.
dentition [dɑtisjɔ] *n.f.* ① 이가 나기. ② 《속어》《집

합적)이. ~ définitive 영구치. ③《오용》치열(齒列)《정확하게는 denture》.
dentu(e) [dāty] a. 이가 있는, 유치(有齒)의.
denture [dātyːr] n.f. ①《집합적》이. ~ artificielle 틀니, 의치(義齒). ② 치열.
dénucléarisation [denyklearizasjɔ̃] n.f. 비핵(무장)화된.
dénucléarisé(e) [denyklearize] a.p. 비핵(무장)
dénucléariser [denyklearize] v.t. 비핵(무장)화하다. ~ un pays(une zone) 어느 나라(지역)를 비핵화하다.
dénudation [denydɑsjɔ̃] n.f. ① (이·뼈 따위의)노출; (나무에)잎(껍질)이 없음; (토지에)나무가 없음. ②《지질》침식작용.
dénudé(e) [denyde] a.p. 벌거벗은, 나무가 없는; 껍질이 벗겨진; 대머리의. sol ~ (초목이 없는)벌거숭이 땅. crâne ~ 대머리. arbre ~ 잎이 떨어진(껍질이 벗겨진)나무.
dénuder [denyde] v.t. 노출시키다; (동물·수목의)껍질을 벗기다; (사람을)벌거벗기다; (의)나무를 없애다(dépouiller, découvrir). robe qui *dénude* les bras 팔이 드러나는 옷. ~ un animal de sa peau 동물의 가죽을 벗기다.
— *se* ~ v.pr. ①노출되다; 벌거숭이가 되다; (머리가)벗겨지다. les gens qui *se dénudent* sur les plages 해변가에서 벌거숭이가 된 사람들. Son crâne *se dénude*. 그는 머리가 벗겨진다, 대머리가 된다.
dénué(e) [denɥe] a.p. ①없는, 결핍된(dépourvu). [~ de qc] roman ~ d'intérêt 재미없는 소설. rumeurs ~*es de* tout fondement 전연 근거 없는 소문. ②《문어》(보어 없이) 가난한(pauvre). femmes ~*es* 가난한 여자들.
dénuement, dénûment [denymɑ̃] n.m. 빈곤, 궁핍, 헐벗음(misère, pauvreté); (사상 따위의)빈곤, 결여; (방안·벽 따위의)무장식. être [vivre] dans un grand ~ 매우 궁핍하게 살다.
dénuer [denɥe] v.t. 궁핍하게 하다; 벌거벗기다; 빼앗다. [~ *qn* de *qc*] Une faillite l'*a dénué* de tout. 파산으로 그는 빈털터리가 됐다.
— *se* ~ v.pr. ①무일푼이 되다. ②잃다. [*se* ~ *de qc*] Il *s'est dénué* de tout pour nourrir ses enfants. 그는 자식들을 키우기 위해서 모든 것을 잃었다.
dénutrition [denytrisjɔ̃] n.f. 영양실조, 영양불량 (malnutrition).
déodatien(ne) [deɔdasjɛ̃, -ɛn] a. 생디에(saint-Dié, 프랑스의 도시)의. —n. 생디에 사람.
déodorant(e) [deɔdɔrɑ̃, -ɑ̃ːt] a. (땀냄새와 같은)몸의 냄새를 없애는(désodorisant). —n.m. 방취제.
déodore [deɔdɔr] n.m. 《식물》히말라야 삼목.
déodorisant(e) [deɔdɔrizɑ̃, -ɑ̃ːt] a. =désodorisant.
déodorisation [deɔdɔrizasjɔ̃] n.f. =désodorisation.
déodoriser [deɔdɔrize] v.t. =désodoriser.
déontologie [deɔ̃tɔlɔʒi] n.f. ①《철학》의무론. ② ~ médicale 의사의 본분.
déontologique [deɔ̃tɔlɔʒik] a. 《철학》의무론의; (의사의)본분의.
dép. 《약자》département (행정구역상의)도(道).
dépagnoter (se) [sədepaɲɔte] v.pr.《속어》잠자리에서 빠져나오다.
dépaillage [depajaːʒ] n.m. (의자 따위의)짚을 빼내기.
dépailler [depaje] v.t. (의자 따위의)짚을 빼내다.
— *se* ~ v.pr. 짚이 없어지다.
dépaissance [depɛsɑ̃ːs] n.f. ①《농업》풀을 먹이기. ②목장, 목초지; 방목권(放牧權).
dépaisselage [depɛslaːʒ] n.m. 《사투리》포도의 반침대를 제거하기.

dépaler [depale] 《해양》v.t. 《대개 수동태》편류하게 하다. —v.i. 편류하다.
dépalissage [depalisaːʒ] n.m. dépalisser 함.
dépalisser [depalise] v.t. 과수의 가지를 받침대에서 떼어내다.
dépannage [depanaːʒ] n.m. (기계·자동차의)응급수리; (비유적)(궁지에 빠진 사람을)구조(구원)하기. équipe en ~ 응급수리차.
dépanner [depane] v.t. ①(비행기·자동차 따위의)고장을 수리하다, 응급수리하다(réparer);《구어》[~ *qn*](의)자동차·기계의 고장을 고쳐주다. ~ une voiture 차를 응급수리하다. Un garagiste est venu me ~ sur l'autoroute. 수리공이 고속도로상에서 (고장난)내 차를 수리해 준다. ②《구어》궁지에서 구해내다. Ces cent francs m'*ont* bien *dépanné*. 이 100 프랑으로 나는 궁지에서 벗어났다.
—v.i. (수리 따위가) 가능하다.
dépanneur [depanœːr] n.m. (자동차·기계의)응급수리공.
dépanneuse [depanøːz] n.f. 《자동차》(고장차의)견인차; 응급수리차.
dépaquetage [depaktaːʒ] n.m. 짐(꾸러미)을 풀기.
dépaqueter [depakte] [5] v.t. 짐(꾸러미)을 풀다.
déparaffinage [deparafinaːʒ] n.m. (원유에서)파라핀의 추출.
dépareillé(e) [depare(e)je] a.p. ①짝이 맞지 않은, 일부가 결여된; 외짝의. service à thé ~ 짝이 맞지 않은(병이 된) 차 세트. gant ~ 외짝 장갑. ②어울리지 않는(mal assorti).
dépareiller [depare(e)je] v.t. ①짝이 맞지 않게 하다, 외짝이 되게 하다. En cassant cette tasse, il *a dépareillé* le service à café. 그는 이 찻잔을 깨서 커피 세트를 짝이 맞지 않게 만들었다. ②(비유적)떼어놓다.
déparer [depare] v.t. ①(에서)장식을 없애다; (의)미관을 해치다. Cette fenêtre *dépare* la façade. 이 창문은 정면의 미관을 해친다. ②(비유적)(전체의 조화 따위를)손상시키다(gâter). Ce tableau ne *dépare* pas sa collection. 이 그림은 그의 콜렉션을 손상시키지 않는다.
déparier [deparje] v.t. (한 짝을)외짝이 되게 하다, (짝지은 동물을)떼어놓다.
déparisianisation [deparizjanizasjɔ̃] n.f. déparisianiser 하기.
déparisianiser [deparizjanize] v.t. 파리 중심주의를 탈피(타파)하다. ~ la culture 문화의 파리 중심주의를 탈피하다.
déparler [deparle] v.i. ①《옛》횡설수설하다; 허가 안돌다. ②《옛》《부정으로만 쓰임》ne pas ~ 이야기를 그치지 않다.
déparquement [deparkəmɑ̃] n.m. (가축을)우리에서 끌어내기; (굴을)채취하기.
déparquer [deparke] v.t. (가축을)우리에서 끌어내다; (굴을)양식장에서 채취하다.
‡départ¹ [depaːr] n.m. ①출발. jour[heure] du ~ 출발짜(시간). ~ pour[de] Paris 파리로의(에서의) 출발. retarder(hâter, avancer) son ~ 출발을 연기하다(앞당기다). être sur le ~ 출발준비가 되어 있다, 막 출발할 참이다.
②발차, 발항, 이륙; 발송. tableau des ~s et arrivées (기차·비행기의)발착시간표. ~ du courrier 우편물의 발송. quai du ~ 발차 플랫폼. ~ des grandes lignes 장거리 열차의 발차 플랫폼. Attention au ~! 출발[발차]하니 주의하세요.
③시작, 개시;《스포츠》스타트. ~ de la négociation 협상의 시작. plan de ~ 당초의 계획.

ligne de ~ 출발선. faux ~ 부정출발. ~ arrêté (자전거 경주에서)정지스타트. donner le ~ 출발신호를 하다; (비유적) …의 계기가 되다. prendre [faire] le ~ 스타트하다; (비유적) 시작하다, 개시되다. Les négociations ont pris un bon[mauvais] ~. 교섭은 시작이 좋았다[나빴다]. ④ 사임, 사직; 해고. exiger le ~ d'un ministre 장관의 사직을 요구하다. ⑤ ~ d'escalier[de rampe] 〖건축〗(계단의)난간의 기둥. ⑥ ~ d'un compte 〖상업〗구좌의 개설일. ⑦ (탄환의)발사. *au* ~ 최초에는, 처음에는. *Au* ~ *il y a eu des objections.* 처음에는 여러가지 반대가 있었다. *dès le* ~ 최초부터, 처음부터. *Je savais dès le* ~ *que...* 나는 처음부터 …이라는 것을 알고 있었다. *point de* ~ 출발점; 단서, 기원. *point de* ~ *d'une guerre* 전쟁의 발단.

départ² *n.m.* 구별, 식별. faire le ~ entre deux choses 두 개의 물건을 구별[식별]하다.

départager [departaʒe] ③ *v.t.* ① (찬부 동수일 때)결정적인 판결을 내리다. ~ les voix[les votes, les suffrages] (의장 따위가)결정 투표를 하다. ② (둘 중에서)판정하다. Venez nous ~. 우리 두 사람 중에서 누가 옳은지 판가름 좀 내주시요. ③ 분별하다, 식별하다(séparer). le besoin de ~ les bons et les méchants 선한 자와 악한 자를 식별할 필요성.

département [departəmɑ̃] *n.m.* ① 도(道) (프랑스의 행정구분), (*pl.*) 지방. chef-lieu du ~ 도청소재지. Hôtel du ~ 도청(1982년 이후의 명칭). préfet d'un ~ 도지사. ~ d'outre-mer (프랑스 식민지로서 국내의 도와 같은 자격을 갖는)해외의 도 (〖약자〗D.O.M.). Paris et les ~s 파리와 지방. ② (행정조직의)부(部), 성(省)(ministère). D~ des Finances 재무부. D~ de la Guerre 국방부. ~ de l'Éducation nationale 문교부. ministre[secrétaire d'État] au ~ de la Justice 법무부장관(정무차관). ~ d'État (미국의)국무성. ③ (학교·도서관 따위의)과(課), 부, 부문. ~ du contentieux 소송과. ~ des imprimés (도서관의)인쇄물부. Il est chargé du ~ de la publicité. 그는 선전부문을 담당하고 있다. ④ (옛)분리, 분배. *Cela n'est pas de[dans] mon* ~. 〖구어〗그것은 내가 관여할 일이 못되다.

départemental(ale, *pl.* **aux)** [departəmɑ̃tal, -o] *a.* 도의, 지방의; 도관할의. route ~ale 도로. budget ~ 도예산. prison ~ale 도형무소(국가 형무소(prison d'État)에 대하여). fonds ~aux 지방채. commission ~ale 도위원회.

départementalement [departəmɑ̃talmɑ̃] *ad.* 지방별로, 도별로.

départementalisation [departəmɑ̃talizasjɔ̃] *n.f.* ① (해외영토 따위에 대한)도정실시(해외영토를 자국의 도(道)로 만들기). ② (국가행정 일부의)도나 지방에로의 이관.

départementaliser [departəmɑ̃talize] *v.t.* ① (해외영토에)도정을 실시하다. ② (국가 행정의 일부를)도에 이관하다.

départir [departiːr] ⑱ *v.t.* 〖문어〗분배하다, 분할하다(distribuer, attribuer). fonctions qui lui *sont départies* 그에게 부여된 임무. ~ de la nourriture 먹을 것을 분배하다. ~ son bien entre ses enfants 자식에게 재산을 분배하다. ~ des causes 〖법〗소송을 몇 사람의 판사가 분담하다.
—*se* ~ *v.pr.* [se ~ de] (을)포기하다, 단념하다 (renoncer à). *se* ~ *de ses projets[de son projet]*

주의·주장을 굽히다(계획을 포기하다). Il ne *se départait jamais de* son calme. 그는 결코 냉정함을 잃지 않았다.

départisation [departizasjɔ̃] *n.f.* 정당의 영향으로부터 벗어남, 정당색 탈피. ~ de la presse 신문의 정당색 탈피.

départiteur [departitœːr] *n.m.* 〖법〗(찬반 동수일 때의)판결자, 재결자(裁決者).

départoir [departwaːr] *n.m.* (나무통 따위를 만드는 데 쓰는) 칼의 일종.

dépassant [depasɑ̃] *n.m.* 가두리 장식(의류 가장자리의 레이스 따위).

dépassé(e) [depase] *a.p.* ① 추월당한. Il est *dépassé* par ses disciples. 그는 제자들에게 뒤졌다. ② 시대에 뒤진(démodé). *théories* ~*es* 낡은 이론. idée ~*e* 낡은 사고. ③ 힘이 미치지 못하는. Je suis complètement ~. 나는 완전히 손들었다.

dépassement [depasmɑ̃] *n.m.* ① 추월(追越). Le ~ est interdit ici. 이곳에서는 추월이 금지되어 있다. ② 초과; 〖회계〗결손. ~ de crédits 예산초과. ③ 〖철학〗초월, 지양. ~ de soi-même 자기초월.

***dépasser¹** [depase] *v.t.* ① 앞지르다, 추월하다; 나치다, 통과하다. On va ~ ce camion. 저 트럭을 추월하다. Nous avons dû ~ le musée sans nous en apercevoir. 우리도 모르는 사이에 박물관을 지나쳐 버렸음에 틀림없다. Le train *a déjà dépassé* Dijon. 기차는 이미 디종역을 통과해 버렸다. ② (어떤 한계를)넘어서다, 초과하다; 비죽(튀어)나오다. Il *a dépassé* la cinquantaine. 그는 50세를 넘어섰다. ~ le crédit budgétaire 예산의 할당액을 초과하다. Notre entretien *a dépassé* le temps prévu. 우리의 회담은 예정시간을 초과했다. ~ les bornes[la mesure] 도를 넘어서다. Le lilas *dépasse* le mur. 라일락나무의 가지가 담밖으로 나와 있다. ③ 능가하다. Il *a déjà dépassé* son père de la tête. 그는 이미 그의 아버지보다 머리 하나가 더 컸다. ~ *qn* en intelligence 지적인 면에서 …을 능가하다. Le succès *a dépassé* mon attente. 기대 이상의 성공이었다. ④ (사람의 이해를)넘어서다; 당혹케 하다. Cela me *dépasse*. 그것은 나의 능력을 넘어선다, 나로서는 이해하기 힘들다(Cela *dépasse* me moyens(ma compétence)). Cette nouvelle me *dépasse*. 그 소식은 나를 매우 당황케 한다.
—*v.i.* ① [~ de] (에서부터)비죽 나오다. Ma jupe ne *dépasse* pas *du* manteau? 내 치마가 외투 밑으로 나오지 않니? Il y a un clou qui *dépasse*. 못이 하나 튀어나와 있다. ② 추월하다. Il est dangereux de ~ dans les virages. 커브길에서 추월하는 것은 위험하다.
être dépassé par les événements 망연자실하다, 사태에 대처하지 못하고 끌려가다.
—*se* ~ *v.pr.* ① 자기를 초월하다; 보통 이상의 힘을 내다, 분발하다. effort de l'homme pour *se* ~ 자신을 넘어서려는 인간의 노력. ② 서로 앞지르려[능가하려]하다. Ils cherchent à *se* ~. 그들은 서로를 앞지르려고 애쓴다.

dépasser² *v.t.* (실 따위를)잡아 빼다; (멜빵 따위를)벗다.

dépassionner [depa(ɑ)sjɔne] *v.t.* (의)흥분을 가라앉히다; (논쟁 따위의)열을 식히다; (의)정열을 식게 하다. —*une discussion* 논쟁의 흥분을 가라앉히다. —*se* ~ *v.pr.* 정열을 잃다.

dépâtisser [depatise] *v.t.* (뒤죽박죽이)된 활자를 골라내다.

dépatouiller (se) [s(ə)depatuje] *v.pr.* 〖구어〗난처한 입장[어려운 처지]에서 빠져 나오다. On l

dépatrier [depatrije] v.t. 《문어》조국을 잃게 하다, 무국적자로 만들다.
—**se ~** v.pr. 조국에의 소속감을 잃다, 조국을 잊다. Si on peut s'expatrier, on ne peut pas se ~. 조국을 떠나는 일은 있을 수 있어도, 조국을 잊을 수는 없다.

dépavage [depava:ʒ] n.m. 포석(鋪石) 제거.

dépaver [depave] v.t. (의)포석을 제거하다.

dépaysé(e) [depeize] a.p. 타향(낯선 땅)에 온; 낯선 느낌이 드는; 어찌할 바를 모르는(perdu). Je me sens toujours très ~ dans ce Paris où tout est nouveau. 모든 것이 새롭기만 한 이 파리에서 나는 항상 낯선 감을 느낀다. Je me trouve tout ~ dans ce milieu. 나는 이런 분위기가 전혀 낯설다(정이 들지 않는다).
— n. 나라를 떠난 사람. pauvres ~s 나라를 떠난 가련한 사람들.

dépaysement [depeizmɑ̃] n.m. ① 낯섦, 낯선 느낌. souffrir de ~ 이방인의 비애를 맛보다. ②《종은 의미로》환경의 변화; 《예》타향으로 보내기; 유배. rechercher le ~ (타성적인 생활에서 벗어나기 위해)다른 환경을 찾다.

dépayser [depeize] v.t. ① (에게)낯선 느낌을 주다, 어찌할 바를 모르게 하다. Ces meubles orientaux me dépaysent complètement. 이 동양풍의 가구들은 나에게 매우 낯선 느낌을 준다. L'originalité du film a dépaysé le public. 그 영화의 기발함이 관객을 어리둥절하게 만들었다. ② 환경을 바꾸게 하다; 이역(異域)으로 보내다. On a eu tort de ~ cet enfant. 이 아이의 환경을 바꾸게 한 것은 큰 잘못이었다.
—**se ~** v.pr. 자기 나라(고향)를 떠나다.

dépeçage [depsa:ʒ], **dépècement** [depɛsmɑ̃] n.m. ① 잘게 자르기, 저미기; (낡은 선박의)해체. ~ d'un poulet 닭을 잘게 자르기. ~ des vieux bateaux 낡은 선박의 해체. ②(나라의)분열. dépècement de la Pologne 폴란드의 분할《이 경우 dépeçage는 사용하지 않음》.

dépecer [depase] 〔24〕 v.t. ① (고기 따위를)잘게 자르다; (배를)해체하다. Le lion dépèce sa proie. 사자가 먹이를 잘기잘기 찢는다. ~ un vieux vêtement pour en faire des chiffons 걸레를 만들기 위해 낡은 옷을 잘게 자르다. ~ un vieux bateau 고선을 해체하다. ②(나라를)분열시키다(démembrer). ~ une propriété 소유지를 분할하다. territoire dépecé 분할된 영토.

dépeceur(se) [depəsœ:r, -ø:z] n. 잘게 자르는 사람.

dépêche [depɛʃ] n.f. ① 전보(~ télégraphique); 지급편(便). envoyer une ~ 전보를 치다. ② 공문서. ~ diplomatique 외교문서.

dépêcher [depe(ɛ)ʃe] v.t. ① (식사 따위를)서둘러하다, 빨리 해치우다. ~ son repas 서둘러 식사를 하다. ②(사람을)급히 보내다, 급파하다; 급송하다. ~ qn auprès de lui …을 그에게 급파하다. ~ un correspondant à Londres 런던에 특파원을 급파하다. ③《옛·구어》저승으로 보내다, 죽이다. ~ qn dans l'autre monde …을 저세상으로 보내다.
—v.i. ①《구어》서두르다《명령형으로 사용》. Dépêchons! 서두르자. ②《옛》급히 사람을 보내다; 메시지를 보내다.
—**se ~** v.pr. 서두르다(se hâter). se ~ de + inf. 서둘러 …하다. Dépêchez-vous, le train va partir. 서두르시오, 기차가 떠납니다. Elle s'est dépêchée de rentrer. 그녀는 급히 집에 돌아왔다.

dépeçoir [depɛswa:r] n.m. ① (장갑 제조용의)가죽 늘이는 도구. ②(양초 제조용의)칼.

dépeigné(e) [depe(ɛ)ɲe] a.p. 머리를 흐트러뜨린.

dépeigner [depe(ɛ)ɲe] v.t. (의)머리를 흐트러뜨리다(décoiffer). Le vent dépeignait ses longs cheveux. 바람이 그녀의 긴 머리칼을 흐트러뜨렸다.
—**se ~** v.pr. 자기의 머리를 흐트러뜨리다.

dépeindre [depɛ̃:dr] 〔27〕 v.t. ① 그리다, 묘사하다, 표현하다(décrire). romancier qui a bien dépeint ses personnages 인물을 훌륭히 묘사한 소설가. La situation telle qu'on me l'a dépeinte semble très sérieuse. 사람들이 나에게 말해준 바에 의하면 사태는 매우 심각한 것 같다. ②《옛》칠하다.
—**se ~** v.pr. 자기를 묘사하다.

dépelotonner [deplotone] v.t. (털실 뭉치에서 털실을)풀다.
—**se ~** v.pr. ① (털실 뭉치가)풀어지다. ②《구어》(고양이 따위가 기지개를 켜듯)몸을 길게 뻗다.

dépenaillé(e) [depnaje] a.《구어》① 누더기를 걸친(débraillé); 누덕누덕 해진. livre[drapeau] ~ 누덕누덕 해진 책(깃발). vagabond ~ 누더기를 걸친 방랑자. ②(재산이)탕진된; 초췌한.

dépenaillement [depnajmɑ̃] n.m. 《구어》누더기를 걸침; 초췌.

dépendage [depɑ̃da:ʒ] n.m. (걸린 것을)내리기. ~ d'un tableau (벽에 걸린)그림을 내리기.

dépendamment [depɑ̃damɑ̃] ad. 《옛》종속되어, 종속적으로. L'âme agit souvent ~ des organes. 영혼은 때때로 신체기관에 종속하여 움직인다.

dépendance [depɑ̃dɑ̃:s] n.f. ① 종속, 의존(subordination, servitude, ↔ indépendance, autonomie); 상관관계. étroite ~ qui unit toutes nos facultés 우리의 모든 능력을 결합시키는 긴밀한 (상호)관계. être sous[dans] la ~ de qn …에게 종속[예속]되어 있다. tenir[mettre] qn sous sa ~ …을 자신의 지배하에 두다. ②(인과관계(enchaînement). Il y a une ~ évidente entre la végétation et le climat. 식물의 생장과 기후 사이에는 명백한 인과관계가 있다. ③종속직, 보호령; (pl.)부속물. L'Indochine fut une ~ de la France. 인도차이나는 프랑스의 보호령이었다. ~s d'un hôtel 호텔 부속건물. ④복종(obéissance, soumission). ⑤(마약 중독자에게)보이는)금단상태. ⑥ syntaxe de ~. 《언어》종속절의 통사법.

dépendant(e) [depɑ̃dɑ̃, -ɑ̃:t] a. ① [~ de] (에)종속된, 속해 있는(subordonné, soumis, ↔ indépendant, libre). être ~ de qn …에게 부양되다; …의 부하이다. 《구어》좌지우지 당하다. Ces deux pays sont ~s l'un de l'autre. 이 두 나라는 상호의존 관계에 있다. Vous êtes entièrement ~ de lui. 당신은 완전히 그에게 예속되어 있다. religion ~ e du pouvoir temporel 세속의 권력에 좌우되는 종교. situation ~ e (정신적·물질적)예속. ② proposition ~ e 《언어》종속절(proposition subordonnée).

dépendeur(se) [depɑ̃dœ:r, -ø:z] n. (걸려있는 것을)내리는 사람. ~ d'andouilles 《속어》키가 크고 우습게 생긴 사람.

***dépendre¹** [depɑ̃:dr] 〔25〕 v.t.ind. [~ de] ① …에 달려있다, …나름이다. Cela dépend des conditions. 그것은 조건 나름이다. Le succès dépend de votre ténacité. 성공은 당신의 인내에 달려 있다. Répondez, votre vie en dépend. 대답하시오, 당신의 생명이 걸려 있으니까. 《비인칭》[Il dépend de qn + inf./que+sub.] Il n'a pas dépendu de moi que l'affaire réussisse ou échoue. 일의 성패는 내게 달린 문제는 아니었다. ② …에 소속하다(appartenir à). organisme qui dépend du ministère de l'Éducation nationale 문교부 산하 기관. île qui dépend

dépendre²

administrativement *de* la France 행정으로 프랑스가 관할하는 섬. ③ …에 종속되다, 의존하다, 복종하다. Je ne *dépends* pas de lui. (구어)그의 지시는 안받는다. pays qui *dépend* économiquement *d'un* autre 경제적으로 다른 나라에 예속된 나라. Je ne veux plus ~ *de* mes parents. 나는 더 이상 부모님께 의존하고 싶지 않다. Notre économie *dépend* entièrement *du* pétrole. 우리 경제는 전적으로 석유에 의존하고 있다. ne ~ *de* personne; ne ~ que *de* soi 누구의 지시도 받지 않다, 자기 주장대로 하다.
Cela(*Ça*) *dépend*. 그것은 형편 나름이다. Vous êtes toujours à la maison? – *Ça dépend*. 늘 댁에 계십니까? 경우에 따라 그렇습니다.
en dépendant 【해양】 이쪽으로 접근하면서(다가가거나 멀어질때).

dépendre² [25] *v.t.* (옛) 소비하다(dépenser). laisser à sa femme ses biens à vendre et à ~ 재산을 팔든 써버리든 자신의 아내에게 맡겨두다. ami à vendre et à ~ 충실한 친구.

dépendre³ [25] *v.t.* (걸려있는 것을)내리다. ~ un tableau (걸려있는)그림을 내리다.

dépens [depã] *n.m.pl.* 【법】소송비용. être condamné aux ~ 소송비용 부담의 판결을 받다.
à ses propres ~ ; *à ses frais et* ~ 자비로; 큰 희생을 대가로. On ne devient sage qu'*à ses propres* ~ 쓰라린 경험을 통해서만 현명해진다.
aux ~ *de* …의 비용으로; …을 희생시켜서, …에 피해를 입혀가며. vivre *aux* ~ *d'*autrui 타인의 신세를 지며 살다. bonheur obtenu *aux* ~ *d'*autrui 타인을 희생시켜 얻은 행복. défendre qc *aux* ~ *de* sa vie 목숨을 걸고 …을 지키다.

dépensable [depɑ̃sabl] *a.* 소비될 수 있는.

*dépense [depɑ̃:s] *n.f.* ① 지출(frais). ~ *du* ménage 생계비. faire (engager) une ~ 지출하다. s'engager dans des ~s supérieures à ses recettes 수입을 초과하여 지출을 하다. carnet de ~s 가계부. ~ nationale 국민총지출. ~ publique 공공의 지출. goût des ~s 낭비벽. ~ voluptuaire (somptuaire) 【법】사치비. couvrir une ~ 지출을 메우다. faire de la ~ (des ~s) 돈을 쓰다. faire la ~ 출납을 맡아보다. faire la ~ *de qc* …의 비용(대금)을 지불하다. ② 소비, 사용(usage, emploi). ~ *de* temps (de forces) 시간 (힘)의 소비. ~ nerveuse 신경의 소모. projet qui demande une grande ~ *d'*imagination 크게 상상력을 요하는 계획. ③ (기체·액체 따위의 일정시간의)유출량, 소비량(consommation). ~ *d'*essence *d'*une automobile 자동차의 휘발유 소비량. ④ (사회단체 따위의)식량구매(배급) 사무실; (예)(집 안의)식량 저장실.
Autant ~ *chiche que large*. 【속담】인색은 절약이 못된다. *regarder à la* ~ 돈을 절약하다, 인색하다. *se mettre en* ~ 많은 지출을 하다; (구어)많은 노력을 들이다. *vivre sur un pied de grande* ~ 사치스러운 생활을 하다.

:dépenser [depɑ̃se] *v.t.* ① (돈을)쓰다. Nous *dépensons* beaucoup pour le logement. 우리는 주거비로 많은 돈을 쓰고 있다. ~ *de l'argent* en livres 책을 사는 데 돈을 쓰다. ne pas ~ un sou 돈을 한푼도 쓰지 않다. ~ sans compter 물쓰듯 낭비하다. ② (시간·체력 따위를)소비하다, 사용하다. Il *a dépensé* tout son talent pour écrire ce roman. 그는 자신의 모든 재능을 쏟아넣어 이 소설을 썼다. ~ ses forces en pure perte 헛수고로 체력만 소모하다. ~ sa jeunesse dans des travaux sans intérêt 청춘을 쓸데없는 일로 낭비하다. ~ sa vie à …에 생애를 바치다. ③ (연료 따위를)소비하다(consommer). Cette voiture *dépense* trop *d'*essence. 이 차는 휘발유를 너무 많이 소모한다. Ce four *dépense* trop de gaz. 이 오븐은 가스를 너무 많이 쓴다.
—*se* ~ *v.pr.* ① 소비되다. L'argent *se dépense* vite. 돈은 빨리 소비된다. ② 노력하다, 힘을 다하다. Il *se dépense* trop. 그는 자신을 혹사한다. *se* ~ en vains efforts 헛된 노력을 하다.

REM **dépenser**는 단순히 물건을 사기 위해 돈을 쓴다는 뜻이며 **prodiguer**는 보통 돈을 쓸데없이 낭비한다는 뜻으로 사용됨.

dépensier(ère) [depɑ̃sje, -ɛːr] *n.* ① 돈쓰기 좋아하는 사람, 낭비가. ② 식량관리원; 회계원.
—*a.* 돈쓰기 좋아하는, 낭비벽이 있는.

déperdition [depɛrdisjɔ̃] *n.f.* ① (물질·조직의)파괴. ② (열·빛·전기 따위의)소모, 손실. ~ de gaz 가스 누출. ③ (정신력·체력의)감퇴. ~ de volonté (d'énergie) 의욕(기력)의 감퇴.

dépérir [deperiːr] *v.i.* ~ 쇠약해지다, 시들다(s'affaiblir); 쇠퇴하다. enfant(plante) qui *dépérit* 쇠약해지는 아이(시들어가는 나무). Cette entreprise commence à ~ 이 기업은 기울어지기 시작한다. Il a laissé ~ tous ses talents musicaux. 그는 자신의 음악적 재능을 고갈시키고 말았다. Les petits commerces du quartier *dépérissent*. 구역의 작은 상점들은 영업부진에 빠지고 있다. nation qui *dépérit* 멸망해가는 나라. ② 【법】(시간이 흘러 증거물 따위가)애매해지다, 효력을 잃다. Les preuves *dépérissent* par la longueur du temps. 증거는 시간이 경과함에 따라 그 효력을 상실해간다.

dépérissement [deperismɑ̃] *n.m.* ① 쇠약, 쇠퇴 (affaiblissement); 노후화, 파손. ~ de la santé 건강 쇠약. ~ *d'*une plante 식물의 시듦. ~ de l'esprit scientifique 과학적 정신의 쇠퇴. ~ *d'*une institution 제도의 쇠퇴. ~ des meubles 가구의 파손. ② 【법】(증거의)효력 상실. ~ de preuves 증거의 효력 상실.

dépersonnalisation [depɛrsɔnalizasjɔ̃] *n.f.* (문어)비개성화, 익명화; 【심리】자아 상실. ~ poétique 시에 의한 비개성화(시를 읽음으로써 자아가 시 속에 놓이는 것).

dépersonnaliser [depɛrsɔnalize] *v.t.* ① 비개성화 (비인격화)하다. La société industrielle aboutit à ~ l'homme, à le faire chose. 산업사회는 인간을 비개성화하고, 인간을 사물화하는 데에 귀착한다. ~ le commandement (기업 따위의)지휘를 비개성화하다. ② 진부한 것으로 만들다, 일반화하다.
—*se* ~ *v.pr.* 개성을 잃다.

dépersuader [depɛrsɥade] *v.t.* 단념케 하다.

dépêtrer [depetre] *v.t.* ① 차꼬에서 풀어주다. ② [~ de] (에서)해방시키다(dégager). ~ une bête *d'*un filet 짐승을 그물에서 끌어내다. ~ un ami *d'*une mauvaise affaire 친구를 난국에서 구해내다. ~ un scaphandrier *de* son équipement 잠수부의 장비를 풀어주다.
—*se* ~ *v.pr.* [se ~ de] ① (에서)빠져나오다, 탈출하다(se tirer). difficultés dont il ne parvient pas à *se* ~ 빠져나오기 힘든 난관. *se* ~ *d'*un procès 소송에서 손떼다. Je ne puis *me* ~ *de* cet homme. 나는 그 사람으로부터 빠져나올 수 없다. ② (와)관계를 끊다.

dépeuplé(e) [depœple] *a.p.* 주민이 없어진, 텅 빈. village ~ 폐촌.

dépeuplement [depœpləmɑ̃] *n.m.* 인구감소; 주민의 절멸; 서식물의 감소(절멸). départements sans industrie 산업시설이 없는 도(道)의 인구감소. ~ *d'*un étang 연못에 사는 물고기의 감소. ~ *d'*une forêt 산림의 과잉벌채.

dépeupler [depœple] *v.t.* ① 인구(주민)를 감소시키다, 주민을 절멸시키다. La guerre *a dépeuplé* ce pays. 전쟁이 이 나라의 인구를 감소시켰다. L'orage *a dépeuplé* la plage. 폭풍우로 해변가에는 인적이 끊어졌다. ② 서식 동물을 감소[절멸]시키다; (삼림)의 나무를 벌채하다. La pollution *a dépeuplé* la rivière. 오염으로 강의 물고기가 멸종되었다. ~ une chasse 수렵장의 동물들을 남획하다[멸종시키다]. ③ 《문어》 (존재이유를)박탈하다; 공허하게 만들다.
— **se ~** *v.pr.* 인구가 줄다, 주민이 없어지다; 서식물이 절멸되다. région qui *se dépeuple* 인구가 점점 감소하는 지역. Peu à peu la place *se dépeuple*. 조금씩 광장의 군중들이 흩어져 사라진다.

déphasage [defazaːʒ] *n.m.* ① 《물리》 위상(位相)차. angle de ~ 위상각. ② 《구어》현실(상황)에서 멀어져 있음.

déphasé(e) [defaze] *a.p.* ① 《물리》 위상이 다른. ② 《구어》현실에서 멀어져 있는. politique complètement ~e 시대의 요구에 동떨어진 정책.

déphaser [defaze] *v.t.* ① 《물리》 위상변화가 생기게 하다. ② 《구어》 (현실의 상황 따위에서 사람을) 떼어놓다. 「器」.

déphaseur [defazœːr] *n.m.* 《전기》 변상기(變相).

déphlegmateur [deflɛgmatœːr] *n.m.* = **déflegmateur**.

déphonologisation [defɔnɔlɔʒizasjɔ̃] *n.f.* 《언어》 비음운화.

déphosphoration [defɔsfɔrasjɔ̃] *n.f.* 《야금》 인(燐)의 제거.

déphosphorer [defɔsfɔre] *v.t.* (에서) 인(燐)을 제거하다.

dépiauter [depjote] *v.t.* 《구어》 (의)가죽을 벗기다. ~ un lapin(un crocodile) 토끼(악어)의 가죽을 벗기다. livre *dépiauté* 표지가 벗겨진 책.
— **se ~** *v.pr.* 《구어》옷을 벗다.

dépicage [depikaːʒ] *n.m.* = **dépiquage**.

dépiéçage [depjesaːʒ] *n.m.*, **dépiècement** [depjɛsmɑ̃] *n.m.* 해체; 세분. ~ d'une vieille barque 낡은 배의 해체.

dépiécer [depjese] [26] *v.t.* 잘게 썰다, 토막내다.

dépigeonnisation [depiʒɔnizasjɔ̃] *n.f.* (대도시에서의)비둘기 소탕(퇴치).

dépigmentation [depigmɑ̃tasjɔ̃] *n.f.* 《생물·의학》 (피부의)색수탈실, 탈색.

dépilage[1] [depilaːʒ] *n.m.* 《피혁》 탈모(脫毛).

dépilage[2] *n.m.* 《광산》 (갱도의)받침대의 제거.

dépilatif(ve) [depilatif, -iːv] *a.* = **dépilatoire**.

dépilation [depilasjɔ̃] *n.f.* 《의학》 탈모. ~ saisonnière 계절적인 탈모.

dépilatoire [depilatwaːr] *a.* 탈모의, 탈모용의.
— *n.m.* 탈모약.

dépiler[1] [depile] *v.t.* (의)털을 뽑다, 탈모시키다. La fièvre typhoïde *l'a* ainsi *dépilé*. 장티푸스로 그는 이렇게 머리카락이 빠졌다.
— **se ~** *v.pr.* 털이 빠지다.

dépiler[2] *v.t., v.i.* 《광산》 (갱도의)지주를 없애다.

dépingler [depɛ̃gle] *v.t.* (의)핀을 뽑다. Elle *dépingla* son chapeau. 그녀는 모자의 핀을 뽑았다.

dépiquage [depikaːʒ] *n.m.* 《농업》 (이삭에서)낟알을 떨기.

dépiquer[1] [depike] *v.t.* ① (솔기를)뜯다. ② (화난 사람을)달래다. ③ 《원예》 (모를)갈아 심다.
— **se ~** *v.pr.* 기분(화)이 가라앉다; 화해하다. Je me suis *dépiqué* avec lui. 나는 그와 화해했다.

dépiquer[2] *v.t.* 《농업》 낟알을 떨다.

dépistage [depistaːʒ] *n.m.* (범인 따위의)발견; 추적. ~ de la tuberculose 《의학》 결핵의 조기발견. station de ~ (우주 로켓의)추적기지.

dépister[1] [depiste] *v.t.* ① (짐승의)발자취를 찾아내다; 추적하다. ~ un lièvre 토끼의 발자취를 찾아내다. ② (의)낌새를 알아내다, 단서를 찾아내다; 발견하다(déceler, découvrir). ~ l'origine d'une fausse nouvelle 거짓소문의 출처를 캐다. La police *a dépisté* le coupable. 경찰은 범인의 단서를 잡았다. ~ une maladie 병을 찾아내다. ~ une intrigue 음모의 낌새를 알아내다.

dépister[2] *v.t.* (추적자의)눈을 속이다, (경찰에게) 연막을 쓰다. ~ les journalistes 기자들의 추적을 피하다. ~ la police 경찰의 추적을 피하다.

dépit [depi] *n.m.* 분함, 원한, 원통함(amertume, rancœur). avoir(éprouver) du ~ 원통해 하다. causer du ~ à qn …에게 분한 생각이 들게 하다. pleurer de ~ 원통해서 울다. avoir ~ que + *sub.* 《예》…을 분하게 여기다. faire éclater son ~ 분통을 터뜨리다. ~ amoureux (애인에의)버림받은 분함. par ~ 홧김에.
en ~ de …에도 불구하고. Il a réussi *en ~ des* difficultés. 어려움이 많았는데도 그는 성공했다. J'en viendrai à bout *en ~ de* lui. 나는 그가 뭐라고 하든 끝까지 해내겠다.
en ~ de ce que + *ind.* …라는 사실에도 불구하고.
en ~ du bon sens(du commun sens) 양식을 무시하고, 형편없이. faire son travail *en ~ du bon sens* 형편없이 일을 하다.
en ~ qu'il en dise(qu'il en ait) 《예》그가 뭐라고 말하든.

dépité(e) [depite] *a.p.* 분해하는. Je suis tout ~. 나는 화가 나서 못참겠다. Il est rentré tout ~. 그는 몹시 화가 나서 돌아왔다.

dépiter [depite] *v.t.* 분한 생각이 들게 하다, 골나게 하다. Son refus m'*a dépité*. 그녀의 거절은 나에게 분한 생각이 들게 했다. Votre succès *l'a dépité*. 그는 당신의 성공을 분하게 생각했다.
— **se ~** *v.pr.* 분해하다, 원통해 하다. *se* ~ contre son ventre 《구어》화가 나서 식사를 안하다; 홧김에 푸념하며 말하다.

déplacé(e) [deplase] *a.p.* ① 위치가 바뀐, 제자리에 놓여있지 않은. livre ~ 제자리에 놓이지 않은 책, meuble ~ 제대로 놓이지 않은 가구. ② 알맞지 않은, 격에 맞지 않는, 부적당한. Cet homme est ~ dans cette fonction. 이 사람은 그 직무에 적임이 아니다. Sa présence ici est tout à fait ~e. 그가 여기에 나타난다는 것은 전혀 격에 맞지 않다. question ~e 격에 맞지 않는(실례가 되는) 질문. ③ (비유적)무례한(inconvenant). geste(propos) ~ 무례한 행위(말). ④ personne ~e (정치적인 이유로 인한)국외망명자.

déplacement [deplasmɑ̃] *n.m.* ① 옮김, 이동, 이전. Le ~ de cette fenêtre est nécessaire. 이 장문은 옮길 필요가 있다. ~ d'une usine 공장의 이전. ~ d'air 공기의 유통. ~ d'un téléphone 전화의 이전. ② 출장, 통근, 여행. moyen de ~ 교통수단. frais(indemnités) de ~ 출장여비; 통근수당. être en ~ 출장 중이다. ~ officiel d'un chef de l'État 국가원수의 공식방문. ③ 인사이동, 경질, 좌천. ~ d'un fonctionnaire 공무원의 전임. ~ d'office (공무원의)좌천. ~ de personnel 인사이동. ④ (정치적 이유로 인한)강제이주; 주민들의 퇴거. ⑤ 《해양》 (선박의)배수량. navire de 5000 tonnes de ~ 배수량 5천톤의 배. ⑥ 《의학》 ~ d'un organe 기관의 전위(轉位)(자궁후굴·위하수 따위); ~ des vertèbres 척추의 탈구. ⑦ 《물리》 변위, 변이. ~ isotopique 동위원

déplacer 588

소변이. ⑧ 【수학】 합동(合同)변환. ⑨ 【정치】 (정당에의)투표이동.
Cela vaut le ~. (일부라도)한 번 가볼 만한 가치가 있다.

*déplacer [deplase] [2] *v.t.* ① (사람·물건을)옮겨놓다, 이동시키다, 위치를 바꾸다. ~ une armoire 옷장을 옮기다. ~ un élève dans une autre classe 학생을 다른 반으로 옮기다. ~ son argent placé 투자한 돈을 끌어내다. ~ le médecin 의사를 불러오다. ② 인사이동을 하다, 경질하다. ~ un fonctionnaire 공무원을 전임시키다(경질하다). ③ (비유적)방향을 바꾸다, 빗나가게 하다. Vous *déplacez* la question. 당신은 문제의 핵심을 딴데로 돌리고 있다. ④ (정치적 이유로 주민을)집단이동시키다. ⑤ 【해양】 (의)배수량을 갖다. Ce navire *déplace* plus de 10 000 tonnes. 이 선박의 배수량이 1 만톤이 넘는다.
— *se* ~ *v.pr.* ① 이동하다. Le cyclone *se déplace* lentement vers l'est. 태풍은 서서히 동쪽으로 이동하고 있다. ② 몸의 위치를 바꾸다, 움직이다. *se* ~ pour laisser passer *qn* ⋯을 지나가게 하기 위해 몸의 위치를 바꾸다(옆으로 비켜주다). Cet infirme ne *se déplace* guère. 이 신체장애자는 거의 몸을 움직일 수가 없다. ③ 여행하다, 출장가다. Son emploi l'oblige à *se* ~ souvent. 그는 일관계로 자주 출장을 간다. *se* ~ en avion 비행기로 여행하다. ④ (신체의 일부에)전위를 일으키다. *se* ~ un os 탈구하다.

déplafonnement [deplafɔnmɑ̃] *n.m.* (개인이 부담하는 사회보험료 따위의)상한액의 철폐(인상).

déplafonner [deplafɔne] *v.t.* (개인이 부담하는 사회보험료 따위의)상한액을 철폐하다(인상하다).

*déplaire [deplɛːr] [33] *v.t.ind.* [~ à] ① ⋯의 마음에 들지 않다, ⋯에 불쾌감을 주다. Cette ville *déplaît* à beaucoup de gens. 많은 사람들이 이 도시를 싫어한다. Cette idée ne me *déplaît* pas. 그 생각은 나쁘지 않다(마음에 든다). (목적보어 없이) Il a quelque chose qui *déplaît*. 그 사람은 어딘지 모르게 불쾌한 데가 있다. odeur qui *déplaît* 싫은 냄새. (비인칭) Il *déplaît* à *qn* de +*inf.*(que+*sub.*) ⋯하는 것은 ⋯의 마음에 들지 않는다. ② ⋯을 화나게 하다, ⋯을 불쾌하게 하다. Je n'ai rien dit, pour ne pas vous ~. 당신의 기분을 상하게 하지 않으려고 나는 아무 말도 하지 않았다. Ta conduite leur a beaucoup *déplu*. 너의 행동이 그들을 매우 화나게 했다.
n'en déplaise à ⋯에도 불구하고; ⋯에게 실례되겠지만. Ce film obtient un grand succès, *n'en déplaise aux* critiques. 비평가들의 의견에도 불구하고 이 영화는 큰 성공을 거두고 있다.
ne vous (en) déplaise 《대개 비꼼》 실례입니다만, 매우 미안합니다만. Votre argument me paraît inconséquent, *ne vous en déplaise*. 실례입니다만, 당신의 논거는 모순점이 있어 보입니다.
— *se* ~ *v.pr.* ① (어떤 장소 따위가)불편하다, 답답하다; 환경에 맞지 않다. Il *se déplaît* dans cette petite ville. 그는 이 작은 도시에서 지루해 한다. Les bœufs *se déplaisent* dans ce lieu. 이 토지에는 소가 적합하지 않다. *se* ~ à la campagne 시골에 싫증이 나다. ② 자기 자신이 싫어지다. ③ 서로 마음에 들지 않다.

déplaisamment [deplɛzamɑ̃] *ad.* 《드물게》 불쾌하게. Cette femme est ~ maquillée. 이 여자는 불쾌하게 화장을 했다.

déplaisance [deplɛzɑ̃ːs] *n.f.* 《드물게》 ① 불쾌. ~ qu'inspirent des cruautés 잔인한 행위가 불러일으키는 불쾌감. ② 불쾌한 일.

déplaisant(e) [deplɛzɑ̃, -ɑ̃ːt] (*p.pr.*< *déplaire*) *a.* 불쾌한, 기분에 거슬리는(désagréable, répugnant). odeur ~*e* 불쾌한 냄새. bruit ~ 불쾌한 소리. parler d'un ton ~ 기분에 거슬리는 말투로 말하다. serveur ~ 불쾌감을 주는 웨이터.

déplaisir [deple(e)ziːr] *n.m.* ① 불만, 불쾌 (↔ satisfaction). ~ de la vie 인생의 비애. faire *qc* sans ~ 기꺼이 ⋯하다. principe de plaisir-~ 【정신의학】 쾌·불쾌의 원칙, 쾌감원칙. ②《옛》실망; 비탄, 고뇌.

déplancher [deplɑ̃ʃe] *v.t.* (의)널빤지를 벗기다.

déplanification [deplanifikasjɔ̃] *n.f.* 자유경제화. politique de ~ qu'a poursuivie la Ve République 제 5 공화국이 추진한 경제자유화 정책.

déplanifier [deplanifje] *v.t.* 자유경제화하다. ~ l'économie 경제를 자유화하다. (목적보어 없이) moyens de ~ 경제자유화의 수단.

déplantage [deplɑ̃taːʒ] *n.m.*, **déplantation** [deplɑ̃tasjɔ̃] *n.f.* (나무를)뽑기; (나무의)이식.

déplanter [deplɑ̃te] *v.t.* ① (나무·말뚝 따위를)뽑다. ~ un piquet 말뚝을 뽑다. ~ une ancre 【해양】 닻을 올리다. ② (나무를)옮겨심다. ~ des plants 묘목을 이식하다. ③ (의)식물을 뽑다. ~ un jardin 정원의 식물을 뽑다. ④ (비유적)환경을 바꾸게 하다, 이주시키다. population *déplantée* par force 강제로 이주된 사람들. être *déplanté* (환경이 바뀌어서)낯설다, 마음이 편하지 않다.

déplantoir [deplɑ̃twaːr] *n.m.* 모종삽, 꽃삽.

déplâtrage [deplɑtraːʒ] *n.m.* 회벽을 벗김.

déplâtré(e) [deplɑtre] *a.p.* ① 회벽이 벗겨진. ②《구어》화장을 하지 않은, 화장이 지워진.

déplâtrer [deplɑtre] *v.t.* ① (의)회벽을 벗기다; (포도주의)석회를 빼내다. ~ un plafond 천장의 회벽을 벗기다. ② (에서)깁스를 떼다. ~ un bras remis à dans 던 팔에서 깁스를 떼다.
— *se* ~ *v.pr.* 회벽이 벗겨지다.

dépliage [deplijaːʒ], **dépliement** [deplimɑ̃] *n.m.* (접은 것을)펴기.

dépliant(e) [deplijɑ̃, -ɑ̃ːt] *n.m.* 접는 식 도록(圖錄). ~ chronologique d'un livre d'histoire 역사책의 접는 식 연표. ⎯ *a.* 접는 식의. fauteuil ~ 접의자. couchette ~*e* 접(간이)침대. mètre ~ 접는 줄자.

déplier [deplije] *v.t.* ① (접은 것을)펴다(étendre). ~ sa serviette [un journal] 냅킨 [신문]을 펴다. ~ ses jambes 두 다리를 펴다. ② (짐을)풀다 (déballer); (상품을)진열하다(étaler). ~ sa marchandise 상품의 포장을 풀다 [풀어 진열하다]. ③ (의견을)개진하다, 설명하다. ~ un texte 텍스트를 해설하다.
— *se* ~ *v.pr.* ① 펼쳐지다, 전개되다(s'ouvrir); (몸을 펴서)일어서다. canapé qui *se déplie* en forme de lit 펴면 침대로 되는 소파. parachute qui *se déplie* 펼쳐지는 낙하산.

déplissage [deplisaːʒ] *n.m.* (의)주름을 펴기.

déplisser [deplise] *v.t.* (의)주름을 펴다. ~ une robe 옷의 주름을 펴다.
— *se* ~ *v.pr.* 주름이 펴지다.

déploiement, **déploîment** [deplwamɑ̃] *n.m.* ① 펼치기(déferlage); 【군사】 전개, 산개(散開). ~ d'un drapeau 바람에 나부끼는 깃발. ~ des ailes 날개를 펼치기. La France possède un très beau ~ de côtes. 프랑스에는 매우 아름다운 해안이 펼쳐져 있다. manœuvre de ~ 【군사】 전개연습. ② 발휘; 진열, 과시(誇示). ~ de forces militaires 군사력의 과시. grand ~ d'érudition 박학의 과시. ~ de virtuosité 기교의 과시(구사).

déplombage [deplɔ̃baːʒ] *n.m.* ① (화물 따위의)납

봉인 제거. ②(치아의)충전물 제거.
déplomber [deplɔ̃be] *v.t.* ① (봉함용)납인을 떼다. ②(치아의)충전물을 제거하다(빼내다).
déplorable [deplɔrabl] *a.* ①한탄스러운, 통탄할 (navrant, pénible). Il est ~ que+*subj.* …하는 것은 통탄할 일이다. conséquence ~ 유감스러운 결과. ②(옛)가슴찬, 가엾은, 비참한. prince ~ 가련[불운]한 왕자. fin ~ 비참한 최후. ③저열한, 한심한. élève ~ 한심한 학생. ④역겨운, 불쾌한 (exécrable, désagréable). temps ~ 불쾌한 날씨.
déplorablement [deplɔrabləmɑ̃] *ad.* 통탄[한심]스럽게도; 가엾게도. chanter ~ 엉망진창으로 노래부르다. Il s'est conduit ~. 그의 행동은 너무나 한심스러웠다.
déplorer [deplɔre] *v.t.* ①슬퍼하다, 통탄하다; 애도하다(compatir à). ~ les malheurs de *qn* …의 불행을 슬퍼하다. ~ la mort d'un ami 친구의 죽음을 통탄[애도]하다. ②불만[유감]으로 생각하다. ~ de+*inf.*(que+*subj.*) …하는 것을 한탄하다. ~ l'incapacité d'un chef 윗사람의 무능을 불만스럽게 여기다. Je *déplore* que cette lettre se soit égarée. 그 편지가 분실된 것이 유감스럽다.
déployer [deplwaje] [7] *v.t.* ①(접은 것을)펼치다 (déplier); 〖군사〗전개시키다. oiseau qui *déploie* ses ailes 날개를 펼치는 새. ~ un mouchoir 손수건을 펴다. ~ un journal 신문을 펼치다. ~ des troupes 〖군사〗부대를 전개시키다. ~ les voiles d'un bateau 배의 돛을 펴다. ②(힘·용기·웅변 따위를)발휘하다(montrer, manifester); (부(富) 따위를)과시하다(exhiber). ~ son activité[son zèle] 활동력[열성]을 발휘하다. ~ toute son énergie 온 정력을 쏟다. ~ ses richesses[son autorité] 부(권위)를 과시하다. ~ un grand courage 용기 있음을 보여주다. ~ son originalité 독창성을 발휘하다. ③(물건 따위를)진열하다; (의견을)개진하다. ~ sa collection 수집품을 진열하다. Ses livres *étaient déployés* à la devanture des librairies. 그의 작품은 서점의 제일 앞줄에 진열되어 있었다.
rire à gorge déployée 큰소리로[유쾌하게] 웃다.
—**se** ~ *v.pr.* ①펼쳐지다; 퍼지다; 〖군사〗전개되다. Les manifestants *se déploient* sur la place 시위대가 광장에 퍼진다. Le drapeau *se déploie* au vent. 깃발이 바람에 나부낀다. ②드러나다. Son secret *se déploiera* devant nos yeux. 그의 비밀이 우리들의 눈앞에 드러날 것이다. ③발휘되다.
déplu, -s, -t [deply] ⇨**déplaire**.
déplumé(e) [deplyme] *a.p.* ①깃이 빠진;〖구어〗초라한. ②〖구어〗대머리의(chauve).
avoir l'air ~ (돈을 잃고)비참한 모습을 하고 있다;(병 따위로)몹시 초라한 모습을 하고 있다.
déplumer [deplyme] *v.t.* ①(새의)깃을 뽑다. ②〖구어〗대머리가 되게 하다.
—**se** ~ *v.pr.* ①(새가)깃이 빠지다. ②〖구어〗대머리가 되다. Son front commence à *se* ~. 그는 이마가 벗어지기 시작한다. ③〖속어〗잠자리에서 나오다, 일어나다. ④서로 깃을 뽑다.
dépocher [depɔʃe] *v.t.* 호주머니에서 꺼내다; (돈을)치르다. ~ *son calepin* 주머니에서 수첩을 꺼내다. ~ *vingt francs* 20프랑을 지불하다.
dépoétiser [depoetize] *v.t.* (의)시적(詩的) 정취를 잃게 하다. Les mœurs actuelles *dépoétisent* la femme. 현대풍속은 여성의 시적인 아름다움을 빼앗아 가고 있다.
dépointer [depwɛ̃te] *v.t.* ①(접은 천의)실밥을 뜯다;〖군사〗(대포 따위의)조준 위치를 이동하다.
dépoisser [depwase] *v.t.* ①(끈끈이를)제거하다.

②〖속어〗(곤경에서)빼내다. —**se** ~ *v.pr.* 〖속어〗 (곤경에서)빠져나오다.
dépoitraillé(e) [depwatraje] *a.* 옷차림이 단정치 못한(débraillé); 가슴을 내놓은.
dépolarisant(e) [depolarizɑ̃, -ɑ̃:t] 〖전기〗 *a.* 감극 (減極)[소극(消極)]하는. —*n.m.* 감극[소극]제.
dépolarisation [depolarizasjɔ̃] *n.f.* 〖전기〗감극, 소극.
dépolariser [depolarize] *v.t.* 〖전기〗감극[소극]시키다.
dépoli(e) [depɔli] *a.p.* 광택을 지운. verre ~ 광택을 지운[반투명] 유리. —*n.m.* 〖사진〗초점 유리.
dépolir [depɔli:r] *v.t.* (의)광택을 지우다. La rouille *dépolit* l'acier. 녹은 강철의 광택을 지운다.
—**se** ~ *v.pr.* 광택이 지워지다. glace qui *se dépolit* 광택이 사라지고 침침해진 거울.
dépolissage [depɔlisa:ʒ], **dépolissement** [depɔlismɑ̃] *n.m.* (유리 따위의)광택을 지우기.
dépolisseur(se) [depɔlisœ:r, -ɸ:z] *n.* 광택을 지우는 직공.
dépolitisant(e) [depolitizɑ̃, -ɑ̃:t] *a.* 비정치화하는, 정치성을 제거하는. action ~*e* de la presse actuelle 현대언론의 비정치화 기능.
dépolitisation [depolitizasjɔ̃] *n.f.* (조합·교육 따위의)비정치화, 정치성의 제거.
dépolitiser [depolitize] *v.t.* (에서)정치성을 없애다, 비정치적으로 만들다.
—**se** ~ *v.pr.* 비정치화하다, 정치성이 없어지다.
dépolluer [depɔlɥe] *v.t.* (대기·해양 따위의)오염을 방지하다.
dépollueur [depɔlɥœr] *n.m.* 오염방지를 위해 일하는 사람; 공해방지기구.
dépollution [depɔ(l)lysjɔ̃] *n.f.* 공해[오염] 제거.
dépommoir [depɔmwa:r] *n.m.* 〖수의〗인후(咽喉)를 살피는 기구.
déponent(e) [deponɑ̃, -ɑ̃:t] 〖라틴문법〗 *a.* 형식소상(形式所相)의(《수동형으로 능동을 나타낸다》). —*n.m.* 형식소상 동사.
dépopulariser [depopylarize] *v.t.* (의)인망[인기]을 잃게 하다. —**se** ~ *v.pr.* 인망[인기]을 잃다.
dépopulateur(trice) [depopylatœ:r, -tris] *a.* 인구를 감소시키는. —*n.m.* 살육자.
dépopulation [depopylasjɔ̃] *n.f.* ①인구 감소. ② 인구를 감소[절멸]시키기.
déport[1] [depɔ:r] *n.m.* ①〖법〗(판사 따위의)사퇴, 회피. ②〖옛〗지연(遲延). sans ~ 즉시, 당장에.
déport[2] *n.m.* ①〖주식〗인도(引渡) 연기, 인도 유예. ②〖통신〗(정보의)전달.
déportation [depɔrtasjɔ̃] *n.f.* ①(집단 수용소에의) 강제 수용; (특히 정치범의)유형(流刑), 강제 이주. ②(재류 외국인의)추방.
déporté(e) [depɔrte] *a.p.* ①(집단 수용소에)강제수용된; 유배당한; 추방당한. ②〖기계〗우회식(迂廻式)의. ③〖주식〗인도 유예된.
—*n.* (집단 수용소에)수용된 사람; 유형수, 유배당한 정치범; 추방당한 외국인. Plus de vingt millions de ~*s* mourrurent dans les camps nazis. 나치 수용소에 2천만 이상의 수용자가 사망했다. ~ politique 유형정치범.
déportement [depɔrtəmɑ̃] *n.m.* ①(차량의)진로이탈. ~ *d'un camion vers le bas-côté de la route* 도로의 비포장지대로 트럭이 미끄러짐. ② (*pl.*) 품행의 탈선(débauche). ③ (*pl.*)〖옛〗행실, 몸가짐 (conduite). mauvais ~*s des jeunes gens* 젊은이들의 나쁜 행실.
déporter [depɔrte] *v.t.* ①(정치적 이유로)강제 이주[수용]시키다; (죄수를)유형에 처하다. les Juifs *déportés* dans des camps de concentration 집

déposable

단수용소에 강제수용된 유태인. ~ les auteurs d'un attentat 음모의 주모자들을 유형에 처하다. ② (불량 외국인을)추방하다. ③ (자동차·비행기의)방향을 빗나가게 하다(dévier); 〖기계〗한쪽으로 기울이게 하다. Le vent a déporté l'auto vers la droite. 바람이 자동차를 오른쪽으로 빗나가게 했다. ④ (옛)지지하다, 편들다.
— v.i. 〖항공〗(바람으로 비행기가)편류하다.
— se ~ v.pr. ① (자동차·비행기 따위가 진로를)이탈하다. La voiture s'est déportée vers la droite. 자동차가 길에서 빗나가 오른쪽으로 미끄러졌다. ② (옛)[se ~ de] 단념하다, 체념하다. se ~ d'une poursuite 고소를 취하하다. ③〖법〗(판사 따위가 직무를)사퇴하다, 회피하다.

déposable [depozabl] a. 기탁(寄託)할 수 있는.
déposant(e) [depozɑ̃, ɑ̃:t] a. ① 예금[기탁]하는. ② 〖법〗증언[공술]하는. témoin ~ 증언하는 증인. — n. ① 예금[기탁]자. ②〖법〗증인.
dépose¹ [depo:z] n.f. (포석(鋪石)·레일 따위의)제거, 철거; (각종 부착물의)제거. ~ d'un moteur 모터를 뜯어내기. ~ de rideaux 커튼을 뜯어내기.
dépose² n.f. (사람·운반물 따위의)내려놓는 것. sauvage (스키타는 사람의)헬리콥터 수송.
*****déposer**¹ [depoze] v.t. ① (짐을)두다, 내려놓다; 버리다. Jean a déposé sa valise pour se reposer. 장은 쉬려고 트렁크를 내려놓았다. un fardeau 짐을 내리다. ~ une gerbe sur la Tombe du Soldat inconnu 무명전사의 묘에 꽃다발을 놓다. «Défense de ~ des ordures» "오물을 버리지 말 것". ~ un baiser sur le front de qn …의 이마에 입 맞추다.
② 놓고 가다; (사람을 차에서)내려놓다, 데려다 주다. ~ un message chez le concierge 관리인에게 쪽지를 놓고 가다. Le taxi l'a déposé devant sa maison. 택시는 그를 집 앞에 내려놓았다. J'ai ma voiture, je vous déposerai à la gare 난 차를 타고 왔는데 역까지 모셔다 드리겠습니다.
③ 맡기다, 위탁하다. ~ son parapluie au vestiaire 우산을 휴대품 보관소에 맡기다. ~ ses bagages à la consigne 짐을 수물품 보관소에 맡기다. ~ de l'argent (à la banque) (은행에)예금하다. ~ ses secrets dans le sein de qn …에게 비밀을 털어놓다.
④ 제출하다; 증언하다; 등록하다. ~ une pétition à la préfecture 도청에 청원서를 제출하다. ~ un projet de loi 법안을 제출하다. ~ une plainte (en justice) contre qn 〖법〗…을 고소하다. ~ son bilan 〖법〗(대차대조표를 제출하여)파산을 신청하다. ~ une marque (de fabrique) 〖상업〗상표를 등록하다.
⑤ (액체가 찌꺼기를)침전시키다, 가라앉히다.
⑥ (국왕 따위를)폐위[퇴위]시키다, 해임(면직)시키다. ~ un empereur[un évêque] 황제를 폐하다[주교를 해임하다].
~ *la couronne* 왕위에서 물러나다.
~ *le masque* 가면을 벗다, 정체를 드러내다.
~ *le pouvoir* 권력의 자리에서 물러나다.
~ *les armes* 무기를 버리다, 전쟁을 중지하다.
~ *ses hommages aux pieds de qn* …에게 경의를 표하다.
— v.i. ① 증언[공술]하다. ~ contre[en faveur de] qn …에게 불리한[유리한] 증언을 하다. ~ sous serment 선서하고 증언하다.
② 가라앉다, 침전하다.
— se ~ v.pr. (찌꺼기가)침전되다, 가라앉다; (먼지 따위가)쌓이다. La poussière se dépose sur la table. 테이블 위에 먼지가 쌓인다.

déposer² v.t. 제거하다, 떼어내다. ~ des tentures 벽지[벽포]를 떼다.
déposeur [depozœ:r] n.m. 《드물게》(국왕 따위를)퇴위시키는 사람.
dépositaire [depozitɛ:r] n. ① 수탁(受託)자, 보관자. ~ d'un trésor 보물 수탁자. ~ d'une lettre 편지 보관자. ② 위탁판매(대리)상인. ~ (seul) ~ des produits de qn …의 제품 총판매인. ~ de journaux 신문판매업(자). ③ (권력·비밀 따위를)위탁받은 사람. ~ d'un secret 비밀 보지자. ~ de l'autorité publique 〖법〗공권 집행자. ~ public 〖법〗공공재산 관리자. faire de qn le ~ d'un secret …에게 비밀을 털어놓다. ④ (기록·금전 따위의)보관 정지자.
déposition [depozisjɔ̃] n.f. ①〖법〗공술, 증언. faire sa ~ 증언[공술]하다. signer sa ~ 공술서에 서명하다. ② 폐위(廢位); 면직. ~ d'un empereur 황제의 폐위. ③ D~ de Croix 〖미술〗그리스도를 십자가에서 내리는 그림.
dépositoire [depozitwa:r] n.m. 시체(임시)안치소.
déposséder [deposede] [6] v.t. 빼앗다, 탈취하다(dépouiller); (에서)몰아내다. ~ qn de qc …에게서 …을 빼앗다. ~ qn de ses biens …의 재산을 몰수하다. roi dépossédé 폐왕. Il a été injustement dépossédé de sa place. 그는 부당하게 자리에서 쫓겨났다. ②〖법〗소유권을 박탈하다. ~ un propriétaire 소유자의 소유권을 박탈하다. ③〖심리〗자아를 상실시키다; 자아를 잊게 하다.
dépossession [deposesjɔ̃] n.f. ① 박탈, 횡령. ~ d'un privilège 특권 박탈. ②〖법〗철수(撤收); 점유 침탈(占有侵奪), 소유권 상실. ③〖심리〗자기 상실.
déposter [deposte] v.t. 《군대속어》(적을)진지에서 몰아내다. ~ l'ennemi 적을 진지에서 퇴각시키다.
*****dépôt** [depo] n.m. ① 놓기; 〖법〗제출, 등록. ~ d'un corps dans un caveau 지하매장소에의 시체 안치. ~ de mémoires 취지서의 제출. ~ d'une marque (de fabrique) 상표등록. ② 맡김, 위탁; 〖법〗기탁, 공탁. ~ d'une valise à la consigne 수물품 보관소에 트렁크를 맡기기. faire le ~ d'un testament chez le notaire 공증인에게 유언장을 맡기기. ~ légal (출판물의)법정납본. ~ irrégulier 〖법〗소비(불규칙)기탁. ~ volontaire[nécessaire] 〖법〗무상[유상]기탁. ~ de位탁물, 기탁물. Il m'a remis de l'argent en ~. 그는 나에게 돈을 맡겼다. confier un ~ 물건을 맡기다. restituer un ~ 맡긴 물건을 반환하다. ~ des vieilles traditions (비유적)오랜 전통의 유산. ~ de la foi[de la révélation] 〖종교〗전래의 신앙의 가르침. ④ (예금; 〖재정〗보증금. ~ bancaire 은행예금. ~ à terme 정기예금. ~ à vue 보통예금. caisse des ~ et consignations 예금공탁고. faire un ~ pour la location de qc …을 빌리는 데 보증금을 걸다. ⑤ 보관소; 창고; 〖철도〗차고. ~ d'ordures 오물 버리는 곳. ~ de marchandises 물건을 쌓아두는 곳. ~ de bagages 수화물 보관소. ~ de documentation 자료(보관)실. ~ public (도·시·읍의)공문서 보관소. ~ d'armes 무기고. ~ d'autobus 버스 차고. ⑥ 수용소; 유치장. ~ de mendicité 빈민수용소. ~ de prisonniers 포로수용소. conduire q au D~ (de la préfecture de police) 파리경찰청 유치장에 …을 연행하다. ⑦ 침전물, 침적물(沈積物); 〖지질〗퇴적물. Il y a un ~ au fond de la bouteille. 병 밑바닥에 찌꺼기가 고여 있다. ~ actif 〖물리〗방사성 침적물. ~s calcaire (marins) 석회질(해성) 퇴적물. ⑧〖의학〗농양(膿瘍). ⑨〖군사〗후방(잔류)부대.

dépotage [depɔta:ʒ] *n.m.* (액체의)바꿔넣기; (초롱을)화분에서 꺼냄. **dépotement** [depotmɑ̃] *n.m.* (액체의)바꿔넣기; (초롱을)화분에서 꺼냄.

dépoter [depɔte] *v.t.* (액체를)바꿔넣다; (초롱을)화분에서 꺼내다.

dépotoir [depɔtwa:r] *n.m.* ① 분뇨(糞尿) 처리장[저장소]. ②《구어》쓰레기 버리는 곳.

dépoudrer [depudre] *v.t.* ① (얼굴·머리에서)분을 지우다[털다]. ② 먼지를 털다.
—**se** ~ *v.pr.* 자기 얼굴[머리]의 분을 지우다[털다]; 자기 옷의 먼지를 털다.

dépouille [depuj] *n.f.* ① (짐승의)가죽; (뱀 따위의)허물; (비유적)유해(~ mortelle, cadavre). ~ des bois《시》낙엽. ~ d'un tigre 호랑이 가죽. ~ d'un serpent 뱀가죽. ~ d'une cigale 매미의 껍질. ~ d'un roi 왕의 유해. ②(보통 *pl.*)전리품(trophée); 횡령품; 수확물. ~ des champs《시》농작물. ~s de la victoire 전승에서 얻은 전리품. s'enrichir des ~s d'autrui 남의 희생으로 사복을 채우다. ③ 유품, 유산. partager les ~s *de qn* …의 유산을 분배하다. ~s d'un criminel exécuté 처형당한 죄인으로의 유품. ④《야금》(거푸집에서)꺼내기. ⑤《문어》(벗어놓은)의복, 장신구.

dépouillé(e) [depuje] *a.p.* (나뭇잎이 떨어진, 헐 벗은; [~ de](이)없는, ~잃은. style ~ 간결한 [수식 없는] 문체. Mes paroles sont ~*es* de tout artifice. 내 말에는 (아무) 꾸밈이 없다. esprit ~ *de* préjugés 편견없는 정신. tête ~*e* 대머리.

dépouillement [depujmɑ̃] *n.m.* ① (짐승 따위의)껍질[가죽]을 벗김, 박피(剝皮). ②(타인 소유물의) 몰수, 약탈, 박탈, 박탈된 상태, 궁핍(privation), 포기(renoncement). ~ des églises (혁명·전제에 의한)교회(재산)의 약탈. ③ (편지·한편의 책·문서 따위의)개봉검토, 조사; (보고 따위의)적요; (우편물의)개봉개봉(開封開讀); 개표(~ des votes). ~ des documents 자료의 조사. procéder au ~ du scrutin 개표를 하다. ④ 간결함; 검소함. ~ du style 문체의 간결함. vivre dans le ~ 청빈하게[검소하게] 살다.

dépouiller [depuje] *v.t.* ① (동물·나무의)껍질[가죽·비늘·살]을 벗기다; (식물의)잎사귀[열매]를 떨어뜨리다. ~ un lapin 토끼의 가죽을 벗기다. [~ *qc* de *qn*] ~ un poisson de ses écailles 생선 비늘을 긁어내다. L'automne *dépouille* les arbres *de* leurs feuilles. 가을이 오면 나뭇잎이 떨어진다. ② 벗기다; (가진 것을)빼앗다, 걷어가다, 박탈하다 (priver, enlever à). [~ *qn* de *qc*] ~ l'enfant *de* son manteau 어린아이의 옷을 벗긴다. Des escrocs l'*ont dépouillé* de ses économies. 사기꾼들이 그의 저금을 털어갔다. ~ *qn de* son emploi [*de* ses droits] …에게서 직장(권리)을 박탈한다. ③ 장식 (비품)을 걷다, 허식(군살)을 제거하다. ~ une vitrine 진열창을 비우다. ④ (옷 따위를)벗다; (뱀 따위가 허물을)벗다, 탈피하다;《문어》(의 감정을)버리다(renoncer à, se défaire de). ~ ses vêtements 옷을 벗다. ~ sa première enveloppe (뱀·번데기가)허물을 벗다. ~ tout amour-propre 자존심을 버리다. ⑤ (책·서류 따위를)면밀히 조사하다; 발췌하다; (서신을)개봉정리하다, 개표하다. ~ un dossier 서류를 면밀히 검토하다. M. Dupont *dépouille* son courrier. 뒤퐁씨는 편지를 개봉하여 정리한다. ~ un livre 책을 (노트해가며)면밀히 읽다. ~ un scrutin 개표하다. ⑥《야금》(거푸집을)뽑아내다. ⑦《문어》거둬들이다,《요리》(수프·소스 따위의)거품을 걷어내다(écumer).
~ *le vieil homme* 《종교》 (원죄의)타락한 천성에서 벗어나다, 거듭나다;《구어》악습을 고치다; 생활을 일신하다.

—**se** ~ *v.pr.* ① [se ~ de] (뱀 따위가)허물을 벗다, 옷을 벗다; 벌거숭이가 되다; 잎이 떨어지다, 드러나다, 노출되다. *se* ~ *de* ses vêtements 옷을 벗다. Les arbres *se dépouillent de* leur feuillage. 나무에서 잎이 떨어진다. Son front *se dépouille* d'année en année. 그의 이마는 갈수록 벗겨진다. ②[se ~ de] 버리다; 빈털터리가 되다. Elle s'*est dépouillée* de ses bijoux pour aider sa sœur. 그 여자는 언니를 돕기 위해 보석을 내놓았다. *se* ~ *de* ses préjugés 편견을 버리다. ③《양조》(오래 두어서)찌꺼기가 침전하다.
Il ne faut pas se ~ *avant de se coucher.* 《속담》 (잠자리에 들기 전에 옷을 벗어서는 안된다) → 입춘 시까지는 재산을 내놓으면 안된다.

dépourvoir [depurvwa:r] [60] (부정법현재·단순과거·과거분사·복합시제에만 쓰이다) *v.t.* 빼앗다. ~ *qn* de *qc* …에게서 …을 탈취하다.
—**se** ~ *v.pr.* 놓치다, 잃다.

dépourvu(e) [depurvy] (*p.p.* < dépourvoir) *a.p.* [~ de] 빼앗긴, 잃은, (이)없는(privé). homme ~ *de* ressources 재산(수입)이 없는 사람. appartement ~ *du* chauffage central 중앙난방장치가 없는 아파트. acte ~ *de* méchanceté 악의가 없는 행위. livre ~ *d'*intérêt 재미없는 책. (de 없이) être ~ 궁색하다, 빈털터리이다.
au ~ 필요한 것이 없을 때에; 불시에, 별안간. faire le stock pour ne pas être pris *au* ~ 품절이 되기 전에 물품을 저장하다. [에.

dépoussiérage [depusjeraʒ] *n.m.* 먼지털기, 소제.

dépoussiérer [depusjere] [6] *v.t.* ① 먼지를 털다. ②(낡은 것을)새롭게 되살아나게 하다(rafraîchir, renouveler). ~ ses connaissances (이미 얻은)지식을 새롭게 고쳐 익히다.

dépoussiéreur(se) [depusjerœ:r, -ø:z] *a.* 집진하는. filtre ~ 집진필터.
—*n.m.* (공장 따위의)집진기.

dépravant(e) [depravɑ̃, -ɑ̃:t] *a.* 타락시키는, 해독을 끼치는.

dépravateur(trice) [depravatœ:r, -tris] *a.* 풍속(풍기)을 문란하게 하는, 타락시키는(corrupteur).
—*n.* 그러한 사람.

dépravation [depravasjɔ̃] *n.f.* ① 변태, 도착, 퇴폐, 타락(corruption). ~ sexuelle 변태성욕. ~ des mœurs 풍기의 문란(타락). ~ du goût (문예·미술에서)취미의 타락. ~ du jugement 판단의 흐림. ②《의학》변질, (기능의)이상. ~ de l'appétit 이상식욕. ~ du sang 혈액의 변질.

dépravé(e) [deprave] *a.p.* ① 이상한; 변질적인. goût ~ 이상(병적) 기호.(嗜好). ② 타락(퇴폐)한(perverti), mœurs ~es 타락한 풍속, société ~*e* 퇴폐한 사회. personne ~*e* 변절자;《옛》부도덕한 사람. —*n.m.* 변절자(personne ~*e*).

dépraver [deprave] *v.t.* ① 타락(퇴폐)시키다, 손상시키다, 거칠어지게 하다(corrompre, pervertir). ~ la jeunesse 청소년을 타락시키다. ~ le jugement 판단력을 흐려놓다. ②《의학》변질시키다, 왜곡시키다(altérer). ~ les humeurs 체액을 변질시키다. —**se** ~ *v.pr.* ① 타락하다; 상(傷)하다. ②《의학》변질하다.

déprécatif(ve) [deprekatif, -i:v] *a.*《종교》탄원하는, 탄원적인.

déprécation [deprekasjɔ̃] *n.f.*《종교》화를 면하기 [용서를 받기] 위한 기도.

déprécatoire [deprekatwa:r] *a.* ① =déprécatif. ② 탄원으로 죄의 용서를 비는.

déprécia*teur*(*trice*) [depresjatœ:r, -tris] *a.* ① 낮게 평가하는, 얕잡는. ② 헐뜯는, 깎아내리는.

dépréciatif(ve) [depresjatif, -i:v] *a.* 〖언어〗경멸적인(péjoratif, ↔ laudatif). appellation ~*ve* 경멸적 호칭. suffixe ~ 경멸적 접미사.

dépréciation [depresjasjɔ̃] *n.f.* ① 가치의 저하, 감손(減損). ~ de l'or 금값의 하락. ~ de la monnaie 화폐 가치의 저하. ② 낮게 평가하기; 경시. ~ d'une maison 집값을 낮게 평가하기. ~ du mérite 공적을 과소평가하기.

déprécier [depresje] *v.t.* ①《주어는 사물》가치(가격)를 하락시키다. L'abondance *déprécie* les produits. 물건이 풍부하게 있으면 가격이 내려간다. ②《주어는 사람》싸게 평가(견적)하다; 헐뜯다 (décrier, dénigrer), 경시하다. Marie cherche à ~ votre travail. 마리는 당신이 한 일을 깎아내리려고 한다.
—*se* ~ *v.pr.* ① 가치가 떨어지다. Le dollar *s'est* beaucoup *déprécié*. 달러의 가치가 많이 떨어졌다. ② 자기를 낮추다, 비하하다. Il ne faut pas trop *se* ~ soi-même. 너무 지나치게 자신을 비하해서는 안된다. ③ 서로 헐뜯다.

déprédateur(trice) [depredatœ:r, -tris] 〖문어〗*n.* ① 약탈자; 파괴자. ② 공금 횡령(소비)자. — *a.* ① 약탈하는. ② 공금을 횡령(소비)하는.

déprédation [depredasjɔ̃] *n.f.* ① 약탈; 손해를 끼침. ② 횡령, 공금 사용(私用)(malversation). ③ 〖예〗(남회·남벌 등에 의한)자연의 파괴.

dépréder [deprede] ⑥ *v.t.* 약탈하다; 횡령하다.

déprendre [deprɑ̃:dr] ⑳ *v.t.* ①《붙은 것을》떼어놓다, 벗기다(détacher). ②《언 것을》녹이다.
—*se* ~ *v.pr.* ① [se ~ de] (에서)떨어지다(se dégager) ② 녹다. *se* ~ *d'une habitude* 습관에서 벗어나다.

dépresser [depre(e)se] *v.t.* ① 압력을 제거하다; 〖제본〗책을 프레스에서 꺼내다. ② 〖직물〗(옷감의)광택을 지우다. ③《숲·산울타리·화단도》속아내다.

dépressif(ve) [depre(e)sif, -i:v] *a.* ① 움푹 파이게 하는, 침하(沈下)시키는. ② 의기소침하게 하는, 풀죽게 하는, 원기를 꺾는; 몸을 허약하게 하는; 〖심리〗우울증의.

dépressimètre [depresimetr] *n.m.* 〖천문〗부각계(俯角計).

dépression [depresjɔ̃] *n.f.* ① 내리누름; 함몰(陷沒), 침하(沈下)(enfoncement). 〖천문〗부각(俯角)(angle de ~). ~*s* sédimentaire 분지. ~*s* marines 해구. ②(가격 따위의)내림, 하락; 〖기상〗저기압; 〖사진〗(감도의)저하. ③ 〖경제〗경기의 후퇴, 불황(récession). ~ en Bourse 주가의 하락. ④ 의기소침, (정신의)쇠약; 〖의학〗우울증(mélancolie). ~ nerveuse 신경쇠약. ⑤ 〖의학〗요와(凹窩). ⑥ 경시, 경멸. 〖기계〗 ~ du moteur 실린더 내의 진공; 〖천문〗~ de l'horizon 수평부각.

dépressionnaire [depresjɔnɛ:r] *a.* 〖기상〗저기압의; 불경기의(불화의). zone ~ 기압골, 저기압권. tendance ~ de l'économie française 프랑스 경제의 쇠퇴경향.

dépressoir *n.m.*, **dépressoire** [depreswa:r] *n.f.* 〖외과〗(수술 중 혀 따위를 누르는)억압기.

dépressurisation [depresyrizasjɔ̃] *n.f.* (비행기·우주선 내의)정상기압을 잃게 하기.

dépressuriser [depresyrize] *v.t.* (비행기·우주선 내의)정상기압을 잃게 하다.

déprier [depri(j)e] *v.t.* 〖드물게〗초대를 취소하다.

déprimant(e) [deprimɑ̃, -ɑ̃:t] *a.* (몸을)쇠약하게 하는(affaiblissant, débilitant); 원기(사기)를 꺾는, 의기소침하게 하는(démoralisant). climat ~ 몸이 노곤해지는 기후. atmosphère ~*e* 의기소침하게 만드는 분위기.

déprime [deprim] *n.f.* 〖구어〗의기소침한 상태.

déprimé(e) [deprime] *a.p.* ① 움푹 들어간; 평평해진; 〖식물〗(줄기가)땅에 늘어진. avoir le front ~ 이마가 평평하다. arc ~ 〖건축〗평아치. oiseau à bec ~ 부리가 평평한 새. sol ~ 움푹 들어간 땅. ②(맥이)약한; 〖경제〗불경기의. pouls ~ 미약한 맥. ③ 쇠약한; 의기소침한. malade ~ 쇠약한 환자. se sentir ~ 맥 빠지다.

déprimer [deprime] *v.t.* ①(병 따위가 몸을)쇠약하게 하다(affaiblir). 의기소침하게 하다, 풀죽게 하다(démoraliser). La fièvre *déprime* le malade. 열이 병자를 쇠약하게 한다. Son échec *l'a* gravement *déprimé*. 그는 이번 실패로 아주 풀이 죽어 있다. ② 움푹하게 하다(affaisser, enfoncer). ~ les os du crâne 두개골을 움푹들어가게 하다. ~ le sol 땅을 침하시키다. ③〖예〗헐뜯다; 기를 꺾다; 멸시하다.
—*se* ~ *v.pr.* ①〖구어〗풀이 죽다, 우울해지다. ② 자기를 낮추다; 서로 헐뜯다. ③ 움푹해지다, 가라앉다.

déprise [depri:z] *n.f.* 〖학술〗(집착·습관 따위로부터의)이탈, 벗어남.

dépriser [deprize] 〖옛·문어〗*v.t.* 낮게 평가(견적)하다; 얕보다, 깔보다(déprécier). ~ une marchandise 상품을 싸게 평가하다. ~ un rival 경쟁상대를 깎아내리다.
—*se* ~ *v.pr.* 스스로 낮추다; 서로 깔보다.

De profundis [deprɔfɔ̃dis] 〖라틴〗*n.m.*《복수불변》애도가(哀悼歌)《성경의 "깊은 연못에서"로 시작되는 송가》.

déprogrammer [deprɔgrame] *v.t.* 심리적 억압에서 해방시키다; (예정된 상영·방송을)취소하다.

déprolétarisation [deprɔletarizasjɔ̃] *n.f.* 비(非)프롤레타리아화(化).

déproletariser [deprɔletarize] *v.t.* (환경·사회집단 따위를)비프롤레타리아화하다, 프롤레타리아적 성격을 잃게 하다.

dépromettre [deprɔmɛtr] ㉚ 〖옛〗*v.t.*(의)약속을 취소하다. —*se* ~ *v.pr.* 약속을 취소하다.

déprovincialiser [deprɔvɛ̃sjalize] *v.t.* 〖속어〗(의)시골티를 없애다, 촌티를 벗겨주다.
—*se* ~ *v.pr.* 촌티가 벗겨지다.

dépucelage [depyslaʒ] *n.m.* 〖속어〗(처녀를)범함; 처녀성을 잃음.

dépuceler [depysle] ⑤ *v.t.* ①〖속어〗(처녀를)범하다(déflorer). ②〖구어〗(상자나 병을)처음 열다; 처음 하다.

dépuceleur [depyslœ:r] *n.m.* 〖속어〗(처녀를)범하는 자.

:**depuis** [dəpɥi] *prép.*《모음 앞에서는 [z]로 연음함》①(시간)…이래로, …부터. ~ hier 어제부터. ~ le matin jusqu'au soir 아침부터 저녁까지. ~ le jour où nous nous sommes rencontrés 우리가 만난 그 날부터. ~ lors 그 때부터. Il est très fatigué ~ son accident. 사고를 당한 이후로 그는 몸이 몹시 피곤하다. [~ +*ind.*] Il a bien changé ~ *que* je le connais. 내가 그를 알게 된 이후로 그는 많이 변했다. 〖예〗[~ +*inf.*] *D*~ avoir connu feu Monsieur votre père, j'ai voyagé par tout le monde. 돌아가신 어르신네와 알게 된 이후로 저는 온 세상을 여행했습니다.

②(시간·기간)…동안, …전부터. Il est absent ~ un mois. 그는 한 달 동안 결근하고 있다. *D*~ quand (combien de temps) est-il ici? 그는 여기에 온 지 얼마나 되었습니까? 언제부터 여기 와 계십

니까? Il t'attend ~ une heure. 그는 한 시간 전부터 너를 기다리고 있다. Je ne l'ai pas vu ~ longtemps. 나는 오랫동안 그를 만나지 못했다. ~ toujours 옛적(오래전)부터. ~ peu 조금 전부터, 최근에. ~ des jours ces jours ours ou 여러 날 전부터. ③ⓐ 《장소》…부터. D~ Orléans, nous avons marché. 우리는 오를레앙에서 줄곧 걸어 왔다. On voit la mer ~ cette fenêtre. 이 창에서는 바다가 보인다. On nous transmet ~ Londres la nouvelle d'une catastrophe aérienne. 런던으로부터 비행기 추락사고의 보도가 전달되었다. ⓑ《장소의 범위》…에서(…까지). Nous avons eu du soleil ~ Lyon jusqu'à Valence. 리용에서 발랑스까지는 날씨가 맑았다. La France s'étend ~ le Rhin jusqu'à l'Océan. 프랑스는 라인강에서 대서양까지 걸쳐 있다. ④《서열》 ~ le premier jusqu'au dernier; ~ le début jusqu'à la fin 처음부터 끝까지.
⑤《라디오·텔레비전》 …에서의(de). radio diffusion de «Carmen» ~ le théâtre de l'Opéra 오페라극장에서의 "카르멘" 방송. transmission ~ Marseille 마르세유로부터 중계방송.
~ le temps que …한 이래로《몹시 오랜 과거로 거슬러 올라감》. D~ le temps que je vous connais, je devine votre réaction. 당신을 오래 알고 지내온 만큼 당신의 반응을 짐작하오.
~ que …한 이래로; …한 까닭으로, …한 이상《때로 허사 ne를 동반함》. D~ que je le connais, je n'ai cessé de l'estimer. 그를 알게 된 이후로 나는 계속 존경해왔다.
—ad. 《연음 없음》 그 이래로, 그 후. D~, Il l'a oublié. 그 후 그는 잊었다. Louise est partie il y a un an, je ne l'ai pas revue ~. 루이즈는 1년 전에 떠났다. 그 이후로 나는 그 여자를 만나지 못했다.

dépulpé(e) [depylpe] *a.p.* ① 과육을 벗겨낸. ②《치과》 치수(齒髓)가 빠진.

dépulper [depylpe] *v.t.* (과실에서) 과육(果肉)을 벗겨내다. (가축의 사료 따위를) 분쇄하다.

dépuratif(ve) [depyratif, -i:v] 《의학》 *a.* 정화하는, 정혈작용을 하는. —*n.m.* 정화제, 정혈제.

dépuration [depyrasjɔ̃] *n.f.* (혈액·액체의) 정화. ②《화학》 (금속의)정련; 《약》 혼탁물의 분리; 《생리》 조직에서 노폐물·이물을 배설하다.

dépuratoire [depyratwa:r] *a.* 《의학》 정화하는.

dépurer [depyre] *v.t.* 정화하다; 정련하다(épurer, purifier). ~ le sang 피를 정화하다.
—*se* ~ *v.pr.* 정화되다.

députation [depytasjɔ̃] *n.f.* ①(사절·대표의)파견; (집합적) 대표단, 사절단(délégation). ②《정치》국회의원(하원의원)의 직; (집합적) 국회의원, 하원의원. se présenter à la ~ 《정치》 국회의원에 입후보하다.

député [depyte] *n.m.* ①《정치》 국회의원, 하원의원. femme ~ 여자 국회의원. ~ de la Lyon 리옹출신의 하원의원. Elle est ~ socialiste. 그 여자는 사회당 소속 하원의원이다. ~-maire 시장 겸 국회의원 (하원의). Chambre des ~s (1946년 이전의 프랑스의) 하원. ②《문어》 (대사·공사·영사·특사 따위의 공식적인) 사절, 대표 (envoyé, délégué, re présentant).

députée [depyte] *n.f.* 《드물게》 여자 국회의원 (femme député).

députer [depyte] *v.t.* ① 대표로 임명(파견)하다 (déléguer). ~ un ambassadeur 대사를 파견하다. ~ des représentants à une assemblée 대표자를 회의에 파견하다. ~ trois parlementaires 군사(軍使) 3명을 파견하다. ②《옛》 《목적보어 없이》 대표를 파견하다.

déqualification [dekalifikasjɔ̃] *n.f.* 자격 박탈(상실); (직업인의)자격(기능) 저하.

déqualifier [dekalifje] *v.t.* 《드물게》 자격(신분)을 박탈하다.
—*se* ~ *v.pr.* (자기)자격을 포기하다.

déquiller [dekije] *v.t.* ①(볼링의 핀을) 쓰러뜨려 경계 밖으로 내보내다. ②《속어》 때려뉘다; 병신을 만들다; (의)직위를 박탈하다.

der [dɛ:r] *n.m.* 《복수불변》 (dernier, dernière의 단축형) le ~ des ~ 《속어》 마지막 한 잔; 최종회. être le ~ en math 수학성적이 꼴찌다.
—*n.f.* 《복수불변》 la ~ des ~ (s) 《구어》 최후의 전쟁.

déracinable [derasinabl] *a.* 뿌리뽑을 수 있는; (비유적) 근절할 수 있는.

déraciné(e) [derasine] *a.p.* ① 근절된, 뿌리뽑힌. arbre ~ 뿌리뽑힌 나무. ②《구어》 조국(고향)을 떠난. ~ de 《구어》 조국(고향)을 떠난 사람; 실향자.

déracinement [derasinmã] *n.m.* ① 뿌리뽑기; (치아·풀 따위를) 뽑기; 근절. ~ d'un arbre 나무를 뿌리뽑기. ~ d'une dent 이를 뽑기. ~ d'un préjugé 편견의 근절. ② 조국(고향)을 떠나기; 조국상실, 실향. ~ des provinciaux 시골사람들의 이향.

déraciner [derasine] *v.t.* ① 뿌리뽑다 (arracher); 근절하다 (extirper, détruire). ~ une mauvaise habitude 나쁜 버릇을 뿌리뽑다. Le vent a déraciné des arbres. 바람이 나무들을 뿌리째 뽑았다. ~ un mal 악을 근절하다. ② 조국(거주지)에서 추방하다.
—*se* ~ *v.pr.* ① 뿌리뽑히다; 근절되다. ② 조국(고향)을 떠나다.

déracineur(se) [derasinœ:r, -ø:z] *a.* 뿌리뽑는; 근절하는. —*n.* 뿌리뽑는 사람; 근절하는 사람.

dérader [derade] *v.i.* 《해양》 정박지를 떠나다; (바람에 불려) 항구 밖으로 밀려나가다.
—*v.t.* (배를) 육지에 끌어올리다.

dérager [deraʒe] ③ *v.i.* 《구어》 분노를 진정하다 《부정문에 쓰임》(↔ enrager).

déraidir [derɛ(e)di:r] *v.t.* ①《구어》 (사지를) 부드럽게 하다. ②《구어》 (성격·태도를)온화하게 하다, 누그러뜨리다.
—*se* ~ *v.pr.* 부드러워지다, 누그러지다.

déraillard [deraja:r] *n.m.* 《속어》 협궤(狹軌)철도.

déraillement [derajmã] *n.m.* 《철도》 탈선; 일탈.

dérailler [deraje] *v.i.* ① 탈선하다. ②《연행이》 상궤를 벗어나다, (이야기가) 탈선하다; 몰상식한 말(짓)을 하다 (déraisonner). Il a trop bu, il commence à ~. 그는 과음한 나머지 횡설수설 (탈선)하기 시작한다. ②(기계가) 비정상적으로 움직이다. La pendule déraille. 시계가 틀리게 간다.

dérailleur [derajœ:r] *n.m.* ①《철도》 전철(轉轍)장치. ② (자전거의)변속장치.

déraison [derɛzɔ̃] *n.f.* 《옛·문어》 부조리, 이성의 결여, 상궤를 벗어남; 발광, 정신착란.

déraisonnable [derɛzɔnabl] *a.* 상궤를 벗어난, 부조리한, 당치않은.

déraisonnablement [derɛzɔnabləmã] *ad.* 부조리하게.

déraisonnemet [derɛzɔnmã] *n.m.* 《옛》 당찮은 말, 억설. ②《드물게》 헛소리.

déraisonner [derɛzɔne] *v.i.* 《문어》 당찮은 소리를 하다; (병자가) 헛소리를 하다 (divaguer). Il ne fait que ~. 그는 당찮은 소리만 하고 있다.

déralinguer [deralɛ̃ge] *v.t.* ①《해양》 (돛가에 누빈) 줄을 벗기다; (바람이 돛을) 돛가에 누빈 줄을 따라 찢다. ②《속어》 때려서 쓰러뜨리다.
—*v.i.* 《속어》 헛소리를 하다; 파산하다.

dérangé(e) [derɑ̃ʒe] *a.p.* ① 탈이 난, 난잡한;《구어》배탈이 난, 설사를 한. avoir l'esprit ~ 머리가 정상이 아니다, 돌았다. avoir le corps[le cerveau] ~; être ~ 배탈이 나다. Le temps est ~.《구어》날씨가 나쁘다. ② 품행이 난잡한. être ~ dans sa conduite 품행이 난잡하다. ③ 부채가 있는. ④《문어》몸가짐이 혼란함.

dérangement [derɑ̃ʒmɑ̃] *n.m.* ① 흩트림, 혼란, 난잡. être en ~ 흐트러져 있다; 혼란을 이루고 있다. ~ des services 업무의 혼란. ~ d'esprit《옛》정신 착란. ② 훼방, 방해(gêne, trouble); 자리를 뜨기[옮기기]. Ce spectacle vaut le ~. 그 구경거리는 보러갈 만하다. causer du ~ à qn …의 방해를 놓다, 시간을 뺏다. ③ (기계·신체 따위의)고장, 부조(不調), 변조(變調), (일기의)불순; 품행의 부정. La ligne est en ~. 전화선이 고장이다. téléphone en ~ 혼선[고장] 중인 전화. ~ de l'intestin 설사. ~ des affaires 사업의 부진. ~ atmosphérique 일기불순.

***déranger** [derɑ̃ʒe] ③ *v.t.* ① (정돈된 것을)흐트러뜨리다, 어지르다(mettre en désordre, perturber). On a *dérangé* encore tous mes livres. 또 누가 내 책들을 모두 흐트려 놓았다. ② (사물·기계·신체 따위를)고장[탈]이 나게 하다(détraquer); (계획을) 틀어지게 하다; (의)머리를 돌게 하다. Le transport a *dérangé* la bascule. 계량기가 운반 중에 고장났다. Ce repas lui a *dérangé* l'estomac. 이 음식으로 인해 그는 배탈이 났다. Cet incident a *dérangé* tous nos projets. 그 사건이 우리의 계획을 다 망쳐 놓았다. ~ l'esprit à qn …의 머리를 돌게 하다. ③ 훼방놓다, 성가시게 굴다(gêner, troubler); 자리를 뜨게 하다. L'arrivée de mes amis m'a *dérangé* dans mon travail. 친구들이 몰려와서 내 일을 방해했다. Excusez-moi de vous ~. 방해를 해서 미안합니다. Ne le *dérangez* pas, il sommeille. 그를 건드리지 마시오, 잠들었으니까. ④《옛》타락시키다, 길을 잘못들게 하다(dévoyer).

— **se** ~ *v.pr.* ① 자리를 뜨다, 일손을 멈추다, 움직이다; 수고하다. sans *se* ~ 그대로의 자세로, 움직이지 않고, 태연하게. Ne *vous dérangez* pas. 그대로 계십시오, 일을 계속하십시오. [se ~ pour + (대)명사 + *inf.*] On *s'est dérangé pour* rien, les bureaux sont fermés. (오느라고)헛수고를 했는 걸. 사무실이 닫혀 있으니 말이야. Je *me suis dérangé pour* lui faire place. 나는 일어나서 그에게 자리를 내주었다. ② 일하러 가다. Le médecin ne *se dérange* pas après 9 heures. 그 의사는 9 시 이후에는 왕진을 가지 않는다. ③ (기계·위[胃] 따위에)탈이 생기다; (정신이)착란되다. Cette horloge *se dérange* facilement. 이 시계는 자주 고장이 난다. ④《구어》몸가짐이 난잡해지다.

dérangeur(se) [derɑ̃ʒœːr, -ʃz] *n.* 훼방꾼.

dérapage [derapaʒ] *n.m.* ① 【자동차】옆으로 미끄러지기. faire un ~ sur une route mouillée 젖은 길에서 옆으로 미끄러지다. ② 【해양】닻이 끌림; 닻이 해저로부터 빠짐. ③ 【스키】데라파주. 【항공】(비행기가)옆으로 미끄러지기. ~ (비유적)예기치 않은 변화; 【경제】폭주. ~ des prix 물가의 폭주. ~ des horaires 열차운행 시간표의 제멋대로의 변경.

déraper [derɑpe] *v.i.* ① 【자동차】옆으로 미끄러지다(glisser). voiture qui *dérape* dans un virage 커브길에서 옆으로 미끄러진 자동차. ② 【해양】닻이 해저로부터 빠져나오다, 닻이 끌리다. ③ 【항공】(비행기가)기류 때문에)옆으로 미끄러지다. ④ 【스포츠】(스키어가)옆으로 지치다. ④ (사태가)폭주하다, (바람직하지 않은 쪽으로)벗어나다; (사람이 도덕적·사회적 규범에서)탈선하다. Les prix ne *dérapent* pas encore brutalement en hausse. 물가는 아직 심하게 앙등하고 있지는 않다. La jeune femme *dérape* malgré la vie confortable qu'elle mène. 젊은 유부녀가 안락한 생활을 하고 있는데도 탈선한다. ⑤《옛·사투리》멈추다. travailler sans ~ 멈추지 않고 일을 계속하다.

— *v.t.* ①《옛·남프랑스》떼어놓다. ②【해양】(닻을)올리다. *Dérapez!* 닻을 올려라;《구어》물러가라! — **se** ~ *v.pr.*《남프랑스》떠나다, 떨어지다.

dérasement [derɑzmɑ̃] *n.m.* 낮춤, 낮아짐, 평탄해짐.

déraser [derɑze] *v.t.* 낮추다. ~ une tour[une digue, un mur] 탑[방파제·벽]을 낮추다.

dératé(e) [derate] *a.p.* 비장(지라)을 뽑아버린. —*n.m.* 비장을 뽑아낸 개. courir comme un (chien) ~《구어》쏜살같이 달리다. —*n.*《구어》경망한 사람. petite ~*e* 깜찍한 소녀.

dérater [derate] *v.t.* 비장(지라)을 뽑아버리다.

dérationner [derasjɔne] *v.t.* (식품 따위를)배급에서 제외하다.

dératisation [deratizasjɔ̃] *n.f.* 쥐의 박멸. semaine de ~ 쥐잡기 주간.

dératiser [deratize] *v.t.* (의)쥐를 박멸하다.

dérayer [dere(ɛ)je] 8 *v.t.* 【농업】경계(境界)밭고랑을 파다; 배수용 밭고랑을 만들다.

dérayure [derɛ(e)jyːr] *n.f.* 【농업】경계고랑; 배수구.

derbouka [derbuka] *n.m.* =**darbouka**.

derby [dɛrbi] *n.m.* ①경마, (영국 Epsom 의)더비 경마. ② —français (프랑스의)상티이(*Chantilly*)에서 거행되는 경마. ~ de la route (보르도와 파리간 п 위의)경륜(競輪). ②《옛》4륜 경마차(輕馬車). ③ 경보용 구두에 비슷한 구두. ④ 【스포츠】(2개의 큰 팀, 특히 축구의 전통적)대항전.

déréalisant(e) [derealizɑ̃, -ɑːt] *a.* 【심리】현실감을 잃게하는.

déréalisation [derealizasjɔ̃] *n.f.* 【심리】현실감 상실.

déréaliser [derealize] *v.t.* 현실감(성)을 잃게 하다.

derechef [dərəʃɛf] *ad.*《옛·문어》다시(금), 또 한번.

déréel(le) [dereɛl] *a.* 【심리】현실감 상실의. pensée ~*le* (논리적 필연을 벗어난)비현실적 사고.

déréglable [dereglabl] *a.* (기계가)난조에 빠지기 쉬운.

déréglé(e) [deregle] *a.p.* ① (기계가)고장난(détraqué). moteur ~ 고장난 엔진. ② 착란된, 불규칙한, 절도 없는, 상례(常軌)를 벗어난, 난폭한, (날씨가)불순한(irrégulier, désordonné). pouls ~ 난경맥. ③ 방탕한, 품행이 단정치 못한(libertin). vie ~ 지나친, 터무니없는. ambition ~*e* 터무니없는 야심. imagination ~*e* 분방한 공상.

dérèglement [dereglemɑ̃] *n.m.* ① (기계의)변조 고장. ② 착란, (일기)불순, (맥박의)불규칙. ③《옛》(품행의)난잡, 방탕.

déréglement [dereglemɑ̃] *ad.*《드물게》방탕하게 규칙을 무시하고, 함부로.

dérégler [deregle] 6 *v.t.* ① (기계 따위를)고장나게 하다(détraquer). Le froid *dérègle* les montres. 추위 때문에 시계가 잘 맞지 않는다. ② 문란하게 하다. ~ les mœurs 풍속을 문란하게 하다.

— **se** ~ *v.pr.* ① 탈나다, (맥박이)불규칙하게 되다, (날씨가)불순해지다. ② (품행이)난잡해지다 타락하다, (풍속이)문란해지다.

déréliction [dereliksjɔ̃] *n.f.*【종교】(신에게서)버려진 상태; 완전한 고독(감)(délaissement).

dérelier [dərəlje] *v.t.* (책의)장정을 풀다.

deréquisition [derekizisjɔ̃] *n.f.* 군정에서 민정으로의 전환, 군정해제. ~ de la marine marchande 상선단의 징발해제.

déridage [derida:ʒ] *n.m.* 【성형외과의】주름 제거수술.

dérider [deride] *v.t.* ① 주름을 펴다. ~ la peau 피부의 주름을 펴다. ② (구어)쾌활하게 하다(égayer). Le vin *déride* un homme. 술은 사람을 쾌활하게 만든다. ~ le front de qn …의 찌푸린 이맛살을 펴지 하다.
—**se** ~ *v.pr.* ① 주름이 펴지다. ② 쾌활해지다.

dérision [derizjɔ̃] *n.f.* ① 조롱, 우롱(raillerie, risée); (사람을)우롱하는 일[짓]. gestes de ~ 조롱의 몸짓. rires de ~ 조소. tourner en ~ …을 조롱하다. ② 하찮은 것, 보잘것없는 것, 웃음거리. Dix francs! c'est une ~. 10 프랑이라니! 말도 안 되다.

dérisoire [derizwa:r] *a.* ①(옛)조소적인. proposition ~ 사람을 우습게 아는 제안. ② 극히 적은, 값어치로할 것 없는(insignifiant). à un prix ~ 터무니없는 값으로. salaire ~ 지독한 박봉. ③ 하찮은; 가소로운. ~ ennemi 하찮은 적.

dérisoirement [derizwarmɑ̃] *ad.* 조롱적으로; 터무니없이. crédits ~ insuffisants 터무니없이 부족한 예산.

dérivable [derivabl] *a.* ① (파생어로서)파생시킬 수 있는, 유도할[풀어낼] 수 있는. ② (흐름의)방향을 바꿀 수 있는. ③ 【수학】미분할 수 있는.

dérivant(e) [derivɑ̃, -ɑ̃:t] *a.* ① 떠도는, 표류하는. filet ~ 유수망(流水網). ②【언어】파생하는.

dérivateur [derivatœ:r] *n.m.*【전기】분류기.

dérivatif(ve) [derivatif, -i:v] *a.* ①【언어】파생의, 파생어 형성의. suffixe ~ 파생어를 만드는 접미사. ②(옛)【의학】유도성의.
—*n.m.* ①(옛)【의학】유도체(誘導體). ② (슬픔 따위를)잊게함, 기분전환(distraction, divertisement). Le travail est un ~ à son chagrin. 일은 그의 슬픔을 잊게하는 기분전환제이다.

dérivation[1] [derivasjɔ̃] *n.f.* ① (흐르는 물의)방향 변경, 인수(引水)(détournement); 소수(疏水). canal de ~ 소수, 도수로, fossé de ~ 배수거(排水渠). barrage pour la ~ des eaux 취수댐. ②【언어·논리】파생. ~ impropre 전용(轉用), 의파생(擬派生). ~ régressive 역생(逆生), 역파생. ③【전기】유도;【전기·무전】분류(分流), 분로(分路);【기계】측로, 측관 (conduit de ~);【수학】(함수의)유도, 미분;【철도】우회선. ④ 근원하는 것, 갈라져 나온 것. ⑤ 우회, 우회로, 바이패스. ⑥【심리】파생현상.

dérivation[2] *n.f.* 【해양·항공】 편류(偏流), 항로외 항향, 표류(漂流). 【군사】(바람·선회(旋回)에)의한)탄차의 편차(偏差). correction de ~ 편차의 수정.

dérive[1] [deri:v] *n.f.* ①【해양·항공】편류, 표류. angle de ~ 표류(편류)각. ②【해양】가동용골(可動龍骨), 방향(方形)키쇠(側板);【항공】(비행선의)용골, (비행기의)방향타(方向舵), 키. ③【군사】조준조정도(照準調整度);【전자】드리프트. ④【통신】자독한 방향. de la fréquence de ~ (텔레비전 수상기의)공진(共振) 주파수의 편차;【지질】~ des continents 대륙이동(표류)(설). ⑤【철도】(화차의)역주(逆走).
à la[en] ~ 물결치는 대로(à vau-l'eau); 되는 대로. aller à la[en] ~ 표류하다; 되어가는 대로 내버려두다. être à la ~ (구어)갈피를 잡지 못하다, 어찌할 줄을 모르다. laisser aller qc à la ~ …을 되어가는 대로 내버려두다.

dérive[2] *n.f.* 【철도】우회선(迂廻線).

dérivé(e) [derive] *a.p.* ① 제이의적(第二義的)인, 부차적인; 파생한. produit ~ 2차 제품, 부산물(副産物). mot ~ 파생어. sens ~ 전의(轉義). ②【수학】유도된, 미분(微分)된;【화학】유도된. corps ~ 유도체. fonction ~e 도함수. ③【전기】분기(分岐)된. conduit ~; circuit ~ 분로(分路). courant ~ 분로를 흐르는 전류. ④ accord ~【음악】 전회화현(轉回和絃).
—*n.m.* ①【언어】파생어(mot ~). ② 2차 제품. ③【화학】유도체;【전기】분로(分路). ④【수학】d'un ensemble 【수학】집합의 집적점(集積點).
—*n.f.*【수학】도함수(導函數).

dériver[1] [derive] *v.t.ind.* [~ de] …에서 유래하다, 발원(發源)하다(venir de, provenir de);【언어】파생하다. Ce mot *dérive du* latin. 이 말은 라틴어에서 유래된 것이다.
—*v.i.* ① (선박·뗏목·비행기 따위가 흐름·바람에)떠내려 가다, 표류하다, 편류(偏流)하다. Le bateau *a dérivé* à cause d'une panne de moteur. 그 배는 엔진 고장으로 표류했다. ② (주제에서)벗어나다, 탈선하다;【군사】(포탄·총탄이)빗나가다. Vous *dérivez* sans cesse: revenez donc à la question centrale. 당신의 이야기는 자꾸만 빗나가는군요, 중심문제로 돌아오십시오. ③ (몸을)되어가는 대로 내맡기다; 무기력하게 떠내려가다.
—*v.t.* ① (흐르는 물을)끌다, 흐름의 방향을 바꾸다(détourner). ~ une rivière 강의 물줄기 방향을 바꾸다. ~ les eaux d'une source 수원(水源)에서 물을 끌다. ②【의학·화학】유도되다;【전기】분로(分路)를 만들다(쓰다);【철도】측선(側線)으로 옮기다. ③【언어】파생시키다.

dériver[2] *v.t.* (뗏목을)물가에서 밀어넣다. —*v.i.* 물가를 떠나다.

dériver[3] *v.t.* ① (의)징을 뽑다. ② (징으로 박아 붙인 것을)떼어내다.

dériveter [derivte] [5] *v.t.* (의)징을 뽑아내다.

dériveur [derivœ:r] *n.m.* ①【해양】가동(可動)[방형(方形)]용골(龍骨); 측판(側板)용골. ② 비바람이 심할 때 사용하는 돛. ③ 유망선(流網船), (특히)청어잡이 어선.

dérivomètre [derivɔmetr] *n.m.* 【항공】편류계(偏流計).

dermatite [dermatit] *n.f.* 【의학】피부염.

dermatol [dermatɔl] *n.m.* 【화학】차몰식자산 창연(次沒食子酸鹽鉛).

dermatologie [dermatɔlɔʒi] *n.f.* 【의학】피부병학.

dermatologique [dermatɔlɔʒik] *a.*【의학】피부병학의.

dermatologiste [dermatɔlɔʒist], **dermatologue** [dermatɔlɔg] *n.* 피부과 의사, 피부병 환자.

dermatoptique [dermatɔptik] *a.* 【생물】피부광각(皮膚光覺)을 지닌.

dermatorragie [dermatɔraʒi] *n.f.* 【의학】피부출혈, 혈한(血汗).

dermatosclérose [dermatɔsklero:z] *n.f.* 【의학】공피증(鞏皮症).

dermatose [dermato:z] *n.f.* 【의학】피부병.

derme [dɛrm] *n.m.* 【해부】진피(眞皮), 피부.

dermeste [dermɛst] *n.m.* 【동물】수수랭이.

dermique [dermik] *a.* 진피(眞皮)의, 피부의.

dermite [dermit] *n.f.* ①【의학】피부염(dermatite). ②【수의】(말·소의)정종(疔腫).

dermographie [dermɔgrafi] *n.f.* 【의학】피부묘기증(皮膚描記症), 피부문화(紋畫)증.

dermopuncture, dermoponcture [dɛrmɔpɔ̃k-

dermotrope [dɛrmɔtrɔp] *a.* 《학술》(미생물 따위가)피부친화성의, 피부향성(皮膚向性)의.

:dernier(ère) [dɛrnje, -ɛːr] *a.* ① (명사 앞에서) 최후의, 최종의, 마지막의, 끝의. Décembre est le ~ mois de l'année. 12월은 한 해의 마지막 달이다. La table des matières est à la ~ère page du livre. 목차는 책의 마지막 페이지에 있다. ~ cours 《주식》그 날의 마지막 시세. ~ prix 그 이상 깎을 수 없는 값. ~ère édition (신문의 어떤 날짜의) 최종판. ~ères années de sa vie 그의 (생애의) 말년. ~ère demeure 마지막의 거처, 무덤. pour le ~ère fois 이것을 마지막으로. faire un ~ effort 최후의 노력을 하다. C'est le ~ homme à qui je voudrais demander un service. 그는 가장 일을 부탁하고 싶지 않은 사람이다. (명사의 뒤) jugement ~ 《성서》최후의 심판.
② (명사의 앞) 최신의, 최근의. Il est habillé à (selon) la ~ère mode. 그는 최신 유행의 옷을 입고 있다. ces ~s temps(jours) 요새, 최근에. information de ~ère minute 최신 뉴스. c'est l'œuvre d'un auteur 작가의 신간서. la ~ère guere 최근의 전쟁. dans ces ~s temps 최근에, 요즈음. ces ~ères années 근년.
③ (명사 뒤에서) 요전의, 지난. la nuit ~ère 지난 밤. l'an ~; l'année ~ère 지난 해. le mois ~ 지난 달. la semaine ~ère 지난 주. lundi ~ 지난 월요일. les temps(jours) ~s 요새, 최근에.
④ (추상명사를 수식하여) 최고의, 극도의 (extrême); 최하의, 가장 열등의. chapeau de ~ ridicule 꼴불견의 모자. C'est du ~ indispensable. 그것은 절대로 없어서는 안되는 것이다. question de la ~ère importance 가장 중요하지 않은 문제(=문제에 따라서는 가장 중요한 문제). réponse de la ~ère grossièreté 극히 상스러운 대답. tuberculeux au ~ degré 최악 단계의 폐병환자. marchandise de ~ère qualité 최하 품질의 상품.
avoir le ~ mot; avoir le ~ 《구어》토론에서 최후의 결정적인 발언을 하다 (꺽소리 못하게 만들다).
C'est mon ~ mot. 더 이상은 조금도 양보할 수가 없다.
être du ~ bien (mieux) avec qn …와 친절하다.
mettre la ~ère main à qc …에 끝손질을 하다.
— *n.* ① (차례 따위가) 최후의 것, 최후의 사람; 막내. Il est arrivé (bon) ~. (속담) 그가 최후로 도착했다. mon petit ~ 나의 막내아들. ② 최하등의 것 (사람); 최하위 (最下位)의 것 (사람). être ~ en mathématiques(de la course) 수학(달리기)에서 꼴찌를 하다. le ~ de la classe 학급 중의 꼴찌. Les premiers seront les ~s. 《성서》먼저된 자가 나중되리라. Ça, c'est le ~ de mes soucis. 나는 그런 것에는 조금도 개의치 않는다.
Aux ~s les bons. 《속담》마지막 사람에게 좋은 것이 주어지다.
ce ~; cette ~ère 후자. Jean est venu avec Marie; ce ~ paraissait fatigué. 장은 마리와 함께 왔다. 그런데 후자는 피곤해 보였다.
en ~ 마지막으로, 최종적으로; 결국.
le ~ à pouvoir+ inf.; le ~ qui+sub. 어느 누구보다 …할 자격이 없다. Il est le ~ à pouvoir se plaindre. 그는 누구보다 불평할 처지가 아니다 (불평한다면 마지막에나 할 수 있다). C'est le ~ sur qui on puisse compter. 도저히 기대할 수 없는 사람이다.
le ~ des ~s 인간 중에서 가장 하등의 인간, 인간 말짜.
— *n.f.* 《구어》최신의 뉴스 (이야기·소식).

dernièrement [dɛrnjɛrmɑ̃] *ad.* 최근에, 요새, 요전에 (récemment). Je l'ai rencontré ~. 나는 그를 최근에 만났다.

dernier-né [dɛrnjene], **dernière-née** [dɛrnjɛrne] (*pl.* ~s-~s) *n.* ① 막내. ② 최근의 것, 최신 〔형〕의 것. *dernière-née* des Facultés des lettres 최근에 생긴 문과대학. ~ des cabarets de Paris 파리의 최신식 카바레. footballeuse, *dernière-née* des sportives 첨단적인 여자운동선수의 축구선수.

derny [dɛrni] *n.m.* (자전거 패스 레이스의) 유도 오토바이.

dérobade [derɔbad] *n.f.* ① (말이) 장애물을 피함, 경주거부. ② 《구어》도피, 회피 (faux-fuyant, reculade). Votre silence n'est qu'une ~. 당신의 침묵은 문제의 회피일 뿐이오.
à la ~ 몰래, 은밀히 (à la dérobée).

dérobé(e) [derɔbe] *a.p.* ① 훔친; 숨겨진, 비밀의 (secret). objets ~s 훔친물건. faire *qc* à ses heures ~es 틈을 내어 …을 하다. escalier ~ 비밀 계단. porte ~e 비밀문. ② culture ~e 《농업》간작(間作). ③ pied ~ (말의) 굽이 닳은 발굽.
à la ~e 은밀히, 몰래, 숨어서.
— *n.f.* 부르타뉴 지방의 무용의 일종.

dérobement [derɔbmɑ̃] *n.m.* 《해군》탈주, 도피.

dérober [derɔbe] *v.t.* 훔치다, 슬쩍하다; 절취하다 (주로 비유적 표현으로 쓰이며 물건을 훔친다는 뜻에는 오히려 voler를 사용). [~ *qc* à *qn*] On lui *a dérobé* sa montre. 그는 시계를 도둑맞았다. ~ à *qn* le fruit de ses efforts …의 노력의 결실을 슬쩍하다. ~ à *qn* son secret …에게서 비밀을 캐내다 (엿듣다). ~ un baiser 키스를 훔치다, 갑자기 키스하다. ② 감추다, 가리다 (cacher); 멀리하다, 돌리다. Le mur nous *dérobe* la vue de la campagne. 벽 때문에 들판이 보이지 않는다. ~ sa marche 《군사》적으로부터 슬쩍하여 전진하다. ~ son regard 시선을 돌리다. Il voulut l'embrasser, mais elle *déroba* son front. 그가 입을 맞추려고 했더니 그녀는 이마를 돌려버렸다. ③ 면하게 하다, 은닉하다, 숨겨주다. ~ un criminel à la justice 범인을 은닉하다. ~ un coupable aux poursuites judiciaires 범인을 법의 추궁으로부터 면해주다.
— *se ~* *v.pr.* ① [se ~ à] (을)피하다, 면하다. *se ~ aux regards* 사람의 눈을 피하다. *se ~ à* son devoir 의무를 게을리하다. *se ~ aux questions* 질문에 대한 대답을 회피하다. ② (문이) 도망하다, 슬쩍 모습을 감추다 (s'éloigner, se dégager). Il lui prit le bras, mais elle ne *se dérobait* pas. 그가 팔을 잡았는데도 그녀는 빠져나가지 않았다. ③ (주어는 사물) 무너지다 (s'effondrer). Ses genoux *se dérobaient* sous lui. 그는 무릎이 무너질 듯했다. (무릎의 힘이 빠져서) 넘어질 뻔했다. Le sol *se dérobe* sous mes pieds. 발아래로 땅이 꺼져들어간다. ④ 《승마》장애물을 회피하다.

dérobeur(se) [derɔbœːr, -øːz] *a.* (말이) 장애물을 회피하는, ~주춤거리는. cheval ~ 주춤거리는 말.
— *n.* 장애물을 회피하는 말.

dérochage [derɔʃaːʒ] *n.m.* 《기술》(금속의) 산을 세척하기.

dérochement [derɔʃmɑ̃] *n.m.* 《기술》(땅·하상 (河床)에서) 암석을 제거하기.

dérocher [derɔʃe] *v.i.* (등산자가) 바위에서 떨어지다. — *v.t.* ① 《기술》(금속면에서) 산을 씻어내다. ② (토지·하상에서) 암석을 제거하다.
— *se ~* *v.pr.* (토지·하상에서) 암석을 제거하다.

dérocheuse [derɔʃøːz] *n.f.* 《토목》(암석을 제거하는) 쇄암기 (碎岩機).

déroctage [derɔktaːʒ] *n.m.* 암석의 분쇄.

déroder [derɔde] *v.t.* (마른 나무·벌목된 뿌리를) 제거하다; (숲을) 간벌 (間伐)하다.

dérogation [derɔgasjɔ̃] *n.f.* 위반, 저촉(violation); 예외(exception). ~ à un traité 조약위반. faire ~ à l'usage 관습을 위반하다. — expresse 명백한 위배. par[en] ~ à cette règle 이 규칙을 위반해서; 이 규칙의 예외로서. admettre quelques ~s 몇 가지 예외를 인정하다.

dérogatoire [derɔgatwa:r] *a.* 〖법〗 법에 저촉되는, 법률을 위반하는 (↔ conforme).

dérogeance [derɔʒɑ̃:s] *n.f.* 〖옛〗 (구체제에서 어떤 일에 종사함으로써 야기되는) 귀족의 특권상실.

dérogeant(e) [derɔʒɑ̃, -ɑ̃:t] *a.* [~ à](예)에)배하는, 저촉되는. actions ~es à la noblesse 귀족의 신분에 어긋나는 행위.

déroger [derɔʒe] ③ *v.t.ind.* [~ à] ① (법률·조항에) 위배되다, 위반하다(enfreindre, violer). ~ à la loi(à un contrat) 법(계약)에 위배되다. ~ à ses habitudes 습관과 반대되는 일을 하다. ~ à ses convictions 자신의 신념을 어기다. ② 〖문어〗 몸을 더럽히다, 신분을 낮추다. ~ à son rang(à sa naissance) 지위(신분)에 어울리지 않는 일을 하다. 《목적보어 없이》 Vous *dérogeriez* en fréquentant ces gens. 그러한 사람들과 어울리면 체면이 손상될 것이다. ③ ~ à noblesse 《옛》 (구체제에서 어떤 종류의 직업에 종사함으로써) 귀족의 특권을 잃다.

déroidir [derwadi:r] *v.t.* 〖옛〗 =déraidir.

dérompage [derɔ̃pa:ʒ] *n.m.* 〖제지〗 파지 재단.

dérompoir [derɔ̃pwa:r] *n.m.* 〖제지〗 파지 재단기.

dérompre [derɔ̃:pr] [25] *v.t.* ① 〖옛〗 분쇄하다. ② (매 따위가 다른 새를) 땅에 동댕이치다. ③ 〖직물〗 (새로 짠 피륙을 둘러어 걸어서) 부드럽게 하다; 〖제지〗 (파지를) 잘게 썰다; 〖농업〗 (땅을) 파 일구다.

déroquer[1] [derɔke] *v.t.* 〖농업〗 잡초를 뽑다.

déroquer[2] *v.t.* 〖체스〗 (적의) 장군을 (멍군으로) 막다 《왕을 지키려》.

dérougir [deruʒi:r] *v.t.* (의) 붉은 빛을 지우다. ~ le teint 얼굴의 붉은빛을 지우다. — *v.i.* 붉은 빛이 없어지다(엷어지다). Ça ne *dérougit* pas. 《캐나다》 (일어나 장사 따위의 피크가) 수그러질 줄 모르는 군! 마냥 계속되는군!

— **se ~** *v.pr.* 붉은 빛이 없어지다.

dérouillage [deruja:ʒ], **dérouillement** [derujmɑ̃] *n.m.* ① (쇠붙이의) 녹을 벗김. ② 〖구어〗 워밍업 〖체조·달리기의〗. ③ 〖구어〗 서로 치고 받기.

dérouille [deruj], **dérouillée** [deruje] *n.f.* 〖속어〗 구타; 주먹질. recevoir(subir) une ~ 구타당하다.

dérouiller [deruje] *v.t.* ① 〖쇠붙이 따위〗 (의) 녹을 벗기다. ~ des armes 무기의 녹을 벗기다. ② (팔·다리 따위의 저림을) 풀어주다(dégourdir). ~ ses muscles 근육을 풀어주다. ③ (기억 따위를) 되살아나 하다, 연마(단련)하다(réveiller). ~ sa mémoire 기억을 새롭게 하다. ~ son français (잊어버린) 불어를 다시 연마하다. ④ 〖속어〗 주먹으로 때리다 (battre). se faire ~ 얻어맞다.

— *v.i.* 〖속어〗 얻어맞다, 야단맞다; 혼이 나다 (souffrir). Pendant ma grippe, qu'est-ce que j'ai *dérouillé*! 독감으로 얼마나 혼이 났는지 몰라! ② 〖속어〗 (상인이) 마수걸이하다. À dix heures, il n'avait pas encore *dérouillé*. 10시까지 그는 마수걸이도 못했다.

— **se ~** *v.pr.* ① 녹이 벗겨지다. ② (팔·다리가) 풀어지다; 워밍업하다. *se* ~ les jambes 다리를 풀어주다 (*se* 는 간접목적보어). faire une promenade pour *se* ~ 워밍업을 위해 산책을 하다. ③ 〖구어〗 (*se* 는 간접목적보어) (정신 따위가) 생기를 되찾다, 활달해지다. *se* ~ la mémoire 기억을 새롭게하다. ④ 서로 주먹질하다.

déroulable [derulabl] *a.* 펼 수 있는.

déroulage [derula:ʒ] *n.m.* ① 〖기술〗 (베니어판 〖합판〗 제조를 위한) 도려깎기 작업. ② =déroulement.

déroulement [derulmɑ̃] *n.m.* ① (감긴 것을) 풀기, 펼치기; (감긴) 케이블을 풀기. ② (사건 따위의) 전개, 진전. ~ des faits 사건의 추이(전개). ~ de l'action dans un film 영화의 줄거리 전개. ~ d'une maladie 병의 진전. ③ 〖컴퓨터〗 실행.

dérouler [derule] *v.t.* ① (감긴 것을) 풀어내다, 펼치다. ~ une bobine de fil 실꾸리에서 실을 풀다. ~ une pièce d'étoffe 감긴 천을 펼치다. ~ un store 셔터를 내리다. ② (눈앞에) 펼치다, 전개하다. ~ *qc* dans sa mémoire 기억을 더듬어 ~(보)다. Le film *déroule* son intrigue. 영화는 사건을 펼쳐나간다. ~ ses fastes 호사스러움을 (남에게) 보여주다. ③ 〖기술〗 (재목을) 베니어판으로 켜다. ④ 〖컴퓨터〗 실행하다.

— **se ~** *v.pr.* ① 풀리다, 펼쳐지다. Un serpent *se déroule* lentement. 뱀이 천천히 토아리를 푼다. *se* ~ à l'infini (경관 따위가) 끝없이 펼쳐지다. ② (비유적) 벌어지다, 전개되다(se passer, s'écouler). L'action *se déroule* avec adresse. 줄거리는 교묘하게 전개된다. Les souvenirs *se déroulent* dans sa tête. 추억이 그의 머리 속에서 되살아난다.

dérouleur [derulœ:r] *n.m.* 〖컴퓨터〗 자기(磁氣) 테이프장치.

dérouleuse [derulø:z] *n.f.* ① 〖전기〗 케이블 드럼 〖케이블을 실패처럼 감은 것〗. ② (베니어판 제조용) 통나무를 도려 깎는 기계, 베니어 선반.

déroutage [deruta:ʒ], **déroutement** [derutmɑ̃] *n.m.* (기차·비행기·기선의) 항로[진로] 변경.

déroutant(e) [derutɑ̃, -ɑ̃:t] *a.* 당치도 않은, 어리둥절하게 하는. question ~*e* 당황하게 하는 질문. comportement ~ 상식밖의 행동.

déroute [derut] *n.f.* ① 궤주(潰走), 패주. [en ~] mettre une armée *en* ~ 군대를 패주 [폐주]시키다. ② (비유적) 혼란, 당혹. ~ des idées 사고의 혼란. mettre *qn* en ~ …을 혼란시키다 [당혹스럽게 하다]. ③ 대실패, 파산. ~ électorale 선거의 대패. entreprise en ~ 파산에 직면한 기업.

dérouter [derute] *v.t.* ① 어리둥절하게 하다, 당황하게 하다, 난처하게 만들다(déconcerter). Un candidat par des questions inattendues 의외의 질문으로 수험생을 당황하게 하다. être *déroutée* par les nouvelles méthodes 새 방법에 갈피를 못 잡다. ② (차 따위의) 진로를 변경시키다. ~ un navire 배의 항로를 바꾸다. ③ 〖옛〗 길을 헛갈리게 하다; (추격자를) 따돌리다, (혐의 따위를) 따돌리다, 딴 데로 돌리다. ~ la police 경찰을 따돌리다. ~ les soupçons 혐의를 피하다.

der(r) [약칭] dernier 〖상업〗 지난 달의.

derrick [derik] 〖영〗 *n.m.* ① 유정탑(油井塔). ② (항구·건축현장 따위의 기중기.

‡**derrière** [dɛrjer] *prép.* ① 〖장소〗 …의 뒤에, …뒤쪽에. Il s'est caché ~ l'arbre. 그는 나무 뒤에 숨었다. Retourne-toi, il est juste ~ toi. 돌아서 봐, 그는 바로 네 뒤에 있다. regarder ~ les apparences (비유적) 사물의 이면을 보다, 본질을 꿰뚫어보다. ② 〖순서·서열〗 …에 이어서, …의 다음에. Je marche ~ lui. 나는 그를 뒤따라 걷는다. marcher l'un ~ l'autre 종대로 걷다. arriver ~ *qn* …에 이어서 도착하다. Cette équipe se classe ~ la nôtre. 이 팀은 우리 팀 다음 순위이다. ③ 〖지지·지도〗 …에 지지받아, …에 비호받아.

avoir qn ~ soi …의 지지를 받다. s'abriter ~ qn …의 보호 아래 숨다, …을 방패로 하다. ④《구어》《시간》…의 다음에. servir le dessert ~ la salade 샐러드 다음에 디저트를 내놓다.
agir ~ le dos de qn …의 뒤에 숨어서 행동하다.
de ~ ⓐ …의 뒤에서. sortir de ~ la haie 울타리 뒤에서 나오다. ⓑ …배후의. idée(pensée) de ~ la tête 감춰진 생각, 속마음. vin de ~ les fagots(지하실의 장작 뒤에 숨겨놓은) 비장의 포도주.
laisser loin ~ soi …을 훨씬 능가하다.
par(-) ~ …의 뒤를(통해서). Passez par-~ cette maison. 이 집의 뒤쪽으로 지나가시오.
venir loin ~ …에게 크게 뒤지다.
—ad. 뒤에(서). regarder ~ 뒤를 보다. marcher ~ 뒤를 따라 걷다. Il est ~. 그는 뒤에 있다(뒤따르고 있다). corsage qui s'agrafe ~ 뒤에서 혹단추를 채우는 블라우스. Il préfère être devant, alors que je monte ~. 나는 뒷자석에 타는데, 그는 앞자리에 앉기를 더 좋아한다. mettre un pull sous devant ~ 스웨터의 앞뒤를 바꿔 입다.
par(-) ~ 뒤로부터; 뒤에서(몰래). attaquer qn par-~ 그를 배후에서 공격하다. Il dit du mal de lui par-~. 그는 뒤에서 그의 욕을 한다.
—n.m. ①뒤, 후부; (건물의)뒤쪽. porte de ~ 뒷문(후문). roue[patte] de ~ 뒷바퀴(뒷발). ~ de la tête 후두부. être logé sur le ~(도로에 면하지 않은, 건물의)뒷쪽에 살다. ②엉덩이. tomber sur le ~ 엉덩방아를 찧다(→ 숙어편). botter le ~; donner un coup de pied au ~ 엉덩이를 걷어차다. avoir le feu au ~ 엉덩이에 불이 붙다; 몹시 당황하다. ③《pl.》《옛》《군사》후방(후미) 부대. assurer ses ~s 후방을 확보하다.
avoir qn au ~ …에게 뒤쫓기다.
(en) tomber sur le ~ 놀라 자빠지다; (모양이)볼품없다, 균형이 안맞다.
montrer le ~(적에게)뒤를 보이다, 도망치다.
se mettre le ~ à l'air 옷을 벗다, 발가벗다.
dérulalisation [derylalizasjɔ̃] *n.f.* 《통계》(지방의)인구 감소현상.
derviche [dεrviʃ], **dervis** [dεrvi] *n.m.* (청빈고행을 하는)이슬람교 수도승.
des¹ [de] = de+les.
:**des²** *art. ind.pl.*(un, une의 복수형)①ⓐ어떤, 몇개의. ~ livres 몇 권의 책. Il reste ~ semaines sans écrire. 그는 몇주일이나 아무것도 쓰지 않고 있다. ⓑ 여러개의, 많은; 상당한, 대단한. pendant ~ heures et ~ heures 몇 시간이고 몇 시간이고. Monsieur a ~ idées. 대단한 생각을 가지고 계시는 군요.
②《구어》(수형용사와 함께, 강조의 뜻으로)그는 ~ cinquante kilos comme un rien. 그는 50킬로를 거뜬히 들어올린다. attendre jusqu'à ~ une heure du matin 새벽 1시까지 기다리다.
REM (1) 복수명사 앞에 형용사가 붙으면 des는 de로 바뀌지만, 구어에서는 이 규칙이 엄격히 지켜지지 않는다. 또〖형용사+명사〗가 합성명사에 가까운 경우에는 des를 그대로 쓴다: de grandes villes 대도시들. des jeunes filles 처녀들.
(2) 동사의 직접목적보어에 붙는 des는 부정문에서는 de로 바뀐다(절대부정): Je n'ai pas de sœurs. 내게는 누이가 한 명도 없다. 그러나 부정이 명사에 가해지지 않고 긍정적 의미를 내포할 경우, 즉 절대적 부정이 아니고 상대적 부정일때는 des를 그대로 쓴다: Je n'ai pas des sœurs mariées. 내게는 결혼한 누이가 없다(J'ai des sœurs, mais elles ne sont pas encore mariées). (3) des[de]는 전치사 de 다음에서는 생략된다: métier exempt de risques 위험성이 없는 직업. coup de pieds 발길질. (4) 특정한 것의 일부분을 나타내는 des는 부분을 나타내는 부분관사 de(=de③)와 특정한 것을 나타내는 정관사 les 가 축약된 것으로 볼 수 있다. Achetez des fruits de ma récolte. 내가 수확한 과일 몇 개를 사시오. (5) en이 형용사와 함께 쓰이는 경우에 des는 보통 de로 바뀐다:Il y en a de [des] grands et de[des] petits. 큰 것도 있고 작은 것도 있다.
③(고유명사와 함께)ⓐ …의 작품. ~ Raphaël 라파엘의 작품(그림). ⓑ …가의 사람들(불특정 다수를 나타냄). ~ Bourbons 부르봉 왕가의 사람들. ⓒ …와 같은 사람들(종류·성격을 나타냄). ~ Racine 라신과 같은 사람들.
—*pron. ind.*《구어》어떤 사람(사물)들, 여러 사람, 여러 개. En voilà un qui pleure, et ~ qui rient! 한 사람은 울고 다른 사람들은 웃는다! ~ comme lui 그와 같은 사람들.

des-, dés- *préf.* 「반대·박탈·분리·제거」의 뜻.
*****dès** [de] *prép.* ①《시간》…부터(바로); 벌써 …에. ~ le début 처음부터. ~ maintenant(à présent) 지금부터 즉시. ~ mon arrivée 내가 도착하는 대로. se lever ~ l'aube 새벽같이 일어나다. ~ longtemps 오래전부터(벌써). ②《장소·서열》…로부터(벌써). D- l'entrée, on entendait la musique. 입구에서부터 벌써 음악소리가 들려왔다. ~ le seuil franchi《구어》문지방을 넘자마자, D- le deuxième échelon, le salaire est suffisant. 2등급부터 봉급이 충분하다.
~ après 바로 뒤에, 직후에.
~ avant …의 전부터(이미, 벌써). ~ avant l'aurore 동트기전부터.
~ le moment[l'instant] où+ind. …하자마자, 즉시, 즉각.
~ lors (que) ⇨lors.
~ que+ind. ⑴ …하자마자. D~ qu'il sera arrivé, vous m'avertirez. 그가 도착하는 대로(즉시) 내게 알려주십시오. ⑵《옛》…하면 (이상).
~ que possible 될 수 있는 대로 빨리, ⑵《옛》…하면.
D.E.S.《약자》diplôme d'études supérieures 고등교육 졸업증서《법학·경제학 분야의 박사과정 학생이 필수적으로 제출해야 하는 증명서》.
désabonnement [dezabɔnmɑ̃] *n.m.* 정기구독(購讀) 중지[취소].
désabonner [dezabɔne] *v.t.* [~ qn](의)정기구독을 중지하다. Veuillez me ~. 나의 정기구독을 취소하여 주십시오.
—*se* ~ *v.pr.* 정기구독을 중지하다.
désabriter [dezabrite] *v.t.*《드물게》(보호용 덮개를) 벗기다. ~ une plante 식물에 씌운 덮개를 벗기다.
désabusable [dezabyzabl] *a.*《드물게》깨우칠 수 있는, 각성하게 하는.
désabusé(e) [dezabyze] *a.p.* ①(망상·환상 따위에서)깨어난; 깨달은. homme ~ de toutes choses 모든 것(의 허망함)을 깨달은 사람. ② 환멸을 느낀, 흥이 깨진. attitude ~ 환멸을 느낀 듯한 태도.
désabusement [dezabyzmɑ̃] *n.m.* ①미망에서 깨어남(깨우침), 각성. ②환멸(désillusion); 흥이 깨짐. sourire de ~ 환멸의 미소.
désabuser [dezabyze] *v.t.*《옛·문어》①[~ qn de](의)망상을 깨우치다, 각성시키다. Il m'a désabusé de mes illusions. 그는 나를 망상에서 깨어나 주었다. ②《수동태》환멸을 느끼다. L'avenir est à ceux qui ne *sont pas désabusés*. 미래는 희망을 잃지 않은 사람들의 것이다.
—*se* ~ *v.pr.* ①망상에서 깨어나다. Il faut vous ~! C'est une imitation. 속지 마시오! 그건 모조품

désaccentuation [dezaksɑ̃tɥasjɔ̃] n.f. 《언어》 강세의 소실.

désaccord [dezakɔ:r] n.m. ① 불화, (의견·감정상의)불일치, 대립(brouille, dissentiment). ~ entre les époux 부부 사이의 불화. [en ~] partis en ~ 대립된 정파. être [se mettre] en ~ avec qn …와 의견이 맞지 않다[대립되다]. ② (연행 따위의)불일치; (형태·색채·소리 따위의)불균형, 부조화, 불협화. ~ entre une théorie et les faits 이론과 사실의 불일치.

désaccordé(e) [dezakɔrde] a.p. ①《문어》조화되지 않은, 산산이 흩어진, 고르지 않은, 갖추어지지 않은. couple ~ 사이가 나빠진 부부. pas ~ 고르지 않은 발걸음. ② (악기가)음정이 맞지 않는. Ce piano est ~. 이 피아노는 음정이 맞지 않는다.

désaccorder [dezakɔrde] v.t. ① (악기의)음조를 어긋나게 하다. ② (의)조화를 깨뜨리다. ~ les couleurs 색의 조화를 깨뜨리다. ③《드물게》불화하게 만들다, 의를 상하게 하다(brouiller). ~ les deux familles 두 가정을 불화하게 만들다.
—**se ~** v.pr. ① (악기의)음조가 틀려지다. ② 조화가 깨지다.

désaccouplement [dezakupləmɑ̃] n.m. ① 쌍으로 된 것을 떼어놓기. ② (기계의)연결을 분리함.

désaccoupler [dezakuple] v.t. ① (짝이 된 것을)외짝으로 만들다, 외톨이가 되게 하다. ~ des chiens de chasse 짝지어진 사냥개를 떼어놓다. ② 《기술》(기계·전기회로 따위의)접속을 끊다. ~ l'arbre moteur d'avec l'arbre secondaire 원축(구동축)과 중간축(부축)을 떼어놓다.
—**se ~** v.pr. 서로 떨어지다.

désaccoutumance [dezakutymɑ̃:s] n.f. 《문어》 습관의 상실.

désaccoutumer [dezakutyme] v.t. (에게)습관을 버리게 하다(déshabituer). [~ qn de qc/de+inf.] ~ un ivrogne de la boisson 술꾼에게 술을 끊게 하다. Il faut le ~ de mentir. 그의 거짓말하는 버릇을 고쳐주어야 한다.
—**se ~** v.pr. [se ~ de] (의)습관을 잃다[버리다]. se ~ du jeu [de fumer] 노름하는[담배피는] 습관을 버리다.

désachalandage [dezaʃalɑ̃daːʒ] n.m. 《옛》고객[단골]을 잃기.

désachalander [dezaʃalɑ̃de] v.t. 《옛》고객을 잃게 하다. —**se ~** v.pr. 고객이 없어지다.

désacidification [dezasidifikasjɔ̃] n.f. 산성(酸性)을 잃게 함, 탈산(脫酸)작용.

désacidifier [dezasidifje] v.t. 《화학》산성을 없애다. ~ un liquide 액체의 산도(酸度)를 없애다.

désaciération [dezasjerasjɔ̃] n.f. (열처리 따위로 금속제품의)강질(鋼質)을 없애기.

désaciérer [dezasjere] 6 v.t. (열처리 따위로 금속제품의)강질(鋼質)을 없애다, 비활성화하다.

désacralisation [dezakralizasjɔ̃] n.f. 비신성화(非神性化), 비신성시(視).

désacraliser [dezakralize] v.t. 신성을 박탈하다; 터부를 풀다. ~ Noël 크리스마스를 세속화하다. ~ la profession d'instituteur 교직을 신성시하는 것을 중지하다. ~ un interdit 터부를 풀다.

désactivation [dezaktivasjɔ̃] n.f. ① (물체에서)함유된 방사성 제거. ② 《화학》불활성화.

désactiver [dezaktive] v.t. ① (물체에서)함유된 방사성 원소를 제거하다. ② 《화학》(물질을)비활성화하다.

désadaptation [dezadaptasjɔ̃] n.f. 적응성의 상실.

désadapté(e) [dezadapte] a.p. (환경에 대한)적응(순응)성을 잃은. garçon ~ (환경에 순응하지 못해서)소외된[외톨이 된] 소년.

désadapter [dezadapte] v.t. 적응[순응]성을 잃게 하다. —**se ~** v.pr. (에서)적응[순응]성을 잃다. se ~ d'un milieu 환경에 적응[순응]하지 못하게 되다.

désaération [dezaerasjɔ̃] n.f. 공기제거.

désaéré(e) [dezaere] a.p. 공기를 뺀. béton ~ (진동을 가해서 기포를 제거한)진동처리된 콘크리트.

désaérer [dezaere] 6 v.t. (에서)공기를 빼내다.

désaffectation [dezafɛktasjɔ̃] n.f. (공공 시설물 따위의)폐쇄; 용도변경, 전용(轉用). ~ de bâtiments militaires 군(軍) 관계 건물의 전용.

désaffecté(e) [dezafɛkte] a.p. (공공 시설물 따위가)폐쇄된; 사용목적이 바뀐, 전용된. église ~e (종교활동 이외의 목적으로)전용되는 교회.

désaffecter [dezafɛkte] v.t. (공공시설물 따위를)폐쇄하다; 별도의 목적으로 이용하다, 전용하다. ~ une école 학교를 폐쇄하다; (폐쇄해서)교사(校舍)를 전용하다.

désaffection [dezafɛksjɔ̃] n.f. 흥미의 상실, 애착의 엷어짐(détachement). ~ du peuple pour le régime 정권에 대한 국민[민심]의 이탈.

désaffectionner (se) [sədezafɛksjɔne] v.pr. 《옛》[se ~ de] (에게) 흥미[관심]를 잃다, 무관심해지다. se ~ de la politique 정치에 무관심해지다.

désafférentation [dezaferɑ̃tasjɔ̃] n.f. ~ sociale (sensorielle) 《심리》 감각차단.

désaffiliation [dezafiljasjɔ̃] n.f. (조직·동맹 따위에서의)탈퇴.

désaffilier [dezafilje] v.t. [~ de] (에서)탈퇴시키다. ~ qn du parti …을 당에서 추방하다.
—**se ~** v.pr. [se ~ de] (에서)탈퇴하다.

désaffleurant(e) [dezaflœrɑ̃, -ɑ̃:t] a. 평탄하지 않은, 울퉁불퉁한.

désaffleurement [dezaflœrmɑ̃] n.m. 울퉁불퉁하게 하기; 평탄하지 않음.

désaffleurer [dezaflœre] v.t. 울퉁불퉁하게 만들다.
—v.i. (건물의 일부가)울퉁불퉁해지다.

désaffourchage [dezafurʃaːʒ] n.m. 《해양》 두 닻 중에서 한 닻을 올리기, 한 닻으로 정박하기.

désaffourcher [dezafurʃe] 《해양》 v.t. 두 닻 중에서 한 닻을 올리다. —v.i. (두 닻 중에서 한 닻을 올려)한 닻으로 정박하다.

désaffranchir [dezafrɑ̃ʃiːr] v.t. 《드물게》자유를 다시 빼앗다. ~ un peuple 백성을 다시 노예화하다.

désaffubler [dezafyble] v.t. 《드물게》(에게)괴상한 복장을 벗기다. ~ qn de son déguisement …에게 변장을 벗기게 하다.
—**se ~** v.pr. 이상한 복장을 벗다.

désagencement [dezaʒɑ̃smɑ̃] n.m. (사물의)배치[조정]를 흩뜨림; 배치[배정]의 혼란.

désagencer [dezaʒɑ̃se] 2 v.t. (의)배치[조정]를 흩뜨리다. ~ une machine 기계의 연동장치를 어긋나게 하다. ~ le programme d'une fête 축제의 순서를 어긋나게 하다.
—**se ~** v.pr. 배치[조정]가 어지러워지다.

désagrafer [dezagrafe] v.t. (의복의)혹단추를 벗기다[풀다].

désagréable [dezagreabl] a. ① 불쾌한, 언짢은(déplaisant, mauvais); 실례가 되는. odeur ~ 역겨운 냄새. voix ~ 듣기 싫은 목소리. [~ à+inf.] Ce médicament est ~ à boire. 이 약은 마시기가 역겹다. Ce n'est pas ~. 이만하면 괜찮다. ② (사람이)불쾌감을 주는, 남의 비위를 거스르는(désobli-

désagréablement

geant, ↔ aimable). type ~ 불쾌한 녀석. [être ~ avec qn] Il a été très ~ avec moi. 그는 나에게 아주 불쾌하게 굴었다 (실례를 범했다).

désagréablement [dezagreablamɑ̃] *ad.* 불쾌하게. Il m'a répondu ~. 그는 내게 불쾌한 표정으로 [불쾌하게] 대답했다.

désagréer [dezagree] *v.i.* ((드물게))[~ à](의)마음에 들지 않다; 기분에 거슬리다 (déplaire).

désagrégation [dezagregɑsjɔ̃] *n.f.* ① 【지질】 (암석의) 풍해 (風解), 풍화, 붕괴 (décomposition); 【야금】 쇄해 (碎解), 분상화 (粉狀化); 【화학】 해리. ② (조직·사회 따위의) 붕괴, 해체. ~ de la classe bourgeoise 부르주아 계급의 붕괴. ③ 【심리】 (인격·자아의) 분열 (schizophrénie).

désagrégeable [dezagreʒabl] *a.* ((드물게)) 【지질】 풍화되기 쉬운; 【화학】 해리시킬 수 있는.

désagrégeant(e) [dezagreʒɑ̃, -ɑ̃:t] *a.* 【지질】 풍화시키는; 【화학】 해리시키는.

désagrégement, désagrègement [dezagreʒmɑ̃] *n.m.* ((드물게)) ① 【지질】 풍화. ② (조직·결합되어 있는 물건의)분해, 해체.

désagréger [dezagreʒe] ⑥ *v.t.* ① 【지질】 (암석 따위를)풍화하다, 풍해 (風解)하다; 【야금】 쇄해 (碎解)(분상화 (粉狀化)하다; 【화학】 해리시키다. ② (조직·사회 따위의 결합을) 해체시키다 (disloquer, détruire). ~ les résistances 저항운동을 분쇄하다.

—**se ~** *v.pr.* ① 풍화 (풍해)되다; 쇄해 (분상화)되다. ② 붕괴 (해체)되다 (s'écrouler). La société *se désagrège*. 사회가 붕괴되다.

désagrément [dezagremɑ̃] *n.m.* ① 불쾌한 일 [것] (contrariété); 불쾌, 귀찮음 (ennui). causer du [un] ~ à *qn* …을 불쾌하게 만들다, …을 귀찮게 하다. ② (옛) (사람을 불쾌하게 하는 용모·성격의) 추함, 결함. ~ de son visage 그의 얼굴의 추함.

désaguerrir [dezagerir] *v.t.* ((드물게)) *v.t.* (병사 따위의) 전의를 잃게 하다, 나약하게 하다. soldats *désaguerris* 전의를 상실한 병사.
—**se ~** *v.pr.* 전의를 잃다, 나약해지다.

désaimantation [dezɛmɑ̃tɑsjɔ̃] *n.f.* 【물리】 소자 (消磁), 자력 상실.

désaimanter [dezɛmɑ̃te] 【물리】 *v.t.* 자력 (磁力)을 없애다. —**se ~** *v.pr.* 자력을 상실하다.

désajustement [dezaʒystəmɑ̃] *n.m.* (조정되어 있는 것을)어긋나게 [혼란스럽게] 함; (정리되어 있는 것을)흩뜨림. ~ une machine (조정되어 있는) 기계를 망그러뜨리다. ~ de vêtements (정돈된)옷을 흩뜨림.

désajuster [dezaʒyste] *v.t.* (조정된 것을)어긋나게 하다; (정리 (정돈)된 것을)흩뜨리다. ~ un télescope 망원경의 핀트를 어긋나게 하다.

désaliénation [dezaljenɑsjɔ̃] *n.f.* (사회적·정신적인)소외의 극복, 소외로부터의 해방.

désaliéné(e) [dezaljene] *a.p.* (사회적·정신적)소외를 극복한, 소외로부터 해방된.

désaliéner [dezaljene] *v.t.* (사회적·정신적)소외를 극복하다, 소외로부터 해방하다.

désaligné(e) [dezaliɲe] *a.p.* 열 (列)이 흐트러진; 가지런하지 않은, 흰, 굽은.

désalignement [dezaliɲmɑ̃] *n.m.* 열을 흐트림; 가지런하지 않음, 굽음.

désaligner [dezaliɲe] *v.t.* 열을 무너뜨리다; 가지런하지 않게 하다. maisons *désalignées* d'une rue ancienne 옛 거리의 들쭉날쭉한 집들.
—**se ~** *v.pr.* 열이 흐트러지다.

désaliter [dezalite] ((드물게)) *v.t.* (잠)자리를 걷어치우게 하다.

—**se ~** *v.pr.* (잠)자리를 걷어치우다.

désallaitement [dezaletmɑ̃] *n.m.* ((드물게)) 젖 떼기, 이유 (離乳) (sevrage).

désallaiter [dezale(e)te] *v.t.* ((드물게)) (의)젖을 떼다, 이유하다 (sevrer). ~ un nourrisson 젖먹이에게 젖을 떼다.

désallier [dezalje] ((드물게)) *v.t.* (동맹국 따위를)분리시키다, 불화하게 만들다.
—**se ~** *v.pr.* 분리되다, 불화하다.

désaltérant(e) [dezalterɑ̃, -ɑ̃:t] *a.* 갈증을 풀어주는. boisson ~*e* 갈증을 풀어주는 음료. ombre ~*e* 시원한 나무그늘, 녹음.

désaltérer [dezaltere] ⑥ *v.t.* ①갈증을 풀어주다; (식물에)물을 축여주다 (abreuver). ~ un malade 병자에게 마실 것을 주다. pluie qui *désaltère* les plantes 식물을 축여주는 비. (복덩로서) boisson qui *désaltère* bien 갈증을 잘 풀어주는 음료. ② (비유적) (소원 따위를)들어주다, 만족시켜주다 (satisfaire). soif de bonheur qui ne peut jamais être *désaltérée* 결코 채워될 수 없는 행복에의 갈망.
—**se ~** *v.pr.* ① 갈증을 풀다, 목을 축이다. ② (비유적) 소원을 풀다 [만족하다].

désamarrer [dezamare] *v.t.* =démarrer.

désambiguïsation [dezɑ̃bigɥizɑsjɔ̃] *n.f.* 【언어】 (말뜻의)애매성 제거.

désambiguïser [dezɑ̃bigɥize] *v.t.* 【언어】 (의)애매성을 제거하다.

désamidonnage [dezamidɔnaːʒ] *n.m.* (샤쓰 따위의)풀기를 빼기.

désamorçage [dezamɔrsaːʒ] *n.m.* ① (의)뇌관 제거. ② (기계의)작동정지; 【전기】 (발전기의)발전중지.

désamorcer [dezamɔrse] ② *v.t.* ① (의)뇌관 (雷管)을 제거하다. ~ un fusil 총의 뇌관을 제거하다. ② (기계의)작동을 멈추다. ~ une pompe (피스톤이 작동하지 못하도록)펌프 안의 물을 빼다. ③ (분쟁·소동 따위를)미연에 방지하다; (비판 따위를)완화시키다 (neutraliser). ~ une grève (대화 따위의)파업을 미연에 방지하다. ~ les critiques 비평가의 공격을 완화시키다.

désamouracher [dezamurase] ((드물게)) *v.t.* (에게) 한때의 바람기 [연애]를 단념시키다.
—**se ~** *v.pr.* 한때의 바람기 [연애]를 그만두다, 열이 식다.

désancrer [dezɑ̃kre] *v.i.* (엣) 닻을 올리다.

désannexer [dezanekse] *n.f.* 【국제법】 (합병한) 영토를 돌려주다.

désannexion [dezaneksjɔ̃] *n.f.* 영토 반환.

désappareillage [dezapareja:ʒ] *n.m.* 【해양】 의장 (艤裝)해제.

désappareiller [dezapare(e)je] *v.t.* 【해양】 의장을 해제하다.

désapparier [dezaparje] *v.t.* (짝진 동물을)떼어놓다; (짝진 것을)분리하다.

désappauvrir [dezapovrir] *v.t.* ((드물게)) ① 빈곤에서 구제하다. ~ une famille 가정을 가난에서 구제하다. ② (비유적) 풍부하게 하다. ~ une langue 언어를 풍부하게 하다.

désapplication [dezaplikɑsjɔ̃] *n.f.* ① (붙인 물건을)떼기. ② 부지런 (근면)하지 않음.

désappliquer [dezaplike] *v.t.* ① (붙인 것을)떼다 (enlever). ~ une feuille de papier 종이조각을 떼다. ② (사람을)일에서 떼어놓다.
—**se ~** *v.pr.* ① 떨어지다. papier qui *s'est désappliqué* 떨어져나간 종이. ② 일을 게을리 하다. enfant qui *se désapplique* 게으름을 피우는 아이.

désappointé(e) [dezapwēte] *a.p.* 기대에 어긋난, 실망한, 낙담한. se retourner d'un air ~ 낙담한 모습으로 돌아서다.

désappointement [dezapwētmā] *n.m.* 기대에 어긋남, 실망, 낙담(déception). marquer un léger ~ 가벼운 실망을 나타내다.

désappointer[1] [dezapwēte] *v.t.* ① 실망시키다, 낙담시키다(décevoir, ↔satisfaire). Je ne voudrais pas vous ~. 당신을 실망시키고 싶지 않습니다. ②《옛》면직하다, 해임하다.

désappointer[2] *v.t.* 끝을 부러뜨리다, 마멸시키다. ~ une aiguille 바늘 끝을 부러뜨리다.

désapprendre [dezaprā:dr] [26] *v.t.*《문어》(배운 것을)잊다(oublier). Il *a désappris* tout ce qu'il savait. 그는 알고 있던 것을 다 잊어버렸다. [~ à/de+*inf.*] ~ à[*de*] dormir 잠을 못자게 되다(불면증에 걸리다).

désapprobateur(trice) [dezaprɔbatœ:r, -tris] *a.* 반대의, 찬성하지 않는. ton ~ 반대하는 말투. murmure ~ (반대하는)투덜거림. —*n.* 반대자.

désapprobation [dezaprɔbasjɔ̃] *n.f.* 반대; 비난, 불만. marquer une ~ 반대를 나타내다.

désappropriation [dezaprɔprij(ɔ)asjɔ̃] *n.f.*《옛》소유권 포기.

désapproprier [dezaprɔpri(j)e] *v.t.*《옛》(의)소유권을 박탈하다. —**se** ~ *v.pr.* 소유권을 포기하다.

désapprouver [dezapruve] *v.t.* ① 찬성[동의]하지 않다, 반대하다; 비난하다(condamner). ~ la conduite de *qn* …의 행동을 인정하지 않다[비난하다]. [~ *qn* de+*inf.*] Il nous *désapprouve d'*avoir renoncé à ce projet. 그는 우리가 이 계획을 단념했다고 비난한다. ②《옛》싫어하다(détester).

désapprovisionnement [dezaprɔvizjɔnmā] *n.m.*《드물게》① (식량·생활필수품 따위의)공급을 끊기; 공급부족. ② (총의)탄알을 빼기.

désapprovisionner [dezaprɔvizjɔne] *v.t.* ① (비축한)식량[물품]을 고갈시키다. La grève *a désapprovisionné* les magasins. 파업으로 상점들이 물품부족을 겪었다. ② (총의)탄알을 빼내다.

désarborer [dezarbɔre] *v.t.*《드물게》(기 따위를)끌어내리다. ~ un pavillon (선박의)기를 내리다.

désarçonnant(e) [dezarsɔnā, -ā:t] *a.* (토론 따위에서 상대를)아연케 하는, 당황하게 하는(déconcertant). C'est ~. 이거 한방 먹었는걸.

désarçonnement [dezarsɔnmā] *n.m.* 낙마(落馬)(시킴).

désarçonner [dezarsɔne] *v.t.* ① 낙마(落馬)시키다. ②《비유적》아연[어리벙벙]하게 하다, 당황하게 하다(déconcerter). ~ les candidats 수험생들을 당황하게 하다.

désargentage [dezarʒāta:ʒ] *n.m.* 은도금을 벗기다.

désargentation [dezarʒātasjɔ̃] *n.f.* (광석에서)은을 뽑아내기[추출하기].

désargenté(e) [dezarʒāte] *a.p.* ① 은도금이 벗겨진; 은을 뽑아낸. crucifix de cuivre ~ 은도금이 벗겨진 동십자가. ②《구어》무일푼이 된. Je suis ~ en ce moment. 요즈음 나는 빈털터리이다.

désargenter [dezarʒāte] *v.t.* ① (의)은도금을 벗기다; (광석에서)은을 뽑다. ②《구어》무일푼으로 만들다. Ces dépenses m'*ont* un peu *désargenté*. 이 지출 때문에 나는 거의 빈털터리가 됐다. —**se** ~ *v.pr.* ①은도금이 벗겨지다. ②《구어》빈털터리가 되다.

désargenture [dezarʒāty:r] *n.f.* 은도금을 벗기기.

désarmant(e) [dezarmā, -ā:t] *a.* 전의를 잃게 하는, 노할래야 노할 수 없는. Tu es ~. 너에게 화를 낼 수가 없구나.

désarmé(e) [dezarme] *a.p.* ① 무장해제된. soldat ~ 무장해제된 병사. ② 공이를 뺀, 뇌관을 떼어낸. pistolet ~ 안전장치를 한(탄알을 뺀) 권총. mine ~ 6뇌관을 제거하며 기뢰(지뢰). ③《비유적》증오 따위가)진정된. colère ~e 누그러진 노여움. ④《해양》의장이 해제된. ⑤《문장》(독수리·사자 따위가)무장되어 있지 않은.

désarmement [dezarməmā] *n.m.* ① 무장해제. ~ d'une forteresse 요새의 무장해제. ② 군비축소. conférence du ~ 군축회의. ③ (노여움·증오 따위의)진정, 수그러짐. ④《해양》의장해제. ⑤~ douanier《경제》(유럽공동체 따위의)세관세제; 관세(장벽)의 철폐.

désarmer [dezarme] *v.t.* ① (의)무장을 해제하다, 무기를 압수하다;《옛》갑옷을 벗기다. ~ un prisonnier 포로의 무기를 압수하다. ② 군비를 철폐[축소]하다. ~ un pays 나라의 군비를 철폐[축소]하다. ③ (총의)안전장치를 걸다[하다], 공이를 (탄알을) 빼다. ~ un revolver 권총의 탄알을 빼다[권총에 안전장치를 걸다]. ~ une mine 지뢰[기뢰]의 뇌관을 제거하다. ④《문어》《비유적》(사람에게)용서하는 마음을 갖게 하다, 화를 풀게 하다; (감정을)누그러뜨리다. Sa candeur me *désarme*. 그의 순진함은 나의 노여움을 풀게 해 준다. ~ la haine 증오를 누그러뜨리다.《목적보어 없이》Sa gaieté *désarme*. 그의 명랑함은 사람들의 마음을 누그러뜨린다. ⑤《해양》의장을 해제하다. ~ un navire 배의 의장을 풀다.

—*v.i.* ① 군비를 철폐[축소]하다. convention des grandes puissances pour ~ 군축을 위한 열강간의 협정. ② (감정이)누그러지다, 진정되다; (사람으로 하여금)용서하게 하다, 화내지 않게 하다. Sa haine ne *désarmera* jamais. 그의 증오는 결코 풀리지 않을 것이다. ③ ne pas ~《구어》(병이나 나이에 지지 않고)꿋꿋하게 버티어나가다.

désarrimage [dezarima:ʒ] *n.m.* (배·수레 따위의)짐이 흐트러짐.

désarrimer [dezarime] *v.t.* (배·수레에 쌓은)짐을 흩뜨리다, 짐이 뒤죽박죽이 되게 하다.

désarroi [dezarwa(ɑ)] *n.m.* ① (정신적인)혼란, 낭패(désordre, trouble). être en plein(grand) ~ 대혼란에 빠져 있다. ~ de sa volonté 의지의 혼란. jeter[plonger] *qn* dans le ~ …을 혼란에 빠뜨리다. ② 난잡, 무질서(désordre).

désarrondissement [dezarɔ̃dismā] *n.m.*《음성》(원순모음(圓脣母音)의)비원순모음화(예:sport [spɔ:r] → [spa:r]).

désarticulation [dezartikylasjɔ̃] *n.f.* ①《의학》관절의 절단; 탈구(脫臼); (곡예사 따위가 관절을 풀고)수족을 자유자재로 구부리기. ②《비유적》(하나로 되어 있던 것이)산산이 흩어짐.

désarticuler [dezartikyle] *v.t.* ① 탈구시키다;《외과》관절로부터 절단하다. ②《비유적》(하나로 되어있는 것을)흩뜨리다, 분해하다; (허위를)폭로하다. ~ un comité 위원회를 수습불가능한 상태로 만들다. ~ les mensonges de *qn* …의 거짓을 폭로하다. ②《드물게》(곡예사 따위가 관절을 풀고)수족을 자유자재로 구부리다.

—**se** ~ *v.pr.* ① 탈구되다; (곡예사 따위가)수족을 자유자재로 구부리다. ② 산산이 흩어지다.

désaspiration [dezaspirasjɔ̃] *n.f.*《음성》(어두(語頭) 자음의)비기음화(非氣音化).

désaspirer [dezaspire] *v.t.*《음성》(어두 자음의) 대기음(帶氣音)을 없애다.

désassemblage [dezasābla:ʒ], **désassemblement** [dezasābləmā] *n.m.*《기술》(조립된 물건을)산산이 흩어지게 함; 분해.

désassembler [dezasɑ̃ble] *v.t.* (조립된 것을) 흩어지지게 하다, 분해하다. ~ les planches 널빤지를 떼내다. **—se ~** *v.pr.* 산산이 흩어지다.

désassimilation [dezasimilasjɔ̃] *n.f.* 〖생물〗분해(이화(異化)〕(작용)(catabolisme).

désassimiler [dezasimile] 〖생물〗 *v.t.* 이화하다, 분해하다. **—se ~** *v.pr.* 분해되다.

désassociation [dezasɔsjasjɔ̃] *n.f.* ① (드물게) (단체 따위의)해산; (공동사업 따위의)분열; 탈퇴. ② 분리, 이반(離反).

désassocier [dezasɔsje] *v.t.* (드물게) ① 이반(離反)시키다, 분열시키다. 《목적보어 없이》 L'intérêt associe, mais *désassocie*. 이해는 인간을 결합시키지만, 이반시키기도 한다. ② 분리하다(séparer). ~ le corps de l'âme 육체를 영혼으로부터 분리하다. **—se ~** *v.pr.* 분열되다; 갈라서다. Ils *se sont désassociés* d'un commun accord. 그들은 쌍방 합의하에 갈라섰다.

désassombrir [dezasɔ̃briːr] *v.t.* ① (드물게) 더 밝게 하다. ~ une habitation 거처를 더 밝게 하다. ② 〖문어〗(성격 따위를)쾌활(명랑)하게 하다.

désassorti(e) [dezasɔrti] *a.p.* ① 구색이 맞지 않는, 짝맞지 않는. service ~ 짝이 맞지 않는 식기 세트. ② (상점의 상품 따위가)부족한, 품절된. ③ 《부부 사이가》좋지 않은.

désassortiment [dezasɔrtimɑ̃] *n.m.* ① (식기 따위가)구색이 맞지 않음, 짝이 맞지 않음. ② (상점의) 상품부족, 품절.

désassortir [dezasɔrtiːr] [10] *v.t.* ① 짝이 차지 않게 [불완전하게] 하다(dépareiller). ② (상인·상점이)구색을 갖추지 않게 하다(dégarnir). être *désassorti* de qc 〖상업〗 …이 품절이 되다.
—se ~ *v.pr.* 짝이 맞지 않다; 구색이 미비하다.

désassurer [dezasyre] (드물게) *v.t.* (의)보험계약을 해제[해약]하다.
—se ~ *v.pr.* 생명보험을 해약하다.

désastre [dezastr] *n.m.* ① 재난, 재해, 재앙(calamité). 파탄. ~ financier 재정의 파탄. ② 완전한 실패, 참담한 결과(insuccès); 패배. Son allocution improvisée était un ~. 그의 즉흥연설은 참담한 실패였다. ~ militaire 군사적 패배.

désastreusement [dezastrøzmɑ̃] *ad.* (드물게)불운하게도, 처참하리만치, 비참하게도.

désastreux(-euse) [dezastrø, -øːz] *a.* ① 심한, 지독한, 처참한(catastrophique, très fâcheux). temps ~ 지독한〔고약한〕날씨. résultats ~ 참담한 결과. ② (옛)재난의, 재난을 초래하는. tempête *—se* 재난을 가져오는 폭풍.

désatellisation [desatelizasjɔ̃] *n.f.* ① 〖정치〗(위성국가의)비위성국화. ② 〖우주〗(인공위성)의 정지궤도로부터 이탈.

désatelliser [desatelize] *v.t.* ① 〖정치〗(위성국가를)비위성국화하다. ② 〖우주〗(인공위성을)정지궤도로부터 이탈시키다.

désatomisation [dezatɔmizasjɔ̃] *n.f.* 핵무기의 철거, 비핵화.

désatomisé(e) [dezatɔmize] *a.* 핵무기를 장비하지 않은, 비핵화된.

désatomiser [dezatɔmize] *v.t.* (국가·지역 따위에서)핵무기를 철거하다, (을)비핵무기화하다(dénucléariser).

désatteler [dezatle] [5] *v.t.* = **dételer**.

désattrister [dezatriste] (옛·문어) *v.t.* (의)슬픔을 덜어주다(완화하다).
—se ~ *v.pr.* 슬픔이 누그러지다〔완화되다〕.

désavantage [dezavɑ̃taːʒ] *n.m.* 불리(한 점); 단점, 결점. *—s* d'une position 어떤 입장의 불리한 점. Cette solution présente quelques *—s*. 이 해결책은 몇 가지 결점이 있다. avoir le(du) ~ 불리한 입장에 있다, 열세이다. ~ physique 육체적인 결함. [à son ~] se montrer *à son ~* (남에게)자신의 불리한 점을 내보이다. voir *qn à son ~* …의 나쁜 면을 보다.
tourner au ~ de qn (사태가) …에게 불리하게 전개되다, …의 입장이 악화되다.

désavantager [dezavɑ̃taʒe] [3] *v.t.* 불리하게 만들다(handicaper); 손해보게 하다. La position *désavantage* nos troupes. 진지(의 위치)는 우리 부대를 불리하게 만든다.

désavantageusement [dezavɑ̃taʒøzmɑ̃] *ad.* 불리하게(되도록).

désavantageux(-se) [dezavɑ̃taʒø, -øːz] *a.* 불리한, 손해가 되는(défavorable). clause de contrat ~ 불리한 계약조항.

désaveu [dezavø] (*pl.* *—x*) *n.m.* ① 부인(否認); 취소; (이론·원칙 따위에 대해)어긋남. ~ public d'une doctrine 학설의 공적인 취소. Sa conduite est un ~ flagrant de tous ses principes. 그의 행동은 자신의 주의주장과 아주 모순되어 있다. encourir le ~ de l'opinion 여론의 인정을 잃게 되다 (비난을 사다). ② 〖법〗 ~ de paternité (처가 낳은 자식에 대한 남편의) 적출(嫡出)부인; ~ d'un avocat 변호사에 대한 원권의 선언.

désaveuglement [dezavœɡləmɑ̃] *n.m.* 《옛》계몽, 개안.

désaveugler [dezavœɡle] *v.t.* 눈을 뜨게 하다, 잘못을 깨닫게 하다. **—se ~** *v.pr.* 자각(각성)하다.

désavouable [dezavwabl] *a.* 부인(否認)될 만한, 부인되어야 할.

désavouer [dezavwe] *v.t.* ① 자기의 것으로 인정하지 않다, 부인하다(nier, renier). ~ sa signature 자신의 서명을 인정하지 않다. ~ un ouvrage 자신의 작품임을 부인하다. ~ (la paternité d')un enfant 아이의 적출을 인정하지 않다, 아이를 자신의 자식으로 인정하지 않다. ② 취소〔철회〕하다 (rétracter). ~ les propos qu'on avait tenus 자기가 한 말을 취소하다. ~ une opinion 의견을 철회하다. ③ (사람을)인정하지 않다; 비난하다 (désapprouver). ~ un mandataire 대리인을 인정하지 않다. ~ la conduite de qn …의 행동을 인정하지 않다, 비난하다. ④ (와)어긋나다, 모순되다. Ses actes *désavouent* ses affirmations. 그의 행동은 말하는 것과 모순된다. ⑤ [ne pas ~] 자신에게 어울린다고 생각을 인정하지 않다, 동의하다. Ce sont des vers que *ne désavouerait pas* Hugo. (이것은 위고가 자신의 것이라고 말할 만한 시이다)→위고의 시라고 해도 이상할 것 없다.
—se ~ *v.pr.* ① 스스로의 언동을 부인하다. ② 부인되다, 취소되다.

désaxé(e) [dezakse] *a.p.* ① 정신의 평형을 잃은, 자기자신을 상실한(déséquilibré). ② 〖기술〗축에서 벗어난, 편심(偏心)된. —*n.* 정신의 평형을 잃은 사람

désaxer [dezakse] *v.t.* ① 〖기계〗(실린더를)추진축(推進軸)에서 벗어나게 하다, 중심을 잃게 하다. ② [~ *qn*](정신적·육체적으로)균형을 잃게 하다 (déséquilibrer); 정신이상을 일으키게 하다; 방향을 잃게 하다(égarer). La guerre *a désaxé* bien des esprits. 전쟁은 많은 사람들을 정신적으로 방황하게 만들었다.

désazotation [dezazɔtasjɔ̃] *n.f.* 〖화학〗질소의 제거, 탈질(脫窒)작용.

désazoter [dezazɔte] *v.t.* 〖화학〗(의)질소를 제거하다. ~ de l'air 공기속의 질소를 제거하다.

descellement [desɛlmā] *n.m.* ① 개봉(開封); (금고를) 비틀어 열기. ② (회삼물로 이겨 붙인 것을) 떼어냄.

desceller [dese[e]le] *v.t.* ① (의) 봉함을 뜯다, 개봉하다; (금고를) 비틀어 열다. ② (회삼물로 이겨 붙인 것을) 떼어내다. ~ une grille 철책을 떼어내다.

descendance [desādās] *n.f.* ① 《집합적》 자손, 후예(↔ ascendance). avoir une nombreuse ~ 많은 자손을 갖다. ②《드물게》가계(家系); 《비유적》 계보. être de ~ noble 귀족 출신이다. être en ~ directe de …의 직계이다.

descendant(e) [desādā, -ā:t] *a.* ① 내려가는, 하강하는. route ~e 내려가는 (내리막) 길. marée ~e 썰물. garde ~e 《군사》 (근무를 마치고) 교대하는 근무병. gamme ~e 《음악》 하강음계. aorte ~e 《해부》 하행 대동맥. côlon ~ 《해부》 하행결장(結腸). train ~ 하행열차. voie ~e 하행선 (voie paire). ② (소리·빛·수 따위가) 점감(漸減)하는. lumière ~e 차츰 어두워지는 빛. progression ~e 《수학》 체감급수. diphtongue ~e 《음성》 하강이중모음. ③ 비속의, 자손의. ligne ~e 비속, 자손.
— *n.* 자손, 후예. ~s d'Ève et d'Adam 아담과 이브의 후예, ~ direct 직계비속.

descenderie [desādri] *n.f.* 《광산》 사갱(斜坑), 갱정(坑井).

descendeur(se) [desādœ:r, -ø:z] *n.m.* ① 《스포츠》 내리막길을 잘 달리는 자전거선수; (스키에서) 활강의 명수. ②《등산》(자일을 이용한 하강때) 마찰을 주는 기구; 제동기.

‡descendre [desā:dr] [25] *v.i.* 《조동사는 être, 동작을 나타낼 때는 être 또는 avoir》 I. 《주어는 사람》 ① (높은 곳에서 낮은 곳으로) 내려가다; (북에서 남으로) 내려가다(↔ monter). ~ au fond d'un puits 우물 속으로 내려가다. ~ d'un arbre [d'une montagne] 나무[산]에서 내려오다. Il *descend* du sixième étage. 그는 7층에서 (아래층으로) 내려온[온]다. Il *descend* par l'ascenseur (l'escalier). 그는 승강기로[계단으로] 내려간[온]다. Le voyageur *descend* vers le sud par la route nationale 20. 그 여행자는 국도 20호선으로 남쪽으로 내려간다.
② (탈것에서) 내리다; ~ à terre 하선하다, 상륙하다. Il *est descendu* de cheval (de voiture, du train). 그는 말[차·기차]에서 내렸다. «Terminus, tout le monde *descend*» "종점입니다, 모두 내리십시오." *Descendez-vous* [《구어》 Vous *descendez*] (à la prochaine (station))? (다음 역에서) 내리십니까?
③ 투숙하다, 묵다(loger). À Paris, je vais ~ au Ritz. 파리에서 나는 리츠 호텔에 투숙한다. Quand je vais à Pusan, je *descends* toujours chez des amis. 부산에 갈 때 나는 언제나 친구들 집에 묵는다.
④ 침입하다(envahir); 급습하다, (경찰이) 임검하다. Les Lombards *descendirent* en Italie. 롬바르디아인들이 (산을 내려와서) 이탈리아를 침공했다. La police *est descendue* dans cet hôtel (chez eux). 경찰이 호텔 (그들의 집)을 임검했다.
⑤ (높은 지위에서) 물러나다; (자기 지위 이하로) 자신을 낮추다, 천하게 행세하다(s'abaisser). ~ jusqu'à la pire grossièreté 가장 비루한 행동을 하기에까지 타락하다. ~ jusqu'à la familiarité (오만하지 않고) 친근하며서 느껴질 정도로 자신을 낮추다.
⑥ [~ de] (의) 출신이다; 혈통을 잇다, 후손이다. ~ d'une famille illustre 명문의 후예이다. Henri dit qu'il *descend* de Napoléon. 앙리는 자기가 나폴레옹의 후손이라고 말한다.
⑦ 《연극》 (무대 후면에서) 무대 전면 (avant-scène)으로 나오다.
II. 《주어는 사물》 ① 내려가다; 가라앉다; 흘러내리다; (해가) 지다; (밤이) 되다; (비·눈이) 내리다, 오다; (온도·기압·물가) 내려가다, 저하하다 (baisser); (바닷물이) 써다. L'avion commence à ~ sur Lyon. 비행기는 리옹을 향해서 내려가기 시작한다. La route *descend* vers la plaine. 그 도로는 평원으로 내리뻗어 있다. La nuit *descend*. 밤이 되었다. La lune *descend* sur l'horizon. 달이 지평선에 진다. Les prix *descendent*. 물가가 내려간다. La température *est descendue* au-dessous de zéro. 기온이 영하로 내려갔다. La mer (L'eau) *descend*. 바닷물이 빠나간다 (수위가 낮아진다). Les flocons de neige *descendent* en voltigeant. 눈송이가 훨훨 날리며 내린다. Le puits *descend* à 40 mètres. 이 우물은 깊이가 40미터나 된다.
② (도로 따위가) 남쪽으로 내려가다 [뻗다]. L'autoroute *descend* jusqu'à Marseille. 그 고속도로는 마르세유까지 내려간다 (뻗어 있다).
③ 늘어지다. Sa robe *descend* jusqu'à la cheville. 그녀의 드레스는 발목까지 늘어져내린다.
④ 《해양》 (풍향이) 북에서 남으로 바뀌다; 북풍이 되다.

~ *dans la rue* 《구어》 데모하러 거리로 나가다.
~ *dans le détail* (*jusqu'au* (*moindre*) *détail*) 상세히 밝히다, 속속들이 캐다.
~ *du trône* 왕위에서 물러나다.
~ *en soi-même* (*dans sa conscience*) 자기 양심에 묻다.
~ *en ville* 시내에 나가다.
— *v.t.* 《조동사는 avoir》① (언덕길·계단 따위를) 내려가다, (하천을) 내려가다. ~ un escalier (une rue, une montagne) 계단 (길·산)을 내려가다. La barque *descend* la rivière 배가 강을 내려간다.
② (화물·승객 따위를) 내려놓다, 하차시키다. On *a descendu* plusieurs passagers dans cette île. 이 섬에 승객을 여러사람 내려주었다. Je vous *descendrai* à votre porte. 댁 앞에서 내려드리겠습니다.
③ (물건을 높은 곳에서) 내리다. ~ un peu le tableau 그림을 조금 내려서 걸다.
④ 《구어》 (총으로) 쏘아 죽이다, (새를) 쏘아 떨어뜨리다; (비행기를) 격추하다; 때려눕히다 (abattre); 《권투》 넉다운시키다. ~ un malfaiteur d'un coup de revolver 악한을 권총으로 쏘아 죽이다. ~ un avion 비행기를 격추시키다.
⑤ 《구어》 마셔버리다, 들이켜다. ~ sa bière d'un seul trait 맥주를 단숨에 마셔버리다.
⑥ 약화시키다. ~ une couleur 색채를 낮추다.
⑦ ~ *la gamme* 《음악》 하강음계를 연주하다. ~ *la garde* 《군사》 보초 근무를 마치다.

descenseur [desāsœ:r] *n.m.* ① (상품 따위를) 내리는 기계; 하행(下行) 전용 승강기. ascenseur ~ 상행과 하행을 겸한 승강기. ②《드물게》(긴급 피난용의) 구명대(救命袋); (공장 따위의) 슈트 (짐을 미끄러져 내리게 하는 장치).

descension [desāsjɔ̃] *n.f.* 하강.

descensionnel(le) [desāsjɔnɛl] *a.* 하강(下降)의 (↔ ascensionnel). mouvement ~ 하강 운동.

*descente [desā:t] (< *descendre*) *n.f.* ① 내려감 (음), 하강. ~ dans une mine 갱내로 들어감; d'une montagne 하산(下山). ~ en parachute 낙하산 강하. ~ en ski 스키의 활강. L'avion a commencé sa ~. 비행기는 하강하기 시작했다. ② 내리기, 하차, 하선, 상륙 (~ de bateau). (à la ~ de) Je l'attendais à sa ~ du train. 나는 기차에서 내리는 그를 기다렸다. ③ 침입, 습격; 기습; 《법》 임검, 검색 (~ de justice (de police)); 《구어》 탐험. ~ des pirates normands 노르망디인 해적의 침입. ~ sur

les lieux 《법》 현장검증. faire une ~ chez qn … 의 집에 침입하다. faire une ~ dans une boîte de nuit 《구어》 나이트클럽을 가다. ④ 《의학》 (자궁 따위의)하수(下垂)(chute), 탈장(脫腸)(hernie). ~ d'estomac 위하수. ~ (de boyaux) 탈장. ⑤ (물건 따위를 위에서 아래로)내리기, 내려놓기, 하역. La ~ des bagages a demandé une demi-heure. 짐의 하역작업은 반 시간이 걸렸다. ⑥ 경사, 내리막길, 내리받이. La ~ est dangereuse. 내리막 길은 위험하다. ~ rapide(douce) 가파른[완만한] 경사. ⑦ ⓐ 《광산》 사갱(斜坑)(descenderie); 《해양》 (선교 밑의)해치; 《건축》 계단의 난간; 낙수홈통; 『무전』(안테나의)옥내선. ⓑ~ de bain 목욕탕용 매트《발 닦는 것》; ~ de lit 침대 밑의 깔개. ⑧ ~ de la croix 《미술》 그리스도를 십자가로부터 내리는 그림.
avoir une bonne ~ (de gosier) 많이 먹다[마시다]. ~ *en flammes* (사람을) 헐뜯기, 심한 공격.

deschisteur [deʃistœːr] *n.m.* 《공업》 (세탄기(洗炭機)의) 편암골라내기 장치.

descripteur [dɛskriptœːr] *n.m.* 서술자, 묘사가.

descriptible [dɛskriptibl] *a.* 《드물게》 서술할 수 있는, 묘사할 수 있는.

descriptif(ve) [dɛskriptif, -iːv] *a.* 서술적인, 기술적인, 묘사의. poème ~ 서경시. ② 《언어》 기술적(記述的)인. linguistique(grammaire) ~ve 기술언어학(문법).

*****description** [dɛskripsjɔ̃] *n.f.* ① 기술, 서술, 묘사; 《언어》 (언어사실의)기술. ~ vivante 생생한 묘사. faire(donner) une ~ de qn(qc) …을 기술[서술]하다. ~ structurale(생성문법에서) 문의(構造)기술. ② (지방·시(市) 따위의)안내기(案内記). ③ 《법》 (재산)목록, 명세서, 일람표. ④ 《기하》 작도(作圖).

descriptivisme [dɛskriptivism] *n.m.* 《언어》 기술주의(記述主義).

desçu [desy] *n.m.* au ~ de qn …에게 알리지 않고, …이 모르는 사이에 (à l'insu de qn).

desdits [dedi] ⇨ ledit.

déséchafauder [dezeʃafode] *v.t.* 《건축》 (에서) 발판(비계)을 치우다.

déséchouage [dezeʃwaːʒ], **déséchouement** [dezeʃumɑ̃] *n.m.* 《해양》 좌초선의 부양.

déséchouer [dezeʃwe] *v.t.* 《해양》 (좌초한 배를) 물에 뜨게 하다, 부양(浮揚)시키다.
—**se ~** *v.pr.* 부양하다, 떠오르다.

déségrégation [desegregasjɔ̃] *n.f.* 인종차별의 철폐(정책). ~ des Noirs aux États-Unis 미국에서의 흑인차별 철폐(정책).

désemballer [dezɑ̃bale] *v.t.* (의)포장을 풀다.

désembarquement [dezɑ̃barkəmɑ̃] *n.m.* ① (배의) 짐을 내리기. ② 상륙, 하선(下船).

désembarquer [dezɑ̃barke] *v.t.* ① (배의) 짐을 내리다. ② 상륙[하선]시키다.
—**se ~** *v.pr.* ① 짐이 내려지다. ② 상륙[하선]하다.

désembarrasser [dezɑ̃barase] *v.t.* (속박·장애물에서)해방하다.

désembattage [dezɑ̃bataːʒ] *n.m.* 《철도》(바퀴의) 쇠테를 벗김.

désembattre [dezɑ̃batr] [45] *v.t.* 《철도》(바퀴의) 쇠테를 벗기다.

désembellir [dezɑ̃bɛ(e)liːr] *v.t.* (의)아름다운 용모를 손상시키다, 보기 흉하게 하다.
—*v.i.*, **se ~** *v.pr.* 보기 흉하게 되다.

désembobiner [dezɑ̃bɔbine] *v.t.* (실패에 감긴 것을)풀다.

désembourber [dezɑ̃burbe] *v.t.* 진창에서 끌어내다.

désembourgeoiser [dezɑ̃burʒwaze] *v.t.* (의)부르주아 근성을 버리게 하다.
—**se ~** *v.pr.* 부르주아 근성이 없어지다, 비(非)부르주아화하다.

désembouteiller [dezɑ̃bute(e)je] *v.t.* (도로·전화선 따위의)혼잡[정체]을 해소하다.

désembrayage [dezɑ̃brɛjaːʒ] *n.m.* =débrayage.

désembrayer [dezɑ̃brɛ(e)je] [8] *v.t.* =débrayer.

désembuage [dezɑ̃byaːʒ] *n.m.* (김·수증기 따위로) 흐린 유리를 닦아내기.

désemmancher [dezɑ̃mɑ̃ʃe] *v.t.* (의)자루를 뽑다. ~ un outil 도구[연장]의 자루를 뽑다.

désemparé(e) [dezɑ̃pare] *a.p.* ① (배·비행기가)파손해서 운행 불능이 된. ② 《구어》 막막한, 어찌할 바를 모르는(déconcerté). Depuis son échec à son examen, il est ~. 시험에 낙제한 후로 그는 어찌할 바를 모른다.

désemparer [dezɑ̃pare] *v.t.* ① 《해양》 (함선을)파손하여 사용 불가능하게 만들다. ~ un bâtiment ennemi 적함을 대파하다. ② 《옛》 파괴하다. ~ un fort 요새를 파괴하다. ③ 《옛》 떠나다.
—*v.i.* 《옛》 (어떤 장소에서)떠나다, 물러가다. *sans* ~ 그 자리를 뜨지 않고; 끊임없이, 줄곧, 끈기 있게. J'ai écrit quatre lettres *sans* ~. 나는 계속해서 편지를 넉장 썼다.

désempeser [dezɑ̃pze] [4] *v.t.* (의복의)풀기를 죽이다. —**se ~** *v.pr.* 풀기가 죽다.

désempêtrer [dezɑ̃petre] *v.t.* =dépêtrer.

désempilage¹ [dezɑ̃pilaːʒ] *n.m.* (목재의)더미를 무너뜨림.

désempilage² *n.m.* 낚싯줄에서 낚싯 바늘을 떼기.

désempiler¹ [dezɑ̃pile] *v.t.* (목재의)더미를 헐다.

désempiler² *v.t.* (낚싯줄에서)낚싯바늘을 떼다.

désemplir [dezɑ̃pliːr] *v.t.* 《드물게》 (병 따위에 가득 담긴 것을)얼마큼 비우다. ~ sa tête de qc …을 까맣게 잊어버리다.
—*v.i.* 비워지다, 줄다《보통 부정형으로 쓰임》. [ne pas ~] Son magasin *ne désemplit pas*. 그의 상점은 늘 손님으로 대만원이다. —**se ~** *v.pr.* 속에 든 것이 줄다. La salle *se désemplissait peu à peu*. 회의장에서 한 사람 두 사람 나가고 있었다.

désemplumer [dezɑ̃plyme] *v.t.* (모자의)깃장식을 떼다. ~ un chapeau 모자의 깃장식을 떼다.
—**se ~** *v.pr.* ① 깃털이 빠지다. ② 《구어》 (머리가) 벗겨지다.

désempoisonnement [dezɑ̃pwazonmɑ̃] *n.m.* 해독.

désempoisonner [dezɑ̃pwazone] *v.t.* (에게)해독제를 먹이다.

désempoissonner [dezɑ̃pwasone] *v.t.* (연못·냇물의)물고기를 절멸시키다.

désemprisonner [dezɑ̃prizone] *v.t.* ① 감옥에서 놓다. ② 해방시키다.

désenamourer [dezɑ̃namure], **désénamourer** [dezenamure] *v.t.* 《옛》 사랑을 식히다.
—**se ~** *v.pr.* [se ~ de] (에 대한)사랑이 식다.

désencadrer [dezɑ̃kadre] *v.t.* ① 틀을 떼어내다, 액자에서 빼내다. ② 《경제》 (은행으로부터의)대부제한의 틀을 벗기다.

désencanailler [dezɑ̃kanaje] 《구어》 *v.t.* 천한 티를 없애다.
—**se ~** *v.pr.* ① 천한 티가 없어지다. ② 출세하다.

désenchaîner [dezɑ̃ʃe(e)ne] *v.t.* (의)쇠사슬을 풀다, 자유롭게 해주다. ~ un chien 개의 쇠사슬을 풀다. ~ un captif 포로를 석방하다.
—**se ~** *v.pr.* 쇠사슬이 풀리다, 자유롭게 되다.

désenchanté(e) [dezɑ̃ʃɑ̃te] *a.p.* ① 환멸을 느낀, 실망한. ②《옛》마술[마법]이 풀린. —*n.* 환멸을 느낀 사람.

désenchantement [dezɑ̃ʃɑ̃tmɑ̃] *n.m.* ① 마법[마술]을 풀기, 마술이 풀림. ②환멸, 실망(déception, désillusion).

désenchanter [dezɑ̃ʃɑ̃te] *v.t.* ①《옛·문어》마술을 풀다. ~ un bois 숲의 마법을 풀다. ②(에게)환멸[실망]을 느끼게 하다; 꿈에서 깨어나게 하다(désillusionner, décevoir). Cet échec l'*a désenchanté*. 이 실패는 그에게 환멸을 느끼게 했다.
—**se ~** *v.pr.* (연락이 불편한 지방과의)연락이 개선되다; 벽지가 개발되다.

désenchanteur(eresse) [dezɑ̃ʃɑ̃tœːr, -rɛs] *a.* ①(의)마법을 푸는. ②환멸을 느끼게 하는. —*n.* (위)의 사람.

désenchâsser [dezɑ̃ʃɑse] *v.t.* ①《종교》(유물을)성궤(聖櫃)에서 꺼내다. ②(보석을)테에서 뽑다.

désenchevêtrer [dezɑ̃ʃvetre] *v.t.* (의)헝클어진 것을 풀다.

désenclavement [dezɑ̃klavmɑ̃] *n.m.* ①(자기 소유지를 둘러싼)남의 소유지를 사들이기. ②(벽지의)경제개발; 교통(통신)망 확대. ③《의학》(종양 또는 비정상 기관의)외과 수술에 의한 절제.

désenclaver [dezɑ̃klave] *v.t.* ①(자기 소유지를 둘러싸고 있는)남의 소유지를 사들여 땅을 넓히다. ②(교통·통신망을 넓혀 경제적으로 고립된 지역사회를)개발하다. Le percement du tunnel *a désenclavé* le pays. 터널의 개통이 이 고장의 교통을 처리하게 해주었다. ③《의학》(종양 또는 비정상 기관을)외과수술로 제거[절제]하다.
—**se ~** *v.pr.* (연락이 불편한 지방과의)연락이 개선되다; 벽지가 개발되다.

désenclouer [dezɑ̃klue] *v.t.* ①(말의)굽에서 징을 뽑다. ②《옛》(대포에서)화문전(火門栓)을 뽑다.

désencombrement [dezɑ̃kɔ̃brəmɑ̃] *n.m.* ①(통로 따위의)장애물 제거. ②(정보·인구 따위의)과잉[혼잡]의 해소(解消).

désencombrer [dezɑ̃kɔ̃bre] *v.t.* ①(통로 따위의)장애물을 치우다. ~ la rue des immondices 길에서 쓰레기를 치우다. ②(정보·인구 따위의)과잉[혼잡]을 해소하다.
—**se ~** *v.pr.* 장애물이 없어지다. Le passage *se désencombra* peu à peu. 통로의 장애물이 서서히 제거되었다.

désencrasser [dezɑ̃krase] *v.t.* 《내연기관》(의)탄소를 제거하다; 때를 씻어내다(décrasser).

désencroûtement [dezɑ̃krutmɑ̃] *n.m.* désencroûter 하기.

désencroûter [dezɑ̃krute] *v.t.* ①《기계》(기관 따위의)물때를 벗기다. ~ des conduites d'eau 수도관의 물때를 벗기다. ②《비유적》편견을 버리게 하다, (의)시야를 넓혀주다(dégrossir).
—**se ~** *v.pr.* 생기를 띠다; 편견을 버려, 시야가 넓어지다.

désendetter [dezɑ̃dɛte] *v.t.* (의)빚을 없애주다.
—**se ~** *v.pr.* 빚을 갚다.

désendormir [dezɑ̃dɔrmiːr] [18] *v.t.* ①(의)잠을 깨우다. ②(계으름장이 따위를)정신차리게 하다.

désénerver [dezenɛrve] *v.t.* 짜증(신경질)을 가라앉히다, 진정시키다(apaiser).
—**se ~** *v.pr.* (자기의)흥분을 가라앉히다; 흥분이 가라앉다; 진정되다.

désenfiler [dezɑ̃file] *v.t.* (의)실을 뽑다. ~ une aiguille 바늘의 실을 뽑다.
—**se ~** *v.pr.* 실이 뽑히다.

désenflammer [dezɑ̃fla(ɑ)me] *v.t.* ①(불)을 끄다; (종기 따위의)염증을 가라앉히다. ②《비유적》(의)정열의 불을 끄다.
—**se ~** *v.pr.* ①불이 꺼지다; 염증이 가라앉다. ②《비유적》정열을 잃다.

désenflement [dezɑ̃flǝmɑ̃] *n.m.* =**désenflure**.

désenfler [dezɑ̃fle] *v.t.* ①(의)부기를 빠지게 하다. ~ un membre malade 아픈 수족(手足)의 부기를 빼다. ②(기구·타이어의)공기를 빼다(dégonfler). ~ un ballon 풍선의 바람을 빼다.
—*v.i.*, **se ~** *v.pr.* ①부기가 빠지다. ②공기가 빠지다.

désenflure [dezɑ̃flyːr] *n.f.* 부기가 빠짐.

désenfourner [dezɑ̃furne] *v.t.* 가마에서 꺼내다(défourner).

désenfumer [dezɑ̃fyme] *v.t.* 연기를 밖으로 내보내다. ~ une pièce en ouvrant la fenêtre 창문을 열어 방안의 연기를 내보내다. ~ sa tête fatiguée (비유적)피로한 머리 속을 산뜻하게 하다.

désengagement [dezɑ̃gaʒmɑ̃] *n.m.* ①고용계약의 해제, 해고, 《군사》제대. ②(다른 나라와의)협정의 해소; (동맹관계로부터의)이탈. politique de ~ 비동맹 정책. ~ de l'Amérique en Asie 미국이 아시아에서 점차 손을 뗌. ③(개인·단체가 갖고 있는 기득권으로부터)이탈. ④(저당물을)되찾기. ⑤《기계》(도르래의)연동장치에서 벗김.

désengager [dezɑ̃gaʒe] [3] *v.t.* ①(의)고용계약을 해제하다; (의무에)풀어주다. ②(약속을)취소하다(retirer). ③(저당물을)되찾다. ④《기계》(도르래의)연동장치에서 벗기다.
—**se ~** *v.pr.* [se ~ de] ①(에서)풀려나다; (약속[계약])을 취소하다. *se ~ d'une* invitation acceptée 수락한 초대를 취소하다. ②(정치·경제·군사적 계약 따위에서)벗어나다, 손을 떼다. ministre qui cherche à *se ~ d'un* parti 어느 정당에서 벗어나려고 애쓰는 장관.

désengainer [dezɑ̃ge(e)ne] *v.t.* 상자에서 꺼내다; (의)꾸러미를 풀다; (전선의)피복을 벗기다.

désengorgement [dezɑ̃gɔrʒmɑ̃] *n.m.* 막힌 파이프 따위를 뚫리게 하기.

désengorger [dezɑ̃gɔrʒe] [3] *v.t.* (막힌 것을) 뚫다, 통하게 하다, (의)장애물을 제거하다. ~ un tuyau 막힌 관을 뚫다.

désengouer [dezɑ̃gwe] *v.t.* (에 대한)열정을 식히다. —**se ~** *v.pr.* [se ~ de] (에)열정이 식다.

désengourdir [dezɑ̃gurdiːr] *v.t.* (의)저림(마비)을 고치다. —**se ~** *v.pr.* 저림이 가시다.

désengrenage [dezɑ̃grǝnaːʒ] *n.m.* (톱니바퀴의)맞물림을 벗기기, (기계의)연동장치를 벗기기.

désengrener [dezɑ̃grǝne] [4] *v.t.* (톱니바퀴의)맞물림을 벗기다, (기계의)연동장치를 벗기다.
—**se ~** *v.pr.* 톱니바퀴가 벗겨지다.

désenivrement [dezɑ̃nivrǝmɑ̃] *n.m.* 취기(醉氣)깨움, 취기에서 깸.

désenivrer [dezɑ̃nivre] *v.t.* ①(의)취기를 깨우다. ②미망(迷妄)[잘못·착각]에서 깨어나게 하다(dessouler). —*v.i.* 취기가 깨다. ne pas ~ 《구어》항상 취해 있다.
—**se ~** *v.pr.* ①취기가 깨다. ②미망에서 깨다.

désenlacer [dezɑ̃la(ɑ)se] [2] *v.t.* ①(새 따위를)올가미에서 풀어주다; (의)포박을 풀어주다, 자유롭게 해주다. ~ les membres d'un prisonnier 죄수의 수족을 자유롭게 해주다. ②(서로 끼고 있던 팔 따위를)풀다.
—**se ~** *v.pr.* ①올가미에서 풀려나다; (사람이)자신의 포박을 풀다. ②(서로 끼고 있던 팔 따위가)풀리다.

désenlaidir [dezɑ̃lɛ(e)diːr] *v.t.* 추하지 않게[보기 좋게]하다. —*v.i.* 보기가 나아지다.
—**se ~** *v.pr.* 추하지 않게 되다.

désenneiger [dezɑnɛ(e)ʒe] *v.t.* 눈을 치우다.
désennuyer [dezɑnɥije] [7] *v.t.* (의)무료함[권태]을 풀어주다(délasser, distraire), 《목적보어 없이》심심풀이가 되다. Le cinéma *désennuie*. 영화는 기분전환이 된다.
　—**se ~** *v.pr.* [se ~ de] (으로)기분전환을 하다(se distraire). *se ~ à+ inf.* 기분전환으로 …하다.
désenorgueillir [dezɑnɔrgœjiːr] *v.t.* (의)콧대[오만]를 꺾다.
désenrayement [dezɑrɛjmɑ] *n.m.* 제동기를 늦춤; 바퀴쐐기를 빼냄.
désenrayer [dezɑrɛje] [8] *v.t.* ① (의)제동기를 늦추다, (차바퀴에 괸)쐐기를 빼내다. ② (총 따위를)수리하다, 수리하여 움직이게 하다.
　—**se ~** *v.pr.* (제동기·차 바퀴에 괸 쐐기 따위가)늦추어지다.
désenrhumer [dezɑryme] *v.t.* (의)감기를 고치다.
　—**se ~** *v.pr.* 감기가 낫다.
désenrôlement [dezɑrolmɑ] *n.m.* 제적, 제명(除名); 【군사】제대.
désenrôler [dezɑrole] *v.t.* 제적하다, 제명하다; 【군사】제대시키다.
　—**se ~** *v.pr.* ①제명되다. ②탈퇴하다.
désenrouer [dezɑrwe] *v.t.* (의)목쉰 소리를 고치다. ~ un chanteur 가수의 목쉰 소리를 고치다.
　—**se ~** *v.pr.* 목쉰 소리가 낫다.
désensablement [dezɑsɑ(a)blǝmɑ] *n.m.* ①모래 속에서 끌어냄[나옴]. ②(수로(水路) 따위에서의)모래의 제거.
désensabler [dezɑsɑble] *v.t.* ①모래 속에서 끌어내다. ~ un bateau 모래 속에서 배를 끌어내다. ②(수로(水路) 따위에서)모래를 제거하다.
désenseller [dezɑse(e)le] *v.t.* (말에 기수를)낙마(落馬)시키다.
désensevelir [dezɑsǝvliːr] *v.t.* ①(시체를)무덤에서 꺼내다; (고적 따위를)발굴하다(exhumer). ②수의를 벗기다.
désensevelissement [dezɑsǝvlismɑ] *n.m.* 시체의 발굴; 수의를 벗기기.
désensibilisateur [desɑsibilizatœːr, -tris] *n.m.* 【사진】감광해(感光解).
désensibilisation [desɑsibilizɑsjɔ] *n.f.* ①【사진】감광도를 줄임. ②【의학】(치아 따위의)신경의 마취, (과민성을 감소시키는)제감작법(除感作法); 무통요법.
désensibiliser [desɑsibilize] *v.t.* ①【사진】(의)감광도를 줄이다. ②【의학】(의)신경을 죽이다; 제감작법을 쓰다. ③감수성을 약하게 하다, 무디게 만들다.
désensorceler [dezɑsɔrsǝle] [5] *v.t.* ①(의)마법(魔法)을 풀다. ②(구어)(의)미망(迷妄)을 깨우치다; 불운에서 구해주다.
　—**se ~** *v.pr.* 마술에서 풀려나다.
désensorcellement [dezɑsɔrsɛlmɑ] *n.m.* 마법이 풀림.
désentasser [dezɑtɑse] *v.t.* 더미를 헐물다.
désenterrer [dezɑtere] *v.t.* ①(보물·시체 따위를)파내다. ②(옛 사건 따위를)다시 끄내다.
désentêter [dezɑte(e)te] *v.t.* (옛)①(의)고집을 버리게 하다. ~ *qn* d'une opinion …에게 의견을 버리게 하다. ②두통을 낫게 하다.
désenthousiasmer [dezɑtuzjasme] *v.t.* (의)감격[열광]을 잃게 하다.
　—**se ~** *v.pr.* 감격을 잃다.
désentoilage [dezɑtwala:ʒ] *n.m.* ①(풍차·비행기의)날개 덮개를 벗김. ②화포(畫布)를 벗김.
désentoiler [dezɑtwale] *v.t.* ①(풍차·비행기의)날개를 벗기다. ②화포를 벗기다.
désentortiller [dezɑtɔrtije] *v.t.* ①(실·종이의)꼬인 것을 풀다, (실의)헝클어진 것을 풀다. ②(사건의)분규를 해결하다(débrouiller).
　—**se ~** *v.pr.* (실 따위의)꼬인 것이 풀리다; (까다로운 사건이)해결되다.
désentraver [dezɑtrave] *v.t.* ①(말 따위에서)발목줄[족쇄]을 벗기다; (비유적)장애를 제거하다.
désentrelacer [dezɑtrǝla(a)se] [2] *v.t.* (헝클어진 실 따위를)풀다.
　—**se ~** *v.pr.* 서로 얽힌 것이 풀리다[해결되다].
désenvaser [dezɑvaze] *v.t.* ①(하수구·항만 따위의)진흙을 치다. ②진흙 속에서 꺼내다.
désenvelopper [dezɑvlɔpe] *v.t.* (의)포장을 풀다, 덮개를 벗기다.
　—**se ~** *v.pr.* 포장이 풀리다, 덮개가 벗겨지다.
désenvenimer [dezɑvnime] *v.t.* ①독을 없애다; 소독하다. ②(말씨를)부드럽게 하다.
　—**se ~** *v.pr.* 독이 없어지다.
désenverguer [dezɑverge] *v.t.* =**déverguer.**
dépaissir [dezepesiːr] *v.t.* (머리카락 따위를 쳐내서)성기게 하다.
désépargner [dezeparɲe] *v.i.* 저축을 그만두다.
désépingler [dezepɛgle] *v.t.* (의)핀을 뽑다.
déséquilibrant(e) [dezekilibrɑ, -ɑ:t] *a.* 불균형[불안정]하게 하는, facteur ~ 불안정 요소.
déséquilibre [dezekilibr] *n.m.* 균형 상실, 불안정. ~ entre l'offre et la demande 공급과 수요의 불균형. ②【의학】정신이상 《정신의학》정신 이상 (~ psychique). 《정신적》불안정.
déséquilibré(e) [dezekilibre] *a.p.* ①(작품 따위가)균형을 잃은. ②정신이상의. —*n.* 정신이상자.
déséquilibrer [dezekilibre] *v.t.* ①(의)균형을 잃게 하다. ~ une barque 보트의 균형을 잃게 하다. ②(정신적)평형을 잃게 하다, 머리가 돌게 하다.
　—*v.i.*, **se ~** *v.pr.* 머리가 돌다.
déséquiper [dezekipe] *v.t.* ①【해양·해군】(배의)의장을 풀다; (군인의)장비를 풀다. ②【연극】무대장치를 털다.
　—**se ~** *v.pr.* (자기)장비[무기]를 풀다.
*****désert**[1] *e(e)* [dezɛːr, -ɛrt] *a.* ①사막. ~ du Sahara [de Gobi] 사하라[고비] 사막. —*s*(*s*) *chaud*(*s*) 열대 사막. ②무인지경, 인적 없는 곳; (즐거움 따위가)아무것도 없는 곳. ~ culturel 문화의 불모지. ③정신적 고독, 하루. Il ne voit personne; il vit dans un véritable ~. 그는 아무도 만나지 않으면서 고독 속에서 살아가고 있다.
　prêcher [parler] dans le ~ 쇠귀에 경 읽다.
*****désert**[2](*e*) [dezɛːr, -ɛrt] *a.* ①무인의, 주민이 없는 (inhabité). campagne ~*e* 황야. île ~*e* 무인도. ②(아무도 없어) 텅 빈(vide); 인기척 없는. rue ~*e* 행인이 없는 거리. À cette heure, la plage est ~*e*. 이맘때 해변은 텅 비어 있다. ③《엣》버림받은 (abandonné), 쓸쓸한, 황량한. se sentir ~ 쓸쓸하게 느껴지다. ④[~ de] (이)없는. place ~ *de* voitures 자동차라고는 그림자도 볼 수 없는 광장. ⑤무미건조한, 지루한; 활기없는. journée ~*e* 지루한 하루. ~한 — 멍한 눈.
déserter [dezerte] *v.t.* ①(있어야 할 장소를)떠나다, 떠나버리다; (에서)탈퇴하다(quitter, abandonner). ~ son poste 직장을 버리다. Les jeunes *désertent* ces villages. 젊은이들은 이 마을을 버리고 떠난다. ~ le parti 정당에서 탈퇴하다. ②(의무·주의·신앙 따위를)버리다(renier). ~ son devoir 의무를 저버리다. ③[~ *qn*] (을) 버리고 떠나다. 《목적보어 없이》Vos amis *ont déserté*. 당신의 친구들은 떠나버렸어요.

—v.i. ① 【군사】 탈주하다, 도망하다. ~ en présence de l'ennemi 적의 면전에서 도망하다. ② (의무·주의·신앙 따위를)버리다.

déserteur [dezɛrtœːr] *n.m.* ① 【군사】 탈주병, 탈영자. ②《문어》(주의·당파의)변절자, 배반자; 탈당자. ③《구어》오랫동안 얼굴을 볼 수 없었는 친구.

désertification [dezɛrtifikasjɔ̃] *n.f.*, **désertisation** [dezɛrtizasjɔ̃] *n.f.* ① 【지리】 사막화(砂漠化). ②(촌락·지방의)무인화, 황무지화.

désertifier [dezɛrtifje] *v.t.* (촌락·지방을)무인화하다. —**se ~** *v.pr.* 무인화되다.

désertion [dezɛrsjɔ̃] *n.f.* ① 탈당, 탈퇴, 변절. ② 【군사】 탈영, 탈주; 투항. ~ à l'ennemi 투항. ③《옛》저버림, 포기(abandon).

désertique [dezɛrtik] *a.* 【지리】 사막(성)의. climat ~ 사막성 기후.

désescalade [dezɛskalad] *n.f.* 군사·외교 분야에서의)八字的 축소; (노동쟁의 따위의)진정, 전선(戰線)의 축소.

désespéramment [dezɛsperamɑ̃] *ad.*《옛·문어》실망시킬(어이 없을)정도로.

désespérance [dezɛsperɑ̃ːs] *n.f.*《문어》절망.

désespérant(e) [dezɛsperɑ̃, -ɑ̃ːt] *a.* ①낙담하게 하는;《문어》절망시키는(décourageant); 절망적인, 가망 없는. Cet enfant est ~. 이 아이는 아무짝에도 쓸모가 없다. nouvelle ~e 슬픈 소식. ②어찌할 수 없는, 다룰 수 없는. jeune fille d'une coquetterie ~e 교태만 부려서 당해낼 수 없는 소녀. ③ 불쾌한(fâcheux). un tel temps ~. 을씨년스러운 날씨이다. ④《좋은 의미로》비길데 없는. œuvre d'une perfection ~e 추종을 불허하는 완벽한 작품.

désespéré(e) [dezɛspere] *a.p.* ①절망한, 희망을 잃은, 비관한. Elle est ~e de la mort de son fils. 그녀는 아들의 죽음으로 절망에 빠졌다. ②(사태 따위가)절망적인, 가망이 없는. mal ~ 불치의 병. situation ~e 절망적인 상황. ③매우 유감스러운(désolé). Je suis ~ de vous avoir fait attendre. 기다리시게 해서 대단히 죄송합니다. ④안간힘을 다한, 필사적인(acharné). Malgré une course ~e, je n'ai pu arriver avant son départ. 미친 듯이 달렸지만 그의 출발 전에 도착할 수가 없었다.
—*n.* ①절망한 사람. crier comme un ~ 미치광이처럼 소리치다. se battre en ~ 필사적으로 싸우다. ②자살자.

désespérément [dezɛsperemɑ̃] *ad.* ①절망적으로. Il se sentait ~ seul. 그는 못내 고독을 느끼고 있었다. ②필사적으로, 죽을 힘을 다하여. lutter ~ contre ~에 필사적으로 항거하다.

*__**désespérer**__ [dezɛspere] [6] *v.i.* 절망하다, 희망을 버리다. Il ne faut pas ~, tout s'arrangera. 절망해서는 안된다, 모든 일이 잘되어 나갈 것이다.
—*v.t.ind.* ① [~ de] …에[을]절망하다, 단념하다. [~ de qc] Il ne faut pas ~ de la guérison. 회복될 수 있다는 희망을 버려서는 안된다. [~ de qn] Je commence à ~ d'elle. 이제 그 여자가 희망이 없다(기대할 수 없다)고 생각이 들기 시작한다. [~ de + inf.] Je commençais à ~ de le revoir. 그를 다시 만날 수 있다는 희망을 나는 잃어가기 시작한다. ②《옛투》(…하는 것에)절망하다, (…할) 가망이 없다고 생각하다. [~ que + sub.] Il *désespère qu*'il vienne. 나는 그가 오리라고는 생각하지도 않는다. [*ne ~ pas que* + (*ne*) + *sub.*] Je ne *désespère pas qu*'il (ne) réussisse. 그가 성공하리라는 희망을 걸어 아직 버리지 않고 있다.
—*v.t.* ①낙담시키다, 속상하게 하다(affliger). Henri *désespère* ses parents. 앙리는 그의 부모의 기대를 저버리고 있다. ②의기소침하게 하다, 기를 꺾다(décourager). artiste dont le talent *désespère* ses rivaux 경쟁상대의 기를 꺾을 정도의 재능을 지닌 예술가. ③《옛》절망시키다, 가망이 없다; 당해낼 수 없다. ③《옛》절망시키다.
—**se ~** *v.pr.* 절망하다(se désoler). [*se ~ de* + 부정법 Je n'aurai pas *de désespère de n'avoir pas* réussi(que vous n'ayez pas réussi). 그는 일이 잘 되지 않아[당신 일이 잘되지 않아] 낙담하고 있다.

désespoir [dezɛspwaːr] *n.m.* ①절망, 실망, 낙담(affliction, désolation); (*pl.*)《문어》절망적[암담한] 기분(일 때). courage du ~ 필사의 용기. coup de ~ 절망적 행동. mettre(réduire) *qn* au ~ …을 자포자기하게 하다. tomber dans le ~ 절망에 빠지다, 자포자기하다. plonger(jeter) *qn* dans le ~ …을 절망에 빠뜨리다. ②절망의 원인, 절망할 만한 일, 큰 걱정거리;《좋은 의미로》(타의 추종을 불허하는)걸작, 명작. Cet enfant est(fait) le ~ des siens. 이 아이는 가족의 큰 걱정거리이다(도저히 다룰 수가 없다). L'Iliade d'Homère est le ~ de tous les poètes. 호메로스의 일리아드는 모든 시인들이 엄두도 못 낼 걸작이다. ③ ~ des peintres 【식물】 바위취의 일종.

en ~ **de cause** 최후의 수단으로, 하는 수 없어.
énergie du ~ 절망에서 오는 과감성
être au ~ **de** + *inf.* …한 데 대해 몹시 가슴아프다. Je suis au ~ *de* ne pouvoir vous satisfaire. 당신을 만족시킬 수 없어 심히 유감스럽다.

désétablir [dezetabliːr] *v.t.*《드물게》(의 설립을)폐지하다.

désétablissement [dezetablismɑ̃] *n.m.*《드물게》① 설립폐지. ②【역사】(영국의)국교폐지(國教廢止), 정교분리(政教分離).

désétamage [dezetamaːʒ] *n.m.* 주석 제거 작업.

désétamer [dezetame] *v.t.* (의)주석을 제거하다.
—**se ~** *v.pr.* (도금되)주석이 벗겨지다.

désétatisation [dezetatizasjɔ̃] *n.f.* 【경제】 비국유[비국영]화, 민영화.

désétatiser [dezetatize] *v.i.* 【경제】 비국유[비국영]화하다, 민영화하다.

désétouper [dezetupe] *v.t.* 【해양】 (배의)뱃밥[충전물]을 빼내다.

désexualisation [desɛksyalizasjɔ̃] *n.f.* 【심리】 (행동·감정·해석 따위로부터의)성(性)적 성격의 제거, 무성화, 무성.

désexualiser [desɛksyalize] *v.t.* 【심리】 (행동·감정·해석 따위로부터)성(性)적 성격을 제거하다; 거세하다.

déshabilitation [dezabilitasjɔ̃] *n.f.*《드물게》【법】 자격 박탈.

déshabiliter [dezabilite] *v.t.* 【법】 (의)자격을 박탈하다.

déshabillage [dezabijaːʒ] *n.m.* ①옷을 벗기기[벗기]. ②《속어》혹평(酷評).

déshabillé(e) [dezabije] *a.* 옷을 벗은;《구어》음탕한. —*n.m.* (여자의)실내복;《옛》평상복, 실내복. *en* ~《옛》평상복으로;《비유적》꾸밈새 없이, 있는 그대로.

‡déshabiller [dezabije] *v.t.* ①(의)옷을 벗기다(dévêtir). ~ un enfant 어린애의 옷을 벗기다. ②(여자의)어깨·가슴을 노출시키다. La toilette de soirée *déshabillait* cette femme. 그 야회복은 그 여자의 어깨를 노출시키고 있었다. ③(의자의)커버·(거실의)장식 따위를 벗기다. ~ un fauteuil 안락의자의 커버를 벗기다. ④적나라하게 드러내다; 정체[본색]를 폭로하다, 가면을 벗기다(démasquer). ~ un hypocrite 위선자의 가면을 벗기다. ⑤《속어》혹평하다. ⑥【해양】 돛을 떼어내다.

déshabilloir

~ **saint Pierre pour habiller saint Paul** 한 난관을 뚫으려다가 또 다른 난관에 부딪히다; 빚을 갚으려고 새로 빚지다. ~ **une personne du regard** (여성의) 나체를 상상하다.
—**se ~** v.pr. ① 옷을 벗다. Elle se déshabille pour prendre un bain. 그 여자는 목욕을 하려고 옷을 벗는다. ② (모자·외투·장갑 따위를) 벗다. se ~ au vestiaire (극장 따위에서) 모자·외투 따위를 벗어 옷 맡기는 곳에 맡기다. ③ 《구어》고백(실토)하다.

déshabilloir [dezabijwa:r] n.m. (수영장·해수욕장·백화점 따위의) 탈의장(실).

déshabituer [dezabitɥe] v.t. 습관을 버리게 하다 (désaccoutumer). [~ qn de qc/de + inf.] …으로 하여금 …의[하는] 습관을 버리게 하다. ~ qn de l'alcool 음주의 습관을 버리게 하다.
—**se ~** v.pr. [se ~ de] (의) 습관을 버리다.

désherbage [dezɛrbaʒ] n.m. 《농업》풀뽑기.
désherbant(e) [dezɛrbɑ̃, -ɑ̃:t] a. 제초의, 풀을 뽑는.
—n.m. 제초제 (농약).
désherber [dezɛrbe] v.t. (의) 풀을 뽑다 (sarcler).
déshérence [dezerɑ̃:s] n.f. 《법》상속인의 부존재. succession en ~ 상속인이 없는 유산. tomber en ~ 상속인 없어 유산이 국고에 귀속되다.
déshérité(e) [dezerite] a.p. ① 상속권을 박탈당한. ② (물질적) 혜택을 받지 못한, 박복한; 불우의; 못생긴. région ~e 자연의 혜택을 받지 못한 지역. ③ [~ de] (을) 받지[갖지] 못한 (frusté, privé).
—n. 상속권을 박탈당한 사람. ② 혜택을 받지 못한 사람, 박복한 사람; 불우자; 못생긴 사람; 불행[불우]한 사람; 낙오자. ~s de la vie 인생의 낙오자. ~ de la fortune 가난한 사람.
déshéritement [dezeritmɑ̃] n.m. 《드물게》상속권 박탈, 폐적.
déshériter [dezerite] v.t. ① (의) 상속권을 박탈하다. ② (정신적·물질적) 혜택[이익]을 주지 않다 (désavantager). La nature l'a bien déshérité. 조물주는 그에게 아무런 혜택도 주지 않았다.
désheurer [dezœre] v.t. ① 《옛》 (의) 예정 시간을 어기다. ② (열차의) 시각을 늦어지게 하다. Un accident a désheuré les trains. 사고로 각 열차의 시각이 늦어졌다. —v.i. (시계가) 잘못 치다.
—**se ~** v.pr. 《옛》 (식사 시간 따위) 관행(慣行)의 시간을 어기다.
déshonnête [dezɔnɛt] a. (언어·태도가) 파렴치한, 추잡한 (inconvenant, indécent).
déshonnêtement [dezɔnɛtmɑ̃] ad. 《드물게》파렴치하게도.
déshonnêteté [dezɔnɛtte] n.f. 파렴치, 외설(스러운 행위) (inconvenance, indécence).
déshonneur [dezɔnœ:r] n.m. 불명예, 수치; 모욕. faire qc à son ~ 수치스럽게 ···을 하다. Il n'y a pas de ~ à reconnaître ses torts. 자신의 과오를 인정하는 일은 수치가 아니다. encourir le ~ 모욕을 받다. **être**[**faire**] **le ~ de** ···의 체면[명예]을 손상시키다. **prier** qn **de son** 《옛》···에게 불명예스러운[불쾌한] 일을 당부하다. **tenir à ~ de** + inf. ···하는 일을 수치로 생각하다.
déshonorable [dezɔnɔrabl] a. 《드물게》불명예스러운, 체면에 관계되는.
déshonorablement [dezɔnɔrabləmɑ̃] ad. 《드물게》불명예스럽게도, 수치스럽게도.
déshonorant(e) [dezɔnɔrɑ̃, -ɑ̃:t] a. 불명예스러운, 수치스러운. conduite ~e 비행 (非行).
déshonorer [dezɔnɔre] v.t. ① (의) 명예[체면]를 손상하다, (에게) 수치를 주다 (avilir, souiller). ~ son nom[sa famille] 자기 이름[가문]을 더럽히다.

~ qn par des calomnies 중상으로 ···의 명예를 손상시키다. Cette conduite l'a déshonoré. 그는 이런 행동으로 체면을 손상했다. 《보어 없이》Les honneurs déshonorent. (세속적인) 영예는 (도리어) 명예를 손상시키다. ② (여자를) 능욕하다, 욕보이다. ③ (손상시키다, ·영낭으로 만들다 (flétrir, abîmer). ~ un édifice par des restaurations maladroites 졸렬한 복구공사로 건물의 외관을 손상하다.
—**se ~** v.pr. ① 명예가 떨어지다, 체면이 깎이다. ② 정조가 더럽혀지다.

déshuilage [dezɥilaʒ] n.m. 기름의 제거, 탈지.
déshuiler [dezɥile] v.t. (의) 기름기 [지방질]를 빼다 (dégraisser, dessuinter). ~ la laine 양모의 지방질을 제거하다.
déshuileur [dezɥilœ:r] n.m. 《기계》제유기 (除油器), 탈지기 (脫脂器).
déshumanisant(e) [dezymanizɑ̃, -ɑ̃:t] a. 인간화를 말살하는, 비인간화하는.
déshumanisation [dezymanizasjɔ̃] n.f. 인간성 상실, 비인간화.
déshumanisé(e) [dezymanize] a.p. 인간성이 상실된.
déshumaniser [dezymanize] v.t. 인간성을 상실시키다, 비인간화하다.
—**se ~** v.pr. 인간성을 상실하다.
déshydratation [dezidratasjɔ̃] n.f. 《화학》탈수 (脫水) (작용); 《의학》탈수증; (피부 따위의) 수분 결여.
déshydraté(e) [dezidrate] a.p. 탈수된, 메마른, 물기를 뺀.
déshydrater [dezidrate] v.t. 《화학》물기[수분]를 빼다, 탈수하다; 건조시키다 (dessécher). ~ des légumes (저장하기 위해) 야채를 말리다.
—**se ~** v.pr. 탈수증에 걸리다, 탈수상태가 되다.
déshydrogénation [dezidrɔʒenasjɔ̃] n.f. 《화학》수소 제거(반응).
déshydrogéner [dezidrɔʒene] v.t. (에서) 수소를 제거하다.
déshypothéquer [dezipɔteke] v.t. 《법》 (의) 저당을 풀다 (말소하다). ~ un immeuble 부동산의 저당권을 말소하다.
désidérabilité [deziderabilite] n.f. 《경제》효용 (désirabilité).
desiderata [deziderata] n.m.pl. ⇨desideratum.
désidératif(ve) [deziderati, -i:v] 《언어》 a. 기원 (祈願)을 나타내는. verbe ~ 기원동사. —n.m. 《언어》기원형[법] (新願形[法]).
desideratum (pl. **a**) [deziderɑtɔm, -a] 《라틴》n.m. 《주로 pl.》① 요구[희망] 사항 (revendications). ② 결함, 해결해야 할 문제.
design [di(e)zajn] 《영》n.m. 상업[공업] 디자인; (집합적) 디자인 상품. ~ graphique 그래픽 디자인.
—a. 디자인된. meuble ~ 디자인한 가구.
désignatif(ve) [dezinatif, -i:v] a. 표지 (標識)가 되는, 지시하는.
désignation [dezinasjɔ̃] n.f. ① 지시, 지정 (indication). ~ d'un lieu de rendez-vous 만날 장소의 지정. ② 명칭, 호칭. ~ courante 통상용의 [일반적인] 호칭. ③ 표시. ~ des marchandises sur leur étiquette 상품의 상품표시. ④ 지명, 임명 (nomination). sa ~ comme président 그의 회장 임명.
désigné(e) [dezine] a.p. ① 지정[지명]된; 선발된. ② [~ pour] (에) 적격인, 어울리는. Il est tout ~ pour (faire) ce travail. 그는 이 일에 적격이다.
designer [di(e)zajnœr] 《영》n.m. 의장 도안가, 디자이너.
****désigner** [dezine] v.t. ① 《주어는 사람》 지적하다,

가리키다, 지칭하다(indiquer). Le professeur m'a demandé de ~ les garçons qui avaient fait la blague. 선생님은 이 장난을 한 아이들을 지적하라고 나에게 말씀하셨다. ~ qn du doigt …을 손가락으로 가리키다. ② [~ qn pour qc/pour+inf.] …을 …에〔하도록〕지명〔임명·선임〕하다 (nommer, élire). ~ qn pour un poste …을 …자리에 임명하다. On l'a désigné pour diriger cette mission. 그는 이 사절단을 인솔하도록 선임되었다. ~ qn pour Toulon …에게 툴롱 근무를 명하다. ~ qn pour son successeur …을 자기의 후계자로 지명하다. ③ (시간·장소 따위를) 지정하다〔fixer). ~ le temps et le lieu 시간과 장소를 지정하다. à l'heure désignée 지정된 시각에. ④ (주어는 사물) 지칭하다, 의미하다. Dans le «Roman de la Rose», la rose désigne la femme aimée. 「장미 이야기」에서 장미는 사랑받는 여인을 의미한다. ⑤ [~ qc/qn à] …에 …에게 쏠리다, …을 …의 표적이 되게 하다. ~ qn à l'admiration〔aux mépris〕de qn …을 …의 찬양〔경멸〕의 표적으로 만들다. Son dernier roman l'a désigné à l'attention du jury. 그의 최신작은 심사위원들의 주목을 그에게 쏠리게 하였다.
—se ~ v.pr. ① 지시〔지칭〕되다. ② [se ~ à] (주의·시선·포화 따위의) 표적이 되다. Le mérite se désigne de lui-même à l'attention. 훌륭한 일은 주의를 끌게 된다.

désiliciage [desilisjaːʒ] n.m. 〔기술〕(공업 용수의) 무규산(無水硅酸)의 제거작업.

désillusion [dezi(l)lyzjɔ̃] n.f. 환멸, 실망; 기대에 어긋남. éprouver une ~ 환멸〔실망〕을 느끼다.

désillusionnant(e) [dezi(l)lyzjɔnɑ̃, -ɑ̃ːt] a. 환멸〔실망〕을 주는; 기대에 어긋나는.

désillusionné(e) [dezi(l)lyzjɔne] a.p. 미망〔망설임〕에서 깨어난; 실망〔환멸〕을 느낀. tristesse ~e 환멸의 비애.

désillusionner [dezi(l)lyzjɔne] v.t. (기대·꿈 따위에서) 눈뜨게 하다, 환멸〔실망〕을 느끼게 하다《주로 수동태》. Il a été désillusionné par son échec. 그는 실패로 인해 실망에 빠져 있었다.
—se ~ v.pr. 환멸〔실망〕을 느끼다.

désincarcération [dezɛ̃karserasjɔ̃] n.f. (사고차에 갇힌 사람의) 구출.

désincarnation [dezɛ̃karnasjɔ̃] n.f. ① 영육(靈肉) 분리. ② 현실유리, 지상〔인간〕 조건의 초탈.

désincarné(e) [dezɛ̃karne] a.p. ① (영혼이) 육체에서 분리된. ② 현실을 떠난〔초월한〕, 인간사를 초월한; 비물질적인. vie ~e 현실을 초월한 생활. théorie ~e 현실을 무시한 이론. ③ 살을 저며낸, 뼈와 가죽만 남은. ④ 육욕을 떠난, 정신적인. amour tout ~ 순수한 정신적인 사랑.

désincarner [dezɛ̃karne] v.t. ① (영혼을) 육체에서 분리시키다; (신의) 화신을 저지하다. ~ la divinité en tuant ses représentants sur la terre 지상의 대리인들을 죽임으로써 신의 현신을 거부하다. ② 현실〔인간사〕을 초월시키다. ③ 살을 저며내다, 뼈와 가죽으로 만들다.
—se ~ v.pr. (영혼이) 육체에서 분리되다; 현실〔인간적 조건〕을 초탈하다〔벗어나다〕.

désincorporation [dezɛ̃kɔrpɔrasjɔ̃] n.f. ① (단체에서) 분리시킴. ② (단체의) 해체.

désincorporer [dezɛ̃kɔrpɔre] v.t. ① (단체에서) 분리시키다. ② (단체를) 해체하다.

désincrustant(e) [dezɛ̃krystɑ̃, -ɑ̃ːt] a. (보일러 따위의) 물때를 제거하는. —n.m. 물때 제거제.

désincrustation [dezɛ̃krystasjɔ̃] n.f. (보일러 따위의) 물때 제거. (화장 크림 따위에 의한) 각질제거.

désincruster [dezɛ̃kryste] v.t. (보일러 따위의) 물때를 제거하다; 치석〔살갗의 각질〕을 제거하다.

désincrusteur [dezɛ̃krystœːr] n.m. 보일러 청정제〔장치〕.

désinculpation [dezɛ̃kylpasjɔ̃] n.f. [~ de] (에 대한) 고소 취하; 혐의를 풀기.

désinculper [dezɛ̃kylpe] v.t. [~ de] (에 대한) 고소를 취하하다; (의) 혐의를 풀다.

désindustrialisation [dezɛ̃dystrijalizasjɔ̃] n.f. 탈공업화, 비산업화《산업종사 인구가 공업에서 제 3 차 산업 따위로 이행하는 것》.

désinence [dezinɑ̃ːs] n.f. ① 〔언어〕(굴절) 어미. ~ casuelle〔personnelle〕격〔인칭〕어미. ② 〔식물〕(기관의) 말단의 형태.

désinentiel(le) [dezinɑ̃sjɛl] a. 〔언어〕굴절어미의. langue ~e 굴절어미를 갖는 언어, 굴절어.

désinfatuer [dezɛ̃fatɥe] v.t. (옛) 미망(迷妄)에서 깨게 하다. ~ qn de qn〔qc〕…으로 하여금 …에 대한 망상을 버리게 하다. —se ~ v.pr. (옛) [se ~ de] (에 대한) 망상에서 깨어나다.

désinfectant(e) [dezɛ̃fɛktɑ̃, -ɑ̃ːt] a. 소독의.
—n.m. 소독제.

désinfecter [dezɛ̃fɛkte] v.t. 소독하다, 살균하다 (stériliser). ~ une plaie 상처를 소독하다.
—se ~ v.pr. 자신의 …을 소독하다. se ~ les mains 손을 소독하다.

désinfecteur [dezɛ̃fɛktœːr] a.m. 소독의. —n.m. ① 소독기구. ② 소독하는 사람.

désinfection [dezɛ̃fɛksjɔ̃] n.f. 소독, 살균.

désinformation [dezɛ̃fɔrmasjɔ̃] n.f. (정보의) 차단, 왜곡.

désinsectisation [dezɛ̃sɛktizasjɔ̃] n.f. 해충구제.

désinsectiser [dezɛ̃sɛktize] v.t. (의) 해충을 없애다〔구제하다〕.

désinsertion [dezɛ̃sɛrsjɔ̃] n.f. (사회·조직으로부터의) 탈락, 낙후, 소외.

désintégrateur [dezɛ̃tegratœːr] n.m. 〔토목〕(준설기계 끝에 다는) 분쇄기; 〔광산〕 크러셔; 소맥(小麥) 분쇄기.

désintégration [dezɛ̃tegrasjɔ̃] n.f. ① 붕괴, 분해; 〔지질〕(암석의) 풍화. ~ d'un État 국가의 붕괴. ~ d'une étoile filante 유성의 점차적 소멸. ② 〔물리〕(방사성원소 따위의) 붕괴, 괴변(壞變). ~ nucléaire 원자핵의 붕괴〔괴변〕. ~ artificielle〔spontanée〕인공〔자연〕 붕괴.

désintégrer [dezɛ̃tegre] [6] v.t. 붕괴시키다, 분해하다; 풍화시키다. ~ un préjugé 편견을 깨뜨리다. ~ un parti 정당을 붕괴시키다. ~ l'atome 〔물리〕원자를 붕괴시키다.
—se ~ v.pr. 붕괴되다; 풍화하다. La société se désintègre. 사회가 붕괴된다.

désintéressé(e) [dezɛ̃terese] a.p. ① 사심〔욕심〕이 없는, 무상의; 공평한. homme parfaitement ~ 전혀 사리사욕이 없는 사람. Son geste n'est pas ~. 그의 행동에는 사심이 있다. recherches ~es (이해 득실을 떠난) 순수연구, 기초연구. amour ~ 무상의 사랑〔흥미〕을 갖고 있다. arbitrage ~ 공평한 심판. ② (옛) 무관심한.
—n. 사리사욕이 없는 사람, 무사 무욕의 사람.

désintéressement [dezɛ̃terɛsmɑ̃] n.f. ① 무사 무욕; 불편부당, 공평 (détachement). ② 무관심. ③ (채권자에 대한) 변제(辨濟), 빚 청산.

désintéresser [dezɛ̃terese] v.t. ① (변상〔변제〕해서) 관계가 없어지다. ~ ses créanciers 채권자에게 변제하다. —se ~ v.pr. 관심〔흥미〕을 갖지 않다. se ~ de ses enfants 아이를 돌보지 않다, 아이에게 무관심하다. se ~ sur les éloges 〔옛〕 칭찬의 말에 현혹되지 않다.

désintérêt [dezɛ̃terɛ] *n.m* 흥미상실, 무관심.

désinterligner [dezɛ̃terliɲe] *v.t* 〖인쇄〗(판에서) 행간 공목(空目)을 빼내다.

désintoxication [dezɛ̃tɔksikasjɔ̃] *n.f.* 〖의학〗중독의 해소, 해독, 독소제거; (비유적)(악습·악영향의)독소치료.

désintoxiquer [dezɛ̃tɔksike] *v.t.* ① 〖의학〗중독을 치료하다, 해독하다; (물질에 포함된)독소를 제거하다. ~ un toxicomane 마약환자를 치료하다. ② (악습·악영향의)중독을 치료하다. ~ le peuple abruti de télé 텔레비전 때문에 바보가 된 대중을 치료하다 [깨우치다].

désinvestir [dezɛ̃vestiːr] *v.t.* ① 〖군사〗포위를 풀다. ② [~ qc/qn de] (의)(권한)을 박탈하다. ~ une assemblée de l'examen des lois 법률심의의 권한을 의회에서 박탈하다. ③ 〖경제〗(에의)투자를 폐지[삭감]하다.
— *v.i.* [~ dans/sur] 〖정신의학〗(에)정신을 집중하지 않게되다.
— *se ~ v.pr.* [se ~ de] (을)포기하다.

désinvestissement [dezɛ̃vestismɑ̃] *n.m.* ① 포위해제. ② (권한·직무의)박탈. ③ 〖경제〗투자삭감.

désinviter [dezɛ̃vite] *v.t.* 초대를 취소하다.

désinvolte [dezɛ̃vɔlt] *a.* ① (태도·풍모이)으젓한, 너그러운; 꾸밈없는, 스스럼없는; 소탈한. allure ~ 으젓한 몸짓. ② 거침없는, 버릇없는; 경솔한. réponse ~ 거칠[버릇] 없는 대답. être trop ~ avec ses supérieurs 상사에게 너무 무람없이 대하다. ③ 〖문어〗경묘한, 세련된, 멋진. style ~ 멋진 문체.

désinvolture [dezɛ̃vɔltyːr] *n.f.* ① (태도·동작의)으젓함, 소탈함. ② 거침없음, 사양없음, 무례함; 경솔(함). répondre avec ~ 거침없이[무례하게] 대답하다. se conduire avec ~ 거침없이 행동하다. ~ du langage 〖구어〗말의 아슬아슬한. ③ 〖문어〗경묘(함), 멋, 세련.

***désir** [deziːr] *n.m.* ① 욕망, 희망, 욕구; 바램. ~ ardent 갈망. ~ fugitif 일시적인 욕망. ~ des richesses 물욕, 금전욕. satisfaire un ~ 욕망을 채우다. sur (selon) ses ~s 희망에 따라서. ② [~ de qc/de + inf.] 하고 싶은 욕망(기분). ~ de réussir 성공욕. ~ de savoir 지식욕, 호기심. ~ de la gloire 명예욕. ~ de régner 지배욕. avoir ~ de + inf. [que + sub.] ~을 하고 싶어하다. ③ (특히)정욕, 성욕. assouvir ses ~s 정욕을 채우다. ④ 욕망의 대상, 바라는 것. Mon seul ~ est de vivre tranquillement. 유일한 희망은 조용히 사는 것이다. prendre ses ~s pour des réalités 현실이 생각대로 되리라고 생각하다.

désirabilité [dezirabilite] *n.f.* ① 바람직함. ② 〖경제〗효용.

***désirable** [dezirabl] *a.* 바람직한, 바랄만한; 탐나는, 매력있는. peu ~ 달갑지 않은.

désiré [dezire] *a.p.* 대망의 (souhaité). pluie ~e 가뭄 끝의 단비. le D~ 대망의 사람. le D~ des nations 만민이 기다리는 사람 (그리스도). Louis le D~ 대망의 왕 루이 (18세).

***désirer** [dezire] *v.t.* ① 갖고 싶어하다, 바라다. Je désire une voiture neuve. 나는 새 차를 갖고 싶다. ~ le succès [la gloire] 성공[영광]을 바라다. Je vous désire heureux. 나는 당신이 행복하기를 바랍니다. Que désirez-vous? (상점에서)무엇을 찾으십니까? Vous désirez, Monsieur (Madame)? 무엇을 드릴까요, 손님? je vous le désire 꼭지를 바랍니다, 괜찮으시다면. [~ + inf.; 〖옛〗~ de + inf.] Je désire connaître la vérité. 나는 진실을 알고 싶다. [~ que+sub.] Je désire qu'elle vienne ce soir avec

moi. 나는 오늘밤 그녀가 나와 함께 가면 [오면] 좋겠다. (비인칭) Il serait à ~ que+sub. …하는 게 바람직하다. ② (특히)정욕을 품다. ~ une femme 여자를 갖고 싶어 하다. ③ 〖옛〗 ~ qc à qn (에게) (을)바라다.

être encore à ~ 기대되고 있다, 아직 완성[실현] 되어 있지 않다. Le dernier tome de son roman-fleuve *est encore à ~*. 그의 대하소설의 마지막 권이 기대되고 있다.
laisser à ~ 불완전 [불충분]하다. Votre explication *laisse* (un peu) *à ~*. 당신의 설명은 (좀) 불충분합니다. Ce travail ne *laisse* rien *à ~*. 이 일은 완벽하다.
se faire ~ 〖구어〗기다리게 하다, 조바심나게 하다. Ne *te fais* pas *trop ~*. 사람을 너무 기다리게 하지 말게, 비싸게 굴지마라.

désireux (se) [dezirø, -øːz] *a.* ① [~ de + inf.] (하는 것을)바라는, 희망하는. Elle est ~*se de* bien plaire. 그녀는 남의 마음에 들기를 바란다. commerçant ~ *de* satisfaire ses clients 손님들을 만족시키기를 바라는 상인. ② 〖옛〗 [~ de qc] (을)바라는, 갈망하는. être ~ *de* gloire 명예를 갈망하다. être ~ *des* biens d'autrui 남의 재산을 탐내다.

désistement [dezistəmɑ̃] *n.m.* ① 〖법〗 (고소의) 취하. ② 입후보의 철회 (renoncement).

désister (se) [s(ə)deziste] *v.pr.* ① 〖법〗 (을)취하하다. se ~ d'une action 고소를 취하하다. ② 입후보를 철회 [사퇴]하다. se ~ de sa candidature 입후보를 사퇴하다. se ~ (목적보어 없이) de ~ en faveur de qn …을 위해 입후보를 사퇴하다. ③ 〖옛·문어〗(권리 따위)를 단념하다.

desman [dɛsmɑ̃] *n.m.* 〖동물〗데스만(류) 데스마과 (亞科)의 물가에 사는 작은 동물의 총칭, 두더지과).

desmodie [dɛsmɔdi] *n.f.* 〖식물〗도둑놈의 갈고리의 일종.

desmolase [dɛsmɔlɑːz] *n.f.* 〖화학〗데스몰라제 (산화·환원에 관여하는 효소).

desmologie [dɛsmɔlɔʒi] *n.f.* 〖의학〗인대학 (靭帶學).

désobéir [dezɔbeiːr] *v.t.ind.* [~ à] (에)복종하지 않다, 거역하다 (résister, se révolter). ~ à ses parents 부모 말을 듣지 않다. ~ à la loi 법을 거역하다. (수동태) Je ne veux pas *être désobéi*. 나는 (내 명령에)거역하는 것을 허락하지 않겠다.

désobéissance [dezɔbeisɑ̃ːs] *n.f.* 불복종, 반항 (insoumission, révolte); 위반.

désobéissant(e) [dezɔbeisɑ̃, -ɑ̃ːt] *a.* (아이가)순종하지 않는, 반항적인; 제멋대로 노는.

désobligeamment [dezɔbliʒamɑ̃] *ad.* 불친절하게, 무뚝뚝하게.

désobligeance [dezɔbliʒɑ̃ːs] *n.f.* 불친절, 붙임성이 없음. refuser qc par pure ~ 전혀 불친절로 …을 거절하다; 심통으로 …을 거절하다.

désobligeant(e) [dezɔbliʒɑ̃, -ɑ̃ːt] *a.* ① 불친절한, 무뚝뚝한. ② [~ envers] (에게)불쾌감을 주는.

désobliger [dezɔbliʒe] ③ *v.t.* ① (에게)불친절하게 굴다. ② (의)의사를 거스르다, 기분을 상하게 하다, 불쾌하게 하다 (déplaire, froisser). Vous me *désobligeriez* beaucoup en refusant. 거절하신다면 저는 대단히 섭섭하게 생각할 것입니다.

désobstruant(e) [dezɔpstryɑ̃, -ɑ̃ːt], **désobstructif(ve)** [dezɔpstryktif, -iːv] *a.* 〖의학〗 변통(便通)에 효과 있는, 완하하는. médicament ~ 완하제.
— *n.m.* 변통제, 완하제(劑).

désobstruction [dezɔpstryksjɔ̃] *n.f.* ① 〖의학〗 (혈관 따위의)폐색치료. ② (드물게) (막힌 관 따위를)뚫기; (토사 따위로 불통이 된)도로의 복구.

désobstruer [dezɔpstrye] *v.t.* ① 막고 있는(막힌) 것을 제거하다, 개통시키다. ~ un canal(une conduite) (막힌)운하(관)을 뚫다. ② 《의학》 (의)폐색(閉塞)을 고치다(déboucher). ~ l'intestin 장폐색을 치료하다.

désobuser [dezɔbyze] *v.t.* 불발탄을 처리하다. terrain *désobusé* 불발탄 처리가 끝난 땅.

désocclusion [dezɔklyzjɔ̃] *n.f.* 《언어》 (소리의) 비폐쇄.

désoccupation [dezɔkypasjɔ̃] *n.f.* 《드물게》무위, 한가함(흔히 inaction, désœuvrement 을 사용).

désoccupé(e) [dezɔkype] *a., n.* 《드물게》일이 없는 (사람), 한가한(사람).

désodorisant(e) [dezɔdɔrizɑ̃, -ɑ̃:t] *a.* 탈취(脫臭)의, 악취를 제거하는. —*n.m.* 탈취제.

désodorisation [dezɔdɔrizasjɔ̃] *n.f.* = **déodorisation**.

désodoriser [dezɔdɔrize] *v.t.* = **déodoriser**.

désœuvré(e) [dezœvre] *a.p.* 일이 없는(inoccupé); 한가한, 빈둥빈둥하는(inactif). —*n.* 한가한 사람, 아무 할 일이 없는 사람.

désœuvrement [dezœvrəmɑ̃] *n.m.* 무위(無爲), 한가(함). Le ~ me pèse. 나는 아무것도 할 일이 없어서 괴롭다(따분하다). Il boit par ~. 그는 할 일이 없어 술을 마신다.

désœuvrer [dezœvre] *v.t.* 《드물게》할 일을 없애다, 실직시키다; 무위도식하게 하다.

désolant(e) [dezɔlɑ̃, -ɑ̃:t] *a.* ① 한탄스러운, 난처한, 곤란한. sécheresse ~e 한스러운 가뭄. Elle est ~e avec ses caprices. 그녀는 변덕이 심해서 곤란하다. ② 《문어》슬퍼할 만한, 괴로운.

désola*teur*(*trice*) [dezɔlatœ:r, -tris] *a.* 황폐화하는, 부숴대는. guerre ~*trice* 황폐화하는 전쟁. —*n.* 황폐하게 하는 자, 파괴자.

désolation [dezɔlasjɔ̃] *n.f.* ①《문어》황폐(dévastation). ~ du pays 나라의 황폐한 상태. ② 비탄, 슬픔, 고뇌(affliction, détresse). être la ~ de(pour) qn …의 골칫거리이다. être plongé dans la ~ 비탄에 잠기다.

*désolé(e) [dezɔle] *a.p.* ① 애석하게 (딱하게) 여기는. [être ~ de + *inf.*/que + *sub.*, être ~ de ce que + *sub.*/*ind.*] …하는 것을 애석하게(유감스럽게) 생각하다. Je *suis* vraiment ~ de vous avoir fait attendre. 기다리게 하여 참으로 미안합니다. ② 황폐한, 황량한. région ~e 황량한(메마른) 지대. ③ 슬픈, 비탄에 잠긴(affligé).

*désoler [dezɔle] *v.t.* ① 비탄에 잠기게 하다; 괴롭히다. Cet échec me *désole*. 그 실패에 나는 몹시 가슴 아프다. ② 난처하게 하다, 당혹스럽게 하다. Ce retard me *désole*. 이렇게 늦어 나는 몹시 난처(미안) 하다. Tes résultats sont très mauvais; tu me *désoles*. 네 성적이 퍽 나쁘구나, 너는 나를 실망시킨다. ③ 《옛·문어》황폐화시키다, 버려두다. église *désolée*, sans père, sans pasteur 신부도 목사도 없이 버려진 교회.

—**se** ~ *v.pr.* 비탄에 잠기다; 난처하다, 애석해하다. [se ~ de + *inf.*/que + *sub.*] Elle *se désole* de ne pouvoir vous aider. 당신을 도울 수 없어 그녀는 매우 섭섭하게 생각한다.

désolidariser [desɔlidarize] *v.t.* 《드물게》결속을 깨뜨리다, (이어져 있는 것을)떼어놓다.

—**se** ~ *v.pr.* [se ~ de] (와)헤어지다, 결별하다, 떨어지다. se ~ *de(d'avec)* ses collègues 동료와 헤어지다. se ~ *de* la politique gouvernementale 정부의 정책에 반대하다.

désoperculateur [dezɔpɛrkylatœ:r] *n.m.* 《양봉》 (벌통의)뚜껑을 여는 칼(주걱).

désoperculation [dezɔpɛrkylasjɔ̃] *n.f.* (벌통의)뚜껑을 열기.

désoperculer [dezɔpɛrkyle] *v.t.* (벌통의)뚜껑을 열다.

désopilant(e) [dezɔpilɑ̃, -ɑ̃:t] *a.* ① 익살맞은, 웃기는(comique). ②《옛》《의학》 (비장·간장의)폐색(閉塞)을 고치는.

désopilati*f*(*ve*) [dezɔpilatif, -i:v] *a.* = **désopilant**.

désopilation [dezɔpilasjɔ̃] *n.f.* 《옛》《의학》 (비장·간장의)폐색의 회복.

désopiler [dezɔpile] *v.t.* ①《구어》웃음이 터지게 하다, 웃기다. ~ la rate *à qn* 《구어》…을 크게 웃기다. ②《옛》《의학》 (비장·간장의)폐색을 고치다.

—**se** ~ *v.pr.* 《구어》웃음보를 터뜨리다, 흥겹게 떠들어대다(rire beaucoup).

désorbité(e) [dezɔrbite] *a.p.* ① 궤도를 벗어난. ② (눈알이)튀어나온; (놀람 따위로)눈을 크게 뜬. ③ 방향을 잃은; 어찌할 바를 모르는.

désorbiter [dezɔrbite] *v.t.* ① 궤도에서 이탈시키다. ② (눈을)뒤룩거리다. ③ (환경·습관에서)벗어나다; 방향을 잃게하다.

—**se** ~ *v.pr.* 궤도에서 이탈하다(벗어나다).

désordonné(e) [dezɔrdɔne] *a.p.* ① 무질서한, 난잡한; 단정치 못한. coiffure ~*e* 흩어진 머리. mouvements ~*s* 불규칙한 운동. paroles ~*es* 혼란스러운 말. enfant ~ 단정치 못한 아이. ② 도를 지나친, 과도의. dépenses ~*es* 과도한 지출(낭비). colère ~*e* 도를 지나친 노여움. ③《문어》난잡한, 타락한. vie ~*e* 난잡한 생활. femme ~*e* 난잡한 여자.

désordonnément [dezɔrdɔnemɑ̃] *ad.* 《드물게》불규칙(무질서)하게; 지저분하게; 도가 지나치게.

désordonner [dezɔrdɔne] *v.t.* 《옛》혼란을 일으키다, 난잡하게 하다.

—**se** ~ *v.pr.* 《옛》혼란해지다, 문란해지다.

*désordre [dezɔrdr] *n.m.* ① 무질서, 난잡. ~ d'une bibliothèque 책장(서가)의 무질서. ~ savant (단조로움에 자연스러움을 주려는)의식적인 파격. ② (집단·조직 따위의)혼란, 난맥; (*pl.*)소란, 폭동. causer du ~ dans la salle 회의장에 혼란을 불러 일으키다. ~ de l'administration(des finances) 행정(정치)의 난맥. fomenter des ~*s* 소란을 유발하다. réprimer le ~ 폭동을 진압하다. ③ (몸의)부조, 장애, 불순. ~ intestinal 위장 장애. ④《문어》난잡(함), 타락; (*sur tout pl.*)방탕. mener une vie ~(*s*) 난잡한(타락한)생활을 하다.

en ~ 난잡한, 흐트러진. chambre *en* ~ 흐트러진 방. s'enfuir *en* ~ 궤주하다.

jeter(*semer*) *le* ~ *dans* …을 혼란시키다.

un beau ~ 아름다운 부조화(주로 비꼬는 표현).

—*a.* 《불》être très ~ 《구어》칠칠치 못하다, 단정치 못하다.

désorganisa*teur*(*trice*) [dezɔrganizatœ:r, -tris] *a.* (생물의)조직을 파괴하는; (사회의)질서를 흐트러뜨리는. substance ~*trice* du système nerveux 신경계 파괴물질. élément ~ de la société 사회 파괴분자. principe ~ 《질서의》파괴주의. —*n.* (질서) 파괴자, 교란분자.

désorganisation [dezɔrganizasjɔ̃] *n.f.* (생물 조직의)파괴; (질서의)해체, 붕괴. ~ des tissus 조직의 파괴. ~ d'une armée 군대의 해체. nation en ~ 무질서(혼란) 상태의 국가.

désorganiser [dezɔrganize] *v.t.* ① (생물의 조직을)파괴하다. Le cancer *désorganise* les tissus. 암은 조직을 파괴한다. ② (사회의)질서를 문란하게 하다, 혼란시키다; (계획을)뒤엎다. ~ les plans de *qn* …의 계획을 뒤엎다.

—**se** ~ *v.pr.* (생물 조직이)파괴되다, 해체되다; (질서가)무너지다.

désorientation [dezɔrjɑ̃tasjɔ̃] *n.f.* ① 《드물게》 방향을 잃음; 어찌할 바를 모름, 막막함. ② ~ spatio-temporelle 《의학》 시간·공간 감각의 상실.

désorienté(e) [dezɔrjɑ̃te] *a.p.* 방향을 잃은, 갈 바를 모르는; 난처한 입장에 빠진, 갈피를 못 잡는.

désorienter [dezɔrjɑ̃te] *v.t.* ① (의)방향을 잃게 하다; 길을 잃게 하다(égarer). ② 갈피를 못잡게 하다, 난처한 처지에 빠트리다(embarrasser).
—**se** ~ *v.pr.* ① 방향을 잃다, 길을 잃다. ② 갈피를 못잡다, 난처한 처지에 빠지다.

***désormais** [dezɔrmɛ] *ad.* 이제부터(는), 앞으로(는), 장차(dorénavant). Soyons ~ plus prudents. 이제부터는 더욱 신중합시다. ② 그후, 그후부터. D— tout alla très bien. 그 이후로 모든 일이 순조로왔다. ③ 이제는, 지금은. se résigner à une mort ~ inéluctable 이제는 피할 수 없는 죽음을 냉정하게 받아들이다.

désorption [dezɔrpsjɔ̃] *n.f.* 《물리·화학》 탈착(脫着)(↔adsorption, absorption).

désossé(e) [dezose] *a.p.* ① 뼈를 발라낸, 뼈가 없는. poisson ~ 뼈를 발라낸 생선. ② (뼈가 없는 것처럼)몸이 유연한, 흐느적거리는. ③ (비유적) 골자를 뺀; (이야기 따위가)지지부진한. discours ~ 지지부진한(골자가 없는) 연설. —*n.* 곡예사.

désossement [dezɔsmɑ̃] *n.m.* (생선 따위의)뼈를 발라내기; (자신의)관절을 풀기.

désosser [dezose] *v.t.* ① (의)뼈를 발라내다. ② (문장 따위를)세밀히 분석하다; 분해[해부]하다. ③ 《은어》때려눕히다(rosser).
—**se** ~ *v.pr.* ① 뼈가 발라지다. ② 관절이 풀리다; (곡예사 따위가)수족을 자유자재로 구부리다.

désoufrage [desufraːʒ] *n.m.* (유)황의 제거, 탈황.

désoufrer [desufre] *v.t.* (유)황을 빼다.

désourdir [dezurdiːr] *v.t.* 엮은 실을 풀다.
—**se** ~ *v.pr.* 엮은 실이 풀리다.

désoxycorticostérone [dezɔksikɔrtikɔsterɔn] *n.f.* 《화학》 데옥시코르티코스테론(부신피질(副腎皮質) 호르몬의 일종).

désoxydant(e) [dezɔksidɑ̃, -ɑ̃ːt] 《화학》 *a.* 산소를 제거하는; 탈산성의, (산화물을)환원하는. —*n.m.* 환원제, 탈산제.

désoxydation [dezɔksidasjɔ̃] *n.f.* 《화학》 산소 제거, 탈산, (산화물의)환원.

désoxyder [dezɔkside] *v.t.* 《화학》 (의)산소를 제거하다; 탈산하다; 《야금》 탈산하다; (산화물을)환원시키다.
—**se** ~ *v.pr.* 산소가 제거되다; 환원되다.

désoxygénation [dezɔksiʒenasjɔ̃] *n.f.* 《화학》 산소의 제거[분리].

désoxygéner [dezɔksiʒene] ⑥ *v.t.* 《화학》 산소를 제거[분리]하다.

désoxyribonucléase [dezɔksiribɔnyklea:z] *n.f.* 《생화학》 데옥시리보뉴클레아제.

désoxyribonucléique [dezɔksiribɔnykleik] *a.* acide ~ 《생화학》 데옥시리보 핵산(세포핵의 형성물질)((약자) A.D.N., 《영》 D.N.A.).

désoxyribose [dezɔksiribo:z] *n.m.* 《생화학》 데옥시리보스.

desperado [dɛsperado] 《에스파냐》 *n.m.* 자포자기한 무법자, 죽음을 두려워 하지 않는 자; (죽음을 각오한)철저한 항쟁의 투사.

despotat [dɛspɔta] *n.m.* 《역사》 (비잔틴 제국의) 데스포테스 영지, 분봉(分封).

despote [dɛspɔt] *n.m.* ① 전제군주; 《역사》 데스포테스(비잔틴 황제의 존칭, 대군(大君)). ~ éclairé 계몽 전제군주. ② 폭군; 횡포한 사람. régner en ~ 독재적으로 통치하다. Cette femme est un vrai ~. 이 여자는 무척 포학하다.
—*a.* 횡포한, 전제적인. roi ~ 폭군.

despotique [dɛspɔtik] *a.* 전제[독재]적인, 횡포[포학]한(tyrannique); 절대적인. monarchie ~ 전제군주제. —*n.m.* 《옛》 전제군주 국가.

despotiquement [dɛspɔtikmɑ̃] *ad.* 전제적으로, 포학하게.

despotiser [dɛspɔtize] *v.t.* 《드물게》 전제정치를 따르게 하다; 압제하다.

despotisme [dɛspɔtism] *n.m.* ① 독재 군주제; 독재정치; 전제주의(absolutisme, dictature). ② 횡포, 포학. ~ des passions 격정의 불가항력.

desquamation [dɛskwamɑsjɔ̃] *n.f.* ① 《의학》 (표피·비늘 따위의)낙설(落屑), 박리. ② 《지질》 (암석의)박리; 《기술》 박리.

desquamer [dɛskwame] *v.t.* 박리[낙설]시키다. produit propre à ~ la peau du visage 얼굴의 때를 닦아내는 제품.
—*v.i.*, **se** ~ *v.pr.* 《의학》 (피부가)박리(剝離)하다, 낙설하다, 비늘이 떨어지다. La peau se desquame après la scarlatine. 성홍열을 앓고 나면 피부가 박리한다.

desquels, desquelles [dekɛl] =de+lesquels, de+lesquelles.

dessablement [desɑbləmɑ̃] *n.m.* 모래제거함; (주물의)모래제거; 《공업 용수로》세사(除砂) 처리(dessablage 라고도 함).

dessabler [desɑble] *v.t.* ① (보도 따위의)모래를 제거하다(치우다). La pluie *dessable* l'allée. 비가 산책로의 모래를 씻어낸다. ② (주조용)모래[주형]를 메어내다. ③ (공업 용수를)제사하다.

dessaisir [desɛziːr] *v.t.* (으로부터)권한(소유물)을 빼앗다. 《법》 (재판관의)직무를 해제하다. ~ un tribunal d'un procès 재판소에서 재판을 취하하다.
—**se** ~ *v.pr.* ① [se ~ de] (을)포기하다, 내놓다. *se* ~ *d'un titre* 칭호를 포기하다. *se* ~ *de* ses livres 장서를 내놓다. ② 《법》 재판권을 포기하다. *se* ~ *au profit d'une instance supérieure* (재판소가 재판권을 포기하고)상급 재판소로 이관하다.

dessaisissement [desɛzismɑ̃] *n.m.* ① 포기(시킴). ② 《법》 재판권의 포기[해제]; (파산자 따위의)소유권 포기.

dessaisonalisation [desɛzɔnalizɑsjɔ̃] *n.f.* 《경제·행정·통계》 (데이터의)계절 변동에 따른 수정.

dessaisonaliser [desɛzɔnalize] *v.t.* 《경제·행정·통계》 계절 변동에 따라 데이터를 수정하다.

dessaisonnement [desɛzɔnmɑ̃] *n.m.* 《농업》 경작순서 변경; 철 벗어난 재배.

dessaisonner [desɛzɔne] *v.t.* 《농업》 (밭의)경작 순서를 변경하다, (밭에)계절 밖의 농작물을 재배하다, (꽃 따위를)제 철 아닌 때에 피게 하다.

dessalage [desalaːʒ] *n.m.* 《농업》 (토양의)탈염(脫塩), 소금기 빼기. ② 《석유의》염수분리 작업.

dessalé(e) [desale] *a.p.* ① (생선 따위의)소금기를 뺀. ② 《구어》닳고 닳은. femme ~e 닳고 닳은 여자. ③ 《옛》 교활한. —*n.* 약삭빠른 사람. —*n.f* 《속어》 창녀.

dessalement [desalmɑ̃] *n.m.*, **dessalaison** [desalɛzɔ̃] *n.f.* (생선 따위의)소금기 제거, (바닷물의)담수화.

dessaler [desale] *v.t.* ① 소금기를 빼다. ~ la morue 대구의 소금기를 빼다. ~ le pétrole brut 원유에서 염수를 분리하다. ② 《구어》세상 물정을 알게 하다, 영악하게 만들다. Elle n'a pas besoin d'être dessalée. 그녀는 똑똑하다[빈틈없다].
—*v.i.*, **se** ~ *v.pr.* ① (배가)뒤집히다; 《구어》 (배가) 뒤집혀서)물에 빠지다. ② 소금기가 빠지다. ③ 세

상 물정에 익숙해지다. ④《은어》마시다.
dessalure [desaly:r] *n.f.* 《지질》(바닷물의)염분 제거, 담수화.
dessanglement [desɑ̃glǝmɑ̃] *n.m.* (말의)뱃대끈을 늦춤[풀어줌].
dessangler [desɑ̃gle] *v.t.* 벨트를 풀다[늦추다]. ~ un cheval 말의 복대를 풀다[늦추다].
—**se** ~ *v.pr.* 벨트를 풀다[늦추다].
dessaouler [desule] *v.t.* =**dessoûler.**
desséchant(e) [deseʃɑ̃, -ɑ̃:t] *a.* ①건조시키는. climat ~ 건조한 기후. ②윤기가 없는; 무미건조한. vie ~e 무미건조한 생활.
desséché(e) [deseʃe] *a.p.* ①(연못·개울 바닥이)말라붙은, 고갈된. ②(나뭇가지 따위가)말라죽은, (팔뚝 따위가)말라빠진(décharné). vieillard ~ 초췌한 노인. ③《구어》(마음이)메마른, 무정한.
dessèchement [deseʃmɑ̃] *n.m.* ①건조시킴; 건조 상태. ~ de la peau 피부의 건조. ~ de l'herbe 풀을 건조시킴. ~ d'un étang 연못의 물을 뺌; 연못의 간척. ②(몸의)수척, 초췌함; 야윔. ③(정신적인)고갈, 메마름, 무정. ~ de la sensibilité 감수성의 메마름.
dessécher [deseʃe] 6 *v.t.* ①건조시키다, 말리다, 고갈시키다. ②(나무·풀을)말려죽이다; (약초를)말리다, (피부를)트게[거칠게]하다; (병이 몸을)수척하게 하다. vent qui *dessèche* la peau 피부를 트게[거칠게] 만드는 바람. ③(마음을)냉정하게[무감각하게] 만들다; (상상력을)고갈시키다.
—**se** ~ *v.pr.* ①건조하다, 마르다. ②(나무가)말라죽다; (피부가)마르다; (몸이)수척해지다(maigrir). Sa bouche *se dessèche* d'émotion. 감동으로 그의 입안이 바싹 마른다. ③(마음이)냉정해지다, (감정이)고갈되다. J'ai peur de *me* ~ à force de science. 학문에 몰두해 감정이 메마를까 두렵다.
dessécheuse [deseʃø:z] *n.f.* 《공업》건조기, 건조장치.
dessein [desɛ̃] *n.m.* ①계획, 구상(projet); 《흉한》꾀. former le ~ de+*inf.* …할 계획을 세우다. nourrir de noirs ~s 음흉한 꾀를 짜다. ②의도, 목적, 결심(intention, but, résolution); (신의)섭리. avoir le ~ de+*inf.* …할 의도[목적]를 품다.
à ~ 고의로, 일부러. Il l'a fait à ~. 그는 고의로 그것을 했다.
à ~ de+*inf.*; dans le ~ de+*inf.* …할 의도로[목적으로].
avoir des ~s sur qn …의 장래를 기대하다; …에 마음[환심]을 사려고 하다. J'ai des ~s sur mon fils. 나는 아들의 장래를 기대한다. avoir des ~s sur une jeune fille 여자의 마음을 끌려고 하다.
de ~ formé 명확한 의도를 가지고.
desseller [dese[ɛ]le] *v.t.* (말의)안장을 내리다[풀다].
dessemeler [desəmle] 5 *v.t.* (들보·신)(구두의)굽을 떼다.
—**se** ~ *v.pr.* (구두)굽이 떨어지다.
desserrage [desera:ʒ] *n.m.* 늦추기, 느슨하게 하기. coin de ~ 느슨하게 하는 쐐기.
desserre [desɛ:r] *n.f.* être dur à la ~ 《예》지갑의 끈이 질기다; 인색하다.
desserrement [desɛrmɑ̃] *n.m.* ①늦추기, 늦춤. ~ d'une étreinte 포옹을 늦춤. ②(개발사업의)분산(200 km 이내의 분산).
desserrer [desɛre] *v.t.* ①(죈 것을)늦추다. ~ sa cravate 넥타이를 늦추다. ~ le frein à main 핸드브레이크를 늦추다[풀다]. ~ une vis 볼트를 늦추다. ~ les liens serrés d'un paquet 짐의 단단한 끈을 풀다. ~ le cœur (불안 따위로 긴장된)기분을 풀다[홀가분하게 하다). ②(닫힌 것을)열다, 베어 놓다. Elle n'a pas *desserré* les dents de toute la journée.

그녀는 하루종일 입을 열지[말을 하지] 않았다. ③《예》(활이나 쇠뇌를)늦추다; 활을 쏘다; 풀리다, 열리다.
desser-s, -t [desɛ:r] ⇨**desservir.**
*****dessert** [desɛ:r] *n.m.* ①디저트(옛날에는 치즈도 포함되었으나 지금은 식사 뒤에 나오는 과자·과일·아이스크림 따위를 가리킨). J'ai pris de la glace comme ~. 나는 디저트로 아이스크림을 먹었다. service à ~ 디저트용 식기 세트. Ils sont arrivés au ~. 그들은 디저트 때[식사가 끝나갈 때] 도착하다. ②《비유적》곁들임, 추가분. ③《옛》《식탁용》과일따위.
desserte[1] [desɛrt] *n.f.* ①교통편; (어떤 장소와의)연락. La ~ du port est assurée par un service d'autocar. 항구로 가는 교통편으로 버스가 있다. voie de ~ (어느 지역으로 가기 위한)특설[임시] 철도. chemin de ~ (공사 현장으로의)연락 도로. ②미사[예배]의 집행[집전].
desserte[2] *n.f.* ①《옛》(식탁에서)물린 것, 남은 음식. ②식기대(食器臺)(crédence, dressoir). table ~ roulante (바퀴 달린)식품 운반대.
dessertir [desɛrti:r] *v.t.* (보석을)거미발에서 뽑다.
—**se** ~ *v.pr.* (보석이)거미발에서 빠지다.
dessertissage [desɛrtisa:ʒ] *n.m.* (보석을)거미발에서 뽑기.
desservant [desɛrvɑ̃] *n.m.* 《가톨릭》(다른 성당에 가서 미사를 드려주는)외근사제.
desservir[1] [desɛrvi:r] 18 *v.t.* ①(교통·전화·전기·가스망 따위가)통하다. Le chemin de fer ne *dessert* pas encore ce village. 철도는 아직 이 마을까지 들어와 있지 않다. quartier bien *desservi* 교통이 매우 편리한 구역. train qui *dessert* quinze petites villes 15개의 소도시를 연결하는 기차. ②(낭하·문 따위가)연결되어 있다. Ce couloir *dessert* plusieurs pièces. 이 복도는 몇 개의 방으로 통한다. immeuble *desservi* par trois ascenseurs 세 대의 엘리베이터가 설치된 건물. ③미사[예배]를 집행[집전]하다. Ce vicaire *dessert* une autre chapelle. 이 보좌 신부는 또 다른 성당을 맡고 있다.
desservir[2] 18 *v.t.* ①(식사를)물리다, (식탁을)치우다. ②[~ qn]불리하게 하다; 험담하다; 해치다(nuire). Sa brusquerie le *dessert* souvent. 자신의 거친 언행 때문에 그는 항상 피해를 입는다. ③[~ qc] 해롭게[불리하게]하다, (을)방해하다. ~ les projets de qn …의 계획을 방해하다.
—**se** ~ *v.pr.* 자신에게 해를 초래하다. Il *se dessert* par sa franchise. 그는 솔직한 탓에 손해를 본다.
dessiccateur [desikatœ:r] *n.m.* 건조기, 건조장치.
~ à vide 진공 건조기.
dessiccatif(ve) [desikatif, -i:v] *a.* 건조용의; 건조시키는 성질을 가진. —*n.m.* 《의학》건조제.
dessiccation [desikasjɔ̃] *n.f.* ①《기술》건조, 탈수(脫水). ②《농업》(토양의)건조.
dessiller [desije] *v.t.* 《구어》(눈을)뜨게 하다; 《옛》(훈련을 위해 꿰맸던 매의 눈을)뜨게 하다. ~ les yeux à qn …에게 이성을 찾게 해주다, 각성시키다.
—**se** ~ *v.pr.* 눈을 뜨다, 각성하다.
*****dessin** [desɛ̃] *n.m.* ①소묘, 데생; 그림. apprendre le ~ 데생을 배우다. papier à ~ 도화지. ~ à la plume[au crayon, au fusain] 펜[연필·목탄]화. ~s de Raphaël 라파엘의 데생. ~ puissant 힘찬 데생. arts du ~ (데생을 기초로 한)조형 예술 (건축·조각·회화·판화 따위). Cet enfant a des dispositions pour le ~. 이 어린이는 그림에 재능이 있다. ~(s) animé(s) 만화 영화. ②제도, 도면; 설계도. ~ linéaire(géométral) (컴퍼스·자 따위를 이용하는)용기화(~ aux instruments). ~ à main levée 자재화, 프리핸드 도면. table à ~ 제도대. instru-

ments à ~ 제도용구. ~ industriel 기계도면 (기계의 윤곽을 그리는 것) (~ de machines). ~ graphique 도표, 선으로만 된 도면. ~ d'architecture (건축의)설계도. ~ sur bleu 청사진. ③ (천 따위의)모양, 그림; 디자인. ~ d'un papier de tenture 벽지의 그림 모양. ④ (작품의)구상. ~ d'ensemble 전체적 구상. ~ initial d'un ouvrage 작품의 초기 구상. ~ mélodique 《음악》선율구성. ⑤ 윤곽(선). ~ d'un profil 옆얼굴의 윤곽. menton d'un ~ ferme 단단한 모양을 한 턱.
faire un ~ à *qn* …에게 도면을 들어 설명하다.
vouloir un ~ 끈질기게 설명을 구하다. *Voulez-vous un* ~? (그림이라도 그리라는 거요?) → 적당히 화내다.
dessinable [desinabl] *a.* 형태를 그릴 수 있는.
dessinailler [desinaje] *v.t.* 낙서하다.
dessinateur(trice) [desinatœ:r, -tris] *n.* ①데생 [스케치]화가, 삽화가, 선화가(線畫家); 만화가 (~ humoristique). ~ illustrateur 삽화가. ② 도안가; (복식) 디자이너; 도안가 [설계]사. ~ d'exécution 제작[시공]도 작성자. ~ projeteur (입안·제도·적격 등의)계획도 작성자.
dessinateur-cartographe [desinatœrkartɔgraf] (*f.* dessinatrice-) [-desinatris-], *pl.* ~*s*-~*s*) *n.* (지도의)원도(原圖) 제작자.
dessiné(e) [desine] *a.p.* ① 디자인된, 그려진. bande-~é (신문 따위의)연재 [장편]만화(bande illustrée). ② 윤곽이 뚜렷한. visage bien ~ 이목구비가 뚜렷한 얼굴.
*****dessiner** [desine] *v.t.* ① 데생하다; (선으로)그리다. ~ un paysage 풍경화를 그리다. ~ au crayon (à la plume) 연필 [펜]화를 그리다. apprendre à ~ 데생을 공부하다 (배우다). ~ *qc* sur le vif …을 사생(寫生)하다. *Dessine*-moi un mouton. 양을 그려줘요. ② 도면을 그리다, 제도하다. ~ une épure 설계도를 그리다. ~ la maquette d'un avion 비행기의 모형을 도면에 그리다. ~ 모양(도안·밑그림)을 그리다, 디자인하다. ~ des étoffes 천에 밑그림을 그리다. ~ un mobilier 가구를 디자인하다. ④ 윤곽을 나타내다; (모형을)가다듬다, 그리다. robe qui *dessine* bien la taille 몸의 선을 잘 드러내는 옷. givre qui *dessine* des fleurs sur la vitre 유리창에 꽃 모양을 수놓은 성에. La route *dessine* une courbe. 길이 곡선을 그리다(구부러져 있다). ⑤ (작품의)구상을 그리다 [하다]; (인물을)조형하다. ~ un roman 소설을 구상하다. ~ un caractère [un personnage] 성격 [등장인물]을 조형하다. ⑥ (동작·표정 따위를)표출하다, 나타내다. ~ une grimace 얼굴을 찡그리다. ~ un signe de croix sur la poitrine 가슴에 십자를 긋다. Cette réaction *dessine* bien son caractère. 그러한 반응은 그의 성격을 잘 나타낸다.
—*se* ~ *v.pr.* ① 모습 [형태]이 나타나다, 보이다. *se* ~ à l'horizon [sur l'écran] 지평선 [스크린]에 모습이 나타나다. Les tours du château *se dessinent* sur l'horizon. 성탑들이 지평선에 보인다. ② 모습을 이루고 있다, 뚜렷하다. Notre projet commence à *se* ~. 우리의 계획이 구체적인 모습을 하기 시작한다.
dessolement [desɔlmɑ̃] *n.m.* 《농업》 윤작 순서의 변경.
dessoler¹ [desɔle] *v.t.* 《농업》 (의)윤작 순서를 바꾸다.
dessoler² *v.t.* 《수의》 (말 따위의)굽의 바닥을 깎다.
dessolure [desɔly:r] *n.f.* 《수의》 굽의 바닥을 깎음.
dessoucher [desuʃe] *v.t.* 《농업》 ① (땅의)나무 그루터기를 뽑아내다. ② 깊이 갈다.

dessouder [desude] *v.t.* (의)납땜을 떼다.
—*se* ~ *v.pr.* 납땜이 떨어지다. 「짐.
dessoudure [desudy:r] *n.f.* 납땜을 뗌; 납땜이 떨어
dessoûler [desule] *v.t.* (구어)술이 깨게 하다.
—*v.i.*, *se* ~ *v.pr.* (구어)술이 깨다 (주로 부정형으로). ne pas (*se*) ~ 일년 열두 달 취해 있다.
:dessous [dəsu] *ad.* ① 밑에, 아래쪽에. Le prix de la Bourse est marqué ~. 주식의 값이 바닥이다. mettre ~ (침대 아래에)굴려 떨어뜨리다. rouler ~ (엣)던져 넘어뜨리다. ② 《해양》바람이 불어오는 방향으로. mettre la barre ~ 밑 키를 잡다 (뱃머리를 바람이 부는 방향으로 돌리기 위해 키를 바람이 불어오는 쪽으로 돌리다) (mettre la barre sous le vent).
ci-~ 이하에(서술하는 바와 같이), 아래에 표시한대로. ⓑ 이 아래에; 이 땅 밑에.
en-~ ⓐ 밑에, 아래쪽에. Il habite *en* ~. 그는 아래층에 살고 있다. ⓑ 몰래. rire *en* ~ 몰래 웃다. regarder *en* ~ 몰래 바라보다. agir *en* ~ 위선적으로 행동하다.
là-~ ⇨là-dessous.
par-~ ⇨par-dessous.
par en ~ 《구어》 아래쪽에(서).
sens dessus ~ ⇨sens¹.
—*prép.* 《옛·속어》 …의 밑에. ~ les cieux 이 하늘 밑에서, 이 세상에서. glisser une lettre ~ la porte 문 밑으로 편지를 밀어 넣다.
de ~ 밑으로부터. sortir *de* ~ la table 테이블 밑에서 나오다.
par-~ ⇨par-dessous.
—*n.m.* ① 하부, 밑쪽. étage du ~ 아래층. gens du ~ 아래층의 사람, 아래층 식구 ~ 속옷. ② 안쪽, (사물·사건의)이면. ~ des pieds 발바닥. ~ d'une étoffe 천의 안쪽. ~ d'une assiette 접시의 밑바닥. ~ des cartes 카드의 안쪽. les ~ de la politique 정치의 이면(내막). Il y a un ~ dans cette affaire. 이 사건에는 뭔가 내막이 있다. ③ (병 따위의)밑깔개. ④ (*pl.*) (여성의)속옷. ⑤ les ~ du théâtre (연극) (무대 밑의)지하실 (→ théâtre 그림). ⑥ 《미술》캔버스의 밑칠.
au-~ ⇨au-dessous.
au-~ *de* ⇨au-dessous.
avoir le ~ (싸움 따위에서)지다, 열세이다.
(-)de(-)table 뇌물.
être dans le troisième [*le trente-sixième*] ~ 《구어》아주 비참한 신세에 처해 있다.
dessous-de-bras [d(ə)sudra] *n.m.* (복수불변) (부인복의 겨드랑이에 대는)땀받이.
dessous-de-plat [d(ə)sudpla] *n.m.* (복수불변) 접시받침, 쟁반 (식탁에서 뜨거운 요리접시 밑에 까는 금속·도기제품).
dessous-de-table [d(ə)sudtabl] *n.m.* (복수불변) (유리한 흥정을 위해 은밀히 쥐어 주는)돈, 뇌물.
dessuintage [desɥɛ̃ta:ʒ] *n.m.* 양털의 기름기 제거.
dessuinter [desɥɛ̃te] *v.t.* (양털의)기름기를 제거하다, 정련하다(dégraisser).
dessur [dəsy:r] *prép.* 《옛·속어》=dessus.
:dessus [dəsy] *ad.* ① 위에, 위쪽에; 바깥에; 《해양》바람맞이에. Prenez une chaise et asseyez-vous ~. 의자 하나 잡아서 그 위에 앉으시오 (아무데나 앉으시오). avoir le vent ~ 《해양》 《구어》 맞바람 [역풍]을 받다. ② ("sur+명사" 대신에 쓰임) Il m'a promis cet argent, je compte ~. 그가 내게 돈을 약속했기 때문에 나는 그것에 기대를 걸고 있다.
avoir le nez ~ (찾는 물건이)바로 옆에 있다 (가깝고 있다). Tu cherches ton briquet, tu *as le nez* ~.

라이터를 찾고 있니, 바로 옆에 있잖아.
ci-~ 이상과 같이(서술했듯이), 앞에 쓰여 있듯이. Voir *ci-~*. 전기(前記)[앞에 어본 것]참조.
en-~ 위에, 표면에. le pouce *en ~* 엄지를위로 해서. tissu rouge *en ~* et noir en dessous 위[표면]는 빨강이고 아래(이면)는 검은 색의 직물.
là-~ ⇨là-dessus.
mettre ~ 《옛》모자를 쓰다.
mettre la main ~ 잡다, 발견하다. Ça fait trois heures que je cherche ces papiers, et je n'arrive pas à *mettre la main ~*. 그 서류들을 3시간 전부터 찾고 있는데 도저히 찾아낼 수가 없다.
mettre le doigt ~ 《구어》진상[요점]을 간파하다, 문제점을 지적하다.
par-~ ⇨par-dessus.
tout ~ 《해양》모든 돛을 올리고. avoir *tout ~* 모든 돛을 올리고 항해하다.
―*prép.* 《옛》…의 위에. mettre *qc ~* la table 테이블 위에 …을 놓다.
avoir par-~ la tête de *qc* ⇨par-dessus.
par-~ ⇨par-dessus.
―*n.m.* ① 상부, 위쪽. *~ de la table* 테이블의 위. étage du *~* 위층. voisins du *~* 위층에 사는 사람. ② 겉, 표면. *~ du pied* 발등. *~ d'un tissu* 직물의 겉. ③ 덮개, 커버. *~ de plateau* 접시 덮개. *~ de table* 테이블보. ④ *~ d'un théâtre* 《연극》무대의 천정부. ⑤ 《음악》고음부.
au-~ ⇨au-dessus.
au-~ de ⇨au-dessus.
avoir le ~ (싸움·토론 따위에서)이기다, 우세하다(vaincre). Notre équipe a eu le *~*. 우리 팀이 우세했다[이겼다].
le ~ du panier 《구어》가장 좋은[나은]것, 엘리트.
prendre le ~ ⓐ (병 따위)이기다, 극복하다. Ce malade *prend* peu à peu *le ~*. 이 환자는 조금씩 회복되어가고 있다. ⓑ (남을 제압하여)우세해지다.
reprendre le ~ (병자가)기운을 회복하다.

dessus-de-lit [d(ə)sydli] *n.m.* 《복수불변》침대보[커버].
dessus-de-plat [d(ə)sydpla] *n.m.* 《복수불변》《식탁에 내놓은 더운 요리를 얹는》접시 덮개.
dessus-de-porte [d(ə)sydpɔrt] *n.m.* 《복수불변》《건축》《문의》상부장식.
déstabilisation [destabilizasjɔ̃] *n.f.* 《경제》통화의 불안정, 통화의 안정을 교란시킴; (에스키모인들의)식이요법.
déstabiliser [destabilize] *v.t.* (정치·경제·사회적)균형을 깨뜨리다, 불안정한 상태로 만들다.
―*se ~ v.pr.* 불안정한 상태에 빠지다.
déstalinisateur(trice) [destalinizatœ:r, -tris] *a.* 《정치》비스탈린(주의)화를 원하는[장려하는].
déstalinisation [destalinizasjɔ̃] *n.f.* 비(非)스탈린(주의)화.
déstaliniser [destalinize] *v.t.* 비(非)스탈린주의화하다.
destin [destɛ̃] *n.m.* ① 운명, 숙명. se livrer au *~* 명에 몸을 맡기다. contrarier le *~* 운명을 거스르다. Il tient notre *~* dans ses mains. 우리의 운명은 그의 손에 달려 있다. prédire le *~ de qn* …의 운명을 예언하다. ② 전도, 앞날, 장래. *~ d'un ouvrage littéraire* 문학작품의 앞날. ③ 운명; 수명. Il a eu un *~* tragique. 그는 비극적인 최후를 마쳤다. finir son *~* 천수를 다하다. ④ *(D~)* 《신화》운명의 여신. les filles du *D~* 운명의 신의 딸(*Parques*). ⑤ 《옛》기도(企圖); (일)의 결과, 끝머리.
destinataire [dɛstinatɛ:r] *n.* ① (우편의)수신인,

수취인(↔ expéditeur). délivrer[remettre] au *~* 수신인에게 배달하다. *~ inconnu* 수신자 불명. ② 《언어》(언어 메시지의)수신자, 받는 자.
destinateur(trice) [dɛstinatœ:r, -tris] *n.* 《드물게》발신인《보통 expéditeur를 사용》.
destination [dɛstinasjɔ̃] *n.f.* ① 사용 목적, 용도; 사명, 주어진 임무(mission). *~ d'un édifice* 건물의 용도. *~ de l'homme sur la terre* 현세(現世)에 있어서의 인간의 사명. ② 목적지, 송달처. arriver à *~* 목적지에 도달하다. Ce paquet est à votre *~*. 이 소포는 당신에게 보내온 것이오. (train) à *~ de* (Paris) (파리)행(열차). ③ immeuble par *~* 《법》정착물《원래는 동산이었으나 부동산의 일부로 간주되는 것》.
destinatoire [dɛstinatwa:r] *a.* 《법》용도 결정의.
***destinée** [dɛstine] *n.f.* ① 운명, 숙명. *~ humaine* 인간의 운명. tenir entre ses mains la *~ de qn* …의 운명을 손아귀에 쥐다. heureuse[malheureuse] *~* 행운[불운]. astre[étoile] de la *~* 운명의 별. ouvrage qui a eu une curieuse *~* 기이한 운명을 헤쳐나온 작품. ② 생애. tumultueuse *~* 파란만장한 생애. finir sa *~* 《문어》생애를 마치다, 죽다. unir sa *~* à *qn* 《문어》…와 생애를 같이하다, 결혼하다.
destiner [dɛstine] *v.t.* ① (일·용도 따위를)할당하다, 마련하다. *~ un poste à qn* …에게 어떤 지위를 마련하다. édifice *destiné* à la culture 문화시설. *~ une somme d'argent à l'achat de qc* …의 구입을 위해 돈을 마련해두다. ② (특정의 사람·목적에)향하게 하다, 지목하다. Cette remarque lui *est destinée*. 그 지적은 바로 그녀에 대해서 한 것이다. bon accueil qu'il m'a *destiné* 그가 나에게 보여준 훌륭한 대접. ③ 예정하다, 미리 정해두다, 운명지우다. Il *destine* son fils au commerce. 그는 아들에게 장사를 시킬 예정이다. *~ sa fille à qn* 《옛》…에게 딸을 시집보내려 하다. Son talent le *destine* à une brillante carrière de peintre. 그의 재능은 위대한 화가로서의 그의 행로를 예정해 주고 있다. ④ 《옛》운명에 의해서[숙명적으로] 정하다(fixer). ⑤ 꾀하다, 기도하다.
―*se ~ v.pr.* [se ~ à] (일·용도 따위에)할당되다; (특정의 직업·목표 따위를)지향하다. Cette somme *se destine à*... 이 금액은 …에 쓰인다. *se ~ à l'armée* 군인이 되려고 하다.
destituable [dɛstitɥabl] *a.* 면직될 수 있는, 파면을 피할 수 없는.
destitué(e) [dɛstitɥe] *a.p.* ① 면직[파면]된. ② 《옛》[*~ de*] (을)빼앗긴, (이)결여된(dénué). *~ de bon sens* 양식이 없는.
destituer [dɛstitɥe] *v.t.* 면직시키다, 파면하다(congédier, révoquer); (역할 따위를)빼앗다; 해임[해직]하다. *~ un officier de son commandement* 장교에게서 지휘권을 박탈하다.
destitution [dɛstitysjɔ̃] *n.f.* 면직, 파면; 해임, 해직. *~ disciplinaire* 징계면직. *~ de la tutelle* 《법》후견인의 해임.
déstockage [destɔka:ʒ] *n.m.* 《경제》재고품을 줄이기.
déstocker [destɔke] *v.t.* (시장에 풀어서)재고품을 줄이다. ―*v.i.* 재고품이 줄다.
destrier [dɛstri(j)e] *n.m.* (중세의)군마(軍馬).
destroyer [dɛstrwaje, dɛstrɔjœ:r] 《영》*n.m.* ① 구축함(contre-torpilleur). ② 장거리 전투기.
destructeur(trice) [dɛstryktœ:r, -tris] *a.* 파괴하는(dévastateur). force *~trice* 파괴력. médicament *~ de la santé* 건강을 해치는 약품. idée *~trice* 파괴사상. ―*n.* 파괴자. *~ d'une civilisation* 문명의 파괴자. ―*n.m. ~ de déchets* 쓰레기 소각로.

destructibilité [dɛstryktibilite] *n.f.* 파괴될 수 있음, 붕괴성.

destructible [dɛstryktibl] *a.* 파괴할 수 있는, 취약한.

destructi(ve) [destryktif, -iv] *a.* 파괴력이 있는, 파괴적인. action ~ve 파괴작용.

destruction [dɛstryksjɔ̃] *n.f.* ①파괴, 섬멸; 파멸. ~ d'un État 국가 조직의 파괴. ~ des insectes 해충의 구제; ~ d'un artiste par une femme 여자로 인한 한 예술가의 파멸. ~ d'un peuple 민족의 섬멸. ②폐기, 파기; (증거 따위의)인멸, 소멸. ~ des vêtements 헌옷의 폐기. ~ d'un contrat 계약의 파기. ③ (*pl.*)(파괴에 의한)손해, 피해. ~s de guerre 전쟁의 흔적[피해].

destructivité [dɛstryktivite] *n.f.* 【정신의학】파괴성, 파괴적 경향.

déstructuration [destryktyrasjɔ̃] *n.m.* 【학술】구조 상실, 구조의 파괴; 【심리】지각구조의 상실(~ de la perception).

déstructurer [destryktyre] *v.t.* (의) 구조를 소멸시키다; 【심리】(지각(知覺)구조를)파괴하다.
—**se ~** *v.pr.* 구조를 상실하다.

désubjectiviser [desybʒɛktivize] *v.t.* (드물게)주관성을 탈피하게 하다.

désuet(ète) [des(z)ɥɛ, -ɛt] *a.* (말 따위가)사용(통용)되지 않는; (학설 따위가)낡아빠진(périmé, ↔ moderne).

désuétude [desɥetyd] *n.f.* ①폐용, 폐지; 실효(失效). tomber en ~ 폐지되다; 효력을 잃다. ② 【생물】(기관의)기능 정지. ~ calculée 【경제】계획적 폐용(廢用) (고의로 제품의 수명을 짧게 만들어 물건을 사서 바꾸는 주기를 단축시킴).

désulfitage [desylfitaʒ] *n.m.* 무수아황산 제거.

désulfitation [desylfitasjɔ̃] *n.f.* =**désulfitage**.

désulfiter [desylfite] *v.t.* (포도즙·포도주에서)무수아황산(無水亞黃酸)을 제거하다.

désulfuration [desylfyrasjɔ̃] *n.f.* 【화학】(유)황 제거, 탈황.

désulfurer [desylfyre] *v.t.* 【화학】(의)황을 제거하다.

désuni(e) [dezyni] *a.p.* ①반목하는, 불화의. famille ~e 불화가 생긴 가족. ②【스포츠】(발)걸음이 흐트러진, 균형을 잃은. cheval ~ 걸음이 고르지 못한 말. ③(드물게)고르지 않는.

désunion [dezynjɔ̃] *n.f.* ①이반(離反), 불화, 반목. ~ d'une famille 가정의 불화. ②분리. ~ de deux provinces 2주(州)의 분리.

désunir [dezyni:r] *v.t.* ①떼어놓다, 갈라놓다, 분리시키다(séparer, détacher); (문제를)따로따로 취급하다. questions qu'on ne peut pas ~ 따로 분리해서 취급할 수 없는 문제. ②이간[반목]시키다, 불화하게 하다(brouiller). ~ un ménage 가정에 불화를 가져오다.
—**se ~** *v.pr.* ①사이가 나빠지다, 반목하다. ②【스포츠】(운동선수가)몸의 균형을 잃다; 【승마】발걸음을 흐트러뜨리다. ③(드물게)떨어지다, 분리하다.

désurchauffer [desyrʃofe] *v.t.* 과열되는 것을 식히다.

désurchauffeur [desyrʃofœːr] *n.m.* 【기계】과열 방지기.

desurgelé(e) [desyrʒəle] *a.* 해동(解凍)된.

désutilité [dezytilite] *n.f.* 【경제】(계획·실행의) 부정적 측면, 마이너스 효과.

désynchroniser [desɛ̃krɔnize] *v.t.* 동시성을 소멸시키다; 일치하지 않게 하다.

désynchronisation [desɛ̃krɔnizasjɔ̃] *n.f.* désynchroniser 하기.

désyndicalisation [desɛ̃dikalizasjɔ̃] *n.f.* 조합[조직활동]으로부터의 탈퇴.

détachable [detaʃabl] *a.* 떼어놓을수[분리할] 수 있는. coupon ~ 떼어 쓸 수 있는 쿠폰(표).

détachage[1] [detaʃaːʒ] *n.m.* 메기.

détachage[2] *n.m.* 오점[얼룩]의 제거.

détachant(e) [detaʃɑ̃, -ɑ̃ːt] *a.* 오점[얼룩]을 빼는.
—*n.m.* 얼룩 빼는 약.

détaché(e) [detaʃe] *a.p.* ①떨어진, 분리된. pièces ~es (기계의)부품. ruban ~ 풀린 리본. ②초연한, 집착하지 않는. répondre d'un ton ~ 아무렇지 나 해도 좋다는 식으로 대답하다. ③ note ~ 【음악】스타카토. ④ fonctionnaire ~ 파견 공무원. ⑤ arriver très ~ 【스포츠】다른 사람을 멀리 떼어놓고 골인하다. ⑥【언어】[유리]의. adjectif ~ 분리[유리]형용사 (동격적인 속사형용사). —*n.m.* 【음악】스타카토.

détachement [detaʃmɑ̃] *n.m.* ①이탈, 해탈; 초연(태연)한 태도, 무관심. grand ~ (à l'égard des) biens matériels 물질적 이익에 대한 철저한 무관심. parler avec ~ 초연한 태도로 말하다. ②【군사】분견대. former un ~ en reconnaissance 분견대를 조직하다. ③【행정】(공무원 따위의)파견. ④【언어】분리, 유리.

détacher[1] [detaʃe] *v.t.* ①풀다, 풀어놓다, 벗기다, 끄르다. ~ un chien 개를 풀어 놓다. ~ ses lacets de chaussures 구두 끈을 풀다. ~ ses cheveux (묶은)머리를 풀다. ②[~ de](에서)떼다, 떼어 놓다, 분리하다; 멀리하다. ~ un fruit *de la* branche 나무에서 과일을 따다. ~ une affiche collée 붙어 있는 포스터를 떼다. ~ les bras *du* corps 몸에서 양팔을 떼다. ~ un pays *d'une* alliance 어떤 나라를 동맹관계에서 떼어 놓다. ~ une phrase *d'un* texte 본문에서 한 문장을 발췌하다. Son caractère difficile *détache de* lui ses amis. 그의 까다로운 성격 때문에 친구들은 그를 따돌린다. ③[~ de](에서) 다른 방향으로 돌리다. Je ne pouvais ~ mes yeux *de* ce spectacle. 나는 그 광경으로부터 눈을 뗄 수가 없었다. ne pouvoir ~ ses pensées [son attention] *de* …로부터 생각[주의]을 돌릴 수가 없다. 돋보이게 하다, 눈에 띠게 하다, 강조하다. mettre une citation en italique pour la ~ 인용문을 이탤릭체로 강조하다. ~ les lettres en écrivant 한자한자를 (눈에 띄게) 떼어 쓰다. parler en *détachant* les syllabes 음절을 하나하나 떼어서 말하다. ⑤【음악】스타카토를 연주하다. ⑥파견하다. ~ un représentant auprès d'un organisme 어떤 조직에 대표를 파견하다. ~ un employé à une filiale 사원을 자(子)회사에 파견근무시키다. ⑦【엣】내뿜다.
—**se ~** *v.pr.* ①떨어지다, 풀리다, 벗겨지다. La barque *s'est détachée*. (밧줄이 풀려서)배가 흘러갔다. nœud qui *se détache* difficilement 잘 풀리지 않는 매듭. ②부각되다, 눈에 띄다. La silhouette du château *se détachait* sur le ciel. 성의 윤곽이 하늘에 뚜렷이 떠올랐다. ③[se ~ de](에서)떨어지다, 관심이 엷어지다. *se ~* l'un *de* l'autre 서로 마음이 멀어지다. *se ~ des* plaisirs 쾌락에 흥미를 잃다. ④파견되다. ⑤남을 떼어놓다, 앞지르다, 리드하다. Dans ce domaine, la Corée semble *se ~*. 이 분야에서는 한국이 앞지르는 듯 하다.

détacher[2] *v.t., v.i.* (의)얼룩을 빼다. J'ai renversé de l'encre sur ma jupe. Avec quoi est-ce que je vais pouvoir la ~? 내 스커트에 잉크를 엎질렀는데 무엇으로 이 스커트의 얼룩을 뺄 수 있을까?

détacheur(se) [detaʃœːr, -ɸːz] *n.* 얼룩 빼는 직공. —*a.* 얼룩 빼는.

détail [detaj] (*pl.* ~s) *n.m.* ①상세, 세부, 세목.

faire le ~ d'un inventaire 목록의 세목을 만들다. ② (중요하지 않은)세부, 상세한 점; (전체에 대한)부분. C'est un ~. 그건 세세한 것이다[중요하지 않다]. avoir l'esprit de ~ 세세한 것에 구애받는 성격이다. se perdre dans le ~ 세밀한 것에 신경을 쓰다, 전체를 놓치다. soigner les ~s (작품의)세밀한 점을 정성들여 손질하다[마무리하다]. ③ 세분(細分), 잘게 나누기; 소매; 산매. faire le ~ d'une pièce d'étoffe 천을 잘게 자르다[세분하다]. vendre au ~ 소매하다. prix de ~ 소매가격. acheter des assiettes au ~ 접시들(세트로 사지 않고)낱개로 사다. ④ 《군사》 revue de ~ 장비 점검; officier de ~ 보급사관《피복·군수품 따위를 관리》. ⑤《옛》 상세한 이야기(보고). faire un long ~ de qc …에 대해 길고 상세하게 이야기하다.
en ~ 상세하게. examiner qc en ~ 상세하게 검토하다. raconter qc en ~ 상세하게 말하다.

détaillant(e) [detajɑ̃, -ɑ̃ːt] a. 소매하는. —n. 소매상인(débitant).

détaillé(e) [detaje] a.p. 상세한. état ~ de compte 《상업》 (계산의)명세서.

détailler [detaje] v.t. ① (옷감·살코기를)잘게 나누다[썰다]. ② 《상업》 소매하다. ③ 상세히 말하다; 계정의 명세를 꾸미다. son plan 계획을 상세히 말[설명]하다. ~ les mots(la phrase) 《연극》 대사 한마디 한마디를 기분을 내서[뉘앙스를 살려서] 말하다.

détalage [detala:ʒ] n.m. 상품[진열품]을 거두기.

détaler [detale] v.i. 《구어》 급히 떠나다, 도망치다 (décamper, s'enfuir).

détalinguer [detalɛ̃ge] v.t. 《해양》 (사슬·로프를)닻줄레에서 빼다.

détalonner [detalɔne] v.t. 《기계》 (공작기계의 날의)등을 매끈히 하다.

détaper [detape] v.t. 《해양》 (포구(砲口)·닻의 사슬)으로 쓴 뚜껑·갑판 배수구의)마개를 뽑다.

détartrage [detartra:ʒ] n.m. ① (보일러·라디에이터의)물때를 긁어내기. ② 《치과》 치석 제거.

détartrant(e) [detartrɑ̃, -ɑ̃ːt] a. (보일러 따위의)물때(제)의, 물때 제거(제)의; 치석 제거의.
—n.m. 물때 방지(제거)제.

détartrer [detartre] v.t. ① (보일러 따위의)물때를 긁어내다. ② 《치과》 치석을 제거하다.

détartreur [detartrœːr] n.m., a.m. (보일러 따위의)물때 제거기(의); (통의)앙금 제거기(의).

détatouage [detatwa:ʒ] n.m. 문신을 지우기.

détatouer [detatwe] v.t. (몸)의 문신(文身)을 지우다.

détaxation [detaksasjɔ̃] n.f. 면세, 감세. demander une ~ 면세를 신청하다, 면세수속을 하다.

détaxe [detaks] n.f. ① 《법》 (간접세의)과세액 조정[경감]; 세금의 환부. ~ postale (과하게 받은) 우편요금의 반환[환불]. ②《옛》 감세, 면세.

détaxer [detakse] v.t. ① 면세[감세]하다. ② (의)가격통제를 철폐하다.

détecter [detekte] v.t. ① 검사하다, 검출하다. appareil à[pour] ~ les mines 광물 탐지기. ② 간파 [탐지]하다, 발견하다(déceler, découvrir). ~ un complot 음모를 적발하다.

détecteur(trice) [detektœːr, -tris] a. 탐지하는, 검파하는, 검출하는. lampe ~trice 검파 진공관.
—n.m. ①《전자》 검파기, 검출기, 탐지기; 센서. ~ à crystaux 광석 검파기. ~ de fuites du gaz 가스 누출 탐지기. ~ de mensonge 거짓말 탐지기. ② 탐지하는 사람;《문어》 탐구자. matelot ~ (프랑스 해군의)기뢰 수병.

détection [deteksjɔ̃] n.f. 검파, 검출; 탐지. ~ de puissance 출력 탐지. ~ des mines de guerre 지뢰 탐지.

détective [detɛktiːv]《영》 n.m. (영국의)형사. ~ privé 사설 탐정.

déteign-ais, -ant, etc. [detɛɲɛ, -ɑ̃] ⇨ déteindre.

déteindre [detɛ̃ːdr] [27] v.t. 빛깔을 퇴색시키다.
—v.i. ① 빛깔이 퇴색하다, 바래다. ② [~ sur] 빛깔이 옮아 물들이다. ③ (비유적)(에)영향[감화]을 주다. Le ruban a déteint sur ma robe. 리본 빛깔이 내 옷에 물들었다. homme qui déteint sur tous ceux qui le fréquentent 그를 찾아오는 모든 사람들에게 영향을 주는 사람.

déteint(e) [detɛ̃, -ɛ̃ːt] (p.p. < déteindre) a.p. 퇴색한.

dételage [dɛ(e)tla:ʒ] n.m. ① (말·소를)수레[쟁기]에서 떼어놓기. ② (기관차·화차의)연결을 풀기.

dételer [dɛ(e)tle] [5] v.t. ① (말·소를)수레[쟁기]에서 풀다. ② (수레·쟁기를)말·소에서 풀다. ③ (기관차·차량의)연결을 풀다.
—v.i. ① 일을 멈추다. travailler toute la journée sans ~ 온종일 쉬지 않고 일하다. ② 차분한 생활을 하다; 나쁜 버릇이 고쳐지다. Malgré son âge, mon oncle ne dételle pas. 그 나이가 되어도 아저씨는 버릇(소행)을 못 고친다.

détendeur [detɑ̃dœːr] n.m. 《물》 감압판, 안전판; 저압 실린더. ~ (압축가스관의)압력조정기(robinet ~); (압축공기에 의한)냉각장치.

détendre [detɑ̃ːdr] [25] v.t. ① (팽팽한 것을)늦추다. ~ un arc 활시위를 늦추다; 활을 쏘다. ② (긴장 상태를)완화하다; 부드럽게 하다. ~ son esprit 긴장을 풀다. plaisanteries qui détendent l'atmosphère 분위기를 부드럽게 하는 농담. ③ 《물리》 압력을 줄이다. ~ un gaz 가스의 압력을 줄이다. ~ la pression 감압(減壓)하다. ④ 《화학》 (용액을)묽게 하다(diluer). ⑤《옛》 (붙였던 것을)떼어 내다, 벗겨내다. ~ une tente 텐트를 접다. ~ une tenture 벽지를 벗겨내다.
—**se** ~ v.pr. ① (팽팽한 것이)느슨해지다, 풀어지다. ressort qui se détend brusquement 재빨리 되풀리는 용수철. ② (긴장되었던 것이)부드러워지다, 편해지다. Détendez-vous! 마음을 편히 가지세요. ③ 풀리다, 누그러지다; (정세가)완화되다.

détendu(e) [detɑ̃dy] (p.p. < détendre) a.p. 느슨한; 긴장이 풀린. muscle ~ 이완된[풀린] 근육. pneu ~ 공기가 빠진 타이어. atmosphère ~e 부드러워진.

détenir [dɛ(e)tniːr] [16] v.t. ① 소지[보유]하다; (손에)쥐다[장악하다]. ~ illégalement 불법으로 소지하다. ~ un objet volé 장물을 소지하다. ~ le record 기록을 보유하다. ~ un secret 비밀을 쥐고 있다. ② 구류하다, 유치하다. ~ un suspect dans une prison 용의자를 구류하다.

détente [detɑ̃ːt] n.f. ① (팽팽한 것의)이완, (느슨한 게)풀림. ~ d'un arc[d'un ressort] (팽팽한 활·수철)의 느슨해짐. avoir une belle ~ 《스포츠》 탄력(순발력)이 좋다. ② (총의)방아쇠. appuyer [presser] sur la ~ 방아쇠를 당기다. ③ (시계의)팽을 울리게 하는 부분. ④ 《물리》 (압축가스의)팽창. soupape de ~ 팽창판. ⑤ (정신적 긴장의)이완; 쉼, 휴식. prendre un peu de ~ 잠시 휴식하다. ne pas laisser un moment de ~ 쉴 틈을 주지 않다. travailler en ~ 마음 편하게[긴장을 풀고]일하다. permission de ~ 《군사》 휴가(의 허가). ⑥ 《정치》 긴장완화, 데탕트. politique de ~ 긴장완화[데탕트] 정책. ~ dans les relations internationales 국제관계의 긴장완화. ⑦ (기후 따위가)온화해짐; (추위가)풀림. ~ de la température 온도[기온] 상승. ⑧ 《음성》 이완.
être dur à la ~ 《구어》 ⓐ 지갑 끈이 단단하다, 인

색하다. ⓑ (부탁하는 일에)쉽게 응낙하지 않다.

détenteur(trice) [detɑ̃tœːr, -tris] n. ① 소지(보유)자. ~ illégal d'armes 무기 불법 소지자. ~ d'un objet volé 장물 소지자. ② 【법】tiers ~ 제3취득자(저당물건을 사는 제3자); précaire 일시적 보유자(세든 사람 따위).

détention [detɑ̃sjɔ̃] n.f. ① 소유, 보유. ~ d'armes prohibées 금지 무기의 소지. ~ précaire d'un bien 【법】재산의 임시(가) 소유. ② 구류, 유치; (정치범의)감금, 금고. ~ (criminelle). maison de ~ 유치장. ~ préventive 미결구류《1970년 이후부터는 ~ provisoire 「일시구류」라고 함》. ~ arbitraire 불법 감금.

détentionnaire [detɑ̃sjɔnɛːr] n. 피억류(감금)자.

détenu(e) [detny] a.p. 구류(감금)된, 감금된. criminel ~ en prison 형무소에 감금된 범죄자.
—n. 구류(유치)된 사람. ~ politique 정치범. prison des jeunes ~s 감화원, 소년원.

détergence [detɛrʒɑ̃ːs] n.f. 세척(洗滌)(작용).

détergent(e) [detɛrʒɑ̃, -ɑ̃ːt] a. 세척용의. —n.m. 세(척)제.

déterger [detɛrʒe] [3] v.t. ① 【의학】(상처를)세척하다. ② 【기술】세정(세척)하다, 때를 벗기다.

détériorant(e) [deterjɔrɑ̃, -ɑ̃ːt] a. 쓸모없게 만드는, 망치는, 훼손시키는.

détérioration [deterjɔrasjɔ̃] n.f. ① 파손, 손해; 악화. ~ de la qualité 질의 저하. ~ des relations internationales 국제관계의 악화. ② ~ mentale 【정신의학】(노령·병으로 인한)정신퇴행.

détériorer [deterjɔre] v.t. ① 훼손(손상)하다; 해치다. ~ une machine 기계를 손상하다, 망가뜨리다. ~ sa santé 건강을 해치다. ② (상태를)악화시키다(↔ améliorer). ~ l'intelligence 지능을 저하시키다. ~ les mœurs de qn …의 품행을 나쁘게 하다, 몸을 망치게 하다.
—se— v.pr. 손상(파손)되다; 악화되다, (건강이)나빠지다.

déterminable [detɛrminabl] a. 결정지을 수 있는; 한정(측정)할 수 있는.

déterminant(e) [detɛrminɑ̃, -ɑ̃ːt] a. 결정짓는, 결정적인. avoir une raison ~e 결정적인 이유가 있다. élément ~ 결정요인.
—n.m. ① 【언어】한정사《문중에서 명사를 한정하는 관사·지시(소유)형용사 따위》(déterminé). ② 【수학】행렬식. ③ 【생물】결정요인; 【심리】결정인(決定因). théorie des ~s 결정인자설《생물학자 Weismann이 제창한 학설》. ~ de la conduite 행동의 결정인.

déterminatif(ve) [detɛrminatif, -iːv] a. 【언어】한정적(인). adjectif ~ 한정 형용사《품질 형용사(adjectif qualificatif)에 대한》. proposition relative ~ve 한정관계 사절《선행사의 뜻을 한정함》.
—n.m. 한정(형용)사(adjectif ~); (표의문자의) 의미 한정부(限定符)(~ sémantique).

détermination [detɛrminasjɔ̃] n.f. ① 결정, 한정; 측정. ~ d'une frontière 국경의 결정(한정). ~ d'une date 날짜의 결정. rapport de ~ entre deux faits 두 가지 사실 간의 한정관계. ② 결심, 결의; 확고(의연)한 태도. prendre une ~ 결심하다. agir avec ~ 확고한 태도로 행동하다. montrer de la ~ 기개를 보이다. ③ 【의학·생물】(형·성질 등의)검출, 측정, 결정. ~ du groupe sanguin 혈액형의 검출. ~ des espèces 종(種)의 결정. maladies à ~ bronchique 기관지의(에) 잘 오는(걸리는) 온갖 질병. ④ 【철학】한정. ~ d'un acte humain par le milieu 환경에 의한 인간 행위의 결정(규정). ⑤ 【언어】한정. ⑥ 【수학】미지수의 결정, 추산. ~ de l'orbite 궤도론.

déterminé(e) [detɛrmine] a.p. ① 정해진, 결정된; 특정의, 일정한. date ~e 기일. heure ~e 정각. quantité ~e de nourriture 일정량의 양식. faire ~ dans un temps ~ 정해진 시간 안에 …을 하다. espèce ~e 특정한 종(種). à une époque ~e 일정한 시기에. 【문법】substantif ~ 피한정 명사. ③ 【철학】(형상)결정론을 따른. ④ 단호한, 결연한; 과감한(décidé, résolu). air ~ 단호한 태도. être ~ à +inf. …할 결심이다.
—n. (예) 과감한 사람; 방탕한 사람.
—n.m. 【언어】피한정어.

déterminément [detɛrminemɑ̃] ad. (옛) ① 명확히. être ~ républicain 명확하게 공화주의 입장을 취하다. ② 단호히, 결연히, 과감히 (résolument). vouloir ~ une chose 끝까지 하나의 일을 바라다. ③ 대담하게, 용감하게 (hardiment).

*****déterminer** [detɛrmine] v.t. ① 결정짓다, 명확히 하다. ~ la date (le lieu) 날짜(장소)를 정하다. ~ les causes d'un accident 사고의 원인을 규명하다. ~ le sens d'un mot 단어의 뜻을 정의하다. ② 측정하다. distance difficile à ~ 측정이 곤란한 거리. ③ (을) 결심시키다. [~ qn à qc/à +inf.] Je l'ai enfin déterminé à ce voyage. 나는 마침내 그에게 그 여행을 결심시켰다. Le mauvais temps nous a finalement déterminés à écourter nos vacances. 나쁜 날씨로 우리는 마침내 우리의 휴가를 단축하기로 결정했다. ④ 야기시키다, 원인이 되다. Ce médicament détermine une allergie. 이 약은 알레르기를 일으키게 하다. ⑤ (동물·식물·광물 따위)분류(성질)를 결정하다. ~ un animal 어떤 동물의 분류를 결정하다. ⑥ 【철학·언어】한정하다, 규정하다. complément qui détermine un verbe 동사를 한정하는 보어. ⑦ ~ les racines d'une équation 【수학】방정식의 근을 구하다.
—se— v.pr. ① 결정되다. ② [se ~ à qc/à +inf.] (을) 결심하다, 결정하다. se ~ à la guerre 전쟁에 뛰어들다.

déterminisme [detɛrminism] n.m. ① 【철학】결정론《우주의 온갖 현상이 선행되는 원인에 의해서 엄밀하게 결정되었다는 주장》. ~ historique (psychologique) 역사적(심리적) 결정론. ② (어떤 현상을 결정짓는) 조건 총체.

déterministe [detɛrminist] a. 【철학】결정론의. philosophie ~ 결정론 철학. —n. 결정론자.

déterrage [detɛraːʒ] n.m. ① 【농업】(땅속에서) 쟁기의 보습을 일으키기. ② 【사냥】(여우·두더지 따위를) 굴에서 몰아내기.

déterré(e) [detɛre] a.p. 무덤에서 파낸. —n. 무덤에서 파낸 시체. avoir l'air d'un ~; avoir une mine de ~ 죽은 사람같이 창백한 얼굴을 하고 있다.

déterrement [detɛrmɑ̃] n.m. 발굴.

déterrer [detɛre] v.t. ① 파내다, 발굴하다. ~ des racines 뿌리를 파내다(뽑다). ~ un trésor 보물을 발굴하다. ~ un mort 시체를 발굴하다. ② 《속어》발견하다, 찾아(알아)내다, 탐지하다. ~ un mari pour qn …에게 남편감을 찾아주다. ~ des souvenirs 기억을 되살리다.

déterreur(se) [detɛrœːr, øːz] n. 발굴인, 발견자; (여우 따위를)굴에서 몰아내는 사람(사냥꾼).

détersif(ve) [detɛrsif, -iːv] a. 세척용의. —n.m. 【의학】세척제.

détersion [detɛrsjɔ̃] n.f. 【기술·의학】세척.

détestable [detɛstabl] a. ① (질·정도가)고약한, 구제할 수 없는; 싫은. vin ~ 고약한 맛의 포도주. peintre ~ 엉터리 화가. Quel temps ~! 고약한 날씨로군. ② (옛) 가증할.

détestablement [detestabləmā] *ad.* 고약하게, 구제할 수 없게. Il chante ~. 그의 노래는 도저히 들어 줄 수 없다.

détestation [detestasjɔ̃] *n.f.* 《옛·문어》증오, 혐오. avoir de la ~ pour …을 증오하다.

*détester [deteste] *v.t.* ① 싫어하다, 참지 못하다. Je *déteste* la cuisine trop grasse. 나는 너무 기름진 음식을 싫어한다. Je *déteste* (de) chanter. 나는 노래 부르는 것을 싫어한다. [~ que + *subj.*] Je *déteste que* l'on mente. 나는 남들이 거짓말하는 것을 참지 못한다. ② [ne pas ~ qc] …이 싫지 않다, 꽤 좋아한다. Je *ne déteste pas* les cigares. 나는 시가를 무척 좋아한다. ③《옛》저주하다, 미워하다.
—**se** ~ *v.pr.* 자기 혐오에 빠지다; 서로 으르렁대다, 서로 미워하다.

déthéiné [deteine] *a.m., n.m.* 테인〔카페인〕을 제거한 (차).

détirer [detire] *v.t.* 《드물게》(가죽·천을)당기어 늘이다(펴다). ~ son habit 옷의 주름을 펴다.
—**se** ~ *v.pr.* 기지개켜다.

détireuse [detirǿ:z] *n.f.* 《드물게》(천을)잡아당겨 늘이는 기구.

détiser [detize] *v.t.* 《옛》(장작의 간격을 벌려서 불을)약하게 하다. ~ le feu 불을 약하게 하다.

détisser [detise] *v.t.* 천 따위의 올을 풀다.
—**se** ~ *v.pr.* (천의)올이 풀리다.

détitrer [detitre] *v.t.* ① (의)칭호를〔타이틀을〕 빼앗다. ~ un noble 귀족의 작위를 빼앗다. ② (품질 따위를)떨어뜨리다. ~ une monnaie 화폐단위를 떨어뜨리다. ~ de l'eau de vie 브랜디를 표준 도수이하로 떨어뜨리다.

détonant(e) [detonā, -ā:t] *a.* 폭음을 내는, 폭발성의. explosif ~ 고성능 폭약. mélange ~ 폭발성 혼합기체. —*n.m.* 폭약.

détonateur [detonatœ:r] *n.m.* ① 기폭장치; 뇌관(雷管). ②《철도》(짙은 안개 속에서 사용하는)폭명(爆鳴) 신호장치. ③ (비유적) (사건 따위를 야기시키는)기폭제.

détonation [detonasjɔ̃] *n.f.* 폭발음, 폭음; 폭발; 《자동차》노킹. ~ d'un canon 포성. ~s de la mer 바다의 포효.

détoner [detone] *v.i.* 폭발하다, 폭음을 내다. faire ~ 폭발시키다.

détonique [detonik] *n.f.* 화약학.

détonneler [detonle] 5 *v.t.* (술을)통에서 내다.

détonner [detone] *v.i.* ① (노래·연주의)음정이 틀리다, (빛깔이)조화되지 않다. ② 어울리지 않다.

détordre [detordr] 25 *v.t.* 꼬인 것을 풀다〔펴다〕.
—**se** ~ *v.pr.* 꼬인 것이 풀리다〔펴지다〕.

détorquer [detorke] *v.t.* 《옛》억지로 갖다 맞추다 《다음의 구에만 쓰임》. ~ un texte 원문을 억지 해석하다.

détors(e) [detɔ:r, -ɔrs] *a.* 꼬였던 것이 풀린.

détorsion [detorsjɔ̃] *n.f.* 꼬인 것을 풀기.

détortiller [detortije] *v.t.* ① (실 따위의)꼬인 것을 풀다, 엉킨 것을 풀다. ② (감은 것을)풀다, 펴다. ~ un bonbon 캔디의 포장지를 풀다.
—**se** ~ *v.pr.* 풀리다, 펴지다.

détouage [detuaʒ] *n.m.* 《해양》(좌초한 배가)뜨다.

détoucher [detuʃe] *v.t.* (의)내용물을 제거하다.
~ **ses oreilles** 《옛》귀를 씻다.

*détour [detu:r] *n.m.* ① (길·강의)굽이, 굴곡; 모퉁이. La route fait un ~. 길이 구부러져 있다. au ~ du chemin 길 모퉁이에서. à chaque ~ de la conversation 이야기 중간중간에. ~ 도는 길, 우회 (로). faire un ~ pour éviter le bouchon 교통체증을 피하기 위해 우회하여 가다. Ce restaurant vaut le ~. 이 레스토랑은 길을 돌아서라도 갈 만하다. ③ (*pl.*) 《집합적》뒷골목, 미로; (마음의)깊은 곳. connaître les ~s d'une ville 도시의 뒷골목 지리에 환하다. ~s d'un palais 궁전의 미로(복잡한 회랑). ~s du cœur 마음 속, 마음의 (기민한) 움직임. ④ 완곡한〔우회적인〕표현, 우회적인 방법. Pas tant de ~s! 이야기를 그렇게 빙빙 돌리지 마라. ⑤《옛》수단, 책략(ruse).
tours et ~s (길·강 따위의)구불구불한. connaître Paris dans ses *tours et ~s* 파리의 구석구석을 다 알고 있다.
sans ~(s) 솔직하게〔한〕, 기탄 없이〔없는〕. être *sans ~* 솔직하다. parler *sans ~* 기탄 없이 이야기하다.

détourage [detura:ʒ] *n.m.* ① (공작물의)형태잡기. ②《사진》(윤곽을 뚜렷이 부각시키기 위해)배경을 칠하기. ③《컴퓨터》루트 지정.

détouré(e) [deture] *a.* 《사진·인쇄》배경을 지워버린. portrait ~ 배경이 없는 초상화.

détourer [deture] *v.t.* ① (의)윤곽을 뚜렷이 정하다, (공작물을)일정한 형태로 윤곽을 잡다. ② (사진 따위의)배경을 검게 지워버리다.

détourne [deturn] *n.f.* vol à la ~ (구어) 날치기.

détourné(e) [deturne] *a.p.* ① 우회하는, 멀리 도는. chemin ~ 우회로. ② 간접적인. reproche ~ 빗댄 비난, moyen ~ 우회적인 방법, 책략. sens ~ 완곡한 의미; 억지로 갖다 맞춘 뜻.

détournement [deturnəmā] *n.m.* ① 방향 전환; 노선 전환. ~ d'une rivière 강의 흐름을 바꿈. ~ d'avion 항공기 납치, 하이재킹(piraterie aérienne). itinéraire de ~ 《철도》(사고 때 사용하는) 변경노선. ~ bourgeois d'une révolution prolétarienne 프롤레타리아 혁명의 부르주아 혁명으로의 전환. ② 횡령, 유용; 남용. ~ des fonds publics 공금 횡령. ~ d'actif 《법》(파산자의 행위) 자산 은닉. ~ de pouvoir 직권 남용; 행정 행위의 하자. ③ ~ de mineur 《법》미성년자 유괴〔유혹〕(죄).

*détourner [deturne] *v.t.* ① 방향을 바꾸다, 돌리다; 우회시키다. ~ un fleuve (de son cours) 강의 흐름을 바꾸다. ~ la conversation 화제를 돌리다. ~ les yeux 시선을 돌리다. ~ l'attention de qn …의 주의를 돌리다. ~ un coup 일격을 돌리다. ~ les soupçons sur une autre personne(자기에게 닥친)의혹을 다른 사람에게 넘겨 씌우다. ~ qn de sa route …에게 길을 돌아가게 하다, 우회하게 하다. ② 일탈시키다, 등을 돌리게 하다; 단념하게 하다. ~ qn du droit chemin …을 정도(옳은 길)에서 벗어나게 하다. ~ qn de ses amis …으로부터 친구를 멀리하게 하다. ~ qn d'une résolution …에게 결의를 번복하게 하다. Rien ne me *détournera* de poursuivre mes recherches. 아무것도 나의 연구의 속행을 단념시킬 수 없을 것이다. ③ 횡령하다, 착복하다. ~ de l'argent 돈을 사취하다. ~ des marchandises 상품을 빼돌리다. ④ (말의 뜻을)왜곡하다. ~ (le sens d')un texte 문장의 뜻을 왜곡하다. ⑤ 유괴하다, 유혹하다. ~ un mineur 미성년자를 유괴〔유혹〕하다. ⑥ ~ un cerf(un sanglier) 《사냥》사슴(멧돼지)의 숨은 지역을 표시하다《그것을 숲의 다른 부분에서 떼어낸다는 뜻》.
~ **un avion** 항공기를 납치하다.
—**se** ~ *v.pr.* ① 방향을 바꾸다, 비키다; 우회하다, 멀리 돌다. *se* ~ de sa route par erreur 잘못해서 멀리 돌다. ② 얼굴을 돌리다, 옆으로 향하다. *se* ~ pour cacher son émotion 마음의 동요를 감추기 위해 얼굴을 돌리다. ③ (일·의무 따위를)잊다, 돌보지 않다.

détourneur(se) [deturnœːr, -ɸːz] *n.* 유괴자; 《구어》 날치기; 횡령자. ~ de fonds 공금 횡령자.

détoxication [detoksikasjɔ̃] *n.f.* 《생리》 (간장 따위의) 해독(작용).

détracter [detrakte] *v.t.* 《문어》 깎아내리다, 중상하다, 헐뜯다.

détracteur(trice) [detraktœːr, -tris] *n.* 중상[비방]하는 사람. Tout homme politique a ses ~s. 정치가에게는 비방하는[헐뜯는] 사람이 따라다니게 마련이다. —*a.* 중상하는, 비방하는, 헐뜯는.

détraction [detraksjɔ̃] *n.f.* ①《문어》 중상, 험구, 헐뜯기. ② droit de ~ 《옛》《법》 외국인 재산 분할 징수권.

détrap(p)er [detrape] *v.t.* [~ qn de] (을 …에서) 벗어나게 하다.

détraqué(e) [detrake] *a.p.* ① (기계·기관 따위가) 고장난, (상태가) 어긋난. machine ~e 고장난 기계. santé ~e 탈이 난 몸[건강]. temps ~ 불순한 기후. ②《구어》머리가 돈, 정신이 이상해진. tête ~e 이상해진 머리. imagination ~e 터무니없는 상상력. —*n.* 머리가 돈[정신이 이상해진] 사람.

détraquement [detrakmɑ̃] *n.m.* ① (기계·기관 따위의) 상태가 어긋남. ~ de l'estomac 위장의 탈. ~ cérébral 발광. ② 혼란. ~ de la société 사회의 혼란.

détraquer [detrake] *v.t.* ① (기계·기관 따위의) 상태를 어긋나게 하다[그릇되게 하다]. L'humidité a détraqué ma montre. 습기 때문에 내 시계가 고장났다. ~ le cerveau 《구어》머리가 이상하게 하다, 정신이 돌다. ②《승마》발걸음을 흐트러뜨리다[어긋나게 하다]. ③《옛》(길에서) 빗나가게 하다.
—*se* ~ *v.pr.* 상태가 어긋나다, 탈이나다. Le temps s'est détraqué. 일기가 불순해졌다. *se* ~ le foie 간장에 탈이나다. ②《옛》 [se ~ avec] (와) 사이가 틀어지다.

détrempe[1] [detrɑ̃ːp] *n.f.* 템페라 그림감《물에 녹인 안료를 수액(樹液)·아교·계란 흰자에 이긴 물감》; 템페라화(tempera). peindre en (à la) ~ 템페라로 그리다.
en (à la) ~ ⓐ 《옛》평범한, 보잘 것 없는. œuvre en ~ 보잘 것 없는 작품. dîner en ~ 초라한 식사를 하다. ⓑ mariage en ~《옛》내연 관계.

détrempe[2] *n.f.* 《야금》(강철을) 달구어 천천히 식힘, 담금질을 무르게 함.

détremper[1] [detrɑ̃pe] *v.t.* ① (물·기름 따위로) 녹이다, (물에) 잠기다. ~ des couleurs 템페라 그림물감을 만들다. ~ de la chaux 석회를 녹이다. carton détrempé par l'humidité 습기로 눅눅해진 마분지. ②《요리》 (파이 따위의 생반죽을 만들기 위해 물 따위로 밀가루에) 적시다.

détremper[2] *v.t.* ①《야금》 (강철을) 무르게 하다. ② 유약(柔弱)하게 하다.
—*se* ~ *v.pr.* (강철이) 무르게 되다.

détresse [detres] *n.f.* ① (고립무원의) 고뇌, 비탄, 괴로움. cri de ~ 고뇌의 외침. joie et ~ 기쁨과 괴로움. âme en ~ 비탄에 잠긴 영혼. ② 곤궁, 궁핍; 비참. être dans la ~ 궁핍하다. venir en aide un ami tombé dans la ~ 곤경에 빠진 친구를 돕다. ~ de la guerre 전쟁의 비참함. ③ (배의) 조난; [열차 따위가] 꼼짝 못함. navire en ~ 조난(난파)선. signal (appel) de ~ 조난신호(S.O.S.). avion en ~ 조난당한 비행기.

détresser [detre(e)se] *v.t.* (땋은 머리·펀물 따위를) 풀다. —*se* ~ *v.pr.* (머리·펀물 따위가) 풀리다.

détret [detre] *n.m.* 수동(手動)바이스.

détricoter [detrikɔte] *v.t.* (뜨개질해서 만든 것을) 풀다.

détriment [detrimɑ̃] *n.m.* 《옛》(정신적·물질적인) 손해; (*pl.*) (암석 따위의) 쇄설(碎屑)《현재는 다음과 같은 표현에만 사용》.
à son ~ …에게 불리하게. L'affaire a tourné à mon ~. 사건은 내게 불리하게 전개됐다.
au ~ de …을 희생으로 해서; …의 붙이어[손해] 로 돌보지 않고. au ~ de la santé 건강을 돌보지 않고. s'enrichir au ~ des autres 남을 발판으로 해서 돈을 벌다.

détritage [detritaːʒ] *n.m.* (올리브유 채취를 위해 올리브 열매에 가하는) 냉압(冷壓)작업.

détriter [detrite] *v.t.* (올리브 열매를) 냉압하다.

détrition [detrisjɔ̃] *n.f.* (암석 따위의) 닳아짐, 마멸, 마손.

détritique [detritik] *a.*《지질》 (바위 따위의) 부스러기[쇄설(碎屑)]로 된.

détritoir [detritwaːr] *n.m.* (올리브 열매를 갈아서 기름을 채취하기 위한) 맷돌.

détritus [detritys] *n.m.* ① (주로 *pl.*) 쓰레기, 찌꺼기, 폐물, 잔해. ②《옛》《지질》쇄설(碎屑), (깨진) 부스러기. ③《의학》(조직의 괴사에서 생기는) 퇴폐물.

détroit [detrwa(ɑ)] *n.m.* ① 해협. D~ du Pas de Calais 영불해협. ②《옛》 (산간의) 좁은 길, 협로(狹路); (비유적) 궁지, 위기. ③《해부》 골반의 좁은 통로. ~ supérieur (inférieur) 골반 상구(上口) (하구(下口)).

détromper [detrɔ̃pe] *v.t.* (의) 잘못을 깨닫게 하다, 각성시키다; (비유적) 눈뜨게 하다, 깨우치다. Cette lettre l'a détrompé. 그 편지 때문에 그는 잘못을 깨달았다. [~ qn de qc/qn] ~ qn d'une opinion …에게 잘못된 생각을 깨우쳐 주다.
—*se* ~ *v.pr.* 잘못을 깨닫다. Détrompez-vous. 당신 생각은 잘못이오.

détrompeur [detrɔ̃pœːr] *n.m.*《기술》(전기의 역류 따위의) 잘못된 조작 방지기.

détrôné(e) [detrone] *a.p.* 왕위를 물러난, 폐위된.

détrônement [detronmɑ̃] *n.m.* 왕위 찬탈, 폐위; (권력·권위의) 박탈, 파괴.

détrôner [detrone] *v.t.* ① 왕위를 물러나게 하다, 폐위시키다. ②《구어》(의) 지위를 빼앗다, 실각시키다. ~ une mode 유행의 자리를 빼앗다.

détrôneur [detronœːr] *n.m.*《드물게》왕위 찬탈자.

détroquage [detrɔkaːʒ] *n.m.* 굴을 이식하기.

détroquer [detroke] *v.t.* (굴을) 이식하다.

détroussement [detrusmɑ̃] *n.m.* ① (걷어올린 것을) 풀어내리기, 드리우기. ② 강탈.

détrousser [detruse] 《옛》*v.t.* ① (걷어올린 것을) 풀어내리다, 드리우다. ② [~ qn] (의) 금품을 강탈하다. ~ un voyageur 나그네의 호주머니를 털다.
—*se* ~ *v.pr.* ① 자기의 …을 풀어내리다. ② 서로 강탈하다.

détrousseur(se) [detrusœːr, -ɸːz] *n.*《옛》강도. ~ de grand chemin 노상 강도.

*****détruire** [detrɥiːr] [32] *v.t.* ① 파괴하다, 때려부수다; 괴멸시키다 (anéantir), 해체하다. ~ un bâtiment 건물을 파괴하다. ~ une forteresse 요새를 쳐부수다. ~ une armée 군대를 괴멸시키다. ~ une ville par bombardement terrestre 폭격으로 도시를 파괴하다. Le temps détruit tout. 시간은 모든 것을 파괴한다. ~ sa santé 건강을 해치다. 《목적어 없이》 D~ est plus facile que construire. 건설하는 것보다 파괴하는 것이 더 쉽다. ② 파기하다, 소멸시키다. ~ une lettre 편지를 파기하다. ③ ~ ces pièces à conviction 증거품을 없애다. ③ 몰살하다, 박멸하다 (tuer, exterminer). ~ les insectes nuisibles 해충을 박멸하다. épidémie qui détruit la population d'un village 마을 주민들을 몰살시키는 돌림병. ④ (기존의 것을)폐지하다, 파괴해 버리다(anéantir); (반란 따위를)누르다, 진압하다 (supprimer). ~ un régime politique 정권을 뒤엎다. ~ la rébellion 반란을 진압하다. ⑤ (이론·주장을)뒤엎다; (희망·환상을)무산시키다 (dissiper). ~ toutes les objections 모든 반론을 뒤엎다. Cette mésaventure *a détruit* tous ses espoirs. 이 실패로 그의 모든 희망은 무산되어버리고 말았다.

—se ~ *v.pr.* ① 파괴되다, 부서지다. ②《속어》자살하다; 자멸하다. ③ 서로 죽이다.

détruisant(e) [detryizɑ̃, -ɑ̃:t] *a.* 파괴적인.

dett (약자) détachement 《군사》 파견(분견)대.

***dette** [dɛt] *n.f.* ① 빚. avoir des ~s 빚이 있다. faire (contracter) ~ 빚을 지다(내다). payer (rembourser, régler) une ~ 빚을 갚다. être en ~ avec *qn* …에게 빚이 있다. ~ criarde 재촉이 심한 빚. ~ d'honneur (법적효력이 없는)신용으로 주는 빚. remise de ~ 빚의 말소. ②《법》 부채. ~s actives 대부금. ~s passives 부채. faire état de ses ~s actives et passives 대차대조표를 작성하다. reconnaissance de ~ 부채증서. ~ caduque (prescrite) 시효가 지난(실효) 부채. ~ claire (liquide) (이유·금액 따위가)명료한 부채. ~ de communauté (부부)공동부채. ~ propre 개인부채. ~ légale (법적)강제부채. ~ alimentaire 부양료의 부채. ③《불경》 공채(公債). ~ publique (de l'État) 공채(국채). ~ intérieure(extérieure) 내채(內債)(외채). ~ flottante 단기공채, 유동부채. ~ remboursable (amortissable) 상환부채. ~ viagère 종신공채. ④ (남에게 갚아야 할)은혜, 의무. acquitter une ~ de reconnaissance 은혜를 갚다. Je vous garde une éternelle ~ de reconnaissance. 당신에게 일생 잊지 못할 은혜를 입고 있습니다.

Cent ans de chagrin ne payent pas un sous de ~s. 《속담》백년을 한탄해도 빚은 한 푼도 갚아지지 않는다《한탄한다고 해서 빚은 갚아지지 않는다》.

payer sa ~ *à la nature; payer la* ~ *de la nature* 《구어》죽다.

payer sa ~ *à la patrie* 병역을 치르다; 전사하다.

payer sa ~ *à la société (à la justice)* 복역하다, 처형되다.

Qui épouse la veuve épouse des ~s. 《속담》좋은 일에도 궂은 일은 따르는 법이다.

Qui paye ses ~s *s'enrichit.* 《속담》빚을 갚고 나아 돈이 모인다.

détumescence [detymɛsɑ̃:s] *n.f.* 《의학》(부기·종기를)가라앉기.

D.E.U.G. [døg] (약자) Diplôme d'études universitaires générales 대학 교양과정 수료증.

***deuil** [dœj] *n.m.* ① 상(喪)의 슬픔, 애도; 근친의 죽음. être plongé dans le ~ 상의 슬픔에 잠기다. avoir le ~ dans sa famille 집안에 상이 있다. ② 상(喪)의 표시(상장·상복 따위), vêtement de ~ 상복. être en ~ 상복을 입고 있다. porter le ~ 상복을 입다. grand ~ 정식상복. maison tendue de ~ (장의용의)검은 휘장을 둘러친 집. ③ 복상(服喪)기간, 상중, six mois de ~ 6개월의 복상기간. être en ~ (de *qn*) (…의)복상기간 중이다. finir le ~ de *qn* …의 복상기간을 마치다. ④ 비탄, 큰 슬픔. ~ national 국가적인 슬픔(재해·화재·국가원수의 사망 따위). ressentir un grand ~ 비탄에 빠지다. La nature est en ~. 자연이 슬픔 속에 잠겨 있다.

avoir les ongles en ~ 《구어》손톱 밑에 때가 끼어 있다, 둘.

faire son ~ *de qc* 《구어》…을 단념하다. Avec ce mauvais temps, on doit *faire notre* ~ *de* la promenade 이렇게 날씨가 나쁘니 산책은 단념해야겠다. Tu peux *en faire ton* ~. 그건 단념하게.

porter le ~ 상복을 입다, 복상하다;《비유적》(마음속에서 애지중지하던 것을)잃다. Il *porte le* ~ *de* ses illusions. 그의 꿈은 깨어졌다.

deus ex machina [deysɛksmakina]《라틴》 *n.m.* (연극의 극적 상황에서 뜻밖의 결말을 짓고자 오는) 돌발적인 사건, 돌발적으로 개입하는 인물.

deusse [døːs] (<*deux*) *int.*《체조》둘! Une, ~! 하나, 둘.

deutéragoniste [døteragɔnist] *n.m.* 《고대그리스》(극의) 조역, 조연.

deutéranomalie [døteranɔmali] *n.f.* 《의학》녹색 색약(色弱), 제2색약.

deutéranopie [døteranɔpi] *n.f.* 《의학》녹색맹.

deutérium [døterjɔm] *n.m.* 《화학》중수소.

deutér(o)- *préf.* 「제2의」의 뜻.

deutérocanonique [døterokanɔnik] *a.* 제 2 경전의. livres ~s 《신학》제2성서, 외경서《구약에서는 토비아서, 유디트서 따위; 신약에서는 계시록 따위》.

deutéron [døterɔ̃] *n.m.* =deuton.

Deutéronome [døterɔnɔm] *n.m.* 《성서》신명기(申命記).

deuto- *préf.*《예》「2·2중」의 뜻(bi-, di-).

deuton [døtɔ̃] *n.m.* 《화학》중양자(重陽子).

***deux** [dø] *a. num.* 《불변》① 둘의, ~ enfants [døzɑ̃fɑ̃] 두 어린이. de ~ jours l'un 이틀에 한 번.《명사를 생략하여》Nous étions ~. 우리는 둘이었다. ②《서수의 대용》둘째(의). page ~ 제 2 페이지. numéro ~ 2 번. leçon ~ 제 2 과. ③《작은 수를 나타냄》Je reviens dans ~ minutes. 잠시 후에 돌아올게요. J'ai ~ mots à vous dire. 잠깐 당신에게 할 말이 있다. ne pas avoir ~ sous d'économie 한푼의 저축도 없다. médecin de ~ sous 돌팔이 의사, C'est à ~ pas d'ici. 바로 여기서 가까운 곳이다.

Il n'y a pas ~ *voix (avis).* 만장일치이다.

— *n.m.*《복수불변》둘. Un et un font ~ 하나에 하나를 보태면 둘이 된다. écrire un ~ à la craie 분필로 2를 쓰다. couper (diviser) *qc* en ~ …을 둘로 자르다[나누다]. ~ de cœur (카드놀이의)하트의 2.

② 2일 (시간·분); 2번지 (호실·퍼센트). le ~ mai 5월 2일. tous les ~ du mois 매월 2일. Il habite au ~ de la rue Montmartre. 그는 몽마르트르가(街) 2번지에 살고 있다.

③ pas de ~ 《무용》파드되, 대무(對舞).

à ~ ⓐ 둘이서. la vie *à* ~ 부부(결혼) 생활. ⓑ 두 약자로. ⓒ être *à* ~ de jeu 《테니스》듀스가 되다; 호각지세.

À nous ~ *(maintenant)!* (상대·적수에게)자, 이제 붙어보자!

Ceci est claire comme ~ *et* ~ *font quatre.* 그것은 (2+2=4 이듯)명약관화한 것이다.

Cela (Ça) fait ~.《구어》그것은 서로 별개의 문제이다. Promettre et tenir, *ça fait* ~. 약속하는 것과 지키는 것은 별개의 문제이다.

~ à ~; ~ par ~ 두 사람[두 개]씩.

en moins de ~ 《구어》재빨리, 민첩하게.

entre les ~ 중간의, 이도 저도 아닌. Fait-il chaud ou froid? —*Entre les* ~. 더운가 추운가? 이도 저도 아니야.

ne faire ni une ni ~ 《구어》이내 결심하다, 머뭇거리지 않다.
ne pas savoir dire ~ 도대체 알지 못하다.
tous(toutes) (les) ~ 둘이 함께, 둘 다. Ils sont venus *tous ~*. 그들은 둘이 함께 왔다. inviter *tous les ~* 2사람 다 초대하다.

deux-chevaux [døʃvo] *n.f.* 《복수불변》2마력 차.
deux-deux (à) [adødø] *loc.a.* mesure *à ~* 《음악》 2분의 2박자.
deux-huit [døɥit] *n.m.* 《복수불변》《음악》8분의 2박자(mesure *à ~*).
‡**deuxième** [døzjɛm] *a. num.* 둘째의, 두 번째의. être *~* sur une liste 명부에 두 번째이다. *~* chapitre 제2장. *~* acte 제2막. croire en une *~* vie 내세를 믿고 있다.
—*n.* 둘째의 것.
—*n.m.* ① 3층(*~ étage*). habiter au *~* étage 3층에 살다. ②《옛》2일. le *~* d'avril 4월 2일.
—*n.f.* 2급(*~ classe*). ②《학교》제2학급(고등학교 2학년에 해당). wagon de *~* 2등차.
deuxièmement [døzjɛmmɑ̃] *ad.* 둘째로, 두 번째로 (seconde, en deuxième lieu).
deux-mâts [døma] *n.m.* 《복수불변》쌍돛대의 배.
deux-pièces [døpjɛs] *n.m.* 《복수불변》① 투피스 (여자용). ② 방 두 개의 아파트.
deux-points [døpwɛ̃] *n.m.* 《복수불변》《언어》콜론(:). mettre des *~* (글에)콜론을 찍다.
deux-ponts [døpɔ̃] *n.m.* 《옛》2층식 선박. ② (동체가 2층으로 되어 있는)화물수송기.
deux-quatre [døkatr] *n.m.* 《복수불변》《음악》4분의 2박자(의 곡).
deux-roues [døru] *n.m.* 《복수불변》2륜차(오토바이·자전거·스쿠터 따위).
deux-seize [døsɛz] *n.m.* 《복수불변》《음악》16분의 2박자(mesure *à ~*).
deux-temps [døtɑ̃] *n.m.* 《복수불변》① 《음악》 2분의 2박자(의 곡). ② 《기계》2사이클; 2사이클식 엔진[모터](moteur (à) *~*). ③ (2사이클 모터를 쓰는)스쿠터.
deuzio [døzjo] *ad.* 《구어》2번째로, 제2의.
dev [dɛv] *n.m.* =**dive**.
dévalement [devalmɑ̃] *n.m.* (짐을)내리기; (망·길 따위가)내리막이 되어 있음.
dévaler [devale] *v.i.* ① (급히)내려가다; (강물이) 흘러내려가다. rochers qui *dévalent* de la montagne 산에서 굴러떨어지는 바윗돌. ② 내리막길이 되다. *~ par une pente abrupte* 급경사를 이루다.
—*v.t.* ① (계단·언덕을 급히)내려가다. *~* l'escalier 층계를 내려가다. ②《옛》실어내리다. *~ du charbon* à la cave 석탄을 지하실로 풀어내리다.
dévaliser [devalize] *v.t.* ① [*~ qn*] (에게서)빼앗다, 강탈[겁탈]하다; [*~ qc*] (집·상점을)털다 (cambrioler, piller). *~ un voyageur* 나그네의 금품을 빼앗다. se faire *~* 털리다. *~ une maison (une boutique)* 집(상점)을 털다. ② (상점에서 물건을)몽땅 사다, 매점하다. client étranger qui *dévalise* la boutique 상품물건을 듬뿍 산 외국손님. ③ *~ un auteur* 《비유적》작가를 표절하다.
dévaliseur(se) [devalizœːr, -øːz] *n.* 약탈자, 강도.
dévalorisation [devalɔrizasjɔ̃] *n.f.* ①《경제》평가절하; 《상업》가치의 저하. ② (사람의)가치가 떨어뜨림.
dévaloriser [devalɔrize] *v.t.* ① 《경제》평가절하하다; (상품의)값을 내리다. *~* le franc 프랑화를 낮게 평가하다. ② (사람 따위의 가치·신용 따위를) 낮게 평가하다. *~ le talent de qn* 의 재능을 대수롭지 않게 평가하다. ministre *dévalorisé* 평판이 나빠진 장관.
—**se** *~ v.pr.* 《상업》값이 떨어지다. L'argent *se dévalorise* en période d'inflation. 인플레의 시기에는 돈의 가치가 떨어진다.
dévaluateur(trice) [devalyatœːr, -tris] *n.* 《경제》 평가절하론자.
dévaluation [devalyasjɔ̃] *n.f.* =**dévalorisation**.
dévaluer [devalye] *v.t.* =**dévaloriser**.
devanâgari, dévanâgari [devanagari] *n.m.* 《언어》데바나가리 문자(근대 범자(梵字)).
devancement [dəvɑ̃smɑ̃] *n.m.* 앞서기, 앞서가기; 《비유적》능가, 앞지르기. *~ d'appel* 《군사》적령 전의 지원 입대.
devancer [dəvɑ̃se] ② *v.t.* ① (공간적으로)선행하다, 앞서가다(précéder). *~* les concurrents dans la côte 언덕에서 경쟁자를 앞지르다. ② (시간적으로)앞서가다(오다), 먼저 도착하다. *~ qn au rendez-vous* 약속 장소에 …보다 미리 도착하다. *~ son époque* 시대를 한 걸음 앞서다. J'allais dire la même chose, mais vous m'*avez devancé*. 나도 같은 말을 하려고 했는데, 당신이 먼저 하셨군요. *~* le jour[l'aurore] 《문어》동이 트기 전에 일어나다. ③ 능가하다, 이기다(dépasser). *~* tous ses rivaux 경쟁선수들을 모두 이기다. *~ ses concurrents de plusieurs points au concours* 시험에서 몇 점차로 경쟁상대들을 이기다. ④ 선수를 치다, 미리 알아서 하다(prévenir); 미리 끝마치다. *~ une objection de l'adversaire* 상대방의 반론에 선수를 치다. *~ les désirs de qn* …의 바램을 미리 알아서 이루어주다. *~ l'échéance d'un paiement* 기일 전에 지불하다. *~ l'appel* 《군사》징병 적령 전에 지원입대하다.
devancier(ère) [dəvɑ̃sje, -ɛːr] *n.* ① 선구자(prédécesseur); 선행자, 전임자; 선배. ② (*n.m.pl.*)선조.
‡**devant**[dəvɑ̃] *prép.* ①《장소》…앞에, …앞에서, …을 앞. Regardez *~* vous. 당신 앞을 보세요. Il y a un camion *~ le magasin*. 상점 앞에 트럭이 정지해 있다. se mettre *~ le feu* 불 앞에 앉다. attendre *qn ~ la gare* *~* 을 역 앞에서 기다리다. marcher *~ qn* …의 앞에 걷다.
②*~* 의 면전에서; …을 앞에 두고서. Ne dites pas cela *~* lui. 그 사람 앞에서 그런 말은 하지 마시오. parler *~* le public 공중 앞에서 말하다. Tous les hommes sont égaux *~ la loi*. 만인은 법 앞에서 평등하다. reculer *~ le danger* 위험을 앞에 두고 물러서다. s'incliner *~ son autorité* 그의 권위 앞에 승복하다.
③ …의 전방에, …의 전도에. avoir un bel avenir *~ soi* 전도양양한 미래가 펼쳐져 있다. Il n'a que quelques années *~ lui*. 그는 살 날이 몇 해밖에 안 남았다.
④ …에 비추어, …에 비하여; …에 대하여(à l'egard de, en comparaison de). Qu'est-ce que ce petit défaut *~ tant de mérites*? 그 많은 공적에 비하면 이 사소한 결점은 아무것도 아니지 않은가?
⑤《옛》《시간》…앞에. Se lever *~ l'aurore* 해뜨기 전에 일어나다. *~ que+sub.*(que de+*inf.*) …하기 전에.
aller droit *~* soi 곧장 앞으로 나가다; (곤란·장애에 굴하지 않고)목적을 향해 결연히 나가다.
avoir du temps[de l'argent] *~* soi 시간[돈]이 충분히 있다.
de ~ …의 앞에서. Ôtez-vous *de ~* mes yeux. 내 눈앞에서 비켜 주시오.
par-~ ⇒ **par-devant**.
—*ad.* ①앞으로, 앞에(서). Passez *~*. 먼저 가시오. Il marche *~*. 그는 선두에서 걸어간다. louer

une place ~ (극장의)앞자리를 예약하다. vêtement qui se ferme ~ 앞에서 채우는 옷. être vent ~ 【해양】 맞바람을 받다.
② (옛) 이전에. comme ~ 이전과 같이.
s'en aller(partir) les pieds ~ 【구어】 죽다.
sens ~ derrière ⇨*sens*[1].
—*n.m.* 앞, 전방; 전면, 정면. ~ de la tête 전두부, 이마(front). pattes de ~ (짐승 따위의)앞발. ~ d'une maison 집의 정면. ~ de cheminée 벽난로의 앞가리개 (하절기에 설치). chambre sur le ~ 문간 방. loger sur le ~ 길 가에 면한 방에 살다〔숙박하다〕.
aller au-~ de …을 마중가다; …의 선수를 치다; …에 무모하게 맞서다. Nous irons *au-~ de vous*. 우리는 당신을 마중하러 가겠소. *aller au-~ des désirs*(*des souhaits*) *de qn* …의 희망(소원)을 미리 알아서 만족시켜주다. *aller au-~ du danger* 위험에 무모하게 맞서다.
prendre le ~(*les ~s*) 【사냥】(다른 사람보다 사냥감을)앞질러 쫓다.(비유적) 선수를 치다. Je crois qu'elle va tomber malade; *prends les ~s* et fais venir le médecin. 그녀가 병이 날 것 같으니 미리 손을 써서 의사를 오게 해라.

devant[2] *devoir*[1]의 현재분사.

devantier [dəvɑ̃tje] *n.m.* 《옛》 앞치마; (17세기의) 제단포.

devantière [dəvɑ̃tjɛ:r] *n.f.* (뒤쪽이 갈라진)여자 승마용 스커트.

devanture [dəvɑ̃ty:r] *n.f.* ① (상점 따위의)전면, 정면(façade). ② 진열대, 쇼윈도(vitrine). faire le ~ 상품을 쇼윈도에 진열하다. ③ (쇼윈도나 상점 앞의)진열상품.

dévaser [devaze] *v.t.* (항구·강바닥의)진흙을 치다.

dévastateur(**trice**) [devastatœ:r, -tris] *n.* 유린자, 약탈자. —*a.* 황폐케 하는, 유린하는. torrent ~ 모든 것을 휩쓸어 가는 격류.

dévastation [devastasjɔ̃] *n.f.* 휩쓸어 가기, 유린(ravage); 황폐. ~*s de la guerre*(*de l'incendie*) 전쟁(화재)에 의한 파괴〔황폐〕.

dévasté [devaste] *a.p.* 황폐한. région ~*e* 황폐화된 지역. front ~ (비유적)빛어진 이마. visage ~ (노령·병·슬픔 따위로)추해진 얼굴.

dévaster [devaste] *v.t.* 황폐하게 하다, 유린하다(ravager, ruiner); (전염병 따위가)많은 생명을 앗아가다(décimer). La guerre *a dévasté* cette région. 전쟁이 이 지역을 황폐하게 했다. épidémie qui *dévaste* les troupeaux 숱한 가축들을 앗아가는 유행병. L'amour *dévaste* les âmes 사랑은 그것이 지배하는 마음을 무참히 망그러뜨린다〔황폐하게 한다〕.

déveinard [devena:r] *n.m.* 《구어》(도박 따위에서)운수나쁜 사람, 재수 없는 사람.

déveine [devɛn] *n.f.* 《구어》불운, 운수 나쁨(malchance). être dans la ~ 운이 나쁘다.

développable [devlɔpabl] *a.* développer 할 수 있는; 【수학】 전개 가능의.

développante [devlɔpɑ̃:t] *n.f.* 【기하】 신개선(伸開線)(courbe ~).

développateur [devlɔpatœ:r] *n.m.* 【사진】 현상액〔약〕(révélateur).

développé[1](**e**[1]) [dev(ε)lɔpe] *a.* 성장〔발육〕한; 발전한. corps bien ~ 잘 발육한 신체. pays ~〔sous-~〕 선진〔저개발〕국.

développé[2] *n.m.* ① 【역도】 추상(推上), 프레스. ② 【무용】 데블로페(고전무용에서 느린 기본동작의 하나).

développée[2] *n.f.* 【기하】 축폐선(縮閉線).

*****développement** [devlɔpmɑ̃] *n.m.* ① 발전, 발달; 발육. ~ de l'agriculture 농업의 발전. industrie en plein ~ 발전일로의 공업. ~ physique et intellectuel d'un enfant 어린아이의 신체적 지적 발달. pays en voie de ~ 개발도상국. ~ d'une plante 식물의 발육. ② (pl.)전개, 진전(suite, prolongement). ~*s* imprévus d'une maladie 병의 예기치 않은 진전. ③ 상술(詳述), 부연(exposé, détail). entrer dans des ~*s* superflus 쓸데없이 상술하다. consacrer un long ~ à une question particulière 어떤 문제를 길게 설명하다. ④ (기술 따위의)개발. étude et ~ d'un nouveau produit 신제품의 연구와 개발. ⑤ 【사진】 현상. ~ et tirage 현상과 인화. ⑥ 【수학】 전개; 【제도】 전개도. ~ d'un cube 입방체의 전개. ⑦(드물게) 펼치기, 풀기. ~ d'un colis 소포를 끄르기. ⑧ (자전거의)페달 1회전으로 나가는 거리; 【미술】 풍만하게 전개된 선; 【음악】 (주제의)전개부; ~ d'une attaque 【군사】 공격의 전개.

*****développer** [devlɔpe] *v.t.* ① 발전(발달·발육)시키다. ~ les échanges économiques entre deux pays 두국가간의 경제교류를 발전시키다. ~ l'intelligence(le corps) d'un enfant 어린 아이의 지능(신체)을 발달시키다. ~ son affaire 자신의 사업을 확장하다. ② 발휘하다(déployer). ~ toutes les ressources de son génie 모든 재능을 발휘하다. ③ 상술하다, 부연하다(détailler). ~ son projet 자신의 계획을 상세하게 말하다. ~ un système 이론을 전개하다. ④ 【수학】(수식 따위를)전개하다; 【제도】(입체면 따위의 각면을 평면도로)전개하다. ~ une fonction en série 함수를 차수대로 전개하다. ⑤ 【사진】 현상하다. ~ un cliché 음화를 현상하다. donner une pellicule à ~ 필름을 현상소에 맡기다. ⑥ (자전거가)페달 1회전의 거리를 나가다. bicyclette qui *développe* cinq mètres 페달 1회전에 5미터를 전진하는 자전거. ⑦(드물게)(감긴 것을)풀다; (뭉쳐진 것을)펴다, 펼치다. ~ un paquet 소포를 풀다. ~ le journal 신문을 펴다. ~ ses ailes 【군사】 양 날개를 전개하다.

—*se* ~ *v.pr.* ① 발전(발달·발육)하다. L'enfant *se développe* rapidement. 아이는 성장이 빠르다. Son affaire *se développe* d'année en année. 그의 사업은 해마다 확장된다. Cette nouvelle mode *se* vite *développé*. 이 새로운 유행은 급속도로 퍼져 나갔다. ② (이론·이야기 따위가)전개되다. Son argument *se développe* logiquement. 그의 논지는 논리적으로 전개되다. ③ 펼쳐지다; 【군사】 전개되다. La plaine *se développe* à l'infini. 평원이 끝없이 펼쳐진다. armée qui *se développe* face à l'ennemi 적을 향하여 전개하는 군대. ④ (옛)[se ~ de](에서)빠져 나오다. *se ~ de l'embarras* 곤궁에서 빠져나오다.

‡**devenir** [dəvni:r] [16] *v.i.* (조동사는 être)① (이)되다. (【형용사·무관사명사를 속사로】)Elle est devenue riche. 그녀는 부자가 되었다. Il deviendra avocat. 그는 변호사가 될 것이다. ⓑ(【관사·형용사로 한정되는 명사를 속사로】) ~ l'objet de ses recherches 그의 연구의 대상이 되다. ~ sa femme 그의 아내가 되다. ⓒ(【의문대명사 que, ce que와 함께】) Que deviendra-t-il? 그는 무엇이 될 것인가? Que veux-tu ~? 너는 무엇이 되기를 원하느냐? Que devenez-vous?; Qu'est-ce que vous devenez? 《구어》(오랫동안 만나지 않은 사람에게)무엇을 하고 계십니까? 그후로 변함이 없습니까?(간접의문) Je ne sais ce qu'elle est devenue. 그녀가 어떻게 되었는지 나는 모르겠소. Que devient votre projet? 《구어》당신의 계획은 어떻게 되어갑니까? ⓓ(비인칭)[Il devient+형용사+de+inf./que+ind.] …하는 것은 …이 되다. Il(Ça) devient difficile d'obtenir

déventer

des bourses. 장학금을 타는 것이 어려워 진다. Il devient clair que... ...라는 것이 명백해 지다. ② (속사 없이) 생성하다. Nous sommes parce que nous *devenons*. 우리는 생성 변화하기 때문에 존재한다.
③ ~ à rien 〖엣〗무로 돌아가다; 《사투리》(사람이) 마르다, 작아지다.
—*n.m.* 생성, 변전. philosophie du ~ 생성철학(生成哲學). être dans un perpétuel ~ 끊임없는 변전[생성] 속에 있다.

déventer [devɑ̃te] *v.t.* ① 바람을 가로막다; 바람맞지 않는 곳에 두다. ~ un navire à voiles 범선이 바람맞는 것을 가로막다. ② (요트 경주에서 다른 배의) 바람을 막다.

déverbal(ale, *pl.* **aux)** [devɛrbal, -o] 〖언어〗 *a.* 동사에서 파생한. —*n.m.* 동사에서 파생한 명사 (déverbatif, postverbal).

déverbatif [devɛrbatif] *n.m.* =déverbal.

déverdir [devɛrdiːr] *v.i.* (녹색이) 바래지다(날다). —*v.t.* (녹색을)퇴색케 하다.

dévergondage [devɛrgɔ̃daːʒ] *n.m.* ① 방탕, 방종, 음탕(débauche, libertinage); 불륜. vivre dans un ~ éhonté 파렴치한 방탕 생활을 하다. ② (비유적) (상상력·문장 따위의) (자유) 분방. ~ d'imagination 상상력의 자유분방.

dévergondé(e) [devɛrgɔ̃de] *a.p.* ① 방탕한, 음탕한(débauché). vie ~e 방탕한 생활. littérature ~e 외설문학. propos ~ 음담, 패설. ② (자유) 분방한. —*n.* 방탕자, 음탕한 자.

dévergondement [devɛrgɔ̃dmɑ̃] *n.m.* 〖옛〗방탕, 방종, 패륜.

dévergonder (se) [s(ə)devɛrgɔ̃de] *v.pr.* ① 방탕하다, 음란(방종)한 생활을 하다. ② (문학에서) 음란한 묘사를 하다.

déverguer [devɛrge] *v.t.* (배의) 활대를 벗기다.

dévernir [devɛrniːr] *v.t.* (의) 니스를 벗기다. L'humidité *dévernit* les meubles. 습기가 있으면 가구의 니스가 벗겨진다.

dévernissage [devɛrnisaːʒ] *n.m.* 니스를 벗기기.

déverrouillage [devɛruja:ʒ] *n.m.* ① 빗장을 뽑기. ② (대포·총의)폐쇄기를 풀기(당기기).

déverrouiller [devɛruje] *v.t.* ① (문의)빗장을 뽑다. ② (대포·총의)폐쇄기를 열다(당기다).

devers-~ [dəvɛr] *prép.* 〖엣〗...쪽(편)으로.
par-~ …면전에서; …의 소유로, 수중에. par-~ le juge 재판관 앞에. garder des documents par-~ soi 서류를 자기 수중에 간직하다.

dévers(e) [devɛːr, -ɛrs] *a.* ① (재목이)휜. ② 〖옛〗(벽이)기울어진, (길이)경사진.
—*n.m.* ① (재목이)휨; 경사. ② (길·철도의 커브에서)바깥쪽을 높임.

déversé(e) [devɛrse] *a.p.* (재목의)휜; 경사진.

déversement [devɛrsəmɑ̃] *n.m.* ① 배수, 방수(放水), (쓰레기 따위의)내버리기, 배출. 쓰레기 버리는 곳. ② (재목의)휨, 만곡; (벽 따위의)경사. ③〖철도〗=dévers②.

déverser [devɛrse] *v.t.* ① (물을)붓다, 흘리다. ~ de l'eau sale dans la rivière 폐수를 하천에 흘리다. ② 방출하다, 쏟아내다(décharger). sur un chantier 공사장에 모래를 쏟아내리다. Le train *déverse* des flots de voyageurs. 기차로부터 많은 승객이 쏟아져 나온다. ③ (비유적) 토로하다, 터뜨리다(épancher, répandre). ~ sa bile dans ses écrits 글 속에서 노여움을 토로하다. ④ (커브에서) 선로(도로)를 경사지게 하다.
—*v.i.* ① (벽 따위가)기울다. ② (나무가)휘다.
—*se* ~ *v.pr.* 부어지다, 쏟아져 나오다. L'eau *se déverse* dans le bassin. 물은 못으로 흘러 들어간다. La musique *se déverse* dans le magasin. 가게 안에 음악이 울려 퍼진다.

déversoir [devɛrswaːr] *n.m.* ① 배수구, 유출구, 수문. ② (비유적)(감정 따위의)배출구.

dévertébré(e) [devɛrtebre] *a.p.* 뼈대없는, 짜임새 없는.

dévêtir [devɛ(e)tiːr] [22] *v.t.* (의)옷을 벗기다; 〖옛〗(옷을)벗다. ~ un enfant pour le coucher 잠자리에 눕히려고 아이의 옷을 벗기다.
—*se* ~ *v.pr.* ① 옷을 벗다; 옷을 얇게 입다. Par cette chaleur, on aime à *se* ~. 날씨가 이렇게 더울 때면, 사람들은 옷을 벗기를 좋아한다. Il ne faut pas *se* ~ en avril. 4월에 옷을 얇게 입어선 안된다. ②〖옛〗[se ~ de] (을)버리다, 포기하다.

dévêtissement [devɛtismɑ̃] *n.m.* 〖옛〗〖법〗(재산의)포기. faire le ~ de ses biens 재산을 포기하다.

déviance [devjɑ̃s] *n.f.* 〖심리〗규범 일탈(행위).

déviant(e) [devjɑ̃, -ɑ̃ːt] *a.* 정상(상례)상태를 벗어난, 탈선한. conduite ~e 상례를 벗어난 행동.
—*n.m.* 〖심리〗(사회규범 따위의)일탈자; 이상자.

déviateur(trice) [devjatœːr, -tris] *a.* 편향(偏向)시키는, 빗나가게 하는. —*n.m.* 〖항공〗제트기의 추력반전장치 (推力反噴射裝置).

déviation [devjɑsjɔ̃] *n.f.* ① (방향의)빗나감, 구부러짐, 벗어남. ~ d'un navire 배의 편류(偏流). ~ de l'aiguille aimantée 자침의 자차(自差). ~ d'un rayon lumineux 광선의 굴절(회절). ~ d'un projectile 탄환의 편향(偏向). ② (장애물을 피하기 위한 도로의)우회(~ de la circulation); 우회로. emprunter une ~ 우회로로 가다. 〖의학〗(기관의)이상변형. ~ de la colonne vertébrale 척추변형(만곡이상). ~ de l'utérus 자궁의 위치 이상(내반·전굴·후굴 따위). ④〖통계〗편차. ~ standard 표준편차. ⑤ 일탈. ~ doctrinale 교의(敎義)로부터의 일탈. ~ de conduite 탈선 행위.

déviationnisme [devjɑsjɔnism] *n.m.* 〖정치〗(정통주의에서의)이탈, 편향주의, 분파활동, 반주류 (↔ orthodoxie).

déviationniste [devjɑsjɔnist] *a.* 〖정치〗(정통주의에 대하여)분파적인, 비주류(파)의. —*n.* 분파주의자, 비주류.

dévidage [devidaːʒ] *n.m.* (실을)감기.

dévider [devide] *v.t.* ① (실을)감다; (고치의)실을 뽑다; (두루마리 따위의)풀다(dérouler). ~ du fil (une bobine de fil) 실(실패)을 감다. machine à ~ 방적기; 〖비유〗손가락으로 꼽다, 세다. ② 〖엣〗 장황하게 늘어놓다(설명하다). [en ~] Il en *dévide*. 그는 쉴새없이 지껄인다. ~ le jar 〖속어〗 은어를 말하다. ~ *son chapelet (son écheveau)* (구어)하고 싶은 말을 다 해버리다.

dévidoir(se) [devidœːr, -ø:z] *n.* 실감는 직공.

dévidoir [devidwa:r] *n.m.* ① 실감는 기계. ② (낚시줄의)릴. ③ (로프·호스를)감는 기계; 〖전기〗 (전선의)감는 기계.

dévier [devje] *v.i.* ① [~ de] (에서)빗나가다. ~ *de* sa route (비행기 따위가)항로를 벗어나다. La tempête a fait ~ le navire. 폭풍으로 배는 항로에서 벗어났다. Heureusement, la balle a *dévié*. 다행히도 탄환은 비껴나갔다. ② [~ de] (에서)일탈(탈선)하다. Il ne *dévie* jamais de ses principes. 그는 절대로 원칙을 어기는 일이 없다. Il poursuit son but sans ~ *d'une ligne*. 그는 한눈 팔지 않고 목적을 수행한다. ③ 굴절하다. prisme qui fait ~ les rayons lumineux 광선을 굴절시키는 프리즘.
—*v.t.* ① 빗나가게 하다, 딴데로 쏠리게 하다. ②

(길 따위를)우회시키다(détourner). ~ la route pour effectuer des travaux 공사를 하기 위하여 길을 우회시키다. ③ 굴절시키다; 휘게 하다.
—se ~ v.pr. 일탈하다, 빗나가다; (등뼈·판자 따위가)휘다.

devin(eresse) [dəvɛ̃, -inrɛs] n. 《여성형의 옛 형태는 devine》점장이, 예언자. Je ne suis pas ~. 점장이도 아닌데 어떻게 알겠는가. Pas besoin d'être ~ pour comprendre. 그런 것은 점장이가 아니라도 이해할 수 있는 일이다.
—n.m. 《동물》왕뱀(serpent ~).

devinable [dəvinabl] a. 예언할 수 있는; 수수께끼 따위가 풀릴 수 있는.

devinaille [dəvinaːj] n.f. 《드물게》점; 수수께끼.

*deviner [dəvine] v.t. ① 간파하다, 알아맞히다, 짐작하다. ~ un secret 비밀을 간파하다. ~ les intentions d'autrui 타인의 의도를 알아채다. 《간접의문문과 함께》 Devine qui j'ai rencontré au marché. 시장에서 내가 누구를 만났는지 알아맞춰 봐라. [~ que+ind.] On devine qu'il va se passer quelque chose. 무슨 일이 일어날지 짐작이 된다. ② (수수께끼를)풀다. Œdipe devina l'énigme du Sphinx. 오이디푸스는 스핑크스의 수수께끼를 풀었다. 《목적보어 없이》Je ne devine pas. 수수께끼를 풀 수 없어》난 기권이야(Je donne la langue au chat). ③ (을)분간하다, 판별하다. ~ qc dans l'ombre …을 어둠 속에서 분간하다. ④《옛》점치다. art de ~ 점술.
—se ~ v.pr. ① 드러나다, 간파되다. Cela se devine.《구어》그것은 명백하다. ② 서로 알아내다.

devineresse [dəvinrɛs] n.f. ⇔devin.

devinette [dəvinɛt] n.f. 수수께끼, 알아맞히기.

devineur(se) [dəvinœːr, -øːz] n. ①《옛》점장이. ② 알아맞히는 사람; 수수께끼 푸는 사람.

dévirage¹ [deviraːʒ] n.m.《해양》(권양기를)반대로 돌리기; (나사를)풀기.

dévirage² n.m. (재목의) 만곡.

dévirer [devire] v.t. 《해양》(권양기를)반대로 돌리다; (나사를)풀다.

dévirer² v.t. (재목을) 휘게 하다.

dévirolage [devirolaːʒ] n.m. dévirolor 하기.

déviroler [devirole] v.t. (화폐·메달 따위를)주형에서 꺼내다.

devis [dəvi] n.m. ①(건축 따위의)견적(서). établir un ~ 견적서를 작성하다. ②《옛》한담(閑談).

dévisager [devizaʒe] [3] v.t. ① [~ qn] (의)얼굴을 뚫어지게 바라보다. ②《옛》(의)얼굴을 할퀴다.
—se ~ v.pr. 서로 쳐다보다.

devise [dəviːz] n.f. ①(가문(家紋)·메달 따위의)명구(銘句), (개인의)좌우명, 신조, 표어. «Liberté, Egalité, Fraternité», ~ de la République française 프랑스 공화국의 표어인 "자유·평등·박애." ②《경제》외국 어음, 외국 통화. ~s étrangères 외국환, 외화. cours officiel des ~s 공정환율. ~-forte 강세통화.

deviser [dəvize] v.i. 《문어》한담하다(converser). ~ de choses et d'autres 이것저것 이야기를 하다.

dévissable [devisabl(ə)] a. 《나사 따위가》뽑을 수 있는; 풀 수 있는, 해체할 수 있는.

dévissage [devizaːʒ], dévissement [devismã] n.m. (나사를)풀기; 해체. ②《등산》추락.

dévisser [devise] v.t. ①(마개를)뽑다; (나사를)풀다, 해체하다. ~ le boulon 볼트를 풀다. ~ le guidon d'une bicyclette 자전거에서 핸들을 빼내다. ②~ son billard《구어》죽다.
—v.i. ①《등산》(암벽 따위에서)추락하다, 굴러 떨어지다(dérocher). ②《구어》떠나다, 가다.

—se ~ v.pr. 《나사가》빠지다.
se ~ la tête (le cou) 《구어》(목을 비틀어)무리하게 뒤를 보려고 하다.

de visu [devizy] 《라틴》loc. ad. 보고나서, (실제로) 본 결과. raconter un fait ~ 사실을 보고나서 이야기하다. constater ~ 실제로 보고 확인하다.

dévitalisation [devitalizasjɔ̃] n.f.《치과》치신경 제거.

dévitaliser [devitalize] v.t.《치과》(이의)신경을 죽이다[뽑다].

dévitrification [devitrifikasjɔ̃] n.f. (유리의)투명성 상실.

dévitrifier [devitrifje] v.t. (유리의)투명성을 없애다.

dévocalisation [devɔkalizasjɔ̃] n.f. =dévoiement.

dévoiement [devwamã] n.m. ①《건축》(굴뚝 따위의)경사. ②《의학》설사(diarrhée).

dévoilement [devwalmã] n.m. 폭로, 드러내기.

dévoiler [devwale] v.t. ①(의)베일을 벗기다; (동상을)제막하다. ~ une femme 부인의 베일을 벗기다. ~ une statue 동상의 제막식을 거행하다. ②(비밀·음모 따위를)폭로하다(révéler); (신비를)꿰뚫어보다(percer); 공개(공표)하다. ~ les dessous de l'affaire 사건의 내막을 폭로하다. ~ un secret(une intrigue) 비밀(음모)을 폭로하다. ~ le nom du suspect 혐의자의 이름을 공개하다. ③(미래 따위를)알아맞히다, 예언하다. ~ son avenir en lisant dans les lignes de la main 손금을 보고 그의 미래를 예언하다.
—se ~ v.pr. ①베일을 벗다. ②(비밀이)폭로되다; 드러나다, 분명해지다. La vérité finira par se ~. 진실은 마침내 드러나고 말 것이다.

dévoîment [devwamã] n.m. =dévoiement.

‡devoir¹ [dəvwaːr] [54] v.t. I. [~ +inf.]《조동사적 용법》①《의무·필요》…을 하지 않으면 안된다, 해야한다. Il doit terminer ce travail ce soir. 그는 오늘 저녁 이 일을 끝내야 한다. Ce sont des choses qu'on doit savoir. 이것은 사람들이 꼭 알아야만 할 일들이다. Que devons-nous faire? 우리는 무엇을 해야만 하는가?
②《필연·숙명》반드시 …하다; …하게 마련이다. Cela devait arriver. 그렇게 될 수 밖에 없는 일이었다. Nous devons mourir. 우리는 죽게 마련이다.
③《의향·미래》…할 작정이다; …할 예정이다. Je dois partir demain. 나는 내일 떠날 작정이다. Nous devions l'emmener avec nous mais il est tombé malade. 우리는 그를 데려갈 예정이었는데 그가 병이 났다.
④《추정·가능성》(틀림없이)…일 것이다, …임에 틀림없다. Il doit être grand maintenant et aller à l'école. 그는 지금쯤 커서 학교에 다니고 있을 것이다. Il a dû partir ce matin. 그는 오늘 아침 떠났음에 틀림없다.
⑤《소원 : 조건법 현재》…하면 좋을 것이다; 《유감 : 조건법 과거》…하면 좋았을 것이다. Vous devriez rester encore quelques minutes! 당신이 조금만 더 있어주면 좋을텐데! Vous auriez dû me prévenir. 나에게 미리 알렸더라면 좋았을 텐데.
⑥《문어》《접속법 반과거로서 주어도치 : 양보의 뜻》…일 지라도. Dussé-je y consacrer ma fortune. 내 재산을 그 일에 바쳤다 할지라도. Dussent mille dangers me menacer 수많은 위험이 내게 닥친다 할지라도.
II. [~ qc à qn]《간접목적보어는 표현되지 않는 경우가 있음》①(에게)(금품을)빚지고 있다, 지불하지 않으면 안된다. Je dois mille francs à Pierre. 나는 피에르에게 천프랑의 빚이 있다. Je vous dois

combien? 《구어》(카페 따위에서)얼마입니까? 《목적어 없이》Elle *doit* partout. 그녀는 도처에 빚이 있다. Qui *doit* a tort. 《속담》잘못한 쪽은 항상 빚진 쪽. [être dû à] Cet argent lui *est dû*. 이 돈은 그에게 빚진 것이나(갚아야 한다).

② (에게)(을) 신세(빚)지고 있다; (은)(의) 덕택이다; (은)(의) 탓이다. Je lui *dois* tout. 나는 그에게 모든 것을 빚지고 있다. Je lui *dois* mon succès. 내가 성공한 것은 그의 덕이다. Il ne veut ~ rien à personne. 그는 누구에게도 일체 신세를 지지 않으려고 한다. [~ à qn de+inf.] Je lui *dois* d'être en vie. 내가 살아있는 것은 그의 덕이다. La loi *doit* à Jean d'avoir été puni. 내가 벌을 받은 것은 장의 탓이다. [être dû à] Sa réussite *est due* au hasard. 그의 성공은 우연 때문이다.

③ [~ qc à qn] (에게)(할) 의무가 있다, (에 대해서)하지 않으면 안된다. Un enfant *doit* le respect à ses parents. 아이는 부모를 공경하지 않으면 안된다. Je vous rendrai service, je vous *dois* bien cela. 당신을 도와드리겠습니다, 내게는 그렇게 할 의무가 있으니까요. La loi *doit* protection à l'orphelin. 법은 고아를 보호하지 않으면 안된다. Vous me *devez* une explication. 당신은 나에게 설명할 의무가 있다. [~ à qn de+inf.] Je lui *dois* de garder le silence sur ce point. 나는 그에 대해서 이 점에 관해서 침묵해야 할 의무가 있다. [être dû à] avec les honneurs qui lui *sont dûs* 마땅히 그에게 표시해야 할 경의로써.

~ à Dieu et à Diable; ~ au tiers et au quart 여기저기 빚투성이이다.

~ *plus d'argent qu'on n'est gros* 신분에 맞지 않는 빚을 얻다.

en ~ *à qn* …에게 (갚아야 할) 빚이 있다. Il m'*en doit*; Je lui *en dois*. 그자에게 보복하고야 말겠다. *Il croit toujours qu'on lui en doit de reste*. 《엣》《무엇을 해주어도》그는 언제나 불만스러운 태도이다. *Je lui dois bien ça*. 《구어》그에게 이만한 일은 해주어야 할 의무가 있다.

n'en ~ guère(rien) à 《엣》…에 전혀 손색이 없다, 못지 않다.

—*se* v.pr. ①[se ~ à] (의무상) ~에 헌신할 의무가 있다. *se* ~ à sa famille(à sa patrie) 가정에 헌신할[조국을 지킬] 의무가 있다.

② [se ~ de+inf.] (할) 의무가 있다. Je me *dois* de le prévenir. 나는 그에게 (미리) 알려주어야 할 의무가 있다.

③ (se는 간접목적보어) 서로 …의 빚(의무)이 있다. [se ~ qc] Ils *se doivent* beaucoup. 그들은 서로 빚이 많다. Les époux *se doivent* assistance et fidélité. 부부는 서로 협조하고 정절을 지킬 의무가 있다.

④ 당연히 그래야 한다. Cela *se doit*. 그것은 당연한 일이다. 《비인칭》Comme il *se doit*. 당연히 그래야 하듯이; 예상했던대로.

:**devoir**² n.m. ① 의무, 책임, 본분. le droit et le ~ 권리와 의무. sentiment du ~ 의무감. homme de ~ 의무감이 강한 사람. accomplir(remplir) son ~ 의무를 수행하다. manquer à son ~ 책임(의무)을 게을리하다. rentrer dans son ~ 본분으로 되돌아가다. ramener qn à son ~ …을 의무(본분)로 되돌아가게 하다. ~ d'état 신분상의 의무. ~ conjugal 부부간의 의무(성생활 따위).

② (학교의) 숙제, 과제. ~ de français 불어숙제. corriger des ~ (교사가) 과제를 고쳐주다. ~s de vacances 방학숙제.

③ (pl.) 경의 (敬意). présenter(rendre) ses ~s à qn …에게 경의를 표하다. rendre à *qn* les derniers ~s …의 장례에 참례하다.

④ 《역사》 직인조합. compagnon du ~ (직인조합의) 조합원.

croire de son ~ *de+inf*. …을 자기의 의무로 생각하다.

être à son ~ 《엣》《군사》임무에 임하다.

faire(remplir) son ~ 의무를 다하다, (특히) 용감히 싸우다.

Il est de mon ~ *de+inf*. …하는 것은 내 의무다.

se faire un ~ *de+inf*. …하는 것을 자기의 의무로 생각하다.

se mettre en ~ *de+inf*. …할 각오를 하다.

dévoisement [devwazmɑ̃] n.m. 《언어》 무성화.

dévoiser [devwaze] v.t. 《언어》 무성화하다.

dévole [devɔl] n.f. (카드놀이에서) 던져진 패를 모두 차지하려다가 실패하면, 무득점. faire la ~ 완패하다. être en ~ 무득점이다.

dévoler [devɔle] v.i. 던져진 패를 모두 차지하려다, 득점을 하지 못하다.

dévolteur [devɔltœːr] n.m. 《전기》 전압저하기.

dévoltage [devɔltaːʒ] n.m. 《전기》 전압저하.

dévolter [devɔlte] v.t. (의)전압을 낮추다.

dévolu(e) [devɔly] a. ① 《법》 [~ à] (에)귀속시킨 (attribué). succession ~*e* à l'État (상속인의 부재로) 국가에 귀속된 유산. les droits qui nous sont ~*s* 우리에게 주어진 권리. ② 부여된, 할당된 (réservé). lourde tâche qui nous est ~*e* 우리에게 부과된 무거운 임무.

—*n.m.* 《종교》(성직록 聖職祿)의 공위 (空位), 귀속임명권; (교황의) 임명장, 사령장. bénéfice tombé en ~ (성직자의 무능・실격으로) 공위가 된 성직록.

jeter son ~ *sur qc(qn)* 《구어》…에 눈독을 들이다; …을 고르다. *jeter son* ~ *sur* une maison (매입하려고)어떤 집을 점찍어 두다.

dévolutaire [devɔlytɛːr] n.m. 《종교》 공위 성직록을 차지한 사람, 성직록 계승자.

dévolutif(ve) [devɔlytif, -iːv] a. 《법》 귀속시키는. effet ~ de l'appel 공소에 의한 (재판권의) 귀속효력.

dévolution [devɔlysjɔ̃] n.f. 《법》 (유산・권리 따위의) 귀속. la guerre de ~ [D~] 《역사》 에스파냐 왕위 계승 전쟁(1667-68). droit de ~ 《종교》 공위성직록 수여권.

devon [dəvɔ̃] 《영》n.m. (곤충 모양의) 제물낚시, 모조낚시.

dévonien(ne) [devɔnjɛ̃, -ɛn] 《지질》 a. 데본기 (紀)의. —n.m. 데본기.

dévorant(e) [devɔrɑ̃, -ɑ̃ːt] a. ① 물릴(지칠) 줄 모르는, 격렬한. curiosité ~*e* 지칠 줄 모르는 호기심. soif(faim) ~*e* 극심한 갈증(배고픔). ② (불 따위가) 태워버리는; (정신을) 소진시키는, 초췌케 하는. passion ~*e* 몸을 소진시키는 정열. travail ~ 심신을 소진시키는 일. ③ 《엣》 게걸스럽게 먹는, 탐욕스러운.

dévorateur(trice) [devɔratœːr, -tris] a. 《문어》 (심신을) 초췌케 하는.

dévorer [devɔre] v.t. ① 게걸스럽게 먹다; 모조리 먹어치우다(engloutir). être dévoré par le tigre 사자에게 먹히다. Les enfants *dévorent* le gâteau. 애들이 과자를 게걸스럽게 먹는다. être dévoré par les moustiques 온몸을 모기에 물리다. ② 탐욕스럽게 보다(듣다). ~ un roman 소설을 탐독하다. ~ *qn* des yeux(du regard) 탐욕스럽게 바라보다. ~ les paroles de *qn* …의 말을 한마디도 놓치지 않고 (열심히) 듣다. ~ *qn* de baisers …에게 키스

퍼붓다. ③ (불이)휩쓸어버리다(ravager); 모조리 없애버리다, (재산을)털어먹다, 탕진하다. Les flammes *ont* tout *dévoré*. 불길이 모든 것을 휩쓸어 버렸다. pays *dévoré* de soleil 태양이 불타는 지방(사막 따위). ~ son patrimoine 유산을 탕진하다. ④ (심신을)초췌게 하다, 몹시 괴롭히다 (tourmenter); (근심·회한이)가슴을 쥐어뜯다(에다)(ronger). Les soucis le *dévorent*. 근심이 그를 초췌케 한다. soif qui me *dévore* 목이 타는 것같은 갈증. *être dévoré* de remords 회한이 가슴에 사무치다. ⑤ 《문어》 《모욕 따위를》 꾹 참다, 견디다. ~ un affront[une injure] 모욕을 꾹 참다.
~ *l'espace* 《맹렬한 속도로》 달리다.

dévoreur(se) [devɔrœːr, -ϕːz] *n.* ① 게걸스럽게 먹는 사람(동물). ② 《비유적》 지독한 독서가(~ de livres).

dévot(e) [devo, -ɔt] *a.* ① 믿음깊은, 경건한 (pieux); 《경멸》 독신자티를 내는; 《예》 《을》 숭배하는. livre ~ 종교서. attitude ~*e* 경건한 태도. mener une vie ~*e* 신앙생활을 하다. être ~ à un saint 성인을 믿다. ② 《비유적》 《에》집착하는. être ~ à l'argent 돈을 숭배하다.
—*n.* 독신자(篤信者); (사람·학설의)신봉자. faux ~*s* 가짜 독신자.

dévotement [devotmɑ̃], **dévotieusement** [devosjϕzmɑ̃] *ad.* 믿음있게, 경건하게.

dévotieux(se) [devosjϕ, -ϕːz] *a.* 《예》 신앙심이 돈독한, 신앙심 깊은.

dévotion [devosjɔ̃] *n.f.* ① 신앙심(piété); (*pl.*) 예배, (종교상의)신자의 의무. être plein de ~ 신앙심이 충만하다. livre[tableau] de ~ 종교서(화). faire ses ~*s* (종교상의)의무를 다하다(기도·예배 따위). tomber[se jeter] dans la ~ 신앙생활로 들어가다. ② 숭배, 공경(culte). 애착. avoir ~ à un saint 성인을 공경하다. avoir une grande ~ pour Racine 라신에 대해 커다란 애착을 갖다.
être à la ~ *de qn* …에게 헌신적이다.

dévotisme [devotism] *n.m.* 광신, 극단적인 신앙심.

dévoué(e) [devwe] *a.p.* 헌신적인, 충성스런(fidèle, loyal). ami ~ 충실한 친구. [~ à *qn/qc*] camarades ~*s au* parti 당에 충성하는 당원들. Votre ~ (serviteur); Votre tout ~; Veuillez croire à mes sentiments ~*s.* 경구(敬具) 《편지의 끝맺음말》.

dévouement, dévoûment [devumɑ̃] *n.m.* 헌신, 충실함(abnégation, loyalisme); 《예》 자기 희생(sacrifice); 열성. soigner *qn* avec ~ …을 헌신적으로 보살피다. [~ à] ~ à la science 학문에의 헌신. Croyez, monsieur, à mon entier ~; Recevez l'assurance de mon ~. 경구《편지의 끝맺음말》.

dévouer [devwe] *v.t.* ① 《예》 (신·조국 따위에)바치다, 희생하다(sacrifier); 맡기다. ~ ses enfants à la patrie 자식들을 조국에 바치다. ② 《문어》 (시간·정력 등을)아낌없이 바치다. [~ *qc* à] ~ tout son temps à la musique 모든 시간을 음악에 바치다. ~ *sa tête à* …을 위해 목숨을 바치다.
—se ~ *v.pr.* ① 《예》 《에》 몸을 바치다, 헌신하다(se consacrer). se ~ à son maître 주인을 충성스럽게 받들다. se ~ au parti 당에 충성하다. ② [se ~ pour] (을)위해 몸을 바치다(se sacrifier). se ~ pour le salut de sa patrie 조국을 구하기 위해 몸을 바치다.

dévoyé(e) [devwaje] *a.p.* ① 길잃은; 정도(正道)를 벗어난, 타락한. esprit ~ 타락한 정신. jeune homme ~ 비행 청소년. membre ~ 의견을 달리하는 회원. ② (굴뚝 따위가)기운. ③ 《의학》 설사하는.
—*n.* 탈선한 사람. jeune ~ [-e] 비행소년[소녀].

dévoyer [devwaje] ⑦ *v.t.* ① 《예》 길을 잘못 들게 하다. ② 《문어》 《비유적》 유혹하다, 타락시키다. ~ un jeune homme 젊은이를 타락시키다. ③ 비스듬히 세우다, (파이프 따위를)굽히다. ④ 《의》 《에게》설사를 하게 하다. être *dévoyé* 설사를 하다.
—se ~ *v.pr.* 정도에서 벗어나다, 타락하다.

devr-a, -ai, -as, etc. [dəvr-a, -e, -a] ⇨devoir.

dévrillage [devrijaːʒ] *n.m.* (털실·낚싯줄 따위의)꼬인 것을 풀기.

dévriller [devrije] *v.t.* (털실의)꼬인 것을 풀다. 《예》 (낚싯줄의)꼬인 것을 풀다.

dévulgariser [devylgarize] *v.t.* (의)천박함을 없애다, 때를 벗기다. (조가비가)고급스런 표현으로 바꾸다. **—se ~** *v.pr.* 천박함을 벗다.

déwatté(e) [dewate] *a.* 《전기》 무효의(réactif). courant ~ 무효 전류.

dextérité [dɛksterite] *n.f.* 능란함, 교묘함(habileté). ~ à traiter les affaires 사업을 처리하는 능란한 수완. avec ~ 교묘하게, 능란하게.

dextralité [dɛkstralite] *n.f.* 오른손잡이임.

dextre [dɛkstr] *a.* ① 《문장》 오른편의(→ écu 그림). ② 《고어》 오른쪽으로 감긴. —*n.f.* 《예》 오른손; 오른쪽. à la ~ 오른편에.

dextrement [dɛkstrəmɑ̃] *ad.* 능란하게, 교묘하게.

dextrier [dɛkstri(j)e] *n.m.* =destrier.

dextrine [dɛkstrin] *n.f.* 《화학》 덱스트린, 호정.

dextriné(e) [dɛkstrine] *a.* 호정(糊精)을 바른.

dextrinerie [dɛkstrinri] *n.f.* 호정 제조소.

dextro- *préf.*「오른편의」의 뜻.

dextrocardie [dɛkstrokardi] *n.f.* 《의학》 심장의 우위치(右位置).

dextrochère [dɛkstrɔkɛːr] *n.m.* 《문장》 무기 따위를 든 오른손.

dextrogyre [dɛkstrɔʒiːr] *a.* 《화학》 우선(右旋)의.

dextromoramide [dɛkstromoramid] *n.f.* (몰핀 대신 사용하는)강력 진통제.

dextrorsum [dɛkstrɔrsom] 《라틴》 *a.* (불변) 《식물》 왼편에서 오른편으로 감긴(↔ senestrorsum).
—*ad.* 왼편에서 오른편으로 돌아. fil enroulé ~ 오른쪽으로 감긴 실.

dextrose [dɛkstroːz] *n.f.* (화학용어로서는 흔히 *n.m.*) 포도당.

dey [dɛ] *n.m.* 《역사》 (알제리의)태수(太守).

dg 《약자》décigramme 데시그램.

D.G. 《약자》 Dei gratia 《가톨릭》 신의 은총으로 《주교·군주가 겸양의 표현으로 서두에 붙임》.

dgr 《약자》 décigrade 《수학》 데시그레이드.

di- *préf.* 「2도·2배·2중」의 뜻.   【단,

D.I. 《약자》 division d'infanterie 《군사》 보병사

dia [dja] *int.* 이랴 ! 《말을 왼쪽으로 모는 소리》.
L'un tire à hue et l'autre à ~. 《구어》 서로 반대 방향으로 끌어당기다, 서로 방해하다. *n'entendre ni à ~ ni à hue*(huhau) 《예》 전혀 알아듣지 못하다.

dia- *préf.* 「분리·구별·횡단」의 뜻.

diabase [djabaːz] *n.f.* 《광물》 휘록암(輝綠岩).

diabète [djabɛt] *n.m.* 《의학》 당뇨병(~ sucré). ~ fruste[rénal] 경성(輕性)[진성(眞性)] 당뇨병.

diabétique [djabetik] *a.* 당뇨병의. —*n.* 당뇨병 환자.

diabétologue [djabetoloɡ] *n.* 당뇨병 전문의, 시자.

diabétomètre [djabetɔmɛtr] *n.m.* 《의학》 당뇨 검사기.

*****diable** [djaːbl] *n.m.* ① 악마(démon), (le D—) 사탄(satan). être possédé du ~ 마귀들리다. chasser les ~*s* 마귀를 쫓다. faire un pacte avec le ~ 악마와 계약하다 《양심을 팔고 그 대가로 이익을 얻는다는 뜻》.
② 악마 같은 놈; 놈, 녀석 《애정이 담긴 표현으로 나쁜 뜻이 아님》. C'est le ~ incarné. 그 녀석은 진

짜 악마이다. pauvre(bon) ~ 불쌍한(좋은) 녀석. grand ~ 키가 큰(장대 같은) 사나이. pauvre ~ de poète 가난한(엉터리) 시인.
③ (아이를 가리켜)말썽꾸러기. un bon petit ~ 소란만 피우는 장난꾸러기.《형용사적》Ce garcon est bien ~. 이 사내아이는 쎄나 소란스럽다.
④ 뚜껑을 열면 인형이 튀어나오는 장난감(~ à ressort);《엣》디아블로(diabolo).
⑤ (2륜의)손수레; 목재 운반차(triquebale).
⑥ (부뚜막의)배기통, 연통; (뚜껑과 몸통이 같은 형태의)남비.
⑦ⓐ《동물》~ des bois 주미원숭이; ~ de Java 천산갑; ~ de Tasmanie 태즈메이니아 데블(주머니곰). ⓑ《조류》~ des savanes (아메리카 남부산의)큰부리뻐꾸기. ⓒ《어류》~ de mer 아귀.
⑧ⓐ《역사》~s bleus 청귀(青鬼) 부대《제1차대전중 푸른 군복을 입고 싸운 프랑스의 알프스 엽기병에게 독일군이 붙인 이름》. ⓑ《고고학》murs du ~ 악마의 벽《고대로마군이 독일에서 쌓은 방벽》; tables du ~ 악마의 테이블《브르타뉴 지방의 고인돌의 속칭》.
à la ~ 부랴부랴, 날림으로, 되는 대로. travail fait à la ~ 서둘러(날림으로) 해치운 일. s'habiller à la ~ 황급하게 옷을 걸치다.
aller le ~ 전속력[초고속]으로 달리다(날다).
au ~ⓐ 아득히 먼 곳에, 아주 멀리. habiter *au* ~ 아주 먼 곳에 살다. ⓑ 꺼져라! 없어져라! Allez *au* ~!(악마에게나 잡혀가라!) →꺼져버려! 웨쳐라! *Au* ~ les importuns! 성가시게 구는 자들은 꺼져버려! *Au* ~ la prudence! 신중론은 집어 치워 버려라!
avoir le ~ *au corps*《구어》ⓐ악마에 홀려있다, 들리다. ⓑ 흥분하다; (아이들이)떠들어대다, 띠며 뛰놀다. ⓒ욕정에 사로잡히다 ⓓ 무시무시하다; 지독하다; 공격적이다. ⓔ 비상한 용기[힘·재능]를 나타내다.
brûler une chandelle au ~ 이득을 얻으려고 부정한 세력에 아첨하다.
Cela ne vaut pas le ~. 한푼의 가치도 없다.
Ce qui vient du ~ *retourne au* ~.《속담》부정한 돈은 오래 가지 못한다.
Ce serait(C'est) bien le ~ *si*… …한다면 이상한 일이다, …할 리가 만무하다. *C'est bien le* ~ *si* personne ne répond au téléphone. 아무도 전화를 받지 않다니 이상하군(그럴 리가 없는데).
C'est la(*Voilà*)*le* ~. 그게 어려운 점이다.《부정형》*Ce n'est pas le* ~. 대수로운 일이 아니다.
C'est le ~ *pour*+*inf.* 도저히 …하기 어렵다. *C'est le* ~ *pour* vous rencontrer. 당신을 만나기란 정말 어렵군요.
comme un(*beau*) ~; *comme tous les* ~*s* 대단히, 맹렬히. se démener(s'agiter) *comme un beau* ~ 미친 듯처럼 날뛰다.
de tous les ~*s*; *du* ~ 심한, 지독한, 대단한. une pluie *de* ~ 지독한(억수 같은) 비. bruit *de tous les* ~*s* 굉장한 소음. avoir un esprit *de tous les* ~*s* 기지가 넘치다.
~ *de* ~ 사나운, 몹시. être fort *en* ~ 엄청나게 힘이 세.
~ *de langue*! 무슨 말이 이렇게 까다로우냐!《특히 ce와 함께》ce ~ d'homme 별난 사람.
Du ~ *si*… 결코 …은 아니다. *Du* ~ *si* je m'en souviens. 정말 생각이 나지 않는군.
en ~ 사나운, 몹시. être fort *en* ~ 엄청나게 힘이 세.
envoyer qc(*qn*) *au* ~(*à tous les* ~*s*) …을 걷어치우다; (사람을)쫓아보내다.
faire le ~(*à quatre*) 난장판을 벌이다;《비유적》

노력하다, 분발하다.
Il faut rendre justice au ~. 아무리 못났어도 장점은 인정해 주어야 한다.
Le — *c'est de* + *inf.* (*que* + *sub.*) 문제는 …하는데 있다.
le — *et son train* 기타 등등; 잡동사니; 뒤얽힌 것, 복잡한 것.
le — *soit de toi*. 악마에게나 물러가라.
Quand le — *est vieux, il se fait ermite.*《속담》악마도 늙으면 은자가 되는 법이다《젊어서 한량이었던 사람이 늙었을 때 하는 말》.
quand le — *y serait*; *quand ce serait le* ~ (악마가 나타난다해도) →아무리해도. *Quand le* — *y serait*, vous ne me ferez pas croire cela. 아무리 그렇게 말해도 당신의 말을 믿을 수가 없다.
Que le — *l'emporte!* 악마에게나 잡혀가라! 꺼져(*Que*) *le* — *m'emporte si*…(만약 …라면 목이라도 내놓겠다)→그것을 …이다. *Le* — *m'emporte si* j'y comprends un mot. 단 한 마디도 알아들을 수가 없군.
se donner au ~ (…하는데)몹시 애를 쓰다, 분발하다.
s'en aller au ~ (*à tous les* ~*s*) 사라져 버리다; 실패하다. Va-t-en *au* ~! 꺼져버려! Son mariage *s'en va à tous les* ~*s*. 그의 혼담이 깨질 것 같다.
si le ~ *s'en mêle* 악마가 거들어주면 모를까《성취하기 힘든 일》. Cela se fera *si le* — *s'en mêle*; Cela ne se fera pas à moins que *le* ~ *ne s'en mêle*. 그것은 (악마가 거들어 준다면 몰라도)이루어지지 않을 것이다.
tirer le ~ *par la queue* 생활이 궁하다.
—*a.* ① 악마적인, 심술사나운. Il n'est pas aussi [si] ~ qu'il est noir. 보기보다는 나쁜 사람은 아니다. ② 장난기 있는, 까불거리는.
—*int.* ①〔놀람·불만·찬탄·서러움 따위를 나타냄〕저런, 빌어먹을, 빌어먹을. D—! cela n'est pas aisé à faire. 제기랄! 일이 쉽지 않은 걸. ②〔의문사와 함께 뜻을 강조〕도대체. Où ~-est-elle allée? 도대체 그 여잔 어딜 갔지.

diablement [dja(a)bləmā] *ad.*《구어》지독히, 몹시. Il fait ~ froid. 몹시 춥다.

diablerie [dja(a)bləri] *n.f.* ①《구어》(짓궂은)장난(espièglerie). ~ d'un enfant 어린아이의 장난. ②《엣》음모, 흉계(machination). Il y a quelque ~ là-dessous. 거기에는 무슨 흉계가 숨어있다. ③《엣》(악마를 불러내는)마법, 주술; (악마의)마성, 마력.《비유적》Il n'y a point de ~ à cela. 까다로울 것은 아무것도 없다. ④《문학사》귀신극(劇); 귀신이야기.

diablesse [djabləs] *n.f.* ①마녀. ② 푸덜대는 여자; 말괄량이. Quelle ~ de fille! 이런 말괄량이가 있나! ③〔의미가 약화되어〕여자. une bonne (grande) ~ 마음씨 좋은(키 큰) 여자.
une(*cette*) ~ *de*+'여성명사' 어떤 (이) 별난(이상한) …. *cette* ~ *de chatte* 이 별난 고양이.

diableteau [dja(a)bləto] (*pl.* ~*x*) *n.m.*《엣》작은 악마; 장난꾸러기.

diablotin(e) [dja(a)blɔtɛ̃, -in] *n.* ① 새끼 악마, 소악마. ②《비유적》장난꾸러기, 부산떠는 아이.
—*n.m.* ①(포장을 열면 소리가 나면서 그림쪽지가 나오는)초콜릿 봉봉. ②《요리》(수프에 곁들여 나오는)토스트.《엣》크림튀김(crème frite)의 일종. ③《장난감》=diable à ressort. ④《해양》뒷돛대 꼭대기의 지삭범(支索帆). ⑤《엣》처음제(催淫劑)의 일종.

diabolicisme [dja(a)bɔlisism] *n.m.* 마성(魔性).

diabolique [dja(a)bɔlik] *a.* ① 악마의; 악마와 같은, 악랄한(démoniaque, satanique). tentation

diaboliquement [dja(a)bɔlikmɑ̃] ad. ① 악마처럼; 악독하게. ② 극단적으로.

diabolisme [dja(a)bɔlism] n.m. 악마주의, 악마 숭배.

diabolo [djabɔlo] n.m. ① 〖장난감〗디아볼로(《줄 위로 던졌다 거꾸러들었다 하는 공중팽이 놀이》). ② (레몬수와 시럽을 혼합한)청량음료의 일종. ③ 〖항공〗(비행선의)착륙바퀴.

[suggestion] ~ 악마의 유혹[제의]. machination ~ 악랄한 음모. ② 곤란한, 어려운, 위험한. travail ~ 매우 힘든 일. opération ~ 위험한 수술. ③ 터무니 없는, 굉장한. habileté ~ 놀랄만한 기교. bruit ~ 굉장한 소음.

diacaustique [djako(ɔ)stik] a. 굴절화선(屈折火線)의.

diachromie [djakrɔmi] n.f. 〖사진〗 투시 원색사진.

diachronie [djakrɔni] n.f. 〖언어〗통시성(通時性); 통시태(通時態)(《Saussure 의 용어로서 역사적 변천과정에서 본 언어현상의 성격을 가리킴》)(↔ synchronie).

diachronique [djakrɔnik] a. 〖언어〗 통시적인.

diachylon [djaʃ(k)ilɔ̃], **diachylum** [djaʃ(k)ilɔm] n.m. 〖의학〗 단연경제(單鉛硬劑), 연경고(鉛膏膏)(emplâtre ~).

diacide [djasid] n.m. 〖화학〗 2 가산(酸), 2 염기성산(biacide).

diaclase [djakla:z] n.f. 〖지질〗 절리(節理).

diacode [djakɔd] n.m., a. 양귀비 시럽(의)(《진핵제》)(sirop ~).

diaconal(ale, pl. **aux)** [djakɔnal, -o] a. 〖종교〗(가톨릭의)부제(副祭)의; (신교의)집사의.

diaconat [djakɔna] n.m. (위)의 직(職).

diaconesse [djakɔnɛs] n.f. 〖종교〗(초대 교회의) 여자 집사; (중세시대 가톨릭의)부제의 처; (신교의)사회사업 부인회원.

diacopé n.m., **diacopée** [djakɔpe] n.f. 〖의학〗 종(縱)골절.

diacoustique [djakustik] n.f. 〖물리〗 굴절 음향학.

diacre [djakr] n.m. (가톨릭의)부제(副祭); (신교의)집사.

diacritique [djakritik] a. ① 〖언어〗 구분적인. signe ~ (한 문자의 음 또는 뜻을 구분하기 위한) 구분부(區分符)(à, où, dû 의 악상기호 따위》). ② 〖의학〗(증상을 구별하는)특징이 있는.

diadelphe [djadɛlf] a. 〖식물〗 양체(兩體) 수술의.

diadème [djadɛm] n.m. ① 왕관; 〖비유적〗왕위. ② (여자의)왕관형 머리장식.

diadémer [djademe] v.t. 왕관으로 장식하다.

diadoque [djadɔk] n.m. ① (그리스의)왕태자. ② 〖역사〗(les ~s)알렉산더 대왕의 후계자가 되기를 다툰 장군들.

diagénèse [djaʒenɛ:z] n.f. 〖지질〗 침적변질(沈積變質).

diagnose [djagno:z] n.f. ① 〖의학〗 진단(법). ② 〖생물〗 기상(記相)(《분류학 용어》). ③ 〖컴퓨터〗(프로그램의 오류를 검출하는)진단.

diagnostic [djagnɔstik] n.m. ① 〖의학〗 진단(학). ~ précoce 조기진단. erreur de ~ 오진(誤診). ② (비유적)(경제 동향 따위의)진단.

diagnostique [djagnɔstik] a. 〖의학〗 진단의. signes ~s (질병 특유의)증상.

diagnostiquer [djagnɔstike] v.t. 〖의학〗 진단하다. ~ une pneumonie sur qn …가 폐렴이라고 진단하다. ② (비유적) ~ une crise économique 경제위기라고 진단하다.

diagnostiqueur [djagnɔstikœːr] n.m. 진단이 정확한 의사.

diagomètre [djagɔmɛtr] n.m. 〖전기〗 전도율(傳導率) 측정기.

diagométrie [djagɔmetri] n.f. 〖전기〗 전도율 측정.

diagonal(ale, pl. **aux)** [djagɔnal, -o] a. ① 〖기하〗 대각선의. ligne ~ale 대각선. matrice ~ale 대각 행렬. ② voie ~ale 〖철도〗(평행하는 두 선을 잇는)연결선. —n.f. ① 대각선. ② 〖직물〗 능직(綾織). à la ~ale = voie ~ale.
en ~ale 대각선으로, 비스듬히. traverser une rue en ~ale 길을 비스듬히 가로지르다. lire en ~ale (비스듬히 읽어내려가다)→건성건성 훑어보다.

diagonalement [djagɔnalmɑ̃] ad. 대각선으로, 비스듬히.

diagramme [djagram] n.m. ① 도표, 도식, 도해. ~ de la fièvre 체온표. ~ d'une fleur 화식도(花式圖). ② 〖철도〗 다이어그램, (열차)운행표.

diagraphe [djagraf] n.m. 〖사진〗 모사용(模寫用) 카메라, 활사기(活寫器).

diagraphie [djagrafi] n.f. (위에)의한 전사법(轉寫法).

dialectal(ale, pl. **aux)** [djalektal, -o] a. 〖언어〗 방언의, 사투리의. accents ~aux 사투리 말투.

dialectalisme [djalektalism] n.m. 방언 특유의 어법.

dialecte [djalɛkt] n.m. 방언, 사투리.
REM dialecte 는 한 나라에서 비교적 넓은 지역의 사투리인데 반해 **patois** 는 좁은 지역 특히 농어촌의 지방어.

dialecticien(ne) [djalɛktisjɛ̃, -ɛn] n. 변증법론자; 변증법 교사.

dialectique [djalɛktik] n.f. ① 〖철학〗 변증법. ~ hégélienne 헤겔의 변증법. ② 논법, 논리(argumentation, logique). ~ rigoureuse 엄밀한 논법. —a. 추리(추론)에 의한; 변증법적인. matérialisme ~ 변증법적 유물론. méthode ~ 변증법적 방법.

dialectiquement [djalɛktikmɑ̃] ad. 변증법적으로.

dialectologie [djalɛktɔlɔʒi] n.f. 방언학.

dialectologue [djalɛktɔlɔg] n. 방언학자.

dialectophone [djalɛktɔfɔn] a., n. 사투리를 쓰는 (사람).

diallèle [djalɛl] n.m. 〖논리〗 순환논법, 악순환 (cercle vicieux).

dialogique [djalɔʒik] a. 《드물게》대화체의.

dialogisme [djalɔʒism] n.m. 〖드물게〗대화술; 대화.

*****dialogue** [djalɔg] n.m. ① 대화, 회화; 대담(entretien, ↔ monologue). Ils ont eu un long ~. 그들은 오랜 대화를 나누었다. ~ intérieur 내면의 대화. ② (극 따위의)대화(부분), 대사; 대화체 작품. ~ de film 영화의 대사. «Les D~s» de Platon 플라톤의 「대화」. ③ (동의를 모색하는)협상, 토의 (pourparlers). Le ~ entre Europe et États-Unis aura lieu. 유럽과 미국간의 협상이 열릴 것이다.

dialoguer [djalɔge] v.i. ① 대화하다, 대담하다. ~ avec un voisin de table 식탁의 옆사람과 이야기를 나누다. faire ~ les personnages (극 중에서)등장인물들로 하여금 대화하게 하다. ② 협상하다, 교섭하다 (négocier).
—v.t. ① (소설 따위를)대화체로 고치다, 각색하다. ~ un roman pour le porter à l'écran 소설을 영화화하기 위해 각색하다. ② (작품·장면에)대화(대사)를 넣다. une mise en scène 어떤 장면의 대화를 잘 붙이다[잘 진행되게 하다]. film bien *dialogué* 대사가 잘된 영화.

dialoguer [djalɔgœːr] n.m. ① 《드물게》대화자. ② 〖옛〗(각본의)대사 작자.

dialoguiste [djalɔgist] n. (영화 따위의)대사 작가.

dialypétale [djalipetal] *a.* 《식물》 이판(離瓣)의. —*n.f.* 이판(離瓣)화류.

dialysable [djalizabl] *a.* 《화학》 투석 가능한.

dialyse [djali:z] *n.f.* 《화학》 투석(透析).

dialysépale [djalisepal] *a.* 꽃받침이 각각 분리된.

dialyser [djalize] *v.t.* 《화학》 투석하다.

dialyseur [djalizœ:r] *n.m.* 《화학》 투석기(器).

diam [djam] *n.m.* 《구어》 다이아몬드 장신구(반지·귀걸이 따위).

diamagnétique [djamaɲetik] *a.* 《물리》 반자성(反磁性)의.

diamagnétisme [djamaɲetism] *n.m.* 《물리》 반자성(反磁性).

diamagnétomètre [djamaɲetɔmɛtr] *n.m.* 《물리》 반자자기(反磁氣器).

***diamant** [djamɑ̃] *n.m.* ① 다이아몬드, 금강석; 다이아몬드 장신구, (특히) 다이아몬드 반지. ②(비유적)다이아몬드처럼)반짝이는 것; 순수(귀중)한 것; 《옛》단단한 것. *~s de la lumière* 휘황하게 반짝이는 빛. *une voix de ~* 티없이 맑은(투명한) 목소리. *cœur de ~* 차가운(냉정한) 마음. *noces de ~* 다이아몬드식(회혼례)(결혼 60 주년). ③ 유리칼(= *de vitrier*). ④ 닻머리(닻 바깥에서 닻가지가 갈라지는 기점). ⑤ *édition ~* 《인쇄》 다이아몬드판(소활자의 소형본). ⑥ (유언자가 유언 집행인에게 주는)증여품. ⑦ *bossage en*(*à*) *pointe de ~* 《건축》 피라미드면(面).

diamantaire [djamɑ̃tɛ:r] *a.* 다이아몬드처럼 반짝이는. *pierre ~* 다이아몬드처럼 반짝이는 돌. —*n.m.* 다이아몬드 상인(세공인).

diamanté(e) [djamɑ̃te] *a.p.* ① 다이아몬드를 박은; 다이아몬드를 뿌린. *broche ~e* 다이아몬드가 박힌 브로치. *ciel ~* (비유적)별들이 반짝이는 하늘. ②(끝에)다이아몬드를 입힌, 이리듐을 입힌. *plume ~e* 이리듐 펜. ③《문어》다이아몬드처럼 빛나는. *eau ~e* (다이아몬드처럼)빛나는 수면.

diamanter [djamɑ̃te] *v.t.* ①(에)다이아몬드를 박다. ② 다이아몬드처럼 빛나게 하다.

diamantifère [djamɑ̃tifɛ:r] *a.* 금강석을 함유한. *gîte ~* 다이아몬드 광상(鑛床).

diamantin(e) [djamɑ̃tɛ̃, -in] *a.* 다이아몬드 같은.

diame [djam] *n.m.* 《속어》다이아몬드(diam).

diamétral(**ale**, *pl.* **aux**) [djametral, -o] *a.* 직경(지름)의. *ligne ~ale* 직경. *plan ~* 《선박》 종단면도. *en opposition ~ale*(비유적)(직경의 양끝처럼) 정반대의.

diamétralement [djametralmɑ̃] *ad.* ① 직경의 방향으로. ② *~ opposé*(비유적)정반대의.

diamètre [djamɛtr] *n.m.* ① 직경, 지름. *~ d'un cercle* 원의 직경. *demi-~* 반경. *~ intérieur*(*extérieur*) 내경(외경). ② 《사진》 *~ d'ouverture* 렌즈의 구경; 《천문》 *~ apparent*(천체의)(시)직경. ③ (등근 물체의)세로 길이. *~ de la tête du fœtus* (頭部)의 세로 길이.

diamidophénol [djamidɔfenɔl] *n.m.* 《화학》 디아미도페놀; 《사진》 아미돌(사진 현상약).

diamine [djamin] *n.f.* 《화학》 디아민.

diandre [djɑ̃dr] *a.*, **diandrique** [djɑ̃drik] *a.* 《식물》 수술이 두 개의.

Diane [djan] *n.pr.f.* 《로마신화》 다이아나(달의 여신으로 수렵과 순결의 수호신, 그리스 신화의 아르테미스(*Artémis*)에 해당).

diane [djan] *n.f.* 《옛·문어》기상 나팔(북). *battre* (*sonner*) *la ~* 기상 나팔을 치다(나팔을 불다).

dianégatif [djanegatif] *n.m.*, **dianégative** [djanegati:v] *n.f.* 영화용 음화(陰畫).

diantre [djɑ̃:tr] *n.m.* 《옛》악마. *D~ soit* (*de*) *qn*[*qc*] …따위는 악마에게나 잡혀가라. *D~ soit* (*de*) *la coquine!* 빌어먹을! 말괄량이 같으니라구! (귀신이나 물어가거라). *un*(*e*) *~ de*… 기묘한, 이상한. *un ~ d'homme* 별난 남자. *une ~ de femme* 별난 여자. *Quelle ~ de cérémonie!* 이 무슨 의식이군! 참 까다로운 의식이군! —*int.* ① (놀라움·감탄·저주, diable 의 완곡한 표현) 참! 제기랄! *D~ que c'est cher.* 그것 참 비싸군! ②(강조) *Que ~ désirez-vous?* 도대체 무엇을 원하오?

diantrement [djɑ̃trəmɑ̃] *ad.* 《옛·문어》= **diablement**.

diapason [djapazɔ̃] *n.m.* ① 《음악》 음역(音域), 음폭. ② 소리굵음, 음차. ③ (비유적)가락, 장단. *Il a haussé la voix au ~ de la colère.* 그는 화가 치미는 만큼(그 정도에 맞춰) 언성을 높였다. *se mettre*[*être*] *au ~ de qn* …와 장단을 맞추다. *Il n'est jamais au ~.* 그는 그 자리의 분위기에 전혀 맞지 않는다.

diapasonner [djapazɔne] *v.t.* (악기의)음조를 맞추다, 조율하다.

diapédèse [djapedɛ:z] *n.f.* 《의학》 누출; (혈구의) 혈관외 유출, 누출성 출혈.

diaphane [djafan] *a.* 《문어》반투명의. *porcelaine ~* 투명 도자기. 《문어》투명한; (살결이)속이 비칠 듯한; (몸이)가느다란. *eau ~* 투명하게 맑은 물. *main ~* 투명한(백옥 같은) 손.

diaphanéité [djafaneite] *n.f.* 반투명성(도).

diaphanomètre [djafanɔmɛtr] *n.m.* 투명도계(計).

diaphanoscope [djafanɔskɔp] *n.m.* 《의학》 체강(體腔)투시기.

diaphanoscopie [djafanɔskɔpi] *n.f.* 《의학》 투시검사법.

diaphonie [djafɔni] *n.f.* (전화 따위의)혼선; (레코드의)어긋남(녹음 불량으로 인해 두 소리가 동시에 재생되는 것); 불협화음(↔ *symphonie*).

diaphonomètre [djafɔnɔmɛtr] *n.m.* (전화의)누화계(漏話計).

diaphorèse [djafɔrɛ:z] *n.f.* 《의학》 발한(發汗).

diaphorétique [djafɔretik] 《의학》 *a.* 발한의, 발한을 촉진하는. —*n.m.* 발한제.

diaphragmation [djafragmasjɔ̃] *n.f.* 《사진》 렌즈를 조절하기.

diaphragmatique [djafragmatik] *a.* 《해부》 횡격막의, 가로막의.

diaphragme [djafragm] *n.m.* ① 《해부》 횡경막, 격막. *~ du nez* 비중격(鼻中隔). *~ de l'oreille* 고막. ② 《생물》 격벽(隔壁), 격막. ③ 《음향》(수화기·확성기의)진동판; (축음기의)사운드 박스. ④ 《사진》 렌즈의 조리개. ⑤ 《의학》 페사리(피임용 격막). ⑥ 《기계》 막판(膜板), 간막이판. ⑦ *mur ~* 《건축》 (로마네스크 교회당의)종 사이의 공간을 막는)격벽.

diaphragmer [djafragme] *v.t.* ① (에)격막을 붙이다. ② 《사진》(광학 기계의)렌즈 조절기를 달다. —*v.i.* 《사진》 렌즈(광선 조절기)를 조절하다.

diaphyse [djafi:z] *n.f.* 《해부》 골간(骨幹).

diaplégie [djaplʒi] *n.f.* 《의학》 양측(兩側)마비.

diapo [djapo] *n.f.* 《구어》슬라이드.

diaporama [djapɔrama] *n.m.* 슬라이드 영사.

diapositif [djapozitif] *n.m.*, **diapositive** [djapoziti:v] *n.f.* 《사진》 투명 양화(陽畫), 슬라이드. *passer*[*projeter*] *des ~s* 슬라이드를 비치다. *classeur pour ~s* 슬라이드 정리함.

diapré(e) [djapre] *a.p.* 알록달록한, 잡색의. *vitraux ~s* 극채색(極彩色) 스테인드글라스. —*n.f.* 살구

diaprer [djapre] *v.t.* ① 《문어》다채롭게 장식하다. 얼룩달룩하게 하다. Le printemps *diapre* les campagnes de riches couleurs. 봄은 갖가지 색깔로 들판을 장식한다. ② 《비유적》《문장 따위를》장식하다. ~ ses phrases de mots grecs et latins 문장을 그리스어와 라틴어로 장식하다.

diapruré [djapryre] *n.f.* 잡색; 다채로운 무늬. ~ des prés au printemps 봄 벌판의 다채로운 색채.

diariste [djarist] *n.m.* 일기를 쓰는 사람.

diarrhée [djare] *n.f.* 《의학》설사. avoir la ~ 설사하다.

diarrhéique [djareik] *a.* 《의학》설사성의. selle ~ 설사변. —*n.* 설사 환자.

diarthrose [djartro:z] *n.f.* 《해부》관절, 가동결합(可動結合).

diascope [djaskɔp] *n.m.* ① 《의학》(피부 투시용의)유리압진기. ② 《군사》(전차의)전망경(périscope). ③ 슬라이드 환등기.

diascopie [djaskɔpi] *n.f.* ① 《의학》유리압진법, 투시검사법(diaphanoscopie). ② (슬라이드 따위의)투사.

diascopique [djaskɔpik] *a.* 《의학》유리압진법의.

diaspora [djaspɔra] 《그리스》*n.f.* ① 《역사》유태민족의 분산; (팔레스타인을 떠나)분산된 유태인 집단. ② 《일반적으로》(사방으로)분산된 민족집단. ~ chinoise (중국땅을 떠나)분산된 중국인 집단(공동체).

diaspore [djaspɔr] *n.f.* 《식물》모수(母樹)를 떠나 착근하여 번창하는 식물.

diastase [djasta:z] *n.f.* 《화학·생리》효소; 디아스타아제.

diastasique [djastazik] *a.* 효소의; 디아스타아제의.

diastème [djastɛm] *n.f.* 《동물》(포유류 따위의) 송곳니와 바로 옆에 있는 어금니 사이의 틈.

diastimomètre [djastimɔmɛtr] *n.m.* 《측량》거리계(距離計).

diastole [djastɔl] *n.f.* 《생리》(심장·동맥의)확장, 팽창.

diastolique [djastɔlik] *a.* 《생리》심장(동맥)확장의.

diathèque [djatek] *n.f.* 《사진》투명 양화(陽畫) 보관 케이스(장), 슬라이드 보관 상자.

diathermane [djaterman], **diatherme**[djaterm], **diathermique** [djatermik] *a.* 《물리》투열성(透熱性)의, 열성.

diathermanéité [djatermaneite] *n.f.* 《물리》투열성.

diathermie [djatermi] *n.f.* 《의학》투열 전기요법, 디아테르미.

diathèse [djatɛ:z] *n.f.* 《의학》병적 소질, 특이소질. ~ allergique (rhumatismale) 알레르기(류머티즘)성 소인(素因).

diathésique [djatezik] *a.* 《의학》병적 소질의.

diatomacées [djatɔmase], **diatomées** [djatɔme] *n.f.pl.* 《식물》규조류(硅藻類).

diatomique [djatɔmik] *a.* 《화학》2 원자의; 2 가(價)의.

diatomite [djatɔmit] *n.f.* 《지질》규조토(硅藻土).

diatonique [djatɔnik] *a.* 《음악》전(全)음계의. gamme ~ 전음계. [계로.

diatoniquement [djatɔnikmɑ̃] *ad.* 《음악》전음

diatribe [djatrib] *n.f.* 혹평, 독설; 비방의 글. faire une longue ~ contre *qn* …을 장황하게 힐난하다.

diaule [djo:l] *n.f.* 《고대그리스》쌍관(雙管)의 피리 (flûte ~); 쌍관 피리로 연주하는 곡.

diazoïque [djazɔik] *a.* 《화학》디아조의.

dibasique [dibazik] *a.* 《화학》2 염기의. acide ~ 2 염기산.

dicaste [dikast] *n.m.* 《그리스사》아테네의 재판관(매년 아테네 시민 중에서 1,000 명에 1 사람꼴로 선출됨).

dicastère [dikastɛ:r] *n.m.* ① 《옛》《그리스사》(dicastes 가 참가하는)아테네의 재판소. ② 재판소, 법원.

dicentra [disɛ̃tra] *n.f.* 《식물》금낭화속(屬).

dichogame [dikɔgam] *a.* 《식물》자웅이숙(雌雄異熟)의.

dichogamie [dikɔgami] *n.f.* 《식물》자웅이숙 (암술·수술의 성숙기가 달라서 자가수정 할 수 없음).

dichotome [dikɔtɔm] *a.* 양분된, 분기의. lune ~ 《천문》반달. tige ~ 《식물》분기된 줄기.

dichotomie [dikɔtɔmi] *n.f.* ① 이분(二分); 《논리》이분법. ② 《천문》반달. ③ 《식물》이차분지(分枝). ④ 《법》(의사의)사례금의 양분.

dichotomique [dikɔtɔmik] *a.* 2 분법의. classification ~ 이분법에 의한 분류.

dichroïque [dikrɔik] *a.* 《물리》2 색성(色性)의.

dichroïsme [dikrɔism] *n.m.* 《물리》2 색성.

dichromatique [dikrɔmatik] *a.* 두 빛깔의.

dicible [disibl] *a.* 《드물게》말로 표현할 수 있는.

dicline [diklin] *a.* 《식물》자웅이화(雌雄異花)의, 암수딴꽃의.

dico [diko] 《학생어》*n.m.* 사전(dictionnaire).

dicotylédone [dikɔtiledɔn], **dicotylédoné(e)** [dikɔtiledɔne] 《식물》*a.* 쌍자엽(雙子葉)의. —*n.f.pl.* 쌍자엽 식물.

dicrane [dikran] *n.m.* 《식물》이끼의 일종.

dicrote¹ [dikrɔt] *a.* 《의학》중복맥(重複脈)의. pouls ~ 중복맥.

dicrote² *n.m.* 《역사》노가 두 줄인 고대의 배.

dicrotisme [dikrɔtism] *n.m.* 《의학》중복맥.

dictagraphe [diktagraf] *n.m.* 딕토그래프(도청 따위에 쓰이는 강력한 송신기를 가진 전화장치).

dictame [diktam] *n.m.* ① 《식물》백선속(屬). 《옛날에는 강력한 외상약(外傷藥)으로 쓰였음》. ② 《비유적》위안.

dictamen [diktamen] *n.m.* (이성·양심의)계시, 명령《다음 표현으로만 쓰임》. ~ de la conscience 양심의 소리.

dictaphone [diktafɔn] *n.m.* (속기용)구술 축음기, 딕타폰.

dict*ateur(trice)* [diktatœ:r, -tris] *n.* ① 독재자, 독재관. ~ fasciste 파시스트 독재자. ton de ~ 《비유적》고압적인 말투. ② 《고대로마》집정관.

dictatorial(ale, *pl.* **aux)** [diktatɔrjal, -o] *a.* ① 독재적인; (태도·말투 따위가) 오만스런, 위압적인(impérieux). air ~ 위압적인 태도. ② 집정관의.

dictatorialement [diktatɔrjalmɑ̃] *ad.* 독재적으로, 오만스럽게.

dictature [diktaty:r] *n.f.* ① 독재, 압제; 독재권. 《비유적》절대적 지배. ~ militaire 군사독재. ~ de la mode 유행의 지배력. ② 《고대로마》집정관의 지위; 집정기간.

dictée [dikte] *n.f.* ① 받아쓰기, 구술(口述). écrire sous la ~ de *qn* …의 구술을 받아쓰다. ② ~ musicale 《음악》채보(採譜). ③ 《비유적》암시, 명령. ~ de l'âme mon cœur l'ordonne. agir sous la ~ des circonstances 상황에 따라 행동하다.

***dicter** [dikte] *v.t.* [~ *qc* à *qn*] ① 받아쓰게 하다, 필기시키다. ~ une lettre *à* sa dactylo 타이피스트에게 편지를 받아쓰게 하다. ② (남에게 할 일·해야할 말을)시사(암시)하다(inspirer, commander). ~ à *qn* la conduite qu'il doit tenir …에게 취해야 할 태도를 암시하다. Je suis sûr que sa réponse *a été dictée*. 그의 대답은 누군가가

가르쳐준 것임에 틀림 없다. 《주어는 사물》 Leur attitude *a dicté* la nôtre. 그들의 태도가 우리의 태도를 결정지었다(우리에게 그런 태도를 취하게 했다). conduite *dictée* par la colère 분노에 의해 야기된 행동. ③ 《어떤 행동을》강제《강요》하다, 과하다, 명하다(imposer). ~ les conditions de paix 강화의 조건을 강요하다.

diction [diksjɔ̃] *n.f.* ① 말투, 발성법; (특히 시문의)낭독법. avoir une ~ très nette 말투[발음]가 매우 명확하다. professeur de ~ 낭독법 선생. ② 《옛》말하는법, 표현법; 낱말, 단어.

***dictionnaire** [diksjɔnɛːr] *n.m.* ① 사서, 사전. consulter un ~ 사전을 펴보다. traduire à coups de ~ 사전에서 머리 부분을 인용해서 해석하다. ~ étymologique 어원 사전. ~ encyclopédique 백과 사전. ~ des noms propres 고유명사 사전. ②《시대·작가의》총어휘(vocabulaire). ~ très riche de Victor Hugo 위고의 풍부한 어휘.
~ *ambulant* (*vivant*); *vrai* ~ 《구어》살아 있는 사전, 박식[정통]한 사람. C'est un ~ *vivant*! 그는 살아 있는 사전이다!

dicton [diktɔ̃] *n.m.* 속담; 격언; 《옛》신랄한 말.

dictum [diktɔm] ① 《옛》《법》판결문. ②《논리》진술.

-didacte *suff.*「가르치는」의 뜻《예: auto*didacte* 독학의》.

didacticien(ne) [didaktisjɛ̃, -ɛn] *n.* 교호적 전문가.

didactique [didaktik] *a.* 교훈[교육]적인, 학술적인, 전문적인. littérature (œuvre) ~ 계몽 문학[서]. terme ~ 학술어, 전문용어. —*n.m.* 교훈적 작품. —*n.f.* 《옛》교수법.

didactiquement [didaktikmɑ̃] *ad.* 교훈[교육]적으로; 학술적으로.

didactyle [didaktil] *a.* 《동물》두 발가락 가진.

didascalie [didaskali] *n.f.* ① 《고대그리스》(극작가가 배우에게 하는)연기 지시; 연극의 공연. ②《고대로마》(각본 서두의)해설.

dideau [dido] (*pl.* ~*x*) *n.m.* 교망(橋網).

didelphe [didɛlf] *a.* 《의학》자궁과 질이 중복된. —*n.f.pl.* 《동물》(캥거루 따위의)유대류.

diduction [didyksjɔ̃] *n.f.* 《생리》아래턱의 수평 운동.

didyme [didim] *a.* 《식물》좌우 대칭의. racines ~*s* 쌍생근(雙生根). —*n.m.* 《화학》디디뮴.

didyname [didinam] *a.* 《식물》두 수술이 긴, 이강(二强)의.

dièdre [djɛdr] *a.* 《수학》이면(二面)의. angle ~ 이면각. —*n.m.* ① 《수학》이면형(V자형). ② 《항공》상반각(上反角). ③ 《등산》(암벽 사이의)V자형 공간.

diélectricité [djelɛktrisite] *n.f.* 《전기》유전성(誘電性).

diélectrique [djelɛktrik] *n.m., a.* 《전기》유전체(誘電體)(의).

diencéphale [djɛ̃sefal] *n.m.* 《의학》간뇌(間腦).

diencéphalique [djɛ̃sefalik] *a.* 간뇌의.

diène [djɛn] *n.m.* 《화학》디엔.

dieppois(e) [djepwa, -aːz] *a.* 디에프(*Dieppe*, 프랑스의 도시)의. —**D~** *n.* 디에프 사람.

diérèse [djerɛːz] *n.f.* ① 《언어》분음(分音)《이중모음을 각각 발음하기》. ②《옛》분음표(tréma). ③ 《외과》분리(수술)《접합되는 것이 좋지 않을 경우에 함》.

dièse [djɛːz] *n.m.* ① 《음악》샤프 기호, 반음올림표(♯)(↔*bémol*). —*a.* 반음올림 소리의, 반음올림표가 붙은. do ~ mineur 올림 다단조. ②《음성》샤프 음조의.

dièsé(e) [djeze] *a.p.* 《음성》샤프 음조의.

diesel [di(je)zɛl] *n.m.* 《기계》디젤 기관; 디젤 자동차. moteur ~ 디젤 엔진.

diesel-électrique [djezelelektrik] *a.* 전기식 디젤의. —*n.m.* 전기식 디젤 기관차.

diéselification [djezelifikasjɔ̃] *n.f.* 《철도》디젤차로 대체하기.

diéselisation [djezelizasjɔ̃] *n.f.* 《철도》(증기 기관차를)디젤 기관차로 대체하기.

diéseliste [djezelist] *n.m.* 《기계》디젤 발동기(엔진·모터) 전문가.

diéser [djeze] ⑥ *v.t.* 《음악》샤프를 붙이다, 반음 올리다.

dies irae [djɛsire] 《라틴》*n.m.* 노여움의 날, 디에스 이레《죽은 자의 미사에서 불리워지는 라틴어 성가의 머릿말》.

diésis [djezis] *n.m.* 《인쇄》이중 단검표(‡).

diète¹ [djɛt] *n.f.* ① (치료를 위한)규정식, 식이요법. ~ lactée (végétale) 우유(야채)식. ② 절식, 다이어트. ~ absolue 단식. être à la ~ 절식하고 있다. faire (la) ~ 절식하다. mettre *qn* à la ~ …을 절식시키다.

diète² *n.f.* 《역사》(독일·스웨덴 따위의)국회, 의회;《가톨릭》(수도회의)집회, 회합.

diététicien(ne) [djetetisjɛ̃, -ɛn] *n.* 영양학자.

diététique [djetetik] *a.* 식이요법의, 음식 섭생의. régime ~ 식이요법. —*n.f.* 식이요법; 영양학.

diététiste [djetetist] *n.* (의사 중의)식이요법론자; 영양사.

diétine [djetin] *n.f.* 《역사》(폴란드의)주의회(州議會).

‡**dieu** [djø] (*pl.* ~*x*, *f.* déesse) *n.m.* ① (D~) (일신교, 특히 유대교·그리스도교의)신《보통 무관사; 한정할 때는 정관사를 붙임》. Fils de D~ 신의 아들; D~ le Fils; D~ Homme (천주)성자, 그리스도. Mère de D~ 성모 마리아. croire en D~ 신을 믿다. Ni D~ ni maître. 신도 아니고 주인도 아니다《무정부주의자의 표어》.
② (다신교의)신; 우상, 숭배물. ~*x* de l'Olympe 올림푸스의 제신. histoires ~*x* 신화. ~ de marbre 대리석 신상. offrir des sacrifices aux ~*x* 신들에게 제물을 바치다.
③ (비유적)신과 같은 사람[사물]. ~*x* de la terre 지상의 신들《왕·권력자를 가리킴》. ~*x* du stade 경기장의 영웅들. faire de *qc* son ~ …을 숭배하다. ~ de l'écran 은막의 우상《스타》.
④ 《놀라움·찬탄·지겨움·저주를 나타냄》 D~! ; Bon D~! ; D~ de D~! ; (Sacré) nom de D~! 《속어》제기랄! 빌어먹을! Mon D~! ; Grand D~! ; juste D~! ; pour D~! 저런; 어쩌면; 어머나.
À la grâce de D~ ! 운을 하늘에 맡기자!
bénir les ~*x (de+inf.)* (…한 것을) 다행으로 여기다(se féliciter (de)). Il *bénissait les* ~*x* d'en être quitte à bon compte. 그는 별탈없이 끝난 것을 다행으로 여겼다.
Ce n'est pas D~ possible. 《속어》설마 그럴 리가.
Ce que femme veut, D~ le veut. 《속담》(여자가 원하는 것은 신도 그것을 원한다) → 여자가 원하면 안되는 게 없다.
comme un ~ 매우, 대단히, 굉장히. beau *comme un* ~ 그지없이, 아름다운. faire *qc comme un* ~ 훌륭하게 …하다.
de D~ 《구어》그지없는, 뛰어난. ce bel enfant *de D~* 그지없이 예쁜 아이.
D~ aidant; avec l'aide de D~ ◇s'il plaît à D~.
D~ merci! 다행히도! 고맙게도! 《유사한 표현

으로 Grâce(s) à D~!, D~ soit béni(loué)!). D~ merci, il ne s'est rien passé. 다행히 아무 일도 일어나지 않았다.
D~ me pardonne! 정직하게 말해서, 감히 말씀드린다면 (표현을 완화하기 위해 쓰는 말). *D~ me pardonne*, mais il est fou. 이렇게 말해서 뭣하지만 그 사람은 머리가 돈 사람이에요.
D~ sait... ⓐ …인지는 아무도 모르다 (불확실성). *D~ sait* pourquoi il a fait cela. 그가 왜 그렇게 했는지 아무도 모른다. Cela va *D~ sait* comme (comment). 일이 어떻게 되어갈지 모르겠다 (아무래도 되어가는 끝이 위태롭다는 뜻도 됨). ⓑ …임에 틀림없다 (확실성의 강조). *D~ sait* si vous serez bien reçu. 당신은 틀림없이 환대받을 것이다. *D~ sait* que je n'y suis pour rien. 맹세코 나는 그 일과 아무 관련이 없습니다.
D~ vous le rende(rendra)! (은혜를 베풀어 준 사람에게)하느님이 갚아주시기를!
en D~ 훌륭하게. agir *en D~* 멋지게 행동하다.
entre D~ et soi 비밀의, 비밀리에. C'est une affaire *entre D~ et moi*. 이것은 나만의 비밀이다.
être dans le(s) secret(s) des ~x (관료 따위가)상충부의 비밀 사항을 알다, 중대한 비밀에 참여하다. Nous autres fonctionnaires, nous ne *sommes pas dans le secret des ~x*. 우리 같은 관리는 국가 기밀을 모른다.
Il n'y a pas de bon D~... (속어)확실히 (긍정을 강조). *Il n'y a pas de bon D~*, vous le ferez. (염려하지 말아요)당신은 틀림없이 해낼 수 있을테니까 (그것을 방해하는 하느님은 없다는 뜻).
jurer ses grands ~x (que...) (…라고)단언하다. Il m'a juré ses *grands ~x* que tout serait prêt à l'heure. 그는 모든 준비가 그때까지는 완료될 것이라고 확언했다.
le bon D~ ⓐ 하느님. prier *le bon D~* 하느님께 기도하다. chaque jour *du bon D~* (평온한) 하루하루. ⓑ성체(聖體)(eucharistie). recevoir *le bon D~* 성체 배령하다. On lui donnerait *le bon D~* sans confession (sans confesser). (반어적)그는 겉보기에는 그지 없이 선한 사람 같지만 실은 그렇지가 않다.
paraître devant D~ 신에게 가다, 죽다(mourir).
Plaise(Plût) à D~ que+sub. ⇨plaire.
pour l'amour du bon D~ ⓐ제발. *Pour l'amour de D~*, n'en parlez à personne. 제발 아무에게도 말하지 마십시오. ⓑ무보수로. donner *qc pour l'amour de D~* …을 무상(공짜)으로. ⓒ (반어적) 억지로, (일 따위를)대강대강. Ce travail a été fait *pour l'amour de D~*. 이 일은 정당히 해치워졌다.
s'il plaît à D~; si D~ (le) veut 일이 순조로우면. Je compte arriver demain, *si D~ le veut*. 일이 잘되면 내일 도착할 것이다.

dieudonné [djødɔne] *n.m.* 하늘이 주신 것.

diffa [difa] *n.f.* (북아프리카의 이슬람교도가 귀빈을 맞이하는)초대연, 연.

diffamant(e) [difa(a)mã, -ã:t] *a.* 중상하는, 명예를 훼손하는. propos *~s* (남을)중상하는 언사.

diffama*teur*(*trice*) [difa(a)matœ:r, -tris] *n.* 중상자, 명예 훼손자. —*a.* 중상하는.

diffamation [difa(a)masjɔ̃] *n.f.* 중상, 명예 훼손(calomnie); 중상적인 언행. ~*s des journaux* 신문의 비방적인 기사.

diffamatoire [difa(a)matwa:r] *a.* 명예를 훼손하는. imputation ~ 무고(誣告). pamphlet ~ (남을)중상하는 문서.

diffamé(e) [difa(a)me] *a.p.* ① 〖문장〗 꼬리 없는. ②〖옛〗불명예스러운.

diffamer [difa(a)me] *v.t.* ①(의)명예를 훼손하다, 중상하다(calomnier). ~ son adversaire politique 정적을 중상(모략)하다. ②〖옛〗더럽히다(salir); (형 따위를)감히하다(défigurer).
—*se* ~ *v.pr.* 자기의 명예를 손상시키다; (비유적)서로 명예를 훼손하다.

différé(e) [difere] *a.p.* 연기된, 지연된; 사후의. paiement ~ 연불(延拂), 후불. télégramme ~ 간송(間送) 전보 (전신국에서 한가한 시간에 보내는 것으로 요금이 쌈). coupe-circuit à action ~*e* 〖전기〗 시한 스위치. capital ~ 생존보험 (피보험자가 일정한 시기까지 생존하면 지급받는 보험료도, 사망하면 보험회사의 소유가 됨). émission ~*e de* télévision 텔레비전의 녹화 방영.
—*n.m.* émission en ~ 녹음(녹화) 방송 (↔ émission en direct).

différemment [diferamã] *ad.* 다른 방법으로 (autrement). Je pense ~. 나는 생각이 다르다. [~ de] agir ~ *des autres* 다른 사람과 달리 행동하다.

:**différence** [diferã:s] *n.f.* ① 다름, 차이, 상이. ~ entre A et B; ~ de A à B; ~ de A et de B, A와 B와의 차이. [~ de] Il y a une grande ~ *de prix* entre ces deux articles. 이 두 물건은 값의 차이가 크다. [~ de] J'ai cinq ans *de* ~ avec mon mari. 나는 남편과 5살 차이이다. Cela ne fait pas *de* ~. 어느 쪽이건 마찬가지이다. ② 차별, 구별 (distinction). faire une ~ entre A et B, A와 B를 구별하다. faire des ~*s* entre ses enfants 아이들을 차별하다. ③ 〖수학〗 차(écart); 차액. La ~ entre 50 et 30 est 20. 50과 30의 차는 20이다. ~ en plus 잉여, 여분(excédent). ~ en moins 부족(manque). Voilà mille francs, vous paierez la ~. 여기 천프랑이 있으니까 (나머지)차액을 당신이 내시오. ④ 〖논리〗 종차(種差)(~ spécifique); 〖전기〗 전위차(電位差)(~ de potentiel).
à la ~ de... …와 달리 (반대로). Il adore le sport, *à la ~ de* son frère. 그는 형과는 달리 스포츠를 좋아한다.
à la ~ que... …라는 차이는 있지만, …라는 것을 제외하고는 (avec cette ~ que...).
faire la ~ …의 차이를 두다, 구별하다.

différencia*teur*(*trice*) [diferãsjatœ:r, -tris] *a.* 구별시키는, 〖생물〗 분화시키는. action ~*trice* 분화작용.

différenciation [diferãsjasjɔ̃] *n.f.* ① 〖생물〗 분화. ~ fonctionnelle 기능의 분화. ~ sexuelle [du sexe] 성(性)분화. ② 구별, 식별 (distinction). procéder par ~ (실험 따위가)판별법에 의해 진행되다. ③ 〖경제〗 (기업·직장의)전문화; (상품의)세일즈 포인트의 다양화. ④ 〖언어〗 (언어의)분화; (음성의)인접이화(隣接異化).

différencié(e) [diferãsje] *a.p.* 분화된. tissus [organes] ~*s* 〖생물〗 분화된 조직 [기관].

différencier [diferãsje] *v.t.* ① 구별하다 (distinguer, séparer). ~ deux espèces botaniques voisines 비슷한 두 종의 식물을 구분하다. ~ A (d'avec) B, A를 B와 구별하다. ~ entre A et B, A와 B를 구별하다. ② 〖수학〗 미분하다.
—*se* ~ *v.pr.* ① [se ~ de] 자기와 구별하다; (와)구별하다. Ils ont revêtu un maillot rouge pour *se* ~ *de* leurs adversaires. 그들은 상대 선수들과 구별짓기 위해 빨간색 운동복을 입었다. *se* ~ *de* ses camarades par …에 의해 동료들과 구별되다. ② 분화하다.

différend [diferã] *n.m.* 분쟁, 쟁의, 의견 차이 [대립], 갈등 (désaccord). avoir un ~ avec *qn* …와 다투고 (대립하고) 있다. vider un ~ 분쟁 (대립)을

해결하다. régler[accommoder] un ~ à l'aimable 협의[타협]에 의해 분쟁을 해결하다.

différent(e) [diferɑ̃, -ɑ̃:t] a. ① 다른, 서로 다른, 차이 있는, 상이한(↔ semblable). deux régions très ~es 매우 판이한 두 지역. [~ de] Votre voiture est ~e de la mienne. 당신의 차는 내 차와 다르다. Il est devenu ~. 그는 사람이 변했다. Ils sont ~s à tous points de vue. 그들은 모든 점에서 서로 다르다. être ~ comme le jour et la nuit 판이하게 다르다. ② (pl.) (명사 앞에서 관사 없이) 여러 가지, 갖가지의(divers). à ~es reprises 여러차례. C'est ~. 이야기가 다르다. Dans ce cas, c'est ~: je ne sais pas si je vais y aller. 그렇다면 이야기가 다르다. 나는 거기에 갈지 모르겠는걸.
—*n.m.* (메달·화폐의) 각인, 조폐국인.

différentiation [diferɑ̃sjɑsjɔ̃] n.f. 《수학》 미분(微分)(법).

différentiel(le) [diferɑ̃sjɛl] a. ① 《수학》 미분의. calcul ~ 미분학. équation ~le 미분방정식. ② 《기계》 차동(差動)의. mouvement ~ 차동. vis ~le 차동나사. engrenage ~ 차동톱니바퀴. ③ psychologie ~le 《심리》 차이 심리학(개인·남녀·연령 따위로 나타나는 차이를 연구). ④ tarif ~ 《상업》 차등운임(장거리일수록 비율이 내려감). ⑤ 《의학》 tension ~le 맥압(최고혈압과 최저혈압의 차); diagnostic ~ 감별진단(유사한 증상을 감별). ⑥ 《언어》 시차(示差)적.
—*n.m.* (자동차의) 차동기. —*n.f.* 《수학》 미분.

différer [difere] 6 v.t. ① 연기하다, 미루다(reporter). ~ le départ 출발을 연기하다. (목적보어 없이) On ne peut plus ~ davantage. 더 이상 연기할 수 없다. 《문어》 Ne différez point d'y [à y] aller. 거기 가는 것을 미루지 마시오.
—*v.i.* ① 다르다, 서로 다르다; (와)의견이 다르다 (↔ ressembler). deux acteurs qui diffèrent par leur caractère 성격이 다른 두 배우. Ces deux opinions diffèrent du tout au tout. 이 두 의견은 전혀 다르다. [~ de] Votre point de vue diffère sensiblement du sien. 당신의 관점은 그의 관점과 상당히 차이가 있다. Lui et moi, nous différons totalement sur cette question. 그와 나는 이 문제에 대해 전적으로 의견이 다르다. ② 가지각색이다 (varier). La notion de l'honneur diffère suivant les pays. 명예의 개념은 나라마다 다르다.

‡difficile [difisil] a. ① 어려운, 힘든(↔ facile), (일이) 까다로운; 고달픈, 피로운(dur, pénible). travail ~ 어려운 일. problème ~ 까다로운 문제. chemin ~ 험난한 길. [~ à+inf.] rôle ~ à jouer 연기하기 힘든 역. Cela est ~ à dire. 그것은 말하기 어렵다. ② 난해한, 이해하기 힘든. livre ~ à lire 난해한 책. auteur ~ 난해한 작가. texte ~ à comprendre 이해하기 힘든 글. ③ (사람·성격 따위가) 까다로운(exigeant). personne ~ 꾀까다로운 사람. C'est un homme ~ à vivre. 사귀기 어려운 사람이다. [~ sur] Il est [se montre] ~ sur la nourriture. 그는 음식에 대해 까다롭다. ④ (사태가) 미묘한, 불안정한(délicat, inquiétant). être dans une situation ~ 미묘한 상황에 처해있다.
Il est ~ de+inf.(que+sub.) ···하는 것은 어려운 일이다. Il est difficile《(구어) C'est》 ~ de vivre avec lui. 그 사람과 사귀는 [같이 사는] 것은 어려운 일이다.
faire le[la] ~ 까다롭게 굴다, 트집을 잡다.
—*n.m.* 어려운 점, 난점. Le ~, c'est que... 어려운 것은 바로 ···이다.

‡difficilement [difisilmɑ̃] ad. 가까스로, 간신히, 겨우. gagner ~ sa vie 간신히 생계를 이어가다. ~ lisible (부정의 뜻으로) 판독하기 힘든.

‡difficulté [difikylte] n.f. ① 곤란, 어려움. ~ du travail 일의 어려움. réussir avec [sans] ~ 가까스로 [별 어려움 없이] 성공하다. éluder (tourner) la ~ 난관 [장애]을 피하다. ② 어려운 점, 난점, 장애. avoir des ~s financières (d'argent) 재정적으로 곤란하다. affaire pleine de ~s 갖가지 어려움이 많은 일. surmonter les ~s 난관을 극복하다. Cela ne fait aucune ~. 조금도 어렵지 않다, 아주 쉬운 일이다. ③ 난해한 부분[것], 어려운 부분. ~ d'un morceau de musique 곡의 연주하기 어려운 곳. ④ 반대, 이의. soulever des ~s 이의를 제기하다. Il vous les donnera sans aucune ~. 그는 아무런 반대도 없이 (순순히) 그것을 내줄 것이다. ⑤ 불편한 관계, 갈등. avoir des ~s avec ses voisins 이웃들과 ...
avoir de la ~ à + inf. ···하기가 어렵다. Il a de la ~ à respirer. 그는 호흡이 곤란하다.
en ~ 어려운 상황에, 곤경에. entreprise en ~ 경영이 어려운 기업. être (se mettre) en ~ 곤경에 처해 있다 (빠져 있다).
faire des ~s pour + inf. ···하는 데 까다롭게 굴다, 좀처럼 ···하지 않다. Ils ont fait des ~s pour me donner mon passeport. 그들은 내 여권을 내주는 데 꽤까다롭게 굴었다. Il n'a pas fait des ~s pour venir. 그는 두말 없이 왔다.

difficultueusement [difikyltɥøzmɑ̃] ad. 《드물게》 까다롭게; 간신히.

difficultueux(se) [difikyltɥø, -ø:z] a. ① 몹시 까다로운; 곤란한. réglement ~ 몹시 까다로운 규칙. ② 《옛》 (사람이) 까다로이 구는.

diffluence [diflyɑ̃:s] n.f. ① 유출, 확산. ② (조직·중양 따위의) 용해. ③ 《지리》 (하천·빙하의) 분기(分岐).

diffluent(e) [diflyɑ̃, -ɑ̃:t] a. ① 사방으로 확산하는, 확산적인. ② 《지리》 분류(분기)하는. ③ (조직·중양 따위가) 용해된.

diffluer [diflye] v.i. (농이 조직내에) 번지다; (사방으로) 넘쳐 흐르다.

difforme [diform] a. ① (인체가) 기형의, 불구의. jambe ~ 불구의 다리. ② 《드물게》 (사물이) 보기 흉한, 불균형의. bâtiment ~ 보기흉한 건물.

difformer [diforme] v.t. ① 《옛》 = déformer. ② (화폐·메달을) 변형하다.

difformité [diformite] n.f. 기형, 보기 흉함; (정신적인) 추함, 비정상(anomalie). ~ de la vue 눈 (시력)의 이상. ~ de l'esprit 비틀어진 정신.

diffracter [difrakte] v.t. 《물리》 (빛·전자 따위를) 회절(回折)시키다.

diffractif(ve) [difraktif, -i:v] a. 《물리》 회절시키는.

diffraction [difraksjɔ̃] n.f. 《물리》 회절(回折).

diffractographe [difraktɔgraf] n.m. 《광학》 회절 사진기.

diffractomètre [difraktɔmɛtr] n.m. 《광학》 회절 (측정)계.

diffringent(e) [difrɛ̃ʒɑ̃, -ɑ̃:t] a. 《물리》 회절(回折)시키는.

diffus(e) [dify, -y:z] a. ① 흩어진, 확산(擴散)된. douleur ~e 《의》 (몸에) 번진 아픔. éclairs ~ (빛이 구름에 반사되어 생기는) 막전광(幕電光). chaleur ~e 확산열. lumière ~e 《물리》 산광(散光). ② 말많은, 장황한(prolixe); 걸잡을 수 없는, 산만한. style (écrivain) ~ 산만한 (장황한) 문체 (작가). rêverie ~e 걷잡을 수 없는 몽상. ③ 《음성》 (음향 특성의) 확산성의.

diffusément [difyzemɑ̃] ad. 《드물게》 장황하게, 산만하게; 희미하게, 어렴풋이(vaguement).

diffuser [difyze] v.t. ① (빛·열을) 확산시키다 (répandre). ~ la lumière 빛을 확산시키다. ② 【라디오·텔레비전】 방송하다. discours *diffusé* en direct(en différé) 생방송[녹음 방송]된 연설. ③ (소문 따위를)퍼뜨리다(propager). ~ une nouvelle 뉴스를 퍼뜨리다. ④ 배급(배포)하다. ~ des livres (출판사가)책을 배급하다. ~ un questionnaire 설문지를 배포하다. **—se ~** *v.pr.* 퍼지다, 확산되다.

diffuseur [difyzœːr] *n.m.* ① (자동차의 기화기에 붙은)분사기. ② (원자로의) 앞에(散氣)장치; (소화가스의)살수장치. ② (조명기구의)확산기《광선을 확산시키는 갖 따위》. ③ 사탕무우즙 추출기. ④ 확성기(haut-parleur). ⑤ (출판물·영화 따위의)배급원(配給元); (정보전달의)매체, 미디어. ⑥ (도로의)인터체인지(échangeur).

diffusible [difyzibl] *a.* 확산되기[퍼지기] 쉬운; 《사상 따위가》전파된.

diffusif(ve) [difyzif, -iːv] *a.* 확산되는.

diffusion [difyzjɔ̃] *n.f.* ① (열·빛의)확산. ~ des gaz 기체의 확산. ~ de la lumière 빛의 확산. ② 방송. ~ du bulletin d'informations 뉴스 방송. ③ 살포, 유포; 보급, 전파(propagation); 『물리』의 만연. ~ de l'instruction 교육의 보급. ~ du français à l'étranger 외국에서의 프랑스어의 보급. ~ des ouvrages en librairie (서점에서의)서적 배급. ④ 《예》(문장 따위의)장황함.

dig. 《약자》Faites digérer 【약】 온침(溫浸)할 것.

digamma [digamma] 《그리스》 *n.m.* 초기 그리스 자모의 제 6 자.

digastrique [digastrik] *a.* 『해부』 이복근(二服筋)의. muscle ~ 이복근.

digénèse [diʒenɛːz] *n.f.* 『생물』 세대 교번(世代交番).

digérable [diʒerabl] *a.* =**digestible**.

digérer [diʒere] [6] *v.t.* ① 소화하다, 새기다. Je ne *digère* pas la viande. 나는 고기를 잘 소화시키지 못한다. 《목적보어 없이》 Je *digère* mal. 나는 소화가 잘 안된다. ② (지식 따위를)소화하다, 흡수하다(assimiler). ~ une lecture 읽은 책을 소화하다. ③ (비유적) 《욕 따위를》참다(supporter); 참고 듣다. Je ne peux pas ~ son arrogance. 그의 오만함을 참을 수 없다. C'est dur à ~. 이건 참기 어렵다. ④ 《예》정리하다 (mettre en ordre).

Il digérerait des cailloux (*du fer*). 그는 위가 대단히 튼튼하다[소화를 잘 시킨다].

— *v.i.* ① 소화되다. ② 《예》faire ~ *qc* à feu doux 【요리】 약한 불로 천천히 끓이다[고다, 삶다]; faire ~ *qc* dans l'eau ···을 물에 젖어들게 하다[적시다].

—se ~ *v.pr.* 소화되다; (지식 따위가)소화[이해]되다; 견디다.

digest [daiʒɛst] 《영》 *n.m.* 다이제스트, 적요(摘要).
digeste¹ [diʒɛst] *n.m.* 『고대로마』 판령집(判令集).
digeste² *a.* 소화하기 쉬운.

digesteur [diʒɛstœːr] *n.m.* 『화학』 침지(浸漬)器; (병자용의 고기를 찌는)압력솥.

digestibilité [diʒɛstibilite] *n.f.* 소화율(성).

digestible [diʒɛstibl] *a.* 소화하기 쉬운.

digestif(ve) [diʒɛstif, -iːv] *a.* 소화의, 소화를 촉진하는. appareil ~ 소화기관. trouble ~ 소화불량. pastille —*ve* 소화제. — 『의학』 소화제; 식후의 술 《리큐르주》(↔ apéritif).

digestion [diʒɛstjɔ̃] *n.f.* ① 소화. ~ 소화를 돕다[촉진시키다]. être d'une ~ pénible [difficile] (음식물이)소화하기 어렵다. faire une promenade de ~ 소화를 잘되도록 산책하다. ② (비유적)(지식 따위의)소화, 이해. Ce livre est d'une ~ facile. 이 책은 쉽게 이해된다. ③ 『구어·

드물게》참기, 인내. insulte de dure ~ 참기 어려운 모욕. ④ 《예》침지(浸漬); 『의학』 완전 화농.
visite de ~ 《예·구어》 만찬 초대에 대한 사례 방문.

digit [diʒit, diʒit] *n.m.* 『컴퓨터』 디짓, 숫자.

digital(ale¹, *pl.* **aux**) [diʒital, -o] *a.* ① 손가락의; 손가락 모양의. empreinte —*ale* 지문(指紋). ② 『컴퓨터』 디지탈(방식)의(↔ analogue).

digitale² [diʒital] *n.f.* 『식물』 디기탈리스.

digitaline [diʒitalin] *n.f.* 『화학·약』 디기탈린 《디기탈리스 잎에서 뽑아낸 독소; 강심제로 사용》.

digité(e) [diʒite] *a.* 『동·식물』 손(가락)모양의, 유지(有指)의.

digiti- *préf.* 「손가락의」 뜻 《예: *digiti*forme 손가락 모양의》.

digitifolié(e) [diʒitifolje] *a.* 『식물』 손(가락)모양의 잎을 가진.

digitiforme [diʒitifɔrm] *a.* 『생물』 손가락 모양의, 지형(指形)의.

digitigrad [diʒitigrad] 『동물』 *a.* 지행성(趾行性)의. —*n.m.pl.* 지행류(趾行類).

diglossie [diglɔsi] *n.f.* 『언어』 (동일 지역내의) 2 개 언어 병용(bilinguisme).

*****digne** [diɲ] *a.* ① (을)받아 마땅한, (을)할 만한. [~ de *qc*] ~ *de* châtiment [d'éloges] 벌[찬양]을 받아 마땅한. témoin ~ *de* foi 신뢰할 만한 증인. Son premier livre est ~ *d'*intérêt. 그의 첫번째 작품은 관심을 끌 만하다. [~ de + *inf.*] Tu n'es pas ~ *d'*avoir cette récompense. 너는 이 보상을 받기에 합당치 않다. [~ que + *sub.*] Son cas est ~ *qu'*on s'y intéresse. 그의 경우는 주목을 만하다. ② [~ *de*] (에)어울리는, 잘맞는(convenable de). œuvre ~ *d'*un grand écrivain 대문호에 걸맞는 작품. Cette attitude n'est pas ~ *de* vous. 이 태도는 당신답지 않다. ③ (몸가짐이)의젓한, 진정한 (grave, ↔ indigne); 품위 있는, 당당한 (imposant); 위엄있는(auguste); 고상한(noble). homme ~ 위엄있는 사람. air ~ 의연한 모습[태도]. Il est resté très ~ dans son malheur. 그는 불행한 중에도 당당한 태도를 유지했다. ④ 《예·문어》 《명사 앞에서》존경할 만한, 훌륭한. ~ homme 훌륭한 사람.

dignement [diɲmã] *ad.* ① 훌륭하게; 당당히. contenir ~ sa douleur 당당하게 고통을 참다. ② 《예》 어울리게; 상응하게. récompenser ~ 응분의 보상을 하다.

dignitaire [diɲitɛːr] *n.m.* 고위, 고관; 《구어》 높은 양반. hauts ~s de l'État 고위 고관.

dignité [diɲite] *n.f.* ① 품위(noblesse); 위엄, 존엄 (respectabilité). ~ de l'homme 인간의 존엄성. avoir de la ~ dans les manières 태도에 위엄이 있다. ② 자존심, 체면. avoir de ~ (manquer de ~) 자존심이 있다(없다). compromettre sa ~ 체면을 위태롭게 하다. ③ 고위직; (*pl.*)고위 고관. être élevé à la ~ évêque 주교의 자리에 오르다. les plus hautes ~ militaires 군부의 최고위층.

digon [digɔ̃] *n.m.* ① 깃대. ② (얕은 바다에서 고기를 잡는)작살.

digramme [digram] *n.m.* 『언어』 복합자 《2 자로 한 음을 나타내는 것. gn, au, ou 따위》.

digraphie [digrafi] *n.f.* 『상업』 복식부기.

digresser [digrɛ(e)se] *v.i.* (이야기가)본론[주제]을 벗어나다. 《비유적》탈선하다.

digressif(ve) [digrɛ(e)sif, -iːv] *a.* 본론을 벗어나는, 탈선적인.

digression [digrɛsjɔ̃] *n.f.* ① (이야기 따위가)본론을 벗어남, 탈선, 여담. faire une ~; se perdre (s'égarer) dans des —*s* 이야기가 탈선하다. ② 『천

문) (태양에 대한 천체의)이각(離角).

digue [dig] *n.f.* 둑(길), 제방; 방파제(jetée); 《비유적》가로막는 것, 방해물(barrière, obstacle). ~ maritime 해안제방. opposer[mettre] une ~ à l'ambition 야심을 가로막다.

digue-digue [digdig] *n.f.* 《속어》간질병의 발작. avoir le ~; tomber en ~ 지랄병 발작을 일으키다; 실신하다.

diguement [digmɑ̃] *n.m.* 제방공사.

diguer [dige] *v.t* 《옛》① (에)제방[둑]을 쌓다(endiguer). ~ une rivière 강에 둑을 쌓다. ② (말에) 힘차게 박차를 가하다; 《사투리》찌르다(piquer). ~ *qn* avec ses questions 《비유적》…에게 질문공세를 하다.

digyne [diʒin] *a.* 《식물》쌍 암술의.

dijonnais(e) [diʒɔnɛ, -ɛz] *a.* 디종(*Dijon*)의.
—D— *n.* 디종 사람.

diktat [diktat] 《독일》*n.m.* (국제 정치에서)강제 조약; 《비유적》(힘에 의해)강요함.

dil. 《약자》Faites diluer 《약》물에 탈것, 희석(稀釋)할것.

dilacération [dilaserɑsjɔ̃] *n.f.* ①난도질, 가리가리 [갈기갈기]찢기. ②《의학》(외부로부터 받은)열상(裂傷)(그 치료로서의)절렬술(切裂術).

dilacérer [dilasere] ⑥ *v.t.* ①조각조각 내다, 갈기 갈기 찢다. ~ un contrat 계약서를 찢어버리다(déchirer). ②《의학》절렬(切裂)하다.
—se ~ *v.pr.* 갈기갈기 찢어지다.

dilapidateur(trice) [dilapidatœːr, -tris] *a.* 낭비하는(↔économe), 탕진하는(↔amasseur). ②횡령[착복]하는. —*n.* (위)의 사람.

dilapidation [dilapidasjɔ̃] *n.f.* ①낭비, 탕진(gaspillage). ②횡령, 착복(concussion). ~ des deniers publics 공금횡령.

dilapider [dilapide] *v.t.* 낭비[탕진]하다(gaspiller). ~ un héritage 유산을 낭비하다. ②횡령[착복]하다(détourner). ~ les fonds de la société 회사의 공금을 횡령하다.

dilatabilité [dilatabilite] *n.f.* 《물리》팽창성.

dilatable [dilatabl] *a.* 팽창성이 있는.

dilatant(e) [dilatɑ̃, -ɑ̃ːt] *a.* 팽창시키는, 넓히는. force ~ 팽창력. —*n.m.* 《외과》확장구.

dilatateur(trice) [dilatatœːr, -tris] *a.* 팽창시키는, 넓히는. —*n.m.* 《외과》확장기; 《해부》확장 근(筋)(muscle ~).

dilatation [dilatɑsjɔ̃] *n.f.* ①확대, 확장, 팽창. ~ d'un corps (d'un liquide, d'un gaz) 고체(액체·기체)의 팽창. ~ de l'estomac 위확장. ②《비유적》(마음의)후련함, 해방감, (희망 따위에)부풀음.

dilater [dilate] *v.t.* 팽창시키다(gonfler, élargir, ↔ contracter); 확장시키다, 넓히다. La chaleur *dilate* l'air. 열은 공기를 팽창시킨다. L'obscurité *dilate* la pupille. 어둠은 동공을 확장시킨다. 《비유적》(마음을)상쾌[후련]하게 하다. Cette bonne nouvelle lui *a dilaté* le cœur. 이 희소식은 그의 마음을 환하게 했다.
—se ~ *v.pr.* ①팽창하다, 확장되다. Les rails *se dilatent* au soleil. 철로는 햇볕에 팽창한다. (se 는 간접목적보어) *se* ~ les poumons 심호흡을 하다. ②《비유적》(마음이)상쾌[후련]해지다. *se* ~ la rate 《구어》깔깔거리며 웃다, 몹시 유쾌하다.

dilation [dilɑsjɔ̃] *n.f.* ①《음성》원음동화(assimilation à distance). ②《옛》연기(延期).

dilatoire [dilatwaːr] *a.* 늑장부리는, 지연시키는(retardateur); 《법》연기시키는. moyens ~s 지연작전.

dilatomètre [dilatɔmɛtr] *n.m.* 《물리》팽창계.

dilection [dileksjɔ̃] *n.f.* 《문어》《신학》(정신적인)사랑, 자애; (순수한)사랑. ~ spirituelle 정신적 사랑. ~ du prochain 이웃사랑. profonde ~ pour la poésie 시에 대한 깊은 사랑.

dilemmatique [dile(m)matik] *a.* 《논리》양도논법(兩刀論法)의.

dilemme [dilɛm] *n.m.* ①진퇴유곡의 궁지, 딜레마. être devant un ~ 진퇴유곡의 궁지에 빠지다. enfermer *qn* dans un ~ …을 궁지에 몰아넣다. ②《논리》양도논법.

dilettante [dilɛtɑ̃t] (*pl.* ~s, 《옛》**dilettanti** [-ti]) 《이탈리아》*n.* ①음악[예술] 애호가. ②아마추어 예술가, 호사가(amateur), 딜레탕트. faire des sciences en ~ 도락으로[취미로서] 학문을 하다.

dilettantisme [dile(ɛ)tɑ̃tism] *n.m.* (음악·문예·학문)애호; 도락. faire *qc* par[avec] ~ 도락으로 재미삼아 …을 하다.

diligemment [diliʒamɑ̃] (<*diligent*) *ad.* ①열심히; 부지런히; 꾸준히. étudier ~ 열심히 면학하다. ②신속하게, 재빠르게. agir ~ 신속하게 행동하다. ③《옛》주의깊게.

diligence [diliʒɑːs] *n.f.* ①《문어》열심, 부지런함(zèle). travailler avec ~ 열심히 일[공부]하다. ②《옛·문어》신속(rapidité), 민활(hâte). ~ du temps 유수와 같은 세월. en (toute) ~ 신속하게, 서둘러서. faire ~ 급히하게 하다, 서둘다. ③《법》소송; 청구(demande). à la ~ de *qn* …의 제소에 [청구로]. faire (ses) ~s contre *qn* …에 대하여 소송을 제기하다. ④합승마차(coche, omnibus); 《옛》(기차의)객차.

diligent(e) [diliʒɑ̃, -ɑ̃ːt] *a.* ①《문어》부지런한, 근면한, 열성적인(assidu, zélé). homme ~ et fidèle 근면하고 진실한 사람. malade entouré de soins ~s 정성껏 간호를 받는 환자. ②《옛·문어》재빠른, 민활한(prompt, ↔ lent).

diligenter [diliʒɑ̃te] *v.t.* 《옛》(일을)서둘러 하다; 《옛》(사람을)재촉하다. ~ les paresseux 게으른 사람을 재촉하다.
—*v.i.*, se ~ *v.pr.* 열심히[서둘러] 일하다.

dilobé(e) [dilɔbe] *a.* =bilobé.

dilogie [dilɔʒi] *n.f.* ①《수사학》(용어의)양의성(兩義性); 모호함. ②《연극》2중의 줄거리를 가진 극.

dilucider [dilyside] *v.t.* 《옛》분명히 밝히다(élucider). ~ une question 문제를 분명히 밝히다.

diluer [dilɥe] *v.t.* ①희석하다(délayer, ↔condenser); (술 따위에)물을 타다; 물에 녹이다(dissoudre). ~ un médicament 약을 용해시키다. alcool *dilué* 희석한 알코올. ②《비유적》(효과·힘 따위를)약화(감소시키다(affaiblir). ~ les responsabilités 책임을 모호하게 하다. ~ un discours 연설을 질질끌다. ③ ~ le capital 《경제》(실자산이 없는 주식 따위를 발행하여) 자산을 늘리다. ④《군사》(부대를)산개하다.
—se ~ *v.pr.* 묽어지다; 물에 녹다.

dilution [dilysjɔ̃] *n.f.* ①물을 탐, 희석; 용해; 희석물. ②《비유적》(감각·색채·형체 따위의)흐려짐, 소멸. ③ ~ de capital 《경제》자본금의 증식. ④《기계》(제트엔진의)바이패스.

diluvial(ale, *pl.* **aux)** [dilyvjal, -o] *a.* 《지질》홍적층(洪積層)의; 홍적기의.

diluvien(ne) [dilyvjɛ̃, -ɛn] *a.* ①대홍수의; 대홍수같은(déluge). pluie ~ne 억수같은 비. ②홍적의. terrain ~ 홍적층.

diluvium [dilyvjɔm]《라틴》*n.m.* 《지질》홍적층.

dîmable [dimabl] *a.* 《옛》10분의 1세(稅)(십일조)를 납부해야 할.

‡dimanche [dimã:ʃ] *n.m.* 일요일, 주일(主日), 공일날. observer le ~ 주일을 지키다.
du ~ ⓐ habits(costume) ~ (평상복과 구별되는)정장, 나들이옷. ⓑ peintre *du* ~ 일요[아마추어] 화가. ⓒ chauffeur *du* ~ 서투른 운전사.
prendre sa figure(son sourire) du ~ 사교적인 표정을 짓다.
se mettre en ~ 《구어》정장을 하다.
devant ~ 뒤축박충이 된.

dîme [dim] *n.f.* ① 《옛》10분의 1세, 십일조(十一租). ② (미국의)10 센트 은화. *prélever(lever) une ~ sur qc* …의 일부를 떼어가다(징수하다).

dimension [dimãsjõ] *n.f.* ① (어떤 면으로 본 물체의)크기(grandeur); (길이·넓이·높이의)치수(mesure). objet de grandes ~s [de ~s ordinaires] 대형[보통 크기]의 물건. prendre les ~s de qc[qn] …의 치수를 재다. ② (비유적) 규모, 차원; 중요성 (importance, ampleur). Comment a-t-il pu commettre une faute de cette ~? 그는 어떻게 이런 중대한 잘못을 저지를 수 있었을까? La maladie physique comporte toujours une ~ psychique. 육체적인 병은 항상 정신적 차원을 내포하고 있다. ③ 《수학·물리》차원(次元). espace à deux ~s 2 차원의 공간, 평면. géométrie à deux(trois) ~s 평면[입체]기하학. quatrième ~ 4 차원.
à la ~ [aux ~s] de qc …에 알맞는, 적합한 (approprié à). politique industrielle *à la ~ de* notre époque 우리 시대에 걸맞는 공업 정책.
prendre la ~ (les ~s) de qc …의 규모가 되다. La première greffe d'un cœur humain *a pris les ~s* d'une aventure nationale. 최초의 심장이식수술은 국가적 모험이라는 거창한 의미를 갖게 됐다.

dimensionné(e) [dimãsjɔne] *a.p.* (어떤 크기의). appartement très largement ~ 널직한 아파트.

dimensionnel(le) [dimãsjɔnɛl] *a.* ① 《수학》차원에 관한. analyse ~*le* 차원해석(解析). ② 크기[치수·규모]에 관한. normes ~*les* des automobiles 자동차의 기준치수.

dimensionner [dimãsjɔne] *v.t.* 크기를 재다, 측정하다.

dîmer [dime] *v.t.* ① 《옛》(에)십일조(十一租)를 부과하다. ~ la terre 땅에 십일조를 부과하다. ② (의)일부를 징수하다. ~ les recettes 수입에서 일부를 떼어가다. —*v.i.* 십일조를 징수하다.

dimètre [dimɛtr] 《언어》 *a.* 2각(脚)의; 2운율의. —*n.m.* 2 [2운율]의 시구.

dîmeur [dimœ:r], **dîmier** [dimje] *n.m.* 십일조를 징수하는 세리.

diminué(e) [diminɥe] *a.p.* ① 감소된(réduit); 축소된; 단축된. revenu ~ 줄어든 수입. personnel ~ 감축된 인원. intervalles ~*es* 《음악》감음정(減音程). rang ~ 《편물》코를 줄인 단. colonne ~*e* 《건축》위가 차츰 가늘어진 원주. ⓓ (심신이)쇠약해진. vieillard ~ 심신이 쇠약한 노인. —*n.m.* 심신이 쇠약한 사람; 신체장애자(↔physique).

diminuendo [diminɥ(ɛn)do] 《이탈리아》 *ad.* 《음악》차츰 약하게 (decrescendo, ↔crescendo).

*****diminuer** [diminɥe] *v.t.* ① (크기·값이 따위를)줄이다(amoindrir, raccourcir); (값을)내리다(abaisser). ~ sa dépense 지출을 줄이다. ~ la vitesse 속도를 줄이다. ~ un tricot 《편물》코를 줄이다. Ce rideau traîne par terre, il faut le ~. 이 커튼은 땅에 끌리니 줄여야겠다. ② (비유적) 줄이다, 덜다; 떨다; (가치·값 따위를)떨어뜨리다 (déprécier). ~ les souffrances de *qn* …의 고통을 덜어주다. ~ le crédit de *qn* …의 신용을 떨어뜨리다. Cela ne *diminue* pas son mérite. 그렇다고 해서 그의 공이 깎이는 것은 아니다. ~ un adversaire 적을 깎아내리다. ③ 《구어》(의)급료를 내리다. ~ un salarié 봉급자의 월급을 내리다. ④ [~ *qn*](육체적·정신적으로)쇠약하게 하다. La maladie l'*a diminué.* 병으로 그는 쇠약해졌다.
—*v.i.* (조동사는 동작을 나타낼 때는 avoir, 상태를 나타낼 때는 être) ① (길이·크기 따위가)줄다, 작아지다, 짧아지다; (값이)떨어지다. Cet article *a diminué* de prix. 이 상품의 값이 떨어졌다. Les jours *ont diminué.* 낮이 짧아졌다. ② (신용 따위가)떨어지다; (감정이)누그러지다; (기력이)쇠약해지다. Sa colère *diminue.* 그의 노여움이 누그러진다. Ses forces *diminuent.* 그의 힘이 떨어진다. (주어는 사람) *Le malade diminue à vue d'œil.* 이 환자는 눈에 띄게 쇠약해지고 있다.
—*se* ~ *v.pr.* 줄어들다, 작아지다; 자기 자신을 깎아내리다. Son amitié pour X *s'est diminuée.* X에 대한 그의 우정이 식어졌다.

diminutif(ve) [diminytif, -iv] *a.* 《언어》지소적 (指小的)인 (↔augmentatif). suffixe ~ 지소접미사 (어미에 -et, -ette, -on 을 붙여서 작다는 뜻을 가짐; jardin → jardin*et*, fille → fill*ette*, jupe → jup*on*). —*n.m.* 《언어》지소사. ② 애칭. appeler *qn* par [de] son ~ …을 애칭으로 부르다.

diminution [diminysjõ] *n.f.* ① 감축, 경감, 축소; 하락. ~ des heures de travail 노동시간의 감축. ~ des impôts 감세(減稅). ② (비유적) 쇠퇴; (정신력·체력의)감퇴, 쇠약. ~ de l'autorité 권위의 쇠퇴. ③ 《편물》코 수를 줄이기. ④ 《수사학》곡언법(曲言法)(litote).

dimissoire [dimiswa:r] *n.m.* 《카톨릭》(타교구(他教區)의 주교에게 사제품을 받을 수 있는)수품(受品)허가장.

dimissoriales [dimisɔrjal] *a.f.pl.* doimissoire 의. lettres ~ 《카톨릭》(타교구에서의)수품 허가장.

dimorphe [dimɔrf] *a.* 《생물》동종 2형의; 《광물》동질 2상(同質二像)의.

dimorphie [dimɔrfi] *n.f.*, **dimorphisme** [dimɔrfism] *n.m.* ① 《생물》동종 2형. ~ sexuel 성적이형(性的二形). ② 《광물》동질 2상.

dinandrerie [dinãdri] *n.f.* 유기그릇(취사구).

dinandier [dinãdje] *n.m.* 《옛》유기그릇(취사구)제조(판매)인.

dinar [dina:r] *n.m.* ① 디나르(예전에 1프랑에 해당되던 유고슬라비아·알제리·튀니지의 화폐 단위). ② (아라비아의) 금화.

dinatoire [dinatwa:r] *a.* goûter ~ 저녁 겸 늦은 간식.

dinde [dɛ̃:d] *n.f.* ① 칠면조 (암컷; 수컷은 dindon); (요리된)칠면조(고기). ② 《구어》 머저리 여자, 멍청한 여자.
plumer la ~ 멍청한 자에게서 금품을 갈취하다.
—*n.m.* 《사투리》=dindon.

dindet [dɛ̃dɛ] *n.m.* 《해양》쌍돛대의 연안 무역선.

dindon [dɛ̃dõ] *n.m.* ① 칠면조 (수컷); (*pl.*)(암·수컷을 포함하여)칠면조. se rengorger[se pavaner] comme un ~ (칠면조가 꼬리를 펼치듯) 몹시 거드름피우다. envoyer *qn* garder les ~s 《구어》 …을 시골로 쫓다, 좌천시키다. ② 머저리같은 (멍청한) 사내. être le ~ de la farce 《구어》남의 웃음거리가 되다.

dindonneau [dɛ̃dɔno] (*pl.* ~*x*) *n.m.* 칠면조 새끼.

dindonner [dɛ̃dɔne] *v.t.* 속이다 (duper); 바보 취급하다, 우롱하다. mari *dindonné* 오쟁이진 남편.

dindonnier(ère) [dɛ̃dɔnje, -ɛ:r] *n.* 칠면조지기.

dine [din] *n.f.* 《사냥》 =daine.

dîné [dine] *n.m.* =dîner.

dînée [dine] *n.f.* 《옛》(여행 중의)식사 요금; 식사하

dîner [dine] *v.i.* ① 저녁식사를 하다; 《엑·사투리》점심식사를 하다. inviter *qn* à … 을 저녁식사에 초대하다. ② (단순히) 식사하다 (manger). ~ en ville 밖에서 식사하다, 외식하다. [~ de/《구어》 avec] ~ *de* légumes 야채로 식사하다. ~ *sur* l'herbe 소풍가다, 피크닉(들놀이)가다. ~ *à la* fortune du pot 있는 반찬만으로 저녁식사를 하다. ~ par cœur [avec les chevaux de bois] 식사를 거르다. ~ *sur le* pouce 급히 식사를 하다. *Il me semble que j'ai dîné quand je le vois.* 《엑》(그자의 얼굴을 보면 식사를 끝낸 것 같은 기분이다)→ 그의 얼굴은 보기도 싫다. *Qui dort dîne.* 《속담》잠자는 자는 시장기를 잊는다.
——*n.m.* 저녁식사; 《엑·사투리》점심. ~ *d'affaires* 사업상의 만찬. faire son ~ *de qc* …으로 (저녁) 식사를 하다. 《동격명사를 수반하여》~-spectacle 디너 쇼. ~-colloque 만찬을 겸한 심포지움.
Qui garde son ~, il a mieux à souper. 《속담》장래를 걱정하는 자에겐 후회가 없다.

dînette [dinɛt] *n.f.* 《구어》① 소꿉장난. jouer à [faire] la ~ 소꿉장난을 하다. ② 가벼운 식사; 친밀한 사람끼리의 가벼운 저녁 [점심] 식사. ~ *sur* l'herbe 소풍 도시락 [식사].

dîneur(se) [dinœr, -øz] *n.* 저녁식사하는 사람; 만찬의 손님; (식당·카바레의) 저녁식사 손님.

ding [diŋ] *int.* 땡땡, 따르릉.

dinghy, dinghie [diŋɡi] 《영》 *n.m.* (비행기 탑승원의) 구명용 고무 보트.

dingo¹ [dɛ̃ɡo] *n.m.* 【동물】 (오스트레일리아산) 개.

dingo², dingot [dɛ̃ɡo] 《속어》 *a.* (불변) 미친, 머리가 돈 (fou). Il faut être complètement ~ pour oublier son adresse. 머리가 아주 돌지 않고서야 자기 주소를 잊을 리 있나. ——*n.m.* 미치광이.

dingue [dɛ̃ːɡ] *a.* 《속어》① 머리가 돈, 미친 (fou, détraqué), être ~ *de la danse* 춤에 미치다. ② (사물에 대해)괴상한, 기묘한 (bizarre). histoire ~ 괴상한 이야기.

dinguer [dɛ̃ɡe] *v.i.* 《구어》 (aller, venir, envoyer, faillir 따위의 보어로서 *inf.* 로만 쓰임) 나동그라지다, 넘어지다 (tomber). Il a failli ~. 그는 하마터면 나동그라질 뻔했다. Les fruits sont allés ~ sur le trottoir. 과일들이 보도 위에 와르르 쏟아졌다. *envoyer* ~ 《속어》…을 (멀리) 팽개치다; …을 (사정없이) 쫓아버리다.

dinguerie [dɛ̃ɡri] *n.f.* 《구어》미련한 짓, 미친 짓.

dinitrophénol [dinitrɔfenɔl] *n.m.* 【화학】 디니트로페놀 (폭약의 원료·염료).

dinocéras [dinɔseras] *n.m.* 【고대생물】 공각수 (恐角獸), 디노케라스.

dinornis [dinɔrnis] *n.m.* 【고대생물】 (오스트레일리아에 살던) 공조 (恐鳥), 디노르니스.

dinosaure [dinɔzɔːr] *n.m.* 【고대생물】 공룡.

dinosauriens [dinɔzɔrjɛ̃] *n.m.pl.* 【고대생물】 공룡류.

dinothérium [dinɔterjɔm] *n.m.* 【고대생물】 공룡류의 동물.

diocésain(e) [djɔsezɛ̃, -ɛn] *a.* 【종교】 교구의; 감독관구 (管區)의. évêque ~ 상임주교. œuvres ~*es* 교구 활동 [자선사업]. ——*n.* (위)의 신도. mandement de l'évêque à ses ~*s* 교구 신자들에게 보내는 주교의 교서.

diocèse [djɔsɛːz] *n.m.* 【종교】 (가톨릭의) 교구; (신로마제국 감독 관구; 【고대로마】 주(州).

diode [djɔd] *n.f.* 【전기】 *a.* 2극관(二極管)의.
——*n.f.* 2극진공관.

Diogène [djɔʒɛn] *n.pr.m.* 디오게네스 (B.C. 413-327, 그리스의 견유파 (cynisme) 철학가).

diogénisme [djɔʒenism] *n.m.* =**cynisme**.

diog(o)t [djɔɡo] *n.m.* 화피유 (樺皮油).

dioïque [djɔik] *a.* 【식물】 암수 딴그루의, 자웅이주 (異株)의.

diois(e) [djwa, -aːz] *a.* 디 (Die, 프랑스의 도시)의. ——D— *n.* 디 사람. ——*n.m.* 디 지방.

dionée [djɔne] *n.f.* 【식물】 끈끈이대나물.

dionysiaque [djɔnizjak] *a.* 【고대그리스】 ① 디오니소스 (Dionysos)의. culte ~ 디오니소스 숭배. artiste ~ (고대의) 비극 배우. ② 《문어》 디오니소스적, 격정 [열광] 적인 (↔ apollinien).
——*n.f.* 주신 (酒神)무도; (*pl.*) 주신제 (祭), 디오니소스제 (dionysies).

dionysien(ne) [djɔnizjɛ̃, -ɛn] *a.* 생드니 (Saint-Denis, 프랑스의 도시)의. ——D— *n.* 생드니 사람.

dionysies [djɔnizi] *n.f.pl.* 【고대그리스】 주신제.

Dionysos [djɔnizɔs] *n.pr.m.* 【그리스신화】 디오니소스 (로마신화의 바쿠스에 해당하는 주신).

dioptre [djɔptr] *n.m.* 【광학】 굴절계 (屈折計), 경위의 (經緯儀).

dioptrie [djɔptri] *n.f.* 【광학】 디옵트리 (1 디옵트리는 초점거리 1미터의 렌즈의 굴절력).

dioptrique [djɔptrik] *n.f.* 굴절광학.
——*a.* 굴절광학의. télescope ~ 굴절망원경.

diorama [djɔrama] *n.m.* 디오라마, 투시화.

dioramique [djɔramik] *a.* 투시화의.

diorite [djɔrit] *n.f.* 【지질】 섬록암 (閃綠岩).

dioscoréacées [djɔskɔrease] *n.f.pl.* 【식물】 마과 (科).

dioxyde [djɔksid] *n.m.* =**bioxyde**.

dipétale [dipetal] *a.* 【식물】 쌍꽃잎의.

diphasé(e) [difaze] *a.* 【전기】 2상 (相)의. courant ~ 2상교류 (二相交流).

diphtérie [difteri] *n.f.* 【의학】 디프테리아. ~ laryngienne 후두 (喉頭) 디프테리아.

diphtérique [difterik] *a.* 디프테리아성 (性)의 [에 걸린]. ——*n.* 디프테리아 환자.

diphtongaison [diftɔ̃ɡɛzɔ̃] (<*diphtonguer*) *n.f.* 【음성】 2중모음화.

diphtongal(ale, ~pl. aux) [diftɔ̃ɡal, -o] *a.* 【음성】 2중모음의 [이 많은].

diphtongue [diftɔ̃ːɡ] *n.f.* 【음성】 2중모음(1음절 속에서 연속발음되는 2개의 모음: 영어의 take [teik] 따위. 프랑스어에서는 영·독어와 같은 2중모음은 없는 대신 반모음+모음은 2중모음으로 간주하는 경향이 있음). ~ ascendante [croissante] 상승 2중모음 (*pied, lui* 에서처럼 제 2 요소 (e, i)가 음절의 주음이 되는 것). ~ descendante [décroissante] 하강 2중모음 (영어 take [teik] 에서처럼 제 1 요소가 주음이 되는 것).

diphtonguer [diftɔ̃ɡe] *v.t.* 【음성】 2중모음으로 만들다. ——**se** ~ *v.pr.* 2중모음이 되다.

diphylle [difil] *a.* 【식물】 쌍엽 (雙葉)의.

diplégie [dipleʒi] *n.f.* 【의학】 양측 마비.

diplex [dipleks] *a.* (불변) 【전신】 2중의, 2연식의 (duplex). exploitation ~ 동시송수통신 (同時送受通信). ——*n.m.* 2중 전신법, 동시 송수신.

dipl(o)- *préf.* 「2 개의·2중의」의 뜻.

diploblastique [diploblastik] *a.* 【동물】 2배엽 (胚葉)성의.

diplocoque [diplokɔk] *n.m.* 【생물】 쌍구균.

diplodocus [diplodokys] *n.m.* 【고대생물】 공룡 (恐龍)의 일종.

diploé [diploe] *n.m.* 【해부】 두정골 (頭頂骨)의 판간층 (板間層) (해면 조직).

diploïde [diploid] *a.* 【생물】 2배성의.

diplomate [diplomat] *n.m.* ① 외교관. femme ~ 여

자 외교관. ~ de carrière 직업외교관. ② 과자의 일종(비스킷·파일설탕조림·크림 따위로 만든).
— *a., n.* 외교적 수완이 있는(사람), 교섭에 능란한(사람). Il est très ~; C'est un fin ~. 그는 교섭에 무척 능하다.

diplomatie [diplɔmasi] *n.f.* ① 외교; 외교술(학); 외교관직. entrer dans la ~ 외교관이 되다. ②(비유적) 외교술[수완], 민완(敏腕). user de ~ 능란하게 교섭[협상]하다.

diplomatique [diplɔmatik] *a.* ① 외교(외교상)의. agent ~ 외교관. corps ~ 외교 사절단. note ~ 외교 문서. protocole ~ 외교 의례. ②(비유적) 외교적인, 겉치례의; 능란한, 수완 있는(habile). langage ~ 외교적 언사. maladie ~ (약속된 자리나 공식석상에 나서지 않는 구실로서의)꾀병. Ce que tu as fait, ce n'était pas ~. 네가 한 일은 서투른 짓이었어. 《공문서(diplôme)의, 공문서학의.
—*n.f.* 공문서학.

diplomatiquement [diplɔmatikmɑ̃] *ad.* ① 외교적으로. ② 능란하게(habilement).

diplomatiser [diplɔmatize] *v.i.* 《드물게》외교적 수완을 발휘하다.

diplomatiste [diplɔmatist] *n.m.* 공문서 학자.

diplôme [diplo:m] *n.m.* ① 졸업증서; 면허장, (학·박사 따위의)학위. ~ de licencié 학사 학위. ~ d'études supérieures 고등교육 수료증 (1966년 이후에는 maîtrise 로 대체) (《약자》D.E.S.). ~ d'études approfondies 전문연구과정 수료증 (박사과정 1년만에 획득하는 일종의 논문제출 자격증) (《약자》D.E.A.). ~ d'infirmière 간호원 면허증. ② 면허·학위 취득시험. se présenter à un ~ 면허 취득시험을 보다. ③《옛》(왕·황제·교황이 주는) 면허장.

diplômé(e) [diplome] *a.p.* ① 면허장을 소유한[얻은]. infirmière ~*e* (면허증을 취득한)정간호원. ② 학위 [(고등교육의)졸업장]를 취득한. —*n.* 면허장(학위·(고등교육의)졸업장) 소지자. ~*s* de l'École normale 사범대학의 졸업생들.

diplômer [diplome] *v.t.* 면허장(졸업장)을 주다.

diplopie [diplɔpi] *n.f.* 《의학》복시(複視).

dipneustes [dipnø:st], **dipnoïques** [dipnɔik] *n.m.pl.* 《어류》폐어류(肺魚類).

dipode [dipɔd] *a.* 《생물》양족(兩足)의.

dipolaire [dipɔlɛ:r] *a.* moment ~ 《물리》쌍극자 모멘트.

dipôle [dipo:l] *n.m.* 《물리·전기》쌍극자(雙極子). 《동격》antenne ~ (텔레비전 따위의)다이폴 안테나. ~ électrique 전기 쌍극자.

dipsacacées [dipsakase], **dipsacées** [dipsase] *n.f.pl.* 《식물》산토끼꽃과(科).

dipsomane [dipsɔman] 《정신의학》*a* 주기성 폭음(暴飲)의. —*n.* 주기성 폭음자.

dipsomanie [dipsɔmani] *n.f.* 주기성 폭음증.

diptère [diptɛ:r] *a.* ①《건축》2중 주랑(柱廊)의. ②《곤충》날개 둘 달린, 쌍시(雙翅)의. —*n.m.* ① 2중 주랑식 건축. ②(*pl.*)《곤충》쌍시목.

diptyque [diptik] *n.m.* ①《그림》2장 접이로 된 그림. ②《문학》서로 균형잡힌 2부분으로 된 작품, 2부작. ③《고대로마》2장 접이의 서판(書板).

:dire [di:r] 〖29〗*v.t.* Ⅰ. ①(소리내어)말하다(émettre, articuler); 속삭이다(chuchoter); ~ quelques mots 몇 마디 말하다. ~ *qc* à voix basse (entre ses dents) 낮게 (이를 악물고 …)을 말하다. ~ à l'oreille (tout bas) 귓속말을 하다, 속삭이다.
② 낭독하다, 낭송하다; (기도문 따위)를 외다. ~ des vers 시를 낭독하다. ~ sa leçon 본문을 읽다. ~ ses prières 기도를 하다, 기도문을 외다.

Ⅱ. 《사실·감정·의사의 전달 내지 표현》① 이야기하다, 설명하다 (raconter, expliquer); 알리다 (annoncer); 속내 이야기를 하다 (confier). [~ *qc*] son avis (son idée) 자기 의견(생각)을 말하다. ~ ses projets 자기 계획을 설명하다. Je vais vous ~ toute l'affaire. 사건의 전모를 당신에게 털어 놓겠소. [~ que+*ind.*] Paul a *dit qu*'il viendra demain. 폴은 내일 오겠다고 말한다. [~ + *inf.*] Il *dit* être enrhumé. 그는 감기에 걸렸다고 말한다. [~ + 직접목적보어+속사] On le *dit* encore vivant. 그 사람은 아직도 살아있다고 한다.
② 단언하다, 주장하다 (assurer, affirmer). Je vous *dit* que non. 분명치 아닙니다; 분명히 거절합니다. à ce qu'il *dit* 그가 주장하는 바로는. *Disons*-le, le résultat est médiocre. 분명히 말해서 결과는 신통치 않소.
③ 전달하다, 전언하다 (communiquer). *Dites*-lui bien des choses de ma part. 그에게 내 안부 좀 전해 주시오.
④ 반대하다 (contredire, objecter), 비난하다 (blâmer). Rien à ~, ça va. 굳이 말할(반대할) 게 없다, 그런대로 괜찮다. Il n'y a pas à ~, il est le meilleur. 두말 할 것 없이 그가 최고이다.
⑤ 마음으로 정하다 (décider), 합의하다 (convenir). Venez un de ces jours, *disons* lundi. 조만간에 찾아와 주십시오, 예컨대 월요일쯤. à l'heure *dite* 정한 시간에. Voilà qui *est dit*; C'est *dit*. 이것이 결정된 바이다; 양해가 됐다. Tenez-le pour *dit*. 그것은 이미 결정된 것으로 생각하시오.
⑥ 생각하다, 판단하다 (juger, penser); 《구어》(인)것 같다 (sembler) Qu'en *dites*-vous? 이 점에 대해서 어떻게 생각하십니까? Qui aurait [eût] *dit*? 누가 그것을 믿을 수 있었겠소? Quelque chose me *dit* que... 내 느낌으로는 …이 것 같다.
⑦ 예언하다 (prédire). ~ la bonne aventure 점쳐주다. ~ l'avenir 장래를 점치다. ~ les cartes 카드점을 치다.
⑧ (하라고)하다, 명하다. [~ de+*inf.*] On nous *a dit de* rester ici. 우리에게 이곳에 머물러 있으라고 했다. [~ que+*sub.*] *Dites*-lui *qu*'il vienne me voir. 나를 만나러 오라고 그에게 말하시오 (*Dites*-lui de venir me voir).
⑨ (글로)쓰다 (écrire), 말하다; 규정짓다 (définir). Voyons ce que *dit* le Robert. 로베르 사전에 뭐라고 쓰여 있는지 봅시다. Les journaux *disent* que… 신문에서 말하기를…. La loi *dit* que… 법은 …라고 규정짓고 있다.
⑩ 《목적보어 없이》《카드놀이》콜하다. C'est à vous de ~. 당신이 콜할 차례이다.
⑪《옛》[à ~] 결여되다, 부족하다. trouver trois hommes à ~ 3 사람이 모자라는 것을 발견하다.

Ⅲ. 《비유적: 주어는 주로 사물》① (시늉·표시로서)나타내다; 알려주다 (indiquer, montrer). horloge qui *dit* l'heure exacte 정확한 시간을 알려주는 시계. ~ bonjour de sa main 손을 흔들어 인사하다. Ses vêtements *disaient* sa pauvreté. 그의 복장은 그의 빈곤을 나타내고 있다.
② (생각 따위를) 나타내다; 암시하다 (suggérer). Son visage *disait* assez toute sa tristesse. 그의 표정은 그의 온갖 슬픔을 잘 말해주고 있었다. Que *dit* que ce temps? 날씨는 어때? Son visage me *dit* quelque chose. 그의 얼굴은 어디선가 본 듯하다.
③ 마음에 들다 (plaire), 구미를 당기다. Est-ce que cela vous *dit*? 당신 마음에 드시는지요? si cela vous *disait* 좋으시다면. Ça ne me *dit* rien d'être médecin. 의사가 되고 싶은 생각은 조금도

dire 640

없다. Ce genre de femme ne me *dit* rien. 이런 류의 여자는 내게는 아무 흥미도 없다.
④[vouloir ~] 의미하다, 뜻하다(signifier). Que *veut* ~ cette phrase française? 이 프랑스어 문장은 무슨 뜻입니까? Que *veut* ~ son retard? 그의 지각은 무엇을 뜻하는 것일까?
À qui le dites-vous? 그런 것쯤 모를 줄 아오? (나는 누구보다도 잘 알고 있다).
autrement dit 달리 말하면, 「다.
avoir son mot à ~ sur qc …에 대하여 할 말이 있
à vrai ~ ; à ~ vrai 실제에 있어서, 사실인즉.
ceci[cela] dit 그렇게 말하고 나서, 그런데.
ce disant 그렇게 말하면서.
Cela va sans ~ (que + ind.) (…라는 것은) 두말할 필요도 없다, 뻔한 일이다.
Ce n'est pas à ~ (pour cela) que + sub. (그렇다고) …하다는 것은 아니다.
Ce n'est pas pour ~, mais…《구어》이런 말 하기는 무엇하지만 …. *Ce n'est pas pour ~, mais il avait bien tort.* 말하고 싶진 않지만, 그 사람이 확실히 틀렸어.
c'est-à-~ ; c'est-à-~ que 다시 말하면, 즉, 「겁니다.
C'est beaucoup [trop] ~. 그건 너무 과장되었다 (c'est exagéré).
C'est moi qui vous le dis! 내가 하는 말이니 틀림없어요!
Ce n'est rien de le ~.《구어》(말로 하는 것은 소용 없다)→ 백문이 불여일견이다.
C'est tout ~ ; Cela dit tout. 그 이상 말할 필요는 없다. Il n'a même pas daigné me recevoir, *c'est tout ~.* 그는 나를 만나주려 하지도 않았다, 그것만 보아도 알만하다.
Comment dit-on… …을 무엇이라고 말합니까? *Comment dit-on «maison» en anglais?* '메종'을 영어로는 무엇이라고 합니까?
comme on dit 소위, 이른바.
~ d'or 여실히 말해주고 있다; 말은 많지만 내용이 없다.
D~ [Et ~] que… (놀라움·분노를 표현) *D~ qu'il n'a pas encore vingt ans!* 아직 스무 살도 안 됐다니!
disons-le; disons le mot 직접하게 말하자, 명확하게 말하자.
Dites(Dis) donc! 이봐요; 아 참! (주의를 끌기 위하여 또는 불만·놀라움의 표시로). Tu reviendras, *dis donc!* 이봐, 돌아오는 거지? Eh, *dis donc!* 이거 아 원! 이럴수가!
Dites toujours! (염려말고) 계속 말해봐요 (말을 중단한 사람에게).
dit-on …라는 것이다 […라고는 한다] (삽입구로서). Cette église date, *dit-on*, du XIIe siècle. 이 교회는 12세기 것이라고들 한다.
en ~ beaucoup(long) (sur qc) (…에 대하여) 여실히 말해주다; 의미심장하다. Son silence *en dit long.* 그의 침묵은 의미심장하다. Cette anecdote *en dit long sur* son caractère. 이 일화는 그의 성격을 여실히 말해주고 있다.
en ~ de belles (de bonnes, de toutes les couleurs) 엉뚱한 얘기를 하다.
entre nous soit dit; soit dit entre nous 우리끼리의 얘기지만.
Est-ce à ~ que…? …하다는 말입니까?
Il est dit que… …은 숙명과 같은 것이다.
Il faut vous ~ que… 당신에게 …을 말하는 바이지만 (설명·해명의 서두에서).
J'ai dit. 저의 얘기는 이것으로 끝났습니다 (연설을 끝맺는 말).
Je ne vous dis que cela[ça]. 정말이라니까요. Il y a eu une de ces averses, *je ne te dis que ça.* 장대같은 비가 쏟아졌지, 정말이라니까! 「만.
Je ne vous le fais pas ~. 당신 스스로 말씀하셨으
Je ne vous l'envoie pas ~.《구어》(사람을 시키지 않고) 당신에게 대놓고 말하지만. Vous êtes un sot; *je ne vous l'envoie pas ~.* 대놓고 말하지만 당신은 어리석은 사람이오.
Je veux ~. 즉, 말하자면.
Je (vous) l'avais (bien) dit. (그걸 보세요), 내가 그렇다고 말하지 않았습니까.
ne pas savoir ce qu'on dit (자기 말의 뜻도 모르고) 무분별하게 [아무렇게나] 말하다.
ne pas se le faire ~ deux fois 즉석에서 승낙하다.
ne rien ~ qui vaille 어딘가 수상쩍다. Son attitude *ne me dis rien qui vaille.* 그의 태도는 아무래도 수상쩍다.
On dirait (aurait dit)… …인 것 같다. ⓐ[~+명사] *On dirait un fou* [《엣·문어》*d'un fou*]. 꼭 미친 사람같군. ⓑ[~ que] *On dirait qu'il pleut.* 비가 오는 것 같다.
On dit que…. …라는 소문이다.
pour ainsi ~ 말하자면 (autant dire). Il n'y a *pour ainsi ~* plus rien à faire. 말하자면 이제는 더 이상 손을 쓸 수 없는 상태이다.
pour ne pas ~ …라고 말하지 않더라도. C'est une maladresse, *pour ne pas ~* une bêtise. 그것은 바보짓이라고까지는 말하지 않더라도 (분명히) 서투른 것이다.
pour tout ~ 한마디로 잘라 말하면 (en résumé).
Puisque je vous le dis. 내 말이 틀림없소.
que dis-je? 아니, 그게 아니라 (말한 것을 수정하려 할 때). Il n'est pas resté une journée; *que dis-je?* pas même une heure. 그는 단 하루도, 아니 단 한시간도 머물지 않았다.
Qu'est-ce à ~? 그것은 무슨 뜻이죠? (상대의 말·행동에 대해 놀라움·불만을 표시).
Qu'est-ce que ça dit?《구어》그게 무슨 뜻 [가치]이 있는가?; 어떻게 되어 가는가?
Que tu dis!; Qu'il dit!《구어》과연 그럴까? (의심을 표시). Je n'ai rien oublié. —Oui, *que tu dis!* 난 아무것도 잊지 않고 있어. —그래, 과연 그럴까?
Que voulez-vous que je vous dise! 사실이니 할 수 없지 않소?
Qui dit A dit B. A라는 것은 곧 B를 의미한다, A는 곧 B이다. *Qui dit cancer dit désespoir.* 암은 곧 절망이다.
Qui vous dit (a dit) que…? (누가 …라고 말했소)→ 무슨 근거로 …라고 믿으십니까?
sans mot [rien] ~ 한 마디 말도 없이.
si le cœur vous en dit 생각이 있으시다면.
soit dit en passant 덧붙여 말하자면.
Tout n'est pas dit. 일은 아직 끝난 것이 아니오, 아직 이야기가 남아 있소.
trouver à ~ 《엣·문어》트집을 잡다.
Vous l'avez dit. 아무렴, 말씀 그대로입니다.
Vous n'avez qu'à ~. 말씀만 하십시오 (바라시는 대로 해드리겠습니다).

—se ~ *v.pr.* (se는 간접목적보어) ① 혼잣말을 하다, 혼자 중얼거리다 ; 생각하다, 속으로 말하다. Il *se disait* que c'était trop fort. 그건 좀 지나치다고 그는 생각했다 (c'est trop fort, *se dirait-il*).
② (se는 직접목적보어) 자기를 …라고 말하다, 자칭하다. Il *se disait* médecin. 그는 자기가 의사라고 말했다. On *se dirait* au printemps. 마치 봄철이기라도 한 것 같다.
③ (수동적) 말해지다, 일컬어지다. Cela ne *se dit* plus. 이 말은 이젠 쓰이지 않는다.

④(상호적)서로 말하다. se ~ bonjour 서로 인사를 하다.
—n.m. 말하는 바; 【법】공술, 진술; 구진. ~ des témoins 증인의 진술. Leurs ~s ne sont pas concordants. 그들의 말은 일치하지 않는다. consigner un ~ (명세서에)필요사항을 기재하다. au ~ [aux ~s] de qn …의 말에 의하면[따르면].

*direct(e) [dirɛkt] a. ① 곧바른, 곧은, 직선의(droit, ↔ détourné). route ~e 곧은 길. succession en ligne ~e 직계 상속. ② 직접적인, 직접의(immédiat). vente ~e 직매(直賣). action ~e (쟁의 따위에 수반되는)직접행동. méthode ~e (외국어를 원어로 직접 교습하는)직접 교수법. ligne téléphonique ~e 직통 전화선. cause ~e 직접원인, 근인(近因). ③ 솔직한, 직선적인. accusation ~e 정면으로부터의 비난. faire une allusion ~e 노골적으로 암시하다. ④ 전적인(complet). deux opinions en contradiction ~e 정반대의 두 의견. ⑤ 직행의. train ~ pour … 행(行)직행열차. ⑥ ⓐ 【수학】 raison ~e 등비(等比); proportion ~e 정비례. ⓑ 【천문】 mouvement ~ des planètes 혹성의 순행 (順行). ⑦ 【언어】 complément d'objet ~ 직접 목적보어; style[discours] ~ 직접화법.
—n.m. ① 직행열차(train ~). ② 【권투】 스트레이트(coup ~). ~ du droit 오른손 [라이트] 스트레이트. ③ (라디오・텔레비전의)생방송, 생중계. en ~ 생방송(생중계)으로(↔ en différé). 《명사적》C'est en ~. 이것은 생방송이다.

*directement [dirɛktəmɑ̃] ad ① 곧바로, 곧장; 일직선으로; 직접적으로. rentrer ~ chez soi 곧장 귀가하다. maison ~ en face de la nôtre 우리집과 바로 마주 보는 집. correspondre ~ avec qn …와 직접 서신교환을 하다. ② 전혀, 전적으로. ~ contradictoire 정반대의.

‡**directeur(trice)** [dirɛktœr, -tris] n. ① 장(長), 우두머리(chef, patron, président); 지도자; 교장; 이사, 중역; 관리자(administrateur); 지배인; 국장; 부장; 감독관. président-~ général (기업체의)이사장(《약자》 P.D.G.). ② ~ général (기업체의)사장, 전무이사; (행정부의)국장. ~ administratif[du personnel] 총무[인사] 부장. ~ de journal[de revue] 신문사[잡지사] 사장. ~ général des P.T.T. (postes, télégraphes et téléphones)체신청장. ~trice de lycée[de collège] 고등학교 여자교장(↔ trice 교장의 경우 lycée 는 proviseur, collège 는 principal). ② 【프랑스사】 (총재 정부(le Directoire)의)집정관. ③ ~ spirituel(de conscience) 【가톨릭】 영적(靈的)지도자.
—a. 지도[주도]하는; 기준이 되는. idée ~trice d'un ouvrage 작품의 주된 사상. principe ~ 지도원리. comité ~ (회사의)중역회. roue ~trice (자동차의)앞바퀴. plan ~ 【군사】 작전 지도. cercle ~ 【수학】 (타원의)준원(準圓). ligne ~trice 【지질】 습곡축(褶曲軸).
—n.f. ① 【수학】 (타원의)준선(準線). ② 【기계】 (터빈의)도익(導翼).

directif(ve) [dirɛktif, -i:v] a. ① 지도적인; 지향적인. pédagogie ~ve (비강제적인)지도교육법. questionnaire ~ 【심리】 지시적 질문(법). antenne ~ve 지향성 안테나. ② (다소 경멸) 지시적인, 명령적인(autoritaire). attitude ~ve 강압적 태도. Le président de séance a été jugé trop ~. 사회자는 너무 독선적이고 여겨졌다.
—n.f. 《주로 pl.》 (정당 따위의)강령, 행동지침; (전투의)개략 지시; 훈령; 명령(ordre). donner des ~ves 지시를 하다. recevoir des ~ves de ses chefs 상부의 지시를 받다.

—n.m. 【언어】 방향을 가리키는 말.
*direction [dirɛksjɔ̃] n.f. ① (…으로 가는)방향, 방위. Quelle ~ a-t-il prise? 그는 어느 방향으로 갔습니까? Suivez toujours la même ~. 계속 같은 방향으로 가십시오. changer de ~ 방향을 바꾸다. «toutes ~s» "이곳으로부터 모든 방향"(도로 표지판). ② (비유적)방향, 방침, 지침. L'enquête se poursuit dans une nouvelle ~. 조사는 새로운 방향으로 계속된다. donner une bonne ~ à une affaire 사업에 올바른 지침을 주다. s'engager dans une mauvaise ~ 나쁜 길에 빠지다. ③ 지도, 지휘, 관리. assumer[prendre] la ~ des travaux 공사의 지휘를 맡다; 연구의 지도를 맡다. ~ d'une équipe 팀의 감독. sous la ~ de qn (연구・사업 따위가) …의 지도하에; (오케스트라가) …의 지휘로. ④ (사장・이사 따위처럼 회사・조직의)장의 직; 직권. être nommé à la ~ du personnel 인사부장에 임명되다. donner une ~ à qn …을 (부・국의) 장에 임명하다. Cette affaire ne dépend pas de ma ~. 이 사건은 내 권한 밖이다. ⑤ (행정기관의)부, 국. D~ de l'Enseignement primaire[secondaire] 초등 [중등] 교육국. D~ de la Surveillance du territoire 국토 보안국(《약자》 D.S.T.). ⑥ (회사・조직의)장의 사무실. monter à la ~ 사장실[부장실]에 가다. ⑦ 【자동차】 핸들 조작, 운전; 방향조종 장치. ~ douce[dure] 가벼운[무거운] 핸들. ⑧ 【가톨릭】 (영적)지도(~ spirituelle). ⑨ 【수학・물리】 선, 직선. points pris dans la même ~ 같은 직선상에 잡은 점들. ⑩ 【점성술】 (천궁도의 계산에 의한)미래 예지법.

*dans la[en] ~ de qc …의 방향으로.
*dans toutes les ~s 모든 방향으로, 사방 팔방으로.

directionnel(le) [dirɛksjɔnɛl] a. ① 【기술】 지향성(指向性)의. antenne ~le 지향성 안테나. ~ 방향을 지시하는. panneau ~ 방향 지시판.

directive [dirɛkti:v] n.f. ⇨directif.

directivisme [dirɛktivism] n.m. 《학술》《경멸》권위주의, 교조주의.

directivité [dirɛktivite] n.f. ① 【물리】 지향성. ② (교사 따위의)지도성(指導性); 권위주의.

directoire [dirɛktwa:r] n.m. ① 【역사】 ⓐ (D~) (1795-1799년의 프랑스 혁명 정부의)집정 내각 (5명의 집정관으로 조직되었음). style D~ (가구 따위 인테리어의)집정 내각 시대의 양식. ⓑ (프랑스 혁명 초기에 설치된)도회의(道會議) (=départemental). ② 【법】 (주식회사의)경영권자 회의; (공공 기관의)이사회. ③ 【가톨릭】 (1년간의)가톨릭 의식표(미사・기도・축일 따위를 날짜별로 기입), 교회력(ordo).

directorat [dirɛktɔra] n.m. 《드물게》 directeur 의 직[임기].

directorial(ale, pl. aux) [dirɛktɔrjal, -o] a. 【프랑스사】 집정 내각 시대의; directeur 의.

directrice [dirɛktris] n.f. ⇨directeur.

dirème [dirɛm] ① 【언어】 a. (문장의)2지(肢)의.
—n.m. 2지문 (Je pars. 처럼 주어와 동사만으로 된 문장) (phrase ~).

dirham [diram], **dirhem** [dirɛm] 【아라비아】 n.m. 디르함(모로코・아랍수장국 연맹의 화폐 단위).

dirigé(e) [diriʒe] a.p. 지도된, 지향된. économie ~e 계획경제. affaire bien ~e 경영이 순조로운 사업. activité ~e 과외수업 (정규수업이외의 정서교육・사회 견학 따위). antenne ~e 【전기】 지향성 안테나.

dirigeabilité [diriʒabilite] n.f. (비행선의)조종 가능성, 항행능력.

dirigeable [diriʒabl] a. 조종[유도]되는. —n.m. 비

행선(aérostat, zeppelin). ~ rigide[souple] 경식[연식] 비행선.

dirigeant(e) [diriʒɑ̃, -ɑ̃:t] *a.* 지도하는, 지배하는. classes ~*es* 지배계급. personnel ~ (회사·기업의)간부, 관리직. —*n.* 지도자(chef, meneur), 리자(directeur), 간부. ~*s* d'une entreprise 기업의 경영자들.

***diriger** [diriʒe] [3] *v.t.* ① 지휘하다, 지도하다. ~ un orchestre 오케스트라를 지휘하다. ~ un débat 토론의 사회를 보다. ~ les études de *qn* …의 연구를 지도하다. ② 경영하다, 운영하다. ~ une entreprise 기업을 경영하다. ~ un pays 국가를 통치하다. ~ ses sentiments[ses impulsions] 감정[충동]을 억제하다. ③ [~ vers/sur/contre] (의 방향으로)돌리다; 이끌다, 인도하다. ~ son regard *vers*[*sur*] *qn*[*qc*] …로 시선을 돌리다. ~ un coup de poing *sur*[*contre*] *qn* …에게 주먹을 한 대 먹이다. ~ *qn vers* la sortie 을 출구로 안내하다. ~ *ses pas vers*… (문어)…로 발길을 향하다, …로 가다. ~ une accusation *contre qn* …을 고소(고발)하다. ⑤ [~ sur/vers] (을 향해서)파견하다, 발송하다. ~ des troupes *vers* la frontière 군대를 국경에 파견하다. ~ un colis sur Paris 파리로 소하물을 발송하다. ⑥ (탈것)조종하다, 운전하다. ~ un avion 비행기를 조종하다. (bien) ~ sa barque 《비유적》 장사를 잘하다. ~ cheval 말을 몰다.
—*se* ~ *v.pr.* ① [se ~ vers] (쪽으로)가다, 전진하다; 향하다. Le bateau *se dirige vers* le port. 배가 항구를 향해서 간다. *se* ~ *vers* la carrière des armes 군인의 길을 걷다. L'avion *se dirige vers* le sud. 비행기가 남쪽으로 간다. ② 행동하다; 처신하다. Votre fils est maintenant assez grand pour *se* ~ seul dans la vie. 자제분께서는 이제 혼자서 판단해서 살 수 있는 나이입니다.

dirigisme [diriʒism] *n.m.* 《경제》 통제[계획]경제(체제). ~ économique 계획경제.

dirigiste [diriʒist] *a., n.* 통제경제의(추진자).

dirimant(e) [dirimɑ̃, -ɑ̃:t] *a.* 《법》 무효로 하는. empêchement ~ (au mariage) (혼인을)무효화 하는 장애.

dirimer [dirime] *v.t.* 《법》 (계약 따위를)무효로 하다.

dis [di] ⇨dire.

dis- *préf.* 「부정·분리·차이·결여」의 뜻.

disable [dizabl] *a.* 말해도 무방한; 《생각 따위를》말할 수 있는.

disaccharide [disakarid] *n.m.* 《화학》 이당류.

disamare [disama:r] *n.m.* 《식물》 2익(翼) 2종자의 익과(단풍 열매 따위).

disant(e) [dizɑ̃, -ɑ̃:t] *a.* 《문어·드물게》말하는, 지껄이는; 《속어》말이 많은(causant).

discaire [diskɛ:r] *n.m.* =disquaire.

discal(ale)[1] *a., pl. aux* [diskal, -o] *a.* 《의학》 추간 연골의, 디스크의.

discale[2] [diskal] *n.f.* 《상업》 (저장·운반 중 건조에 의한)중량 감소.

discarthrose [diskartro:z] *n.f.* 《의학》 추간 연골 관절증(류머티즘성 척추증의 하나).

discernable [disɛrnabl] *a.* 판별[식별]할 수 있는, 구별할 수 있는. changement à peine ~ 거의 느끼지 못할 정도의 변화.

discernement [disɛrnəmɑ̃] *n.m.* ① 식별, 판별; 식견, 분별, 식별. ~ de la vérité d'avec l'erreur 진위의 판별. ~ du bien et du mal 선악의 판단. avoir du ~ 식견이 있다. choisir sans ~ 아무거나 고르다. agir avec ~ 분별 있게 행동을 하다. âge de[du] ~ 분별이 생기는 나이. ② 《옛》 분리; 구별.

discerner [disɛrne] *v.t.* ① 분간하다; (모습·형태를)인지(認知)하다. Dans cette brume on a du mal à ~ la côte. 이 안개 속에서는 해안이 잘 보이다. ~ une silhouette d'homme dans le lointain 멀리 사람의 모습을 인지하다. ② 식별하다, 판별하다. ~ les couleurs 색채를 식별하다. ~ la cause d'un événement 사건의 원인을 판별하다. 《목적보어 없이》Comme il *discerne*! 그는 모든 걸 꿰뚫어 본다니까! ③ (소리·감각 따위를)지각(知覺)하다. ~ une douleur vague 막연한 통증을 느끼다. ④ 《옛》메어놓다, 선별[차별]하다.
—*se* ~ *v.pr.* 분간[식별]되다.

disciple [disipl] *n.m.* ① 제자, 문하생; 신봉자, 후계자. les D~*s* de Jésus-Christ 예수 그리스도의 (12)제자들. ~ de la nature 자연의 신봉자. 《구어》~ d'Apollon 시인; ~ de Bacchus 대단한 술꾼, 주정뱅이.

disciplinable [disiplinabl] *a.* 길들일[훈련시킬] 수 있는; 규율을 지킬 수 있는.

disciplinaire [disiplinɛ:r] *a.* ① 규율[풍기]상의. règlement ~ 복무 규칙. ② 징계의. mesure ~ 징계처분. locaux ~*s* 《군사》영창. *n.* 규율이 엄한 사람. —*n.m.* 《군사》규율·징계대원; 《옛》(기독교 계통 학교의)교감.

disciplinairement [disiplinɛrmɑ̃] *ad.* 규율에 따라서, 징계 삼아.

discipline [disiplin] *n.f.* ① 학과, 교과(목); 《스포츠》종목. ~*s* littéraires[scientifiques] 문과[이과]의 학과들. Quelles ~*s* enseignez-vous? 어떤 과목을 가르치십니까? ~ d'éveil 적성개발 교과목(학생의 적성의 발전·개발을 목적으로 하는 자유과목). ~*s* nordiques (스키의)노르딕 종목. ② 규율; 훈련. se plier à la ~ 규율을 따르다. ~ ecclésiastique 종교의 계율. ~ militaire 군기, 군율. ~ des désirs 욕망의 통제. ~ de vote (의회에서 법안 투표시 당의 지령에 따른)투표의 행동통일. ③ 징계, 징벌; 《가톨릭》(고행·죄 갚음을 위한)채찍. conseil de ~ 징계위원회. préfet de ~ (기독교 계통 학교의)교감(censeur). ordonner la ~ 채찍질을 명하다. se donner la ~ 자신을 채찍질하다. ④ 《옛》훈육, 가르침. apprendre *qc* sous la ~ de *qn* …의 가르침으로 을 배우다.

avoir de la ~ 《구어》(교사가)권위가 있다(학생들로 하여금 규율을 따르게 하다); (아이가)버릇이 좋다.

discipliné(e) [disipline] *a.p.* 규율이 바른, 잘 훈련된. être ~ avec les autres 남에게 깍듯하다.

disciplinement [disiplinmɑ̃] *n.m.* 《드물게》규율을 지키게 하기, 훈련.

discipliner [disipline] *v.t.* ① 규율을 바로잡다; 훈련하다, 훈육하다. (감각 따위를)도야하다. ~ un enfant 아이를 훈육하다. ~ son travail 질서정연하게 [순서 있게] 일을 하다. ② (자연의 힘 따위를)제어하다, 지배하다. ~ un cours d'eau 물의 흐름을 다스리다. ~ les cheveux 머리를 매만지다. ~ ses passions 감정을 억제하다.
—*se* ~ *v.pr.* 규율에 따르다, 규율을 지키다; (모양이)다듬어지다, 정돈되다.

disc-jockey, disk-jockey, disque-jockey [diskʒɔkɛ] (미영) *n.m.* 디스크 자키[선수].

disco- *préf.* 「레코드·원반」의 뜻.

discobole [diskɔbɔl] *n.m.* 《고대그리스》원반던지기 선수.

discographie [diskɔgrafi] *n.f.* ① (주제·연주자 따위에 의해 분류된)레코드 분류법, 레코드 목록. ② 《의학》추간 연골 조영술(造影法).

discographique [diskɔgrafik] *a.* 레코드 분류법(목록)의, 레코드의. réussite ~ 레코드의 히트.

discoïdal(*ale*, *pl.* *aux*) [diskɔidal, -o], **discoïde** [diskɔid] *a.* 원반 모양의.

discomycètes [diskɔmisɛt] *n.m.pl.* 《식물》반균과(盤菌科).

discontacteur [diskɔ̃taktœr] *n.m.* 《전기》(차단기와 접촉기를 겸한)스위치.

discontinu(*e*) [diskɔ̃tiny] *a.* 불연속의, 단속적인 (intermittent, momentané); 중단된(coupé). effort ~ 중단된 노력. fonction ~*e* 《수학》불연속 함수. constituant [morphème] ~ 《언어》불연속 구성 요소[형태소]. son ~ 《음성》비지속성음. bruit ~ 단속적인 소리. —*n.m.* 《철학》불연속.

discontinuation [diskɔ̃tinyɑsjɔ̃] *n.f.* 《드물게》중지, 중단. ~ des poursuites 《법》소추의 중지.

discontinuer [diskɔ̃tinye] *v.t.* 《문어》중단하다 (cesser, suspendre). ~ de+*inf.* …하기를 중단하다. —*v.i.* 중단하다, 도중에 그만두다. *sans* ~ 끊임없이, 계속하여.

discontinuité [diskɔ̃tinyite] *n.f.* 중단, 불연속 (intermittence, ↔ continuité); 《수학》(함수의) 불연속점에서의 변수의 값. ligne de ~ 《기상》불연속선.

disconvenance [diskɔ̃vnɑ̃:s] *n.f.* 《문어》부적합 (↔ convenance), 어울리지 않음, 불균형(désaccord, disproportion). ~ des caractères 성격의 불일치.

disconvenant(*e*) [diskɔ̃vnɑ̃, -ɑ̃:t] *a.* 부적합한, 불균형의; 부적당한; 대립하는.

disconvenir [diskɔ̃vni:r] [16] *v.t.ind.* ①[ne pas de *qc*/que+*ind.*/que+*sub.*]…을 부정하지 않다, 인정하다. Il *n'est pas disconvenu* de cela. 그는 그것을 부인하지 않았다. Je *ne peux pas ~ qu'*il est plus intelligent que moi. 그가 나보다 똑똑한 것을 부정할 수 없다. Je *ne disconviens pas que* ce mot ne soit juste. 나는 그 어휘가 올바르다는 것을 인정한다(종속절의 ne는 허사). ②(목적보어 없이)적합하지 않다, 어울리지 않다. Les deux idées *disconviennent* entre elles. 그 두 개의 관념은 서로 어울리지 못한다. ③《옛》[~ à *qn*] (의)마음에 들지 않다; 의견이 맞지 않다.

discophile [diskɔfil] *n.* 레코드 애호[수집]가.

discophilie [diskɔfili] *n.f.* 레코드 애호.

discord[1] [diskɔ:r] *n.m.* 《옛》불화, 반목, 불일치, 부조화.

discord[2] *a.m.* ①《옛》《음악》(악기가)가락이 맞지 않는(désaccordé), ②부조화의, 모순된.

discordance [diskɔrdɑ̃:s] *n.f.* 음률이 맞지 않음; 부조화, 불일치; (의견 따위의)상치(mésintelligence); 《지질》(지층의)부정합(不整合). ~ des opinions 의견의 상치.

discordant(*e*) [diskɔrdɑ̃, -ɑ̃:t] *a.* ①음률이 맞지 않는, 부조화의, 귀에 거슬리는. ②(의견이)일치하지 않는; (성격이)맞지 않는; 《옛》통일성이 없는, 일관성이 없는. plan ~ 일관성이 없는 계획. ④《지질》(지층이)부정합(不整合)의.

discorde [diskɔrd] *n.f.* ①《문어》불화, 반목(désaccord, ↔ accord); 갈등, 알력. semer la ~ 불화[갈등]의 씨를 뿌리다. brandon de ~ 불화의 씨. ②(D~) 《로마신화》디스코르디아(불화의 여신; 그리스신화의 *Eris*에 해당). *pomme de* ~ 불화의 원인(《그리스신화:*Eris*가 던진 금사과를 *Pâris*가 *Aphrodite*에게 주어 여신 사이에 불화가 일어난 일에서 연유》.

discorder [diskɔrde] *v.i.* 《옛》음률(가락)이 맞지 않다(↔ concorder), (색채가)어울리지 않다, 조화되지 않다(jurer); (사람이)반목하다.

discothécaire [diskɔteke:r] *n.* (레코드 라이브러리의)대출 담당.

discothèque [diskɔtɛk] *n.f.* ①레코드 라이브러리, 레코드 수집장; (방송국 따위의)레코드 실; 레코드 캐비닛. ②디스코테크.

discount [diskawnt, -kunt] 《영》*n.m.* ①할인[염가]판매, 바겐세일. ②염가[할인]전문점.

discounter [diskawntœr] 《영》*n.m.* 할인상점(의 경영자).

discoureur(*se*) [diskurœr, -ø:z] *n.* 떠버리, 수다장이. —*a.* 말 많은, 수다스러운.

discourir [diskuri:r] [20] *v.i.* ①떠벌리다, 장광설을 늘어놓다; (병자가)헛소리하다. ne faire que ~ 쓸데없는 이야기만 하다. ②《옛》[~ de/sur] (에 대해서) 논하다. ~ de la vertu 미덕에 대해서 논하다. ③《옛》지껄이다, 잡담하다(bavarder).

*****discours** [disku:r] *n.m.* ①연설, 강연; 인사말. prononcer un ~ 연설하다. ~ d'ouverture 개회사. ~ de réception (아카데미의 새 회원이 행하는)입회 연설. ~-programme d'un ministre 장관의 시정연설. ~ d'un avocat (변호사가)변론. ②《종교》설교(prêche, sermon). ~ de Jésus sur la montagne 예수의 산상 수훈. ③(사실·증거·행위가 따르지 않는 단순한)이야기, 담론; 《옛》잡담, 대화. Assez de ~! 말이 많소! (증거를 보이시오, 실행하시오). beaux ~ (상대의 마음을 끌기 위한)그럴듯한 이야기. mauvais ~ 악담, 험담. tenir un ~ à *qn* …에게 이야기하다. ④《언어》@(문의 연결체로서의)담화, 이야기, 문장. analyse de ~ 담화분석. parties du ~ 품사. ⑤화법. ~ direct (indirect) 직접[간접]화법. ~ indirect libre 자유간접 화법. ⑤《철학·논리》(직관에 대하여)추리, 논증(pensée discursive). univers du ~ 논증영역, 문맥 전체. ⑥ les six parties traditionnelles du ~ 《수사학》논술을 구성하는 전통적 수사학의 6 항목(서론·본론·결론 따위). ⑦《옛》논문, 논; (학교에서의)작문.
C'est un autre ~. 그건 이야기가 다르다. *perdre le fil de son* ~ 이야기를 중단하다; 이야기가 탈선하다. *reprendre le fil de son* ~ 이야기를 본줄기로 돌리다.

discourtois(*e*) [diskurtwa, -a:z] *a.* 무례한, 버릇없는 (↔ courtois, poli).

discourtoisement [diskurtwazmɑ̃] *ad.* 《드물게》버릇없이, 무례하게, 퉁명스럽게.

discourtoisie [diskurtwazi] *n.f.* 무례, 버릇없음.

discrédit [diskredi] *n.m.* 신용[가치]의 상실(없음], 인기 상실[없음], 평판이 좋지 않음(défaveur, déconsidération). jeter le ~ sur *qn* …의 신용을 손상하다. tomber dans le ~ 신용을 잃다.

discréditer [diskredite] *v.t.* (의)신용[신망·가치]을 떨어뜨리다. ~ l'autorité de *qn* …의 권위를 실추시키다. —*se* ~ *v.pr.* 신용[평판]을 잃다.

*****discret**(*ète*) [diskrɛ, -ɛt] *a* ①신중한, 조심성있는, 사려깊은; (언동을)삼가는(réservé, retenu); 분별있는. C'est un homme effacé en ~. 그는 눈에 띄지 않는 사려깊은 사람이다. ②눈에 띄지 않는, 이목을 끌지 않는, 소박한. endroit(coin) ~ 눈에 띄지 않는 장소. couleur(toilette) ~*ète* 검소한 색깔[화장]. ~ parfum de lavande 라벤더의 은은한 향기. ③은밀한, 은근한. appui ~ d'un haut fonctionnaire 어느 고관의 은밀한 뒷받침. faire une allusion ~*ète* 넌지시 뜻을 비치다. ④비밀을 지키는, 입이 무거운. ami ~ 비밀을 지키는 친구. ⑤《수학》이산(離散)된. quantité ~*ète* 이산량. ⑥《언어》이산적인. unite ~*ète* 이산적 단위. ⑦《의학》산재된. variole ~*ète* 산재성 포창.

discrètement [diskretmɑ̃] *ad.* ① 조심스럽게; 이목을 끌지 않게, 삼가서. femme ~ maquillée 옅은 화장을 한 여인. ② 비밀을 지켜, 굳게 숨겨. garder ~ un secret 굳게 비밀을 지키다.

discrétion [diskresjɔ̃] *n.f.* ① 조심성, (언동을)삼가함(réserve, retenue); 깊은 사려, 신중; 검소함, 단정함(décence). avec ~ 조심스럽게, 신중하게. s'habiller avec ~ 옷차림이 단정하다. ② 비밀 엄수. ③《옛》분별; 재량. âge de ~ 철들 나이. *à* ~ 뜻대로, 마음껏, 자유롭게. *à* votre ~ 당신 뜻[처분]대로. manger *à* ~ 실컷 먹다. pain *à* ~ 빵은 맘대로(무료). se rendre *à* ~《옛》무조건 항복하다.
être [se mettre] *à la* ~ *de qn* …의 뜻대로이다[되다], …에게 달려 있다.

discrétionnaire [diskresjɔnɛːr] *a.*《법》자유재량의. pouvoir ~ (재판관의)자유재량권;(비유적)절대적인 힘.

discrétionnairement [diskresjɔnɛrmɑ̃] *ad.* 자유재량으로; 제멋대로.

discrétoire [diskretwaːr] *n.m.*《종교》(수도원장이 주재하는)평의회(실).

discriminant(e) [diskriminɑ̃, -ɑ̃ːt] *a.*《학술》식별[판별]되는. signe ~ 판별 표징. —*n.m.*《수학》판별식.

discrimination [diskriminɑsjɔ̃] *n.f.* ① (인종 따위의)차별. ~ raciale 인종차별. ~ tarifaire 관세차별. sans ~ 무차별로, 평등하게. ②《문어》구별, 식별. ~ du bien et du mal 선악의 구별. ③《심리》판별력.

discriminatoire [diskriminatwaːr] *a.* (인종 따위에 대하여)차별적인.

discriminer [diskrimine] *v.t.*《문어》구별[식별]하다(distinguer).

disculpation [diskylpɑsjɔ̃] *n.f.*《드물게》무죄[무고]의 증명, 무죄[무고]임을 밝히기.

disculper [diskylpe] *v.t.* 무죄를 증명하다. ~ *qn d'un crime imputé à tort* …의 무고함을 증명하다.
—*se* ~ *v.pr.* 자기의 무죄[결백]을 증명하다, 자기 변호[변명]를 하다. Il *se disculpe* de son retard. 그는 자기의 지각을 변명한다.

discursif(ve) [diskyrsif, -iːv] *a.*《철학·논리》논증적인; 추론(추리)적인. connaissance —*ve* 논증적 인식. pensée —*ve* 추론적 사고. ②《문어》이야기·화제 따위가)산만한, 갈피를 못잡는(digressif). ③《옛》《신학》활동적인.

discussif(ve) [diskysif, -iːv] *a.*《옛》《의학》응어리를 푸는, 종기를 가라앉히는.

***discussion** [diskysjɔ̃] *n.f.* ① 토의, 토론(débat); 의논, 숙의(délibération). ~ d'un projet de loi 법안의 심의. mettre une affaire en ~ 어떤 일을 토의하다. ② 말다툼, 격론, 논쟁(altercation, querelle, ↔ accord, entente). entrer en ~ avec *qn* …와 논쟁하다. ③《구어》이런 저런 이야기, 한담, 잡담. Au cours de la ~, il m'a demandé de tes nouvelles. 오가는 말중에 그는 내게 너의 소식을 물었다. ④ ~ d'une équation《수학》방정식의 검산. ⑤ ~ de biens《법》(채무자의)재산 검색.
De la ~ jaillit la lumière.《속담》토론에서 지혜가 솟는 법이다. *Pas de ~!* 잔소리 말아! *sans ~ possible* 논쟁의 여지없이.

discutable [diskytabl] *a.* ① 토의할[논의할] 여지가 있는. Cela n'est plus ~. 그건 이미 논의의 여지가 없다. ② 바람직하지 않은, 좋지 않은. Sa conduite me paraît ~. 그의 행동은 좀 문제가 있어. goût ~ 좀 점잖지 못한 취미, 악취미.

discutailler [diskytɑje] *v.i.*《구어》《경멸》하찮은 일로 왈가왈부하다.

discutailleur(se) [diskytɑjœːr, -øːz] *a.*《구어》하찮은 일로 왈가왈부하는 사람의, 이론가의.

discuté(e) [diskyte] *a.p.* 논의의 여지가 많은; 논쟁되는, 논란[이론]을 불러 일으키는. L'existence d'Homère est —*e.* 호메로스의 실체에 대해서는 이론이 많다. homme ~ 물의를 일으킨 인물.

***discuter** [diskyte] *v.t.* ① 토의[토론]하다, 논의하다(débattre, critiquer); (값을)흥정하다. ~ un point litigieux 계쟁점(係爭點)을 토의하다. ~ (d')un projet du budget à l'Assemblée 의회에서 예산안을 심의하다. ② 문제로 삼다, (근거가 빈약한 것으로)생각하다(douter); 이의를 제기하다. ~ la vérité de *qc* …의 진실성을 의심하다. ③《수학》(방정식을)검산하다. ④《법》(채무자의)재산을 검색하다.
—*v.i.* ① 토의[토론]하다, 논의하다, 의견을 교환하다, 논쟁하다; 트집잡다(ergoter). ~ sur un point avec *qn* 어떤 문제점에 대해서 …와 논쟁하다. ~ avec l'ennemi 적과 담판(협상)하다. ②《구어》이런 저런 얘기 저런 얘기를 하다, 잡담을 하다(bavarder). Nous *avons discuté* un moment devant un verre de bière. 우리는 맥주잔을 앞에 놓고서 잠시 한담을 나누었다.
—*se* ~ *v.pr.* 토의[토론]되다. Cette affaire *se discute* en conseil des ministres. 이 문제는 각의에서 토의되고 있다.

discuteur(se) [diskytœːr, -øːz] *a.*, *n.*《드물게》논쟁을 좋아하는(사람).

disépale [disepal] *a.*《식물》꽃받침 두 개의.

disert(e) [dizɛːr, -ɛrt] *a.*《드물게》구변 좋은, 유창한(éloquent).

disertement [dizɛrtəmɑ̃] *ad.*《드물게》구변 좋게, 유창하게(éloquemment).

disette [dizɛt] *n.f.* ① (필수품의)부족, 결핍(besoin, manque). ~ d'eau 물부족. de vivres 식량난. ② 기근. année de ~ 기근의 해. ③ (사상·재능 따위의)결여, 빈곤. ~ de mots[des idées] 어휘[사상]의 부족(빈곤).

disetteux(se) [dizɛtø, -øːz]《옛》*a.* 가난한. —*n.* 가난한 사람.

diseur(se) [dizœːr, -øːz] *n.* ① [~ de] (을)말하는 사람. ~ *de bons mots* 항상 격언을 들먹이는 사람. ~ *de banalités* (*de* riens) 쓸데없는 말만 하는 사람. ~ *de bonne aventure* 점장이. ② 낭송가, 낭독자. ~; fine —*se* 재치있는 낭독자. ③《옛》미사여구를 나열하는 자, 호언장담을 하는 사람.
Les grands ~*s ne sont pas les grands faiseurs.*《속담》큰소리 치는 자 큰일 하지 못한다.

disgrâce [disgrɑːs] *n.f.* ① 총애를 잃음, 실총(失寵, défaveur). encourir la ~ de *qn* (총애를 받다가) …의 노여움을 사다. ②《옛》불행, 불운(détresse). ③ 못생김, 추함, 주함(laideur).

disgracié(e) [disgrɑsje] *a.p.* ① 총애를 잃은; 노여움을 산;《옛》(사물이)인기를 잃은. ministre ~ 해임된 장관. ② (육체적·물질적으로)혜택을 받지 못한; 못생긴, 추한, 불구의. être ~ de [par] la nature 못생기다. —*n.* ① 불우한 사람, 박복한 사람.

disgracier [disgrɑsje] *v.t.* (총애·중용하던 사람을) 멀리하다, (애정)을 더 주지 않다. Il *s'est disgracié* auprès du roi. 그는 왕의 총애를 잃었다.
—*se* ~ *v.pr.* 총애를 잃다. Il *s'est disgracié* auprès du roi. 그는 왕의 총애를 잃었다.

disgracieusement [disgrɑsjøzmɑ̃] *ad.* 불쑥, 볼품없게; 무뚝뚝하게.

disgracieux(se) [disgrɑsjø, -øːz] *a.* 못생긴, 보기 흉한, 볼품없는; 퉁명스러운, 무뚝뚝한.

disharmonie [dizarmɔni] *n.f.* 부조화; 불일치; 불협화(음).

disjoindre [disʒwɛ̃:dr] [27] *v.t.* 떼어놓다, 분리하다 (séparer, ↔ joindre). ~ deux questions 2개의 문제를 떼어놓다.
—**se** ~ *v.pr.* (따로)떨어지다, 분리되다.

disjoint(e) [disʒwɛ̃, -ɛ̃:t] *a.p.* ① (따로)떨어진; 벗겨진; 분리된; 흩어진. ménage ~ 흩어진[무너진] 가족[가정]. ② degré ~ 〖음악〗도약 음정. 〖수학〗(집합에 있어서)공통-부분이 없는. ④ 〖언어〗forme ~e 분리형; pronom ~ 분리 대명사 (↔ pronom conjoint).

disjoncteur [disʒɔ̃ktœ:r] *n.m.* 〖전기〗자동 차단기, 안전판[기].

disjonctif(ve) [disʒɔ̃tif, -i:v] *a.* 〖논리〗선언적(選言的)인. syllogisme ~ 선언적 삼단논법. jugement ~ 선언적 판단. ② 〖언어〗이접(離接)[분리]적인. —*n.f.* 〖언어〗분리[이접]접속사 (ou, soit, tantôt...tantôt 따위) (conjonction ~ve).

disjonction [disʒɔ̃ksjɔ̃] *n.f.* 분리, ~ entre le savoir et l'agir 지식과 행동의 분리. voter la ~ (추후 심의를 위해 법안의)일부 보류를 표결에 부치다. ② 〖법〗(2개 이상의 소송의) 분리재판. ③ 〖논리〗포괄적[배타적] 선언명제 (기호 V). ④ 〖생물〗(유전자의)분리. ⑤ 〖의학〗이개(離開)[골체에서 뼈]끝을 분리하는 따위).

dislocation [dislɔkasjɔ̃] *n.f.* ① 빠지기, 흩어지기; 해산. ~ d'une articulation 〖의학〗탈구. ~ d'un meuble 가구의 분해 (산산조각으로 부서지는 것). exercice de ~ de la main pour le piano 피아노의 손가락 연습. ~ d'une manifestation 데모의 해산. En place, repos, ~! 〖군사〗차려, 쉬어, 해산. ② 붕괴, 해체. ~ d'un empire 제국의 분열. ~ de la pensée 사상의 해체. ③ 〖지질〗단층. 〖언어〗전위.

disloqué(e) [dislɔke] *a.p.* ① 탈구된; (비유적) (자세 따위가)축 늘어진. épaule ~e 탈구된 어깨. pantin ~ 손발이 축 늘어진 조종 인형. ② 휜, 꼬인. ③ 산산조각이 난, 흩어진. chaise ~e 부서진 의자. famille ~e 붕괴된 가정. phrase ~e 조리 없는 문장. ④ 〖지질〗단층이 생긴. ⑤ 〖언어〗전위된. —*n.* (몸을 자유롭게 휘는)곡예사.

disloquement [dislɔkmɑ̃] *n.m.* 분해, 분열, 〖의학〗탈구, 염좌(捻挫).

disloquer [dislɔke] *v.t.* ① 분해하다(↔ emboîter, monter); 조각나게 하다; 흩뜨리다, 해산시키다(disperser); 무너뜨리다. ~ les rouages 톱니바퀴를 분해하다. ② 〖의학〗탈구시키다, 삐게 하다.
—**se** ~ *v.pr.* ① 분해되다; 해산하다; 무너지다, 붕괴되다. parti politique qui se *disloque* 해산되는 정당. ② 탈구하다, 자기의 …을 삐다. ③ (곡예사 따위가)몸을 자유자재로 휘다.

dispache [dispaʃ] *n.f.* 〖해상보험〗해상손실(정산)표.

dispacheur [dispaʃœ:r] *n.m.* 〖해상보험〗해상손실정산인.

dispair(e) [dispe:r] *a.* (드물게)같지 않은, 짝짝이의. yeux ~s 짝눈.

disparaissant(e) [disparɛsɑ̃, -ɑ̃:t] *a.* 사라지는, 자취를 감추는.

*****disparaître** [disparɛtr] [41] *v.i.* (조동사는 avoir; 〖예·문어〗및 상태를 나타낼 때 être를 쓰는 수도 있음) ① 사라지다, 소멸하다, 자취를 감추다(↔ apparaître). Toute inquiétude *a disparu* en un clin d'œil. 모든 불안이 눈 깜짝할 사이에 가시었다. Le soleil *disparaît* derrière les montagnes. 태양이 산 뒤로 모습을 감추었다. ② 없어지다. Mon porte-monnaie *a disparu*, qui me l'a pris? 내 지갑이 없어졌는데 누가 훔쳐갔는가? ③ 달아나다, 도망치다 (s'esquiver, se sauver). ④ 죽다(mourir, s'éteindre). grand savant qui *disparaît* dans la force de l'âge 한창 나이에 죽는 대학자. ⑤ 실종되다, 행방불명이 되다(se perdre); (배가)침몰하다(sombrer). Plusieurs bateaux de pêche *ont disparu* lors de la tempête. 폭풍우가 몰아쳤을 때 어선이 여러 척 침몰했다.

~ **de la scène** (활약하고 있던 사람이)은퇴하다, 일선에서 물러나다. **faire** ~ *qc* 보이지 않게 하다, 지우다, (증거를)인멸하다, 제거하다, 없애다. **faire** ~ *qn* …을 없애다[죽이다].

disparate [disparat] *a.* ① 어울리지 않는, 부조화의 (discordant); 잡다한(divers). mobilier ~ 어울리지 않는 가구. ② concept ~ 〖논리〗이류(異類) 개념. —*n.f.* 〖예〗부조화 (↔ harmonie).

disparité [disparite] *n.f.* 같지 않음, 차이, 부조화, 어울리지 않음.

disparition [disparisjɔ̃] *n.f.* ① 사라짐; 분실; 행방불명. ~ d'un enfant 아이의 행방불명(실종). ~ d'un livre 책의 분실. ~ des prisonniers 죄수들의 도망. ② 소멸, 사망. se sentir seul depuis la ~ d'un ami 친구가 죽은 후로 고독감을 느끼다. ~ d'une civilisation 문명의 멸망.

disparu(e) [dispary] *a.p.* ① 사라진, 자취를 감춘. ② 소멸된, 멸망한, 죽은. espèce ~e 소멸된 종(생물). —*n.* 죽은 이; 행방불명자; 〖군사〗미확인 전사자. être porté ~ 미확인 전사자로 등록되다.

dispatcher [dispatʃœ:r, dispatʃɛ:r] 〖영〗*n.m.* (열차의)배차담당; (비행기의)관제사; (전력회사의)배전담당(régulateur).

dispatching [dispatʃiŋ] 〖영〗*n.m.* 〖철도〗(열차의)배차(실); 〖항공〗(비행기의)관제(실); 〖전기〗배전(실).

dispendieusement [dispɑ̃djøzmɑ̃] *ad.* 많은 비용을 들여서, 사치스럽게. se meubler ~ 가구에 많은 돈을 들이다.

dispendieux(se) [dispɑ̃djø, -ø:z] *a.* 많은 비용이 드는, 비싼(coûteux, cher, ↔ économique). mener une existence ~se 호화로운[많은 비용이 드는]생활을 하다.

dispensable [dispɑ̃sabl] *a.* 〖법〗면제되는[될 수 있는].

dispensaire [dispɑ̃sɛ:r] 〖영〗*n.m.* 무료 진료소.

dispensateur(trice) [dispɑ̃satœ:r, -tris] *n.* ① 분배자(distributeur). ② (고대로마의)경리담당, (개인 집의)경리담당 노예. —*a.* 분배하는.

dispensation [dispɑ̃sasjɔ̃] *n.f.* 〖예〗분배; 운영.

dispense [dispɑ̃:s] *n.f.* ① 면제(exemption, ↔ obligation). ~ du service militaire 병역 면제. ~ d'âge 연령(제한)면제. ~ d'impôts 면세. ~ d'une peine 〖교회법〗형벌의 면제. ② 면세증명서, 특별허가증. ~ de bans 결혼 공시 면제.

dispensé(e) [dispɑ̃se] *a.p.* 면제된. —*n.* 면제된 사람. —*n.m.* (병역의)단기 복무자.

dispenser [dispɑ̃se] *v.t.* ① [~ *qn* de *qc*/de+*inf.*] (에게) …을)면제하다(exempter, ↔ obliger); 면하게 하다(épargner, faire grâce de). On *l'a dispensé* de rédiger son rapport. 그에게 보고서 작성을 면제해 주었다. Je vous *dispense* de vos réflexions [de faire des commentaires]. 죄송하지만 말씀은 거두어 주십시오. ② 〖종교〗사면하다. ③ (친절·혜택을)베풀다 (accorder); 분배하다, 나누어 주다 (distribuer). ~ des bienfaits 은혜[자선]을 베풀다. ④ 〖예〗(약을)조제하다.
Dispensez-moi de+*inf.* …하기를 사양하겠습니다.

Dispensez-moi de vous reconduire. 댁까지 모시지 못하겠습니다.
— **se ~** *v.pr.* ① [se ~ de *qc*/de+*inf.*] 면제되다, (할 것을)면하다, (하지 않고)배기다. Je *me dispenserais* bien *de* cette corvée. 나는 그 고역을 면할 것이다. ② 주어지다. Cet enseignement *se dispense* aux spécialistes. 이 수업은 전문가에게 주어야 한다. ③ [se ~ à+*inf.*](을)감히 하다.
ne pas pouvoir se ~ de+*inf.* …하지 않으면 안되다, …하지 않을 수 없다.

dispersal [dispɛrsal]《영》*n.m.* 《공군》분산 격납 설비(적의 폭격으로부터 비행기의 피해를 줄이기 위해 비행기를 분산 배치하기 위한 설비).

dispersant [dispersɑ̃] *n.m.* 《화학》(해상에 유출된 석유 따위에 대한) 분산제(分散劑).

dispersé(e) [disperse] *a.p.* ① 흩어진. en ordre ~ 《군사》산개(散開)해서. système ~ 《물리》분산계. ② 정신이 흩어진. ③ 붕괴되어 닳아나는.

dispersement [dispersəmɑ̃] *n.m.* 《드물게》(사방으로)흩어짐, 흩트림, 어지럽힘, 분산. ~ de la foule 대중을 해산시킴.

disperser [disperse] *v.t.* ① 흩트리다, 흩뿌리다. ~ des papiers 서류를 흩트리다. ~ des cendres au vent 재를 바람에 흩뿌리다. ② 분산시키다. ~ son attention 주의를 분산시키다. ~ une collection (경매 따위로)수집품을 분산시키다. ③ 쫓다, 쫓아 시키다. ~ une manifestation 데모대를 쫓아버리다. ~ l'ennemi 적을 쫓다, 쫓아버리다.
— **se ~** *v.pr.* ① (사방으로)흩어지다, 분산되다, 지리멸렬이 되다. La foule *se disperse*. 군중들이 흩어진다. ② (주의가)여러 갈래로 분산되다. *se ~ entre diverses occupations* 여러가지 일로 정신이 산란해지다.

dispersif(ve) [dispersif, -i:v] *a.* ① 《물리·광학》분산시키는, prisme ~ 분산 프리즘. milieu ~ 분산매체. ② (비유적) 분산적인. ③ huile ~*ve* 세정유(洗淨油).

dispersion [dispersjɔ̃] *n.f.* ① 흩어짐; 흩어져 없어짐. ~ des cendres 재의 흩어짐. ~ des pièces d'une collection (매각에 의한)수집품의 흩어져 없어짐. ② 분산, 궤주. ~ des forces 힘의 분산. ~ des Juifs 유대인의 분산. ~ d'une armée 군대의 궤주. ③ 《광학》(빛의)분산. ④ 《화학》콜로이드계 《분자》의 분산. ⑤ 《통계》산포도. ⑥ 《군사》~ du tir 사탄(射彈) 산포; rectangle de ~ 사탄의 산포旁.

dispersoïde [dispersɔid] *n.m.* 《화학》분산질(分散質), 분산상.

disponibilité [disponibilite] *n.f.* ① (물건을)자유롭게 처분(사용)할 수 있음; 처분권, 사용권; (*pl.*) 유동자산(immobilisations). ~ des biens 재산의 자유 처분권. ② 《행정》휴직, 대기발령. mettre *qn* en ~ …을 휴직시키다. fonctionnaire en ~ 대기발령중인 관리. ③ 《군사》귀휴(歸休), 예비역. ④ (억압되지 않은)자유; (정신·감수성의)유연함. ~ d'esprit 정신의 자유. ⑤ 《언어》대기성. ⑥ taux de ~ 《컴퓨터》동작율.

disponible [disponibl] *a.* ① (물건을)마음대로 처분(사용)할 수 있는(vacant). Il reste deux places ~s dans l'autocar. 관광 버스 안에 빈 자리가 둘 남아 있다. ; portion ~ 《법》처분할 수 있는 재산(유산 합당분). ② 한가한, 시간이 있는 (libre); 《행정》휴직(대기)중에 있는; 《군사》예비역의. Si vous êtes ~ demain... 내일 병을 으시다면…. ③ 《언어》대기성의(빈도가 낮지만 화자가 언제든지 사용할 수 있음). vocabulaire ~ 대기 어휘.

— *n.m.* ① 《상업》유동자산; 현물, 재고품. ② 《군사》예비역; 명령대기중인 장교. rappeler les ~s 예비역을 소집하다.

dispos(e) [dispo, -ɔːz] *a.* (특히 남성)생기 있는, 쾌활한, 원기에 찬(gaillard, ↔ las); 상쾌한. Il se sentait frais et ~. 그는 상쾌하고 원기가 넘치는 것을 느꼈다. être ~ à+*inf.* 《옛》…할 기분이다.

disposant(e) [dispozɑ̃, -ɑ̃ːt] *n.* 《법》(증여·유언에 의한)재산 처분자.

disposé(e) [dispoze] *a.p.* 배열된; 배치된. tables irrégulièrement ~*es*. 불규칙하게 놓여진 책상들. Cet élève est un des mieux ~s de sa classe. 《비유적》이 학생은 반에서 가장 재능이 있는 아이 중의 하나이다.
être bien [*mal*] ~ 기분이 좋다[나쁘다]; 《옛》몸의 상태가 좋다[나쁘다]. *être bien* [*mal*] ~ *pour* [*envers*] *qn* …에게 호의[악의]를 품다. *être ~ à* +*inf.* …할 기분이다.

*****disposer** [dispoze] *v.t.* ① 배치하다, 배열하다 (placer, arranger); 정리하다, 준비하다. ~ les meubles dans un salon 객실에 가구를 배열하다. ② [~ *qn* à *qc*/à+*inf.*] (에게 …을)각오하게 하다, 결심시키다. ~ *qn* à une mauvaise nouvelle 에게 나쁜 소식에 대비하게 하다. ③ [~ que+*ind.*] 《법률》…라고 규정하다.
— *v.t.ind.* [~ de] ① …을 마음대로 처분[이용·수리]하다(jouir de, se servir de). *Disposez de moi comme vous voudrez*. 필요하시면 언제든지 저를 부르십시오. *Vous pouvez ~ (de vous)*. 좋으실대로 하십시오, 떠나시는 것은 자유입니다. ② (물건을)마음대로 사용하다, 소유하고 있다. Il *dispose d'un appartement de quatre pièces*. 그는 방이 넷 달린 아파트를 갖고 있다. *Puis-je ~ de téléphone?* 이 전화를 써도 될까요? Je ne *dispose que de quelques minutes*. 나는 몇분밖에 시간이 없다. ③ 《법》(을)처분하다, 양도하다(aliéner). Les mineurs ne peuvent ~ *de* leur biens. 미성년자는 재산을 처분할 수 없다. ~ *d'une terre* 토지를 양도하다.
L'homme propose et Dieu dispose. 《속담》일을 꾸미는 것은 인간이나 성사는 하늘의 뜻이다.
— **se ~** *v.pr.* ① [se ~ à] 막 …하려고 하다(se préparer à). Je *me disposais à partir quand il est arrivé*. 그가 도착했을 때 나는 막 가려던 참이었다. ② 배열[배치]되다, 정리되다. ③ 《옛》[se ~ à] (할)기분이 되다, 결심하다.

dispositif [dispozitif] *n.m.* ① 《기계》장치. ~ d'alarme 경보 장치. ② 《군사》배치; 부서. ~ de combat 전투 배치[부서]. ③ 《법》(법령·조약 따위의)본문; 판결 주문(主文).

disposition [dispozisjɔ̃] *n.f.* ① 배치, 배열(ordre, classement); (*pl.*) 무늬, 모양. ~ des meubles dans une pièce 가구의 배치. ~ des tableaux dans une exposition 전람회의 그림의 배열. écharpe à ~s nouvelles 새로운 무늬의 스카프. ② (*pl.*) 준비, 조치. prendre ses ~s pour partir 출발준비를 하다. ~s nécessaires 필요한 조치. ~s de combat 《옛》전투배치. ③ [~ à](에의)경향; 체질. ~ des prix à la hausse 물가의 상승 경향. ~ jalouse 질투하는 기질. ~ à contracter des bronchites 《옛》기관지염에 걸리기 쉬운 체질. ④ 의향. avoir des ~s favorables pour ~ *qn* …에게 호의를 갖다. être dans une ~ à+*inf.* …할 기분으로. être dans de bonnes (mauvaises) ~s à l'égard de *qn* …에 대해 호의적인[악의적인] 기분이다. ⑤ (*pl.*) 소질, 재능. ~s innées 타고난 능력. avoir des ~s pour le dessin 그림에 재능이 있다. ⑥ 자유처리, 재량; 처분. Cette

voiture est à votre ~. 이 차는 당신 마음대로 쓸 수 있읍니다. J'ai deux secrétaires à ma ~. 내가 자유로이 쓸 수 있는 두 명의 비서가 있다. avoir la libre ~ de qc …을 자유롭게 사용하다. libre ~ de soi-même 자력 결정. acte de ~ 《법》 (재산의) 처분행위. ⑦ (계약·유언·증여 따위의)규정, 조항. ~s testamentaires 유언의 규정(조항).
être en bonne(mauvaise) ~ 기분이 좋다(나쁘다).
mettre(laisser) qc à la ~ de qn …을 …에게 맡기다, 일임하다.
se tenir(se mettre, être) à la ~ de qn …의 뜻대로 되다; 명령에 복종하다. Je *me tiens à* votre entière ~. 사양 마시고 무슨 일이든 시키십시오.

disproportion [disprɔpɔrsjɔ̃] *n.f.* 불균형, 부조화; 불균등.

disproportionné(e) [disprɔpɔrsjɔne] *a.p.* [~ à] (와)균형이 잡히지 않은, 어울리지 않은, 과대한(démesuré, inégal). récompense ~*e au* mérite 공적에 합당하지 않은 보상. membres ~*s* 이상하게 큰 수족.

disproportionnel(le) [disprɔpɔrsjɔnɛl] *a.* (어떤 양과 비교해서)균형을 잃은.

disproportionnellement [disprɔpɔrsjɔnɛlmɑ̃] *ad.* 《드물게》 균형 잡히지 않게; 어울리지 않게.

disproportionner [disprɔpɔrsjɔne] *v.t.* (어떤 부분의)균형을 잃게 하다.

disputable [dispytabl] *a.* 《드물게》 논쟁(논란)의 여지가 있는, 논의될 만한.

disputailler [dispytaje] *v.i.* 《옛》 [~ sur] (하찮은 일로)옥신각신하다, 논쟁하다.

disputaillerie [dispytajri] *n.f.* 《옛》 부질없는 논쟁, 옥신각신.

disputailleur(se) [dispytajœ:r, -ø:z] 《옛》 *a.* 논쟁하기 좋아하는. —*n.* (위의) 사람.

disputation [dispytasjɔ̃] *n.f.* ①《옛》 말다툼, 말싸움, 논쟁; 싸움(querelle). ~ de ménage 부부싸움. en ~ 논쟁중인. hors de ~ 물론; 논쟁의 여지가 없는. ②《옛》 토의, 토론(débat, discussion); 경쟁.
chercher ~ à qn …에게 싸움을 걸다. *mettre qc à la ~* …을 상품으로 걸어 경쟁시키다.

*disputer** [dispyte] *v.t.* 다투다, 쟁탈하다, 경쟁하다. [~ qc à qn] Il *dispute* un poste à des rivaux. 그는 일자리 하나를 놓고 경쟁자들과 겨룬다. Cet élève *dispute* la première place à ses camarades. 이 학생은 친구들과 일등을 다툰다. ② [~ qn à qc] (에서) …을)빼어놓다, 구하다. ~ qn à la maladie 병에서 …을 구하다. ③ (승부 따위를)겨루다. Vingt-quatre pays qualifiés *disputent* la coupe du monde. 본선에 오른 24개국이 월드컵을 놓고 겨룬다. ~ un match 시합하다. ④《구어》꾸짖다(réprimander). Mon frère m'a *disputé*. 형님이 나를 꾸짖었다. ⑤《옛》 토의하다.
~ le terrain 한 치도 양보하지 않다.
le ~ à qn en qc …와 …을 다투다, 경쟁하다.
—*v.t.ind.* ①《옛》 [~ avec] …와 싸우다, 언쟁하다, 다투다. ②《문어》 [~ de] …을 경쟁하다, 겨루다. ~ *de* beauté 아름다움(미모)을 겨루다, 경염하다. ③《옛·문어》 [~ sur] …에 관해서 토의하다. ~ *d'* un sujet 어떤 논제에 관해서 토의하다. ④ [~ contre] …에게 항의하다.
Des goûts et des couleurs, il ne faut pas ~. 《속담》 십인 십색, 취미와 색깔에 대해서는 비판하는 법이 아니다.
—*se* v.pr. ① 다투다, 싸우다(se quereller).

[se ~ avec *qn*] Il *s'est disputé avec* son frère. 그는 동생과 싸웠다. ②(시합을)행하여지다. Le match *s'est disputé* hier. 어제 시합이 있었다. ③ 서로 경쟁하다, 쟁탈하다. 《se 는 간접목적보어》 Les deux champions *se disputent* la titre de champion mondial. 두 선수는 세계선수권을 놓고 싸운다.

disputeur(se) [dispytœ:r, -ø:z] *a., n.* 논쟁(싸움)을 좋아하는(사람).

disquaire [diskɛ:r] *n.* 레코드 상인.

disqualificatif(ve) [diskalifikatif, -i:v] *a.* 《스포츠》 실격시키는.

disqualification [diskalifikɑsjɔ̃] *n.f.* 《스포츠》 실격, 출전자격박탈.

disqualifier [diskalifje] *v.t.* ① 《스포츠》 실격시키다, 출전자격을 박탈하다(↔ qualifier). ~ un cheval(un jockey) 말(기수)을 실격시키다. ② 신용을 떨어뜨리다.
—*se* v.pr. ① 신용(체면)을 잃다. Il *s'est disqualifié* par une telle attitude. 그는 그러한 태도 때문에 신용을 잃었다. ② 실격하다, 출전자격을 박탈당하다.

*disque** [disk] *n.m.* ① 레코드, 음반. ~ microsillon de longue durée LP 레코드. passer(mettre) un ~ sur un tourne-~ 플레이어에 레코드를 걸다. ~ vidéo 비디오스크《녹화용》. ② 원반. lancer le ~ 원반을 던지다. ③ 《천문》 시표면(視表面). ~ du Soleil 태양의 시표면. ④ ~ d'embrayage 《기계》 클러치디스크. ⑤ 《물리》 원판, 반(盤). ~ intervertébral 추간연골(椎間軟骨). ⑥ ~ de stationnement 주차시간표시 카드. ⑦《철도》 원반 신호기. ⑧ ~ fermé(ouvert) 《수학》 폐(개)원반. ⑨ 《컴퓨터》 ~ magnétique 자기 디스크; ~ souple 프로피 디스크. ⑩《속어》항문(肛門).
changer de ~ 레코드를 갈다; 《구어》 화제를 바꾸다. *siffler au ~* (기차가)정지 신호판을 보고 기적을 울리다; 《구어》 돈을 요구하다; 여자를 설득하려 들다.

disquette [diskɛt] *n.f.* 《컴퓨터》 디스케트, 프로피 디스크(disque souple).

disquisition [diskizisjɔ̃] *n.f.* 탐구, 논구.

disrupteur [disryptœ:r] *n.m.* 《전기》 안전기, 차단기.

disruptif(ve) [disryptif, -i:v] *a.* 파열의. décharge ~*ve* 《전기》 파열 방전.

disruption [disrypsjɔ̃] *n.f.* 《전기》 회로의 차단.

dissatisfaire [disatisfɛ:r] [28] *v.t.* 불만을 품게 하다, 불만족스럽게 하다.

dissécable [disekabl] *a.* 해부할 수 있는.

dissecteur [disɛktœ:r] *n.m.* (시체의)해부자; 세밀한 분석(조사)자(dissequeur).

dissection [disɛksjɔ̃] *n.f.* ① (시체·동물의)해부. ~ d'un cadavre 시체해부. instrument de ~ 해부기구. ② 《작품·사상 따위의》해부, 세밀한 분석, 세분화. ~ d'une œuvre littéraire 문학작품의 분석. ③ 《지질》 개석(開析).

dissemblable [disɑ̃blabl] *a.* 비슷하지 않은, 서로 다른(différent, ↔ semblable).

dissemblablement [disɑ̃blabləmɑ̃] *ad.* 서로 다르게, 상이하게.

dissemblance [disɑ̃blɑ̃:s] *n.f.* 비슷하지 않음, 서로 다름.

dissemblant(e) [disɑ̃blɑ̃, -ɑ̃:t] *a.* 《드물게》 =**dissemblable**.

disséminateur(trice) [diseminatœ:r, -tris] *n.* ① 살포자. ② 보급자.

dissémination [diseminɑsjɔ̃] *n.f.* ① (화분·포자·

dissémination 종자 따위의) 살포. ② 분산, 산재(시키기). ~ de troupes(군대의)분산배치. ③ 《의학》 (병원균 따위의)전파; 확산. ④ (사상의)전파, 보급(diffusion). ~ des idées 사상의 보급.

disséminement [diseminmɑ̃] *n.m.* 《드물게》살포, 산재; 전파(傳播).

disséminer [disemine] *v.t.* ① (종자·포자·화분을) 퍼뜨리다, 살포하다. ② (군대 따위를)분산배치하다. ~ des espions dans un pays ennemi 적국에 간첩을 분산배치하다. ③ (사상을)유포[보급]하다(propager).
— **se ~** *v.pr.* 흩어지다; 보급되다; 살포되다. Les graines se disséminent par le vent. 씨앗들은 바람에 의해 살포된다.

dissension [disɑ̃sjɔ̃] *n.f.* ① (이해·사상·감정의)어긋남, 대립(↔ accord). ② 불화, 분쟁. ~ domestique 내분. —s intestines 내분(內亂).

dissentiment [disɑ̃timɑ̃] *n.m.* (의견의)차이; (감정의)불화; 충돌(conflit, désaccord).

disséqué(e) [diseke] *a.p.* ① 해부된. ② 상세히 분석된[연구된].

disséquer [diseke] ⑥ *v.t.* ① (시체 따위를)해부하다. ② (작품 따위를)해부[분석]하다. ③ (광선을)분할[분해]하다(diviser).
— **se ~** *v.pr.* 해부되다; 분석되다.

disséqueur(se) [disekœr, ⌀z] *n.* 《드물게》 해부자; 분석자.

dissertateur [disɛrtatœːr] 《드물게》 *n.m.* 논가(論者); (경멸) 논설하기 좋아하는 사람. —*a.* 논설하기 좋아하는.

dissertatif(ve) [disɛrtatif, -iːv] *a.* 《드물게》논설의.

dissertation [disɛrtasjɔ̃] *n.f.* ① (리세·대학 따위에서 학생이 쓰는)소논문 (약칭 : dissert [disɛrt]). ~ philosophique 철학 소논문. ② 《경멸》유식한 체하는 지루한 설명; 허튼 소리. faire une ~ sur sa maladie 자기 병에 관해 장광설을 늘어놓다. ③ (옛)논설, 논고, 논문.

disserter [disɛrte] *v.i.* ① [~ sur/de] (에 관해)(구두로)논하다. ~ sur un texte 텍스트에 관해 논하다. ~ de philosophie 철학을 논하다. ② (경멸) 장황하게 말하다.

disserteur(se) [disɛrtœːr, -⌀z] *n.* 논설가.

dissidence [disidɑ̃s] *n.f.* ① (정치·종교·학문 따위의 문제로)이설(異說)[이론(異論)]을 세우기; 상위, 대립. ② (단체·공동체로부터의)분리, 이탈; 분열. se mettre en ~ 반역하다. Des ~s sont apparus de ce parti. 이 정당 안에 분열이 생겼다. ③ (집합적)분리파, 반역파. rejoindre la ~ 분리파[반대파]에 가담하다. ④ 《문어》(일반적으로)의견의 상위.

dissident(e) [disidɑ̃, -aːt] *a.* ① (정치·종교·학문 따위의 문제로)이설을 세우는, 반대하는. voix ~*e* (투표 때의)분리표. ② 이탈한; 《종교》 교회를 떠난. —*n.* 반대자; 반체제파, 분파행동자; 이교파(離敎派).

dissimilaire [disimilɛːr] *a.* 《드물게》다른, 같지 않은(différent).

dissimilarité [disimilarite] *n.f.* 서로 다름, 상위(相違), 상이.

dissimilation [disimilasjɔ̃] *n.f.* 《언어·심리》다르게 함, 이화(異化)(↔ assimilation).

dissimiler [disimile] *v.t.* 《언어》다르게 하다; 이화하다.

dissimilitude [disimilityd] *n.f.* ① 상이[상위], 부동(↔ similitude). ~ de deux ouvrages 두 작품의 상위. ② 《수사학》 대비(對比).

dissimulateur(trice) [disimylatœːr, -tris] *n.* (자기 감정·생각을)숨기는 사람, 위선자. —*a.* (감정·진의를)숨기는, 허위의, 꾸미는.

dissimulation [disimylasjɔ̃] *n.f.* ① (감정을)숨기기; 딴전부리기. visage où se lit la ~ 거짓이 들어다 보이는 얼굴. user de ~ 감추다, 은폐하다. ② 숨김, 은폐. ~ d'un document 서류의 은폐. ~ d'actif (파산자가 불법으로 행하는)자산의 은폐. ~ de revenus (소득에 신고시의)은폐.

dissimulé(e) [disimyle] *a.p.* ① (인물·성격이)속을 보여주지 않는, 엉큼한, 음험한(sournois). ② 숨겨진, 은닉된. fortune ~*e* 은닉재산. —*n.* 음험한 사람, 위선자.

***dissimuler** [disimyle] *v.t.* ① 감추다, 숨기다. ~ son visage avec (arrière) ses mains 손으로 얼굴을 가리다. ~ un prisonnier évadé 탈옥수를 숨겨 주다. [~ qc à qn] On lui dissimula son malheur. 사람들은 그에게 불행을 알리지 않았다. ② (감정·생각을)속이다, 감추다. Je ne vous *dissimule* pas que j'ai longtemps hésité. 나는 오랫동안 망설였다는 것을 당신에게 숨기지 않겠소. ③ 《옛》모르는 체하다. ~ une injure 모욕을 무시해버리다. ④ 억제하다, 억누르다. Il avait peine à ~ son envie de rire. 그는 웃고 싶은 욕구를 억누를 수 없었다.
~ que + sub.[ind] …을 감추다, 숨기다. Il dissimule qu'il est allé[soit allé]la voir. 그는 그녀를 만나러 간 것을 감춘다.
ne pas ~ que + ind. …을 숨기지 않다. Je ne dissimule pas que j'ai changé d'avis. 나는 내가 생각을 바꿨다는 것을 감추지 않는다[분명히 말하거니와 나는 생각을 바꿨다].
Qui ne sait pas ~ ne sait pas régner. 《속담》속일 줄 모르는 사람은 통치할 수 없다.
—*v.i.* 감정을 숨기다.
— **se ~** *v.pr.* ① 인정하지 않다; 그대로 보지 않다. Je ne me dissimule pas le danger où je suis. 나는 내가 어떤 위험한 상태에 있는지를 잘 알고 있다. ② 숨다, 숨겨지다; 서로 숨기다.
ne pas se ~ qc[que + ind.((ne)+ sub.)] …을 잘 알고 있다.

dissipateur(trice) [disipatœːr, -tris] *a.* 낭비하는(gaspilleur, prodigue). —*n.* 낭비가.

dissipation [disipasjɔ̃] *n.f.* ① 흩뜨림, 무산, 소산(消散). Du brouillard 안개가 걷힘. ~ de la migraine 두통의 진정. ② 탕진, 낭비; 《문어》방탕(한 생활). ~ de l'héritage 유산의 탕진. vivre dans la ~ 방탕한 생활을 하다. ③ 방심, 부주의, 주의 산만; (수업 중에 학생이 하는)장난, 소란. ④ 《옛》멸망, 붕괴.

dissipé(e) [disipe] *a.p.* ①《문어》방탕한(↔ débauché). ② 마음이 다른 데로 쏠린, 주의 산만한.

dissiper [disipe] *v.t.* ① 흩뜨리다, 일소하다 (적을)패주케 하다. Le soleil dissipe les brumes. 해가 구름을 걷어간다. ~ les soupçons(les craintes, les illusions) de qn …의 의심[공포·환상]을 일소하다. ② 낭비하다, 탕진하다(gaspiller). ~ sa fortune 재산을 탕진하다. ③ 마음[기분]을 다른 데로 쏠리게 하다, 주의 산만하게 하다. élève qui dissipe ses voisins 옆의 아이를 산만하게 하는 학생.
—*v.i.* 기분풀이를 하다.
— **se ~** *v.pr.* ① (주어는 사물) 흩어지다; 사라지다; 걷히다 (disparaître, se disperser). Les nuages se dissipent. 구름이 걷힌다. Notre inquiétude s'est dissipée. 우리의 불안은 사라졌다. ② (주어는 사람) 주의가 산만해지다; (생도가)수업 중에 떠들다. ③ 낭비되다, 탕진되다.

dissociabilité [disɔsjabilite] *n.f.* 《물리·화학》해리성(解離性).

dissociable [disɔsjabl] *a.* 분리할 수 있는; 〖화학〗해리성의. Les deux problèmes ne sont pas ~s. 이 두 문제는 분리할 수 없다.

dissociation [disɔsjasjɔ̃] *n.f.* 분리(séparation), ↔ association). ② 〖심리〗(의식의)유리(遊離); 〖정신분석〗(인격의)유리〔분열〕. ③ 〖화학〗해리. ~ électrique 전기해리, 전리.

dissocier [disɔsje] *v.t.* 분리하다, 떼어놓다; 구별하다(distinguer). ~ deux questions 두 개의 문제를 별도로 다루다. ~ l'équipe 팀을 해체하다. ② 〖화학〗해리시키다.
—**se** ~ *v.pr.* ① 분리되다. ② (단체 따위가)해체되다. ③ 〖화학〗(유기체 따위가)해리되다.

dissolu(e) [disɔly] *a.p.* ①(사람이)방탕한(débauché); (생활·소행·품행 따위가)문란한; 타락한. ②《문어》(색채 따위가)흐릿한.

dissolubilité [disɔlybilite] *n.f.* ① 〖화학〗용해성. ②〖법〗(계약 따위의)해제 가능성; 〖정치〗(국회 따위의)해산 가능성.

dissoluble [disɔlybl] *a.* ① 〖화학〗용해성의, 해지되는. ② 〖법〗해소〔해제〕할 수 있는; 〖정치〗해산할 수 있는.

dissolument [disɔlymɑ̃] *ad.* 방탕하게.

dissolutif(ve) [disɔlytif, -i:v] *a.,n.m.* 〖화학〗= dissolvant.

dissolution [disɔlysjɔ̃] *n.f.* ① (국가·조직 따위의) 붕괴, 해체. ~ de la civilisation 문명의 붕괴. L'État parut menacé d'une entière ~. 국가는 전면적 붕괴의 징조를 보였다. ② (혼인관계의)해소; (의회·회사 따위의)해산. ~ du conseil municipal 시의회의 해산. ~ du mariage 혼인의 해소. ~ d'une société 회사의 해산. ③ (풍속의)퇴폐; (생활·품행 따위의)문란, 타락, 방탕. ~ des mœurs 풍기 문란. vivre dans la ~ 방탕한 생활을 하다. ④ 〖화학〗용해; 용액; (타이어의 튜브 수리용)고무풀. ~ du sel 소금의 용해. ⑤ (시체 따위의)분해; 부패. tomber en ~ 부패하다. ⑥ 분리. ~ du corps et de l'âme 육체와 영혼의 분리.

dissolutionniste [disɔlysjɔnist] *a.* (의회의)해산론의, 해산을 지지하는. —*n.* 해산(지지)론자.

dissolv-ez, -ons [disɔlv-e, -ɔ̃] ⇨dissoudre

dissolvant(e) [disɔlvɑ̃, -ɑ̃:t] (*p.pr.*<*dissoudre*) *a.* ① (책 따위가)미풍양속을 해치는; (질서·도덕을) 파괴하는(subversif). doctrines ~*es* 미풍양속을 해치는 학설. ② 〖화학〗용해시키는. substance ~*e* 용해제. ③ 체력을 소모하는; 의기소침하게 하는. chaleur ~*e* 몸을 축 늘어지게 하는 더위.
—*n.m.* ① 〖화학〗용해제. ② 교란(파괴)시키는 것. (pour ongles)(매니큐어의)제광액(除光液).

dissonance [disɔnɑ̃:s] *n.f.* ① 〖음악〗불협화(음). ② 〖음성〗부조화음(cacophonie). ③《문어》부조화; 불일치; 모순(désaccord). ~ entre les paroles et les actes 언행의 불일치.

dissonant(e) [disɔnɑ̃, -ɑ̃:t] *a.* ① 〖음악〗불협화의, accord ~ 불협화음. ②《문어》부조화의, 일치하지 않는, 모순되는. sentiments ~ 서로 모순되는 감정. ③ 귀에 거슬리는. tenir des propos ~*s* 귀에 거슬리는 얘기를 하다.

dissoner [disɔne] *v.i.* 불협화음이 되다, 귀에 거슬리다;《문어》조화되지 않다.

dissoudre [disudr] 40 *v.t.* ① 용해시키다, 녹이다. L'eau *dissout* le sel. 물은 소금을 녹인다. ② (계약 따위를)해소하다, 파기하다(annuler, rompre); (의회·회사 따위를)해체〔해산〕하다. Le président a *dissous* l'Assemblée nationale. 대통령은 국민의회를 해산했다. ~ un mariage 이혼하다. ~ une coalition 제휴를 해소하다. ③ (국가 따위를)붕괴〔와해〕시키다(ruiner). ④ 〖의학〗(종기를)삭이다; 〖옛〗(육체 따위의 조직을)분해〔파괴〕하다; 〖옛〗(매듭 따위를)풀다. La mort *dissout* nos corps. 죽음은 우리의 육체를 분해한다. ⑤ 의기를 저하시키다, 체력을 소모시키다; 타락시키다.
—**se** ~ *v.pr.* ① 《주어는 사물》용해되다, 녹다 (fondre). Le sucre *se dissout* dans l'eau. 설탕은 물에 녹는다. faire ~ 녹이다 (*se* の 생략). ② 해산하다〔되다〕; 해소되다, 취소되다. L'assemblée *s'est dissoute*. 의회는 해산되었다. Le mariage *se dissout* par la mort d'un des conjoints. 혼인은 배우자 중 한 사람의 죽음에 의해 해소된다. ③ 체력이 소모되다, 힘이 빠지다. ④《옛》분해되다, 붕괴하다.

dissous(te) [disu, -ut] (*p.p.*<*dissoudre*) *a.p.* ① 녹은, 용해된. corps ~ 〖화학〗용질(溶質). ② 해소된, 해산된.

dissuader [disɥade] *v.t.* ① 그만두게 하다, 말리다, 단념〔포기〕하게 하다. [~ *qn* de *qc*/de+*inf*.] J'ai réussi à le ~ *de* ce voyage. 나는 그에게 이번 여행을 단념시키는 데 성공했다. ② 억제하다, 견제하다; (목적보어 없이)억제력〔抑制力〕을 발휘하다. ~ l'ennemi (화력의 강화 따위로)적의 공격 의도를 견제하다.

dissuasif(ve) [disɥazif, -i:v] *a.* 억제하는, 만류하는, 단념케 하는; 위협적인. Les sous-marins atomiques poursuivent une ronde ~*ve*. 원자력 잠수함은 위협적인 순항을 계속하고 있다.

dissuasion [disɥazjɔ̃] *n.f.* ① 〖정치·군사〗억제, 견제. forces de ~ (적에 대한 핵무기 따위의)억제력. arme de ~ (비유적)(투기·매점·매석 따위에 대한)억제수단. ②《드물게》그만두게 함, 만류.

dissyllabe [disi(l)lab] 〖언어〗 *a.* 2 음절의.
—*n.m.* 2 음절어.

dissyllabique [disi(l)labik] *a.* 〖언어〗 2 음절의, 2 음절로 된.

dissymétrie [disimetri] *n.f.* 불균형; 비대칭. ~ moléculaire 〖화학〗분자의 비대칭.

dissymétrique [disimetrik] *a.* 불균형의, 비대칭의. atome ~ 〖화학〗비대칭적 원자.

dist. (약자)Distillez《약》증류시킬 것.

distal(ale, *pl. aux*) [distal, -o] *a.* 〖생물〗몸의 중심에서 먼, 말초의, 말단의.

***distance** [distɑ̃:s] *n.f.* 거리, 간격, 사이; 여정, 통행 〔주행〕거리(trajet, parcours). [~ entre A et B/de A à B] Il y a une grande ~ *entre* la gare *et* ma maison. 역과 우리집 사이는 매우 멀다. La ~ *de* Paris *à* Lyon est de 470 kilomètres. 파리에서 리옹까지의 거리는 470 킬로이다. À quelle ~ sommes-nous de la ville? 이곳은 그 도시에서 얼마나 떨어져 있습니까? À cette ~, tout se confond. 이 거리에서는 모든 것이 혼동되어 보인다. ~ parcourue 지나온 도정. franchir une ~ 어떤 도정을 답파하다.
② (스포츠)(경기의)거리; (경주자의)간격. Il est imbattable sur une longue ~. 그는 장거리에서는 무적이다. prendre ses ~ 〖제조·교련〗우로 〔앞으로〕나란히 하다, 적당한 간격을 취하다.
③ (시간적)사이, 간격. À quelques années de ~, l'aspect de la ville a complètement changé. 몇 해 사이에 도시의 외관이 완전히 달라졌다. mettre une certaine ~ dans *qc* …에 적당한 시간적인 간격을 두다.
④ (신분·지위·수준·정도 따위의)차이, 간격(différence). [~ (qu'il y a) entre A et B/de A à B] Il y a trop de ~ d'âge *entre* Paul *et* Louise. 폴과 루이즈는 나이 차이가 너무 난다. ~ *entre* le rêve *et* la réalité 꿈과 현실과의 차이. ~ qui sépare

l'homme cultivé du primitif 문명인과 미개인을 구별하는 차이. supprimer les ~s 계급의 차이를 없애다.

⑤ ~ focale 《광학》 초점거리; commande à ~ 《기계》 원격조작(télécommande); ~ angulaire de deux astres 《천문》 두 천체 사이의 각(角)거리; ~ d'arrêt(de freinage) 《철도·자동차》 제동(制動)거리.
à ~ 거리를 두고 멀리(서); 긴 시간을 두고. influence exercée *à ~* 원격조종; 긴 시간을 두고 미치는 영향력.
conserver(garder) ses ~s 사람과의 사이에 거리를 ***de ~ en ~*** 여기저기에; 때때로. └두다.
tenir qn ***à ~*** …을 가까이하지 못하게 하다; 허물없이 이 대하게 하지 않다.

distancement [distɑ̃smɑ̃] *n.m.* 《스포츠》 (경마 따위에서 반칙한 경주마를) 실격시키기.

distancer [distɑ̃se] ② *v.t.* 《스포츠》 앞지르다 (dépasser). Le coureur *a distancé* tous ses concurrents. 그 경주자는 모든 경쟁자를 따돌렸다. ② 능가하다(surpasser). Ce pays *distance* toujours les autres dans l'industrie électronique. 이 나라는 전자산업에서 항상 다른 나라들을 능가한다. ③ 《문어》 멀리하다, 거리(간격)를 두다(espacer). Une légère brume *distançait* les arbres proches. 엷은 안개가 가까이 있는 나무들을 멀리 보이게 하고 있었다. ④ 《경마》 (코스를 벗어난 말·주자를)실격시키다.
—**se ~** *v.pr.* [se ~ de] (에서) 떨어져서 독립적으로 행동하다. Londres souhaite *se ~ des* États-Unis. 영국 정부는 미국으로부터 떨어져 독립적으로 행동을 취하고 싶어한다.

distanciation [distɑ̃sjasjɔ̃] *n.f.* ① 《연극》 (브레히트 연극에서의) 소외효과(effet de ~). ② (대상에 대해) 거리를 둠; 거리를 둔 냉정한 판단. ~ qui permet une plus grande objectivité 보다 큰 객관성을 가능하게 하는 거리의 부여. ③ ~ sociale 사회계층 간의 소외.

distancier [distɑ̃sje] *v.t.* (자기 감정 따위를) 거리를 두고 바라보다, 객관시하다.

distant(e) [distɑ̃, -ɑ̃:t] *a.* ① (시간·공간이) 떨어져 있는, 먼(éloigné, ↔ proche). champs très ~s de la maison 집에서 아주 먼 논밭. Ces deux époques ne sont pas fort ~es. 이 두 시기는 격격하게 멀어져 있지는 않다. deux villes ~es de 100 kilomètres 100킬로 떨어져 있는 두 도시. ② 《구어》 냉담한, 차가운. Il se montre très ~ envers nous. 그는 우리들에게 매우 냉담한 태도를 보인다.

distendre [distɑ̃:dr] ㉕ *v.t.* ①팽창시키다; 늘이다, 확장하다. ~ l'estomac(le ballon) 위(기구)를 팽창시키다. ② (너무 늘여서) 약해지게 하다. corde *distendue* 늘어나 버린 끈. ~ les attaches politiques d'un parti 정당의 정치적 유대를 약화시키다.
—**se ~** *v.pr.* ①팽창하다; 늘어나다. ②이완하다, 느즈러지다. Les liens d'amitié *se sont distendus* entre eux. 그들의 우정의 유대가 약해졌다.

distension [distɑ̃sjɔ̃] *n.f.* ① (극도의)팽창(확장); 긴장. ~ de l'estomac 위의 팽창. ② (지나치게 당긴 데서 오는)이완; 해이. ③ 접질리기, 삐기, 염좌(捻挫). ~ du genou 무릎의 염좌.

disthène [distɛn] *n.m.* 《광물》 남정석(藍晶石).

distillable [distilabl] *a.* 증류할 수 있는.

distillat [distila] *n.m.* 증류물.

distillateur [distilatœ:r] *n.m.* ① (주류(酒類)의) 증류자, 증류주 제조(판매)인. ② 《해양》 해수 증류기. navire ~ 해수 증류장치가 있는 배. ~ d'idées (비유적) 관념분석가.

distillation [distilasjɔ̃] *n.f.* 증류; (주류의) 분해 증류; 《드물게》 증류물.

distillatoire [distilatwa:r] *a.* 증류용의.

distiller [distile] *v.t.* ① 증류하다; 정제하다. eau *distillée* 증류수. ~ du vin(du pétrole) 포도주(석유)를 증류하다. ② (한 방울씩) 똑똑 떨어뜨리다; (서서히) 분비하다, 버드리다. Cette plante *distille* du venin. 이 식물은 독액을 분비한다. Toutes ses paroles *distillaient* la haine. 그의 모든 말에서 증오가 배어나오고 있었다. Le professeur *distille* l'ennui. 저 교사는 견딜 수 없이 따분하다. ③ 정련하다, 정묘하게 다듬다. ~ sa pensée 사고를 정련하다. ④ 털어놓고 이야기하다(épancher). ~ la tristesse 슬픔을 털어놓다.
—*v.i.* ① 《공업》 증류에 의해서 분리되다, 증류하다. ② (액체가) 방울방울 듣다.
—**se ~** *v.pr.* 증류되다.

distillerie [distilri] *n.f.* 증류소; 증류업; (특히 알코올의) 증류주 판매소.

distinct(e) [distɛ̃(:kt), ɛ̃:kt] *a.* ① (모양이) 뚜렷한, 명확한(clair, net), traces ~es 뚜렷한 흔적. notion ~e 명확한 관념. ② [~ de] (전혀) 다른, (뚜렷이) 구별되는, 별개의(différent). C'est une autre question ~e *de* la précédente. 이것은 그전 문제와는 전혀 별개의 문제이다. ③ 《철학》 판명한. idée claire et ~e 명확하고 판명한 관념.
—*n.m.* 《철학》 판명한 것.

distinctement [distɛ̃ktəmɑ̃] *ad.* 분명하게, 똑똑히, 또박또박. répondre ~ à chaque question 질문마다 또박또박 대답하다.

distinctif(ve) [distɛ̃ktif, -i:v] *a.* 구별(차별)을 나타내는, 독특한(caractéristique); 《언어》 변별적(辨別的)인. signe ~ 식별표시(기호). trait ~ 특징; 《언어》 변별적 자질.

*****distinction** [distɛ̃ksjɔ̃] *n.f.* ① 판별, 분간, 식별, 구별. [~ entre A et B; ~ de A et de B; ~ de A d'avec B] Il n'arrive pas à faire la ~ *entre* le rouge *et* le vert(la ~ *du* rouge *et du* vert); la ~ *du* rouge *d'avec* le vert). 그는 빨강과 초록을 도무지 구별하지 못한다. ~s extérieures 《문어》 (식별의 실마리가 되는) 외적 특징. ~s sociales 사회적 차별. créer des ~s entre les personnes 사람들 사이에 차별을 두다. ② 예의, 훈장(décoration). décerner une ~ 훈장을 수여하다. M.Dupont a obtenu des ~s honorifiques. 뒤퐁씨는 명예훈장을 받았다. ③ 품위, 기품. avoir de la ~ 기품이 있다. Mme Dupont est pleine de ~. 뒤퐁 부인은 매우 품위가 있다. ④ 《옛》 고귀, 고위(rang élevé); 탁월함(supériorité). ~ de sa naissance 고귀한 태생. emploi(charge) de ~. 요직. personne de ~ 출신이 고귀한 사람; 명사(고관). ⑤ 《옛》 특별한 배려(soin); 특별대우(faveur); 경의. traiter qn avec ~ ~ ~ 특별히 우대하다.
sans ~ 구별없이, 무차별하게. Ils ont été tués tous sans ~ de sexe. 그들은 남녀의 구별없이 전원 피살되었다.

distinctivement [distɛ̃ktivmɑ̃] *ad.* 《드물게》 구별하여, 따로따로.

distinguable [distɛ̃gabl] *a.* 《드물게》 구별(변별)할 수 있는.

*****distingué(e)** [distɛ̃ge] *a.p.* ① 품위 있는, 우아한(élégant), jeune homme très ~ 기품 있는 청년. manières ~es 품위 있는 몸가짐(태도). faire ~ 《구어》 멋지다, 고급스럽다. ② 《문어》 뛰어난, 탁월한(supérieur), écrivain ~ 요직. naissance ~e 명문 태생. société ~e 상류사회. ③ (편지의 맺음부분에서) 각

별한. Recevez l'assurance de mes sentiments ~s; Recevez l'expression de ma considération ~e. 올림, 근배 (편지의 끝맺음말).

*distinguer [distɛ̃ge] v.t. ① 분명히 알아보다, 분별하다. ~ des traces de pas 발자국을 (분명히) 알아보다. Je n'arrive pas à ~ l'avion dans le brouillard. 나는 안개 속에서 비행기를 분명히 알아볼 수가 없다. ~ les sons 소리를 알아듣다. ② 구별하다, 식별하다; 변별하다(discerner). Ces deux enfants se ressemblent tellement qu'il est difficile de les ~. 이 두 아이는 너무나 많이 닮아서 구별하기가 어렵다. [~ qc de/d'avec qc] On *distingue* facilement le cuir du/d'avec le plastique. 가죽과 플라스틱은 쉽게 구별된다. ③ (주어는 사물) 두드러지게 특징지우다, 특성을 나타내다(caractériser); 구별짓다. La raison *distingue* l'homme de l'animal. 이성이 인간을 동물과 구별짓는다. Sa démarche le *distingue* immédiatement. 그의 걸음걸이만 보아도 그 사람이라는 것을 금방 알 수 있다. ④ (사람을) 특별대우하다; (여자가 남자를) 좋게 보기 시작하다. ⑤ 《논리》 변별하다. ~ une proposition 어떤 명제가 갖는 의미를 변별하다.
—v.i. 구별짓다, 사물을 분간하다. ~ entre deux choses 두 물건을 구별하다.
—**se** ~ v.pr. ① [se ~ de] (와)구별되다, 식별되다, 특징지어지다. La lexicologie et la lexicographie se *distingue* par leur objet et leurs méthodes. 어휘론과 어휘기술론은 그 목적과 방법에 의해 구별된다. ② 두각을 나타내다; 유명해지다(s'illustrer). Il s'est *distingué* par ses vertus. 그는 높은 덕망으로 유명해졌다. ③ 분별되다, 모습을 드러내다 (se montrer). Les maisons commencent à se ~ à l'horizon. 집들이 지평선에 모습을 드러내기 시작한다.

distinguo [distɛ̃go] (*pl.* ~(**s**)) 《구어》 n.m. 미묘한 구별, 미세한 차이; 《옛》 (논증을 진행할 때의) 논리적 변별. —*int.* (익살) 혼동하지 맙시다.

distique [distik] n.m. 《운율》 이행시(二行詩).
—*a.* 《식물》 이열생(二列生)의, 대열(對列)의.

distoma [distoma] n.m. =distome.

distomatose [distomatoːz] n.f. 《의학》 디스토마증.

distome [distom] n.m. 《동물》 디스토마, L증(症).

distordre [distɔrdr] [25] v.t. (드물게) 비틀다, 비틀다; (발목 따위를) 삐다(接扭하다); (어깨를) [접질리다]. —**se** ~ v.pr. 비틀리다, 삐다.

distors(**e**) [distɔːr, -ɔrs] a. 《옛》 (손·발 따위가) 뒤틀린, 뒤틀어진.

distorsion [distɔrsjɔ̃] n.f. ① 비틀기, 뒤틀림; 쏠림. ② 《의학》 (신체 일부분의) 비틀림; (관절의) 염좌, 접질리기. ~ de la bouche [de la face] 입[안면]의 비틀어짐. ③ 《통신》 (라디오·전화의) 음의 변조; (텔레비전의) 영상의 일그러짐, 《광학》 (렌즈의) 왜곡; (상의) 일그러짐. ~ de forme (텔레비전 화면의) 형의 일그러짐. ④ (비유적) 불균형; (발전 단계에서 볼 수 있는) 파행(跛行) (déséquilibre). ~ existant entre l'agriculture et l'industrie 농업과 공업 사이의 불균형 [파행적 발전]. ~ entre l'offre et la demande 수요와 공급의 불균형.

distractif(**ve**) [distraktif, -iːv] a. 기분풀이의, 기분전환의, 오락의. rôle ~ de la télévision 텔레비전의 오락적인 구실.

distraction [distraksjɔ̃] n.f. ① 기분전환, 심심풀이로(divertissement), dessiner par ~ 심심풀이로 그림을 그리다. La lecture, le cinéma sont ses principales ~s. 독서와 영화가 그의 주된 소일거리이다. ② 소홀, 방심, 부주의 (étourderie). commettre des ~s 실수를 저지르다. dans sa ~ 방심하여, 부주의. ③ 《옛》 분리; (일부를) 떼어냄; 《법》 선취(先取), 횡령, 유용(流用). ~ des dépens 《법》 소송비용의 분리. faire une ~ dans une intention spéciale 어떤 특별한 목적을 위해 (돈을) 횡령[유용]하다. demande en ~ 《법》 횡령 유해제청구. par ~ 부주의로, 방심하여.

distractivité [distraktivite] n.f. 《심리》 방심성.

distraire [distrɛːr] [44] v.t. ① (주의·관심 따위를) 딴 데로 돌리다; 방해하다; (슬픔·걱정을)잠시 잊게 하다. Il rédige : n'allez pas le ~. 그는 기사를 쓰고 있으니 그의 정신을 산만하게 하지마라. ~ l'attention 주의를 딴 데로 돌리다. ~ la douleur [l'inquiétude] 고통[불안]을 잊게 해주다. [~ qn de] ~ qn de ses travaux …의 일을 방해하다. ~ qn de ses soucis …의 근심[걱정]을 잠시 잊게 하다. ② (의) 기분을 돌리게 해주다, 즐겁게 해주다. Comment ~ nos hôtes? 손님들을 어떤식으로 즐겁게 해줄까? ③ 《문어》 (전체에서) 분리[분할] 하다 (séparer); (일부를) 떼어내다; 횡령(착복) 하다, 유용(流用)하다 (dérober). ~ quelques minutes de son temps 그의 시간에서 몇 분을 떼어내다. ~ une somme d'argent d'un dépôt (남의) 예금에서 얼마의 금액을 착복하다. ④ 《옛》 (계획·결심을) 그만두게 하다, 포기시키다 (détourner). ~ qn de qc …할 생각을 포기하게 하다.
—**se** ~ v.pr. ① 기분전환하다 (se divertir). Il a besoin de se ~. 그는 기분전환이 필요하다. Si nous allions au cinéma pour nous ~? 기분전환으로 우리 영화라도 보러갈까? ② [~ de] (에서) 마음을 딴 데로 돌리다. Il s'est *distrait* de son affliction par un voyage. 그는 여행을 함으로써 깊은 슬픔을 달랬다. ③ 《경멸》 방심하다, 넋 놓다. Il ne travaille sans se ~ 방심하지 않고 공부[일]하다.

*distrait(**e**) [distrɛ, -ɛt] (*p.p.* <*distraire*) a.p. 멍한, 방심한, 넋 놓은. écolier ~ 부주의한 아동. jeter un regard ~ sur une revue (딴 생각을 하면서) 잡지를 건성으로 훑어보다. Jean est très ~ en classe. 장은 수업 중에 한눈만 판다. Vous avez à porter une grosse somme, ne soyez pas ~. 당신은 거액의 돈을 가지고 가야 하니 방심하지 마시오.
—n. 방심한 [넋 놓은] 사람; 경솔한 사람.

*distraitement [distrɛtmɑ̃] ad. 방심하여, 멍하니, 건성으로. Il m'a répondu ~ 그는 건성으로 내게 대답했다.

distray-ais, -ons [distrɛj-ɛ, -ɔ̃], **distrayez** [distrɛ(e)je] ⇨distraire.

distrayant(**e**) [distrɛjɑ̃, -ɑ̃ːt] (*p.pr.* <*distraire*) a. 기분전환이 되는, 재미있는 (amusant).

distribuable [distribɥabl] a. 분배할 수 있는, 분배해야 하는. secours ~s 나눠줘야 할 구호품.

distribué(**e**) [distribɥe] a.p. 분배된, 배치된.

*distribuer [distribɥe] v.t. ① 분배하다 (répartir); 배급[배포·배달] 하다; (상을) 수여하다. ~ des vivres 식량을 분배하다. ~ un dividende aux actionnaires 주주들에게 배당금을 분배하다. ~ des prix 상품을 나누어주다, 상을 수여하다. C'est à Michel de ~ les cartes (à jouer). 카드를 돌릴 사람은 미셸이다. Le facteur *distribue* le courrier. 우체부는 우편물을 배분한다. [~ qc à qn] On *a distribué* des crayons *aux* élèves. 생도들에게 연필을 나눠주었다. ② 배분하다, 할당하다; 구분하다. ~ son emploi du temps 시간표를 배분하다; (활동의)시간표를 짜다. ~ la tâche aux ouvriers 일꾼들에게 일을 할당하다. ~ un film 영화의 역을 할당하다; 영화를 배급하다. ~ un appartement 아파트를 간막이하여 여러 방으로 나누다. ③ (아낌없이)

주다, 헤프게 뿌리다(prodiguer). ~ des sourires (아무에게나)헤프게 웃다. ~ des saluts 인사를 하고 돌아다니다. ~ des coups de férule 회초리로 마구 때리다. ④《물·전기 따위를》공급하다. ~ l'eau 급수하다. ~ l'électricité 배전하다. ⑤ 배열하다, 《분》분류하다(classer). ~ les couleurs 색을 늘어놓다. ⑥《《목적보어 없이》》《《인쇄》》해판(解版)하다(~ les caractères[les lettres]).
——*se* ~ *v.pr.* 나누어지다, 분배되다. Le sang *se distribue* dans l'organisme. 피는 몸의 기관으로 흘러 퍼진다.

distributaire [distribytɛːr] *a., n.* 분배받는(사람), 배당(배급·배포)을 받는(사람). ~ des secours 원조물자(구호물자)의 수혜자.

distribu*teur*(*trice*) [distribytœːr, -tris] *n.* ① 분배자; (상품 따위의)수여자; 배급자, 배당인. ~ de journaux 신문배달인. ~ de vivres 식량배급 담당자. ② 《《인쇄》》해판공(faiseur de casse).
——*n.m.* 배급기; 판매기. ~ automatique 자동판매기. ~ de billets de quai (역의)입장권판매기. ~ de friandises 과자판매기. ~ d'essence 휘발유급유펌프. ~ d'engrais 《《농업》》비료살포기. ~ d'allumage (엔진 따위의 점화장치의)배전기(配電器). ~ de vapeur (흡기)배기기 (증기기관의)미끄럼판(瓣).
——*a. appareil* ~ de tickets 표 자동판매기.

distributif(**ve**) [distribytif, -iːv] *a.* ①분배하는, 배분하는. justice ~*ve* 《법·철학》배분적 정의; 《구어》공평한 벌. ② 《논리》개별적인(↔collectif). concept ~ 개별개념. ③ 《수학》분배적인, 배분법칙이 성립하는; 《언어》배분적인. algèbre ~*ve* 분배적 대수. loi ~*ve* 분배법칙. adjectif ~ 배분적 형용사(chaque 따위).
——*n.m.* 《언어》배분사(配分詞).

distribution [distribysjɔ̃] *n.f.* ① 분배(分配), 배급, 배포; 배달; (상품 따위의)수여. ~ de cartes à jouer 카드놀이의 카드 돌리기. ~ des richesses 부(富)의 분배. ~ (gratuite de vivres 식량의 (무상) 배급. société de ~ de films 영화배급회사. ~ du gaz[de l'eau] 가스(물)의 공급. tableau (lignes) de ~ 《전기》배전반(선). Il n'y a pas de ~ le dimanche. 일요일에는 우편물의 배달이 없다. ~ des prix (콩쿠르 따위의)상품(상)의 수여; 《학교》(학년말의)상품수여식, 종업식, 졸업식. ② 배분, (일·선심 따위의)할당; (극·영화 따위의) 역할배정. ~ du travail (aux ouvriers) (노동자에 대한)일의 할당(배정). ~ de dividendes aux actionnaires 주주에 대한 배당금의 할당. ~ des rôles d'une pièce[d'un film] 극(영화)의 배역 할당. ~ par contribution 《법》비례배분. ③ 배치(agencement), 배열(disposition, ordonnance), 구분, 분류(classification). ~ des chapitres 장(章)의 배열(구성). ~ des mots dans la phrase 문에서의 단어의 배열. ~ (des pièces) d'un appartement[d'un logement] 아파트(주거)의 방의 배치. ~ des plantes (en famille) 식물의 과(科)로의)분류. ④ 《경제》(국내 상업에서의 상품의)유통. ~ anachronique 시대에 뒤진 유통기구. ⑤ 《해부》(혈액·신경의)분포; 《생물》(동식물군의)분포; 《수학》초함수(超函數); 《언어·통계》분포; 《인쇄》해판; 《공업》(내연기관의)판장치. mécanisme de ~ (de la vapeur) 《증기》 (증기기관의 瓣)장치. ~ complémentaire 《언어》상보적(相補的) 분포. arbre de ~ 《기계》캠축.

distribution(n)alisme [distribysjɔnalism] *n.m.* 《언어》분포주의.

distribution(n)aliste [distribysjɔnalist] *a.* 《언어》분포론의. ——*n.* 분포론자.

distributionnel(le) [distribysjɔnɛl] *a.* 《언어》(낱말 따위의)배열에 의한, 분포에 관한. analyse ~*le* 분포분석.

distributivement [distribytivmɑ̃] *ad.* 낱낱이, 개별적으로.

distributivité [distribytivite] *n.f.* 《논리》주연성(周延性); 《언어》배분성, 개별성(↔collectivité); 《수학》(집합 계산에서의)배분법칙.

district [distrik(t)] *n.m.* ①《행정》(도시)지구(~ urbain). le ~ de Paris 파리 지구(파리와 그 근접지를 일괄한 것). ② 지방, 지역(région) 《문어》영역(domaine). ③ 《역사》(1790~1795년의)군(郡)(현(縣)의 하위 구분); (파리시의)구(현재는 모두 arrondissement). ④《옛》(사법의 재판권(circonscription); 《옛》권한, 관할(compétence). Un juge ne peut juger hors de son ~. 판사는 그의 관할지구 외의 사건을 재판할 수 없다. Cela n'est pas de mon ~. 그것은 내 권한 밖이다.

distyle [distil] 《건축》 *a.* 이주식(二柱式)의; 《식물》 2암술의. ——*n.m.* 이주식.

dit(**e**) [di, -it] *a.p.* ①(라고)불리는; 통칭, 이른바. Philippe IV, ~ le Bel 미남왕(이라고 불리는) 필립 4세. Emile Chartier, ~ Alain 에밀 샤르티에, 필명 알랭. le lieu ~ La Saussaie (통칭)라소세라고 하는 곳. ② 정해진. à l'heure ~*e* 정각에, 약속된 시간에. ③《정관사와 함께》《법》예(例)의, 문제의. la ~*e* maison 문제(예)의 집.
C'est ~; Voilà *qui est* ~. 잘 알았다.
C'est bien ~. 그야말로 명언이다.
C'est vite ~. 그렇게 단정하는 것은 성급하다.
Ce qui est ~ est ~. 약속은 약속이다, 결정된 것은 바꿀 수 없다.
prendre qc pour ~ …을 더 말할 것 없다고(당연하다고) 생각하다.
se le tenir pour ~ 납득하다; 승낙하다.
Tout est ~. 모든 것이 끝났다, 일은 결정되었다.
——*n.m.* ①《옛》격언, 금언; 약속. avoir son ~ et son dédit《구어》번번히 약속을 어기다. ②《문학》(중세의)이야기 시(詩); 《옛》《법》진술서.

dit, dît [di], **dites, dîtes** [dit] ⇨dire.

dithionate [ditjɔnat] *n.m.* 《화학》 2티온산염.

dithyrambe [ditirɑ̃ːb] *n.m.* ① 극도의 찬사, 격찬. ② 격정적인 서정시. ③《고대그리스문학》주신(Bacchus)을 찬양하는 서정시.

dithyrambique [ditirɑ̃bik] *a.* ① 주신(酒神) 찬가의. poème ~ 주신찬미의 시. ② 격찬실(별)도의, 열광적인. louanges ~*s* 절찬.

dito [dito] *ad.* 《상업》위와 같이, 상술(전술)한 대로(susdit). ——*n.m.* (복수불변)동일물. trois châles bleus et six ~ noirs 파란 숄 세 개와 검은 것 여섯 개.

diton [ditɔ̃] *n.m.* 《옛》《음악》장삼도(長三度).

dit-on [ditɔ̃] *n.m.* (복수불변) 소문(on-dit).

dittographie [ditografi] *n.f.* (같은 문자·단어·문장의)중복오사(誤寫).

dittologie [ditoloʒi] *n.f.* 동의어(synonyme).

diurèse [djyrɛːz] *n.f.* 《의학》요량(尿量)과다, 이뇨(利尿).

diurétique [djyretik] 《의학》 *a.* 이뇨(利尿)의; ——*n.m.* 이뇨제.

diurnal(**ale, *pl.* aux**) [djyrnal, -o] *a.*《옛》나날의, 매일의. actes ~*aux* (고대로마의)관보(官報). ——*n.m.*《종교》일과기도서.

diurne [djyrn] *a.* ① 낮의, 주간의 (↔nocturne); 《식물》낮에만 피는; 《동물》낮에만 활동하는. travaux ~*s* 낮일. papillons ~*s* 대낮에만 날아다니

는 나비. rapaces ~s 주행성(晝行性) 맹수류. ② 하루의; 〖동물〗 하루 밖에 못 사는. mouvement ~ 〖천문〗 (혹성의)일주(日周) 운동. insectes ~s 하루살이 곤충. ③ 매일의. actes ~s (고대로마의)관보(官報)(actes diurnaux).

div. 《약자》① dividende 〖주식〗이익배당(금). ② division 〖군사〗사단.

diva [diva] 《이탈리아》 n.f. 《옛》여가수, 프리마돈나; (무성영화의)인기 여배우, 스타.

divagant(e) [divagɑ̃, -ɑ̃:t] a. ①〖드물게〗헤매는, 방황하는. âme ~e 방황하는 영혼. ② 샛길로 벗어난. forme ~e (건물 따위의)샛길로 벗어난 형태. ③ (이야기가)종잡을 수 없는. ④ méandre ~ 〖지리〗(하천의)범람.

divagateur(trice) [divagatœ:r, -tris] a. 〖드물게〗종잡을 수 없는, 횡설수설하는. —n. 횡설수설하는 사람.

divagation [divagasjɔ̃] n.f. ① (보통 pl.) 횡설수설 (병자의)헛소리; (이야기의)탈선 (digression); 허튼, 황당무계한 망상. se jeter (se perdre) dans des ~s 여담으로 흐르다; 이야기가 탈선하다. ~s d'un écrivain 작가의 황당무계한 이야기. ~s d'un malade 환자의 헛소리. C'est de la ~.《구어》그것은 헛소리야. ②〖지리〗하상(河床)의)변위(變位); 범람. ③〖법〗(공공도로·타인의 토지에) 가축을 방치함. ④《드물게》헤매기, 방황.

divaguer [divage] v.i. ① 횡설수설하다; (환자가) 헛소리를 하다(délirer); 망상에 빠지다. Ce vieillard divague par moments. 이 노인은 때때로 횡설수설한다. ② (강물이)하상(河床)을 벗어나 딴 곳으로 흐르다; (이야기가)주제를 벗어나다. ③ 〖법〗(가축 따위가)울타리를 벗어나 배회하다. laisser ~ des bestiaux (도로 따위에)가축을 방치하다. ④《옛》헤매다, 방황하다; (미친 사람이)배회하다.

divagueur(se) [divagœ:r, -ø:z] n. 〖드물게〗횡설수설 [소리] 하는 사람.

divalent(e) [divalɑ̃, -ɑ̃:t] a. 〖화학〗 2가(價)의.

divan [divɑ̃] n.m. ① (등·팔걸이 없는)긴 의자. ~-lit 침대 겸용의 긴 의자. ②〖역사〗터키의 국무회의(실); 군동의 국무회의 (실); (D~)《옛》터키 정부. ④《옛》(아라비아·페르샤의)시집.

divarication [divarikasjɔ̃] n.f. (접합부분을)떼어놓음 [넓혀 놓음], 두 갈래짐.

divan ①

divariqué(e) [divarike] a. 〖식물〗(꽃자루나 겉가지가)삐져나온, 두 갈래진.

divariquer [divarike] v.t. (접합부분을)떼어놓다 [넓히다] (écarter). ~ les lèvres d'une plaie 상처의 입을 열다[넓게 하다].

dive [di:v] a.f. 《옛》 = divine. la ~ bouteille 《옛》 (익살) 술. adorateur de la ~ bouteille 애주가, 주당.

divergence [divɛrʒɑ̃:s] n.f. ① (취미·견해 따위의)상반, 대립, 불일치 (différence, désaccord). ~ de vues 견해의 불일치. ~ des intérêts 이해의 대립. ~ des yeux 사시, 사팔뜨기. ②〖분산, (길 따위의)분기(分岐), 분출. ③〖수학·광학〗발산; 〖심리〗이산(離散). ④〖식물〗(잎의)개도(開度). ⑤ entrer en ~ 〖물리〗(원자로가)핵분열을 시작하다.

divergent(e) [divɛrʒɑ̃, -ɑ̃:t] a. ① (의견 따위가) 서로 다른, 대립하는, 상반되는 (différent, opposé). Leurs goûts étaient ~s. 그들의 취미는 천차만별이 었다. ② 갈라지는; 엇갈려 분기하는; 분출하는; 발 산의, 벌어지는. lignes (droites) ~es 차츰 서로 멀어지는 직선. rameaux ~s 〖식물〗갈라져 나오는 작은 가지. ③ 〖수학·광학〗발산하는. lentille ~e 발산 렌즈. rayons ~s 발산광선. série ~e 발산급수. —n.m. 〖기계〗끝이 넓은 노즐.

diverger [divɛrʒe] 〚3〛 v.i. ① (의견 따위가)여러 갈래로 갈라지다, 대립하다 (s'opposer). [~ sur qc] Nos opinions divergent sur ce point. 우리 의견은 이 점에서 서로 다르다. ② (주어는 사물) (광선·도로 따위가)점차 서로 멀어지다; 분기(分岐)하다 (s'écarter, ↔ converger); 발산하다. Nous irons ensemble jusqu'à cette ville, ensuite nos routes vont ~. 우리는 이 도시까지 같이 가서 그 다음에 는 길이 갈라질 것입니다. Les branches divergent du tronc. 가지는 줄기에서 갈라져 나온다. ③〖물리〗(원자로가)핵분열을 시작하다.

***divers(e)** [divɛ:r, -ɛrs] a. ① (pl.)가지각색의, 각종의(différent). ~ sens d'un mot 한 단어의 여러가지 뜻. en présence de ces ~ faits 이와같은 여러 가지 사태에 직면하여. frais ~ 잡비. fait(s) ~ (신문의)3면기사, 사회면 기사. ② (sing.)《옛·문어》변하기 쉬운, 변화무쌍한(variable, changeant). Le travail est ~ selon les saisons. 일은 계절에 따라 다르다. monde toujours ~ 시시각각 변화하는 세계. ③《옛》상반되는(opposé); 반대의, 역(逆)의(contraire). ~ intérêts 상반되는 이해.
—a. ind. pl. 〖항상 관사 없이 명사 앞에서〗몇몇의(quelques), 여러(plusieurs). en ~ endroits 여러 곳에(서). en ~es occasions 여러 기회[경우]에.

diversement [divɛrsəmɑ̃] ad. 여러가지로, 가지각색으로, 서로 다르게. On parle ~ de sa mort. 사람들은 그의 죽음에 관해서 서로 다르게 말하고 있다.

diversi- préf. 「여러가지의, 서로 다른」의 뜻.

diversicolore [divɛrsikɔlɔ:r] a. 〖식물〗잡색의.

diversification [divɛrsifikɑsjɔ̃] n.f. ① 다양화, 다양성. ~ des carrières féminines 여성 직업의 다양화. ②〖경제〗(생산·수입·구매품의)다양화. faire de la ~ (취급하는 상품을)다양화하다. article de ~ 다양화 상품. ③ (교과과정의)다양화.

diversifier [divɛrsifje] v.t. 여러가지색으로 바꾸다(변화시키다) (varier, ↔ assimiler). ~ les motifs décoratifs 장식의 모티프를 다양화하다.
—se~ v.pr. 바뀌다, 변화하다, 다양화하다.

diversiflore [divɛrsiflɔ:r] a. 〖식물〗다양화(多樣花)의.

diversiforme [divɛrsifɔrm] a. 〖생물〗여러가지 형태의, 이형(異形)의.

diversion [divɛrsjɔ̃] n.f. ①〖문어〗기분전환, 기분풀이(divertissement). faire ~ 기분전환시키다. ②〖군사〗교란(작전). faire une ~ avant l'offensive 공격에 앞서서 (적을) 교란시키다. faire à qc … 을 잠시 잊게 하다.

diversité [divɛrsite] n.f. ① 다양성. ~ des goûts [des opinions] 취미[의견]의 다양성. ② 차이, 상이; 대립.

diverticule [divɛrtikyl] n.m. ①〖해부〗게실(憩室). ~ du côlon 결장게실. ② 깊숙한 구석.

divertir [divɛrti:r] v.t. ① (의)기분을 전환시키다, 즐겁게 해주다 (amuser, récréer). Allez voir ce film, il vous divertira. 그 영화를 가보세요, 기분전환이 될테니까. ②《옛》옆으로 빗나가게 하다; 다른데로 하다 (détourner). ~ qn d'un projet …에게 계획을 포기하게 하다. ③《법》횡령하다, 유용(流用)하다. ~ une somme 얼마간의 금액을 유용하다. ④ (주의·생각을)다른 데로 돌리게 하다. ~

divertissant(e)

la tristesse de qn …의 슬픔을 잠시 잊게 하다. —v.i. 위안이 되다. —se ~ v.pr. ① 즐기다, 기분전환하다(s'amuser). [se ~ à+inf.] Ils se divertissaient à danser. 그들은 춤추며 즐겼다. ② [se ~ de] (을)조롱하다, 놀리다. Il pourrait bien se ~ de vous. 그는 당신을 조롱할 것이다.

divertissant(e) [divɛrtisɑ̃, -ã:t] a. 재미있는, 즐거운, 기분을 전환시키는(↔ ennuyeux). C'est un homme ~. 그는 유쾌한 사람이다; (경멸) 그는 우스꽝스런 녀석이다.

divertissement [divɛrtismɑ̃] n.m. ① 기분전환, 기분풀이, 오락(distraction). La pêche est mon ~ favori. 낚시는 내가 가장 즐기는 소일거리이다. ② 《옛》 《철학》 위희(慰戲)《파스칼 철학의 주제의 하나》. ③ 《옛》 《연극》 막간의 여흥; 《음악》 희유곡(嬉遊曲). ④ 《법》 횡령, 유용(流用).《수.

divette [divɛt] n.f. 《옛》 (오페레타 따위에서)여가

dividende [dividɑ̃:d] n.m. ① 《수학》 피제수《÷ diviseur》. ② 《경제》 배당금, 이익배당; 《법》 분배금《파산자의 청산 시에 채권자가 받는》.

dividivi [dividivi] n.m. 《식물》 (열대 아프리카산) 다목류(類)《그 꼬투리는 무두질용》.

divin(e) [divɛ̃, -in] a. ①신(神)의, 신과 같은, 신에 관한; 신성한. D~ Enfant [divinɑ̃fɑ̃] 하느님의 아들《어린 그리스도》. ~e Providence 신의 섭리. justice ~e 신의 심판. ② 하늘이 준, 신수(神授)의. droit ~ (왕권 신수설에 의한)신수권. inspiration ~e 하늘이 준 영감. ③ 신에게 바치는, 신을 칭송한. amour ~ 신에 대한 사랑. culte ~ 신에 대한 예배. service ~ 종교적 의식, 예배. ④ (고대의) 신의 지위에 오른, 신격화된. le ~ Auguste 신격화된 아우구스투스 황제. ⑤ 숭고한(sublime); 《구어》완전무결한(parfait); 아주 멋진, 훌륭한(excellent). musique[poésie] ~e 숭고한 음악[시]. Cet acteur est ~ dans son rôle. 이 배우는 자기의 배역을 완전무결하게 연기한다. Il fait un temps ~. 기막힌 날씨이다. dessert ~ 기막히게 맛있는 디저트. —n.m. 숭고, 거룩함. révélation du ~ 신의 계시.

divinateur(trice) [divinatœ:r, -tris] n. 《옛》 점장이 (devin). —a. 점치는; 미래를 내다보는. science ~trice 예언술.

divination [divinɑsjɔ̃] n.f. ① 미래의 예견; 예견(예지)능력, 선견지명. avoir la ~ de qc …을 직감할 수 있다. ~s des mères 어머니의 직감. ② 점(占).

divinatoire [divinatwa:r] a. 점치는, 미래를 예견하는. art ~ 점복술. baguette ~ 점치는 지팡이 《지하의 광맥·수맥을 찾아내는》. interprétation ~ 추측적인 해석.

divinement [divinmɑ̃] ad. ① 훌륭하게, 완전무결하게(excellemment). chanter ~ bien 기막히게 노래를 잘 부르다. ② 신의 힘(위력)으로. ③ 신같이, 엄숙하게. parler ~ 엄숙하게 말하다.

divinisation [divinizɑsjɔ̃] n.f. ① 격찬. ② 신으로 모시기; 신격화.

divinisé(e) [divinize] a.p. 신으로 받들어진, 신의 서열에 든.

diviniser [divinize] v.t. ① 격찬하다, 숭상하다 (exalter, ↔ avilir). ② 신으로 모시다(déifier); 신격화하다, 신성화하다. Les anciens divinisaient les héros. 고대인들은 영웅을 신으로 모셨다.

divinité [divinite] n.f. 신성(神性); (D~)신. ② 숭배의 대상; (기독교 외의)신, 우상. ③《구어》미녀; (남성이 그리워하는)여인.

divis(e) [divi, -i:z] a. 분할된. —n.m. (재산의)분배. par ~ 분할에 의하여.

***diviser** [divize] v.t. ① 나누다, 분할하다, 세분하다. ~ un gâteau en six 케이크를 6등분하다. machine à ~ 눈금 나누는 기계. ~ un mot 《인쇄》단어를 둘로 나누다. Seize divisé par quatre, ça fait quatre. 16 나누기 4는 4이다. ②분류하다; 구분하다. ~ le travail 일을 분담하다, 분업하다. ~ un exposé en trois parties (연구)발표를 3부분으로 나누다. ③ 분열시키다, 이간시키다. question qui divise les philosophes 철학자들을 분열시키는 문제. village divisé par des intérêts opposés 이해관계의 대립으로 분열된 마을. ④《옛》분리하다, 갈라놓다(séparer). montagnes qui divisent la France d'avec l'Italie 프랑스와 이탈리아를 갈라놓는 산맥.

—se ~ v.pr. ① 나뉘다, 갈라지다, 구분되다. Cette route se divise en deux à cet endroit. 길은 이곳에서 둘로 갈라진다. ②《수학》나누어지다. ③분열되다, 사이가 나빠지다.

diviseur [divizœ:r] n.m. ① 《수학》 제수, 약수(約數); 인자. ~ premier 소인수(素因數). le plus grand commun ~ 최대 공약수. (동격)nombre ~ 제수. ② 《기계》 디바이더; (공작기계와 함께 쓰는)분할기. ③ 분열을 일으키는 사람[것].

diviseuse [divizø:z] n.f. 눈금 매기는 기계.

divisibilité [divizibilite] n.f. 가분성(可分性); 《수학》정제성(整除性).

divisible [divizibl] a. 《수학》 나눌 수 있는; 나누어 쓸수 있는. ② obligation ~ 《법》가분(可分)채권.

division [divizjɔ̃] n.f. ① 나눔, 분할; 분할된 부분. ~ d'une propriété 소유지의 분할. ~ d'un livre en chapitres 책을 장(章)으로 나눔. ② 갈라짐, 분화; 분열, 분화, 이간. ~ d'un cours d'eau 물줄기의 갈라짐. ~ des pouvoirs 《정치》삼권 분립. ~ du travail 《경제》분업. mettre[jeter, semer] la ~ 분열의 씨를 뿌리다. ~s intestines 내분. ③ (분류상의)분야, 부문; (들통의)(내부의)구획. ~s de la science 과학의 제분야. ~s administratives 행정구분(도·시·읍·면 따위). ~s d'une boîte 상자의 구획. ④ 《수학》 나누기; (자 따위의)눈금 매기기. faire une ~ 나눗셈을 하다. ~ de 9 par 3, 9 나누기 3. ~s décimales (centésimales) 10분의 1(100분의 1) 눈금. ~ harmonique 《기하》조화 분할. ⑤ 《생물》 분열. ~ cellulaire 세포분열. ~ du noyau 핵분열. ⑥ 《행정》 국(局), 부(部); 《학교》학급, 조, 반; 《군사》 사단. chef de ~ 국장. ~ blindée (aéroportée) 장갑(공정) 사단. ~ d'infanterie 보병 사단. général de ~ 사단장, 육군 소장. ⑦ 《법》 ~ des biens 생전의 유산분할; bénéfice de ~ (부채 보증인의)분할이익. ⑧ 《인쇄》연결부호《단어를 분할해서 다음 줄로 넘기는》. ⑨ 《수사학》단락, 분석법(分析法). ⑩ 《스포츠》 리그전. ~ d'honneur 결승전.

divisionnaire [divizjɔnɛːr] a. ① 《군사》 사단의; (경찰) 본부의. état-major ~ 사단 사령부. commissaire de police ~ (지방도시의)경찰서장. ② professeur ~ 《학교》학급담임. ③ monnaie ~ 《상업》보조 화폐. —n.m. 《군사》육군 소장, 사단장; (지방도시의)경찰서장.

divisionnisme [divizjɔnism] n.m. 《미술》 (후기 인상파의)분할법, 점묘화법(點描畫法).

divisionniste [divizjɔnist] a. 분할법의, 점묘화법의. —n. (위)의 화가.

divisoire [divizwaːr] a. 나누는. ligne ~ des eaux 《지리》 분수선(分水線).

divorce [divɔrs] n.m. ① 이혼. intenter une action en ~ 이혼소송을 제기하다. ②《옛》절교, 분리.

faire ~ avec qn[qc] …와 손을 끊다. ③ 불일치, 대립, 모순(désaccord). ~ entre la théorie et la pratique 이론과 실제 사이의 모순.

divorcé(e) [divɔrse] *a.p.* 이혼한. —*n.* 이혼자.

divorcer [divɔrse] *v.i.* ① ~ (d') avec () (와)와 이혼하다(↔ se marier). Il a divorcé (d') avec sa femme. 그는 아내와 이혼했다. ②《드물게》~ (d') avec (와) 절교하다. ~ avec tous les amis 모든 친구들과 결별하다.

divortialité [divɔrsjalite] *n.f.* 이혼율(taux de ~).

divulgateur(trice) [divylgatœ:r, -tris] *a.* (비밀을) 폭로하는, 누설하는. —*n.* (위)의 사람.

divulgation [divylgasjɔ̃] *n.f.* (비밀의) 폭로, 누설; 공표; 유포.

divulguer [divylge] *v.t.* (비밀을) 폭로하다, 누설하다 (↔ cacher); 공표하다.
—*se* ~ *v.pr.* 누설되다, 폭로되다; 공표되다.

divulsion [divylsjɔ̃] *n.f.* 뜯어[뽑아]버림;《외과》강제확장, 강제로 메어냄.

‡**dix** [di, dis] *a. num.*《불변》(단독으로는 [dis], 모음 앞에서는 [diz], 자음 앞에서는 [di]로 발음됨: nous sommes ~ [dis], ~ ans [diza], ~ jours [diʒu:r]) ① 10의;《서수의 대용》제 10의, 열번째의. ②《불특정의 수》en ~ lignes 불과 몇 줄로; répéter ~ fois la même chose 같은 말을 수없이 되풀이하다.
—*n.m.*《복수불변》(발음은 [dis]) ① 10, 열; 10의 수자. ② (달의) 10일, 열흘. le ~ mai 5월 10일. ③《카드놀이》10의 카드. ④ (평점의) 10점. être noté sur ~ 10점 만점으로 채점되다.

dix-cors [dikɔːr] *n.*《불변》《복수불변》(cerf) ~ 성장한 사슴(7세의 수사슴).

dix-huit [dizɥi(t)] 《발음 규칙은 huit 와 같음》 *a. num.*《불변》① 18의. ②《서수의 대용》제 18의, 열여덟번째의.
—*n.m.*《복수불변》18; 18일[시·분]; 18번지, 18호실. ~ pour cent 18 퍼센트.

dix-huitième [dizɥitjɛm] *a.num.* 제 18의, 열여덟째의. —*n.* 열여덟째의 것[사람]. —*n.m.* 18분의 1; 18층(~ étage)《우리식으로는 19층》; (파리의) 18구(區) (~ arrondissement). —*n.f.*《음악》(음정의) 18도.

dix-huitièmement [dizɥitjɛmmɑ̃] *ad.* 열여덟번째로.

‡**dixième** [dizjɛm] *a.num.* 제 10의, 열번째의.
—*n.* 열번째의 것[사람].
—*n.m.* ① 10분의 1. ② 보병 10연대. ③ 10층(~ étage)《우리식으로는 11층》; (파리의) 10구(~ arrondissement); (본권의) 10분의 1권(본권의 10분의 1의 가치에 해당하는). ④《역사》제 10세(稅)《구체제하에서 국왕이 징수한 임시세》.
—*n.f.*《학교》제 10학급(학생)《국민학교 2학년에 해당》;《음악》10도.

dixièmement [dizjɛmmɑ̃] *ad.* 열번째로.

dix-neuf [diznœf]《발음 규칙은 neuf 와 같음》 *a.num.* ① 19의, 열아홉의. ②《서수의 대용》열아홉번째의. —*n.m.*《복수불변》19, 열아홉; 19일[시·분]; 19번지, 19호실.

dix-neuvième [diznœvjɛm] *a.num.* 제 19의, 열아홉째의. —*n.* 열아홉번째의 것[사람]. —*n.m.* 19분의 1; 19층(~ étage)《우리식으로는 20층》; (파리의) 19구(~ arrondissement).

dix-neuvièmement [diznœvjɛmmɑ̃] *ad.* 열아홉번째로.

dix-sept [di(s)sɛt] *a.num.*《불변》(발음규칙은 sept 와 같음) ① 17의. ②《서수의 대용》제 17의, 열일곱번째의. —*n.m.* 17; 17일[시·분]; 17번지, 17호실.

dix-septième [di(s)sɛtjɛm] *a.num.* 제 17의, 열일곱번째의.
—*n.m.* 열일곱번째의 것[사람]. —*n.m.* ① 17분의 1. ② 17층(~ étage)《우리식으로는 18층》; (파리의) 17구(~ arrondissement).

dix-septièmement [di(s)sɛtjɛmmɑ̃] *ad.* 열일곱번째로.

dizain [dizɛ̃] *n.m.* ①《운율》10 행시. ② 10개의 염주알로 만든 팔찌(16 세기의 부인용 장신구).

dizaine [dizɛn] *n.f.* ① 10; 열 자리의 수. compter par ~ s 10 씩 세다. revenir dans la ~ 일주일 안에 돌아오다. ② 10 개의 작은 묵주알(두 개의 큰 묵주알 사이에 있는). ③ 약 10. une ~ de jours 약 10일간. ④《예》소구(小區), 분구(分區)《quartier 를 다시 16으로 나눈 소구분》.

dizainier [dizɛ[e]nje], **dizenier** [dizənje] *n.m.* 《예》(대도시의)분구장(分區長).

djaïn(a) [dʒain(a)] *a.* 자이나교의. —*n.* 자이나 교도(jaïn(a)).

djaïnisme [dʒainism] *n.m.* 자이나교(인도의 한 종교)(jaïnisme).

djebel [dʒebɛl]《아라비아》 *n.m.* (북아프리카의) 산, 산악지대.

djellaba [dʒɛ(l)laba]《아라비아》 *n.f.* (북아프리카의 아랍인이 입는) 두건달린 긴 겉옷.

djemââ [dʒemaa]《아라비아》 *n.f.* (북아프리카에서 각 천막촌을 대표하는) 수뇌자 회의.

Djibouti [dʒibuti] *n.pr.m.*《지리》지부티《아프리카 동부의 공화국》.

djich [dʒiʃ] *n.m.* (북아프리카 특히 모로코의) 게릴라 부대(의 의용군).

djicheur [dʒiʃœːr] *n.m.* (모로코의) 게릴라 대원.

djihad [dʒiad]《아라비아》 *n.m.* (회교도의 이교도에 대한) 성전(聖戰).

djinn [dʒin] *n.m.*《아라비아신화》마신, 귀신.

dl.《약자》décilitre 데시리터.

DM《약자》Deutsche Mark 독일 마르크.

dm.《약자》① dimanche 일요일. ② décimètre 데시미터; dm² = décimètre carré 평방 데시미터; dm³ = décimètre cube 입방 데시미터.

D.M.《약자》docteur en médecine 의학박사. ②《라틴》Dis manibus 성스러운 영혼에게.

D.M.A.《약자》Délégation ministérielle pour l'armement 군비회의 정부대표.

D.M.P.《약자》docteur en médecine de la faculté de Paris 파리대학 의학박사.

dne《약자》douane 세관.

do¹ [do] *n.m.*《복수불변》《음악》도(음계의 첫째 음); C음.

do²《약자》dito 위와 같음(dº 라고도 씀).

doc [dɔk]《약자》① document 원화(原畫). ② docteur 박사, 의사.

docète [dɔsɛt] *n.* 그리스도 가현설(假現說) 신봉자(그리스도의 신체의 실존성을 부정하는).

docétisme [dɔsetism] *n.m.* 그리스도 가현설.

doche [dɔʃ] *n.f.*《은어》① 어머니, 아버지. ② (*pl.*) 주사위. ③ (*pl.*) 월경.

dochmiaque [dɔkmjak]《예》《운율》 *a.* 단장(短長) 장단장격의. —*n.m.* (위)의 시구.

docile [dɔsil] *a.* ① 온순한, 순한; [~ à] (에) 순종하는 (obéissant). élève ~ aux leçons de ses maîtres 선생님의 가르침에 순종하는 학생. ② (가축 따위가) 다루기 쉬운 (maniable).

docilement [dɔsilmɑ̃] *ad.* 온순하게, 순하게.

docilité [dɔsilite] *n.f.* 온순, 순종 (obéissance); 다루기 쉬움.

docimasie [dɔsimazi] *n.f.* ①《예》《화학》(광물의 금속 함유량의) 광물 분석술. ②《고대그리스》

docimaste (관리 채용을 위한)신원조사. ③ 〖법의학〗사인조사, 검시. ~ pulmonaire 폐부유시험(사산·생산을 구별하기 위한 시험의 하나).

docimaste [dɔsimast] n.m. 〖조류〗벌새의 일종 (부리가 긴 남미산의 새)(porte-épée).

docimologie [dɔsimɔlɔʒi] n.f. 〖교육〗학교 시험제도 연구(구제도의 불합리성 따위를 학문적으로 연구하는 교육학의 한 분야).

dock [dɔk] 《영》 n.m. ① 〖해양〗도크, 선거(船渠); 조선장. ~ de carénage 건(乾)도크. ~ flottant 부(浮)도크. droits de ~ 도크 사용료. mettre un navire au ~ 배를 도크에 넣다. ② 〖상업〗부두 화물창고.

docker [dɔkɛːr] 《영》 n.m. 도크(부두) 노동자.

docte [dɔkt] a. 현학적인, 유식한 체하는(pédant); 〖옛〗(특히 역사·문학 방면에)박식한(savant, ↔ignorant). —n.m.(pl.) 〖옛〗학자.

doctement [dɔktəmɑ̃] ad. 현학적으로, 학자연하고; 〖옛〗박식하게.

:docteur [dɔktœːr] n.m. ① 박사(일반적으로 남녀의 구별은 하지 않음). ~ ès sciences 이학박사. ~ en droit(en médecine) 법학박사(의학박사). Madame Kim est ~ ès lettres. 김씨부인은 문학박사이다. titre de ~ 박사칭호. ② 의사, 의학박사(《구어》에는 doc 라고도 함). appeler(faire venir) le ~ 의사를 부르다. femme ~ 여의사(femme médecin, 〖옛〗 doctoresse). ③ 〖종교〗 ~ de la Loi(유대교의)율법학자; ~ de l'Eglise 교회박사. ④ 〖옛〗석학; 현학자. prendre un ton de ~ 학자연하는 말투를 쓰다. ⑤ (스물라 철학의)신학자, 박사.
être grand ~ en matière de qc《구어》…에 대해서 조예가 깊다.

doctissime [dɔktisim] (비꼼) a. 학식이 많은. —n. 박식한 사람.

doctoral(ale, *pl.* **aux)** [dɔktɔral, -o] a. ①(속어)(비꼼)아는 체하는, 학자인 체하는, 현학적인(pédant). ② 박사의.

doctoralement [dɔktɔralmɑ̃] ad. 〖옛·속어〗(비꼼) 아는 체하며, 학자인 체하고.

doctorat [dɔktɔra] n.m. ① 박사학위. ② 〖법학·의〗학의 취득자격 심사시험.

doctoresse [dɔktɔrɛs] n.f. ①〖옛〗여자 의학박사; 여의사(보통 docteur 를 사용). ②〖구어〗학자인 체하는 여자.

doctrinaire [dɔktrinɛːr] n.m. ①〖경멸〗교조론자 (dogmatique); 이론가, 공론가(空論家). ② 〖종교〗기독교 교의의협회 회원; 〖프랑스사〗(왕정복고 시대의)정리론자(正理論者).
—a. ① 정리론적인; 교과적인(dogmatique). ② 공리공론의; (말투가)태를 부리는. ③ 〖종교〗기독교 교의협회 회원의.

doctrinairement [dɔktrinɛrmɑ̃] ad. 〖경멸〗독단적으로.

doctrinal(ale, *pl.* **aux)** [dɔktrinal, -o] a. ①교의(教義)의; 학리상의. ②〖옛〗교훈적인; 학리적인. ③(신학)박사의; 박사를 내세우는, 태를 부리는.
—n.m. (중세의)교훈시〖본〗.

doctrinalement [dɔktrinalmɑ̃] ad. 교의(教義)상, 교리상; 태를 부려서.

doctrinarisme [dɔktrinarism] n.m. 교리파.

doctrine [dɔktrin] n.f. ① 교의, 교리; 학리, 학설. ~ bouddhique 불교의 교리. ② 주의, 주장, 의견. ~ artistique 예술상의 주의〖유파〗. se faire une ~ sur un sujet 어떤 문제에 관해서 의견을 갖다. ③ 〖법〗법해석, 학설(법규·판례와 동등하게 취급됨). ④〖옛〗학식, 지식.

document [dɔkymɑ̃] n.m. ① 문서, 기록; 참고자료. 문헌(archives). Un historien doit consulter de nombreux ~s. 역사가는 많은 기록〖문헌〗들을 참고로 삼아야 한다. original(copie) d'un ~ 서류의 원본〖사본〗. classement de ~s 서류의 분류. ~s scientifiques 과학의 참고자료. ② 증거자료(pièce à conviction). enregistrements(films) utilisés comme ~s 증거물로 이용되는 녹음〖필름〗. ③ (pl.) 〖상업·법〗수송중인 상품의 보증서류(선하증권(船荷證券)·보험증권·송장(送狀) 따위). ④ 〖인쇄〗(책의 삽화·포스터 따위의)원화(maquette)(《약자》 doc). ⑤ 〖옛〗교육.

documentaire [dɔkymɑ̃tɛːr] a. ① 기록에 의한; 참고자료가 되는; 참고문서〖자료〗의. à titre ~ 참고 삼아, 참고자료로서. ② crédit ~ 〖상업〗증권을 담보로 한 신용장(信用狀). ③ 〖영화〗기록 영화(film ~).
—n.m. 〖영화〗기록 영화(film ~).

documentaliste [dɔkymɑ̃talist] n. 자료정리 담당, (공공시설의)문서계.

documentariste [dɔkymɑ̃tarist] n. 기록영화 제작자〖작가〗.

documentation [dɔkymɑ̃tasjɔ̃] n.f. ① 인증(引證), 고증(考證); 문헌 조사〖수집〗. ②문헌정보 관리; (집합적) 참고자료(document).

documenté(e) [dɔkymɑ̃te] a. 참고자료를 가지고 있는, 확실한 자료에 의한. ouvrage très ~ 철저히 고증된 작품.

documenter [dɔkymɑ̃te] v.t. ① (에게)참고자료를 제공하다. ~ qn sur une question 어떤 문제에 관한 참고자료를 제공하다. ② 자료에 기초를 두고 쓰다, 고증〖고증〗하다(과거분사로서 많이 쓰임). —se ~ v.pr. 참고자료를 수집〖참조〗하다.

dodéca- préf. 「12의」의 뜻.

dodécaèdre [dɔdekaɛdr] n.m. 〖수학·광물〗12 면체.

dodécaédrique [dɔdekaedrik] a. 〖수학·광물〗12 면체의.

dodécagonal(ale, *pl.* **aux)** [dɔdekagɔnal, -o] a. 〖수학〗12 각형의.

dodécagone [dɔdekagɔn] n.m. 〖수학〗12 각형.

Dodécanèse(le) [lədɔdekanɛːz] n.pr.m. 〖지리〗12군도(에게 해의 그리스령).

dodécaphonique [dɔdekafɔnik] a. 〖음악〗12 음의, 12 음 음악의, 12 음 기법의.

dodécaphonisme [dɔdekafɔnism] n.m. 〖음악〗12 음 음악(기법).

dodécaphoniste [dɔdekafɔnist] a. 12 음 음악의. —n. 12 음 음악의 작곡가.

dodécastyle [dɔdekastil] a. 〖건축〗12 주(柱)식의.

dodécasyllabe [dɔdekasi(l)lab] a. 12 음절의.
—n.m. 12 음절 시구.

dodelinement [dɔdlinmɑ̃] n.m. (고개·몸·어린애 따위를)가볍게 흔듦.

dodeliner [dɔdline] v.i. (특히 머리가)가볍게 흔들리다. s'assoupir *en dodelinant* de la tête 머리를 꾸덕이며 졸다. —v.t. 가볍게 흔들다.

dodelineur(se) [dɔdlinœːr, -øːz] a. 〖드물게〗가볍게 흔드는.

dodinage [dɔdinaːʒ] n.m. 〖옛〗(시계추 따위의 규칙적인)흔들림.

dodiner [dɔdine] v.t. 〖옛〗=dodeliner.

dodinette [dɔdinɛt] n.f. ①〖옛〗=dodo¹. ② 자장가.

dodo¹ [do(ɔ)do] n.m. 《어린애말》코하기, 잠; 잠자리, (어린이용)침대. aller au ~ 잠자리에 들다. faire ~ 코하다, 자다. mettre un enfant au ~ 어린애를 잠자리에 눕히다.

dodo² n.m. 〖조류〗도도새(마스카린 제도에 서식했던 거대한 비둘기 종류)(dronte).

dodu(e) [dɔdy] a.《구어》통통한, 포동포동한, 살찐

(↔ maigre). joues ~*es* 포동포동한 뺨.
dogaresse [dɔgarɛs] *n.f.* doge 의 부인.
dogat [dɔga] *n.m.* doge 의 직[임기].
dog-cart [dɔgka:r] *n.m.* (사냥개를 넣는 상자가 좌석 밑에 달린)2륜 마차.
doge [dɔːʒ] *n.m.* 《역사》 (옛날 제노아 및 베니스 공화국의)총독.
dogger [dɔgɛr] 《영》 *n.m.* 《지질》 도거통(統)《쥐라계를 3분한 것 중의 중부통》.
dogmatique [dɔgmatik] *a.* ① (태도·의견 따위가)독단적인, 단정적인, 단호한(absolu. ↔ hésitant), ton ~ 단정적인 말투. ② 《철학》 독단주의(론)의; 교조주의의; 《종교》 교의[교리]상의.
— *n.* ① 독단가. ② 《철학》 독단론자; 교조주의자; 《종교》 교의론자.
— *n.f.* 《종교》 교의신학.
dogmatiquement [dɔgmatikmɑ̃] *ad.* 독단적으로, 단정적으로; 교의로서, 교의상.
dogmatiser [dɔgmatize] *v.i.* ① (의견 따위를)독단적으로 말하다, 단정적으로 말하다. ② 교의[학설]를 세우다.
dogmatiseur [dɔgmatizœːr] *n.m.* (옛)《경멸》 독단가, 단정가.
dogmatisme [dɔgmatism] *n.m.* ① 독단적인 태도 [주장]. ② 《철학》 독단론, 독단주의; 교조(敎條)주의.
dogmatiste [dɔgmatist] *a.* 독단론의, 독단주의의, 교조주의의.
— *n.m.* 독단가; 독단론자; 교조주의자.
dogme [dɔgm] *n.m.* ① 교의, 교리; 교조, 학설. ~ du christianisme 기독교의 교리. ~ politique 정치적 교조. ② 정론(定論); 신조. ~*s* cartésiens 데카르트의 정론.
dogre [dɔgr] *n.m.* (북해의)어선(漁船).
dogue [dɔg] 《영》 *n.m.* ① (불독 따위)집 지키는 개. ② (비유적) 화를 잘 내는 사람. *être d'une humeur de* ~ 《속어》 성을 잘 내다; 기분이 매우 언짢다.
doguer (se) [s(ə)dɔge] *v.pr.* (수양이)박치기로[뿔로 받으며] 서로 싸우다.
doguin(e) [dɔgɛ̃, -in] *n.* dogue 의 새끼.
:doigt [dwa] *n.m.* ① (사람의)손가락. prendre[pincer] avec ses ~*s* 손가락으로 집다. compter sur ses ~*s* 손가락을 꼽아가며 계산하다. lever le ~ 인지를 들다(발언권을 요구할 때). mettre le ~ sur la bouche 손가락을 입에 대다(정숙(靜肅)을 요구하는 동작). ~ de Dieu 《문어》 신의 거룩한 손(신의 뜻·섭리).
② (사람·동물의)발가락(orteil).
③ (장갑의)손가락; 손가락 모양의 것. ~ de gant 장갑의 손가락. ~ de chocolat 핑거초콜릿.
④ 손가락의 폭(약 2cm); 소량. trop long de deux ~*s* 《의복》 손가락 2개의 폭만큼 긴. un ~ de vin 아주 소량의 포도주. faire un ~ de cour à une femme 《구어》 여자에게 슬쩍 말을 걸다.
⑤ 〖기계〗 ~ de came 캠의 제동편; ~ d'encliquetage (래칫 바퀴의 역회전 방지 장치); ~ d'entraînement (선반의)돌이.
à deux ~s de; à un ~ de 아주 가까이에. être à *deux ~s de* la mort 빈사상태에 있다.
au ~ et à l'œil ⓐ 손가락 하나 눈짓 하나로. être obéi[servi] *au ~ et à l'œil* (사람을)마음대로 부리다, 절대복종시키다. faire marcher *qn au ~ et à l'œil* …을 마음대로 부리다. ⓑ 명백히. Cela se voit *au ~ et à l'œil*. 그건 아주 명백한 일이다. ⓒ aller *au ~ et à l'œil* (시계가)맞게 가다.
avoir de l'esprit jusqu'au bout des ~s 전신에 기지(機智)가 넘쳐흐르고 있다.

avoir des ~s de fée 솜씨가 교묘하다, 완벽하다.
avoir les ~s qui se démangent 때리고 싶어서 주먹이 근질근질하다.
avoir un morceau de musique dans les ~s (악보를 외워서)완벽하게 연주하다.
du bout du ~ [des ~s] (손가락으로 집듯이)살짝, 정중하게, 조심스럽게.
être comme les deux ~s de la main 떨어질 수 없는 사이이다, 매우 친밀하다.
faire toucher qc du ~ (꼼짝 못할 증거를 내놓고)…을 납득시키다.
fourrer le ~ partout 무슨 일이든지 참견하다.
glisser [filer] entre les ~s de qn 《구어》 …에게서 도망치다, 빠져나가다; 망가지다, 부서지다.
l'aurore aux ~s de rose 여명.
Il s'en est fallu d'un ~ que… 자칫하면[하마터면] …할 뻔했다.
mettre le ~ dans l'engrenage 고약한 사정[상황]에 말려들다.
mettre le ~ sur 알아맞히다, 적중시키다.
Mon petit ~ me l'a dit. 《구어》 ⓐ 알고 있어 《어른이 아이에게 하는 말》. ⓑ (정보원(情報源)을 숨기고)누구한테 들었어, 소문이 그렇던데.
montrer [désigner] qn du [《옛》 au] ~ …을 손가락질하다, 《구어》 조롱하다; 지탄하다.
ne pas lever [remuer] le petit ~ 꼼짝도 안하다, 조금도 애쓰지 않다.
ne rien savoir faire [ne pas faire œuvre] de ses dix ~s 《구어》 무위도식하다.
On peut les compter sur les ~s (d'une seule main). (한쪽)손가락으로 셀 수 있을 정도이다, 아주 적다.
règle des trois ~s de la main droite [gauche] 〖전기〗 (Flemming 의)우(좌)의 법칙.
se lécher les ~s (de qc) (에)입맛을 다시다; (을)맘껏 즐기다.
savoir [connaître] qc sur le bout du ~ …을 줄줄 외다; 속속들이 알다.
se mettre [《속어》 se fourrer] le ~ dans l'œil 《구어》 큰 잘못을 저지르다.
se mordre les ~s 후회하다; 안달하다.
taper [donner] sur les ~s de qn …을 꾸짖다, 벌하다, 혼내주다.
toucher qc du ~ ⓐ …을 명확하게 하다; 확실히 이해하다. ⓑ *toucher du* ~ le but 목적달성은 눈앞에 있다.
y mettre les quatre ~s et le pouce 덥석 움켜잡다; 거리낌없는 행동에까지 이르다, 체면 불문하다.
〖REM〗 pouce 엄지; index 인지; majeur, médius, grand doigt 중지; annulaire 약지; auriculaire, petit doigt 새끼 손가락.
doigté [dwate] *n.m.* ① 〖음악〗 운지법(運指法); (타이피스트·조각가·외과의 따위의)손끝의 솜씨. ② 기지(habileté).
doigter [dwate] *v.i.* 〖음악〗 (악기 연주에 알맞도록)손가락을 놀리다, 운지하다. — *v.t.* 솜씨있게 연주하다; 운지법을 기입하다.
doigtier [dwatje] *n.m.* (고무·가죽 따위의)손가락 씌우개; 골무; (장식끈 제조인(passementier)의) 구리 골무.
doi-s, -t [dwa] ⇨devoir.
doisil [dwazi] *n.m.* 통의 구멍[마개].
doit [dwa] *n.m.* 〖상업〗 차변(借邊)(débit); 부채, 채무(passif). ~ et avoir 차변과 대변.
doitage [dwata:ʒ] *n.m.* (장부의)차변·대변 기입.
doitée [dwate] *n.f.* 방적용 견본사(絲).
doiv-e, -es, etc. [dwa:v] ⇨devoir.
dol [dɔl] *n.m.* 〖법〗 사기(詐欺), 기만(tromperie).

dol. 《약자》dollar 달러; dolce 《음악》 부드럽게.
dolage [dɔlaːʒ] *n.m.* 손도끼로 깎음.
dolce [dɔltʃe] 《이탈리아》 *ad.* 《음악》 부드럽게.
dolce vita [dɔltʃevita] 《이탈리아》 *n.f.* 달콤한 생활.
dolcissimo [dɔltʃisimo] 《이탈리아》 *ad.* 《음악》 매우 부드럽게.
doldrums [dɔldrœms] 《영》 *n.m.pl.* 《기상》 적도 무풍지대.
doléances [dɔleɑ̃ːs] *n.f.pl.* ① 불평, 푸념, 하소연(plainte) (*sing.* 는 없음). ② 《프랑스사》 삼부회(三部會)의 진정서, 청원서. présenter ses ~ au roi 왕에게 진정서를 제출하다.
doleau [dɔlo] (*pl.* ~x) *n.m.* (슬레이트를 자르는)손도끼, 까뀌.
dolemment [dɔlamɑ̃] *ad.* 《옛》애달프게, 처량하게, 구슬프게.
dolent(e) [dɔlɑ̃, -aːt] *a.* ① 처량한, 애달픈(plaintif), 불평을 말하는. ② 《문어》기분〔몸의 상태〕이 좋지 못한.
doler [dɔle] *v.t.* 《옛》손도끼로 깎다; (가죽을)가죽칼로 깎다, 평평하게 만들다.
dolérite [dɔlerit] *n.f.* 《광물》조립(粗粒)현무암.
dolic [dɔlik] *n.m.* 《식물》까치콩, 제비콩.
dolicho- *préf.* 「긴」의 뜻.
dolichocéphale [dɔlikɔsefal] *a.* 《인류》장두(長頭)의, 두개골이 긴. —*n.* (위)의 사람.
dolichocéphalie [dɔlikɔsefali] *n.f.* 《인류》장두(두개골이 폭보다도 앞뒤로 긴 것).
dolichocôlon [dɔlikɔkɔlɔ̃] *n.m.* 《의학》장결장(長結腸).
dolichotis [dɔlikɔtis] *n.m.* 《동물》 (남미산의)팜파스토끼.
doliman [dɔlimɑ̃] *n.m.* (터키의)긴 겉옷.
doline [dɔlin] *n.f.* 《지질》돌리네, 함몰 구덩이.
dolique [dɔlik] *n.m.* =dolic.
doll. 《약자》=dol.
dollar [dɔlaːr] 《영》 *n.m.* 달러.
dolmā [dɔlmɑ̃] *n.m.* ① 《경기병 따위의》늑골 모양의 줄무늬가 있는 군복; (터키식)긴 망토. ② 여자용 외투.
dolmen [dɔlmɛn] *n.m.* 《고고학》돌멘, 고인돌.
doloir [dɔlwaːr] *n.m.* 《피혁》 (가죽을 깎는)칼.

dolman ①

doloire [dɔlwaːr] *n.f.* ① 《목공》 (목수·통장이가 쓰는) 손도끼. ② (미장이의) 흙 손. ③ 《식물》 feuille en ~ 《식물》도끼 모양의 잎. ③ 전투용 손도끼.
dolomi(t)e [dɔlɔmi(t)] *n.f.* ① 《광물》백운석(白雲石), 고회석(苦灰石); 고회질 석회암. ② Les D~s 석회암 산맥 (이탈리아 동북부에 있는 산맥).
dolomitique [dɔlɔmitik] *a.* 《광물》백운석을 함유한.
dolomitisation [dɔlɔmitizasjɔ̃] *n.f.* 고회석화작용.
dolorisme [dɔlɔrism] *n.m.* 고통주의, 고통효용론(고통의 도덕적·심미적·지적 가치를 추구하는 J. Teppe 및 그 동조자들의 주장); 고통 예찬.
dolosif(ve) [dɔlozif, -iːv] *a.* 《법》사기의.
dom [dɔ̃] *n.m.* ① 《스승》님 (베네딕트파·카르트파에서 교직자를 부르는 칭호). ② 경(卿) (포르투갈·에스파냐 귀족의 경칭).
D.O.M.[1] 《라틴·약자》Deo optimo maximo 지선 지고의 신에게 (교회 봉헌 때 쓰는 말).
D.O.M.[2] 《약자》Département d'outre-mer 해외도(海外道).
*domaine [dɔmɛn] *n.m.* ① 소유지, 가옥(자산); 영지, 영토. ~ familial 세습령. ~ vinicole 포도원. petit ~ 소가옥. ~ féodal 《역사》영지, 봉토. ~ d'Église 교회령. ~ royal(de la couronne) 《역사》왕령. ② 《행정》공유지, 공공재산. D~(de l'État) 공유지, 국유재산. ~ public 행정재산(공공의 일반용). ~ privé 보통재산(행정재산 이외의 국유재산, 국가의 사적 재산). Direction générale de l'enregistrement et des ~s 국유지 관리국 (《약자》le D~). rachat de possessions par le D~ 관리국에 의한 사유지 매입. ventes du D~ 국유지의 불하. ~ aérien (국제법상의)영공. ③ (비유적) 분야, 영역; 전문분야. ~ des sens 감각의 영역. dans tous les ~s 온갖 분야(영역)에서. Cela n'est pas (de) mon ~ 그것은 내 전문분야가 아니다. ④ 《수학》영역; (사상(思像)의)정의역, 구역. ⑤ 《옛》소유권; 권력, 권한(autorité).
tomber dans le ~ public (문학·음악 따위의)저작권이 소멸되다; (비유적)공공재산이 되다.
domanial(ale, pl. aux) [dɔmanjal, -o] *a.* 《법》소유지에 속하는; 국유지의. forêt ~ale 국유림.
domanialiser [dɔmanjalize] *v.t.* (산림 따위를)국유(재산으로) 하다.
domanialité [dɔmanjalite] *n.f.* 《법》국유.
dombéya [dɔ̃beja] *n.m.* 《식물》(마다가스카르산의)양아욱.
dôme[1] [doːm] *n.m.* (이탈리아·독일의)대성당.
dôme[2] *n.m.* ① 《건축》둥근 지붕, 둥근 천장, 궁륭(穹窿) (외부는 dôme, 내부는 coupole); (나무 따위의)둥근 꼭대기. ~ de feuillage(de verdure) 나뭇가지가 궁륭형으로 자란 형태. ~ du ciel 《시》창공. ~ de cloche; (선박)승강구의 바람받이. ~ de prise de vapeur 《기계》증기 돔(뚜껑). ③ 《지리》둥근 산.
domerie [dɔmri] *n.f.* 《옛》《가톨릭》 (원장이 dom의 칭호를 가진)수도원; (수도원 경영의)숙박소.
domestication [dɔmɛstikasjɔ̃] *n.f.* ① 길들임(apprivoisement). ② (이민족 따위의)순치, 노예화. ③ (자원의)실용화, 이용.
domesticisme [dɔmɛstisism] *n.m.* 노예〔하인〕근성(상태).
domesticité [dɔmɛstisite] *n.f.* ① 하인의 신분(상태); 《드물게》(가축이)길든 상태. ② 《집합적》하인들.
*domestique [dɔmɛstik] *a.* ① 가족의, 가정계의 (familial, ménager), travaux ~s 가사, 경제, ~ 가계(家計). dieux ~s 가신(家神). ② (짐승이)인가에 사는, 길든(↔sauvage). animaux ~s 가축. ③ 국내의. guerre ~ 내란, 내분.
—*n.* 하인, 사환, 식모, 가정부; 《옛》고용인(호텔·레스토랑의 웨이터·보이·정원사·문지기·가정부에 모두 포함); 지금은 domestique 의 약간 경멸의 뜻을 지니기 때문에 employé(e) de maison, gens de maison 이라고 함). ~ de ferme (d'agricole) (임시 고용의)농군; (농가에)고용녀자. ② (경마)하인, 노예.
—*n.m.* ① 《역사》(왕후(王侯)에게의)봉사자; 신하(하인 포함). ② 《옛》《집합적》봉사자, 일꾼. ③ 《옛》가정.
domestiquement [dɔmɛstikmɑ̃] *ad.* 《드물게》하인으로서.
domestiquer [dɔmɛstike] *v.t.* ① (동물을)길들이다. ② 복종시키다(asservir), 지배하다; (곤란 따위를)극복하다. ③ (자연자원을)이용하다. ~ la marée 조력을 이용하다.
—*se ~ v.pr.* 길들다; 하인이 되다.
*domicile [dɔmisil] *n.m.* 주거, 거처, 처소(maison résidence); (법률적인)주소, 본적(~ légal). personne sans ~ 떠돌이, 유랑인. ~ légal(réel)

domiciliaire [dɔmisilje:r] *a.* 주택의, 주거의. perquisition(visite) ~ 가택 수색.

[현주소]. ~ d'une société 회사의 소재지. violation de ~ 가택침입. abandonner(quitter) le ~ conjugal(부부중 한쪽이)집을 나가다, 별거하다. ~ élu 선정주소《소송서류를 보낼 주소》. à ~ 자택에서[으로]. travailler à ~ 집에서 일하다. livrer à ~ 집으로 배달하다. franco à ~ 배달료 무료. visite à ~ du médecin 의사의 왕진.

domiciliataire [dɔmisiljate:r] *n.m.* 《상업》 (어음의)지급 담당자.

domiciliation [dɔmisiljɑsjɔ̃] *n.f.* 《상업》 어음 지급장소의 지정.

domicilié(e) [dɔmisilje] *a.p.* 거주하는; (일정한 장소에)정주하는.

domicilier [dɔmisilje] *v.t.* ① 거주시키다. ②《법》(어음의)지급장소를 지정하다.
— **se** ~ *v.pr.* 거주하다.

dominance [dɔminɑ̃:s] *n.f.* ① 《생물》 (유전의)우성. ~ complète 완전우성. ② (전체 중에서 어떤 의견·색채 따위가)지배적(우세)이 됨.

dominant(e) [dɔminɑ̃, -ɑ̃:t] *a.* 지배적인, 우세한 (prépondérant); 주된, 주요한(principal). Le blé est la culture ~*e* de cette région. 밀은 이 지방의 주요 농산물이다. idée ~*e* 중심적 사상. vent ~ 《기상》 탁월풍. ② 지배하는, 주권을 장악한. nation ~ (식민지 따위의) 종주국. classe ~*e* 지배계급. gène ~ 《생물》 우성 유전자. caractère ~ 《생물》 우성형질. astre ~ 《점성술》 지배성. fonds ~ 《법》 요역지(要役地). ③ (위치·직위 따위가)높은(éminent, haut), (높은 곳에서)내려다보는. être dans une position ~*e* (건물 따위가) 높이 솟아 있다; 우위에 서다.
—*n.f.* ① 주조, 기조. ② 《음악》 딸림화음의 제 5음, 도미넌트; (음계의)솔. ③ 《음운》 주요 음절 (작은음으로 구성하는 2음절 중 강세음을 갖는 쪽).

dominateur(trice) [dɔminatœ:r, -tris] *a.* 지배적인 (autoritaire); 위압적인, 강압적인, 거만한(impérieux). force ~*trice* 지배력. regard ~ 위압적인 눈초리. —*n.* 지배자, 통치자, 정복자.

dominatif(ve) [dɔminatif, -i:v] *a.* 지배적인, 위압적인.

domination [dɔminɑsjɔ̃] *n.f.* ① 통치, 지배. être (vivre) sous la ~ de *qn* …에게 매여(예속되어) 있다. ~ universelle 세계제패. exercer sa ~ sur *qn* …을 지배하다. ~ spirituelle 정신적 지배(영향력). effet de ~ 《경제》 지배효과. ② 지배적으로 누르는)세력, 영향, 지배(emprise, maîtrise). ~ de soi-même 자제(력). ③ *(pl.) (D~)* 《신학》 주품천사《천사의 9품급 중 제 1위》.

***dominer** [dɔmine] *v.t.* ① 지배하다, 통치하다 (régner, soumettre, diriger); (경쟁자를)누르다, 제압하다(surpasser); 이기다(maîtriser). Napoléon voulait ~ l'Europe. 나폴레옹은 유럽을 지배코자 했다. candidat qui *domine* ses concurrents 경쟁자를 압도하는 입후보자. ② 굽어보다, 내려다보다(surplomber). falaise qui *domine* la mer 바다 위로 우뚝 솟은 절벽. ③ 전체적으로 파악하다. écrivain qui *domine* son sujet 주제를 잘 파악하고 있는 작가.
—*v.i.* ① [~ sur](에)군림하다, 지배하다(régner), 압도하다; 접거하다. puissance qui *domine* *sur* un continent 대륙에 군림하는 권력. ② 압도하다, 우위를 차지하다(prédominer). équipe qui a *dominé* pendant la première partie du match 시합의 초반전에서 우위를 차지한 팀. ③ 눈에 띄다, 돋보이다. tableau où les verts *dominent* 푸른빛이 주

조(主潮)를 이룬 그림. ④ 《옛》높이 솟아 있다 (culminer). Son château *domine* sur la plaine. 그의 성은 평야에 드높이 솟아 있다.
— **se** ~ *v.pr.* 자제하다, 자신의 감정을 억누르다.

dominicain(e)[1] [dɔminikɛ̃, -ɛn] *n.* 《가톨릭》도미니크회 수도사(남자회는 Frères prêcheurs 라고도 함). —*a.* 《가톨릭》도미니크회의.

dominicain(e)[2] *a.* ① 도미니카 공화국의. ② 도미니카 섬의. —**D~** *n.* 도미니카 사람; 도미니카 섬사람.

dominical(ale, *pl. aux*) [dɔminikal, -o] *a.* 그리스도의; 일요일의, 주일의. lettre ~*ale* (달력의)주일문자. promenade ~*ale* 일요 산책. oraison ~*ale* 주기도문. —*n.f.* ① (대림절·사순절 이외의)주일설교(instruction ~*ale*). ② =lettre ~*ale*.

Dominique (la) [ladɔminik] *n.pr.f.* 《지리》 도미니카 섬.

dominion [dɔminjɔn] 《영》 *n.m.* (영연방의)자치령. *D~* du Canada 캐나다의 자치령.

domino [dɔmino] *n.m.* ① *(pl.)*도미노놀이; 도미노의 패. faire ~ (도미노에서)이기다. ② 《옛》 (옛날 성직자가 겨울에 입던)두건 달린 검은 법의; (가면 무도회의 주로 달린)도미노 의복; 도미노를 입은 사람. ③ théorie des ~s 《정치》 도미노 이론《어느 나라가 공산국가의 세력권에 들어가면 주변국가도 연쇄적으로 공산화된다》. ④ 전선을 잇는 소켓. ⑤《옛》색종이.
jouer des ~*s*《속어》아귀아귀 씹어먹다.

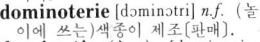 domino ①

dominoterie [dɔminɔtri] *n.f.* (놀이에 쓰는)색종이 제조[판매].

dominotier(ère) [dɔminɔtje, -ɛ:r] *n.* ①《옛》색종이 제조업자. ② 도미노 제조상(도미노 패에 붙이는 종이《상아》를 세공하는). ③《옛》목판화가, 판화 출판업자.
—*n.m.* 접목하지 않은 오얏나무.

 domino ②

***dommage** [dɔma:ʒ] *n.m.* ① 손실, 손상, 손해 (perte, ↔ bénéfice). ~s de guerre 전화(戰禍). éprouver[subir] un ~ 손해를 입다. réparer un ~ 손해를 보상하다. causer[provoquer] des ~s 손해를 끼치다. ~ subi par des marchandises 상품으로 입은 손해. rayon de ~《군사》(핵무기의)손해 반경(半徑). ② 유감, 애석함(fâcheux, ↔ bonheur). C'est ~. 그것은 유감스러운 일이다. Quel ~! 《구어》유감천만이다!
C'est [Il est] ~ **que** + *sub.* …은 유감스러운 일이다. *C'est* ~ *que* vous ne puissiez l'attendre! 그를 기다릴 수 없으시다니 유감입니다.
~*s et intérêts*; ~*s-intérêts*《법》손해 배상.

dommageable [dɔmaʒabl] *a.* 손해(손실)를 주는 [입히는] (↔ profitable).

domptable [dɔ̃tabl] *a.*《드물게》(짐승이)길들일 수 있는; 제어할 수 있는.

domptage [dɔ̃ta:ʒ], **domptement** [dɔ̃tmɑ̃] *n.m.*《드물게》(맹수 따위를)길들임(dressage). 굴복시킴; 억제, 제어.

dompter [dɔ̃te] *v.t.* ① (짐승을)길들이다, 순화하다 (apprivoiser, dresser). ~ un tigre 호랑이를 길들이다. ② (욕망 따위를)억누르다, 억제하다(dominer, maîtriser). ~ ses passions 열정을 누르다. ~ une colère 분노를 억제하다. ③ 굴복시키다, 정복하다(soumettre). ~ les forces de la nature 자연의 힘을 정복하다. ~ les eaux d'un

dompteur(se)

fleuve 치수(治水)하다. ~ le cancer 암을 극복하다. ~ des rebelles 반역자를 굴복시키다.
—**se** *v.pr.* 자제하다; 순화[억제·정복]되다.

dompteur(se) [dɔ̃tœːr, -ø:z] *n.* 길들이는 사람; 정복자. ~ de fauves 맹수를 길들이는 사람. ~ de chevaux 조마사. ~ de cirque 서커스의 맹수 길들이는 사람.

dompte-venin [dɔ̃tvənɛ̃] *n.m.*《복수불변》【식물】박주가리과(科)의 독초.

***don**¹ [dɔ̃] *n.m.* ① 증여, 기증, 기부. faire ~ de qc à qn …에게 …을 주다. faire ~ de tous ses biens à un neveu 전 재산을 조카에게 주다. faire ~ de son cœur à qn (비유적) 애정을 바치다. faire ~ de sa main (여성이) 결혼을 승낙하다. ~ mutuel【법】(먼저 죽는 폭이 주는, 부부간의) 상호증여. ~ de soi 헌신. ② 선물, 증여품, 기부금품(cadeau). ~ d'argent [en argent] 구호금. recevoir un ~ 기부를 받다. ~s en nature 물품증여, 구호물자. ~s de la terre 대지의 산물(bénédiction): 타고난 재능(aptitude, talent). ~s de Bacchus 포도주. ~s de Flore 꽃. ~s littéraires 문학적인 재능. avoir le ~ [des ~s] pour les sciences 학문적인 재능이 있다.

avoir le ~ de + inf. [*qc*] …하는 데 재주가 있다; …하는 소질[성미]을 갖고 있다.

don² *n.m.* (모음 앞에서는 [dɔn]) ① 일반 에스파냐 남자에 대한 존칭 (예: ~ Quichotte). ②(옛) 에스파냐 귀족[왕족]에 대한 존칭(보통 이름 앞에 붙임). 【가톨릭】 에스파냐 귀족; 에스파냐 사람.

don³ [약자] direction 【상업】 관리, 경영, 지배.

dona [dona], **doña** [dɔɲa] *n.f.* ① 일반 에스파냐 여인에 대한 존칭. ② (옛) 에스파냐 귀족 부인에 대한 존칭 (이름 앞에 붙임).

donacie [dɔnasi] *n.f.* 【곤충】 뿌리잎벌레속.

donataire [dɔnatɛːr] *n.* ① 【법】 수증자(受贈者) (↔ donateur). ②(오용) 기부자.

donateur(**trice**) [dɔnatœːr, -tris] *n.* 【법】 증여자. ② 기부자, 기증자. généreux ~ 고액 기부자.

donation [dɔnasjɔ̃] *n.f.* 【법】 증여, 기증. ~ en avancement d'hoirie 상속재산의 선도(先渡)(증여). ~ entre vifs 생존자간의 증여. faire [accepter] une ~ 증여를 받다). ~ testamentaire 유언에 의한 증여. ~ manuelle 현실 증여. ~-partage (자식들에 대한) 재산 분여. ~ à titre particulier 특정증여. ② 증여 증서. transcrire une ~ 증여 증서를 등기하다.

donatisme [dɔnatism] *n.m.* 도나(Donat, 4 세기 카르타고의 주교)의 이교설(異敎說).

donatiste [dɔnatist] *n., a.* 도나파(의).

‡**donc** [dɔ̃, dɔ̃:k] *conj., ad.* (문두에 왔을 때는 *conj.*, 그 외의 위치에서는 *ad.*로 본다) ① 그러므로, 따라서, 그러니까. Il était ici il y a un instant, il n'est ~ pas loin. 그는 조금전에 여기에 있었다. 그러니까 멀리는 가지 않았을 것이다. Je pense, ~ je suis. 나는 생각한다. 고로 나는 존재한다 (Descartes의 말). ② (중단되었던 이야기를 다시 계속할 때) 그리고 보니, 그렇다면, 그러니까, 결국. Si ce n'est toi, c'est ~ ton frère. 네가 아니라면, 너의 동생이다 (La Fontaine). Vous m'avez interrompu: je disais ~ que… 당신은 내 말을 가로막았소. 그러니까 거기에 살고 계셨단 말씀이오? Il se dirigea ~ vers nous. 그래서 그는 우리쪽으로 향해 왔다. ③ (놀라움·감탄·의심·명령 따위의 강조) Voilà ~ la vérité! 그것이 과연 사실이군! Que c'est ~ drôle! 정말 우습기도 한 일이군! Qu'a-t-il ~? 그 사람 도대체 왜 그러는 거요? Qui

~? 도대체 누구말이오? Entrez ~! 들어오시래도요! Dites ~!; Dis ~! 이봐요, 이봐; (놀라움의 표시로) 야, 참!

Allons ~! 설마. *Allons ~! pas possible.* 설마! 그럴 수가.

REM 발음은 절의 첫머리에서는 [dɔ̃:k], 기타의 경우에는 [dɔ̃]이라고 설명되어 왔다. 그러나 오늘날에는 강조의 경우(위의 ③)에만 [dɔ̃:k], 그 외의 경우에는 모두 [dɔ̃:k]로 발음되는 것이 상례이다.

dondaine [dɔ̃dɛn] *n.f.* (중세의) 풍적(風笛).

dondon [dɔ̃dɔ̃] *n.f.* (구어) 뚱보 여자 (grosse ~).

donjon [dɔ̃ʒɔ̃] *n.m.* ① 아성(牙城)의 주루(主樓). ②【건축】소탑(小塔), 누(樓)(→ château 그림). ③ (군함의) 망루, 포탑.

donjonné(e) [dɔ̃ʒɔne] *a.* 소탑이 있는.

don Juan [dɔ̃ʒɥɑ̃] *n.pr.m.* 돈환. jouer les ~(s) 돈환의 흉내를 내다. —*n.m.(pl. ~~(s))* 호색한, 엽색꾼. C'est un ~. 그 사람은 호색꾼이다.

don juane [dɔ̃ʒɥan] *n.f.* 뭇사내들을 녹이는 여자.

don(-)juanesque [dɔ̃ʒɥanɛsk], **don(-)juanique** [dɔ̃ʒɥanik] *a.* 돈환적인, 호색의; 돈환전설의.

don(-)juaniser [dɔ̃ʒɥanize] *v.i.* 엽색하다.

don(-)juanisme [dɔ̃ʒɥanism] *n.m.* 엽색.

donnant(e) [dɔnɑ̃, -ɑ̃:t] *a.* (옛) 주기를 좋아하는. avoir l'humeur ~e 씀씀이가 헤프다. La bonne femme n'est guère ~e. 대체로 나이 먹은 여자들은 인색하기 막이 없다. ~ ~ (구어) 교환조건으로; 현금과 교환으로.

donne [dɔn] *n.f.* ① 【카드놀이】 패의 분배. faire la ~ 패를 나누다. fausse [mauvaise] ~ 잘못돌림. À toi la ~. 네가 패를 나눌 차례야. ② (속어) 회사 (喜捨). ③ (속어) ~ = doña.

donné(e) [dɔne] *a.p.* ① 주어진, 베풀어진. jouets ~s aux enfants 아이들에게 준 장난감. fête ~e au profit d'une bonne œuvre 자선사업을 위해 베풀어진 잔치. ② 일정한, 정해진, 결정된;【수학】주어진. grandeur ~e 일정한 크기. à une distance ~e 일정한 거리에서. en un lieu ~ 정해진 장소에서. à un moment ~ 어떤 순간에; 갑자기. nombres ~s 기지수. ③ 천부의, 부여된, 태어날 때부터의;【철학】(직관적으로) 주어진. Notre caractère est ~. 우리의 성격은 천부적[타고난]이다. ④ (비인칭)【Il est ~ à qn de + inf.】 …에게 있어서 …하는 것은 가능하다. S'il m'était ~ d'habiter Paris 만약 내가 파리에서 살 수만 있다면.

C'est ~. 그것은 공짜나 다름없다. 그것은 아주 싸게 판 것이다.

étant ~ qc (일반적으로 donné 는 변화하지 않음. 단, 명사의 뒤에 놓이는 경우 명사의 성·수에 일치할 때도 있다) ⓐ …에 비추어 생각할 때, …으로 보아, …때문에. étant ~ les circonstances présentes 현재의 사정으로 보아. ⓑ …이 주어졌다고 할 때. étant ~ une droite AB; une droite AB étant ~(e) 직선 AB 가 주어졌다고 할 때.

étant ~ que + ind. …인 까닭에, …이므로; …인 이상. Étant ~ qu'il ne vient pas, nous pouvons partir. 그가 오지 않으므로 우리는 떠나도 좋겠지요. Étant ~ qu'il pleut, la promenade est remise demain. 비가 오므로 산책은 내일로 연기합니다.

—*n.m.*【철학·심리】소여(所與), 여건.

—*n.f.* ① 데이터, 자료. ~es statistiques 통계자료. ~es d'une expérience 실험데이터. manquer de ~es 자료가 부족하다. ② (구어) 전제. Tous les matériaux sont prêts: il faut tenir compte de cette ~. 모든 자료는 다 준비되었다. 이제 이 전제를 고려해야만 한다. ③ (문예작품 따위의) 재료, 소재; 구상. ~e d'une tragédie 비극의 재료[소재]. ④【법】

donner [dɔne] *v.t.* ① 주다; 제공하다; 넘겨주다 (remettre); 내밀다다; 나누어주다 (distribuer). ~ des poupées aux enfants 아이들에게 인형을 주다. ~ une cravate en cadeau 선물로 넥타이를 주다. ~ un pourboire au chauffeur de taxi 택시 운전사에게 팁을 주다. ~ sa fille en mariage 딸을 시집보내다. 《목적보어 없이》 Son plaisir, c'est de ~. 그의 기쁨은 남에게 베푸는 것이다. *Donnez-moi* un kilo de pommes. 사과 1 kg 주십시오. Combien m'en *donnez-vous*? 《고용주·손님에 대하여》 그래서 얼마를 주시겠다는 겁니까? ~ trente francs de l'heure 1 시간당 30 프랑을 주다. *Donnez-moi* la salière s'il vous plaît. (식탁에서) 소금통을 집어 주시겠읍니까? *Donne-moi* la main pour traverser. 건너갈 수 있도록 손 좀 내밀어 다오. ~ les cartes 《카드놀이》카드를 나누다. ~ un siège à *qn* …에게 의자에 앉으라고 권하다. ~ le sein à son bébé 애기에게 젖을 먹이다. ~ ses chaussures au cordonnier 구두를 (수선하려고) 구둣방에 맡기다. ~ un terrain à la ville 시에 토지를 기부하다.
② 말하다, 알려주다, 보여주다. *Donnez-moi* votre nom et votre adresse. 이름과 주소를 말해주세요. ~ son avis 자신의 의견을 말하다. ~ les détails sur *qc* …에 대하여 상세히 말하다. ~ l'alarme 경보를 발하다. ~ l'ordre de partir 출발 명령을 내리다. ~ des signes de fatigue 피로의 기색을 보이다.
③ (몸·마음을) 바치다; (노력 따위를) 기울이다, 쏟다; (시간을) 내다. ~ sa vie pour la patrie 조국을 위해 목숨을 바치다. ~ toute son attention à *qc* …에 온 신경을 쓰다. ~ tout son temps à l'étude 공부에 모든 시간을 바치다. ~ quelques instants à *qn* …을 위하여 잠시 시간을 내다.
④ (동의·약속·의견 따위를) 주다, 표명하다. ~ son accord[sa parole] 동의[약속]를 하다. ~ des conseils à son ami 친구에게 충고를 하다. ~ des encouragements à un malheureux 불행한 사람을 격려하다.
⑤ (이름·성질 따위를) 부여하다; 추측하다. ~ un nom à un enfant 어린애에게 이름을 붙이다. ~ un titre à un ouvrage 저서에 제목을 붙이다. ~ de l'oncle à *qn* …을 아저씨라고 부르다. ~ de la valeur à *qc* …에 가치를 부여하다. Quel âge lui *donnez-vous*?—Je lui *donne* 30 ans. 그는 몇 살이라고 생각하십니까? 30 세쯤 되어 보이는군요. On ne lui *donnerait* pas son âge. 그는 그의 나이로는 보이지 않는다.
⑥ (병 따위를) 옮기다, 전염[감염]시키다. Je lui *ai donné* mon rhume. 나는 그에게 감기를 전염시켰다. ~ son goût à sa femme 아내에게 자기의 취미를 옮겨주다.
⑦《주어는 사물》(사물이나 성과를) 만들어내다, 생산하다, 산출하다 (fournir, produire). Ce pommier *donne* beaucoup de fruits. 이 사과나무는 열매를 많이 맺는다. Ce pays *donne* beaucoup de blé. 이 지방(나라)는 밀을 많이 산출한다. Les recherches n'*ont donné* aucun résultat. 그 수사는 아무런 성과도 없었다.
⑧ (영향·문제·결과를) 가져오다, 야기시키다, 일으키다. Mon fils me *donne* bien du souci. 아들은 나에게 심려만 끼친다. ~ bonne impression 좋은 인상을 주다. Le vertige me *donne* 일으킨다. Cette pensée me *donne* du courage. 그 생각을 하니 용기가 난다. Qu'est-ce que ça *donne* de lui

en parler? 그에게 이야기한들 무슨 소용이 있나?
⑨ (모임을) 개최하다; (연극·영화 따위를) 공연[상연]하다; (강의·강연 따위를) 하다. ~ une réception 리셉션을 마련하다. cinéma qui *donne* un bon film 좋은 영화를 상영하는 영화관. ~ un récital 리사이틀을 열다. ~ un cours (à des élèves) 수업 [강의]을 하다.
⑩ (행위·동작을) 하다, 가하다. ~ l'assaut 습격하다. ~ un coup de téléphone 전화를 걸다. ~ un coup de pied 발길질을 하다.
⑪《구어》고발하다, 밀고하다. ~ ses complices à la police 공범자를 경찰에 밀고하다.
⑫ (~+무관사명사; 동사구를 형성》(을) 일으키다; (으로) 만들다. ~ faim 배고프게 하다. Le sel *donne* soif. 짠 것을 먹으면 목이 마르다. Tu me *donnes* chaud avec ton pull! 네가 입은 풀오버를 보니 나까지 덥다. ~ froid 추위를 느끼게 하다. ~ sommeil 졸음을 오게 하다. ~ congé à *qn* …에게 휴가를 주다; …을 해고하다. ~ envie de+*inf.* …하고 싶은 욕망을 가져다 주다.
~ à+*inf.* ⓐ …을 주다. ~ à manger [à boire] 먹을[마실] 것을 주다. ⓑ …을 하게 하다, 시키다. ~ à penser[à réfléchir] 생각하게 하다. ~ à parler 남의 입에 오를 짓을 하다. ~ à rire 웃음거리가 되다. ~ à entendre 암시[시사] 하다.
~ *qc* à+*inf.* …하도록 …을 넘겨주다. ~ sa montre à réparer 시계를 수선하기 위해 맡기다. ~ une question à résoudre 해결해야 할 문제를 제기하다.
~ à *qn* de+*inf.* 《문어》…할 기회를 주다; …하는 것을 허락하다. Le sort lui *a donné de* réaliser tous ses projets. 운명은 그가 모든 계획을 실현하도록 허락해 주었다. 《비인칭》Il n'*est pas donné* à tout le monde de bien apprendre les langues. 누구나 어학을 잘 할 수 있는 것은 아니다.
~ A pour B A 를 B 로서 제시하다, A 를 B 로 간주하다. ~ un tableau *pour* authentique 어떤 그림을 진짜라고 말하며 (보여)주다. On le *donne pour* coupable. 그는 죄인으로 알려져 있다. ~ du cuivre *pour* de l'or 동을 금이라고 우겨대다.
en ~ à garder à *qn* …을 속이다.
en ~ à *qn* …을 때리다; …을 속이다.
en ~ la tête à couper (목이 달아날 망정) 끝끝내 주장하다.
Je vous le donne en dix[*en vingt, en cent, en mille*]. 당신은 도저히 짐작도 하지 못할 것이다.
la ~ *belle* à *qn*《옛》…을 속여 넘기다.
—*v.i.* ① [~ sur/à/en] …면하다, 향하다. Cette fenêtre *donne* sur le jardin. 이 창문은 정원쪽으로 나 있다. Le salon *donne* à l'est. 거실은 동쪽을 향해 있다. Cette maison *donne* en plein midi. 이 집은 정남향이다.
② [~ contre/sur/dans] (에) 부딪치다, 충돌하다. ~ de la tête *contre* le mur 벽에 머리를 부딪치다. La voiture *a donné contre* le parapet. 자동차가 난간에 부딪쳤다. ~ *sur* un écueil (배가) 좌초하다. Le soleil *donne dans* la pièce. 방 안에 햇빛이 가득 쪼이고 있다. Le vent *donne dans* les voiles. 순풍이 돛을 부풀리고 있다.
③ [~ dans] (에) 빠지다; 열중하다. ~ *dans* le ridicule 웃음거리가 되다. ~ *dans* la politique 정치에 열중하다. ~ dans le panneau[*dans* le piège] 함정에 빠지다; 속임수에 넘어가다.
④ 수확을 가져오다, 효과를 발휘하다. terre qui *donne* bien 좋은 수확을 가져다주는 토지. La publicité *donne* à plein. 선전효과가 여실히 발휘되고 있다.
⑤ 공격하다. L'armée va~. 군대가 공격을 시작하

려고한다.
⑥ (천・로프 따위가) 늘어나다. Cette étoffe *donne* à l'usage. 이 천은 사용할 때 늘어난다.
⑦ [~ de] (으로) 소리를 내다; 소리・음을 발하다. ~ *de* la voix (개가) 짖다. La radio *donne* trop fort. 라디오 소리가 너무 크다.
~ *dans le sens de* qn (엣)…의 의견을 추종하다.
~ *dans l'œil*(*les yeux, la vue*) (햇빛이) 눈에 들어 오다, 눈이 부시다; (아름다운 것이) 현혹하다.
ne (*pas*) *savoir où* ~ *de la tête* (일이 너무 많아) 어디서부터 시작해야 좋을지 모르다.
—**se** ~ *v.pr.* ① (se ~ 직접목적보어)ⓐ[se ~ à] (에)몸을 바치다, 헌신하다; 전념하다. *se* ~ *à sa patrie* 조국에 몸을 바치다. *se* ~ *au travail* 일에 전념하다. *se* ~ *à l'ennemi* 적에게 굴복하다. ⓒ 주어지다; 개최되다, 상연되다. Cela ne se vend pas, cela *se donne*. 이것은 파는 것이 아니라, 증정품입니다. Un concert *se donne* ce soir dans le jardin. 오늘밤 정원에서 콘서트가 열린다. ⓓ[se ~ *pour*] 자기를 …인 양 생각케 하다, …의 행세를 하다. *se* ~ *pour* le fils d'un millionnaire 백만장자의 아들 행세를 하다.
② (se ~ 간접목적보어)ⓐ 자기에게 …을 주다. *se* ~ *de la peine*[*du mal*] 고생하다; 노력하다. *se* ~ *la mort* 스스로 목숨을 끊다, 자살하다. *se* ~ *un gouvernement* 정부를 구성하다. *se* ~ *du bon temps* 즐거운 때를 갖다. ⓑ (…한) 모습을 꾸미다, …인 체하다. *se* ~ *un air gai* 즐거운 표정을 하다. *se* ~ *des airs d'importance* 잘난 척하다. Elle *se donne* vingt ans. 그녀는 스무 살인 것처럼 꾸미고 다닌다. ⓒ (상호적) (을) 서로에게 주다. *se* ~ *une poignée de main* 악수를 나누다. *se* ~ *des coups* 서로 때리다. Ils *se sont donné* rendez-vous à 5 heures. 그들은 5시에 만나기로 서로 약속했다.
se ~ *du bon temps*; *s'en* ~ 즐거운 시간을 갖다.
se ~ *la peine de*+ *inf.* 수고스럽게도 …하다. Il ne *se donne* pas *la peine d'*écrire à ses parents. 그는 양친에게 편지도 쓰지 않는다. Donnez-vous la peine de vous asseoir (*d'entrer*). 제발 앉으십시오 [들어 오십시오]. (정중한 표현).

donneur(**se**) [dɔnœːr, -ɸːz] *n.* ① 주는 사람, 수여자. Il n'est pas ~. 그는 구두쇠이다. ~ *de conseils* 충고하기 좋아하는 사람. ~ *de bonjours*(*de saluts, d'embrassades*) 아첨꾼, 추종자. ~ *de caution* 보증인. ~ *d'ordres* (주식매매의) 고객. ② 헌혈자 (~ *de sang*). (이식수술을 위한 장기의) 제공자. ~ *universel* O 형의 헌혈자. ③ (카드놀이에서) 패를 나누는 사람(~ *de cartes*). ④《속어》(경찰에의) 밀고자, 고자(경찰관이).

donques [dɔ̃ːk] *conj., ad.* 《옛》= donc.
don Quichotte [dɔ̃kiʃɔt] *n.pr.m.* 《에스파냐문학》돈키호테 (Cervantes 의 소설 주인공).
—*n.m.* (*pl.* ~(**s**) ~(**s**)) 실현불가능한 이상을 가진 과대망상가.
don(-)**quichottisme** [dɔ̃kiʃɔtism] *n.m.* 돈키호테적인 사고 [행동].
‡**dont** [dɔ̃] (모음과 무성 h 앞에서는 리에종하여 [dɔ̃t]로 발음한다) *pron.rel.* (전치사 de 를 포함한 관계대명사; de qui, duquel, de quoi, etc.) ① (명사의 보어) 그의, 그것의. garçon ~ le père est médecin 아버지가 의사인 소년. pays ~ le climat est agréable 기후가 쾌적한 나라. table ~ j'ai cassé le pied 내가 다리를 부러뜨린 테이블.
② (동사(구)의 간접목적보어) 그것 [사람]에 대해. homme ~ je parle 내가 말하는 사람. maison ~ je rêve 내가 꿈에 그리는 집. dictionnaire ~ il a besoin 그가 필요로 하는 사전. ce ~ je m'occupe 내가 하고 있는 일. ce ~ il s'agit 문제가 되는 것.
③(형용사의 보어) 그것(사람)에 대해서. nouvelle ~ il est content 그가 만족해 하는 소식. défaite ~ nous sommes responsables 우리가 책임져야 할 패배.
④ (상황보어) 그것에 의해서, 그것 때문에, 그것에 관하여 (수단・원인・동작주・모습・화제 따위를 나타냄). coup ~ il fut frappé 그가 당한 그 일격. maladie ~ il est mort 그가 (그것 때문에) 죽은 병. façon ~ elle est habillée 그 여자의 옷입는 맵시. homme ~ je sais qu'il est avocat 변호사라는 것을 내가 잘 알고 있는 그 남자.
⑤ (부분을 나타냄) 그 일부를; 그 속의, 그 속에서. gâteau ~ il a mangé 그가 얼마큼 먹은 케이크. plusieurs livres ~ trois sont reliés 그 속의 3권이 장정되어 있는 몇 권의 책들. Il y avait quelques invités, ~ votre frère. 몇 명의 손님들 중에 당신의 형도 끼어 있었다 (동사가 생략되어 있는 경우임).
⑥ (옛・문어) (가계・기원・장소) 거기에서. famille ~ il est issu 그가 태어난 가문. ancêtres ~ il descend 그의 선조들. chambre ~ il sort 그가 나온 방. le livre ~ cette citation est tirée 이 인용문을 따온 바로 그 원전.
REM (1) 선행사로서는 성・수, 사람・사물에 관계없이 명사와 대명사가 올 수 있다. (2) 전치사가 붙어 있는 명사의 보어로서 dont 을 사용할 수는 없다. 가령 「내가 그 작품에 관심을 가지고 있는 화가」라고 말할 때 peintre *dont* je m'intéresse 라 하지 않고는 하지 않는다. 이런 경우 peintre à l'œuvre *de qui* je m'intéresse 라고 말한다. 만일 선행사가 사물이라면 duquel, de laquelle... 등을 쓴다: maison sur le toit *de laquelle* la neige tombait 지붕 위에는 눈이 내리고 있던 집. (3) 위의 ⑥의 경우, 출처・기원을 표현할 때 오늘날에는 일반적으로 dont 대신에 *d'où* 를 쓴다. 다만 가계를 나타낼 때는 dont 을 사용하기 때문에 maison *dont* il sort 는 그의 출신가문, maison *d'où* il sort 는 그가 나온 집의 뜻이 된다. 그러나 심지어 가계의 경우에도 *d'où* 를 사용하는 일이 많다.

donzelle [dɔ̃zεl] *n.f.*《구어》변덕장이 [경박한] 여자 (아가씨), 젠 체하는 여자 (아가씨); 《옛》귀부인.
dopage [dɔpaːʒ] *n.m.* ① (말 따위에) 흥분제를 주기. ②《화학》활성화, 첨가제의 사용 (특히 반도체에의) 불순물 첨가.
dopant [dɔpɑ̃] *n.m.* 《약》일종의 흥분제.
dope [dɔp] 《영》*n.m.* (위발유・기름 따위의) 첨가제, 강화제.
doper [dɔpe] 《영》*v.t.* ① (말 또는 사람에게) 시합에 대비하기 위해) 흥분제를 주다. ~ *un cheval de course* 경주마에게 흥분제를 주다. ② (비유적) (활동 따위를) 자극하다, 활발하게 하다. ~ *le commerce* 상업을 진흥시키다. ③《화학》(소량의 불순물을 혼합하여 어떤 물질의 성능을) 강화하다. bombe-H *dopée* 강화수소폭탄.
—*se* ~ *v.pr.* 흥분제를 먹다. *se* ~ *avant une course* 경주 전에 흥분제를 먹다.
doping [dɔpiŋ] 《영》*n.m.* ① (말 따위에) 흥분제를 줌. ② 흥분제.
dorade [dɔrad] *n.f.* ①《어류》만새기. ~ *de la Chine* 금붕어. ②《천문》기어좌(旗魚座).
dorage [dɔraːʒ] *n.m.* ① 금도금, 금박(dorure). ② (과자에) 달걀 노른자를 입히기; (고기・생선을) 노르스름하게 익히기.
dorancher [dɔrɑ̃ʃe] *v.t.*《속어》금도금하다.
doré(**e**) [dɔre] *a.p.* ① 금박을 입힌, 금도금한,

boutons ~s 금빛 단추. lettres ~es 금박 문자. ② 금빛의; 반짝반짝하는. cheveux ~s 금발. fruit ~ 황금색 과일. «La Légende ~e»「성인전」(Jacques de Voragine 가 씀). ③〖요리〗달걀의 노른자를 입힌; 노르스름하게 익힌. pain ~ (달걀의 노른자를 입혀 구운)프렌치토스트(pain perdu). ④ (경멸)부자의, 풍족한. blousons ~s 돈많은 검은 잠바 족속(히피족 출현 전에 유행했던 검은 잠바족 les blousons noirs 가운데 특히 부잣집 아들들을 지칭함).
avoir la langue ~e 말을 잘하다, 설득력이 있다. *jeunesse ~e* 귀공자, 부잣집 도련님;〖프랑스사〗1794년 반(反)로베스피에르파에 가담한 부호의 자제, *mots ~s; paroles ~es* 감언. *rêve ~* 화려한 계획, 아주 매혹적인 공상.
—*n.m.* 금도금(dorure). cadre qui a perdu son ~ 금박이 벗겨진 (그림)틀.

dorelotier [dɔrlɔtje] *n.m.*〖옛〗=rubanier.
dorème [dɔrɛm] *n.m.*〖식물〗암모니아쿰(그 진은 암모니아 고무라 하여 약용).
dorénavant [dɔrenavɑ̃] *ad.* 이제부터, 앞으로(는)(désormais). Je serai ~ plus circonspect. 앞으로는 더 신중하게 행동하겠습니다.
*****dorer** [dɔre] *v.t.* ①금도금하다, 금[박]을 입히다. ~ un cadre 액자에 금박을 입히다. ~ à la tranche d'un livre 책의 단면에 금박을 입히다. ②금빛으로[노랗게] 물들이다; (햇빛 따위가)가무잡잡 태우다(bronzer, cuivrer). Le soleil lui *a doré* la peau. 햇빛이 그의 피부를 구리빛으로 태웠다. Le soleil *dore* l'horizon. 태양이 지평선을 황금빛으로 물들이고 있다. ③〖요리〗(과자에)달걀 노른자를 입히다; (고기를)노르스름하게 익히다. ④ ~ une pilule〖옛〗〖약〗(먹기 좋게 하기 위해)환약에 금박을 입히다.
~ *la pilule à qn*〖구어〗…에게 달콤한 말로 구슬리어 싫은 일을 떠맡기다.
—*v.i.* 노랗게 되다, 금빛이 되다. poulet qui commence à ~ au four 솥에서 노랗게 익기 시작한 닭고기.
—se ~ *v.pr.* 금도금되다; 노르자로 장식되다; 금빛으로 물들다, 금빛이 되다.
doreur(se) [dɔrœːr, -øːz] *n.* 금도금공, 금박을 입히는 사람. —*a.* 금도금하는.
dorien(ne) [dɔrjɛ̃, -ɛn] *a.* 도리아(Doride, 고대그리스의 지방)의. —D— *n.* 도리아 사람. —*n.m.* 도리아 사투리.
dorine [dɔrin] *n.f.*〖식물〗괭이눈.
dorique [dɔrik] *a.*〖건축〗도리아(식)의; 도리아 사투리의. —*n.m.* 도리아식(ordre ~).
doris [dɔris] *n.m.* 평저(平底) 어선.
dorlotement [dɔrlɔtmɑ̃] *n.m.* 애지중지함. ~ d'un bébé 애기를 애지중지 귀여워함.
dorloter [dɔrlɔte] *v.t.* 소중히 다루다; 귀여하다, 애지중지하다(choyer). ~ son enfant 아이를 귀여하다. Sa femme le *dorlote*. 그는 아내에게서 지나치게 사랑을 받고 있다.
—se ~ *v.pr.* 자애(自愛)하다, 안일하게 세월을 보내다. Veiller à ta santé, c'est bien, mais tu *te dorlotes*. 건강에 조심하는 것은 좋으나, 너는 지나치게 자기 몸에 신경을 쓴다.
dorlotine [dɔrlɔtin] *n.f.* 긴의자, 침대 의자.
dormailler [dɔrmaje] *v.i.*〖구어〗꾸벅꾸벅 졸다, 선잠을 자다.
dormant(e) [dɔrmɑ̃, -ɑ̃ːt] *a.* ①잔잔한, 움직이지 않는, (자본이 쓰이지 않고)놓고 있는. eau ~e 흐르지 않는(피어 있는)물. ②고정된, 움직이지 않는(fixe). châssis ~ 고

정된 창틀. pont ~ (성의)고정된 다리(↔ pont-levis). ligne ~e 물속에 고정시킨 낚싯줄. vitrage ~ 열리지 않는 유리문. ③〖드물게〗잠자는.
—*n.m.* (문·창 따위의)틀;〖해양〗(밧줄 끝의)고정부. —*n.* 잠자는 사람.
dormasser [dɔrmase] *v.i.*〖구어〗=**dormailler**.
dorme [dɔrm] *n.m.*〖속어〗잠, 수면.
dormeur(se) [dɔrmœːr, -øːz] *n.* ①잠자는 사람,〖구어〗잠꾸러기. ②〖동물〗식용 게(tourteau의 통칭). —*a.* 잠자는; 잠자기 좋아하는. poupée ~se 눕히면 눈을 감는 인형. —*n.f.* ①〖고어〗침대 마차. ②(보석 달린) 귀걸이.

dormeuse ①

dormichonner [dɔrmiʃɔne] *v.i.*〖구어〗꾸벅꾸벅 졸다.
dormille [dɔrmij] *n.f.*[*m.*]〖어류〗미꾸라지.
:**dormir** [dɔrmiːr] **[18]** *v.i.* ①자다, 잠들다;〖시〗영면(永眠)하다(reposer). Vous *avez* bien *dormi?* 잘 주무셨습니까? ~ d'un profond sommeil[d'un sommeil léger] 잠을 깊이 자다[설치다]. ~ à la belle étoile 노숙하다. ~ avec une femme 여자와 자다. ~ du dernier sommeil〖시〗영면하다.
② (비유적)정지상태에 있다, 움직이지 않다 (↔ remuer). capitaux qui *dorment* 유휴(遊休) 자본. ~ dans les dossiers (계획 따위가)서류함에 파묻혀 잊혀지고 있다.
~ *à poings fermés* (*comme un loir, comme une marmotte, comme une souche*) 깊이 잠들다.
~ *en chien* 몸을 꾸부리고 자다.
~ *sur les* (*ses*) *deux oreilles* 안심하고 푹 자다.
~ *sur son travail* 끈기있게 일을 질질 끌다.
histoire (*conte*) *à* ~ *debout* 허황무계한[황당무계한] 이야기.
laisser ~ *qc* …을 내버려 두다.
ne ~ *que d'un œil; ne* ~ *que sur une oreille;* ~ *les yeux ouverts;* ~ *en lièvre;* ~ *en gendarme* 경계하면서 쉬다; 걱정[경계]하다.
—*v.t.*〖구어〗(동족목적어 sommeil과 더불어)자다. ~ son dernier sommeil 죽다. ~ sa vie (비유적)인생을 잠이나 자며 보내다.
—*n.m.* 잠, 수면.
dormitif(ve) [dɔrmitif, -iːv] *a.* ①지루한, 따분한. discours ~ 지루하기 짝이 없는 연설. ②〖옛〗수면을 촉진하는(soporifique). —*n.m.* 수면제.
dormition [dɔrmisjɔ̃] *n.f.*〖카톨릭〗성모의 죽음.
doroir [dɔrwaːr] *n.m.* (과자에 달걀 노른자를 바르는)솔.
doronic [dɔrɔnik] *n.m.*〖식물〗도로니쿰(아르니카 비슷한 국화과 식물).
dorsal(ale, *pl.* **aux)** [dɔrsal, -o] *a.* ①등의, 등에 지는. nageoire ~ale 등지느러미. épine ~ale 척추. vertèbres ~ales 척추. muscles ~aux 배근(背筋). ②〖음성〗설배(舌背)의. —*n.m.*〖의학〗배근(背筋). —*n.f.* ①〖음성〗설배음(舌背音). ②등지느러미. ③(산맥의)능선.
dorsalgie [dɔrsalʒi] *n.f.*〖의학〗배통(背痛).
dorsay [dɔrsɛ] *n.m.* ①〖옛〗(남자용의)긴 외투. ②4륜 마차의 일종.
dorso- *préf.*〖동〗의 뜻.
dorso-alvéolaire [dɔrsoalveɔlɛːr] (*pl.* ~~*s*) *n.f.*〖음성〗설배치경음(舌背齒莖音).
dorso-vélaire [dɔrsovelɛːr] (*pl.* ~~*s*) 〖음성〗*a.* 설배연구개(軟口蓋)의. —*n.f.* 설배연구개음.
dortoir [dɔrtwaːr] *n.m.* ①(기숙사 따위의)공동 침

dorure [dɔry:r] *n.f.* ① 도금(술); 금박, 금칠, 금가루, 입힌 금; 황금빛; 금도금한 것. ~ d'un cadre de tableau 액자의 금박. uniforme couvert de ~s 황금색 군복(제복). ~ à l'or moulu 금가루를 입히기. ~ à chaud 《제본》금박 무늬 박기. ~ à froid 금박을 입히지 않은 무늬 박기. ②(손·머리의)(과자에 바른)달걀 노른자. ③(비유적)금빛찬란함, 겉치레만의 화려함. Méfiez-vous, ce n'est que de la ~. 조심하십시오, 그것은 단지 겉치레에 불과합니다.

doryphora [dɔrifɔra], **doryphore** [dɔrifɔ:r] *n.m.* 《곤충》감자잎벌레.

:dos [do] *n.m.* ①(사람·동물의)등. avoir le ~ droit[voûté] 등이 꼿꼿하다(굽어졌다). mettre le sac au ~ 배낭을 등에 메다. mettre les mains au ~ 뒷짐을 지다. porter un fardeau sur le ~ 짐을 등에 지다. monter sur le ~ d'un cheval 말의 등에 올라타다. ②(옷의)등. manteau à ~ ample 등이 넓어 편안한 망토. ~ d'un vêtement 옷의 등. ③(손·발 따위의)등. ~ et paume de la main 손등과 손바닥. ~ et plante du pied 발등과 발바닥. ~ du nez 콧등. ④(사물의)등. ~ de la chaise 의자의 등. ~ d'un couteau 칼등. ~ d'un livre 책의 등. ~ d'une colline 언덕의 반사면. ⑤(의류의)뒷면, 뒷장. voir au ~ 뒷면을 보라. signer au ~ d'un chèque 수표의 뒤에 서명하다. ⑥《스포츠》배영(nage sur le ~). le 100 mètres ~ 100 미터 배영. ⑦(은어)(매춘부의)포주(maquereau).
à ~ 배후에. avoir l'ennemi *à* ~ 배후에 적을 가지고 있다.
à ~ *de* …의 등을 타고. voyager *à* ~ *de* mulet 노새를 타고 여행하다.
aller sur le ~ 《속어》매춘행위를 하다.
avoir bon ~ ⓐ(조소 따위를)태연히 감수하다, 죄[책임]를 뒤집어쓰다. ⓑ좋은 구실이 되다. Sa migraine *a bon* ~. 그는 늘 머리가 아프다는 핑계를 댄다.
avoir le ~ *tourné* 뒤를 향하고 있다; 잠시 눈을 떼다, 자리를 비우다.
avoir les pieds dans le ~ 《속어》경찰에 쫓기다.
avoir… sur son ~ …에 항상 시달림을 받다(감당하다).
avoir tout sur son ~ 《구어》돈을 모두 몸치장에 탕진하다.
courber[*ployer*] *le* ~ ⓐ등을 구부리다, 빌다. ⓑ양보하다, 체념하다.
dans le ~ 등(뒤)에. porter ses cheveux *dans le* ~ 머리를 등뒤로 길게 내려뜨리다. passer la main *dans le* ~ *de qn* …에게 아첨하다. agir *dans le* ~ *de qn* …을 뒤에서 몰래 행동(획책)하다.
de ~ 배후에서. se voir *de* ~ (거울로)자기의 뒷모습을 보다. regarder *qn de* ~ …을 뒤에서 보다.
derrière le ~ 배후에. cacher *qc derrière son* ~ …을 뒤에 숨기다. faire *qc derrière le* ~ *de qn* …의 뒤에서[…에게 비밀로] …하다.
~ *à* ~ [dozado] 등을 맞대고. placer deux personnes ~ *à* ~ 두 사람을 등을 맞대게 하다. ⓑ쌍방 모두. renvoyer les deux parties ~ *à* ~ 쌍방 어느 한쪽도 지지하지 않다, 양쪽을 무승부로 하다.
~ *vert*(*d'azur*) 《속어》창녀집의 주인.
en avoir plein le ~ 《속어》진저리나다, 지긋지긋하다.
en ~ *d'âne* 아치형의. pont *en* ~ *d'âne* 아치형의 다리.
être sur le ~ 《구어》자리에 누워 있다, 병환중이다. ⓑ(속어)매춘행위를 하다.
être toujours sur[*derrière*] *le* ~ *de qn* …에게서 눈을 떼지 않다, …을 항상 감시하다.
faire froid dans le ~ 등이 오싹하게 하다, 무서운 이야기를 하다.
faire le gros ~ ⓐ(고양이가)등을 둥글게 하다. ⓑ(사람)거만하게 굴다.
faire un enfant dans le ~ 남몰래 자식을 만들다.
l'avoir dans le ~ 《구어》기대가 어긋나다, 실망을 느끼다, 실패하다.
mettre qc sur le ~ *de qn* …에게 …의 책임을 전가시키다, …을 …의 탓으로 돌리다.
prendre qc sur son ~ …의 책임을 자기가 짊어지다.
se coucher(*s'allonger*) *sur le* ~ 번듯이 등을 대고 눕다, 벌렁 눕다.
tomber sur le ~ 거꾸로 넘어지다.
tomber sur le ~ *de qn* ⓐ …에게 덤벼들다. ⓑ …의 앞에 뜻하지 않게 나타나다. ⓒ(사전·책임 따위가)…에게 닥치다.
tourner[*montrer*] *le* ~ *à* ⓐ …에 등을 돌리다, 모르는 체하다. ⓑ도망치다. *tourner le* ~ *aux ennemis* 적 앞에서 도망치다. ⓒ …와 반대 방향으로 가다. ⓓ …와 교제를 끊다.

dosable [dozabl] *a.* 《화학》(약 따위의)분량을 정할 수 있는.

dos-à-dos [dozado] *n.m.* ①등을 맞댄 2중으로 된 긴 의자. ②두 개의 양면 좌석의 마차.

dosage [doza:ʒ] *n.m.* 《화학》용량결정; 조제. faire un ~ (약을)조제하다, 분량을 결정하다. ②할당, 분배, 배합. ~, dans l'art, du réel et de l'imaginé 예술에 있어서의 현실적인 것과 공상적인 것의 배합. ③(샴페인에)단맛을 집어넣기.

dos d'âne, dos-d'âne [dodan] *n.m.* (복수불변) *en* ~ 가운데가 높이 솟아 있는, 중앙부가 높은. route *en* ~ 중앙부분이 불룩한 도로. colline *en* ~ 중앙부가 높게 솟은 언덕.

dose [do:z] *n.f.* ①(약의)복용량. «Ne pas dépasser la ~ prescrite» 처방된 분량 이상을 복용마시오. ~ mortelle d'un poison 독약의 치사량. à haute [faible] ~ 다량(소량)으로. ②함유량; 분량. boire sa ~ de vin 항상 마시는 양의[적량의] 포도주를 마시다. avoir une bonne ~ de sottise 지극히 바보이다. ③(X선의)조사량(照射量).
en avoir une ~ 《속어》지극히 바보이다(약하다).
forcer la ~ 분량을 늘리다; 과장하다. *Quelle* ~! 정말 얼간이다.

doser [doze] *v.t.* ①(약의)복용량을 정하다, 조제하다. ~ un médicament 약을 조제하다. ②(각 요소의)분량을 정하다, 배합하다. ~ les alcools d'un cocktail 칵테일의 알코올함량을 정하다. ~ le blâme et la louange 비난과 찬사를 적당히 배합하다.

doseur(se) [dozœ:r, -ø:z] *a.* 계량의, 액량의. verre ~ 미터글라스. — *n.* ①《화학》액량계. ②《기계》급수(給水) 조정기. ③(샴페인에)감미(甘味)를 배합하는 사람.

dosimétrie [dozimetri] *n.f.* ①투약량학(投藥量學). ②극약에 의한 치료법. ③《원자물리》방사선 측정량.

dosologie [dozɔlɔʒi] *n.f.* 용량학, 배제학(配劑學).

dossard [dosa:r] *n.m.* 《스포츠》(경기자의 등에 붙인)번호.

dosse [do:s] *n.f.* ①원목의 맨 밖의 널, 배판(背板). ②(참호의)벽판.

dosseret [dɔsrɛ] *n.m.* 《건축》문설주.

dossier [dosje] (<dos> *n.m.* ①(의자 따위의)등, 등을 기대는 것; (마차의)뒷자리, (보트의)뒷전. ~ d'un canapé 소파의 등받이. ②한 다발의 서류,

(소송)기록; (관리·죄인의)경력, 조서. avoir un ~ lourdement chargé 전과가 있다. établir[constituer] un ~ 서류를 작성하다. ~ d'un fonctionnaire 어떤 공무원에 관한 신상 서류. ouvrir [fermer] un ~ 어떤 사건에 착수하다[을 완결짓다]. ③ (마차의)차체 후부.

dossière [dosjɛːr] *n.f.* ① 〖마구〗봇줄(→harnais 그림). ② 갑옷의 등, 배갑(背甲).

dossier-lit [dosjeli] (*pl.* ~s-~s) *n.m.* 몸을 기대는 침대.

dos vert, dosvert [dovɛːr] *n.m.* 〖속어〗(매춘부의) 포주.

dot [dɔt] *n.f.* ① 지참금. coureur de ~s 부잣집 색시를 구하는 사람. épouser une ~ 〖구어〗지참금을 목표로 결혼하다. ~ de la femme 〖법〗 아내의 지참 재산. belle[grosse] ~ 상당한[막대한] 지참금. ② (수녀원에 들어갈 때의)지참금.

dotal(ale, *pl.* **aux)** [dɔtal, -o] *a.* 지참금의. apport ~ 지참금. régime ~ 〖법〗 부부 재산제. biens ~aux 지참 재산.

dotalité [dɔtalite] *n.f.* 〖법〗 지참금 관리.

dotation [dɔtasjɔ̃] *n.f.* ① (병원·교회의)보조금 지급; 기부재산. ② 왕실비; (대통령·장관·국회의원의)영봉 세비. ~ du président de la République française 프랑스 공화국 대통령의 연봉. ③ 장비품, 비품. ④ 〖행정〗 예산할당비. ⑤ 〖옛〗 (하늘에서)받은 것, 주어진 것.

doter [dɔte] *v.t.* ① (결혼하거나 수녀원에 들어가는 딸에게)지참금을 주다. ~ richement sa fille 딸에게 다액의 지참금을 주다. ② (교회·병원·학교 따위에)보조금을 주다. ~ un hôpital 병원에 보조금을 주다. ③ (에게)은혜를 베풀다(favoriser, gratifier); 세비를 주다. ④ [~ de] (을)(에)주다, (에)장비하다(munir, équiper). ~ une usine d'un matériel neuf 공장에 새 기재를 설비하다. armée *dotée d'*un équipement moderne 최신식 장비를 갖춘 부대. La nature *a doté* cette région *de* ressources très riches. 자연은 이 지방에 풍부한 자원을 주었다.

douaire [dwɛːr] *n.m.* 〖옛〗 〖법〗 과부 재산.

douairier(ère) [dwɛ(e)rje, -ɛːr] *a.* 〖법〗 과부 재산을 상속한. ② 과부 재산을 상속한 아이. —*n.f.* ① (경멸)지체높은 집안의 늙은 여자, 신분이 높은 미망인. ② 과부 재산을 받은 과부.

douaisien(ne) [dwɛzjɛ̃, -ɛn] *a.* 두에(Douai, 프랑스의 도시)의. —**D~** *n.* 두에 사람.

*****douane** [dwan] *n.f.* ① 〖행정〗 세관(稅關) 〖행정적으로는 *pl.*, 일반적으로는 *sing.*를 씀〗. service des ~s 세관 업무. déclaration de la ~ 세관 신고. carnet de passage en ~ (자동차의)통관증서. frauder la ~ 세관을 속이다. ② 세관 사무소; 세관 관리. ~ d'un aéroport 공항 세관. passer à la ~ 통관하다. ③ 관세(droit de ~). payer la ~ 관세를 지불하다. ④ marchandise exemptée de ~ 면세상품. barrières de la ~ 관세장벽.

douanier(ère) [dwanje, -ɛːr] *a.* 세관의, 관세의. taxe ~*ère* 관세. tarif ~ 관세율. barrières ~*ères* 관세장벽. union ~*ère* 관세동맹. —*n.m.* 세관 관리.

douar [dwaːr] *n.m.* ① (아라비아의)천막촌; 〖구어〗 야영지. ② 아라비아 종족.

douarneniste [dwarnenist], **douarnezien(ne)** [dwarnəzjɛ̃, -ɛn] *a.* 두아르느네(*Douarnenez*, 프랑스의 도시)의. —**D~** *n.* 두아르느네 사람. 〖兵〗

doubat [duba] *n.m.* (동아프리카의)토민병(土民兵).

doublage [dublaːʒ] *n.m.* ① 두 겹(으로) 하기, 둘로 접기, 중복. ② 〖직물〗 합사(合絲). ③ (의복)안 대기, 안; (배의)피복판(被覆板). ~ d'un vêtement 의복의 안 대기. ④ 〖연극〗 (배우의)대역; 〖영화〗 번역 대사의 녹음. ~ d'un film français en coréen 프랑스 영화의 한국어판 녹음. ⑤ 〖자동차〗 추월.

doublard [dublaːr] *n.m.* ① 〖군대속어〗 상사. ② 〖속어〗 (본처의 곁에서 데리고 사는)첩.

*****double** [dubl] *a.* ① 두 배의, 이중의. ~ fenêtre 이중창. bière ~ 강한 맥주. ~ menton 이중턱. ~ croche 〖음악〗 16분 음표. étoffe ~ face 〖직물〗 안팎이 없는 피륙. mot à ~ sens 이중의 뜻이 담긴 단어. ~ faute 〖테니스〗 더블폴트. étoile ~ 〖천문〗 이중성(星). partie ~ 〖회계〗 복식부기. ~ articulation 〖언어〗 이중 분절. ② 〖비유적〗표리가 있는. agent ~ 이중 스파이. jouer un ~ jeu 양다리를 걸치다. personne ~ 〖옛〗 이중의 인격자. 〖醫〗 méthode ~(-)aveugle[en ~ aveugle] 〖의학·약〗 이중 맹검법(盲檢法) (méthode à ~ insu, méthode à ~ anonymat 라고도 한다).

~ **vue** 투시력, 천리안(seconde ~).

—*ad.* 두 배로, 이중으로. payer ~ 두 배로 지불하다. voir ~ 사물이 이중으로 보이다 《취하거나 안경이 맞지 않을 때》.

—*n.m.* ① 두 배. Huit est le ~ de quatre. 8은 4의 두 배이다. augmenter du ~ 두 배로 늘어나다. ② 복제, 복사, 중복품; 사본, 부본. ~ d'un objet d'art 미술품의 복제. ~*s* de timbres (수집품 중의)중복된 우표. ~ d'un acte (증서의)부본. ~ d'une personne 〖비유적〗 어떤 사람과 꼭 닮은 사람, 어떤 사람의 분신. ③ 〖테니스〗 복식. ~ messieurs (dames, mixte) 남자(여자·혼합) 복식.

au ~ 두 배로. payer *au* ~ 두 배를 지불하다.

en ~ 이중으로. feuille pliée *en* ~ 둘로 접은 종이. avoir un timbre *en* ~ 같은 우표를 두 장 가지고 있다. mener[mettre] *qn en* ~ …을 속이다.

—*n.f.* 〖해양〗 (상으로 또는 축제날에)두 배분의 포도주 지급.

doublé(e) [duble] *a.p.* ① 두 배로 된, 이중으로 된. effectif ~ 배로 늘어난 인원. lettre ~*e* (오식된)중복문자. ② (옷 따위에)안을 댄. veste ~*e* de mouton 양피로 안을 댄 상의. ③ [~ de] (을)겸한. savant ~ d'un poète 학자겸 시인. ④ 〖영화〗 (이중어로)녹음 처리한. film français ~ 이중으로 녹음한 프랑스 영화.

—*n.m.* 도금 제품. bracelet en ~ or 금도금한 팔찌. ~ argent 은도금 제품. ② faire un ~ 〖사냥〗 이연발로 두 마리를 잡다. ③ 〖권투〗 더블펀치. ④ 특히 스포츠에서 두 종목석패.

double-as [dublaːs] (*pl.* ~s-~s) *n.m.* (도미노 따위의)1땡.

doubleau [dublo] (*pl.* ~x) *n.m.* ① 〖건축〗 대들보. ② = arc-doubleau.

double-corde [dublakɔrd] (*pl.* ~s-~s) *n.f.* 〖음악〗 (현악기의)2개의 현을 동시에 누르기.

double-crème [dublakrɛm] *n.m.* 《복수불변》 치즈의 일종 《물기를 뺀 다음 크림을 가한》.

double-face [dublafas] (*pl.* ~s-~s) *n.f.* 안팎이 없는 피륙.

double-fond [dublafɔ̃] (*pl.* ~s-~s) *n.m.* 〖선박〗 이중 밑바닥.

doublement[1] [dubləmɑ̃] *ad.* 이중으로, 두 배로. Je vous suis ~ obligé. 나는 당신에게 두 가지 의미로 감사드리고 있다.

doublement[2] *n.m.* ① 이중으로 함; 두 배로 함; 두 겹으로 함; (문자를)중복함. ~ des recettes 수입고의 배가. ② 〖군사〗 (2열에서)4열로 만듦; 〖광학〗 (사진·그림에)겹치기. ③ (자동차의)추월. ④ ~ des consonnes 〖언어〗 자음자의 중복.

double-mètre [dubləmɛtr] (pl. ~s-~s) n.m. 《속어》 키다리.

double-pesée [dubləpze] (pl. ~s-~s) n.f. 이중칭량(二重秤量).

double-phaéton [dubləfaetɔ̃] (pl. ~s-~s) n.m. (마주 보는 보조 의자가 달린)지붕 없는 이중마차.

doubler [duble] v.t. ① 두 배로 하다, 이중으로 하다. En deux ans, il *a doublé* sa fortune. 2년 동안에 그는 재산을 배로 늘렸다. ~ le pas 발걸음을 빨리하다. ~ le sillage 《해양》 속력을 증가하다. ~ une partie 《음악》 이중창(이중주)으로 노래[연주]하다. ~ des fils 《직물》 합사하다. ~ les rangs 《군사》(대열을)2열로 하다. ~ les cordages 밧줄을 두껍게 하다. ~ une classe 《교육》 유급(낙제)하다. ~ 겹치다, 겹쳐놓다. ~ une feuille de papier 종이를 둘로 접다. ~ une consonne 자음을 겹쳐 쓰다(발음하다). ③ 《의복》 안을 대다; 금속류으로 씌우다; 《해양》 (선체 따위를)피복하다. ~ de soie (de fourrure) 비단(모피)으로 안감을 대다. ④ 돌아오다; 추월하다(dépasser). ~ le cap (배가)갑을 돌아서 돌아 항해하다. «Défense de ~ » "추월금지." voiture qui en *double* une autre 다른 차를 추월하는 차. ~ en troisième position 이중 추월하다. ⑤ 《연극》 대역(代役)을 하다. ⑥ 《영화》 (대사를)바꾸어 녹음하다. ~ en français un film étranger 외국 영화의 대사를 불어로 녹음하다. ⑦ 《사냥》 ~ ses voies (짐승이 사냥개를 따돌리려고)되돌아가다. ⑧ 《당구》 ~ la bande 공(空) 쿠션을 치다. ⑨ 《구어》선수치다, 이익을 가로채다. ~ un concurrent 경쟁자를 따돌리다.
— v.i. 두 배로 되다. Cette année, nos impôts *ont doublé* par rapport à l'an dernier. 올해는 세금이 작년에 비해 갑절이 되었다. ~ de valeur 값이 두 배가 되다.
—**se** ~ v.pr. [se ~ de *qc*] (와)하다. Ce compliment se *double* d'une moquerie. 이 찬사의 말 속에는 조롱이 섞여 있다.

double-scull(s) [dubləskœl] (pl. ~s-~(s)) 《구어》 2인승의 작은 배.

double-six [dubləsis] (pl. ~s-~) n.m. (도미노 따위의)6뼘.

doublet [duble] n.m. ① 유사 보석, 모조 보석 (수정 밑에 색유리 따위를 맞붙인 것). ②이중 렌즈. ③《언어》같은 어원의 말;《의학》 겹치기 말:hôpital과 hôtel. ④《물리》이중항, 이중선;《전기》 쌍극자(dipôle). ⑤《놀이》땡 (던져서 같은 끗수가 나온 2개의 주사위).

double-triple [dubltripl] (pl. ~s-~s) n.m. 《음악》2분의 3박자.

doublette [dublet] n.f. 《음악》 (파이프 오르간의) 고음 스톱.

doubleur(se) [dublœ:r, -ø:z] n. ① 《직조》 (양모·견사 따위의)꼬는 사람. ② 유급생, 낙제생.
—n.m. ~ de fréquence 《전기》주파수 이배기 (二倍器). —n.f. 《기계》 합사기.

doublier [dubli(j)e] n.m. ①이중으로 된 꼴 시렁. ②《옛》큰 식탁보.

doublon[1] [dublɔ̃] n.m. ①《인쇄》같은 문자(낱말·행)의 중복. ②《사투리》(말·소·양 따위의)두 살박이. ③《금속》둘로 꺾은 금속판.

doublon[2] [dublɔ̃] n.m. 《역사》에스파냐의 옛 금화.

doublonnage [dublɔna:ʒ] n.m. 반복, 되풀이.

doublonner [dublɔne] v.i. [~ avec] (와)중복되다, 겹치다. —v.t. (을)중복되다, 겹치치다.

doublure [dubly:r] n.f. ①(옷의)안, 안감. mettre une ~ 안감을 대다. Les ~s se touchent.《구어》호주머니가 텅 비었다. ②《연극》대역;《영화》스턴트 맨. ③ 꼭 닮은 사람. ④(금속의)금, 흠.

Doubs [du] n.pr.m. 《지리》 두 강(江).

douçain [dusɛ̃] n.m. = **doucin**.

douçâtre [dusɑ:tr] a. = **douceâtre**.

douce [dus] a.f., n.f. ⇨**doux**.

douce-amère [dusamɛ:r] (pl. ~s-~s (발음불변)) n.f. 《식물》산파리.

douceâtre [dusɑ:tr] a. ①들척지근한, 감칠 맛이 없는, 싱거운. goût ~싱거운 맛. vin ~싱거운 포도주. ②패기 없는, 연약한, 나약한. air ~ 나약한 태도.

***doucement** [dusmɑ̃] ad. ①부드럽게, 상냥하게, 조용히; 기분좋게, 즐겁게. Allez-y ~. 순하게[살살] 다루시오. Parlez ~, les enfants dorment. 좀 조용히 말하시오, 애들이 자요. passer le temps ~ avec ses amis 친구들과 유쾌하게 시간을 보내다. ②천천히, 서서히. La route descend ~. 길이 경사가 완만하다. La température baisse ~. 기온이 조금씩 조금씩 내려간다. ③이럭저럭. aller[se porter] tout [bien, très] ~ (환자가)이럭저럭 버티어 나가다. ④《간투사적》 D~! 조용히, 조심해라.
***D~ les basses!** 《구어》더 마음을 가라앉혀라.
***Qui va ~ va loin.** 《속담》느려도 착실하면 이긴다, 늦어도 황소 걸음; 서두르면 실패한다.
***Tout ~.** (인사로)여전합니다, 그럭저럭.

doucereusement [dusrøzmɑ̃] ad. 《드물게》달콤하게; 사뭇 부드럽게 [다정스럽게]; 교활하게.

doucereux(se) [dusrø, -ø:z] a. ①달착지근한, 감칠 맛이 없는, 싱거운. liqueur ~ 달착지근한 리큐르. ②《경멸》상냥한 체하는, 사뭇 부드럽게 [다정스러운] 듯한. voix ~se 억지로 꾸민 부드러운 목소리. C'est un homme ~, qui me déplaît franchement. 그는 짐짓 다정한 체 꾸미는 남자야, 솔직히 내 맘에 들지 않아. —n. faire le ~ (la ~se) 짐짓 상냥한 체하다.

doucet(te) [dusɛ, -ɛt] a. 온순한, 온화한. —n. 온순 (온화)한 사람. —n.m. ①《어류》동갈양태의 일종. ②《식물》단 종류의 포도〔사리〕.
—n.f. ①《식물》마타리과(科)의 일종《샐러드용》. ②시렵, 당밀; 소다수. ③얕은 명주.

doucettement [dusɛtmɑ̃] ad. 《구어》매우 천천히, 살그머니.

***douceur** [dusœ:r] n.f. ①단맛, 감미; (pl.)단것, 과자. ~ d'un fruit (du miel) 과일(꿀)의 단맛. acheter des ~s à un enfant 아이에게 과자를 사주다. ②감미로움; 부드러움; 상냥함, 다정스러움; 포근함. ~ d'une musique (de la voix) 음악(목소리)의 감미로움. ~ de velours (de la peau) 비로드(피부)의 부드러움. ③(움직임의)원활함. ~ d'un démarrage (자동차 따위의)스타트의 매끄러움. ④즐거움, 낙(plaisir calme); (pl.)《옛》감언(甘言); 이익, 보수. ~ de vivre en paix 조용히 사는 즐거움(낙). ~ de l'oisiveté 무위도식의 낙. ~ de pardonner 용서하는 즐거움. ~s de l'amitié 우정의 기쁨. La solitude a ses ~s. 고독은 그것대로의 즐거움이 있다. dire (conter) des ~s à une femme 여자에게 감언(이설)을 늘어놓는다. ⑤(성격·태도 따위의) 친절, 온순, 온화, 유순함. ~ angélique 천사같이 유순한. traiter *qn* avec ~ …을 부드럽게 대하다.
en ~ 조용히, 조심스럽게, 살그머니. filer (partir) *en* ~ (모임에서)슬그머니(소리없이) 빠져나가다. se poser *en* ~ (우주선이)연착륙(軟着陸)하다. prendre les choses *en* ~ 일을 조심스럽게 받아들이다.
***par la ~** 부드럽게, 상냥하게. prendre *qn* par la ~ 부드러운 태도로 …을 부리다.
***Plus fait ~ que violence.** 《속담》부드러운 것이 억

doute

센 것을 누른다. 유(柔)가 강(剛)을 이긴다.
***douche** [duʃ] *n.f.* ① 샤워; 샤워 시설(실). prendre une ~; être (passer) sous la ~ 샤워하다(se doucher). cabinet de toilette avec ~ 샤워 시설이 있는 화장실. avoir besoin d'une ~ 《비유적》머리를 식힐 필요가 있다. ② 소나기(averse). recevoir une ~, une bonne ~ 소나기 젖다. ③ 질책, 꾸지람; 실망, 환멸. recevoir une bonne ~ 호되게 야단맞다.
~ **écossaise** 온수와 냉수를 사용하는 샤워; 불행과 행복의 교차. *jeter une ~ froide sur l'enthousiasme de qn* …의 열광(흥분)에 찬물을 끼얹다.
doucher [duʃe] *v.t.* 샤워를 시키다; 흠뻑 젖게 하다; 《비유적》찬물을 끼얹다, 실망시키다; 호되게 꾸짖다. Cet accueil *l'a douché.* 이러한 대접은 그의 들뜬 마음에 찬물을 끼얹었다.
—**se ~** *v.pr.* 샤워를 하다.
doucheur(se) [duʃœːr, -ɸːz] *n.* (온천욕장의)샤워 관리인.
doucin [dusɛ̃] *n.m.* ① 《접목의 대목으로 쓰는 야생의》사과나무. ② 《사투리》 《동물》성게(oursin, doussin). ③ 《농업》연토(軟土).
doucine [dusin] *n.f.* 《건축》(S자 모양의)반곡선 쇠시리; 반곡선 쇠시리를 깎는 대패.
doucir [dusiːr] *v.t.* 《기술》(유리·금속·돌 따위를)닦다, 갈다.
doucissage [dusisaːʒ] *n.m.* 《기술》(유리·금속·돌 따위의)닦기, 갈기, 연마.
doudou [dudu] *n.f.* 《구어》서인도제도(*les Antilles*)의 여자.
doudounes [dudun] *n.f.pl.* ① 솜털을 넣어 만든 웃옷. ②《속어》(통통하고 매력적인)유방; 엉덩이.
doué(e) [dwe] *a.p.* ①[~ de]《을》부여받은, 타고난. ~ *d'une grande patience* 대단한 인내심을 지닌. ②[~ pour/en] (에) 재능이 있는. élève bien ~ *pour* les mathématiques 수학에 아주 재능이 있는 학생. race bien ~*e en* musique 음악에 재능이 있는 인종. ③《보어 없이》재능이 풍부한. enfant très ~ 재능이 풍부한 아이. Il est ~. 그는 재능을 타고났다.
douelle [dwɛl] *n.f.* ① 작은 통널. ②《건축》(홍예벽 따위의)하부, 밑면.
douer [dwe] *v.t.* ①《천부의 재능 따위를》주다, 가지고 태어나게 하다. La nature *l'a doué* d'une excellente mémoire. 그는 뛰어난 기억력을 타고났다. ②《옛》《에게》지참금(과부자산)을 주다; 부여하다. ~ *qn de qc* …에게 ~을 주다.
douglas [duglas] *n.m.* (북미 서북 지역의)소나무의 일종(sapin de *D~*, pin d'Orégon).
douil [duj] *n.m.* 《프랑스 남서부 지방에서 포도 수확 때 쓰는》 700－800 리터 용량의)통.
douille¹ [duj] *n.f.* ① (도구를 꽂는)동, 구멍. ②《전기》소켓. ③ 화약통; 탄피. ④ (*pl.*)《속어》머리카락.
douille² *n.f.* 《은어》돈(argent).
douiller [duje] *v.t.* 《은어》(돈을)주다, 지불하다.
douillet(te¹) [dujɛ, -ɛt] *a.* ① 부드러운, 폭신한(doux, mollet). lit ~ 폭신한 침대. ②《아픔 따위에》민감한(délicat, sensible). enfant trop ~ 대수롭지 않은 것에도 아파하는 아이.
— *n.* (아픔 따위에) 과민한 사람. faire le ~ (la ~*te*) 과민한 척하다.
douillette² *n.f.* ①(성직자의)솜외투; 솜옷. ② 폭신한 팔걸이 의자.
douillettement [dujɛtmɑ̃] *ad.* 폭신폭신하게, 부드럽게; 편안하게.
douilletter [duj(ə)te] *v.t.* 지나치게 애지중지하

다, 너무 소중히 하다.
—**se ~** *v.pr.* 지나치게 몸을 아끼다.
douilletterie [dujɛtri] *n.f.* (아픔 따위에)과민함, 지나치게 몸을 아낌.
***douleur** [dulœːr] *n.f.* ① 고통, 아픔(souffrance); (*pl.*) 진통, 류머티스, 신경통. ~ cutanée 피부의 통증. ~ fulgurante 쿡쿡 쑤시는 아픔. ~ sourde 둔통(鈍痛). être dans les ~*s* (de l'accouchement) (해산의)진통을 겪고 있다. ~ rhumatismales 류머티스성 통증. *Prenez ce médicament et la* ~ *va passer.* 이 약을 드세요, 통증이 가라앉을 것입니다. ② 괴로움, 고민, 고뇌, 비통(chagrin, désolation); 고난, 시련(épreuve). Il a eu la ~ *de perdre sa mère.* 그는 어머니를 잃은 슬픔을 겪었다. Les grandes ~*s* sont muettes. 큰 고통은 말로는 표현할 수 없다.
douloir (se) [s(ə)dulwaːr] *v.pr.* 《옛》《부정법으로만 쓰임》아프다, 고민하다, 고민하다.
douloureusement [dulurɸzmɑ̃] *ad.* 아픈 듯이, 고통스럽게; 비통하게.
douloureux(se) [dulurɸ, -ɸːz] *a.* ① 아픈, 고통스러운. plaie ~*se* 아픈 상처. règles ~*ses* (여성의)생리통. ② 괴로운(pénible), 비통한, 슬픈(affligeant). séparation ~*se* 고통스러운 이별. ~ devoir 괴로운 의무. la Voie ~*se* 고난의 길《골고다 언덕에 이르는 길》. —*n.f.* 《속어》계산서.
doum [dum] *n.m.* 《식물》(이집트·아라비아의)종려나무.
douma [duma] 《러시아》 *n.f.* 《역사》(제정 러시아의)제국의회.
dourine [durin] *n.f.* (말의)교역(交疫).
douro [duro] *n.m.* 두로《에스파냐의 옛 은화》.
‡**doute** [dut] *n.m.* ① 의심, 의혹, 의문. avoir un ~ [des ~*s*] sur [au sujet de, à l'endroit de] *qn* [*qc*] …에 관하여 의혹(의심)을 품다. être en (dans le) ~ 의심하고 있다. Après plusieurs jours de ~, il opté pour cette solution. 며칠동안의 주저한 끝에 그는 이렇게 해결하기로 했다. Le ~ n'est plus permis. 이제는 의문의 여지가 없다. lever (éclaircir, dissiper) un ~ 의혹을 씻어버리다.
② 회의, 회의심. maladie (folie)du ~ 병적 회의, 회의병. ~ métaphysique (sceptique) 형이상학적 회의. ~ méthodique (philosophique) (데카르트식의)방법적 회의. ~ religieux 종교적 회의.
Cela ne fait aucun (*Il n'y a pas de*) ~. 그것은 의심의 여지가 없다.
Cela ne fait (*aucun*) *doute pour personne.* 누구에게나 명백하다.
Dans le ~, *abstiens-toi.*《격언》의심스러울 때는 가만히 있어라.
hors de ~ 의심할 여지가 없는.
laisser qn dans le ~ …이 의심하는 대로 내버려 두다.
Le ~ *est le commencement de la sagesse.* 《속담》의심은 지혜의 시초이다.
mettre en ~ *que* (*ne*) + *sub.* …인지 어떤지를 의심하다.
mettre 〖문어〗 *révoquer) qc en* ~ …을 의심하다.
Nul (*Aucun, Point de*) ~ *que* (*ne*) + *sub.* [*ind., cond.*]; *Il n'y a pas* [*point*] *de* 〖옛〗(*Il est*) *sans*〗 ~ *que* (*ne*) + *sub.* [*ind., cond.*] …하는 것은 의심의 여지가 없다; …임에 틀림없다.
sans aucun ~; *sans nul* ~ 확실히, 틀림없이.
sans ~ 아마(probablement); 《옛》확실히, 틀림없이. *Elle reviendra sans* ~ *ce soir;* 《옛》확실히, 틀림없이. *Elle reviendra (reviendra-t-elle) ce soir; Sans* ~ *qu'elle reviendra ce soir.* 그 여자는 아마 오늘 저녁에 돌아올 것이다. *Il a sans* ~ *du talent, mais il est pares-*

seux. 그는 재능이 있는지는 모르지만 게으르다.

douter [dute] v.t.ind. ① [~ de qn/qc] …을 의심하다, 의심을 품다, 믿지 않다. ~ du succès 성공을 의심하다. Les sceptiques doutent de tout. 회의론자들은 만사에 의심을 품는다. ~ de la sincérité de qn …의 성실성을 의심하다. Ils commencent à ~ de toi. 그들은 너를 의심하기 시작했다. Je doute d'avoir dit cela. 내가 그 말을 했는지 의심스럽다. N'en doutez pas. 틀림없읍니다. 《목적보어없이》 Vérifiez bien, avant de ~. 의심하기 전에 잘 확인해 보세요. ②《옛》주저하다.
à n'en pas [point] …을 확실히, 의심할 나위없이. Il est à n'en pas ~ contre cette décision. 그는 틀림없이 이 결정에 반대한다.
ne ~ de rien 조금도 의문[두려움]을 갖지 않다, 자신만만하다. Il ne doute de rien. (비꼼) 그는 무서워하는 것이 없다, 아무 짓이나 거침없이 한다.
—v.t. 의심하다, 의심스럽게 생각하다.
~ que+sub. …을 의심하다. Je doute fort qu'il vienne. 그가 올지 어떨지 매우 의심스럽다.
~ si+ind. 《옛·문어》…인지 어떤지 의심하다, 모르겠다.
ne pas ~ que (ne)+sub. …을 의심치 않다(확실성을 강조할 경우는 que+ind.). Je ne doute pas qu'elle revienne avant midi. 정오 전에 그녀가 돌아오리란 것을 의심하지 않는다.
—se~ v.pr. …이 아닌가 생각하다, 예상하다; …을 알아채다. [se~ de qc] Je m'en doutais bien. 그럴 것이라고 생각하고 있었다, 내가 예상하던 대로 되었다. Il ne se doutait de rien. 그는 아무것도 눈치채지 못했다. [se~ que+ind./cond.] Je me suis bien douté qu'il ne pourrait pas venir. 그가 오지 못하리라 것을 나는 충분히 예상하고 있었다. Je ne me doutais pas qu'elle me trompait. 그녀가 나를 배반하리란 것을 전혀 생각지 못했다.

douteur(se¹) [dutœ:r, -ø:z] a. 《문어》의심 많은; 회의적인. —n. 의심 많은 사람; 회의적인 사람. Il n'est ni ~, ni crédule. 그는 회의가도 아니고 맹신자도 아니다.

douteusement [dutøzmɑ̃] ad. 의심스럽게, 회의적으로. fortune ~ acquise 출처가 수상한 재산.

douteux(se²) [dutø, -ø:z] a. ① 의심스러운(↔net). fait ~ 의심스러운 사실. Son succès est ~. 그의 성공은 의심스럽다. ② 애매한, 모호한(ambigu). objet d'origine ~se 출처가 모호한 물건. réponse ~se 모호한 대답. temps ~ 불안정한 날씨. ③ 희미한. jour ~, clarté[lumière] ~se 희미한 빛. ④ 수상한, 미심쩍은. individu ~ 수상쩍은 남자. fille ~se 행실이 미심쩍은 여자. ⑤ 의문의 여지가 있는. jugement ~ 문제가 남아있는 판결(판단). raisonnement ~ 이론의 여지가 있는 추론. ⑥《옛》의심 많은; 결정 못하고 있는, 망설이는.
Il est ~ que+sub. …인지 어떤지는 의심스럽다〔잘 믿어지지 않는다〕. Il n'est pas ~ que+ind.[cond., (ne)+sub.] …은 의심할 나위가 없다.

douvain, douvin [duvɛ̃] n.m. 통널 재목.

douve¹ [du:v] n.f. ①(성벽 주위의)호(壕), 해자; 《농업》도랑. ②《승마》(장애물 경주의)도랑; (운하 따위의)옆벽. ③《목공》통을 짜는 판자, 통널. ~ de corps 통의 측판(側板).

douve² n.f. 《의학》디스토마. ~ du foie 간디스토마.

douvelle [duvɛl] n.f. 작은 통널.

Douvres [du:vr] n.pr.f. 《지리》도버《잉글랜드 동남부 Kent주에 있는 항구, 프랑스 해안에서 가장 가까움》.

‡doux(ce) [du, dus] a. ① 단; 맛있는. sirop ~ 단 맛이 나는 시럽. vin ~ (발효중)단맛이 도는 포도주(↔vin sec). pommes ~ces 달콤한 사과(↔pommes acides).
②(향기·소리·촉감이)기분좋은; 부드러운; 맑은[상쾌한] 느낌을 주는. peau ~ce 보드라운 살결[피부]. lumière ~ce 은은한 빛. musique[voix] ~ce 부드러운 음악[목소리]. La sauce est un peu ~, il faut la saler. 소스가 좀 싱갑다, 소금을 쳐야겠어.
③ 달콤한, 감미로운; 다정스러운, 친절한; 유순한, 온순한; (기후가)온화한, 조용한. ~ce mélancolie 감미로운 우수. billet ~ 연애편지. ~ souvenir 달콤한(흐뭇한) 추억. ~ce émotion 흐뭇한 감동. Jeanne est très ~ce avec ses enfants. 잔은 애들에게 아주 다정하다. cheval ~ 순한 말. ~ comme un agneau 양처럼 온순한. animal d'humeur ~ce 순한 동물. brise ~ce 산들바람. (비칭) Il fait ~. 날씨가 온화하다. hiver ~ 따뜻한 겨울. température ~ce 쾌적한 기온.
④ (언덕이)완만한, ~ (붙이)약한; 여성(女性)의; 순한. descente ~ce 완만한 내리막길. route en pente ~ce 경사가 완만한 길. escalier ~ 가파르지 않은 계단. faire cuire à feu ~ 약한 불에 익히다. tabac ~ 순한 담배. fer ~ 연철(軟鐵). acier ~ 연강(軟鋼). eau ~ce 민물, 담수, 연수.
⑤ (처빙이)가벼운; (값이)싼. Le Marchand nous a fait des prix ~. 그 상인은 우리에게 적당한 값을 받았다. châtiment ~ 가벼운 벌.
⑥ ⓐ《음성》consonne ~ce 연자음([t] 따위의 경자음(consonne forte)에 대하여 [d] 따위를 가리킴). ⓑ《경제》croissance ~ce 저성장(低成長).
⑦ 자연자원이용의, 무공해성의. énergies ~ces (풍력·지열 따위의)자연 에너지.
⑧《경영관리 따위의》인간성 중시의.
avaler qc ~ comme lait 《구어》…을 군소리 없이 받아들이다.
tenir de ~ propos; échanger de ~ces paroles 사랑을 속삭이다.
—n. 얌전한[친절한] 사람. faire le ~ [la ~ce] 얌전한[친절한] 체하다.
à la ~ce 《구어》아주 조용히, 부드럽게; 야금야금. en ~ce 《구어》살그머니, 조심하여. partir[filer] en ~ce 슬쩍 나가버리다. glisser en ~ce 《속어》은밀히 말하다.
—n.m. 단 것; 감미; 부드러움, 온화. préférer le ~ au sec[au vin sec] 신맛의 포도주보다 단맛이 있는 포도주를 좋아하다.
—n.f. 애인, 아내. ma ~ce 여보, 아가씨 《아내·애인에 대한 호칭》. Il va voir sa ~ce. 그는 애인[약혼녀]을 만나러 간다.
—ad. 조용히, 가만히. filer ~ 《구어》조용히[잠자코] 따르다, 순종하다. Tout ~! 《구어》조용히! 참으세요!

douz. 《약자》douzaine 12개, 다스.

douzain [duzɛ̃] n.m. ① 《운율》12행시. ② 프랑스의 옛 은화(12 deniers); 《속어》돈.

‡douzaine [duzɛn] n.f. ① 다스, douze ~ 12다스, 1그로스(grosse). ② 약 12. enfant d'une ~ d'années 12살쯤 되어 보이는 아이.
à la ~ ① 12개씩, 다스로; 《구어》범람하, 흔히 있는. treize à la ~ 12개 값에 한개를 더 얹어 파는. Il n'y en a pas treize [On n'en trouve pas] à la ~. 그것은 어디나 흔히 있는 물건이 아니다. Des films comme ça, on en voit à la ~. 그와 같은 영화는 어디서나 흔히 볼 수 있다. poète[peintre] à la ~ 평범한 시인[화가].

‡douze [du:z] a.num. 《불변》① 12의. ~ mois de l'année 1년의 12개월. vers de ~ syllabes 12음절의

의 시구(alexandrin). ② 12 번째의. Charles ~ 샤를 12세.
—*n.m.* ① 12. habiter le[au] ~ 12 번지에 살다. ② (달의)12일. ③ 《인쇄》12 포인트. ④ les D~ 12 사도(使徒).

douze-huit [duzyit] *n.m.* 《복수불변》《음악》8분의 12박자(의 곡). à ~ 8분의 12박자로.

douzième [duzjεm] *a.num.* ① 12번째의. Décembre est le ~ mois de l'année. 12월은 1년의 12번째 달이다. ② 12분의 1의. la ~ partie d'un héritage 상속유산의 12분의 1.
—*n.* 12 번째(사람). arriver le[la] ~ 12 번째로 도착하다. habiter dans le ~ 12구에 살다. appartement au ~ 13층에 있는 아파트.
—*n.m.* ① 12분의 1. ② (세의)12구(區)(~ arrondissement). ③ ~s provisoires 《재정》한달분의 가예산(假豫算).
—*n.f.* 《음악》12도 음정.

douzièmement [duzjεmmɑ̃] *ad.* 12 번째로.

douzil [duzi] *n.m.* =**doisil**.

-doxe *suff.* **doxo-** *préf.* 「의견·견해」의 뜻《예:para-doxe 역설》.

doxographe [dɔksɔɡraf] *n.m.* (그리스의)학설지가 (學說誌家).

doxologie [dɔksɔlɔʒi] *n.f.* (찬미가의)찬영(讚榮), 송영.

doxométrie [dɔksɔmetri] *n.f.* 여론조사(법).

doyen(ne) [dwajε̃, -εn] *n.* ① 《종교》장(長), 장로, 승원장. ~ d'une église cathédrale 대성당장. ~ne d'une abbaye 여자수도원장. (curé) ~ 주임사제. ② 《학교》학장; (외교단의)수석, 단장. ~ de la faculté des lettres 문과 대학장. ③ 최고장자; 최연장자(~ d'âge). ~ de l'Académie française 아카데미 프랑세즈 원장. être le ~ de *qn* ···중에서 가장 연장자이다. Elle est notre ~ne. 그녀는 우리들 중에서 가장 나이가 많다.

doyenné [dwaje(e)ne] *n.m.* 승원장의 직분[저택].
—*n.f.* 《식물》배의 일종(poire de ~).

doyenneté [dwajɛnte] *n.f.* 연장(年長), 고참.

D.P. 《약자》de profundis 《가톨릭》"깊은 연못에서"로 시작되는 기도.

d.p. 《약자》décret parlementaire 의회 제정법.

D.P.L.G. 《약자》diplômé par le gouvernement 정부《전속기사 따위》.

D.Q. 《약자》dernier quartier 《천문》하현(下弦).

Dr 《약자》docteur 박사, 의사.

dr 《약자》débiteur 《부기》차변(借邊).

dracéna [drasena] *n.m.* 《식물》용혈수(龍血樹).

dracénois(e) [drasenwa, -a:z] *a.* 드라기냥(Dra-guignan, 프랑스의 도시)(사람)의. —D~ *n.* 드라기냥 사람.

drachme [drakm] *n.f.* ⓐ 드라크마:ⓐ 고대그리스의 무게의 단위; 3.24 그램. ⓑ 그리스의 화폐.

draconien(ne) [drakɔnjε̃, -εn] *a.* ① 드라콘(Dra-con, 아테네의 입법자)이 제정한. Code ~ 드라콘법전. ② 준엄한, 가혹한. punitions ~nes 엄벌. régime ~ 엄격한 식이요법.

drag [draɡ] 《영》*n.m.* ① 《옛》(말을 몰아서 하는)모의 사냥. ② 4두 마차.

dragage [draɡaʒ] (<*draguer*) *n.m.* ① (강·항구 따위의)준설(浚渫). ② 《해군》소해(掃海). ③ 《구어》여자를 낚으러 다니기.

dragée¹ [draʒe] *n.f.* ① 당과(糖菓), 설탕에 절인 아몬드. ② 《약》당의정. ③ 《사냥》수렵용 산탄; 《군대속어》탄알; 《지질》(광물의)응고물.
avaler la ~ 고통을 참고 견디다. *La* ~ *est amère.* 그것은 괴롭다. *tenir la* ~ *haute à qn* ···을 안달나게 만들다; ···로 하여금 엄청난 값을 치르게 하다; ···에게 반항하다.

dragée² *n.f.* 꼴로 사용하는 잡곡.

dragéifier [draʒeifje] *v.t.* 당의를 입히다.

drageoir [draʒwa:r] *n.m.* 《옛》당과 그릇[상자].

drageon [draʒɔ̃] *n.m.* 《원예·식물》흡지(吸枝).

drageonnage [draʒɔna:ʒ], **drageonnement** [draʒɔnmɑ̃] *n.m.* 흡지의 발생.

drageonner [draʒɔne] *v.i.* 흡지가 나오다.

dragoman [draɡɔmɑ̃] *n.m.* (근동 여러 나라에 있는 대사관의)통역관.

dragon(ne) [draɡɔ̃, -ɔn] *n.m.* ① (전설의)용(龍); 《문장》용. 비슷한 상상의 동물, 이족(二足)용; (D~) 《성서》(악마를 표상하는)용. ②《구어》엄격한 감시인; 《옛》사나운 여자; 다루기 힘든 사람; 《구어》장난꾸러기, 개구장이. ~ de vertu 정조가 굳은 여자. ③ 《군사》(16세기에 창설된)용기병(龍騎兵). 5e (D~ régiment de ~) 용기병 제5연대. ~s portés 오토바이 부대(1928~1940; 그 이후는 기갑부대를 지칭). ④ 《해양》삼각돛; (바다의)돌풍. ⑤ (D~) 《천문》용좌(龍座). ⑥ (보석의)홈(crapaud), (백내장의 증세로 안구에 생기는)백반(白斑); 상처. ⑦ ⓐ ~ volant 《동물》날도마뱀. ⓑ 《어류》날게횟대 무리(~ de(s) mer(s)). ⑧ 《옛》근심, 걱정.
à la ~ 용기병식으로; 대담하게; 음탕하게.
endormir le ~ 감시인의 눈을 속이다.
faire le ~ 정숙한 체하다.
—*a.* ① 용의. ② 용기병의.
—*n.f.* 칼자루에 달린 끈; (우산 따위의)손잡이 끈.

dragonnade [draɡɔnad] *n.f.* 《프랑스사》(루이 14세 때의)용기병의 신교도 박해.

dragonné(e) [draɡɔne] *a.* 《문장》(동물의)용의 꼬리[날개]가 있는.

dragonneau [draɡɔno] (*pl.* ~x) *n.m.* 《동물》기니아벌레(환형동물).

dragonner [draɡɔne] *v.t.* ① 《옛》(용기병·무력으로)박해하다. ② 《구어》괴롭히다.

dragonnier [draɡɔnje] *n.m.* =**dracéna**.

draguage [draɡa:ʒ] *n.m.* =**dragage**.

drague [draɡ] *n.f.* ① 준설기; 준설선. ~ à main [à bras] 진흙 퍼내는 소형삽. ~ à godets 버킷선(船). ~ suceuse[à succion] 펌프선. ② 굴 따는 [조개 잡는]그물. ③ 《해양》(수중의 물체 특히 기뢰를 찾기 위해 배가 끄는)노묘(拏錨), 걸림닻; (물속에 뜨게 하여 풍의 저항으로 뱃머리를 바람이나 파도에 견디게 하는)해묘(海錨). ④ ~ hydrographique (flottante) (해저 암석의)위치측정로프. ⑤ 《구어》여자를 낚으러 다니기.

draguer [draɡe] *v.t.* ① 준설하다. ~ un chenal[une rivière] 수로[강]를 준설하다. ② 조개잡는 그물로 잡다. ③ 걸림닻으로 찾다; 《해군》소해(掃海)하다(~ des mines). ~ les champs de mines 기뢰설치지역을 소해하다. ④ 《구어》(목적보어 없이)여자를 낚으러 돌아다니다. aller ~ aux Champs-Élysées 샹젤리제로 여자를 낚으러 가다.

dragueur(se) [draɡœ:r, -ø:z] *n.* ① 준설인부; 저예망 어부. ② 《구어》낚을 상대를 찾아 다니는 남자 [여자]. —*a.* 준설하는; 소해하는. —*n.m.* 준설선 (bateau); 소해정(~ de mines).
—*n.f.* 준설기; 준설선.

draille [dra:j] *n.f.* 《해양》·돛·천막을 치기 위한) 지삭(支索).

drain [drε̃] 《영》*n.m.* 《농업》배수로, 배수관; 《의학》배농관(排膿管).

drainable [drεnabl] *a.* 배수가 되는.

drainage [drεna:ʒ] *n.m.* ① (밭 따위의)배수. ~

draine d'un marais 늪지의 배수. ② (자금 따위의)흡수, 수집. ~ des capitaux 자금의 흡수. ③ 〖의학〗배농, 배농법. ④ 배유(排油).

draine [drɛn] *n.f.* 〖조류〗(유럽산의)개똥지빠귀의 일종.

drainer [dre(e)ne] *v.t.* ① 배수하다. ~ les plantes en pot (화분 밑의 구멍에 작은 돌 따위를 끼워서) 화분의 물을 빼주다. ② (자금 따위를)흡수하다, 모으다. ~ les capitaux 자금을 흡수하다. ~ la main-d'œuvre étrangère 외국인 노동자를 흡수하다. ~ la circulation vers une nouvelle route 교통량을 새로운 도로로 흡수하다. ③ 〖의학〗(상처에 유도관을 꽂아서)배농하다, 배액하다.

draineur(se) [drɛnœːr, -ɸːz] *a.* 배수하는. charrue ~se 배수공사용 쟁기. —*n.m.* 배수공사 인부.

draisienne [drɛzjɛn] *n.f.* ① 드레식(式) 자전거 (19세기 초엽에 유행했던 Drais 가 발명한 자전거). ② 〖철도〗궤간(軌間)계측기.

draisine [dre(e)zin] *n.f.* 〖철도〗보선차(保線車).

drakkar [drakaːr] *n.m.* (스칸디나비아의)해적선.

dramatique [dramatik] *a.* ① 연극의, 극적 흥미의; 극적 색채가 풍부한. chanteur(cantatrice) ~ 오페라 가수. écrivain[auteur] ~ 극작가. art ~ 연극 예술. poème ~ 극시. ouvrage ~ 극작품, 희곡. artiste ~ 배우. genre ~ 연극장르. ② 비극적인 (tragique), 비장한; 감동적인(émouvant), 절박한 ~ accident ~ 비극적인 사고. lutte ~ des naufragés contre la tempête 조난자들의 폭풍과의 비장한 싸움. situation ~ 극적인 상황. rencontre [entrevue] ~ 극적인 만남(회견). sauvetage ~ 극적인 구출. sujet(dénouement) ~ 극적 주제[결말]. film ~ 감동적인 영화. —*n.m.* 극(genre ~); 극적 감흥; 〖옛〗극작가. réussir dans le ~ 극 분야에서 성공하다. Il y a bien du ~ dans cette scène. 이 장면에는 다분히 극적인 감동을 주는 것이 있다. —*n.f.* 텔레비전(라디오) 방송극.

dramatiquement [dramatikmɑ̃] *ad.* 연극적으로 (théâtralement) 극적으로, 비극적으로.

dramatisant(e) [dramatizɑ̃, -ɑ̃ːt] *a.* 과장하는, 허풍떠는 것으로 묘사(이야기)하는.

dramatisation [dramatizasjɔ̃] *n.f.* 극화, 각색; 극적인 과장, 극적으로 묘사(이야기)하기; 〖정신의학〗희곡화함.

dramatiser [dramatize] *v.t.* 각색하다; 극적으로 묘사(이야기)하다; 과장하다(exagérer).

dramatiste [dramatist] *n.* 〖옛〗극작가.

dramaturge [dramatyrʒ] *n.* 극작가.

dramaturgie [dramatyrʒi] *n.f.* ① 극작법; 희곡론. ② 〖옛〗희곡의 설명을 붙인 카탈로그.

*****drame** [dram] *n.m.* ① 연극; 〖옛〗희곡, 각본. ~ en trois actes 3 막으로된 연극. ~ lyrique 가극, 오페라. ② 〖문학〗드라마. ~ bourgeois 시민극. ~ romantique (고전극에 대하여)낭만주의극. ③ 극적 사건(장면); 참화, 참사, 비극(catastrophe, tragédie). ~ de sa vie 그의 생애의 비극. ~ de la Révolution française 프랑스 혁명의 극적 사건. ~ de la montagne 산악 사고. ~ de la jalousie 질투 때문에 생긴 비극.
faire des ~s 말썽을 피우다, 소동을 일으키다.
faire un ~ de qc 〖…를〗극적으로 과장하다. *faire un ~ d'un petit incident* 사소한 사건을 침소봉대하다.
tourner au ~ (사태·사건 따위가)심각해지다, 비극적으로 되다.
Voilà le ~. 이것이 중요한(어려운) 대목이다.

*****drap** [dra] *n.m.* ① 나사(羅紗), 모직물; (모직 이외의)고급직물. ~ uni 무늬 없는 천. ~ croisé 능직. ~ fin 소모직(梳毛織). gros ~ 방모직(紡毛織). ~ mortuaire(funéraire) 관포(棺布). ② 홑청, 시트, 시트(~ de lit). En général, je change les ~s une fois par semaine. 보통 나는 일주일에 한번씩 침대 시트를 간다. une paire de ~s 시트 한 벌. ③〖벨기에〗타월. ~ de plage 비치타월. ④〖의학〗~ mouillé 습포; ~ d'hôpital (환자용)방수시트. ⑤ ~ des morts 밀렵꾼들이 밤에 사용하는 그물.
être dans de beaux [jolis, mauvais, vilains] ~s 궁지에 빠져 있다, 진퇴양난이다; 중태이다.
être taillé dans le même ~ 같은 결점이 있다.
Il n'y a que cela de ~. 처지에 따라야만 한다.
Le plus riche en mourant n'emporte qu'un ~.〖속담〗천하의 부자라도 죽을 때는 홑이불 한 장밖에 못 가져간다.
On ne peut pas avoir le ~ et l'argent.〖속담〗판 물건은 주어야만 한다, 산물건 값은 치러야만 한다.
se mettre [se fourrer] entre deux ~s [dans les ~s] 잠자리에 들다.
tailler en plein ~ 〖구어〗자유로이 행동하다; 아낌없이 쓰다; 두둑히 가지고 있다.

drapage [drapaːʒ] *n.m.* 〖드물게〗〖미술〗(옷의)주름(표현).

drapé(e) [drape] *a.p.* 나사로 쒸운, 주름잡힌. tambours ~s (장례식 때 소리를 줄이기 위해)나사(천)를 쒸운 북. robe ~e sur les épaules 어깨에 주름을 넣은 드레스. —*n.m.* 〖의복〗(옷의)주름.

*****drapeau** [drapo] (*pl. ~x*) (< *drap*) *n.m.* ① 기, 기. ~ national 국기. ~ en berne 반기(半旗). salut au ~ 국기에 대한 경례. agiter des petits ~x (환영의 표시로)작은 기를 흔들다. hisser[arborer, déployer] un ~ 기를 올리다(게양하다). ~ blanc 프랑스 국왕기; (휴전·항복의)백기. ~ tricolore 삼색기〖프랑스 국기〗. mourir pour la ~ 나라를 위해서 죽다. ~ rouge 적기(赤旗), 혁명기; 역장의 신호기. ~ noir 해적기; 무정부주의자의 기; 전쟁중 병원에 게양하는 기.
② 군기(~ militaire); (pl.)군대. ~ d'un régiment 연대기. sous le ~ ~ 군대의 명예. Au ~! 군대에 대하여 경례! être(appelé) sous les ~x 군에 입대하다, 군복무하다. répondre à l'appel sous les ~x 징병에 응하다.
③ (당파의)이념, 이상, 주의, 주장; 기수, 선도자, 주창자. planter(lever) son ~ 자기 주의[주장]를 분명히 하다, 기치를 선명히 하다. abandonner ~ 자기 주의(주장)를 포기하다. société sans ~ 이상이 없는 사회. ~ du romantisme 낭만주의의 대표작〖작가〗. C'est lui le ~ de l'opposition. 그가 반대파의 기수이다.
④〖동력〗train(-)~ 호화열차 (le D— 파리·보르도간의 특급열차); ruban bleu ~ (삼색기의 청색으로된)푸른 리본.
⑤ 〖컴퓨터〗플래그〖데이터에 부가되어서 정보를 주는 추가부분; 데이터의 끝을 알리는 기호로 사용되기도 함〗.
⑥ (pl.)〖옛〗기저귀(langes), 걸래(chiffon).
hisser le ~ 백기를 들다, 항복하다.
mettre son ~ dans sa poche 주의(주장)를 감추다.
planter un ~ 〖속어〗돈을 치르지 않고 도망하다; 빚지다.
porter le ~ de …의 기수가 되다, 앞장서다.
relever le ~ noir (약자·소수파가)반항(항전)의 의지를 보이다.
se ranger [se railler, combattre] sous les ~x de qn 〖구어〗…의 편이 되다, 위하여 들다.

tenir haut son ~ 자신의 생각을 강력히 주장하다.
trahir son ~ 주의[주장]를 버리다, 변절하다.
[REM] **drapeau**는 국가나 단체를 상징하는 기. **pavillon**은 함선에서 게양하는 기. **couleurs**는 drapeau와 pavillon 모두의 동의어로 쓰임. **étendard**는 기병대의 기. 문어체에서는 군기의 뜻.

drapement [drapmɑ̃] *n.m.* 나사로 싸기; 【의복】주름, 주름 달기.

draper [drape] *v.t.* ① (물건을)장막으로 덮다, 보로 장식하다, 나사로 싸다; 검은 휘장을 치다, (초상을 나타내기 위하여)검은 휘장을 두르다. ~ les tambours (군대에서 장례식을 위해)북에 천을 씌우다. ~ l'église (장례식을 위해)교회의 입구나 내부에 검은 휘장을 치다. ~ un mannequin 마네킹에 옷을 입히다. ② (피륙에)느슨한 주름을 잡다, 드레이프하다. ③ (그림이나 조각에서)옷의 주름을 나타내다. ④ 〖옛〗(모직물을)나사로 고쳐 만들다. ⑤〖옛〗풍자적으로 혹평하다, 비난하다, 욕하다.
—**se ~** *v.pr.* ① 옷에 주름이지다. ② [se ~ dans/de] 헐렁하게 입다, 걸치다, 두르다. *se ~ dans* une cape 케이프를 몸에 걸치다. ③ [se ~ dans] 자랑하다, 과시하다. *se ~ dans* sa vertu 자기의 미덕을 뽐내다.

draperie [drapri] *n.f.* ① 모직물. rayon de ~s 모직물 매장. ② 나사점; 나사 제조(공장). ③ 【미술】옷의 주름을 나타내기. ④ (집합적) 막, 휘장.

drap-housse [draus] (*pl.* **~s-~s**) *n.m.* 침대 매트리스에 씌우는 시트.

drapier(ère) [drapje, -ɛːr] *n.* 나사 상인[제조업자]. ——*a.* 나사의; 나사 상인[제조업자]의. marchand ~ 나사 상인. ouvrier ~ 나사 직조공.

drastique [drastik] *a.* 【의학】심하게 설사를 일으키는; 준엄한, 철저한(draconien). réforme ~ 철저한 개혁. mesures financières ~s 긴축재정조치.
——*n.m.* 준하제(峻下劑)(remède ~).

dravidien(ne) [dravidjɛ̃, -ɛn] *a.* 드라비다족(어)의. —**D~** *n.* 드라비다족. ——*n.m.* 드라비다어.

drawback [drobak]〖영〗*n.m.* 【상업】(관세의)환불금(還拂金).

drayer [dre(e)je] ⑧ *v.t.* 【피혁】(가죽의)두께를 고르게 하다.

drayoir *n.m.*, **drayoire** [drejwaːr] *n.f.* (가죽의)두께를 고르게 깎는 칼.

dr c. (약자)dernier cours 【주식】종장 시세.

dreadnought [drɛdnɔt] 〖영〗 *n.m.* 【해군】노급함(弩級艦).

drêche [drɛʃ] *n.f.* 맥 찌꺼기, 술찌꺼기, 재강.

drège¹ [drɛːʒ], **dreige** [drɛːʒ] *n.f.* 【어업】저인망(底引網).

drège² *n.f.* 【직조】얼레빗.

dréger [dreʒe] ㊱ *v.t.* 【직조】(아마 따위를)씨를 없애기 위하여 얼레빗으로 훑다.

drelin [drəlɛ̃] *int.* 딸랑딸랑, 따르릉따르릉.
——*n.m.* 작은 방울(소리).

drelinguer [drəlɛ̃ge] *v.i.* ①〖속어〗정처 없이 돌아다니다. ② 기다리다 지치다. ③ 시간을 낭비하다.

drenne [drɛn] *n.f.* =draine.

drépanornis [drepanɔrnis] *n.m.* 【조류】(뉴기니아산의)극락조.

dressage [drɛsaːʒ] *n.m.* ① 설치, 설비; 건설. ~ de la tente 천막[텐트]치기. ② 【기술】(목재·금속판 따위의)평면을 매끈히 마무리하기. ③ (동물의)조련, 조교, 길들이기. ~ d'un cheval 말의 조련. ④《구어》엄격한 교육[훈련].

dressant [drɛsɑ̃] *n.m.* 【광산】(45도 이상의)급경사 광상(鑛床).

dressement [drɛsmɑ̃] *n.m.* ① (목록 따위의)작성. ② 【철도】(선로의 요철을 바르게 펴는)보정공사.

***dresser** [drɛ(e)se] *v.t.* ① (똑바로)세우다, 일으키다(élever, planter); 들다(lever). ~ un mât 돛대를 세우다. ~ les oreilles (개가)귀를 쫑긋 세우다. ~ la tête 고개를 들다. ~ une échelle contre un mur 사다리를 벽에 기대어 세우다.
② 짓다, 짜맞추다(monter); 설비하다, 설치하다. un monument 기념비를 건립하다. ~ une tente 천막[텐트]을 치다. ~ un plat[des mets] 음식을 접시에 보기 좋게 담다. ~ une embûche[un piège] à un animal 동물을 잡으려고 함정을 파놓다[덫을 놓다].
③ 작성하다(établir). ~ une carte 지도를 작성하다. ~ un plan 설계도[도면]를 그리다. ~ un tableau statistique(une liste) 통계표[명단·목록]를 만들다. ~ (un) procès-verbal 조서를 꾸미다. ~ un acte[un contrat] 증서[계약서]를 작성하다.
④ (돌·석재·널을)고르게 하다, 다듬다; (지면을)평평하게 하다; 마무리하다. ~ une pierre 석재를 사각으로 자르다. ~ une planche 나무판을 다듬다. ~ du fil de fer 철사를 펴다.
⑤ 똑바로 향하게 하다. ~ une voie (사냥개가)사냥감이 통과하는 길을 쫓아가다. ~ ses pas vers 〖옛〗…방향으로 발걸음을 향하다.
⑥ 훈련하다, 조련하다; 순종하게 하다; (맹수 따위를)길들이다; (아이에게)버릇을 가르치다. ~ un jeune soldat 젊은 병사를 훈련하다. ~ des animaux de cirque 서커스 동물들을 길들이다[훈련하다]. ~ un chien à[pour] la chasse 사냥개를 길들이다. Je vais te ~.《구어》네 버릇 좀 고쳐줘야겠다.
~ A contre B (사람에 대하여)A를 B에게 대립시키다[맞서게 하다].
~ l'oreille 귀를 기울이다.
~ ses batteries (적에 대해)전투준비를 하다.
——*v.i.* 똑바로 서다. ~ d'alignement 먹줄을 사용하여 똑바로 담을 쌓다.
—**se ~** *v.pr.* ① 몸을 일으키다, 똑바로 서다; 우뚝 서다, 솟아 있다. *se ~ sur* la pointe des pieds 발뒤꿈치를 들고 서다. *se ~ sur* ses pattes de derrière (동물이)뒷발로 서다. montagne qui *se dresse* à l'horizon 지평선에 우뚝 솟은 산. Beaucoup de difficultés *se dressent* sur notre chemin. 우리가 가는 길에는 많은 난관이 있다.
② 궐기하다; [se ~ contre/en face de *qn/qc*] 대립하고 나서다, 반대하다. *se ~ contre* la guerre 전쟁에 반대하고 나서다. *se ~ en face d'*un abus 부정에 항의하다.
③ 훈련되다, 길들여지다.

dresseur(se) [drɛsœr, -øːz] *n.* ① (동물의)훈련사, 조련사(dompteur). ~ de chevaux 조마사. ② (석재상의)마무리 석공. ③ (장갑을 만들기 위한)피혁 가공인. ——*n.f.* (합판제조용의)가두리 기계.

dressing [drɛsiŋ], **dressing-room** [drɛsiŋrum]〖영〗*n.m.* (침실 옆에 달린)화장실, 탈의실.

dressoir [drɛswaːr] *n.m.* 식기대〖장〗.

dreyfusard(e) [drɛfyzaːr, -ard] *a., n.* 〖프랑스사〗드레퓌스파(派)의(사람).

dreyfusisme [drɛfyzism] *n.m.* 〖프랑스사〗드레퓌스파(지지운동).

dreyfusiste [drɛfyzist] *a., n.* =dreyfusard.

dribble [dribl]〖영〗*n.m.* 【스포츠】드리블.

dribbler [drible] *v.t.* 【스포츠】드리블하다.

dribbleur [driblœr] *n.m.* 드리블을 잘하는 선수.

drift [drift]〖영〗*n.m.* 【지질】(빙하의 후퇴 후에 남는)퇴적물.

drifter [driftœr] *n.m.* 유망(流網)어선. 「狒」

drill¹ [drij] *n.m.* 【동물】(서아프리카산의)비비(狒

drill² n.m. ① (신병의 프러시아식)강화훈련. ② (외국어 교육 따위에서의)반복연습.
drill³ [dril] n.m. 【농업】조파기(條播機).
drille¹ [drij] n.m. 〖구어〗녀석, 놈; 〖옛〗병정. bon [joyeux] ~ 착한[명랑한] 녀석. vieux ~ 교활한 놈.
drille² n.f. 〖기술〗송곳, 드릴; 〖늙은이.
driller [drije] v.t. 〖기술〗송곳으로 구멍을 뚫다.
drilles [drij] n.f.pl. 〖제지〗넝마.
dring [driŋ] int., n.m. 따르릉(특히 초인종·전화의 벨 소리).
dringuelle [drɛ̃gɛl] n.f. 〖벨기에〗팁.
drink [drink] 〖영〗n.m. 마실 것, 음료, 술. prendre [boire] un ~ 한잔 하다.
drisse [dris] n.f. ① 【해양】(돛·깃발 따위를)올리는 줄. ②(발판을)고정시키는 줄.
drive [drajv] 〖영〗n.m. 〖테니스·골프〗드라이브.
drive in, drive-in [drajvin] n.m. (자동차를)탄채로 들어가는 영화관 (휴게소·식당·은행).
driver¹ [drajvœr, drivœr] n.m. ① 【테니스】드라이브를 넣는 사람; 【골프】드라이버, 1 번 우드. ② 【경마】계가(繫駕)경주의 기수.
driver² [drajve, drive] v.i. 【테니스·골프】드라이브로 치다. — v.t. ① 〖영〗조종하다 (연보 경주에서 계가를)조종하다. ② 〖은어〗(차를)몰다.
drogman [drogmã] n.m. = dragoman.
drogue [drog] n.f. ① 싸구려 약, 엉터리 약. vendeur de ~s 싸구려·엉터리약 장수. ② 마약 (stupéfiant, 〖은어〗 came); 환각제 (hallucinogène), 트라픽 de ~ 마약 밀매(뢰). trafic de ~ 마약 밀매. intoxication par la ~ 마약중독. La religion est pour lui une sorte de ~. 종교는 그에게 일종의 마약이다. ③〖구어〗조잡한 물건, 값어치 없는 물건; 건달, 쓸모 없는 인간. ④ 약품 (〖옛〗약제·염료의 원료의 총칭); 자가제조약.
drogué(e) [droge] a. 〖마약〗중독의. —n. 마약 상용자; (비유적)중독환자.
droguer [droge] v.t. ① 함부로〔너무 많이〕약을 먹이다. ② 마약을 먹이다; (음료에)약을 타다.
— v.i. 〖구어〗기다리다 지치다.
—se~ v.pr. 함부로 약을 먹다; 마약을 먹다.
droguerie [drogri] n.f. ① 〖옛〗(집합적)약품. ② 약품상, 약국.
droguet [drogɛ] n.m. 【직물】면모교직물(綿毛交織物); (옛날의)나사의 일종.
drogueur [drogœr] n.m. (함부로 약을 쓰는)돌팔이 의사.
droguiste [drogist] n. 약품판매상; 약품·화장품·일용품 잡화상. ~-épicerie 식료품 잡화상.
‡droit¹(e) [drwa(a), -a(ɑː)t] a. ① 바른, 곧은, 일직선의(↔courbe, sinueux); 똑바로선, 수직의(vertical, ↔penché, incliné). angle ~ 직각. se tenir ~ 똑바로 서다. écriture ~e 직립서체(↔écriture penchée). remettre ~ ce qui est tombé 넘어진 물건을 바로 세우다. avoir les oreilles ~es (개가)귀를 세우다. muscle ~ 직근(直筋). prisme ~ 직각주. mettre la barre ~e 【해양】(배의)키를 중앙으로 놓다.
② 옳은, 공명정대한, (마음이)곧은(honnête, loyal, ↔faux, fourbe); 표준의. jugement ~ 공정한 판단. ~e voie 【종교】올바른 길(구원에 이르는 길). ~e raison 올바른 도리. cœur ~ 바른 마음[심정]. rester dans le ~ chemin 정직하게 살다. pièce ~e 표준 화폐.
③ 오른편의(↔gauche), côté ~ 우측. à main ~e 오른손에[으로]. aile ~e (군대·스포츠에서)우익. rive ~e d'un fleuve (하류를 향하여서)강의 우안.
④ 【정치】우익(파)의. centre ~ 중도우파.

dans le ~ fil de …와 동일노선(연장선상)의. mesure *dans le ~ fil de* la nouvelle politique 새 정책과 직결되는 조치.
~ comme la jambe d'un chien (comme mon bras quand je me mouche) (똑바라야 할 것이)볼품없게 구부러진.
~ comme un I (un jonc, un piquet, un cierge, une statue, un pieu, une quille) 아주 곧은(똑바른).
en ligne ~e 일직선으로, 똑바로; 직접, 직계로. Il y a douze kilomètres *en ligne ~e* 직선거리로 12킬로미터이다. Cet article vient *en ligne ~e d'Afrique*. 이 상품은 아프리카에서 직수입한 것이다. descendre *en ligne ~e* (~ *e ligne*) de qn …의 직계 자손이다.
être le bras ~ de qn …의 오른팔이다, 충실한 조수이다.
Il ne faut pas que la main gauche sache ce que fait la ~e. (격언)(왼손이 하는 일을 오른손이 알게 하면 안 된다)→선행은 말없이 해야 한다.
suivre la ligne ~e (la ~e voie, la voie ~e, le ~ chemin) 정도(正道)를 걷다.
—ad. 똑바로, 일직선으로; 직접적으로, 곧장; 올바르게. marcher ~ 똑바로 걸어가다; 행실이 올바르다. avancer ~ devant soi 가는 길을 곧장 전진하다. aller ~ à ses fins 목표를 향해 직진하다. aller ~ au fait 곧장 직접 본론으로 들어가다. juger ~ 올바르게 판단하다.
—n.m. 직각(angle ~); (메달의)표면(côté ~); 〖권투〗오른쪽 주먹. direct (crochet) du ~ 라이트 스트레이트(훅).
au ~ 〖옛〗정면에; 알맞은 곳에.
au ~ de …의 방향에; …와 직각을 이루어; …와 수평으로; 〖옛〗바른편에. signal établi *au ~ de* la voie 도로와 직각으로 설치한 신호.
—n.f. ① 직선(ligne ~e). tracer une ~e 직선을 긋다. segment de ~e 선분.
② 오른손(main ~e); 오른편, 우측; 우파, 우익 (partie ~e). se diriger vers la ~e; prendre sur la ~e 오른쪽으로 향하다(가다). C'est à (sur) votre ~e. 당신 오른쪽입니다. candidat de ~e 우파 후보자. voter à ~e 우파에 투표하다. Il est très à ~e. 그는 아주 보수적이다. tenir (garder) la (sa) ~e; prendre sa ~e 우측을 통행하다.
à~ de qn (qc) 오른쪽에[으로]; 우파에(로), 우수파에(로). Suivez cette rue, puis tournez *à ~e*. 이 길을 따라가다가 오른쪽으로 도시오. *à ~e de* la maison 그 집의 오른쪽에. rouler *à ~e* (차가) 오른쪽으로 통행하다. *A~e, ~e!* 【군사】우향 우!
à ~e et à gauche; de ~e et de gauche 이쪽저쪽으로, 사방팔방으로. voyager *de ~e et de gauche* 이리저리 여행을 다닌다.

‡droit² [drwa(a)] n.m. ① 권리(↔devoir). les ~s et les devoirs 권리와 의무. déclaration des ~s de l'homme(1789년의)인권선언. ~ des peuples à disposer d'eux-mêmes 민족자결권. ~ exclusif 독점권. ~ de propriété 소유권. ~ de veto 거부권. ~s politiques 참정권. ~ de l'inventeur 발명 특허권. ~ d'imprimer 판권. ~ de visite (중립국 선박의)전시수색권. ~ d'auteur 저작권. tous ~s réservés 판권소유. ~s acquis 기득권. ~s civils 민법상의 권리. faire valoir son (bon) ~ 정당한 권리를 주장하다.
② 세금, 조세; 보수. acquitter les ~s 세금[요금]을 납부하다. ~ progressif 누진세. ~ de circulation 주류유통세. ~ de consommation 주류소비세. marchandises exemptes de ~s 면세품. ~ de douane 관세. ~s d'enregistrement 등기세. ~ de

mutation 양도세. ~ d'acte 증(명)서 작성 수수료. payer ses ~s d'inscription à la faculté (대학생이) 등록금을 학교에 납부하다. ~ de recommandation 등기우편료. ~ d'entrée 관람료, 입장료; 입회금; 수입세. ~ de passage 사유지 통행료. ~s d'auteur 인세(印稅). ~ de succession 상속세.
③ 법률; 법학. faire son ~ 법학을 공부하다. ~ pénal〔criminel〕형법. ~ civil 민법. ~ interne〔national〕 국내법. ~ naturel 자연법. ~ positif 실정법. ~ écrit 성문법. ~ coutumier 관습법. ~ constitutionnel 헌법(constitution). ~ administratif 행정법. ~ financier 재정법. ~ des assurances 보험법. ~ commercial 상법. ~ du travail 노동법. ~ international 국제법(~ des gens). licence en ~ 법학사(학위). responsable en ~ 법적인 책임이 있는. faculté de ~ 법과 대학. cours de ~ 법학 강의. étudiant en ~ 법과 대학생.
④ 도리; 이론. en ~ comme en fait; de ~ et fait 이론상으로나 사실상으로나. jugement de ~ 이론적 판단(↔ jugement de fait).
à bon~ 정당하게, 당연히.
à qui de ~ 권리가 있는 사람에게〔담당자에게〕.
avoir ~ à qc; avoir des〔ses〕 ~s à qc …을 요구할 권리가 있다. J'ai ~ à ses excuses. 나는 그에게서 당연히 사과를 받아야 한다.
avoir le〔être en〕 ~ de+inf. …할 권리가 있다; … 해도 좋다. Vous n'avez pas le ~ de parler ainsi. 당신은 그렇게 말할 자격이 없다. Est-ce qu'on a le ~ de garer sa voiture ici? 여기 주차시켜도 될까요? Je suis en ~ d'attendre une augmentation du salaire. 나는 당연히 봉급 인상을 기대할 수 있다.
avoir le ~ pour soi; être dans son〔bon〕 ~ (도덕적으로나 법률적으로나) 정당하다.
avoir un ~〔des ~s〕sur …을 마음대로 할 권리가 있다.
Bon ~ a besoin d'aide. 《속담》정당한 권리도 (숯불의) 도움이 필요하다.
de (plein) ~ 정당한 권리를 갖고서, 이의를 제기할 여지없이, 자동적으로. L'héritage lui revient de plein ~. 유산은 자동적으로 그에게 상속된다.
donner ~ à qn〔qc〕 …에게 권리〔특권〕를 부여하다. À quoi ce ticket donne-t-il ~? 이 표를 가지면 무슨 특전이 있읍니까?
être de ~ (법률상) 당연한 권리이다. La défense est de ~. 변론은 당연히 권리에 속한다.
faire ~ à (요구 따위)에 응하다;…에게 권리〔일리〕가 있다고 하다.
par voies de ~ 법적 수속을 거쳐.

droitement [drwa(a)tmã] *ad.* 바르게; 올바르게; 정당하게; 정직하게. parler ~ 솔직하게 말하다.
droiterie [drwa(a)tri] *n.f.* 오른손잡이.
droit-fil [drwafil] *(pl. ~s-~s) n.m. a.* (양복의 어깨나 깃 따위에 넣는) 심(의).
droitier(ère) [drwa(a)tje, -ɛ:r] *a.* 오른손잡이의. —*n.* 오른손잡이. —*n.m.* 《정치》 우익 정당원.
droitisme [drwa(a)tism] *n.m.* 《정치》 우파(↔ gauchisme).
droitiste [drwa(a)tist] *n., a.* 《정치》 우파(의).
droiture [drwa(a)ty:r] *n.f.* ① 올바름, 공정함, 정의, 정직(franchise, honnêteté); 정확함. ~ de caractère〔de cœur〕 곧은 성품〔마음〕. Il agit toujours avec ~. 그는 항상 공명정대하게 행동한다. ② 《옛》 일직선 방향. en 〔à, à la〕 ~ 똑바로.
drojki [drɔʃki] *n.m.* = **droschki**.
drolatique [drɔlatik] *a.* 《문어》 우스꽝스러운, 우스운, 익살스러운(↔ banal, triste); 천한, 상스러운. incidents ~s 우스꽝스러운 사건.
drolatiquement [drɔlatikmã] *ad.* 익살스럽게, 우스꽝스럽게.
:**drôle** [dro:l] *a.* ① 우스꽝스러운, 우스운, 익살스러운. —*n.m.* 농담. histoire ~ 우스운 이야기. ② 기묘한, 이상한, 신기한(singulier, étrange). trouver ~ que+sub. …을 이상하다고 생각하다. ③ 재미있는, 유쾌한, 즐거운(plaisant).
~ *de* ⓐ 이상한, 묘한, 우스운. la ~ de guerre 기묘한 전쟁(2차 대전 초반전을 가리킴). un ~ de garçon〔de corps, de numéro, de coco〕 이상한 아이〔사내〕, 괴짜. Quelle ~ d'idée! 참 묘한 생각이군! ⓑ 《속어》 대단한, 굉장한. Il a fait des ~s de progrès! 그는 굉장한 발전을 했군! une ~ de tempête 심한 폭풍우.
Ce n'est pas ~ (de+inf.) 《구어》 곤란하다, 난처하다. Ce n'est pas ~ d'être toujours seul. 늘 혼자 있는 것은 힘들다.
Cela〔ça〕 me fait ~ (de+inf.) 《구어》 내게는 그것이 야릇하다.
—*n.* 별난 사람, 괴짜. C'est un ~. 녀석은 괴짜다.
—*n.m.* ①《옛》바람둥이, 난봉꾼; 장난꾸러기, 개구장이; 건달. ②《남프랑스》사나이, 소년.
drôlement [drolmã] *ad.* ① 기묘하게, 괴상하게; 《드물게》 우스꽝스럽게. film qui se termine ~ 이상 야릇하게 끝나는 영화. ②《구어》 몹시, 굉장히 (très, beaucoup). Il fait ~ froid aujourd'hui. 오늘 무척 춥다.
drôlerie [drolri] *n.f.* 우스꽝스러움; 익살, 농담.
drôlesse [droles] *n.f.* ① 말괄량이; 화낭녀. Il s'est acoquiné avec une petite ~. 그는 불량 소녀와 단짝이 되었다. ②《사투리》계집아이, 소녀.
drôlet(te) [drole, -ɛt], **drôlichon(ne)** [drɔliʃɔ̃, -ɔn] *a.* 《문어》 좀 우스꽝스러운, 익살맞은. —*n.* 익살맞은 아이, 개구장이.
drôlière [drɔljɛːr], **drôline** [drɔlin] *n.f.* 《사투리》 계집아이, 소녀.
dromadaire [drɔmadɛ:r] *n.m.* 《동물》 단봉(單峰) 낙타.
dromas [drɔmɑ:s], **drome**[1] [drɔ:m] *n.m.* 《조류》 물떼새 무리.
drome[2] *n.f.* ①《해양》 뗏목; (배의 갑판에 있는) 예비 부품; 《해의》 갑판; (선착의) 소형 보트. ~ d'un port 《집합적》 항구 내의 보트. mettre les embarcations en ~ 보트를 배 안으로 끌어올리다. ②(대장간의) 메 받침대.
-drome, -dromie *suff.,* **dromo-** *préf.* "뛰다"의 뜻〔예: aérodrome 비행장〕.
dromomanie [drɔmɔmani] *n.f.* 《정신의학》배회벽(徘徊癖), 방랑벽.
dromomètre [drɔmɔmɛtr] *n.m.* (열차의) 속도계.
dromon [drɔmɔ̃] *n.m.* (중세기의) 전함(戰艦).
dromoscope [drɔmɔskɔp] *n.m.* 《철도》(열차의) 속도 표시기.
dronte [drɔ̃:t] *n.m.* 《조류》 도도(17세기까지 Maurice, Bourbon 섬에 있었던 살이 쪄서 날 수 없는 거대한 비둘기의 일종)(dodo).
drop [drɔp] *n.m.* ①《영》(배의) 짐 싣는 기계. ② = drop-goal.
droper [drɔpe] *v.i.* 《속어》도망치다, 뛰다.
drop-goal [drɔpgo:l] *n.m.* 《럭비》드롭킥으로 공을 끝에 넣기.
droppage [drɔpa:ʒ] *n.m.* (비행기로부터의 물자·요원의) 투하. zone de ~ 투하〔강하〕지대.
droschki [drɔʃki] *n.m.* (러시아의) 4륜마차.
droséra [drozera] *n.m.,* **drosère** [drozɛːr] *n.f.* 《식

물》 끈끈이주걱속(屬).
drosophile [drozɔfil] n.f. 《곤충》 초파리.
drosse [drɔs] n.f. 《해양》 키의 끈[사슬].
drosser [drɔse] v.t. 《해양》 (바람·조류가 배를)표류시키다, 떠내려가게 하다.
drouais(e) [drue, -ɛːz] a. 드뢰(Dreux, 프랑스의 도시)의. —D~ n. 드뢰 사람.
drouine [druin] n.f. 《옛》 연장 주머니.
droussage [drusa:ʒ] n.m. (양털을)얼레빗질.
drousser [druse] v.t. (양털을)얼레빗질하다.
drousseur(se) [drusœːr, -øːz] n. (양털을)얼레빗질하는 사람. (⋄양털이)澤羅毛).
dru(e) [dry] a. ①짙은; 밀도 높은; 빽빽한, 조밀한, 무성한, 밀생한(épais, serré, touffu). herbe ~e 무성한 풀. barbe (cheveux) ~e [~s]숱이 많은 수염[머리]. pluie[neige] ~e 억수같이[명주] 쏟아지는 비[눈]. ②활발한; 강한, 날카로운(aigu, vif). style ~ 예리한 문체. regard ~ 날카로운 시선. dialogue ~ 활발한 대화. ③《옛》 (사람이)튼튼한, 원기 있는(fort, vigoureux). enfants ~s 원기왕성한 아이들.
—ad. ①빽빽하게, 조밀하게, 짙게. tomber ~ (비 따위가)심하게 오다. Les balles tombent ~. 탄환이 비오듯이 쏟아지다. semer ~ 촘촘히 파종하다. L'herbe pousse ~. 풀이 무성하게 자라다. ②《옛》힘차게, 세게. frapper ~ 계속 세차게 후려치다. jaser(caqueter) ~ 계속 지껄이다.
drug(-)store [drœgstɔr] 《미영》 n.m. 약국 《신문·잡지·문방구·약·화장품·담배도 팔고 식당과 다방도 겸하고 있음》.
druide(sse) [drɥid, -ɛs] n. 《프랑스사》 골(la Gaule)의 드루이드교의 승려[여승].
druidique [drɥidik] a. 드루이드교의.
druidisme [drɥidism] n.m. 드루이드교.
drumlin [drœmlin] n.m. 《지리》 빙퇴구(氷堆丘).
drummer [drœmœːr] n.m. 드럼치는 사람.
drums [drœms] n.m.pl. 재즈 드럼.
drupacé(e) [drypase] a. 《식물》 핵과성(核果性)의; 핵과가 생기는.
drupe [dryp] n.f. 《식물》 핵과.
drupéole [drypeɔl] n.m. 《식물》 작은 핵과.
druse¹ [dry:z] n.f. 《지질》 정동(晶洞).
druse², **druze** [dry:z] n. (D~) 드루즈족.
—a. 드루즈족의.
dry [draj] 《영》 a. 건조한; (포도주 따위가)쌉쌀한 편 인(sec).
dryade [dri(j)ad] n.f. 《신화》 숲의 요정 《선녀》.
D[sse] 《약자》 Duchesse 공작 부인.
D.S.T. 《약자》 Direction de la surveillance du territoire 국토보안국.
dt 《약자》 ① dont 《주식》 특권료. ② doit 《부기》 《차변》.
D.T.S. 《약자》 droits de tirage spéciaux 《경제》 국제통화기금 특별인출권.
du¹ [dy] =de+le.
:**du**² [dy] art. part.m. 《여성 단수형은 **de la**, 모음이나 무성의 h 로 시작되는 말 앞에서는 **de l'**》 ① 《불특정의 양》 약간의, 얼마간의. ⓐ 《물질명사 앞》 Prends encore du jambon. 햄을 더 들어라. couper du bois 약간의 나무를 자르다. consommer de la bière 얼마간의 맥주를 소비하다. manger du lapin 토끼고기를 먹다. ⓑ 《집합명사 앞》 pêcher de la sardine 정어리를 낚다. Il y a de la fraise dans ce bois. 이 숲에는 딸기가 있다. ⓒ 《추상명사 앞》 éprouver de la répulsion 혐오감을 품다. faire de la politique 정치에 관여하다.
REM (1) 동사의 직접목적보어에 붙는 부분관사는 부정문에서 de로 된다:Je n'ai pas acheté de pain. 빵을 사지 않았다. 그러나 부정이 명사에 가해지지 않고 긍정적 의미를 내포할 경우는 de로 되지 않는다:Je n'ai pas acheté du pain pour te le donner. 너에게 주려고 빵을 산 것은 아니다.
(2) 특정한 것의 일부분을 나타내는 **du, de la**는, 부분을 나타내는 것과 특정한 것의 일부를 나타내는 정관사 **le, la**와 결합된 것이라고 볼 수도 있다:Nous avons mangé du pain qu'ils ont acheté. 우리는 그들이 사온 빵을 (조금) 먹었다.
② 상당한. montrer du courage 용기를 내다. avoir de la conscience 양심적이다. Ça me fait de la peine de te voir aussi triste. 그렇게 슬퍼하는 너를 보니 내 마음이 아프다. Il y a du monde dans les magasins. 상점들에 상당히 많은 사람들이 있다. Dix mille francs, c'est de l'argent. 1만 프랑이라면 상당히 큰 돈이다. Ça, c'est du vin! 이것이야말로 좋은 포도주이다!
③ 《(인물 따위의) 특징·성질》(와)같은 것. On trouve en lui du collégien. 그에게서 중학생 같은 점을 발견할 수 있다. Ce que tu as écrit, c'est du Valéry! 네가 쓴 것은 마치 발레리 것 같다!
④ 《고유명사 앞》…의 작품(의 일부). J'ai lu du Corneille. 코르네유의 작품을 읽었다. jouer du Mozart 모차르트의 작품을 연주하다.
⑤ 《faire 의 직접목적보어에 붙어서 스포츠·학예 따위의 기능을 나타냄》 faire du football 축구를 하다. faire du violon 바이올린을 하다. faire du français 프랑스어를 배우다. faire de l'auto 자동차에 열중하다.
dû(ue) [dy] (p.p.<devoir) a.p. ① 지불해야 할, 치러야 할; 당연한, 정당한; 《법률·계약에 의해》 정해진. sommes dues 지불할 세금. impôts dus 지불할 세금. en temps dû 약속기일 안에. payer jusqu'à due concurrence 《대차계약에 정한》 약속 액수까지 지불하다. 《(s) dû à》 《에》(의한, 기인한. Cet argent lui est dû. 이 돈은 그에게 빚진 것이다. L'accident est dû à votre imprudence. 사고는 당신의 부주의 탓이다. **en bonne et due forme** 규정에 따라, 정식으로. **en port dû** 운임 후불로.
—n.m. 당연히 갚을[받을] 것; 《옛》 의무. payer son dû 당연히 갚을 것을[빚]을 치르다. réclamer son dû 당연히 받을 것을 요구하다.
(À) chacun son ~. 싫은 사람에게서도 인정할 점은 인정해 주다. pour le dû de ma conscience 내 마음이 편하도록.
dual(ale, pl. aux, als) [dyal, -o] a. 《수학》 (2항관계에서) 쌍의. espace ~ 쌍대 공간.
dualisme [dɥalism] n.m. ①《철학·종교》 2원론, 2원성. ② 2 중 국가제(制).
dualiste [dɥalist] a. 2원론의. —n. 2원론자.
dualité [dɥalite] n.f. 2원성, 2중성.
dubitatif(ve) [dybitatif, -iːv] a. 의심을 나타내는.
dubitation [dybitasjɔ̃] n.f. 《수사학》 의혹법.
dubitativement [dybitativmã] ad 의심을 품고 répondre ~ 반신반의하며 대답하다.
duc [dyk] n.m. ① 공(公), 공작. ~ et pair 《혁명전의》 공작의원. ② 4 륜 마차의 일종. ③《조류》 수리부엉이.
ducal(ale, pl. aux) [dykal, -o] a. 공의, 공작의; 《역사》 《옛 베네치아 제노아의》 총독의(에 관한). palais ~ 총독관. dignité ~ale 총독의 직위(dogat).

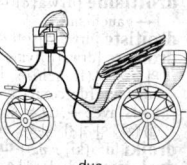

duc

ducasse [dykas] *n.f.* (북프랑스의)주보(主保) 성인제(祭); 동리의 명절.

ducat [dyka] *n.m.* 뒤카 금화 (옛 유럽제국에서 사용했던 금화). ~ d'argent 뒤카통(ducaton).

ducaton [dykatɔ] *n.m.* 뒤카통 (5-6 프랑의 은화).

duce [dutʃe] (이탈리아) *n.m.* 수령, 지도자, (특히 파시스트)당수 (무솔리니에 대한 칭호).

duché [dyʃe] *n.m.* 공국(公國), 공작 영지.

duché-pairie [dyʃeperi] (*pl.* ~s-~s) *n.m.* 공작의 원 영지.

duchenoque [dyʃnɔk] *n.m.* 《속어》 바보, 얼간이.

duchesse [dyʃɛs] *n.f.* ① 여공작, 공비(公妃), 공작부인; 위엄 있는 여자, 점잖빼는 여자. faire sa[la] ~ 《속어》 점잖빼다, 위엄부리다. ② 일종의 안락의자. ③《식물》배의 일종.

duconnard [dykɔna:r], **duconneau** [dykɔno] *n.m.* 《속어》 바보, 얼간이, 맹추.

ducroire [dykrwa(ɑ):r] *n.m.* 《상업》지불보증; (그것에 대한)수수료; 지불보증인.

-ducte *suff.* 「관(管)」의 뜻.

ductile [dyktil] *a.* ①전성(展性)이 있는, (금속이)늘일 수 있는, 두들겨 펼 수 있는. métal ~ 가연(可延)금속. ②《구어》(성격이)유순한, 온순한. caractère ~ 유순한 성격.

ductilité [dyktilite] *n.f.* ①전성(展性), 가연성(可延性). ②《구어》(성격이)유순[온순]함.

dudgeon [dydʒɔ] *n.m.* 관(管)확대기.

dudgeonner [dydʒɔne] *v.t.* (관을)확대하다.

dudit [dydi] ⇨ledit.

due [dy] ⇨dû.

duègne [dyɛɲ] 《에스파냐》 *n.f.* (경멸) (성미) 까다로운 노파; 지체 높은 집 말을 보살펴 주는 여자; 《연극》(그)역.

duel[1] [dyɛl] *n.m.* ① 결투, (승부·강의의)결판내기, 싸움. ~ au pistolet[au sabre] 권총[검]을 사용하는 결투. provoquer *qn* en ~ …에게 결투를 신청하다. battre en ~ 결투하다. témoin dans un ~ 결투의 증인[입회인]. ② 싸움, 전투. ~ d'artillerie 포전(砲戰). ~ aérien 공중전. ~ oratoire 공개토론, 논전(joute).

duel[2] *n.m.* 《언어》쌍수(雙數).

D.U.E.L. 《약자》Diplôme universitaire d'études littéraires 대학 문과 졸업증서.

duellisme [dyɛ(e)lism] *n.m.* 결투열, 결투광.

duelliste [dyɛ(e)list] *n.m.* 결투자; 결투하기 좋아하는 사람.

D.U.E.S. 《약자》Diplôme universitaire d'études scientifiques 대학 이과 졸업증서.

duettiste [dyɛ(e)tist] *n.* 《음악》2부 합창[합주]자.

duetto [dyɛtto] (*pl.* ~s, *duetti* [dyɛtti])《이탈리아》 *n.m.* 《음악》2중창, 2중주.

dugazon [dygazɔ̃] (<*Dugazon*, 프랑스 여배우) *n.f.* 《연극》(희가극에서의)시연인 역.

dugon [dygɔ̃], **dugong** [dygɔ̃(:g)] *n.m.* 《동물》 듀공 (인도양에 사는 해우류(海牛類)).

duire [dɥi:r] [32] *v.i.* 《옛》 마음에 들다. —*v.t.* 《옛》 (사람·동물을)길들이다.

duit [dɥi] *n.m.* ①(강의)둑. ②《옛》도관(導管).

duite [dɥit] *n.f.* 《직물》씨실(trame)의 길이.

duiter [dɥite] *v.t.* 《직물》 날실(chaîne) 사이로 씨실을 끼워 넣다.

dulçaquicole [dylsakɥikɔl] *a.* 담수어의, 담수식물의.

dulcifiant(e) [dylsifjɑ̃, -ɑ̃:t] *a.* 달게 하는.

dulcification [dylsifikasjɔ̃] *n.f.* 달게 함.

dulcifier [dylsifje] *v.t.* 달게 하다; 부드럽게 하다.

dulcinée [dylsine] *n.f.* 《구어》의중의 여자, 연인 (돈키호테의 애인 이름에서).

dulcite [dylsit] *n.f.* 《화학》 덜시트 (6가(價)의 알코올).

dulie [dyli] *n.f.* 《신학》(천사·성인에 대한) 숭배.

Dumanet [dymanɛ] *n.pr.m.* 《속어》풋내기 신병(新兵) (Cogniard 의 작품 *la Cocarde tricolore* (1831)의 작중 인물).

dum-dum [dumdum] (*pl.* ~s-~s) *n.f.* 덤덤탄(彈).

dumdum(is)er [dumdum(iz)e] *v.t.* (탄환에)새김눈을 내다; 덤덤탄으로 만들다.

dûment [dymɑ̃] *ad.* 정식으로, 틀림없이. être ~ autorisé 정식으로 권한을 부여받은. D~ reçu. 정(正)히 영수함.

dûmes [dym] ⇨devoir.

dumper [dœmpœr]《영》 *n.m.* 덤프차.

dumping [dœmpiŋ]《영》 *n.m.* 덤핑, 투매(投賣).

dundee [dœndi]《영》 *n.m.* 쌍돛대의 작은 범선.

dune [dyn] *n.f.* 모래 언덕, 사구. ~s maritimes (littorales) 해안사구. ~s continentales 내륙사구. ~ blanche (프랑스 남서부 *Gironde* 지방의)백(白)사구.

dunette [dynɛt] *n.f.* ① 작은 모래 언덕. ②《해양》선미루(船尾樓) 갑판.

dunette ②

dunkerque [dœkɛrk] *n.m.* 《옛》 ① 장식품. ② 골동품 진열창(petit ~).

dunkerquois(e) [dœkɛrkwa, -a:z] *a.* 덩케르크 (*Dunkerque*, 프랑스의 도시)의. —**D~** *n.* 덩케르크 사람.

Dunois(e) [dynwa, -a:z] *a.* 샤토됭 (*Chateaudun*, 프랑스의 도시)의. —**D~** *n.* 샤토됭 사람.

duo [dyo] *n.m.* ①《음악》2중창[주]곡. chanter en ~ 이중창으로 부르다. ~ de violon 바이올린 이중주. ~ pour violoncelles 첼로 이중주. ②《구어》주고 받는 말. ~ d'injures 서로 주고받는 욕설. ③ 2중 압연기(壓延機).

duodécennal(ale, *pl.* **aux)** [dyɔdesɛnnal, -o] *a.* 12년간의.

duodécimal(ale, *pl.* **aux)** [dyɔdesimal, -o] *a.* 12진법(進法)의.

duodécimo [dyɔdesimo] *ad.* 12번째로.

duodénal(ale, *pl.* **aux)** [dyɔdenal, -o] *a.* 《해부》십이지장의, 샘창자의.

duodénite [dyɔdenit] *n.f.* 《의학》십이지장염.

duodénum [dyɔdenɔm] *n.m.* 십이지장.

duodi [dyɔdi] *n.m.* 《프랑스사》공화력(曆)의 각 순(旬)의 제 2 일.

duopole [dyɔpɔl] *n.m.* 《경제》복점(複占).

dupe [dyp] *n.f.* 속은 사람, 속기 쉬운 사람. être sa (propre) ~ 잘못 생각하다. être la ~ de *qn*(*qc*) …에게 (에서) 속다. prendre *qn* pour (sa) ~ …을 앞잡이로 삼다, 이용해먹다. *C'est un jeu*[*un marché*] *de* ~*s*. 속았다, 협잡이다. *journée des D~s* 속은 [한방 먹은] 날(실각한 줄 알았던 Richelieu 가 루이 13세에 의해 복권된 날, 1630 년 11 월 10 일). —*a.* [~ de *qn/qc*] 속은, 속기 쉬운. Je ne suis pas ~. 나는 속아 넘어가지 않는다. Il n'est pas ~ de vos mensonges. 그는 네 거짓말에 속지 않아.

duper [dype] *v.t.* 《문어》속이다(tromper). Il est facile à ~. 그는 속여먹기 쉽다. Il a failli se laisser ~. 그는 속아 넘어갈 뻔했다. —**se** ~ *v.pr.* 자신, 잘못 생각하다; 서로 속이다.

duperie [dypri] *n.f.* ①속임, 기만. ② 속음.

dupeur(se) [dypœ:r, -ø:z] *n.* 《옛》 속이는 사람, 기만자, 사기꾼.

duplex [dypleks] *a.*《불변》2중의, 2연식(聯式)의; 다원(방송)의. télégraphie ~ 2중 전신(법).
—*n.m.*《건축》복식 아파트《두 층에 걸쳐 연결된 방이 있는 아파트》(appartement en ~);《전신》(전신·전화의)동시 송수신(장치); 이원방송, 다원방송(émission en ~).

duplexage [dypleksaːʒ] *n.m.* (방송의)다원화; (통신의)동시 송수신 방식화.

duplexer [dyplekser] *v.t.* (방송을)다원화하다; 동시 송수신 방식으로 하다.

duplicata [dyplikata] *n.m.* 《복수불변》《법》등본, 부본, 사본, 복사(double). ~ d'un testament 유언장의 사본. expédier une quittance en (par) ~ 영수증을 정·부본 2통을 발송하다.

duplicateur [dyplikatœːr] *n.m.* ① 복사기, 등사기. ②《전기》더블러.

duplicatif(ve) [dyplikatif, -iːv] *a.* 2중으로(2배로) 하는.

duplication [dyplikasjɔ̃] *n.f.* ① 2중으로(2배로) 함. ~ chromosomique 《생물》염색체의 중복. ② =duplexage.

duplicature [dyplikatyːr] *n.f.* 《해부》중복막(重

duplice [dyplis] *n.f.* 《정치》 2중 동맹. 〔複膜).

duplicité [dyplisite] *n.f.* ① 《옛》중복. ~ de l'homme 인간의 이중성. ② 표리 있는 성격, 두 마음, 이중성격, 위선(fausseté, hypocrisie).

duplique [dyplik] *n.f.* ① 《법》(피고인의)재답변. ② 답변에 대한 반론, 재반박.

dupliquer [dyplike] *v.t.* =duplexer.

duquel [dykel] ⇨lequel.

:dur(e) [dyːr] *a.* ① 굳은, 단단한(↔doux, mou). ~ comme le fer(du bois) 쇠(나무)처럼 단단한. pain ~ 딱딱한 빵. viande ~e 질긴 고기. œuf ~ 삶은 계란《반숙한 달걀은 œuf mollet, œuf à la coque). ② 곤란한, 힘드는(pénible, difficile, ↔facile). ~ à digérer; de ~e digestion 소화하기 힘드는. ~ travail 힘든 일. [~ à + *inf.*]…하기 힘든. sentier ~ à monter 올라가기 힘든 산길. instrument ~ à manier 다루기 힘든 기구. légumes ~s à cuire 익히기 힘든 야채.《비인칭》[Il est/fait ~ de + *inf.*] *Il est ~ de se voir calomnier.* 중상모략을 당하는 것은 견디기 힘들다. *Il fait ~ de vivre ici.* 여기서 살기는 힘들다.
③ 억센, 거친(cru). lumière ~e 강한(눈부신) 불빛. eau ~e 센물, 경수(硬水).
④ (감각이)둔한, 무딘; [~ à *qc*] 끈기 있는, 지칠 줄 모르는(endurant). ~ au travail(à la tâche) 일에 끈기가 있는. ~ au mal 고통을 잘 견디다.
⑤ 무자비한, 냉혹한, 엄격한(sévère, rigoureux), (추위가)혹독한. loi ~e 엄격한(가혹한)법. avoir le cœur ~ 무정하다, 냉혹하다. être ~ envers [pour, avec, à l'égard de] *qn*(*qc*) …에(에게) 대하여 가혹(냉혹)하다. ~e punition 엄벌. ~s combats 격전. critique ~e 혹평.
⑥ (표정이)딱딱한; (귀·눈에)거슬리는; (문장이)딱딱한, 생경한.
⑦ 풍랑이 심한, 물결치는; (계단이)급한; (포도주가)쌉쌀한, 독한.
⑧ (정치적 태도가)강경한, 매파의.
arrondir ses angles ~s 모난 성격을 원만하게 하
avoir la peau ~e 강인하다, 억척스럽다. 〔다.
avoir la tête ~e 우둔하다; 고집이 세다.
avoir la vie ~e 죽지 않고 버티다; 억척스럽다.
avoir l'oreille ~e; être ~ d'oreille 귀가 먹다, 가는 귀 먹다.
~ à les lâcher〔*à la détente*〕《속어》인색한.
être ~ à cuire《구어》다루기 힘든다.

mener(*rendre*) *la vie ~e à qn* …을 불행하게 하다, 괴롭히다, 고생시키다.
un coup ~ 타격; 격전, 전투.
—*ad.* ① 심하게, 몹시, 모질게(violemment, ↔faiblement). Le vent souffle ~ 바람이 몹시 분다. frapper ~ 세게 후려치다. Le soleil tape ~ 해가 쨍쨍 내려 쬔다. croire *qc* comme fer …을 굳게 믿다. ② 끈기 있게(énergiquement). travailler ~ 끈기 있게 하다.
—*n.m.* ① 굳은(단단한) 것. bâtiment en ~ 영구건물. ② 《속어》열차, 지하철. brûler le ~ 열차에 무임승차하다. ③ (*pl.*)《속어》도형(徒刑). ④ 《속어》브랜디.
—*n.f.* ① 지면; 딱딱한 잠자리. coucher à(sur) la ~e 마루(땅) 바닥에 눕다. ② 《군대어》고기 (viande).
à la ~e 엄격하게, 심하게; 어려운 생활을 하면서.
en dire de ~es à qn …에게 심한 말을 하다, 비난하다, 꾸짖다.
en voir de ~es 혼나다, 고생하다.
—*n.* ① 《속어》역척꾸러기, 통뼈; 망나니. un ~ à cuire 《구어》다루기 어려운 사람. ② (정당내의)강경파, 매파. les ~s et les mous 매파와 비둘기파.

durabilité [dyrabilite] *n.f.* ① 지속성(력), 내구성(력); ~ du bois 목재의 내구성. ② 《법》(재산의)유효기간.

***durable** [dyrabl] *a.* 오래 가는, 오래 견디는; 내구성의, 견고한(↔éphémère, provisoire, précaire); 영속적인, 항구적인(permanent); 안정된(stable). ouvrage ~ 생명이 긴 저작. paix ~ 항구적 평화. amour(amitié) ~ 변함없는 사랑(우정).

durablement [dyrabləmɑ̃] *ad.* 항구적으로, 지속적으로.

duraille [dyraːj] *a.* 《속어》굳은; 곤란한, 힘드는.

durain [dyrɛ̃] *n.m.* 석탄의 구성 성분 중의 하나.

dural(ale, *pl.* **aux)** [dyral, -o] *a.* 《해부》경막(硬膜)의.

duralumin [dyralymɛ̃], **duraluminium** [dyralyminjɔm] *n.m.* 《야금》듀랄루민.

duramen [dyramɛn] *n.m.* 나뭇고갱이, 심재(心材), 적목질(赤木質).

durant [dyrɑ̃] *prép.* …동안(au cours de); …을 통하여. ~ la nuit 밤새도록. ~ toute sa vie 일생을 통하여. Il y a de grandes festivités ~ trois jours. (연속)사흘 동안 대축제가 있다.
~ que 《옛》…동안에(pendant que).
—*p.pr.* (특수한 몇 가지 표현)sa vie ~ 일평생. parler des heures ~ 몇 시간을 계속 말하다.

duratif(ve) [dyratif, -iːv] *a.* 《언어》(동작·상태의)지속을 나타내는. aspect ~ 지속상(相).
—*n.m.* 지속사(savoir, posséder, petit 따위).

durbec [dyrbek] *n.m.* 《조류》콩새 무리.

durcir [dyrsiːr] *v.t.* 단단하게 하다, 견고하게 하다; 냉혹하게 하다; 격화시키다; 확악하게 하다. Le sport *durcit* les muscles. 운동은 근육을 단단하게 한다. L'ennemi *durcit* sa résistance. 적은 저항을 강화한다.
—*v.i.* 굳어지다. L'argile *durcit* en séchant. 점토는 마르면서 굳어진다.
—*se ~ v.pr.* 굳다, 굳어지다; 냉혹해지다.

durcissement [dyrsismɑ̃] *n.m.* 굳힘; 굳어짐; 굳어져 있음; 경화; 격화.

***durée** [dyre] *n.f.* ① 지속, 계속; (지속하는)기간 (période). ~ des vacances 방학(휴가) 기간. ~ combat de ~ 지구전. de courte(de longue) ~ 오래 가지 못하는(오래 가는), 단기(장기)의. être de ~ 오래 가다. mode qui n'est pas de ~ 〔qui a peu de ~) 오래 못 가는 유행. pour une ~ de trois ans 앞으로 3년간. ② 내구성; 수명; 〖법〗유효기간. essai de ~ 〖기계〗내구시험. ~ de la vie moyenne 평균수명. ~ du droit d'auteur 저작권의 유효기간(시효). ~ de projection(d'un film) (영화의 1회)상영기간. ~ du travail (노동법이 정하는)노동시간. ~ d'un mandat 영장의 유효기간. ③ 〖음악〗(음의)길이; 〖음성〗(소리의)지속.

durement [dyrmɑ̃] *ad.* ① 거칠게, 과격하게. travailler(lutter) ~ 심하게 일하다(싸우다). ② 겨우, 간신히. ③ 몹시, 사정없이, 엄하게, (sévèrement), 가혹하게. ④ 무정하게, 냉담하게. répondre ~ 냉담하게 대답하다.

dure-mère [dyrmɛːr] (*pl.* ~s-~s) *n.f.* 〖해부〗경뇌막(硬腦膜).

durent [dy:r] ⇨**devoir**¹.

***durer** [dyre] *v.i.* ① 계속되다, 지속되다(continuer). Le discours *a duré* deux heures. 연설은 2시간 동안 계속되었다. ② 견디다, 수명을 유지하다, 오래 가다(résister, tenir, se conserver). chaussures qui *durent* encore 아직도 신을 수 있는 구두. Cette mode ne *durera* pas. 이 유행은 오래 가지 못할 게다. meubles faits de manière à ~ longtemps 오래 쓸 수 있게 제조된 가구. faire ~ 오래가게 하다. ③ (시간이)길게 생각되다, 지루하게 여겨지다. Il me *dure* de + inf. …하는 것이 길게(지루하게) 생각된다. Cette minute nous *a duré* une heure. 이 1분이 우리들에겐 한 시간같이 여겨졌다. Le temps me *dure*. 시간 가는 게 지루하다. ④ 〖옛·사투리〗(부정·의문문에서) 견디다. ne pouvoir ~ avec *qn* …와 함께 살 수 없다. ne pouvoir ~ de(à) *qc* …에 견딜 수 없다. ⑤ 〖구어·사투리〗가만히 있다. ne (pas) pouvoir ~ en place 한곳에 가만히 있지 못하다. ⑥ 〖옛〗(오래) 살다(vivre); (그럭저럭)살아 나가다. Son fils ne *dura* guère. 그의 아들은 오래 못 살았다. *faire feu(vie) qui dure* 무리하지 않다, 힘을 아끼다; 가늘고 길게 살다.

duret(te) [dyrɛ, -ɛt] *a.* 〖옛·문어〗좀 단단한. —*n.m.* 사과의 일종.

***dureté** [dyrte] *n.f.* ① 굳기, 경도. degré de ~ 경도(硬度). ~ de l'eau 수질(水質)의 경도. ~ temporaire(permanente) 물의 일시(영구)경도. ② 곤란, 고통, 쓰라림. ③ 무정, 박정; 준엄, 냉혹, 가혹; (기후의)혹독함(rigueur, rudesse, sévérité). avec ~ 거칠게, 퉁명스럽게. ~ de cœur 박정, 무자비. ~ d'oreille 난청. ~ des traits au visage 얼굴 표정의 딱딱함. ~ des sons 딱딱한 소리. ~ d'un père pour son fils 아들에 대한 아버지의 엄격함. ④ (*pl.*)〖옛〗냉혹한 말(행위). ⑤ 〖옛〗(의지 따위의)견고; (손발에 생기는)못.

durham [dyram] 〖영〗*n.m.* 쇼트혼(영국 원산의 식용 젖소).

durillon [dyrijɔ̃] *n.m.* (손·발에 생기는)못; (나무의)옹이. —*a.* 〖속어〗=**duraille**.

durillot(te) [dyrijo, -ɔt] *a.* 〖속어〗=**duraille**.

durion [dyrjɔ̃] *n.m.* 〖식물〗듀리언(동인도 제도산의 과수).

durit(e) [dyrit] *n.f.* 〖자동차·항공〗연결 고무관.

durocasse [dyrɔkas] *a., n.* =**drouais**.

du-s, -t [dy], **-sses(s)** [dys] ⇨**devoir**¹.

duumvir [dɥ(y)ɔmviːr] *n.m.* 〖로마사〗2두정치가의 사람.

duumvirat [dɥ(y)ɔmvira] *n.m.* duumvir의 직위(임기).

duvet [dyvɛ] *n.m.* ① (새의)솜털, (솜털 같은)부드러운 털; 새털 이불; (복숭아 따위의)솜털. oreiller [matelas] de ~ 새털 베개(침대요). ② 〖직물〗보풀. *coucher sur le* ~ 〖구어〗사치스럽게 살다.

duvet(e) [dyvte] *a.p.* 솜털(보풀)로 뒤덮인; 솜털(보풀) 같은.

duveter (se) [s(ə)dyvte] ⑤ *v.pr.* 솜털(보풀)로 뒤덮이다.

duveteux(se) [dyvtø, -øːz] *a.* 솜털(보풀) 같은, 솜털(보풀)이 많은.

Dy 〖약자〗dysprosium

dyade [djad] *n.f.* 〖철학〗(고대 희랍 철학의)이원론; 〖생물〗2분자(分子).

dyarchie [djarʃi] *n.f.* 〖정치〗2두정치. ~ de sparte 스파르타의 2두정치.

dyarchique [djarʃik] *a.* 2두정치의.

dyarque [djark] *n.m.* 2두정치의 통치자의 한 사람.

dyke [dik, dajk] 〖영〗*n.m.* 〖지질〗암맥(岩脈).

dynam(o)- *préf.* **-dynamie** *suff.* 「힘·동력」의 뜻.

dynamique [dinamik] *a.* 힘의, 힘이 강한; 역학의, 역학적인, 동력학의; 운동의(↔statique); 동태(動態)의. unité ~ 힘의 단위. géologie ~ 역학적 지질학. psychologie ~ 역학적 심리학. état ~ 동태(動態). analyse ~ 〖경제〗동태 분석. art ~ 역동적 예술. homme ~ 활동적인 사람.
—*n.f.* 역학; 동력학; 추진력, 강력한. ~ de(s) groupe(s) 〖심리학〗집단역학. ~ révolutionnaire 혁명을 추진하는 힘.

dynamiquement [dinamikmɑ̃] *ad.* 역학상; 강력하게, 정력적으로.

dynamisant(e) [dinamizɑ̃, ɑ̃ːt] *a.* 힘을 주는, 활동력을 주는.

dynamisation [dinamizasjɔ̃] *n.f.* 활동, 활력 부여; 〖약〗약효 증강.

dynamiser [dinamize] *v.t.* 힘을 주다, 활력을 주다.

dynamisme [dinamism] *n.m.* 활력, 정력; 생명력; 〖철학〗역동설(力動說), 역본설(力本說).

dynamiste [dinamist] *n.* 역동(역본)설론자. ~ 역동(역본)설의.

dynamitage [dinamita:ʒ] *n.m.* 다이너마이트에 의한 폭파.

dynamite [dinamit] *n.f.* 다이너마이트.

dynamiter [dinamite] *v.t.* 다이너마이트로 폭파(장치)하다.

dynamiterie [dinamitri] *n.f.* 다이너마이트 공장.

dynamiteur(se) [dinamitœːr, -øːz] *n.* ① 다이너마이트 제조공; 다이너마이트 사용 범인. ② 전통 타파자, 파괴자.

dynamitière [dinamitjɛːr] *n.f.* 다이너마이트 저장소.

dynamo [dinamo] *n.f.* 발전기. ~ à courant continu [alternatif] 직류(교류)발전기.

dynamo-démarreur [dinamɔdemarœːr] (*pl.* ~s-~s) *n.f.* =**dynamoteur**.

dynamo-électrique [dinamɔelɛktrik] *a.* 기계 에너지를 전기 에너지로 바꾸는.

dynamogène [dinamɔʒɛn], **dynamogénique** [dinamɔʒenik] *a.* 〖생리〗에너지(힘)를 주는(음식 따위).

dynamogénie [dinamɔʒeni] *n.f.* 〖생리〗(기관(器官)의)기능 항진(亢進).

dynamographe [dinamɔgraf] *n.m.* 〖생리〗역량기록기.

dynamomagnétique [dinamɔmaɲetik] *a.* 자기역학(磁氣力學)의.

dynamométamorphisme [dinamɔmetamɔrfism] *n.m.* 〖지질〗동력변성작용.

dynamomètre [dinamɔmɛtr] *n.m.* 〖기계〗역량계, 악력계(握力計); 동력계.

dynamométrie [dinamɔmetri] *n.f.* 역량(악력) 측

정법.
dynamométrique [dinamɔmetrik] *a.* 역량[악력·동력]계의, 동력 측정의.
dynamophore [dinamɔfɔːr] *a.* 《생리》 (음식물 따위가)정력을 돋구어주는.
dynamoteur [dinamɔtœːr]*n.m.*, **dynastart** [dinastaːr] *n.f.* 《자동차》 발전기 겸용 시동모터.
dynaste [dinast] *n.m.* 《고대사》 (작은 나라의)군주, 통치자; (중세 시대의)소군주.
dynastie [dinasti] *n.f.* (역대의)왕조; (한 가계에서의)유명인의 속출; (유명한)가문, 가게, ~ des Rockefeller 록펠러 일가.
dynastique [dinastik] *a.* 왕조의. querelle ~ 왕위 계승 분쟁. ―*n.m.pl.* 왕조당(王朝黨).
dyne [din] *n.f.* 《물리》 다인(힘의 단위).
-dyne *suff.*, **dyn(o)-** *préf.* 「힘」의 뜻.
dys- *préf.* 「곤란·결합·장애」의 뜻.
dysacousie [dis(z)akuzi] *n.f.* 《의학》 청각 이상.
dysarthrie [dizartri] *n.f.* 《의학》 구음(構音) 장애, 구어(構語) 장애.
dysbarisme [dysbarism] *n.m.* 《의학》 감압증(減壓症)(항공병의 일종).
dysbasie [disbazi] *n.f.* 《의학》 보행 곤란증.
dysboulie [disbuli] *n.f.* 《정신의학》 의사표현 곤란증(의지 박약증의 한 형).
dyscalculie [diskalkyli] *n.f.* 《심리》 계산능력 장애.
dyscataposie [diskatapozi] *n.f.* 《의학》 연하 곤란(嚥下困難).
dyschromatopsie [diskrɔmatɔpsi] *n.f.* 《의학》 색맹(色盲), 색약.
dyschromie [diskrɔmi] *n.f.* 《의학》 피부색소 이상.
dyscole [diskɔl] *a.* 성미가 까다로운.
dyscrasie [diskrazi] *n.f.* 《의학》 혈액 이상; 《옛》 병약 체질.
dysendocrinie [disɑ̃dɔkrini] *n.f.* 《의학》 내분비선 장애.
dysenterie [disɑ̃tri] *n.f.* 《의학》 이질, 적리(赤痢). ~ bacillaire 세균성 이질. ~ épidémique 유행성 이질.
dysentérique [disɑ̃terik] 《의학》 *a.* 이질[적리]의. ―*n.* 이질[적리] 환자.
dysesthésie [dizɛstezi] *n.f.* 《의학》 감각 장애.
dysfonctionnement [disfɔ̃ksjɔnmɑ̃] *n.m.* 《의학·심리》 기능 장애, 기능 부전(不全).
dysgénésie [disʒenezi] *n.f.* 《의학》 생식 장애, 불임.
dysgénète [disʒenɛt] *n.* 우생(優生) 보호 대상자(중대한 유전적 정신질환자 등).
dysgénique [disʒenik] *a.* (인종을)퇴화시키는, 비우생학적인(↔eugénique).
dysgraphie [disgrafi] *n.f.* 《의학》 문자 장애; (기관의)이상 형태.
dysharmonie [dizarmɔni] *n.f.* (음·색의)부조화; 《의학》 정신분열.
dyskinésie [diskinezi] *n.f.* 《의학》 운동 장애.
dyslalie [dislali] *n.f.* 《의학》 구음(構音) 장애.
dyslexie [dislɛksi] *n.f.* 《의학》 실독증(失讀症), 독서 장애.
dyslexique [dislɛksik] *a.* 실독증(失讀症)에 걸린. ―*n.* 실(난)독증 환자.
dyslosie [dislɔʒi] *n.f.* 《의학》 사고(思考) 장애.
dysménorrhée [dismenɔre] *n.f.* 《의학》 월경 곤란증, 월경통.
dysmnésie [dismnezi] *n.f.* 《의학》 기억 장애.
dysop(s)ie [dizɔp(s)i] *n.f.* 《의학》 시각 장애, 약시.
dysorexie [dizɔrɛksi] *n.f.* 《의학》 식욕 감퇴.
dysosmie [dizɔsmi] *n.f.* 《의학》 후각 장애, 이후각증(異嗅覺症).
dyspepsie [dispɛpsi] *n.f.* 《의학》 소화불량.
dyspepsique [dispɛpsik], **dyspeptique** [dispɛptik] 《의학》 *a.* 소화불량의. ―*n.* 소화불량병자.
dysphagie [disfaʒi] *n.f.* 《의학》 연하(嚥下) 곤란(dyscataposie).
dysphasie [disfazi] *n.f.* 《의학》 부전실어증.
dysphonie [disfɔni] *n.f.* 《의학》 발성 장애[곤란].
dysphorie [disfɔri] *n.f.* 《의학》 불쾌감; 신체 위화감(違和感)(↔euphorie).
dyspnée [dispne] *n.f.* 《의학》 호흡 곤란.
dyspnéique [dispneik] *a.* 《의학》 호흡 곤란의.
dyspraxie [dispraksi] *n.f.* 《의학》 통합(統合) 운동 장애.
dysprosium [disprɔzjɔm] *n.m.* 《화학》 디스프로슘(원소 기호 Dy; 원자 번호 66).
dyssymétrie [disimetri] *n.f.* 불균형.
dystasie [distazi] *n.f.* 《의학》 기립 곤란증.
dystocie [distɔsi] *n.f.* 《의학》 난산.
dystomie [distɔmi] *n.f.* 《의학》 발성 곤란증.
dystonie [distɔni] *n.f.* 《의학》 이상 긴장증, 근육 긴장 이상.
dystrophie [distrɔfi] *n.f.* 영양실조증.
dysurie [dizyri] *n.f.* 《의학》 배뇨곤란(排尿困難).
dytique [ditik] *n.m.* 《곤충》 물방개.
dz. 《약자》 douzaine 《상업》 12개, 다스.
dzêta [dzeta] *n.m.* =**zêta**.
Dzoungarie [dzungari] *n.pr.f.* 《지리》 중가리야(중국 신강성의 북부 지방).

E

E¹, e¹ [ə, e] *n.m.* ① 프랑스 자모의 제 5 자. *e ouvert* 열린 e([ɛ]). *e fermé* 닫힌 e([e]). *e muet*(caduc) 무음의 e([ə]). ② 【음악】(영국·독일에서)마 음(音), 마 조(調).

E² 《약자》Espagne 에스파냐 (외국 자동차의 표지).

e³ 《약자》 《수학》자연대수(logarithmes népériens) 의 기초(2.71828…); 《물리》 électron 전자, 일 렉트론; 《물리》 force électromotrice 기전력(起電力);《영》EMF.

E. 《약자》① est 동쪽. ② Excellence 각하; Éminence 예하(猊下). ③ équivalent mécanique de la chaleur 【물리】열의 일 당량(當量).

É, é [e] *n.m.* (e accent aigu 로 발음).

é- *préf.*「분리·상태의 변화·행위의 완성」의 뜻(변형으로 ec-, ef-, es-, ex-가 있음).

e. à p. 《약자》effet à payer 【상업】지불 어음.

e. à r. 《약자》effet à recevoir 【상업】수취 어음.

:eau [o] (*pl.* **~x**) *n.f.* ① 물. ~ de robinet 수도물. boire de l'~ 물을 마시다. moulin à ~ 물방아. jet d'~ 분수. château d'~ 급수탑; 저수지. ~ douce 연수(軟水); 민물. ~ dure 경수, 센물. ~ potable 음료수. ~ gazeuse 탄산수. puiser de l'~ 물을 긷다. laver à l'~ 물로 씻다.
② 광천수(~ minérale); (*pl.*)온천장, 광천장. ville d'~(x) 온천 마을. prendre les ~x 광천수를 마시다, 탕치(湯治)하다. aller aux ~x 광천장(온천장)에 가다.
③ 바다, 강, 내, 호수, 연못; 비; 수도(물). au bord de l'~ 물가에서. cours d'~ 하천. ~x territoriales 영해. hautes(basses) ~x 만(간)조. Il tombe de l'~. 비가 내린다. compagnie des ~x 수도 회사. conduite d'~ 급수(수도) 도관. mettre un navire à l'~ 배를 진수시키다.
④ (과일 따위의)즙; 액; 타액, 군침; 땀; 소변; 오줌. ~ mère 【화학】모수(母水). ~ oxygénée 과산화수소수. ~ régale 왕수(王水). Cela lui fait venir l'~ à la bouche. 그에게 군침을 흘리게 한다, L'~ lui en vient à la bouche. 《구어》그에게 군침을 흘리게 한다. être tout en ~ 흠뻑 땀에 젖어 있다. lâcher de l'~ 《속어》오줌 누다.
⑤ (보석의)투명도, 순도; (직물 따위의)광택. diamant de la plus belle[de la première] ~ 최고품의 금강석. donner de l'~ à une étoffe 직물에 광택이 나게 하다.
à grande ~ 물을 흠뻑 써서.
aller au fil d'~ 흐름에 내맡기다; (비유적)되어가는 대로 내맡기다.
battre l'~ 《옛》헛수고하다.
de la plus belle ~ (비유적, 나쁜 뜻으로)최고의. avare *de la plus belle* ~ 지독한 수전노.
Depuis lors il a passé (bien) de l'~ *sous les ponts.* 《구어》그후 많은 시간이 흘렀다, 그후 여러가지 일이 일어났다.
être dans les ~x *de qn* …을 추종하다, …와 같은 의견이다, …의 편을 들다.
faire de l'~ (배·차가)물 보급을 받다, 음료수를 저장하다.
faire ~ 물이 스며들다. navire qui *fait* ~ 물이 스며드는 배.
Il faut laisser couler ~. 되는 대로 내맡길 수밖에 없다.
Il n'est pire ~ *que l'*~ *qui dort.* 《속담》흐르지 않는 물보다 고약한 것은 없다, 잠자코 있는 자는 경계해야 한다.
Il ne vaut pas l'~ *qu'il boit.* 《구어》그는 밥값도[제 구실도] 못하는 쓸모없는 녀석이다.
L'~ *va à la rivière.* 《속담》돈은 부자에게 간다.
Les ~x *sont basses.* 《구어》(가진 것이)바닥났다.
mettre de l'~ *dans son vin* 《구어》(포도주에 물을 타다)→흥분을 다소 누그러뜨리다; 요구사항을 줄이다.
mettre qn à l'~ …에게 술을 끊게 하다.
porter de l'~ *à la rivière (à la mer)* 쓸데없는 짓을 하다, 헛일을 하다.
revenir sur l'~ 다시 떠오르다, 회복하다.
s'acharner les pieds dans l'~ 닥쳐오는 위험을 느끼지 못하고 있다.
tomber à(dans) l'~ 수포로 돌아가다.

eaubénitier [obenitje] *v.t.* 《구어》(에게)성수(聖水)를 뿌려 주다.
— *n.m.* 《드물게》(은으로 만든)성수반.

*eau-de-vie [odvi] (*pl.* **~x-~~**) *n.f.* ① 화주(火酒), 증류주. ~ de grain 곡주(穀酒). ② 브랜디. ~ de vin (포도술 원료로 한)코냑(cognac), 아르마냑(armagnac) 따위.

eau-forte [ofort] (*pl.* **~x-~s**) *n.f.* ① 【화학】질산. ② 【미술】부식 동판화(《영》etching). enlever le métal à l'~ 동판에 부식조각을 하다.

eaux et forêts [ozefɔrɛ] *n.f.pl.* (국가 관리하의)치수보림(治水保林). maître des E-~ et F-~ 치수보림관.

eaux-vannes [ovan] *n.f.pl.* ① 오수(汚水), 하수(下水); 오물. ② 【농업】하수오물비료.

ébahi(e) [ebai] *a.p.* 깜짝 놀란(stupéfait).

ébahir [ebaiːr] *v.t.* 깜짝 놀라게 하다(stupéfier). nouvelle qu *m'ébahit* 나를 깜짝 놀라게 하는 소식.
— *s'~ v.pr.* 깜짝 놀라다; 경탄하다. Les gens *s'ébahissaient* devant ce spectacle. 사람들은 이 광경을 보고 크게 놀랐다.

ébahissement [ebaismɑ̃] *n.m.* 깜짝 놀람, 경악; 경탄(surprise).

ébarbage [ebarba:ʒ], **ébarbement** [ebarbəmɑ̃] *n.m.* ébarber 하기.

ébarber [ebarbe] *v.t.* (금속판에 붙은 것을)잘라버리다, 베어내다; (밀·보리의)까끄라기를 자르다; (식물의)뿌리털을 자르다; (책·동판의)가장자리를 자르다; 【요리】생선의 지느러미·수염을 자르다; 【의학】상처의 손상부분을 절제하다.

ébarbeur(se) [ebarbœːr, -ɸ:z] *n.* ① (금속판·주물의)너덜너덜한 가장자리를 제거하는 직공[기계]. ② 【농업】보리씨의 수염 제거기.

ébarboir [ebarbwaːr] *n.m.* (동판·목판 따위의)가장자리를 자르는 도구.

ébarbure [ebarby:r] *n.f.* ① 잘라낸[베어낸] 부스러

ébardoir

기. ② (*pl.*)(샐러드용 야채의)메어버린 겉잎.
ébardoir [ebardwa:r] *n.m.* (금속판을)긁는 도구.
ébarouir [ebarwi:r] *v.t.* (햇빛이 통·갑판 따위를)말라 터지게 하다. —*v.i.*, **s'~** *v.pr.* 말라 터지다.
ébarouissage [ebarwisa:ʒ] *n.m.* 말라 터짐.
ébats [eba] *n.m.pl.* ① 뛰놀기, 깡총깡총 뛰어다니기. ② (옛) 기분풀이, 오락(divertissement). prendre ses ~s 희희낙락 뛰놀다, 기분풀이를 하다.
ébattement [ebatmã] *n.m.* 《옛》뛰놀기, 노닐기; 기분풀이, 즐거움.
ébattre (s') [sebatr] [45] *v.pr.* 뛰놀다; (비유적) 장난치다, 희롱하다(folâtrer). Les enfants *s'ébattent dans le pré.* 아이들이 풀밭에서 뛰놀고있다.
ébaubi(e) [ebobi] *a.p.* 《구어》깜짝 놀란(ébahi).
ébaubir (s') [sebobi:r] *v.pr.* 《문어》깜짝 놀라다, 경탄하다.
ébaubissement [ebobismã] *n.m.* 《구어》=**ébahissement**.
ébauchage [eboʃa:ʒ] *n.m.* 초벌 손질, 준비공정; 밑그림을 그리기, 스케치.
ébauche [ebo:ʃ] *n.f.* ① (그림·조각·문학 따위의)초안, 초벌 손질, 밑그림(esquisse); 조잡한(불완전한) 작품. ② (희미한 일의)시초, 태동, 희미한 출현[형태]. ~ d'une démocratisation 민주화의 태동. ~ d'un sourire 희미한 미소.
ébaucher [eboʃe] *v.t.* ① (작품의)윤곽을 잡다; 초(안)를 잡다, 초벌 손질을 하다, 초벌 그리다(projeter, esquisser). ② (의)준비를 하다, 착수하다(préparer). ~ une négociation avec *qn* ···와 협상을 개시하다. ③ 희미하게 나타내다. ~ un sourire 살짝 미소 짓다. ~ un salut 가볍게 인사하다.
—*s'~ v.pr.* ① (막연히)준비되다, 시작되다; (어떤)모양(꼴)을 띠어 가다(prendre forme). L'œuvre *s'ébauche* lentement. 작품의 윤곽이 점차 드러나고 있다. ② (희미하게)나타나다(s'esquisser). Un sourire *s'ébauche* sur ses lèvres. 그의 입술 위에 살며시 미소가 떠오른다.
ébaucheur [eboʃœ:r] *n.m.* (석공 중에서)초벌 손질 직공.
ébauchoir [eboʃwa:r] *n.m.* (조각가·석공의)끌, (목수의)초벌 깎기 대패.
ébauchon [eboʃɔ̃] *n.m.* 브라이어 파이프의 조제품.
ébaudir [ebodi:r] *v.t.* 《옛》 즐겁게 [기쁘게] 하다.
—*s'~ v.pr.* 즐거워지다, 즐기다, 기뻐하다(s'égayer, se divertir).
ébaudissement [ebodismã] *n.m.* 《옛》즐기기, 기뻐하기.
ébavurer [ebavyre] *v.t.* (주물의)이은 자국을 없애 버리다.
ébénacé(e) [ebenase] *a.* 흑단 같은.
ébénacées [ebenase] *n.f.pl.* 《식물》감나무과.
ébène [ebɛn] *n.f.* ① 흑단(黑檀); 흑단 세공품. ② 칠흑(漆黑). cheveux (d'un noir) d'~ 《구어》칠흑같은 머리. bois d'~ 《옛·속어》(노예상인의 용어로)흑인. marchand de bois d'~ 노예상인.
ébéner [ebene] [6] *v.t.* 흑단같이 만들다, 칠흑같이 (새까맣게) 하다.
ébénier [ebenje] *n.m.* 《식물》흑단나무. faux ~ 《식물》=cytise.
ébéniste [ebenist] *n.m.* (흑단 따위의)고급가구 세공인(제조자).
ébénisterie [ebenist(ə)ri] *n.f.* ① (흑단 따위의)고급 가구 제조(세공). ② 고급 가구, 고급 세공품. ③ (라디오 따위의)캐비닛.
éberlué(e) [ebɛrlɥe] *a.p.* 《구어》깜짝 놀란.
éberluer [ebɛrlɥe] *v.t.* 《옛·구어》① (의)눈을 속이다, 착각을 일으키게 하다. ② (비유적) 놀라게 하다. Ce départ subit m'a *éberlué*. 이 갑작스런 출발

은 나를 놀라게 했다.
Eberth [ebɛrt] *n.pr.m.* bacille d'E~ 《의학》에베르트 간균(桿菌)(티프스 균)(1835—1926, 독일의 세균학자·의사의 이름에서 유래).
ébionites [ebjɔnit] *n.m.pl.* 《종교사》에비옹파(1세기의 *Ébion*을 시조로 하는 사교도(邪敎徒)).
ébisèlement [ebizɛlmã] *n.m.* 비스듬히 자르기.
ébiseler [ebizle] [4] *v.t.* 비스듬히 자르다, 엇자르다. ~ une planche 판자를 비스듬히 자르다.
éblouir [eblui:r] *v.t.* ① (강한 광선 따위가)눈부시게 하다(aveugler). La voiture m'a *ébloui* avec ses phares. 자동차의 헤드라이트 때문에 눈이 부셨다. ② (비유적)(의)마음을 사로잡다, 현혹시키다(fasciner); 경탄(감탄)케 하다(émerveiller); (의)판단을 흐리다, 속이다(tromper). Elle a *ébloui* l'assistance par son charme. 그녀는 그녀의 매력으로써 회중을 사로잡았다. Ses succès l'*ont ébloui*. 그는 성공으로 눈이 흐려졌다.
—*s'~ v.pr.* 《옛》(비유적) (자신의 지위·재능 따위로)눈이 흐려지다, 현혹되다.
éblouissant(e) [ebluisã, -ã:t] *a.* ① 눈부시게 하는(aveuglant). soleil ~ 눈부신 태양. blancheur ~*e* 눈부신 백색. ② 눈부시게 아름다운, 현혹적인(fascinant); 경탄할 만한. beauté ~*e* 눈부신 미인. discours ~ 경탄할 만한 연설.
éblouissement [ebluismã] *n.m.* 눈부심, 찬란(현혹), 경탄(émerveillement); (일시적인)현기(眩氣)(vertige). avoir des ~s 현기증이 나다, 어지럽다. ~ acoustique (기압의 급변으로)귀가 멍멍해짐.
ébonite [ebɔnit] *n.f.* 에보나이트.
éborgnage [ebɔrɲa:ʒ] *n.m.* 《원예》(과수의)소용없는 순을 치기(떼기).
éborgnement [ebɔrɲəmã] *n.m.* 애꾸눈으로 만들기(되기); 애꾸눈(의 상태).
éborgner [ebɔrɲe] *v.t.* ① 애꾸눈으로 만들다; 눈을 때리다, 눈에 상처를 내다. ② (의)일부를 부수다; 햇빛이 들지 않게 하다. ~ une fenêtre 《구어》창문 유리를 깨뜨리다. ~ une maison (앞에 집을 세워 집에 햇빛이 잘 들지 않게 하다. ③ (과수의)소용없는 순을 따다(치다).
—*s'~ v.pr.* ① 애꾸눈이 되다; 한쪽 눈을 다치다. J'ai failli m'~. 하마터면 눈을 다칠 뻔했다. ② 스스로를 때리다.
ébotter [ebɔte] *v.i.* ① (못·핀 따위의)대가리를 자르다. ② (나무의)가지를 치다.
ébouage [ebwa:ʒ] *n.m.* (거리의)진흙을 치기, 청소.
ébouer [ebwe] *v.t.* (거리의)진흙을 치다, 청소하다(보일러를)소제하다.
éboueur(se) [ebwœ:r, -ø:z] *n.* 도로 청소부. —*n.f.* 도로 청소기.
ébouillantage [ebujãta:ʒ] *n.m.* ébouillanter 하기.
ébouillanter [ebujãte] *v.t.* ① 뜨거운 물에 담그다 뜨거운 물을 붓다. ~ de la vaisselle 식기를 열탕에 담그다. ~ des légumes 야채를 열탕에 데치다. ② 뜨거운 물에 데게 하다. On lui a *ébouillanté* l pied avec l'eau de la bouilloire. 그는 주전자 물 발을 데었다.
—*s'~ v.pr.* 《구어》열탕에 데다. *s'~* la main 손을 데다.
ébouilli(e) [ebuji] *a.p.* 끓인, 삶은, 데친.
ébouillir [ebuji:r] [19] *v.i.* 끓다, 삶아지다; 끓어 ㅓ 발하다.
éboulage [ebula:ʒ] *n.m.* 《직물》 직조 흠, 직반.
éboulé(e) [ebule] *a.p.* 무너진. —*n.f.* 무너져 떨어ㅈ 흙덩이, 토사.
éboulement [ebulmã] *n.m.* (땅·바위 따위의)무너짐, 붕괴; 낙반; 무너진 흙(돌)더미. ~ d'un mu 담의 붕괴. Les ~s obstruaient la route. 무너진

ébouler [ebule] *v.t.* 《드물게》부수다, 무너뜨리다. —*v.i.*, **s'~** *v.pr.* 무너지다.
ébouleux(se) [ebulφ, -φ:z] *a.* (땅 따위가)무너지기 쉬운.
éboulis [ebuli] *n.m.* (바위 따위의)무너진 더미. ~ de roches 무너진 바윗더미.
ébouqueter [ebukte] [5] *v.t.* 순을 자르다.
ébourgeonnage [eburʒɔna:ʒ], **ébourgeonnement** [eburʒɔnmā] *n.m.* (소용없는)순을 따기.
ébourgeonner [eburʒɔne] *v.t.* 《원예》소용없는 순을 따다.
ébourgeonneur [eburʒɔnœ:r] *n.m.* 순을 따는(치는) 일꾼.
ébourgeonnoir [eburʒɔnwa:r] *n.m.* 순을 따는(치는) 도구.
ébouriffant(e) [eburifā, -ā:t] *a.* 깜짝 놀랄 만한; 믿을 수 없는, 어처구니없는(incroyable). succès ~ 깜짝 놀랄(믿을 수 없는) 성공.
ébouriffé(e) [eburife] *a.p.* ① (머리털이)헝클어진; 헝클어진 머리털의. chat ~ 털이 헝클어진 고양이. ② 깜짝 놀란.
ébouriffer [eburife] *v.t.* ① (머리털을)헝클다, 곤두세우다(hérisser). ② 《비유적》깜짝 놀라게 하다 (ahurir). La nouvelle m'a ébouriffé. 그 소식은 나를 까무러치게 했다.
ébourrage [ebura:ʒ] *n.m.* 《피혁》탈모작업(脫毛作業).
ébourrer [ebure] *v.t.* 《피혁》털을 뽑다, 탈모(脫毛)하다.
ébourroir [eburwa:r] *n.m.* 구두의 바늘 자국을 매끈하게 하는 기구.
ébousiner [ebuzine] *v.t.* (석재(石材)의)표면의 연한 부분을 떼어내다.
ébouter [ebute] *v.t.* (목재·포도덩굴 따위의)끝을 잘라내다.
ébouturer [ebutyre] *v.t.* (의)싹을 잘라내다.
E.B.R.《약어》《군사》engin blindé de reconnaissance 정찰 장갑차; 《생화학》efficacité biologique relative 생물학적 효과 비율《방사선 생물학 용어》; 《영》R.B.E.》.
bracté [ebrakte] *a.* 《식물》포(苞)가 없는.
ébraiser [ebrɛ(e)ze] *v.t.* (가마에서)불을 긁어내다.
ébraisoir [ebrɛzwa:r] *n.m.* (가마에서 불을 긁어내는)갈퀴 모양의 연장.
ébranchage [ebrāʃa:ʒ], **ébranchement** [ebrāʃmā] *n.m.* 가지 자르기(치기).
ébranché(e) [ebrāʃe] *a.p.* 가지가 없는, 가지를 쳐버린.
ébrancher [ebrāʃe] *v.t.* 가지를 잘라내다(치다).
ébrancheur [ebrāʃœ:r] *n.m.* 가지를 치는 사람.
ébranchoir [ebrāʃwa:r] *n.m.* 가지 치는 긴 낫.
ébranlable [ebrālabl] *a.* ①움직이기 쉬운, 동요하기 쉬운. ②《비유적》(사람)흔들리기 쉬운.
ébranlé(e) [ebrāle] *a.p.* 흔들린, 동요된; (마음·결심이)흔들린; (건강이)쇠약한.
ébranlement [ebrālmā] *n.m.* ①진동, 동요; (기차 따위가 진동하며)발차. ~ des vitres sous le coup de l'explosion 폭발로 인한 유리창의 진동. ~ du train 기차의 발차. ②(정신의)격동; (내각·재산·건강 따위의)흔들림, 파멸의 위기. ~ de la raison 정신착란. ~ du ministère 내각의 위기.
ébranler [ebrāle] *v.t.* 흔들다, 흔들리게 하다, 동요시키다(secouer). Les camions ébranlent la rue. 트럭이 (지나면서) 길을 뒤흔든다. 《비유적》(정신에)타격을 주다; (내각·나라·건강 따위를)위태롭게 하다(compromettre). ~ le gouvernement 정부를 위태롭게 만들다. L'accident a ébranlé sa santé. 이 사건으로 그의 건강이 몹시 악화됐다. ③ (용기·양심 따위를)흔들다, 꺾다; [~ qn] (의)결심·마음을 동요시키다(fléchir). Cet argument a fini par ~ sa conviction. 그 이론은 마침내 그의 신념을 흔들어 놓았다. Ces témoignages l'ont ébranlé. 이 증언은 그의 마음을 동요시켰다.
—**s'~** *v.pr.* ①움직이다, 떠나다(démarrer); (군대가)행동하다; (차가)시동하다. Le convoi s'ébranle lentement. 열차는 천천히 떠나기 시작한다. ②흔들리다, 동요하다; 《비유적》(신념 따위가)흔들리다; (자신의)마음이 동요되다(se troubler). foi qui s'ébranle 흔들리는 신념. Ne t'ébranle point dans les tentations. 유혹에 동요되지 말아라. ③ (종이)울리다.
ébrasement [ebrazmā] *n.m.* 《건축》ébraser 하기 (→cheminée 그림).
ébraser [ebraze] *v.t.* 《건축》(채광 또는 개폐의 편리를 위해 문설주·창틀 따위를)바깥쪽으로 벌어지게 하다.
ébrasure [ebrazy:r] *n.f.* =**ébrasement**.
Èbre (l') [lɛbr] *n.pr.m.* 에브르 강《에스파냐 북부》.
ébréché(e) [ebreʃe] *a.p.* 이가 빠진. couteau ~ 이 빠진 칼. cratère ~ 파열화산.
ébrèchement [ebrɛʃmā] *n.m.* (칼날 따위의)이를 빼기; (물건의)상처.
ébrécher [ebreʃe] [6] *v.t.* ①(칼날 따위의)이를 빼다; 일부를 손상하다. ~ une assiette 접시 가장자리에 흠을 내다. ②《비유적》(재산을)축내다, 구멍내다; (명성 따위를)손상하다; ~ sa fortune 재산을 축내다. ~ sa réputation 명성을 손상시키다. —**s'~** *v.pr.* 축이 나다, 줄어들다; 손상되다.
ébréchure [ebreʃy:r] *n.f.* (칼날 따위의)이빠진 데; 터진 부분; 터진 구멍.
ébrener [ebrəne] [4] *v.t.* 《옛·구어》(갓난애의)배설물을 씻어내다.
ébriété [ebri(j)ete] *n.f.* ①취기, 만취(ivresse). ② 심한 흥분.
ébrieux(se) [ebri(j)φ, -φ:z] *a.* 취기(술 기운)에 의한.
ébroïcien(ne) [ebrɔisjē, -ɛn] *a.* 에브뢰(Évreux, 프랑스의 도시)의. —**É~** *n.* 에브뢰 사람.
ébrouement [ebrumā] *n.m.* (동물의)재채기; (말의)콧바람.
ébrouer (s') [sebrue] *v.pr.* ①(말이)콧바람을 내다; (동물이)재채기하다. ②(사람·짐승이 물기·먼지 따위를 털기 위해)몸을 흔들다(se secouer). s'~ en sortant de l'eau 물속에서 나오면서 몸을 털다.
ébroueuse [ebruφ:z] *n.f.* 호두를 까는 여공.
ébrouissage [ebruisa:ʒ] *n.m.* (털실을)밀기울 물에 담그기《염색전의 한 과정》.
ébroussailleuse [ebrusajφ:z] *n.f.* 가시덤불을 제거하는 기계. [ébourgeonner.
ébrousser [ebruse] *v.t.* ①나뭇잎을 따다. ② =
ébrouter [ebrute] *v.t.* (뽕나무의 잔가지를)치다.
ébruitement [ebrɥitmā] *n.m.* (소문을)퍼뜨리기; (비밀의)누설.
ébruiter [ebrɥite] *v.t.* (소문을)퍼뜨리다, (비밀을)누설하다. ~ un scandale 추문을 퍼뜨리다.
—**s'~** *v.pr.* (소문이)퍼지다, 세상에 알려지다.
ébrutage [ebryta:ʒ] *n.m.* =**brutage**.
ébuard [ebɥar] *n.m.* (장작 팰 때 쓰는)나무 쐐기.
ébûcheter [ebyʃte] [5] *v.i.* 뗄나무를 줍다.
ébulliomètre [ebyljɔmetr], **ébullioscope** [ebyljɔskɔp] *n.m.* ①(물체의)비등점 측정기. ②《옛》《물리》알코올 측정기.
ébulliométrie [ebyljɔmetri], **ébullioscopie** [ebyljɔskɔpi] *n.f.* 《물리》비등점 측정.

ébullition [ebylisjɔ̃] *n.f.* ① 끓음, 비등(沸騰). point d'~ 비등점. entrer en ~ 끓기 시작하다. ② 《비유적》흥분, 열광, 법석, 혼란(effervescence). Son cerveau est en ~. 그는 흥분하고 있다. foule en ~ 흥분상태의 군중. ③ 《화학》거품 일기; 《수의학》(가축의)발진(發疹).

éburnation [ebyrnasjɔ̃] *n.f.* 상아질화(象牙質化).

éburné(e) [ebyrne] *a.* ① 상아 같은. substance ~e 《해부》(치아의)상아질. ② 상아질화한.

éburnéen(ne) [ebyrneɛ̃, -ɛn] *a.* 상아의; 상아처럼 하얀.

éburnification [ebyrnifikasjɔ̃] *n.f.* =**éburnation**.

É.C. 《약자》École Centrale (파리의)중앙기술학교.

écaché(e) [ekaʃe] *a.p.* 《옛》짓눌린, 납작한. nez ~ 납작코.

écachement [ekaʃmɑ̃] *n.m.* écacher 하기.

écacher [ekaʃe] *v.t.* 《옛》(과실 따위를)으깨다(écraser); (철사 따위를)납작하게 하다; (칼끝 따위를)무디게 하다(aplatir).

écaillage [ekajaːʒ] *n.m.* ① 비늘 벗기기; (굴 따위의)껍데기 까기. ② (대리석·에나멜·니스 따위가)벗겨지기.

écaille [ekaːj] *n.f.* ① (물고기·파충류의)비늘; 거북의 등딱지, 《집합적》비늘 같은 것; 《건축》비늘 무늬. ~ d'huître 굴 껍데기, armure à ~ s 《고고학》비늘 모양의 갑옷. en ~ s 비늘 모양의. *laisser aux autres les ~ s* 《옛·구어》남에게는 찌꺼기만 남겨두다. *Les ~s lui sont tombées des yeux.* (그의 눈에서 비늘이 벗겨졌다)→그는 눈을 떴다, 그는 혼미 속에서 깨어나 진실을 알게 되었다.

écaillé(e) [ekaje] *a.p.* ① (칠 따위가)비늘 모양으로 벗겨진. peinture ~e 비늘처럼 일어난[벗겨진] 페인트칠. ② (물고기가)비늘이 있는; (비늘 같은 것으로)덮인. ③ 《지질》비늘 모양의.

écaillement [ekajmɑ̃] *n.m.* (물고기의)비늘을 벗기기; 조개 껍데기를 까기; (표면이)벗겨짐.

écailler¹ [ekaje] *v.t.* ① (물고기의)비늘을 벗기다; (조개의)껍데기를 까다; (칠한 표면을)벗기다; (드물게)(보일러의)물때를 벗기다. ② 《건축》비늘 모양으로 장식하다.
— **s'**~ *v.pr.* 비늘처럼 떨어지다.

écailler²(ère) [ekaje, -ɛːr] *n.* 굴 까는 사람, 굴장수.
— *n.f.* 굴 까는 칼.

écaillette [ekajɛt] *n.f.* 작은 écaille.

écailleur(se¹) [ekajœːr, -ϕːz] *n.* 비늘을 벗기는 사람; 굴 껍데기 까는 사람.

écailleux(se²) [ekajϕ, -ϕːz] *a.* ① 비늘이 있는, 비늘 모양으로 되어 있는; (구근(球根)이)비늘처럼 생긴; (광석·나무 따위가)비늘처럼 꺼칠꺼칠한. ② 비늘처럼 벗겨지는.

écaillon [ekajɔ̃] *n.m.* ① 《옛》(말의)송곳니. ② 스레드(광석의 가는 맥(脈)) 채굴공.

écaillure [ekajyːr] *n.f.* ① 《집합적》비늘. ② 비늘처럼 떨어져나간 부분.

écale [ekal] *n.f.* (호두 따위의)껍데기; (콩 따위의)깍지, (밤·사투리)(계란의)껍질.

écaler [ekale] *v.t.* (의)껍질〔깍지〕을 벗기다.
— **s'**~ *v.pr.* ① 껍질〔깍지〕이 벗겨지다. ② (나무 껍질이)엷게 벗겨지다.

écalot [ekalo] *n.m.* ① 껍데기를 벗긴 호두 알맹이. ② 《사투리》풍뎅이.

écalure [ekalyːr] *n.f.* 씨를 싸고 있는 엷고 단단한 껍데기〔깍지〕.

écang [ekɑ̃] *n.m.*, **écangue** [ekɑ̃ːg] *n.f.* 《직조》삼대찧는 기계.

écangage [ekɑ̃gaːʒ] *n.m.* 삼대찧기.

écanguer [ekɑ̃ge] *v.t.* (길쌈하기 위해 삼대를)찧다.

écangueur(se) [ekɑ̃gœːr, -ϕːz] *n.* 삼대찧는 사람.

écarbouiller [ekarbuje] *v.t.* 《옛》부수다 (écrabouiller의 변형).

écarlate [ekarlat] *n.f.* ① 진홍색. ② 빨간 피륙. ③ 추기경의 옷. endosser l'~ 추기경이 되다. — *a.* 진홍색의; (부끄럼으로 얼굴이)빨개진.

écarlatin(e) [ekarlatɛ̃, -in] *a.* 《옛》진홍색의.
— *n.m.* ① 빨간 능금술. ② 《직물》빨간 피륙.
— *n.f.* 《옛》성홍열(猩紅熱)(fièvre ~e).

écarquillement [ekarkijmɑ̃] *n.m.* (눈을) 크게 뜨기; 《옛》(다리를)크게 벌리기.

écarquiller [ekarkije] *v.t.* (눈을)크게 뜨다; (다리를)넓게 벌리다 (écarter).

*****écart¹** [ekaːr] *n.m.* ① (시간·공간) 거리, 차이, 떨어져 있음, 벌어짐(espace, intervalle). ~ de température entre l'hiver et l'été 겨울과 여름과의 기온차. Il y a dix jours d'~ entre l'écrit et l'oral. 필기시험과 구술시험 사이에는 10일의 간격이 있다. Vous mettrez un peu plus d'~ entre les jeunes plants. 묘목 사이를 좀 떼어서 심으시오. ② 《자침(磁針)의》편차(偏差); 어긋남. ~ type 《통계》 표준 편차. ③ (길에서)빗겨 나가기; 《비유적》행위·사고의)잘못, 과실(erreur, faute), 탈선. ~s de la jeunesse 젊은이들의 탈선. faire un ~ 옆으로 빗겨나다; 《비유적》과오를 범하다, 탈선하다. ④ 《사투리》《행정》(한 마을·도시에 속한)벽촌, 소부락. la commune et ses ~s 읍(邑)과 그 언저리. ⑤ 《수의》마소의 앞다리 관절의 삠. ⑥ 《언어》일탈(逸脫). ⑦ 《사격》오차.
à l'~ 옆에, 옆으로; 따로. être [se tenir] *à l'*~ 사람들과 떨어져(혼자) 있다, 사람들과 어울리지 않다. mettre *qn à l'*~ …을 떼어놓다, 격리시키다; 감옥에 넣다. prendre *qn à l'*~ …을 옆으로 데리고 가다. tenir *qn à l'*~ …을 (같은 패에)끼어주지 않다, 멀리하다.
à l'~ *de* …에서 떨어지다(loin de). Cette maison est *à l'*~ *du village.* 이 집은 마을에서 떨어져 있다. se tenir *à l'*~ *de* la vie politique 정계를 멀리하다. *faire le grand* ~ 《무용에서》다리 가랑이가 땅에 닿도록 두 다리를 쭉 벌리다.
mettre de l'argent à l'~ 딴 사람이 돈에 손을 못대게 하다, 따로 저금하다.

écart² *n.m.* 《카드놀이》① (가지고 있는)카드를 버리기, ② 버린 카드.

écart³ *n.m.* 《문장》(방패꼴 가문의)십자로 4분한 부분.

écart⁴ *n.m.* 《건축》잇장, 이음매.

écarté¹(e) [ekarte] *a.p.* ① 외딴, 쓸쓸한(éloigné). rue ~e 외진 골목. ② 벌어진, 벌린. doigts ~s 벌린 손가락. se tenir les jambes ~es 두 다리를 크게 벌리고 서다. ③ 버려진(rejeté); 격리된, 밀려난. hypothèse ~e 고려 대상에서 밀려난 가설. Le voici ~ du pouvoir. 그는 권력에서 밀려났다.

écarté² *n.m.* 에카르테(주로 둘이서 하는 카드놀이의 일종).

écarte-lames [ekartəlam] *n.m.* 《복수불변》판(板)용수철로 된 병마개.

écartelé(e) [ekartəle] *a.p.* 《문장》(가문이)네쪽으로 나뉜. ② 능지처참된; (상반된 것 사이에)양분된. — *n.m.* 《문장》(가문의)4등분한 하나.

écartèlement [ekartɛlmɑ̃] *n.m.* ① 능지처참; (상된 것 사이에)양분되기, 갈등(tiraillement). ② 《문장》(가문의)넷으로 나누기.

écarteler [ekartəle] 〔4〕 *v.t.* ① 능지처참하다; (상반된 감정·사상 사이에)양분시키다. (보통 수동분사로) *être écartelé* entre des désirs contraires 상반된 욕망 사이에서 양분되어 이러지도 저러지도

못하다. ②〖문장〗(가문을)네쪽으로 나누다.

écartelure [ekartəly:r] *n.f.* 〖문장〗십자로 4분된 가문의 일부.

écartement [ekartəmã] *n.m.* 사이를 뗌, 분리함 (↔rapprochement); 간격(écart); 갈라진 틈. ~ des plans 〖항공〗낱개의 간격. ~ de voie〖철도〗궤간(軌間). ~ des nuages 구름 사이의 갈라진 틈. Il y a de l'~ dans ce mur. 이 벽에는 갈라진 틈이 있다.

*écarter¹ [ekarte] *v.t.* ① 사이를 메어놓다(벌리다) (séparer, ↔rapprocher); 나누다. ~ les bras 팔을 벌리다. ②(커튼 따위를)열다(ouvrir); 헤치다. ~ les rideaux 커튼을 (양쪽으로) 열다. ~ la foule pour passer 군중을 헤치고 지나가다. ③ 멀리하다, 떼어놓다(éloigner); 쫓다, 밀어[몰아]내다 (chasser, repousser); (공격 따위를)물리치다. ~ les curieux 구경꾼들을 접근 못하게 하다. [~ qc/qn de] ~ une table du poêle 테이블을 난로에서 멀리하다. ~ les enfants de la cheminée 아이들을 벽난로에서 떼어놓다. Il a été écarté de la compétition. 그는 경쟁(경연)에서 제외되었다. ~ un coup 공격을 물리치다. ~ un danger 위험을 피하다. ④ [~+추상적 명사] 제쳐놓다, 제외시키다, 뿌리치다(rejeter, éliminer). ~ une question de la délibération 어떤 문제를 토의에서 제외놓다. ~ une hypothèse 가설을 고려대상에서 제쳐놓다. ~ les soupçons 의혹을 풀다. ⑤(정도에서)빗나가게 하다, 탈선하게 하다. ~ *qn* du droit chemin[de la bonne voie] …을 정도에서 탈선시키다.

—s'~ *v.pr.* ①(서로)떨어지다(s'éloigner); 갈라서다. Les deux bateaux *s'écartèrent* l'un de l'autre. 두 배가 서로 떨어졌다. La foule *s'écarta* pour lui laisser le passage. 군중은 그가 지나갈 수 있도록 길을 열었다. ②[s'~ de](에서)벗어나다, 빗나가다. *s'~ du* sujet 주제에서 벗어나다. *s'~ du* bon sens 양식에서 벗어나다. Nous nous sommes écartés de la bonne route. 우리는 길을 잘못 들었다.

écarter² *v.t.* 〖카드놀이〗(다른 패를 갖기 위하여 카드를)버리다.

écarteur [ekartœ:r] *n.m.* ①〖의학〗견인기(牽引器), 확장기, 개안기(開眼器). ②(투우의)카페아도로, 빨간 외투를 흔드는 투우사.

écarver [ekarve] *v.t.* (재목을)접합하다.

écatir [ekati:r] *v.t.* = **catir**.

écatissage [ekatisa:ʒ] *n.m.* = **catissage**.

écatisseur [ekatisœ:r] *n.m.* = **catisseur**.

écaudé(e) [ekode] 〖동물〗 *a.* 꼬리가 없는.
—*n.m.pl.* 무미류(無尾類).

écaveçade, écavessade [ekavsad] *n.f.* 《옛》(말을 복종시키기 위해)고삐를 흔들기.

ecballium [ɛkbaljɔm] *n.m.* 〖식물〗(남유럽 원산의)오이의 일종(익으면 속에서 씨가 튀어나옴).

ecce homo [ɛksəomo] 〖라틴〗 *n.m.* 《복수불변》① 가시 면류관을 쓴 그리스도상(像). ②〖구어〗쇠약하여 얼굴이 창백한 사람.

eccéité [ɛkseite] *n.f.* (스콜라 철학의)개성(個性) 원리; (실존철학의)현존재성(《독》Dasein).

ecchymose [ekimo:z] *n.f.* 〖의학〗피하일혈(皮下溢血), 반상출혈(斑狀出血).

ecchymosé(e) [ekimoze] *a.p.* 〖의학〗피하일혈이 있는, 멍이 든.

ecchymoser [ekimoze] *v.t.* (에)일혈반(血斑)을 일으키게 하다, 멍이 들게 하다.

ecclésia [eklezja] *n.f.* 고대그리스〗민회.

ecclésial(ale, *pl.* **aux)** [eklezjal, -o] *a.* 〖법적·사회적 차원에서의〗교회의; 기독교 신자의.

ecclésiarque [ɛklezjark] *n.m.* 〖종교〗(옛 그리스 교회의)성당 감수자(聖堂監守者).

ecclésiaste (l') [ɛklezjast] *n.m.* ①전도자〖솔로몬을 가리킴〗. ②(*E*~)〖성서〗전도서〖구약성서 중의 1서〗.

ecclésiastique [ɛklezjastik] *a.* 교회의; 성직자의 (↔ civil, laïque). —*n.m.* 성직자; 목사, 전도사.

ecclésiastiquement [ɛklezjastikmã] *ad.* 《드물게》 교회(성직자)풍으로.

ecclésiologie [ɛklezjɔlɔʒi] *n.f.* 교회론.

ecclésiologique [ɛklezjɔlɔʒik] *a.* 교회론의.

ecdémique [ɛkdemik] *a.* 〖의학〗(전염병도 풍토병도 아닌)특발성(特發性)의.

écéper [esepe] ⑥, **écepper** [ɛsɛ(e)pe] *v.t.* (포도나무의)뿌리를 그루를 뽑다.

écervelé(e) [esɛrvəle] *a.* 지각 없는, 경솔한(irréfléchi). —*n.* 지각 없는[경솔한] 사람.

É.C.G. 〖약자〗électrocardiogramme 〖의학〗심전도(心電圖).

échafaud [eʃafo] *n.m.* ①교수대, 처형대(guillotine). monter à[sur] l'~ 교수대(교수대)에 오르다. ②사형(peine capitale). ③(건축의)발판《지금은 échafaudage》; (의식·행렬을 보기 위한)계단식 관람석; (연극의)무대.

échafaudage [eʃafoda:ʒ] *n.m.* ①〖건축〗발판(비계)을 짜기; 발판, 비계. dresser un ~ 발판을 쌓다. ②쌓아올린 것, 더미, 축적(amas, tas); (사고·상상의)구축(물). ~ de volumes 책 더미. ~ d'une fortune 재산의 축적. ~ d'un système philosophique 철학 체계의 구축.

échafauder [eʃafode] *v.i.* 발판(비계)을 짜다.
—*v.t.* ①쌓아올리다(amonceler). ~ des chaises pour atteindre une fenêtre 창문에 닿으려고 의자를 쌓아 올리다. ②(비유적)만들어내다, 엮어내다, 꾸미다(combiner). ~ des plans 계획을 꾸미다. ~ un roman sur un petit incident 작은 사건을 바탕으로 소설을 만들어내다. ~ un mensonge 거짓말을 꾸며내다. ~ des hypothèses 가설을 세우다.

échaillon [eʃajɔ̃] *n.m.* (건축·장식품용의)석회석.

échalas [eʃala] *n.m.* 〖농업〗(포도나무 따위의)지주(支柱)(perche). 〖구어〗허수아비.

échalassage [eʃalasa:ʒ], **échalassement** [eʃalasmã] *n.m.* 지주로 받치기.

échalasser [eʃalase] *v.t.* (포도나무를)지주로 받치다.

échal(l)ier [eʃalje], **échalis** [eʃali] *n.m.* ①(옛·사투리)(지주로 쓸 나무로 만든)울타리. ②(울타리를 넘기 위한)사닥다리.

échalote [eʃalɔt] *n.f.* 〖식물〗염교. ~ d'Espagne 마늘.

échampir [eʃãpi:r] *v.t.* = **réchampir**.

échancré(e) [eʃãkre] *a.* V자[초승달] 모양으로 파진; 깊이 파들어간. encolure ~*e* V 네크. côte ~*e* 깊이 들어간 해안.

échancrer [eʃãkre] *v.t.* (옷깃 따위를)V자[초승달] 모양으로 파다. La mer *avait* profondément *échancré* la côte. 바다가 해안을 깊숙이 파들어 갔다.

échancrure [eʃãkry:r] *n.f.* ① V자 모양으로 도려낸 자리; 오목한 모양(자리). ②안으로 굽은 해안선; 뚫린 곳; 터진 구멍.

échandole [eʃãdɔl] *n.f.* ①〖건축〗지붕널. ②〖지질〗큰 조약돌.

échange [eʃã:ʒ] *n.m.* ①교환, 주고받기. ~ de coups 주먹의 교환, 서로 때리기. ~ de lettres 편지를 주고받기. ~ de politesses et d'~ 〖경제〗교환가치. ②(주로 *pl.*)〖상업〗교역, 무역. volume des ~s 교역량. liberté des ~s 무역의 자유. ③ ~ gazeux 〖생물〗기체

[가스]교환(호흡의 한 양상). ④〖물리·화학〗~ de chaleur 열 교환; ~ ionique 이온 교환.
en~ 그 대신. Si tu me donnes ce timbre, je te cèderai une monnaie ancienne *en~*. 네가 이 우표를 준다면 그 대신에 난 옛날돈을 주겠다.
en~de …대신(en contrepartie (de)). Il m'a donné un tableau *en~de* ce livre rare. 그는 이 희귀한 책 대신에 그림 한 폭을 주었다.

échangeabilité [eʃɑ̃ʒabilite] *n.f.* 교환가능성.
échangeable [eʃɑ̃ʒabl] *a.* 교환할 수 있음.
***échanger¹** [eʃɑ̃ʒe] ③ *v.t.* ① (같은 종류의 사물·사람을)교환하다; (다른 것으로)바꾸다. ~ des timbres 우표를 교환하다. ~ des prisonniers 포로를 교환하다. J'ai ce livre en double, je voudrais l'~. 나는 이 책이 2권 있는데 (그런 것으로) 바꿨으면 한다. ② (의견·인사·편지·시선 따위를) 주고받다, 바꾸다, 교환하다. Nous *avons échangé* nos points de vue. 우리는 의견을 (서로) 교환하였다. [~ *qc* contre *qc*] ~ un dessin *contre* un livre 그림을 책과 교환하다.
—s'~ *v.pr.* 교환되다; 서로 …을 교환하다.
échanger² *v.t.* (구어) =**essanger.**
échangeur(se) [eʃɑ̃ʒœːr, -ʃɔːz] *n.m.* ① (액체의)온도변화기. ② (고속도로의)인터 체인지, 입체교차로. **—***n.* (옛)교환하는 사람; 〖주식〗유가증권 교환자.
échangiste [eʃɑ̃ʒist] *n.* 교환자; 유가증권 교환자 (이 뜻으로는 보통 échangeur).
échanson [eʃɑ̃sɔ̃] *n.m.* ①〖역사〗(기사 임명식의)술 따르는 직분을 맡은 사람. ②《구어》술 따르는 사람.
échansonnerie [eʃɑ̃sɔnri] *n.f.* ①(집합적; 왕후·귀족의)술 따르는 사람. ② (궁정의)술 마시는 곳.
échantignole [eʃɑ̃tiɲɔl] *n.f.* =**chantignol(l)e.**
échantillon [eʃɑ̃tijɔ̃] *n.m.* ① 견본; 직물견본; 규격. livre d'~s 견본첩, 패턴북. conforme (pareil) à l'~ 견본과 동일한. ~s sans valeur (우편) 상품 견본. bois(brique, tuile) d'~ (건축) 규격목재(벽돌·기와). ② (재능 따위의)일면, 편린; (인간의)유형, 타입; (어떤 것의)모형, 예. donner un ~ de son talent musical 음악적인 재간을 약간 보여주다. ~ de corruption 타락의 유형, un ~ de polémique parfaitement vaine 전적으로 무용한 논쟁의 한 예. ③〖통계〗추출표본; 〖지질〗시료(試料). ④ (옛) (도량형의)원기.
échantillonnage [eʃɑ̃tijɔnaːʒ] *n.m.* ① 견본[표준]에 맞추기; 견본과 대조하기. ② 〖상업〗견본을 만들기; 〖지질〗시료채취(試料採取). ③ 견본집.
échantillonner [eʃɑ̃tijɔne] *v.t.* ① 견본[표준]에 맞추다; 견본과 대조하다. ② 〖상업〗견본을 만들다; 견본대로 만들다. ~ des draps 천을 잘라 견본을 만들다. **—***v.i.* 상품의 견본집을 만들다.
échantillonneur(se) [eʃɑ̃tijɔnœːr, -ʃɔːz] *n.* 〖백화점의〗견본계 직원. **—***n.m.* 견본 뜨는 기계; 시료.
échanvrer [eʃɑ̃vre] *v.t.* (삼을)빗질하다. 〖쇄취기〗.
échanvroir [eʃɑ̃vrwaːr] *n.m.* 삼빗.
échappade [eʃapad] *n.f.* ① (옛)도주; 경솔한 말 (행위). en ~ (옛)비밀리에, 몰래. ② (조각도가) 미끄러져(잘못 파기.
échappatoire [eʃapatwaːr] *n.f.* (의무 따위로부터) 약게 피하기, (어려운 지경에서) 빠져나올 구멍, 핑계. trouver une ~ 빠져나올 핑계를 찾다.
échappé(e) [eʃape] *a.p.* 도망친, 탈주한. **—***n.* 도망 (탈주)자. ~ de Charenton 《구어》광인, 미친 사람 (Charenton에 정신병원이 있었던 데서 유래).
—*n.f.* ①(옛)탈출, 도주, 탈선, 경솔한 언동; 〖스포츠〗(속도를 내어 다른 주자를 제치고)앞으로 돌

진하기. tenter une ~ (스포츠)(다른 주자들을 제치고)앞으로 대시하려고 하다. ② 틈, 간격; 순간. ~e de ciel bleu(흐린 하늘에) 잠시동안 보인 푸른 하늘(비친 햇빛). ~e de lumière 《회화》화면의 일부를 비치는 빛(의 줄기). ~e de vue 길게 뻗친 조망(경치) (가로수 길 따위); 얼핏보기; (틈으로) 엿보기. Il a des ~es de génie. 그는 이따금 재능이 (섬광처럼) 번득인다.
à l'~e (옛) 남몰래, 슬그머니. (faire *qc*) *par ~es* (구어)이따금 생각난 듯 (…을 하다).
échappement [eʃapmɑ̃] *n.m.* ① (옛)도주, 탈출. ② 〖기계〗배기(排氣); 배기 장치. gaz d'~ 배기가스. pot d'~ (내연기관의)소음기, 머플러. tuyau d'~ 배기관. soupape d'~ 배기판. ~ libre (소음기를 통하지 않고)가스를 직접 배출시키기. ③ (가스·수도물의)누출. ④ 〖기계〗(시계추를 정상적으로 흔들어주는)탈진기(脫進氣); (피아노 내부의 해머를 들어올리는)탄기(彈機).
***échapper** [eʃape] *v.t.ind.* (동작은 avoir, 동작의 결과는 être를 조동사로 함)① (주어는 사람)[~à] …을 모면하다, 피하다, …에서 벗어나다(éviter); …에서 도망치다. ~ à la police 경찰을 피하다. ~ à la grippe 독감에 걸리지 않다. Il *a échappé à* de graves dangers. 그는 큰 위험을 모면했다. ~ à la prison 투옥 당하는 것을 모면하다.
② (주어는 사물)[~de] …에서 빠져나가다; (옛) …에서 떨어지다(tomber). La plume m'a *échappé des* mains. 펜이 내 손에서 떨어졌다. ~ *de* la prison 감옥에서 도망하다(현재는 s'échapper de).
③ (주어는 사물)[~à *qn*] (…의 지각·이해력·기억에서)벗어나다, 초월하다. La faute *a échappé au* correcteur. 오자가 교정자의 눈에 띄지 않았다. Rien ne lui *échappe*, il voit et entend tout. 아무것도 그의 주의력에서 벗어나지 못한다, 그는 모든 것을 보고 듣는다. Son nom *m'échappe*. 그의 이름이 떠오르지 않는다. (비인칭) Il ne lui *a pas échappé* que vous étiez mécontent. 당신이 불만스럽다는 것을 그는 모르지 않았다.
④ [~à *qn*] (사람)…에게서 멀어지다; (사물이)빠져나가다, 놓치다, 새다. Je sens qu'il *m'échappe*. 그는 내게서 멀어지는 것 같다. (비인칭) Il lui *a échappé* un mot inconvenant. 그는 무심코 무례한 말을 했다. Un mot vif *m'est échappé*. 심한 말이 (나도 몰래) 입 밖에 나왔다.
⑤ (목적보어 없이) 달아나버리다, 피해버리다; 난을 면하다.
—*v.i.* (옛) 도망가다.
laisser~ 빠져나가게 하다. *laisser~* un prisonnier 죄수를 탈출시키다. *laisser~* le gaz 가스를 누출시키다. *laisser~* un plat 접시를 떨어뜨리다. *laisser~* un cri (자기도 몰래)외마디 소리를 지르다. *laisser~* une occasion 기회를 놓치다.
—*v.t.* (옛)피하다, 면하다.
l'~ belle (과거형으로)위험을 간신히 모면하다. Il *l'a échappé belle*. 그는 큰일 날 뻔했다.
—s'~ *v.pr.* ①[s'~de] (에서) 도망치다(s'évader); 자리에서 빠져나오다. *s'~ de* la prison 감옥에서 탈출하다. Il *s'est échappé* à la fin du dîner. 그는 저녁식사가 끝날 무렵 자리에서 빠져 나왔다.
② (주어는 사물)[s'~de] (연기·가스 따위가)빠으로 새다, (불이)붙음하다, (눈물이)나오다 (déborder). La vapeur *s'échappe de* la chaudière 김이 솥에서 새어나온다. (비인칭) Il *s'échappe de* cette pièce une odeur infecte. 이 방에서 고약한 냄새가 난다(Une odeur *s'échappe de* …).
③ (희망이)사라지다. Il a vu *s'~* son dernier espoir. 그의 마지막 희망이 물거품이 됐다.

④ 〖스포츠〗 (경주 따위에서) 다른 주자들을 제치고 앞질러 달리다.
faire ~ *qn* …을 도망치게 하다(se 의 생략).
s' ~ *jusqu'à*+*inf*. …할 정도로 흥분하다. 「칭.
écharbot [eʃarbo] *n.m.* 〖식물〗마름(macre)의 속
écharde [eʃard] *n.f.* (살에 박힌) 가시. attraper une ~ au doigt 손가락에 가시가 박히다.
échardonnage [eʃardɔnaːʒ] *n.m.* ① 〖농업〗엉겅퀴를 뽑기. ② 〖직물〗털을 세우기.
échardonner [eʃardɔne] *v.t.* ① 〖농업〗엉겅퀴를 뽑다. ② 〖직물〗털을 세우다.
échardonnet [eʃardɔnɛ] *n.m.*, **échardonnette** [eʃardɔnɛt] *n.f.*, **échardonnoir** [eʃardɔnwaːr] *n.m.* 엉겅퀴를 베는 낫.
échardonneur(se) [eʃardɔnœːr, -ɸːz] *n.* 털을 세우는 사람. —*n.f.* 털을 세우는 기계.
écharnage [eʃarnaːʒ], **écharnemernt** [eʃarnəmɑ̃] *n.m.* 〖피혁〗(수피(獸皮)의) 살을 발라내기.
écharner [eʃarne] *v.t.* 〖피혁〗(수피의) 살을 발라내다.
écharneuse [eʃarnøːz] *n.f.* (수피의) 살을 발라내는 기계. 칼.
écharnoir [eʃarnwaːr] *n.m.* (수피의) 살을 발라내는
écharnure [eʃarnyːr] *n.f.* (수피에서) 발라낸 살.
écharpage [eʃarpaːʒ] *n.m.* 양털을 빗질하기.
écharpe [eʃarp] *n.f.* ① 현장(懸章), 깃장식; 어깨걸이, 숄; (여자의) 스카프, 목도리. mettre une ~ de soie 실크 스카프를 두르다. ~ d'Iris 〖시〗무지개(*Iris* 는 그리스신화의 무지개의 여신). ② 〖외과〗어깨에 거는 붕대, 현수대(懸垂帶). porter (avoir) le bras en ~ 팔에 붕대를 감아 목에 걸다. ③ (목공소의) 비스듬히 장치된 목재[작업대]; (건축 자재를 들어올리는) 망차(網車). ④ tir en ~; tir d'~ 〖군사〗사사(斜射).
changer d' ~ 〖옛〗변절하다, 배반하다.
en ~ 비스듬히; 한쪽 어깨에서 반대쪽 옆구리로. porter *qc en* ~ …을 비스듬히 메다.
prendre en ~ 측면 충돌하다. Un autobus *a été pris en* ~ par le train. 버스가 기차와 측면 충돌했다.
écharpement [eʃarpəmɑ̃] *n.m.* =écharpage. 〖군사〗사행진(斜行進).
écharper[1] [eʃarpe] *v.t.* ① 〖옛〗(양털을) 빗질하다. ② (에) 깊은 상처를 입히다; 서투르게 자르다; (적군을) 분쇄하다. se faire ~ 〖구어〗호되게 당하다, 푸대접되다.
écharper[2] *v.t.* (무거운 물건을 끌어올리기 위해) 을 닦다. —*v.i.* 〖군사〗사행진(斜行進) 하다.
écharpiller [eʃarpije] *v.t.* =écharper[1].
échars(e) [eʃaːr, -ars] *a.* 〖옛〗(화폐의) 순도가 법정치 이하의. monnaie ~e 법정치 이하의 금질(金質)의 화폐. —*n.m.* 순도의 부족량.
échasse [eʃɑ(a)s] *n.f.* ① 죽마(竹馬); 〖속〗다리. (특히) 가늘고 긴 다리. ② 〖조류〗장다리물떼새. ③ ~ d'échafaud 〖건축〗발판 동바이.
être monté [*marcher*] *sur des* ~s 〖구어〗죽마를 타고 있다; 다리가 길다; 〖구어〗큰소리치다, 뽐내다.
échassier [eʃɑ(a)sje] *n.m.* ① 섭금(涉禽); (*pl.*) 섭금류(類). ② 죽마를 타는 사람; 〖속〗다리가 가늘고 긴 사람. 「랑.
échau [eʃo] (*pl.* ~*x*) *n.m.* (밭·목초지의) 고랑.
échaubouté(e) [eʃobule] *a.* 〖속〗땀띠가 난; 〖수의〗(소·말이) 포진이 생긴.
échauboulure [eʃobulyːr] *n.f.* 〖속〗땀띠; 〖수의〗(말·소의) 농포진(膿疱疹).
échaudage[1] [eʃodaːʒ] *n.m.* ① 뜨거운 물에 담그기; 뜨거운 물로 씻기. ② (강한 햇볕으로) 포도·곡물이 상함.

échaudage[2] *n.m.* ① 석회수로 씻기; 석회도료를 바르기. ② 석회수, 석회도료.
échaudé(e) [eʃode] *a.p.* ① (농작물이 강한 햇볕으로) 타버린. ② 뜨거운 물에 담근 (야채 따위); 뜨거운 물로 씻은 (식기 따위). ③ 데인, (비유적) 호되게 당한. —*n.m.* ① 에쇼데 (새나 위장이 약한 사람에게 주는 비스킷의 일종). ② 삼각형의 화단; 삼각로.
échaudement [eʃodmɑ̃] *n.m.* 〖드물게〗(보리·씨앗 따위가) 햇볕에 상함.
échauder[1] [eʃode] *v.t.* ① (식기 따위를) 뜨거운 물로 씻다; (껍질이나 털을 뽑기 쉽게) 뜨거운 물에 담그다. ② 뜨거운 물에 데게 하다; (비유적) 혼내다, 골탕먹이다; (손님에게) 바가지를 씌우다. se faire ~ (뜨거운 물에) 데다, 화상을 입다. se faire ~ dans une affaire 〖구어〗사업에서 큰 손해를 보다.
—*s'* ~ *v.pr.* 데이다; 자기의 …을 뜨거운 물에 데다.
échauder[2] *v.t.* 석회수로 씻다; (에) 회칠하다.
échaudeur(se) [eʃodœːr, -ɸːz] *n.* 〖옛〗échaudé 를 만드는 사람.
échaudoir [eʃodwaːr] *n.m.* ① (도살장에서 소·돼지를 도살한 뒤에 뜨거운 물에 담그는) 열탕처리용 가마; 열탕처리실. ② 〖직조〗양모세척기 [실].
échaudoire [eʃodwaːr] *n.f.* 〖드물게〗(뜨거운 물·김에 의한) 화상.
échauffaison [eʃofɛzɔ̃] *n.f.* 〖구어〗〖의학〗발진(發疹); 변비(便秘).
échauffant(e) [eʃofɑ̃, -ɑ̃ːt] *a.* 변비증을 일으키는.
échauffe [eʃoːf] *n.f.* 〖피혁〗(털을 뽑기 위하여) 가죽을 삶기; 가죽을 삶는 가마 [방].
échauffé(e) [eʃofe] *a.p.* ① (곡식·건초가) 발효(醱酵)하기 시작한. ② 뜨거운 열이 오른, 흥분한 (excité). exprits ~*s* 흥분한 사람들.
—*n.m.* (더위 또는 발효에 의한) 뜬 냄새.
échauffement [eʃofmɑ̃] *n.m.* ① 뜨겁게 데우기, 가열; 〖기계〗(마찰 따위에 의한) 과열. ~ du sol (태양열에 의한) 지표의 가열. ② (곡물 따위의) 초기 발효. ③ 〖의학〗체온과도; 변비; 임질. ④ (비유적) 흥분, 격앙 (excitation). ~ du public 대중 [군중]의 흥분.
échauffer[1] [eʃofe] *v.t.* ① 뜨겁게 하다, 덥게 하다; (목적보어 없이) 몸을 덥게 하다. *être échauffé* par une course rapide 빨리 뛰어서 몸이 더워지다. frottement qui *échauffe* les roues 차바퀴를 가열하는 마찰. ② (비유적) 흥분시키다, 자극하다 (exciter); 활기를 주다 (animer). ~ *qn* …을 흥분시키다. ~ l'imagination de *qn* …의 상상력을 자극하다. ③ (곡식·건초 따위를) 발효하게 하다. ④ 〖구어〗변비증을 일으키다.
~ *la bile* (*la tête, le sang, les oreilles*) *de* [*à*] *qn* …을 화나게 하다, …의 비위를 거스르다.
—*s'* ~ *v.pr.* ① 더워지다, 가열되다, 과열되다 (엔진 따위가) 뜨거워지다. ② 흥분하다; 활기를 띠다. La discussion commence à *s'* ~ . 논쟁이 활기를 띠기 시작한다. ③ 〖스포츠〗준비운동하다.
échauffourée [eʃofure] *n.f.* ① 〖옛〗무모한 획책 [짓], 폭거. ② 〖군사〗(뜻하지 않은) 작은 전투. ③ 난투(bagarre). ~ entre les manifestants et la police 데모대와 경찰과의 충돌.
échauffure [eʃofyːr] *n.f.* ① 〖옛〗〖의학〗홍진, 발진. ② (곡식 따위의) 가열.
échauguette [eʃogɛt] *n.f.* ① 〖축성〗망대, 망루, 감시창(窓)(bretèche)(→château 그림). ② 〖옛〗야간 경비(병).
échauler [eʃole] *v.t.* =chauler.
èche [ɛʃ] *n.f.* =aiche.

échéable [eʃeabl] a. 《상업》지불할 수 있는; 기일 내에 지불해야 할.

échéance [eʃeɑ̃ːs] n.f. ① 지불 기일[기한]. ~ d'un loyer 집세의 지불 기일. à 4 mois d'~ 4개월 기한의. payable à l'~ 기한이 되어 지불해야 함. venir à l'~ (어음 따위가) 만기가 되다. respecter ses ~s 지불 기한을 지키다. ②(집합적)지불 만기가 된 어음; (그)금액. ~ de fin de mois (각종의)월말지불름. faire face à une lourde ~ 거액의 어음결제를 해내다. ③(비유적)기일의 도래, (어떤 일의)종국. On a deux mois avant l'~ de l'examen. 시험기일까지는 2달이 남았다.
à longue [brève] ~ 장기[단기]의, 장기[단기]적으로. billet *à longue [brève]* ~ 장기[단기] 어음. projet *à longue* ~ 장기 계획.

échéancier [eʃeɑ̃sje] n.m. 《상업》지불 기일 기재장부.

échéant(e) [eʃeɑ̃, -ɑ̃ːt] (p.pr.<échoir) a. 《상업》만기가 된, 기한이 찬. *le cas* ~ 그럴 경우, 필요한 경우. *Le cas* ~, je m'en occuperai. 필요한 경우에는 내가 그 일을 맡겠다.

*****échec** [eʃɛk] n.m. ①(pl.)서양장기, 체스; 서양장기의 말(하나 하나의 말은 pièce). jouer aux ~s 장기를 두다. ~s en ivoire 상아말. ②(sing.)(체스에서)장군말이 다른 말의 이동으로 궁지에 몰린 상태. ~ et mat 장군말을 꼼짝 못하게 하는 결정적 공격(경기의 승리를 가져옴). ③실패(↔succès). subir[essuyer] un ~ 실패하다. être voué à l'~ (어떤 일이)실패할 운명이다.

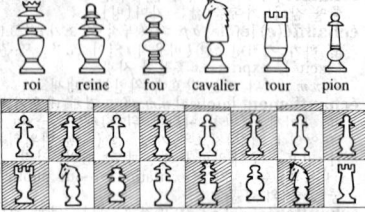

roi   reine   fou   cavalier   tour   pion

échecs

aller au-devant d'un ~ ; *courir à un* ~ 실패[재난]를 초래하다. *faire [donner]* ~ *à qn[qc]* …을 실패하게 하다, …을 방해하다. *tenir [mettre] qn en* ~ …을 궁지에 몰아넣다, 꼼짝 못하게 하다.
— *a.*(ae변.) être ~ (장기에서)장군이 꼼짝 못하게 몰리다;《구어》이러지도 저러지도 못하다, 곤경에 빠지다.

échelette [eʃlɛt] n.f. ①《옛》(수레에 짐을 쌓아올리기 위한 사닥다리형의)가로장. ②《조류》거미잡이새, 티코드롬. ③ compte par ~s 이자공제계정(利子控除計定).

échelier [eʃəlje] n.m. 외기둥 사닥다리.

*****échelle** [eʃɛl] n.f. ① 사닥다리. dresser (poser, appuyer) une ~ contre un mur 담벼락에 사닥다리를 세우다. grimper à l'~ 사닥다리를 오르다. ~ d'incendie [de sauvetage] 소방용 사닥다리. ②계급, 등급(hiérarchie). s'élever dans l'~ sociale 사회적 계급이 높아지다. être en haut de l'~ 계급이 높다. ③규모, 比; événement d'~ mondiale 세계적 규모의 사건. ④(설계도·지도 따위의)축척(縮尺)(비율). carte à petite [grande] ~ 소[대]축척 지도. carte à l'~ de 1/50 000 5만분의 1 지도. ⑤(각종 계기의)눈금. ~ d'un thermomètre 온도계의 눈금. ~ de visibilité 《기상·항공》시도계(視度計). ~ des eaux 수위(水位)표. ⑥《음악》음계(~ des sons); (색채 따위의)단계. ~ diatonique 전음기. ~ chromatique 반음계. ~ des couleurs 색채의 단계적 변화. ⑦《경제》~ des salaires 임금율; ~ mobile (임금·물가의)연동제. ⑧ ~ d'attitudes 《심리》태도척도. ⑨《옛》기항지(escale). *É~s du Levant* 《지리》지중해 동부지방의 여러 항구.
à l'~ *de qc*(+형용사) …의 규모의, …에 비례된. *à l'*~ *du* monde 세계적 규모의. Il faut des moyens financiers à l'~ *de* cette entreprise. 이 사업에 비례하는 재력이 필요하다.
être au bout de l'~ 최고의 지위에 있다.
faire la courte ~ *à qn* (높은 곳에 닿도록) …을 어깨[등]에 태워 주다; …을 도와 주다.
Il n'y a plus qu'à [Il faut] tirer l'~. 더 이상 잘 될 수 없다, 이젠 두 손 들었다. Après lui, *il faut tirer l'*~. 그 사람보다 더 잘 해낼 수 없다, 그 사람은 당해낼 수가 없다.
monter à l'~ 《구어》대수롭지 않은 것에 화를 내다, 농담을 진담으로 여기다.
sur une grande [large] ~ 《구어》대규모로. fraude fiscale pratiquée *sur une grande* ~ 대규모로 행해진 탈세.

échelle-observatoire [eʃɛlɔpsɛrvatwaːr] (pl. ~s-~s) n.f. 《군사》관측 사닥다리.

échellier [eʃɛ(e)lje] n.m. (피난용 큰 사닥다리를 다루는)소방원.

échelon [eʃlɔ̃] n.m. ① 사닥다리의 가로장. ②단, 단계; 계급, 등급 (비유적)(일이 진전되는)단계. ~ de la gamme 《음악》음계도. premier ~ de ma fortune 내 운명의 제 1 보. ~s de l'administration 공무원의 계급[직급]. ③《행정》(행정의)차원, 계열. à l'~ départemental[national] 도[국가적] 차원에서. ④《군사》제동; 제형(梯形) 편성, 제형; (제형 편성의)각 부대. ~ en ~ 제형 비행(梯形飛行). ~s de commandement 지휘계통. ~ aéroporté 공정(空挺)부대. ~ d'attaque 공격부대. troupe de premier ~ 제 1 선 부대. ~ d'débordant 측면(엄호)부대. ~ de batterie 포병 보급부대.
à l'~ *de qc*(+형용사) …의 수준으로, …의 단계로. *par* ~s 점차로, 차차.

échelonnement [eʃlɔnmɑ̃] n.m. ①《군사》제형으로 배치하기; 제형 편성. ②(물건의)사이를 메어 늘어 놓기; (지불을)여러 차례로 나누어서 하기. paiements par ~ 분할지불.

échelonner [eʃlɔne] v.t. ①《군사》(부대를)제형으로 배치[편성]하다. ②(사람·물건의)사이를 메어 늘어놓다. ~ des paiements sur plusieurs années 수년에 걸쳐 분할 지급하다. ~ ses vacances 휴가를 몇 차례로 나누다. doses *échelonnées* 《약》나누어 먹을 약의 분량.
— *s'*~ v.pr. 일정한 간격[시간]을 두고 늘어서다[계속되다]. La publication de cette ouvrage *s'échelonne* sur cinq ans. 이 책은 5년에 걸쳐 나누어져 출판된다.

échenal(pl. *aux*) [eʃnal, -o], **échen(e)au** [eʃno] (pl. ~x) n.m. (지붕의 빗물을 받는)나무통; 《야금》(용해된 금속을 주형으로 인도하는)홈, 탕구.

échenillage [eʃnijaːʒ] n.m. 쐐기벌레 구제(驅除); 쐐기벌레의 집을 부수기.

écheniller [eʃnije] v.t. ①《농업》(과수에서)쐐기벌레를 구제(驅除)하다. ②《문어》(문서 따위의 잘못된 부분을 삭제하다.

échenilleur [eʃnijœːr] n.m. 쐐기벌레를 잡는 사람.

échenilloir [eʃnijwaːr] n.m. 쐐기벌레 구제기(器).

écheoir [eʃwaːr] v.i. = échoir.

écherra [eʃera] ⇨**échoir**.
échet [eʃɛ] ⇨**échoir**.
écheveau [eʃvo] (*pl.* **~x**) *n.m.* ① 실타래. ②《비유적》(길·사건 따위의)얽힘, 착잡. ~ de ruelles 복잡한 샛길, 미로. démêler(débrouiller) l'~ d'une intrigue 복잡하게 얽힌 줄거리를 풀다.

échevelé(e) [eʃəvle] *a.p.* ① 머리가 헝클어진; 뒤얽힌, 혼잡한(désordonné). front ~ 머리가 헝클어져 내려온 이마. arbres ~s《시》(실타래처럼 머리처럼)뒤얽힌 나무들. ②《비유적》광란의, 열광적인(effréné). danse ~*e* 광란의 춤.

écheveler [eʃəvle] [5] *v.t.*《문어》(의)머리를 헝클어뜨리다. —**s'~** *v.pr.* 머리가 헝클어지다.

échevellement [eʃəvɛlmɑ̃] *n.m.* 산발, 머리를 헝클어뜨리기; (실타래처럼)헝클어짐.

échevette [eʃvɛt] *n.f.* 실타래의 길이.

échevin [eʃvɛ̃] *n.m.* ①(프랑스 대혁명 전의)시·읍·면의 행정관; (카롤링거왕조 때(때)의 재판소의)보좌판사. ②(벨기에·네덜란드의)부시장〔읍·면장〕; (캐나다의)시회의원.

échevinage [eʃvinaʒ] *n.m.* échevin 의 직위〔임기·관할구역〕; (한 도시의)échevin 단(團).
échevinal(ale, *pl.* **aux)** [eʃvinal, -o] *a.* échevin의.
échicoter [eʃikɔte] *v.t.* 나무 그루터기를 제거하다.
échidné [ekidne] *n.m.*《동물》바늘두더지《오스트레일리아산》.
échif(ve) [eʃif, -i:v]*a.*《옛》《사냥》(사냥개가)폭식하는.
échiff(r)e [eʃif(r)] *n.m.*《건축》계단의 간막이 벽(mur d'~); 계단의 나무뼈대. —*n.f.*《옛》(중세의 도시의)성벽 위의 망대.
échignement [eʃiɲmɑ̃] *n.m.*《속어》=**échinement**.
échigner [eʃiɲe] *v.t.* =**échiner**.
échignol *n.m.,* **échignole** [eʃiɲɔl] *n.f.* 실패.
échinant(e) [eʃinɑ̃, -ɑ̃:t] *a.*《속어》(일이)힘이 드는, 고된.
échine¹ [eʃin] *n.f.* ① 등마루, 척추. ②《요리》돼지의 등. **caresser**〔**frotter, rompre**〕**l'~ à** *qn* …의 등을 몽둥이로 때리다. **courber**〔**plier**〕**l'~ devant** *qn* …에게 굽실거리다. **crotté jusqu'à l'~**《구어》온몸이 진흙 투성이가 되다.
échine² *n.f.*《건축》(기둥 꼭대기의)둥근 쇠시리.
échinée [eʃine] *n.f.* (돼지의)등심.
échinement [eʃinmɑ̃] *n.m.*《속어·드물게》애쓰기; 힘드는 일.
échiner [eʃine] *v.t.* ①《옛》(의)등뼈를 부러뜨리다. ②《구어》심하게 때리다; 때려 죽이다(meurtrir). —**s'~** *v.pr.*《옛》뼈가 꺾이다. ②《구어》몹시 피로하다, 몹시 애쓰다. (s'~ à *qc/à*+*inf*.) Il s'est *échiné* à porter ce bois. 그는 이 나무를 운반하는데 기진맥진했다.
échineur [eʃinœ:r] *n.m.*《옛·구어》혹평가(éreinteur).
échinides [ekinid] *n.m.pl.*《동물》성게류(類).
échinocactus [ekinɔkaktys] *n.m.*《식물》선인장의 일종.
échinocoque [ekinɔkɔk] *n.m.*《동물》낭충(囊蟲).
échinodermes [ekinɔdɛrm] *n.m.pl.*《동물》극피동물(棘皮動物).
échinoïde [ekinɔid] *a.* 성게를 닮은. —*n.m.pl.* = **échinides**.
échinon [eʃinɔ̃] *n.m.*《사투리》치즈형(型).
échinope [ekinɔp], **échinops** [ekinɔps] *n.m.*《식물》절굿대.
échiqueté(e) [eʃikte] *a.* 바둑판 무늬의.
échiquier [eʃikje] *n.m.* ① 장기판, 바둑판. ②《비유적》전장(戰場); (정치·외교 따위의)각축장. ~ européen 유럽 외교의 각축장. ③《군사》방

안대형(方陣隊形); (현재는)수송선단의 인상(鱗狀)대형; (도시의)바둑형 구획. ④《*É*~》《역사》(노르망디)최고법정; (현재는)영국의 재무성《영 exchequer》. chancelier de l'*É*~ (영국의)재무장관. billets de l'*É*~ (영국의)재무성 증권. **en ~** 바둑판 무늬의〔로〕. arbres plantés *en* ~ 바둑판 무늬로 심은 나무.

écho [eko] *n.m.* ① 메아리, 산울림; 메아리치는 곳; 반향. faire ~ 메아리치다, 울리다. ~ simple〔multiple〕단순〔다중〕반향. ②《비유적》반향, 응답, 찬동(réponse). Sa proposition n'a trouvé〔éveillé〕aucun ~. 그의 제안은 반응이 전혀 없었다. ③ 소문, 소식(information, nouvelle); (*pl.*)《신문》사회 고십, 사교계 소식란. «L'*É*~ de Paris»『에코드 파리』(1884-1938년에 파리에서 발간된 신문). Avez-vous eu des ~s de la réunion? 그 모임에 대한 소식을 들었소? ④ 반영(하는 사람); 대변(자); 전달(하는 사람). On trouve dans ce roman l'~ des angoisses de l'époque. 이 소설에는 그 시대의 고민이 반영되어 있다. se faire l'~ d'une rumeur 어떤 소문을 퍼뜨리다. Cet auteur se fait l'~ des revendications sociales. 이 작가는 사회적 요구의 대변자가 되어 있다. ⑤《물리》반향; 반향파. ~ radar 레이다 에코. ⑥《음악》에코; 반향음전; 에코 오르간. ⑦《운율》반향운(韻)(의 시구)《앞 행의 마지막 음절을 다음 행에서 반복하는 시》.
à tous les ~s 도처에, 공공연하게. *se faire l'*~ *de qc* …을 듣고 남들에게 널리 퍼뜨리다.

échoir [eʃwa:r] [61] *v.i.* (부정법 및 3인칭 단수·복수 이외에는 거의 사용하지 않음, 조동사는 être) ① (재산 따위가)굴러들어오다. Une maison lui *est échue*(Il lui *est échu* une maison) en héritage. 집 한 채가 유산상속으로 그에게 굴러들어왔다. ② (어음 따위가)만기가 되다. Le terme *échoit* le 15 mai. 5월 15일에 만기가 된다. Le délai *est échu*. 기한이 끝났다. payer(le) terme *échu* 기한이 되어서 지불하다.
~ ***bien***〔***mal***〕《옛》ⓐ 좋은〔나쁜〕때에 오다〔일어나다〕. ⓑ (주어는 사람) 운이 좋다〔나쁘다〕. Je suis *mal échu*. 나는 운이 나쁘다. ⓒ (좋은〔나쁜〕일이)일어나다. Si tu refuses, *mal t'écherra*(il t'*écherra mal*). 만약 거절하지 않겠 될 것이다.
~ *en partage à qn* …의 몫이 되다. 〔우.
si le cas y échoit〔*échet*〕; *s'il y échet*《옛》만일의 경

écholalie [ekolali] *n.f.*《심리》반향 언어《타인의 말의 무의식적 반복》; 반향 언어증.
écholocalisation [ekɔlɔkalizasjɔ̃], **écholocation** [ekɔlɔkasjɔ̃] *n.f.*《동물》(어떤 동물들이 초음파의 의해 장애물을 감지하는)반향 정위(定位).
échomètre [ekometr] *n.m.* 음향 측정계.
échométrie [ekometri] *n.f.*《물리》음향 측정술.
échoppage [eʃɔpaʒ] *n.m.* 동판(銅版) 조각.
échoppe¹ [eʃɔp] *n.f.* ① 구멍가게, 노점. ②(남프랑스 특히 보르도에서)단층집.
échoppe² *n.f.* (동판 조각용)강철바늘; (조각용)끌.
échopper [eʃɔpe] *v.t.* (동판에)강철바늘로 조각하다; (나무에)조각하다.
échoppeuse [eʃɔpø:z] *n.f.*《인쇄》판면보각기(版面補刻機)《라 machine à échopper》.
échotier [ekotje] *n.m.* (신문의)고십난 기자.
échouage [eʃwaʒ] *n.m.*《해양》(수리를 위해)배를 바닷가에 올려놓기, 양륙(揚陸); (배가)바닷가에 올라갈 수 있는 곳.
échoué [eʃwe] *n.m.* ① 좌초한 배. ② 난파당한 사람. —*a.* 좌초한; 《비유적》실패한.
échouement [eʃumɑ̃] *n.m.* ① (주로 사고에 의한)

좌초. ②《드물게》《비유적》실패.
échouer [eʃwe] *v.i.* ① (배가)좌초하다; (물건이)뭍에 올려지다; 표착(漂着)하다. débris qui *ont échoué* sur le sable 모래 사장에 올려진[표착한] 파편들. (주어는 사람) Nous *échouâmes* en sortant du port. 우리 배는 항구를 나올 때 좌초했다. ②《비유적》(사람이)실패하다(↔ réussir); (어떤 일이)실패로 돌아가다, 좌절되다(avorter, rater). [~ à qc] ~ à un examen 시험에 낙방하다. Toutes les tentatives *ont échoué*. 모든 시도가 수포로 돌아갔다. faire ~ un projet 계획을 망치다. ③《비유적》(마침내)~이다다르다. Il a fini par ~ à la table d'un café. 마침내 그는 (방황하던 끝에) 한 카페의 테이블에 앉게 되었다.
—*v.t.* (배를 수리하기 위해)바닷가에 얹히게 하다, 좌초시키다.
—**se** ~ *v.pr.* 뭍에 오르다[닿다].
échoyait [eʃwajɛ] ⇨échoir.
échu [eʃy] ⇨échoir.
écidie [esidi] *n.f.*[*m.*]《식물》수균류(銹菌類)의 균사체(菌絲體).
écimage [esima:ʒ] *n.m.* (식물의)상순을 자르기.
écimer [esime] *v.t.* ① (식물의)상순을 자르다; (기념비의)꼭대기를 자르다. ②트집 잡다.
éclaboussement [eklabusmã] *n.m.* (물·진창 따위를)튀기기.
éclabousser [eklabuse] *v.t.* ① [~ qn/qc] (에게)물[진창]을 튀기다. ~ les passants 행인에게 흙탕물을 튀기다. ②《비유적》[~ qn] (에게)누를 끼치다. Le scandale *a éclaboussé* tous ses amis. 그 추문은 그의 동료들에게 누를 끼쳤다. ③ (주어는 사람) [~ qn] (에게)잘사는 것을 뽐내다, 재다. Il veut ~ ses voisins. 그는 이웃사람들에게 잘사는 것을 과시하려고 한다. ④ (주어는 사물) 냉대하다 (maltraiter). La fortune *éclabousse* ceux qui la poursuivent. 행운은 그것을 추구하는 사람을 냉대한다.
—**s'** ~ *v.pr.* (자기에게) 흙탕물을 튀기다.
éclaboussure [eklabusy:r] *n.f.* ① (물·진창·그림물감 따위가)튀어 묻은 것. ②《비유적》피해, 폐, 누(累). recevoir des ~s (어떤 일로 인해)함께 피해를 당하다.
***éclair** [eklɛ:r] *n.m.* ① 번갯불. ~ de chaleur (여름의)마른번개. comme l'~ 몹시 빠르게, (번쩍임) Il fait des ~s. 번개가 번쩍인다. ②《순식간의》반짝임, 섬광; 빛. ~s des photographes 사진사의 플래시. ~s d'un diamant 다이아몬드의 반짝임. en un coup d'~ 즉각; 순식간에. Ses yeux lancent des ~s.《비유적》그의 눈이 (분노로) 타오르고 있다. ③ (재능 따위의)번뜩임. ~ d'intelligence 지성의 번뜩임. ~ de lucidité (미친 사람이)잠시 제 정신으로 돌아감. ④ 에클레르트(과자의 일종). ⑤ point d'~ 《화학》인화점 (휘발성 액체의 증기가 공기와 혼합하여 자연발화하는 온도).
—*a.*《보통 불변》몹시 빠른, (전에는) guerre ~ 전격전. fermeture ~ 지퍼 등, 사용이 제한되었으나 근래 광범하게 쓰임). visite ~ 잠시동안의 방문. voyage ~ 단기여행. train ~ 특급열차. attaque ~ 전격적인 출격. séjour ~ dans la capitale 잠시동안의 수도 방문.
éclairage [eklɛraːʒ] *n.m.* ① 조명, 조명법; 채광, 광선(↔ obscurité). ~ direct[indirect] 직접[간접]조명. ~ au gaz 가스 조명. heure d'~ (육상 챠량의)조명 점등 시간. huile d'~ 점등용 기름. ~ public réduit (도로의)야간 반감 조명. ~ scénique[de la scène] 무대 조명. mauvais ~ du rez-de-chaussée 1층의 채광부족. ②《군사》정찰.

rideau d'~ 정찰함대. ③관점, 견지 (point de vue). sous cet ~ 이 관점하에서.
éclairagisme [eklɛraʒism] *n.m.* 조명 기술.
éclairagiste [eklɛraʒist] *n.m.* 조명 기사.
éclairant(e) [eklɛrɑ̃, -ɑ̃ːt] *a.* 조명하는. pouvoir ~ 조명도, 광도. bombe ~e 조명탄. —*n.m.* 발광물.
éclaircie [eklɛrsi] *n.f.* ① (구름·안개 따위가)일부 걷히기; 잠시 갬. profiter d'une ~ pour sortir 잠시 갠 틈을 타서 외출하다. ② 숲속의 빈터; (숲의)간벌(間伐); (야채의)솎음질. ③ (사태의)소강 상태, 일시적 호전. ~ dans la situation internationale 국제정세의 일시적 긴장완화.
éclaircir [eklɛrsiːr] *v.t.* ① (어두운 것을)밝게 하다, 맑게 하다. mêler du blanc à la peinture pour ~ la teinte 색조를 밝게 하기 위하여 그림에 횐빛을 섞다. ~ ses lunettes (흐려진)안경을 닦아 맑게 하다. ②얇게[연하게] 하다, 묽게 하다(↔ épaissir). ~ un potage 수프를 묽게 하다. ③ (목소리 따위를)맑게 하다. Ces pastilles *éclaircissent* la voix. 이 드롭스는 목소리를 맑게 해준다. ④ (숲 따위를)(안쪽을 트기 위해)솎다; (야채 따위를)솎음질하다. ~ des plants 묘목을 솎아주다. ⑤《비유적》(모호한 것을)밝히다, 해명하다; (에게)진상을 알리다 (informer, tirer au clair). Il faut du temps pour ~ cette affaire. 이 사건을 해명하려면 시간이 걸린다. ~ les doutes (옛)의혹을 풀다. ~ qn sur qc ⋯에 관해 ⋯에게 진상을 알리다.
—**s'** ~ *v.pr.* ① (낮씨가)개다; (어두운 것이)밝아지다. Le ciel *s'éclaircit*. 하늘이 밝아진다[개다]. ② (진한 것이)묽어지다, 엷어지다; (조밀한 것이)솎아지다. Ses cheveux commencent à s'~. 그의 머리카락이 빠지기 시작한다. La foule *s'éclaircit*. 군중이 차츰 흩어진다. ③ (목소리 따위가)맑아지다. s'~ la voix (목청을 가다듬기 위해)기침하다. ④《비유적》(모호한 것이)밝혀지다, 명확해지다, 해명되다. Cette affaire a fini par s'~. 이 사건은 마침내 해명되었다.
éclaircissage [eklɛrsisaːʒ] *n.m.* ①《원예》(묘목·과수의)솎음질(éclaircie). ②유리닦기.
éclaircissant(e) [eklɛrsisɑ̃, -ɑ̃ːt] *a.*《드물게》(모호한 것을)밝히는.
éclaircissement [eklɛrsismɑ̃] *n.m.* ① (모호한 것·의혹에 대한)해명, 설명. demander des ~s sur une affaire 사건에 대한 해명을 요구하다. avoir un ~ avec qn ⋯와 무엇인가 분명히 해둘 일이 있다. ② (논점 따위에 대한)주해, 주석.
éclaire [eklɛːr] *n.f.* ①《사투리》《해양》(선장의)고기 넣는 곳; (지하실의)채광창. ②《식물》애기똥풀.
éclairé(e) [ekle(e)re] *a.p.* 밝은, 채광이 잘된; 등불이 켜진; 식견 있는 (sage, ↔ étroit). chambre bien[mal] ~e 햇볕이 잘 드는[안 드는] 방.
éclairement [eklɛrmɑ̃] *n.m.* ① 밝히기, 조명. ② 조명도, 광도.
***éclairer** [ekle(e)re] *v.t.* ① 비추다, 밝히다. Les phares *éclairent* la route. 헤드라이트가 길을 비춘다. [~ qn] Je vais vous ~ jusqu'à la porte. 대문까지 길을 밝혀드리겠소. ②《구어》불을 켜다 (allumer). ~ une lampe 등불을 켜다. ③《문어》(얼굴 따위를)환하게[밝게] 하다. La joie *éclairait* son visage. 기쁨으로 그의 얼굴이 밝게 빛났다. ④《비유적》(일의)진상을 해명하다 (참뜻을 밝히다. ~ un texte par des commentaires 주석으로 글의 참뜻을 명확히하다. ⑤ [~ qn] 계발하다; (에게)진상을 알리다 (informer). L'expérience nous *éclaire*. 경험은 우리에게 많은 것을 가르쳐준다. [~ qn sur qc] Cet article *éclaira* les lecteurs *sur ce*

détail. 이 기사는 그 점에 관해 독자들에게 실상을 밝혀줄 것이다. ⑥ 〖군사〗(진격에 앞서)정찰하다. ~ le terrain 적(敵)의 동정을 정찰하다. ~ la marche[la progression d'une troupe] 진군 지원 정찰을 하다. ⑦ 〖카드놀이〗~(le tapis) 내기돈을 걸다(miser); ~ le jeu (상대에게)자기 패를 보여 주다.
— v.i. 빛나다, 광채를 내다. lampe qui éclaire mal (불빛이)어두운 등불.
— v.imp. Il éclaire. 《옛·사투리》번개가 친다.
— s'~ v.pr. ① 불이 켜지다, 조명되다; (불이 켜져서)환해지다. La rue s'éclaire dès la tombée de la nuit. 거리는 밤이 되자 곧 불[가로등]이 켜진다. La pièce s'éclaira soudain. 방안이 갑자기 환해졌다. ②(주어는 사람)(자기를 위해)불을 켜다. Sa chambre, il est obligé de s'~ dès l'après-midi. 그의 방에서는 오후부터 불을 켜야만 한다. [s'~ à] s'~ à la bougie[au gaz] 초[가스]로 불을 켜다. ③(얼굴이)빛나다, 환해지다. Son visage s'éclaira d'un sourire. 그의 얼굴이 미소로 활짝 피었다. ④(비유적) 명확[분명]해지다. Maintenant, tout s'éclaire. 이제는 모든 것이 명백해진다. ⑤(상호적)서로 명확하게 하다.

éclaireur(se) [eklɛrœːr, -ʃ:z] n. 보이[걸]스카우트. chef ~ 보이[걸]스카우트 대장.
— n.m. 〖군사〗 척후; 정찰함; (잠수함 정찰용의) 소형 비행선.
— a. avion ~ 정찰기.

éclamé(e) [eklame] a. (새가)날개·다리를 다친.
éclampsie [eklɑ̃psi] n.f. 〖의학〗 급간(急癎), 자간(子癎).
éclamptique [eklɑ̃ptik] a., n.f. 자간성의(환자).
éclanche [eklɑ̃ː] n.f. (옛) 〖요리〗양의 어깨고기.
éclancher [eklɑ̃ʃe] v.t. 〖직물〗(의)주름을 펴다.

*éclat [ekla] n.m. ① 파편, 조각. ~ de bois 나무조각. ~ de verre[de bombe] 유리[폭탄] 조각(파편). ② (터져나오는)큰 소리, 격렬한 소음, 폭음; (비유적) (감정의)폭발. ~ de rire 웃음을 터뜨리는 소리; 폭소. ~ de rire d'un grand ~ de rire[aux ~s] 웃음을 터뜨리다. parler avec des ~s de voix 언성을 높여 말하다. ~s d'un courroux 분노의 폭발. ③ 강렬한 빛, 섬광, 광채. ~ de soleil 눈부신 햇빛. ~ d'un diamant 다이아몬드의 광택. feu à ~s 〖해양〗섬광등. ④ 화려함, 찬란함(magnificence); (사람의 매력)싱싱한 아름다움, 눈부심. ~ d'une cérémonie 의식의 화려함. faux ~ 겉보기의 화려함. Son style a de l'~. 그의 문체는 화려하다. femme qui a de l'~ 눈부실 만큼 아름다운 여인. Elle est dans tout l'~ de sa beauté. 그녀는 아름다움의 절정에 있다(한창 아름다움을 꽃피우고 있다). ⑤ 소문, 물의, 추문, 스캔들. éviter un ~ 물의를 (일으키는 것을) 피하다. Cette affaire fera un grand ~. 이 사건은 큰 물의를 자아낼 것이다. prévenir[craindre] l'~ 스캔들로 번지는 것을 미리 막다[두려워하다].
d'~ [éklaté(éclatant)] 찬란한, 눈부신(éclatant). action d'~ 찬란한 행동, 공적. coup d'~ 멋진 일격.
en venir à un ~ 단호한 조치를 취하다.
sans ~ 〜(물의·소문을 피하여)[한], 눈에 띄지 않는[않게]; (사치하지 않고)조촐한[한]. vie sans ~ 조촐한 삶.
vivre avec ~ 허세부리며(떵떵거리고) 살다.
voler en ~s 산산조각이 나다.

éclatage [eklataːʒ] n.m. 〖원예〗 (식물의)뿌리가르기.
éclatant(e) [eklatɑ̃, -ɑ̃ːt] a. ① 터지는, 터질 듯한. être ~ de santé 건강이 넘쳐 흐르다. ②(음향·웃음소리가)울리는, 귀청을 찢을 듯한. ③빛나는 (radieux); 혁혁한, 멋진; 싱싱한; 명백한, 현저한 (manifeste). blancheur ~e 눈이 부실 만큼의 흰색. mérite ~ 혁혁한 공적. mensonge ~ 뻔한 거짓말.

éclaté(e) [eklate] a.p. ① écu ~ 〖문장〗톱니모양의 선으로 분할된 무늬의 방패꼴 문장. ② taille ~e (석재의 모서리를)톱니모양으로 깎기.
— n.m. 〖기술〗 기계장치 따위의 분해조립도.

éclatement [eklatmɑ̃] n.m. ①(보일러·탄환의)파열, 폭발; (유리 따위의)박살. ②(단체 따위의)분열; 분산. ~ d'un parti 당의 분열. gare d'~ 한 열차가 방향에 따라 분할되는 역.

*éclater [eklate] v.t., v.i. ① 터지다, 폭발하다, 작열하다; (폭풍이)휘몰아치다; (불이)나다. obus qui éclate 터지는 포탄. La pneu a éclaté. 타이어가 빵꾸 나다. L'orage va ~. 비바람이 몰아칠 것 같다. ②(노래·웃음·울음·감정이)터져나오다. sanglots qui éclatent 터져나오는 오열. faire ~ sa colère 분노를 터뜨리다. ③ (전쟁이)일어나다, (어떤 일이) 갑자기 생기다. Un conflit a éclaté au Moyen Orient. 중동에 분쟁이 일어났다. La division éclata dans cette famille. 이 집안에 분열이 생겼다. ④ (분명히)나타나다(se manifester). La vérité commence à ~. 진실이 마침내 드러나기 시작한다. L'intelligence éclate dans ses yeux. 그의 눈에 지성(의 빛)이 분명히 나타나 있다. ⑤(주어는 사람) (감정을)나타내다, 폭발시키다; 터뜨리다. [~ en] ~ en sanglots (참지 못하고)오열을 터뜨리다. ~ en injures [en reproches] 욕설[비난]을 퍼붓다. [~ contre] ~ contre une injustice [un entourage] 불의[측근]에 대해 격노하다. ~ (de rire) 웃음을 터뜨리다. ⑥(주어는 사람) 이름을 떨치다. Ce pilote a éclaté sur la scène internationale. 이 조종사는 국제무대에서 이름을 떨쳤다. ⑦ [~ 따위가)분열하다(se diviser); (도로·시설 따위가)갈라지다. [~ en] parti qui éclate en plusieurs tendances 여러 파로 분열된 정당. L'autoroute éclate ici en deux branches. 고속도로는 여기서 두 갈래로 갈라진다. ⑧〖옛〗(금·보석 따위가)반짝이다.
— v.t. ① 〖원예〗 뿌리를 가르다. ② (산산조각으로)부수다.
— s'~ v.pr. ① 산산조각이 되다. ② 〖옛〗터지다. s'~ de rire 웃음을 터뜨리다.

éclateur [eklatœːr] n.m. 〖전기〗불꽃 간극(間隙); 〖물리〗섬광 발생기.

éclectique [eklɛktik] a. ① (폭넓게)취사선택하는, 절충적인(↔exclusif). ② 〖철학〗 절충주의의. Ses lectures sont très ~s. 그는 책을 폭넓게 읽는다. — n.m. 절충주의자; 절충학파의 철학자.

éclectiquement [eklɛktikmɑ̃] ad. 절충하여, 절충적으로.

éclectisme [eklɛktism] n.m. 〖철학〗 ①절충주의[설]. ②절충학설.

écli [ekli] n.m. 〖해양〗 (나무의)파편.

éclimètre [eklimɛtr] n.m. 〖지질·측량〗클리노미터, 경사계.

éclipse [eklips] n.f. 〖천문〗(해·달의)식(蝕), 이지러짐. ~ de soleil (de lune) 일식(월식). ~ totale(partielle) 개기(부분)식. ~ annulaire 금환식. ②(사람이 활동무대에서)사라짐, 칩묵; (활동의)공백; (명성 따위의)빛을 잃기. actrice qui reparaît après une longue ~ 오랜 침묵 끝에 다시 나타난 여배우. subir[connaître] une ~ (일시적으로 명성을 잃고)그늘에 묻혀 있다. ~ de la littérature en cette fin de siècle 금세기 말의 문학 활동의 공백. ③[à ~] (사물이)숨었다 나타났다 하는; (빛

이)명멸(明滅)하는. but à ~ 『군사』 은현(隱顯)표적. feu à ~s 명멸등(明滅燈). publicité à ~ (네온사인의)명멸광고.

éclipser [eklipse] *v.t.* ① (해·달에)식(蝕)을 일으키다, 이지러뜨리다; 보이지 않게 하다, 감추다, (빛을)가리다(cacher). La lune *éclipse* le soleil. 달이 태양을 가린다[일식을 한다]. nuage qui *éclipse* la lune 달을 가리는 구름. ② (비유적)(자신의 존재로 남을)가리다, 압도하다, 능가하다(surpasser). Il a *éclipsé* tous ses concurrents. 그는 모든 경쟁자들을 압도했다. Le charme *éclipse* souvent la beauté. 매력은 종종 미모를 능가한다.
—**s'~** *v.pr.* ① (해·달이)일식·월식이 되다. ② (비유적)사라지다, 없어지다(s'effacer, disparaître); (구어)몰래 가버리다(s'esquiver). L'argent s'*éclipse* vite au jeu. 돈은 도박판에서 순식간에 없어진다. Il s'est *éclipsé* pendant la séance. 그는 회의중에 슬그머니 사라졌다.

écliptique [ekliptik] 『천문』 *a.* 황도(黃道)의.
—*n.f.* 황도; 지구의 궤도.

éclissage [eklisa:ʒ] *n.m.* ① 『철도』 궤도를 접속하기; 궤도접속장치. ② plaque d'~ 『토목』 목판(木板).

éclisse [eklis] *n.f.* ① 쐐기모양의 나뭇조각. ② 치즈를 거르는 기구. ③ 『외과』(붕대를 감을 때)대는 나무. ④ 『철도』(레일을 접속하는)이음판. ⑤ 『악기』(바이올린의 동체의 앞뒷판을 연결하는)회판(→violon 그림).

éclisser [eklise] *v.t.* ① 『외과』 나무를 곁대다. ② 『철도』(레일을 이음판으로)접속하다.

éclissette [eklisɛt] *n.f.* 작은 éclisse.

éclopé(e) [eklope] *a.p.* 절름발이의, 다리를 저는 (boiteux). —*n.* 절름발이; 『군사』 경상환자, 전투불능자.

écloper [eklope] *v.t.* (드물게)절름발이로 만들다; 불구로 만들다.
—**s'~** *v.pr.* 절름발이가 되다, 불구가 되다.

éclore [eklɔ:r] [35] *v.t.* (옛)알을 까고 나오게 하다, 부화시키다.
—*v.i.* (조동사는 être, 직설법 반과거·단순과거·접속법 반과거·현재분사는 없고, 1·2인칭은 거의 사용되지 않음) ① 부화하다. L'œuf est éclos. 알이 부화했다. faire ~ des poussins 병아리를 부화시키다. ② (꽃이)피다, (꽃봉오리가)벌어지다(s'épanouir), fleur à peine *éclose* 방금 피어난 꽃. ③ (문어)(비유적)나타나다(paraître), (재능 따위가)피어나다, (생각·계획이)떠오르다. Le jour vient d'~. 해가 방금 떠올랐다[날이 샜다]. Cette époque a vu ~ de grands talents. 이 시대에 위대한 천재들이 등장했다. Une idée a *éclos* dans son esprit. 그의 머리 속에 어떤 생각이 떠올랐다(《동작을 나타낼 때 avoir를 조동사로 취할 때도 있음》).

éclos [eklo] ⊄*écloore.

éclosion [eklozjɔ̃] *n.f.* ① 부화. ② 개화(開花). ~ d'une fleur[d'un bourgeon] 개화[발아]. ③ 탄생, 발생, 출현(naissance, apparition). ~ d'une vérité 진리의 발현. ~ d'un projet 계획의 탄생.

éclusage [eklyza:ʒ] *n.m.* 수문을 설치하기; 수문으로 통과시키기.

écluse [ekly:z] *n.f.* ① (운하·개천 따위의)수문; (독일)방조문(防潮門). ouvrir[fermer] les ~s 수문을 열다[닫다]. lâcher les ~s 수문을 열다; (비어)소변을 보다. ② (밀물을 이용한)고기잡이 연못. ③ (비유적)막는 것, 보. ~ des larmes 눈물의 보. ~ de la liberté 자유의 억제.
ouvrir les ~s du cœur 흉금을 털어놓다.

éclusée [eklyze] *n.f.* 갑수량(閘水量)(《수문을 열었다가 닫을 때까지 유출하는 수량》).

écluser [eklyze] *v.t.* ① (운하에)수문을 설치하다. ② (배를)수문으로 통과시키다. ③《속어》마시다.
—*v.i.* 《속어》오줌을 누다.

éclusier(ère) [eklyzje, ɛ:r] *a.* 수문의. —*n.* 수문관리인.

éco- *préf.* 「생태·환경」의 뜻.

écobuage [ekɔbɥaːʒ] *n.m.* 『농업』 화전(火田) 농업(《잡초나 나무뿌리를 태워 그 재료를 비료로 농사짓는 옛 방식》).

écobue [ekɔby] *n.f.* 작은 괭이(《잡초뽑기에 쓰임》).

écobuer [ekɔbɥe] *v.t.* 불을 질러 밭을 일구다.

écocide [ekɔsid] 『학술』(동식물상을 체계적으로 파괴하는)환경파괴.

écœurant(e) [ekœrɑ̃, ɑ̃:t] *a.* ① 구역질나게 하는(nauséabond). boisson ~*e* 구역질나게 하는 음료. ② 불쾌한, 역겨운, 진저리나는(dégoûtant, répugnant). flatteries ~*es* 역겨운 아첨. Cette odeur est ~*e*. 이 냄새는 역겹다. ③ 낙담케 하는.

écœuré(e) [ekœre] *a.p.* 구역질나는, 역겨운; 의기소침한. Le boxeur, ~ abandonna le ring. 전의를 완전히 상실한 그 권투선수는 권투를 포기했다.

écœurement [ekœrmɑ̃] *n.m.* ① 구역질. Une sorte d'~ la prit à la gorge. 일종의 구역질 같은 것이 그녀의 목에 치밀어 올랐다. sentiment d'~ et d'impuissance devant un scandale politique 정치적 스캔들을 눈 앞에 보고 느끼는 구역질[혐오감]과 무력감. ② 불쾌감. être pris d'~ devant pareil spectacle 그와 같은 광경을 보고 불쾌[혐오]감에 사로잡히다. ③ 낙담, 의기소침. ~ causé par des échecs répétés 잇따른 실패에서 오는 낙담.

écœurer [ekœre] *v.t.* ① 구역나게 하다; 불쾌하게 하다. Ses basses flatteries *écœurent* tout le monde. 그의 천박한 아첨은 모든 사람을 역겹게 한다. Cette odeur m'*écœure*. 그 냄새는 역겹다. La bêtise humaine m'*écœure*. 인간의 어리석은 짓은 나를 역겹게 한다. ② 낙담시키다, 사기를 꺾다(démoraliser). ~ son adversaire 상대방의 전의를 꺾다[상실시키다].

écofrai [ekɔfre], **écofroi** [ekɔfrwa(ɑ)] *n.m.* 『피혁』 가죽 자르는 작업대.

écographie [ekɔgrafi] *n.f.* 『학술』 환경생태지리학.

écoinçon, écoinson [ekwɛ̃sɔ̃] *n.m.* ① (방구석에 맞추는)세모꼴의 가구(《찬장·책상·의자 따위》). ② 『건축』 귓돌; (창문·문틀 따위의)모서리 돌.

écolage [ekɔlaːʒ] *n.m.* ① 학생의 신분. ② (옛)학교의 수업, 수업료. ③ 『항공』 조종사의 훈련.

écolâtre [ekɔlɑ:tr] *n.m.* 『종교』 신학 교수; (옛)(교구 학교의)장학관.

‡**école** [ekɔl] *n.f.* ① 학교. ~ maternelle 유치원, 보육원. ~ libre(privée) 사립학교. grandes ~s 고등전문학교(대학 이상의 고등교육기관). ~ mixte 남녀공학. É— normale supérieure 고등(사범)학교. É— polytechnique 이공과대학교. É— nationale d'administration 국립행정학교(《약자 É.N.A.》). É— nationale supérieure des beaux-arts 국립미술학교. ~ d'art dramatique 연극학교. ~ nationale professionnelle 국립직업학교. ~ commerciale 상업학교. ancien camarade d'~ (초·중등학교의)동창생. tenir l'~ 학교를 운영하다. faire l'~ 가르치다(enseigner).
② (한정적인 뜻)국민학교(~ primaire); 국민학교의 구성원(《학생및 교직원》); 국민학교 교육. ~ communale 공립국민학교. directeur d'~ 국민학교 교장. maître d'~ 국민학교 교사(instituteur). rentrée des ~s 국민학교의 신학기. être en âge [avoir l'âge] d'aller à l'~ 취학연령에 달해 있다.

③ (성인용)교습소, 강습소, 학원. ~ du soir 야간학교. ~ d'été 하계학교. ~ de danse 댄스학원. ~ de coiffure 미용학원. ~ ménagère 가정학교.
④ (비유적) 학습의 장. Le malheur est parfois une bonne ~ pour former un homme. 불행은 때로는 인간형성의 좋은 학교이기도 하다.
⑤ 〖군사〗 군사교련, 훈련; 〖승마〗 마술훈련. ~ du soldat 〖옛〗 기본군사훈련, 신병훈련. ~s à feu 실탄훈련. basse ~ 초등마술. haute ~ 고등마술《서커스의 곡마 따위》.
⑥ 유파, 학파. ~ stoïcienne 스토아 학파. ~ romantique 낭만파. chef d'~ 유파의 중심인물. ~ linguistique de Genève 언어학의 주네브 학파. faire ~ 한 유파[학파]를 형성하다.
⑦ 〖옛〗 실패, 실수. faire bien des ~s 실패를 거듭하다.

à l'~ de …의 지도를 받고, …에게 사사하여. apprendre qc à l'~ d'un éminent professeur 저명한 교수의 지도하에 … 을 배우다.

être à rude ~ 엄격한 훈련을 받다.

sentir l'~ ⓐ 학식을 뽐내다. ⓑ (태도·행동이)어색하다.

travail d'~ (예술가의)습작, 학습시기의 작품.

-école *suff.* 「학교·가르치는 장소」의 뜻《예: auto-école 자동차 운전학원》.

*écolier(ère) [ekɔlje, -ɛːr] *n.* ① 국민학교 학생, 아동. chemin de l'~ [des ~s] 일부러 돌아가는 길. ② 풋나기, 신참자, 초심자. Dans le monde des affaires, il n'est encore qu'un ~. 사업계에서 그는 아직도 풋나기에서 벗어나지 못하고 있다. faute d'~ (경험부족·부주의에서 오는)서투른 실수. ③《옛》(중세의)학생. ~s en théologie 신학생. ~ en droit 법학생.
—*a.* ① 국민학생(용)의. papier ~ 국민학생이 사용하는 연습용지. cahier format ~ 국민학생용 사이즈의 노트. ② (드물게) 국민학생같은, 유치한. manières ~ères 어린학생 같은 짓.

écolleter [ekolte] [5] *v.t.* ① (금속을)처 늘이다; 용접하다. ② (여성복의)깃을 파다.

écolo [ekɔlo] (<écologiste) *n.* 〖구어〗 에콜로지스트, 생태환경 보호론자.

écologie [ekɔlɔʒi] *n.f.* ① 〖생물〗 생태학(生態學). ② 자연환경 보호(운동).

écologique [ekɔlɔʒik] *a.* ① 생태학의, 생태학적인. ② 자연환경보호의.

écologisme [ekɔlɔʒism] *n.m.* 자연환경보호론(주의).

écologiste [ekɔlɔʒist] *n.* (환경)생태학자; 생태환경 보호론자. —*a.* 자연환경보호의.

éconduire [ekɔ̃dɥiːr] [32] *v.t.* ① (좋게·좋은 말로)내쫓다, 돌려보내다(congédier). ~ un visiteur importun 귀찮은 손님을 구슬려 돌려보내다. ② 거절하다, 퇴짜놓다. ~ qn …의 요구를 거절하다.

économat [ekɔnɔma] *n.m.* ① (국가의) 재무관 직; (공공단체 따위의)출납[경리] 담당의 직. ② 재산관리[과], 회계과, 경리과.

économe [ekɔnɔm] *n.* (학교·병원·공공단체의)경리 담당자; 재무관; 〖옛〗 (대귀족 집의)집사. ~ séquestre 압류재산 관리인.
—*a.* 검소한, 절약하는; (몹시) 아끼는. maîtresse de maison ~ 검소한 주부, 알뜰 주부. gestion ~ 절약 경영. être ~ de son temps 시간을 아끼다. être ~ d'éloges 좀처럼 칭찬하지 않다. être ~ de paroles 말이 적다, 과묵하다.

économètre [ekɔnɔmɛtr], **économétricien** [ekɔnɔmetrisjɛ̃] *n.m.* 계량(計量)경제학자, 측정경제학자.

économétrie [ekɔnɔmetri] *n.f.* 계량(計量)경제학.

économétrique [ekɔnɔmetrik] *a.* 계량 경제학적인, 측정 경제학적인.

economico- *préf.* 「경제의·경제적」의 뜻《예: *economico*-politique 정치·경제적인》.

***économie** [ekɔnɔmi] *n.f.* ① 경제(학); 경제제도. ~ d'un pays 한 나라의 경제. ~ politique 경제학; 정치경제학(science économique). ~ libérale (dirigée, contrôlée) 자유주의[통제] 경제. ~ nationale 국민경제. ~ agricole 농업경제. ~ sociale 사회경제학. ~ humaine 인간경제학. société d'~ mixte 특수회사, 준(準)국영회사《프랑스에서는 S.N.C.F., Air France 따위》. ② 절약, 경제적 사용; (*pl.*) 저금. Tu crois vraiment que l'autoroute nous fera faire une ~ de temps? 너 정말 우리가 고속도로로 가면 시간을 절약할 수 있을 거라고 생각하니? ~ de fatigue 피로를 피하기; 노력의 절약. vivre avec ~ 검소한 생활을 하다. par ~ 절약하기 위하여. faire[avoir] des ~s 저금을 하다《이 있다》. placer ses ~s 자기의 저축금을 투자하다. ③ 구성, 구조(structure); 체계, 조직. ~ du corps humain 인체의 구조. ~ d'une tragédie 한 비극작품의 구성. ④ 〖옛〗 가정(家政); (국가의)재정운영.

faire des ~s [une ~] de bout de chandelle 하찮은 것에도 돈이 인색하게 굴다.

faire l'~ de ⓐ …을 절약하다. ⓑ …을 하지 않고 때우다. En lui écrivant, vous ferez l'~ d'un déplacement inutile. 그(녀)에게 편지를 내면 쓸데없는 여행을 하지 않아도 될텐데요.

Il n'y a pas de petites ~s. 〖속담〗 티끌모아 태산.

***économique** [ekɔnɔmik] *a.* ① 경제적인, 절약되는(avantageux, bon marché). poêle ~ 연료 절약 난로. moyen de transport ~ 경제적인 수송방법. chauffage ~ 경제적인 난방. vitesse ~ 경제속도. classe ~ (비행기의) 이코노미 클래스. ② 경제학에 관한. science ~ 경제학. activité[vie] ~ d'un pays 한 나라의 경제활동(생활). histoire ~ 경제사. géographie ~ 경제지리(학). ③〖옛〗 가정에 관한.
—*n.f.* 경제학(science ~).
—*n.m.* 경제《경제활동의 전체》. l'~ et le politique 경제와 정치.

économiquement [ekɔnɔmikmɑ̃] *ad.* ① 경제적으로, 절약하여. vivre ~ 알뜰하게 살다. ② 경제상, 경제학적으로. traiter ~ une question 경제학적으로 문제를 다루다. ~ parlant 경제학적으로 말하다면. les ~ faibles 경제적 약자(弱者).

économiser [ekɔnɔmize] *v.t.* ① 절약하다; 저축하다. *Économisez* le pain il n'y en a presque plus! 빵을 절약하세요, 거의 안남았어요! ~ du temps 시간을 절약하다. ~ dix mille francs 1 만프랑을 저축하다. ② 〖옛〗 현명하게 경영하다. —*v.i.* [~ sur] (에서)저축하다. Elle *économise* sur ses modestes rentes. 그녀는 얼마 안되는 연금에서 저축을 한다.

économiseur(se) [ekɔnɔmizœːr, -ø:z] *n.* 절약가, 저축가; 〖기〗 (가스의)절약장치.

économisme [ekɔnɔmism(ə)] *n.m.* ① 경제주의 《경제적 이익을 우선으로 삼는 노동운동 형태》. ② 경제주의《역사를 설명할 때 정치적 요인보다 경제적 요인을 우선으로 삼는 이론》.

économiste [ekɔnɔmist] *n.* 경제학자, 경제전문가; (*pl.*)(18세기의)경제이론가.

écopage [ekɔpaːʒ] *n.m.* 〖해양〗 (배에서)물을 퍼내기; 〖속어〗 잔소리; 구타.

écope [ekɔp] *n.f.* 〖해양〗 (배의 바닥에 괸 물을 퍼내는)큰 국자.

écoper [ekɔpe] *v.t.* ① 〖해양〗 (물을 배에서)국자

로 퍼내다. ②《속어》(모욕을)받다; (매를)맞다. Il a *écopé* une punition. 그는 벌을 받았다. —*v.i.* 《속어》잔소리를 듣다; 매맞다, 꾸중듣다, 모욕(비난)을 받다. ~ de cinq ans de travaux forcés 5년의 중노동형을 받다.

écoperche [ekɔperʃ] *n.f.* 〖건축〗 ① 발판용 통나무. ② 데릭 기중기의 받침대.

écorçage [ekɔrsaːʒ] *n.m.* (나무껍질·과실껍질·왕겨)벗기기.

écorce [ekɔrs] *n.f.* ①(나무·과실의)껍질. ~ d'orange 오렌지 껍질. ~ lisse(rugueuse) 미끈미끈한(두박한) 껍질. Il ne faut pas juger de l'arbre par l'~. 껍질로 나무를 판단해서는 안된다(외관만으로 사람을 판단하지 말라). ②표면, 외모. Il cache un cœur d'or sous une ~ bourrue. 그는 언뜻보기에는 까다로와 보이나 부드러운(착한) 마음의 소유자이다. ③ ~ cérébrale 〖해부〗대뇌피질; ~ terrestre 〖지질〗지각.

écorcement [ekɔrsəmɑ̃] *n.m.* = **écorçage**.

écorcer [ekɔrse] [2] *v.t.* (의)껍질을 벗기다(peler). ~ un arbre 나무껍질을 벗기다. ~ une orange 오렌지 껍질을 벗기다.

écorceur [ekɔrsœːr] *n.m.* 나무껍질을 벗기는 사람.

écorchant(*e*) [ekɔrʃɑ̃, -ɑ̃ːt] *a.* 귀에 거슬리는.

écorché(*e*) [ekɔrʃe] *a.p.* (동물이)박피된; 살갗이 벗겨진. —*n.m.* 박피 해부획(剝皮解剖體), 박피표본; 〖기술〗(전물·배 따위의)단면도.

écorche-cul (à) [aekɔrʃəky] *loc. ad.* 《속어》엉덩이를 대고(미끄러지며); 억지로 끌려서.

écorchement [ekɔrʃəmɑ̃] *n.m.* ①(동물의)가죽을 벗김. ②(살갗을)쏠리어 벗겨지게 함; 할퀴기; (가구 따위의)흠을 내기.

écorcher [ekɔrʃe] *v.t.* ①가죽을 벗기다. ~ un lapin 토끼의 가죽을 벗기다. ②(살갗이)벗겨지게 하다, 까지게 하다; (에)긁힌 자국을 내다(érafler). Ses chaussures neuves lui *écorchent* les talons. 새 구두를 신어서 그(녀)는 발뒤꿈치가 벗겨졌다. ~ le mur 벽에 긁힌 자국을 내다. son *écorche* l'oreille 귀에 거슬리는 소리. mot qui *écorche* la bouche(la langue) 발음하기 어려운 단어. ③(구어)(손님에게)바가지를 씌우다. Ce restaurateur nous *écorche*. 이 음식점주인은 바가지를 씌운다. ④《구어》서툴게 발음하다; 부정확하게 말하다. ~ le français 프랑스어를 서툴게 발음하다. —s'~ *v.pr.* ①자기의 …을 벗기다. ②서로 찰과상을 입히다(s'égratigner).

écorcherie [ekɔrʃəri] *n.f.* 박피장(剝皮場); 《구어》바가지 쒸우는 식당(여관); 부당한 요구.

écorcheur(*se*) [ekɔrʃœːr, -ʃøːz] *n.* 가죽을 벗기는 사람; 남의 금품을 뜯는, 바가지 쒸우는 사람.

écorchure [ekɔrʃyːr] *n.f.* 찰과상, 할퀸 자국, 할퀸 상처.

écore[1] [ekɔːr] *n.f.* (영국해협 어선의)치부책.

écore[2] *n.f.* = **accore**.

écorer[1] [ekɔre] *v.t.* (영국해협의 어항에 양륙되는 어획고를)계산하다.

écorer[2] *v.t.* = **accorer**.

écoreur [ekɔrœːr] *n.m.* 양륙(揚陸)한 어획고를 계산하는 사람; 세관 직원.

écornage [ekɔrnaːʒ] *n.m.* (사고로 소 따위가)뿔이 잘림, 뿔을 자름.

écornement [ekɔrnəmɑ̃] *n.m.* ① écorner 하기. ② écorner 한 상태.

écorner [ekɔrne] *v.t.* ①(짐승의)뿔을 뽑다(꺾다). vent à ~ les bœufs 《구어》(소뿔이라도 뽑아 버릴 듯이)센 바람. ②(물건의)귀퉁이를 접다(꺾다). ~ un livre 책장 한 귀퉁이를 접다, 책의 한 귀퉁이를 자르다. ③(재산을)축내다; (수당을)삭감하다; 《옛》(돈을)갈취하다. ④(마음을)사로잡다. Vous lui *avez écorné* le cœur. 당신은 그(녀)를 홀딱 반하게 만들었다.

écorniflage [ekɔrnifla:ʒ] *n.m.* écornifler 하기.

écornifler [ekɔrnifle] *v.t.* 《속어》등쳐먹다, 기식하다; 여기저기서 훔쳐 모으다.

écorniflerie [ekɔrniflǝri] *n.f.* 기식, 등쳐먹음.

écornifleur(*se*) [ekɔrniflœːr, -ɸːz] *n.* 식객, 기식자(parasite), 남을 등쳐먹는 사람. ②표절자.

écornure [ekɔrnyːr] *n.f.* (돌·접시 따위의)귀퉁이의 떨어진 조각.

écossais(*e*) [ekɔsɛ, -ɛːz] *a.* 스코틀랜드(*l'Écosse*)의. hospitalité ~*e* (스코틀랜드사람 특유의)따뜻한 환대. garde É~ 〖프랑스사〗(15세기부터 19세기의 왕정복고까지의)스코틀랜드 친위대. —**É**~ *n.* 스코틀랜드 사람. —*n.m.* 스코틀랜드어(語).

Écosse [ekɔs] *n.pr.f.* 〖지리〗스코틀랜드. fil d'~ 〖직물〗레이스 실.

écosser [ekɔse] *v.t.* ①(콩 따위의)껍질(깍지)을 까다. ②《옛》낭비하다(dépenser).

écosseur(*se*) [ekɔsœːr, -ɸːz] *n.* 깍지 까는 사람.

écosystème [ekɔsistɛm] *n.m.* 〖식물〗생태계(écologie et système의 합성어).

écot[1] [eko] *n.m.* ①(식비의 개인별)할당액, 몫. ②《옛》회식에 자리를 같이하는 사람. être de tous les ~s 모든 연회에 참석하다. Parlez à votre ~ 남의 일에 관여 마시오.

écot[2] *n.m.* (가지를 완전히 자르지 않은)통나무.

écôtage [ekota:ʒ] *n.m.* écôter 하기.

écôté(*e*) [ekote] *a.p.* 〖문장〗잔 가지를 쳐낸.

écôter [ekote] *v.t.* (담배잎의)줄기를 떼어내다.

écotone [ekɔtɔn] *n.m.* 〖생물〗추이대(推移帶)(생태계 간의 이행부)(lisière).

écotype [ekɔtip] *n.m.* 〖생물〗생태형(型).

écouche [ekuʃ] *n.f.* 〖직조〗삼대 두들기는 기구.

écoucher [ekuʃe] *v.t.* 삼대를 두들기다.

écouer [ekwe] *v.t.* 《옛》(개·말의)꼬리를 자르다.

écoufle [ekufl] *n.m.* 〖조류〗소리개. ②연.

écoulage [ekula:ʒ] *n.m.* ①〖피혁〗(가죽 표면에 붙어 있는 석회수의)제거. ②(재목을)뗏목으로 떠내려 보내기.

écoulé(*e*) [ekule] *a.p.* 〖상업〗지난 달의. payable fin ~ 지난 달 말에 지불해야 함.

écoulement [ekulmɑ̃] *n.m.* ①(액체·가스·증기 따위의)배출, 유출; 배수. tuyau d'~ des eaux 배수관(구). égout pour l'~ des eaux 배수용의 하수구. vitesse d'~ d'un liquide 액체의 유속(流速). ~ souterrain 지하수 유출. ~ nasal 콧물. ~ turbulent 난류. ②(사람·차의)흐름; (비유적)(시간의)흐름, 경과. La construction des passages souterrains a facilité l'~ des voitures. 지하도의 개통으로 자동차의 소통이 원활하게 되었다. ~ des jours 나날의 흘러감. ③(상품·화폐의)유통, 판로. ~ de la production sur le marché 시장으로의 생산물 유통. ~ des produits agricoles sur les marchés étrangers 농산물의 외국 시장에 대한 판로. ④〖지리〗coefficient d'~ (하천의)유출율; déficit d'~ 유출손량(損量); indice d'~ 유출지수.

écouler [ekule] *v.t.* ①유통시키다, 팔다. ~ des marchandises 상품을 팔다. produit qui *est* facilement *écoulé* 잘 팔려나가는 상품. ~ des billets 위조지폐를 유통시키다. ②〖기술〗~ le flot 재목을 뗏목으로 쪼개 흘러보내다. —s'~ *v.pr.* ①(액체가)흐르다, 유출되다. La Seine s'écoule à travers Paris. 센 강은 파리를 가로지르며 흐른다. ②(인파·시간이)흐르다, 흘러

나가다, 경과하다. La foule *s'écoule* dans la rue. 거리에는 많은 인파가 지나가고 있다. La vie *s'écoule*. 인생은 흘러가고 있다. Trois mois *s'écoulèrent* encore. 다시 석달이 흘러가버렸다. 《비유적》 Il *s'écoula* plusieurs heures. 몇 시간이 경과했다. ③ (상품·화폐가)유통되다. Le stock de marchandises *s'écoule*. 상품의 재고품이 잘 팔리고 있다. ④ 사라지다. Son argent *s'écoule* peu à peu. 그(녀)의 돈은 차츰차츰 줄어들고 있다.

écourgée [ekurʒe] *n.f.* =**escourgée**.
écourgeon [ekurʒɔ̃] *n.m.* =**escourgeon**.
écourter [ekurte] *v.t.* ① 줄이다, 단축하다. ~ un habit 옷의 기장을 줄이다. ~ un voyage 여행을 단축하다. ~ les mots 단어의 어미를 발음하지 않다. ② (동물의)꼬리(귀)를 자르다. ~ un chien(un cheval) 개(말)의 꼬리를 자르다.
écoutant(e) [ekutɑ̃, -ɑ̃:t] *a*. 듣는. avocat ~ 《구어》 《익살》의뢰인이 없는 변호사.
—*n*. 《예》듣는 사람, 방청자.
écoute¹ [ekut] *n.f.* ① 엿들음, 엿듣기에 편리한 장소; 《군사》 (적군의 동정을 소리로 살피는)청음기; (청음에 의한)탐지; 청음초소. appareil d'~ sous-marine 해저음향 탐지기. table d'~ (전화국의)대화청취기. ② (전화·방송 따위의)청취. être à (prendre, se mettre à, faire) l'~ (라디오 따위를)듣다. service des ~s radio-téléphoniques (정보를 얻기 위한)외국방송 청취(과(課)). Ne quittez pas l'~! 《전화》잠시 기다려주시오. ③ (수도원 따위의)방청석(실). ④ *(pl.)* (멧돼지의)귀.
être aux ~*s* 《구어》귀를 기울이다, 엿듣다. Il y a des gens qui *sont aux* ~*s*. 엿듣는 사람들이 있다. Des espions *sont aux* ~*s*. 스파이가 감시하고 있다.
—*a.f.* sœur ~ 면회소에 같이 가는 수녀.
écoute² *n.f.* 《해양》 시트(돛 아랫면을 펴서 묶는 밧줄). fausse ~ 확대 밧줄. point d'~ 돛귀.
écouté(e) [ekute] *a.p.* 《예》 경청되는. un des orateurs les plus ~s à la Chambre 하원의원 중에서 제일 관심을 많이 모으는 연사 중의 하나. ② 《승마》 (동작의 고삐의)정확한; 보조가 맞는.
‡**écouter** [ekute] *v.t.* ① 듣다; (의 말에)귀를 기울이다. ~ chanter les oiseaux 새가 노래하는 것을 듣다. Nous *écoutons* la musique à la radio. 라디오로 음악을 듣고 있다. Je vous *écoute* avec intérêt. 흥미를 가지고 듣고 있습니다. 《목적보어 없이》 J'*écoute* mais je n'entends rien. 귀를 기울이고 있으나 아무것도 들리지 않는다. Allô—J'*écoute*. (전화에서) "여보세요." "말씀하세요." N'*écoute* pas cet homme. 저 남자의 말을 듣지 마라. ② (다른 사람의 말을)들어주다, 받아들이다; (양심·감정·충고 따위를)따르다(obéir à). enfant qui *écoute* docilement ses maîtres 선생님 말씀을 잘 듣는 어린이. ~ les conseils d'un ami 친구의 충고를 따르다. ~ sa passion 정열의 목소리에 따르다. n'~ que ses instincts 본능에만 따르다. ~ sa conscience 양심의 목소리에 따르다.

~ *d'où vient le vent* 형세를 관망하다. ~ *son cheval* 말이 가는 대로 맡기다. ~ *son mal* 자기의 병을 몹시 걱정하다, 자기 몸에 지나치게 조심하다. n'~ *que soi-même* 독단적으로 일을 처리하다.
—*v.i.* 귀를 기울이다, 귀담아 듣다.
Écoute; *Écoutez*! 이봐, 여보시오 ! ~ *à la porte (aux portes)* 엿듣다. ~ *de toutes ses (des deux) oreilles* 열심히 귀를 기울이다. n'~ *que d'une oreille* 별로 귀담아 듣지 않다.
—*s*~, *v.pr.* ① 자기가 …하는 것을 듣다; 자기 기분에 따르다. s'~ parler 자기 말에 도취된 것처럼 천천히 말하다.

② 자기 몸을 지나치게 아끼다. Il *s'écoute* trop, il ferait mieux de prendre l'air. 그는 자기 건강에 너무 신경을 쓰고 있다, 바깥 공기라도 쐬는 것이 좋다.
écouteur(se¹) [ekutœ:r, -ɸ:z] *n.* 듣는 사람, 경청자; (라디오의)청취자; 레코드의 검음자(檢音者).
—*n.m.* (전화의)수화기; 리시버, 이어폰.
écouteux(se²) [ekutɸ, -ɸ:z] *a.* (말이)잘 놀라는.
écoutille [ekutij] *n.f.* ① 《해양》 갑판의 승강구. ~ vitrée 천창(天窓), 채광창. ② *(pl.)*(큰)귀.
écoutillon [ekutijɔ̃] *n.m.* 《해양》소형 승강구.
écouvette [ekuvɛt] *n.f.* (빵 가마·포신(砲身) 따위를 소제하는)솔.
écouvillon [ekuvijɔ̃] *n.m.* ① (굴뚝 따위 소제용의)비처럼 생긴 걸레. ② 《의학》기관(氣管) 삽입관, 세척기.
écouvillonnage [ekuvijɔna:ʒ] *n.m.* écouvillonner 하기.
écouvillonner [ekuvijɔne] *v.t.* (빵 가마·총신·포신 따위를)솔질하다, 소제하다; 《의학》세척하다.

écouvillon ①

écrabouillage [ekrabuja:ʒ], **écrabouillement** [ekrabujmɑ̃] *n.m.* 《구어》짓이김, 박살냄.
écrabouiller [ekrabuje] *v.t.* 《속어》짓이기다, 짓누르다, 박살내다.
écran [ekrɑ̃] *n.m.* ① 영사막, 스크린; 영화(계); (텔레비전의)화면. ~ de projection 영사막, 스크린. ~ fluorescent 형광판(막). ~ d'un récepteur de télé TV 수상기의 화면. porter une pièce de théâtre à l'~ 희곡을 영화화하다. technique de l'~ 영화촬영기술. petit ~ 텔레비전. ② (열·빛 따위의) 차폐막; (용광로 따위의)금속차폐판; 《사진》필터. ~ antibruit 방음막. ~ de fumée 연막. ~s colorés 컬러필터.
faire ~ *à* …을 감추다, …을 방해하다. La maladresse du style *fait* ~ *à* sa pensée. 서투른 문체가 그의 생각을 이해하는 데 방해가 되다.

écran-filtre [ekrɑ̃filtr] *(pl.* ~**s**-~**s)** *n.m.* 《사진》필터.

écrasant(e) [ekrazɑ̃, -ɑ̃:t] *a.* ① 눌러 부수는, 으스러뜨리는, 분쇄하는; 몹시 힘이 드는. travail ~ 몹시 힘드는(너무나 많은) 일. ② 압도적인, 과도한. preuves ~*es* 움직일 수 없는 증거.
écrasé(e) [ekraze] *a.p.* ① 으스러진, 부서진; 찌그러진, 납작한. coup ~ 《테니스》 스매시. nez ~ 납작코. ② 짓밟힌; (자동차 따위에)치인, 깔린. mourir ~ (차에)치어 죽다. ③ 《비유적》압도된. être ~ de dettes 빚으로 꼼짝달싹 못하다. ~ de soleil 강한 햇빛에 녹초가 된. ~ de fatigue 지쳐서 기진맥진한.

écrasement [ekrazmɑ̃] *n.m.* ① 으스러뜨림, 부숨, 분쇄. ~ du raisin dans la cuve 통속에서 포도를 으스러뜨림. ~ d'un avion sur le sol (추락에 의한)비행기 기체의 파괴. ② 압도, 진압. ~ de la révolution 혁명의 진압. ③ 《언어》 (발음의)축약(縮約).
écrase-merdes [ekrazmɛrd] *n.m.(f.)* 《복수불변》 《비어》신, 신발.
***écraser** [ekraze] *v.t.* ① 눌러 부수다, 으스러뜨리다, 으깨다. ~ du raisin 포도를 으깨다. ~ un insecte avec le pied 벌레를 발로 으깨어 죽이다. ② (자동차 따위가)치다. Le camion a *écrasé* un chien. 트럭이 개를 치었다. Il s'est fait ~ par une automobile. 그는 자동차에 치였다. ③ (적을)분쇄하다, 괴멸시키다; 압도하다. ~ la résistance ennemie 적의 저항을 분쇄하다. Une immense tour *écrase* les maisons voisines. 커다란 탑이 이웃집들을

을 압도하고 있다. ~ la rébellion 반란을 진압하다. Notre équipe a écrasé celle de Belgique. 우리 팀은 벨기에 팀에 압승했다. ④ 〖구어〗 강하게 밟다. ~ la pédale 페달을 힘껏 밟다. Aïe, tu m'écrases le pied. 아, 내 발을 밟고 있어요. ⑤ 억누르다, 괴롭히다. être écrasé de dettes 빚에 짓눌리다. Le poids de cette responsabilité l'écraserait. 무거운 책임 때문에 그(녀)는 찌그러질 것만 같았다. ⑥ 〖테니스〗 위에서 강하게 내리치다, 스매시하다. ⑦ Écrase! 《속어》 아무 말도 하지 마라, 잊어라! en ~ 《속어》 깊이 잠들다.
—s' v.pr. ① 부서지다, 으스러지다, 으깨지다. L'avion s'est écrasé contre la falaise. 비행기는 절벽에 부딪혀 산산조각이 났다. Ces fruits s'écrasent facilement. 이 과일은 쉽게 으깨진다. ② 자기의 …을 찌그러지게 하다. ③ 서로 짓누르다[부수다]. ④ (동물이) 몸을 웅크리다.

écraseur(se) [ekrazœːr, -φːz] a. 짓이기다. —n. ① 짓누르는 사람. ② 〖구어〗 (특히 자동차의) 서투른 운전사. ③ 남을 업신여기는 사람. —n.m. ① 〖토목〗 증기롤러. ② 〖외과〗 파쇄겸자.

écrasure [ekrazyːr] n.f. ① (벨벳의) 눌린 털. ② (보통 pl.) 부서진 파편.

écrémage [ekremaːʒ] n.m. ① (우유에서) 크림을 걷어냄; (녹은 유리의) 뜬 거품을 걷어냄; 〖야금〗 (녹은 금속의) 더껑이를 걷어냄. ② (우수한 상품·인재 따위를) 뽑아냄.

écrémer [ekreme] ⑥ v.t. ① (우유의) 크림을 떠내다, 탈지하다. lait écrémé 탈지유. ② (녹은 유리·금속의) 뜬 거품[더껑이]을 걷어내다. ③ 〖구어〗(의) 제일 좋은 부분을 빼내다. ~ le meilleur de la jeunesse de quinze à vingt ans 15세부터 20세까지의 젊은이들 가운데서 제일 우수한 자를 뽑아내다.

écrémette [ekremɛt] n.f. =**écrémoir**.
écrémeuse [ekremǿːz] n.f. =**écrémoir**.
écrémoir n.m., **écrémoire** [ekremwaːr] n.f. ① (우유의) 크림분리기. ② 〖야금·유리〗 거품[더껑이] 걷어내는 국자.

écrêtement [ekrɛtmɑ̃] n.m. écrêter 하기.

écrêter [ekrɛ(e)te] v.t. ① (닭의) 벼슬을 자르다; (꽃의) 끝을 자르다; (포격으로 성벽 따위의) 꼭대기를 무너뜨리다; (언덕 꼭대기를) 평평하게 밀어 버리다; 〖전기〗 (주파수를 변조하기 위해) 진폭의 봉우리를 자르다. ② (어느 한쪽으로) 치우치지 않게 하다.

écrevisse [ekravis] n.f. ① 〖동물〗 가재. aller(à reculons) comme les ~s 뒷걸음질치다. buisson d'~s 피라미드형으로 늘어놓은 가재요리. rouge comme une ~ 《구어》 얼굴이 새빨간. ② (É-) 〖천문〗 해좌(蟹座). ③ (대장간의) 큰 부젓가락.

~ de rempart 《속어》 (몸은 바지의) 보병.

:écrier (s') [sekri(j)e] v.pr. ① 큰 소리를 내다, 외치다. ② (직접목적보어를 이끌어) (라고) 외치다. Il s'écria que c'était injuste. 그는 그것이 부당하다고 외쳤다.

écrille [ekrij] n.f. (양어장 배수구의) 그물 울타리.

écrin [ekrɛ̃] n.m. 보석상자; (귀중품을 넣는) 작은 상자; (보석상자 속의) 보석.

:écrire [ekriːr] [38] v.t. ① 쓰다; 적다. Écrivez ce mot au crayon[avec un stylo]. 이 단어를 연필[만년필]로 쓰시오. Je vais ~ votre adresse sur mon carnet. 수첩에 당신의 주소를 써두겠소. Il m'a écrit deux lettres de recommandation. 그는 나에게 두 통의 추천장을 써 보냈다. Ce mot est mal écrit. 이 말은 철자가 틀렸다. Je ne sais pas ~ son nom. 나는 그의 이름을 어떻게 쓰는지 모른다.
② [~ que + ind.] (문장·편지로 …라고) 쓰다. Il m'a écrit que sa sœur était malade. 그는 누이가 병이 났다고 나에게 편지를 써 보냈다.
—v.i. ① 문자를 쓰다, 글을 쓰다; 저작하다. À l'école, les enfants apprennent à ~. 학교에서 어린이들은 글 쓰는 법[문장 만드는 법]을 배운다. Il sait ~. 그는 글자를 쓸 줄 안다; 그는 문장을 잘 쓴다. Ma grand-mère ne sait lire ni ~. 나의 할머니는 읽지도 쓰지도 못한다. ~ mal 악필이다. machine à ~ 타이프라이터. ~ en prose 산문으로 쓰다. Son métier est d'~. 그는 작가이다.
② [~ à] (에게) 편지를 쓰다. Il écrit rarement à ses parents. 그는 부모에게 좀처럼 편지를 쓰지 않는다.
③ (펜 따위가) 써지다. Mon stylo écrit bien. 내 만년필은 잘 써진다.
④ 〖법〗 서류에 기재하다.
—s'~ v.pr. ① 서로 편지를 쓰다. ② 쓰이다. Comment votre nom s'écrit-il? 당신의 이름은 어떻게 씁니까? Ce mot s'écrit comment? 그 단어는 어떻게 씁니까?

écri -s, -t [ekri] ⇨écrire.
écrit(e) [ekri, -it] (p.p. <écrire) a.p. ① 쓰여진, 기술된; 표현된. roman bien ~ 잘 쓰인 소설. papier ~ de deux côtés 양면에 쓰인 종이. examen ~; épreuve ~e 필기시험. la langue parlée et la langue ~e 구어와 문어. L'honnêteté est ~e sur son visage. 그(녀)의 얼굴에는 정직함이 쓰여져 있다. ② 숙명적인, 피할 수 없는, 변할 수 없는. Son échec était ~. 그의 실패는 숙명적인 것이었다. Il est ~ qu'on ne pourra jamais contenter tout le monde. 모든 사람을 만족시킬 수 없다는 것은 뻔한 노릇이다. C'est ~. 그것은 운명이다, 어찌할 방법이 없다. Cela était ~ au ciel. 그렇게 될 수밖에 없는 일이었다.
—n.m. ① 문서, 쓰여진 것; (pl.) 저작, 작품. ~ signé 서명문서. ~ anonyme 익명문서. ~ constatant un acte juridique 법률 행위를 입증하는 서류. ~ satirique 풍자문. ~s de Racine 라신의 작품. ② 필기시험. avoir de bonnes notes à l'~ 필기시험에서 좋은 점수를 얻다.
Les paroles s'envolent, les ~s restent. 《속담》 말은 사라지나 글로 표현된 것은 남는다, 총명이 둔필만 못하다.
par ~ 서면으로, 문서로. Il faut adresser une demande par ~. 서면으로 신청해야 한다. Mettez-moi cette adresse par ~. 그 주소를 써주십시오. instruction par ~ 서면 심리.

écriteau [ekrito] (pl. ~x) n.m. 게시(揭示)(판).
écritoire [ekritwaːr] n.f. ① (옛) 잉크병; 필통. ② (우체국의 손님용) 글쓰는 테이블.
écriture [ekrityːr] n.f. ① 문자, 글자; 글씨체, 활자체. chiffrée[en chiffre] 암호문자. ~ idéographique[phonétique] 표의[표음]문자. ~ syllabique[alphabétique] 음절 문자. [담음] 문자. ~ arabe 아라비아 문자. ~ gothique 고딕체. ② 필적; 서체. avoir une belle ~ 글씨를 잘 쓴다. reconnaître l'~ de qn 필체[서체]를 보면 누가 쓴 것인지를 알다. ~ illisible 판독하기 어려운 필적. leçon d'~ 습자(習字). ③ (작가의) 문체; 쓰는 법, 기술법. auteur à l'~ nette et concise 명쾌하고 간결한 문체의 작가. ~ automatique (초현실주의자의) 자동기술. ④ 〖미술〗 화법, 화풍. ⑤ 〖음악〗 작곡법; (pl. 작곡, 연곡. (É-~) 성서 (É-~s sainte(s)) ⑥. ⑦ (pl.) 〖법〗 소송 문서, 서류. faux en ~ privée [publique] 사문서[공문서] 위조. ⑧ (주로 pl.

【회계】 부기; 기재, 기입. passer une ~ 장부에 올리다. tenir les ~s 기장(記帳)하다; 치부하다. employé aux ~s (관청·회사의)장부계.

écriturer [ekrityre] *v.i.* 글[글씨]을 쓰다.

écriturier [ekrityrje] *n.m.* 글쓰는 사람; 《구어》엉터리 작가.

écriv -aient, -ais, -ait [ekrive] ⇨écrire.

écrivailler [ekrivaje] 《구어》 *v.i.* 갈겨쓰다; 남작(濫作)하다. —*v.t.* (형편 없는 소설을)날려 쓰다.

écrivaillerie [ekrivajri] *n.f.* 갈겨쓰기; 남작.

écrivailleur(se) [ekrivajœːr, -ʃːz] *n.*, **écrivaillon** [ekrivajɔ̃] *n.m.* 남작가, 삼류작가.

***écrivain** [ekrivɛ̃] *n.m.* ① 작가, 저작가, 문필가. grand ~ 대작가, 대문호. femme ~ 여류작가. ② ~ publique 대서인, 사법서사; ~ apostolique 교황청 서기관. ③ 【해양】 (상선의) 장부 담당.

écrivant(e) [ekrivɑ̃, -ɑ̃ːt] *a.* 쓰는; (경멸)저작하는, gent —*e* 글장이.

écrivasser [ekrivase] *v.i.* 《구어》=**écrivailler**.

écriveur(se) [ekrivœːr, -ʃːz] *n.* 《구어》편지쓰기 좋아하는 사람; 글[책]쓰기 좋아하는 사람.

écrou¹ [ekru] *n.m.* 【법】죄수명부에 올리기; 수감. levée d'~ 석방(령).

écrou² *n.m.* 【기계】너트, 암나사. serrer l'~ 너트를 죄다.

écroue [ekru] *n.f.* ① 글씨를 쓴 양피지(羊皮紙). ② 납세자 명부. ③ (*pl.*)(왕실의)지출명세. ~s de la maison de roi 왕실의 경비 명세서.

écrouelles [ekruɛl] *n.f.pl.* 《옛》연주창, 나력창.

écrouelleux(se) [ekruɛlø, -ʃːz] 《옛》 *a.* ① 나력창의, 연주창의. ② 나력창 연주창)에 걸린. —*n.* 연주창[나력창] 환자.

écrouer [ekrue] *v.t.* 죄수명부에 기입하다; 수감하다(↔ libérer). *écroué* au dépôt 수감된.

écrouir [ekruiːr] *v.t.* 【야금】냉간압연(冷間壓延)하다, 냉간가공하다.

écrouissage [ekruisaːʒ], **écrouissement** [ekruismɑ̃] *n.m.* 【야금】냉간압연(가공).

écroulé(e) [ekrule] *a.p.* 무너진, 붕괴된; 《구어》(피로·불행 따위로)녹초가 된; 웃음을 그칠 수 없는.

écroulement [ekrulmɑ̃] *n.m.* 붕괴; 몰락(↔ établissement); 좌절. ~ d'un pont 교량의 붕괴. ~ d'une empire 제국의 붕괴. ~ d'une théorie 학설의 와해. ~ des espérances 희망의 좌절.

***écrouler (s')** [sekrule] *v.pr.* ① 와르르 무너지다 (s'effondrer). maisons qui *s'écroulent* lors d'un séisme 지진에 무너지는 집들. Tous nos projets *se sont écroulés* d'un coup. 우리 계획은 순식간에 수포로 돌아갔다. Jean-Noël, épuisé par une journée de travail, *s'écroula* dans son fauteuil. 《속어》(비유적) 하루의 일로 지친 장 노엘은 쓰러지듯이 의자에 주저 앉았다. ② 몰락하다; 좌절하다.

écroûtage [ekrutaːʒ], **écroûtement** [ekrutmɑ̃] *n.m.* 【농업】(흙을)파헤치기; 흙을 파헤친 토지.

écroûter [ekrute] *v.t.* ① (빵 따위의)겉껍데기를 벗기다. ② 【농업】(흙을)파헤치다.

écroûteuse [ekrutøːz] *n.f.* 【농업】흙을 파헤치는 기구.

écru(e) [ekry] *a.* ① 【직물】생것의, 표백하지 않은. soie —*e* 생사(生絲). toile —*e* 생마포의 일종. ② (쇠가)용접이 나쁜.

écrues [ekry] *n.f.pl.* 경작지에 새로 생긴 덤불.

ectase [ɛktaːz] *n.f.* 【언어】음절 연장.

ectasie [ɛktazi] *n.f.* 【의학】확장(증).

-ectasie *suff.* 「확장」의 뜻 (예: gastr*ectasie*).

ecthyma [ɛktima] *n.m.* 【의학】농창(膿瘡).

ecto- *préf.* 「밖의·외부의」의 뜻.

ectoblaste [ɛktɔblast] *n.m.* 【생물】외배엽.

ectocyste [ɛktɔsist] *n.m.* 【생물】(선충(蘚蟲)의) 외피(外皮).

ectoderm [ɛktɔdɛrm] *n.m.* 【생물】외배엽.

ectodermique [ɛktɔdɛrmik] *a.* 【생물】외배엽의.

-ectomie *suff.* 「절제(切除)」의 뜻.

ectoparasite [ɛktɔparazit] *n.m., a.* 【동물】(insecte) ~ 체외 기생충.

ectopie [ɛktɔpi] *n.f.* 【의학】(기관의)전위(轉位).

ectopiste [ɛktɔpist] *n.m.* 【조류】비둘기의 일종.

ectoplasme [ɛktɔplasm] *n.m.* ① 【생물】(세포의) 외부 원형질, (원생 동물의)외질. ② (영매의 육체에서 발한다는)심령체(心靈體).

ectropion [ɛktrɔpjɔ̃] *n.m.* 【의학】(특히 눈꺼풀의)외반(外反).

ectype [ɛktip] *n.f.* ① (상패·비명 따위의)인영(印影); 탁본(拓本). ② 심상(心像).

écu [eky] *n.m.* ① (중세의 장방형·3각형의) 방패; 【문장】 방패꼴의 가문(家紋). ② 【역사】옛 금[은]화, 5 프랑 은화. ③ 돈, 현금, 화폐, 재산. avoir des ~s 《옛》돈이 많다, 부자이다. C'est le père aux ~s. 그는 큰 부자이다. Je n'ai pas un ~ vaillant. 나는 한 푼도 없다. mettre sur ~ 돈을 조금씩 모으다. ramasser des ~s 돈을 모으다, 저축하다. ④ 【곤충】순상부 (楯狀部). ⑤ 【종이】0.4×0.52 미터의 판(判).

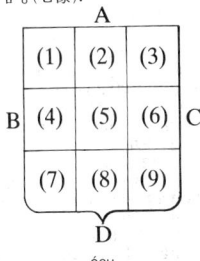

écu

A. chef B. dextre C. sénestre D. pointe (1) canton du chef dextre (2) point du chef (3) canton du chef sénestre (4) flanc dextre (5) cœur, ablme (6) flanc sénestre (7) canton de la pointe dextre (8) pointe (9) canton de la pointe sénestre

écuadorien(ne) [ekwadɔrjɛ̃, -ɛn] *a.* 에콰도르(l'Écuador)의. —**É**— *n.* 에콰도르 사람.

écuage [ekyaːʒ] *n.m.* ① (옛)영주에 대한 봉사. ② (종자(從者)의)봉사(병역)면제세.

écubier [ekybje] *n.m.* 【해양】닻줄구멍. ~ arrière (d'embossage) 고물의 닻줄구멍.

écueil [ekœj] *n.m.* ① 암초; 【지질】현초(顯礁); 위험[장애]물. Ces ~s ont causé bien des naufrages. 이 암초는 많은 선박들을 조난시켰다. donner sur les ~s 좌초하다. La vie est pleine d'~s. 인생에는 위험 한 장애물이 많다.

écubier

écuelle [ekɥɛl] *n.f.* ① 사발, 주발, 공기; 사발 하나 가득. ② 【식물】~ d'eau =hydrocotyle. **manger à la même ~** 한솥의 밥을 먹다, 이해(利害)를 같이하다.

écuellée [ekɥɛ(e)le] *n.f.* 한 사발, 한 공기.

écuisser [ekɥise] *v.t.* (나무를 잘라 넘어뜨릴 때)나무줄기를 깨다.

éculé(e) [ekyle] *a.p.* ① 신발 뒤꿈치가 망그러진, 신발이 신어서 닳은. ② 진부한, 케케묵은. expression —*e* 케케묵은 표현.

éculer [ekyle] *v.t.* 신발 뒤꿈치를 찌그러뜨리다.

écumage [ekymaːʒ] *n.m.* 거품일기; 거품을 떠내기.

écumant(e) [ekymã, -ã:t] *a.* ① 거품 이는, 부글거리는, 거품에 싸인. ② 격노한(furieux). ~ de rage(de colère) 노발대발하는.

écume [ekym] *n.f.* ① 거품; (말·개 따위가 화났을 때 이는)거품같은 침; (말의)땀; (수프의)거품. ~ du vin (발효중인)포도주의 거품. mer blanche d'~ 하얀 거품이 일고 있는 바다. ② 《아금》쇠똥; 《비유적》찌꺼기, 인간쓰레기. ~ de la société 사회의 찌꺼기들. ~ de l'espèce humaine 인간 찌꺼기. ③ 해포석(海泡石)(의 파이프)(~ de mer); 비료용 해초.

écumer [ekyme] *v.t.* ① (수프 따위의)뜬 거품을 걷어내다; 깨끗한하다. ~ la mer(les mers, les flots) 해면에 떠도는 것을 걸어서; 해적 노릇을 하다. ② (뉴스 따위를)긁어모으다. —*v.i.* 거품이 일다; (말이)거품 같은 땀을 내다; 뜬거품(찌꺼기)이 생기다; 노발대발하다.

écumeur(se¹) [ekymœ:r, -ø:z] *n.* ① 거품을 걷어내는 사람. ② ~ de mer 해적; ~ de gare (정거장의)화물도둑; ~ (littéraire) (작품)표절자; ~ de marmites(de tables) 식객.

écumeux(se²) [ekymø, -ø:z] *a.* 거품이는, 거품투성이의, 거품에 싸인.

écumoire [ekymwa:r] *n.f.* 《요리》 거품 떠내는 조리[국자].

écurage [ekyra:ʒ] *n.m.* (남비·이 따위를)닦기; (우물을)쳐내기; (항구의)준설.

écurer [ekyre] *v.t.* (남비 따위를)닦다; (우물을)치다; (항구를)준설하다. — *son chaudron* 《속어》자기 죄를 참회하다.

écureuil [ekyrœj] *n.m.* ① 《동물》다람쥐. vif comme un ~ 몹시 민첩한[활발한]. ② 발[민첩] 한 아이[청년]. *mettre les ~s à pied* 《속어》나무를 자르다.

écureur(se) [ekyrœ:r, -ø:z] *n.* (그릇을)닦는 사람; (우물을)쳐내는 사람; (항구를)준설하는 사람.

écurie [ekyri] (<écuyer) *n.f.* ① 마구간, 마사; 외양간. garçon(valet) d'~ 마구간지기(palefrenier). ② (집합적) 한 마주·마사가 소유하는 경주마(전체); (한 레이스에 출전하는)경주마(전체). Un cheval de l'~ X a gagné le Grand Prix. X 마사의 말이 그랑프리를 차지했다. ③ (구어)(한 회사·클럽에 소속되어 있는)경주용 자동차(선수)(사이클 선수) (전체); (동일한 출판사에서 책을 내고 있는)작가들. l'~ Ferrari 《집합적》페라리사의 경주용 자동차. ④ 《구어》불결한 장소. C'est une vraie ~. 마치 마구간 같다[저저분하다]. ⑤ 《옛》시종 (侍従)의 직(신분); 《집합적》(왕후의)시종·말·마차 따위 전체; 시종의 숙소. ⑥ 《해양》마필(馬匹)운반선.

avoir des manières(un langage) d'~ 《구어》예절[언동]이 거칠다. *entrer comme dans une ~* (어떤 곳에)인사 없이 들어가다. *se hâter comme un cheval qui sent l'~* 목적지(목표)에 가까와 서둘러 대다(일을 하다).

écusson [ekysɔ̃] (<écu) *n.m.* ① 《문장》 방패꼴 가문; 방패꼴 가문 속의 작은 방패꼴 무늬. ② 방패꼴의 표지; (방패꼴의)열쇠구멍 가리개; 방패꼴의 장식물. ③ 《군사》(모자·소매·깃에 붙여서 소속연대·병과를 나타내는)휘장, 기장. ④ 《가축》(젖소의)유경(乳鏡); 《곤충》작은 순상부(楯狀部). ⑤ 《원예》아접(芽接)할 싹이 돋은 나무껍질, 작은 방패 모양의 부분.

écussonnable [ekysɔnabl] *a.* 《원예》아접할 수 있는.

écussonnage [ekysɔna:ʒ] *n.m.* 《원예》아접(芽接), 눈접.

écussonner [ekysɔne] *v.t.* ① (에)방패꼴 무늬를 달다[붙이다]. ② 《원예》(에)아접하다.

écussonneur [ekysɔnœːr] *n.m.* 《원예》아접하는 사람.

écussonnoir [ekysɔnwaːr] *n.m.* 아접용 작은 칼.

écuyer(ère) [ekɥije, -jεr] *n.* ① 마술에 능한 사람, 마술교관; (서커스의)곡마사(~ de cirque). être bon ~ 말을 잘 타다. monter à l'~ère (여자가 두다리를 벌리고)걸터앉으며. bottes à l'~ère 여성용 승마화. ~ du Cadre noir 《군사》(기병학교(Saumur)의)마술교관. ② 《옛》(왕·대귀족의)시종(侍従). ~ de bouche (식탁의 서비스를 하는)식탁 담당시종. grand ~ 마구간 책임을 맡은 사람. petit ~ 마차(말) 담당시종. ③ 《역사》《중세 기사의)시종, 방패들이; 에퀴에《신분이 낮은 귀족; 새로 귀족이 된 자의 칭호》.

eczéma [εgzema] *n.m.* 《의학》 습진.

eczémateux(se) [εgzematø, -ø:z] *a.* 습진성의; 습진에 걸린. — *n.* 습진 환자.

éd. 《약자》édition 판(版), édité(e) 편찬된.

édacité [edasite] *n.f.* 《시》 좀먹음, 점차적 파괴.

édam [edam] (<*Édam*, 네덜란드의 도시) *n.m.* 에담치즈.

edelweiss [εdεlvajs, -vεs](독일) *n.m.* 《복수불변》《식물》에델바이스《솜다리속(屬)의 일종》.

Éden (l') [ledεn] *n.pr.m.* 에덴 동산. — **e**~ *n.m.* 낙원, 낙토.

édénien(ne) [edenjε̃, -εn], **édénique** [edenik] *a.* 《문어》에덴 동산의; 낙원과 같은.

édénisme [edenism(ə)] *n.m.* 원시낙원시대 (공상적 사회주의자들이 생각하던).

édenté(e) [edɑ̃te] *a.p.* (사람이)이가 빠진; (톱 따위 가)이가 빠진; 《동물》빈치류(貧齒類). — *n.* 이가 빠진 사람. — *n.m.pl.* 빈치류.

édenter [edɑ̃te] *v.t.* (의) 이를 빼다[부러뜨리다]. — **s'**~ *v.pr.* 이가 빠지다[부러지다].

Édesse [edεs] *n.pr.f.* 《지리》에뎃사(메소포타미아의 옛 도시).

É.D.F. 《약자》Electricité de France 프랑스 전력공사.

édictal(ale, pl. aux) [ediktal, -o] *a.* 《옛》《법》법령[포고·칙령]의.

édicter [edikte] *v.t.* (법령으로)정하다, 규정하다, 명하다(décréter). ~ la peine de mort pour des délits religieux 종교적 범죄에 대한 사형을 법령으로 정하다. 《비인칭》Il *fut édicté* que… 법령에 의해 …라고 정해졌다.

édicule [edikyl] *n.m.* ① (공공도로 따위에 있는)작은 건축물 《신문판매대·버스대기소 따위》; (특히)공중변소. ② (고대로마의)작은 신전; (교회 따위에 부속된)작은 예배당.

édifiant(e) [edifjɑ̃, -ãːt] *a.* (도덕적·종교적 의미에서)모범적인, 사람을 감화하는, 교훈적인. vie ~e 모범적 생활. littérature ~e 교화 문학.

édificateur(trice) [edifikatœːr, -tris] *n.* 건축자, 건립자. — *a.* 건축[건립]하는.

édification [edifikasjɔ̃] *n.f.* ① 건축, 건설, 건립. ~ d'un monument 기념관(물)의 건립. ② (학문·체계 따위의)수립, 창립. ~ d'un système scientifique 과학적 체계의 수립. ③ 교화, 감화, 선도; 계몽. ~ des fidèles 신자의 교화[선도]. Il parle pour l'~ des foules. 그는 대중의 교화를 위해서 말

édifice [edifis] *n.m.* 건물, 건조물(특히 궁전·사원·기념물 따위); 《법》구축물. ~s publics 공공건물. ② 조직, 구축; 체계. ~ féodal 봉건조직. ~ social 사회기구. ~ des lois 법체계. ③ (머리 위의)형(型).

édifier [edifje] *v.t.* ① 세우다(bâtir, élever); 설립하다(établir); (목적보어 없이) 건설하다. ~ un temple 사원을 건립하다. ② (재산·지식체계 따위를) 이룩하다, 구축하다(établir, constituer). ~ une théorie 학설을 세우다. ③ (도덕·종교적으로) 교화(감화·선도)하다. Ces pieuses gens *édifiaient* les villageois. 이 경건한 사람들은 마을 주민을 감화시켰다. ④ (나쁜 뜻으로)(에게)진상을 알리다; 미망(환상)에서 깨어나게 하다. Son dernier discours m'a *édifié* sur son compte. 그의 마지막 말로 그의 정체를 잘 알게 됐다. Vous voilà *édifié*! 이제 알았죠!

édile [edil] *n.m.* ① 시청간부; 시의원. ② 〖고대로마〗(공공건물·도로를 관리하는)토목담당관.

édilitaire [edilitɛːr], *a.* 시청 간부의, 시 행정의.

édilitaire 〖고대로마〗 토목담당관의.

édilité [edilite] *n.f.* ① (대도시의)시청 간부(시의원)의 직. ② 〖고대로마〗 토목담당관의 직.

Édimbourg [edɛ̃buːr] *n.pr.* 〖지리〗 에든버러 (영국의 도시).

édimbourgeois(e) [edɛ̃burʒwa, -aːz] *a.* 에든버러 (*Édimbourg*)의. —**É~** *n.* 에든버러 사람.

édit [edi] *n.m.* ① 〖역사〗(옛 프랑스 왕의)칙령, 왕령. *É~* de Nantes 낭트 칙령 (1598 년 앙리 4 세가 신교도에게 신앙의 자유를 허용한 칙령). ② 〖고대로마〗 (집정관에 의한)법령; (로마 황제의)칙령. ~ de Dioclétien 디오클레티아누스 황제 칙령 (303 년 그리스도 교도의 박해를 명령한 칙령).

édit. 〖약자〗 édition 판.

éditant(e) [editã, -ãːt] *a.* 출판하는. libraire ~ 출판업자.

éditer [edite] *v.t.* ① 출판하다, 발행(발간)하다 (publier). ~ des romans(de la poésie) 소설(시)을 출판하다. ~ un auteur 어떤 작가의 작품을 출판하다. ~ une œuvre musicale 악보를 발행하다. ~ des disques 레코드를 제작(발매)하다. ② (주석 따위를 붙여)간행하다, 교정하다. ~ «Les Fleurs du Mal». 「악의 꽃」의 교정본을 간행하다. ③ 〖컴퓨터〗 편집하다.

***éditeur(trice)** [editœːr, -trice] *n.* ① 출판사, 발행자. ~ scolaire 교과서 출판사. ~ de musique 악보 출판사. ~ de disques 레코드 제작자(발매원). ~ responsable 〖법〗 (신문·잡지 따위의)발행 책임자. ② 교정(편집) 간행자. —*a.* 출판(발행·간행)하는. société ~*trice* 출판사. libraire(-) ~ 도서출판 판매업자.

***édition** [edisjɔ̃] *n.f.* ① 출판, 발행, 간행 (publication); 출판업. contrat d'~ 출판계약. ~ à compte d'auteur 자비출판. maison d'~ 출판사. travailler dans l'~ 출판관계의 일을 하다. ② (인쇄물의)판 (版). ~ de poche 포켓판. ~ de luxe 호화판. ~ populaire 보급판. ~ (à) bon marché 염가판. ~ à tirage restreint 한정판. ~ originale 초판(本). ~ princeps (고서의)초판. ~ définitive; ~ ne varietur 결정판. Ce roman en est à sa quatrième ~. 이 소설은 4 판이 나오고 있다. ~ de Paris(de province) 〖신문의〗 파리판(지방판). dernière ~ du «Monde» 「르몽드」 지의 최종판. ~ spéciale 특별판, 호외. ~ critique 교정본, 비평본. ~ savante (각종의 주석이 풍부하게 달린)교정판. ④ (판화·악보·메달 따위의)발행; (영화의)제작상영; (레코드의)제작발매, 발매. ⑤ 〖컴퓨터〗 편집.
C'est la deuxième(*troisième*) ~. (발언·사건 따위가)이전 것의 재판이다.

éditionner [edisjɔne] *v.t.* (책에)판수(부수)를 기입하다.

éditorial(**ale**, *pl.* **aux**) [editɔrjal, -o] 〖영〗 *a.* 〖옛〗 (신문·잡지의)편집자의, 발행자의. —*n.m.* 사설, 논설 (article ~).

éditorialiste [editɔrjalist] *n.* 논설위원〖집필자〗.

édonien(ne) [edɔnjɛ̃, -ɛn] *a.* 〖고대지리〗 에도니스 (*Édonide*)의. —**É~** *n.* 에도니스 사람. —*n.m.* 바커스 (*Bacchus*)의 별명.

-èdre *suff.*「…면체」의 뜻 (예:polyèdre 다면체).

édredon [edrədɔ̃] *n.m.* 털이불(새털을 넣은); 〖옛〗 (기러기 따위의)솜털.

éducabilité [edykabilite] *n.f.* 교육의 가능성; 길들일 수 있음.

éducable [edykabl] *a.* ① 교육할 수 있는. enfant difficilement ~ 교육시키기 어려운 아이. ② 길들일 수 있는. animaux ~s 길들일 수 있는 동물.

éducateur(*trice*) [edykatœːr, -tris] *a.* 교육하는, 교육에 관한. fonction ~*trice* de la presse 언론의 교육적 기능. —**É~** *n.* 교육자, 교육가 (pédagogue). ~ spécialisé (신체장애자의 교육, 범죄자의 사회복귀 따위를 전문으로 하는)사회사업가.

éducatif(**ve**) [edykatif, -iːv] *a.* 교육에 도움이 되는, 교육적인. jeux ~s 교육적 놀이. jouet ~ 교육용완구. film ~ 교육영화.

***éducation** [edykasjɔ̃] *n.f.* ① 교육. faire l'~ de qn …의 교육을 하다. devoir d'~ (자식에 대한 부모의)교육의무. maison d'~ (기숙사제로 도덕교육을 실시하는)청소년 교육시설. Ministère de l'É~ nationale 문교부. ~ civique 시민교육. première ~ 초등교육. ~ professionnelle 직업교육. ~ physique 체육. ~ permanente 평생교육. système d'~ 교육제도. ② 훈련. ~ de la mémoire 기억력의 훈련. ~ des réflexes 반사신경의 훈련. ③ 예의, 교양. avoir une bonne ~; avoir de l'~ 교양이 있다. manquer d'~ 버릇이 없다. homme sans ~ 교양없는 사람.

éducationnel(le) [edykasjɔnɛl] *a.* 〖학술〗 교육의, 교육에 관한. système ~ 교육제도.

éducationnisme [edykasjɔnism(ə)] *n.m.* 교육주의 (18세기의 철학이, 특히 콩도르세의 학설로 교육에 인류진보의 큰 역할을 부여함).

éduction [edyksjɔ̃] *n.f.* 〖기계〗 배기(排氣).

édulcorant(e) [edylkɔrã, -ãːt] *a.* 달게 하는. —*n.m.* 감미료.

édulcoration [edylkɔrasjɔ̃] *n.f.* ① (설탕 따위로)달게 하기. ② (어조·표현 따위의)완화.

édulcorer [edylkɔre] *v.t.* ① (설탕 따위로)달게하다. ② (어조·표현 따위의)완화하다.

édule [edyl] *a.* 〖드물게〗 먹을 수 있는.

éduquer [edyke] *v.t.* ① (특히 인격형성을 위해)교육하다(élever); (사회생활을 위해)예의범절을 가르치다. ~ bien son enfant 아이를 잘 교육하다. (*p.p.* 로) personne bien *éduquée* 교양있는 사람. ② (기능 따위를)훈련하다, 단련하다. ~ des enfants informes 신체장애자를 훈련하다. ~ la volonté 의지를 단련하다. ③ (동물을)조련하다.

E.e. 〖약자〗 Envoyé extraordinaire 특사; 특파원.

É.E.G. 〖약자〗 électro-encéphalogramme 뇌전도.

E.e. & M.pl. 〖약자〗 Envoyé extraordinaire et Ministre plénipotentiaire 특명전권대사.

E.-et-L. 〖약자〗 Eure-et-Loir (프랑스의 도(道)).

ef- *préf.* 「분리·이탈·상태의 변화」의 뜻.

éfaufiler [efofile] *v.t.* (직물의)실을 뽑(풀)다.

éfendi [efɛ̃di] 〖터키〗 *n.m.* 터키의 고관·학자·성직자에 대한 존칭(*Réchid* ~ 처럼 이름 뒤에 옴).

effaçable [efasabl] *a.* 지울(말소할) 수 있는.

effaçage [efasaːʒ] *n.m.* 지우기; 지워짐.

effacé(e) [efase] *a.p.* ① 지워진, 소실된. trace ~e

지워진 흔적. ② (사람·태도 따위가) 앞에 나서지 않는, 주제넘지 않은(humble). jouer un rôle ~ dans qc (어떤 일에)눈에 띄지 않는 역할을 하다. mener une vie ~e 숨어 살다. ③ (색조가)윤이 없는, 흐릿한. couleur ~e 흐릿한 색. ④ 튀어나오지 않은; 특징이 없는. poitrine ~e 밋밋한 가슴. ⑤ position ~e 《무용》(한 발을 뒤로 젖히고)비스듬히 취한 자세. signal ~ 《철도》 진행자유신호.

effacement [efasmã] n.m. ① 지워짐, 지우기; 소멸. ~ d'un souvenir 기억의 흐려짐. Il a été élu grâce à l'~ de son rival. 경쟁자가 물러섬으로써 그가 선출되었다. ~ du péché par l'absolution 사면에 의한 죄의 소멸. ② 겸손, 표면에 나서지 않음. ~ de soi-même 자신을 내세우지 않음, 자기비하. ③ 《언어》(변형의 한 가지로서)삭제.

*effacer [efase] [2] v.t. 지우다, 말소하다, 삭제하다, 마멸시키다(enlever). ~ une tache 얼룩을 지우다. ~ le tableau noir 흑판의 글씨를 지우다. (목적보어 없이) Cette gomme efface bien. 이 고무는 잘 지워진다. ~ un nom sur une liste 명부에서 이름을 삭제하다. ② (기억 따위를)잊게하다, 지워없애다(abolir). ~ une mauvaise impression 나쁜 인상을 씻다. Le temps efface tout. 시간은 모든 것을 잊게 한다. ~ le passé pour repartir à zéro 영에서 다시 시작하기 위해 과거를 지워없애다. ③ 눈에 띄지 않게 하다(éclipser); 희미하게 하다. Elle efface par l'esprit les autres femmes. 그녀는 재치로써 다른 여자들을 퇴색하게 만든다. ④ ~ le corps [une épaule] 《펜싱》 몸을 비스듬히 하다[어깨를 뒤로 젖히다]. 《속어》 먹어치우다. Il efface tout. 그는 무엇이든 싹 쓸어 버린다.
— s'~ v.pr. ① 지워지다, 사라지다. Cette tache s'efface facilement. 이 얼룩은 잘 지워진다. lumière qui s'efface 희미해져가는 빛. Ces souvenirs ne s'effaceront jamais. 이 추억은 결코 사라지지 않을 것이다. ② (사람이 통과하도록)비켜서다; 다소곳하다. s'~ pour laisser passer qn …이 지나가도록 옆으로 비키다. s'~ devant qn …의 우위를 인정하여 양보하다.

effaceur(se) [efasœːr, -ø:z] n. 지우는 사람.

effaçure [efasyːr] n.f. ① 지워진 것, 삭제된 곳. ② 지우기, 삭제.

effanage [efanaʒ] n.m. 잎끝을 뜯기.

effaner [efane] v.t. (의)잎끝을 뜯다[자르다].

effaneur(se) [efanœːr, -øːz] n. 잎끝을 뜯는 사람.

effanure [efanyːr] n.f. (보통 pl.) 뜯어낸 잎끝.

effarade [efarad] n.f. 《드물게》당혹, 경악.

effarant(e) [efarã, -ãːt] a. 무시무시한, 놀랄 만한(effrayant). nouvelle ~e 무시무시한 소식. 어처구니 없는, 믿을 수 없는(incroyable). Tu es d'un égoïsme ~. 너는 끔찍하게도 이기적이구나. C'est ~, il a encore eu un accident. 어처구니 없군, 또 사고를 당하다니!

effaré(e) [efare] a.p. ① 두려워하는, 얼이 빠진. regard ~ 겁에 질린 시선. Il l'a regardée, ~. 그는 얼이 빠져 그녀를 바라보았다. ② 《문장》(말이)뒷발로 일어선.

effarement [efarmã] n.m. 질겁, 당혹, 낭패.

effarer [efare] v.t. 놀라게 하다, 넋을 잃게 하다 (effrayer, stupéfier). nouvelle qui effare les auditeurs 청중을 깜짝 놀라게 하는 소식. ② 당혹하게 하다. Sa naïveté m'effare. 그녀의 순진함은 나를 당황하게 만든다.
— s'~ v.pr. 놀라다, 질겁하다.

effarouchant(e) [efaruʃɑ̃, -ɑ̃ːt] a. 질겁하게 하는; 의심하여 경계하게 하는.

effarouché(e) [efaruʃe] a.p. ① 놀라는; 경계하는. regard ~ 겁에 질린 눈. ② 《문장》(고양이·수소 따위가)뒷발로 일어선.

effarouchement [efaruʃmã] n.m. 질겁하기; 질겁한 태도; 성나게 [사납게] 하기.

effaroucher [efaruʃe] v.t. ① (동물을)놀라게 하다. Le moindre bruit effarouche les poissons. 작은 소리에도 물고기들은 놀라서 달아난다. ② (달아나고 싶을 정도로)겁을 먹게 하다(choquer); 《옛》겁먹게 하다(effrayer). Ces prix effaroucheront les clients. 이 가격은 고객을 질겁하게 한다. examinateur qui effarouche les candidats 수험생을 겁에 질리게 하는 시험관.
— s'~ v.pr. ① (동물이)겁이 나서 도망가다. ② [s'~ de] (사람이)피하다, 꽁무니를 빼다.

effarvatte [efarvat] n.f. 《조류》 개개비.

effe [ɛf] n.f. F의 호칭.

effecteur(trice) [efektœːr, -tris] n.m., a. 《생리》 효과기[의], 주효제(奏效體)[의].

effectif(ve) [efektif, -iːv] a. 실효가 있는, 유효한; 실제의, 사실상의, 현실의(réel, positif). apporter une aide ~ve 실제적인 도움을 주다. autorité ~ve 실권. L'armistice est devenu ~ depuis ce matin. 휴전은 오늘 아침부터 효력을 발생했다. température ~ve 《물리》실효온도. valeur ~ve 《경제》실효치. circulation ~ve 《경제》은행권 발행 [유통]량. grâce ~ve 《신학》실효은총.
— n.m. ① (집단의)실제인원; 정원. ~ d'une compagnie (d'un bataillon) 중대[대대]의 정원. ~ d'une classe 학급의 정원. ② (pl.)병원 (兵員). augmenter les ~s 병원을 증가하다. ③ 《옛》(유효)병력의 수.

effectivement [efɛktivmã] ad. ① 실제로, 사실상 (réellement, en effet). C'est ~ arrivé. 그것은 실제로 일어난 일이다. ② 확실히, 분명히. C'est ~ la meilleure solution. 그것은 확실히 최상의 해결책이다. Il est trop tard pour sortir, non? — E~. 외출하기에는 너무 늦은 시간이 아닐까? 아닌게 아니라 그래.

*effectuer [efɛktɥe] v.t. ① 실행하다, 행하다(faire, exécuter). ~ des réformes 개혁을 실행하다. ~ un paiement 지불을 하다. faire ~ des réparations 수선을 시키다. ~ une réparation 수선하다. ② 《옛》현실화하다(réaliser). ~ ses promesses [ses desseins] 약속[계획]을 이행하다.
— s'~ v.pr. 행해지다; 이행되다(se réaliser). Ce plan ne tardera pas à s'~. 이 계획은 곧 실행될 것이다.

efféminant(e) [efeminã, -ãːt] a. 나약하게 하는.

efféminantion [efeminasjɔ̃] n.f. 나약(하게 함).

efféminé(e) [efemine] a.p. ① (정신)여자 같은, 유약한(↔ viril). manières ~es 여자 같은 태도. caractère ~ 여자 같은) 성격. ② (화풍·선율 따위가)나약한 예술.
— n. 여성적인 남자, 나약한 사람.

efféminer [efemine] v.t. 《문어》여자같이 만들다, 나약하게 하다(amollir).
— s'~ v.pr. 여자같이 [나약하게] 되다.

effendi [efɛ̃di] n.m. =**éfendi**.

efférent(e) [eferã, -ãːt] a. 《해부》(혈관 따위가)수출(輸出)의; 원심성의. vaisseaux ~e 수출관. nerfs ~s 원심성[사납게] 한다.

effervescence [efɛrvesɑ̃ːs] n.f. ① 비등, 끓어오름. faire [entrer en] ~ 끓다. ② 격앙; 들끓음, 동요, 흥분(agitation). ~ populaire 여론의 들끓음; 민중의 소란. [en ~] ville en ~ 흥분의 도가니를 이룬 도시. mettre tout le pays en ~ 온 나라를 흥분의 도가니로 몰아넣다.

effervescent(e) [efɛrvesɑ̃, -ɑ̃:t] *a.* ① 비등하고 있는. ②《속어》흥분하고 있는; 격하기 쉬운.

*__effet__ [efɛ] *n.m.* ① 결과(résultat, ↔ cause); 효과. ~ du hasard 우연의 결과. Il n'y a pas d'~ sans cause. 원인이 없는 결과란 없다. rapport de cause à ~ 인과관계. [faire son ~] Le remède a fait son ~. 약은 효과가 있었다. [sans ~] mesures qui restent *sans* ~ 아무런 효과가 없는 조치.
② 인상, 감명. [faire ~; faire de l'~] Ma nouvelle robe *a fait de l'*~. 내 새 드레스는 (사람들에게) 강한 인상을 주었다. faire bon(mauvais) ~ sur qc …에 좋은[나쁜] 인상을 주다.
③ (예술상의)효과; (*pl.*) 효과를 노린 태도[꾸밈]. ~ de contraste 대조의 효과. ~ comique 희극적 효과. phrase à ~ 효과를 노린 문장. chercher l'~ 효과를 노리다. faire des ~s de voix 목소리로 효과를 노리다.
④ 【법】효력; (*pl.*)재산. ~ d'un contrat 계약의 효력. ~s mobiliers 동산.
⑤ 【경제】유가증권, 어음 (~ de commerce). ~ négociable 유통어음. ~ de complaisance 융통어음. ~s publics 공채, 정부발행 유가증권.
⑥ (*pl.*)(개인 소유의)의류. ranger ses ~s dans une valise 가방에 옷가지를 챙겨 넣다.
⑦ ⓐ 【물리】 ~ Joule 줄 효과; ~ Tyndall 틴들 현상. ⓑ 【기계】 ~ utile 효율; machine à simple (double) ~ 단동(복동)기관.
⑧ (당구·테니스 따위에서 공에 주는)스핀. donner de l'~ à une balle 공을 (깎아서) 회전시킨다.
à ~ 그 목적으로. Une mesure urgente fut prise *à cet* ~. 그것을 위해 긴급조치가 취해졌다.
à ~ (형용사적)효과를 노린, 선 멋부리(prétentieux). mot *à* ~ 멋부린 것 같은 말.
à l' ~ *de* + *inf.* (법률용어로) …하기 위하여.
avoir pour ~ *qc*; *avoir pour* ~ *de* + *inf.* 결과로서 …을 초래하다, …한 결과가 되다. Sa décision *a eu pour* ~ *d'*aggraver les choses. 그의 결정은 사태를 악화시키는 결과가 되었다.
en ~ 그 말대로, 정말로, 확실히. Je crois qu'il va pleuvoir. — *En* ~, le ciel est bien sombre. 비가 올 것 같은데. 정말 그래, 하늘이 아주 어두워. ⓑ 사실 …이니까. Cet hôtel va fermer, il y avait *en* ~ peu de clients. 저 호텔은 곧 문을 닫을거야, 사실 손님이 거의 없었으니까. ⓒ 《옛》사실상으로, 현실적으로는(en réalité).
faire l'~ *de qc*(*de* + *inf.*) …에게 …같은 인상을 주다, …같이 보이다. Il me *fait l'*~ *d'*un mort. 저 사람은 죽은 사람같이 보인다.
mettre qc à ~ 《옛》실행에 옮기다.
prendre ~ (법률 따위가)효력을 발생하다.
sous l' ~ *de qc* …의 영향하에. agir *sous l'*~ *de* la menace 협박을 당하고 행동하다. Elle est encore *sous l'*~ de l'anesthésie. 그녀는 아직도 마취상태에 있다.

effeuillage [efœja:ʒ] *n.m.* ① 【원예】잎을 따냄. ②《구어》스트립쇼(strip-tease).
effeuillaison [efœjɛzɔ̃] *n.f.* 잎의 떨어짐.
effeuillement [efœjmɑ̃] *n.m.* 잎의 떨어짐; (잎이 진 후의)나목(裸木) 모습 [상태].
effeuiller [efœje] *v.t.* 【원예】잎을 따다; (의)꽃잎을 따다. Le vent *effeuille* les arbres. 바람이 나뭇잎을 떨어지게 한다. Le temps *effeuille* les espérances. (비유적)때가 지남에 따라 희망이 하나씩 사라져간다.
~ *la marguerite* 테이블 점을 치다(꽃잎을 하나씩 따내면서 "Il(Elle) m'aime un peu, beaucoup, à la folie, pas du tout" 라고 말함).
—*s'*~ *v.pr.* 낙엽지다; 꽃이 지다.

effeuilleuse [efœjø:z] *n.f.* 《구어》스트리퍼.
effeuillure [efœjy:r] *n.f.* 낙엽(진 잎).
*__efficace__ [efikas] *a.* ① 효력 있는, 유효한, 효과적인. remède ~ 효력 있는 약, 잘 듣는 약. moyen ~ 유효한 수단. intensité ~ d'un courant alternatif 【전기】 교류의 실효치. grâce ~ 【신학】 유효한 은총. ② 유능한, 능력 있는. ministre ~ 유능한 장관. employé peu ~ 무능한 고용인(사원).
—*n.f.* 《옛·문어》효과, 효력, 효능.

efficacement [efikasmɑ̃] *ad.* 효과적으로.
efficacité [efikasite] *n.f.* 유효성, 효과; 효율, 능률. ~ d'un remède 약의 효능. ~ d'un moyen 방법의 유효성. ~ lumineuse 【물리】시감도. ~ d'une machine 기계의 성능(효율).
efficience [efisjɑ̃:s] *n.f.* 능률, 효능.
efficient(e) [efisjɑ̃, -ɑ̃:t] *a.* ① 결과를 낳는. cause ~*e* 【철학】 동력인(動力因), 작용인. ② 능률적인; 유능한(《영》 efficient 의 영향).
effigie [efiʒi] *n.f.* ① (화폐 따위에 새겨진)초상; (조각·그림 따위의)인물상. monnaie (frappée) à l'~ de *qn* …의 초상을 새긴 화폐. œuvre marquée à l'~ du génie (비유적)천재의 각인이 찍힌 작품. ②《옛》【법】 사형선고를 받은 사람을 대신하여 처형되는)허수아비, 인형.
brûler(*pendre*) *qn en* ~ (증오감을 나타내려고) …의 허수아비를 화형하다(목달다).
effigier [efiʒje] *v.t.* 《옛》(궐석재판에서)인형으로 대신 처형하다.
effilage [efila:ʒ] *n.m.* 실을 풀기.
effilé(e) [efile] *a.p.* ① 【직물】 (피륙의)가장자리가 풀린, 술이 달린. ② 가느다란, 날씬한; 길쭉한 뾰족한. 【자동차】 유선형의. cheval ~ 목덜미가 날씬한 말. crayon ~ 뾰족한 연필.
—*n.m.* 【직물】 (피륙의)가장자리의 술 장식.
effilement [efilmɑ̃] *n.m.* ① = effilage. ② 끝을 가늘게 하기.
effiler [efile] *v.t.* ① (직물의)실을 풀다. ② 끝을 가늘게 하다; 【선박】모양을 날씬하게 하다. ~ les cheveux 머리카락을 면도로 잘라 끝을 가늘게 하다. ③ 【사냥】(사냥개를)지치게 하다. ④ 【요리】(강남콩의)깍지줄(섬유)을 떼내다.
—*s'*~ *v.pr.* ① 실이 풀리다. ② 끝이 뾰족해지다.
effileur(se) [efilœ:r, -ø:z] *n.* = effilocheur.
effilochage [efilɔʃa:ʒ], **effilochement** [efilɔʃmɑ̃] *n.m.* (직물의)실을 풀기; 【제지】(원료용 파지 따위의)풀기.
effiloche [efilɔʃ] *n.f.* 명주실 부스러기; 명주의 가장 자리.
effilochée [efilɔʃe] *n.f.* (펄프용의)풀어헤친 넝마.
effilocher [efilɔʃe] *v.t.* ① (직물의)실을 풀다. ② 【제지】 (원료용 파지 따위를)풀어헤치다. ③ 【요리】 (생선 따위의)살을)얇게 저미기.
—*s'*~ *v.pr.* 직물이 풀리다.
effilocheur(se) [efilɔʃœ:r, -ø:z] *n.* 【제지】 파지를 풀어헤치는 직공. —*n.f.* 파지 절단기.
effilochure [efilɔʃy:r] *n.f.* 실 부스러기.
effilure [efily:r] *n.f.* ① = effilochure. ② (긴양말의)올이 해어짐.
efflanqué(e) [eflɑ̃ke] *a.p.* 야윈; 앙상한; 기력이 없는. style ~ 기력이 없는 문체.
efflanquer [eflɑ̃ke] *v.t.* (옆구리가 홀쭉하도록)여위게 하다. —*s'*~ *v.pr.* 야위다.
effleurage [eflœra:ʒ] *n.m.* (피혁의)다듬기.
effleurement [eflœrmɑ̃] *n.m.* ① 가볍게 닿음; 스쳐가기(frôlement). ②《비유적》(문제 따위를)간단히 다루기.

effleurer [eflœre] *v.t.* ① 가볍게 대다; 스치다, 스쳐 가다; 가벼운 상처를 입히다. Les hirondelles *effleuraient* l'étang. 제비들이 연못을 스치며 난다. La balle lui *a effleuré* l'épaule. 탄환은 그의 어깨를 살짝 스치고 지나갔다. ～ d'un baiser 가볍게 키스하다. ② (비유적) (문제 따위를) 간단히 다루다. Vous ne faites qu'～ le sujet. 당신은 그 주제를 겉핥기로 다루고 있을 뿐이다. ③ (생각이) 떠오르다. Cette pensée ne m'a même pas *effleuré*. 그런 생각은 꿈에도 한 적이 없다. ④ 『농업』 살짝 갈다; 『피혁』 수피를 다듬다. ⑤ 꽃을 따다.

effleurir [eflœrir] *v.i.*, *s'*～ *v.pr.* 『광물』 풍화하다; 『화학』 풍해(風解).

effloraison [eflɔrɛz] *n.f.* 『드물게』 개화의 시작.

efflorescence [eflɔresɑ̃:s] *n.f.* ① 『식물』 꽃피기 시작함, 개화; 과일에 생기는 가루. 『화학·광물』 풍화. ③ (예술 따위의) 개화(épanouissement). ～ d'idées nouvelles 새로운 사상의 눈틈. ④ 『의학』 발진(發疹).

efflorescent(e) [eflɔresɑ̃, -ɑ̃:t] *a.* ① 『식물』 (과일이) 가루가 생긴; 꽃피기 시작한. ② 『화학·광물』 풍화하는. ③ (예술 따위의) 개화하는.

effluence [eflyɑ̃:s] *n.f.* 유출; 발산.

effluent(e) [eflyɑ̃, -ɑ̃:t] *a.* 내 솟는 (유출하는).
—*n.m.* ① 『지리』 (강 호수 따위로부터) 흘러나오는 물의 흐름. ② (하수관의) 배출물, 폐수, 하수. ～ urbain 도시의 하수. ～s radioactifs 방사성 폐기물. ～ pluvial 하수구에 흐르는 빗물.

effluve [efly:v] *n.m.* ① (유기체의) 발산물(향기·냄새 따위). ② (비유적) (사람·사물로부터) 신비한 힘(émanation). ～ magnétique 동물자력, 끌어당기는 힘. ② ～ électrique 『전기』 희미한 빛을 내는 방전(放電).

effondré(e) [efɔ̃dre] *a.p.* ① 무너진, 붕괴된. château ～ 무너진 성관. ② (슬픔으로) 실의에 빠진, 의기소침한. Depuis son échec, il est ～. 실패한 이후 그는 실의에 빠져 있다.

effondrement [efɔ̃drəmɑ̃] *n.m.* ① 무너짐, 붕괴, 와해. ～ du toit 지붕의 붕괴. ～ d'une civilisation 문명의 붕괴. ～ de sa fortune 파산. ② 폭락. ～ des cours de la Bourse 주가의 폭락. ③ 낙담, 의기소침. Il est dans un état d'～ total. 그는 완전히 실의에 빠져 있다. ④ 『지질』 함몰; 함몰된 구덩이. ⑤ 『농업』 깊이 갈기.

effondrer [efɔ̃dre] *v.t.* ① (문어) 파괴하다, 와해시키다; (상자 따위를) 부수다(rompre). ② 『농업』 깊이 갈다; (포탄 따위가 땅에) 큰 구멍을 내다.
—*s'*～ *v.pr.* ① 무너지다, 붕괴되다, 쓰러지다, 와해하다(s'écrouler). La voûte va *s'*～. 천장이 무너지려 한다. Ces projets *se sont effondrés*. (비유적) 이 계획들은 무너지고 말았다. ② 폭락하다. Les prix *se sont effondrés*. 물가가 폭락했다. ③ (주어는 사람) 쓰러지다, 쓰러지다. *s'*～ dans un fauteuil. 안락의자에 털썩 주저앉다. *s'*～ sous les balles 총탄에 쓰러지다. Le coureur *s'effondra* dans la dernière étape. 주자는 최종 코스에서 주저앉고 말았다. ④ (정신적으로) 무너지다(céder), (죄인이 더이상 버티지 못하고) 자백하다. L'accusé *s'effondra* et passe aux aveux. 피고는 더이상 버티지 못하고 자백하기 시작했다.

effondreur [efɔ̃drœːr] *n.m.* 땅을 깊이 가는 사람.

effondrilles [efɔ̃drij] *n.f.pl.* (끓어오른 뒤에 솥 안에 가라앉은) 침전물, 찌끼.

*****efforcer (s')** [efɔrse] ② *v.pr.* ① [s'～ de/(옛) à + *inf.*] 하려고 노력하다, 애쓰다(tâcher); 힘껏 …하다. *s'*～*de* soulever un fardeau 무거운 짐을 들어올리려고 애쓰다. *Efforcez-vous d'*entrer par la porte étroite. 좁은 문으로 들어가도록 힘쓰시오(성서). ② (보어 없이) 노력하다; 자제하다. Il n'est pas intelligent, mais il *s'efforce*. (옛) 그는 머리는 좋지 않지만 열심히 노력한다. *s'*～ *vers qc* …을 향하여 노력하다. *s'*～ pour ne pas montrer sa mauvaise humeur 불쾌함을 나타내지 않으려고 자제하다.

*****effort** [efɔːr] *n.m.* ① 노력, 수고. ～ physique (intellectuel) 육체적(지적) 노력. faire des ～s 노력하다, 공을 들이다. Il ne fait aucun ～. 그는 조금도 노력하지 않는다. Ce travail m'a demandé beaucoup d'～s. 이 일을 하는 데 무척 힘이 들었다. Il a gagné sans ～. 그는 쉽게 이겼다. faire un ～ de mémoire (d'imagination) 기억해 내려고(상상해 내려고) 노력하다. ouvrage laborieux qui sent l'～ 노력한 흔적이 보이는 작품(勞作). ② (힘든 일을 하기 위한) 분발, (금전상의) 희생(sacrifice). Tu aurais pu faire un ～ pour m'écrire. 내게 편지를 쓰는 일쯤은 할 수도 있겠는 텐데. Cela coûte cent francs.—Bon, je ferai un ～ pour mon fils. 그건 100 프랑입니다. 좋아요, 자식을 위해 희생하겠소. Je veux bien faire un ～. (상인이 손님에게서) 깎아 드리지요. ③ (힘을 들인 결과의) 근육통; 헤르니아, 탈장(hernie); 염좌(捻挫)(entorse). attraper (se donner) un ～ 헤르니아에 걸리다. ④ 『물리·기계』 응력, 힘; (물·바람의) 힘. ～ de rupture 파괴응력. arbre qui résiste à l'～ du vent 바람의 힘을 견디어 내는 나무.
faire ～ sur soi (soi-même); se faire ～ 자기 감정을 억제하다. se faire ～ pour être calme 냉정해지려고 노력하다.

effracteur [efraktœːr] *n.m.* (옛) 침입 강도.

effraction [efraksjɔ̃] *n.f.* 『법』 (토지·가옥의) 불법 침입, vol avec ～ 침입강도. à l'épreuve de l'～ 도난방지의. entrer (pénétrer) par ～ dans une maison 불법으로 가택에 침입하다.

effraie [efrɛ] *n.f.* 『조류』 올빼미의 일종.

effrangé(e) [efrɑ̃ʒe] *a.p.* 가장자리가 해져서 너덜너덜한, 가장자리를 풀어서 술이 된.

effrangement [efrɑ̃ʒmɑ̃] *n.m.* (s')effranger 하기.

effranger [efrɑ̃ʒe] ③ *v.t.* (피륙의 가장자리를 풀어서) 술로 만들다.
—*s'*～ *v.pr.* 가장자리가 풀려서 술이 되다.

effrayable [efrɛjabl] *a.* 놀라기 쉬운, 겁많은.

effrayamment [efrɛjamɑ̃] *ad.* (드물게) ① 무섭게, 무시무시하게. ② (속어) 몹시, 지독하게.

effrayant(e) [efrɛjɑ̃, -ɑ̃:t] *a.* ① 무서운, 소름이 끼치는(terrifiant). spectacle ～ 소름이 끼치는 광경. bombardement ～ 끔찍스런 폭격. Il poussa un cri ～. 그는 끔찍스런 고함을 질렀다. ② (구어) 무시무시한, 어마어마한, 굉장한(extraordinaire, formidable). prix ～ 어마어마한 가격. Il a un appetit ～. 그는 굉장한 식욕을 가지고 있다.

*****effrayer** [efrɛ(ɛ)je] ⑧ *v.t.* ① 무섭게 (겁나게) 하다, 오싹하게 하다, 질겁을 하게 하다(épouvanter, terrifier). Le moindre bruit l'*effraie*. 작은 소리에도 그는 겁을 먹는다. ② (추상적) 불안하게 하다; 질리게 하다(décourager). L'avenir m'*effraie*. 장래가 걱정이다. Je suis *effrayé* par la distance à parcourir. 걸어가야 할 거리를 생각하니 기가 질린다(대개의 경우 수동태로 쓰임).
—*s'*～ *v.pr.* [se ～ de] ① (을) 무서워하다. *s'effraie d'*un rien. 그는 하찮은 것에도 무서워한다. ② 질리다; 몹시 걱정하다. Il *s'est effrayé de* tant de dépenses. 그는 그렇게 많은 지출에 몹시 걱정했다.

effréné(e) [efrene] *a.* ① 억제되지 않은; 과격한, 과도한(déchaîné, démesuré). désir ～ 억제할 수 없

는 욕망. jalousie ~*e* 과도한 질투. ② cheval ~ 《문장》 재갈을 물리지 않은 말.
effrénement, effrènement [efrɛnmɑ̃] *n.m.* 《문어》억제되지 않음, 광란(狂亂).
effrénément [efrenemɑ̃] *ad.* 광란적으로.
effritement [efritmɑ̃] *n.m.* ① 땅의 메마름; (암석의)풍화(작용), 잘게 부서짐. ②(비유적)감소; 쇠약.
effriter [efrite] *v.t.* 《농업》① (땅을)메마르게 하다. ②〈돌 따위를〉잘게 부수다. roches *effritées* 풍화된 암석.
——**s'~** *v.pr.* ① (땅이)메말라지다. ② 부스러지다; (암석이)풍화하다. ③(비유적) 작아지다, 쇠퇴되다. L'opposition *s'est effritée.* 야당의 세력이 줄어들었다.
effroi [efrwa(ɑ)] *n.m.* 공포; 질겁(frayeur, peur 보다 강함); 공포를 일으키게 하는 것. inspirer de l'~ à *qn* …으로 하여금 공포심을 일으키게 하다. yeux remplis d'~ 공포로 가득찬 눈. La mort est l'~ des hommes. 죽음은 만인의 공포의 대상이다.
effronté(e) [efrɔ̃te] *a.* 염치 없는, 뻔뻔스러운, 철면피의. ~ comme un page(comme un moineau) 아주 뻔뻔스러운. ——*n.* 염치 없는 사람.
effrontément [efrɔ̃temɑ̃] *ad.* 뻔뻔스럽게.
effronterie [efrɔ̃tri] *n.f.* 염치 없음, 뻔뻔스러움. avoir l'~ de+ *inf.* 뻔뻔스럽게도 …하다.
effroyable [efrwajabl] *a.* ① 무시무시한, 소름이 끼치는, 몸서리 나는(horrible, affreux); 끔찍하게 못생긴. massacre ~ 끔찍스러운 학살. Il est ~ que+ *sub.* …한다는 것은 끔찍스러운 일이다. ②《구어》굉장한, 지독한. Il y avait un monde ~ à cette réunion. 그 모임에는 굉장한 사람들이 모여들었다.
effroyablement [efrwajabləmɑ̃] *ad.* 《드물게》무시무시하게;《구어》지독히. Il est ~ laid. 그는 지독하게 못생겼다.
effruiter [efrɥite] *v.t.* ①〈과수에서〉열매를 '따다. ②(을)메마르게 하다.
effulguration [efylgyrɑsjɔ̃] *n.f.* 섬광(을 냄).
effumer [efyme] *v.t.* 《미술》색채를 흐리게 하다.
effusion [efyzjɔ̃] *n.f.* ① 심정(애정·감정)의 토로, 발로; 감동, 감격. Ils s'embrassent avec ~. 그들은 열렬히 포옹을 한다. ~ *s* de tendresse (동작 따위의)애정 표현. ② ~ de sang 유혈, 출혈. accident affreux avec ~ de sang 유혈참사. ③《기술》분산(噴散), 분출(격벽의 구멍을 뚫었을 때 고압가스에서 저압쪽으로 유체가 이동하는 현상). ④(액체를)붓기; 관전(고대 그리스·로마에서 행해진 신주를 붓는 의식).
éfourceau [efurso] (*pl.* ~x) *n.m.* (큰 짐을 나르는)2륜 짐마차.
efrit [efrit] *n.m.* 《아라비아》(아라비아 신화의)악령(惡靈).
égagropile [egagrɔpil] *n.m.* 《의학》장내모구(腸內毛球).
égaiement [egɛmɑ̃] *n.m.* =**égayement.**
égailler [egaje] *v.t.* (새를)날아 흩어지게 하다; (배를)이리 저리 흩어지게 하다.
——**s'~** *v.pr.* 사방으로 날아가다(흩어지다).
*****égal(ale,** *pl.* **aux)** [egal, -o] *a.* ①(수량 따위가)같은, 동등한. partager ~ en deux parties ——*ales* 2등분하다. être ~ en nombre 수가 같다. [~ à] Trois plus deux est ~ à cinq. 3 더하기 2는 5이다. Rien n'est ~ à cette beauté. 이 아름다움에 비길 만한 것은 아무것도 없다.
② 대등한, 평등한. Tous les hommes sont ~*aux* devant la loi. 법 앞에서 만인은 평등하다. Les deux sexes sont ~*aux.* 남녀는 평등하다. faire jeu ~ 대등한 시합을 하다.
③ 한결같은, 평탄한, 고른(constant, régulier). climat ~ 언제나 변함 없는 기후. terrain ~ 평탄한 지면. respiration ~*ale* 규칙적인 호흡. réciter un poème d'une voix ~*ale* 단조로운 목소리로 시를 낭송하다. être(rester) ~ à soi-même (태도 따위가)변함이 없다, 변함없이가 훌륭하다.
④[~ à *qn*] (의)관심의 대상이 되지 않는다; (에게 있어서)아무래도 좋다. Tout m'est ~. 어떻게 되든 나에게는 상관 없다. La chose est ~*ale.* 그것은 결국 같은 것이며, 어찌 되든 좋다. Cela(Ça) m'est complètement ~. 그것이 나에게는 전혀 상관 없는 일이다, 아무렇지도 않다. [être ~ à *qn* de + *inf.*] Cela lui est ~ d'être ici ou là. 여기 있건 저기 있건 그에게는 상관 없는 일이다. [être ~ à *qn* que + *sub.*] Cela m'*est* ~ qu'elle le sache. 그녀가 그것을 안다해도 나는 상관 없다.
⑤ 《예》 공평한, 불편부당한.
c'est ~ 《구어》하여튼, 어쨌든간에, 그럼다손 처도. Il n'est pas venu au rendez-vous: *c'est* ~, il aurait pu me prévenir. 그는 만날 약속을 지키지 않았다, 어쨌든 미리 알려 줄 수는 있었을 텐데.
toutes choses ~ales d'ailleurs 다른 일은 같다고 치고, 다른 조건이 똑같다고 한다면.
——*n.* 대등한 사람, 동등한 사람, 동등한 것. La femme est l'~*ale* de l'homme. 여자는 남자와 동등하다. n'avoir pas d'~ 비길 만한 것이 없다, 제 1 인자이다. République des É~*aux* 《역사》 평등자의 공화국.
à l'~ de …와 같은 정도로, …와 똑같이. Il aime son fils *à l'~ de* sa fille. 그는 아들을 딸과 똑같이 사랑하고 있다.
d'~ à ~ 대등하게(sur un pied d'égalité).
n'avoir d'~(e) que + '명사' …외에는 비길 만한 것이 없다, …와 똑같이 상당하다. Sa beauté n'a d'~(*e*) que son orgueil. 그녀의 미모도 그렇지만 오만함도 상당하다 (égal 은 주어 또는 que 다음의 단어와 일치, 또는 무변화).
sans ~ 비길데 없는. joie *sans* ~*ale* 더 할 나위 없는 기쁨. chagrins *sans* ~ 비할데 없는 슬픔 (*sans* égal 로 일치하나, 단 égaux 의 형태는 없다).
égalable [egalabl] *a.* 대등하게 할 수 있는; 필적할 수 있는.
également[1] [egalmɑ̃] *ad.* ① 고르게, 동등하게, 균등하게. aimer tous ses enfants ~ 자식들을 똑같이 사랑하게. partager(répartir) ~ 균등하게 나누다.
② 마찬가지로(de même); 역시, 또한(aussi); 그뿐더러, 그밖에도.(en outre). Il faut lire ce livre et celui-là ~. 이 책을 읽으면 하오, 그리고 저 책도요. J'irai ~. 나도 가야겠다.
également[2] *n.m.* 《고대법》유산의 예정 균등 분할.
égaler [egale] (<*égal*) *v.t.* ①(수량 따위가)같다. Deux plus trois *égalent* cinq. 2 더하기 3은 5이다.
②(에)필적하다, (와)대등하다, (와)어깨를 겨루다. Rien n'*égale* sa beauté. 그녀의 아름다움에 필적할 만한 것은 아무것도 없다. C'est un record qu'on n'*égalera* pas avant longtemps. 이것은 오랫동안 깨뜨리지 못할 기록이다. record *égalé* 타이기록. recette qui *égale* la dépense 지출과 맞먹는 수입. [~ *qn* en *qc*] Personne ne peut l'~ *en* intelligence 지능에 있어 그에 필적할 만한 사람은 아무도 없다.
③ 《옛》평등하게 하다, 동등하게 간주하다. ~ A à B, A와 B를 동등시하다. La mort *égale* tous les hommes. 죽음은 만인을 평등하게 한다.
——**s'~** *v.pr.* ① 같아지다. ②[s'~à] (와)동등하다고 자부하다; (와)필적하다.

égalisateur(trice) [egalizatœ:r, -tris] *a.* 평등화하는. système ~ 평등화 제도. but ~ 동점골.

égalisation [egalizasjɔ̃] *n.f.* ① 같게 하기, 평등화, 균등화. ~ des charges fiscales 세부담의 균등화. ② 고르게 하기(nivellement). ~ d'un terrain 지면을 고르게 하기. ③《스포츠》동점으로 만들기; 무승부, 타이(스코어). obtenir l'~ 동점이 되다.

égaliser [egalize] *v.t.* ① 같게 하다; (신분 따위의) 차를 없애다. ~ les revenus 수입을 균등화하다. ~ les cheveux 머리를 고르게 자르다. ② (땅 따위를) 고르게 하다.
—*v.i.*《스포츠》동점이 되다.
—**s'~** *v.pr.* ① 같아지다. ② 고르게 되다.

égaliseur(se) [egalizœ:r, -ø:z] *n.m.* ① de potentiel《전기》전압 조정기. ②《악기 제조공장 따위의》조율사. —*n.f.* 평형 장치, 균압장치.

égalitaire [egalite:r] *a.* 평등주의의. socialisme ~ 평등주의적 사회주의. ~

égalitairement [egalitɛrmɑ̃] *ad.* 평등주의적으로.

égalitarisme [egalitarism] *n.m.* 평등주의.

égalitariste [egalitarist(ə)] *a.* 평등주의적인.
—*n.* 평등주의자.

***égalité** [egalite] *n.f.* ① 평등; 동등, 같음. Liberté, É~, Fraternité 자유, 평등, 우애. ~ de force 세력의 균등(균형). ~ devant la loi 법 앞에서의 평등, comparatif d'~ 《언어》동등비교급. ②《수학》등식, 같음. ~ algébrique (대수의)등식. signe d'~ 등호(等號). ③ 규칙적임, 한결같음, 고름(régularité, uniformité). ~ du pouls 맥박이 규칙적임(정상임). ~ d'humeur 온화한 기질. ④《드물게》(지면 따위의)평탄함.
à ~《스포츠·놀이 따위》동점의, 동등한 조건 [입장]으로. Les joueurs sont *à* ~ (de points). 양선수는 동점을 이루고 있다.
à ~ *de* …에 있어서 같은, …이 똑같다면. *À* ~ *de prix, cette marchandise est préférable.* 값이 같다면, 이 상품이 좋겠다.
parier(prendre) à ~《경마》상대와 동등한 돈을 걸다; 건 돈과 딴 돈이 똑같다.

***égard** [ega:r] *n.m.* ① 고려 (현재는 아래의 숙어로만 사용함). ②(*pl.*)경의, 존경의 표시. témoigner à [pour] qn beaucoup d'~s …에게 심심한 경의를 표하다. On doit des ~s aux vieux. 노인에게는 경의를 표해야 한다. manquer aux ~s 예의에서 벗어나다. ③(옛) 관점, 견지, 시각.
à cet ~ 그 점에서는, 그 관점에서 본다.
à l' ~ *de* …에 관해서, …에 대하여. *à l'* ~ *de cette affaire* 이 사건에 관해서는. indifférence des enfants *à l'* ~ *des adultes* 어른에 대한 아이들의 무관심. Il a de la méfiance *à mon* ~. 그는 나에 대해 불신감을 가지고 있다.
à tous (les) ~*s* 모든 점에서. Elle est parfaite *à tous les* ~*s*. 그녀는 모든 점에서 완벽하다. Il a tort *à certains* ~*s*. 그는 어떤 점에서 옳지 않다.
avoir ~ *à* …을 고려하다, 참작하다. *avoir* ~ *aux circonstances* 사정을 참작하다.
en ~ *à* …을 고려하여, 참작하여. *en* ~ *au mauvais temps* 악천후를 고려하여.
par (sans) ~ *pour* …을 고려하여[고려하지 않고]. Il me téléphone la nuit, *sans* ~ *pour l'heure*. 그는 시간 따위는 전혀 생각지 않고 밤에 전화를 건다.

égaré(e) [egare] *a.p.* ① 길 잃은; 옳은 길을 벗어난; 방황하는. alpinistes ~*s* 길 잃은 등산객. brebis ~*e* 길 잃은 양. lettre ~*e* 도착하지 않은[분실된] 편지. balles ~*s* 유탄. ②(비유적)이성을 잃은, 정신나간. yeux ~*s* 겁에 질린[당황하는] 눈. air ~ 이성을 잃은 태도. ③(옛) 외딴, 인적드문. ③((古))

흩어진, 점점이 수놓은.

égarement [egarmɑ̃] *n.m.* ① 미망(迷妄), 일탈(逸脱), 방향(aberration); 과오, 실수(erreur). ② 분실; (편지 따위의)불착. ~ de papiers importants 중요서류의 분실. ③(문어)착란, 광란; (표현의) 거칠음. ④(옛)political 착란.

égarer [egare] *v.t.* ① (길 따위를)잃게 하다; (올바른 방향에서)빗나가게 하다, 헤매게 하다. Un brouillard épais *a égaré* le navire. 짙은 안개가 배를 항로에서 벗어나게 했다. De faux indice nous *ont égarés.* 잘못된 표지 때문에 나는 길을 잃었다. ② (사람의 마음을)혼란[착란]시키다. L'amour *égare* la raison. 사랑은 이성을 혼란시킨다. Le dictateur *a égaré* le peuple. 독재자는 민중을 현혹시켜 그릇된 길로 끌고 갔다. ③ 잃어버리다, 분실하다. J'*ai égaré* mon stylo. 나는 만년필을 잃어버렸다.
—**s'~** *v.pr.* ① 길을 잃다, 헤매다. *s'égarer* dans la forêt 숲속에서 길을 잃다. ② 분실되다. Une lettre importante *s'égara.* 중요한 편지 한 장이 없어졌다. ③ (토론의 주제가)빗나가다, 올바른 방향에서 벗어나다. (표 따위가)흩어지다. La discussion *s'égare.* 토론이 열기로 빗나간다. Le rapporteur *s'égare* dans des détails inutiles. 보고자는 주제에서 벗어나 쓸데없는 세부의 설명을 하고 있다. voix [votes] qui *s'égarent* 산표. ④(정신이)착란(혼란)하다. Son esprit *s'égare.* 그의 정신은 혼란(착란) 상태에 빠져 있다.

égayant(e) [egɛjɑ̃, ɑ̃:t] *a.*《드물게》명랑하게 하는, 즐겁게 하는.

égayement [egɛjmɑ̃] *n.m.* 명랑하게 하기.

égayer [egɛ(e)je] *v.t.* ① 명랑하게 하다, 즐겁게 하다, 흥겁게 하다(amuser, réjouir). ~ une réunion 모임을 흥겁게 하다. Une bouteille de vin *égaiera* notre conversation. 포도주 한 병이면 우리들 이야기가 더 흥겨워질 텐데. ② 기운을 북돋우다; (남의 슬픔 따위를)위로하다; (흥겹게 하려고) 장식을 달다, 꾸미다. ~ son deuil de《문어》약식 상복을 입다. ~ chagrin de qn …의 슬픔을 위로하다. ~ son style 문장을 화려하게 꾸미다. Ce bouquet *égaye* ma petite chambre. 이 꽃이 나의 작은 방을 밝게[명랑하게] 해준다. ③《원예》(환하게)가지치다.
—**s'~** *v.pr.* 명랑해지다, 흥겨워지다. [*s'~* à + *inf.*] Je *me suis égayé* à voir ce spectacle. 나는 그 광경을 보며 즐겁게 보냈다. Il faut *vous* ~ un peu. 좀 명랑해지십시오. *s'~* aux dépens de qn …을 놀림감으로 삼다.

Égée [eʒe] *n.pr.m.*《그리스신화》에게우스신.
—*a.* (위)의. la Mer ~《지리》에게 해.

égéen(ne) [eʒeɛ̃, -ɛn] *a.*《지리》에게 해의.

égérie [eʒeri] *n.f.* (특히 정치에서)여자 조언자, 《곤충》유리날개나방과(科)의 나방.

égermage [eʒɛrma:ʒ] *n.m.* (맥주 양조용 보리의)싹을 따내기.

égermer [eʒɛrme] *v.t.* (맥주 양조용 보리의)싹을 따내다(dégermer).

égide [eʒid] *n.f.* ①《그리스신화》(여신 아테네의)방패. ②《구어》보호.
sous l' ~ *de qn(qc)*《문어》…의 보호 아래, …에게 지켜져. prendre qn sous son ~ ~ …을 보호하다.

Égine [eʒin] *n.pr.f.*《지리》에기나 섬.

éginète [eʒinɛt] *a.* 에기나 섬(*Égine*)의. —**É~** *n.* 에기나 섬 사람.

égipan [eʒipɑ̃] *n.m.*《그리스신화》목신(牧神).

églantier [eglɑ̃tje] *n.m.*《식물》들장미류(類).

églantine [eglɑ̃tin] *n.f.*《식물》들장미 꽃.

églefin [eglǝfɛ̃] *n.m.* =**aiglefin.**

église [egli:z] *n.f.* ① 교회(건물)(~ paroissiale); 가톨릭 성당. aller à l'~ 교회에 가다[다니다]. se marier à l'~ 교회에서 결혼하다. ~ baroque (gothique) 바로크(고딕) 양식의 성당. cloches(clocher) de l'~ 교회의 종루. ② (É~) (그리스도교의 집합체로서의) 교회; 가톨릭 교회 (É~ catholique). É~s protestantes(réformées) 프로테스탄트 교회. séparation de l'É~ et de l'État 정교분리. biens (privilège) de l'É~ 교회재산 (특권). retrancher *qn* du sein de l'É~ …을 교회에서 파문하다. Hors de l'É~, pas de salut. 교회 밖에서는 구원이 없다. É~ du silence 침묵의 교회《동구라파에서 공산주의 국가의 압력으로 침묵을 강요당하고 있는 교회》). ③ 성직. homme d'É~ 성직자. entrer dans l'É~ 성직자가 되다. ④《신학》그리스도 교도. É~ militante 속세의 죄와 싸우는 교회《신자 전체를 뜻함》. É~ souffrante 고통받는 교회《지옥에서 신음하는 이들》. ⑤《비유적》교회적 집단《단결이 강하고 정통성을 존중함》. É~ marxiste 마르크스주의를 신봉하는 집단.

église
(1) abside (2) absidiole (3) chevet (4) déambulatoire (5) autel (6) chœur (7) transept (8) croisillon (9) pilier (10) nef (principale) (11) bas-côté (nef latérale) (12) porche

églogue [eglɔg] *n.f.* 목가(牧歌). 「我」
ego [ego]《라틴》*n.m.*《철학·정신분석》자아(自
égocentrique [egosɑ̃trik] *a.* 자기 중심의.
égocentrisme [egosɑ̃trism] *n.m.* 자기 중심주의.
égohine, égoïne [egɔin] *n.f.* 회전톱.
égoïser [egoize] *v.i.*《드물게》자기 이야기만 하다.
égoïsme [egɔism] *n.m.* 이기주의; 자기 본위, 자기 중심(↔altruisme, générosité). ~ de classe 계급적 에고이즘.
égoïste [egɔist] *a.* 이기주의의(↔altruiste); 이기적인, 자기 위주의. Cette fille est très ~, elle garde toujours tout pour elle. 저 소녀는 정말 이기적이야, 항상 자신만을 위해 모든 것을 챙기는 애야. —*n.* 이기주의자, 에고이스트; 자기 중심적인 사람. agir en ~ 자기 위주로 행동하다.
égoïstement [egɔistəmɑ̃] *ad.* 이기적으로, 자기 본위로. André vit ~. 앙드레는 자기 본위로 산다.
égopode [egɔpɔd] *n.m.*《식물》왜방풍속(屬).
égorgement [egɔrʒəmɑ̃] *n.m.* 목을 베어 죽임; 척살(刺殺), 살육.
égorgeoir [egɔrʒwa:r] *n.m.*《속어》도살장; 살육장.
égorger [egɔrʒe] [3] *v.t.* ① (돼지·양 따위의)목을 따다; 도살하다. Les prêtres hébreux *égorgeaient* des brebis. 헤브라이 사제는 암양의 목을 따 제물로 바쳤다. ② 참살하다; 죽이다, 학살하다. Les bandits *égorgeaient* les passants. 악당들은 행인들을 잡아죽였다. ③《구어》괴롭히다; 파산시키다; (손님에게)바가지를 씌워 돈을 우려내다(écorcher). ~ ses clients 고객에게 바가지를 씌우다. Cet usurier *égorge* les emprunteurs. 이 고리대금업자는 차용자들을 착취하고 있다. 「하다.
—**s'**~ *v.pr.* ① (목을 베어)자결하다. ② 서로 칼질
égorgeur(se) [egɔrʒœ:r, -ø:z] *n.* 도살자, 살육자.
égosiller (s') [segozije] *v.pr.* ① (고함 따위로)목이 쉬다. ② (새가)목청껏 길게 지저귀다.

égotisme [egɔtism] *n.m.* 자기 중심주의, 자기 숭배;《문학사》에고티즘《스탕달에게서 볼 수 있는 자기 성찰과 분석을 중히 여기는 문학의 한 경향》.
égotiste [egɔtist] *a., n.* 자기 본위의(중심)의 (사람).
égout [egu] *n.m.* ① 하수, 하수도. eaux d'~ 하수. bouche d'~ 하수구. plaque(regard) d'~ 맨홀의 뚜껑. tuyau d'~ 하수관. ~ collecteur 하수도의 간선(본관(本管)). système du tout-à-l'~ (수세식 변소의)하수 장치. rat d'~ 하수도의 청소부. ② 빗물받이;《옛》떨어지는 물. ③ 지붕의 경사, 물매. toit à un seul ~ (몸채에 붙여)내어낸 지붕(집).④《문어》천한 사람들이 모이는 곳. rouler à l'~ 타락하다.
égoutier [egutje] *n.m.* 하수도 청소부. —*a.m.* 하수도의, 하수도에서 나오는.
égouttage [eguta:ʒ] *n.m.* (토지의)배수.
égouttement [egutmɑ̃] *n.m.* ①(물·피의)떨어지는 방울. ② =**égouttage.**
égoutter [egute] *v.t.* (의)물기를 없애다, 배수하다. ~ des terres 땅의 물을 빼다. fromage *égoutté* (유장(乳漿)을 없앤 뒤의)응유(凝乳) 치즈. faire ~ des légumes 야채의 물기를 없애다. faire ~ l'eau 물기를 없애다.
—**s'**~ *v.pr.* 물기가 없어지다; 방울방울 떨어지다.
égoutteur [egutœ:r] *a.m.* 물기를 없애는.
égouttis [eguti] *n.m.* =**égouttement.**
égouttoir [egutwa:r] *n.m.* ① 스푼꽂이. ② 접시 세우개; 병 세우개. ③ (치즈의)물기 빼는 기구. ④ (사진의)원판걸이.
égoutture [eguty:r] *n.f.* (그릇 따위의)여적(餘滴).
égraf(f)igner [egrafiɲe] *v.t.*《옛》=**égratigner.**
égrainage [egrena:ʒ] *n.m.* =**égrenage.**
égrainer [egrɛ(e)ne] *v.t.* =**égrener.**
égraineuse [egrɛnø:z] *n.f.* =**égreneuse.**
égrappage [egrapa:ʒ] *n.m.* 포도알 따기.
égrapper [egrape] *v.t.* ①(포도 따위의)송이에서 열매를 따내다. ②《광산》(광석을)선별하다.
—**s'**~ *v.pr.* (열매가 송이에서)저절로 떨어지다.
égrappeur(se) [egrapœ:r, -ø:z] *n.* (포도 따위의)열매(송이)를 따는 사람.
égrappiller [egrapije] *v.t.* =**égrapper.**
égrappoir [egrapwa:r] *n.m.* ① 포도 열매를 따는 기계. ②《광산》선광기.
égratigner [egratiɲe] *v.t.* ① 긁다, 할퀴다; 생채기를 내다;《농업》얕게 갈다. ~ *qn* avec les ongles …을 손톱으로 할퀴다. Les ronces lui *égratignaient* les jambes. 그는 가시덤불에 다리를 긁혔다. ~ un meuble 가구에 상처를 내다. ~ le sol 땅을 얕게 갈다. ② 비웃다, 악평하다. Les critiques *ont égratigné* mon ouvrage. 비평가는 나의 작품에 악평을 가했다.
—**s'**~ *v.pr.* ① 자기를 긁다. ② 서로 할퀴다. ③ 서로 욕을 하다.
égratigneur(se) [egratiɲœ:r, -ø:z] *n.* 할퀴는 사람;《미술》긁어 그리는 화가. —*a.* 긁는, 할퀴는.
égratignure [egratiɲy:r] *n.f.* ① 할퀸 상처; 스친 상처. ②《구어》모욕.
égravillonner [egravijɔne] *v.t.* (이식하려고)뿌리의 흙을 떨다.
égrenage [egrəna:ʒ] *n.m.* (이삭·깍지에서)낟알을 까냄; (포도 따위의)송이에서 알을 따냄; (목화를)조면기로 씨를 빼냄; (아마의)씨를 훑어냄.
égrènement [egrɛnmɑ̃] *n.m.* (염주를)돌려세기. ~ de lumières 점점이 이어진 등불.
égrener [egrəne] [4] ① (이삭·깍지에서)알을 따다[까내다]. ~ des épis 이삭에서 낟알을 까내다. ~ du blé 밀을 탈곡하다. ~ du raisin 포도송

이에서 포도알을 따내다. Les marronniers *égrènent* leurs feuilles. (비유적) 마로니에 나뭇잎이 하나씩 하나씩 떨어진다. ② (연속적으로) 소리를 내다; 하나씩 늘어놓다. L'horloge *a égrené* les heures, les douze coups de minuit. 시계는 밤 12시를 계속쳐서 쳤다. ~ un chapelet d'injures (구어) 연달아 욕지거리를 퍼붓다. ~ son chapelet 묵주신공하다.
—s' ~ *v.pr.* ① (열매알이) 이삭[송이]에서 떨어지다; 씨를 떨어뜨리다; (등불 따위가) 점점이 이어지다. La famille *s'est égrenée*. (구어) 집안 식구가 하나씩 죽어갔다. ② (강철이) 부스러지다.

égreneuse [egrənǿ:z] *n.f.* ① 탈곡기. ② ~ de coton 조면기.

égressive [egrɛsi:v] *n.f.* (언어) 호기음(呼氣音).

égrillard(e) [egrija:r, -ard] *a.* 음탕한, 외설한. histoire ~ 외설적인 이야기. sourire ~ 음탕한 미소.
—*n.* 음탕한 사람.

égrillon [egrijwa:r] *n.m.* (연못의) 배수구; (배수구에서 물고기가 못나가게 막는) 어살.

égrisage [egriza:ʒ] *n.m.* (보석류를) 갈기.

égrisé *n.m.*, **égrisée** [egrize] *n.f.* 금강사(金鋼砂).

égriser [egrize] *v.t.* (보석류를) 갈다. poudre à ~ 연마제.

égrisoir [egrizwa:r] *n.m.* 금강사 넣는 그릇.

égrotant(e) [egrɔtɑ̃, -ɑ̃:t] *a.* 병든, 병적인.

égrugeage [egryʒa:ʒ] *n.m.* égruger 하기.

égrugeoir [egryʒwa:r] *n.m.* ① 막자 사발. ② (삼씨를 훑어내는) 기계.

égruger [egryʒe] ③ *v.t.* ① (씨앗·설탕·소금 따위를) 찧다. ② (포도의) 씨를 빼내다; (아마의) 씨를 훑어내다.

égueulé(e) [egœle] *a.p.* ① (병 따위의 주둥이가 깨진. ② cratère ~ (지질) 파열 화산. —*n.* (옛) 큰 소리로 외치는 사람.

égueulement [egœlmɑ̃] *n.m.* ① (병 따위의 주둥이의) 파손(毁損). ② (분화구의) 파열.

égueuler [egœle] *v.t.* (드물게) (병 따위의) 주둥이를 깨뜨리다.
—s' ~ *v.pr.* ① (병의) 주둥이가 깨지다. ② s' ~ à crier (옛) 목이 쉬도록 부르짖다.

Égypte (l') [leʒipt] *n.pr.f.* (지리) 이집트.

égyptien(ne) [eʒipsjɛ̃, -ɛn] *a.* 이집트의. peuple [art] ~ 이집트 민족[예술]. écritures ~*nes* 이집트 문자. —**É**— *n.* 이집트 사람. ⑥ (옛) 집시, 유랑민. ⑥ 고대 이집트어(語). —*n.f.* (인쇄) 고딕체 활자의 일종.

égyptologie [eʒiptɔlɔʒi] *n.f.* 이집트학.

égyptologique [eʒiptɔlɔʒik] *a.* 이집트학의.

égyptologue [eʒiptɔlɔg] *n.* 이집트 학자.

*****eh** [e] *int.* ① (놀람) *Eh!* vous voilà! 오, 당신이군요! ② (감탄) *Eh!* que c'est beau! 아, 얼마나 아름다우냐! ③ (기쁨) *Eh!* je suis content! 암, 대만족이다. ④ (고뇌) *Eh!* malheureux que je suis! 아이구, 내 팔자야! ⑤ (비난) *Eh!* vous me faites mal! 이봐, 아프다니까! ⑥ (격려) *Eh! En donc!* courage! 자, 자, 기운을 내라! ⑦ (질문) *Eh!* que dites-vous? 예, 뭐라고 그러셨죠? ⑧ (주의의 환기) *Eh!* là-bas! c'est à vous que je parle. 이것봐요, 나는 당신에게 말하고 있는 것이오. ⑨ (허사(虛辭)) *Eh!* je le sais bien. 에, 그것을 나는 잘 알고 있소. ⑩ (-주저·망설임) *Eh,* 당신은 이 사람을 어떻게 생각하시지요? 글쎄….

Eh bien(ben)! ⓐ (놀라움·의외) *Eh bien!* vous partez déjà?아니, 벌써 가시는 겁니까? ⓑ (결의·결론) Ça y est? *Eh bien,* on peut commencer. 준비는 다 되었나? 좋아, 그렇다면 시작합시다. ⓒ (양보·체념) *Eh bien,* tout pis, je vais la voir. 그렇다면 할 수 없지, 내가 그녀를 만나러 가지. ⓓ (초조·함·분함) *Eh bien,* tu n'as te taire! 야, 그쯤 해두고 입좀 다물어! ⓔ (설명·대답을 촉구함) *Eh bien!* ça marche, les affaires? 그래, 사업은 잘 되어가고 있나? ⓕ (설명에 앞서서 시간의 여유를 가짐) *Eh bien,* voici ce qu'il a fait. 자, 그러니까, 그가 한 일은 대충 이런겁니다. ⓖ (주저) Vous avez de l'argent? – *Eh bien...* pas beaucoup. 돈은 있습니까? 글쎄요, 많지는 않지만 조금은 있습니다.

Eh donc! (재촉) 자 어서!

Eh quoi! (경악·분노) 뭐라고! *Eh quoi!* tu ne viens pas! 뭐라고, 오지 않겠다고!

éha [ea] *int.* (속어) =**ohé.**

éhonté(e) [eɔ̃te] *a., n.* 염치 없는 (사람).

éhoupage [eupa:ʒ] *n.m.* =**écimage.**

éhouper [eupe] *v.t.* =**écimer.**

eider [ɛjdɛ:r] *n.m.* (조류) 털오리 (북극 지방산).

eidétique [ɛjdetik] *a.* ① (심리) 직관적. image ~ 직관상(어떤 것을 보고 나서 눈을 감으면 눈을 뜨고 보았을 때 보지 못했던 점들까지 생생하게 떠오르는 상(像)). ② (철학) (현상학에서) 형상적. réduction ~ 형상적 환원

Eiffel [ɛfɛl] *n.pr.* tour ~ 에펠 탑.

einsteinien(ne) [ajnstajnjɛ̃, -ɛn] *a.* 아인슈타인 (*Einstein*)의; 아인슈타인 학설의.

einsteinium [ajnstɛnjɔm] *n.m.* (화학) 아인슈타이늄 (방사성 원소의 하나; 기호 Es).

Eire (l') [lɛ:r] *n.pr.f.* (지리) 에이레, 아일랜드 공화국 (la République d'Irlande).

éjaculateur(trice) [eʒakylatœ:r, -tris] *a.* (생리) 사정(射精)하는.

éjaculation [eʒakylasjɔ̃] *n.f.* ① (액체의) 사출(射出); (생리) 사정(射精). ~ précoce 조루. ② 짧지만 열성어린 기도. ③ (옛) (빛의) 방사; 분화(噴火), (탄환의) 발사.

éjaculatoire [eʒakylatwa:r] *a.* (생리) 사정의.

éjaculer [eʒakyle] *v.t.* ① (액체를) 사출하다. ② (생리) 사정하다; ② 절규하다; (짧지만 열성어린 기도를) 올리다.

éjectable [eʒɛktabl] *a.* 사출(射出)할 수 있는. siège ~ (항공) 사출 좌석 (비상시에 조종사를 비행기 밖으로 탈출시키는 장치).

éjecter [eʒɛkte] *v.t.* ① (물·증기 따위를) 배출하다. ② (속어) 내쫓다. Il s'est fait ~ de l'université. 그는 대학에서 내쫓겼다.

éjecteur [eʒɛktœ:r] *n.m.* (기계) 이젝터, 방사기; (군사) (소총의) 탄피 제거 장치. —*a.* tuyau ~ 이젝터 관, 배출관.

éjection [eʒɛksjɔ̃] *n.f.* ① 배출, 방출, 분출. ~ d'un pilote (전투기 따위) 파일로트의 (사출 좌석에 의한) 사출(射出). ② (지질) (화산의) 배출물. ③ (음성) (소리의) 방출. ④ (구어) 추방, 추출. ⑤ (옛) (생리) 배출, 배설. ~ des urines 배뇨.

éjective [eʒɛktiv] *n.f.* (음성) 방출음 (放出音).

éjet [eʒɛ] *n.m.* (철학) 투생 (자신의 내적 현상을 객체로 대상화하여 해명하기).

éjointage [eʒwɛta:ʒ] *n.m.* (새의) 날개 끝을 자름.

éjointer [eʒwɛte] *v.t.* (새의) 날개 끝을 자르다.

éjouir (s') [seʒwi:r] *v.pr.* (옛) =**réjouir (se).**

élaborant(e), élaboratrice [elabɔrɑ̃, -tris] *a.* (식물·생리) 동화하는.

élaboration [elabɔrasjɔ̃] *n.f.* ① (생리) 생성, 동화. (식물) 동화 (同化). ~ des anticorps 세포내에서 항체의 생성. ~ de la sève 수액의 동화. ② (공들여) 만듦. ~ d'un projet 계획을 공들여 짬. ~ d'une œuvre 퇴고. ③ ~ secon-

daire du rêve 《정신의학》꿈의 2차적 가공.
élaboré(e) [elabɔre] *a.* ① 공들여 만들어진. ② 《생리》 동화된. sève ~*e* 《식물》 동화액.
élaborer [elabɔre] *v.t.* ① (공들여)만들어내다, 완성하다; 치밀하게 구상하다. ② 《생리》 동화(소화)되다. — **s'~** *v.pr.* ① 《식물·생리》 동화(소화)되다. ② 만들어지다, 완성되다.
élæis [eleis] *n.m.* = **éléis.**
élagage [elaga:ʒ] *n.m.* élaguer 하기; 쳐낸 가지.
élaguement [elagmɑ̃] *n.m.* 쓸데없는 부분의 삭제 [제거].
élaguer [elage] *v.t.* (의)쓸모 없는 가지를 치다, 전정(剪定)하다; (의)쓸데없는 글을 삭제하다.
élagueur [elagœ:r] *n.m.* 가지 치는 사람.
élaïomètre [elajɔmɛtr] *n.m.* 《화학》 기름(지방) 비중계.
*****élan**[1] [elɑ̃] *n.m.* ① 스타트; 비약, 도약, 약동, 돌진. Entraînée par son ~, la voiture est tombée dans la précipice. 너무나 힘차게 달려온지 자동차는 절벽으로 떨어졌다. donner de l'~ à l'industrie 산업을 진흥시키다. avancer par ~s 돌진하다, 비약적으로 나아가다. prendre son ~ 뛰어오르려고 달리다[힘을 주다]; 뛰어오르다, 비약하다. saut sans ~ — 단숨에(뛰어서), saut sans(avec) ~ 제자리(달려) 넓이뛰기. ② 충동(impulsion); (감정 따위의) 격발, 폭발; 열, 정열(transport). céder à un ~ de passion 폭발하는 정열에 몸을 내맡기다. ~ de l'imagination 상상력의 비약. vers qui manquent d'~ 열기가 없는 시구. parler avec ~ 열정적으로[생기 있게] 말하다. mouvement de premier ~ 최초의 충동. ③ ~ vital 《철학》 생의 비약《베르그송 철학용어》. ④《옛》소리의 높이.
élan[2] *n.m.* 《동물》 (북유럽·북미의)고라니.
élancé(e) [elɑ̃se] *a.p.* ①(높고·길쭉하고)날씬한 (↔ trapu). taille ~*e* 날씬한 몸매. ②《해양》 이물이 튀어나온.
élancement [elɑ̃smɑ̃] *n.m.* ①《문어》(신·진리에 대한)동경, 앙모, 갈앙(渴仰). ② 격통. ③《옛》약진. ④《해양》(이물·고물의)경사.
*****élancer** [elɑ̃se] [2] *v.i.* 욱신욱신 아프다. Le petit doigt m'*élance*. 새끼손가락이 쑤시고 아프다.
— *v.t.* ① 우뚝 솟게 하다. La cathédrale *élançait* sa flèche. 대성당의 뾰족탑이 하늘높이 우뚝 솟아 있었다. ② 힘있게 내던지다; 정열적으로 말하다. —**s'~** *v.pr.* ① 돌진하다, 뛰어가다. *s'~* dans les bras de *qn* …의 품에 뛰어들다. *s'~* sur *qn* …에게 덤벼들다. *s'~* au secours de *qn* …을 구출하러 뛰어가다. ② 분출하다. Les sources *s'élançaient* du rocher bouillonnant. 샘물은 바위 틈에서 거품을 내며 솟아나오고 있었다. ③(키가) 힘있게 크다; (나무가)우뚝 솟다; 자라다. Un peuplier *s'élançait* vers le ciel. 포플라나무가 하늘을 향해 우뚝 솟아 있었다. Avec l'adolescence, il *s'est bien élancé*. 청년기를 거쳐 그는 키가 날씬하게 자랐다. Mon âme *s'élançait* vers Dieu. (비유적) 나의 영혼은 오직 하느님만을 향하였다.
élargir [elarʒi:r] *v.t.* ①(나비·넓이를 한층)넓히다; 크게(넓어) 보이게 하다. ~ un trou 구멍을 크게 하다. vêtements qui *élargissent* la carrure 어깨폭을 넓혀 보이게 하는 옷. Cette veste *élargit* ses épaules. 그 상의를 입으면 어깨폭이 넓어 보인다. ②(지식을)넓히다, 늘이다; (뜻을)확대하다, (연기 따위의)폭을 넓히다. ~ un débat 토론의 폭을 넓히다. ~ son influence 영향력을 확대하다. ~ ses vues 시야를 넓히다. la majorité 여당 의석을 늘리다. ~ sa sphère d'activité 활동범위를 넓히다. ③ (죄인을)석방하다. ~ un prévenu[un captif] 피의자[포로]를 석방하다.
— *v.i.* 《구어》(어깨 폭이)넓어지다; 체격이 좋아지다. Mon fils *a élargi*. 내 아들은 체격이 좋아졌다. —**s'~** *v.pr.* ① 넓어지다, 확대되다. Sa face *s'élargit*. 그의 얼굴은 웃음으로 활짝 펴졌다. La rivière *s'élargit* près de la terre. 강은 바다입구에서 폭이 넓어진다. ② 느슨해지다; (규칙을)완화하다. La discipline *s'est élargie*. 규율이 완화되었다. ③《옛》도망가다, 탈주하다.
élargissage [elarʒisa:ʒ] *n.m.* 《직조》 천을 퍼 말리는 틀에 걸기.
élargissement [elarʒismɑ̃] *n.m.* ① 확장, 넓힘; 《의학》(심장 따위의)확장, 비대. ~ d'un vêtement 옷을 늘이기. ~ d'une rue 도로의 확장. ~ des connaissances scientifiques 과학적 지식의 증대. ②《법》석방. ~ d'un captif 포로의 석방.
élargisseur [elarʒisœ:r] *n.m.*, **élargisseuse** [elarʒisø:z] *n.f.* 《직조》(직조 후 천이 줄지 않도록 폭을)펴서 말리는 틀.
élargissure [elarʒisy:r] *n.f.* (가구·의류를 크게 하기 위한)첨가물.
élarvement [elarvəmɑ̃] *n.m.* 《농업》 유충의 구제(驅除).
élasmose [elasmo:z] *n.f.* 《광물》 엽상(葉狀)텔루륨광, 알타이석.
élasticimétrie [elastisimetri] *n.f.* 탄성변형측정.
élasticité [elastisite] *n.f.* ① 탄성(彈性); 탄력성. coefficient d'~ 탄성 계수. limite d'~ 탄성한계. ~ d'un métal 금속의 탄성. éprouver l'~ d'un ressort 용수철의 탄력성을 시험해보다. ②(육체·정신의)유연성; 순응성. ~ des muscles 근육의 유연성. ~ d'un régime politique 정치체제가 갖는 수연(적응)성. ~ d'une loi 법률의 융통성. ~ d'un budget 예산의 탄력성. ~ de l'offre et de la demande 《경제》 수요와 공급의 탄력성.
élastique [elastik] *a.* ① 탄성이 풍부한; 탄성 고무의. Le caoutchou est ~. 고무는 탄성이 풍부하다. tissu ~ 《해부》 탄성 조직. courbe ~ 탄성 곡선. gomme ~ 탄성 고무. limite ~ à la traction 《물리》 장력(張力). ②유연한, 융통성 있는 (↔ flexible). pas ~ 유연한 발걸음(걸음걸이). esprit ~ 순응성이 풍부한 정신. règlement ~ 융통성이 있는 규칙. mot ~ 여러 뜻으로 해석되는 말. conscience ~ 쉽게 타협하는 양심. défense ~ 《군사》 신축방어.
— *n.m.* 탄성 고무; 고무줄, 고무끈. bottines à ~*s* 옆에 탄성 고무로 만든 반장화. ~*s* d'un sommier (침대의)스프링.
élastomère [elastɔmɛ:r] *n.m.* 《화학》(중합으로 얻은)합성 고무.
élater, élatère [elate:r] *n.m.* 《곤충》 방아벌레.
élatéridés [elateride] *n.m.pl.* 《곤충》 방아벌레과.
élatérie [elateri] *n.f.* =**élatérion.**
élatérion [elaterjɔ̃] *n.m.* 《약》 엘라테륨; 《식물》(남유럽 원산의)오이의 일종(익은 열매를 밟는 속에서 씨가 튀어나옴). [성 청정.
élatérite [elaterit] *n.f.* 《광물》 엘라테라이트, 탄
élatéromètre [elaterɔmɛtr] *n.m.* 가스(증기)압력계, 기압계.
élatif [elatif] *n.m.* 《언어》 (핀란드어 따위에서의) 출격(出格).
élatine [elatin] *n.f.* 《식물》 물벼룩이자리, 물별.
élavage [elava:ʒ] *n.m.* 《제지》(원료용의 넝마를) 표백하기.
élavé(e) [elave] *a.p.* (개 따위가)털빛이 바랜.
élaver [elave] *v.t.* 《제지》 (원료용의 넝마를)표백하다.

Elbe¹ [ɛlb] *n.pr.f.* l'île d'~ 엘바 섬.
Elbe² (l') [lɛlb] *n.pr.m.* 【지리】 엘베 강.
elbeuf [ɛlbœf] *n.m.* (*Elbeuf* 가 주산지인)나사.
elbeuvien(ne) [ɛlbœvjɛ̃, -ɛn] *a.* 엘뵈프(*Elbeuf*, 프랑스의 도시)의. —**E~** *n.* 엘뵈프 사람.
elbois(e) [ɛlbwa, -az] *a.* 엘바(*Elbe*) 섬의. —**E~** *n.* 엘바 섬 사람.
elbovien(ne) [ɛlbɔvjɛ̃, -ɛn] *a., n.* =elbeuvien.
eldorado [ɛldɔrado] (에스파냐) *n.m.* (남미에 있다고 하는)황금의 나라; 꿈의 나라, 낙원.
éléate [eleat] *a.* 엘레아(*Élée*)의. —**É~** *n.* 엘레아 사람. —*n.m.pl.* 엘레아 학파.
éléatique [eleatik] 【철학】 *a.* 엘레아 학파의. —*n.m.pl.* 엘레아 학파.
éléatisme [eleatism] *n.m.* 엘레아 학파 철학.
électeur(trice) [elɛktœːr, -tris] *n.* ① 【정치】 선거인, 유권자. inscription d'un ~ sur la liste électorale 선거인 명부에의 유권자의 등록. carte d'~ 선거인 카드. ② 【독일사】 선거후(侯)(게르만 황제 선출권을 가진 왕후(王侯)와 대주교들); 선거후 부인.
électif(ve) [elɛktif, -iːv] *a.* ① 선거로 임명되는; 선거로 부여되는. empereur ~ (신성로마 제국 따위의)선거에 의해 선출된 황제. Le pape est ~. 교황은 선거로 선출된다. ② 선택적인. amnésie ~*ve* 【심리】 선택성 건망증. traitement ~ 【의학】 선택적 요법. affinité ~*ve* 【화학】 선택 친화력.
*****élection** [elɛksjɔ̃] *n.f.* ① 선거. faire l'~d'un académicien 아카데미 회원 선거를 하다. se présenter à une ~ 선거에 입후보하다. candidat à une ~ 입후보자. valider(invalider) une ~ 선거를 유효(무효)로 하다. résultat des ~s개표결과. ~ partielle 보궐선거. ② 【법】(주교의)선정; 【종교】(신의)선택. faire ~ de domicile 법률상의 주소를 선정하다. ③ (프랑스 혁명 전의)징세구(徵稅區), 징세구의 재판소.
d'~ ⓐ 선택한. La France est sa patrie d'~. 프랑스는 그의 제 2의 조국이다. mon pays d'~ 내가 좋아하는 나라. ⓑ 신에게 선택된. peuple d'~ 신의 선민(유대 민족). vase d'~ (신에게)선택된 그릇(성서의 말, 사람을 가리킴).
électionner [elɛksjɔne] *v.i.* 《속어》① 선거운동을 하다. ② 선거를 실시하다.
électivement [elɛktivmɑ̃] *ad.* 선거에 의하여.
électivité [elɛktivite] *n.f.* ① 【생물】 (세포내 물질의)선택성, 친화성. ② 《드물게》선거에 의하여 임명됨.
électoral(ale, *pl.* **aux)** [elɛktɔral, -o] *a.* ① 선거의, 선거에 관한. consulter le corps ~ (총선거로써)여론을 묻다. droit ~ 선거권. liste ~*ale* 선거인 명부. loi ~*ale* 선거법. circonscription ~*ale* 선거구. collège ~ 유권자(전체). campagne ~*ale* 선거운동. ② 【독일사】 선거후(侯)의. prince ~ 선거후의 장남.
électoralement [elɛktɔralmɑ̃] *ad.* 선거의 관점에서 보아; 선거에 의해서.
électoralisme [elɛktɔralism] *n.m.* 【정치】 (선거에 승리하기 위하여 정책보다는)선거전략에 치중하는 주의.
électoraliste [elɛktɔralist] 【정치】 *a.* 선거전략 치중주의의. —*n.* (위)의 사람.
électorat [elɛktɔra] *n.m.* ① 선거권. ② (집합적)선거민, 유권자. ③ 【독일사】 선거후(侯)의 자리; 선거후의 영토.
électrice [elɛktris] *n.f.* ➪électeur.
électricien(ne) [elɛktrisjɛ̃, -ɛn] *n.* 전기학자; 전기기사; 전기공; 전기 기계상. ~ d'un cinéma 영화관의 전기기사. 《형용사적》ingénieur ~ 전기기사. conducteur ~ 전기기관차 운전기사.
électricisme [elɛktrisism] *n.m.* 전기현상.
*****électricité** [elɛktrisite] *n.f.* ① 전기. installer l'~ dans une maison 집에 전기를 가설하다[전기시설을 하다]. Cette machine fonctionne à l'~. 이 기계는 전기로 움직인다. alimentation des villes en ~ 도시로의 전력공급. panne d'~ 정전. ~ statique 정(靜)전기. ~ positive(négative) 양(음)전기. usine d'~ 《드물게》발전소. ② 《구어》전동. allumer[éteindre] l'~ 전등을 켜다(끄다).
Il y a de l'~ dans l'air. 《구어》(폭발할 정도로)분위기가 긴장됐다.
électrification [elɛktrifikasjɔ̃] *n.f.* 전화(電化). ~ des chemins de fer 철도의 전철화.
électrifié(e) [elɛktrifje] *a.p.* 전화(電化)된, 전력을 공급한.
électrifier [elɛktrifje] *v.t.* 전화(電化)하다; 【철도】 전철화하다. ~ une ligne de chemin de fer 철도의 노선을 전철화하다. ~ un village 마을에 전기를 가설하다.
*****électrique** [elɛktrik] *a.* ① 전기의. fil ~ 전선. réseau de fils ~s 배선(망). courant ~ 전류. ② 전기를 일으키는; 전기장치의. lampe ~ 전등; 회중전등. rasoir ~ 전기면도기. pile ~ 전지. locomotive ~ 전기기관차. force ~ 전력. ampoule ~ 전구. ③《구어》(인상·효과 따위가)전격적인, 금속한; (성격이)흥분하기 쉬운. Il a un tempérament ~. 그는 흥분하기 쉬운 성격이다. effet ~ 전격적 효과.
électriquement [elɛktrikmɑ̃] *ad.* 전기로, 전기장치로; 《구어》급속히.
électrisable [elɛktrizabl] *a.* 감전하기 쉬운;《구어》 감동하기 쉬운.
électrisant(e) [elɛktrizɑ̃, -ɑ̃ːt] *a.* 감전시키는;《구어》감동시키는.
électrisation [elɛktrizasjɔ̃] *n.f.* ① 【전기】 감전; 충전. ②《구어》감격.
électrisé(e) [elɛktrize] *a.p.* 감전한;《구어》감격한.
électriser [elɛktrize] *v.t.* 충전시키다;《구어》감격시키다. L'orateur *a électrisé* l'assemblée. 연사는 모인 사람들을 열광시켰다.
—*s'~ v.pr.* 충전되다; 감격하다.
électriseur [elɛktrizœːr] *n.m.* ① 충전시키는 사람; 전기치료의사. ② 전기치료기.
électro- *préf.* 「전기의, 전기에 관한」의 뜻.
électro-acoustique [elɛktrɔakustik] (*pl.* **~-~s**) *n.f.* 전기음향학.
électro-aimant [elktrɔɛmɑ̃] (*pl.* **~-~s**) *n.m.* 【전기】 전자석.
électro-analyse [elɛktrɔanaliːz] (*pl.* **~-~s**) *n.f.* 【화학】 전기 분석.
électrobiologie [elɛktrɔbjɔlɔʒi] *n.f.* 전기생물학.
électrobus [elɛktrɔbys] *n.m.* 《에》무궤도전차, 트롤리버스(trolleybus).
électrocapillaire [elɛktrɔkapi(l)lɛːr] *a.* 【화학】 전기 모세관 현상의.
électrocapillarité [elɛktrɔkapi(l)larite] *n.f.* 【화학】 전기모세관 현상.
électrocardiogramme [elɛktrɔkardjɔgram] *n.m.* 【의학】 심전도(心電圖).
électrocardiographe [elɛktrɔkardjɔgraf] *n.m.* 【생리】 심전계.
électrocardiographie [elɛktrɔkardjɔgrafi] *n.f.* 【생리】 심전도.
électrocautère [elɛktrɔkɔ[o]tɛːr] *n.m.* 【외과】 전기소작(기)(燒灼(器)).

électrochimie [elɛktrɔʃimi] *n.f.* 전기화학.
électrochimique [elɛktrɔʃimik] *a.* 전기화학의.
électrochoc [elɛktrɔʃɔk] *n.m.* 〖의학〗전기충격 (요법).
électrocinétique [elɛktrɔsinetik] *n.f.* 전동학(電動學)(전하(電荷)의 운동의 연구).
électrocoagulation [eletrɔkɔagylasjɔ̃] *n.f.* 〖의학〗전기 응고(고주파 전류에 의한 조직 응고).
électrocopie [elɛktrɔkɔpi] *n.f.* 정전기 복사.
électroculture [elɛktrɔkylty:r] *n.f.* 〖생물〗전기 재배[배양].
électrocuté(e) [elɛktrɔkyte] *a.p.* 감전사한; 전기 사형에 처해진. —*n.* (위)의 사람.
électrocuter [elɛktrɔkyte] *v.t.* 감전사시키다; 전기 사형에 처하다. se faire ∼ par accident 사고로 감전사하다. —**s'**∼ *v.pr.* 감전사하다.
électrocut*eur(trice)* [elɛktrɔkytœ:r, -tris] *a.* 감전 사시키는; 전기 사형을 집행하는. —*n.* 전기 사형 집행인.
électrocution [elɛktrɔkysjɔ̃] *n.f.* 감전사; 전기 사형.
électrode [elɛktrɔd] *n.f.* 〖전기〗전극(電極).
électrodépositon [elɛktrɔdepozisjɔ̃] *n.f.* (전기분해에 의한) 전착(電着)(법).
électrodiagnostic [elɛktrɔdjagnɔstik] *n.m.* 전기 진단법.
électrodialyse [eletrɔdjali:z] *n.f.* 〖화학〗전기투석, 전해투석.
électrodissolution [elɛktrɔdisɔlysjɔ̃] *n.f.* 〖화학〗전기용해.
électro(-)diapason [elɛktrɔdjapazɔ̃] *n.m.* 전기음차(音叉)[소리굽쇠].
électrodynamique [elɛktrɔdinamik] *a.* 전기역학의. —*n.f.* 전기역학.
électrodynamisme [elɛktrɔdinamism] *n.m.* 〖전기〗유전(流電) 현상.
électrodynamomètre [elɛktrɔdinamɔmɛtr] *n.m.* 〖전기〗전기동력계.
électro-encéphalogramme [elɛktrɔɑ̃sefalɔgram] *n.m.* 〖의학〗뇌파 전위 기록(腦波電位記錄), 뇌파도.
électro-encéphalographie [elɛktrɔɑ̃sefalɔgrafi] *n.f.* 〖의학〗뇌파기록(검사)(법).
électro-érosion [elɛktrɔerɔzjɔ̃] (*pl.* ∼∼*s*) *n.f.* 〖야금·전자〗방전(放電)가공.
électro-formage [elɛktrɔfɔrma:ʒ] *n.m.* 〖야금〗전기주조법.
électrogalvanique [elɛktrɔgalvanik] *a.* 전지로 일어나는.
électrogalvanisme [elɛktrɔgalvanism] *n.m.* 〖물리〗볼타 전지에 의해서 일어나는 현상의 연구.
électrogène [elɛktrɔʒɛn] *a.* 〖전기〗발전의.
électrogénérateur [elɛktrɔʒeneratœ:r] *n.m.* 발전기.
électrogenèse [elɛktrɔʒenɛ:z] *n.f.* (동물의) 전기 발생.
électrographe [elɛktrɔgraf] *n.m.* 사진 전송 장치.
électrographie [elɛktrɔgrafi] *n.f.* 사진 전송법.
électrologie [elɛktrɔlɔʒi] *n.f.* 전기학.
électroluminescence [elɛktrɔlyminesɑ̃:s] *n.f.* 〖물리〗방전광(放電光).
électrolysable [elɛktrɔlizabl] *a.* 전해할 수 있는.
électrolysation [elɛktrɔlizasjɔ̃] *n.f.* 〖전기〗전기 분해(하기).
électrolyse [elɛktrɔli:z] *n.f.* 〖전기〗전기분해, 전해. bac à ∼ 전해조.
électrolyser [elɛktrɔlize] *v.t.* 전기분해하다.
électrolyseur [elɛktrɔlizœ:r] *n.m.* 전해기(器), 전해조(槽).
électrolyte [elɛktrɔlit] *n.m.* 전해질.

électrolytique [elɛktrɔlitik] *a.* 전해의.
électromagnétique [elɛktrɔmaɲetik] *a.* 전자기(학)의. ondes ∼*s* 전자파.
électromagnétisme [elɛktrɔmaɲetism] *n.m.* 전자기학(電磁氣學).
électromécanicien [elɛktrɔmekanisjɛ̃] *n.m.* 전기 기계 기사.
électromécanique [elɛktrɔmekanik] *n.f.* 전기공학. —*a.* 전기공학의.
électroménag*er(ère)* [elɛktrɔmenaʒe, -ɛ:r] *a.* 가정 전기기구의. appareils ∼*s* 가정용 전기기구. industrie ∼*ère* 가전산업. —*n.m.* 가정용 전기기구; 가전제품공업(판매). travailler dans l' ∼ 가전산업에서 일하다.
électrométallurgie [elɛktrɔmetalyrʒi] *n.f.* 전기 야금.
électrométallurgique [elɛktrɔmetalyrʒik] *a.* 전기 야금의.
électromètre [elɛktrɔmɛtr] *n.m.* 전위계, 전기계.
électrométrie [elɛktrɔmetri] *n.f.* 전기측정술.
électrométrique [elɛktrɔmetrik] *a.* 전기측정술의.
électromobile [elɛktrɔmɔbil] *a.* 전기로 움직이는.
électromot*eur(trice)* [elɛktrɔmɔtœ:r, -tris] *a.* 전기를 일으키는. —*n.m.* 전동기.
électromyogramme [elɛktrɔmjɔgram] *n.m.* 근전도(筋電圖).
électron[1] [elɛktrɔ̃] *n.m.* 엘렉트론, 전자. ∼ négatif [positif] 음(양)전자. ∼ libre 자유전자. ∼ célibataire 고전자. ∼ nucléaire 배내전자. ∼ périphérique 외각전자. ∼ primaire 일차전자. ∼ thermique 열전자. canon à ∼*s* 전자총.
électron[2] [elɛktrɔ̃] *n.m.* 〖야금〗엘렉트론 합금(마그네슘과 소량의 아연·알루미늄을 함유한 경합금).
électronarcose [elɛktrɔnarkɔ:z] *n.f.* 〖의학〗전자 마취.
électronégatif*(ve)* [elɛktrɔnegatif, -i:v] *a.* 음전성(陰電性)의.
électronic*ien(ne)* [elɛktrɔnisjɛ̃, -ɛn] *n.* 전자공학자, 전자기술자.
électronique [elɛktrɔnik] *a.* 전자의. microscope ∼ 전자현미경. calculateur ∼ 전자계산기. cerveau ∼ 전자두뇌. musique ∼ 전자음악. faisceau ∼ 전자선. tube ∼ 전자관. —*n.f.* 전자공학.
électron-trou [elɛktrɔ̃tru] (*pl.* ∼*s*∼*s*) *n.m.* 〖물리〗전자대(帶).
électronucléaire [elɛktrɔnykleɛr] *n.m., a.* 원자력 발전(의).
électron-volt [elɛktrɔ̃vɔlt] (*pl.* ∼*s*∼*s*) *n.m.* 전자 볼트.
électro-optique [elɛktrɔɔptik] (*pl.* ∼∼*s*) *n.f.* 전기광학.
électro-osmose [elɛktrɔɔsmo:z] (*pl.* ∼∼*s*) *n.f.* 전기침투.
électro-osmotique [elɛktrɔɔsmɔtik] *a.* 전기침투의.
électrophone [elɛktrɔfɔn] *n.m.* (전자석에 의한) 증음(增音) 수화기; 전축.
électrophore [elɛktrɔfɔ:r] *n.m.* 전기분(盆).
électrophorèse [elɛktrɔfɔrɛ:z] *n.f.* 〖물리·화학〗전기영동(泳動).
électrophorétique [elɛktrɔfɔretik] *a.* 〖물리·화학〗전기영동의.
électrophysiologie [elɛktrɔfizjɔlɔʒi] *n.f.* 전기생리학.
électroplastie [elɛktrɔplasti] 〖화학〗전기도금.
électroplaxes [elɛktrɔplaks] *n.f.* 〖생물〗전함(電函)(방전어(放電魚)의 발전기관의 일부).
électroponcture, électropuncture [elɛktrɔpɔ̃kty:r] *n.f.* 〖의학〗전기전자술(穿刺術), 전침술(電針術).

électropositif(ve) [elɛktrɔpozitif, -i:v] *a.* 양전성(陽電性)의.

électroradiologie [elɛktrɔradjɔlɔʒi] *n.f.* 《의학》 전기방사선학, 전기방사선 진단·치료.

électroradiologiste [elɛktrɔradjɔlɔʒist] *n.* 전기방사선 학자.

électroraffinage [elɛktrɔrafinaʒ] *n.m.* 전기정련.

électroscope [elɛktrɔskɔp] *n.m.* 검전기.

électroscopie [elɛktrɔskɔpi] *n.f.* 검전술.

électrosémaphore [elɛktrɔsemafɔːr] *n.m.* 전기신호기.

électrosémaphorique [elɛktrɔsemafɔrik] *a.* 전기신호기의.

électrosidérurgie [elɛktrɔsideryrʒi] *n.f.* (철의)전기정련.

électrosmose [elɛktrɔsmoːz] *n.f.* 전기침투.

électrosoudure [elɛktrɔsudyːr] *n.f.* 전기용접.

électrostatique [elɛktrɔstatik] *a.* 정전기의.
— *n.f.* 정전기학.

électrostriction [elɛktrɔstriksjɔ] *n.f.* 《물리》 전왜(電歪)《전기가 고르지 않게 흐르기》.

électrotaxie [elɛktrɔtaksi] *n.f.* 주전성(走電性), 추전성(趨電性).

électrotechnique [elɛktrɔteknik] *a.* 전기공예학의. — *n.f.* 전기공예학.

électrothérapeutique [elɛktrɔterapφtik] *a.* 전기요법의. — *n.f.* 전기요법.

électrothérapie [elɛktrɔterapi] *n.f.* 전기요법.

électrothermie [elɛktrɔtɛrmi] *n.f.* 열전기학; 《의학》 전열 사용.

électrothermique [elɛktrɔtɛrmik] *a.* 열전기학의; 《의학》 전열 사용의. —*n.m.* 《의학》 전열 사용의 …장.

électrotonus [elɛktrɔtɔnys] *n.m.* 《생리》 전기긴장.

électrotrieuse [elɛktrɔtri(j)φːz] *n.f.* 전자 광석 분리기(機).

électrotropisme [elɛktrɔtrɔpism] *n.m.* 《생물》 굴전성(屈電性), 향전성(向電性).

électrotype [elɛktrɔtip] *n.m.* 전기판.

électrotyper [elɛktrɔtipe] *v.t.* 전기판으로 만들다.

électrotypeur [elɛktrɔtipœːr] *n.m.* 전기 제판공.

électrotypie [elɛktrɔtipi] *n.f.* 《인쇄》 전기 제판술(電氣製版術).

electro-typographe [elɛktrɔtipɔgraf] *n.m.* 전기 제판기.

électrovalence [elɛktrɔvalɑ̃s] *n.f.* 《화학》 전기 원자가(價), 전기 전자가.

électrovibreur [elɛktrɔvibrœːr] *n.m.* 탄환 검색기 (檢索器).

electrum [elɛktrɔm] *n.m.* 호박금(琥珀金)《금과 은의 자연합금으로 고대인이 소중히 여겼음》.

électuaire [elɛktyɛːr] *n.m.* 《옛》(여러 가지 재료를) 반죽하여 만든 약, 연약(煉藥).

Élée [ele] *n.pr.f.* 《고대지리》 엘레아(남부 이탈리아에 있는 고대그리스의 식민도시). école d'~ 《철학》 엘레아학파.

éléen(ne) [eleɛ̃, -ɛn] *a.* 엘레아의; 엘리스(Élide, 고대 그리스의 한 지방)의. — É~ *n.* (위)의 사람.

élégamment [elegamɑ̃] *ad.* ①우아하게, 수아하게, 품위 있게; 단정하게. appartement ~ décoré 우아하게 장식된 아파트. agir ~ avec *qn* …에게 정중한(당정)하게 대하다. ②솜씨 좋게, 멋지게. s'en tirer ~ 교묘히 난국을 헤쳐나가다.

*****élégance** [elegɑːs] *n.f.* ①고상함, 우아함(grâce); 멋. femme d'une grande ~ 매우 우아한 여인. s'habiller avec ~ 우아하게 차려입다. ②(대개 *pl.*) 우아한 행위[표현]; 고상한 티를 부린 행위[표현]. faire des ~*s* 고상한 체하다. ③(증명·해답 따위의)솜씨좋음, 교묘함. ~ d'une démonstration 논증의 교묘함. ④(행위·표현의)정중함, 단정함; 겸손함. charité qui a l'~ de se cacher 겸손하게도 숨어서 하는 자선행위.

*****élégant(e)** [elegɑ̃, -ɑ̃ːt] *a.* ①고상한, 우아한(gracieux), 품위 있는; 멋을 아는(chic). robe ~*e* 우아한 드레스. manières ~*es* 세련된 태도. ~ sans recherche 꾸밈 없으면서도 우아한. ②솜씨 좋은 (habile); 멋진. solution ~*e* 멋진 해결. ③《의》바른, 정중한, 겸손한. procédé peu ~ 예의바르지 못한 방법. — *n.m.* 《옛》우아한 사람; 고상한 체하는 사람, 멋장이. — *n.f.* 우아한 여자. faire l'~*e* (여자가)고상한 체하다.

élégiaque [eleʒjak] *a.* 《문어》 ①애가(哀歌)의, 비가(悲歌)의. poésie ~ 애가. ②애가조의, 애수에 젖은, 슬픈. accents ~*s* 애수를 띤 어조.

élégie [eleʒi] *n.f.* ①애가, 비가, 엘레지; 애수에 젖은 작품. ②《옛》(되풀이 되는)한탄.

élégir [eleʒiːr] *v.t.* (목재 따위를)깎아서 얇게 하다.

éléis [eleis] *n.m.* 《식물》 (아프리카·열대 아메리카산)종려의 일종.

élektron [elɛktrɔ] *n.m.* = électron².

*****élément** [elemɑ̃] *n.m.* ①(구성체·집합체를 형성하는)요소, 성분; 데이터; 부분. ~ constitutif 구성요소. ~ déterminant 결정적 요소. Le travail est un ~ de la réussite. 일은 성공의 한 요소. ~*s* d'un roman 소설의 구성요소. ~ de cuisine 요리의 재료. ~*s* préfabriqués 《건축》 조립식으로 된 부품. ~ d'un accumulateur 축전지의 배터리의 하나. ~ de formation d'un mot 《언어》 단어의 형성요소. ~*s* de connaissance 《철학》 인식의 요소(개념과 판단). meuble à(par) ~*s* 유닛 가구. ~ d'une maladie 《의학》 병의 특징적 증세. ~*s* de lancement d'une fusée 로켓의 발사 제원(諸元)《데이터》. ②ⓐ(집단내의)분자, 멤버. ~*s* actifs d'un parti 정당의 활동분자. recrutement de nouveaux ~*s* 새로운 멤버의 모집. ~ perturbateur 불온분자. ⓑ《집합적》구성원. L'~ masculin domine dans cette classe. 이 학급에는 남학생이 다수를 차지하고 있다. ⓒ 《군사》(작은)부대, 소대, 분대. ~ blindés 전차부대. ③《pl.》 초보, 기본원리. enseigner à des enfants les ~*s* de l'algèbre 아동에게 대수의 초보를 가르치다. en être aux premiers ~*s* (지식습득 따위에서)초보단계에 있다. ④(옛사람이 생각한 자연계의)기본요소; (*pl.*) (주로 비와 바람으로 된)자연의 힘. quatre ~*s* 4 원소《흙·물·공기·불》. ~ liquide 《문어》물, 바다. ~ solide 흙, 땅. lutter contre les ~*s* déchaînés 사납게 휘몰아치는 폭풍우와 싸우다. ⑤《화학》원소. classification périodique des ~*s* 원소의 주기율 분류. ⑥《문어》(고유한)생활환경, 생활권; 활동영역, 본령. L'air est l'~ des oiseaux. 하늘은 새의 생활권이다. L'étude est son ~. 공부하는 것이 그의 본령이다.

être(se sentir) dans son ~ 자기에게 어울리는 영역에 있다, 천성에 맞는 곳에 있다, 편안한 처지에 있다.

élémentaire [elemɑ̃tɛːr] *a.* ①기본의, 기초의; 초등의. français ~ 기초 프랑스어. principe [notion] ~ 기본원리(개념). cours ~ 초등과(국민학교의 최초의 두 학년)《약칭》C.E.》. classe de mathématiques ~*s* 기초수학학급《대학입학자격시험을 준비하는 학급의 하나; 약칭 mathélem [matelem]》. ②초보적인, 초보의, 극히 간단한. besoin ~ 최소한의 욕구, 기본적 욕구. question ~ 간단한 질문. manquer à la politesse la plus ~ 최소한의 예의도 못 갖추다. C'est ~. 《구어》 그것은

간단한 일이다. ③ 【화학】 원소의; 최소요소의. analyse ~ 원소분석. particule ~ 소립자. ④《엣》(자연계를 구성하는) 기본[4대] 요소의. esprits ~s 4원소를 지배한다고 믿었던 정령들.

élémental(ale, pl. **~s, aux)** [elemɑ̃tal, -o] a. (자연계를 구성하는)기본요소의; 자연력의.
—n.m. (pl.) 자연의 4대 기본요소(지(地), 수(水), 화(火), 풍(風)〕를 지배하는 정령.

élémi [elemi] n.m. 【약】 엘레미〔열대산 방향수지(芳香樹脂)〕.

élémosinaire [elemozinɛ:r] a. 시주물(施主物)의.
—n.m. 【역사】 (궁정의)시주분배역.

*****éléphant** [elefɑ̃] n.m. ① 〖동물〗 코끼리. trompe (défenses) d'un ~ 코끼리의 코〔엄니〕. L'~ barrit. 코끼리가 운다. être gros comme un ~ (코끼리처럼)매우 뚱뚱하다. pantalon à pattes d'~;《엣》 pantalon (à l')~ 가랑이가 매우 넓은 바지. ② ~ de mer, ~ marin 〖동물〗 바다코끼리. ③《구어》 뚱뚱보; 거대한 것. ④《속어》항해에 생소한 사람. **avoir une mémoire d'~** 기억력이 비상하다; 원한을 잊지 않다. ~ **dans un magasin de porcelaine** 미묘한 일에 뛰어든 둔중한 사람.
REM 여성형으로서 éléphante를 사용하는 일은 드물며, 구태여 암코끼리를 지적해야할 경우에는 *éléphant* femelle 이라고 하는 것이 보통.

éléphanteau [elefɑ̃to] (pl. **~x**) n.m. 새끼 코끼리.
éléphantesque [elefɑ̃tɛsk] a.《구어》거대한.
éléphantiasique [elefɑ̃tjazik] 【의학】 a. 상피병(象皮病)의; 상피병에 걸린. —n. 상피병 환자.
éléphantiasis [elefɑ̃tjazis] n.m. 【의학】 상피병.
éléphantin(e) [elefɑ̃tɛ̃, -in] a. ① 코끼리의; 코끼리같은. corpulence ~e 코끼리 같은 비만증. ② 상아로 만든. statue ~e 상아로 만든 조상.

élevable [ɛ(e)lvabl] a. 기를 수 있는, 사육[육성]할 수 있는.

élevage [ɛ(e)lva:ʒ] n.m. ① (가축의)사육; 목축; (물고기 따위의)양식(養殖). faire de l'~ 목축(업)을 하다. ~ des porcs 양돈. ~ des abeilles 양봉. truite d'~ 양식된 송어. pays d'~ 목축업을 주로하는 지방. ②〖드물게〗(아이를)기름, 육아(育兒)(puériculture). ③ ~ des vins 포도주의 숙성(熟成).

élévateur(trice) [elevatœ:r, -tris] a. (근육이)들어 올리는, (기계가)들어올리는. muscle ~ 【해부】 거근(擧筋). machine ~*trice* d'eau 양수기.
—n.m. ① 【해부】 거근(muscle ~). ② 들어올리는 기계(승강기·양곡기·양수기 따위); 【전기】 승압기(~ de tension).

élévation [elevɑsjɔ̃] n.f. ① 들어올리기. ~ d'un fardeau 무거운 짐을 들어올리기. ~ de l'eau 양수(揚水). ~ verticale des bras 【체조】팔을 위로 뻗치기. ② 올라감, 높아짐, 상승. ~ du niveau des eaux 해면의 상승. ~ de la température 기온(체온)의 상승. ~ du prix(du coût de la vie)물가 〔생활비〕의 상승. ~ de la voix 목소리를 높임. ③ 건설, 건립(construction). ~ du barrage 댐의 건설. travailler à l'~ d'un mur 담을 쌓는 일을 하다. ④ 높은 지위로 오르기, 승진, 진급(promotion). ~ d'un prince au trône 화태자의 즉위. ~ d'un officier au grand supérieur 장교의 진급. ⑤ (정신적인)고양, 앙양; 고귀함, 고결. ~ de l'âme vers Dieu 신을 향한 영혼의 고양. ~ de son esprit 정신의 고귀성. ⑥ 높은 곳, 고지, 언덕. ~ de terrain 고지. Une ~ nous barrait la vue. 언덕이 우리의 시야를 가로 막고 있다. ⑦ ⓐ 【가톨릭】 (미사중의)거양성체(擧揚聖體), 봉거(奉擧). ⓑ 【수학】 거듭제곱;입방도. ~ au carré[au cube] 제곱 〔세 제곱〕. ⓒ (포술에서)사각, 조준각. ⓓ 【무용】 공중도약(자세). ⑧《엣》높이, 고도(altitude). ~ d'une montagne au-dessus du niveau de la mer 산의 해발고도.

élévatoire [elevatwa:r] a. (짐을)들어올리는; 빨아올리는. pompe ~ 양수기.

‡**élève¹** [elɛ:v] n. ① 생도, 학생. ~s des écoles primaires 국민학교의 아동, 소학생. ancien ~ de l'École normale supérieure 사범대학의 졸업생. ② (학문상의)제자, 문하생. ~ de Socrate 소크라테스의 제자. former des ~s 제자를 양성하다. ③ (군대의)후보생, 생도. ~ caporal 하사관 후보생. ~ officier d'active (현역)사관후보생(《약자》 E.O.A.). ④《엣》〖농업〗 사육하는 가축 새끼; 기르기 시작한 식물, 묘목.
REM 이 단어는 초·중·고의 학생(écolier, collégien, lycéen)에 대해서, 그리고 특수대학(사범대학·공과대학 따위)의 학생에 대해서 쓰는 것이 보통이며, 대학생은 étudiant 이라고 한다. 그러나 배우는 사람을 총칭할 때는 élève이다.

élève² n.f.《엣》사육; 재배(élevage).

élevé(e) [ɛ(e)lve] a.p. ① (위치가)높은(haut). terrain ~ 높은 지면, 언덕. plafond peu ~ 높지 않은 천장. ② (정도가)높은, 고도의; 고급의. prix ~ 비싼 가격. poules très ~ 아주 빠른 맥박. notion ~e 고등개념. rang social très ~ 아주 높은 사회적 지위. ③ (정신적으로)고결한, 고상한. avoir des pensées ~es 고귀한 생각을 가지고 있다. style ~ 고상한 문체. ④ bien[mal] ~ 잘[잘못] 자라, 예의 바른〔버릇없는〕. 〖명사적〗un mal ~ 버릇없는 녀석. se conduire comme un mal ~ 버릇없이 굴다. C'est mal ~ de+*inf.*《구어》…하는 것은 버릇없는 짓이다.

‡**élever** [ɛ(e)lve] ④ v.t. I. ① (위치를)올리다, 높이다(hausser). ~ des pierres au moyen d'une grue 크레인으로 돌을 들어올리다. ~ les bras au-dessus de sa tête 머리 위로 팔을 들어올리다. ~ un étendard 군기를 높이 올리다(걷다).
② (정도·단계 따위를)높이다, 증대시키다(hausser, augmenter). ~ la température 온도를 높이다. ~ le taux de l'intérêt 이자율을 높이다. ~ la voix 음성을 높이다.
③ (건물 따위를)세우다, 건축[건설]하다(bâtir). ~ un mur[un barrage] 담〔댐〕을 쌓다. ~ une maison 집을 짓다. ~ une statue 동상을 세우다. ~ un système philosophique 철학 체계를 구축하다.
④ (더 높은 지위로)올리다, 승진〔진급〕시키다(promouvoir). ~ qn au trône[au pouvoir] …을 왕위〔권좌〕에 오르게 하다. Il a été élevé au grade de capitaine. 그는 대위로 승진했다. ~ qn aux nues …을 극구 칭찬하다. ~ la gloire de qn《엣》 …의 명예를 더욱 높여주다(유명하게 만들다).
⑤ (정신적·도덕적으로)드높이다, 고양하다, 향상시키다. La lecture *élève* l'esprit. 독서는 정신을 향상시킨다. ~ son âme vers Dieu 신을 향해서 영혼을 드높이다.
⑥ (의견 따위를)내세우다, 제기하다; (소리를)지르다. ~ des objections 이의를 제기하다. ~ des obstacles 방해하다. ~ un cri vers Dieu 신을 향해서 외치다. Il n'ose plus ~ la voix. 그는 감히 항의하지 못한다.
⑦ ⓐ ~ l'hostie 【가톨릭】 성체를 봉거(奉擧)하다. ⓑ 【수학】 ~ un nombre au carré[au cube, à la puissance 4] 어떤 수를 제곱〔세제곱·네제곱〕하다. ~ une perpendiculaire 《엣》수선(垂線)을 긋

다(오늘날에는 tracer 를 쓴다).
Ⅱ. ① (아이를)기르다, 양육하다. Cette mère *a élevé* sept enfants. 그 어머니는 일곱 아이를 길렀다. enfant difficile à ~ 기르기 힘든 아이. ~ un enfant au sein 아이를 젖으로 기르다.
② (아이를)교육하다. Il *a mal élevé* son enfant. 그는 아이를 잘못 가르쳤다. *être élevé* dans la religion chrétienne 기독교적으로 교육받다.
③ (가축을)사육하다; (식물을)재배하다. ~ des moutons 양을 치다. J'ai eu de la peine à ~ ces arbres. 나는 이 나무를 기르는 데 애먹었다.
—*s'*~ *v.pr.* Ⅰ. ① (위치가)올라가다, 높아지다. 높이 오르다. Le ballon *s'élève*. 풍선이 올라간다. Le niveau du fleuve *s'élève*. 강의 수위가 오르고 있다. *s'*~ d'un bond 펄쩍 뛰어오르다. *s'*~ sur la pointe des pieds 발돋움하다.
② (정도가)높아지다, 증대하다. Les prix *s'élèvent*. 물가가 오른다. [*s'*~ à] Sa dette *s'élève* à dix mille francs. 그의 빚은 만 프랑이나 된다. La température *s'est élevée à* 40 degrés. 기온이 40 도까지 올라갔다.
③ (집 따위가)(높이)서 있다; 높이 솟다. Une maison *s'élève* sur la colline. 언덕 위에 집 한 채가 서 있다. Le clocher *s'élève* à une hauteur de vingt mètres. 종루가 20 미터나 높이 솟아 있다.
④ (어떤 현상·감정·문제 따위가)(갑자기)생기다, 일어나다. Le vent *s'élève*. 바람이 인다. Un cri *s'est élevé* de la foule. 군중들 사이에서 외침소리가 났다. (비인칭) Il *s'élève* des difficultés. 어려운 문제가 생긴다.
⑤ [*s'*~ contre] (에 대해서)항의(반대)하다. *s'*~ contre la peine de mort 사형제도에 반대하다.
⑥ (높은 자리로)올라서다, 승진(진급)하다, 출세하다. *s'*~ au trône 왕위에 올라서다. *s'*~ par son travail 노력으로 출세하다.
⑦ (정신적·도덕적으로)향상되다, 고상하게 되다; [*s'*~ au-dessus de] …을 극복(초월)하다. Les âmes *s'élèvent* dans la prière. 영혼은 기도를 통해서 드높아진다. Il *s'est élevé au-dessus de* tout égoïsme. 그는 모든 이기주의를 극복했다.
Ⅱ. ① (아이가)길러지다, 양육되다. Cet enfant *s'élève* facilement. 이 아이는 기르기 쉽다.
② (가축이)사육되다; (식물이)재배되다. plantes qui *s'élèvent* difficilement 기르기 어려운 식물.
③ 《해양》 *s'*~ au vent (배가)바람을 거슬러 가다; *s'*~ à la lame (배가)물결을 타다.

éleveur(se) [ɛ(e)lvœːr, -øːz] *n.* ① (가축 따위의)사육자. ~ de porcs 양돈업자. ~ d'abeilles 양봉업자. ② (포도주의)주조업자. —*n.f.* 《의학》 (병아리의)부화기. ② ~ d'amibes 《옛》유모.

élevure [ɛ(e)lvyːr] *n.f.* 《의학》 작은 고름집; 두드러기.

elfe [ɛlf] *n.m.* 《스칸디나비아신화》 바람·불·땅의 요정(妖精).

Élide [elid] *n.pr.f.* 《고대지리》 엘리스(고대그리스의 지방).

élider [elide] *v.t.* 《언어》 (모음자를)생략하다. article *élidé* 생략 관사(l').
—*s'*~ *v.pr.* 모음자가 생략되다.

élier [elje] *v.t.* (술찌끼를 남기고 술을)바꾸어 담다.

éligibilité [eliʒibilite] *n.f.* 피선거 자격.

éligible [eliʒibl] *a.* 피선거 자격이 있는. —*n.* 피선거 자격자.

élimé(e) [elime] *a.p.* ① (옷이)해진, 닳아빠진 (usé). chemise ~*e* aux poignets 소맷부리가 닳아빠진 와이샤쯔. ② (비유적)지친, 녹초가 된. Il est ~ jusqu'à la corde. 그는 아주 녹초가 되었다.

élimer [elime] *v.t.* (옷을)해지게 하다, 닳아 떨어지게 하다. —*s'*~ *v.pr.* 닳아서 해어지다.

éliminable [eliminabl] *a.* 제거(삭제)할 수 있는.

éliminateur(trice) [eliminatœːr, -tris] *a.* 《드물게》 제거하는. méthode ~*trice* 제거법. —*n.m.* 《무전》 일리미네이터.

élimination [eliminasjɔ̃] *n.f.* ① 제거, 삭제; 제명. ~ d'un nom dans une liste 명부에서 이름의 삭제. ② (지원자 따위의)탈락. 《스포츠》 (예선 따위에서의)탈락. ③ 《수학》 소거(消去). ④ 《생리》 배설.

éliminatoire [eliminatwaːr] *a.* 제거(삭제)하는; 떨어뜨리는. épreuve ~ 예비시험, 예선. note ~ 과락점수. —*n.f.* 《스포츠》 예선(épreuve ~).

éliminer [elimine] *v.t.* ① 제거하다, 삭제하다 (ôter); 버리다(rejeter). ~ un nom d'une liste 명부에서 이름을 삭제하다. ~ un incapable 무능자를 제거하다. ② (지원자 따위를)떨어뜨리다; 《스포츠》 예선에서 탈락시키다. ~ la moitié des candidats 지원자의 반을 떨어뜨리다. *être éliminé* en quarts de finale 4 강전에서 탈락하다. ③ 《수학》 소거(消去)하다. ④ 《생리》 배설하다.
—*s'*~ *v.pr.* ① 제거되다. ② (시험에서)떨어지다. (예선에서)탈락되다.

élingue [elɛ̃ːg] *n.f.* ① 《해양》 (하역용의)매는 밧줄; (보트를 바다로 내리는)보트 로프. ② 《옛》 투석기(投石器).

élinguer [elɛ̃ge] *v.t.* (에)매다는 밧줄을 걸다, 밧줄로 매달아 올리다. ② 《옛》 투석기를 던지다.

élinvar [elɛ̃vaːr] *n.m.* 엘린바(온도의 변화에도 탄성률이 변하는 합금).

***élire** [eliːr] [30] *v.t.* 뽑다, 선거하다, 선출하다. ~ *qn* président …을 의장으로 뽑다. ② 《옛》 고르다, 선택하다(choisir); (신이)선택하다, 구원을 예정하다. ~ un arbitre 중재인을 고르다. ~ domicile 《법》 법률상의 주소를 선정하다; 주소를 정하다. ceux que Dieu *élit* 신의 선택을 받은 사람들.

élisabéthain(e) [elizabetɛ̃, -ɛn] *a.* 《영국사》 엘리자베드(시대)의.

élisant(e) [elizɑ̃, -ɑ̃ːt] (*p.pr.*< élire) *a.* 《옛》 선거하는. —*n.* (주로 종교상의)선거인.

Élisée [elize] *n.pr.m.* 《성서》 엘리사(기원전 9 세기의 유대의 선지자).

élision [elizjɔ̃] *n.f.* 《언어》 모음자의 생략(모음 또는 무성 h 앞에서 a, e, i 가 생략되는 현상: *l'école*, *j'aime*, *s'il* 따위).

élitaire [eliter] *a.* 엘리트의, 엘리트주의의.

élite [elit] *n.f.* ① 《집합적》 정예(精銳), 정화(精華), 선량(選良). ~ de l'armée 군의 정예. ~ d'une nation 국민의 선량. ② (*pl.*)훌륭한 사람들, 엘리트, 간부. ~*s* ouvrières 노동계의 수뇌들. formation des ~*s* 엘리트의 양성. responsabilité des ~*s* 엘리트의 책임. ③ 《옛》선택.
d'~ 정선된, 선발된; 특급의(이 표현은 오늘날에는 사람에 대해서만 사용). tireur d'~ 특급사수. troupe d'~ 정예부대. étudiant d'~ 우수학생. vin d'~ 특급의 포도주.

élitisme [elitism] *n.m.* 엘리트주의, 정예주의.

élitiste [elitist(ə)] *a.* 엘리트주의의, 정예주의의. conception ~ de la culture(l'enseignement) 엘리트주의적인 문화관(교육관).
—*n.* 엘리트주의자, 정예주의자.

élixir [eliksiːr] *n.m.* ① 엘릭시르제(劑). ~ parégorique (액체로 된)진통제. ② 영약, 묘약. ~ d'amour 사랑의 묘약. ~ de longue vie 불로장생약. ③ 《옛》 (물질적인 의미에서)엑스; (정신적인

:**elle** (*pl. elles*) [ɛl] *pron. pers. f.* ① (비강세형, 주어) 그 여자는[가]; 그것은[이]; (*pl.*) 그 여자들은[이], 그것들은[이]. 《사람》 Elle chante. 그녀는 노래한다. Elles sont jolies. 그 여자들은 예쁘다. 《사물》 Voici une robe; elle est bleue. 여기에 드레스가 한 벌 있는데, 그것은 푸른빛이다.
② (강세형) ⓐ (주어) Elle et lui le savent. 그 여자와 그는 그것을 알고 있다. ⓑ (속사) C'est elle. 그것은 그 여자이다. Ce sont elles. 그것은 그 여자들이다. ⓒ (생략형의 종속절에서) Je suis plus grand qu'*elle*. 나는 그 여자보다 키가 크다. Je fais comme *elle*. 나는 그 여자처럼 한다. ⓓ (동격) Je les connais, *elle* et sa sœur. 나는 그 여자와 그 언니를 알고 있다. ⓔ (전치사의 보어) Il pense à *elle*. 그는 그 여자에 대해서 생각하고 있다. Je suis content d'*elles*. 나는 그 여자들에게 만족하고 있다.

ellébore [e(ɛl)lebɔːr] *n.f.* 《식물》 크리스마스로즈 (옛날 정신병의 영약으로 여겨졌음). avoir besoin d'~ 《옛》 머리가 돌았다.

*****elle-même** [elmɛm] (*pl.* ~**s**-~**s**) *pron. pers.f.* 그 여자(들) 자신; 그것(들) 자체. Elle viendra ~. 그녀 자신이 올 것이다. E-~ l'a déclaré. 그녀 자신이 그렇게 말했다.

ellipse [elips] *n.f.* ① 《기하》 타원. ② 《언어》 (글의 일부분의) 생략, 약자법(略字法) 《예: Où habitez-vous? - (J'habite) à Séoul.》.

ellipsographe [elipsɔgraf] *n.m.* 《기하》 타원 컴퍼스 (compas sellipstique).

ellipsoïd*al* (***e**, *pl.* **aux**) [elipsɔidal, -o] *a.* 《기하》 타원형의.

ellipsoïde [elipsɔid] *a.* 《기하》 타원형의.
— *n.m.* 타원체. ~ de révolution 회전 타원체.

ellipticité [eliptisite] *n.f.* ① 《기하》 타원임. ② 《언어》 생략체.

elliptique [eliptik] *a.* 《기하》 타원형의; 《문법》 생략 (법)의.

elliptiquement [eliptikmã] *ad.* ① 《기하》 타원형으로. ② 《언어》 생략하여서.

Elme (feu Saint-) [fœsɛ̃tɛlm] *n.m.* (방전현상 때문에 보이는) 돛대 꼭대기의 불빛; (물위에서 보이는) 도깨비불.

élocution [elɔkysjɔ̃] *n.f.* ① (연설·회화 등에서의) 발성법, 말하는 투. ~ nette[lente] 분명한[느린] 말투. ② 화술; 문체. ~ peu harmonieuse 부드럽지 못한 화술[문체]. ③ 《수사학》 용어법, 표현법 (말의 선택이나 배열에 관한 연구).

élocutoire [elɔkytwaːr] *a.* 발성[표현]법에 관한.

élodée [elɔde] *n.f.* 《식물》 캐나다 원산의 수초(번식력이 강하고 배의 운항에 지장을 준다).

éloge [elɔːʒ] *n.m.* 찬사, 칭찬(louange). 칭찬의 연설. digne d'~s 칭찬을 받을 만한. ~ funèbre 조사(弔辭). donner[recevoir] des ~s 칭찬을 하다[받다]. faire l'~ de *qn* …을 칭찬하다. faire son propre ~ (주어) 자화자찬하다. être au-dessus de tout ~ 이루 칭찬할 말이 없을 만큼 훌륭하다. C'est tout à son ~. 그것은 정말 칭찬받을 만한 일이다.

élogieusement [elɔʒjøzmã] *ad.* 칭찬하여. parler ~ d'un acteur 배우를 칭찬하다.

élogieu*x* (***se**) [elɔʒjø, -øːz] *a.* 칭찬의, 크게 칭찬하는. paroles ~*ses* 칭찬의 말. Elle a été très -~*se* à son égard. 그녀는 그에 대해 극구 칭찬했다.

élogiste [elɔʒist] 《옛》 *n.m.* 찬사 작가.
— *a.* 찬사의. écrivain ~ 찬사 작가.

élohiste, éloïste [elɔist] *a.* 《성서》 엘로힘(Élohim, Éloïm)계의 (신을 Yahvé (Jéhovah)가 아니고 Élohim (Éloïm) 이라고 적은).
— **É**~ *n.m.* 《엘로힘》계의 저자.

éloigné(e) [elwaɲe] *a.p.* ① (시간·공간적으로) 먼, 멀리 떨어진(lointain, ↔proche); 구석진(reculé). vivre dans un pays ~ 멀리 떨어진 고장에서 살다. être seul, ~ de sa famille 가족과 멀리 떨어져서 혼자 있다. à une époque bien ~*e* 아주 먼 옛날에. avenir peu ~ 멀지 않은 장래. ② (관계가) 먼; 다른. parents ~*s* 먼 친척. cause ~*e* 원인(遠因). récit ~ de la vérité 진실과는 먼 이야기.
être ~ *de* + *inf.* …하는 것과는 거리가 멀다, …할 의향이 없다. Je *suis* bien ~ *d*'y consentir. 나는 그것에 동의할 생각은 전혀 없다. Je ne *suis* pas ~ *de* croire que… 나는 아무래도 …라고 생각하게 된다(이 표현은 오늘날 주로 부정형으로 쓰이며, 긍정적인 의미에서는 être loin de + *inf.*가 일반적).
Ils sont bien ~**s dans leurs comptes**. 그들의 계산은 서로 동떨어져 있다; 의견이 크게 다르다.

éloignement [elwaɲmã] *n.m.* ① 멀리함, 격리; 멀리 떨어짐. ~ *des personnes suspectes* 수상한 인물의 격리. ~ *progressif d'une voiture* 차가 점차로 멀어져감. ② 원격(遠隔), 먼 거리; 먼 곳. regarder un tableau avec un certain ~ 어느 정도 거리를 두고 그림을 보다. ③ (사람의) 부재(不在), 떨어져 있음. souffrir de l'~ de ceux qu'on aime 사랑하는 사람들과 떨어져 있는 것을 피로워하다. ④ (시간적인) 간격; 경과. Avec l'~, les souvenirs s'effacent. 시간이 지나면 추억도 사라진다. ⑤ 소원(疏遠); 망각. vivre dans l'~ du monde 세상을 멀리하며 살다. l'~ de Dieu 신을 멀리 생각하고 있음. ⑥ 《옛·문어》 반감, 혐오(antipathie). éprouver un profond ~ pour *qc* …에 대해서 깊은 반감을 품다.
dans l'~; 《옛》 *en* ~ 멀리, 멀리 떨어져서.

*****éloigner** [elwaɲe] *v.t.* ① 멀리하다(écarter); 물리치다(repousser). Éloignez ce fauteuil. 그 의자를 비켜놓으시오. ~ *les importuns* 귀찮은 작자들을 물리치다. ~ *tous les soupçons* 모든 의심을 풀게 하다. ~ *[de]* ~ *les enfants du feu* 아이들을 불가에서 멀리 있게 하다. ~ *qn de la vie politique* …을 정계에서 손을 떼게 하다. ~ *qn de* + *inf.* 《옛》 …에게 …을 못하게 하다. ② (시간적으로) 멀리하다, 연기하다, 늦추다. Chaque jour nous *éloigne* de notre jeunesse. 날마다 우리의 청춘은 멀어져간다. ~ *un payement* 지불을 늦추다. ③ 《옛》 (에서) 멀어지다. ~ *la côte* 해안에서 멀어져간다.
—**s'**~ *v.pr.* ① (시간적·공간적으로) 멀어지다; 물러서다. Éloignez-vous! 물러서라. époque qui commence à s'~ 멀어져가는 시대. [s'~ de] Le train s'éloigne de la gare. 기차가 역에서 멀어져간다. Elle s'éloigne de vous. 그녀는 당신에게서 멀어져간다. ② [s'~ de] (비유적) 벗어나다, 떠나다. s'~ de son devoir 의무에서 벗어나다. s'~ du sujet 주제에서 벗어나다. s'~ d'un ami en peine 어려운 처지에 있는 친구를 저버리다.

élongation [elɔ̃gasjɔ̃] *n.f.* ① 《의학》 (신경 따위의) 늘어남, 신장(伸長); (신경·척추 등에 대한) 견인요법. ② 《물리》 진폭; 《천문》 이각(離角).

élonger [elɔ̃ʒe] *v.t.* ③ 《해양》 (밧줄 따위를) 길게 늘이다; 《의학》 (신경을) 늘어나게 하다, 신장시키다. ② 《드물게》 (배가 연안을) 따라가다. ~ *le rivage* 강가를 따라 운항하다.

élongis [elɔ̃ʒi] *n.m.* 《해양》 종재(縱材).

éloquemment [elɔkamã] *ad.* 유창하게, 웅변으로.

éloquence [elɔkãːs] *n.f.* ① 웅변, 능변; 웅변조의 표현; 웅변술. parler avec ~ 웅변적으로 말하다,

능변이다. ~ religieuse 설교술. La vraie ~ se moque de l'~. 진실한 웅변은 웅변술을 경멸한다. ② 감동시키는 힘, 설득력, 표현력. regard plein d'~ 강하게 호소해오는 시선. ~ d'une mimique 몸짓[무언극]의 웅변적인 표현.

éloquent(e) [elɔkã, -ã:t] *a.* ① 웅변적인, 능변의, 구변 좋은. avocat ~ 웅변적인 변호사. parler en termes ~s 구변 좋게 말하다. ②(비유적)설득력 있는, 마음에 파고드는, 감동시키는. regard ~ 의미 심장한 눈길. silence ~ 웅변적인 침묵. Ces chiffres sont ~s. 이 숫자가 무엇보다도 사실을 잘 말해주고 있다.

élu(e) [ely] (*p.p.*<élire) *a.p.* 선출된, 선정된; 피선된. candidat ~ 선출된 후보자. peuple ~ 하느님께 선택된 백성, 선민(유태 민족).
— *n.* 선출된 사람, 뽑힌 사람; 당선자; (신의)선민. ~s du concours d'entrée 입학시험의 합격자. Beaucoup d'appelés et peu d'~s 부름을 받은 사람은 많으나 뽑힌 사람은 적다(마태복음 22:14); (비유적)생존경쟁에서 이기는 사람은 적다. Quel est l'heureuse ~e? (신부로 뽑힌)행운의 색시는 누구요?

élucidation [elysidɑsjɔ̃] *n.f.* 밝힘, 해명, 설명. ~ d'un texte 텍스트의 설명.

élucider [elyside] *v.t.* 밝히다; 설명[해명]하다. ~ une question difficile 어려운 문제를 해명하다.

élucubrateur(trice) [elykybratœːr, -tris] *n.* 《드물게》고심 참담하는 저작가.

élucubration [elykybrɑsjɔ̃] *n.f.* ①(경멸)고심 참담했으나 신통치 않은 작품. ②《엣》작품을 쓰는 데 기울인 고심, 고생; 노작. Voilà le fruit de ses ~s. 이것이 그의 노고의 성과이다.

élucubrer [elykybre] *v.t.* ①(경멸)(고생해서)난삽한 저작을 만들다. ②《엣》노심초사해서 책을 쓰다.

éludable [elydabl] *a.* 피할 수 있는 ㅡㅡㅡ다.

éluder [elyde] *v.t.* ①(교묘하게)피하다, 모면하다. ~ un problème 문제를 회피하다. ~ la loi 법망을 피하다(듣다). ②《엣》속이다(tromper).

élusate [elyzat] *a.* 에오즈(*Éauze* [eo:z], 프랑스의 도시)의. ㅡÉ— *n.* 에오즈 사람.

élusif(ve) [elyzif, -i:v] *a.* 잘 피하는, 회피적인. réponse ~ve 회피적인 대답.

élusion [elyzjɔ̃] *n.f.* (드물게)회피.

éluvial(ale, *pl.* aux) [elyvjal, -o] *a.* 《지질》풍화 잔류물의.

éluvion [elyvjɔ̃] *n.f.* 《지질》풍화 잔류물.

élyme [elim], **élymus** [elimys] *n.m.* 《식물》갯보리.

Élysée [elize] *n.pr.m.* ①《그리스신화》극락정토, 낙원(영웅이나 덕이 있는 사람들이 사후에 간다고 하는 들판). champs ~s 엘리제의 동산, 극락정토. les Champs-~s 파리의 샹젤리제 거리. ②엘리제 궁(대통령 관저). ③(문어)쾌적한 장소.

élyséen(ne) [elizeɛ̃, -ɛn] *a.* ①극락세계의. jardin ~ 낙원. ②프랑스 대통령 관저의.

élytre [elitr] *n.m.* 《곤충》시초(翅鞘).

elzévir [ɛlzeviːr] *n.m.* 《인쇄》엘제비르 활자; 엘제비르본(16세기 네덜란드 인쇄업자의 이름에서 유래된 말).

elzévirien(ne) [ɛlzevirjɛ̃, -ɛn] *a.* 엘제비르(*Elzévir*)판(형)의.

em- *préf.* en-이 b, m, p자 앞에서 취하는 형태 ⇨ en-.

Ém. 《약자》Éminence 각하(추기경의 존칭).

É.-M. 《약자》État-major 《군사》사령부.

É.-M.A. 《약자》État-major d'armée 《군사》군사령부.

émaciation [emasjɑsjɔ̃] *n.f.*, **émaciement** [emasimã] *n.m.* 《문어》몹시 수척함, 쇠약, 초췌.

émacié(e) [emasje] *a.p.* 《문어》초췌한, 수척한. figure ~e 수척한 얼굴.

émacier [emasje] *v.t.* 《드물게》초췌[수척]하게 하다. — *s'~ v.pr.* 초췌[수척]해지다.

***émail(*pl.* aux)** [emaj, -o] *n.m.* ①《미술》에나멜 칠보(七寶); 법랑; 에나멜 도료; 《요업》잿물, 유약; 《사진》광택지. ~ cellulosique [à la cellulose] 《자동차》셀룰로오스 에나멜. ②《문어》갖가지 빛깔, 울긋불긋한 (꽃)빛. ~ des fleurs 꽃들의 다채로운 색깔.
REM. 화장품·(자동차·전기 따위의)도료에 관해서는 복수형으로서 émails 를 쓰는 것이 보통.

émaillage [emajaːʒ] *n.m.* 에나멜을 칠하기; 《요업》잿물을 바름; 《사진》광택약을 바름.

émailler [emaje] *v.t.* ①(에)에나멜을 칠하다; 칠보를 입히다; 《요업》유약(잿물)을 바르다; 《사진》광택약을 바르다. ②장식하다, 여기저기 깔아 놓다(parsemer). étoiles qui *émaillent* le ciel 하늘을 수놓고 있는 별들. [~ de] prairie *émaillée* de fleurs 갖가지 색의 꽃들로 덮인 초원. texte *émaillé* de citations 인용구를 덕지덕지 끼워 넣은 텍스트. voyage *émaillé d*'incidents désagréables 불쾌한 일들이 많이 생긴 여행.
— *s'~ v.pr.* (에나멜·칠보가)입혀지다; 장식되다.

émaillerie [emajri] *n.f.* ①에나멜 칠하는 기술; 보일하기, 칠보공예. ②(위의)작업장.

émailleur(se') [emajœːr, -øːz] *n.* 에나멜(법랑·칠보)공(工).

émailleux(se²) [emajø, -øːz] *a.* 에나멜(질)의, 법랑(질)의.

émaillure [emajyːr] *n.f.* ①에나멜 칠하는 기술; 칠보세공, 법랑(칠보) 제품. ②갖가지 빛깔.

émanation [emanɑsjɔ̃] *n.f.* ①(빛·가스·냄새 따위의)발산; 발산물(특히 냄새). ~ de la lumière 빛의 발산. ~s puantes 고약한 냄새. ②나타남, 발현(manifestation). ~ de la volonté populaire 민의의 발현. ③《화학》에마나티온(radon, thoron 따위의 옛 명칭). ④~s volcaniques 《지질》화산가스. ⑤《철학》유출(流出)(신플라톤학파의 설); 《신학》발출(procession).

émanche [emãːʃ] *n.f.* 《문장》방패꼴 안에 삼각형이 든 무늬.

émancipateur(trice) [emãsipatœːr, -tris] *a.* 해방하는. — *n.* 해방자.

émancipation [emãsipɑsjɔ̃] *n.f.* ①해방(libération). ~ de la femme 여성 해방. ~ sexuelle 성의 해방. ②《법》(미성년자에 대한)친권(親權)[후견]해제.

émancipé(e) [emãsipe] *a.p.* 해방된; 자유를 얻은. ②방자한. jeune fille trop ~e 지나치게 방자한 처녀. ③《법》친권[후견]에서 풀린.

émanciper [emãsipe] *v.t.* ①해방하다; 자유를 주다(libérer). ~ des esclaves 노예를 해방하다. ~ l'humanité *du* travail servile 인간을 예속적인 노동으로부터 해방하다. ②《법》(미성년자의)친권(親權)[후견]을 해제하다.
— *s'~ v.pr.* ①[s'~ de](에서)해방되다. s'~ *des* préjugés 편견에서 벗어나다. ②《법》친권[후견]해제되다. ③(구어)방종하게 되다.

émaner [ema(ɑ)ne] *v.i.* [~ de]①(에서)(냄새·빛 따위가)발산되다, 방사되다; (에)서 나오다, se dégager, s'exhaler). lumière qui *émane du* soleil 태양에서 방사되는 빛. Cette odeur *émane de* la cuisine. 그 냄새는 부엌에서 난다. ②(에서)나오다, 유래하다, 오다, 생기다; (에)근원을 두다(provenir de).

charme qui *émane d'*une femme 여성에서 풍기는 매력. En démocratie, le pouvoir *émane du* peuple. 민주주의에 있어서는 권력의 근원은 국민에게 있다. ③ 〖철학〗 유출하다; 〖신학〗 발출하다.

émanothérapie [emanɔterapi] *n.f.* 〖의학〗에마나티온 요법, 라돈 요법.

émargement [emarʒəmɑ̃] *n.m.* ① 〖제본〗 가장자리 재단. ② 난외 기입; (계산서 따위의)난외 서명. ③ 급료의 지불. feuille[état] d'~ 급료 지급표.

émarger [emarʒe] 〖3〗 *v.t.* ① 〖제본〗 가장자리를 자르다. ② (책의)난외에 (欄外)에 기입하다; (계산서 따위의)난외에 서명하다. ~ un état d'appointement 급료 지급표에 서명하다. —*v.i.* 난외에 서명하고;급료를 받다.

émarginé(e) [emarʒine] *a.* 〖식물〗 (잎·꽃잎의) 끝이 오목하게 파인.

émasculation [emaskylɑsjɔ̃] *n.f.* ① 거세(castration). ②〖문어〗(비유적)약화, 무력화.

émasculer [emaskyle] *v.t.* ① 거세하다(castrer). ②(비유적) 약하게 하다, 감퇴시키다. ~ une nation 국민을 연약하게 만들다.

émaux [emo] *n.m.pl.* ⇨émail.

embabouiner [ababwine] *v.t.* 〖옛·구어〗감언이설로 속이다. —**s'**~ *v.pr.* 〖옛·구어〗에 속다. ② 〖옛〗 〖해양〗 (배가)나쁜 길로 접어들다.

embâcle [ɑ̃bɑ:kl] *n.m.* (물길을 막는)장애물, 〖특히〗 얼음 덩어리.

embâcler [ɑ̃bɑkle] *v.t.* (물길을)얼음 덩어리로 막다.

emballage [ɑ̃balaʒ] *n.m.* ① 짐꾸리기, 포장, 곤포. ~ de la marchandise 상품의 포장. frais d'~ 포장[곤포]료. papier d'~ 곤포 용지, 포장지. ② 포장용품 (상자·봉투·노끈 따위). ~ vide 빈 상자. ~ perdu 한 번 쓰고 버리는 상자. ③ 〖스포츠〗 (특히 자전거 경기에서의)최후의 역주. ④〖속어〗(경찰의)급습, 검거, 일제단속(rafle).

emballé(e) [ɑ̃bale] *a.p.* ① 포장된, 곤포된. marchandises ~es 포장된 상품. ② (말이)폭주하는; (엔진이)과도하게 회전하는. ③ 홍분한, 열광한. avoir un tempérament ~ 흥분하기 쉬운 성격이다.

emballement [ɑ̃balmɑ̃] *n.m.* 흥분함, 열을 올림, 열광(enthousiasme). avoir un ~ soudain pour qc …에 대해서 갑자기 열중하다. ② (말의)폭주; (엔진·기계 따위의)과속, 과도한 회전; (물가·주가 따위의)폭등. ③ 〖드물게〗 짐꾸리기, 곤포.

emballer [ɑ̃bale] *v.t.* ① 짐꾸리다, 포장[곤포]하다 (empaqueter, ↔déballer). ~ des fruits avec précaution 과일을 조심스럽게 포장하다. ② 〖구어〗 (사람을)차에 태우다, 데려가 하다. ③〖구어〗체포하다, 감옥에 잡아넣다. ④ (엔진을)과도하게 회전시키다. (말이나 자전거를)마구 달리게 하다, 최대속도로 몰다. ⑤〖구어〗(사람을)열중시키다, 열광시키다. Son discours nous *a emballés*. 그의 연설은 우리를 열광시켰다. ~ une fille 처녀를 (홀리게 해서)유혹하다. ⑥〖구어〗꾸짖다. Il s'est fait ~ par ses parents. 그의 부모로부터 큰 꾸중을 들었다. —**s'**~ *v.pr.* ① (말이)마구 날뛰다, 폭주하다; (엔진이)과도하게 회전하다 ② (사람이)홍분하다, 열광하다. s'~ pour le cinéma 영화에 열광하다. ③〖옛·구어〗화를 내다; 떠나다.

emballeur(se) [ɑ̃balœ:r, -ø:z] *n.* 짐꾸리는 사람, 포장하는 곳. ouvrier ~ 포장전문의 노동자. —*n.m.* 〖옛·구어〗경관(agent de police).

embaluchonner [ɑ̃balyʃɔne] *v.t.* 〖속어〗짐꾸리다, 포장하다(empaqueter).

embalustrer [ɑ̃balystre] *v.t.* 〖드물게〗…에 난간을 두르다.

embarbouiller [ɑ̃barbuje] *v.t.* ① 머리를 어지럽히다, 갈피를 못잡게 만들다(troubler). Ce problème m'*embarbouille* la tête. 그 문제는 내 머리를 어지럽게 만든다. ②〖옛〗몹시 더럽히다(barbouiller). —**s'**~ *v.pr.* 갈피를 못잡게 되다, 머리가 어지러워지다. s'~ dans des explications confuses 어지러운 설명으로 갈피를 못잡게 되다.

embarcadère [ɑ̃barkadɛ:r] *n.m.* ① 〖해양〗 부두, 선창가. ②〖옛〗〖철도〗 역, 플랫폼.

embarcation [ɑ̃barkɑsjɔ̃] *n.f.* 소형 보트《모선에 대한 자선》. ~ de sauvetage 구명 보트.

embardée [ɑ̃barde] *n.f.* 〖해양〗 (바람·해류·조정의 실수로 인한)배의 침로이탈, 요동, 빗나감; (자동차의)갑작스런 빗나감. Sa pensée fait des ~s bizarres. 그의 생각은 야릇하게 빗나가고 있다.

embarder [ɑ̃barde] *v.i.* (배가)침로를 벗어나다, 빗나가다. —*v.t.* (빗나간 배를 올을 침로로 되돌리기 위해)약간 회전시키다.

embargo [ɑ̃bargo] *n.m.* ① 〖해양〗 선박억류, 출항 금지. mettre l'~ sur les bateaux ennemis 적의 선박을 억류하다. lever l'~ 출항금지를 해제하다. ② (물품의)판매《통상·수출》금지; (특히 출판물의)발행정지. mettre l'~ sur des livres 서적의 발행을 정지시키다

embarillage [ɑ̃barijaʒ] *n.m.* 작은 통에 넣기.

embariller [ɑ̃barije] *v.t.* 작은 통에 넣다.

embarquant(e) [ɑ̃barkɑ̃, -ɑ̃:t] *a.* 배를 타고 있는. —*n.* 선원; 선객.

embarqué(e) [ɑ̃barke] *a.p.* ① 배에 타고[실려] 있는. aviation ~e 함재기. ② (어떤 일에)꼼짝없이 끼어든, 물려설 수 없게 된. ③ affaire bien[mal] ~e 시작이 좋은[나쁜] 일.

embarquement [ɑ̃barkəmɑ̃] *n.m.* ① 배[기차·비행기]에 타기[태우기·싣기] (↔débarquement). ~ des marchandises 화물의 적재. ~ des passagers 승객의 탑승(선). carte d'~ 탑승권, 승선권. ordre d'~ 승선명령. quai d'~ 부두. E~ immédiat, porte N°9. 9번 게이트로 즉시 탑승하시기 바랍니다《공항에서의 안내방송》. ② (선원의)승선등록; 해상근무경력. avoir un ~ de trois ans 3년의 해상근무경력을 가지고 있다

embarquer [ɑ̃barke] *v.t.* ① 배[기차·비행기]에 태우다[싣다](↔débarquer). ~ des voyageurs 여객을 태우다. ~ des marchandises dans un wagon 화차에 화물을 싣다. ② (까다로운 일에)끌어넣다, 휩쓸어 넣다. ~ qn dans une aventure …을 위험한 일에 끌어넣다. ③ (배가)물[파도]을 뒤집어쓰다. ~ une lame(un coup de mer) 파도를 뒤집어쓰다. La mer est mauvaise, le navire *embarque*. 바다가 사나와서 배가 파도를 뒤집어쓴다《목적보어의 생략》. ④〖구어〗(사람을)데리고 가다; (물건을)가지고 가다; 훔치다. Il *a embarqué* tous mes romans policiers en partant. 그는 나가면서 내 탐정소설을 모두 가져가 버렸다. ⑤〖구어〗체포하다(arrêter). ~ un malfaiteur 악당을 체포하다. ⑥ (일을)시작하다(commencer). Il *a* bien[mal] *embarqué* son affaire. 그는 일을 잘[잘못] 시작했다, 그의 일은 시작이 좋았다[나빴다].
—*v.i.* 배[기차·비행기]를 타다. Nous *embarquerons* à Marseille. 우리는 마르세유에서 배를 탈 것이다. ~ en chemin de fer[en avion] 기차[비행기]를 타다. ② (파도가)배위로 몰려 닥치다. —**s'**~ *v.pr.* ① 배[기차·비행기]를 타다. s'~ sur un navire 배를 타다. s'~ dans un avion 비행기에 탑승하다. ②(까다로운 일에, 손을 대다, 끼어들다(s'engager). s'~ dans un procès interminable 끝없는 소송을 시작하다. s'~ dans un complot 음모에 끼어들다.

embarras [ãbara] *n.m.* ① 곤경, 궁지, 난처한[당혹스러운] 처지(difficulté, gêne). être dans l'~ 난처한 처지에 있다. mettre *qn* dans l'~ …을 곤경에 몰아넣다. se tirer d'~ 궁지에서 벗어나다. baisser les yeux avec ~ 난처해서 눈을 내려깔다. n'avoir-que l'~ du choix 너무 많아서 선택이 곤란한 따름이다, (좋은 것이) 얼마든지 많다. ② 걱정거리, 폐, 수고. ~ d'argent 돈 걱정. causer(susciter) des ~ à *qn* …에게 걱정을 끼치다. Il donne beaucoup d'~ à ma famille. 그는 우리 집안에 큰 폐를 끼치고 있다. ③《옛·문어》장애, 장애물. ~ de voitures 자동차의 혼잡(에 의한 교통체증) (embouteillage). ~ gastrique 《의학》위장장애, 소화불량.

faire de l'~ (*des ~*) 《구어》 쓸데없이 티를 내다, 젠체하다, 뽐내다.

embarrassant(e) [ãbarasã, -ã:t] *a.* ① 방해되는; 거추장스러운, 주체스러운(encombrant). bagages ~s 거추장스러운 짐. ② 귀찮은, 성가신, 난처한 (gênant); 어려운(difficile). problème ~ 귀찮은 [까다로운]문제. silence ~ 난처하게[거북스럽게] 만드는 침묵. C'est un cas ~ à résoudre. 그것은 해결하기 어려운 일이다.

*****embarrassé(e)** [ãbarase] *a.p.* ① 난처한, 당황한, 거북한, 어찌 할 바를 모르는(gêné). d'un air ~ 난처한 듯이. être ~ pour répondre 대답이 궁색하다. être ~ de ses mains[sa personne] 손[몸] 둘 곳을 모르다. ② 착잡한, 뒤얽힌(compliqué); 분명치 않은, 어색한. affaires ~es 착잡한 일. style ~ 어색한 문체. se lancer dans des explications ~es 알쏭달쏭한 설명을 시작하다. ③ 장애물이 있는, 혼잡한(encombré); 부자유스런. rue ~e 혼잡한 거리. pièce ~e de meubles 세간들이 혼잡스럽게 놓인 방. avoir l'estomac ~ 위장장애가 있다, 소화가 나쁘다. avoir la parole ~e 말을 제대로 못하다, 말을 더듬다.

*****embarrasser** [ãbarase] *v.t.* ① 혼잡[번잡]하게 만들다(encombrer); (행동 따위를) 방해하다; (위 따위에)장애를 일으키다;《옛》장애물로 가로막다. colis qui *embarrassent* le couloir 복도에 거추장스럽게 쌓인 (통로를 막는)짐짝들. ~ son style par l'abus des épithètes 수식어를 남용해서 문체를 번잡하게 만들다. De gros paquets *embarrassent* ses mains. 큰 보따리들 때문에 그의 손은 자유롭지 못하다. Ces aliments *embarrassent* l'estomac. 그 음식물은 소화에 나쁘다.

② (사람을) 거북하게 하다, 난처[당황]하게 하다 (déconcerter, troubler); 폐를 끼치다. examinateur qui *embarrasse* un candidat 지원자를 당황하게 하는 시험관. Cette histoire m'*embarrasse* un peu. 그 이야기를 들으니 좀 거북하는군요.

—*s'~* *v.pr.* ①[s'~ de] (을)거추장스럽게[귀찮게] 여기다; (으로)시달리다[고생하다]. s'~ d'un paquet volumineux 거추장스런 짐 때문에 성가시다. s'~*des* dettes 《옛》빚에 시달리다. Il n'aime pas s'~ inutilement. 그는 공연히 일을 꿀게 싫어한다. Je ne vais pas m'~ de ces marmots! 나는 이 어린 것들을 귀찮게 떠맡을 생각은 없다!

②[s'~ de] (을)근심하다, 걱정하다, (지나치게) 신경을 쓰다. s'~ *des* préjugés des autres 남들의 편견에 대해서 신경을 쓰다. s'~*de* l'avenir 미래의 일을 두고 걱정하다. s'~ *de* rien 무슨 일이든 태연하다[무신경하다].

③ 당황하다, 혼란에 빠지다, 어찌 할 바를 모르다. s'~ dans ses explications 설명하다가 당황하다. Sa langue s'*embarrasse*. 그는 혀가 제대로 안돈다, 그는 횡설수설한다.

④ [s'~ dans] (에)말려들다, 걸려들다, 사로잡히다. animal qui s'*embarrasse dans* un piège 함정에 걸려든 짐승. s'~ *dans* ses habitudes 습관에 사로잡히다.

embarrer¹ [ãba(a)re] *v.t.* 《옛》빗장[막대]으로 막다. —*v.i.* (짐을 들어 올리려고)지렛대를 넣다.

embarrer² (s') [sãba(a)re] *v.pr.* (말이)다리를 간막이 막대에 올리다.

embarrure [ãbary:r] *n.f.* ①(마구간의 간막이 막대에 벗겨진 말의)다리의 상처. ②《옛》《의학》두개골절, 두개골의 함몰. ③《건축》용마루와 기와 사이를 때우는 미장공사.

embase [ãba:z] *n.f.* 좌금(座金);《기계》대판(臺板), 틀, 기저(基底), 기반.

embasement [ãbazmã] *n.m.* (건물의)토대, 기초, 주추.

embastillement [ãbastijmã] *n.m.* embastiller 하기.

embastiller [ãbastije] *v.t.* ① 바스티유 감옥(*Bastille*)에 투옥하다; (일반적으로)투옥하다. ②《옛》성벽을 두르다.

embastionnement [ãbastjɔnmã] *n.m.* 능보를 설치하기.

embastionner [ãbastjɔne] *v.t.* (에)능보(稜堡)를 설치하다.

embâtage [ãbata:ʒ] *n.m.* 길마를 얹기.

embâter [ãbate] *v.t.* ①(에)길마를 얹다. ②《옛》폐를 끼치다, 귀찮게 굴다(embarrasser, ennuyer). —*s'~* *v.pr.* 《옛·구어》[s'~ de] (귀찮은 사람·일을)떠맡다.

embâtonner [ãbatɔne] *v.t.* ①《옛》곤봉(bâton)으로 무장시키다. ②《건축》(기둥을)빗살무늬로 장식하다.

embat(t)age [ãbata:ʒ] *n.m.* (바퀴에)가열하여 금속 테를 끼우기.

embat(t)eur [ãbatœ:r] *n.m.* 금속테를 끼우는 직공.

embat(t)oir [ãbatwa:r] *n.m.* 금속테를 끼울 바퀴를 놓는 도갑.

embat(t)re [ãbatr] [45] *v.t.* (바퀴에)금속테를 끼우다.

embauchage [ãboʃa:ʒ] *n.m.* ①(주로 육체 노동자의)고용, 채용. ~ en vue de la débauche 《법》 매춘을 목적으로 하는 부녀자의 고용. visite d'~ 신고용자의 검진. ②《옛》권하기; 끌어들이기. ③《옛》(입대로)권유;(적의 병사로)매수시키기.

embauche¹ [ãbo:ʃ] *n.f.* ①=embauchage. ②《구어》일, 직업. chercher de l'~ 직장을 구하다. service d'~ (공장 노동자의)직업 소개소.

embauche² *n.f.* =embouche.

embauchée [ãboʃe] *n.f.* 《해군》(병기창의)작업 개시[재개].

embauchement [ãboʃmã] *n.m.* =embauchage.

embaucher [ãboʃe] *v.t.* ①(주로 육체 노동자를)고용하다. ~ des journaliers 날품팔이꾼을 고용하다. (목적보어 없이) Ici on *embauche*. 구인중(求人中). ②《옛》데리고 가다; 끌어들이다. ~ *qn* pour une partie de pêche …을 낚시에 데리고 가다. ③《옛》(군대에 입대로)권유하다; (적의 병사를)매수시키다.

—*s'~* *v.pr.* 고용되다, 채용되다.

embaucheur(se) [ãboʃœ:r, -ø:z] *n.* 직공 모집인.

embauchoir [ãboʃwa:r] *n.m.* 구두골(스트레쳐).

embaumement [ãbommã] *n.m.* 시체에 방부 조치를 하기, 시체의 방부 보존.

embaumer [ãbome] *v.t.* ① 향기롭게 하다(parfumer). air *embaumé* de la campagne au printemps 봄 들판의 향기로운 공기. L'odeur des lilas *embaumait* ma chambre. 라일락 향기가 내 방안에 가득하였었다. ② (의)냄새가 나다. Cette boisson *embaume* la menthe. 이 음료는 박하 향기가 난다.

emboîter

Cela *embaume* le jasmin. 그것은 자스민 향기가 난다. ③ (시체에)방부제를 사용하여 보존하다. ~ un cadavre 시체에 (향유·약품을 넣어)방부처리를 하다. ④《문어》(비유적) 오래도록 기억하다, 간직하다. ~ les souvenirs d'amour dans un roman 사랑의 추억을 소설 속에서 영원한 것으로 만들다.
—*v.i.* 향기를 내다(풍기다). Ce bouquet *embaume*. 이 꽃다발에서 향기가 난다.
—*s'~* *v.pr.* ① 방부조치가 취해지다. ② 몸을 향기롭게 하다.

embaumeur [ābomœːr] *n.m.* 시체를 방부처리하는 사람.

embecquer [ābe(ɛ)ke] *v.t.* ① (가금을 살찌우기 위해)억지로 모이를 주다;《옛》(미새끼)모이를 주다;《구어》(갓난 아이에게)먹을 것을 주다. ② (낚시에)낚싯밥을 꿰다.

embecquetage [ābɛkta:3] *n.m.* 【해양】 =embouquetage.

embecqueter [ābɛkte] 4 *v.t.* 【해양】 =embouqueter.

embéguiner [ābegine] *v.t.* ① [~ de] (에)열중하게 하다. ②《옛》(에게)베긴모자(béguin)를 씌우다.
—*s'~* *v.pr.* ① [s'~ de] (에)열중하다. ②《옛》베긴모자를 쓰다.

embelle [ābɛl] *n.f.* 【해양】 중갑판.

embellemerdé(e) [ābɛlmɛrde] *a.* 계모에게 구박받는, 짓궂은 시어머니를 가진.

embelli(e) [ābɛ(ɛ)li] *a.p.* (날씨가)갠; (바다가)조용해진; 아름답게 꾸며진, 미화된, 윤색된.
—*n.f.* 【해양】(폭풍우 뒤 혹은 중간의) 쾌청; (바다가) 한때 잔잔해짐(accalmie); (날씨가)잠시 갬(éclaircie).

embellir [ābe(ɛ)li:r] *v.t.* ① 아름답게 하다. Cette coiffure l'*embellit*. 이 모자가 그녀를 돋보이게 한다. Ces bijoux *embellissaient* sa femme. 보석은 그의 아내를 아름답게 했다. ② 미화하다;《구어》(이야기 따위를)윤색하다; 장식하다. L'imagination *embellit* la réalité. 상상은 현실을 미화한다. ~ une histoire 이야기를 윤색하다. ~ un salon de tableaux 거실을 그림으로 장식하다.
—*v.i.* 더욱 아름다워지다. Comme elle *a embelli*! 그녀가 얼마나 아름다워졌는지!
—*s'~* *v.pr.* 아름다워지다; 아름답게 꾸며지다; (흐린 하늘이)개다. s'~ par le maquillage 화장으로 자신을 아름답게 꾸미다. Le passé s'*embellit*. 과거는 미화된다.

embellissant(e) [ābɛlisā, -ā:t] *a.* 아름답게 하는, 장식하는.

embellissement [ābɛlismā] *n.m.* ① 아름답게 하기(되기), 미화. ~ de la ville 도시의 미화. ② 윤색 (潤色); (인물의)이상화. ③ 장식(décoration).

embellisseur(se) [ābɛlisœːr, -φ:z] *n.* 장식(윤색)하기 좋아하는 사람.

emberlificoter [ābɛrlifikɔte] *v.t.* ① (움직임을)부자유스럽게 하다, 갑갑하게 하다(empêtrer). ② 잘 피를 못잡게 하다(embarrasser); (감언으로)꾀다, 농락하다(entortiller).
—*s'~* *v.pr.* (정신이)혼란해지다.

emberlificoteur(se) [ābɛrlifikɔtœːr, -φ:z] *a.* 감언이설로 속이는, 농락하는. —*n.* 농락하는 사람, 감언이설로 속이는 사람.

emberlucoquer (s') [sābɛrlykɔke] *v.pr.* [~ de] (한 생각에)우스꽝스럽게 열중하다.

embesogné(e) [ābəzɔɲe] *a.*《구어》바쁜, 다망한.

embêtant(e) [ābɛtā, -ā:t] *a.*《구어》① 지루한, 지겨운, 따분한. film ~ 지루한 영화. roman ~ 따분한 소설. ② 귀찮은, 골치아픈, 난처한. incident ~ 골치아픈 사건. C'est ~! 정말 골치아픈데!
—*n.m.* 골칫거리, 난처함. L'~, c'est que je n'ai pas d'argent. 난처한 일은 내게 돈이 없는 것이다.

embêtement [ābɛtmā] *n.m.*《구어》귀찮게 굴기; 귀찮음, 지겨움, 골칫거리. ~ça. 이런 골칫거리는 이제 지긋지긋하다.

embêter [ābe(ɛ)te] *v.t.*《구어》① 지겹게 만들다, 따분하게 하다. Ce roman m'*embête*. 이 소설은 정말 지루하다. ② 귀찮게 굴다; 난처하게 하다. Ne l'*embête* pas! 그를 가만히 내버려둬라! Ce problème m'*embête*. 이 문제는 나를 골치아프게 만든다. affaire qui l'*embête* 그를 난처하게 만드는 문제.
—*s'~* *v.pr.*《구어》따분[지루]해하다. s'~ à mort [comme un rat mort, comme une croûte de pain derrière une malle] 따분해서[지겨워서] 미칠[죽을] 지경이다. Ce qu'on s'*embête* ici! 여기는 정말 따분한 곳이다.
ne pas s'~ 즐겁게 보내다. Il ne s'*embête* pas chez elle. 그는 그녀의 집에서 즐겁게 지내고 있다.

embeurrer [ābœre] *v.t.* (에)버터를 바르다.

embiellage [ābjela:3] *n.m.* 【기계】 내연기관의 연결봉, 링크.

emblaison [ābɛzɔ̃] *n.f.*《사투리》파종기.

emblavage [āblava:3], **emblavement** [āblavmā] *n.m.* 【농업】 파종.

emblave [ābla:v] *n.f.* 파종할 땅(밭).

emblaver [āblave] *v.t.* (밭에)파종하다.

emblavure [āblavy:r] *n.f.* =emblave.

emblée (d') [dāble] *loc.ad.* 단번에, 단숨에, 문제없이. La proposition a été acceptée *d'~*. 그 제안은 즉각 수락되었다. Il a été reçu *d'~* à son examen. 그는 단번에 시험에 합격했다. conquérir *d'~* son auditoire 쉽게[힘 안들이고] 청중을 사로잡다.

emblématique [āblematik] *a.* 상징적인; [~ de] (을)상징하는. la colombe, figure ~*de* l'innocence et *de* la paix 순결과 평화를 상징하는 비둘기.

emblématiquement [āblematikmā] *ad.* 상징적으로, 표상적으로.

emblème [āblɛm] *n.m.* ① 상징도(象徵圖); 가문(家紋); (제복 따위의)표장, 문장(紋章); (뱃머리의) 표지. ~ de la ville de Paris 파리시의 문장. ② 상징, 표상. La tête de mort est l'~ bien connu des pirates. 해골이 해적의 상징이라는 것은 잘 알려진 사실이다.

embler [āble] *v.t.*《옛》빼앗다, 강탈하다.

embobeliner [ābɔbline] *v.t.*《구어》감언이설로 속이다. ~ un créancier 빚장이를 감언으로 속이다.
—*s'~* *v.pr.*《옛》[s'~ dans] (옷으로)몸을 감싸다. s'~ dans les manteaux 외투로 감싸다.

embobiner [ābɔbine] *v.t.* ① =embobeliner. ②《드물게》실패에 감다.

emboire [ābwa:r] 39 *v.t.* 【조각】(석고 틀에)기름[초]을 바르다. —*s'~* *v.pr.* 【회화】퇴색하다.

emboîtage [ābwata:3] *n.m.* ① 상자에 넣기, 통조림 (하기); 상자, 깡통, 바구니. ~ de conserves 통조림 작업. ② 【제본】두꺼운 종이로 첨하기; 두꺼운 종이; 책의 표지. ③《구어》(강연자·배우를)야유하기, 비웃기.

emboîtement [ābwatmā] *n.m.* 끼워맞추기; 끼워넣기; 들어맞음. ~ des tuyaux 파이프의 접합. assemblage à ~ 【건축】 영장이음. ~ réciproque 【해부】 구와(球窩) 관절.

emboîter [ābwate] *v.t.* ① 끼워넣다, 끼워맞추다. ~ des tuyaux 파이프를 끼워맞추다. ② (에)꼭 맞다. Ce chapeau *emboîte* la tête. 이 모자는 머리에 꼭 맞는다. Cette chaussure *emboîte* bien le pied. 이 구두는 발에 꼭 맞는다. ③ 【제본】(가제본에)

emboîture [ābwaty:r] *n.f.* ① 끼워박힘, 들어맞음, 접합. ② 끼워박힌 곳(점), 접합점.

embolectomie [ābolɛktɔmi] *n.f.* 【의학】색전(塞栓)절제술.

embolie [āboli] *n.f.* 【의학】색전증(塞栓症); 혈전(血栓). ~ cérébrale 뇌혈전.

embolique [ābolik] *a.* 【의학】색전 증상의.

emboli(s)me [āboli(s)m] *n.m.*《옛》《연대학》윤년(윤달)넣기.

embolismique [ābolismik] *a.* 윤년(윤달)의.

embonpoint [ābɔ̃pwɛ̃] *n.m.* ① 비대, 비만(corpulence). avoir de l'~ 비대하다. manque d'~ 여윔. perdre de l'~ 마르다, 쇠약해지다. prendre de l'~ 살찌다. ②《옛》건강(bonne santé).

emboquer [āboke] *v.t.* (가금을 살찌우기 위해)모이를 많이 주다.

embordurer [ābordyre] *v.t.* 액자 속에 넣다.

embossage [ābɔsa:ʒ] *n.m.* (앞뒤의 닻을 내려 배를)정박시키기.

embosser [ābɔse] *v.t.* (앞뒤의 닻을 내려 배를)정박시키다. —**s'~** *v.pr.* (배가)정박하다.

embossure [ābɔsy:r] *n.f.* 【해양】(정박용)계류삭(繫留索).

embotteler [ābɔtle] [5] *v.t.* (다발·단으로)묶다.

emboucanant(e) [ābukanā, -ā:t] *a.*《속어》① 구린내나는, 구린, 역겨운. ② 신경질나게 하는, 지겨운.

emboucaner [ābukane]《속어》*v.t.* ① 구린내나게 하다. ② 신경질나게(지겹게) 하다. —*v.i.* 구린내나다, 냄새나다.

embouche [ābuʃ] *n.f.* ① 기름진 목장(pré d'~). ②(육우(肉牛)의)비육(肥肉).

embouché(e) [ābuʃe] *a.p.* (말에)재갈을 물린. mal ~《구어》말씨가 상스러운.

emboucher [ābuʃe] *v.t.* ① (관악기를)입에 대다, 불다. ② (말에)재갈을 물리다. ③《구어》(에게)할 말을 미리 가르쳐주다. ④ (동물을 살찌우기 위해) 목초지에 방목하다. ⑤ 【해양】(배가)강 어귀에 들어가다. —**s'~** *v.pr.* ① 배가 해협에 들어가다. ②[s'~ dans](강이)(로)흘러들어가다. La Seine s'~ dans la Manche. 센 강은 영불을 해협으로 흘러간다.

embouchoir [ābuʃwa:r] *n.m.* ① (관악기의)아가리(입에 대는 쪽과 반대쪽의). ② 총신을 개머리판에 접합하는 부품.

embouchure [ābuʃy:r] (< *emboucher*) *n.f.* 【음악】(관악기의)취구(吹口). ② 하구(河口); 입구. ~ de la Loire 루아르 강의 하구. ~ de métro 지하철의 입구. ③ (루대 따위의)아가리; 포구(砲口); 분화구. ④ (말의)재갈. cheval délicat d'~ (재갈에 대해)신경질적인 말.

emboudiner [ābudine] *v.t.* 【해양】(닻고리에)밧줄을 감다.

emboudinure [ābudiny:r] *n.f.* 【해양】닻고리 따위에)감는 밧줄.

embouer [ābwe] *v.t.* ① (벽에)진흙을 바르다. ② 진흙으로 더럽히다. ~ ses habits 옷을 진흙으로 더럽히다. ~ la réputation de qn(비유적)…의 평판에 먹칠을 하다. —**s'~** *v.pr.* 진흙으로 더럽혀지다. Qui se loue s'emboue.《속담》자화자찬은 스스로를 욕하는 것이나 다름없다.

embouquement [ābukmā] *n.m.* ① (해협·강·운하의)입구, 어귀. ② 입구로 들어가기.

embouquer [ābuke] *v.i.* (운하·해협으로)들어가다. —*v.t.* (운하·해협에)들어가다.

embourbement [āburbəmā] *n.m.* 진창에 빠지기.

embourber [āburbe] *v.t.* ① (차를)진창 속에 빠지게 하다. voiture *embourbée* 진창 속에 빠진 자동차. ②(싫은 식사·좋지 못한 행동에)끌어들이다; 곤경에 빠뜨리다. ~ qn dans une mauvaise affaire …를 궁지에 빠뜨리다, 좋지 않은 일에 끌어들이다. —**s'~** *v.pr.* ① 진창 속에 빠지다. ②(곤경에)빠지다; 꼼짝 못하게 되다.

embourgeoisement [āburʒwazmā] *n.m.* ① 중산계급화(化). ② 소시민화, 보수화. ③ 속화(俗化).

embourgeoiser [āburʒwaze] *v.t.* ① 중산계급으로 만들다, 부르주아화하다. ② 소시민적으로 만들다, 보수적으로 만들다. ③ 속화하다. ~ une pièce tragique 비극작품을 속화하다. ④《옛》중산계급과 결혼하다. —**s'~** *v.pr.* ① 부르주아가 되다, 중산계급이 되다. ② 소시민적으로 되다, 보수적이 되다. s'~ en prenant de l'âge 나이를 먹어감에 따라 소시민이 되어가다.

embourrage [ābura:ʒ], **embourrement** [āburmā] *n.m.* (말안장·의자 따위의 속에)털·솜 따위를 넣기.

embourrer [ābure] *v.t.* ① (도자기의 흠을)색회·진흙으로 메우다. ②《옛》(의자·이불 따위에)털·솜을 넣다.

embourrure [ābury:r] *n.f.* 의자·이불 따위의)속을 채우는 것; (쿠션·이불 따위의)커버(toile d'~).

emboursement [ābursəmā] *n.m.*《옛·문어》(돈을)지갑에 넣기.

embourser [āburse] *v.t.* ①《옛·문어》(돈을)지갑에 넣다, (돈을)벌게)모으다. ② ~ une peau 주름을 퍼기 위해 나무망치로 가죽을 두드리다.

embout [ābu] *n.m.* ① (양산대·지팡이)끝에 쒸운 쇠, 마구리; 칼집 끝에 씌운 쇠, 물미. ② 접합관.

emboutaillage [ābutɛja:ʒ] *n.m.*《구어》(교통의) 혼잡(encombrement); (길·통화 따위가)막히기. J'ai été pris dans un ~. 나는 차는 많은 차 사이에 끼여 꼼짝 못했다. ~ des lignes téléphoniques 전화선의 혼잡. ②(항만 어귀 따위의)봉쇄. ③《옛》(포도주 따위를)병에 담기.

emboutaillement [ābutɛjmā] *n.m.* 병에 담기.

emboutailler [ābutɛ(e)je] *v.t.* ① (교통·전화가)혼잡을 이루다. Le boulevard *est emboutaillé* vers six heures. 그 대로는 밤 여섯시경에 큰 혼잡을 이룬다. Les lignes téléphoniques *étaient emboutaillées.* 전화들은 계속 통화중이었다. ②(항만 어귀 따위를)봉쇄하다. ③《옛》병에 넣다.

emboutailleur [ābutɛjœ:r] *n.m.* (포도주 따위를)병에 담는 사람.

embouter [ābute] *v.t.* 마구리(물미)를 달다.

emboutir [ābuti:r] *v.t.* ① 금속각인을 하다; 금형(金型)작업을 하다. ② 금속관을 씌우다; 마구리를 달다. ③《구어》(차가)충돌하다, 받다. se faire ~ 뒤로부터 떠밀리다. —**s'~** *v.pr.* [s'~ contre/sur](에)충돌하다. s'~ contre un arbre 나무에 부딪치다.

emboutisssage [ābutisa:ʒ] *n.m.* ① 금속각인; 금형작업. ②《구어》(자동차의)충돌.

emboutisseur [ābutisœ:r] *n.m.* 금속각인(금형)기능공.

emboutisseuse [ābutisø:z] *n.f.*, **emboutissoir** [ābutiswa:r] *n.m.* 금속각인기(機), 금형기.

embranchement [ābrāʃmā] *n.m.* ① 나무의 갈래.

② 분기점, 갈래길(croisement); 〖철도〗 지선(支線); 대피선; 지류(支流); 지맥(地脈). quitter la nationale au premier ~ 국도를 벗어나 최초의 옆길[갈래길]로 접어들다. ~ des deux routes 두 길의 분기점. ~ privé 사도(私道). station d'~ 〖철도〗 갈아타는 역. tuyau d'~ 지관(枝管). ③ (학문의)부문, 분과. ~ de la physique 물리학의 한 부문. L'algèbre est une ~ des mathématiques. 대수는 수학의 한 부문이다. ④ 〖생물〗 (분류상의)문(門). ~ des vertébrés 척추동물문.

embrancher [ɑ̃brɑ̃ʃe] v.t. (길·관 따위를)연결하다, 접속시키다.
—s'~ v.pr. ① [s'~ sur] (에)연결되다, 접속되다. Où s'embranche ce fil électrique? 이 전선은 어디에 연결되는 겁니까? s'~ sur l'autoroute 고속도로에 연결되다. ② 분기하다, 갈리다.

embraquer [ɑ̃brake] v.t. 〖해양〗 (밧줄을)팽팽하게 하다. ~ le mou 밧줄이 느즈러진 부분을 당겨 죄다.

embrasé(e) [ɑ̃braze] a.p. 타고 있는, (석탄 따위가)불이 붙어 빨간, 작렬하는. ciel ~ 새빨간 하늘. journée ~e 몹시 더운 날. cœur ~ 타오르는 마음.

embrasement [ɑ̃brazmɑ̃] n.m. ① 태우기, 탐. ~ du soleil couchant 《구어》불타는 저녁놀. derniers ~s de l'Empire mourant 멸망해가는 제국의 마지막 불꽃. ② (축제 따위의)장식 조명, 일루미네이션. ~ du château de Versailles 베르사유 궁전의 일루미네이션. ③ 혼란, 소요, 소란. ~ d'un pays en guerre 전쟁 중인 나라의 혼란. ④ 열정, 격정; 흥분. ⑤ 〖예〗 큰 불, 대화재.

embraser [ɑ̃braze] v.t. ①〖문어〗태우다, 불붙이다(enflammer, ↔éteindre), 불을 지르다(incendier). ~ un fagot 나뭇단에 불을 붙이다. ~ une maison 집에 불을 지르다. ② 조명으로 장식하다, 훤하게 비추다. ~ les édifices publics à l'occasion de la fête nationale 국경일을 기념하기 위해 공공건물을 조명하여 장식하다. Le soleil couchant embrasait le ciel. 석양이 하늘을 붉게 물들이고 있었다. ③ 뜨겁게 하다, (햇빛 따위가)뜨겁게 내리쬐다. Le soleil embrasait l'atmosphère. 태양이 대기를 뜨겁게 하고 있었다. route que le soleil embrase 태양이 내리쬐는 길. ④ (전쟁 따위가)불바다로 만들다, 혼란시키다, 황폐화시키다. La guerre embrasa tout le pays. 전쟁이 나라 전체를 온통 불바다로 만들었다. ⑤ (마음을)불타게 하다, (정열을)타오르게 하다, 열중하다. L'amour de Dieu l'embrase. 신에 대한 사랑이 그의 마음을 불태우고 있다. pensée qui nous embrase de colère 우리를 분노하게 하는 생각.
—s'~ v.pr. ① 붉게 물들이다. Le ciel s'embrase. 하늘이 붉게 물들어 있다. ② (마음이)불타오르다, (열정을)태우다, 열중하다. s'~ d'amour 사랑의 열정을 태우다. ③〖예〗불붙다, 타다. Le phosphore s'embrase facilement. 인은 쉽게 불붙는다.

embrassade [ɑ̃brasad] n.f. 포옹(accolade).

embrassant(e) [ɑ̃brasɑ̃, -ɑ̃ːt] a. 〘드물게〙포옹을 좋아하는(embrasseur).

embrasse [ɑ̃bras] n.f. ① 커튼 줄. ②〖예〗포옹.

embrassé(e) [ɑ̃brase] a.p. rimes ~es 〖운율〗 포옹운(抱擁韻).

embrassement [ɑ̃brasmɑ̃] n.m. 〖문어〙포옹; (pl.) 성교, 동침.

*****embrasser** [ɑ̃brase] v.t. ① 껴안다, 포옹하다; 입맞추다. ~ qn étroitement …을 꼭 껴안다. ~ la main 손에 입맞추다. Je vous embrasse cordialement. 당신에게 마음으로부터의 키스를 보냅니다 (편지를 맺는 말). ② 한 눈에 보다, 시야에 들어오다. De cette tour, on embrasse toute la ville. 이 탑에서는 마을 전체가 한 눈에 보인다. ~ du regard [d'un coup d'œil] un immense panorama 한 눈에 전경을 바라보다. ③ 파악하다, 이해하다. ~ la situation d'un coup d'œil 상황을 한 눈에 파악하다. C'était un esprit qui embrassait toutes les connaissances de son temps. 그는 당대의 모든 학문을 이해하던 사람이었다. ④ 포함하다, 미치다. Cette science embrasse bien des matières. 이 학문은 많은 대상들을 포함한다. Ses connaissances embrassent un vaste domaine. 그의 지식은 광대한 범위에까지 미친다. ⑤ 고르다, (직업 따위를)선택하다; (주의·주장을)믿다, 신봉하다. ~ un métier 직업을 선택하다. ~ la profession des armes 직업 군인의 길을 택하다. ~ des principes 주의를 신봉하다. ⑥ 포옹하다, 기도하다. Qui embrasse trop, mal étreint. 〘속담〙두 토끼를 쫓는 자, 한 토끼도 못 잡는다. ⑦〖문어〙둘러싸다. ⑧〖예〙(기회를)포착하다, 간청하다, 애원하다. ~ les genoux [les pieds] de qn …에게 탄원하다.
—s'~ v.pr. 서로 껴안다; 서로 입맞추다.

embrasseur(se) [ɑ̃brasœːr, -øːz] a. 포옹[입맞춤]을 좋아하는. — n. 포옹[입맞춤]을 좋아하는 사람.

embrassure [ɑ̃brasyːr] n.f. 〖건축〙 쇠테; (차의) 연화(連環), 쇠테.

embrasure [ɑ̃brazyːr] n.f. ① (문틀·창틀을 끼우기 위한)벽 구멍. ②〖축성〙포안(砲眼)(→ fortification 그림).

embrayage [ɑ̃brɛjaːʒ] n.m. ①〖자동차·기계〙(모터에)연결하기; (클러치를)맞물리게 하기, 연동(連動)장치로 하기(↔débrayage). ② 연결장치, 연동기. ~ automatique 〖자동차의〙자동클러치.

embrayer [ɑ̃brɛ[e]je] [8] v.t. ①〖자동차·기계〙(모터에)연결하다, 연동장치로 하다(↔débrayer). On a embrayé trop tôt. 클러치를 넣는 것이 너무 빨랐다. ②〘구어〙시작하다; 재개하다.
—v.i. ① 클러치를 넣다. ②〘구어〙(이야기 따위가)시작되다. L'émission a embrayé. 방송이 시작되었다. ③〘구어〙 [~ sur] (에게)영향력을 갖다. ④〘속어〙(공장에서)일을 시작하다.

embrayeur [ɑ̃brɛjœːr] n.m. ①〖기계〙연동장치, 연동되게. ②〖언어〙연동소(連動素).

embrelage [ɑ̃brəlaːʒ] n.m. 《사투리》(차에 실은 화물을)줄로 졸라매기.

embreler [ɑ̃brəle] [4] v.t. 《사투리》(화물을)줄로 졸라매다.

embrènement [ɑ̃brɛnmɑ̃] n.m. (아기가 똥을 싸서)바지를 더럽힘.

embrener [ɑ̃brəne] [4] v.t. (아기가 똥을 싸서)바지를 더럽히다; 〘속어〙얽히게 하다. ~ la réputation de qn 〘구어〙…의 명예를 더럽히다.
—s'~ v.pr. 자기의 바지를 더럽히다; 〘속어〙얽혀들다. s'~ dans une (vilaine) affaire 《구어》좋지 못한 일에 얽히다.

embreuvement [ɑ̃brœvmɑ̃], **embrèvement** [ɑ̃brɛvmɑ̃] n.m. 〖목공〙장부촉이음.

embreuver [ɑ̃brœve], **embrever** [ɑ̃brəve] [4] v.t. 〖목공〙장부촉이음하다.

embrigadement [ɑ̃brigadmɑ̃] n.m. ①〖군사〙여단편성. ② 편입, 편성; 〘구어〙사람을 모음.

embrigader [ɑ̃brigade] v.t. ①〖군사〙여단으로 편성하다. ② 편입[편성]하다; 〘구어〙(사람을)모으다. Il a voulu m'~ dans son parti. 그는 나를 그의 당에 입당시키려 했다.
—s'~ v.pr. 편입되다. Il s'est embrigadé dans ce groupe. 그는 그 그룹에 편입되었다.

embringuer [ɑ̃brɛ̃ge] v.t. (어떤 일에)끌어넣다, 가

입시키다. Il l'*a embringué* dans une affaire louche. 그는 그를 수상한 일에 끌어넣었다.

embrocation [ɑ̃brɔkɑsjɔ̃] *n.f.* 《구어에서 줄여서 embroc [ɑ̃brɔk]》 【의학】 ① 습포(濕布), 찜질, 약물칠. ② 찜질약, 도포액(塗布液).

embrochement [ɑ̃brɔʃmɑ̃] *n.m.* (육편을)꼬챙이에 꿰기, 삽적하기.

embrocher [ɑ̃brɔʃe] *v.t.* ① (육편을)꼬챙이에 꿰다, 삽적하다(↔débrocher). ~ un poulet 영계를 꼬챙이에 꿰다. ② 《구어》(창·칼로)꿰뚫다, 찌르다. —**s'~** *v.pr.* 자기 몸을 찌르다; 서로 찌르다.

embrocheur [ɑ̃brɔʃœːr] *n.m.* ① 삽적 만드는 사람. ② 《구어》(총칼 따위로)찌르는 사람.

embroncher [ɑ̃brɔ̃ʃe] *v.t.* ① (기와 따위를)한 쪽이 겹처지게 놓다; (목재를)맞물리다. ②《엣》(얼굴 따위를)숙이다; 숨기다; 가리다.
—*v.i.* 《엣》 걸려 쓰러지다.
—**s'~** *v.pr.* 어두워지다; 음울[음산]하게 되다.

embrouillage [ɑ̃brujaːʒ] *n.m.* 《구어》혼잡, 혼란, 분규; 당황.

embrouillamini [ɑ̃brujamini] *n.m.* 《구어》대혼란, 대혼잡.

embrouillarder (s') [sɑ̃brujarde] *v.pr.* ① 안개가 끼어오다. ②《구어》(사람이)얼근해지다, 취기가 돌아 몽롱해지다.

embrouille [ɑ̃bruj] *n.f.* 《속어》혼란, 분규, 뒤죽박죽. Cette histoire-là, c'est un sac d'~. 그 문제는 복잡하게 얽혀 있어서 쉽게 해결이 안된다.

embrouillé(e) [ɑ̃bruje] *a.p.* ① (실 따위가)얽힌; (문제·사건이)얽히고 섞힌, 복잡한(↔simple). affaire ~*e* 복잡하게 얽힌 사건. ②(날씨가)흐린.

embrouillement [ɑ̃brujmɑ̃] *n.m.* ① (실 따위를)얽히게 함; 얽힘. ② 혼란, 뒤죽박죽(confusion).

embrouiller [ɑ̃bruje] *v.t.* ① (실 따위를)얽히게 하다(enchevêtrer, ↔débrouiller). Le chat a *embrouillé* la laine. 고양이가 털실을 엉클어 놓았다. fils télégraphiques tout *embrouillés* 엉망으로 얽힌 전화선. ②분규를 일으키다, 뒤섞다, 뒤죽박죽으로 만들다(compliquer). Vous *avez embrouillé* toutes les fiches. 당신이 모든 자료 카드를 뒤섞어 놓았다. Il a l'art d'~ les sujets les plus simples. 그는 매우 간단한 문제도 복잡하게 하는 재주가 있다. ③ (정신을)혼란하게 [어지럽게] 하다. ~ qn …을 정신없게 하다. Ton explication m'*embrouille*. 당신의 설명을 들으면 머리가 혼란해진다. **Ni vu ni connu, je t'embrouille.** 《구어》일이 너무나 감쪽같이 처리되어 어리벙벙하다. Les vendeurs de voitures d'occasion sont très malins: *ni vu ni connu, je t'embrouille*. 중고차 상인들은 정말 간교해서 나도 모르는 사이에 그들의 속임수에 넘어가다.
—**s'~** *v.pr.* 얽히다(s'empêtrer). Le cordon *s'embrouille*. 끈이 얽힌다. ② 혼란하다, 분규가 일다; (머리가)복잡해지다. Ses idées *s'embrouillent*. 그의 생각이 혼란해진다. question qui *s'embrouille* 복잡하게 얽힌 문제. ③ (하늘이) 흐려지다. Le temps *s'embrouille*. 구름[안개]이 낀다. ④《구어》 취기가 돌기 시작하다, 머리가 멍해지다.

embrouilleur(se) [ɑ̃brujœːr, -ɸːz] *n.* 일을 복잡하게 만드는 사람.

embroussaillé(e) [ɑ̃brusaje] *a.p.* ① 가시덤불로 덮인; 《구어》(머리가)엉클어지다. ②《구어》착잡한; (문장·사건 따위가)복잡한, 복잡함.

embroussailler [ɑ̃brusaje] *v.t.* ① 가시덤불로 덮다; (머리가) 엉클어뜨리다. ② 복잡하게 하다.
—*s' v.pr.* 가시덤불로 덮이다.

embruiné(e) [ɑ̃brɥine] *a.* ①【농업】찬 이슬비로 피해를 입은. ②(지평선 따위가)흐릿하다.

embrumé(e) [ɑ̃bryme] *a.p.* ① 안개 낀, (지평선이)흐릿한. paysage ~ 안개 낀 풍경. ②(얼굴 표정 이)어두운, 수심에 찬(sombre). visage ~ 수심에 찬 얼굴. regard ~ 우울한 시선.

embrumer [ɑ̃bryme] *v.t.* ① 안개로 덮다. L'automne *embrume* la vallée. 가을에는 계곡으로 안개가 낀다. ② (얼굴빛 따위를)어둡게 하다(assombrir). Son visage *était embrumé* par le souci. 그의 얼굴은 근심거리로 인해 어두워 보였다.
—**s'~** *v.pr.* ① 안개끼다. ② (얼굴빛 따위가)어두워지다, 음울해지다.

embrun [ɑ̃brœ̃] *n.m.* ① (*pl.*)(파도의)물보라, 비말(飛沫)(poudrin). ② 안개가 덮인 하늘.

embrunir [ɑ̃brynɪːr] *v.t.* ① 갈색이 되게 하다; 어둡게 하다. tableau *embruni* (갈색이 지나쳐서)어두운 그림. ② (비유적) 음산[음울]하게 하다, 어둡게 하다. ~ le front (슬픔이)표정을 어둡게 하다.
—*v.i.* 갈색으로 되다.
—**s'~** *v.pr.* 어두워지다; 음울[음산]하게 되다.

embryo- *pref.*「태·태아」의 뜻《예:*embryo*logie 태생학》.

embryocardie [ɑ̃br(j)ɔkardi] *n.f.* 【의학】태아양 심동(胎兒樣心動).

embryogénie [ɑ̃bri(j)ɔʒeni] *n.f.*, **embryogenèse** [ɑ̃bri(j)ɔʒ(ə)nɛːz] *n.f.* ①【생물】배태(胚胎)형성. ②【의학】태생학(胎生學); 【생물】발생학.

embryogénique [ɑ̃bri(j)ɔʒenik] *a.* 배태형성의.

embryogéniste [ɑ̃bri(j)ɔʒenist] *n.f.*【의학】태생학자; 【생물】발생학자.

embryologie [ɑ̃bri(j)ɔlɔʒi] *n.f.* ①【의학】태생학; 【생물】발생학.

embryologique [ɑ̃bri(j)ɔlɔʒik] *a.* 태생학의; 발생학의.

embryologiste [ɑ̃bri(j)ɔlɔʒist], **embryologue** [ɑ̃bri(j)ɔlɔg] *n.m.* 태생학자, 발생학자.

embryome [ɑ̃bri(j)ɔm] *n.m.*【의학】기형종(腫).

embryon [ɑ̃bri(j)ɔ̃] *n.m.* ①【생물】배(胚); 【의학】태아, 배태; (회충 따위의)유충. ②기원, 초기(germe), œuvre encore en [à l'état d']~ 미완성의 작품.

embryoné(e) [ɑ̃bri(j)ɔne] *a.* 배(胚)가 있는.

embryonnaire [ɑ̃bri(j)ɔnɛːr] *a.* ①【생물】배(胚)의. sac ~ 배낭(胚囊). ②【의학】태아의; 유충의; 시작의, 초기의. L'entreprise est demeurée à l'état ~. 그 사업은 시작 상태에 머물러 있었다.

embryonné(e) [ɑ̃bri(j)ɔne] *a.* =**embryoné**.

embryopathie [ɑ̃bri(j)ɔpati] *n.f.*【의학】배태병(胚胎病).

embryotome [ɑ̃bri(j)ɔtɔm] *n.m.*【외과】절태기(切胎器).

embryotomie [ɑ̃bri(j)ɔtɔmi] *n.f.*【외과】절태술.

embu(e) [ɑ̃by] (*p.p.* < *emboire*) *a.p.* 퇴색한, 낡은, 우중충한. ~ *n.m.* 낡은 색, 우중충한 빛깔.

embûche [ɑ̃byʃ] *n.f.* ① (대개 *pl.*) 함정, 계략(piège). dresser [tendre] des ~s à qn …을 함정 [계략]에 빠트리다. tomber dans l'~ 함정에 빠지다. problème plein d'~s 함정이 많은 문제. ②《엣》잠복, 매복, 복병(伏兵); 잠복 지점.

embûchement [ɑ̃byʃmɑ̃] *n.m.* 벌채착수.

embûcher [ɑ̃byʃe] *v.t.* ① 벌채에 착수하다. ② (사슴을)숲으로 몰아붙이다. ③《엣》잠복시키다.
—**s'~** *v.pr.* ① (사슴이) 숲으로 도망가다. ②《엣》잠복하다, 매복하다.

embuer [ɑ̃bɥe] *v.t.* ① (김·수증기 따위가)흐리게 하다. pare-brise *embué* 김이 서린 (자동차의)앞창. ② (눈물이 눈을)흐리게 하다. yeux *embués* de larmes 눈물이 글썽한 눈.
—**s'~** *v.pr.* ① (눈이)흐려지다.

embuscade [ɑ̃byskad] *n.f.* ① 매복, 매복소; 복병

(伏兵). attirer *qn* dans une ~; dresser[tendre] une ~ à *qn* …을 함정에 빠드리다; …을 잡기 위해 매복하다. en ~ 매복시킨. se mettre[se tenir] en ~ 매복하다. tomber dans une ~ 매복에 걸려들다, 함정에 빠지다. mettre des soldats en ~ derrière les rochers 병사를 바위 뒤에 매복시키다. ② 함정, 덫. ~*s* d'un examen 시험의 함정.

embuscage [ãbyskaːʒ] *n.m.* 《군대어》 매복배치; 매복근무.

embusque [ãbysk] *n.f.* 《군대어》 (동원·징병을 기피하는 사람의) 은신처.

embusqué(e) [ãbyske] *a.p.* 매복한; 숨은. agent de la circulation ~ dans un coin de la rue 길모퉁이에 숨어 있는 교통순경. —*n.m.* 《군대어》 (특히 1차 세계대전 중의) 후방 부대 근무병; 기피자, 동원을 모면한 사람. nid d'~*s* = embusque.

embusquer [ãbyske] *v.t.* ① 매복시키다. Il *a embusqué* ses hommes dans un bois voisin. 그는 인근 숲에 그의 부하들을 매복시켰다. ② (제 1 차대전 중) 후방 부대 근무로 시키다; (에게) 전선근무를 면제해 주다. se faire ~ 후방 근무로 돌려지다, 편안한 부서에서 일하게 되다.
—*s'*~ *v.pr.* ① 매복하다; 숨다. ② 《군대어》 후방 부대 근무를 하다; 동원을 면하다.

embusqueur [ãbyskœːr] *n.m.* 《군대어》 후방 부대 근무를 시켜주는 사람; 동원을 면제해주는 사람.

embuv-ais, -ait, -ant etc. [ãbyvɛ, -ɛ, -ã] = emboire.

éméché(e) [emeʃe] *a.p.* ① 《구어》 얼근히 취한. ② (머리털을) 타래로 만든.

émécher [emeʃe] [6] *v.t.* ① 《구어》 얼근히 취하게 하다. ② (머리털을) 타래로 만들다. ③ (초의) 심지가 타서 새까매진 부분을 잘라내다.
—*s'*~ *v.pr.* ① 《구어》 얼근히 취하다. ② (머리털이) 타래가 되다.

emendanda [emẽdãda] (라틴) *n.m.pl.* 《인쇄》 교정을 요함.

émendation [emãdasjɔ̃] *n.f.* 《옛》 수정, 정정.

émender [emãde] *v.t.* (법령·조문 따위를) 수정(정정) 하다.

-ement *suff.* (남성명사 어미, 현재분사의 어간에 붙어서) 「동작·행위」의 뜻 (예: mouvoir → mouvant → mouvement 운동).

éméraldine [emeraldin] *n.f.* 녹색 염료.

émeraude [emroːd] *n.f.* ① 에메랄드, 벽옥(碧玉). ② 에메랄드 색, 선록색. L'île d'~ 아일랜드. yeux d'~ 에메랄드빛 눈.
—*a.* (불변) 에메랄드 색의, 선록색의. rubans ~ 선록색 리본.

émergement [emɛrʒəmã] *n.m.* 수면상에 떠오르는.

émergence [emɛrʒãːs] *n.f.* ① 출현. ~ d'idées nouvelles 신사상의 출현. ② (광선·액체의) 사출 (射出), 분출. point d'~ 광선의 사출점; 샘물의 분출구. ③ 《생물》 융기체; 《식물》 모상체(毛狀體). ④ 《해부》 (신경·혈관의) 분기 (점). ⑤ 《생물·철학》 창발(創發) (진화중 예기치 못했던 물질 따위의 출현); 뜻하지 않은 출현.

émergent(e) [emɛrʒã, -ãːt] *a.* ① (바위 따위가) 수면에 노출되어 있는, 나타나 있는. terrain ~ 썰물 때 수면에 나타나는 땅. ② (광선이) 사출하는. ③ an ~; année ~*e* 원년(元年).

émerger [emɛrʒe] [3] *v.i.* ① (수면에) 나타나다 또 오르다, 머리를 내밀다 (↔ plonger). La lune *émerge* des nuages. 달이 구름 사이로 나타나다. rochers qui *émergent* au large 난바다에 솟아 있는 바위들. ② 나타나다, 명료화하다; 두각을 나타내다. De toutes ces enquêtes, la vérité *émergera*. 이 조사로 진실이 드러나게 될 것이다. C'est un élève très intelligent qui *émerge* de sa classe. 그는 반에서 두각을 나타내는 매우 총명한 학생이다. ③ (샘이) 솟아오르다.

émeri(l) [emri] *n.m.* ① 《광물》 에머리. ② 금강사 (金鋼砂) (poudre d'~). bouchon à l'~ 젖빛유리 마개. flacon bouché à l'~ 젖빛유리 마개가 있는 플라스크. papier ~ 사지(砂紙), 샌드페이퍼. toile (d')~ 사포(砂布). *être bouché à l'~* 《구어》 머리가 꽉 막혀 있다, 우둔하다.

émerillon [emrijɔ̃] *n.m.* ① 《조류》 쇠황조롱이 (사냥에 쓰임). ② 《군사》 (옛날의) 작은 야포. ③ 회전고리, 전환(轉環).

émerillonné(e) [emrijɔne] *a.p.* 《드물게》 활발한; 민첩한; 장난기가 있는. —*n.* 장난꾸러기.

émerillonner [emrijɔne] 《옛》 *v.t.* ① 생생하게 하다. ② 활발[쾌활]하게 하다.
—*s'*~ *v.pr.* ① 생생하게 되다. ② 쾌활해지다.

émeriser [emrize] *v.t.* ① (종이·헝겊 따위에) 금강사를 입히다. ② (금속을) 사지(砂紙)로 갈다[닦다]. papier *émerisé* 사지, 샌드페이퍼.

émérite [emerit] *a.p.* ① 숙달한, 노련한 (distingué, éminent); 상습적인. chirurgien ~ 노련한 외과의사. voleur ~ 상습적인 도둑. ② 《옛》 전직대우의, 명예퇴직의. professeur ~ (퇴직 후의) 명예교수. soldat ~ (옛 로마의) 퇴역군인.

émersion [emɛrsjɔ̃] *n.f.* ① 수면 위에 떠오르기; 노출. ~ d'un rocher à marée basse 썰물 때 바위의 노출. ② 《천문》 (일식·월식 후의 천체의) 재현, 출현 (↔ immersion).

émerveillable [emɛrvɛjabl] *a.* 《옛》 감탄할 만한.

émerveillement [emɛrvɛjmã] *n.m.* 경탄, 감탄. pousser un cri d'~ 감탄의 소리를 지르다.

émerveiller [emɛrveje] *v.t.* 감탄[경탄]하게 하다 (éblouir, enchanter, ↔ décevoir). Cette œuvre *a émerveillé* les critiques. 이 작품은 비평가들을 감탄시켰다. Cet événement *a émerveillé* toute la ville. 이 사건은 온 마을사람들을 경탄시켰다.
—*s'*~ *v.pr.* [s'~ de] (에) 감탄[경탄]하다. *s'*~ *du* talent d'un artiste 예술가의 재능에 감탄하다. *s'*~ *de* + *inf.* …하여 감탄하다. *s'*~ *que* + *sub.*; *s'*~ *de* ce que + *sub.*[*ind.*] …에 경탄하다.

émétique [emetik] 《의학》 *a.* 구토하게 하는 (vomitif). —*n.m.* 토제.

émétisant(e) [emetizã, -ãːt] *a.* (기침 따위가) 구토증을 일으키는.

émétiser [emetize] *v.t.* 《드물게》 ① (음료 따위에) 구토약을 넣다. ② (환자 따위에) 구토약을 먹이다.

éméto-cathartique [emetɔkatartik] *a.* 구토와 설사를 일으키는. —*n.m.* 토사약.

émetteur(trice) [emetœːr, -tris] *n.* ① 송신인. ② 《상업》 (어음·채권 따위의) 발행인. ~ de chèques sans provision 부도수표 발행인.
—*n.m.* ① 《무전》 송신기 (poste ~). ~ radiotélégraphique (radiotéléphonique) 무선 전신[전화] 송신기. ~ radio (phonique) 라디오 송신기. ② 방송국. ~ intermédiaire (relais) 중계방송국. ③ 《물리》 방사체. ~ (de particules) alpha 알파입자 방사체. ~ de gaz 가스 실린더. ④ 《언어》 발신자 (↔ récepteur).
—*a.* ① (어음 따위가) 지폐·수표를) 발행하는. banque ~*trice* 화폐발행 은행. ② 《무전》 발신하는, 송신하는. poste ~; station ~*trice* 송신국; 방송국.

émetteur-récepteur [emetœrresɛptœːr] (*pl.* ~*s*-~*s*) *n.m.* 송수신기, 휴대용 무선전화기 (~ portatif).

émettre [emɛtr] [46] *v.t.* ① (소리·빛·열 따위를) 내다; (전파를) 보내다 (donner, répandre). ~ des

sons aigus 날카로운 소리를 내다. ~ **une lumière douce** 부드러운 빛을 내다[말하다]. ② 《목적보어 없이》방송하다. ~ **sur ondes courtes** 단파방송을 하다. ③ 《비유적》《의견 따위를》표명[진술]하다 (exprimer). ~ **un avis**[**une hypothèse**] 의견(가설)을 표명하다[내세우다]. ④ 《지폐·어음·공채 따위를》발행하다; (위조지폐 따위를) 발행하다. ~ **des chèques** 수표를 발행하다. ~ **un emprunt** 공채를 발행하다. ⑤ ~ **un appel** 공소하다.

émeu [emø] n.m. 《조류》에뮈(오스트레일리아산의 큰 새)(émou).

émeulage [emøla:ʒ] n.m. 숫돌바퀴로 갈기.

émeuler [emøle] v.t. 숫돌바퀴로 갈다, 연마하다.

émeu-s, -t, etc. [emø] ⇨ **émouvoir.**

émeute [emø:t] (< émouvoir) n.f. ① 폭동, 소요, 소동(agitation). **exciter**[**réprimer**] **une** ~ 폭동을 일으키다[진압하다]. **La manifestation a failli tourner à l'~.** 시위는 폭동으로 변할 뻔했다. ② 《옛》 동요, 감동(感動).

émeuter [emøte] v.t. (에게) 폭동을 일으키게 하다.

émeutier(ère) [emøtje, -ɛ:r] a. 폭동의, 폭동에 가담하는, 폭동을 선동하는. **conspirations ~ères** 폭동 음모. — n. 폭도; 폭동 선동자.

É.-M.G. 《약자》 État-major général 《군사》 총사령부.

-émie suff. 「피」의 뜻.

émier [emje] v.t. = **émietter.**

émiettement [emjɛtmɑ̃] n.m. ① 부스러뜨리기; (빵 따위의) 부스러기. ② 《비유적》 분산, 낭비. ~ **des responsabilités** 책임의 분산. ~ **d'énergie** 에너지(정력)의 낭비.

émietter [emje(ɛ)te] v.t. ① 부스러뜨리다; 세분하다. ~ **du pain sur l'eau pour les poissons** 빵을 조각 내어 물위에 뿌리다. ② 《비유적》 분산하다; 낭비하다. ~ **son effort** 노력을 분산하다. ~ **son temps**(**sa fortune**) 시간(재산)을 낭비하다.
— **s'** ~ v.pr. ① 부서지다, 산산조각이 나다. ② 《비유적》 분산되다; 낭비되다. **La foule s'est émiettée.** 군중은 뿔뿔이 흩어졌다.

émigrant(e) [emigrɑ̃, -ɑ̃:t] a. (딴 나라로)이주하는, 이동하는. **oiseaux** ~s 철새. — n. ① (딴 나라로)가는 사람(↔ immigrant). **navire d'**~s 이민선. ② 《프랑스사》 (대혁명 때의) 망명자.

émigration [emigrasjɔ̃] n.f. ① (딴 나라로의) 이주; (집합적) 이민(↔ immigration). ~ **obligatoire** 강제 이주(이민). ② (조류의) 이동; (어류의) 회유(回遊). ③ 《프랑스사》 (대혁명 때의) 귀족의 망명; (집합적) 망명 귀족.

émigré(e) [emigre] a.p. 이주한, 이민의; 망명한. **noble** ~ 망명 귀족. — n. ① 이주자. ② 망명자; 《프랑스사》 (대혁명 때의) 망명 귀족.

émigrer [emigre] v.i. ① 이주(이민) 하다(↔ immigrer). ② 망명하다(s'expatrier); 《프랑스사》 (대혁명 때의) 프랑스를 떠나다. ③ (새가) 이동하다; (물고기가) 회유하다. **L'hirondelle émigre en automne.** 제비는 가을에 이동한다.

émigrette [emigrɛt] n.f. 요요(프랑스 대혁명의 망명 시대에 유행하던 장난감)(yoyo).

émincé [emɛ̃se] n.m. 《요리》 얇게 벤 고기로 만든 스튜의 일종.

émincer [emɛ̃se] ② v.t. 《요리》 (고기를) 얇게 썰다[베다].

éminemment [eminamɑ̃] ad. ① 뛰어나게, 현저하게; 《구어》 매우. **personne** ~ **cultivée** 뛰어난 교양의 소유자. ② 《스콜라철학》 원리(原理)적으로.

éminence [eminɑ̃:s] n.f. ① 언덕, 고지(hauteur, butte). **observatoire établi sur une** ~ 높은 곳[언덕]에 세워진 천문대. ② 《의학》 융기(隆起), 돌기. ~ **osseuse** 골(骨) 돌기. ③ 《옛》 《비유적》 탁월, 걸출, 발군. ~ **de sa vertu** 그의 뛰어난 덕, 그 고의 덕. ④ 《가톨릭》 추기경에 대한 존칭. **son É~ le cardinal** 추기경 예하.

l'É~ grise 《역사》 (추기경 Richelieu의 참모였던 Joseph 신부를 가리켜) 막후의 추기경; 《비유적》 막후의 참모[실력자].

éminent(e) [eminɑ̃, -ɑ̃:t] a. ① (사람이) 훌륭한, 걸출한(illustre, ↔ médiocre); (덕 따위가) 높은, (지식 따위가) 탁월한. **rendre d'**~ **services** 뛰어나게 공헌하다. ~ **professeur** 명교수. **mon** ~ **collègue** 훌륭한 나의 동료(흔히 예의적 표현으로 사용). **à un degré** ~ 고도로, 뛰어나게. ② 고위의. **fonctionnaire** ~ 고관. **occuper un poste** ~ 높은 지위에 있다. ③ 《스콜라철학》 원리적인(↔ objectif, formel). ④ 《장소가》 높은.

éminentissime [eminɑ̃tisim] a. 지극히 높으신(교황 추기경·추기경에 대한 존칭). ~ **seigneur** 예하.

émir [emi:r] n.m. 에미라 ① 이슬람교단의 수장, 오스만투르크 제국의 장군(총독). ③ 《옛》 마호메트 자손에 대한 존칭.

émirat [emira] n.m. (이슬람교단의) 수장의 지위; 수장국. **É~s arabes unis** 아랍수장국 연방.

émi-s, -t, etc. [emi] ⇨ **émettre.**

émissaire [emisɛ:r] n.m. ① 밀사, 밀정. **envoyer un** ~ 밀사를 파견하다. ② (호수 따위의) 배수로, 방수로. ③ 《의학》 도혈관(지금은 veines ~s를 사용). 《형용사적》 **canal** ~ 분비관. — a. **bouc** ~ 속죄의 염소; 남의 죄를 대신 지는 사람.

émissif(**ve**) [emisif, -i:v] a. 방사(放射)하는, 방사성의. **pouvoir** ~ 《물리》 방사도(度).

émission [emisjɔ̃] n.f. ① (빛·열의) 방출, 방사; (오줌 따위의) 배설; (소리 따위를) 내기. ~ **de voix** 발성. ~ **d'urine**(**de sperme**) 방뇨(사정). ② 《무전》 송신, 발신; 방송, 방영. **poste**[**station**] **d'**~ 송신국[소]. **antenne d'**~ 송신 안테나. ~ **télévisée** 텔레비전 방송. ~ **publique** 공개방송. ~ **directe**[**en direct**] 생방송. ~ **différée**[**en différé**] 녹음[녹화] 방송. ~ **-débat** 방송 토론회. ③ 《상업》 (지폐·어음 따위의) 발행함; 《법》 (가짜 문서의) 유포; (위조지폐 따위의) 행사. ~ **des billets** 지폐의 발행. **banque d'**~ 발권은행(프랑스에서는 Banque de France). ~ **de timbres-poste de commémoration** 기념우표발행. ④ ~ **sanguine** 《의학》 사혈(瀉血).

émissionnaire [emisjɔnɛ:r] a. (은행권 따위를) 발행하는. ~ (어음 따위의) 발행인.

émissole [emisɔl] n.f. 《어류》 돔발상어(chien de mer).

emmagasinage [ɑ̃magazina:ʒ], **emmagasinement** [ɑ̃magazinmɑ̃] n.m. ① 《상업》 창고에 넣기, 입고. ~ **de marchandises** 상품의 입고. ② (활력을) 저장하기; (지식 따위의) 축적; 《물리》 에너지·열·빛 따위의) 축적.

emmagasinateur(**trice**) [ɑ̃magazinatœ:r, -tris] 《드물게》 a. 저장하는, 축적하는. — n.m. (열·에너지 따위를) 축적하는 물체.

emmagasiner [ɑ̃magazine] v.t. ① 《상업》 입고하다; (비행기를) 격납고에 넣다; (미술품을) 모으다. ~ **dans la chambre des curiosités** 골동품을 방 안에 쌓다. ② 《비유적》 (지식·추억 따위를) 쌓다. ~ **les souvenirs** 추억을 쌓다. ③ 《물리》 (열·빛·에너지 따위를) 축적하다. ④ 《군사》 (탄약통으로) 탄창을 하나 가득 채우다.
— **s'** ~ v.pr. ① 《창고에 넣어지다; 격납되다; 모아지다. ② 축적되다.

emmagasineur [ɑ̃magazinœ:r] n.m. 《드물게》 《상

emmaigrir [ɑ̃mɛgriːr] 《엣》 v.t. 마르게 하다.
—v.i., s'~ v.pr. 마르다.
emmaigrissement [ɑ̃maɡrismɑ̃] n.m. 《엣》 쇠약하게 마르게, 마르게 하기.
emmailler [ɑ̃maje] v.t. ① (그물코를)한 코씩 잇다. ② (물고기를)그물로 잡다.
—s'~ v.pr. 그물코에 걸리다; 영망으로 얽히다.
emmaillotement [ɑ̃majɔtmɑ̃] n.m. ① (아기를)포대기로 싸기; 단단히 둘러싸기. ② (손가락 따위를)붕대로 감기.
emmailloter [ɑ̃majɔte] v.t. ① (아기를)포대기로 싸다; 단단히 둘러싸다. ② (손가락 따위를 붕대로 감다. —s'~ v.pr. ① (s'~ de) (으로)몸을 싸다, 싸이다. s'~ d'un manteau 외투로 몸을 싸다. ② (se ~) 간접목적보어》 자기의 …을 싸다.
emmanchage [ɑ̃mɑ̃ʃaːʒ] n.m. 손잡이를 달기.
emmanché [ɑ̃mɑ̃ʃe] a.p. ① 《구어》 bien (mal) ~ 시작이 좋은 (나쁜). ② 《속어》 서투른 (maladroit). ③ (도끼·낫이)색무늬의 손잡이가 달린.
emmanchement [ɑ̃mɑ̃ʃmɑ̃] n.m. ① 손잡이를 달기 (emmanchage). ② 기계에 바이트를 잇기(달기). ③ 《엣》 《미술》 (그림·조각에서)손·발의 연결.
emmancher¹ [ɑ̃mɑ̃ʃe] v.t. ① (낫·우산 따위에)손잡이를 달다. ~ un balai 빗자루에 손잡이를 달다. ② (기계의 본체에 바이스 따위로)맞물리다; (구멍 안에)꽂다. ~ une bougie dans le chandelier 샹들리에 양초를 꽂다. ③ 《비유적》 (에)착수하다, 시작하다(entamer). ~ une discussion 토론을 시작하다. ④ 《미술》 (그림·조각에서)(손·발 따위를)달다.
—s'~ v.pr. ① 손잡이에 꽂아지다, 손잡이가 달리다. ② 이어지다, 끼이다, 꽂히다. ③ 시작되다, 착수되다. Cela s'emmanche bien (mal). 시작이 좋다(나쁘다), 일이 처음부터 잘 풀려나간다(않는다).
emmancher² v.i. 해협(영불 해협)으로 들어서다.
emmancheur [ɑ̃mɑ̃ʃœːr] n.m. 손잡이를 다는 사람.
emmanchure [ɑ̃mɑ̃ʃyːr] n.f. ① 소맷동, 소맷부리 (entournure). ② 손잡이 구멍.
emmannequiner [ɑ̃manikine] v.t. (식물을)등바구니에 넣다.
emmanteler [ɑ̃mɑ̃tle] [4] v.t. ① (사람을)망토로 싸다. ② (요새를)성벽으로 둘러싸다.
emmarchement [ɑ̃marʒəmɑ̃] n.m. 《건축》 (계단의)디딤널; 계단의 길이(폭).
emmarger [ɑ̃marʒe] [3] v.t. 《드물게》 여백(餘白) (난외)에 기입하다.
emmargouillé(e) [ɑ̃marɡuje] a. 《속어》 더럽혀진 (barbouillé).
emmarquiser [ɑ̃markize] v.t. 《구어》 후작(후작 부인)이라고 부르다, (에게)후작의 명칭을 주다.
—s'~ v.pr. 《엣》 후작 칭호를 얻다.
emmassement [ɑ̃masmɑ̃] n.m. 《군사》 밀집; 밀집부대.
emmasser [ɑ̃mase] v.t. 《군사》 밀집시키다.
Emmaüs [emays, ɛmmays] n.pr.m. 엠마우스 (그리스도가 부활후 처음으로 제자 앞에 나타난 예루살렘 서북의 지역).
emmêcher [ɑ̃meʃe] [6] v.t. (꽂불에)도화선을 달다.
emmêlement [ɑ̃mɛlmɑ̃] n.m. ① (실·머리 따위의) 엉클어짐; 얽힘. ② 《비유적》 착잡, 뒤죽박죽; (자동차 따위의)혼잡.
emmêler [ɑ̃mɛ(e)le] v.t. ① (실·머리 따위를)엉클다; 뒤섞다. ② 《비유적》 (사건·이야기의 줄거리를)혼란시키다. Mais non, ce n'est pas ça, tu emmêles tout! 천만에, 그게 아니라구, 자넨 전부 혼동하고 있어! —s'~ v.pr. ① 얽히다. ② 뒤죽박죽이 되다; 혼란되다.
emménagement [ɑ̃menaʒmɑ̃] n.m. ① (새집으로) 이사하기 (↔ déménagement); (가구의)설치. ② (pl.) 《항공·해양》 실내 설비.
emménager [ɑ̃menaʒe] [3] v.i. (새집으로)이사들다 (↔ déménager); 새집에 가구를 들여놓다.
—v.t. ① 《드물게》이사들게 하다, (에)살게 하다; (가구를)새집에 들여놓다. ~ un buffet 새집에 찬장을 들이다. [~ qn] ~ sa famille 가족을 새집에 자리잡게 하다. ② (비행기·배 안에)설비를 하다.
—s'~ v.pr. 《엣》 살림을 차리다; 가구를 마련하다.
emménagogue [ɑ̃(em)menagɔɡ] 《의학》 a. 통경 (通經)의, 월경을 순조롭게 하는. —n.m. 통경제.
:**emmener** [ɑ̃mne] [4] v.t. ① (사람을 어떤 곳에서 딴 곳으로)데리고 가다 (conduire, ↔ amener). ~ qn à l'école …을 학교에 데리고 가다. ~ un ami chez soi 친구를 집에 데리고 가다. —t+fut.] Je l'ai emmené passer l'hiver en Italie. 나는 이탈리아에서 겨울을 지내도록 그를 데리고 갔다.
② (물건을) 가지고 가다. Il a emmené un livre pour se distraire. 그는 기분전환을 위해 책을 가지고 갔다.
③ 《군사·스포츠》 지휘하다, 유도(리드)하다 (commander). chef qui sait ~ ses troupes 자기 부대를 지휘할 줄 아는 지휘관. ~ bien son équipe 팀을 잘 리드하다.
REM 사물이 목적보어일 때 emmener를 쓰는 것은 오용이고 emporter를 사용해야 한다고 주장하는 문법학자도 있다.
emmenotter [ɑ̃mnɔte] v.t. [~ qn] (에게)수갑을 채우다. ~ un voleur 도둑에게 수갑을 채우다.
emment(h)al [emetal] n.m. 에멘탈(Emmenthal, 스위스의 계곡)산의 치즈.
emmerdant(e) [ɑ̃mɛrdɑ̃, -ɑ̃ːt] a. 《속어》 정말 귀찮은, 지겨운 (embêtant). [준말.
emmerde [ɑ̃mɛrd] n.m. 《속어》 = emmerdement
emmerdement [ɑ̃mɛrdəmɑ̃] n.m. 《속어》 귀찮음, 성가심; (pl.) 귀찮은 일, 지겨운 일(embêtement). avoir des ~s 귀찮은 (난처한) 일을 당하다.
emmerder [ɑ̃mɛrde] v.t. 《속어》 ① 귀찮게 굴다, 싫증나게 하다(embêter). ~ les voisins 이웃들을 못살게 굴다. Je suis salement emmerdé avec cette histoire. 그 일 때문에 골탕 먹게 되었다. Ça m'emmerde de l'emmener. 그 사람을 데리고 가야 하다니 정말 지겹군. ② [~ qn] 얕보다, 문제도 삼지 않다. Ces types-là, je les emmerde! 저자들 말이야, 난 상대도 하지 않아! ③ 《엣》 똥으로 더럽히다.
—s'~ v.pr. 귀찮아 죽을 지경이다, 진저리나다. On s'emmerde ici. 여긴 형편 없는 곳이군.
emmerdeur(se) [ɑ̃mɛrdœːr, -øːz] n. 《속어》 귀찮은 놈(년).
emmétrage [ɑ̃metraːʒ] n.m. (자재를)측량하기 좋게 배치하기.
emmétrer [ɑ̃metre] [6] v.t. (자재를)측량하기 좋게 배치하다.
emmétrope [ɑ̃metrɔp] a. 정시안(正視眼)의 (↔ amétrope). —n. 정시안자.
emmétropie [ɑ̃metrɔpi] n.f. 정시(正視). [기.
emmeulage [ɑ̃mølaːʒ] n.m. (건초 따위를)쌓아올리
emmeuler [ɑ̃møle] v.t. (건초 따위를)쌓아올리다.
emmi [ɛmmi, ɑ̃mi] prép. 《엣》 …의 속(에)(parmi).
emmiellé(e) [ɑ̃mjɛ(e)le] a.p. ①꿀을 바른. ② 《비유적》 (말이)꿀처럼 달콤한(douceureux). paroles ~es 감언. ③ 《속어》 진저리나는.
emmiellement [ɑ̃mjɛlmɑ̃] n.m. 《드물게》 꿀을 바르기(넣기).

emmieller [ɑ̃mjɛ(e)le] v.t. ① (드물게)(에)꿀을 바르다(넣다). ~ une tisane 탕약에 꿀을 넣다. ② (비유적)(거짓을)완곡하게 나타내다. ③《속어》귀찮게 굴다(emmerder 의 완곡어법).

emmielleur(se) [ɑ̃mjɛlœːr, -øːz] n. 《속어》=**emmerdeur**.

emmiellure [ɑ̃mje(e)lyːr] n.f. ①《드물게》(말의 발에 바르는)벌꿀 고약. ②(밀의)이삭이 작아지는 병, 당맥병(糖麥病).

emmistoufler [ɑ̃mistufle] v.t.《은어》귀찮게 하다, 진저리나게 하다(《속어》emmerder).

emmitonner [ɑ̃mitɔne] v.t.《옛·구어》포근한 것으로 싸다. ② v.pr. [s'~ de] (포근한 것으로)싸다. s'~ d'un manteau de fourrure 모피 외투로 몸을 포근하게 감싸다.

emmitoufler [ɑ̃mitufle] v.t. ①[~ qn de/dans] (으로)포근하게 싸다. dame emmitouflée jusqu'aux oreilles chale en châle sur le cœur 귀까지 싼 부인. ②《드물게》(비유적)(진실 따위로)속이다, 숨기다. —s'~ v.pr. [s'~ de/dans] (으로)포근하게 싸다.

emmitrer [ɑ̃mitre] v.t. (에게)주교관(主敎冠)(주교직)을 주다.

emmortaiser [ɑ̃mɔrtɛ(e)ze] v.t. 《목공》장붓구멍에 끼우다.

emmotté(e) [ɑ̃mɔte] a.p. 《농업》뿌리가 흙으로 싸인(이식 따위를 위해).

emmotter [ɑ̃mɔte] v.t. ①(뽑은 초목의 뿌리를)흙으로 싸다, 흙을 묻어 두다.

emmouflage [ɑ̃mufla:ʒ], **emmouflement** [ɑ̃mufləmɑ̃] n.m. 《요업》가마에 넣기.

emmoufler [ɑ̃mufle] v.t. 《요업》가마에 넣다.

emmouscailler [ɑ̃muskaje] v.t. 《속어》=**emmerder**.

emmoustaché(e) [ɑ̃mustaʃe] a. 《옛》콧수염이 있는.

emmoutarder [ɑ̃mutarde] v.t. 《비어》귀찮게 굴다, 지겹게 하다(emmerder).

emmurement [ɑ̃myrmɑ̃] n.m. 《종교》(종교 재판에 의한)종신 금고(禁錮).

emmuré(e) [ɑ̃myre] n. ①종신 금고에 처해진 사람; 유폐된 사람. ②(산사태 따위로)매몰된 사람.

emmurer [ɑ̃myre] v.t. ①종신 금고에 처하다, 유폐하다. ②(비유적)(속에)가두다; 자기 속에 가두다. (주로 p.p.로) Nous restions emmurés dans notre silence. 우리는 침묵을 지키고 있었다. être emmuré 자기 속에 갇혀있는 존재. ③《옛》(도시 따위를)성벽으로 둘러싸다.

emmuscadiner [ɑ̃myskadine] v.t. 《옛》귀공자처럼 차려입히다.

emmuseler [ɑ̃myzle] [5] v.t. ①《옛》(개 따위에)부리망을 씌우다. ②(비유적)입을 틀어막다, 함구시키다. emmuseler par la peur 겁에 질려 말문이 막히다.

emmusquer [ɑ̃myske] v.t. 사향(麝香)으로 향기를 품기다.

émoeller [emwale] v.t. 《벼의》꿀을 빼내다, 내다.

émoi [emwa] n.m. 《문어》①(마음의)동요, 흥분(agitation). [en ~] avoir le cœur en ~ 마음이 두근거리다. Un cambriolage a eu lieu; le quartier est en ~. 강도가 들어서 온동네가 떠들썩하다. Dans son ~, il a oublié son parapluie. 흥분한 나머지 그는 우산을 잊어버렸다. ②불안, 근심(trouble). ~ d'un jour d'examen 시험 당일의 불안. ③ 감동, 마음의 두근거림 (émotion). ravir qn d'~ ~을 감동시키다. Je suis venu m'asseoir à côté d'elle non sans ~. 그녀 옆에 와 앉자 내 가슴이 두근거렸다.

émollient(e) [emɔljɑ̃, -ɑ̃ːt] a. ①《약》(조직의 염증 따위에)완화하는. remède ~ 완화제. ②(비유적)위안하는, 온화한. paroles ~es 마음을 달래는 말. —n.m. 《약》완화제.

émolument [emɔlymɑ̃] n.m. ①(pl.) (공무원 따위의)보수, 봉급(appointements); (공증인 따위의)법정 사례(보수)(honoraires). ②《법》(상속자 따위의)취득(재산). ③《옛》이익.

émolumentaire [emɔlymɑ̃tɛːr] a. 유산상속의.

émonction [emɔ̃ksjɔ̃] n.m.《드물게》《생리》배출, 배설.

émonctoire [emɔ̃ktwaːr] n.m. ①《의학》배출구, 배설기관. ②(비유적)(감정 따위의)배출구.

émondage [emɔ̃da:ʒ] n.m. ①《원예》소용없는 가지를 쳐내기, (종자를 추려)깨끗하게 하기; (편도(扁桃)의)속껍질을 떼어내기.

émonde¹ [emɔ̃d] n.f. (정상부만 남기고)가지를 잘라낸 나무. ②(pl.)잘라낸 가지.

émonde² n.f. (새의)똥.

émondement [emɔ̃dmɑ̃] n.m. =**émondage**.

émonder [emɔ̃de] v.t. ①《원예》(나무의)소용없는 가지를 쳐내다, 전지하다. ②(종자를 추려)깨끗이 하다; (편도의)속껍질을 떼어내다. ③(비유적)(글·책 따위의)필요없는 부분을 없애다. ~ un récit des détails inutiles 이야기에서 필요없는 부분을 삭제하다.

émondeur(se) [emɔ̃dœːr, -øːz] n. (나무의)가지를 쳐내는(전지하는) 사람.

émondoir [emɔ̃dwaːr] n.m. 가지 치는 낫(가위).

émorfilage [emɔrfila:ʒ] n.m. (피혁·금속 제품의)까칠까칠한 부분을 없애기.

émorfiler [emɔrfile] v.t. (피혁·금속 제품의)까칠까칠한 부분을 없애다.

émotif(ve) [emɔtif, -iːv] a. ①감정의, trouble ~ 정서 장애, choc ~ 정신적 충격. ②감동하기 쉬운, 민감한, 다감한(sensible.↔apathique). enfant ~ (감수성이)예민한 아이. peu ~ 감정에 쏠리지 않는, 냉정한. —n. 다감한 사람.

***émotion** [emosjɔ̃] (<émouvoir) n.f. ①(희노애락의)감정; 마음의 동요, 감동, 흥분. éprouver une ~ vive(forte) 강한 감동을 느끼다. parler avec ~ 흥분해서 말하다. accueillir une nouvelle sans ~ 어떤 소식을 듣고 태연하다. On a failli avoir un accident. Quelle ~! 하마터면 사고가 날뻔했다. 얼마나 가슴이 떨렸는지! On n'a pas eu d'~. 《구어》조금도 걱정하지(두려워하지) 않았다. ②《드물게》동요, 혼란, 소요(agitation). ~ populaire 민중의 소요. Toute l'Europe est en ~. 전유럽이 혼란에 빠져 있다.

émotionnable [emosjɔnabl] a. 감동(흥분)하기 쉬운.

émotionnant(e) [emosjɔnɑ̃, -ɑ̃ːt] a. 감동(흥분)시키는.

émotionnel(le) [emosjɔnɛl] a. 감정(감동)의, 《심리》정동적(情動的)인. réaction ~le 감정적 반응. états ~s 정동적 상태《희로애락의 강렬한 감정에 사로 잡힌 상태》.

émotionner [emosjɔne] 《구어》 v.t. 감동(흥분)시키다(émouvoir). le public 관중을 감동시키다. —s'~ v.pr. 감동(흥분)하다.

émotivité [emɔtivite] n.f. 감동성, 감수성(sensibilité); 《심리》피감동성.

émottage [emɔta:ʒ], **émottement** [emɔtmɑ̃] n.m. 흙덩어리를 부수기; (설탕의)덩어리를 부수기.

émotter [emɔte] v.t. (논밭의)흙덩어리를 부수기; (설탕의)덩어리를 부수다.

émotteur(se) [emɔtœːr, -øːz] n. 흙덩어리를 부수는 사람. —n.m. 흙덩어리를 부수는 기기, 설탕 분쇄기. —n.f. 흙덩어리를 부수는 쇠스랑.

émottoir [emɔtwaːr] n.m. 흙덩어리를 부수는 막대

émou [emu] *n.m.* =**émeu.**
émoucher [emuʃe] *v.t.* ① (마소의)파리를 쫓다. ~ un cheval 말의 파리를 쫓다. ② (밀의)껍질을 털다. ③ 〖검술〗=démoucheter.
　—s'~ *v.pr.* (마소의)파리를 쫓다.
émouchet [emuʃɛ] *n.m.* 〖조류〗새매; 뻐꾸기.
émouchetage [emuʃtaːʒ] *n.m.* ①(뾰족한 도구의)끝을 부러뜨리기. ②(삼 따위를)훑어 빗기.
émoucheter [emuʃte] ⑤ *v.t.* ①=démoucheter. ②(뾰족한 도구의)끝을 부러뜨리다. ③ 〖직물〗(삼·모시를)훑어 빗다, 삼다.
émouchette [emuʃɛt] *n.f.* (말에 씌우는)파리 막는 그물.
émoucheur(se) [emuʃœːr, -ø:z] *n.*〖옛〗파리를 쫓는 사람.
émouchoir [emuʃwaːr] *n.m.* 파리채.
émouchure [emuʃyːr] *n.f.* (보통 *pl.*)(아마의 껍질에서)훑어낸 티(부스러기).
émoudre [emudr] ⑤⓪ *v.t.* (회전숫돌로)갈다.
émoulage [emulaːʒ] *n.m.* (칼 따위를)갈기.
émouleur [emulœːr] *n.m.* (칼 따위를)가는 사람.
émoulu(e) [emuly] *a.p.* (*p.p.*<*émoudre*) *a.p.* 날이 세워진. frais ~ 막 날을 세운(→숙련한).
　être frais ~ de (비유적)(학교를) 갓 졸업하다; (지방)에서 갓 올라오다. Il *est tout frais ~ de* Polytechnique. 그는 (파리의) 이공과대학을 막 졸업했다.
émoussage [emusaːʒ] *n.m.* (수목·지면의)이끼를 떼어내기.
émousse [emus] *n.f.* (사투리) (속이 텅빈)노목.
émoussé(e) [emuse] *a.p.* (풀·칼 끝 따위가)두녀진, 둔해진; (비유적)(감각 따위가)둔한, 감퇴된. rasoir ~ 날이 무뎌진 면도날.
émoussement [emusmã] *n.m.* (칼을)무디게 하기, 무디게 됨; (비유적)(능력·감각 따위가)둔해짐, 감퇴. ~ des facultés 능력의 감퇴.
émousser[1] [emuse] *v.t.* 〖원예〗(수목·지면의)이끼를 제거하다.
émousser[2] *v.t.* 〖원예〗(수목·지면의)이끼를 제거하다.
émoussoir [emuswaːr] *n.m.* 〖원예〗이끼를 메는 칼(기구).
émoustillant(e) [emustijã, -ãːt] *a.* (구어)즐겁게 하는, (정열을)타오르게 하는, (마음을)들뜨게 하는(excitant). histoire ~e 흥미진진한 이야기. vin ~ 기운을 돋게 하는 술.
émoustiller [emustije] *v.t.* (구어)즐겁게 하다, 흥겹게 하다, 들뜨게 하다(exciter). Le champagne commençait à ~ les convives. 회식자는 샴페인으로 흥겨워하기 시작했다.
　—s'~ *v.pr.* 흥겨워지다; 흥청망청 떠들다.
émouvant(e) [emuvã, -ãːt] *a.* 감동시키는, 감동적인(attendrissant). scène ~e 감동적인 장면.
***émouvoir** [emuvwaːr] ⑤⑥ *v.t.* ①(정신적으로)움직이게 하다, 감동시키다(toucher); (마음을)뒤흔들다(bouleverser). ~ le cœur[l'âme] de *qn* …의 마음[혼]을 뒤흔들다. ~ *qn* (jusqu')aux larmes …을 눈물을 흘릴만큼 감동시키다. ~ 목적보어 없이) L'art *émeut*. 예술은 사람을 감동시킨다. On n'*émeut* pas sans être *ému*. 자신이 감동되지 않고는 남을 감동시킬 수 없다. ②〖옛〗(감정을)불러 일으키다, 자극하다; (생리기능을)뒤흔들다, 어지럽게 하다(troubler). ~ la bile[la colère] à *qn* …을 분노하게 하다. ~ le pouls 맥박을 어지럽히다. ③〖옛〗(폭동 따위를)일으키다; 선동하다. chercher à ~ les esprits 사람들을 선동하려고 꾀하다. ④〖옛〗(논쟁을)불러 일으키다; (문제)제기하다(soulever). ⑤〖옛〗(물건을)움직이다.
　—s'~ *v.pr.* ①감동하다, 마음이 동요되다, 흥분하다(se troubler). s'~ à la vue[à la pensée] de… …을 보고[생각하고] 마음이 흔들리다(감동되다). sans s'~ 마음의 흔들림이 없이, 태연하게. Il s'*émeut* facilement. 그는 곧잘 흥분한다. s'~ de pitié pour *qn* …을 불쌍히 여기다. Son désir s'*émeut*. 그의 욕망이 불붙는다. ②〖옛〗(여론·인심 따위가)동요하다; 들끓다. L'opinion s'*émeut*. 여론이 들끓는다. ④〖옛〗(문제·논쟁이)제기되다. ⑤〖옛〗(사물이)움직이다, 흔들리다. La mer s'*émeut*. 바다가 출렁인다.
empaffer(s') [sãpafe] *v.pr.* (비어)취하다.
empaillage [ãpajaːʒ] *n.m.* ①(의자 따위에)짚을 넣기; (식물 따위를 보호하기 위해)짚으로 싸주기(rempaillage). ②(동물을) 박제로 만들기.
empaillé(e) [ãpaje] *a.p.* ①짚을 넣은; 짚으로 싼. ②박제로 만든. ③(구어)얼빠진, 서투른, 우둔한. ④(구어)얼빠진 자, 서투른 자.
empaillement [ãpajmã] *n.m.* ①=empaillage. ②짚. ~ d'une ferme 한 해 동안 농가의 가축용 짚의 저장.
empailler [ãpaje] *v.t.* ①(의자 따위에)짚을 넣다. ②(보호를 위해)짚으로 싸다. ~ une pompe (동결방지를 위해)펌프를 짚으로 싸다. ~ des œufs (운반을 위해)계란을 짚으로 싸다. ③박제(剝製)로 만들다.
empailleur(se) [ãpajœːr, -ø:z] *n.* ①의자에 짚 넣는 사람(직공). ②박제사.
empalement[1] [ãpalmã] *n.m.* 말뚝을 몸에 박아 죽이는 형벌.
empalement[2] *n.m.* (물레방아의)작은 수문.
empaler [ãpale] *v.t.* ①(죄인의)몸에 말뚝을 박아 죽이다. ②꼬챙이에 꿰다; (곤충을)핀으로 꽂다.
　—s'~ *v.pr.* 뾰족한 물건 위에 떨어져 상처를 입다, 못을 밟다.
empalmage [ãpalmaːʒ] *n.m.* (마술에서)손바닥 속에 감추기.
empalmer [ãpalme] *v.t.* (돈·카드 따위를)손바닥 속에 감추다.
empamprer [ãpãpre] *v.t.* (사람·물건을)잎이 붙어 있는 포도로 장식하다.
empan [ãpã] *n.m.* 엄지손가락과 새끼손가락을 벌린 사이의 거리, 한 뼘.
empanaché(e) [ãpanaʃe] *a.p.* 깃털 장식이 달린; 화려한.
empanacher [ãpanaʃe] *v.t.* ①깃털 장식을 달다; 치장하다. ~ un casque 투구에 깃털 장식을 달다. sommet *empanaché* de neige 눈을 인 산마루. ②(비유적)(문체 따위를)야단스럽게 꾸며대다.
　—s'~ *v.pr.* ①깃털로 장식되다. ②[s'~ de](을)과시하다.
empannage [ãpanaːʒ] *n.m.* 〖해양〗정선(停船).
empanner [ãpane] 〖해양〗 *v.t.* (돛단배를)정선시키다. —*v.i.* 정선하다.
empan(n)on [ãpanɔ̃] *n.m.* 〖건축〗합각 서까래.
empansement [ãpãsmã] *n.m.* 〖수의〗고창증(鼓脹症).
empanser [ãpãse] *v.t.* 〖수의〗(동물의)장내에 가스가 일게 하다.
empantouflé(e) [ãpãtufle] *a.* 실내화를 신은.
empapaouter [ãpapaute] *v.t.* 〖은어〗(와)남색(男

色)을 하다.

empaquetage [ɑ̃pakta:ʒ] *n.m.* 포장(하기)(emballage); 포장용품.

empaqueter [ɑ̃pakte] [5] *v.t.* ① (물품을)싸다, 포장하다(emballer). marchandises *empaquetées* 포장된 상품. ②《구어》[~ qn] (몸을)감싸다. être *empaqueté* dans un pardessus trop grand 너무 큰 외투로 몸을 감싸다. ③ (배·차 따위에)마구 싣다, 쓸어 넣다. ―*s'~ v.pr.* ① 포장되다. ② [s'~ dans] (으로)감싸이다.

empaqueteur(se) [ɑ̃paktœ:r, -ø:z] *n.* 포장공(工).

emparer (s') [sɑ̃pare] *v.pr.* [s'~ de] ① (을)탈취하다, 점령하다, 빼앗다, 독점하다(prendre). *s'~ d'une ville* 도시를 점령하다. *s'~ d'un héritage* 유산을 가로채다. *s'~ du pouvoir* 권력을 탈취하다. *s'~ de la conversation* 이야기를 독점하다. ② (재빨리)붙잡다, 낚아채다. Le gardien de but *s'est emparé* du ballon. 골키퍼는 재빨리 공을 붙잡았다. ③ (비유적)《주어는 추상명사》(의 마음을)사로잡다; (에게)닥쳐오다(gagner). Le désespoir *s'empara* de lui. 그는 절망에 사로잡혔다. Le sommeil *s'est emparé* d'elle. 졸음이 그녀에게 밀려왔다.

emparquer [ɑ̃parke] *v.t.* (양을)울 속에 넣다.

empasme [ɑ̃pasm] *n.m.* 땀띠분.

empasteler [ɑ̃pastəle] [5] *v.t.*《직물》파스텔로 파랗게 물들이다.

empatage [ɑ̃pata:ʒ] *n.m.* =empattement.

empâtage [ɑ̃pata:ʒ] *n.m.* ① (지방·기름 따위를)비누로 만들기. ②《맥아 가루를》물에 타기(이것을 저어 맥주를 만듦). ③ (설탕 제조에서)설탕 결정《結晶》공정.

empâté(e) [ɑ̃pate] *a.p.* ① 끈적끈적한. langue ~*e* (너무 마셔서)끈적거리는 혀. voix ~*e* (맑지 않은) 끈적거리는 목소리. ② 살찐, 퉁퉁한. visage ~ 포동포동한 얼굴. ③《미술》물감을 두텁게 칠한.

empateliner [ɑ̃patline] *v.t.*《옛》달콤한 말로《속이다, 기만하다.

empâtement [ɑ̃patmɑ̃] *n.m.* ① 허·입 따위가 끈적끈적하기; (목소리의)끈적거림. ②《인쇄》잉크를 지나치게 바르기;《미술》(그림물감을)두텁게 칠하기. ③《농업》(닭 따위를)살찌게 하기. ~ *des chairs* 살이 찜; 살집이 좋음. ④ (책의 표지 따위를)풀로 붙이기.

empâter [ɑ̃pate] *v.t.* ① (에)반죽을 넣다, 반죽 모양의 것을 바르다. ~ *un moule* (케이크를 만드는)틀에 반죽을 넣다. ~ *les briques de plâtre* 벽돌에 유약을 바르다. ② (입속을)끈적끈적하게 하다. ③《인쇄》(활자 따위에)잉크를 잔뜩 바르다. ④《농업》(닭 따위를)농후 사료로 살찌게 하다. ⑤《미술》(에)그림물감을 두텁게 칠하다. ―*s'~ v.pr.* ① 끈적끈적하다. ② 살찌다(grossir, épaissir). *s'~ avec l'âge* 나이를 먹으면서 뚱뚱해지다.

empâteur(se) [ɑ̃patœ:r, -ø:z] *n.*《농업》(닭 따위를)살찌게 하는 사람.

empathie [ɑ̃pati] *n.f.*《철학·심리》감정이입.

empattement [ɑ̃patmɑ̃] *n.m.* ① (벽 따위의)토대, 기초; 기둥이 밑의 버팀나무. ② (목재 따위를)금속기구로 이어 맞추기, 접합. ③ (자동차의)축간(軸間)거리; (비행기의)폭(幅). ④《식물》(나무줄기·가지의)마디. ⑤《인쇄》(구문(歐文)활자의)세리프《H, I 따위의 내리 그은 획 아래위 가장자리에 붙인 가느다란 장식선》.

empatter [ɑ̃pate] *v.t.* ① (목재를)금속기구로 이어 맞추다, 접합하다. ~ *les raies d'une roue* 차바퀴의 살을 끼우다. ② (기둥뿌리 따위를)토대 위에 올려놓다; (밑에 기초를 쌓아 벽을)받쳐 주다. ③ (끊어진 밧줄 오라기를)꼬아 잇다.

empatture [ɑ̃paty:r] *n.f.* (목재를)이어 맞추기.

empaumer [ɑ̃pome] *v.t.* ① (손바닥·라켓 따위로) 공을 받아치다《jeu de paume 에서》. ②《구어》농락하다, 속이다(enjôler, rouler). ~ *un créancier* 빚장이를 따돌리다. Il s'est laissé ~ dans cette affaire. 그는 이 일에서 보기좋게 속아 넘어갔다. ③ (요술에서 카드 따위를)손안에 감추다. ④《옛》(일을)잘 처리하다. ~ *une affaire* 일을 척척 처리해 나가다.

~ *la balle*《옛》좋은 기회를 잡다. ~ *la voie*《사냥》(사냥개가)사냥감의 냄새를 추적하다.

empaumure [ɑ̃pomy:r] *n.f.* ① (장갑의)바닥. ② (사슴 뿔의)가장귀진 부분.

empêchant(e) [ɑ̃peʃɑ̃, -ɑ̃:t] *a.*《옛》방해가 되는.

empêché(e) [ɑ̃peʃe] *a.p.* ①《문어》당황한, 난처한. air ~ 당황한 모습(태도). être ~ *de sa personne*《옛·구어》어찌할 바를 몰라 쩔쩔 매다. Il était ~ de vous répondre. 그는 당신에게 어떻게 대답할지를 모르고(쩔쩔매고) 있었다. ② (일 따위로)형편이 허락하지 않는; 용서할 수 없는. Le ministre, ~, n'a pu venir. 장관은 형편이 여의치 않아 올 수 없었다. ③《옛》혼잡한. rue ~*e de voitures* 차로 혼잡을 이룬 길.
―*n.m.* faire l'~《옛》당황[열중]한 체하다.

empêchement [ɑ̃peʃmɑ̃] *n.m.* ① 방해; 지장, 장애(물)(obstacle, contrariété). avoir un ~ 지장이 있다. Il n'y a pas d'~. 아무런 지장이 없다. en cas d'~ 지장이 있을 경우(에는). Il y est parvenu sans ~. 그는 아무런 지장 없이 목적을 달성했다. ②《법》~ *de mariage* 혼인장애《결혼이 성립될 수 있는 법적 조건의 결여》. ~ *prohibitif* 금지적 장애《위반한 경우 제재를 받게 함》. ③ (기능의)장애. ~ *de la langue* 언어장애.

*empêcher [ɑ̃pe(ɛ)ʃe] *v.t.* ① 방해하다, 막다, 못하게 하다(défendre, interdire)↔permettre, autoriser), [~ qc] ~ *ce mariage* 그 결혼을 방해하다. ~ *le progrès de la maladie* 병의 악화를 막다. [~ qn/qc de + inf.] Rien ne vous *empêche* de le faire. 당신이 그렇게 하는 것을 가로막는 것은 아무것도 없다. 《목적보어》①) La pluie *empêche* d'aller se promener. 비 때문에 산책을 나갈수 없다. [~ que + sub.] Qu'est-ce qui peut ~ que vous habitiez en banlieue? 당신은 무엇 때문에 교외에서 살 수 없는 것이오? ②《옛》(관 따위를)막다; (사람의 행동을)방해하다. ~ *les conduits* 수도관을 막히게 하다. Ces robes nous *empêchent*. 이 드레스는 우리를 갑갑하게 한다.

Cela n'empêche pas que +*ind.*; (*Il*) *n'empêche que* +*ind.* 역시 ~하다. Ces drames sont discutés, *n'empêche que* cela se lit. 이 연극은 썩 잘된 것은 아닌데 그래도 읽혀지고 있다. *Cela n'empêche pas qu'il* (ne) soit méchant. 그렇다 해도 그는 여전히 고약한 사람이다《때로는 *ind.* 대신 *sub.*》.

n'empêche《구어》그렇다 해도. 어쨌든. Il est très occupé, mais *n'empêche*, il *doit* venir. 그는 몹시 바쁘지만 그래도 오긴 올 것이다.

―*s'~ v.pr.* ①《옛》[s'~ de+*inf.*] 자제하다, 스스로 금하다, 삼가다(se retenir de). *s'~ de dormir pour l'attendre* 기다리느라고 자지 않다. ②《현재는 une tournure 부정형으로》[ne pouvoir s'~ de+*inf.*] …하지 않을 수 없는, …하지 않고는 배기지 못하다. Je *ne puis m'~ de* vous aimer. 당신을 사랑하지 않을 수 없다. ③《옛》[s'~ de *qc*](에)당황하다. *s'~ de peu de chose* 하찮은 일에도 어쩔 줄 모르다.

empêcheur(se) [ɑ̃peʃœ:r, -ø:z] *n.*《구어》방해하는

사람. ~ de danser en rond 남의 즐거움을 망쳐 놓는 사람, 파흥자(破興者). ~ de voter en rond 자유투표를 방해하는 사람.

empeigne [ɑ̃pɛɲ] *n.f.* ① 구두의 등(claque). ② gueule d'~《속어》보기 흉한 얼굴《욕설》.

empeignement [ɑ̃pɛɲmɑ̃] *n.m.* 『직물』실빛질.

empeigner [ɑ̃pɛ(e)ɲe] *v.t.* (실을)빛질하다.

empellement [ɑ̃pɛlmɑ̃] *n.m.* 수문의 문짝.

empelotement [ɑ̃plɔtmɑ̃] *n.m.* (실을)감아서 둥글게 하기.

empeloter [ɑ̃plɔte], **empelotonner** [ɑ̃plɔtɔne] *v.t.* (실을)감아서 둥글게 하다.
— **s'~** *v.pr.* (사냥매가 삼킨 것을 삭이지 못해)배가 볼록해지다.

empênage [ɑ̃pɛnɑːʒ] *n.m.* ① 자물쇠의 장치《형바닥처럼 내밀었다 들어갔다 하는 부분》; (그)장치가 되어 있는 자물쇠. ② 자물쇠의 장치받이 구멍.

empêner [ɑ̃pɛ(e)ne] *v.t.* (자물쇠에)장치를 하다.

empennage [ɑ̃pɛ(ɛn)nɑːʒ] *n.m.* ① (화살의)깃털 달기;《집합적》(화살의)깃. ② (폭탄의)날개; (비행선의)안정판, (비행기의)꼬리 부분, 꼬리 날개.

empenne [ɑ̃pɛn] *n.f.* (화살의)깃, 살깃.

empenné(e) [ɑ̃pɛ(ɛn)ne] *a.p.* ① 날개가 달린; 날개 모양을 한. ② 『문장』 깃이 화려한 채색을 한.

empennelage [ɑ̃pɛnlɑːʒ] *n.m.* 『해양』부묘(副錨)를 달아서 닻을 내리기.

empenneler [ɑ̃pɛnle] [5] *v.t.* 『해양』부묘를 달아서 닻을 내리다.

empennelle [ɑ̃pɛnɛl] *n.f.* 『해양』부묘(副錨).

empenner [ɑ̃pɛ(ɛn)ne] *v.t.* (화살에)깃털을 달다; (폭탄에)날개를 달다; (비행기에)꼬리 날개를 붙이다.

empenoir [ɑ̃pənwaːr] *n.m.* (자물쇠공이 쓰는)양쪽에 날이 달린 줄톱.

empercher [ɑ̃pɛrʃe] *v.t.* 『농업』 (홉 따위에)지주(支柱)를 세워주다.

*empereur [ɑ̃prœːr] *n.m.* ① 황제, 천황; 로마 제국 황제. Sa Majesté l'E~ 황제폐하. ②(E~)《프랑스의》나폴레옹 1세; 나폴레옹 3세. ③《옛날 일부 학교의》수석. ④ⓐ『곤충』 큰표범나비. ⓑ『어류』 황새치. ⓒ『패류』 밤고등어의 일종.

emperler [ɑ̃pɛrle] *v.t.* ① 《드물게》진주로 장식하다; 구슬로 장식하다. ② (땀·이슬 따위가)방울방울 맺히다. front emperlé de sueur 땀방울이(이슬처럼) 맺힌 이마. ③《비유적》(문장·묘사를)장식하다, 다채롭게 꾸미다.
— **s'~** *v.pr.* [s'~ de](이슬 따위로)덮이다.

emperruqué(e) [ɑ̃pɛryke] *a.* 가발을 쓴.

empesage [ɑ̃pəzɑːʒ] *n.m.* 풀먹이기; 풀먹이는 방법.

empesé(e) [ɑ̃pəze] *a.p.* ① 풀을 먹인. ②《비유적》(태도·문체가)뻣뻣한, 딱딱한(↔ aisé, naturel). avoir l'air ~ 태도가 뻣뻣하게 굳어 있다.

empeser [ɑ̃pəze] [4] *v.t.* ① 풀을 먹이다. ~ du linge 속옷에 풀을 먹이다. ②『해양』(돛을)적시다.

empeseur(se) [ɑ̃pəzœːr, -øːz] *n.* 풀먹이는 사람.
— *n.f.* 풀먹이는 기계.

empesté(e) [ɑ̃pɛste] *a.p.* ①《드물게》페스트에 걸린. ② 역한 냄새를 풍기는; 독기가 있는(nuisible). air ~ de tabac 담배 연기로 탁해진 공기.

empester [ɑ̃pɛste] *v.t.* ①《드물게》페스트를 옮기다, 전염병을 옮기다. ②(의)악취를 풍기다(empuantir). ~ l'alcool 알콜냄새를 풍기다. La salle d'attente empestait le moisi. 대합실에는 곰팡내가 나고 있었다. ③『구어』해독을 끼치다. — *v.i.* 악취를 풍기다.

empétarder [ɑ̃pətarde] *v.i.*《속어》남색(男色)에 빠지다.

empétracées [ɑ̃petrase] *n.f.pl.* 『식물』 시로미과.

empêtré(e) [ɑ̃petre] *a.p.*《속어》곤란한, 난처한(embarrassé). avoir l'air ~ 난처한 모습을 하다. rester ~ dans le dogme 독단적 의견에 얽매이다.

empêtrement [ɑ̃petrəmɑ̃] *n.m.* 『드물게』방해(하기); 방해물(obstacle).

empêtrer [ɑ̃petre] *v.t.* ①(말·사람 따위의)발을 옭아매다. ②(옷 따위가)갑갑하게 하는. *empêtré* dans son vêtement raide 뻣뻣한 옷을 입고 갑갑해 하다. ③ 방해하다; 난처하게 하다; (불쾌한 사건 따위에)끌어들이다. être empêtré dans une mauvaise affaire 고약한 사건에 말려들다.
— **s'~** *v.pr.* ①[s'~ dans](에)얽매이다. parachutiste qui *s'empêtre dans* les cordes de son parachute 낙하산 줄에 얽혀든 낙하산병. ②[s'~ dans] 말려들다, (말려든)꼼짝못하게 되다; 당황하다, 허우적대다(s'embarrasser). *s'~ dans* une méchante affaire 골치 아픈 사건에 말려들다. *s'~ dans* ses explications 조리 없는 설명을 늘어놓다. ③[s'~ de] (으로)난처해지다. *s'~ d'une* femme peu honnête 정숙하지 못한 여자로 애를 먹다.

emphase [ɑ̃faːz] *n.f.* ① 과장된 말투, 허풍(grandiloquence, ↔ simplicité). discours plein d'~ 거창한 연설. dévouement sans comédie et sans ~ 연극도 과장도 없는《담담한》헌신. parler avec ~ 거창하게 말하다. ②『수사학』과장법(誇張法); 『언어』강조. ③『修』표현력.

emphatique [ɑ̃fatik] *a.* ①과장된, 허풍떠는. ②『언어』강조된. pluriel ~ 강조적 복수《des éternités 따승; les airs 공중, 하늘 따위》. ③『수사』과장법의.

emphatiquement [ɑ̃fatikmɑ̃] *ad.* ①과장하여. ②힘을 주어서, 강조하여.

emphysémateux(se) [ɑ̃fizematø, -ø:z] 『의학』 *a.* 기종성(氣腫性)의; 폐기종에 걸린. —*n.* 폐기종환자.

emphysème [ɑ̃fizɛm] *n.m.* 『의학』 기종. ~ pulmonaire 폐기종.

emphytéose [ɑ̃fiteoːz] *n.f.* 『법』장기 임대차(長期貸借)(계약); 영구 소작권.

emphytéote [ɑ̃fiteɔt] *n.* 『법』장기 임대차인; 영구 소작인.

emphytéotique [ɑ̃fiteɔtik] *a.* 『법』장기 임대차의, 영구 차지(借地)의. bail ~ 장기 임대차계약.

empiècement [ɑ̃pjɛsmɑ̃] *n.m.* 『의복』 요크《여자의 웃옷 어깨·스커트의 허리 부분에 따로 대는 천》, 말기.

empiéger [ɑ̃pjeʒe] [36] *v.t.* 《드물게》덫으로 잡다; 함정에 빠뜨리다, 궁지에 빠뜨리다, 속이다.
— **s'~** *v.pr.* 《드물게》덫에 걸리다; 궁지에 몰리다.

empierrement [ɑ̃pjɛrmɑ̃] *n.m.* ①(하수구·도랑·연못에)돌을 집어넣기. ②(길에)돌을 깔기; (길을)포장하기. ③(길 따위의)돌.

empierrer [ɑ̃pjere] *v.t.* (하수구·도랑·연못에)돌을 집어넣다; (길에)돌을 깔다; (도로를)포장하다.

empiété(e) [ɑ̃pjete] *a.* 『사냥』 (개·새 따위가)튼튼한 다리를 가진.

empiétement [ɑ̃pjetmɑ̃] *n.m.* 잠식(蠶食)(침식·침해)하기(usurpation); 유린. ~ de la mer sur la terre 바다의 육지에의 침식. ~ des autorités 『법』 행정권의 남용.

empiéter [ɑ̃pjete] [6] *v.i.* [~ sur]①(을)잠식(침식)하다; (의 일부분을)형용하다. ~ *sur* le terrain de *qn* …의 토지를 조금씩 침범하다. ②《비유적》침해하다. ~ *sur* les droits de *qn* …의 권리를 침범하다. ③(일부가)겹치다, 중복하다. L'hiver *empiète sur* le printemps. 겨울이 길어서 봄이 좀처

empiffrer [ɑ̃pifre] 《구어》 v.t. [~ de] (을)잔뜩 먹이다; 살찌게 하다, 뚱뚱하게 하다. ~ un enfant de pommes de terre 아이에게 감자를 잔뜩 먹이다.
— s'~ v.pr. [~ de] 잔뜩먹다(se gaver); 뚱뚱해지다. s'~ de gâteau 과자를 실컷 먹다.

empiffrerie [ɑ̃pifrəri] n.f. 《구어》 잔뜩 먹기, 포식.

empilage¹ [ɑ̃pilaʒ] n.m. 쌓기.

empilage² n.m. (낚싯바늘을)목줄에 매달기.

empile [ɑ̃pil] n.f. (낚싯바늘과 몸줄을 연결하는)목줄.

empilement [ɑ̃pilmɑ̃] n.m. 쌓기; 더미.

empiler [ɑ̃pile] v.t. ① 쌓다(entasser). ~ des écus 돈을 잔뜩 모으다. ② (여객을)잔뜩 싣다. ~ des voyageurs dans le train 기차에 승객을 잔뜩 싣다. ③《속어》속이다(duper).
— s'~ v.pr. ① 쌓이다. ②《구어》(입추의 여지없이)빽빽이 들어서다, 실리다. ~ dans un compartiment 열차칸에 발들여 놓을 틈도 없이 빽빽이 들어차다.

empileur(se) [ɑ̃pilœːr, -øːz] n. ①(상품을)쌓는 사람. ②《속어》사기꾼, 도둑놈.

empiper [ɑ̃pipe] v.t. (훈제청어를)통에 재다.

empipeur [ɑ̃pipœːr] n.m. 《옛》 훈제청어를 통에 재는 인부.

empire [ɑ̃piːr] n.m. ① 제국; (단일주권에 의해 통치되는 국가[영토]) 전체. E~ romain [byzantin] 로마[비잔틴] 제국. Saint-E~ romain 신성로마제국. E~ du Milieu Céleste; Céleste E~ 중국(의 옛이름). ancien E~ colonial français 프랑스의 옛 식민지. ②(정체에 관계 없이 일반적으로)강국, 대국; 광대한 영토. ~ fondé par les armes 무력으로 세워진 국가. Le soleil ne se couche pas sur mon E~. 내 영토에는 해가 지지 않는다. ③ 제정; 제정기(期); 제위(帝位). premier E~ (나폴레옹 1세의)제 1제정. second E~ (나폴레옹 3세의)제 2제정. abdiquer l'~ 제위를 물려주다. ④(정치적·군사적)지배권; 주권(domination), avoir l'~ des mers 제해권을 장악하다. ⑤ 지배력, 세력, 권세, 영향력, 권력; 제어력. avoir de l'~ sur soi 자제력을 갖다. exercer qn un ~ absolu ~에게 절대적인 권력을 행사하다. agir sous l'~ de la colère 분에 못이겨 행동하다. avoir un grand ~ sur l'opinion publique 여론에 지대한 영향력을 가지다. ⑥〔시〕지배하는 곳, 영역, 세계. ~ de Pluton 플루톤(그리스 신화에 나오는 저승의 왕)이 지배하는 곳, 저승(sombre~). ~ de Borée 추위. ~ des sciences 과학세계. ⑦ (대기업 따위의)왕국. ~ pétrolier de la Shell 셸의 석유왕국.
pas pour un ~ 무슨 (어떠한) 일이 있어도 …하지 않다.
—a. (불변)(보통 E~) 프랑스 제 1제정시대(풍)의. style E~ 제 1제정기의 양식.

empirée [ɑ̃pire] n.m. =empyrée.

empirement [ɑ̃pirmɑ̃] n.m. 《드물게》악화.

empirer [ɑ̃pire] v.t. 《옛》(동작을 나타낼 때 avoir, 상태를 나타낼 때 être) (병세·정세를) 더욱 악화시키다(aggraver, ↔ améliorer). Le traitement n'a fait qu'~ le mal. 치료는 병을 악화시키기만 했다. pour ~ les choses 게다가 곤란한 것은, 설상가상으로.
— v.i. (병자가)더 나빠지다, (병세·정세가)악화하다. Son état empire de jour en jour. 그의 건강은 나날이 나빠지고 있다.

empiriocriticisme [ɑ̃pirjɔkritisism] n.m. 《철학》 경험비판론.

empirique [ɑ̃pirik] a. ①경험의[에 의한], 경험적 인. connaissances ~s 경험적 지식. formule ~ 《물리》 경험식, 실험식. loi ~ 경험적 법칙. recourir à des procédés ~s 경험적 방법에 의지하다. ②《철학》 경험적인, 경험론의, 실험론의. philosophie ~ 경험철학. ③ adéquation ~ 《언어》 경험적 타당성. ④《옛》《의학》경험에 바탕을 두는, 경험중심의; (경멸) 경험만으로 치료하는. médecine ~ 경험주의 의학, 경험의술〔요법〕.
—n.m. ①경험주의자; 《철학》 경험론자. ②경험만으로 치료하는 의사, 돌팔이 의사.

empiriquement [ɑ̃pirikmɑ̃] ad. 경험만으로써, 경험만에 의하여.

empirisme [ɑ̃pirism] n.m. ①《철학》경험론; 경험주의. ~ logique 논리실증주의. ②경험의학, 경험주의적 요법, 돌팔이 요법(~ médical).

empiriste [ɑ̃pirist] a. 경험론(의); 경험주의의. philosophe ~ 경험주의 철학자. financier ~ 경험주의의 재정가. ②《옛》경험만으로 치료하는 의사. —n. ① 경험주의자; 《철학》 경험론자. ②경험만으로 치료하는 자, 돌팔이 의사.

emplacement [ɑ̃plasmɑ̃] n.m. ① (특정 용도를 위한)장소. chercher un bon ~ pour le tournage 영화촬영을 위해 좋은 장소를 찾다. ②용지, 부지; (건조물이 있는)장소, 지점. choisir un bon ~ pour y construire sa maison 집을 짓기 위해서 좋은 부지를 택하다. chercher l'~ du barrage sur le plan 지도에서 댐의 장소를 찾다. ③(도시·건조물이 있던)자리, 유적. ~ de Troie 트로이의 유적. Une nouvelle église sera bâtie sur l'~ même de celle qui a été détruite. 새 성당은 파괴된 성당이 있던 바로 그 자리에 세워질 것이다. ④《군사》(부대가)배치된 지점(위치), 포진; 《선박》정박위치. ⑤ (소금의)보관소, 집어넣기; (소금의)보관방법. ⑥《컴퓨터》로케이션.

emplacer [ɑ̃plase] v.t. 《군사》 (병사를)배치하다. ②(소금을)보관소에 집어넣다.

emplanter [ɑ̃plɑ̃te] v.t. (지면에)심다.

emplanture [ɑ̃plɑ̃tyːr] n.f. 《해양》 장좌(檣座)(돛대를 세우는 자리); 《항공》 날개받이 (비행기 날개가 연결되는 부분).

emplastique [ɑ̃plastik] a. 고약질(膏藥質)의.

emplastration [ɑ̃plastrasjɔ̃] n.f. 《원예》 눈접, 아접(芽接).

empla(s)trer [ɑ̃pla(s)tre] v.t. 눈접하다, 아접(芽接)하다.

emplâtre [ɑ̃plɑːtr] n.m. ① 《약》고약; 반창고(~ adhésif). appliquer un ~ 반창고를 붙이다. mettre[lever] un ~ 고약을 붙이다[떼다]. ~ contre [pour] les cors 티눈고약. ②(수목의 상처에 바르는)진흙, 시멘트. ③(타이어 수리용)고무조각; (포스터 붙이는데 쓰이는 풀). ④《속어》기름져 배가 트릿해지는 음식. ⑤따귀 때리기(gifle). donner un ~ à qn …의 따귀를 때리다. ⑥《속어》무기력한 사람, 트릿한[무사근한] 사람.
C'est mettre un ~ sur une jambe de bois.《구어》그것은 아무 소용도 없다(동 작). *mettre un ~ à qc* …을 임시변통으로 꾸며 맞추다, 미봉하다. *Où il n'y a point de mal, il ne faut point d'~.* 《속담》기본값의 병에는 어떠한 약이 필요없다.

emplâtrer [ɑ̃plɑtre] v.t. ①(상처에)고약을 붙이다 [바르다]; (을 움직이지)어렵게 하다. ~ un chasseur de paquets (움직일 수 없을 만큼)보따리에 짐을 들리다. ②《사투리》후려갈기다, 때리다.
— s'~ v.pr. 고약을 바르다; 《구어》 [~ de] (에)곤란받다.

emplette [ɑ̃plɛt] n.f. 물건 사기, 쇼핑(achat); 산물건, 잡화. aller faire des[ses] ~s 물건을 사러 가

다. être de bonne ~ 사서 덕보는 물건이다. faire (l')~ de qc …을 사다. faire une mauvaise((비꼼)) belle) ~ (비유적) 사람을 잘못 택하다.

emplir [ɑ̃pli:r] *v.t.* 가득 채우다. foule qui *emplit* la salle 홀을 가득 채운 군중. ~ ses poches (d'argent) 돈을 톡톡히 받다. corps amaigri qui n'*emplit* plus les vêtements 옷에도 다 차지 않는 홀쪽한 몸.
—*v.i.* (배가 항해할 수 없을 만큼)침수되다.
—**s'**~ *v.pr.* ① [~ de] (로)가득차다. La rue s'*emplit de* bruits. 거리는 소음으로 가득찼다. ② 자기의 …을 가득 채우다.

emplissage [ɑ̃plisa:ʒ] *n.m.* 《드물게》가득 채우기(remplissage).

*****emploi** [ɑ̃plwa] *n.m.* ① 사용. L'~ de ce produit est dangereux, méfie-toi! 이 제품을 사용하는 것은 위험하다, 조심해 ! avoir l'~ de qc …을 사용할 기회가 있다. Ce mot est d'un ~ courant(rare). 이 낱말은 흔히 쓰인다(별로 쓰이지 않는다). faire l'~ de la force 무력에 호소하다. faire un bon [mauvais] ~ de l'argent[du temps] 돈[시간]을 유익하게 [무익하게] 쓰다. ② 사용방법, 용법; 용도. Cet outil est d'un ~ délicat. 이 도구는 사용방법이 까다롭다. mode d'~ (약품·기계 따위의)용법; 사용설명서. ~ du temps 일과, 시간표. Il a trouvé l'~ de cet argent. 그는 이 돈의 용도를 찾아냈다. ③ 직(職), 일자리, 직장(poste, place); 일(travail), 업(occupation) ;《옛》하는 일(occupation) ; 《경제》고용. Pour cet ~, il faut quelqu'un d'expérimenté. 이 직책에는 노련한 사람이 필요하다. Mon ~ du temps ne me laisse guère de loisir. 나는 일과가 바빠서 좀처럼 틈이 나지 않는다. chercher un ~ 일자리를 찾다. demandes(offres) d'~ (신문의)구직[구인](란). Il est sans ~. 그는 실직중이다. ne pas être dans son ~ 직장 따위가 적합하지 않다. plein ~ [plɛnɑ̃plwa] 완전고용. prendre un [perdre son] ~ 취직[실직]하다. trouver un ~ de chauffeur 운전사 자리를 찾아내다. ④ 《연극》역, 배역(rôle). avoir(tenir) l'~ du jeune premier 주연(주역)을 맡다. ⑤ 《부기》기입(記入), 기장(記帳). ⑥ 《법》 (부부가 각자의 재산을 판 돈으로)부동산 따위로 다시 사기(remploi).
avoir le physique de l'~ 직책[직업]에 어울리는 외모를 하고 있다. ***double*** ~ 중복; 《부기》이중 기입. Ce mot fait *double* ~. 이 단어는 중복되어 있다《쓸데없다》.

emploiement [ɑ̃plwamɑ̃] *n.m.* 《드물게》사용.

emplomber [ɑ̃plɔ̃be] *v.t.* ① (에)납을 씌우다. ② =épisser.

employable [ɑ̃plwajabl] *a.* (재료 따위가)사용할 수 있는(utilisable).

*****employé(e)** [ɑ̃plwaje] *n.* ① 종업원, 직원, 사무원. poste d'~ 사무직. ~ de banque 은행원. ~ subalterne 평사원, 말단사원. ~(e) de magasin (여)점원. ~(e) de maison 가정집의 고용인 (식모·하인의 새로운 공식호칭). ~ à la poste, et j'ai demandé dix timbres à l'~. 나는 우체국에 가서 직원에게 우표 10장을 달라고 했다. ② 피고 용자(↔employeur). ~ *s* 봉급 생활자.

‡**employer** [ɑ̃plwaje] [7] *v.t.* 쓰다, 사용하다. Il a *employé* tout son argent à l'achat d'une voiture. 그는 자동차를 사는데 돈을 전부 썼다. Paul a *employé* une machine à écrire pour rédiger sa lettre. 폴은 편지를 쓰는데 타자기를 사용했다. Sylvie a *employé* tout l'après-midi à faire quelques achats. 실비는 물건을 사는데 오후를 고스란히 바쳤다. ~ tous les moyens 온갖 수단을 사용하다. ~ la force

힘 (완력)에 호소하다. Ce mot n'*est* plus *employé*. 이 말은 이제 더 이상 쓰이지 않는다.
② (사람을)쓰다, 고용하다, 채용하다. ~ une femme de ménage 가정부를 고용(用)하다. Cette usine *emploie* cent ouvriers. 이 공장은 백 명의 노동자를 쓰고 있다. ~ qn comme secrétaire …을 비서로 고용하다.
③ (사람을)이용하다. Il a *employé* tout le monde pour obtenir une place 그는 지위를 얻기 위하여 모든 사람을 이용했다.
④ 《부기》 기입(기장)하다.
—**s'**~ *v.pr.* ① 사용되다, 쓰이다. Ce mot ne s'*emploie* plus du tout. 이 말은 이제는 전혀 사용되지 않는다.
② [s'~ à] (에, …하도록)전념하다, 애쓰다(s'occuper). s'~ à la recherche d'une solution 해답을 찾는데 전념하다. Il s'est *employé* de son mieux à réparer les dégâts. 그는 피해를 복구하려고 열심히 노력했다.
③ 《옛》[s'~ pour] (을 위하여)노력하다, 힘쓰다. s'~ *pour* [en faveur de] *qn* …을 위해 힘쓰다.

employeur(se) [ɑ̃plwajœ:r, -ø:z] *n.* 사용자, 고용주. certificat de l'~ 인물증명 (전 고용주가 발행).

emplumé(e) [ɑ̃plyme] *a.p.* ① 깃장식이 달린, 깃이 있는. dame ~e 깃장식으로 치장한 부인. bête ~e 새, 가금. ② (새가)다리에 털이 있는.

emplumer [ɑ̃plyme] *v.t.* ① (모자 따위에)깃(장식)을 달다. ② (인체에)타르를 발라 털을 붙이다《사형(私刑) 또는 모욕의 표시》.
—**s'**~ *v.pr.* ① (가금이)털이 나다; 깃장식을 하다. ② 《구어》건강을 회복하다; (부정한 방법으로)재산을 다시 모으다.

empocher [ɑ̃pɔʃe] *v.t.* ① (돈을)받다(toucher, recevoir). ~ un pourboire 팁을 받다. ② 주머니에 넣다; 착복하다; 《옛》(밑을)부대에 넣다. Il a *empoché* pêle-mêle billets et pièces. 그는 지폐 동전 할 것 없이 되는 대로 주머니에 막 집어넣었다.
③ 《구어》(모욕을)참다; (따끔한 말에)참고 귀를 기울이다. ~ des coups 《구어》얻어맞고 아무 소리 못하다.

empoignade [ɑ̃pwaɲad] *n.f.* 《구어》심한 말다툼, 격론(altercation, dispute).

empoignant(e) [ɑ̃pwaɲɑ̃, -ɑ̃:t] *a.* 《드물게》마음을 사로잡는, 감동시키는(émouvant).

empoigne [ɑ̃pwaɲ] *n.f.* 《옛》쥐기, 움켜잡기.
foire d'~ 각자 되도록 많은 물건을 움켜쥐어 가지는 것; (비유적) 사리사욕을 위해 쟁탈전을 벌이는 곳, 약육강식의 세계. acheter qc à la *foire d'*~ …을 훔치다. revenir de la *foire d'*~ 노획물을 많이 가지고 돌아오다. La vie n'est qu'une *foire d'*~. 세상은 먹고 먹히는 곳이다.

empoignement [ɑ̃pwaɲmɑ̃] *n.m.* ① 체포, 잡기. ② 드잡이.

empoigner [ɑ̃pwaɲe] *v.t.* ① 움켜쥐다, 붙잡다 (↔lâcher). ~ la rampe de l'escalier 계단에 난간을 꼭 붙잡다. ~ *qn* par le bras …의 팔을 잡다. ~ l'occasion (비유적)기회를 포착하다. ~ *qn* dès la porte (방문객을)문에서부터 붙어다니다(환영의 뜻을 표시). ② (가지 못하게)잡아두다; 붙잡다, 체포하다. ~ *qn* une bonne heure …을 한시간을 실히 잡아두다. ~ un voleur 도둑을 붙잡다. ③ (사람의)마음을 사로잡다; 감동시키다(émouvoir). ④ (작가 따위를)비난하다, 욕하다(attaquer, injurier).
—**s'**~ *v.pr.* ① 드잡이하다, 격투하다. Ils sont prêts à s'~. 그들은 금세 맞붙어 싸울 기세이다. ② 서로 비난하다(s'injurier, se quereller).

empoigneur(se) [ɑ̃pwaɲœ:r, -ø:z] *n.* 잡는[움켜쥐는] 사람; 비난하는 사람; 《엣》체포자, 순경.

empointage [ɑ̃pwɛta:ʒ] *n.m.* (바늘·핀 따위의)끝을 뾰족하게 하기.

empointer[1] [ɑ̃pwɛte] *v.t.* (바늘·핀 따위의)끝을 뾰족하게 하다.

empointer[2] *v.t.* 시침질하다, 시치다.

empointerie [ɑ̃pwɛtri] *n.f.* 《엣》(바늘·핀 따위의) 끝을 뾰족하게 만드는 공장.

empointeur(se) [ɑ̃pwɛtœ:r, -ø:z] *n.* (바늘·핀 따위의)끝을 뾰족하게 하는 직공.

empointure [ɑ̃pwɛty:r] *n.f.* 《해양》(네모돛의)윗귀.

empois [ɑ̃pwa] *n.m.* ① 녹말풀, 풀. ② 《직물》 풀 먹여 완성하기.

empoise [ɑ̃pwa:z] *n.f.* 《기계》 축받이(대(臺)).

empoisonnant [ɑ̃pwazɔnɑ̃] *-āːt] a.* 《구어》불쾌하기 짝없는, 성가신, 너더리나는(embêtant); 독이 되는; 해독을 끼치는; (냄새가)고약한. affaire ~e 너더리나는 사건. visiteur ~ 귀찮은 손님.

empoisonné(e) [ɑ̃pwazɔne] *a.p.* ① 독이 든; 해독을 입은; 독을 마신. flèche ~e 독화살. mourir ~ 살되다. ~ d'opium 아편의 해독을 입은. ②(비유적) (칭찬 따위가)독을 품은. propos ~ 독을 품은 말. regard ~s 악의에 찬 시선. ③부패한, 타락한. cœur ~ 타락한 마음. ④《속어》진저리나는, 지긋지긋한(ennuyé).

empoisonnement [ɑ̃pwazɔnmɑ̃] *n.m.* ①중독(intoxication). ~ à l'arsenic 비소중독. ②독을 넣기, 독살; 독을 섞기[바르기]; 음독사(飮毒死). être condamné pour ~ 독살죄로 처형되다. suicider par ~ 음독자살하다. ③《구어》성가신 일 (ennui); 귀찮음, 너더리남(embêtant); 심한 악취. avoir des ~s avec son fils 자식문제로 고민하다. ④《엣》부패, 타락.

empoisonner [ɑ̃pwazɔne] *v.t.* ①독을 먹이다, 독살하다; 독중독시키다(intoxiquer). Certains champignons *empoisonnent* les personnes qui les mangent. 어떤 버섯들은 그것을 먹는 사람들을 중독시킨다. Elle *a empoisonné* son mari à l'arsenic. 그 여자는 남편을 비소로 독살했다. Ce restaurateur *empoisonne* ses clients. (과장하여) 이 요식업자는 고객에게 형편없는 것을 먹인다. ②(음식 따위에)독을 넣다; 독을 바르다; 오염시키다. ~ une boisson 음료에 독을 타다. ~ un puits 우물에 독을 넣다. ~ une flèche 화살에 독을 바르다. Les déchets industriels *empoisonnent* la rivière. 산업폐기물이 강을 오염시킨다. 해치다, (즐거움 따위를)잡치다 (gâter). L'inquiétude *empoisonne* ma joie. 불안이 내 기쁨을 해치고 있다. (목적보어 없이) Il y a des champignons qui *empoisonnent*. 독이 있는 버섯이 있다. ④악취를 풍기다. Ça *empoisonne* le tabac ici. 여기는 담배냄새가 몹시 난다. La friture *empoisonne* tout l'appartement. 튀김의 악취가 아파트 전체에 차 있다. (목적보어 없이) Il a une haleine qui *empoisonne*. 그가 숨을 쉬면 악취가 난다. ⑤《구어》난처[곤란]하게 만들다(embêter). Ça m'*empoisonne*. 그게 나를 난처하게 한다. Il *a empoisonné* tout le monde avec ses vantardises. 그는 늘 하는 자랑으로 모든 사람을 신물이 나게 했다. ⑥《엣》부패시키다, 타락시키다. doctrine qui *a empoisonné* la jeunesse 청년들을 타락시킨 교의.
— *v.i.* 악취를 풍기다.
— *s'~ v.pr.* ①독을 마시다, 음독하다; 중독되다. Socrate s'*empoisonna*. 소크라테스는 독을 마시고 죽었다. ②(자기의 정신上 따위를)해치다, 부패시키다. s'~ l'esprit par de mauvaises lectures 나쁜 책을 읽고 자기의 정신을 해치다. ③손상되다.

Sa joie s'*empoisonnait* d'inquiétude. 그의 기쁨은 불안으로 손상되었다. ④《구어》진저리나다; 지루해하다(s'ennuyer).

empoisonneur(se) [ɑ̃pwazɔnœ:r, -ø:z] *n.* ①독을 넣는 사람, 독살자; 《구어》형편없는 것을 먹게 하는 요리사. ②해독을 끼치는 사람, 풍기(풍속)를 문란하게 하는 사람. ③귀찮게 구는 사람, 진저리 나게 하는 사람.
— *a.* 독 있는, 해로운; 독살하는; 뇌쇄(惱殺)하는.

empoisser [ɑ̃pwase] *v.t.* 《드물게》송진을 바르다, 끈적끈적한 것을 바르다(발라서 더럽히다).

empoissonnement [ɑ̃pwasɔnmɑ̃] *n.m.* (못·하천에)물고기를 방류하기.

empoissonner [ɑ̃pwasɔne] *v.t.* 물고기를 방류하다.

empoitraillé(e) [ɑ̃pwatraje] *a.* (말이)가슴이 넓은.

empoivrer(s') [sɑ̃pwavre] *v.pr.* 《속어》술 취하다 (s'enivrer).

emporium [ɛpɔrjɔm] *n.m.* 《고대로마》(적국·외국에 설치한)상관(商館). ②(런던·함부르크와 같은)대국제항(港).

emport [ɑ̃pɔr] *n.m.* ①《항공기》수송능력, 적재량. ②《법》절취, 가지고 도망감.

emporté(e) [ɑ̃pɔrte] *a.p.* 성 잘 내는(↔calme). caractère ~ 성 잘 내는 성격. Ne soyez pas si ~. 그렇게 화내지 마시오.

emportement [ɑ̃pɔrtəmɑ̃] *n.m.* ① 격앙, 격노, 분격; 흥분(↔calme). se laisser aller à des ~s 성을 내다. ②《엣》황홀경, 도취, 열광(élan, transport). ~s de l'amour 사랑의 열광.

emporte-pièce [ɑ̃pɔrtəpjɛs] *n.m.* (복수불변) ①(가죽·판지·얇은 금속편 따위를 찍어 오려내는)타출기(打出器), 펀치, 구멍 뚫는 연장. ②《엣》입바른 사람, 신랄한 사람.
à l'~ 신랄하게, 단도직입적으로. mots à l'~ 신랄한 말, 입바른 말.

*****emporter** [ɑ̃pɔrte] *v.t.* ①가져가다, 실어가다, (자기와 더불어)가지고 가다. J'*emporte* cette valise pour mon voyage. 나는 이 트렁크를 여행에 가져간다. Ce remède *emporte* la fièvre. 이 약은 열을 없앤다. On *emporta* le blessé dans[en] l'ambulance. 부상자를 구급차로 실어갔다. partir sans rien ~ que le plus strict nécessaire 꼭 필요한 것 외에는 아무것도 휴대하지 않고 떠나다. En nous quittant il *a emporté* tous nos vœux. 그가 떠나서 우리들의 모든 희망이 사라져 버렸다.
②앗아가다, (바람·포탄 따위가)날려보내다 (arracher). Le vent *a emporté* mon chapeau. 바람이 내 모자를 날려보냈다. La bombe lui *emporta* la jambe. 폭탄이 그의 다리를 앗아갔다.
③탈취(강점)하다, 빼앗다, (목숨을)빼앗다; ~ le prix 상을 획득하다. Les voleurs ont *emporté* tout l'argent. 도둑들이 돈을 모두 털어갔다. L'ennemi *a emporté* la ville. 적이 그 도시를 점령했다. La fièvre l'*a emporté* en quelques jours. 열병이 며칠 사이에 그의 목숨을 앗아갔다. être *emporté* par une maladie 병에 목숨을 앗기다.
④데려가다, 끌고가다(entraîner); 떠밀고 가다 (pousser); 격하게 하다, 흥분시키다; [se laisser ~ par/à qc] (어떤 감정에) 쏠리다(집을리다). L'avion nous *emporte* loin de la France. 비행기가 우리를 프랑스에서 멀리 데려간다. Le courant *emporte* des glaçons. 조류가 유빙(流氷)을 실어간다. La jeunesse *se laisse* ~ aux plaisirs. 청춘은 쾌락에 이끌리는 법이다. Il *s'est laissé* ~ par la colère. 그는 벌컥 화를 냈다.
⑤《엣》(결과로서)가져오다, 수반하다; 포함하다. ~ *la conviction* 설득하다, 납득시키다.

~ **la pièce** 《옛》 (아유가) 신랄 (가혹)하다.
Il ne l'emportera pas en paradis. 조만간 나는 복수할 것이다; 그는 지금의 성공[행복]을 오래 누리지 못할 것이다.
l'~ (sur qn[qc]**)** (에)이기다; (보다)우세하다. Notre équipe *l'a emporté* à un. 우리팀은 3대 1로 이겼다. Il *l'a emporté* sur concurrents. 그는 다른 경쟁자를 물리치고 승리했다.
Le plus fort l'emporte. 《속담》 법보다 주먹이 앞선다.
—s'~ *v.pr.* ① 화를 내다, 격노하다. Il *s'emporte* facilement. 그는 툭하면 화를 낸다. Elle *s'emporte* pour des riens. 그 여자는 아무것도 아닌 일에 화를 낸다. *s'~* comme une soupe au lait 《구어》 갑자기 벌컥 화를 낸다. [s'~ contre qn/qc) Écoutez-le jusqu'au bout sans *vous ~ contre* lui. 그에게 화를 내지 말고 그의 말을 끝까지 들으시오. ② (나무가) 큰 나무로 자라다.

empoisieu [ɑ̃pozjø] *n.m.* (*pl.* **~x**) 《사투리》 (*Jura* 지방의 빗물을) 빨아들이는 구멍, 깔대기 모양의 계곡, 포켓홀.

empotage [ɑ̃pɔtaːʒ] *n.m.* 화분에 심기.

empoté(e) [ɑ̃pɔte] 《구어》 *a.p.* 우둔한, 굼뜬 (↔ dégourdi, adroit). **—***n.* 둔재, 느림보.

empotement [ɑ̃pɔtmɑ̃] *n.m.* ① = empotage. ② (잼 따위를) 단지에 넣기.

empoter [ɑ̃pɔte] *v.t.* 《드물게》(식물을) 화분에 심다. ② (잼 따위를) 단지에 넣기.

empouiller [ɑ̃puje] *v.t.* 《사투리》 (에) 씨를 뿌리다.

empouilles [ɑ̃puj] *n.f.pl.* 《옛》 《법》 거두어 들이기 전의 곡물 (⇨ dépouilles).

empouper [ɑ̃pupe] *v.t.* 《옛》 《해양》 (바람이) 배 뒤에서 불다.

empourpré(e) [ɑ̃purpre] *a.p.* 붉게 물든.

empourprer [ɑ̃purpre] *v.t.* ① 붉게 물들이다; 다홍색으로 만들다; (얼굴을) 붉히다(rougir). Le soleil couchant *empourprait* le ciel. 석양이 하늘을 붉게 물들이고 있었다. La colère *empourpre* le visage. 노여움으로 얼굴이 새빨개진다. ② 《구어》 (에게) 다홍색 옷을 입히다.
—s'~ *v.pr.* (하늘 따위가) 붉게 물들다; (얼굴이) 붉어지다.

empoussiéré(e) [ɑ̃pusjere] *a.p.* 먼지투성이의.

empoussièrement [ɑ̃pusjɛrmɑ̃] *n.m.* (일정 장소에서 측정된) 먼지의 밀도.

empoussiérer [ɑ̃pusjere] [6] *v.t.* 먼지투성이로 만들다. **—s'~** *v.pr.* 먼지투성이가 되다, 먼지를 뒤집어쓰다.

empoutrerie [ɑ̃putrəri] *n.f.* 《집합적》 (건물 따위의) 도리, 형(桁).

empreign-ais, ant [ɑ̃prɛɲɛ, -ɑ̃] ⇨ empreindre.

empreindre [ɑ̃prɛ̃ːdr] [27] *v.t.* ① 《문어》 《능동형으로는 별로 쓰이지 않음》 (감정 따위를) 새기다; (에) 각인을 찍다(graver, marquer). La douleur *était empreinte* sur son visage. 고통이 그의 얼굴에 새겨져 있었다. ② (도장 따위를) 찍다; 새기다, (에) 흔적을 남기다. ~ un cachet 도장을 찍다. ~ son pied dans le sable 모래 위에 발자국을 남기다.
—s'~ *v.pr.* ① 찍히다, 자국이 나다. Leurs pas *s'étaient empreints* sur la neige. 그들의 발자국이 눈위에 찍혀 있었다. ② [s'~ de qc] (기억 따위가) 새겨지다, 기억에 남다. Son visage commençait à *s'~ de* tristesse. 그의 얼굴은 슬픔의 빛이 역력히 드러나기 시작했다.

empreint(e) [ɑ̃prɛ̃, -ɛ̃ːt] (*p.p.* <empreindre) *a.p.* [~ de] (이) 새겨진, 흔적이 있는. poème ~ *de* mélancolie 우수가 깃든 시.

empreinte[2] [ɑ̃prɛ̃ːt] *n.f.* ① 인영(印影); 찍힌 자국. ~ du cachet 인영. ~ des roues 바퀴 자국. ~ des pas 발자국. Il y a des ~s de pas sur la neige. 눈위에 발자국이 있다. marquer qc d'une ~ (에) 도장을 찍다. prendre l'~ d'une clef 열쇠의 본을 뜨다. ② 지문(~ digitale). La police a pris les ~s laissées par l'assassin. 경찰은 살인범이 남긴 지문을 채취했다. ③ (정신적인) 자국, (천재의) 자국, 표시. ~ de l'angoisse 고뇌의 자국[흔적]. Cet ouvrage porte l'~ du génie. 이 작품은 천재의 자국을 남기고 있다. ④ (화폐·메달의) 각인, 돋을무늬. pièce dont l'~ est usée 돋을무늬가 닳은 화폐. ⑤ 《공학》 압흔(壓痕). 《치과》 치형 (의치를 만들기 위해 뜨는 치형); 《인쇄》 지형; 《생물》 (고생물의) 화석유해, 생혼(生痕); 《해부》 압흔; (*pl.*) 《사냥》 짐승발바닥. ⑥ 《미술》 초벌칠.

*empressé(e)** [ɑ̃prɛ[e]se] *a.p.* ① 열의가 있는; 잘 받드는. admirateurs ~s 열렬한 예찬자 (찬미자). ~ à(de) + *inf.* …하는 데 열의가 있는. peu ~ à + *inf.* 좀처럼 …하려 들지 않는. ② 《옛》 바쁜, 서두르는. Agréez mes salutations ~es. 여불비례(餘不備禮) 《편지 끝에 쓰는 상투적인 표현》.
—*n.* 친절(한 사람). faire l'~ auprès de qn …의 비위를 맞추다, …에게 아첨하다.

empressement [ɑ̃prɛsmɑ̃] *n.m.* ① 호의, 친절, 정중. proposition accueillie avec ~ par toute l'assemblée 모든 회합자들에게 기꺼이 받아들여진 제안. témoigner de l'~ auprès de qn …에게 각별한 친절을 다하다. ② 열의, 열성(ardeur, ↔ froideur). montrer peu d'~ pour qc …에 대한 열의가 적다. marquer un grand ~ à (pour) + *inf.* 끊임없이 …하려들다. mettre beaucoup d'~ à + *inf.* …하기에 열의가 대단하다.

*empresser (s')** [sɑ̃prɛ[e]se] *v.pr.* ① 서둘러 …하다, 부라부라 …하다 (se hâter). [s'~ de + *inf.*] Il *s'est empressé de* raconter la nouvelle à son entourage. 그는 주위의 사람들에 서둘러 그 소식을 전했다. ② 《옛》 열심히 …하다. *s'~* à (de) + *inf.* 열심히 …하다, l'~ pour + *inf.* …하기에 열의를 보이다. ③ [s'~ auprès de/autour de] (에게) 친절을 다하다, (환심을 사려고) 비위를 맞추다. Il *s'empresse auprès* d'une jolie femme. 그는 어떤 예쁜 여자의 환심을 사려고 비위를 맞춘다. ④ 《옛》 (군중이) 몰려들다.

emprésurer [ɑ̃prezyre] *v.t.* (우유에) 응유효소(présure)를 가하다.

emprise [ɑ̃priːz] *n.f.* ① 토지수용; 수용지; 《법》 차압. ② 세력, 영향, 지배력 (autorité, influence). avoir de l'~ sur qn …에게 영향력을 갖다. être sous l'~ de qn …의 (정신적) 지배하에 있다. ③ 《옛》 마상의 창시합; 무용(武勇), 무훈; (기사의) 계획, 모험.

emprisonnement [ɑ̃prizɔnmɑ̃] *n.m.* ① 투옥, 구금, 감금. ~ à temps[perpetuel, à vie] 유기[무기·종신] 감금. ~ de simple police 구류 (2개월 이내). ~ correctionnel 감금 (2개월 이상 5년 이하). ② 유폐, 감금 (détention, ↔ libération).

emprisonner [ɑ̃prizɔne] *v.t.* ① 감옥에 넣다, 투옥 (수감·구금) 하다. ~ un voleur 도둑을 투옥하다. ② 가두다, 나가지 못하게 하다, 유폐하다 (enfermer); 《비유적》 자유를 박탈하다. Elle se plaignait d'*être emprisonnée* dans ce couvent. 그는 수도원에 유폐된 것을 불평하고 있었다. ~ un gaz dans un récipient 가스를 용기에 밀봉하다. ③ 꽉 죄게 하다 (serrer); (에) 갑갑함을 주다. son cou dans un col étroit 깃이 꽉 끼어서 목을 움직일 수 없다. *être emprisonné* dans ses préjugés 자신의 편견으로부터 빠져나오지 못하다.

—s'~ v.pr. 틀어박히다.
emprunt [ɑ̃prœ̃] n.m. ① 돈의 차용; 부채(dette). Il a fait un ~ à la banque. 그는 은행에서 돈을 꾸었다. faire un ~ sur qc ...을 저당잡혀 돈을 꾸다. rembourser(restituer) un ~ 빚을 갚다. vivre d'~s 빚으로 살다. ② 차용, 모방(imitation). ~s que Molière a faits à Plaute 몰리에르가 플라우투스에게서 한 모방. ③ 채권, 국(공)채(~ public); 회사채. ~ d'État 국채. émettre(lancer) une ~ 채권을 발행하다. ~ à court(long) terme 단기(장기) 공채. amortir un ~ 공채를 상환하다. ④ 【언어】 차용어, ⑤ 자갈 채취장(~ de terre).
d'~ 빌려온; 가짜의, 겉보기만의. nom d'~ 가명.
emprunté(e) [ɑ̃prœ̃te] a.p. ① 빌어온, 차용한. argent ~ 차용한 돈. mot ~ au latin 라틴어에서 따온 차용어. ② 부자연한, 어색한, 꾸며낸(gauche). Il s'est adressé à moi d'un air tout ~. 그는 아주 어색한 태도로 나에게 말을 걸어왔다. ③ 〖옛〗 제것 아닌, 차용물의, 겉만의. nom ~ 가명.
*****emprunter** [ɑ̃prœ̃te] v.t. ① 빌다, 꾸다, 차용하다; (다른 사람의)힘을 빌다. [~ qc à qn/qc] Il m'a emprunté cent francs jusqu'au lendemain. 그는 나에게서 100 프랑을 다음날까지 꾸었다. ② [~ à/(옛)de] (...에서) 따오다, 차용하다, 자기 것으로 하다; 이용하다, 도용하다(tirer). ~ une citation à Pascal 파스칼의 작품에서 인용문을 따오다. Le français a emprunté des mots à d'autres langues. 프랑스어는 다른 언어에서 단어들을 차용했다. ③ 받다, 힘입다. La lune emprunte sa lumière au soleil. 달은 그 빛을 태양에서 받는다. ④ (길을)지나다; (교통수단을)이용하다. Le chemin qu'il a emprunté depuis le départ est loin d'être droit. 출발부터 그가 접어들었던 길은 옳지 않다. Il a pris la ligne de métro n°4 지하철 4호선을 타다. ⑤ 〖옛〗 꾸미다.
—v.i. 돈을 빌다.
—s'~ v.pr. 차용되다.
emprunteur(se) [ɑ̃prœ̃tœːr, -ø:z] n. 차용자; 꾸는 버릇이 있는 사람. —a. ① 꾸는; 돈꾸는 버릇이 있는. ② 【언어】 차용한.
empsychose [ɑ̃psikoːz] n.f. 〖드물게〗 【철학】 영육일치(靈肉一致).
empuanti(e) [ɑ̃pɥɑ̃ti] a.p. 악취를 풍기는.
empuantir [ɑ̃pɥɑ̃tiːr] v.t. ① 악취를 풍기게 하다 (↔ embaumer, parfumer). Cet égout empuantit tout le quartier. 이 하수구는 온 동네에 악취를 풍긴다. ② 해독을 끼치다; 오염시키다.
—s'~ v.pr. 악취가 나다.
empuantissement [ɑ̃pɥɑ̃tismɑ̃] n.m. 〖드물게〗 악취를 풍기게 하기; 악취.
empusa [ɑ̃pyza], **empuse** [ɑ̃pyːz] n.f. ① 【곤충】 사마귀속(屬). ② 【식물】 곤충에 기생하는 균류의 일종. ③ 〖옛〗 【철학】 공상적 개념.
empyème [ɑ̃pjɛm] n.m. 【의학】 농흉(膿胸); 농흉수술(手術).
empyréal(ale, pl. aux) [ɑ̃pireal, -o] a. 최고천(最高天)의, 천상계(天上界)의.
empyrée [ɑ̃pire] n.m. ① 【고대문학】 최고천, 천상계(ciel ~); 천국. ② 〖시〗 하늘, 창공.
empyreumatique [ɑ̃piɾ∅matik] a. 〖드물게〗 단내나는, 탄내나는.
empyreume [ɑ̃piɾ∅ːm] n.m. 〖옛〗 【화학】 단내, 탄내.
*****ému(e)** [emy] (p.p.< émouvoir) a.p. ① 감동한, 감격한; 흥분한(touché, attendri). Il a répondu d'une voix ~e. 그는 감동한 목소리로 대답했다. [~ de + inf.] Elle était si ~e de partir qu'elle en pleurait.

그 여자는 떠나는 것이 하도 마음 아파서 그만 울고 말았다. ② 〖옛〗 흔들리는, 움직이는. ③ 〖옛〗 (군중이)떠드는, 봉기한. ④ 〖옛·속어〗 술취한.
émulateur(trice) [emylatœːr, -tris] n. 경쟁의식에 사로잡힌 사람; 경쟁자. ~ de la gloire de qn ...의 명예를 다투는 사람. —n.m. 【컴퓨터】 제어장치, 에뮬레이터.
émulation [emylasjɔ̃] n.f. ① (좋은 의미로서의)경쟁심, 향상심(concurrence). ② 【컴퓨터】 에뮬레이터 사용(기술).
émule [emyl] n. 경쟁자, 경쟁 상대, 적수; 필적하는 사람, 호적수. surpasser ses ~s 경쟁자들을 앞지르다. être ~ de qn ...의 호적수가 되다.
émuler [emyle] v.i. ① 【컴퓨터】 (에뮬레이터로 프로그램을)고쳐쓰다. ② 〖옛〗 경쟁하다.
émulgent(e) [emylʒɑ̃, -ɑ̃ːt] a. 【생리】 신장(콩팥)(정·동)맥의.
émulseur [emylsœːr] n.m. 【약】 유제(乳劑)제조기(장치).
émulsibilité [emylsibilite] n.f. 유탁성(乳濁性).
émulsif(ve) [emylsif, -iːv], **émulsifiant(e)** [emylsifjɑ̃, -ɑ̃ːt] a. ① (씨 따위가)짜면 기름이 나오는. ② 【화학】 유화 촉진의. ③ 【약】 유제의. —n.m. (치즈 제조에 사용하는)지방질의 물질.
émulsifiable [emylsifjabl] a. 【화학】 유제로 만들 수 있는.
émulsification [emylsifikasjɔ̃] n.f. = **émulsionnement**.
émulsifier [emylsifje] v.t. = **émulsionner**.
émulsine [emylsin] n.f. 【화학】 에뮬신 (아몬드 따위에 함유된 디아스타아제).
émulsion [emylsjɔ̃] n.f. 유제(乳劑); 유상액(乳狀液). ~ photographique 사진(감광) 유제. 〖듬〗.
émulsionnement [emylsjɔnmɑ̃] n.m. 유제로 만듦.
émulsionner [emylsjɔne] v.t. 유제로 만들다; 【사진】 감광 유제를 바르다.
émulsoïde [emylsɔid] n.m. 【화학】 유탁질(乳濁質)(colloïde lyophile).
émyde [emid] n.f. 【동물】 (유럽·북미산의)늪거북.
‡**en¹**[ɑ̃] prép. (한정되지 않은 명사 앞, 또는 정관사 이외의 한정사가 붙은 명사 앞) I. (【장소】) ① @ (구체적인 위치·대상)...에, ...에서. Je suis en Angleterre, mais j'habite en Italie. 나는 영국에서 태어났으나 이탈리아에서 산다. avoir de l'argent en poche 호주머니에 돈을 갖고 있다. marcher en tête 선두에 서서 걷다. être en classe(prison) 수업(수감) 중이다. avoir un compte en banque 은행에 구좌를 갖고 있다. Ils passent leurs vacances d'été en Normandie. 그들은 여름휴가(방학)를 노르망디에서 보낸다. Il s'est noyé en mer. 그는 바다에서 익사했다. Il a mis du vin en bouteilles. 그는 포도주를 병에 담았다. Il travaille en usine. 그는 공장에서 일한다. en paradis 천국에, ...이 세상에서. en son domicile 자택에서. ⓑ (방향)...에, ...으로. Nous allons en France. 우리는 프랑스에 간다. Dimanche, allons nous promener en forêt. 일요일에 숲에 산보하러 갑시다. monter en train 열차에 오르다. ⓒ ...의 위에(서) (아래의 예외는 〖옛〗) (sur). avoir un chapeau en tête 머리에 모자를 쓰고 있다. entrer en scène 무대에 등장하다. Le christ est mort en croix. 그리스도는 十자가에 돌아가셨다. Mettez des genoux en terre. 땅에 무릎을 꿇으시오. portrait en pied 전신상.
② (추상적·관념적·비유적인 지점·장소·영역)...속에, ...에서, ...안(속)으로. Si tu es méchant, tu iras en enfer. 너 고약한 짓을 하면 지옥에 간다. avoir des idées en tête 머리 속에 생각(묘안)을 갖고

고 있다. avoir les preuves *en* main 증거를 손에 쥐다. croire *en* Dieu 신을 믿다. J'ai confiance *en* lui. 나는 그를 믿는다[신뢰하고 있다]. revenir *en* mémoire 기억에 되돌아 오다, 생각나다. se mettre *qc en* mémoire …을 기억해두다. exceller *en qc* …에 있어서 뛰어나다. *en* mon âme et conscience 내 마음속으로부터. *en* sa mémoire 그의 기억 속에. docteur *en* droit 법학박사. Il est fort *en* mathématiques. 그는 수학을 썩 잘한다. descendre *en* soi-même 자기의 마음을 파헤치다, 자성하다. Il y a *en* elle quelque chose que je ne comprends pas. 그 녀에게는 내가 이해할 수 없는 어떤 것이 있다(인칭대명사 앞에서는 en을 사용). dépense *en* gaz 가스 소비량. récolte *en* maïs 옥수수의 수확.

③《종사(從事)》Il est *en* promenade [*en* voyage]. 그는 산보[여행] 중이다. Elle est *en* prière. 그 여자는 기도를 올리고 있다.

Ⅱ.《시간》①…에, …에서, …에서는, …에는. Ne parlons pas de cela *en* son absence. 그가 없는 자리에서는 그 이야기는 하지 말자. Je suis né(e) *en* 1962. 나는 1962년에 태어났다. *en* automne (été, hiver) 가을[여름·겨울]에는《계절에 따르는 전치사: 봄은 au 나머지는 모두 en》). C'était *en* décembre. 12월이었다. *en* même temps 동시에. *en* ce temps-là 그 당시에는. Elle sort rarement *en* semaine. 그 여자는 주중에는 여간해서 외출하지 않는다. *En* ce moment, il doit être dans les ateliers. 지금 그는 아틀리에에 있을 것이다. *en* pleine nuit 한밤중에.

②《소요시간》…걸려서. De nos jours, on peut se rendre à Rome *en* une heure. 오늘날에는 한 시간이면 로마에 갈 수 있다. Il a appris l'anglais *en* six mois. 그는 6개월동안 영어를 배웠다. Il a beaucoup changé *en* deux ans. 그는 2년 동안에 많이 달라졌다. *en* moins de trois heures 세 시간도 안걸려서 (*en* plus de 는 쓰이지 않음). *en* dix minutes 10분 걸려서. *en* un clin d'œil 눈깜짝할 사이에, 순식간에. *en* trois sauts 세《구어》순식간에.

Ⅲ.《상황》①《상태》…의 상태로[의]. être *en* bonne santé 건강이 좋다. être *en* deuil 상(喪)중이다. agir *en* secret 몰래 행동하다. tomber *en* défaillance 정신을 잃다. être *en* guerre 전시이다, 전쟁 상태에 있다. être *en* réparation 수리중이다. se mettre *en* colère 화내다. La chambre est *en* désordre. 침실은 어지러져 있다. Ma voiture est *en* panne. 내 차는 고장이 나있다. *en* grève 파업중인. *en* vacances 휴가중인.

②《형상》…형태를 한, …꼴의. sucre *en* morceaux [poudre] 각(가루)설탕. chemin *en* zigzag 구불구불한 길, Z자형의 길. escalier *en* spirale 나선형 계단. vêtement *en* lambeaux 누더기 옷. arbre *en* fleurs 꽃이 핀 [만발한] 나무.

③《복장》…을 입은, …을 걸친. être *en* civil [uniforme] 사복[제복]을 입고 있다. Elle s'habille toujours *en* noir. 그 여자는 항상 검은 옷을 입는다. homme *en* lunettes 안경 쓴 사나이.

④《분할·내용》…으로, …으로 나뉜, …으로 된. diviser *en* deux 양분하다, 둘로 나누다. livre *en* trois volumes 3권으로 된 책. pièce *en* trois actes 3막의 희곡.

⑤《재료·구성요소》…로 된(de). C'est une montre *en* or [chaise *en* bois]. 그것은 금시계 [나무의자]이다. Est-ce que c'est *en* métal ou *en* plastique? 그것은 금속으로 되어 있느냐 또는 플라스틱으로 되어 있느냐?

⑥《변화의 결과》…로. changer A *en* B, A를 B로 바꾸다. mettre *en* vigne 포도밭으로 만들다. mettre un texte *en* coréen 원문을 한국어로 옮기다. teindre *qc en* rouge …을 붉게 물들이다. Tout s'en alla *en* fumée. 모든 것이 연기로 사라졌다.

⑦《자격》…으로서, …답게. agir *en* honnête homme 성실한 사람으로서 행동하다. parler *en* connaisseur 전문가답게 말하다. livre que j'ai reçu *en* cadeau 내가 선물로 받은 책.

Ⅳ. ①《수단·방법》ⓐ《방법》…로. vendre *qc en* détail [gros] …을 소매[도매]로 팔다. ⓑ《수단》…으로, …에 의하여[의한]. payement *en* espèces 현금(지)불. aller *en* auto (bicyclette, chemin de fer) 자동차[자전거·기차]로 가다. ⓒ《표현방식》…을 사용하여, …로, …의. *en* prose 산문으로 [의]. *en* français 불어로.

②《동기·이유·목적》…을 위하여(pour); …으로 인하여[인한]. armer *en* guerre 전쟁을 위하여 무장하다. *en* haine de …을 미워하여. *en* reconnaissance de …을 감사하(기 위하)여. …을 목적으로. *en* souvenir de notre amitié 우리들의 우정을 기념하여. mettre *en* vente 팔려고 내놓다; 발매하게.

Ⅴ. [de... en...] ①《장소·이행》…에서 …으로. *de* fleur *en* fleur 꽃에서 꽃으로, 이꽃 저꽃으로. voyager (courir) *de* ville *en* ville 이도시에서 저도시로 여행하다 (놀러다니다).

②《시간》*d'*aujourd'hui *en* huit 내주의 오늘. *de* jour *en* jour 나날이, 매일. *de* temps *en* temps 때때로. Elle vient *de* loin *en* loin. 그녀는 드문드문 찾아온다.

③《정도》aller *de* mal *en* pis 점점 더 나빠지다. *de* plus *en* plus 더욱더. *d'*heure *en* heure 시시각각으로. *de* fil *en* aiguille 조금씩. La situation s'aggrave *de* jour *en* jour. 상황은 나날이 악화해간다.

④《주기》…마다. prendre un remède *de* trois heures *en* trois heures 약을 3시간마다 먹다.

Ⅵ.《부정대명사·중성형용사·부사 따위와 함께: 방법·장소를 나타내는 많은 부사적 성구를 만듦》Cela fait *en* tout dix mille francs. 통틀어서 만 프랑이다. Cela ne me concerne *en* rien. 나와 아무런 관계도 없다. *en* général 일반적으로. *en* particulier 특별히. C'est vrai *en* gros. 대체적으로 사실이다. faire les choses *en* grand 사물을 거창하게 하다. *en* vain 헛되이. *en* avant ou *en* arrière 앞으로 또는 뒤로. *en* plein dedans 한복판에.

Ⅶ. [en+…ant(gérondif)] ①《때》…할 때; …함에 따라. *En* arrivant à Paris 파리에 도착함에 따라. L'appétit vient *en* mange*ant*. 식욕은 먹으면서 나는 법이다. Je vous écriv*ais* hier 어제 당신께 편지 쓰고 있었다. dès *en* naiss*ant* 태어나자마자.

②《동시에 서로 일어나는 동작》…하면서 (tout 로 강조할 때도 있음). aller *en* cour*ant* 뛰어가다. Il parle *en* balbuti*ant*. 더듬거리며 말하다. Il travaille (*tout*) *en* chant*ant*. 그는 노래하며 일한다.

③《원인·이유》…때문에. *En* tomb*ant* il s'est démis le pied. 넘어졌기 때문에 그는 발을 삐었다.

④《수단》…에 의하여. Il gagne sa vie *en* enseig*nant* le français. 그는 프랑스어를 가르쳐서 생활비를 벌고 있다. On apprend *en* étudi*ant*. 사람은 공부를 함으로써 사물을 배우게 된다.

⑤《양태》Elle a répondu *en* souri*ant*. 그녀는 미소지으며서 대답했다. La situation va *en* s'améliorant. 상황은 호전되어 가고 있다.

⑥《조건·가정》…하면. *En* fais*ant* cela, vous l'offenserez. 그렇게 하면 그를 화나게 할 겁니다. *En* consult*ant* le dictionnaire, vous trouverez le sens exact de ce mot. 사전을 찾아보면 이 말의 정확한 뜻을 알게 될 것입니다.

en²

⑦ (양보)…해도(*même* 로 강조할 때도 있음). *Même en passant par là, vous n'arriverez pas avant le coucher du soleil.* 그리로 지나간다 해도 저녁까지 다다르지 못할 겁니다.
⑧ (대립)…라고는 하지만, …이기는 하지만(*tout* 로 강조할 때도 있음). Il n'est pas venu, *tout en* sach*ant* bien qu'il je l'attendais. 내가 기다린다는 것을 뻔히 알면서도 그는 오지 않았다. On a dit beaucoup de mal de Rousseau et de ses Confessions *tout en* les goût*ant*. 사람들은 참회록을 즐겨 읽으면서도 루소와 그 책에 대해 나쁘게 말했다.

‡**en²** [ɑ̃] *ad.* ① (동사의 보어)(기점) 그곳에서(부터)(de là 의 단축형). J'*en* suis. 나는 그곳 사람이다. Avez-vous été à Paris? – Bien sûr, j'*en* viens. "파리에 가신 일이 있습니까?" "물론이지요, 나는 그곳에서 막 왔습니다" Il est arrivé à la gare comme le train *en* partait. 그는 기차가 역에서 출발하려고 할 때 그곳에 도착했다.
② (s'*en* aller, s'*en* retourner, s'*en* revenir, s'*en* venir 따위에서 막연한 기점을 나타냄) Va-t-*en*. 가거라, s'*en* venir 오다.
—*pron. ad.* (부사 (de là)의 용법에서 전화하였기 때문에 de + '대명사'(de lui, d'elle, d'eux, d'elles, de cela = de + *inf*.) 또 + '것'의 뜻을 가짐) ① (동사의 상황보어) ⓐ (기원) 거기에서, 그것에서, 그것으로부터. *en* dégager son esprit 자기 정신을 그것에서 해방시킨다. Il *en* tirera un joli bénéfice. 그는 거기에서 상당한 이익을 얻을 것이다. Il *en* résulte que + ind 의 사실에서 …이라는 결과가 나온다. ⓑ (재료) 그것으로(써), 그것을 사용하여, 그사람으로써, 사람들로써. *en* faire le fromage 그것으로 치즈를 만들다. *en* faire un médecin 그 사람을 의사로 만들다. *en* faire un nid somptueux pour leurs amours 그것으로 그들의 화려한 사랑의 집을 짓다. ⓒ (내용물) 그것으로, s'*en* remplir 그것으로 가득 차다. ⓓ (수단) 그것으로, *en* vivre 그것으로 살아가다. Il ramassa un bâton et *en* frappa son adversaire. 그는 몽둥이를 집어 들고 그것으로 상대방을 때렸다. ⓔ (이유·원인) 그것 때문에, 그래서 (à cause de cela, pour cela). *en* aimer qn 그 때문에 …을 사랑하다. Il n'*en* est pas plus avancé pour cela. 그는 그 때문에 별로 진전이 없다. 그 때문에 그에게 별 도움이 되지 않는다 (pour cela 는 *en* 의 되풀이로 강조). Il reçut une blessure et *en* mourut. 그는 상처를 입어 그 때문에 죽었다. *en* être triste 그 때문에 슬프다. J'ai trop de soucis, je n'*en* dors plus. 나는 너무 걱정이 되어 더이상 잠을 이룰 수가 없다. ⓕ (수동태의 동작주어) 그것에 의해, 그것으로; 그사람(들)에게(서)(로부터). L'enceinte de murailles a disparu, mais autrefois le château *en* était entouré. 성벽은 사라졌으나 옛날에는 성이 성벽으로 둘러싸여 있었다. Il aime sa femme et *en* est aimé. 그는 아내를 사랑하고 아내에게 사랑받고 있다. Elle le respecte et elle *en* est respectée. 그녀는 그를 존경하고 그로부터 존경을 받는다.
② (목적보어에 de 를 요구하는 동사(구)의 간접목적보어) (보어가 사람을 가리키는 것일 때에는 일반적으로 de lui, d'elle, etc. 처럼 'de+인칭대명사 강세형'을 씀). 그것을[에, 의], 그것에 관하여. N'*en* parlons plus. 이제 그 이야기는 그만 합시다. À *en* juger par cela 그것으로 판단하면. *en* douter 그것을 의심하다. Qu'il soit honnête, tout le monde *en* convient. 그가 성실하다는 것은 모두가 다 인정하고 있다. *en* avertir qn …에게 그것을 알리다. *en* remercier qn …에게 그것을 감사하다. *en* dépouiller qn …으로부터 그것을 벗겨버리다. s'*en*

débarrasser 거추장스러운 것을 없애버리다. *en* avoir peur 그것을 두려워하다. *en* faire usage 그것을 사용하다. Vous m'avez rendu service et je m'*en* souviendrai. 저를 위해 수고해주셔서 저는 그 것을 잊지 못할 것입니다. *en* triompher 그것을 극복하다. s'*en* venger 그것을 복수하다. s'*en* approcher 그것에 접근하다. *en* avoir faim 《구어》 그것에 굶주리고 있다.
③ (전치사 de 를 동반하는 형용사의 보어) ⓐ 그것으로. Les rues *en* sont pleines. 거리는 그것으로 가득 차있다. ⓑ 그것에. *en* être digne 그것에 합당하다. ⓒ 그것을. *en* être jaloux 그것을 샘내다; 그것을 열망하다. ⓓ 그것은, 그것이. Vous remplacer, il n'*en* est pas capable. 당신을 대신한다는 것이 그에게는 불가능하다. ⓔ 그 사람에게. *en* devenir amoureux 그 사람에게 반하다.
④ (명사의 한정보어) 그것의 (소유자가 사람·동물일 경우에는 일반적으로 son 을 쓰지 않고 강세형 인칭대명사를 씀). Voici ma valise, mais je n'*en* ai pas la clef. 여기에 내 여행가방이 있지만 그 열쇠를 갖고 있지 않다. C'est un bon hôtel. *En* voici l'adresse. 그것은 좋은 호텔이다. 여기에 그 주소가 있다. Quand on parle du loup, on *en* voit la queue. 《속담》 호랑이도 제 말하면 온다.
⑤ ('복수형부정관사·부분관사·직접목적보어 명사'를 대신함; 부분적 의미를 나타냄) 그것(의 얼마)를. As-tu reçu des lettres? – Oui, j'*en* ai reçu. 너 편지들을 받았느냐? 응, 받았어. – Non, je n'*en* ai pas reçu. 아니, 못받았어. As-tu de l'argent? – Oui, j'*en* ai. 너 돈 좀 가지고 있느냐? 응, 좀 가지고 있어.
⑥ ('수형용사(수량부사+de)+명사'에서 명사나 de+명사를 대신함) 그것(들)의, 그 사람(들)의. Combien de frères avez-vous? – J'*en* ai trois. 형제가 몇 분입니까? – 셋입니다. Parmi ces livres il y *en* a un que j'ai acheté hier. 이 책 중에는 내가 어제 산 것도 하나 있다. Prenez-*en* six. 그것을 6개 집으시오. Il a vendu son auto pour *en* acheter une autre. 그는 다른 차를 사기 위해서 그의 자동차를 팔았다.
⑦ (부분적인 의미를 지닌 명사를 받음) 그것, 그것들, 얼마간, 몇 개, 그 사람들. Il *en* est venu de très loin. 아주 멀리서 온 사람도 있다. Parmi ces livres il y *en* a d'excellents. 이들 책 중에는 뛰어난 것도 몇 권 있다.
⑧ (*en* 이 막연한 것을 나타내는 용법; aller, arriver, assez, avoir, croire, faire, falloir, finir, pouvoir, se tirer, trop, venir, vouloir, etc. 참조) ⓐ 사정이. Il *en* est[va] ainsi (de, pour) (…에 관해서도) 사정은 그와 같다. Il *en* est[va] autrement. 사정은 다르다. Il *en* est[va] de même. 사정은 매한가지다. Il *en* est[va] de A comme de B. A 에 관해서도 B 와 마찬가지다. ⓑ 사정에 대하여. *en* savoir long (sur) (…에 대한)사정에 밝다. ⓒ si le cœur vous *en* dit 당신의 마음에 드시면. ⓓ s'*en* donner 열중하여 (재미있게) 놀다.
⑨ 《구어에서 군말로 쓰임》 On s'*en* souviendra, de ce voyage! 《구어》 못잊을거야, 그 여행은! Il *en* a une, lui, de voiture! 《구어》 그는 한 대 갖고 있어, 차를!

en- *préf.* (b, m, p 앞에서는 **em-**). ① 「…의 속에」의 뜻. ② 「…에서, …로부터」의 뜻.

É.N. 《약자》 ① École normale 사범학교. ② Éducation nationale 문교(부).

É.N.A [ena] 《약자》 École nationale d'administration 국립 행정학교.

énallage [enala:ʒ] *n.f.* 《수사학》 전용(轉用)어

enamouré(e) [ānamure], **énamouré(e)** [enamure] *a.p.* 《옛》《농조로》사랑하는, 반한. femme ~ 사랑에 빠진 여자. air ~ 반한 표정. être ~ de la littérature 문학에 열중하다.

enamourer (s') [sānamure], **énamourer (s')** [senamure] *v.pr.* [s'~ de] (에)반하다, 열중하다. s'~ d'une veuve 과부에게 반하다.

énanthème [enātɛm] *n.m.* 《의학》내진(内疹), 점막진(粘膜疹).

énantiomorphe [enātjɔmɔrf] *a.* ① 좌우대칭의, 좌우가 닮은꼴의. ② 《화학》(결정(結晶)에서의)좌우상(左右像)의.

énantiotrope [enātjɔtrɔp] *a.* 《화학》호변이형(互變二形)의.

énantiotropie [enātjɔtrɔpi] *n.f.* 《화학》호변이형.

enarbrer [ānarbre] *v.t.* 《드물게》(수레바퀴를)굴대에 끼우다. —**s'**~ *v.pr.* 《드물게》① 굴대에 끼워지다. ② 《옛》(말이)뒷다리로 서다.

énarchie [enarʃi] *n.f.* 《구어》(É.N.A. 출신의)고위관료 체제; 엘리트 관료.[관리].

énarchique [enarʃik] *a.* 《구어》(É.N.A. 출신의)고위관료 체제[지배]의.

énarchisme [enarʃism] *n.m.* É.N.A. 출신자들의 고위관료적인 태도, 고급관료 지배.

énarchiste [enarʃist] *a.* É.N.A. 출신 체제주의의.

énarque [enark] *n.m.* 《구어》É.N.A. 졸업생, É.N.A. 출신의 고급관리.

énarrable [enarabl] *a.* 《옛》말할 수 있는.

énarration [enarɑsjɔ̃] *n.f.* 《옛》긴 이야기, 무척 상세한 이야기.

énarrer [enare] *v.t.* 《옛》장황하게 이야기하다.

enarrher [ānare] *v.t.* 《옛》(집주인 따위에게)계약금을 주다.

en-arrière [ānarjɛːr] *n.m.* 《복수불변》《스케이트》뒤로 지치기.

énarthrose [enartroːz] *n.f.* 《해부》구상(球狀)관절.

énaser [enaze] *v.t.* 《옛》(형벌로서)(의)코를 잘라버리다. —**s'**~ *v.pr.* 코를 심하게 부딪치다; [~ contre/avec] (와)맞부딪다. Il s'énasa avec moi. 그는 나와 맞닥뜨렸다.

en-avant [ānavā] *n.m.* 《복수불변》① 《축구》앞으로 하는 패스; 《럭비》녹온. ② 《스케이트》앞으로 지치기.

en-but [ābyt] *n.m.* 《복수불변》《럭비》인골(골라인과 데드볼라인 사이의 트라이 가능 지역)(《영》in goal).

encabanage [ākabanaːʒ] *n.m.* 상족(上蔟), 누에를 섶에 올림.

encabaner [ākabane] *v.t.* (누에를)섶에 올려놓다, 상족하다.

encablure [ākablyːr] *n.f.* 《해양》연(鏈)《옛날의 길이 단위, 185.2미터》.

encadastrer [ākadastre] *v.t.* 《드물게》토지대장에 기입하다.

encadenasser [ākadnase] *v.t.* ①《드물게》(에)맹꽁이 자물쇠를 채우다. ② (죄수 따위를)엄중하게 가두다.

encadré [ākadre] *n.m.* 《인쇄》복스기사(記事).

encadrement [ākɑ[a]drəmā] *n.m.* 틀[음·액자]에 끼우기; 틀, 액자, 테; 둘러 쌈, 테두르기. ~ d'un tableau 그림을 액자에 넣음. ~ de la fenêtre [de la porte] 창(문)틀. ② 《기업·군대의》간부; 간부배치. renouveler l'~ d'une société 회사의 간부배치를 새로이 하다. ④ 《군사》협차법(夾叉法)《사격을 수정하는 방법의 하나》. ⑤ ~ du crédit 《경제》(정부에 의한 은행의)대부 제한.

encadrer [ākadre] *v.t.* ① 틀에 끼우다, 액자에 넣다. ~ un pastel 파스텔화를 액자에 넣다. ② 둘러싸다, 테(두리)를 치다[두르다]; (둘러싸서)눈에 띄게 하다. ~ un article de journal au crayon rouge 신문기사를 붉은 연필로 둘러싸다. Ses cheveux blonds encadraient son visage. 금발이 그녀의 얼굴을 둥글게 에워싸고 있었다 《p.p. 로》. jardin encadré de haies 생울타리로 둘러싸인 정원. ③ (작품 속에)삽입하다, 끼어 넣다; (어떤 배경 속에)놓다. ~ un monologue dans un récit 이야기 속에 독백을 삽입하다. ④ 양쪽에[사이에]끼우다[에워싸다];《속어》체포하다. Les gardes de corps encadrent le ministre. 경호원이 좌우에서 장관을 에워싸고[호위하고] 있다. ⑤ 골조를 만들다, 받치다. La bourgeoisie encadre la société civile. 중산계급이 시민사회의 골격을 이루고 있다. ⑥ 지도하다, 지휘하다, 통솔하다; (부대에)장교[사관]를 배치하다. ~ des enfants dans une colonie de vacances 임간(林間)학교에서 아이들을 지도하다.《p.p.로》soldats bien encadrés 훌륭한 장교에 의해 지휘된 병사들. ⑦《구어》심하게 충돌하다. se faire ~ 심하게 부딪치다; (사람이)심한 대우를 받다;《속어》잡히다[체포되다]. ⑧ ~ un objectif 《군사》목표를 협차(사격)하다《공격·증원을 막기 위함》.

être à ~ 《구어》《비유적》액자에 넣어서 장식해 둘 만 하다, 무척 우스꽝스럽다(추하다). **ne pas pouvoir** ~ qn 《속어》…이 싫다, 마음에 들지 않다. —**s'**~ *v.pr.* 테(두리)가 쳐지다, 둘러싸이다, 끼워지다. Le paysage s'encadre dans la fenêtre. 풍경이 창으로 테두리를 한 듯이 보인다.

encadreur [ākadrœːr] *n.m.* 틀·액자 제조인, 틀·액자 제조소(표구사).

encagement [ākaʒmā] *n.m.* 《드물게》① 새장(우리)에 넣기. ② tir d'~ 《군사》봉쇄사격. ③ 유폐, 구금.

encager [ākaʒe] ③ *v.t.* ① (새 따위를)새장(우리)에 넣다; (동물을)우리에 넣다. ②《구어》형무소에 넣다, 가두다. —**s'**~ *v.pr.* (집에)들엎드리다, 은거하다.

encaissable [ākɛsabl] *a.* (돈을)받을 수 있는; 현금화되는. montant ~ 수금할 수 있는 액수. chèque ~ 현금화할 수 있는 수표.

encaissage [ākɛsaːʒ] *n.m.* ①《드물게》《상업》(물품을)상자에 넣기, 상자에 포장하기; 상자에 들어 있음. ②《원예》상자(화분)에 심기.

encaissant(e) [ākɛsā, -āːt] *a.* (바위 따위가)양쪽에 솟은. roche ~e 《광물》모암(母岩).

encaisse [ākɛs] *n.f.* ① 현금, 보유 현금, 재고 금액. ~ or (et) argent 금은 보유고. ~ métallique 금은화 금은. ② 《권투》(얻어 맞은)펀치.

encaissé(e) [āke[ɛ]se] *a.p.* ① 상자에 넣은, 포장한; 금고에 넣은. ② (골짜기·강의)양쪽이 험한[험하게 깎아지른].

encaissement [ākɛsmā] *n.m.* ① (대금의)수령, 영수; (어음의)현금화. ~ des sommes dues une traite à l'~ 어음을 현금화하다. ② (강·길의)양쪽이(절벽으로) 깎아지른 상태. ~ d'une rivière 강의 양쪽 기슭의 가파른 상태, 단애. ③《토목》(도로 건설로 파헤쳐진)구덩이, 호, 도랑. ④ (기둥 따위의)받침(대). ⑤《드물게》(상품을)상자에 넣기; (식물을)상자에 심기.

encaisser [āke[ɛ]se] *v.t.* ① (대금을)수령하다, 영수하다; (어음을)현금으로 바꾸다. ~ deux mille francs 2천 프랑을 수령하다. ~ le loyer de l'ap-

partement 아파트의 집세를 받다. ~ la note d'électricité 전기요금을 수금하다. ~ un effet de commerce 어음을 현금으로 바꾸다. ②《강 따위》를)양쪽에서 둘러싸다; 제방(둑)을 쌓다. (도로를)깎아내다. Des parois abruptes *encaissent* la rivière. 위험한[깎아지른] 암벽이 강의 양쪽에 솟아 있다. ~ un canal 운하의 양쪽 기슭에 제방[둑]을 쌓다. ③《구어》(타격을)받다, 참고 견디다. ~ un direct du droit 라이트 스트레이트 펀치를 맞다. (목적보어 없이)Ce boxeur *encaisse* bien. 이 권투 선수는 맷집이 좋다. ~ des injures 모욕을 참다. ~ un échec 실패를 태연히 받아들이다. Je ne peux pas ~ cet homme. 나는 저 사람을 참을 수 없다. ④《드물게》상자에 넣다, 케이스에 담다; (식물을)상자(화분)에 심다.
—**s'**~ *v.pr.* 양쪽에 둘러싸이다.

encaisseur [ɑ̃kɛsœːr] *n.m.* ① 수금원; (어음의)수취(회수) 담당(인). ~ de gaz 가스 요금의 수금원. ② 맷집이 좋은 권투선수.

encalifourchonné(e) [ɑ̃kalifurʃɔne] *a.* 《엣·구어》(말타듯이)걸터앉은.

encalminé(e) [ɑ̃kalmine] *a.* 《해양》 바람이 없어 멎어버린; 피난중인.

encan (à l') [ɑ̃kɑ̃] *loc.ad.* 경매로; 공전으로; 매수하여, mettre[vendre] *qc* à l'~ …을 경매에 붙이다 [붙여 팔다]. justice à l'~ 돈으로 매수된[좌우되는]부정 재판.

encanaillement [ɑ̃kanajmɑ̃] *n.m.* (하찮은(천한) 패거리들과의)교제; (천한 사람들과 사귀어서)품위를 떨어뜨림, 천해짐.

encanailler [ɑ̃kanaje] *v.t.* (천한 사람들과 교제해서)품위를 떨어뜨리다, 천하게 하다. ~ une maison(천한 사람들을 출입시켜)집(안)의 품위를 떨어뜨리다.
—**s'**~ *v.pr.* (천한 사람들과 사귀다, (품위·풍격)가 떨어지다, 천하게 되다(s'avilir, s'abaisser).

encanteur [ɑ̃kɑ̃tœːr] *n.m.* 《엣》경매인.

encapé(e) [ɑ̃kape] *a.p.* 《엣》《해양》 두 개의 갑(岬) 사이로 들어간.

encapeler [ɑ̃kaple] ⑤ *v.t.* 《해양》(밧줄을)단단히 매다.

encaper [ɑ̃kape] 《엣》《해양》 *v.t.* 두 개의 갑 사이로 넣다. —*v.i.* 갑 안에 들어가다.

encapuchonner [ɑ̃kapyʃɔne] *v.t.* (에)두건(후드)을 쐬우다. —**s'**~ *v.pr.* ① 두건을 쓰다. ②(말이 재갈을 싫어해서)주둥이를 가슴께로 가져가다, 목을 크게 구부리다.

encaquement [ɑ̃kakmɑ̃] *n.m.* ① (청어를)통에 쟁여 담기. ②《구어》(좁은 장소에)사람들이 빽빽히 들어서기, 밀집(entassement).

encaquer [ɑ̃kake] *v.t.* ① 통 속에 넣다. ②《구어》(사람·사물을)좁은 장소에 빽빽하게 집어넣다.
—**s'**~ *v.pr.* 통 속에 넣어지다; (사람이)빽빽히 들어가다.

encaqueur(se) [ɑ̃kakœːr, -øːz] *n.* 통에 담는 사람 (caqueur).

encarnavalé(e) [ɑ̃karnavale] *a.* 《드물게》(사육제 때처럼)이상한 복장을 한.

encarrade [ɑ̃karad] *n.f.* 《은어》입장. billet d'~ 입장권.

encarrer [ɑ̃kare] *v.i.* 《은어》들어가다(entrer).

encart [ɑ̃kaːr] *n.m.* ① 《제본》 삽입지(挿入紙). ②(신문·잡지의)간지 광고.

encartage [ɑ̃karta:ʒ] *n.m.* ① 《제본》(간지(광고)의)삽입, 간지, 삽입지.

encarter [ɑ̃karte], **encartonner** [ɑ̃kartɔne] *v.t.* ① (인쇄물에 광고 따위를)끼워 넣다. ~ un bulletin de commande dans un catalogue 카탈로그에 주문서를 끼워 넣다. ②(단추 따위를)판지 위에 고정시키다, (옷 따위를 판지에 붙이다. ③ (천을 다림질할 때 주름 사이에)판지를 넣다. ④ 《엣》(장녀 따위를)등록하다.

encarteuse [ɑ̃kartøːz] *n.f.* (핀·단추 따위를 판지에) 고정시키는 기계.

encartonnage [ɑ̃kartɔna:ʒ], **encartonnement** [ɑ̃kartɔnmɑ̃] *n.m.* ① 《인쇄》 (압출기에 걸어서 윤을 내기 위해 (코팅하기 위해) 인쇄한 종이를)판지 사이에 끼우기. ②《제본》 삽입 페이지·삽입 광고 따위의)삽입(encartage). ③(천을 다림질할 때 위해)판지를 주름 사이에 끼움.

encartouchage [ɑ̃kartuʃa:ʒ] *n.m.* 화약을 약협에 장치하기.

encartoucher [ɑ̃kartuʃe] *v.t.* (화약을)약협(藥莢)에 장치하다.

en(-)cas [ɑ̃kɑ] *n.m.* (복수불변)①(언제든지 먹을 수 있도록 준비된)가벼운 음식. ②(청우(晴雨)겸용)우산(양산). ③ 비상금 《엣》예비품, avoir mille francs comme ~ 비상금으로 1,000 프랑을 지니다. ④ 최후 수단(책략). La dissolution de la Chambre est un ~. 의회의 해산이 최후 수단이다.

encaserner [ɑ̃kazεrne] *v.t.* (신병 따위를)병영에 넣다, 입영시키다. (군대식으로)자유를 속박하다.

encasteler (s') [sɑ̃kastəle] ④ *v.pr.* 《수의》 (말굽이)협착(狹窄)해지다. 「착.

encastelure [ɑ̃kastəlyːr] *n.f.* 《수의》 (말굽의)협

encastillage [ɑ̃kastija:ʒ] *n.m.* = **accastillage**.

encastré(e) [ɑ̃kastre] *a.p.* 박아넣어진, 묻힌. glace ~e (틀 안에)박아 넣은 거울.

encastrement [ɑ̃kastrəmɑ̃] *n.m.* ① 박아넣기. ② 옴폭하게 파인 곳, 홈. assemblage à ~ 홈에 끼워 연접하기.

encastrer [ɑ̃kastre] *v.t.* 박아넣다.
—**s'**~ *v.pr.* 박히다, 꼭 들어맞다; (차가 충돌해서)움푹 패이다.

encataloguer [ɑ̃katalɔge] *v.t.* (물품 따위를)목록에 넣다, 〔연극〕 (배우를)프로그램(팜플렛)에 신다(넣다).

encaustiquage [ɑ̃kɔ(o)stika:ʒ] *n.m.* (가구·마루 따위에)왁스를 칠하기, 밀초를 바르기.

encaustique [ɑ̃kɔ(o)stik] *n.f.* ① (가구·마루용의) 광(윤)내는 왁스; (대리석·회반죽의)보호용 도료. ②《회화》 납화법(蠟畫法)《밀초에 안료를 녹여서 인두로 지져 그리는 화법》. —*a.* peinture ~《회화》납화.

encaustiquer [ɑ̃kɔ(o)stike] *v.t.* ①(가구·마루 따위에)밀초(왁스)를 바르다. ②《사진》 유내다.

encavement [ɑ̃kavmɑ̃] *n.m.* (술을)지하실[저장창고]에 넣기.

encaver [ɑ̃kave] *v.t.* ①(술을)지하실에 넣다. ②《엣·구어》(사람을)동굴(어두운 곳)에 가두다. 「람.
—**s'**~ *v.pr.* 지하실에 넣어지다. 「람.

encaveur [ɑ̃kavœːr] *n.m.* (술을)지하실에 넣는 사

enceign-ais, -ant, -e, etc. [ɑ̃sεɲ-ε, -ɑ̃] ⇨**enceindre**.

enceindre [ɑ̃sεːdr] 27 *v.t.* (담 따위로)주위를 에워싸다, 둘러싸다. ~ une ville de remparts 도시 주위에 성벽을 둘러치다. (p.p.로)baie *enceinte* par des collines 언덕으로 둘러싸인 작은 만.

enceinte[1] [ɑ̃sεːt] *n.f.* ①울타리; 성벽, 성락. ville dotée d'une ~ de murailles 성벽으로 둘러싸인 도시. ~ de fossés 해자치진 호[도랑]. ②(울타리의)내부, 부지(敷地)내, 구내, 실내. pénétrer dans l'~ d'une église 교회의 구내로 들어가다. ~ d'un jardin botanique 식물원의 원내. ~ d'un tri-

bunal 법정 안. ③ 〖스포츠〗 (경마가 아닌 순수한) 경마장; (복싱의) 링. ~ **du pesage** (기수의 체중)계량장. ④ 〖사냥〗 (사냥감을 몰아넣는) 구역, 울타리; 〖어업〗 (어군을 포위하는) 배와 그물의 둥근 포위망. ⑤ ~ **acoustique** 〖음향〗 (스테레오 장치의) 스피커 시스템.

enceinte² *a.f.* 임신한, 아기를 밴. ~ **de qn** …의 아기를 밴. être ~ de 3 mois 임신 3개월이다.

enceintrer [ɑ̃sɛ̃tre] *v.t.* 〖운어〗임신시키다.

encellulement [ɑ̃selylmɑ̃] *n.m.* (수도사를) 밀실에 가둠; (죄수를) 독방에 감금; 밀실(독방) 생활.

encelluler [ɑ̃selyle] *v.t.* ① (수도사를) 밀실에 가두다. ② (죄수를) 독방에 감금하다.
—*s'~ v.pr.* 밀실(독방)에 들어가다.

encens [ɑ̃sɑ̃] *n.m.* ① (특히 종교 의식에 사용하는) 향. brûler de l'~ 향을 피우다. parfum d'~ 향냄새. ~ **mâle**(indien) 유향(乳香). ②〖문어〗칭찬, 아첨, 아부. Il se laisse gagner par l'~ de la flatterie. 그는 칭찬(아첨)의 말을 듣고 듣는다. **brûler**[**offrir**] **de l'~ à**[**devant**] **qn** ⓐ …에게 향을 바치다. ⓑ …에게 아부하다, 알랑거리다.

encensement [ɑ̃sɑ̃smɑ̃] *n.m.* ① 향을 피우기; 〖교회〗 향을 뿌리기. ② 치켜세움, 칭찬.

encenser [ɑ̃sɑ̃se] *v.t.* ① 향을 바치다; 〖교회〗 (향로를 흔들어서) 향을 뿌리다. Le prêtre *encense* l'autel. 사제가 제단에 향을 바친다. ② 칭찬하다, 치켜세우다, 아첨하다. ~ les mérites de **qn** …의 공적을 찬양하다. ③ (목적보어 없이) (말이) 머리를 상하로 흔들다.

encenseur(se) [ɑ̃sɑ̃sœ:r, -ø:z] *n.* ① 향을 바치는 사람; 향로꾼이. ②〖예〗아첨꾼, 알랑거리는 사람.

encensoir [ɑ̃sɑ̃swa:r] *n.m.* 〖교회〗 향로, (흔들 수 있도록 쇠사슬이 달린) 줄 향로. balancer l'~ **devant l'autel** 제단 앞에서 향로를 흔들다.
donner des coups d'~ ; manier l'~ 〖구어〗몹시 아첨하다(치켜세우다). **porter**[**mettre**] **la main à l'~** 〖예〗교회의 재산(회계)에 개입하다.

encépagement [ɑ̃sepaʒmɑ̃] *n.m.* 〖농업〗 (집합적) (포도 재배지의) 포도나무.

encéphalalgie [ɑ̃sefalalʒi] *n.f.* 〖의학〗 두통, 뇌통.

encéphale [ɑ̃sefal] *n.m.* 〖해부〗 뇌.

encéphalique [ɑ̃sefalik] *a.* 〖해부〗 뇌(성)의.

encéphalite [ɑ̃sefalit] *n.f.* 〖의학〗 뇌염.

encéphalogramme [ɑ̃sefalɔɡram] *n.m.* 〖의학〗 뇌전도(腦電圖)(électro-~).

encéphalographie [ɑ̃sefalɔɡrafi] *n.f.* 〖의학〗 X 선에 의한 뇌검사, 뇌X 촬영법.

encéphalomyélite [ɑ̃sefalɔmjelit] *n.f.* 〖의학〗 뇌척수염.

encéphalopathie [ɑ̃sefalɔpati] *n.f.* 〖의학〗 뇌질환.

encéphaloscopie [ɑ̃sefalɔskɔpi] *n.f.* 〖의학〗 뇌경검사법(腦鏡檢査法).

encerclement [ɑ̃sɛrkləmɑ̃] *n.m.* 포위. rompre un ~ 포위망을 뚫다. manœuvre d'~ 포위작전.

encercler [ɑ̃sɛrkle] *v.t.* ① 둘러싸다; 포위하다. La police *a encerclé* le quartier. 경찰이 그 구역을 포위했다. ② ~ les positions ennemies 적진을 포위하다. ~ un État 한 나라를 동맹국들이 둘러싸다(한 나라의 위급함을 구하기 위해서). ③ (드물게) 원(테)으로 두르다; 테를 씌우다.

enchaîné(e) [ɑ̃ʃɛ(e)ne] *a.p.* ① 사슬에 묶인; 속박된. «Canard ~» 「사슬에 묶인 (집) 오리」(통렬한 풍자로 유명한 프랑스의 신문). rester ~ à la place 그 자리에 못박혀 있다(꼼짝 못하다). avoir la langue ~e 입을 다물고 있다. ②(논리적으로) 연관된.
—*n.m.* ① 〖영화〗 랩 디졸브, 오버랩(사라져 가는 화면 위에 다음 화면이 조금씩 겹쳐가는 이중장 영 수법)(fondu(-)~). ②(도난 방지를 위해) 사슬로 묶어놓은 책.

enchaînement [ɑ̃ʃɛnmɑ̃] *n.m.* ① 연결, 연쇄; 연관, 맥락. ~ **de circonstances** 일련의 상황. ~ **de générations** 세대의 이어짐(연쇄). ~ **logique** 논리적 연관. ~ **des causes et des effets** 원인과 결과의 연결. ~ **des idées** 사고의 맥락. ②〖예〗사슬로 묶기; 속박. ③ 〖음악〗(화음의) 연속; 〖무용〗 일련의 동작; 〖영화〗 장면 전환(연결)의 대사; 〖영화〗 (장면의) 연속; 〖음성〗 앙쎄느망(음을 다음 소절로 이어가기).

enchaîner [ɑ̃ʃɛ(e)ne] *v.t.* ① 사슬로 매다. ~ **un bœuf à sa mangeoire** 소를 구유에 매어 놓다. ~ **un esclave** 노예를 사슬로 묶다. ② 복종시키다, 억압하다. ~ **un peuple** 한 나라의 국민을 예속시키다. ~ **la presse** 언론이나 출판을 억압하다. ~ **qn à son char** …을 예속시키다(고대 로마에서 패자를 전차에 묶었던 것에서). ③ (어떤 장소에) 묶어 두다. Une mystérieuse destinée l'*enchaînait* ici. 알 수 없는 운명이 그를 이곳에 묶어 두었다. ④ (말 따위를) 연결하다, 맥락을 잇다. ~ **des idées** 생각을 연결하다. ~ **la conversation** 대화를 잇다. ⑤ 〖영화〗 (어떤 장면을 다음 장면에) 연결하다.
—*v.i.* ① 대화를 잇다. ~ **sur les problèmes du jour** 이야기를 오늘의 문제로 끌어가다. ②〖연극〗 (중단된 대사를) 계속하다(잇다).
—*s'~ v.pr.* ① 복종하다, 예속되다; 묶이다. ②(논리적으로) 이어지다, 연관되다. Ces propositions *s'enchaînent* bien. 이들 명제는 논리적으로 연결되어 있다. Les événements *s'enchaînent* les uns aux autres. 이 사건들은 서로 관련이 있다.

enchaînure [ɑ̃ʃɛ(e)ny:r] *n.f.* 〖예술 작품에서의〗 연결, 맥락. ② 뒤얽힘; 일련의 연결.

enchambrer [ɑ̃ʃɑ̃bre] *v.t.* ① 〖잠업〗 잠족(蠶族)에 놓다, 상족(上簇)하다. ②〖방〗방에 넣다.

*****enchanté(e)** [ɑ̃ʃɑ̃te] *a.p.* ① [~ **de**](에) 대단히 만족한, (이) 기쁜. Je suis ~ **de ma voiture.** 나는 새 차에 무척 만족하고 있다. Je suis ~ **de faire votre connaissance.** 뵙게 되어서 기쁩니다, 처음 뵙겠습니다(간단히 E~. 라고도 함). ② 마법에 걸린; 마력을 지닌, 마법의. forêt ~e 마법의 숲. ③〖예〗매혹적인, 멋있는. spectacle ~ 멋있는 광경.

enchantement [ɑ̃ʃɑ̃tmɑ̃] *n.m.* ① 환희, 큰 기쁨. vivre dans l'~ 매일 기쁘게(활기차게) 보내다. ② 매혹; 멋있는 것. ~ **de la musique** 음악의 매력. Ce paysage est un ~. 이 경치는 훌륭하다. ③ 마법을 걸기, 주술로 묶기; 주문(呪文). jeter [défaire] un ~ 마법을 걸다(풀다).
(**comme**) **par ~** 마법처럼, 갑자기. Le mal cessa *comme par* ~. 고통은 거짓말처럼 사라졌다.

*****enchanter** [ɑ̃ʃɑ̃te] *v.t.* ① 무척 기쁘게 하다, 황홀하게 하다. Ce cadeau *a enchanté* Marie. 이 선물은 마리를 매우 기쁘게 했다. Il fait mauvais, voilà qui m'*enchante*. (반어적) 날씨가 나빠서 괜찮은데(싫은데). ② 매혹하다. La chanteuse *a enchanté* l'auditoire. 그 여가수는 관중을 매혹했다. Cette ville *enchante* les touristes. 이 도시는 관광객을 매혹한다. ~ **les regards**(**les yeux**) 눈을 즐겁게 하다. ③ 마법을 걸다. La fée *a enchanté* le jeune homme. 요정이 젊은이에게 마법을 걸었다.
—*s'~ v.pr.* 〖문어〗 [s'~ **de/à**] (에) 홀로 기뻐하다

enchanteur(teresse) [ɑ̃ʃɑ̃tœ:r, -tres] *n.* 마법사, 마술사; 매혹적인 사람. C'est une ~*teresse*. 저 여자는 매혹적이다. —*a.* 매혹적인, 혼을 빼앗는, 홀리는. sourire ~ 매혹적인 미소.

enchaper [ɑ̃ʃape] *v.t.* 《상업》(용기·통 따위를)다른 통[용기]에 넣다, 이중으로 하다.

enchaperonnement [ɑ̃ʃaprɔnmɑ̃] *n.m.* 《사냥》매에게 두건을 씌우기.

enchaperonner [ɑ̃ʃaprɔne] *v.t.* 《사냥》(매에)두건을 씌우다.

enchapure [ɑ̃ʃapy:r] *n.f.* 버클을 조이기.

encharner [ɑ̃ʃarne] *v.t.* 경첩을 달다.

enchâssement [ɑ̃ʃɑsmɑ̃] *n.m.* ① (보석 따위를)박아넣기, 상감. ② 〖언어〗(문장을)메꾸기.

enchâsser [ɑ̃ʃɑse] *v.t.* ① 박아넣다, 메꾸다. ~ un diamant dans une bague 반지에 다이아몬드를 박다. ~ un bas-relief dans un mur 벽에 부조(浮彫)를 하다. ② 삽입하다, 끼워넣다. ~ des citations dans un discours 연설에 인용문을 끼워넣다. ③ 〖종교〗(성유물을)성유물 용기에 넣다; 무척 소중하게 간직하다. ~ un souvenir dans son cœur 추억을 가슴 속에 소중하게 간직하다. ④ 〖언어〗(문장을)메꾸다.
—*s'~* *v.pr.* 끼워지다; 삽입되다.

enchâssure [ɑ̃ʃɑsy:r] *n.f.* (물건을 박아넣는)대(臺), 구멍, 홈; 박아넣는 법.

enchatonnement [ɑ̃ʃatɔnmɑ̃] *n.m.* ① (보석을)반지의 거미발에 끼우기. ② ~ du placenta 〖의학〗(자궁의 이상 수축에 의한)태반 체류.

enchatonner [ɑ̃ʃatɔne] *v.t.* (보석을)반지의 거미발에 박아넣다[끼우다].

enchausser [ɑ̃ʃose] *v.t.* (야채의 색을 희게 하거나 서리로부터 보호하기 위해서)짚으로 덮다[싸다], 퇴비로 덮다.

enchaux [ɑ̃ʃo] *n.m.* 〖피혁〗(털을 뽑기 위해서 가죽을 담그는)석회액(石灰液).

enchemisage [ɑ̃ʃmiza:ʒ] *n.m.* ① 〖제본〗커버를 씌우기; (책의)커버. ② (탄환을)탄창에 넣음.

enchemiser [ɑ̃ʃmize] *v.t.* ① (책에)커버를 씌우다. ② (탄환을)탄창에 넣다.

enchère [ɑ̃ʃɛ:r] *n.f.* ① 경매에서)값을 올려 부르기, 경합; 올려 부른 값; 경매(vente aux ~s). faire [mettre] une ~ 경매가격을 매기다. couvrir une ~ 값을 올리다. ~ au rabais 입찰. ~s à l'américaine 미국식 경매(앞서의 경매가와의 차액을 그 때마다 지불하는). ② 〖카드놀이〗(브리지의)옥션. bridge aux ~s 옥션 브리지.

au feu des ~s 경매에 의하여서.

folle ~ (경매에 이겼어도 지불할 수 없는)터무니없는 경매가격. payer la *folle ~* 자신의 무분별함에 대한 대가를 치루다.

mettre qc aux ~s ⓐ …을 경매에 붙이다. ⓑ (비유적)…을 가장 비싸게 살 사람에게 팔아 넘기다. *mettre* sa voix *aux ~s* 가장 비싸게 살 후보자에게 표를 팔다.

enchérir [ɑ̃ʃeri:r] *v.i.* [~ sur] ① (보다)비싼 경매가를 붙이다. Il *a enchéri* de quarante francs *sur* moi. 그는 나보다 40프랑을 더 올려 불렀다. ② 넘다, 능가하다. description qui *enchérit* sur la réalité 현실보다 나은 묘사. ③ 〖옛〗(값이)오르다 (renchérir).
—*v.t.* 〖옛〗(값을)올리다; (값을)더 올려 부르다.

enchérissement [ɑ̃ʃerismɑ̃] *n.m.* 〖옛〗값의 상승 (renchérissement).

enchérisseur(se) [ɑ̃ʃerisœ:r, -ø:z] *n.* (경매에서의)

입찰자. au plus offrant et dernier ~ 최고 입찰자에게. fol ~ 터무니없는 값을 붙이는 입찰자.

enchevalement [ɑ̃ʃvalmɑ̃] *n.m.* (가옥을 수리할 때 쓰이는)버팀나무.

enchevaler [ɑ̃ʃvale] *v.t.* (벽·집 따위에)버팀나무를 받치다.

enchevaucher [ɑ̃ʃvoʃe] *v.t.* (기와 따위를 부분적으로)겹쳐 잇다.

enchevauchure [ɑ̃ʃvoʃy:r] *n.f.* (기와 따위를)겹쳐 이은 부분, 겹침, 겹치기; (겹쳐 잇기 위한)홈.

enchevêtrant(e) [ɑ̃ʃvɛtrɑ̃, -ɑ̃:t] *a.* 엉클어지게 하는, 분규를 일으키는.

enchevêtré(e) [ɑ̃ʃvetre] *a.p.* 얽힌; 착잡한, 까다롭게 얽힌 (confus, complexe).

enchevêtrement [ɑ̃ʃvetrəmɑ̃] *n.m.* 얽히게 하기, 복잡하게 하기; 착잡, 혼란, 뒤얽힘. démêler l'~ des fils de fer 철사가 얽힌 것을 풀다. ~ de la pensée 생각의 혼란.

enchevêtrer [ɑ̃ʃvetre] *v.t.* ① 복잡하게 하다, 뒤얽히게 하다. ~ les fils 실을 얽히게 하다. ~ l'intrigue d'un roman 소설의 줄거리를 복잡하게 하다. phrase *enchevêtrée* 복잡한 문장. ② 〖건축〗(대들보나 서까래를)들보로 잇다. ③ 〖옛〗(말에)고삐줄을 넣다.
—*s'~* *v.pr.* ① 얽히다, 복잡해지다, 뒤얽히다. Les ronces *s'enchevêtrent*. 가시나무가 서로 얽혔다. *s'~* dans ses explications 설명 도중에 갈피를 못잡게 되다. ② 〖옛〗(말)고삐에 얽히다.

enchevêtrure [ɑ̃ʃvetry:r] *n.f.* ① 〖건축〗(벽난로 바닥이나 계단 따위의 개구부(開口部)의 형을 만드는)나무 틀, 마룻귀틀. ② 〖수의〗(말을 매는 부위의)고삐 상처.

encheviller [ɑ̃ʃvije] *v.t.* 〖의학〗(골절부분을)금속피로 고정하다.

enchifrené(e) [ɑ̃ʃifrəne] *a.p.* (코가)막힌; 코감기에 걸린. nez ~ 막힌 코.

enchifrènement [ɑ̃ʃifrɛnmɑ̃] *n.m.* (감기로)코가 막히기.

enchifrener [ɑ̃ʃifrəne] [4] *v.t.* (감기로)코가 막히게 하다.

enchiridion [ɑ̃kiridjɔ̃] *n.m.* 안내서, 편람.

enchymose [ɑ̃kimo:z] *n.f.* 〖의학〗피하일혈(皮下溢血), 안면홍조(顔面紅潮).

encirement [ɑ̃sirmɑ̃] *n.m.* 밀초를 바르기, 초칠.

encirer [ɑ̃sire] *v.t.* (마루 따위에)밀초를 바르다, 초칠하다.

enclancher [ɑ̃klɑ̃ʃe] *v.t.* =enclencher.

enclasser [ɑ̃klɑse] *v.t.* 〖옛〗(수병(水兵)을)병적에 넣다; (선원의)계급을 정하다.

enclavant(e) [ɑ̃klavɑ̃, -ɑ̃:t] *a.* 둘러싸는.

enclavasion [ɑ̃klavasjɔ̃] *n.f.* (바닷물을 둘러 막은)조선용 목재 저장소.

enclave [ɑ̃kla:v] *n.f.* ① (남의 소유지[영토]에)둘러싸인 대지[영토]; 내륙국. Servitude de passage en cas d'~ (남의 소유지에 둘러싸인)대지[영토] 통행권. avoir une ~ dans le pays voisin 이웃나라 안에 영토를 가지고 있다. ② (계단·벽장 따위가 주 공간에의)돌출, 침입. L'escalier fait ~ dans l'appartement. 계단이 아파트 안에 돌출되어 있다. ③ 〖지질〗포획암(捕獲岩)(화성암 속에 포함된 다른 종류의 암석 조각).

enclavement [ɑ̃klavmɑ̃] *n.m.* ① (남의 땅[영토]에)둘러싸인 땅[영토]. ② 끼우기, 끼워넣기. ③ 〖의학〗(이물질을)박아넣기; (골반 입구에)아기 머리가 낌(고정).

enclaver [ɑ̃klave] *v.t.* ① (토지 따위를)둘러싸다. Ma propriété *enclave* ce petit champs. 나의 토지가

작은 밭을 둘러싸고 있다. ② 끼워넣다, 박아넣다. ~ un adjectif entre l'article et le nom 형용사를 관사와 명사 사이에 끼워넣다.
— **s'~** v.pr. 둘러싸이다; 끼워지다.
enclavure [ãklavy:r] n.f. =enclave.
enclenche [ãklã:ʃ] n.f. 【기계】 (편심봉(偏心棒) 따위의)걸쇠 [훅].
enclenchement [ãklãʃmã] n.m. ① 【기계】 연동, 연쇄; 맞물림; 연결. ② 【철도】 (전철기의)연동장치. appareil d'~ 연동장치. ③ 【공업】 (두 개의 제조작업의)상호 의존.
enclencher [ãklãʃe] v.t. ① (기계·장치의 부분을)맞물리게 하다, 연동(連動)시키다. opération enclenchée 【공업】 상관작업. ② (일 따위를)시작하게 하다, 시동시키다.
enclencheur(se) [ãklãʃœ:r, -ø:z] a. 【공업】 제어(制御)하는.
enclin(e) [ãklɛ̃, -in] a. ①[~ à] (의)경향이 있는, (의)버릇이 있는(sujet à). ~ à+inf. …하는 경향이 있는. Il est ~ à l'exagération. 그는 과장하는 버릇이 있다. ②【옛】기운, 경사진.
encliquetage [ãklikta:ʒ] n.m. 【기계】 역전(逆轉)방지 장치. doigt d'~ 역전을 막
encliqueter [ãklikte] ⑤ v.i. 【기계】 역전장치를 동작시키다, 역전장치로 멈추게 하다.
enclitique [ãklitik] n.m. 【언어】 전접어(前接語)(선행하는 말과 결합하여 하나의 단어처럼 발음되는 비강세음: suis-je 의 je, est-ce 의 ce).
—a. 전접적인. emploi ~ 전접적 용법.
encloisonné(e) [ãklwazone] a. 박아넣다.
encloîtrer(e) [ãklwa(ɑ)tre] v.t. 【옛】 =cloîtrer.
enclore [ãklɔ:r] ㉟ v.t. ①(울타리·담 따위로)두르다; 둘러싸다. Il a enclos son jardin d'un treillage. 그는 정원에 철망을 둘러쳤다. ②(안에)넣다, 포함시키다. ~ un village dans la ville 마을을 도시에 편입하다. ③【문어】 가두다.
enclos(e) [ãklo, -o:z] a.p. ① 둘러싸인. cour ~e de murs 담으로 둘러싸인 안마당. ②【옛】(담에)갇힌; 포함된. vivre ~ dans un couvent 수도원에 갇혀 살다. idée ~e dans un poème 시에 담긴 사상.
—n.m. ①(담 따위로 둘러싸인)토지, 울타리 안의 땅. ~ pour le bétail 가축을 위해 담을 두른 땅. ② 울타리, 담장. ~ de pierres 돌담.
enclosure [ãklozy:r, enklouʒər] 【영】 n.f. 【역사】 엥클로저, 울타리치기(15–19세기에 걸쳐서 지주가 개방지·공동 소유지에 울타리를 둘러쳐 사유화한 일).
enclouage [ãklua:ʒ] n.m. ① (사용하지 못하도록 대포 따위의)화문(火門)에 못을 박기; (말굽에)대갈을 잘못박아 상처내기. ②【외과】 뼛(금속편)을 이용하는 골절 치료법.
enclouer [ãklue] v.t. ①【옛】(대포를 사용하지 못하도록)화문에 못을 박다; (말굽에)대갈을 잘못 박아 상처내다. ②【외과】(골절을)못(금속편)을 써서 치료하다.
— **s'~** v.pr. (말이)대못으로 상처를 입다.
enclouure [ãkluy:r] n.f. ①【수의】 (대갈에 의한)말굽의 상처. ②【옛】 지장(支障), 곤란(困難).
enclume [ãklym] n.f. ① 모루, 철침(鐵砧), (두드려서 작업하는)작업대. billot d'~ 모루받침. table d'~ 모루의 면. ②【해부】 침골(砧骨), 모루뼈. être entre l'~ et le marteau 【구어】 두 사람(사이)에 끼어 이러지도 저러지도 못하게 되다. Il faut être ~ ou marteau. 죽느냐 사느냐는 문제이다.

먹느냐 먹히느냐이다. Mieux vaut être marteau qu'~. 맞느니보다 때리는 편이 낫다. mettre (remettre) qc sur l'~ …을 하다(다시 하다).
enclumeau [ãklymo] (pl. ~x) n.m., **enclumette** [ãklymɛt] n.f., **enclumot** [ãklymo] n.m. (휴대용)작은 쇠도막, 작은 모루.
encochage [ãkɔʃa:ʒ] n.m. ①【전기】 전기자(電氣子)의 슬로트 부분. ②(펀치 카드의)절취선을 만들기. ③ =encochement.
encoche [ãkɔʃ] n.f. ①(작은 끌자국 모양으로)새긴 자리; 홈; 벤 자리. ②【제본】(책의 횡단면에 만들어 넣은)반달 모양의 홈. ③(화살의)오늬. ④【컴퓨터】(펀치 카드의 끝에 내는)절취선, 노치.
encochement [ãkɔʃmã] n.m. (금속 따위에)작은 끌자국(홈)을 새기기; 새긴 자국, 홈.
encocher [ãkɔʃe] v.t. ①(금속부품·열쇠 따위에)작은 자국(홈)을 새기다. ②(책의 횡단면에 찾아보기 쉽게 하기 위해)반달 모양의 홈을 만들다. ③【컴퓨터】(펀치카드의 끝에)절취선(노치)을 만들다. ④ ~ une flèche 【옛】 화살을 시위에 메우다.
encochure [ãkɔʃy:r] n.f. 【해양】 (활대 끝에) 홈을 파서 돛을 달기. ② (그)새긴 홈.
encodage [ãkɔda:ʒ] n.m. ①(정보 따위의)기호화, 부호화. ②【언어】(메시지의)코드화.
encoder [ãkɔde] v.t. ①(정보 따위를)기호[부호]화하다, 부호화하다, 코드화하다. ②【언어】(코드에 기초해서 메시지를)조립하다, 코드화하다. ~ un énoncé (une phrase) 언표(言表)(문장)를 코드화하다.
encodeur [ãkɔdœ:r] n.m. ①【언어】 코드 편성자(메시지의)발신자. ②【컴퓨터】 부호기.
encoffrer [ãkɔfre] v.t. ①착복하다, 횡령하다. ②【구어】 투옥하다. ③【문어】 궤(금고)에 넣다.
encoignure [ãkɔ(wa)ɲy:r] n.f. ①(방의)구석; (거리)의 모퉁이. ②(방구석에 놓는)세모꼴 장.
encoléré(e) [ãkɔlere] a.p. 골이 난, 노기(怒氣)를 띤.
encolérer [ãkɔlere] ⑥ 【드물게】 v.t. (사람을)화나게 하다, (말에)화난 투를 지니다.
— **s'~** v.pr. 화나다, 노하다.
encollage [ãkɔla:ʒ] n.m. ① 풀칠하기, 아교칠하기; (제직·제지공정에서의)풀먹임. ② 풀, 아교.
encoller [ãkɔle] v.t. ① 풀칠하다, 풀(아교)을 바르다. ~ du papier peint 벽지에 풀칠하다. ~ le dos d'un livre (제본 과정에서)책의 등에 풀칠하다. ②(흡수성을 막기 위해 종이에)기름을 먹이다.
encolleur(se) [ãkɔlœ:r, -ø:z] n. 풀먹이는 사람; (갖)풀로 붙이는 사람. — n.f. 풀먹이는 기계.
encolure [ãkɔly:r] n.f. ①(동물, 특히 말의)목, 경부(頸部); (경마에서)목의 길이. flatter l'~ d'un cheval 말의 목을 쓰다듬다. Ce cheval a gagné d'une ~. 이 말은 목 길이의 차이로 승리했다. ②(사람의)목; 목둘레. homme d'une forte ~ 목이 굵은 남자. Quelle est votre ~? 목둘레가 얼마입니까? chemise d'~ 38, 목둘레 38짜리 와이샤쓰. ③(의복의)목둘레선, 네크라인. robe à ~ dégagée 목둘레선이 많이 파인 드레스. — carrée (bateau) 스퀘어 (보트) 네크라인. ④【해양】(배밑바닥에서 용골과 교차하는)늑판(肋板)중앙부(varangue)의 높이. ligne d'~ 전체 늑판의 중앙부를 연결한 선. ⑤【옛】(사람의)모습, 풍채.
encombrant(e) [ãkɔ̃brã, -ã:t] a. 장소를 막아(차지해서) 방해가 되는; 귀찮은, 성가신. meuble ~ 방해가 되는 가구. ami ~ 성가신 친구. passé ~ 잊고 싶은 과거.
encombre [ãkɔ̃:br] n.m. ①【옛】장애 (obstacle), 곤란 (difficulté), 방해; 고장. ②【옛】 (도로 따위의) 장애물. sans ~ 무사히, 지장 없이.

encombré(e) [ɑ̃kɔ̃bre] *a.p.* 혼잡한, 붐비는, (으로) 가득한. rue ~*e* 혼잡한 거리. marché ~ 출하가 과잉된 시장. carrière ~ (종사하는 사람이 많아서) 앞길이 막힌[희망이 없는] 직업. bureau ~ de documents 자료가 산더미처럼 쌓인 책상.

encombrement [ɑ̃kɔ̃brəmɑ̃] *n.m.* ① 방해하기, (앞길을)막기; 혼잡, 체증. ~ de la rue 거리의 혼잡. ~ du marché 시장의 공급 과잉. ~ de candidats 지원자의 쇄도. ~ aux heures de pointe 러시아워의 교통 체증. ② (어떤 물건이 차지하는)면적, 치수. lit d'un faible ~ 장소를 얼마 차지하지 않는 침대. ~ d'une voiture (자동차의)차체의 치수. marchandise d'~ 【해양】 부피가 나가는 짐 (부피로 운임을 지불함). ③ 【의학】 협착, 폐쇄. ~ des voies respiratoires 기도 협착. ④ 【컴퓨터】 경합.

encombrer [ɑ̃kɔ̃bre] *v.t.* ① (장소를)막다; (막아서)방해하다, 혼잡하게 하다. Des voitures en stationnement *encombrent* le trottoir. 주차중인 차량이 보도를 막고 있다. ~ le passage 통행을 방해하다. ~ la table (물건이)테이블에 쌓이다. ② (가득히 채워) 거북하게 [어지럽게] 하다. Elle *encombre* sa vie de préoccupations inutiles. 그녀는 쓸데없는 심걱정을 끌어안고 산다. ~ son exposé de citations superflues 연구보고에 쓸데없는 인용을 삽입하다. ③ [~ *qn*] 귀찮게 하다, 방해하다, 곤란하게 하다. ~ les autres de son bavardage 수다로 떨어 남들을 귀찮게 하다.
—**s'**~ *v.pr.* [s'~ de] (을) 떠맡다, 떠맡다, 힘에 겨워하다. *s'*~ *de* bagages 짐을 잔뜩 떠맡다. Il *s'encombre* d'amis gênants. 그는 거추장스러운 친구들에 진저리를 낸다. ② (으로) 혼잡하다, 가득차다. La rue *s'encombre* de voitures. 길에 차들로 혼잡하다.

encomienda [enkomjɛ̃(ɛn)da] *n.f.* 【역사】 엔코미엔다 (16·17세기 미대륙의 스페인 식민지에서 행해진 원주민 통치의 봉건적인 토지·노동 제도).

encontre [ɑ̃kɔ̃(:)tr] *prép.* (옛) …에 반대하여, …을 향하여 (현재는 다음과 같은 표현에만 쓰임).
à l'~ (옛) …에 반대해서, 거슬러서. Je n'ai rien à dire à *l'*~. 나에게는 아무런 반대 의견도 없다. Personne ne va à *l'*~. 아무도 반대하지 않는다. ⓑ 역으로, 반대로.
à l'~ de… ⓐ …에 반대해서, 거슬러서; …와는 역[반대]으로. Il a agi à *l'*~ *de* nos conseils. 그는 우리들의 충고와는 반대로 행동했다. À *l'*~ *de* ce que vous avez dit, je pense que… 당신이 말씀하신 것과는 반대로 나는 …이라고 생각한다. ⓑ (문어) …을 추구해서, 향해서.

encoprésie [ɑ̃kɔprezi] *n.m.* 【의학】 (주로 밤에)대변실금(大便失禁).

encor [ɑ̃kɔ:r] *ad.* (시) =encore.

encorbellement [ɑ̃kɔrbɛlmɑ̃] *n.m.* ① 【건축】 돌출부. fenêtre en ~ 돌출된 창. ② 【선박】 뱃전의 돌출부.

encorbeller [ɑ̃kɔrbɛ(e)le] *v.t.* 【건축】 돌출하다, 툭 튀어나오게 하다.

encordage [ɑ̃kɔrda:ʒ] *n.m.* 【직조】 【집합적】 방직기에 거는 실.

encordement [ɑ̃kɔrdəmɑ̃] *n.m.* (등산가가) 로프로 몸을 묶기.

encorder [ɑ̃kɔrde] *v.t.* (등산자를) 로프로 묶다.
—**s'**~ *v.pr.* (등산자가)서로 로프로 묶다.

‡**encore** [ɑ̃kɔ:r] *ad.* (시에서는 음절수를 줄이기 위해 encor 로도 씀) *ad.* ① 아직, 더욱, 여전히. Elle est ~ ici. 그녀는 아직 여기에 있다. Il était ~ étudiant l'an dernier. 그는 작년에 아직 대학생이었다. À cette heure, je serai ~ chez moi. 이 시간이면 나는 아직 집에 있을 것이다. ~ aujourd'hui 오늘날에는 더욱.
② (부정문에서) 아직 (…아니다), 여지껏 (…아니다). Il n'est pas ~ rentré. 그는 아직도 돌아오지 않았다. Je ne l'avais pas ~ vu. 나는 여지껏 그를 본 적이 없다. Tu as fini tes devoirs? –Pas ~. 숙제 다 했니? 아직요.
③ 재차, 다시, 또. Il a ~ gagné. 그는 또 이겼다. *E*~ vous! 또 당신이군. Du poisson, ~ du poisson. 생선, 또 생선이야, 이젠 지겨워. *E*~! 다시 한 번; 또아(음악회 따위에서의 재청은 bis를 사용).
④ 더, 그 이상으로, 그밖에. Mon salaire a augmenté ~ 내 월급이 더 올랐다. Qu'est-ce qu'il te faut ~? 그밖에 무엇이 너에게 필요하니? Répétez ~ une fois. 다시 한 번 되풀이 하시오. Voulez-vous ~ un gâteau? 케이크 하나 더 드릴까요? *E*~ un petit effort et tu seras reçu à l'examen. 조금만 더 노력하면 시험에 합격할 것이다. Il ne suffit pas d'économiser, il faut ~ savoir accroître ses biens. 절약하는 것만으로는 안돼, 재산을 불리는 방법도 알아야 한다.
⑤ (비교급과 함께) 훨씬, 더욱 더. Tu es ~ plus belle dans cette robe. 너는 이 드레스를 입으면 한층 더 예쁘다. Il est ~ plus bête que le (ne) le croyais. 그는 내가 생각했던 것보다 더 어리석다. C'est ~ pire. 그것 더욱 나쁘다.
⑥ 단지, 그렇지만 (보통문 앞에 놓여 주어와 동사가 도치된다). Ce mot existait déjà; ~ n'était-il employé que très rarement. 이 단어는 이미 있었지만 그래도 극히 드물게 사용되었을 뿐이다. Vous avez le droit d'agir ainsi, ~ vous aurait-il fallu me prévenir. 당신은 그렇게 행동할 권리는 있으나 어쨌든 나에게 알렸어야 했다.

~ que+*sub.* (문어) …에도 불구하고 (*ind., cond.* 이 사용되는 수도 있음). Il occupe un poste important, ~ qu'il soit jeune. 그는 젊은데도 불구하고 요직에 있다. ami sympathique ~ *qu*'un peu bavard 좀 수다스럽지만 마음에 드는 친구.
et ~ ⓐ (의심을 나타내어) 그렇지만 말이야, 어쩐지 그것도 의심스럽다, 어쩐지 모르겠다. On vous donnera cinq cents francs pour ce travail, et ~! 이 일의 대가로 500 프랑을 주겠지만, 글쎄 어떨지. ⓑ (불만·분개를 나타내어) 그런데 말이야. Je lui ai acheté un nouveau manteau, et ~! 나는 그녀에게 새 코트를 사줬는데 말이야.
et ~…~ (구어) 더욱 나쁜 것은. Elle a avoué son amour pour moi et devant ma femme ~! 그녀는 나에게 사랑을 고백했다, 그것도 내 처 앞에서!
mais ~? 그래서요? 그렇다면? (더욱 더 정확한 설명을 요구하여). Je vous donnerai certains avantages. –Mais ~? 당신에게 어떤 특권을 드리겠습니다. 그렇다면(어떤 특권이지)요?
non seulement… mais ~ ⇨seulement.
si ~…; ~ si… …할 수만 있다면. *Si* ~ je pouvais parler avec lui, je pourrais le persuader. 그와 이야기 할 수만 있다면 그를 설득할 수 있을텐데.

encorné(e) [ɑ̃kɔrne] *a.p.* ① (수의) 말발굽에 생기는, javart – 말발굽의 종기. ② (드물게) 뿔이 있는. mari – 오쟁이진 남편.

encorner [ɑ̃kɔrne] *v.t.* ① 뿔로 받다, 뿔로 상처를 입히다. ② ~ son mari (구어)남편을 배신하다[속이다].

encornet [ɑ̃kɔrnɛ] *n.m.* 【동물】 왜오징어 (calmer 의 속칭).

encotillonné [ākɔtijɔne] *a.p.m.* (남편이)공처가인, 쥐어사는.
encotillonner [ākɔtijɔne] 《구어》 *v.t.* (여자가)내주장하다. **—s'~** *v.pr.* 여자에게 쥐어 살다.
encouardir [ākwardi:r] *v.t.* 《드물게》겁장이로 만들다.
encourageant(e) [ākuraʒɑ̃, -ɑ̃:t] *a.* 힘을 주는, 용기를 돋구는, 고무적인; 유망한. paroles ~es 격려의 말. Les premiers résultats sont ~s. 첫 결과는 고무적이다.
encouragement [ākuraʒmɑ̃] *n.m.* ① 기운나게 함, 격려; 격려의 말[행위]. lettre d'~ 격려의 편지. dire un mot d'~ à *qn* …에게 격려의 말을 하다. prix d'~ (학교의)상. ② 장려, 뒷받침. ~ de la culture de blé 보리 재배의 장려. ~ de l'État à l'épargne 국가의 저축 장려. société d'~ (학문·예술 따위의)장려 협회.
*****encourager** [ākuraʒe] ③ *v.t.* ① 기운나게 하다, 용기를 주다, 격려하다. Applaudissez-le pour l'~! 격려하기 위해서 그에게 박수를 보내주세요! ~ un malheureux 불행한 사람에게 용기를 주다. ~ *qn* dans une résolution …을 격려하여 결심하게 하다. [~ *qn* à+*inf.*] Il encourage son fils à travailler. 그는 아들에게 공부하도록 격려한다. ② 장려하다, 뒷받침하다. ~ les exportations 수출을 장려하다. ~ un projet 어떤 계획을 뒷받침하다. ③ 사주하다, 조장하다. ~ *qn* au mal …을 사주해서 나쁜 길로 빠지게 하다. Cette mesure *encourage* la fraude fiscale. 이러한 조치는 탈세를 조장한다.
encourir [ākuri:r] ⓴ *v.t.* 《문어》 (비난·벌 따위를)받다. ~ un châtiment 벌을 받다. ~ une forte amende 엄청난 벌금을 물게되다.
en(-)cours [āku:r] *n.m.* ① 《경제》 미결제 어음잔고. ② 《공업》 ~ de fabrication 제조중인 물품, ~ de route 대기품〔반제품〕.
encoutueré(e) [ākutyre] *a.* 《선박》 장갑(裝甲)한.
encrage [ākra:ʒ] *n.m.* (인쇄기 롤러 따위에)잉크 칠하기; 잉크 칠한 상태; (인쇄기의)잉크 장치.
encrassé(e) [ākrase] *a.p.* 더럽투성이가 된, 때가 잔뜩 낀; (기능이)쇠한, 둔해진. cheminée ~e par la suie 그을음이 낀 굴뚝. filtre d'essence ~ 때가 끼어 막힌 오일 필터. organisme ~ par les excès de table 폭음폭식으로 막가진 몸.
encrassement [ākrasmɑ̃] *n.m.* 때를 묻히기, 먼지가 묻음[앉음]; (기능의)저하, 둔화. ~ d'une chaîne de bicyclette 자전거의 체인에 때가 낌〔잔뜩 낀 때〕. ~ de la mémoire 기억력의 감퇴.
encrasser [ākrase] *v.t.* 때투성이로 만들다, (에)더러움이 끼다; (먼지·녹 따위가)한 면에 부착하다. La poussière *encrasse* les vêtements. 먼지가 옷을 많이 더럽힌다. La suie *encrassait* les vitres. 그을음이 창에 끼어 있었다. ② (때가 낌으로서)막히게 하다, 막다; (지적·사회적인)기능의 저하를 가져오다, 활동을 둔하게 하다. Le cambouis a *encrassé* les rouages. 더러워진 기름이 톱니바퀴 장치의 작용을 둔하게 한다. L'âge *encrasse* l'esprit. 나이가 들면서 정신적인 활동이 둔화된다. **—s'~** *v.pr.* ① 때투성이가 되다; (녹·그을음 따위)로)더러워지다. ② (때가 끼어)막히다; 기능이 저하하다, 둔해지다. Sa mémoire *s'est encrassée*. 그는 기억력이 둔화되었다.
*****encre** [āk:r] *n.f.* ① 잉크. écrire à l'~ 잉크로 쓰다. corriger à l'~ rouge 붉은 잉크로 정정하다. ~ d'imprimerie 인쇄용 잉크. ~ autographique (à report) 전사 석판용 잉크《평판 석판화용의 지방성 잉크》. ~ communicative (à copier) 복사용 잉크. ~ sympathique 은현(隱顯)잉크《약품 또는 열의 작용에 나타나기 시작한》. ~ à tampon 스탬프용 잉크. ~s de couleur 색 잉크. ~ de Chine 먹. faire une tache d'~ 잉크 얼룩을 묻히다. ~s qu'il écrit 솜씨, 필체, 문체. écrire d'une seule ~ 단숨에 쓰다. écrire (être) de la même ~ 같은 문체〔취향〕로 쓰다《쓰여져 있다》. écrire de sa meilleure ~ 가장 좋은 문장의 글을 쓰다. ③ (오징어·문어의)먹물. ④ 《식물》 잉크병《조균류(藻菌類)가 밤나무의 뿌리에 기생해서 일으키는 식물병》(maladie d'~).
C'est la bouteille à l'~. 뭐가 뭔지 통 모르겠다.
écrire à qn de sa plus belle ~ (사정보지 않고)가차 없이 써보내다.
faire couler beaucoup d'~ (어떤 주제가)글로써 많이 논의되다.
noir comme (de) l'~ 새까만.
se faire un sang d'~ 무척 걱정하다.

encrêper [ākre(e)pe] *v.t.* ① 상장(喪章)을 달다. ~ un chapeau 모자에 상장을 달다. ② 의복에 상장(喪章)을 달다. **—s'~** *v.pr.* (옷에)상장을 달다, 상복을 입다.
encrer [ākre] *v.t.* (인쇄기의 롤러·조판·스탬프 따위에)잉크를 묻히다, 잉크를 칠하다, 잉크를 스며들게 하다. **—***v.i.* 잉크가 묻다. ~ *mal* 잉크가 잘못 묻다. **—s'~** *v.pr.* 잉크가 묻다.
encreur [ākrœ:r] *a.m.* 잉크를 칠하는. rouleau ~ 잉크 롤러.
encrier [ākri(j)e] *n.m.* ① 잉크병, 잉크스탠드. ② 《인쇄》 잉크통.
encrine [ākrin] *n.m.[f.]* 《동물》 갯나리.
encrinite [ākrinit] *n.f.* 《지질》 갯나리류의 화석.
encrivore [ākrivɔ:r] *a.* 잉크의 얼룩을 지우는. **—***n.m.* 잉크의 얼룩 지우개.
encroisement [ākrwazmɑ̃] *n.m.* 《직물》 씨줄에 무늬를 넣기.
encroiser [ākrwaze] *v.t.* 《직물》(씨줄에)무늬를 넣다.
encrotter [ākrɔte] *v.t.* 흙투성이로 만들다.
encroué [ākrue] *a.p.* (나무가 넘어져서)다른 나뭇가지에 얽힌.
encroûtant(e) [ākrutɑ̃, -ɑ̃:t] *a.* ① 《동물》 외피(外皮)를 이루는; 외피로 덮인. ② 《구어》 사람을 우둔하게 하는, 무기력하게 하는, 틀에 박힌.
encroûté(e) [ākrute] *a.p.* ① 껍질 속에 들어 박힌, 외피속인; 무기력한; 둔해진. être ~ de vieux préjugés 오래 된 편견에 사로잡혀 있다. être ~ dans une paresse 게으름 속에 안주하다. ② 외피로 덮인; (때·먼지 따위의)층으로 덮인. chaudière ~e 물때가 낀 보일러.
encroûtement [ākrutmɑ̃] *n.m.* ① 껍질 속에 갇히기, 외피속으로 굳어지기; 우둔해지기. sortir de l'~ d'une vie médiocre 평범한 생활의 틀에서 벗어나다. ~ dans les habitudes 습관으로 굳어짐. ② 외피로 덮기; (때 따위의)층으로 덮기; 외피, 외층. ~ d'une chaudière 보일러에 물때가 끼기, 보일러의 물때.
encroûter [ākrute] *v.t.* ① (껍질 속에 가둬)무기력하게 하다, 우둔하게 하다. ② 외피로 덮다; (때·먼지 따위의)층으로 덮다; (벽 따위에)타르를 칠하다〔바르다〕. La poussière a *encroûté* les tableaux. 그림에 먼지가 끼었다.
—s'~ *v.pr.* 껍질 속에 갇히다; 외피로 덮이다; 우둔〔편협〕해지다. Son père *s'est encroûté* dans un travail routinier. 그의 부친은 틀에 박힌 일로 머리가 굳어졌다.
encuirasser [ākɥirase] *v.t.* ① 《옛》 (에게) 갑옷을 입히다. ② (의복 따위에)때〔먼지〕를 잔뜩 묻히다. ③ (마음을)무정〔냉혹〕하게 하다.
—s'~ *v.pr.* ①《옛》 갑옷을 입다. s'~ dans[d'] un

encuivrage corset 코르셋을 죄어 입다. ②매〔먼지〕가 잔뜩 묻다. ③무정〔냉혹〕해지다.

encuivrage [ɑ̃kɥivraːʒ] *n.m.* 구리의 부착작용.

enculasser [ɑ̃kylase] *v.t.* 《총에》개머리판을 달다.

enculé [ɑ̃kyle] *n.m.* 《속어》나쁜 놈, 얼간이; 비역.

enculer [ɑ̃kyle] *v.t.* 《속어》비역하다.

encuvage [ɑ̃kyvaːʒ], **encuvement** [ɑ̃kyvmɑ̃] *n.m.* (포도·세탁물 따위를)통에 넣기.

encuver [ɑ̃kyve] *v.t.* (포도·세탁물 따위를)통에 넣다.

encyclique [ɑ̃siklik] *n.f.* (로마 교황의)회칙(回勅)《시사 문제 따위에 대해서 입장을 밝힘; 1963년의 "Pacem in terris" "지상의 평화" 따위가 유명》.

encyclographie [ɑ̃siklɔgrafi] *n.f.* 항목별 백과전서《백과전서》.

encyclopédie [ɑ̃siklɔpedi] *n.f.* 백과사전, 백과전서. ~ illustrée 도해 백과사전. ~ méthodique 체계적〔대항목〕백과사전. ~ en vingt volumes 20권짜리 백과사전. ②(*E~*)백과전서《18세기에 *Diderot, d'Alembert*에 의해 편찬된 것》(*E~*, ou Dictionnaire raisonné des Sciences, des Arts et des Métiers). ③전문 백과사전. ~ de l'architecture 건축 백과사전. ④박식한 사람, 살아 있는 사전《~ vivante》. ⑤《옛》지식의 총체.

encyclopédique [ɑ̃siklɔpedik] *a.* ①백과의, 백과에 걸친, 백과사전적인. dictionnaire ~ 백과사전. partie ~ d'un article de dictionnaire 전문 항목의 상세한 해설. culture ~ 백과사전식의 교양. ②해박한, 박학의, 박식의. esprit ~ 박식한 사람.

encyclopédisme [ɑ̃siklɔpedism] *n.m.* ①(넓고 얕은 지식의)주입식 교육. ~ de l'enseignement primaire 초등교육에 있어서의 주입식 교육. ②《옛》(18세기 프랑스의)백과사전 주의.

encyclopédiste [ɑ̃siklɔpedist] *n.m.* ①백과사전의 집필자. ②백과전서파《18세기 프랑스에서 *L'Encyclopédie*의 편찬·집필에 협력한 사상가·학자들》.

endartère [ɑ̃darteːr] *n.f.* 《해부》동맥내막.

endartérite [ɑ̃darterit] *n.f.* 《의학》동맥내막염(動脈內膜炎).

endaubage [ɑ̃dobaːʒ] *n.m.* ①(고기를)찜하기; 찜고기. ②스튜의 통조림.

endauber [ɑ̃dobe] *v.t.* ①(고기를)찜하다. ②(스튜를)통조림하다.

endéans [ɑ̃deɑ̃] 《벨기에》 *prép.* …의 기한내에, …이내에. ~ trois jours 3일 이내에.

endécagone [ɛ̃dekagɔn] *a., n.m.* =hendécagone.

endécasyllabe [ɛ̃dekasi(l)lab] *a., n.m.* =hendécasyllabe.

endécher [ɑ̃deʃe] ⑥ *v.t.* 《속어》돈에 궁하게 하다; 자금이 달리게 하다.

en-dehors [ɑ̃dəɔːr] *n.m.* (복수불변)《무용》앙드 오르《두 다리를 바깥쪽으로 벌려 일직선으로 놓는 형식으로 걷기》.

endémicité [ɑ̃demisite] *n.f.* 《드물게》《의학》(병의)풍토성, 지방성.

endémie [ɑ̃demi] *n.f.* 《의학》풍토병, 지방병(地方病), 풍토〔지방〕병적인 유행.

endémique [ɑ̃demik] *a.* ①(병이)풍토성의, 지방성의. maladie ~ 풍토병. ②(어느 지방·사회에)영속적인, 만성적인. famine ~s 만성적 기아. ③(동식물이 특정 지역에)고유한. espèces ~s 고유종.

endémisme [ɑ̃demism] *n.m.* ①《의학》(병의)풍토성, 지방성. ②《생물》고유성《생물의 분포가 특정 지역에 한정되어 있는 현상》.

endémiquement [ɑ̃demikmɑ̃] *ad.* 풍토적〔지방적〕으로.

endenté(e) [ɑ̃dɑ̃te] *a.p.* ①《문장》(분할선이)지그재그형으로 된. ②《드물게》이가 있는; 《옛》식욕이 왕성한(bien ~). ③charte ~e 《법》(톱니 모양의 절취선이 있는)날인 증서.

endentement [ɑ̃dɑ̃tmɑ̃] *n.m.* ①(바퀴·기계 따위에)톱니를 붙이기; (톱니바퀴를)맞물리기. ②《해군》(배의)두 줄로 서로 어긋난 배치. ③(두개의 목재를)톱니처럼 깎은 이음목으로 연결하기, 맞물려 잇기.

endenter [ɑ̃dɑ̃te] *v.t.* ①톱니〔이〕를 달다; (톱니바퀴를)맞물리게 하다. ②《해군》(배를)두 줄로 서로 엇갈나게 배치하다. ③(두 개의 목재를)톱니처럼 깎은 이음목으로 연결하다, 맞물려 잇다.

endenture [ɑ̃dɑ̃tyːr] *n.f.* =endenté.

endermique [ɑ̃dɛrmik] *a.* 《의학》피부 안의, 피부조직 중의.

endettement [ɑ̃dɛtmɑ̃] *n.m.* 빚(지기), 부채. ~ public 국채, 공채(公債). ration d'~ (기업 총자산에서의)차입금의 정도.

endetter [ɑ̃dete] *v.t.* 빚지게 하다.
—**s'~** *v.pr.* 빚지다.

endeuiller [ɑ̃dœje] *v.t.* ①슬픔에 잠기게 하다. Cette mort *a endeuillé* tout le pays. 이 죽음은 온 나라를 슬픔에 잠기게 했다. Le dimanche *fut endeuillé* par cet accident. 일요일은 그 사건으로 해서 무척 암울했다. ②상(喪)의 표시를 하다. chapeau *endeuillé* d'un crêpe 상장을 단 모자. ③슬픈 느낌을 주다. Des nuages noirs *endeuillaient* le paysage. 검은 구름이 풍경을 어둡게 했다.
—**s'~** *v.pr.* 슬픔을 느끼다; 어두운 빛을 띠다.

endêvé(e) [ɑ̃dɛ(e)ve] *a.p.* 《옛·구어》노발대발한, 화가 난.

endêver [ɑ̃dɛ(e)ve] *v.i.* 《옛·구어》골내다, 노발대발하다. faire ~ *qn* …을 화나게 하다.

endiablé(e) [ɑ̃djable] *a.p.* ①(기세가)격렬한, 극히 활발한, 열렬한. danse ~e 격렬한 댄스. esprit ~ 번뜩이는 재치. ②(거세서)감당할 수 없는. enfant ~ 감당할 수 없는 아이. ③《옛》마귀들린, 악마에 홀린, 미친. ④《옛》(길 따위가)무척 나쁜.

endiabler [ɑ̃djable] *v.t.* 《옛》노발대발하다, 격노(激怒)하다.

endiamanté(e) [ɑ̃djamɑ̃te] *a.* ①《문어》다이아몬드로 장식한. femme ~e 《경멸》다이아몬드로 치장한 여자. ②《비유적》[~ de] (…을)박아넣은. ciel ~ d'étoiles 별이 총총히 박힌 하늘.

endiguement [ɑ̃digmɑ̃], **endigage** [ɑ̃digaːʒ] *n.m.* ①(하천 따위에)둑을 쌓기; (강물을)막기; 제방. travaux d'~ 제방공사. ②억제, 제지. ~ des fureurs 분노를 억누르기. ③《법》제방공사로 생기는 토지의 소유권.

endiguer [ɑ̃dige] *v.t.* ①(하천 따위에)둑을 쌓다; (제방〔둑〕으로)강물을 막다, 치수(治水)하다. ~ un fleuve 강에 제방을 쌓다. ②저지하다, 막다, 제지하다, 누르다. ~ son bavardage 그녀의 수다를 막다. ~ une révolte 반란을 진압하다. ~ les larmes 눈물을 억누르다.

endimanché(e) [ɑ̃dimɑ̃ʃe] *a.p.* ①나들이옷을 입은. enfant ~ 나들이옷을 입은 아이. ②어색한, 부자연스러운; (자세가)딱딱한, 굳은. avoir l'air ~ (좋은 옷을 입고)긴장해 있다. style ~ 묘하게 젠 체하는 문장.

endimanchement [ɑ̃dimɑ̃ʃmɑ̃] *n.m.* 《드물게》①나들이옷을 입기. ②화려한 장식.

endimancher [ɑ̃dimɑ̃ʃe] *v.t.* 《드물게》①나들이옷을 입히다. ②어색하게 하다, 부자연스럽게 하다. Ce costume l'*endimanche*. 이 옷 때문에 그는 어색해〔굳어〕 보인다. ~ le style 문체에 시건방진 느낌을 주다. ③장식을 달다, 장식한 것.
—**s'~** *v.pr.* ①나들이옷을 입다. ②어색해지다,

긴장하다.
endive [ɑ̃di:v] *n.f.* 《식물》풀상치; 위틀로프(풀상치의 일종)의 하얀 싹.
endivisionnement [ɑ̃divizjɔnmɑ̃] *n.m.* 《군사》 사단 편성; 사단 편입.
endivisionner [ɑ̃divizjɔne] *v.t.* 《군사》 사단으로 편성하다, 사단에 편입하다.
endizeler [ɑ̃dizle] [4] *v.t.* (벼·보릿단 따위를)10 단씩 쌓아올리다.
endo- *préf.* 「안의, 내측의」의 뜻.
endoblaste [ɑ̃dɔblast] *n.m.* 《생물》 내배엽.
endoblastique [ɑ̃dɔblastik] *a.* 《생물》 내배엽(內胚葉)(성)의.
endocarde [ɑ̃dɔkard] *n.m.* 《해부》 심내막. [의.
endocardiaque [ɑ̃dɔkardjak] *a.* 심내막(心內膜)
endocardite [ɑ̃dɔkardit] *n.f.* 《의학》 심내막염.
endocarpe [ɑ̃dɔkarp] *n.m.* 《식물》 내과피(內果皮)(↔épicarpe).
endocarpé(e) [ɑ̃dɔkarpe] *a.* 내과피가 있는.
endocentrique [ɑ̃dɔsɑ̃trik] *a.* 《언어》 내심(內心)의. construction ~ 내심 구조.
endocrâne [ɑ̃dɔkrɑ:n] *n.m.* 《해부》 (대뇌(大腦)의)경뇌막(硬腦膜).
endocrine [ɑ̃dɔkrin] *a.* 《생리》 내분비의. glande ~ 내분비선.
endocrinie [ɑ̃dɔkrini] *n.f.* 《생리》 내분비.
endocrinien(ne) [ɑ̃dɔkrinjɛ̃, -ɛn] *a.* 내분비선의.
endocrinologie [ɑ̃dɔkrinɔlɔʒi] *n.f.* 내분비학.
endocrinologue [ɑ̃dɔkrinɔlɔg], **endocrinologiste** [ɑ̃dɔkrinɔlɔʒist] *n.* 내분비학자, 내분비전문의(醫).
endocrinothérapie [ɑ̃dɔkrinɔterapi] *n.f.* 《의학》 내분비(호르몬) 요법.
endoctrinable [ɑ̃dɔktrinabl] *a.* ①《옛》가르칠 수 있는. ② 휘어잡기 쉬운.
endoctrinement [ɑ̃dɔktrinmɑ̃] *n.m.* ①(주의·주장을)가르치기, 교화. ②《옛》교육.
endoctriner [ɑ̃dɔktrine] *v.t.* ①(주의·주장을)가르치다, 제 편으로 끌어들이다. ~ les électeurs 유권자를 한편으로 끌어들이다. ②《옛》(어떤 일의)지시를 하다; 교육하다.
endoctrineur(se) [ɑ̃dɔktrinœ:r, -ø:z] *n.* 자기 의견에 순종시키려는 사람.
endoderme [ɑ̃dɔdɛrm] *n.m.* 《생물》 내배엽(endoblaste); 《식물》 내피(內皮).
endogame [ɑ̃dɔgam] *a.* 《사회》 동족 결혼의. — *n.* 동족 결혼의 습관을 지닌 부족.
endogamie [ɑ̃dɔgami] *n.f.* ①《사회》 동족 결혼. ②《생물》 근친번식, 동계 교배(同系交配).
endogène [ɑ̃dɔʒɛn] *a.* 《학술》 내(인(因))성의, 내생(內生)의. roches ~s 내성암(內成岩). organes ~s 내생(內生) 조직. intoxication ~ 자가중독.
endogénèse [ɑ̃dɔʒenɛ:z] *n.f.* 《생물》 내생.
endolori(e) [ɑ̃dɔlɔri] *a.p.* 아픈; 마음(가슴) 아픈, 마음이 괴로운. pieds ~s 아픈 발.
endolorir [ɑ̃dɔlɔriːr] *v.t.* (몸을)아프게 하다; 괴롭히다(주로 과거분사로 사용됨). Ce travail *a endolori* mes bras. 이 일을 했더니 팔이 아프다. ~ l'âme de *qn* …의 마음을 아프게 하다.
—**s'~** *v.pr.* (몸이)아프다; 괴로워하다.
endolorissement [ɑ̃dɔlɔrismɑ̃] *n.m.* 고통, 아픔.
endolymphe [ɑ̃dɔlɛ̃:f] *n.f.* 《해부》 내임파.
endomètre [ɑ̃dɔmɛtr] *n.m.* 《해부》 자궁내막.
endométrite [ɑ̃dɔmetrit] *n.f.* 《의학》 자궁내막염(內膜炎).
endommagement [ɑ̃dɔmaʒmɑ̃] *n.m.* 손해를 입히기; 손해, 파손, 손상.

endommager [ɑ̃dɔmaʒe] [3] *v.t.* 손해를 입히다; (명성 따위를)해치다, 손상하다; 망가뜨리다; (재산 따위를)축내다.
—**s'~** *v.pr.* 손해(손상)를 입다; 상하다.
endomorphe [ɑ̃dɔmɔrf] *a.* 《지질》 내변적(內變的)인, 혼성적인. roches ~s 내변암(內變岩).
endomorphisme [ɑ̃dɔmɔrfism] *n.m.* ①《지질》 혼성 작용, 내변(접촉 변성 작용에서 화성암이 모암(母岩)을 동화(同化)하고 변화하는 것). ②《심리》 내배엽형(內胚葉型) 체형(Sheldon에 의한 체형의 유형 중 하나).
endonéphrite [ɑ̃dɔnefrit] *n.f.* 《의학》 신우염.
endoparasite [ɑ̃dɔparazit] *n.m.* 《생물》 내부 기생동물. — *a.* 내부 기생의. [語].
endophasie [ɑ̃dɔfazi] *n.f.* 《심리·언어》 내어(內
endoplasme [ɑ̃dɔplasm] *n.m.* 《생물》 내질(內質), 내형질(內形質)(원생 동물의 내부 원형질).
endoplèvre [ɑ̃dɔplɛ:vr] *n.f.* 《식물》 내종피(內種皮), 속씨껍질.
endoradiothérapie [ɑ̃dɔradjɔterapi] *n.f.* 《의학》 체강(體腔) 뢴트겐(방사)선요법.
endoréique [ɑ̃dɔreik] *a.* 《지리》 (강물이 바다에 이르기 전에 지하로 스며드는)내륙유역의.
endoréisme [ɑ̃dɔreism] *n.m.* 《지리》 내륙유역(대륙 내부에서 해양에의 출구를 갖지 않은 하천의 유역).
endormant(e) [ɑ̃dɔrmɑ̃, -ɑ̃:t] *a.* ①(졸음이 올 만큼)지루한. sermon(film) ~ 지루한 설교(영화). ②《옛》졸리게 하는.
endormement [ɑ̃dɔrməmɑ̃] *n.m.* 《옛·드물게》 ① 잠자기. ② 활동의 정지.
endormeur(se) [ɑ̃dɔrmœ:r, -ø:z] *a.* ①지루하게 하는, 지루한. ②환상을 품게 하는, 회유하는. ③《옛》잠자게 하는. — *n.* ①지루하게 하는(지루한) 사람. ②회유자. ③《옛》잠들게 하는 사람; 마취약을 쓰는 악한.
endormi(e) [ɑ̃dɔrmi] *a.p.* ①잠든; 졸리는, 졸린 듯한. enfant ~ 잠든 아이. rue ~e 잠든 거리. yeux ~s 졸린 눈. ②잠든 듯한; 둔해진, 침체된, 진정된. avoir l'air ~ 멍(청)하다. esprit ~ 둔한 지성. peines ~es 누그러진 고통. eau ~e 고인 물.
— *n.* 무력자인 사람.
***endormir** [ɑ̃dɔrmi:r] [18] *v.t.* ① 재우다, 잠들게 하다; 졸리게 하다. La mère berce son enfant pour l'~. 어머니가 아이를 재우기 위해 흔들고 있다. Cette chaleur m'*endort*. 너무 더워서 졸린다.
② (마취·최면술로)잠재우다; (몸의 부분을)저리게 하다. ~ un malade avant de l'opérer 환자를 수술하기 전에 마취시키다. Cette position *a endormi* mes jambes. 이 자세 때문에 발이 저리다.
③ (잠이 들 만큼)지루하게 하다; 《옛》[~ de](으로)지루하게 하다. Son discours m'*endort*. 그의 연설은 무척 지루하다. Il m'*endormait* avec ses histoires. 그의 수다로 나는 무척 지루했다.
④ (고통 따위를)약화시키다, 가볍게 하다, 둔하게 하다. La musique *endort* le chagrin. 음악은 슬픔을 달래준다. ~ la douleur de *qn* par des paroles de consolation 위로의 말로 …의 고통을 덜어주다. ~ la vigilance 경계심을 약화시키다. ~ les soupçons 의혹을 가라앉히다.
⑤ (사람을)회유하다; (감언이설로)속이다. ~ les opposants 반대자를 회유하다. Elle l'*a endormi* de belles paroles. 그녀는 그를 감언이설로 속였다.
⑥《속어》죽이다.
—**s'~** *v.pr.* ① 잠들다; 영면하다. Je me suis *endormi* vers minuit. 나는 자정쯤에 잠들었다. *s'~* d'un sommeil de plomb 깊이 잠들다. *s'~* du dernier

sommeil; s'~ du sommeil de la tombe 영면하다. s'~ dans le[au] Seigneur 은총을 입고 죽다. ② [s'~ sur] (을, 에)게을리하다; 안주하다; 빠져서 정신을 못 차리다. Ne vous endormez pas sur votre travail. 일을 게을리하면 안됩니다. s'~ sur ses succès 자신의 성공에 안주하다. s'~ dans l'oisiveté 나태에 빠지다. s'~ sur le rôti(le fricot) 현상(現狀)에 만족해서 호기를 놓치다. ③ (고통·감정이)약화되다, 둔해지다. Avec le temps ses peines se sont endormies. 시간이 가면서 그녀의 고통은 진정되었다.

endormissement [ɑ̃dɔrmismɑ̃] n.m. ① 잠들기, 취침. ② 《심리》 (최면의)하강시 제 1 단계《잠들기 시작할 때 일어나는 단계》. ③ 《의학》 (마취에 의한)수면 초기.

endos [ɑ̃do] n.m. (어음 따위의)배서(背書)(endossement). ~ en blanc 백지식 배서.

endoscope [ɑ̃dɔskɔp] n.m. 《의학》 내시경.

endoscopie [ɑ̃dɔskɔpi] n.f. 《의학》 내시경(內視鏡) 검사(법).

endoscopique [ɑ̃dɔskɔpik] a. 《의학》 내시경 검사의.

endosmomètre [ɑ̃dɔsmɔmɛtr] n.m. 《물리》 삼투(滲透計).

endosmose [ɑ̃dɔsmoːz] n.f. 《물리》 내향삼투(內向滲透), 삼입.

endosmoser [ɑ̃dɔsmoze] v.t. 《물리》 내향삼투하다, 삼입하다.

endosmotique [ɑ̃dɔsmɔtik] a. 《물리》 내향삼투성의, 삼입성의.

endosperme [ɑ̃dɔspɛrm] n.m. 《식물》 배유(胚乳), 내유(內乳).

endospermé(e) [ɑ̃dɔspɛrme] a. 《식물》 배유가 있는.

endospore [ɑ̃dɔspɔːr] n.m. 《식물》 내생포자(內生胞子)(= exospore).

endossage [ɑ̃dosaːʒ] n.m. 《제본》 = endossure.

endossataire [ɑ̃dosatɛːr] n. 《상업》 피배서인(被背書人), 양수인(讓受人).

endosse [ɑ̃doːs] n.f. ① 어깨의 짐; (옛) 책임, 맡은 일. ② (pl.) 《속어》 어깨.

endossement [ɑ̃dosmɑ̃] n.m. ① (어음·수표 따위의)배서 양도. ~ en blanc 백지식 배서. ② 배서.

endosser [ɑ̃dose] v.t. ① (옷을)입다, 걸치다. ~ un veste 저고리를 입다. ~ l'uniforme 군인이 되다, 입대하다. ~ la soutane (옛)성직자가 되다. ~ le harnais 《구어》취직[취임]하다. ② (의)책임을 지다. En endosse les conséquences. 그는 그 모든 결과의 책임을 진다. ~ une affaire délicate 미묘한 일을 떠맡다. ~ un enfant 《구어》 아이의 아버지임을 인정하다. ③ (수표·어음 따위에)배서하다. ④ 《제본》 책등을 둥글게 하다.

endosseur [ɑ̃dosœːr] n.m. ① 《상업》 배서인. ② 책등을 둥글게 하는 직공.

endossure [ɑ̃dosyːr] n.f. 《제본》 책등에 풀을 발라 둥글게 하기.

endothélial(ale, pl. **aux)** [ɑ̃doteljal, -o] a. 《해부》 내피(內皮)의.

endothélium [ɑ̃doteljɔm] n.m. 《해부》 (혈관·심장의)내피, 내복조직(內覆組織).

endothermique [ɑ̃dotɛrmik] a. 《물리·화학》 열의 흡수를 동반하는, 흡열(성)의. réactions ~s 흡열 반응.

endotoxine [ɑ̃dɔtɔksin] n.f. 《생리》 균체내 독소(菌體內毒素)《티푸스·콜레라균 따위》.

endouzainer [ɑ̃duze(ə)ne] v.t. 한 다스 묶음이로 하다.

endriague [ɑ̃dri(j)ag] n.m. (옛날 이야기에서 영웅이 타는) 괴물.

endroit [ɑ̃drwa(a)] n.m. ① 장소, 곳. On ne voit rien de cet ~. 여기서는 아무것도 보이지 않는다. le plus bel ~ de la ville 도시에서 가장 아름다운 곳. au même ~. 같은 장소에. ~ public 공공 장소. petit ~ 《구어》 변소. ② (살고있는, 태어난) 고장, 지방. Les gens de l'~ sont très aimables. 이 고장 사람들은 매우 친절하다. être bien de son ~ 《옛》 태어난 고장의 습관을 버리지 않다. ③ (물체·작품·몸 따위의)부분, 군데, 측면. Le public éclate de rire aux ~s comiques. 관중은 희극적인 부분에서 웃음을 터뜨린다. considérer l'affaire par cet ~ 문제를 이러한 측면에서 고찰하다. À quel ~ avez-vous mal? 어디가 아프십니까? le meilleur ~ d'un roman 소설의 가장 좋은 부분. ~ sensible 예민한 부분, 금소. ④ (천·종이의)겉, 표면; (사물의)표면. feuille imprimée seulement sur l'~ 표면에만 인쇄된 종이. étoffe à deux ~s 안팎이 없는 천. ne voir que l'~ d'une événement 사건의 표면만 보다.

à l'~ 겉쪽을 밖으로, 옳은 방향으로. remettre des chaussettes à l'~ 뒤집어진 양말을 바로 신다. poser un livre à l'~ 책을 표지가 보이도록 놓다. à l'~ de qn 《문어》 ~에 대해서. Il est hostile à l'~ de son voisin. 그는 이웃집 사람에 대해서 적의를 품고 있다. Il a mal agi à mon ~. 그는 나에 대해서 심술궂게 굴었다. par ~s 군데군데, 곳곳에. L'ancienne enceinte est démolie par ~s. 옛 성벽은 군데군데 무너졌다.

enduction [ɑ̃dyksjɔ̃] n.f. 《직물》 코팅《직물의 표면에 보호막을 만들기 위한 엷은 막을 씌우기》.

enduire [ɑ̃dɥiːr] [32] v.t. ① [~ de] (을)바르다, 칠하다, 도장하다. ~ un mur de mortier 벽에 모르타르를 바르다. ~ ses cheveux de pommade 머리에 포마드를 바르다. ② (표면을)덮다. bottes enduites de boue 진흙으로 덮힌 장화.
— v.i. (옛) (매 따위가)소화하다.
—s'~ v.pr. [s'~ de] (을)몸에 바르다. s'~ d'huile d'olive 몸에 올리브 기름을 바르다. s'~ la peau de vaseline 피부에 바셀린을 바르다.

enduisage [ɑ̃dɥizaːʒ] n.m. 바르기, 칠하기; 《사진》(광광판에)헐레이션 방지액을 바르기.

enduisant(e) [ɑ̃dɥizɑ̃, -ɑ̃ːt] a. 바르는[칠하기]에 알맞은, 접착성의, 들러붙은 (adhésif).

enduiseuse [ɑ̃dɥizøːz] n.f. 《제지》 (아트지에)코팅하는 기계.

enduit¹ [ɑ̃dɥi] enduire 의 직설·현재·3·단수; 과거분사.

enduit² n.m. ① 도료; 유약. ② 《회화》 (캔버스의)밑칠. ~ pour la peinture à l'huile 유화를 위한 밑칠. ③ 《건축》 (모르타르 따위의)겉칠. ④ 《의학》 (조직의 표면을 덮는)분비물. ~ de la langue (舌苔).

endurable [ɑ̃dyrabl] a. 견딜 수 있는, 참을 수 있는 (supportable).

endurance [ɑ̃dyrɑ̃ːs] n.f. (피로·고통에 대한)견디는[참는] 힘, 지구력, 인내력. ~ d'un coureur de fond 장거리 주자의 지구력. avec ~ 참을성 있게. épreuve[course] d'~ (자동차의)장거리 [내구력] 경주.

endurant(e) [ɑ̃dyrɑ̃, -ɑ̃ːt] a. ① (육체적으로)내구력이 있는; 참고 견디는. coureur ~ 내구력이 있는 주자[장거리 선수]. ② (옛) 참을성 있는.

endurci(e) [ɑ̃dyrsi] a. ① (피로에 대해)참고 견디는, 아주 튼튼한. travailleur ~ 튼튼한 노동자. corps ~ au froid 추위에 강한 체질. ② 아랑곳하지 않는, 냉혹한. égoïste ~ aux malheurs d'autrui 남

의 불행에 아랑곳하지 않는 이기주의자. ③ 철저한, 근본부터의. célibataire ~ 철저한 독신주의자. haine ~e 깊은 증오. ④《드물게》.
endurcir [ɑ̃dyrsiːr] *v.t.* ① (몸을)튼튼히 하다, 단련하다. Les travaux des champs *endurcissent* le corps. 밭일은 몸을 튼튼히 한다. ~ les muscles 근육을 단련하다. [~ qn à qc] ~ un enfant *aux* rudes labeurs 아이를 거친 일에 단련시키다. ② 《심리》 무감각하게 하다, 냉혹하게 하다. La misère lui *a enduci* le cœur. 빈곤이 그의 마음을 메마르게 했다. ~ qn à la pitié …을 연민의 정에 대해 무감각하게 하다. ③《드물게》굳게 하다(durcir).
—**s'**~ *v.pr.* ① 자신을 단련시키다(강하게 하다). Il *s'endurcit* peu à peu au froid. 그는 조금씩 추위에 강해진다. ② (마음이)무감각해지다, 냉혹하게 되다. ③(에)철저해지다, 익숙해지다. *s'*~ dans le vice 악덕에 불감증이 되다. ④《드물게》굳어지다.
endurcissement [ɑ̃dyrsismɑ̃] *n.m.* ① (정신적으로)무감각해지기, 냉혹해지기. ~ du cœur 마음이 무감각해지기. ~ au péché 죄악에 대해 무감각해지기. ②《드물게》(육체적으로)튼튼해지기, 강화, 굳어지기, 경화.
endurer [ɑ̃dyre] *v.t.* ① 참고 견디다, 참다. ~ la faim 배고픔을 견디다. ~ le froid 추위를 참고 견디다. [~ de+inf.] ~ d'être mal traité 학대를 견디어내다. [~ que+sub.] Il *endure* que l'on médise de lui. 그는 남이 욕하는 것을 참는다. ②《옛》묶인하다, 너그럽게 보아주다. ③《옛》피로하다.
endymion [ɑ̃dimjɔ̃] *n.m.* 《식물》 히아신스의 일종(jacinthe).
E.-N.-E.《약자》Est-Nord-Est 동북동.
Énée [ene] *n.pr.m.* 《그.신화》아에네아스(트로이 왕자이며 트로이 전쟁 때의 용사).
Énéide [eneid] *n.pr.f.* 아에네이스(로마의 시인 베르길리우스의 서사시 *Énée*의 방랑을 노래한 것).
énergéticien [enɛrʒetisjɛ̃] *n.m.* 에너지론학자.
énergétique [enɛrʒetik] *a.* 에너지의; 에너지를 주는. ressources ~s 에너지 자원. dépense ~ 에너지 소비량. aliment ~ 힘이 나게 하는 식품.
—*n.f.* 《물리》에너지론(théorie ~).
énergétisme [enɛrʒetism] *n.m.* 《철학》에너지론(세계의 본질은 에너지라는 설).
***énergie** [enɛrʒi] *n.f.* ① (육체적·정신적)활력, 정력, 기력, 힘, plein d'~ 원기왕성한. agir sans ~ 무기력하게 행동하다. apporter(appliquer) toute son ~ à un travail 일에 온갖 정력을 기울이다. déployer de l'~ 정력을 발휘하다. être à bout d'~ 정력이 다하다. avoir de l'~ à revendre 넘칠 만큼 활력이 있다. ②(예술에서의)강한 힘. ~ de l'expression 표현의 강한 힘. ③《물리》에너지. principe de la conservation de l'~ 에너지 보존의 법칙. ~ cinétique(actuelle) 운동 에너지. ~ chimique 화학 에너지. ~ électrique 전기 에너지. ~ thermique 열 에너지. ~ solaire 태양 에너지. ~ nucléaire[atomique] 원자력 에너지. ~ radiante 방사 에너지. ④ 《생리》에너지. ~ physiologique minimale 최소 생리 에너지, 기초대사량. ⑤《철학》 (아리스토텔레스 철학에서)에네르게이아. ⑥《옛》(약 따위의)효과.
***énergique** [enɛrʒik] *a.* ① 원기있는, 정력적인, 힘찬. homme ~ 정력적인 사람. visage ~ 정력이 넘치는 얼굴. parole ~ 힘찬 말. style ~ 힘찬 문체. ② 격렬한; 단호한. coup de pied ~ 강렬한 발길질. mesures ~ 단호한 조치. ③효력이 강한. remède ~ 효력이 강한 약.
énergiquement [enɛrʒikmɑ̃] *ad.* 정력적으로, 힘차게, 격렬하게. travailler ~ 정력적으로 일하다.

protester ~ 단호하게 항의하다. serrer ~ la main de qn …의 손을 힘차게 쥐다(악수하다).
énergisant(e) [enɛrʒizɑ̃, -ɑ̃ːt] *a.* 정신의 긴장을 높이는. —*n.m.* 정신 긴장 항진제.
énergumène [enɛrgymɛn] *n.* ① 흥분해서 떠드는 사람, 열광자, 광신자. ② 폭한, 무뢰한. ③《옛》마귀들린 사람.
énervant(e) [enɛrvɑ̃, -ɑ̃ːt] *a.* ① 신경에 거슬리는, 초조하게 하는, 안달이 나게 하는. bruit ~ 신경을 거슬리는 소음. Il est d'une placidité ~*e.* 그는 안달이 나게 할 만큼 태평하다. ②《옛·문어》약화시키는, 무기력하게 하는. chaleur ~*e* 녹초가 되게 하는 더위.
énervation [enɛrvasjɔ̃] *n.f.* ① 《외과》 신경 절제[제거]. ② 《역사》 (중세의)무릎의 건(腱)[신경]을 태우는 형벌. ③《축산》(동물의)연수(延髓) 절단 도살법. ④《옛》쇠약, 무기력(화).
énerve [enɛrv] *a.* 《식물》잎맥이 없는.
énervé(e) [enɛrve] *a.p.* ① 신경질난, 흥분된. Il ne faut pas lui en vouloir, il est très ~. 그를 원망해선 안돼, 신경이 몹시 곤두서 있으니까. foule ~*e* 흥분된 군중. rire ~ 히스테리칸 웃음. voix ~*e* 신경질적인 목소리. ②《옛·문어》약해진, 무기력해진. style ~ 맥빠진 문체.
—*n.* ① 초조한(흥분한) 사람, 신경질난 사람. ② 《역사》(중세의)무릎의 건[신경]을 태우는 형벌을 받은 사람.
énervement [enɛrvəmɑ̃] *n.m.* ① 신경질, 흥분. maîtriser son ~ 신경질을 누르다. pleurer d'~ 흥분한 나머지 울다. ②《옛》무기력, 쇠약.
énerver [enɛrve] *v.t.* ① 신경질나게 하다, 흥분하게 하다. La concierge m'*énerve* avec son bavardage. 여자관리인은 수다를 떨어서 나를 신경질나게 한다. Le café m'*énerve.* 나는 커피를 마시면 흥분한다. ②《옛·문어》약화게 하다, 무기력하게 하다. La chaleur *énerve* le corps. 더위가 몸을 무기력하게 한다. ③ 《외과》 신경을 절제하다. ④ 《역사》(형벌로서)무릎의 건[신경]을 태우다.
—**s'**~ *v.pr.* 신경질나다, 흥분하다. Il *s'énerve* du retard du train. 그는 기차가 연착해서 신경질이 난다. ②《옛·문어》약해지다, 무기력하게 되다. *s'*~ dans l'oisiveté 할 일이 없어[한가해서] 명청해지다.
enfaîteau [ɑ̃feto] (*pl.* ~*x*) *n.m.* 《건축》용마루 기와(faîtière).
enfaîtement [ɑ̃fetmɑ̃] *n.m.* 《건축》용마루기와 얹기.
enfaîter [ɑ̃fe(e)te] *v.t.* 《건축》(지붕에)용마루 기와를 얹다.
***enfance** [ɑ̃fɑ̃ːs] *n.f.* ① 유년 시절; 소년[소녀] 시절. J'ai passé mon ~ à Paris. 나는 소년기를 파리에서 보냈다. première ~ 유년기. souvenirs d'~ 어린 시절의 추억. Il a eu une ~ troublée. 그는 파란만장한 어린 시절을 보냈다. ② (집합적》어린이, 아동. protection d'~ 아동보호. ~ délinquante 비행소년[소녀]. ③ 요람기, 여명기. La science était alors encore dans l'~. 학문은 아직도 요람기에 있었다. ③ (아이를 닮는)노쇠현상, 망령. retomber en ~ 망령들다, 노망하다, 명청해지다. ⑤ (*pl.*) 《문학사》(영웅의)소년 시절 이야기. ⑥ (*pl.*)《옛》어린이다움. [이다.
***C'est l'~ de l'art.*》《구어》그것은 극히 초보적인 것
enfançon [ɑ̃fɑ̃sɔ̃] *n.m.* 《옛·구어》어린이.
‡enfant [ɑ̃fɑ̃] *n.* ① 어린이, 아동. Il me prend pour un ~. 그는 나를 어린애로 여긴다. ~ en bas âge 유아. ~*s* gâtés 응석받이 아이. ~ prodige 신동. ~ trouvé 주운 아이, 업둥이. ~ de chœur 《가톨

릭》 (미사 때의)복사; 《구어》순진한 사람, 선량한 사람. ~ terrible 감당할 수 없는(거센) 아이; (집단 속의)이탈자. jardin d'~s 유치원. livre pour ~s 아동 도서. bonne pour ~s 아기 보는 가정부. ~ Jésus 아기 예수. être innocent comme un ~ qui vient de naître 갓난 아이처럼 천진하다. faire l'~ (어른이)어린이처럼 행동하다(굴다).

② (부모에 대한)자식, 아들, 딸. Cette famille compte six ~s. 이 가족은 아이가 여섯이다. attendre un ~ 임신하고 있다. faire un ~ 《속어》아이를 낳다. faire un ~ à une femme 《속어》여자에게 임신시키다. ~ légitime 적(출)자. ~ naturel [de l'amour] 사생아, 비적출자(非嫡出子). ~ adoptif 양자. ~ adultérin 불의 자식. ~ prodigue 방탕아 [누가복음에서].

③ 자손, 후예; (상징적인 뜻의)자식. ~s d'Adam 아담의 자손 [인류]. ~s de l'Eglise 교회의 자식들 [기독교인]. ~s de la lumière 빛의 자식들 [기독교인, 누가복음에서]. ~s de saint François 프란체스코회 수도사. ~s de Marie 마리아회 수도자; 순결무구한 처녀. ~ d'Apollon 아폴론의 자식, 시인. ~ de Mars [de Bellone] 군신 마르스의 자식, 전사. ~s de France 프랑스 왕자(공주). ~s de la Louve 늑대의 자식들, 고대로마인.

④ (지방・계급의)출신자. ~s de Paris 파리 출신자. ~ du peuple 서민의 자식. ~ de la balle 부모를 계승한 배우 [원래는 구기(球技)의 코치의 자식을 뜻함]. ~ de troupe (국비로 양성된) 군인의 자제, 유년학교 생도.

⑤ 결과, 산물. Ce livre est un ~ de la hâte. 이 책은 서두른 결과 탄생한 것이다.

⑥ mon ~; mes ~s; les ~s 애야, 얘들아 (연소자에 대한 부모의 애정이 담긴 호칭). mes chers ~s 제군.

⑦ ~s perdus 《군사》결사대.

C'est un jeu d'~. 《구어》그것은 아이들 놀이와 같다, 매우 쉬운 일이다. *Il n'y plus d'~s.* (언동이) 이젠 어린이답지 않다, 어른스럽다.

—*a.* 《불변》어린애 같은. Elle restait très ~. 그녀는 무척 어린애 같았다.

bon ~ 사람이 좋은 (때로 여성형으로 bonne ~ 도 쓰임). C'est un employé bon ~. 그는 사람이 좋은 점원이었다. caractère bon ~ 온후한 성격.

enfanteau [ɑ̃fɑto] (pl. ~x), **enfantelet** [ɑ̃fɑtlɛ] *n.m.* 《옛》유아, 어린애.

enfantement [ɑ̃fɑtmɑ] *n.m.* ① 《문어》(작품의)제작, 창작, 산출. ~ d'un roman 소설의 창작. ~ de la liberté 자유의 확립. ② 《옛》분만, 해산.

enfanter [ɑ̃fɑte] *v.t.* ① 《문어》(작품 따위를)만들어 내다, 세상에 내놓다. ~ une œuvre importante 중요한 작품을 만들어내다. La guerre *enfante* bien des maux. 전쟁은 많은 악을 만들어낸다. ② 《문어》(아이를)낳다, 출산하다. ~ un fils 아들을 낳다.

enfantillage [ɑ̃fɑtijaːʒ] *n.m.* ① 어린애 같은 어린애에 같은 행동(말투), 유치함, 어린애 장난. agir de la sorte, c'est de l'~. 그런 식으로 행동하는 것은 애들이나 하는 짓이다. ② 젊은이의 과실, 어린이 흔히 하는 실패. commettre un ~ 젊은 기운에 과오를 범하다.

enfantin(e) [ɑ̃fɑ̃tɛ̃, -in] *a.* ① 어린이의, 아동의. langue ~e 유아 언어. psychologie ~e 아동 심리학. classe ~e 유아학교 《유치원이 없는 지방의 국민학교에 설치된 학급》. ② 어린이의 같은, 유치한. idées ~es 유치한 사상. ③ 초보적인, 단순한. problème ~ 초보적인 문제.

enfariné(e) [ɑ̃farine] *a.p.* 밀가루[흰 가루]를 묻힌 [칠한]. visage ~ d'un pierrot 피에로의 희게 칠한 얼굴. tourte ~e 흰 가루가 하얗게 묻은 파이. Ce bloc ~ ne me dit rien qui vaille. 그 수에는 넘어가지 않는다 [이솝 우화에서 흰 가루를 묻히고 쥐를 속이려 했던 고양이의 이야기].

venir la bouche [la langue] ~; *venir le bec* ~ 어리석게도 믿는 [만족한] 얼굴로 나타나다.

enfariner [ɑ̃farine] *v.t.* ① 《옛》밀가루를 묻히다 [뿌리다]. ② 《문어》흰 가루를 뿌리다, 희게 하다.

—*s'*~ *v.pr.* ① (자신에게)흰 가루를 뿌리다 [칠하다]. *s'*~ le visage 얼굴을 희게 칠하다. ② [*s'*~ de](에)열중하다. ③ 《옛》[*s'*~ de](학문 따위를) 겉핥다.

enfer [ɑ̃fɛːr] *n.m.* ① 지옥(↔ paradis). aller en ~ 지옥에 떨어지다. peines de l'~ 지옥의 형벌. ② (지옥과 같은)괴로운 상태, 생지옥, 수라장. ~ de l'incendie 화재의 참상. Sa vie est un ~. 그의 생활은 비참하다. ③ (*pl.*) (고대 신앙의)명부, 황천; 《가톨릭》고성소(古聖所) 《그리스도 탄생 이전의 의인들의 영혼이 가는 곳》. ④ (집합적) (지옥의) 악마, 악귀. ⑤ (도서관의)금서(禁書) 책장, 외설본 코너. ⑥ 《재정》 (프랑스 은행에서 어음의 높은)할인율.

d'~ 무시무시한, 지옥과 같은. vision *d'*~ 무시무시한 광경. ⓑ 맹렬한, 대단한. bruit *d'*~ 굉음. feu *d'*~ 맹화; 무시무시한 포화. appétit *d'*~ 대단한 식욕. mener [aller] un train *d'*~ 맹렬한 스피드로 질주하다. jouer un jeu *d'*~ 큰 도박을 하다.

enfermé(e) [ɑ̃fɛrme] *a.p.* 갇힌, 감금된; (감정이)억쥐진. —*n.m.* (폐쇄된 장소의)통풍이 안된 (답답한) 냄새.

*****enfermer** [ɑ̃fɛrme] *v.t.* ① 가두다, 감금하다, 유폐하다. ~ qn dans une pièce …을 방에 가두다. ~ un malade mental dans un asile 정신병자를 정신병원에 넣다. ~ sous clé 열쇠를 잠가서 감금하다. ② 넣어두다, 숨기다, 감추다. ~ des bijoux dans un coffre-fort 보석을 금고에 넣어두다. ~ sa douleur dans son cœur 고뇌를 마음속에 숨기다. ③ (토론 따위로)밀어붙이다, 꼼짝 못하게 하다. ~ qn dans un cercle vicieux …을 순환논법에 빠뜨리다. ④ 둘러싸다. Les montagnes *enferment* le village. 산이 마을을 둘러싸고 있다. ~ de murs un parc 공원을 담으로 두르다. ⑤ 《스포츠》(주자를)방해하다. se laisser ~ au moment du sprint (주자가) 최후의 역주에서 방해 받다. ⑥ 《옛》포함하다, 내포하다. Ce livre *enferme* une nouvelle théorie. 이 책은 새로운 이론을 담고 있다.

—*s'*~ *v.pr.* ① 들어박히다. *s'*~ dans sa chambre 방에 들어박히다. ② (어떤 태도를)고집스럽게 지키다, 고집하다. *s'*~ dans le silence 굳게 침묵을 지키다.

enferrer [ɑ̃fɛre] *v.t.* (사람을)찌르다; (낚시에)생미끼를 달다. —*v.i.* (돌에)쐐기를 박다.

—*s'*~ *v.pr.* ① (스스로)검에 찔리다; (물고기가) 낚시에 걸리다. ② 제 꾀에 넘어가다, 자승자박하다. *s'*~ dans son mensonge 자신의 거짓말로 꼼짝달싹 못하다.

enfeu [ɑ̃fø] (pl. ~x) *n.m.* (교회 내의)무덤용 벽감(壁龕).

enfeuiller [ɑ̃fœje] *v.t.* 《드물게》잎으로 덮다.

—*s'*~ *v.pr.* 잎으로 뒤덮이다, 잎이 무성해지다.

enficeler [ɑ̃fisle] [5] *v.t.* 실로 매다(묶다).

enfichable [ɑ̃fiʃabl] *a.* 《전기》플러그를 꽂는.

enficher [ɑ̃fiʃe] *v.t.* 《전기》플러그를 꽂다.

enfieller [ɑ̃fje(el)le] *v.t.* 《드물게》악의 [원한]를 품게 하다 (보통 과거분사형으로 쓰임). plume *enfiellée* 악의에 찬 붓.

enfiévré(e) [ɑ̃fjevre] *a.p.* 몹시 흥분한, 열광한. regard ~ 뜨거운 눈초리.

enfièvrement [ɑ̃fjɛvrəmɑ̃] *n.m.* 《드물게》대단한 흥분, 열광.

enfiévrer [ɑ̃fjevre] [6] *v.t.* ① 몹시 흥분시키다, 열광시키다(exalter, ↔ apaiser). ②《옛》열이 나다. —**s'~** *v.pr.* 열광하다.

enfilade [ɑ̃filad] *n.f.* ① 일련(一連), 한 줄기; 연속, 연발. ~ de maisons(de chambres) 한 줄로 늘어선 집(방). ~ de colonnes 기둥의 열. ② tir d'~ 《군사》종사(縱射). ③《은어》현행범 체포(enfilage).

enfilage [ɑ̃fila:ʒ] *n.m.* ① (바늘 따위에)실을 꿰기; 서류를 철하기. ②《은어》현행범 체포.

enfil-aiguilles [ɑ̃filegɥij] *n.m.* (복수불변) ① 바늘에 실을 꿰는 기계. ② *Berry* 지방의 민속 무용.

enfilée [ɑ̃file] *n.f.* =**enfilade**.

enfilement [ɑ̃filmɑ̃] *n.m.* 바늘에 실을 꿰기; 서류를 철하기.

enfiler [ɑ̃file] *v.t.* ① 실을 꿰다; (막대기 따위를)끼다. ~ une aiguille 바늘에 실을 꿰다. ~ des perles 진주를 실로 꿰다;《구어》쓸데없는 일로 시간을 보내다. ② (길 따위에)파고 들어가다. ~ un couloir 복도에 들어가다. ③《구어》(옷 따위를)입다. ~ son manteau 외투를 입다. ④《구어》허겁지겁 먹다, 쭉 들이키다. ~ un morceau de pain 빵조각을 허겁지겁 먹다. ~ de la bière 맥주를 쭉 들이키다. ⑤《구어》(말을)차례차례 나열하다. ⑥《구어》속이다, 속임수를 걸다;《속어》(여자를)정복하다. ⑦《군사》종사(縱射)하다. ⑧《옛》(사람을)찌르다, 찔러 꿰뚫다.
—**s'~** *v.pr.* ① 떠나다, 도망하다. ②《구어》먹다, 마시다. s'~ un bifteck 비프스테이크를 먹어 치우다. ③《구어》(마지못해)하다. s'~ toute la besogne 마지못해 일을 모두 해버리다.

enfileur(se) [ɑ̃filœ:r, -ø:z] *n.* ① (바늘 따위에)실을 꿰는 사람; 지루하게 이야기하는 사람. ~ de belles phrases 미사여구를 길게 늘어놓는 사람. ②《속어》협잡꾼, 사기꾼.

enfilure [ɑ̃fily:r] *n.f.* 《옛》일련, (사건 따위의)연속. une ~ d'événements 일련의 사건들.

‡**enfin** [ɑ̃fɛ̃] *ad.* ① 마침내, 드디어, 이제야, 겨우. Il s'est ~ arrivé. 그가 마침내 도착했다. Le printemps arriva ~. 마침내 봄이 왔다. Le voilà ~! 이제야 그가 도착했다.
② 마지막으로. Elle a acheté des légumes, des fruits et ~ du beurre. 그녀는 야채와 과일을 사고 마지막으로 버터를 샀다.
③ 결국, 요컨대. Il est paresseux, ivrogne, menteur, ~ il a tous les vices. 그는 게으르고 술꾼이고 거짓말장이이고, 요컨대 온갖 악덕을 지니고 있다. (car, mais 와 함께) C'est à vous d'endosser toutes les responsabilités, car ~ vous êtes le chef. 전 책임을 지는 것은 당신이다, 요컨대 당신이 우두머리이니까. Mais ~, que voulez-vous dire? 결국 당신은 무엇을 말하려는 거요?
④ 그렇다고 하지만, 그래도. Cela me paraît difficile; ~ tu peux toujours essayer. 이 일은 힘들어 보이지만 그래도 해보는 게 좋을거야.
⑤ …라기 보다는, (다시)말하자면(앞서의 말을 보충·정정함). C'est un mensonge, ~ une vérité incomplète. 그것은 거짓말이야, 말하자면 불완전한 진실이다. C'est un très bon restaurant, ~ à mon avis. 그건 아주 좋은 식당이야, 내의견이지만 말이야.
⑥ 여하튼, 맙소사(체념의 뜻). E-~, puisqu'il le faut! 여하튼 할 수 없지! C'est encore vous! E-~! 맙소사, 또 당신이야!

enflammé(e) [ɑ̃flɑ[a]me] *a.p.* ① 타고 있는, 타는 듯한. torche ~e 타오르는 횃불. visage ~ 시뻘개진 얼굴. ② 홍분, 염증을 일으킨. peau ~ 염증을 일으킨 피부. ③ 정열에 불타는, 정열적인(ardent, passionné). cœur ~ 타오르는 가슴. discours ~ 정열적인 연설.

enflammement [ɑ̃flɑ[a]mmɑ̃] *n.m.* (불 따위가)탐;《구어》흥분.

enflammer [ɑ̃flɑ[a]me] *v.t.* ① 태우다, 불붙이다. ~ un fagot 장작을 태우다. ② 붉게 비추다(물들이다), 뜨겁게 하다. Le soleil couchant *enflammait* le ciel. 지는 해가 하늘을 붉게 물들이고 있다. La honte *enflammait* mes joues. 나는 창피해서 얼굴이 뜨거웠다. ③ 염증을 일으키다. ~ la main 손에 염증을 일으키다. ④ 흥분하게 하다, (감정을)끓게 하다. Ce discours *enflamma* leur courage. 이 연설은 그들의 용기를 북돋았다. ~ l'imagination 상상력을 불러일으키다.
—**s'~** *v.pr.* ① 타오르다. Le bois bien sec *s'enflamme* vite. 마른 나무는 곧 타오른다. ② 붉게 물들다, 불타다, 열을 띠다. regard qui *s'enflamme* 불타는 눈. La discussion *s'enflamma*. 토론이 열을 띠었다. ③ 흥분하다; (사랑에) 타오르다(s'~ d'amour). caractère facile à s'~ 쉽게 흥분하는 성격. s'~ pour une femme 여자에게 열중하다.

enflaquer [ɑ̃flake] *v.t.* 《옛·은어》(감옥에)처넣다.

enfle [ɑ̃:fl] *n.m.* 《놀이》앙블(딴 사람이 낸 패와 같은 종류의 패를 낼 수 없을 때 판의 패를 모두 가져감; 추가의 패를 거는 사람에 한함).

enflé(e) [ɑ̃fle] *a.p.* ① 부푼, 부풀어오른; (강 따위가)수량이 증가한. ② 득의양양한, 콧대 높은. être ~ d'orgueil 잘난 듯이 으쓱거리다. ③《옛》과장된. ④《구어》바보; 얼간이.

enflécher [ɑ̃fleʃe] [6] *v.t.* 《해양》밧줄사다리에 디딤줄을 달다.

enfléchure [ɑ̃fleʃy:r] *n.f.* 《해양》밧줄사다리의 디딤줄.

enflement [ɑ̃flǝmɑ̃] *n.m.* ①《드물게》(강 따위의)증수. ② (손·발의)부기; (기구 따위의)팽창.

enfler [ɑ̃fle] *v.t.* ① (몸의 부분을)붓게 하다. Un abcès a *enflé* mon bras. 종기로 내 팔이 부었다. ② (부피를)늘리다, 양을 늘리다. ~ une rivière 강이 불어나게 하다. ~ sa voix 목소리를 크게 하다. ③《옛》(공기로)부풀리다. ~ un pneu 타이어에 바람을 넣다. Le vent *enfle* les voiles. 바람이 돛을 부풀린다. ④《옛》과장하다, 불리다. ~ ses phrases 문장을 과장해서 쓰다. ~ un événement 사건을 과장하다. ~ un compte 계산서의 액수를 불리다. ⑤《옛》득의양양하게 하다, 거만하게 하다.
—*v.i.* ① 붓다. Mon pied *a enflé*. 내 발이 부었다. ② (부피가)늘다, 커지다. La rivière *enfle*. 강물이 불어나다.
—**s'~** *v.pr.* ① 붓다; (부피가)늘다, 커지다. ②《옛》득의양양해지다, 거만해지다.

enfleurage [ɑ̃flœra:ʒ] *n.m.* 《기술》냉침법(冷浸法)(꽃의 향기에 무취의 기름이나 지방을 갖다 대서 향기를 스며들게 하는 향수의 제조).

enfleurer [ɑ̃flœre] *v.t.* 《기술》(무취의 기름 따위에)꽃향기를 배게 하다.

enflure [ɑ̃fly:r] *n.f.* ① (몸 따위의)부풀음, 부기. ②《옛》과장. ~ du style 문체의 과장. ③《옛》자만.

enfoiré(e) [ɑ̃fware] *n.* 바보, 얼간이. 우쭐함.

enfonçage [ɑ̃fɔ̃sa:ʒ] *n.m.* (통에)밑바닥을 대기.

enfoncé(e) [ɑ̃fɔ̃se] *a.p.* ① (두드려)박힌, 끼인. clou ~ 박힌 못. chapeau ~ 깊이 쓴 모자. ② 움푹한. yeux ~s 움푹한 눈. tête ~e dans les épaules 짧은 목. ③ 몰두하고 있는. être ~ dans la méditation 명상에 빠져있다.

enfoncement [ɑ̃fɔ̃smɑ̃] *n.m.* ① 두드려박기, 끼워 넣기. ~ d'un clou dans le mur 벽에 못을 박기. ② 깨뜨리기, 파괴; (두껍 따위의) 함몰. ~ d'une fenêtre 창을 깨뜨리기. ③ 구석진 부분; (해안선의) 들어간 부분. ~ d'une vallée 계곡의 골짜기. ~ d'un paysage 원경. ④ 〖건축〗(기초공사의) 파기. ⑤ (사물이 들어갈)깊이; 〖해양〗흘수.

***enfoncer** [ɑ̃fɔ̃se] ② *v.t.* ① (두드려)박다, 끼워 넣다, 찔러 넣다. ~ les piquets de la tente 텐트의 말뚝을 박다. ~ ses racines dans le sol (나무 따위가) 땅속 깊숙이 뿌리를 박다. ~ une lettre dans la poche 편지를 주머니에 쑤셔 넣다. ~ une idée dans la tête(le crâne) de qn …의 머리에 어떤 생각을 넣어주다.
② (나쁜 상태에) 빠지게 하다, 밀어붙이다. Sa prodigalité l'*enfonça* dans les dettes. 낭비벽이 그를 빚더미에 빠지게 했다. ~ *qn* dans le vice …을 악습에 빠지게 하다.
③ (깊이)재우다, 가라앉히다. ~ le couvercle d'une caisse 상자를 단단히 닫다. ~ un chapeau sur(dans) la tête 모자를 깊이 눌러쓰다. ~ *qc* dans l'eau …을 물에 가라앉히다.
④ (강하게) 밀어넣다. ~ le coude dans les côtes de *qn* 팔꿈치로 …의 옆구리를 강하게 밀다. ~ les éperons (말에) 박차를 가하다. ~ les ongles 손톱을 세우다.
⑤ 깨뜨리다, 부수다; (적진을) 돌파하다, 격파하다. ~ une porte 문을 때려부수다. ~ le front ennemi 적의 전선을 돌파하다.
⑥ 〖구어〗이기다, 굴복시키다.
⑦ 〖예〗깊이 탐구하다.
~ *le clou* 같은 것을 몇번이고 설명하다.
~ *une porte ouverte* 뻔한 것을 일부러 증명하고자 하다; (이미 한 일을 하고자 해서) 쓸데없는 노력을 하다.
—*v.i.* 들어가다, 박히다, 가라앉다. Le cheval *enfonçait* dans la boue jusqu'aux paturons. 말은 발목까지 진흙에 빠졌다.
—*s'~ v.pr.* ① (구석까지)들어가다, 끼이다, 박히다, 가라앉다. La vis *s'enfonce* dans le bois. 나사못이 나무에 박힌다. Elle *s'est enfoncée* dans son fauteuil. 그녀는 소파에 몸을 파묻었다.
② (구석 깊이)이어지다; 깊이가 있다. Cette route *s'enfonce* dans la forêt. 이 길은 숲속 깊숙이 이어진다. *s'~* dans le tunnel 터널 속으로 들어가다. *s'~* vers le sud 쭉 남하하다.
③ 움푹 패이다, 부서지다. Le toit *s'est enfoncé* sous le poids de la neige. 지붕이 눈의 무게로 내려앉았다.
④ [*s'~* dans] (에)몰두하다, 빠지다, 들어박히다. *s'~* jusqu'au cou *dans* l'étude 연구에 깊숙이 몰두하다. *s'~ dans* le passé 과거에 집착하다. *s'~ dans* le mutisme 침묵 속에 갇히다.
⑤ (더 나쁜 상태에) 빠지다, 떨어지다. *s'~* dans les erreurs 잘못을 거듭하다. Il *s'enfonce* sans cesse davantage par de nouvelles dettes. 그는 새로 진 빚으로도 끊임없이 상태가 더 악화해간다.

enfonceur(se) [ɑ̃fɔ̃sœːr, -ɸːz] *n.* 파괴하는 사람 (다음 표현 이외의 뜻으로 쓰이지 않음). ~ *de porte(s) ouverte(s)* 뻔한 일을 증명하고자 애쓰는 사람; 간단한 일에 수고했다는 듯이 자랑하는 사람.

enfonçoir [ɑ̃fɔ̃swaːr] *n.m.* 박는 도구.

enfonçure [ɑ̃fɔ̃syːr] *n.f.* (드물게) 우묵한 데, 구멍; (통의) 밑판.

enforcir [ɑ̃fɔrsiːr] *v.t.* 〖예〗강하게 하다.
—*v.i.* 〖예〗① 강해지다; (어린애가)자라다. ② (포도주가)발효하다.

enformer [ɑ̃fɔrme] *v.t.* (틀에 박아)형태를 만들다, 틀잡다.

enfouir [ɑ̃fwiːr] *v.t.* ① 묻다. Un chien *enfouit* son os. 개가 뼈다귀를 땅에 묻는다. (*p.p.* 로) maison *enfouie* sous la neige 눈에 파묻힌 집. ② 간수하다, 넣어두다, 감추다. ~ des papiers au fond d'un tiroir 서류를 서랍 깊숙이 넣어두다. ~ son chagrin 슬픔을 감추다. ~ ses talents 재능을 썩히다.
—*s'~ v.pr.* ① 땅속에 잠기다, 묻히다. ② 숨다, 은거하다. *s'~* dans la campagne 시골에서 은거하다. ③ 몰두하다 *s'~* dans son travail 일에 몰두하다. *s'~* dans le silence 침묵을 지키다.

enfouissement [ɑ̃fwismɑ̃] *n.m.* (땅속에)묻기; 매장. ~ du fumier 퇴비를 땅속에 묻기.

enfouisseur [ɑ̃fwisœːr] *n.m.* 〖농업〗시비기(施肥機)(땅을 파서 그 곳에 비료를 묻는 기계).

enfourchement [ɑ̃furʃmɑ̃] *n.m.* ① 〖기계〗포크 링크. ② 〖건축〗장부이음; 교차궁릉의 접합부.

enfourcher [ɑ̃furʃe] *v.t.* ① (말 따위에)걸터 타다. ~ sa bicyclette 자전거를 타다. ② (생각 따위에) 집착하다, 열을 올리다. ~ une idée 어떤 생각에 집착하다. ③ 〖예〗갈고리로 찌르다.
~ *son dada* 좋아하는 화제를 끄집어내다.

enfourchure [ɑ̃furʃyːr] *n.f.* (바지 따위의)가랑이; 〖식물〗나무의 갈래(fourche, bifurcation); (말에서)기수의 다리에 끼워지는 부분.

enfournage [ɑ̃furnaːʒ], **enfournement** [ɑ̃furnəmɑ̃] *n.m.* 화덕(가마솥)에 넣기; 〖물리〗(원자로에)넣기, (유리제조의)용해공정.

enfourner [ɑ̃furne] *v.t.* ① (빵·도기 따위를)화덕(가마솥)에 넣다. ~ du pain 빵을 오븐에 넣다. ~ 〖구어〗(음식을)쑤셔넣다, 게걸스럽게 먹다. ~ des frites 감자튀김을 허겁지겁 먹다. ③ 〖구어〗끌어넣다, 채워넣다. ~ *qn* dans un taxi 택시에 밀어넣다. ④ bien(mal) ~ *qc* 〖예〗(계획 따위를)잘(잘못) 착수하다.
—*s'~ v.pr.* ① 솥(화덕)에 넣어지다. ② 들어가다, 타다. ③ 〖예〗(사건 따위에)끼이다.

enfourneur [ɑ̃furnœːr] *n.m.* (빵·도기 따위의)가마 솥에 넣는 사람.

enfranger [ɑ̃frɑ̃ʒe] ③ *v.t.* (의류에)술을 달다.

enfreign-ais, -ant, -e, *etc.* [ɑ̃frɛɲ-ɛ, -ɑ̃] ⇨enfreindre.

enfreigneur(se) [ɑ̃frɛɲœːr, -ɸːz] *a.* 어기는, 위반하는. —*n.* 위반자.

enfreindre [ɑ̃frɛ̃ːdr] ㉗ *v.t.* 〖문어〗어기다, 위반하다, 깨뜨리다(↔ respecter). ~ un traité(les lois) 조약(법률)을 어기다.

enfrein-s, -t [ɑ̃frɛ̃] ⇨enfreindre.

enfroquer [ɑ̃frɔke] *v.t.* 수도사로 만들다, (에게)수도복을 입히다. —*s'~ v.pr.* 수도사가 되다.

***enfuir(s')** [sɑ̃fɥiːr] ㉑ *v.pr.* ① 도망하다, 달아나다. Un prisonnier *s'est enfui.* 한 복역수가 탈옥했다. ② (문어)빨리 지나가다, 사라지다(disparaître). La jeunesse *s'enfuit.* 청춘은 빨리 지나간다. ③ (액체가)새다; 끓어 넘치다. Le vin *s'enfuit* du tonneau. 포도주가 술통에서 새어나온다. ④ (지면이)꺼져 내리다.

enfumage [ɑ̃fymaːʒ] *n.m.* ① 연기로 가득 채우기; 그을리기. ② 연기로 검게 하기. ③ (두더지굴·벌통 따위에)연기를 뿜기; (연기·더운 공기 따위로)덮히기.

enfumé(e) [ɑ̃fyme] *a.p.* ① (방 따위가)연기로 가득 한. ② 〖예〗연기로 검게 된; 검게 된. teint ~ 검게 된 안색. édifice ~ 검게 된 건물. ③ (술 따위로)머리가 혼란한.

enfumer [ɑ̃fyme] v.t. ① 연기로 가득 채우다. feu de bois vert qui *enfume* un appartement 아파트를 연기로 가득 채우는 생나무 불. ② 연기로 귀찮게 하다. ~ un voisin avec la pipe 파이프 연기로 옆사람에게 폐를 끼치다. ~ un renard 여우를 연기로 몰아내다. ③ (취기로)머리를 멍하게 하다. ~ qn d'encens …을 찬사로 들뜨게 하다. ④《옛》그을려 검게 하다. ~ un tableau 그림에 검은 색을 넣다.
—s'~ v.pr. ① 연기로 가득해지다; 연기에 휩싸이다. ② 명해지다; 자욱해지다. s'~ de brouillard 안개가 자욱하다.
enfumoir [ɑ̃fymwaːr] n.m. 꿀벌의 훈연기(燻煙器).
enfûtage [ɑ̃fytaːʒ] n.m. 통에 채워넣기(채우기).
enfutailler [ɑ̃fytaje], **enfûter** [ɑ̃fyte] v.t. (포도주 따위를)통에 채워넣다.
engagé(e) [ɑ̃gaʒe] a.p. ① (사회적·정치적으로)참가한; 명확한 태도를 취하는. écrivain ~ 정치적인 태도를 뚜렷이 밝힌 작가. littérature ~e 참여 문학. ② (군에)지원한. ③ 《해양》걸린; 기운. ancre ~e (해저에)걸린 닻. navire ~ 옆으로 기운 배. ④ 《건축》(벽·기둥 따위에)부분적으로 합쳐진, 끼워넣어진. colonne ~e 끼워넣은 기둥.
—n.m. 지원병. ~s et appelés 지원병과 소집병.
engageable [ɑ̃gaʒabl] a. 저당잡힐 수 있는.
engageant(e) [ɑ̃gaʒɑ̃, -ɑ̃ːt] a. 마음을 끄는, 매력 있는, 상냥스러운.
—n.f.pl. 《옛》(여자용의)소매가 긴 옷.
engagement [ɑ̃gaʒmɑ̃] n.m. ① 약속, 맹세; 《옛》사랑의 맹세. ~ antérieur 선약. Il a pris l'~ de se taire. 그는 침묵을 지키겠다고 약속했다. tenir (remplir, faire honneur à) ses ~s 약속을 지키다. manquer à ses ~s 약속을 어기다. ② 계약; (특히) 고용 계약; 《법》(고용)계약을 맺다. ~ tacite 묵계. prime d'~ 계약금. acteur sans ~ 출연계약이 없는 배우. ③ 병역의 지원. ~ volontaire 자발적인 군대지원. ④ 끼이기, 맞물림. ~ des roues 톱니바퀴의 맞물림. ⑤ (좁은 길로의)진입; 《의학》진입 기전(進入機轉) 임부 시에 태아가 골반산도(骨盤産道) 속으로 들어가는 것. ~ du train dans le tunnel 열차의 터널진입. ⑥ (자본·군대의)투입; 《군사》(소규모의)국지전. ~ de gros capitaux 대자본의 투입. ~ des troupes 부대의 투입. ~ de patrouille 척후전. ⑦ 개시. ~ des négociations 교섭의 개시. ⑧ 권고, 격려. Ce prix est un ~ à continuer la recherche. 이 상은 연구를 계속하라는 격려이다. ⑨ 저당잡히기; 저당물의 영수증. ⑩ (작가·지식인의)사회 참여, 정치 참여, 앙가주망. ⑪ ⓐ 《스포츠》(경기에의)등록, 엔트리. ⓑ 《축구·럭비》킥오프. ⓒ 《펜싱》앙가주망《칼과 칼을 맞대기》.
*engager** [ɑ̃gaʒe] [3] v.t. 끼우다, 꽂다, 맞물리게 하다. ~la clef dans la serrure 열쇠를 구멍에 넣다. ~ une roue dentée dans une autre 톱니바퀴와 톱니바퀴를 맞물리게 하다.
② (좁은 곳에)진입시키다, 끌고 들어가다. ~ un bateau dans un chenal 배를 수로에 진입시키다. ~ sa voiture dans une ruelle 차를 좁은 길로 몰고 들어가다.
③ [~ qn] 고용하다; 계약하다; 징집하다; (단체에)가입시키다. ~ une domestique 가정부를 고용하다. ~ un chanteur (극장 따위가)가수와 계약하다. ~ qn dans le parti 를 입당시키다.
④ 시작하다, 개시하다(entamer). ~ une discussion (des négociations) 토론(교섭)을 시작하다. ~ la bataille 전투를 시작하다. (넓은 의미로) ~ l'ennemi 적을 공격하다.
⑤ (어떤 상태에)끌어 넣다, 말려들게 하다; 위험에 빠뜨리다. ~ qn dans une affaire …을 어떤 사건에 말려들게 하다.
⑥ 투입하다, 투자하다(investir). ~ des réserves dans une bataille 전투에 예비군을 투입하다. ~ ses capitaux dans une entreprise 사업에 자본을 투자하다.
⑦ [~ qn] (약속 따위가)속박하다; (에게) 책임을 지우다. Ce contrat vous *engage*. 이 계약은 당신을 속박한다. Cela n'*engage* à rien. 그것은 아무것도 속박하지 않는다; 이후에 아무런 지장도 없다. Je suis *engagé* cet après-midi. 오늘 오후에는 약속이 있다. Cet article *engage* le rédacteur en chef. 이 기사의 책임은 주필에게 있다.
⑧ (보증으로) 주다, 걸다, 약속(서약)하다. ~ sa parole 약속을 주다. ~ son honneur 명예를 걸다. ~ sa foi 맹세하다.
⑨ 저당잡히다. ~ sa montre 시계를 저당잡히다. ~ sa maison à des créanciers 집을 채권자들에게 저당잡히다.
⑩ [~ à](에)권하다, 권유하다. ~ qn à la prudence …에게 조심하라고 말하다. La chaleur engage à la paresse. 더우면 저절로 나태해진다. [~ qn à+inf.] Ce fait nous *engage* à réviser nos projets. 이 사실을 보면 우리의 계획을 수정하지 않을 수 없다.
—v.i. 《축구·럭비》킥오프로 경기(시합)를 시작하다; 《펜싱》칼을 맞대다.
—s'~ v.pr. ① [s'~ dans] …에 들어가다; (길 따위에)진입하다. 접어들다; …에 말려들다. Le train s'*engage* dans le tunnel. 기차가 터널로 들어간다. (상황보어 없이) Il s'est trop *engagé* pour reculer. 그는 (일에서) 손을 떼기에는 너무나 깊이 관련되어 있다.
② 뛰어들다, 손대다, 착수하다. s'~ dans une entreprise difficile 어려운 사업에 손대다.
③ 약속하다; 의무(책임)를 지다, (에)속박되다. [s'~ à+inf./à qc] s'~ d'honneur à+inf. 명예를 걸고 …할 것을 약속하다. s'~ à rembourser la somme empruntée en deux ans 차용해 온 금액을 2년 기간으로 상환할 것을 약속하다. sans s'~ à rien 어떤 것에도 구애받지 않고.
④ 시작되다, 착수되다(commencer). La discussion s'*engagea* sur ce point. 이 점에 관하여 토론이 시작되었다. L'affaire s'*engage* mal. 일의 시작이 순조롭지 않다.
⑤ 고용되다; (군에)지원하다. s'~ comme secrétaire 비서로 고용되다. Il s'est *engagé* dans l'armée. 그는 군대에 지원했다.
⑥ (작가·지식인이) (사회)문제에 참여하다; 정치적 입장을 밝히다. écrivain(artiste) qui s'*engage* 참여 작가(예술가).
⑦ 《해양》걸리다; 좌초하다. s'~ sur le sable (배가)좌초하다.
⑧ 《항공》(비행기가)양력을 잃다.
⑨ 저당잡히다; 은폐되다.
engagiste [ɑ̃gaʒist] n.m. (옛날 공유지의)차지인(借地人).
engainant(e) [ɑ̃gɛnɑ̃, -ɑ̃ːt] a. ① 칼집에 넣은. ② 《식물》잎깍지로 싸는.
engainé(e) [ɑ̃gene] a.p. ① 칼집에 들어있는. ② 《식물》잎깍지에 싸인. ③ statue ~e 《미술》하반신이 원통형으로 된 입상.
engainer [ɑ̃ge(ɛ)ne] v.t. ① 칼집에 넣다. ② 《식물》잎깍지로 싸다.
engallage [ɑ̃galaːʒ] n.m. 《직물》(천을)탄닌 용액에 담금.
engaller [ɑ̃gale] v.t. (천을)탄닌 용액에 담그다.

engamer [ɑ̃game] v.i. (물고기가) 낚시를 통째로 삼키다.

enganter [ɑ̃gɑ̃te] v.t. ① 《구어》 유혹하다, 홀딱 반하게 하다(séduire). ② 《해양》 (다른 배를) 앞지르다. ③ 《엣·사투리》 (에) 장갑을 끼다. —**s'~** v.pr. 《구어》 열중하다; [s'~ de] (에게) 홀딱 반하다.

engaver [ɑ̃gave] v.t. (어미새가 새끼에게) 먹이를 주다. —**s'~** v.pr. 《엣·구어》 배불리 먹다.

engazonnement [ɑ̃gazɔnmɑ̃] n.m. 잔디심기; 잔디씨뿌리기.

engazonner [ɑ̃gazɔne] v.t. 잔디를 심다; 잔디씨를 뿌리다.

engeance [ɑ̃ʒɑ̃:s] n.f. ① 《엣》 (동물의) 종(種), 품종(race). chien de belle ~ 혈통이 좋은 개. ② 《집합적·경멸》 패거리, 놈들. ~ des bavards (des médisants) 수다스러운 (입이 건) 패거리. Quelle sale (maudite) ~! 고약한 놈들이다.

engeancer [ɑ̃ʒɑ̃se] ② v.t. 《엣》 (사람에게) (을) 떠맡기다(charger). [~ de] Qui vous *a engeancé* d'un pareil bavard? 누가 당신에게 저런 수다장이를 떠맡겼습니까? —**s'~** v.pr. 《엣》 떠맡다.

engeigner [ɑ̃ʒɛ(e)ɲe] v.t. 《엣》 속이다. —**s'~** v.pr. 잘못 생각하다, 착각하다.

engeler [ɑ̃ʒle] ④ v.t. 《엣》 꽁꽁 얼게 하다.

engelure [ɑ̃ʒly:r] n.f. (가벼운) 동상.

engendrement [ɑ̃ʒɑ̃drəmɑ̃] n.m. (남자·수컷에 대해) 자식(새끼)를 낳음; 발생시킴; 《문어》 창조; 《수학》 생성.

*engendrer¹ [ɑ̃ʒɑ̃dre] v.t. ① (자식을) 낳다 (특히 남자에 대해서 말함). Abraham *engendra* Isaac. 아브라함이 이삭을 낳다. ② (결과를) 낳다, 발생시키다(produire, causer, entraîner). La guerre *engendre* bien des maux. 전쟁은 많은 불행을 가져온다. ③ 《수학》 (궤적을) 그리다; 《언어》 생성하다. —**s'~** v.pr. ① 출생하다; 생기다; 발생하다. ② 로 일으키다.

engendrer² v.t. 《엣》 (딸에게) 남편을 얻어주다; 사위로 맞아들이다. —**s'~** v.pr. 사위를 얻다.

engerbage [ɑ̃ʒɛrba:ʒ] n.m. 다발로 묶음.

engerbement [ɑ̃ʒɛrbəmɑ̃] n.m. ① 다발로 묶음. ② (무기·자재를) 무기창고에 넣어둠.

engerber [ɑ̃ʒɛrbe] v.t. ① 다발로 묶다. ② (통 따위를) 쌓다. ③ (무기·자재를) 무기창고에 비치하다.

engin [ɑ̃ʒɛ̃] n.m. ① 기구, 도구, 기계. ~s de pêche 고기잡는 도구. ~ de sauvetage 구명(救命) 도구. ~ de levage 기중기. ~ de travaux publics 건설 (토목) 기계. ~s prohibés 사용금지 어구(漁具) (엽구(獵具)). ② 병기, 화기 (~ de guerre). ~s à tir courbe 곡사포. compagnie d'~s (대전차포·대공화기 따위를) 설치하는) 보병본부제. ③ 미사일, 로켓 (~s spéciaux). ~ atmosphérique 순항 미사일. ~ balistique à portée moyenne (à portée intermédiaire) 중거리탄도탄. ~ téléguidé 유도탄. ~s air-air (air-sol, mer-sol, air-sous-marin) 공대공 (공대지·함대지·공대수중) 미사일. ~ spatial 우주비행체. ④ 장갑차, 전차 (~ blindé). ~ blindé de reconnaissance 정찰용 장갑차. ⑤ (이름을 알 수 없는 기묘한) 것, 물건 (machin, truc). Il porte sur son épaule un drôle d'~. 그는 어깨에 이상한 물건을 메고 (걸치고) 있다. Qu'est-ce que c'est que cet ~-là? 그게 도대체 뭐야? ⑥ 《엣》 창의; 기교, 수완.

engineering [ɛnʒinə(i)riŋ] 《영》 n.m. 엔지니어링, 공학.

englober [ɑ̃glɔbe] v.t. ① 포함하다, 포괄하다. ~ une région dans l'empire 어떤 지방을 제국에 합병하다. ② 통틀다, 일괄하다. Cette théorie *englobe* toutes les théories existantes. 이 이론은 기존의 모든 이론을 총괄하고 있다.

engloutir [ɑ̃gluti:r] v.t. ① (음식 따위를) 삼키다, 게걸스럽게 먹다(avaler, dévorer). ② (바다·홍수 따위가) 삼켜버리다. La tempête *a englouti* le navire. 폭풍우가 선박을 쓸어갔다. ③ (재산 따위를) 탕진하다(dissiper). ~ sa fortune dans la spéculation 투기에서 재산을 탕진하다. —**s'~** v.pr. 삼켜지다; 탕진되다.

engloutissant(e) [ɑ̃glutisɑ̃, -ɑ̃:t] a. 삼키는, 게걸스레 먹는; 빨아들이는.

engloutissement [ɑ̃glutismɑ̃] n.m. 《드물게》 삼킴, 게걸스럽게 먹음; 탕진.

engloutisseur(se) [ɑ̃glutisœ:r, -ɸ:z] 《드물게》 n. 삼키는 (게걸스럽게 먹는) 사람. —a. 삼키는.

engluage [ɑ̃glya:ʒ], **engluement** [ɑ̃glymɑ̃] n.m. ① 끈끈이를 바름; 끈끈이. ② 접목용(接木用) 진흙(콜타르).

engluer [ɑ̃glye] v.t. ① (새를 잡을) 끈끈이를 바르다, (새를) 끈끈이로 잡다. ~ des oiseaux 끈끈이로 새를 잡다. ② (끈끈이처럼) 끈끈거리게 하다. Le miel *englue* mes doigts. 꿀이 묻어 손가락이 끈적거린다. ③ (비유적) (감언으로) 속이다 (tromper). se laisser ~ par qn …에게 속아 넘어가다. —**s'~** v.pr. ① (새가) 끈끈이에 걸리다. ② 함정에 빠지다.

engobage [ɑ̃gɔba:ʒ] n.m. 《요업》 engober 함.

engobe [ɑ̃gɔb] n.m. 《요업》 (도자기에 바르는) 백점토액, 잿물.

engober [ɑ̃gɔbe] v.t. 《요업》 (도자기에) 백점토액 (잿물)을 바르다.

engommage [ɑ̃gɔma:ʒ] n.m. ① (천 따위에) 방수고무를 칠함(입힘). ② (도자기를 굽기 전의) 고무도료칠.

engommer [ɑ̃gɔme] v.t. ① (천 따위에) 고무를 칠하다(입히다). ② (도자기를 굽기전에 받침판에 붙는 것을 방지하기 위해) 고무질액을 칠하다.

engoncé(e) [ɑ̃gɔ̃se] a.p. (옷 따위에) 목이 파묻힌; 답답한; 어색한.

engoncement [ɑ̃gɔ̃smɑ̃] n.m. (옷 따위에) 목이 파묻힘; 답답함.

engoncer [ɑ̃gɔ̃se] ② v.t. (옷이) 목을 파묻히게 하다. Ce vêtement vous *engonce*. 이 옷을 입으면 당신의 목이 파묻혀진다. —**s'~** v.pr. (옷에) 목을 묻다.

engorgé(e) [ɑ̃gɔrʒe] a.p. (토관 따위가) 꽉 막힌; 혼잡한; 《의학》 충혈한.

engorgement [ɑ̃gɔrʒəmɑ̃] n.m. ① (토관 따위가) 막힘. ② (도로 따위의) 혼잡. ③ 《의학》 충혈, 종창. ④ 공급과잉, 재고과다. ~ du marché 시장재고의 과다.

engorger [ɑ̃gɔrʒe] ③ v.t. ① (토관 따위를) 막히게 하다, 막다, 틀어막다 (boucher). ② (도로 따위를) 혼잡하게 하다. ③ 《의학》 충혈시키다; 붓게 하다. ④ (시장에) 과잉공급하다. —**s'~** v.pr. ① (관 따위가) 막히다. ② 《의학》 충혈하다, 울혈하다.

engoué(e) [ɑ̃gwe] a.p. (에) 열중한, 심취한, 미친. être ~ pour qn (qc) …에 열중하다.

engouement [ɑ̃gumɑ̃] n.m. ① [~ pour] (에 대한) 열광, 열중, 심취 (enthousiasme). être pris d'un ~ soudain *pour* le théâtre 갑자기 연극에 열중하다. ② 《의학》 (식도 따위가) 막힘, 폐색(閉塞).

engouer [ɑ̃gwe] v.t. (목 따위를) 막히게 하다. —**s'~** v.pr. ① [s'~ de/pour] (에) 열중하다, 심취하다. s'~ *d'un* bibelot 골동품에 열중하다. ② 《엣》

(목 따위가)막히다.
engouffrement [ɑ̃gufrəmɑ̃] *n.m.* ① 《드물게》(파도 따위에)삼켜짐. ② (재산의)탕진.
engouffrer [ɑ̃gufre] *v.t.* ① (대량으로)던져 넣다, 쏟아 넣다. ~ des bagages dans la cale 짐을 선창에 던져 넣다. ② (재산을)탕진하다(engloutir). ~ sa fortune dans ses affaires 사업에 재산을 탕진하다. ③《구어》마구 먹다(dévorer). ~ des piles de sandwiches 무더기로 쌓인 샌드위치를 먹어 치우다. ④《문어》(주어는 사물》삼키다(avaler). La mer *a engouffré* de nombreux vaisseaux. 바다는 수많은 배를 삼켜버렸다.
—**s'~** *v.pr.* ① 몰려들다, 쇄도하다, 달려가다. La foule *s'engouffre* dans la bouche de métro. 인파가 지하도 입구로 몰려 들어간다. ②(주어는 사물》(물이)흘러들다, (바람이)불어닥치다. Le vent *s'engouffre* dans les ruelles. 바람이 작은 길로 휘몰아친다. ③《문어》삼켜지다.
engoujure [ɑ̃guʒy:r] *n.f.* 《해양》 도래쇠의 줄감는)홈.
engouler [ɑ̃gule] *v.t.* 《구어》게걸스럽게 먹다.
engoulevent [ɑ̃gulvɑ̃] *n.m.* 《조류》 쏙독새.
engoûment [ɑ̃gumɑ̃] *n.m.* = **engouement**.
engourdi(e) [ɑ̃gurdi] *a.p.* ①(손·발 따위가)마비된, 저린, 감각이 없어진; (손이)곱은. ②(정신이)둔해진. esprit ~ 둔해진 지력, 바보. ③(동물이)동면(冬眠)한; (자연 따위가)잠자는. ④《해양》(자연 상태로 또는 바람이 없어서) 움직일 수 없는. navire ~ (풍랑으로)발이 묶인 배.
engourdir [ɑ̃gurdi:r] *v.t.* ①(손·발 따위를)마비시키다, 저리게 하다, 곱게 하다(paralyser). ②(정신·슬픔 따위를)둔하게 하다. La routine *engourdit* l'esprit. 인습은 정신을 둔화시킨다.
—**s'~** *v.pr.* ①마비되다, 감각이 없어지다, 곱다. ②둔해지다. La mémoire *s'engourdit* avec l'âge. 기억력은 나이가 들어감에 따라 둔해진다. ③(동물이)동면하다.
engourdissement [ɑ̃gurdismɑ̃] *n.m.* ①마비, 무감각(torpeur). ②둔함, 나태, 무기력. ③동면.
engrain [ɑ̃grɛ̃] *n.m.* 《농업》 참밀의 일종.
engrainer [ɑ̃grɛne] *v.t.* = **engrener**.
engrais [ɑ̃grɛ] *n.m.* ①비료. ~ chimiques 화학비료. ~ composés 복합비료. ~ humain 인분. ~ flamand 물거름. ~ verts 퇴비, 녹비. ②(가축 따위를)살찌게 함. bestiaux à l'~ 비육 중인 가축.
engraissage [ɑ̃grɛsa:ʒ] *n.m.* ①(펄프의)정제(精製). ②=engraissement.
engraissant(e) [ɑ̃grɛsɑ̃, -ɑ̃:t] *a.* 살찌게 하는.
engraissement [ɑ̃grɛsmɑ̃] *n.m.* 가축을 살찌게 함. 《옛》(사람의)비만, 비대.
engraisser [ɑ̃grɛ[e]se] *v.t.* ①(가축 따위를)살찌게 하다, 비육하다. ~ du bétail pour la boucherie 도살용으로 가축을 비육하다. ②비옥하게 하다; 부유하게 하다. Le fumier *engraisse* la terre. 비료는 토지를 기름지게 한다. ③(펄프를)정제(精製)하다. —*v.i.* 살찌다, 뚱뚱해지다(grossir).
—**s'~** *v.pr.* ①살찌다, 뚱뚱해지다. ②번영(번창)하다, 부자가 되다. ③(토지가)비옥해지다.
engraisseur(se) [ɑ̃grɛsœ:r, -ø:z] *n.* (가축)비육(사육)업자.
engramme [ɑ̃gram] *n.m.* 《심리》 엔그램《과거의 개인적인 사건이 기억속에 남긴 흔적》.
engrangement [ɑ̃grɑ̃ʒmɑ̃] *n.m.* (곡물을)곳간에 넣음, 입고.
engranger [ɑ̃grɑ̃ʒe] *v.t.* (곡물을)곳간에 넣다.
engravement [ɑ̃gravmɑ̃] *n.m.* 좌초(坐礁); 모래에 파묻음; 개흙에 메움.

engraver¹ [ɑ̃grave] *v.t.* ①《건축》 홈을 파다; (한쪽 끝을)못으로 고정시키다. ②《옛》새기다, 조각하다.
engraver² [ɑ̃grave] *v.t.* ①(모래톱에)좌초시키다. batelier qui *engrave* son bateau 배를 좌초시키는 뱃사공. ②자갈로 메우다(덮다). La rivière, en débordant, *a engravé* les prés. 강이 범람하여 목장을 자갈로 덮었다. —**s'~** *v.pr.* 모래톱(여울)에 좌초되다; 개흙의 퇴적으로 막히다.
engravure [ɑ̃gravy:r] *n.f.* (지붕 이는)홈석.
engrêlé(e) [ɑ̃grɛ[e]le] *a.p.* 《문장》 가장자리가 톱니 모양으로 된.
engrêler [ɑ̃grɛ[e]le] *v.t.* (레이스 따위에)가장자리 장식을 달다.
engrêlure [ɑ̃grɛ[e]ly:r] *n.f.* ①《문장》 톱니 모양의〔깔쭉깔쭉한〕가장자리. ②(레이스의)가장자리 장식.
engrenage [ɑ̃grəna:ʒ] *n.m.* ①톱니바퀴(동력전달〕(장치). ~ s'd'une boîte de vitesse 변속기의 이빨. ~ différentiel 차동(差動)톱니바퀴. ~ de direction (자동차의)핸들장치. ~ à chaîne 사슬 동력전달. ~ à vis sans fin 무한 톱니바퀴 장치. ②(비유적)(쉽사리 빠져 나올 수 없는)연쇄상황, 악순환. ~ de la violence et de la haine 폭력과 증오의 악순환. Il met le doigt dans un ~ de malheurs. 그는 잇단 불행의 늪 속에 끼어든다〔말려든다〕.
engrenant(e) [ɑ̃grənɑ̃, -ɑ̃:t] *a.* 톱니바퀴(가)맞물리는. roues ~*es* 맞물리는 톱니바퀴.
engrènement [ɑ̃grɛnmɑ̃] *n.m.* ①(톱니바퀴가)맞물리(게 하기). ②(계분기에)곡식을 넣음, (탈곡기에)곡물 단을 넣음. ③《의학》(부러진 뼈를)맞물려 이음. ④ ~ dentaire 《치과》 상하 어금니의 맞물림.
engrener [ɑ̃grəne] [4] *v.t.* ①(톱니바퀴를)맞물리게 하다. ~ une roue dans la crémaillère 톱니바퀴와 래크를 맞물리게 하다. ②(사건에)휘말리게 하다; (기구에)꿰넣다. Les rouages du monde politique vous *engrènent* fatalement. 정치세계의 톱니바퀴가 불가피하게 당신을 휘몰아 넣는다. ③(일을)시작하다, 착수하다. ④(계분기에)곡물을 넣다; (탈곡기에)밀 다발을 넣다; (쇄석기에)돌덩이를 넣다. ⑤(가축을)곡식으로 살찌게 하다. ~ de la volaille 가금을 곡식으로 살찌게 하다. ⑥(유리 사이에)연마제를 넣다; (금은세공을)연마재로 닦다. ⑦《옛》(펌프에 마중물을)붓다(amorcer).
—**s'~** *v.pr.* ①(톱니바퀴가)맞물리다. ②휘말리다. ③서로 관련되다. Ces phénomènes *s'engrènent* les uns dans les autres 이 현상들은 서로 관련되어 있다.
engreneur(se) [ɑ̃grənœ:r, -ø:z] *n.* ①(탈곡기에)밀 다발을 넣는 사람; (돌 가공업에서)돌을 부수는 사람. —*n.m.* (탈곡기의)자동공급장치.
engrenure [ɑ̃grəny:r] *n.f.* 《기계》 톱니바퀴 장치; 《해부》 톱니꼴 관절.
engri [ɑ̃gri] *n.m.* 《동물》 (아프리카산의)표범.
engrisailler [ɑ̃grizaje] *v.t.* 《인쇄》 (에칭에서 흰 부분을)회색으로 하다.
engrois [ɑ̃grwa[ɑ]] *n.m.* 《기술》 (망치 따위의 자루에)박는 쐐기.
engrosser [ɑ̃grose] *v.t.* 《비어》 임신시키다. —*v.i.* 임신하다.
engrossir [ɑ̃grosi:r] *v.i.* 《속어》 커지다, 뚱뚱해지다. —*v.t.* 《옛》 = **engrosser**.
engrumeler [ɑ̃grymle] [5] 《드물게》 *v.t.* 응결시키다. —**s'~** *v.pr.* 응결되다.
enguenillé(e) [ɑ̃gnije] *a.* 《드물게·구어》남루한〔누더기〕옷을 입은.

engueulade [āgœlad] *n.f.*, **engueulage** [āgœla:ʒ], **engueulement** [āgœlmā] *n.m.* ① 《속어》욕지거리함; 말다툼, 언쟁. passer une ~ à qn ~에게 욕설하다. avoir une ~ avec qn ~와 말다툼하다. ② 꾸짖음, 질책. recevoir de violentes ~s 심하게 질책받다.

engueuler [āgœle] *v.t.* 《속어》 ① (심하게) 꾸짖다. ② 야단치다; 질책하다. **—s'~** *v.pr.* 서로 욕하다.

engueuser [āgøze] *v.t.* 《속어》 달콤한 말로 속이다.

enguichure [āgiʃy:r] *n.f.* (나팔·각적 따위의) 가죽끈; (중세 전투용 방패를 거는) 가죽 어깨끈.

enguignonné(e) [āgiɲɔne] *a.* 《드물게·구어》 악운에 몰린.

enguirlander [āgirlāde] *v.t.* ① 화환으로 두르다[장식하다]. ② 《옛》 감언으로 꾀다, 유혹하다. ③ 《구어》=engueuler.

enhaché(e) [āaʃe] *a.* 인접지를 침범한.

enhachement [āaʃmā] *n.m.* 《건축·측량》 인접지를 침범한 부분.

enhardir [āardi:r] *v.t.* 대담하게 하다(↔intimider). ~ qn à [《옛》de]+inf. …을 격려하여 …하게 하다. Un verre de vin l'a *enhardi*. 한 잔의 술이 그를 대담하게 했다.
—s'~ *v.pr.* 기운을 내다, 대담해지다. s'~ jusqu'à (à)+inf 용기를 내어 (대담하게) …하다.

enhardissement [āardismā] *n.m.* 대담해지기; 대담하게 함; 대담.

enharmonie [ānarmɔni] *n.f.* 《음악》 ① 이명동음 (異名同音) (예: C♯와 D♭ 처럼 명칭은 다르나 평균율에서는 동음임). ② 엔하모니 (고대그리스 음계의 4분음에 가장 가까운 음).

enharmonique [ānarmɔnik] *a.* 《음악》 ① 이명동음의. ② (그리스 음계에 있어서) 엔하모니의.

enharnachement [āarnaʃmā] *n.m.* 마구(馬具)를 메움; 마구.

enharnacher [āarnaʃe] *v.t.* 《드물게》 (말에) 마구를 메우다. ② 우스꽝스러운 옷차림을 하게 하다.
—s'~ *v.pr.* 《옛》 우스꽝스러운 옷차림을 하다.

enhayer [āɛ(e)je] [8] *v.t.* (벽돌을 건조시키기 위해) 단 모양으로 쌓다.

enherber [ānerbe] *v.t.* 《농업》 풀이 자라게 하다.

enhucher [āyʃe] *v.t.* 반죽을 빵상자에 넣다.

enhydre [ānidr] *a.* ① 《광물》 함수(含水)의. calcédoine ~ 함수옥수(含水玉髓). ② 《동·식물》 수서(水棲)의, 수생의. serpent ~ 바다뱀. loutre ~ 해달. **—n.m.** 《광물》 =calcédoine ~ 《동물》=serpent ~; 《식물》 (열대 소택지에 자생하는) 국화과(科)의 일종.
—n.f. 《동물》 =loutre ~.

éniellage [enjɛla:ʒ] *n.m.* (밭의) 선응초 제초.

énieller [enje(e)le] *v.t.* (밭의) 선응초를 제초하다.

énième [ɛnjɛm] *n., a.* =**nième**.

énigmatique [enigmatik] *a.* 수수께끼의[같은]; 이해할 수 없는(mystérieux), 난해한. sourire ~ 불가사의한 미소. poésie ~ 난해한 시.

énigmatiquement [enigmatikmā] *ad.* 《드물게》 수수께끼같이.

énigme [enigm] *n.f.* (17 세기 초까지는 *n.m.* 이었음) 수수께끼(devinette); 풀기 힘든 문제(problème); 불가사의(mystère). parler par ~s 수수께끼같은 말을 하다. proposer(deviner) une ~ 수수께끼를 내다(풀다). mot d'une ~ 수수께끼의 해답; 문제 해결의 열쇠. trouver le (fin) mot de l'~ ~ 수수께끼를 풀다, 어려운 문제를 해결하다. ~ de la vie 생명의 수수께끼.

enivrant(e) [ānivrā, -ā:t] *a.* ① 열광케 하는; 의기양양하게 하는, 도취시키는. parfum ~ 황홀한 향기.

② 《옛》 취하게 하는.

enivrement [ānivrəmā] *n.m.* ① 도취, 열광. ~ du premier amour 첫사랑의 도취. ~ de la victoire 승리의 열광. ②《옛》 취함, 만취.

enivrer [ānivre] *v.t.* ① 취하게 하다(griser, soûler). Un verre de vin l'a *enivré* 한잔의 술이 그를 취하게 했다. ② 도취시키다, 열광케 하다(exalter). La musique *enivre* les âmes sensibles. 음악은 감수성이 예민한 사람을 도취시킨다. ③ 의기양양하게 하다. ~ qn de louanges …을 추어올리다.
—s'~ *v.pr.* [s'~ de] 취하다; 도취하다; 열중[열광]하다; 의기양양하다. s'~ de son propre vin 잘난 체하다. s'~ de ses propres paroles 자신의 말에 도취하다. s'~ de colère 화가 나서 제정신을 잃다. s'~ de ses succès 성공으로 우쭐해지다.

enjabler [āʒable] *v.t.* (바닥널을) 통에 붙이다.

enjablure [āʒably:r] *n.f.* (바닥널을) 통에 붙임.

enjaler [āʒale] *v.t.* (닻에) 닻장을 달다.

enjambé(e¹) [āʒābe] *a.p.* 《옛·문어》 다리가 있는. court(haut) ~ 다리가 짧은(긴).

enjambée² [āʒābe] *n.f.* 큰 걸음; 크게 디디는 걸음; 한 걸음 (pas). à grandes ~s 큰 걸음으로, 성큼성큼.

enjambement [āʒābmā] *n.m.* ① 《시구가 한 행에서 끝나지 않고》 다음 행까지 걸치다(rejet). ② ~ des chromosomes 《생물》 염색체의 교차.

enjamber [āʒābe] *v.t.* 《주어는 사람》 (발을 벌려) 뛰어넘다(franchir). ~ un petit mur 작은 담을 뛰어넘다. 《주어는 사물》 걸치다. Un pont de pierre *enjambe* la rivière. 돌다리가 강에 걸쳐 있다. ③ 《비유적》 무시하다. Il *enjambe* les convenances. 그는 예의범절 따위는 무시해 버린다.
—v.i. ① 걸치다; 삐져나와 있다. [~ sur] poutre qui *enjambe* sur le mur du voisin 이웃집 벽쪽으로 삐져나와 있는 들보. ② 《운율》 시구가 다음 행까지 걸치다.

enjarreté(e) [āʒarte] *a.* 《승마》 족쇄가 채워진.

enjaveler [āʒavle] [5] *v.t.* 다발로 묶다.

enjeu [āʒø] (*pl.* ~x) *n.m.* ① 내기, 내기에 건 돈. mettre qc pour ~ …을 걸다. retirer son ~ 내깃돈을 거둬들이다; 재빨리 손을 떼다. ② 내거는 것; 목적(but). L'~ de cette guerre, c'est notre liberté. 이 전쟁의 목적, 그것은 우리의 자유이다.

enjoindre [āʒwɛ̃:dr] [27] *v.t.* 명령하다, 엄명하다 (commander). [~ de+inf.] Il nous *a enjoints* de ne pas sortir. 그는 우리들에게 밖에 나가지 말라고 엄명했다.

enjoign-e, -es, -ent, etc. [āʒwaɲ] ⇒enjoindre.

enjoin-s, -t [āʒwɛ̃] ⇒enjoindre.

enjôlement [āʒolmā] *n.m.* (감언이설로) 속임, 유혹하기; 아첨.

enjôler [āʒole] *v.t.* (감언이설로) 속이다, 농락하다. ~ une jeune fille 젊은 처녀를 농락하다.

enjôleur(se) [āʒolœːr, -ʃø:z] *a., n.* (감언으로) 속이는 (사람), 농락하는 (사람).

enjolivant(e) [āʒɔlivā, -āːt] *a.* 장식하는.

enjolivement [āʒɔlivmā] *n.m.*, **enjolivure** [āʒɔlivy:r] *n.f.* 장식, 꾸밈; 윤색.

enjoliver [āʒɔlive] *v.t.* 장식하다, 꾸미다(décorer, embellir); 윤색하다; 음색하다. robe *enjolivée* de rubans 리본으로 장식된 드레스. ~ une histoire 이야기를 윤색하다.
—v.i., s'~ *v.pr.* 더욱 아름다와지다.

enjoliveur(se) [āʒɔlivœːr, -ʃø:z] *n.* 꾸미기 좋아하는 사람. **—n.m.** 《자동차》 (차체의) 장식품; 바퀴 덮개 (chapeau de roue). **—a.** marchand ~ 장식품 장수.

enjoué(e) [āʒwe] *a.* 쾌활한, 경쾌한, 명랑한(gai);

익살맞은. caractère ~ 쾌활한 성격.
enjouement [āʒumā] *n.m.* 쾌활, 경쾌, 명랑(gaieté, ↔tristesse).
enjouer[1] [āʒwe] *v.t.* 《옛》명랑하게 (즐겁게) 하다.
enjouer[2] *v.t.* 《옛》《사냥》(겨우기 위하여 총을)빰에 대다.
enjoûment [āʒumā] *n.m.* =enjouement.
enjuguer [āʒyge] *v.t.* (소에)멍에를 메우다.
enjuiver [āʒyive] *v.t.* 《경멸》유태화하다.
enjuponné(e) [āʒypɔne] *a.p.* 페티코트를 입은.
—*n.m.* 《은어》판사, 변호사; 승려.
enjuponner [āʒypɔne] *v.t.* 페티코트를 입히다; 여성화 하다.
—*s'~ v.pr.* (여자에게)반하다.

enkikiner [ākikine] *v.t.* =enquiquiner.
enkysté(e) [ākiste] *a.p.* 《의학》낭포(囊胞)에 싸인, 포피(包皮)된.
enkystement [ākistəmā] *n.m.* 《의학》피낭형성(被囊形成), 낭종화(囊腫化).
enkyster (s') [sākiste] *v.pr.* 《의학》(종양이)낭종으로 되다.
enlacement [āla(a)smā] *n.m.* ① 얽힘. ~ des branches 가지들의 얽힘. ② 껴안음, 포옹(embrassement). ~ des amoureux 연인들의 포옹.
enlacer [āla(a)se] [2] *v.t.* ① 둘둘 감다(entourer); 묶다(lier). Le lierre *enlace* la branche. 덩굴이 가지를 둘둘 감고 있다. cordon qui *enlace* des livres 책을 묶는 끈. ② [~ qn] 얼싸안다, 포옹하다(étreindre). ~ sa fiancée 약혼녀를 끌어안다. ③ 《비유적》결합시키다, 얽어매다(attacher). passions qui nous *enlacent* 우리를 결합시키는 정열. ④ 《건축》(자재들을)결합시키다; 《직물》(문지(紋紙)를)연결하다.
enlaçure [āla(a)syːr] *n.f.* 《건축》은못축이음.
enlaidir [ālɛ(e)diːr] *v.t.* 추하게 하다.
—*v.i., s'~ v.pr.* 추해지다.
enlaidissement [ālɛ(e)dismā] *n.m.* 추하게함; 추해짐.
enlassure [ālasyːr] *n.f.* =enlaçure. 【해질】.
enlevage [ālvaːʒ] *n.m.* (보트의)최종 역조(力漕); 【염색】탈색.
enlevant(e) [ālvā, -ãːt] *a.* ① (연설이)고무적인, 감동시키는. ② 가락이 빠른, 경쾌한.
enlevé(e) [ālve] *a.p.* (음악·극·그림 따위가)시원시원하게 (훌륭하게) 연주된 (연출된·그려진). scène de comédie ~*e* 멋지게 연출된 희극의 한 장면. portrait ~ 시원스럽게 그려진 초상화.
—*n.f.* ① 짐마차 한 대분의 적재량(하물); 한번에 제거하는 분량. ② 《속어》꾸지람(réprimande).
enlèvement [ālɛvmā] *n.m.* ① 치워버림, 제거; 운반, 옮김. taxe d'~ des ordures 오물세. ~ des marchandises 상품의 반출. ② 빼앗아감, 납치, 유괴(rapt) 박탈. ~ de mineur 미성년자의 유괴. mariage par ~ 납치 결혼. ~ de pièces 공문서 절도(죄). ③ 《군사》탈취, 공략. ~ d'une position ennemie 적진의 공략.

‡**enlever** [ālve] [4] *v.t.* ① 없애다, 제거하다, 치우다, 지우다, 삭제하다. ~ les ordures 오물을 수거하다. ~ une tache 얼룩을 제거하다. La douleur m'*enlève* 고통을 없애라. ~ *qc* de *Enlevez* ces livres de mon bureau. 내 책상에서 이 책들을 치우시오.
② [~ qc à qn] (에게서)빼앗다, 탈취하다(ôter, arracher); 잘라내다. On lui *a enlevé* son sac. 그녀는 핸드백을 빼앗겼다. Il m'*a enlevé* tout espoir. 그는 나에게서 모든 희망을 빼앗아 갔다. ~ un poste 초소를 탈취하다.
③ (몸에 걸친 것을)벗다; 벗기다(ôter). ~ son chapeau pour saluer 인사하려고 모자를 벗다. [~

qc à qn] ~ les gants *à* un enfant 어린아이에게서 장갑을 벗기다.
④ 실어가다, 운반하다; (급히)사가다. faire ~ par camion les meubles 가구들을 트럭으로 실어내다. Ces soldes *ont été enlevés* avant midi. 이 특매상품은 정오 전에 팔려버렸다.
⑤ [~ qn] 유괴하다, 납치하다; 《구어》(일시적으로)데려가다. ~ un enfant pour exiger une rançon 몸값을 요구하기 위해 어린아이를 유괴하다. Je vous *enlève* votre mari pour une heure. 당신 남편을 한 시간만 빌리겠습니다.
⑥ (상 따위를)획득하다, 차지하다, (시합에서)이기다. ~ le premier prix 일등상을 타다. ~ la victoire 승리를 차지하다. ~ les suffrages (선거에서)당선하다. ~ un match 시합에 이기다.
⑦ 들어올리다, 안아올리다(soulever). ~ une femme dans ses bras 여자를 팔로 안아올리다. Le vent *enlève* la poussière. 바람이 먼지를 일으킨다.
⑧ (연극·음악 따위를)훌륭하게 공연하다(연주하다). ~ un morceau de musique 곡을 훌륭하게 연주하다.
⑨ 열광시키다, 황홀케 하다(ravir). Son discours *a enlevé* l'auditoire. 그의 연설은 청중을 열광시켰다. ~orateur qui *enlève* 사람의 마음을 사로잡는 웅변가.
⑩ 《문어》(이 세상에서)데려고 가다, 목숨을 빼앗다. La mort nous l'*a enlevé*. 죽음은 그를 우리에게서 앗아갔다.
⑪ ~ un cheval 《승마》말을 빨리 달리게 하다.
⑫ 《속어》쫓아내다. *Enlève*-le. 그자를 쫓아버려! *Enlevez le bœuf.* 《속어》다 됐으니 가져가시오.
—*s'~ v.pr.* ① 벗겨지다. robe qui *s'enlève* rapidement 빨리 벗을 수 있는 드레스.
② (얼룩 따위가)빠지다, 지워지다. Les taches d'encre *s'enlèvent* mal. 잉크 자국은 잘 지워지지 않는다.
③ (상품이)잘 팔리다. Ça *s'enlève* comme des petits pains. 그것은 날개 돋친 듯이 팔린다.
④ 오르다, 올라가다.
enlève-taches [ālɛvtaʃ] *n.m.* 《복수불변》얼룩빼는 약제.
enleveur(se) [ālvœːr, -ɸːz] *n.* ① 《드물게》유괴자.
② ~s de quartiers 《옛》《군사》적진공략대.
enlevure [ālvyːr] *n.f.* ① 《조각》돋을새김, 양각, 부조(浮彫)된 부분. ② 가죽 조각; 철편, 쇳조각.
③ 《옛》《의학》(피부의)수포(水泡). ④ (자수의)매어나온 실 푼.
enliasser [āljase] *v.t.* 《드물게》(서류 따위를)뭉치로 묶다, 철하다.
enlier [ālje] *v.t.* (벽돌 따위를)포개어 쌓다.
enlignement [ālinmā] *n.m.* 《건축》일렬로 함; 정렬; 《제본》마주보는 페이지의 행을 맞추기.
enligner [āline] *v.t.* 《건축》일렬로 세우다; 《제본》마주보는 페이지의 행을 맞추다.
enlisement, 《옛》**enlizement** [ālizmā] *n.m.* ① (모래·진창 속에)빠짐. ② 《비유적》부진, 정체.
enliser, 《옛》**enlizer** [ālize] *v.t.* ① (모래·진창 속에)빠뜨리다, 매몰하다, 파묻다; 끌어넣다, 빠뜨리다. ② 정체시키다. Cela *enlise* mon travail. 이것은 나의 일을 정체시킨다.
—*s'~ v.pr.* ① (모래·진창 속에)빠지다, 매몰되다(s'embourber). ② 정체되다, 제자리걸음하다. L'enquête policière *s'enlise*. 경찰 수사는 난관에 봉착하고 있다. ③ 말려들다, 빨려들어 가다. *s'~* dans la routine 습관에 빠져들다.
enluminé(e) [ālymine] *a.p.* 채색한; (얼굴이)붉은.
enluminer [ālymine] *v.t.* ① 채색하다, 울긋불긋 장

enlumineur(se)

식하다; 금박문자[채색화]를 넣다. ② (술·열 따위가 얼굴을) 붉게 하다. ③ (문제를) 화려하게 하다.
—s'~ *v.pr.* 취하다, 빨개지다.

enlumineur(se) [ɑ̃lyminœːr, -ø:z] *n.* (특히 중세 사본의) 장식사, 채색[삽화]공.

enluminure [ɑ̃lyminyːr] *n.f.* ① 채색장식(술); 채색문자; 채색삽화. ② (얼굴의) 불그스름함, 홍조. ③ (문체의) 화려한 수식.

enlué(e) [ɑ̃lyne] *a.* 달빛을 받은.

enne [ɛn] *n.f.* N의 호칭.

ennéa- *préf.* 「9」의 뜻.

ennéacorde [ɛnneakɔrd] *n.m.* 구현금(九絃琴).

ennéade [ɛnnead] *n.f.* 9개 한벌; 9인조.

ennéagonal(ale, *pl.* **aux)** [ɛnneagɔnal, -o] *a.* 【기하】9각형의.

ennéagone [ɛnneagɔn] 【기하】 *a.* 9각형의.
—*n.m.* 9각형.

ennéasyllabe [ɛnneasillab] *a.* 【운율】9음절의.

enneigé(e) [ɑ̃nɛ[e]ʒe] *a.p.* 눈으로 덮인. col enneigé et fermé 눈으로 막혀버린 고개.

enneigement [ɑ̃nɛ[e]ʒmɑ̃] *n.m.* 적설(積雪)(량).

enneiger [ɑ̃nɛ[e]ʒe] ③ *v.t.* 눈으로 덮다.

ennemi [ɛnmi] *n.* ① 적, 적대자. ~ de l'État 국가의 적. se faire un ~ de *qn* ⋯을 적으로 만들다. Son attitude agressive lui a fait beaucoup d'~s. 그(녀)는 공격적인 태도 때문에 많은 적을 만들었다. ~ politique 정적(政敵). ② [~ de] (의) 반대자, 혐오자. ~ *du* genre humain 인간 혐오자 (misanthrope). ~ *des* idées avancées 진보적인 사상을 싫어하는 사람. ③ (교전상태에 있는) 적군, 적군, 적국민. tomber entre les mains de l'~ 적의 수중에 떨어지다, 포로가 되다. être tué à l'~ 전사하다. ④ 반대의 것; 방해물, 장애 (obstacle). L'eau est l'~*e* du feu. 물은 불과 상극이다.
Le mieux est l'~ du bien. 《속담》(더 좋은 것은 좋은 것의 적이다) → 욕심이 지나치면 모두 다 잃는다. *passer à l'~* 적측으로 달아나다; 배반하다.
—*a.* ① 적의, 적군의, 敵∼. ~ 적국, territoire ~ 적의 영토. ② 적의(반감·증오)를 가지고 있는, 서로 대립하고 있는; 불길한. être ~ avec *qn* ⋯와 사이가 나쁘다. frères ~s 서로 미워하는 형제; 서로 반목하는 동료. couleurs ~*es* 조화되지 않는 색. pôles ~s (자석 따위의) 양극. astre ~ 불길한 별. ③ [~ de] (의) 싫은, 질색인. Il est ~ *de la* peinture abstraite. 그는 추상화를 싫어한다.

enniaiser [ɑ̃njɛze] *v.t.* 바보로[어리석게] 만들다.

ennième [ɛnjɛm] *a.* 《속어》몇 번째의 (흔히 높은 수를 대표함). pour la ~ fois 몇 번이고, 거듭거듭.
—*n.* 몇 번째의 것.

ennoblir [ɑ̃nɔbliːr] *v.t.* ① 고귀[고상]하게 만들다 (élever, ↔avilir). ② 【상업】〔품질을〕향상시키다; 【직물】직물을 끝마무리 가공[처리]하다. ③ 《옛》귀족으로 만들다 (anoblir).
—*s'~ v.pr.* 고귀해지다.

ennoblissement [ɑ̃nɔblismɑ̃] *n.m.* ① 【직물】(직물의) 끝마무리 가공[처리] (공정)(염색·표백 따위). ② 고귀[고상]하게 만듦.

ennoyage [ɑ̃nwajaːʒ] *n.m.* 【지질】(해수에 의한 육지의) 침수, 침강; (침적층에 의한 지질구조의) 피복현상.

ennuager [ɑ̃nɥaʒe] ③ *v.t.* 구름으로 덮다.
—*s'~ v.pr.* 구름으로 덮이다. Le ciel s'ennuage. 하늘이 구름으로 덮여 있다.

ennui [ɑ̃nɥi] *n.m.* ① 권태, 갑갑증, 지루함. ~ de la vie 생활의 권태. tromper[dissiper] ~ 갑갑증을 풀다. mourir d'~ 지루해서 죽을 지경이다. ② (보통 *pl.*) 걱정, 근심(souci); 불안; 난처한 일(것). aller au-devant des ~s 미리 (쓸데없는) 걱정을 하다. attirer(créer, susciter) des ~s à *qn* ⋯을 난처하게 하다. avoir des ~s 근심거리가 있다. avoir des ~s d'argent 돈에 궁하다. L'~, c'est que ce projet est irréalisable. 난처한 일은 이 계획이 실현될 수 없다는 점이다. Quel ~! (구어) 아아 정말 난처하다! Chacun a ses ~s. 누구나 근심은 있다. ③ 우수, 우울 (langueur, spleen). ④《옛》비통, 비애 (chagrin).

ennuyant(e) [ɑ̃nɥijɑ̃, -ɑ̃:t] *a.* 《옛》귀찮은, 지루함; 싫증나게 하는.

ennuyé(e) [ɑ̃nɥije] *a.p.* 난처한, 근심이 되는; 지루해진, 지긋지긋한.

ennuyer [ɑ̃nɥije] ⑦ *v.t.* ① 곤란하게 하다, 근심 (걱정)하게 하다; 귀찮게 하다, 초조하게 하다. Il [Cela] m'ennuie de+*inf.*[que+*sub.*] ⋯하는 것은 난처하다[걱정이다]. Tu m'ennuies avec tes histoires! 네 이야기는 듣는 것이 귀찮다! Si cela vous ennuie, ne le faites pas. 그것이 싫으면 하지 마십시오. ② 지루하게 하다, 싫증나게 하다. conférencier qui *ennuie* son auditoire 청중을 지루하게 하는 강연자. ③《옛》괴롭히다.
—*s'~ v.pr.* ① 지루해하다; [~ de] (에) 싫증나다, (이) 지긋지긋하다. ② [~ de/après] (이)없어 불행하다 (유감이다), (을) 만나고 싶다. pensionnaire qui *s'ennuie* de sa famille 가족을 그리워하는 하숙생.

ennuyeusement [ɑ̃nɥijøzmɑ̃] *ad.* 《드물게》지루하게; 지긋지긋하게.

ennuyeux(se) [ɑ̃nɥijø, -ø:z] *a.* ① 지루한, 권태를 느끼게 하는, 싫증나게 하는. paysage ~ 단조로운 풍경. ~ comme la pluie 몹시 지루한. ② 성가신; 혐오스러운; 난처한. question *~se* 곤란한 질문. ③ 서글픈, 가슴아픈 (triste, pénible). incident ~ 서글픈 사건.

énoncé [enɔ̃se] *n.m.* ① 발표; 발표문; 진술, 기술 (exposé). faux ~ 허위 진술. ~ d'un jugement 판결문. ② (글의 엄밀한) 내용, 표면. ③【언어】발표(言表), 발화(發話). ④【수학】여건. ~ d'un problème[d'une proposition] 문제[명제]의 여건.

énoncer [enɔ̃se] ② *v.t.* ① (구두 또는 문장으로 명확하게) 진술하다 (formuler); 서술하다 (exposer); 표현하다 (exprimer). ~ une opinion 의견을 말하다 [진술하다]. ~ (*un*) faux 허위를 진술하다. ② (조항 따위를) 규정하다 (stipuler). ③ (판결을) 선고하다 (prononcer). ~ un jugement sans appel 최종판결을 내리다. ④ 똑똑히 발음하다. ⑤【수학】~ un problème[une proposition] 문제[명제]의 여건을 말하다.
—*s'~ v.pr.* ① 진술되다; 서술되다, 표현되다. ② 자기생각을 진술하다; 말하다.

énonciateur(trice) [enɔ̃sjatœːr, -tris] *n.* 【언어】발화자, 진술자. ~ 진술하는, 발표하는.

énonciatif(ve) [enɔ̃sjatif, -iːv] *a.* 진술(발표)에 쓰이는. style ~ 진술적 문체. proposition ~*ve*【언어】평서문.

énonciation [enɔ̃sjɑsjɔ̃] *n.f.* ① 표현, 진술, 서술; 【언어】언술 행위. ②【논리】명제. ③ 규정. ④【법】ⓐ 선고. ⓑ ~ d'une clause dans un acte d'accusation 기소장에서의 법조문 원용.

énophtalmie [enɔftalmi] *n.f.*【의학】안구함몰 (眼球陷沒).

enorgueillir [ɑ̃nɔrgœjiːr] *v.t.* 거만하게 하다, 뽐내게 하다. —*s'~ v.pr.* 거만하다, 뽐내다, (으로) 의기양양하다. *s'~ de qc*(*inf.*) ⋯을 [하는 것을] 뽐내다[자랑하다]. *s'~* (*de ce*) que+*sub.*(*ind.*) ⋯때문에 의기양양하다.

énorme [enɔrm] *a.* ① 거대한(colossal); 막대한(immense); 엄청난, 대단한, 굉장한(formidable). fortune ~ 막대한 재산. prix ~ 터무니 없는 값. arbre ~ 거목. ②《구어》정도에, 놀라운. type ~ 걸출한 사람. histoire ~ 깜짝 놀랄 이야기.

énormément [enɔrmemɑ̃] *ad.* 엄청나게, 막대하게; 많게, 대단하게. [~ de+무관사명사] Il y avait là ~ d'étrangers. 거기에는 엄청나게 많은 외국인들이 있었다. Il travaille ~. 그는 엄청나게 일한다.

énormité [enɔrmite] *n.f.* ① 거대함; 엄청남, 막대함(immensité); 중대함. ②(상식에 어긋나는)터무니없는 말[짓]. ③ 큰 실책; 《옛》중죄.

énostose [enɔstoz] *n.f.* 《의학》내골종(內骨腫), 골내수종(骨內腫).

énouer [enwe] *v.t.* 《직물》(천의)마디(티)를 없애어 마무리다.

énoyautage [enwajotaːʒ] *n.m.* (과실의)씨를 뺌.

énoyauter [enwajote] *v.t.* (의)씨를 빼다.

énoyauteur [enwajotœːr] *n.m.* (과실의)씨를 빼는 기구.

enquérir [ɑ̃keriːr] [15] *v.t.* 《법》 심문하다;《옛》따져 묻다. —**s'~** *v.pr.* ①[s'~ de](을)조사하다, 캐묻다, (에 관하여)알아보다, 묻다, (에 대해서)염려하다(s'inquiéter). s'~ de la santé de qn 건강에 대해 염려하다. ②[s'~ auprès de/de qn] 조회해 보다, 물어보다.

enquerre (à) [aɑ̃keːr] *loc.a.* 《옛》(가문(家紋)이 유래를 캐볼 정도로)이례적인, 변칙적인.

enquête [ɑ̃kɛt] *n.f.* ①(여러 증인·실험 따위에 관)조사, 앙케트, 조회. ~ par sondage 여론조사. ~ d'un journal sur l'opinion publique 신문의 여론조사. faire[ouvrir, procéder à] une ~ sur qc …에 관하여 조사하다. ②(당국의)조사, 수사; 신문(訊問), 캐물음. commission d'~ 조사위원회. conseil d'~ 《군사》사문(査問)회의. ~ sommaire (verbale) (공판에서의)증인 심문.

enquêter [ɑ̃ke(e)te] *v.i.* [~ sur] 조사하다, 알아보다. ~ discrètement sur un crime 비밀리에 범죄를 수사하다. —**s'~** *v.pr.* 《옛》[s'~ de] (을) 조사하다(s'enquérir).

enquêteur(se) [ɑ̃ketœːr, -ʃːz] *n.* ①(학술 따위에서 의)조사원; 심사원; (국회의)심사위원(~ parlementaire). ②앙케트 담당자. 《법》(형사사건의)수사관(~ de la police); (민사사건의)조사담당자. ④ 빈민구제공.
—*n.f.* 여자 앙케트 담당자; (신문의)인터뷰 담당여기자(enquêtrice).
a. 조사 담당의.

enquêtrice [ɑ̃ketris] *n.f.* =enquêteuse.

enquilleuse [ɑ̃kijøːz] *n.f.* (치마 속에 호주머니를 달고 다니는)여자 소매치기.

enquinauder [ɑ̃kinode] *v.t.* 《옛》속이다, 농락하다; 체면을 깎이게 하다.

enquiquinant(e) [ɑ̃kikinɑ̃, -ɑ̃ːt] *a.* 《구어》시끄러운, 성가신, 방해 가 되는(ennuyeux).

enquiquinement [ɑ̃kikinmɑ̃] *n.m.* 《구어》성가심, 시끄러움, 귀찮음.

enquiquiner [ɑ̃kikine] *v.t.* 《구어》귀찮게 굴다, 성가시게 굴다(agacer, emmerder). Ce travail m'enquiquine. 이 일 때문에 무던히도 속이 썩는다.

enquiquineur(se) [ɑ̃kikinœːr, -ʃːz] *a, n.* 《구어》성가신(사람), 귀찮은(사람), 폐를 끼치는(사람).

enqui-s, -t, etc. [ɑ̃ki] ⇨enquérir.

enraciné(e) [ɑ̃rasine] *a.p.* ① (나무 따위가)깊이 뿌리박은. ② (비유적) 일정한 장소에) 정착하고 있다. ~ dans un pays 어떤 지방에(선조 대대로)정착하고 있다. ③ 뿌리 깊은. préjugé ~ 뿌리 깊은 편견.

enracinement [ɑ̃rasinmɑ̃] *n.m.* ①(나무가)뿌리박기. ②《비유적》(일정한 장소, 특히 고향에)정착. ③(마음에)깊이 뿌리를 내림.

enraciner [ɑ̃rasine] *v.t.* ①(깊이)뿌리박히 하다 (planter). ②《비유적》정착시키다(fixer). ~ qn dans un pays 어떤 지방에 …을 정착시키다. ③(마음속에)뿌리박히게 하다(fixer). préjugés qui *sont enracinés* profondément dans cette société 이 사회에 깊이 뿌리박힌 편견들.
—**s'~** *v.pr.* ①뿌리를 박다[내리다]. ②(사람이)정착하다, 자리잡다(s'implanter). ③(마음속에)뿌리박다. Les mauvaises habitudes s'enracinent facilement. 나쁜 습관은 쉽게 뿌리박는다.

enragé(e) [ɑ̃raʒe] *a.p.* ① 공수병에 걸린;《옛》(사람이)미친(fou). chien ~ 미친개. ②몹시 화난. être ~ contre qn …에 대해 몹시 화내다. ③열광적인, 열중한(passionné, effréné). joueur ~ 열광적인 경기자. pêcheur ~ 낚시광(狂). socialiste ~ 과격한 사회주의자. ④《옛》지독한, 심한.
—*n.* ① 공수병에 걸린 사람. ②열중한 사람; 격하기 쉬운 사람; …광(狂). un ~ du football 축구광. ③(흔히 *pl.*) 과격파 학생.

enrageant(e) [ɑ̃raʒɑ̃, -ɑ̃ːt] *a.* 《드물게》미치게 하는; 화나게 하는, 안타까운, 약오르게 하는.

enragement [ɑ̃raʒmɑ̃] *n.m.* 《드물게》 ① 화가 남, 화내기. ②열중.

enragément [ɑ̃raʒemɑ̃] *ad.* 《드물게》미치광이처럼, 미친 듯이 날뛰어.

enrager [ɑ̃raʒe] [3] *v.i.* ①몹시 화를 내다, 노발대발하다; 몹시 괴로와하다. faire ~ qn …의 화를 돋우다. ~ dans sa peau 마구 화내다, (성이 나서)펄펄 뛰다. [~ de qc] ~ *des dents (du mal de dents*) 이빨이 몹시 괴로와하다. [~ de +*inf.*] Il enrage de trouver la place usurpée. 그는 그 자리를 빼앗긴 것을 알고 원통해한다. ②《옛》공수병에 걸리다. ③(을)열망하다; [~ après] (에)열중하다. Il enrage de manger. 그는 먹으려고 기를 쓴다. ~ après les femmes 여자에 열중하다.
—*v.t.* 화나게 하다, 펄펄 뛰게 하다, 흥분시키다, 열광[열중]시키다.

enraiement [ɑ̃rɛmɑ̃] *n.m.* ①(고장으로 인한)기계의 정지. ②(위험 확대의)방지. ~ d'une épidémie 방역(enrayement). ③(출혈의)제동.

enrayage[1] [ɑ̃rɛjaːʒ] *n.m.* 《농업》남향의 두둑을 만들며 고랑을 갈기.

enrayage[2] [ɑ̃rɛjaːʒ] *n.m.* ①(기계·총 따위의)고장. ②《옛》(바퀴의)제동; (브레이크 고장으로 인한 차륜의)정지.

enrayement[1] [ɑ̃rɛjmɑ̃] *n.m.* =enrayage[1]. ② 정지.

enrayement[2] [ɑ̃rɛjmɑ̃] *n.m.* =enraiement.

enrayer[1] [ɑ̃rɛ(e)je] [8] *v.t.* ① ~ les sillons 한가운데에 남향의 두둑을 만들며 고랑을 갈다. ② ~ un champ 밭에 첫 고랑을 내다.

enrayer[2] [8] *v.t.* ①(기계·총을)고장나게 하다. La rouille *a enrayé* le fusil. 총이 녹슬어 고장이 났다. ②(진행을)막다, 저지하다(juguler). ~ la hausse des prix 가격의 상승을 막다. ~ une maladie 병의 진행을 막다. ③《옛》(바퀴에)브레이크를 걸다, 제동을 걸다(freiner).
—**s'~** *v.pr.* ①(기계·총이)고장나다. ②(진행이)멎다. L'inflation s'est enrayée. 인플레가 멎었다.

enrayoir [ɑ̃rɛjwaːr] *n.m.* 제동기.

enrayure[1] [ɑ̃rɛ(e)jyːr] *n.f.* 《농업》 첫번째 고랑.

enrayure[2] *n.f.* 《건축》방사상(放射狀)으로 서까래를 얹기.

enrégimentation [ɑ̃reʒimɑ̃tasjɔ̃] *n.f.* 《옛》, **enrégimentement** [ɑ̃reʒimɑ̃tmɑ̃] *n.m.* ①(조직체

enrégimenter [ɑ̃reʒimɑ̃te] *v.t.* ① (군대와 같은 엄격한 조직체에)끌어들이다, 가입시키다. ~ des jeunes dans des mouvements politiques 청년들을 정치운동에 끌어들이다. ②《드물게》연대에 편입시키다.

enregistrable [ɑ̃rʒistrabl] *a.* ① 기록할 수 있는, 기록해야 할. chaleur ~ 기록적인 더위. ② 녹음[녹화]할 수 있는.

enregistrement [ɑ̃rʒistrəmɑ̃] *n.m.* ① 녹음, 취입 (~ du son); 녹화(~ de l'image). ~ d'une chanson sur cassette (sur disque) 카세트[레코드]에 노래를 녹음하다. studio d'~ 녹음[녹화]스튜디오. ~ mécanique(magnétique, optique) 기계(자기·광학]녹음. ② 기록, 기재, 등기; (기계에 의한) 기록. ~ de petits faits dans un journal 일기장에 사소한 사실들을 기록하기. ~ des battements du cœur 심장의 박동기록(*실전도 따위*). ~ de bagages (철도·운수회사가 취급하는) 소화물 수탁. ④ 등록, 등기; (E—) 등기소. droit de l'~ 등록세. ~ d'une naissance [d'un décès] 출생(사망)신고. bureau de l'~ 등기소. ⑤《역사》(구체제에서 고등법원·상급재판소에서의)척령의 기록.

*****enregistrer** [ɑ̃rʒistre] *v.t.* ① 녹음하다, 취입하다; 녹화하다. ~ un concert au magnétophone[sur une cassette] 음악연주회를 녹음기[카세트]에 녹음하다.《목적보어 없이》Ce chanteur *a enregistré* tout l'après-midi. 이 가수는 오후내내 녹음했다. ② 기록하다, 수록하다; (기계에 의해) 기록하다. ~ l'adresse de qn sur le carnet 수첩에 …의 주소를 기입하다. ~ un mot nouveau dans le dictionnaire 사전에 신어를 수록하다. ~ les pulsations du cœur 심장의 박동을 기록하다. ③ 기억하다, 확인하다(constater). On *a enregistré* quelques chutes de neige dans cette région. 이 지방에서 눈사태가 일어난 것을 확인했다.《목적보어 없이》J'*enregistre*. 녹음하다, 들었소. ④ 등록하다, 등기하다. ~ le bail 임대차계약을 등기하다. ~ une naissance 출생신고를 하다. société *enregistrée* 법인회사. ⑤ 수탁(受託)하다. faire ~ les bagages 수하물을 탁송하다.

enregistreur(se) [ɑ̃rʒistrœːr, -øːz] *a.* 기록하는, 자동기록하는. appareil ~ 기록장치. baromètre ~ 자기(自記)기압계. caisse ~se 금전등록기.
—*n.m.* ① 등기자; 기록자. ② 자동기록기, 녹음기(appareil ~).

enrênement [ɑ̃rɛnmɑ̃] *n.m.* 고삐를 당기기.

enrêner [ɑ̃rɛ[e]ne] *v.t.* (옛)고삐를 당기다.

enrhumé(e) [ɑ̃ryme] *a.p.* 감기에 걸린.

enrhumer [ɑ̃ryme] *v.t.* 감기에 걸리게 하다.
—*s'*~ *v.pr.* 감기에 걸리다.

enrichi(e) [ɑ̃riʃi] *a.p.* ① (경멸)벼락부자가 된. commerçant ~ 벼락부자가 된 상인. ② 농축된. uranium ~ 농축우라늄.
—*n.* 벼락부자, 신흥부호.

enrichir [ɑ̃riʃiːr] *v.t.* ① 부유하게 하다. Ce commerce l'*a enrichi*. 이 장사로 그는 부자가 됐다. ② [~ qc] 풍부하게 하다, 충실하게 하다, 가치를 높이다. ~ une langue 언어를 풍부하게 하다. La lecture *enrichit* l'esprit. 독서는 정신을 살찌게 한다. ③ 장식하다, 꾸미다, (작품을)윤색하다. ~ un habit de broderie 의복을 자수로 장식하다. ~ son récit de termes pittoresques 화려한 어휘로 그의 이야기를 수식하다. ④ (품질을)향상시키다, (우라늄 따위를)농축하다. ~ le lait en vitamines 우유에 비타민을 강화하다. ~ le sol 토지를 비옥하게 하다.
—*s'*~ *v.pr.* ① 부자가 되다, 부유해지다. ② 풍부해지다. ③ 장식되다, 윤색되다.

enrichissant(e) [ɑ̃riʃisɑ̃, ɑ̃ːt] *a.* (정신·지식 따위를)풍부하게 하는. lecture ~*e* 마음의 양식이 되는 독서.

enrichissement [ɑ̃riʃismɑ̃] *n.m.* ① 부유하게 하기; 부유해지기. ② 풍부하게 하기, 충실화. ~ d'une langue 어휘를 풍부하게 하기. travailler à l'~ d'une collection 콜렉션을 풍부하게 하기 위해 힘쓰다. ③ 선광(選鑛), 농축. ~ d'un minéral 광석의 선광. ~ de l'uranium 우라늄의 농축. ④ (옛) 꾸미기, 장식.

enrobage [ɑ̃rɔbaːʒ], **enrobement** [ɑ̃rɔbmɑ̃] *n.m.* enrober 하기.

enrober [ɑ̃rɔbe] *v.t.* ① (제품·재료 따위를 보호하거나 맛을 내기 위해)(으로)싸다, 당의(糖衣)를 입히다; (시멘트 따위를)바르다. [~ qc de] ~ des marchandises *de* papier d'argent 물건을 은박지로 싸다. ~ des viandes *de* gélatine (보존하기위해)고기를 젤라틴으로 싸다. ~ un cigare 여송연에 옷을 입히다. ②(옛)옷을 입히다. ③(비유적)(거절 따위를)완곡하게 하다. ~ des reproches de termes affectueux 애정어린 말로 나무라다.

enrobeuse [ɑ̃rɔbøːz] *n.f.* 당과에 캐러멜 또는 초콜릿을 입히는 기계.

enrochement [ɑ̃rɔʃmɑ̃] *n.m.* ①《건축》(수중 조물을 위한)석재[콘크리트]의 기초공사. ② 화덩어리.

enrocher [ɑ̃rɔʃe] *v.t.* 《건축》(교각·제방 따위의) 기초공사를 하다.

enrôlé(e) [ɑ̃role] *a.p.* ① (조직에)가입한; 지원한. ② 병적에 등록한. —*n.* 병적 등록자; 가입자. volontaire 지원병.

enrôlement [ɑ̃rolmɑ̃] *n.m.* ①등록; 《군사》 병적 등록(engagement); 병적 등록서(acte d'~). ~ volontaire 병역지원. ② 가입, 가맹. ~ des travailleurs dans un syndicat 노동자의 조합 가입. ③《법》(재판소에서의)사건등기.

enrôler [ɑ̃role] *v.t.* ①《군사》 병적에 등록하다; (현역병을)모집하다(recruter). ② [~ dans] (에) 가맹[가입]시키다. On l'*a enrôlé dans* l'équipe de football. 축구팀에 그를 가입시켰다. ③(옛)입대시키다. —*s'*~ *v.pr.* ① 병적에 등록되다. ② [s'~ dans] (에) 가맹[가입]하다.

enrôleur [ɑ̃rolœːr] *n.m.* (옛) 모병계; 모집자.

enroturer(s') [sɑ̃rɔtyre] *v.pr.* 《속어》(귀족의 결혼에 의해)평민이 되다.

enroué(e) [ɑ̃rwe] *a.p.* (목소리가)쉰, avoir la voix ~*e* 목이 쉬다. Je suis ~ depuis hier. 나는 어제부터 목소리가 쉬었다.

enrouement [ɑ̃rumɑ̃] *n.m.* 목이 쉬기.

enrouer [ɑ̃rwe] *v.t.* (의)목소리를 쉬게 하다. —*v.i.* (목소리가)쉬다. Sa voix commence à ~. 그의 목소리가 쉬기 시작한다.
—*s'*~ *v.pr.* 목이 쉬다. s'~ à force de crier 소리를 지른 나머지 목이 쉬다.

enrouillé(e) [ɑ̃ruje] *a.p.* 녹슨; (비유적)(정신활동 따위가)둔해진.

enrouillement [ɑ̃rujmɑ̃] *n.m.* 녹슬기; 녹슨상태.

enrouiller [ɑ̃ruje] *v.t.* 녹슬게 하다; (비유적)(정신활동 따위를) 둔하게하다.
—*s'*~ *v.pr.* 녹슬다; (비유적)둔해지다.

enroulage [ɑ̃rulaːʒ], **enroulement** [ɑ̃rulmɑ̃] *n.m.* ① 말기, 감기; 말리기, 감기기; 감긴[말린] 상태. ②《건축》 나선(소용돌이)장식.

enrouler [ɑ̃rule] *v.t.* ① 말다, 감다(↔dérouler).

du fil sur une bobine 실패에 실을 감다. ②[~ dans] (속에)감싸다, 휩감다. ~ un bébé *dans* une couverture 갓난아이를 이불로 감싸다.
—s'~ *v.pr.* ① 말리다, 감기다. ②[s'~ dans](에) 몸을 감싸다(휩감다).
enrouleur(se) [ɑ̃ruloe:r, -ø:z] *a.* 감는 데 쓰는.
enroûment [ɑ̃rumɑ̃] *n.m.* =**enrouement**.
enroutiné(e) [ɑ̃rutine] *a.* 인습적인.
enrubanner [ɑ̃rybane] *v.t.* 리본으로 장식하다.
—s'~ *v.pr.* 리본으로 몸을 장식하다; 훈장으로 몸을 장식하다.
enrue [ɑ̃ry] *n.f.* 《농업》넓은 (밭)고랑.
ens. 《약자》ensemble 함께, 같이, 동시에.
É.N.S. 《약자》École normale supérieure 고등사범(학교).
ensablé(e) [ɑ̃sɑble] *a.p.* 모래로 메워진.
ensablement [ɑ̃sɑ[ɑ]blǝmɑ̃] *n.m.* ①(배를)모래톱 [기슭]에 올라앉게 하기. ② 모래를 깔기; 모래로 메우기. ③ 모래톱, 사주(砂洲).
ensabler [ɑ̃sɑble] *v.t.* ①(배를)모래톱[기슭]에 좌초시키다. ~ une barque sur la plage 보트를 모래톱에 올라앉게 하다. ②모래로 묻다[매장하다]; (에)모래를 깔다; 모래로 메우다. Les inondations *ensablent* souvent la campagne. 들판은 홍수 때문에 자주 토사로 뒤덮인다.
—s'~ *v.pr.* ①모래톱[기슭]에 올라앉다;《구어》진퇴양난이 되다. ② 모래로 메워지다.
ensabot(e) [ɑ̃sɑbote] *a.p.* 나막신을 신은. —*n.m.* 《종교사》왈도파(派)(Waldus)교도.
ensaboter [ɑ̃sɑbɔte] *v.t.* ①(에게) 나막신을 신기다. ②(수레바퀴에)브레이크를 달다.
ensachage [ɑ̃sɑʃa:ʒ], **ensachement** [ɑ̃sɑʃmɑ̃] *n.m.* ①포대[봉지]에 넣기. ②봉지를 씌우기.
ensacher [ɑ̃sɑʃe] *v.t.* ①포대[봉지]에 넣다. ②(과실에)봉지를 씌우다.
ensacheur(se) [ɑ̃sɑʃoe:r, -ø:z] *n.* ensacher 하는 사람. —*n.f.* 분말을 포대에 넣는 기계.
ensaisinement [ɑ̃sezinmɑ̃] *n.m.* 《옛》《법》(봉건시대의) 토지보유인정.
ensaisiner [ɑ̃sezine] *v.t.* 《옛》《법》(영주가 소작농의 토지보유를) 인정하다; (에게)영지(領地)를 주다.
ensanglanté(e) [ɑ̃sɑ̃glɑ̃te] *a.p.* 피투성이가 된; 붉게 물든. manifestations ~*es* 유혈 데모.
ensanglantement [ɑ̃sɑ̃glɑ̃tmɑ̃] *n.m.* 피투성이로 만들기; 피투성이의 상태.
ensanglanter [ɑ̃sɑ̃glɑ̃te] *v.t.* ①피투성이로 만들다; 피로 물들이다, 피로 더럽히다. ~ le vêtement 옷을 피투성이로 만들다. guerre qui *ensanglante* le pays 나라를 피로 물들이는 전쟁. ②《시》붉게 물들이다. Le soleil couchant *ensanglante* l'horizon. 석양이 지평선을 붉게 물들인다.
—s'~ *v.pr.* 피투성이가 되다; 피로 더럽혀지다.
ensauvager [ɑ̃sovaʒe] [3] *v.t.* 《드물게》야만스럽게 [사납게] 하다.
enseignable [ɑ̃sɛɲabl] *a.* 가르칠 수 있는.
enseignant(e) [ɑ̃sɛɲɑ̃, -ɑ̃:t] *a.* 가르치는; 교훈을 주는. corps ~ 교수단. Église ~*e* (교황과 주교들로 구성된)사도단(使徒團). —*n.* (종종 *pl.*) 교직자, 교원. syndicat d'~*s* 교원조합.
enseigne [ɑ̃sɛɲ] *n.f.* ①간판. ~ lumineuse 네온사인. ② 군기;《문어》깃발(drapeau). ~ de guerre 군기. combattre(marcher) sous les ~*s* de ...의 휘하에서 싸우다. marcher ~ déployée 깃발을 펼치며 전진하다. ③《옛》표시, 증거.
à bonne(s) ~(s)《옛》확실한 증거가 있어, 응당, 확실한 보증 하에.
À bon vin(il ne faut) point d'~.《속담》좋은 술에

는 간판이 필요 없다.
à telle(s) ~(s) que... ...할 정도이다, 그 증거로는 ...이다. Elle est très gentille, à telle ~ qu'elle a adopté trois orphelins. 그녀는 아주 인정이 많아서 고아를 셋이나 양자로 할 정도이다.
coucher(loger) à l'~ de la lune(de la belle étoile) 《속어》야영하다.
être logé à la même ~ 같은 곤란에 직면하고 있다.
—*n.m.* ①《옛》기수. ② 해군 중위[소위](~ de vaisseau de 1ère [2ᵉ] classe).
enseigné(e) [ɑ̃sɛɲe] *n.* 피교육자.
*****enseignement** [ɑ̃sɛɲmɑ̃] *n.m.* ① 교육. ~ libre 사립교육. ~ par correspondance 통신 교육. ~ primaire(secondaire, supérieur) 초등(중등·고등)교육. ~ universitaire 대학 교육. ~ gratuit et obligatoire 무상의무교육. ~ programmé 프로그램식 교육(교사의 매개 없이 이루어짐). ②교직(carrière de l'~); 교수법. entrer dans l'~ 교직을 담다. 《문어》교시(教示), 교훈(leçon). tirer [dégager] des ~*s* d'un échec 실패에서 교훈을 얻다[끌어 내다].
*****enseigner** [ɑ̃se[e]ɲe] *v.t.* ① (학예·교육의 의미로) 가르치다, 교수하다, 교육하다(apprendre). [~ *qc* à *qn*] ~ les mathématiques aux élèves 학생들에게 수학을 가르치다. ~ (목적보어 없이) ~ à la Sorbonne 소르본에서 강의하다. ②(주어는 사람·사물) (교훈적 의미로)가르치다. ~ la valeur de l'amour 사랑의 가치를 가르치다. L'expérience nous *enseigne que*... 경험은 우리에게 ...라는 교훈을 준다. [~ à *qn* à+*inf*.] Il m'a *enseigné* à ne négliger aucun détail. 그는 나에게 어떤 세부적인 (사소한) 것도 소홀히 하지 않도록 가르쳤다. ③《옛》[~ *qn*] 가르키다, 교육하다(instruire). ④《옛》가리켜주다(indiquer, montrer).
—s'~ *v.pr.* 《수동적》교수되다, 교육되다. Cela *s'enseigne* aujourd'hui dans les écoles. 오늘날에는 학교에서 이것을 가르친다.
enseigneur [ɑ̃sɛɲoe:r] *n.m.* =**enseignant**.
ensellé(e) [ɑ̃sɛ[e]le] *a.* ①(말의)등이 우묵하게 생김. ②(배의)앞키가 높은.
ensellement [ɑ̃sɛlmɑ̃] *n.m.* 안장 모양의 산등성이.
ensellure [ɑ̃sɛ[e]ly:r] *n.f.* 《의학》척주요부(脊柱腰部)의 안요(鞍凹).
*****ensemble** [ɑ̃sɑ̃:bl] *ad.* ①함께, 같이, 다같이. vivre ~ 함께 살다. Ils sont venus tous ~ [tuzɑ̃sɑ̃bl]. 그들은 모두 함께 왔다.
② 동시에, 한꺼번에(en même temps); 일괄하여. Ne m'interrogez pas tous ~. 모두 한꺼번에 질문하지 마시오. vendre tous ses meubles ~ 가구 전부를 한꺼번에[일괄하여] 팔다.
③ 《사람에 대하여》서로. [être bien/mal ~] Ils *sont bien* ~. 그들이 서로 의가 좋다.
④《사물에 대하여》일치하여, 조화되어. s'accorder ~ 서로 일치하다.
aller ~ 서로 조화를 이루다. Ces couleurs ne *vont* pas ~. 이 색깔들은 잘 어울리지 않는다.
tout ~ 동시에. Cet enfant est *tout* ~ ma joie et mon souci. 이 아이는 내 기쁨이자 근심거리야.
—*n.m.* ①전체, 총체(totalité). ~ des employés d'une entreprise 기업체의 전종업원. [d'~] enquête d'~ 전반적 조사. étude d'~ 개설(概說). vue d'~ 개관(概觀).
②[un ~ de](의)집단, 그룹; 집합. un ~ *de* danseurs 무용단. ~ vocal [instrumental]합창(합주)단. un ~ *de* faits 일련의 사실들. à cause d'un ~ *de* choses 갖가지 일들로 인해서.
③통일; 전체적 효과, 전체적 조화, 앙상블. ac-

tion d'~ 통일된 행동. roman qui manque d'~ 전체적 통일성이 없는 소설.
④ 일습, 세트; (옷)한벌, 앙상블. ~ mobilier 가구 세트. ~ de plage 수영복.
⑤ 종합시설, 센터. grand ~ (주택)단지. grand ~ industriel 공업단지. ~ loisirs 레저타운. ~ routier 화물차 센터(화물 터미널). ~-pont (고속도로 위에 가설한)육교종합시설(식당·토산품 상점 따위).
⑥ 【수학】 집합. théorie des ~s 집합론.
dans l'~ 개괄적으로, 전체로 보아. Ils se disputent de temps en temps, mais *dans l'~* ils s'entendent bien. 그들은 가끔 다투기도 하지만 대체로 잘 지낸다.
dans son ~ 총체적으로. peindre la société *dans son ~* 사회를 총체적으로 묘사하다.
ensemblier [ãsãblije] *n.m.* 장식 미술가; (영화·텔레비전의)실내장치 담당자.
ensemencement [ãsmãsmã] *n.m.* 파종(播種).
ensemencer [ãsmãse] ② *v.t.* ① 【농업】(에)파종하다(semer). ~ un champ 밭에 씨를 뿌리다. ② (연못·강에)치어를 방류하다(aleviner). ③ (취미 따위를)붙이다.
—*s'~ v.pr.* 씨가 뿌려지다.
enserrement [ãserəmã] *n.m.* 죄기; 둘러싸기.
enserrer [ãsere] *v.t.* ① (꽉)죄다, 조르다. Ce col m'*enserre* le cou. 이 깃은 목에 꼭 낀다. tenir *qn enserré* dans ses bras …을 품안에 꼭 껴안다. ② (좁은 장소에)가두다(enfermer); 둘러싸다, 포위하다. ~ l'ennemi 적을 포위하다. être enserré dans un dilemme 딜레마에 빠져 꼼짝못하다.
enserrer *v.t.* 온실에 넣어두다.
E.N.S.E.T. 〖약자〗 École normale supérieure de l'enseignement technique 기술교육 고등 사범학교.
enseuillement [ãsœjmã] *n.m.* 마루에서 창문까지의 높이.
ensevelir [ãsəvli:r] *v.t.* ①〖문어〗매장하다(enterrer); 수의를 입히다. ② 파묻다, 뒤덮다; (바다 따위가)삼켜버리다. avalanche qui *ensevelit* un chalet 산장을 뒤덮어버린 눈사태. ③ 넣어 가리다; 감추다. ~ son secret dans le sein 비밀을 가슴속에 묻어버리다.
—*s'~ v.pr.* ① 파묻히다; 매몰되다. ② 몰두하다, 잠기다. *s'~* dans les livres 책속에 파묻히다. *s'~* dans le chagrin 비탄에 잠기다. ③ 숨다, 은둔하다 (se retirer).
ensevelissement [ãsəvlismã] *n.m.* ① 파묻힘, 매몰, (은둔)뒤덮임. ~ des hameaux sous la neige 작은 마을이 눈에 묻힘. ② 숨김, 감춤, (의식적인)망각. ③〖문어〗매장; 수의를 입힘.
ensevelisseur(se) [ãsəvlisœ:r, -ø:z] *a.* 매장하는.
—*n.* ① 매장인. ② 수의를 입히는 사람.
—*n.m.* 【곤충】검은송장벌레.
ensifolié(e) [ãsifɔlje] *a.* 【식물】검(劍) 모양의 잎.
ensiforme [ãsifɔrm] *a.* 검 모양의.
ensil(ot)age [ãsil(ɔt)a:ʒ] *n.m.* 【농업】(꼴 따위를)사일로(silo)에 넣어 보존하기.
ensil(ot)er [ãsil(ɔt)e] *v.t.* 【농업】(꼴 따위를)사일로 속에 넣다.
ensimage [ãsima:ʒ] *n.m.* 【직조】(섬유원료에)기름바르기.
ensimer [ãsime] *v.t.* 【직조】(섬유원료에)기름을 바르다.
en-soi [ãswa] *n.m.* 【철학】(현상적 외관으로부터 독립된 사물의)실체, 본질(substance); (실존철학에서는)즉자(即自)(↔ pour-soi).

ensoleillé(e) [ãsɔle[e]je] *a.p.* ① 햇볕이 드는, 양지바른. ② (미소 따위가)명랑한, 밝은, 쾌활한.
ensoleillement [ãsɔle[e]jmã] *n.m.* ① 햇볕이 들기. ② 일조(日照)시간(durée d'~).
ensoleiller [ãsɔle[e]je] *v.t.* ① 햇빛을 받게 하다, 볕들게 하다(↔ombrager); 빛나게 하다. ②〖문어〗 (비유적)명랑하게 하다, 밝게 하다, 즐겁게 하다. l'amour qui *ensoleillait* leur vie 그들의 삶을 즐겁게 한 사랑.
ensommeillé(e) [ãsɔme[e]je] *a.* ① 졸리는, 졸음이 오는; 졸고 있는. ②(비유적)우둔한.
ensorcelant(e) [ãsɔrsəlã, -ã:t] *a.* ① 호리는, 마술을 거는. ② 매혹[뇌쇄]하는(fascinant). Elle est d'une beauté ~e. 그녀는 뇌쇄하기라도 할 듯 아름답다.
ensorceler [ãsɔrsəle] ⑤ *v.t.* ① 마술을 걸다, 호리다. ② 매혹[뇌쇄]하다(fasciner, charmer). être *ensorcelé* par la beauté d'une femme 여인의 미모에 현혹되다.
ensorceleur(se) [ãsɔrsəlœ:r, -ø:z] *n.* ① 마법[마술]사. ② 매혹하는 사람. —*a.* =**ensorcelant**.
ensorcellement [ãsɔrsɛlmã] *n.m.* ① 마술을 걸기. ② 현혹, 뇌쇄(fascination). ③ 맹목적 정열, 편견 (passion, préjugé aveugle).
ensoufrer [ãsufre] *v.t.* (유)황을 바르다[칠하다]; (유)황으로 그을리다.
ensouple [ãsupl] *n.f.* (직조기의)날실감는 막대기 (말코·도투마리). ~ dérouleuse 도투마리.
ensoutané [ãsutane] *n.m.*〖구어〗사제, 중.
ensoutaner [ãsutane] *v.t.*〖드물게〗사제가 되게 하다, 중이 되게 만들다.
—*s'~ v.pr.* 성직자가 되다.
ensuage [ãsɥa:ʒ] *n.m.* 【직조】잿물에 담그기.
ensuaireuse [ãsɥerø:z] *n.f.*〖옛〗수의 입히는 여자.
ensucrer [ãsykre] *v.t.* 설탕을 넣다; 설탕에 절이다.
ensuifer [ãsɥife] *v.t.* (가축에)비계를 바르다.
ensuit [ãsɥi] ⇨ ensuivre (s').
ensuite [ãsɥit] *ad.* ① 그리고 나서, 곧 이어서 (après, par la suite); 다음에 (puis, ↔ d'abord). Vous regardez d'abord et vous choisirez ~. 먼저 보시고 그 다음에 선택하세요. Et ~, qu'allez-vous faire? 그 다음에는 무엇을 하실겁니까?
② 그 뒤에. Venait ~ la fanfare. 군악대가 그 뒤를 따랐다.
③ 다음으로, 두 번째로. D'abord je ne veux pas; ~ je ne peux pas. 원치도 않거니와 할 수도 없다.
~ *de*〖옛〗…후에 (après). ~ *de quoi*〖구어〗그 다음에, 그러고서.
ensuivant(e) [ãsɥivã, -ã:t] *a.* 〖옛〗다음의.
ensuivre (s') [sãsɥi:vr] ㊱ *v.pr.* (부정법과 3인칭으로만 쓰여 복합시제에는 en과 suivre가 떨어져 중간에 조동사 être가 들어감) ① 결과로서 일어나다, 따라서 …하게 되다(résulter). La phrase est ambiguë, une longue discussion *s'ensuivit* ((비인칭)) il *s'ensuivit* une longue discussion). 그 구절이 애매해서 긴 토론이 벌어졌다. (비인칭)〖il *s'en-suit* que+*ind.*〗 La première opération était fausse, *il s'ensuit que* tout le calcul était à refaire. 첫째 계산이 틀려서 모든 계산은 다시 해야만 하는 결과가 되었다. ② 그 뒤에 오다, 뒤이어 오다(suivre). jours qui *s'ensuivirent* 그 후의 나날.
et tout ce qui s'ensuit 기타, 등등.
entablement [ãtabləmã] *n.m.* 【건축】① (고대건축의)엔태블러처(→ colonne 그림). ② (담 따위의)갓돌.
entabler [ãtable] *v.t.* 조립하다; 겹쳐 맞추다. ~ branches d'une paire de ciseaux 가위의 두 쪽을

entablure [ɑ̃tably:r] *n.f.* 〖건축〗겹처[이은] 짬.
entaché(e) [ɑ̃taʃe] *a.p.* ① [~ de] (으로)더럽혀진, 손상된. argument ~ d'erreur 오류가 있는 이론. ② acte ~ de nullité 〖법〗무효화한 증서.
entacher [ɑ̃taʃe] *v.t.* ①〖옛〗더럽히다, 얼룩지게 하다. ②(비유적)(명예 따위를)손상시키다(souiller). ~ l'honneur de qn …의 명예를 더럽히다. ~ la mémoire de qn 고인의 이름을 더럽히다.
entaillage [ɑ̃tajaːʒ] *n.m.* 눈금 새기기; 홈을 파기.
entaille [ɑ̃taːj] *n.f.* ①파낸[베낸] 자리; 새김눈, 눈금; 홈(구멍). ②(깊이 찔린)상처. se faire une ~ à la joue 뺨에 상처를 내다.
entailler [ɑ̃taje] *v.t.* ①(에)눈금을 새기다, (에)홈(구멍)을 파다. ②베어[찔러] 상처를 내다(blesser). Il m'a *entaillé* le visage. 그는 내 얼굴에 상처를 냈다.
—**s'~** *v.pr.* 상처를 입다, 자기의 …을 베다. s'~ le doigt 자기 손가락을 베다(se 는 간접목적보어).
entaillure [ɑ̃tajyːr] *n.f.* 〖옛〗= entaille.
entame [ɑ̃tam] *n.f.* ①(고기・빵 따위를)자른 첫 조각. ②(카드놀이에서)첫번째로 낸 카드.
entamement [ɑ̃tamɑ̃] *n.m.* ①(빵 따위를)첫번째 자르기, (통을)처음따기. ②(이야기 따위를)먼저 시작하기.
entamer [ɑ̃tame] *v.t.* ①(빵・고기 따위를)처음으로 잘라내다, (음식 따위를)먼저 손을 대다; (병・통 따위의)마개를 따다. ~ un rôti 로스트고기를 먼저 자르다. On a demandé à l'invité d'~ le gâteau. 손님에게 케이크의 첫조각을 자르도록 했다. ~ une bouteille de vin 포도주병의 마개를 따다. ~ un sac de bonbons 과자봉지에 손을 대다[먹기 시작하다]. ②(에)손을 대다(재산 따위를) 쓰기 시작하다. ~ une pièce de drap 천에 가위질을 시작하다. ~ son héritage 유산에 손을 대다. ③개시하다, 착수하다(commencer). ~ des négociations 협상을 시작하다. ~ une thèse 학위논문에 착수하다. ~ le chemin 〖경마〗(말)달리기를 시작하다. La journée *est* déjà bien *entamée*. 벌써 낮이 되었다. ④상처를 내다; 타격을 입히다; (명판 따위를)손상시키다. ~ la peau 피부에 생채기를 내다. ~ la réputation(l'honneur) de qn …의 평판[명예]을 손상시키다. ~ la résistance 저항을 무찌르다. ⑤(결심・확신 따위를)흔들리게 하다. ~ la résolution de qn …의 결심을 흔들리게 하다. ⑥(카드놀이의)첫번째 패를 내다.
—**s'~** *v.pr.* (se 는 간접목적보어)자신의 …에 상처를 내다. s'~ la peau en se rasant 면도를 하면서 상처를 내다.
entamure [ɑ̃tamyːr] *n.f.* = entame ①.
entartrage [ɑ̃tartraːʒ] *n.m.* (보일러 따위에)물때가 낌.
entartrate [ɑ̃tartrat] *n.m.* 물때.
entartrer [ɑ̃tartre] *v.t.* 물때가 끼게 하다.
—**s'~** *v.pr.* 물때가 끼다.
entassé(e) [ɑ̃tase] *a.p.* 쌓아올려진, 빽빽이 들어찬. soldats ~s dans les camions 트럭에 가득 실린 병사들.
entassement [ɑ̃tasmɑ̃] *n.m.* ①쌓아올리기, 쌓기; 축적, 더미(tas). ~ des livres 쌓아놓은[쌓인]책더미. ②(사람들의)밀집상태. ~ d'une famille dans une seule pièce 한방에서 콩나물시루처럼 사는 가정. ~ urbain 도시의 인구밀집. ③(비유적)[un ~ de] un ~ de préjugés 수많은 편견.
entasser [ɑ̃tase] *v.t.* ①쌓다(empiler); 축적하다(accumuler). ~ des provisions dans le grenier 식료품을 광에 쌓아놓다. ②〖구어〗(돈을)모으다. ~ sou sou 쓰지 않고 한푼 두푼 모으다. (목적보

어 없이) passion d'~ 축재욕. ③(사람・동물을)한 곳으로 몰아넣다, 빽빽이 채우다. ~ des prisonniers dans une grange 헛간에 죄수들을 몰아넣다. ④(비유적)거듭하다, 되풀이하다(multiplier). ~ des citations (책 따위에)연방 인용구들을 늘어놓다. ~ sottise sur sottise 못난짓을 되풀이하다.
—**s'~** *v.pr.* ①쌓이다. ②모여들다, 붐비다(s'écraser). étudiants qui s'*entassent* dans un amphithéâtre 계단 강의실에 콩나물시루처럼 들어찬 학생들.
entasseur(se) [ɑ̃tasœːr, -øːz] *n.* 〖구어〗저축가; 쌓는 사람. ~ d'écus 지독하게 돈을 모으는 사람.
ente [ɑ̃ːt] *n.f.* ①〖원예〗(접목용의)어린 가지, 접지(接枝); 대목(臺木). ②(새의)머리. ③(붓의)대, 자루.
entéléchie [ɑ̃teleʃi] *n.f.* 〖철학〗(아리스토텔레스 철학 및 생기론에 있어서)엔털러키, 원현(圓現); (라이프니츠 철학에서) 단자(單子), 모나드(monade). ②〖문어〗(정신을 만족시키는) 완전체. ③(경멸)망상.
entement [ɑ̃tmɑ̃] *n.m.* 〖옛〗접목.
entendement [ɑ̃tɑ̃dmɑ̃] *n.m.* ①이해력; 판단력, 이성, 양식(intelligence). homme de grand ~ 지력(知力)이 뛰어난 사람. Cela dépasse l'~ humain. 그것은 인간의 능력으로는 이해할 수 없는 일이다. ②〖철학〗(칸트철학에서 이성(raison)에 대응하는 용어로)오성(悟性).
entendeur [ɑ̃tɑ̃dœːr] *n.m.* 〖옛〗말귀를 잘 알아듣는 사람(현재는 다음 표현에서만 쓰임). À bon ~ salut! 내 말대로 하는 것이 이로울 걸! 내 말을 잘 명심해! À bon ~ demi-mot (peu de paroles)! 말귀를 잘 알아듣는 사람에게는 두 말할 필요가 없다.
‡**entendre** [ɑ̃tɑ̃ːdr] [25] *v.t.* ①듣다, (이)들리다(ouïr). J'*entends* du bruit dans la pièce à côté. 옆방에서 소리가 들린다. Je vous *entends* mal, parlez plus fort. 당신 말소리가 잘 안들립니다, 더 크게 말하세요. [~ que] J'*entends* qu'on tousse. 누군가가 기침하는 소리가 들린다. (목적보어 없이) ~ clair 귀가 밝다. ~ dur(mal, haut) 귀가 멀다. ②[~ + *inf.*] ⓐ (*inf.* 가 자동사 또는 목적보어 없는 타동사의 경우)[~ qn + *inf.*]. J'*entends* Paul siffler; J'*entends* siffler Paul. 폴이 휘파람부는 소리가 들린다. [~ + *inf.*] J'*entends* frapper à la porte. 노크하는 소리가 들린다. ⓑ(*inf.* 가 목적보어를 수반하는 타동사의 경우) [~ + *inf.* à/par qn] J'ai *entendu* dire cela à(par) mon père. 나는 아버지가 그렇게 말씀하시는 것을 들었다(이 경우에도 J'ai *entendu* mon père dire cela; Je l'ai *entendu* dire cela 라고도 할 수 있음).
③(의도하여)듣다(écouter). ~ une conférence 강연을 듣다. ~ la messe 미사에 참석하다.
④이해하다(comprendre); 알다. Je n'*entends* pas bien ce que vous voulez dire. 당신이 무슨 말씀을 하시는지 잘 모르겠읍니다. [ne rien ~] Je n'*entends* rien à la peinture. 나는 그림에는 문외한이다. Il *entend* très bien l'italien. 그는 이탈리아어를 잘 안다. Tu *entends*?; *Entendez*-vous? 알겠니? 알겠오?(명령이나 협박 따위를 강조).
⑤의미하다, 뜻하다(vouloir dire, signifier). Qu'*entendez*-vous par ces mots? 당신은 어떤 의미로 그 말을 합니까? J'*entends* par là que… 내가 말하고자 하는 것은 ….
⑥원하다, 바라다(vouloir, exiger, prétendre). Faites comme vous l'*entendez*. 당신이 원하는 대로 [좋으실 대로] 하시오. [~ + *inf.*] Je n'*entends* pas

m'opposer à votre projet. 당신의 계획에 반대할 생각은 없오. [~ que+sub.] J'entends qu'on m'obéisse. (남이)내게 복종하기를 바란다.
⑦ 청을 들어주다(exaucer). Que le ciel vous *entende!* 하늘이 당신의 소원을 들어주시기를!
⑧《문어》귀를 기울이다. Je vous prie de m'*entendre* un instant. 잠시 내 말에 귀를 기울여 주십시오.
⑨《예》정통하다. ~ la peinture 그림에 정통하다. *à* ~ *qn* …의 말을 들어보면(믿는다면). A l'~, l'affaire serait sérieuse. 그의 말을 들어보면[믿는다면], 일은 심각한 것 같다.
~ *la plaisanterie* 농담에 화내지 않다.
~ *parler de qc(qn)* …에 관한 이야기(소문)를 듣다. Je n'ai pas entendu parler d'elle. 나는 그녀에 대한 이야기(소식)를 듣지 못했다.
~ *raison* 《구어》사리(도리)에 따르다. Je vais lui faire ~ *raison*. 나는 그를 설복시키겠다.
laisser ~ ; *donner à* ~ 암시하다, 넌지시 비추다. Ce mot *laisse* ~ que tout cela ne sert à rien. 이 말은 이 모든 것이 아무 소용도 없다는 것을 암시한다.
n'~ *ni rime ni raison* 옳은 이치나 충고에 귀를 기울이지 않다.
ne pas ~ *malice(finesse) à qc* 악의 없이 …을 하다(말하다); …에 악의가 있다고 보지 않는다. Il n'y entendait pas malice, pardonnez-lui. 악의가 있었던 것은 아냐, 그를 용서하주게.
— *v.t.ind.*《예》[~ à] ① …에 응하다, 따르다, 동의하다(acquiescer, accepter). ~ *à* un arrangement 중재에 동의하다. ② …에 주의하다.
— *s'* ~ *v.pr.* ①(수동적)@ 들리다. Sa voix ne *s'entend* pas. 그의 목소리는 들리지 않는다. ⓑ 이해되다, 해석되다. Ce mot peut *s'* ~ de diverses manières. 이 낱말은 여러가지 방식으로 이해될 수 있다.
②(상호적)@ 서로 목소리를 듣다. On ne *s'entend* pas, dans ce vacarme. 이런 소란 속에서는 서로 말소리도 들을 수 없군. ⓑ 서로 이해하다; 합의하다. *s'* ~ à demi-mot 말을 다 하지 않고도 서로 이해하다. [s'~ sur] *Entendons-nous bien sur l'heure du rendez-vous*. 만날 시간을 정합시다.
③(재귀적) 자기가 하는 말의 뜻을 알다. Tu ne *t'entends* pas. 너는 네 말의 뜻을 모르고 있어.
④[s'~à/en] (에) 정통하다, 밝다(s'y connaître). Il *s'entend* bien à ce travail. 그는 이 일에 아주 정통하다. [s'~ en(à) musique 《예》음악에 조예가 깊다. [s'~ à+inf.] Il *s'entend à* mener des intrigues. 그는 계략을 꾸미는 명수이다.
⑤ [s'~ avec *qn*] (와)뜻이 맞다, 사이가 좋다; (와)합의하다. Il ne *s'entend* pas *avec* ses voisins. 그는 이웃사람들과 뜻이 맞지 않는다.
(*Cela*) *s'entend*. 물론(이다), 수긍이 간다, 명백한 일이다. Je partage votre opinion, théoriquement *s'entend*. 나는 당신과 의견을 같이하는데, 물론 이론적으로 그렇다.
je m'entends; nous nous entendons (말하는 뜻을 명백히 하기 위해) 내(우리)가 말하고자 하는 것은. Quand je dis "libre", *je m'entends*: "à un certain point". 내가 「자유롭다」고 할 때, 나는 「어느 정도까지」 라는 뜻입니다.
~ *s'* ~ *comme chien et chat* 서로 사이가 좋지 않다.
entendu(e) [ɑ̃tɑ̃dy] (*p.p.*<entendre) *a.p.* ① 합의된. C'est une affaire ~e. 그것은 합의된(결정된) 일이다. [비인칭》[Il est ~ que…] Il est bien ~ que nous vous payons le voyage. 우리가 당신의 여비를 대줄 것은 물론이다. Bien ~; 《속어》Comme de bien ~. 물론(bien sûr, naturellement). C'est

~. 알겠다, 좋다. Bien ~ que…《예》잘 알다시피 [물론] …이다. ② 잘 알고 있다는 듯한. air (sourire) ~ 잘 알고 있다는 듯한 태도(미소). 《예》@ [~ à/en/dans] (에) 정통한. ~ *au commerce* 상업에 정통한. ~ *en musique* 음악에 정통한. ⓑ 영리한(유능한) 사람. ④《예》[bien/mal] ~ 잘 이해된(되지않은); 잘(잘못) 가꾸어진; 알맞은(알맞지 않은). jardin bien ~ 잘 가꾸어진 정원. mal ~ 엉뚱한 열의.
— *n.* faire l'~(e)《예》아는 체하다; 잘 난 체하다.
enténébré(e) [ɑ̃tenebre] *a.p.* 어두운; (마음이)우울한, 울적한.
enténébrer [ɑ̃tenebre] ⑥ *v.t.* 어둡게 하다. ~ la vie 인생을 어둡게(우울하게) 하다.
— *s'* ~ *v.pr.* 어두워지다.
entente [ɑ̃tɑ̃ːt] *n.f.* ① 합의; 양해. arriver (parvenir) à une ~ 합의에 도달하다. Il y a entre eux une ~. 그들 사이에는 합의가 이루어졌다. ~ tacite 묵시적 합의 (양해). ② 우호, 협조(amitié, union); 공모, 음모(cabale); 내통(intelligence). esprit d'~ 협조정신. ~ dirigée contre *qn* …에 대한 공모. ~ avec l'ennemi 적과의 내통. (Triple) E~ (1914년 영·불·소의) 3국연합. E~ cordiale (1904년 영·불의) 화친조약. ② 해석, 의미. mot à double ~ 이중의 뜻이 있는 낱말. ④《예》깊은 지식, 정통. [avoir l'~ de *qc*] *avoir l'~ des* affaires 사업에 능하다.
ententophile [ɑ̃tɑ̃tɔfil] *n, a.*《역사》(제 1 차 세계대전 때의) 3국협상 찬성(파)(의).
enter [ɑ̃te] *v.t.* ① (에) 접을 붙이다, 접목하다, (을) 접붙이다(greffer). ②《예》(비유적) [~ *qc sur qc*] (에) (을) 세우다, 구축하다; 접붙이다. faux raisonnements *entés* l'un sur l'autre 서로 맞붙여 세워진 그릇된 이론. 《예》(재목들이) 이어맞추다.
— *s'* ~ *v.pr.* ① 접붙여지다. ② 접합되다. ③ (주어는 사람) [s'~ à] (와)혈연관계를 맺다. ambition de *s'* ~ à une jeune de la noblesse 귀족의 딸과 결혼하고자 하는 야망.
entéralgie [ɑ̃teralʒi] *n.f.*《의학》장통(腸痛).
-entère, -enterie *suff.*「장(腸)」의 뜻.
entérinement [ɑ̃terinmɑ̃] *n.m.*《법》인가, 확인.
entériner [ɑ̃terine] *v.t.*《법》인가(확인)하다.
entérique [ɑ̃terik] *a.*《의학》장(腸)의.
entérite [ɑ̃terit] *n.f.*《의학》장염(腸炎).
entér(o)- *préf.*「장(腸)」의 뜻.
entérocèle [ɑ̃terɔsɛl] *n.f.*《의학》장탈.
entéroclyse [ɑ̃terɔkliːz] *n.f.*《의학》관장(灌腸).
entérocolite [ɑ̃terɔkɔlit] *n.f.*《의학》전장염(全腸炎), 소장 결장염(結腸炎).
entérocoque [ɑ̃terɔkɔk] *n.m.*《의학》장구균(腸球菌).
entérokinase [ɑ̃terɔkinaːz] *n.f.*《생리》엔테로키나아제(소장 소화효소).
entérolithe [ɑ̃terɔlit] *n.m.* 장결석(腸結石).
entéromphale [ɑ̃terɔ̃fal] *n.f.*《의학》제탈장(臍脫腸), 제대(臍帶)헤르니아.
entéroptose [ɑ̃terɔptoːz] *n.f.*《의학》장하수증(腸下垂症).
entéro-rénal(ale, *pl.* **aux)** [ɑ̃terɔrenal, -o] *a.*《의학》장·신장의.
entérorragie [ɑ̃terɔraʒi] *n.f.*《의학》장출혈.
entérotomie [ɑ̃terɔtɔmi] *n.f.*《외과》장절단술.
entérovaccin [ɑ̃terɔvaksɛ̃] *n.m.*《의학》장백신.
entérozoaire [ɑ̃terɔzɔɛːr] *n.m.*《의학》장기생충.
enterrage [ɑ̃teraːʒ] *n.m.*《야금》거푸집 주위에 흙을 쌓아올리기.
enterré(e) [ɑ̃tere] *a.p.* ① 땅속에 묻힌; 매장된. ②

움푹한, 쑥 들어간. maison ~*e* (저자에 세워진) 움푹한 집. ③《비유적》폐기된, 망각된. projet ~ 폐기된 계획. histoire ~*e* 잊혀진 이야기. ***Il est mort et ~.*** 그는 죽은 지 오래된다; 《비유적》그는 완전히 잊혀졌다.

enterrement [ɑ̃tɛrmɑ̃] *n.m.* ① 땅속에 파묻기, 매장 (inhumation). ② 장례식(funérailles); 장례식의 행렬. ~ civil 종교 예식 없이 치르는 장례식. ③《비유적》폐기, 종말(abandon, fin). ~ d'un projet de loi 법안의 폐기. C'est l'~ de toutes leurs espérances. 그것으로써 그들의 모든 희망은 끝장나버렸다.
d'~ 슬픈. air (figure, mine, tête) *d'~* 슬픈 표정[얼굴], 우울한 표정[얼굴].
~ de première classe (계획 따위의)완전한 포기[실패]; 혹평.
gai comme un ~《구어》몹시 슬픈[우울한].

*****enterrer** [ɑ̃tere] *v.t.* ①《땅속에》묻다. ~ une conduite d'eau 수도관을 묻다. ② 매장하다, (의)장례식을 치르다; (의)장례식에 참석하다. ~ *qn* dans le cimetière ···을 묘지에 매장하다. aller ~ un vieil ami 옛친구의 장례식에 참석하러 가다. se faire ~ 죽다. ③《구어》보다 더 오래 살다(survivre). Il nous *enterrera* tous. 그는 우리들 누구보다도 더 오래 살 것이다. ④ 폐기하다, 청산하다, 포기하다(abandonner); 잊어버리다(oublier). ~ un scandale 스캔들 등을 부에버리다(엎어버리다). ~ sa vie de garçon 총각생활을 청산하는 파티를 열다. ~ un projet 어떤 계획을 포기하다. ⑤ 숨기다(cacher). ~ un secret[un chagrin] dans son cœur 마음 속에 비밀[슬픔]을 감추다.
—*s'~ v.pr.* ① 묻히다, 매장되다. ②《군사》참호를 파서 숨다. ③ 은둔하다, 파묻히다(se retirer). *s'~* en province 시골에서 은둔하다.

enterreur(se) [ɑ̃tɛrœːr, -øːz] *n.* 매장인.

entêtant(e) [ɑ̃tɛtɑ̃, -ɑ̃ːt] *a.* 두통을 일으키는; 머리에 울리는, 현기증나게 하는. odeur ~*e* 머리를 어지럽게 하는 향기. musique ~*e* 머리에 쟁쟁 울리는 음악.

en-tête [ɑ̃tɛt] *n.m.* ①《편지지 따위의》두서 (頭書)(회사명·주소 따위). papier (à lettre) à ~ (주소·성명이 인쇄된)사무용 편지지. ②《페이지 상단이나 장(章)의》표제, 제목.

entêté(e) [ɑ̃te(e)te] *a.p.* ① 완고한, 고집센(têtu). ②《옛》[~ de]열중한. —*n.* 완고한 사람.

entêtement [ɑ̃tɛtmɑ̃] *n.m.* ① 완고, 고집(obstination, opiniâtreté); répéter avec ~ 집요하게 되풀이하다. ~ dans ses opinions 자기 의견의 고집. ②《옛》열중, 심취.

entêter [ɑ̃te(e)te] *v.t.* ①《냄새·술 따위가》머리 아프게[어지럽게]하다. L'odeur du vin m'*entête*. 백합꽃 냄새에 머리가 아프다. ②《목적보어 없이》vin qui *entête* 머리에 오르는 술. ②《옛》[~ *qn* (de)] (에게, 에게) 열중하게 하다(enticher). être entêté de *qn* ···에게 열중하다, 반하다.
—*s'~ v.pr.* ① 고집부리다(s'obstiner). [s'~ dans] *s'~ dans ses opinions* 자기의 의견을 고집하다. [s'~ à+*inf.*] *s'~ à* ne pas vouloir croire *qn* ···을 믿지 않으려 하다. ②《옛》[s'~ de] (에게, 에게)열중[심취]하다.

enthalpie [ɑ̃talpi] *n.f.*《물리》엔탈피(열역학적 함수의 하나).

enthousiasmant(e) [ɑ̃tuzjasmɑ̃, -ɑ̃ːt] *a.* 열광시키는, 감격적인. ② 마음을 끄는, 매력 있는.

*****enthousiasme** [ɑ̃tuzjasm] *n.m.* ① 열광, 흥분 (engouement) 찬탄, 경탄. applaudir *qc*(*qn*) avec ~ ···을 열광적으로 갈채를 보내다. avoir de l'~ pour ···을 예찬하다. ② 정열, 열정(passion); 열의. sans ~ 열의 없이. ③《옛》종교적 열광;《문어》(예술적인)영감.

enthousiasmer [ɑ̃tuzjasme] *v.t.* 열광시키다, 감격시키다; 흥분시키다.
—*s'~ v.pr.* [~ pour/de] (에)열광[감격]하다. *s'~ pour* un auteur 어느 작가에 열중하다.

enthousiaste [ɑ̃tuzjast] *n.* ① 열정가. ② 신들린 사람; 광신자. —*a.* ① 열광한, 열중한(passionné). accueil ~ 열렬한 환영. ② 감격하기 쉬운. homme ~ 쉽게 열광하는 사람.

enthousiastement [ɑ̃tuzjastəmɑ̃] *ad.* 열광적으로.

enthymème [ɑ̃timɛm] *n.m.*《논리》생략 삼단논법, 생략 추리법.

entiché(e) [ɑ̃tiʃe] *a.p.* ①《옛》(과일이)상하기 시작한(◆frais); ②《비유적》(악습 따위에)물든. âme ~*e* d'un vice 악덕에 물든 영혼. ② [~ de](에)열중한, 미친. être ~ *de* sport 운동에 미쳐 있다.

entichement [ɑ̃tiʃmɑ̃] *n.m.*《드물게》[~ de/pour] (에게)집념; 심취(心醉).

enticher [ɑ̃tiʃe] *v.t.* ①《옛》썩게하다(gâter);《비유적》부패시키다. ②《문어》열중[심취]케 하다. ~ *qn* de *qc*(*qn*) ···을 ···에(게) 열중하게 하다.
—*s'~ v.pr.* [~ de](에) 열중[심취]하다. *s'~ d'une* femme 여자에게 홀딱 반하다.

*****entier(ère)** [ɑ̃tje, -ɛːr] *a.* ① 온, 전부의, 전체의. L'école tout ~*ère* est au courant de ses malheurs. 학교 전체가 그의 불행한 일을 알고 있다. une semaine ~*ère* 꼬박 1주일. lire un livre (en) ~ 책을 끝까지 읽다, 독파하다. être tout ~ à *qc* ···에 전념하다. se livrer[se donner] tout ~ à *qc* ···에 몰두하다. payer place ~*ère*《철도》운임을 전액 지불하다. le monde ~ 전세계. ② 옹근, 무결한, 온전한, 손대지 않은. lait ~ 전지유(全脂乳). Le pain est ~, on ne l'a pas entamé. 그 빵은 옹글다, 아무도 손대지 않았다. cheval ~ 거세하지 않은 말. ③ (변질되지 않고)완전한, 완벽한; 전폭적인. confiance ~*ère*; ~*ère* confiance 전적인 신뢰. être dans une ignorance ~*ère*(~*ère* ignorance) 완전한 무지이다, 일자무식이다. La difficulté reste ~*ère*. 어려움은 여전히 그대로 남아 있다. satisfaction ~*ère* 완전한 만족. ④ 타협하려 하지 않는, 고집스러운, 대쪽 같은. caractère ~ 고집스러운 성미. C'est un homme ~. 그는 고집장이이다. ⑤《수학》정수 (整數)(nombre ~).
—*n.m.* ① 총체, 전체. ②《수학》정수; (전체로서의) 1. Trois tiers forment un ~. 3분의 1 세 개가 1을 만든다. ③ 거세하지 않은 말.
en ~ 전부, 완전히. écouter une symphonie *en ~* 교향악을 처음부터 끝까지 듣다. écrire son nom *en ~* 풀네임으로 쓰다.

*****entièrement** [ɑ̃tjɛrmɑ̃] *ad.* 전부, 전적으로(totalement); 완전히(complètement). Je suis ~ d'accord avec vous. 나는 당신과 전적으로 동감이다.

entièreté [ɑ̃tjɛrte] *n.f.* 전체, 전부.

entité [ɑ̃tite] *n.f.*《철학》본질;실체. ② 실체적 존재; 실재물. L'État, la patrie, la société sont des ~*s*. 국가, 조국, 사회는 실체적 존재이다. ③《경멸》관념적 존재. ~ monstrueuse 터무니없는 관념적 존재. ~ verbale 말뿐인 것. ④《의학》실체, 단위. ~ morbide 질병, 질환단위.

ento- *préf.*「내부의」.

entoilage [ɑ̃twalaːʒ] *n.m.* ①(지도 따위를)형겊(피륙) 위에 붙임; 밑에 헝겊을 댐; 헝겊으로 덮기; 클로스장정(裝幀). ② 밑에 대는 헝겊(피륙);《항공》외복포(被覆布).

entoilé(e) [ɑ̃twale] *a.p.* 헝겊을 씌운, 헝겊을 밑에 댄, 헝겊으로 싼. reliure ~*e* 클로스장정(裝幀).

entoiler [ɑ̃twale] *v.t.* ① 헝겊 위에 붙이다. ~ une estampe 판화를 헝겊 위에 붙이다. ② 헝겊을 씌우다; 클로스로 장정하다. ③ 《의복》(것 따위에)심을 넣다. ④ 《항공》(날개 따위에)헝겊으로 씌우다.

entoir [ɑ̃twaːr] *n.m.* 《원예》 접목용의 칼.

entôlage [ɑ̃tolaːʒ] *n.m.* 《속어》속옷 금품을 털기.

entôler [ɑ̃tole] *v.t.* 《속어》(창녀가) 손님을 속여서 금품을 털다, 사취(詐取)하다.

entôleur(se) [ɑ̃tolœːr, -øːz] *n.* 《속어》속옷 금품을 터는 사람.

entolome [ɑ̃tɔlɔm] *n.m.* 《식물》 버섯의 일종(담자균류).

entomber [ɑ̃tɔ̃be] *v.t.* ①《옛》무덤에 매장하다. ②《문어》무덤 속에 각장하다.

entomo- *préf.* 「곤충」의 뜻.

entomologie [ɑ̃tɔmɔlɔʒi] *n.f.* 곤충학.

entomologique [ɑ̃tɔmɔlɔʒik] *a.* 곤충학의.

entomologiste [ɑ̃tɔmɔlɔʒist] *n.* 곤충 학자.

entomophage [ɑ̃tɔmɔfaːʒ] *a.* 벌레를 먹고 사는, 식충(食蟲)의; 곤충에 기생하는. — *n.m.pl.* 《동물》 식충류.

entomophile [ɑ̃tɔmɔfil] *a.* 《식물》 충매(蟲媒)의.

entomostracés [ɑ̃tɔmɔstrase] *n.m.pl.* 《동물》 절갑류(切甲類).

entonnage [ɑ̃tɔnaːʒ] *n.m.*, **entonnaison** [ɑ̃tɔnɛzɔ̃] *n.f.*, **entonnement** [ɑ̃tɔnmɑ̃] *n.m.* (술 따위를) 통에 넣기.

entonner¹ [ɑ̃tɔne] *v.t.* ①(술 따위를) 통에 붓다. ② 입속에 넣어주다; (많이)먹게 [마시게]하다. ~ de la nourriture à qn ; ~ qn …에게 음식을 많이 먹이다. ③ (순대·소시지의)속을 넣다.

entonner² *v.t.* ①노래하기 시작하다. ②시로 읊다, 영창(詠唱)하다.
~ les louanges de qn …을 찬양〔칭찬〕하다.

entonnoir [ɑ̃tɔnwaːr] *n.m.* ① 깔때기, 깔때기 모양의 것; 《구어》목구멍. ② (지뢰·폭탄 따위로 인한) 폭발 구멍; 움푹 팬 곳. ③ 《지질》 원곡(圓谷). ④ 《해부》 누두.

entoparasite [ɑ̃tɔparazit] *a.* 체내 기생의. — *n.m.* 체내 기생물(endoparasite).

entophyte [ɑ̃tɔfit] *n.m.* 《식물》 체내 기생식물[기생균].

entoptique [ɑ̃tɔptik] *a.* 《의학》 광시증(光視症)의. phénomène ~ 광시증에 의한 광감각.

entorse [ɑ̃tɔrs] *n.f.* ① 삐기, 염좌(捻挫), 겹질리기. se donner [se faire] une ~ au pied 발목을 삐다. ② 왜곡(歪曲), 곡해; 위반(infraction). donner [faire] une ~ à la vérité 사실을 왜곡하다. donner [faire] une ~ au code 법을 어기다[남용하다]. faire une ~ à la grammaire 문법상의 과오를 범하다. ~ au règlement 규칙 위반. ③《구어》손상, 훼손, 타격. donner [faire] une ~ à *qn* …의 신용을 손상시키다.

entortillage [ɑ̃tɔrtijaːʒ] *n.m.* ①《드물게》 칭칭 감기기. ②(문장·말 따위의) 알쏭달쏭한 표현, 모호함.

entortillement [ɑ̃tɔrtijmɑ̃] *n.m.* 얽히기, 칭칭 감기기; 휘감기; 칭칭 감긴 상태, 휘감긴 상태.

entortiller [ɑ̃tɔrtije] *v.t.* ① [~ dans](속에)둘둘 감싸다. [~ avec/de](로)휘감다. [~ autour](주위·둘레에)휘감다. ~ une orange *dans* du papier 종이에 오렌지를 싸서 비틀다. Le cache-nez l'*entortillait* jusqu'aux yeux. 그는 목도리를 눈까지 감고 있었다. ②《구어》(감언이설로)속이다, 꾀다 (embellificoter). ③《구어》(표현을)모호하게 하다; (문장을)비꼬다.
— *s'* ~ *v.pr.* ① [s'~ dans] (에)둘둘 싸이다; [s'~ autour de] (주위에) 감기다. vigne qui *s'entortille* autour du tronc 나무의 줄기에 감긴 포도나무. ② 얽히다. ③ 표현을 모호하게 하다; 횡설수설하다.

entortilleur(se) [ɑ̃tɔrtijœːr, -øːz] 《드물게》 *a.* 감언이설로 꾀어 꾀는 사람. — *n.* 감언이설로 꾀는 사람.

entour [ɑ̃tuːr] *n.m.* ① (à l'~ (de) 이외에는 *pl.*)《문어》주위, 부근, 근처; 주위 (근처)의 사람들. ~s de la ville 도시의 부근[근교]. à l'~ 주위(근처)의. à l'~ de; aux ~s de …의 주위(근처)에; …근(경).

entourage [ɑ̃turaːʒ] *n.m.* ① 주위를 둘러싸는 것; (보석 따위의) 둘레의 장식; 주위. ~ de planches 판장. ~ de dentelle 레이스의 둘레장식. ② 주위 사람들, 측근자(cercle). Je n'aime pas l'~ de M. Duvalier. 나는 뒤발리에씨의 측근들을 좋아하지 않는다.

entourant(e) [ɑ̃turɑ̃, -ɑ̃ːt] *a.* 둘러싸는, 에워싸는. feuilles ~es 《식물》 엽초(葉鞘).

entouré(e) [ɑ̃ture] *a.p.* (친구 따위로)둘러싸여진. être bien [mal] ~ 주위에 좋은[못된] 친구들을 두고 있다.

*** entourer** [ɑ̃ture] (< *entour*) *v.t.* ① 둘러싸다; 에워싸다. Le jardin *entoure* la maison. 정원이 집을 둘러싸고 있다. Les soldats *entourent* la ville. 군인들이 도시를 포위하고 있다. châle qui *entoure* ses épaules 그의 어깨를 둘러싸고 있는 숄. La police *entoura* les manifestants. 경찰이 시위자들을 포위했다. ② [~ de](로)둘러싸다; (을)두르다, 둘러치다. Elle *entoure* ses pieds *d'une* couverture. 그녀는 발을 이불로 감쌌다. ~ une ville *de* murailles 도시를 성벽으로 둘러싸다. Il m'*entourait de* ses bras. 그는 나를 팔로 감싸 안았다. ③ (의)주위(측근)에 있다. gens qui *entourent* qn 의 주위를 둘러싼 사람들, 측근자들. ④ 돌보다, 보살피다. Ses amis l'*entourent* beaucoup, depuis son deuil. 그가 상을 당한 이후 친구들이 그를 많이 보살펴주고 있다. ~ *qn* de soins [de prévenances, d'égards] …을 정성을 다해 보살피다.
— *s'* ~ *v.pr.* ① [s'~ de] (로)둘러싸이다. s'~ *de* mystère 비밀히 행동하다. s'~ *de* précautions 몹시 조심하다. ② 자기의 …을 둘러싸다. s'~ le corps *d'une* couverture 이불로 몸을 감싸다.

entourloupette [ɑ̃turlupɛt] *n.f.* 《구어》짓궂은 장난, 못된 장난.

entournure [ɑ̃turnyːr] *n.f.* 《의복》 진동 [소매의 겨드랑이 밑의 넓이]. être gêné dans les [aux] ~s 《구어》 거북하다; 궁색하다.

en-tout-cas [ɑ̃tuka] *n.m.* 《복수불변》양산 겸 우산.

entozoaire [ɑ̃tɔzɔɛːr] *n.m.* 《동물》체내 기생충.

entr('')abattre (s') [sɑ̃trabatr] [45] *v.pr.* 서로 때려 눕히다.

entr'aborder (s') [sɑ̃traborde] *v.pr.* ① 접근하여 서로 인사하다. ② 《해양》(배가)정면충돌하다.

entraccorder (s') [sɑ̃trakɔrde] *v.pr.* ① 화합하다. ② 서로 합하다.

entraccrocher (s') [sɑ̃trakrɔʃe] *v.pr.* 서로 갈고리로 걸다.

entraccuser (s') [sɑ̃trakyze] *v.pr.* 《드물게》서로 비난하다, 서로 나무라다.

entracte [ɑ̃trakt] *n.m.* ①(연극 따위의)막간, (음악회·연극 따위의)중간휴게시간. À l'~, on a acheté des chocolats glacés. 중간휴게시간에 초콜릿아이스크림을 샀다. ② 막간의 여흥, 막간에 연주되는 음악. ③ 중단(기간). ~s d'une carrière politique 정치생활의 중단기간.

entradmirer (s') [sɑ̃tradmire] *v.pr.* 《드물게》서로 칭찬 [감탄] 하다.

entraide [ɑ̃trɛd] *n.f.* 《복수없음》상부상조.

entraider (s') [sɑ̃trɛ(e)de] *v.pr.* 서로 돕다. Il s'est

entrailles [ɑ̃trɑːj] *n.f.pl.* ① 내장; 《옛》장, 창자. tirer les ~ d'un bœuf abattu 도살된 소의 내장을 꺼내다. ②《문어》위 (estomac); 《옛》배 (ventre). Ce croûton de pain apaisa quelque temps ses ~ affamées. 그 빵껍질 조각이 한동안 그의 굶주린 배를 달래주었다. entendre crier les ~ 뱃속에서 꾸르륵거리는 소리가 들리다, 배가 몹시 고프다. ③《문어》《모태로서의》배, 태내; 어머니; (배에서 나온)자식. Respectez les ~ qui vous ont porté. 당신을 낳아주신 어머니를 존경하시오. Elle aimait cet enfant adoptif comme un enfant de ses propres ~. 그녀는 양자를 자기 배를 앓고 낳은 자식처럼 사랑했다. fruit des ~ 태의 열매, 자식. ④《문어》내부, 깊은 속, 가장 깊은 부분. ~ de la terre 지구의 내부, 땅속 깊은 곳. ~ de la question 문제의 핵심. creuser une idée jusqu'aux ~ 어떤 생각을 철저하게 파고들어가다. ⑤《문어》마음속(깊은곳); 정, 인정. avoir pour *qn* des ~ de mère …을 어머니와 같은 정으로써 사랑하다. être remué[secoué] jusqu'au fond des ~ 마음속 깊이 감동하다. ne pas avoir d'~ 피도 눈물도 없다. prendre *qn* aux ~ …을 마음속 깊은 곳으로부터 뒤흔들다[감동하게 하다].

entr'aimer (s') [sɑ̃tr(e)me] *v.pr.* 《드물게》서로 사랑하다.

entrain [ɑ̃trɛ̃] *n.m.* 원기, 활기 (animation); 열의, 열심 (ardeur). garçon plein d'~ 활기찬 소년. fête qui manque d'~ 활기 없는 축제. faire *qc* sans ~ 마지못해 …을 하다.

entraînable [ɑ̃trenabl] *a.* 이끌리기 쉬운; 유혹에 걸리기 쉬운; 훈련될 수 있는.

entraînant(e) [ɑ̃trenɑ̃, -ɑ̃ːt] *a.* 마음을 끄는〔사로잡는〕. style ~ 열광적인 문체. éloquence ~*e* 설득력 있는 웅변. musique militaire ~*e* 신나는 군악.

entraîné(e) [ɑ̃tre(e)ne] *a.p.* 훈련된, 숙련된, 숙달된. équipe de football bien ~*e* 잘 훈련된 축구팀. pilote ~*e* 숙련조종사.

entraînement [ɑ̃trenmɑ̃] *n.m.* 이끌기, 이끌림; 이끄는 힘;《기계》구동(駆動), 전도(傳導), 연동(連動); 구동장치. ~ de l'opinion publique 여론의 힘, 여론을 이끌기. dans l'~ de la discussion 열띤 토론 속에서. arbre d'~ 구동축. ~ par courroie[engrenage] 벨트[톱니바퀴] 전동(구동). ② 유혹, 매력. céder à ses ~*s* 유혹에 넘어가다. ③ 연습, 훈련;《승마》《말》의 조교. être à l'~ 연습〔훈련〕중이다. partie[vol] d'~ 연습시합〔비행〕.

*****entraîner** [ɑ̃tre(ɛ)ne] *v.t.* ①《물체를》끌고가다, 실어가다. La débâcle a *entraîné* les bateaux. 해빙이 되어 배들이 떠내려갔다. Cette locomotive *entraîne* vingt wagons. 이 기관차는 20량의 객차를 끈다. Le temps *entraîne* tout. 시간은 모든 것을 실어가 버린다. ②《사람을》데려가다, 억지로 끌고가다. Il m'a *entraîné* au cinéma, malgré moi. 그는 나를 영화관으로 억지로 데려갔다. On a *entraîné* un voleur au commissariat. 도둑을 경찰서로 연행했다. ③ *qn* à [~ *qc*/à+*inf.*] [(로)이끌다. ~ *qn* à la ruine …을 파멸로 이끌다. Ses amis l'*ont entraîné* à mal faire. 친구들은 나쁜 짓을 하도록 그를 꾀었다. (직접목적보어 없이) La publicité *entraîne* à la consommation. 광고는 소비로 유도한다. ⓑ [~ *qn* dans *qc*] (에) 끌어들이다, 유혹하다, 꾀다. ~ *qn* dans un complot …을 음모에 끌어들이다. ~ *qn* dans l'erreur …을 유혹하여 과오를 범하게 하다. ④ 마음을 사로잡다, 설득하다. Il a été si éloquent qu'il a *entraîné* tout le monde. 그는 어찌나 구변이 좋았던지 모든 사람의 마음을 사로잡았다.
⑤ (주어는 사물) (결과를) 가져오다, 초래하다 (causer, provoquer). La course aux armements *entraînera* la guerre. 군비 경쟁은 전쟁을 초래할 것이다. ~ de graves conséquences 중대한 결과를 가져오다.
⑥ 가르치다, 훈련〔연습〕시키다. [~ *qn* à *qc*] Un moniteur *entraîne* des jeunes gens à la natation. 코치가 젊은이들에게 수영을 훈련시킨다. ~ les élèves à la dissertation 학생들에게 작문을 훈련시키다. [~ *qn* à+*inf.*] ~ ce cheval à courir 말에게 달리기를 조련하다. L'instituteur *entraîne* ses élèves à calculer. 그 교사는 자기 학생들에게 계산 연습을 시킨다.
⑦ (기계가 다른 부분을) 움직이다, 연동시키다, 구동하다. piston qui *entraîne* une bielle 연접봉을 움직이는 피스톤.

se laisser ~ 끌려가다. Il s'est laissé ~ par de mauvais camarades. 그는 나쁜 동료들의 꾐에 빠졌다. (보어 없이) Il s'est laissé ~. 그는 욕망〔감정〕에 끌려갔다; 그는 자제할 수 없었다. *se laisser* ~ à l'autel 마음도 없으면서 결혼하다.

—s'~ *v.pr.* 자기를 훈련〔단련〕하다. [s'~ à *qc*/à+*inf.*] s'~ à la course (à courir) 달리기 연습을 하다. s'~ à la discussion 토론 (방법)을 익히다. [s'~ pour *qc*] L'équipe de football *s'entraîne* pour le prochain match. 그 축구팀은 다음 경기를 위해 연습하고 있다.

entraîneur [ɑ̃trɛnœːr] *n.m.* ① 조마사 (調馬師); 코치; 선도자 (先導者). ~ de peuple 민중의 지도자. ②《기계》발동〔운전〕장치.

entraîneuse [ɑ̃trɛnøːz] *n.f.* 밤에 유흥장에서 손님을 끄는 여자.

entrait [ɑ̃trɛ] *n.m.* 《건축》이음보, 지붕들보.

entrancer ②, **entranser** [ɑ̃trɑ̃se] *v.t.* 최면〔실신〕상태가 되게 하다.
—s'~ *v.pr.* 최면〔실신〕상태가 되다.

entrant(e) [ɑ̃trɑ̃, -ɑ̃ːt] *a.* ① 들어오는, 신입〔신임〕의. ② 어디에나 얼굴을 내미는, 뻔뻔스러운. **—n.** ① 들어오는 사람. ~*s et sortants* 신입생과 졸업생; 입회〔입장〕자와 퇴회〔퇴장〕자. ② 도중에서 노름에 끼어드는 사람.

entr'apercevoir [ɑ̃trapɛrsəvwaːr] [53] *v.t.* 흘끗 보다; 《구어》곁눈으로 보다.

entr'appeler (s') [sɑ̃traple] [5] *v.pr.* 《드물게》서로 부르다.

entr'apprendre (s') [sɑ̃traprɑ̃ːdr] [26] *v.pr.* 서로 가르치다.

entr'assassiner (s') [sɑ̃trasasine] *v.pr.* 서로 암살하다.

entr'attaquer (s') [sɑ̃tratake] *v.pr.* 《드물게》서로 공격하다.

entravant(e) [ɑ̃travɑ̃, -ɑ̃ːt] *a.* 훼방놓는, 방해하는.

entrave [ɑ̃traːv] *n.f.* ① 《말·소 따위의 동물에 채우는》족가 (足枷), 족쇄 (足鎖); 《노예·죄수 따위에 채우는》족가; 칼; 쇠고랑. mettre des ~*s* à *qn*[*qc*] …에게 칼(족쇄)을 채우다. ② 질곡 (桎梏), 구속, 속박; 방해 (empêchement, obstacle). agir sans ~*s* 아무 구속 없이 자유롭게 행동하다. ~ à la liberté du travail 《법》노동자유의 장해.

entravé(e) [ɑ̃trave] *a.p.* ① 칼〔족쇄〕이 채워진;《말·소 따위의》다리가 묶인; 난처한, 거북하게 된 (gêné). ② jupe ~*e*《의복》무릎 부분의 폭이 좁은 스커트. ③ voyelle ~*e*《언어》폐음절 (閉音節)의 모음, 구속 모음 (예: dormir의 o, i 따위).

entraver[1] [ɑ̃trave] *v.t.* ①《말·소 따위에》족쇄를 채

우다, 다리를 묶다. ② 구속하다, 견제하다(freiner); 방해하다(contrarier). ~ la circulation 교통을 방해하다.
—**s'~** *v.pr.* ① 차꼬[족쇄·가교]로 채워지다; 구속되다, 행동의 자유를 잃다. ② 서로 방해하다.
entraver² *v.t.* 《속어》이해하다, 알다. Il n'y ~ que dalle(couic, pouic) 전혀 알지 못하다.
entr'avertir (s') [sɑ̃travertiːr] *v.pr.* 서로 알려주다; 서로 주의를 주다.
entr'avouer (s') [sɑ̃travwe] *v.pr.* 서로 고백하다.
entraxe [ɑ̃traks] *n.m.* ① 《기계》(톱니바퀴의)체간(軸間)거리, 축거(軸距). ② 《철도》차축(車軸) 사이의 거리.
‡**entre** [ɑ̃tr] *prép.* ① 《둘》…사이에[의, 에서, 를]; …의 중간에. ⓐ《공간·위치》Les Pyrénées se trouvent ~ la France et l'Espagne. 피레네 산맥은 프랑스와 에스파냐 사이에 위치한다. distance ~ Paris et Lyon 파리와 리옹간의 거리. Mettez cette phrase ~ parenthèses. 이 문장을 괄호 속에 넣으시오. tomber ~ les mains de *qn* …의 수중에 떨어지다. parler ~ ses dents 소곤소곤 말하다. lire ~ les lignes 행간을 읽다. conflit ~ deux nations (pays) 양국간의 분쟁. ~ quatre murailles 감옥에 서. ~ quatre planches 관(棺) 속에. 《시간》Je viendrai ~ 10 et 11 heures. 10시와 11시 사이에 가겠습니다. ~ deux âges 중년의. ~ (les) deux guerres; ~-deux-guerres 제1차와 제2차 세계대전 간의. ~ la poire et le fromage 디저트 때에, 식사가 끝날 무렵에. ⓒ《정도·상태》couleur ~ le gris et le bleu 회색과 청색의 중간색. être ~ la vie et la mort 생사지경을 헤매고 있다. ⓓ《수량·계열》Cette cravate se vend ~ 200 et 250 francs. 이 넥타이는 200프랑과 250프랑 사이에 팔린다. Le grade de capitaine se situe ~ celui de lieutenant et celui de commandant. 대위는 중위와 소령 사이의 계급이다. ⓔ《선택·분할·비교》Il hésite ~ deux choix. 그는 두 가지 사이에서 선택을 망설이고 있다. partager l'héritage ~ deux fils 두 아들에게 유산을 분배하다. Il n'y a aucune ressemblance ~ vous et moi. 당신과 나 사이에는 아무 유사성도 없다.
② 《여럿》…사이에[의, 에서], …중에서. ⓐ《다수》choisir ~ plusieurs choses 몇 개 중에서 고르다. être grand ~ tous 누구보다도 위대하다. Quelques-uns d'~ eux ont souri à ce mot. 그들 중 몇 사람은 이 말을 듣고 미소를 지었다. Il est brave ~ les braves. 그는 용사 중의 용사이다. ⓑ《상호관계》서로, …끼리의, …사이에(의). s'accorder ~ eux 의견이 서로 맞다. Ils s'aident ~ eux. 그들은 서로 돕고 있다. (soit dit) ~ nous 우리끼리의 이야기지만. dîner ~ amis 친구끼리의 저녁식사. Qu'est-il arrivé ~ eux? 그들 사이에 무슨 일이 생겼나? ⓒ《d'~+인칭대명사》…중에서[의]. Il est le plus âgé d'~ eux. 그가 그들 중에서 가장 연장자이다. Lequel d'~ vous parle français? 당신들 중에서 누가 불어를 하십니까? L'un(beaucoup, la plupart) d'~ eux 그들 중의 한 사람(많은 사람·대부분).
~ *autres* (*choses*) 그중에서도, 특히.
~ *chaque*… 각각의 …사이에(서).
~ *tous*(*toutes*) 그중에서도, 특히.
entre-axe [ɑ̃traks] *n.m.* =**entraxe**.
entrebâillement [ɑ̃trəbɑjmɑ̃] *n.m.* ①(문 따위의) 방긋이 열린(벌어진). ②《건축》(창문·출입문의)열린 상태를 고정시키는 문고리.
entrebâiller [ɑ̃trəbɑje] *v.t.* (문·커튼 따위를)반쯤 [조금] 열다. —**s'~** *v.pr.* 반쯤[조금] 열리다.

entrebâilleur [ɑ̃trəbɑjœːr] *n.m.* (창문·출입문의)열린 상태를 고정시키는 문고리.
entrebâillure [ɑ̃trəbɑjyːr] *n.f.* =**entrebâillement**.
entre-baiser (s') [sɑ̃trəbe(e)ze] *v.pr.* 서로 키스하다, 서로 입맞추다.
entre-bande [ɑ̃trəbɑːd] (*pl.* ~~-s) *n.f.* 피륙의 가장자리에 달린 색깔이 다른 테.
entre(-)battre (s') [sɑ̃trəbatr] 45 *v.pr.* 서로 때리다, 서로 싸우다.
entre-blesser (s') [sɑ̃trəblɛ(e)se] *v.pr.* 서로 상처를 입히다.
entrechat [ɑ̃trəʃa] *n.m.* 《무용》앙트르샤(공중에 뛰어올라 있는 동안 발뒤축을 여러 번 맞부딪는 동작). ② 가벼운 도약; (악기의 음색의)비약. battre des ~*s*《구어》깡충깡충 뛰어다니다, 미친 듯이 춤추다.
entre-chercher (s') [sɑ̃trəʃɛrʃe] *v.pr.* 《드물게》서로 찾다.
entrechoquement [ɑ̃trəʃɔkmɑ̃] *n.m.* 충돌(choc).
entrechoquer [ɑ̃trəʃɔke] *v.t.* (에)부딪다.
—**s'~** *v.pr.* ① 서로 부딪치다, 충돌하다. ② 서로 반대하다. Ils ne cessent de *s'~*. 그들은 서로 자기 주장을 내세우고 굽히지 않는다. ③ 서로 반목하다. ④ (생각 따위가)뒤죽박죽이 되어 차례로 떠오르다.
entreclore [ɑ̃trəklɔːr] 35 *v.t.* 《드물게》반쯤 닫다.
entr'éclos(e) [ɑ̃trəklo, -oːz] *a.p.* 반쯤 닫힌.
entr'éclos(e) [ɑ̃trəklo, -oːz] *a.p.* (꽃봉오리 따위가)반쯤 열린(벌린).
entre(-)colonne [ɑ̃trəkɔlɔn], **entre(-)colonnement** [ɑ̃trəkɔlɔnmɑ̃] *n.m.* 《건축》기둥 사이, 주간(柱間).
entre-combattre (s') [sɑ̃trəkɔ̃batr] 45 *v.pr.* 《드물게》서로 겨루다, 서로 싸우다.
entre(-)communiquer (s') [sɑ̃trəkɔmynike] *v.pr.* 《옛》서로 통하다.
entre-connaître (s') [sɑ̃trəkɔnɛtr] 41 *v.pr.* 《옛》서로 알게 되다.
entre-consoler (s') [sɑ̃trəkɔ̃sɔle] *v.pr.* 서로 위로하다.
entrecôte [ɑ̃trəkoːt] *n.f.*[*m.*] 《요리》갈비뼈 사이의 쇠고기, 어깨 로스(→ bœuf 그림).
entrecoupe [ɑ̃trəkup] *n.f.* 《건축》(이중으로 된 둥근 천정의)간공간(間空間).
entrecoupé(e) [ɑ̃trəkupe] *a.p.* 군데군데 잘린. mots ~*s* (숨이 차서)쉬엄쉬엄 하는 말.
entrecouper [ɑ̃trəkupe] *v.t.* ① 중단하다. ~ un récit de rires 웃음으로 이야기를 군데군데 중단하다. ② 《드물게》분단하다.
—**s'~** *v.pr.* ① 교차하다. lignes qui *s'entrecoupent* 교차하는 선. ② (동물들이)서로 발을 부딪쳐서 상처를 입다.
entr'écrire (s') [sɑ̃trekriːr] 38 *v.pr.* 《드물게》서로 편지를 쓰다.
entrecroisé(e) [ɑ̃trəkrwaze] *a.p.* 교차한. lignes ~*es* 교차선. rimes ~*es* 《운율》교차각운.
entre(-)croisement [ɑ̃trəkrwazmɑ̃] *n.m.* ① 교차, 교차점. ② 이종교배(異種交配).
entre(-)croiser [ɑ̃trəkrwaze] *v.t.* ① 교차시키다. ② 이종교배시키다.
—**s'~** *v.pr.* ① 교차하다. ② 잡종이 생기다.
entre-croissance [ɑ̃trəkrwasɑ̃ːs] *n.f.* 《생물》호생(互生), 어긋나기.
entre(-)cuisse [ɑ̃trəkɥis] *n.m.* ①《드물게》사타구니. ② 사타구니살.
entre-déchirer (s') [sɑ̃trədeʃire] *v.pr.* 《문어》① 서로 찢다; 서로 싸우다. ② 서로 비난하다.

entre-détruire (s') [sɑ̃trədetrɥiːr] [32] *v.pr.* 《드물게》서로 파괴하다; 서로 부정하다; 서로 죽이다.

entre(-)deux [ɑ̃trədø] *n.m.* 《복수불변》① 중간(부). La vérité est dans l'~. 《구어》진리는 양자의 중간에 있다. ② 《건축》창과 창 사이의 벽에 놓는 장식용 장; 《의복》피륙 중앙에 끼우는 수놓거나 레이스로 된 띠; 《스포츠》(농구의)점프볼; 《요리》(대가리와 꼬리를 떼어버린)생선의 가운데 도막; 《해양》(중심 돛대와 앞 돛대 사이의)간격; 파도 사이. —*ad.* 중간에, 가부(可否) 없이.

entre-deux-guerres [ɑ̃trədøgɛːr] *n.m.(f.)* 《복수불변》두 전쟁의 중간기《특히 제 1 차와 제 2 차 세계대전 사이의》.

entre-dévorement [ɑ̃trədevɔrmɑ̃] *n.m.* 서로 잡아먹기, 골육상쟁.

entre-dévorer (s') [sɑ̃trədevɔre] *v.pr.* 서로 잡아먹다; 골육상쟁을 하다.

entre-dire (s') [sɑ̃trədiːr] [29] *v.pr.* 서로 말하다.

entre-donner (s') [sɑ̃trədɔne] *v.pr.* 서로 주다. s'~ du bec 서로 부리로 쪼다.

***entrée** [ɑ̃tre] *n.f.* ① 들어감, 들어옴. Il a été salué à son ~. 그는 들어서서 인사를 받았다. ~ dans l'atmosphère 대기권 진입. ~ dans le monde 탄생, 출생; 사교계로의 첫등장. ~ du train en gare 열차의 역(驛)진입. faire son ~ dans le salon 객실에 모습을 나타내다; 사교계에 첫등장하다. «*E*~ interdite» 출입금지». [~ en] ~ *en* action 행동개시. ~ *en* fonction(s) 취임. ~ *en* matière ~ *en* possession 《법》소유권의 취득; 점유의 개시.
② 입장; 입회; 입학; 입국; 입장료. On m'a refusé l'~ de la salle. 나는 입장을 거절당했다. ~ de faveur 특별무료입장(권·표). ~ libre 입장무료; 마음대로 들어와 구경하십시오《상점의 게시》. ~ payante 유료입장. examen (concours) d'~ 입학시험. demi-tarif 반액의 입장료. Je te paie ton ~. 내가 네 입장료를 내주겠다.
③ 입구, 어귀; 현관. Je vous attends à l'~ du jardin public. 나는 공원 어귀에서 당신을 기다릴 것이다. J'achèterai les billets à l'~. 나는 입구에서 표를 사겠다. ~ d'une autoroute 고속도로의 초입. ~ des artistes 무대관계자 전용출입구. ~ de service 부엌문. ~ d'air 《엔진 따위의》공기흡입구. ~ d'une bouteille 병주둥이. ~ de clef 열쇠구멍. ~ de poste 《전화기 따위》옥내ट입.点. faire attendre qn à l'~ …을 현관에서 기다리게 하다.
④ 《문어》초기, 시초. ~ de l'hiver 초겨울, 겨울의 초기. ~ de la vie 인생의 문턱.
⑤ (*pl.*) 출입의 자유《허락》; 《역사》(왕의 거실로의)자유출입의 특권. avoir ses ~s chez qn …의 집에 출입할 수 있다.
⑥ 《연극》(배우의)등장(~ en scène); (관객의)박수. avoir son ~ 등장하여 박수를 받다.
⑦ 《요리》 앙트레《수프나 오르되브르와 고기요리 사이에 나오는 요리》. ~s chaudes 따뜻한 앙트레《파이요리·수플레·계란요리 따위》. ~s froides 찬 앙트레《파테·젤리·샐러드 따위》.
⑧ 《경제》ⓐ 수입; 수입세. payer les droits d'~ 수입세를 물다. ⓑ (*pl.*) 영수액; 입금액; 입하액(入荷額). livre des ~s 수장부.
⑨ 《컴퓨터》입력, 인풋. organe d'~ 입력장치.
⑩ 《음악》앙트레; 전주곡.
⑪ 《무용》장면《연극의 막에 해당》(~ de ballet).
⑫ 《언어》(사전의)표제어. ~ lexicale 어휘《사》항목.
⑬ table (tableau) à double ~ 《수학》상관표. d'~ 《엣》처음부터. d'~ *de jeu* 게임을 시작하면서 곧; 처음부터, 대뜸 (tout d'abord).

entre-égorger (s') [sɑ̃tregɔrʒe] [3] *v.pr.* 《드물게》서로 목을 찌르다, 서로 죽이다.

entrée-sortie [ɑ̃tresɔrti] (*pl.* ~**s**~**s**) *n.f.* 《컴퓨터》입출력.

entre-faire (s') [sɑ̃trəfɛːr] [28] *v.pr.* 서로 해주다.

entrefaite [ɑ̃trəfɛt] *n.f.* 《주로 *pl.*, 다음의 숙어에만 쓰임》*sur*《엣》 *dans* ces (les) ~s; *sur l'*~; 《드물게》 *sur* (*dans*) *cette* ~ 그러는 동안에; 그러자 (alors); 그(이)때에 (à ce moment).

entre(-)fenêtre [ɑ̃trəfnɛtr] (*pl.* ~~**s**) *n.f.* ① 《건축》창과 창 사이의 벽. ② 창과 창 사이의 벽을 장식하는 벽지 [벽포·벽화].

entrefer [ɑ̃trəfɛːr] *n.m.* 《전기》자극간극 (磁極間隙), 《에어》갭.

entrefermer [ɑ̃trəfɛrme] *v.t.* 반쯤 닫다.

entre(-)fesse [ɑ̃trəfɛs] *n.m.* 볼기 사이.

entrefilet [ɑ̃trəfilɛ] *n.m.* (신문의)짤막한 기사.

entre-fin(e) [ɑ̃trəfɛ̃, -in] *a.* 《상업》(품질이)중간치의.

entre-flatter (s') [sɑ̃trəflate] *v.pr.* 서로 아첨하다.

entre-frapper (s') [sɑ̃trəfrape] *v.pr.* 《엣》서로 때리다, 서로 치다.

entre-froisser (s') [sɑ̃trəfrwase] *v.pr.* 서로 상처를 입히다; 서로 부딪치다.

entre-frotter (s') [sɑ̃trəfrɔte] *v.pr.* ① 서로 문지르다. ② (선박 따위가)접촉하다.

entre-garder (s') [sɑ̃trəgarde] *v.pr.* 서로 지키다.

entregent [ɑ̃trəʒɑ̃] *n.m.* 약삭빠름, 능란한 사교술. avoir de l'~ 사교에 능란하다.

entr'égorger (s') [sɑ̃tregɔrʒe] [3] *v.pr.* ① 서로 목을 찌르다. ② 서로 죽이다.

entre-haïr (s') [sɑ̃traiːr] [11] *v.pr.* 《엣》서로 미워하다, 서로 증오하다.

entre-heurter (s') [sɑ̃trœrte] *v.pr.* 《드물게》서로 부딪치다. [같이.

entre-hivernage [ɑ̃trivɛrnaːʒ] *n.m.* 《농업》겨울

entre-hiverner [ɑ̃trivɛrne] *v.t.* 《농업》(밭을)겨울갈이하다.

entreillissé(e) [ɑ̃trejise] *a.* 격자(格子) 모양의.

entre(-)jambe(s) [ɑ̃trəʒɑ̃:b] *n.m.* 《복수불변》① 《의복》 바지가랑이의 안쪽 부분. ② (의자 따위의)다리 사이의 넓이.

entre-joindre (s') [sɑ̃trəʒwɛ̃:dr] [27] *v.pr.* 《드물게》서로 결합하다.

entrelacé(e) [ɑ̃trəla(ɑ)se] *a.p.* 짜맞춘, 교착한. branches ~es 서로 뒤얽힌 가지. initiales ~es 짜맞춘 머릿글자.

entrelacement [ɑ̃trəla(ɑ)smɑ̃] *n.m.* 얽히게 하기, 교착(交錯). ~ de multiples intrigues 여러 가닥의 이야기 줄거리의 얽힘.

entrelacer [ɑ̃trəla(ɑ)se] [2] *v.t.* ① (끈·리본 따위를)합쳐 엮다(꼬다); 서로 얽히게 하다. ② 교착(交錯)시키다 (entrecroiser). —*s'*~ *v.pr.* 서로 얽히다, 서로 섞이다. L'ornement est formé de lignes qui *s'entrelacent*. 그 장식은 서로 얽힌 줄로 형성되어 있다.

entrelacs [ɑ̃trəla] *n.m.* ① (당초 따위의)얽음무늬. ② 《건축》얽힘장식, 엮음장식. ③ 얽힘.

entrelardé(e) [ɑ̃trəlarde] *a.p.* ① 《요리》라드를 바른(섞은). ② 《구어》접어넣은, 삽입한. style ~ 프랑스어에 다른 국어(《속어》라틴어)를 혼합한 문체. ③ (고기가)희끗희끗 기름이 섞인.

entrelardement [ɑ̃trəlardəmɑ̃] *n.*

entrelacs ②

m. ① 〖요리〗 라드의 삽입. ② (고기에)희끗희끗 기름이 박힘.

entrelarder [ɑ̃trəlarde] *v.t.* ① 〖요리〗 라드를 바르다(섞다); (맛을 돋우기 위하여 요리하기 전에 살코기에)돼지고기나 베이컨의 조각을 집어넣다. ② (요리·과자를 만들 때 맛을 돋우기 위해 군데군데 첨가물을)집어넣다; 섞다, 혼합하다(entremêler). ③ (비유적) 삽입하다. ~ un discours de citations 연설에 많은 인용구를 삽입하다.
—s'~ *v.pr.* (구어)서로 찌르다.

entre(-)ligne [ɑ̃trəliɲ] (*pl.* ~ ~*s*) *n.m.* ① (드물게) 행간(行間); 〖음악〗(악보의) 줄 사이(interligne). ②행간에 적어 넣은 것; (예) 여담(餘談).

entre-ligner [ɑ̃trəliɲe] *v.t.* 행간에 적어넣다.

entre-louer (s') [sɑ̃trəlwe] *v.pr.* (드물게)서로 칭찬하다.

entre(-)lueur [ɑ̃trəlɥœ:r] *n.f.* 잠깐 지나가는[스쳐가는] 빛.

entre-luire [ɑ̃trəlɥi:r] [32] *v.i.* 가물가물 비치다; 어렴풋이 빛나다.

entre-manger (s') [sɑ̃trəmɑ̃ʒe] [3] *v.pr.* 서로 잡아먹다.

entr'embrasser (s') [sɑ̃trɑ̃brase] *v.pr.* 서로 껴안다.

entremêlé(e) [ɑ̃trəmele] *a.p.* 섞인, 뒤섞인. paroles ~*es* de sanglots 오열이 섞인 말.

entremêlement [ɑ̃trəmɛlmɑ̃] *n.m.* 혼합.

entremêler [ɑ̃trəm(e)le] *v.t.* ①섞다, 혼합하다. [~ *qc* et *qc*] Il *entremêle* des plaisanteries *et* des paroles sérieuses. 그는 농담과 진담을 섞어 말한다. ② 삽입하다, 섞어넣다. [~ *qc* de *qc*] Il *entremêle* son discours *de* citations latines. 그는 연설에 라틴어 인용구를 삽입한다.
—s'~ *v.pr.* ①(뒤)섞이다; 혼합되다. ②(구어)(에)개입하다.

entremets [ɑ̃trəmɛ] *n.m.* ① 〖요리〗 앙트르메(로스트와 디저트 사이에 먹는 가벼운 음식), 식후과일 직전에 먹는 단 음식. ②(옛)연회의 여흥.

entremetteur(se) [ɑ̃trəmɛtœːr, ‑øːz] *n.* ① (옛)중개인; 〖상업〗중매인. ② (경멸)매춘부 소개[주선]자, (여자)뚜장이(특히 여성형).

entremettre (s') [sɑ̃trəmɛtr] [46] *v.pr.* ①중개하다, 중재하다, 알선하다. s'~ dans une querelle 싸움을 중재하다. ②(옛)[s'~ de](에)나서다, 끼어들다, 용훼하다. h. homme qui *s'entremet de* tout 모든 일에 끼어드는 남자.

entremise [ɑ̃trəmiːz] *n.f.* ①중개, 중재; 알선; 조정. par l'~ de …을 통하여, …의 중개로. ② 〖선박〗 종량(縱梁).

entre-mordre (s') [sɑ̃trəmɔrdr] [25] *v.pr.* 서로 물어뜯다.

entr'empêcher (s') [sɑ̃trɑ̃pɛ(e)ʃe] *v.pr.* 서로 방해하다.

entre-nerf(s) [ɑ̃trənɛːr] *n.m.* 《복수불변》 〖제본〗 (서적의)등판의 간격《제본한 실과 실 사이》.

entr'(')engager (s') [sɑ̃trɑ̃ɡaʒe] *v.pr.* 서로 얽히다.

entre-nœud [ɑ̃trənø] *n.m.* 〖식물〗 마디와 마디 사이의 부분, 절간(節間); (줄기)줄기.

entre-nuire (s') [sɑ̃trənɥiːr] [32] *v.pr.* (문어)(se는 간접목적보어) 서로 해치다; 서로 중상하다.

entre-pardonner (s') [sɑ̃trəpardɔne] *v.pr.* 서로 용서하다.

entre-parler (s') [sɑ̃trəparle] *v.pr.* 서로 말하다.

entrepas [ɑ̃trəpɑ] *n.m.* 《복수불변》 〖승마〗 부정측대보(不整側對步).

entrepénétrer (s') [sɑ̃trəpenetre] [6] *v.pr.* (드물게)서로 꿰뚫다; 서로 침투하다.

entre(-)percer (s') [sɑ̃trəpɛrse] [2] *v.pr.* 서로 찌르다.

entrepilastre [ɑ̃trəpilastr] *n.m.* 〖건축〗 벽의 기둥과 기둥사이.

entre-piller (s') [sɑ̃trəpije] *v.pr.* 서로 약탈하다.

entrepointiller [ɑ̃trəpwɛtije] *v.t.* 〖조각〗 점각(點刻)하다.

entrepont [ɑ̃trəpɔ̃] *n.m.* 〖해양〗 중갑판(中甲板); 3등 선실. passager d'~ 3등 선객.

entreposage [ɑ̃trəpozaːʒ] *n.m.* 창고에 넣기; 〖상업〗 보세창고 기탁.

entreposer [ɑ̃trəpoze] *v.t.* 창고에 넣다; 〖상업〗 보세창고에 맡기다; 맡기다.

entreposeur [ɑ̃trəpozœːr] *n.m.* ① 창고 관리인. ② 보세 창고 담당자. ③ 〖상업〗(전매품의)보관 판매인.

entrepositaire [ɑ̃trəpoziteːr] *n.* ① 보세창고 하주(荷主). ② 사설보세창고업자.

entrepôt [ɑ̃trəpo] *n.m.* ① 창고; 〖법〗 보세창고(~ de douane). ~ fictif (fictif) 관세(사설)보세창고. ~ frigorifique 냉장창고. ~ spécial (réel) (위험물 따위 보관을 위해 특별설비를 갖춘 관설)특별보세창고. ~ maritime 임해창고. à prendre en ~ 〖상업〗 창고도(倉庫渡). commissionnaire d'~ 보세품 운반인. marchandises en ~ 보세품. mettre *qc* en ~ …을 보세창고에 넣다. mise en ~ 입고(入庫), 보세창고에 넣기. ② 〖법〗 보세제도. ③ 화물집산지(ville d'~). ④(옛)전매소.

entrepousser (s') [sɑ̃trəpuse] *v.pr.* 서로 밀다.

entreprenable [ɑ̃trəprənabl] *a.* 시도할 수 있는.

entreprenant(e) [ɑ̃trəprənɑ̃, ‑ɑ̃ːt] *a.* ①기업정신이 왕성한; 과감한, 대담한(actif, hardi). ②여자에게 대담한.

*entreprendre** [ɑ̃trəprɑ̃ːdr] [26] *v.t.* ①손대다, 착수하다, 시작하다(commencer). Il a *entrepris* un projet. 그는 어떤 계획에 착수했다. ~ un procès 소송을 제기하다. ~ la lecture d'un roman 어떤 소설을 읽기 시작하다. ② (어떤 일을 하려고) 시도하다(tenter). [~ de+*inf.*]~*de* réformer le système scolaire 학제개혁을 시도하다. Elle a *entrepris* de le persuader. 그 여자는 그를 설복하고 시도했다. ③청부를 맡다. ~ la construction d'un immeuble 빌딩의 건설 청부를 맡다. ④(구어)(질문·부탁·귀찮은 이야기·희롱 따위로 사람을)괴롭히다, 귀찮게 굴다, (여자를)유혹하려 들다. C'est un intarissable bavard; quand il nous *entreprend*, il n'en finit plus. 그는 지칠 줄 모르는 수다장이이다, 우리를 붙들고 얘기를 할 때면 그칠 줄 모르고 계속한다. ~ *qn* sur un sujet (어떤 사람)에 관해서 …와 논쟁하다(다투다). ⑤(옛)(사람을)공격하다, 습격하다; (병이)침범하다. ~ *qn* sur sa conduite …에게 그의 행실에 대해서 공격하다. La fièvre l'*a entrepris*. 열병이 그를 침범했다.
—*v.i.* (옛·문어)[~ contre/sur] (을)위협하다, 침해하다. ~ *contre* la vie de *qn* …의 생명을 위협하다. ~ *sur* les droits de *qn* …의 권리를 침해하다.
—s'~ *v.pr.* ①시도되다. ②서로 공격하다. ③(옛)(신체의 일부분이)서로 얽히다.

entrepreneur(se) [ɑ̃trəprənœːr, ‑øːz] *n.* (*f.*는 드물게 쓰임)①청부업자(회사); (주문자에 대하여)청부인. ~ de *bâtiments* (construction) 건축 청부인. ~ de peinture 도장(塗裝)업자. ~ de pompes funèbres 장의사 경영자. ~ de travaux *publics* 공공토목공사 청부인. ② 〖경제〗 기업가; (법인으로서의)기업. petit ~ 소기업가. ③(옛)기획자.

entrepris(e') [ɑ̃trəpri, ‑iːz] *a.p.* <*entreprendre*> *a.p.* ①시도(기도)된; 시작된. ②공격 당한. ③(옛)[~ de] (이) 자유롭지 못한, 불수(不隨)의. être ~

de tous ses membres 팔다리를 쓰지 못하게 되다. ④(옛) 접먹은.

entreprise² [ātrəpri:z] *n.f.* ① 기획, 기도, 계획 (projet). esprit d'~ 모험심. exécution d'~ 계획의 실시. se lancer dans une ~ dangereuse 위험한 계획에 뛰어들다. ② 청부. contrat d'~ 청부계약. donner(mettre) un ouvrage à l'~ 일을 청부주다 [맡기다]. ~ en seconde main 하청. travail à l'~ 청부일. ③ 〖경제〗 기업, 회사(firme). chef d'~ 기업주. ~ agricole(industrielle) 농(공)업. ~ commerciale 상사(商社). ~ financière 금융업. petites et moyennes ~s 중소기업. Son père dirige une ~ de construction. 그의 아버지는 건설회사를 경영하고 있다. ④ (*pl.*)(여성에 대한)유혹. céder aux ~s 유혹에 넘어가다. ⑤ 〖문어〗 ~ sur/contre 1 (에 대한)침해. ~ sur la liberté 자유의 침해. ~ contre les droits de *qn* …의 권리의 침해. ⑥ 〖옛〗 공격.

entre-quereller (s') [sātrəkre[ə]le] *v.pr.* (드물게) 서로 싸우다, 서로 다투다.

‡entrer [ātre] *v.i.* (조동사는 être) ① (장소로)들어가다, 들어오다. [~ dans/en/par] Il *entre* dans un cinéma. 그는 영화관으로 들어간다. ~ *dans* l'eau 물에 들어가다. Cet objet n'*entrera* pas *dans* la malle. 이 물건은 트렁크에 들어가지 않을 것이다. faire ~ un clou dans le mur 못을 벽에다 박다. Le train vient d'~ en gare. 기차가 방금 역에 도착했다. ~ en scène 무대에 등장하다. *Entrez* par la porte de derrière. 뒷문으로 들어가시오. 《Défense d'~ 〔On n'*entre* pas.〕》 "출입금지." *Entrez*! (노크에 대한 대답으로)들어오세요! Je ne fais qu'~ et sortir. 잠깐 들렀을 뿐입니다. ② (단체에)들다, 가입하다; 입학하다; (활동에)참가하다; 가담하다. [~ à/dans] Il *est entré* à l'École polytechnique. 그는 이공과대학에 입학했다. Il *est entré dans* un parti politique. 그는 정당에 가입했다. ~ *dans* un complot 음모에 가담하다. ~ *dans* une famille (결혼에 의하여)가족의 한 사람이 되다. ~ *dans* la(en) danse 댄스에 끼다; 집단에 참가하다. ③ (어떤 신분·처지가)되다. [~ à/dans] Elle *est entrée au* couvent. 그녀는 수녀가 되었다. Il *est entré dans* les ordres(en religion). 그는 수도사가 되었다. M.Durand *est entré dans* l'enseignement. 뒤랑 씨는 교직에 들어섰다. ~ *au* barreau 변호사가 되다. ~ *dans* le monde 태어나다; 사교계에 첫등장하다. ~ *dans* la vie 세상에 태어나다; 자립하다. ~ *au* service de *qn* (옛) …을 모시다(시중 들다). ~ *dans* l'usage (신어 따위가)널리 쓰이게 되다. ④ [~ en] (어떤 상태가(에))되다, 빠지다. Il *est entré en* colère. 그는 화를 냈다. ~ *en* action 행동을 개시하다. ~ *en* concurrence avec *qn* …와 경합하다. ~ *en* ébullition 비등하기 시작하다. ~ *en* guerre 전쟁에 돌입하다. ~ *en* méditation 명상에 들어가다. ~ *en* possession de *qc* …을 소유하게 되다. ~ *en* vigueur (법 따위가)시행되다. ⑤ (어떤 시기에)들어가다, 접어들다. ~ dans sa seizième année(ses seize ans) 16세가 되다. ~ dans l'hiver 겨울에 접어들다. ⑥ (감정·생각 따위가)싹트다, 머리에 떠오르다. La haine *est entrée* dans son âme. 미움이 그의 마음 속에 싹텄다. faire ~ *qc* dans la tête de *qn* …을 …에게 이해시키다. ⑦ (문제 따위가)다루기 시작하다, 착수하다; 고찰하다, 파고들다. [~ dans] N'*entre* pas *dans* les détails: va à l'essentiel. 세부에 파고들지 말아라, 중요한 부분을 다루어라. ~ *dans* le vif du sujet 문제의 핵심으로 들어가다. Je n'*entre* pas là-dedans. (구어) 그것은 언급하지 않겠다. ~ avant (profondément) *dans* une science(un idéal) 한 학문(이상)을 깊이 연구하다(추구하다). ⑧ (감정을)이해하다, 공감하다. Je ne peux pas ~ dans ses sentiments. 나로서는 그의 기분을 알 수 없다. Il *est entré* dans mes idées. 그는 나와 같은 생각을 하게 되었다. ⑨ 포함되어 있다, (의)일부를 이루다, (와)관계가 있다. [~ dans] Cela n'*entre* pas *dans* mes projets. 그것은 내 계획에 포함되어 있지 않다. Quels sont les éléments qui *entrent dans* ce parfum? 이 향수에 들어 있는 성분은 무엇입니까? De la colère *entre* beaucoup *dans* sa décision; (비유로)Il *entre* beaucoup de colère dans sa décision. 그의 결정에는 노여움이 크게 관계하고 있다. faire ~ *qc* en (ligne de) compte …을 고려하여 넣다. ~ *dans* une catégorie 범주에 들다. ⑩ (구어) (차가)충돌하다. Sa voiture *est entrée* dans un obstacle. 그의 자동차가 장해물에 충돌했다. Une moto lui *est entrée* dedans. 오토바이가 그와 부딪쳤다.
—*v.t.* (조동사는 avoir) ① 넣다, 들이다; (배를) 입항시키다; 〖상업〗 장부에 기입하다. ~ des marchandises en fraude 상품을 밀수입하다. ~ (손톱 따위를)찌르다(enfoncer).

entre(-)rail [ātrəra:ʒ] *n.m.* 〖철도〗 궤도간격(軌道間隔).

entre(-)rang [ātrərā] *n.m.* (드물게) 열(列)과 열과의 간격.

entre-regarder [ātrərəgarde] *v.t.* 홀끗 보다.
—**s'~** *v.pr.* 서로 바라보다.

entre-répondre (s') [sātrərepɔ̃:dr] [25] *v.pr.* (드물게) 서로 대답하다.

entre-saluer (s') [sātrəsalɥe] *v.pr.* 서로 인사하다.

entre-secourir (s') [sātrəskuri:r] *v.pr.* 서로 돕다.

entresol [ātrəsɔl] *n.m.* 〖건축〗 중이층(中二層).

entre-sourcils [ātrəsursi] *n.m.* (복수불변) 양미간(兩眉間).

entre-soutenir (s') [sātrəsutni:r] [16] *v.pr.* (드물게) 서로 받치다, 서로 지지하다.

entre-suivre (s') [sātrəsɥi:vr] [36] *v.pr.* 잇달아 오다.

entretaille [ātrəta:j] *n.f.* 〖조각〗 얕게 새기기, 천조(淺彫).

entre(-)tailler (s') [sātrətaje] *v.pr.* 〖수의〗 (말이)걸으면서 다리와 다리가 부딪쳐 상처를 내다.

entretaillure [ātrəta:jy:r] *n.f.* 〖수의〗 (말의)다리끼리 부딪쳐 생긴 상처.

entre-temps, entre temps [ātrətā] *n.m.* (복수불변) 〖옛〗 (시간의)간격, 사이. Il profita de l'~. 그는 그 사이의 시간을 이용했다. dans l'~ 그 사이에. —*ad.* 그 사이에, 그 동안에. Revenez me voir demain; ~ j'aurai fait le nécessaire. 내일 나를 보러 다시 오시오, 그 동안에 필요한 일을 해 놓겠소.

entretènement [ātrətɛnmā] *n.m.* (옛) 유지, 보전; 부양비.

entreteneur(se) [ātrətnœ:r, -ø:z] *n.* (옛) 유지자; 축첩자.

***entretenir** [ātrətni:r] [16] *v.t.* ① (같은 상태로)유지하다, 보존하다(maintenir). ~ l'amitié(la paix) 우정(평화)을 유지하다. ~ le feu 불이 꺼지지 않도록 하다. Il *entretient* de bonnes relations (de bons rapports) avec ses collègues. 그는 동료들과 좋은 관계를 유지하고 있다. ~ une correspondance avec *qn* …와 서신교환을 계속하다. Elle *entretient* une haine féroce contre lui. 그 여자는 그에게 극도의 증오심을 품고 있다.

entretenu(e)

② (좋은 상태로) 유지하다, 보존하다(conserver); 손질하다. Il *entretient* bien sa voiture(ses cheveux, ses vêtements). 그는 자동차(머리·의복)를 잘 손질한다. ~ sa santé(sa forme) 건강(체형)을 유지하다. ~ sa mémoire 기억력이 쇠퇴하지 않게 하다. ~ une route 도로를 보전하다.
③ 부양하다, 거느리다, (군대를) 보유하다(nourrir). Ce chef de famille a cinq enfants à ~. 이 가장은 부양할 자녀가 다섯이다. ~ une armée 군대를 보유하다. ~ un grand train 많은 하인을 거느리다. ~ une maîtresse(une femme) 첩을 두다.
④ [~ dans] (어떤 심리상태에) 계속하여 머물게 하다, (어떤 생각을) 품고 있게 하다. Il *entretient* sa femme *dans* une espérance trompeuse. 그는 아내에게 헛된 기대를 품게 하고 있다. ~ qn dans l'illusion …에게 환상을 품게 하다.
⑤ [~ de] (에 관해) 말하다, 오랫동안 이야기하다. Il a *entretenu* ses amis *de* ses intentions. 그는 친구들에게 자기의 의향을 이야기했다. Je voudrais vous ~ *de* cette affaire. 그 일에 대해서 말씀드리고자 합니다.
⑥ (엣) [~ qn] (와) 말하다. Il tient à vous ~. 그는 당신과 말하고 싶어하오.
—s'~ *v.pr.* ① [s'~ de] (에 관해) 서로 이야기하다. Ils *se sont entretenus de* l'attitude à adopter. 그들은 어떤 태도를 취해야 할 지 서로 이야기했다. [s'~ avec qn] Le président *s'est entretenu avec* le premier ministre. 대통령은 국무총리와 이야기를 주고 받았다.
② 보존되다, 유지되다; (어떤(좋은) 상태로) 자기를 유지하다. Cet appartement *s'entretient* facilement. 이 아파트는 (유지하는 데) 손이 많이 가지 않는다. Il fait des exercices pour s'~. 그는 체력을 유지하기 위해 운동을 한다.
③ 자기의 생계를 유지하다, (로) 자기를 지탱하다. Il *s'entretient* avec ce qu'il gagne. 그는 자기가 버는 것으로 생활한다. (비유적) [s'~ de qc) s'~ de chimères 공상에 잠기다.
④ [s'~ dans] (어떤 심리상태를) 계속 유지하다. Il *s'entretient dans* l'illusion. 그는 계속해서 환상을 품고 있다.
⑤ (엣) 서로 지탱하다(버티다).

entretenu(e) [ɑ̃trətny] (*p.p.<entretenir*) *a.p.* ① 유지된, 보존된, 손질된. voiture bien ~ 잘 손질된 차. ② 부양받는. femme ~ 첩. ③ (같은 상태로) 보존된. ondes ~es 〖라디오〗 지속전파. oscillations ~es 지속진동.

***entretien** [ɑ̃trətjɛ̃] *n.m.* ① 보존, 유지; 보존비, 유지비(frais d'~). Cette organisation est chargée de l'~ des routes et des ponts. 이 기관은 도로와 교량의 유지를 담당하고 있다. ② 부양; 생계; 부양비, 피복비. L'~ de ses enfants lui coûte très cher. 그에게는 아이들을 기르는데 돈이 많이 든다.
③ 회담, 대담, 담화(conversation, discussion); 화제. avoir un ~ avec qn …와 회담하다. homme d'un agréable ~ (화제가 많고) 이야기를 재미나게 하는 사람. Il a demandé un ~ au directeur. 그는 사장에게 면담을 요청했다. faire l'~ du public 세상 사람들의 화제거리가 되다.

entretisser [ɑ̃trətise] *v.t.* 혼방(混紡)하다.
entretoile [ɑ̃trətwal] *n.f.* 〖의복〗 (겹으로 된 마포 사이의) 레이스 장식.
entretoise [ɑ̃trətwaːz] *n.f.* 〖건축〗 가로장, 버팀대, 장선, 도리, 들보.
entretoisement [ɑ̃trətwazmɑ̃] *n.m.* 가로장을 붙임.
entretoiser [ɑ̃trətwaze] *v.t.* 〖건축〗 (에) 가로장을 붙이다.

entre-toucher (s') [sɑ̃tətuʃe] *v.pr.* 《드물게》 서로 닿다.
entre-tromper (s') [sɑ̃trətrɔ̃pe] *v.pr.* 서로 속이다.
entre-tuer (s') [sɑ̃rətɥe] *v.pr.* 서로 죽이다.
entreverr-ai, -as, etc. [ɑ̃trəvere, -a], **entrevi-s, -t**, etc. [ɑ̃trəvi] ⇨entrevoir.
entrevision [ɑ̃trəvizjɔ̃] *n.f.* 힐끗 보기, 일별(一瞥), 일견(一見).
entre-visiter (s') [sɑ̃trəvizite] *v.pr.* 서로 방문하다.
entre(-)voie [ɑ̃trəvwa] *n.f.* 〖철도〗 복선 궤도간의 간격. quai d'~ 섬 모양(도식(島式))의 플랫폼.
***entrevoir** [ɑ̃trəvwaːr] [59] *v.t.* ① 힐끗 보다, 일별하다; 희미하게 보다(apercevoir). Je n'ai fait qu'~ tout cela à l'arrivée. 나는 도착하면서 이 모든 것을 힐끗 보았을 뿐이다. ~ qc dans le brouillard ~을 안개 속에서 어렴풋이 보다. ② [~ qn] (와) 잠시 만나다. Je l'*avais entrevu* quelques minutes dans le salon. 나는 살롱에서 그를 몇 분 동안 만났었다. ③ (비유적) 막연하게 (어렴풋이) 예감(예상)하다(pressentir). ~ la fin 결말을 예감하다. laisser ~ qc à qn …을 …에게 암시하다.
—s'~ *v.pr.* ① 서로 힐끗 보다; 잠시 만나보다. ② (엣) 서로 방문하다.

entrevous [ɑ̃trəvu] *n.m.* 〖건축〗 ① (마루 밑의) 장선 사이의 공간. ② 간막이 기둥 사이의 벽토.
entrevoûter [ɑ̃trəvute] *v.t.* 〖건축〗 (간막이 기둥 사이에) 벽토를 바르다.
entrevoyant [ɑ̃trəvwajɑ̃], **entrevu(e¹)** [ɑ̃trəvy] ⇨ entrevoir.
entrevue² [ɑ̃trəvy] *n.f.* 회견(entretien); 알현(謁見), (공식적인) 회담, 대담(tête-à-tête). fixer une ~ 면담 날짜를 정하다. avoir une ~ avec qn …와 회담(면담)하다. ménager une ~ entre deux personnes 두 사람의 회담을 주선하다.
entripaillé(e) [ɑ̃tripaje] *a.* 《구어》 불룩배의.
entrisme [ɑ̃trism] *n.m.* 잠입(침투) 공작(타정당·타조직에 공작원을 잠입시키기)(noyautage).
entr(')obliger (s') [sɑ̃trɔblize] [3] *v.pr.* 《드물게》 서로 의무를 지우다.
entr'œil [ɑ̃trœj] *n.m.* 눈과 눈 사이.
entropie [ɑ̃trɔpi] *n.f.* ① 〖물리〗 엔트로피(열역학에 있어서 에너지의 산일(散逸)의 원리를 표시하는 함수). ② 〖컴퓨터〗 한 메시지 내에서 내포되는 불확실성의 정도를 표시하는 수량.
entropion [ɑ̃trɔpjɔ̃] *n.m.* 〖의학〗 안검내전증(眼瞼内轉症).
entroque [ɑ̃trɔk] *n.m.* 〖고대생물〗 (갯나리의 줄기를 형성하는) 윤상부(輪狀部).
entr'ouïr [ɑ̃truiːr] [24] *v.t.* 슬쩍 듣다.
entrouvert(e) [ɑ̃truvɛːr, -ɛrt] (*p.p.<entr'ouvrir*) *a.p.* ① (문·꽃·눈·입 따위가) 반쯤 열린, 방긋이 열린. fenêtre ~e 반쯤 열린 창문. dormir la bouche ~e 입을 반쯤 벌린 채 자다. ② 갈라진; 좌우로 열린. abîme ~ sous ses pas 발 아래 입을 벌린 심연.
entrouverture [ɑ̃truvɛrtyːr] *n.f.* 반쯤 열림, 반개(半開).
entr(')ouvrir [ɑ̃truvriːr] [12] *v.t.* 반쯤 열다, 방긋이 열다. ~ la porte 문을 반쯤 (살짝) 열다.
—s'~ *v.pr.* ① 반쯤 열리다, 방긋이 열리다. rose qui *s'entrouvre* 방긋이 벌어지는 장미꽃. ② 좌우로 열리다(갈라지다).
entubage [ɑ̃tybaːʒ] *n.m.* 《속어》 속이기, 사기(escroquerie).
entuber [ɑ̃tybe] *v.t.* 《속어》 속이다, 사기치다. Il s'est fait ~. 그는 사기당했다.
enturbanné(e) [ɑ̃tyrbane] *a.* (머리에) 터번을 두른 (쓴).
enture [ɑ̃tyːr] *n.f.* ① 〖원예〗 (접붙이기 위하여) 벤

énucléation [enykleasjɔ̃] *n.f.* ① 『외과』(종기의 근·눈알·편도선 따위를)떼어내기, 적출. ② (과일의)씨를 빼기. ③ 『드물게』(힘든 문제의)해결.

énucléer [enyklee] *v.t.* ① 『외과』(종기·눈알·편도선 따위를)떼어내다, 적출(摘出)하다(extirper). ② (과일의)씨를 빼다.

énucluer [enyklwa:r] *n.m.* (과일의)씨 빼는 기구.

énumérable [enymerabl] *a.* 셀 수 있는.

énumérateur(trice) [enymeratœ:r, -tris] *n.* 『드물게』세는 사람; 열거자.

énumératif(ve) [enymeratif, -i:v] *a.* 세는; 열거하는. bordereau ~ (구입 따위를)열거한 명세서.

énumération [enymerasjɔ̃] *n.f.* 열거(함), 목록; 『수사학』열거; 『논리』매거법(枚擧法). ~ des objets d'une collection 수집품의 목록(표). donner une ~ des personnalités battues aux élections 낙선자의 명단을 발표하다. ~ des parties 『수사학』부분의 열거. définition par ~ 『논리』열거법에 의한 정의.

énumérer [enymere] ⑥ *v.t.* 열거하다; 세다(compter); 『수사학』열거하다. *Énumérez* les romans de V.Hugo. 위고의 소설을 열거해 보세요. ~ les clauses d'un traité 어떤 조약의 조항들을 열거하라.

énurèse [enyre:z], **énurésie** [enyrezi] *n.f.* 『의학』유뇨(증)(遺尿症). ~ nocturne 야뇨증.

énurétique [enyretik] *a.* 『의학』유뇨증의.

env. (약자) environ 대략.

*****envahir** [ãvai:r] *v.t.* ① (적을)침략하다; 침해하다 (conquérir); 침입하다, 몰려들다. ~ un pays(une région) 나라(지역)를 침략하다. En été les touristes *envahissent* Paris. 여름에는 관광객이 파리로 몰려온다. ② (주어는 사물)(붙이)붙다, 밀려오다; 휩쓸다; 우거지다. Les mauvaises herbes *envahissent* le jardin. 잡초가 정원에 우거져 있다. Les produits étrangers *envahissent* le marché. 외국상품이 시장에 마구 밀려온다. ③ [~ *qn*] (감정 따위가)사로잡다, 차지하다(gagner). La peur l'*envahit* à l'approche de l'examen. 시험이 다가옴에 따라 그는 두려움에 사로잡혔다. (*qn* 대신 le cœur [l'esprit]) La joie *envahissait* son cœur. 그의 마음은 기쁨으로 가득했다.

envahissant(e) [ãvaisã, -ã:t] *a.* ① 침범하는, 번져가는, 침식하는. flamme ~*e* 번져나가는 불길. ② 『구어』(사람이)성가시게 비짖 끼어드는(importun). voisins ~*s* 귀찮게 구는 이웃들. ③ 『옛』침략하는. armée ~*e* 침략군.

envahissement [ãvaismã] *n.m.* 침범, 침입(invasion); 범람; 침식(浸蝕). ~ du nord de la France par les troupes allemandes 독일군에 의한 프랑스 북부의 침공. ~ des produits étrangers 외국상품의 범람.

envahisseur(se) [ãvaisœ:r, -ø:z] *n.m.* 침입자, 침략자; 『집합적』침략군. —*a.* 침입하는, 침식하는.

envasement [ãvazmã] *n.m.* 진흙으로 메우기; 진흙으로 메워지기.

envaser [ãvaze] *v.t.* ① 진흙으로 메우다. ② (배 따위를)진흙탕 속에 빠지게 하다.
—*s'~ v.pr.* ① 진흙으로 메워지다; 진흙에 묻히다(감추어지다). Le port *s'est envasé*. 항구가 진흙으로 메워졌다. poisson qui *s'envase* 진흙 속에 숨는 고기. ② 『비유적』[s'~ dans] (속에) 빠져들어 가다, (에)봉착하다. *s'~ dans* la misère 빈곤에 빠지다.

enveillotage [ãvɛjɔta:ʒ] *n.m.* (건초를)원뿔꼴로 쌓아 올리기.

enveilloter [ãvɛjɔte], **envélioter** [ãveljɔte] *v.t.* (건초를)원뿔꼴로 쌓아 올리기.

enveloppage [ãvlɔpa:ʒ] *n.m.* = enveloppement.

enveloppant(e) [ãvlɔpã, -ã:t] *a.* ① 싸는, 포위하는. manteau ~ (몸을 폭 감싸는)품이 넓은 외투. mouvement ~ 포위작전. ② (비유적) 매혹적인 (captivant), charme ~ 마음을 호리는 매력.
—*n.f.* 『수학』포락선(包絡線)(ligne ~*e*).

*****enveloppe** [ãvlɔp] *n.f.* ① 겉물, 봉투; (소포의)포장. ~ à fenêtre 투명봉투. ~ gommée[autocollante] 고무칠한 봉투. mettre une lettre sous ~ 편지를 봉투에 넣다. cacheter[décacheter] une ~ 봉투를 봉하다[열다]. ~ en papier d'un colis 소포의 종이 포장. ②싸개, 덮개; 차폐(遮蔽). ~ d'un livre 책의 커버. ~ d'une chambre à air (튜브를 싸는)타이어. ③『문어』겉모양, 외관(apparence); 『옛』겉치레, 허울. Sous une ~ naïve, elle cachait une immense ruse. 순진한 듯한 외관 속에 그녀는 엄청난 계교를 숨기고 있었다. ④『식물』외피(外皮), 꽃덮개; 『해부』피막(皮膜); 『수학』포락선(包絡線), 포락면; 『기계』(보일러·실린더·파이프 따위의)열발산 방지)포피(包被), 외투피(外套皮); 『군사』(총탄의)탄피; 『포신(砲身)의)피복(被覆); 『전기』(전선의)피복. ⑤『문어』(영혼에 대한)육체. ⑥ (관청·공공기관의)총예산. ~ budgétaire(그 안에서 자유롭게 운용할 수 있는)포괄 예산.
recevoir une ~ 뒷구멍으로 돈을 받다.

enveloppé(e) [ãvlɔpe] *a.p.* ① 포장된. paquet ~ 포장된 소포. ② 『구어』(몸이)통통한. Elle est bien ~*e*. 그 여자는 살이 쪘다. ③ 『문어』분명치 않은, 모호한(obscur); 복잡한(embrouillé). raisonnement ~ 불명료한 논리. affaire ~*e* 복잡하게 얽힌 사건. —*n.m.* 『옛』앙블로페(한 발을 축으로 몸을 안쪽으로 돌리기).
—*n.f.* 『수학』포락선(ligne ~*e*).

enveloppement [ãvlɔpmã] *n.m.* ① 싸기, 포장. ② 『의학』습포로 싸기; 습포. ~ froid[chaud] 냉[온]습포. ~ généralisé[partiel] 전신[부분]습포. ③ 『군사』포위.

*****envelopper** [ãvlɔpe] *v.t.* ① 싸다; 포장하다(emballer); 쐬우다, 덮다(couvrir). ~ *qc* dans du papier ···을 종이로 싸다. ~ un malade d'une(dans une) couverture 환자를 모포로 감싸다. ② (비유적)에 워싸다, 감싸다. Une atmosphère obscure *enveloppe* la ville. 음침한 분위기가 도시를 감싸고 있다. [~ *qn* de] ~ *qn* d'un tendre regard ···을 부드러운 시선으로 감싸다(바라보다). ③ 덮어 감추다(cacher); (말·생각 따위를)흐리게 하다(camoufler). Les nuages *enveloppaient* le ciel. 구름이 하늘을 덮고[가리고] 있었다. crime *enveloppé* de mystère 신비[수수께끼]에 싸인 범죄. ~ ses paroles 말을 흐리다. ④ 『군사』포위하다(cerner). ~ une troupe ennemie 적군을 포위하다. ⑤ 『옛』[~ *qn* dans] 연루시키다, 끌어넣다. se trouver *enveloppé dans* un complot 음모에 끌려 들었다고 느끼다. ~ *qn* dans sa ruine ···을 자기와 함께 파멸시키다. ⑥『옛』붙잡다; 속이다.
—*s'~ v.pr.* ① [s'~ dans] (으로)몸을 싸다(두르다). *s'~ dans* un manteau 외투로 몸을 싸다. ② (비유적)[s'~ de] (으로)싸이다. *s'~ de* mystère 신비[수수께끼]로 싸이다. ③ (se는 간접목적보어) 자기의 ···을 싸다. *s'~* le doigt avec *qc* 손가락을 ···으로 싸다. (⇒②).

envenimation [ãvnimasjɔ̃] *n.f.* = envenimement

envenimé(e) [ɑ̃vnime] *a.p.* ① (비유적) 악의에 찬, 가시돋친. propos ~s 가시돋친 말. ② 악화된, 격화된. plaie ~e 덧난 상처. crise ~e 악화된 위기.

envenimement [ɑ̃vnimmɑ̃] *n.m.* ① (상처 따위의) 악화, 덧나기. ② (뱀·벌 따위에 의한 상처의) 중독, 덧 (envenimation). ③ (비유적) (감정·싸움 따위의) 격화. ~ d'une haine 증오의 격화.

envenimer [ɑ̃vnime] *v.t.* ① (상처 따위를) 악화시키다, 덧나게 하다 (infecter). ~ les plaies en les grattant 상처를 긁어서 덧나게 하다. ② (비유적) 악화(격화)시키다 (aggraver). ~ la situation 상황을 악화시키다. ~ une querelle 싸움을 부채질하다. ~ le mal 사태를 악화시키다. ③ (에) (에) 독을 바르다. ④ (에) (이야기 따위를) 고의로 왜곡하다. ~ ses discours les plus innocents 자기의 가장 순수한 그의 말을 나쁘게 꾸며내다. ⑤ (에) [~ qn] (에게) 악의를 품게 하다. qn contre qn … 에게 … 에 대하여 나쁜 감정을 가지게 하다.
— **s'~** *v.pr.* ① (상처가) 악화되다, 곪다. ② (논쟁 따위가) 험악해지다, 격화되다. Leurs rapports s'enveniment de plus en plus. 그들의 관계가 갈수록 더 악화되다.

enverger [ɑ̃vɛrʒe] ③ *v.t.* ① 【제지】 (종이 재료를) 쇠그물 전면에 늘어놓다. ② 【직조】 씨실을 교차시키다. 〔김.

envergeure [ɑ̃vɛrʒy:r] *n.f.* 【직조】 씨실을 교차시키

enverguer [ɑ̃vɛrge] *v.t.* 【해양】 (돛을) 활대에 매달다.

envergure [ɑ̃vɛrgy:r] *n.f.* ① 돛너비; (새·비행기의) 날개의 폭. ~ d'un oiseau 새의 펼친 날개 폭. ② (비유적) (정신력·의지력 따위의) 강함, (이해력 따위의) 넓음, 도량 (étendue, ouverture). homme d'~ 정신력이 강한 사람. esprit de grande (large) ~ 도량이 넓은 사람. ③ (사물의) 크기, 규모, 스케일 (ampleur, étendue). offensive de ~ 대공세. manifestation de grande ~ 대규모의 시위. prendre de l'~ 규모가 커지다 (확장되다).

enverr-ai, **-as**, etc. [ɑ̃vɛr-e, -a] ⇨ envoyer.

*****envers**¹ [ɑ̃vɛr] *n.m.* ① (천 따위의) 이면 (↔ endroit). ~ d'une étoffe 천의 안. étoffe sans ~ 안밖이 없는 천. ~ de la feuille (de papier) 종이의 이면 (dos, verso). ② (비유적) 반대(쪽), 역(逆) (contraire); 숨은 부분, 그늘. ~ du bon sens 양식의 반대, 양식을 거슬리는 것. faire voir l'~ des événements 사건의 이면[내막]을 보여주다. ~ de la vie 인생의 이면 [뒤안길]. Les défauts sont l'~ inévitable des qualités. 단점은 장점에 불가피하게 따르는 그늘이다. gens à deux ~ 《구어》 표리있는 사람들.
à l'~ 반대로, 거꾸로, 뒤집어. monde à l'~ 거꾸로 된 세상. mettre son chandail à l'~ 스웨터를 뒤집어 입다. comprendre des paroles à l'~ (비유적) 말을 곡해하다. avoir la tête [la cervelle] à l'~ 머리가 혼란에 빠져있다 (뒤죽박죽이다). Tout va à l'~. 모든 것이 광적이다.

*****envers**² *prép.* ① (정신적 관계를 나타냄) … 에 대하여 (à l'égard de). être sévère ~ ses enfants 아이들에 대해 엄격하다. nos devoirs ~ nous-mêmes 우리 자신에 대한 우리의 의무. ② (옛) … 에게, … 에 대하여 (auprès de). perdre son crédit ~ qn … 의 신임을 잃다. ~ **et contre tout** [**tous**] 모든 것을 무릅쓰고, 무슨 수를 쓰더라도.

envi (à l') [ɑ̃lavi] *loc.ad.*, *prép.* 겨루어, 앞을 다투어 (à qui mieux mieux). Ils travaillent à l'~. 그들은 다투어 (공부) 한다.
à l'~ **de** (옛) … 와 겨루어, … 에 대항하여.

enviable [ɑ̃vjabl] *a.* 부러운, 샘이 나는. position

선망의 자리 (지위).

envidage [ɑ̃vidaʒ] *n.m.* 【직조】 (실을) 감기.

envider [ɑ̃vide] *v.t.* 【직조】 (실을) 가락 [실패] 에 감다.

:envie [ɑ̃vi] *n.f.* ① 욕구, 욕망, 갈구 (désir). [avoir ~ de *qc*] J'ai ~ d'un vélo. 자전거를 갖고 싶다. [avoir ~ de + *inf*.] avoir ~ de voyager 여행하고 싶다. 《avoir 대신》 éprouver (ressentir) l'~ (une grande ~) de fumer (몹시) 담배를 피우고 싶어지다. mourir (brûler) d'~ de + *inf*. 죽도록 … 하고 싶어하다, … 하고 싶어 못견디다. 《비인칭》 Il vient à qn l'~ de + *inf*. … 하고 싶은 생각이 나다. [avoir ~ que + *sub.*] Il a ~ que vous restiez ici. 그는 당신이 여기 그대로 계시기를 바란다. ② 부러움, 선망; 새암, 질투 (jalousie). être rongé [dévoré] d'~ 질투로 괴로와하다. exciter (attirer) l'~ de ses voisins 이웃들의 선망을 불러 일으키다. porter ~ à qn ⇨ des regards d'~ sur *qc* [*qn*] … 에 선망의 눈초리를 던지다. ③ 생리적 욕구 (besoin); (임산부의) 입덧. avoir ~ (아이들이) 보고 싶어하다. ~ de femme grosse 임산부의 입덧. ④ (*pl.*) (손톱의) 거스러미; (갓난아이의) 모반 (母斑).
avec ~ 부러운 듯이, 탐나는 듯이, 갈망하여.
Ça l'a pris comme une ~ de pisser. 《구어》 그는 갑자기 그렇게 하고 싶어졌다.
donner ~ **de** + *inf*. (주어는 사물) … 하고 싶어지게 하다. Ce beau temps me donne ~ de me promener. 날씨가 좋으니 산책이라도 하고 싶어진다.
faire ~ **à** *qn* (주어는 사물) ⓐ … 의 마음 [욕구]를 돋우다. Cette voiture me *fait* ~. 이 차는 구미가 당긴다. ⓑ (옛) 선망을 불러일으키게.
Mieux vaut faire ~ *que pitié.* 《속담》 동정받느니보다 차라리 남이 부러워하는 사람이 되어라.
envi(e) [ɑ̃vje] *a.p.* 【옛】 ~ 선망의 적이 되는. situation ~e 선망의 적이 되는 자리.

envieilli(e) [ɑ̃vjeji] *a.p.* (비유적) (버릇·편견 따위가) 뿌리 깊은.

envieillir [ɑ̃vje(e)ji:r] 【옛】 *v.i.* 늙다. —*v.t.* 늙어 보이게 하다; 늙게 하다. Ce chapeau l'*envieillit*. 그는 이 모자로 나이보다 늙어 보인다. —**s'~** *v.pr.* 늙다.

*****envier** [ɑ̃vje] *v.t.* ① 부러워하다, 탐내하다, 새암 (투)하다, 시기하다. ~ le bonheur d'autrui 타인의 행복을 부러워하다. Tout le monde l'*envie*. 모두가 그를 부러워한다. [~ *qc* à *qn*] On lui *envie* sa situation. 사람들은 그의 지위를 부러워하고 있다. [~ *qn* de + *inf*.] Je vous *envie* d'être si heureux. 당신이 그토록 행복한 것이 부럽습니다. ② (옛) 바라다, 갖고 싶어하다. ③ (옛) 거절하다.
—**s'~** *v.pr.* 서로 부러워하다; 서로 새암하다.

envieusement [ɑ̃vjøzmɑ̃] *ad.* 부러운 듯이; 탐나는 듯이; 새암나는 듯이.

envieux(se) [ɑ̃vjø, -ø:z] *a.* 부러워하는; 새암하는 (jaloux). 《옛》 인색한. caractère ~ 샘이 많은 성격. être ~ du succès d'autrui 남의 성공을 시기하다. —*n.* 부러워하는 사람; 새암하는 사람. faire des ~ 남들을 부럽게 만들다.

enviné(e) [ɑ̃vine] *a.* (그릇이) 술내 나는.

:environ [ɑ̃virɔ̃] *ad.* 대략, 약 ~. Il est ~ neuf heures. 9시쯤 됐다. il y a ~ deux ans 약 2년전. femme d'~ cinquante ans 50세쯤 된 여자.
—*prép.* 《옛·문어》 (공간적) ~ 근처에 (aux alentours de); (시각적) ~ 쯤, 경 (vers). ~ l'année 1930, 1930년 경.
—*n.m.pl.* 근처, 부근 (alentours). chercher une maison dans les ~s de Paris 파리 근교에 집을 구하다. **aux** ~**s de** … 부근에; … 경에; 약. habiter *aux*

~s de Paris 파리근교에 살다. aux ~s de Noël 크리스마스 때 쯤. aux ~s de 17% 약 17%.

environnant(e) [ᾱvirɔnᾱ, -ᾱ:t] *a.* 주위의, 근방의 (avoisinant, ↔ éloigné). bois ~s 주위의 숲[산림]. circonstances ~s 주변사정.

environnement [ᾱvirɔnmᾱ] *n.m.* ① 둘러쌈. vivre dans un ~ de livres 책에 둘러싸여 살다. ② 주위, 환경(milieu). tenir compte de l'~ de l'enfant 아동의 환경을 중요시하다. ③ 《생태학과 관련하여》 환경. protection de l'~ 환경 보호. dégradation de l'~ 환경 파괴.

environnemental(ale, *pl.* **aux)** [ᾱvirɔnmᾱtal, -o] *a.* 환경의, 환경과 관련된. influence ~ale 환경의 영향.

environner [ᾱvirɔne] *v.t.* ① 둘러싸다, 에워싸다. Des murailles *environnent* la ville. 성곽이 도시를 둘러싸고 있다《수동형: La ville *est environnée* de murailles》. ② 근처[둘레]에 있다, 가까이 있다. Les campagnes *environnent* ma maison. 들판이 내 집 둘레에[가까이] 있다. ③ 《사람이》 주변에 있다, 따르다. Des flatteurs l'*environnent*. 아첨꾼들이 그를 에워싸고 있다《수동형: Il *est environné* de flatteurs》. ④ 《비유적》 엄습하다. Les dangers l'*environnent* de toutes parts. 사방으로부터 위험이 그를 엄습하고 있다.

—s'~ *v.pr.* [s'~ de] (으로)둘러싸이다. s'~ de ses amis fidèles 좋은 친구들에 둘러싸이다.

envisageable [ᾱvizaʒabl] *a.* 생각할 수 있는, 예상[예측]할 수 있는 (prévisible).

envisagement [ᾱvizaʒmᾱ] *n.m.* 《드물게》 ① 주목, 주시; 직시. ② 고찰.

***envisager** [ᾱvizaʒe] ③ *v.t.* ① 보다, 검토하다, 고찰하다 (considérer). ~ le problème sous un autre aspect 문제를 다른 측면에서 검토하다. ~ tous les aspects de la situation 상황의 모든 측면을 고찰하다. ② 고려하다 (penser). n'~ que son intérêt personnel 자신의 개인적 이익만을 생각하다. ③ 《가능한 것으로》 생각하다, 예상하다, 예견하다. ~ le pire 최악의 경우를 예상하다. Nous *envisageons* la fin des travaux pour l'été prochain. 우리는 공사완료를 내년 여름으로 보고있다. ④ 계획하다 (projeter). ~ un voyage en France 프랑스 여행을 계획하다. [~ de+*inf.*] Il *envisage* de prendre sa traite. 그는 은퇴할 것을 고려하고 있다. ⑤ 《얼굴》을 바라보다.

envoi [ᾱvwa] *n.m.* ① 부침, 발송 (expédition); 발송품. faire un ~ de marchandises 상품을 발송하다. ~ d'argent 송금. J'ai reçu votre ~ le 5 courant. 금월 5일 보내신 물건을 접수했습니다. ② 《사람》의 파견. ~ de troupes [de renforts] 부대 [증원군] 의 파견. ③ 《운율》 《발라드의 마지막 절에 헌정의 뜻을 나타내는》 발구(跋句); 저자 자필의 헌사. ④ coup d'~ 《축구》 킥 오프 (→ 축구). ⑤ ~ en possession 《법》 점유취득.

coup d'~ 《축구의 킥 오프에서》 개시의 신호. donner le *coup d'~* de *qc* ···의 개시[개막]를 알리다.

~ des couleurs 국기게양.

envoiler (s') [sᾱvwale] *v.pr.* 《야금》 《달굴 때 강철 따위가》 휘다, 굽다.

envoilure [ᾱvwaly:r] *n.f.* 《야금》 휨, 굽음.

envoisiné(e) [ᾱvwazine] *a.p.* 이웃하는. être bien [mal] ~ 이웃이 좋다[나쁘다].

envol [ᾱvɔl] *n.m.* ① 날아오름, 비상 (飛翔) 《비행기의》 이륙 (décollage). prendre son ~ 날아오르다. ② 《비유적》 《공상 따위의》 자유로운 비상, 비약 (essor).

envolée [ᾱvɔle] *n.f.* ① 날아오름[감]; 출발; 《항공》 이륙. ~ des feuilles mortes 날아오르는 낙엽. ② 《비유적》 《이상·신 따위의》 향한 마음의 비약, 고양 (高揚) (élan). ~s vers l'infini 무한에의 비약. ~s lyriques 서정적 고양.

envolement [ᾱvɔlmᾱ] *n.m.* 날아오름, 비상 (飛翔).

envoler (s') [sᾱvɔle] *v.pr.* ① 《새가》 날아오르다 (가다); 《비행기가》 날다, 이륙하다 (décoller). s'~ à tire-d'aile 《날개를 치며》 쏜살같이 날아가다. 《새를 생각하여》 Le moindre bruit fait ~ les moineaux. 아주 작은 소리도 참새들을 날아가게 한다. L'avion *s'est envolé* pour Londres. 비행기는 런던을 향해 이륙했다. ② 《바람 따위에》 날리다, 흩어지다. Son chapeau *s'est envolé*. 그의 모자가 날려갔다. cheveux *envolés* 흐트러진 머리(카락). ③ 《구어》 《비유적》 없어지다; 《사람이》 가버리다, 도망가다. Ma montre *s'est envolée*. 내 시계가 없어졌다. Personne, ils *se sont envolés*. 아무도 없군, 다들 떠나가 버렸어. ④ 《비유적》 사라지다, 흘러가다. Les illusions *s'envolent*. 환상이 사라져버린다. Le temps *s'envole*. 시간은 흘러간다. ⑤ 《소리가》 울려나오다. Des cris variés *s'envolent* par les fenêtres. 갖가지 외침이 창문 사이로 흘러나온다. ⑥ 《문어》 죽다, 타계하다. ⑦ 《경제》 《가격 따위가》 급등하다; 《통화의》 가치가 오르다. Les tarifs des ingrédients *s'envolent*. 원료의 가격이 치솟는다.

envoûtant(e) [ᾱvutᾱ, -ᾱ:t] *a.* 호리는, 매혹하는.

envoûté(e) [ᾱvute] *n.* 저주받은 사람.

envoûtement [ᾱvutmᾱ] *n.m.* ① 방자, 주술, 마법 (sorcellerie). formules d'~ 주문. ② 《비유적》 호림, 매혹 (enchantement).

envoûter [ᾱvute] *v.t.* ① 《초나 흙 따위로 빚은 사람의 얼굴을 바늘로 찔러 가며》 방자하다, 저주하다. ② 《비유적》 호리다, 매혹하다 (ensorceler, charmer). Cette femme l'a *envoûté*. 그는 이 여인에게 홀렸다.

envoûteur(se) [ᾱvutœ:r, -ø:z] *n.* ① 저주(방자)하는 사람. ② 《비유적》 호리는 사람, 매혹하는 사람.

envoyable [ᾱvwajabl] *a.* envoyer 할 수 있는.

envoyé(e) [ᾱvwaje] *n.* 사자(使者)(messager); 사절 (délégué); 파견원. ~ spécial d'un journal 신문의 특파원. ~ extraordinaire et ambassadeur plénipotentiaire 특명전권 대사. Vous êtes l'~ du ciel! 《구어》 때마침 잘 오셨군요! —*a.p.* ① 보내진. balle bien ~*e* 잘 던져진 공. ② 《구어》 통렬한. réponse bien ~*e* 적절한 [급소를 찌른] 대답. C'est ~! 회한하게 해냈군 [멋지게 말했군]!

‡envoyer [ᾱvwaje] ⑦ *v.t.* Ⅰ. [~ *qn*] 보내다, 파견하다. ~ un messager à *qn* ···에게 심부름꾼을 보내다. ~ des troupes au front 군대를 전선에 보내다. ~ *qn* à l'Assemblée ···을 의회로 보내다. ~ *qn* en course [en mission] ···을 심부름에 보내다. ~ *qn* dans l'autre monde ···을 저승으로 보내다. [~ (*qn*)+*inf.*] Je l'ai *envoyé* acheter du pain. 빵을 사오도록 그를 보냈다. ~ (*qn*) chercher le médecin 의사를 부르러 《···을》 보내다.

② 내던지다 (jeter). ~ *qn* à terre ···을 땅바닥에 쓰러뜨리다. ~ son adversaire au tapis 《권투》 상대방을 매트에 다운시키다.

③ 《목적보어 없이》 ~ chez *qn* 《옛》 ···집에 심부름보내다.

Ⅱ. [~ *qc*] ① 보내다, 우송하다, 발송하다 (expédier). ~ un paquet par la poste 소포를 우편으로 보내다. ~ des félicitations [des condoléances] 축하 [애도]의 말을 보내다. Elle m'*envoie* des baisers. 그녀는 나에게 키스를 보낸다.

② 던지다, 차다, 치다, 발사하다 (jeter, lancer). ~ une balle avec la main [avec une raquette] 손으

envoyeur(se)

로 공을 던지다(라켓으로 치다). ~ une gifle(un coup de poing) à qn …의 뺨을 치다(주먹으로 치다). ~ une pierre dans une vitre 유리창에 돌을 던지다. ~ un coup de fusil 총을 한 방 쏘다.
③ ~ les couleurs 《해양》 국기를 게양하다.

~ qn promener(*paitre*); ~ qn sur les roses 《속어》…에게 매몰차게 대하다, …을 쫓아버리다(se débarrasser de).

~ *promener*(*valser*) qc …을 내던지다, 포기하다. Ces recherches ne donnent rien, je vais tout ~ *promener*. 이 연구는 아무런 성과도 없다, 다 때려 치워야겠다.

ne pas ~ *dire* qc à qn 《구어》 (사람을 시켜 말하지 않고) …에게 말하고 …을 행하다. Je ne le lui ai pas envoyé dire. 나는 그에게 맞대 놓고 그것을 말해주었다.

—**s'**~ *v.pr.* ① 《수동적》 보내지다.
② 《상호적》 서로 보내다. s'~ des lettres 서로 편지를 교환하다.
③ 《속어》 (se 는 간접목적보어) 먹다, 마시다. s'~ un verre de vin 포도주를 한 잔 마시다.
④ 《속어》 (se 는 간접목적보어) (싫은 일을) 억지로 하다, 떠맡다. s'~ une corvée(une charge) 하기 싫은 일을 떠맡다.
⑤ 《비어》 (이성과) 자다, 성교하다. s'~ une femme 여자와 자다. s'~ en l'air 강렬한 (성적) 쾌감을 느끼다.

envoyeur(se) [ɑ̃vwajœːr, -ø:z] n. 발송인. retour à l'~ 발송인에게 반송.

enwagonner [ɑ̃vagɔne] v.t. 《드물게》 화차에 싣다.

enzootie [ɑ̃zɔɔti, -si] n.f. 《수의》 (가축의) 풍토병.

enzootique [ɑ̃zɔɔtik] a. 《가축의》 풍토병의.

enzymatique [ɑ̃zimatik] a. 효소의.

enzyme [ɑ̃zim] n.m. 《화학》 효소. ~ digestif 소화효소. lessive aux ~s 효소세제.

enzymologie [ɑ̃zimɔlɔʒi] n.f. 효소학(酵素學).

É.O.A. 《약자》élève officier d'active 《군사》 현역 사관후보생, 사관학교 생도.

éocène [eɔsɛn] 《지질》 n.m., a. 제 3기의 시신세 (始新世).

Éole [eɔl] n.pr.m. 《그리스신화》 바람의 신 아이올로스.

Éolie [eɔli] n.pr.f. 《고대지리》 아이올리스(소아시아의 그리스 식민지).

éolien(ne)[1] [eɔljɛ̃, ɛn] a. 《고대지리》 아이올리스 (*Éolie*)의. —**É**— n. 아이올리스 사람. —n.m. 아이올리스어(語).

éolien(ne)[2] a. ① 아이올로스(*Éole*)의. ② 바람[풍력]에 의한. érosion ~*ne* 풍화. harpe ~*ne* 바람에 울리는 자명금, 아이올로스 금.
—n.f. ① 풍차; 풍력 발동기(moteur ~). ② 《직물》 아이올리아직(織).

éolipile, éolipyle [eɔlipil] n.m. ① 《물리》 취관(吹管); (굴뚝의)통풍기. ② 용접용 램프.

éolique [eɔlik] a. =**éolien**[1].

éolisation [eɔlizasjɔ̃] n.f. 풍화 작용.

éoliser [eɔlize] v.t. (지표를)풍화시키다.

éolithe [eɔlit] n.m. 《고고학》 (유사 이전의)원석기 (原石器).

éolithique [eɔlitik] a. 《고고학》 원석기 시대의.

éon [eɔ̃] n.m. 《철학》 아이온(그노시스파(gnostiques)가 주장한 영구불변의 힘; 지상존재에서 나온 이 힘으로 지상존재는 세계를 다스림).

É.O.R. 《약자》élève officier de réserve 《군사》 예비역 사관 후보생.

éosine [eozin] n.f. 《화학》 에오신(산뜻한 다홍빛의 산성색소, 세포질의 염색에 씀).

éosinophile [eozinɔfil] n.m., a. 《생리》 호산성(好酸性) 백혈구(의).

éosinophilie [eozinɔfili] n.f. 《의학》 호산성 백혈구 증가증.

épacte [epakt] n.f. 《연대학》 윤여(閏餘) (양력에 비해 음력이 모자라는 날수, 보통 11일).

épagneul(e) [epaɲœl] a., n. (chien(ne)) ~(e) 스패니엘 개(스페인 원산의 수렵·애완용).

épaillage [epajaːʒ] n.m. 《직물》(양모에서 짚 따위의)티를[불순물]을 없애기.

épaillement [epajmɑ̃] n.m. 《금속》 (금의)불순물을 제거하기.

épailler [epaje] v.t. ① 《직물》(양모에서 짚 따위의)티를 없애다. ② 《금속》(금의)불순물을 제거하다.

épair [epɛːr] n.m. 갓 만든 종이; (투과광에 비추어 본)지질(紙質).

*****épais(se)** [epɛ, -ɛs] a. ① 두꺼운(↔mince, plat); 두께가 있는. livre ~ 두꺼운 책. ~ tapis rouge 두툼한 빨간 양탄자. planche ~se de deux centimètres 2 센티미터 두께의 판자. ② 우거진, 무성한; 밀생한, 밀집한; 농후한, 짙은; (액체가)진한 (dense, opaque, ↔clair), brouillard ~ 짙은 안개, 농무. cheveux ~ 숱이 많은 머리, foule ~se 밀집한 군중. sauce ~se 진한 소스. ③ 뚱뚱한, 땅딸막한(trapu), taille ~se ~se 땅딸막한. avoir les doigts ~ 손가락이 뭉뚝하다. ④ 둔한, 거친, 묵직한, 답답한(lourd, ↔fin). avoir l'esprit ~ 머리가 둔하다. sensibilité ~se 둔한 감수성. ⑤ 《문어》 (비유적) 짙은, 깊은. ombre ~se 짙은 그림자. silence ~ 깊은 침묵. nuit ~se 칠흑 같은 밤 [어둠]. ignorance ~se 지독한 무식.
au plus ~ *de* qc …의 가장 깊은 곳에, …의 한복판에. *au plus* ~ *de la forêt*(*de la foule*) 숲속 가장 깊은 곳에(군중 한복판에).
avoir la langue ~*se* 입이 무겁다, 말주변이 없다.
avoir le sang ~ 《속어》 고혈압이다.
—ad. ① 진하게, 짙게; 조밀하게, 촘촘히. semer ~ 촘촘하게 씨를 뿌리다. ② 《구어》 많이(beaucoup). Il n'y en a pas ~. 많지 않다.

épaissement [epɛsmɑ̃] ad. 두껍게; 짙게; 조밀(稠密)하게; 무성하게.

épaisseur [epɛsœːr] n.f. ① 두께. mur de trente centimètres d'~ 두께 30 센티의 벽. en double ~ 2장 겹쳐진. ② 무성함, 밀생; 농후함, 농도, 밀도; 진함(densité). ~ du brouillard 안개의 짙음, 짙은 안개. ~ du feuillage 잎의 우거짐. ~ de la nuit 《비유적》 밤의 짙은 어둠. Ce personnage a de l'~ (manque d'~). 이 작중인물은 밀도가 있다(결여되어 있다). ③ 땅딸막함. ~ de la taille 땅딸막한 몸매. ④ (정신 따위의)둔함, 조잡함(lourdeur). ~ de l'intelligence 머리의 둔함. ⑤ 두꺼운 곳, 깊은 곳. pénétrer dans l'~ d'une forêt 숲속 깊은 곳에 들어서다. à travers l'~ de ses rêves (비유적) 그의 깊은 몽상을 통해.
Il s'en est fallu de l'~ d'un cheveu (d'un fil, d'une feuille de papier) que (ne)+sub. 하마터면 …할 뻔했다 (s'en falloir=manquer).

épaissir [epe(ɛ)siːr] v.t. ① 두껍게 하다. ~ un mur 벽을 두껍게 하다. ② 짙게 하다, 무성하게 하다, 진하게 하다. ~ une sauce 소스를 진하게 하다. ~ l'obscurité 어둠을 짙게 하다. ③ 우둔하게 하다.
—v.i. ① 두꺼워지다; 짙어지다, 진해지다; 무성해지다. ② 뚱뚱해지다(grossir). Il a beaucoup épaissi. 그는 살이 많이 쪘다.
—**s'**~ *v.pr.* ① 두꺼워지다; 짙어지다, 진해지다; 무성해지다. La foule *s'épaissit*. 군중이 불어나고

있다. L'ombre s'*épaissit*. 그늘이 짙어진다. Le mystère s'*épaissit* autour de cette affaire. (비유적) 이 사건을 에워싸고 의혹이 짙어간다. ②뚱뚱해진다. Sa taille s'est épaissie. 그의 몸이 붙어났다. ③ 둔해진다. La langue s'*épaissit*. 혀가 (둔해져서) 돌아가지 않는다.

épaississant(e) [epɛsisɑ̃, -ɑ̃:t] *a.* 농도를 짙게하는.
——*n.m.* 〖사진〗농화제(濃化劑).

épaississement [epesismɑ̃] *n.m.* 두껍게[짙게·조밀하게] 함[됨]; 뚱뚱해짐; 둔하게 함[됨].

épaississeur [epesisœːr] *n.m.* 농화기(濃化機).

épamprage [epɑ̃praːʒ], **épamprement** [epɑ̃prəmɑ̃] *n.m.* (포도의)잎을 치기.

épamprer [epɑ̃pre] *v.t.* (포도의)잎이나 쓸데없는 부분을 치다, (보리의)이삭 끝을 자르다.

épanchement [epɑ̃ʃmɑ̃] *n.m.* ① 심정의 토로, 표명. ～ de cœur entre amis 친구지간에 마음을 털어놓기. ～ de l'amitié 우정의 표명. avoir besoin d'～ 심정을 토로하고 싶어하다. ② 〖의학〗(피 따위의)일출(溢出); 〖엣〗흐름. ～ du sang au cerveau 뇌일혈. ③ 〖지질〗(용암 따위의)흘러나옴. ～ volcanique 용암의 분출.

épancher [epɑ̃ʃe] *v.t.* (감정을)토로하다, (심중을)고백하다(confier). ～ son cœur 심정을 토로하다, 흉금을 털어놓다. ～ sa tendresse 사랑을 고백하다. ～ sa bile 벌컥 화를 내다. (액체·물 따위를)쏟다, 붓다; (비유적)(빛·은혜 따위를)쏟다, (향기를)풍기다. fontaine qui *épanche* son eau pure 맑은 물을 뿌리는 분수. Les roses *épanchent* leur parfum. 장미가 향기를 내뿜고 있다.
——*s'～ v.pr.* ① 마음을 고백하다(se confier). *s'～* auprès d'un ami 친구에게 심중을 털어놓다. ② (감정이)넘쳐나다(se répandre). La joie *s'épanche*. 기쁨이 넘쳐 흐른다. ③ 〖의학〗(혈액·임파액 따위가)일출하다. Le sang *s'est épanché* dans l'estomac. 위에 출혈이 있었다. ④ 〖엣〗흘러나오다. fontaine de miséricorde qui *s'épanche* du haut du ciel 하늘위에서 흘러나오는 자비의 샘.

épanchoir [epɑ̃ʃwaːr] *n.m.* 배수관.

épandage [epɑ̃daːʒ] *n.m.* (비료·비료 따위의)살포; 〖지리〗(하천의 무배수 지역의)확산.

épandeur(se) [epɑ̃dœːr, -øːz] *n.m.(f.)* 〖농업〗비료 살포기, (f.)아스팔트 살포기.

épandre [epɑ̃:dr] 〖25〗*v.t.* ① (물·비료를)살포하다. ②〖엣·문어〗(빛·혜택을)아낌없이 발하다[주다](émettre). soir qui *épand* un délice tranquille 고요한 감미로움을 뿌리는 저녁.
——*s'～ v.pr.* ① 살포되다. ② 퍼지다. Une rougeur *s'épandit* sur sa joue. 그의 뺨이 빨갛게 물든다.

épannelage [epanlaːʒ], **épannellement** [epanɛlmɑ̃] *n.m.* 〖건축〗épanneler 하기.

épanneler [epanle] 〖5〗*v.t.* 〖건축〗석재(石材)의 모서리를 깎다(대강 다듬다).

épanner [epane] *v.t.* (맷돌의)면을 평평하게 하다.

épanorthose [epanɔrtoːz] *n.f.* 〖수사학〗환어(換語)(앞에 한 말을 보다 적절한 다른 말로 바꿈; J'espère, que dis-je, *je suis certain* qu'il reviendra.).

épanoui(e) [epanwi] *a.p.* ① (꽃이)핀(éclos). ②《비유적》활짝 핀, 쾌활한, 밝은(radieux). visage ～ 기뻐하는(흡족해하는)얼굴. sourire ～ 만면의 미소. ③ 성숙한, 무르익은. corps ～ 성숙한 육체. enfant ～ 활달하게 자란 아이.

épanouir [epanwiːr] *v.t.* ① (꽃을)피게 하다. ② (날개·돛 따위를)펴다(déployer, étaler). paon qui *épanouit* sa queue 꼬리를 펼치는 공작새. ③《비유적》(얼굴·마음을)밝게 하다, 명랑하게 하다 (dilater). La joie *épanouissait* leurs visages. 기쁨으로 그들의 얼굴이 환하게 밝아졌다. ～ la rate 《구어》매우 기쁘게 하다, 웃음짓게 하다. ④ [～ qn] (정신적·육체적으로)성숙시키다. Ce nouveau genre de vie l'*a épanoui*. 그의 덕분에 생활방식이 그를 활달하게 자라게 했다(성숙하게 했다).
——*s'～ v.pr.* ① (꽃이)피다, 개화하다; (꽃처럼)피어나다, 퍼지다. ②《비유적》피어나다; (표정 따위가)밝아지다. Sa beauté commence à *s'～*. 그의 아름다움이 피어오르기 시작한다. [*s'～* de] Son visage *s'épanouit* de joie. 그의 얼굴이 기쁨으로 환해진다. À cette nouvelle, il *s'est épanoui*. 이 소식을 듣자 그의 얼굴이 활짝 펴졌다. ③ (정신적·육체적으로)성숙시키다(se développer). Les enfants *s'épanouissent* dans la tendresse. 아이들은 애정 속에서 무럭무럭 자란다.

épanouissement [epanwismɑ̃] *n.m.* ① 개화(開花) (éclosion). ②《비유적》피어오름; (표정 따위가) 밝아짐. être dans tout l'～ de sa beauté 아름다움의 절정에 있다, 한참 예쁘게 피어오르다. ～ du visage 얼굴의 밝아짐(환한 빛). ③ 성숙, 발달 (développement). ～ physique 육체적 성숙. ～ d'un talent 재능의 성숙, 무르익은 재능.

épar [epaːr] *n.m.* = **épart**[2].

éparcet [eparsɛ] *n.m.*, **éparcette** [eparsɛt] *n.f.* 〖식물〗일종의 콩 비슷한 사료 식물.

éparchie [eparʃi] *n.f.* ①〖역사〗(동로마 제국의) 주; 〖종교〗(동방 교회의)주교구. ②(근대 그리스의)군(郡).

éparer (s') [separe] *v.pr.* 〖사투리〗(말이)차다.

épargnant(e) [eparɲɑ̃, -ɑ̃:t] *n.* 절약가, 저축가. petits ～ 소액에금가. ——*a.*〖엣〗절약하는.

épargne [eparɲ] *n.f.* ① 절약, 검약(économie, ↔ gaspillage). ～ de l'énergie(du temps) (시간)의 절약. aliments d'～ 흥분성 음료《차·커피와 같이 다른 음식의 섭취를 감소시키는 식품》. ② 저금, 저축; 저축한 돈. caisse d'～ 저축은행. ～-logement 주택저축, 내집마련 저축. vivre de ses ～s 저축한 것으로 살아가다.

épargner [eparɲe] *v.t.* ① (돈 따위를)절약하다, 아껴쓰다(économiser). ～ son argent 돈을 절약하다. ～ l'énergie 에너지를 절약하다. ne pas ～ qc …을 아낌없이 쓰다. ② 저축하다, 저금하다. ～ une somme considérable 상당한 금액을 저금하다. 《목적보어 없이》[～ sur] ～ sur son salaire《sur sa nourriture》 월급에서 [먹는 것을 절약하여] 저축하다. ③《비유적》(노력·시간 따위를)절약하다, 아끼다. Il *n'a pas épargné* ni son temps ni son travail. 그는 시간도 노력도 아끼지 않았다. ～ sa peine 수고를 아끼다, 힘드는 일을 꺼리다. [ne rien ～ pour+inf.] Il *n'épargne* rien pour vous plaire. 그는 당신의 환심을 사기 위해서라면 어떤 일도 서슴지 않는다. ～ les paroles inutiles《비유적》쓸데없는 말을 하지 않다. ④ (사람을)너그럽게 봐주다, 유하다(ménager); 목숨을 살려주다. n'～ personne dans sa critique 비평함에 있어서 누구에게도 가차없다, 그 누구도 가차없이 비평하다. ～ son ennemi vaincu 패배한 적을 살려주다. ⑤ 《주어는 사물》 (재해 따위가) 피해를 입히지 않다. L'incendie *a épargné* ces maisons. 화재는 이 집들에 미치지 않았다. région *épargnée* par l'inondation 홍수의 피해를 면한 지역. ⑥ [～ qc à qn] (에게)［ ～을]면하게 해 주다, 면제하다(éviter). ～ une peine[un effort] à qn …에게 수고를 면하게 하다. *Épargnez-moi* vos larmes. 제발 좀 울지 마세요. Espérons que la guerre nous *sera épargnée*. 우리가 전쟁을 면할 수 있게 되기를 바라자. ⑦〖회

화》 (수채화 따위에서)화면에 흰 바탕을 남기다. *Qui épargne gagne.* 《속담》절약은 이득.
—**s'~** *v.pr.* ① 자기를 용서하다. ne pas *s'~* 자기에 대해 기탄없이 말하다, 스스로에 대해 사정없다. ② [*s'~ de*] (을)스스로 면하다, …하지 않다. *s'~ des efforts* 수고를 하지 않다(피하다). ③ ne pas *s'~ à + inf.* 《옛》 열심히 …하다.

éparpillement [eparpijmɑ̃] *n.m.* ① 흩어짐, 산재 (dispersion) ② 낭비; 산만.

éparpiller [eparpije] *v.t.* ① (사방으로)뿌리다, 흩뜨리다, 분산시키다(disperser, répandre); des graines 씨를 뿌리다. des papiers 서류를 어지럽게 흩뜨리다. ~ des soldats 군인을 분산시키다. ② (비유적) (집중하지 않고)분산시키다, 산만하게 하다. ~ ses efforts 헛되이 노력하다. Il *éparpille* son talent. 그는 재능을 한 곳에 쏟지 않는다.
—**s'~** *v.pr.* ① 흩어지다, 분산되다, 산재하다. La cendre *s'éparpille*. 재가 흩날리다. La foule *s'est éparpillée*. 군중이 흩어졌다. ② (비유적) (의)정신이 산란해지다, 번덕부리다. Il *s'éparpille*, il est incapable d'un travail suivi. 그는 정신이 산만해져서 지속적인 일을 하지 못한다.

éparque [epark] *n.m.* ① 《역사》 (동로마 제국의)주지사; 《종교사》 (동방교회의)주교. ② (근대 그리스의)군수.

épars'(e) [epaːr, -ars] *a.* ① 흩어져 있는, 분산된, 산재한(dispersé). villages aux maisons ~es 드문드문 집이 있는 마을. débris ~ de l'avion 비행기의 흩어진 잔해. averses ~es 《기상》 산발적인 소나기. ② 헝클어진, 어수선한; (비유적) 산만한. cheveux ~ 헝클어진 머리. idées ~es 산만한 생각. Nous n'avons sur cette affaire que des renseignements ~. 우리는 이 사건에 관해 단편적인 정보 밖에는 없다.

épars², épart¹ [epaːr] *n.m.* 《기상》 마른 번개.

épar(t²) [epaːr] *n.m.* ① 빗장. ② (수레의)가로장. ③ 《해양》 통나무 재목, 원재(圓材).

éparvin [eparvɛ̃] *n.m.* 《수의》 (말의)비절내종(飛節內腫)(épervin).

épatamment [epatamɑ̃] *ad.* 《구어》희한하게, 놀랄 만큼(admirablement).

épatant(e) [epatɑ̃, -ɑ̃ːt] *a.* 《구어》 깜짝 놀라게 하는; 멋있는(splendide). type ~ 멋진 녀석. Il fait un temps ~. 기막히게 좋은 날씨이다. C'est ~! 그거 멋있군!

épate [epat] *n.f.* 《구어》놀라게 함. faire de l'~ [des ~s] 깜짝 놀라게 하다. le faire à l'~ 멋지게 보이려고 행동하다.

épaté(e) [epate] *a.p.* ① 납작한; 밑이 퍼진, 아래쪽이 펑퍼짐한. nez ~ 납작코. ② 《구어》깜짝 놀란(stupéfait). air ~ (깜짝 놀라)넋이 나간 모습. ③ 《옛》(동물·의자 따위가)다리가 부러진.

épatement [epatmɑ̃] *n.m.* ① 납작함. ② 《구어》깜짝 놀람, 대경실색.

épater [epate] *v.t.* ① 《구어》놀라게 하다, 대경실색케 하다(étonner). Ce résultat nous *a épatés*. 이 결과에 우리는 대경실색했다. Ça t'*épate*, hein? 놀랍지, 응? ② 《옛》납작하게 만들다, (동물의)다리를 부러뜨리다, (유리잔의)굽을 부러뜨리다.
—**s'~** *v.pr.* ① 《구어》대경실색하다, 놀라다(s'étonner). Ne *s'épate de* rien. 그는 어떤 일에도 놀라지 않는다. ② 《옛》눌리어 납작해지다; 다리가 부러지다; 굽이 빠지다.

épateur(se) [epatœːr, -øːz] 《드물게·구어》 *a.* 놀래주기 좋아하는. —*n.* 놀래주기 좋아하는 사람, 허풍선이.

épaufrer [epofre] *v.t.* (망치질이나 서투르게 석재를) 잘못 깨뜨리다; (돌)깨다. —**s'~** *v.pr.* (석재가) 일부 깨어지다; (콘크리트가)무너지다.

épaufrure [epofryːr] *n.f.* (석재의)파편.

épaulard [epolaːr] *n.m.* 《동물》 범고래.

*****épaule** [epoːl] *n.f.* ① 어깨. ~s carrées 딱 벌어진 어깨. ~s tombantes 늘어진 어깨, 처진 어깨. être large d'~s 어깨가 막 벌어지다. hausser (lever) les ~s 어깨를 으쓱해 보이다(경멸·무관심·불만 따위의 표시). avoir la tête (enfoncée) dans les ~s 목이 짤막하다. porter un fardeau sur les ~s 어깨에 짐을 지다. faire toucher les ~s 《레슬링》 상대의 어깨를 바닥에 닿게 하다, 폴시키다. Arme sur l'~! 《군사》 어깨 총! ② (네발짐승의)어깨; 어깨 고기 (→ bœuf, mouton, porc 그림). ③ 《선박》 뱃머리의 만곡부(彎曲部). ④ 《축성》 (성벽의)상부 만곡부.

avoir les ~s à + inf. …할 능력이 있다. Il n'a pas *les ~s à* s'en charger. 그는 그 일을 책임질 능력이 없다.

coup d'~ ⓐ 어깨의 일격. enfoncer la porte d'un *coup d'~* 어깨로 밀어 문을 부수다. ⓑ 도움, 원조. donner(prêter) un *coup d'~* à qn …에게 힘을 빌려 주다, …을 도와 주다.

par-dessus l'~ 어깨 너머로; 멸시하여; 되는 대로. lire *par-dessus l'~* 남의 어깨 너머로 읽다. regarder(traiter) qn *par-dessus l'~* …을 멸시하다, 경멸하다. faire qc *par-dessus l'~* 되는 대로 …을 하다.

peser(tomber) sur les ~s (무거운 짐·책임이)양 어깨에 있다.

porter qn sur ses ~s 《구어》…을 귀찮게 여기다.

rouler les ~s 으스대며 걷다.

épaulé(e¹) [epole] *a.p.* (말 따위가)어깨를 다친.
—*n.m.* 《역도》 (중량 인상에 있어)클린 (단숨에 어깨에서 바벨을 들어올리는 것).

épaulée² *n.f.* ① 《요리》 (양의)목·가슴 고기. ② 《옛》어깨로 물건을 밀기(밀어붙이기); 어깨에 메는 짐. ③ mur par ~s 《건축》 (비탈길 따위의)층을 높이면서 쌓아올린 담. faire qc par ~s …을 하는 둥 마는 둥(성의 없이) 되풀이 하다.

épaulé-jeté [epoleʒ(ə)te] *n.m.* (pl. ~s-~s) 《역도》 용상(聳上) (일단 어깨까지 들어올렸다가 (épaulé), 머리 위까지 밀어 올리는 (jeté) 종목).

épaulement [epolmɑ̃] *n.m.* ① 《군사》 (성토 따위의)엄체(掩體), 방벽. ② 《건축》 (토사 따위의 밀는)축대, 버팀벽. ③ 《지리》 빙하곡(氷河谷)의 고변. ④ 《목재의》장부촉의 어깨 부분. ⑤ 《무용》 에폴망 (한쪽 어깨는 내밀고 다른 어깨는 뒤로 빼는 동작).

épauler [epole] *v.t.* ① 도와주다, 거들어 주다(aider, assister). Je vous *épaulerai* auprès du ministre. 장관에게 말해서 당신을 도와주겠소. ② (총의)개머리판을 어깨에 대다. ~ un fusil 소총을 (목적보어 없이) ~ contre un pied 발목을 겨누다. ③ (방벽으로)엄폐(보호)하다; (부대를)지원하다. ④ 《건축》 (버팀벽 따위로)버티어주다, 받쳐주다. ⑤ ~ la mer(la lame) 《해양》 (배가)비스듬히 파도를 헤치며 나가다. ⑥ 《옛》 (짐승의)어깨를 상하게 하다(부러뜨리다).
—**s'~** *v.pr.* ① (상호적) 서로 돕다. ② 《군사》 (엄체로)엄폐(보호)하다. ③ 《옛》 (짐승의)어깨를 삐다.

épaulette [epolɛt] *n.f.* ① 《군사》 견장(肩章); 장교의 계급. gagner les ~s 사관으로 승급하다. ② (의복의)어깨받이, 어깻심; (여자옷 속옷의)어깨끈. ③ 《해양》 장견(檣肩) (돛대 꼭대기에 나온 돌기).

épaulière [epoljɛːr] *n.f.* ① 바지 멜빵. ② 《고고

épave [epa:v] a. 《법》(가축이)소유주 불명의, 유실된. —n.f. ① 《해양》 표류물. ② 난파선의 잔해(殘骸). ~s d'un navire naufragé 난파선의 표류물. ② 유실물. droit d'~s 《법》 유실물(무주물) 취득권. ~s terrestres(maritimes) 육상 유실물(해상 표류물). ③ 《문어》(비유적) 잔재, 찌꺼기(restes); 잔해(débris). recueillir quelques ~s de sa fortune 몇 가지 남은 재산을 긁어모으다. ④ (비유적) 낙오자, 영락한 사람(loque). ~ humaine 《구어》 인생 낙오자.
épeautre [epo:tr] n.m. 《농업》 스펠타밀, 독일밀.
épée [epe] n.f. ① 검(劍). porter l'~ au côté 칼을 옆구리에 차다. tuer qn d'un coup d'~ …을 검으로 찔러 죽이다. ~ à deux tranchants 양날의 검(비유적 의미로도 쓰임). ② 군직(軍職); 검객, 검술가. noblesse d'~ 무관귀족(noblesse de robe 문관(법관)귀족에 대해). porter l'~ 군직에 있다. briser son ~ (실망·불안으로)군직에서 물러나다. quitter l'~ pour la robe 군직을 떠나 문관(법관)이 되다. C'est la meilleure de France. 프랑스 제일의 검술가이다. ③ 《스포츠》 에페(fleuret, sabre 와 함께 펜싱의 3종목 중의 하나). escrimeur (escrimeuse) à l'~ 에페 선수(épéiste). ④ (밧줄 제조공의)목검; (마구공(馬具工)의)긴 송곳; 작살. ⑤ ~ de mer 《어류》 황새치(espadon).
à la pointe de l'~ 우격다짐으로, 무력에 호소하여; 갖은 노력 끝에.
À vaillant homme courte ~ . 《속담》용맹한 자는 단검으로 족하다(명인은 수단을 탓하지 않는다).
avoir l'~ sur la gorge 절대명령이 있다(칼이 목에 와닿다).
coup d'~ dans l'eau (칼로 물베기)→ 헛수고.
en être aux ~s et aux couteaux 마주보고 으르렁대는 사이이다.
~ flamboyante de l'ange 《성서》 불의 검(아담과 이브가 낙원에 들어오지 못하도록 천사가 가진 불타는 검); 종교적 공포를 자아내는 것. 그 무엇.
jeter son ~ dans la balance (분쟁에)무력으로 개입하다.
L'~ use le fourreau. 《속담》 재사다병(才士多病).
mettre l'~ dans les reins à qn …을 몹시 재촉하다, 족치다.
mourir d'une belle[vilaine] ~ 명예롭게[불명예스럽게] 전사하다.
passer qn au fil de l'~ …을 학살(참살)하다.
poser[remettre] l'~ au[dans le] fourreau 칼을 칼집에 넣다, 싸움을 그만두다.
rendre son ~ 항복하다, (스스로)포로가 되다.
Son ~ ne tient pas au[dans le] fourreau. (그의 검은 칼집에 가만히 있지 않는다)→ 그는 항상 칼을 뽑을[싸움판을 벌일] 태세이다.
épée-baïonnette [epebajɔnɛt] (pl. ~s-~s) n.f. 총검.
épeiche [epɛʃ] n.f. 《조류》 오색딱따구리(culrouge).
épeichette [epɛʃɛt] n.f. 《조류》(작은)오색딱따구리.
épeire [epɛ:r] n.f. 《동물》(원형의)큰 거미.
épeirogénique [epɛirɔʒenik], **épirogénique** [epirɔʒenik] a. 《지질》 조륙(造陸) 운동의.
épéisme [epeism] n.m. 《펜싱》 에페(검술).
épéiste [epeist] n. 《펜싱》 에페선수.
épeler [ɛple] ⑤ v.t. ① 철자를 말하다(읽다). Voulez-vous m'~ votre nom? 당신 이름의 철자를 말해 주시겠어요? ② 한자한자(더듬더듬) 읽다. ③ 《문어》(비유적) 이해하려고 [배우다], 시작하다. [기.
épellation [epɛ(l)lasjɔ̃] n.f. 《드물게》철자를 말하**ependyme** [epɑ̃dim] n.m. 《해부》 뇌실상의(腦室上皮), 수강(髓腔)상피.

épenthèse [epɑ̃tɛ:z] n.f. 《언어》 어중음(語中音) 첨가(라틴어의 camera가 chamre→chambre로 되는 따위).
épenthétique [epɑ̃tetik] a. 《언어》 낱말 중에 첨가된.
épépinage [epepinaʒ] n.m. (의)씨(핵·응어리)를 제거하기.
épépiner [epepine] v.t. (의)핵(씨·응어리)을 제거하다.
éperdu(e) [epɛrdy] a.p. ① (걱정 때문에)미친 듯이 날뛰는, 광란적인, 제정신을 잃은(égaré, affolé). ~ de joie 기뻐서 어쩔 줄 모르는. ② (감정·정열 따위가)격렬한, 열광적인; 필사적인. amour ~ 열광적인 사랑. résistance ~e 필사적인 저항.
éperdument [epɛrdymɑ̃] ad. ① 미친듯이, 제정신을 잃고(follement). ② 《구어》완전히. Je m'en moque ~. 그런 것쯤은 전혀 개의치 않는다.
éperlan [epɛrlɑ̃] n.m. 《어류》 바다빙어 무리.
éperon [eprɔ̃] n.m. ① 《승마》 박차. donner de l'~ à son cheval 말에 박차를 가하다. piquer des ~s à son cheval 말에 박차를 가하다. ruer à l'~ (말이 뒷발을 들어 올리면서)박차를 싫어하다. ② (비유적)자극(stimulant). agir sous l'~ de la jalousie 질투에 자극되어 행동하다. ③ 《식물》(꽃받침·꽃잎의)거(距); (투계·투견 따위의)며느리발톱; 《지리》 돌출부, 산각(山脚). ④ (눈꼬리의 주름. ⑤ 《선박》(군함의)충각(衝角); (이물 끝의)물결 치는 부분. ⑥ (교각의)뾰족하게 낸선 부분; 부벽 (扶壁).
chausser de près les ~s à qn 《옛》…을 급히 추격하다. *gagner ses ~s* 《옛·구어》 기사가 될 만한 공을 세우다; 공을 세워 명성을 얻다. *n'avoir ni bouche ni ~* (말이)재갈이나 박차에도 감각이 없다; (사람이)무기력[무감각]하다.
éperonné(e) [eprɔne] a.p. ① 박차를 단. ② (투계·투견에)며느리발톱을 단; 《식물》(꽃 따위에)거(距)가 있는. ③ 눈꼬리에 주름이 있는. ④ 《해양》충각이 있는. [기.
éperonnement [eprɔnmɑ̃] n.m. 《옛》 éperonner 하**éperonner** [eprɔne] v.t. ① (말에)박차를 가하다. ~ son cheval 말에 박차를 가하다. ② (비유적)자극하다, 분발시키다(aiguillonner, stimuler). être éperonné par l'ambition 야망에 이끌리다. Il a besoin d'être éperonné de temps en temps. 그는 가끔 기합받을 필요가 있다. ③ (사람에)박차를 달다. être botté et éperonné 승마화를 신고 박차를 달고 있다. ④ 《해양》(적의 군함을)충각으로 받다. ⑤ (투계·투견에)며느리발톱을 달다.
éperonnerie [eprɔnri] n.f. 마구(馬具)제조·판매.
éperonnier(ère) [eprɔnje, -ɛr] n. 마구상인.
—n.m. 《동물》 공작 무리. —n.f. 《식물》 참제비고깔; 매발톱꽃; 해란초.
épervier [epɛrvje] n.m. ① 《조류》 새매. ② (비유적) 《정치》 매파, 강경파(↔ colombe). ③ 《어업》 챙이, 투망. pêche à l'~ 투망으로잡이.
épervière [epɛrvjɛ:r] n.f. 《식물》 조밥나물류(類).
épervin [epɛrvɛ̃] n.m. =**éparvin**.
épeuré(e) [epœre] a.p. 겁을 먹은.
épeurer [epœre] v.t. 《옛》 겁먹게 하다.
épha [efa] n.m. 헤브라이의 양의 단위.
éphèbe [efɛb] n. ① (비유적)(잘 생긴)젊은이, 청년. ② 《고대그리스》 장정(18~20세).
épeurer [epœre] v.t. 《옛》 겁먹게 하다.
épha [efa] n.m. 헤브라이의 양의 단위.
éphèbe [efɛb] n. ① (비유적)(잘 생긴)젊은이, 청년. ② 《고대그리스》 장정(18~20세).
éphébie [efebi] n.f. 《고대그리스》 장정 학교.

éphèdre [efɛdr] *n.f.* 【식물】마황속(屬).
éphédrine [efedrin] *n.f.* 【약】에페드린. 「seur).
éphélides [efelid] *n.f.pl.* 주근깨(taches de rous-
éphémère [efemɛːr] *a.* (목숨이)하루뿐인, 하루살이의; 순간적인, 덧없는(passager, provisoire). fièvre ~ 1일열. bonheur ~ 순간적인 행복. popularité ~ 일시적인 인기. insecte ~ 하루살이 곤충.
—*n.m.* 【곤충】하루살이. —*n.f.* 【식물】자주닭의장풀.
éphémèrement [efemɛrmɑ̃] *ad.* 하루살이같이, 순간적으로, 덧없이(↔ éternellement).
éphéméride [efemerid] *n.f.* ① 일력(日曆)【천문】천문력(曆). ② (*pl.*)(천체의)위치 추산력. ③《옛》일지. ④ (어느 특정한 날의)역사. ~ du 5 janvier 1월 5일의 역사.
Éphèse [efɛːz] *n.pr.f.* 【고대지리】에페소스(소아시아의 옛 도시).
éphésiaque [efezjak] *a.* 에페소스(*Éphèse*)의.
éphésien(ne) [efezjɛ̃, -ɛn] *a.* 에페소스의.
—É— *n.* 에페소스 사람.
éphi [efi] *n.m.* =**épha**.
éphialte [efjalt] *n.m.* ① 【의학】몽마(夢魔), 악몽. ② 【곤충】혹마디매시벌.
Éphialte(s) [efjalt] *n.pr.m.* 【그리스신화】에피알토스(거인).
éphod [efɔd] *n.m.* 【고대유태·종교】제복(祭服), 법의(法衣).
éphorat [efora] *n.m.*, **éphorie** [efori] *n.f.* 【고대그리스】스파르타 민선(民選) 5장관직의 하나.
éphore [efɔːr] *n.m.* 【고대그리스】민선 장관.
épi [epi] *n.m.* ① (보리·벼 따위의)이삭. être en ~ 이삭이 나다. égrener des ~ 탈곡하다. ② 【식물】수상(穗狀) 꽃차례; 【외과】수상(穗狀)·붕대; (금강석의)이삭 모양의 덩어리. ③ 【건축】정화(頂華)【뾰족탑 따위의 꼭대기 장식】; 【철도】조차선(操車線); 【토목】(하천 북반으로 돌출한)제방. ④ (말 갈기의)가리마. ~ de cheveux《구어》곤두 선 머리털. ~ du vent 【해양】바람의 눈(바람이 불어오는 방향).
en ~ 이삭 (모양)의. blés en ~ 이삭이 팬 밀. monter en ~ 이삭이 패다.
épi-(모음 앞에서는 ép-) *préf.* 「위·밖·뒤」의 뜻 《예:*épiderme* 표피. *épizoaire* 체외 기생충》.
épiage [epjaʒ] *n.m.*, **épiaison** [epjɛzɔ̃], **épiation** [epjasjɔ̃] *n.f.* 【농업】이삭의 발육.
épiaire [epjɛːr] *n.m.* 【식물】두루미냉이.
épiblaste [epiblast] *n.m.* 【생물】외배엽(外胚葉).
épibolie [epiboli] *n.f.* 【생물】외포(外包).
épicanthus [epikɑ̃tys] *n.m.* 【의학】안내 각첩피(眼內角贅皮).
épicarpe [epikarp] *n.m.* 【식물】외과피(外果皮).
épice [epis] *n.f.* ① 향료, 양념, 향신료(香辛料). ~ blanche; petite ~ 생강. grosse ~ 맵싸한 든 맛나는 빵. quatre ~ 정향·육두구·후추·육계 따위를 섞은 양념. ② (*pl.*)《옛》(디저트에 나오는)과일의 사탕조림(confitures);《옛》(재판관에의)뇌물.
Dans les petits sacs sont les bonnes ~*s.* 작은 고추가 맵다. 몸집은 작아도 재주는 출중하다.
épicé(e) [epise] *a.p.* ① 향료로 양념을 한. cuisine trop ~*e* 지나치게 양념을 한 요리. ② (비유적)신랄한; 외설스런. prix ~ 바가지쓴 가격. récit un peu ~ 약간 외설스런 이야기.
épicéa [episea] *n.m.* 【식물】가문비나무속(屬).
épicédion [episedjɔ̃] *n.m.* 장송가(葬送歌).
épicemar [epismaːr] *n.m.* 《옛》=**épicier**.
épicène [episen] *a.* 【언어】양성(兩性)의, 통성(通性)의(enfant, rat 따위).

épicentre [episɑ̃:tr] *n.m.* 【지질】진앙(震央).
épicer [epise] [2] *v.t.* ①향료를 가미하다, 양념을 넣다. Cette sauce est trop *épicée*.이 소스는 향료가 너무 많이 들어갔다. ②《구어》(비싼 값으로)바가지 씌우다, 우려내다. ③《구어》(이야기 따위에)흥을 내기 위해 멋을 부리다; 음란한 맛을 가미하다. chansonnier qui *épice* ses couplets 노래에 약간 음란한 맛을 가미하는 샹송가수.
—*v.i.* 향료를 넣다. Ce cuisinier *épice* beaucoup trop.그 요리사는 향료를 너무 많이 넣는다.
épicerie [episri] (<*épicier*) *n.f.* ① 식료품, 식료잡화. acheter(vendre) de l'~ 식료품을 사다(팔다). ② 식료품점; 식료품 판매(업). acheter du café dans une l'~ 그는 식료품 장사를 하고 있다. faire fortune dans l'~ 그는 식료품 장사로 큰 돈을 벌다. ③ (*pl.*)《옛》향료; 향료저장창고. ④ 향료상인조합.
épichérème [epikerem] *n.m.* 【논리】대증식(帶證式)(삼단논법의 하나).
épicier(ère) [episje, -ɛːr] (<*épice*) *n.* ① 식료품장수. acheter des conserves chez l'~ 식료품 가게에서 통조림을 사다. (동격) marchand ~ 식료품상인. garçon ~ 식료품 가게의 점원. ② 편협한 사람, 속물. littérature d'~ 통속문학. idées d'~ 저속한 사상. C'est un ~ 저 사람은 속물이다.《옛》3류작가[예술가].
—*a.*《옛》저속한. C'est ~. 그것은 속되다, 그것은 저질이다.
bon pour l'~ (식료품 가게의 포장으로 밖에는 못 쓰는)저속한.
épicondyle [epikɔ̃dil] *n.m.* 【해부】상박골의 하단(下端) 돌기.
épicrâne [epikrɑːn] 【해부】두개피(頭蓋皮).
—*a.* =**épicranien**.
épicranien(ne) [epikranjɛ̃, -ɛn] *a.* 【해부】두개피의.
Épictète [epiktɛt] *n.pr.m.* 에피테토스(그리스의 철학자).
épicurien(ne) [epikyrjɛ̃, -ɛn] *a.* ① 【철학】에피쿠로스(*Épicure*)의; 에피쿠로스파의. philosophe ~ 에피쿠로스파의 철학자. morale ~*ne* 에피쿠로스파의 도덕. poète ~ 에피쿠로스파의 시인. ② 쾌락주의의. vie ~*ne* 쾌락주의적 생활.
—*n.* 에피쿠로스파의 학자; 쾌락주의자.
épicurisme [epikyrism],《옛》**épicuréisme** [epikyreism] *n.m.* 【철학】에피쿠로스파; 쾌락주의.
épicycle [episikl] *n.m.* 【고대천문】주천원(周天圓).
épicycloïdal(ale, *pl.* **aux)** [episikloïdal, -o] *a.* 【수학】외파선의(外擺線의).
épicycloïde [episikloïd] *n.f.* 【수학】외파선.
épidémicité [epidemisite] *n.f.* 전염성, 유행성.
épidémie [epidemi] *n.f.* 전염병, 유행병; 유행. ~ de grippe 유행성 감기. ~ de suicides 자살의 유행. ~ de choléra 콜레라의 유행. mesures pour enrayer une ~ 유행병을 저지하기 위한 수단.
épidémiologie [epidemjoloʒi] *n.f.* 전염병학.
épidémiologique [epidemjoloʒik] *a.* 【의학】전염병학의.
épidémique [epidemik] *a.* 전염[유행]성의(contagieux); 유행의. Le choléra est une maladie ~ 콜레라는 전염병이다. La délinquance juvénile est ~ 청소년의 비행은 전염적이다.
épidémiquement [epidemikmɑ̃] *ad.* 유행병처럼.
épiderme [epiderm] *n.m.* 【해부·식물】표피; 피부. *avoir l'*~ *sensible délicat* 신경이 과민하다, 성마르다. *chatouiller l'*~ *à qn*《속어》에 아첨하다.
épidermique [epidermik] *a.* 표피의; 피부의; 피상적인(superficiel). tissu ~ 표피 조직. blessure

표피의 상처. greffe ~ 피부 이식. satisfaction ~ 표면적인 만족.
épidermoïde [epidɛrmɔid] *a.* 표피 모양의.
épidermomycose [epidɛrmɔmikoːz] *n.f.* 〖의학〗 표피진균증(表皮眞菌症).
épidiascope [epidjaskɔp] *n.m.* 실물환등기.
épidiascopique [epidjaskɔpik] *a.* 실물환등기의.
épididyme [epididim] *n.m.* 〖해부〗 고상체(睾上體), 부고환(副睾丸).
épididymite [epididimit] *n.f.* 〖의학〗 부고환염.
épidote [epidɔt] *n.m.* 〖광물〗 녹렴석(綠簾石).
épié(e) [epje] *a.p.* 이삭 모양의; 수상(穗狀)의; 수상화의. chien ~ 이마의 털이 일어선 개.
épier[1] [epje] *v.i.* 이삭이 나다.
épier[2] *v.t.* 엿보다, 밀탐하다, 엿보다; (기회를)노리다; 잠복하다(guetter). Derrière la jalousie, il m'épiait. 블라인드 뒤에서 그는 나를 관찰하고 있었다. ~ une personne suspecte 수상한 사람을 감시하다. ~ le point faible de qn …의 약점을 찾다. ~ les bruits 소리에 귀를 기울이며 살피다. ~ le moment d'agir 행동의 기회를 엿보다.
—s'~ *v.pr.* 서로 살피다. les contrebandiers et les douaniers qui *s'épient* 서로 상대방을 염탐하고 있는 밀수입자와 세관원.
épierrage [epjɛraːʒ], **épierrement** [epjɛrmɑ̃] *n.m.* 〖농업〗 제석(除石).
épierrer [epjɛre] *v.t.* 〖농업〗 (밭의)돌을 없애다.
épierreur [epjɛrœːr] *n.m.*, **épierreuse** [epjɛrøːz] *n.f.* 〖농업〗 곡식에서 돌 고르는 기계.
épieu [epjø] *(pl. ~x)* 〖사냥〗 저창(猪槍); 〖옛〗 〖군사〗 창.
épieur(se) [epjœːr, -øːz] *n.* 살피는 사람, 몰래 엿보는(감시하는) 사람; 〖옛〗 염탐꾼(espion).
épigastralgie [epigastralʒi] *n.f.* 〖의학〗 상복통(上腹痛), 위통.
épigastre [epigastr] *n.m.* 〖해부〗 상복부.
épigastrique [epigastrik] *a.* 상복부의.
épigé(e) [epiʒe] 〖식물〗 ① (떡잎 따위가)땅 위에 나온. —*n.f.* ~ rampante (북미산의)철쭉과(科)의 포복성 관목.
épigène [epiʒɛn] *a.* 〖지질〗 외력적(外力的)인; 〖식물〗 (균류 따위가)잎 표면에 자라는. 〖說〗
épigenèse [epiʒenɛːz] *n.f.* 〖생물〗 후성설(後成說)
épigénétique [epiʒenetik] *a.* 후성의.
épigénie [epiʒeni] *n.f.* 〖광물〗 가정(假晶).
épiglotte [epiglɔt] *n.f.* 〖해부〗 후두개(喉頭蓋), 회염연골(會厭軟骨).
épiglottique [epiglɔtik] *a.* 구두개[회염연골]의.
épigone [epigɔn] *n.m.* ①〖문어〗 아류(亞流)(imitateur); 후계자(successeur). du naturalisme 자연주의의 아류. ②〖생물〗 (유전적 변이가 나타나는)자손. ③〖식물〗 아포방(芽胞房)의 상층.
épigrammatique [epigra(m)matik] *a.* 풍자시의; 경구(警句)의.
épigrammatiquement [epigra(m)matikmɑ̃] *ad.* 풍자시(적으)로; 경구식으로.
épigrammatiser [epigra(m)matize] *v.i.* 〖드물게〗 풍자시(경구)를 짓다.
épigrammatiste [epigra(m)matist] *n.* 풍자시인, 경구가.
épigramme [epigram] *n.f.* ① 풍자시; 경구(警句) (satire); 비방(誹謗). faire une ~ contre qn …에 대하여 풍자시를 만들다. décocher une ~ contre qn …에게 신랄한 문구를 던지다. ②〖요리〗 흰 소스의 스튜.
épigraphe [epigraf] *n.f.* (건물·비석 따위에 새기는)명(銘); (책의 서두·장(章)의 첫머리에 덧붙이는)제사(題詞), 인용문, 명구(銘句). Il a pris pour ~ un vers d'Homère. 그는 제사로서 호메로스의 시구를 인용했다[사용]했다.
épigraphie [epigrafi] *n.f.* 비명[제명]학, 금석학.
épigraphique [epigrafik] *a.* 제명의, 비명의. style ~ 비명체(體). étude ~ 비명연구, 금석학.
épigraphiste [epigrafist] *n.* 제명학자, 비명학자.
épigyne [epiʒin] *a.* 〖식물〗 암술 상위의.
épigynie [epiʒini] *n.f.* 〖식물〗 씨방 하위.
épilage [epilaːʒ] *n.m.* 〖기술〗 (피혁의)탈모처리.
épilation [epilasjɔ̃] *n.f.* 탈모(脫毛), 털의 제거. ~ avec une crème 크림에 의한 탈모. ~ électrique 전기 탈모.
épilatoire [epilatwaːr] *a.* 탈모(성)의. pâte ~ 탈모연고. —*n.m.* 탈모제.
épilepsie [epilɛpsi] *n.f.* 〖의학〗 간질(癎疾). 「은.
épileptiforme [epilɛptifɔrm] *a.* 〖의학〗 간질 같
épileptique [epilɛptik] *a.* 간질성의; 간질에 걸린; 미치광이 같은, 광포한(forcené). —*n.* 간질환자.
épiler [epile] *v.t.* 털을 뽑다; 탈모시키다. se faire ~ ses bras 팔의 털을 제거하게 하다. ~ ses sourcils 눈썹을 뽑다. pince à ~ 족집게.
—s'~ *v.pr.* 털이 빠지다; 탈모하다.
épileur(se) [epilœːr, -øːz] *n.* 〖드물게〗 탈모사(脫毛師). 〖양모의〗 털 깎는 기계.
épillet [epijɛ] *n.m.* 〖식물〗 소수상화(小穗狀花).
épilobe [epilɔb] *n.m.* 〖식물〗 분홍바늘꽃.
épilogue [epilɔg] *n.m.* ① (소설 따위의)종장, 에필로그(↔ prologue). ② (사건의 결말)대단원(dénouement), 종국. Cette aventure a eu pour ~ un mariage. 이 연애사건은 마지막에 가서 결혼으로 끝났다. Cette affaire a eu pour ~ la démission d'un ministre. 이 사건은 장관의 사임으로 결말이 났다.
épiloguer [epilɔge] *v.t.* 〖옛〗 비난[비판]하다, 흠잡다. —*v.t. ind.* [~ sur] …에 대하여 흠을 들추다, (아무것도 아닌 문제)에 대하여 길게 따지다. ~ sur le résultat de l'élection 선거의 결과에 대하여 길게 따지다.
épilogueur(se) [epilɔgœːr, -øːz] *n.* 흠잡기[따지기] 좋아하는 사람.
épiloir [epilwaːr] *n.m.* 족집게.
épinaie [epine] *n.f.* 〖드물게〗 가시덤불.
épinard [epinaːr] *n.m.* ①〖식물〗 시금치; (pl.) 〖요리〗 시금치 잎. ~s au naturel[en branches] 삶은 시금치. ② épaulette à graines d'~s 〖군사〗 금술이 달린 견장. *plat d'~s* 〖구어〗 〖미술〗 불쾌한 녹색을 마구 칠한 그림.
—*a.* 〖불변〗짙은 녹색. vert ~ 짙은 녹색.
épinceler [epɛ̃sle] [5] *v.t.* 〖직물〗 (모직물의)마디[티]를 없애다.
épincer [epɛ̃se] [2] *v.t.*, **épinceter** [epɛ̃ste] [5] *v.t.* ①〖임업〗 (나무의)어린 싹을 따다. ②〖직물〗 (모직물의)마디[티]를 제거하다. ③〖기술〗 포석용으로)쇄석하다.
épincetage [epɛ̃staːʒ], **épinçage**[epɛ̃saːʒ] *n.m.* ①〖직물〗 (모직물의)마디[티]제거. ②〖기술〗 (포석용의)쇄석.
épinceteur(se) [epɛ̃stœːr, -øːz], **épinceur(se)** [epɛ̃sœːr, -øːz] *n.* ①〖직물〗 마디[티] 제거하는 사람. ②〖기술〗 포석용쇄석공.
épincette [epɛ̃sɛt] *n.f.* 〖직물〗 (마디제거용)핀셋.
épinçoir [epɛ̃swaːr] *n.m.* 돌 쪼개는 망치.
épine [epin] *n.f.* ①〖식물·동물〗가시(piquant); 〖식물〗 가시나무. ~s du rosier 장미의 가시. ~ de la châtaigne 밤송이의 가시. ~ blanche (서양) 아카위나무(aubépine). ② 곤란, 고난. s'enfoncer

épinéphèle

dans les ~s 궁지에 빠지다. rencontrer des ~s 곤란한 일에 부딪치다. être sur les ~s 곤란한 입장에 서다. ~ au pied 《구어》 고민거리. ③ 《해부》 (가시 모양의) 돌기. ~ dorsale 척추골, 등심대. ④ 《식물》 전나무속(屬); 산사나무. ⑤ 《지리》 (산의) 주맥(主脈). ⑥ délit de l'~ 《옛》 《법》 계간죄(鷄姦罪).
Il n'y a pas de roses sans ~s. 《격언》 가시없는 장미는 없다, 낙이 있으면 고생도 있다.
tirer (enlever, ôter) à qn une ~ du pied …의 걱정거리를 없애다, 난처한 입장을 면하게 해주다.
trouver une ~ à qc …에 싫증나다.

épinéphèle [epinefɛl] n.m. 《어류》 홍바리속(屬).
épiner [epine] v.t. (동물을 막기 위해 나무 줄기를) 가시나무 가지로 둘러싸다.
épinette [epinɛt] n.f. ① 《식물》 전나무속(屬). ② 《어업》 가시로 만든 낚시. ③ 닭장; 닭어리. ④ 《음악》 스피넷 (소형 피아노).
épineux(se) [epinø, -φːz] a. ① (동·식물이) 가시가 있는. tige ~se 가시가 있는 줄기. poisson ~ 가시가 있는 생선. ② (비유적) (사건·일 따위가) 까다로운, 힘드는, 곤란한, 미묘한. profession ~se 힘드는 [고역스런] 직업. question ~se 까다로운 문제. ③ 《해부》 가시 모양의. apophyse ~se 가시 모양의 골단(骨端). ④ 《옛》 (사람·성격이) 까다로운. esprit ~ 대하기가 거북스러운 사람.
épine-vinette [epinvinɛt] (pl. ~s-~s) n.f. 《식물》 매자나무 (의 열매).
épinglage [epɛ̃glaːʒ] n.m. 핀으로 꽂기; (멘 구멍을) 핀으로 쑤셔 뚫기; (주형에) 구멍 뚫기.
épingle [epɛ̃ːgl] n.f. ① 핀. bâtir une jupe avec des ~s 핀으로 스커트를 가봉하다. ~ à linge 빨래 집게. ~ anglaise (de sûreté, de nourrice, double) 안전핀. ~ de cravate 넥타이핀. ② 《옛》 아내의 용돈; 행하, 팁.
chercher une ~ dans une botte de foin 불가능한 일을 꾀하다.
coup (piqûre) d'~ 가시 돋친 말, 짓궂은 짓.
être tiré à quatre ~s 《구어》 잔뜩 멋부리고 있다.
mettre en ~ 돋보이게 하다.
mettre une ~ sur sa manche (용건을 잊지 않도록) 소매에 핀을 꽂아두다.
monter qn en ~ 과시하다, 뽑내다.
ne pas valoir (la tête d')une ~ 바늘 하나만큼의 가치도 없다.
pointe d'~ 핀의 끝; 아주 여린 [가는] 것.
tirer son ~ du jeu 용케 궁지를 벗어나다, 문제가 악화되기 전에 빠져나오다.
Une ~ ne tomberait pas par terre. 입추의 여지도 없다.
virage en ~ à cheveux (도로의) U 자형 급커브.
épingle(e) [epɛ̃gle] a.p. 핀으로 꽂은; 《식물》 돋은 줄무늬가 있는. 《직물》 돋은 줄무늬가 있는 직물.
épingler [epɛ̃gle] v.t. ① 핀으로 꽂다 (고정시키다); (구멍을 뚫으려고) 핀으로 구멍을 쑤시다; 《아금》 구멍을 뚫다. ~ une décoration 훈장을 핀으로 (가슴에) 달다. ~ une carte au mur 지도를 벽에 핀으로 고정시키다. ~ dix billets de cent francs 100 프랑 지폐 열장을 핀으로 꽂아 묶다. ② 《구어》 체포하다; 적발하다 (pincer). se faire ~ 붙잡히다.
épinglerie [epɛ̃gləri] n.f. 핀 공장; 핀 장사.
épinglette [epɛ̃glɛt] n.f. 《광학》 보링용 도구; 《군사》 (구식총의 화문을 소제하는) 화문침 (火門針); (우등 사수를 표시하는) 휘장.
épinglier(ère) [epɛ̃gli(j)e, -ɛːr] n. 핀 제조인; 핀 장사. —n.m. 핀갑.

épinier [epinje] n.m. 《사냥》 덤불.
épinière [epinjɛːr] a.f. moelle ~ 《해부》 척수 (脊髓).
épinoche [epinɔʃ] n.f. 《어류》 큰가시고기.
épinochette [epinɔʃɛt] n.f. 《어류》 (작은) 큰가시고기의 일종.
épiornis [epjɔrnis] n.m. (마다가스카르산의) 타조의 화석.
épiphane [epifan] a.m. 영명 (英明) 하신 (고대 동양의 군주 이름에 곁들인 말).
Épiphanie [epifani] n.f. 《종교》 주(主) 의 공현 (公現); 주현절 (1월 6일) (fête (jour) des Rois).
épiphénomène [epifenɔmɛn] n.m. 《의학》 부증세 (副症勢); 《철학》 부대현상 (附帶現象).
épiphénoménisme [epifenɔmenism] n.m. 《철학》 부대현상설.
épiphénoméniste [epifenɔmenist] a. 부대현상설 (주의) 의. —n. 부대현상주의자.
épiphonème [epifɔnɛm] n.m. 《수사학》 감탄적 총결어.
épiphora [epifɔra] n.m. 《의학》 유루 (流淚).
épiphylle [epifil] 《식물》 a. 잎 위에 생기는. —n.f. 선인장의 일종.
épiphyse [epifiːz] n.f. 《해부》 골단 (骨端); 송과선 (松果腺).
épiphyte [epifit] 《식물》 a. 착생 식물의. —n.m. 착생 (기생) 식물 (plante ~).
épiphytie [epifiti] n.f. 《식물》 식물 전염병.
épiphytique [epifitik] a. 《식물》 착생 식물의; 《해부》 장막막의.
épiploïque [epiplɔik] a. 《해부》 장막막의.
épiploon [epiplɔɔ̃] n.m. 장망막 (腸網膜).
épipodium [epipɔdjɔm] n.m. 《동물》 (연체동물의) 윗발.
épique [epik] a. ① 서사시 (敍事詩) 의, 서사시적인. poème (poète) ~ 서사시 (시인). style ~ 서사시체. héros ~ 서사시에 등장하는 영웅. combat ~ 웅장한 전투. aventures ~s 영웅적인 모험. ③ 《비꼼》 대단한, 어마어마한. dispute ~ 대단한 논쟁.
—n.m. (하나의 장르로서의) 서사시.
épirogénique [epirɔʒenik] a. =**épeirogénique**.
épirote [epirɔt] a. 《고대지리》 에피로스 (Épire, 나라 이름) 의. —É~ n. 에피로스의 사람.
épir(r)hize [epir(r)iːz] a. 《식물》 뿌리에 기생하는.
épiscopal(ale, pl. aux) [episkɔpal, -o, -oːl] a. 《가톨릭》 주교의; 《영국국교·감독교》 감독의 (⇔ presbytérien). l'Église ~ale 영국 성공회.
—n. 감독교회 회원, 영국 성공회원.
épiscopalien(ne) [episkɔpaljɛ̃, -ɛn] 《종교》 a. 감독교회의. —n. 감독교회의 신도.
épiscopalisme [episkɔpalism] n.m. 《종교》 감독제, 감독주의.
épiscopat [episkɔpa] n.m. 《가톨릭》 주교직 (職); 주교단; 주교의 임기.
épiscope [episkɔp] n.m. 《광학》 에피스코프; (특히 학교용의) 실물환등.
épiscopique [episkɔpik] a. projection ~ 《광학》 실물환등의 영사.
épisiotomie [epizjɔtɔmi] n.f. 《외과》 회음측 (會陰側) 절개 수술.
épisode [epizɔd] n.m. ① 삽화 (挿話); 에피소드. ~ de la bataille de Waterloo dans «Les Misérables» 《레미제라블》에 나오는 워털루 전쟁의 에피소드. roman à ~s 몇 개의 삽화로 구성되는 소설. film à ~ (무성 영화 시대의) 연속 드라마 영화. ② (그리스극의) 에페소디옹 (합창 사이의 대화 부분). ③ 삽화적인 사건; 우연한 일. ~ de la Révolution 프랑스 대혁명의 삽화적인 사건. Ce n'est qu'un simple

~ dans sa vie. 그것은 그의 생애에서 하나의 단순한 에피소드에 지나지 않는다. Les ~s de l'existence sont souvent imprévisibles. 인생의 우연사는 흔히 예측이 불가능하다.

épisodier [epizɔdje] v.t. (이야기에)삽화를 끼워 변화를 주다.

épisodique [epizɔdik] a. ① 삽화적인(secondaire), 부수적인(accessoire); (인물이)중요하지 않은; 일시적인. personnage ~ (소설·극 따위의)삽화적인 인물, 단역. événement ~ 부수적인 사건. ② 잦지 않은. Il rend des visites ~s chez nous. 그는 때때로[간간이] 생각이나 난 듯이 우리 집에 찾아온다. Pendant cette saison, il tombe des pluies ~s. 이 계절에는 간간이 비가 내린다.

épisodiquement [epizɔdikmɑ̃] ad. 삽화적으로; 때때로, 이따금씩.

épispadias [epispadjas] n.m. 【의학】 요도상열(尿道上裂).

épispastique [epispastik] 【의학】 a. 발포(發泡)의. —n.m. 발포제. (皮).

épisperme [epispɛrm] n.m. 【식물】 외종피(外種).

épisser [epise] v.t. 【해양】 (밧줄 따위의 두 끝을) 꼬아 잇다.

épissière [episjɛːr] n.f. (말에 입히는)파리 막이 망.

épissoir n.m., **épissoire** [episwaːr] n.f. 【해양】 밧줄용 쇠바늘(밧줄가닥을 푸는 데 씀).

épissure [episyːr] n.f. 【해양】 (밧줄이)꼬아잇기.

épistaminal(ale, pl. **aux)** [epistaminal, -o] a. 【식물】 수술 위에서 자라는.

épistaminé(e) [epistamine] a. 암수술이 합친.

épistase [epistaːz] n.f. 【의학】 오줌 표면에 뜨는 물질.

épistaxis [epistaksis] n.f. 【의학】 비(鼻)출혈.

épistémè [episteme] n.f. 【철학】 (특정한 시대·사회의)학문적 지식의 총체.

épistémologie [epistemɔlɔʒi] n.f. 【철학】 인식론(認識論).

épistémologique [epistemɔlɔʒik] a. 【철학】 인식론의.

épistémologiste [epistemɔlɔʒist] n. 【철학】 인식론자.

épistolaire [epistɔlɛːr] a. 편지의; 서한문(書翰文)의. style ~ 서한체. littérature ~ 서한체 문학. roman ~ 서한체 소설. commerce(échange) ~ 통(交通). être en relation ~ avec qn …와 문통하고 있다.

épistoler [epistɔle] v.i. 《구어》자주 편지를 쓰다.

épistolier(ère) [epistɔlje, -ɛːr] n. 편지 쓰기 좋아하는 사람; 《옛》서한문에 능한 사람.

épistolographe [epistɔlɔgraf] n. 서한문 작가.

épistolographie [epistɔlɔgrafi] n.f. 서한문작법.

épistome [epistɔm] n.m. 【곤충】 악반(顎板)[•복.

épistrophe [epistrɔf] n.f. 【수사학】 결구(結句)반

épistyle [epistil] n.m. 【고대건축】 평방(平枋), 기둥머리에 얹힌 부분(architrave).

épitaphe [epitaf] n.f. 묘비명(墓碑銘); 비명체의 시문(詩文); 【고고학】 묘비.

faire l'~ de qn …을 사후에 왈가왈부하다; …보다 오래 살다. *faire l'~ de tout le monde(du genre humain)* 대단히 오래 살다. *Il est menteur comme une ~.* 터무니없는 거짓말장이이다.

épitase [epitaːz] n.f. 【그리스연극】 (희곡등의)갈등이 일어나는 부분.

épite [epit] n.f. 【해양】 원추형의 쐐기.

épithalame [epitalam] n.m. 결혼 축가.

épithélial(ale, pl. **aux)** [epiteljal, -o] a. 【생물】 상피(上皮)의. cellule ~ale 상피세포.

épithélioma [epiteljɔma], **épithéliome** [epiteljoːm] n.m. 【의학】 상피종양(上皮腫瘍).

épithélium [epiteljɔm] n.m. 【의학】 상피(上皮). 【식물】 신피(新皮). ~ de revêtement 보호상피.

épithème [epitɛm] n.m. 【약】 습포.

épithète [epitɛt] n.f. ① (성질·속성을 표시하는)형용어구, 형용사. ~ de nature 본래적 형용어. ② 《언어》 부가형용사(예:grande maison 의 grande. 단 La maison est grande. 의 경우는 épithète 라고 하지 않고 attribut 라고 함)(adjectif ~). ③ (사람에 대해 애정·천시의 감정을 가지고)부르는 말투. Il m'a lancé une ~ malsonnante. 그는 나에게 귀에 거슬리는 졸렬한 말을 내던졌다.
—a. 【언어】 부가형용사의.

épithétique [epitetik] a. 형용사투성이의. style ~ 형용사가 많은 문장.

épitoge [epitɔːʒ] n.f. ① (변호사·법관·교수의 정복 왼쪽 어깨 위에 두르는)견장(肩章). ② 【고대로마】 토가 위에 입는 외투. [곳.

épitoir [epitwaːr] n.m. 【해양】 쐐기구멍 내는 송

épitomé [epitɔme], 《옛》**épitome** [epitɔm] n.m. (작품의)요약, 적요; 역사개설.

épître [epitr] n.f. (고대인의)편지; 《구어》《일반적으로》편지(lettre). ~s de Cicéron 키케로의 서한. écrire une longue ~ à ses parents 양친에게 긴 편지를 쓰다. ② 서한체의 시. ③ 사도 서한(미사때 성복음(聖福音)에 앞서 낭독되는 사도의 편지). côté de l'~ 제단의 오른쪽. ④ ~ dédicatoire (저서의 권두에 실리는)서한체 헌사.

épitrope [epitrɔp] n.f. 【수사학】 양보가설법.

épizoaire [epizɔɛːr] n.m. 【생물】 체외 기생충.

épizoïque [epizɔik] a. 【생물】 체외 기생의.

épizootie [epizɔɔt(s)i] n.f. 수역(獸疫).

épizootique [epizɔɔtik] a. 수역성의.

éploiement [eplwamɑ̃] n.m. 펼침; 펴고 있음; 《문장》 수리가 날개를 펴고 있음.

éploré(e) [eplɔre] a. 눈물에 젖은; (버들가지처럼) 축 늘어진. visage ~ 눈물에 젖은 얼굴. voix ~e 울음섞인 목소리. veuve ~e 눈물로 지새우는 (비탄에 빠져 있는) 과부. —n.《문어》비탄에 빠져 있는 사람.

éployé(e) [eplwaje] a. 《문장》 수리가 날개를 편; 펼쳐진. aile ~e 펼쳐진 날개. journal ~ 펼쳐진 신문.

éployer [eplwaje] [7] v.t. 펴다. 신문.

éplucher [eplyʃe] v.t. ① 껍질을 벗기다; 불필요한 부분[것]을 제거하다. ~ une pomme 사과 껍질을 벗기다. ~ un champ 밭의 잡초를 뽑다. ~ le papier(l'étoffe) 종이(피륙)에서 잡물을 제거하다. ~ une volaille(un poisson) 가금의 깃털을 뜯어내다 [생선 비늘을 벗기다]. ②《구어》샅샅이 조사하다; 허물을 찾다. ~ un devis 견적서를 자세히 조사하다. ~ un texte 문장의 허점을 찾다. ~ la conduite de qn …의 소행의 허물을 샅샅이 조사하다.
—*s'~* v.pr. ① (동물이)자기 털[깃털]의 부분을 소제하다; 껍질이 벗겨지다. ② 스스로를 세밀히 검토하다. [람.

éplucheur(se) [eplyʃœːr, -ʃøːz] n. éplucher 하는 사

éplucheur-batteur [eplyʃœrbatœːr] n.m. 【직물】 개면기(開綿機), 오프너.

éplucheuse [eplyʃøːz] n.f. 껍질 벗기개.

épluchoir [eplyʃwaːr] n.m. (보통 pl.) (야채·고기 따위의)썰고 남은 부스러기; 찌꺼기; (과일·야채를) 벗긴 껍질. ~s d'orange 오렌지 껍질.

épluchage [eplyʃaːʒ], **épluchement** [eplyʃmɑ̃] n.m. ① éplucher 하기, … des pommes de terre 감자의 껍질 벗기기. ②《구어》세밀한 조사[검토]. ~ d'un compte 계산서의 세밀한 검토.

épluchure [eplyʃyːr] n.f.

épode [epɔd] *n.f.* 《운율》미해(尾解)《그리스 가요의 제 3 단 부분》; 장단격(長短格)의 서정시; 짧은 풍자시.

épol [epwa] *n.m.* 사슴의 끝가지뿔.

épol [epwal] *a.* 《불변》(은어)멋있는.

épollant(e) [epwalɑ̃, -ɑ:t] *a.* 《속어》놀랄만한.

épointage [epwɛ̃ta:ʒ] *n.m.* 끝이 부러짐; 끝을 부러뜨리기.

épointé(e) [epwɛ̃te] *a.p.* ① 끝이 부러진, 끝이 무디어진. ② 《수의》(개가)샅뼈가 부러진; (말이)허리뼈가 부러진〔삔〕.

épointement [epwɛ̃tmɑ̃] *n.m.* 끝이 부러진 상태, 끝이 무딤.

épointer [epwɛ̃te] *v.t.* (바늘·연필 따위의)끝을 부러뜨리다〔무디게 하다〕; (드믈게)끝을 뾰족하게 하다. se faire ~ les cheveux (여자가)조발(調髮)하다. **s'~** *v.pr.* 끝이 부러지다〔무디어지다〕.

éponge[1] [epɔ̃:ʒ] *n.f.* ① 해면; 스폰지. laver le lavabo avec une ~ 세면대를 해면〔스폰지〕으로 닦다. passer un ~ mouillée sur le tableau 물기있는 스폰지로 흑판을 지우다. ~ de toilette 화장용의 질 좋은 해면. ~ artificielle 합성 스폰지. ~ de platine 《화학》백금해면. ~ végétale 《식물》수세미. ~ (흡수성이 강한)타월천, 타월. tissu-~ 타월천. serviette-~ 타월. ③ 《동물》해면 동물. ~ 《구어》정부, 첩. ⑤ 《속어》폐. avoir les ~s bouffées aux mites 폐가 나쁘다.

avoir une ~ dans le gosier; boire comme une ~ 술을 진탕 마시다.

jeter l'~ ⓐ《권투》(패배를 인정하여)타월을 던지다. ⓑ 포기하다.

passer l'~ sur qc ...을 지우다; 잊다, 용서하다.

Passons l'~ là-dessus. 《구어》그것을(과거사로서) 말하지 않기로 합시다.

presser l'~ 우려내다, 착취하다.

vouloir sécher la mer avec une ~ 불가능한 일을 기도하다.

éponge[2] *n.f.* ① (편자의)구부러진 끝. ② 《수의》 농양(膿瘍).

épongeage [epɔ̃ʒa:ʒ] *n.m.* (해면으로)닦기.

éponger [epɔ̃ʒe] [3] *v.t.* ① 닦다, 훔치다; (해면 따위로)지우다. ~ la table 테이블을 닦다(훔치다). ~ son visage en sueur 땀난 얼굴을(타월로)닦다. ② (초과·부족)을 흡수하다, 해소하다; 소거하다. ~ une circulation monétaire exagérée 과잉화폐를 흡수하다. ~ un retard dans le travail 일의 지연을 회복하다. ~ les stocks 재고품을 일소하다. —**s'~** *v.pr.* ① 닦이다. ② 땀을 닦다. *s'~ le front avec une mouchoir* 손수건으로 이마의 땀을 닦다.

éponte [epɔ̃:t] *n.f.* 《광산》(광맥의)벽.

épontillage [epɔ̃tija:ʒ] *n.m.* 《해양》받침 기둥을 괴기; 선교(船橋)의 받침기둥 전체.

épontille [epɔ̃tij] *n.f.* 《해양》기둥, 지주(支柱).

épontiller [epɔ̃tije] *v.t.* 《해양》기둥을 괴다. officier très *épontillé*《구어》《해군》사령부(본부)에 연줄이 있는 장교.

éponyme [epɔnim] *a.* (국가·도시·민족의)이름의 시조(始祖)인, 명조(名祖)의. héros(ancêtre)~ 명조(名祖). —*n.m.* 명조집정관(名祖執政官)《고대 그리스에서 그의 이름이 재적기관의 연호로 사용됨》(magistrat~).

éponymie [epɔnimi] *n.f.* (고대 그리스의)명조 집정관의 직〔임기·명부〕.

éponymique [epɔnimik] *a.* (고대 그리스의)명조 집정관의.

épopée [epɔpe] *n.f.* 서사시(敍事詩), 사시(史詩); 서사시적인 (혁혁한) 공로; 영웅적 행위. ~ napoléonienne 나폴레옹의 영웅적 무훈.

***époque** [epɔk] *n.f.* ① 시대(période). ~ révolutionnaire 혁명 시대. ~ de la Régence 섭정 시대. ~ napoléonienne 나폴레옹 시대. Belle É~ (20세기 초의)황금 시대. ~ néolithique 신석기 시대. être de son ~ 시대에 뒤떨어지지 않다. ② 《미술 사상의)시대. architecture de l'~ gothique 고딕시대의 건축. meuble de l'~ Henri IV 앙리 4세 시대의 가구. ③ 《집합적》동시대인. peintre méconnu par son ~ 동시대인에게서는 인정을 받지 못한 화가. ④ 시기, 무렵, 시절, 때. C'était l'~ la plus heureuse de ma vie. 그 때가 나의 생애에서 가장 행복한 시기였다. à l'~ de notre mariage 우리가 결혼했었을 무렵. à l'~ où j'étais étudiant 내가 학생이었을 때. ~ des semailles 씨뿌리는 시기. D'habitude, il commence à neiger à cette ~. 항상 이 때쯤 눈이 내리기 시작한다. ~ critique d'une femme 여성의 갱년기. ⑤ 《지질》기(紀). ~ carbonifère 석탄기. ⑥ 《천문》원기(元期). ⑦ 《엣》기원. ⑧ (*pl.*) 《옛》월경.

à pareille ~ (다른 해의)같은 무렵(시기). l'an dernier *à pareille ~* 작년 이맘 때. Il est mort il y a un an *à pareille ~*. 그는 1년전 이 무렵에 죽었다.

d'~ 실제로 그 시대의; 오래된. meuble d'~ 그 시대의 가구.

faire ~ 신기원을 열다. Cette découverte *a fait ~*. 그 발견은 신시대(기원)를 열었다.

époucé(e) [epuse] *a.* 엄지손가락이 없는.

époufle [epufe] *a.p.* 《구어》숨이 찬.

épouffer (s') [sepufe] *v.pr.* ①《엣·속어》숨을 내쉬다; 피신하다. ②《구어》숨이 차다. *s'~ de rire* 《구어》숨이 막히도록 웃다.

épouillage [epuja:ʒ] *n.m.* 이 잡기.

épouiller [epuje] *v.t.* (의)이를 잡다.
—**s'~** *v.pr.* 자기 몸의 이를 잡다.

époumonage [epumɔna:ʒ] *n.m.* 《구어》목이 쉬도록 외침.

époumoner [epumɔne] *v.t.* 숨차게 하다. └외침.
—**s'~** *v.pr.* 숨이 차다; 목이 쉬다. *s'~ à crier* 목이 쉬도록 외치다.

épousailles [epuza:j] *n.f.pl.* 《엣·사투리》혼례. ② 《정치》연합.

épouse [epu:z] *n.f.* ⇨époux.

épousé [epuze] *n.m.* 신랑.

épousée [epuze] *n.f.* 《엣·사투리》신부(mariée).

***épouser** [epuze] *v.t.* ① (와)결혼하다(↔ divorcer). ~ une fille de bonne famille 양가집 딸과 결혼하다. ~ un garçon d'avenir 장래가 유망한 청년과 결혼하다. ~ une dot (un sac) 돈많은 집 딸과 결혼하다. ~ la misère 가난한 사람과 결혼하다. Son mari l'a *épousée* pour sa beauté. 그녀의 남편은 그녀의 미모에 반하여 결혼했다. ~ Dieu 《종교》수녀가 되다. ~ la camarde 《속어》죽다. ~ la prison 《속어》투옥되다. ② 지지하다, 공명하다, 찬성하다. ~ les idées de qn ...의 의견에 찬성하다. ~ les intérêts de qn ...의 이익을 옹호하다. ~ son temps 시대에 순응하다. ③ (형태에)맞다, 일치 (합치)하다. Cette robe *épouse* les formes de son corps. 이 드레스는 그녀의 몸의 선에 꼭 맞는다. route qui *épouse* les accidents du terrain 토지의 기복에 잘 맞게 만들어진 도로. ④ 받아들이다. ~ une nouvelle invention 신발명을 받아들이다. Presque tous les citoyens *ont épousé* l'automobile. 거의 모든 시민이 자동차(라는 이기)를 생활에 받아들였다. ⑤《엣》결혼시키다. Le curé les *épousa*. 사제가 두 사람을 결혼시켰다.

Tel fiancé qui n'épouse pas.《격언》일을 시작했다고 해서 다 끝을 맺는 것은 아니다.

épouseur [epuzœːr] *n.m.* 청혼자. ~ à toutes mains (du genre humain) 《문어》결혼 사기꾼.

époussetage [epusta:ʒ], **époussètement** [epusɛtmɑ̃] *n.m.* épousseter 하기.

épousseter [epuste] [4.5] *v.t.* (j'époussette; j'époussetterai; 《구어》 j'épousseter [ʒepustɛ]; j'épousseterai [ʒepustəre]) ① 먼지를 털다; (말을) 빗질하다. ②《구어》때리다, 가차없이 비난하다.
—**s'~** *v.pr.* 몸의 먼지를 털다.

époussetoir(se) [epustœːr, -ɸːz] *n.* 먼지를 터는 사람.

époussetoir [epustwaːr] *n.m.* (보석용)~솔.

époussette [epusɛt] *n.f.* 먼지떨이, 총채; (말을 솔질한 후에 닦아주는)헝겊.

époustouflant(e) [epustuflɑ̃, -ɑ̃ːt] *a.*《구어》깜짝 놀라게 하는(stupéfiant).

époustoufler [epustufle] *v.t.*《구어》깜짝 놀라게 하다.

épouti [eputi] *n.m.* 모직물에 섞인 마디(티); 모직물의 염색되지 않은 실.

éputiage [eputjaːʒ] *n.m.* éputier 하기.

éputier [eputje], **époutir** [eputiːr] *v.t.* (모직물의) 마디를 없애다; (염색되지 않은 실 부분을)염색하다.

épouvantable [epuvɑ̃tabl] *a.* ① 무서운(effroyable, horrible); 무시무시한. scène – 끔찍스런 광경. crime – 무시무시한 범죄. accident – 끔찍한 사고. ② 지독한, 심한, 강력한. froid – 지독한 추위. odeur – 강력한 냄새. ③ 매우 나쁜. Il fait un temps ~. 지독한 날씨이다. notes ~s 아주 나쁜 성적. avoir un teint ~ 안색이 아주 나쁘다.

épouvantablement [epuvɑ̃tabləmɑ̃] *ad.* 무섭게; 무시무시하게; 지독하게. Il a ~ souffert. 그는 지독하게 고통을 받았다[고생했다]. Il fait ~ froid. 지독하게 춥다. La voiture était ~ abîmée. 자동차가 완전히 파손되었다. Il est laid ~. 그는 아주 추남이다.

épouvantail [epuvɑ̃taj] *n.m.* ① 허수아비. ②《실속없는》공갈. ③《구어》도깨비; 몹시 추한 사람.

épouvante [epuvɑ̃ːt] *n.f.* (< *épouvanter*) ① 심한 공포(effroi, horreur); 공포감. être saisi d'~ 공포에 사로잡히다. frapper *qn* d'~ …에게 공포감을 주다. jeter (porter) l'~ dans une ville 마을을 공포의 도가니로 만들었다. film d'~ 공포 영화. ② 심한 불안. ③ 무시무시한 것(사람).

épouvanté(e) [epuvɑ̃te] *a.p.* 공포에 사로잡힌.

épouvantement [epuvɑ̃tmɑ̃] *n.m.* 《옛》공포에 빠뜨림; 극도의 공포.

épouvanter [epuvɑ̃te] *v.t.* ① 무서워하게 하다, 소름끼치게 하다(effrayer, terrifier). La tyrannie du dictateur *épouvante* le peuple. 독재자의 폭정이 국민을 공포에 떨게 한다. Ce profond silence l'*épouvante*. 이 깊은 침묵이 그를 몸서리치게 한다. ②불안하게 하다, 놀라게 하다. Je *suis épouvanté* du montant de la note. 나는 청구서의 금액을 보고 깜짝 놀랐다.
—**s'~** *v.pr.* 무서워하다, 소름끼치다. s'~ de la moindre difficulté. 아주 작은 어려움에도 겁을 먹다[몹시 불안해 하다].

époux(se) [epu, -uːz] *n.* ① 배우자. prendre *qn* pour ~ …와 결혼하다. Acceptez-vous de prendre Michel Dupont pour ~? 당신은 미셸뒤퐁을 남편으로 맞이하겠습니까?《결혼 선서식의 표현》. ② (*pl.*) 부부. ~ communs(en biens) 《법》 재산을 공유하는 부부, 공동재산제의 부부. futurs ~ 약혼자 사이. ③《구어》남편, 아내. Comment va ton ~*se*? 부인은 건강한가? Le bonjour à votre ~. 부군[남편]에게 안부 전해주시오. ④《가톨릭》É~ de l'Église 예수 그리스도(céleste ~); ~*se* de Jésus-Christ 교회; ~*se* du Seigneur 수녀.

épreindre [eprɛ̃ːdr] [27] *v.t.* 《옛》짜다; 짜내다.

épreinte [eprɛ̃ːt] *n.f.* (주로 *pl.*) ① 《의학》이급 후중(裏急後重); 산통(疝痛). ②《수의》(족제비·스컹크 따위의)똥.

éprendre (s') [eprɑ̃ːdr] [26] *v.pr.* [s'~ de](에)반하다, 열중하다(↔ détester, haïr) s'~ d'une femme 어느 여자에 반하다. s'~ de son travail 자기 일에 열중하다. s'~ de passion pour un tableau 어떤 그림에 열중하다. Ils *se sont épris* l'un *de* l'autre. 그들은 서로 좋아하게 되었다.

*****épreuve** [eprœːv] (< *éprouver*) *n.f.* ① 시험하기, 시험; 시금석. faire l'~ d'une machine 기계의 성능을 시험하다. mettre *qc* à l'~ …을 시험하다. l'~ de la solidité d'un pont 다리의 강도 시험. soumettre une hypothèse à l'~ de l'expérience 가설을 실험으로 검증하다. Le danger est l'~ du courage. 위험은 용기를 시험하는 시금석이다. ②(학교 따위의)시험, 테스트; 시험 답안. subir l'~ de mathématiques 수학 시험을 치르다. ~ écrite (orale) 필기(구술) 시험. ~s pratiques du permis de conduire 운전면허의 실기 시험. ③ 시련, 고난. La mort de son mari a été pour elle une pénible ~. 남편의 죽음은 그녀에게 있어서 매우 고된 시련이었다. passer par de dures ~s 고난을 겪다. surmonter une ~ 시련을 이겨내다. ④《스포츠》시합, 경기. ~s d'un championnat 선수권 시합. ~ finale 결승전. ~ éliminatoire 예선경기. prendre part à une ~ de natation 수영경기에 참가하다. ⑤《인쇄》교정쇄; 판화. corriger les ~s 교정을 보다. première (seconde) ~ 초교(재교). ~ en lettre (작가명을 넣기 전의)교정쇄. ⑥《사진》인화, 프린트. ~ négative 음화 프린트. ~ positive 양화 프린트. ⑦《옛》증거.

acheter à l'~ 사용해본 다음에 사다.

à l'~ de …에 견디어 내는. gilet à l'~ *des* balles 방탄조끼. construction à l'~ *du* feu 내화건축.

à toute ~ 무엇이든 견디어낼 수 있는. blindage à toute ~ 튼튼한 장갑, 견고한 방벽. compagnon à toute ~ 평생 변하지 않는 친구.

être à l'~ 시련을 받고 있다, 위기에 처해 있다. Sa santé *est* à l'~. 그의 건강은 시련을 받고 있다(위험한 상태에 빠져있다).

épris(e) [epri, -iːz] (*p.p.* < *éprendre*) *a.p.* [~ de] ①(의)정열에 불타는, (에)열중한; 《옛》마음이 팔린, 제정신을 잃은. Il est ~ de justice. 그는 정의감에 불타고 있다. Elle est ~*e de* nouveauté. 그녀는 새로운 것이라면 사족을 못쓴다. ~ *de* colère 불같이 성이 난. ②사랑에 불타는, 홀딱 반한(amoureux). Il est ~ *d*'une femme mariée. 그는 유부녀에 홀딱 반해 있다.

éprouvant(e) [epruvɑ̃, -ɑ̃ːt] *a.* 견디기 어려운.

éprouvé(e) [epruve] *a.p.* ① 신뢰할 수 있는, 확실한(sûr); (약 따위가)시험필의; (군인이)백전 연마의. ami ~ 믿을 수 있는 친구. pilote ~ 신뢰할 수 있는[능수능란한] 파일럿. soldat ~ 역전의 병사. matériau ~ 신뢰할 수 있는 소재. Il est d'une honnêteté ~*e*. 그의 성실함은 정평이 나 있다. ② 시련[불행]을 겪은. C'est un homme fort ~. 그는 쓰라린 시련을 겪은 사람이다.

*****éprouver** [epruve] *v.t.* ①(감정을)느끼다, 맛보다. J'*éprouve* de l'amour pour elle. 나는 그녀에게 사랑을 느끼고 있다. ~ de la joie 기쁨을 느끼다. Il n'*éprouve* pas le moindre regret. 그는 조금도 후회하지 않는다. ~ un besoin 필요를 느끼다. ~ de la fatigue 피로를 느끼다. dire au médecin ce qu'on *éprouve* 의사에게 어떤 느낌인지를 말하다. ② (피해·고난을) 당하다, 경험하다. Le vignoble *a éprouvé* des dégâts considérables. 포도밭은 막대한 피해를 입었다. ~ des difficultés 여러 가지 고난을 겪다. ③ 시험하다. ~ la solidité d'une construction 건축물의 강도를 시험하다. ~ le courage de qn …의 용기를 시험해보다. 《문어》[~ si…] …인지 아닌지를 확인하다. ~ si tout est préparé 만사 준비가 잘 되어 있는지를 확인하다. ④ 시련을 겪게 하다, 고생을 시키다. La maladie *a* durement *éprouvé* cet homme. 병이 이 남자를 몹시 고생시켰다. Plusieurs malheurs *ont éprouvé* la famille. 겹친 불행이 그 가족에게 큰 시련을 겪게 했다. ⑤ (체험을 통하여) 알다, 터득하다, 배우다. J'*ai éprouvé* que la gloire est vaine. 나는 영광이란 헛된 것이라는 것을 알았다. ~ dans son malheur la froideur des amis 불행을 당하고 비로소 친구들의 냉정함을 안다.

éprouvette [epruvɛt] *n.f.* 시험기; 《화학》 시험관; 《야금》 시험편(片), 시험봉(棒); 《외과》 탐침(探針), 소식자(消息子).

epsilon [ɛpsilɔn] *n.m.* 그리스 자모의 제 5 자(Ε, ε).

epsomite [ɛpsɔmit] *n.f.* 《천연산》 사리염(瀉利塩).

épucer [epyse] ② *v.t.* (개 따위의) 벼룩을 잡다.
—**s'~** *v.pr.* 자기 몸의 벼룩을 잡다.

épuisable [epɥizabl] *a.* 《드물게》 고갈될 수 있는.

épuisant(e) [epɥizɑ̃, ɑ̃:t] *a.* 힘을 소모시키는, 지치게 하는 (accablant, exténuant).

épuise [epɥize] *n.f.* 배수기 (排水機).

épuisé(e) [epɥize] *a.p.* ① 다 써버린, 마른, 고갈된. mine ~*e* 다 파버린 광산, 폐광. source ~*e* 말라버린 샘. édition ~*e* 절판(絶版). ② 지쳐빠진, 몹시 피로한. Je suis ~. 나는 아주 녹초가 되었다. coureur ~ 지쳐버린 주자(走者). ~ de fatigue 피로로 녹초가 되어버린.

épuisement [epɥizmɑ̃] *n.m.* 쇠약, 기진맥진 (abattement, anéantissement). tomber dans l'~ 피로로 쓰러지다. travailler jusqu'à l'~ 기진맥진할 때까지 일하다. ~ d'un pays 국력의 쇠퇴. ② (광산의) 다 파냄; 배수. ~ d'une mine 광산의 다 파냄. pompe d'~ 배수펌프. ③ (식량·탄약·저금 따위의) 다 써버림, 품절. ~ d'un stock 재고품의 품절. ~ des provisions [du Trésor, des ressources] 비축품(국고·자원)의 고갈. ~ des munitions 탄약이 바닥남.

*****épuiser** [epɥize] *v.t.* ① 다 퍼내다, 다 파내다. ~ un étang 연못의 물을 다 퍼내다. La citerne *est épuisée*. 저수탱크는 완전히 비어버렸다. ~ un gisement pétrolier 유전을 고갈시키다. ② 다 써버리다; 다 팔아버리다, 품절시키다. ~ les réserves (les provisions) 비축해 둔 것을 다 써버리다. ~ son bien 재산을 탕진하다. ~ tous les moyens 모든 수단을 다 쓰다. ~ un stock 재고품을 다 팔아버리다. ~ une édition 한 판을 다 팔아버리다, 절판이 되게 만들다. ③ 고갈시키다, 메마르게 하다. ~ les ressources naturelles 천연자원을 고갈시키다. cultures continuelles qui *épuisent* le sol 토지를 황폐하게 만드는 연작(連作). ④ (문제를) 철저하게 고찰 (규명) 하다. ~ un sujet 어떤 주제를 남김없이 고찰하다. ⑤ 피로하게 만들다, 녹초가 되게 하다. Le voyage m'*a épuisé*. 이 여행으로 나는 녹초가 되었다. Elle m'*épuise* avec son bavardage. 그녀의 수다는 정말 피곤하게 만든다.
—**s'~** *v.pr.* ① 동이 나다, 다 떨어지다, 고갈되다. Mes économies commencent à s'~. 나의 저금도 바닥이 나기 시작한다. La source s'*épuise*. 샘물이 고갈된다. ② 지쳐버리다, 녹초가 되다, 힘을 다 쓰다. s'~ à force de travail 일이 힘들어 녹초가 되다. s'~ en efforts inutiles 쓸데없는 일에 정력을 소모하다. ③ [s'~ à+*inf.*] (하여) 지쳐버리다; 열심 …하다. Je me suis *épuisé* à bêcher tout mon jardin dans la matinée. 오전 중에 마당을 다 파헤쳤더니 그만 녹초가 되었다. Je m'*épuise* à vous le faire comprendre. 나는 그것을 당신에게 이해시키려고 이렇게 열심히 설득하고 있는 겁니다.

épuisette [epɥizɛt] *n.f.* ① 《해양》 (배의)물푸개. ② 《어업》 사베, 구망(球網).

épuise-volante [epɥizvɔlɑ̃:t] (*pl.* ~-*s*-~*s*) *n.f.* 물푸는 풍차.

épuli(d)e [epyli(d)] *n.f.*, **épulis** [epylis] *n.m.* 《외과》 치육종(齒肉腫).

épulon [epylɔ̃] *n.m.* 《고대로마》 (신을 거리는)향연을 맡아보는 성직자.

épulotique [epylɔtik] 《약》 *a.* 상처를 아물게 하는. —*n.m.* 유착제(癒着劑).

épulpeur [epylpœːr] *n.m.* (사탕무우의)착즙기(搾汁器).

épurage [epyraːʒ] *n.m.* 《드물게》 순화(純化), 정화.

épurateur [epyratœːr] *n.m.* 정화(淨化)기 〔장치〕.
—*a.m.* 정화기 〔장치〕 의.

épuratif(ve) [epyratif, -iːv] *a.* 정화의, 청정의, 정련 〔정제〕 의.

épuration [epyrasjɔ̃] *n.f.* ① 정화; 정제, 정련. ~ des eaux d'égout 하수의 정화. ~ de l'huile 기름의 정제. ~ des métaux 금속의 정련. ② 순화; 세련. ~ de la langue 국어의 순화. ~ des mœurs 풍속의 순화. œuvre d'~ 세련된 작품. ③ 추방, 숙청. ~ d'un parti politique 정당의 숙청. comité d'~ 숙청위원회.

épuratoire [epyratwaːr] *a.* =**épuratif**.

épure [epyːr] *n.f.* ① 《건축》 시공도, 설계도, 청사진. ② 《기하》 도식, 도표.

épuré(e) [epyre] *a.p.* ① 정화된, 정련(정제)된. liquide ~*e* 정화수. huile ~*e* 정제유. ② 순화된; 세련된. langue ~*e* 순화된 국어. style ~ 세련된 문체. ③ 추방(숙청)된.

épurement [epyrmɑ̃] *n.m.* 정화, 순화, 세련; 정제, 정련. ~ du style 문체의 세련.

épurer [epyre] *v.t.* ① 순수하게 하다, 정제하다. 정련하다, 정화하다. ~ de l'eau 물을 정화하다. ~ un minerai 광석을 정련하다. ~ de l'air 공기를 정화하다. ② 순화하다; 세련되게 하다. ~ les mœurs 풍속을 순화하다. ~ le goût 취미를 세련되게 하다. ③ [~ de] (을)제거하다, 없애다. ~ un texte *de* coquilles 문장에서 오식을 없애다. ④ 추방하다, 숙청하다. ~ un comité 어느 위원회에서 불순분자를 추방하다. ~ un indésirable 바람직하지 않은 사람을 추방하다.
—**s'~** *v.pr.* 순수하게 되다, 정화되다; 세련되다, 순화되다.

épurge [epyrʒ] *n.f.* 《식물》 대극. grande ~ 아주 까리.

epyornis [epjɔrnis] *n.m.* 마다가스카르 섬에서 발견된 큰 새의 화석 (æpyornis, épiornis).

équanime [ekwanim] *a.* 침착한, 태연한.

équanimité [ekwanimite] *n.f.* 침착, 태연.

équarri(e) [ekari] *a.* 4 각으로 자른, 직각으로 자른. pierre ~*e* 4 각으로 자른 돌. **mal** ~*e* 세련되어 있지 않은. œuvre mal ~*e* 세련되지 못한 작품.

équarrir [ekariːr] *v.t.* ① 4각으로 하다 (자르다, 깎다); 네모진 구멍을 내다. ~ une glace 유리를 직각으로 자르다. ~ un bloc de marbre 대리석 덩어리를 4각으로 자르다. ② (짐승의) 시체를 가죽·지방·뼈 따위로 가르다. ③ 《옛》 (촌뜨기 따위를) 세련되

équarrissage [ekarisa:ʒ], **équarrissement** [ekarismɑ̃] *n.m.* ① 잘라 네모지게 함; (4각으로 자른) 각재(角材), 석재(石材). bois d'~ 각재. ② 짐승의 시체를 각 부분으로 절단하기. chantier d'~ 폐마 도살장.

équarrisseur [ekarisœ:r] *n.m.* ① 각뜨기 전문 백정. ② (돌·나무의)각재를 만드는 직공.

équarrissoir [ekariswa:r] *n.m.* 구멍 우비는 기구; 도살 칼; 도살장(abattoir).

Équateur [ekwatœr] *n.pr.* 에콰도르(남미의 적도 바로 아래에 있는 공화국).

équateur [ekwatœr] *n.m.* ①적도; 적도 지역. ~ terrestre 지구의 적도. franchir l'~ 적도를 통과하다. ~ magnétique 〖물리〗자기(磁氣)적도. ② 〖수학〗균분원(均分圓).

équation [ekwasjɔ̃] *n.f.* ①식, 등식, 방정식. ~ du premier[second] degré 1차[2차]방정식. ~ différentielle[intégrale] 미분[적분]방정식. mettre un problème en ~ 방정식을 세우다. résoudre une ~ 방정식을 풀다. racine d'une ~ 방정식의 근. système d'~s 연립방정식. ② 〖화학〗방정식, 반응식. ~ chimique 화학반응식. ③ 〖천문〗차(差). ~ du temps 시차, 균시차. ④ ~ personnelle 〖심리〗 개인차.

équatorial(**ale**, *pl.* **aux**) [ekwatɔrjal, -o] *a.* ① 적도의, 적도지방의. zone ~*ale* 적도대. climat ~ 적도지방의 기후. calmes ~*aux* 적도무풍대. coordonnées ~*ales* 적좌표. ② plaque ~*ale* 〖생물〗 (세포의)적도판. —*n.m.* 〖천문〗적도의(儀).

équatorialement [ekwatɔrjalmɑ̃] *ad.* 〖물리〗적도의 위치에(지축과 수직으로).

équatorien(**ne**) [ekwatɔrjɛ̃, -ɛn] *a.* 에콰도르(l'Équateur)의. —**É~** *n.* 에콰도르 사람.

équerrage [ekɛra:ʒ] *n.m.* 〖건축〗① 재목을 모지게 하기. ② 재목의 2면이 이루는 각도. ~ (en) gras[maigre] 둔[예]각.

équerre [ekɛ:r] *n.f.* ① 직각자. ~ en T; double ~ 티자, 정자(字)자. fausse ~ 각도자. ② 직각. en fausse ~ 비스듬히. ③ 〖측량〗직각의(儀)(~ d'arpenteur). ④ 〖건축〗 연접 철물. d'~ 직각의(으로). en ~ [à l'~] 직각으로.

équerrer [ekere] *v.t.* 〖건축〗직각으로 자르다; (재목 따위에)각도를 내다.

équestre [ekɛstr] *a.* ①기마의, 승마의, 마술의. statue ~ 기마상(像). exercices ~*s* 승마훈련. ② 〖고대로마〗기사의. ordre ~ 기사계급.

équeutage [ekø(œ)ta:ʒ] *n.m.* (과실의)줄기[꼭지]를 떼어내기.

équeuter [ekø(œ)te] *v.t.* (과실의)줄기[꼭지]를 떼어내다.

équiangle [ekɥi(j)ɑ̃:gl] *a.* 〖기하〗등각(等角)의.

équidés [ekɥide] *n.m.pl.* 〖동물〗① 말과(科). ② (말의)가축.

équidifférent(**e**) [ekɥidiferɑ̃, -ɑ̃:t] *a.* 〖수학〗 등차(等差)의.

équidistance [ekɥidistɑ̃:s] *n.f.* ① 〖기하〗등거리(等距離). ② 〖측량〗(고도차를 나타내는)등고선의 간격.

équidistant(**e**) [ekɥidistɑ̃, -ɑ̃:t] *a.* 〖기하〗등거리의. projection ~*e* (지도의)정거도법.

équienne [ekɥi(j)ɛn] *a.* 〖임업〗식목한 해가 같은.

équilatéral(**ale**, *pl.* **aux**) [ekɥilateral, -o] *a.* ① 〖기하〗등변(等邊)의. triangle ~ 정 3각형. ② ~ à ... 과 같은(equivalent). Ça m'est ~. 나에게는 아무래도 좋다(상관 없다).

équilatère [ekɥilatɛ:r] *a.* hyperbole ~ 〖기하〗 각 쌍곡선.

équilibrage [ekilibra:ʒ] *n.m.* 균형잡기; 〖기계〗 평형(平衡); 〖항공〗트림(비행기의 앞뒤의 경사에 대한 균형). masse d'~ 평형추(錘), 평형력.

équilibrant(**e**) [ekilibrɑ̃, -ɑ̃:t] *a.* 균형잡는.

équilibrateur [ekilibratœ:r] *n.m.* 〖항공〗평형안정장치.

équilibration [ekilibrasjɔ̃] *n.f.* ① 균형잡기. ② 균형잡힌 상태.

*équilibre** [ekilibr] *n.m.* ① 평형(↔ déséquilibre), 밸런스. Il a perdu son ~ et est tombé de la poutre. 그는 균형을 잃고 들보에서 떨어졌다. pierre en ~ instable 균형을 잃고 떨어질 것 같은 돌. garder[perdre] l'~[son ~] 평형을 유지하다[잃다]. tour d'~ (줄타기 따위의)곡예. se tenir en ~ sur un pied 한쪽발로 평형을 유지하다. sens de l'~ 〖생리〗평형감각. ② (적대적인 세력간의)균형, 안정. ~ entre les États européens 유럽 제국간의 균형. rétablir l'~ politique 정치적 균형을 회복하다. ~ de la terreur 공포에 의한 균형(핵무기의 증강에 의하여 미소 양국의). ③ (수지의)균형. ~ des dépenses et des recettes[entre les dépenses et les recettes] 지출과 수입의 균형. ~ budgétaire 예산의 균형. ④ ~ de la balance des paiements 국제수지의 균형. ④ (정신적)균형, 안정. garder[perdre] son ~ 안정을 유지하다[잃다]. manquer d'~ mental 정신적인 안정을 잃다. ⑤ 〖미술〗 (형태·빛깔의)조화(harmonie), tableau d'un parfait ~ 완벽하게 조화를 이루고 있는 그림. ⑥ 〖물리·화학〗평형. ~ stable[instable, indifférent] 안정[불안정, 중립]평형. point d'~ 평형점. ~ radioactif (chimique) 방사능[화학]평형.
en ~ ⓐ 균형잡힌, 평형을 이루고 있는. mettre *qc en ~* …을 균형잡히게 하다. ⓑ 겨우 평형을 이루고 있는; 불안정한. marcher en ~ sur les mains 물구나무서서 불안정하게 평형을 이루며 걷다.
faire ~ à qc …와 균형을 이루게 하다. Le parlement fait ~ *au* pouvoir exécutif. 입법부와 행정부는 균형을 이루고 있다.

équilibré(**e**) [ekilibre] *a.p.* 균형잡힌, 평형을 이루고 있는, 안정된; (비유적) 건전한(pondéré, sain). budget ~ 균형예산. combat ~ 백중전. garçon[esprit] bien ~ 건전한 젊은이[정신].

équilibrer [ekilibre] *v.t.* ① 균형[평형]잡히게 하다 (balancer, stabiliser). ~ une balance 저울의 평형을 잡다. ~ le budget[les recettes et les dépenses] 예산[수지]의 균형을 맞추다. ② 부족을 보충하다, 메우다, 보완하다. Les avantages *équilibrent* les inconvénients. 이로운 점이 불리한 점을 보충한다. ③ 조화시키다. ~ les couleurs 빛깔을 조화시키다. ④ 〖항공·기계〗 수평안정을 유지시키다, 수평안정장치를 가동시키다.
—*s'~ v.pr.* ① 평형[균형]이 잡히다. Ces deux puissances s'*équilibrent*. 이 두 세력은 균형을 이루고 있다. ② 서로 보완되다, 서로 메워지다. Les platitudes et les trouvailles s'*équilibrent* dans son livre. 그의 작품에는 진부한 것과 참신한 것이 서로 보완되고 있다.

équilibreur(**se**) [ekilibrœ:r, -ø:z] *a.* 균형잡히게 하는. —*n.m.* 〖항공〗 수평안정판, 자동안정장치.

équilibrisme [ekilibrism] *n.m.* ① (줄타기 따위의)곡예. ② 〖철학〗 균형설.

équilibriste [ekilibrist] *n.* ① 곡예사. ② 《구어》 국제적[사회적] 세력균형주의자.

équille [ekij] *n.f.* 〖어류〗 양미리.

équimoléculaire [ekɥimɔlekyle:r] *a.* 〖화학〗동분자수(同分子數)의.

équimultiple [ekɥimyltipl] 【수학】 a. 등배(等倍)의. —n.m.pl. 등배수.

équin(e) [ekɛ̃, -in] a. 말의. pied ~ 【의학】 첨족(尖足). variole ~e 【수의】 마두(馬痘). —n.m. 【의학】 첨족(pied ~).

équinoxe [ekinɔks] n.m. 【천문】 (춘·추)분(分). ~ vernal[de printemps] 춘분. ~ d'automne 추분. vent d'~ 춘분(春分) 무렵의 거센 바람.

équinoxial(ale, pl. aux) [ekinɔksjal, -o] a. ①【천문】(춘·추)분의. points ~aux 춘분점(春分點). ligne ~ale 적도. ②【지리】적도(부근)의. régions ~ales 적도 지대.

équinter [ekɛ̃te] v.t. (가죽끈 따위의) 끝을 뾰족하게 끊다.

équipage [ekipaːʒ] n.m. ①(집합적)승무원. les passagers et l'~ d'un avion 비행기의 승객과 승무원. ~ d'un croiseur 순양함의 승무원. homme d'~ 선원. rôle d'~ 선원명부. maître d'~ 수부장. ②(한 작업에 필요한)도구 일체, 공구세트; (기계의) 가동부, 부속품 전체. ~ de construction 건설기재. ~ de sonde 측량기 일체. ~ de pompe 양수세트. ③(전쟁에 필요한)군수품 전체. train des ~s 병참대. ④【사냥】사냥의 일행 (주인·말·개·수행원 따위). ⑤(여행의 차림)여행 일체 (마차·수행원 따위); 수행자. La princesse arriva en sompteux ~. 왕녀는 호화로운 행렬로 도착했다. ⑥【의】피복과 장비. 정신구 전체. ⑦【의】상태. être en bon[mauvais] ~ 몸차림이 좋다[나쁘다]. être en triste[piteux] ~ 비참한 상태이다[모습을 하고 있다]. ⑧【의】【군사】의장(艤裝).

équipartition [ekipaʁtisjɔ̃] n.f. 등분(等分).

*équipe [ekip] n.f. ①(작업 따위의)반, 조, 팀. ~ des rédacteurs d'un journal 신문의 편집스탭. ~ de jour[de nuit] (공장에서의)일근(日勤)[야근]조. ~ de chercheurs 연구팀. chef d'~ 반[조]장. ~ de secours 구조(救助)반. esprit d'~ 팀정신, 단체정신. travail d'~ 공동작업. homme d'~ 철도 작업원. faire ~ avec qn ~와 조를 짜다, 조를 무어서 일하다. ②(스포츠의)팀. ~ française de football 프랑스 축구팀. ~ de marques 기업팀. couleurs d'une ~ 팀컬러. sport[jeu] d'~ 단체경기. ③【구어】도당, 그룹, 패거리. ④【의】(같은 선주에 속하는)작은 배의 무리.

équipé(e¹) [ekipe] a.p. ①장비[설비]된. armée bien ~e 장비가 잘 갖추어진 군대. alpiniste tout ~ 만반의 준비를 갖춘 등산가. ②[~ de/en] (을)구비한. bateau ~ d'une radio 무선을 장비한 배. région ~e en voies ferrées 철도시설이 있는 지방.

équipée² n.f. ①무모한 행동, 경거(輕擧)(frasque). ②【의】(모든 장비를 갖추고 전쟁·바다 따위의)모험에 나서기.

équipement [ekipmɑ̃] n.m. ①장비하기. ~ d'un navire en radar 배에 레이더를 달기(장착)하기. ②장비, 장구, 비품. ~ de ski 스키용구. ~ complet d'un soldat 병사의 완전장비. ③설비, 시설. ~ d'une usine 공장의 설비. ~ d'un terrain d'aviation (비행장)의 설비. ~ collectif 공공설비. ~ sportif 스포츠 시설. plan d'~ national 종합개발계획, 전국산업정비계획. ④【군사】군수품. ⑤(pl.) (비행기의) 장비(기체·날개·엔진을 제외한).

équiper [ekipe] v.t. ①장비하다, (필요한 물건을)갖추다. ~ un navire 배를 의장(艤裝)하다. ~ une armée 군대를 장비하다. Êtes-vous bien équipé pour la pêche? 낚시도구는 다 준비되었습니까? ②설비[시설]하다, 설치하다. ~ une atelier à neuf 공장을 새롭게 설비하다. Ce pays n'est pas industriellement équipé. 이 나라는 공업이 발달되어 있지 않다. ~ une région d'un réseau téléphonique 어느 지방에 전화망을 가설[부설]하다. navire équipé d'un radar 레이더를 설치한 배. —s'~ v.pr. 장비[설비]를 갖추다. s'~ pour la plongée sous-marine 잠수하기 위한 장비를 갖추다. Ce pays commence à s'~ industriellement. 이 나라는 산업시설을 갖추기 시작한다. s'~ en électricité 전기시설을 갖추다.

équipier(ère) [ekipje, -ɛːʀ] n. ①(노동자의)작업반원. ②【스포츠】팀의 한 사람.

équipol(l)é [ekipole] a.m. 【문장】가로세로 3단씩의 바둑판 무늬가 있는.

équipollence [ekipolɑ̃ːs] n.f. 【의】균등.

équipollent(e) [ekipolɑ̃, -ɑ̃ːt] a. ①【의】(와)균등한, 등가(등치)의(équivalent). concept ~ 【논리】균등개념. ②vecteurs ~s 【수학】동치(同値)벡터.

Ça m'est ~. 【구어】그런 건 아무래도 좋아.
—n.m. 대응하는 것.
à l'~ 비율에 따라서. *à l'~ de* …의 비율로.

équipoller [ekipole] v.t. 【의】(와)필적[동등]하게 하다. —v.i. [~ à] (에)필적하다.

équipondérant(e) [ekipɔ̃deʀɑ̃, -ɑ̃ːt] a. 무게가 같은. deux corps ~s 무게가 같은 2물체.

équipotentiel(le) [ekipɔtɑ̃sjɛl] a. 【전기】등전위(等電位)의. surface ~le 등전위면(等電位面).

équisétacées, **équisétinées** [ekɥisetine] n.f.pl. 【식물】속새과(科).

équisetum [ekɥisetɔm] n.m. 【식물】속새.

équitable [ekitabl] a. 공정한(↔injuste). remporter une victoire ~ 당연한 승리를 거두다. jugement ~ 공정한 판결. partage ~ 공정한 분배.

équitablement [ekitabləmɑ̃] ad. 공정하게.

équitant(e) [ekitɑ̃, -ɑ̃ːt] a. 【식물】과상(跨狀)의, 잎사귀 아래가 겹쳐진.

équitation [ekɥitasjɔ̃] n.f. 마술(馬術).

équité [ekite] n.f. 공정, (지위·신분에 구애되지 않은)공명무사(droiture); 【법】형평(衡平)(impartialité). juger avec ~ 공평히 판단(판결)하다. Cette décision est conforme[contraire] à l'~. 그 결정은 공정하다[공정하지 않다]. esprit d'~ 공정한 정신. en toute ~ 공평[공정]하게.

équivalemment [ekivalamɑ̃] ad. 대등하게.

équivalence [ekivalɑ̃ːs] n.f. ①동등, 동가(등가); 동치(同値)(égalité). relation d'~ 【수학】동치 관계. principe d'~ 【물리】등가원리. *E~ de prix*, je préfère cette robe. 값은 같으면 나는 이 옷을 선택한다. (자격 따위의)동등성, 대등성. diplôme admis en ~ de la licence 학사 칭호와 동등하다고 인정된 자격증.

équivalent(e) [ekivalɑ̃, -ɑ̃ːt] a. ①동등의, 등가의, 대등한, 대응하는. Ces deux faits sont d'une importance ~e. 이 두 사실은 같은 정도의 중요성을 지닌다. titre ~ au baccalauréat 대학입학자격과 동등한 자격. expressions ~es 같은 뜻(의미)을 지니는 표현. ②【수학】동치(同値)의; 등적(等積)의. surface ~e 같은 면적. figure ~e 등적도형. projection ~e 등적도법.
—n.m. ①동등한 것, 동가치의 것. J'ai touché en gratification l'~ de deux mois de salaire. 특별수당으로 2개월분의 급료에 상당하는 돈을 받았다. C'est l'~ d'un vol. 그것은 도둑질과 똑같은 것이다. ②상당하는 말(표현), 동의어. trouver l'~ d'un mot dans le dictionnaire 사전에서 어떤 단어의 동의어를 찾다. Cette expression française n'a pas d'~ en coréen. 이 프랑스어 표현은 한국어에서 해당하는 것이 없다. ③【물리·화학】당량(當

量). ~ mécanique de la chaleur 열의 일 당량.
équivaloir [ekivalwa:r] [64] *v.t.ind.* [~ à] …와 가치가 같다, 대등하다(égaler). Le prix de cette voiture *équivaut à* cinq mois de mon salaire. 이 차의 값은 내 월급 5개월분과 맞먹는다. Son silence *équivalait à* un refus. 그의 침묵은 거절을 뜻하고 있었다. —**s'**~ *v.pr.* 서로 동등하다.
équivocation [ekivɔkasjɔ̃] *n.f.* 모호한 말을 씀.
équivoque [ekivɔk] *a.* ① 애매한, 두 가지 뜻으로 해석되는. termes(mots) ~s 애매한 용어(단어). réponse ~ 애매한 대답. ② 분명치 않은, 불명확한. Son attitude est toujours ~. 그녀의 태도는 항상 분명치가 않다. ③ 의심스러운, 수상찍은. homme ~ 의심스러운 남자. milieu ~ 수상쩍은 환경. ④ signe ~ 《의학》 (여러 질병에 공통적으로 나타나서 결정적 진단을 내리기 어려운)원인불명의 증후(증후). ⑤ 《옛》동음이의(同音異義)의. rimes ~s 동음이의의 각운 (예: mari honnête 「성실한 남편」과 marionnette 「인형」의 경우).
—*n.f.* ① 두 가지 뜻을 가진 말, 애매한 표현. discours plein d'~s 애매한 표현이 많은 연설. sans ~ 분명하게, 솔직하게. ② (행위·태도 따위의)애매함, 불명확함. Son attitude prête à l'~. 그녀의 태도는 오해를 살 만하다. dissiper l'~ 애매함을 없애다.
équivoquer [ekivɔke] *v.i.* 《문어》애매한 말투를 쓰다; 신소리하다.
—*v.t.* 동음이의어(同音異義語)로 쓰다. rimes *équivoques* 《옛》 동음이의의 각운(駢韻). vers *équivoques* 동음이의의 각운을 쓰는 시구.
—**s'**~ *v.pr.* 어떤 말을 동음이의어로 틀리게 쓰다.
Er 《약자》 erbium 《화학》 에르븀.
-er, **-ère** *suff.* ① 동작주를 나타내며 명사를 만듦 (예: horloge → horloger 시계방 주인). boucher → boucher 푸줏간 주인). ② 명사에서 차용되어 동작주 또는 도구를 나타냄(예: reporter 리포터, mixer 믹서).
érable [erabl] *n.m.* ① 《식물》 단풍나무; 단풍나무 재목. ② sucre d'~ 북미산(産) 단풍나무의 진으로 만든 설탕.
érablière [erablje:r] *n.f.* 단풍나무 숲.
éradication [eradikasjɔ̃] *n.f.* ① 뿌리뽑기. ② (질병의)근절.
éraflement [era(a)fləmã] *n.m.* 《드물게》 스침, 쓸려 벗어짐; 긁힘; (총 내부의)스친 자국이 난 상태.
érafler [erafle] *v.t.* 스치다; 스쳐서 상처를 내다; 《골프》 (공·땅을)스치다. ~ la peau 피부를 스쳐서 상처를 입히다. Une ronce m'*a éraflé* le bras. 나무딸기 가시에 팔을 스쳐서 상처를 입었다.
—**s'**~ *v.pr.* (자기 피부에)찰과상을 입히다. *s'*~ les genoux en tombant 넘어지면서 무릎에 찰과상을 입다.
éraflure [erafly:r] *n.f.* 긁힌 상처, 찰과상.
éraillé(e) [eraje] *a.p.* ① 눈까풀이 밖으로 뒤집힌; 눈에 핏발이 선. yeux ~s 충혈된 눈. ② (살갗 따위가)닳아서 해진. ③ (목소리가)쉰(rauque). voix ~*e* 쉰 목소리.
éraillement [erajmã] *n.m.* ① 《의학》 눈까풀의 뒤집힘. ② (옷감·밧줄 따위의)해어짐. ③ (피부·벽면(壁面)의)생채기. ④ (목소리의)쉼.
érailler [eraje] *v.t.* ① (옷감·밧줄 따위가)해어드리다. ② (피부·벽면에)생채기를 내다(écorcher). ③ (목소리를)쉬게 하다.
—**s'**~ *v.pr.* ① (옷감·밧줄 따위가)해어지다. ② (피부 따위에)생채기가 나다. ③ (목소리가)쉬다. ④ 《옛》눈까풀이 밖으로 뒤집히다.
éraillure [erajy:r] *n.f.* ① (옷감)해진 곳. ② 긁힌 [쓸린] 상처(éraflure).

éranthe [erãt] *n.f.* 《식물》 너도바람꽃속(屬).
érasmien(ne) [erasmjɛ̃, -ɛn] *a.* 에라스무스(*Érasme*, 네덜란드의 신학자)의. —*n.* 에라스무스 학파.
érastianisme [erastjanism] *n.m.* 《종교》 에라스투스(*Eraste*, 독일의 의사·신학자)설(說), 국가 지상주의.
érastien(ne) [erastjɛ̃, -ɛn] 《종교》 *a.* 에라스투스의. —*n.* 에라스투스 학파.
érater [erate] *v.t.* 《옛》 ① (양 따위의)비장(지라)을 뽑아내다. ② 촌티를 없애다. ③ 숨차게 하다.
—**s'**~ *v.pr.* 《구어》 숨이 차다.
erbine [ɛrbin] *n.f.* 《화학》 에르븀 산화물.
erbium [ɛrbjɔm] *n.m.* 《화학》 에르븀.
erbue [ɛrby] *n.f.* 점토용제(粘土熔劑)(herbue).
ère [ɛ:r] *n.f.* ① 《기》 기원, 연호. l'an 10 de l'~ chrétienne 서력 기원 10년. ~ républicaine 공화국 기원 (1792년 9월 22일). dixième siècle avant notre ~ 기원전 10세기. ② 시대, 시기. ~ de prospérité 번영기. ~ atomique 원자력 시대. ~ des croisades 십자군 시대. ③ 《지질》 대(代), 기(紀). ~ quaternaire 제4기. ~ primaire (paléozoïque) 고생대. ~ secondaire (mésozoïque) 중생대. ~ tertiaire (cénozoïque) 신생대.
Érèbe [ereb] *n.pr.m.* 《그리스신화》 에레보스(암흑의 신; 지옥의 밑바닥). —**é**~ *n.m.* 밤나방과(科)의 일종.
érecteur(trice) [erɛktœ:r, -tris] 《생리》 *a.* 발기시키는. —*n.m.* 발기근(勃起筋)(muscle ~).
érectile [erɛktil] *a.* 《생리》 발기성의.
érectilité [erɛktilite] *n.f.* 발기성.
érection [erɛksjɔ̃] *n.f.* ① 건설, 건립. ~ d'une chapelle 예배당의 건립. ② 승격, 격상시키기. ~ d'une ville en chef-lieu 어느 도시를 도청 소재지로 승격시키기. ③ 《생리》 발기. ④ 《옛》 창설, 개설. ~ d'un tribunal 법정의 개설.
éreintage [erɛ̃ta:ʒ] *n.m.* 《속어》심한 피로; (작가·작품에 대한)혹평.
éreintant(e) [erɛ̃tã, -ã:t] *a.* 《속어》몹시 피로하게 하는. travail ~ 몹시 피로하게 하는 일.
éreinté(e) [erɛ̃te] *a.p.* 《속어》기진맥진한. revenir ~ d'une longue journée de marche 온종일 걸어서 기진맥진하여 돌아오다.
éreintement [erɛ̃tmã] *n.m.* ① 기진맥진하게 하기; 심한 피로. marcher jusqu'à l'~ 기진맥진할 때까지 걷다. ② 혹평. ~ d'un film 영화에 대한 혹평.
éreinter [erɛ̃te] *v.t.* ① 《구어》 기진맥진하게 하다 (épuiser); (짐승을)맞고쓰러뜨리다(démolir). Cette longue marche m'*a complètement éreinté*. 오랜 시간 걸어서 나는 완전히 녹초가 되었다. ~ ses employés 고용인을 혹사하다. ② (작가·작품 따위를)혹평하다(dénigrer). La presse *éreinte* toujours ses romans. 신문은 항상 그의 소설을 혹평한다. ③ 《옛·드물게》 (동물 따위의)허리를 꺾다; 《옛·구어》 때려 눕히다.
—**s'**~ *v.pr.* ① 기진맥진하다; 애쓰다. [*s'*~ à] *s'*~ à déménager 이사를 하느라고 기진맥진하다. ② 서로 깎아내리다. ③ 자기 허리를 삐다.
éreinteur(se) [erɛ̃tœ:r, -ø:z] 《구어》 *a.* 혹평하는. —*n.m.* 혹평가.
érémitique [eremitik] *a.* 《문어》 은둔의, 은자(隱者)의, 도사의. vie ~ 은자 생활.
érepsine [erɛpsin] *n.f.* 《생리》 에렙신(펩톤을 분해시키는 작은창자 안의 효소).
-érèse *suff.* 「분리·제거」의 뜻 (예: di*érèse* 분음(分音). aph*érèse* 두음 줄임 생략).

érésipélateux(se) [erezipelatø, -ø:z] *a.* =**érysipélateux**.

érésipèle [erezipɛl] *n.m.* =**érysipèle**.

éréthisme [eretism] *n.m.* ① 〖의학〗(기관의)흥분, 이상 흥분, 과민증. ~ cardiaque 심계항진(心悸亢進). ② 〖문어〗(감정 따위의)격노.

éreuthophobie [erøtɔfɔbi] *n.m.* 〖정신의학〗 적면(赤面)공포증.

erg[1] [ɛrg] *n.m.* 〖물리〗 에르그(일의 단위).

erg[2] (*pl.* **areg** [arɛg], **~s**) *n.m.* (사하라 사막의)사구(砂丘).

ergastule [ɛrgastyl] *n.f.* 〖고대로마〗 감옥(흔히 땅 밑에 판).

ergatif(ve) [ɛrgatif, -i:v] 〖언어〗 *a.* 능격(能格)의. —*n.m.* 능격.

-ergie *suff.* 「작용·힘」의 뜻(예: *énergie* 에너지).

ergmètre [ɛrgmɛtr] *n.m.* 〖전기〗 에르그계(計).

ergo [ɛrgo] 〖라틴〗 *conj.* (익살)고로, 그러므로.
—*n.m.* (복수불변) 결론; 스콜라적 논의.

ergogène [ɛrgɔʒɛn] *a.* 에너지를 내는.

ergo-glu [ɛrgogly] *loc.ad.* 〖구어〗어리석게도, 아무 것도 증명하지 못하고. —*n.m.* (복수불변) 어리석은 논법.

ergographe [ɛrgograf] *n.m.* 〖생리〗 에르고그래프(근육의 작업량 기록기).

ergologie [ɛrgɔlɔʒi] *n.m.* 근(筋) 활동학(생리학의 한 분야).

ergomètre [ɛrgomɛtr] *n.m.* (인간공학에서)작업 계측; 에르그 측정기.

ergométrique [ɛrgometrik] *a.* ergomètre 가 붙은.

ergonome [ɛrgɔnɔm], **ergonomiste** [ɛrgɔnɔmist(ə)] *n.* 인간공학자.

ergonomie [ɛrgɔnɔmi] *n.f.* 인간공학.

ergostérol [ɛrgɔsterɔl] *n.m.* 〖생화학〗 에르고스테롤(맥각균에서 채취되는 스테롤; 자외선을 받으면 비타민 D로 변함).

ergot [ɛrgo] *n.m.* ① (닭 따위의)머느리발톱, (개 따위의)윗발가락. ② (원에)(과수의)가지자국 자국; 〖농업〗 맥각병(麥角病); 〖약〗 맥각. ③ 〖기계〗 전동장치의 제동자(制動子). *se dresser, se hausser, se lever, monter, être* sur *ses ~s* 〖구어〗공격적(위협적) 태도를 취하다.

ergotage [ɛrgota:ʒ] *n.m.* 쾌변(詭辯).

ergoté(e) [ɛrgote] *a.p.* ① 며느리발톱이 있는; (가축따위가)윗발가락이 있는. ② 맥각병에 걸린.

ergotement [ɛrgotmã] *n.m.* 쾌변.

ergoter [ɛrgote] *v.i.* 쾌변을 부리다; 트집을 잡다(chicaner, ↔ consentir). ~ sur tout 무엇에건 트집을 잡다.

ergoterie [ɛrgotri] *n.f.* 쾌변.

ergoteur(se) [ɛrgɔtœ:r, -ø:z] *a.* 쾌변을 부리는.
—*n.* 쾌변자.

ergothérapie [ɛrgoterapi] *n.f.* 〖의학〗 (사회복귀를 위한)작업요법.

ergotine [ɛrgotin] *n.f.* 〖약〗 에르고틴, 맥각소(麥角素)(지혈제로 쓰임).

ergotisme[1] [ɛrgotism] *n.m.* 〖옛〗쾌변벽(癖).

ergotisme[2] *n.m.* 〖의학〗 맥각중독.

ergotiste [ɛrgotist] *n.* 쾌변가(ergoteur). —*a.* 쾌변부리는 버릇이 있는.

érianthe [erjã:t] *n.m.* 〖식물〗 대새풀류(類). 「한.

éricacé(e) [erikase] *a.* 〖식물〗 히스(bruyère)비슷

éricacées [erikase], **éricinées** [erisine] *n.f.pl.* 〖식물〗 철쭉과(科).

ériger [eriʒe] ③ *v.t.* ① 건립하다(construire, ↔ détruire); 세우다(élever). ~ un temple 사원을 건립하다. ~ une statue à qn ···을 위하여 동상을 세

우다. ② 설치하다, 신설하다(établir). ~ un tribunal 재판소를 설치하다. ③ 〖구어〗[~ en] (···로)승격시키다, 삼다. ~ une église en cathédrale 교회를 대성당으로 승격시키다. ~ un scélérat en héros 악인을 영웅으로 만들다. ~ qc en principe ···을 원리로 삼다.
—*s'* ~ *v.pr.* ① [s' ~ en] (···으로)자처하다. Il *s'érige* toujours *en* maître. 그는 항상 대가임을 자처한다. ② 세워지다.

érigéron [eriʒerɔ̃] *n.m.* 〖식물〗 망초.

érigne [erin], 〖옛〗 **érine** [erin] *n.f.* 〖외과〗 구자(鉤子), 갈고리.

Érin(n)yes [erin(n)i] *n.f.pl.* 〖그리스신화〗 복수(復讐)의 3 여신.

érismature [erismaty:r] *n.m.* 〖조류〗 오리의 일종.

éristale [eristal] *n.m.* 〖곤충〗 꽃등에.

éristique [eristik] *a.* 논쟁의. —*n.m.* 〖철학〗 메가라파, 논쟁파. —*n.f.* 논쟁법.

ermin [ɛrmɛ̃] *n.m.* 〖옛〗 〖상업〗 (동부 지중해 여러 항구의)관세.

erminette [ɛrminɛt] *n.f.* 손도끼, 자귀.

ermitage [ɛrmita:ʒ] *n.m.* 은자(隱者)의 암자; 외진 오두막집.

ermite [ɛrmit] *n.m.* ① 은자, 도사. ② 은둔자, 둔세자(遁世者). vivre en ~ 은둔 생활을 하다.

éroder [erode] *v.t.* ① 〖지질〗 침식하다. ② (금속 따위를)부식하다.

érogène [erɔʒɛn] *a.* 연정을 일으키는; 성욕을 자극하는. zone ~ 성감대.

éros [eros] *n.m.* 〖정신분석〗 에로스, 생의 본능(성적쾌락과 자기보존을 목적으로 하는 본능).

Éros, Eros [eros] *n.pr.m.* 〖그리스신화〗 에로스, 사랑의 신 (로마신화의 큐피드).

érosif(ve) [erozif, -i:v] *a.* 침식성(부식성)의.

érosion [erozjɔ̃] *n.f.* ① 〖지질〗 침식(작용). ~ fluviale (marine) 하천(해안)의 침식. surface d'~ 침식면. ~ idéologique (비유적) (사회·국가에 대한)이데올로기적 침식. ② 마멸, 손모. ③ 〖의학〗 미란(糜爛) (ulcération). ④ ~ monétaire 〖경제〗 화폐의 하락.

érotico- *préf.* 「에로틱한」의 뜻.

érotique [erɔtik] *a.* 연애의, 연애문학의; 색정의(sensuel, ↔ chaste); 음탕한. poésie ~ 연애시. désir ~ 관능적(성적) 욕구. —*n.m.* 연애시인; 연애문학. —*n.f.* 성애(性愛)(관).

érotiquement [erɔtikmɑ̃] *ad.* 색정적으로.

érotisation [erɔtizasjɔ̃] *n.f.* 외설적으로 표현하기.

érotiser [erotize] *v.i.* 외설적으로 표현하다; 〖의학〗 (성욕 중추를)자극하다.

érotisme [erɔtism] *n.m.* 색정, 성욕, 에로티시즘; 〖의학〗성욕 항진(亢進). ~ d'un roman 소설의 에로티시즘.

érotologie [erɔtɔlɔʒi] *n.f.* 성과학(性科學).

érotologue [erɔtɔlɔg] *a.* 성과학의, 에로티시즘을 연구하는. —*n.* 성과학자, 에로티시즘 연구가.

érotomane [erɔtɔman], **érotomaniaque** [erɔtɔmanjak] *a.* 색정광의. —*n.* 색정광.

érotomanie [erɔtɔmani] *n.f.* 〖의학〗 색정광(병), 호색증, 성욕 이상.

erpétologie [ɛrpetɔlɔʒi] *n.f.* 파충류학(爬蟲類學).

erpétologique [ɛrpetɔlɔʒik] *a.* 파충류학의.

erpétologiste [ɛrpetɔlɔʒist] *n.m.* 파충류 학자.

errance [ɛrɑ̃:s] *n.f.* 〖문어〗 방황.

errant(e) [ɛrɑ̃, -ɑ̃:t] (< *errer*) *a.* ① 편력하는. chevalier ~ 편력하는 기사. Juif ~ 영원히 방황하는 유대인. ② 정착하지 않은, 유랑의, 유목(遊牧)의 (↔ sédentaire); (시선 따위가)고정되지 않은; (회

망 따위가)종잡을 수 없는. mener une vie ~e 방랑 생활을 보내다. tribu ~ 유랑민. peuples ~s 유목민. chien ~ 들개. nuages ~s 뜬 구름. regard ~ 고정되지 않은 시선. étoiles ~es 혹성(惑星). ③ 【신학】 바른 신앙에서 빗나간.
—*n.m.pl.* (옛)【신학】(신앙에서)바른 길을 잃은 사람들.

errata [erata]《라틴》*n.m.* (복수불변)【인쇄】(출판물의)정오표(正誤表)(※잘못이 하나밖에 없을 때는 erratum을 쓸 때도 있음). dresser un ~ 정오표를 작성하다.

erratique [eratik] *a.* ① 고정(안정)되지 않은, 여기 저기 헤매는(↔ fixe). bloc ~ 【지질】 표석(漂石). dépôt ~ 표석점토(粘土). planète ~ 【천문】혜성. ②【의학】유주성(遊走性)의, 간헐성(間歇性)의. douleurs ~s 유주성의 통증. fièvres ~s 간헐열.

erratum [eratɔm]《라틴》*n.m.* ⇔errata.

erre¹ [ɛːr] *n.f.* R의 호칭.

erre² *n.f.* ①(옛)걸음걸이, 보조(allure). ②【해양】속도(vitesse), 타력(힘)(배가)속력이 나다. briser (casser, étaler) l'~ 진로를 가로막다. couper l'~ à un vaisseau 배를 정지시키다. Donnez de l'~! 힘주어 저어라! perdre de l'~ (son ~)(배가)속력을 떨어뜨리다. prendre de l'~(배가)속력을 내다; 도망가다. ③ (*pl.*)【사냥】(짐승의)발자국. ~s messieurs de loup 이리의 발자국.
aller (à) belle (grand, grand-) ~ 빠른 걸음으로 오다; 호화로운 생활을 하다. *revenir à ses premières* ~s 본래의 태도(습성)으로 돌아오다. *suivre (aller sur) les* ~s *de qn* ~의 뒤를 추적하다;《구어》본받다.

errements [ɛrmɑ̃] *n.m.pl.* 여느 때의 방법; 늘 하는 그릇된 버릇. vieux ~ 인습(因襲). préserver dans ses ~ 제 버릇을 고수하다.

*****errer** [ɛre] *v.i.* ① 방랑하다, 방황하다, 떠돌아다니다. Il *a erré* dans les rues. 그는 거리를 방황했다. ~ de ville en ville 이 도시 저 도시를 떠돌아다니다. ② 떠돌다. Des nuages *erraient* dans le ciel. 하늘에 구름이 떠돌고 있었다. Un sourire *errait* sur son visage. 그녀의 얼굴에는 미소가 감돌고 있었다. laisser ~ sa plume 붓가는 대로 내맡겨 두다. ③ (옛·문어)잘못하다, 실수하다. ~ en politique 정책면에 있어서 실수를 범하다.

*****erreur** [ɛrœːr] *n.f.* ①【수】잘못, 오류; 틀린 것[점]. trouver une ~ dans un texte 교재 속에서 틀린 것을 찾아내다. faire [commettre] une ~ 잘못을 저지르다. tirer *qn* d'une ~ ⋯의 잘못을 올바르게 잡아주다. ~ de jugement 판단의 오류. ~ des sens 착각. ~ de calcul 계산착오. ~ typographique 오식. corriger une ~ 틀린 곳을 교정하다. ②잘못된 생각, 유견(謬見), 유설(謬說). ~ courante (populaire) 세상에 널리 퍼진 잘못된 생각. ~ ancienne 옛날부터 있는 그릇된 생각. ③ (*pl.*)(젊음의)과실, 방탕, 탈선(égarement). ~ de jeunesse 젊음의 과실. pardonner les ~s du passé 과거의 실수를 용서하다. ④【물리·수학】오차. ~ absolue (relative) 절대(상대)오차. ~ systématique 계통오차, 정(定)오차. ⑤【법】~ judiciaire 오심; ~ de fait 사실의 오인(착오·오기); ~ de droit 법해석의 틀림. ⑥ ~ individuelle 【심리】개인편차. ⑦(옛)방황.

C'est une ~ *de* + *inf.* ⋯하는 것은 잘못이다(틀린 생각이다). *C'est une* ~ *de croire cela.* 그런 것을 믿는다는 것은 잘못이다.

E ~ *n'est pas compte.* 과오는 고의로 저지르는 것이 아니다; 언제든 고칠 수 있다.

faire ~ 틀리다, 잘못하다.
par ~ 잘못하여.
sauf ~ 잘못이 아니라면. *sauf* ~ ou omission 【상업】잘못 오류·누락의 경우는 예외. *Sauf* ~, il est plus âgé que moi. 잘못 생각하고 있는 것이 아니라면 그는 나보다 나이가 많다.

erroné(e) [ɛrɔne] *a.* 틀린, 잘못된(faux, ↔ exact).
erronément [ɛrɔnemɑ̃] *ad.* 잘못하여.
ers [ɛːr] *n.m.* 【식물】렌즈콩(lentille bâtarde).
ersatz [ɛrzats]《독일》*n.m.* 대용품, (특히)대용 식료품(succédané). ~ de savon 비누 대용품. ~ de café 커피 대용품.

erse¹ [ɛrs]《영》*n.* ① 스코틀랜드 고지의 게일 사람의. ② 어스어(語).— *n.m.* 어스어(語).
erse² *n.f.* 【해양】①(도르래의)줄. ②밧줄 고리, 삭환(索環).

erseau [ɛrso] (*pl.* ~x) *n.m.* 【해양】(노를 거는)작은 밧줄 고리.

érubescence [erybesɑ̃ːs] *n.f.* 붉어지기;【의학】홍조(紅潮), 발적(發赤).

érubescent(e) [erybesɑ̃, -ɑ̃ːt] *a.* 붉어지는(rougissant). 《구어》《익살》얼굴을 붉히는.

éruciforme [erysifɔrm] *a.* 【동물】쐐기벌레 모양.
éructation [eryktasjɔ̃] *n.f.* 【의학】트림. 【의.
éructer [erykte] *v.i.* 《문어》트림이 나오다.
— *v.t.* (욕설을)퍼붓다, (공갈을)치다. ~ des injures 욕지거리를 퍼붓다.

***érudit(e)** [erydi, -it] *a.* ①학식이 많은, 박식한(savant, ↔ ignorant). Il est très ~ en histoire coréenne. 그는 한국 역사에 매우 밝다[박식하다]. ②(연구 따위가)전문적인.
— *n.* 박식한 사람, 석학(碩學)(savant); 전문가(spécialiste). C'est un des plus grands ~s de nos jours. 그는 당대의 가장 위대한 석학 중의 한 사람이다. faire l'~ 박식한 체하다.

érudition [erydisjɔ̃] *n.f.* ① 박식, 박학, 학식(savoir). homme d'un rare ~ 보기드문 학식의 소유자. ouvrage d'~ 풍부한 학식을 보여주는 작품. ② 고증학의(考證學的) 지식[연구].

érugineux(se) [eryʒinø, -øːz] *a.* 녹빛의, 녹청색(綠青色)의.

éruptif(ve) [eryptif, -iːv] *a.* 【지질】 분출성의; 【의학】발진성(發疹性)의.

éruption [erypsjɔ̃] *n.f.* ①(용암·물·피 따위의)분출, (화산의)분화. ②【의학】발진; (이의)터나옴, 출간(出觀). ③(식물의)싹이 틈.

érynge [erɛ̃ːʒ] *n.f.*, **éryngium** [erɛ̃ʒjɔm] *n.m.* 【식물】미나리과(科) 에린지움속(屬)의 초본.

érysimon [erizimɔ̃] *n.m.* 【식물】부지깽이나물류(類)(vélater).

érysipélateux(se) [erizipelatø, -øːz] *a.* 【의학】단독(丹毒)성의(érésipélateux).

érysipèle [erizipɛl] *n.m.* 【의학】 단독(érésipèle).
érythémateux(se) [eritematø, -øːz] *a.* 홍진(紅疹)성의, 홍반(紅斑)성의.

érythème [eritɛm] *n.m.* 【의학】홍진, 홍반.
Érythrée [eritre] *a.* mer ~ 인도양; 홍해; 페르시아만. — *n.pr.f.* 에리트리아(에티오피아 동북지방).

érythrie [eritri] *n.f.* 【식물】용담과(龍膽科)의 식물.

érythréen(ne) [eritreɛ̃, -ɛn] *a.* ①【지리】에리트리아(*l'Érythrée*, 에티오피아 동북지방)의. ②《시》홍해의. — **É**~ *n.* 에리트리아 사람.

érythrine [eritrin] *n.f.* ①【광물】에리트라이트. ②【화학】에리트린. ③【식물】에리트리나(빨간 꽃의 이국적인 나무).

érythrite [eritrit] *n.f.* 【화학】에리트라이트.

érythro- *préf.* 「빨간」의 뜻.

érythroblaste [eritrɔblast] *n.m.* 【생리】 적아세포(赤芽細胞)(적혈구의 모세포).

érythrocarpe [eritrɔkarp] *a.* 【식물】 붉은 열매를 맺는. [matie]

érythrocyte [eritrɔsit] *n.m.* 【생리】 적혈구(hé-

érythrone [eritrɔn] *n.m.* 【식물】 얼레지속(屬)의 식물(전분을 채취함).

érythrosine [eritrɔzin] *n.f.* 【화학】 에리트로신.

Es 《약자》einsteinium 【화학】 아인슈타이늄.

es [ɛ] être 의 직설·현재·2·단수.

ès [ɛs] *prép.* (en les를 압축한 옛 낱말) …에 있어서. ⓐ《우위명》licence ès lettres 문학사, docteur ès sciences 이학박사(※ès 다음에는 *pl.*, 단수의 경우에는 en : docteur *en* droit[*en* médecine] 법학[의학]박사). ⓑ《법률용어》agir ès qualités 명시된 자격을 가진 공인으로서 소송을 제기하다. ⓒ《지명》(예:Riom-*ès*-Montagnes).

Ésaü [ezay] *n.pr.m.* 【성서】 에서(아곱의 형). plat de lentilles d'~ 속아서 맺은 흥정 (동생 *Jacob* 에게서 팥죽 한 그릇을 받고 대신 장자권을 양도한 고사에서).

esbigner (s') [sɛsbiɲe] *v.pr.* 《속어》도망치다.

esbrouf(f)ant(e) [ɛsbrufɑ̃, -ɑ̃:t] *a.* 《속어》깜짝 놀라게 하는, (옷 따위가)난하게 화려한.

esbrouf(f)e [ɛsbruf] *n.f.* 《속어》① 허세(bluff), faire de l'~ 허세를 부리다, (허세로써)사람을 솎이다. ② vol à l'~ 몸을 부딪혀 소매치기하기, 날치기. à l'~ 허둥으로, 공갈로 (à l'estomac).

esbrouf(f)er [ɛsbrufe] *v.t.* 《속어》① (에게)허세를 부리다, (허세로써)속이다, 공갈치다(bluffer). Il cherche à nous ~. 그는 우리에게 허세를 부려 옴아메하려 한다. ② 날치기하다.
—*v.i.* 《속어》허세부리다, 허둥치다.
—*s'~* *v.pr.* 어줍잖은 일에 놀라다.

esbrouf(f)eur(se) [ɛsbrufœ:r, -føz] *a.* 《속어》허세부리는, 공갈치는. —*n.* ① 허세부리는 사람. ② 소매치기, 날치기.

esc. 《약자》① escompte 【상업】할인. ② escadron 【군사】기병(중)대.

É.S.C. 《약자》École supérieure de commerce 고등 상업학교.

esca. 《약자》escadrille 【해군】작은 함대, 정대(艇隊).

escabeau [ɛskabo] (*pl.* ~*x*) *n.m.* ① (팔걸이·등받이가 없는)나무결상; 기도대(祈禱臺). ② (사다리)발판.

escabécher [ɛskabeʃe] ⑥ *v.t.* 【어업】(정어리 따위를)기름에 절이다.

escabelle [ɛskabɛl] *n.f.* 《옛》(팔걸이·등받이가 없는)결상(escabeau).

escab(e)lon [ɛskablɔ̃] *n.m.* (흉상(胸像)·꽃병 따위를 올려놓는)받침대.

escache [ɛskaʃ] *n.f.* (말의)타원형 재갈.

escadre [ɛska(ɑ:)dr] *n.f.* ① 【해군】함대; 【공군】 (몇 개의 escadron 으로 이루어진)연대, chef d'~ 【해군】함대 사령관. ②《옛》대대.

escadrille [ɛska(ɑ)drij] *n.f.* 【해군】 소함대, 정대(艇隊); 【공군】비행중대.

escadron [ɛska(ɑ)drɔ̃] *n.m.* 【군사】기병대; (대위 지휘 하의)기병중대; 병참대대; 공군대대. chef d'~ 기병[헌병·병참] 중령. chef d'~*s* 기병[병참] 소령. ②(익살)(동물·사람의) 떼. ~ de jolies filles 예쁜 처녀들의 한 무리. ~ de rats 큰 쥐떼.

escadronner [ɛska(ɑ)drɔne] *v.i.* (기병이)중대조련(操練)을 행하다.

escafignon [ɛskafiɲɔ̃] *n.m.* (16세기의)가죽 또는 삼베 신발.

escalade [ɛskalad] *n.f.* ① 사다리로 기어올라가기; 《옛》(성의)사다리에 의한 적진 공격. ② 기어 넘기, 등반(登攀)(ascension). faire de l'~ 등반하다. faire l'~ d'un piton rocheux 암벽을 기어올라가다. ③ (담 따위를 넘어 들어가는)가택침입. ~ d'une grille 철책을 넘어 침입하기, vol à l'~ 침입강도. ④ (분쟁 따위의)단계적 확대, 에스컬레이션; 【경제】(가격·임금의)급등. ~ américaine au Vietnam 월남에서의 미국의 확전. ~ de la violence 폭력의 확산. ~ des prix 물가의 급등. [~ à/dans] ~ à[de, vers] l'inflation 인플레이션의 증가. ~ dans l'agitation sociale 사회불안의 확대.

escalader [ɛskalade] *v.t.* ① 사다리를 걸고 기어오르다(gravir); 사다리로 공격 돌파하다. ② (바위산·나무 따위를)기어오르다(grimper). ~ les rochers 암벽을 오르다. (주어는 사물) petite route dure qui *escalade* les pentes boisées 숲이 우거진 언덕을 기어오르는 가파른 작은 길. ③ (담 따위를)기어넘다, 기어넘어 침입하다. ~ le mur du jardin 정원의 담을 넘어 들어가다. ④ (음조가 음계를 따라)점점 올라가다.

escalator [ɛskalatɔːr] 《영》*n.m.* 에스컬레이터(escalier mécanique).

escale [ɛskal] *n.f.* ① 【해양】배가 닿는 곳, 선착장(船着場). ② 【해양】기항지(寄港地); 【공공】착륙지. ③ 기항, 착륙. faire (l')~ à …에 기항[기착]하다. vol sans ~ 무착륙 비행.

escaler [ɛskale] *v.i.* 《드물게》【해양·항공】(에)기항[착륙]하다.

*****escalier** [ɛskalje] *n.m.* 계단; 【해양】 현제(舷梯). ~ dérobé 비밀계단. ~ de service (하인들이 쓰는)뒷계단. ~ hors d'œuvre 밖에 붙은 계단. ~ roulant (mécanique) 에스컬레이터, monter (descendre) l'~ 계단을 올라(내려)가다.

avoir l'esprit de l'~ 《구어》일이 끝나고 나서 했어야 할 일(말)이 생각나다. faire des ~*s* dans les cheveux de qn …의 머리를 층지게 깎다.

escalin [ɛskalɛ̃] *n.m.* 《옛》네덜란드의 화폐.

escalope [ɛskalɔp] *n.f.* ① 【요리】얇게 썬 고기[생선]조각. ~ de veau 기름에 튀긴 얇은 송아지 고기 요리. ~ panée 커틀릿. ②《속어》귀.

escalpe [ɛskalp] *n.f.* 두피(頭皮)벗기기.

escamotable [ɛskamɔtabl] *a.* 감출 수 있는. meuble ~ 접어넣을 수 있는 가구, train d'atterrissage ~ 【항공】 접어넣게 된 착륙장치.

escamotage [ɛskamɔta:ʒ] *n.m.* ① 요술, (요술에서)감추기. ② 소매치기, 사취. ③ 속임수, 은폐. (어려운 일을)적당히 얼버무리기. ~ d'un problème 문제를 (적당히)얼버무리기. ④ (기구 따위를)접어넣기.

escamote [ɛskamɔt] *n.f.* 요술도구.

escamoter [ɛskamɔte] *v.t.* ① 잡술[요술]로 감추다. ~ un foulard devant les spectateurs 관객이 보는 앞에서 스카프를 감추다. ② 감추다, 보이지 않게 하다(cacher, effacer). montagne *escamotée* pa les brumes 안개에 묻혀 보이지 않는 산. ③ 속여서 감추다, 슬쩍하다(subtiliser). [~ qc à qn] ~ à un touriste son portefeuille 여행자에게서 지갑을 슬쩍하다. ④ (어려운 일을)적당히 넘어가다, 약은수로 회피하다(éviter). élève qui *escamote* un devoir 숙제를 빼먹는 학생. ~ les difficultés d'un problème 문제의 어려운 곳을 적당히 얼버무리다. ~ une objection 반대[항의]를 적당히 따돌리다. ~ certains mots 어떤 말을(들리지 않도록) 어물어물 발음하고 넘어가다. ~ une note (피아노 따위에서)한 음을 뛰어넘다. ⑤ (기계의 돌출부를)접어넣다. ~ le train d'atterrissage d'un avion 《항공》 비행기의 착륙장치를 접어넣다.

escamoteur(se) [ɛskamɔtœːr, -ϕːz] *n.* ① 요술꾼. ② 소매치기.

escampativos [ɛskɑ̃pativoːs] *n.m.* 《복수불변》《옛·구어》도망(escapade). faire des[un] ~ 《속어》몰래 도망치다.

escamper [ɛskɑ̃pe] *v.i.* 《옛·구어》몰래 도망치다.

escampette [ɛskɑ̃pɛt] *n.f.* 《다음 표현으로만 쓰임》 prendre la poudre d'~ 《구어》도망《雙소니》치다.

escapade [ɛskapad] *n.f.* ① (할 일을 두고)몰래 빠져 나가기(fugue). ~ d'écolier 학생의 공부시간 빼먹기. faire une ~ 몰래 빠져 나가 놀다. ② (말의)갑작스러운 발광.

escape[1] [ɛskap] *n.f.* 《건축》 (원주의)주신(柱身); 주신의 하부.

escape[2] *n.f.*, **escap** [ɛskap] *n.m.* 《조류》 매. faire [donner] ~ à un oiseau 새에게 추적해야 할 불치를 알게 하다.

escaper [ɛskape] *v.t.* (훈련을 위해 그것을 추적하도록)불치를 풀어놓다.

escarbeille [ɛskarbɛj] *n.f.* 20파운드 이하의 상아.

escarbille [ɛskarbij] *n.f.* 《해양·철도》 탄각(炭殼), 석탄이 타고난 나머지.

escarbiller [ɛskarbije] *v.t.* (에서)탄각을 제거하다.

escarbilleur [ɛskarbijœːr] *n.m.* 탄각을 치는 체; 《해양》 석탄재 방출기.

escarbot [ɛskarbo] *n.m.* 《곤충》 풍뎅이과(科)의 곤충. 《구어》 쇠똥구리.

escarboucle [ɛskarbukl] *n.f.* ① 《옛》 빨갛게 빛나는 보석, 석류석, 가닛. regards d'~s 보석처럼 빛나는 눈초리. ② 《조류》 벌새의 일종. ③ 《문장》 (여덟 개의 방사선을 가진)보석 무늬.

escarcelle [ɛskarsɛl] *n.f.* 《옛》 (중세에 허리에 차던)전대(錢帶);《익살》지갑. avoir l'~ garnie [vide] 돈이 많다[없다].

escargot [ɛskarɡo] *n.m.* ① 달팽이. marcher comme un ~ 느릿느릿 걷다. escalier en ~ 나선 계단. ② 느림보.

escargotière [ɛskarɡɔtjɛːr] *n.f.* 식용달팽이 양식장; (구멍이 많은)달팽이 굽는 접시.

escarmouche [ɛskarmuʃ] *n.f.* ① 《군사》 소규모의 충돌[접전](accrochage). ~ de patrouilles 정찰대의 작은 접전. ② (비유적) 전초전. ~ qui précède le débat (본격적인)토론에 앞선 전초전.

escarmoucher [ɛskarmuʃe] *v.i.* ① 소규모의 충돌[접전]을 하다. ② 전초전을 벌이다.

escarmoucheur [ɛskarmuʃœːr] *n.m.* 적과 제일 먼저 소규모의 접전을 하는 병사.

escarole [ɛskarɔl] *n.f.* 《식물》 상치(scarole).

escarotique [ɛskarɔtik] 《의학》 *a.* 부식성(腐蝕性)의(caustique). —*n.m.* 부식제.

escarpe[1] [ɛskarp] *n.f.* 《축성》 성벽 외호(外濠)의 내안(內岸)(→ fortification 그림); 《벽》 경사면.

escarpe[2] *n.m.* 《구어》 살인귀; 살인 강도범.

escarpé(e) [ɛskarpe] *a.p.* ① 깎아지른, 가파른 (abrupt). montagne ~e 가파른 산. ② 《문어》 (비유적)(성미가) 까다로운(difficile).

escarpement [ɛskarpəmɑ̃] *n.m.* ① 깎아지른, 급경사. ② 《축성》 호(濠)의 안쪽의 급경사; 가파른 재; 《지질》 에스카프멘트(지층의 주향(走向)에 따른 급사면).

escarper [ɛskarpe] *v.t.* 《드물게》(바위·산을)수직으로 깎다; 호(濠)를 깎아지르다.

escarpin [ɛskarpɛ̃] *n.m.* 춤출 때 신는 신, 무도화; (여자의)덧신. jouer de l'~ 도망치다.

escarpolette [ɛskarpɔlɛt] *n.f.* ① 네, 추천(鞦韆) (balançoire). ② (도장공의)늘어뜨린 발판.

escarre[1] [ɛskar] *n.f.* 《문장》 ㄴ자 무늬.

escarre[2] *n.f.* 《의학》 ① 소가(燒痂), 회저(壞疽)딱지. ② 욕창(蓐瘡) (오래 앓아 누웠을 때 생기는 부스럼).

escarrifier [ɛskarifje] *v.t.* 《의학》 (상처에)소가(燒痂)(딱지)를 만들다.

Escaut (l') [lesko] *n.pr.m.* 《지리》 에스코 강《프랑스에서 벨기에·네덜란드로 흐름》.

-escent *suff.* 형용사 어미로서 「경과·변화·상태」의 뜻《예: adole*scent* 소년의. convale*scent* 회복기의》.

eschare [ɛskar] *n.f.* = **escarre**[2].

escharifier [ɛskarifje] *v.t.* = escarrifier.

escharotique [ɛskarɔtik] *a., n.m.* = escarotique.

eschatologie [ɛskatɔlɔʒi] *n.f.* 《신학》 종말론, 말세론.

eschatologique [ɛskatɔlɔʒik] *a.* 《신학》 종말론의.

esche [ɛʃ] *n.f.* 《어업》 (낚시의)미끼, 낚시밥(aiche, èche).

Eschine [ɛʃin] *n.pr.m.* 《그리스사》 아이스키네스 《아테네의 웅변가, 정치인, 기원전 390-314》.

Eschyle [ɛʃil] *n.pr.m.* 《그리스문학》 아이스퀼로스 《그리스 비극시인, 기원전 525-456》.

escient [ɛsjɑ̃] *n.m.* 《옛》 의식(意識)《다음 숙어로만 쓰임》. à bon ~ 의식적으로, 분별 있게, 합당하게. Il n'accorde ses éloges qu'à bon ~. 그는 타당하다고 여겨질 때에만 찬양을 한다.
à mauvais ~ 잘못 알고(à tort).
à mon[ton, son] ~ 《옛》 알면서, 짐짓.

escionnement [ɛsjɔnmɑ̃] *n.m.* 《원예》 (나무)싹을 따기.

escionner [ɛsjɔne] *v.t.* 《원예》 (나무)싹을 따다.

esclaffement [ɛsklafmɑ̃] *n.m.* 《구어》 가가대소, 웃음보를 터뜨리기.

esclaffer (s') [sɛsklafe] *v.pr.* 웃음보를 터뜨리다, 가가대소하다.

esclandre [ɛsklɑ̃ːdr] *n.m.* ① 소동; 추문(醜聞) (scandale). faire[causer] un[de l'] ~ 소동을 일으키다, 한바탕 소란을 피우다. faire un ~ à qn …에게 싸움을 걸다, 덤벼들다. ② 《옛》공격, 난투.

esclavage [ɛsklavaːʒ] *n.m.* ① 노예제도; 노예의 신분. abolition de l' ~ 노예제도의 폐지. réduire qn en ~ …을 노예로 만들다. ② 노예와 같은 상태, 예속(sujétion, ↔ domination); 구속, 속박(oppression, ↔ liberté). tenir tout un peuple dans l' ~ 온국민을 노예상태에 두다. 《사물을 가리켜》 Ce travail est un véritable ~. 이 일은 그야말로 꼼짝달싹할 수 없는 속박이다. ③ 《옛》 (반원형의)목걸이, 목쇠.

esclavagisme [ɛsklavaʒism] *n.m.* 《미국사》 노예제도 옹호주의(운동).

esclavagiste [ɛsklavaʒist] *n.* 노예제도 주장자. —*a.* les États ~s 미국 남북전쟁 때 노예제도를 주장한 남부 제주(諸州).

esclave [ɛskla(ɑ)ːv] *n.* ① 노예. ~ affranchi 해방된

노예. trafic des ~s 노예매매. marché aux ~s 노예시장. ~ fugitif 도망친 노예. la Côte des E~s 〖지리〗 노예해안. ②(비유적)노예, 포로, âme d'~ 노예근성, 비굴한 정신. se faire(se rendre) en ~ à qc …의 포로가 되다. obéir en ~ à qc …에 맹종하다.
— a. ① 노예의, 노예신분의. nègre ~ 흑인노예. peuple ~ 노예민족. ②(비유적)구속[속박]된, (의)노예가 된. [~ de qc/qn] être ~ de sa profession 직업의 노예가 되다. être ~ de ses passions 정열에 맹목적으로 지배되다. être ~ de son devoir [de sa parole] 의무[약속]에 지나치게 충실하다. Elle est ~ de ses enfants. 그녀는 아이들에게 전적으로 매어 지낸다.
REM esclave 는 「de+보어」의 구에 있어 명사적으로도 형용사적으로도 쓰이는데, de+qn의 경우는 주로 명사가 되고, de+qc의 경우는 형용사가 된다:devenir l'~ de qn …의 포로가 되다. être ~ de la mode 유행에 지배받다.

esclavon(ne) [ɛsklavɔ̃, ·ɔn] a. 슬라보니아(Slavonie)의. —E— n. 슬라보니아 사람.
—n.m. 슬라보니아어(語).

esclop, esclot [ɛsklo] n.m. 〖사투리〗나막신.

escobar [ɛskɔbaːr] n.m. 〖옛〗(경멸〗(애매한 말투로 사람을 속이는)위선자.

escobarder [ɛskɔbarde] v.i. 〖옛〗말을 얼버무려 속이다.

escobarderie [ɛskɔbard(ə)ri] n.f. 말을 얼버무려 속이기, 속임수(fourberie); 위선(hypocrisie).

escof(f)ier [ɛskɔfje] v.t. 〖속어〗죽이다.

escoffion [ɛskɔfjɔ̃] n.m. (전에는 상·중류 부인, 17세기에는 시골 여자가 쓰던 그물 모양의)부인모.

escogriffe [ɛskɔgrif] n.m. 〖구어〗어색한 몸짓의 키다리(échalas).

escomptable [ɛskɔ̃tabl] a. 〖상업〗할인할 수 있는.

escompte [ɛskɔ̃ːt] n.m. 〖상업〗(빚 청산의 선불 (先拂) 또는 현금불에 대한)할인. ~ de caisse[au comptant] 현금(불)할인. faire un ~ de 2 % 2 퍼센트의 할인을 하다. ②〖재정〗어음할인(= ~ de banque); 할인액. taux d'~ 할인율. banque d'~ 할인은행. ~ en dedans[en dehors] 진(眞)[은행]할인. présenter une traite à l'~ 어음을 할인받다. prendre à l'~ un effet de commerce 상업어음을 할인하다. ③〖주식〗기한 전에 전액을 불입하고 증권의 인도를 청구할 권리.
à ~ (액면 이하로)할인하여.

escompter [ɛskɔ̃te] v.t. ①〖상업〗(어음을)할인하다. ②(비유적)예측하여 기대하다(compter, prévoir). L'éditeur escomptait une vente rapide de ce livre. 출판사는 이 책이 빨리 팔릴 것으로 기대하고 있었다. ③〖주식〗(기한 전에 전액 불입하고 증권의)인도를 청구하다. ④〖옛〗알당겨 쓰다, 미리 즐기다(anticiper). ~ un héritage 유산을 기대하고 미리 쓰다. ~ sa vie 인생을 헛되이 보내다 [낭비하다].

escompteur [ɛskɔ̃tœːr] n.m. 〖상업〗어음 할인 중매인. —a. 어음을 할인하는.

escope [ɛskɔp] n.f. =**écope**.

escopette [ɛskɔpɛt] n.f. 〖옛〗(16 세기의)기총(騎銃); (17세기의)나팔총.

escorte [ɛskɔrt] n.f. ①(병사·군함·전투기로 형성된)호위대, 호송대, un convoi et son ~ 선단과 호송 함대. sous l'~ d'un escadron de cavalerie 기병대에 호위되어. Le prisonnier a été conduit sous bonne ~. 죄수는 엄중한 경호 하에 호송되었다. ② 경호인, 호위; 수행원. ~ d'honneur 의장대. faire ~ à qn …을 경호[수행]하다. Je vous servirai

d'~. 제가 모시고 가겠습니다. ③(비유적)부수적인 것. La maladie entraîne toute une ~ de misères. 병은 온갖 불행을(부수적으로)끌고온다.

escorter [ɛskɔrte] v.t. ①호위[경호]하다. ~ un prisonnier 죄수를 호송하다. ②전송하다; (예)수행하다(accompagner). ~ qn jusqu'à la porte …을 대문까지 전송하다.

escorteur [ɛskɔrtœːr] n.m. 〖해양〗호송함.

escot [ɛsko] n.m. 〖직물〗(상복·수녀복용의)사지.

escouade [ɛskwad] n.f. ①〖군사〗(기병·기병)분대. ②(일반적으로)조, 반. ~ d'ouvriers 노무자 반. ~s de jeunes gens 작은 무리의 젊은이들.

escourgée [ɛskurʒe] n.f. 〖옛〗(여러 가닥의 가죽끈으로 된)채찍; (그)채찍질.

escourgeon[1] [ɛskurʒɔ̃] n.f. 〖농업〗도리깨 매는 끈.

escourgeon[2] n.m. 〖식물〗(가을 파종의)보리.

escrime [ɛskrim] n.f. ①검술(劍術), 펜싱. ~ à la baïonnette 총검술. maître[moniteur] d'~ 검술 사범. faire de l'~ 검술(펜싱)을 하다. ②논쟁. escrime de l'~ ~ 검술(펜싱)을 하다. ②논쟁.

escrimer [ɛskrime] v.i. ①〖옛〗검술을 하다; 〖구어〗(막대기 따위를)휘두르다. ②논쟁하다.
—s'~ v.pr. ①[s'~ de/avec](을)무기 대신 사용하다, s'~ avec(de) sa canne 지팡이를(무기처럼) 휘두르다. ②[s'~ sur qc/à+inf.](에)애쓰다, (하기에)진력하다. Il s'escrime sur son devoir de mathématiques. 그는 수학숙제를 하느라 애쓰고 있다. ~ à faire des vers 시구를 만들려고 애쓴다. **s'~ des dents[des mâchoires]** 실컷 먹다. **s'~ des pieds et des mains** 손발을 써서[필사적으로] 싸우다; 힘써 애쓰다.

escrimeur(se) [ɛskrimœːr, ·øːz] n. 검객(劍客), 검사(劍士).

escroc [ɛskro] n.m. 남의 물건을 슬쩍하는 사람; 사기꾼(aigrefin).

escroquer [ɛskrɔke] v.t. 속여 빼앗다, 사취하다; 속이다. [~ qc à qn] ~ de l'argent à qn …에게서 돈을 사취하다. ~ un dîner à qn …을 구슬려 저녁을 내게하다. ~ une signature 속여서 서명하게 하다. [~ qn] Il escroque tout le monde. 그는 누구에 대해서나 협잡을 한다.

escroquerie [ɛskrɔkri] n.f. 속임수, 사취(詐取); 〖법〗사기(tromperie). ~ morale (비유적)배신.

escroqueur(se) [ɛskrɔkœːr, ·øːz] n. 〖옛〗속여서 빼앗는 사람; 사기꾼.

esc[te] (약자)escompte 〖상업〗할인.

escudo [ɛskydo] n.m. 포르투갈·칠레의 화폐단위.

Esculape [ɛskylap] n.pr.m. 〖그리스신화〗의신 (醫神) 아스클레피오스. art d'~ 의술. disciple d'~ 의사. ②(익살)명의. ②〖동물〗(아스클레피오스에게 바쳐진 것으로 전해지는)독사의 일종; 〖천문〗뱀주(座).

esculent(e) [ɛskylɑ̃, ·ɑ̃ːt] a. 〖옛〗먹을 수 있는, 식용할 수 있는.

esculine [ɛskylin] n.f. 〖화학〗에스쿨린(인도마로니에에서 채취되는 배당체(配糖體)).

Esdras [ɛsdrɑːs] n.pr.m. 〖성서〗에스라.

E.-S.-E. Est-Sud-Est 동남동.

ésérine [ezerin] n.f. 〖화학〗에제린(칼라바르 완두콩에서 채취하는 독성 알칼로이드).

esgourde [ɛsgurd] n.f. 〖속어〗귀.

Eskimo [ɛskimo] n.m. ⇨esquimau.

eskuara [ɛskwara] n.m. 바스크(Basque)어(語).

ésociculture [ezɔsikyltyr] n.f. 곤들메기사육.

Ésope [ezɔp] n.pr.m. 〖그리스〗아이소포스, 이솝 (우화작가). —**e—** n.m. 〖구어〗기형의 남자, 꼽추.

ésopique [ezɔpik] a. 〖문학〗이솝풍의.

ésotérique [ezɔterik] a. 〖철학〗비교(秘敎)적인, 비의(秘義)적인; (작품이)불가사의한, 난해한.

écrivain ~ 비의적 (작품을 쓰는) 작가. poésie ~ (비의적)난해한 시.
ésotérisme [ezɔterism] *n.m.* 【철학】 비교(秘敎); (작품중의)비의(秘義), 불가사의.
***espace** [ɛspɑːs] *n.m.* ① 공간; 공간적 넓이, 장소. art de l'~ 공간예술. occuper un grand ~. 넓은 공간을 차지하다. Notre appartement est trop petit, nous manquons d'~. 우리 아파트는 너무 작아서 비좁다. ~ poétique (비유적) 시적 공간. ~s imaginaires 상상적 공간. ② (우주공간); (*pl.*) 《옛》 하늘, 천공(~ céleste). exploration de l'~ 우주탐험. vol dans l'~ 우주여행. ~s infinis 무한한 공간 (천공). lancer une fusée dans l'~ 우주공간으로 로켓을 발사하다. ③ (특정한 용도의)공간, 지대, 지역. ~ vital 생활공간. ~s verts (도시의) 녹지대. ④ 간격, 사이, 여지. laisser de l'~ 여백을 남기다. Il y a des ~s vides sur les rayons. 선반에 빈 곳이 더러 있다. ⑤ (시간의)폭, 간격(laps); 기간. pendant le même ~ de temps 같은 시간(기간) 동안에. en peu d'~ 《옛》잠깐동안에, 순식간에. ⑥ 【음악】악보의 선 사이.
en (*dans*) *l'~ de* …동안에. *En l'~ de* dix minutes, il a reçu quatre coups de téléphone. 10분 사이에 그는 전화를 네 차례나 받았다. Je ne pourrai pas faire tout cela *dans* un si court ~ *de temps*. 그렇게 짧은 시간안에 그 모든 것을 다할 수 없을 것이다.
—*n.f.* 【인쇄】 스페이스.
espacé(e) [ɛspɑ(ɑ)se] *a. p.* (공간적·시간적으로)간격을 둔, 사이를 둔. arbres bien ~s 충분히 간격을 둔 나무들. Ses visites sont de plus en plus ~es. 그의 방문은 점점 더 뜸해진다.
espacement [ɛspɑ(ɑ)smɑ̃] *n.m.* ① (공간적·시간적으로)간격(사이)을 둠. réduire [élargir] l'~ entre deux arbres 두 나무의 간격을 좁히다(넓히다). l'~ des paiements (몇 차례로 나누어)간격을 두고 지불하기. ② 【인쇄】 (낱말·행간 사이의)간격. ③ (타자기의)문자를 밀어보내는 장치. barre d'~ (타자기의)스페이스 바.
espacer [ɛspɑ(ɑ)se] [2] *v.t.* ① (공간적으로)간격을 두다(distancer). ~ des tables 테이블의 간격을 벌리다. ~ les lignes 【인쇄】 행간을 띄워 놓다. ② (시간적으로)간격을 두다. ~ ses visites 점점 발길이 뜸해지다.
—*v.i.* 【인쇄】 스페이스를 안배하다.
—*s'~ v.pr.* ① (공간적으로)간격이 벌어지다; (군사) 산개(散開)하다. Les maisons *s'espacent*. 집들이 드문드문해진다. ② (시간적으로)뜸해지다. Ses lettres *s'espacent* de plus en plus. 그의 편지가 갈수록 더 뜸해진다.
espace-temps [ɛspɑstɑ̃] *n.m.* 【철학·물리】 시공 (時空)(시간 공간의 4차원 연속체).
espada [ɛspɑdɑ] *n.f.* 투우사(matador).
espadon [ɛspɑdɔ̃] *n.m.* ① 《옛》 두 손으로 들던 쌍날 의 대검(大劍). ② 【어류】 황새치.
espadrille [ɛspɑdrij] *n.f.* 즈크 신발 (운동화 따위); 해수욕화.
Espagne (l') [lɛspɑɲ] *n.pr.f.* 【지리】 에스파냐.
espagnol(e) [ɛspɑɲɔl] *a.* 에스파냐 (*l'Espagne*)의.
—**E**— *n.* 에스파냐 사람.
—*n.f.* 【요리】 에스파뇰 소스.
espagnolette [ɛspɑɲɔlɛt] *n.f.* 창의 자물쇠.
espagnoliser [ɛspɑɲɔlize] *v.t.* 에스파냐식(풍)이 되게 하다.

espagnolette

espagnolisme [ɛspɑɲɔlism] *n.m.* ① 〖언어〗 에스파냐 말 특유의 어법. ② 에스파냐인 특유의 기질 (사고·행동 방식). ③ (에스파냐식의)편협한 애국심.
espalier¹ [ɛspɑlje] *n.m.* 〖원예〗 과수장(果樹墻) (에 키운 과목). culture en ~ 과수장 재배.
espalier² *n.m.* 〖갤리선(船)의〗 최우열(列)의 조절조수(調節漕手).
espalme [ɛspɑlm] *n.m.* ① 〖해양〗 (경주용 보트의 바닥에 칠하는)기름. ② 《옛》(배의 바닥에 칠하는) 역청 섞은 기름.
espalmer [ɛspɑlme] *v.t.* 〖해양〗 (배의)바닥에 espalme를 칠하다.
espar [ɛspɑːr] *n.m.* ① 〖해양〗 둥근 재목《돛대·활대를 대신할 수 있는 재목의 총칭). ② 〖군사〗 (대포의)조작레버.
esparcet [ɛspɑrsɛ] *n.m.*, **esparcette** [ɛspɑrsɛt] *n.f.* 〖식물〗 = *sainfoin*.
espargoute [ɛspɑrgut] *n.f.* 〖식물〗 양별꽃.
espar(t) [ɛspɑːr] *n.m.* = *épar(t*²).
:espèce [ɛspɛs] *n.f.* ① 종(種), 종류(genre, sorte). différentes ~s d'assiettes 여러 가지 종류의 접시. [de toute ~] marchandises *de toute* ~ 모든 종류의 상품들. [toute(s) ~(s) de] *toutes* ~s *d'alcools* 모든 종류의 술. [de son ~] Je ne discute pas avec des gens *de votre* ~. 나는 당신과 같은 사람하고는 상대하지 않소. Il a trouvé un voyou *de son* ~. 그는 자기와 같은 건달과 함께 있었다. 《형용사와 함께》gens de cette ~ 이런 부류의 사람들. soucis de la même ~ 같은 종류의 근심. musique d'une ~ tout à fait (toute) nouvelle 전혀 새로운 음악. menteur de la plus belle ~ 진짜 거짓말장이. [une ~ de] 일종의. *une* ~ *de* 같은 것. *une* ~ *de* château 성과 같은 것. éprouver *une* ~ *de* colère 분노와 같은 것을 느끼다. 《사람을 가리켜 경멸적》C'est *une* ~ *de* journaliste. 말하자면 신문장이다. *E*~ *d'idiot*! 바보 같은 녀석! (※ une espèce de는 속어에서 다음에 오는 명사에 일치시켜 남성으로 표현하기도 함. *un espèce de* fou (일종의)미친 사람).
② 〖생물〗 종(種); 인류(~ humaine). ~s végétales [animales] 식물 [동물] 류. origine des ~s 종의 기원. croisement d'~s différentes 각기 다른 종들의 교합. avenir de l'~ 인류의 미래.
③ (*pl.*) 현금; 《옛》경화(硬貨), 정화(正貨). [en ~s] payer *en* ~s 현금으로 지불하다. ~s d'or (d'argent) 금(은)화. payer en ~s sonnantes (et trébuchantes) 〖옛〗법정경화로 지불하다.
④ 〖법〗 (사건의)쟁점(cas); (문제가 되어 있는) 소송사건 (affaire, cause). loi qui n'est pas applicable à l'~ 본건에 적용될 수 없는 법률. en l'~ 본건에 ~숙어로. cas d'~ (법률이 자동적으로 적용되지 않고 해석을 요하는)특수 [예외적] 사건 (~숙어로).
⑤ 〖논리〗 종개념; 〖스콜라철학〗 형질(形質); 〖가톨릭〗 (성별(聖別) 후의 빵과 포도주의)형색 (形色). communier sous les deux ~s (빵과 포도주의)두 형색 하에 성체를 배령하다.
⑥ 〖약〗 (탕제에 쓰이는)약종. ~s diurétiques 이뇨약종.
⑦ 《옛》 (경멸) 녀석, 놈. sotte ~ 쓸모없는 녀석.
cas d'~ 특수한 경우. C'est un *cas d'~*. 이것은 (일반법칙이 아닌) 특수한 경우로 간주하다.
en l'~ (특별히)그 경우에. *En l'~*, ses arguments étaient valables. 이 경우에 있어서 그의 주장은 수긍할 만한 것이었다.
sous les ~s de (문어)…의 형태로.
espérable [ɛsperabl] *a.* 기대 [희망] 할 수 있는.

*espérance [εsperɑ̃ːs] *n.f.* ① 희망(espoir); 기대(attente). être plein d'~s 희망에 넘쳐 있다. caresser[entretenir, nourrir, former] des ~s 희망을 품다. fonder[bâtir] des ~s sur qc …에 희망을 걸다. [avoir l'~ de+inf./que+ind.] Si je n'avais pas l'~ de réussir, je ne continuerais pas. 만약 성공하리라는 희망이 없다면 나는 계속하지 않을 것이다. Nous avons l'~ que tout ira bien. 우리는 모든 일이 잘 되리라 기대하고 있다. ② 기대의 목표; (pl.)장래성. Vous êtes notre seule ~. 당신은 우리의 유일한 기대다. [donner des ~s] Cet étudiant donne de grandes ~s. 이 학생은 장래가 유망하다. ③ (pl.)(상속이 기대되는)유산; (pl.)(근간 어머니가 될)예상. oncle à ~s 유산을 남겨줄 가망이 있는 아저씨. Elle a des ~s. 그녀는 아이를 기다리고 있다(임신중이다). ④ 〖신학〗소망(믿음·사랑과 함께 기독교 3 덕의 하나). ⑤ 〖통계〗~ de vie 평균 수명(壽命); ~ mathématique 기대치.
contre toute ~ 기대와는 달리 아주 뜻밖으로. Il a réussi son examen *contre toute* ~. 예상과는 달리 그는 합격했다.
dans l'~ *de*+*inf.*[*que*+*ind.*] …하리라는 기대에서. J'y suis allé *dans l'*~ *de* la trouver. 나는 그녀를 만나리라는 기대에서 그곳에 갔다.
en ~ 예상으로서(en perspective). avoir un héritage *en* ~ 유산을 상속할 것을 기대하고 있다.

espérant(e) [εsperɑ̃, -ɑ̃ːt] *a.* 희망을 가지는.

espérantiste [εsperɑ̃tist] *a.* 에스페란토어(語)의.
—*n.* 에스페란토주의자(어 연구자).

espéranto [εsperɑ̃to] *n.m.* 에스페란토(語).

espère [εspεːr] 〖남프랑스〗*n.f.* à l'~ 〖사냥〗숨어서 기다리며; 기다리면서(à l'affût).

‡**espérer** [εspere] ⑥ *v.t.* ① 희망하다, 바라다(attendre, compter sur). [~ *qc*] ~ une récompense 보상을 바라다. [~ *qc* de *qn*] N'espère de lui aucune aide. 그에게서 아무 도움도 바라지 마라. ② [~ *qn*] 오기를[와 있기를] 기다리다[기대하다]. Enfin, vous voilà! Je ne vous *espérais* plus. 이제야 오셨군요, 이젠 오시지 않을을 줄 알았소. ③ (하기를)바라다, (하리라)기대하다, 생각하다. [~+*inf.*] J'*espère* bien arriver à le convaincre. 그를 설득할 수 있으리라 바란다. (*inf.* 과거형) J'*espère* avoir dit tout ce qu'il fallait. 해야 할 말은 다한 셈이겠지. [~ *que*+*ind.*] J'*espère qu*'il viendra. 나는 그가 올 것으로 생각한다. (*que* 이하가 *ind.* 과거형) J'*espère qu*'elle est bien arrivée. 그녀는 잘 도착했겠지[했으리라 믿어]. (*que* 이하를 중성대명사 le 로 받아) Croyez-vous qu'il viendra? ~ Je l'*espère* bien. 그 사람이 올까요? 그러리라 생각해요. (때로는 le 를 생략하여)Il arrivera, j'*espère*, avant mon départ. 그는 내가 떠나기 전에 올 거야(그러기를 바래). [~ *que* oui/non] J'*espère que non*. 그렇지 않기를 바란다.
④ 〖엣·사투리〗(사람을)기다리다(attendre).
[REM] (1) 주절이 부정·의문일 경우 종속절은 *sub.*, 때로는 *ind.*: Je n'*espère* pas qu'il vienne[viendra]. 그가 오리라고는 생각하지 않소. Espérez-vous que je le fasse[ferai]? 내가 그것을 하리라고 생각하시오? (2) 주절이 과거이고, 과거에서의 미래를 나타내는 종속절에서는 조건법을 사용(고전적어법에서는 접속법과거): Je n'*espérais* pas qu'il viendrait[vînt]. 나는 그가 오리라고는 생각하지 않았다.
—*v.i.* ① 희망을 갖다; [~ en] (에)기대를 걸다. ~ *en* Dieu 하느님을 신뢰하다. ② 기다리다.

esperluète [εsperlyεt] *n.f.* 〖엣〗& 자의 이름(et).

espiègle [εspjεgl] *n.* 장난꾸러기인(coquin, malin). petite ~ 장난기 있는 소녀. —*a.* 장난꾸러기다운(malin). enfants ~s 악동들. réponse ~ 장난기 있는[심술궂은] 답변.

espièglerie [εspjεgləri] *n.f.* 장난치기 좋아하는 성질; 장난. faire des ~s 장난을 치다.

espingole [εspɛ̃gɔl] *n.f.* 〖엣〗나팔총.

espion(ne) [εspjɔ̃, -ɔn] *n.* ① 스파이, 간첩; (경찰의)밀정; 탐정(agent secret). ~ double 이중간첩. 〖동격〗 navire-~ 간첩선. satellite-~ 스파이위성. micro-~ (비밀)도청 마이크. ② (남의 일을)몰래 염탐하는 사람.
—*n.m.* 숨겨둔 정탐경(偵探鏡)[마이크로폰].

espionite [εspjonit] *n.f.* =**espionnite**.

espionnage [εspjonaːʒ] *n.m.* 스파이[간첩]행위, 정탐행위; 정탐학. ~ industriel 산업 스파이(행위).

espionner [εspjone] *v.t.* ① 정탐하다. mari qui fait ~ sa femme 아내의 행실을 뒷조사하게 하는 남편. ② (남의)동정을 살피다(épier).

espionnite [εspjonit] *n.f.* 〖구어〗스파이 피해망상증(공포증).

esplanade [εsplanad] *n.f.* ① (대형 건물 앞의)광장. l'~ de l'Hôtel de ville 시청광장. ② 조망대, 전망대. ③ 요새와 시가지 사이의 평지.

*espoir [εspwaːr] *n.m.* ① 희망, 기대 (espérance, attente). caresser[nourrir] un ~ 희망을 품다. conserver[garder] un ~ 희망을 간직하다. C'est sans ~. 희망이 없다, 절망적이다. [l'~ de+*inf.*/*que*+*ind.*] J'ai le ferme ~ qu'il réussira. 나는 그가 성공하리라 굳게 믿고 있다. J'ai perdu l'~ de la retrouver. 그녀를 다시 만날 희망을 잃었다.
② 희망(기대)의 대상; 기대되는 사람, 호프, 유망주. Tous ses ~s sont déçus. 그가 희망했던 모든 것은 어긋나고 말았다. La jeunesse est l'~ du pays. 젊은이는 나라의 희망이다. jeune ~ de la chanson française 프랑스 샹송계의 젊은 유망주. Il est désormais notre unique ~. 그는 이제 우리가 기대하는 유일한 사람이다.
avoir bon ~ *de*+*inf.* …할 희망이 충분히 있다. Nous *avons bon* ~ *d'*aboutir à un accord. 우리는 합의에 도달할 희망이 충분히 있다.
dans l'~ *de*+*inf.* [*que*+*ind.*] …할 것을 희망(기대)하여. Je suis venu dans l'~ de la voir. 나는 그녀를 만나볼 희망으로 왔다.

espolin [εspɔlɛ̃], **espoulin** [εspulɛ̃] *n.m.* 〖직물〗(실 감는)대롱.

esponton [εspɔ̃tɔ̃] *n.m.* 〖엣〗단창(短槍) 〖해양〗(적선에 뛰어들 때에 쓰던)반모(半矛).

espressione (con) [kɔ̃nεspresjone] 〖이탈리아〗*loc.ad.* 〖음악〗표정을 담아서.

espressivo [εspresivo] 〖이탈리아〗*a., ad.* 〖음악〗표정이 풍부한[풍부하게]. jouer ~ 표정이 풍부하게 연주하다.

esprit [εspri] *n.m.* ① @(신의)입김; 영(靈). E-Saint, Saint-E- 성령. ~s célestes [de lumières] 천사. ~s de ténèbres 악령. E- du Mal 사탄. ⓑ (귀신·요정 따위의)정(精), 초자연적 존재. ~ du feu 불의 정. ~ familier 가정의 수호신. ⓒ 귀신, 유령; (죽은 자의)혼백. maison hantée par les ~s 귀신이 나오는 집, 유령집. évocation des ~s 초혼(招魂).
② @ (육체에 대한)정신, 마음. la chair et l'~ 육체와 정신. état[disposition] d'~ 정신상태, 기분. être sain de corps et d'~ 몸과 정신이 건강하다. ⓑ (지적원리로서의)정신, 지성, 지력(intelligence); 사고, 지력; 기억. ouvrages de l'~ 정신의 산물. avoir l'~ lucide 두뇌가 명석하다. Cette idée m'est venue à l'~; Cette idée m'a traversé

l'~. 이 생각이 머리에 떠올랐다, 이 생각이 내 머리를 스쳤다. Qu'avez-vous dans l'~? 머리속에 무엇을 생각하고 계십니까? graver qc dans l'~ …을 머리(기억)에 새기다. ⓒ (심적·의적적 원리로서의)정신, 마음; 성향. ~ généreux(noble) 관대한 [고결한] 마음. avoir l'~ large(étroit) 도량이 넓다[좁다]. ~ de sacrifice 희생정신. avoir l'~ changeant 변덕스럽다. ⓓ (정신적·지적)능력, 재능. ~ critique 비평의 재능. ~ des affaires 사업의 재능. ~ d'analyse 분석적 정신. ~ de décision 결단력. ~ d'ivoire 계획, 계획(dessein). partir sans ~ de retour 돌아올 생각 없이 떠나다. agir dans un ~ de vengeance 복수할 의도로 행동하다. ③ (정신·성격의)소유자, 사람. C'est un ~ médiocre. 그저 평범한 사람이다. grand ~ 재능있는 사람. ~ original 개성있는 사람. ~ fort (영)(자유사상가, 무신론자. bel ~ (다소 경멸)재사(才士). agiter de jeunes ~s 젊은이들을 선동하다. ④ 기지, 재기, 에스프리(finesse). avoir de l'~ 기지(재치)가 있다. homme d'~ 재치있는 사람. mots(traits) d'~ 재치있는 말. repartie pleine d'~ (임기응변의)재치있는 응답. faire de l'~ (경멸)말재주를 부리다, 말장난(농담)을 하다. présence d'~ (임기응변의)재치. ⑤ 주의, 주의력. avoir l'~ ailleurs 정신을 딴 데 팔고 있다, 멍하니 있다. Il n'a pas l'~ à ce qu'il fait. 그는 자기가 하는 일에 집중하고 있지 않다[전 생각으로 일을 하다]. Où avais-je l'~? 내가 정신을 어디다 팔고 있었지? 뭘 생각하고 있었지? ⑥ (집단·사회·시대의)풍조, 경향, 기풍. ~ du temps(de l'époque) 그 시대의 기풍, 시대(時流). ~ de corps(d'équipe) 단결심, 단체정신; 부화뇌동. ~ de clan(de parti) 당파심. ⑦ (작가·작품 따위의)진의, 진수, 취지. ~ d'une législation 입법의 정신. C'est bien là l'~ de l'auteur. 이것이 곧 저자의 진의이다. entrer dans l'~ de son personnage (배우가)자신이 분장하는 장인물의 참모습을 파악하다. ⑧ (pl.)정기(精氣), 기력, 기백, 의식. ~s animaux 동물 정기. perdre(reprendre) ses ~s (옛)정신을 잃다[차리다]. recueillir ses ~s 원기(기력)를 회복하다. ⑨ (화학)알코올 음료, 주정(酒精). ~ de bois 목정(木精)(메틸알코올). ~ de sel 염산. ~ de vin 주정(酒精)(에틸알코올). ⑩ (그리스문법)기음부(氣音符); 기식음(氣息音). ~ rude(dur) 유기(有氣)[강기(剛氣)]음. ~ doux 무기(無氣)[약기(弱氣)]음. 〔다.

avoir de l'~ jusqu'au bout des ongles 재치가 넘치
avoir le bon ~ de + inf. …하는 분별심을 가지다. Il a eu le bon ~ de se taire. 그는 현명하게도 입을 다물었다.
avoir l'~ à qc(à + inf.) …할 기분이다. (보통 부정형으로) Je n'ai pas l'~ à aller au cinéma. 나는 영화관에 갈 기분이 아니다.
dans son ~ 그의 생각으로[으로는]. Dans mon ~, c'est vous qui avez tort. 내 생각으로는 잘못은 당신에게 있소.
Les grands ~s se rencontrent. 훌륭한 사람들은 서로 의기가 상통한다 (두 사람의 의견이 같을 때 농담조로 하는 말).
L'~ court les rues. (속담)세상에는 재사가 너무 많아 탈이다 (혼해 빠진 경우에 대해 농담조로 하는 말).
rendre l'~ 숨을 거두다, 죽다.

esprit-de-bois [ɛspridəbwa], **esprit-de-sel** [ɛspridəsɛl], **esprit-de-vin** [ɛspridəvɛ̃] ⇒ esprit ⑨.

esprité(e) [ɛsprite] a. (사투리)재기(才氣) 있는.
Esq. (약자) = esquire.
esquarre [ɛskaːr] n.f. = escarre¹.
-esque suff. 명사에 붙어서 「…특유의, …풍의」의 뜻 (예:livresque 책 냄새를 풍기는. pédantesque 현학적인, 학자연하는. moliéresque 몰리에르풍의).
esquichage [ɛskiʃaːʒ] n.m. (유전)(석유시추에서)유공(油孔) 속으로 시멘트 반죽을 주입하기((영)squeeze).
esquicher [ɛskiʃe] v.i. ① (카드놀이)약한 패를 버리다. ② (구어)(논쟁에서)중립을 지키다, 애매한 태도를 취하다. ③ (유전)esquichage 하다. ── v.t. (남프랑스)(사람을)밀다, 죄다(serrer, comprimer, presser). Les voyageurs étaient esquichés dans le car. 승객들은 차 안에 콩나물 시루처럼 빽빽했다.
── *s'~* v.pr. ① = v.i. ② (남프랑스)(사람이)밀려 들어가다.
esquif [ɛskif] n.m. 쪽배, 편주(片舟).
esquille [ɛskij] n.f. (외과)부서진 골편(骨片).
esquilleu*x(se)* [ɛskijø, -øːz] a. ① (외과)(뼈가)부서진. ② (지질)(광석의 갈라진 틈이)들쭉날쭉한.
esquimau(aude, *pl.* **aux)** [ɛskimo, -od] (esquimo, eskimo로 쓰는 경우에는 여성 불변) a. 에스키모의.
── **E~** n. 에스키모 사람. ── n.m. ① 에스키모어(語). ② 편물로 뜬 아동용 내의. ③ 초콜릿아이스케이크(chocolat glacé).
esquimautage [ɛskimotaːʒ] n.m. (스포츠)카약(kayac, 에스키모인의 배) 타기 (물속에 잠겼다가 한 번 회전해서 떠오르는 일종의 곡예).
esquinancie [ɛskinɑ̃si] n.f. (옛)(의학)인후염, 편도선염.
esquine [ɛskin] n.f. (말의)허리.
esquintant(e) [ɛskɛ̃tɑ̃, -ɑ̃ːt] a. (구어)녹초가 되게 하는(très fatigant).
esquinter [ɛskɛ̃te] v.t. ① (구어)녹초가 되게 하다 (épuiser, ↔ reposer). Cette longue marche m'a esquinté. 오래 걸었더니 녹초가 됐다. ② 손상하다, 망그러뜨리다(abîmer). ~ sa voiture 차를 망그러뜨리다. ③ 비난하다, 혹평하다(dénigrer). ~ un livre(un auteur) 책(저자)을 혹평하다.
── *s'~* v.pr. ① 지쳐 빠지다. [s'~ à + inf.] s'~ à faire le ménage 가사일을 하느라고 몹시 지치다. ② (se ~ 간접목적보어)자기의 …을 상하게 하다. s'~ la santé 건강을 해치다. s'~ la vue à lire sans lumière 불빛 없이 독서를 하다 눈이 나빠지다. ③ 상처입다; 손상되다.
s'~ le tempérament 애를 태우다, 안달하다(se tracasser). On n'est pas la peine de s'~ le tempérament, le problème est insoluble. 안달할 필요가 없다, 문제를 해결할 길이 없으니.
esquipot [ɛskipo] n.m. (옛)(토기(土器))저금통.
esquire [ɛskwaːjr] (영)n.m. (옛)님, 씨 (영·미국에서 문·지위·교육이 높은 사람에게 붙이는 경칭, Esq. 로 줄여서 이름 뒤에 붙임).
esquirol [ɛskirɔl] n.m. (사투리)다람쥐.
esquisse [ɛskis] n.f. ① 초벌 그림, 소묘(素描), 스케치(ébauche). cahier d'~ 스케치북. tracer une ~ 소묘(스케치)하다. ② (조각의)조형(造型); (문학 작품 따위의)초고, 초안. ~ d'un roman 소설의 초고. ③ (계획 따위의)기초적 준비; 희미한 흔적(ébauche), 기미. ~ d'un projet 계획의 기초 설계. ~ d'un sourire 희미한 미소.
esquisser [ɛskise] v.t. ① 소묘(素描)하다, 초벌 그리다. ② (문학 작품의)초고를 만들다, 계획을 세

esquive [ɛskiːv] *n.f.* 〖스포츠〗 살짝 몸을 비키기.

esquivement [ɛskivmɑ̃] *n.m.* esquiver 하기.

esquiver [ɛskive] *v.t.* (적의 공격을) 교묘히 피하다(비키다)(se dérober à). ~ un coup 공격을 피하다. ~ une difficulté 곤경을 용케 피하다. [~ qc] ~ ses créanciers 빚장이들을 용케 따돌리다.
—*v.i.* 적의 공격을 교묘히 피하다. ②(엣)[~ à](에서)용케 도피하다.
—*s'~ v.pr.* ① 용케(남의 눈에 띄지 않게)달아나다(se sauver). ② 용케 피하다, 빠져 나가다(se dérober). assumer sa tâche sans chercher à s'~ 피하려고 애쓰지 않고 임무를 수행하다.

***essai** [ese] *n.m.* ①(성능 따위의)시험; 시도; 실험. faire l'~ d'un produit 상품을 시험하다. ~ en vol, vol d'~ 시험비행. ~ des vins 포도주의 시음. ~ d'une mine 광산의 시굴. ~ analytique 분석시험. ballon d'~ 관측기구; 시판. banc d'~ (엔진 따위의)시험대. (= 비유하여)(사람의 능력을 시험하는)시험대, 시금석. ②시도(tentative); (작품 따위의)습작. ~ de conciliation 화해의 시도. faire plusieurs ~s sans résultat 몇 차례 시도해 보았으나 결과가 없다. Ce ne sont que de modestes ~s. 이것들은 보잘 것 없는 습작일 뿐이오. ③시론, 수필, 에세이. ~ politique 정치론. ~ sur le théâtre 연극론. ④〖스포츠〗시기(試技) 〖럭비〗 트라이. réussir au troisième ~ 세번째 시기에서 성공하다. réussir (marquer) un ~ 트라이를 성공시키다. ⑤〖사냥〗(사슴·멧돼지 따위가 가지에 낸) 뿔·이빨의 흔적. ⑥(엣)견본. ⑦(엣)(경험 따위의)시작. ~ d'une angoisse 고뇌의 시작. ⑧독이 있나 맛보기; 독의 유무를 시험하는 접시.
à l'~ 시험적으로, 시험삼아. engager *qn* à l'~ ∼ 를 시험삼아 고용하다. prendre à l'~ une machine à laver 세탁기를 시험삼아 써보다. mettre *qc*(*qn*) à l'~ ∼을 시험해보다.

essaim [esɛ̃] *n.m.* ①(분봉(分蜂)하는)꿀벌떼; 봉군(群). jeter (un) ~ (벌떼가)분봉해 나가다. ②(동물·인간의)무리, 대집단. ~ d'ouvriers 노동자의 (활기 넘친) 무리. ~ d'écoliers 국민학생의 무리. ③(물건의)다수.

essaimage [esɛma:ʒ] *n.m.* ①〖양봉〗분봉; 분봉기. ②(기업·공장 따위의)분산이주, 분산개척. ~ de jeunes chercheurs dans la profession de management 젊은 연구자들의 관리직으로의 분산진출.

essaimer [esɛ(e)me] *v.i.* ①(벌떼가)분봉하다. Les abeilles *essaiment* au printemps. 벌들은 봄에 분봉한다. ②분산하다, (회사가)지점을 늘리다. population qui *essaime* 외국으로 이주하는 인구. entreprise qui *essaime* 지점을 세우는 기업.
—*v.t.* 집단에(먼 곳에) 보내다.

essangeage [esɑ̃ʒa:ʒ] *n.m.* 《드물게》(세탁물을 빨기 전에)헹구기.

essanger [esɑ̃ʒe] *v.t.* 《드물게》(세탁물을 빨기 전에)헹구다.

essanvage [esɑ̃va:ʒ] *n.m.* 〖농업〗개구리자리(sanve) 제거.

essarder [esarde] *v.t.* 〖해양〗(갑판을)걸레로 닦다.

essart [esaːr] *n.m.* 〖농업〗① 개간지. ② 개간 예정 잡목림.

essartage [esarta:ʒ], **essartement** [esartəmɑ̃] *n.m.* 〖농업〗(나무·가시나무를 캐내는)개간; (도로변 토지의)정지(整地), 정지된 좁고 긴 땅. ~ de protection (삼림의)방화대(防火帶).

essarter [esarte] *v.t.* 〖농업〗 개간하다.

essauguer [esoːg] *n.f.* 〖어업〗대형의 후릿그물.

essaver [esave] *v.t.* 〖농업〗①(도랑·개울의)물을 퍼내다. ②(도랑·개울을)말리다.

essayage [esɛja:ʒ] *n.m.* ①(기계 따위의)시험. ②(의복을)입어보기; (의복의)가봉. salon d'~ 가봉실. ③〖야금〗(분석)시금(試金).

‡**essayer** [esɛ(e)je] [8] *v.t.* ①(성능·품질 따위를)시험하다(examiner; expérimenter); 시음하다 (goûter); (맞는지)입어(신어)보다. ~ un vin 포도주를 맛보다. ~ un chapeau 모자를 써 보다. ~ une voiture sur un parcours difficile 어려운 코스에서 자동차를 시험삼아 몰아 보다. ~ un remède sur *qn* 약을 ∼에게 써보다. 〖구어〗[~ si+*ind.*] Vous achetez cette robe sans ~ si elle vous va? 그 원피스가 어울리는지 입어보지도 않고 사십니까? ②[~ de+*inf.*/que+*sub.*] …하려고 애쓰다(s'efforcer de). Elle *a essayé* de dormir. 그 여자는 잠들려고 애썼다. *Essayez de* vous rappeler le nom de cette personne. 이 사람의 이름을 기억해 보시오. J'*essaierai que* tout se passe bien. 모두 잘 되도록 애써 보겠소.
—*v.t.ind.* [~ de] 〖문어〗…을 시험적으로 써보다. ~ d'un remède 약을 시험삼아 써보다. ~ d'un tailleur 양복짓는 사람에게 시험삼아 양복을 짓게 해보다.
—*v.i.* *Essayez* un peu. 시험삼아 좀 해보시오.
—*s'~ v.pr.* ①[s'~ à/dans] (으로)자기 역량을 시험하다. Elle *s'essaye* à la couture. 그녀는 시험삼아 재봉을 쓰고 있다.
②[s'~ à+*inf.*] (을 시험삼아)해보다. *s'~ à* parler en public 대중 앞에서 연설을 시도해 보다.

essayeur(se) [esɛjœːr, -øːz] *n.m.* ①분석시험원. ②화폐 검사관. ③(기계의)성능 검사원.
—*n.* 가봉원(假縫員). —*n.f.* 여자 기성복을 손님에게 입혀서 고치는 사람.

essayiste [esɛ(e)jist] *n.m.* 〖문학〗수필가.

esse¹ [ɛs] *n.f.* ①S자. ②S자형 걸고리(마개). ③철사 꼬이기. ④(바이올린 동체의)S자형 구멍.

esse² *n.f.* 수레바퀴를 고정시키는 쐐기.

esséminer [esemine] *v.t.* 〖엣〗(씨를)뿌리다.

‡**essence** [esɑ̃ːs] *n.f.* ①본질, 본체, 진수(眞髓), 정수. L'~ n'est pas dans l'objet, elle est dans le sens de l'objet. 본질은 본체 속에 있는 것이 아니라 물체의 의미 속에 있다. Cette phrase contient toute l'~ de sa pensée. 이 문장은 그의 사상의 진수를 담고 있다. ②〖법〗받은 대로의 동일물(同-物). rendre en ~ 원물(原物)로 돌려주다. ③농축물; (증류·압착해서 뽑아낸)정유(精油), 에센스, 휘발유, 정제향수; 향유(香油). ~ de café 커피 엑스. poste d'~ 주유소. ④(나무)종류(espèce). *par* ~ 본질적으로, 본래.

Essénien [esenjɛ̃] *n.m.* 〖성서·문학〗에세네파(그리스도 시대에 존재한 3대 유태교단의 하나, 계율·고행에 힘썼음).

essénisme [esenism] *n.m.* 〖성서·문학〗에세네파.

essente [esɑ̃ːt] *n.f.* 〖건축〗지붕 판자. 〖교리〗

essenter [esɑ̃te] *v.t.* 〖건축〗지붕 판자(슬레이트)를 깔다.

essentialisme [esɑ̃sjalism] *n.m.* 〖철학〗본질주의(↔ existentialisme).

essentialité [esɑ̃sjalite] *n.f.* ① 【철학】 본질성. ② 긴요성.

*****essentiel(le)** [esɑ̃sjɛl] *a.* ① [~ à] (에)절대로 필요한, 불가결한(indispensable). Cette précaution est ~le à la réussite de l'expérience. 이 신중한 대비는 실험의 성공에 절대로 필요하다. ② 본질적인, 본성적인; 특유의. attribut ~ 본질적 속성. caractère(s) ~(s) 본질적 성격; 《생물》 (종·속을 구별하는)본질적 형질. [~ à *qn/qc*] La raison est ~le à l'homme. 이성은 사람에 특유한 것이다. ③ (매우)중요한, 긴요한, 기본적인(fondamental, ↔ secondaire). Voilà le passage ~ de ce livre. 여기에 이 책의 가장 중요한 귀절이 있다. accords ~s 《음악》 기본화음. [Il est ~ de+*inf.*/que+*sub.*] Il est ~ de bien faire (*qu'on fasse bien*) ses devoirs. 자기의 의무를 잘 수행한다는 것은 꽤 중요하다. ④ 《의학》 특발성의, 본태성의. anémie ~le 본태성 빈혈. maladie ~le 특발성(特發性) 질환. ⑤ 《수학》 특이한. ⑥ 《옛》엑스의. huile ~le 식물성 정유(精油). ⑦ 《옛》 (사람이)확실한, 믿을 만한. ami ~ 진실한 벗.
—*n.m.* ① 요점, 주안점, 본질적인 것, 핵심. Tu as oublié l'~. 너는 가장 중요한 것을 잊어버렸구나. [L~, (c') est que+*sub.*《요구》/+*ind.*《사실》] L'~, *c'est que* tu arrives à l'heure. 요는 네가 제시간에 도착하는 것이다. L'~, *c'est que*+*ind.* 요점은 …라는 것이다. se mettre d'accord sur l'~ 중요한 점에 대해 합의하다. ② 대부분. L'~ de sa fortune est en immeubles. 그의 재산의 대부분은 부동산으로 되어 있다. *pour l'~* 요컨대, 대체로

*****essentiellement** [esɑ̃sjɛlmɑ̃] *ad.* ① 본질적으로 (par essence). Il croit que l'homme et la femme sont ~ différents. 그는 남자와 여자가 본질적으로 다르다고 생각한다. ② 무엇보다도(avant tout); 특히(surtout); 주로(principalement). Sa tâche consiste ~ à surveiller les travaux. 그의 임무는 주로 공사를 감독하는데 있다. ③ 절대로(absolument); 무슨 일이 있어도(à tout prix). Je tiens ~ à partir demain. 나는 무슨 일이 있어도 내일 꼭 떠나고 싶다.

esser [ɛ(e)se] *v.t.* (천사를)게이지로 재다.
esseret [ɛsrɛ] *n.m.* (목수용의)큰 끌.
esserter [ɛsɛrte] *v.t.* 《드물게》《임업》(수목을)베다.
essette [ɛsɛt] *n.f.* (통 제조인의)손도끼, 자귀(aisceau, aissette).
esseulé(e) [ɛsœle] *a.p.* 《문어》고독한, 외톨이가 된.
esseulement [ɛsœlmɑ̃] *n.m.* 《드물게》고독.
esseuler [ɛsœle] 《옛·문어》 *v.t.* 외톨이로 만들다. 독하게 버려두다. —*s'~ v.pr.* 외톨이가 되다.
essévé(e) [ɛseve] *a.* 수액을 채취한. bois ~ 진을 뺀 목재. lait ~ 《옛》크림을 걷어낸 우유, 스킴밀크.
essieu [esjø] (*pl.* ~*x*) *n.m.* 굴대, 차축(車軸). ~ fixe 고정차축. ~ flottant 뜬축(浮動)차축. ~ moteur 구동(驅動)차축. ~ tournant 활축(活軸).
Essonne [ɛsɔn] *n.pr.f.* 에손(1964년에 생긴 파리 지방의 새 도(道)).
essor [esɔːr] *n.m.* ① (기업·산업의 비약적인)발전; 비약. industrie qui prend un ~ prodigieux 놀라운 발전을 이룩하는 산업. ② (천재·공상 따위의)자유 분방한 비상. donner libre ~ à son génie 천분을 자유로이 발휘케 하다. laisser l'~ à son imagination 마음껏 상상력의 나래를 펴다(자유로운 생각을 하게 하다). ③ (새의)날아오름, 비상. donner l'~ à un oiseau 새를 날려보내다. être à l'~ 날아오르다. ④ (건물 따위가)솟아 있음. ⑤ 《옛》출돌. *donner l'~ à qc* …을 발전시키다, 뻗어가게 하다. *prendre son ~* 새가 날아가다; 《구어》속박을 벗어나다, 웅비(雄飛)하다.

essorage [esɔraːʒ] *n.m.* 물기를 짜내기, 탈수.
essorant(e) [esɔrɑ̃, -ɑ̃ːt] *a.* 《문장》새가 날아오르려고 날개를 막 펼친 모양의.
essorer [esɔre] *v.t.* (세탁물 따위를 마른 천에 싸서)물기를 빼다; 바람에 쐬어 말리다. linge complètement *essoré* 완전히 탈수된 세탁물. ~ la salade 샐러드용 야채의 물기를 빼다.
—*s'~ v.pr.* 《옛·문어》새가 날아가다.
essoreuse [esɔrøːz] *n.f.* (세탁물의)탈수기. ~ à rouleaux 롤러식 탈수기.
essorillement [esɔrijmɑ̃] *n.m.* (개 따위의)귀를 자르기; 《옛》귀를 베는 형벌.
essoriller [esɔrije] *v.t.* (개 따위의)귀를 자르다; 《옛》(고문으로)귀를 베다.
essouchement [esuʃmɑ̃] *n.m.* 그루터기 뽑아내기.
essoucher [esuʃe] *v.t.* 그루터기를 뽑아내다.
essoufflé(e) [esufle] *a.p.* 헐떡이는, 숨가쁜. coureur ~ 숨을 헐떡이는 경주자. ② 한풀 꺾인. revue ~e 발행부수가 감소한 잡지.
essoufflement [esuflәmɑ̃] *n.m.* 숨가쁨, 헐떡임.
essouffler [esufle] *v.t.* (사람·말의)숨을 가쁘게(헐떡거리게) 하다.
—*s'~ v.pr.* ① 숨이 가빠지다, 헐떡거리다. Oh, non! je ne peux plus courir, je *m'essouffle* trop vite! 안돼! 나는 이제 달릴 수가 없어, 금세 숨이 가빠지거든! ② (심한 곤경에 빠져)허덕이다. Les compagnies aériennes *s'essoufflent* à acheter des appareils toujours onéreux. 항공회사들은 더욱 값비싼 기종을 구입하느라고 허덕이고 있다. essuie-glaces sur le point de s'~ contre la neige 눈에 대하여 제대로 작동할 수 없는 지경에 이른 와이퍼.
essui [esɥi] *n.m.* (특히 숙피(熟皮)의)건조장.
essuie- *préf.* 「(을)닦는 도구」의 뜻.
essuie-glace [esɥiglas] (*pl.* ~-~(*s*)) *n.m.* 《자동차》와이퍼(비올 때 유리를 닦는 장치).
essuie-main [esɥimɛ̃] (*pl.* ~-~(*s*)) *n.m.* 손수건, 타월. ~ à rouleau 롤러 타월.
essuie-meubles [esɥimœbl] *n.m.* 《복수불변》가구 닦는 걸레.
essuie-pieds [esɥipje] *n.m.* 《복수불변》진흙떨이, 매트.
essuie-plume [esɥiplym] (*pl.* ~-~(*s*)) *n.m.* 펜 닦개.
essuie-rasoir [esɥirazwaːr] (*pl.* ~-~(*s*)) *n.m.* 면도날 닦개.
essuie-verres [esɥivɛːr] *n.m.* 《복수불변》유리그릇 닦개.
essuyage [esɥijaːʒ] *n.m.* 닦아내기.
*****essuyer** [esɥije] [7] *v.t.* ① (물기·땀 따위를)닦아내다. Il a essuyé son front ruisselant de sueur. 그는 땀이 흐르는 이마를 닦았다. ~ l'eau qui a coulé sur la table 식탁 위에 흐른 물을 닦다. ~ les larmes de *qn* …의 눈물을 닦아주다; (비유적) …의 슬픔을 달래주다.
② (먼지·더러움 따위를 제거하기 위해)문지르다, 닦아내다. ~ les meubles 가구를 문질러 닦다. ~ le tableau noir 칠판을 닦아 지우다. ~ ses pieds 신발 바닥을 (매트에) 문지르다.
③ (패해·손실·모욕 따위를)받다, 당하다, 겪다(subir). ~ le feu de l'ennemi 적의 포화를 받다. ~ un refus 거절당하다. ~ un orage 폭풍우를 만나다. Il a essuyé un échec. 그는 실패했다.
—*s'~ v.pr.* ① [se는 직접목적보어] (자기의)몸을 닦다. Voilà une serviette pour t'~. 몸을 닦을 수건이 여기 있다.
② [se는 간접목적보어] 자기의 …을 닦다. *Essuietoi* les pieds avant d'entrer. 들어가기 전에 신발(바닥)을 (매트에) 문질러라.

③ 닦이다. Cette table s'essuie facilement. 이 식탁은 닦기 쉽다.
essuyeur(se) [esɥijœːr, -ɸːz] *n.* 닦는 사람. ~*se* de vaisselle 접시닦이 여자. —*n.m.* 【직물】(날염료의 룰을 소제하는)주걱.
***est¹** [ɛst] *n.m.* (복수 없음) ① 동쪽, 동방(levant, orient). Par rapport à Paris, Strasbourg est situé à l'~. 파리에 비해서 스트라스부르는 동쪽에 위치해 있다. Le soleil se lève à l'~. 해는 동쪽에서 뜬다. faire de l'~ 【해양】 동쪽으로 나아가다. vent d'~ 동풍. ② (l'E~)프랑스 동부(알사스·로렌 지방); 동유럽 제국(pays de l'E~). habiter dans l'E~ (프랑스)동부에 살다. Allemagne de l'E~ 동독. relations économiques entre l'E~ et l'Ouest 동구와 서구 사이의 경제교류.
—*a.* (불변)동(쪽)의, 동으로부터의. côté ~ 동쪽. longitude ~ 동경(東經). Il habite dans la banlieue ~ de Paris. 그는 파리의 동쪽 교외에 살고 있다. courant ~ 동쪽으로부터의 흐름.
est² [ɛ] être 의 직설·현재·3·단수.
est- *préf.* 「동(쪽)의」의 뜻.
est. (약자)estampillé 【주식】 도장 찍힌, 검인필.
establishment [establiʃmɛnt] *n.m.* (총칭) 체제파, 체제순응자; 체제, 기존질서. ~ conservateur 보수적 체제파.
estacade [estakad] *n.f.* 【축성】 목책, 죽책(竹柵). 【해양】 방파책(防波柵); 선창. ~ flottante (항구의)부동(浮動) 목책.
estafette [estafɛt] 【이탈리아】 *n.f.* ① 【군사】 기병 전령. expédier une ~ 전령을 보내다. ②【옛】속달 파발꾼.
estafier [estafje] 【이탈리아】 *n.m.* ①【옛】무장한 하인, 호위자. ② 자객(刺客). ③ 【경멸】경호원, 보디가드.
estafilade [estafilad] 【이탈리아】 *n.f.* ① (얼굴의)칼자국. ② (여자 양말 따위의)세로 이음매.
estafilader [estafilade] 【이탈리아】 *v.t.* (드물게)(에)칼자국을 내다.
Est-Africain anglais (l') [lɛstafrikɑ̃ɡlɛ] *n.pr.m.* 【옛】영국령 동아프리카(Afrique-Orientale anglaise).
estagnon [estaɲɔ̃] *n.m.* (석유 수출용)양철통.
estain [estɛ̃] *n.m.* 【선박】 거의재(擧依材).
est-allemand(e) [ɛstalmɑ̃, -ɑ̃ːd] *a.* 동독의.
—E~·A~ *n.* 동독인.
estame [estam] *n.f.* 【직물】 우스티드(모직물의 일종).
estaminet [estaminɛ] *n.m.* (북프랑스의)작은 카페, 대중적 카페.
estampage [estɑ̃paːʒ] *n.m.* ① 압인(押印)찍기; 【옛】(노예에게)낙인을 찍기. ~ des épreuves 【사진】 인화지에 압인을 찍기. ② 탁본. ③【구어】편취(騙取), 등쳐먹기.
estampe [estɑ̃ːp] *n.f.* ① 압형기(押型機)(étampe). ② 판화(版畵); 목판화(~ en(sur) bois).
estamper [estɑ̃pe] *v.t.* ① 압인(型)을 찍다; 탁본하다. ②【구어】속이다, (돈을)편취하다, 등쳐먹다(escroquer).
estampeur(se) [estɑ̃pœːr, -ɸːz] *n.* ① 각인(刻印)(압인)을 찍는 사람. ②【구어】사기꾼, 편취자.
—*n.f.* 압형기. ② 틀을 박는, 각인을 찍는.
estampillage [estɑ̃pijaːʒ] *n.m.* 검인(증인)을 찍기.
estampille [estɑ̃pij] *n.f.* ① 검인, 증인(證印); 등록상표, 등록(노예에게의)낙인. ② 날인기.
estampiller [estɑ̃pije] *v.t.* (서류 따위에)검인(증인)을 찍다; (에) 낙인을 찍다; (가죽에)무늬를 압형하다.

estampilleuse [estɑ̃pijɸːz] *n.f.* 압인기(器); (가죽 따위의)압형기.
estampure [estɑ̃pyːr] *n.f.* ① (금속판 구멍의)나팔구. ②(편자의)못구멍(étampure).
estancia [estɑ̃sja] *n.f.* (남미의)농장, 목축장.
estarie [estari] *n.f.* 【해양】정박일수.
estau [esto] *n.* (*pl.* ~**x**) *n.m.* 【광산】(탄층 위의)상반; (탄층 밑의)하반.
***est-ce que** [ɛska] *ad.interr.* (도치형을 쓰지 않고 의문문을 만듦) ①【평서문앞에서】E~ vous venez? 오시는 것입니까? ②(【의문사와 함께】)Quand ~ vous partirez? 언제 떠나실 것입니까? Où ~ vous allez? 어디 가십니까? A qui ~ tu parles? 누구에게 말하는 것이오? Pourquoi ~ tu n'as pas téléphoné? 왜 전화를 하지 않았나요?
este [ɛst] *a.* 에스토니아(Estonie)의. —E~ *n.* 에스토니아 사람. —*n.m.* 에스토니아어(estonien).
ester¹ [ɛste] *v.i.* ①【옛】서다. ②【법】 출정(出廷)하다(부정법으로만 씀). ~ en jugement(en justice) 법정에 출두하다, 출정하다.
ester² [ɛsteːr] *n.m.* 【화학】에스테르(항료).
estère [ɛsteːr] *n.f.* 거적, 자리.
estérification [esterifikɑsjɔ̃] *n.f.* 【화학】에스테르화(化).
estérifier [esterifje] *v.t.* 【화학】에스테르화하다.
esterlin [ɛstɛrlɛ̃] *n.m.* ① (12-13세기 프랑스에 통용된)영국의 옛 은화폐. ② 옛날 귀금속의 중량단위(20분의 1 온스).
esteule [ɛstœl] *n.f.* 【농업】 그루터기(éteule).
est-européen(ne) [estœropeɛ̃, -ɛn] *a.* 동유럽(동구)의. commerce ~ 동구 무역.
-esthésie *suff.*, **esthési(o)-** *préf.* 「감각」의 뜻.
esthésie [ɛstezi] *n.f.* 【생리】 감각능력, 지각능력.
esthésiogène [ɛstezjɔʒɛn] *a.* 【생리】 감각을 만들어내는; 감각을 높이는. points ~s 감각점.
esthésiologie [ɛstezjɔlɔʒi] *n.f.* 감각학.
esthésiomètre [ɛstezjɔmetr] *n.m.* 【의학】 지각계(知覺計), 피부 감각 측정기.
esthésiométrique [ɛstezjɔmetrik] *a.* 지각계의. seuil ~ 촉각측정역(域)(치(値)).
esthète [ɛstɛt] *n.* 탐미(耽美)주의자. —*a.* 탐미주의의, 탐미주의적인.
esthéticien(ne) [ɛstetisjɛ̃, -ɛn] *n.* ① 미학가; 심미가. ② 미용사.
esthéticisme [ɛstetisism] *n.m.* 탐미주의.
esthétique [ɛstetik] *a.* ① 심미적(審美的)인, 미에 관한. sens ~ 미적감각. jugement ~ 미적판단. Il n'a pas un sens ~ très développé. 그는 아주 발달된 미적 감각을 갖고 있지 않다. ② 보기에 아름다운, 미적인. gestes ~s 아름다운 몸짓. visage ~ 예쁜 얼굴. ③ 미안의, 미용의. crème ~ 미안 크림. chirurgie ~ 미용 정형 외과(수술).
—*n.f.* ① 미학. ~ du roman 소설의 미학. ② 심미안(goût). ~ personnelle 개인의 심미안. ③ 아름다움, 미(beauté). ~ mâle 남성미. ④ (여성의)미안술, 미용술. ⑤ ~ industrielle 산업 디자인.
esthétiquement [ɛstetikmɑ̃] *ad.* 미학적으로, 심미적으로.
esthétisant(e) [ɛstetizɑ̃, -ɑ̃ːt] *a.* (경멸) 형식상의 아름다움에 사로잡힌.
esthétiser [ɛstetize] *v.i.* (경멸) 젠체하고 미(美)만 초들어 말하다. (미술가·작품에 관해서)미학적으로 논하다.
esthétisme [ɛstetism] *n.m.* (특히 라파엘 이전의)탐미주의(운동); 유미주의.
Est(h)onie [ɛstɔni] *n.pr.f.* 【지리】에스토니아.
estimable [ɛstimabl] *a.* ① (사람·성질 따위가)존경

[존중] 받을 만한, 뛰어난. C'est un homme ~. 그는 존경받을 만한 사람이다. ② 상당한, 어느 정도 가치있는. auteur(peintre) ~ 상당한 작가(화가). ③ [옛] 평가할 수 있는.

estimateur [estimatœ:r] n.m. ① [옛] 감정인; 평가인(評價人). ② (정신적인 것을) 평가할 능력이 있는 사람.

estimatif(ve) [estimatif, -i:v] a. 평가하는, 추산(推算)하는. devis ~ 견적서. —n.f. [옛] 평가하는 능력, 판단력.

estimation [estimasjɔ̃] n.f. ① 평가, 감정, 견적(évaluation). prix de l'~ 평가액. L'expert a fait l'~ de ce tableau. 전문가가 이 그림을 감정했다. ② 어림셈, 추정, 산정. ~ de la population d'une ville 도시 인구의 추정. Le succès a dépassé toutes les ~s. 그 성공은 모든 예상을 초월했다. ③ [해양] 항정개산(航程概算), (배 위치의) 추산(推算) (estime).

estimatoire [estimatwa:r] a. [드물게] 평가[견적] [의].

estime [estim] n.f. ① 존경, 존중(considération, respect), [avoir de l'~/beaucoup d'~ pour qn] J'ai de l'~ [beaucoup d'~] pour M.Dupont. 나는 뒤퐁씨를 (대단히) 존경하고 있다. avoir [tenir] qn [qc] en haute (grande) ~ …을 크게 존경하다. 높이 평가하다. avoir (être dans) l'~ de qn (l'~ générale) …에게 (모든 사람에게) 존경받다. être en grande ~ 존경되다, 좋게 받아들여지다. marques d'~ 존경의 표시. ② 평가. J'ai la plus grande ~ pour cet ouvrage. 나는 이 작품을 가장 좋게 평가한다. ~ de soi-même; sa propre ~ 자존(自尊). monter (baisser) dans l'~ de qn …에게 좋은 평가를 받다 […에게 받는 평가가 떨어지다]. succès d'~ 전문가들만의 호평(〈문학작품이〉비평가들의 칭찬은 받으나 대중의 반응은 없는 것). ③ [해양] (배의 위치의) 추산(推算). ④ [옛] 평판, 인기; 견적(estimation).
à l'~ 대충 짐작으로, 추정으로; [해양] 배위치 추산법으로.

estimé(e) [estime] a.p. ① 존경받는, 인정받는. notre très ~ et regretté collègue (우리가) 존경하고 애도하는 우리의 동료 (고인에 대하여). ② 추산되는, 개산(概算)되는.
—n.f. votre ~e [옛] (상용문(商用文)에서) 존한(尊翰). 귀한(貴翰).

*estimer [estime] v.t. ① 평가하다, 값매기다(apprécier), 견적하다. Ce tableau est estimé deux cent mille francs. 이 그림은 20만 프랑으로 평가된다. faire ~ un bijou par un expert 보석을 감정사에게 감정하게 하다. ~ qc au-dessus (au-dessous) de sa valeur …의 가치를 과대 (과소) 평가하다. ② 추산하다, 추정하다; 개산(概算)하다. ~ une distance au juger 거리를 추정하다. Le nombre des blessés est encore difficile à ~. 부상자 수는 아직 추산(개산)하기 어렵다.
③ 존경하다, 존중하다(respecter, ↔ mépriser). Je l'estime trop pour le soupçonner. 나는 그를 너무 존경하기 때문에 의심할 수 없다.
④ (라고) 생각하다, 믿다, 간주하다(croire, considérer, trouver). [~+직접목적보어의 속사 형용사+qn/qc/de+inf.] J'estime plus malin qu'il n'en a l'air. 나는 그가 보기보다는 더 교활하다고 생각한다. J'estime indispensable de lui téléphoner à l'avance. 나는 그에게 미리 전화하는 것이 필요불가결한 것으로 생각한다. [~ que+ind.; ne pas ~ que+sub./ind.] Si vous estimez que vous pouvez le faire, allez-y. 당신이 그 일을 할 수 있다고 생각하면 어서 하시오. Nous n'estimons pas que cela soit utile. 우리는 그것이 유용하다고 생각하지는 않는다. [~+inf.] J'estime avoir fait mon devoir. 나는 의무를 다했다고 생각한다.
⑤ [해양] 배의 위치를 추정(추산)하다.
—s'~ v.pr. ① 자기를 평가하다, s'~ (à) son prix; s'~ à sa juste valeur 자기를 정당하게 평가하다. ② (직접목적보어의 속사 형용사와 함께) 자기가 …이라고 생각하다 [느끼다] (se considérer). Je m'estime satisfait du résultat. 나는 내가 그 결과에 만족한다고 생각한다. Je m'estime heureux d'en être quitte à si bon compte. 나는 내가 별다른 일 없이 끝나서 행복하다고 생각한다.
③ 자기를 존경하다; 서로 존경하다.

estivage[1] [estiva:ʒ] n.m. ① 여름 동안의 가축의 산중 방목. ② 피서. ville d'~ (회사 따위의) 하기 휴양소.

estivage[2] n.m. (뱃짐을) 잔뜩 싣기.

estival(ale, pl. aux) [estival, -o] a. 여름의(↔ hivernal); 피서의. station ~ale 피서지.

estivant(e) [estivɑ̃, -ɑ̃:t] n. 피서객.

estivation [estivasjɔ̃] n.f. ① [동물] 여름잠, 하면(夏眠). ② [식물] (봉오리 속의) 꽃잎이 접힌 상태(préfloraison).

estive[1] [esti:v] n.f. ① [해양] (지중해 갤리선의) 선저(船底) 하물. ② 화물창에 짐을 잔뜩 싣기.

estive[2] n.f. ① (남프랑스의 정유소의) 기름 저장소. ② (피레네 산의) 방목지.

estive[3] n.f. [옛] (중세의) 나팔.

estiver[1] [estive] v.i. [드물게] 여름을 보내다; 피서하다(↔ hiverner). 그 해 여름에서 피서하다.
—v.t. (가축을) 여름 동안 산에 방목하다.

estiver[2] v.t. (뱃짐을) 잔뜩 싣다.

estiveur [estivœ:r] n.m. 피서객.

est-nord-est [estnɔrɛst] n.m. 동북동.

estoc [estɔk] n.m. ① (나무의) 그루, 그루터기(souche). couper un arbre à blanc ~ 나무를 뿌리턱에서 베다. ② [옛] 가계(家系). être de bon ~ 《구어》 문벌이 좋다. ③ [옛] 가늘고 긴 검(劍). 칼끝. coup d'~ [검술] 찌르기.
être réduit à blanc ~ 《구어》 완전히 파산하다. **frapper d'~ et de taille** (겸으로) 치고 베고 하다; 온갖 수단을 다 동원하다. **parler d'~ et de taille** 《구어》 되는 대로 지껄이다.

estocade [estɔkad] n.f. ① 칼끝으로 찌르기; 칼로 찌른 상처. ② 불시의 요구, 불시의 공격. ③ [투우] 에스토카다 (투우사가 소의 급소에 가하는 일격). ④ [옛] 가늘고 긴 칼.
donner l'~ à qn …을 완전히 항복시키다, 찍소리 못하게 하다.

estocader [estɔkade] v.i. ① 칼끝으로 찌르다. ② [옛] 심하게 논쟁하다. ③ [옛] 구걸하다. —v.t. 칼끝으로 찌르다.

estomac [estɔma] n.m. ① 위(胃), 밥통. avoir un bon (mauvais) ~ 위가 튼튼하다 (약하다). J'ai mal à l'~. 나는 위(배)가 아프다. J'ai l'~ vide (plein). 나는 매가 몹시 고프다 (부르다). maladies de l'~ 위병. crampe d'~ 위경련. remède pour l'~ 위약. ulcère à l'~ 위궤양. mal d'~ 위통(胃痛), 복통. La crème m'est restée sur l'~. 크림이 잘 소화되지 않았다 (얹혔다). ② [옛] 위가 있는 곳, 윗배; [옛] 가슴. creux de l'~ 명치. ③ 《구어》용기, 대담성(hardiesse). manquer d'~ 겁장이이다. ④ pièce d'~ [의복] 스토마커; [옛] 여자의 흉의(胸衣).
⑤ 철침(鐵砧) 앞의 보강 철재.
à l'~ 《속어》 힘으로 대들어.
avoir de l'~ 《속어》 ⓐ 배가 나왔다; 담력이 있다, 배짱이 세다, 굽히기 싫어하다. ⓑ 뻔뻔스럽다. ⓒ

경제적으로 튼튼하다, 굴리지 않다.
avoir l'~ [*sentir son ~*] *dans les talons* 《구어》몹시 허기지다.
avoir un ~ d'autruche (뭐든지 먹고 소화해낼 만큼)위가 튼튼하다.
faire qc à l'~ 《속어》뻔뻔스럽게[대담하게] …하다.
le faire à l'~ 뻔뻔스럽게 사람을 속이다.
ouvrir l'~ 허기지게 하다.
rester sur l'~ ⓐ (먹은 것이)잘 소화되지 않다. ⓑ (불쾌한 일·말이)마음에 걸리다.
soulever l'~ 구역질나게 하다.

estomaqué(e) [estomake] *a.p.* 깜짝 놀란.
estomaquer [estomake] *v.t.* 《구어》(불쾌한 일로)깜짝 놀라게 하다; 분통터지게 하다. Cette réponse m'a *estomaqué*. 그 대답에 나는 아연해졌다.
—**s'~** *v.pr.* ① 《예》화를 내다(se fâcher). ② 지쳐[불러대어] 지치다, 숨이 가쁘다.
estompage [estɔ̃paːʒ] *n.m.* 찰필로 흐리게 하기.
estompe [estɔ̃p] *n.f.* ① 찰필(擦筆). ② 찰필화(畫).
estompé(e) [estɔ̃pe] *a.p.* 흐리게 한, (선이)부드러운; (기억이)몽롱한.
estompement [estɔ̃pmɑ̃] *n.m.* 찰필로 흐리게 하기.
estomper [estɔ̃pe] *v.t.* ① 찰필로 흐리게 하다. ② 어렴풋하게[몽롱하게] 하다; (노골적인 것을)감추다, 희미하게 하다, 얼버무리다. retoucher une photographie *en estompant* les rides 주름을 희미하게 하며 사진을 손질하다.
—**s'~** *v.pr.* 흐려지다, 몽롱해지다. Les vieilles haines ont fini par s'~. 오래된 증오는 마침내 희미해졌다.
estonien(ne) [estɔnjɛ̃, -ɛn] *a.* 에스토니아(*Estonie*)의. —**E—** *n.* 에스토니아 사람. —**n.m.** 에스토니아어(語).
estoquer [estɔke] *v.t.* 《투우》(투우사가)소의 급소를 찌르다. 《예》찌르다.
estouffade [estufad] *n.f.* 《에·사투리》 《요리》 ① 찌기. ② 고기찜.
estouffée [estufe] *n.f.* (광산의)방화벽.
estourbir [esturbiːr] *v.t.* ① 《구어》때려 죽이다, 해치우다. ② 몹시 놀라게하다.
estrade[1] [estrad] *n.f.* 《에》길. batteur d'~ 척후병, 수색병; 방랑자; 노상강도. battre l'~ 정찰하다, 수색하다; (노상강도가 여행자를)노리고 다니다; 얼쩡거리다; 헤매다.
estrade[2] *n.f.* 연단, 단상. ~ d'une salle de classe 교단. monter sur l'~ 단상에 올라가다.
estradiot [estradjo] *n.m.* 《에》경기병.
estragon [estragɔ̃] *n.m.* 《식물·요리》 타라곤(쑥속(屬)). moutarde à l'~ 타라곤 향을 넣은 겨자.
estramaçon [estramasɔ̃] *n.m.* ①《에》폭 넓은 쌍날의 장검. ② (검으로)베기.
estran [estrɑ̃] *n.m.* 《사투리》 물가, 해변.
estrangélâ [estrɑ̃ɡela], **estranghélo** [estrɑ̃ɡelo] *n.m.* 시리아의 고대 문자. —*a.m.* 시리아의 고대문자의.
estrapade [estrapad] *n.f.* ① 《역사》 (죄인의 손을 뒤로 묶고)매달아 떨어뜨리는 형벌; (그)형벌에 쓰이던 기둥. ② 《해양》 활대 끝에서 바다에 뛰어내리기. ③ (말이 기수를 떨어뜨리고자 하는)튐박질. ④ 《기계제조》 매달린 두 람 사이로 몸을 빠져 나가게 하기.
estrapader [estrapade] *v.t.* 《예》 매달아 떨어뜨리는 형에 처하다; 활대 끝에서 바다에 떨어뜨리다.
estrapasser [estrapase] *v.t.* 《승마》(말을)장시간 조련하여 지치게 하다.
estrope [estrɔp] *n.f.* 《해양》(도르래 따위의)떠줄, 고리끈.

estropié(e) [estrɔpje] *a.p.* ① 불구의. ② 잘못 말한[쓴] (단어·이름·인용문 따위). —*n.* 불구자.
estropiement [estrɔpimɑ̃] *n.m.* 《해양》 ① 불구자로 만들기, 불구자가 됨. ② 잘못 말함[씀].
estropier [estrɔpje] *v.t.* ① 불구자로(명신으로) 만들다. Un coup de sang lui *a estropié* le bras. 졸중으로 그의 팔이 불수가 되었다. ~ un meuble (비유적)가구를 못쓰게 만들다. ~ (말·노래 따위를) 망쳐 버리다. ~ le français 엉터리 프랑스 말을 쓰다. ~ un mot 낱말의 발음[철자]을 틀리다. ~ un texte 텍스트를 잘못 이해하다.
—**s'~** *v.pr.* 불구가 되다. Il *s'est estropié* par un accident d'auto. 그는 자동차 사고로 불구가 되었다.
estrouif [estrwif] *n.m.* 《해양》 노끈이.
est-sud-est [ɛstsydɛst] *n.m.* 동남동(東南東).
estuaire [estɥɛːr] *n.m.* ① 모래톱. ② 내포(內浦). 큰 강어귀, 하구. ~ de la Seine 센 강어귀.
estudiantin(e) [ɛstydjɑ̃tɛ̃, -in] *a.* 학생의. vie ~e 학생생활.
esturgeon [estyrʒɔ̃] *n.m.* 《어류》 철갑상어.
ésule [ezyl] *n.f.* 《식물》 대극속(屬).

:**et** [e] *conj.* (et+모음은 연음(連音)하지 않음:J'ai écrit et écrit [jeekrieekri]) ① (나열) 그리고, 또, 및, …와. ⓐ (낱말을 연결) le jour *et* la nuit 낮과 밤. ami fidèle *et* loyal 신의있고 또 충실한 벗. Il ne peut *et* ne doit pas agir ainsi. 이렇게 행동할수 도 없고 그리고 행동해서도 안된다. répondre brièvement *et* vivement 짤막하게 그리고 활발하게 대답하다. ⓑ (절의 연결) Veuillez nous faire parvenir la réponse *et* joindre le reçu. 답장을 보내주시고 거기 영수증을 동봉해 주시오. Il faisait très froid *et* les routes étaient verglacées. 날씨는 추웠으며 길에는 얼음이 얼어 있었다. Plus je le fréquente *et* plus je l'apprécie. 친하게 사귀면 사귈수록 더욱 그의 인격이 우러러 보인다.
② 《수사와 함께 사용되어 합산(合算)》…와, 및 (plus). Deux *et* deux font quatre. 둘에 둘을 더하면 넷이 된다. vingt *et* un 21. soixante *et* onze 71. une heure *et* demie 한 시간 반.
③ (그리고 또, 다시금. ⓐ (문장의 첫머리에) *Et* voici que tout à coup…. 그런데 갑자기…. ⓑ (같은 종류의 말의 반복) J'ai lu *et* relu. 나는 읽고 또 읽고 하였다. pendant des heures *et* des heures 몇 시간을 두고. ⓒ (관사 없이 같은 말을 되풀이하며 잡다함을 나타냄) Il y a parfum *et* parfum, mensonge *et* mensonge. 세상에는 향수에도 가지가지가 있고 거짓말에도 가지가지가 있다. ⓓ (et+부사) 그러고는, 그래. *Et* plus? 그러고는? *Et* après? 그 다음은? ⓔ (설명적 추가) 그것도. Il crie toujours *et* cela sans motif. 그는 늘 고함을 지른다, 그것도 아무런 이유없이 말이다.
④ 《대립》 그런데. Il ne fait rien, *et* il veut réussir. 그는 아무 일도 안하면서 성공하려고 한다. J'ai fait tout ce que j'ai pu, *et* je n'ai pas réussi. 나는할 수 있는 것은 다 했어요, 그런데도 성공하지 못했어요.
⑤ 《명령·가정의 결과》 그러면. Buvez ce remède, *et* vous serez guéri. 이 약을 마시시오, 그러면 병이 나을 것이오.
⑥ 《주제의 변경》 그런데, 그러면, 한편. Je n'aime pas le jazz, *et* toi? 나는 재즈 음악을 좋아하지 않는다, 그런데 너는? Il n'y a plus de vin. —*Et* de la bière, il y en a encore? 이제 포도주는 없어. 그러면 맥주는 아직 있나?
⑦ 《계기·시간의 경과》 Une minute d'arrêt, *et* le train est reparti. 1분 동안 정거하고 나서 기차는

다시 떠났다. ⑧(**결과**) Encore un pas, *et* vous serez tombé. 한 발만 더 움직이면 쓰러지게 됩니다. ⑨(보통 문두에서 놀라움·분노 따위의 강한 감정을 표현) *Et* je serais complice de cette mauvaise action? 그래 내가 이 못된 행동의 공범자이겠어?

-et(te) [ε, -εt] *suff.* 형용사·명사에 붙는 지소사(指小辭)(diminutif).

êta [eta] *n.m.* 그리스 자모(字母)의 제7자(*H*, *η*).

Établ.《약자》《상업》 =étab¹.

établage [etabla:ʒ] *n.m.* 축사(畜舍)의 임대료.

étable¹ [etabl] *n.f.* 축사, 외양간.

étable² *n.m.* (옛) 선수재(船首材)(étrave).

établer [etable] *v.t.* 축사(외양간)에 넣다. ~ des bœufs 소를 외양간에 넣다.

établi(e) [etabli] *a.p.* ① 확립된, 확고한, 확실한, 기정(既定)의; 정착한. considérer *qc* comme chose ~*e* …을 기정 사실로 보다. usage ~ 뿌리내린 관례. être ~ à la campagne 시골에 정착해 살다. être bien ~ dans une maison 어느 집에서 신용을 얻고 있다. réputation (bien) ~*e* 확고부동한 명성. vérité ~*e* 증명된 진실. ② 현행의, 실시중인; 기성의. terme ~ 실제로 쓰이고 있는 숙어. institutions ~*es* 현행제도. gouvernement ~ 현정부. ③ 자리잡힌, 지위가 안정된; 결혼한. gens ~*s* 상류계급. ④ Église ~*e* 영국 국교회.

—*n.m.* (장인(匠人)의)작업대. ~ de menuisier 소목장(小木匠)의 작업대. aller à l'~《속어》일하러 가다.

*****établir** [etabli:r] *v.t.* ① (일정한 장소에)고정시키다, 자리잡다; 건설(건축·부설·가설)하다(construire). ~ son domicile à Paris 파리에 거주하다. ~ une table au milieu du salon 객실의 중앙에 테이블을 놓다. ~ des usines 공장을 건설하다. ~ un pont sur la rivière 강에 다리를 가설하다. ~ une succursale à Marseille 마르세유에 지점을 개설하다.

② (조직·제도·원칙을)세우다, 수립[확립]하다, 제정하다. Il *est établi* que+*sub.* …이라는 것은 일반적으로 정해져 있다. ~ un gouvernement révolutionnaire 혁명정부를 수립하다. ~ un impôt 조세를 정하다. ~ un prix 가격을 결정하다.

③ (명부·계산서 따위를)작성하다(dresser); (프로그램을)짜다, (계획을)세우다(organiser). As-tu *établi* la liste de nos dépenses? 당신은 우리 지출의 일람표를 작성했어요? ~ un compte (un devis) 계산서 (견적서)를 작성하다. ~ une balance 대차 계정을 맞추다.

④ (질서·명성을)확립하다. ~ sa renommée (sa réputation) 명성을 확립하다. ~ sa fortune 재산을 이루다. ~ la paix (l'ordre) 평화 (질서)를 확립하다. ~ un record 《스포츠의》기록을 수립하다.

⑤ (관계·연락 따위를)수립하다. Les deux pays *ont établi* des relations diplomatiques. 두 나라는 외교관계를 수립했다. ~ une liaison téléphonique entre deux postes 두 우체국을 전화로 연결하다.

⑥ 밝히다, 확증하다(prouver). ~ l'innocence d'un accusé 피고의 무죄를 확증하다. ~ un fait 사실을 명확히 하다.

⑦ 임명하다(nommer); 일자리를 마련해 주다; (자식 따위의)살림을 차려주다; (딸을)시집보내다. ~ des magistrats 행정관을 임명하다. Il va ~ son neveu à la tête de son entreprise. 그는 자기 조카를 회사의 장으로 앉히려고 한다. Il a cinq enfants à ~. 그는 다섯 아이들 살림을 차려주어야 한다.

⑧ ~ une voile 《해양》 돛을 올리다(적절한 방향·각도로 펴다).

⑨ (본문을)확정하다. ~ un texte (사본 따위에서) 본문을 확정하다.

⑩ 《군사》 배치하다(poster); 숙영시키다(cantonner). ~ ses troupes sur la colline 부대를 언덕 위에 포진시키다.

~ *qn dans l'opinion publique* …의 세평을 높이다. *être bien établi auprès de qn* …의 두터운 신임을 얻다.

—**s'**~ *v.pr.* ① 직업을 정하다, 자리를 잡다. [s'~+속사] Il *s'est établi* épicier. 그는 식료품상을 개업했다.

② 거처를 정하다(s'installer); 《해양》 (바람의 방향이)정해지다. Les Martin *se sont établis* à Lyon. 마르탱 가족은 리용에 거처를 정했다.

③ (…의)자임(自任)하다(s'instituer). [s'~+속사] Il s'~ juge des actes d'autrui 타인의 행위의 심판자인 것처럼 굳다.

④ 확립되다, 수립되다, 이루어지다; 생기다. Cette locution aura peine à s'~. 이 표현법은 쉽게 정착하지는 못할 것이다. (비인칭) Il *s'est établi* entre eux une correspondance régulière. 그들 사이에는 규칙적인 서신교환이 이루어지게 되었다.

⑤ 증명되다, 밝혀지다.

⑥ 결혼하다; 《옛》 (젊은 여자가)시집가다.

⑦ 《군사》 포진하다.

établissement [etablismɑ̃] *n.m.* ① 일정한 장소에 둠; (기계 따위의)설치; (철도의)부설; (댐 따위의)건설; (교량의)가설; 《해양》 (돛을)올리기. ~ d'une liaison aérienne 항공로의 개설. ~ d'une voie ferrée 철도의 부설. ~ d'un barrage 댐의 건설. frais de premier ~ 설립비(設立費). ② (제도·조직의)창설, 창립, 설립; (법률의)제정; (원칙을)세움. ~ d'un gouvernement révolutionnaire 혁명정부의 수립. ~ d'un tribunal 재판소의 창설. ~ d'une loi 법률의 제정. ③ 시설; 기업, 상점, 영업소, 공장. ~ commercial 영업소, 지점. ~ hospitalier (de soins) 병원, 요양소. ~ industriel 공장. ~ militaire 군사시설. ~ public 공공시설. ~ d'utilité publique (전기·가스 따위)공익기업체. ~ scolaire 교육시설, 학교. ~ thermal (de bains) 온천장. ④ (계획의)수립; (계산서 따위의)작성. ~ de la liste des candidats 후보자 명단의 작성. ~ d'un devis (d'un contrat) 견적서 [계약서]의 작성. ⑤ (자르기 위해 나무·돌에)표하기. ⑥ (사실·무죄 따위의)입증, 증명. ~ d'un fait 사실의 증명. ~ du droit héréditaire 상속권의 증명. ⑦ (어느 땅으로의)이주; (*pl.*) 식민지. ~ des Français en Afrique 불란서 사람의 아프리카 착착(진출). ~*s* français dans (de) l'Inde 인도의 불란서 식민지. ⑧ 기성체제, 지배계급(establishment). ⑨ 《법》 주소. droit d'~ (타국에서의)거주권. ⑩ (옛) (자녀의)직업을 정해줌, 자리를 잡아줌; (딸을)시집보냄. ⑪ 《옛》 거처를 정하기. ⑫ ~ d'un port 《천문·해양》 조후시(潮候時).

établisseur [etablisœːr] *n.m.* 창립자, 설립자.

étab¹《약자》établissement 《상업》상점, 회사.

*****étage** [eta:ʒ] *n.m.* ① (가옥의 2층 이상의)층. maison à un ~ 2층집; 《옛》1층집. maison sans [avec] ~ 단층 [2층]집. premier ~ 2층; 《옛》 1층. Son appartement est au cinquième ~. 그의 아파트는 6층에 있다. ② 단(段); (옷장 따위의)선반, 간. Les chemises sont dans l'armoire, à l'~ du haut. 와이샤쓰는 옷장 윗간에 있다. ~*s* d'une bibliothèque 책장의 선반(다). menton à double ~ 《구어》이중턱. fusée à trois ~*s* 3단 로켓. terrain exploité en plusieurs ~*s* (계단식으로)층층이 경작된 토지. sot à triple ~ 《구어》천치중의 상천

étagement [etaʒmɑ̃] *n.m.* ① 층계를 이룸. ② 『기계』(터빈 따위의)단계(段落).

치. ③ 『지질』 층; 계(階)《연대층서(年代層序)구분의 기초단위》; 기(紀)《계(階)에 대응하는 연대구분의 단위》. ~ d'une mine 광산의 층. ~ dravidien 2첨기지계(二疊紀地階). ④ 『기계』(터빈 따위의)단계. ⑤ ~s de végétation 『식물』식물의 수직적 분포층. ⑥ 『전기』기(段). ⑦ ~ antérieur(moyen, postérieur) 『해부』전(중·후) 두개와(頭蓋窩). ⑧ 『옛』단계; 정도; 급, 계급, 지위, 신분. gens de bas ~ 하층사회의 인간. plaisanterie de bas ~ 질이 낮은 농담.

étager [etaʒe] [3] *v.t.* ① 층층으로 자르다. ② (머리를)층지게 자르다. ③ 단계를 따라 행하다;(에) 사이를 띄우다. ~ des primes d'assurance 보험료를 단계적으로 차이를 두다.
— **s'~** *v.pr.* 층층으로 쌓이다〔늘어서다〕. Une foule énorme *s'étageait* sur les gradins de l'amphithéâtre. 엄청나게 많은 군중이 계단식 강당의 좌석에 층층이 앉아 있었다. ② 단계적으로 되다〔행해지다〕. L'augmentation du prix *s'étagera* sur cinq ans. 가격인상은 5년에 걸쳐서 단계적으로 이루어질 것이다.

étagère [etaʒɛːr] *n.f.* ① 겹친 선반; (구어)선반널. ② (속어)단, 연단(演壇). ③ (합승마차의)지붕.

étai¹ [ete] *n.m.* ① 『해양』(돛대의)버팀줄, 지삭(支索). voile d'~ 지삭에 다는 삼각돛. ② (쇠사슬의 고리 속의)막대.

étai² *n.m.* ① 지주(支柱), 받침대, 살대. ② (사회 따위의)주석(柱石), 중진(重鎭). ~ moral 정신적 지주. La richesse économique est le plus sûr ~ d'un régime. 경제적인 풍요는 체제의 가장 확실한 지주이다.

étaiement [etemɑ̃] *n.m.* ① 지주로 떠받치기. ② (주장 따위의)지지. ③ 『토목』(다리의)받침.

étaim [etɛ̃] *n.m.* 얼레빗질하여 다듬은 양털 중 가장 좋은 부분.

étain [etɛ̃] *n.m.* ① 『광물』주석. alliage d'~ 주석 합금; ~ battu; ~ en feuille; feuille d'~; papier d'~ 석박(錫箔), 은종이. maladie(peste) de l'~ 주석 페스트《한냉지에서 주석제품이 변질하는 현상》. potée d'~ (금속을 닦는)파텐가루. ~ pyriteux 유석광. vaisselle d'~ 백랍제 접시. ② 주석제품, 주석제 식기. collection d'~s anciens 옛날 주석제품의 수집. ~s ciselés 조각한 주석제 식기.

étairion [eterjɔ̃] *n.m.* 『식물』집합과(果). [7].

étal(*pl.* **als**, (때로)**aux**) [etal, -o] *n.m.* ① 푸줏간 도마. ② 푸줏간(boucherie). ③ (시장에서 팔 것을 늘어놓는)진열대.

étalage [etalaʒ] *n.m.* ① (상품 따위의)진열, 전시; 진열대, 쇼윈도; 『법』노점영업세(稅). ~ des marchandises sur le trottoir 보도 위의 상품진열. mettre *qc* à l'~ …을 진열대에 늘어놓다. ②(집합적)진열된 상품. s'arrêter devant les ~s 진열품 앞에 멈춰 서다. ③(구어)모양내기, 몸치장; 과시. [faire ~ de *qc*] Il *fait* ~ de sa richesse. 그는 부(富)를 과시한다. Elle *fait* ~ de ses peines de cœur. 그 여자는 마음의 고통을 과시해 보인다. Il ne peut s'empêcher de *faire* ~ de son érudition. 그는 자기의 학식을 자랑하지 않고는 배기지 못한다. ④ 『옛』용광로의 샤프트 아래쪽 부분. ⑤ (때로 비꼼)어질러진 것. Débarrassez cet ~ de papiers. 이 어질러진 종이조각들을 치워요. ⑥ 『낚시』(짜기저에)실을 메기.

étalager [etalaʒe] [3] *v.t.* (상품을)진열하다.

étalagiste [etalaʒist] *a.* 노점상의; 진열창 장식가의. —*n.* ① 노점상인. ② (진열창의)장식가.

étale [etal] *a.* ① 움직이지 않는, 정지된, 안정된 (immobile). mer ~ 정지상태의 조수, 게조(憩潮). vent ~ 한쪽으로 부는 바람. ② (비유적)움직이지 않는, 정지된. vie ~ 변화 없는 생활. —*n.m.* 정지된 상태. ~ de la marée 조수의 정지. ~ de jusant 간조의 정지상태.

étalé(e) [etale] *a.p.* 퍼진, 펼쳐진; 진열된. arbre à cime ~*e* 가지 끝이 퍼진 나무.

étalement [etalmɑ̃] *n.m.* ① (상품 따위의)진열; 벌여 놓기. ② 『카드놀이』손에 든 패를 펴 보이기. ③ (일정기간으로)배분하기, (휴일을)엇갈리게 배열하기. ~ des horaires (출퇴근 따위의)시차제. ④ (자랑으로)드러내보이기.

étaler [etale] *v.t.* ① (상품을)진열하다, 벌여놓다 (exposer). Un commerçant *étale* à sa devanture des appareils ménagers. 상인이 진열창에 가사용품을 진열하다.

② (公물·신문 따위를)펴다(dérouler, déplier). ~ une carte(un journal) 지도(신문)를 펴다. ~ un tapis(말아둔)융단을 펴다.

③ (기름·분·물감을)펴서 바르다, 칠하다. peinture facile à ~ 펴서 바르기 쉬운 칠. ~ de la pommade 포마드를 바르다. [~ sur] Il *étale* du beurre *sur* du pain. 그는 빵에 버터를 바른다.

④ (구어)(사람을)때려 눕히다, 엎다. D'un crochet droit, le boxeur *a étalé* son adversaire. 라이트 훅으로 그 권투선수는 상대방을 쓰러뜨렸다(때려눕혔다.).

⑤ (일정기간으로)나누다, 할당하다. ~ les congés 여러 차례로 나누어 교대로 휴가를 주다. La réforme *sera étalée* sur plusieurs années. 개혁은 여러 해에 걸쳐서 실시될 것이다.

⑥ 『카드놀이』(손의 패를)펴 보이다. ~ son jeu (ses cartes)(들고 있는)카드를 펼쳐 보이다.

⑦ (구어)과시하다, 자랑으로 드러내 보이다. ~ ses connaissances 지식을 자랑으로 드러내 보이다. Il *étale* sa liaison avec le député. 그는 그 국회의원과 안다는 것을 자랑삼아 떠들고 다닌다.

⑧ 드러내다, 폭로하다. ~ le mal au grand soleil 악(惡)이 백일하에 드러나게 하다. ~ ses sentiments 자기 감정을 토로하다.

⑨ 장황하게 늘어놓다. Il *a étalé* les raisons de son échec. 그는 실패한 이유를 장황하게 늘어놓았다.

⑩ (구어)낙제시키다. ~ *qn* à un examen (un concours) …을 시험(콩쿠르)에서 낙제시키다(낙방하게 하다).

⑪ 『해양』(바람·물결에)거슬러 나아가다(정박하다);(병행하는 다른 배와)같은 속력을 내다.

⑫ (옛)보여주다, 드러내보이다(montrer).

— *sa marchandise* 상품을 진열하다;(구어)자기가 갖고 있는 것을 자랑삼아 보이다; 뽐내다.

—*v.i.* 『해양』(배가)정지하다.

—**s'~** *v.pr.* ① 펼쳐지다. Les eaux *s'étalent* sur sept cent kilomètres carrés. 수면은 700평방킬로에 걸쳐서 펼쳐져 있다.

② (구어)길게 눕다(s'étendre); 자빠지다(choir). En faisant un faux pas, il *s'est étalé* tout de son long. 그는 발을 헛디뎌서 벌렁 자빠졌다.

③ 칠해지다, 퍼지다. Cette peinture est trop épaisse, elle *s'étale* difficilement. 이 페인트는 너무 진해서 잘 칠해지지 않는다.

④ [~ sur](에 대하여)장광설을 늘어놓다.

⑤ 자기를 과시하다, 잘난 체하다. Il *s'étale* aux yeux des voisins. 그는 이웃집 사람들에게 자기를 과시한다.

⑥ 드러나다, 폭로되다. Sa lâcheté *s'étale*. 그의 비겁함이 드러난다.

⑦ (일정한 기간에 걸쳐서)배분되다. Cette année, les vacances du personnel *s'étalent* sur trois mois. 금년에 직원의 휴가는 3개월에 나뉘어 실시된다. ⑧ 〖군사〗넓은 간격을 두고 전개하다. ⑨〖속어〗자백하다.

étaleuse [etalǿ:z] *n.f.* 전직기(展織機), 연선기(延線機).

étalier¹(ère) [etalje, -ɛ:r] *n.* 푸줏간의 점원.

étalier² [etalje] *n.m.* 〖어업〗그물을 널어 말리는 기둥.

étalinguer [etalɛ̃ge] *v.t.* (닻줄을)닻고리에 매다.

étalingure [etalɛ̃gy:r] *n.f.* 닻줄을 닻고리에 매기.

étalon¹ [etalɔ̃] *n.m.* 종마(種馬).

étalon² *n.m.* ① 〖건축〗(장붓구멍에 박은 두 나무를 잇는)쐐기. ② (도량형의)원기(原器), mètre(-) ~ 미터원기. ③ 표준계기, 표준측정기, balance ~ 표준저울. compas ~ 〖해양〗표준나침의(羅針儀). condensateur ~ 〖물리〗저울눈 측정용 콘덴서. ④ (계량의)단위(의 표준). ~ de capacité 전기용량의 단위. ⑤ 〖경제〗본위(本位). ~ monétaire 본위화폐. ~ or 금본위. ⑥ (비교·대조의)표준; 전형(prototype). Il nous sert d'~. 그는 우리들의 모범이 된다. ⑦ groupe ~ 〖심리〗표준 집단. ⑧ 〖임업〗(최근 윤벌된 나무와 같은)어린 나무. ⑨ 〖건축〗터, 지반.

étalonnage [etalɔna:ʒ] *n.m.* ① 원기(原器)의 표준에 맞추기. ② 〖심리〗(심리 테스트의)표준 스코어표(의 작성).

étalonnement [etalɔnmɑ̃] *n.m.* 원기의 표준에 맞추기.

étalonner¹ [etalɔne] *v.t.* ① (도량형기 따위를 표준에 맞추어)검사하다. ② (원기에 맞춰서)눈금을 매기다. ③ ~ un test (psychologique) (기준이 되는 집단에)심리 테스트를 하여 표준 스코어표를 작성하다.

étalonner² *v.t.* (종마가)(와)교미하다.

étalonnerie [etalɔnri] *n.f.* 종마 사육장.

étalonneur [etalɔnœ:r] *n.m.* 도량형 검사관.

étalonnier [etalɔnje] *a.* 종마의, 종마 소유자의. —*n.m.* 종마 소유자.

étamage [etama:ʒ] *n.m.* ① 〖야금〗주석 도금(鍍金). ② (거울)안쪽의 수은칠(주석과 수은의 합금). ~ au zinc 아연 도금.

étambot [etɑ̃bo] *n.m.* 〖해양〗선미재(船尾材). courbe d'~ 곤곡재(棍曲材).

étambrai [etɑ̃brɛ] *n.m.* (돛대나 키를 꽂는)갑판의 구멍; (그)구멍을 보강하는 나무테.

étamer [etame] *v.t.* ① 〖야금〗(에)주석도금하다. (에)아연도금하다. ② (거울을 만들기 위해 유리에) 수은(주석과 수은 합금)을 칠하다. —*s'~* *v.pr.* (산화방지를 위하여)주석(아연)도금을 받다.

étamerie [etamri] *n.f.* ① 주석도금 작업. ② 주석도금용 장구.

étameur [etamœ:r] *n.m.* ① 주석도금공. ② (거울의)수은 도장공(塗裝工). ~ ambulant 뜨내기 땜장이.

étamine¹ [etamin] *n.f.* ① 평직(平織)의 얇은 천, 외울베. ② 체로 쓰는 천. ~ à pavillon 기(旗)의 감. *passer qc à(par) l'~* …을 거르다; …을 세밀히 검사(음미)하다.

étamine² *n.f.* 〖식물〗수술.

étaminier [etaminje] *n.m.* 평직류 제조(판매)인.

étampage [etɑ̃pa:ʒ] *n.m.* (금속판에)압형(押型) 찍기; (편자에)구멍뚫기.

étampe [etɑ̃:p] *n.f.* ① 압형(押型). ② (편자용)천공기(穿孔機).

étamper [etɑ̃pe] *v.t.* ① (금속판에)압형(押型)을 찍다. ② (편자에)구멍을 뚫다.

étamperche [etɑ̃pɛrʃ] *n.f.* (석공의 발판에 쓰는)긴 장대.

étampeur [etɑ̃pœ:r] *n.m.* ① (금속판)압형공(押型工). ② 편자 천공공(穿孔工).

étampeuse [etɑ̃pø:z] *n.f.* 압형기(押型機).

étampure [etɑ̃py:r] *n.f.* ① (금속판 구멍의)나팔구(喇叭口). ② (편자의)못구멍.

étamure [etamy:r] *n.f.* ① 주석도금용 합금. ② 주석 합금의 거울 뒷면.

étance [etɑ̃:s] *n.f.* 〖선박〗지주재(支柱材).

étanche [etɑ̃:ʃ] *a.* ① (액체·기체 따위가)새지 않는, 방수(방습)의. Ce tonneau n'est pas bien ~. 이 통은 샌다. montre ~ 방수 시계. ② 물이 잘 빠지지 않는. terrain ~ 물이 잘 빠지지 않는 땅. ③ 수비가 견고한. frontière ~ 철통같은 국경선. *cloison* ~ ⓐ 〖해양〗방수벽. ⓑ 완전한 분리. —*n.f.* 방수. à ~ d'eau 〖해양〗방수의.

étanchéifier [etɑ̃ʃeifje] *v.t.* (물·공기·가스 따위가)새지 않게 하다.

étanchéité [etɑ̃ʃeite] *n.f.* (물·공기·가스 따위의) 새지 않음. ~ à l'eau 방수성. caoutchouc d'~ 〖전기〗절연 고무.

étanchement [etɑ̃ʃmɑ̃] *n.m.* ① 액체의 흐름을 막음. ~ du sang 지혈. ② ~ de la soif 갈증을 풀기.

étancher [etɑ̃ʃe] *v.t.* ① (액체의)흐름을 막다. ~ le sang 지혈하다. ~ les larmes de qn (위로해서)…의 울음을 그치게 하다. ~ une voie d'eau (배의) 물이 새는 곳을 막다. ② (액체가)새지 않게 하다, 방수하다. ~ un tonneau 통이 새지 않게 하다. ③ ~ sa soif 갈증을 풀다.

étançon [etɑ̃sɔ̃] *n.m.* ① 받침대, 지주. ~ d'une charrue 가래의 손잡이와 날의 연결 부분.

étançonnement [etɑ̃sɔnmɑ̃] *n.m.* 지주로 떠받침, 보강; (공사 전체의)지주.

étançonner [etɑ̃sɔne] *v.t.* 지주로 떠받치다.

étanfiche [etɑ̃fiʃ] *n.f.* (채석장의)돌층의 부피.

étang [etɑ̃] *n.m.* 못, 연못(lac). ~ salé (해안의)짠 물 늪, 해적호(海跡湖), 염호(鹽湖). *ne voir qu'un* ~ 당황하다.

étant [etɑ̃] être, éter 의 현재분사.

étape [etap] *n.f.* ① (하루 또는 한 번의)여정, 행정; (자동차 경기 따위의)한 주행거리. Il a parcouru une longue ~. 그는 긴 여정을 다 마쳤다. voyage à petites ~s (한 행정의 짧은)느긋한 여행. course par ~s 구간(區間) 경주. ~ de montagne 산악 지대의 주행구간. ~ contre la montre 계시(計時) 경주구간. ② 숙박지, 휴게지; (군대의)숙영지; (자전거 따위의)휴식지. Je me suis dépêché pour arriver à la prochaine ~. 나는 다음 숙박지를 향해 서둘러 갔다. ③ (여행·경주 도중의)도중의 숙박, 휴식, 휴게; 숙영. Nous avons fait trois ~s au cours de notre voyage. 우리는 여행 중에 3 박했다. ④ 단계, 기간, 시기. Expliquez-lui cela par ~s. 그에게 그것을 단계적으로 설명하시오. Tout progrès se fait en plusieurs ~s. 어떤 진보일지라도 단계를 거쳐서 이루어지는 것이다. marquer une ~ très importante 중요한 한 시기를 긋다. ⑤〖옛〗시장, 교역지; 마초(馬草) 집적지, 병참 도시. d'~ (1940년 이전의)병참, 후방. *brûler les* ~*s* ⓐ 예정 숙박지를 거르다. ⓑ (단계를 생략하고)급격히 진전하다. Ironiquement, les sciences *brûlent les* ~*s* en temps de guerre. 얄궂게도 과학은 전쟁 중에 비약적인 발전을 한다. *d'~ en* ~ 단계적으로. *faire* ~ 숙박하다.

étapier [etapje] *n.m.* 〖군사〗(옛날 숙영지의)급식

étarque [etark] *a.* 〖해양〗 (돛을)완전히 올린.
étarquer [etarke] *v.t.* (돛을)완전히 올리다.
:état [eta] *n.m.* I. ① (심신의)상태; 처지, 입장. L'amélioration de son ~ de santé a été rapide. 그의 상태의 회복은 빨랐다. être dans un ~ d'agitation 흥분상태에 있다. ~ général (전반적인)건강 상태. ~ d'âme 기분, 감정, 생각. ~ de veille[de sommeil] 각성(수면) 상태. ~ d'esprit 정신 상태. ~ second 의식 분리 상태. être en ~ de faillite 파산 상태에 있다. être en ~ d'accusation (d'arrestation) 고발(체포)되어 있다. ~ de légitime défense 정당 방위 상태.
② (사물의)상태, 상황. À cause de la pluie, l'~ des routes n'est pas bon. 비가 와서 도로 상태가 나쁘다. conserver *qc* en bon ~ …을 좋은 상태로 보존하다. moteur en ~ (de marche)사용 가능한 모터. moteur hors d'~ 사용 불가능한 모터. ~ de la question 문제의 진전 상황. exposer l'~ de question 문제의 현황 보고를 하다. ~ de cause 소송의 진행 상황. ~ des finances 재정 상태. ~ de grâce 은총을 받은 상태. ~ de guerre 전쟁(교전) 상태. ~ du ciel 기상 상태. Cet ~ de(s) choses nous permet de supposer que... 이러한 상황에서 …을 추측할 수 있다. en l'~ actuel des connaissances 현재의 지식 단계로는. poisson à l'~ frais 신선한 생선. réforme à l'~ de projet 계획 단계의 개혁. ~ de langue 〖언어〗 언어 상태.
③ 〖물리·화학〗 (물질의)상태. ~ solide〔liquide, gazeux〕 고체(액체·기체) 상태. ~ critique 임계 상태. ~ naissant[initial] 발생기[초기] 상태. équation d'~ 상태 방정식.
④ (사물의 상황을 기입한)보고서, 표, 리스트. ~ de compte 계산서. ~ des lieux 차가(借家) 현황서 (임대차 계약에 있어서 작성되는). ~ nominatif 명부. ~ du personnel 사용인 명부. ~ de frais (공증인 따위의)비용 명세서. ~ des inscriptions 부동산 등기 원본의 사본. ~ des services (군인·공무원 따위의)공적표, 인사기록카드. ~ de situation 자산 보고서. ~ estimatif des meubles 동산의 평가 일람표(동산 물건의 증여자·수증자가 서명함).
⑤ (판화의 시험 인쇄에서 본 인쇄까지의)단계, 상태. ~ de tirage 본 인쇄(단계).
II. ① (법률·호적상의)신분. ~ de citoyen français 프랑스 국적. ~ personnel (연령·능력·기혼 따위의)개인의 사회적 상태. ~ civil 호적. actes d'~ civil 호적상의 기재 사항; 호적등본. registre d'~ civil 호적부. officier de l'~ civil 호적부 관리 책임자 (시·읍·면·구장과 그 대리자).
② 직업. Elle est dactylo de son ~. 그녀의 직업은 타자수이다. donner un ~ à *qn* …에게 일자리를 주다. ~ militaire[ecclésiastique] 군직(성직).
③ 〖종교〗 devoir d'~ (기독교도로서의 사회적) 신분상의 의무; grâce d'~ 신분에 어울리는 은총 (신분상의 의무를 다했을 때 신이 주는 것); (어떤 특수 상황에서 주어지는)신의 도움, 하늘의 은혜.
④ 〖역사〗 (구체제 하의)신분. (*pl.*)(세 가지의 신분을 대표하는)의원. trois ~s 세 가지 신분 (noblesse 귀족, clergé 성직자, tiers état 제 3 신분). É~s généraux 삼부회(三部會). ~s provinciaux 지방 삼부회. pays d'~s 삼부회 설치 지방.
⑤ 〖옛〗 (사회적)신분, 지위. ~ d'ouvrier 노동자의 신분. vivre au-dessus de son ~. 신분에 넘치는 생활을 하다. tenir un grand ~ 호화롭게 살다.
⑥ 〖옛〗 높은 신분.
III. ① (É~)국가; 정부. Il y a plus de cent cinquante É~s dans le monde. 세계에는 150 개 이상의 국가가 있다. É~ souverain 주권국가. chef d'É~ 국가 원수. homme d'É~ (총리 따위의)중요한 지위에 있는)정치가. É~ fédéral 연방 국가. ministre d'É~ 국무장관. secrétaire d'É~ (프랑스의)정무차관; (미국의)국무장관. fonctionnaire d'É~ 국가 공무원. affaire d'É~ 중요한 문제. coup d'É~ 쿠데타. crime d'É~ 국사범. raison d'É~ 국가적 이유 (정부가 국익 우선을 정당화하기 위해서 쓰는 구실); 구실. É~ multinational 다민족 국가. É~ placé sous tutelle 신탁통치국. É~ sous mandat 위임통치국. É~ tampon 완충국. É~s pontificaux 로마 교황령. séparation de l'Église et de l'É~ 정교(政教)분리. É~(-) patron 고용자로서의 국가. budget de l'É~ 국가예산. impôt d'É~ 국세. secret d'É~ 국가 기밀. école d'É~ 국립학교. religion d'É~ 국교.
② (İpays d')É~. les É~s-Unis (아메리카·브라질 따위의)합중국; (특히) 미합중국.
③ 〖옛〗 정체. ~ démocratique[républicain, monarchique] 민주(공화·군주) 정체.
en ~ 정상(양호한) 상태에서; 그대로. mettre (remettre) un appareil *en ~* 카메라를 정비(수리)하다.
en l'~ 현상(現狀)으로서(는). *En l'~*, je ne suis pas satisfait. 지금 상태로는 만족할 수 없다. laisser *qc en l'~* …을 있는 그대로 놔두다.
en tout ~ de cause 여하튼.
être(se mettre) dans tous ses ~s 놀라서 당황하고 있다(하다).
être dans un bel ~ (구어)눈 뜨고 볼 수 없는 꼴이다. Après la bagarre, les deux enfants *étaient dans un bel ~*. 두 아이는 싸우고 나서 형편없는 꼴을 하고 있다.
être en ~ de + *inf.* …할 수 있다. Nous ne *sommes pas en ~ de* donner une conclusion. 우리는 결론을 내릴 만한 상황이 아니다.
être hors d'~ de + *inf.* …할 수 있는 상태가 아니다. *J'étais hors d'~ de* continuer mon travail. 나는 일을 계속할 상태가 아니었다.
faire ~ de *qc* ⓐ …을 고려하다; …을 인용하다; …을 의지하다. Il *a fait ~ de* journal de l'époque. 그는 당시의 신문을 인용하였다. ⓑ〖옛〗…을 믿고 의지하다. ⓒ〖옛〗…으로서 행동하다. ⓓ〖옛〗…을 중하다, …을 높이 평가하다.
former un É~ dans l'É~ (국가 안에)정부의 권위를 따르지 않는 집단을 구성하다. Dans beaucoup de pays d'Afrique, il y a des tribus qui *forment un É~ dans l'É~*. 아프리카의 많은 나라에는 정부를 따르지 않는 부족들이 있다.

étatifier [etatifje] *v.t.* = **étatiser.**
étatique [etatik] *a.* 국가의. dirigisme ~ 국가 관리. monopole ~ 국가에 의한 독점(전매).
étatisation [etatizɑsjɔ̃] *n.f.* (기업 따위의)국가관리, 국유화, les secteurs chefs de l'économie 경제의 주요부분의 국영화.
étatisé(e) [etatize] *a.p.* 국가관리된, 국유(국영)화된. entreprise ~*e* 국영기업.
étatiser [etatize] *v.t.* 국가관리하다, 국유(국영)화 하다.
étatisme [etatism] *n.m.* (경제에 있어서)국가관리 (주의), 국가사회주의.
étatiste [etatist] *a.* 국가 통제(관리)의(에 관한). doctrine ~ 국가 관리(통제)론.
— *n.* 국가 관리(통제)론자, 국영론자, 국가사회주의자.
état-major [etamaʒɔːr] (*pl.* ~**s-**~**s**) *n.m.* ① (군

사) 참모(본)부. ~ de la Défense nationale 국방참모본부. ~ général 통합참모본부. chef d'~ 참모장. ~ d'un bataillon 대대본부. carte d'~ 참모본부 지도(8만 분의 1 지도). ②《총칭》수뇌부; 간부; 막료. 스탭. ~ d'un parti politique 정당 수뇌부. ~ d'un ministre 장관의 막료. ③《옛》고급 장교 명부.

État-providence [etaprɔvidɑ̃s] (*pl.* ~**s**-~) *n.m.* 복지국가.

états(-)unien(ne) [etazynjɛ̃, -ɛn] *a.* 미국의.
— **É**~ *n.* 미국 사람.

États-Unis (les) [lezetazyni] *n.pr.m.pl.* (아메리카)합중국, 미국.

étau [eto] (*pl.* ~**x**) *n.m.* 【기계】 바이스. ~ à main 수동 바이스. ~ d'établi 고정 바이스. ~ mortaiseur 종삭반(縱削盤). ~ des restrictions 속박하는 강한 힘. être pris[serré] comme dans un ~ (바이스에 죄인 듯이)꼼짝할 수가 없다.
avoir qc dans un ~ …이 죄다. *avoir* le pied *dans un* ~ 구두가 죈다. *avoir* la tête *dans un* ~ 머리가 죄이는 듯이 아프다. *avoir* le cœur *dans un* ~ 가슴이 죄이는 듯하다.
prendre qc en[dans un] ~ …을 양쪽에서 치다(공격하다).

étau-limeur [etolimœ:r] (*pl.* ~**x**-~**s**) *n.m.* 【기계】 형삭반(形削盤).

étaupiner [etopine] *v.t.* ~ un champ 【농업】 (밭에서) 두더지를 없애다.

étayage [etɛjaːʒ], **étayement** [etɛjmɑ̃] *n.m.* (벽 따위를)지주[支柱]로 떠받침.

étayer [etɛ(e)je] [8] *v.t.* ① (벽 따위를)지주로 떠받치다, 버티다, 보강하다; 《비유적》강화하다, 지지하다. ~ une conviction 신념을 더욱 굳건히 하다. ~ un échec d'un mensonge 실패를 거짓말로 호도(糊塗)하다.
— *s*'~ *v.pr.* ① 떠받쳐지다. ② 자신을 떠받치다. *s*'~ sur *qn* …에게 의지하다. ③ 서로 떠받치다.

etc. 《약자》=**et cætera**.

et cætera, et cetera [ɛtsetera] 《라틴》*loc.ad.* 기타, 등등.
REM 인명에는 **etc.** 를 쓰지 않고 생략 부호(…)를 쓰는 것이 옳음:Baudelaire, Verlaine…보들레르, 베를렌 그리고 다른 사람들.
— *n.m.* (복수불변) 기타, 등등. ~ de notaire 공증인의 등등(증서 중의 위험한 생략·중요한 부분의 탈락을 가리킴).

:**été**[ete] *n.m.* ① 여름, 하계, 여름철. Cet ~, je vais à la mer. 이번 여름에 나는 바다로 간다. en ~ 여름에. vacances d'~ 여름 휴가(방학). cours d'~ 하기 강좌. ~ pourri 비가 많이 오는 여름. ② (여름 이외의)따뜻한 시기. ~ de la Saint-Martin 성 마르탱 축제 때의 포근한 날씨 (11월 초순에서 중순). ~ de la Saint-Michel (9월 하순의)따뜻한 날씨. ~ de la Saint-Luc (10월 중순의)포근한 날씨. ③ (인생의)전성기, 장년기(~ de la vie). connaître un nouvel ~ 제 2의 전성기를 맞이하다. ④ 하복(tenue d'~). se mettre en ~ 하복을 입다.

été être 의 과거분사.

éteign-ant, -is, -ons, etc. [etɛɲ-ɑ̃, -i, -ɔ̃] ⇨ éteindre.

éteigneur(se) [etɛɲœːr, -ø:z] *n.* 불을 끄는 사람, 소등 담당.

éteignoir [etɛɲwaːr] *n.m.* ① (원추 모양의)촛불끄는 기구. ② 흥[좌흥]을 깨뜨리는 사람(것), 훼방자(물)(rabat-joie). ③《속어》큰 코, 매부리코.
en ~ 원추형의. toit en ~ 뾰족한 지붕.

*****éteindre** [etɛ̃ːdr] [27] *v.t.* ① (불·등불·가스·라디오 따위를)끄다 (↔ allumer, brûler). ~ un couloir 복도의 불을 끄다. ~ la télévision (la radio) 텔레비전[라디오]를 끄다. ~ les lumières 학문·교육의 발달을 방해하다. ② (종족 따위를)소멸[멸망]시키다; (혈통·가문을)끊어지게 하다(détruire); (생명을)끊다; (범죄를)근절하다, 일소하다; (싸움을)말리다; (희망·신념 따위를)꺾다; (분노·정열·고통·갈증 따위를)진정시키다, 풀다(calmer, apaiser). Le temps *éteindra* sa haine. 시간이 지나면 그의 증오심도 사라질 것이다. ~ sa soif 갈증을 풀다. ③ 【법】소멸시키다, 없애다. ~ un droit 권리를 소멸시키다. ~ une dette 부채를 없애다. ④ (석회를)소화(消和)하다; (불에 달군 쇠를)급히 냉각시키다. ⑤ (색·음의 격조를)약하게 하다(adoucir, affaiblir); (눈의 광채를)흐리게 하다; (타인의 즐거움의)빛을 잃게 하다. Le soleil *éteint* les couleurs. 햇빛이 색깔을 바래게 한다. tapis épais qui *éteint* le bruit des pas 발자국 소리를 죽이는 양탄자.

éteignoir

— *s*'~ *v.pr.* ① 꺼지다. Le feu *s'éteint* faute de bois. 나무가 없어서 불이 꺼진다. ② 절멸되다; (혈통 따위가)끊어지다, 소멸되다. Sa famille *s'est éteinte* avec sa mort. 그가 죽음으로써 가계가 끊어졌다. ③ 진정되다, 부드러워지다, 약해지다. La révolte *s'est éteinte*. 반란이 진압되었다. ④ (꺼지듯이)죽다. Elle *s'éteignit* dans les bras de sa fille. 그녀는 딸의 팔에 안겨 조용히 숨을 거두었다.

éteint(e) [etɛ̃, -ɛ̃:t] (*p.p.*< *éteindre*) *a.p.* ① (불 따위가)꺼진, 끈. torche ~*e* 꺼진 횃불. volcan ~ 사화산. chaux ~*e* 소석회(消石灰). ② 약화된, 조용해진, 빛을 잃은. ardeur ~*e* 약화된 열의. voix ~*e* 약한 목소리. couleur ~*e* 바랜 색깔. yeux ~*s* 흐릿한 눈. ③ 활기 없는. ~ comme une veilleuse 얼굴이. figure ~*e* 생기 없는 얼굴. ④ 단절된, 사멸된. famille ~*e* 단절된 가계.
— *n.f.* 《옛》꺼짐, 소멸 《현재는 다음과 같은 표현으로만 사용》. adjudication à l'~*e* de chandelle 촛불 경매 (촛불이 켜져 있는 동안 경매가 이루어진다).

ételle[1] [etel] *n.f.* 밀물 파도 (만조시 하구(河口)에서 일어나는).

ételle[2] *n.f.* (벌채·제재 때에 생기는)나무 지스러기.

ételon [etlɔ̃] *n.m.* 【건축】(지면에 그린 실물 크기의)설계도.

étemperche [etɑ̃pɛrʃ] *n.f.* =**étamperche**.

étendage [etɑ̃da:ʒ] *n.m.* ① 널어 말림; 건조장. ② 《기술》옹해 유리를 펼쳐 놓음.

étendard [etɑ̃da:r] *n.m.* ① 《옛날의》군기; 기병(旗兵) 연대기; 《문어》기(drapeau). lever l'~ de la révolte 반기를 들다 (se révolter). se ranger sous l'~ de la liberté 자유의 깃발 아래 모이다. ②【식물】(콩과의 꽃잎)기꽃잎, 접형화관(蝶形花冠)의 기판(旗瓣).

étendelle [etɑ̃del] *n.f.* (유리·가죽을 펼쳐서 말리는)건조장; (유성종자(油性種子) 넣는)탈 푸대.

étendoir [etɑ̃dwa:r] *n.m.* ① 빨래 말리는 줄[장대]; 건조장. ② (인쇄물을 펴 말리는)T 자형 기구.

*****étendre** [etɑ̃:dr] [25] *v.t.* ① (몸의 일부를)뻗다, 펴다. ~ les jambes 발을 뻗다. L'oiseau *étend* ses ailes. 새가 날개를 펼친다. L'arbre *étend* ses branches. 나무가 가지를 넓게 뻗는다. ② (접은 것을)펼치다. ~ une carte 지도를 펼치다. ③ (사람을)누이다; 때려눕히다. ~ un malade sur le lit 환자를 침대에 누이다. ~ *qn* sur le carreau …을 때려

늪히다. ④얇게 늘이다; 묽게 하다. ~ du beurre sur du pain 빵에 버터를 얇게 바르다. ~ une pâte 반죽을 늘이다. ~ un métal 금속을 압연(壓延)하다. ~ du vin 포도주에 물을 타다. ⑤확장하다, 확대하다. ~ sa puissance 세력을 확장하다. ~ ses connaissances 지식을 넓히다. ⑥『학생속어』낙제시키다. se faire ~ au bachot 바칼로레아 시험에 낙제하다.
— s'~ v.pr. ①눕다, 자다. s'~ sur un sofa 소파에 눕다. s'~ à plat ventre 엎드려 자다. ②펼쳐지다, 늘어나다. L'armée s'étendit rapidement sur la plaine. 군대는 신속하게 평야에 전개됐다. Le mal s'étend. 아픔이 범위를 넓힌다[여러 곳으로 번진다]. ③(어느 면적·시간을)차지하다, 접하다. Ce vignoble s'étend jusqu'à la colline. 이 포도밭은 언덕까지 이어진다. aussi loin que la vue peut s'~ 시선이 닿는 곳까지. La renaissance s'étend sur deux siècles environ. 르네상스는 약 2세기에 걸쳐 계속되었다. ④확장(확대)되다. ⑤[s'~ à/ jusqu'à/sur](에 까지)미치다. Le cancer s'est étendu au foie. 암이 간장에까지 퍼졌다. Son influence s'étend sur tout le groupe. 그의 영향력은 그룹 전체에 미친다. ⑥[s'~ sur](에 대해서)상세하게 말하다, 상술하다. s'~ sur un sujet 어느 문제에 대해서 상술하다. ⑦『승마』(말이)보폭을 넓히다.

*étendu(e) [etɑ̃dy] (p.p.<étendre) a.p. ①뻗은, 펼쳐진. bras ~s 뻗은 팔. homme ~ de tout son long 길게 드러누운 사나이. carte ~e sur le plancher 마룻바닥에 펼쳐놓은 지도. ②넓은, 광대한; 광범위한. terrain ~ 넓은 땅. vocabulaire ~ 광범위한 어휘. connaissances ~es 해박한 지식. dans le sens le plus ~ du terme 단어의 가장 넓은 뜻으로는. s'adresser à un public ~ 널리 일반대중에게 호소하다. ③묽게 만든. whisky ~ d'eau 물을 탄 위스키. ④『음악』음역이 넓은. voix ~e 음역이 넓은 목소리. ⑤『철학』넓이를 갖는. ⑥ théorie standard ~e 『언어』확대 표준 이론.
— n.f. 넓이, 넓음, 면적. Ce lac a une vaste ~e. 이 호수는 어마어마하게 넓다. ~e de la mer 바다의 광막함. mesurer l'~e d'une pièce 방의 면적을 재다. ②기간, 길이. ~e limitée de la vie humaine 인생의 한정된 길이. ~e du règne de Louis XIV 루이 14세의 통치 기간. ~e d'un bail 임대차 계약 기간. ③범위, 정도. examiner un problème dans toute son ~e 문제를 모든 면에서 검토하다. donner plus d'~e à ses activités 활동범위를 넓히다. ~e des dégâts 피해의 정도. Sa conversation révèle l'~e de sa culture. 말하는 것으로 보아 그의 교양의 정도가 드러난다. ④『음악』음역. Cet instrument a de l'~e. 이 악기는 음역이 넓다. ⑤『언어』(말의)의미 범위. Le mot «véhicule» a plus d'~e que le mot «voiture». 「탈 것」이라는 단어는 「자동차」라는 말보다 의미의 범위가 넓다. ⑥『철학』연장, 넓이.

-eter suff.『축소·반복』의 뜻을 나타내는 동사어미.
éter [ete] v.t.(현재는 다음『현재분사 étant 형으로만 사용』. bois en étant 입목림(立木林).

*éternel(le) [etɛrnɛl] a. ①영원한, 영구한. Rien n'est ~ dans ce monde. 이 세상에서 영원한 것은 아무것도 없다. se promettre un amour ~ 영원한 사랑을 맹세하다. regrets ~s 영원한 회한(통한같人)(묘비명에 자주 쓰이며, 때로는 비꼬는 뜻으로 사용). flammes ~les de l'enfer 지옥의 영원한 업화. vie ~le 영원한 생명. repos(sommeil) ~; nuit ~le 영원한 잠[밤], 죽음. Ville ~le 영원한 도시『로마의 별칭』. neiges ~les 만년설. ②불변의, 한결같은. ~ féminin 한결같이 여성적인 것(Goethe의 파

우스트에서; 일상적으로는 여자의 변덕이나 교태 따위를 가리키는 경우도 있음). La jalousie est un sentiment ~. 질투는 어느 시대에도 변하지 않는 감정이다. ③(명사 앞에서)끝이 없는, 한없는. Ces ~les discussions m'ennuient. 이 한없는 토론에 지쳐있다. ~ bavard 한도 끝도 없는 수다쟁이. ④(명사 앞에서)예(例)의, 노상 같은; 항상 곁에 있는. Il m'a regardé avec son ~le indifférence. 그는 예의 무관심한 태도로 나를 바라보았다. homme avec son ~ béret 노상 같은 베레모를 쓰고 있는 남자. ~ candidat (매번 낙선하는)만년후보. Il est mon ~ confident. 그는 항상(곁에 있는) 나의 의논상대이다. ⑤『종교·철학』영원한, 불멸의. Dieu ~ 영원불멸의 신. Père ~ 영원한 아버지[하느님 아버지]. Verbe ~ 영원한 말씀『삼위일체의 제 2 위』. royaume ~ 영원한 나라[천당].
— n.m. ① (l'É~)영원한 자[신을 가리킴]. louer l'É~ 신을 찬미하다. ②영원한 것. aspiration vers l'~ 영원한 것에 대한 갈망.
C'est un grand chasseur[voyageur] devant l'É~. 『구어』저 사람은 대단한 사냥꾼[여행가]이다(구약성서에서).

éternellement [etɛrnɛlmɑ̃] ad. ①영원히, 영구히. J'espère que cette joie durera ~. 나는 이 기쁨이 영원히 계속되었으면 한다. ②항상, 언제나, 변함없이. Les faibles sont ~ sacrifiés. 약자는 항상 희생된다. ③한없이, 끊임없이. Ne reste pas là ~. 한없이 그런 데 있으면 안돼. fumer ~ 끊임없이 담배를 피워대다.

éternisation [etɛrnizasjɔ̃] n.f. 『드물게』영구화; 질질끎.
éterniser [etɛrnize] v.t. ①질질 끌다. marchandages qui éternisent les discussions 갑론을박 질질 끄는 흥정[상담]. ~ un procès 소송을 질질 끌다. ②『문어』영구히 계속시키다, 불후(不朽)하게 하다(immortaliser). ~ son nom 이름을 영원히 남기다.
— s'~ v.pr. ①질질 끌다; 오래 주저앉다[머무르다]. crise politique qui s'éternise 끝날 줄 모르는 정치위기. On croirait qu'il veut s'~ chez nous. 그 사람 우리 집에서 아주 살 작정인 모양이군. ②『문어』영속하다, 영구히 전해지다. s'~ par ses exploits 무훈을 세워서 이름을 영원히 남기다.

éternité [etɛrnite] n.f. ①영원, 무궁. durer pour l'~ 영원히 계속하다. ②영원성, 불멸성. ~ de Dieu 신의 영원성. ~ de l'âme 영혼의 불멸성. Cet écrivain est entré dans l'~. 이 작가는 불후의 명작을 남겼다. ③(영원히 계속되는 것 같은)긴 시간. Il y a une ~ [des ~s (강조의 뜻)] que je ne vous ai pas vu. 무척 오래간만입니다. ④『종교』내세(來世). de toute ~ 아주 옛날부터. Le conflit des générations existe de toute ~. 세대간의 알력은 아주 옛날부터 존재한다.

éternuement [etɛrnymɑ̃] n.m. 재채기.
éternuer [etɛrnye] v.i. 재채기하다.
~ dans le son[dans le sac]『속어』목을 잘리다.
— v.t.『구어』힘들여 발음하다. ~ un nom étranger 외국 이름을 힘들여 발음하다.

éternueur(se) [etɛrnyœːr, -ʃːz] n. 『드물게』재채기 잘하는 사람.
éternûment [etɛrnymɑ̃] n.m. =éternuement.
êtes [ɛt] être의 직설·현재·2·복수.
étésien [etezjɛ̃] a.m. vents ~s (한여름철에 북쪽에서 불어오는)지중해의 계절풍.
étêtage [etetaːʒ], étêtement [etɛtmɑ̃] n.m. (못·나무 따위의)대가리를 자름, 꼭대기를 자름.

étêter [etɛ(e)te] *v.t.* ① (못·나무 따위의)꼭대기를 자르다; (생선 따위의)대가리를 자르다. ② (원유의)가장 휘발하기 쉬운 부분을 증류하다.

éteuble [etœbl] *n.f.* =**éteule**.

éteuf [etœf] *n.m.* ① (폼 (paume) 경기의)공; ② (펜싱의 플러레 (fleuret) 칼 끝에 대는)가죽. *courir après son ~* 《옛》잃어버린 기회를 다시 찾으려하다. *prendre l'~ à la volée* 《구어》기회를 재빨리 잡다. *renvoyer l'~* 《옛》공을 쳐서 되돌리다; (모욕·조롱 따위에)보복하다, 말대꾸(반박)하다.

éteule [etœl] *n.f.* 【농업】그루터기.

éthane [etan] *n.m.* 【화학】에탄(연소성 가스).

éther [etɛːr] *n.m.* ① 【화학】에테르:ⓐ무색·자극취가 있는 액체로 용제·마취제로 사용(~ ordinaire, ~ sulfurique). ⓑ두 개의 탄화수소기(基)를 산소원자로 결합한 구조를 갖는 화합물의 총칭. ~*s-sels* 에스테르(ester). ② 에테르(빛·열·전자파 따위의 전도 매체로 가상되었던 물질). ③ (고대인이 상상한 천공의)영기(靈氣), 정기;《문어》하늘, 창공.

éther-oxyde [eterɔksid] *n.m.* 【화학】에테르.

éthéré(e) [etere] *a.* ① 《문어》(이 세상 것이 아니라고 여겨질 만큼)사뿐한, 경쾌한; 정묘한, 지극히 순수한. *danseuse ~e* 경쾌한 무용수. *sentiments ~s* 숭고한 감정. *amour ~* 지극히 순수한 사랑. ② 《옛》창공의 영기(靈氣)로 충만한; 창공의. *voûte ~e* 창공, 창궁(蒼穹). ③ 【화학】에테르의. *eau ~e* 에테르수.

éthérification [eterifikasjɔ̃] *n.f.* 【화학】(알코올의)에테르화.

éthérifier [eterifje] *v.t.* 【화학】(알코올을)에테르화하다.

éthérisation [eterizasjɔ̃] *n.f.* 【화학】에테르와의 화합(化合); 【의학】에테르 마취.

éthériser [eterize] *v.t.* ① 【화학】에테르와 화합시키다; ② 【의학】에테르로 마취시키다.

éthérisme [eterism] *n.m.* 《옛》에테르에 의한 마취상태; 【의학】에테르 중독.

éthéromane [eterɔman] *a.* 에테르 상용(중독)의. —*n.* 에테르 상용(중독)자.

éthéromanie [eterɔmani] *n.f.* 에테르 중독, 에테르 상용습관.

éthiopianisme [etjɔpjanism] *n.m.* (1892년 남아프리카에서 시작된)흑인 교회운동.

Éthiopie (l') [letjɔpi] *n.pr.f.* 【지리】에티오피아.

éthiopien(ne) [etjɔpjɛ̃, -ɛn] *a.* 에티오피아의(*l'Éthiopie*의). —**É**~ *n.* 에티오피아 사람. ② 《옛》흑인. —*n.m.* 에티오피아어(語).

éthiopique [etjɔpik] *a.* 《옛》에티오피아의.

éthiops [etjɔps] *n.m.* 《옛》【화학】(갖가지)흑색 산화(황화)물.

éthique [etik] *a.* ① 윤리(학)의, 도덕의. *jugement ~* 윤리 판단. ② *datif ~* 【언어】심성적 여격(말하는 이의 관심을 나타내거나 듣는 이의 관심을 끌기 위한 허사적 1·2인칭 대명사: *Avalez-moi ce verre d'eau.* 나를 위해 이 한 잔을 들이키시오). —*n.f.* 윤리학; 윤리학서.

ethmoïdal(ale, *pl.* **aux)** [ɛtmɔidal, -o] *a.* 【해부】사골(篩骨)의.

ethmoïde [ɛtmɔid] *a., n.m.* (*os*) ~ 【해부】사골.

ethnarchie [ɛtnarʃi] *n.f.* (고대로마의)지방장관직; (지방장관의)관할지, 행정지.

ethnarque [ɛtnark] *n.m.* (고대로마의)지방장관.

ethnie [ɛtni] *n.f.* 언어·문화 따위의 후천적으로 형성되는 지표(指標)에 의한 분류로, 인종(race)과는 다른 개념). ~ *française* 프랑스 민족(본래의 프랑스인 이외에 벨기에·스위스·캐나다 등의 프랑스계도 포함).

ethnique [ɛtnik] *a.* ① 민족의. *groupe* ~ 민족. *caractère* ~ 민족성. *différence* ~ 민족상의 차이. *nom* ~ 민족(국민)명(*Français, Anglais* 따위). *suffixe* ~ 민족을 나타내는 어미 (*Français, Américain, Coréen* 따위). ② 《옛》(기독교쪽에서 본)이교도의. —*n.m.* 민족명, 국민명.

ethn(o)- *préf.* 「민족」의 뜻.

ethnobotanique [ɛtnɔbɔtanik] *n.f.* 민족 식물학.

ethnocentrisme [ɛtnɔsɑ̃trism] *n.m.* 자기 민족 중심주의.

ethnocide [ɛtnɔsid] *n.m.* (이 민족에 의한)민족의 말살, 문화적 파괴.

ethnographe [ɛtnɔgraf] *n.* 민족지(民族誌) 학자.

ethnographie [ɛtnɔgrafi] *n.f.* 민족지학;《옛》(언어에 의한)민족 분류.

ethnographique [ɛtnɔgrafik] *a.* 민족지의.

ethnolinguistique [ɛtnɔlɛ̃gɥistik] *n.f., a.* 민족 언어학(의)(*anthropologie linguistique*).

ethnologie [ɛtnɔlɔʒi] *n.f.* 민족학.

ethnologique [ɛtnɔlɔʒik] *a.* 민족학의.

ethnologiquement [ɛtnɔlɔʒikmɑ̃] *ad.* 민족학적으로, 민족학상으로.

ethnologue [ɛtnɔlɔg] *n.* 민족학자.

ethnomusicologie [ɛtnɔmyzikɔlɔʒi] *n.f.* 민족 음악학(연구).

ethnopsychiatrie [ɛtnɔpsikjatri] *n.f.* 민족 정신의학.

ethnopsychologie [ɛtnɔpsikɔlɔʒi] *n.f.* 민족 심리학.

éthologie [etɔlɔʒi], **éthographie** [etɔgrafi] *n.f.* ① (동물의 행동에 관한)비교행동학. ②《옛》인성학.

éthologique [etɔlɔʒik] *a.* ① (동물의 행동에 관한) 비교행동학의. ②《옛》인성학(人性學)의.

éthologiste [etɔlɔʒist] *n.* 비교행동학자.

éthologue [etɔlɔg] *n.m.* 《옛》인성 학자; 【생물】행동학 연구 학자.

éthopée [etɔpe] *n.f.* 【수사학】인물묘사(법).

éthos [etoːs] *n.m.* ① 【사회】(어느 사회에 소속되는 개개인에 공통된)성격, 특질, 기질;(어느 사회의 근본적인)특질, 정신. ② 【철학】에토스, 도덕적 기풍(↔ *pathos*).

éthrioscope [etri(j)ɔskɔp] *n.m.* 《옛》【기상】지열(地熱) 방사력 측정기.

éthuse [etyːz] *n.f.* =**æthuse**.

éthylamine [etilamin] *n.f.* 【화학】에틸아민.

éthyle [etil] *n.m.* 【화학】에틸.

éthylène [etilɛn] *n.m.* 【화학】에틸렌(系)의.

éthylénique [etilenik] *a.* 【화학】에틸렌계(系).

éthylique [etilik] *a.* ① 【화학】에틸의, 에틸기(基)를 지닌. *alcool* ~ 에틸알코올. ② 【의학】알코올 중독의. —*n.* 알코올 중독자(*alcoolique*).

éthylisme [etilism] *n.m.* 【의학】알코올 중독.

éthylsulfurique [etilsylfyrik] *a. acide* ~ 【화학】에틸 황산.

éthyne [etin] *n.m.* 【화학】에틴(아세틸렌의 별칭).

étiage [etjaːʒ] *n.m.* ①(하천의)최저 수위(水位), 갈수위(渴水位); 갈수(기); *échelle d'*~ 수량 기록기. ②《구어》수준.

Étienne [etjɛn] *n.pr.m.* 에티엔(사람 이름); 【가톨릭】스테파누스; 【성서】스데반. *À la tienne,* ~.《속어》자네 건강을 축하하네(전배 때의 «*À ta santé!*»에 대한 답).

étier [etje] *n.m.* (바닷물을 염전에 끄는)도랑, 수로; (연안의)소운하; 소하구(小河口).

étincelage [etɛ̃sla:ʒ] *n.m.* ① 【외과】(환부 조직

étincelant(e) [etɛslɑ̃, -ɑ̃:t] *a.* ① 반짝이는, 빛나는. vaisselle d'argent ~*e* 반짝이는 은식기. mer ~*e* 빛나는 바다. yeux ~*s* de joie 기쁨에 빛나는 눈. ② 눈부신, 찬란한, 재기발랄한. réussite ~*e* 눈부신[찬란한] 성공. esprit ~ 재기 넘치는 정신(사람). ③ 〖옛〗빛을 발하는, 발광(發光)하는.

étinceler [etɛ̃sle] ⑤ *v.i.* ① 빛나다, 반짝이다. La neige des sommets *étincelle* au soleil. 산정의 눈이 햇빛을 받아 반짝인다. Son regard *étincelle* de joie. 그의 눈은 기쁨에 빛난다. ② 뛰어나다, 돋보이다, 빛나다. Son discours *étincelle* d'esprit. 그의 연설은 재치로 온통 돋보인다. ③ 〖옛·문어〗불꽃을 튀기다, 빛을 발하다.

étincelle [etɛ̃sɛl] *n.f.* ① 불똥, 불티. Des ~*s* jaillissent sous le marteau du forgeron. 대장장이의 망치에서 불꽃이 튀긴다. ~ électrique (방전시의)전기 불꽃. ② 빛남, 번쩍거림. Ce diamant lance des ~*s*. 이 다이아몬드는 반짝반짝 빛난다. ~ divine 신의 불꽃(영혼이나 지성을 가리킴). ③ (지적 능력의)번득임. ~ de génie 재능의 번득임. ne pas montrer une ~ d'intelligence 아무런 지성의 흔적도 보이지 않다.
C'est l'~ qui a mis le feu aux poudres. 사소한 일이 큰 일을 불러 일으켰다. **faire des ~s** (구어) (시험 따위에서)큰 성과를 올리다.

étincellement [etɛ̃sɛlmɑ̃] *n.m.* 번쩍거림, 번득임, 광채.

étiolé(e) [etjɔle] *a.p.* ① (일광부족으로)누렇게 시든, 퇴색한. plante ~*e* 누렇게 시든 식물. ② 창백한, 허약한. garçon ~ 창백한 소년. ③ 감퇴한, 쇠퇴한. mémoire ~*e* 감퇴한 기억력.

étiolement [etjɔlmɑ̃] *n.m.* ① (일광부족으로 식물이)누렇게 됨, 시듦. ② (피부가)창백해짐, 허약화. ~ des enfants dans les villes 도시 아이들의 허약화. ③ 감퇴, 쇠퇴. ~ des énergies 에너지의 감퇴. ~ d'une civilisation 문명의 쇠퇴.

étioler [etjɔle] *v.t.* ① (일광·대기의 부족으로 식물을)시들게 하다, 퇴색시키다. ~ l'asperge 아스파라거스를 시들게 하다. ② (사람을)창백하게 만들다, 허약하게 하다(affaiblir). Le manque d'exercice *étiole* les enfants. 운동부족은 아이들을 허약하게 만든다.
— **s'~** *v.pr.* ① 〖식물〗푸른기가 없어지다; 꽃 따위가)시들다(dépérir). plante qui *s'étiole* en appartement 아파트에서 시들어가는 식물. ② (사람이)창백해지다(s'affaiblir), 허약해지다; (지력(知力)이)쇠퇴하다. L'esprit *s'étiole* dans l'oisiveté. 정신은 나태 속에서 그 힘을 잃어간다.

étiologie [etjɔlɔʒi] *n.f.* 〖철학〗원인론; 〖의학〗병인론(病因論), 병인학; 병인.

étiologique [etjɔlɔʒik] *a.* ① 기원을 찾는, 원인을 설명하는. mythe ~ 기원 신화(자연현상·문화의 기원을 설명하는 신화). ② 〖의학〗병인학의.

étiologue [etjɔlɔɡ] *n.m.* 병인학자.

étique [etik] *a.* ① 수척한, 깡마른, 위청위청한. corps ~ 피골이 상접한 몸. plante ~ 위청위청한 식물. ② 보잘것없는. baraque ~ 보잘것없는 오두막. ③ 〖언어〗에틱한(언어 따위를 즉물적(即物的)으로 연구하는).

étiquetage [etikta:ʒ] *n.m.* ① 명찰[정표·라벨·가격표]을 붙임. ② 분류.

étiqueté(e) [etikte] *a.p.* ① 명찰을 붙인. ② parenthétisation ~*e* 〖언어〗(문(文)의 구조를 나타내는)괄호 표시.

étiqueter [etikte] [5,4] *v.t.* ① 명찰[가격표·짐표·라벨]을 붙이다. ~ un colis 소포에 짐표를 붙이다. ② (어느 당파·유파로)분류하다. On *l'étiquette* comme socialiste. 그를 사회주의자라고 한다.

étiqueteur(se) [etiktœːr, -φːz] *n.* 명찰[가격표·표·라벨]을 붙이는 사람. — *n.f.* (병에)라벨을 붙이는 기계.

étiquette [etikɛt] *n.f.* ① 명찰, 가격표, 짐표, 라벨. attacher[mettre] une ~ à une bouteille 병에 라벨을 붙이다. ~ de qualité 품질 표시 라벨. ② (사람의)분류, 당파적 분류. ranger divers peintres sous l'~ impressionniste 몇몇 화가를 인상주의파로 일괄 거하다. ③ (궁정·공식석상에서의)예법; 예의범절, 에티켓. être à cheval sur l'~ 예법에 까다롭다. sans ~ 딱딱한 격식은 빼고. ④ 〖언어〗(문의 구성요소를 가리키는)표시. ⑤ 〖컴퓨터〗라벨 (label). ⑥ 〖속어〗귀.
sur l'~ 검토도 하지 않고, juger *sur l'~* (du sac) 내용을 보지 않고 외관만으로 판단하다.

étirable [etirabl] *a.* (동물게)(금속이)늘일 수 있는, 신장력(伸張力)이 있는.

étirage [etira:ʒ] *n.m.* ① (금속·가죽·직물 따위를)폄, 늘임. ~ du fil 철사 뽑기, banc d'~ 〖직물〗연조기(延繰機). ② (연조기의)당겨 늘이기, 견신.

étire [etiːr] *n.f.* (가죽 무두질용)칼. L(牽伸).

étiré(e) [etire] *a.p.* ① 잡아늘인; (금속이)늘여서 가공된. ② pli ~ 〖지질〗드래그 습곡(褶曲).
— *n.m.* 늘여서 가공한 금속봉.

étirement [etirmɑ̃] *n.m.* 손발을 길게 뻗음, 기지개; (금속·줄 따위가)길게 늘어남. ~ des couches [des fossiles] 〖지질〗지층(화석)의 얇아짐.

étirer [etire] *v.t.* 늘이다; (가죽·천 따위를)잡아늘이다; (금속을)늘여서 가공하다. ~ ses membres 손발을 뻗다. Le vent *étire* les nuages. 바람이 구름을 가늘게 흐트러지게 한다.
— **s'~** *v.pr.* 길게 늘어나다; 기지개를 켜다. Il *s'étira* en bâillant. 그는 하품을 하면서 기지개를 켰다. Le cortège *s'étirait* sur la route. 길에 행렬이 길게 계속되고 있었다.

étireur(se) [etirœːr, -φːz] *a.* (금속·가죽 따위를)늘이는. — *n.* (금속·가죽·천 따위의)신연공(伸延工). — *n.f.* (섬유의)신장기(伸張機); (금속의)신연기(伸延機); 벽돌 가공기.

étisie [etizi] *n.f.* 〖옛〗쇠약, 소모; 폐병.

étoc [etɔk] *n.m.* ① 〖임업〗(나무의)그루터기(estoc). ② 〖해양〗(육지 가까운 바다 속에서 내밀어 모서리)대가리.

***étoffe** [etɔf] *n.f.* ① 직물, 천, 옷감. ~ de laine [coton, de fibres synthétiques] 모(면·화학섬유)직물. marchand d'~*s* 포목상. ~ à ramages 나뭇잎[꽃] 무늬의 옷감. ~ à rayures 줄무늬 옷감. ~ brodée 수놓은 옷감. ~ chatoyante 알록달록한 옷감. ~ cloquée 물방울 무늬 옷감. ~ côtelée 이랑 무늬 옷감. ~ imperméable 방수천. ~ satinée 새틴의 광택 있는 옷감. ② (사람의)자질, 소질, 바탕. avoir l'~ d'un chef 남의 위에 설 자질이 있다. avoir l'~ d'un grand musicien 대음악가가 될 소질이 있다. manquer d'~ 자질이 결여되다, 인물이 작다. ③ (작품의)소재, 재료. L'~ de ce roman est bien mince. 이 소설의 소재는 빈약하다. bonne ~ d'un article 기사를 만들기에 좋은 재료. ④ 종류; 〖옛〗신분, 계층. gens de même ~ 같은 계층의 사람들. être de basse (mince) ~ 〖옛〗비천한 신분 출신이다. ⑤ (*pl.*) (인쇄소에서 청구하는)재료비. ⑥ ⓐ(칼의)재료 쇠. ⑦ 오르간 메탈(오르간 파이프용의 주석과 구리의 합금). ⓒ 〖옛〗(포신용의)합금.
***ne pas épargner*(*plaindre*) *l'~*〖옛〗재료[수단]를

아낌없이 투입하다. *tailler en pleine* ~ ⓐ 옷감을 넉넉하게 잡다. ⓑ 마음대로 쓰다(하다).

étoffé(e) [etɔfe] *a.p.* ① (내용이)풍부한, 충실한. dissertation bien ~*e* 내용이 충실한 논문. ② 체격이 좋은, 듬직한. homme ~ 풍채가 좋은 남자. ③ 옷감을 충분히 사용한. ④《옛》(필요한 것을)장비한; 속을 채운.

étoffer [etɔfe] *v.t.* ① (천·재료를 써서)풍부히 하다. ~ robe 옷감을 충분히 써서 드레스를 만든다. ~ une statue 조상(彫像)에 옷을 입히다. ② 부풀리다, 살을 붙이다. ~ un récit en y ajoutant des épisodes 삽화를 곁들여 이야기에 살을 붙이다. ~ un paysage 풍경화에 인물(동물)을 그려넣다. ③ 《요리》(닭·생선 따위의)속을 채우다; (크림을) 거품내다. ④《옛》(필요한 것을)장비하다; (쿠션의)속을 채우다.

—**s'~** *v.pr.* 체격이 좋아지다, 살이 붙다.

:**étoile** [etwal] *n.f.* ① 별. Je regarde les ~*s* dans le ciel. 나는 하늘의 별을 본다. ciel criblé(parsemé, semé) d'~*s* 별이 가득한 하늘. ~ du soir(du matin), ~ du berger 목동의 별, 금성, 샛별, 저녁별. ~ des rois mages 《기독교》세 동방박사를 (아기 예수에게) 인도한 별. ~ filante 유성. ② 《천문》항성. ~ polaire 북극성. ~ de première magnitude 1등성. ~ géante 거성. ~ naine 왜성. ~ variable 변광성. ~ périodique 주기성. ~ radio-électrique 전파성(radioétoile). ~ double 이중성, 연성(連星). ~ errante(fixe)《옛》혹성(항성).
③ (점성술의)별, 운명의 별; 운세. être né sous une bonne(mauvaise) ~ 좋은(나쁜) 운명의 별을 타고 태어나다. avoir foi(être confiant) en son ~; croire à son ~ 자신의 운세를 믿다. Son ~ pâlit. 그의 운세는 내리막길이다. être la bonne(mauvaise) ~ de *qn* …에게 행운(불운)을 가져오다. ④ 스타, 인기인. ~ du cinéma 인기 영화배우. danseuse ~ 프리마돈나. nouvelle ~ du tennis 테니스의 신성. ~ montante 인기 상승중인 사람, 기대되는 사람.
⑤ 별 모양(의 표지); (국기 따위의)별. ~ de David 다윗의 별(유태 민족의 상징). ~ jaune 유태인의 표지, 황색 별(마크)《나치 독일 점령하에서 유태인의 가슴에 붙이도록 강요됨》. ~ rouge 붉은 별《소비에트 연방의 상징》.
⑥ (군대의)별《계급성》. gagner(obtenir) ses ~*s* 장군이 되다. gagner une ~ (장군으로)한 계급 진급하다. général à trois ~*s* 삼성 장군.
⑦ (등급을 나타내는)별표《별이 많은 쪽이 고급》. restaurant (à) trois ~*s* 별 셋짜리 레스토랑. hôtel (à) deux ~*s* 별 둘짜리 호텔.
⑧ (방사적으로 도로가 뻗어 있는)원형 광장. place de l'É~ 에투알 광장《현재의 샤를 드골 광장(place Charles-de-Gaulle)》.
⑨ 불꽃. lancer une gerbe d'~*s* 불꽃을 터뜨리다.
⑩《인쇄》별표(*) (astérisque). Monsieur trois ~*s* 모씨《익명의 경우 M*** 로 하는 인쇄상의 습관에서》.
⑪《건축》별 모양 장식.
⑫《식물》~ d'argent 에델바이스(edelweiss의 별명); ~ de Bethléem 백합과의 일종《흰 별 모양의 꽃이 핌》.
⑬ ~ de mer: ⓐ 마리아 스텔라, 바다의 별《성모마리아의 아명(雅名)》(É~ de la mer). ⓑ 《동물》불가사리(astérie의 통칭).
⑭ⓐ (말·소의 이마의)별. ⓑ (유리 따위의)방사성 금. ⓒ 스타 면(面)《브릴리언트커트의 보석 정상부 평면을 감싸는 8개의 3각 소면(小面)》. ⓓ 별

모양 꽃밥. ⓔ ~ mobile (포구의 내경을 재는)성형 게이지.
à la belle ~ 《구어》총총한 별 밑에서, 야외에서. dormir *à la belle* ~ 노숙하다.
en ~ 별 모양의, 별 모양으로 배치된. routes *en* ~ 방사형으로 뻗은 도로. moteur *en* ~ 성형(星形)엔진. montage *en* ~ 《전기》성형 결선(結線).
voir les ~*s en plein midi*《구어》(얻어맞아서)눈에서 불꽃이 튀다.

étoilé(e) [etwale] *a.p.* ① 별이 총총한; (빛나는 것을)총총히 박은. couronne ~*e* de diamants 다이아몬드들을 총총히 박은 왕관. ② 별표를 한. bannière ~*e* 성조기. ③ 별 모양의, 방사상의. fort ~ 《평면도가》 별 모양의 성채. ganglion ~ 《해부》성형 신경절. anis ~ 《식물》붓순나무(의 열매); 스타 아니스《향신료》. ④ 방사상으로 금이 간.

étoilement [etwalmɑ̃] *n.m.* 별이 나옴; 방사상의 형태; 별 모양의 금.

étoiler [etwale] *v.t.* ① (별처럼)반짝거리게 하다; 성형 모양을 그려넣다. ~ une étoffe de paillettes d'or ou 황금 장식조각으로 천을 반짝거리게 하다. ② (방사상으로)금이 가게 하다. ③《문어》별을 총총히 박다. —**s'~** *v.pr.* ① (별처럼)빛나다. ② (방사상으로)금이 가다. ③ 별이 나오다.

étole [etɔl] *n.f.* ① 《종교》영대(領帶), 스톨라《주교·신부 따위가 목도리같이 걸치는 천》. ② 스톨라 형의 모피(레이스) 어깨걸이, 스톨.

étolien(ne) [etɔljɛ̃, -ɛn] *a.* 에톨리아(Étolie)의.
—**É**~ *n.* 에톨리아 사람. —*n.m.* (고대 그리스의) 에톨리아 방언.

étonnamment [etɔnamɑ̃] *ad.* 놀랍게도, 깜짝 놀랄 만큼.

étonnant(e) [etɔnɑ̃, -ɑ̃:t] *a.* ① 놀랄 만한, 뜻밖의. C'est une chose ~*e*. 그건 놀랄 만한 일이다. nouvelle ~*e* 뜻밖의 소식. Il n'y a rien d'~ à cela. 그건 별로 놀랄 만한 일이 아니다. Je trouve ~ qu'il soit venu. 그가 왔다는 것은 놀랄 만한 일이다. Vous êtes ~.《구어》도대체 무슨 말을 하는 거요. (비꼬아서) Il est ~ que + *sub.* …은 놀랄 만하다. ② 감탄할 만한, 훌륭한. film ~ 훌륭한 영화. ③《옛》경악시키는, 깜짝 놀라게 하는; 뒤흔드는.
—*n.m.* 놀랄 만한 일. L'~ est que + *ind*.[*sub.*] 놀랄 만한 일은 …이다.

*****étonné(e)** [etɔne] *a.p.* ① 놀란(surpris). être ~ que + *sub*; être de ce que + *ind*.[*sub.*] …임에 놀라다. avoir l'air ~ 놀란 얼굴을 하다. ②《옛》경악한, 놀란.
—*n.* 놀란 사람. faire l'~ 놀란 체하다.

étonnement [etɔnmɑ̃] *n.m.* ① 놀람, causer de l'~ 놀라게 하다. remplir d'~ 놀람으로 채우다. grand(profond) ~ 큰 놀라움. à mon ~ 놀란 일은. ②《건물의》균열; (다이아몬드의)금. ③《옛》경악, 몹시 놀람, 격심한 동요.

*****étonner** [etɔne] *v.t.* ① 놀라게 하다. Cette nouvelle m'a étonné. 이 소식은 정말 놀랐다. être étonné de *qc* …에 놀라다. être étonné de + *inf*. …하는 데 놀라다. être étonné que + *sub*. …임에 놀라다. Ça ne m'étonne pas. 별로 놀라지 않아요. Ça m'étonnerait. 설마하니. ② (건물 따위를)흔들어대다; 균열이 생기게 하다. ③《옛》심하게 동요시키다; 매우 두렵게 하다.
—**s'~** *v.pr.* ① 놀라다. s'~ à la vue de *qc* …을 보고 놀라다. s'~ de + *inf*. …하는 데 놀라다. s'~ que + *sub*.; s'~ de ce que + *ind*.[*sub.*] …임에 놀라다. Je m'étonne qu'il soit rentré si tôt. 그가 이렇게 빨리 돌아오다니 놀랍구나. Je ne m'étonnerai pas s'il échoue à l'examen. 《옛·문어》나는 그가 시험에 떨

étouffade [etufad] *n.f.* =estouffade.
étouffage [etufa:ʒ] *n.m.* 질식, 마비.
étouffant(e) [etufã, ã:t] *a.* 질식시키는, 숨쉬기 힘든; 숨막히는 듯한, 짓누르는. air ~ 숨막히는 공기. chaleur ~e 찌는 듯한 더위. silence ~ 숨막히는 침묵. rite ~ 딱딱한 의식.
étouffé(e¹) [etufe] *a.p.* ① 질식한; 통풍이 나쁜. Il est mort ~. 그는 질식사했다. viande ~e (피를 빼지 않고)질식사시킨 동물의 고기. chambre ~e 통풍이 나쁜 방. ② (불을)끈; 짓누른. feu ~ 꺼진 불. scandale ~ 꺼버린 추문. sentiment ~ 억압된 감정. ③ (소리를)죽인, 둔한. détonation ~e 둔한 폭발음.
—*n.m.* 『음악』 에뚜페(「음을 죽여서」 곧 「약음기(弱音器)를 끼어서」의 뜻).
étouffe-chrétien [etufkretjɛ̃] *n.m.* 【복수불변】〖구어〗(목에 걸려서)삼키기 힘든 음식.
étouffée² [etufe] *n.f.* 【요리】 찜 (étuvée). cuire à l'~ 증기로 찜하다.
étouffement [etufmã] *n.m.* ① 질식, 숨막힘; 호흡곤란, 숨가쁨. crise d'~s causée par l'asthme 천식으로 인한 호흡곤란(의 발작). sensation d'~ 숨이 막힐 듯한 느낌. ② (덮어 씌워)불을 끔, 진화; (소리를)죽이기. ~ d'un feu 진화. ~ des 발걸음 소리를 죽이기. ③ 〖비유적〗진압, 억압(répression); 은폐(dissimulation). ~ d'une émeute 반란의 진압. ~ d'une affaire 사건의 은폐. ④ (공기·실내 따위의)숨막힘.
*****étouffer** [etufe] *v.t.* ① 질식시키다, 숨가쁘게 하다 (suffoquer, oppresser). La chaleur m'étouffe. 더워서 숨이 막힌다. La colère l'étouffait. (비유적) 그는 분노로 숨이 막힐 듯했다. ② (불을)덮어 씌워 끄다(↔ allumer); (소리를)약하게 하다(amortir). ~ un incendie 불을 끄다, 진화하다. Le tapis étouffait les pas. 융단이 발소리를 나지 않게 하였다. ③ (잡초가 식물을 덮어) 말라죽게 하다. Les fleurs sont étouffées par les mauvaises herbes. 꽃들이 잡초 때문에 말라 죽는다. ④ (비유적)(감정)을 억누르다(retenir); (폭동을)진압하다(réprimer); (사건)을 적당히 수습하다, 무마하다(cacher, dissimuler). ~ un sanglot 흐느낌을 억누르다. ~ ses émotions (북받치는)감정을 억누르다. ~ l'opinion publique 여론을 억누르다. ~ une affaire 사건을 무마하다, 흐지부지해 버리다. ⑤ 【요리】 찜하다. ⑥(속어)훔치다(escamoter). ~ un portefeuille 지갑을 슬쩍하다. ⑦ 〖옛·속어〗다 마셔버리다. ~ une bouteille de vin 병을 모두 마셔버리다.
Ce n'est pas qc qui l'étouffe. 〖구어〗〖비꼼〗(…때문에 질식하지 않다)→ 그는 털끝만치도 …하지 않다. *Ce n'est pas la politesse qui l'étouffe.* 그는 예의 따위에는 아랑곳 없다, 전혀 예의 모른다.
La peste l'étouffe! 〖옛〗빌어먹을 !
—*v.i.* ① 숨이 차다, 질식하다; (보어 없이)무덥다. de rage 분해서 숨이 막힐 지경이다. On étouffe ici. 여긴 숨이 막힌다. Malgré la nuit on étouffait. 밤이 되었는데도 무더웠다. ② (비유적) 답답하다, 숨이 막히다.
—*s'~* *v.pr.* ① 질식하다, 숨이 차다. s'~ en avalant de travers 음식을 잘못 삼켜 숨이 막히다. ② (상호적)서로 숨막히게 하다. ~ 서로 밀치락달치락하다(se presser). Les voyageurs s'étouffent dans le métro. 승객들이 지하철 안에서 밀치락달치락한다.
étouffeur(se) [etufœ:r, -ø:z] *n.* 질식시키는 사람.
étouffoir [etufwa:r] *n.m.* ①〖구어〗숨막히는 방. ② 울리지 않게 하는 것; 【음악】 (피아노의)단음(斷音)장치. ③ 숯불 끄는 단지.
étoupage [etupa:ʒ] *n.m.* 삼부스러기로 틈을 메움.
étoupe [etup] *n.f.* ① 삼부스러기(~ blanche); 뱃밥, 밧줄 부스러기(~ noire); 솜뭉치(~ de coton). ② 【기계】 (피스톤룸에 채우는)속.
mettre le feu aux ~s 〖구어〗싸움판에 부채질하다.
étoupement [etupmã] *n.m.* 삼부스러기로 메우기
étouper [etupe] *v.t.* ① (틈을)삼부스러기〔뱃밥〕로 메우다. ~ une fente 벌어진 틈을 메우다. ② 【기술】 (금박의 얇은 부분을)다시 바르다.
étoupier(ère) [etupje, -ɛ:r] *n.* 【해양】 (배의 널판 틈을)뱃밥으로 메우는 사람.
étoupille [etupij] *n.f.* 〖옛〗 【군사】 (대포 따위의)도선(門線); (대포의)도관(門管). ② 【광산】 신관(信管).
étoupiller [etupije] *v.t.* 문관〔신관〕을 장전(裝填)하다.
étoupillon [etupijɔ̃] *n.m.* 〖옛〗 【군사】 작은 문관.
étoupin [etupɛ̃] *n.m.* 〖옛〗 (대포에)쑤셔넣는 것.
étourderie [eturd(ə)ri] *n.f.* 덤벙거림, 되똥스러움, 경솔(irréflexion, distraction); 경솔한 언동, 부주의, 실수. faute d'~ 부주의로 인한 잘못. commettre une ~ 경솔한 짓〔실수〕을 하다. par ~ 부주의로, 경솔하게.
étourdi(e) [eturdi] *a.p.* 덤벙거리는, 되똥스러운, 경솔한(irréfléchi); 아연실색한, 어리둥절한. réponse ~e 경솔한 대답. ~ de joie 기쁨으로 얼이 빠진.
à l'~e 경솔하게. agir à l'~e 경거망동하다.
~ comme un hanneton 몹시도 덤벙거리는, 되똥스러운.
—*n.* 되똥스러운〔경솔한〕사람. Quel ~! Il a encore oublié ses clefs. 참 덜뺑진 사람이군! 열쇠를 또 잃어 버렸으니. *en~* 경솔하게.
étourdiment [eturdimã] *ad.* 경솔하게. se lancer ~ dans une affaire 무턱대고 일에 덤벼들다.
étourdir [eturdi:r] *v.t.* ① 얼빠지게 하다, 어리둥절하게 하다(↔ stimuler); 현기증나게 하다; (큰소리가 귀를)멍하게 하다. Le coup de poing l'a étourdi. 주먹으로 한대 맞고 그는 머리가 핑 돌았다. Ce parfum m'étourdit. 이 향수는 나를 현기증나게 한다. (「목적보어의」) bruit qui étourdit 귀를 멍하게 하는 소음. ② (비유적)(정신을)어지럽게 하다, 얼떨떨하게 하다(ébranler, hébéter); 성가시게 하다, 피곤하다(fatiguer). douleur qui étourdit l'esprit 정신을 혼란에 빠뜨리는 고통. Ces garçons m'étourdissent de leur babillage. 이 아이들은 노상 재잘거려서 나를 못살게 군다. ③ 취하게 하다(griser). Le vin m'étourdit très vite. 나는 술을 마시면 이내 취한다. être étourdi par la victoire (비유적) 승리에 취하다. ④ (슬픔·고통 따위)을 잊게 하다, 누그러뜨리다, 진정시키다. ~ la douleur(la faim) 고통(굶주림)을 달래다. ⑤ 【요리】 데우다, (고기를)데치다.
—*s'~* *v.pr.* ① 자기를 잊다; 기분전환하다(se distraire). chercher à *s'~* pour oublier ses soucis 근심을 잊으려고 기분전환하려 하다. ② (s'~ de) (에)취하다(s'enivrer, se griser). *s'~ de paroles* 말에 취하다.
étourdissant(e) [eturdisã, ã:t] *a.* ① 귀를 멍하게 하는(assourdissant). vacarme ~ 귀를 멍하게 하는 소음. ② 〖구어〗깜짝 놀랄 만한(merveilleux, étonnant); 아주 멋진, 도취하게 하는(éblouissant). nouvelle ~e 깜짝 놀랄 뉴스. succès ~ 놀라운 성공. beauté ~e 눈부신 아름다움.

étourdissement [eturdismā] *n.m.* ① 현기증. avoir un ~ 현기증이 나다. ②커다란 놀람, 경악; 도취 (ivresse). ~ que cause une fortune subite 갑작스런 행운이 가져다 준 도취. ③기분풀이. rechercher l'~ des plaisirs 쾌락 속에서 기분풀이를 하다〔자기 스스로를 잊으려 하다〕.

étourneau [eturno] (*pl.* ~*x*) *n.m.* ①〖구어〗경솔한 젊은이. répondre comme un ~ 얼토당토 않은 대답을 하다. ②〖조류〗찌르레기. ③누르께한 회색 털의 말.
—*a.* (불변) (말이) 누르께한 회색 털의.

étouteau [etuto] (*pl.* ~*x*) *n.m.* (시계의 톱니바퀴·총칭의 자루 목의)멈춤쇠, 걸쇠.

***étrange** [etrā:ʒ] *a.* ①이상한, 야릇한; 기묘한, 기괴한(bizarre, ↔ banal);〖옛〗이해할 수 없는(incompréhensible). d'un air ~ 이상한 얼굴(표정)로. ~ coïncidence 야릇한 우연. [Il est/C'est ~ que + *sub.*] C'est ~ que la porte soit ouverte. 문이 열려 있는 것은 아무래도 이상하다. [trouver ~ qc/que + *sub.*] Ne trouves-tu pas ça ~? 그것 이상하다고 생각하지 않니? Il trouve ~ que l'on ne l'ait pas invité. 그는 자기가 초대받지 않은 것을 이상하게 여기고 있다. [chose ~, ...] Chose ~, il n'est pas venu. 이상하게도 그는 오지 않았다. [ce qu'il y a d'~, c'est ...] Ce qu'il y a d'~ dans sa conduite, c'est que... 그의 거동의 이상한 점은 ⋯이다.〖옛〗끔찍한(terrible); 외국의(étranger). accident si ~ 끔찍한 사고. nations ~*s* 외국.
—*n.m.* 이상한 일(것). L'~ est que + *sub.* 이상한 것은 ⋯이다.

étrangement [etrāʒmā] *ad.* ①이상하게, 야릇하게. touriste ~ habillé 유달리 이상한 관광객. ②놀랄 만큼, 유달리(singulièrement). Ils se ressemblent ~. 그들은 이상할 정도로 서로 닮았다.

***étranger¹**(*ère*) [etrāʒe, ε:r] *a.* ①외국(인)의; 외국과 관계되는, 외교의. pays ~*s* 외국. touristes ~*s* 외국인 관광객. langue ~*ère* 외국어. Légion ~*ère* (아프리카 주둔 프랑스)외인부대. politique ~*ère* 외교정책. ministère des affaires ~*ères* 외무부. ②외부의, 다른 곳의. entrée interdite à toute personne ~*ère* 외부인의 출입금지. se sentir ~ dans un groupe 그룹 속에서 스스로 국외자로 느끼다. Elle ne veut pas confier son bébé à des mains ~*ères*. 그녀는 아기를 외부사람의 손에 맡기려 하지 않는다. ③모르는, 낯선(inconnu, ↔ familier). Ce visage ne m'est pas ~. 그 얼굴은 낯설지 않다. ④[~ à](와)관계가 없는; (에)생소한, 어두운; (에)관심이 없는. Il est ~ à cette affaire. 그는 그 사건에는 관계가 없다. Votre question est ~*ère au* sujet du débat. 당신의 질문은 토론의 주제와 무관하다. Je suis ~ à l'art. 나는 예술에 대해 문외한이다. ⑤이질(異質)의. corps ~ 이물(異物);〖비유적〗이(異)분자.
—*n.* ①외국인. épouser un ~ 외국인과 결혼하다. ②(어떤 집단에 대한)외인, 외부 사람, 국외자. se comporter comme un ~ 마치 국외자(제 3자)인 것처럼 행동하다.
—*n.m.* (정관사와 함께)외국. Il a beaucoup voyagé à l'~. 그는 외국으로 많이 여행을 했다.

étranger² [etrāʒe] *v.t.* 〖옛〗멀리하다.
—*s'~ v.pr.* 〖옛〗〖사냥〗(짐승 따위가)멀리 사라져버리다.

étrangeté [etrāʒte] *n.f.* ①이상함, 야릇함; 기이함(anomalie). ②유별남(originalité). ②〖문어〗기묘한 것(일), 야릇한 언동. ③〖물리〗스트렌지니스〔소립자의 성질을 결정짓는 양자수〕.

étranglé(e) [etrāgle] *a.p.* ①숨막힌, 목이 멘; 졸라맨, 죈; 좁은. voix ~*e* par l'émotion 감동어서 목메인 소리. taille ~*e* 졸라 맨 허리. habit ~ 꼭 끼는 옷. vallée ~*e* 협곡. ②hernie ~*e* 〖의학〗협착헤르니아.

étranglement [etrāgləmā] *n.m.* ①목조름, 교살. chien qui a failli périr d'~, pendu au bout de sa laisse 줄 끝에 매달려서 목이 졸려 죽을 뻔한 개. ②(갑자기)좁아짐; 협착; (목이)메임. ~ d'une rue (도로공사 따위로)도롭아 좁아짐(좁아진 부분). ~ d'un organe (순환을 정지시키는)어떤 기관의 협착. L'~ de sa voix trahit son émotion. 그의 목메인 소리는 감동을 드러낸다. ③(비유적)억압. ~ de la liberté 자유의 억압(탄압). ④〖옛〗질식, 숨막힘(étouffement).

***étrangler** [etrāgle] *v.t.* ①(목을)조르다, 교살하다(asphyxier). On l'a retrouvée morte, étranglée dans un bois. 그 여자는 숲에서 교살된 시체로 발견되었다. ②졸라매다; 좁히다, 죄다. ~ la taille (허리띠·옷 따위가)허리를 죄다. [~ *qn*] Cette cravate m'étrangle. 이 넥타이는 갑갑하다. ③〖비유적〗막다, 막아버리다; 억압하다. ~ un complot au berceau 음모를 미연에 방지하다. ④〖비유적〗[~ *qn*] (정신적으로)피롭히다, 짓누르다; 파산시키다. soucis pressants qui nous *étranglent* 우리를 괴롭히는 절박한 근심거리. Les paysans *sont étranglés* par la guerre. 농부들은 전쟁으로 파산하고 말았다. ⑤〖해양〗 ~ une voile 돛을 줄이다; ~ une chaîne d'ancre 닻줄을 죄어 놓다.
—*v.i.* 숨이 막히다, 목이 메다. ~ de fumée 연기로 숨이 막히다.
—*s'~ v.pr.* ①숨막히다(s'étouffer). s'~ à force de rire 너무 웃어서 숨이 막힐 지경이다. [s'~ de] Il s'étrangle de colère. 그는 분노로 숨이 막힐 지경이다. ②목이 메다. voix qui s'étrangle 목메인 소리. (주어는 사람) Cet enfant s'étrangle à force de crier. 이 아이는 소리를 지른 나머지 목이 멘다. (주어는 사물) 좁아지다. rue qui s'étrangle subitement 갑자기 좁아지는 길. ④목매어 죽다. ⑤서로 목을 조르다.

étrangleur(se) [etrāglœ:r, ø:z] *n.* 교살자. —*n.m.* ①〖기계〗(자동차 카뷰레터의)조절판(瓣). ②(*pl.*)〖종교사〗인살자, 암살단.

étrangloir [etrāglwa:r] *n.m.* 〖해양〗돛 줄임쇠; (쇠사슬의)응쇄기(凝鎖機)(= ~ de chaîne).

étranguillon [etrāgijɔ̃] *n.m.* 〖수의〗(소·말의)인후염.

étrape [etrap] *n.f.* 〖농업〗작은 낫.

étraper [etrape] *v.t.* 작은 낫으로 베다.

étrave [etra:v] *n.f.* 〖해양〗선수재(船首材), 이물. de l'~ à l'étambot 이물에서 고물까지.

:être [etr] *v.i.* I. 있다; ⋯이다. ①〖단독으로 쓰여 없이:문어적 표현〗①있다, 존재하다, 생존하다(exister). ~ ou ne pas ~ 사느냐 죽느냐. cesser d'~ 사라지다, 없어지다. Ce temps n'*est* plus. 그 시대는 이미 지나가 버렸다. Je pense, donc je suis. 나는 생각한다, 그러므로 나는 존재한다. ⓑ〖드물게〗살다(vivre). Il n'*est* plus. 〖구어〗그는 이미 이 세상에 있지 않다. Qui sait si nous *serons* demain? 우리가 내일도 살고 있을지 누가 알겠는가?
②〖상황보어 없이 또는〗〖위치〗(에)있다. La voiture *est* au garage. 차는 차고에 있다. Il *est* là. 그는 거기(여기)에 있다. ⓑ〖시간〗Nous *sommes* en mai. 지금은 5월이다. Nous *sommes* lundi (le 5 mai). 오늘은 월요일(5월 5일)이다. ⓒ〖과거시제로〗(에)가다. J'ai été à Rome l'an dernier. 나는 작년에 로마에 갔었다. [~ + *inf.*] Il *fut* flâner dans le jardin public. 그는 공원에 산책하러 갔었다. [s'en

~ ｜ Il s'en fut sans rien dire. 그는 한마디도 없이 가버렸다(s'en aller). ③《속사를 이끄는 계사(繫辭)로서》…이다. ⓐ《명사와 함께》C'est un homme sérieux. 그는 진실한 사람이다. Il est médecin. 그는 의사이다. ⓑ《형용사(구)와 함께》La terre est ronde. 지구는 둥글다. Je suis jeune. 나는 젊다. Il est de mon âge. 그는 나와 동갑이다. Nous sommes quatre. 우리는 넷이다. Il est à son aise. 그는 마음이 편하다. ⓒ《대명사와 함께》Qui est-ce? 그는 누구요? Il est toujours lui-même. 그는 여전히 그대로이다[변하지 않았다]. Elle n'est plus ce qu'elle a été. 그녀는 옛날의 그녀와는 다르다. ~ quelqu'un 대단한[알아줄 만한] 사람이다. ⓓ《부사(구)와 함께》Il est très bien[mal]. 그는 건강이 퍽 좋다[나쁘다]. Je suis mieux qu'hier. 나는 어제보다 기분이 낫다.

Ⅱ.《전치사와 함께 각종의 특수한 의미로》① 《전치사 à와 함께》ⓐ《진행》[~ à qc/à+inf.] …하고 있다, …하는 중이다. ~ au travail [en promenade] 일하고[산책하고] 있다. Ils sont toujours à se disputer. 그들은 항상 다투고 있다. Il fut dix mois à le faire. 그는 10개월 동안이나 그 일을 했다. ⓑ《소유》[~ à qn] …의 것이다(appartenir). Ceci est à moi. 이것은 나의 것이다. Je suis à vous dans un instant. 조금 기다리세요, 곧 보아드리겠습니다. ⓒ《정신의 집중》[~ à qc] ~ tout à qc …에 정신이 쏠려 있다. Je suis à ce que vous dites. 당신이 하는 말을 잘 듣고 있소. ⓓ《의무·필요성·예정》[~ à+inf.] …해야 하다, …할 만하다《수동의 뜻》. Tout est à refaire. 전부 다시 해야만 한다. Cette personne est à admirer. 그 사람은 감탄할 만한 사람이다. La maison est à louer. 이 집은 세놓을 집이다. ⓔ《현상·경향》[~ à qc] …의 상태[경향]이다. Le temps est à la pluie. 비가 올 날씨다. Les prix sont à la baisse. 물가는 내릴 기미이다. ⓕ《의무·순서》[c'est à qn de/à+inf.] …이 …해야 하다[할 차례이다]. C'est à vous de décider. 결정은 당신이 해야 한다. C'était à elle de chanter. 그녀가 노래할 차례였다.

② 《전치사 de와 함께》ⓐ《출신·출처》Il est de Normandie. 그는 노르망디 사람[태생]이다. Cette comédie est de Molière. 이 희극은 몰리에르의 작품이다. ⓑ《소속·참여》~ de la famille 가족의 일원이다. Vous serez des nôtres, mardi? 화요일에 우리 집에 오시겠어요? Il est du complot. 그는 음모에 가담하고 있다. ⓒ《성질》[~ de+명사]《명사의 형용사적 용법》. C'est de première qualité. 그것은 최고급품이다. Il est d'une patience incroyable. 그는 놀랄 만큼 인내심이 강하다. ⓓ…의 수가 되다; 값이 되다. Le nombre des blessés est de vingt-quatre. 부상자의 수는 24명이다. Le prix est de 200 francs. 값은 200프랑이다.

③《전치사·부사적 대명사 en과 함께》ⓐ《옷차림》…을 입고 있다. ~ en costume et avec une cravate 넥타이를 맨 정장차림이다. Tu seras en blanc pour ton mariage? 너는 결혼식 때 흰 옷을 입겠니? ⓑ《상태》~ en colère 화내고 있다. ~ en promenade 산책 중이다. ⓒ《재료》Cette montre est en or. 이 것은 금시계이다. ⓓ《참가》Nous organisons une réception, en serez-vous? 우리는 리셉션을 마련하는데, 와주시겠습니까? ⓔ《도달한 상태》Où en êtes-vous dans vos recherches? 당신의 연구는 어디까지 진전되었나요? L'affaire en est là. 사건은 그쯤 됐다. Je ne sais plus où j'en suis. 어디까지 했었는지 잊어버렸다, 나는 정신을 못 차리겠다. ⓕ [en ~ pour] 잃다; 손해보다. Il en est pour son argent. 그는 돈을 잃었다[손해보았을 뿐이다]. J'en suis pour ma peine. 헛수고였다. ④《전치사·부사적 대명사 y와 함께》ⓐ 알다(comprendre). Ah! J'y suis!. 아, 알았다! Vous y êtes? 알겠나요? ⓑ [y ~ pour] (와)관계 있다, (에) 책임 있다. Je n'y suis pour rien. 나는 그 일을 모른다[그 일과는 관계가 없다].

Ⅲ.《조동사로서》① 《장소·상태·변화를 나타내는 일부 동사와》 Il est venu. 그는 왔다. Nous sommes descendus. 우리는 내려왔다. Elle est partie. 그녀는 떠났다. ② 《대명동사》 Il s'est promené. 그는 산책했다. Ils se sont aimés. 그들은 서로 사랑했다. ③ 《수동》 La porte est ouverte. 문이 열려 있다. Il est aimé de ses amis. 그는 친구들의 사랑을 받고 있다.

Ⅳ. ① (C'est) ⓐ《설명·강조》 [C'est... qui/que] C'est moi qui l'ai dit. 그걸 말한 것은 나다. C'est elle que je cherche. 내가 찾는 것은 그녀다. C'est pour vous que j'écris. 내가 쓰는 것은 당신을 위해서이다. ⓑ《이유》 C'est que+ind.; Ce n'est pas que+sub.] Pourquoi ne venez-vous pas avec nous? —C'est que je suis malade. 왜 우리와 함께 가지 않습니까? —아프기 때문입니다. Ce n'est pas qu'il soit paresseux, mais il est lent. 그것은 그가 게을러서가 아니라 느리기 때문이다. ⓒ《비인칭》 est 의 의문(도치)형으로》 Sera-ce facile de conduire cette voiture? 이 차는 운전하기 쉬울까요? ②(Il est; 비인칭 용법》 ⓐ《시각》 Il est minuit. 자정이다. Il est temps de+inf. [que+sub.] …할 시간[때]이다. ⓑ《부정법 또는 que로 시작되는 의미상의 주어와 함께 계사로》 Il est vrai que+ind. …은 사실이다. Il est de mon devoir de+inf. …하는 것은 나의 의무이다. Il est bon de+inf. [que+sub.] …하는 것이 좋다. Il est en votre pouvoir de +inf. 당신은 …할 수 있다. ⓒ (Il y a의 뜻》Il est un Dieu. 신은 존재한다. Il est des gens [Il en est] qui disent ainsi. 이렇게 말하는 사람들이 있다. Il était une fois une île. 옛날에 한 섬이 있었다. joueur s'il en fut jamais《구어》희대의 도박사. [Il en ~] …라는 사정이다. Il en est de même de notre pays. 우리 나라도 사정이 같다. Il en est de vous comme de lui. 당신이나 그 사람이나 매한가지다. Il en est ainsi. 사정은 이러하다.

Ainsi soit-il. 아멘; 그대로 이루어지이다.
cela étant 그렇기 때문에.
Cela n'est pas. 그렇지가 않다, 정말이 아니다.
en ~ ⓐ …에 [상태에] 이르다. Nous en sommes à la moitié du chemin. 우리는 길 중간까지 왔다. J'en suis là. 나는 이 지경이 되고 말았다(→Ⅱ. ③. ⓔ). ⓑ …에 가담하다. Il en est. 그는 그 일에 가담하고 있다 (관련되어 있다) (→Ⅱ. ③. ⓓ). ⓒ《비인칭》 [~ de... comme de...] Il en est de la vie comme de l'argent: on ne peut les dépenser deux fois. 인생이나 돈이나 매한가지다. 그것들은 두 번 쓸 수가 없다. Ne croyez pas à cela, il n'en est rien. 그걸 믿지 마시오, 전혀 그렇지가 않으니까(→Ⅳ. ②. ⓓ). ⓓ《속어》경찰의 끄나풀이다; 남색가이다.
en ~ pour... dans qc …에 책임이 있다. Il en est pour beaucoup dans sa décision. 그가 그렇게 결심한 데에는 그의 책임이 크다.
fût[serait]-ce《문어》설사 …라 하더라도. Je vous suivrai partout, fût-ce jusqu'au bout du monde. 당신을 어디라, 세상 끝까지라도 따라가겠소.
Il n'est que de+inf.《옛·문어》…하기만 하면 되다; …하는 것이 상책이다. Il n'est que de vouloir pour pouvoir. 이루기 위해서는 뜻을 품기만 하

된다.
ne fût-ce que; ne serait-ce que 《문어》설령 그것이 …에 지나지 않는다 할지라도. Je veux rester auprès de vous, *ne serait-ce que* pour quelques jours. 설사 몇 일 뿐일지라도 당신 곁에 있고 싶다.
n'en être pas à qc près …에는 아랑곳 없다. Il *n'en est plus à ça près*. 그는 그런 것 따위에는 더 이상 아랑곳 하지 않는다.
n'était que+ind. …이 없다면, 아니라면. Je ne pourrais pas le croire, *n'était que* je l'ai vu moi-même. 내 눈으로 직접 보지 않았다면 나는 그것을 믿지 못할 것이다.
si ce n'est... …이 아니라면, …을 제외하고는. Qui osera dire cela *si ce n'est* vous? 당신이 아니라면 그 누가 그런 말을 하겠소? [~ que+*ind*] Elle te ressemble beaucoup *si ce n'est qu*'elle a les cheveux courts. 그녀는 머리가 짧은 것을 제외하고는 너를 많이 닮았다.
(si ce) n'était qc(que+ind.) …가 아니라면, …을 제외하고는. *N'était* l'amitié que j'ai pour vous, je vous dénoncerais. 당신에 대한 우정이 없다면 나는 당신을 고발할 것이오. Je ne le croirais pas, *n'était que* je l'ai vu moi-même. 내가 직접 보지 않았다면 그것을 믿지 않을 것이다. (과거) *Si ce n'eût été* la neige, nous serions partis. 눈이 아니었다면 우리는 떠났을 것이다.
s'il en est (fut) 〖형용사적·부사적〗그지없는; 그지 없이, millionnaire *s'il en est* 보기드문 부자. critique sévère *s'il en est* 그지없이 가혹한 비평.
—*n.m*. ① 존재, 실재(existence, ↔ néant, non-être). l'~ et le néant 존재와 무(無).
② 생명; 본질, 본성(essence), (외관에 대한)실체. donner l'~ à *qn* 〖문어〗…에게 생명을 주다, …을 낳다. le paraître et l'~ 외관과 실체.
③ 존재(실재)물; 존재자, 인간(personne). ~ animé [inanimé] 생물[무생물]. ~ de raison 사고의 산물; 논리적 존재. Ê~ éternel (immortel, suprême) 신, 절대자. Sa pensée allait vers des ~*s* chers. 그의 생각은 사랑하는 사람들에게로 가 있었다. Quel drôle d'~! 정말 묘한[괴상한] 녀석이로군!
④ 마음(âme). Nous étions bouleversés au plus profond de notre ~. 우리는 마음속 깊이 충격을 받았다.
⑤《옛》신분, 지위(condition); 기원(origine).
étrécir [etresi:r] *v.t*. 《옛》좁히다; 작게 하다, 줄이다. —*s'~ v.pr*.《옛》좁아지다, 줄다; 〖비유적〗(생각·마음이)편협해지다.
étrécissement [etresismã] *n.m*. 좁힘; 줄임; 좁아짐, 좁힘.
étrécissure [etresisy:r] *n.f*. 수축.
étreign-ant, -is, -ons, etc. [etrɛɲ-ã, -i, -ɔ̃] ⇨ étreindre.
étreignoir [etrɛɲwa:r] *n.m*. 〖목공〗나사못 집게.
étreindre [etrɛ̃:dr] [27] *v.t*. ① 조르다, 죄다; 껴안다, 포옹하다(embrasser); 받아들이다. ~ *qc* sur son cœur [sur sa poitrine] …을 가슴에 껴안다. lutteur qui *étreint* son adversaire 상대방을 (힘껏) 조르는 레슬러. ② 포착하다, 파악하다. ~ la vérité 진실을 파악하다. ③ (감정이)(의)가슴을 짓누르다[죄다](oppresser). angoisse qui *étreint* le cœur 가슴을 죄는 고뇌. [~ *qn*] Une vive émotion m'*étreint*. 강한 감동이 내 마음을 짓누른다. ④《비유적》(유대 따위를)긴밀히 하다. ~ les nœuds d'amitié 우정의 유대를 긴밀히 하다.
—*s'~ v.pr*. 서로 껴안다(s'embrasser).
étreinte [etrɛ̃:t] *n.f*. ① 껴안기, 포옹; 졸라매기, 죄기;《레슬링》로크. se dégager de l'~ 포옹에서 빠져 나오다. ② 속박; 중압; 강한 압력. ~ de la douleur 고통의 중압, 심한 고통. sous l'~ de la misère 가난에 쪼들려. L'ennemi resserre son ~ sur nos troupes. 적은 우리 부대에 대해 포위망을 좁혀온다(압박을 가중시킨다). ③ 기름짜는 주

étremper [etrãpe] *v.t*. 보습날을 땅속 깊이 박다.
étrenne [etrɛn] *n.f*. ① (보통 *pl*.)새해 선물; (우체부 등에게 주는)연말 연시 선물. livre d'~*s* 크리스마스에 선물하는 책. ② 처음 사용하기, 개시; (그 날 하루의)마수걸이. [avoir l'~ de] Cet objet est neuf, vous en aurez l'~. 이 물건은 새 것이니 당신이 개시하십시오. Tu n'en auras pas l'~.《구어》(너는 개시하는 지 알 바 아니라)네 차례는 아니라 이다. offrir l'~ de sa barbe〖익살〗수염을 깎은 후 처음으로 입맞춤하다.
étrenner [etrɛ(e)ne] *v.t*. ① 처음으로 사용하다. jeune fille fière d'~ sa robe de bal 야회복을 처음 입어보고 우쭐해 하는 아가씨. ②《옛》[~ *qn*] (에게)새해 선물을 주다.
—*v.i*. ① (비난·모욕 따위를 받는)첫 희생자가 되다. C'est toujours moi qui *étrenne*. 먼저 당하는 것은 항상 나다. ②《옛》〖상업〗마수걸이하다, 개시로 팔다.
êtres [ɛtr] *n.m. pl*.《옛》집의 칸 배치《지금은 다음 표현에서만 씀》. savoir [connaître] tous les ~ de la maison 집안을 구석구석까지 다 알다《aîtres 라고도 쓰나 용인되지 않는다》.
étrésillon [etrezijɔ̃] *n.m*. 〖건축·광산〗(호·갱도 따위의)흙이 무너지지 않도록 버티는)버팀기둥, 지주(支柱), 살대;〖해양〗밧줄류에 덧대는 나무.
étrésillonnement [etrezijɔnmã] *n.m*. (갱도 따위의 흙이 무너지지 않도록)기둥을 받침.
étrésillonner [etrezijɔne] *v.t*. (호·갱도 따위의 흙이 무너지지 않도록)기둥을 받치다.
étrier [etri(j)e] *n.m*. ① (말의)등자(鐙子). ② (*pl*.)〖해양〗등삭(鐙索); (*pl*.)등산용 아이젠; 〖의학〗(진찰·수술용)발받침; 캘리퍼스형 부목(副木). ③〖해부〗(중이(中耳)의)등골(鐙骨). ④〖건축〗쇠귀, U 자형 고리.
à franc ~ 전속력으로.
avoir le pied à l'~ 떠날 채비가 되어 있다; 성공의 첫발을 내딛다.
coup (vin) de l'~ 마지막[이별의] 술잔.
être ferme (fort) sur ses ~s 말 위에 떡 버티고 앉아 있다; (…의)의견[결심·계획]이 흔들릴 줄 모르다.
mettre à *qn* le pied à l'~ …을 도와주다.
**tenir l'~ à *qn* **…이 말에 오르는 것을 도와주다; …의 계획을 밀어주다.
vider (perdre) les ~s 등자를 헛딛다, 낙마하다; (경쟁에서)뒤로 밀리다, 열세가 되다.
étrillage [etrija:ʒ] *n.m*. ① (말을)글겅이로 빗질하기. ②《속어》매리기, 혼내주기.
étrille [etrij] *n.f*. ① (말의 털을 빗는)글겅이. ②〖동물〗주름꽃게.
étriller [etrije] *v.t*. ① (말을)글겅이로 빗질하다. ②《속어》매리다; 혼내주다(malmener); 호되게 비난하다, 혹평하다(critiquer). ~ *qn* aux échecs 장기에서 …를 이기다. romancier qui a été *étrillé* par les critiques 비평가들에게 혹평받은 소설가. ③ (의)돈을 우려내다. ~ ses clients 고객의 돈을 울궈내다. [se faire ~] Nous *nous sommes fait* ~ dans cet hôtel. 우리는 이 호텔에서 바가지 썼다.
étripage [etripa:ʒ] *n.m*. ① (닭·생선 따위의)내장을

꺼내기. ②《구어》사투(死鬪); 살육.

étripe-cheval (à) [aetripʃəval] *loc.ad.* 전속력으로. courir à ~ 전속력으로 말을 달리다.

étriper [etripe] *v.t.* ① (닭·물고기 따위의)내장을 꺼내다. ②《구어》[~ qn] 죽도록 때리다, 죽이다(tuer). se faire ~ (속에)호되게 당하다, 혼나다. —s'~ *v.pr.*《구어》서로 치고받고하다, 서로 죽이다(se blesser, se tuer).

étriqué(e) [etrike] *a.p.* ① (옷 따위가)몸에 꼭 끼는(↔ ample); 비좁은. robe ~e 몸에 꼭 끼는 드레스. ②《비유적》옹색한; 편협한, 쩨쩨한(mesquin). esprit ~ 옹졸한 정신[사람]. mener une vie ~e 옹색한 생활을 하다.

étriquer [etrike] *v.t.* ① 작게[꼭 끼게] 하다, 줄이다. ~ un habit 웃을 작게 하다. Cette robe vous *étrique* la taille. 이 드레스는 당신의 허리를 조인다. ②[~ qn] (웃을)(에게)꼭 끼다, 갑갑하게 하다. Ce vêtement vous *étrique*. 이 옷은 당신에게 너무 꼭 낀다. ③《비유적》줄이다, 생략하다. ~ un discours 연설을 짧게 하다. ④ (널판 따위를)얇게 깎다.

étrive [etri:v] *n.f.* 《해양》(로프가 교차할 때의)괄착(括着); 매듭.

étriver [etrive] 《해양》 *v.t.* 매듭지어 매다. —*v.i.* 매듭으로 이어지다.

étrivière [etrivjɛːr] *n.f.* ① 등자끈; 가죽 채찍. ② (*pl.*)등자끈[가죽 채찍]으로 때리기; 징벌. donner les ~s à qn (에)…을 가죽 채찍으로 때리다;《비유적》모욕(모욕)하다.

*étroit(e) [etrwa(ɑ), -a(ɑː)t] *a.* ① 좁은, 비좁은. rue ~e 좁은 길. chambre ~e 비좁은 방. épaules ~es 좁은 어깨. ② (옷 따위가)꼭 끼는, 갑갑한. vêtements ~s 꼭 끼는 옷. souliers trop ~s 너무 꼭 끼는 신발. ③《비유적》편협한, 옹졸한(borné). esprit ~ 편협한 정신[사람]. vue ~e 편협한 시야. ④《비유적》(유대·관계가)긴밀한, 밀접한. liens ~s de l'amitié 긴밀한 우정의 유대. rester en rapports ~s avec qn …와 긴밀한 관계를 유지하다, …와 친밀하다. ⑤《비유적》엄격한, 빈틈 없는(rigoureux). ~e observation 엄격한 준수. vivre dans une ~e soumission à qn …에게 절대복종하며 살다. mot pris dans son sens ~ 엄밀한 의미로 취해진 말.

—*n.m.* ① 협소. ② (산속의)좁은 길; 좁은 장소. **à l'~** ⓐ 좁은 곳에, 갑갑하게. être logé à l'~ 비좁게 살다. être[se sentir] à l'~ dans sa veste 웃도리가 갑갑하다[몸에 꼭 끼다]. ⓑ 옹색하게, 가난하게. vivre[être] à l'~ 몹시 쪼들린 생활을 하다.

—*ad.* 비좁게, 갑갑하게. Ces souliers chaussent ~. 이 신발은 꼭 낀다.

*étroitement [etrwatmɑ̃] *ad.* ① 좁게, 갑갑하게. Il est logé ~. 그는 좁은 데서 살고 있다. ② 밀접[긴밀]하게, 친밀하게. être lié ~ à[avec] qn …와 친밀하게 지내다. ③ 엄밀[엄중]하게. surveiller qn ~ …을 엄중감시하다.

étroitesse [etrwatɛs] *n.f.* ① 좁음; 갑갑함. ~ d'un logement 거처의 비좁음. ② (생각·마음의)편협함(mesquinerie). ~ de vues 시야의 편협함. ③ 긴밀, 엄밀;《구어》(예산·재원의)궁핍.

étron [etrɔ̃] *n.m.* 똥, 똥덩어리.

étronçonner [etrɔ̃sɔne] *v.t.* (나무를 기를 때)줄기만 남기고 가지를 모조리 쳐내다.

étrope [etrɔp] *n.f.* = **estrope**.

Étrurie [etryri] *n.pr.f.* 《고대지리》에트루리아.

étrusque [etrysk] *a.* 에트루리아(*Étrurie*)의.

—**É**~ *n.* 에트루리아인. —*n.m.* 에트루리아어.

:étude [etyd] *n.f.* ⓐ 공부, 학습. aimer l'~ 공부(하기)를 좋아하다. son ardeur à l'~ 그의 면학열[학구열]. abandonner l'~ du piano 피아노 공부를 포기하다. ⓑ 연구. [~ de/sur] se consacrer à l'~ *des* questions sociales 사회문제에 대한 연구에 헌신하다. faire une ~ intéressante *sur qc* …에 대해 흥미 있는 연구를 하다. ⓒ 연구서, 연구논문. publier une ~ sur le vocabulaire politique 정치용어에 관한 논문을 발표하다. ⓓ (*pl.*)학업, 학교 교육. ~s primaires(secondaires, supérieures) 초등[중등, 고등]교육. faire ses ~s à … …에서 공부하다, 교육을 받다. poursuivre(achever) ses ~s 학업을 계속하다[끝마치다]. Jeanne aimerait faire des ~s de sciences. 잔은 이과공부를 하고 싶어한다. C'est bien ton frère qui fait des ~s de médecine? 의학공부를 하는 사람이 바로 너의 형이니? programme d'~s 교과 과정, 커리큘럼. diplôme de fin d'~s 졸업증서.

② 조사, 검토(examen). bureau(comité) d'~ 조사부(위원회). ~ sur le terrain 현지조사, 필드워크. [à l'~] Le projet est à l'~. 그 안은 검토 중이다. mettre un projet de loi à l'~ 법안을 조사에 붙이다. procéder à des ~s de marché 시장조사를 하다.

③ 자습실;《집합적》자습실의 학생; 자습시간. faire ses devoirs à l'~ 자습실에서 숙제를 하다. maître d'~ 자습감독선생.

④《음악》연습곡;《미술》습작;《연극》시연(試演). ~s pour le piano 피아노 연습곡. peintre qui fait des ~s de main 손의 습작을 하는 화가. mettre une pièce à l'~ 연극을 시연하다.

⑤ (변호사 따위의)사무실; (그)직, 권리. acheter une ~ de notaire 공중인의 권리를 사다.

⑥ (예)열의, 노력(effort). Cela sent l'~. 그것은 고심한 흔적이 보인다.

⑦ (예)서재.

*étudiant(e) [etydjɑ̃, -ɑ̃ːt] *n.* 학생. ~ en l[(예)ès] lettres 문과 대학생. ~ en médecine 의과 대학생. vie d'~ 대학(생)의(d'estudiantin). vie ~e 대학 생활. mouvement ~ 학생운동.

étudié(e) [etydje] *a.p.* ① 일부러 꾸민, 가장된(feint). gestes ~s 일부러 꾸민 몸짓. ② 신중히 연구(검토)된, 계산된(calculé); 공들인(soigné). rapport ~ 잘 준비된 보고서. discours ~ 공들여 다듬어진 연설. prix ~ 머리를 짜서 매긴 값(비교적 싼 값을 말함).

*étudier [etydje] *v.t.* ① 공부하다; 연습하다; 암기하다. ~ le grec 그리스어를 공부하다. ~ le piano 피아노를 공부하다. 《목적보어 없이》Il *a étudié* dans une université anglaise. 그는 영국 대학에서 공부했다. acteur qui *étudie* son rôle 자기 역을 연습하는 배우. ~ ses leçons 학과를 암기하다. ② 연구하다. ~ un auteur 작가를 연구하다. physicien qui *étudie* un phénomène 어떤 현상을 연구하는 물리학자. ③ 검토(조사)하다(examiner); 찾다(rechercher). ~ un projet 안을 검토하다. ~ un problème à fond 문제를 철저히 연구검토하다. ~ la possibilité d'une réconciliation 화해의 가능성을 모색하다. ④《예》공부해 준비하다.

—*s'~ v.pr.* ① 자신을 검토하다. s'~ pour se connaître 자신을 알기 위해서 스스로 연구하다. ② 태도를 꾸미다. ③ 서로 살펴보다. ④《예》[s'~ à + *inf.*](하려고)애쓰다, 노력하다. acteur qui *s'étudie* à bien prononcer 발음을 잘 하려고 노력하는 배우.

étui [etɥi] *n.m.* ① 케이스, 갑, 상자. ~ à cigares [à lunettes] 담배[안경] 케이스. ~ de cartouche 탄약통. ~ à chapeau 모자 상자. ~ de mathématiques (예)제도기 케이스. ~ musette 어깨에 메는

바랑. livre en ~ 케이스에 든 책. ② (보트 따위의)덮개. ③ (곤충의)독침 주머니.

étuvage [etyva:ʒ], **étuvement** [etyvmɑ̃] *n.m.* (털을 뽑기 전에 양피(羊皮)를)찌기; 건조; 열살균; 【야금】(거푸집 따위에)불에 말리기.

étuve [ety:v] *n.f.* ① 건조실, 건조기; 보온기; 열살균기(~ à désinfection). ~ à incubation(à culture) 세균 배양기. ~ à vide 진공 건조실. ② 한증실. ~ humide 증기 목욕, 터키탕. ~ sèche 증기탕, 사우나. ③ (비유적) 뜨거운 곳, 한증막. Cette salle à manger est une ~. 이 식당은 찌는 듯이 덥다. ④ 목욕실.

étuvée [etyve] *n.f.* =**étouffée²**.

étuver [etyve] *v.t.* ① (건조실에서)말리다, 건조시키다; 열살균하다. ~ du bois 목재를 건조시키다. ~ les instruments de chirurgie 수술기기를 열살균하다. ② 【요리】 찌다.

étuveur(se) [etyvœ:r, -ø:z] *n.m.* ① (가죽 사료의)찜통. ② (욕)욕탕주인.
—*n.f.* (목재 따위의)건조기.

étuviste [etyvist] *n.m.* (옛)욕탕 주인.

étymologie [etimɔlɔʒi] *n.f.* 어원학(語源學); 어원. rechercher l'~ d'un mot 한 단어의 어원을 찾다.

étymologique [etimɔlɔʒik] *a.* 어원의, 어원학의. sens ~ 어원적 의미

étymologiquement [etimɔlɔʒikmɑ̃] *ad.* 어원(학)적으로.

étymologisme [etimɔlɔʒism] *n.m.* 어원에 기초를 둔 정자(正字)법, 어원 존중.

étymon [etimɔ̃] *n.m.* 【언어】 원의(原義); 어원어(語源語).

eu(e) [y] avoir의 과거분사.

É.-U. (약자) États-Unis (아메리카)합중국.

eubage [øba:ʒ] *n.m.* (자연과학·천문학·점복(占卜)을 연구하던)골(*la Gaule*)의 승려.

Eubée [øbe] *n.pr.f.* 【지리】 에비아(에게(*Egée*) 해에 있는 그리스 최대의 섬).

eubéen(ne) [øbeɛ̃, -ɛn] *a.* 에비아(*Eubée*)섬의.
—**E**~ *n.* 에비아 사람.

euboïque [øbɔik] *a.* =**eubéen**.

eucaïne [økain] *n.f.* 【화학】 유카인(합성 코카인의 일종으로 국소 마취제).

eucalyptol [økaliptɔl] *n.m.* 【화학】 유칼립톨, 유칼리유(油)(거담효과가 있는 약제로 쓰임).

eucalyptus [økalipty:s] *n.m.* 【식물】 유칼리나무.

eucharis [økaris] *n.m.* 【식물】 유칼리스.

eucharistie [økaristi] *n.f.* 【가톨릭】 성찬식(聖餐式); 성체(聖體), 성찬.

eucharistique [økaristik] *a.* 【가톨릭】 성찬의.

euchologe [økɔlɔ:ʒ] *n.m.* (옛) =**eucologe**.

euchre [ø:kr] *n.m.* 【카드놀이】 유카(에카르테(écarté)의 일종).

Euclide [øklid] *n.pr.m.* 유클리드(그리스의 기하학자).

euclidien(ne) [øklidjɛ̃, -ɛn] *a.* 【수학】 유클리드의. géométrie ~ne 유클리드 기하학.

eucologe [økɔlɔ:ʒ] *n.m.* 【가톨릭】 (주일과 축일을 위한)기도서.

eudémis [ødemis] *n.m.* 포도나방의 일종(그 유충은 포도나무의 해충).

eudémonisme [ødemɔnism] *n.m.* 【철학】 행복설, 행복주의.

eudémoniste [ødemɔnist] 【철학】 *a.* 행복주의의. —*n.* 행복주의자.

eudiomètre [ødjɔmɛtr] *n.m.* 【물리】 유디오미터, 측기관(測氣管).

eudiométrie [ødjɔmetri] *n.f.* 【물리】 유디오미터에 의한 기체(氣體)측정.

eudiométrique [ødjɔmetrik] *a.* (위)의.

eudiste [ødist] *n.m.* 【가톨릭】 (*Jean Eudes* 가 1643년 Caen에 창설한)유드회 수도사.

eudois(e) [ødwa, -a:z] *a.* 외(*Eu*, 프랑스의 도시)의.
—**E**~ *n.* 외 사람.

eufraise [øfrɛ:z] *n.f.* 【식물】 좁쌀풀류(類).

eugénate [øʒenat] *n.m.* 【치과】 산화아연(酸化亞鉛) 유지놀(치아 치료에 사용).

eugénésie [øʒenezi] *n.f.* 우생 배우(優生配偶).

eugénésique [øʒenezik] *a.* 인종개량의, 우생학적인. croisement ~ 우생배우.

eugénique [øʒenik] *n.f.*, **eugénisme** [øʒenism] *n.m.* 우생학, 우생론. —*a.* 우생학적인, 우생학의.

eugéniste [øʒenist] *n.* 우생론자.

eugénol [øʒenɔl] *n.m.* 【화학】 (월계수·정향(丁香)에 포함된)페놀화합물.

euglène [øglɛn] *n.f.* 【동물】 유글레나.

euh [ø] *int.* 허어! 글쎄! (주저·의혹·놀라움 따위를 나타냄). Alors, cela vous plaît? —*Euh! euh!*... 그럼 이건 맘에 드십니까? 글쎄요!…. *Euh!* A-t-il dit cela? 아니, 그 사람이 그런 말을 했어?

eulogie [ølɔʒi] *n.f.* 【가톨릭】 성체(聖體)(성사용)빵(pain bénit).

Euménides [ømenid] *n.f.pl.* 【그리스신화】 에우메니데스(원래 「선한 여자」의 뜻이었으나 반어로 「복수의 여신」을 가리킴).

eûmes [ym] avoir의 직설법 단순과거 · 1인칭 · 복수.

eumolpe [ømɔlp] *n.m.* 【곤충】 (미국산)딱정벌레의 일종.

eunecte [ønɛkt] *n.m.* =**anaconda**.

eunuchisme [ønykism] *n.m.* ① 내시의 세력; (신앙에 의한 자발적) 거세(去勢). ② 【의학】 환관증; (남녀의)생식기 결여.

eunuque [ønyk] *n.m.* ① 거세된 사람; 환관(宦官), 내시. ② (비유적) 우유부단한 남자.

eupatoire [øpatwa:r] *n.f.* 【식물】 등골나물류.

eupepsie [øpɛpsi] *n.f.* 정상적 소화작용.

eupeptique [øpɛptik] *a.* (드물게)소화를 돕는.

euphémie [øfemik] *a.* 완곡한 표현의.

euphémiquement [øfemikmɑ̃] *ad.* 완곡하게.

euphémisme [øfemism] *n.m.* 완곡어법. par ~ 완곡하게.

euphonie [øfɔni] *n.f.* 좋은 음조, 조화음(調和音) (↔ cacophonie); 발음상의 편의.

euphonique [øfɔnik] *a.* 【음성】 음조가 좋은; 음조화의, 발음 편의상의. t ~ 음조상의 t(a-t-il 의 경우의 t).

euphoniquement [øfɔnikmɑ̃] *ad.* 음조가 좋게, 음조상으로, 발음 편의상.

euphorbe [øfɔrb] *n.f.* ① 【식물】 버들옷. ② (약) 오이포르붐.

euphorbiacées [øfɔrbjase] *n.f.pl.* 【식물】 대극과(大戟科).

euphorie [øfɔri] *n.f.* ① 행복감, 도취(bien-être), béatitude; être en pleine ~ 완전한 행복감에 젖어 있다. ② 【의학】 (병의 회복·마약 따위에 의한) 행복감, 만족감.

euphorique [øfɔrik] *a.* 행복감에 젖어 있는; 행복[만족]감을 주는. être dans un état ~ 행복감에 흠뻑 젖어 있다. boisson ~ 행복감을 느끼게 하는 음료[술].

euphorisant(e) [øfɔrizɑ̃, -ɑ̃:t] *a.* 행복감을 주는; 쾌적한 느낌을 주는. atmosphère ~*e* 쾌적한 분위기. médicament ~ (우울증 따위에서 벗어나 낙천적 느낌을 갖게 하는)신경 안정제(tranquillisant).
—*n.m.* =médicament ~.

euphorisation [øfɔrizɑsjɔ̃] *n.f.* 행복감을 주기; 쾌적하게 만들기.

euphoriser [ɸɔrize] v.t. (에게) 행복감을 주다; 쾌적하게 하다. ~ le client 고객에게 쾌적감을 주다.

euphraise [ɸfrɛːz], **euphrasie** [ɸfrazi] n.f. = **eufraise**.

Euphrate (l') [lɸfrat] n.pr.m. 유프라테스 강.

euphuï(ï)sme [ɸfyism] n.m. 【문학사】(영국에서 엘리자베스 1세 때 유행하던) 과장되고 장식적인 언사(프랑스의 préciosité 에 해당).

euphuï(ï)ste [ɸfyist] n. (위)의 경향을 가진 사람 (précieux).

euplectelle [ɸplɛktɛl] n.f. 【동물】해로동굴 해면.

eupnée [ɸpne] n.f. 【의학】정상 호흡.

eupyrine [ɸpirin] n.f. 【화학】유피린.

euquinine [ɸkinin] n.f. 【화학】오이히닌.

eurafricain(e) [ɸrafrikɛ̃, -ɛn] a. 유라프리카의, 유럽과 아프리카의.

Eurasie [ɸrazi] n.pr.f. 유라시아, 유럽·아시아 대륙.

eurasien(ne) [ɸrazjɛ̃, -ɛn] a. 유라시아의. — **E**~ n. 유라시아 사람; 유럽과 아시아의 혼혈인.

Euratom [ɸratɔm] n.m. 유럽 원자력공동체.

eurêka [ɸreka] int. 옳거니! (그리스어로 J'ai trouvé! 의 뜻).

eurent [yːr] avoir 의 직설·단과거·3·복수.

Euripide [ɸripid] n.pr.m. 【고대그리스】 유리피데스.

eurocrate [ɸrɔkrat] n.m. 유럽기구의 관리스.

eurodollar [ɸ(œ)rɔdɔlaːr] n.m. 유럽 단기(短期) 달러 자금, 유로 달러.

Europe [ɸrɔp] n.pr.f. ① 유럽. ②【그리스신화】에우로페.

européanisation [ɸrɔpeanizasjɔ̃] n.f. 유럽화.

européaniser [ɸrɔpeanize] v.t. 유럽화하다. —**s'**~ v.pr. 유럽화되다.

européanisme [ɸrɔpeanism] n.m. ① 유럽풍, 유럽 정신. ② 유럽 통합[공동체 추진] 주의.

européen(ne) [ɸrɔpeɛ̃, -ɛn] a. 유럽의. civilisation ~ne 유럽 문명. esprit ~ 유럽 정신. chat ~ 유럽산 고양이. la Communauté ~ne de l'énergie atomique 유럽 원자력공동체(Euratom). à l'~ne 유럽풍의, 유럽식으로. —**E**~ n. 유럽 사람.

européennement [ɸrɔpeɛnmɑ̃] ad. ① 유럽풍으로. ②【드물게】유럽 전역에 걸쳐서.

européisation [ɸrɔpeizasjɔ̃] n.m. 유럽화; 유럽 규격화.

européiser [ɸrɔpeize] v.t. = **européaniser**.

européisme [ɸrɔpeism] n.m. = **européanisme**.

europium [ɸrɔpjɔm] n.m. 【화학】유로퓸.

Eurovision [ɸrɔvizjɔ̃] n.f. 유러비전 (유럽 텔레비전 교환 동시 방송; (Union) *europ*éenne de radiodiffusion et de télé*vision* 의 약자).

eurythmie [ɸritmi] n.f. 【미술·건축·음악】조화(調和); 【의학】맥박 정조(正調).

eurythmique [ɸritmik] a. 조화가 잘된; 율동적인.

eus [y] avoir 의 직설·단과거·1(2)·단수.

euscara [ɸskara] n.m. = **eskuara**.

euscarien(ne), euskarien(ne) [ɸskarjɛ̃, -ɛn] a., n. = **basque**¹.

eusébien(ne) [ɸzebjɛ̃] n.m.【종교사】에우세비오스 (*Eusèbe*) 파의 사람.

euskarien(ne) [ɸskarjɛ̃, -ɛn] a., n. = **euscarien**.

euskera [ɸskera] n.m. = **eskuara**.

euss-e, -es, etc. [ys] ⇨ **avoir**.

eustache [ɸstaʃ] n.m. 《구어》(무기로 사용하는 나무 자루 달린) 나이프.

eustatique [ɸstatik] a. mouvement ~【지리】바닷물의 수위변화.

eustatisme [ɸstatism] n.m. 【지리】(빙하상태에 따른) 바닷물의 수위변화.

eut [y] avoir 의 직설·단과거·3·단수.

eutectique [ɸtektik] a. 【화학·물리】저온(공융도)에서 융해되는. point ~ 공정(공융)점 (point d'eutexie, température ~). mélange ~ 공정(공융) 혼합물. —n.m. 공(융)정(共(融)晶).

Euterpe [ɸtɛrp] n.pr.f. 【그리스신화】에우테르페 (서정시와 음악의 신). enfant d'~ 음악가.

eûtes [yt] avoir 의 직설·단과거·2·복수.

eutexie [ɸtɛksi] n.f. 【화학·물리】저온도(低溫度) 융해성.

euthanasie [ɸtanazi] n.f. 안락사, 고통 없는 죽음; 안락사술.

euthanasique [ɸtanazik] a. 안락사(安樂死)의, 안락사에 관한.

eutocie [ɸtɔsi] n.f. 안산(安產), 정상적 해산.

eutychéen(ne) [ɸtikeɛ̃, -ɛn], **eutychien(ne)** [ɸtikjɛ̃, -ɛn] a. 에우튀케스(*Eutychès*)의. —n.m.pl. 에우튀케스파.

Eutychès [ɸtikɛs] n.pr.m. 【종교사】에우튀케스.

eutychianisme [ɸtikjanism] n.m. 【종교사】에우튀케스의 이단설 (그리스도 단성론의 극단설).

eutychien(ne) [ɸtikjɛ̃, -ɛn] a. 에우튀케스의. doctrine ~ 에우튀케스의 교리. —n.m. 에우튀케스파의 신도.

:**eux** [ɸ] pron. pers. (3인칭 남성 복수 강세형) 그들, 그것들. ① (전치사와 함께) Je vis chez ~. 나는 그들의 집에서 살고 있다. Je pense à ~. 나는 그들 두 사람을 생각하고 있다. l'un d'~ (d'entre ~) 그들 중의 한 사람. à ~ trois 그들 셋이서. ② (기타의 경우) ⓐ (대립주어: 단독으로) Moi, je travaille, ~ se reposent. 나는 일을 하는데 저들은 쉬고 있어. ⓑ (동격주어: 주어의 강조) Oui, mais ~, ils sont riches. 그야 그자들은 돈이 있으니까. Les Dubois, ~, ont quitté la France. 뒤부아씨 가족은 프랑스를 떠났어요. ⓒ (절대분사절의 주어) E~ revenus, nous repartîmes. 그들이 돌아오자 우리는 다시 떠났다. ⓓ 《속사》C'est (Ce sont) ~. 저 사람들입니다. ⓔ (목적보어의 동격) Je les estime, ~. 나는 저 사람들을 존경해요. ⓕ (동위 속사와 비교의 que, comme, 그리고 ne... que 뒤에서) Toi et ~, vous êtes pareils. 너와 그들도 다 마찬가지이다. Nous gagnons moins qu'~. 우린 그들보다 벌이가 적어. Je ne connais qu'~. 나는 저자들밖에 몰라.

【REM】eux autres 의 형태는 속어임. 그리고 Ce sont ~. 와 C'est ~. 는 두 가지 형태가 병용되나, qui 로 시작되는 관계절이 뒤따르거나 부정·의문형일 때는 c'est 가 원칙이다: C'est ~ qui ont dit cela. 그 말을 저 사람들이 했다. Ce n'est pas ~. 저 사람들이 아니다. Est-ce bien ~? 틀림없이 저자들이냐?

eV《약자》électron-volt 【물리】전자볼트.

E.V.《약자》en ville 【우편】(동일) 시내 (편).

évacuable [evakyabl] a. 【군사】이동시킬 수 있는 (부상자 따위).

évacuant(e) [evakyɑ̃, -ɑ̃ːt], **évacuatif(ve)** [evakyatif, -iːv] a. 배설 촉진의, 설사의. —n.m. 배설 촉진제, 완하제.

évacuateur(trice) [evakyatœːr, -tris] a. 배설용의. conduit ~ 배수관. —n.m. (댐의)배수장치.

évacuatif(ve) [evakyatif, -iːv] a. 배설 촉진의.

évacuation [evakyasjɔ̃] n.f. ① 배수, 배기(排氣). — des eaux d'un étang 웅덩의 배수, orifice d'~ 배수구, 배기공. ② (어떤 장소로부터의) 철수, 퇴거, 피난; 【군사】철퇴, 철수, 후방 수송. ~ d'un bateau en perdition 난파선으로부터의 피신. ~ des civils 민간인들의 피난[소개(疎開)]. ~ sanitaire 부상병의 후송. ③ 〖의학〗 배설, 토사; (*pl.*)배설물.

évacué(e) [evakye] *n.* (공습 따위로부터의)피난민, 소개자(疎開者).

évacuer [evakye] *v.t.* ① (액체·기체를)비우다, 배수[배기]하다. ~ les eaux d'égout 하수구의 물을 빼다. tuyau qui *évacue* l'eau d'un réservoir 저수지의 배수관. ② (어떤 장소에서)나가다, 퇴거하다 (quitter); 〖군사〗 철수[철퇴]하다. ~ une salle de théâtre 극장에서 나가다. ~ une salle de navire 배를 떠나게 하다. faire ~ le navire 배를 떠나게 하다. ~ une position 진지에서 철수하다. ③ [~ *qn*] (목적보어는 복수 또는 집단명사) 피난시키다, 나가게 하다, 퇴거시키다. ~ la population d'une ville bombardée 폭격받은 도시의 주민을 피난시키다. ④ 〖생리〗 (체내에서 분비물·배설물을)배설하다. ~ l'urine 배뇨하다.
—s'~ *v.pr.* (어떤 장소가)비다; (사람들이)퇴거하다; (배설물이)배설되다.

évadé(e) [evade] *a.p.* 탈주한, 탈옥한. —*n.* 탈옥수.

évader (s') [sevade] *v.pr.* [s'~ de] ① (에서부터)도망[탈주]하다(s'échapper). s'~ d'une prison 감옥에서 탈출하다. (se를 생략하여) faire ~ *qn* …을 탈주시키다. ② (에서부터)벗어나다(se libérer). s'~ du réel 현실에서 벗어나 도피하다.

évagation [evagasjɔ̃] *n.f.* (드물게)방심. [出].

évagination [evaʒinasjɔ̃] *n.f.* 〖의학〗 팽출(膨

évaluable [evalɥabl] *a.* 평가할 수 있는.

évaluateur(trice) [evalɥatœːr, -tris] *n.* 평가자.

évaluation [evalɥasjɔ̃] *n.f.* 평가, 견적.

évaluer [evalɥe] *v.t.* ① 평가[감정]하다(apprécier, estimer). faire ~ un tableau par un expert 그림을 전문가에게 감정시키다. Sa maison *est évaluée* (à) deux mille francs. 그의 집은 2천 프랑으로 평가 [감정] 받았다. ~ *qc* au-dessus[au-dessous] de sa valeur 실제 가치 이상[이하]으로 평가하다. ② 견적[추산]하다, 어림잡다(estimer). ~ une distance à vue d'œil 거리를 눈짐작으로 재다.
—s'~ *v.pr.* 평가되다, 견적되다.

évanescence [evanesɑ̃s] *n.f.* (기억·영상 따위의) 점차적 소멸. ~ d'un rêve 꿈이 점점 사라짐.

évanescent(e) [evanesɑ̃, -ɑ̃ːt] *a.* 점차로 소멸하는. souvenirs ~s 덧없는[사라져버리는] 추억. ② 〖식물〗 조락(凋落)성의. ③ 〖언어〗 무음화되는.

évangéliaire [evɑ̃ʒeljɛːr] *n.m.* 〖가톨릭〗 미사용 복음서 초록(抄錄)(missel).

évangélique *a.* ① 〖종교〗 복음서의; 복음에 적합한. doctrine ~ 복음주의. ② 〖종교사〗 복음주의 신교의; 신교의. église ~. —*n.* 복음주의자, 신교도.

évangéliquement [evɑ̃ʒelikmɑ̃] *ad.* 복음에 의해.

évangélisateur(trice) [evɑ̃ʒelizatœːr, -tris] *a.* 복음을 전하는, 전도하는. mission *-trice* 포교단, 전도사. —*n.* 복음 전도자.

évangélisation [evɑ̃ʒelizasjɔ̃] *n.f.* 복음 전도(선전), 포교.

évangéliser [evɑ̃ʒelize] *v.t.* 〖이교도에게〗 복음을 전파하다, 전도하다.

évangélisme [evɑ̃ʒelism] *n.m.* 〖종교〗 복음주의, 복음 전도.

évangéliste [evɑ̃ʒelist] *n.m.* ① 〖종교〗 복음서의 저자(마태·마가·누가·요한). ② 전도사, 설교자. ③ 복음주의자.

évangile [evɑ̃ʒil] *n.m.* ① (É-~)기독교의 교리, 복음서. répandre l'É- 복음을 전파하다. É-s synoptiques 마태·마가·누가의 삼 복음서의 총칭. Le quatrième É-; l'É-~ selon Saint Jean 제4복음서(요한복음). ② 〖가톨릭〗 미사 때 읽는 복음서의 일부. côté de l'~ 제단의 좌측(신자쪽에서 볼 때 복음서를 읽는 쪽).

parole d'É-~ 의심할 여지가 없는 진실, 금과옥조. Ce qu'il dit n'est pas *parole d'É-~*. 그의 말이 절대적 진리라고는 할 수 없다. croire *qc* comme *parole d'É-~* 금과옥조로 믿다.

évanie [evani] *n.f.* 〖곤충〗 (남프랑스의)막시류(膜翅類)의 곤충.

évanoui(e) [evanwi] *a.* ① 기절한, 실신한. tomber ~ 기절하여 쓰러지다, 졸도하다. ② 꺼져버린.

évanouir (s') [sevanwiːr] *v.pr.* ① 정신을 잃다, 기절하다(défaillir, se pâmer). s'~ d'émotion [d'épuisement] 감동[심한 피곤]으로 정신을 잃다. ② (자취도 없이)사라져버리다(disparaître, se dissiper); (유령 따위가)사라지다; (희망이)사라지다; (소리가)점점 들리지 않게 되다. Mes illusions *se sont évanouies*. 내 꿈은 사라져버렸다. ③ 〖수학〗 소거(消去)하다(s'éliminer). faire ~ y, y를 소거하다.

évanouissement [evanwismɑ̃] *n.m.* ① 기절, 실신. revenir d'un ~ 의식을 회복하다. ② 소멸, 실망. ~ de ses espérances 희망이 사라짐. ~ d'une vision 비전의 소실. ③ 〖무전〗 페이딩; 〖수학〗 소거(법).

évaporable [evaporabl] *a.* 증발할 수 있는, 증발성의. liquide ~ 증발성 액체.

évaporateur [evaporatœːr] *n.m.* ① 증발기. ~ à vide 진공증발기. ② (과일 따위의)건조기.

évaporatif(ve) [evaporatif, -iːv] *a.* 증발하는(시키는). procédés ~s 증발법.

évaporation [evaporasjɔ̃] *n.f.* ① 증발, 발산(vaporisation). courbe d'~ 〖물리〗 증발곡선. réduire par ~ 〖구어〗 경박, 경솔.

évaporatoire [evaporatwaːr] *a.* 증발용의. appareil ~ 증발장치. —*n.* 증발장치.

évaporé(e) [evapore] *a.p.* ① 증발된, 김빠진. bière ~e 김빠진 맥주. ② 〖구어〗 경솔한(étourdi). jeune homme ~ 경솔한 젊은이. ③ 〖옛〗 (취미 따위가)경박한. —*n.* 〖구어〗 경솔한 사람, 경박한 사람.

évaporer [evapore] *v.t.* ① 〖옛〗 증발시키다(vaporiser). ~ un liquide 액체를 증발시키다. ② 발산시키다, (감정을)겉으로 나타내다(exhaler). ③ 〖구어〗 교묘히 훔치다(dérober). ~ une montre 시계를 교묘히 훔치다.
—s'~ *v.pr.* ① 증발하다. L'éther *s'évapore* facilement. 에테르는 증발하기 쉽다. faire ~ de l'eau 물을 증발시키다. ② 사라지다, 소멸하다. Que de fois mes désirs *se sont évaporés* comme des brumes! 내 욕망이 안개처럼 사라진 일이 몇 번이었던가! ③ (주어는 사람) 자취를 감추다. Le malfaiteur *s'est évaporé*. 악한이 사라졌다. s'~ dans la nature 〖구어〗 행방을 감추다.

évapori(o)mètre [evapori(o)mɛtr] *n.m.* 증발계.

évasé(e) [evaze] *a.p.* (나팔처럼)너부죽하게 벌어진. bouche ~e d'un fusil 나팔형의 총구.

évasement [evazmɑ̃] *n.m.* ① (튜브 따위의 끝을)너부죽하게 벌리기. ② 끝[입구·주둥이]이 너부죽하게 벌어진 모양.

évaser [evaze] *v.t.* (튜브·그릇 따위의)끝[입구·주둥이]을 나팔같이 벌리다(↔ rétrécir); 〖의복〗 (치맛단을)뻥뻥하게 퍼지게 하다.
—s'~ *v.pr.* 끝(입구)이 나팔 모양으로 넓어지다 [벌어지다].

évasif(ve) [evazif, -iːv] *a.* 얼버무리는, 애매한, 회피적인, 핑계의. faire une réponse ~ve 대답을 얼버무리다.

évasion [eva(ɑ)zjɔ̃] *n.f.* ① 도피, 회피. ~ hors de

la réalité 현실 밖으로의 도피. ~ fiscale 《세무》합법적 탈세. ~ des capitaux 자본도피. ② (감옥·정신병원 따위에서의)탈주, 도주. ③ 핑계.

évasivement [evazivmɑ̃] *ad.* 도망치듯이, 회피하는 태도로, 어물어물(↔franchement). répondre ~ 어물어물 대답하다.

évasure [evazyːr] *n.f.* (나팔 모양으로)너부죽하게 벌어진 입[모양].

Ève [ɛːv] *n.pr.f.* ① 《성서》이브. fille d'~ 《구어》(경박하고) 음탕한 여자.
ne connaître qn ni d'Adam ni d'~ 《구어》…을 전혀 모르다.

évêché [eve(e)ʃe] *n.m.* ① 주교의 저택. ② 주교의 직위; 주교구(主敎區).

évection [evɛksjɔ̃] *n.f.* 《천문》(달의)출차(出差).

éveil [evɛj] *n.m.* ① 잠을 깸, 깨어남; 각성. ~ des sens 감각이 눈뜸. ② 경고(alarme). donner l'~ de qc à qn 《예》…을 …에게 경고하다. ③ 경계. mettre qn en ~ …을 경계시키다. se tenir[être] en ~ 경계하고 있다, 정신차리고 있다.

éveillé(e) [eve(e)je] *a.p.* ① 잠이 깬. ② 활발한, 쾌활한; 빈틈없는; 민첩한(vif, alerte, ↔endormi). —*n.* 쾌활한 사람.

*****éveiller** [eve(e)je] *v.t.* 《문어》(잠을)깨우다(réveiller). ~ un dormeur 잠자는 사람을 깨우다. ② 각성시키다; (주의를)환기시키다; (호기심 따위를)일으키다(susciter). ~ la curiosité 호기심을 자극하다. ~ l'intelligence 지성을 눈뜨게 하다.
—*s'~* *v.pr.* ① 잠이 깨다(se réveiller, ↔s'endormir), ② (감정·정열이)눈뜨다. s'~ à l'amour 사랑에 눈뜨다.

éveilleur [evɛjœːr] *n.m.* ① (지능·정열 따위를)일깨워 주는 사람, 각성시키는 사람. ② (잠을 깨우는) 이른 아침의 방문객.

*****événement** [evɛnmɑ̃] *n.m.* ① 일어난 일, 사건; 대사건(incident). en cas d'~ 여차하면, 일단 유사시에는. ~ historique 역사적 사건. relater les ~s de la journée 그날 일어난 일을 이야기하다. sage après l'~ 나중에야 깨닫게 되는 일, 사후 약방문. ~ qui fait date 획기적인 일. 《예》정말, 귀절 (résultat). dans[en] l'~ 결국, 그 결과. juger par l'~ (목과의)전화구(傳火口). ③ 《연극》대단원; 클라이맥스(dénouement). ④ ~ d'une condition 《법》조건의 실현. ⑤ 사건의 현상. ~ dépendant (indépendant) 종속(독립)된 사건의 현상. ⑥ (*pl.*) 시사, 정보. connaître les ~s récents 최근의 정보를 알다. être au courant des ~s 세계의 움직임에 통하고 있다.
à tout ~ 만일을 위하여; 어떤 일이 일어나더라도.
faire ~ 센세이션을 일으키다.

événementiel(le) [evɛnmɑ̃sjɛl] *a.* 사실(史實)만을 기록하는. histoire ~*le* 실록(實錄).

évent [evɑ̃] *n.m.* ① 바깥 바람, 외기(外氣); 바람에 쐬기. mettre qc à l'~ ~을 바람에 쐬다. ② (음식물의)김빠짐, 변질. sentir l'~ (고기 따위가)곰팡내[썩은 냄새]가 나다. vin qui a un goût d'~ 변질된 포도주. ③ 《동물》(고래의)분수구멍. ④ 공기구멍; 통풍관; 《야금》(거푸집의)통풍구. ⑤ 《군사》(목과의)전화구(傳火口); (총대의)금, 흠.
avoir la tête à l'~ 《예》매우 경솔하다.

éventage [evɑ̃taːʒ] *n.m.* (가죽을)바람에 쐬기; (벤 풀을)널어말리기.

éventail [evɑ̃taj] *n.m.* ① 부채; 《건축》부채꼴의 창(fenêtre en ~). ~ de plume (옛날 부인용의)깃 털부채. agiter[jouer de] l'~ 부채질을 하다. en ~ 부채꼴로. (호스의)부채꼴 주둥이. ③ (같은 상품의)물건을 고를 수 있는 폭. un large ~ d'articles 마음 놓고 골라잡을 수 있는 다양한 상품. ~ des prix (salaires) (다양한)가격(월급)의 폭.

éventaillerie [evɑ̃tajri] *n.f.* 부채 제조(판매)(업).

éventailler [evɑ̃taje] *n.m.* 부채 장수.

éventailliste [evɑ̃tajist] *n.* ① 부채 제조인, 부채 장수. ② 선화(扇畵)를 그리는 사람.

éventaire [evɑ̃tɛːr] *n.m.* ① (행상인들의)광주리. ~ d'une fleuriste 꽃파는 사람의 광주리. ② (상점 밖에 내놓은)상품 진열대.

éventé(e) [evɑ̃te] *a.p.* ① 《예》바람이 잘 통하는. rue ~ 바람이 잘 통하는 거리. ② (음식물이)변질된 (altéré), 김빠진. vin ~ 변질된 술. ③ (비밀이)샌, 누설된(découvert). ④ 《구어》경박(경솔)한(léger). airs ~s 경박한 태도. ⑤ 《구어》경솔한 사람.

éventement [evɑ̃tmɑ̃] *n.m.* ① 통풍. ② 김빠짐; 곰팡내남. ~ du vin 포도주의 변질.

éventer [evɑ̃te] *v.t.* ① [~ qn] (에게)부채질을 하다. ~ une dame qui se trouve mal 기분이 답답한 부인에게 부채질을 해주다. ② [~ qc] (에)바람을 쐬다. ~ des vêtements 옷을 밖에 내어 통풍시키다. ~ le grain 곡식을 저어서 말리다. ③ 《구어》(비밀을)알아내다; 찾아내다(dépister, découvrir). ④ 《해양》돛을 펴다. ⑤ 《사냥》(사냥개가)냄새를 맡다(flairer).
~ la mine 《예》도화선을 파내다; 비밀을 폭로(누설)하다.
—*v.i.* ① (짐승이)냄새맡다. ② (말이)콧마루를 높이 쳐들다.
—*s'~* *v.pr.* ① (술이)김빠지다; (음식이)곰팡내나다(s'altérer). ③ (비밀이)새다.

éventoir [evɑ̃twaːr] *n.m.* ① (불피우는 데 쓰는)부채. ② 《광산》통풍갱(坑).

éventration [evɑ̃trɑsjɔ̃] *n.f.* 《의학》탈장, 장벽허니아.

éventrer [evɑ̃tre] *v.t.* ① (의)배를 가르다; (의)내장을 들어내다. ~ un bœuf 소의 배를 가르다. ② 째다; (에)큰 구멍을 내다(crever). mur éventré par un obus 포탄으로 뚫린 벽.
—*s'~* *v.pr.* ① 자신의 배를 가르다, 할복하다 (faire hara-kiri). ② 구멍이 나다; 저절로 열리다. sac qui *s'évrentre* en tombant 떨어지면서 저절로 열리는 소가방.

éventreur [evɑ̃trœːr] *n.m.* 배를 째는 사람.

éventualité [evɑ̃tɥalite] *n.f.* ① 가능성, 우발성. considérer l'~ d'une guerre 전쟁의 가능성을 고려하다. ② 돌발사건. Toutes les ~s ont été examinées. 모든 돌발사건이 검토되었다. parer à toute ~ 모든 사태에 대비하다, 만전을 기하다.

*****éventuel(le)** [evɑ̃tɥɛl] *a.* ① 경우에 따라서 일어날 수도 있는, 불확실한(incertain). s'assurer contre des accidents ~s 돌발사고에 대비하다; 보험에 가입하다. Tout cela est bien séduisant, mais reste ~. 그것은 구미를 당기게는 하지만 어디까지나 가능성이 있는 일일 뿐이다. profits ~s 불확실한 이익. ② 《법》있을 수 있는, 불확정적인. clause ~*le* 불확정 조항. ③ 《철학》우연적인.
—*n.m.* ① 우발적인 사건(cas ~). ② (공무원 따위의)임시 수당.

*****éventuellement** [evɑ̃tɥɛlmɑ̃] *ad.* 우연히; 경우에 따라서는; 만일; 간혹.

évêque [evɛk] *n.m.* ① 《가톨릭교의》주교, (그리스 정교의)주교, (신교의)감독, (불교 의식의)승정 (僧正). investiture (consécration), sacre, intronisation) d'un ~ 주교의 임명(서품·성별(聖別)·취임)(식). ② ~s 로마교화. ② violet ~ 주교의 보라색(주교 예복의 색깔); pierre d'~ 자수정(水晶).

bonnet d'~ ⓐ주교관. plier des serviettes de table en *bonnet d'~* 냅킨을 주교관 모양으로 접다. ⓑ 《요리》새의 영낭이살. **disputer de la chape à l'~** 《옛》아무 관계도 없는 일로 언쟁을 벌이다. ***Un chien regarde bien un ~.*** 개도 주교관의 얼굴을 쳐다볼 수 있다 (사람을 쳐다보았다고 화를 내는 사람에게 항의할 때 쓰는 말).

éversif(ve) [eversif, -i:v] *a.* 《드물게》파괴적인, 전복적인.

éversion [eversjɔ̃] *n.f.* ① 《의학》외반(外反), 외전(外轉). ~ de la paupière 눈꺼풀의 외반. ~ des lèvres (흑인종 특유의)입술의 반전(反轉). ② 《옛》파괴, 붕괴.

évertuer(s') [severtɥe] *v.pr.* ① 전력을 기울이다, (크게)애쓰다. s'~ à(pour) + *inf.* …을 위해 전력을 다하다(s'efforcer). ② 《옛》움직이다, 활동하다.

éveux(se) [evø, -ø:z] *a.* 《농업》습기찬.

évhémérisme [evemerism] *n.m.* 에베메로스설 (說) (*Évhémère*의 신화 실재설).

évhémériste [evemerist] *a.* 에베메로스설의. ─*n.* 에베메로스설 신봉자.

évianais(e) [evjanɛ, -ɛ:z] *a.* 에비앙레뱅(*Évian-les-Bains*, 프랑스의 도시)의, 에비앙레뱅 사람의. ─É~ *n.* 에비앙레뱅 사람.

éviction [eviksjɔ̃] *n.f.* ① 축출, 제거, 추방. ~ des éléments séditieux 불온분자들의 제거. ② 몰수; 《법》 소유권 박탈. ③ ~ scolaire 《학교》(전염병에 걸린 학생에 대해)등교 금지.

évidage [evida:ʒ] *n.m.* 속을 도려내기(파내기).

évidé(e) [evide] *a.p.* ① (속이)텅 빈; 구멍(속이 뚫) 린. ② 홈이 팬. ③ 《선박》(선체가)미끈한.

évidement [evidmã] *n.m.* ① 도려내기(évidage). ② 《의학》절개 소파술. ③ 도려낸 부분; 홈, 좁고 긴 구멍. ④ 《선박》(선체가)미끈한.

***évidemment** [evidamã] *ad.* ① 명백히, 분명히 (assurément, incontestable). Il s'est ─ trompé d'adresse. 그는 틀림없이 주소를 잘못 알았을 것이다. ② 《물론》(bien sûr, naturellement); 하기야, 하기는. Tu as accepté de faire ce travail? ─É~. 그 일 맡기로 했니? 물론. J'aurais préféré, ~, ne pas avoir à me déranger, mais s'il le faut, je viendrai. 하기야 내가 안가도 되다면 좋으련만…, 하지만 꼭 와야 한다면 가리다.

évidence [evidã:s] *n.f.* ① 자명, 명백함; 명백한 사실(것). ~ empirique 사실에 근거를 둔 명백함. nier(se refuser à) l'~ 명백함을 부인하다. se rendre à l'~ 명백함에 굴복하다. démontrer une ~ 명백한 사실(누구나 다 아는 사실)을 증명하다. Il a dit cela de bonne foi, c'est l'~ même. 그가 선의로 그렇게 말한 것이 명백하다. C'est une ~. 그것은 명백한 사실이다. ② 《철학》명증(明證). *à l'~; de toute* ~ 명백히 (évidemment). démontrer *à l'*~ que … 을 명백히 증명해 보여주다. *en* ~ 눈에 띄게. être en ~ 눈에 띄다; 뚜렷하다. mettre *qc en* ~ …을 분명히 드러내다; 강조하다; (상품을)진열하다. se mettre *en* ~ 남의 눈에 띄도록 하다.

***évident(e)** [evidã, -ã:t] *a.* 명백한, 확실한(manifeste, clair). C'est une chose ─*e*. 명백한 사실이다. preuve ─*e* 확실한 증거. Ça me paraît ─. 그것이 명백한 것같다. *Il est* ─ *que* + *ind.*] *Il est* ─ *qu'il* a menti. 그가 거짓말한 것이 분명하다.
─*n.m.* 명백한 사실.

évider [evide] *v.t.* ① (의)속을 도려내다(파내다) (creuser). ~ *un os* 《의학》뼈를 절개 소파하다. ② 홈을 파다. ③ (옷깃 따위를)파다(échancrer). ~ le collet d'une robe 드레스의 깃을 파다. ─s'~ *v.pr.* 속이 뚫리다, 우묵하게 되다(파이다).

évidoir [evidwa:r] *n.m.* (피리 따위를 만들 때)속을 파내는 끌.

évidure [evidy:r] *n.f.* 속을 파낸 구멍; 홈.

évier [evje] *n.m.* (부엌의)개수대, 물 버리는 곳.

évincement [evɛ̃smã] *n.m.* 물리치기, 몰아내기; (등교)금지; 배척, 배제. ~ d'un concurrent 경쟁자를 물리치기.

évincer [evɛ̃se] ② *v.t.* ① 《법》(합법적으로)쫓아내다. ~ *un possesseur* 소유자를 쫓아내다. ② (책략을 써서)쫓아내다, 밀어내다. [~ *qn de qc*] Ils l'ont évincé de cette place. 그들은 그를 그 직책에서 밀어냈다. Il voudrait m'~ auprès d'elle. 그는 나를 그 여자에게서 떼어놓고 싶어한다.
─s'~ *v.pr.* 서로 멀쳐버리려고 하다. concurrents qui s'évincent 서로 멀쳐버리려고 하는 경쟁자들.

éviration [evirasjɔ̃] *n.f.* 거세.

éviré(e) [evire] *a.* ① 거세된. ② 《문장》(말·사자 따위가)생식기가 없는.

évirer [evire] *v.t.* 《옛》거세하다(castrer).

éviscération [eviserasjɔ̃] *n.f.* ① 내장 탈출. ② 태아 내장 적출 수술.

eviscérer [evisere] ⑥ *v.t.* 내장을 들어내다.

évitable [evitabl] *a.* 피할 수 있는, 모면할 수 있는 (↔inévitable).

évitage [evita:ʒ] *n.m.*, **évitée** [evite] *n.f.* 《해양》① 회전. faire un ~ 회전하다. ② 회전할 수 있는 면적(장소). ③ 수로(水路)의 폭.

évitement [evitmã] *n.m.* ① 피하기. ② 《철도》대피. gare d'~ 대피역. ligne(voie) d'~ 환상(측)선. route d'~ 보조도로.

***éviter** [evite] *v.t.* 피하다(fuir); 모면하다(échapper à). ~ *l'obstacle* 장애물을 피하다. ~ *un coup* [*un danger*] 구타[위험]를 피하다. Elle a l'air de m'~. 그녀는 나를 피하는 눈치이다. ② [~ *de* + *inf.*; ~ *que* + (ne) + *sub.*] …하지 않도록 하다, …하는 것을 피하다. Ils évitent *de* se regarder. 그들은 서로 쳐다보지 않으려 한다. Évitez qu'il ne vous parle. 그 사람이 당신에게 말을 거는 일이 없도록 하시오. ③ [~ *qc à qn*; ~ *qn de* + *inf.*] …에게 ~ (하는 것)을 면해주다(épargner). ~ *une peine à qn* …에게 고역을 치르지 않게 하다. Cette rencontre *m'a évité de* lui écrire. 이렇게 만나게 되어 그에게 편지 쓸 수고를 면했다.
─*v.i.* 《해양》(배가 바람이나 조수 때문에 닻을 중심으로)회(回)빙빙 돌다.
─s'~ *v.pr.* ① 자기에게 면하게 하다, 모면하다; (비용 따위를)절약하다(s'épargner). ② 피하게 되다. ③ 서로 피하다.

évocable [evɔkabl] *a.* ① (기억 따위가)환기될 수 있는, 그려낼(affaire) ~ 《법》상급법원에 이심 (移審)할 수 있는 사건.

évocateur(trice) [evɔkatœ:r, -tris] *a.* ① [~ *de*] (을)상기(연상)시키는; (문장 따위가)감정을 불러일으키는(유발하는). film ~ *de la vie des mineurs* 광부들의 생활을 연상시키는 영화. ② 망령을 불러내는. ─*n.* (망령 따위를)불러내는 사람. ② 환기시키는 사람.

évocation [evɔkasjɔ̃] *n.f.* ① (기억 따위의)환기, 상기(rappel). Il pleura à l'~ de ces tristes souvenirs. 그 슬픈 추억이 떠오르자 그는 눈물을 흘렸다. ② (망령 따위를)불러냄; 초혼; 강신술(降神術). ③ 《법》(상급법원에의)소송 이송(移送).

évocatoire [evɔkatwa:r] *a.* ① 초혼의; 환기(상기) 시키는. ② 《법》(소송 사건이 상급 법원에)이송 될 수 있는. motifs ~s (상급법원에)이송될 수 있는

사유.

évo(h)é [evɔe] *int.* 《고대그리스》 바커스의 무녀가 바커스에게 외치는 소리.

évolué(e) [evɔlɥe] *a.p.* ① 진화된, 진보된. pays ~ 선진국. peuple ~ 《문명이》진보된 국민. personne ~e 진보적 교양인. ②《구어》지성이 풍부한, 교양 있는 《주로 부정문으로》. Ce n'est pas un homme ~. 그는 지성있는 사람이 아니다. ③《컴퓨터》고수준의. langage ~ 고수준 언어.

évoluer [evɔlɥe] *v.i.* ①《군사》이동하다. faire ~ des troupes 부대를 이동시키다. ② 돌아다니다. Une jeune servante *évolue*, avec son plateau chargé, entre les tables. 젊은 하녀가 음식이 든 접시를 들고 테이블 사이를 돌아다녔다. faire ~ un cheval 말을 빙빙 돌게 하다. ③ 변화하다, 진화(발달)하다. La situation semblait ~ en notre faveur. 상황은 우리에게 유리하게 전개되는 것 같았다. La technique *a* beaucoup *évolué* depuis un siècle. 기술이 이 1세기 동안에 대단한 진보를 했다. L'humanité *évolue* sans cesse. 인류는 끊임없이 진화한다. maladie qui *évolue* 진행중인 질병. ④《생물》방향전환하다;《항공》선회하다;《기계》(톱니바퀴 따위가)회전하다.

évoluti∫(ve) [evɔlytif, -i:v] *a.* 진화(발전·진전·발달)하는; 발달을 재촉하는. maladie ~ve 《의학》진행성 질병.

évolution [evɔlysjɔ̃] *n.f.* ①《군사》기동, 이동. ~ des troupes 부대이동. ② (pl.)선회운동, 전개동작. ③《천문》운행, 공전. ~ des astres 천체의 운행. ③ 진전, 발달, 발전, 변화. ~ des événements 사건의 진전. ~ des sciences 과학의 발달. ⑤《의학》병의 진행(~ d'une maladie), 병의 경과. ⑥《생물·철학》진화. doctrine de l'~ 진화론. ~ progressive 전진적 진화. ~ régressive 퇴보적 진화. ~ parallèle 평행 진화. l'É~ créatrice 창조적 진화 (Bergson 의 저서명, 1907 년).

évolutionnaire [evɔlysjɔnɛ:r] *a.* ① 진화론의. ②《군사·해양》기동(이동)의.

évolutionner [evɔlysjɔne] *v.i.* ①《군사·해양》기동(이동)하다. ②《드물게》진화(발달)하다.

évolutionnisme [evɔlysjɔnism] *n.m.*《생물·철학》진화론, 진화설.

évolutionniste [evɔlysjɔnist] *n.*《생물·철학》진화론자. —*a.* 진화론의. doctrine ~ 진화설(론).

évoquer [evɔke] *v.t.* ① (주문·기도 따위로 영혼·귀신 따위를)불러내다; (에게)가호를 빌다. ~ les démons 주문을 외어 악마를 불러 내다. ~ Dieu 신의 가호를 빌다. ② 상기하다, 떠올리다(rappeler). ~ le passé 과거를 떠올리다. ③ (주어는 사물) (의 모양·모습이)생각나게 하다, (의 모습을 상기시키다 (éveiller, réveiller). rocher qui *évoque* vaguement une tête humaine 희미하게 사람 머리를 연상케하는(사람 머리 비슷하게 생긴) 바윗돌. ④ (어떤 문제를)언급하다, 건드리다 (aborder, effleurer). Nous n'avons fait qu'~ le problème. 그 저 문제를 제기하는 데 그쳤다. ⑤《법》(상급재판소가)파기자판(破棄自判)하다.

évulsi∫(ve) [evylsif, -i:v] *a.*《의학》잡아 뽑는.

évulsion [evylsjɔ̃] *n.f.*《의학》잡아뽑기. ~ d'une dent 이뽑기.

évzone [evzon] *n.m.* (그리스의)경보병(輕步兵).

ex [ɛks] *n.f.*《속어》ex-amant(e) [-ami(e)] 전애인; ex-mari [-femme] 전남편(전부인).

ex. (약자) ① exemple 예. ② exercice 《부기》회계 연도.

ex- *préf.* ①「(안에서)밖으로」의 뜻. ②「전(前)·원래의」의 뜻. ③「그전의」의 뜻. ④ 강조의 표시.

ex-abrupto, ex abrupto [ɛksabrypto] *loc. ad.* 갑자기, 돌연히; 준비 없이(brusquement). entrer en matière ~ 별안간 본론으로 들어가다. parler ~ 준비없이 말을 한다.

exacerbation [ɛgzasɛrbasjɔ̃] *n.f.* ① 분격, 격앙. ②《의학》(병세의)악화, 증진.

exacerbé(e) [ɛgzasɛrbe] *a.p.* ① 분격한. ② (고통 따위가)격화된; (병이)악화된.

exacerber [ɛgzasɛrbe] *v.t.* ① (고통·병세를)악화시키다. ~ la douleur 고통을 더 심하게 하다. ② (감정을)돋우다, 격하게 만들다. ~ la passion 정열을 격하게 만들다.
—**s'~** *v.pr.* ① 격화되다; (병세가)도지다, 악화되다. ② 격노하다, 노발대발하다.

***exact(e)** [ɛgza(kt), -kt] *a.* ① 정확한, 옳은. Il a fait un compte rendu ~ de l'accident. 그는 그 사고에 대해 정확한 보고를 했다. copie ~e d'un texte 원본의 정확한 복사. réponse ~e 정답. On vous a donné deux mille francs? – C'est ~. 누군가 당신에게 이천 프랑을 주었군요? 바로 그렇습니다. ② 엄밀한, 정밀한. sens ~ d'un mot 단어의 엄밀한 의미. sciences ~es 정밀과학. ③ (시간을)엄수하는. Il est toujours ~ au rendez-vous. 그는 언제나 약속시간을 엄수한다. ④《옛·문어》(사람이)어김없는; 꼼꼼한, 세밀한. historien(traducteur) ~ 꼼꼼한 역사가(번역가). être ~ à tenir sa promesse 자기 약속을 어김없이 지키다. ⑤《옛·문어》엄격한. observance ~e des règles 규칙의 엄격한 준수. discipline ~e 엄격한 규율.

‡**exactement** [ɛgzaktəmɑ̃] *ad.* ① 정확히; 엄밀(엄격)하게(juste, rigoureusement). pour parler plus ~ 좀더 정확(엄밀)하게 말하자면. ② 전혀, 완전히(parfaitement). deux articles ~ semblables 아주 흡사한 두 개의 논설. ③ 어김 없이(ponctuellement). ④ 세심하게, 꼼꼼하게(minutieusement).

exacteur [ɛgzaktœːr] *n.* ①《옛》① 요구(강요)자; 착취자. ②《법》부당징세자.

exaction [ɛgzaksjɔ̃] *n.f.* ① 요구, 강요; (pl.)권력의 남용; (주민의)수탈, 약탈(pillage). ②《법》부당징세, 주구(誅求).

exactitude [ɛgzaktityd] *n.f.* ① 정확, 정확성(justesse). ~ historique 역사의 정확성. ② 정밀, 엄격(rigueur). calculer avec ~ 정확하게 계산하다. ③《옛》세심, 꼼꼼함. ④ 시간엄수(ponctualité). L'~ est la politesse des rois. 시간엄수는 왕후의 예의이다.

ex æquo [ɛgzeko] 《라틴》 *loc.ad., a.* 동등하게, 동위(同位)로(à égalité). trois élèves ~ 동점(동위)의 세 학생. premier ~ 동점 일등. en cas d'~ 동점인 경우에는. être troisième ~ 동점으로 삼등이 되다. —*n.* (복수불변) 동위, 동점(자).

exagérateur(trice) [ɛgzaʒeratœ:r, -tris] *a.* 과장하는. —*n.* 과장하는 사람.

exagérati∫(ve) [ɛgzaʒeratif, -i:v] *a.* 과장된. expression ~ve 과장된 표현.

exagération [ɛgzaʒerasjɔ̃] *n.f.* ① 과장; 과장된 표현(말); 과대평가. sans ~ 과장 없이. ② 과도, 과다(excès, outrance). ~ de pose 《사진》노출 과다. ③《수사학》과장법.

exagéré(e) [ɛgzaʒere] *a.p.* ① 과도한, 지나친(excessif). développement ~ de la main gauche 왼손의 이상 발달. prix ~ 지나친 가격. expression ~e 과장된 표현. compliments ~s 과장된 칭찬. ④《옛》(사람·사상 따위의)가(度)도 없는. —*n.* 극단적인 의견의 소유자. —*n.m.* 과장.

exagérément [ɛgzaʒeremɑ̃] *ad.* 지나치게, 과장하여(trop).

*exagérer [ɛgzaʒere] [6] *v.t.* ① 과장하다, 과대평가 하다. Oh! il ne faut rien ~, ce n'est pas si terrible que ça! 아무것도 과장해서는 안된다, 그보다 더 한심스러운 것은 없다 ! ~ les mérites de *qn* …의 공적을 과장하다. ② 두드러져 보이게 하다, 강조하다. ~ une attitude 태도를 과장하다. ~ le maquillage 화장을 짙게 하다. ~ un éclairage 조명을 세게 하다. ③ (목적보어 없이) 과장하다, 허풍떨다. Sans ~, j'ai attendu une heure sous la pluie! 거짓말 안 보태고, 빗속에서 한 시간 동안 기다렸다 !
—*v.i.* 지나치다, 멋대로 굴다. Il me demande encore un service, vraiment il *exagère*! 그 사람 또 무슨 부탁인가, 좀 지나치군.
—*s'*~ *v.pr.* ① 자기를 과대시[과시]하다. ② [s'~ de] (을)과대하게 생각하다. ③ 과장되다.

exagéreur(se) [ɛgzaʒerœːr, -φːz] *n.* 《드물게》과장하는 (사람)(exagérateur).

exaltable [ɛgzaltabl] *a.* 흥분하기 쉬운.

exaltant(e) [ɛgzaltɑ̃, -ãːt] *a.* 흥분[열광]케 하는; 자극적인. lecture ~*e* 흥분케 하는 독서.

exaltation [ɛgzaltasjɔ̃] *n.f.* ① 흥분, 열광(excitation, emportement); (정신의)양양, 고양. ② 찬양, 선양. ③ ~ de la sainte Croix 《가톨릭》십자현양 축일(9월 14일). ④ (기능 따위의)증진 [증대]. ~ de la mémoire 기억력의 증진. Le café produit une ~ passagère. 커피는 일시적으로 감각 기관의 활동을 양양시킨다. ⑤ ~ de la virulence 《의학》(세균의)독성(毒性) 증대.

exalté(e) [ɛgzalte] *a.p.* 흥분된, 열광적인. ton ~ 흥분된 어조; 찬양받은. ③ 강렬한. splendeur ~*e* du soleil 태양의 강렬한 빛. —*n.* 열광자, 광신자(fanatique).

*exalter [ɛgzalte] *v.t.* ① 찬양하다(célébrer, glorifier). ~ les vertus des combattants morts pour la patrie 조국을 위해 목숨을 바친 전몰병사들의 덕을 찬양하다. ② 흥분시키다, 열광케 하다(transporter, enthousiasmer); (희망 따위를)자극하다, 부풀게 하다. Ce roman *a exalté* la jeunesse. 그 소설은 젊은이들을 흥분케 했다. musique qui nous *exalte* 우리를 열광케 하는 음악. ~ l'imagination 상상력을 자극하다. ③ (생각 따위를)높이다, 끌어올리다, 앙양시키다. ~ l'homme 인간의 지덕을 높이다. ④ 《의학》(독성 따위)증대시키다. ~ la virulence du microbe 세균의 독성을 증대하다. ⑤ 《화학》승화시키다(volatiliser).
—*s'*~ *v.pr.* ① 흥분[열광]하다; 자찬하다(se vanter). ② 찬양되다; 앙양되다. A cette vue, son imagination *s'exalta*. 그것을 보고 그의 상상력은 고양되었다.

*examen [ɛgzamɛ̃] *n.m.* ① 검토, 검사, 심사. soumettre *qc* à l'~ …을 검사하다. ~ collectif d'une question 어떤 문제의 공동 검토. La question est à l'~. 그 문제는 검토중이다. ~ minutieux 자세한 검토. ne pas résister à [ne pas supporter] l'~ 심사 [검사]에 통과할 가능성이 없다. ~ des faits 사실관계의 조사. après mûr ~ 충분한 검토[심사숙고] 끝에. ② 《의학》진찰, 검진; 검사(~ médical). ~ à la radioscopie X선 검사. ~ sérologique 혈청검사. subir un ~ médical 신체검사를 받다. ③ 《법》심문, 취조. ④ 시험, 고사. préparer un ~ 시험공부를 하다. passer [subir] un ~ 시험을 치르다. réussir [passer, être reçu] à l'~ 시험에 합격하다. échouer [être refusé, être recalé, être collé] à l'~ 시험에 낙제하다. ~ oral [écrit] 구술[필기]시험. ~ d'entrée 입학시험. ~ de sortie [de fin d'études] 졸업시험. ~ blanc 모의고사 (성적표에 반영되지 않음). ⑤ libre ~ 자유사상; esprit d'~ 비판정신; ~ de conscience 자성, 내성; (고해 전의)양심의 구명. ⑥ 《법》심문, 심리(審理).

RÉM **examen** 능력·자격을 측정하는 시험으로 일정한 점수를 얻으면 합격하는 시험. **concours** 합격자 수가 정해진 경쟁시험: *concours* des bourses 장학생 선발고사.

examinateur(trice) [ɛgzaminatœːr, -tris] *n.* ① 시험관, (특히)구두시험관. ② 검사[조사·심사]원.
—*a.* 검사[조사·심사]하는.

*examiner [ɛgzamine] *v.t.* ① 검토하다, 검사[조사] 하다. ~ *qn* de la tête aux pieds …을 머리에서 발끝까지 훑어보다. ~ à fond une question 문제를 철저히 규명하다. à tout ~; tout bien *examiné* 모든 것을 잘 검토한 결과. ~ si tout est prêt 준비가 다 됐는지 검토하다. (목적보어 없이) Douter, c'est ~. 의심하는 것은 곧 검토하는 것이다. ② 《의학》진찰하다(ausculter). se faire ~ par un médecin 의사의 진찰을 받다. ③ 심사하다, 토의하다(discuter); 《법》심문[취조]하다. ④ 시험하다. ~ les candidats sur les mathématiques 수험생들에게 수학실력을 시험하다.
—*s'*~ *v.pr.* ① 자신을 보다[살피다]; 반성하다. ② 검사[조사]되다, 검토[심사]되다. ③ 서로 유심히 살피다.

exanthémateux(se) [ɛgzɑ̃temaφ, -φːz], **exanthématique** [ɛgzɑ̃tematik] *a.* 《의학》발진의, 발진성의. typhus ~ 발진티푸스.

exanthème [ɛgzɑ̃tɛm] *n.m.* 《의학》발진. ~ critique 돌발발진.

exarchat [ɛgzarka] *n.m.* 《종교사》 exarque 의 관할구(직·직위).

exarque [ɛgzark] *n.m.* 《종교》(그리스 정교의)총주교 대리; 《역사》(동로마 제국의)태수(太守).

exarthrème [ɛgzartrɛm] *n.m.*, **exarthrose** [ɛgzartroːz] *n.f.* 《의학》탈구(脫臼)(luxation).

exaspérant(e) [ɛgzasperɑ̃, -ãːt] *a.* 성가시게 하는, 성[화]나게 하는, 짜증나는 (énervant, irritant).

exaspération [ɛgzasperasjɔ̃] *n.f.* ① 격노, 격분, 울분(irritation). Le sentiment de son malheur accroissait son ~. 그의 불행감은 분노를 더하게 했다. ② (병·고통 따위의)악화(aggravation). ~ d'une maladie 질병의 악화. ③ 자극, 흥분(excitation). ~ d'un désir 욕망의 자극.

exaspéré(e) [ɛgzaspere] *a.p.* ① 격분한, 흥분한. être ~ contre le journalisme 언론에 대해 격분해 있다. ② (질병 따위가)악화된, ③ 과격한, 격화된. nationalisme ~ 과격한 국가주의.

exaspérer [ɛgzaspere] [6] *v.t.* ① [~ *qn*](을)몹시 화나게 하다, 짜증나게 하다, 성가시게 굴다(agacer, irriter). Toutes ces critiques l'*ont exaspéré*. 이와 같은 모든 비판이 그를 몹시 화나게 했다. ② (신체적·정신적 고통 따위)한층 더하게 하다, 격화[악화]시키다(aggraver). ~ le mal [la douleur] 병[고통]을 악화시키다. ③ 자극하다. ~ un désir 욕망을 자극하다.
—*s'*~ *v.pr.* ① [s'~ de] (에)몹시 화가[골이] 나다, 흥분하다. ② (병·고통 따위가)한층 심해지다, 격화[악화]되다. [(附].

ex. att. (약자) exercice attaché 《주식》배당부

exaucement [ɛgzosmɑ̃] *n.m.* (신이 인간의 청·소원을)들어주기; 청허(聽許).

exaucer [ɛgzose] [2] *v.t.* [~ *qn*] (신·신령이 …의) 청[소원]을 들어주다(combler, contenter). Dieu (Le ciel) l'*a exaucé*. 신(하늘)이 그의 소원을 들어주셨다. ~ un vœu [une prière, une demande, etc.] (사람의)소원[청·요구 따위]를 들어주다. Tous mes désirs *sont exaucés*, puisque vous êtes sains et saufs. 너희들이 무사한 이상 내 모든 소원은 이루어진 셈이다.

ex-bon. 〖약자〗ex-bonification 〖주식〗배당락(配當落).
Exc. 〖약자〗Excellence 각하.
ex-c. 〖약자〗ex-coupon 〖주식〗이락(利落).
ex cathedra [ɛksatedra] 〖라틴〗loc.ad. ① 설교단상에서. ② (특히 교수가) 권위를 가지고, 권위있게.
excava*teur*(*trice*) [ɛkskavatœːr, -tris] n. 〖토목〗굴착기(掘鑿機).
excavation [ɛkskavasjɔ̃] n.f. ① 〖토목〗(구멍·굴 따위를) 파기, 뚫기; 개착, 굴착. ~ d'un puits 우물파기. ②굴, 동굴, 웅덩이.
excaver [ɛkskave] v.t. (구멍·굴 따위를) 파다, 뚫다. ~ le sol 땅을 파다.
excédant(e) [ɛkseda, -ɑ̃ːt] a. ① 지치게 하는, travail ~ 지치게 하는 작업. ② 귀찮기 짝이 없는, 성가시게 구는 (importun). visiteurs ~ 성가신 방문객. ③〖옛〗초과의. sommes ~es 초과액.
excédent [ɛksedɑ̃] n.m. 초과(량·수); 흑자; 초과액. ~ de bagages 〖철도〗초과 수하물. ~ de production 과잉(초과) 생산. payer 500 francs d'~ 초과 요금 500 프랑을 지불하다.
excédentaire [ɛksedɑ̃tɛːr] a. 초과(잉여)분의, 초과된. production ~ de vin 포도주의 초과생산.
excéder [ɛksede] v.t. ①넘다, 초과하다 (dépasser, surpasser). Ce colis *excède* de cent grammes le poids réglementaire. 이 소포는 규정무게를 100 그램 초과한다. la durée prévue 예상기간을 초과하다. ② (능력을) 지나치다; (권한을) 넘어서다 (outrepasser). ~ ses pouvoirs 월권 행위를 하다. ~ son droit 그의 권리의 영역을 넘어서다. Ce problème *excède* mon intelligence. 이 문제는 내 머리로는 안된다. ~ sa force 그의 힘이 미치지 않다. ③(몹시 성가시게) 굴다(exaspérer); 기진맥진하게 하다, 더 참을 수 없게 하다. ~ de fatigue 피로로 녹초가 되게 하다. Le bruit de la rue m'*excède*. 거리의 소음이 나를 더 참을 수 없게 한다. ④ 학대하다; (말 따위를) 혹사하다.
—*s'~* v.pr. 기진맥진해지다. *s'~* à + inf. …하여 기진맥진하게 되다.
excellemment [ɛkselamɑ̃] ad. 〖문어〗뛰어나게, 탁월하게; 〖옛〗극히, 더할 나위 없이.
excellence [ɛkselɑ̃ːs] n.f. ① 〖문어〗뛰어남, 우수, 탁월. ~ d'un auteur 작가의 우수함. ~ d'un vin 포도주의 좋은 품질. prix d'~ 우등상. ② (E~)각하, 예하(猊下) (주교·대사·장관 따위에 대한 존칭). Son E~ l'ambassadeur 대사 각하 (간접적으로). Votre E~ 각하, 예하 (호칭) 〖Votre Excellence에서「각하」의 뜻으로, V.E. 〖예하〗의 뜻으로는 V.Exc.로 약함. Son Excellence에서「각하」는 S.E., 〖예하〗는 S.Exc.로 약함〗. ③ (E~)(구어) 장관. Nos E~s 우리 나라의 장관들. *par* ~ 특히; 전형적인 의미로, 훌륭하게. Racine est l'auteur classique *par* ~. 라신은 전형적인 고전주의 작가이다.
‡**excellent(e)** [ɛkselɑ̃, -ɑ̃ːt] a. ① 뛰어난, 우수한, 훌륭한, 탁월한 (admirable); (음식이) 기막히게 (맛이) 좋은. ~ peintre 뛰어난 화가. vin ~ 상품의 포도주. *E~e* idée! 아주 좋은 생각이야! 명안이로군! [~ en/dans] Il est ~ en mathématiques. 그는 수학을 뛰어나게 잘 한다. ②선량한, 사람이 좋은. ~ homme 마음씨 좋은 사람.
REM excellent 은 뜻으로 보아 최상급에 가깝기 때문에 très나 plus와 같은 부사와 함께 쓰이는 경우는 매우 드물다.
excellentissime [ɛkselɑ̃tisim] a. 〖예〗① 지극히 뛰

어난. vin ~ 최상품 포도주. ②각하 (옛날 베네치아의 원로원 의원에게 주어진 존칭).
exceller [ɛkse(ɛl)le] v.i. [~ dans/en/à] (에) 뛰어나다, 탁월하다. ~ *dans* sa profession 직업에 있어서 뛰어나다. ~ *au* tennis 테니스를 뛰어나게 잘 하다. [~ à + inf.] Il *excelle* à conter des histoires drôles. 그는 우스운 이야기를 썩 잘한다.
excentration [ɛksɑ̃trasjɔ̃] n.f. 〖기술〗회전축과 중심과의 불일치, 편심(偏心), 이심(離心).
excentré(e) [ɛksɑ̃tre] a.p. 〖기술〗중심(축)이 벗어난, 편심(偏心)한. roue ~e 편심륜.
excentrement [ɛksɑ̃trəmɑ̃] n.m. = excentration.
excentrer [ɛksɑ̃tre] v.t. 〖기술〗중심(축)을 벗어나게 하다.
excentricité [ɛksɑ̃trisite] n.f. ① 엉뚱함, 기발함, 남다름 (extravagance, singularité). ~ d'une conduite 행동의 엉뚱함. ② (주로 *pl.*) 남다른 언동, 이상한 짓 (생각). faire [commettre] des ~s 엉뚱한 행동을 하다. ③중심지에서 멀어짐, 벽지. ~ d'un quartier 어느 지역의 궁벽함. ④ 〖학술〗편심(율); 이심(율). ~ d'une conique 원추곡선의 이심률. ~ de l'orbite d'une planète 어느 행성 궤도의 이심률. ~ des couches ligneuses 〖식물〗수(髓)의 편심.
excentrique [ɛksɑ̃trik] a. ① 엉뚱한, 기발한, 남다른 (bizarre, extravagant). idée ~ 엉뚱한 생각. mode ~ 기발한 유행. ② 중심지에서 벗어난. quartier ~ de Paris 파리의 변두리 지역. ③ 〖수학〗중심이 벗어난. courbe ~ 초점이 중심에서 벗어난 곡선. cercles ~s 이심원. ④ 광대노릇을 하는 (뮤직홀 따위의 연예인을 말함).
—*n.* ① 엉뚱한 사람, 기인, 괴짜. ② 광대노릇을 하는 연예인.
—*n.m.* ① 엉뚱함, 기발함. ② 〖기계〗편심기, 편심륜. ③ (천동길로버의) 태양쪽 편심 궤도.
excentriquement [ɛksɑ̃trikmɑ̃] ad. ① 남다르게, 기발하게, 엉뚱하게. s'habiller ~ 남다른 복장을 하다. ② 〖수학·기계〗중심을 벗어나.
*****excepté[1]** [ɛksɛpte] *prép.* …을 제외하고는, …을 빼놓고는, …이외에 (sauf). ~ les dimanches 일요일을 제외하고는. [~+*inf.*] J'y vais à pied, ~ quand je suis malade. 내가 아플 때를 제외하고는 걸어서 간다. [~ que + *ind.*] Nous avons eu beau temps, ~ qu'il a un peu plu vers midi. 정오경에 약간 비가 내린 것만 제외하면 오늘은 날씨가 좋았다.
excepté[2](e) [ɛksɛpte] a.p. (명사 뒤에 놓여서) 제외된, 이외의. Eux ~s, personne n'a entendu parler de cela. 그들 이외에 이 이야기를 전해 들은 사람은 아무도 없다.
*****excepter** [ɛksɛpte] v.t. 예외로 하다, 제외하다, 빼다 (exclure). ~ de ce total certains frais 이 총액에서 어떤 비용을 제외하다. Cela est valable pour le monde, sans ~ personne. 이것은 (아무도) 예외 없이 모든 사람에게 적용된다. —*s'~* v.pr. (에서) 자신을 제외하다.
excep*tif*(*ve*) [ɛksɛptif, -iv] a. 예외적인, 제외적인. proposition ~*ve* 〖논리〗예외적인 명제.
exception [ɛksɛpsjɔ̃] n.f. 예외, 제외. Toutes les règles comportent des ~s. 모든 규칙에는 예외가 있다. faire une ~ pour *qn* …을 예외 취급하다, 특별대우하다. à quelques ~s près 몇 개의 예외를 빼면. Tous les élèves, sans ~, ont été punis. 모든 학생이 예외없이 벌을 받았다. L'~ confirme la règle. 〖속담〗 규칙이 있고서야 예외가 있다. ② 드문예, 이례적인 것. La neige en mai est une ~ dans cette région. 이 지방에서 오월에 눈이 오는 것은 이례적인 일이다. ③ 〖법〗 항변. alléguer

une ~ 항변을 행사하다. ~ de nullité [de prescription] 방소(妨訴)[시효의] 항변. — dilatoire 소송연기의 항변.
à l'~ de ...; ~ faite de ... …을 제외하고, 예외로 하고. Tout le monde était là, à l'~ de lui. 그를 빼고는 모두가 거기에 있었다.
d'~ ⓐ 예외의, 특례의. tribunal d'~ 특별법정. mesure d'~ 특례조치. régime d'~ (국가의 긴급사태에 대응하는)특별체제. ⓑ 뛰어난. être d'~ 뛰어난 사람(이다).
par ~ 예외적으로. On pourrait, par ~ commencer dans l'ordre inverse. 예외적으로 반대순서로 시작할 수도 있다.

exceptionnel(le) [ɛksɛpsjɔnɛl] a. ① 예외의, 이례적인, 특별한. congé ~ 특별휴가. prix ~s 특가(特價). prime ~le 특별수당. prendre des mesures ~les 이례적인 조치를 취하다. (비인칭)Il est ~ que + subj. …은 예외적인 것이다. ② 특출한, 뛰어난, 비할 데 없는. musicien d'un talent ~ 특출한 재능이 있는 음악가. réussite ~le 비할 데 없는 성공. — n.m. 예외적인 것, 특이한 점. 극고.

exceptionnellement [ɛksɛpsjɔnɛlmɑ̃] ad. ① 예외적으로, 이례적으로, 특별히. La réunion aura lieu ~ mardi. 집회는 이례적으로 화요일에 있게 될 것이다. ② 비할 데 없이, 특출하게. homme ~ beau 뛰어난 미남.

*****excès** [ɛksɛ] n.m. ① 초과, 여분. ~ des dépenses sur les recettes 수입에 대한 지출의 초과. total approché un ~ 근사치를 반올림한 합계. ② 과다, 과잉, 넘침. ~ de poids 중량초과. ~ de précaution 지나친 조심. ~ de pouvoir 직권 남용. infliger à qn une amende pour ~ de vitesse …에 과속으로 인한 벌금을 물리다. [avec ~] manger avec ~ 과식하다. L'~ en tout est un défaut. (속담)지나침은 모자람과 같다, 과불급(過不及). ③ 과도한 행위, 지나침. ~ de table 폭음폭식. ~ de langage 지나친 언사. ~ de conduite 방정(方正)치 못한 행위. ④ (pl.)무절제; 폭력행위, 잔학행위. se livrer à des ~ 폭력행위를 저지르다.
à l'~; jusqu'à l'~ 과도하게, 도를 지나쳐서. boire ~ 도를 넘지 않고, 적당히.
sans ~ 도를 넘지 않고, 적당히.

excessif(ve) [ɛksɛ[e]sif, -i:v] a. ① 과도한, 지나친; 극단적인. froid ~ 극단적인 추위. opinion ~ve 극단적인 의견. prix ~ 지나친 가격. être ~ dans ses jugements. 극단적으로 판단하다. ② (명사 앞에)더할 나위 없는, 대단한. vieillard d'une ~ve bonté 더할 나위 없이 선량한 노인. ③ fonction ~ve 【수학】초월함수.

excessivement [ɛksɛsivmɑ̃] ad. ① 과도하게, 지나치게. manger ~ 과식하다. ② 더할 나위 없이, 비상하게(très). ~ difficile 지극히 어려운.

excessiveté [ɛksɛsivte] n.f. (드물게)과도, 지나침.

exciper [ɛksipe] v.i. ① [~ de] 【법】(을 이유로) 이의신청을 하다, 항변하다. ~ de la prescription 시효를 이유로 이의신청을 하다. ~ du contrat 계약을 방패로 하다. ② (문어) [~ de] (을 이유로)변명하다. ~ de sa bonne foi 자기의 성실성을 방패로 삼다.

excipient [ɛksipjɑ̃] n.m. 【약】부형제(賦形劑) (약을 먹기 좋게 취급하기 쉽게 하기 위한 첨가제).

excise [ɛksi:z] 【영】n.f. (영국·미국의)간접세, 물품세, 소비세.

exciser [ɛksize] v.t. ① 【외과】(종양 따위를)잘라내다, 절제(切除)하다. ② (음핵을)절제하다; 할례를 시술하다.

excision [ɛksizjɔ̃] n.f. 【외과】잘라내기, 절제; 음경·음핵의 절제, 할례(circoncision).

excitabilité [ɛksitabilite] n.f. ① 【생리】피(被)자극성; 흥분성. ② 흥분하기 쉬운 성질, 격하기 쉬운 성질.

excitable [ɛksitabl] a. ① 흥분하기 쉬운, 격하기 쉬운. caractère ~ 흥분하기 쉬운 성격. ② 【생리】자극에 반응하는. système ~ 피자극성 계통.

excitant(e) [ɛksitɑ̃, -ɑ̃:t] a. ① 자극적인, 자극하는. lecture ~e pour l'esprit 정신을 자극하는 읽을 거리. ②【구어】재미있는, 신나는(주로 부정문으로)(agréable, plaisant). Encore des nouilles, ce n'est pas très ~! 또 국수라, 그것 별로 신나지 않는데! ③【구어】욕정을 불러일으키는[돋우는], 자극적인. — n.m. 흥분시키는 것, 자극을 주는 것; 흥분제, 자극물. ~ pour l'imagination 상상력을 (크게) 자극하는 것. prendre (absorber) un ~ 흥분제를 먹다. ~ pour l'esprit 정신적 자극.

excitateur(trice) [ɛksitatœ:r, -tris] a. 자극(선동)하는. — n. (문어)자극하는 사람; 선동자, (fauteur). ~ de foules 민중의 선동자. — n.m.【전기】방전기. — n.f.【전기】여자기(勵磁機).

excitatif(ve) [ɛksitatif, -i:v] a. (옛)자극성 있는, 흥분시키는(excitant).

excitation [ɛksitasjɔ̃] n.f. ① 흥분(상태) (agitation). ~ sexuelle 성적 흥분. être en proie à une grande ~ 무척 흥분해 있다. ② 부추김, 선동(encouragement). ~ au travail 일을 하도록 부추김. ~ des mineurs à la débauche 【법】미성년자에의 비행 교사. ③ 【생리】자극, 흥분. ~ d'un nerf par un courant électrique 전류에 의한 신경의 자극. ④【물리】여자(勵磁), 여기(勵起), 여진(勵振). ~ par choc 충격여기[여진].

excité(e) [ɛksite] a.p. ① 흥분한, 흥분상태의(agité, énervé). auditoire ~ 흥분한 관중. Il est tout ~ et ne tient plus en place. 그는 몹시 흥분해서 안절부절 못하고 있다. ②【물리】여기상태의. atome ~ 여기상태의 원자. — n. 흥분한 사람.

excitement [ɛksitmɑ̃] n.m. ①【생리】(기능의)흥분. ②(정신의)흥분.

*****exciter** [ɛksite] v.t. 흥분시키다, 자극하다. La caféine excite le système nerveux. 카페인은 신경을 흥분시킨다. ② (감정을)부추기다, 유발하다, 돋우다(activer). ~ la pitié 동정심을 불러 일으키다. ~ le rire 웃음이 나게 하다. ~ la colère 화를 돋우다. ~ l'appétit 식욕을 돋우다. ~ la jalousie à qn …에게 질투심을 유발하다. ③ [~ à] (에, 으로)부추기다, 사주하다, 교사하다(entraîner, exhorter). ~ qn à la vengence …을 복수하도록 부추기다. ~ les mineurs à la délinquance 미성년자를 비행으로 이끌다. ④ 화나게 하다, 신경질나게 하다. ~ qn contre qn …에 대해서 화나게 하다. ⑤【구어】(주로 부정문으로)흥미를 끌다. Ce travail ne m'excite pas beaucoup. 이 일은 내게 별로 흥미가 안 난다. ⑥【구어】(성적으로)흥분시키다, 욕정을 불러일으키다[돋우다]. Elle excite les hommes par son sex-appeal. 그녀는 성적 매력으로 남자들을 흥분시킨다. ⑦【생리】자극하다, 흥분시키다. ~ un muscle 근육을 자극하다. ⑧【물리】여자(勵磁)하다; 여기(勵起)하다. ⑨【군】고무하다; 활기를 주다. ~ les soldats 병사들을 고무하다. ~ l'industrie 산업에 활기를 주다.
— **s'~** v.pr. 【문어】화를 내다. s'~ au cours du débat 논쟁 중에 흥분하다. ②【구어】[s'~ sur] (에)열중하다. ③【구어】욕정을 일으키다, (성적으로)흥분하다.

exciteur(se) [ɛksitœ:r, -ø:z] a. 자극하는. — n. 자

극하는 사람.
excito-mot*eur*(*trice*) [ɛksitɔmotœːr, -tris] *a.* 《생리》운동촉진성의. nerfs ~*s* 반사신경.
exclamatif(*ve*) [ɛksklamatif, -iːv] *a.* 《언어》감탄의. proposition ~*ve* 감탄절.
—*n.m.* 감탄사(mot ~).
exclamation [ɛksklamasjɔ̃] *n.f.* ① (기쁨·분노·놀람 따위의)외침, 부르짖음. pousser des ~*s* 탄성을 발하다. ② 《언어》감탄. point d'~ 느낌표, 감탄부호. (!).
exclamativement [ɛksklamativmɑ̃] *ad.* ① 감탄해서, 부르짖듯이. ② 《언어》 간투사적으로. substantif pris ~ 간투사적으로 쓰이는 명사.
exclamer (s') [sɛksklame] *v.pr.* 탄성을 올리다, 외치다(s'écrier). [~ sur] (에 대해) 감탄하다. s'~ *sur* la beauté du paysage 풍경의 아름다움에 감탄하다. Il n'y a pas de quoi s'~ ; Il n'y a pas tant à s'~. 그렇게까지 떠들 건 없다.
exclu(e) [ɛkskly] (*p.p.*<*exclure*) *a.p.* ① 내쫓긴, 제명된. élève ~ d'une école 퇴학생. membre ~ d'un cercle 서클에서 제명된 회원. ② 받아들여지지 않는, 있을 수 없는. Ne comptez pas sur mon aide, c'est tout à fait ~ [c'est une chose ~*e*]. 내도움을 기대하지 마시오, 그건 전연 있을 수 없는 일이오.[문제 밖의 일이오.] (비인칭) Il est ~ que +*sub.*] Il est ~ *qu'*elle vienne à cette réunion. 그녀가 이 모임에 온다는 것은 생각할 수 없는 일이다. (특히 부정형으로) Il n'est pas ~ *qu'*il accepte notre offre. 그가 우리의 제안을 수락한다는 것은 불가능한 일은 아니다[가능하다]. ③ (계산에서) 제외된. lire un livre jusqu'au chapitre III ~ 책을 제 3장 앞까지 읽다 (3장부터 제외). ④ principe du tiers ~ 《논리》제 3항 삭제의 원칙.
—*n.* 제명된 자 ; (전과로 인한)병적 제외자.
exclure [ɛksklyːr] [48] *v.t.* ① 쫓다, 쫓아내다(bannir) ;(들어오는 것을 거부하다(막다). [~ *qn*] ~ un élève *d'*un lycée 학생을 리세에서 퇴학시키다. ~ *qn d'un* parti ―을 당에서 쫓다(제명하다). ② 제외하다, 배제하다. [~ *qc/qn* de] ~ le sel *de* ses repas 식사에 염분을 삼가다. ~ *qn* des charges publiques ―을 공직에 받아들이지 않다. ~ une hypothèse 가설을 배제하다. ③ 용납하지 않다, 거부하다. Nous *excluons* votre participation à cette affaire. 당신이 이 일에 참가한다는 것은 생각 밖의 일이오. ~ toute forme de compromis 온갖 타협을 거부하다. ~ que+*sub.* ―이라는 것은 전연 생각하지 않다. ④ (주어는 사물) (와)모순되다, 양립하지 않다. La générosité *exclut* la sévérité. 관대함과 엄격함은 양립하지 않는다.
—**s'** ~ *v.pr.* ① [s'~ de] 탈퇴[탈락]하다, 빠지다. s'~ *du* parti 당에서 탈퇴하다. ② 서로 어울리지 않다, 양립하지 않다. Ces deux idées *s'excluent* l'une l'autre. 이 두 생각은 서로 모순되다.
exclusif(*ve*) [ɛksklyzif, -iːv] *a.* ① [~ de] (와)모순되는, 어울리지 않는 ; (을)배제하는. On pense que la science est ~*ve* des religions. 사람들은 과학과 종교는 서로 어울리지[양립하지] 않는다고 생각한다. Ces deux sentiments sont ~*s* l'un de l'autre. 이 두 감정은 양립하지 않는다. ② 배타적인, 편협한. groupe ~ 배타적인 그룹. femme ~*ve* 독점욕이 강한 여성. avoir un intérêt ~ pour les romans policiers 유독 탐정소설에 대해서만 관심을 갖다. ~ dans ses idées 완고하게 자기 생각을 지키는. ③ 독점적인, 전유적인. L'État se reserve le droit ~ de vendre le tabac. 국가는 담배 판매의 독점권을 가지고 있다. agent ~ 총대리인(점). modèle ~ (타사에서 제조하지 않는)독점적 제품. article ~ *d'*un journal 신문의 특종기사. ④ 하나로 한정된, 유일한. poursuivre un but ~ 단 하나의 목표를 추구하다. ~ (언어) 제외적인 (1 인칭 복수대명사(nous)에 2 인칭(tu)이 포함되지 않는). ⑥ voix ~*ve* 《엣》(후보자에 대한)거부권.
—*n.m.* 《역사》 (식민지에서의) 독점 상업체제.
—*n.f.* ① 배제, 배척 ; 제명. prononcer une ~*ve* contre un candidat 후보자를 배척하다. lancer une ~*ve* contre une hypothèse 가설을 배제하다. ② 《가톨릭》 교황 후보자배척(투표).
exclusion [ɛksklyzjɔ̃] *n.f.* ① 제명, 제적 (expulsion) ; 퇴학(renvoi). ~ *d'*un membre *du* parti 당원의 제명. ~ des fonctions publiques 공직 추방. ~ *d'*un mois 한 달간의 근신. ②제외, 배제. ~ de certains biens *d'*une succession 유산에서 어떤 재산을 제외하기. ③ principe d'~ 《물리》배타율, 파울리(Pauli)의 금제원리(禁制原理)(동일전자 상태에 2 개 이상의 전자가 존재할 수 없다는 원리) ; 《외과》 공치수술(空置手術), 광치수술(曠置手術).
à l'~ de ―을 제외하고. Tous mes livres sont neufs, *à l'~ de* la musique. 음악책을 제외하고 내 책은 모두 새 것이다.
exclusivement [ɛksklyzivmɑ̃] *ad.* ① 오로지 ; 전적으로, 외곬으로. lire ~ des ouvrages philosophiques 오로지 철학 서적만 읽다. ② 제외하고, 포함하지 않고. jusqu'au 20 septembre ~ 9 월 20 일 전까지 (9 월 20 일은 포함되지 않음).
exclusivisme [ɛksklyzivism] *n.m.* 《드물게》배타주의, 편협성.
exclusiviste [ɛksklyzivist] 《드물게》 *n.* 배타주의자 (排他主義者) ; 편협한 사람.—*a.* 배타주의적인.
exclusivité [ɛksklyzivite] *n.f.* ① 독점권, 전유(專有)권. avoir(acheter) l'~ *d'*une vente(d'un spectacle) 판매(공연)의 독점권을 갖다(사다). ② (영화의)독점상영 ; 독점개봉 기간. première ~ 독점개봉. cinéma d'~ 《독점》개봉관. ③ (1 개 회사에 의한) 독점, 전매품 ; (신문의)독점기사, 특종. ④《엣》배타성 ; 편협성.
en ~ 독점적으로. vente *d'*un produit *en* ~ 제품의 독점판매. film *en* ~ 독점 상영 영화.
excogitation [ɛkskɔʒitasjɔ̃] *n.f.* 《드물게》궁리, 고안(考案).
excommunication [ɛkskɔmynikasjɔ̃] *n.f.* ① 《가톨릭》파문(破門). fulminer(lancer) une ~ contre *qn* ―에게 파문을 선고하다. lever l'~ 파문을 풀어주다. ~ *majeure* (교회에서 축출하는) 정식파문, 대파문. ~ *mineure* (미사참례만을 금하는) 소파문. ② (비유적) (어떤 사회·정당으로부터의)축출, 추방, 제명, 제척.
excommunié(e) [ɛkskɔmynje] *a.p.* 파문당한 ; 추방당한. hérétique ~ 파문당한 이단자.
—*n.* 파문당한 사람.
avoir un visage d'~ 《엣》안색이 몹시 나쁘다.
excommunier [ɛkskɔmynje] *v.t.* ① 《가톨릭》파문하다. ② (비유적) 추방(축출)하다 ; 제명하다.
excoriation [ɛkskɔrjɑsjɔ̃] *n.f.* 《의학》찰과상(擦過傷), 표피박리(表皮剝離).
excorier [ɛkskɔrje] *v.t.* 《의학》(살갗을)벗기다, (에)찰과상을 입히다 ; 《외과》표피를 벗기다.
—**s'**~ *v.pr.* (살갗이) 벗겨지다, 찰과상을 입다.
excorporation [ɛkskɔrpɔrasjɔ̃] *n.f.* 《가톨릭》(사제에 의한)성직자의)축출, 추방.
excortication [ɛkskɔrtikasjɔ̃] *n.f.* 《드물게》=**décortication**.
excortiquer [ɛkskɔrtike] *v.t.* =**décortiquer**.
ex-c(oup). 《약자》 ex-coupon 《주식》 이자락(利

子落).

excrément [ɛkskremɑ̃] *n.m.* ① 대변, 똥. expulser les ~s 배변을 보다(똥을 누다). ②《옛》배설물; 분비물; 찌꺼기, 쓰레기.

excrémenteux(se) [ɛkskremɑ̃tφ, -φ:z], **excrémen(ti)tiel(le)** [ɛkskremɑ̃(ti)sjɛl] *a.* 분변의, 대변의. matières ~*les* 분변.

excrescence [ɛkskresɑ̃:s] *n.f.*《옛》=excroissance.

excréter [ɛkskrete] [6] *v.t.*《생리》배설[분비]하다. (*p.p.*ée) matières *excrétées* 배설[분비]물.

excréteur(trice) [ɛkskretœ:r, -tris], **excrétoire** [ɛkskretwa:r] *a.* 배설[분비]의. canal ~ 배설관.

excrétion [ɛkskresjɔ̃] *n.f.*《생리》배설[분비, 분비]작용). ~ des matières fécales[de l'urine] 배변[배뇨]. ②(*pl.*)배설[분비]물(=excréments).

excroissance [ɛkskrwasɑ̃:s] *n.f.* ①《동식물의》돌기물, 이상 증식물, 사마귀, 혹. ②《비유적》돌출된 것, 부속물. L'argot est une ~ de la langue générale. 속어는 일반어어의 부속물이다.

excursion [ɛkskyrsjɔ̃] *n.f.* ① 소풍; (조사·견학 따위의)가벼운 여행. ~ à la campagne 야외소풍, 들놀이. faire une ~ botanique 식물채집 여행을 하다. ②(본론·습관 따위에서의)일탈, 탈선. faire une ~ hors du sujet traité 논제에서 탈선하다. ③ ~ diaphragmatique《생리》(호흡시의)횡경막의 변동; ~ de fréquence《전기》주파수 편차.

excursionner [ɛkskyrsjɔne] *v.i.* 소풍가다, 유람[여행]하다.

excursionniste [ɛkskyrsjɔnist] *n.* 소풍[유람·여행]하는 사람. ~ à pied 도보 유람자.

excursus [ɛkskyrsys]《라틴》*n.m.*《수사학》(주제에서 떠난)보충 해설(주해).

excurvé(e) [ɛkskyrve] *a.*《드물게》바깥쪽으로 휜.

excusabilité [ɛkskyzabilite] *n.f.*《법》(파산자의)면책, 허용성.

excusable [ɛkskyzabl] *a.* 용서할 만한, 보아넘길 수 있는(pardonnable). erreur ~ 용서할 수 있는 잘못. crime ~《법》유서(宥恕)할만한 죄.

excusablement [ɛkskyzabləmɑ̃] *ad.*《드물게》무리도 아니게, 용서할 만하게.

***excuse** [ɛksky:z] *n.f.* ① 변명, 해명(défense, justification); 구실, 핑계(prétexte). chercher(inventer) une ~ 변명할 말을 찾다. alléguer(donner, fournir) une bonne ~ [une ~ valable] 납득할 만한 변명을 하다. faute sans ~ 변명의 여지 없는 과오. Il n'y a rien à dire à(pour) son ~. 그를 위해 변명할 여지가 없다. trouver une bonne ~ pour ne pas assister à une réunion 집회에 참석하지 않으려고 좋은 구실을 찾다. ②(*pl.*) 사과(의 말), 유감의 뜻. faire[présenter] ses ~*s* à *qn*《옛》…에게 사과하다. exiger des ~*s* 사과를 요구하다. se confondre en ~*s* 구구하게 사과의 말을 늘어놓다. ③ (양쪽이 서명이)결약제; 《법》(특정한 경우에 인정되는) 불출정이유, 결석사유. apporter un mot d'~ 결석사유를 가져오다. ④《법》~ légale 법률상의 감면; ~ atténuante 정상 참작에 의한 감형.

Faites~s. [fɛtɛkskyz]《속어》실례지만, 죄송하지만《반론할 때 따위의 표현》.

excusé(e) [ɛkskyze] *a.* ① 용서받은, 관대하게 보아준. Vous êtes tout ~. (사과의 말을 받아서)괜찮습니다, 별 말씀을. ② 면제된, 결석이 허용된.

***excuser** [ɛkskyze] *v.t.* ① 용서하다(pardonner), 관대하게 보아주다. ~ les fautes de la jeunesse 젊음의 과실을 관대하게 보아주다. [~ *qc* (à *qn*)] Veuillez (m') ~ mon retard. 제가 지각한 것을 용서해 주십시오. [~ *qn* de+*inf.*] Excusez-moi d'avoir oublié de vous prévenir. 당신에게 미리 알려드리지 못한 것을 용서해 주십시오. ② 변명하다(disculper); 변호하다(défendre). Il a cherché à ~ sa conduite. 그는 자신의 행위를 변명하고자 했다. Elle s'efforce vainement de l'~. 그녀는 그를 변호하려고 애썼지만 허사였다. ③《주어는 사물》(의)변명이 되다. L'intention n'*excuse* pas la faute. 의도가 (좋다고해서)과오의 변명은 되지 않는다. ④ (의 의무를)면제하다, 면하다(dispenser). [~ *qn* de+*inf.*] Il m'a invité à dîner; je l'ai prié de m'en ~. 그는 저녁식사에 나를 초대해 주었는데 나는 용서를 청했다. se faire ~ 사절하다. ⑤ ~ un juré《법》배심원의 결석을 인정하다.

Excusez du peu!《구어》설마하니, 아무리 그렇더라도《뜻밖의 말에 대한 놀람·분개를 나타내는 반어적 표현》.

Excusez-moi; Excuse-moi; Vous m'excuserez. 죄송합니다, 실례지만. *Excusez-moi, mais je ne suis pas de votre avis.* 죄송합니다만 저는 의견이 다릅니다.

— s'~ *v.pr.* ① 변명하다. s'~ sur *qc*《옛》…에 대해 변명하다. Qui s'*excuse*, s'accuse.《속담》(변명하는 것은 죄를 인정하는 것이다. ② [s'~ de] 사과하다, 빌다. s'~ *de* l'erreur 잘못을 사과하다. Je m'*excuse* de vous déranger. 방해를 해서 죄송합니다. Je m'excuse. 죄송합니다만 (Excusez-moi.가 올바른 표현). ③ 용서받다, 관대하게 보아지다[인정되다]. Une telle conduite ne s'*excuse* pas. 이와 같은 행동은 용서받을 수 없다. ④《옛》[s'~ de+*inf.*] 구실을 찾아서 …하지 않다.

ex-d.《약어》ex-dividende 배당락(配當落). 「락.

ex-dividende [ɛksdividɑ̃:d] *loc.ad.*《주식》배당

exeat [ɛgzeat]《라틴》*n.m.*《복수불변》① 《가톨릭》(성직자의)교구이전 허가(서). ②《국민학교 교사의)전근 허가. ③《옛》(학교·병원의)외출 허가(증); 퇴원 허가.

donner son ~ à qn《옛》…을 해고하다.

exécrable [ɛgzekrabl, ɛks-] *a.* ① 심한, 지독한, 최악의. odeur ~ 지독한 냄새. déjeuner ~ 지독하게 맛이 없는 점심. Il est d'une humeur ~. 그는 몹시 기분이 나쁘다. ②《문어》저주스러운, 고약한 (abominable). crime ~ 저주스러운 범죄.

exécrablement [ɛgzekrabləmɑ̃, ɛks-] *ad.* ① 지독하게, 무척 서투르게. peindre ~ 그림이 몹시 서툴다. ② 저주스러운 방법으로, 고약하게.

exécration [ɛgzekrasjɔ̃, ɛks-] *n.f.* ①《문어》증오, 혐오(aversion). avoir *qn* en ~ …을 증오하다. ②《옛》저주. vouer *qn* à l'~ …을 저주하다.

exécratoire [ɛgzekratwa:r, ɛks-] *a.*《옛》《종교》저주하는.

exécrer [ɛgzekre, ɛks-] [6] *v.t.* ① 증오하다, 혐오하다(haïr, détester). Elle *exècre* l'odeur du tabac. 그녀는 담배냄새를 몹시 싫어한다. ② 저주하다.

— s'~ *v.pr.* 서로 몹시 미워하다.

exécutable [ɛgzekytabl] *a.* ① 실현 가능한, 실행할 수 있는. plan facilement ~ 간단히 실현할 수 있는 계획. ② 실행 가능한.

exécutant(e) [ɛgzekytɑ̃, -ɑ̃:t] *n.* ① (명령·임무 따위의)이행자, 집행자. ②《음악》연주자.

exécuté(e) [ɛgzekyte] *a.p.* ① 실시된, 제작된; 연주된. corbeille entièrement ~*e* à la main 완전히 손으로 만든 광주리. morceau ~ admirablement 훌륭하게 연주된 곡. ② 처형된. insurgé ~ 처형된 반란자.

***exécuter** [ɛgzekyte] *v.t.* ① 실행[이행]하다(réaliser, accomplir). ~ un projet 계획을 실행하다. ~ une mission 임무를 수행하다. ~ les ordres de *qn* …의 명령을 집행하다.《목적보어 없이》Nous ne

décidons rien, nous *exécutons*. 우리는 아무 것도 결정하는 것이 없다, (결정된 것을) 실행할 뿐이다. ② (작품을)완성하다, 제작하다(confectionner). ~ une fresque 벽화를 제작하다. ~ le montage d'une machine 기계를 조립하다. ~ des plats compliqués 어려운 요리를 만들다. ③ 연주하다, 연기하다(interpréter). ~ au[sur le] piano 피아노로 연주하다. ~ le rôle de Julien Sorel 쥘리앙 소렐 역을 연기하다. ④ 처형하다. Le condamné *a été exécuté*. 사형수는 처형되었다. ~ un auteur 어떤 작가를 혹평하다. ⑤ 〖법〗 실시하다, 시행하다; 차압하다. ~ une loi 법률을 시행하다. ~ un testament 유언을 집행하다. ~ un jugement 판결을 집행하다. ~ un débiteur 채무자를 차압하다. ⑥ 〖권투〗 넉아웃시키다. se faire ~ en deux rounds 2라운드에서 녁아웃 당하다.

—**s'**— *v.pr.* ① (힘든 일을) 실행(단행)하다. Je lui ai demandé de m'aider, il *s'est exécuté* volontiers. 그에게 도와 달라고 청했자 그는 쾌히 그렇게 해주었다. ② 실행되다, 실시되다. Ce projet *s'exécutera* en deux temps. 이 계획은 두 번으로 나뉘어서 실시될 것입니다. ③ (채무이행을 위해)재산을 팔아주다.

exécuteur(trice) [ɛgzekytœːr, -tris] *n.* ① 〖옛〗실행자, 집행인(exécutants). ~ testamentaire 〖법〗 유언 집행인. ② 사형 집행인(~ des hautes œuvres; ~) de la haute justice).
—*a.* 집행하는, 실행하는.

exécutif(ve) [ɛgzekytif, -iːv] *a.* 행정의, 법을 집행하는. pouvoir ~ 행정부. agents ~s 행정관. (예술 작품)제작의. —*n.m.* 행정권; 집행부.

exécution [ɛgzekysjɔ̃] *n.f.* ① 실행, 실현. ~ d'un projet (d'un ordre) 계획 (명령)의 실행. passer à l' ~ 실행에 옮기다. homme d' ~ 실행력 있는 사람. ② (작품 따위의)제작, 완성, 만듦새. ~ d'un tableau 그림의 제작. travaux en cours d' ~ 진행중인 공사. ③ 연주, 상연. ~ d'un opéra 오페라의 상연. difficultés d' ~ 연주상의 곤란. ④ 사형집행(~ capitale); (형의)집행. ~ d'un condamné 사형수의 처형. peloton d' ~ 총살대(隊). ~ d'une peine 형의 집행. ⑤ 〖법〗 실시, 시행, 집행; 차압. ~ d'une loi 법의 시행. ~ forcée 강제집행. ~ en bourse 《주식》 (기한 내에 결제하지 않은 사람에 대한)강제집행. ~ d'un débiteur 채무자의 차압. *mettre qc à*〘(옛)*en*〙 ~. …을 실행에 옮기다, 집행하다. *mettre* son plan *à* ~ 계획을 실행에 옮기다. *mettre* une loi *à* ~ 법을 시행하다. *mise à* ~ 실행, 집행.

exécutoire [ɛgzekytwaːr] *a.* 〖법〗 효력을 발하는, 집행되어야 할; 집행력을 주는. décret immédiatement ~ 즉시 집행되어야 할 법령〖정령(政令)〗. force ~ (법·증서 따위의)집행력. formule ~ 집행력을 부여하는 서식(書式).
—*n.m.* 소송비용지불명령(서)(~ des dépens).

exécutoirement [ɛgzekytwarmɑ̃] *ad.* 〖법〗 집행될 수 있는 형식으로, 집행될 수 있도록.

exèdre [ɛgzɛdr] *n.f.* ① (고대 그리스의)의자를 비치한 담화실. ② (바실리카 교회당의)반원형의 의자를 비치한 장소; 반원형의 의자.

exégèse [ɛgzeʒɛːz] *n.f.* 주해, 주석; (특히)성서 주해(~ biblique). ~ historique 역사적 주해. ② (일반적으로) 해설. faire l' ~ d'un discours politique 정치연설을 해설하다.

exégète [ɛgzeʒɛt] *n.m.* 주석가; 성경 주해학자; 해설자.

exégétique [ɛgzeʒetik] *a.* 주해의, 주석의. notes ~s 주해. méthode ~ 원전해석법.

expl. 〘약자〙 exemplaire² 사본; (책 따위의)부.

exemplaire¹ [ɛgzɑ̃plɛːr] *a.* ① 모범적인, 훌륭한. élève ~ 모범적인 학생. vertu ~ 흠잡을 데 없는 덕. ~ qui ~ 가 되는, 가르침이 되는. punition ~ 본보기로서의 벌.

exemplaire² *n.m.* ① (서적·신문 따위의)부(部), 책(冊). tirer[imprimer] un livre à dix mille ~s 어떤 책을 만부 찍다. taper une lettre en double ~ 편지를 2부 타자하다. ② (동식물 따위의)견본, 표본 (échantillon). ~ d'un coquillage rare 진귀한 조개의 표본. ③ 같은 종류의 사람[물건]. Ce meuble est rare, on n'en trouve aucun ~. 이 가구는 희귀한 것이어서 비슷한 것을 찾아볼 수가 없다. ④〖옛〗 모범, 본.

exemplairement [ɛgzɑ̃plermɑ̃] *ad.* ① 모범적으로, 훌륭하게. vivre ~ 모범적인 생활을 하다. ② 본보기로, être châtié ~ 본보기로 벌을 받다.

exemplarité [ɛgzɑ̃plarite] *n.f.* ① 모범이 됨. ② 본보기가 됨.

exemplatif(ve) [ɛgzɑ̃platif, -iv]〖벨기에〗*a.* 실례의, 예가 되는. à titre ~ 예로서.

*****exemple** [ɛgzɑ̃ːpl] *n.m.* ① 예, 실례, 예증. citer l' ~ de qc …의 예를 들다. prendre un ~ concret 구체적인 예를 들다. pour ne citer qu'un ~ 한 가지 예를 들자면. ② 본, 모범(modèle). donner l' ~ 본을 보이다. prêcher d' ~ 몸소 시범을 보이다. suivre l' ~ de qn …을 본받다. 〘prendre ~ sur qn〙 Prenez ~ sur votre frère. 형을 본 받으시오. ~ de 본보기, 가르침(leçon). châtier qn pour l' ~ …을 본보기로 벌하다. 〘servir d' ~〙 Ce châtiment leur *a servi d'* ~. 이 벌이 그들에게 본보기가 되었다. ③ 전례; 유례. aventure sans ~ 전대미문의 모험. Il n'y a pas d' ~. 전례가 없다.

à l' ~ *de* …을 모범으로 해서, …의 예를 따라서. *À l'* ~ de son frère aîné, il veut faire sa médecine. 형의 예를 따라 그도 의학공부를 하고 싶어한다.

par ~ ⓐ 예컨대. Considérons, *par* ~, ce cas. 예컨대 이 경우를 고찰해 봅시다. ⓑ 〘구어〙하지만, 그렇다고는 하지만. On mange très bien dans ce restaurant; *par* ~, il ne faut pas être pressé. 이 식당의 음식은 아주 좋다, 다만 서둘러서는 안된다. ⓒ〘구어〙(간투사적) 설마하니, 천만에, 농담이 아니야. Ça, *par* ~! 아니, 이럴수가! 설마! Tiens, *par* ~ ... Mais c'est lui! 이거 놀라운데… 바로 그 자가 아닌가!

exemplification [ɛgzɑ̃plifikasjɔ̃] *n.f.* 예를 들기, 예시, 예증.

exemplifier [ɛgzɑ̃plifje] *v.t.* 예시하다, 예증하다.

exempt(e) [ɛgzɑ̃, -ɑ̃ːt] *a.* ① 〘~ *de*〙(이)면제된, 면해진. être ~ *du* service militaire 병역이 면제되다. colis ~ *de* timbre 인지세가 면제된. colis ~ *de* port 송료 면제 소포. Nul n'est ~ *de* la mort. 죽음을 피할 수 있는 자는 아무도 없다. ② 〘~ *de*〙(결점·잘못 따위가)없는, 포함되지 않은. vie ~ *de* soucis 근심이 없는 생활. ouvrage ~ *de* défauts 흠이 없는 작품. ③ 〘~ *de*〙(편견·권위 따위에)사로 잡히지 않는, 자유로운. être ~ *des* superstitions 미신에 사로잡히지 않다. ④ abbaye ~e〖가톨릭〗(교구 사제의 권한이 미치지 않는)교황 직할 대수도원, 면속(免屬) 대수도원.

—*n.m.* ① 면제된 사람. ~ *de* gymnastique 체육이 면제된 학생. ② 〖역사〗 평상군무가 면제된 기병 하사관(대장 부재시 대리로 지휘를 맡음); (체포에 관여하는)하급 헌병. ③ 〖가톨릭〗 교구사제의 권한 밖에 있는 성직자, 면속자(免屬者).

exempté(e) [ɛgzɑ̃te] *a.p.* (이)면제된. —*n.m.* 면제자; 병역 면제자(~ *de* service).

exempter [εgzɑ̃te] *v.t.* ① [~ *qn de*] 면제하다(dispenser). ~ *d'impôt les plus bas revenus* 최저 소득자에게 세금을 면제해 주다. ② (특히) 병역을 면제하다(*du service militaire*). ~ *les infirmes* 장애자에게 병역을 면제하다. ③ [~ *qc de*] 보존하다, 지키다(préserver). ~ *une ville de l'épidémie* 도시를 전염병에서 지키다.
— **s'~** *v.pr.* [s'~ *de*] (이)면제되다(s'affranchir). *s'~ de remplir un devoir* 의무를 수행하는 것이 면제되다. *Vous auriez pu vous en ~.* 그 일을 하시지 않아도 되었을 텐데.

exemption [εgzɑ̃psjɔ̃] *n.f.* ① 면제; (특히) 병역 면제; (~ *du service militaire*). ~ *d'impôts* 세금의 면제. ~ *de peine* 형의 사면. ② 〖카톨릭〗 면속(免屬)(교황이 성직자 개인에게 부여하는 교구 근무의 면제). ③ 〖옛〗(고통 따위로부터) 면하기.

exequatur [εgzekwaty:r] (라틴) *n.m.* (복수불변) 〖법〗(외국에서 내려진 판결 따위에 대한 국내의) 집행승인. jugement d'~ 집행 판결. ② (주재국 정부가 영사에게 주는) 영사 인가장. ③ (행정·판결의) 집행 승인장, 집행장.

exerçant(e) [εgzεrsɑ̃, -ɑ̃:t] *a.* (특정의 직업에) 종사하는, 현역의. *médecin ~* 개업 의사.

exercé(e) [εgzεrse] *a.p.* 훈련된, 능숙한, 숙련된(adroit); 경험이 풍부한. *main ~e* 숙련된 손. *musicien ~* 능숙한 음악가.

***exercer** [εgzεrse] [2] *v.t.* ① 훈련(단련)하다. ~ *ses muscles* 근육을 훈련하다. ~ *sa mémoire* 기억력을 훈련하다. [~ *qn à qc*] ~ *des élèves à la composition* 학생들에게 작문연습을 시키다. [~ *qn à* + *inf.*] ~ *les soldats à manier les armes* 병사들에게 병기 취급을 훈련시키다. ~ *un chien à rapporter le gibier* 개에게 불치를 물어오도록 훈련하다. ② 행사하다, 발휘하다; (영향·힘을) 미치다. ~ *son droit* 권리를 행사하다. ~ *un pouvoir* 권력을 행사하다. ~ *sur qn des violences* …에게 폭력을 휘두르다. ~ *son talent* 재능을 발휘하다. ~ *un attrait* 매혹하다. ③ 종사하다, 경영하다(pratiquer). ~ *un commerce* 상업에 종사하다. ~ *la médecine* 의료업에 종사하다. ~ *les fonctions importantes* 중요한 자리에 있다. (목적보어 없이) *Ce médecin n'exerce plus.* 저 의사는 이제 폐업하였다. ④ (간접세 대상 물품을) 평가하다. ⑤ 〖옛〗시험하다, 시련을 주다.
— **s'~** *v.pr.* ① 훈련하다, 연습하다(s'entraîner). *athlète qui s'exerce tous les jours* 매일 연습하는 운동가. [s'~ à *qc*] s'~ *au piano* 피아노를 연습하다. [s'~ à + *inf.*] s'~ à *danser* 춤을 연습하다. ② 행사되다, 발휘되다. *influence qui s'exerce sur qn* ~에게 미치는 영향. ③ (감정이) 나타나다(se manifester). *Sa colère s'est exercée sur toute la famille.* 그의 분노는 전 가족으로 향했다.

***exercice** [εgzεrsis] *n.m.* ① 연습, 훈련, 단련. ~ *des facultés intellectuelles* 지적 능력의 훈련. *acquérir un talent par un constant* ~ 끊임없는 훈련으로 재능을 습득하다. *du corps* 육체의 단련. *chanteur qui fait des* ~*s* (노래) 연습을 하는 가수. ② 운동. *L'~ est bon à la santé.* 운동은 건강에 좋다. *faire* [*prendre*] *de l'~* 운동하다. *défaut* [*manque*] *d'~* 운동부족. ~*s au sol* (체조의) 마루 운동. ③ (*pl.*) 연습 문제; 문제집; 〖음악〗 연습 곡. *faire des ~s de calcul* 계산 연습 문제를 풀다. *cahier d'~s* 연습 문제집. ~*s pratiques* 실습. ④ 행사, 실천, 실행(pratique). ~ *du pouvoir* 권력의 행사. ~ *des vertus* 덕의 실천. *libre* ~ *du culte* 신앙 행위[의] 자유. ⑤ (직업의) 종사, 영업. ~ *illégal de la médecine* 불법 의료업. ⑥ 〖군사〗 연습, 훈련, 교련. *faire l'~* 훈련을 하다. ~ *sur le terrain* 실지 연습. ~ à *double action* (적의 병력을 배치한) 모의훈련. ⑦ 〖법〗회계연도, 사업연도. *bilan en fin d'~* 회계연도의 수지보고. ~ *social* 회사의 사업 (회계) 연도. ⑧ 〖종교〗 집전, 예배. ⑨ 〖법〗 (간접세 대상 물품의) 평가, 검사.
de plein ~ 전과정을 설치한(개설한). *collège de plein* ~ 전과정을 설치한 중학교.
en ~ 현역의, 업무중의. *ministre en ~* 현직 장관. *entrer en* ~ 취임하다.

exerciseur [εgzεrsizœ:r] *n.m.* 체조 기구의 일종(근육 발달용)(extenseur).

exérèse [εgzerε:z] *n.f.* 〖외과〗절제(切除), 적출(摘出) 수술.

exergue [εgzεrg] *n.m.* ① (메달·화폐 따위의) 연월일 또는 글귀를 새기는 곳. ② (책·문장 따위의) 첫머리에 인용한 인용구, 명구. *portant en* ~ (…라는) 글자가 새겨진.
mettre qc en ~ …을 첫머리에 인용하다; (비유적) (다음의 것을 설명하기 위해) …을 내걸다. *mettre un proverbe en* ~ à *un tableau* 그림의 설명을 위해 속담을 내걸다.

exert(e) [εgzε:r, -εrt] *a.* 〖옛〗〖식물〗 수술 따위가 밖으로 나온.

exertion [εgzεrsjɔ̃] *n.f.* (드물게)(힘의) 발휘.

exfoliatif(ve) [εksfɔljatif, -i:v] *a.* 〖생물·광업〗 박리시키는. 〖의학〗 박탈성의.

exfoliation [εksfɔljasjɔ̃] *n.f.* ① (암석의 박편·나무껍질 따위의) 박리. ② 〖의학〗 박탈(剝脫), 박피.

exfolier [εksfɔlje] *v.t.* (석판·나무 따위의) 껍질을 벗기다. — **s'~** *v.pr.* ① 〖의학〗(표피 따위가) 벗겨지다. ② (나무 껍질이) 벗겨지다.

exhalaison [εgzalεzɔ̃] *n.f.* (냄새 따위) 발산물, (수증기 따위) 증발기(蒸發氣). ~ *fétide* 악취.

exhalation [εgzalasjɔ̃] *n.f.* ① 〖생리〗(피부로부터의) 발산; (숨의) 토해 냄. ② 〖옛〗증발.

exhalatoire [εgzalatwa:r] *n.f.* (machine) ~ (염전용의) 증발 (증발시키는) 기계.

exhaler [εgzale] *v.t.* ① (냄새 따위를) 발산하다, 내뿜다. ~ *une odeur agréable* 좋은 향기를 내다. ~ *de la sueur* 땀냄새를 풍기다. ② (문어) (감정 따위를) 발산하다. ~ *sa fureur* 노여움을 터뜨리다. ~ *sa joie* 기쁨을 나타내다. ③ (한숨을) 쉬다, 내뿜다 (pousser). ~ *des plaintes* [*des soupirs*] 한탄소리 [탄식소리]를 내 뱉다. ~ *le dernier soupir* (souffle) 최후의 숨을 거두다, 죽다. ④ (드물게) (구멍에서 연기 따위가) 내뿜다, 나다.
— **s'~** *v.pr.* ① (냄새가) 나다, 발산되다(émaner). *Un parfum délicat s'exhale de cette fleur.* 이 꽃에서 그윽한 향기가 풍긴다. ② (한숨 따위가) 새어 나오다. ③ (문어)(감정 따위가) 발산되다, 나타나다. [s'~ *en*] *Sa colère s'exhale en injures.* 그의 노여움은 욕설로 폭발하다. ④ 〖옛〗증발하다.

exhaure [εgzɔ:r] *n.f.* (광산의) 배수(장치), 펌프.

exhaussement [εgzosmɑ̃] *n.m.* ① (건축물을) 높이기; 높아진 부분, 높이. ~ *d'un mur* 벽을 높이기. ~ *du terrain* 토지의 융기. *remous d'~* (댐의 저수 상류에 생기는) 역수.

exhausser [εgzose] *v.t.* ① (건축물을) 높이다 (élever). ~ *une maison d'un étage* 집을 한층 더 증축하다. ② (문어)(비유적) (정신 따위를) 향상시키기다, 고양시키다(relever). *La douleur peut ~ l'âme.* 고통은 마음을 고양시킨다.
— **s'~** *v.pr.* 높아지다; (토지 따위가) 융기하다.

exhausteur [εgzostœ:r] *n.m.* (액체를) 퍼올리는 장치; (가식 자동차의 감압식) 연료 송출 장치.

exhaustif(ve) [ɛgzostif, -i:v] *a.* ① (연구 따위가) 완전한, 철저한(complet). étude ~*ve* 주제를 완벽하게 다룬 연구. liste ~*ve* (이름·제목을) 총망라한 리스트. ② (드물게) 소모시키는; (토지 따위를) 마르게 하는. fatigue ~*ve* 기진상태의 피로.

exhaustion [ɛgzostjɔ̃] *n.f.* ① méthode d'~ 【수학】 (근사치 계산의 연속으로 계산된 수치 해석법). ② 【논리】 철저 열거법(가능한 온갖 가정 또는 사례를 들어서 해결하는 방법). ③ 【醫】 (기체·액체의) 배출, 방출. pompe d'~ (증기선의) 해수 배출 펌프.

exhaustivement [ɛgzostivmɑ̃] *ad.* 철저하게; 전반에 걸쳐, 남김 없이. étudier ~ une question 문제를 철저하게 검토하다.

exhérédation [ɛgzeredɑsjɔ̃] *n.f.* 【法】 상속권의 결격, 상속권 박탈.

exhéréder [ɛgzerede] [6] *v.t.* 【法】 (의) 상속권을 박탈하다.

exhiber [ɛgzibe] *v.t.* ① 【法】 (당국에) 제출하다, 제시하다(produire). ~ ses papiers 신분증을 제출하다. ② 진열[전시]하다, 보여주다(étaler, montrer). ~ les marchandises 상품을 전시하다. ③ (비유적) 자랑삼아 보이다, 과시하다(étaler). ~ son savoir 자기의 지식을 자랑해 보이다.
 —**s'~** *v.pr.* 사람들 앞에 모습을 나타내다(s'afficher). Comment ose-t-il s'~ dans cette tenue? 감히 어떻게 그런 옷차림으로 사람앞에 나타날 수 있을까?

exhibiteur(trice) [ɛgzibitœːr, -tris] *a.* 보여주는, 제시[제출]하는, 전시하는. —*n.* 제시자, 전시자는 사람, 과시하는 사람.

***exhibition** [ɛgzibisjɔ̃] *n.f.* ① 【法】 (재판소에) 제출; (경찰관 따위에게) 제시. [faire l'~ de] faire l'~ de tout ce qu'on a dans ses poches 주머니에 들어 있는 것 전부를 꺼내 보여주다. ② 전시. ~ d'animaux féroces 맹수들의 전시. ③ 【轉】 전람회 (exposition), 박람회; 품평회. ~ de peinture 그림전시회. ④ 과시, 늘어놓기(étalage). faire une pompeuse ~ de sa science 자기의 지식을 요란하게 늘어놓다. ⑤ 【스포츠】 시범경기.

exhibitionnisme [ɛgzibisjɔnism] *n.m.* ① 【정신의학】 (성기) 노출증; 노출 취미. ② (사적 감정 따위의) 노출벽[취미].

exhibitionniste [ɛgzibisjɔnist] *n.* 노출증 환자, 노출광. —*a.* 노출증의; 노출 취미가 있는.

exhilarant(e) [ɛgzilarɑ̃, -ɑ̃ːt] *a.* 【예】 웃기는(hilarant). propos ~s 재미있는 이야기. gaz ~ 【화학】 소기(笑氣) 《아산화질소》.

exhortatif(ve) [ɛgzɔrtatif, -iːv] *a.* 권고하는; 격려하는 (연설 따위).

exhortation [ɛgzɔrtɑsjɔ̃] *n.f.* ① 권고, 격려, 부추김(encouragement). [~ à qc/à+inf.] ~ à la prudence 신중하라는 권고. ② 권고·격려의 말; 【宗教】 짤막한 설교. être touché par les ~s de son ami 친구의 격려에 감동되다.

exhorter [ɛgzɔrte] *v.t.* ① [~ qn à qc/à+inf.] (을) 설교(훈계) 하다; 권고하다; 격려하다. ~ qn au repentir 회개하도록 훈계하다. (주어는 사물) Cet incident nous exhorte à la plus grande vigilance. 이 사건은 우리로 하여금 더 없이 경계하게 한다. Je l'ai exhorté à publier ses poèmes. 나는 그에게 시를 출판하도록 권했다. [~ de+inf./que+*sub.*] 【예·문어】 …하도록 권고하다. ② 부추기다, 격려하다.
 —**s'~** *v.pr.* 스스로 격려하다; 서로 격려하다.

exhumation [ɛgzymɑsjɔ̃] *n.f.* ① (시체) 발굴; (폐허·유적 따위의) 발견, 발굴. ~ des ruines 유적의 발굴. ② (잊혀졌던 고문서·기억 따위를) 들추어 내기, 세상에 내놓기.

exhumer [ɛgzyme] *v.t.* ① 파내다; 발굴하다(déterrer). ~ une statue antique 고대의 조상을 발굴하다. ② (구어) (잊혀진 고문서 따위를) 들추어내다; 되살리다(rappeler). ~ un nom oublié 잊혀진 이름을 생각해내다. ~ de vieilles rancunes 해묵은 원한을 되살리다.

exigeant(e) [ɛgziʒɑ̃, -ɑ̃ːt] *a.* ① 많은 것을 요구하는, 까다로운. caractère ~ 까다로운 성격. Quelle femme ~*e*, elle n'est jamais contente! 참, 욕심도 많은 여자군, 만족할 줄 모른단 말야. critique ~*e* 혹독한 비평. ② 많은 것을 필요로 하는, 귀찮은. malade ~ 손이 많이 가는 환자. religion ~*e* 계율이 엄한 종교. métier ~ 힘드는 직업.

exigence [ɛgziʒɑ̃ːs] *n.f.* ① (강한) 요구; 욕구. ~s de la clientèle 고객의 요구(의향). ~s de la nature 생리적 욕구. ② (주로 *pl.*) 요구액, 희망하는 봉급. Quelles sont vos ~s? 당신의 요구액은 얼마입니까? ~s d'un fournisseur 공급자가 부르는 값. ~s d'un employé 종업원이 바라는 급료. ③ 까다로움. Il est d'une ~ extrême. 그는 아주 까다롭다. ④ (규칙·직업 따위가) 명하는 바, 제약(contrainte, discipline). se soumettre aux ~s d'une profession 직업상의 책무를 따르다. ~s de la prosodie 운율법의 제약. ⑤ 〖예〗 필요성. selon l'~ de la situation 상황의 필요성에 따라서.

***exiger** [ɛgziʒe] [3] *v.t.* ① (강경히) 요구하다, 요청하는 것을 강요하다; 비밀을 요구하다. [~ qc de qn] Qu'exigez-vous de moi? 당신은 내게서 뭘 요구하오? qualités qu'on exige d'une bonne école 좋은 학교가 갖추고 있어야 할 자질들. [~ que+*sub.*] J'exige qu'il vienne. 나는 그가 오기를 요구한다. ② (주어는 사물) 필요로 하다, 필수조건으로 내걸다, 요하다(requérir, nécessiter). Cette affaire exige votre présence. 이 사건은 당신의 출석을 요청합니다. Son état exige beaucoup de soins. 그의 상태는 많은 보살핌[치료]을 요한다. [~ que+*sub.*] Les circonstances exigent qu'on agisse avec prudence. 상황은 신중하게 행동할 것을 요구한다.

exigibilité [ɛgziʒibilite] *n.f.* ① 요구[청구] 가능. ② (*pl.*) 【상업】 단기 채무.

exigible [ɛgziʒibl] *a.* 요구[청구]할 수 있는; 지불기일이 된. dette ~ 지불기일이 된 부채.

exigu(ë) [ɛgzigy] *a.* ① 비좁은, 협소한(étroit); (기간·여유가) 넉넉치 않은(court). Cette chambre est vraiment très ~. 이 방은 정말이지 너무 좁다. Le délai qui m'est accordé est un peu ~. 내게 주어진 기간은 너무 짧다. ② 〖예〗 (자원 따위가) 적은, 불충분한(insuffisant). ressources ~*ës* 부족한 자원. repas ~ 양에 차지 않는 음식.

exiguïté [ɛgziguite] *n.f.* 비좁음; 옹색, 부족.

***exil** [ɛgzil] *n.m.* ① (조국으로부터의) 추방, 유배, 유형; 귀향. envoyer qn en ~ …을 추방하다. Il a été condamné à cinq ans d'~. 그는 5년의 유형을 선고받았다. ② 망명 (~ volontaire). roi en ~ 망명한 왕. vivre en ~ 망명 생활을 하다. Victor Hugo passa dix-huit ans en ~. 빅토르위고는 18년 동안 망명 생활을 했다. ③ (그리운 사람·곳으로부터) 떨어져 삶. Il se sentait en ~ loin de sa bien-aimée. 그는 애인에게서 멀리 떨어져 있어서 귀양살이하는 것처럼 느껴졌다. ④ (드물게) 유형지, 유배지; 귀양지(lieu d'~). ⑤ 【종교】 이승.

exilé(e) [ɛgzile] *a.p.* (조국으로부터) 추방된; 망명중의; (조국을 떠나) 이국에 있는. —*n.* 망명자; 추방된 사람; 유형자.

exiler [εgzile] *v.t.* ① 조국으로부터 추방하다(bannir). ~ un condamné politique 정치범을 국외로 추방하다. ② 귀양 보내다, 유형에 처하다(reléguer). ③ 몰아내다, 떠나게 하다.
—**s'~** *v.pr.* ① 망명하다, 자진해서 조국을 떠나다 (s'expatrier). Il *s'est exilé* en Suisse. 그는 스위스로 망명했다. ②〖구어〗은둔하다, 은퇴하다(se retirer). Il *s'est exilé* à la campagne. 그는 시골에서 은둔했다.

E.X.I.M.〖약자〗exportation-importation 수출·수입.

exinscrit(e) [εksēskri, -it] *a.* 〖기하〗방접(傍接)하는. cercle ~ 방접원.

existant(e) [εgzistã, -ã:t] *a.* 현존하는, 실제로 있는 (réel); (법률 따위가)현행의, (물품 따위가)비축해 있는, 수중에 있는. majorer les tarifs ~s 현행요금을 인상하다. —*n.m.* ① 〖철학〗존재자, 실존자. ② 〖상업〗수중에 있는 현품, 재고품. ~ en portefeuille 보유금. ~ en magasin 재고품.

*****existence** [εgzistã:s] *n.f.* ① 존재, 실재. découvrir l'~ d'un corps chimique 어떤 화학원소의 존재를 발견하다. L'~ de cet État est récente. 이 나라가 생긴 것은 최근의 일이다. prouver l'~ d'un complot 음모의 존재를 증명하다. ② 수명, 존속기간. brève ~ de l'éphémère 하루살이의 짧은 목숨. On ne donne guère à ce gouvernement plus de trois mois d'~. 사람들은 이 정부가 3개월 이상 존속하리라고는 거의 생각하지 않는다. ③ 생활, 생활태도[방식]. changer d'~ en se mariant 결혼함으로써 살아가는 방식을 바꾸다. être las de l'~ 인생에 지치다. Il mène une ~ oisive. 그는 빈둥빈둥 놀면서 살아간다. Il traîne une ~ misérable. 그는 비참한 생활을 하고 있다. moyens d'~ 생활수단, 생활비. Quelle ~! 〖구어〗(정신적·물질적으로)정말이지 지독한 생활이로군! ④ 사람; (*pl.*)살아 있는 것. Il n'y a vraiment que le mariage pour unir deux ~*s*. 두 사람을 결합하게 해주는 것은 진정으로 결혼뿐이다. ~*s* humaines 사람. ⑤ 〖철학〗존재(être); 실존. ~ de Dieu 신의 존재. L'~ précède de l'essence. 실존은 본질에 선행한다. ⑥ 〖상업〗현품, 재고(품)(stock). ⑦ théorème d'~ 〖수학〗(미분방정식의)존재 정리.

existentialisme [εgzistãsjalism] *n.m.* 〖철학·문학〗실존주의.

existentialiste [εgzistãsjalist] *a.* 실존주의의; (옛) 실존주의의 청년풍의. —*n.* 실존주의자.

existentiel(le) [εgzistãsjεl] *a.* ① 〖철학〗실존의, 존재에 관한; 〖논리·언어〗존재의. philosophie ~*le* 실존철학. jugement ~ 존재판단. quantificateur ~ 존재기호. phrase ~*le* 존재문. ②〖정신학〗analyse ~*le* 현존재분석; psychanalyse ~*le* (사르트르가 주창한)실존정신분석.

*****exister** [εgziste] *v.i.* ① 실재[현존]하다. Les croyants disent que Dieu *existe*. 신자들은 신이 존재한다고 말한다. Ces sortes d'insectes n'*existent* pas en France. 이런 종류의 곤충들은 프랑스에는 없다. Il y a cent ans, la télévision n'*existait* pas. 100년 전에는 텔레비전이 없었다.
② 살아 있다(vivre). quand j'aurai cessé d'~ 내가 죽으면. Ma grand-mère n'*existe* plus. 우리 할머니는 이제 살아계시지 않다.
③ (비유가) 있다(il y a). [Il existe+명사] Il *existe* deux villes qui portent ce nom. 이 이름을 가진 도시가 둘 있다.
④ (특히 부정형에서) (에게)중요하다(compter). Le passé n'*existe* pas pour elle. 그 여자에게 과거는 중요하지 않다[문제가 되지 않는다].
Ça n'existe pas. 〖구어〗보잘것 없다, 없는 것이나 마찬가지이다.

exit [εgzit] 〖라틴〗〖연극〗 *v.i.* (인물이)퇴장하다 (각본에 쓰이는 무대 지시어). —*n.m.* (복수불변)(인물의)퇴장.

ex-libris [εkslibris]〖라틴〗*n.m.* (복수불변) 장서표(藏書票). collection d'~ 장서표의 수집.

exo- *préf.*「밖」의 뜻.

exocardiaque [εgzokardjak] *a.* 〖의학〗심외(心外)의. bruits ~s 심외 잡음.

exocentrique [εgzosãtrik] *a.* 〖언어〗외심적(外心的)인, 외심의. construction ~ 외심적 구조.

exocet [εgzosε] *n.m.* ① 〖어류〗날치. ② (E~)〖군사〗엑조세(프랑스 해군의 함대함(공대함·수중발사)미사일).

exocrine [εgzokrin] *a.* 〖생리〗외분비의. glande ~ 외분비선.

exode¹ [εgzod] *n.m.* ① 〖그리스문학〗(비극의)대단원(大團圓). ② 〖라틴문학〗(비극 후에 공연하던)소극(笑劇).

exode² [εgzod] *n.m.* ① 집단탈출, 집단이동. ~ des citadins à l'époque[au moment] des vacances 휴가철에 도시 사람들의 대이동. ~ des Irlandais au XIXᵉ siècle 19세기의 아일랜드 사람들의 집단이주. ~ rural 농촌인구의 도시로의 이동. ② 유출. ~ des capitaux 〖경제〗자본유출. ~ des cerveaux 두뇌유출. ③ 〖역사〗② (1940년 5·6월 독일군 침공 때의 북프랑스 주민의)집단이동[피난]. ⓑ E~ (헤브라이 민족의)이집트 탈출; (구약성서의)출애굽기[葉].

exoderme [εgzodεrm] *n.m.* 〖생물〗외배엽(外胚葉).

exoénergétique [εgzoenεrzetik] *a.* 〖물리〗에너지를 유리(遊離)시키는.

exogame [εgzogam] *a.* ① 〖인류〗외혼의, 이족 (異族)[족외(族外)] 결혼의(↔endogame). ② 〖생물〗이계(異系)교배의. —*n.* 외혼자.

exogamie [εgzogami] *n.f.* ① 〖인류〗외혼, 이족 (족외)결혼, 이족혼제(外婚制)(↔endogamie). ② 〖생물〗이계교배.

exogène [εgzoʒεn] *a.* ① 〖의학〗외인적(外因的)인, 외인성의. intoxication ~ 외인성 중독. ② 〖식물〗외생(外生)의. bourgeonnement ~ 외생발아(外生發芽).

exognathie [εgzognati] *n.f.*, **exognathisme** [εgzognatism] *n.m.* 〖인류〗악골 돌출(顎骨突出) (prognathie).

exogyne [εgzoʒin] *a.* 〖식물〗암술이 꽃 밖으로 돌출한.

exomphale [εgzɔ̃fal] *n.f.* 〖의학〗배꼽 헤르니아.

exondation [εgzɔ̃dasjɔ̃] *n.f.*, **exondement** [εgzɔ̃dmã] *n.m.* (물속에 잠겼던 곳이)드러나기; (홍수의)빠짐, 퇴조.

exonder (s') [sεgzɔ̃de] *v.pr.* (홍수로 물속에 잠긴 곳이)빠지면서 드러나다(émerger).

exonération [εgzonerasjɔ̃] *n.f.* ① 면제; 감세(dégrèvement). ~ des droits d'inscription 등기료의 면제; (학생의)등록금 면제. ② 〖의학〗배변.

exonérer [εgzonere] 〖6〗 *v.t.* 면제하다, 면제하다, 감면하다. ~ qn du service militaire …의 병역을 면제하다. ~ un contribuable 납세자의 세금을 면제하다. marchandises *exonérées* 면세상품.
—**s'~** *v.pr.* [s'~ de] (의)면제되다. ② 〖의학〗배변하다.

exophtalmie [εgzoftalmi] *n.f.* 〖의학〗안구(眼球) 돌출(증).

exophtalmique [εgzoftalmik] *a.* 〖의학〗안구 돌출성의.

exoplasme [εgzoplasm] *n.m.* 〖드물게〗① 〖생물〗

외질(外質), 외형질(ectoplasme). ② 심령체.

exoplasmique [εgzɔplasmik] *a.* 《드물게》《생물》 외질성(外質性)의, 외부 원형질의.

exopodite [εgzɔpɔdit] *n.m.* 《생물》 (갑각류의)외피(外皮).

exorable [εgzɔrabl] *a.* 《드물게》인정이 많은.

exorbitamment [εgzɔrbitamã] *ad.* 엄청나게, 지나치게.

exorbitance [εgzɔrbitɑ̃:s] *n.f.* ① (가격이)터무니없음, 엄청남. ② 과도한 요구.

exorbitant(e) [εgzɔrbitɑ̃, -ã:t] *a.* ① 지나친, 엄청난 (exagéré, excessif). sommes ~es 엄청난 액수. ②《법》법에 저촉[위배]되는; 부당한(dérogatoire); (상규를)벗어난, 한도를 넘은. action ~e 불법행위.

exorbité(e) [εgzɔrbite] *a.* 눈이 튀어나온.

exorcisation [εgzɔrsizasjɔ̃] *n.f.* 《문어》구마(驅魔), 불제(祓除), 마귀를 쫓기.

exorciser [εgzɔrsize] *v.t.* ① (마귀를)쫓다, 구마(驅魔)하다; (마귀들린 사람에게서)마귀를 몰아내다. ~ un démon 마귀를 쫓다. ② (세례를 위해 물 따위를)께끗이 하다. ③ (병 따위를)물아내다; 병 따위로부터 시키를 보호하다. ~ le spectre de l'inflation 인플레의 위협을 없애다.

exorciseur(se) [εgzɔrsizœ:r, -ø:z] *n.* (보통 *m.*) 마귀를 쫓는 사람.

exorcisme [εgzɔrsism] *n.m.* 《가톨릭》구마경(驅魔經); 마귀를 쫓는 주문(기도·의식). ② 푸닥거리.

exorcistat [εgzɔrsista] *n.m.* 《가톨릭》구마품의 품급.

exorciste [εgzɔrsist] *n.m.* 《가톨릭》구마품을 수여받은 성직자; 마귀를 쫓는 사람(exorciseur).

exorde [εgzɔrd] *n.m.* ①《수사학》머리말, 모두(冒頭); 서설(introduction, préambule). ② 도입부, 서론(début, ↔ conclusion).

exoréique [εgzɔreik] *a.* 《지리》(강물이 지표를 흘러 바다로 들어가는)외부 유역의(↔ endoréique). région ~ 외양(外洋) 유역.

exor(r)hize [εgzɔri:z] *a.* 《식물》무초 유근(無鞘幼根)의.

exosmose [εgzɔsmo:z] *n.f.* 《물리》삼출(滲出)(↔ endosmose).

exosmotique [εgzɔsmɔtik] *a.* 삼출의.

exosphère [εgzɔsfε:r] *n.f.* 외기권(外氣圈).

exospore [εgzɔspɔ:r] *n.m.* 《식물》외생포자.

exosquelette [εgzɔskəlεt] *n.m.* 《해부》외골격(外骨格); 외피생성물(털·날개·비늘 따위).

exostose [εgzɔsto:z] *n.f.* ① 《의학》외골종(外骨腫). ② 《식물》(나무의)혹.

exotérique [εgzɔterik] *a.* 《철학》현교(顯敎)적인, 비비교(非秘敎)적인; 공개적인, 개방적인, 일반대중의 이해할 수 있는(↔ ésotérique).

exothermique [εgzɔtεrmik] *a.* 《화학》열을 내는, 발열을 동반하는. réaction ~ 발열반응.

exotique [εgzɔtik] *a.* ① 외국의, 외국산의(↔ indigène). souvenirs ~s 먼 나라들의 추억. plantes ~s 외국에서 나는 식물들. ② 이국적인, 이국정취(취향)의, 이국적인 매력. charme ~ 이국적인 매력. —*n.m.* 외국적인 것. goût de l'~ 이국취향.

exotisme [εgzɔtism] *n.m.* ① 《문학·가구 따위의》이국정취. ② 이국취향. ~ dans la littérature du XXe siècle 20세기 문학에 나타나는 이국취향.

exotoxine [εgzɔtɔksin] *n.f.* 《세균》세균체외 독소; 분비 독소.

exp. 《약자》expéditeur 발송인, 발신인.

expansé(e) [εkspɑ̃se] *a.* 팽창한. polyuréthane ~ 발포폴리우레탄.

expanseur [εkspɑ̃sœ:r] *n.m.* 관(管) 넓히는 기구.

expansibilité [εkspɑ̃sibilite] *n.f.* ① 《물리》팽창성. ② (감정의)외향성, 외향 경향.

expansible [εkspɑ̃sibl] *a.* 《물리》팽창성의. Les gaz sont ~s. 기체에는 팽창성이 있다.

expansi*f*(*ve*) [εkspɑ̃sif, -i:v] *a.* ① (성격이)감정을 잘 드러내는, 외향성의(communicatif). caractère ~ 외향성 성격. homme peu ~ 내향적인 사람. ② 발전하는, 확장하는. pays ~ 발전해 가는 나라. ③《드물게》팽창하는. ciment ~ 팽창성이 있는 시멘트. tumeur ~*ve* 팽창적 종양.

expansion [εkspɑ̃sjɔ̃] *n.f.* ① 확대, 확장, 신장 (développement, extension); 발전(essor). Cette industrie est en pleine ~. 이 산업은 한창 확장하고 있다. ~ coloniale 식민지에 의한 영토 확대. ~ démographique 인구의 팽창. ~ d'une ville 도시의 팽창. ~ économique 경제성장. ② (사상의)전파, 보급(diffusion). ~ de la culture 문화의 전파. ~ des idées nouvelles 새 사상의 보급. ~ d'une doctrine 학설의 보급. ③ (감정의)표출, (심정의)토로(épanchement). ~ de la colère 분노의 표출. ~ du cœur 심정의 토로. ④ 《물리》팽창. ~ d'un gaz 기체의 팽창. ~ de l'univers 우주의 팽창. machine à triple ~ 3단팽창기관. ⑤ 《생물》(기관의)발달; 발달한 부분. ⑥ 《언어》(기능언어학에서의)확대.

expansionner (s') [sεkspɑ̃sjɔne] *v.pr.* 《옛·구어》속을 털어놓다, 격의없이 이야기하다.

expansionnisme [εkspɑ̃sjɔnism] *n.m.* 영토 확장주의[론], 경제성장론.

expansionniste [εkspɑ̃sjɔnist] *a.* 영토 확장주의[론]의, 경제성장론의. —*n.* 영토 확장주의자[론자], 경제성장론자.

expansivité [εkspɑ̃sivite] *n.f.* ① 속을 털어놓는(외향적) 성격, 함부로 말하는 경향(↔ discrétion). ② 팽창성, 확장(신장)성.

expatriation [εkspatrjasjɔ̃] *n.f.* ① 망명; 국외 추방(exil); 이주. ② (자본의)해외투자.

expatrié(e) [εkspatrje] *a.p. et p.p.* 국외로 망명한; 추방된. —*n.* 망명자; 국외 추방자; 국외 이주자.

expatrier [εkspatrje] *v.t.* ① (재산을)국외로 내보내다, (자본을)외국에 투자하다. ~ des capitaux 자본을 외국에 투자(반출)하다. ②《드물게》국외로 추방하다(exiler, expulser). —*s'*~ *v.pr.* 고국을 떠나다, (외국에)이주하다; 망명하다.

expectance [εkspεktɑ̃:s] *n.f.* 《드물게》기대, 예기; 기대감.

expectant(e) [εkspεktɑ̃, -ã:t] *a.* ① 《문어》기대하고 있는; 형편을 기다리는; 기회주의적인. attitude ~*e* 기회주의적 태도. ② médecine ~*e* 《의학》자연요법, 기대요법.

expecta*teur*(*trice*) [εkspεktatœ:r, -tris] 《드물게》 *a.* 기대[대망]하고 있는. —*n.* 기대[대망]하고 있는 사람.

expectati*f*(*ve*[^1]) [εkspεktatif, -i:v] *a.* ① 기대할 수 있는. fortune ~*ve* 수중에 들어올 가망이 있는 재산. ② 기대(희망)을 갖게 하는. lettres ~*ves* (교황이 내리는)희망의 서신.

expectation [εkspεktasjɔ̃] *n.f.* ① 《의학》자연 [기대]요법. ②《옛》기대.

expectative[^2] [εkspεktati:v] *n.f.* ① (신중한)태도, 대기. rester dans l'~ (결정을 내리는 데에)신중한 태도를 취하다. ②《문어》(약속에 대한)기대(attente); 《법》기대권. avoir *qc* en ~; avoir l'~ de *qc* …을 기대하다, …에 기대를 걸다. être dans l'~ 기대(대기)하고 있다. belle ~ 《반의적》꿈같은 기대. sortir de son ~ 기대를 버리다, 단념하다. vivre dans l'~ 기대 속에 살다.

expectorant(e) [ɛkspɛktɔrɑ̃, -ɑ̃:t] 《의학》 a. 담(痰)〔가래〕이 잘 나오게 하는. —*n.m.* 거담제(袪痰劑).

expectoration [ɛkspɛktɔrasjɔ̃] *n.f.* ① 가래를 뱉기(crachement). ② 가래, 담(crachat).

expectorer [ɛkspɛktɔre] ① (가래를)뱉다; 토하다(cracher); (목적보어 없이)가래를 뱉다. ~ des glaires 점액을 뱉다〔토하다〕. ~ du sang 각혈하다. ②《구어》(내뱉듯이)말하다, 표명하다.

expédié(e) [ɛkspedje] *a.p.* 급히 해치운, 급히 발송된. —*n.f.* 초서, 흘려 씀.

expédience [ɛkspedjɑ̃:s] *n.f.* 《드물게》처리, 유리.

expédient(e) [ɛkspedjɑ̃, -ɑ̃:t] *a.* 《문어》적절한, 적합한. Vous ferez ce que vous jugerez ~. 적당하다고 생각되는 것을 하십시오. 《비인칭》Il est ~ de +*inf*.[que+*sub*.] ~함이 적절〔유리〕하다. —*n.m.* ① 〈경멸〉궁여지책; 미봉책; 이럭저럭 꾸며대는 일시적 수단. Après tous ces ~s, il va lui falloir trouver une véritable solution. 이 모든 미봉책을 쓴 연후에 그는 확실한 해결책을 찾아내야 할 것이다. ②《pl.》(돈을 마련하기 위한)온갖 수단. vivre d'~s 살기 위하여 온갖 악랄한 수단을 다 쓰다. ③방편, 수단;《구어》술책. homme d'~s 수완가, 수단꾼. chercher un ~ 방법을 모색하다. ~ pour échapper à une corvée 고역을 피하기 위한 술책. ne savoir à quels ~s recourir 어떻게 손을 써야 할지 모르다. **en être aux ~s** 《구어》궁색하다.

*****expédier** [ɛkspedje] *v.t.* ① 〔편지·짐을〕발송하다(envoyer). ~ des marchandises par chemin de fer 상품을 철도편으로 보내다. Je lui *ai expédié* une lettre recommandée. 나는 그에게 등기편지 한 통을 발송했다. ②(사람·군대를)보내다, 파견하다. ~ une estafette 전령을 파견하다. 《구어》[~ *qn*](귀찮은 사람을)쫓아 보내다. M. et Mme Mercier *ont expédié* leurs enfants en colonie de vacances. 메르시에 부부는 아이들을 임간[임해]학교로 쫓아버렸다. ~ *qn* dans l'autre monde …을 저승으로 쫓아버리다, …을 죽이다. ④《구어》(나쁜 의미로)급히 해치우다(bâcler, ↔ traîner); élève qui *expédie* son devoir en dix minutes 숙제를 10분에 부랴부랴 해치우는 학생. ~ ses prières 서둘러서 기도를 끝마치다. [~ *qn*] Ce médecin *expédie* ses malades. 이 의사는 환자의 진찰을 되는 대로 해버린다. ⑤ 《관청》(업무를 신속히)처리하다. ~ les affaires courantes (후임자가 취임할 때까지 퇴임자가)일상업무를 처리하다. ~ *qn* …에 관한 업무를 급히 처리하다. ⑥《법》(서류의)등본〔사본〕을 교부하다. bon à ~ 사본을 교부하는 것《재판관이 서기에게 써주는 지시서식》). ~ un jugement 판결문의 사본을 교부하다. ⑦(사형수를)처형하다;《옛》죽이다.

expédi*teur*(*trice*) [ɛkspeditœ:r, -tris] *n.* ① 발신〔발송〕인(↔ destinataire). ~ d'une lettre[d'un paquet] 편지〔소포〕발송인. ~ d'une marchandise 상품발송인. ② 운송업자. —*a.* 발송하는. bureau ~ 발신국. 발신우체국. gare -*trice* 발송역.

expéditif(ve) [ɛkspeditif, -i:v] *a.* ①일을 재빨리 해치우는(prompt). Avec lui, ça ne traîne pas, il est ~. 그 사람하고는 오래 끌지 않는다, 일을 제꺽제꺽 해치우는 사람이다. ②《방법 따위가》능률이 오르는, 신속한. procédés ~s sûrs 신속하고도 확실한 방법.

expédition [ɛkspedisjɔ̃] *n.f.* ① 발송, 송부(envoi); 발송물. ~ d'un mandat[d'une lettre] par la poste 화어음[편지]의 우송. Votre ~ n'est pas encore arrivée. 귀하의 발송품은 아직 도착하지 않았읍니다. Les ~s ont augmenté. 발송물이 늘었다. bulletin d'~ (화물의)수송표. ① 상점, 상관. maison d'~ 운송점. ②(군대의)파견, 원정. ~ de Napoléon en Égypte 나폴레옹의 이집트 원정. ~ punitive 토벌(원정). ~ au Pôle Sud 남극 탐험. Une ~ scientifique est partie pour le Pôle Nord. 학술조사대 한 무리가 북극으로 떠났다. C'est une véritable ~; Quelle ~! 대단한 여행이군요《떠날 때 장비나 준비가 엄청난 것을 보고 하는 말》. ④(일을)재빠르게 되는 대로 해치우기. ~ de ses devoirs 숙제를 부랴부랴 해치우기. ⑤《관청》(업무의 신속한)처리. ~ des affaires courantes 상임일무의 신속한 처리. ~ en douane 통관, 세관절차를 마치기. homme d'~ 일을 빨리 처리하는 사람. ⑥《법》(판결문·계약서 따위의)등본; 사본. délivrer une ~ du contrat 계약서의 사본을 교부하다. en double(triple) ~ 사본 2(3)통을 작성하여. ⑦ liqueur d'~ (샴페인 제조시에)첨가하는 qc 감미료. ⑧(*pl.*)《해양》항해할 때 필요한 서류 일체.

expéditionnaire [ɛkspedisjɔnɛ:r] *a.* ①《군사》원정의, 파견의. corps ~ 원정군. ②발송하는. commis ~ 발송계. maison ~ 운송점. ③등본 작성의. commis ~ 등본계. —*n.* ①등본계원(commis ~). ②발송업자.

expéditivement [ɛkspeditivmɑ̃] *ad.* 신속〔민첩〕하게, 재빠르게; 간편하게.

*****expérience** [ɛksperjɑ̃:s] *n.f.* ⓐ 체험, 경험. C'est une bonne ~ pour moi. 그것이 나에게는 좋은 경험이다. ~ amoureuse[sentimentale] 연애경험. ~ de la guerre 전쟁의 경험. ⓑ(보어 없이)(긴 세월에 걸친)경험. acquérir de l'~ en vieillissant 늙어가면서 경험을 쌓다. connaître qc par ~ …을 경험을 통해 알다. fait d'~ 경험적 사실. ~ de l'~ dans ce domaine. 그는 이 분야에 경험이 있다. L'~ l'a rendu sage. 경험으로 그를 분별 있게 만들었다. L'~ prouve que… 경험으로 …라는 것을 알 수 있다. Les jeunes manquent d'~. 젊은이들은 경험이 부족하다. ②실험, 시험. Le professeur a fait une ~ de chimie. 그 교수는 화학실험을 했다. ~ d'un remède 약품의 시험. ③(실지의)실험, 시도(tentative). ~ de vie commune 공동생활의 시도. ~s d'un pays dans le domaine économique [social] 경제〔사회〕분야에서의 어떤 나라의 시도. ④《철학》경험.
faire l'~ de *qc* …을 경험하다, …을 실험〔시험〕하다; …을 시도하다.

expérimental(ale, pl. aux) [ɛksperimɑ̃tal, -o] *a.* 실험에 근거를 둔; 실험(상)의, 실험적인. médecine ~ale 실험 의학. à titre ~ 실험적으로. être au stade ~ 실험단계이다. fusée -*ale* 실험 로켓.

expérimentalement [ɛksperimɑ̃talmɑ̃] *ad.* 실험에 의해서, 실험적으로. 〔의.

expérimentalisme [ɛksperimɑ̃talism] *n.m.* 실험주

expérimentaliste [ɛksperimɑ̃talist] *a.* 실험주의의. —*n.* 실험주의자.

expérimenta*teur*(*trice*) [ɛksperimɑ̃tatœ:r, -tris] *n.* 실험자. —*a.* 실험하는.

expérimentation [ɛksperimɑ̃tasjɔ̃] *n.f.* 실험〔작업〕, 시험. ~ humaine 《의학》인체 실험.

expérimenté(e) [ɛksperimɑ̃te] *a.p.* 경험 있는, 노련한. médecin ~ 경험이 풍부한 의사.

expérimenter [ɛksperimɑ̃te] *v.t.* ①(약품 따위를) 시험하다, 실험하다(éprouver), 《목적보어 없이》실험을 하다. ~ un appareil 기계를 시험해 보다.

expert(e)

~ un vaccin sur un cobaye 모르모트에 백신을 실험하다. savant qui *expérimente* 실험 연구하는 학자. ② 경험을 통해서 알다, 경험하다. ~ la vie 인생의 경험을 쌓다.

*__expert(e)__ [ɛkspɛːr, -ɛrt] a. [~ en/dans]⦗에⦘정통한, 노련한, 숙련된. Il est ~ en mécanique. 그는 역학에 정통하다. ~ en la matière 그 문제에 정통하다. Elle décore les poteries d'une main ~e. 그 여자는 능숙한 솜씨로 도자기에 장식을 한다. [être~ à+inf.] Il est ~ à manier l'arme à feu. 그는 화기를 다루는 데 능숙하다.
—*n.m.* (여성형 없음)① 전문가; 숙련자. C'est un ~ en la matière. 그는 그 문제의 전문가이다. ② (미술품 따위의)감정가; 『상업』 평가인; 『법』 감정인. ~ en livres anciens 고서 감정인. Elle est ~. 그녀는 감정인이다. (동격) ~ priseur 샤정인, 평가자. __à dire d'~__ 전문가(감정인)의 말에 비추어서; 『예』 결정적으로.

expert-comptable [ɛkspɛrkɔ̃tabl] (*pl.* ~s-~s) *n.m.* 공인 계리사(회계사).

expertement [ɛkspɛrtəmɑ̃] *ad.* 교묘하게, 노련하게 (habilement); 전문가답게.

expertise [ɛkspɛrtiːz] *n.f.* ① (전문가에 의한)감정, 사정(査定); 감정보고(서). ~ d'avarie 『보험』 해손(海損)의 사정. ~ médico-légale 법의(法醫) 감정. ~ psychiatrique [mentale] 정신 감정. soumettre un tableau à une ~ 보석을 감정에 부치다. ② (미술품 따위의)감정. L'~ a établi que ce tableau est une copie. 감정에 의해 이 그림은 모사품으로 밝혀졌다.

expertiser [ɛkspɛrtize] *v.t.* (그림을)감정하다, (물건을)평가하다(apprécier); (손해를)사정하다(évaluer). ~ les dégâts 피해액을 사정하다.

expiable [ɛkspjabl] *a.* 속죄할(될) 수 있는.

expia*teur*(*trice*) [ɛkspjatœːr, -tris] *a.* ⦗옛·문어⦘ 속죄의(expiatoire). lame ~*trices* 개전의 눈물.

expiation [ɛkspjasjɔ̃] *n.f.* ① 속죄. en ~ de ses fautes passées 지난날의 과오에 대한 속죄로서. subir une lourde ~ 무거운 벌(응보)을 받다. ~ suprême 사형. ② 『신학』 속죄식. Fête des E~s 속죄일.

expiatoire [ɛkspjatwaːr] *a.* 속죄의, 죄를 갚는. victime ~ 속죄의 제물.

expier [ɛkspje] *v.t.* ① (죄를)갚다, 속죄하다(réparer). faire ~ qc à qn …에 대해서 …을 벌하다. Le criminel *a expié* son crime. 죄인은 자기의 죄를 속죄하였다. ② (에 대한 결과를)치르다(payer); (에 대한)벌을 받다. ~ ses imprudences 경솔한 행동으로 벌을 받다. Il *a expié* chèrement à l'hôpital une seconde d'inattention. 잠깐의 부주의로 병원에 돈을 많이 썼다. —__s'~__ *v.pr.* 속죄되다.

expirant(e) [ɛkspirɑ̃, -ɑ̃ːt] ① 죽어가는, 빈사의 (moribond). malade ~ 빈사상태의 환자. ② (사업·국가 따위가)망해가는; (불길이)꺼져가는(finissant). flamme ~e 꺼져가는 불길.

expirateur [ɛkspiratœːr] 『해부』 *a.m.* 숨을 내쉬는. —*n.m.* 호식근(呼息筋)(muscles ~s).

expiration [ɛkspirasjɔ̃] *n.f.* ① 숨을 내쉼; 숨, 호흡 (↔ inspiration). ② (기한의)만기(滿期), 만료(terme). venir à ~ 기한이 끝나다, 만기가 되다. ~ d'un bail 임대차계약의 기간만료. ~ d'une peine 형기만료. ~ d'une trêve 휴전기간의 종료. ③ (어떤 기간의)끝. à l'~ de trois années 3년후에, 3년이 지난 뒤에.

expiratoire [ɛkspiratwaːr] *a.* 숨을 내쉬는, 숨쉬는.

expiré(e) [ɛkspire] *a.p.* ① (폐에서)내쉰; 숨을 내쉬 둔. ② 만기의.

expirer [ɛkspire] *v.i.* ① 기한이 끝나다, 만기가 되다, 만료하다. Le bail *expire* à la fin de la semaine. 그 임대차계약은 금주말로 기한이 끝난다. ② (문어)(주어는 사물) 사라지다 없어지다. Les flots tranquilles viennent ~ au pied des cannelier en fleurs. 조용한 파도가 꽃핀 육계 밑에 와서는 부서져 사라진다. ③ 숨을 거두다, 숨지다, 죽다(mourir). Le blessé *a expiré* pendant qu'on le transportait à l'hôpital. 부상자는 병원에 옮겨지는 도중에 숨을 거두었다.
—*v.t.* (숨 따위를)내쉬다(↔ inspirer). *Expirez* lentement par le nez. 코로 천천히 숨을 내쉬세요. (목적보어 없이) Ce malade *expire* difficilement. 이 병자는 숨을 내쉬는 것이 힘들다. ~ son âme ⦗예⦘ 숨을 거두다.

explétif(ve) [ɛkspletif, -iːv] 『언어』 *a.* 허사적인. ne ~ 허사 ne. —*n.m.* 허사(虛辭).

explétivement [ɛkspletivmɑ̃] *ad.* 허사로서, 허사적으로.

explicabilité [ɛksplikabilite] *n.f.* 설명할 수 있음.

explicable [ɛksplikabl] *a.* ① 설명할 수 있는. ② ⦗드물게⦘ 분명하게 할 수 있는, 이해시킬 수 있는.

explica*teur*(*trice*) [ɛksplikatœːr, -tris] ⦗드물게⦘ *a.* 설명하는.

explicatif(ve) [ɛksplikatif, -iːv] *a.* ① 설명하는, 해설적인. note ~*ve* jointe à un appareil 기계에 딸린 사용(법)설명서. ② 『언어·논리』 설명적. adéquation ~*ve* 설명적 타당성. proposition relative ~*ve* 설명적 관계사절.

*__explication__ [ɛksplikasjɔ̃] *n.f.* ① 설명, 해석, 해설. donner (fournir) une ~ 설명하다. ~ plausible 타당한 설명. ~ scientifique d'un phénomène 어떤 현상의 과학적 설명. différentes ~s d'un vers de Mallarmé 말라르메의 한 시구에 대한 여러가지의 해석. ② 해명(éclaircissement); 변명(justification); (원인·이유의)설명. demander des ~s à qn sur une parole équivoque …에게 알쏭달쏭한 말에 대한 해명을 요구하다. donner des ~s 변명하다. Donnez-moi l'~ d'une telle conduite. 그런 행동을 하신 까닭을 말씀해 주세요. ③ (해명을 요구하는)논쟁. avoir une ~ (orageuse) avec *qn* …와 (격렬한) 논쟁을 하다((격렬하게)따지다). ④ ⦗구어⦘ 말다툼.

explicit [ɛksplisit] 『라틴』 *n.m.* ⦗옛⦘ 끝(고문서의 끝에 쓴 말).

explicitation [ɛksplisitasjɔ̃] *n.f.* 명백하게 하기, 명시.

explicite [ɛksplisit] *a.* ① 명시된, 뚜렷이 설명된 (formulé, ↔ implicite). condition ~ 명시된 조건. ② 분명한, 명확한(clair), définition ~ 명확한 정의. réponse ~ 명확한 대답. Il parle de cette intention en termes ~s. 그는 이 의도에 관해서 분명하게 말한다. ③ fonction ~ 『수학』 양함수.

explicitement [ɛksplisitmɑ̃] *ad.* 명백하게.

expliciter [ɛksplisite] *v.t.* 분명하게 말하다, 명백하게 하다, 명시하다. ~ sa pensée 자기 생각을 분명하게 말하다.

*__expliquer__ [ɛksplike] *v.t.* ① (내용을)설명하다, 해설(해석)하다. Le préfet m'*a expliqué* des protocoles. 지사가 나에게 공식의례를 설명해 주었다. Comment *expliquez*-vous ce passage? 이 대목을 어떻게 해석하십니까? ~ un problème difficile 난해한 문제를 설명하다. Les gens exigent qu'on leur *explique* la poésie. 사람들은 시를 해설(해석)해 달라고 한다.
② (주어는 사물) (원인·이유를)설명하다, (의)원인·이유가 되다. [~ + 간접의문형] Cela *explique*

pourquoi il n'est pas venu. 그것으로 그가 어째서 오지 않았는지를 알게 됐다. [~ que+sub.] Les dangers d'éboulement *expliquent qu*'on ne puisse pas envisager de construire ici. 낙반의 위험 때문에 여기에 건설할 엄두를 내지 못한다.
③ (의도를)밝히다, 상세히 알려주다. [~ qc à qn] ~ ses intentions(son projet) à qn …에게 자기의 의도(계획)를 밝히다. [~ à qn que+ind.] Je t'ai déjà *expliqué que* cette réunion ne m'intéresse pas. 나는 그 회합에 흥미가 없다는 것을 네게 이미 알린 바 있다.
④ (사용법 따위를)해설하다, 설명하다, 지시하다. ~ à qn le maniement d'une voiture(la règle d'un jeu) …에게 자동차의 조작(게임의 규칙)을 해설하다. Cette notice *explique* comment se servir de cet appareil. 이 주의서는 이 기구의 사용법을 설명하고 있다.
⑤ 변명하다, 해명하다. [~+간접의문형] Il m'a *expliqué* pourquoi il est arrivé en retard au rendez-vous. 그는 어째서 만나는 약속에 지각했는지 내게 변명했다. [~ que+sub.] Comment *expliquez-*vous *qu*'il puisse vivre avec de si faibles revenus? 그가 그렇게 보잘것 없는 수입으로 살 수 있다는 것을 어떻게 해명하시겠읍니까?
—s'~ *v.pr.* ① (자기의 생각을)설명하다(s'exprimer). s'~ à qn …에게 자기의 생각을 말하다. Il *s'est expliqué* sur ses intentions. 그는 자기의 의도에 관해 설명했다. Je m'*explique*. (방금 말씀드린 것을 명확하게)설명해 드리자면.
② (se 간접목적보어) (의 원인·이유를)이해하다. Je ne m'*explique* pas son absence. 그가 결석한 이유를 모르겠다. [s'~ que+sub.] Je m'*explique* maintenant *que* tu sois si occupé. 나는 네가 그렇게 바쁘다는 것을 이제는 이해하겠다.
③ 해명하다, 변명하다(justifier). Elle *s'est expliquée* sur son absence. 그 여자는 자기가 결석한 이유를 해명했다. [s'~ avec qn] s'~ *avec* son patron 상관에게 해명하다.
④ (주어는 사물) 설명되다, 이해되다. Cet accident ne peut *s*'~ que par une négligence. 이 사고는 태만으로 밖에는 설명될 수 없다. Ainsi *s'explique que* sub. 그리하여 …이 이해된다.
⑤ 서로 따지다, 서로 해명하다; 《구어》 서로 싸우다. Ils sont allés s'~ dehors. 그들은 밖에 나가 싸웠다.

expliqueur(se) [ɛksplikœːr, -ø:z] *n.* 《드물게》 설명자, 해명자, 《꿈을》해몽하는 사람.

exploit [ɛksplwa] *n.m.* ① 수훈, 위업; 장거, 쾌거; 묘기. En gagnant cette course, il a réalisé un véritable ~. 이 경주에서 이김으로써 그는 진정한 위업을 이룩했다. ~ athlétique 육상경기에서의 쾌거. ~ des cosmonautes 우주비행사의 위업. 《구어》여자를 자기의 것으로 만들기, 염복(~s galants). être fier de ses ~s 염복을 자랑하다. 《비꼼》경솔한[서투른] 짓. Voilà un bel ~! (비꼼)잘도 했다! ④ 《법》 (집달리가 보내는)영장 (~ d'huissier). dresser un ~ 영장을 작성하다. signifier un ~ à qn …에게 영장을 송달하다. ⑤ 《옛·문어》무훈. accomplir un brillant[glorieux] ~. 혁혁한 무훈을 세우다.

exploitabilité [ɛksplwatabilite] *n.f.* 개발 가능성 [채산성].

exploitable [ɛksplwatabl] *a.* ① 개척[개발·이용·채굴]할 수 있는. gisement de pétrole ~ 개발가능한 유전. terre ~ 경작할 수 있는 토지. ② 《구어》 이용 [착취]할 수 있는. Un homme crédule est facilement ~. 남을 쉽게 믿는 사람은 이용당하기 쉽다.

③ 《옛》 《법》 (집달리의)영장을 집행할 수 있는.

exploitant(e) [ɛksplwatɑ̃, -ɑ̃:t] *a.* ① 개척[개발]하는, 운영하는; 《공업》 관리[경영]하는. société ~e 개발회사. ② 《법》 영장을 송달하는. huissier ~ 영장(송달) 집행리.
—*n.* ① (자원)개발자, 개척자. ~ agricole 농업개척자. ~ forestier 산림 채벌업자. ② 《영화》 영화관 경영자(exploiteur). ③ 철도 영업부 직원.

exploitation [ɛksplwatɑsjɔ̃] *n.f.* ① (농지의)경작, 개간; 개척, 개발; 채굴. ~ d'une mine 광산의 개발, 채굴. ~ d'une terre 토지의 개척. mettre en ~ 하다. ② 개설, 영업, 경영. ~ d'un cinéma 영화관의 경영. ~ d'une ligne de chemin de fer 철도노선의 개설. ③ 개척지, 채굴[광]지, 산판; 영업소, 작업소. Il possède une ~ agricole(industrielle). 그는 농장(작업소)을 갖고 있다. ~ commerciale 영업소. ④ 활용, 이용(utilisation). ~ rationnelle d'une idée originale(d'une situation) 독창적인 생각(상황)의 합리적 이용. ~ d'un renseignement 정보의 이용. ⑤ 악용. ~ de la crédulité publique 민중의 잘 믿는 점을 악용함. ⑥ 착취. L'esclavage était une ~ de l'homme par l'homme. 노예제도는 사람에 의한 사람의 착취였다. ⑦ système d'~ 《컴퓨터》 오퍼레이팅 시스템, OS.

exploité(e) [ɛksplwate] *a.p.* ① 채취[채굴]된, 개척 [경작]된. mine ~e 채굴되고 있는 광산. terre ~e 개간지, 경작지. ② 이용된, 착취된; 저임금의. employé ~ 임금이 낮은 종업원. —*n.* 피착취자.

***exploiter** [ɛksplwate] *v.t.* ① 경작[개척]하다; 채굴하다; 개발하다; 경영하다. Ce cultivateur *exploite* une ferme importante. 이 농부는 큰 농토를 경작하고 있다. ~ un brevet 특허를 살리다. ~ un réseau de chemin de fer 철도를 경영하다. ~ un journal [une salle de cinéma] 신문사(영화관)를 경영하다. ② 이용하다; 활용하다. Il n'a pas su ~ son avantage. 그는 자기의 유리한 점을 이용할 줄을 몰랐다. ~ son talent 재능을 활용하다. ~ une place 지위를 이용하다. Vraiment, vous *avez* bien *exploité* la situation. 정말 당신은 상황을 잘 이용했소. ③ (노동자를)착취하다; 저임금으로 일을 시키다. Ce patron *exploite* ses employés. 이 사장은 직원들을 저임금으로 부리고 있다. ~ des ouvriers 노동자를 착취하다. ④ 악용하다(abuser); 편취하다, 부당한 이득을 얻다. ~ les clients 손님에게 바가지를 씌우다. Il *exploite* l'ignorance du public. 그는 민중의 무지를 악용한다.
—*v.i.* 《법》 영장을 송달하다.

exploiteur(se) [ɛksplwatœːr, -ø:z] *n.* ① 착취자, 악용자; 사기꾼. Ce n'est qu'un vil ~. 야비한 착취자에 지나지 않는다. ② 《옛》개척자, 개발자, 경영자. —*a.* 착취하는, 혹사하는.

explorable [ɛksplɔrabl] *a.* ① 탐험[탐구·탐색]할 수 있는, 《군사》 정찰할 수 있는. ② 《의학》 탐진(探診)할 수 있는.

explora*teur(trice)* [ɛksplɔratœːr, -tris] *n.* ① 탐험가, 탐구자·답사)자. ② (새로운 분야[부문]의)개척자. —*n.m.* 《의학》 소식자(消息子). —*a.* 탐험[탐구·답사]의; 《의학》 탐진용의. stylet ~ 탐친. trocart ~ 투관침(套管針).

exploratif*ve* [ɛksplɔratif, -iːv] *a.* 탐험의; 탐구의.

exploration [ɛksplɔrɑsjɔ̃] *n.f.* ① 탐험(expédition). ~ d'une caverne 동굴탐험. ~ polaire [sous-marine] 극지[해저]탐험. ② 탐색, 답사. ~ méthodique d'un terrain 지형의 조직적 답사. ~ d'une ville 도시의 답사. ③ 수색. ~ d'une pièce 방의 수색. ④ 탐구, 연구(approfondissement). ~

exploratoire [ɛksplɔratwa:r] *a.* 〖정치〗예비의 (préliminaire), 탐색의. entretien ~ 예비회담.

explorer [ɛksplɔre] *v.t.* ① 탐험하다, 답사하다, 탐사하다. ~ une zone polaire(un souterrain) 극지(지하)를 탐험하다. ~ un pays pour en connaître la topographie 지형을 알기위해 어떤 나라를 답사하다. ② 찾다, 탐색하다, 조사하다. ~ du regard 훑어보다. ~ ses poches 호주머니를 뒤져보다. ~ les possibilités d'un accord 합의의 가능성을 탐색하다. ~ une bibliothèque 도서관을 조사하다. ③〖문제를〗탐구하다, 세밀히 연구하다(approfondir). ~ une question 어떤 문제를 탐구하다. ~ les vieux documents 고문서를 연구하다. ④〖의학〗(기관을)정밀검사하다, 탐진하다.

exploser [ɛksploze] *v.i.* ① (포탄 따위가)폭발하다. Heureusement qu'il n'y avait personne dans la maison quand le gaz *a explosé*. 가스가 폭발했을 때 다행히 집에는 아무도 없었다. ② (감정이)터져나오다(éclater); (사람이 참다 못하여)감정을 터뜨리다(déborder), ~ en injures 욕을 퍼붓다. Enfin, il *explosa*. 마침내 그가 벌컥 화를 냈다. ③ 급증하다; 크게 발전하다. ville qui *a explosé* au loin 멀리까지 급속히 발전한 도시.

exploseur [ɛksplozœ:r] *n.m.* 〖광산〗(원거리에서의)폭약의 발화장치.

explosibilité [ɛksplozibilite] *n.f.* 폭발성; 폭발하기 쉬움.

explosible [ɛksplozibl] *a.* 폭발성의. mélange gazeux ~ 폭발성의 가스 혼합물.

explosif(ve) [ɛksplozif, -i:v] *a.* ① 폭발하는, 폭발(성)의. balle ~*ve* 작렬탄. bruits ~*s* 폭발음. mélange ~ 폭발성 혼합물. onde ~*ve* 폭발의 충격파. ② 위험을 내포한; 가공할 결과를 가져오는. La situation est ~*ve*. 사태가 아주 긴박하다. ③ 급격한, 급속한, 폭발적인. succès ~ 폭발적 성공. extension ~*ve* de la ville 도시의 급격한 팽창. ④〖구어〗격하기 쉬운. tempérament ~ 격하기 쉬운 기질. ⑤〖음성〗파열음의; 설파음의. consonnes ~*ves* 파열음. ⑥ distance ~*ve* 섬화(불꽃)간극.
—*n.m.* 폭약, 폭발물.
—*n.f.* 〖언어〗파열음; 외파음.

explosion [ɛksplozjɔ̃] *n.f.* ① 폭발; 파열 ~ atomique(nucléaire) 핵폭발. ~ de grisou (탄광의)가스폭발. ~ d'un volcan 화산의 폭발. ~ - 폭발하다. chambre d'~ (내연기관의)연소실. moteur à ~ 내연기관. ② (감정의)격발; (기쁨이)넘침(débordement). ~ de rires (de joie, de colère) 웃음(기쁨·분노)의 폭발. ③ (전염병·전쟁 따위의)돌발. ~ d'une épidémie 전염병의 돌발. ~ d'une guerre 전쟁의 발발. ④ 폭발적 발전, 급성장; 급증, 격증; 붐. L'~ démographique est un des faits préoccupants de notre époque. 인구폭발은 우리 시대의 걱정스러운 사실들 중의 하나이다. ⑤〖언어〗(폐쇄음의)파열; 외파. 「ser).

explosionner [ɛksplozjone] *v.i.* 폭 발 하 다 (explo-
explosivité [ɛksplozivite] *n.f.* 폭발성(explosibilité).
expn 〖약자〗expédition 발송.
expoliation [ɛkspɔljasjɔ̃] *n.f.* 〖원예〗(나무의)삭정이의 제거. 「다.
expolier [ɛkspɔlje] *v.t.* 〖원예〗삭정이를 제거하
exponentiel(le) [ɛkspɔnɑ̃sjɛl] 〖수학〗*a.* 지수(指數)의. courbe ~*le* 지수곡선. équation(fonction) ~*le* 지수방정식(함수). —*n.f.* 지수.

exportable [ɛkspɔrtabl] *a.* 수출할 수 있는.

exportateur(trice) [ɛkspɔrtatœ:r, -tris] *n.* 수출상인, 수출업자(exporteur). —*a.* 수출하는. pays ~ de pétrole 석유수출국.

exportation [ɛkspɔrtasjɔ̃] *n.f.* ① 수출(↔importation); 수출품. ~ de voitures au Canada 캐나다로의 자동차수출. commissaire à l'~ 수출업자. ~ d'une mode(d'une coutume, des idées) 패션(생활습관·사상)의 전파. favoriser l'~ 수출을 장려하다. maison d'~ et d'importation 무역회사. ~*s* de capitaux 국외(해외)투자. ② (*pl.*) 수출품(의 양). Le chiffre des ~*s* s'est accru. 수출품 수량이 증가했다. ~*s invisibles 무역외(무형) 수출품. ③ prime d'~ 수출 장려금; 수출품에 대한 환불금.

exporter [ɛkspɔrte] *v.t.* (상품을)수출하다(↔importer); (사상 따위를)외국에 내보내다, 전파하다(propager). —*s'~ v.pr.* 수출되다.

exporteur [ɛkspɔrtœ:r] *n.m.* 수출업자.

exposant(e) [ɛkspozɑ̃, -ɑ̃:t] *n.* (전시회 따위에)상품을 출품하는 사람, 출품자. ~*s* d'un Salon de peinture 미술전람회의 출품자들. ②〖법〗(청원의)신청자. —*n.m.* ①〖수학·화학〗지수. ②〖해양〗적재한도 흘수선.
a. 출품하는; 〖법〗(법원에 청원을)신청하는.

exposé(e) [ɛkspoze] *a.p.* ① 진열된, 전시된. ordinateur nouveau ~ à la foire 견본시에 전시된 새 컴퓨터. ② [~ à] (으)로 향한, 면한. ~ à tous les vents 사방에서 바람을 받게 되어 있는. bien ~ 햇빛을 잘 받는, 양지바른. maison ~*e à* est 동향집. ③ (열·햇빛·바람 따위에)노출된, 쬔, 감광(感光)된. cliché trop ~ 노출과다의 음화. ④ [~ à](에)당면하고 있는; 위험에 처해 있는; 경향(위험)이 있는. ~ *au* danger 위험에 처해 있는. objet ~ *à* être renversé 뒤집히기 쉬운 물건.
—*n.m.* ①〖문어〗설명, 해설, 보고. donner un ~ d'un projet 계획을 설명하다. faire un ~ *de qc* …의 설명(보고)을 하다. ~ *de* la situation 상황 보고. ~ *des* motifs 〖법〗이유서. ②(구두 구두)발표, (구두로 하는)논술, 진술, 성명. faire(présenter) un ~ *sur qc* …에 대해 발표를 하다. oral 구두발표. ~ écrit 리포트.

*exposer [ɛkspoze] *v.t.* ① 진열하다(étaler); 전시하다, 전람하다, (작품을)출품하다(exhiber). ~ des livres en vente est mise à prix 진열하다. Il *expose* un tableau au Salon. 그는 그림 한 점을 미술전람회에 출품한다. (목적보어 없이) Ce peintre n'*a* pas encore *exposé*. 이 화가는 아직 전람회에 출품한 적이 없다.
② 설명하다, 개진하다, 진술하다(expliquer). [~ *qc à qn*] Il m'*a exposé* la situation financière de la Société Legris. 그는 나에게 르그리 회사의 재정상황을 설명해 주었다. ~ *une demande* 요구를 제시하다. Le sujet est bien *exposé* au premier acte. 주제는 제 1막에 잘 설명되어 있다. ~ un fait en détails 어떤 사실을 상세히 설명하다.
③ 향(면)하게 하다. ~ un bâtiment au sud 건물의 방향을 남향으로 잡다.
④ (볕·바람 따위에)드러내놓다; (사진을) 노출하다, 감광시키다. ~ à la chaleur 볕(열)에 쬐다(내놓다). Il faut ~ du linge au soleil. 세탁물을 햇볕에 쬐어야 한다. ~ un film 필름을 감광시키다.
⑤ (위험 따위에)처하게 하다, (위태로운 일을)당하게 하다(risquer). [~ *qn à qc*] Son métier l'*expose* constamment *au* danger. 그의 직업은 끊임없이 그를 위험에 처하게 한다. ~ sa vie pour sauver

qn …을 구하기 위해 목숨을 내걸다[위험을 무릅쓰다]. Il *expose* sa réputation *aux* critiques. 그는 자신의 명성을 비판의 대상이 될 위험에 빠뜨린다. (간접목적보어 없이) Un officier prudent n'*expose* pas inutilement ses hommes. 신중한 장교는 쓸데없이 부하들을 위험에 직면케 하지 않는다. ⑥《옛》【법】유기하다(abandonner). ~ un enfant nouveau-né 영아를 유기하다. ⑦《옛》(말뚝에 매달아)뭇사람에게 보이다. ~ un criminel 죄인을 공시(公示)하다. **—s'~** v.pr. ① [s'~ à](에)(널리 여러 사람에게 보이)진열되다, 전시되다; 출품되다. s'~ au regard des autres 남의 눈에 띄이다[보이다]. ② (위험 따위에) 몸을 드러내다, 직면하다, 당하다; 위험에 몸을 내맡기다, 위태로운 일을 당하다; 자신을 위태롭게 하다(se compromettre). Les sauveteurs *se sont exposés* sans hésiter. 구조자들은 주저하지 않고 위험 속에 뛰어들었다. [s'~ à *qc*] Il *s'est exposé à* de graves dangers. 그는 커다란 위험을 무릅썼다. s'~ *au* danger 위험에 빠지다. s'~ à la critique 비평의 대상이 되다. s'~ *aux* reproches 비난당할 우려가 있다. ③ 설명되다, 개진되다, 진술되다. Cette théorie ne peut pas s'~ en une heure. 그 이론은 한 시간 동안에 설명되지 못한다.

exposeur(se) [ɛkspozœːr, -ɸːz] a. 설명하는. —*n.* (보통 m.) 설명자.

expositif(ve) [ɛkspozitif, -iːv] a. 《드물게》설명적인, 해석적인.

exposition [ɛkspozisjɔ̃] n.f. ① (상품의)진열, 전시회(étalage). L'~ du mobilier aura lieu la veille de la vente aux enchères. 가구의 전시는 경매의 전날에 있을 것이다. ~ du saint sacrement 《가톨릭》성체의 현시. ② (미술품의)전람회[전시회] (exhibition); 출품; 박람회, 품평회. ~ de sculpture 조각 전시회. ~ industrielle 산업 박람회. ~ universelle de Paris 파리 만국 박람회. ~ de fleurs 분화 전시회[품평회]. ~ (des œuvres de) Cézanne 세잔(작품)전. Le ministre a inauguré l'~ agricole (d'automobiles). 장관이 농업박람회(자동차 전시회)의 개회를 선언했다. salle d'~ 전람회장; 진열실. ③ (백화점 따위의)전시 판매회. ~ d'appareil ménager 가정용 기구 대매출. ④ (집의)놓임새, 위치, 좌향(坐向)(orientation); (그림의)조명. ~ à l'ouest 서향. Cette villa a une belle ~. 이 별장은 좌향이 좋다. ⑤ (햇볕·바람에)쬐[쐬]기; 【사진】노출. ~ d'un vêtement à l'air 옷을 바람에 쐬기. durée d'~ (사진의)노출시간. ⑥ 설명, 논술, 진술(explication, exposé). ~ d'une doctrine 학설의 설명. ~ d'un système 체계의 설명. ⑦ (극·문학 작품의)도입부; 【음악】(둔주곡 따위의)제시부. ⑧ 【법】(유아·무능자의)유기(abandon). ~ d'un enfant 어린이의 유기. ⑨《옛》(공시대에 매단 죄인의)공시;《드물게》위험에 노출되기.

expositoire [ɛkspozitwaːr] a. 《옛》설명적인.

exprès¹(esse) [ɛkspre(s), -ɛs] a. ①《옛》【법】단호한(formel); 명시된(explicite). ordre ~ 엄명. «Défense ~*esse* de fumer» "끽연엄금." clause ~*esse* 명시 조항. ②《불변》속달의. lettre ~ 속달 편지. ③《옛》특히 사람의 뜻을 전하는. messager ~ 특사. —*n.m.* 특사; 속달. lettre à remettre par ~ 속달[지급]편지.

*****exprès²** [ɛkspre] ad. ① 일부러, 특별히. Je l'ai acheté (tout) ~ pour vous. 특별히 당신을 위해서 그것을 사 두었습니다. ② 일부러, 고의로(intentionnellement). Il a été en retard, mais il ne l'a pas fait ~. 그는 늦었는데, 고의로 그런 것은 아니다.

faire ~ *de+inf.* 고의적으로 …하다.
fait ~ 고의의; 안성마춤의.
un fait ~ [fɛtɛkspre] 공교로운 일. par *un fait ~* 공교롭게도.

express [ɛkspres] 《영》a. 《불변》① 급행의. train ~ 급행열차. voie(route) ~ 고속도로. Réseau E~ Régional 수도권 고속교통망《약자》R.E.R.》. ② 신속하게 이루어진. verdict ~ 간단[신속]한 판결. —*n.m.* 《복수불변》① 급행 열차. ② 엑스프레스 커피(café ~).

(-)express suff. 「급행의, 신속한」의 뜻.

expressément [ɛkspresemã] ad. ① 분명히, 명백하게(explicitement, nettement). Il est ~ défendu de fumer dans l'autobus. 버스 안에서 담배를 피우는 것은 엄금이다. ② 일부러.

expressif(ve) [ɛkspres(e)if, -iːv] a. ① 표현[표정]이 풍부한(éloquent), 의미심장한(significatif). regard ~ 뜻 있는 눈길. mot ~ 표현력이 풍부한 단어. ② 발랄한. visage ~ 생기발랄한 얼굴. ③ 《음악》음량풍감장치가 달린. clavier ~ (오르간의)증감건반.

*****expression** [ɛkspresjɔ̃] n.f. ① 《생각·감정 따위의》표현(manifestation); 표현법, 어구(locution). moyen d'~ 표현의 방식. ~ populaire 속어(적 표현). ~ figurée 비유적 표현. ~ toute faite 성구(成句). employer des ~s grossières 야비한 말을 사용하다. au delà de toute ~ 말로는 이루 다 표현할 수 없을 만큼. ② (예술적)표현; 표현력. ~ picturale 회화적 표현. chant plein d'~ 감정이 풍부한 노래. jouer avec ~ 표현력 있게 연주하다. ③ (얼굴 따위의)표정(figure). regarder avec une ~ de surprise 깜짝 놀란 표정으로 바라보다. [avoir de l'~] Sa physionomie *a* beaucoup d'~. 그의 얼굴은 표정이 풍부하다. ④ 표출, 나타남, 구현(manifestation). La loi est l'~ de la volonté générale. 법은 총의 표현이다. Delacroix est l'~ de l'art romantique. 드라크루아는 낭만적 예술의 화신이다. ⑤ 《수학》식(式). ~ algébrique 대수식. ~ rationnelle(irrationnelle) 유리[무리]식. ⑥ 《의학》압박법. ~ abdominale (태아·후산의 배출을 촉진시키기 위한)복부 압박. ⑦ 《언어》(언어기호에 있어 내용에 대한)표현(signifiant). *réduire qc à sa plus simple ~* 《수학》(식을)간단하게 하다;《비유적》…을 최대한 간소화하다[작게 하다]. Sa tenue vestimentaire *était réduite à sa plus simple ~* : un petit slip de bain. 그의 옷차림은 극도적으로 간소화된 것이었다, 즉 작은 수영팬티.

expressionnisme [ɛkspresjɔnism] n.m. 《미술·문학》표현주의.

expressionniste [ɛkspresjɔnist] 《미술·문학》a. 표현주의(파)의. —*n.m.* 표현파(주의자).

expressivement [ɛkspresivmã] ad. 《드물게》표정이 풍부하게.

expressivité [ɛkspresivite] n.f. 표정[표현]이 풍부함; (특히 언어의)표현성. ~ d'un visage 얼굴 표정의 풍부함, 얼굴의 풍부한 표정.

exprimable [ɛksprimabl] a. 표현할 수 있는. sentiment difficilement ~ 표현하기 어려운 감정.

*****exprimer** [ɛksprime] v.t. ① (말·행동·표정으로)나타내다(manifester); 표현[표시]하다(traduire). chercher les mots qu'il faut pour ~ sa pensée(sa reconnaissance) 자기의 생각(감사)을 표현하기 위해 필요한 말을 찾다. mots qui *expriment* une idée 어떤 생각을 나타내는 말. Sa physionomie *exprime*

ex professo 832

l'inquiétude. 그의 얼굴에 불안의 빛이 감돌고 있다. ② (예술 작품으로) 표현하다, 나타내다 (représenter). Ce poète *exprime* bien les passions. 이 시인은 정열을 잘 표현한다. ③ 표시하다, (기호 따위가) 나타내다. ~ le poids en grammes 무게를 그램으로 표시하다. budget *exprimé* en dollars 달러의 표시된 예산. Le signe '=' *exprime* l'égalité. '=' 기호는 동등을 나타낸다. ④ (수분·액을) 짜내다 (extraire). ~ le jus d'une orange 오렌지즙을 짜내다. ⑤ (예) 설명하다 (expliquer). ~ une clause dans un contrat 계약의 조항을 설명하다. ⑥ 〖과학〗 의미하다, 뜻하다.
—*s'~* *v.pr.* ① 자기의 생각 [감정]을 나타내다 (표현하다); (예술로서) 자기를 표현하다. s'~ bien en anglais 영어로 말을 잘하다. s'~ par gestes 몸짓으로 의사표시를 하다. ② (수동적:주어는 사물) 표현되다, 표시되다. Cette idée *s'exprime* difficilement. 이 생각은 쉽게 표현되지 않는다.

ex professo [ɛkspröfeso] 《라틴》 *loc.ad.* 적임자로서, 전문가로서 (답게). traiter un problème ~ 어떤 문제를 전문가답게 다루다.

expromission [ɛkspromisjɔ̃] *n.f.* 〖로마법〗 (구채무자의 양해가 없는) 채무대행.

expropriant(e) [ɛksprɔprijɑ̃, -ɑ̃:t] 〖민법〗 *a.* (토지 따위를) 수용하는, 공용징수를 행하는. administration ~ 공용징수관청.
—*n.* 수용자, 공용징수관.

expropriateur(trice) [ɛksprɔprijatœ:r, -tris] *a., n.* 〖법〗 = **expropriant**.

expropriation [ɛksprɔprijasjɔ̃] *n.f.* 〖법〗 (토지 따위의) 수용, 공용징수. ~ forcée 강제수용. jury d'~ 수용심사위원회. ~ pour cause d'utilité publique 공용을 위한 (토지) 수용.

exproprié(e) [ɛksprɔprije] *a.p.* 수용된. maison ~*e* 수용가옥. —*n.* 피수용자.

exproprier [ɛksprɔprije] *v.t.* 〖법〗 ① [~ *qn*] (의) 재산을 수용하는다. ~ *qn* pour cause d'utilité publique 공용을 위해 …의 재산을 수용하다. propriétaire *exproprié* 재산을 수용당한 소유주. ② [~ *qc*] (토지 따위를) 수용 (강제매입) 하다. ~ des immeubles 건물을 수용 (강제매입) 하다.

expugnable [ɛkspygnabl] *a.* 《드물게》 탈취 〖공략〗 할 수 있는.

expulsé(e) [ɛkspylse] *a.p.* 추방된; 밀려난; 퇴교 [제적] 된. —*n.* (위)의 사람.

expulser [ɛkspylse] *v.t.* 추방하다, 몰아내다, 내쫓다 (bannir, chasser). [~ *qn* de] ~ *qn* de son pays …을 국외로 추방하다. ~ les manifestants 데모대를 몰아내다. se faire ~ 쫓겨나다. ② 제명 (제외) 하다 (éliminer). ~ un étudiant d'une faculté 학생을 퇴학시키다. ~ *qn* d'un parti …을 당에서 제명하다. ③ 배출하다, 배설하다 (évacuer). ~ les déchets 노폐물을 배출하다.

expulsif(ve) [ɛkspylsif, -i:v] *a.* 배출하는. remède ~ 구제제 (驅除劑). douleurs ~*ves* 진통.

expulsion [ɛkspylsjɔ̃] *n.f.* ① 추방, 내쫓기 (bannissement). ~ des étrangers 외국인의 추방, arrêté d'~ 추방 (퇴거)령. ② (조직·기관에서의) 제명, 제외 (exclusion). ~ d'un élève 학생의 퇴학 (처분). ③ 〖의학〗 배출, 배설 (évacuation).

expurgation [ɛkspyrgasjɔ̃] *n.f.* ① (책의 불온한 부분의) 삭제. ② (예) (불순물의) 제거; (불필요한 나무의) 벌목.

expurgatoire [ɛkspyrgatwa:r] *a.* 삭제대상의. index ~ (카톨릭의) 가 (假) 금서목록.

expurger [ɛkspyrʒe] ③ *v.t.* (책에서) 불온한 부분을 삭제하다. ~ un ouvrage 작품을 일부 삭제하다. édition *expurgée* 삭제판. ~ un auteur 저자의 작품에서 일부 삭제하다.

*****exquis(e)** [ɛkski, -i:z] *a.* ① 진미의 (délicieux); 묘한 (délicat); (향기가) 그윽한; 감미로운. mets [vins] ~ 진미의 요리 (포도수). parfum ~ 그윽한 향기. sensations ~*es* 감미로운 느낌. ② (비유적) 우아한, 세련된, 섬세한 (raffiné, délicat), femme d'une ~*e* élégance 세련된 우아함을 지닌 여인. politesse ~*e* 세련된 예절. goût ~ 우아한 취미. ③ (사람이) 상냥한, 부드러운 (aimable, charmant). homme ~ 상냥한 사람. être ~ avec tout le monde 모든 사람에게 상냥하다. ④ douleur ~*e* 〖의학〗 (환부가 확실한) 국부적 고통. ⑤ (예) 특출한, 각별한 (remarquable); 공들인 (raffiné). hommes rares, ~ 보기드문 특출한 사람들. supplices ~ (기술적으로) 세련된 형벌.

exquisément [ɛkskizemɑ̃], 《예·구어》 **exquisement** [ɛkskizmɑ̃] *ad.* 미묘하게.

exquisité [ɛkskizite] *n.f.* 《드물게》 진미; 미묘, 우아함; 섬세.

ex-rép. 《약자》 ex-répartition 〖주식〗 특별배당락.

exsangue [ɛksɑ̃:g, ɛgzɑ̃:g] *a.* ① 빈혈의; 핏기없는, 창백한 (blême, livide). blessé ~ 창백한 부상자. lèvres ~*s* 핏기없는 입술. ② (비유적) 생기 (기력) 없는. art ~ 생기를 잃은 예술.

exsanguination [ɛksɑ̃ɡɥinasjɔ̃] *n.f.* 〖의학〗 제혈 (除血), 구혈 (驅血).

exsanguino-transfusion [ɛksɑ̃ɡ(ɥ)inotrɑ̃sfyzjɔ̃] *n.f.* 〖의학〗 (제혈 (除血) 환자의 피를 같은 혈액형의) 다른 사람의 피로 바꾸는 수술.

exsert(e) [ɛksɛ:r, -ɛrt] *a.* 〖식물〗 (수술이나 꽃대가) 돌출한.

exsiccation [ɛksikasjɔ̃] *n.f.* 〖화학〗 건조.

exstrophie [ɛkstrɔfi] *n.f.* = **extroversion**.

exsuccion [ɛksyksjɔ̃] *n.f.* 〖의학〗 흡출, 빨아냄.

exsudant(e) [ɛksydɑ̃, -ɑ̃:t] 〖의학〗 *a.* 땀나게 하는, 분비성의, 삼출성 (滲出性) 의. ~ cutanée 피부삼출.

exsudat [ɛksyda] *n.m.* 〖의학〗 삼출액 (滲出液), 삼출물, 분비물. ~ séreux 장액성 (漿液性) 삼출물. ~ muqueux 점액성 삼출물.

exsudatif(ve) [ɛksydatif, -i:v] *a.* 〖의학〗 삼출하는, 삼출성의.

exsudation [ɛksydasjɔ̃] *n.f.* 〖의학〗 삼출; (예) 발한. ② 〖식물〗 (수액의) 삼출.

exsuder [ɛksyde] *v.t.* 배어 (스며) 나오게 하다. ~ du sang 피를 스며나오게 하다. —*v.i.* 배어 (스며) 나오다.

extant(e) [ɛkstɑ̃, -ɑ̃:t] *a.* (예) 〖법〗 현물로서 존재하는.

extase [ɛkstɑ:z] *n.f.* ① 황홀 (ravissement); 도취 (ivresse). être [tomber] en ~ 황홀경에 빠지다, 도취되다. ② 〖종교〗 법열 (法悅) (béatitude). ③ 〖의학·심리〗 엑스터시, 무감각 상태.

extasié(e) [ɛkstɑzje] *a.p.* 황홀해진, 넋을 잃은; 경탄해 마지않은. visage ~ 넋을 잃은 얼굴.

extasier (s') [sɛkstɑzje] *v.pr.* 경탄하다; 황홀해서 넋을 잃다. s'~ devant un chef d'œuvre 결작품 앞에서 넋을 잃다. [s'~ sur] s'~ sur les vallées de Suisse 스위스의 계곡에 경탄하다. faire ~ 황홀하게 만들다 (se의 생략).

extatique [ɛkstatik] *a.* ① 황홀한, 넋을 잃은. regard ~ 넋을 잃은 듯한 눈초리. ② 〖종교〗 법열경의. vision ~ 신비적 견신 (見神). ③ 〖심리·의학〗 엑스터시에 빠진. —*n.* 황홀경에 빠지기 쉬운 사람.

extemporané(e) [ɛkstɑ̃pɔrane] *a.* ① 《약》 당장에 만드는, 즉석의. médicament ~ (즉석에서 조

제 한)즉시 투여약(↔ médicament officinal). analyse ~e (수술 중에 행하는)즉시 분석. ② 《법》 고의적[계획적]이 아닌, 과실의.

extenseur [ɛkstɑ̃sœːr] *a.m.* 늘이는, 신장시키는. muscle ~ 《해부》 신근(伸筋). —*n.m.* ① 신근. ② 근육 강화기구(appareil ~).

extensibilité [ɛkstɑ̃sibilite] *n.f.* 신장성. ~ du caoutchouc 고무의 신장성.

extensible [ɛkstɑ̃sibl] *a.* ① 늘어나는, 신장[팽창] 성이 있는. métal ~ 신장성이 있는 금속. organes ~s 신장성 제기관. ② 확대해석할 수 있는. (사상 따위가) 유연성 있는. définition ~ 광의의 정의.

extensif(ve) [ɛkstɑ̃sif, -iːv] *a.* ① 늘어나게 하는. force ~ve 신장력. ② 《언어》 광의의; 《논리》 외연적(外延的)인. mot pris dans un sens ~ 광의로 해석한 말. ③ culture ~ve 《농업》 (광대한 토지를 사용하는)조방(粗放)농법.

extensile [ɛkstɑ̃sil] *a.* 《동물·해부》 늘어나는.

extensilingue [ɛkstɑ̃siːg] *a.* 《동물》 늘어나는 혀를 가진.

extension [ɛkstɑ̃sjɔ̃] *n.f.* 늘임, 늘어남, 신장(伸長); (사지를) 펴기, 뻗기. ~ d'une plaque de métal 금속판을 늘이기. mouvements d'~ et de flexion 폈다 구부렸다 하는 운동. ② 확장, 확대(accroissement, expansion); 증대; 넓이(ampleur). ~ du commerce extérieur 무역의 확대. ~ de la France 프랑스의 국토확장. ~ des pouvoirs 권한의 확대. Cette industrie a maintenant une ~ considérable. 이 산업은 이제 엄청난 규모로 커졌다. [être en ~] Les foyers d'infection *sont en* ~ croissante. 전염병 감염지역은 더욱 더 확대되어 간다. [prendre de l'~] L'incendie *a pris de l'*~. 화재가 번져나갔다. ③ 연장(prolongement); (법률 따위의)확대해석. outil qui est comme une ~ de sa main 손의 연장과도 같은 공구. Le groupe social est une ~ de la famille. 사회집단은 가족의 한 연장이다. ~ donnée à une loi 법에 대한 확대 해석. ④ 《언어》 (의미의)확장; 《논리》 (개념 의)외연. par ~ 의미를 넓혀서, 광의(廣義)로서. ⑤ 《의학》 (골절된 다리 따위의)견인요법.

extensomètre [ɛkstɑ̃sɔmɛtr] *n.m.* 《기계》 신축계 (伸縮計).

extensométrie [ɛkstɑ̃sɔmetri] *n.f.* 신장측정(법).

exténuant(e) [ɛkstenɥɑ̃, -ɑ̃ːt] *a.* 지치게 하는, 기력을 쇠진시키는(épuisant). travail ~ 기진맥진하게 하는 일.

exténuation [ɛkstenɥasjɔ̃] *n.f.* 기진맥진, 극도의 피로, (체력의)소모(épuisement). jusqu'à complète ~ 완전히 탈진할 때까지.

exténué(e) [ɛkstenɥe] *a.p.* 기진맥진한, 극도로 피로한, 《엣》초췌한. ~ de fatigue 피로로 기진맥진한. visage ~ 초췌한 얼굴.

exténuer [ɛkstenɥe] *v.t.* ① 기진맥진하게 하다 (épuiser); 쇠약하게 하다(affaiblir). Cette longue marche *l'a exténué*. 오랫동안 걸어서 그는 진이 다 빠졌다. ② 《엣》초췌하게 하다, 작게(마르게)하다 (amincir). ~ les membres 사지를 가늘게 만들다. ③ 《엣·문어》약화시키다(atténuer). ~ l'ardeur de l'amour 사랑의 열기를 줄이다.

—*s'~ v.pr.* 기진맥진해지다, 초췌해지다.

*****extérieur(e)** [ɛksterjœːr] *a.* ① 외부의, 밖의. bruits ~s 외부의 소음. escalier ~ 옥외계단. ② 표면의, 밖에 드러난(apparent). aspect ~ 겉에 보이는 양상. manifestation ~e d'un sentiment 감정의 외적 표현 [표출]. ③ [~ à] 《속하지 않는》, 《무》무관한 (étranger). propos ~s *au* sujet 주제와 관계 없는 이야기. ④ 대외적인, 외국에 대한. politique ~e 대외정

책. commerce ~ 대외무역. Ministère des Affaires ~es 외무부. ⑤ 《경멸》 겉뿐인, 피상적인(superficiel). pitié toute ~e 겉뿐인 연민.

—*n.m.* ① 외부, 옥외, 밖(dehors). [à l'~] entendre du bruit *à l'*~ 밖에서 소리가 들리다. laisser les chaises *à l'*~ 의자를 집 밖에 놓아두다. [de l'~] regarder *de l'*~ 밖에서(부터) 바라보다. juger *de l'*~ 《비유적》밖에서[객관적 입장에서] 판단하다. ② (사물의)외면, 외관; (사람의)외모, 풍채(allure). ~ d'un édifice 건물의 외면. avoir un ~ négligé 외모를 소홀히 하다. Sous un ~ rude, il cache un cœur d'or. 그는 외모는 거칠어 보이지만 고운 마음씨를 지니고 있다. ③ 해외, 외국. nouvelles de l'~ 해외소식. ④ (*pl.*) 《영화》 야외촬영, 로케이션. tourner les ~s 야외장면을 촬영하다. prises de vue en ~ 로케이션. ⑤ (의식에 대한)외계(monde ~).

extérieurement [ɛksterjœrmɑ̃] *ad.* ① 밖에서, 외부에서. maison endommagée ~ 외부가 손상된 집. ② 외면적으로, 겉으로 보아; 표면적으로는. homme ~ respectable 겉으로는 존경할 만한 사람.

extérioration [ɛksterjɔrasjɔ̃] *n.f.* 《드물게》 = **extériorisation**.

extériorisation [ɛksterjɔrizasjɔ̃] *n.f.* ① (감정·욕망의)외면화, 표면화. ~ par la parole d'un sentiment 감정을 말로써 표출하기. ② 《철학·심리》 외재화(外在化).

extérioriser [ɛksterjɔrize] *v.t.* ① (마음 속에 있는 것을)겉으로 나타내다[표현하다](exprimer, manifester). ~ ses sentiments 자기의 감정을 표현하다. ② 《철학·심리》 외재화하다《자기가 보고 느끼는 것을 외부로 투영하는 것》.

—*s'~ v.pr.* ① (감정이)밖으로 나타나다, 외면화되다. Sa colère ne *s'extériorise* pas. 그의 노여움은 밖으로 표출되지 않는다. ② (사람이)자기의 감정을 나타내다.

extériorité [ɛksterjɔrite] *n.f.* 《심리·철학》 외재성(外在性), 외면성.

exterminant(e) [ɛkstɛrminɑ̃, -ɑ̃ːt] *a.* = **exterminateur**.

exterminateur(trice) [ɛkstɛrminatœːr, -tris] *a.* 전멸시키는, 몰살시키는. conquérant ~ 몰살하는 정복자. peste ~*trice* 전멸시키는 페스트. ange ~ 《종교》 죽음의 천사《유태인의 장남을 피흘리게 이집트 사람들을 벌하기 위해 그들의 장자를 몰살시키는 천사; 출애굽기 12:26》.

—*n.* 전멸[몰살·근절]시키는 사람.

extermination [ɛkstɛrminasjɔ̃] *n.f.* 구축(驅逐); 일소, 근절; 몰살, 박멸.

exterminer [ɛkstɛrmine] *v.t.* ① 몰살하다, 전멸시키다(anéantir, détruire). peuplade *exterminée* par des envahisseurs 침략자에게 몰살당한 민족. ② 일소(구축)하다. (구어》죽이다. produit pour ~ les rats 쥐약. ③ 《엣》추방하다(expulser).

—*s'~ v.pr.* ① 서로 몰살시키다. ② 《구어》[s'~ à +*inf.*] 기진맥진하다(s'épuiser). s'~ *à* travailler 일하느라고 기진맥진하다.

externat [ɛkstɛrna] *n.m.* ① (기숙사가 없는)통학제도 학교, 통학학교; 통학생. ② (병원의)통근 조수; (그)직책; 통근조수 시험(concours de l'~).

externe [ɛkstɛrn] *a.* ① 외부[면]의, 외적인(↔ interne); (약의)외용의. angle ~ 외각(外角). malade ~ 외래환자. médicament pour l'usage ~ 외용약. ② élève ~ (기숙생에 대하여)통학생.

—*n.m.* ① 통학생. ② (병원의)통근 조수.

■ **externe** 은 한정된 전문용어로서, **exterieur** 는 광범하게 일상용어로서 사용됨.

extéroceptif(ve) [εksterɔsεptif, -i:v] *a.* 【심리】 외부수용의(↔ intéroceptif).

exterritorialité [εksteritɔrjalite] *n.f.* 【법】 치외법권(治外法權).

extincteur(trice) [εkstɛ̃ktœ:r, -tris] *a.* 소화(消火) 용의. appareil ~ 소화기. ―*n.m.* 소화기. ~ à mousse carbonique 포말소화기.

extinctif(ve) [εkstɛ̃ktif, -i:v] *a.*《드물게》(불을) 끄는; 소멸시키는.

extinction [εkstɛ̃ksjɔ̃] *n.f.* ① (불을) 끄기, 소등, 소화(消火); (불이) 꺼지기. ~ des feux[des lumières] 소등. ~ de l'incendie 소화(消火). ② (활동·기능의) 약화(affaiblissement). ~ de la vue 시력의 약화. ~ des forces vitales 생명력의 약화. ~ (비유적) 근절, 절멸, 소멸 (anéantissement). ~ de la misère 빈곤의 일소 [주방]. ~ d'une race 종족의 절멸. ~ d'une famille 가계의 단절. ~ d'espèces 【생물】멸종(滅種). ④【법】(권리의 무 따위의) 소멸, 【광업】 소광(消光). ⑤ ~ de la chaux 【화학】석회의 소화(消和). ⑥《옛》실신, 기절(coma). *jusqu'à (l')* ~ *(de qc)* (…이) 다할 때까지, 완전히. *jusqu'à l'*~ *de ses forces* 마지막 힘이 다할 때까지. *payer une dette jusqu'à* ~ 빚을 완전히 갚다.

extinguible [εkstɛ̃gibl] *a.*《드물게》끌 수 있는; 소멸시킬 수 있는. feu ~ 끌 수 있는 불. soil ~ 해소할 수 있는 것.

extirpable [εkstirpabl] *a.* 뿌리째 뽑을 수 있는; 도려낼 수 있는; 근절시킬 수 있는.

extirpage [εkstirpa:ʒ] *n.m.* 【농업】 제초(除草).

extirpateur(trice) [εkstirpatœ:r, -tris] *n.* ① 뿌리째 뽑는 사람. ②《비유적》근절자. ~ de vices 병폐의 근절자. ―*n.m.* 【농업】 제초기.

extirpation [εkstirpasjɔ̃] *n.f.* ① (잡초 따위를) 뿌리째 뽑기 (déracinement). ② (환부를) 도려내기. ③ (비유적) 근절시키기 (extermination). ~ des préjugés 편견의 근절.

extirper [εkstirpe] *v.t.* ① (잡초를) 뿌리째 뽑다 (déraciner). ~ une plante 나무를 뽑다. ② (환부를) 도려내다(énucléer). ~ une tumeur 종기를 완전히 도려내다. ③ 근절시키다(détruire, déraciner). ~ les vices 악을 근절시키다. ④ (구어) (간신히) 끌어내다(arracher). ~ qn de son lit …을 침대에서 일으키다. [~ *qc* à *qn*] ~ un renseignement à qn …에게서 정보를 얻어내다.
―*s'*~ *v.pr.* (에서) 빠져나오다(s'extraire).

extorquer [εkstɔrke] *v.t.* [~ à] (에게서) 강탈하다, 갈취하다(escroquer); 강요하다. ~ de l'argent à qn …에게서 돈을 갈취하다. ~ à qn une signature [une promesse] …에게서 서명 [약속]을 강요하다.

extorqueur(se) [εkstɔrkœ:r, -φ:z] *n.* (재물 따위의) 강탈자; (서명·승인 따위의) 강요자.

extorsion [εkstɔrsjɔ̃] *n.f.* ① 강탈, 강요. ~ de l'argent 돈의 강탈. ~ d'un consentement [d'une signature] 승인 [서명]의 강요. ②【법】재물강요죄. ③ 부당징세(徵稅), 착취.

extorsionnaire [εkstɔrsjɔnε:r] *a.* ① 강탈하는, 갈취하는. ② (값이) 터무니없는.

extra [εkstra] *n.m.* (복수불변) ① 특별 [각별] 한 것; 각별한 음식. faire un ~ pour accueillir des invités 손님을 접대하기 위해 특별 음식을 장만하다. ② 임시 고용; 임시 고용인, 엑스트라. faire un ~ le dimanche 일요일에 임시 근무를 하다. engager des ~ 임시로 고용하다. ③ audience d'~ 【법】(휴가중의) 특별개정.
―*a.*《불변》《구어》(술 따위가) 극상의, 최고의 (supérieur). bonbons ~ 최고품 봉봉 과자. vin ~ (de qualité) ~ 최고급의 포도주.

extra- *préf.*「밖의, 여분의, 극상의」의 뜻.

extra-atmosphérique [εkstraatmɔsferik] *a.* 대기권 밖의. espace ~ 대기권 밖의 공간.

extrabudgétaire [εkstrabydʒetε:r] *a.* 【법】(비용이) 예산 외의.

extra(-)comptable [εkstrakɔ̃tabl] *a.* (지출 따위가) 회계상 외의, 장부 외의.

extra-conjugal(ale, *pl.* **aux)** [εkstrakɔ̃ʒygal, -o] *a.* (남녀관계가) 불륜의.

extra-courant [εkstrakurɑ̃] *n.m.* 【전기】 자기감응전류(自己感應電流).

extracteur [εkstraktœ:r] *n.m.* ① (이 따위를) 뽑는 사람. ②【해석】채석인부. ③ (의료용의) 적출기 (摘出器), 【화학실험용의】 추출기, 분리기; 【양봉용의】 꿀벌 분리기; 배기장치; (종의) 단발자.

extractible [εkstraktibl] *a.* 뽑아낼 수 있는, 추출할 수 있는.

extractif(ve) [εkstraktif, -i:v] *a.* ① 추출하는; (기계가) 추출용의. ②【언어】 추출을 나타내는. ③ industries ~ves 채굴산업 (석유·석탄 따위).
―*n.m.* (식물의) 엑스.

extraction [εkstraksjɔ̃] *n.f.* ① 추출, 뽑아내기. ~ d'une dent cariée 충치를 뽑아내기, 채굴. ~ du charbon 채탄. machine d'~ 권양기(捲揚機). ③ 【화학】 추출; 엑스 제조; 【수학】 근을 구하기. ~ de la racine carrée [cubique] 제곱근 [세제곱근] 구하기. ④【문어】 가문; 혈통. être de haute [basse] ~ 상류 [하층] 계급 출신이다. ⑤ 【어】인출(引出), 발췌.

extrader [εkstrade] *v.t.* 【법】 (범인을 타국 정부로부터) 본국 정부에 인도하다.

extradition [εkstradisjɔ̃] *n.f.* 【법】 (타국 정부로부터) 범죄인의 인도.

extrados [εkstrado] *n.m.* ① 【건축】 (홍예의) 바깥 둘레, 외호(外弧) (↔ intrados). ② 【항공】 (날개의) 상면(上面).
―《있는.

extradossé(e) [εkstradose] *a.p.* 【건축】 외호가 있는.

extradosser [εkstradose] *v.t.* 【건축】 (아치 따위에) 외호를 만들다.

extra-dry [εkstradraj] 《영》 *a.* (샴페인이) 단맛이 전혀 없는. ―*n.m.* 단맛이 전혀 없는 샴페인.

extra-européen(ne) [εkstraφrɔpeɛ̃, -εn] *a.* 유럽 이외의.

extra-fin(e) [εkstrafɛ̃, -in] *a.* (품질이) 극상의, 최고품의. qualité ~e 최고급 (품질). café ~ 최고급 커피. ② 극도로 가는 (작은, 얇은). aiguille ~ 가장 가는 바늘. ―*n.m.* 최고품.

extra-fort(e) [εkstrafɔ:r, -ɔrt] *a.* (상품이) 아주 튼튼한; 몹시 강한. moutarde ~e 몹시 매운 겨자.
―*n.m.* 가장자리를 감친 끈, 바이어스 테이프.

extra(-)galactique [εkstragalaktik] *a.* 【천문】 은하계 밖의.

*extraire [εkstrε:r] [44] *v.t.* ① 추출하다; 뽑다, 빼내다. ~ une dent 이를 뽑다. ~ un calcul 결석(結石)을 빼다. [~ *qc de qc*] ~ une balle *de la* jambe d'un blessé 부상자의 다리에서 탄환을 뽑아내다. ~ le jus *d'un fruit* 과일에서 즙을 짜내다. ~ *de la* mine 광산에서 금을 캐내다. ~ *du* marbre d'une carrière 채석장에서 대리석을 잘라내다. ② (책에서) 발췌하다. 《비유적》 발췌하다. ~ des passages de son ouvrage 그의 책에서 여러 구절을 발췌하다. ~ la quintessence d'un long traité 긴 논설의 골자를 끌어내다. ③ 《비밀 따위를》캐내다, 알아내다(extorquer). [~ *qc* à *qn*] ~ un secret à qn …에게서 비밀을 캐내다. ⑤

(을) 빼내다. ~ qn de sa prison …을 감옥에서 빼내다. ⑥ 〖수학〗(근(根)을)구하다.
— s'~ v.pr. [s'~ de] (에서) (간신히) 빠져 나오다. s'~ péniblement de son piège 함정에서 간신히 빠져나오다.
extrai-s, -t [ɛkstrɛ] ⇨extraire.
*****extrait** [ɛkstrɛ] n.m. ① 발췌(문); 요약(bribe, fragment); 적요. ~s du discours du président 대통령 연설의 발췌문. ② (pl.)선집(選集)(anthologie). «E~» de Valéry 발레리『선집』. ③ 〖법〗초본(copie), 증명서. ~ des actes de l'état civil 호적 초본. ~ de naissance 출생 증명서. ~ mortuaire 사망 증명서. ~ de compte 〖상업〗계산서. ④ 〖화학〗엑스, 정수. ~ de viande 고기즙. ~ de lavande (향수용의)라벤더 에센스.
extrajudiciaire [ɛkstraʒydisjɛːr] a. 〖법〗재판외의; 법정 외의.
extrajudiciairement [ɛkstraʒydisjɛrmɑ̃] ad. 재판에 의하지 않고.
extra-légal(ale), pl. aux) [ɛkstralegal, -o] a. 불법인, 비합법적인. employer des moyens ~aux 비합법적인 수단을 사용하다.
extra-léger(ère) [ɛkstraleʒe, -ɛːr] a. 몹시 가벼운. métaux ~s 초경금속.
extra-linguistique [ɛkstralɛ̃gɥistik] a. 언어학 범주 외의, 외어어학적(外言語學的)인.
extra(-)lucide [ɛkstralysid] a. (접당이 따위가)투시력이 비상하다. voyante ~ (투시력이 비상하는)초능력의 여자점쟁이.
extra-muros [ɛkstramyroːs] 〖라틴〗 ad. 시외에(↔ intra-muros). habiter ~ 시외에 살다.
— a. (불변) 시외의, 교외의. ligne d'autobus ~ 시외버스노선.
extranéité [ɛkstraneite] n.f. 〖법〗외국인의 신분.
*****extraordinaire** [ɛkstraɔrdinɛːr, 〖속어〗 ɛkstrɔrdinɛːr] a. ① 이상한, 기이한, 이상한, 믿을 수 없는(incroyable, bizarre, ↔ normal, ordinaire). événement ~ 이상한 사건. raconter des histoires ~s 믿을 수 없는 이야기를 하다. Cela n'a rien d'~. 그것은 조금도 이상할 게 없다. ② 드물게 보는, 놀랄 만한(exceptionnel); 비상한, 비범한(prodigieux); 극도의, 터무니없는(extrême, immense). beauté ~ 보기드문 아름다움(미인). mémoire ~ 비범한 기억력. homme ~ 특출한 사람. prix ~ 터무니없는 값. homme d'une taille ~ 몸집이 거대한 사람. ③ 특별한, 예외적인, 임시의. budget ~ 임시예산. frais (dépenses) ~s 임시지출. ambassadeur ~ 특명대사; 특사. prendre des mesures ~s 임시(특별)조치를 취하다. ④ 〖구어〗훌륭한, 멋진(부식의) 맛있다. Ce film n'est pas ~. 이 영화는 대단치가 않다(그저 그렇다). Ce plat est ~. 이 요리는 굉장히 맛있다.
— n.m. ① 이상한 일; 놀랄 만한 일. L'~, c'est que… 이상한 것은 …라는 것이다. ② (옛) 임시처, 임시지출. par ~ (옛) 만일, 예외적으로.
*****extraordinairement** [ɛkstraɔrdinɛrmɑ̃, 〖속어〗 ɛkstrɔrdinɛrmɑ̃] ad. ① 비상하게, 훌륭하게; 몹시(extrêmement, très). aimer qn ~ …을 몹시 사랑하다. chanter ~ 멋지게 노래부르다. s'habiller ~ 이상한 옷차림을 하다. ③ 만일(뜻밖에도). si ~ il ne vient pas 만약 (그런 일은 없겠지만) 그가 오지 않으면. 〖속어〗특별히.
extra-parlementaire [ɛkstraparləmɑ̃tɛːr] a. 원외(院外)의, 원외에서 활동하는. commission ~ 원외위원회.
extra-plat(e) [ɛkstrapla, -at] a. 매우 납작한[얇은]. montre ~e 초박형(超薄形) 시계.

extrapolation [ɛkstrapɔlasjɔ̃] n.f. ① 〖수학〗외삽법(外揷法). ② 〖논리〗(이미 알고있는 사실의)확대적용, 연역(déduction).
extrapoler [ɛkstrapɔle] v.i. ① 〖수학〗외삽법을 적용하다. ② (단편적인 사실을)확대적용(보편화·일반화)하다(généraliser).
extra-politique [ɛkstrapɔlitik] a. 정치 외의. domaine scientifique, entièrement ~ 완전히 정치와는 거리가 먼 과학적 영역.
extraposition [ɛkstrapozisjɔ̃] n.f. 〖언어〗외치(外置).
extra(-)professionnel(le) [ɛkstraprɔfɛsjɔnɛl] a. 본직 외의. activités ~les 본직 외의 활동, 부업.
extra-réglementaire [ɛkstraregləmɑ̃tɛːr] a. 규칙외의.
extra-scolaire [ɛkstraskɔlɛːr] a. 학외(學外)의. activités ~s 과외활동.
extra(-)sensible [ɛkstrasɑ̃sibl] a. 감지될 수 없는, 초감각적인.
extra-sensoriel(le) [ɛkstrasɑ̃sɔrjɛl] a. 〖심리〗지각 외의, 초감각적인. perception ~le 초감각적 지각, 영감.
extra(-)systole [ɛkstrasistɔl] n.f. 〖생리〗(심장의)기상수축.
extra(-)systolique [ɛkstrasistɔlik] a. 〖생리〗(심장이)기상수축성의.
extra-temporel(le) [ɛkstratɑ̃pɔrɛl] a. 초시간적인 《예술 따위》.
extra(-)terrestre [ɛkstratɛrɛstr] a. 지구 외의, 대기권 외의. exploration de l'espace ~ 대기권 밖 우주탐색. vol ~ 대기권 밖 비행. — n. 외계인.
extra-territorialité [ɛkstratɛritɔrjalite] n.f. 〖법〗치외법권(exterritorialité).
extra-utérin(e) [ɛkstrayterɛ̃, -in] a. 〖의학〗자궁외의. grossesse ~e 자궁외 임신.
extravagamment [ɛkstravagamɑ̃] ad. 부조리하게; 무리하게, 터무니없이.
extravagance [ɛkstravagɑ̃ːs] n.f. ① 정상을 벗어남, 부조리, 엉뚱함. ② (pl.)기상천외의(괴상한) 언동. dire des ~s 터무니없는 소리를 하다.
extravagant(e) [ɛkstravagɑ̃, -ɑ̃ːt] a. ① 정상을 벗어난, 엉뚱한, 기상천외의(absurde, bizarre). costume ~ 이상야릇한 옷. imagination ~e 엉뚱한 공상. homme ~ 〖옛〗미친. ② 한도를 넘어서, 터무니없는(excessif). prix ~ 터무니없는 가격. dépenses ~es 엄청난 지출.
— n. 괴짜. — n.m. 기묘한.
— n.f. 교회법 부속서(附屬書).
extravaguer [ɛkstravage] v.i. 〖옛〗부조리한 말(짓)을 하다; 엉뚱한 생각을 하다.
extravasation [ɛkstravazasjɔ̃] n.f. 〖의학〗삼출(滲出). ~ de sang 일혈(溢血).
extravaser (s') [sɛkstravaze] v.pr. (혈액·담즙·혈액 따위가)삼출하다, 스며나오다(couler).
extravasion [ɛkstravazjɔ̃] n.f. = **extravasation**.
extraversion [ɛkstravɛrsjɔ̃] n.f. 〖심리〗외향성(외부의 사물·사회적 사건 따위에 관심을 갖는 경향; Jung의 성격 분류의 하나).
extraverti(e) [ɛkstravɛrti] a., n. 〖심리〗외향성의 (사람)(extroverti, ↔ introverti).
extray-ant, -ons, etc. [ɛkstrɛj-ɑ̃, -ɔ̃] ⇨extraire.
*****extrême** [ɛkstrɛm] a. ① (명사 앞에서)끝의, 말단의; 극한의. ~ limite 극한. date ~ pour payer les impôts 납세 마감일. ② (주로 명사 앞에서)극도의, 심한(↔ ordinaire). ~ simplicité 극도의 단순성. ~ misère 극빈. ~ fatigue 극도의 피로. chaleur ~ 혹서(酷暑). ③ (명사 뒤에서)과격한,

극단의(excessif, violent). homme[caractère] ~ 과격한 사람[성격]. être ~ en tout 무엇에나 극단으로 달리다. remèdes ~s 극약. moyens ~s 극단적인(최후의) 방법. ~ gauche[droite] 『정치』 극좌[극우]. ④ 한서의 차가 심한(excessif). climat ~ 한서의 차가 심한 기후. **REM** extrême 은 어원적으로는 최상급이지만 비교급·최상급으로 쓸 수 있다.
— n.m. ① 극도, 극단; 절정. Les ~s se touchent [se rejoignent] 양극(단은 서로 닿는다)[상통한다]. ~ du bonheur 행복의 절정. ② (pl.)극단적인 수단. recourir aux ~s 극단적인 수단에 호소하다. ③ 『수학』 (비례의)외항(外項).
à l'~ 극단으로. pousser[porter] tout *à l'*~ 만사를 극단으로 몰고가다. être aimable *à l'*~ 극도로 친절하다.

*__extrêmement__ [ɛkstrɛmmɑ̃] ad. ①극히, 매우, 극도로(très). ~ beau 굉장히 아름다운. ②(옛)(동사를 수식하여) 많이(beaucoup). Il vous aime ~. 그는 당신을 굉장히 사랑한다.

__extrême-onction__ [ɛkstrɛmɔ̃ksjɔ̃] n.f. 『카톨릭』 종부성사(終傅聖事).

__Extrême-Orient (l')__ [lɛkstrɛmɔrjɑ̃] n.m. 『지리』 극동.

__extrême-oriental(ale, pl. aux)__ [ɛkstrɛmɔrjɑ̃tal, -o] a. 『지리』 극동의.

__extrémiser__ [ɛkstrimize] v.t. 『카톨릭』 (에게)종부성사를 베풀다.

__extrémisme__ [ɛkstrimism] n.m. (정치·사회·사상의)과격주의.

__extrémiste__ [ɛkstrimist] a. 과격주의의. —n. 과격주의자, 과격[극단]파.

*__extrémité__ [ɛkstrimite] n.f. ①끝, 말단(bout). ~ du doigt 손가락끝. venir de toutes les ~s du monde 세계 방방곡곡에서 오다. ②(비유적) 극, 극단; 극단적인 수단[행동]. se porter aux ~s 극단적인 행동에 나서다. en venir aux ~s 폭력을 휘두르다. pousser qn aux ~s ···으로 하여금 극단적인 행동을 하게 하다. ③(pl.) 사지의 끝, 손발. avoir froid aux ~s 손발이 시리다. ④임종(agonie). Le malade est à toute ~ [à la dernière ~]. 병자는 임종이 임박했다. ⑤(옛) 궁지, 곤경; 빈곤. être réduit à une pénible ~ 견디기 어려운 곤경에 처하다.

__extremum__ [ɛkstremɔm] n.m. 『수학』 극치(極値) (함수(函數)의 극대치 내지 극소치).

__extrinsèque__ [ɛkstrɛ̃sɛk] a. 외래의, 외부로부터의, 고유의 것이 아닌; 비본질적인(↔ intrinsèque). maladie ~ 외인성(外因性) 질환. cause ~ 외인 (外因). argument ~ (주제를 벗어난)비본질적 논의. valeur ~ (화폐의)액면 가격.

__extrinsèquement__ [ɛkstrɛ̃sɛkmɑ̃] ad. 외인적으로, 비본질적으로.

__extrorse__ [ɛkstrɔrs] a. 『식물』 (꽃가루주머니가)바깥을 향한.

__extroversion__ [ɛkstrɔvɛrsjɔ̃] n.f. 『의학』 외번(外飜); 『심리』 외향성(extraversion).

__extroverti(e)__ [ɛkstrɔvɛrti] a., n. 『심리』 = extraverti.

__extrudage__ [ɛkstrydaːʒ] n.m. = extrusion.

__extrusion__ [ɛkstryzjɔ̃] n.f. ①『지질』 (용암의)유출, 분출. ②『기술』 (금속·플라스틱의 성형(成形)을 위해)찍어내기, 밀어내기.

__exubérance__ [ɛgzyberɑ̃ːs] n.f. ①무성함; 넘쳐흐름, 충만, 풍성함; 과잉, 남아돌기(abondance, richesse). ~ de la végétation 초목의 무성함. ~ de la sève 수액의 넘쳐흐름. ~ de paroles 다변. ~ de l'imagination 상상력의 풍부함. ②원기왕성, (감정 따위의)충일, 넘쳐흐름; 원기왕성한 행동. manifester sa joie avec ~ 기쁨을 요란하게[과장해서] 나타내다.

__exubérant(e)__ [ɛgzyberɑ̃, -ɑ̃ːt] a. ①무성[풍성]한; 넘쳐흐를 듯한(abondant, débordant), 풍부한; 풍만한. végétation ~e 무성한 초목. formes ~es 풍만한 (육체의) 곡선. imagination ~e 풍부한 상상력. ②원기왕성한; (성격 따위가)개방적인, 발랄한 (démonstratif, expansif). caractère ~ 개방적인 성격. garçon ~ 발랄한 소년.

__exulcération__ [ɛgzylserasjɔ̃] n.f. 『의학』 궤양(潰瘍)(érosion, excoriation).

__exulcérer__ [ɛgzylsere] [6] 『의학』 v.t. 궤양을 일으키게 하다. —s'~ v.pr. 궤양이 생기다.

__exultant(e)__ [ɛgzyltɑ̃, -ɑ̃ːt] a. 몹시 기쁜.

__exultation__ [ɛgzyltasjɔ̃] n.f. 환희(allégresse, gaieté). être au comble de l'~ 미칠듯이 기뻐하다.

__exulter__ [ɛgzylte] v.i. 몹시 기뻐 어쩔 줄 모르다. À la nouvelle de son succès, il *exulta*. 성공의 소식을 듣고 그는 기뻐서 어쩔 줄 몰랐다. [~ de *qc*/de+ *inf*.] Ils *exultaient* de me voir partir. 내가 떠나는 것을 보고 그들은 몹시 기뻐하였다.

__exurbanisation__ [ɛksyrbanizasjɔ̃] n.f. 도시 분산화, 교외이주(郊外移住).

__exustion__ [ɛgzystjɔ̃] n.f. 《드물게》『의학』 (종기 따위를)지지기, 소작(燒灼).

__exutoire__ [ɛgzytwaːr] n.m. ①『의학』 피부 인적법(引赤法), 인적약(引赤藥); 고름빼기. ②(비유적) 사물·감정의)배출구. un ~ à sa colère 분노의 배출구. ③(호수·못에서 흘러나오는)물줄기.

__exuviable__ [ɛgzyvjabl] a. 『생물』 탈피할 수 있는.

__exuvial(ale, pl. aux)__ [ɛgzyvjal, -o] a. 『생물』 탈피의. flucide ~ 탈피액.

__exuviation__ [ɛgzyvjasjɔ̃] n.f. 『생물』 (곤충·파충류의)탈피, 허물벗기.

__exuvie__ [ɛgzyvi] n.f. 『생물』 (곤충·파충류가 탈피한)껍질, 허물.

__ex-voto__ [ɛksvoto] n.m. 《라틴》《복수불변》(기도·감사의)봉납물(奉納物).

__eye-liner__ [ajlajnœːr] 《영》 n.m. 눈 화장품.

__eyra__ [ɛra] n.m. 『동물』 (남미산의)작은 표범.

__Ézéchiel__ [ezekjɛl] n.pr.m. 『성서』 에스겔(유태의 선지자). Livre d'~ 에스겔서(書)(구약성서 중의 하나).

__Ezra__ [ɛzra] n.pr.m. 『성서』 =Esdras.

F

F¹, f [ef] *n.m.*[*f.*] ① 프랑스 자모의 제 6자. ② 【음악】(fa에 해당하는 영어·독일어명).
F² 《약자》 fluor 【화학】 불소; 프랑스 《외국에서 달리는 프랑스 자동차의 표시》.
F. 《약자》 ① frère 【가톨릭】 (같은 교파의 성직자 사이의 호칭으로) 수도사; (비밀 결사원 사이의 호칭으로) 동지, 형제. ② 【물리】 force 힘; Fahrenheit 화씨. ③ Foyer 【사진】 초점. ④ forte 【음악】 강하게.
f. 《약자》 ① franc(s) 프랑. ② féminin 【언어】 여성(의). ③ fréquence 【물리】 주파수, 진동수. ④ fonction 【수학】 함수의 기호. ⑤ (*f...*, *f...*로 쓰인 경우) foutre, foutu.
fa [fa] *n.m.* (복수불변) 【음악】 (음계의) 제 4음. clef de ~ 저음부 기호.
fab. 《약자》 fabrication 【상업】 제작, 제조, 작성.
f. à b. 《약자》 franco à bord 【상업】 본선 인도.
fabagelle [fabaʒɛl] *n.f.*, **fabago** [fabago] *n.m.* 【식물】 남가새과(科)의 식물.
fabien(ne) [fabjɛ̃, -ɛn] *a.* ① (한니발(*Hannibal*)을 괴롭힌 로마의 명장) 파비우스(*Fabius*)식의. ② Association ~*ne* 페이비언 협회(영국의 사회주의
fabisme [fabism] *n.m.* 【의학】 콩 중독. [단체).
*__fable__ [fɑːbl] *n.f.* ① 우화(apologue). morale de la ~ 우화의 교훈. ~ de La Fontaine 라퐁텐의 우화. ② 〔문어〕 전설(légende); (*F~*) 《총칭》 신화. divinités de la *F~* 신화 속의 제신. ③ 지어낸 이야기(invention, ↔ vérité). C'est une pure ~. 그것은 완전히 꾸며낸 이야기이다. ④ 〔옛〕 문학작품의) 주제. ⑤ 웃음거리. devenir la ~ du quartier 동네의 웃음거리가 되다.
fableau [flablo], **fabliau** [flablijo] (*pl.* ~*x*) *n.m.* 【문학사】 우화시 (12-13세기 프랑스의 익살스럽고 풍자적인 이야기).
fablier [fablije] *n.m.* ① 우화집. ② 〔옛〕 우화작가 (fabuliste).
*__fabricant(e)__ [fabrikɑ̃, -ɑ̃ːt] *n.* 제조업자, 제조인; 공장주. ~ de chapeaux 모자 제조업자. ~ d'automobiles 자동차 메이커.
— *a.* 제조하는, 제조업의.
fabricateur(trice) [fabrikatœːr, -tris] *n.* ① 위조자, 날조자(falsificateur). ~ de fausse monnaie 사전꾼. ~ de fausses nouvelles 헛소문을 퍼뜨리는 사람. ② (옛) 제조자; 창조자, 발명가. ~ souverain [suprême] 신(神).
fabrication [fabrikɑsjɔ̃] *n.f.* ① 제조, 제작, 생산(production); 제법. ~ à la main (à la machine) 수제 (기계제작). article de ~ française 프랑스 제품. objet de ~ soignée 공들여 만든 물건. Est-ce une robe de votre ~? 이것은 당신이 만든 드레스인가요? améliorer la ~ 제조법 (품질)을 개선하다. ② (비유적) 꾸며내기, 날조. ~ de fausses nouvelles 헛소문의 날조.
fabricien [fabrisjɛ̃], **fabricier** [fabrisje] *n.m.* 교회 재산 관리위원.
fabrique [fabrik] *n.f.* ① [옛] 제조; 제조법. marque de ~ 상표. objet de ~ étrangère 외국제품. Ces deux hommes sont de la même ~. (비유적) 이 두 사람은 난형난제이다. ② 제조소, 공장(usine, manufacture); (집합적) 직공. ~ de meubles 가구 제작소. ~ de porcelaine 도기 공장. prix de ~ 공장도 가격. ③ (옛) (특히 교회의) 건축물; 【미술】 (그림 속의) 건축물, 축조물. ④ 교회의 재산; 교회 재산 관리위원회(conseil de ~).
*__fabriquer__ [fabrike] *v.t.* ① 만들다, 제조 [제작] 하다 (confectionner). Il *fabrique* de la porcelaine. 그는 도자기를 만든다. ② 만들어내다, 꾸며내다; 위조하다, 날조하다 (inventer, forger). récit qu'il *a fabriqué* 그가 지어낸 이야기. ~ de faux papiers 가짜 문서 [증명서]를 만들다. ~ un alibi 알리바이를 조작하다. ③ (구어) = faire. Qu'est-ce que vous *fabriquez* là? 거기서 무엇을 하고 있소? ④ (비유적) [~ *qn*] (훈련시켜) 만들어내다. ~ un champion 챔피언을 만들어내다. ~ des guérilleros 게릴라를 훈련시키다. ⑤ (속어) 훔치다; 속이다, 사기치다. se faire ~ son porte-monnaie 지갑을 도난당하다.
— **se** ~ *v.pr.* ① (수동적) 만들어지다, 제조되다. ② (se는 간접목적보어) 자기를 위해 …을 만들다. L'homme *se fabrique* des outils. 인간은 자기가 쓸 연장을 만든다. ~ se ~ un prétexte pour sortir (비유적) 외출할 구실을 꾸며내다.
fabulant(e) [fabylɑ̃, -ɑ̃ːt] *n.* 【심리】 허담가(虛談家)(fabulateur).
fabulateur(trice) [fabylatœːr, -tris] *a.* 상상적인 이야기를 꾸며내는, 상상(공상)의; 【의학·심리】 허담가의, 작화증(作話症)의. — *n.* 허담가.
fabulation [fabylɑsjɔ̃] *n.f.* ① (옛) 소설 따위의 구상; (이야기를) 상상적으로 꾸며내기, 허구(affabulation). ② 【심리】 허담증. ③ 【철학】 상상력의 활동 [발동].
fabuler [fabyle] *v.i.* 【심리】 상상적인 이야기를 꾸며내다, 허담하다.
fabuleusement [fabyløzmɑ̃] *ad.* 터무니없게, 엄청나게. Il est ~ riche. 그는 엄청나게 부자이다.
fabuleux(se) [fabylø, -øːz] *a.* ① 전설적인, 신화적인 (légendaire, mythique); 가공의 (imaginaire, irréel). personnage ~ 전설의 [신화의] 인물. animal ~ 전설적인 동물. ② 믿을 수 없을 정도의, 터무니 없는, 엄청난 (fantastique, incroyable). prix ~ 터무니없는 가격. amasser une fortune ~*se* 어마어마한 재산을 모으다.
— *n.m.* 우화적인 것 [일]; 우화.
fabuliste [fabylist] *n.m.* 우화작가.
fac [fak] *n.f.* 【학생】 학부, 단과대학 (faculté).
F.A.C. (약자) fonds d'aide et de coopération 【행정】 원조협력기금.
*__façade__ [fasad] *n.f.* ① (건물의) 정면 (devant); (건물의) 면, 외면. hôtel dont la ~ donne sur la place 정면이 광장을 바라보고 있는 호텔. ~ latérale [postérieure] 측면 (후면). ② (비유적) 외관, 표면, 겉 (apparence). patriotisme de ~ 겉만의 애국심. Ce n'est que (qu'une) ~. 겉 뿐이다. ③ (구어) 얼굴. se refaire la ~ 메이크업하다. démolir la ~

face 838

à qn …의 얼굴을 마구 때리다. ④ 연안지방.
:face [fas] *n.f.* ① 얼굴, 안면(figure); 모습. avoir une ~ large 얼굴이 넓다. détourner la ~ 얼굴을 돌리다. homme à deux ~s(double ~) 표리가 있는 사람. jeter qc à la ~ de qn …을 …에게 솔직하게 말하다.
② 면, 표면(surface); (동전 따위의)앞면; 《엣》(건물의)정면. ~ de la terre[de la mer] 대지[바다]의 표면. ~ d'un diamant 다이아몬드의 면[각]. miroir à trois ~s 삼면경. ne voir que la ~ des choses 사물의 표면만을 보다. jouer à pile ou ~ (동전을 던져 앞면이냐 뒷면이냐를 맞추는)동전놀이를 하다.
③ 국면, 양상(aspect). examiner une situation [une question] sur toutes ses ~s 상황[문제]를 모든 국면에서 검토하다. changer de ~ 양상[모습]이 달라지다. 《…으다》.
④ 체면. perdre[sauver] la ~ 체면을 잃다[세우다].
⑤ (F-) 《종교》 그리스도 얼굴(Sainte F~).
à la ~ de …의 면전에(서).
de ~ 정면으로; 정면에서. portrait *de* ~ 정면상(像)[화]. se heurter *de* ~ 정면으로 충돌하다.
en ~ 정면에 [으로], 면전에. dire qc à qn *en* ~ …에게 …을 대놓고 말하다. regarder *en* ~ 정면으로 마주보다; 응시하다. habiter la maison d'*en* ~ 맞은편 집에 살다.
en ~ *de* …의 면전에, …앞에서. habiter *en* ~ *de* la poste 우체국 맞은편에 살다. se trouver *en* ~ *d*'un grand danger《비유적》커다란 위험에 직면하다.
~ *à* … …을 향하여; …을 직면하여. être situé ~ *à* la mer 바다를 향해 자리잡고 있다[향하고 있다].
~ *à droite*[*à gauche*] 오른면[왼면]으로 향하여.
~ *à une crise économique* 경제위기에 직면하여.
~ *à* ⓐ 서로 마주 보고. se regarder ~ *à* ~ 서로 마주보다. mettre deux témoins ~ *à* ~ 두 증인을 대질시키다. ■ *n.m.* (복수불변) 대면; 텔레비전 대담. ~ *à* ~ *télévisé entre deux candidats* 두 입후보자의 텔레비전 대담.
faire ~ *à* ⓐ …와 마주 대하다. *faire* ~ *à* l'église 교회쪽으로 향하고 있다. ⓑ …에 대항하다, 감당하다; 극복하다. *faire* ~ *à* l'ennemi 적에 대항하다. *faire* ~ *à tous les besoins* 모든 수요를 충족시키다.

face-à-main [fasamɛ̃] (*pl.* ~s-~-~) *n.m.* 손안경.

facétie [fasesi] *n.f.* 해학, 익살, 농담(plaisanterie). faire des ~s à qn …에게 장난을 치다.

facétieusement [fasesjøzmɑ̃] *ad.* 익살스럽게.

facétieux(se) [fasesjø, -øːz] *a.* 익살스러운(comique, drôle). ■ *n.* 익살스러운 사람. ■ *n.m.* 익살스러움.

facette [fasɛt] *n.f.* (보석 따위의)결정면, 다면체의 면; 《곤충》(복안(複眼)을 구성하는)개안(個眼). yeux à ~s 《곤충》복안, 겹눈.
à ~*s* 여러 가지 면모[양상]를 띤. homme à ~s (상대에 따라서) 태도가 다양하며 변덕스러운 사람. style *à* ~*s* 현란한 문체. Tout est à ~*s*. 모든 것은 다양한 면을 지니고 있다[갖가지로 변한다].

facetter [fasete] *v.t.* (의)결정면을 따라 자르다.

fâché(e) [faʃe] *a.p.* ① 유감스럽게 생각하는(désolé, ennuyé). [être ~ *de*+*inf*.] Je suis ~ *de* n'avoir pu vous aider. 당신을 도와드리지 못한 것이 유감스럽소. [être ~ *que*+*sub*.] Je ne serais pas ~ *qu'il parte*. 그가 떠난다고 해서 섭섭할 것이 없다, 그가 떠나서 후련하다. ② 불만스러운, 불쾌한

(mécontent); 화난. avoir l'air ~ 성난 모습으로 있다. [être ~ *de qc*/contre *qn*] Je suis ~ *de* ses procédés. 나는 그의 방식이 마음에 들지 않는다. Il est très ~ *contre* nous. 그는 우리에 대해서 몹시 화를 내고 있다. ③ 사이가 벌어진, 틀어진(brouillé). Ils sont ~*s*. 그들은 사이가 벌어졌다. [être ~ *avec qn*] Il est ~ *avec* ses voisins. 그는 이웃들과 사이가 나쁘다.

fâcher [faʃe] *v.t.* ①《엣》괴롭히다, 슬프게 하다 (affliger). Son trépas *fâcherait* ses amis. 그가 죽으면 친구들이 마음아파할 것이다. ② 불쾌하게 하다, 화나게 하다(irriter). Prenez garde de ne pas le ~. 그를 화나게 하지 않도록 주의하시오.
Cela [《엣》*Il*] *me fâche de*+*inf*. [*que*+*sub*.] ~하는 것이 나로서는 괴롭다. *Cela me fâche de vous quitter*. 당신과 헤어지는 것이 몹시 서운하다 《유감이다》. *Cela me fâche qu'il ait menti*. 그가 거짓말한 것을 불쾌하다 《참을 수 없다》.
soit dit sans vous ~ 실례의 말씀이지만.
—*se* ~ *v.pr.* ① 분개하다; 화내다, 성내다. [se ~ *pour qc*] Il se fâche pour des riens. 그는 걸핏하면 화를 낸다. [se ~ *contre qn*] Je me suis fâché tout rouge *contre* lui. 나는 그에 대해서 몹시 화를 냈다.
② [se ~ *avec*] (와)틀어지다(se brouiller). *se* ~ *avec qn* …와 사이가 나빠지다. *se* ~ *avec les sports* 《구어》스포츠를 싫어하다.

fâcherie [faʃri] *n.f.* ① 반목(反目). ~ *provenant d'un malentendu* 오해에서 일어나는 반목. ②《엣》불만, 유감.

fâcheusement [fa[ɑ]ʃøzmɑ̃] *ad.* 유감스럽게도; 불쾌하게.

fâcheux(se) [faʃø, -øːz] *a.* ① 유감스러운, 가슴아픈, 난처한, 거북스러운(ennuyeux, déplorable, ↔ agréable). ~*se aventure* 유감스러운 사건. Il est ~ *de*+*inf*.[*que*+*sub*.] …하는 것은 유감스러운 일이다. *nouvelle* ~*se* 막한 소식. tomber dans une ~*se situation* 난처한 입장[상황]에 빠지다. 《엣》 힘드는, cheval ~ *à ferrer* 다루기 힘든 말.
—*n.m.* 곤란한 점[일]. Le ~, c'est que+*sub*. [*ind*.] 곤란한[난처한] 점은 …이다. ② 귀찮은 사람; 불쾌한 사람.

facho [faʃo] *n., a.* = **fasciste**.

facial(ale, *pl.* **als, aux)** [fasjal, -o] *a.* ① 안면의. massage ~ 안면 마사지. névralgie ~*ale* 안면신경통. ② valeur ~*ale* (우표·통화의)표시가격.

facies, **faciès** [fasjɛs] 《라틴》 *n.m.* ①《구어》얼굴, (병자의)안색; 용모, 모습. ②《식물》외관.

:facile [fasil] *a.* ① 쉬운, 수월한, 용이한(aisé, simple, ↔difficile). travail ~ 수월한 일. Il n'y a rien *de* si ~. 이렇게 쉬운 것은 없다. Il lui est ~ *de*+*inf*. …하는 것은 그에게는 쉬운 일이다. C'est ~ *comme bonjour*. 《구어》아주 쉬운 일이다. remporter une victoire ~ 수월하게 이기다. [~ *à*+*inf*.] voiture ~ *à conduire* 운전하기 쉬운 자동차. Pierre a été ~ *à convaincre*. 피에르는 설득하기 쉬웠다. C'est bien ~ *à comprendre*. 그것은 아주 이해하기 쉽다. ②《경멸》알기 쉬운, 힘들지 않는, 안이한, 값싼, 《↔difficile, sérieux》. littérature ~ 안이한 문학. ③ (인품)대하기 쉬운; 유순한, 너그러운(doux, mou); (여자가)쉽게 몸을 허락하는; (몸가짐이)가벼운. homme ~ 대하기 쉬운 사람. père trop ~ *avec* ses enfants 자녀에게 지나치게 너그러운 아버지. femme ~ 쉽게 유혹에 넘어가는 여자. avoir des mœurs ~*s* 몸가짐이 나쁘다. ④ 자유자재의; 풍족한(aisé). avoir la plume[la parole] ~ 달필이다[말주변이 좋다]. avoir la vie ~ 고생하지 않고 살 수 있다, 풍족하게 살다.

avoir les larmes ~s 눈물을 잘 흘리다.
—*n.m.* 용이한 것; 안이한 것.
—*ad.* 《구어》쉽게지; 적어도.

*facilement [fasilmɑ̃] *ad.* ① 쉽게, 용이하게. Cela se brise ~. 그것은 쉽게 부러진다. Il se vexe ~. 그는 곧잘 화를 낸다. ② 적어도(pour le moins). Il mettra ~ deux heures pour faire ce travail. 그는 그 일을 하는 데 적어도 두 시간 걸릴 것이다.

*facilité [fasilite] *n.f.* ① 쉬움, 용이함. être surpris par la ~ de ce travail 일이 용이한 것에 놀라다. ② (쉽게 할 수 있는)능력, 재능(aptitude); 유창함, 능란함(habileté). écrire avec ~ 술술 글을 쓰다. avoir de la ~ à[pour, 《옛》de]+*inf.* …할 능력이 있다. avoir une grande ~ pour parler[de parole] 말주변이 매우 좋다. Cet enfant a de la ~ pour les mathématiques. 이 아이는 수학에 재능이 있다. ③ *(pl.)* 편의(便宜), 편익, 수단(moyen). 〖상업〗(월부 따위의)지불의 편의. ~s de transport 교통(수송)의 편의. ~s de paiement 지불의 편의(유예·분할지불 따위). apporter[fournir] à qn toutes ~s pour ... …에게 ~을 위한 모든 편의를 제공하다. [avoir la ~ de+*inf.*] Nous aurons la ~ de nous voir. 우리는 쉽게 만날 수 있겠죠. ④ 너그러움; 수월하게 이끌리는 경향 (버릇); 소탈함, 순진함. ~ de son caractère 그의 성격의 상냥함, 상냥한 그의 성격. [~ à+*inf.*] avoir une certaine ~ à se mettre en colère 쉽게 화를 내는 경향이 있다.

faciliter [fasilite] *v.t.* ① 용이하게 [쉽게] 하다 (aider, arranger). [~ qc à qn] ~ une enquête 조사를 잘되게 하다[돕다]. ~ à qn sa tâche …에게 그의 임무 수행을 도와주다. ② 조장하다. ~ le progrès 진보를 촉진하다.

‡façon [fasɔ̃] *n.f.* ① 태도, 투, 방식, 수법(manière). [de/d'une ~ +형용사] *d'une* ~ *générale* 일반적으로. habillé *de* ~ élégante 우아한 옷차림의. de la même ~ 같은 방식으로. ~ dont cette personne se conduit 그 사람이 처신하는 방법. arranger qn de (la) belle[bonne] 《반어적》 …을 야단치다. [~ de+*inf.*] ~ de parler 말투. Chacun a sa ~ *de* vivre. 사람은 각기 자기나름대로 살아있다.
② 보임새, 만듦새; 체재, 모양, 양식(forme). ~ de cette robe 그 의상의 만듦새.
③ 만들기, 제작, 공임, 품삯. première ~ 초벌. payer la ~ d'un habit 옷의 공임을 지불하다.
④ 〖농업〗(토지의)손질, 경작. donner une ~ à la vigne 포도밭을 경작하다.
⑤ *(pl.)* 태도, 거동(manières). Ses ~s me déplaisent. 그의 태도가 마음에 거슬린다.
⑥ *(pl.)* 지나친 격식; 체를 부리다. faire des ~s 점잔부리다, 사양하다; 체를 부리다. Ne faites pas de ~s et venez dîner à la maison. 너무 사양마시고 집에 와서 저녁이나 하시지요. femme pleine de ~s 젠체하는 여자.
⑦ 《옛·문어》종류(espèce). ~ de poète 일종의 (사이비) 시인.
(travail) *à* ~ (대어주는 재료로) 품삯받고 하는 (일). *à la* ~ *de qn* …식으로, …처럼. parler *à la* ~ *d'un* orateur 연설가처럼[연설조로] 말하다. vivre *à sa* ~ 자기 방식대로 살다.
C'est une ~ *de* + *inf.* 말하자면 …하는 셈이다[하는 것이기도 하다]. *C'est une* ~ *de parler.* 그렇게 말할 수도 있는 일이다, 말하자면 그렇다는 것이다.
de cette [*la*] ~ 이렇게 해서, 이렇게 하면(ainsi, comme si).
de ~ *à*+*inf.* …하도록. Travaillez *de* ~ à réussir. 성공할 수 있도록 공부해라.
de ~ *ou d'autre; d'une* ~ *ou d'une autre* 어떻게 해서라도; 어차피. Il veut y réussir *de* ~ *ou d'autre*. 그는 어떻게든지 성공하려 하고 있다.
de la bonne ~ 훌륭한 방법으로, 훌륭하게.
de la ~ *de qn* …이 만든; …의 독특한. ouvrage *de ma* ~ 내가 만든 작품. C'est bien une idée *de sa* ~. 이거야말로 그의 (특유한) 발상이다.
de quelque ~ *que ce soit* 어떤 방식으로라도.
de (telle) ~ *que* + *ind.*[*sub.*] …than 까닭으로…, 그래서 …(직설법; 결과); …하도록(접속법; 목적). Il pleuvait *de* ~ *que* j'ai été obligé de rentrer. 비가 와서 돌아갈 수밖에 없었다. Parlez lentement *de* ~ *qu'*on vous comprenne. 알아들을 수 있게 천천히 말하시오.
de toute(s) ~(*s*) 하여튼. *De toute* ~, je suis sûr de rater cet examen. 어쨌든, 나는 틀림없이 이번 시험에 낙제할거다.
en aucune ~ 결코, 조금도(…않다). Je ne voulais *en aucune* ~ vous déranger. 조금도 당신을 방해할 생각은 없었답니다.
en quelque ~ 얼마간, 어떤 점에서는; 말하자면.
sans ~(*s*) 격식부리지 않고, 사양하지 않고; 태를 부리지 않고. Il a accepté *sans* ~ mon invitation. 그는 사양하지 않고[순수히] 내 초대를 수락했다. 《형용사적》homme *sans* ~s 점잔빼지 않는[소탈한] 사람. dîner *sans* ~s (격식차리지 않은)간단한 저녁식사. 《부정적 대답에서》Vous reprenez un peu de vin? —Non, merci, *sans* ~s. 술 좀 더 드시겠어요? 아니요, 정말입니다(sincèrement).

faconde [fakɔ̃:d] *n.f.* ①《문어》(주로 경멸》능변, 능란한 말솜씨. ②《구어》수다.

façonnage [fasɔnaːʒ], **façonnement** [fasɔnmɑ̃] *n.m.* 가공, 세공; 완성; 경작; (직물의)무늬넣기.

façonné(e) [fasɔne] *a.p.* 무늬 있는. —*n.m.* 〖직물〗능직(綾織).

façonner [fasɔne] *v.t.* ① (돌·금속·나무·진흙 따위를) 가공하다(travailler). ~ du marbre 대리석을 가공하다. ② (물건을) 만들다(faire, fabriquer). ~ une clé [un chapeau] 열쇠[모자]를 만들다. ③ 《문어》(사람의 성격을)도야하다, 형성하다 (former). Il a été ainsi *façonné* par la vie. 그는 삶 (의 경험)에 의해 이런 사람으로 만들어졌다. ④ 〖농업〗경작하다(labourer). 〖농작물을〗손질하다. ~ une terre 땅을 경작하다. ⑤《옛·문어》[~ qn à] (에)익숙하게 하다(accoutumer). ~ qn à la discipline …을 규율에 익숙하게 하다.
—*v.i.* 《옛》양전빼다, 태를 부리다.
—*se* ~ *v.pr.* ① 가공[세공]되다. ② 도야[형성]되다. ③《옛·문어》[*se* ~ à](에)익숙해지다.

façonnerie [fasɔnri] *n.f.* 《드물게》=**façonnage**.

façonneur(**se**) [fasɔnœːr, -ø:z] *n.* 가공[세공]하는 사람.

façonnier(**ère**) [fasɔnje, -ɛːr] *a.* ① 체면차리는, 점잔빼는. ② 삯일하는; 가공하는. —*n.* 삯일꾼(ouvrier~); 가공인.

fac-similaire [faksimileːr] (*pl.* ~~*s*) *a.* 모사(模寫)의, 복사의.

fac-similé [faksimile] (*pl.* ~~*s*) *n.m.* (문서·그림 따위의)모사, 복사(↔original).

fac-similer [faksimile] *v.t.* 복사[모사]하다.

factage [faktaːʒ] *n.m.* ① 운송, 배달. ② 운송업. ③ 운임; 배달료. ④ 우편[전보]배달.

*facteur(**trice**) [faktœːr, -tris] *n.* (주로 남성》① 악기 제조업자. ~ de pianos 피아노 제조업자. ② 우체부(행정 용어는 préposé); (철도·선박 화물의) 운송계. tournée du ~ 우체부의 우편배달(시간).
③ 〖상업〗대리인; 경매인.

factice

—n.m. ① 요인, 요소; 〖생물〗 인자(élément). ~ de succès 성공의 요인. ~s de l'hérédité 유전인자. ~s sanguins 혈액인자. ~s de l'évolution 진화요인. ② 〖수학〗 인수(因數). ~ commun 공통인수. mise en ~s 인수분해. ③ 〖물리〗 계수, 율; 〖화학〗 환산[보정] 계수. ~ de sécurité 안전율. ④ ~ de puissance 〖전기〗힘의 계수(係數); ~ de sûreté 〖기계·전기〗 안전율.

factice [faktis] a. ① 인조의, 모조의, 만들어낸 (artificiel). diamant ~ 인조 다이아몬드. recueil ~ (한 저자의, 또는 한 주제하의 소품들을 모은) 문집, 잡록. ② idée ~ 〖철학〗 이성에 의하여 형성된 관념(idée innée 내재적 관념과 구별). mot ~ 유추에 의해 만들어진 비(非)관용어. ③ 부자연한, 어색한(contraint); (감정·표현 따위가) 꾸며낸 (affecté); 틀에 박힌. sourire ~ 부자연스런[어색한] 미소. amabilité ~ 겉뿐인 친절.
—n.m. ① 작위(作爲); 부자연. ② 대용품, 모조품.

facticement [faktismɑ̃] ad. 인위[인공]적으로; 부자연스럽게.

facticité [faktisite] n.f. 인위성, 인공성, 부자연성; 〖철학〗 사실성.

factieusement [faksjøzmɑ̃] ad. 파벌을 만들어; 반역적으로.

factieux(se) [faksjø, -jø:z] a. 당파적인, 파벌을 형성하는. ② 반역적인(séditieux, révolutionnaire). —n. 반도(叛徒).

factif(ve) [faktif, -i:v] a. 〖언어〗사역의. verbe ~ 사역동사.

faction [faksjɔ̃] n.f. ① 파수, 보초(garde); 〖구어〗 오래 기다리기, 망을 보기(surveillance). monter la ~ ; aller[entrer] en ~ 보초를 서다. être en ~ 보초를 서고 있다; (일반적으로) 오래 기다리다. mettre qn de ~ …을 보초로 세우다. relever qn de ~ …를 교대시키다. se mettre en ~ (au coin d'une rue) (길 모퉁이에서) 망을 보다. ② 도당 (徒黨), 파당, esprit de ~ 당파심, 파벌심. ③ (1일 8시간씩 3교대로 일하는) 각 작업단위.

factionnaire [faksjɔnɛ:r] n.m. ① 보초(병)(sentinelle). ② (1일 3교대로 일하는) 각 작업반원.

factitif(ve) [faktitif, -i:v] 〖언어〗 a. 사역의.
—n.m. 사역동사(verbe ~).

factor [faktɔr] 〖영〗 n.m. 〖상업〗 (채권매매에서) 중개인(中介人)·수탁매매인.

factorage [faktɔraʒ] n.m. ① 시장중매인의 직무. ② =factage.

factorat [faktɔra] n.m. 시장중매인 직.

factorerie [faktɔrri], 〖옛〗 **factorie** [faktɔri] n.f. 해외 상관; 해외대리점 [특히 식민지의].

factoriel(le) [faktɔrjɛl] n.f. 〖대수〗 계승(階乘).
—a. 〖수학〗 인수(因數)의.

factorier [faktɔrje] n.m. 해외대리점주.

factorisation [faktɔrizasjɔ̃] n.f. 〖수학〗 인수분해.

factoriser [faktɔrize] v.t. 〖수학〗 인수분해하다.

factotum [faktɔtɔm] 〖라틴〗 n.m. ① 잡심부름꾼, 집사(執事)(intendant). ② 만사를 민첩하게 하는 사람; 충실한 부하.

factuel(le) [faktɥɛl] a. ① 〖철학〗 사실에 관한. preuve ~le 사실에 의한 증거 [논리적 증거와 구별됨]. ② information ~le (논평이나 해석이 가미되지 않은) 사실만의 보도(↔ information d'opinion).

factum [faktɔm] 〖라틴〗 n.m. ① 〖법〗 소송각서. ② 반박문, 공개장.

facturation [faktyrasjɔ̃] n.f. ① 송장(送狀) [계산서] 작성. ② 송장계(service de ~).

facture¹ [fakty:r] n.f. 〖상업〗 송장, 계산서. prix de ~ 송장가격. faire[dresser, établir] une ~ 계산서[송장]을 작성하다.

facture² [fakty:r] n.f. ① 〖작품의〗표현양식, 기법, 수법; (작품의) 만듦새. vers (portrait) d'une bonne ~ 훌륭한 솜씨로 지은 시[그려진 초상화]. bijoux d'une belle ~ 아름답게 만들어진 보석. ~ soignée 정성들여 만든 것. morceau de ~ 〖음악〗 어려운 곡. ② (악기의) 제조; (파이프 오르간의 파이프의) 구조.

facturer [faktyre] v.t. 〖상업〗 (상품의) 송장[계산서]을 만들다. Cet article n'est pas facturé. 이 물품은 계산서에 올라있지 않다.

facturier(ère) [faktyrje, -ɛ:r] 〖상업〗 n. 송장담당자. —n.m. 송장기록부. —a. 송장 작성의. dactylo-~ère 송장 작성 타이피스트.

facule [fakyl] n.f. 〖천문〗 (태양의) 백반(白斑).

facultatif(ve) [fakyltatif, -i:v] a. 임의의; 임의선택의(↔ obligatoire). arrêt ~ 수시(임시) 정류장 (손님이 있을 때만 정류함). cours ~ 임의선택강의.

facultativement [fakyltativmɑ̃] ad. 임의로.

*__faculté__ [fakylte] n.f. ① 〖문어〗 권리, 권한, 자격(droit). Il m'a laissé la ~ de choisir. 그는 나에게 선택할 권한을 주었다. ② 〖철학〗 능력, 기능(fonction); (일반적으로) 능력, 재능(aptitude); (pl.) 자력(ressources). ~ cognitive 인식능력. avoir une ~ d'observation peu commune 범상치 않은 관찰력을 갖다. Ce travail dépasse ses ~s. 이 일은 그의 능력을 넘어선다. ③ 학부, 단과 대학(학 교단·교사·교사(校舍); (F~) 〖구어〗의과대학; 〖구어〗의사단(團); 〖구어〗주치의. ~ de droit(des lettres, des sciences, de médecine, de théologie) 법과[문과·이과·의과·신학]대학.

fada [fada] 〖남프랑스〗 a. 머리가 모자라는; 머리가 돈(cinglé). —n.m. 머리가 모자라는[돈] 사람.

fadage [fadaʒ] n.m. 〖옛〗 훔친 물건의 몫.

fadaise [fadɛ:z] n.f. ① (pl.) 객설. dire des ~s 객적은 이야기를 하다. ② 하찮은 일.

fadasse [fadas] a. 〖구어〗 맛없는; 빛바랜, 퇴색한; 밋밋한, 맥빠진. soupe au goût ~ 맛없는 수프. chevelure d'un ~ (빛이) 바랜 금발머리. histoire d'un ~ 맥빠진 이야기.

fadasserie [fadasri] n.f. 〖구어〗 맛없음; 무미건조함, 밋밋함.

fade¹ [fad] a. ① 맛없는, 무미한(insipide); (냄새가) 김빠진; 퇴색한. cuisine ~ 맛없는 음식. couleur ~ 바랜 빛. avoir(se sentir) le cœur ~ 욕지기를 잃다, 싫증나다. ② (비유적) 멋없는, 무미건조한(ennuyeux, plat). compliment ~ 판에 박은 [성격 운치 없는] 칭찬. style ~ 맥빠진 (생기 없는) 문체.

fade² [fad] n.m. 〖은어〗 (훔친 물건을 분배한) 몫. avoir son ~ 자기 몫을 차지하다; 호되게 당하다 (avoir son compte).

fade³ [fad] n.f. (중·서 프랑스) 선녀(fée).

fadé(e) [fade] a.p. 〖은어〗 (비꼼) 특출한, 으뜸인. Ses films sont toujours moches, mais le dernier, il est ~! 그의 영화는 늘 형편없는데 마지막 것은 주 멋지다.

fadement [fadmɑ̃] ad. 무미건조하게.

fadéomètre [fadeɔmɛtr(ə)] n.m. 퇴색시험기 [염색한 직물 따위의 일광에 의한 퇴색의 영향을 조사함].

fader [fade] 〖은어〗 v.t. ① (훔친 물건을) 분배하다, (…에게) 큰 몫을 주다. ② (비꼼) [~ qn de qc] 듬뿍 주다, 안겨주다. Il m'ont fadé de six mois de taule. 그들은 내게 6개월의 영창생활을 하게 했다.
—se ~ v.pr. ① [se ~ qc / de + inf.] (으로) 혼이 나다. Il s'est fadé de faire la vaisselle. 그는 설겆이를 하느라고 혼이 났다. ② [se ~ qn] (싫은 사람을

참다. Celui-là, je *me le suis fadé* toute la soirée. 나는 그자를 저녁 내내 (참고) 대해 주었다.

fader² [fadœːr] 《영》 *n.m.* 【영화】 음량조절기.

fadette [fadɛt] *n.f.* 《사투리》 작은 선녀.

fadeur [fadœːr] *n.f.* ① 맛없음 (음식 따위의) 무미 건조함, 싱거움. ② (*pl.*) 싱거운 아첨 (칭찬).

fading [fa(ɛ)diŋ] 《영》 *n.m.* 【무전】 페이딩 《수신 신호·음의 일시적 소실》.

fado [fado] 《포르투갈》 *n.m.* (19세기의) 포르투갈 민요《운명의 뜻, 가사에서 자주 운명에 대한 기도가 나타난 데서 유래》.

faf(f)e [faf], **fafiot** [fafjo] *n.m.* 《속어》 ① 지폐; 종이; (*pl.*) 신분증. des ~s 돈 (뭉치). ~ à roulottier 담배 (마는) 종이. ② 아동화; 중고화 (中古靴).

fafioter [fafjɔte] *v.i.* 《구어》 ① 묵은 서류를 뒤적이다. ② 갈겨쓰다, 하찮은 글을 쓰다.

F.A.F.L. 《약자》 Forces aériennes de la France libre 【역사】 (2차 대전 중의) 자유 프랑스 공군.

fagne [faɲ] *n.f.* 《사투리》 (특히 *Ardennes* 지방) 고원의 작은 늪.

fagot [fago] *n.m.* ① (나뭇가지·나뭇조각의) 단. mettre deux ~s dans la cheminée 벽난로에 나무를 두 단 넣다. ② (일반적으로) 묶음. pièces de charpente en ~ 다발로 묶은 건축용목. ③ (*pl.*) 《옛·구어》 엉터리없는 말 (일); 헛소문. ④ 《속어》 도형수 (forçat); 여름학교 학생.
C'est un vrai ~ *d'épines.* 그는 아주 망나니이다.
conter des ~s 시시한 말을 하다.
(vin) *de derrière les* ~s (소중하게 간직한) 최상급의 (술).
Elle est habillée comme un ~. 그녀는 (옷은 좋아도) 멋없이 입고 있다.
Il y a ~(s) *et* ~(s). 《격언》 같은 물건 (사람) 일지라도 그 질은 가지각색이다.
prendre l'air d'un ~ 조금 데우다.
sentir le ~ 이단자 냄새를 풍기다《옛날 이단자가 화형당한 데서 유래》.

fagotage [fagɔtaːʒ] *n.m.* ① (나뭇가지 따위를) 다발로 만들기; 뗄나무. ② 《구어》 조잡하게 (날림으로) 일하기. ③ 《구어》 보기 흉한 차림새.

fagoté(e) [fagɔte] *a.p.* 《구어》 꼴 흉한 옷차림을 한.

fagotement [fagɔtmɑ̃] *n.m.* = **fagotage**.

fagoter [fagɔte] *v.t.* ① (옛날) (나뭇가지를) 다발로 묶다. ② (옛·문어) (일을) 날림으로 해치우다, 조잡하게 만들다; (일을) 꾸미다. *Qu'est-ce qu'ils fagotent encore?* 그자들은 또 무슨 일을 꾸미고 있나? ③ 《구어》 (에게) (보기 흉하게) 옷을 입히다. *Sa mère la fagote si mal.* 어머니는 그녀를 몹시 보기 싫게 옷을 입힌다.
—*se* ~ *v.pr.* 《속어》 멋없게 옷을 입다.

fagoteur(se) [fagɔtœːr, -ɸːz] *n.* ① (나뭇가지를) 묶는 사람. ② 날림으로 일하는 사람. ③ 엉터리없는 말을 하는 사람.

fagotier [fagɔtje] *n.m.* ① (나뭇가지·나뭇조각의) 다발. ② 엉터리없는 말을 하는 사람.

fagotin¹ [fagɔtɛ̃] *n.m.* (불쏘시개용의 나뭇가지·나뭇조각의) 다발.

fagotin² *n.m.* (어릿광대가 부리는) 원숭이; 광대.

fagoue [fagu] *n.f.* ① (돼지의) 지라. ② (송아지 따위의) 흉선 (胸腺).

faguenas [fagna] *n.m.* 체취; 악취.

Fahrenheit [farɛnajt] 《독일》 *n.pr.m.* echelle ~ (온도계의) 화씨 눈금.

F.A.I. 《약자》 Fédération Aéronautique Internationale 국제 항공연맹.

faiblage [fɛblaːʒ] *n.m.* (화폐의) 공차 (公差), 중량 부족.

faiblard(e) [fɛblaːr, -ard] *a.* 《구어》 좀 약한.

:faible [fɛbl] *a.* ① (몸이) 약한, 허약한, 유약한 (délicat, fragile); 마음이 약한, 무기력한 (mou, ↔ dur, énergique). femme de ~ constitution 체구가 연약한 여자. homme ~ qui cède toujours 늘 지기 (양보) 만 하는 무른 남자. être ~ de corps 몸이 약하다. être ~ devant la tentation 유혹에 약하다.
② (정신·지능이) 박약한 (impuissant); (능력·기능이) 모자라, 결핍된; 결함이 있는. esprit ~ 박약한 정신. être [se montrer] ~ avec *qn* …에게 약하다, …에게 양보하다. avoir les yeux ~s (la vue ~) 시력이 약하다. [~ en] être ~ *en* français 프랑스어가 서툴다. côté [point] ~ 약점. âge ~ 유년. élève ~ 열등생.
③ (군대·국가 따위가) 취약한; (물건이) 부서지기 쉬운; (이유가) 미약한; (예술작품 따위가) 졸렬한, 별 가치 없는 (fade, médiocre). pays ~ 약소국. poutre trop ~ pour supporter un poids 무게를 버티기에 너무 약한 대들보. raisonnement ~ 빈약한 (설득력 없는) 이론. style ~ 박력 없는 문체.
④ (소리·냄새 따위가) 희미한; 힘이 없는. brise ~ 미풍. ~ lumière 희미한 불빛.
⑤ (《보통명사 앞에서》 적은, 약간의 (petit, maigre, léger). ~ quantité 적은 양. ~ différence 근소한 차. Il a de ~s revenus. 그는 수입이 미미하다. Il y a de ~s chances pour que + *sub*. …할 가능성은 거의 없다.
⑥ (성분이) 부족한, 희박한; (시세가) 약세의.
⑦ 【언어】 약변화의; 연성 (軟性) 의.
—*n.m.* ① 약자; 유약한 [무기력한] 사람. prendre la défense des ~s 약자를 보호하고 나서다. économiquement ~s (구호 대상의) 극빈자, 영세민.
② 약점, 단점 (défaut, faiblesse). le fort et le ~ de cette théorie 이 이론의 강점과 약점. tenir *qn* par son ~ …의 약점을 잡다.
avoir un ~ *pour qc*(*qn*) …을 몹시 좋아하다, …에 오금을 못쓰다.

faiblement [fɛbləmɑ̃] *ad.* 약하게, 가냘프게, 희미하게, 근소하게.

***faiblesse** [fɛblɛs] *n.f.* ① (몸의) 약함, 허약; 무력; 취약. ~ des yeux [de la vue] 시력의 저하. ~ d'un enfant 어린아이의 무력. ② (정신·지능의) 결함, 무능; (의지·성격의) 약함, 무기력. ~ d'esprit 정신박약. roman d'une grande ~ (내용이) 빈약하기 짝이 없는 소설. ~ de caractère 성격의 유약함. ③ 약점, 단점. ~ de cet argument 이 이론 [주장] 의 약점. avoir de la ~ pour …에 대하여 (귀여워서) 오금을 못쓰다. ④ 기절 (défaillance). être pris de ~; (옛) tomber en ~ 기절하다, 졸도하다. ⑤ (사람에 대해) 가냘픔이 약함; (목소리·맥박 따위의) 희미함; (수량·차이의) 근소; (증거 따위의) 박약. avoir la ~ de + *inf*. 마음 약하게도 …하다. *J'ai eu la* ~ *de* lui céder. 나는 마는 마음 약하게도 그에게 지고 말았다. être d'une grande ~ envers [pour] *qn* …에게 몹시 관대하다 (모질게 대하지 못한다는 뜻). ⑥ (품행상의) 과실. femme qui a eu une ~ (몸가짐에 있어) 과오를 범한 여자.

***faiblir** [fɛbliːr] *v.i.* ① 약해지다, 쇠약해지다, 무디어지다. La malade *faiblit.* 환자가 쇠약해진다. Le vent *a faibli.* 바람이 약해졌다. La résistance *a faibli.* 저항이 약해졌다. ② 마음이 약해지다. Son courage *faiblit* peu à peu. 그의 용기가 조금씩 꺾인다. agir sans ~ 주눅들지 않고 행동하다.

faiblissant(e) [fɛblisɑ̃, -ɑ̃ːt] *a.* 점점 약해지는.

faiblisseur(se) [fɛblisœːr, -ɸːz] 【사진】 *a.* 환원 (還元) 하는. —*n.m.* 환원제.

faïence [fajɑ̃ːs] *n.f.* (이탈리아 *Faenza*의) 질그릇,

faïencé(e) [fajɑ̃se] a. ① (이탈리아 *Faenza*의)도기를 흉내낸, 도기 비슷한. ② (유화가)금이 간.

faïencerie [fajɑ̃sri] n.f. ① (집합적)도기제품. ② 도기 제조소[제조업·제조술].

faïencier(ère) [fajɑ̃sje, -ɛːr] a., n. 도기를 만드는(파는)(사람).

faignant(e) [fɛɲɑ̃, -ɑ̃ːt] (《속어》 a. 게으른, 빈둥거리는. —n. 게으름뱅이.

faignanter [fɛɲɑ̃te] v.i. =**fainéanter**.

faignantise [fɛɲɑ̃tiːz] n.f. 《구어》 빈둥빈둥 놀며 지내기(fainéantise).

faillance [fajɑ̃ːs] n.f. 《옛》 (특히 용기 따위의)결여, 결핍.

faillant(e) [fajɑ̃, -ɑ̃ːt] (*p.pr.*<*faillir*) a. 《드물게》끝에 가까운. à jour ~ 해질녘에.

faille[1] [faj] n.f. ① 《지질》 단층. plan de ~ 단층면. ~ à gradins 계단 단층. ② 《논리·구조의》결함, 일관성의 결여; (단체 내의)분열, 균열. Son raisonnement est sans ~. 그의 이론은 결함이 없다 〔일관성이 있다〕. Il y a une ~ à l'intérieur de ce parti. 이 정당 내부에 분열이 있다.

faille[2] n.f. 《직물》 파이유(《골이 있는 견직물》).

faillé(e) [faje] a. 《지질》 단층의.

failli(e) [faji] (*p.p.*<*faillir*) *a.p.* ① 파산(도산)한. ② 시시한, 가치 없는. ③ 《옛》 없어지는; 보이지 않게 되는. à jour ~ 해가 저물어서, 황혼에. —n. 파산자.

faillibilité [fajibilite] n.f. 과오를 범하기 쉬움, 착오 가능성(↔ infaillibilité).

faillible [fajibl] a. 과오를 범하기 쉬운.

faillir [fajiːr] [23] v.i. ① [~ + *inf.*] 자칫 …할 뻔하다. J'ai failli tomber. 나는 넘어질 뻔했다. L'accident a failli se produire. 하마터면 사고가 일어날 뻔했다. 《옛》 [~ à/de + *inf.*] J'ai encore failli de me tromper. 나는 또 실수할 뻔했다. ② [~ à *qc*.] (의무·약속 따위)소홀히 하다, 게을리하다, (대소변)보다(négliger, manquer à). ~ à son devoir 의무를 저버리다. ~ à sa parole 약속을 저버리다. ③ 《옛》 쇠퇴(약화)하다; 없어지다. (주어는 사물) [~ à *qn*] La mémoire lui a failli. 그는 기억력이 쇠퇴해졌다. sentir son cœur ~ 용기가 없어지는 것을 느끼다. ④ 《옛》 오류를 범하다, 실패하다(pécher). fille qui a failli 《속어》몸을 망친 소녀.
ne pas ~ à + *inf.* 틀림없이 …하다. Je n'y faillirai pas. 틀림없이 그렇게 하겠습니다.
sans ~ 틀림없이, 반드시.

faillite [fajit] n.f. ① 파산(ruine). déclaration de ~ 《법》 파산선고. ; tomber en ~ 파산하다. déclarer[mettre] *qn* en ~; prononcer la ~ de *qn* …에게 파산을 선고하다. ② 좌절; 실패(échec). faire ~ 실패하다.

‡**faim** [fɛ̃] n.f. ① 굶주림, 허기, 시장기. ~ insatiable 먹어도 차지 않는 허기증. avoir ~ 배고프다. mourir de ~ 굶어죽다, 아사하다. avoir une ~ canine[de loup] 지독하게 배가 고프다. manger à sa ~ 배불리 먹다. ② [~ de *qc*] (에 대한)욕구, 갈망(soif). ~ de richesse 부에 대한 갈망. avoir ~ de tendresse 애정에 굶주리다. ③ 기근(famine). campagne contre la ~ 기아퇴치운동.
donner ~ à *qn* 식욕을 돋우다. Le grand air me *donne* ~. 맑은 대기가 내 식욕을 돋운다.
La ~ chasse[fait sortir] le loup (hors) du bois. 《속담》필요에 몰리면 못하는 짓이 없다, 목구멍이 포도청이다.
marier la ~ et la soif 가난한 사람끼리 결혼시키다.
rester sur sa ~ (먹고도)배가 차지 않다; 《비유적》흡족하지 않다. Ce film se termine bizarrement, on *reste sur sa* ~. 이 영화는 이상야릇하게 끝나는데, 뭔가 뒤가 허전하다.
tromper[calmer] la ~ (조금 먹음으로써)시장기를 달래다.

faim-calle [fɛ̃kal], **faim-valle** [fɛ̃val] n.f. 굶주림, 허기; 《옛》(말의)허기증. avoir la ~ 배가 고파 못 견디다.

faine, **faîne** [fɛn] n.f. 《식물》 너도밤나무의 열매.

fainéant(e) [fɛneɑ̃, -ɑ̃ːt] a. 게으른, 나태한(paresseux, ↔ diligent). —n. 게으름뱅이.

fainéanter [fɛneɑ̃te] v.i. 빈둥빈둥 놀다, 게으름부리다(《속어》 flemmarder).

fainéantise [fɛneɑ̃tiːz] n.f. 나태, 게으름(paresse).

fainée, **faînée** [fɛ(e)ne] n.f. 《사투리》 너도밤나무 열매의 수확.

‡**faire** [fɛːr] [28] *v.t.* Ⅰ. (만들다) ① (사물을)만들다, 제작하다(fabriquer); 짓다, 세우다(construire); 창조하다(créer). oiseau qui *fait* son nid 집을 짓는 새. ~ un costume 옷을 만들다. boulanger qui *fait* du pain 빵을 만드는 빵집주인. Dieu a *fait* l'homme à son image. 신은 자기 모양대로 인간을 창조하였다.
② (작품 따위를)창작하다, 쓰다; (그림을)그리다; (성격을)형성하다(instituer). ~ une œuvre[un tableau] 작품을 쓰다〔그림을 그리다〕.
③ (재료로)만들어내다; (정신·성격을 형성시키다(former). statue *faite* de[en] marbre 대리석으로 만들어진 조상. pain *fait* de[avec du] blé 밀로 만든 빵. Les vieilles gens *sont* ainsi *faits*. 노인들은 그런 식이다〔그렇게 되어 있다〕.
④ 《속어》 (아이를)만들다, 얻다; (새끼를)낳다(engendrer); (이가)나다; (분비물을)내다, (대소변을)보다. ~ un enfant à une femme 어떤 여자에게 아이를 배게 하다. chienne qui a *fait* ses petits 새끼를 낳은 암캐. enfant qui *fait* des dents 이가 나는 아이. ~ ses besoins 대[소]변을 보다. ~ pipi(caca) 《어린애말》 소변[대변]보다.
⑤ 보급받다, 적재하다, 저장하다, 거두 들이다(s'approvisionner, ramasser). train[automobile] qui s'arrête pour ~ de l'eau[de l'essence] 물[휘발유]을 보급받기 위해 멈추는 기차[자동차].
⑥ (돈을)모으다; (이익·손해를)보다. Il a *fait* beaucoup d'argent avec ce commerce. 그는 이 장사로 많은 돈을 벌었다.
⑦ 이루다, (와)같다, (총계가)(이)되다; (값이)나가다, (길이·높이가)되다. couleurs qui *font* un ensemble harmonieux 조화로운 전체를 이루는 빛깔. Deux et deux *font* quatre. 2+2=4. mur qui *fait* six mètres de haut 높이 6 미터의 벽. Combien cela *fait-*il? ―Ça *fait* cinq mille francs. 그것은 값이 얼마나가요? 5천 프랑이오. Ça *fait* deux heures qu'il est parti. 그가 떠난 지 2시간이 된다.
⑧ (감정을)일으키다, (상처·모욕을)주다, (이익을)주다. succès qui *fait* notre joie 우리에게 기쁨을 주는 성공. ~ pitié 동정심을 일으키다. ~ de grandes douleurs à …에게 큰 고통을 주다. Ce voyage lui a *fait* du bien. 이번 여행은 그의 몸에 이로웠다.
⑨ (작물을)재배하다(cultiver); 수확하다; 《상업》 팔다, (의)장사를 하다(vendre, débiter). ~ du blé 밀을 재배하다. ~ le gros 도매상을 하다. Est-ce que vous *faites* le vêtement d'enfant? 아동복을 파십니까?
⑩ 《구어》 훔쳐내다(voler, s'emparer); 《속어》 뒤지다(fouiller). ~ le portefeuille de *qn* …의 지갑을 슬쩍하다. ~ les poches de *qn* …의 호주머니를 털다. ~ les corbeilles à papier 휴지통을 뒤지다.

Ⅱ. (하다, 행동하다) ① (일을) 하다 (effectuer, s'occuper à). Qu'est-ce que vous *faites*? 무얼 하십니까? Qu'est-ce que vous *faites*? 무얼 하십니까? Qu'est-ce qu'il y a à~? 할 일이 무엇이 있읍니까? Je n'ai rien à ~. 아무 할 일도 없다. Il a beaucoup[fort] à ~. 그는 할 일이 많다. bonne à tout ~ 막일하는 하녀.
② 행하다, 실행하다, 이행하다(exécuter); (동작을) 하다. ~ un devoir 숙제를 하다. ~ son devoir 의무를 이행하다. ~ un nettoyage 청소를 하다. ~ un saut[un mouvement] 뛰다[움직이다]. ~ quelques pas 몇 걸음 나아가다.
③ (표정을) 꾸미다, 짓다; (신호를) 하다. ~ des grimaces 상을 찌푸리다. ~ les yeux doux 눈짓으로 추파를 던지다.
④ 배우다, 공부하다(étudier); (에) 참여[관여]하다; (음악을) 연주하다. ~ du français à l'école 학교에서 프랑스어를 배우다. ~ de la musique 음악을 연주하다(공부하다). ~ son droit 법률공부를 하다. ~ de la politique 정치에 관여하다.
⑤ 길(습관) 들이다, 익숙하게 하다(habituer); 훈련하다, 교육하다, 키우다(former). être fait aux subtilités du métier 직업[직장]의 미묘한 내용에 익숙하게 되다. Au bout d'un mois d'entraînement, il *était fait* à la fatigue. 1개월의 훈련 끝에 그는 피로에 익숙해졌다[피로를 잘 견디게 되었다]. ~ des soldats 병사를 훈련시키다. Ce professeur a fait de bons écoliers. 이 교수는 좋은 학생을 키웠다.
⑥ 말하다(dire); 소리를 내다. «Vous partez demain!» *fit*-il. "내일 떠나시오!"라고 그는 말하였다. Elle *fit* «non» en hochant la tête. 그는 머리를 흔들면서 "아니"라고 말했다.
⑦ (의) 결과를 주다, (와) 관계가 있다. [~ à qn/qc] Qu'est-ce que cela vous *fait*? 이것이 당신과 무슨 상관이 있소?
⑧ (병에) 걸리다. ~ de la fièvre 열이 나다. ~ un gros rhume[une dépression nerveuse] 심한 감기[신경쇠약]에 걸리다.
⑨ 소제[손질]하다; 준비하다. ~ la chambre 방소제를 하다. ~ la vaisselle 설겆이를 하다. ~ ses chaussures avant de sortir 외출 전에 구두를 닦다. ~ sa malle[sa valise] 짐을 꾸리다.
⑩ 역을 맡다; (이)되다; 흉내내다, (인)체하다 (imiter); (같이)보이다(paraître). Il *fait* Othello. 그는 오델로 역을 맡았다. ~ un bon mari 남편 구실을 하다. ~ l'idiot 바보인 체하다. [~+형용사] Cet enfant *fait* grand pour son âge. 이 아이는 나이에 비해 커보인다. Elle *fait* déjà très femme. 그녀는 벌써 여자티가 난다.
⑪ 방문하다, 여행하다, 드나들다(visiter, parcourir). ~ l'Italie pendant les vacances 방학 동안에 이탈리아를 여행하다. ~ les grands magasins 백화점을 돌아다니다.
Ⅲ. (속사적 용법) [~ qn+ 속사] (을 …으로) 만들다(rendre); [~ qc de qn/qc] (을 …으로) 만들다, 취급하다, 처리하다, 삼다. ~ tous les hommes égaux 모든 사람을 평등하게 만들다. ~ son fils médecin 아들을 의사가 되게 하다. Les sports *font* les jeunes robustes. 스포츠는 젊은이를 건장하게 만든다. Qu'avez-vous *fait* de mon parapluie? 내 우산을 어떻게 했소? ~ *d*'une maison une boutique 집을 상점으로 만들다. ~ de (la) patience (une) vertu 인내를 덕으로 삼다.
Ⅳ. (비인칭) ① (날씨) Il *fait* beau[mauvais]. 날씨가 좋다[나쁘다]. Il *fait* du vent (du soleil). 바람이 분다[해가 나 있다]. Il *fait* jour(nuit). 날이 밝다[밤이 된다].
② [Il fait +형용사+(de+) inf.] Il *fait* bon dormir quand on est fatigué. 피곤할 때 잠을 자는 것은 좋다.
③ Il *fait* soif(faim). 《속어》목이 마르다[배가 고프다].
Ⅴ. (사역적 용법) [~+inf.] …하게 하다, …시키다. ① (직접목적보어가 inf.의 주어) Je l'*ai fait* chanter. 나는 그를 노래하게 했다. Faites venir le médecin. 의사를 불러 오시오. Ne me *faites* pas attendre. 나를 기다리게 하지 마시오.
② [~+대명동사] ~ coucher un enfant 어린아이를 자러 보내다(se의 생략). Je les *ai fait* se connaître. 나는 그들을 서로 알게 했다.
③ (직접목적보어가 inf.의 보어) ~ construire un bateau 배를 건조하게 하다. Faites-le prévenir. 그에게 알리도록 하시오. ~ savoir que …을 알리다.
④ [~ +inf.+qc à/par qn] …으로 하여금 …을 하게 하다. ~ porter la lettre *par* la domestique 하인에게 편지를 가져가게 하다. ~ bâtir une maison *à* [*par*] un architecte 건축가에게 집을 짓게 하다. ~ changer d'idée *à* qn …으로 하여금 생각을 달리하게 하다.
⑤ (귀속) …한 것으로 하다[돌리다] (attribuer). Ses biographes le *font* mourir vers 1450. 전기작가들은 그가 1450년경에 죽은 것으로 추정하고 있다.
Ça commence à bien~. 《구어》그것으로 족하다, 그만하면 됐다.
Ça fait bien de+inf. 《구어》…하는 것은 점잖은 인상을 준다[훌륭해 보인다].
Ça fait que+ind. 《구어》그러므로 …이다(결과).
Comme vous voilà fait! 무슨 꼴인가; 입장이 딱하게 되었구먼!
~ que+ind. (결과) …라는 것(일)을 일으키다, …라는 결과가 되다. Votre présence *fait que* nous sommes moins tristes. 당신이 같이 있기 때문에 우리는 한결 덜 슬프다.
~ que + sub. (명령·희구) …하도록 하다. Faites qu'il y aille demain. 내일 그가 거기에 가도록 조처하시오. Fasse le ciel qu'il revienne bientôt! 신이여 원컨대 그가 곧 돌아오기를!
Fais ce que dois, advienne (arrive) que pourra. (격언) 무슨 일이 일어나든 할 일은 해라.
homme à tout ~ 만사에 능한 사람; 무슨 짓이라도 감히 할 수 있는 사람.
(Il) faut le ~ (어떤 어려운 일을 가리켜) 해보지 않고는(그 고생을) 모른다, 아무나 할 수 있는 일이 아니다.
Il n'y a plus rien à ~. 나는 어찌할 바를 모르겠다.
la(le) ~ à (l'oseille à) qn …을 속이다, 우롱하다. On ne me *la(le) fait* pas! 《구어》 나를 속이지는 못한다.
la(le) ~ à qc …을 가장하여 속이다, …인 체 가장하다. Il *la(le) fait à* la dignité. 그는 의젓한 체한다. ~ à ~, 위엄을 가장하다.
n'avoir grand-chose[rien] à ~ avec …와 그다지[아무런] 관계가 없다.
n'avoir plus rien à ~ avec qn …와 손[접촉]을 끊다.
n'avoir que ~ de qc …이 필요[소용]없다; …에 관심이 없다; …없이 지내다.
ne ~ que+inf. 방금 …한 참이다. Je *ne fais que* d'arriver. 나는 방금 도착하는 길이다.
ne ~ que +inf. …하기만 하다; 계속 …하다. Il *ne fait que* bâiller. 하품만 하고 있다. Elle *ne fait qu'*embellir. 그녀는 갈수록 더 예뻐진다.
N'en faites rien. 절대로 그렇게 하지 마시오.
Pour ce que ça me fait! 어떻게 되건 상관할 바가 아니다.
Que ~? 무엇을 할 것인가? 어쩔 것인가? 하는 수 없는 일이지.

Qu'est-ce que ça fait? 그것이 아무려면 어떻소?
Qu'y ～? 어떠한 조치가 있겠는가?
Rien à ～! 《구어》뭐라 해도 소용없어, 싫소. 《편.
Si cela ne vous fait rien. 좋으시다면, 괜찮으시다
——*v.i.* ① 행동하다, 움직이다, 처신하다. Comment ～? 어떻게 할 것인가? *Faites* comme chez vous. (댁에 계신 것처럼) 편히 하십시오. Laissez-moi ～. 내게 맡기시오. On ne peut ～ autrement. 달리 할 도리가 없다, 다른 방도가 없다.
② [～ à *qc*] 소용되다, 쓸모있다. Cela y *fait* beaucoup. 그것은 많은 관계가 있다. Rien n'y *fit*. 아무런 효과도 없었다.
③《옛·문어》(동사의 반복을 피해 비교의 제 2항에 쓰임) Je ne parle pas comme il *fait* (parle). 나는 그만큼 말을 잘 하지 못한다. Il m'aime comme il *fait* (aime) sa mère. 그는 자기 어머니를 사랑하듯 이 나를 사랑한다.
④ [～ dans *qc*] …에 종사하다, 일하다(s'occuper de); 전념하다, 전공하다(se spécialiser). ～ *dans* les draps 포목상사를 하다. ～ *dans* la recherche scientifique 과학 연구에 전념하다.
⑤ 대소변을 보다. ～ au lit (sous lui) 자다가 오줌 싸다.
À qui de ～? 누가 (카드를)나눌 차례인가?
avoir bientôt fait de + *inf.* 순식간에 …했다.
～ bien [*mal*] 어울리다 [안 어울리다]. Ce tableau *fait bien* dans le salon. 이 그림은 객실에 잘 어울린 다. [～ bien avec] Cette cravate *fait bien avec* votre habit. 이 넥타이는 당신 옷과 잘 어울린다.
～ bien de + *inf.* …하는 게 좋다. Vous ferez [feriez] *bien de* rester. 당신은 남아 있는 게 더 좋겠소.
～ tant [*si bien, tant et si bien*] *que* + *ind.* 열심히 …하여 그 때문에 …하다. Il *a tant fait que* je lui ai cédé. 그가 몹시 열을 올렸기 때문에 나는 그에게 양보하였다.
Faites donc! 자아! 좋습니다! 좋고 말고요!
——***se*** — *v.pr.* ① ⓐ (사람이) 성장하다, 형성되다, 훌륭해지다; 어른이 되다(술·과일 따위가) 익어가 다; (문제가) 완성되다. *se* ～ seul 독학하다. Cette jeune fille *se fait*. 이 처녀는 성숙해지고 있다. Vin qui *se fait* 익어가는 포도주. ⓑ (바람이) 일다, (바 다가) 거칠어지다, (조수가) 밀려들다, (밤·낮이) 되다. La nuit *se fait*. 밤이 되다.
②[se ～ + 속사]ⓐ (이)되다. Il *se fait* vieux. 그 는 늙어간다. ⓑ 자기를 …으로 하다, (의식적으로 …이) 되다. Elle *se faisait* toute douce. 그녀는 온순 하게 있었다. *se* ～ catholique 가톨릭 신자가 되다.
③ⓐ [se ～ à *qc*] 익숙해지다(s'habituer à). Son œil *se fit* à l'obscurité de la pièce. 그의 눈은 방의 어둠에 익숙해졌다. Vous *vous y ferez*. 당신은 그것 에 익숙해질 것입니다. ⓑ (구두가) 발에 익혀지다.
④ (se 는 간접목적보어) (친구·적을) 만들다; (돈 을) 벌다; (이름을) 얻다. *se* ～ des ennemis 적을 만 들다. *se* ～ dix mille francs par mois 월 천 프랑을 벌다. *se* ～ un nom 유명해지다.
⑤ (se 는 간접목적보어) ⓐ (관념·환상 따위를) 형 성하다, 마음에 품다. *se* ～ une idée exacte de *qc* …의 정확한 관념[인식]을 갖다. ⓑ 자기에게 과하 다. *se* ～ un devoir de + *inf.* …하는 것을 스스로의 의무로 삼다. ⓒ 자기 마음에 일으키다, 자기 몸에 주다. *se* ～ des soucis 걱정[근심]하다. *se* ～ une entorse 관절을 삐다.
⑥ (se 는 간접목적보어) 자기의 …을 정비[정돈] 하다. *se* ～ la barbe 수염을 깎다. *se* ～ les ongles 손톱을 깎다.
⑦ 자기를 …으로 보이게 하다, 자칭하다. Il *se fait* beaucoup plus malade qu'il ne l'est. 그는 실제보 다 훨씬 더 과장해서 몸이 나쁘다고 한다.
⑧ⓐ 《수동적》 만들어지다, 이루어지다. Rome ne *s'est* pas *fait* en un jour. 로마는 하루아침에 이루어 지지 않았다. ⓑ 행해지다, 거행되다; 관례이다; 유행하다. Cela *se fait* partout. 어디서나 그렇게 하 고 있다. C'est la jupe courte qui *se fait* cette année. 금년 유행은 짧은 치마이다.
⑨ [se ～ + *inf.*] ⓐ 《se 가 *inf.*의 직접목적보어》 자 기를 …하게 하다. *se* ～ photographier (par *qn*) 자 기 사진을 (…에게) 찍게 하다. *se* ～ connaître 세상 에 알려지다, 이름을 날리다. Un bruit *se fit* entendre. 소리가 들렸다. ⓑ 《se 가 *inf.*의 간접목적보 어》 자기에게 [자기를 위하여] …하게 하다; 자기의 …을 …하게 하다. Il *se fait* lire la lettre par sa femme. 그는 아내에게 편지를 읽게 하다. *se* ～ couper les cheveux 머리를 깎다[깎게 하다].
⑩ [非인칭] ⓐ Il *se fait* tard. 늦어진다. ⓑ 생기다 (se produire). Il *se fait* un grand silence. 쥐죽은 듯이 고요하다. Comment cela *se fait*-il? 어떻게 그 렇게 되지?
Comment se fait-il que + *sub.* [*ind.*] …한 것은 어찌 된 일인가? Je ne comprends pas *comment il se fait que* + *sub.* 나는 어째서 …인지 모른다.
s'en ～ 《구어》근심 [걱정] 하다, 신경쓰다. Ne *vous en faites* pas. 염려 마십시오. Il *s'en fait* pas, lui, il gare sa voiture n'importe où. 그자는 천하태평이 어서 차를 아무데나 주차시킨다.
——*n.m.* 《문어》① 하기, 행하기, 행위. Il y a loin du ～ au dire. 행동과 말 사이에는 먼 거리가 있다.
② (미술·문학 따위의) 기술, 솜씨, 수법.

faire-part [fɛrpaːr] *n.m.* 《복수불변》통지서 (lettre de ～). ～ de décès [de mariage] 부고 [결혼 청첩 장]. envoyer un ～ 통지서를 보내다.
faire-valoir [fɛrvalwaːr] *n.m.* 《복수불변》① 이용 (移植). ② 《농업》 토지이용, 영농. ～ direct 자작 영농. ② 《연극》 주역을 돋보이게 하는 역(役); (비유적)자기의 사람을 돋보이게 해주는 사람. Son mari lui sert de ～. 그녀의 남편은 옆에서 그녀를 돋보이게 하고 있다.
fair-play, fair play [fɛrplɛ] 《영》 *n.m.* 《복수불변》 페어플레이, 정정당당한 시합. jouer le ～ 페어플 레이를 하다. —— *a.* 《불변》 (시합에서) 정정당당한.
fair-trade [fɛrtred] 《영》 *n.m.* 《복수불변》 호혜 (互 惠) 무역, 공정거래.
fairway [fɛrwe] 《영》 *n.m.* 《골프》 페어웨이.
fais [fɛ] ⇨faire.
faisable [f(ə)zabl] *a.* 할 수 있는, 할 만한 (réalisable, ↔ impossible). La chose est ～. 그 일은 할 만하다. Le trajet sera-t-il ～ en voiture? 그 여행 은 자동차로 할 수 있을까?
fais-ais, -ai(en)t [f(ə)zɛ] ⇨faire.
faisan¹(e) [f(ə)zɑ̃, -an] *n.* 《조류》 꿩; 수꿩, 암꿩 (동격) coq (poule) ～ [～e] 장끼(까투리).
faisan² [f(ə)zɑ̃] *n.m.* 《속어》사기꾼, 협잡꾼.
faisances [f(ə)zɑ̃ːs] *n.f.pl.* (소작인이 지주에 대해 바치는) 소작료 이외의 공물(貢物).
faisandage [f(ə)zɑ̃daːʒ] *n.m.* ① 고기를 일정기간 말 려서 맛을 들이기. ② 《비유》 (정신적인) 타락, 타락.
faisande [f(ə)zɑ̃ːd] *n.f.* = faisane.
faisandé(e) [f(ə)zɑ̃de] *a.p.* ① (고기가 일정기간 말 라서) 연해지게 맛이 든; 썩기 시작한. viande ～e 부 패하기 시작한 고기. ② (제도·풍습·문학 따위가) 부패한, 타락한 (corrompu, malsain).
faisandeau [f(ə)zɑ̃do] (*pl.* ～x) *n.m.* 《조류》 새끼 꿩.
faisander [f(ə)zɑ̃de] *v.t.* (고기를 일정기간 말려서) 연하고 맛있게 하다 (적당히 말려 썩기 시작하게 하다)

가장 맛이 있음).
—**se** ~ *v.pr.* (고기가)연하게 맛들다.
faisanderie [f(ə)zɑ̃dri] *n.f.* 꿩 사육장.
faisandier(ère) [f(ə)zɑ̃dje, -ɛːr] *a.* 꿩의. —*n.* 꿩 사육자.
faisanneau [f(ə)zano] *n.m.* =**faisandeau**.
faisant [f(ə)zɑ̃] faire 의 현재분사.
faisceau [fɛso] (*pl.* ~**x**) *n.m.* ① 묶음, 다발, 단. ~ de branches 나뭇가지 다발. lier(nouer) qc en ~ …을 다발로 묶다. [un ~ de] réunir un ~ de faits 일련의 사실을 수집하다. ② (비유적)집합, 결합. former un ~ (사람들이)결속하다. famille liée en un ~ 서로 굳게 뭉쳐진 가족. ③ 〖군사〗 총. mettre les fusils en ~x 총을 서로 맞대어 세우다, 걸어총하다. Formez[Rompez] les ~x! 걸어[풀어] 총! ④ 〖수학〗속선(束線), 〖광학〗광선속; 〖물리〗(전파·방사선 따위의)빔; 〖해부〗(근육·신경의)속(束). ~ lumineux 광선속, 빛다발. ~ d'un phare 등대 (헤드라이트)의 빛. ⑤ (*pl.*) 〖고대로마〗속간(束桿)(막대 다발 사이에 도끼날이 보이게 된 것, 집정관의 권위의 상징); 〖역〗 무솔리니 치하 이탈리아의 파쇼의 표장(標章).
faiseur(se) [f(ə)zœːr, -ɸːz] *n.* ① 만드는 사람, 제작자; (가끔 경멸)[~ de] (을)하는 사람. ~ de meubles d'art 가구 제조인. ~*se de mariages* 중매장이. ~ de tours 곡예사, 광대. C'est un grand ~ de mots croisés. 그는 낱말 맞추기에 몰두한다. ~*se de vers* [*de romans*] 〖에〗(경멸)시인[소설가]. ~*se d'ange* 낙태전문의 산파. Cet éditeur a ses ~*s* attirés. 이 출판업자에게는 전속 작가가 있다. ② 〖구어〗(경멸)허풍선이, 협잡꾼. ③ 거드름 피우는 사람(~ d'embarras).
bon ~ **bonne** ~*se* 일류 복식가〖재봉사〗.
fais-iez, -ions, -ons [f(ə)z-je, -jɔ̃, -ɔ̃] ⇨**faire**.
faisselle [fɛsɛl] *n.f.* 치즈의 물기를 빼는 소쿠리.
‡**fait**[1] [fɛ] *n.m.* ① 일, 일어난 일, 사건. ~ courant 흔한 일. ~(*s*) divers 일상사; (신문의)3 면기사. observer un ~ curieux 기이한 현상을 관찰하다. ~ accompli 기정사실. [le ~ de+*inf.*/que+*ind.*] Le ~ d'être absent vous exposerait à un blâme. 불참한다면 당신은 비난받게 될 것이오. Le ~ qu'il n'a rien répondu équivaut à un refus. 그가 아무 대답도 하지 않았다는 것은 거절한 것과 같다(※ le fait que 의 구문에 보통 *ind.* 대신 *sub.* 가 쓰이기도 함). Le ~ qu'il ne soit pas encore rentré ne veut pas dire qu'il a eu un accident. 그가 아직 돌아오지 않았다고 해서 그에게 사고가 있었다는 것을 의미하지는 않는다.
② 사실, 진실, 진상(réalité). s'incliner devant les ~*s* 사실에 굴복하다. juger sur [d'après] les ~*s* 사실에 의거하여 판단하다. C'est une question de ~, non de principe. 이것은 사실의 문제이지 원칙의 문제가 아니다. C'est un ~ que... …라는 것은 (엄연한)사실이다.
③ 행위, 행동(acte, action); 공적(exploit). ~*s* et gestes de qn …의 행동, 활동. hauts ~*s* 수훈(殊勳); 위업. ~ de guerre [d'armes] 무훈.
④ 〖법〗 사실, (법률적 의미의)행위. ~*s* juridiques 법률적 사실. reconnaître les ~*s* 사실을 시인하다. ~*s* et articles 사실과 진술. ~ de charge 배임행위, 배신 ~ de violence 폭력(행위). être comdamné pour ~ de trahison 반역행위로 선고받다.
⑤ 본론, 본제; 요점. aller au ~ 본론에 들어가다. en revenir au ~ 본론으로 되돌아오다. Au ~! (옆길로 샌 변호사에게)본론을 이야기하시오.
⑥ 〖예〗할당, 배당, 몫; 재산.

au ⓐ 그런데(à propos). Au ~, quand est-ce qu'il part? 그런데, 그는 언제 떠나지? ⓑ 결국, 요컨대. Au ~, nous avons peu de chance d'y parvenir. 요컨대 우리는 성공할 가능성이 거의 없다.
de ~ ⓐ (형용사적) 사실상의(de facto). gouvernement *de* ~ 사실상의 정부 (합법정부가 아닌). roi de nom plutôt que *de* ~ 사실상이라기보다 명목상의 왕. ⓑ 실제로, 사실로. Il avait promis d'être à l'heure, et *de* ~, il était là au début de la séance. 그는 제 시간에 오겠다고 약속했었는데 실제로 회의가 시작할 때에와 있었다.
de ce ~ 그러므로, 따라서. Le contrat n'est pas signé, *de ce* ~ il est nul. 계약서에는 서명되지 않았다, 따라서 무효이다.
dire son ~ **à qn** 〖구어〗…에게 자기 생각을 대놓고 말하다.
du ~ **de** qc[**que**+*ind.*] …으로 인하여, …의[인] 이유로. *Du* ~ de sa maladie, il a manqué plusieurs cours. 그는 병 때문에 강의를 여러 번 빠뜨렸다. Il m'en veut *du* seul ~ *que* je ne l'ai pas invité. 그는 단지 내가 그를 초대하지 않았다는 이유로 나를 원망한다.
en ~ **; dans le** ~ 사실은, 실제로는(en réalité)(앞의 사실과 반대되는 경우). On prévoyait dix mille francs de réparations; *en* ~, il y en a pour près de vingt mille. 수리비로 만 프랑을 예상했었는데 실제로는 거의 2만 프랑이 소요된다.
en ~ **de** …에 관하여, 관한 한(en matière de).
être au ~ **de** qc …에 대해 잘 알고 있다. mettre qn *au* ~ de qc …에게 …을 알려주다.
être le ~ **de** qn …이 할 일이다; …에 맞는 일이다. La politique n'est pas *le* ~ *des* honnêtes gens. 정치는 정직한 사람들이 할 일이 아니다. Ce travail n'est pas *son* ~. 이 일은 그에게 맞지 않는다.
être sûr de son ~ 자기의 언동에 확신을 가지다.
Il est de ~ **que**+*sub.* …은 사실이다.
Le ~ **est que**+*ind.*[*sub.*] 사실인즉 …이다 (주로 앞의 사실과 대조적으로). Il se dit ingénieur mais *le* ~ *est qu*'il est seulement chef d'atelier. 그는 기사라고 자칭하는데, 사실은 공장장일 뿐이다.
mettre[poser] qc **en** ~ …을 진실이라고 단언한다.
par le ~ 사실상 (앞의 사실을 수긍). Il m'a expliqué qu'il ne pouvait rien faire pour moi: *par le* ~ il avait des ordres à exécuter. 그는 나를 위해 아무 일도 할 수 없다고 설명했다. 아닌게 아니라 [알고 보니] 그는 수행해야 할 명령이 있었다.
par le ~ **même** 그 사실로써. Il conduisait un état d'ivresse, et *par le* ~ *même* il pouvait se voir retirer son permis. 그는 음주운전을 했는데, 바로 그 사실로써 면허증을 압수당할 수도 있었다.
prendre qn sur le ~ …을 범행하는 현장에서 잡다. Le voleur *a été pris sur le* ~. 도둑은 범행 현장에서 체포되었다.
sur le ~ 그 자리에서, 즉석에서. *Sur le* ~, je n'ai pas su quoi répondre. 그 자리에서 나는 뭐라 대답해야 할지 몰랐다.

fait[2](e) [fɛ, -ɛt] (*p.p.*<faire) *a.p.* ① 만들어진; (일이)끝난; 손질된; (체격이 어떤 모양으로)된. costume bien[mal] ~ 잘[잘못] 만들어진 옷. femme bien ~*e* 몸매가 좋은 [멋진] 여자 (〖속어〗bien balancée, bien roulée). yeux ~*s* 화장한 눈. ongles ~*s* 손질한 손톱. ② 성숙한, 완숙한(mûr). homme ~ 성숙한 남자. fromage (bien) ~ 잘된 치즈. ③ [~ à] (에)익숙한. Il n'est pas encore ~ *au* climat de ce pays. 그는 아직 이 나라의 기후에 길들지 않았다. ④ 〖구어〗(사람에 대해서) 붙잡힌 (pris). On était ~ comme des rats. 사람들은 마치

faîtage

쥐처럼 잡혔다.
C'en est ~ (de...). 이제(…은) 끝장이다. *C' en est ~ de moi.* 이제 나는 끝장이다. *C'en est ~ de la vie facile.* 안락한 생활은 이제 끝장났다.
Ce n'est ni ~ ni à faire. 《구어》그것은 형편 없이 만들어졌다, 엉망진창이다.
Ce qui est ~ est ~. 일이 그렇게 되었으니 할 수 없다, 별 도리 없다.
être ~ pour qn(qc) …을 위해 만들어지다, …에 안성마춤이다. *Il est fait pour ce métier.* 그는 그 직업을 위해서 태어난 사람 이르다.
tout ~ ⓐ기성의. habit *tout ~* 기성복. idées *toutes ~es* (비유적) 기성의(판에 박은) 관념. locution *toute ~e* 성구(成句). ⓑ (명사적) 기성복. acheter du *tout ~* 기성복을 사다.
Voilà qui est ~. 그것으로 처리 되었다.

faîtage [fetaːʒ] *n.m.* ① 〖건축〗 마룻대; 용마루 기와. ② 지붕재목.

fait-divers, fait divers [fɛdivɛːr] (*pl. ~s(-)~*) *n.m.* 3면 기사, (신문의)잡보기사(雜報記事); (*pl.*)잡보란.

fait-diversier [fɛdiversje], **fait-diversiste** [fɛdiversist] *n.m.* 〖옛〗잡보기자.

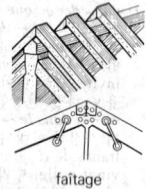
faîtage

faîte [fɛt] *n.m.* ① 〖건축〗 마룻대, 용마루. poutre de ~ 마룻대. ② (건물·나무의) 꼭대기(cime, sommet). grimper au ~ d'un arbre 나무 꼭대기에 올라가다. ligne de ~ 〖지리〗능선. ③ (비유적) (명예 따위의)절정. être au ~ de la gloire 영광의 절정에 이르다.

faîteau [feto] (*pl. ~x*) *n.m.* ① 〖건축〗 용마루 장식. ② 장식용 용마루 기와.

faites [fɛt] ⇨ faire.

faîtière [fɛtjɛːr] 〖건축〗 *a.f.* 용마루의. tuile ~ 용마루 기와. ─ *n.f.* 용마루 기와(tuile ~); 천창(天窓)(lucarne ~); 마룻대(panne ~).

fait(-)tout [fetu] *n.m.* (복수불변) 〖요리〗 (양쪽에 손잡이가 달린)요리용 남비; 스튜 남비.

faix [fɛ] *n.m.* (복수불변) ① 《문어》무거운 짐(fardeau), plier(succomber) sous le ~ 무거운 짐을 견디내지 못하다. ~ des obligations 의무의 무거운 짐. ② 〖의학〗태아(와 태반). ③ 〖건축〗 (신축가옥의) 침하(沈下).

fakir [fakiːr] 《아라비아》 *n.m.* ① (회교·바라문교의) 탁발승, 고행자. ② (점·요술·최면술 따위를 행하는)요술장이.

fakirisme [fakirism] *n.m.* 요술, 마술.

falaise [falɛːz] *n.f.* (해안의)절벽, 낭떠러지. ~ calcaire 석회암의 절벽. ~ morte 연안의 쑥 들어가 있는 절벽.

falaiser [fale(e)ze] *v.i.* (파도가)절벽에 부딪치다.

falarique [falarik] *n.f.* (고대의)불화살.

falbala [falbala] *n.m.* ① (스커트 끝·커튼 따위의 다는)주름 장식(volant). ② (*pl.*)야하고 지나친 장식품〖장신구〗.

falbalasser [falbalase] *v.t.* (에) 장식물을 주렁주렁 달다.

falconidés [falkɔnide] *n.m.pl.* 〖조류〗 매과(科).

falculaire [falkylɛːr] *a.* 낫 모양의.

faldistoire [faldistwaːr] *n.m.* 〖가톨릭〗주교의 예배 좌석.

Faléries [faleri] *n.pr.* 팔레리(에트루리아의 옛 도시).

falerne [falɛrn] *n.m.* (고대로마) 팔레르노산 포도주.

fallace [fa(l)las] *n.f.* 허위, 기만.

fallacieusement [fa(l)lasjøzmɑ̃] *ad.* 《드물게》속임수로, 기만적으로, 참말같이.

fallacieux(se) [fa(l)lasjø, -øːz] *a.* 《문어》허위의, 기만적인, 사이비의, 거짓의(faux, trompeur). raisonnement(argument) ~ 그럴 듯한 논증, 궤변. promesses ~*ses* 기만적인 약속. sous des dehors ~ 위선적인 외양 밑에.

‡**falloir** [falwaːr] [65] *v.imp.* ① 필요하다, …해야만 한다. ⓐ [Il faut qc/qn] (이)필요하다. *Il faut une demi-heure pour y aller à pied.* 걸어서 거기에 가려면 반 시간은 필요하다(걸린다). *Il faut deux ouvriers pour ce travail.* 이 일에는 두 일꾼이 필요하다. [Il faut qc à qn] (간접목적보어는 인칭대명사로 표시) *Il lui faut du repos.* 그에게는 휴식이 필요하다. *Combien vous faut-il? — Il me faut trois mille francs.* 얼마나 필요하십니까? 3천 프랑이 필요하오(※ 과거분사는 불변임: sommes qu'il nous a fallu 우리에게 필요했던 금액). ⓑ [Il faut +*inf.*] …하지 않으면 된다, …해야만 한다. *Il faut enlever le chapeau avant d'entrer.* (방에)들어가기 전에 반드시 모자를 벗어야만 한다. *Il faut l'avertir tout de suite, demain il sera trop tard.* 그에게 알려야 합니다, 내일이면 너무 늦을 것이오. [Il faut à qn+*inf.*] (간접목적보어는 인칭대명사로 표시) *Il lui fallait se dépêcher.* 그는 서둘러야만 했다(*inf.*가 대명동사일 때 1·2인칭 간접목적보어를 생략: *Il faut nous dépêcher.* 우리는 서둘러야만 한다), parler plus qu'il ne *faut* (*inf.*가 없이 말해짐)할 수 있다(*inf.*의 생략). ⓒ [Il faut que+*sub.*] …하지 않으면 안 된다. *Il faut que vous partiez.* 당신은 떠나지 않으면 안 된다. *Il faut qu'il me fasse des excuses.* 그는 나에게 사과를 해야만 한다. ⓓ (부정형)[Il ne faut pas...] …해서는 안 된다;《드물게》의 필요가 없다. *Il ne faut pas rouler si vite.* 그렇게 빨리 달려서는 안 된다. *Il ne faut pas vous inquiéter.* 걱정하지 않아도 됩니다. ⓔ (중성의 le를 동반하여) *Viens ici, il le faut.* 이리 오너라, 그래야만 한다. *Vous êtes revenu à pied? — Il a bien fallu.* 걸어서 돌아오셨읍니까? 그럴 수밖에 없었읍니다(le는 때로 생략됨).

② …임에 틀림없다. ⓐ [Il faut+*inf.*/que+*sub.*] *Dire des choses pareilles! Il faut avoir perdu l'esprit!* 그런 말을 하다니! 정신이 나간게 틀림없어! *Il faut qu'il soit bien malade pour ne pas être venu.* 그가 오지 않은 것을 보니 몹시 아픈게 틀림없다. ⓑ (도치형:강조) [Faut-il...!] *Faut-il qu'il soit bête pour n'avoir rien compris!* 아무것도 알아듣지 못했다니 정말 바보천치군!

③ (익살) …하기로 되어 있다. *Il faut toujours qu'il me dérange!* 그는 늘 나를 방해하기로 되어 있다니까! (※구어적 표현에서는 흔히 비인칭구어 il 이 생략됨: *Faut attendre.* 기다려야만 해.

comme il faut (주절의 동사가 과거라도 불변) ⓐ (부사구) 훌륭히; 신사적으로, 훌륭하게. *se conduire comme il faut* 신사적으로(훌륭히) 행동하다. ⓑ (형용사구) 더 말할 나위 없는, 훌륭한, 신사적인. homme *comme il faut* 훌륭한 사람, 신사, 양반. robe tout à fait *comme il faut* 안성마춤인 드레스.

encore faut-il... 그래도 …해야만 하다. *Je veux bien lui pardonner, encore faut-il qu'il reconnaisse ses torts.* 나는 그를 용서하고 싶지만, 그래도 역시 그는 자기의 잘못을 시인해야만 한다.

Il faut(foudrait) voir. 두고 볼 일; 볼 만한 일이다. *Il a l'air gentil, mais il faut voir.* 그는 상냥해 보이지만, 글쎄, 어떨런지(두고 봐야지). Or le malheme, *il faut voir.* 그가 당하고 있다는데, 그것 볼(구경할) 만하구만.

Qu'est-ce qu'il lui faut! 그에게 또 무엇이 필요한

가《욕심도 많다라는 뜻》.
***Qu'est-ce qu'il ne faut pas entendre*(*voir*)!** 참, 어처구니 없군! 그럴 수가!
— **s'en** ~ *v.pr.* *imp.* 모자라다, 부족하다(manquer). ⓐ[Il s'en faut de *qc*/*que*+*sub.*] Je n'ai pu réunir la somme, *il s'en faut de* la moitié. 나는 전액을 채우지 못했다, 절반이 모자란다. *Il s'en faut d'un point qu'il n'ait été admissible.* 그는 합격하는 데 1점이 부족하다, 1점만 더 얻었어도 합격하였을 텐데(ne = 허사). ⓑ[~《부사(구)와 함께》; 종종절이 올 때 동사는 *sub.*] i)[Il s'en faut (bien); Il s'en faut de beaucoup; tant s'en faut; loin s'en faut] 어림도 없다. Lui content? – *Il s'en faut.* 그 사람은 만족하고 있나요? – 어림도 없죠, 천만에. Il n'est pas riche, *il s'en faut de beaucoup.* 그는 부자이기는 커녕 정반대이다. *Tant s'en faut que cela suffise.* 까마득히 모자라다. 《부정형》 *Il ne s'en est pas fallu de beaucoup* qu'il ne se mette en colère. 자칫하면 그는 화를 낼 뻔했다《부정형에서는 종속절에 허사 ne가 쓰일 때도 있음》. ii)[Il s'en faut de peu; peu s'en faut; Il ne s'en faut guère] 자칫하면 …(하다), 거의 …(하다). Il a fini son travail ou *peu s'en faut.* 그는 일을 거의 다 끝냈다. *Il s'en faut de peu* qu'il ne parvienne à ses fins. 그는 조금만 더하면 목적을 달성할 것이다. *Il ne s'en fallut guère* qu'il ne mourût. 그는 하마터면 죽을 뻔했다.

fallu(e), fallût [faly] *cf.* **falloir**.

falot¹ [falo] *n.m.* ①큰 초롱. 《해양》고물의 등불. ~ de rond 《군사》순찰용 각등(角燈). ②《군대 은어》군법회의. passer le[au] ~ 군법회의에 회부되다.

falot²(e) [falo, -ɔt] *a.* ①《옛·문어》우스꽝스런, 익살맞은, 쾌활한. peuple ~ 쾌활한 국민. aventure ~*e* 우스꽝스런 사건. ②《빛이》희미한, 생기 없는(terne). 《비유적》《사람이》보잘 것 없는(insignifiant). lueur ~*e* 희미한 빛. personnage ~ 미미한 존재.

falotement [falɔtmɑ̃] *ad.* 《드물게》익살스럽게.

faloter [falɔte] *v.i.* 《군대 은어》군법회의에 회부되다.

falotier [falɔtje] *n.m.* 등불 켜는[드는] 사람.

falourde [falurd] *n.f.* 《옛》큰 나뭇단.

falqué(e) [falke] *a.* 《생물》《새의 날개·부리가》낫 모양의.

falquer [falke] *v.i.* 《말이 서기 전에》뒷다리로 땅을 굴다.

falsifiable [falsifjabl] *a.* 위조될 수 있는.

falsificateur(trice) [falsifikatœ:r, -tris] *a., n.* 위조 《날조·왜곡》하는 (사람), 《술 따위에》섞을질하는 (사람).

falsification [falsifikasjɔ̃] *n.f.* 위조, 날조; 《사실의》왜곡; 《저작물의》도용; 섞을질하기.

falsifier [falsifje] *v.t.* ①《문서·화폐 따위를》위조하다, 변조[날조]하다(contrefaire); 《술 따위에》섞을질하다. ~ un acte 증서를 위조하다. ~ une signature 가짜 서명을 하다. ~ la pensée de *qn*《비유적》…의 생각을 왜곡하여 전하다. ②~ une théorie 《철학》이론의 오류를 증명하다.

faluche [falyʃ] *n.f.* 학생용 베레 모자.

falun [falœ̃] *n.m.* 《지질·농업》패니(貝泥)《바닷 조개의 침전물》.

falunage [falynaʒ] *n.m.* 《농업》패니 비료를 주기; 패니 채취.

faluner [falyne] *v.t.* 《농업》《밭에》패니(貝泥)비료를 주다.

falunière [falynjɛ:r] *n.f.* 패니갱(貝泥坑).

falzar [falza:r] *n.m.* 《속어》바지.

famé(e) [fame] *a.*《bien, mal 과 함께 쓰이어》주로 mal ~) bien[mal] ~ 평판이 좋은[나쁜]. maison mal ~*e*; lieu mal ~ 수상쩍은 곳《매음굴 따위》.

famélique [famelik] *a.* 굶주린; 《얼굴이》허기진. mendiant ~ 굶주린 거지. — *n.* 굶주린 사람.

famennien(ne) [famenjɛ̃, -ɛn] *a.* étage ~ 《지질》파멘느(Famenne)《階》.

fameusement [famøzmɑ̃] *ad.*《속어》매우, 몹시, 굉장한(très).

*** fameux(se)** [famø, -ø:z] *a.* ①《명사 뒤에서》유명한, 이름 높은, 고명한(célèbre, illustre, renommé). [~ pour/par] région ~*se pour* ses fromages 치즈로 유명한 지방. ②《명사 앞에서》언급되, 화제에 오른. C'est cela, ton ~ film? 네가 말하던 영화가 바로 이거냐? ③《주로 명사 앞에서》《구어》《비꼼》터무니 없는, 지독한, 굉장한(remarquable, extraordinaire). C'est un ~ menteur. 그는 터무니없는 거짓말장이이다. 《구어》또는 훌륭한(excellent). Il est ~, votre vin. 당신 포도주는 맛이 좋군요. 《부정형》Cet ouvrage n'est pas ~. 이 작품은 신통치 않다. Et le résultat? – Pas ~. 결과는요? 그저 그렇다.

familial(ale, *pl.* **aux)** [familjal, -o] *a.* 가족의, 가정의. problèmes ~*aux* 가정문제. éducation ~*ale* 가정교육. allocation ~*ale* 가족 수당. salle ~*ale* 거실. maladie ~*ale* 내림병, 유전병. vie ~*ale* 가정생활. petit hôtel ~ 가족적인 작은 호텔.
— *n.f.* (가족)여행용 자동차. modèle de voiture ~*ale* 스테이션 왜건형 자동차.

familiariser [familjarize] *v.t.* 친숙하게 하다(habituer, dresser). [~ *qn* à/avec] ~ le soldat *au* maniement des armes 병사에게 무기의 조작을 익히게 하다. *Il est familiarisé avec* son nouveau métier. 그는 새로운 직업에 익숙해졌다.
—**se** ~ *v.pr.* [se ~ avec] (와)친숙해지다, (에)익숙해지다. *se* ~ *avec* une langue étrangère 외국어에 익숙해지다.

familiarité [familjarite] *n.f.* ①[~ avec] (와)친교, 친밀; 친숙. vivre dans la plus grande ~ *avec qn* …와 매우 친하게 살다. longue ~ *avec* les œuvres classiques 고전 작품을 오랫동안 안 친숙하게 접하기《조예가 깊다는 뜻도 포함》. ②허물 없음, 친숙함; (*pl.*)무람없는[허물없는] 태도[말]. traiter *qn* avec une ~ déplacée …에게 격식을 차리지 않고 허물 없이 대하다. se permettre [prendre] des ~*s avec qn* …와 허물 없이 지내다. ③《쓰기·말하기에 있어》평이한《일상적인》어조(naturel).

*** familier(ère)** [familje, -ɛ:r] *a.* ①익숙해진, 습관이 된, 관용의(connu, habituel). voix ~*ère* 귀에 익은 음성. [être ~ à *qn*] Ce visage m'*est* ~. 저 얼굴은 눈에 익은 얼굴이다《어디선가 본 얼굴이라는 뜻》. Le mensonge lui *est* ~. 그는 거짓말을 예사로 한다. ②[~ avec] 친숙한, 친밀한(liant, amical); (에)정통한. ~ *avec* ses voisins 이웃들과 친숙하게 지내다. Il est ~ *avec* cet écrivain. 그는 이 작가에 대해 상세히 알고 있다. ③버릇없는, 조심성 없는, 스스럼 없는(grossier, libre), être ~ avec les femmes 여자에게 스스럼없이[거침없이] 굴다. ④《표현 따위가》평이한, 일상적인; 구어의. langue ~*ère* 《문어에 대하여》구어. expression ~*ère* 일상적 표현. ⑤《옛》집의. dieux ~*s* 집의 수호신(守護神).
— *n.m.* ①가까이 지내는 사람, 단골(여성명은 없음). ~*s* de ce café 이 다방의 단골손님들. ~ de la maison 《스스럼 없이》왕래하는 집안 친구. ②친숙한, 허물 없는 사람. faire le ~ 친숙한 척하다. ③《옛》《종교 재판소의》포리(捕吏)(~ du saint-office).

familièrement [familjɛrmɑ̃] *ad.* ① 친하게, 스스럼 없이. ② 친숙한[허물 없는] 말투로.
familistère [familistɛːr] *n.m.* 공동주택.
‡**famille** [famij] *n.f.* ① 가족, 가정, 집안식구; 처자, 자녀. chef de ~ 가장, 세대주. père[mère] de ~ 한 집안의 아버지[주부]. nourrir sa ~ 가족을 부양하다. ~ nombreuse 자녀가 많은 가정. maison [pension] de ~ (비유적)하숙하는 가정집. ② 친족, 친척; 혈족; 혈통, 가문; 명문(名門). ~ proche(éloignée) 가까운[먼] 친척. J'ai de la ~ en Angleterre. 나는 영국에 친척이 있다. ~ royale 왕족. nom de ~ 성(姓). descendre d'une ~ noble 명문 출신이다. fils de ~ 명문(양가)의 자제. ③ (비유적)집단, 그룹, 일파. ~ littéraire 문학의 일파. ~ religieuse 종파. ④ 《언어》어족. ⑤ 《동・식물》과(科).
avoir un (petit) air de ~ (육친처럼)잘 닮다.
Cela tient[vient] de ~. 그것은 혈통이다, 집안의 내림이다(성격・행동 따위).
en ~ 가족이 모여서, 가족끼리. *se sentir en ~* 가족적 분위기를 느끼다, 마음이 풀리다.
famillisme [famijism] *n.m.* 《철학》가족애.
famine [famin] *n.f.* 기근; 기아, 굶주림. crier ~ 굶주림을 호소하다. salaire de ~ (생활비도 안 되는)저임금. crier ~ sur un tas de blé 부자가 돈에 궁하다고 엄살부리다.
fan [fan] 《영》 *n.m.* 《구어》팬(fanatique).
fana [fana] *a.* 《불변》《구어》열광적인(fanatique의 단축형). Elle en est ~. 그녀는 그것에 미쳐 있다.
—*n.* 팬, …광(狂).
fanage [fanaːʒ] *n.m.* ① 건초만들기. ② (집합적)나뭇잎과 풀; (감자・콩 따위의)덩굴, 줄기.
fanaison [fanɛzɔ̃] *n.f.* =**fenaison**.
fanal (*pl.* **aux**) [fanal, -o] *n.m.* ① 신호등, 각등(角燈); (옛)(해안・항만의)표지등; 《해양》현등(舷燈). tourelle de ~ (해양)작은 등대. ~ de tête (기관차・자동차의)헤드라이트. ② 휴대용 램프. ③ 《은어》위(胃), 배.
fanariote [fanarjɔt] *n.* =**phanariote**.
*****fanatique** [fanatik] *a.* (종교・사상・당파 따위에)광신적인; 열광적인(enthousiaste, frénétique). nationalisme ~ 광신적인 민족주의. [être ~ de] *être ~ de* musique 음악에 열광하다. *être ~ d'un auteur* 어떤 작가의 (열렬한) 애독자이다.
—*n.* 광신자; 열광자. ~ du jazz(du football) 재즈(축구)광(狂).
fanatiquement [fanatikmɑ̃] *ad.* 광신적으로, 열광적으로.
fanatiser [fanatize] *v.t.* 광신적인 신자로 만들다; 열광시키다. ~ les foules 군중을 열광시키다.
fanatisme [fanatism] *n.m.* 광신(적 행위); 열광. ~ religieux 종교적 광신. doctrine poussée au ~ 광신에까지 발전한 이론.
fanchon [fɑ̃ʃɔ̃] *n.f.* (시골 여자의)머리쓰개.
fandango [fɑ̃dɑ̃go] 《에스파냐》 *n.m.* 팡당고 무용, 그 무용곡.
fane [fan] *n.f.* ① (나무에서 떨어진)마른 잎, 건초. ② (순무・당근의)잎.
fané(e) [fane] *a.p.* ① 마른, 시들은. fleur ~e 시들은 꽃. ② 퇴색한, 바랜(défraîche, flétri, ↔ frais). couleur ~e 바랜 빛깔. rideau ~ 퇴색한 커튼. visage ~ (비유적)퇴색한 얼굴. Qu'elle est ~e! 그 여자도 한물 갔군!
faner [fane] *v.t.* ① (벤 풀을)말리다(sécher). ② (꽃)시들게 하다. Le vent chaud *a fané* les dernières roses. 뜨거운 바람이 마지막 남은 장미꽃마저 시들게 했다. ③ (비유적)(빛깔・용모 따위를)바래게 하다, 퇴색시키다(défraîchir).
—*v.i.* 《문어》시들다.
—*se ~ v.pr.* ① (풀이)마르다; (꽃이)시들다. plante[fleur] qui *se fane* 시드는 풀(꽃). ② 바래다, 퇴색하다. La couleur du papier peint *s'est fanée.* 벽지의 색깔이 바랬다. L'éclat de sa beauté *se fanera* un jour. 그녀의 눈부신 아름다움도 언젠가는 시들 것이다.
faneur(se) [fanœːr, -øːz] 《농업》 *n.* 벤 풀을 말리는 사람. —*n.f.* 풀을 말리는 기구.
fanfan [fɑ̃fɑ̃] *n.* 《구어》아야(어린애에 대한 애칭).
fanfare [fɑ̃faːr] *n.f.* ① (나팔 따위의)화려한 취주; 군악; 《군사》군악대; 브라스밴드. jouer[sonner] le ~ 팡파르를 불다. sonner le réveil en ~ 기상 나팔을 불다. ② 《사냥》각적(角笛)의 취주. ③ 대대적인 선전; 요란한 징표. ~ de presse 신문에의 대대적인 선전. annoncer *qc* en ~ …을 요란스럽게 예고하다. ④ reliure à la ~ 《제본》당초무늬의 화려한 장정.
fanfariste [fɑ̃farist] *n.m.* (브라스밴드・군악대의)악사, 대원.
fanfaron(ne) [fɑ̃farɔ̃, -ɔn] *a.* 허세부리는(bravache, ↔ modeste); 허풍떠는, 호언장담하는(vantard). prendre un air ~ 허세부리다. propos ~s 호언장담. —*n.* 허세부리는 사람; 허풍선이. faire le ~ 허세부리다.
fanfaronnade [fɑ̃farɔnad] *n.f.* ① 허세, 자만(forfanterie). Ses menaces ne sont que des ~s. 그의 협박은 허세에 불과하다. ② 허풍, (허풍선이의)제자랑.
fanfaronner [fɑ̃farɔne] *v.i.* (옛・문어)허세부리다; 허풍떨다, 제자랑하다.
fanfaronnerie [fɑ̃farɔnri] *n.f.* 《옛》허세, 허풍.
fanfreluche [fɑ̃frəlyʃ] *n.f.*(*pl.*) (주로 경멸)값싼 패물(장신구).
fange [fɑ̃ːʒ] *n.f.* ① 《문어》진흙, 진흙탕. ② 비천(타락)한 상태(abjection, ignominie); 추잡한 욕설, 중상. sortir de la ~ 미천한 신분에서 출세하다, 개천에서 용나다. *se vautrer dans la ~* 타락한 생활을 하다, 악의 구렁텅이에 빠지다. couvrir *qn* de ~ …에게 욕설을 퍼붓다.
fangeux(se) [fɑ̃ʒø, -øːz] *a.* ① 진흙투성이의. ② 더러운; 천한(abject).
fangothérapie [fɑ̃goterapi] *n.f.* 《학술》진흙요법(fango 라고도 함).
fanion [fanjɔ̃] *n.m.* (국기 이외의 여러 종류의)작은 기(旗). ~ de bataillon 대대기. ~ de lance 창기(槍旗). ~ de la Croix-Rouge 적십자기. ~ de tir (사격시 접근을 금하는)사격 표시기. ~ de signalisation 신호기.
fanion-signal (*pl.* **~s-~aux**) [fanjɔ̃siɲal, -o] *n.m.* 《군사》신호기.
fanoir [fanwaːr] *n.m.* 목초 건조대.
fanon [fanɔ̃] *n.m.* ① 《가톨릭》(주교 모자의)드림장식; 사제(司祭)가 왼팔에 걸치는 헝겊. ② 《해양》(말아놓은 돛의)늘어진 부분. ③ (소의)목의 처진 살; (칠면조 따위의)처진 살. ④ (말의)뒷말굽 위의 털. ⑤ 고래 수염.
fantabosse [fɑ̃tabɔs] *n.m.* 《속어》보병. —*n.f.* 보병대.
fantaise [fɑ̃tɛːz] 《속어》 *n.f.* =**fantaisie**.
fantaisie [fɑ̃tɛ(e)zi] *n.f.* ① 《옛》환상, 공상(chimère); 공상력(imagination). vaines ~s des songes 몽상이 낳은 헛된 환상들. portrait de ~ 상상으로 그린 초상. *se mettre dans la ~ que...* …라고 상상하다. ② 공상의 산물, 환상적 작품; 《음악》환상곡. ~ poétique 환상시. Ce personnage est une simple ~. 이 인물은 단순한 공상의 산물이다. ③

(창조적인)공상력; 독창적인 생각, 독창성, 기발함. donner libre cours à la ~; se laisser aller à sa 마음껏 공상의 나래를 펴다. Elle est pleine de ~. 그녀는 기발한 생각들로 넘쳐있다. vie qui manque de ~ (색다른 것이라곤 전혀 없는)무미건조한 생활. ④ 변덕. ⑤ 엉뚱한 짓(lubie). [avoir la ~ de+inf.] avoir brusquement la ~ de partir en voyage 갑자기 여행을 떠나고 싶은 생각에 사로잡히다. [~ Lui prend de+inf.; La ~ lui prend de+inf.] Il m'a pris la ~ d'aller la voir. 갑자기 그녀를 보러 가고 싶은 생각에 사로잡혔다. [passer à qn ses ~s] Son père lui passe toutes ses ~s. 그의 아버지는 그의 변덕을 다 받아준다[그가 원하는 것이면 무엇이든 다 들어준다]. se passer une ~ 하고 싶은 대로 하다, 하고 싶은 욕구를 만족시키다. ⑤ 색다른 물건. acheter des ~s 자질구레한 물건을 사다. magasin de ~s 재미있는 소품을 파는 가게, 액세서리가게.
à(selon) sa ~ 제멋대로. agir selon sa ~ 마음 내키는 대로[멋대로] 행동하다(à sa guise). Cela est-il à votre ~? 이것이 마음에 드십니까? **de ~** (사물이)색다른, 기발한, 독창적인; 모조의. uniforme de ~ (규격품이 아닌)색다른 유니폼. bijoux de ~; [동격] bijoux ~ 모조보석. pain de ~ (낱개로 파는)특제 케이크.

fantaisiste [fɑ̃tε(e)zist] a. ① 제멋대로의, 변덕스러운. étudiant ~ (학업에 충실하지 않은)변덕스러운 학생. historien ~ qui invente, brode 사실을 마구 꾸며내고 과장하는 엉터리 역사가. moteur ~ (비유적)(제멋대로)작동이 됐다 안 됐다하는 엔진. ② 믿을 수 없는, 근거 없는. information ~ (제멋대로 꾸며낸)엉터리 보도.
— n. ① 제멋대로 행동하는 사람. ② 환상가와 예술가(시인). ③ (카바레·바 따위에서)재롱부리는 연예인, 스테이지 탤런트.

fantasia [fɑ̃tazja] n.f. 아라비아 기병의 기예(騎藝).
fantasmagorie [fɑ̃tasmagɔri] n.f. ① 마술환등. ② 몽화(夢畫), 환영. ③ (소설·연극에 있어서의 지나친)환상효과.
fantasmagorique [fɑ̃tasmagɔrik] a. ① 마술환등의. ② 몽화적인, 환상적인.
fantasme [fɑ̃tasm] n.m. ① 환각. ②《의학》환영, 착시(錯視).
fantasque [fɑ̃task] a. ① 변덕스러운(capricieux). caractère ~ 변덕스러운 성격. ② 기이한, 이상야릇한(bizarre, imprévu). récit ~ 기이한 이야기.
— n. 변덕장이; 기인(奇人), 괴짜.
fantasquement [fɑ̃taskəmɑ̃] ad. 《드물게》변덕스럽게, 괴상하게.
fantassin [fɑ̃tasɛ̃] n.m. 보병.
fantastique [fɑ̃tastik] a. ① 환상의, 공상에 의한, 가공의(féerique, ↔ réel). animal ~ 가공(가공)의 동물. cinéma ~ 공상영화. ②《구어》믿을 수 없을 정도의, 터무니 없는(extraordinaire, formidable). réussite ~ 어마어마한 성공. luxe ~ 엄청난 사치.
— n.m. ① 환상적인 것. ②(예술작품에서)환상적 장르. un littérature et dans le genre ~ 환상계열의 문학.
fantastiquement [fɑ̃tastikmɑ̃] ad. 환상적으로, 공상적으로; 괴상하게; 굉장하게.
fanti(e) [fɑ̃ti] n.m. 팡티 사람(승인).
— F~ n. 팡티 사람(가나 동해안에 사는 어로(漁)) 민족).
fantoccini [fɑ̃tɔtʃini] 《이탈리아》 n.m.pl. 꼭두각시.
fantoche[1] [fɑ̃tɔʃ] n.m. ① 꼭두각시. ② (비유적) 허수아비, 앞잡이. ③《옛》기괴한 역을 맡은 극중인물. ④ 의견이 변하기 쉬운 사람, 믿지 못할 사람.

— a. 괴뢰의, 실권이 없는, 유명무실한. gouvernement ~ 괴뢰정부.
fantoche[2] n.f. 《속어》변덕, 일시적 기분; 아릇함, 기묘함.
fantomal(ale, pl. aux) [fɑ̃t(o)mal, -o] a. 유령(귀신)의.
fantomatique [fɑ̃tɔmatik] a. ① 유령(요괴)의. ② 유령(귀신) 같은.
fantôme [fɑ̃to:m] n.m. ① 유령, 귀신(revenant, spectre). maison hantée par les ~s 유령이 나오는 집. croire aux ~s 귀신을 믿다. ② 환영(환상)(같은 것), (보통 pl.)환상. courir après le ~ d'une fausse gloire 헛된 영광의 환상을 쫓다. prendre les ~s pour la réalité 환상을 현실로 여기다. se faire des ~s de rien 아무것도 아닌 것을 두려워하다. [~ de+무관사 명사] ~ de roi 유명무실한 왕. ③ (과거의 사람·사물의) 망령, 추억. Les ~s de mon passé défilaient dans mes souvenirs. 과거의 망령이 내 추억 속을 줄지어 지나가고 있었다. ④《구어》(유령 같이)빼빼 마른 사람. ⑤ (매사냥에 쓰는)모의 미끼새. ⑥《의학용어》인체 모형; (도서관의 대출된 책 대신으로 놓는)책 대용판.
— a. 유령의, 유령처럼 나타나는; 환상(환영)의. vaisseau ~ 유령선. ③ 실권이 없는, 유명무실한(fantoche). cabinet ~ (영국 의회에서의)재야내각. gouvernement ~ 괴뢰정부. ③ membre ~ 《의학》환지(幻肢)(절단된 수족이 마치 있는 듯이 느껴지는 것).
fanton [fɑ̃tɔ̃] n.m. ① 쇠톱; 쐐기 모양의 나무쪽. ② 쇠못, 나무못.
fanu(e) [fany] a. 잎이 많이 달린.
fanum [fanɔm]《라틴》n.m. 《고대로마》신전(神殿); 예배당.
fanure [fany:r] n.f. 시들은 모습, 초췌한 모습.
fanzine [fɑ̃zin]《미영》n.m. (만화·SF 따위의)팬잡지, 동(호)인잡지.
F.A.O. 《약자》fabrication assistée par ordinateur 컴퓨터 지원생산.
faon [fɑ̃] n.m. ① 사슴·노루의 새끼. ②《옛》(동물의)새끼.
faonner [fane] v.i. 사슴(옛)동물)이 새끼를 낳다.
f.a.p. 《약자》franc d'avarie particulière 《보험》단독해손(海損)(특별분손(分損))부담보(不擔保).
faquin [fakɛ̃] n.m. ① 《창 찌르기 연습용의)인형. ② 상놈《17세기에 쓰이던 욕). ③《옛》인부.
faquinerie [fakinri] n.f. 《옛》상놈 근성; 천한 짓.
faquir [faki:r]《아라비아》n.m. ① (회교·바라문교의)탁발승, 고행자. ② 자칭 예언자; (초인적인)요술장이, 곡예사.
far [fa:r] n.m. ① 《제과》(브르타뉴 지방의)서양오얏을 넣고 구운 과자. ② 《요리》(푸아투 지방의)양배추의 일종. [위].
farad [farad] n.m. 《전기》 패럿(전기용량의 단위).
faraday [farade] n.m. 《전기》 패러데이(전기분해에 쓰이는 전기량의 단위).
faradique [faradik] a. 《전기》 패러데이의; 유도(감응) 전류의. courant ~ 감응전류, 유도전류.
faradisation [faradizɑsjɔ̃] n.f., **faradisme** [faradism] n.m. 《의학》감응전기치료.
faramine [faramin] n.f., a. (민담 따위의)괴수(animal ~).
faramineux(se) [faraminø, -ø:z] a. 《구어》당치도 않은, 터무니 없는, 대단한, 굉장한(étonnant, extraordinaire). prix ~ 엄청난 값.
farandole [farɑ̃dɔl] n.f. 《무용·음악》파랑돌(프로방스 지방의 춤·무곡).
farandoler [farɑ̃dɔle] v.i. 파랑돌 춤을 추다.

faraud(e) [faro, -oːd] *a.* 《구어》멋부리기 좋아하는, 뽐내는; 허영심이 강한. —*n.* 겉치레꾼, 멋장이. faire le ~ 잘난 체하다.

farauder [farode] *v.i.* 《구어》멋부리다.

farce¹ [fars] *n.f.* 《요리》잘게 다진 고기를 생선·야채에 넣은 요리; 잘게 썬 소재.

***farce²** *n.f.* ① 《구어》짓궂은 장난, 농담. dire [faire] des ~s à qn ···에게 농담[짓궂은 장난]을 하다. faire une ~ à qn ···을 놀리다; ···을 한 방먹이다. ② 소극(笑劇) 《중세 희극의 한 장르》; (비유적) 익살극, 소극, 야비한 익살. «La F~ de maître Pathelin» 「파틀랭 선생의 소극」. ③ 바탕, 난봉. faire ses ~s 난봉피우다.
en voir [*de*] ~ 《구어》힘들이지 않고 일을 해내다.
être le dindon de la ~ 《구어》완전히 속아넘어가다, 남의 웃음거리가 되다.
—*a.* (때로 불변) 《구어》익살스러운, 웃기는 (cocasse, drôle).

farcer [farse] ② *v.i.* 장난하다, 익살부리다.

farceur(se) [farsœːr, -føːz] *n.* ① 《옛》어릿광대, 익살배우. ② 익살꾼, 장난꾸러기. faire le ~ 익살부리다. C'est un ~ qui vous a caché votre serviette. 장난꾸러기가 당신의 가방을 감췄습니다. ③ 성실치 못한 사람, 거짓말장이, 허풍장이; 《구어》난봉꾼; 놀아난 계집.
—*n.* 《속어》매춘부.
—*a.* 장난[농담]하기 좋아하는.

farci(e) [farsi] *a.p.* ① 《요리》(닭·야채 속에) 다진 고기를 넣은. ② [~ de] (으로) 가득 찬 (bourré, plein). critique ~e d'erreurs 오류투성이의 비평. ③ pièce ~e 《문학사》(중세의 불어·라틴어) 혼합극.

farcin [farsɛ̃] *n.m.* 《수의》마비저(馬鼻疽).

farcineux(se) [farsinø, -øːz] *a.* 마비저에 걸린; 마비저의.

farcir [farsiːr] *v.t.* ① 다진 고기를 넣다. ~ des aubergines 가지 속에 다진 고기를 넣다. ② [~ de] (으로) 채우다, 가득 넣다 (bourrer, remplir). discours *farci de citations* 인용구로 가득찬 연설.
—*se* ~ *v.pr.* ①《구어》자기의 ···을 가득 채우다; 배불리 먹다. *se* ~ la mémoire d'un tas d'inutilités 쓸데없는 것으로 머리를 가득 채우다. *se* ~ un bon repas 좋은 식사를 하다. ②《속어》(싫은 사람·일을) 맡는다, 참고 하다(supporter). Il faut *se* ~ ~ 참고 견딜[할] 수밖에 없다. *se* ~ tout le travail 하기 싫은 일을 전부 떠맡다. ③《속어》(여자를) 손에 넣다.

farcissure [farsisyːr] *n.f.* 《요리》(새·야채 속에) 고기를 다져 넣기; 다져 넣는 고기.

farcot [farko] *n.m.* 《해양》조타기(操舵機).

fard¹ [faːr] *n.m.* 화장품, 분, 연지. ~ pour le teint 파운데이션 (fond de teint). ~ à joues [à lèvres] 볼[입술]연지. (se) mettre du ~ 분을 바르다, 화장하다. ~ 허식, 겉치레, 꾸밈.
piquer un ~ 《구어》얼굴이 붉어지다.
(la vérité) *sans* ~ 숨가나하게[진실]. Je te parle *sans* ~. 나는 너에게 솔직하게 말한다.

‡**fard²** *n.m.* 《집합적》《해양》(한 돛대에 단) 돛과 활

fardage¹ [fardaːʒ] *n.m.* ①《연지》연지를 바르기. ②《구어》우량품을 위쪽에 놓는》속임수.

fardage² *n.m.* 《해양》(갑판상의) 주체스러운 중량물(重量物) 《돛대·돛 따위》. ② 화물창의 적하(積荷)용 깔개.

farde [fard] *n.f.* ① 《상업》(모카커피의) 큰 부대 [검짝] 《185킬로 들이》. ② 《구어》무거운 짐; 《북프랑스》서류 다발; 《식민지 산물의》큰 곤포.

fardé(e) [farde] *a.p.* ① 화장한. femme outrageusement ~e 분을 더덕더덕 바른 여자. ②《옛》겉으로 번드하게 꾸민, 겉치레를 한.

fardeau [fardo] (*pl.* ~*x*) *n.m.* ① 짐, 무거운 짐; 부담, 중책. traîner un ~ 짐을 끌고 가다. C'est un ~ d'élever trois enfants. 세 아이를 키운다는 것은 무거운 짐이다. déposer son ~ 무거운 짐을 내려 놓다; (비유적) 아이를 낳다. ~ des impôts 무거운 세금. ~ de la preuve 《법》입증책임. ~ de la terre 《문어》세상의 쓸모 없는 인간. Le ~ que l'on aime n'est qu'à demi pesant. 좋아서 하는 일은 괴롭지 않다. ② 《광산》낙반 위험이 있는 바위.

fardeler [fardəle] ⑤ *v.t.* 싸다, 묶다.

farder¹ [farde] *v.t.* ①(에) 분[연지]를 바르다; 화장하다. ~ un acteur 배우를 분장시키다. ②《문체 따위를》분식(粉飾)하다; 겉치레하다; (진상 따위를) 꾸미다, 카물라주하다 (masquer, déguiser). ~ la vérité (남의 비위를 거슬리는 것을) 호도하다. ~ *sa marchandise* 《상업》상품의 품질을 좋게 보이려고 놓다.
—*se* ~ *v.pr.* ① 분을 바르다, 화장하다. ②《se는 간접목적보어》자기의 ···에 분을 바르다.

farder² *v.i.* 《옛》무게가 가해지다, (벽·건물이) 자기 무게로 내려앉다. mur qui *farde* 자기 무게로 내려앉은 벽. ② 《해양》(돛이) 바람에 부풀다.

fardier [fardje] *n.m.* (석재·목재 따위의) 운반차.

fardoches [fardɔʃ] *n.f.pl.* 《사투리》덤불 (broussailles).

farfadet [farfade] *n.m.* (장난을 좋아하고 경쾌한) 정 (妖精).

farfelu(e) [farfəly] *a.* 《구어》(사람이) 야릇한, 별난 (bizarre); (사람이) 재미있는, 우스꽝스러운, 엉뚱한, 야릇한. idée ~e 엉뚱한 [재미있는] 생각 [착상]. individu ~ 별난 사람, 괴짜인 사람.
—*n.* 별난 사람, 괴짜, 엉뚱한 사람. À l'atelier, on l'appelle le ~. 작업실에서 사람들은 그를 괴짜라고 부른다.

farfouillage [farfuja:ʒ], **farfouillement** [farfujmɑ̃] *n.m.* 뒤적거려찾기, 뒤지기.

farfouiller [farfuje] *v.i.* 《구어》[~ dans] (속을) 뒤져 찾다, 뒤지다. —*v.t.* (의) 속을 뒤지다.

farfouilleur(se) [farfujœːr, -øːz] *n.* 《구어》뒤지기 좋아하는 사람.

farguer [farge] *v.t.* (배에) 뱃전 널을 둘러치다.

fargues [farg] *n.f.pl.* ① 《해양》(노받이가 꽂혀있는) 뱃전 널빤지. ② 뱃머리의 물막이 널.

faribole [faribɔl] *n.f.* 《구어》하찮은 말[일].

faridon [faridɔ̃] *n.f.* 《속어》축제, 추진. être de la ~ 돈이 있다.

faridondaine [faridɔ̃dɛn], **faridondon** [faridɔ̃dɔ̃] *n.f.* 노래의 후렴의 문구.

farigoule [farigul] 《프로방스》*n.f.* ① 《식물》백리향(thym). ② 백리향 향료가 든 화장수.

farinacé(e) [farinase] *a.* 가루 모양의 (farineux).

farinage [farinaːʒ] *n.m.* ① 제분료, 방아삯. ②《페인트 표면 막에》가루가 생김.

***farine** [farin] *n.f.* ① (곡물의) 가루; 밀가루. ~ de blé 밀가루. ~ lactée (유아용의) 백아분유. ~ d'orge 보리가루. ~ de maïs 옥수수녹말. ~ de gruau 강력분. fleur (de) ~ 특상품 밀가루. Moitié son, moitié ~. 좋은 편과 나쁜 편이 반반씩이다. ② 분말, 가루. ~ d'os 골분. ~ de moutarde 겨자 가루. ~ de poisson 어분.
Ce sont gens de (la) même ~. 《구어》그놈이 그 놈이다, 모두 같은 놈이다. *D'un sac à charbon ne peut sortir blanche* ~. 《속담》콩 심은 데 콩 나고 팥 심은 데 팥 난다. *se faire rouler dans la* ~ 《구어》속다.

fariné(e) [farine] *a.p.* ① 가루를 뿌린. poisson ~

밀가루를 입힌 생선. ② tableau ~ 부옇게 된 그림.

fariner [farine] v.t. ① 〖요리〗 (에) 가루를 뿌리다. ② 가루로 만들다. —v.i. 가루가 하얗게 피다. dartre qui *fariner* 하얗게 핀 옴.
—**se** ~ v.pr. ① 가루로 하얗게 되다. ② 자기의 …을 가루로 희게 하다.

farinet [farinɛ] n.m. 한쪽 면에만 점을 새긴 주사위.

farineux(se) [farinø, -ø:z] a. ① 가루(전분)를 포함한, 전분질의. aliment ~ 전분질의 식품. ② 가루 모양의, 가루와 같은: pain ~ pardessus 곁에 가루가 묻어 있는 빵. pomme de terre ~se (익히고 나서)부슬부슬 부스러지기 쉬운 감자. ③ 가루가 피는. avoir la peau ~se 살갗에 가루가 핀 것 같다.
—n.m. 전분질의 식품.

farinier(ère) [farinje, -ɛːr] n. 〖옛〗제분업자, 밀가루 장수. —n.m. (밀가루 냄새가 나는)버섯의 일종, 가루버섯. —n.f. 가루받는 통.

farlouche [farluʃ] 《까나다》 n.f. 〖요리〗 (타르트에 넣는)건포도가 든 당밀(ferlouche).

farlouse [farluːz] n.f. 〖조류〗 밭종다리.

farniente [farnjɛ̃ɛt, farnjɑ̃ːt] 〖이탈리아〗 n.m. 《복수없음》〖구어〗무위안일(無爲安逸).

faro [faro] n.m. 브뤼셀산의 맥주.

faroba [farɔba] n.m. 〖식물〗 아카시아의 일종.

farouch(e¹) [faruʃ] n.m. 〖식물〗 붉은토끼풀.

farouche² [faruʃ] a. ① 야생의, 길들지 않은(sauvage). chat un peu ~ 약간 사나운 고양이. bête(~)(s) 야수. ② 교제하기 싫어하는, 비사교적인; 수줍어하는(insociable); 남을 가리는, 내성적인(timide). enfant ~ 비사교적인 아이. femme peu(pas) ~ 유혹하기 쉬운 여자. ③ 완강한, 강인한(tenace). combat ~ 치열한 전투. éprouver une haine ~ 맹렬한 증오심을 품다. opposer une résistance ~ 완강히 저항하다. ④〖문어〗사나운, 흉포한, 잔인한(cruel). ennemi ~ 흉포한(사나운) 적. regard ~ 사나운 눈초리.

farouchement [faruʃmɑ̃] ad. 완강하게, 맹렬하게.

farrago [farago] 《라틴》 n.m. ① (사료용의)잡곡의 혼합물. ② (사상·저서 따위를)긁어 모은 것.

fart [faːrt] n.m. (스키에 바르는)왁스.

fartage [farta:ʒ] n.m. (스키에)왁스를 바르기.

farter [farte] v.t. (스키에)왁스를 바르다.

fasc. 《약자》 fascicule 별책(別冊); fasciculus 〖약〗 1 모, 분복(分服).

fasce [fas] n.f. ① 〖건축〗 대들(臺輪)의 평평한 면. ② 〖문장〗 가운데 띠무늬.

fascé(e) [fase] a. 〖문장〗 같은 크기의 띠무늬로 등분된.

fascia [fasja] 《라틴》 n.m. 〖해부〗 근막(筋膜).

fascial(ale, pl. aux) [fasjal, -o] a. 근막의.

fasciation [fasjasjɔ̃] n.f. 〖식물〗 (줄기·가지 따위의)대화(帶化).

fasciculaire [fasikylɛːr] a. 〖식물〗 뭉쳐나기의, 총생(叢生)의; 〖해부〗 근속(筋束)의.

fascicule [fasikyl] n.m. ① 〖약〗 (약초 따위의)한 아름; 〖식물〗 뭉쳐나기, 총생(叢生). ② (총서·전집 따위의)별책(別冊). ③ ~ de mobilisation 〖군사〗 (재향군인인 수첩에 붙은)동원주의서.

fasciculé(e) [fasikyle] a. 다발을 이룬; 〖식물〗 뭉쳐나기의, 총생(叢生)의. racine ~ (수염 같은)잔뿌리. ② (한 식물의 원주가 모여)다발을 이룬. colonne ~e 주족(族柱).

fascie [fasi] n.f. ① (조개껍질의)띠 무늬. ② 〖식물〗 대화(帶化)(한 줄기 따위). ③ 〖음악〗 (현악기의 공명판의)버팀판.

fascié(e) [fasje] a. ① 〖동물〗 (조개껍질 따위가) 띠 무늬가 있는. ② 〖식물〗 대화(帶化)한.

fascinage [fasina:ʒ] n.m. 〖토목·축성〗 섶으로 막기; (그)공사.

fascinant(e) [fasinɑ̃, -ɑ̃:t] a. 매혹하는(charmant, séduisant). beauté ~e 사람을 호리는(넋을 빼는) 아름다움(미인).

fascinateur(trice) [fasinatœːr, -tris] a. 호리는, 매혹하는(attractif). —n. 〖옛〗매혹하는(호리는) 사람(charmeur).

fascination [fasinasjɔ̃] n.f. ① 매혹; 매력. ~ de l'amour 사랑의 마력. exercer une ~ sur …을 매혹하다. Comment lutter contre la ~ des jeunes par la télévision? 청소년들이 TV에 빠져드는 것을 어떻게 막을 수 있을까? ② (뱀이)눈독을 들여 호리기. ③ (섯으로)보루(堡壘)를 가리기, 제방을 견고하게 하기.

fascine [fasin] n.f. (토목·축성 공사용)섶다발.

fasciner¹ v.t. ① 매혹하다, 황홀케 하다, 현혹하다. se laisser ~ par l'argent 돈에 홀리다. ② (뱀이 개구리 따위를)눈독들여 호리다. On dit que la vipère *fascine* des petits oiseaux. 독사는 작은 새들을 호려서 잡는다고 한다.

fasciner² v.t. ① (진지·제방을)섶으로 튼튼히 하다. ② route *fascinée* (미국의)통나무길.

fascio [fas(ʃ)jo] (pl. **fasci** [fas(ʃ)si]) n.m. 파쇼, (이탈리아의)결사.

fascisant(e) [fasizɑ̃, -ɑ̃:t] a. 파쇼적인.

fascisation [fas(ʃ)izasjɔ̃] n.f. 파쇼화(化).

fasciser [fasize] v.t. 파쇼화하다.

fascisme [fas(ʃ)ism] n.m. 파시즘; 독재적 전체주의.

fasciste [fas(ʃ)ist] n. ① (뭇솔리니의)파시스트 당원. ② 독재적 전체주의자, 파시즘 신봉자. —a. 파쇼의, 파시즘의.

faséier, faseiller [fazeje] v.i. = **faseyer**.

faséole [fazeɔl] n.f. ① 제비콩. ② 〖식물〗 잠두의 일종(féverole).

faseyer [faze(ɛ)je], **faséyer** [fazeje] v.i. 〖해양〗 (바람을 비스듬히 받아 돛이)가볍게 펄럭이다.

fashion [fa(ɛ)ʃœ(ə)n] 〖영〗 n.f. ① 〖옛〗 상류 사회의 유행, 습관. ② 상류 사회(monde).

fashionable [fa(ɛ)ʃœ(ə)nebl] a. 〖옛〗 상류 사회의, 세련된. —n. 상류 사회의 사람.

fashionablement [fa(ɛ)ʃœ(ə)nɛbləmɑ̃] ad. 〖옛〗 상류사회의 유행을 따라.

fasi(e) [fazi] a. 페즈(Fez, 모로코의 도시)의.
—F~ n. 페즈 사람.

fasier [fazje], **fasiller** [fazije] v.i. 〖해양〗 (바람을 비스듬히 받아 돛이)가볍게 펄럭이다(faseyer).

fasin [fazɛ̃] n.m. ① (대장간의 화덕을 두른)재와 흙의 혼합물. ② 거푸집에 뿌리는 숯가루.

fass-e, -ions [fas, -jɔ̃] ⇨ faire.

faste¹ [fast] n.m. ① 호사, 영화(榮華). être entouré de ~ 영화를 마음껏 누리고 있다. ② 《옛》호사의 과시; 허영. mariage sans ~ 조촐한 친지끼리의 결혼식.

faste² a. 길한, 상서로운, 행운의. jour ~ 길일, 좋은 날; 〖고대로마〗 (신탁에 의하여 정해진)행사일 (재판 따위의 행사를 거행하는 것이 허용된).

fastes [fast] n.m.pl. ① 〖고대로마〗 (연중행사 따위를 기록한)책력. ~ calendaires (길일과 흉일이 적힌)책력. ~ consulaires (그 해의 집정관 이름 따위가 적힌)연중행사력표. ② 역사, 연대기, 역사적 기록. ~ sacrés de l'Église 성도 명부(聖徒名簿). ~ de l'Empire 제정사(帝政史).

fastidieusement [fastidjøzmɑ̃] ad. 진절머리나게.

fastidieux(se) [fastidjø, -øːz] a. 진절머리나는, 지루해서 싫증나는(ennuyeux). orateur ~ 진절머리

나는 역사. travail ~ 지루한 일. entretiens ~ 지루한 대화.
fastigié(e) [fastiʒje] *a.* 《식물》 (측백나무의 가지처럼)하늘을 향하여 뻗은.
fastoche [fastɔʃ] *a.* 《속어》 쉬운.
fastueusement [fastɥøzmɑ̃] *ad.* 호화롭게.
fastueux(se) [fastɥø, -ø:z] *a.* ① 호화로운, 호사스러운, 사치스러운. ~ décor 호화로운 무대장치. vie ~se 사치스러운 생활. ② 호화로움을 좋아하는, 사치를 과시하는. roi ~ 사치스러운 왕.
fat [fat] (《드물게》 *f.* **~e**, *pl.* **~s** [fa])*a.m.* ① 자존심이 강한. ②《옛》 어리석은, 미련한(sot). —*n.m.* ① 자존심이 강한 사람. ② (아무것도 아닌 주제에)거드름을 부리는 자.
*__fatal(ale,__ *pl.* **als)** [fatal] *a.* ① 운명의, 운명으로 정해진, 숙명의. ennemi ~ 숙적. être le jouet d'une puissance ~ale 운명의 힘의 노리개가 되다. heure ~ale; moment ~ ale 운명의 시각; 최후. Le jour ~ale arriva. 운명의 날이 왔다. rencontre ~ale 숙명적인 만남. barque ~ale (비유적) 지옥으로 가는 나룻배. ② 피할 수 없는, 필연적인(inévitable), conséquence ~ale 부득이한 결과, 필연적인 귀결. ~ bifteck 《구어》 언제나 빠짐없이 나오는 비프스테이크. Il dépensait beaucoup trop, sa ruine était ~ale. 그는 너무 낭비가 심해서 그의 파멸은 필연적인 것이었다. [Il est ~ que+*sub.*] *Il était ~ que* cela finisse ainsi. 결과는 이렇게 될 수밖에 없었다. ③ 죽음(파멸)에 이르게 하는, 목숨을 빼앗는, 치명적인(mortel); 중대한 결과를 가져오는. donner(recevoir) le coup ~ 치명타를 가하다(맞다). C'est une erreur ~ale. 그것은 돌이킬 수 없는 과오이다. [~ à/pour *qn/qc*] Cet accident leur a été ~. 그 사고로 그들은 목숨을 잃었다. Cette décision était ~ale à son entreprise. 이 결정은 그의 기업에 치명적인 결과를 가져왔다. femme ~ale 《문어》 남자를 파멸시키는 여자, 요부. ④ (때로 비꼼) 비운의, 비극적인. ton ~ 비장한 어조.
terme ~ 《상업》 기한의 최후기간.
fatalement [fatalmɑ̃] *ad.* 숙명적으로; 불가피하게. Cela devait ~ finir ainsi. 그것은 필연적으로 그렇게 끝날 수밖에 없었다.
fataliser [fatalize] *v.t.* 《드물게》 숙명적으로(불가피하게) 만들다; (사상 따위를) 숙명적이게 하다.
fatalisme [fatalism] *n.m.* 《철학》 운명론; 체념.
fataliste [fatalist] *n.* 숙명론자. —*a.* 숙명론(자)의; 체념하는. adopter une attitude ~ 체념하는 태도를 취하다.
fatalité [fatalite] *n.f.* ① 숙명, 운명, 운명의 힘. C'est comme une ~! 이것도 말하자면 숙명이다. subir(accuser) la ~ 운명을 감내(저주)하다. ② 불가피한 사정, 필연. ~ historique 역사적 필연. ③ (일련의)불운; (불행한)우연. Par quelle ~ en est-il arrivé là? 그 무슨 운명의 장난으로 그렇게 된 것일까? C'est une ~ qu'il ait été là quand l'accident a eu lieu. 사고가 났을 때 그가 그 자리에 있었던 것은 불운이다.
La ~ *voulut que*+*sub.*(《드물게》+*ind.*) 운명의 장난으로 …하게 됐다.
fathma [fatma] *n.f.* 《복수불변》 북아프리카 여자; 이슬람교의 여자; 가정부, 하녀.
fatidique [fatidik] *a.* 운명을 예고하는, 예언적인; 운명으로 정해진, 숙명적인(fatal).
fatidiquement [fatidikmɑ̃] *ad.* 운명이 정한대로.
fatigabilité [fatigabilite] *n.f.* 피로도(疲勞度).
fatigable [fatigabl] *a.* 피로하기 쉬운.
fatigant(e) [fatigɑ̃, -ɑ̃:t] *a.* ① 피로하게 하는, 힘든, 고된(épuisant, pénible). travail ~ 힘드는 일.

lecture(étude) ~e 고된 독서(연구). C'est ~ de marcher longtemps sous le soleil. 햇볕 아래에서 오랫동안 걷는 것은 매우 고된 일이다. ② 진력나는, 귀찮은(ennuyeux, ↔ agréable). Il est ~ avec son bavardage. 그의 수다에는 진절머리가 난다.
*__fatigue__ [fatig] *n.f.* ① 피로, 피곤, 지침. être accablé(brisé) de ~ (몸을 가눌 수 없을 만큼)몹시 지쳐 있다. avoir un coup de ~ 갑자기 피곤해지다. tomber(être mort) de ~ 피곤해서 쓰러질(죽을) 지경이다. prendre de la ~ 지치다, 피곤해지다. ~ du voyage 노독. ~ musculaire(intellectuelle, nerveuse) 근육의(정신적, 신경의) 피로. ② (금속의) 피로; 《옛》 고된 일, 노역(勞役); (*pl.*) 노고, 고달픈 일. cheval de ~ 노역마(勞役馬). ~ de la vie 삶의 고달픔(신산). homme de ~ 힘든 일을 견디어낼 수 있는 사람. vêtement de ~ 작업복. ④《옛》 (잔)걱정, 심로(거리). ~ de supporter un importun 귀찮은 사람을 상대하며 참는 심로.
*__fatigué(e)__ [fatige] *a.p.* ① 피곤한, 지친. Je me sens ~. 나는 피로를 느낀다. Il a l'air ~. 그는 피곤해 보인다. yeux ~s par la lecture 독서로 피곤해진 눈. [~ de *qc*/de+*inf.*] Il rentre, ~ de sa journée. 그는 하루의 일에 지쳐서 집에 돌아온다. Elle est ~e de marcher. 그 여자는 걷느라고 지쳤다. ②[~ de](에)진절머리나는, 싫증난. [être ~ de *qc*/de+*inf.*] Je suis ~ de lui répéter les mêmes conseils. 그에게 똑같은 충고를 되풀이하는 것에 진절머리가 난다. ③ (옷 따위가)낡은(usé); 구겨진, 추레해진; (배가)써러들어진. vêtements ~s 낡은 옷.
‡**fatiguer** [fatige] *v.t.* ① 피로하게 하다, 지치게 하다 (lasser, exténuer). Une marche prolongée *a fatigué* les enfants. 아이들은 오래 걸은 탓으로 지쳤다. Le soleil *fatigue* la vue. 햇빛은 눈을 피로하게 한다. ② [~ de](으로)귀찮게 굴다, 괴롭히다, 진절머리나게 만들다(ennuyer, importuner). Il la *fatiguait de* ses questions. 그는 질문으로 그녀를 피곤케 했다. Elle *fatigue* tout le monde *de* ses bavardages. 그 여자는 수다를 떨어서 모든 사람을 진절머리나게 만든다. ③ 혹사하다, 손상케 하다. Ce patron *fatigue* son personnel. 이 사장은 부하직원을 혹사한다. ~ un arbre(열매를 너무 맺혀)나무를 지치게 하다. ~ un champ(un sol, une terre)(연작을 하여) 밭(토지)을 메마르게 하다. ④ (고루 뒤집어)잘 섞다. ~ la salade 샐러드를 고루 버무리다.
—*v.i.* ①《구어》 피로해지다; 고생하다. ② (기계 따위가)큰 부담을 받다, 허덕이다. Le moteur *fatigue* à la montée. 엔진이 오르막에서 허덕인다. (배가)흔들려 난항하다; (들보 따위가)무게를 겨우 지탱하다.
—**se ~** *v.pr.* ① 피로해지다. convalescent qui *se fatigue* rapidement 금새 피로를 느끼는 회복기 환자. ②[se ~ de](에)싫증나다, 진력나다. On *se fatigue* vite *de* la mode. 사람들은 유행에 곧 싫증낸다. ③[~ à]《구어》 헛되이 애쓰다 (주로 부정형으로 쓰임). Laisse donc tomber, ne *te fatigue* pas. 애쓸 것 없이 넘어지게 내버려두게. [se ~ à+*inf.*] Je *me fatigue à* lui expliquer cela depuis plusieurs heures. 나는 몇 시간 전부터 그것을 그에게 이해시키고 애쓰고 있다. ④ (se는 간접목적보어) (옷 따위가)낡게, 상하다; 지나치게 …을 피로하게 하다. *se ~* les yeux à+*inf.* …하여 눈이 피곤하다.
fatma [fatma] *n.f.* 《복수불변》 북아프리카 여자, 이슬람교의 여자; 가정부, 하녀(fathma).
fatras [fatra] *n.m.* ① (사건·서류·책 따위의)너절한

무더기; 잡동사니. ~ de connaissances 너절한 잡동사니 지식. ② (배의)밑의 밧줄.
fatrasie [fatrazi] *n.f.* 《문학사》 중세의 풍자시.
fatrasser [fatrase] *v.i.* 《구어》① 너절한 것을 모으다. ② 시시한 짓을 하다.
fatrasserie [fatrasri] *n.f.* 《구어》① (시시한 일로) 허송세월하기. ② 너절한 짓을 모으기.
fatrassier(ère) [fatrasje, -ɛːr] *a.* 《드물게》시시한 일로 허송세월하는; 너절한 것을 좋아하는.
fatuité [fatɥite] *n.f.* 자만, 자만하는 언동(↔ modestie). La ~ s'accompagne toujours d'un peu de sottise. 자만에는 항상 약간의 어리석음이 따른다. ②《옛》우둔; 《고대의학》정신착란.
fatum [fatɔm] 《라틴》 *n.m.* 《문어》운명, 숙명.
faub. 《약자》faubourg.
fauberder [foberde], **fauberter** [fobɛrte] *v.t.* 자루 달린 걸레로 닦다.
fauber(t) [fobɛːr] *n.m.* 《해양》 (갑판용의)자루 달린 걸레.
faubourg [fobuːr] *n.m.* ①《주로 *pl.*》(도시의)변두리(지역). Ils habitent les ~s de Londres. 그들은 런던의 변두리에 살고 있다. ~s industriels 도시 변두리의 산업지역. ② 성곽 밖의 구역, (도시의)문밖; (파리 따위 대도시의)옛날의 성 밖에 있던 지역, 거리, 길. (rue du)F~ Montmartre 포부르 몽마르트르가(街). ③ (*pl.*)(대도시의)변두리 지역의 주민; 변두리의 노동자, 서민.
faubourien(ne) [foburjɛ̃, -ɛn] *a.* 대도시 특히 파리의)변두리의. accent ~ 하층민의 말투. —*n.* ① 성(城)밖의 주민. ② (특히 파리의)변두리에 사는 노동자(서민).
faucard [fokaːr] *n.m.* (물풀을 베는)자루가 긴 낫.
faucarder [fokarde] *v.t.* (물풀을 긴 낫으로 베다.
faucardeur [fokardœːr] *n.m.* (강·연못 따위의)물풀을 베는 사람(배).
fauchable [foʃabl] *a.* 《원예》베어낼 수 있는.
fauchage [foʃaːʒ] *n.m.* ① 풀베기; 베어내기. ② 소사(掃射). ③《속어》훔치기; 도둑맞기.
fauchaison [foʃɛzɔ̃] *n.f.* 풀베는 계절; 《때로》풀베기.
fauchard [foʃaːr] *n.m.* ① (13~15세기의) 장도(長刀). ② 쌍날의 가지 치는 낫.
fauche [foːʃ] *n.f.* ①《옛》풀베는 계절; 벤 풀의 분량. ②《구어》도둑질; 훔친 물건. ③《구어》빈털터리.
fauché(e¹) [foʃe] *a.p.* ①《구어》파산한; (마침)돈이 떨어진. Je suis (complètement) ~. 나는 정말 돈이 떨어진 상태다. ② (풀 따위를)베어버린. blés ~s 베어낸 밀. —*n.* 《구어》빈털터리.
fauchée² [foʃe] *n.f.* 하룻동안 벤 풀의 분량. ② 풀을 벤 폭.
faucher [foʃe] *v.t.* ① 낫으로 베다; (목장 따위의)풀을 베다. ~ des céréales(du blé, l'herbe) 곡식(밀·풀)을 베다. ~ un champ de blé(une prairie) 밀밭(초원)의 밀(풀)을 베다. l'herbe sous les pieds de *qn*《구어》…의 지위(이익)를 빼앗다. ② (낱이 달린 연장으로)자르다, 절단하다. La scie mécanique lui *a fauché* le pouce. 기계톱에 그의 엄지손가락이 절단되었다. ③ 넘어뜨리다(abattre, coucher); (자동차가 사람을)쓰러뜨리다; 일소하다. piétons *fauchés* par une voiture 자동차에 치어 쓰러진 보행자들. La mort *fauche* tout. 죽음(의 신)은 모든 것을 쓸어버린다. La grêle *a fauché* les blés. 우박이 밀을 쓰러뜨렸다. ~ son homme 《럭비》상대방을 태클하여 넘어뜨리다. ④《속어》훔치다. ~ *qc* à *qn*《옛》On m'*a fauché* mille francs dans ma poche. 소매치기가 내 주머니에서 천프랑을 훔쳐갔다. ⑤ 기요틴으로 목을 자르다.

—*v.i.* ① (말·사람이)한발로 반원을 그리듯이 질질 끌며 걷다. ②《군사》(대포·기관총으로)소사(掃射)하다.
fauchet [foʃɛ] *n.m.* ① 갈퀴; 【제지】펄프를 뒤섞는 갈퀴. ② 반달 모양의 도끼.
fauchette [foʃɛt] *n.f.* (정원사·나무꾼용의)작은 도끼.
faucheur¹(se) [foʃœːr, -ɸːz] *n.* ① 풀베는 사람, 살초자. ②《속어》도둑, 날치기, 들치기. —*n.m.* ①【동물】좌우충(faucheux); 【어류】긴꼬리상어. ② (폴란드의)낫을 무기로 싸우던 민병. —*n.f.* 풀베는 기구.
faucheur² [foʃœːr], **faucheux** [foʃɸ] *n.m.* 【동물】좌우충(다리가 긴 거미의 일종).
fauchon [foʃɔ̃] *n.m.* ① (보리 베는)갈퀴가 달린 낫. ② (중세의)낫 모양의 칼.
fauchure [foʃyːr] *n.f.* 풀베기.
faucillage [fosijaːʒ] *n.m.* 반달형의 낫으로 베기.
faucille [fosij] *n.f.* ①풀【옛】반달 모양의 낫. être droit comme une ~ 《구어》《비꼼》 (몸·발이)휘어 있다. ② (수탉의)낫 모양의 꼬리깃. ③【곤충】유럽산 나방의 일종.
faucillier [fosije] *v.t.* (반달 모양의 낫)베다.
faucillon [fosijɔ̃] *n.m.* ① (반달 모양의)작은 낫. ② (열쇠의 튿을쇠처럼 부분을 세공하는)줄.
faucon [fokɔ̃] *n.m.* ①【조류】매. chasse au ~ 매사냥. ② (16·17세기의)작은 대포의 일종. ③【정치】매파(派)(↔ colombe).
fauconneau [fokono] (*pl.* ~**x**) *n.m.* ① 새끼매, 어린 매. ② (16·17세기의)소형 경포(輕砲); 기중기.
fauconnerie [fokɔnri] *n.f.* ①《사냥》매사냥. ② 매의 사육장, 매집. ③ 매의 훈련법.
fauconnier [fokɔnje] *n.m.* 매부리(는 사람). grand ~ 왕실의 매사냥을 관장하는 관리.
fauconnière [fokɔnjɛːr] *n.f.* 매부리의 부대; 안장에 다는 부대.
faucre [foːkr] *n.m.* (갑옷의 오른쪽 가슴에 붙은)창받이.
faudage [fodaːʒ] *n.m.* 복지(服地)를 반폭으로 접기.
fauder [fode] *v.t.* (복지를)반폭으로 접다.
faudr-a, -ai, -as, -ais, -ait, etc. [f(o)dr -a, -e, -a, -ɛ]《falloir》.
faufil [fofil] *n.m.* 시침 실.
faufilage [fofilaːʒ] *n.m.* ① 시침질, 가봉(假縫). ② 건조선(船)의 각 부분의 조립.
faufiler [fofile] *v.t.* ① 시침질하다, 가봉하다. ~ une manche 소매를 시침하다. ②《옛》교묘하게 집어넣다, 잠입시키다. —*v.i.* 《옛·구어》[~ avec](와)사귀다. ~ *avec* de grands personnages 훌륭한 사람들과 알고지내다. **se** ~ *v.pr.* ① (어떤 장소에)교묘하게 들어가다(끼어들다)(s'introduire, se glisser). *se* ~ *dans* une foule dense 밀집한 군중 속에 슬그머니 끼어들어가다. Un resquilleur *se faufile* entre les files d'attente. 새치기꾼이 기다리는 줄 속에 슬그머니 끼어든다. ② (틈을)교묘히 빠져나가다; (사물이)구불거리며 교묘히 뻗어나가다. Dans la forêt *se faufilait* un petit sentier. 숲속에 오솔길이 나 있었다. ③ 교묘하게 도주하다. Le voleur *s'est faufilé* sans laisser aucune trace. 도둑은 자취 하나 남기지 않고 교묘하게 도망했다. ④《옛》(와)가깝게 지내다, 잠입해 있다. ~ *auprès* des grands 교묘하게 고관(高官)에게 접근하다. *se* ~ *dans* la faveur de *qn* 교묘하게 …의 총애를 받다.
faufilure [fofilyːr] *n.f.* 가봉, 시침질.
faune¹ [foːn] *n.m.* ①【신화】목신(牧神), 목양신(牧羊神), 반수신(半獸神). ② (중년의)엽색가.
faune² *n.f.* 【생물】(어떤 지역·연대의)동물상

faunesque [fonɛsk] *a.* 목신의; 목신 비슷한.

faunesse [fonɛs] *n.f.* ① 목신의 모습을 한 방종한 요정(妖精). ②《문어》방종한 여자.

faunique [fonik] *a.* 동물상(相)의, 동물 분포상의.

faunistique [fonistik] *a.* 동물상의, 동물상을 연구하는. —*n.f.* 동물구계 지리학.

faussaire [fosɛːr] *n.* ① 《문서 따위의》위조자. ②《옛》진실을 왜곡하는 사람.

faussart [fosaːr] *n.m.* 쌍날의 가지 치는 낫.

fausse [fos] *a.f.* ⇨faux².

faussé(e) [fose] *a.p.* ① (정신 따위가)그릇된, 비뚤어진. esprit ~ 비뚤어진 마음.

fausse-couche [fosku∫] (*pl.* ~s-~s) *n.f.* ① 유산(流産). ②《속어》몽걸(夢精), 허약한 사람.

faussement [fosmɑ̃] *ad.* ① 속여서, ② 틀리게, 그릇되게.

fausse-perruque [fospɛryk] (*pl.* ~s-~s) *n.f.* 《속어》가발.

fausse-poule [fospul] (*pl.* ~s-~s) *n.f.* 《속어》가짜 형사.

fausser [fose] *v.t.* ① (진실·논리 따위를) 왜곡하다 (altérer, déformer). ~ le sens d'un texte 원본의 의미를 곡해하다. ~ la réalité 현실을 왜곡하다. Vous calculez mal vos pourcentages, vous allez ~ les résultats. 당신은 백분율 계산을 잘못하고 있군요, 답이 틀릴 것입니다. ②(정신·판단 따위를) 그르치다, 잘못되게 하다. Ces mauvaises lectures lui *ont faussé* le jugement. 그런 나쁜 것을 읽었기 때문에 그는 판단력을 그르쳤다. ~ l'esprit de *qn* …의 생각을 그르치다. ③ (열쇠 따위를) 구부러뜨리다, 망가뜨리다. Le choc *a faussé* la roue. 충격으로 바퀴가 휘었다. J'ai *faussé* cette clé[cette serrure]. 나는 이 열쇠[자물쇠]를 망가뜨렸다. ④《옛》(약속·서약을)어기다; (곡조를)틀리게 하다. ~ parole à *qn* …와의 약속을 어기다. ~ une note 음조를 틀리게 노래[연주]하다. ⑤ 《카드놀이》 (카드를)속여 치다.

~ *compagnie* [*politesse*] *à qn* …을 두고 슬쩍 떠나다; 《구어》…의 눈을 속이다.

—*v.i.* 《옛》음이 틀리게 노래[연주]하다.

—*se*— *v.pr.* ① 비뚤어지다; 구부러지다. serrure qui *s'est faussée* 망가진 자물쇠. ②《옛》곡조가 틀리다; (목소리가)변하다. Sa voix *se faussa* un peu. 그의 목소리는 약간 달라졌다. ③ (대열이)흐트러지다.

fausse-route [fosrut] (*pl.* ~s-~s) *n.f.* 《의학》위 뇨도(僞尿道).

fausset¹ [fosɛ] *n.m.* 《음악》지어내는 목소리, 가성(假聲). chanter en ~ 가성으로 노래하다. ② 가성으로 노래하는 사람.

fausset² *n.m.* ① (술맛을 보려고 술통에 뚫는 구멍의)마개. ② 뾰족한 쐐못.

faussete [fostɛ] *n.f.* ① (판단 따위의)그릇됨, 잘못, 오류. La ~ de ses allégations est évidente. 그의 진술은 허위임이 분명하다. dire des ~*s* 거짓말하다. ②불성실, 표리 있음, 위선. Il y a de la ~ dans son caractère. 그의 성격은 위선적이다. ③《옛》거짓말, 이간하는 말, 기만.

faussures [fosyːr] *n.f.pl.* (종의)불룩한 부분.

faut [fo] ⇨falloir, faillir.

‡faute [foːt] *n.f.* ① (규범의)위반, (도덕적)과오, 잘못, 잘못(péché). commettre[faire] une ~ 잘못을 저지르다. avouer sa ~ 자기 잘못을 고백하다. En ne disant pas la vérité, tu as commis une ~. 진실을 말하지 않음으로써 너는 잘못을 저질렀다. ② 부정확, 오류, 틀림. Il y a de nombreuses ~*s* dans ce texte. 이 글에는 여러 개의 오류가 있다. ~ d'orthographe [de syntaxe] 철자[구문]상의 오류. Cet élève a fait une ~ de calcul. 이 학생은 계산 하나를 틀렸다. ~ de frappe (타이프라이터의)오타(誤打). ③ 버릇없음; 실수, 실책. ~ de stratégie 전술상의 실책. Les garçons de ce restaurant ne commettent jamais de ~*s*. 이 식당의 사환은 결코 버릇없는 짓은 하지 않는다[에의바르다]. ④《옛》과실. C'est sa ~ s'il lui est arrivé malheur. 그에게 불행이 닥쳐 온다면 그것은 그의 책임이다. Ce n'est vraiment pas sa ~ s'il a si bien réussi. (반어적) 그가 성공을 했다면 그 자신이 잘해서 그렇게 된 것은 아니다. Ce n'est pas ma ~; 《구어》Ce n'est pas de ma ~. 그것은 내 책임[탓]이 아니다. ⑤《법》위반(행위); 과실(罪). ~ contractuelle 계약위반. ~ de service 업무상의 과실. ~ pénale (civile) 형사(민사)상의 과실. ⑥《스포츠》반칙. (테니스의)폴트. double ~ 더블폴트. ⑦《옛》결여, 부족, 결핍(défaut, manque). à ~ de …이 없어서 (없으면). avoir ~ de *qc* …이 부족하다. faire ~ (필요한 것이)없다, 부족하다. Vous lui faites ~. 당신의 이 계셔서 그는 쓸쓸합니다. se faire ~ de *qc*[de+*inf.*] …을 …하기를 삼가다 (부정형은 현재도 쓰임). s'il arrive(vient) ~ de *qn* 만일 …이 없게[죽게] 되는 일이 생기게 되면. *en*~ être *en* ~ 과오를 범하고 있다. prendre (surprendre) *qn en* ~ …이 과오를 범하고[범행을 하고] 있는 현장을 덮치다.

~ *de qc*[*de*+*inf*] …이 없어서; …이 없으면; …하지 않으므로; …하지 않으면. F~ d'argent, il n'a pu partir en voyage. 돈이 없었기 때문에 그는 여행을 떠날 수 없었다. ~ *de* mieux 하는 수 없이, 부득이. F~ *de* prendre ces précautions, vous aurez des ennuis. 그런 점을 조심하지 않으면 당신은 낭패한 일을 당하게 될 것입니다. ~ *de quoi* (앞의 문장을 받아) 누가.

ne pas se faire ~ *de*+*inf.* 거리낌없이 …을 사용하다[…하다]; …하지 않고는 못견딘다. Il *ne se fait pas* ~ *de* mentir. 그는 거리낌없이 거짓말을 한다. Il *ne se fit pas* ~ *d'*y aller. 그는 그곳에 가지 않고는 못 배겼다.

par la ~ *de qn* …의 잘못으로, …의 탓으로. C'est *par sa* ~ que cet accident est arrivé. 이 사고가 일어난 것은 그의 탓이다.

sans ~ 틀림없이. Venez chez moi à sept heures *sans* ~. 틀림없이 7시에 우리 집에 오십시오.

fauter [fote] *v.i.* 《구어》여자가 몸을 맡기다; 《옛》과실(過誤)을 범하다.

***fauteuil** [fotœj] *n.m.* ① 안락의자, 팔걸이 의자. s'asseoir dans[sur] un ~ 안락의자에 앉다. tomber[s'affaler, se carrer] dans un ~ 안락의자에 쓰러지듯 주저 앉다[걸앉다]. ~ à bascule 로킹체어, 흔들의자. ~ roulant 바퀴달린 의자. ~ de coiffeur[de dentiste] 이발소[치아치료용]의 의자. ②(극장의)좌석. ~ d'orchestre (극장·영화관의) 1층의 1등석(→théâtre 그림). ③(회의의)의장석 (~ de président); 의장의 자리. À qui le ~? 누가 의장인가? occuper le ~; siéger au ~ 의장노릇을 하다. porter *qn au* ~ …을 의장으로 추대하다. ④ 아카데미프랑세즈 회원의 자리 (~ d'académicien). briguer le ~ 아카데미프랑세즈 회원의 자리를 열심히 노리다.

arriver (*comme*) *dans un* ~《구어》(경주에서)낙승(樂勝)하다.
fauteur(trice) [fotœːr, -tris] *n.* ① (나쁜 의미로)지지자, 비호자(appui). ② (범죄·폭동 따위의)선동자, 방조자. ~s de la guerre 전쟁 도발자.
fautif(ve) [fotif, -iːv] *a.* ① 잘못을 저지른. ② 틀린 데가 많은, 틀린; 잘못투성이의. calcul ~ 오산. ③《옛》틀리기 쉬운. mémoire ~*ve* 얄쏭달쏭한 기억. ——*n.* 잘못을 저지른 사람.
fautivement [fotivmā] *ad.* 잘못하여, 실수하여.
fautre [foːtr] *n.m.*《옛》(갑옷의 오른쪽 가슴에 붙은)창받이(faucre).
fauve [foːv] *a.* ① 엷은 황갈색의. cheval ~ 엷은 황갈색 말. ② bête ~ (사자·호랑이 따위와 같은 주로 고양이과(科)의)맹수, 야수;《옛》《사냥》(사슴 따위의)황갈색의 야생 동물; odeur ~ 강렬한 동물 냄새. ③《미술》야수파의.
——*n.m.* ① 엷은 황갈색, 사슴털 색(couleur ~). ② (황갈색 털의)맹수《사자·범 따위》(bête ~). ③ 탐욕스러운 사람. ④ (les F~*s*)《미술》야수파.
fauverie [fovri] *n.f.* (동물원 따위에서의)야수의 우리가 있는 곳.
fauvette [fovɛt] *n.f.* ①《조류》꾀꼬리과(科)의 새. ②《구어》(목청이 꾀꼬리 같은)가수(여자). C'est une vraie ~; Elle a un gosier de ~. 그녀는 꾀꼬리 같은 목청을 가지고 있다.
fauvisme [fovism] *n.m.*《미술》야수파.
faux[^1] [fo] *n.f.* ①《농업》(자루가 긴)낫. ②《해부》낫 모양의 주름. ③《문어》(시간과 죽음을 상징하는)낫. ④(중세의)나무 달린 창.
***faux**[^2](*sse*) [fo, -oːs] *a.* ① 틀린, 잘못된. jugement ~ 잘못된 판단. faire un ~ calcul 틀린 계산을 하다. [Il est ~ de *inf.*/que + *sub.*] Il est ~ que je sois satisfait, mais je me résigne. 나는 만족하고 있는 것이 아니라, 체념하고 있는 것이다. Il est ~ de croire qu'on réussit facilement. 쉽게 성공한다고 생각하는 것은 잘못이다. prendre une ~*sse* direction 방향을 잘못잡다. faire ~*sse* route 길을 잘못들다. faire un ~ sens 뜻을 잘못 알다; 오역하다. ~ départ《경마》스타트의 잘못(말들이 일제히 출발하지 못했을 경우).
② 가짜의, 위조의, 모조의. ~ nom 가명. ~*sse* monnaie 위조 화폐. diamant ~ 모조 다이아몬드. ~*sse*(*s*) dent(*s*) 틀니. ~ cheveux 가발. ~*sses* côtes《해부》가(假)늑골.
③ 거짓의, 허위의; 근거없는. ~ témoignage 위증. ~*sse* déclaration 허위진술, 허위신고. ~ bruit 근거없는 소문. soupçon ~ 근거없는 의혹, 누명.
④ 위장된, 허울뿐인; 헛된. ~*sse* attaque 위장공격. ~ ménage 내연의 부부, 동거생활하는 남녀. ~ savant 엉터리 학자. ~ réputation 헛된 명예. ~*sse* espérance 헛된 희망. avoir un ~ air de *qn* …와 어딘지 모르게 닮다. ~ ami 허울뿐인 친구; 《언어》유형비의어(類型非義語)《프랑스어와 어형이 닮았으나 뜻이 다른 외국어》.
⑤ 속이는, 불성실한. ~ témoin 위증을 하는 증인. regard ~ 교활한 눈초리. avoir l'air ~ 불성실한 태도를 보이다. Il est ~ comme un jeton;《구어》C'est un ~ jeton. 그는 전혀 믿을 수 없다.
⑥ 가락[상태]이 틀린[어긋난], 부정확한. Ce piano est ~. 이 피아노는 음정이 뒤틀렸다. ~*sse* note, une ~ note 가락이 맞지 않는 음(音). La balance est ~*sse*. 저울이 맞가졌다.
⑦ 부자연스러운, 무리한, 부적당한. faire un ~ pas 미끄러지다, 실족하다, 일보 잘못 걸려서 비틀거리다; 실패하다, 실수하다. faire un ~ mouvement 무리한 몸짓을 하다, 몸[허리]이 삐끗하다. vers ~ 격을 깨뜨린 시구. style ~ 내용에 어울리지 않는 문체. ~ problème 얼토당토 않은 질문. problème ~ 해답[해결책]이 잘못된 문제.
⑧ 애매한, 모호한. être dans une situation ~*sse* 애매한 입장에 있다.
présenter (la conduite de *qn*) *sous un ~ jour* (…의)행동을 왜곡하여 보이다.
——*ad.* 부정확하게, 틀리게. raisonner ~ 그릇되게 추리하다. chanter ~ 곡조가 틀리게 노래하다. rire qui sonne ~ 가짜 웃음. sonner ~ 거짓 같은 인상을 주다.
——*n.m.* ① 허위. plaider le ~ pour savoir le vrai 진실을 알아내기 위해 거짓말하다. être dans le ~ 잘못이다. inscription de ~ 《법》허위진술.
② 위조(문서), 모조품, 가짜. porter du ~ 가짜[인조] 보석을 몸에 지니다.
③《문어》(문체·표현상의)부자연스러움.
à ~ ⓐ 틀리게, 부당하게. accuser *à* ~ 부당하게 비난하다. ⓑ 실패하여, 실수로. frapper *à* ~ 잘못 때리다. ⓒ porter *à* ~, être en porte *à* ~ 안정성이 없다, 흔들리다; 곤란한 상태에 빠지다. La conclusion *était en porte à ~*. 결론은 불확실한 것이었다. ⓓ parler *à* ~ 《옛》쓸데없이 노닥거리다.
faux[^3] [fo] faillir의 직설·현재 1[2]·단수.
faux-bau [fobo] (*pl.* ~-~*x*) *n.m.* 《선박》종량곡재(縱梁曲材).
faux-bond [fobɔ̃] *n.m.* 《복수없음》《구어》위약(違約). faire ~ à *qn* …을 (약속시간에) 바람맞히다.
faux-bourdon [foburdɔ̃] (*pl.* ~-~*s*) *n.m.* ①《음악》성가창의 화성법;(13세기의)작곡기법. ②《곤충》(꿀벌의)수펄.
faux-bras [fobra] *n.m.* 《복수불변》《해양》(전투나 ående를 위한)부삭(副索).
faux-col [fokɔl] *n.m.* ① (끼웠다 뗐다할 수 있는)칼라. ②《속어》맥주 거품.
faux-du-corps [fodykɔːr] *n.m.* 《복수불변》《옛》(허리의)잘록한 부분.
faux-filet [fofilɛ] (*pl.* ~-~*s*) *n.m.* (소 허리 위의)등심살(→ *bœuf* 그림).
faux-fuyant [fofɥijɑ̃] (*pl.* ~-~*s*) *n.m.* ① 핑계, 구실. ② (사냥때 짐승이)도망가는 길;(숲의)소로, 샛길.
faux-monnayage [fomɔnɛjaːʒ] *n.m.* 화폐 위조.
faux-monnayeur [fomɔnɛjœːr] (*pl.* ~-~*s*) *n.m.* 화폐위조자.
faux-poivrier [fopwavri(j)e] *n.m.* 《식물》(관상용)후추나무《상록의 잎과 붉은 열매로 관상하는 옻나무과 후추나무속(屬)의 지중해산(産)》.
faux-pont [fopɔ̃] *n.m.* 《해양》최하 갑판; 《옛》중갑판의 바닥.
faux-poulets [fopulɛ] *n.m.pl.* 《은어》가짜 사복형사(fausse-poule).
faux-quartier [fokartje] (*pl.* ~-~*s*) *n.m.* 《수의》(말의)기형굽, 말굽의 혹.
faux-quinquets [fokɛkɛ] *n.m.pl.* 《속어》안경.
faux-ratelier [fortəlje] *n.m.* 《속어》틀니.
faux-saunier [fosonje] *n.m.* 《옛》소금 밀수꾼.
faux-semblant [fosɑ̃blɑ̃] (*pl.* ~-~*s*) *n.m.* 《문어》겉꾸림, 가장(假裝).
faux-visage [fovizaːʒ] *n.m.* 탈, 가면; 위선자.
favela [favela] 《포르투갈》*n.f.* (브라질의)빈민가, 바라크 촌.
favelotte [favlɔt] *n.f.* 《식물》콩의 일종.
favéole [faveɔl] *n.f.* 《생물》소세포(小細胞).
favéolé(e) [faveɔle] *a.* 《생물》벌집 모양의.
faverole [favrɔl] *n.f.* = **féverole**.
faverolles [favrɔl] *n.m., n.f.* 《복수불변》파브롤

(*Faverolles*, 프랑스 마을) 종 암탉(식용계를 생산하는).

*faveur [favœːr] *n.f.* ① 특별한 배려, 우대, 예우. faire une ~ à *qn* …에게 특별한 배려를 하다, 예우하다. ② 인기, 평판. gagner de la ~ 인기를 얻다. prendre ~ 호평을 얻다. ③《문어》특별한 호의, 애호, 총애; 호의의 표시, 친절. obtenir[perdre] la ~ du roi 임금의 총애를 얻다[잃다]. combler *qn* de ~s …에게 온갖 친절을 베풀다. trouver ~ auprès de *qn* …의 마음에 들다. ④ (*pl.*)《문어》(여자가 남자에게 바치는)사랑의 표시, 애정 행위. accorder ses (dernières) ~s à *qn* …에게 몸을 맡기다. ⑤《속어》오랄섹스, 구음(口淫). ⑥ (가는 비단)리본.
à la ~ de … 의 덕택으로, …을 이용하여. Les évadés gagnèrent la frontière *à la ~ de* la nuit. 도망자들은 야음을 타고 국경에 이르렀다.
de ~ 특별배려의, 우대의 (극장 따위의) 우대권. prix *de ~* 특별 봉사 가격. tour *de ~* 우선권. régime *de ~* (교도소·병원 따위의)특별대우. lettre *de ~* 《옛》추천장.
en ~ 인기를 얻고 있는, 유행하는. devenir *en* grand ~ 크게 유행하다.
en ~ de … 을 위하여, …에게 유리하게. agir [plaider] *en sa* ~ 그를 위해 행동하다[변호하다].
être en ~ auprès de *qn* …의 총애를 받다.
Faites-moi la ~ de + *inf*. …해 주십시오.
par ~ (spéciale) 특별 고려에 의해.

faveux(se) [favø, -øːz]《의학》*a.* 황선(黃癬)의. teigne ~*se* =favus. — *n.* 황선 환자.

favisme [favism] *n.m.* 《의학》 대두(大豆)병 (대두의 식용·대두 화분(花粉)의 흡입에서 생기는 용혈성 질병).

*favorable [favɔrabl] *a.* ① (에게)호의적인(bienveillant, complaisant). Il m'a toujours été ~. 그는 나에게 항상 호의적이다. Il est ~ à mon projet. 그는 내 계획에 호의적이다. ② (에 대하여)유리한, 알맞은(propice, avantageux, ↔ défavorable). occasion ~ 호기(好機). vent ~ 순풍. être dans une position ~ 유리한 입장에 서다. temps ~ pour faire une promenade 산책하기에 알맞은 날씨. peu ~ 호의적이 아닌; 알맞지 않은, 불리한. ③《옛》마음에 드는; 기분좋은.

favorablement [favɔrabləmɑ̃] *ad.* 호의적으로; 유리하게, 순조롭게.

favori(te) [favɔri, -it] *a.* 마음에 드는, 좋아하는, 인기 있는. mot ~ 마음에 드는 말. actrice ~*te* du public 인기 여배우.
— *n.* 총애 받는 사람, 귀염둥이, 총아.
— *n.f.* (왕 따위의)애첩.
— *n.m.* ①《경마》인기있는 말(cheval ~); 우승 후보; (경기의)인기선수. ② (*pl.*)구레나룻, 볼수염·영주 따위의)총신.

favorisé(e) [favɔrize] *a.p.* 우대(예우)받은.
— *n.* 예우받은 사람.

*favoriser [favɔrize] *v.t.* ① 유리하게 배려하다, 예우하다. Le chef du bureau *l'a favorisé* dans son avancement. 국장은 그의 승진에 유리하게 배려했다. Il est juste et ne *favorise* personne. 그는 공정한 사람으로 아무도 편들지 않는다. ② 유리하게 작용하다, 이롭게 하다. Le vent nous *a favorisés* pendant le match. 경기중에 바람이 우리에게 유리하게 작용했다. ③ 돕다, 촉진하다, 조장하다. L'absence d'autorité *favorise* l'indiscipline. 권위를 잃으면 규칙이 지켜지지 않는다. ~ un crime 범죄를 방조하다. ④《문어》[~ de] (을)주다, 베풀다. La nature *a favorisé* cette femme *de* toutes les grâces possibles. 자연은 그 여인에게 미모의 극치를 베풀었다.

favoritisme [favɔritism] *n.m.* 편애, 역성, 정실.

favus [favys] *n.m.* 《의학》 황선(黃癬).

fayard [fajaːr] *n.m.* 《사투리》《식물》 너도밤나무 (hêtre).

fayence [fajɑ̃ːs] *n.f.* =faïence.

fayencerie [fajɑ̃sri] *n.f.* =faïencerie.

fayot [fajo] *n.m.* ①《속어》말린 강낭콩. ②《속어》 (열심인 척해서)점수따는 사람, (점수따기 위한) 공부벌레, 꼬보. ③《군대어》재복무 하사관, 재복무 병사.

fayot(t)er [fajɔte] *v.i.*《속어》잘 보이기 위해 열심히 하다, 꼬부리다.

fazenda [fazenda]《포르투갈》 *n.f.* (브라질의)대목장, 대농장.

F.B.《약자》franc belge 벨기에 프랑.

F.B.I.《약자》Federal Bureau of Investigation 미연방수사국.

f.c.é.m.《약자》force contre-électromotrice 《전기》 임피던스, 역기전력(逆起電力).

F.C.F.A.《약자》《경제》 franc de la communauté financière d'Afrique 아프리카 재정공동체 프랑; franc comptoirs français d'Afrique 《옛》 아프리카·프랑스 은행 프랑.

F.C.F.P.《약자》《경제》 franc de la communauté financière du Pacifique 태평양 재정공동체 프랑; franc comptoirs français du Pacifique 《옛》 태평양·프랑스 은행 프랑.

fco《약자》franco 《상업》 운임지불필.

f.c(t).《약자》fin courant 《상업》 이달 말.

F.D.《약자》franc Djibouti 《경제》 지부티 프랑.

F.D.E.S.《약자》Fonds de développement économique et social 경제 사회 개발기금.

Fe《약자》fer 《화학》 철.

féage [feaːʒ] *n.m.* (봉건시대의)영지·(봉토) 수여 계약; (수여되)영지, 봉토.

féal(ale, pl. aux) [feal, -o]《문어》 *a.* 충실한, 충성을 다하는. *n.m.* 충실한 한편(신봉자); 충신 (《구어》비꼬는 뜻으로 쓰기도 함).

féauté [feote] *n.f.* 《옛》 (군주에 대한)충성의 맹세; 충성.

fébricitant(e) [febrisitɑ̃, -ɑ̃ːt] *a., n.* 《옛》 열이 있는 (사람), 열병에 걸린(사람).

fébricité [febrisite] *n.f.* 《옛》 발열(상태).

fébriciter [febrisite] *v.i.* 열이 나다.

fébricule [febrikyl] *n.f.* 《의학》 미열.

fébrifuge [febrifyːʒ] *a.* 해열의. — *n.m.* 해열제.

fébrile [febril] *a.* ① 열이 있는; 발열의(에 의한). Cet enfant est un peu ~. 이 아이는 열이 조금 있다. état ~ 발열 상태. pouls ~ 발열성 맥박. courbature ~ 발열에 의한 관절의 아픔. ② 열에 들뜬 듯한, 몹시 흥분한. impatience ~ 진정되지 않는 조바심. ③《경제》 ~*s* capitaux 《경제》 (고리(高利)를 받기 위해 이동하는)단기 자금.

fébrilement [febrilmɑ̃] *ad.* 열에 들뜬 듯이, 몹시 흥분해서, 들떠서.

fébrilité [febrilite] *n.f.* ① 발열(상태). ② (극도의) 흥분.

fécal(ale, pl. aux) [fekal, -o] *a.* 분변(糞便)의. matières ~*ales* 인분, 대변.

fécaloïde [fekalɔid] *a.* 대변의 냄새와 형태를 갖는(특히 장폐색(腸閉塞)에 의한, 대변 상태의 토사물에 대해서).

fécampois(e) [fekɑ̃pwa, -aːz] *a.* 페캉(*Fécamp*, 프랑스의 도시)의. — *Pw* ~. 페캉 사람.

fécer [fese] ②-⑥ *v.i.* 찌꺼기로 되다, 앙금이 되다.

fèces [fɛs] *n.f.pl.* ①《옛》《화학》 찌꺼기, 앙금. ②

《생리》 대변, 똥.
fécial(ale, *pl.* **aux)** [fesjal, -o] *n.m.* 《고대로마》 (선전(宣戰)·강화(講和)에 참여한 20명의) 외교담당 사제(司祭)(단).
féconde(e) [fekɔ̃, -ɔ̃:d] *a.* ① 생식력이 있는; 번식력이 강한, 다산의. semer une graine ~e 소출이 많은 씨를 뿌리다. ② (땅이) 비옥한, 기름진(fertile). terre ~e 비옥한 땅. ③ 풍부한(riche, abondant). auteur ~ 다작(多作) 작가. journée ~e en événements 사건이 많은 하루.
fécondant(e) [fekɔ̃dɑ̃, -ɑ̃:t] *a.* ① 번식시키는, 수태시키는. ② 수확을 풍부하게 하는, 생산력을 증가시키는, 비옥하게 하는.
féconda*teur*(*trice*) [fekɔ̃datœ:r, -tris] *a.* 《문어》 번식력이 큰, 수태시키는 힘이 있는, 풍요롭게 하는. —*n.m.* 《의학》 수태용 기구 (정자를 직접 자궁강에 옮길 때 사용하는).
fécondation [fekɔ̃dasjɔ̃] *n.f.* ① 수태, 수정, 수분(受粉). ② 《문어》 비옥화, 풍요화.
fécondement [fekɔ̃dmɑ̃] *ad.* 《드물게》 풍부하게.
féconder [fekɔ̃de] *v.t.* ① 수태시키다; 수정시키다. ② 비옥하게 하다(fertiliser); 풍부하게 하다. ~ la terre 땅을 비옥하게 하다. La lecture *féconde* l'esprit. 독서는 정신을 풍부하게 한다.
fécondité [fekɔ̃dite] *n.f.* 생식력, 다산성, 수태〔수정〕능력; 풍요; (정신 따위의) 풍부함.
fécule [fekyl] *n.f.* 녹말, 전분 (보통 감자 따위에 함유된 천연적인 것을 말함).
féculence [fekylɑ̃:s] *n.f.* 《학술》 (식물·음식물이) 전분의 (다량) 함유; 〈옛〉 오탁(汚濁), 혼탁.
féculent(e) [fekylɑ̃, -ɑ̃:t] *a.* 전분질 [녹말]을 함유한, 전분질의; 침전물을 지닌, 혼탁한. graines ~es 전분질을 함유한 종자. —*n.m.* 전분질의 야채.
féculer [fekyle] *v.t.* 《기술》 (감자 따위에서) 전분을 추출하다; (식료품 따위에) 전분을 첨가하다.
féculerie [fekylri] *n.f.* 전분 [녹말] 제조소 (업).
féculeux(se) [fekylø, -ø:z] *a.* 전분을 함유한.
féculi*er*(*ère*) [fekylje, -ɛ:r], **féculiste** [fekylist] *a.* 전분 제조용의 (감자 따위). —*n.m.* 전분 제조인.
féculoïde [fekyloid] *a.* 전분 [녹말] 모양의.
fed(d)ayin [fedajin] 《아라비아》 *n.m.* 팔레스티나 게릴라.
fédéral(ale, *pl.* **aux)** [federal, -o] *a.* ① 연방의. république ~ale 연방공화국 (미국·서독·스위스 따위). gouvernement ~ 연방정부. ② 연맹의, 연합의. union ~ale de syndicats (노동)조합 연합회. ③ (미국의) 연방수사국의, FBI의. 《역사》 (미국 남북 전쟁 때의) 북부 연방 [연맹]의. —*n.m.* ① (미국의) 연방수사국의, FBI 국원 (agent ~). ② (*pl.*) 《역사》 (미국의) 북부 연방지지자; 북군 병사.
fédéralisation [federalizɑsjɔ̃] *n.f.* 연방제도화.
fédéraliser [federalize] *v.t.* 연방조직으로 하다.
—**se** ~ *v.pr.* 연방조직이 되다.
fédéralisme [federalism] *n.m.* 연방주의 [제도].
fédéraliste [federalist] *a.* 연방주의 [제도]의.
—*n.* 연방주의자.
fédéra*teur*(*trice*) [federatœ:r, -tris] *n.m.* 연방의 조직자, 통합자. —*a.* 연합화의, 통합하는.
fédératif(ve) [federatif, -i:v] *a.* 연방 (제도)의.
***fédération** [federɑsjɔ̃] *n.f.* ① 연방, 연합회, 연맹, 연합단체. ~ syndicale ouvrière 노동조합. ~ des étudiants de France 프랑스 학생 연맹. ③ 《프랑스사》 ⓐ (1790년의) 시민연맹. ⓑ (1815년의) 국민지원군. ⓒ (1871년 파리코뮌의) 국민군.
fédéré(e) [federe] *a.p.* 《정치》 연방 [연맹]을 형성한. —*n.m.* ⓐ 《프랑스사》 (1790년의) 연방축제일에 출석한 대표. ⓑ (1815년의) 국민지원병. ⓒ (1871년 파리코뮌의) 국민군.
fédérer [federe] [6] *v.t.* 연합시키다, 연방화하다.
—**se** ~ *v.pr.* 연합하다, 연맹을 결성하다.
***fée** [fe] *n.f.* ① 요정, 선녀. conte de ~s 동화. doigts (ouvrage) de ~ (여성의) 무척 세심한 솜씨 〔세공품〕. travailler comme une ~ 손재주가 뛰어나다, 솜씨가 좋다. ② 선녀 같은 사람, 완벽한 주부. ~ du logis 이상적인 주부. ③ vieille ~; ~ Carabosse 추악한 노파, 마귀할멈. ④ ~ blanche 《은어》 마약. —*a.* 요정 (선녀)의; 마법의, 마술에 걸린.
feed-back [fidbak] 《영》 *n.m.* 《복수불변》 피드백: ⓐ 《컴퓨터》 회로.·전자장치의 출력의 일부를 입력부로 되돌림; 귀환. ⓑ 《심리》 사회생활에서 홍보하는 쪽이 정보를 받는 쪽으로부터 영향을 받는 과정 (rétroaction).
feeder [fidœ:r] 《영》 *n.m.* 《전기》 피더, 급전선 (給電線) (텔레비전 따위의) 피더선. ② (가스 따위의) 본관 (本管), 수송파이프.
féer [fee] *v.t.* 《옛》 요정 (선녀)으로 만들다. ① 마술을 걸다.
féerie [feri] *n.f.* ① 《옛》 요술, 마술, 마법. ② 요정의 나라, 선경. ③ 꿈처럼 아름다운 광경. ④ 《연극》 요정〔선녀〕극, 동극.
féerique [ferik] *a.* ① 요정〔선녀〕의. ② (풍경 따위가) 꿈처럼 아름다운, 환상적인.
féeriquement [ferikmɑ̃] *ad.* 요정〔선녀〕처럼, 꿈결처럼; 환상적으로 아름답게〔멋있게〕.
feign-ant, -ants, etc. [feɲ-ɑ̃, -ɛ̃] ⇨feindre.
feignant(e) [feɲɑ̃, -ɑ̃:t] *a., n.* 《구어》 =**fainéant.**
feignanter [feɲɑ̃te] *v.i.* 《구어》 게으름부리다, 빈둥빈둥 놀며 지내다 (fainéanter).
feignasse [feɲas] *n.* 《속어》 게으름쟁이.
feindre [fɛ̃:dr] [27] *v.t.* ① (인) 체하다, 가장하다 (affecter); (목적보어 없이) 자기의 생각〔감정〕을 위장하다 (déguiser). ~ la joie 기쁜 체하다. ~ une maladie 꾀병을 부리다. [~ de + *inf.*; 《옛》 ~ à + *inf.*] ~ de ne rien comprendre 아무것도 못 알아들은 체하다. ② 《옛》 ⓐ 상상하다. ~ que + *ind.* …라고 생각하다. ~ à *qn* que + *ind.* …라고 말하다(믿게 하다). ⓑ 《옛》 망설이다.
—*v.i.* ① 《문어》 속마음을 감추다〔숨기다〕; (사물이) 판단을 그르치게 하다. ② (말 따위가) 약간 다리를 절다.
—**se** ~ *v.pr.* 자신을 …으로 나타내 보이다; 본심을 숨기다〔감추다〕.
feint(e) [fɛ̃, -ɛ̃:t] (*p.p.*<feindre) *a.p.* ① 가장한, 허울뿐인. larmes ~es 위장된 눈물. amitié ~e 허울뿐인 우정. maladie ~e 꾀병. ② 《건축》 겉치레의, 장식의. fenêtre ~e 장식용 창문.
—*n.f.* ① (상대를 현혹시키는) 위장된 동작, 견제〔시위〕 운동; 《군사》 양동 (陽動). ② 《스포츠》 페인트. ③ 《구어》 책략, 사기. faire une ~e à *qn* …을 속여 넘기다; 《옛》 겉꾸밈, 거짓; 조작. ④ 《인쇄》 흐릿함; 《직물》 횡사 (橫絲)의 빠짐; (말의) 가벼운 절룩거림.
feinter [fɛ̃te] *v.i.* 《스포츠》 페인트하다.
—*v.t.* ① 《스포츠》 페인트를 걸다. ② 《구어》 속이다.
feinteur(se) [fɛ̃tœ:r, -ø:z] *n.* ① 《스포츠》 페인트 기술이 있는 선수. ② 《구어》 속임수의 명수.
feintise [fɛ̃ti:z] *n.f.* 《옛》 가장, 꾸밈, 위장.
fêlant(e) [fɛlɑ̃, -ɑ̃:t] *a.* 《옛》 몹시 우스꽝스러운.
feldgrau [fɛldgrau (gro)] 《독일》 *n.m.* 《복수불변》 ① (독일군 군복의) 회록색. ② 《구어》 독일병.
—*a.* (불변) 회록색의.

feld-maréchal(*pl. aux*) [fεldmareʃal, -o] 《독일》 *n.m.* (독일·오스트리아의) 육군원수.

feldspath [fεl(d)spat] 《독일》 *n.m.* 《광물》 장석(長石). ~ nacré 월장석(月長石).

feldspathique [fεl(d)spatik] *a.* 《광물》 장석을 함유한. roche ~ 장석을 함유한 암석.

feldspathoïde [fεl(d)spatɔid] *n.m.* 《광물》 준장석(準長石).

feldwebel [fεldwebεl] 《독일》 *n.m.* (독일군의) 특무상사, 준위.

fêle [fεl] *n.f.* (유리제품 제조용의 철제) 취관(吹管).

fêlé(e) [fε(e)le] *a.p.* ① 금이 간. ② 《구어》약간 정신이 이상해진. avoir le cerveau ~ (la tête ~ *e*) 약간 머리가 이상하다. *pot* ~ 허약한 사람.
—*n.m.* 금이 간 듯한 소리. sonner le ~ 금간 소리가 나다.

fêler [fε(e)le] *v.t.* 금가게 하다. —**se** ~ *v.pr.* 금가다.

félibre [felibr] *n.m.* ① 프로방스 말의 작가(시인). ② félibrige 의 회원.

félibrée [felibre] *n.f.* félibrige 의 회합.

félibréen(ne) [felibrē, -εn] *a.* félibrige 의.

félibrige [felibriːʒ] *n.m.* 《문학사》 1854 년 프로방스 말과 기타 프랑스 사투리의 보존·재생을 위해 미스트랄(*Mistral*)등 7 인으로 결성된 문학단체.

félicitation [felisitasjɔ] *n.f.* ① (*pl.*) 축하; 축하의 말, 축사; 칭찬, 찬사(compliment, éloge). lettre de ~*s* 축하장. Toutes mes ~*s* pour votre succès. 성공을 축하합니다. faire(adresser) des ~ *s* à *qn* ~ 에게 축하의 말을 하다, 축사를 보내다. recevoir les ~*s* du proviseur 교장의 치하를 받다. ② 《옛》 축하(인사).

félicité [felisite] *n.f.* ① 《종교》 큰 행복, 지복(至福), 천복(béatitude, extase). ② (보통 *pl.*) 《문어》 행복, 기쁨.

féliciter [felisite] *v.t.* 축하하다, (에게) 축사를 보내다 (complimenter, congratuler); 칭찬하다, 치하하다 (applaudir, louer). [~ *qn* pour/de *qc*/ +*inf.*] Je vous *félicite de* votre succès. 당신의 성공을 축하합니다. Je *l'a félicité pour* son action courageuse. 나는 그의 용감한 행동을 찬양하였다. Il m'*a félicité d*'avoir été prudent. 그는 내가 신중했던 것에 대해 칭찬해주었다. ~ *qn* de ce que+*ind.*(*sub.*); ~ *qn* que+*sub.* ~이 ~인 것을 치하(칭찬)하다.
—**se** ~ *v.pr.* ① 자축하다, 기뻐하다, 만족해 하다 (se réjouir); 자찬하다. se ~de *qc*(+*inf.*) ~을 (~한 것을) 기뻐하다. se ~ que+*sub.*; se ~ de ce que+*ind.*(*sub.*) ~하라는 것을 기뻐하다. ② 서로 축하(축복)하다; 서로 칭찬하다.

félidés [felide] *n.m.pl.* 《동물》 고양이과(科).

félin(e) [felɛ̃, -in] *a.* ① 《동물》 고양이과의, 고양이과에 속하는. ② 고양이 같은.
—*n.m.* 고양이과의 동물.

félinité [felinite] *n.f.* 《문어》 고양이 같음, 고양이 같은 성질 (유연·민첩·우아함·불성실·교활 따위).

félir [feliːr] *v.i.* (고양이·고양이과의 동물이) 성난 소리를 내다.

fellag(h)a [fε(el)laga] 《아라비아》 *n.m.* (1954–1962 년의 알제리 독립운동의) 빨치산(fell', fellouze 라고도 함).

fellah [fε(el)la] 《아라비아》 *n.m.* (이집트·아랍의) 농민; 빈농, 하급 노동자.

Fellatas [fε(el)lata] *n.m.pl.* (중부 아프리카의) 펄 (*Peuhls*)족(族).

fellation [fε(el)lasjɔ] *n.f.* (남성 성기에의) 오럴섹스, 구음(口茎)(fellatio 라고도 함).

felle [fεl] *n.f.* = **fêle**.

félon(ne) [felɔ̃, -ɔn] 《문어》 *a.* 불충한, 반역하는; 배신하는, 배반하는. —*n.* 불충한 자, 반역자; 배신자, 배반자.

félonie [feloni] *n.f.* 《문어》 불충; 배신(행위), 배반.

Feloups [f(ə)lup] *n.m.pl.* 플루프족 《아프리카 서부 세네갈비아 지방의 토족》.

felouque [fəluk] 《아라비아》 *n.f.* 펠러커션 《하나 내지 둘의 삼각돛 또는 노를 젓는 길쭉한 배, 주로 지중해의 해적들이 사용》.

felsite [fεlzit] *n.f.* 《광물》 규장암(硅長岩).

fêlure [fε(e)lyːr] *n.f.* (갈라진)금, 균열. ~ d'une vitre 유리의 금. ~ de l'amitié 우정의 금. avoir une ~ dans la voix (격한 감정 따위로) 목소리가 갈라지다. avoir une ~ (au crâne) 《구어》 정신 (머리)이 이상하다.

f.é.m. 《약자》 force électromotrice 《전기》 기전력 (起電力).

*femelle [f(ə)mεl] *n.f.* ① (동·식물의) 암컷 (↔ mâle). ② (봉건법으로의) 여성, 여자. ③ 《속어》여자, 계집. ④ 《기술》 암나사, 너트.
—*a.* ① 암컷의 (여성형이 없는 동물에 흔히 사용). canari (taupe) ~ 암 카나리아 (두더지). fleur ~ 암꽃. démon ~ 《구어》악녀. ② (귀족의 가계 따위에서)여성의. espèce(gens, peuple) ~ 여자. ③ 《기술》 암 부분의, 구멍뚫린. prise ~ (전기의)콘센트. vis ~ 암나사.

fémelot [femlo] *n.m.* 《해양》 키의 축받이.

féminéité [femineite], **féminilité** [feminilite] *n.f.* 《드물게》 = **féminité**.

*féminin(e) [feminɛ̃, -in] *a.* ① 여자의, 여성의; 여성에 관한 (↔ masculin). sexe ~ 여성. charme ~ 여성적인 매력. métier ~ 여성적인 직업. vêtement ~ 여성복. se vanter de ses succès ~*s* 여성에게 인기있는 것을 자랑하다. ② 여자다운, 여성적인. Il a un visage ~. 그는 여성적인 얼굴을 하고 있다. ③ 《언어》 여성(형)의. ④ rime ~*e* 《운율》 여성운 《무음의 e로 끝나는 각운》.
—*n.m.* 여자다움, 여성의 특성. éternel ~ 영원히 여성적인 것, 여성의 변하지 않는 특질. ② 《언어》 여성(형).

féminisant(e) [feminizɑ̃, -ɑ̃t] *a.* 《생물》 여성화하는, 자성화(雌性化)하는.

féminisation [feminizasjɔ̃] *n.f.* ① 여성화. ② (사회적이) 여성화, 여성사원(직원)의 증가.

féminisé(e) [feminize] *a.p.* 여성화된; (사회에) 여성이 진출한; 여성 우위의.

féminiser [feminize] *v.t.* ① 여성화하다; 여성답게 하다 (↔ masculiniser). ② (직장의) 여성의 수자를 늘이다. ③ 《생물》 자성화(雌性化)하다.
—**se** ~ *v.pr.* ① 여성화되다, 여성답게 되다. ② (직장의) 여성의 수자가 늘다. L'enseignement *se féminise.* 교직에 여성이 많이 진출한다.

féminisme [feminism] *n.m.* ① 여성해방운동, 여권확장론. ② 《의학》 (남성 체질의) 여성화.

féministe [feminist] *a.* 여권확장론의, 여성해방운동의. ② 《드물게》 여성을 좋아하는. —*n.* 여권확장론자.

féminité [feminite] *n.f.* 여자다움; (여자처럼) 나약함, 여자 같음.

‡femme [fam] *n.f.* ① 여자, 여성 (↔ homme). Cette ~ est dactylo. 이 여자는 타자수이다. ~ jeune 젊은 여성. jeune ~ 젊은 부인 (보통 새색시 또는 그 나이 또래). faible ~ 약한 여자 (때로는 반어적으로 사용). ~ de cœur 정이 깊은 여자. ~ de tête 이지적인 여자. ~ de lettres 여류작가. ~ d'affaire 여성 실업가. courir les ~*s* 여자 꽁무니를 좇아다니다. homme à ~*s* 여자에게 인기있는 남자; 난봉

꾼. ~ d'intérieur 가정적인 여성. ~ publique 창녀. ~ damnée 동성 연애자. Cherchez la ~. 《속담》여자를 찾아라, 범죄의 그늘에는 여자가 있다. [REM] 직업을 나타내는 명사로 여성형이 없는 것은 **femme**를 첨가해서 여성임을 나타내기도 한다: professeur *femme* 여교사. *femme* écrivain 여류작가. *femme* médecin 여의사.
② 성인이 된[성숙한] 여자; 《특히》기혼 여성(~ mariée). C'est maintenant une ~. 그 여자는 이제 어른이다. faire ~ 여성답게 보이다, 어른스럽다. se faire ~ 성숙한 여자가 되다. devenir ~ (성숙한)여자가 되다, 처녀성을 잃다.
③ 부인, 아내, 처(↔ mari). ~ au foyer 가정부인, 주부. prendre *qn* pour ~ …을 아내로 맞다, …와 결혼하다. prendre ~ 아내를 맞다, 결혼하다. chercher ~ 아내를 구하다. la ~ Durand 《법》 뒤랑의 처, 뒤랑의 부인; 《구어》뒤랑의 여편네.
④ 가정부, 하녀. ~ de ménage (시간제)가정부, 하녀. ~ de chambre (호텔의)메이드; (기숙사 따위의)청소부; (여자의 몸시중을 드는)하녀, 시녀, 사환. ~ de journée 파출부. ~ de service (회사·공원 따위의)청소부; (학교의)여성용원. ~ de charge 《옛》(의복·보석 따위를 관리하는)몸종. dame et ses ~s 《옛》귀부인과 시녀들.
bonne ~ ⓐ《구어》여자, petite *bonne* ~ 여자아이, 계집애, 따님. vieille *bonne* ~ 할머니. ⓑ《속어》여편네, 마누라. Pierre et sa *femme* ~ 피에르와 그의 마누라. ⓒ《옛》나이든 여자, 할머니. *bonne* ~ de mère 늙은 어머니. ⓓ conte de *bonne* ~ 황당무계한 이야기. remède de *bonne* ~ (효능이 의심스러운)민간약. ⓔ《형용사 불변》 rideaux *bonne* ~ 한가운데에 있는 창문의 커튼.
être ~ à + *inf.* …할 수 있는[…하고야 말] 여자이다. Elle n'est pas ~ à se laisser faire. 그 여자는 남이 하라는 대로 내버려 둘 여자가 아니다.
—*a.* 여성다운, 여성적인. Elle est très ~. 그녀는 무척 여성답다.
femme-agent [famaʒɑ̃] (*pl.* ~**s**-~**s**) *n.f.* 여자 경관, 여순경.
femme-canon [famkanɔ̃] (*pl.* ~**s**-~**s**) *n.f.* (서커스의)대포를 메는 여자; 덩치가 큰 여자, 괴력을 지닌 여자.
femme-enfant [famɑ̃fɑ̃] (*pl.* ~**s**-~**s**) *n.f.* 어린애 같은 여자, 천진스러운 여자, 순진한 여자.
femmelette [famlɛt] *n.f.* ① 가냘픈 여자; 소심한 여자. ②《구어》여자같은 남자, 심약한 남자.
femmelin(e) [famlɛ̃, -in] 《구어》*a.* 여자의; 소심한. —*n.m.* 심약한 남자.
femme-objet [famɔbʒɛ] (*pl.* ~**s**-~**s**) *n.f.* 《철학·심리》사물로서 취급되지 않는 여자.
femme-serpent [famsɛrpɑ̃] (*pl.* ~**s**-~**s**) *n.f.* 여자 곡예사.
femme-soldat [famsɔlda] (*pl.* ~**s**-~**s**) *n.f.* 여군(女軍)병사.
fémoral(ale, *pl.* **aux)** [femɔral, -o] *a.* 《해부》대퇴부(大腿部)의.
fémur [femyːr] *n.m.* ①《해부》대퇴골; 《곤충》퇴절(腿節)《곤충의 다리의 제3절》. ②《농담》넓적다리.
fenaison [fənɛzɔ̃] *n.f.* 풀 말리기; 건초베기; 풀 말리는 계절.
fendage [fɑ̃daːʒ] *n.m.* (장작 따위를)쪼개기, 패기; (슬레이트의)절단; (다이아몬드의)애벌깎기.
fendant [fɑ̃dɑ̃] *n.m.* ① 펜당《스위스산의 백포도의 품종 및 그 포도주》. ②《기술》(석재를 얇게 자르기 위한)금속 쐐기. ③《옛》ⓐ《펜싱》수직으로 베기. ⓑ 싸움꾼, 힘센 자, 강자. faire le ~ 허세부리다. ④《은어》바지.
fendante [fɑ̃dɑ̃t] *n.f.* (나사못의 홈을 파는)홈파기 줄칼.
fendard, fendart [fɑ̃daːr] *n.m.* 《은어》바지.
fenderie [fɑ̃dri] *n.f.* (철재·목재의)절단(切斷); 절단기; 절단 공장.
fendeur [fɑ̃dœːr] *n.m.* (목재 따위의)절단공(工); (보석을)애벌깎는 직공; 《구어》허세부리는 사람.
fendeuse [fɑ̃døːz] *n.f.* ① 시계의 톱니를 새기는 여공. ② (목재 따위의)절단기.
fendille [fɑ̃dij] *n.f.* (쇠를 담금질할 때나 목재를 쪼갤 때 생기는)균열, 작은 금(petite fente).
fendillé(e) [fɑ̃dije] *a.p.* 금이 간, 균열이 생긴.
fendillement [fɑ̃dijmɑ̃] *n.m.* 금을 내기, 금가기.
fendiller [fɑ̃dije] *v.t.* 금가게 하다, 균열을 만들다.
—**se** ~ *v.pr.* 금가다. peau qui *se fendille* sous l'effet du froid 추위 때문에 튼 피부.
fendoir [fɑ̃dwaːr] *n.m.* (석재·목재의)절단기구; (푸줏간의)고기 절단용 큰칼.
fendre [fɑ̃ːdr] [25] *v.t.* ① 쪼개다, 가르다, 패다(tailler). ~ du bois avec une hache 도끼로 나무를 패다. Il gèle à pierre ~. (돌이 갈라질 정도로) 매섭게 춥다. ② 금가게 하다, 갈라지게 하다. L'eau chaude *a fendu* le verre. 물이 뜨거워서 컵에 금이 갔다. ③ (가슴이 찢어지는 듯한)슬픔[아픔]을 주다. ~ le cœur[l'âme] à *qn* …에게 엄청난 슬픔을 주다, 가슴 아프게 하다. pleurer à ~ l'âme 비통하게 울다. ~ la tête à *qn* 《구어》…의 머리를 아프게 하다, 괴롭히다; (소음 따위가)머리를 울리다. ④ 헤쳐나가다. ~ la foule 군중을 헤쳐나가다. ~ les flots(l'air) 파도[바람]를 헤쳐나가다.
—*v.i.* 갈라지다, 갈라지다; 틈[갈라짐]듯이 아프다. La tête me *fend*. (걱정·소음 따위의)머리가 깨질 것 같다.
—**se** ~ *v.pr.* ① 금이 가다; 깨지다, 터지다(se briser); [se ~ de] (으로)털릴 듯하다. Son cœur *se fendit de* chagrin. 그의 가슴은 슬픔으로 찢어질 듯하였다. ② 자기의 가슴을 깨트리다[찢다]. *se* ~ le genou en tombant 넘어져서 무릎이 깨졌다(금이 갔다). rire à *se* ~ les mâchoires 《구어》턱이 빠지도록 크게 웃다. *se* ~ la pipe[la gueule, la pêche] (배꼽이 빠지도록)크게 웃다. *se* ~ (le cul) en quatre 몹시 수고하다[애쓰다]. ③《구어》(을)큰 맘먹고 사다(치루다), 선심쓰다. Il s'est fendu d'une seconde tournée. 그는 큰 맘먹고 두번째 술을 냈다. ~ un doigt 크게 선심쓰다, 선선히 치르다. ④《펜싱》(상대를 찌르려고)오른쪽 다리를 앞으로 내다.
fendu(e) [fɑ̃dy] (*p.p.* <*fendre*>) *a.p.* ① 깨진, 찢어진, 금이 간. bouche ~*e* jusqu'aux oreilles 귀까지 찢어진 입, 커다란 입. yeux bien ~*s* 찢어진 눈. ② être bien ~ (남자의)다리가 길다; 보폭이 넓다.
fêne [fɛn] *n.f.* = **faîne**.
fenestella [fənɛstela] 《이탈리아》 *n.f.* 《건축》(교회의 제단이나 벽에 장치된 수반(水盤)을 놓는)작은 감실(龕室).
fenestrage [f(ə)nɛstraːʒ] *n.m.* = **fenêtrage**.
fenestration [f(ə)nɛstrasjɔ̃] *n.f.* ①《건축》채광용(장식용) 창. ②《의학》천공술(穿孔術); 내이개창술(內耳開窓術).
fenestré(e) [f(ə)nɛstre] *a.p.* 《해부·식물》(작은 구멍이)뚫린; 금[작은 구멍]이 있는. structure ~*e* 《지질》격자(格子) 구조.
fenestreau [f(ə)nɛstro] (*pl.* ~**x**) *n.m.* (세단형 승용차의)미등(尾燈).
fenestrelle [f(ə)nɛstrɛl] *n.f.* 《드물게》작은 창.
fenestrer [f(ə)nɛstre] *v.t.* ①《건축》창을 달다.

② 【외과】(붕대·깁스에) 작은 구멍을 뚫다.

fenestrier(ère) [f(ə)nɛstrije, -ɛːr] a. ①(드물게) ouvrier ~ 창 만드는 소목(직공). ②(옛) 창 밖을 내다보며 지내는. —n.f. (옛) 창문에서 손님을 끄는 창녀.

fenestron [fənɛstrɔ̃] n.m. 【항공】(헬리콥터의 기수 뒷부분의) 회전 날개.

fenêtrage [f(ə)nɛtraːʒ] n.m. ①(집합적)【건축】창문. ②창문의 배치. ③(반원 또는 첨두(尖頭) 모양의) 아치; 벽감(壁龕). ④(중세의 아치 모양의) 조금장식(彫金裝飾).

‡**fenêtre** [f(ə)nɛtr] n.f. ①창, 창문. Cette ~ donne sur la cour. 이 창문은 안마당에 면해 있다. aller [se mettre] à la ~ (밖을 내다보기 위해) 창가로 가다. place côté ~ (열차의) 창측 좌석. enveloppe à ~ (주소를 보이기 위한) 창달린 봉투. ②(증서 따위의) 공란, 빈 자리. ③【해부】(귀의 고실(鼓室)의) 창. ~ ovale [ronde] 난원[원]창. ④ⓐ【지질】지창(地窓). ⓑ(다이아몬드의 원석 감정용) 시험 절단면. ⓒ【토목】(터널을 파기 시작하는) 갱구(坑口). ⓓ~ de tir[de lancement]【우주】(로켓 따위의) 발사 가능 시간대.

à s'en jeter par la ~ 이성을 잃고 투신할 정도로, 미친듯이, 열광적으로.

entrer (rentrer, revenir) par la ~ (남의 뜻을 무릅쓰고) 들어가다, 내쫓을 수가 없다. Chassez-le par la porte, il rentrera par la ~. 저 놈은 문에서 쫓아도 창문으로 들어갈 놈이야, 떼어버릴 수 없는 귀찮은 녀석이야.

faire la ~ (옛·속어) (창녀가) 창에서 손님을 끌다.

Il faut passer par là ou par la ~. (구어) 그럴 수 밖에 없다, 별도리 없다.

fenêtré(e) [f(ə)nɛ[e]tre] a.p. = **fenestré**.

fenêtrelle [f(ə)nɛtrɛl] n.f. ~ (d'inspection) (기계 따위의) 들여다보는 구멍, 검사공(檢査孔).

fenêtrer [f(ə)nɛ[e]tre] v.t. ①(가옥에) 창문을 달다. ②(붕대 따위에) 작은 구멍을 내다.

fenêtrier(ère) [f(ə)nɛtrije, -jɛːr] a.,n. = **fenestrier**.

fenian(e) [fenjã, -jan] (영) a. (아일랜드의 독립을 꾀하던) 페니언단의. —**F**~ n. 페니언 단원.

fenianisme [fenjanism] (영) n.m. 아일랜드 독립의 (운동).

fenière [f(ə)njɛːr] n.f. = **fenil**.

fenil [f(ə)ni(l)] n.m. 건초 저장소 [창고].

fennec [fenɛk] (아라비아) n.m. 【동물】(사하라 사막 지방의 귀가 큰) 작은 여우 [아프리카 여우].

fennomane [fɛnnɔman] 【정치】 a. (19세기 초에서 20세기 초까지 스웨덴의 세력과 맞서 싸웠던) 핀란드 국수당(國粹黨)의. —n.m. 핀란드 국수당원.

fenouil [f(ə)nuj] n.m. 【식물】회향(茴香)(과실을 약용 또는 향신료로 사용).

fenouillet [f(ə)nujɛ] n.m. (회향 냄새가 나는) 작은 사과의 일종.

fenouillette [f(ə)nujɛt] n.f. ①(회향 냄새가 나는) 사과의 일종. ②회향주(茴香酒).

fente [fãːt] n.f. ①갈라진 금, 터진 틈, 균열. boucher les ~s d'un mur 벽의 갈라진 틈을 막다. ②틈새기(fissure, crevasse); 좁다란 문. regarder à travers les ~s du volet 덧문의 틈새기로 내다보다. ~ d'une poche[d'une tirelire] 포켓[저금통] 아가리. ③쪼갬, 깸, splitting, 절단, 파단, bois de ~ 장작감, 쪼갤 재목. ④【의복】슬릿 (스커트 밑단의 갈라진 부분). ⑤【스포츠】(펜싱의) 수직으로 자르기; (스키의 한강이 좌우 방향의 형); 스플릿 (역도에서 바벨을 들 때의 다리의 형); (육상 선수의) 보폭. ⑥【해부】열구(裂溝). ⑦【지질】터진 틈, 단열(斷裂). ⑧【항공】(날개의) 슬롯 (비행기 날 개의 실속(失速)을 막기 위해 실속각(失速角)이 가까이에서 앞으로 내민 날개); 【법】(부모 양계(兩系)의 상속; greffe en ~【원예】쪼기 접목. ⑨ (속어) 여자의 음부.

fenton [fãtɔ̃] n.m. ①(보강용의) 철선, 철근; (열쇠용의) 훗조각. ②나무못, 나무나사, 나무마개.

fenugrec [f(ə)nygrɛk] n.m. 【식물】호로파 (콩과의 식물로 씨는 약용).

féodal(ale, pl. aux) [feɔdal] a. ①봉건적인, 봉건제도의. ②봉지(封地)의, 봉토의. —n.m. 봉건 군주, 영주; (영주와 같은) 대지주.

féodalement [feɔdalmã] ad. 봉건적으로, 봉건제도에 의하여.

féodalisation [feɔdalizasjɔ̃] n.f. 봉건화(化); (권력의) 독점화, 독재화.

féodaliser [feɔdalize] v.t. 봉건제도를 펴다; 봉건시대식으로 하다.

féodalisme [feɔdalism] n.m. ①봉건제도, 봉건주의; 봉건성. ②(권력의) 독점, 독점적 지배.

féodalité [feɔdalite] n.f. ①봉건제도, 봉건체제. ②(경제·사회·정치상의) 지배적 세력, 대재벌, 재벌. ~ financière 금융자본의 지배세력.

‡**fer¹** [fɛːr] n.m. ①쇠 (일상회화에서는 강철·금속 전체를 지칭); 철 (Fe:원자번호 26, 금속원소). barre de ~ 쇠막대. fil de ~ 철사. chemin de ~ 철도, âge du ~ 철기시대. industrie du ~ 철공업. Il faut battre le ~ pendant qu'il est chaud. (속담) 쇠는 달았을 때 때려라. Ce tissu est inusable, c'est de ~. 이 천은 해지지 않는다, 쇠처럼 단단하다. ②(기구의)철제 부분; 철제품, 철기, 철근, 철구. ~ d'une charrue 쟁기의 날. ~ de lance 창끝(모양을 한 장식); 선봉부대, 첨병; 최선단. ~ de botte 구두의 징. ~ de relieur (제본용 피혁의) 금속판. ③다리미, 인두(~ à repasser). donner un coup de ~ à une chemise 샤쓰를 다리미질 하다. ~ à friser[à onduler] 헤어 아이론(인두). marquer qn au ~ rouge …에게 낙인을 찍다. ④제철(蹄鐵), 편자; ~ à cheval 말의 편자, 말굽쇠, 마제(馬蹄); 편자형(U 자형)의 것. table en ~ à cheval U자형의 테이블. ⑤칼날, 검. croiser[engager] le ~ avec qn ~와 칼을 맞대다; (문어) …과 토론하다. battre le ~ 검술을 하다; (옛) 일 [연구]에 몰두하다. ⑥철도(수송); 선로. ⑦철공업, 철강산업. ⑧철색. ciel de ~ 철색(납색)의 하늘. gris de ~ 철색(늘 한 빛의 회색(gris-)~). ⑨【생화학】철분; 【제약】철제, 철을 함유한 강장제. ⑩【스포츠】(골프의) 아이언; 낚시. ⑪(pl.) ⓐ (산부인과의) 겸자(鉗子). ⓑ (옛·문어) 철쇠, 쇠사슬; 감옥. jeter qn dans les ~s …을 투옥하다. être aux[dans les] ~s 쇠사슬에 얽매어 있다; 철창에 갇혀 있다. ⓒ (옛·문어) 노예 상태; (사랑의) 포로. ⑫ mauvais ~ (속어) 위험한 남자.

Cela ne tient ni à ~ ni à clou. (옛) 그것은 흔들혼들한다.

croire[penser] dur comme ~ 굳게 믿다.

de ~ ⓐ 철제의, 철의. minerai *de* ~ 철광. paille *de* ~ 쇠술, 쇠수세미. rideau *de* ~ (비상의) 철의 장막. ⓑ 단단한; 강인한, 완강한. C'est un corps *de* ~. 그는 강철과 같은 몸을 가지고 있다. bois *de* ~ (흑단 따위의) 단단한 재질; 단단한 나무. avoir une santé *de* ~ 무척 건강하다. avoir une main[une poignée] *de* ~ 팔 힘이 세다. tête *de* ~ 완고함. volonté *de* ~ 불굴의 의지. ⓒ 엄격한,

가혹한. discipline de ~ 엄한 규율. cœur de ~ 비정(한 사람). gouverner avec un bras de ~ 가혹하게 다스리다. bras de ~ dans un gant de velours 외유내강. ④ âge(siècle) de ~ (고대의)철의시대; 부패한 시대. sommeil de ~《옛》죽음.
mettre les ~s au feu《옛》정식으로 (일에) 매달리다[달려들다].
ne pas valoir les quatre ~s d'un chien《옛》한푼의 가치도 없다.
par le ~ et par le feu 무력으로; 과격한 방법으로.
porter le ~ dans la plaie 과감한 치료를 하다.
tenir deux ~s au feu 양다리 걸치다.
tomber les quatre ~s en l'air《구어》(말·사람이) 발랑 나자빠지다.

fer² [fɛr] *n.m.* ~ en meubles 가구의 속 (깃털·짚 따위).

fer-a, -ai, -as, etc. [f(ə)r-a, -e, -a] ⇨faire.

féra *n.f.*, **férat** [fera] *n.m.* 【어류】(레만 호(湖)의)연어의 일종.

feralia [feralja], **féralies** [ferali] *n.f.pl.* 【고대로마】(2월 13-21일의)죽은 사람의 위령제.

fer-blanc [fɛrblɑ̃] (*pl.* ~s-~s) *n.m.* 양철.

ferblanterie [fɛrblɑ̃tri] *n.f.* ① 양철 제조(판매); 양철 제품. ②《군대속어》많은 훈장.

ferblantier [fɛrblɑ̃tje] *n.m.* ① 양철공;《구어》땜장이. ②《구어》해군성 근무의 장교.

fer-chaud [fɛrʃo] (*pl.* ~s-~s) *n.m.* 【의학】탄산증(呑酸症).

fer-de-lance [fɛrdəlɑ̃:s] (*pl.* ~s-~-~) *n.m.* ①【동물】(안틸 열도의)독사의 일종. ②【브라질·페루의】박쥐의 일종. ③【군사】정예부대, 돌격대; (비유적)(조직·당파의)가장 전투적인 분자, 열성분자; (활동·연구 따위의)선도자. étudiants, ~ du progrès de la société 사회 발전의 가장 적극적주진자인 학생. L'industrie automobile a été le ~ de la croissance récente. 자동차 공업은 최근 발전의 선도자였다.

-fère *suff.* 「…을 나르는, …을 포함한, …을 함유한」의 뜻.

fériable [ferjabl] *a.*《옛》축제일[공휴일]로 지내어.

férial(ale, *pl.* **aux)** [fɛrjal, -o] *a.* 【가톨릭】평일 (平日)의.

férie [feri] *n.f.* ①【고대로마】4 축제일; 휴일. ②【가톨릭】(토요일·일요일을 제외한)평일(월요일부터 금요일까지를 각각 deuxième ~, troisième ~ … sixième ~ 라고 부름).

férié(e) [ferje] *a.p.* 축제일(공휴일)로 정해진. jour ~ (법률·종교상 정해진)휴일, 공휴일.

férier [ferje] *v.t.*《드물게》축제일로 정하다.

férin(e) [fɛrɛ̃, -in] *a.* ① 야수에 특유한, 야생의. ② toux ~e 【의학】단속성(斷續性) 기침.

férir [feri:r] *v.t.*《부정법 및 과거분사 féru의 형태로만 쓰임》① 때리다, (타격을)가하다(frapper). ② 반하게 하다, 열중시키다.
sans coup ~ 조금도 저항을 받지 않고, 쉽사리;《옛》싸우지도 않고.

ferlage [fɛrla:ʒ] *n.m.* (돛을)말아올리기.

ferler [fɛrle] *v.t.* (돛을)말아올리다; (천막을)접다.
—**se** ~ *v.pr.* (돛이)감겨 올라가다.

ferlet [fɛrlɛ] *n.m.* (젖은 종이를 건조기에 걸치는)T 자형 주걱.

fermage [fɛrma:ʒ] *n.m.* ① 소작료; 소작지. ② 소작 경작, 소작.

fermail(*pl.* **aux**) [fɛrmaj, -o] *n.m.* (의복의)고리쇠, 똑딱단추.

fermant(e) [fɛrmɑ̃, -ɑ̃:t] *a.* 닫히는; 잠글 수 있는. meuble ~ 열쇠로 잠글 수 있는 가구. coutellerie ~e 접히는 칼 종류.

à jour ~; *à nuit* ~*e*《옛》해질 무렵에. *arriver à portes* ~*es*《옛》성문이 닫히기 직전에 도착하다.
—*n.m.*《옛》(그림이나 거울의)뚜껑.

‡**ferme¹** [fɛrm] *a.* ① (지면·물질 따위가)단단한, 견고한(↔mou). sol ~ 단단한 지면. terre ~ (바다에 대해)육지, 내륙. ② (근육 따위가)탄탄한; (허리·손이)억센. chairs ~s 탄탄한 살. ③ 흔들리지 않는; (걸음걸이·손짓·목소리 따위가)씩씩한, 굳센; (눈초리가)자신에 찬; (의지가)확고한, 변하지 않는(résolu, inébranlable). écriture ~ 흔들리지 않는 필체. être ~ sur ses jambes 꿋꿋하게 서 있다. d'un pas ~ 확고한 걸음걸이로. voix ~ 자신 있는 목소리. rester ~ devant le danger 위험 앞에서 의연하다. Soyez ~ avec vos enfants. 아이들에게 엄격하게 대하시오. être ~ dans ses résolutions 결의가 확고 부동하다. avoir la ~ intention (volonté, résolution) de + *inf.* …할 굳은 결심을 갖다. être très ~ pour(à) + *inf.* …하려는 결의가 굳다. ④ (시세가)보합된, 변동 없는(stable); 확정된. achat(vente) ~ (단순한 계약이 아닌)확정된 매매. offre ~ 확정 신입(申込) (오퍼).
—*ad.* ① 굳건하게, 힘있게. clou qui tient ~ 굳게 박힌 못. fort et ~ 단호하게, 굳게. ② 몹시, 열심히(beaucoup, fortement). discuter ~ 열렬히 토론하다. travailler ~ 열심히 공부하다. boire(manger) ~ 많이 마시다(먹다). frapper ~ 몹시 때리다. ③ 결정(확정)적으로(définitivement). vendre (acheter) ~ 【상업】(단순한 매매계약에 대해) 현물을 확정적으로 팔다(사다).
tenir ~ *contre qn* …에게 꿋꿋이 버티다, 양보하지 않다.
—*int.*《옛》이겨라! 버텨라! Allons, ~! 자, 힘내라!

*****ferme²** *n.f.* ① 농가(maison de ~). ~ située en plein champ 들 한복판에 있는 농가. cour de ~ 농가의 안뜰. ② 농장, 농지; 소작지. valet de ~ 농장의 머슴. ~-école ; ~-modèle 농장학교; 모범 농장. ③ 소작, 소작 계약; (권리의)임대. donner (prendre) des terres à ~ 땅을 소작시키다(소작하다). bail à ~ 토지의 임대차 계약. ~ des jeux 도박 경영권 임대계약. ④《옛》조세 징수 청부사무소; 청세 청부세. donner un impôt à ~ 조세 징수를 청부주다.
manger la ~《속어》파산하다.

ferme³ *n.f.* ①(지붕·다리 따위의)서까래틀. ②【연극】플랫《무대 장치의 벽면》.

ferme⁴ *n.m.*【광산】갱도(坑道) 옆의 광상(鑛床). galerie au[en] ~ 미채굴 광상의 갱도.

fermé(e) [fɛrme] *a.p.* ① (문 따위가)닫힌(↔ouvert). porte ~e à clef 열쇠가 잠긴 문. bureaux ~s au public 외부의 출입금지의 사무실. F~ : le dimanche et les fêtes "일요일과 공휴일은 휴점[휴관]". ②(비유적)(마음이)닫힌, 폐쇄적인; 무감각한, 무관심한, 이해하지 못하는. société ~e 폐쇄적 사회. visage ~ 속마음을 짐작할 수 없는 얼굴(표정). [~ à *qc*] ~ *à la pitié* 동정을 모르는[매정한] 마음. garçon ~ *aux* mathématiques 수학적인 머리가 없는 아이. ③【음성】폐음(閉音)의, (음절이)닫힌. syllabe ~e 폐음절(자음으로 끝나는 음절). ④【수학】ensemble ~ 폐집합; courbe ~e 폐곡선. ⑤ morale ~e【철학】닫혀진 도덕 (Bergson의 것임). ⑥ couronne ~e【문장】(왕이나 황제의 문장에서)관모양. ⑦ signal ~ 【철도】(철도의)서행[정지] 신호. ⑧ (천 따위가)짙은, 진한.

à la nuit ~*e* 날이 저물어서.
avoir la main ~*e* 인색하다.
frapper à main ~*e* 주먹으로 때리다(강타하다).

Il faut qu'une porte soit ouverte ou ~e. 양자택일할 수밖에 없다.
vocaliser à bouche ~e 콧노래를 부르다.

ferme-bourse [fɛrməburs] *n.m.* 《복수불변》지갑의 잠금쇠.

ferme-circuit [fɛrməsirkɥi] *n.m.* 《복수불변》〖전기〗 회로폐색기.

fermement [fɛrməmɑ̃] *ad.* ① 굳게, 굳세게, 꼭. attacher ~ 단단히 매다. tenir ~ un objet dans ses mains 어떤 물체를 손안에 꼭 쥐다. ② 확고하게, 단호하게. croire ~ qc …을 확고히 믿다.

ferment [fɛrmɑ̃] *n.m.* ① 〖의〗효소, 효모, 뜸씨. ② (불화·전쟁 따위의)요인, 소인, 씨(germe). ~ de discorde 불화의 씨.

fermentable [fɛrmɑ̃tabl] *a.* 《드물게》발효할 수 있는, 발효성의.

fermentatif(ve) [fɛrmɑ̃tatif, -iːv] *a.* 발효하게 하는.

fermentation [fɛrmɑ̃tasjɔ̃] *n.f.* ① 발효. ② (정신의)동요(agitation); 〖옛〗(피가)끓기. ~ populaire 민심의 동요. esprits en ~ 술렁이는 사람들(의 마음).

fermenté(e) [fɛrmɑ̃te] *a.p.* 발효된; (홍분되어)끓어오른. boisson ~e 발효음료.

fermenter [fɛrmɑ̃te] *v.i.* (술 따위가)괴다, 익다, 발효하다. ② (비유적) 술렁이다, 동요하다(s'agiter, ↔ s'apaiser). Les esprits *fermentent*. 사람들의 마음이 술렁인다. —*v.t.* 〖옛〗발효시키다; (피를)끓어 오르게 하다.

fermentescibilité [fɛrmɑ̃tesibilite] *n.f.* 발효하기 쉬운 성질.

fermentescible [fɛrmɑ̃tesibl] *a.* 발효하기 쉬운.

ferme-porte [fɛrməpɔrt] *n.m.* 《복수불변》문의 자동 폐쇄기.

:**fermer** [fɛrme] *v.t.* ① 닫다, 덮다(↔ouvrir). Je *ferme* la porte. 나는 문을 닫는다. ~ *qc* à clé …을 자물쇠로 채우다. ~ les yeux 눈을 감다. ~ la bouche 입을 다물다. ~ le poing 주먹을 쥐다. ~ un livre 책을 덮다. ~ une lettre 편지를 봉투에 넣다. ~ une boîte 상자를 덮다. ~ un parapluie 우산을 접다. ~ le veston 웃옷의 단추를 채우다. ② (상점·회사·공공시설 따위를)닫다, 폐쇄하다, 폐점(휴업)하다. Ce café *ferme* à minuit. 이 카페는 자정에 문을 닫는다. ~ une école à cause de la manifestation 데모 때문에 학교를 휴업하다. ~ une mine 폐광하다.
③ (통로·빈 틈 따위를)막다, 봉쇄하다. ~ une route 길을 폐쇄하다, 통행을 막다. ~ une blessure 상처를 막다.
④ (전기 따위의 흐름을)멈추다, (기계의 기능을)정지시키다. ~ la radio(la télévision) 라디오(텔레비전)을 끄다. ~ le robinet 수도꼭지를 잠그다.
⑤ (마음·가능성 따위를)닫다, 받아들이지 않게 하다. ~ son cœur à qc …에 마음을 닫다, …에 냉담하다. ~ qn à qn …에게 …을 싫어하게 하다.
⑥ 둘러싸다, 가두다. Des arbres *ferment* ma maison. 나무들이 나의 집을 둘러싸고 있다. Qui *a fermé* le chat dans la boîte? 누가 고양이를 상자 속에 가두었느냐?
⑦ 끝내다, 마감하다. ~ la conversation 대화를 끝내다. ~ un compte 계산을 마감하다.
⑧ 〖전기〗 ~ un circuit 회로를 폐쇄하다. ~ un interrupteur 개폐기를 닫고 전기를 통하게 하다.
⑨ 〖철도〗 ~ la voie 선로를 폐쇄하다; ~ un signal 선로폐쇄의 신호를 내다.
⑩ 〖승마〗 (동작을)완료하다. ~ la volte 방향전환을 마치다.
⑪ 〖스포츠·놀이〗 ~ le jeu (득점을 지키기 위해)수비를 굳히다, 수비위주로 겨루다; (도미노에서)상대방이 패를 버리지 못하게 하다.
⑫ 〖해양〗 (배를)매다, 계류하다; (두 개의 항로 표식을 묶어서)항로수정을 하다.
⑬ 〖건축〗 (아치의 정상에 요석(要石)을 얹어)끝마무리하다.
⑭〖옛〗부착하다, 고정하다.
~ *la bouche à qn* …의 입을 다물게 하다, 비밀을 지키게 하다.
~ *la marche*(*le cortège*) 행진(행렬)의 후위를 담당하다.
~ *l'oreille à qn* …의 말에 귀를 기울이지 않다.
~ *sa bouche* 입을 다물다, 침묵을 지키다.
~ *son visage* 표정을 굳히다(딱딱하게 하다).
la ~ 〖속어〗입을 다물다. *Ferme-la!*; *La ferme!* 입 닥쳐!
ne pas ~ *l'œil* (*de la nuit*)(밤새껏)자지 않다.
—*v.i.* ① 닫히다. Cette fenêtre *ferme* mal. 이 창은 잘 닫히지 않는다. robe qui *ferme* dans le dos 등에서 채우는 드레스.
② (가게 따위의)문을 닫다. L'école *ferme* le dimanche. 학교는 일요일에 수업이 없다. Ce cinéma *ferme*. 이 영화관이 문을 닫는다.
③ 〖주식〗 (주식의 종가가)(으로)마감되다.
—*se* ~ *v.pr.* ① 닫히다, 막히다. La porte *se ferme* toute seule. 문은 저절로 닫힌다. La blessure *se fermera* aussitôt. 상처가 곧 아물것이다. *se* ~ *sur lui-même* 한바퀴 돌다, 출발점으로 되돌아오다.
② [*se* ~ *à*] (…에 대해서)자신의 마음을 닫다, (을)받아들이지 않다. Ce pays *se ferme* à l'immigration. 이 나라는 이민을 받아들이지 않는다.
③ 자신을 가두다. Il *s'est fermé* dans sa chambre. 그는 방에 갇혀 나오지 않았다.
④〖옛〗결심하다.

fermeté [fɛrməte] *n.f.* ① (물건의)단단함, 굳음; 견고함; (직물 따위의)질김. pâte qui a de la ~ 된 반죽. ② 확실함, (판단 따위의)정확성(sûreté); (태도 따위의)단호함; 확신(assurance). ~ de jugement 판단력의 정확함. ③ (정신의)군셈, 꿋꿋함(inflexibilité); (규율의)엄격함. montrer une grande ~ dans le péril 위험 속에서의 의연함을 보이다. répondre avec ~ 확신을 가지고(단호하게) 대답하다. supporter un malheur avec ~ 꿋꿋하게 불행을 견디다. Il manque de ~ avec ses enfants. 그는 아이들에 대해 너무 너그럽다. ④ (시세·가격 따위의)안정. ~ de cours 〖주식〗 시세의 안정세, 상승세.

fermette[1] [fɛrmɛt] *n.f.* ① 〖건축〗 (천창(天窓)의 등의) ② (수렵의)그물.

fermette[2] *n.f.* (별장으로 개조한)작은 농가.

*****fermeture** [fɛrmətyːr] *n.f.* ① 폐쇄, 닫기; 마감하기, (의뢰)폐회; 폐쇄시간(↔ouverture). ~ d'un magasin 폐점. heures de ~ 폐문시간. ~ de la chasse 수렵기의 종료. ~ des ateliers 공장의 종업(終業), 종업시간; 폐업. ~ 닫는 기구, 잠그는 기구, 고리; (상점의)덧문. ~ éclair 지퍼, 재크. ③ 〖언어〗 (숨결의)좁음. ④ ~ d'un compte 〖회계〗 결산.

*****fermier(ère)** [fɛrmje, -ɛːr] (< *ferme*[2]) *n.* ① 농업경영자, 농장주; 농민, 농부. ② 소작인, (소작)농부. ~ d'une pêche 어장임차인(漁場賃借人). être ~ de père en fils 대대로 소작인이다. ③ (동격) satin ~*ère* (시골 아낙네가 입는)날염된 면 새틴. —*a.* 소작지(농)의·농장(의); 청부의. compagnie ~*ère* 〖옛〗청부회사.
—*n.m.* (행정법에서 권리의)임차인, 청구인. ~ *général* (왕정시대의)총괄징세 청부인.

—n.f. (가축용의)커다란 솔.
fermium [fɛrmjɔm] n.m. 《화학》 페르뮴(인공 방사성 원소).
fermoir [fɛrmwa:r] n.m. ① 걸쇠, 잠금쇠, 고리쇠. bouton ~ à pression 스냅, 똑딱단추. ② (목공·조각공의)끌.
féroce [fɛrɔs] a. ① (동물이)사나운(sauvage, ↔ apprivoisé). animaux (bêtes) ~s 맹수. ② (사람이)잔인한, 무자비한, 광폭한(cruel, impitoyable). examinateur ~ 사정없는 시험관. être ~ dans les affaires 장사에 혈안이 되어 있다. ③ 맹렬한, 강렬한; 가혹한, 견디기 힘든(dur). envie ~ 강렬한 욕구. faim ~ 참을 수 없는 허기. La première expérience du malheur est ~. 처음으로 겪는 불행은 가혹하다.
férocement [fɛrɔsmã] ad. 잔인하게, 사납게.
férocité [fɛrɔsite] n.f. ① 사나움; 잔인성, 잔혹. ② 격렬함, 강렬함.
Féroé [fɛrɔe] n.pr. îles ~ 《지리》 페로 군도
ferrade [fɛrad] 《남프랑스》 n.f. (소·말 따위에) 낙인을 찍기; 낙인제 (祭).
ferrage [fɛra:ʒ] n.m. ① 철구(鐵具)를 달기; (말에)편자를 박기; 수갑을 채우기. ② 철구.
ferraillage [fɛraja:ʒ] n.m. 《집합적》(철근 콘크리트용의)철재.
ferraille [fɛra:j] (< fer) n.f. ① 고철, 파쇠. foire à la ~ 파리 고철시장. bon pour la ~ 폐품의, 폐기해야 할. mettre (envoyer) qc à la ~ …을 폐품으로 하다, 폐기하다. ② 《속어》 동전.
ferraillement [fɛrajmã] n.m. ① 칼부림, 칼싸움. ② (수레 따위가) 덜거덕거리는 소리.
ferrailler [fɛraje] v.i. ① (경멸) 칼부림 (칼싸움) 하다. ② 말다툼하다, 격론을 벌이다. ③ (수레가)덜거덕거리다, 고철소리를 내다.
ferrailleur(se) [fɛrajœr, -ø:z] n. ① (경멸) 칼싸움을 좋아하는 사람; 검객. ② 말다툼을 잘하는 사람. ③ 고철장수.
ferrandine [fɛrɑ̃din] n.f. (17·18 세기의) 양모 [무명]가 섞인 견직물.
ferrant [fɛrɑ̃] a.m. 편자를 박는. maréchal ~ 편자직공.
ferrarais(e) [fɛrarɛ, -ɛ:z] a. 페라라라 (Ferrara, 이탈리아의 도시)의. —**F**~ n. 페라라라 사람.
ferrat [fɛra] n.m. =**féra**.
ferrate [fɛrat] n.m. 《화학》 철산염(鐵酸塩).
ferratier [fɛratje] n.m. =**ferretier**.
ferré(e) [fɛre] a.p. ① 쇠를 붙인, 쇠를 씌운; 편자를 박은. cheval ~ 편자를 박은 말. ② 철의, 철도의. voie ~e (철도의)궤도; 철도. réseau ~ 철도망. ③ (물이)철분을 함유한. ④ 《구어》[~ en/sur qc] 능란한, 잘 아는, 통달한(instruit). être ~ en (sur les) mathématiques 수학을 잘하다. ⑤ chemin ~ 《옛》 자갈을 깐 길.
ferrement [fɛrmã] n.m. ① =**ferrage**. ② (pl.)철제품, (목조선의) 철제 부품. ③ 《옛》 (죄수에게) 쇠사슬을 채움.
ferremente [fɛrmã:t] n.f. (목조선의)철제 부분.
ferrer [fɛre] v.t. ① (예) 철구를 붙이다, 쇠를 씌우다; (말에)편자를 박다. ~ une roue 수레바퀴에 철을 씌우다. ~ un soulier 구두에 징을 박다. ~ un cheval 말에 편자를 박다. ~ un cheval à glace 말에 미끄럼 방지용 편자를 박다. ② (죄수에게) 수갑을 채우다. ③ (통관의) 검인을 찍다. ④ ~ la mule 《옛》 (하인이) 물건값에 얹어 쓱싹하다. ⑤ se laisser ~ 《예》 말대꾸 하다.
Il n'est pas facile [aisé] à ~. 《구어》 그는 다루기 힘 —v.i. (말이) 앞발과 뒷발을 부딪치다. 든다.

ferrerie [fɛrri] n.f. ① 철 (쇠) 의 매매. ② 철제품.
ferret [fɛrɛ] n.m. ① (구두끈·장식끈 따위의) 끝에 쐬운 쇠붙이. ② (유리제조용) 쇠젓가락. ③ 《광물》 (돌의) 굳은 심(心), 암심(岩心). ~ d'Espagne 적철광(赤鐵鑛).
ferretier [fɛrtje] n.m. (편자를 버리는) 쇠망치. [람.
ferreur [fɛrœ:r] n.m. 편자직공; 쇠붙이를 붙이는 사
ferreux(se) [fɛrø, -ø:z] a. 《광물·화학》 철을 함유한; 제 1 철의. sel ~ 제 1 철염. métaux non ~ 비철금속.
ferri- préf. 「철을 함유한, 3 가(價)의 철을 함유한」의 뜻.
ferricyanure [fɛrisjany:r] n.m. 《화학》 페리시안화물 (化物).
ferrière [fɛrjɛ:r] n.f. ① (자물쇠장이의) 가죽부대. ② (편자공의) 연장자루. ③ 《옛》 왕에게 술을 넣어 가지고 가는 금속제 병.
ferrifère [fɛrifɛ:r] a. 철을 함유한.
ferrique [fɛrik] a. 《화학》 제2철의, 3 가의 철의. sel ~ 제 2 철염.
ferrite [fɛrit] n.f. 《화학》 아철산염; 페라이트(강자성 (強磁性)의 철화합물, 근래 컴퓨터·안테나 등에 쓰임).
ferro [fɛro] n.m. 《구어》 《사진》 =**ferrotypie**.
ferro- préf. 「철을 함유한, 2 가(價)의 철을 함유한」의 뜻.
ferro-alliage [fɛroalja:ʒ] (pl. ~-~s) n.m. 철합금.
ferro-aluminium [fɛroalyminjɔm] (pl. ~-~s) n.m. 알루미늄철.
ferrocérium [fɛrɔserjɔm] n.m. 철과 세륨의 합금.
ferrochrome [fɛrɔkro:m] n.m. 《화학》 페로크롬, 크롬철.
ferrocyanure [fɛrɔsjany:r] n.m. 《화학》 페로시안화물 (化物). ~ de potassium 페로시안화칼륨.
ferroélectricité [fɛrɔelɛktrisite] n.f. 《물리》 강유전성 (強誘電性).
ferromagnétique [fɛrɔmaɲetik] a. 강자성의.
ferromagnétisme [fɛrɔmaɲetism] n.m. 《물리》 강자성 (強磁性).
ferromanganèse [fɛrɔmɑ̃ganɛ:z] n.m. 《화학》 페로망간, 망간철.
ferromolybdène [fɛrɔmɔlibdɛn] n.m. 몰리브덴철.
ferron [fɛrɔ̃] n.m. 철물(철봉) 상인.   [합금).
ferronickel [fɛrɔnikɛl] n.m. 페로니켈 (철과 니켈의
ferronnerie [fɛrɔnri] n.f. ① 철물 제조소 (판매소), 철공소. ② 건축용 철재; 《옛》(철·동의)공예품.
ferronnier(ère) [fɛrɔnje, -ɛ:r] n. ① 철물 제조인 (상인). ~ d'art 철공예가. —n.f. 이마에 두르는 장식용 쇠사슬.
ferroprussiate [fɛrɔprysjat] n.m. 《화학》 페로프러시아트 (**ferrocyanure**). papier au ~ 청사진용의 종이.
ferrosilicium [fɛrɔsilisjɔm] n.m. 페로실리콘.
ferrotitane [fɛrɔtitan] n.m. 페로티탄.
ferrotungstène [fɛrɔtœ̃kstɛn] n.m. 페로텅스텐.
ferrotypie [fɛrɔtipi] n.f. 《사진》 페로타이프, 철판사진.
ferroutage [fɛruta:ʒ] n.m. 피기백(《영》 piggyback) 운송 (화물을 실은 트레일러를 화차에 싣고 운송하는 철도와 도로의 협동 운송방식).
ferroviaire [fɛrɔvjɛ:r] a. 철도의. réseau ~ 철도망. trafic ~ 철도 수송.
ferrugineux(se) [fɛryʒinø, -ø:z] a. 철분을 함유한. —n.m. 철제 (鐵劑).
ferruginosité [fɛryʒinozite] n.f. 함철성 (含鐵性).
ferrure [fɛry:r] n.f. ① 철구(鐵具), 철물;《집합적》 편자. ② 편자 박는 법.

ferry(-boat) [fɛri(bo:t)] (*pl.* ~-~s) 《영》 n.m. 철도 연락선, 페리선(船).

ferte [fɛrt] n.f. 《사투리》 ① 개천을 뛰어넘는 데 쓰이는》장대. ② bonne ~ 《속어》(행운의 뜻에서) 점(占). diseuse de bonne ~ 여자 점장이.

ferté [fɛrte] n.f. 《옛》 요새, 성채 (*la F— Milon*처럼 지명에 쓰임).

fertile [fɛrtil] a. ① 〈토지가〉 기름진, 비옥한 (fécond, productif, ↔ aride, stérile). sol ~ 옥토. ② 《비유적》 〈상상력·화제가〉 풍부한 (riche); [~ en] (이)많은. année ~ en événements 사건이 많이 발생한 해. homme ~ en ruses 책략이 많은 사람. ③ 《원자물리》 〈연료〉 친(親) 물질의.

fertilement [fɛrtilmɑ̃] ad. 풍부하게.

fertilisable [fɛrtilizabl] a. 비옥하게 할 수 있는.

fertilisant(e) [fɛrtilizɑ̃, -ɑ̃:t] a. 비옥하게 하는. —n.m. 비료.

fertilisateur [fɛrtilizatœ:r], **fertiliseur** [fɛrtilizœ:r] n.m. 화학비료.

fertilisation [fɛrtilizasjɔ̃] n.f. ① 비옥하게 하기, 기름지게 하기(↔épuisement). ②《생물》 수정(受精), 정받이.

fertiliser [fɛrtilize] v.t. ① 비옥하게 하다, 기름지게 하다. ②《생물》 수정하다. ②《비유적》 풍부하게 하다(enrichir). —se ~ v.pr. 비옥(풍부)해지다.

fertilité [fɛrtilite] n.f. ① 비옥함, 기름짐. ②《비유적》 풍부함, 풍부. année de ~ 풍년.

fertois(e) [fɛrtwa, -a:z] a. 페르테마세의 (Fertémacé, 프랑스의 도시)의. —F— n. 페르테마세 사람.

féru(e) [fery] (*p.p.* <*férir*) a.p. ① 〈에〉 열중한. être ~ d'une femme 여자에게 홀딱 반하다. ②《속어》〈가죽이〉상처를 입다.

férule [feryl] n.f. ① 《식물》 〈큰회향풀, 미나리과(科) 아위속(屬)의 식물〉(진정제 원료로 사용). ② 〈옛날 벌로서 학생을 때리던〉회초리; 회초리로 때리기. ③ 엄격한 감독; 비난, 꾸짖기.

fervemment [fɛrvamɑ̃] ad. 《드물게》 열심히, 열렬히.

fervent(e) [fɛrvɑ̃, -ɑ̃:t] a. 《애정·학업이》 타오르는 듯한, 열렬한; 〈사람이〉 열성적인(ardent). amour ~ 열렬한 사랑. chrétien ~ 열렬한 기독교인. —n. 열중한 사람; 《스포츠·연예의》 팬. ~s de Béethoven 베토벤에 심취한 사람들. ~ du football 축구팬.

fervêtu(e) [fɛrve(e)ty] n.m. 《옛》 쇠갑옷을 입은 사람.

ferveur [fɛrvœ:r] n.f. 열정, 열성 (chaleur). aimer avec ~ 열렬히 사랑하다. servir Dieu avec ~ 열심히 신을 섬기다.

fescennin(e) [fesɛnnɛ̃, -in] a. 《고대로마·문학》〈시풍(詩風)이〉 야비한, 저속한 (*Fescennie* 발상의 구전에 의한 야비한 풍자시에서 유래).

fesse [fɛs] n.f. ① 궁둥이, 볼기, 엉덩이, 둔부(derrière, croupe). ~s rondes 《구어》 en goutte d'huile 둥근 엉덩이. botter les ~s à qn …의 궁둥이를 발길질하다. ②《해양》 고물. ③《속어》〈성적 대상으로서의〉 여자. magasin de ~s 매춘굴. histoire de ~s 외설스러운 이야기.
attraper qn par la peau des ~s (도망치는 사람의) 꽁무니를 붙잡다.
avoir chaud aux ~s 《속어》 바싹 뒤쫓기다; 겁먹다.
donner sur les ~s *à qn* …을 회초리로 때리다.
en avoir dans tes ~s 《속어》 타격을 받다, 크게 손 대보다.
Gare tes ~s! 《속어》 기운을 내!
n'être assis que d'une ~ (곧 일어날 듯이) 엉거주춤하게 앉다.
n'y aller que d'une ~ 《속어》 일을 열심히 하지 않다.
poser ses ~s 《속어》 앉다.
serrer les ~s 겁을 집어먹다.

fesse-cahier [fɛskaje] (*pl.* ~-~s) n.m. 《옛·구어》 필생(筆生).

fessée [fese] n.f. ① 볼기 때리기. recevoir une ~ à qn …의 볼기짝을 때리다. ②《구어》 굴욕적인 참패, 참패.

fesse-mathieu [fɛsmatjø] (*pl.* ~-~x) n.m. ①《옛어》 인색한 사람, 수전노 (avare). ②《옛》 고리대금업자.

fesse-pinte [fɛspɛ̃:t] n.m. 《복수불변》《구어》 술고 래, 주정뱅이.

fesser [fe(ɛ)se] v.t. ① 〈의〉 궁둥이에 〔볼기를〕 때리다; 《구어》 혼내다. ~ un enfant 어린아이의 볼기를 때리다. ②《구어》 〈술을〉 급히 퍼마시다.
~ *le cahier* 아무렇게나 베껴쓰다. *se faire* ~ 천대받다.

fesseur(se) [fesœ:r, -ɸ:z] a, n. 볼기 때리는 (사람), 볼기 치기를 좋아하는 (사람).

fessier(ère) [fe(ɛ)sje, -ɛ:r] a. 엉덩이의, 볼기의. —n.m. ①《해부》 둔근(臀筋). ②《구어》 궁둥이, 볼기.

fessu(e) [fe(ɛ)sy] a. 《구어》 엉덩이가 큰.

festif(ve) [festif, -i:v] a. 축제 기분의, 축제 같은.

festin [fɛstɛ̃] n.m. 향연, 축하연; 《비유적》 호화로운 식사. ~ de noces 결혼 피로연. salle du ~ 연회장. Quel ~! 굉장한 식사〔잔치〕 군! faire un ~ 향연을 베풀다. ② 쾌락, 열락.

festiner [fɛstine] 《옛》 v.t. 〈에게〉 연회〔잔치〕를 베풀다. —v.i. 잔치를 벌이다; 즐겁게 지내다.

festival [fɛstival] (*pl.* ~s) n.m. 음악〔연극·영화〕제; 예술제. ~ de Cannes 칸 영화제.

festivalier(ère) [fɛstivalje, -ɛ:r] n. 음악〔연극·영화〕제의 참가자〔감상자〕의. —a. 페스티발의. mœurs ~ères 페스티발의 관례.

festivité [fɛstivite] n.f. 〈종종 *pl.*〉 축제 기분; 유흥, 환락.

festoiement [fɛstwamɑ̃] n.m. 향응, 주연, 환대.

feston [fɛstɔ̃] n.m. ① 꽃줄 장식 〔꽃·리본 따위로 꽃모양으로 짠 것〕. ②《건축》 화환장식. ③《의복》 스캘럽 〔깃·소매의 부채꼴 장식〕. point de ~ 버튼홀 스티치. ④《지질》〈해안선 따위의〉 물결모양. ⑤ ~ gingival 《의학》 잇몸비대. ⑥《스키》 회전하강. ⑦《옛·구어》〈술취한 사람의〉 비틀거리는 다리〔걸음걸이〕.

festonné(e) [fɛstɔne] a.p. 꽃줄로 장식한; 〈잎 따위가〉 물결모양의.

festonner [fɛstɔne] v.t. 꽃줄로 장식하다, 꽃무늬로 가장자리를 꾸미다. —v.i. 《구어》 〈취해서〉 비틀거리다.

festoyer [fɛstwaje] [7] v.i. 주연을 베풀다〔열다〕. —v.t. 《옛》 환대하다, 〈에게〉 잔치를 베풀다.

fêtard(e) [fɛta:r, -ard] a. 《구어》 〈생활이〉 들뜬; 흥청거리기 좋아하는. —n. 흥청거리기 좋아하는 사람 (viveur).

‡**fête** [fɛt] n.f. ①〈종교적인〉축제, 제일(祭日); 축제일, 명절, 기념일. ~s fixes 정(定)축일〔매년 고정된 축일〕. ~s mobiles 이동축일〔해에 따라 변하는 축일〕. ~ des Morts 만령절〔萬靈節〕〔11월 2일〕. ~ des Saints 만성절(Toussaint). ~ nationale 국경일. ~ des Mères 어머니날. ~ de la moisson 수감사절. ②〈개인의〉 성명(聖名)축일, 본명첨례〔영세명 성인의 축일〕. souhaiter la ~ à qn …의 본명첨례를 축하하다. ③〈야회·음악회 따위의〉 모임, 축연, 향연, (학교의 어린이에 대한) 위안회. ~ de famille 가족잔치. comité des ~s (음악회 따위의) 대회준비위원회. offrir une ~ en l'honneur de qn …을 위해 축연을 베풀다. ④축제 기분, 환희, 즐거움 (réjouissance, plaisir). air de ~ 기쁨

에 들뜬 모습. [en ~] être *en* ~ 축제기분이다, 즐거워하다. La nature semble *en* ~. 자연(自然)이 즐겁게 웃고 있는 듯이 보인다.
Ça va être ta(sa) ~. 《구어》너는(그자는) 호되게 당할거야(골탕먹을거야), (정신차려!).
Ce[Il] n'est pas tous les jours ~. 《속담》언제나 좋은 일만 있는 것은 아니다.
être à la ~ 회회낙락하다, 대만족이다.
faire la ~ 방탕한 생활을 하다.
faire (la) ~ *à qn* …을 환영(환대)하다.
faire sa ~ *à qn*《속어》…을 혼내주다, 골탕먹이다 (malmener).
n'être pas à la ~ 어려운 입장에 처해 있다.
se faire une ~ *de*+*inf.* …을 하는 것을 즐겁게 생각하다.

Fête-Dieu [fɛtdjø] (*pl.* ~**s**-~) *n.f.* 《가톨릭》성체첨례(聖體瞻禮).
fêter [fe(ɛ)te] *v.t.* ① 제사지내다; 경축하다, 축하하다. ~ *un succès* 성공을 축하하다. ~ (*l'anniversaire de*) *qn* …의(생일을)축하하다. ② 환영하다; 환대하다. ~ *le vainqueur* 승리자를 환영하다. ③ ~ *la bouteille* 술을 즐기다.
C'est un saint qu'on ne fête plus [point].《옛》그는 아주 신용을 잃었다.
fêteur(se) [fɛtœːr, -ɸːz] *n.* ①《드물게》제사지내는 사람. ② 놀기 좋아하는 사람 《이 뜻으로 보통 fêtard를 씀》.
fétiche [fetiʃ] *n.m.* ① (토인 따위가 숭배하는)물신(物神). ②《비유적》숭배의 대상. ③ 마스코트.
féticheur [fetiʃœːr] *n.m.* 물신종교의 사제(司祭).
fétichiser [fetiʃize] *v.t.* 물신화(物神化) 《우상화》하다. *Ce sociologue commence à être fétichisé en Europe.* 이 사회 학자는 유럽에서 맹목적 숭배의 대상이 되기 시작했다.
fétichisme [fetiʃism] *n.m.* ① 물신 숭배. ②《비유적》맹목적(미신적)인 숭배 (idolâtrie). *avoir le* ~ *du passé* 과거를 맹목적으로 신봉하다. ③《정신의학》페티시즘, 절편음란증 (節片淫亂症).
fétichiste [fetiʃist] *a.* 물신 숭배의. *culte* ~ 물신 숭배. —*n.* 물신 숭배자; 《정신의학》페티시스트.
fétide [fetid] *a.* 악취를 풍기는, 냄새가 역한; 《비유적》(사람이) 불쾌한, 역겨운 (dégoûtant); 하등의.
fétidité [fetidite] *n.f.* ① 악취. ② 하등; 추락.
fêtoyer [fɛtwaje] [7] *v.t.*, *v.i.* = festoyer.
fétu [fety] *n.m.* 짚, 지푸라기. *être emporté* (traîné) *comme un* ~ 지푸라기처럼 (가볍게) 날려가다. *Cela ne vaut pas un* ~ *de paille.* 그것은 한 푼의 가치도 없다.
ne pas donner un ~ *de qc* 《옛》…을 전혀 문제 삼지 않다. *se soucier de qc comme d'un* ~ *de paille* 《옛》…을 조금도 개의치 않다.
fétuque [fetyk] *n.f.* [*m.*] 《식물》김의털아재비류.
:feu¹ [fø] (*pl.* ~**x**) *n.m.* ① 불; 화재 (incendie); 열기; 화톳불, 모닥불, 난로;《요리》불. *allumer* (*faire*) *un* ~ 불을 피우다. *mettre* (*le*) ~ *à qc* …에 불을 붙이다. *mettre une chaudière en* ~ 《기계》보일러에 불을 붙이다. *Avez-vous du* ~, *s'il vous plaît?* (성냥을) 불을 가지고 계신가요? ~ *de joie* (축하하기 위한)화톳불. ~ *du ciel* 번갯불, 천둥. *mettre une casserole sur le* ~ 남비를 불위에 얹다. *cuire à* ~ *doux* (*à petit* ~) 약한 불로 굽다 (익히다). *mettre une ville à* ~ *et à sang* 도시를 병화 (兵火)와 도륙으로 만들다. *pompe à* ~ 소화 (消火)펌프. *au coin du* ~ 노변에서, 가정적인 분위기에서. *couleur de* ~ 타오르는 듯한 색깔. *épreuve du* ~ (중세의)신명재판 (神明裁判).

② 열렬, 열정, 열심 (passion, ardeur). ~ *de l'éloquence* 열렬한 웅변. ~(*x*) *de l'amour* 사랑의 열정. *avoir du* ~ *dans les veines* (피가 끓는다) → 성질이 격하다. *travailler avec* ~ 열심히 일하다. *oublier l'heure dans le* ~ *de la discussion* 토의에 열중하느라고 시간가는 줄 모르다.

③ 달아오름, 화끈거림. *avoir les joues en* ~ 뺨이 빨갛게 달아오르다. *Le* ~ *lui monta au visage.* 그는 얼굴이 화끈 달아올랐다. ~ *du rasoir* 면도 후의 피부의 얼얼한 느낌.

④ 발포, 사격, 포화, 총화;《속어》권총. F~! 《군사》발포! 발사! *armes à* ~ 화기, 총기, 총. *bouche à* ~ 포(砲). *tué au* ~ 적의 포화(전투중)에 죽은. *entendre des coups de* ~ 총성소리를 듣다. *ouvrir le* ~ *sur un objectif* 목표물을 향해 사격을 개시하다. *recevoir un coup de* ~ *dans la jambe* 다리에 총격을 받다. *puissance de* ~ 《군사》 *d'assaut* 전차의 화력. ~*x convergents*(*croisés*) 집중(십자) 포화. *sortir son* ~ 《속어》권총을 꺼내다.

⑤ 등불, 빛; 신호등; 꽃불 (~ *d'artifice*); (눈·다이아몬드 따위의)반짝임. ~ *arrière* (자동차·배의)후미등. ~ *de la rampe* 무대 전면의 등불. *s'arrêter au* ~ *rouge* 빨간 신호등에 멈추다. [~ +신호를 표시하는 색의 형용사] ~ *orange* 황색신호;《비유적》조건부 승인(동의), 유보적 상태. ~ *rouge* 적신호;《비유적》(어떤 일에 대한)제동, 방해, 불허. *mettre le* ~ *rouge* 제동을 걸다, 방해하다. ~ *vert* 청신호;《비유적》(어떤 일에 대한)승인, 허가. *donner le* ~ *vert à qn*(*qc*) …에게 허가를 내리다, …(의) 개시를 승인하다.

⑥ 가장, 가구.

⑦ (영감·상상력의)번득임. ~ *de l'imagination* 상상력의 번득임. ~ *du génie* 천재의 번득임.

⑧ 시련, 화형. *condamner qn au* ~ …에게 화형을 선고하다.

aller au ~ 싸움터로 가다.
à petit ~ 약한 불로, 차츰차츰. *mourir à petit* ~ 차츰 약해져 가다. *brûler* (*faire mourir*) *qn à petit* ~ 조금씩 오랫동안 괴롭히다; 천천히 피롭혀 죽이다.
brûler à petit ~ 천천히 타다가 《구어》몸이 달다.
avoir le ~ *au derrière* 《구어》몹시 서두르다, 황급히 가다.
C'est le ~ *et l'eau.* (두 사람은)물과 기름이다, 상극이다.
coup de ~ 사격, 총격; (불길이 너무 강해 도기에 생기는)흠, 금; (빵 따위의)눋기, 타기; (장사가) 몹시 바쁠 때. *Ce rôti a reçu un coup de* ~. 이 구운 고기는 좀 탔다. *Le cuisinier est dans son coup de* ~. 요리사는 지금 한창 바쁠 때이다.
craindre qc comme le ~ …을 극도로 두려워하다.
être en ~ 타고 있다.
être entre deux ~*x* 협공(挟攻) 당하다.
être sous le ~ *des projecteurs* 라이트를 받다, 주목 (관심)의 대상이 되다.
être tout ~ *tout flamme pour qc* 《구어》…에 몸과 마음을 불태우다, 열중하다.
faire ~ 발포[발사]하다. *faire faux* ~ 불발하다.
faire ~ *des quatre fers*[*pieds*] (말이)불꽃을 튀기며 질주하다; (성공하려고) 온갖 수단을 다 쓰다.
faire ~ *de tout bois* 모든 수단을 이용하다.
faire la part du ~ 불길을 막기 위하여 필요없는 것을 걷어치우다; 《상업》손실을 막다.
faire long ~ (일이)질질 끌다, 진척되지 않다. *Ce projet a fait long* ~. 이 계획은 결국 흐지부지되고 말았다. *ne pas faire long* ~ 오래끌지 않다; (문제가)쉽사리 해결되다.

feu²(e)

~ *roulant* (*continu*) 계속 사격. ~ *roulant* de questions 《비유적》계속되는〔빗발치는〕질문공세.
~ *sacré* 성화(聖火); 열성. avoir le ~*sacré* (어떤 일에)열성하다, 열의가 있다.
~*x de l'actualité* 최대의 시사문제, 대중의 주목의 표적.
Il n'y a pas le ~. 《구어》급히 서두를 필요가 없다.
jeter ~ et flamme contre qn …에 대하여 불같이 노하다.
jeter (tout) son ~ 《구어》벌컥 화를 냈다가 바로 가라앉다; 온 힘을 쏟다.
jouer avec le ~ 위험한 장난을 하다.
Le ~ est à ces marchandises. 서로 앞을 다투어 그 상품을 사려고 한다.
mettre la main au ~ 굳게 맹세하다. *J'en mettrai la main au ~.* 맹세하지만, 그건 틀림없다.
mettre le ~ aux poudres 화약을 폭발시키다;《구어》분을 일으키다; 화근이 되다; 분노를 유발하다, 화나게 하다.
mettre le ~ sous le ventre à qn …을 굳세게 격려하 n'y voir que du ~ 뭐가 뭔지 모르다, 얼떨떨하다.
péter le (du) ~ 《구어》힘이 넘치다, 에너지를 가지고 있다.
prendre ~ 불이 붙다, 발화하다; 벌컥 흥분하다.
se jeter dans le ~ pour qn …을 위해서라면 물불을 가리지않다.
souffler sur le ~ 불을 불어 일으키다; (감정을)부채질하다, 흥분시키다.

feu²(e) a. 고인(故人)이 된 《정관사나 소유형용사 뒤에 올 때는 명사와 일치, 그 앞에 놓일 때는 불변》. la ~*e reine*; ~ *la reine* 고(故)왕비.

feudataire [fødatɛːr] n. 《역사》봉신(封臣), 가신(家臣).

feudiste [fødist] n.m. 봉건법 학자, 봉건제도 학자.

feuil [fœj] n.m. 《기술》피막, 피막.

*****feuillage** [fœjaːʒ] 《< *feuille* 》 n.m. ① 《집합적》(초목의)잎; 잎이 우거진 잔 가지. ② 《건축》잎 모양의 무늬.

feuillagé(e) [fœjaʒe] a. ①《옛》(나무가)잎이 우거진. ②《문어》잎무늬로 세공한, 잎무늬의. [람.

feuillagiste [fœjaʒist] n. (조화의)잎을 만드는 사

feuillaison [fœjezɔ̃] n.f. ① 잎이 새로 돋아나기, 발아(發芽). ② 잎이 돋아나는 시기, 발아기.

feuillant(ine) [fœjɑ̃, -in] n. 《종교》Jean de la Barrière 가 창립한 시토교단(ordre de Cîteau)의 수도사(수녀). ―― *n.m.pl.* 《프랑스사》(1792년의)혁명클럽회원.

feuillantine² [fœjɑ̃tin] n.f. ① = feuillantine¹. ② 《요리》리프파이 (과자의 일종).

feuillard [fœjaːr] n.m. ①(겨울 사료용의)잎달린 가지. ②(나무통의 테로 쓰이는)얇게 쪼갠 가지; (나무통에 쓰이는)쇠띠(~ de fer).

‡feuille [fœj] n.f. ①나뭇잎;《문어》꽃잎;《장식용 조각의》잎. matière colorante des ~s 엽록소. arbre à ~s persistantes (caduques) 상록〔낙엽〕수. trèfle à quatre ~s 네잎클로버. ~s mortes 낙엽. ~s de vigne (나체조각·그림의 음부를 가리는)포도잎 장식. *Il s'en ira avec les ~s.* 그의 병은 가을을 넘기기 어려울 것이다. *tomber en ~ morte* 《항공》비행기가 낙엽 떨어지듯 하강하다. ②(금속·나무·광물의)얇은 조각(판);《옛》얇은 판자; 톱날. ~ de contre-plaqué 합판(合板). ~ anglaise 고무 입힌 천〔판자〕. ~ de boucher 식칼. ③종이장, (종이)한 장. une ~ de papier 종이 1 장. endroit〔revers〕 de ~ 종이의 겉〔안〕. ~ blanche〔vierge〕 백지. assemblage de ~s (편지 따위의)철(綴), 공책, 책. ④(각종의)전표; 인쇄된 종이; 정기 간행물 (~ *périodique*), 신문. ~ *de paye* 지불전표. ~ *de versement* 《은행》불입전표. ~ *d'impôts* 납세고지표. ~ *de présence* 출석표. ~ *de température* 《의학》체온표. ~ *d'épreuve* 《인쇄》교정쇄(校正刷). *bonnes* ~s (교정이 완료된)본쇄(本刷). ~ *d'audience* 《법》(민사소송법의)변론조서; (형사소송법의)심문조서. ~ *de route* 화물운송장;《군사》이동명령서. ~ *de service* 《군사》근무명부. ~ *quotidienne* 일간지. ~ *locale* 지방신문. ~ *volante* (*mobile*) 한 장짜리 인쇄물. ~ *de chou* 《구어》삼류신문, 시시한 잡지; 질이 나쁜 담배. ⑤《속어》귀. *être dur de la* ~ 귀가 약간 어둡다. ⑥《예》연령; 연수. *vin de trois* ~s 3년이나 된 포도주.
trembler comme une ~ (추위·두려움 따위로)부들부들 떨다.

feuillé(e¹) [fœje] a.p.《예》잎이 달린;《건축》잎무늬 장식의. *colonne* ~*e* 잎무늬로 조각된 원주. ―― *n.m.* 《건축》(잎)장식;《미술》(풍경화의)나뭇잎 부분; 나뭇잎의 묘사법.

feuille-de-sauge [fœjdəsoːʒ] (pl. ~s-~-~) n.f. 외과용 메스(bistouri).

feuillée² n.f. ①우거진 나뭇잎; 나뭇잎 그늘; 잎이 우거진 나뭇가지로 만든 암자(ramée). ②(누에의 사료용)잎을 따기. *faire la* ~ (사료용의)나뭇잎을 따다. ③ (pl.) 야영용 변소.

feuille-morte [fœjmɔrt] a.《불변》낙엽 빛깔의, 황갈색을 띤. ―― *n.m.* 낙엽 빛깔.

feuiller [fœje] v.i.《드물게》잎이 돋아나다. *arbre qui commence à* ~ 잎이 돋아나기 시작한 나무.
―― v.t. (판자 따위에)홈을 파다.

feuilleret [fœjrɛ] n.m. 쪽매대패.

feuillet [fœjɛ] n.m. ①(접은 종이의)각 면, (책의)한 장(2페이지). *les deux faces d'un* ~ 한 장의 양면. *tourner les* ~*s d'un livre* 책의 페이지를 넘기다. ②《신고용》용지. ~ *à souche* 원부(原簿)달린 용지. ③(나무·금속의)얇은 판자, 박판. ④엽위(葉胃)(반추동물의 네 번째의 위). ⑤《인쇄》인터릿(조판에 있어 행간의 넓이를 조절하기 위해 삽입). ⑥《식물》태엽(胎葉), 태아(胎芽); 《지질》엽층(葉層); 《전기》층. ~ *magnétique* 자층(磁層).

feuilletage [fœjtaːʒ] n.m. ①《요리》밀가루 반죽에 버터를 발라 얇게 펴서 겹쳐 놓기 (구워지면 잎모양으로 부풀음); 껍질이 얇게 벗겨지는 과자. ②(책·신문의 페이지를)넘기기.

feuilleté(e) [fœjte] a.p.《요리》얇게 겹쳐진; 층상(層狀)의. *pâte* ~*e* 버터를 발라서 얇게 겹쳐진 반죽. *verre* ~ 충상암석. *verre* (*pare-brise*) ~ 얇은 유리판을 겹쳐 만든 유리 (자동차 앞 창). ―― *n.m.* 파이(feuillantine).

feuilleter [fœjte] 5 v.t. ①(페이지를)넘기다; 대강 훑어보다 (*parcourir*). ~ *un livre avant de l'acheter* 책을 사기 전에 대강 훑어보다. ② ~ *de la pâte* 《요리》밀가루 반죽에 버터를 발라 여러 폭으로 겹쳐놓다 (구우면 잎 모양으로 부풀음).

feuilletis [fœjti] n.m. ①《잠առ암의》박리면(剝離面). ②(금강석 따위의)가장자리 능각(稜角).

feuilleton [fœjtɔ̃] n.m. (신문의)문화란; 문화면에 실린 글; 신문(연재)소설(*roman*-~); (라디오·텔레비전의)연속극. ~ *dramatique* (*musical*) (신문의)연극(음악)란(평). *C'est tout un* ~! 《구어》그야말로 소설 같은 이야기다! *publier un roman en* ~ 소설을 신문에 연재하다.

feuilletoniste [fœjtɔnist] n. (신문의)문화면 담당자; 신문소설가.

feuilleton(n)esque [fœjtɔnɛsk] a. 신문소설의, 신

문소설과 같은; 오락적인, 대중적인.
feuillette[^1] [fœjɛt] *n.f.* 《옛》(약 114~140 리터들이).
feuillette[^2] *n.f.* 작은 잎.
feuillettement [fœjɛtmɑ̃] *n.m.* 《드물게》(페이지를)넘기기; 대강 읽기.
feuillir [fœji:r] *v.i.* 《드물게》잎이 나다.
feuillu(e) [fœjy] *a.* 잎이 무성한(touffu). chêne ~ 잎이 무성한 참나무. arbre ~ 활엽낙엽수.
——*n.m.pl.* 활엽(闊葉)낙엽수.
feuillure [fœjy:r] *n.f.* 〖건축〗(창·문을 끼워 넣는)홈(→ porte 그림).
feulement [fœlmɑ̃] *n.m.* (호랑이의)으르렁거리는 소리; (고양이의)울음소리.
feuler [fœle] *v.i.* (호랑이가)으르렁대다; (고양이가)울다.
feurre [fœ:r] *n.m.* 《옛·사투리》보릿짚.
feutier [føtje] *n.m.* ① 《옛》(궁전·대저택의)난방 책임자. ② 《종교》 촛불 책임자.
feutrage [føtra:ʒ] *n.m.* ① 펠트 만들기, 펠트 가공; 《집합적》펠트류(類). ② 펠트 씌우기. ③ (안장·의자 따위에)속을 넣기.
feutre [fø:tr] *n.m.* ① 펠트, 전(氈); 펠트 제품. ② 펠트 모자(chapeau de ~). homme coiffé d'un ~ 펠트 모자를 쓴 남자. ③ 〖식물〗솜털. ④ (안장 따위에 넣는)속.
feutré(e) [føtre] *a.p.* ① 펠트로 만든; 펠트 비슷하게 만든. ② 펠트를 넣은, 펠트를 씌운. ③ (옷이)닳아 해진. ④ 조용한, 조심스러운(étouffé). marcher à pas ~s 조심스런 걸음걸이로 걷다.
feutrer [føtre] *v.t.* ① (양모를)펠트로 만들다. ② 펠트로 씌우다; (안장·의자 따위에)속을 넣다. ③ 《비유적》(소리를)죽이다, 억누르다.
——*se* ~ *v.pr.* 펠트가 되다.
feutrier(ère) [føtrije, -ɛ:r] *a.* 펠트를 만드는; 펠트 제조에 적합한. ——*n.m.* 펠트 제조인.
feutrine [føtrin] *n.f.* 매우 딱딱한 펠트로 된 모직.
fév. 《약자》février 2월.
fève [fɛ:v] *n.f.* ① 〖식물〗잠두; 잠두의 열매, 누에콩. ~ d'Arabie 커피 열매. ② ~ des Rois 주현절(主顯節)의 잠두《주현절에 내놓는 과자(gâteau de la ~)안에 사기로 된 잠두가 들어 있어 이것을 씹은 사람이 그날의 왕이 됨》. trouver la ~ 주현절의 잠두를 찾다; 재수 좋게 걸리다. ③《구어》(누에·벌레의)번데기. ④(말)구개종(口蓋腫).
donner un pois pour avoir une ~ 《구어》새우로 잉어를 낚다. *rendre à qn* ~ *pour pois* …에게 호되게 되갚음하다, 되로 받고 말로 갚다.
féverol(l)e [fɛ(e)vrɔl] *n.f.* 〖식물〗잠두의 일종.
févier [fevje] *n.m.* 〖식물〗쥐엄나무속(屬).
*****février** [fevrije] *n.m.* 2월. *journées de F*— 〖프랑스사〗2월 혁명의 3일간《*Louis-Philippe*의 실각으로 1848년 2월 22~24일》.
fez [fɛ:z] *n.m.* 《복수불변》터키 모자.
fezzan(e) [fɛ(e)zɑ̃, -an] *a.* ① 페잔(*Fezzan*, 리비아의 지방)의. ②《옛》페즈(*Fez* [fɛ:z], 모로코의 도시)의. ——**F**— *n.* 페잔 사람.
FF《약자》franc français 프랑스 프랑.
F.F.C.《약자》Forces françaises combattantes 프랑스 전투부대《1942년 프랑스 피점령지역에서 활동한 조직으로 *de Gaulle*이 명명》.
F.F.I.《약자》Forces françaises de l'Intérieur 프랑스 국내 항독군(抗獨軍).
F.F.L.《약자》Forces françaises libres 프랑스 자유군.
F.F.L.T.《약자》Fédération française de Lawn-Tennis 〖스포츠〗프랑스 테니스 연맹.
fg.《약자》frigorie 프리고리《칼로리의 단위》.
F.G.《약자》frais généraux 〖경제〗총경비.

F.G.S.《약자》Fédération gymnastique et sportive 체육·운동경기 연맹.
fi [fi] *int.* 채, 피, 제기《혐오·멸시·기피 따위를 나타냄》(pouah). faire ~ de *qc* …을 경멸하다.
F.I.A.《약자》① Fédération internationale d'astronautique 국제우주비행연맹. ② Fédération internationale de l'automobile 국제자동차연맹.
fiabilité [fjabilite] *n.f.* (기계 따위의)신뢰도, 안전도; (제도·방법·기획의)신뢰도〖성〗; (사람의)신뢰도. essai de ~ 안전도 시험. ~ d'une nouvelle méthode anticonceptionnelle 새 피임방법의 확실성〖신뢰성〗.
fiable [fjabl] *a.* (기계 따위가)신뢰할 수 있는; (제도·방법, 기획 따위가)신뢰할 만한; (사람이)믿을 만한, 신임할 수 있는. informations ~s 믿을 만한 정보. méthode de diagnostic suffisamment ~ 충분히 신뢰할 만한 진단법.
fiacre [fjakr] *n.m.* ① 삯마차. ②《옛》삯마차의 마부(cocher de ~). chanter comme un ~ 《구어》서투르게 노래하다. jurer comme un ~ 더러운 욕을 퍼붓다.
fiançailles [fjɑ̃sa:j] *n.f.pl.* ① 약혼, 약혼식. bague de ~ 약혼반지. ②《비유적》(회사·정당간의)합작〖제휴〗계획.
fiancé(e) [fjɑ̃se] *a.p.* 약혼한. ——*n.* 약혼자(promis).
*****fiancer** [fjɑ̃se] ② *v.t.* 약혼시키다. ~ *qn* à/avec *qn*] ~ sa fille à un ingénieur 딸을 기술자와 약혼시키다. ——*se* ~ *v.pr.* [se ~ à/avec *qn*] (와)약혼하다; (약혼자)서로 약혼하다. Il s'est fiancé avec la fille du patron. 그는 주인 딸과 약혼했다.
F.I.A.P.《약자》Fédération internationale de l'art photographique 국제사진연맹.
fiasco [fjasko] (*pl.* ~*s*)《이탈리아》*n.m.* (대)실패(échec). faire ~ 《구어》완전실패하다.
fiasque [fjask] *n.f.* (짚으로 싼 목이 길쭉한 이탈리아의)술병.
fiat [fjat] *n.m.* 《복수불변》〖심리〗피아트《의지의 결단을 나타내는 말로 *William James*가 사용한 술어》; 심사숙고 후의 결단; (신의)천지창조의 의지《~ lux 빛이 있으라》.
fibran(n)e [fibran] *n.f.* 인조 양모.
fibration [fibrasjɔ̃] *n.f.* (잎 따위의)섬유 조직.
fibre [fibr] *n.f.* ① (생물체의)섬유; (직물의)섬유. ~*s* nerveuses 신경섬유. ~ minérale 인조섬유. ~ synthétique 합성섬유. ②《비유적》마음의 금선(琴線), 심금; 감수성, 기질. faire vibrer〖jouer〗la ~ patriotique 애국의 충정을 앙양시키다. avoir la ~ sensible〖délicate〗감수성이 예민하다. avoir la ~ paternelle 아버지로서의 감정을 가지고 있다, 아버지 노릇을 훌륭히 하다.
atteindre qn jusqu'aux ~*s* …에게 마음속 깊이 감동〖충격〗을 주다.
fibre-cellule [fibrəsɛlyl] (*pl.* ~*s*-~*s*) *n.f.* 〖해부〗섬유 세포.
fibreux(se) [fibrø, -ø:z] *a.* 섬유가 있는. tissu ~ 섬유 조직.
——*n.f.* 섬유 분리기.
fibrillaire [fibri(l)lɛ:r] *a.* 작은 섬유〖가는 줄〗로 된.
fibrillation [fibri(l)lasjɔ̃] *n.f.* 〖의학〗심장근(筋)의 불규칙적인 수축.
fibrille [fibrij] *n.f.* 〖생리〗작은 섬유.
fibrilleux(se) [fibri(l)lø, -ø:z] *a.* 작은 섬유로 된. tissu ~ 작은 섬유 조직.
fibrine [fibrin] *n.f.* 〖화학〗섬유소, 피브린.
fibrineux(se) [fibrinø, -ø:z] *a.* 섬유소로 된, 섬유소를 함유한.
fibrinogène [fibrinɔʒɛn] *n.m.* 〖생화학〗피브리노겐.

fibrinolyse [fibrinɔliz] *n.f.* 【생리】 섬유소 용해.
fibrocartilage [fibrokartila:ʒ] *n.m.* 【해부】 섬유 연골(軟骨).
fibrociment [fibrɔsimɑ̃] *n.m.* (시멘트와 석면섬유로 된)섬유 시멘트.
fibroïde [fibrɔid] *a.* 섬유상(狀)의. —*n.m.* 【의학】 유(類)섬유종(腫).
fibroïne [fibrɔin] *n.f.* 【생화학】 피브로인.
fibromateux(se) [fibrɔmatø, -øːz] *a.* 【의학】 섬유증(증)의. —*n.* 섬유종증 환자.
fibromatose [fibrɔmatoːz] *n.f.* 【의학】 섬유종증.
fibrome [fibrom] *n.m.* 【의학】 섬유종(腫).
fibromyome [fibrɔmjom] *n.m.* 【의학】 근육·섬유조직의 양성 종양.
fibroscope [fibrɔskɔp] *n.m.* 내시경(內視鏡)(유리섬유의 투명성과 유연성을 이용한 것).
fibule [fibyl] *n.f.* (고대 의복에 사용되던)훅단추, 브로치.
fic [fik] *n.m.* 【수의】 (말에 생기는)사마귀, 혹.
ficaire [fikɛːr] *n.f.* 【식물】 미나리아재비의 일종.
-fication *suff.* 「…하기, …화(化)」의 뜻 (-fier로 끝나는 동사의 명사형을 만듦 : puri*fier* 정화하다 → puri*fication* 정화).
ficelage [fisla:ʒ] *n.m.* 끈으로 묶기 ; 《집합적》(물건을 묶는)끈.
ficelard [fisla:r] *n.m.* 《속어》노련한(숙달한) 사람.
ficelé(e) [fisle] *a.p.* ① 《구어》 묶은, paquet ~ 끈으로 묶은 소포. ② 《구어》(경멸)옷을 입은(fagoté) ; 정돈된, 배열된. être bien[mal] ~ 옷차림이 좋다[나쁘다]. Elle est ~*e* comme quatre sous. 그녀는 형편없는 옷차림을 하고 있다. travail bien ~ 솜씨좋게 해낸 일.
ficeler [fisle] [5] *v.t.* ① 끈으로 매다[묶다]. ~ un paquet 소포를 끈으로 묶다. Ils *l'ont ficelé* des pieds à la tête. 그들은 그를 발 끝에서 머리 끝까지 꽁꽁 묶었다. ② 《구어》《주로》되는대로 옷을 입히다 (fagoter). —**se** ~ *v.pr.* 《속어》옷을 입다.
ficeleur(se) [fislœːr, -øːz] *n.* 짐꾸리는 사람. —*n.f.* 짐을 묶는 기계.
ficelier [fisəlje] *n.m.* ① 끈 감는 기계. ② 끈 만드는 직공(업자) ; 끈을 파는 가게. ③ 기교파 화가(작가) ; 대성공을 바라는 배우.
***ficelle** [fisɛl] *n.f.* ① 끄나풀, 끈, 가는 줄. lier avec des ~s 끈으로 묶다. ② (인형극의 인형을 조종하는)끈 ; 《예술·작업상의》비결, 기교(truc), connaître toutes les ~s d'un métier 어떤 직업의 모든 요령(비결)을 알다. tirer(tenir) les ~s 뒤에서 조종하다. 《군대속어》(군복의)계급줄, 수장(袖章) ; 포승, 수갑. ④ 가늘고 긴 빵.
casser la ~ 《속어》이혼하다.
—*a.* 《속어》교활한, 농간을 잘 부리는.
ficellerie [fisɛlri] *n.f.* 끈 제조소.
ficellier [fisɛ(e)lje] *n.m.* = **ficelier**.
fichaise [fiʃɛːz] *n.f.* 《속어》하찮은 것[일].
fichant(e) [fiʃɑ̃, -ɑ̃ːt] *a.* ① 《군사》직사(直射)하는, ② 《예·속어》불쾌한, 귀찮은, 비위에 겨슬리는 (ennuyeux).
fiche [fiʃ] *n.f.* ① 못, 쐐기 ; 마개 ; 【전기·전화】 플러그(~ d'alimentation) ; 【측량】 측침(測針)(~ d'arpenteur). ~s de portes(de fenêtres) 문[창]의 경첩. ② 종이쪽지 ; 표 ; 전표 ; 카드 ; 점표, 꼬리표 ; (현미경의)표본 지지판. ~ médicale 진찰카드, 카르트. consulter les ~s d'une bibliothèque 도서관의 색인 카드를 찾다. jeu de ~s 카드 색인. mettre qc en[sur] ~ …을 카드에 기입하다. ~ de police(드텔)의 숙박부. remplir une ~ à l'hôtel 호텔에서 숙박부에 기입하다. ③ 【카드놀이】 점수를 계산하는 상아조각, 카운터. ~ de consolation (노름·경기 따위에 진 사람에게)위로조로 주는 변상 ; 《구어》(실패에 대한)작은 변상, 위로.

ficher [fiʃe] *v.t.* ① 《구어》(못·쐐기 따위를)박다 (clouer) ; 처박다, 쑤셔넣다(enfoncer). ~ un pieu en terre 말뚝을 땅에 박다. ② 《구어》(비어 foutre의 대용어로서, 과거분사는 fichu ; 부정법은 보통 fiche) 내던지다 ; 두다(mettre) ; 주다(donner) ; 《속어》하다(faire). Où faut-il le ~? 그것을 어디 두어야 하나? ~ qn par terre …을 땅바닥에 내던지다. ~ le camp 도망치다. Il n'a rien fichu. 그는 아무것도 하지 않았다. ne pas en ~ [fiche] un coup [une rame, une secousse] 손가락 하나 까딱하지 않다. ③ (눈길을)쏟다, 응시하다. ~ les regards sur qn …을 뚫어지게 바라보다. ④ 카드에 기록하다 ; (사람을)블랙리스트에 올리다. Il *est fiché* à la Préfecture. 그는 경찰국의 블랙리스트에 올려져 있다.

~ qn à la porte …을 내쫓다.
Fichez-moi la paix! 《구어》귀찮게 굴지 마 ! 쓸데없는 참견 마 !
Il n'en fiche pas lourd. 그는 일에 열성이 없다.
Je t'en fiche! 그럴 리가 있나 ! (내가 잘못 생각한 거야).
Je t'en ficherai ; On t'en fichera. 《반어적》네겐 그것을 앞으로는 안줄 것이다.
Qu'est-ce que ça fiche? 그런게 무슨 상관이야.
Va te faire fiche! 그럴 리가 있나 ! 어림도 없다 ! Je croyais qu'il arriverait à la fin de son discours, mais, *va te faire fiche!* il a parlé encore une demi-heure. 나는 그의 연설이 끝나가는 줄 알았었다, 그런데 웬걸 ! 반시간이나 또 얘기하더군.
—**se** ~ *v.pr.* ① 자기의 …에 집어넣다. se ~ une idée dans la tête 어떤 생각을 깊이 간직하다. ② 《구어》몸을 던지다, 쓰러지다 ; (어떤 상태가)되다 (se mettre). se ~ par terre 땅에 몸을 내던지다, 쓰러지다. Il *s'est fichu* en colère. 그는 화를 내기 시작했다. ③ 《속어》[se ~ de qn/qc] (을)무시하다, 개의치 않다(se moquer de). Il *se fiche* complètement *de* mes conseils. 그는 내 충고 따위는 완전히 무시해버린다. *Ce que je m'en fiche!* 문제거리도 안 된다, 제멋대로 되라지 ! 될대로 되라지 ! 아무러면 어때 ! (*Ça m'est égal*).

ficheron [fiʃrɔ̃] *n.m.* 머리에 구멍 뚫린 볼트.
fichet [fiʃɛ] *n.m.* 【놀이】 (트릭트락(trictrac)에서 구멍에 집어넣는)상아전(象牙栓).
fichier [fiʃje] *n.m.* 카드함 ; 색인표.
fichiste [fiʃist] *n.* 카드정리계(정리계).
fichoir [fiʃwaːr] *n.m.* 《드물게》빨래집게.
fichtre [fiʃtr] *int.* [fiche와 foutre가 겹친 말]《속어》〔놀람·고통·감탄〕저런 ! 이럴 수가 ! ②〔강조〕F~ non! 천만에 ! F~! je ne le ferai pas! 난 하지 않겠단 말야 !
fichtrement [fiʃtrəmɑ̃] *ad.* 《속어》굉장히, 엄청나게, 무척.
fichu¹(e) [fiʃy] (*p.p.<ficher*) ① 《명사앞에서》《구어》불쾌한, 견딜 수 없는, 지독한 (détestable, mauvais) ; 저량한. Quel ~ temps! 고얀한 날씨군. ② 틀려먹은, 끝장난, 결딴난(condamné, perdu). Il est ~. 그는 볼장 다 본 사람이다. Tout est ~. 만사 끝장이다. ③ 《명사 앞에서》적지않은, 엄청난. ~ *e* différence 엄청난 차이. ④ [être ~ de+*inf.*] ⓐ 《보통 부정형으로 쓰임》…할 수 있다. n'être pas ~ de+*inf.* …할 수 없다. ⓑ 《가능성을 나타냄》 …할지도 모르다, 아마 …할 것이다. Il *est* ~ *d'arriver en retard*. 그는 아마 늦게 오리라.
être bien ~ 훌륭한 옷차림을 하고 있다 ; (물건이)잘 만들어지다. *être* ~ *comme quatre sous* (*comme*

l'as de pique) 초라한 옷차림을 하고 있다. **être mal ~** 〖구어〗건강이 나쁘다; 옷차림이 허술하다.
fichu² *n.m.* (부인용의)세모꼴 숄, 네커치프(châle).
fichûment [fiʃymɑ̃] *ad.* 〖속어〗=**fichtrement.**
ficoïde [fikɔid] *n.f.* 〖식물〗 사철채송화속(屬).
fictif(**ve**) [fiktif, -i:v] *a.* ① 상상의, 허구의, 가공의, 가설의(imaginaire). personnage ~ 가공의 인물. combat ~ 모의전(戰). ② 겉뿐인, 가장된(faux, feint). promesses ~*ves* 거짓 약속. ③ 〖법〗 협정에 의한, 명의상의. facture ~*ve* 〖상업〗 견적장. personne ~*ve* 〖법〗 법인. valeur ~*ve* 〖상업〗 명목가격.
fiction [fiksjɔ̃] *n.f.* ① 가상, 허구(imagination); 가상의 이야기[작품]. vivre dans la ~ 상상 속에서 살다. œuvre de ~ 소설. ②〖옛〗허위, 거짓. ③ 〖법〗 약속, 협정; 의제(擬制).
<u>REM</u> -**fiction**은 접미사처럼 사용되어 "공상적·미래의"등의 뜻을 나타낸다. science-*fiction* 공상과학 소설(을)을 위시하여 근래 많은 신어가 만들어졌음.; politique-*fiction* 미래의 (공상적)정치. urbanisme-*fiction* 미래의 도시계획(형태).
fictionnaire [fiksjɔnɛːr] *a.* 〖법〗 의제(擬制)에 의한; 가설의.
fictivement [fiktivmɑ̃] *ad.* 상상적으로, 가공적으로; 〖법〗 의제적(擬制的)으로.
ficus [fikys] *n.m.* 〖식물〗 =**figuier.**
fidéicommis [fideikɔmi] *n.m.* 〖로마법〗 신탁, 신탁유증(遺贈). 〖법〗 개입(介入)유증[증여].
fidéicommissaire [fideikɔmisɛːr] *n.m.* ① 〖법〗 신탁수익자(受益者). ② 〖로마법〗 신탁유증의 수익자.
fidéicommisser [fideikɔmise] *v.i.* 신탁하다, 개입유증[증여]하다.
fidéisme [fideism] *n.m.* 〖종교〗 신앙주의(종교적 진리는 궁극적으로 계시와 신앙에 근거한다는 주장), 〖철학〗 신앙절대주의(실제 또는 신의 인식은 오성(悟性)에 의해서가 아니라 오직 신앙에 의해서만 가능하다고 주장함으로써 신앙을 철학의 기반으로 삼음).
fidéiste [fideist] *a.* 신앙주의의[신앙절대주의의]. — *n.* 신앙주의자, 신앙절대론자.
fidéjusseur [fideʒysœːr] *n.m.* 〖법〗 보증인.
fidéjussion [fideʒysjɔ̃] *n.f.* 〖법〗 보증, 담보.
fidéjussoire [fideʒyswaːr] *a.* 〖법〗 보증의, 담보의. engagement ~ 저당권 설립.
*****fidèle** [fidɛl] *a.* ①〖 ~ à *qn/qc*〗(에)충실한, 성실한 (dévoué, loyal); (약속·의무를)잘 지키는, (의견 따위의)변함없는, (주의·사상을)고수하는. ami ~ 성실한 친구. amour ~ 성실한[변함없는] 사랑. client ~ 단골 손님(고객). femme ~ (à son mari) (남편에)충실한 아내. ~ à sa parole 언약을 잘 지키는. Il est ~ à sa jeunesse. 그는 젊었을 때와 꼭 같다(같은 사상을 가지고 있다). ② (사실에)충실한, 정확한(exact). mémoire ~ 정확한 기억. traduction ~ 원문에 충실한 번역. historien ~ 사실에 충실한 역사가. ③ 신앙심이 두터운.
—*n.* ① 충실한 사람, 신봉자. ~s du gouvernement 정부 지지자. ② 팬, 열성자; (상점 따위의) 고객. ~ des concerts du samedi 토요 음악회의 팬. ③ (*pl.*) 〖종교〗 신자.
fidèlement [fidɛlmɑ̃] *ad.* ① 충실히. ~ vôtre (편지 말미에)올림, 근백. ② 정확히.
fidélité [fidelite] *n.f.* ① 충실, 성실(dévouement); 충성(loyalisme); 정숙, 정개; (주의·사상의)변함없음, 고수, 집착(attachement). [~ à] ~ à ses amis 친구에 대한 충실. ~ à ses promesses 약속을 충실히 지키는. ~ à ses convictions 신념의 고수.

~ conjugale 〖법〗 부부간의 정절. ②(사실에 대한)충실, 정확. traduire avec ~ 정확하게(원문에) 충실하게]번역하다. ~ des poids et mesures 계량의 정확함. ③ 〖기술〗 충실도, 성능. chaîne haute-~ 하이파이 스테레오(장치).
F.I.D.E.S. 〖약칭〗Fonds d'investissement pour le développement économique et social 경제사회 개발 투자기금.
Fidji [fidʒi] *n.pr.* îles — 〖지리〗 피지 군도.
fidjien(**ne**) [fidʒjɛ̃, -ɛn] *a.* 피지 군도의. —**F**~ *n.* 피지 사람.
fiduciaire [fidysjɛːr] *a.* ① 신탁의, 신탁된. ②(지폐의)신용발행의. circulation ~ 지폐의 유통. monnaie ~ 유통지폐. —*n.m.* 피신탁자.
fiduciairement [fidysjɛrmɑ̃] *ad.* 〖법〗 신용사용에 의해서.
fiducie [fidysi] *n.f.* 〖법〗 (채권자가 확보한)담보.
fiduciel(**le**) [fidysjɛl] *a.* 〖천문〗 기준(基準)의; ~ électoral 선거의 기반.
fief [fjɛf] *n.m.* ① (봉건 시대의)봉토(封土), 영지. ② (비유적) (선거 따위의)지반; 전문분야(domaine). ~ électoral 선거의 지반.
fieffataire [fjɛfatɛːr] *n.* 〖옛〗〖법〗 봉토 수령자.
fieffé(**e**) [fjɛ(e)fe] *a.p.* ① 봉토로 된[가] 주어진. noble ~ (봉토를 받은)봉건귀족. ②〖구어〗〖경멸〗지독한, 흉악한. ~ coquin; coquin ~ 소문난 깡패. ivrogne ~ 지독한 주정꾼.
fieffer [fjɛ(e)fe] *v.t.* 봉토로서 주다; (에게)봉토를 주다.
fiel [fjɛl] *n.m.* ① 담즙, 쓸개즙. ②(비유적) 쓰라림, 고통. ~ de la vie 인생의 고난. ③〖구어〗악의, 원한, 불만; 비꿈. n'avoir point de ~ 악의가 전혀 없다. discours plein de ~ 독설(毒舌). épancher son ~ (sur) (…에게)불만(울분)을 터뜨리다. ④ ~ de terre 〖식물〗 ⓐ =**fumeterre.** ⓑ 수레국화 류(類).
field [fjɛld] (*pl.* ~*e*) *n.m.* (노르웨이의)고원상산정(高原狀山頂)(fjeld).
fielleux(**se**) [fjɛlø, -ø:z] *a.* ① 담즙(쓸개즙)의, 쓴. ② 빙정적는; 가시돋힌; 원한 품은. langage ~ 가시돋힌 언사.
fiente [fjɑ̃:t] *n.f.* (짐승의)똥.
fienter [fjɑ̃te] *v.i.* (짐승이)똥싸다.
fienteux(**se**) [fjɑ̃tø, -ø:z] *a.* 똥으로 덮인.
*****fier¹**(**ère**) [fjɛːr] *a.* ①〖 ~ de 〗(을)자랑스럽게 생각하고 있는. être ~ de sa fille 딸이 자랑스럽다. Elle est ~*ère* de sa beauté. 그녀는 자기의 미모를 뽐낸다. [~ de + *inf.*] Il est tout ~ d'avoir réussi. 그는 성공한 것을 몹시 뽐내고 있다. ② 거만한, 자부심이 강한, 오만한(arrogant, insolent). homme ~ 자존심이 강한 사람. ~ comme Artaban [un paon, un coq] 지극히 오만한. Tu ne me dis pas bonjour? Je te trouve bien ~ aujourd'hui. 넌 만나도 인사조차 없군. 오늘 꽤 거만해 보이는데.[특히 부정형으로] Il n'est pas ~. 그는 거만스럽지 않다. ③〖구어〗(명사 앞에서) 대단한, 지독한. ~ coquin 이름난 악한. ④〖옛〗〖미술〗 대담한.
—*n.* 오만한 사람. faire le ~ [la ~*ère*] 거만떨다.
<u>REM</u> **fier** 타인과 쉽게 친숙해질 수 없을만큼 품위 있는, 때로는 오만한 (좋은 뜻으로는 「긍지 높은」). **orgueilleux** 자기를 과신하며 자만하는 태도. **hautain** 타인을 내려보는 오만한. **insolent** 자기 윗사람을 욕되게하는 오만한. **impertinent** 우쭐해서 상대에 대해 실례를 범함[우스꽝스러움을 수반). **arrogant** 근거없는 소망을 뽐내는 태도.
fier² [fje] *v.t.* 〖옛〗맡기다, 일임하다(confier).
—**se** ~ *v.pr.* [se ~ à/〖옛〗en/sur] (을)신용[신뢰]하다, 믿다, 기대하다. Fiez-vous à moi. 나를

-fier *suff.* 「(로)만들다,(로)변형시키다」의 뜻으로 동사 형성 어미.

fier-à-bras [fjerabra] (*pl.* ~(s)-~-~) *n.m.* 《옛》허세부리는 사람.

fièrement [fjɛrmɑ̃] *ad.* ① 자랑스럽게. ② 거만하게, 자만스럽게. ③《옛》굉장히, 무척 (extrêmement); 훌륭하게, 용감하게 (courageusement). ④《옛》《미술》대담하게.

fiérot(e) [fjero, -ɔt] *a.*《드물게 *f.* fiérotte》거만한, 건방진. —*n.* 거만한 (사람). faire le ~ 거만떨다.

fierte [fjɛrt] *n.f.*《옛》(성인 특히 *Saint Romain* 의) 성유물 용기.

fierté [fjɛrte] *n.f.* ① 자랑, 자존심, 긍지, 고결. tirer ~ de qc …을 자랑스럽게 여기다. C'est sa ~. 이것이 그의 자랑거리이다. avoir la ~ de+*inf.* 도도하게 [당당하게] ~하다. ② 오만, 자만심. rabattre la ~ de qn …의 콧대를 꺾다. Il montre trop de ~ avec ses amis. 그는 친구들에 대해 지나치게 거만을 떤다. ③《미술》(필치의) 대담성, 대범함. ④《옛》사나움, 만용(蠻勇).

fiesta [fjɛsta]《에스파냐》*n.f.* ① 축제. ②《속어》오락 파티, 연회; 들놀이, 피크닉.

fieu [fjø] (*pl.* ~**x**) *n.m.* ①《사투리》아들. ②《속어》놈, 녀석.

*****fièvre** [fjɛ:vr] *n.f.* ① 열; 열병. petite [forte] ~ 미열 [고열]. avoir (de) la ~ 열이 있다. les ~s (말라리아의 따위) 간헐 열. ② 흥분. ~ scarlatine 성홍열(猩紅熱). ~ de cheval《구어》심한 열, ~s cérébrales 뇌막염. ~ de croissance 골수염 (ostéomyélite). ② 열광, 흥분 (agitation); 열렬한 취미 (passion). ~ des timbres-poste 우표 수집열 [취미]. ~ de la rampe (무대 앞 가장자리에서의) 흥분된 열기. ③ (싸움·논쟁의) 최고조, 절정. dans la ~ de la mêlée 접전이 최고조에 달했을 때. donner la ~ à qn …에게 공포를 주다.

fiévreusement [fjevrøzmɑ̃] *ad.*《비유적》열광적으로, 열에 들뜬 듯이 (fébrilement).

fiévreux(se) [fjevrø, -ø:z] *a.* ① 열이 있는; 열나게 하는; 열병을 일으키는. se sentir ~ 열이 있는 것을 느끼다. ② 열광적인, 흥분된 (agité); 불안한 (inquiet). foule ~se 흥분된 군중. attente ~se 마음이 조마조마한 [초조한] 기다림.
—*n.* 열병 환자.

fiévrotte [fjevrɔt] *n.f.*《구어》미열(微熱). =**fifrelin**.

fiferlin [fifɛrlɛ̃] *n.m.* =**fifrelin**.

fifi [fifi] *n.m.* 아가야 (사내아이·새에 대한 애칭).

fifi *n.m.*《속어》국내 프랑스군 (F.F.I.).

fifille [fifij] *n.f.*《구어》소녀, 계집애.

fiflot [fiflo] *n.m.*《속어》보병.

fifre [fifr] *n.m.* ① 피리. ② 피리부는 사람. ③ grand ~《구어》홀쭉이.

fifrelin [fifrəlɛ̃] *n.m.*《옛·구어》하찮은 것; 한 푼 (sou). Cela ne vaut pas un ~. 한푼의 [아무런] 가치도 없다.

fifrer [fifre] *v.i.* 피리를 불다. —*v.t.* 피리로 알리다.

fifty-fifty [fiftififti] 《구·*a.ad.* 반반의, 반절씩. partager [faire] ~ 절반으로 나누다.

fig.《약자》figure 그림, 도면.

figaro [figaro] *n.m.*《구어》이발사; 책략에 능한 하인 (Beaumarchais 의 *Le Barbier de Séville* 중의 인물명에서).

figé(e) [fiʒe] *a.p.* 움직이지 않는, 굳은, 응고된 (immobile). sang ~ 응고된 피. sourire ~ (웃음이 그대로 멈춘)굳은 미소, 억지웃음. regard ~ 얼어붙은 [고정된] 시선. ~ sur place 그 자리에 꼼짝도 하지 않는. société ~e 경직된 사회. expression [locution] ~e《언어》성구(成句), 숙어.

figement [fiʒmɑ̃] *n.m.* 엉김, 응결(凝結), 응고 (congélation).

figer [fiʒe] ③ *v.t.* ① (피·기름 따위를) 엉기게 하다, 응결시키다; (피를) 얼리다. ~ un liquide 액체를 응결시키다. cris d'effroi qui me *figent* le sang 피를 얼어붙게 하는 [몸이 오싹해지는] 공포의 소리. ② 꼼짝 못하게 하다 (immobiliser, pétrifier). L'épouvante le *figea* sur place. 공포 때문에 그는 꼼짝도 못했다. être *figé* dans une idée fixe《비유적》고정관념에 사로잡혀 있다.
— se ~ *v.pr.* ① 엉기다, 응결 [응고] 되다; (피가) 얼어붙다. comme si le sang se figeait dans ses veines 마치 혈관 속에서 피가 얼어붙기라도 한 듯 (추위 때문에). Son sang se *fige*. 《문어》(피가 얼어붙듯)공포로 몸이 오싹해진다. ② 꼼짝하지 않다, 움직이지 않다. se ~ au garde-à-vous 차렷 자세로 꼼짝도 않다. Dès qu'il m'aperçut, son sourire se *figea*. 나를 보자마자 그의 미소가 굳어졌다. se ~ dans une attitude《비유적》어떤 태도를 완고하게 고수하다.

figne [fiɲ] *n.m.*《속어》궁둥이.

fignolage [fiɲɔlaːʒ] *n.m.*《구어》공들이기, 마무리, 맵시내기.

fignoler [fiɲɔle] *v.i.*《구어》공을 들이다. —*v.t.* 공들여 손질하다 [만들다], 정성들여 가꾸다 (lécher). ~ un texte 문장을 공들여 손질하다.
— se ~ *v.pr.* 맵시를 내다.

fignoleur(se) [fiɲɔlœːr, -øːz]《구어》*a.* 공들이는. —*n.* 공들이는 사람.

figue [fig] *n.f.* ①《식물》무화과. ② ~ de Barbarie 선인장 열매; ~ banane 요리용 큰 바나나. ③ ~ de mer《동물》우렁쉥이, 멍게.
Ce n'est ni ~ ni raisin. 좋은 점도 있지만 나쁜 점도 있다.
faire la ~ à qn《구어》…을 조롱하다.
mi-~, mi-raisin; 《옛》*moitié-~,* *moitié-raisin* 애매하게, 그 어느 편도 아닌; 좋기도 하고 싫기도 한 [나쁘기도 한]. sourire *mi-~, mi-raisin* 쓴웃음, 고소 (苦笑). accueil *mi-~, mi-raisin* 환대도 냉대도 아닌 그런 접대.

figue-caque [figkak] (*pl.* ~**s**-~**s**) *n.f.*《식물》감.

figuerie [figri] *n.f.* 무화과나무 밭.

figuier [figje] *n.m.*《식물》① 무화과나무. ② ~ d'Adam; bananier ~ 바나나나무; ~ de Barbarie (d'Inde) 선인장.

figulin(e¹) [figylɛ̃, -in] *a.* ① 흙으로 만든, 도체(陶製)의. ② 도기용의.

figuline² [figylin] *n.f.* 오지그릇, 도기(陶器).

figurable [figyrabl] *a.* 형체를 만들 수 있는, 형체를 만들기 쉬운.

figurant(e) [figyrɑ̃, -ɑ̃ːt] *n.* (극·영화·발레의) 단역 (端役);《비유적》조역, 들러리. avoir un rôle de ~ dans une conférence 회담에서 들러리 노릇을 하다. —*n.f.* (발레의) 댄서. —*a.*《옛》상징적인.

figuratif(ve) [figyratif, -iːv] *a.* 상형(象形)적인, 구상(具象)적인, 상징적인, 구상적인. ~ve 상형문자. peinture ~ve 구상화. —*n.f.*《언어》《격·시제·법 따위를 나타내는》기호. —*n.m.* 구상화 화가 [조각가].

figuration [figyrɑsjɔ̃] *n.f.* ① 형체로 나타내기, 상형(象形), 표시. ②《집합적》단역 배우. faire de la ~ 단역을 맡다.

figurativement [figyrativmɑ̃] *ad.* 형체로 나타내어; 상징적으로.

‡figure [figy:r] *n.f.* ① 형상, 외형, 형태; (회화·조각의)초상, 조상(彫像)(portrait, statue); 그림, 도형, 삽화(dessin, illustration); 표상, 상징. ~ humaine 인간의 형상. ~ de proue 선수상(船首像). peindre une ~ 초상을 그리다. distribution des ~s sur un tableau 그림 속의 인물의 배치. livre orné de ~s 삽화[도해]가 들어 있는 책. ② ⓐ 얼굴, 모습. être bien de ~ 얼굴이 곱다. avoir une ~ austère(énergique) 근엄한[정력적인] 모습을 하고 있다. avoir bonne ~ 안색이 좋다, 건강이 좋다. ⓑ 인물(personnalité). grandes ~s du passé 과거의 위인. grande ~ du monde politique 정계의 거물. ③ (카드의)그림패(《킹·퀸·잭 따위》). ④ 《무용》피겨. ~s libres(imposées) (피겨스케이트의)자유[규정]연기. ⑤ (말·사상 따위의)수식, 수사; 문채(文彩). ~s de mots 사자(詞姿)(《어중음(語中音) 첨가·음위(音位)전환 따위》). ~s modifiant le sens des mots 사조(詞藻)(《비유·환유·풍자 따위》). ~s de rhétorique 문채(《대조·양보·완곡·과장·의인화 따위》).
faire bonne ~ 훌륭히 보이다 (기대에 어긋나지 않게) 훌륭하게 처신하다.
faire ~ *de* …와 같이 보이다. maison qui *fait* ~ *de* château 성같이 보이는 집. Parmi eux, il *faisait* ~ *de* pauvre. 그들 속에서 그는 가난한 자로 보였다.
faire triste(piètre) ~ 처량한 꼴을 하고 있다, 시무룩하다.
faire sa ~ 《연극》분장하다.
jeter qc à la ~ *de qn* …을 …에게 내던지다; 정면으로 (모욕을) 퍼붓다.
prendre ~ 틀[형태]이 잡히다.

REM *figure* 얼굴의 생김생김, 용모의 뜻:jolie *figure* 예쁜 얼굴. *visage* figure와 똑같음. 단, 감정적 표현과 관계되고, 그 사람을 구별짓는 표시로도 사용:Son *visage* ne m'est pas inconnu. 어디선가 본 듯한 얼굴이다. *face* 사용도 낮음. visage를 전체로 보고, 그 모습의 특징적인 것을 표시:large *face* 넓죽한 얼굴. *faciès* 의학적 용어로, 용모의 특징을 표시:*faciès* mongol 몽고인 특유의 용모. *physionomie* 전체적 용모, 인상.

figuré(e) [figyre] *a.p.* ① 형체로 나타낸, 그림으로 표시된; (기념비 따위가)인물·동물의 모습을 새긴. plan ~ d'une maison 집의 도형(설계도). chapiteau ~ 사람·짐승이 새겨진 주두(柱頭). ② (뜻이)비유적인; (문체가)비유가 풍부한(imagé). 《음악》장식적인, 화려한. sens ~ 비유적 의미 (↔ sens propre). langage ~ des poètes 시인들의 (화려한) 비유에 넘친 언어. contrepoint ~ 장식적 대위법. ③ 《군사》가상의. ennemi ~ 가상적. ④ ferment ~ 《생화학》유기(有機) 효모.
—*n.m.* ① 비유적 의미(sens ~). au ~ 비유적 의미로. ② 《음악》대위법(contrepoint ~). ③ 설계도, 도형(plan ~).

figurément [figyremɑ̃] *ad.* 비유적으로.

*figurer [figyre] *v.t.* ① (형체로) 나타내다, 그리다, 새기다(dessiner, sculpter). ~ *des églises sur la carte par une croix* 지도에 십자가로 교회를 표시하다. ② 비유적(상징적)으로 나타내다(symboliser). Le drapeau *figure* la patrie. 국기는 국가(조국)를 상징한다. ③ 《옛》=façonner.
—*v.i.* ① 모습을 보이다, 나타나다(participer); (기록·명부에)실리다. Son nom *figure* sur la liste. 그의 이름이 명단에 있다. ~ *dans une cérémonie* 식에 모습을 보이다. ② 《옛》 중요한 역할을 하다 [맡다]; 《연극》단역을 맡다; 《비유적》시시한 역할을 하다, 들러리서다. Il n'a fait que ~ dans cette affaire. 그는 이 사건에서 그저 들러리를 섰을 뿐이다.
—*se* ~ *v.pr.* ① 상상하다((s')imaginer); 생각하다. Je *me figure* aisément son embarras(combien il était embarrassé). 그가 얼마나 난처했는지 쉽게 상상할 수 있다. [*se* ~ + *inf.*; *se* ~ *que* + *ind./sub.*] Il *se figure* pouvoir réussir(qu'il réussira). 그는 성공할 수 있으리라고 생각한다. Ne *vous figurez pas que* + sub. …라고는 생각 마시오. ② 형체로 표현되다, 상징되다.
Figurez-vous! 생각 좀 해보시지 !(《주의를 환기시키기 위한 표현》)(Figurez-vous que…). Il a réussi, *figurez-vous!*, *Figurez-vous* qu'il a réussi. 그가 성공했단 말이오!

figurine [figyrin] *n.f.* 작은 상(像); 《회화》 점경(點景)이 되는 작은 상. ~ *de cire* 밀랍으로 만든 마네킨.

figurisme [figyrism] *n.m.* 《신학》(구약을 신약의 상징이라고 주장하는)구약상징론.

figuriste [figyrist] *n.* ① 구약상징론자. ② 석고상 제작자.

‡fil [fil] *n.m.* ① ⓐ 섬유, 실; (특히) 마사(麻絲)(~ *de lin*). ~ *de laine* 털실. ~ *à coudre*(à broder) 재봉틀[수놓을] 실. *scampter des* ~*s*; *tirer les* ~*s* (직물의)실을 풀다. ⓑ (이야기·사건 따위의)줄거리, 연결, 맥락; (물·시간 따위의)흐름. ~ *de la conversation* 대화의 줄거리. ~ *des idées* 사상의 맥락. *brouiller les* ~*s* 사건을 흐려놓다. *au* ~ *de l'eau* 물결을 따라. ~ *des événements* 사건의 추이. *perdre le* ~ *de son discours* (연설의)주제에서 벗어나다. ~ *de la rivière* 강물의 흐름(방향). ⓒ (일반적으로)실, 끈, 줄, 선, 전선; 《구어》전화. ~ *de fer* 철사. ~ *chirurgical* 수술용 실. ~ *d'araignée* 거미줄. *téléphone sans* ~ 무선전화 (《약자》T.S.F.). *avoir qn au bout du* ~ …와 전화로 이야기하다. *être au bout du* ~ (상대방의) 전화를 받고 있다. *donner(passer) un coup de* ~ (*à qn*) (…에게) 전화를 걸다. ~ *d'Ariane*; ~ *conducteur* (미궁의)길을 인도하는 줄, 길잡이. ~*s de la Vierge*; ~ *de Notre-Dame* (공중에 있는)거미줄. ~ *de masse*(de terre) 어드, 접지선(接地線). ② (나무·돌의)결, (살의)결 ~ 에 결이 가는 [고운]. *couper un morceau de viande à contre* ~ 고기덩어리를 결과 직각으로 자르다. ③ (칼의)날. *donner le* ~ *à une épée* 칼에 날을 세우다. *passer qn au* ~ *de l'épée* …을 (칼로 베어)죽이다. ④ 《속어》독한 술.
avoir le ~ (칼 따위가)잘 들다; (말이)신랄하다. 《속어》(사람이)빈틈없다, 교활하다.
avoir un ~ *à la patte* 《구어》(여자 때문에)꼼짝달싹 못하다.
de ~ *en aiguille* 조금씩, 서서히.
donner du ~ *à retordre à qn* …을 골치아프게 만들다, …에게 난처한 일을 맡기다.
cousu de ~ *blanc* 뻔한 실로 수를 놓은; 일목요연한. *finesse(malice) cousue de* ~ *blanc* 속이 뻔한 수작.
Il n'a pas inventé le ~ *à couper le beurre.* 《구어》 별로 똑똑한 위인은 아니다.
ne tenir qu'à un ~ 《구어》극히 위태롭다, 명맥이 거의 끊어져 가다. Sa vie *ne tient plus qu'à un* ~. 그의 목숨은 풍전등화이다.
passer qn au ~ *de la langue* 《속어》…을 내리깎다.
tenir (dans sa main) les ~*s d'une affaire* 사건의 키

[주도권]를 쥐고 있다.

filable [filabl] *a.* 실로 자을 수 있는.

fil-à-fil [filafil] *n.m.* (복수불변)(두 가지 색의 실로 짠)질긴 모직물.

filage[1] [fila:ʒ] *n.m.* ① 실잣기, 제사(製絲). ② 수통을 창고에 내리기. ③ 【카드놀이】(패를)손에 숨기기. ④ (금속을)두들겨 펴기. ⑤ ~ de l'huile 【해양】(풍랑이 심할 때)기름을 바다에 쏟기.

filage[2], **filago** [filago] *n.m.* 【식물】떡쑥류(類).

filaire[1] [file:r] *n.f.[m.]* 【동물】필라리아, 사상충 (絲狀蟲).

filaire[2] *a.* 유선(有線)의.

filagor [filagor], **filagore** [filago:r] *n.f.* ① (짐 꾸리는)노끈, 밧줄. ② (불꽃용의)끈.

filament [filamɑ̃] *n.m.* (식물 따위의)가는 섬유; 가는 줄, 섬조(纖條); 【전기】필라멘트.

filamenteux(se) [filamɑ̃tø, -ø:z] *a.* 가는 섬유가 있는; 《구어》(살 따위에)결이 있는. plante ~se 섬유성 식물.

filandier(ère) [filɑ̃dje, -ɛ:r] *n.* 실잣는. —*n.f.* 《옛》 실잣는 여자. les Sœurs ~ères 운명을 관장하는 3 여신 (les Parques).

filandre [filɑ̃:dr] *n.f.* (보통 *pl.*) ① 【물릇게】(고기·야채의)질긴 심줄. ② 대리석의 줄무늬. ③ 《옛》 (공중에 걸린)거미줄(fil de la Vierge). ④ (뱃바닥에 붙는)해초. ⑤ (새의)기생충.

filandreux(se) [filɑ̃drø, -ø:z] *a.* ① (고기·야채 따위가)심줄이 많은, 섬유질의. ② (대리석이)줄무늬 있는. ③ (문장·말 따위가)군소리 많은, 복잡한; 흐리멍텅한(↔ clair). écrivain ~ 문장이 산만한 작가.

filant(e) [filɑ̃, -ɑ̃:t] *a.* ① (액체가)끈적거리는, 에사(曳絲)성의, 실처럼 늘어지는. ② étoile ~e 유성, 별똥별. ③ pouls ~ 【의학】사상맥(絲狀脈).

filanzane [filɑ̃zan] *n.m.* ① (마다가스카르 토인의)남여(籃輿). ② 가마를 메는 사람.

filariose [filarjo:z] *n.f.* 【의학】필라리아병, 사상충병(絲狀蟲病).

filasse [filas] *n.f.* ① 삼실 뭉치; 섬유 다발. ② 뱃밥 (낡은 밧줄을 풀어헤친 것). ③ 《구어》심줄 많은 고기. ④ cheveux ~ 《구어》퇴색한 금발. ⑤ ~ de montagne 【광산】석면(石綿).
—*a.* (불변) (흰빛에 가까이)연한 블론드의.

filassier(ère) [filasje, -ɛ:r] *n.* 삼실[섬유] 다발을 만드는(파는) 사람.

filateur(trice) [filatœ:r, -tris] *n.* 제사공장주. 《드물게》제사공. ③《드물게》(사설탐정에게 고용되)미행자.

filature [filaty:r] *n.f.* ① 제사공업. ② 제사공장. ③ (탐정의)미행. prendre *qn* en ~ …을 미행하다.

fil(-)de(-)fériste [fildəferist(ə)] *(pl.* ~(-)~(-)~*s) n.* 줄타기 곡예사.

file [fil] (< *filer*) *n.f.* ① 열, 종렬[종대]. longue ~ de voitures 길게 늘어선 자동차. Regarde la ~ de gens qui attendent à la caisse. 카운터에서 줄서서 기다리는 저 사람들을 좀 봐. prendre [se mettre à] la ~ 그 뒤에 서다, 차례를 기다리다. défiler par quatre ~s 4 열 종대로 행진하다. chef de ~ 열의 선두; 【해군】향도함, 지도자, 리더. ligne de ~ 【해군】종진(縱陣). ② 연속. ~ de jours 연속되는 나날. ~ de voitures 줄지어 늘어선 차들. feu de ~ 《군사》연속사격.

à la ~ 일렬로, 차례차례로, 계속. deux heures *à la* ~ 2 시간 계속. boire trois verres *à la* ~ 쉬지 않고 석 잔을 마시다.

en double ~ (차가)두 줄로. stationner *en double*

~ 두 줄로 주차하다.

en ~ 일렬로. *En* ~ à droite [à gauche] marche! 줄을어 우(좌)로 가!

en(à la) ~ **indienne** 일렬로 맞붙어서.

filé(e) [file] *a.p.* 사상(絲狀)의; 길게 늘인. son ~ 길게 늘여서 내는 음.
—*n.m.* ① 직조용 실. ② 【측량】등고선을 그리기. ③ 【영화】급속한 팬(카메라를 좌우로 빨리 움직어야 하는 촬영). ④ (끈모양의)씁는 담배.
—*n.f.* ① 실 모양의 것. ② 한 줄로 늘어놓은 타일.

filement [filmɑ̃] *n.m.* 《옛》실잣기.

fil-en-quatre [filɑ̃katr] *n.m.* 《속어》독한 술.

*****filer** [file] *v.t.* ① (섬유류를)잣다, 실로 만들다; 길쌈하다, (천·옷을)짜다; ② 비유적》(운명의 여신이 생명의 실을)잣다. ~ de la laine 양털을 잣다. ~ 적보여 없이) métier à ~ 방적기. ~ au rouet 물레로 잣다. ~ un habit 옷을 만들다.
(거미·누에가)실을 뽑다; (누에가 고치를)짓다, (거미가 줄을)치다. L'araignée *file* sa toile. 거미가 집을 짓는다.
③ 【해양】(밧줄을)풀다. ~ un câble 닻줄을 풀어내다.
④ (배가 속력을)내다, Notre bateau *file* trente nœuds. 우리 배는 30노트로 달린다.
⑤ 미행하다. Un policier *file* un suspect. 경관이 용의자를 미행한다.
⑥ (금속·유리를)실모양으로 뽑다; (씁는 담배를)끈 모양으로 만들다. ~ de l'or 금을 철사끌로 뽑다. ~ du verre (닭군)유리를 가늘게 뽑다.
⑦ (비유 따위를)부여하다, 전개하다. ~ une métaphore 은유를 부여하다.
⑧ 【음악】(음을)길게 뽑다. ~ un son 음을 길게 뽑다.
⑨ 【연극】길게 전개하다. ~ une scène 한 장면을 길게 전개하다.
⑩ 【카드놀이】~ les cartes (포커에서)패를 천천히 젖히다; ~ une carte 불리한 패를 버리다; ~ la carte 《옛》패를 몰래 바꿔치기하다.
⑪ 《속어》주다(donner). *File*-moi cent francs! 내게 100프랑만 줘! ~ une baffe 따귀를 때리다.

~ des jours d'or et de soie (des jours heureux) 행복하고 안락한 나날을 보내다.

~ le parfait amour 변함없는 사랑을 (서로) 다져 나가다.

~ le train à *qn* 《구어》…을 어디까지든지 쫓아가다.
—*v.i.* ① (끊이지 않고 액체 따위가 끊어지지 않고)흐르다. sirop qui *file* 줄지어 흘러내리는 시럽.
② (등잔의 불꽃이)길게 뻗치다, 그을음을 내며 타다. La lampe *filait*. 램프가 그을음을 내며 타고 있었다.
③ (닻줄·낚싯줄 따위가)풀려 나가다. câble qui *file* 풀려 나가는 닻줄.
④ (그물코 따위가)풀리다; (스타킹 따위가)올이 풀리다. maille qui *file* 풀리는 그물코. Son bas *file*. 그녀의 스타킹에 올이 풀렸다.
⑤ (배·차 따위가)달리다, 질주하다; (세월이)빨리 흐르다. étoile qui *file* 유성(流星). La voiture *filait* en brûlant un feu rouge. 자동차는 정지 신호등을 무시하고 질주했다. Le temps *file*. 세월은 빨리 흘러간다.
⑥ 《구어》(허둥지둥)도망하다 (fuir); 가버리다 (s'en aller). Allons, *filez*! 자, 달아나시오.
⑦ (물건 따위가)곧 없어지다. L'argent *file* entre mes doigts comme du sable. 돈이 모래알처럼 순식간에 내 손을 빠져 나간다.
⑧ 《군사》종대로 행진하다.

~ à l'anglaise 《구어》인사도 없이 [슬그머니] 떠나

가버리다.
~ doux《구어》순순히 말을 듣다, 태도가 누그러지
—se v.pr. 실이 되다. 다.
filerie [filri] n.f. ① 삼실 제조(공장). ② 천사 제조；
(천사 제조용의)다이스 철판. ③ 〖전기〗회로망.
***filet**[1] [file] n.m. ① 가느다란 흐름; 가는 실, 가는 줄
(섬유); 극소량. Un ~ d'eau s'échappe du robinet. 수도꼭지에서 물이 졸졸 흐르고 있다. un ~ de fumée noire 가느다란 한 줄기의 검은 연기. un ~ de vinaigre 적은 양의 식초. ~ de voix 가는 목소리. Il n'a qu'un ~ de vie. 목숨이 경각에 달려 있다. ② 〖요리〗안심(→ mouton 그림); (생선의 등뼈를 발라내고 배를 갈라 두쪽씩 만든)살(~ de poisson); 가금(家禽)의 가슴살(~ de volaille), bifteck dans le ~ 안심 스테이크. ~ mignon 안심의 끝부분. ~ de hareng [de maquereau] 비옷[고등어]의 등뼈를 발라낸 살. ③ 〖식물〗(수술의)꽃실; 〖해부〗(혀 따위의)소대(小帶). ~ nerveux 신경섬유. ~ de la langue 설소대(舌小帶). ④ (주화의)둘레장식; 〖제본〗(표지의 등 따위의)장식문자선. ~ gras [maigre, ondulé] 굵은 [가는, 물결 무늬] 줄(괘선). ⑤ 〖건축〗깎아낸 2개의 곡선 사이의)작은 쇠시리; 〖문장〗가는 띠, 필릿; 〖기계〗(수나사못의 도드라진)마루.
avoir le ~ bien [mal] coupé 혀가 잘 돌다(돌지 않다); 수다스럽다(수다스럽지 않다).
:filet[2] n.m. ① 그물, 망. mailler un ~ 그물을 짜다. ~ à papillons 포충망. ~ à cheveux 헤어네트. ~ de cirque 곡마단 (공중그네타기의) 보호망. pêcher des poissons au ~ 그물로 물고기를 잡다. ② 〖철도〗그물선반(~ à bagages). Ils mettent leurs valises dans le ~ (à bagages). 그들은 여행 가방을(객차의)그물선반에 얹는다. ③ 망태, 장보는 데 쓰는 망태(~ à provisions). revenir du marché avec son ~ plein 시장바구니를 가득 채워가지고 장에서 돌아오다. ④ (비유적)그물; 올가미, 함정, 책략. attirer qn dans ses ~s …에게 올가미를 치다, (유혹·기만으로)…을 낚으려 하다. ⑤ 〖스포츠〗(테니스·배구·탁구의)네트; (축구·핸드볼의)골(네트). jeu dans le ~ 〖테니스〗네트플레이. envoyer [mettre] la balle au ~ 공을 네트에 걸리게 하다, 공을 골에 넣다. monter au ~ 〖테니스〗네트에 붙다. ⑥ 그물무늬, 그물모양으로 뜨기. nappe en ~ 그물무늬의 식탁보. dentelle ~ 그물모양으로 뜬 레이스.
(beau) coup de ~ 대어(大漁), 풍어(豐漁), 대렵(大獵); 일제단속, 대량검거. Tous les complices ont été arrêtés, c'est un *beau coup de ~*. 공범자 전부를 검거했다, 일망타진이다.
passer à travers les mailles du ~ 그물을 뚫고 빠져 나가다; 함정을 빠져나가다.
tendre un ~ 그물을 치다; 올가미를 치다.
travailler sans ~ (공중곡예사 따위가)보호망없이 하다; 위험을 무릅쓰다.
filetage[1] [filta:ʒ] n.m. ① (나사못에)골[마루]을 만들기. ② (총칭)나사못의 마루.
filetage[2] n.m. (드물게)(그물을 사용하는)밀어(密漁), 밀렵(密獵).
fileté [filte] n.m. 〖직물〗줄무늬 무명.
fileter[1] [filte] [4] v.t. ① (금속을)철사로 만들다. ② (나사못에)골을 파다. tour à ~ 나사못에 골을 파는 선반(旋盤).
fileter[2] [4] v.t. (그물을 사용해서)밀렵하다.
fileterie [filt(ə)ri] n.f. 제사공장.
fileteur [filtœ:r] n.m. 나사못에 골을 파는 직공.
filetier [filtje] n.m. ① 제사(방적)직공. ② 제망직

공. ③ (그물을 사용하는)밀렵자.
fileur(se) [filœ:r, -ø:z] n. ① 실을 잣는. araignée ~se 줄을 치는 거미. insecte ~ 거미.
—n. ① 실 잣는 사람, 방적직공; 《드물게》방적(紗)업자. ②《구어》난처한[위험한] 곳에서 재빨리 사라지는 사람(franc ~). ③〖(구어〗(사립탐정의)미행담당자. ④〈은어〉(경마의)정보제공자, (정보 수집하러)마굿간에 드나드는 자. ⑤〖옛〗(카드놀이의)야바위꾼; (도둑을)등쳐먹는 자.
—n.f. ① (누에고치에서)실을 잣는 직공. ② 로프 제조기.
filial(ale, pl. aux) [filjal, -o] a. 자식의, 자식으로서의; 부모를 대하는 듯한. amour ~; piété ~ale 효심, 효도. —n.f. 자(子)회사, 계열회사.
filialement [filjalmɑ̃] ad. 자식으로서, 자식의 도리로서, 친자식처럼.
filiation [filjasjɔ̃] n.f. ① (자식의 입장에서)친자관계. ~ légitime [naturelle] 적출[사생]친자관계. ~ paternelle [maternelle] 부(모)자관계. ② 가계(家系), 계보, 혈통. en ~ directe 직계의. ③ (사상 따위의)맥락, 계통, 계열; 연관, 관련(성). ~ des idées 사상의 계열(계보).
filicinées [filisine] n.f.pl. 〖식물〗양치류.
filière [filjɛ:r] n.f. ① 순서, 절차; 단계. Il faut que cette demande passe par la ~ d'administration. 이 청원은 행정기관의 절차를 차례로 밟아야 한다. ② (출세 따위의)단계. suivre la ~ 단계를 밟아 승진하다. ③ (교육 따위의)과정. ~ courte [longue] 단기[장기]과정. ④ (밀수·마약의)경로, 루트. ~ latino-américaine de la drogue 라틴아메리카의 마약밀매 경로. ⑤ 〖물리〗(원자로 구성요소의)편성. ⑥ (나사못의 골을 파는)다이스 선반; (금속 제조용의)다이스 철판. travailler un métal à la ~ 금속을 철사로 만들다. ⑦ (짐 틀기까지)맹금(猛禽)의 다리에 매는 줄; 〖건축〗대들보; 〖해양〗수평돛줄. ⑧ 〖동물〗(거미·누에의)출사돌기(出絲突起). ⑨ 〖외과〗(살리에르)계측판. ⑩ 〖주식〗인환 통지서.
filifère [filifɛ:r] n.m. (바늘에)실 꿰는 기구.
filiforme [filiform] a. ① 실 모양의; (실처럼)가는, 미미한. antennes ~s 사상(絲狀)촉각. pouls ~ 〖의학〗미약한 맥박. ②《구어》철사 같은; 철사처럼 가는. Elle a des bras ~s. 그 여자는 팔이 철사처럼 가늘다.
filigrane [filigran] n.m. ① (금·은·유리의)선세공(線細工). ② 칼자루에 감는 구리선. ③ (종이·지폐 따위의)투명무늬.
en ~ 투명무늬 모양으로(된); 배후에 (비춰보이는). Son ambition démesurée apparaît en ~ jusque dans ses moindres actions. 그의 터무니없는 야심은 사소한 행동에서까지 엿보인다. lire *en ~* 행간을[언외(言外)의 의미를] 읽다.
filigraner [filigrane] v.t. ① (금·은·유리를)선세공으로 하다. ② (종이에)투명무늬를 넣다. papier filigrané 투명무늬가 들어있는 종이.
filigraneur(se) [filigranœ:r, -ø:z], **filigraniste** [filigranist] n. 선세공사(線細工師).
filin [filɛ̃] n.m. 삼 밧줄, 로프.
filipendule [filipɑ̃dyl] a. 〖생물〗(과일 따위가 줄기에)매달린, 실에 걸린. —n.f. 〖식물〗조팝나무 (屬)(spirée).
fillasse [fijas] n.f.〖옛·속어〗(경멸)뚱뚱보 아가씨; 아가씨; 계집애; 매춘부.
fillâtre [fija:tr] n.〖드물게〗전처의 자식.
:fille [fij] n.f. I. ① 딸(↔ fils). Il aime sa ~ plus que son fils. 그는 아들보다 딸을 더 사랑한다. ~ aînée 맏딸, 장녀. ~ unique 무남독녀. ~ adop-

tive 양녀(養女). ~ à papa《구어》부모의 후광을 입은 딸; 제멋대로 구는 부자집 딸. ~ de la maison[du logis] (하인쪽에서 본)주인댁 딸[아씨]. la ~ Durand《구어》뒤랑(댁)의 따님(보통 mademoiselle Durand이라고 함). ~ spirituelle 정신적인 딸(후계자), 여자 제자.
② (여자)자손, 후예(descendante). (어떤 지방·계층)출신의 여자. ~ de roi 왕족의 후예. ~s de la France 프랑스 왕가의 자손이 되는 여자. ~ de famille 양가의 규수. ~ de Sion 유태인 여자. ~ d'Ève《익살》이브의 딸, 여자.
③ Ma ~!《구어》애!; 어머!;《구어》이봐!(손아래 여자에 대한 애칭; 성직자가 여신도에게 쓸 때도 있음; 때로 반어적).
④《구어》(여성명사를 받아서)소산, 산물, 귀결. jalousie, ~ du soupçon 의심의 소산인 질투.
⑤《문어》~s de la nuit 밤의 딸들(별); ~s du ciel 하늘의 딸들(꿀벌); ~s du printemps 봄의 딸들(꽃); ~s du Parnasse 시신(詩神), 뮤즈.
Ⅱ. ① 여자 아이, 소녀, 계집애(↔garçon). C'est une ~, ce bébé? 이 아기는 여자 아이입니까? Je ne veux pas jouer avec les ~s. 나는 계집애들과 놀고 싶지 않다. école de ~s 여학교. grande ~ 처녀, 청춘기의 소녀. petite ~ 어린 여자 아이.
② jeune ~ 소녀, 아가씨(미혼의 젊은 여자를 가리키는 일반적인 표현)(↔jeune homme.) Elle a quinze ans, c'est déjà une jeune ~! 그녀는 열다섯 살이다, 벌써 아가씨로군! C'est une vraie jeune ~. 그녀는 순진무구한 아가씨이다. nom de jeune ~ (여자의)결혼 전의 성.(형용사적)avoir un esprit très jeune ~ 마음이 젊다.
③ 미혼여성, 처녀. ~ à marier (부모가 결혼상대를 물색하고 있는)적령기의 처녀. rester ~ toute sa vie 평생을 독신으로 지내다. vieille ~ 노처녀.
④《예》매춘부, 창녀(~ publique, ~ de joie). ~ des rues 거리의 여자, 가창(街娼). ~ soumise[en carte, encartée]공창(公娼).
⑤《구어》[~ +명사》(직업·직무에 종사하는 젊은)여자. ~ ingénieur[médecin]여자 기사(의사).
⑥ [~ de +명사》(어떤 일에)고용된 여자, 심부름 하는 여자, 하녀. ~ d'auberge여관의 하녀. ~ de boutique 여점원. ~ de salle 웨이트리스, (병원의)잡역부. ~ d'honneur (여왕 따위의)시녀; (신부의)들러리. ~ d'opéra《옛》가수, 무용수.
⑦ (어떤 수녀회의)수녀. ~s du Carmel 카르멜회 수녀.
être bien la ~ de son père[sa mère] 틀림없는 그 아버지(어머니)의 딸이다, 아버지(어머니)를 빼쏘다(꼭 닮다).
être ~ à +inf. 능히 …할 수 있는 여자이다.
faire ~ 여자 아이 같다. Cette coiffure fait ~. 그 머리모양은 여자 아이 같다.
~ aînée de l'Église (가톨릭의 입장에서)프랑스.
~ de l'air《구어》도망, 도주. jouer la ~ de l'air 일 언반구도 없이 가버리다(달아나다).
F~ ou ville qui parlemente est à demi rendue.《속담》아가씨든 도시든 대화에 응한다면 반은 함락한 것이나 진배없다.
La plus belle ~ du monde ne peut donner que ce qu'elle a.《속담》(세상에서 가장 아름다운 소녀라도 자기가 갖고 있는 것 밖에는 줄수 없다)→어느누구도 자기 능력 이상의 것은 할 수 없다.
fille-mère [fijmɛːr] (pl. ~s-~s) n.f.《옛》《경멸》미혼모(未婚母).
filler [filər]《영》n.m. 충전재(充填材).
fillér [fileːr] n.m.(복수불변) 필레르(헝가리의 화폐 단위).

fillette [fijɛt] n.f. ① 소녀, 계집애(petite fille와 jeune fille의 중간으로 대체로 10~14세). ~ de onze ans 열한 살짜리 소녀. (형용사적) rayons ~s (백화점 따위의)소녀용품 매장. ②《구어》(때로 익살》여자 아가씨. Méfiez-vous, ~! 조심해요, 아가씨!
③《속어》술 반 병.
Bonjour lunettes, adieu ~s.《속담》안경 쓸 나이가 되면 색정은 멀리하라. *faire*[*chausser*] *du 42* ~ (여자가)발이 크다.

filleul(e) [fijœl] n.(대부·대모에 대한)영세 대자(代子)[대녀(代女)].
fillot(te) [fijo, -ɔt] n.《구어》① 자식; 아들, 딸. ② 영세 대자[대녀] (filleul(e)).

***film** [film] n.m. ①《영화·사진》필름, (특히)영화 필름. ~ négatif 네가티브 필름. ②《영화》영화 (cinéma). ~ de long[court] métrage 장편[단편] 영화. ~ documentaire 기록영화. ~ noir et blanc 흑백영화. ~-annonce 예고편. ~ en couleur (technicolore) 천연색영화. ~ en relief 입체영화. ~ muet 무성영화. ~ parlant[parlé] 발성영화, 토키. ~ sonore[sonorisé] 사운드 영화. tourner un ~ 촬영하다; 영화에 출연하다. ~ fixe 필름 스트립(슬라이드 교재용 필름). ③ (사건 따위의)전개. suivre le ~ des événements 사건의 전개(경과)를 추적하다. ④ 얇은 막(膜). ~ d'huile 기름의 얇은 막.
film- préf. 「영화(의)」의 뜻.
filmage [filmaːʒ] n.m. 영화 촬영, 영화화(化)(tournage).
filmer [filme] v.t. ① 영화로 찍다(tourner). ~ une scène en studio[en extérieur] 한 장면을 스튜디오 [야외]에서 촬영하다. ② (콜로디온·셀룰로이드 의)엷은 막을 칠하다.
filmeur [filmœːr] n.m. 영화 제작자.
filmique [filmik] a. 영화의, 영화에 관한.
filmographe [filmɔgraf] n. 영화사(史) 편찬자; 영화명론가.
filmographie [filmɔgrafi] n.f. (어떤 제작자·부문의)영화목록(目錄).
filmologie [filmɔlɔʒi] n.f. 영화연구; 영화학.
filmologique [filmɔlɔʒik] a. 영화연구에 관한, 영화론의.
filmothèque [filmɔtɛk] n.f. 마이크로필름 보관소, 필름(도서)관(館).
film-pack [filmpak] n.m.《사진》필름팩, 상자에 든 필름.
filoche [filɔʃ] n.f. ①(특히 비단의)망사(網紗). ②《어업》사매끼, 구망(球網)(épuisette). ③(잡은 물고기의 수송용)광주리.
filocher¹ [filɔʃe] v.t. 망을 만들다.
filocher²《속어》v.i. 급히 가다; (싫은 일 따위로부터)도망치다. ~ devant une corvée 고된 일에 게으름피우다. —v.i. 미행하다.
filoir [filwaːr] n.m.《드물게》물레, 제사기.
filon [filɔ̃] n.m. ①《광산》광맥. exploiter(découvrir) un ~ d'argent 은광맥을 채굴하다(발견하다). ②원천, 근원; (연구·창작 따위의)소재, 주제. Les ridicules humains sont le ~ du théâtre comique. 인간의 우스꽝스러움이 희극의 원천이 되고 있다. ③《구어》노다지; 편한(유리한) 일(자리). Il tient le ~; Il a déniché le bon ~. 그는 노다지를 찾아냈다.
filon-couche [filɔ̃kuʃ] (pl. ~s-~s) n.m.《지질》관입암상(貫入岩床).
filonien(ne) [filɔnjɛ̃, -ɛn] a. 광맥을 형성하는, 광맥을 포함하는.
filonner [filɔne] v.i. 편한 일을 하려 하다.

filonneur [filɔnœːr] *n.m.* ① 편하게 지내는 사람. ② 후방근무병.

filoselle [filozɛl] 《이탈리아》 *n.f.* (풀솜과 무명을 섞어 만든)풀솜실.

filotier(ère) [filɔtje, -ɛːr] *n.* 실장사.

filou [filu] *n.m.* ① 사기꾼, 야바위군. ②《구어》개구장이. ③《옛》소매치기. ④ (특히 카드놀이에서)속임수꾼(tricheur).

filoutage [filutaːʒ] *n.m.* 《드물게》①《옛》소매치기 (하기). ②《옛》(특히 카드놀이에서의)협잡. ③《문어》사기.

filouter [filute] *v.t.* ① 소매치기하다. ~ une montre 시계를 소매치기하다. ~ qn de qc …에게서 …을 슬쩍 훔치다. ② 편취(협잡)하다. ~ qn de mille francs …에게서 1,000 프랑을 편취하다. —*v.i.* 카드놀이에서 속임수를 쓰다.

filouterie [filutri] *n.f.* 《옛》① 소매치기. ② 협잡, 사기, 편취(tricherie).

‡fils [fis] *n.m.* ① 아들(↔fille). ~ aîné 장남. ~ adoptif 양자. ~ unique 외아들. grand ~ 장성한 아들. ~ naturel 사생아. ~ de la maison (하인주에 본)주인집 아들, 도련님. ~ à papa《구어》(경멸)아버지의 후광을 입은 아들; 부자집의 영식(슈息). ~ de M. Dupont 뒤퐁씨의 아들. ~ de ses œuvres 자수성가한 사람. Il n'est ~ de bonne mère qui n'eût agi ainsi. 훌륭히 자란 사람이면 마땅히 그렇게 행동했을 것이다.
② (남자)자손, 피를 이어받은 자(descendant); (어떤 지방·계층의)출신남자. ~ des Gaulois 골 사람의 자손. ~ de France 프랑스 왕가의 후예(남자). ~ de la terre 농군의 자손. ~ du Midi 남프랑스 출신의 남자. ~ du Ciel 《익살》천자(天子), 중국인.
③ Mon ~!《구어》애, 아들아; 여보게(손아래 남자에 대한 애칭; 성직자가 남성 신도에게 사용하기도 함).
④《문어》(남성명사를 받아)소산, 산물, 귀결. vers ~ de l'amour 사랑의 소산인 시구.
⑤《문어》~ d'Apollon 아폴론의 아들, 시인; ~ de Mars 마르스의 아들, 전사; ~ d'Albion 영국인.
⑥ 영향을 받은 사람. ~ spirituel de Platon 플라톤의 정신적 후계자, 플라톤의 제자.
⑦《성서》F~ (삼위일체의 제 2위로서의)아들, 예수 그리스도; F~ de Dieu(de l'homme) 신(사람)의 아들, 예수 그리스도.
⑧ 신도; 수도사. ~ de saint Benoît 성 베네딕투스의 아들, 베네딕트회 수도사.
⑨《옛》남자, 남자 아이.
⑩ beau ~《옛》(종종 비꼼) 미남자.
C'est bien le ~ de son père (sa mère). 확실히 그는 그 아버지(어머니)의 아들이다, 아버지(어머니)를 빼쏘다.

filt.《약자》filtrez《약》여과하시오.

filterie [filt(ə)ri] *n.f.* 제사공장(fileterie).

filtrable [filtrabl] *a.* 여과성의(filtrant). virus ~ 여과성 바이러스.

filtrage [filtraːʒ] *n.m.* ① 여과, 거르기(filtration). ② 검열(contrôle). ~ des nouvelles 보도의 검열. ③ (비밀 따위의)누설.

filtrant(e) [filtrã, -ãːt] *a.* ① 여과용의. verre ~ 《광학》여광기(판), 필터. ② virus ~《생물》여과성 바이러스.

filtrat [filtra] *n.m.*《화학》여과액.

filtration [filtrasjɔ̃] *n.f.* ① 여과, 거름. ~ des eaux 물의 여과. ~ sous vide 진공-(흡입)여과. ② 삼투(滲透).

filtre¹ [filtr] *n.m.* ① (종이·베 따위의)여과용 물질, 여과기[장치], 필터. ~ à air(à huile)《자동차》에어클리너(오일)필터. ~ à essence 연료여과기. papier-~ 여과지; (커피의)페이퍼필터. ② 여과지가 달린 커피 끓이개; (그것으로)끓인 커피(café ~). ③《무전》필터, 여파기(濾波器). ~ passe-haut(passe-bas) 고역(저역) 여파회로. ④《사진》필터. ~ coloré 색광(色光)필터. ~ monochromatique 단색필터. ⑤ (궐련의)필터. cigarettes à (bout) ~ 필터가 달린 궐련.

filtre² *n.m.* 미약(媚藥)(philtre).

filtre-presse [filtrapres] (*pl.* **~s-~s**) *n.m.*《기술》압려기(壓濾器).

***filtrer** [filtre] *v.t.* ① 여과하다, 거르다. ~ de l'eau 물을 여과하다. ② (광선 따위를)약하게 새어들게 하다. Des rideaux *filtrent* la lumière. 커튼을 통해서 빛이 새어들고 있다. ③ 선별하여, 엄선하다; 검문하다, 검열하다. La police *filtre* les passants. 경찰이 행인들을 검문한다.
—*v.i.* ① 여과되다. Les sirops *filtrent* lentement. 시럽이 천천히 여과된다. ② (빛·소문 따위가)새다. laisser ~ une nouvelle 뉴스를 살짝 흘리다.
—se ~ *v.pr.* 걸러지다, 여과되다; 삼투하다.

fitreur [filtrœːr] *n.m.* 여과공.

filure [filyːr] *n.f.*《드물게》잣는 방법.

fimbrié(e) [fɛ̃brije] *a.*《생물》가장자리가 (톱니 모양으로)들쭉날쭉한.

fimicole [fimikɔl] *a.*《동물》퇴비 속에서 나는.

‡fin¹ [fɛ̃] *n.f.* ① ⓐ (기간·시간의)끝. Le 31 décembre, c'est la ~ de l'année. 12월 31일은 연말이다. avant la ~ du jour 해가 지기 전에. ~ du mois(de la semaine) 월말(주말). ~ courant《상업》이 달 말. ~ mai 5월 말에. ~ (du mois) de mai,《구어》《상업》~ mai 5월 말에. ⓑ 끝의 부분; 말단, 끝. arriver à la ~ d'un travail 일을 마치다. en partant par la ~ 끝(뒤)에서부터 세어서. ~ d'une autoroute 고속도로의 종점. ⓒ (이야기·토론의)결말, 결론. heureuse ~; ~ optimiste 해피엔드. La ~ de ce roman excite les larmes. 이 소설의 결말은 눈물을 자아낸다. ⓓ (계속적인 사태의)끝. ~ de la réunion 폐회. ~ d'un incendie 진화. ~ d'une guerre 종전. ⓔ (인생의)끝; (인생의)최후, 죽음(mort). approcher de la ~ (일 따위가)끝나가다; 임종이 가깝다. ~ prématurée 요절(夭折).
② 목적, 목표(but). arriver(en venir) à ses ~s 목적을 달성하다. La ~ ne justifie pas les moyens. 목적이 수단을 정당화하지는 않는다. ~ en soi《철학》목적 그 자체. ~ subjective《철학》주관적 목적.
③《법》이유, 사유. ~ de non-recevoir 소송불수리의 이유; 거절.
④《신학》~s dernières; ~ de l'homme 4종말(죽음·최후의 심판·천국·지옥이라는 인간의 종말 상태를 나타냄).

à cette ~; à ces ~s 이 목적을 위해.

à cette ~ de + inf.(que + sub.) …하기 위해서.

à la ~ ⓐ 마지막에, 마침내; 결국. Il a nié d'abord, mais *à la ~*, il a reconnu ses torts. 그는 처음에는 부인했으나 마침내 잘못을 인정했다. ⓑ 《구어》(초조를 나타내어)정말. Dépêche-toi! Vas-tu venir, *à la ~* ? 좀 서두르게! 정말 갈 작정인가?

à la ~ des ~s; en (à la) ~ finale《구어》결국.

à seule(s) ~(s) de + inf.(que + sub.) 오로지 …하기 위해.

à telle ~ que de raison ⓐ 정당한 목적을 위해서. ⓑ 온갖 결과에 대비하여.

à toutes ~s ⓐ 모든 일에 유용한, 만능의. salon à

fin²(e¹)

toutes ~s 무엇에나 다 쓸 수 있는 객실. ⓑ 결과야 어찌 되건.
à toutes ~s utiles 여차할 때 도움이 되도록, 만일의 경우에 대비하여.
aux ~s de qc …의 목적으로, …하기 위하여.
en ~ de qc …의 끝에(명사는 무관사). *en ~ d'après-midi* 오후 늦게, 저녁이 다 되어. *être en ~ de course* 《구어》(고된 노력·인생의 종말에서) 기진맥진하다.
être sur sa ~ 끝나가다, 임종이 가깝다.
être sur ses ~s (힘이 다하여)거의 따라잡히게 되다.
faire qc à bonne[*mauvaise*] *~* 좋은[나쁜] 의도로 …하다.
faire une ~ 결혼하다; 안정된 직업을 갖다.
faire une ~ + '형용사' …하게 최후를 마치다[죽다]. *faire une ~ paisible* 편안히 죽다.
~ de mois 월말, 월급타기 전(의 어려운 시기); 《상업》 월말결산(서).
~ de siècle ⓐ 세기말; (특히) 19세기말. ⓑ (형용사적) 세기말의(적인), 세련되고 퇴폐적인.
~ de tout; 《구어》 *~ des haricots* 모든 것의 종말, 최악의 사태.
~ du monde[*des temps*] 이 세상의 끝장.
mener qc à bonne ~ …을 무난히 성취하다, 유종의 미를 거두다.
mettre ~ à qc …을 끝내다, 종결짓다. *mettre ~ à ses jours*(*sa vie, son existence*) 자살하다.
mettre qc à ~ 《엣》 …을 끝내다, …을 성취하다.
n'avoir ni ~ ni cesse(*que ne + sub.*) …할 때 까지는 그만두지 않다, 언제까지나 계속하다. *Il n'a eu ni ~ ni cesse qu'il ne soit reçu premier au concours.* 그는 콩쿠르에 1 등으로 합격할 때까지 열심히 노력했다.
ne pas voir la ~ de qc …의 끝이 보이지 않다; 여간해서 …을 끝낼 수 없다.
prendre ~ 끝나다. *La réunion a pris ~ très tard.* 모임은 아주 늦게 끝났다.
Qui veut la ~ veut les moyens. 《속담》 목적을 위해서는 필요한 희생을 치러야 한다(모든 수단을 다해야 한다).
sans ~ 한없이; 끝없는. *bavardage sans ~* 끝없는 수다. *courroie sans ~* 이음매 없는 벨트.
tirer[*toucher*] *à sa ~* 끝나가다, 죽어가다, (저축 따위가)바닥이 나다, 고갈하다.

***fin²(e¹)** [fɛ̃, -in] *a.* ① 가는(menu), 잔. *sable ~* 고운 모래. *pluie ~e* 이슬비, 보슬비. *écriture ~e* 가는 글씨.
② 가느다란; 뾰족한. *aiguille ~e* 가는 바늘. *oiseau au bec ~* 부리 끝이 뾰족한 새. *pinceau ~* 세필. *pointe ~e* 첨단.
③ 얇은. *papier ~* 박엽지. *tissu ~* 얇은 직물. *verre ~* 얇은 유리.
④ 호리호리한, 가는, 낯선한; 섬세한. *taille ~e* 가는 허리; 낯선한 몸매. *avoir les traits ~s* 이목구비가 섬세하다.
⑤ (감각·신경 따위가)예민한, 날카로운(sensible); 세련된; (차이 따위가)미묘한, 아주 근소한; (비꼼·말 따위가)재치있는, 교묘한. *~ comme le ~* 눈치가 빠르다. *avoir l'oreille*(*l'ouïe*) *~e* 귀가 예민하다. *esprit ~* 명민한 정신(의 소유자). *regard ~* 날카로운 시선. *~ nuance d'un mot* 단어의 미묘한 뉘앙스. *~e plaisanterie* 재치있는 농담.
⑥ 순수한, 순도높은(pur); 정제된(raffiné). *or ~* 순금. *eau ~e* 《어업》 맑은 물. *perle ~e* 천연진주. [*~ le fleur de qc*] *~e fleur de farine* 정제된 밀가루. *~e fleur de la* (*haute*) *société* (비유적) 사교계의 정수(정예).
⑦ 고급의, 질이 좋은. *~e* (Champagne) (샹파뉴지방에서 나는)고급 브랜디. *pierres ~es* 귀석(貴石), 준보석. *partie ~e* 사치스러운 파티. *vin ~* 고급포도주. *~es herbes ~es* 《요리》 (오믈렛 따위에 넣는)핀제르브(양념용의 향기로운 야채).
⑧ (사람이)빈틈없는, 영리한, 교활한(rusé, subtil). *être ~ comme l'ambre* 교활하기 짝이 없다. *Ce n'est pas très ~.* 《구어》그는 그다지 영리하지 않다[어리숙하다]. *Il a l'air ~.* 《구어》(반어적)그는 바보같다[우스꽝스럽다]. *~e manœuvre* 교활한 술책. *~ matois*(renard) (여자에 대해서는) *~e mouche* 만만찮은 사람, 산전수전 다 겪은 사람.
⑨ (명사 앞에서) (사람이)기량이 뛰어난, 숙달한, (감식안 따위가)예리한. *~ connaisseur* 정통한 감식가. *~ gourmet* 《구어》 *~e gueule* 미각이 섬세한 미식가. *~e lame* 검술의 달인. *~e main* 낚시의 명인.
⑩ 《엣》 (명사 앞에서) 가장 끝의; 깊은 속의.
Bien ~ qui le prendra(*l'attrapera*). 그는 여간내기가 아니다.

—*ad.* ① 가늘게, 가는 글씨로. *écrire ~* 가는 글씨로 쓰다.
② 《구어》 완전히(tout). *Elle est ~ prête.* 그녀는 완전히 준비가 되었다.
③ 《당구》 *jouer ~ sur la rouge* 빨간 공을 살짝 스치게 치다; *prendre ~ sa bille* 치는 공을 쿠션에 너무 접근시키다.

—*n.* 영리한 사람; 빈틈없는 사람. *faire le ~* 영리한 체하다. *jouer au* (*plus*) *~* 약은 꾀를 쓰다(상대방을 이기기 위해).

—*n.m.* ① 순금, 순은; 금위(金位). *un kilogramme d'or à neuf dixièmes de ~* 순도 10 분의 9 의 금 1 킬로그램.
② 얇은 직물; 가는 글씨.
③ (문제 따위의)요점, 진의; (기술 따위의)비결. *Je saurai le ~ de cette affaire.* 나는 이 사건의 진상을 알아내겠다.
④ (타조의)가는 털.
le ~ du ~ 가장 좋은 것, 정수.

—*n.f.* ① 고급 브랜디. (*~e* Champagne). *un verre de ~e* 한 잔의 브랜디. ② (*pl.*) (북프랑스 지방에서)알이 잘고 질 좋은 석탄; 필터, 충전재.

finage¹ [finaʒ] *n.m.* (부르고뉴·프랑슈콩테 마을의)공동경작지. ②《엣》재판관할구역.

finage² *n.m.* 정련(精鍊).

***final¹**(*ale¹, pl. als*) [final] (*m.pl. als*) [final] 《드물게 *finaux* 로도 쓰임》 *a.* ① 끝의, 최후의, 종말의, 최종의. *acte ~* 《연극》 최종막. *compte ~* 결산. *jugement ~* 확정판결. *point ~* 종지부, 마침표. *mettre le*[*un*] *point ~ à qc* (비유적) …에 종지부를 찍다; …을 결말내다. ② 《언어》 말미의, 어미의, 어말(語末)의; 목적을 나타내는. *consonne ~ale* 어말(末)자음. *proposition ~ale* 목적절. ③ 목적을 지향하는. *cause ~ale* 《철학》 목적인(因), 궁극원인.

—*n.f.* ① 《언어》 어말; 《음성》 말음; 어미(말)음. ② 《음악》 피날리스, 종지음; 주음(主音)(note tonique). ③ 《스포츠》 결승전. *disputer*[*jouer*] *la ~ale* 결승전에서 싸우다, 우승을 다투다. *en ~ale* (비유적) 끝으로, 마지막으로. 《연극》 최후의 막; 《무용》 최후의 동작.

finale², 《드물게》 **final³** [final] (이탈리아) *n.m.* 《음악》 피날레, 종곡.

finalement [finalmɑ̃] *ad.* 최후로, 마침내, 결국. *Ils se sont ~ réconciliés.* 그들은 마침내 화해했다. *On était très inquiet, mais ~ tout s'est bien passé.* 우리들은 매우 걱정하고 있었으나 결국 모든 일이

잘 되었다.
finalisme [finalism] n.m. 《철학》 목적원인론, 종극목적론.
finaliste [finalist] n. ① 《스포츠》 결승전 출전 선수. Il a été deux fois ~ du tournoi. 그는 토너먼트 경기의 결승전에 두 번 출전하였다. ② 《철학》 목적원인론자, 종극목적론자(者).
finalité [finalite] n.f. 《철학》 궁극성, 종극목적.
*__finance__ [finɑ̃:s] n.f. ① (pl.)(국가의)재정, 재무; 재정상태. administration des ~ 재정행정. ~s déficitaires(bien équilibrées) 적자(건전)재정. ~s locales(publiques) 지방(공공)재정. loi de ~s 재정법. ~s d'une société 회사의 경리. ② (pl.)《구어》(개인의)재정(상태). Mes ~s vont mal cette semaine. 금주는 주머니사정이 좋지 않다(돈이 궁색하다). être mal dans ses ~s 재정이 궁색하다. ③ (F-s) 재무성(ministère des F-s)(현재는 ministère de l'Économie et des F-s 경제재정성). Ministre des F-s 재무장관. ② 기업(금융)활동; 재정, 재무; 금융(업)계, 재계(財界); 《집합적》 금융가, 재정인사. entrer dans (le monde de) la ~ 금융계(재계)에 들어가다. haute ~ 은행가, 대자본가; 재계의 거물들. homme de ~ 재정가, 재계인. termes de ~ 재정용어. ⑤ 재정학(sciences financières). ⑥ 《옛》현금, 자금; (국왕에게 바치는)헌상금.
*moyennant ~; 《옛》 par ~ 돈으로, 돈을 가지고; 돈을 받으러(지불하러); 《구어》돈을 위해.
financement [finɑ̃smɑ̃] n.m. 출자, 융자.
financer [finɑ̃se] [2] v.t. ① 출자하다, 융자하다, 재정적으로 뒷받침하다. ~ une société en commandite 합자회사에 출자하다. ② 《옛》(돈을)내다, 치르다. —v.i. 《옛·구어》돈을 치르다(payer). ~ pour qn ...을 위해서 돈을 내다.
financiel(le) [finɑ̃sjɛl] a. 재정상의.
*__financier(ère)__ [finɑ̃sje, -ɛ:r] a.《財政》① 재정상의. sciences ~ères 재정학. crise ~ère 재정의 위기. directeur ~ 재무장관; (회사의)경리부[과]장. équilibre ~ 재정의 균형. politique ~ère 재정정책. situation ~ère (개인의)호주머니사정. soucis ~s 재정상의 걱정. ② 금융의. capital ~ 금융자본. ③ 《요리》 ⓐ sauce ~ère 피낭시에르 소스《송로·닭간 따위가 든 브라운 소스의 일종》. ⓑ피낭시에르 소스를 쓴(넣은). vol-au-vent ~ère 피낭시에르 소스를 넣은 불오방 파이. ④ écriture(lettre) ~ère 《인쇄》필기체(를 모방한 서체).
—n.m. ① 재정인; 금융(자본)가. ② 재정가; 재정에 정통한 사람. ③ 《프랑스사》 징세관.
—n.f. 《요리》 피낭시에르 소스(sauce ~ère).
financièrement [finɑ̃sjɛrmɑ̃] ad. ① 재정상, 재정적으로. ② 《구어》금전적으로, 돈면에서(아) F~, la situation est bonne. 금전면에서는 상황이 양호하다.
finasser [finase] v.i. 간계를 꾸미다; 간계를 써서 교묘히 빠져나가다.
finasserie [finasri] n.f. 간계, 술책, 농간.
finasseur(se) [finasœ:r, -ɸ:z], **finassier(ère)** [finasje, -ɛ:r] a.《옛》농간을 부리는. —n. 농간부리는 사람.
finaud(e) [fino, -o:d] a. ① 교활한, 음흉한. ② (반어적) 어리석은, 경솔한.
finauderie [finodri] n.f. 교활한 술책.
fine² [fin] n.f.《속어》고급 브랜디(~ Champagne). un verre de ~ (글라스) 한 잔의 브랜디.
fine-de-claire, fine de claire [findəklɛ:r] (pl. ~s-~-~) n.f. (수질이 맑은 양식장에서 자란)질 좋은 굴.

finement [finmɑ̃] ad. ① 잘게; 가느다랗게, 얇게; 정교하게. objet ~ ouvragé 정교하게 만들어진 물건. ② 미묘하게; 예민하게; 섬세하게. saisir ~ 예민하게 파악하다. ③ 교활하게, 음흉하게.
fine-métal [finmetal] 《영》n.m. 《공업》 휜 무쇠.
finerie [finri] n.f. 정련로(精鍊爐).
fines [fin] n.f.pl.《속어》(북프랑스의)상질 석탄.
finesse [fines] n.f. ① 고움, 가늚, 얇음, 날카로움, 뾰족함, 가냘픔, 날씬함; 섬세함. ~ d'une poudre 분말의 미세함. ~ de la taille 몸매의 날씬함. ~ d'une aiguille 바늘의 뾰족함. ② (감각·정신의)예민, 민감, 명민; 통찰력(clairvoyance). ~ de l'ouïe(du goût) 청각[미각]의 예민함. ~ d'esprit 두뇌의 명민함. ~ d'une critique 비평의 날카로움. ③ 정교, 정밀; 세련, 경묘함(légèreté). ~ d'un ouvrage 세공의 정교함. ~ de touche 《회화》터치의 경묘함. ④ (이해하기 힘든)미묘한 점, 깊은 뜻. connaître toutes les ~s d'une langue (d'art) 언어(기술)의 미묘한 점을 속속들이 알다. ⑤《옛》간계, 교활, 술책(astuce). user de ~ 술책을 부리다. ⑥《해양》피네스《선체의 붙룩하지 나 홀쭉한 정도》. coefficient de ~ 피네스 계수.
*chercher [entendre] ~ à qc 《문어》...을 곡해하다, 억지로 은밀한 뜻으로 해석하다.
finet(te¹) [fine, -ɛt] a.《옛》약삭빠른, 교활한.
finette² [finɛt] n.f. 안이 융모로 된 면직물.
fini(e) [fini] a.p. ① 끝난. C'est ~ entre nous. 우리의 관계는 이제 끝났다. C'est ~ et bien ~. 완전히 끝났다. C'est ~; Tout est ~; C'est ~ tout ça. 이젠 끝장이다. Ses études sont ~es. 그의 공부는 끝났다. ② 전성기를 지난;《구어》볼장 다 본;《경멸》떡지붙은, 정평있는. C'est un homme ~. 끝장난 사람이다. coquin ~ 떡지붙은 무뢰한. ③ 완성된; 완벽한, 더할 나위 없는. Tout ce qu'il fait est bien ~. 그가 하는 모든 것은 매우 완벽하다. vêtement bien ~ 솔기질이 잘된 옷. ④ 《철학·수학》유한의. nombre ~ 유한수. ⑤ 《어법》verbe ~ 《언어》정(형)동사.
*C'en est ~ de (la guerre). (전쟁)은 끝났다. *C'est ~ de rire.* 이제 그만두고 웃지, 웃을 일이 아니다.
—n.m. ① 끝손질, 마무리, 완성. donner du ~ à qc ...을 마지막 손질하다, 완성시키다. ② 《철학》유한(有限).
:**finir** [fini:r] v.t. ① 끝내다 (terminer). ~ une tâche 어떤 일을 끝내다. ~ ses jours à la campagne 여생을 전원에서 끝마치다. [~ de+inf.] Finissez de faire votre travail. 일하는 것을 끝마치시오. 《목적보어 없이》 J'ai commencé par où il avait fini. 나는 그가 끝마친 곳에서 시작했다.
② 그치다, 그만두다. Finissez ces bavardages! 수다 좀 그만 떨어. [~ de+inf.] Finissez de vous plaindre! 불평을 그만하시오! La pluie ne finit pas de tomber. 비가 그치지 않는다.
③ (남김없이) 다 먹다(마시다, 피우다); 《구어》 끝까지 사용하다. ~ son verre 잔을 비우다. On ne lui achètera pas de souliers, il finira ceux de son frère. 그에게는 구두를 사주지 않을 것이므로 형의 것을 해질 때까지 신어야 할 것이다.
④ 완성시키다; 《목적보어 없이》공들이다.
⑤ 《구어》(병을)고치다.
⑥ 맥을 못추게[꼼짝 못하게] 하다;《속어》죽이다.
—v.i. ① 끝나다; (계약)만기가 되다. Le spectacle finira vers minuit. 공연은 자정 무렵에 끝날 것이다. Votre bail finit l'année prochaine. 당신의 임대계약은 내년에 끝납니다.
② 죽다(mourir). ~ dans un accident [à l'hôpital] 사고로 [병원에서] 죽다.

③ (bien, mal 과 함께) 끝말이 …하게 되다. Ce garçon *finira* mal. 이 소년은 싹수가 노랗다. ④ [~ en/par] (로)끝나다, (가)되다. ~ *en beauté* 화려하게 [성공리에] 끝나다, 유종의 미를 거두다. ~ *en pointe* 끝이 뾰족해지다. ~ *en queue de poisson* 용두사미로 끝나다. verbe dont l'infinitif *finit en* [*par*] «er» 부정형이 "er"로 끝나는 동사.

à n'en plus ~ (이야기 따위가)끝없이, 한없이; 《속어》싫증이 나리만큼. histoires *à n'en plus* ~ 끝없이 계속되는 이야기.

en ~ (오래 계속되는 불쾌한 일)끝내다, 결말을 내다. ~ *avec qc* [*qn*] …을 해결[결말]짓다; …와 손을 끊다.

~ *par + inf.* 마침내 …하다 [하고야 말다].

n'en pas ~ 한없이 계속되다.

n'en pas ~ *de + inf.* 좀처럼 끝나지 않다, 한없이 …하다. Il *n'en finit pas* de raconter ses aventures. 그는 한도 끝도 없이 그의 모험담을 계속한다.

pour (en) ~ 요컨대, 결국.

Tout est bien qui finit bien. 끝이 좋으면 모든 것이 좋다.

—se ~ *v.pr.* 끝나다, 완성되다.

finish [finiʃ] (영) *n.m.* ① 《스포츠》라스트 스퍼트, 최후의 역주, (경기의)종료. ② 무제한전 (어느 한쪽이 경기를 포기할 때까지 계속되는 경기) (match au ~). avoir *qn* au ~ 《구어》지구전으로 …을 굴복시키다.

—int. 《속어》어림없지, 말도 안돼.

finissage [finisa:ʒ] *n.m.* 마지막 손질, 마무리.

finissant(e) [finisɑ̃, -ɑ̃:t] *a.* 끝의, 끝나가는.

finisseur(se) [finisœ:r, -ø:z] *a.* 마지막 손질을의. —*n.* ① 마무리하는 직공. ② 공들여 마무리손질을 하는 화가 [조각가]. ③ 《스포츠》경기의 끝판에서 잘 싸우는 선수.

—*n.m.* 《토목》(노면의)마무리손질용 기계.

—*n.f.* (담요 따위에)보풀 세우는 기계.

finissure [finisy:r] *n.f.* 《제본》(표지를 붙인 후의) 마무리.

finition [finisjɔ̃] *n.f.* ① 끝, 결말; 마지막 손질; (*pl.*) 마무리 작업 (공사). ② 《옛》완성, 완공, 끝내.

finito [finito] *n.m.* 《상업》결산.

finitude [finityd] *n.f.* 《철학》유한성.

finlandais(e) [fɛ̃lɑ̃dɛ, -ɛːz] *a.* 핀란드(*Finlande*) (사람)의. —**F**— *n.* 핀란드 사람. —*n.m.* 핀란드어.

finlandisation [fɛ̃lɑ̃dizasjɔ̃] *n.f.* 핀란드화(化) (강대국이 어느 나라에 압력을 가해서, 다른 나라와의 접근을 불허하는 상태가 되게 하기).

finlandiser [fɛ̃lɑ̃dize] *v.t.* 핀란드화하다.

finn [fin] *n.m.* 《스포츠》(1인승)핀급 요트.

finniste [finist] *n.* 핀급 요트 선수.

finnois(e) [finwa, -aːz] *a.* ①핀족(族)의. ②핀란드의(finlandais). —**F**— *n.* 핀 사람; 핀란드 사람.

—*n.m.* 핀란드어(語).

finno-ougrien(ne) [finougri(j)ɛ̃, -ɛn] (*pl.* ~~s) *a.* 피노우그리아 어족(語族)의. —*n.m.* 피노우그리아 어족.

finot(te) [fino, -ɔt] *a.* 《구어》교활한, 음흉한 (finaud).

fiole [fjɔl] *n.f.* ① (작은)유리병, 약병; 플라스크. ② (측량사의)알코올 수준기(水準器). ③《속어》술병. vider une ~ 포도주 한 병을 마시다. ④《속어》얼굴. se payer la ~ de *qn* …을 조롱하다.

avoir soupé de la ~ de qn …에게 몹시 시달리다.

fion [fjɔ̃] *n.m.* ①《구어》마감손질, 마무리. donner le coup de ~ à *qc* …을 마지막 손질하다. ②《스위스·구어》기지가 넘치는 말. ③《행

운, 운(運).

fionien(ne) [fjɔnjɛ̃, -ɛn] *a.* 피오넨섬 (*Fionie*, 덴마크 남부의 섬)의. —**F**— *n.* 피오넨섬 사람.

fionner [fjone] *v.i.* 《속어》(접단빼며)겉다.

fionneur(se) [fjonœ:r, -ø:z] *n.* 《속어》접단빼며 걷는 사람.

fiord [fjɔːr] (노르웨이) *n.m.* 《지질》협만(峽灣) 오르드(fjord).

fioriture [fjɔrity:r] *n.f.* (주로 *pl.*) ①《음악》장식음. ②(문체 따위의)수식, 장식. ③《문자》장식.

fioriturer [fjɔrityre] *v.t.* 《드물게》①《음악》(에)장식음을 가하다. ②(문장을)수식하다. ③(문자에)장식하다.

-fique *suff.*「만드는, 이루는, (이)되게 하는」의 뜻.

firmament [firmamɑ̃] *n.m.* 《시》하늘, 창공. feux du ~ 별, sous le ~ 지상.

firman [firmɑ̃] *n.m.* ① 《역사》(동양 특히 터키왕의)칙령(勅令), 재가; (터키의)외교 [행정]문서. ②《문어》정령(政令); 허가증.

firme [firm] 《영》 *n.f.* 상회, 상사, 회사; 상사명, 상호; 《출판》발행자명. ~ Clipo 클리포상회. grosse ~ 큰회사. fraude ~ale 탈세. —*n.m.* 《역사》(봉건시대의)검사(procureur).

fis [fi] faire 의 직설·단과거·1 [2]·단수.

fisc [fisk] *n.m.* ①세무관청, 국세청; 세무서; 세. frauder le ~ 탈세하다. ②《옛》국고, 국왕의 금고.

fiscal(ale, pl. aux) [fiskal, -o] *a.* 국고의; 과세의, 징세의. droits *~aux* 국세. timbre ~ 수입인지. recettes *~ales* 세수입. ressources *~ales* 세원(稅源). fraude *~ale* 탈세. —*n.m.* 《역사》(봉건시대의)검사(procureur).

fiscalement [fiskalmɑ̃] *ad.* 국가 재정상, 조세면에 하여.

fiscalin [fiskalɛ̃] *n.m.* ①《역사》왕의 영토; 왕의 가신(家臣); 소작인. ②징세관(徵稅官). 「税」

fiscalisation [fiskalizasjɔ̃] *n.f.* 《재정》과세(課

fiscaliser [fiskalize] *v.t.* 《재정》과세하다. 세금에 의해서 재정을 감당하다.

fiscaliste [fiskalist] *n.* 세무전문가, 세무사.

fiscalité [fiskalite] *n.f.* ①세제(税制), 세무제도, 징세조직; 세법. réforme de la ~ 세제개혁. ②징세, 과세. ~ écrasante 중세(重税). ③(정부의)세수(稅收)증대영향.

F.I.S.E. 《약자》① Fédération internationale syndicale de l'enseignement 국제교원조합연합회. ② Fonds international de secours à l'enfance 국제 아동구제기금.

fissa [fisa] *ad.* 《속어》서둘러서. faire ~ 서두르다.

fiss-e, -es [fis] ⇨faire.

fissi- *préf.* 「분열·갈라짐」의 뜻.

fissible [fisibl] *a.* 《물리》(원자핵이)분열될 수 있는, 핵분열을 일으킬 수 있는. 「진.

fissidactyle [fisidaktil] *a.* 《동물》손[발]이 갈라

fissile [fisil] *a.* ①《광물》갈라지기 쉬운, 박리하기 쉬운. ②《물리》핵분열성의(fissible). matières *~s* 분열성 물질. 「움.

fissilité [fisilite] *n.f.* 《광물》박리성, 갈라지기 쉬

fission [fisjɔ̃] 《영》 *n.f.* ①《물리》(원자핵)분열. ②《생물》분열, 분체(分體).

fissionnable [fisjonabl] *a.* (원자핵이)분열될 수 있

fissionner [fisjone] *v.t.* 핵분열을 일으키다. 「는.

fissipare [fisipa:r] *a.* 《생물》분열번식하는.

fissiparité [fisiparite] *n.f.* ①《생물》분열번식, 분체생식. ②《천문》(성운의)분열.

fissipède [fisipɛd] 《영》 *a* 열족(裂足)의, 발이 갈라진. —*n.f.pl.* 열족류.

fissirostre [fisirɔstr] *a.* 《동물》열취(裂嘴)의.

—*n.m.pl.* 열서류.
fissuration [fisyrasjɔ̃] *n.f.* 갈라짐, 터짐.
fissure [fisy:r] *n.f.* ① 갈라진[터진] 틈, 간극, 균열. ~ d'un mur 벽의 균열. Il y a une ~ dans leur amitié. 그들 사이의 우정에 금이 갔다. ② 결함. ~ dans un raisonnement 추론의 결함, 논리의 비약. ③ 〖해부·의학〗 열(裂), 균열; (주위로 손발이) 튼 자리(gerçure). ~ à[de] l'anus 치열(痔裂), 열항(裂肛). ~ de Sylvius 외측대뇌열(裂).
avoir une ~ 〖구어〗머리가 좀 돌다. *mastiquer* ~ *à qn* 〖속어〗…을 깜짝 놀라게 하다.
fissurer [fisyre] *v.t.* 틈을 내다, 균열을 만들다. L'événement *fissurait* l'Europe en deux blocs. 그 사건이 유럽을 두 진영으로 갈라놓았다.
—**se** ~ *v.pr.* 틈이 생기다. La roche *s'est fissurée*. 바위에 금이 갔다.
fiston [fistɔ̃] *n.m.* 〖구어〗① 아들(fils). ② 애아(소년에 대한 부름말).
fistot [fisto] *n.m.* 〖군대은어〗(해군사관학교의) 1학년생.
fistulaire [fistylɛ:r] *a.* 관상(管狀)의; 누관(瘻管)의. stalactite ~ 종유석동(鐘乳石洞).
fistule [fistyl] *n.f.* 〖의학〗누관(瘻管), 누공; 치루(痔瘻)(~ anale, ~ à l'anus).
fistuleux(se) [fistylø, -ø:z] *a.* ① 〖의학〗누관성의; 〖식물〗관상의. ulcère ~ 누관궤양. ② 〖식물〗속이 빈.
fistuline [fistylin] *n.f.* 〖식물〗(소의 혓바닥 모양의)식용버섯의 일종.
fi-t [fi], **fi-t, -tes** [fi, -it] ⇨faire.
five o'clock [fajvɔklɔk] 〖영〗*n.m.* 《복수불변》〖옛〗오후의 차, 간식.
fixable [fiksabl] *a.* 〖드물게〗고정[정착]시킬 수 있는.
fixage [fiksa:ʒ] *n.m.* ① 고정, 고착, 정착; 〖사진〗정착; 〖직조〗고착. ② (날짜의)결정.
fixateur(trice) [fiksatœ:r, -tris] *a.* 〖드물게〗고정[고착]시키는; 〖사진〗정착시키는.
—*n.m.* ① 고정액, 정착액; 퇴색방지 약품. ②〖생물〗(생체)고정액. ③ 〖외과〗(골절부분의)고정장치. ④ 〖사진〗정착액. ⑤ 〖회화〗(정착액을 뿌리는)분무기. ⑥ 헤어 스프레이.
fixatif(ve) [fiksatif, -i:v] *a.* ① 고정용의; 퇴색방지용의; 〖사진〗정착용의. ② 〖정신의학〗고착의. —*n.m.* ① 〖회화〗정착액, 고정액. ② 헤어 스프레이.
fixation [fiksasjɔ̃] *n.f.* ① 고정, 고착, 정착; 〖직물〗퇴색방지. ~ à vis 나사못으로 고정하기. ~ de l'image photographique 사진의 상의 고착. ~ des nomades 유목민의 정착. ②(날짜 따위의)결정. ~ d'une heure de rendez-vous 면회시간의 결정. ~ du prix du blé 밀의 가격결정. ③〖정신의학〗고착; 〖심리〗(기억의)고착. ~ au père 부친에의 고착. ~ 고정기구. ④ 〖화학〗불휘발성화, 응고, 고정; 〖생물〗(세포 따위의)고정. abcès de ~ 〖의학〗고정농양.
fixe [fiks] *a.* ① 고정된, 움직이지 않는(immobile). avoir le regard ~ 응시하다; 멍하니 눈을 크게 뜨고 있다. barre ~ (체조용)철봉. capital ~ 고정자본. étoile ~ 항성. point ~ 정점(定點). ② (상태가)변하지 않는, 불변의, 안정된(stable); 늘 지속하는(persistant). couleur ~ 변하지 않는 색물감. feu ~ 깜박이지 않는(~)불. ③ 〖화학〗안정된, 휘발하지 않는. ④ 일정한, 정해진(déterminé). arrêt ~ 정류장. manger à l'heure ~ 정해진 시간에 먹다. idée ~ 고정관념. s'assembler à jour ~ 정해진 날에 모이다. jour ~ 〖법〗소환장에 명시된 날. prix ~ 정가. menu à prix ~ 정가의 범

위내에서 선택하는 메뉴. revenu ~ 정수입.
beau ~ 계속될 좋은 날씨; 순조로운 진전.
—*n.m.* 고정급(固定給).
—*int.* 〖군사〗주목. À vos rangs, ~! 정렬! 주목!
fixé(e) [fikse] *a.p.* ① 고정[고착]된. étagère solidement ~ 단단히 고정된 선반. ② 정해진, 일정한. au jour ~ 정해진 날에, 기일에. ③ [~ sur] (에 관하여)결심이 선, 의심을 품지 않는. Je suis ~ *sur* son compte (*sur* lui). 나는 그를 어떻게 할 것인가에 대한 결심이 서있다. ④ [~ sur] (을)분명히 알고 있다. Je suis ~ *sur* la valeur de ce personnage. 나는 그 인물의 가치를 분명히 알고 있다.
—*n.m.* ① 고정된 것, 움직이지 않는 것. ② 유리의 뒷면에 바른 일종의 유화(油畫).
fixe-assiettes [fiksasjɛt] *n.m.pl.* 〖옛〗접시걸이.
fixe-chapeau [fikʃapo] (*pl.* ~-~x) *n.m.* 부인 모자의 편.
fixe-chaussette [fiksəʃosɛt] (*pl.* ~-~s) *n.m.* (남자용)양말 대님, 가터.
fixe-cravate [fiksəkravat] *n.m.* 넥타이핀.
fixe-majuscules [fiksmaʒyskyl] *n.m.pl.* (타자기에서 대문자만 찍기 위한)시프트록.
fixement [fiksəmɑ̃] *ad.* 〖드물게〗① 뚫어지게. regarder ~ 뚫어지게 보다. ② 〖옛〗단호하게 (fermement).
*****fixer** [fikse] *v.t.* ① ⓐ 고정[고착]시키다, 설치하다, 붙이다. ~ *qc* contre le mur avec un clou …을 못으로 벽에 고정하다. ~ *qc* sur le papier …을 (잊지 않도록) 적어두다. ~ *qc* dans son esprit …을 머리 속에 새기다. ⓑ 정착시키다; (주소를)정하다. Il a *fixé* son domicile à Paris. 그는 파리에 거처를 정했다. ⓒ (눈길·주위·애정 따위를)집중하다, 쏟다; (시선·주의를)끌다. ~ les yeux[son regard] sur *qn*(*qc*) …에 시선을 고정하다. ~ les regards de *qn* …의 주의를 끌다. ~ son attention sur *qc* …에 주의를 집중하다. ~ tous les regards sur soi 주목의 대상이 되다. ⓓ〖구어〗[~ *qn*]뚫어지게 보다, 응시하다. ~ *qn* (du regard) …을 응시하다. ~ *qn* dans les yeux …의 눈을 뚫어지게 바라보다.
② ⓐ (취미 따위를)불변하게 하다; (사람을)흔들리지 않게 하다; (승리·우위·부동심을) 확보하다, 안정시키다, 자리잡게 하다. L'usage *a fixé* le sens de ce mot. 관용에 의해 이 단어의 의미는 정해졌다. ⓑ (의심거리를 찍다, (의심을)풀다. ⓒ 〖마음을〗작정시키다, (으로)결심시키다. ⓓ [~ *qn* *qc*] (에게)(을)정확히 알리다. Je l'ai *fixé* sur vos intentions à son égard. 나는 당신 의도를 그에게 정확히 알려주었다.
③ (날짜·시간·장소·가격·규칙 따위를)정하다, 결정하다; 〖법〗(손해 배상액 따위를)사정(査定)하다. ~ un rendez-vous[une date] 약속(날짜·장소) [시일]을 정하다. Il *a fixé* son départ au 1ᵉʳ du mois prochain. 그는 다음달 1일에 출발하기로 결정했다. ~ le taux du change 환율을 정하다. ~ une règle 규칙을 정하다. ~ la base d'un impôt 과세의 기초액을 정하다.
④ 〖군사〗(적을 그 자리에서)움직이지 못하게 하다. ~ l'ennemi 적의 진격을 저지하다.
⑤ 〖직물〗염착(染着)시키다; 〖사진〗정착(定着)시키다; 〖화학〗응고시키다, 불휘발성의 되게 하다.
—**se** ~ *v.pr.* ① (어떤 상태에)고정하다, 안정되다. Des coquillages *se fixent* aux rochers. 조개들이 바위에 붙어있다. Une langue ne se *fixe* pas. 언어는 고정되어 있는 것이 아니다. Ce souvenir *s'est fixé* en moi. 그 추억은 내 마음 속에 새겨졌다.
② 자리잡다; 정주(定住)하다, 정착하다; 가정을

fixe-tapis

가지다, 결혼하다. Il s'est définitivement *fixé* à Paris. 그는 파리에 완전히 정착하였다.
③ [se ~ sur] (에)쏠리다, 집중되다. Mon regard *se fixait sur* elle. 내 시선은 그녀에게 집중되어 있다. Son attention a de la peine à *se* ~. 그의 주의력은 여간해서 한국안에 집중되지 못한다.
④ [se ~ sur] (으로)작정하다, 결정하다. Sur quoi *vous fixez*-vous? 어떻게 결심했읍니까? Mon choix s'est *fixé sur* lui. 나는 그를 선택하기로 했다.
⑤ (se 는 간접목적보어) (목표 따위를)정하다. *se* ~ une ligne de conduite 행동방침을 정하다.
⑥ (상호적)서로 응시하다.
⑦ 《속어》마약을 주사하다.
⑧ 《옛·문어》[se ~ à] (에)집착하다, (을)고수하다(s'attacher). *se* ~ *à* une opinion 어떤 의견에 집착하다.

fixe-tapis [fiksətapi] *n.m.* 《복수불변》융단(고정) 징.

fixisme [fiksism] *n.m.* 《생물》생물고정론[설].

fixiste [fiksist] *a.* 《생물》생물고정설의.
—*n.* 생물고정론자.

fixité [fiksite] *n.f.* ①움직이지 않음, 부동, 고정; 불변. ② 불변성. ~ des espèces 종(種)의 불변성.
③ 《화학》불휘발성. ④ (정신의)불변, 확고부동. avoir de la ~ dans ses idées 확고한 생각을 가지다.

fjeld [fjɛld] 《노르웨이》*n.m.* 《지리》고원상산정(高原狀山頂), 빙하 대지.

fjord [fjɔːr] *n.m.* = **fiord**.

fl. (약자) ① florin 플로린 화폐. ② fleuve 《지리》강. ③ fleurs (인)화(華), 정수(精華).

fla [fla] *n.m.* 《복수불변》① 《음악》 플라(처음에 오른손으로 가볍게 치고 다음에 왼손으로 세게 치는 북의 중복음). ② 탕! (문이 닫히는 소리).

flabelle [flabɛl] *n.m.* 《옛》 큰 깃털부채(flabellum).

flabelle(e) [flabe(l)le] *a.* 《생물》부채꼴의.

flabellifère [flabɛ(l)lifɛːr] *n.m.* 깃털부채를 받드는 사람.

flabelliforme [flabe(l)liform] *n.m., a.* 《건축》부채꼴(의), 부채꼴 장식(의).

flabellum [flabe(l)lom] *n.m.* 《옛》 큰 깃털부채.

flac [flak] *int.* 찰싹, 철썩 (물·따귀치는 소리).
—*n.m.* 찰싹[철썩] 소리. faire ~ (물속으로)풍덩 떨어지다.

flaccidité [flaksidite] *n.f.* 유연(柔軟), 연약.

flache [flaʃ] *n.f.* ①《건축》 (목재 모서리의)흠; (암석의)균열(龜裂); 《임업》 (벌채할 나무의 표시로)껍질 벗긴 부분; (포장길의)울퉁불퉁함, 요철(凹凸). ②《사투리》(숲속의)웅덩이.

flacherie [flaʃri] *n.f.* (누에의)연화병(軟化病).

flacheux(se) [flaʃø, -øːz] *a.* (목재가)흠있는.

flacon [flakɔ̃] *n.m.* 플라스코, 작은 병. ~ de laboratoire 실험용 플라스크. ~ à odeur [de parfum] 향수병. ② 한 병의 분량. boire un ~ de vin 포도주 한 병을 마시다. ③ (내용에 대하여)그릇, 용기(contenant).

flaconnage [flakɔnaːʒ] *n.m.*, **flaconnerie** [flakɔnri] *n.f.* 작은 유리병 제조; (집합적) 작은 병.

flaconnet [flakɔnɛ] *n.m.* 작은 병[플라스크].

flaconnier [flakɔnje] *a.* 작은 병을 제조하는.
—*n.m.* 작은 병 제조공; 작은 병 담는 상자.

fla(-)fla [flafla] (*pl.* ~(-)~**s**) *n.m.* 《구어》겉치레, 《미술》지나치게 눈을 노림. faire du ~ [des ~s] 효과를 노리다; 과시하다, 멋을 내다.

flag [flag] *n.m.* 《속어》현행범.

flagada [flagada] *a.* 《불변》《속어》지친.

flagellaire [flaʒɛ(l)lɛːr] *a.* 《생물》편모 모양의.

flagellant(e) [flaʒɛ(l)lɑ̃, -ɑ̃ːt] *n.m.* 《종교사》편달(鞭撻) 고행자. —*a.* 채찍으로 치는. frères ~*s* 편달 고행 수도사.

flagellates [flaʒɛ(l)lat] *n.m.pl.* 《동물》편모충류.

flagellateur(trice) [flaʒɛ(l)latœːr, -tris] *n.* 채찍질하는 사람; 욕설하는 사람.

flagellation [flaʒɛ(l)lasjɔ̃] *n.f.* ① 채찍질, 태형(笞刑). supplice de la ~ 태형. ②《미술》(그리스도나 성인의)태형의 그림. ③ (두들기는)마사지.

flagelle [flaʒɛl] *n.m.* = **flagellum**.

flagelle(e) [flaʒɛ(l)le] *a.* 《생물》편모가 있는.
—*n.m.pl.* 《동물》유편모류(有鞭毛類).

flageller [flaʒɛ(l)le] *v.t.* 태형(笞刑)을 가하다; 채찍으로 때리다(fouetter); 매도(罵倒)하다, 징계하다. ~ les abus 직권남용을 징계하다.
—**se**~ *v.pr.* (고행 따위로)스스로를 채찍질하다; 서로 채찍질하다.

flagelliforme [flaʒɛ(ɛl)liform] *a.* 《생물》편모(채찍) 모양의.

flagellum [flaʒɛ(ɛl)lɔm] 《라틴》*n.m.* 《생물》편모(鞭毛), (특히 곤충의)편절(鞭節).

flageolant(e) [flaʒɔlɑ̃, -ɑ̃ːt] *a.* (다리 따위가)휘청거리는; 《문어》약해져 있는.

flageoler [flaʒɔle] *v.i.* ① (다리가)휘청거리다. Les jambes me *flageolent*. 내 다리가 휘청거린다. ②《문어》약해지다.

flageolet[1] [flaʒɔlɛ] *n.m.* ①《음악》플라쥬렛; 플라쥬렛 음전(音栓). ②《속어》여윈 다리. ③《비어》음경(陰莖).

flageolet[2] *n.m.* 《요리》제비콩.

flagorner [flagɔrne] *v.t.* (에게)아첨하다. —*v.i.* 아첨하다, 빌붙다.

flagornerie [flagɔrnəri] *n.m.* 아첨, 빌붙음. Il a obtenu ce poste par des ~*s*. 그는 아첨으로 그 직위를 얻었다.

flagorneur(se) [flagɔrnœːr, -øːz] *n.* 아첨군, 추종자. —*a.* 아첨하는.

flagramment [flagramɑ̃] *ad.* 명백히, 뚜렷하게.

flagrance [flagrɑ̃ːs] *n.f.* 《법》(범죄·사실의)명백성(明白性), 명백.

flagrant(e) [flagrɑ̃, -ɑ̃ːt] *a.* ①《법》현장에서의, 현행의; 명백한. prendre *qn* en ~ délit …을 현행범으로 체포하다. Le fait est ~. 그 사실은 명백하다. ②《옛》불타고 있는.

flair [flɛːr] *n.m.* (동물 특히 개의)후각; 직감, 통찰력. avoir du ~ (개가)후각이 예민하다; 《구어》(사람이)직감[육감]이 빠르다.

flairer [flɛ(e)re] *v.t.* ① (냄새를)맡다(humer); (냄새를)맡아 분간하다; 《구어》(위험 따위를)눈치채다, 알아채다(deviner, pressentir). animal qui *flaire* les nourritures 먹이의 냄새를 맡는 동물. ~ un danger 위험을 직감하다. ~ le vent (비유적) 사태의 추이를 감지하다. ②《옛》(의)냄새가 나다.

flaireur(se) [flɛrœːr, -øːz] *n.* ① 냄새 맡는 《동물》; 숨어 기다리는 사람. ② ~ de cuisine [de table] 《구어》식객(食客); ~ de dupes 사기꾼.

flamand(e) [flamɑ̃, -ɑ̃ːd] *a.* 플랑드르(Flandre)의.
—**F**~ *n.* 플랑드르 사람. —*n.m.* 플랑드르어.

flamant [flamɑ̃] *n.m.* 《조류》홍학.

flambage [flɑ̃baːʒ] *n.m.* (불에)그을림, 태움; 《야금》(거푸집의)표면을 불에 대어 말림; 《외과》화염 소독.

flambant(e) [flɑ̃bɑ̃, -ɑ̃ːt] *a.* 타오르는; 《구어》번쩍번쩍하는, 훌륭한, 근사한. bûche ~*e* 타오르는 장작. (*tout*) ~ *neuf* 아주 새것의. voiture *toute-neuve* 번쩍번쩍하는 새 차 (이 표현에서 flambant 은 일반적으로 불변).

—*n.f.* 《속어》성냥. —*n.m.* 역청탄(charbon ~).
flambard¹(e) [flɑ̃baːr, -ard] *a.* 《구어》허세부리는; 《옛》멋지게 옷치장을 한; 호화로운 가구를 갖춘.
—*n.* faire le ~ [la ~*e*] 남자(여자)가 허세부리다, 뽐내다.
flambard², flambart [flɑ̃baːr] *n.m.* ①불꽃을 내며 타는 석탄. ②저인망 연안 어선. ③돼지기름, 라드. ④물결무늬 장검(長劍).
flambe [flɑ̃ːb] *n.f.* ①《사투리》불꽃, 화염. ②칼날에 물결무늬가 든 장검(長劍). ③《식물》《꽃이 붉은》창포의 일종. ④《《은어》도박; 도박장.
flambé(e¹) [flɑ̃be] *a.* ①《불에 대어》태운, 구운, 그슬린. aiguille ~*e* 불에 소독한 바늘. omelette (bananes, crêpes) ~*e*[~*es*] 럼주나 알코올을 부어 불에 태운 오믈렛(바나나·크레이프). ②《구어》낭비한; 망친, 실패한. Cette affaire est ~*e*. 일은 결딴났다. Mon argent est ~. 내 돈은 없어져 버렸다.
flambeau [flɑ̃bo] (*pl.* ~*x*) *n.m.* ①횃불, 관솔불. allumer un ~ 횃불을 켜다. à la lueur des ~*x*; aux ~*x* 횃불 빛으로. ~ olympique 올림픽 성화. course aux ~*x*《고대 그리스의》횃불경주. ②촛대 (chandelier). ~ d'argent 은촛대. dîner aux ~*x* 촛불 아래 저녁을 들다. ③《문어》⒜《계승되어야 할》전통, 임무. se passer(se transmettre) le ~ …의 전통을 이어가다《계승하다》. ⓑ ~ du jour 태양 (太陽), ~ de la nuit 달, ~*x* de la nuit 별 (célestes ~*x*), ~ de l'amour 사랑의 불꽃. ⓒ 빛, 광명, ~ de la vérité 진리의 빛. ⓓ 이끌어주는 사람, 선구자. Cet homme est un des ~*x* de la science. 이 사람은 학문의 선구자 중의 한 사람이다. ⓔ 불씨. allumer le ~ de qc …에 불을 당기다. ~ de la révolte 반란의 불씨.
flambée² [flɑ̃be] *n.f.* ①《빠르고 짧게》확 타오르는 불, 모닥불. faire une ~ pour se réchauffer 몸을 덥게 하기 위해 모닥불을 피우다. ②《감정·사건 따위의》격화, 폭발; 《경제》《가격 따위의》급등(急騰). ~ de colère 분노의 폭발. La ~ des prix a compromis l'élévation du niveau de vie. 물가의 앙등은 생활수준의 향상을 위태롭게 했다. ③《문어》《태양의》찬란한 빛.
ne faire qu'une ~ 오래 지속하지 않다.
flambement [flɑ̃bmɑ̃] *n.m.* ①《금속판 따위를》휨. ②이글이글 타오름(flambage).
flamber [flɑ̃be] (< *flambe*) *v.i.* ①《불꽃을 내며》타다, 타오르다; 정열을 태우다. bois sec qui *flambe* 타오르는 마른 장작. ②《금속 따위가》휘다, 굽어지다. ③《가격이》급등하다. ④큰 돈을 걸다, 큰 도박을 하다.
—*v.t.* ①《불에 대어서》굽다, 태우다, 그슬리다. ~ une volaille 닭털을 그슬리다. ~ un instrument de chirurgie 외과용 기구를 화염으로 살균하다. ②《요리》플랑베하다(고기·오믈렛·과자 따위에 리쾨르 따위를 부어 굽다). ③《구어》《돈을》마구 탕진하다, 낭비하다.
flamberge [flɑ̃bɛrʒ] *n.f.*《옛·구어》장검(長劍).
mettre ~ au vent 검을 빼다.
flambeur [flɑ̃bœːr] *n.m.*《남프랑스·북아프리카에서 쓰는》화염식 메뚜기 퇴치기;《속어》《노름의》야바위꾼.
flamboiement [flɑ̃bwamɑ̃] *n.m.* 불길이 타오름; 타오르는 불빛. ~ du soleil 태양의 이글거림.
flamboyant(e) [flɑ̃bwajɑ̃, -ɑ̃ːt] *a.* 타오르는; 타는 듯한. d'un rouge ~ 타는 듯이 붉은. regard ~ 타는 듯한 시선. ②《건축》플랑부아양 양식의, 화염 양식의(火焰樣式의). ③《문장》불꽃을 단순화한 무늬의.《구어》찬란한, 현란한, 화려한.

titres ~*s* 제 1 면의 톱 표제.
—*n.m.* ①《건축》플랑부아양 양식. ②《식물》화염목(火焰木)《동서 인도산의 콩과 식물》.

flamboyant

flamboyer [flɑ̃bwaje] [7] *v.i.* 타오르다;《구어》불길이 번쩍이다. On voyait l'incendie au loin. 멀리서 화재의 불길이 타오르는 게 보였다.
flamenco [flamɛ̃(ɛn)ko] [에스파냐] *n.m.* 플라멩코《안달루시아의 민속 음악》. —*a.*《불변》플라멩코의. chant(danse) ~ 플라멩코 노래《춤》.
flamine [flamin] *n.m.*《고대로마》《특정한 신을 섬기는》제관(祭官).
flamingant(e) [flamɛ̃gɑ̃, -ɑ̃ːt] *a.* 플랑드르어(語)를 하는. —**F**—*n.* 플랑드르어를 하는 사람.
flamingantisme [flamɛ̃gɑ̃tism] *n.m.*《정치》《벨기에의》플랑드르 문화주의(지지).
***flamme¹** [flɑ(ɑː)m] *n.f.* ①불꽃, 불길;《주로 *pl.*》화재, 불길. régler la ~ du briquet 라이터의 불꽃을 조절하다. La maison était en ~*s*. 집이 화염에 싸였다. périr dans les ~*s* 화재로 죽다, 불에 타죽다. livrer... aux ~*s* 불속에 내버려두다; …을 화형에 처하다. ~*s* éternelles(de l'enfer) 지옥의 업화(業火). passer le drap à la ~《직물》담요의 보풀을 태우다. ②ⓐ《올림픽의》성화(~ olympique). ⓑ《무명전사 묘의》영화(靈火), 전몰자를 기리는 불꽃(~ du souvenir). ③이글거리는 빛, 광휘, 광채. ~ du soleil 태양의 작열하는 빛. ~ des yeux 눈의 이글거림. ④정열, 격정; 정염가. Ce jeune homme est plein de ~. 이 청년은 정열에 가득차 있다. parler avec ~ 열렬하게 말하다. ⑤《문어》사랑의 불꽃, 연정. ⑥ⓐ꽃무늬《장식》. ⓑ《편지의》소인(消印). ⓒ《해양》《함선의》긴 기, 삼각기.
descendre en ~*s*《비행기를》격추시키다;《구어》맹렬히 공격(비난)하다.
flamme² *n.f.*《수의》방혈침(放血針); 《슬레이트를 쪼개는》납작한 끝.
flammé(e) [flɑ(ɑ)me] *a.* ①불꽃 모양의; 불꽃무늬의. ②《요리》바림을 한. —*n.m.*《요리》바림.
flammèche [flɑmɛʃ] *n.f.* 불티, 불꽃. [*n.m.*] 채색.
flammenwerfer [flamɛnvɛrfɛːr] [독일] *n.m.*《복수불변》《군사》화염방사기.
flammer [flɑ(ɑ)me] *v.t.*《실·직물 따위의》보풀을 불에 태우다.
flammerole [flamrɔl] *n.f.* 도깨비불(feu follet); 《해양》작은 장기(長旗).
flammette [flamɛt] *n.f.* ①작은 불길;《해양》작은 장기. ②《식물》미나리아재비; 좀사위질빵.
flan¹ [flɑ̃] *n.m.* ①《요리》플랑《달걀·밀가루로 만든 찐 과자》. ②《화폐·메달용》지금(地金). ③《인쇄》지형;《축음기의》녹음용 음반.
en être (*en rester*) *comme deux ronds de* ~《구어》대경실색하다.
flan² *n.m.*《속어》엉터리, 거짓부렁이. C'est du ~. 엉터리다, 거짓부렁이야! Du ~! 웃기지 마!
à la ~ 되는 대로(하는). travail *à la* ~ 아무렇게나 하는 일. *faire au* ~ 엉터리없는 짓을 하다.
flanc [flɑ̃] *n.m.* ①옆구리. J'ai mal au ~ droit. 나는 오른쪽 옆구리가 아프다. se coucher sur le ~ 모로 눕다. ②측면; 허리. ~ d'un navire 배의 측면, 뱃

전. ③ 〖군사〗(군대의)측면, (좌우의)익(翼). Par le ~ droit! 우향우! ④ 〖축성〗측보(側堡) (→fortification 그림). ⑤ 〖문장〗(중간의)좌 (우)부분(→écu 그림). ⑥ 〖옛·문어〗태내, 모태; 마음, 가슴속. dans les ~s de 〖문어〗…의 태내에; …의 마음속에.
à ~ de …의 사면에(있는). maison située à ~ de colline 언덕 사면에 위치한 집.
de ~ 측면의; 측면에, 측면에서부터. attaque de ~ 측면공격. marche de ~ 측행했음. prendre l'adversaire de ~ 적의 측면을 치다, 적을 측면에서 습격하다.
en ~ 〖에〗측면에; 측면으로부터, 비스듬히.
être sur le ~ 〖구어〗앓아 누워 있다, 드러누워 있다; 〖구어〗기진맥진해 있다.
~ à ~ 옆으로 나란히; 뱃전을 맞대고.
prêter le ~ à (un adversaire, la critique) (적)에게 헛점을 보이다, (비난)거리를 주다.
se battre les ~s 〖동물이〗꼬리로 배를 치다; 〖구어〗크게 노력하다, 몹시 고생하다.
se caler les ~s 〖구어〗배불리 먹다.
tirer au ~ 〖구어〗꾀병을 부리다, 게으름피우다; (일·의무 따위를)용하게 모면하다.

flanc-garde [flɑ̃gard] (*pl.* ~s〜~s) *n.f.* 〖군사〗측면 부대, 측위(側衛).

flanchard(e) [flɑ̃ʃaːr, -ard] 〖구어〗*a.* 주춤하는, 망설이는; 중도에서 꺾이는. ―*n.* (위)의 사람.

flanche [flɑ̃ːʃ] *n.f.* 〖속어〗① (약장수 따위의)익살스런 지껄임; 연설; 신문기사. ② 일; 내기; 범행. ③ 〖군사〗군장품(軍裝品).

flancher [flɑ̃ʃe] *v.i.* 〖구어〗① 약해지다(faiblir); 주춤하다, 망설이다. Il semblait résolu, mais il *a flanché* au dernier moment. 그는 결심이 서 있는 듯 보였으나 마지막 순간에 기세가 꺾였다. ② 〖은어〗노름을 하다; (어떤 일을)한바탕 하다.

flanchet [flɑ̃ʃe] *n.m.* 〖요리〗(소의)옆구리 고기(→bœuf 그림).

flancheur [flɑ̃ʃœːr] *n.m.* ① 〖속어〗주춤거리는(망설이는) 사람. ② 〖은어〗노름꾼.

flanconade [flɑ̃kɔnad] *n.f.* 〖펜싱〗허리찌르기.

Flandre (la) [laflɑ̃ːdr] *n.pr.f.* 〖지리〗플랑드르 (벨기에 서부·프랑스 북부·네덜란드 남서부를 포함하는 지역).

flandrin(e) [flɑ̃drɛ̃, -in] *n.* 〖구어〗(동작이 둔한)키다리 (흔히 grand ~으로 쓰임).

flâne [flɑːn] *n.f.* 〖구어〗=**flânerie**.

flanelle [flanɛl] *n.f.* ① 〖직물〗플란넬; 플란넬의 내복. ② 〖속어〗(갈보집 따위에서)수작만 붙이고 가는 손님.
avoir les jambes en ~ 다리에 힘이 빠지다. *faire ~* (사지 않고)값만 묻다, 빈둥거리다.

flâner [flɑne] *v.i.* (한가로이)거닐다, 산책하다(se balader); 빈둥거리다. ~ sur les boulevards 거리를 한가로이 거닐다. élève qui *flâne* dans sa chambre au lieu de faire ses devoirs 숙제는 하지 않고 방에서 빈둥거리고 있는 학생.

flânerie [flɑnri] *n.m.* 한가로이 거닐음, 산책, 소요 (逍遙); 빈둥거림 (flâne).

flâneur(se) [flɑnœːr, -φːz] *n.* 한가롭게 거니는 사람, 빈둥빈둥 놀고 지내는 사람. ―*n.f.* 침대의자. ―*a.* 빈둥거리는.

flânocher [flɑnɔʃe] *v.i.* 〖구어〗한가롭게 거닐다; 빈둥빈둥 놀고 지내다.

flânocheur(se) [fla(ɑ)nɔʃœːr, -φːz] *n.* 〖구어〗한가롭게 거니는 사람; 빈둥거리는 사람.

flanquant(e) [flɑ̃kɑ̃, -ɑ̃ːt] *a.* 〖축성〗측면(側面)의. bastion ~ 측방 보루.

flanquement [flɑ̃kmɑ̃] *n.m.* 〖축성〗측면 보루(堡壘).

flanquer¹ [flɑ̃ke] *v.t.* ① 옆에 두다; 옆에 동반하다; 시중들다. jeune fille *flanquée* de sa mère 어머니가 항상 따라다니는 처녀. ② 〖축성〗측방(側防)하다; 〖군사〗지원하다; 측면에서 공격하다; 〖건축〗측면에 잇대어 세우다. détachement *flanquant* la colonne 종대를 측면지원하는 선발대. maison *flanquée* d'un grand jardin 큰 정원을 끼고 있는 집. ③ 〖요리〗곁들이다.
―*se ~ v.pr.* 데리고 다니다, 동반하다; 서로 측면을 방어하다.

flanquer² [flɑ̃ke] *v.t.* 〖구어〗① 내던지다, 집어던지다, 팽개치다; 내쫓다; (따귀 따위를)갈기다, (욕설을)퍼붓다. Il *a flanqué* son travail à peine commencé. 겨우 시작한 일을 그는 내팽개쳐 버렸다. ~ sa robe dans l'armoire 옷을 장롱 속에 팽개쳐두다. ~ qn à la porte …을 내쫓다; 해고하다. ~ un coup de pied à qn …을 걷어차다. ~ un soufflet à qn …의 따귀를 때리다. ~ un coup à qn …에게 일격을 가하다. ② 주다; 〖라 frousse à qn …에게 겁을 주다. ~ la paix à qn …을 천연히 있게 하다. ③ (모자 따위를)깊숙이 내려쓰다.
―*se ~ v.pr.* 세차게 몸을 던지다. *se ~ par terre* 털썩 넘어지다. ② 서로 던지다, 서로 치고 받고 하다. Ils *se sont flanqué* des gifles. 그들은 서로 을 때렸다. ③ 자신에게 주다. *se ~ une indigestion* 소화불량이 되다.
se ~ une culotte 곤드레만드레 취하다.

flanquette [flɑ̃kɛt] *n.f.* à la bonne ~ 〖속어〗솔직하게 (à la bonne franquette).

flanqueur [flɑ̃kœːr] *n.m.* 〖옛〗측병(側兵).

flapi(e) [flapi] *a.p.* 〖구어〗지쳐버린, 낡아빠진, 쓸모없는 (fatigué, épuisé, éreinté). Nous sommes ~s 우리들은 기진맥진했다.

flapir [flapiːr] *v.t.* 〖구어〗기진맥진하게 하다.

flaque [flak] *n.f.* 물구덩이, 웅덩이; 얼룩점, 얼룩무늬. Il y a des ~s d'eau sur le trottoir, après la pluie. 비온 후 도로 위에는 물구덩이들이 있다.

flaquée [flake] *n.f.* (물 따위의)튀기기, 끼얹기; 끼얹는 물.

flaquer [flake] *v.t.* (물 따위를)튀기다, 끼얹다.

flash [flaʃ] (*pl.* ~es) 〖영〗*n.m.* ① 번쩍하는 빛, 섬광 (閃光). être ébloui par les ~s des photographes 카메라맨들의 플래시에 눈이 부시다. ② 〖영화〗순간적 장면. ③ 〖신문〗짧은 지급보(至急報).

flash-back [flaʃbak] 〖영〗*n.m.* (복수불변) 〖영화〗플래시백 (장면이 순간적으로 과거의 회상으로 뒤바뀜).

flasher [flaʃe] *v.i.* (플래시처럼)번쩍번쩍 빛나다. ② (기사·프로그램 따위에서)특집으로 꾸미다. ―*v.t.* 〖구어〗플래시로 촬영하다.
―*se ~ v.pr.* 〖은어〗마약을 주사하다.

flasque¹ [flask] *a.* ① 연한, 무른(mou). chair ~ 물렁물렁한 살. ② 〖비유적〗무기력한.

flasque² *n.f.* 납작한 병; 〖옛〗화약통.

flasque³ *n.m.* ① 〖군사〗포가(砲架)의 측판(側板) 받침 기둥; 〖해양〗(돛대의)장견(檣肩); (선반(旋盤)의) 활로(滑路). ② (*pl.*) (물수의)위아래의 판자; 〖해양〗(캡스턴 동부(胴部)의)철판. ③ 〖자동차〗축받이.

flat [fla] *a.m.* (누에가)연화병(軟化病)에 걸린.

flatté(e) [flate] *a.p.* portrait ~ 실물보다 낫게 그려진 초상화.

***flatter** [flate] *v.t.* ① 아첨하다, 비위를 맞추다, 알랑거리다. Je ne dis pas cela pour vous ~. 당신에게 아첨을 하려고 이 말을 하는 것은 아니다. ~ qn

bassement(servilement) …에게 비굴하게 아첨하다. ② (자존심 따위를)만족시키다, 기대를 갖게 하다; 즐겁게 하다. Cela *flatte* son amour-propre. 그것은 그의 자존심을 만족시킨다. L'hommage l'a *flatté*. 찬양을 받고 그는 흐뭇해 했다. ~ la vanité de *qn* …의 허영심을 만족시켜 주다. Votre visite me *flatte*. 방문해 주셔서 아주 기쁩니다. ~ 부추기다, 조장하다, 영합하다(encourager, favoriser avec complaisance). ~ les préjugés publics 세상의 편견에 영합하다. ~ l'imagination 상상력을 조장(助長)하다. ④ (감각 따위를)즐겁게 하다 (charmer, délecter, plaire). douce musique qui *flatte* l'oreille 듣기 좋은 부드러운 음악. ⑤ 실물보다 더 아름답게 보이게 하다, 미화하다(avantager, embellir, idéaliser). Cette coiffure la *flatte*. 헤어스타일이 그녀를 돋보이게 한다. La photo la *flatte*. 그녀는 사진이 실물보다 더 예쁘게 나온다. ⑥ (동물 따위를)쓰다듬다, 어루만지다(caresser). ~ un chien 개를 쓰다듬다. ~ la croupe d'un cheval 말의 엉덩이를 가볍게 두드리다. ⑦ 《문어》 [~ *qn* de *qc*] (을 …으로)속이다, 기만하다. ~ *qn* d'une espérance[*d'une illusion*] …에게 헛된 희망(환상)을 갖게 하다. ⑧ 《옛》 (사람을)애무하다, (고통 따위를)가라앉히다, 부드럽게 다루다. ~ une peine 고통을 가라앉히다. ~ la corde d'un instrument de musique 악기의 현에 살짝 손을 대다. *Vous me flattez.* 과찬의 말씀이십니다 《 칭찬 받았을 때 겸손하게 하는 말》.

—se ~ *v.pr.* ① [se ~ de+명사/de+*inf.*; se ~ que+*sub.*] 우쭐해하다, 자만하다. se ~ de sa naissance 가문이 좋다고 뽐내다. Il *se flatte* d'avoir une bonne mémoire. 그는 기억력이 좋다고 자랑한다. ② [se ~ de+*inf.*/que+*ind.*](실없는) 기대를 가지다, 은근히 믿다. Je ne *me flatte pas que* ce livre pourra avoir beaucoup de lecteurs. 나는 이 책이 많은 독자를 얻으리라고 생각지 않습니다. Elle *se flattait* de réussir. 그 여자는 성공하리라고 믿고 있었다. ③ 자기의 …을 어루만지다. se ~ de ses vices 자기의 악덕을 (책하지 않고) 미화하다. ④ 서로 아첨하다.

flatterie [flatri] *n.f.* 아첨, 빌붙음(flagornerie).
flatteur(se) [flatœːr, -φːz] *a.* ① 아첨하는. Je le sais ~ et peu sincère. 나는 그가 아첨을 하고 진실하지 못하다는 것을 알고 있다. ② 기쁘게 하는; 즐거운; 아양을 떠는(doucereux). Défiez-vous des paroles ~ses. 아양을 떠는 말을 조심하시오. succès ~ 만족스러운 성공. ③ 아름답게 꾸미는. faire un tableau ~ de la situation 상황을 실제보다 좋게 묘사하다. Cette photo est ~se. 이 사진은 실물보다 더 잘나왔다. éclairage ~ 아름다움을 돋보이게 하는 조명. ④ 《문어》 기만하는, 환상을 품게 하는. espérance ~ 덧없는 희망. ⑤ 《옛》 (동물이)쓰다듬어 주기를 좋아하는.
—*n.* 엉터리꾼, 아첨꾼, 추종자.
flatteusement [flatøzmɑ̃] *ad.* 아첨하여, 비위맞추어; 실제보다 아름답게.
flatueux(se) [flatɥø, -φːz] *a.* 《의학》 (음식이)위장 내에 가스가 차게 하는.
flatulence [flatylɑ̃ːs] *n.f.* 《의학》 위장 내에 가스가 참, 고창(鼓脹).
flatulent(e) [flatylɑ̃, -ɑ̃ːt] *a.* 《의학》 가스가 찬.
flatuosité [flatɥozite] *n.f.* 《의학》 위장 내에 찬 가스, 고창(鼓脹).
flaupée [flope] *n.f.* 《속어》 대량, 많음.
flauper [flope] *v.t.* 《속어》 몹시 [호되게] 때리다.
flave [flaːv] *a.* 담황색의.
flavescent(e) [flavesɑ̃, -ɑ̃ːt] *a.* 《문어》 황금빛의, 노르스름한.
flavine [flavin] *n.f.* 《화학》 플라빈.
fléau [fleo] (*pl.* **~x**) *n.m.* ① 《농업》 도리깨. battre le blé avec ~ 밀을 도리깨질하다. ② ~ d'armes (중세의)도리깨 모양의 무기. ③ (큰)화, 재앙, 재해《전쟁·페스트·기근 따위》); 재앙의 씨, 골칫거리. ~ de Dieu 신의 징벌《신의 분노를 선한다고 생각되는 것·사람》. Cet enfant prodigue était le ~ de sa famille. 그 방탕한 아들은 가족의 골칫덩어리였다. ④ 저울대; (대문의)빗장.
flebile [flebile] 《이탈리아》 *ad.* 《음악》 호소하듯이, 애조를 띠고.
fléchage [fleʃaːʒ] *n.m.* (방향을)화살표로 나타냄.
flèche¹ [flɛʃ] *n.f.* ① 화살. lancer des ~s avec un arc 활로 화살을 쏘다. courir[partir] comme une ~ 쏜살같이 떠나다[도망가다]. ~ de l'Amour 《문어》 큐피드의 화살, 사랑의 화살. ② 화살표시. ~ routière 도로방향표지. ③ 신랄한 말, 독설, 비꿈. cribler *qn* de ~s envenimées …에게 독설을 퍼붓다. décrocher des ~s à ses adversaires politiques 정적에게 공격의 화살을 퍼붓다. ~s du Parthe 파르티아 사람의 욕설; (싸움 끝에 헤어지면서 하는) 두고보자는 공갈. ④ 화살 모양의 것; 《화학·물리》 (저울의)바늘, 지침; (교회 따위의)뽀족탑; (사탕수수 따위의)줄기; (수목의)곧은 가지; (기중기의)팔, 지브, 《해양》 (돛대의)용두; 제 1 돛대의 돛; (마차의)채; (포가(砲架)의)가미(架尾), 차미(車尾). mât de ~ 《해양》 톱마스트. ⑤ 《기하》 버스트사인; 《건축》 (아치의)수직 높이; (도로나 비행기 날개의)볼록하게 휜 최고부; (탄도(彈道)의)최고부; (받줄·사슬 따위의)처짐, 수하(垂下); (스프링의)압축.
en ~ ⓐ 전위적인, 선구적인. être[se trouver] en ~ 선두에 서다, 리더쉽을 취하다; (유행 따위의) 첨단을 가다, 선두에 서다. ⓑ 급격히, 급속도로. avion qui monte en ~ 급상승하는 비행기. prix de denrées[de bourse] qui montent en ~ 급등하는 식료품값[주가]. ⓒ 세로로, 일렬로. [리다.
faire ~ 과녁을 맞다, 명중하다; 성과[효과]를 올 faire ~ de tout bois 갖은 수단방법을 이용하다.
ne (plus) savoir de quel bois faire ~ 이젠 어찌할 도리가 없다.
flèche² *n.f.* (돼지의)옆구리 기름살.
fléché(e) [fleʃe] *a.p.* 끝이 화살촉 모양으로 된; 화살표 표시된.
flécher [fleʃe] [6] *v.t.* ① (도로에서)화살표로 지시하다, 화살표로 쏘다. ~ un itinéraire 길을 화살표로 지시하다. ② (수양이 암양과)흘레하다. —*v.i.* (사탕수수의)줄기가 나기 시작하다.
fléchette [fleʃɛt] *n.f.* 작은 화살; 《놀이》 (화살던지기에 쓰는)화살; 《군사》 (1차 대전시 비행기에서 투하한)작은 금속제 화살.
fléchière [fleʃjɛːr] *n.f.* 《식물》 쇠귀나물속(屬).
fléchir [fleʃiːr] *v.t.* ① 굽히다, 휘다 (courber, ployer). ~ le corps en avant 몸을 앞으로 굽히다. ~ le genou devant *qn* …앞에 무릎을 꿇다; …을 예찬[숭배]하다. ② (노여움·무정한 마음을)누그러뜨리다, 달래다(adoucir); (의)동정을 얻다, 감동시키다(attendrir). ~ la colère de *qn* …의 분노를 누그러뜨리다.
—*v.i.* ① 구부러지다, 휘다, 수그러지다. Le vent fait ~ les arbres. 바람이 나무를 휘게 한다. ② 무릎을 꿇다, 굴복하다; 너그러워지다, 풀리다 (céder). Son intransigeance *fléchissait* peu à peu. 그의 강경함이 조금씩 수그러들었다. Elle a fini par ~. 그녀는 마침내 꺾였다. ③ 약해지다, 쇠하다, (물가가)떨어지다, (수가)줄다. Les cours de

fléchissable [flefisabl] *a.* 굽힐 수 있는.

fléchissement [flefismɑ̃] *n.m.* 구부러짐, 굴절, 굴곡; 휨; 약화, 쇠퇴; 〖상업〗(물가의)하락. ~ d'une résolution 결심의 동요. ~ des cours en Bourse 주가의 하락.

fléchisseur [flefisœːr] *a.m., n.m.* (muscle) ~ 〖해부〗굴근(屈筋).

flegmasie [flɛgmazi] *n.f.* =**phlegmasie**.

flegmatique [flɛgmatik] *a.* 점액질(粘液質)의;〖구어〗침착한, 냉정(冷靜)한, 둔감한(↔ emporté, violent). attitude(réponse) ~ 침착한 태도(대답). ―*n.*〖의〗의 사람.

flegmatiquement [flɛgmatikmɑ̃] *ad.* 침착하게, 냉정(冷靜)하게.

flegme [flɛgm] *n.m.* ① 〖의학〗점액; 가래. ②〖구어〗침착, 냉정(冷靜), 둔감. avoir(être d') un grand ~ 매우 침착하다. faire perdre son ~ à qn …의 냉정을 잃게 하다. ③ (양조용 과일·야채 따위의)증류액(蒸溜液).

flegmon [flɛgmɔ̃] *n.m.* =**phlegmon**.

flegmoneu x(se) [flɛgmɔnø, -øːz] *a.* =**phlegmoneux**.

flein [flɛ̃] *n.m.* (말뚝의 야채·과일 포장에 쓰이는)작은 버들 바구니.

flémard(e) [flemaːr, -ard] 〖구어〗 *a.* 게으른, 빈둥거리는. ―*n.* 게으름뱅이.

flémarder [flemarde] *v.i.* 〖구어〗빈둥거리다.

flème [flɛm] *n.f.* 〖구어〗빈둥거림, 게으름, 나태. avoir la ~ 게을러지다; 일할 마음이 없다. avoir la ~ de+*inf.* …따위는 하고 싶지 않다.
battre(cultiver, tirer) sa ~ 빈둥거리고 있다, 아무것도 안하다, 게으름부리다.

flémer [fleme] 〖6〗 *vi.* 〖구어〗게으름피우다; 빈둥거리다.

flemmard(e) [flemaːr, -ard] *a.* =**flémard**.

flemmarder [flemarde] *v.i.* =**flémarder**.

flemme [flɛm] *n.f.* =**flème**.

flemmer [flɛ(e)me] *v.i.* =**flémer**.

fléole [fleol] *n.f.* 〖식물〗큰조아재비, 티모시.

flet [flɛ] *n.m.* 〖어류〗넙치 무리.

flétan [fletɑ̃] *n.m.* 〖어류〗홍가자미 무리.

flétri(e) [fletri] *a.p.* 시든, 퇴색한. fleur ~e 시든 꽃. peau ~e 윤기 잃은 피부. couleur ~e 바랜 색깔.

flétrir[1] [fletriːr] *v.t.* ① 시들게 하다, 이울게 하다, 말라죽게 하다(faner). Le vent ont flétri ces fleurs. 바람이 이 꽃들을 시들게 했다. ② (빛깔·광채·아름다움 따위를)바래게 하다, 퇴색시키다(décolorer); 쇠퇴시키다; 〖옛〗절망케 하다, 비탄에 잠기게 하다. Les chagrins ont flétri sa jeunesse. 슬픔으로 그의 젊음이 시들었다.
―*se ~ v.pr.* ① 시들다, 이울다, 말라죽다. comme les fleurs qui s'épanouissent le matin et *se flétrissent* le soir 아침에 피고 저녁에 지는 꽃처럼. ② 바래다, 퇴색하다; 쇠퇴하다. La beauté de cette femme *s'est* lentement *flétrie*. 그 여자의 아름다움은 서서히 시들어 갔다.

flétrir[2] *v.t.* ① (죄인의 오른쪽 어깨에)달군 인두를 대다, (에게)낙인을 찍다. ② 굴욕적인 형벌에 처하다; (명성 따위를)상하게 하다, 모욕하다, 규탄하다, 비난하다. ~ la réputation(le nom) de qn …의 명성(이름)을 손상시키다. L'opinion publique *a flétri* cette trahison. 여론은 그와 같은 배반행위를 규탄하였다.

flétrissant(e)[1] [fletrisɑ̃, -ɑ̃ːt] *a.* 시들게 하는, 이울게 하는; 바래게 하는, 퇴색시키는.

flétrissant(e)[2] *a.* 불명예스러운, 모욕적인, 굴욕적인. paix ~e 굴욕적인 강화(講和).

flétrissement [fletrismɑ̃] *n.m.* (식물이)시듦, 시드는 병.

flétrissure[1] [fletrisyːr] *n.f.* 시듦; 퇴색, 쇠퇴.

flétrissure[2] *n.f.* ① 낙인. ② 불명예, 오점.

flette [flɛt] *n.f.* ① 〖옛〗=**chaloupe**[1]. ② (강의)너벅선, 거룻배.

:fleur[1] [flœːr] *n.f.* ① 꽃; 화초. cueillir des ~s dans les champs 들에서 꽃을 따다. bouquet de ~s 꽃다발. vase à ~s 꽃병. marché aux ~s 꽃시장. langages des ~s 꽃말. ~ artificielle 조화(造花). ~ mâle(femelle) 수(암)꽃. ~ hermaphrodite 양성화. ~ composée 복합화. ~ complète 갖춘 꽃. ~ double 겹꽃. ~ cultivée 재배화. ~ coupée (꽃꽂이용으로)자른 꽃. ~ de l'air 난초(orchidée saprophyte). «Ni ~s, ni couronnes» "조화(弔花)는 사절합니다."
② 꽃장식, 꽃 모양(무늬). assiette à ~s 꽃무늬 접시. ~s en relief 돋을새김의 꽃무늬 장식. étoffe à ~s 꽃무늬가 있는 옷감.
③ 한창, 전성기. être dans la ~ de sa jeunesse(sa beauté) 젊음(아름다움)이 한창이다. mourir à la ~ de l'âge 한창 나이에 죽다. Son talent est dans toute sa ~. 그의 재능이 한껏 발휘되고 있다.
④ 정화(精華), 정수(essence); 뽑아낸 것, 정선품. ~ des arts 예술의 정수. ~ de la société 사교계의 여왕. ~ de farine (밀가루의)특등품. ~ de pois 〖옛·구어〗인기 있는 남자, 멋장이 남자.
⑤ 청순(清純), 가련; 처녀성(~ de virginité). ~ de féminité 여성다운 청순함. perdre sa ~ (d'oranger) 처녀성을 잃다.
⑥ 매혹, 매력; 안락, 안일. serpent caché sous des ~s 꽃 밑에 숨은 뱀; 매혹적인 겉모습 속에 숨어 있는 위험.
⑦ (*pl.*) 찬사. couvrir *qn* de ~s; jeter des ~s à *qn* …을 잔뜩 치켜세우다.
⑧ 꾸밈말, 미사여구(~ de rhétorique).
⑨ (*pl.*) 피막(점액균(mycodermes)에 의한 맥주·포도주·식초의 표면에 생기는 곰팡이).
⑩〖화학〗가루. ~ de soufre 황의 가루.
⑪ 밀가루(farine).
avoir la ~ de qc 〖옛〗…을 처음으로 사용하다; …의 최초의 향유자가 되다.
comme une ~ 〖구어〗ⓐ 쉽게, 용이하게; 마음 편하게, 기분좋게. Le coureur est arrivé le premier, *comme une ~.* 그 주자는 쉽게 1착으로 골인했다. ⓑ arriver(s'amener) *comme une ~* 고약할 때에 불쑥 나타나다.
en ~(s) 꽃이 피어 있는. arbre *en ~* 꽃이 핀 나무. jeunes filles *en ~* 활짝 핀 아가씨들.
être ~ 〖속어〗동전 한 푼 없다, 빈털터리이다.
faire une ~ à qn 〖구어〗…에게 특별한 호의를 보이다, 특히 친절을 베풀다; 특전을 주다, 선물하다.
la ~ au fusil 총에 꽃을 꽂고; (출정병사가)의기양양하게.
passer ~ ⓐ (과수·포도 따위가)무사히 개화기를 넘기다, 결실기에 들다. ⓑ (비유적) (여성이)한창 때를 지나다.
(petite) ~ bleue 감상(感傷), 센티멘털. Il aime *petite ~ bleue.* 그는 감상적이다 (형용사적으로는 Il est très ~ bleue.)

fleur[2] *n.f.* 〖기술〗표피; 〖옛〗표면.
à ~ de …와 거의 비슷한 수준으로(의), 닿을 듯 듯한(것에). Les rochers *à ~ d'*eau sont dangereux pour la navigation. 수면에 보일 듯한 암초는 항해에 위험하다.

à ~ de peau ⓐ 피부에 닿을 듯 말 듯하게. 적인, 겉보기의. ⓒ 민감한, 예민한. avoir les nerfs à ~ *de peau* 신경이 극히 민감하다.

fleur³ *n.m.* 《문어》 냄새, 향기.

fleurage [flœra:ʒ] *n.m.* ① (벽지 따위의)꽃무늬. ② (빵을 굽기 전에)밀가루를 뿌림; 밀기울, 겨; (감자의)굵은 가루.

fleuraison [flœrɛzɔ̃] *n.f.* =floraison.

fleurant(e) [flœrã, -ã:t] *a.* 향기로운; (밀가루가)아주 고운.

fleurdelisé(e) [flœrdəlize] *a.p.* 《문장》 백합꽃 장식한. drapeau ~ 프랑스 왕실기(旗).

fleurdeliser [flœrdəlize] *v.t.* ① 백합꽃으로 장식하다. ②《옛》(죄인에게)백합꽃 모양의 낙인을 찍다.

fleuré(e)¹ [flœre] *a.* 《문장》 끝이 꽃무늬로 된.

fleurée² *n.f.* 《염색》(인디고 통에 생기는)가벼운 거품.

fleurer¹ [flœre] *v.i., v.t.* 《문어》 냄새 나다, 향기를 풍기다. ~ bon 좋은 냄새가 나다. Le mouchoir *fleurait* à la lavande. 손수건에서 라벤더 향기가 난다. Cela *fleure* l'intrigue. 그것은 음모의 냄새를 풍긴다. ~ comme baume 향기가 나다; (거래 따위가)확실(유리)하다; (평판 따위가)무척 좋다.

fleurer² *v.t.* (빵을 굽기 전에)밀가루를 묻히다, 밀가루를 뿌리다.

fleuret [flœrɛ] *n.m.* ① (검술용의)검; 《광산》 정, 끌. ② (무명·양모의)최고급품; (실크)푼사(실); (푼사로 짠)리본.

fleureter [flœrte] [5] *v.i.* (에게)달콤한 말을 하다, 사랑을 속삭이다; 꽃으로 꾸미다.

fleurette [flœrɛt] *n.f.* ①《옛》작은 꽃. ②《옛》(여자에게 하는)달콤한 속삭임. conter ~ à *qn* …에게 달콤한 말을 속삭이다, 사랑을 속삭이다. ③《사투리》(우유 표면에 엉기는)지방막(脂肪膜), 크림.

fleuri(e) [flœri] *a.p.* ① 꽃이 피어 있는, 꽃으로 장식한. arbre ~ 꽃핀 나무. saison ~*e* 꽃피는 계절, 봄. tissu(papier) ~ 꽃무늬 옷감(벽지). ② (안색 따위가)화색이 도는, 혈색이 좋은, 생기있는; (문체 따위가)화려한; 《옛》(수염이)반지르르하고 흰; 《속어》(코가)빨주지한. style ~ 화려한 문체. couleur ~*e* 《회화》 밝게 빛나는 색깔. gothique [roman] ~ 《건축》 장식이 많은 후기 고딕[로마네스크]양식. *avoir la boutonnière ~e* 단추구멍에 꽃을 꽂고 있다; 《구어》 훈장을 자랑해 보이다.

fleurir [flœri:r] *v.i.* ① 꽃이 피다. Les roses commencent à ~. 장미꽃이 피기 시작한다. ② (다음 뜻으로는 현재분사는 florissant, 직설법 반과거는 il florissait)는 씀》번영하다, 번창하다(prospérer). Alors les sciences *florissaient* en Égypte. 그 당시 이집트에서는 학문이 발전하였다. faire ~ les industries 산업을 진흥시키다. ③ 《구어》 뾰루지가 생기다, 붉그스레해지다; 《익살》수염이 나다. visage qui *fleurit* 뾰루지가 난(붉그스레해진) 얼굴. ④ 《종종 경멸》잔뜩 있다, 많다. Les affiches *fleurissent* sur les murs. 벽에는 벽보가 더덕더덕 붙어 있다.
—*v.t.* 꽃으로 장식하다; 꽃을 꽂다; 꽃을 보내다. ~ un salon 응접실을 꽃으로 장식하다. Une tombe de chrysanthèmes 국화로 장식하다. ~ sa boutonnière(sa corsage) 단추구멍(코르사주)에 꽃을 꽂다. 꾸미다, 장식하다. ~ son langage [son style] 말(문장)을 꾸미다.
se ~ *v.pr.* 꽃으로 몸[자기 집]을 장식하다; 단추구멍에 꽃을 꽂다; (들꽃이)꽃으로 뒤덮이다.

fleurissant(e) [flœrisã, -ã:t] *a.* 꽃이 만발한[한창인]. pré ~ 꽃이 만발한 초원.

fleurissement [flœrismã] *n.m.* 개화(開花).

fleuriste [flœrist] *n.* ① 꽃 가꾸는 사람, 화초 재배자; 꽃장수. commander une gerbe chez un ~ 꽃집에 꽃다발을 주문하다. ② 조화(造花) 만드는(파는) 사람. ③《옛》꽃을 좋아하는 사람; 꽃을 그리는 화가. —*a.* ① 꽃을 재배하는, 꽃을 파는. ② 조화를 만드는. ouvrière ~ 조화를 만드는 여공.

fleuron [flœrɔ̃] *n.m.* ① 《식물》 작은 꽃; (복합화의)꽃 하나; 능직물(綾織物). ② 꽃장식, (왕관상부의)꽃다발모양. ③ 《건축》 꽃모양의 조각; 《제본·인쇄》 꽃무늬 컷. ③ 사랑의 달콤한 말. *C'est encore un ~ à sa couronne.* 《구어》 이것은 그의 명예를 더욱 빛내는 것이다. *le plus beau ~ (de sa couronne)* 그의 가장 귀중한 것.

fleuronné(e) [flœrɔne] *a.p.* ① 《식물》 복합화의. plante ~*e* 복합화. ② 꽃무늬로 장식된.

fleuronner [flœrɔne] *v.i.* 《식물》 작은 꽃이 피다.
—*v.t.* 꽃무늬로 장식하다.

fleurs [flœ:r] *n.f.pl.* 《속어》 월경. ~ blanches 백대하(白帶下).

*fleuve [flœ:v] *n.m.* ① 큰 강, 대하(大河)(rivière). La Loire est le plus long ~ de France. 루아르 강은 프랑스의 가장 긴 강이다. descendre en ~ un canot 보트를 타고 강을 따라 내려가다. ② (많은)흐름. ~ de la vie 생애, 인생의 흐름. ~ de lave 용암의 흐름. ~ d'éloquence 청산유수와 같은 웅변. ~ de glace 빙하. ~ d'êtres humains 인파. discours- ~ 기나긴 연설. dossier- ~ 대량의 조서(調書). ③ 《그리스신화》 강의 신(Dieu ~). barbe (de) ~ (강의 신과 같은)긴 수염.

flexibilité [flɛksibilite] *n.f.* 휘기 쉬움, 유연성; 낭창낭창함(élasticité, souplesse); 유순함(docilité).

flexibilomètre [flɛksibilɔmɛtr] *n.m.* (물질의)굴곡성 측정 장치.

flexible [flɛksibl] *a.* ① 휘기 쉬운, 유연성 있는, 낭창낭창한, 나긋나긋한(souple); 유순한. taille ~ 나긋나긋한 허리. caractère ~ 유순한 성격. ② 변동하는, 가변성(可變性)의. horaire ~ (개인의 희망을 고려해 주는)작업 일과표. budget ~ 탄력적이 있는 예산. —*n.m.* 《전기》 가요선(可撓線).

flexicaule [flɛksiko:l] *a.* 《식물》 물결 모양의 줄기를 가진.

flexion [flɛksjɔ̃] *n.f.* ① 구부리김, 굽힘, 휨, 굴곡, 만곡; 굴곡운동[작용]. ② 《언어》 굴절(屈折), 어미 변화. langue à ~ 굴절어. ~ nominale [verbale] 명사(동사)의 굴절.

flexionnel(le) [flɛksjɔnɛl] *a.* 《언어》 굴절의, 굴절이 있는. langue ~*le* 굴절어.

flexotir [flɛksɔtir] *n.m.* (바다에서의)석유 지진 탐사법.

flexueux(se) [flɛksɥø, -ø:z] *a.* 구불구불한, 굴곡이 있는; 《식물》 물결 모양의.

flexuosité [flɛksɥozite] *n.f.* 구불구불함; 《식물》 물결 모양을 이루고 있음.

flexure [flɛksy:r] *n.f.* 《지질》 (지층의)요곡(撓曲).

flibot [flibo] *n.m.* (네덜란드 연안의)큰 너벅선.

flibuste [flibyst] *n.f.* 《옛》해적질; (17-18세기의)카리브해의 해적.

flibuster [flibyste] *v.i.* 《옛》 해적질하다. —*v.t.* 《속어》 훔치다, 소매치기하다(voler).

flibusterie [flibyst(ə)ri] *n.f.* 《옛》 해적질; 《속어》 도둑질, 사취(詐取).

flibustier [flibystje] *n.m.* ① (17-18세기의)카리브해의 해적(단). ② 도둑, 노상강도. ②《구어》횡령자, 소매치기, 사기꾼.

flic [flik], **flicard** [flika:r] *n.m.* 《속어》 경관; 탐정.

flicaille [flikɑːj] *n.f.* 《속어》《집합적》경관.

flicflac, flic flac [flikflak] *int., n.m.* ① 철썩철썩 (채찍소리·손바닥으로 치는 소리·물소리). ② 발을 맞부딪쳐 하는 댄스.

fli(c)quer [flike] *v.t.* 《속어》체포하다, 붙잡다.

flinders [flindɛrs] *n.m.* 《해양》플린더즈바(barreau F~)《자기(磁氣) 컴퍼스 수정용의 수직 연철간(軟鐵桿)》.

flingot [flɛ̃go], **flingue** [flɛ̃ːg] *n.m.* 《속어》① (식칼을 가는)줄. ② 총, 권총.

flinguer [flɛ̃ge] *v.t.* ① 《속어》(권)총으로 쏘아다[쏘아죽이다]. ② 신랄하게 비판하다, 가차없이 공격(비난)하다. ③ (여자를)정복하다.
—**se** ~ *v.pr.* 자살하다(se suicider); 절망하다 (désespérer); 못쓰게 되다.

flint [flint], **flint-glass** [flintglas] 《영》*n.m.* 납유리, 플린트글라스.

flipot [flipo] *n.m.* 【건축】(홈에)덧끼우는 나무, 쐠나무.

flipper¹ [flipœːr] 《영》*n.m.* 플리퍼(billard électrique).

flipper² *v.i.* ① (마약의 약효가 떨어져)힘이 빠지는 것을 느끼다. ② 의기소침하다, 낙담하다. ③ 열광하다, 도취하다.

flique [flik] *n.m.* =flic.

fliquer [flike] *v.t.* =flicquer.

flirt [flœrt] 《영》*n.m.* ① 장난삼아 하는 연애, 연애유희(amourette); 사랑을 얻는 술책. avoir un ~ avec *qn* …와 장난삼아 연애하다. ② 연애 상대, 희롱거릴 상대. ③ (두 회사·정부·사회 따위의)화해; 접근 공작.

flirtage [flœrtaːʒ] *n.m.*, **flirtation** [flœrtasjɔ̃] *n.f.* 희롱거림, 시시덕거림.

flirter [flœrte] *v.i.* ① 장난으로 연애하다, 희롱거리다, 시시덕거리다. ②(에)접근하다, (와)가까워지다, 친해지다(se rapprocher de). [~ avec] Les États-Unis se mettent à ~ avec la Chine. 미국은 중공과 가까와지고 있다.

flirteur(se) [flœrtœːr, -øːz] *n.* 장난으로 연애하는 사람; 희롱거리는 사람. —*a.* 장난으로 연애하는; 희롱거리는, 시시덕거리는; (여자가)요염한. Elle est très ~se avec les garçons. 그 여자는 남자들과 희롱거리기를 매우 좋아한다.

fliter [flite] *v.t.* (모기를)분무식 살충제로 죽이다.

F.L.N. 《약자》(le) Front de Libération Nationale 민족 해방전선.

floc¹ [flɔk] *int.* 풍덩 (물에 가라앉는 소리). —*n.m.* 풍덩, 퐁당; 쿵, 털썩.

floc² *n.m.* (깃발의)술, (모자의)장식 술.

flocage, flockage [flɔkɑːʒ] *n.m.* 벨벳 가공(종이 따위에 양모·나일론 따위의 섬유를 입히는 것).

floch(e¹) [flɔʃ] 《영》*n.m.* (포커의)플러시(같은 종류의 패가 맞추어지는 것).

floche² *a.* ① 《예》부드러운; (소리가)흐릿한. ② 보풀이 인. soie ~ 푼사실. —*n.f.* 작은 술 장식.

flock-book [flɔkbuk] (*pl.* ~~**s**) 《영》*n.m.* 양의 혈통서.

flocké(e) [flɔke] *a.* 양털같이 부드러운, 매끈한.

flocon [flɔkɔ̃] *n.m.* (양모 따위의)폭신폭신한 뭉치; 【화학】솜털 모양의 침전물. ~ de laine 양털의 뭉치. ②(특히 눈의)송이; (곡식을)거칠게 빻은 것. ~ de neige 눈송이. La neige tombe à gros ~s. 솜덩이 같은 눈(함박눈)이 온다.

floconnage [flɔkɔnaːʒ] *n.m.* =flocage.

floconnement [flɔkɔnmɑ̃] *n.m.* 작은(얇은) 조각으로 됨; 양털 모양으로 됨; 작은(얇은) 조각.

floconner [flɔkɔne] *v.i.* 작은(얇은) 조각으로 되다; 양털 모양의 작은 뭉치로 되다.

floconneux(se) [flɔkɔnø, -øːz] *a.* ① 복슬복슬한, 솜 같은. toison ~se 복슬복슬한 양털. nuages ~ 솜 같은 구름. ② 【화학】(침전이)솜 모양의.

floculation [flɔkylasjɔ̃] *n.f.* 【화학】솜털 모양의 침전.

floculer [flɔkyle] *v.i.* 【화학】솜털 모양으로 침전하다.

floculeux(se) [flɔkylø, -øːz] *a.* 【화학】솜털 모양의.

flonflon [flɔ̃flɔ̃] 《예》*n.m.* (노래의)후렴(refrain); 시시한 곡; 되풀이되는 음향, 연타음(連打音).

flop [flɔp] 《영》*n.m.* 【영화】실패작(fiasco, four). Ce film est un ~. 이 영화는 실패작이다.

flop(p)ée [flɔpe] *n.f.* 《속어》대량; 많음. avoir une ~ d'enfants 자식이 많다.

flop(p)er [flɔpe] *v.t.* 《속어》 =flauper.

floqué(e) [flɔke] *a.* =flocké.

floquet [flɔkɛ] *n.m.* (의복을 장식하는)작은 술.

floraison [flɔrɛzɔ̃] *n.f.* 꽃핌, 개화; 개화기, 꽃철. pommiers en pleine ~ 꽃이 만발한 사과나무. La ~ approche. 개화기가 다가온다.

floral(ale, *pl.* -aux) [flɔral, -o] *a.* 꽃의; 꽃무늬의. jeux F~aux 프랑스의 툴루즈에서 거행되는 문학제(祭)【문학 백일장】.

floralies [flɔrali] *n.f.pl.* ① 【고대로마】꽃의 여신(*Flore*)의 축제. ② 꽃 전시회, 화초품평회.

flore [flɔːr] *n.f.* ① (F~) 【로마신화】플로라 (꽃의 여신). ② 한 지역의 식물상(相), 플로라; 식물지(植物誌). étudier la faune et la ~ d'un continent 한 대륙의 동물상과 식물상을 연구하다.

floréal [flɔreal] *n.m.* 【프랑스사】(공화 책력의)8월, 화월(花月)(4월 20[21]일—5월 19[20]일).

florée [flɔre] *n.f.* 《예》(중급품)인디고.

Florence [flɔrɑ̃ːs] *n.pr.* 【지리】피렌체(이탈리아의 도시). —**f~** *n.f.* 【직물】엷은 타프타.
—**f~** *n.f.* 《이태리》명주 낚싯줄.

florencé(e) [flɔrɑ̃se] *a.* fleur de lis —*e* 【문장】당초무늬 위에 봉오리가 있는 흰나리꽃(피렌체의 문장).

florentin(e) [flɔrɑ̃tɛ̃, -in] *a.* 피렌체(*Florence*)의. —**F~** *n.* 피렌체 사람. —*n.f.* 피렌체산의 엷은 타프타. —*n.m.* ① 피렌체 사투리. ② 【과자】(피렌체식의)아몬드케이크(gâteau de Florence).

florès [flɔrɛs] *n.m.* 《다음 숙어로만 씀》faire ~ ⓐ 《문어》명성을 떨치다, 대성공을 하다. Cet acteur a fait ~ en province. 이 배우는 지방에서 절찬을 받았다. ⓑ 《예》두드러지게 나타나다, 이채롭다.

flori- *préf.* 「꽃」의 뜻.

floricole [flɔrikɔl] *a.* (곤충 따위가)꽃에 사는.[배

floriculture [flɔrikylty:r] *n.f.* 꽃가꾸기, 화초 재

floridées [flɔride] *n.f.pl.* 【식물】진정홍조류(眞正紅藻類).

florifère [flɔrifɛːr] *a.* 꽃이 달린; 꽃이 많이 피는.

florilège [flɔrilɛːʒ] *n.m.* 사화집(詞華集), 선문집 (anthologie).

florin [flɔrɛ̃] *n.m.* ⓐ 네덜란드의 화폐단위. ⓑ 13세기 피렌체에서 발행된 금화.

florir [flɔriːr] *v.i.* 《예》 =fleurir.

floriss-ait, -ant [flɔris-ɛ, -ɑ̃] <*fleurir* (*v.i.*).

florissant(e) [flɔrisɑ̃, -ɑ̃ːt] *a.* *p.pr.* <*fiorir* ① 융성한, 번영하는, 번창한(prospère). pays ~ 번영하는 나라. commerce ~ 번창하는 사업. ② 건강해 보이는, 기운찬. santé ~*e* 넘쳐 흐르는 건강. mine ~*e* 건강하게 보이는 얼굴.

floristicien(ne) [flɔristisjɛ̃, -ɛn] *n.* 꽃을 전문적으로 연구하는 학자.

floristique [flɔristik] *a.* (한 지방의)식물군(상

florule [flɔryl] *n.f.* ① 작은 꽃; 복합화의 한 꽃. ② (소지역·특정 식물의)식물군, 식물상.

flosculeux(se) [flɔskylø, -ɸ:z] *a.* 〖식물〗 작은 꽃만으로 이루어진.

***flot** [flo] *n.m.* ① (*pl.*)물결, 파도; 〖시〗 바다. ~s de la mer(d'un lac) 바다(호수)의 물결. navire qui fend les ~s 물결을 가르고 나가는 배. ② (흐르는)물; 밀물, 만조. ~ d'une rivière 강물. ~s de lave 흘러내리는 용암. heure du ~ 만조시간. ~ révolutionnaire (비유적)밀어닥치는 혁명의 물결. ③ 물결 모양의 것, 물결치듯 하는 것. ~ de mousselines 물결치는 머리칼. ~s d'une chevelure 물결치는 머리칼. ④ (액체의 다량의)흐름; (비유적)많음, 다수, 다량. verser des ~s de larmes 눈물을 펑펑 쏟다. ~ de voyageurs 한 떼의 여행자. ~s humains 인파. ~ d'idées 많은 사상. ~ de paroles [d'injures] 많은 말[욕설]. ⑤ 〖기술〗 (강으로 띄워내려보내는)목재; 뗏목; 〖건축〗물결 모양의 장식. ~s grecs 희랍식 물결모양(s 자를 눕혀서 겹쳐놓은 모양).

à~ ⓐ 떠 있는(qui flotte). navire (qui est) à ~ 떠있는 배. bassin à ~ 떠 있는 도크, 습선거(濕船渠). mettre à ~ un bateau 배를 띄우다(진수시키다). mettre du bois à ~ 강물을 따라 나무를 떠내려 보내다. ⓑ (사람·경제사정 따위가)어려움을 벗어난, 떠오르는. remettre à ~ une entreprise 기업을 재건하다. mettre qn à ~ …을 어려운 형편에서 구조하다.

à (grands, longs) ~s 다량으로, 풍부하게, 넘쳐흐르게. pluie qui tombe à ~s 억수같이 쏟아지는 비.

flottabilité [flɔtabilite] *n.f.* 부력(浮力), 부양력.

flottable [flɔtabl] *a.* ①(강이)뗏목을 흘려 보낼 수 있는. ②(나무·부이 따위가)뜰 수 있는.

flottage [flɔta:ʒ] *n.m.* ① 뗏목 띄워 보내기. train de ~ 뗏목. ②〖낚시〗부유선장(浮游選鑛).

flottaison [flɔtɛzɔ̃] *n.f.* ①〖해양〗흘수선(吃水面); 흘수선(ligne de ~). ~ en charge 만재흘수선. ②〖생물〗부유성, 부력수상성. ③(가격의)변동. ④〖드물게〗부유(浮遊), 〖예〗 뗏목.

***flottant(e)** [flɔtɑ̃, -ɑ̃:t] *a.* ①(물 위에)떠 있는, 부유하는. glace ~e 유빙(流氷). plante ~e 부유 식물, 부조. île ~e 부도(浮島); 〖요리〗 플로팅아일랜드(거품이 인 크림 또는 달걀 흰자를 바른 일종의 커스터드). ancre ~e 해묘(海錨). mine ~e 〖군〗부류기뢰(浮流機雷). pêche à la ligne ~e 전지질. ville ~e (비유적)떠 있는 도시, 호화여객선. ②(공중에)떠 있는, 떠도는, 나부끼는. (옷이)헐렁헐렁한, 넉넉한. nuage ~ 떠도는 구름. cheveux ~s 나부끼는 머리칼. longue robe ~e 넉넉하고 헐렁거리는 드레스. ③부동(浮動)하는, 가변적인, 유동적인(variable). 〖경제〗변동하는. population ~e 부동인구. votes ~es (선거에서의)부동표. dette ~e 유동부채. cours ~ d'une monnaie 화폐의 변동시세. moteur ~ 〖기계〗플로팅엔진. ④(의견 따위가)확실치 않은, 변덕스러운(instable). caractère ~ 우유부단한 성격. être ~ dans ses opinions 정견이 없는.
—*n.m.* ①(의복 따위의)헐렁헐렁한 부분; (헐렁헐렁한)운동용 팬츠(바지). ②〖드물게〗부동적(유동적)인 상태.

flottard(e) [flɔtaːr, -ard] *a.* (구어)(음료 따위에)물을 너무 많이 탄. café ~ 너무 묽은 커피. —*n.m.* 〖학생어〗해군사관학교의 수험 준비생; 〖예·은어〗헐렁헐렁한 바지.

flottation [flɔtasjɔ̃] *n.f.* 〖야금〗부유선광.

***flotte¹** [flɔt] *n.f.* ① 선단, 선대, 함대. ~ marchande 상선대. ~ de guerre (전투)함대. la 7 ̊ ~ des États-Unis 미국의 제 7 함대. ~ d'argent 백금선단(17, 18세기에 남미의 식민지에서 금을 실어온 에스파냐의 선단). ② (F~)해군, 해상병력(forces navales). la F~ de la France 프랑스해군. amiral de la F~ 해군원수(연합함대 사령관이 됨). ③ (한 나라 또는 회사의)총 보유선박(차량). ~ de commerce d'un pays 한 나라의 상선 전체, 해운력. ~ pétrolière de la France 프랑스가 보유한 전 유조선. ④ ~ aérienne 항공대, 공군. ⑤〖학생어〗해군사관학교 입시준비반. ⑥〖예·구어〗(사람·물건의)떼, 다수. avoir une ~ d'amis 친구가 수없이.

flotte² *n.f.* ①(낚싯줄·어망 따위의)찌, 부표(浮標), 부이. ②〖사투리〗뗏목. ③(차의)바퀴통의 비녀장받이. ④(명주실의)실타래.

flotte³ *n.f.* (구어)①물. Il ne boit que de la ~. 그는 물만 마신다. C'est de la ~, cette soupe! 이 수프는 물이야! ② 비(pluie). Il va tomber de la ~. 비가 올 것 같다.

flottement [flɔtmɑ̃] *n.m.* ① 흔들림, 동요; 〖군사〗(행군 중의)대열의 꾸불꾸불함. ~ d'un drapeau [d'une étoffe] 깃발(천)의 펄럭임. ②(심리적인)동요, 망설임, 우유부단. ~ des opinions 의견의 동요. ③〖경제〗(화폐가치의)변동.

***flotter¹** [flɔte] *v.i.* ① 뜨다, 표류하다. Le liège *flotte* sur l'eau. 코르크는 물에 뜬다. faire ~ des bateaux de papier 종이배를 물 위에 띄우다. épave qui *flotte* à la dérive 되는 대로 떠도는 표류물. ②(공중에)떠돌다, 나부끼다, 펄럭이다. faire ~ un drapeau 깃발을 나부끼게 하다. fil d'araignée qui *flotte* dans les airs 공중에서 하늘거리는 거미줄. brouillard qui *flotte* au-dessus des prés 들판 위에 떠도는 안개. Une forte odeur de tabac *flottait* dans la pièce. 방안에는 짙은 담배냄새가 배어 있었다. ③(옷 따위가)헐렁헐렁하다. pantalon qui *flotte* (너무 커서)헐렁헐렁한 바지. Elle *flotte* dans sa robe. 그녀는 헐렁헐렁한 드레스를 입고 있다. ④(고삐·나사 따위가)헐거워지다, 느슨해지다; (대열이)흐트러지다. laisser ~ les rênes de son cheval 말의 고삐를 늦추다. Les rangs de la colonne *flottent*. (행군중의)종대가 흐트러진다(꾸불꾸불하게 된다). ⑤(행위·생각 따위가)동요하다, 흔들리다, 떠돌다; 망설이다. ~ entre l'espérance et la crainte 희망과 두려움 사이에서 마음이 흔들리다. Son esprit *flotte* au hasard. 그의 마음은 정처 없이 떠돈다. ⑥〖경제〗(화폐 가치가)변동하다. laisser ~ le franc 프랑화를 변동케하다. ⑦〖스포츠〗(권투선수 따위가)몸의 균형을 잃다, 몸을 가누지 못하다.
—*v.t.* 띄우다. ~ du bois 목재를 강물에 띄워 보내다. ~ une torpille (부이로)기뢰를 띄우다.

flotter² *v.impl.* (구어)비가 오다(pleuvoir). Il *a flotté* toute la journée. 하루종일 비가 왔다.

flotteur [flɔtœːr] *n.m.* ① 뜨는 물건, 부체(浮體). ② '어망'이나 '낚싯대에 다는 찌'; (위치를 표시하우기 한)부표, 부이. ③(구멍구나 구명보트의)부대(浮袋); (수상 비행기의)부주(浮舟). ④〖기술〗(물탱크 따위의)부구(浮標), 플로트. ~ d'alarme 경보기가 달린 플로트. ⑤〖예〗뗏목 타는 사람.

flottille [flɔtij] *n.f.* ①〖해양〗소선대(小船隊); 소형 함대. ~ de pêche 어선단. ②〖공군〗비행(편)대.

flou(e) [flu] *a.* ①(윤곽이)흐릿한, 희미한(vague, ↔ clair). dessin ~ 윤곽이 희미한 데생. photo ~e (핀트가 안 맞아)흐릿한 사진; 연조(軟調)사진. ②(옷 따위가)헐렁헐렁한, 흐느적거리는. robe ~e 흐느적거리는 드레스. ③(비유적)(생각 따위가)

불분명한, 몽롱한. pensée ~e 몽롱한 생각.
—n.m. ① 흐릿함, 희미함; (그림이나 사진을)흐릿하게 만들기; 【사진】 소프트 포커스, 연초점(軟焦點). — artistique 【사진】 윤곽을 흐릿하게 만든 예술사진, 연초사진. ② (드레스를)헐렁하게 만들기; 헐렁헐렁하게 만든 드레스. travailler dans le ~ 양장점에서 일하다. ③《비유적》(생각 따위가)막연함, 불분명함. ~ de sa pensée 그의 생각의 막연함. Ses explications sont d'un ~. 그의 설명은 정말 알쏭달쏭하다.
—ad. 흐릿하게. peindre ~ 윤곽을 흐릿하게 그리다.

flouer [flue] v.t. 《옛·구어》[~ qn] (의 것을)속여서 훔치다, 사취하다(escroquer); 속이다(tromper). être floué par les promesses des politiciens 정치가의 약속에 속다. 《드물게》[~ qc à qn] …에게서 …을 사취하다. —v.i. 《옛·구어》노름에서 속임수를 쓰다.

flouerie [fluri] n.f. 《옛·구어》사취, 사기.

floueur(se) [flucœːr, -φːz] n. 《옛·구어》사취하는 사람, 사기꾼.

flouse, flouze [fluːz] n.m. 《속어》돈.

flouve [fluːv] n.f. ~ odorante 【식물】향기풀.

fluage [flyaːʒ] n.m. 【야금】(금속의)용출(溶出).

fluate [flyat] n.m. 【화학】 플루오르 규산염(硅酸塩)(silicates de fluor 의 상품명); 불화물(弗化物)《옛 명칭》.

flube [flyb] n.m. 《속어》두려움, 겁(peur). avoir les ~s 겁을 먹다.

fluctuant(e) [flyktɥɑ̃, -ɑ̃ːt] a. ① 흔들리는, 파동하는; 변동하는; 일관성 없는. être ~ dans ses opinions 견해에 일관성이 없다. prix ~s 변동하는 가격. ②【의학】(체액 따위가)파동하는.

fluctuation [flyktɥɑsjɔ̃] n.f. ①《주로 pl.》파동, 유동; (가격의)변동. ~s de l'opinion publique 여론의 변동. ~s de la cote des changes 환율의 변동. ②【의학】(체액의)파동.

fluctuer [flyktɥe] v.i. 《드물게》파동하다, 동요하다; 변동하다.

fluctueux(se) [flyktɥφ, -φːz] a. 《옛》(바다 따위가) 사납게 파동하는, 광란하는.

flué(e) [flye] a.p. 흘러나온, 새어나온. métal ~ 《야금》용출(溶出)된 금속.

fluence [flyɑ̃ːs] n.f. 《문어》(말·문장 따위의)유창함, 유려함. 《드물게》흐름. ~ d'une rivière 강의 흐름. ~ du temps 시간의 흐름.

fluent(e) [flyɑ̃, -ɑ̃ːt] a. ①《옛·문어》흐르는. ②《드물게》변동하는, 변덕스러운. ③ 【의학】 출혈하는. hémorroïdes ~es 출혈성 치질.

fluer [flye] v.i. 《옛·문어》흐르다(couler); 생각 따위가)흐르듯이 나오다. ②【의학】(고름 따위가)흐르다.

fluet(te) [flyɛ, -ɛt] a. (신체 따위가)가느다란, 호리호리한; (목소리가)가냘픈.

flueurs [flyœːr] n.f.pl. 【의학】월경. ~ blanches 백대하(白帶下). ②《문어》흐름.

fluide [flɥid] a. ① 유동하는, 유동성의. huile très ~ 아주 잘 흐르는 기름. ②(글 따위가)유창한, 유려한. style ~ 유려한 문체. ③ 유동적인, 파악하기 어려운. situation ~ 유동적인 사태. ④(교통이)원활한, 차가 잘 빠지는. circulation ~ 교통의 원활한 소통. ⑤《옛》액상(液狀)의, 액체의.
—n.m. ① 유체(流體). mécanique des ~s 유체역학. ②《시》액체의. ③(눈에 보이지 않는)사물의 힘, 영기; 신통력. avoir ~ 신통력이 있다.

fluidement [flɥidmɑ̃] ad. 《드물게》유체 같이; 유창하게.

fluidification [flɥidifikɑsjɔ̃] n.f. ① 유체화(流體化). ② 교통의 원활화.

fluidifier [flɥidifje] v.t. ① 유체화하다, 액화(液化)하다. ②《문어》순화하다, 맑게 하다; 유려하게 하다. ~ son style 문체를 유려하게 만들다. ③(차의 소통을)원활하게 하다.

fluidique [flɥidik] a. ① 유체의, 액체의. ②《문어》맑은; 유려한. ③ 영기(靈氣)가 있는, 신통력 있는. —n.f. 유체공학《주로 전자제품 내에서의 전류의 기능을 다룸》.

fluidité [flɥidite] n.f. ① 흐르기 쉬움, 유동성. ~ de l'air 공기의 유동성. ② 유려함, 유창함. ~ d'une musique 음악의 흐르는 듯한 느낌. ③《비유적》유동성, 가변성. ~ de la situation 상황의 유동성. ④ 교통의 원활함, 원활한 소통.

fluor [flyɔːr] n.m. 【화학】 플루오르, 불소. ②《옛》용해성 광석. —a. ①《옛》용해성의. ② spath ~ 영석(螢石).

fluoration [flyɔrɑsjɔ̃] n.f. 【화학】(음료수에)불소를 넣기; (이에)불소를 바르기.

fluoré(e) [flyɔre] a.p. 불소가 든. dentifrice ~ 불소가 든 치약.

fluorescéine [flyɔresein] n.f. 【화학】 플루오레세인.

fluorescence [flyɔresɑ̃ːs] n.f. 【물리】형광(螢光). éclairage par ~ 형광 조명.

fluorescent(e) [flyɔresɑ̃, -ɑ̃ːt] a. 형광을 내는. écran ~ 형광 스크린. lampe ~e 형광등.

fluorhydrique [flyɔridrik] a. acide ~ 【화학】 불화수소산.

fluorine [flyɔrin] n.f. 【광물】형석(螢石).

fluorisation [flyɔrizɑsjɔ̃] n.f. = fluoration.

fluoroscope [flyɔrɔskɔp] n.m. 【물리·의학】 형광투시경(透視鏡).

fluoroscopie [flyɔrɔskɔpi] n.f. 【물리·의학】형광투시법(검사).

fluorose [flyɔroːz] n.f. 【의학】불소중독증.

fluoruration [flyɔryrɑsjɔ̃] n.f. = fluoration.

fluorure [flyɔryːr] n.m. 【화학】불화물.

flush [flœʃ, flɔʃ] n.m. ① (포커의)플러시. ②【의학】갑작스런 얼굴의 상기(bouffée).

flûte¹ [flyt] n.f. ①【음악】플루트; 피리. jouer de la ~ 플루트를 불다. petite ~ 피콜로. grande ~; ~ traversière (옆으로 부는 보통의 연주용)플루트. ~ à bec; ~ douce 리코더; 종적(縱笛). ~ de Pan 목신의 피리, 목적(牧笛). «La ~ enchantée» 「마적」(모차르트의 오페라). ② 플루트 연주자. premier ~ d'une orchestre 오케스트라의 제 1 플루트 연주자. ③ 가느다란 빵, 막대빵. ④ 굽 달린 가느다란 술잔; (고급 술에 쓰이는)목이 긴 병. ⑤ (pl.)《구어》다리. jouer des ~s 달리다. se tirer des ~s 달아나다.

accorder (ajuster) ses ~s 《옛》의견을 조종하다, 동의하다. *Ce qui vient de la ~ s'en va (se [s'en retourne au) tambour.* 《속담》쉽게 번 돈은 쉽게 나간다.

—int. 《속어》제기랄! 빌어먹을! 《초조·실망》. *F~ alors! j'ai perdu mon stylo.* 제기랄, 만년필을 잃어버렸다.

flûte² n.f. ①《옛》【군사】보급품 수송함. ②(네덜란드에서 쓰이는)바닥이 넓은 큰 수송선.

flûté(e) [flyte] a.p. 플루트 소리 같은. voix ~e 맑고 부드러운 목소리.

flûteau [flyto] (pl. ~x) n.m. ①(투박하게 만든)피리; 장난감 피리 ②【식물】질경이택사.

flûter [flyte] v.i. ① 플루트(피리)와 같은 소리를 내다; (특히 지빠귀가)지저귀다. ②《옛》플루트(피리)를 불다《현재는 jouer de la flûte 라고 말한다》. *C'est comme si on flûtait.* 《구어》그것은 소용없다, 헛일이다. *envoyer ~ qn* 《구어》…을 내쫓다.

—v.t. 《옛·구어》《술을》마구 마시다.

flûtet [flyte] *n.m.* 《사투리》(프로방스 지방의)작은 피리(galoubet).

flûteur(se) [flytœːr, -ø:z] *n.* ① 《옛》《경멸》플루트 부는 사람. ② 《옛·구어》술꾼.

flutiau [flytjo] (*pl.* ~x) *n.m.* =**flûteau**①.

flûtiste [flytist] *n.* 【음악】플루트 부는 사람, 플루트 연주자.

flutter [flœtœːr] 《영》 *n.m.* ① 【항공】 (비행기의 날개나 동체에 일어나는)빠른 진동. ② 【의학】 (심장의)조동(粗動).

fluvial(ale, *pl.* **aux)** [flyvjal, -o] *a.* ① 강의, 하천의. voie ~ale 수로. pêche ~e 강낚시. ② 《문어》(강물처럼)흐르는 듯한.

fluviatile [flyvjatil] *a* 민물의, 담수(淡水)의; 민물에 나는, 하천에 나는. plantes ~s 하천 식물. dépôts ~s 하천의 침전물.

fluvio(-)glaciaire [flyvjoglasjeːr] *a.* 【지질】강과 빙하의. dépôts(sols) ~s 하빙 양성토.

fluviographe [flyvjograf], **fluviomètre** [flyvjometr] *n.m.* 하천 수위계(水位計).

fluviométrique [flyvjometrik] *a.* 하천 수위계의; 하천 수위에 관한.

flux [fly] *n.m.* ① 《문어》많음, 다량. ~ de paroles 말이 많음, 다변. ② 한사리, 밀물. heure du ~ 만조시간. le ~ et le reflux 밀물과 썰물, 조수의 간만. le ~ et le reflux de la foule(사람이 밀려왔다 사라지는)인파. ③ 흐름, 유동, 유출; 【의학】(혈액 따위의)유출, 배출. ~ volcanique 용암의 흐름. ~ de sang 출혈. ~ menstruel 월경. ~ de ventre 설사. ④ 【물리】유량(流量), 유속(流速). ~ lumineux 광속(光速). ~ magnétique 자속(磁束). ⑤ 【경제】 유출.

fluxion [flyksjɔ̃] *n.f.* ① 【의학】충혈; (특히 잇몸의)염증. ~ de poitrine 폐렴(pneumonie). ② 《옛》【수학】유율법(流率法)(뉴턴의 미적분법)(méthode des ~s).

fluxionnaire [flyksjoneːr] *a.* 《옛》【의학】 충혈의, 염증의. [計].

fluxmètre [flymetr] *n.m.* 【물리】자속계(磁束

flysch [fliʃ] *n.m.* 【지질】플리시(사암이나 편암으로 된 퇴적물).

fly-tox [flajtoks, 《구어》 flitoks] 《영》 *n.m.* 분무식 살충제(동사로는 fly-toxer).

Fm 《약자》 fermium 【화학】 페르뮴.

F.M. 《약자》 ① fusil-mitrailleur 자동 소총; franchise militaire 군사우편. ② 《영》 FM 방송.

F.M.I. 《약자》 Fonds monétaire international 국제통화기금(《영》 I.M.F.).

F.N.A.F.U. 《약자》 fonds national d'aménagement foncier et d'urbanisme 토지정비·도시개발 국민기금.

F.N.A.H. 《약자》 Fonds national de l'amélioration de l'habitat 주택개량 국민기금.

F.N.S.E.A. 《약자》 Fédération nationale des syndicats d'exploitations agricoles 농업조합 전국연맹.

fob, F.O.B., FOB [efobe, fob] (<《영》 *free on board*) *a.* 《불변》【상업】본선 인도의.

foc [fɔk] *n.m.* 【해양】이물의 삼각돛.

focal(ale, *pl.* **aux)** [fokal, -o] *a.* ① 【기하·물리】초점의. distance ~e 초점거리. ② 【의학】 병소(病巢)의. —*n.f.* 초점거리(distance ~e).

focalisation [fokalizasjɔ̃] *n.f.* ① 【물리】초점으로 모으기, 초점맞추기, 집속(集束) ② 《비유적》집약, 집중. ~ de problèmes 여러 문제의 집약.

focaliser [fokalize] *v.t.* ① 【물리】초점으로 모으다, 초점을 맞추다, 집속시키다. ② 《비유적》집약하다, 집중하다(concentrer). ~ des aspirations de toutes tendances 모든 경향의 소망을 집약시키다. ~ son attention *sur qc* …에 대해서 주의를 집중하다. —**se** ~ *v.pr.* 집약하다, 집중하다.

focaliseur [fokalizœːr] *n.m.* 【물리】집속장치.

focomètre [fokometr] *n.m.* 【광학】초점거리 측정기, 초점계.

focus [fokys] 《영》 *n.m.* 【언어】초점.

fœhn [fœn] *n.m.* 【기상】푄 현상.

foène, foëne [fwɛn] *n.f.* 【어업】작살.

foéner ⑥ , **foëner** [fwene] *v.t., v.i.* (물고기를)작살로 찌르다.

fœtal(ale, *pl.* **aux)** [fetal, -o] *a.* 【생물】태아의. attitude(posture) ~ale 태아의 위치.

fœtoscope [fetɔskɔp] *n.m.* 【의학】태아경.

fœtoscopie [fetɔskɔpi] *n.f.* 【의학】태아경에 의한 관찰.

fœtus [fetys] *n.m.* 【생물】태아.

fofolle [fofɔl] *a.f.* ⇔fou(-)fou.

foggara [fogara] 《아라비아》 *n.f.* 【지리】포가라 (사하라 사막의 지하수로).

‡**foi** [fwa] *n.f.* ① [~ en/dans](에 대한)믿음, 신뢰, 신용(confiance). avoir ~ *en* l'avenir 미래를 신뢰하다. mettre toute sa ~ *dans* le nouveau gouvernement 새로운 정부를 전적으로 믿다. personne digne de ~ 믿을 만한(신뢰할 수 있는)사람. ② (종교적인)신앙, 신앙심;【가톨릭】신덕(信德). avoir la ~ 신앙을 가지고 있다. trouver (perdre) la ~ 신앙을 갖게 되다(잃다). professer la ~ chrétienne 기독교에 대한 믿음을 표명하다. acte de ~ 신앙심의 표명, 기도. article de ~ 가톨릭의 신조(信條). ③ 교의(敎義), 교리; (특히)그리스도교. propagation de la ~ 선교, 포교. ④ 신념, 신봉, 확신(croyance). ~ politique 정치적 신념. avoir ~ en la révolution 혁명에 대한 신념을 가지고 있다. ⑤ 《옛·구어》서약, 맹세, 약속; 보증. donner (engager, jurer) sa ~ *de* + *inf.* …할 것을 서약하다. jurer ~ et hommage (봉건영주에 대한)충성을 맹세하다. violer la ~ conjugale 부부간의 사랑의 맹세를 어기다. ⑥ 《옛》성실성, 성의, 충실성(fidélité). s'en remettre à la ~ *de qn* …의 성의를 믿다. ⑦ ligne de ~ 【기술】(괘종기의)표준선.

ajouter(attacher, prêter) ~ *à qc* …을 믿다.

bonne ~ 성실성, 선의, 솔직성. homme de *bonne* ~ 성실한 사람. en toute *bonne* ~ 진심으로, 진심으로 말해서. acquéreur de *bonne* ~【법】(위법인 줄 모르고 물건을 산)선의의 구매자. à la *bonne* ~ 성의로, 선의로; 솔직히.

en ~ *de quoi* 【법】위에 적은 바에 의거해서(증명서에 사용하는 관용구).

faire ~ *de qc* (*que* + *ind.*)) (…을)입증하다.

~ *d'honnête homme* [*de gentilhomme*] 《옛》틀림이, 맹세코.

Il n'y a que la ~ *qui sauve.* 신앙만이 사람을 구제한다;《구어》《빈정거리는 투로》 맹목적인 신앙을 갖고 있다, 터무니없는 환상을 품고 있다.

ma ~! 정말, 물론;《옛》맹세코. *Ma* ~ , oui! 그렇고 말고 ! *Ma* ~, vous avez raison. 정말이지 당신 말대로다. C'est *ma* ~ vrai. 아닌게 아니라 그게 사실이다.

mauvaise ~ 불성실, 악의, 기만, 허위. être de *mauvaise* ~ 불성실하다, 기만적이다.

n'avoir ni ~ *ni loi* 《구어》신이든 법이든 두려워 하지 않다.

par [*sur*] *ma* ~ 명예를 걸고, 맹세코, 틀림없이.

***profession de ~** 신앙의 표명; 정치적[철학적]태도 표명; (입후보자의)정견발표.
sous la ~ du serment 선서하여, 서약을 하고.
sur la ~ de *qc*(*qn*) …을 믿고, …에 의거하여.
*__foie__ [fwa] *n.m.* ① (사람이나 동물의)간, 간장. **cancer du ~** 간암. **crise de ~** 간 기능장애; (폭음폭식에 의한)내뿔나음, 가슴의 답답증. ② (식용의)간. **manger du ~ de veau** 송아지의 간을 먹다. **pâté de ~** 간의 파테. **~ gras 푸**아그라(거위나 오리의 간의 파테). **huile de ~ de morue** 대구의 간유. ③ 《옛》《화학》 간과 유사한 색의 화합물.
__avoir les ~s(blancs)__ 《속어》겁을 먹다. *__avoir les jambes en paté de ~__* 《구어》다리에 힘이 없다. *__donner(ficher, foutre) les ~s à__ qn* …에게 겁을 주다. *__se manger(se ronger) les ~s__* 몹시 속을 태우다[걱정하다].
foie-de-bœuf [fwadbœf] (*pl.* **~s-~-~**) *n.m.* = fistuline.
*__foin__ [fwɛ̃] *n.m.* ① 꼴, 건초; 건초용의 풀. **couper les ~s** 건초용의 풀을 베다. **faire les ~s** 풀을 베어 말리다. **botte de ~** 건초다발. ② 《식물》 송영경 퀴 꽃 속에 싸여 있는 섬모(纖毛). ③ 《동물》(제·새우의)섬모. ③ **rhume(asthme) des ~s** 《의학》(화분과의 식물이 꽃필 때 코감기처럼 앓는)꽃가루 알레르기, 꽃가루병, 고초열(枯草熱).
__avoir(mettre) du ~ dans les bottes__ 《구어》큰 부자이다, 재산이 많다.
__faire du ~__ 《속어》크게 소란을 피우다, 떠들썩하게 항의하다.
__faire ses ~__ 건초를 만들다; 《구어》크게 돈벌이하다.
__quand il n'y a plus de ~ dans le râtelier__ 돈이 떨어지게 되면.
foin² *int.* 《옛》제기랄! 그까짓 것! (경멸·노여움·혐오). **faire ~ de** *qc* …을 경멸하다. ***F~ de la gloire!*** 그까짓 명예 따위가 뭐야!
foirade [fwarad] *n.f.* 《구어》① 설사. ② 겁먹음, 무서워함. ③ 실패.
foirail [fwaraj], **foiral** [fwaral] *n.m.* 《사투리》(장이 서는)공터, 장터.
*__foire¹__ [fwa:r] *n.f.* ① (정기적으로 서는)장. **champ de ~** 장터. **~ aux bestiaux** 가축시장. **théâtre de ~** (17·18세기에 장날에 열렸던)대중극. ② (상품의 견본을 소개하는)전시회, 품평회. **~ de Paris** 파리의 전시회. **~ internationale** 국제견본전시회. ③ (일정한 시기에 열리는)잔치. **~ traditionnelle d'un village** 어떤 마을의 전통적인 잔치. ④《구어》(장바닥처럼)소란스러운 곳; 아단법석.
__faire la ~__ 《구어》난봉피우다. *__La ~ n'est pas sur le pont.__* 《옛》서두를 것 없다.
foire² *n.f.* ①《옛·비어》설사. ②《구어》겁먹음.
__avoir la ~__ 설사하다; 겁을 먹다.
foirer [fware] *v.i.* ①《옛·비어》설사하다. 겁먹다. **~ de peur; en ~** 똥을 싸도록 겁먹다. ②《구어》(포탄 따위가)불발로 그치다; (나사못 따위가)헛돌다; (매립지 따위가)무너지다, 내려앉다. ③《구어》(일이)실패하다; (사람이)체념하다, 포기하다. **L'affaire a complètement foiré.** 그 일은 완전히 실패하고 말았다. **Il a foiré au dernier moment.** 그는 마지막 순간에 포기했다.
foireux(se) [fwarø, -øz] *a.* ①《옛·비어》설사를 하는; 똥으로 더러워진. ②《구어》겁많은, 비겁한. ③《구어》(일이)실패로 끝난, 좌절된; (사람이)하찮은, 보잘것 없는. — *n.*《구어》겁쟁이.
foirol(l)e [fwarɔl] *n.f.*《식물》산쪽(山쪽)(類).
‡**fois** [fwa] *n.f.* ① 번, 회. **Combien de ~?** 몇 번? **une ~ sur deux** 두 번에 한 번. **deux ~ par semaine** 일주일에 두 번. **plusieurs ~** 몇 번.

prochaine ~ 다음 번에. **bien des ~; mainte(s) ~** 여러 번, 아주 많이(회를 거듭하여). **d'autres ~** 다른 때에는, 또 어떤 때에는. **C'est la première ~ que je le vois.** 내가 그를 보는 것은 처음이다. **Cette ~, c'est différent.** 이번에는 다르다. **C'est toutes les ~ la même chose!** 매번(언제나)마찬가지 끌이다! **pour la première(dernière) ~** 처음[마지막]으로. **payer en deux ~** 두 번으로 나누어 내다.
② 곱, 갑절, 배. **deux(trois) ~ plus grand que ...** 보다 2(3)배가 더 큰. **Trois ~ quatre font douze.** 3×4=12.
③ (복수의 수사와 함께 과장적으로) **C'est deux ~ plus ennuyeux.** 그것은 한결 더 귀찮다. **Je vous l'ai dit vingt ~.** 당신에게 여러 번 그렇게 말했다. **cent ~ merci** 백 배나(한결) 더 나쁜. **Merci mille ~** 정말 감사합니다. **Vous avez mille ~ raison.** 당신의 말씀이 지당합니다.
__à cette ~__ 《옛》이번에는, 이 경우에는.
__à chaque ~ que + ind.__ 《문어》…할 때마다(chaque ~ que + ind.).
__à deux ~__ 되풀이해서, 신중하게; 《옛》두 번. **y regarder à deux ~** 신중히 생각하다.
__à la ~__ @한꺼번에, 동시에(en même temps). **faire deux chose à la ~** 두 가지 일을 한꺼번에 하다. ⓑ [à la ~ A et B] chose *à la ~ triste et comique* 슬프고도 우스운 일(A와 B는 서로 대조되는 말).
__chaque ~ que + ind.; toutes des ~ que + ind.__ …할 때마다(번번이). **Chaque ~ qu'il vient, il nous apporte des jouets.** 그는 올 때마다 우리에게 장난감을 갖다준다.
__de ~ à ~__ 《옛》때때로(de temps à autre).
__des ~__ 《구어》 ⓐ 이따금. **Ça m'est arrivé des ~.** 내게는 이따금 그런 일이 있었다. **Des ~ il rit, des ~ il pleure.** 어떤 때에 다간 웃고, 어쩌다가 운다. ⓑ 만일에라도, 혹시라도. **Si des ~ vous allez le voir, dites-le-lui.** 혹시라도 그를 보러 가게 되면 그에게 그렇게 말하시오.
__des ~ que + cond.__ 《속어》만일 …하는 경우에는, 혹시 …일지도 모르니까. **Je prends mon parapluie, des ~ qu'il pleuvrait.** 혹시 비가 올지도 모르니까 우산을 가지고 가겠다.
__encore une ~__ 한 번 더(말하지만).
__la ~ que__ 《구어》…할 때에, (quand).
__Non, mais des ~!__ 《속어》어림도 없는 소리 말아라! 농담 말아라!(sans blague!).
__par ~__ 기수+~ …번째이다. **Par trois ~, il cria ce nom.** 그는 세 번째나 그 이름을 외쳤다.
__plus d'une ~__ 여러 번 (plusieurs ~).
__pour cette ~__ 이번만은.
__pour une bonne ~__ 《옛》이번만으로, 결정적으로.
__pour une ~__ 한 번만, 이번만은(예외적으로). **Je te pardonne pour une ~.** 이번만은 용서하겠다.
__une autre ~__ 이 다음에; 훗날.
__une ~ pour toutes__ 이번을 마지막으로, 결정적으로. **Je vous le dis une ~ pour toutes.** 이번을 마지막으로 분명히 그렇게 말해 두는 거요.
__une ~__ ⓐ 한 번. ⓑ 전에 (한 번); 옛날에 (옛날이야기 따위의 서두). **retenir ce qu'on a une ~ appris** 한 번 배운 것을 기억해 두다. **Une ~ j'ai visité ce château.** 나는 전에 그 성에 가본 적이 있다. **Il était [Il y avait] une ~...** 옛날에 …이 있었습니다. ⓒ [une ~ que + ind.] 일단 …하면(하고나면). **Une ~ qu'il sera mort, on ne parlera plus de lui.** 그가 일단 죽고나면, 아무도 그의 이야기는 하지 않을 것이다. ⓓ [une ~ + 과거분사/상황보어] **Une ~ ma-**

rié, il a cessé de boire. 그는 일단 결혼하자 술을 끊었다. *Une ~ en mouvement, il ne s'arrête plus.* 그것은 일단 움직이면, 멈추지 않는다.
une petite ~ seulement; rien qu'une petite ~ 단 한 번만.
une seule ~ 한 번; 《부정문에서》한 번도. Il ne m'a pas écrit *une seule ~* depuis son départ. 그는 떠난 후 내게 한 번도 편지한 일이 없다.
foison [fwazɔ̃] *n.f.* 《옛》다량.
à ~ 듬뿍, 많이(en grande quantité, abondamment). Il y avait là des livres *à ~*. 거기에는 책들이 무척 많이 있었다.
foisonnant(e) [fwazɔnɑ̃, -ɑ̃:t] *a.* ① 많이 있는, 풍부한. *forêt ~e de gibier* 사냥감이 많은 숲. ② 부푸는, 팽창하는.
foisonnement [fwszɔnmɑ̃] *n.m.* 많이 있음; 팽창, 증가, 증식.
foisonner [fwazɔne] *v.i.* ① 많다(abonder); [~ de/en] (이) 많이 있다. *Les mauvaises herbes foisonnent.* 잡초가 무성해 있다. *Ce bois foisonne de [en] gibier*; *Le gibier foisonne* dans ce bois. 이 숲에는 사냥감이 많다(두 가지 어법이 가능). ② (어떤 종류의 동물의 수가)늘어나다, 번식하다; 팽창하다, 번성하다. *Les lapins foisonnent* beaucoup. 토끼는 번식력이 강하다. *La chaux mouillée foisonne.* 젖은 석회는 부풀어오른다.
fol [fɔl] *a.m.* ⇨**fou**.
folasse [fɔlas] *a.f., n.f.* 《구어》《경멸》약간 머리가 돈(여자).
folâtre [fɔlɑ:tr] *a.* 《옛·문어》장난기가 있는, 쾌활한; 익살스러운.
folâtrement [fɔlɑ(a)trəmɑ̃] *ad.* 《옛·문어》익살스럽게, 쾌활히.
folâtrer [fɔlɑtre] *v.i.* 《문어》장난치다, 까불다, 익살부리다.
folâtrerie [fɔlɑ(a)trəri] *n.f.* 장난질, 까불기; 익살.
foliacé(e) [fɔljase] *a.* 《학술》잎 비슷한, 잎 모양의.
foliaire [fɔlje:r] *a.* 《식물》잎의.
foliation [fɔljasjɔ̃] *n.f.* ① 《식물》잎들이 달린 모양; 잎이 돋아나기, 발엽(發葉). ② 《지질》잎 모양의 구조, 엽상(葉狀) 구조.
folichon(ne) [fɔliʃɔ̃, -ɔn] *a.* 《구어》잘 까부는; 즐거운, 재미있는(drôle) 오늘날에는 주로 부정문에 쓰임). *Avec lui, la vie n'est pas ~ne.* 그의 경우에는 인생이 신나는 것이 못 된다.
folichonner [fɔliʃɔne] *v.i.* 《옛·구어》장난치다, 까불다; 희롱하다.
folichonnerie [fɔliʃɔnri] *n.f.* 《옛·드물게》장난질, 까불기; 희롱거리기.
*****folie¹** [fɔli] *n.f.* 광증, 광기, 정신착란. *accès [coup] de ~* 광증의 발작. *~ des grandeurs* 과대망상증. *~ de la persécution* 피해망상증. *~ à deux* 감응정신병(가령 남편과 아내 사이의 같은 종류의 정신병). *être atteint[pris] de ~* 미치게 되다, 정신병에 걸리다. *simuler la ~* 미친 척하다. *avoir un grain de ~* 약간 머리가 돌았다. ② 무분별한 짓[말], 터무니없는 짓[말]. *faire des ~s* 터무니없는 짓을 하다. *~s de jeunesse* 젊은 시절의 무분별한 짓. *C'est (de la) ~ de+inf.(sub.+)* …하는 것은 터무니없는 일이다. *Ce projet est une ~.* 그 계획은 정신나간 짓이다. Il a eu la ~ de quitter sa femme. 그는 어처구니없게도 아내와 헤어졌다. *faire ~ de son corps* (젊은 여자가)마구 놀아나다, 방탕한 생활을 하다. ③ 강한 정열, 열광(熱愛), 열광. *douce ~* 감미로운 사랑의 정열. Il *a la ~ de la musique*; *La musique est sa ~.* 그는 음악에 미쳐 있다. ④ 터무니없는 비용, 막대한 돈.
Vous avez fait une ~ en nous offrant ce cadeau. 이런 선물을 우리에게 주시다니 너무나 과용하셨군요. ⑤ (동물의) 발정. chienne en ~ 발정한 암캐. ⑥ 《음악》폴리아(이베리아 반도에서 비롯된 경쾌한 춤곡으로 17세기에 유럽 전체에 유행)(*~ d'Espagne*). ⑦ 《F~》폴리(쾌활성의 상징이 되는 우의(寓意)적 인물).
à la ~ 광적으로, 열중하여(follement). *aimer qc à la ~* …을 미치도록 좋아하다.
folie² *n.f.* ① 《옛》(17·18세기의) 호화별장. ② 뮤직 홀. Les *F~s-Bergère* 폴리 베르제르 《파리에 있는 뮤직홀의 이름》.
folié(e) [fɔlje] *a.* ① 《식물》잎이 달린. ② 《학술》잎 모양의.
folingue [fɔlɛ̃g] *a.* 《구어》약간 머리가 돈(cinglé).
folio [fɔljo] 《라틴》*n.m.* ① 2절지의 페이지(12×19인치). *~ recto[verso]* 2절지의 겉[뒷]면. ② 《인쇄》 페이지 수, 쪽수.
foliole [fɔljɔl] *n.f.* 《식물》작은 잎; 꽃받침.
foliotage [fɔljɔta:ʒ] *n.m.* (인쇄물에)페이지 수를 매기기.
folioter [fɔljɔte] *v.t.* (인쇄물에)페이지 수를 매기기
folioteur [fɔljɔtœ:r] *n.m.,* **folioteuse** [fɔljɔtø:z] *n.f.* 《인쇄》페이지 매기는 기계, 넘버링 머신(numéroteur).
folique [fɔlik] *a.* acide ~ 《화학》엽산(葉酸).
folk [fɔlk] 《영》*a.* 포크송(의), 포크뮤직(의). *chanteur ~* 포크송 가수.
folklo [fɔlklo] *a.* (불변)《구어》=**folklorique②**.
folklore [fɔ(l)klɔ:r] *n.m.* ① 민속, 민간 전승; 민속예술. ② 민속연구, 민속학. ③ 걸치레만 요란한 엉터리, 눈가림. *C'est du ~.* 그것은 빛 좋은 개살구이다.
folklorique [fɔ(l)klɔrik] *a.* ① 민속의; 민간 전승의; 민속예술의. *danse [costume] ~* 민속무용[의상]. ② 《구어》보기에 화려하나 실속 없는, 걸치레뿐인. *réunion politique un peu ~* 겉치레에 치우친 정치집회.
folkloriste [fɔ(l)klɔrist] *n.* 민간 전승 연구가, 민속학자.
folle¹ [fɔl] *a.f., n.f.* ⇨**fou**.
folle² *n.f.* 《어업》(그물코가 성긴) 정치망(定置網).
folle-avoine [fɔlavwan] *(pl. ~s-~s) n.f.* 《식물》야생의 귀리.
follement [fɔlmɑ̃] *ad.* ① 미친듯이; 터무니없이. *être ~ amoureux d'une femme* 한 여인을 미친 듯이 사랑하다. ② 대단히, 엄청나게. *spectacle ~ intéressant* 기막히게 재미있는 구경거리.
follet(te¹) [fɔlɛ, -ɛt] *a.* ① 《옛》까부는, 장난기 어린. *esprit ~* 장난꾸러기 요정. 또는 쪽날쭉하게 난. *cheveux ~s* 흩어져나온[삐져나온] 머리칼. *poil ~* 갓나기 시작한 수염; 새의 솜털. ③ 《옛》약간 머리가 돈, 얼빠진. *feu ~* ⓐ 도깨비불. ⓑ (비유적) 덧없이 사라지는 것; 약삭빠른 사람.
—*n.* 장난꾸러기. *faire le ~ [la ~te]* 장난을 치다.
—*n.m.* 장난꾸러기 요정(esprit ~).
follette² [fɔlɛt] *n.f.* 《옛》① (18세기의) 숄. ② (루이 16세 때의) 모자의 흰 깃털.
folletage [fɔlta:ʒ] *n.m.* (갑자기 잎이 시드는)포도나무 병의 일종.
folliculaire¹ [fɔ(l)likylɛ:r] *n.m.* 《문어》《경멸》엉터리 기자; 삼류작가.
folliculaire² *a.* 《해부》포상(胞狀)의, 여포성의.
follicule [fɔ(l)likyl] *n.m.* ① 《식물》골돌(蓇葖) 《붓꽃·모란 따위의 열매》. ② 《해부》여포.
folliculeux(se) [fɔ(l)likylø, -ø:z] *a.* 《해부》여포성(濾胞性)의, 여포성의.

folliculine [fɔ(l)likylin] *n.f.* 〖생리〗폴리쿨린, 난포(卵胞) 호르몬.

folliculite [fɔ(l)likylit] *n.f.* 〖의학〗모낭염(毛囊炎), 여포염.

folliculo-stimuline [fɔ(l)likylɔstimylin] (*pl.* ~*s*) *n.f.* 〖생리〗난포자극(성숙)호르몬.

fomentateur(trice) [fɔmɑ̃tatœ:r, -tris] *n.* 《문어》 (불화·반란 따위의)선동자, 도발자.

fomentation [fɔmɑ̃tasjɔ̃] *n.f.* ① 《문어》선동, 도발. ② 《옛》〖의학〗찜질.

fomenter [fɔmɑ̃te] *v.t.* ① 《문어》선동하다, 부추기다, 조장하다. la révolte 반란을 선동하다. ② 《옛》〖의학〗찜질하다.

fonçage [fɔ̃sa:ʒ] *n.m.* ① (통 따위에)밑바닥을 붙이기. ② (말뚝 따위를)박아넣기; (우물 따위를)파기. ③ (벽지에)바탕색을 칠하기.

fonçailles [fɔ̃sa:j] *n.f. pl.* (통 따위의)바닥널.

*****foncé(e)** [fɔ̃se] *a.* ① (빛깔이)짙은, 어두운. bleu ~ 짙은 청색, 감색. peau ~*e* 갈색의 [가무스름한]피부. tableau d'un ton ~ 어두운 색조의 그림. ② 《옛》재산이 많은, 부자의; 박식한. être ~ en *qc* …에 정통하고 있다.

foncer [fɔ̃se] 2 *v.t.* ① (통 따위에)밑바닥을 대다. ~ un tonneau 통에 밑바닥을 대다. ② (말뚝 따위를)박아넣다; (우물 따위를)파다. ③ 〖요리〗(그릇의 바닥에 기름이나 밀반죽 따위를)깔다. ④ (빛깔을)짙게 하다, 어둡게 하다.
—*v.i.* 《구어》빨리가다, 전속력으로 가다; 돌진하다. ~ en fin de course 경주의 마지막에 전력을 다해 달리다.
—*v.t.ind.* [~ sur] (에게)덤벼들다, 돌진하다. Les blindés *fonçaient* sur l'ennemi. 기갑부대가 적을 향해 돌진했다.
—*se* ~ *v.pr.* (빛깔이)짙어지다, 어두워지다. peinture qui *se fonce* en vieillissant 해가 묵으면서 색조가 짙어지는 그림.

fonceur[1] [fɔ̃sœ:r] *n.m.* ① 우물 파는 사람. ② 벽지의 바탕칠하는 직공 〔여성형 fonceuse 는 가능하나 드

fonceur[2](**se**) [fɔ̃sœ:r, -ø:z] *a, n.* 《구어》과감한(사람), 저돌적인(사람).

foncier(ère) [fɔ̃sje, -ɛ:r] *a.* ① 토지의; 부동산의. propriété ~*ère* (개인의)소유지, 부동산. propriétaire ~ 지주. impôt ~ 지세. crédit ~ 부동산 담보 대부은행. ② 바탕을 이루는, 근본적인 (principal, fondamental). erreur ~*ère* 근본적인 오류. différence ~*ère* de tempérament 근본적인 성격 차이. honnêteté ~*ère* 타고난 정직성.
—*n.m.* 지세(impôt ~).

foncièrement [fɔ̃sjɛrmɑ̃] *ad.* 근본적으로, 본질적으로; 전적으로. Il est ~ bon[égoïste]. 그는 본바탕이 선량하다[이기적이다]. Ils sont ~ différents. 그들은 완전히 다르다.

fonçoir [fɔ̃swa:r] *n.m.* (끝이 예리한)쇠망치.

*****fonction** [fɔ̃ksjɔ̃] *n.f.* ① (흔히 *pl.*) 직무, 직능, 임무; 직업; (특히)공직. ~ publique 공직. ~ enseignante 교직. ~ de ministre 장관직. ~ de l'écrivain 작가의 임무. exercer ses ~*s* 직무를 수행하다. avoir pour ~ de + *inf.* …하는 것을 임무[직분]로 갖다. être en ~ 근무하고 있다. quitter ses ~*s*; se démettre de ses ~*s* 사직하다. ② (기계·기관 따위의)기능, 작용, 역할. ~ du foie 간기능. ~ de reproduction 생식기능. ~ de l'esprit humain 인간정신의 기능[작용]. ~*s* de l'adjectif 〔형용사〕형용사의 기능. ③ 〖수학·논리〗함수. ~ algébrique 대수함수. ~ inverse 역함수. ~ propositionnelle 명제 함수. ④ 〖가톨릭〗(사제가 주재하는)의식. ⑤ 〖화학〗기(基). ~ acide 산기(酸基).

en ~ *de qc* ⓐ …와의 관련하에; …의 변화에 따라서(par rapport à). considérer le bien-être des citoyens *en* ~ *de* leur désirs 시민들의 희망에 부응하여 복지문제를 고려하다. Les prix varient *en* ~ *de* la demande. 가격은 수요에 따라서 변동한다. ⓑ …의 기능을 하는. adjectif *en* ~ *de* substantif 명사의 기능을 하는 형용사.

être ~ *de* …의 의존하고 있다, …에 따라 결정되다 (dépendre de). Les prix *sont* ~ *de* la demande. 가격은 수요에 따라 결정된다.

faire ~ *de* …의 역할[대신]을 하다(servir de). Ce lieutenant *fait* ~ *de* commandant de compagnie. 이 중위가 중대장 노릇을 하고 있다. Cette caisse *fera* ~ *de* table. 이 상자를 탁자 대신으로 쓸 수 있을 것이다.

*****fonctionnaire** [fɔ̃ksjɔnɛ:r] *n.* 관리, 공무원. haut ~ de l'État 국가 고급 공무원. ~ civil 문관.

fonctionnaliser [fɔ̃ksjɔnalize] *v.t.* 기능본위로 하다, 기능적으로 만들다.

fonction(n)alisme [fɔ̃ksjɔnalism] *n.m.* 기능주의 (機能主義).

fonction(n)aliste [fɔ̃ksjɔnalist] *a.* 기능주의의.
—*n.* 기능주의자.

fonctionnarisation [fɔ̃ksjɔnarizasjɔ̃] *n.f.* (기업 따위의)공영화, 공사화(公社化); (종업원의)공무원화(化).

fonctionnariser [fɔ̃ksjɔnarize] *v.t.* (기업을)공영화[공사화]하다; (종업원을)공무원화하다.

fonctionnarisme [fɔ̃ksjɔnarism] *n.m.* ① 〈경멸〉관료식, 관료주의. ② 공무원의 직책〔신분〕.

fonctionnel(le) [fɔ̃ksjɔnɛl] *a.* ① 기능적인, 기능본위의, 실용적인(pratique). meubles ~*s* 기능적[실용적]인 가구. Ce n'est pas très ~. 그것은 효율적이 아니다. ② 기능의, 기능에 관한; 기능을 연구하는. troubles ~*s* des organes de la digestion 〖생리〗소화기관의 기능장애. psychologie ~*le* 기능심리학. linguistique ~*le* 기능언어학. mot ~ 《언어》 기능어〔관사·접속사 따위〕. ③ 〖수학〗(수리)함수의. équation ~*le* 함수방정식.

fonctionnellement [fɔ̃ksjɔnɛlmɑ̃] *ad.* ① 기능적으로, 실용적으로; 기능면에서, 기능상. agencer ~ une cuisine 부엌을 실용적으로 꾸미다. ② 《옛》직무[직책]상.

*****fonctionnement** [fɔ̃ksjɔnmɑ̃] *n.m.* 기능, 작용; 작동. ~ d'une machine 기계의 기능[작동]. ~ d'une institution 제도의 기능[운행]. veiller au bon ~ du service 업무가 순조롭게 진행되도록 감독하다. être en plein ~ 최대한으로 작용을 하다.

*****fonctionner** [fɔ̃ksjɔne] *v.i.* ① (기계·기관 따위가)움직이다, 작용하다, 작동하다; 기능[효과]을 발휘하다. faire ~ une machine 기계를 작동시키다. gouvernement qui *fonctionne* mal 일을 잘못하는 정부. Ce moteur *fonctionne* à l'essence. 이 모터는 휘발유로 움직이고 있다. Sa pensée *fonctionne* à vide. 그의 생각은 헛돌고 있다. ② 《구어》(사람이)직무를 수행하다, 일하다; 행동하다. fonctionnaire qui *fonctionne* comme une simple machine 단순한 기계처럼 일하는 공무원. Il ne *fonctionne* qu'à l'argent. 그는 돈으로만 움직인다.

:fond[1] [fɔ̃] *n.m.* ① 바닥, 밑바닥. Mon sac a un trou dans le[au] ~. 내 가방은 바닥에 구멍이 나 있다. ~ de la mer 해저. ~ de bateau 〖지질〗지구(地溝). bateau à ~ plat 바닥이 평평한 배. ② (바다·강 따위의)깊은 곳, 해저; 수심. lame de ~ 바다 밑에서부터 갑자기 올라오는 파도; 격동,

큰 이변. ligne de ~ 물속 깊이 내려가는 낚싯줄; 【테니스】 백라인. poisson de ~ 심해어. abîme sans ~ 한없이 깊은 심연. toucher le ~ (발바닥이 물에)바닥까지 닿다; (배가)좌초하다. perdre le ~ 발이 바닥에 닿지않다. grands ~s 바다의 깊은 곳. hauts(petits) ~s 바다의 얕은 곳. envoyer un navire par le ~ 배를 가라앉히다. pêcheur qui n'a pas mis assez de ~ 낚싯줄을 충분히 길게 늘어뜨리지 않은 낚시꾼. donner ~ 닻을 내리다. prendre ~ 〖해양〗 (닻이)물밑에 닿다. trouver[prendre] le ~ 수심을 재다.

③ (용기의)바닥에 남은 것; 찌꺼기. laisser [vider] le ~ du verre 잔 바닥에 남은 술을 마시지 않고 놓아두다(다 마셔버리다). ~ de café (바닥에 고인)커피 찌꺼기. ~ de boutique 팔다 남은 물건. Versez-m'en un petit ~. (바닥만 채울 정도로)아주 조금만 따라주세요.

④ 안쪽, 속, 깊숙한 곳; 멀리 떨어진 곳, 벽지. ~ d'un tiroir 서랍 속. s'installer au ~ d'un siège 의자에 깊숙이 앉다. au ~ de la forêt 숲 깊숙한 곳에. ~ de tiroir (소용없어 서랍)구석에 처박힌 것(새 원). regarder qn au ~ des yeux …의 눈을 뚫어지게 바라보다. La porte se trouve au ~ du couloir. 문은 복도 끝에 있다. Il est venu à Paris du ~ de la province. 그는 산간벽지에서 파리로 왔다.

⑤ (비유적) (마음 따위의)속, 감추어진 곳. remercier qn du ~ du cœur 마음속으로부터 …에게 감사하다. confier qn le ~ de sa pensée …에게 속마음을 털어놓다. pensées refoulées dans le ~ de la conscience 마음속 깊이 억눌리고 있는 생각.

⑥ (불행 따위의)극한, 바닥. toucher le ~ du désespoir[de la misère] 절망[불행]을 극한까지 체험하다.

⑦ 바탕, 기초; 토대. bâtir une maison sur un ~ solide 단단한 지반 위에 집을 짓다. colonne montant de [du] ~ 기초로부터 세워진 것. ~ d'un lit 침대의 틀. ~ d'une broderie 자수의 바탕천[무늬]. ~ de robe 비치는 옷 밑에 받쳐입는 콤비네이션. ~ de teint 파운데이션.

⑧ 배경. toile de ~ (무대의) 배경막; (비유적) 배경, 상황, 사정. bruit de ~ 떠들썩하게 들려오는 소리; (기계 따위의 회전에 따르는)잡음; (라디오나 영화에서)배경 소음. musique de ~ 배경 음악.

⑨ 기본, 기초, 토대. livre de ~ 기본도서. article de ~ (신문·잡지의) 주요기사, 사설. ~ de sauce 〖요리〗소스의 기본 재료.

⑩ 근본, 본성, 핵심, 심층. avoir un bon ~ 본성이 착하다. question de ~ 근본문제. aller au ~ des choses 사물의 본질을 파고들다. Il y a un ~ de vérité dans ce qu'il dit. 그가 말하는 것은 근본적으로 옳다. Nous sommes d'accord sur le ~. 우리는 기본적으로는 의견이 같다.

⑪ 움푹 파기, 분지; (광산의)지하. Ce village était situé dans un ~ de vallée. 이 마을은 골짜기에 위치해 있었다. travailler au ~ 지하(갱)에서 일하다. mineur de ~ 갱내부(坑內夫)

⑫ 뒤, 후부. ~ de culotte 바지의 엉덩이 부분. ~ d'un taxi 택시의 뒷좌석. ~ d'un violon 바이올린의 뒷판.

⑬ 내용; 주제, 취지. la forme et le ~ d'un texte littéraire 문학 텍스트의 형식과 내용. ~ d'une conversation 대화의 주제[내용]. analyser le ~ d'un ouvrage 한 작품의 내용을 분석하다.

⑭ 〖법〗 (법률행위의)실질, 본질; (소송의)본안. juger au[sur le] ~ 본안에 대해서 재판하다.

⑮ 〖스포츠〗 내구력, 지구력. course de ~ 장거리 경주. course de demi-~ 중거리 경주. ski de

~ 거리경주 (노르딕 종류의 하나). nage de grand ~ 원영 (遠泳).

à~ⓐ 바닥에. Le navire a coulé à~. 배가 가라앉았다. ⓑ 철저하게, 완전히; 끝까지. connaître son métier à~ 자기의 직업을 철저히 알다. serrer un écrou à~ 나사를 끝까지 조이다. respirer à~ 심호흡하다. charge à~ 돌격.

au fin ~ de …의 맨 밑바닥에, 궁극에.

au~; dans le~ 사실상, 결국은, 근본을 파헤쳐 보면. Au~, ce n'est pas un mauvais garçon. 사실상 그는 나쁜 애가 아니다.

faire ~ sur …을 신용하다, 기대하다. faire ~ sur les promesses du député 그 국회의원의 공약을 기대하다.

~ de l'air 〖구어〗(햇볕이나 바람의 영향을 제외한) 실제의 기온.

jeu de ~ 〖음악〗 (오르간의)기본음전(音栓); 〖테니스〗 백라인[플레이].

user ses ~s de culotte (sur les bancs) 〖구어〗학교에 다니다, 공부하다.

voir le ~ du sac (비유적) (사물·일 따위의)진상을 보다.

fondage [fɔ̃daːʒ] n.m. 〖야금〗 용해.

fondamental(ale, pl. **aux)** [fɔ̃damɑ̃tal, -o] a. ① (건물의)기초의. pierre ~ale 초석, 주춧돌. ② 기본적인, 기초적인; 근본적인, 본질적인, 중요한 (essentiel). droits ~aux de l'homme 인간의 기본권리, 기본적 인권. loi ~ale 기본법, 헌법. vocabulaire ~ 〖언어〗 기본 어휘. idée ~ale 기본적 개념, 주된 생각. point ~ d'une thèse 논문의 요점. Il est ~ de+inf.(que+sub.) …이 긴요하다. —n.f. 〖음악〗 기초음(~ale).

fondamentalement [fɔ̃damɑ̃talmɑ̃] ad. 근본적으로(essentiellement, radicalement); 완전히(complètement). modifier ~ 근본적으로 개조[개혁]하다. conception ~ opposée 완전히 반대되는 개념.

fondamentalisme [fɔ̃damɑ̃talism] n.m. 근본주의(《20세기 초에 미국 프로테스탄트 교회에서 일어난 반(反)진화론의 운동》).

fondamentaliste [fɔ̃damɑ̃talist] a. ① 근본주의의. ② 기초(과학) 연구의. —n. 기초학 연구자(임상학 연구자에 대해서, 특히 기초의학 연구자).

fondant(e) [fɔ̃dɑ̃, -ɑ̃ːt] a. 용해성의, 녹는, 물기 많은. La glace est ~e au zéro. 얼음은 0°에서 녹는다. poire ~e 수분이 많은 배. —n.m. ① 〖기술〗 용제(溶劑). ② 〖옛〗〖의학〗 소염제. ③ 퐁당 (시럽이 든 봉봉 과자의 하나). ④ (винтов의)버터.

fonda*teur(trice)* [fɔ̃datœːr, -tris] n. 창립자, 창설자; 창건자, 건국자, 개조(開祖), 교조, (회사의)발기인. ~ d'une dynastie 왕조의 창건자[교조]. ~ d'un ordre religieux 교단의 시조. part de ~ (회사의)발기인 주(株). 〖형용사적〗membre ~ 창립 회원[발기인].

fondation [fɔ̃dasjɔ̃] n.f. ① 창설, 창립, 설립. d'une société 회사의 설립. ~ d'un parti politique 정당의 결성. ~ de Rome 로마의 건국. ② 〖법〗(시설·운영을 위한)기부행위; 기금; (기부에 의한)설립; 재단, 사회사업단, 협회. ~ d'un lit dans un hôpital 병원에 침대 1대를 기증함. ~ d'un hôpital (기부금에 의한)병원의 설립. F~ Thiers 티에르재단. ③ (주로 pl.)기초(공사), 기초 다지기; (비유적) 기초, 기반. faire(jeter) les ~s d'un édifice 건물의 기초공사를 하다. édifier qc sur des ~s solides 견고한 기반 위에 …을 세우다.

fondé(e) [fɔ̃de] a.p. ① 정당한, 근거 있는. opinion bien ~e 충분한 근거가 있는 의견. Cette critique n'est pas ~e. 이 비판은 근거가 없다. ② 《주어는

사람)[être ~ à+inf] …할 근거(이유·자격)가 있다. Je *suis* bien ~ *à* réclamer cela. 나는 그것을 요구할 충분한 근거가 있다.
—*n.m.* 〖법〗(법정)대리인; (법인의)대표자.

fondement [fɔ̃dmɑ̃] *n.m.* ①(건물의)토대, 기초(base), ②비유적》기초, 기반. jeter[poser] les ~*s* de *qc* …의 기초를 세우다. La constitution est le ~ de l'État. 헌법은 국가의 기반이다. ②근거; 이유(raison). dénué de ~ 근거 없는. rumeur sans ~ 근거 없는 소문. ③기본이론, 원리. ~*s* d'une théorie 학설의 기본이론. ~ de la métaphysique 형이상학의. ~《구어》항문; 엉덩이.

*****fonder** [fɔ̃de] *v.t.* ①창설〔창립·설립〕하다(créer). ~ une entreprise 기업을 창업하다. ~ une revue 잡지를 창간하다. ~ une théorie 《비유적》이론을 수립하다. ②〔설립(유지)기금 따위를〕기부(기증)하다. ~ un prix littéraire 문학상의 기금을 기부하다. ~ un lit dans un hôpital 병원에 침대를 기증하다. ③(주어는 사물)(의)기초가 되다, 확립하다. C'est l'usage qui *fonde* la loi. 법의 기초가 되는 것은 관습이다. Cet ouvrage *a fondé* sa réputation. 이 작품은 그의 명성을 확립시켰다. ④[~ *qc* sur] (…에 의거해서)만들다, (에)기반(근거)을 두다. ~ une démonstration sur une expérience 실험을 근거로 증명하다. Il *fonde* de grands espoirs sur son fils. 그는 자식에게 커다란 희망을 걸고 있다. ⑤《드물게》(을)세우다, 건축하다. ~ une maison sur un terrain stable 견고한 땅 위에 집을 짓다.
 —*se* ~ *v.pr.* [se ~ sur](에)의거하다, 기초를 두다, 입각하다(s'appuyer sur). raisonnement qui *se fonde* sur des observations scientifiques 과학적 관찰에 기초를 둔 이론. Sur quoi *vous fondez-*vous pour m'accuser? 무슨 근거로 나를 비난하십니까?

fonderie [fɔ̃dri] *n.f.* ①용광로(鎔鑛所), 제련소; 주조공장. ~ de fer 제철소. ~ de caractères[d'imprimerie] 활자주조소. ②용광술; 주조술(鑄造術). ③밀랍(양초)제조소; 밀랍용해 탱크.

fondeur [fɔ̃dœr] *n.m.* ①용광[제련·주조]업자; 용광[제련·주조]공. ~ de canons 대포주조공. ~ en caractères d'imprimerie 활자주조공. ②밀랍제조공, 용랍공(溶蠟工).

fondeuse [fɔ̃dø:z] *n.f.* 주조기; 활자주조기.

fondique [fɔ̃dik], **fondouk** [fɔ̃duk] *n.m.* (아랍 여러 나라의)대상(隊商)의 여인숙(겸 창고); (지중해 동부 항구의)상인 지구; (런던의)생선상인조합 본부.

fondis [fɔ̃di] *n.m.* 땅의 함몰(로 생긴 구덩이).

fondoir [fɔ̃dwaːr] *n.m.* (도살장의)수지(獸脂) 용해소(기).

*****fondre** [fɔ̃dr] ②5 *v.t.* ①녹이다, 용해하다, 액체로 만들다(liquéfier). ~ du minerai 광석을 용해하다. Le soleil *a fondu* la neige. 햇빛이 눈을 녹였다. ~ un fusible 〖전기〗퓨즈를 녹이다. ②주조하다. ~ des cloches 종(鐘)을 주조하다. ~ des caractères d'imprimerie 활자를 주조하다. ③(비유적》융합하다, 합체시키다(fusionner). ~ un ouvrage avec un autre en un seul 다른 것과 합쳐서 하나로 만들다. ④(비유적》누그러뜨리다(adoucir). ~ la dureté de *qn* …의 냉혹함을 누그러뜨리다. ⑤《회화》(물감·색채를)섞다(mélanger).
 ~ *la glace* 《비유적》서먹서먹한〔냉랭한〕분위기를 누그러뜨리다.
 —*v.i.* ①녹다, 용해하다, 액체로 되다. La glace *fond* à 0°C. 얼음은 섭씨 0°C에서 녹는다. faire ~ du beurre 버터를 녹이다. ②《비유적》(감정이)누그러지다, (의)마음이 누그러지다. Toute son angoisse *a fondu* dans le sommeil. 그의 모든 고뇌는 잠속에 (녹아서) 사라졌다. faire ~ son chagrin 그의 슬픔을 누그러뜨리다. [~ de] Il *a fondu* de tendresse à ce spectacle. 그는 이 광경을 보고 마음이 움직였다(애정이 가득해졌다). ③《비유적》(급속히)사라지다, 없어지다(disparaître). L'argent lui *fond* dans les mains. 그의 수중에서 돈이 사라진다(돈을 낭비한다는 뜻). faire ~ toutes espérances 모든 희망을 무산시키다(앗아가다). ④《구어》(사람이)여위다(maigrir). Il *fond* à vue d'œil. 그는 눈에 띄게 여위어 간다. ⑤[~ sur](에게)덤벼들다, 습격하다(s'abattre). ~ *sur* l'ennemi 적에게 덤벼들다. Tous les maux *ont fondu* sur lui à la fois. 모든 불행이 동시에 그에게 닥쳐왔다. ⑥(옛)무너지다, 붕괴하다(s'écrouler).
 ~ *en eau*(*en sueur*) 땀에 흠뻑 젖다. ~ *en larmes*[*en pleurs*]《구어》(와락)울음을 터뜨리다.
 —*se* ~ *v.pr.* ①녹다, 용해하다. Le sucre *se fond* dans l'eau. 설탕은 물에 녹는다. ②《문어》(마음이)누그러지다. Le cœur *s'est fondu* à ce spectacle. 이 광경을 보고 마음이 뭉클해졌다. ③섞이다, 혼합되다; 합병하다. maison de commerce qui *se fond* dans(avec) une autre 다른 상사와 합병되어 있는 상사. ④갑자기 사라지다, 낭비(탕진)되다. Sa fortune *s'est fondue*. 그의 재산은 탕진되었다. ⑤《회화》(빛깔이)섞이다.

fondrière [fɔ̃dri(j)eːr] *n.f.* 와지(窪地), 웅덩이; 늪, 소택지, 습지.

fondrilles [fɔ̃drij] *n.f.pl.* 《옛》앙금.

*****fonds** [fɔ̃] *n.m.* ①(부동산으로서의)토지(~ de terre). bâtir sur son ~ (sur le ~ d'autrui) 자기 소유지(타인의 소유지)에 가옥을 짓다. ②〖법·상업〗영업재산, 영업권(점포·설비·상품·고객 따위를 포함)(~ de commerce). acheter un ~ de commerce 영업권을 매수하다. mutation(acquisition) d'un ~ de commerce 영업권의 양도(취득). ③기금, (특수목적의)적립금; 운영자금. ~ de réserve 준비금. ~ de subvention 보조금. F- monétaire international 국제 통화 기금. ④자금, 자본, 원금; (pl.)공채, 국채. faire(fournir) les ~ 자금을 제공하다, 출자하다. rentrer dans ses ~ 출자금을 회수하다. ~ de roulement 운전자금. bailleur de ~ 출자자. mise de ~ 불입자본. appel de ~ 불입청구. ~ publics(d'État) 공채(국채). ⑤ (*pl.*)《구어》돈, 현금. déposer des ~ à une banque 은행에 예금하다. Les ~ sont bas en ce moment. 요즘은 돈이 바닥 났다. ⑥(학문·양식·건강 따위의 기초가 될)밑천, 소질, 소양. ~ de science 학문의 온축(蘊蓄). Il a un grand ~ d'honnêteté. 정직이 그의 큰 밑천이다. ⑦(도서관의)기증도서; (출판사의)자사 출판물; (박물관 따위의)콜렉션. le ~ un tel 모씨의 기증도서. ouvrage de ~ (저작권이 출판사로 넘어와 있는)출판사 소유의 책.
 à ~ *perdu* 원금회수를 포기하고; 종신연금을 받는 조건으로. prêter *à* ~ *perdu* (변제능력이 없는 사람에게)버리는 셈치고 빌려주다. donner ses biens *à* ~ *perdu* 종신연금과 교환으로 재산을 양도하다. *être en* ~ 경제 사정이 좋다, 수중에 돈이 있다. *faire* ~ *de*(*sur*) *qn*(*qc*) (에)…에 기대를 걸다. *manger* ~ *~ avec revenu* 원금 이자 모두 탕진하다, 밑천까지 다 날리다.

[REM] fonds은 비유적인 뜻으로 쓰여질 때 흔히 fond과 혼동됨; avoir un *fonds* d'humanité 와 avoir un *fond* d'humanité는 다 같이 「인간미·인간성이 있다」라는 뜻. 단, 전자가 「활용가능한 정신적 자본」을 가리키는 데 대해 후자는 「본성으로서

의 정신적 자질」을 가리킴.
fondu(e) [fɔ̃dy] (*p.p.<fondre*) *a.p.* ① 녹은, 용해된. ② 주조된. acier ~ 주강(鑄鋼). ③ 융합[융화]된; (색·윤곽이)흐릿한, 바림된; (물감 따위가)잘 뒤섞인. contours ~s 흐릿한 윤곽. couleur ~*e* (가장자리가)점차 희미해진 빛깔.
―*n.m.* ① 《영화》(화면의)명암. ouverture(fermeture) en ~ 용명(溶明)(용암(溶暗)). ~ enchaîné 오버랩. ② 빛깔이 점점 연해짐; 부드러움(美).
―*n.f.* ① 《요리》치즈 퐁뒤《치즈와 백포도주를 섞어 불에 녹인 것에 빵조각을 적셔 먹는 요리》. ~*e bourguignonne* 미트 퐁뒤《날고기를 끓는 기름에 튀겨 소스를 발라 먹는 요리》.
fonger [fɔ̃ʒe] [3] *v.i.* 《옛》《인쇄》(풀을 잘못 먹인 종이가)군데군데 잉크를 빨아들이다.
fongibilité [fɔ̃ʒibilite] *n.f.* 《법》대체 가능성.
fongible [fɔ̃ʒibl] *a.* 《법》대체(代替)할 수 있는, 대용되는. bien ~ 대체할 수 있는 동산(動産).
fongicide [fɔ̃ʒisid] *a.* 《학술》기생성 균(菌)을 죽이는. ―*n.m.* 살균제(殺菌劑).
fongiforme [fɔ̃ʒifɔrm] *a.* 《학술》균상(菌狀)의.
fongique [fɔ̃ʒik] *a.* 《학술》균성(菌性)의. intoxication ~ 균중독.
fongivore [fɔ̃ʒivɔːr] *a.* 균을 먹는.
fongoïde [fɔ̃gɔid] *a.* 균 모양의.
fongosité [fɔ̃gozite] *n.f.* 《의학》균상증식(발육).
fongueux(se) [fɔ̃gø, -øːz] *a.* 《의학》균상의, 해면상(海綿狀)의; 균성(菌性)의.
fongus [fɔ̃gys] *n.m.* ① 《식물》균류(菌類). ② 《의학》균상종, 해면종(海綿腫).
font [fɔ̃] faire 의 직설·현재·3·복수.
*****fontaine** [fɔ̃tɛn] *n.f.* ① 샘; 분수. puiser de l'eau à la ~ 샘에서 물을 긷다. ~ jaillissante (자연의)분천(噴泉). ~ de Jouvence 청춘의 샘《청춘을 되살려 준다는 전설의 샘》. ② 《비유적》샘, 근원, 원천. ~s de larmes 눈물의 샘. ③ 급수소(~ publique), (식수용의)분수전(噴水栓). borne ~ (교차로 세워진)이정표형의 분수전. ④ (수반과 꼭지가 달린 가정용의)저수기, 물통; 술통의 꼭지.
Il ne faut pas (jamais) dire: F~, je ne boirai pas de ton eau. 《속담》장래에 어떤 신세를 질지 모르니 너무 큰 소리를 쳐서는 안 되다.
fontainerie [fɔ̃tɛnri] *n.f.* ① (부엌용)물탱크 제조소(판매점). ② fontainier 의 직업.
fontainier [fɔ̃tɛ(e)nje] *n.m.* ① 수도·펌프업자. ② 시 수도국 계원. ③ 지하수 시굴업자. ④ 《옛》(가정용)저수탱크 제조업자.
fontanelle [fɔ̃tanɛl] *n.f.* 《해부》(갓난아이 머리의)숫구멍, 정문(頂門).
fontange [fɔ̃tɑ̃ːʒ] *n.f.* (루이 14세 시대의)머리장식용 리본.
fontanili [fɔ̃tanili] (이탈리아어)*n.m.pl.* 피에몬 평야의 하류에 줄지어 있는 샘.
fonte¹ [fɔ̃ːt] (*<fondre*) *n.f.* ① 녹임, 용해, 용융. ~ des neiges 눈이 녹음《d'un métal 금속의》. ② 주조. ~ des monnaies 화폐의 주조. jeter une cloche en ~ 종을 주조하다. ③ 주철(fer de ~). ~ brute 선철(銑鐵). ~ acier 주강(鑄鋼). ~ blanche 절면(切面)이 흰 빛을 띤 주철. ~ spéciale (니켈·크롬 따위를 포함한)특별(합금)주철. lingot de ~ 주철괴. 주철편. ~ cocotte 는 ~ 물남비. ④ 《인쇄》(동일형의)활자 한 벌. ⑤ 《옛》동합금(銅合金).
fonte² *n.f.* (주로 *pl.*) (안장 양쪽에 매다는)권총 넣는 가죽 주머니.
fontenier [fɔ̃tənje] *n.m.* =**fontainier**.
fontis [fɔ̃ti] *n.m.* =**fondis**.
fonts [fɔ̃] *n.m.pl.* 《가톨릭》영세[세례]반(盤)(~ baptismaux). tenir un enfant sur les ~ (baptismaux) 어느 아이의 대부[대모]가 되다.
tenir (porter) qc sur les ~ …의 후원자가 되다, …의 지원에 참여하다.
football [futbo:l], **foot** [fut] 《영》*n.m.* 축구. terrain de ~ 축구 경기장.
footballeur, footballer [futbolœːr] *n.m.* 축구 기자(선수). [수].
footballeuse [futbolφːz] *n.f.* 여자 축구 경기자(선수].
footing [futiŋ] 《영》*n.m.* (스포츠로서)걸어다니기; 건강을 위한 산책. course de ~ 《스포츠》경보(競步).
for¹ [fɔːr] *n.m.* ① 《옛》재판(권); (교회의)속사(俗事)에 관한 재판권. ~ extérieur (인간에 의한)재판, 심판. ~ intérieur 양심의 심판; 양심. ② 《옛》관습; 특권.
dans (en) son ~ intérieur 마음속으로(는). [도.
f.o.r., for² 《약자》free on rail 《상업》철도편 인
forage¹ [fɔraːʒ] (*<forer*) *n.m.* ① 구멍을 뚫기, 천공(穿孔). ② 구멍을 파기, 굴착, 보링; 뚫은 구멍. ~ d'exploration 시굴(試掘). ~ d'un puits 우물을 파기.
forage² *n.m.* 《역사》(영주가 징수한)주세(酒稅).
forain(e) [fɔrɛ̃, -ɛn] *a.* ① 장(시장)의. marchand ~ (장터의)노점상인. acteur(bateleur) ~ 유랑극단 배우. fête ~*e* 장터에서 벌어지는 흥행(연예잔치). ② 《옛》타지방의, 타국의. propriétaire ~ 부재지주(不在地主). rade ~*e* 외국선이 정박할 수 있는 정박지. saisie ~*e* 《법》부재(不在) 채무자의 재산차압.
―*n.* ① 행상인; 노점상인. ② 유랑극단 배우.
foral(ale, pl. aux) [fɔral -o] *a.* 지방·도시의 특권으로 인정되는.
foramen [fɔramɛn] *n.m.* 《해부》구멍.
foraminé(e) [fɔramine] *a.* 《학술》(식물·조개 따위에)작은 구멍이 있는.
foraminifères [fɔraminifɛːr] *n.m.pl.* 《동물》유공충류(有孔蟲類).
forban [fɔrbɑ̃] *n.m.* ① 해적. ② 무도한 자, 악당(bandit). ③ ~ littéraire 《비유적》표절자.
forbannir [fɔrbaniːr] *v.t.* 《옛》추방하다.
forçable [fɔrsabl] *a.* 강제할 수 있는, 촉성재배가 가능한.
forçage [fɔrsaːʒ] *n.m.* ① 《원예》촉성재배. ② 《사냥》(짐승을)끝까지 끌기. ③ 《옛》(화폐의)법정 중량 초과.
forçat [fɔrsa] *n.m.* ① 《옛》갤러선(船)을 젓는 죄수. ② 도형수(徒刑囚), 중노동수(苦役囚). mener une vie de ~ 노예같이 고된 생활을 하다. travail de ~ 고된 일, 고역. travailler comme un ~ 고되게 일하다.
:force [fɔrs] *n.f.* ① (인간·동물의 신체적)힘, 체력; 폭력. ~ physique 체력. avoir de la ~ 힘이 있다. Je n'ai plus de ~ dans les bras. 팔에 힘이 빠졌다. reprendre ses ~s 기력을 되찾다. [avoir la ~ de + inf.] Je n'ai plus *la ~ de* marcher. 더 이상 걸을 힘이 없다. recourir à la ~ [폭력]에 호소하다. ② 정신력, 박력, 기력, 용기. ~ morale 정신적 힘. avoir une grande ~ de caractère 기가 몹시 강하다. [avoir la ~ de + inf.] Je n'ai pas *la ~ de* refuser cela. 나는 그것을 거절할 용기가 없다. ③ 능력, 역량(capacité); 자격, 지능. ~ intellectuelle 지력. Ce travail est au-dessus de ses ~s. 이 일은 그의 능력을 넘어선다. être de la même ~s. 능력이 백중하다.

force

④ (물질적)힘, 강도(intensité); 튼튼함, 내구[저항]력(solidité); 원동력, 활력, 에너지. ~ atomique 원자력. ~ d'un choc 충격력. ~ du vin 술의 강도. ~ d'un tissu 직물의 내구력. ~s de la nature 자연력. ~ d'un désir (비유적)욕망의 강도. ~s vitales 생명력.
⑤ (집단·조직의)힘, 세력; (특히)병력, 전력, 부대. rallier les ~s d'opposition 반대세력을 규합하다. ~s ouvrières 노동력. troisième ~ 【정치】제 3 세력 (우익과 좌익의 중간에 위치하는 세력). ~ armée 무력, 군대; (pl.) (한 나라의)군(전체). ~s de terre(de mer, de l'air) 육군[해군·공군]. recourir à la ~ armée 무력[실력]을 행사하다. ~ de frappe 기동 타격력. ~ publique 공안력, 경찰.
⑥ 효력, 효능; (작용하는) 힘, 영향력, 감화력. ~ d'un médicament 약의 효력. coutume qui a ~ de loi 법률과 같은 효력이 있는 관습. ~ d'un argument 의논의 힘[설득력]. ~ d'une théorie 이론 (사상)의 영향력. ~ de la vérité(de la beauté) 진리 (미)의 힘[감화력]. style qui manque de ~ 박진 감이 없는 문장.
⑦ (저항할 수 없는)힘, 필연. par la ~ des choses 어쩔 수 없는 형세에 의해. par la ~ de l'habitude 습관(타성)에 의해, 기계적으로. ~ des choses jugées 【법】일사부재리의 원칙. ~ majeure 【법】불가항력.
⑧ 강점, 장점; 이점. [faire la ~ de] C'est sa persévérance qui *fait sa* ~. 그의 장점은 끈기이다.
⑨ 전기, 전류; (특히)(동력용의)3상교류. faire installer la ~ chez soi 자기집에 동력선을 끌어들이다.
⑩ 【물리】힘. ~ centripète(centrifuge) 구심(원심)력. ~ d'inertie 관성의 힘[저항].
⑪ ⓐ 【인쇄】 ~ de corps 활자(의 축)의 길이. ⓑ 【제지】 ~ d'un papier 종이의 무게. ⓒ 【건축】 ~jambe de ~ 버팀목, 받침대.

à ~ ⓐ (구어)마침내, 결국(à la fin). À ~, je m'y suis habitué. 끝내 나는 그것에 익숙해졌다. ⓑ 《옛》많이, 듬뿍.
à ~ de qc(de+inf.) …의 힘으로; …한 나머지. À ~ de patience, il finira par réussir. 그는 끈기로써 (참고 견딤으로써) 성공하고야 말 것이다. Tu vas te rendre malade à ~ de fumer. 너는 담배를 너무 피워서 건강을 해치게 될거야.
à toute ~ 기필코, 어떤 일이 있더라도(absolument). Il faut *à toute* ~ passer par cette route. 무슨 일이 있더라도 꼭 이 길로 가야만 한다.
C'est une ~ de la nature. 《구어》그는 활력에 넘쳐 있다(굉장한 정력가이다).
dans la ~ de l'âge 한창 나이에.
de ~ 강제로. faire entrer *de* ~ un objet dans une caisse 상자 속에 어떤 물건을 억지로 쑤셔넣다.
de première ~ 일류의. pianiste *de première* ~ 일류 피아니스트. Il est *de première* ~ aux échecs. 그는 체스에서 일류에 속한다.
de toutes ses ~s; de toute sa ~ 온힘을 다하여, courir *en* ~ 안간힘을 다하여 달리다. ⓑ 많은 인원으로, 대거(en nombre). attaquer *en* ~ 대병력으로 공격하다. Ils sont venus *en* ~. 그들은 대거 몰려왔다.
être à bout de ~s 기진맥진하다.
être(*se sentir*) *de ~ à+inf.* …할 힘[능력]이 있다. Il n'*est* pas *de* ~ à y résister. 그는 그것에 저항할 힘이 없다. Il est *de* ~ à faire cette bêtise. 《반어적》그는 이런 바보 같은 짓은 하지 못한다.
faire ~ à qn 《옛》…을 굴종시키다, 짓누르다.
faire ~ de rames(*de voiles*) 힘껏 노를 젓다(돛을 전부 올리다).
F~ (*lui*) *est de+inf.* (그는) …할밖에 달리 도리가 없다. *F~ lui était de* prendre une décision. 그는 결심할 수밖에 도리가 없었다.
F~ passe droit; La ~ prime le droit. 《격언》힘은 정의보다 앞선다.
n'avoir ni ~ ni vertu 전혀 활력이 없다, 기진맥진하다.
ne pas sentir sa ~ (힘의 정도를 모르고) 마구 힘을 쓰다.
par ~ 억지로, 강제로; 부득이(par nécessité). Je l'ai accepté, mais *par* ~. 그것을 수락하기 했지만 어쩔 수 없이 그랬다.
—*a.* (불변)《옛·문어》많은(beaucoup)《관사를 동반하지 않고》. ~ gens 많은 사람.

forcé(e) [fɔrse] *a.p.* ① 강제된, 강요된(involontaire); 강행된. vente ~*e* 강제매각. travaux ~*s* 강제노동, 정역, cours ~ 강제통용. consentement ~ (본인의 의사가 아닌)강요된 동의. ② 피치 못할, 부득이한, 불가항력의; 필연의(inévitable). atterrissage ~ 불시착, 강제 착륙. prendre un bain ~ (물에 빠지거나 비를 맞아) 부득이하게 물에 젖다. Il perdra, c'est ~. 그는 손해볼거야, 그건 불가피해. C'est ~ que+sub. …한 것은 당연하다. ③ 부자연한, 무리한, 억지로 꾸며댄(affecté, ↔naturel). sourir ~ 억지로 꾸민 미소. ④ (열의 따위가 험하게 다루어서)구부러진. ⑤ 《원예》 촉성의. cultures ~*es* 촉성재배.
avoir la main ~e 강제에 못이기다(마지못해).

forcement [fɔrsəmã] *n.m.* ① 강제, 강행. ~ d'un obstacle 장애물의 강행돌파. [à ~] pénétrer à ~ 우격다짐으로 침입하다. Introduire *qc* à ~ …을 억지로 쑤셔넣다. ② (자물쇠 따위를)비틀어 열기. ~ d'un coffre 금고를 부수어 열기. ③ 강제회수[징수]. ~ de (en) recettes (수입을 과대명가하여)세금의 강제징수. ④ 《옛》강간.

forcément [fɔrsemã] *ad.* ① 당연히, 하는 수 없이, 불가피하게, 필연적으로(inévitablement). Cela doit ~ se produire. 그것은 필연적으로 일어나고야 말 것이다. [ne... pas ~] Ce qu'il dit n'est pas ~ ce qu'il pense. 그가 말하는 것은 반드시 그가 생각하는 것은 아니다. ② 《옛》강제로, 억지로.

forcené(e) [fɔrsəne] *a.* ① 광란의, 분노한(furibond). foule ~*e* 분노한 군중. ② 미친광이 같은, 격한, 맹렬한(enragé, acharné). ② 열중한(passionné). haine ~*e* 격한 증오. étude ~*e* 맹렬한 공부. [~ de] être ~ *de* la chasse 사냥에 미치다. ③ 《옛》미친(fou).
—*n.* 광포한 사람; 열광적인 사람; 미치광이, 광인. crier comme un ~ 미치광이처럼 울어대다.

forceps [fɔrseps] *n.m.* 【의학】 (산부인과용)겸자(鉗子), 판셋.

forcer [fɔrse] [2] *v.t.* ① 강제하다, 강요하다(obliger). [~ qn] Personne ne te *force*. 아무도 너에게 강요하지 않는다 (하고 싶은대로 하라는 뜻). ~ le respect[l'admiration] *de qn* …로 하여금 존경 (찬양)하지 않을 수 없게 하다. [~ qn à qc] ~ qn au silence …에게 침묵을 강요하다, 침묵하게 하다. [~ qn à/《드물게》de+inf.] Il m'a *forcé* à partir. 그는 나에게 억지로 떠나게 했다. On m'a *forcé de* démissionner. 나는 사직을 강요당했다. 《수동형》 [être forcé de+inf.] J'ai *été forcé* de le reconnaître. 나는 그것을 인정하지 않을 수 없었다.
② (문·자물쇠 따위를)부수다[비틀고] 열다, (억지로)밀고 들어가다, 돌파하다. ~ un coffre 금고를 부수고 열다. ~ une porte 문을 부수다. ~ la porte de *qn* …의 집에 문을 밀치고 들어가다.

③ (성능 이상의 것을)무리하게 시키다, 지나친 부담을 주다. ~ un cheval 말을 지치도록 달리게 하다. ~ un moteur 엔진에 무리를 주다. ~ la voix 무리한 소리를 내다. ~ son talent(sa nature) 능력 이상의 것을 하려고 하다.

④ (정량 이상으로)늘리다; 과장하다; (비유적) 왜 곡하다(dénaturer). ~ la dose (약을)정량 이상으로 먹다. ~ le pas(l'allure) 걸음걸이를 빠르게 하다. ~ la dépense 지출을 늘려서 기입하다. ~ la note (계산서를)실비 이상으로 기록하다; 과장하다. ~ le sens d'un mot 말의 뜻을 왜곡하다. ~ la vérité 진실을 왜곡하다.

⑤ 〖문어〗 (저항·반대 따위를)무찌르고 나아가다; (운명·명령 따위를)거스르다, 거역하다. ~ un obstacle 장애물을 거스르고 나아가다. ~ les résistances de qn …의 반대를 무시하고 밀고가다. ~ le destin 운명을 거역하다. ~ la consigne 명령을 위반하다; 출입금지 지역에 들어가다. ne pas ~ les événements 형세를 (거역하지 않고)따르다.

⑥ 〖문어〗 (저항을 물리치고)수중에 넣다, (적을)제압하다. 〖옛〗 (여자를)강간하다. ~ la victoire 승리를 쟁취하다. ~ l'ennemi 적을 제압하다.

⑦ (끝까지)추궁하다, 추적하다. ~ un lièvre 토끼를 끝까지 몰다. ~ un bandit jusque dans sa retraite 도적을 그의 은신처까지 추적하다.

⑧ 〖원예〗 촉성재배하다. ~ des fruits 과일을 촉성재배하다.

⑨ 〖옛〗 (감정 따위를)억제하다.

~ la main à qn …의 행동을 구속하다.

—v.t.ind. [~ sur] (을)과도하게 쓰다. Ce cuisinier force sur le sel. 이 요리사는 소금을 너무 사용한다. ② ~ sur les avirons; ~ de rames 〖해양〗 힘껏 노를 젓다.

—v.i. ① 무리하다(se dépenser). Si vous forcez trop, vous allez tomber malade. 너무 무리하면 병나십니다. sans ~ 무리하지 않고(로).

② 무리하게 다루다. Ne force pas trop, tu vas casser la clef. 너무 무리하게 하지마. 그러다가 열쇠를 부러뜨리겠다.

③ (사물이)저항하다, 꼼짝도 하지 않다. Cette porte force. 이 문은 꼼짝도 하지 않는다.

④ 〖해양〗 ⓐ (바람이)강해지다. La brise force. 바람이 사나워진다. ⓑ ~ de voiles(de vapeur) (범선(증기선)이)지속력을 내다.

⑤ 〖카드놀이〗 (같은 종류의) 더 강한 패를 내다.

—se ~ v.pr. 무리해서 하다; 강제로 하다. Si tu n'a pas faim, ne te force pas. 배고프지 않으면 무리하지마. [se ~ à/pour+inf.] J'ai dû me ~ à(pour) achever la lecture de ce roman. 나는 꼭 참고 이 소설을 끝까지 읽어야 한다.

forcerie [fɔrsəri] n.f. 촉성재배 온실[온상].

forces [fɔrs] n.f.pl. 큰 가위.

forcet [fɔrsɛ] n.m. 채찍끈[줄].

forceur(se) [fɔrœr, -φːz] n. ① 촉성재배자. ② 〖사냥〗 짐승을 궁지에 몰아붙이는 사람(사냥개).

forcière [fɔrsjɛːr] n.f. 양어지(養魚池).

forcing [fɔrsiŋ] 〖영〗 n.m. ① 〖스포츠〗 계속 공격. ② (비유적) 맹훈련, (시험 따위를 위한)집중공부; (경쟁·협상 따위에)맹공, 분투. ~ dans des boîtes à bachot 대학입학자격시험 예비학교에서의 집중 교육.

forcipressure [fɔrsipre[e]sy:r] n.f. 〖의학〗 겸자 지혈법(鉗子止血法).

forcir [fɔrsiːr] v.i. 〖구어〗 ① (특히 어린아이가)커가다; 튼튼해지다; 살찌다. ② (바람·물의 흐름 따위가)강해지다.

forclore [fɔrklɔːr] [35] v.t. 《부정법 및 과거분사

forclos(e) 만이 쓰임》 ① 〖옛〗 배제하다(exclure). ~ qn de+inf. …이 …하는 것을 저지하다. se laisser ~ 뒤지다. ② 〖법〗 (시효에 의하여)소권(訴權)을 상실시키다. être forclos 소권이 상실되다. ③ 〖법〗 저당물을 유질(流質)시키다.

forclos(e) [fɔrklo, -oːz] a.p. 〖법〗 (시효에 의하여)소권(訴權)을 상실한.

forclusion [fɔrklyzjɔ̃] n.f. ① 〖옛〗 배제, 제외. ② 〖법〗 (시효에 의한)소권 상실. ③ (저당물의)유질(流質).

forer [fɔre] v.t. ① (에)구멍을 뚫다. ~ une roche 바위를 뚫다, 착암하다. ② (우물 따위를)파다.

forerie [fɔrri] n.f. ① 〖공업〗 천공소. ② 천공반(盤); 대포용 선반. ③ (대포의 포신에)구멍뚫기.

foréisen(ne) [fɔrezjɛ̃, -ɛn] a. 포레(Forez, 프랑스의 도시)사람의; 뢰르(Feurs, 프랑스의 도시)사람의.
—F— n. 포레[뢰르] 사람.

forestage [fɔrɛstaːʒ] n.m. 〖옛〗 삼림방목세(森林放牧稅).

forestier(ère) [fɔrɛstje, -ɛːr] a. ① 삼림의. région ~ère 삼림지대. code ~ 삼림(개발)법. ② 삼림관리의; 영림관(營林官)의. garde ~ 영림관, 산감.
—n.m. ① 삼림감수, 임무관(garde ~). ② 삼림의 주민; 산사람.

foret [fɔrɛ] n.m. 송곳, 천공기(穿孔機). ~ à bois 타래송곳. ~ carré 네발송곳. ~ à centrer[à téton] 회전송곳. ~ de charpentier 목공용 나선송곳. ~ hélicoïdal[à hélice] 드릴.

‡forêt [fɔrɛ] n.f. ① 삼림, 숲, 산림(山林). ~ dense 밀림. ~ vierge 처녀림. ~ domaniale 국유림. incendie de ~ 산불. eaux et ~s 〖행정〗 산림치수. ② (비유적) (숲처럼 빽빽한)다량의 것. [une ~ de] une ~ de drapeaux 즐비한 깃발들. une ~ de mâts 돛대의 숲. ③ (비유적) 착잡한 [뒤얽힌] 것. s'embrouiller dans la ~ d'hypothèses contradictoires 상호 모순되는 뒤얽힌 가설 속에서 갈팡질팡하다. ④ 〖건축〗 (원천정 따위의)굴조. ~ de comble (대사원 따위의)지붕 굴조.

foreur [fɔrœːr] n.m. (금속 따위의)구멍뚫는 기사; (광산의)착암공(鑿岩工). ~ de puits artésiens 심층(深層)지하수 굴착 기사.

foreuse [fɔrφːz] n.f. 천공기(穿孔機); 〖광산〗 착암기.

forézien(ne) [fɔrezjɛ̃, -ɛn] a., n. =foréisen.

forfaire [fɔrfɛːr] [28] 《부정법·복합시제·직설법 현재 단수에만 쓰임》 v.t.ind. 〖옛·문어〗 [~ à] (의무·법률 따위를)저버리다[어기다]. ~ à l'honneur 명예를 손상시키는 일을 하다. ~ à sa parole 약속을 어기다. ~ à son honneur (여자가)유혹에 지다, 몸을 망치다.
—v.t. 〖옛〗 (지위·권리를)상실하다. ~ un fief (벌로)봉지(封地)를 몰수당하다.

forfait[1] [fɔrfɛ] n.m. 〖옛·문어〗 가증한 죄악, 큰 죄.

forfait[2] n.m. ① 정부(계약). prendre à ~ 도급맡다. faire un ~ avec un entrepreneur 청부인과 (청부)계약을 맺다. ② (할인된)이용권. ~ touristique 관광할인권. ③ (다음 명사와 합성어를 이룸) 전 비용이 포함된 레저(관광)기획, 패키지 투어. ~s-skieurs 스키 투어. ④ 〖법〗 부부간에 재산분할 해소할 때 일방이 요구할 수 있는 액을 미리 정한 조항(~ de communauté). ⑤ (세금의)사정액(査定額), 견적, 과세액.

à ~ 청부로; 통틀어서(의), 전체로(의). travail à ~ 도급으로 하는 일. acheter(vendre) à ~ (수확·가격의 변동을 고려해서)계약액으로 사다[팔다]. endossement à ~ (약속어음의)무상배서.

forfait[3] n.m. ① (경마 따위의 출장 취소에 대한)위

약금. ②(경기에)출장취소, 기권. déclarer ~ 운동경기의 출전을 취소하다, 기권을 선언하다. match gagné par ~ 상대방의 불출전에 의한 부전승(不戰勝).

forfaitaire [fɔrfetɛːr] a. 도급의; 통틀어서의, 총괄적인. prix ~ 도급액; 도급에 합의된계약액. achat ~ (사전에 합의된)계약액으로 사기; (사전에 값을 정한)선매(先買).

forfaitairisation [fɔrfeterizasjɔ̃], **forfaitairation** [fɔrfetarizasjɔ̃], **forfaitisation** [fɔrfetizasjɔ̃] n.m. (국가의 보조금·세금과 관련되는)사정(査定).

forfaiteur [fɔrfetœːr] n.m. ① (봉건시대의)역신(逆臣), 불충한 신하. ② 독직자(瀆職者).

forfaitiser [fɔrfetize] v.t. (이윤·보수·가격 따위를)사정(견적)하다.

forfaiture [fɔrfe(ɛ)tyːr] n.f. ① (봉건시대의)반역. ② 독직(瀆職), 오직(汚職). ③《문어》배신, 배반.

forfante [fɔrfɑ̃ːt] n.m. 《옛》악한, 악당.

forfanterie [fɔrfɑ̃tri] n.f. ① 허풍, 터무니없는 거짓말(fanfaronnade); 제자랑(vantardise). ②《옛》사악(邪惡).

forficule [fɔrfikyl] n.m. 《곤충》집게벌레.

*forge [fɔrʒ] n.f. ① 대장간; 대장간의 화덕; 대장간의 작업장(~ de maréchal-ferrant); (보통 pl.) 철공소, 제철소. maître de ~s 철공소장. charbon de ~ (소용소용의)점결탄(粘結炭). ③ 납을 늘이는 대석(臺石).
comme une ~ 대장간의 화덕처럼. ronfler comme une ~ 드렁드렁 코를 골다; (숨이 가빠)씩씩거리다. rougeoyer comme une ~ 새빨개지다.

forgé(e) [fɔrʒe] a.p. ① 단조된. ②(비유적)만들어진, 꾸며낸(inventé). histoire ~e de toutes pièces 완전히 꾸며낸[조작해 낸] 이야기.

forgeable [fɔrʒabl] a. 버릴[단련할] 수 있는.

forgeage [fɔrʒaːʒ], **forgement** [fɔrʒəmɑ̃] n.m. 단련(鍛鍊), 단조(鍛造).

*forger [fɔrʒe] [3] v.t. ① (쇠 따위를)버리다, 단조[단련]하다. ② 버려서 만들다. ~ un fer à cheval 편자를 (버려서) 만들어내다. ③(비유적)(고심하여)만들다, 만들어내다(fabriquer). ~ un mot 을 만들다. ~ un plan 계획을 꾸미다. ④ (나쁜 뜻으로)꾸며내다, 조작하다(inventer). ~ un mensonge 거짓말을 꾸며내다. ~ une histoire (de toutes pièces) 이야기를 꾸며내다. ~ une accusation contre qn …에게 무고한 죄를 뒤집어 씌우다. ~ une calomnie 중상을 꾸며내다.
C'est en forgeant qu'on devient forgeron. 《속담》자꾸 단련해야 숙달한다. ~ *les fers[les chaînes] de qn* …을 노예로 만들다.
—v.i. ① 쇠를 버리다. ② (말이)앞발과 뒷발의 편자를 맞부딪치다.
—**se** ~ v.pr. ① 단조[단련]되다. ②(se는 간접목적보어)꾸며내다, 마음에 품다. *se* ~ *un idéal* 스스로 하나의 이상을 만들어내다.

forgerie [fɔrʒəri] n.f. ① 단조술(鍛造術). ②《옛》날조; 위조문서.

forgeron [fɔrʒərɔ̃] n.m. 대장장이; 단철공(鍛鐵工).

forgeur(se) [fɔrʒœːr, -ʃøːz] n. (소문·거짓말 등)꾸며내는 사람. —n.m. ① 대장장이. ② 제철소의 견습공. —n.f. 단조용 프레스, 단조기(鍛造機).

forhuir [fɔryiːr], **forhuir** [fɔryiːr] v.t. 《사냥》(개를 불러들이려고)나팔을 불다.

forint [fɔrint] 《형가리》n.m. 헝가리의 화폐단위.

forjet [fɔrʒɛ] n.m., **forjeture** [fɔrʒətyːr] n.f. 《건축》돌출부; (벽 따위의)불룩함.

forjeter [fɔrʒəte] [5] v.i. 《건축》불쑥 나오다, 돌출하다; (벽이)불룩해지다. —v.t. (건물을)돌출시키다. —**se** ~ v.pr. (건물이)불쑥 나오다.

forlancer [fɔrlɑ̃se] [2] v.t. 《사냥》몰아내다.

forlane [fɔrlan] n.f. (이탈리아의)프리울(Frioul) 지방의 경쾌한 무도(곡).

forligner [fɔrliɲe] v.i. ①《옛》직계(直系)에서 갈려나가다. ② 가명(家名)을 더럽히다; 명예를 더럽히다(déchoir); 《옛》(소녀가)몸을 망치다.

forlonge [fɔrlɔ̃ːʒ] n.m. 《사냥》거리를 떼어놓다. aller de ~ (짐승이)개를 뒤에 떼어놓다. chasser de ~ (개가)뒤떨어져서 짐승을 쫓아가다.

forlonger [fɔrlɔ̃ʒe] [3] v.t. 《사냥》(짐승이)개를 떼어놓다. —v.i. ①(짐승이)제 굴에서 떠나다. ② (사슴이)개를 떼어놓다.
—**se** ~ v.pr. ①(짐승이)굴을 떠나다. ②개를 떼어놓다.

formage [fɔrmaːʒ] n.m. 형(型)에 넣어 뜨기, 성형(成形).

formal [fɔrmal] n.f. =formaldéhyde.

formaldéhyde [fɔrmaldeid] n.m.[f.] 《화학》포름알데히드.

formaline [fɔrmalin] n.f. 《화학》포르말린.

formalisation [fɔrmalizasjɔ̃] n.f. (특히 현대논리학에서 추론의)공리화(公理化).

formalisé(e) [fɔrmalize] a.p. 형식화된. théorie déductive ~e 형식화 연역법.

formaliser¹ [fɔrmalize] v.t. 《의》감정을 해치다, (을)나나게 하다.
—**se** ~ v.pr. [se ~ de] (에)기분을 상하다, 발끈해지다(s'offenser, se vexer). *se* ~ *d'une grosse plaisanterie* 무례한 농담에 화를 벌컥 내다. [se ~ de+*inf.*/que+*sub.*] Il *se formalise de* n'avoir pas été invité. 그는 초대받지 않은 것에 기분을 상했다. Elle *se formalise que* tu aies refusé. 그녀는 자네가 거절한 것에 기분을 상하고 있다.

formaliser² v.t. (특히 현대논리학에 있어서 추론을)공리화하다(axiomatiser).

formalisme [fɔrmalism] n.m. ① 형식 존중; (행정·법률상의)형식주의; 허례(虛禮). ②《철학·문학·예술》형식주의.

formaliste [fɔrmalist] a. ① 형식에 사로잡히는; 허례의. ②《철학·문학·예술》형식주의의.
—n. (위)의 사람.

formalité [fɔrmalite] n.f. ① (재판·행정·종교상의)형식, 격식, 수속(forme, procédure). ~ *de douanes* 세관의 수속. remplir les ~s prescrites 소정의 수속을 밟다. Tu en a fini avec les ~s? 수속은 다 밟았니? ②《구어》사교상의 형식, 의례; (내실이 없는 단순한)형식, 부차적인 일. Cette entrevue n'est que ~ (simple). 이 회담은 의례적인 것에 불과하다. *C'est une pure* ~. 그건 단순한 형식에 불과하다(《의례적으로 하는 일로 별 중요성이》).
sans autre ~; *sans plus de* ~(*s*) 《구어》더 이상 격식을 차리지 않고[까다롭게 굴 것 없이].
sans ~(*s*) 격식을 차리지 않고, 마음을 터놓고.

formant [fɔrmɑ̃] n.m. ①《언어》형성(요)소. ②《음성》음형대(音形帶).

formariage [fɔrmarjaːʒ] n.m. ① 《봉건시대의 농노의》타령(他領)의 농노[자유인]와의 결혼; (그) 승인을 받기 위한 세금(droit de ~).

format [fɔrma] n.m. ①《인쇄·사진》(서적·종이의)형, 판(版). ~ *in-folio*[in-quarto, in-octavo] 2절[4절·8절]판. ~ *de poche* 포켓판. ②《일반적으로》형; 크기(dimension, taille); 가치, 중요성. personne de petit ~ 몸집이 작은 사람. événement de grand ~ 《비유적》중대사건. ③《컴퓨

터》 포맷《매체상의 데이터의 배열》.

formateur(trice) [fɔrmatœ:r, -tris] *a.* ① 형체를 부여하는, 형성〔창조〕하는. puissance ~*trice* 창조력. ② (지능·정신을)육성시키는, 교육에 좋은. ambiance ~*trice* 교육적 분위기. —*n.* ①《드물게》창조자, 형성자. ②(인격·지능 따위의)육성자, 교육자.

formatif(**ve**) [fɔrmatif, -i:v] *a.* ① 형성하는. pôle ~《생물》형성극《난세포 따위의 동물극》. ②《언어》성어적(成語的)인. —*n.m.* 《언어》형성소《어근에 부가되어 말을 형성하는 부분: 명사나 동사의 어미변화 따위》.

***formation** [fɔrmasjɔ̃] *n.f.* ① 형성, 생성; 구성, 성립. ~ de l'embryon 배(胚)의 형성. ~ d'une nation 국가의 형성. ~ d'une entreprise 기업의 창설. ~ d'une équipe 팀의 편성. ~ de la civilisation antique 고대문명의 성립. époque de la ~ 생식기관의 성숙기, 사춘기. ② 양성, 연수, 교육(éducation); 지식, 교양(culture). ~ des cadres 간부의 양성〔훈련〕. ~ professionnelle 직업연수. ~ du caractère 성격의 도야. ~ continue〔permanente〕 평생교육. avoir une solide ~ classique 고전의 교양을 착실하게 갖추고 있다. ③ 단체, 조직, 집단. grandes ~*s* politiques 대정당. ~ sportive 스포츠 단체, 팀. ~ musicale 악단, 밴드. ④《군사》대형, 진형(陣形), 편대;《일반적으로》부대(troupe). ~ d'attaque 공격대형. vol en ~ 편대비행. ~ en carré〔en ligne〕 방형〔종렬〕진(陣). ~ de parachutistes 낙하산 부대. ⑤《언어》형성, 구성; 구성된 말, 조어(造語). ~ du pluriel〔du féminin〕 복수〔여성〕형의 구성〔법〕. ~*s* populaires 민중어. ⑥ⓐ《지질》지층, 암층. ~ tertiaire〔alluviale〕 제 3 기〔충적(沖積)〕층. ⓑ《식물》군계(群系).

‡forme [fɔrm] *n.f.* ① 형태, 모양, 형체. objet de ~ sphérique 원형의 물건. avoir une ~ régulière 형태가 반듯하다. ~ des lunettes 안경테의 모양. ②(사람의)모습, 그림자;《주로 *pl.*》몸매, 체형; 몸의 선(윤곽). apercevoir une ~ derrière les arbres 나무 뒤편에 사람의 그림자가 보이다. avoir des ~*s* viriles 남성다운 몸매를 하고 있다. Elle a de belles ~*s*. 그녀는 몸매가 아름답다. robe qui épouse〔moule, souligne〕 les ~*s* 몸의 곡선을 그대로 드러내는 드레스. ③ 존재, 형태, 양상, 양식. diverses ~*s* de l'intelligence 지성의 여러 형태. ~ de gouvernement 정부형태. évolution des ~*s* sociales 사회형태의 변화. ④(내용에 대한)형식, 표현양식, 문체; 표현의 방식(tournure). le fond et la ~ 내용과 형식. poème à ~ fixe 정형시. ~ archaïque 고풍의 표현양식. ⑤(*pl.*)예의범절(étiquette); 거동; 관례; 태도(manières). ~*s* polies〔grossières〕 정중한〔무례한〕 태도. avoir des ~*s*〔manquer de ~*s*〕 예의바르다〔예의가 없다〕. respecter les ~*s* 예의범절을 지키다. ⑥(보통 *pl.*)서식;(법률상의)수속, 절차(formalité). respecter la ~ légale 법적절차를 밟다. nullité pour vice de ~(수속〔서식〕미비에 의한 무효. ⑦(사람·말에 대해)몸의 좋은 컨디션. être en〔pleine〕 ~ 컨디션이 (대단히)좋다.《구어》건강이 좋다. être dans une ~ médiocre 컨디션이 나쁘다. avoir la ~ 컨디션이 좋다, 원기왕성하다. ⑧(제조품에 형태를 주는)틀, 형(型);(모자·구두·양말 따위의)본, 골, 목형(木型);(빵·치즈 따위의)형관(型板).《인쇄》판. chapeau haut de ~ 실크해트. ~ à chaussure 구두의 목형(木型).

~ serrée 칸이 좁은 조판. faire un cliché de la ~ 지형을 뜨다. ⑨《해양》독. ~ de radoub; ~ sèche 건거(乾渠). ~ flottante 부거(浮渠). passer en ~ 독에 들어가다. ⑩《토목》(포석(鋪石) 밑에 까는)모래층;(토끼 따위의)굴;《수의》(말의)지골류(趾骨瘤);《고고학》걸상;《종교》성가대석(聖歌隊席);《수학》형식, 범함수(汎函數). ⑪《철학》(아리스토텔레스·스콜라 철학의)형상(形相);(칸트 철학의)형식;《논리》(추론·명제의)구조.

dans les ~s; en (bonne) ~ 형식에 맞는, 정식의. contrat *en bonne ~* 정식계약. avertir *qn dans les ~s* ⋯에게 정식으로 통고하다.

en bonne (pleine) ~ 《구어》원기왕성한.

en ~ de qc ⋯모양의. *en ~ de* croissant 초승달 모양의.

être de pure ~ 아주 형식적이다. Ses compliments sont *de pure ~*. 그의 칭찬은 의례적인 것이다.

mettre en ~ 편집하다, (문서를)작성하다.

n'avoir plus ~ humaine (너무 수척해서서)사람꼴이 아니다.

pour la ~ 체면치례로, 형식상으로; 의례적으로. Allez juste dire bonjour *pour la ~*. 그저 체면치레로 가서 인사하시오.

prendre des ~s 《구어》(몸집이)뚱뚱해지다.

prendre ~ 형성되다, 형체가 되다; 뚜렷해지다. Le projet commence à *prendre ~*. 계획이 구체화되기〔윤곽이 드러나기〕시작한다.

sous (la) ~ de ⋯의 형〔모양〕을 한. statistique *sous ~ de* tableau 도표 형식의 통계. apparaître *sous la ~ d'un* cygne 백조의 모습으로 나타나다.

sous toutes les〔ses〕 ~s 모든 형태의, 모든 면에 있어서. bêtise *sous toutes ses ~s* 온갖 어리석음.

-forme *suff.* 「⋯의 형(形), ⋯의 형태를 가진」의 뜻《예: gazé*iforme* 가스(기체) 모양의》.

formé(e) [fɔrme] *a.p.* ① 형태이진, 완성된. lettres bien ~*es* 정성들여〔또박또박〕 쓰여진 글. ② 훈련된, 양성된. spécialiste ~ à l'université 대학에서 교육받은 전문가. ③ 성장한, 성숙한. fille ~*e* (결혼 적령기의)성장한 처녀. ④(열매가)결실한;(이삭이)나온. fruits ~*s* 익은 과실(fruits noués).

forme-écluse [fɔrmekly:z] (*pl.* **~*s***~*s*) *n.f.* 《해양》(양단에 배수구가 있는)건거(乾渠).

formel(le) [fɔrmɛl] *a.* ① 명료한, 명백한, 뚜렷한(précis, clair, ↔ambigu); 단호한, 타협의 여지가 없는. défense ~*le* 엄금. preuve ~*le* 확증. refus ~ 단호한 거절. ordre〔commandement〕 ~ 엄명. ②(성격이)고집불통인(entier, inflexible). caractère ~ 고집불통인 성격. ③《학술》형식(상)의, 형식적인; 형상(形相)의. beauté ~*le* 《문학·미술》형식미. analyse ~*le* d'un langage 《언어》언어의 형태분석. sociologie ~*le* 형식사회학. cause ~*le* 《철학》형상원인. logique ~*le* 《수학》형식논리. système ~ 《수학》형식적 체계. ④《법》형식의, 정식의(수속을 밟은). loi ~*le* 형식법〔수속법〕. acte ~ 정식증서.

formellement [fɔrmɛlmã] *ad.* ① 명백히, 명문(明文)에 의하여, 단호하게(clairement, précisément). s'engager ~ à+*inf.* ⋯하기를 확실히 약속하다. ② 절대적으로, 결정적으로, 엄격히(absolument, rigoureusement). interdire ~ 엄금하다. ③ 형식에 따라서, 형식상으로.

formène [fɔrmɛn] *n.m.* 《옛》《화학》메탄(métha-[ne].

formènique [fɔrmenik] *a.* 《옛》《화학》메탄의.

***former** [fɔrme] *v.t.* ① 형성하다, 만들다, 만들어내

다, 창조하다. Dieu *a formé* l'homme à son image. 신은 자신의 형상대로 인간을 만드셨다. ~ un numéro de téléphone 전화번호를 돌리다(누르다). ② 설립하다, 조직하다, 결성하다. ~ un gouvernement 정부[내각]를 조직하다. ~ un bloc autour d'un leader 지도자를 중심으로 뭉치다.

③ (일정한 형태로) 만들다, 형성시키다(façonner); (글·문장을) 만들다. ~ bien[mal] ses phrases 글을 잘[잘못] 짓다. ~ les plis d'une jupe 치마의 주름을 잡다.

④ (계획을)세우다, 마음에 품다(concevoir); 착상하다, 생각해내다(imaginer). ~ le projet de+ inf. …할 계획을 세우다. ~ des vœux pour *qn* … 을 위해 (번영·성공 따위를) 기원하다.

⑤ 육성하다, 양성하다, 가르치다, 단련하다 (cultiver, discipliner). ~ son goût par de bonnes lectures 좋은 책을 읽음으로써 취미[교양]를 기르다. ~ des soldats 군인을 양성하다.

⑥ 구성하다, 이루다, (이)되다(constituer, composer). parties qui *forment* un tout 전체를 이루는 부분. gens qui *forment* l'élite de la société 사회의 엘리트인 사람들.

⑦ (동맹 따위를) 체결하다(contracter). ~ une liaison[une union] 관계[동맹]를 맺다.

⑧ 《법》 (이의·요구 따위를) 제기하다. ~ une opposition (une plainte) 이의 (불평)를 제기하다.

—**se ~** *v.pr.* ① 형성되다, 모양이 만들어지다; 생기다, 발생하다. L'amitié *se forme* peu à peu. 우정은 서서히 형성되는 것이다. pensées qui *se forment* en soi 자연히 마음에 떠오르는 생각. Un typhon *se forme.* 태풍이 발생한다. (비인칭) Il s'est *formé* un abcès à la jambe. 다리에 종기가 생겼다.

② [se ~ en] (의)형태로 되다. Les manifestants *se formèrent* en cortège. 데모대는 긴 행렬을 지었다. *se ~ en* rang(s) 열을 짓다.

③ 조직되다. Un nouveau cercle *se forme.* 새로운 서클이 조직된다. Une classe s'est *formée.* 학급이 편성되었다.

④ 성장하다, 성숙하다, (특히 소녀가 사춘기를 맞아) 여자다워지다. Sa taille (Sa poitrine) *se forme.* 그녀는 몸매(가슴)가 여자다워진다. Elle s'est bien *formée* depuis que je ne l'ai vue. 얼마간 만나지 않은 동안 그녀는 무척 여자다워졌다. Les fruits *se forment.* 과일이 여물어가고 있다.

⑤ 자신을 형성하다, 교양(기술)을 쌓다. Il s'était *formé* tout seul. 그는 자신의 힘으로 성공했다.

⑥ (se ~ une) 간접목적보어) (생각·감정 따위를) 품다. *se ~* une juste idée de *qc* …에 대해 옳은 생각을 하다. *se ~* une opinion 자신의 의견을 갖다.

⑦ (인격·판단 따위를) 기르다, 도야하다. *se ~* le goût 자신의 감상력을 기르다.

⑧ *se ~* sur *qn*[*qc*] (예)을 본뜨다.

formeret [fɔrmərɛ] *n.m., a.* (arc) ~ 벽이 있는 갈비뼈 모양의 뼈대(궁륭의 아치의 갈비뼈 모양의 뼈대 중, 그 양끝이 벽에 따라 있는 부분).

formiate [fɔrmjat] *n.m.* 《화학》 의산염(蟻酸塩).

formica [fɔrmika] 《영》 *n.m.* 《상표명》 포마이카 (가구재에 칠해서 내약품성·내열성을 주기 위한 합성수지 도료 및 이것을 칠한 판자류).

formicant(e) [fɔrmikɑ̃, -ɑ̃ːt] *a.* pouls ~ 《의학》 의 주맥(蟻走脈).

formication [fɔrmikasjɔ̃] *n.f.* 《옛》 《의학》 의주감 (蟻走感) (fourmillement).

*****formidable** [fɔrmidabl] *a.* ① 어마어마한, 굉장한, 거대한, 막대한. foule ~ 어마어마하게 많은 군중. somme ~ 거액의 돈. ② 《구어》 기막힌, 희한한, 놀라운 (épatant). film ~ 기막힌 영화. C'est un type ~. 저 녀석은 무척 좋은 놈이야. ③ 터무니없는, 어처구니없는, 어이없는 (étonnant). ~ menteur 어처구니없는 거짓말장이. rabais ~ 《생산가 이하의》대폭적 할인. ④《옛·문어》 무시무시한, 무서운, 공포의.

formidablement [fɔrmidabləmɑ̃] *ad.* ① 《구어》 엄청나게, 대단히 (énormément). Il est ~ stupide. 그는 아주 어리석다. ②《옛·문어》 무시무시하게.

formide [fɔrmid] *a.* 《속어》 = **formidable.**

formier [fɔrmje] *n.m.* (구두·모자 따위의) 형틀 만드는 사람.

formique [fɔrmik] *a.* 《화학》 acide ~ 의산 (蟻酸); aldéhyde ~ 포름알데히드 (formaldéhyde).

formoir [fɔrmwaːr] *n.m.* 《피혁》 연마봉 (棒).

formol [fɔrmɔl] *n.m.* 《화학》 포르말린.

formoler [fɔrmɔle] *v.t.* 《화학》 포르말린으로 소독(처리)하다.

formosan(e) [fɔrmozɑ̃, -an] *a.* 타이완 (*Formose*)의. —**F~** *n.* 타이완 사람.

Formose [fɔrmoːz] *n.pr.f.* 《지리》 타이완 (*Taiwan, T'ai-wan, Taiwan*), 대만(臺灣).

formulable [fɔrmylabl] *a.* 서식(공식)으로 표현할 수 있는, 표명될 수 있는. souhait qui n'est pas ~ 표명할 수 없는 소원.

formulaire [fɔrmylɛːr] *n.m.* ① 서식집, 공식집; 처방집 (~ pharmaceutique); 교리문답(서) (~ de foi, ~ de dévotion). ② 질문용지, 앙케트 용지; (주로 관공서용의) 신청용지. ③ (le F~) 《역사》 (얀센의 교서를 비난하는 알렉산더 12세의 칙서에 첨부된) 동의서.

formulation [fɔrmylɑsjɔ̃] *n.f.* ① 공식화, 정식화; 계통적 논술. ② 표명, 진술; 확언, 명기(明記).

*****formule** [fɔrmyl] *n.f.* ① 서식. ~ d'un contrat 계약서의 서식. ② 문례 (文例); 인사의 말투 (~ de politesse); (편지의 첫머리와 끝 따위의) 틀에 박힌 말투; 의식·주문 (呪文) 따위의 말투. ~ de prière 기도문. ~ incantatoire (magique) 주문. ~ stéréotypée (cliché) 틀에 박힌 말. ③ 양식(樣式)에 의한 명백 간결한 표현; 《수학·물리·화학》 공식, 식. La ~ chimique de l'eau est H₂O. 물의 화학식은 H₂O이다. ~ mathématique 수학공식. ~ algébrique 대수공식. ~ de solution. ④ (넓은 의미에서) 격언, 경구 (maxime, aphorisme, slogan). ~ de publicité (publicitaire) 광고 (선전) 문구. ⑤ 《약》 처방 (prescription, recette). selon la ~ 처방에 따라서. ⑥ (일을 꾸미는) 방편, 방식 (méthode, solution). ~ culinaire 조리법. ~ de paiement 지불방법. ⑦ (모든 서비스·연예부문의) 양식. nouvelle ~ de revue (de restaurant) 새로운 양식의 잡지 (식당). ⑧ 신청서, 용지. ~ de télégramme 전보용지. ⑨ 《자동차》 포뮬러 (공식 규격에 따른 경주용 차의 종별).

formuler [fɔrmyle] *v.t.* ① 서식에 따라 적다; 《수학·물리·화학》 공식 (정식) 화하다, 식으로 나타내다; 《의학》 (처방을) 작성하다 (~ une ordonnance médicale). ~ une chimique 대수문제 (화학반응)를 식으로 나타내다. ② (생각·감정 따위를) 표명 (서술) 하다; 명백하게 말하다 (exprimer, émettre). ~ une demande (des objections) 요구 (반대)를 명백히 말하다. ~ une plainte 소송을 제기하다. ~ sa pensée (son opinion) 생각 (의견)을 표명하다.

—**se ~** *v.pr.* ① 서식에 따라 꾸며지다, 작성되다. ② 표명되다, 명백히 인식되다. ③ 스스로 명백히 표명 (설정·작성) 하다.

fornicateur(trice) [fɔrnikatœːr, -tris] *n.* ① 《종교》 간음죄를 범한 자. ② 《구어》 《농조》 밀통하는

fornication [fɔrnikɑsjɔ̃] *n.f.* ① 〖종교〗 간음죄. ② 《구어》(농조) 밀통; 육체관계. ③ 〖성서〗 우상숭배, 배교.

forniquer [fɔrnike] *v.i.* ① 〖종교〗 간음죄를 범하다. ②《구어》육체관계를 갖다, 깊은 관계를 맺다.

fornix [fɔrniks] *n.m.* 〖해부〗 뇌궁(腦弓).

forpaiser [fɔrpeze], **forpayser** [fɔrpeize] *v.t.* 〖옛〗 나라〔주거지〕에서 밀려나다, 쫓다.
— *v.i.*, **se** — *v.pr.* 〖사냥〗 (사냥감이) 둥지〔굴〕에서 멀어지다.

forpaître [fɔrpɛtr] 41 *v.i.* (현재분사·과거분사·3 인칭 단수에만 쓰임) 〖사냥〗 먹이를 찾아 굴〔둥지〕을 멀리 떠나다.

fors [fɔr] *prép.* 〖옛〗 …을 제외하고, …외에(hors, excepté, sauf). Tout est perdu, ~ l'honneur. 명예만 제외하고 모든 것을 잃었다.

forsenant(e) [fɔrsənɑ̃, -ɑ̃:t] *a.* 〖사냥〗 (개가)짐승의 소리에 열심인.

forsythie [fɔrsiti], **forsythia** [fɔrsit(s)ja] *n.m.* 〖식물〗 개나리.

‡fort(e¹) [fɔ:r, -ɔrt] *a.* ① 힘센; (몸이) 건강한, 강건한(vigoureux). homme grand et ~ 키 크고 힘센 남자. sexe ~ 남성 (↔ sexe faible). être ~ des reins (des jambes) 허리(다리) 힘이 세다. être ~ comme un bœuf (un Turc) 무척 힘이 세다, 괴력을 지니고 있다.

② (몸이) 뚱뚱한, 잘 발달된; (특히 여성에 대해서 완곡하게) 뚱뚱한, 살집이 좋은(corpulent). ~e constitution 늠름한 체격. jeune fille un peu ~e 좀 살이 찐 처녀. ~e poitrine 풍만한 가슴. personne ~e des hanches 허리가 굵은 사람. «Pour les dames ~es» "뚱뚱한 여인들을 위한"(기성복 가게 간판).

③ (물건이) 튼튼한, 견고한, 저항력이 있는(solide, résistant). ~e digue 튼튼한 제방. tissu ~ 질긴 천. terre ~e (경작하지 않은) 점토질의 토양. château ~ 성채. place ~e 요새. navire ~ de côté 바람에 강한(안정성이 있는) 배.

④ 능력이 있는, 유능한, 뛰어난. élève ~ en mathématiques 수학에 뛰어난 학생. Il est très ~ pour parler. (가끔 비꿈) 그는 변설에 능하다. être ~ en gueule 《속어》말을 잘하다; 말 뿐이다. Il n'est pas très ~. (비꿈) 그는 별로 유능하지 않다, 대단한 인물이 아니다.

⑤ 세력이 강한, 강력한, 유력한. gouvernement (parti) ~ 강력한 정부(당). homme ~ (d'un État) (어느 나라의) 실력자. employer (recourir à) la manière ~e 강경 수단에 호소하다. Dieu ~ 이스라엘·기독교의) 강력한 신. carte ~e (카드놀이 의) 끗발 센 패. devise (monnaie) ~e (국제적으로 태환이 가능한) 강화(強貨). division ~e de dix mille hommes 1만 병력의 사단 (강력이라는 뜻은 없고 단지 인원수만을 말함).

⑥ 의지가 강한, 굳센, 의연한; 강경한, 확고한. caractère ~ 확고한 성격; 기골이 있는 사람. se montrer ~ devant l'adversaire 적 앞에서 의연한 태도를 취하다. ~e femme 굳센 여자. femme ~e (de l'Écriture) (성경에 있는 것과 같이) 갸륵한 여인. esprit ~ 자유사상가; 〖옛〗 수완가, 재치있는 사람. esprit ~ 자유사상가; 반골사람; 〖옛〗 무일푼의 volonté ~e 굳센 의지.

⑦ 효력이 강한, 유효한, 고성능의. remède ~ 잘 듣는 약. machine ~e 성능이 좋은 기계. explosifs les plus ~s 가장 강력한 화약. colle ~e 접착력이 강한 풀. (목공용의) 강력풀. lunettes ~es 도수 높은 안경. argument ~ 설득력있는 논지. ~e preuve 강력한 증거. ~e raison 그럴듯한 이유.

⑧ (작품 따위가) 뒤된, 뛰어난; (문제 따위가) 수준이 높은, 힘든. Cette poésie est vraiment ~e. 이 시는 참으로 잘 지어졌다. exercices de plus en plus ~s 점차로 힘들어지는 연습문제. ~es connaissances scientifiques 수준높은 과학적 지식.

⑨ (말·표현 따위가) 강한, 힘이 들어있는; 엄한. style ~ 힘찬 문체. expression ~e et précise 힘차고도 정확한 표현. terme trop ~ 너무 심한 말. au sens ~ du mot (비유적) 본래의 뜻으로.

⑩ (음식물의 맛·냄새가) 강한, 진한, 짙은, 매운, 강하게 자극하는. Ce piment est très ~. 이 고추는 무척 맵다. fromage ~ 냄새가 짙은 치즈. beurre ~ (오래 되어서) 냄새가 나는 버터.

⑪ 다량의, 다대한, 많은, 큰. payer une ~e somme 거액을 치르다. plat ~es ~ 풍부한 요리. ~ rendement 평년작을 웃도는 수확, 풍작. différence ~e; ~e différence 커다란 차이, 현저하게 틀림. prix ~ 높은 가격; 정가, 부르는 값. au poids ~ 봉투채로의 무게로. Il y a de ~es chances pour qu'il remporte le prix. 그가 상을 탈 가능성이 크다.

⑫ 강한, 강렬한, 격렬한, 거친. ~e pluie 폭우. vent ~ 강풍. ~e houle 거친 파도. mer ~e 거친 바다. ~e montée (descente) 가파른 오르막(내리막). ~e(s) chute(s) de neige 폭설. ~e douleur 심한 고통. odeur ~e 강한 냄새, 악취. ~ buveur 대주가. avoir une ~e envie de + *inf.*; brûler d'un ~ désir de + *inf.* …하고 싶어 잠시도 참을 수 없다.

⑬ 도가 지나친; 과장된, 믿기 힘든. La plaisanterie est un peu ~e. 농담이 좀 지나치다. C'est trop ~! 《구어》너무하군, 어처구니없군. C'est ~; C'est un peu ~ (de café). 그건 좀 심한데; 너무해; 어이없어 말이 안 나온다(C'est plus ~ que jouer au ballon (dans la neige)). en dire de ~es 심한(갑작스러운, 터무니없는) 말(짓)을 하다. Elle est ~e celle-là. 《구어》그거 놀랐는걸.

⑭ [~ de] (에) 힘을 얻고 있는, 받쳐져 있는. écrivain qui est ~ de sa popularité 대중의 지지를 받고 있는 작가.

⑮ 〖언어〗 ⓐ 강세(악센트)가 있는. radical ~ 강세 어간, syllabe ~e 강음절. ⓑ (게르만 제어(諸語)의 동사에 대해서) 강변화의. verbe ~ 강변화 (활용) 동사.

⑯ consonne ~e 〖음성〗 경음(硬音) (↔ consonne douce).

⑰ temps ~ 〖음악〗 강음.

⑱ 〖화학〗 acide ~ 강산; base ~e 강염기.

⑲ liaison ~e 〖원자물리〗 강한 상호작용.

⑳ 〖옛〗 ⓐ (식물이) 무성한, 밀생한. ⓑ (임무 따위가) 가중된, 과중한.

avoir affaire à ~e partie 벅찬 적을 상대하다; 커다란 곤란에 맞서다.

C'est plus ~ que moi. 나는 그렇게 할 수밖에 없다, 나로서는 어쩔 수가 없다, 참을 수가 없다.

donner (prêter) main (-) ~e à qn …을 돕다.

se faire ~ de + inf. …할 수 있다고 자부하다 (보통 fort 는 불변). Elle *se fait ~ de* faire cela. 그녀는 혼자 그 일을 할 수 있다고 생각한다.

se porter ~ pour qn …의 일을 보증하다, …의 보증인이 되다 (보통 fort 는 불변).

— *ad.* ① 강하게, 세게, 힘껏. frapper ~ 세게 두드리다 (때리다). Appuyez plus ~. 좀 더 세게 미세요. parler ~ 큰소리로 말하다.

② 심하게, 격렬하게, 세차게. Le vent souffle ~. 바람이 심하게 분다. Le cœur bat ~. 가슴이 심하게 된다.

③ 대단히, 무척, 비상하게. Elle me plaît ~. 그녀

fort(e¹)

는 무척 내 마음에 든다. C'est ~ bien; F~ bien. 무척 좋다, 됐다. Je doute ~ qu'elle vienne ce soir. 그녀가 오늘밤 올 지 무척 의심스럽다. avoir ~ à [forta] dire[faire] 이야기할[일할] 게 많다.
Ça ne va pas ~.《구어》상태가 나쁘다, 일에 진전이 없다.
De plus en plus ~ !《구어》이건 더 굉장한데, 더욱 더 훌륭한데 !
(y) aller ~《구어》과장하다;《연동이》지나치다.
― *n.m.* ① 강함; 장점, 이점; 자신있는 점, 장기(côté ~). le ~ et le faible d'une chose 사물의 이점과 난점, 강함과 약함. La natation n'est pas mon ~. 수영은 자신없다. La bienveillance n'est pas son ~.《비꿈》친절은 그의 장기가 아니다《친절은 그의 격에 어울리지 않는다》.
② 힘센 사람, 강자. protéger le faible contre le ~ 강자로부터 약자를 지키다. La raison du plus est toujours la meilleure.《속담》가장 힘이 센 사람의 논리가 항상 최상의 논리이다. ~ des Halles;《옛》~ de la Halle 파리 중앙시장의 노동자. ~ du port 부두 하역부(portefaix).
③ 최전성기, 절정기; (세력이) 가장 격렬한 때(간혹 동반함). au (dans le) (plus) ~ du combat 격전중에. au ~ de la chaleur[de l'hiver] 염천[혹한]중에. au (plus) ~ de sa colère 화가 극도로 나서.
④ (사물의) 가장 강한 부분. ~ d'une poutre 들보의 가장 강한 (무게가 걸리는) 부분, 중심부분. ~ de l'épée 칼의 기부(基部)《손잡이에서 3분의 1부분》. ~ d'un navire; largeur au ~ (배의) 최대 폭, 선복《흘수선의 조금 윗쪽》.
⑤ 보루, 요새, 방책.
⑥ le plus ~ ⓐ《구어》놀랄만한 일[것], 믿을 수 없는 일[것]. *Le plus ~*, c'est qu'il n'en sait rien. 놀랄 일은 그가 그 사실에 대해 아무것도 모른다는 사실이다. ⓑ《문어》곤란한 부분. *Le plus ~* (en) est fait. 일의 고비는 넘었다.
⑦《사냥》(들토끼 따위의) 굴;《옛》(숲의) 가장 울창한 곳.
― *n.f.*《음성》경음(consonne ~e).
forte² [fɔrte]《이탈리아》《음악》*ad.* 강하게.
― *n.m.* (복수불변) 강음부.
***fortement** *ad.* ① 힘차게, 강하게. frapper ~ 힘차게 때리다[두드리다]. ② 단단하게(solidement). fruit qui tient ~ à la branche 나뭇가지에 단단하게 붙어있는 열매. ③ 억세게, 격렬하게, 열심히(intensément, ardemment). désirer très ~ 아주 열렬히 갈망하다. ④ 호되게, 심하게, 매우, 몹시(très, beaucoup, ↔ faiblement). insister ~ sur qc …을 강경히[열심히] 주장하다. Il est ~ question de sa démission. 그의 사임이 대단히 문제[화제]가 되고 있다.
fort(-)en(-)thème [fɔrɑ̃tɛm] (*pl.* ~s(-)~(-)~) *n.m.* ① 우등생; (비꿈) (공부를 열심히) 하는 녀석. ② (비유적) (스포츠·정치 따위의) 우등생.
forte-piano [fɔrtepjano]《이탈리아》《음악》*ad.* 강하게 하고 바로 약하게. ― *n.m.* (복수불변) ① 극히 강한 음에서 바로 약한 음으로 옮기는 소리. ② 피아노의 옛 이름.
forteresse [fɔrtərɛs] *n.f.* ① 요새, 보루. ~ inexpugnable (naturelle) 난공불락 (천연)의 요새. ~ volante 하늘의 요새《제 2 차 대전중의 미국의 중폭격기 B-17; B-29와 B-36은 superforteresse, B-52와 B-58은 stratoforteresse 라고 부름》. La Normandie est une ~ du conservatisme. 노르망디는 보수주의의 요새이다. ② (감옥으로 사용된) 성채, 감옥 성채. être incarcéré dans une ~ 감옥 성채에 갇히다.
fortiche [fɔrtiʃ] *a., n.*《구어》강한(사람), 늠름한(사람); 영악한(사람), 빈틈없는(사람), 교활한(사람). faire le ~ 강한 척하다; 아는 척하다.
fortifiable [fɔrtifjabl] *a.* 강하게[요새로] 만들 수 있는, 방비 가능한.
fortifiant(e) [fɔrtifjɑ̃, -ɑ̃:t] *a.* (몸을) 튼튼하게 하는(↔ affaiblissant);《옛》격려하는, 힘을 주는.
― *n.m.* 강장제; 영양제.
fortificateur [fɔrtifikatœ:r] *n.m.* (16·17 세기의) 축성(築城)한 (기사).

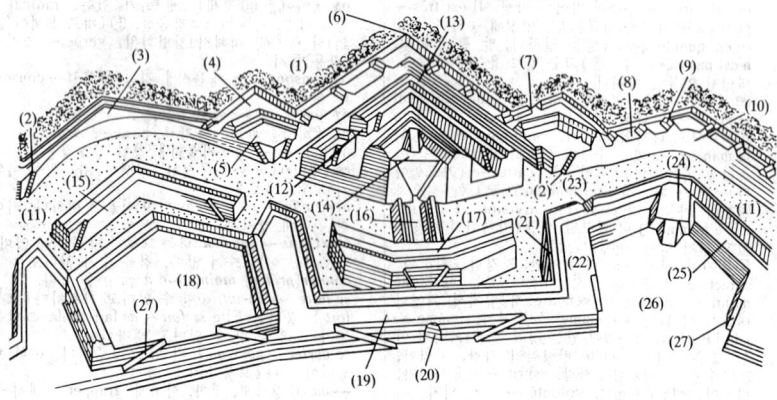

fortification

(1) glacis (2) escalier (3) place d'armes saillante (4) place d'armes rentrante (5) réduit de place d'armes (6) saillant (7) sortie (8) chemin couvert (9) traverses (10) contrescarpe (11) fossé (12) coupure (13) demi-lune (14) réduite de démi-lune (15) contre-garde (16) caponnière (17) tenaille (18) cavalier servant de retranchement intérieur (19) courtine (20) poterne couverte conduisant à demi-lune (21) escarpe (22) flanc (23) embrasure (24) barbette (25) face (26) bastion (27) rampe

fortification [fɔrtifikɑsjɔ̃] *n.f.* ① 축성, (도시 따위의) 요새화. ② 방어공사, 보루(堡壘)축조. ③ 요새 (forteresse, citadelle); (*pl.*) (파리의) 성벽자리[흔적]. ~s naturelles 자연의 요새. ④ 축성술.

fortifié(e) [fɔrtifje] *a.p.* 방어설비가 있는, 요새화된. ancienne ville ~e 옛날의 성채도시. château ~ (중세의 해자와 도교가 있는) 성채. enceinte ~e 감옥 성채.

fortifier [fɔrtifje] *v.t.* ① (몸을)강하게 하다, 튼튼하게 하다. Cet exercice est propre à ~ le corps. 이 운동은 체력을 강화시키기에 적합하다. (목적보어 없이) nourriture (remède, cure) qui *fortifie* 몸을 튼튼하게 하는 음식(약·요법). ② (사물을)보강하다, 강화하다. ~ un mur(un pilier) 벽(기둥)을 보강하다. ~ l'armée 군대를 강화하다. ③ (정신·능력 따위를)강화(단련)하다; 견고히 하다. exercices qui *fortifient* la mémoire 기억력을 강화시키는 훈련. ~ son âme(son esprit) 정신을 단련하다. Vos encouragements ont *fortifié* ma décision. 당신의 격려로 내 결심이 굳어졌읍니다. ~ ses soupçons 의심을 짙게 하다. *Fortifié* par nos encouragements, il a repris espoir. 그는 우리들의 격려에 힘입어 희망을 되찾았다. ④ (도시 따위에)방비시설을 갖추다, 요새화하다. ~ une ville(un point stratégique) 도시(전략지점)에 방어설비를 하다. —**se ~** *v.pr.* ① 몸이 튼튼해지다, 건강해지다, 늠름해지다. ② (권력·세력 따위가) 강해지다, 높아지다. Son autorité se *fortifie* de jour en jour. 그의 권위는 나날이 높아진다. ③ (정신·의지 따위가)강해지다, 견고해지다. *se* ~ dans sa résolution 결의를 더 굳히다. ④ 자신을 격려하다; 서로 격려하다. Ils se sont *fortifiés* dans la résolution. 그들은 서로 결의를 굳혔다. ⑤ 방비를 하다, 요새화하다; (요새 따위에)틀어박히다(se retrancher).

fortifs [fɔrtif] *n.f.pl.* (속어) 파리의 성터.

fortin [fɔrtɛ̃] *n.m.* 소보루(小堡壘).

fortiori (a) [afɔrsjɔri] (라틴) *loc.ad.* 하물며, 황차.

fortissimo [fɔrtisimo] (이탈리아) [음악] *ad.* 아주 강하게. —*n.m.* (복수불변) 최강음부.

fortitude [fɔrtityd] *n.f.* (옛·문어)정신력, 꿋꿋한 마음, 용기.

fortrait(e) [fɔrtrɛ, -ɛt] *a.* (옛) (말이)지쳐 빠진.

fortraiture [fɔrtrɛ(ə)tyːr] *n.f.* (옛) (말의)과로(過勞), 피폐(疲弊).

fortran [fɔrtrɑ̃] *n.m.* [컴퓨터] 포트랜 (과학기술 계산용의 프로그램 언어).

fortuit(e) [fɔrtɥi, -it] *a.* 우연한, 우발적인, 뜻밖의 (inattendu, imprévu, accidentel). cas ~ 우연한 사건(사고); [법] 불가항력(不可抗力), 천재(天災). —*n.m.* 우연.

fortuité [fɔrtɥite] *n.f.* 우연성, 우발성.

fortuitement [fɔrtɥitmɑ̃] *ad.* 우연히, 뜻밖에.

***fortune** [fɔrtyn] *n.f.* ① 재산, 자산; 거액의 돈. avoir de la ~ 부유하다. état(situation) de ~ 재정(자산)상태. ~ nationale 국가 재산. partager sa ~ entre ses enfants 자식들에게 재산을 분배하다. administrer(gérer) sa ~ 재산을 관리하다. ② 자산가, 부자, 부호. ③ (문어) ⓐ운명, 운, 우연; 작품 따위의)평가. bonne(heureuse) ~ 행운. avoir la bonne(heureuse) ~ de + *inf.* 다행스럽게도 …하다. faire contre mauvaise ~ bon cœur 불운에 굴하지 않다. caprices (jeux) de la ~ 운명의 장난. être favorisé par la ~ 운이 좋다. Cette œuvre a connu ces jours-ci une ~ nouvelle. 이 작품은 요즘 평판이 되고 있다. revers de la ~ (갑작스러운) 불운; 실각; 금전상의 손실, 파산. ⓑ입신, 출세; 부유, 치부. soldat de ~ 특진한 병사. établir sa ~ 지위를 쌓다. ⓒ 행운; (*pl.*)염복. homme à bonnes ~s 여자복이 있는 사람, 염복가. avoir de bonnes ~s 여자복이 있다. aller en bonne ~ 여자를 만나러 (밀회하러) 가다. ④ [해양] (스쿠너 따위의)횡돛. ⑤ ~ de mer [법] 해상 고유의 위험 (선주가 보증해야 할 해난사고 따위); (집합적) 선주의 소유물.

à la ~ du pot 있는 재료만으로 만든 요리로. inviter *à la ~ du pot* 특별히 차린 것 없이 초대하다.

coup de ~ 자기 앞으로 닥쳐온 운수.

courir ~ de + inf. (옛)…할 염려가 있다.

de ~ 임시변통의, 일시적인.

faire ~ 입신 성공하다, 재산을 만들다.

faire la ~ de qn …을 성공시키다.

par ~ (옛) 다행스럽게도; 우연히.

tenter (la) ~ 운명을 걸고 해보다.

fortuné(e) [fɔrtyne] *a.* ① 부자의, 부유한(riche, aisé). homme ~ 부자. ② (옛)행운의, 행복한 (chanceux, heureux). homme ~ 운좋은 남자. pays ~ 특혜받은 나라. —*n.* ① 부자, 부유한 사람. ② (옛·문어)운이 좋은 사람.

forum [fɔrɔm] (*pl.* **~s** 또는 **fora** [fɔra]) (라틴) *n.m.* ① 고대로마시 중앙의 대광장; 시장이 서는 광장; 공사(公事) 집회용 광장. ② 공사를 토의하는 장소. éloquence du ~ 의정단상의 웅변. luttes du ~ 정쟁(政爭). ③ 심포지움, 토론회(colloque, symposium). tenir un ~ sur la musique contemporaine 현대음악에 관한 심포지움을 개최하다.

forure [fɔryːr] *n.f.* [기술] 송곳으로 뚫는 구멍; 열쇠구멍.

***fosse** [foːs] *n.f.* ① (땅에 판)구멍, 구덩이; 분뇨구덩이. creuser(faire) une ~ 구덩이를 파다. ~ à fumier 퇴비구덩이. ~ aux lions(aux ours) (동물원의)사자(곰) 굴(땅 밑으로 파서 만든 동물사). ~ septique (변소의)정화조. ② (극장의)오케스트라 박스(~ d'orchestre). ③ 묘혈; (문어) 지하 감옥; (사냥) (동물을 잡기 위한)함정; (기술) (철도)선로 밑에 판 구멍, (자동차 정비용)피트. ④ [스포츠] 모래밭, 사장. ⑤ [해양] 선창 (닻을 내릴 장소의)물의 깊이. ⑥ [지질] 해연 (海淵); 해구(海溝). ⑦ (탄광의)수갱. ⑧ [해부] 와(窩). ~s nasales 비와. ~s orbitaires 안와.

avoir un pied dans la ~ ; être au (sur le) bord de la ~ 죽음이 가깝다.

creuser (soi-même) sa (propre) ~ 무리한 일을 해서 죽음을 재촉하다; 폭음폭식으로 건강을 해치다.

descendre dans la ~ aux lions 위험에 빠지다 [직면하다].

mettre les clefs sur la ~ (옛) 유산상속을 포기하다.

pisser sur la ~ de qn (옛)…보다 오래 살다.

***fossé** [fose] *n.m.* ① 도랑, 구렁, 해자(垓字), 외호 (外濠); ~ d'un château, fortification 그림). ~ antichars 대전차호. ② [지질] 지구(地溝), 열곡(裂谷). ③ (비유적) 단절(cassure). Le ~ élargit entre ces deux partis. 이 두 정당 사이의 단절은 점점 확대되어 간다. Il y a un ~ entre nous. 우리들 사이는 벌어져 있다, 우리들의 의견은 상치한다.

Ce qui tombe dans le ~ est pour le soldat (le troupier. (속담) 주운 사람이 임자이다. *sauter le ~* 주저하다가 결단을 내리고 일을 단행하다; (특히) 결혼하다.

fosset [fose] *n.m.* (옛) (술통 따위의)나무마개.

fossette [fɔsɛt] *n.f.* ① (유리 구슬을 넣는)작은 구멍, 구슬치기(bloquette). ② (턱·광대뼈 위에)생기는 홈, 보조개. ③ [해부] 소와(小窩). ④ (옛) 땅에 판 작은 구멍.

fossile [fɔ(o)sil] *a.* ① 화석의, 화석화된. combusti-

bles —s 화석 연료.(석유·석탄 따위). ② 케케묵은, 시대에 뒤떨어진. idée ~ 케케묵은 생각. ③〖예〗채굴된. ④ forme ~ 〖언어〗화석형(옛언어 상태의 흔적을 남기는 형식).
—*n.m.* ① 화석. ~ vivant 살아있는 화석. ②〖구어〗시대에 뒤떨어진 사람, 생각이 케케묵은 사람.
fossilifère [fɔ(o)silifɛ:r] *a.* 〖지질〗화석을 함유
fossilisation [fɔ(o)silizasjɔ̃] *n.f.* 화석화. └한.
fossiliser [fɔ(o)silize] *v.t.* 화석화하다.
—*se* ~ *v.pr.* ① 화석이 되다, 화석화하다. ②〖구어〗시대에 뒤떨어지다.
fossoiement [fɔ(o)swamɑ̃] *n.m.* =**fossoyage**.「이」
fossoir [fɔswa:r] *n.m.* 〖농업〗(포도원용)삽, 괭
fossoyage [fɔ(o)swaja:ʒ] *n.m.* 〖옛〗도랑으로 둘러싸기;〖드물게〗도랑[묘혈]을 파기.
fossoyer [fɔ(o)swaje] ⑦ *v.t.* ① (도랑·묘혈 따위를)파다. ②〖사투리〗도랑으로 둘러싸다; 삽·괭이를 써서 일을 하다.
fossoyeur(se) [fɔ(o)swajœ:r, -øːz] *a.* ① 곤충〗(땅속에)묘를 파는. ② 무덤 구덩이 파는 인부;〖문어〗파괴자. ~ d'une civilisation 문명의 파괴자. le temps, ce grand ~ 시간, 이 위대한 매장자. ②〖곤충〗송장벌레. —*n.f.* ① 죽음. ② (la F-se)죽음의 사자.
:fou¹ [fu] (*f.* **folle** [fɔl], *m.pl.* **fous**, *f.pl.* **folles**) *a.* (모음 및 무성 h로 시작되는 남성 단수 명사 앞에서는 fol [fɔl]) ① 머리가 돈, 미친; 미친듯한, 광적인; 분별없는. Elle est devenue *folle.* 그녀는 미쳤다. Il est ~ de me demander de l'argent. 돈을 요구하나니 돈 제로군. ~ rire (참을 수 없는)폭소. hurlement ~ 미친 듯한 외침. amour ~ 맹목적인 사랑. chien ~, chienne *folle* 미친 개.
② [~ de] (에)무척 흥분한, 제정신을 잃은; (에)열중한, 열광한. ~ *de joie* (*de colère*) 무척 기뻐서 [화가 나서] 제정신을 잃은. être ~ *de cinéma* 영화에 열중하다. femme *folle de son corps* 〖옛〗방탕한 여자. Elle est *folle* de lui. 그녀는 그에게 홀딱 빠졌다.
③ 상궤를 벗어난, 유별난, 터무니없는. tentative *folle* 엉뚱한 시도. *fol* espoir 허망되이 없는 희망. Ce film a eu un succès ~. 이 영화는 공전(空前)의 성공을 거두었다. 〖구어〗C'est ~ comme/ce que+*ind.*]는 굉장하군 (감탄을 강조). *C'est ~ comme* il fait chaud. 무척 덥군.
④ 들뜬, 들떠서 떠드는; 경솔한, 경박한. Cet enfant est ~. 이 아이는 들떠 있다. C'est une tête *folle.* 저 사람은 경솔하다. vierge *folle* 〖옛·구어〗바라기 있는 여자.
⑤ 상태가 어긋난, 뒤틀린. balance *folle* 뒤틀린 저울. patte *folle* 〖구어〗말을 듣지 않는[절룩거리는] 다리. vent ~; brise *folle* 끊임없이 방향을 바꾸는 바람. mèche *folle* 흩어진 머리칼. herbes *folles* 무성한 잡초.
⑥ ⓐ 〖기술〗(활차·차바퀴가 회전축에서 벗어나)있는, 덜컹거리는. *folle* enchère 〖법〗불불입을 질 수 없는 입찰가격(부른 값).
—*n.* ① 미친 사람, 광인; 미친 듯한 사람, 광적인 사람. ~ à lier[enfermer] 어쩌지 돈 사람. ~ *du volant* 무모한 운전자. ~ furieux 〖구어〗폭력을 휘두르는 광인; 무척 화난 사람. maison de —s 〖구어〗괴짜들이 모여사는 집(장소); 〖옛〗정신병원. histoire de —s 〖구어〗광인이 등장하는 우스갯소리; 뒤죽박죽인 맞지 않는 이야기, 엉터리.
② [~ de] (에)열중한 사람, (…)광. *C'est un* ~ *de* l'alpinisme. 그는 등산광이다.
③ 무척 쾌활한 사람, 들떠 떠드는 사람; 경박한 사④ *folle du logis* 공상. └람.

⑤ fête[messe] des —s 미친 사람들의 축제(중세 크리스마스와 공현절(公現節)때에 행해진 열광적인 축제).
faire le (*petit*) ~ ⓐ 바보인 척하다. ⓑ 떠들썩하게 놀다.
comme un ~ 미친 사람처럼; 상궤를 벗어나서, 터무니없이.
—*n.m.* ① (궁정의)광대(~ de cour).
② 〖체스〗비숍(~échecs 그림).
③ 〖조류〗가마우지(류)(가마우지과의 총칭; 열대·아열대 지방의 해양에 사는 해조);(특히) 흰 가마우지(~ de Bassan).
—*n.f.* 〖속어〗남색가, 호모.

fou² *n.m.* 〖식물〗〖옛·사투리〗너도밤나무(hêtre).
fouace [fwas] *n.f.* 푸아스(고급 밀가루로 만든 비스킷의 일종).
fouacier [fwasje] *n.m.* 〖옛〗푸아스 파는 집.
fouage [fwa:ʒ] *n.m.* (봉건시대의)호별부가세.
fouaille [fwa:j] *n.f.* (사냥 후 개에게 주는)구운 멧돼지 내장.
fouaillée [fwaje] *n.f.* 채찍으로 마구 후려갈기기.
fouailler [fwaje] *v.t.* ① 채찍으로 마구 때리다. ② 질타하다, 비난 공격하다, 매도하다. ③ (비·바람 따위가)맹렬히 몰아치다(불다).
fouailleur [fwajœ:r] *n.m.* 〖드물게〗채찍으로 치기 좋아하는 사람.
fouarre [fwa:r] *n.m.* =**feurre**.
foucade [fukad] *n.f.* 〖옛·문어〗변덕(스러움). agir par —(s) 변덕스럽게 행동하다.
fouchtra [fuʃtra] (<*foutre*) *int.* 저런, 제기랄(fichtre). —*a.* 오베르뉴 (*Auvergne*, 프랑스 중부 지방)의. —*F*~ *n.m.* 오베르뉴 사람(Auvergnat).
foudre¹ [fudr] *n.f.* ① 벼락(éclair 번개, tonnerre 천둥). être frappé de la ~ 벼락맞다. La ~ est tombée. 벼락이 떨어졌다. craindre *qn* comme la ~(가끔 비꿈)…을 벼락처럼 두려워하다. avec la rapidité de la ~ 전광석화처럼 재빨리. être comme frappé de[par] la ~ 벼락맞은 듯이 아연실색하다. pierre de ~ 운석 (옛날에는 벼락과 함께 떨어진다고 생각함). ② coup de ~ 낙뢰; 한 눈에 반하기; 〖옛〗돌발적인 일, 청천의 벽력. *être le coup de* ~ *pour* …에게 한 눈에 반하다. ③ (*pl.*)(벼락처럼) 굉장한 위력; 분노, 격노; 제재, 징벌. encourir les —s *du pouvoir* 권력층의 노여움을 사다. —s de l'éloquence 적을 압도하는 웅변, 열변. —s de l'Église 교회의 분노, 파문. —s de la loi 법의 제재.
—*n.m.* ① 〖옛〗(구어로는 농조로 사용되는 수도 있음) ~ *de guerre* 맹장. ~ *d'éloquence* 대웅변가.
② 〖옛·문어〗벼락, 번개. ③ 〖신화〗(특히 주피터[제우스]의)삼지창(이것을 휘두르면 천둥번개와 벼락이 친다). ④ 〖문장〗번개 모양; 〖군사〗(육군 참모 장교의)번개 모양의 완장.
foudre² *n.m.* ① 큰 (술)통. ② 〖기술〗풍동(風洞)(의 바깥벽). └擊).
foudroiement [fudrwamɑ̃] *n.m.* 〖문어〗뇌격(雷
foudroyant(e) [fudrwajɑ̃, -ɑ̃:t] *a.* ① 전광석화의, 전격적인; 격렬한. colère —*e* 열화 같은 분노. succès ~ 전격적인 성공. apoplexie —*e* 급사. poison ~ 맹독. mort —*e* 즉사, 급사. regard ~ 쏘는 듯한 눈초리. ② 무척 놀라게 하는; ~*e* 간담을 서늘하게 하는 뉴스. ③ 〖옛·문어〗벼락으로 때린 듯한.
foudroyer [fudrwaje] ⑦ *v.t.* ① 벼락으로 치다. Il est mort *foudroyé.* 그는 벼락을 맞아 죽었다. ② 포화(砲火)로 맹격(猛擊)하다; (적을)단숨에 해치우다. ~ une ville[un régiment] 도시[연대]를 분쇄

하다. ③ 즉사시키다; 감전사(感電死)하게 하다. tomber *foudroyé* par le poison 독약을 먹고 즉사하다. Il toucha le fil et tamba *foudroyé*. 그는 전선을 만져서 감전되어 즉사했다. ④ 무섭게 노려보다, 전율하게 하다. ~ *qn* du regard …을 노려보다. J'étais *foudroyé* de ses paroles. 나는 그의 말을 듣고 갑갑이 서늘해졌다.
—*v.i.* ① 벼락을 치다; 천둥치다. ②《옛·문어》열변을 토하다.

fouée [fwe] *n.f.* 《옛·사투리》① 장작, 땔감. ②《빵·과자 굽는》화덕의 불; 빵, 과자, 비스킷. ③《작은 새의 밤사냥 때 태우는》모닥불, 횃불; 밤사냥.

fouène [fwɛn] *n.f.* = **foène**.

fouet [fwe] *n.m.* ① 회초리, 채찍. ~ de cocher 마부의 채찍. donner du ~《말에게》채찍을 가하다. ② 채찍[뻗치기]의 한 형벌[징계], 태형. ③《문어》편달, 질책; 격렬한 비난. ~ de la critique 비평의 채찍. ④《요리》거품내는 기구. 거품이개, 《자동차 따위의》매어두는》가죽 끈; 《제본용의》책 등을 묶는 가죽 끈; 《시계의》흔들리의 걸이. ⑥《동물》~ de l'aile 《새의》날개 끝; ~ de la queue 《개 따위의 동물의》꼬리 끝. ⑦《식물》《딸기의》땅을 기는 줄기(coulant).
coup de ~ⓐ 채찍질. ⓑ《자극을 주어서》기운내게 하기, 활기를 주기; 격려, 고무. Ce fortifiant te donnera un *coup de* ~. 이 강장제를 먹으면 기운이 날 것이다. ⓒ《의학》근단열통(筋斷裂痛). 《해양》돛대의 휨; 돛의 심한 펄럭임.
de plein ~ 정면에서. tir *de plein* ~ 《군사》평사

fouettable [fwɛtabl] *a.* 매질할 만한. 「(무편).

fouettage [fwɛta:ʒ] *n.m.* ①《말 따위의》매질. ②《크림 따위의》휘젓기. ③《동물의》거세법(去勢法)의 일종.

fouettard(e) [fwɛta:r, -ard] *a.* ① 매질하는. ② père F~ 매질하는 할아버지《산타클로스 할아버지를 따라다니며 나쁜 아이들을 응징한다는 것》; 성미가 까다로운 사람, 완고한 사람;《은어》궁둥이.

fouetté(e) [fwete, fwɛte] *a.p.* ①《옛》fwate 《채찍질 당한 것 같은》가는 줄무늬가 있는. ② crème ~e 《요리》거품낸 생크림. —*n.* 회초리로 맞은 사람.
—*n.m.* ①《당구》공을 세게 치기. ②《무용》《팽이의 회전을 닮은》연속 급선회(pirouette ~e). ③ ~ latéral 《스키》《허리의 탄력을 이용한 좌우》측면 이동. —*n.f.* 《채찍에 의한》징벌, 처벌.

fouettement [fwɛtmɑ̃] *n.m.* ① 매질. ②《비·번개 따위가》후려침. ~ de la pluie contre les vitres 유리창을 후려치는 비. ~ des ailes 《새의》날개치. ③ 자극하기, 격려, 고무.

fouetter [fwe(ɛ)te] *v.t.* ① 회초리로 때리다(flageller); 《죄인에게》태형을 가하다; 《아이를》손바닥으로 때리다. ②《동물을》채찍질하다. ~ les chevaux[les chiens] 말[개]을 채찍질하다. ~ un enfant 아이에게 태형을 가하다. un criminel 사형수에게 태형을 가하다. être *fouetté* jusqu'au sang 피가 나도록 매맞다. ②《포도주·계란 따위를》잘 휘젓다. ~ de la crème[des œufs] 크림[계란]을 잘 휘젓다. ③ 자극하다(exciter); 《비유적》울화를 치밀게 하다; 《호되게》비평하다. ~ le désir 욕망을 자극하다. ~ le sang à *qn* …에게 울화를 치밀게 하다, 피가 끓게 하다. ④《비·바람이》후려치다(frapper). Le vent nous *fouettait* le visage[au visage]. 바람이 우리의 얼굴을 후려쳤다. ⑤《대포가》평사(平射)하다; 《해양》《로프를》가는 끈으로 감다; 《도르래 따위를》매달다. ⑥《제본》책을 철(綴)하다. ⑦《동물을》거세하다. ⑧《속어》《의》냄새를 피우다. ⑨《구어》겁먹게 하다(faire peur).
avoir d'autres chats [*chiens*] *à* ~ 그런 일에는 관심

이 없다, 그 밖에 더 중요한 일이 있다.
Fouette, cocher! 《구어》자아 가자(한다)!
~ *un verre de vin* 한 잔 들이켜다.
—*v.i.* ①《비 따위가》내리치다. ②《돛 따위가》펄럭거리다, 돛자가 휘다; 닻줄이 흔들리다. Une voile *fouette*. 돛이 펄럭인다. Un mât *fouette*. 돛대가 휜다. ③《군사》표적을 평사(平射)하다. Le canon *fouette* tout le long de la courtine. 대포가 성벽을 따라 평사한다. ④《속어》고약한 냄새를 풍기다. ~ de la gueule 입에서 냄새가 나다. ⑤ 몹시 겁내다.
—se ~ v.pr. ① 자기를 매질하다. ② 서로 매질하다. ③ 매맞다; 휘저어지다.

fouetteur(se) [fwetœr, -ø:z] *a.* 채찍[회초리]으로 때리는. frère ~ 《낡은 학교의》징벌 담당 수도사.

fou(-)fou (*f.* **foufolle**) [fufu, fufol] *a, n.* 《구어》머리가 좀 돈(사람), 정신이 좀 이상한(사람); 경솔한(사람).

fougade [fugad] *n.f.* 《구어·드물게》일시적 기분, 변덕(foucade, caprice).
par ~(s) 변덕스레, 한때의 기분으로.

fougasse [fugas] *n.f.* ①《옛》지뢰(地雷); 엉뚱한 [무모한] 짓. ②《옛》간책. ③《해양》= fouace.

fouger [fuʒe] ③ *v.i.* ①《멧돼지가》코로 땅을 파다. ②《농업》삽으로 풀뿌리를 파 일구다. 「(地).

fougeraie [fuʒrɛ] *n.f.* 고사리류《類》 군생지(群生

fougère [fuʒɛːr] *n.f.* ①《식물》고사리, 《일반적으로》풀. ~ arborescente[à l'aigle] 고사리. en[à brin de] ~ 청어 가시 무늬의, 화살오늬 무늬의. ②《옛》《고사리를 태운 재로 만든》몸통이 가는 술잔(verre de ~).

fougerole [fuʒrɔl] *n.f.* 《식물》 작은 고사리.

fougue¹ [fug] *n.f.* ①《옛》격앙, 격분(emportement). avec ~ 격분하여. entrer en ~ 격분하다. ② 혈기, 급한 성미, 격정(impétuosité, véhémence). ~ de la jeunesse 젊은이의 혈기. cheval plein de ~ 자주 날뛰는 말. ③《특히 예술가의》열정, 정열(enthousiasme). ④ 나무가 잎만 무성하고 열매를 맺지 않음.
REM **fougue** 구속을 싫어하는 격렬하고 돌발적인 정열. **impétuosité** 억제할 수 없는 저돌적인 힘. **véhémence** 내적인 강렬한 감정의 표현. **emportement** fougue보다 더 앞뒤를 고려하지 않는 흥분을 뜻하는데 주로 좋지 않은 상태를 내포함. **violence** emportement 과 비슷하나 더 영속성을 갖는다.

fougue² *n.f.* 《해양》돛풍(突風). mât (de perroquet) de ~ 후장(後檣)의 톱마스트(mât de hune). perroquet de ~ 후장범(後檣帆)(le櫓帆).

fougueusement [fugøzmɑ̃] *ad.* 극성스럽게, 맹렬히; 분격하여.

fougueux(se) [fugø, -ø:z] *a.* ① 격앙한, 분격한 (violent, ↔ calme), torrent ~ 격류(激流). ② 혈기 넘치는; 성미가 급한(impétueux, véhément). caractère ~ 격렬한 성격. jeunesse ~se 혈기 넘치는 청춘. race au sang ~ 다혈질(多血質)의 민족. ③《나무가》잎만 무성하고 열매를 맺지 않는; 겉가지가 많은.

fouillage [fuja:ʒ] *n.m.* 《농업》《표면에 나오지 않도록》속흙을 파 일구기.

fouille [fuj] *n.f.* ① 발굴(작업). ②《고고학상의》발굴, 구덩이. faire une ~ 발굴하다. ~*s* de Pompéi 폼페이의 발굴. ③《도서관 따위의》뒤짐, 조사, 검사; 소지품 검사. ~ en douane 세관에서의 짐 검사. ~ d'une maison 가택 수사. ~ d'un suspect 용의자의 몸 수색. ~ d'une personne arrêtée 체포된 자의 신체검사. passer à la ~ 검사를 받다. ④《속어》호주머니. faire les ~s de *qn* …의 호주머니

fouillé(e) [fuje] *a.p.* ①《문어》(일·문체 따위가)꼼꼼한, 공들인. ② cliché très ~ 《사진》영상이 뚜렷한 음화(陰畫). ③ 깊이 파헤쳐진 (연구·문제 따위).

fouille-au-pot [fujopo] *n.m.* (복수불변) ①《구어》가사에 잔소리를 늘어놓는 남자. ②《속어》여자를 더듬는 남자. ③《옛》요리 수련자; 서툰 요리사.

fouille-merde [fujmɛrd] *n.m.* (복수불변) ①《곤충》똥벌레(bousier). ②(수상한)조사원, 스파이.

fouillement [fujmɑ̃] *n.m.* 발굴; 수색.

*****fouiller** [fuje] *v.t.* ①(땅을)파다; (특히 물건을 찾기 위해)파헤치다. ~ le site d'une cité antique 고대 도시의 유적을 발굴하다. cheval qui *fouille* le sol de son sabot 굽으로 땅을 파는 말. ② 조사하다, 찾다, 수색하다. ~ toute la chambre pour retrouver la montre perdue 잃은 시계를 찾기 위해 온 방안을 뒤지다. Les douaniers ont *fouillé* mes bagages. 세관원들이 내 짐을 조사했다. ~ les archives 고문서를 조사하다. ③((의)주머니를 뒤지다, 신체검사(소지품 검사)를 하다(~ les poches de qn). ④(연구를)깊이 하다, 파헤치다; (문제를)파고들다, style *fouillé* 가다듬은 문체. ⑤(조각의)높낮이(凹凸)를 눈에 띄게 조각하다. (그림에)음영을 주다. rosaces bien *fouillées* 뚜렷하게 조각된 장미 모양의 장식.
—*v.i.* ① 지면을 파다; 발굴작업을 하다. ② 찾다, 찾아 다니다. ~ dans la mémoire 기억을 더듬다.
—**se** ~ *v.pr.* ① 자신의 주머니를 뒤지다. ②《구어》생각을 더듬다, 머리를 짜다. ③ Tu peux *te* ~《구어》(필요한 것을 가지려면)네 주머니를 뒤져라, 남에게 의지해도 소용없다.

fouilleur(se) [fujœːr, -øːz] *n.* ① 발굴자. ② 조사하는 사람, 조사자, 탐색자. ~ d'archives 고문서를 조사하는 사람. (형용사적으로) mine ~*se* 탐색하는 듯한 얼굴. ③(경찰·세관 따위에서의)소지품 검사자, 신체 검사원.
—*n.f.* 속흙을 파 일구는 쟁기; 굴착기.

fouillis [fuji] *n.m.*《구어》엉망으로 흩어져 있음, 뒤죽박죽, 혼잡(fatras). ~ de papiers 산더미 같은 서류. Quel ~, cette chambre! 이 방은 정말 엉망이로군! Cet article est un ~ d'idées confuses. 이 논문은 불명료한 개념의 덩어리이다.

fouillot [fujo] *n.m.* (초기 시계의)평형륜(平衡輪); (문 손잡이를 끼우는 사각형 구멍이 있는)자물쇠의 받침쇠.

fouillouse [fujuːz] *n.f.*《옛·은어》전대(錢帶), 돈지갑; 호주머니.

Fouilly-les-Oies [fujilezwa] *n.pr.*《구어》시골 한구석. sortir de ~ 시골에서 떠나다.

fouinard(e) [fwinaːr, -ard] *a., n.*《구어》꼬치꼬치 캐기 좋아하는(사람), 호기심 많은(사람), (남의 일에)참견하기 좋아하는(사람).

fouine¹ [fwin] *n.f.*《농업》(풀 말리는)세 [두] 가닥 쇠스랑. ② 작살.

fouine² *n.f.* ①《동물》가슴에 흰점이 박힌 담비. ② 꼬치꼬치 캐기 좋아하는 사람; 교활한 사람. ③《농업》쇠스랑. *avoir une tête de* ~ 가늘고 뾰족한(꽤바른) 얼굴을 하고 있다.

fouiner [fwine] *v.i.*《구어》①조사하다, 찾다, 눈을 두리번거리며 뒤지고 돌아다니다(fureter). ~ dans toute la maison 집안을 온통 뒤지고 다니다. ~ chez les bouquinistes 헌책방을 뒤지다. ② 꼬치꼬치 캐다; 남의 일에 쓸데없이 참견하다. Ne *fouinez* pas dans mes affaires. 내 일에 쓸데없이 참견하지 마시오. ③ 슬금슬금 도망치다, 비겁한 짓을 하다; 변심하여 다른 패에 붙다.

fouineur(se) [fwinœːr, -øːz] *a., n.*《구어》조사(참견)하기 좋아하는(사람).

fouir [fwiːr] *v.t.* (동물이 땅을)파다, 파서 뒤집다, 빙 둘러 파다.

fouissage [fwisaːʒ] *n.m.* (특히 동물이)땅을 파기.

fouissement [fwismɑ̃] *n.m.*《옛》파기.

fouisseur(se) [fwisœːr, -øːz] *a.*《동물》① 땅[굴]을 파는. La taupe est un animal ~. 두더지는 땅을 파는 동물이다. ② 땅[굴]을 파기에 적합한. pattes ~*ses* 땅을 파기에 적합한 발.
—*n.m.* ①땅[굴]을 파는 동물(두더지 따위). ② (*pl.*)땅벌(땅 속에 집을 짓는 벌).

foulage [fula:ʒ] *n.m.* ①포도의 압착, 짜냄(~ du raisin). ②《직물》축융(縮絨)(~ du drap); (가죽을)물에 담가 두드리기(~ des cuirs). ③ 짓밟기, 밟아 다짐. ④ 마사지, 안마. ⑤《인쇄》종이 이면에 확실한 자국이 있는 것.

foulant(e) [fulɑ̃, -ɑ̃ːt] *a.* ①압착하는, 압축하는. pompe ~*e* 빨펌프[밀펌프]. ②《직물》축융하는. ③《구어》힘드는, 고된(fatigant). Ce travail n'est pas ~. 이 일은 고되지 않다[쉬운 일이다].

foulard [fulaːr] *n.m.* (부인복·넥타이 따위에 쓰이는 얇은 비단; (여성용)사각 머리수건, 스카프.

*****foule¹** [ful] *n.f.* ① (무질서하게 한 곳에 모인)군중(multitude), 청중(assistants, public); 일반민중, 대중(peuple), ~ compacte 밀집된 군중. psychologie de ~*s* 군중심리. être pris dans la ~ 군중 속에 말려들다. se mettre au dessus de la ~; se tirer de la ~ 뭇사람 속에서 뛰어나다, 출중하다. ② 다수, 많음(grand nombre). [*une* ~ *de*] *une* ~ *de jeunes gens* 다수의 청년. *une* ~ *de visiteurs* 많은 손님들.

en ~; 《옛》*à la* ~ 떼를 지어, 여럿이, 많이.

[REM] *foule* 이 주어일 때 동사는 3인칭 단수. une foule de... 가 주어일 때는 복수나 단수 중 어느 것이나 무방함.

foule² *n.f.* ①《직조》날실에 씨실을 끼워 넣는 첫 구멍[실], 씨줄 사이의 나비. ② pêche à la ~《어업》썰물 때 모래나 진흙을 밟아 물고기를 몰아내어 작살로 쩔러 잡는 방식. ③《옛》압착, 압축; 억압, 압제. ④ (캐나다에 있어서)도록(到錄)이주.

foulé [fule] *n.m.* 가벼운 여름옷; foulée ①.

foulée [fule] *n.f.* ①《주사·말의》보폭(步幅), 발걸음. marcher à grandes (longues) ~*s* 넓은 보폭으로(성큼성큼) 걷다. allonger la ~ 보폭을 넓히다; 진행을 빨리 하다; 노력을 배가 하다. en une seule ~ 한번 건너뛰어서; 단숨에. ②《사냥》(사냥감의)발자국; (비유적)발자취. marcher sur les ~*s de qn* …의 예를 따르다; …의 사업을 잇다. ③《기술》(가죽 무두질용 큰 통(foulon)으로)한 번에 무두질 할 수 있는 배수(枚數).

dans la ~ ⓐ같은 보조로, 페이스를 잃지 않고(dans la même ~, dans sa ~). ⓑ그 뒤, 다음에; 이어서, 여세를 몰아서. *dans la* ~ *de qn* …의 뒤를 즉시 이어서. *dans la* ~ *de qc* …에 뒤이어, …의 여세를 몰아(서).

foulement [fulmɑ̃] *n.m.* =foulage.

fouler [fule] *v.t.* ①짓밟다, 눌러 으깨다, 압축[압착]하다. ~ le raisin 포도를 짓이기다. ~ les cuirs 가죽을 다루기 위해 무두질하다. ~ les étoffes 직물을 축융(縮絨)하다. ②상처를 주다, 망가뜨리다. (*p.p.* 로) fruits *foulés* dans le transport 수송 중에 망가진 과일. ③ 삐게 하다. ~ la cheville à qn …의 발목을 삐게 하다. ~ aux pieds 짓밟다, 밟아 뭉개다. ~ le sol de la patrie 조국의 땅을 밟다. ~ aux pieds les valeurs traditionnelles 전통적 가

치를 짓밟다[무시하다]. ~ les bonnes mœurs 양속(良俗)을 밟아 뭉개다. ⑤ ~ une enceinte 《사냥》(사냥개를 써서)울타리 안의 사냥감을 몰아내다. ⑥《옛》때려눕히다; 억압하다.
—se ~ *v.pr.* ⑴자기의 …을 삐다, 염좌하다. *Je me suis foulé le poignet.* 나는 손목을 삐었다. ⑵《구어》한껏 노력하다, 고생하다《보통 부정형으로 사용》(*se* ~ la rate, *se* la ~). *Elle ne s'est pas foulée pour réussir à l'examen.* 그녀는 쉽게 시험에 붙었다.

foulerie [fulri] *n.f.* ⑴(모직물의)압착(축융)공장; (물에 담가서 가죽을 두드리는)제혁공장; 포도 압착장. ⑵《기계》축융기; 가죽 무두질 기계; 포도 압착기.

fouleur(se) [fulœr, -φːz] *n.* 《직물》축융공; 가죽 무두질공; 포도 압착공. —*n.f.* (모자 제조용 펠트의)축융기.

fouloir [fulwaːr] *n.m.* ⑴《직물》(축융기의)타포봉(打布棒); (모자 제조소의)축융용 기구. ⑵ 축융공장. ⑶ 포도 압착기. ⑷ (치과의사의)충전기(充塡器)(~ de dentiste). ⑸《야금》(거푸집 세조자의)타전봉(打塡棒)(모래를 쑤셔 넣는다). ⑹ (대포에 포탄을 끼워 넣는)막대. ⑺《건축》(골조에 콘크리트를 부을 때 다지는)막대.

fouloire [fulwaːr] *n.f.* (모자용의)펠트 축융대(臺); 양말 압착기[축융기].

foulon¹ [ful3] *n.m.* ⑴《옛》《직물》(모직물의)축융공; 축융기(moulin à ~). chardon à ~ 《식물》산토끼꽃, 티즐《열매는 축융하는 데 씀》. maillet à ~ 축융용 방망이. terre à ~ 표백토, 산성백토(酸性白土). ⑵ (가죽 무두질용)큰 통.

foulon² *n.m.* 《곤충》풍뎅이의 일종.

foulonnage [fulɔnaːʒ] *n.m.* 《직물》(모직물의)축융(foulage).

foulonner [fulɔne] *v.t.* (모직물을)축융하다.

foulonnier [fulɔnje] *n.m.* 《직물》⑴축융공. ⑵《옛》축융기의 소유자[사용자].

foulque [fulk] *n.f.* 《조류》⑴물닭(macroule). ⑵ 농병아리의 일종.

foultitude [fultityd] *n.f.* 《옛·구어》많음, 다수 (multitude). une ~ de 많은….

foulure [fulyːr] *n.f.* ⑴ 삠, 접질림, 염좌(捻挫)《말의》; 안장 쏠림(entorse). ⑵(모직물의)축융; (가죽의)무두질. ⑶《사냥》사슴 발자국(foulées).

four [fuːr] *n.m.* ⑴ 오븐; 가마. *Elle a mis le gâteau au(dans le)* ~. 그녀는 케이크를 오븐에 넣었다. ~ électrique 전기 오븐. ~ à micro-ondes 전자 레인지. ~ de campagne (야전용)휴대용 화덕. ~ banal (봉건시대의)공동취사 화덕. bouche(gueule) du ~ 빵구이 화덕 구멍. *Il fait chaud[noir] comme un* ~. 화덕 속처럼 덥다[어둡다]. ouvrir la bouche comme un ~;《구어》 ouvrir un grand ~ (화덕처럼)입을 크게 벌린다. ⑵《제과》 petit ~ 프티 푸르《한 입에 넣는 소형 과자》; petit ~ sec 쿠키; petit ~ frais 소형 케이크《작은 슈크림 따위》. ⑶《직물》가마, 노(爐). ~ à poteries(briques) 도기[기와]굽는 가마. ~ à réverbère 반사로. ~ solaire 태양로. ⑷《구어》(홍행 등의)실패, 손님이 없음. *Cette pièce fait (un)* ~. 이 연극은 실패작이다. ⑸ ~ à cristaux 《광업》 정동(晶洞). ⑹《옛》기숙사. *Ce n'est pas pour vous que le* ~ *chauffe*. 공연한 기대를 걸지 말라. *On ne peut être à la fois au* ~ *et au moulin*. 《속담》한 번에 두 가지 일을 할 수 없다. *Vous viendrez cuire à mon* ~. 언젠가 내가 필요할 때가 있을 겁니다.

fourbature [furbatyːr] *n.f.* 《옛》=**fourbure**.

fourbe [furb] *a., n.* 《문어》음흉한(사람), 속이 검은[비뚤어진](사람).
—*n.f.* 《옛》음흉; 간계, 간교.

fourber [furbe] *v.t.* 《옛》속여넘기다.

fourberie [furbəri] *n.f.* 《문어》음흉, 음험; 간교.

fourbesque [furbesk] *n.m., a.* (langage) ~ 이탈리아의 은어.

fourbi [furbi] *n.m.* ⑴《구어》소지품, 주변의 물건; (병사의)기구[장비]일체. Mets ton ~ ailleurs. 자네 소지품은 다른 데 갖다 놓게. *se mettre en route avec son* ~ 무기와 장비를 지니고 출발하다. ⑵《구어》혼잡한 것, 잡동사니; 까다로운 일, 귀찮은 일. Quel ~, dans ta chambre! 네 방은 잡동사니 투성이구나! ~ arabe 군대, 대혼란, 몹시 귀찮은 일. connaître le ~ 빈틈이 없다, 교묘히 처세하다. ⑶《구어》(물건의 이름을 말하는 대신에)그것, 저것, 거시기(chose, machin, truc). Qu'est-ce que c'est que ce ~? 이건 도대체 뭐야? ⑷《속어》가짜, 모조품; 속임수, 부정거래, 밀매.

fourbir [furbiːr] *v.t.* (금속제품을)닦다, 갈다(astiquer, polir). ~ ses armes 전쟁준비를 하다.

fourbissage [furbisaːʒ], **fourbissement** [furbismɑ̃] *n.m.* =**fourbissure**.

fourbisseur [furbisœːr] *n.m.* 《옛》도검 연마사(刀劍研磨師).

fourbissure [furbisyːr] *n.f.* (금속제품의)연마, 윤내기(astiquage, polissage).

fourbu(e) [furby] *a.* ⑴《수의》(말이)제엽염(蹄葉炎)에 걸린. ⑵ (사람이)기진맥진한.

fourbure [furbyːr] *n.f.* 《수의》(말의)제엽염.

fourcat [furka] *n.m.* 《해양》캔트 프레임《이물·고물의 두 가닥 난 받침나무》.

fourche [furʃ] *n.f.* ⑴ 갈퀴, 쇠스랑. ~ à foin 건초용 쇠스랑[갈퀴]. ~ de jardinier 원예용 갈퀴. ~ à deux(trois) dents 두[세] 갈래 갈퀴. levée de ~ 《구어》농민의 봉기. ⑵ (물고기 잡는)작살. ⑶ (사람·바지·나무 따위의)가랑이, 갈래; 《의학》손가락 사이의 종기. ⑷ (자전거·오토바이의)가랑이《앞·뒤바퀴의 중간 부분》. ⑸ (길·강 따위의)분기점. ⑹ 턱의 모양(의 것). barbe en ~ 두 갈래로 갈라진 턱수염. ⑺《벨기에》(학교의)자유시간. ⑻《옛》교수대(~s patibulaires); 칼《목에 씌우는 형구》. *passer sous les* ~s *caudines* 할 수 없이 굴욕적인 조건을 받아들이다.

fourché(e) [furʃe] *a.p.* 갈래를 이룬, 분기(分岐)한.
—*n.f.* 갈퀴로 한 번 긁은 분량.

fourche-fière, fourche fière [furʃəfjɛːr] (*pl.* ~s-~s) *n.f.* 《옛·사투리》두 갈래 바퀴《밑단을 옮겨 신거나 짐승을 잡을 때 쓰임》.

fourchement [furʃəmɑ̃] *n.m.* (수목·도로 따위의)갈래, 분기(分岐).

fourcher [furʃe] *v.i.* ⑴ 갈퀴로 일을 하다. ⑵《옛》(길 따위가)갈라지다. *La langue lui a fourché; Sa langue a fourché.* 《구어》그는 말이 빗나갔다.
—*v.t.* ⑴(건초 따위를)갈퀴로 찍어 내다; (땅을)갈퀴로 긁다. ⑵《체스》양수(兩手)를 걸다.

fourchet [furʃɛ] *n.m.* ⑴《농업》두 가닥 갈퀴[쇠스랑]. ⑵ (큰 나뭇가지의)가랑이. ⑶《수의》(소나 양 따위의)부제증(腐蹄症); (개의)발가락 사이의 종기.

fourchetée [furʃəte] *n.f.* 포크로 한 번 찍는 분량.

***fourchette** [furʃɛt] *n.f.* ⑴ 포크. *piquer sa* ~ *dans une pomme de terre* 포크로 감자를 찍다. ~ à dessert 디저트용 포크. ~ à salade 샐러드용 포크. ⑵《기계》(자동차의)클러치 포크《변속장치》; (시계의)앵커《시계추에 진동을 전달》; (저울 따위

의)요동을 막는 장치. ③《동물》(새의)가슴뼈, 쇄골; (말의)발굽 아귀. ④ ~ vulvaire《해부》음순소대(陰脣小帶). ⑤《대포》최소 협차(夾叉). ⑥《카드놀이》상대편 카드의 바로 윗수의 카드와 바로 아랫수의 카드; (체스의)두 말 공격. ⑦《통계·경제》(최대·최소치간의)격차, 폭; 예상폭, 변동폭. ⑧《속어》(인지와 중지로 만드는)V자형. coup de (la) ~ 상대의 양 눈을 인지와 중지로 찌르기. vol à la ~ 두 손가락을 쓰는 소매치기. ⑨《군대은어》총검(baïonnette).
être une bonne[*belle*] *~*; *avoir un bon*[*joli*] *coup de ~* 대식가이다.
déjeuner à la ~ 고기요리가 곁들인[푸짐한] 조반(을 들다).
manger au hasard de la ~《구어》차려놓은 요리를 아무거나 먹다.
manger avec[*se servir de*] *la ~ du père Adam*《구어》다섯 손가락을 써서 먹다.
prendre en ~ (카드놀이에서)상대편 카드의 바로 위와 아랫수의 카드를 갖다; 협격(挾擊)하다; 함정에 빠뜨리다.

fourchon [furʃɔ̃] *n.m.* (포크·쇠스랑·나뭇가지 따위의)갈래, 날(dent).

fourchu(e) [furʃy] *a.* ① 갈래를 이룬, 두 갈래로 된. chemin ~ 두 갈래의 길. menton ~ 가운데 굵은 홈이 있는 턱. pied ~ (반추(反芻) 동물의)갈라진 쌍발굽. (농담조로) 악마의, 악마적인, 마성의. *faire l'arbre*[*le poirier*] *~* 다리를 벌리고 물구나무서다.

fourchure [furʃyːr] *n.f.* (길·나뭇가지 따위의)갈래, 분기점.

fourgat [furga] *n.m.*《속어》훔친 물건; 장물아비(fourgat).

fourgon¹ [furgɔ̃] *n.m.* 부지깽이. La pelle se moque du ~.《속담》똥 묻은 개가 겨 묻은 개를 나무라다.

fourgon² *n.m.* ① 화물 운송차; 유개차(有蓋車);《철도》유개화차. ~ de déménagement (이사용)가구운반차. ~ à bestiaux 가축 수송차. ~ funéraire(funèbre) 영구차. ~ cellulaire 죄인 우송차. ~ postal 우편차. ②(옛)짐마차, 우편마차; 군수물자 수송마차.

fourgonner [furgɔne] *v.i.* ① 부지깽이로 불을 쑤시다(tisonner). ②《구어》[~ dans](의 속을)마구 쑤시다(뒤지다). ~ *dans une armoire* 옷장 속을 마구 뒤지다. — *v.t.* (불을)쑤셔 일으키다.

fourgonnette [furgɔnɛt] *n.f.* 소형 유개화물차(트럭)(camionnette).

fourgue [furg] *n.m.* 장물아비(fourgat).

fourguer [furge] *v.t.*《속어》① 팔아넘기다; (저질품을)팔다. ② (훔친 물건을)장물아비에게 팔다; (경찰에)밀고하다; 팔다.

fouriérisme [furjerism] *n.m.* 푸리에(Fourier, 공상적 사회주의 사상가)주의.

fouriériste [furjerist] *n.* 푸리에주의자. — *a.* 푸리에주의의. système ~ 푸리에의 사상체계.

fourme [furm] *n.f.* (프랑스 중부에서 만들어지는)원통형 치즈의 총칭. ~ de Cantal(d'Ambert) 캉탈(앙베르)산 치즈.

***fourmi** [furmi] *n.f.* ①《곤충》개미. ~ rouge(noire) 홍(흑)개미. ~ aptère 일개미. ②《구어》근면한 사람, 검약가. travail de ~ 꾸준한 일. ③《은어》마약 밀매인(의 앞잡이), 마약 운반자.
avoir(*sentir*) *des ~s dans les jambes* 다리가 저리다. *se faire plus petit qu'une ~ devant* qn …의 앞에 나오면 기를 죽이다.

fourmilier [furmilje] *n.m.*《동물》개미핥기;《조류》(열대 아메리카산)의 조과(蟻鳥科)의 새.

fourmilière [furmiljɛːr] *n.f.* ① 개미집; (하나의 개미집에 사는)개미의 무리. ② 많은 사람이 활동하고 있는 장소; 번잡하게 많은 사람(사물), 큰 무리.

fourmi-lion [furmiljɔ̃] (*pl.* *~s-~s*) *n.m.*《곤충》개미귀신.

fourmillant(e) [furmijɑ̃, -ɑ̃ːt] *a.* ① 무리를 지은, 득실거리는, 사람이 많이 있는, 혼잡한. rue ~e 붐잡한 거리. ②[~ de](로)가득 찬. plage ~e de baigneurs 수영객으로 가득한 해변. ③《문어》저리, 욱신거리는.

fourmillement [furmijmɑ̃] *n.m.* ① (군중 따위의)득실거림, 북적거림, 붐빔, 혼잡(grouillement); 많음, 다수. ② 근질근질한 느낌(démangeaison);《의학》의주감(蟻走感)(피부에 개미가 기어다니는 듯한 가려움증)(formication).

fourmiller [furmije] *v.i.* ① (개미떼 같이)득실거리다, (득실)북적거리다(grouiller). ②[~ de](이)가득하다, 수없이 웅성거리다, 우글거리다. Cet ouvrage *fourmille* de fautes; Les fautes *fourmillent* dans cet ouvrage. 이 작품은 오류투성이다. ③ 근질근질하다, 따끔거리다(démanger). La main me *fourmille.* 손이 저려서 근질근질하다.

fournage [furnaʒ] *n.m.* ①(옛)빵 굽는 삯. ②(옛 날 영주에게 바치던)공동가마 사용료.

fournaise [furnɛːz] *n.f.* ① 큰 화덕. ② 타오르는 불꽃, 맹화(猛火). ③ (지옥의)업화(業火). ③ 폭염, 염천, 무더운 더위;《문어》무척 더운 장소. Ce grenier devient une vraie ~ en été. 이 지붕밑방은 여름에는 그야말로 화덕 속 같다. ④ 격렬한 활동장; 격전. ⑤ 타오르는 것; 도가니. ⑥《캐나다》(난방용)보일러.

***fourneau** [furno] (*pl.* *~x*) *n.m.* ① 화덕, 레인지(~ de cuisine); 부엌일, 요리, 조리. ② 가마, 노(爐). ~ à charbon 숯구이 가마; 목탄구이 가마. haut ~ 용광로; 제철소. ~ de mine 발파공(孔), 장약공(장약을 장치하는 구멍). ④(파이프의)담배통. ⑤(옛·속어)얼간이, 멍청이.

fournée [furne] *n.f.* ① (빵·도자기·기와 따위의)한 가마(화덕)분. ②《구어》(운명·직업을 같이하는 사람들의)일단, 일배; (관리 따위의)승진(취임) 동기(同期). ~ de ministres 장관들의 일단. ~ de touristes 일단의 관광객. Les suspects étaient jugés par ~. 용의자는 몇 명씩 재판을 받았다. *emprunter un pain sur la ~*《속담》(아이를 낳아서)사실상의 결혼을 하다. *par ~(s)* 일단이 되어, 한뭉치로; 여러 뭉치로, 몇 명씩, 떼를 지어.

fourni(e) [furni] *a.p.* ① [~ en/de](이)(풍부하게) 구비된. magasin bien ~ 상품이 풍부하게 구비된 상점. table bien ~e 잔뜩 차린 식탁. librairie bien ~e *en* pièces de théâtre 희곡작품이 구비된 서점. ②(식물)무성한; (머리·수염 따위가)밀생한, 숱이 많은, 짙은. ③ (음료 따위가)강렬한, 선명한. ④(포도)살집이 좋은, 통통한.

fournier(ère) [furnje, -ɛːr] *n.* ①(옛) 공용 빵화덕의 소유주; 빵가마 일꾼. ② *n.m.*《조류》(중남미의 화덕 모양의 둥지를 짓는)명금(鳴禽).

fournil [furni] *n.m.* ① 빵 굽는 곳; 빵 이기는 곳. ② (농가의)세탁장(세탁가마를 설치한).

fournilles [furnij] *n.f.pl.* 가마에 땔 나무, 장작, 나뭇단.

fourniment [furnimɑ̃] *n.m.* ① (병사의)장비 일체. ②《구어》(활동·직업을 위한)필수품 일체, 장사 도구. *partir camper avec tout son ~* 온갖 장비를 갖추고 캠핑을 떠나다.

***fournir** [furniːr] *v.t.* ① ⓐ [~ qc à qn] 공급하다, 급하다, 제공하다; 납입하다. ~ des vivres à une

armée 군에 식량을 납입하다. ~ des matières premières à une usine 공장에 원료를 공급하다. ~ du travail à un chômeur 실업자에게 일거리를 주다. ~ des renseignements à qn …에게 정보를 제공하다. (간접목적보어 없이) magasin qui *fournit* des objets d'usage courant 일용품을 파는 가게. ⓑ [~ qn en/de qc]《요즘은 en 이 일반적》 Les pays arabes *fournissent* le monde entier *en* pétrole. 아랍 국가들은 전 세계에 석유를 공급한다. (간접목적보어 없이) boucher qui *fournit* une famille 한 집안의 단골로 하는 푸줏간. ②제시하다, 제출하다. ~ les pièces nécessaires 필요한 서류를 제출하다. ~ des preuves 증거를 제시하다. ~ une carte 〖카드놀이에서〗요구된 종류의 패를 내다. ③산출하다, 생산하다; 배출하다, 사회에 내보내다. région qui *fournit* du riz 쌀을 생산하는 지방. école qui *fournit* d'excellents techniciens 훌륭한 기술자를 배출하는 학교. ④(노력·일 따위를)하다, 해내다, 완수하다. ~ un gros effort 크게 노력하다, 분투하다. ~ une grosse somme de travail 무척 많은 양의 일을 완수하다. ⑤〖옛〗완성하다, 완료하다; (빚 따위를)모두 갚다, 완제하다.
　—v.t.ind. ①[~ à](…의 요구·부족 따위를)채우 주다, 조달하다, 충당하다. ~ *aux* besoins du ménage 생활비를 마련하다(충당하다). ~ *à* la demande 주문[수요]에 응하다. ~ *à* trèfle 〖카드놀이에서〗클로버의 카드를 내다. ②[~ *sur*]…에게 어음[수표]을 발행하다. ~ *sur* qn à deux mois …에게 2개월 기한의 어음을 발행한다.
　—se ~ v.pr. ①[se ~ en/de] (필수품을)조달하다, 구입하다. Je *me fournis* complètement dans cette coopérative. 나는 모든 것을 이 협동조합에서 구입한다. se ~ *en* alimentation au supermarché 식료품을 슈퍼마켓에서 구입하다. ②서로 공급하다.
fournissement [furnismã] n.m. 〖상법〗(각 출자자의)출자분; 취득분(의 결정); 급부(給付).
fournisseur(se) [furnisœr, -ɸ:z] n. ①출입상인, 단골 가게 주인; 납입업자. ②공급자, 제공자; 공급국, 수출국(pays ~). 〖동격〗 pays ~ de la Corée 한국에 수출하는 나라. ③〖옛〗군대의 어용상인(~ militaire, ~ aux armées).
fourniture [furnity:r] n.f. ①공급, 지급, 납입, 조달(approvisionnement). se charger de la ~ des vivres 식량의 공급을 맡다. ②(보통 pl.) 납입품, 공급품; 필요품, 용품, 문방구; 재료. ~s scolaires 학용품. ~s de dentistes 치과재료. ~s de bureau 문방구. ③ (pl.) 부속품. Le tailleur veut tant pour la façon et les ~s. 의복 재단사는 모양과 부속품에 많은 신경을 쓴다(요구가 많다). (pl.) 〖요리〗 (샐러드에 첨가하는)향미(香味) 야채.
fourrage¹ [fura:ʒ] n.m. ① (가축의)사료, 꼴, 마초. ②〖옛〗〖군사〗마량(馬糧); 마량 정발, 마량 징발대. aller au ~ 마량 정발하러 가다.
fourrage² n.m. ①〖의복〗 (모피 따위의)안감 대기; 안감 재료. ②〖제과〗 (봉봉이나 케이크에 잼·크림 따위로)속을 채우기. ③〖기술〗 (밧줄 따위를)덧씌우기, 피복, 감기; (천·가죽 따위를)감는(덧씌우는) 재료.
fourragement [furaʒmã] n.m. 마량징발; 약탈.
fourrager¹ [furaʒe] ③ v.i. ①사료용품을 베어 모으다, 〖옛〗〖군사〗마량을 징발하다. ②표절하다. ~ dans tous les livres 온갖 책에서 표절하다. ③〖구어〗휘것다, 뒤섞다. ~ dans un tiroir (찾기 위해)서랍 속을 뒤적여 놓다. ~ dans le feu (휘저어)불을 돋우다.
　—v.t. ①〖구어〗휘것다. ②〖속어〗(여자의 몸을)쓰다듬다, 더듬다. ③〖옛〗 (가축에게)마른 풀을 주

다; (전답 따위를)황폐시키다. ④(나라를)약탈하다, 침략하다.
fourrager²(ère¹) [furaʒe, -ɛ:r] a. 사료(용)의; 사료가 풍부한. plante ~ère 사료 작물(作物).
　—n.f. ①사료밭. ②(사료운반차에 붙은)받침판; 사료 운반차.
fourragère² n.f. (군인의 훈장·기장 따위로 어깨에서 팔에 걸치는)장식띠.
fourrageur [furaʒœ:r] n.m. ①〖옛〗마량징발병; 산개기병(散開騎兵). charger en ~s 산개하여 공격하다. ②밭도둑, 약탈자; 표절자(fraudeur).
fourrageux(se) [furaʒɸ, -ɸ:z] a. 마초[마량]에 적합한.
fourré(e) [fure] a.p. ①〖의복〗 (모피 따위의)안이 대어진. gants ~s de cachemire 캐시미어로 안을 댄 장갑. ② (동물이)털이 폭신한. ③〖요리〗 (조리 전에 빵가루나 밀가루 따위로) 옷을 입힌 소(돼지고기)의 허. ④〖기술〗덧인, 쇠 위진. bijou ~ 도금한 보석〖장신구〗. ⑤ coup ~ (펜싱에서)동시에 서로 치기, 맞치기; 견제동작, 페인트(동작); 〖구어〗속여 치기. ⑥〖구어〗(남의 집 따위에)들어간, 잠입한. Il est souvent ~ chez moi. 그는 자주 내 집에 찾아온다. ⑦ paix ~e〖옛〗위장평화. ⑧〖구어〗 (의복 안에)따뜻한, 따뜻한 옷을 입은; 후끈후끈한. ⓑ (초목이)무성한.
　—n.m. 덤불, 우거진 숲.
fourreau [furo] n.m. (pl. ~x) n.m. ① (칼·우산·엽총 따위의)집, 케이스. ②〖기계〗슬리브, 투관(套管) (gaine, étui). ~ d'épée 칼집. ~ de pistolet 권총집. ~ de parapluie 우산집. ② 〖동물〗 (소·말의)음경(陰莖)을 싸는 포피(包皮). ③〖식물〗 칼집 모양의 턱잎(托葉). ③〖의복〗 시드드레스(스커트); 몸에 꼭 끼는 속옷. ④〖조류〗긴꼬리박새 무리. ⑤〖속어〗바지.
coucher dans son ~ 〖옛·속어〗옷입은 채 자다.
fourrer [fure] v.t. ①〖구어〗[~ dans/en](에)무리하게 쑤셔넣다, 처넣다(mettre); (엉뚱한 일에 남을)끌어넣다; 무질서하게 쑤셔넣다; 부주의하면서 두다. ~ des vêtements *dans* sa valise 가방 속에 옷들을 쑤셔넣다. ~ ses mains *dans* ses poches 손을 호주머니에 넣다. ~ un homme *en* prison 사람을 감옥에 처넣다. ~ une idée fausse *dans* la tête de qn …에게 그릇된 생각을 품게 하다.
②〖구어〗마구 주다, 안기다(donner, flanquer). ~ des coups de pied à qn …에게 마구 발길질을 하다. ~ la guigne 액운을 주다. ~ des bonbons à un enfant 어린애에게 봉봉을 함부로 주다.
③ (모피로)안을 대다; (밧줄 따위를)피복(被覆)하다; (기와 밑을)회반죽으로 채우다(doubler, garnir). ~ un manteau d'hermine 담비털로 외투의 안을 대다. ~ un cordage 〖해양〗 밧줄을 피복하다. ~ les faîtières 용마루를 회반죽으로 채우다. ~ une médaille d'or 메달에 금을 입히다.
④ (에)속을 채우다. ~ un gâteau de(avec de la) confiture 잼으로 케이크 속을 채우다.
⑤〖은어〗성공하다(le(la) ~ 의 표현도 씀).
~ *qn à la porte* …을 문밖으로 몰아내다.
~ *qn dedans* …을 속이다; 〖구어〗…을 감옥(영창)에 처넣다.
~ *son grain de sel*〖구어〗 (남의 일에)참견하다.
~ *tout dans son ventre*〖구어〗먹는 데에 전 재산을 쏟아부다.
~ *tout le monde dans le sac*〖구어〗모든 사람을 하나로(한통속으로) 취급하다.
　—se ~ v.pr.〖구어〗끼어 들어가다; 끼이다. se ~ dans un lit 침대(시트) 속으로 들어가다. se ~

fourre-tout dans une mauvaise affaire 곤경에 빠지다. ②《구어》자신의 …에 찔러넣다. se ~ une épine dans la main 손에 가시가 박히다. se ~ qc dans la tête ~을 머리에 쑤셔넣다; …라는 생각을 품다. ③《옛》모피로 몸을 감싸다; 따뜻한 옷을 입다.
chercher quelque trou où se ~ 《구어》끼어들 장소〔취직자리〕를 찾다.
ne pas savoir où se ~ 《구어》몸둘 바를 모르다, 쥐구멍을 찾다.
se ~ dedans 《구어》잘못하다, 틀리다, 실수하다.
s'en ~ jusque-là〔jusqu'aux oreilles〕 《구어》잔뜩 먹다; 한껏 즐기다.

fourre-tout [furtu] n.m. 《복수불변》① 잡동사니 넣는 상자; 헛간, 광. ② (여행용)잡낭(雜囊).

fourreur [furœːr] n.m. 모피 제조인; 모피상인(毛皮商). naturaliste ~ 박제사(剝製師).

fourrier [furje] n.m. ①《군사》군수담당 하사관; 《해양》서무담당 선원. ②《역사》(왕후(王侯)의 여행을 위한)선발(先發) 숙박담당. ③《문어》(흉사의)전조, 징후, 징조(이 뜻으로는 여성형 fourrière 도 사용됨). être〔se faire〕le ~ de …이 닥칠 전조이다.

fourrière [furjɛːr] n.f. ① (들개 따위의)수용소. ② (주차 위반 차량의)계류장. ③《옛》사료 저장소, 땔감〔장작·석탄〕창고.

*fourrure [fyːr] n.f. ① 모피; 모피로 만든 옷〔머플러·모자〕. mettre sa ~ 모피로 몸을 감싸다. ② 모피업; 모피 제조업. ③ (동물, 때로는 새의 멋있는) 털(의 모양). ④《문양》모피 모양. ⑤《선박》(로프를 보호하는)피막. ⑥《기술》속을 채우는 물건; (저질 장신구·동전의)금이나 은 도금하기; (함금에)혼합물을 늘이기. ⑦《옛》모피(의 장식이 달린) 옷을 입은 사람; (특히 사)법관.

fourvoiement [furvwamɑ̃] n.m. ① 길을 잘못 들게 함. ② 과오, 잘못(égarement).

fourvoyé(e) [furvwaje] a.p. 길을 잘못 든; 과오를 범한; 망설이는.

fourvoyer [furvwaje] 7 v.t. ① 길을 잘못 들게 하다(égarer). Ce guide nous *a fourvoyés*. 이 안내자는 우리를 잘못 인도했다. ② 그르치게 하다, 잘못하게 하다, 헛갈게 하다(tromper). Le mauvais exemple *fourvoie* les jeunes gens. 나쁜 예(例) 가 젊은이들을 나쁜 길로 빠지게 한다.
—*se ~* v.pr. ① 길을 잘못 들다(se perdre). ② 잘못을 하다. L'auteur de cet écrit *s'est entièrement fourvoyé*. 이 글을 쓴 저자는 완전히 잘못을 저질렀다. ③ (사냥개가)사냥감을 잘못 쫓다.

foutaise [futɛːz] n.f. 《구어》어리석은 짓, 하찮은 일. se querreller pour des ~s 하찮은 일로 서로 싸우다. C'est de la ~! 그건 하찮은 일이야!

foutant [futɑ̃] a.m. 《옛·속어》귀찮은, 곤란한.

fouteau [futo] (pl. ~x) n.m. 《사투리》《식물》너도밤나무.

foutelaie [futlɛ] n.f. 《사투리》너도밤나무숲.

fouterie [futri] n.f. 《옛·속어》① 어리석은 일; 농담(foutaise). ② 언짢은 일, 거추장스런 일. Quelle ~! 정말 불쾌한 일이야! ③ 성행위.

foutoir [futwaːr] n.m. 《속어》풍기문란한〔난잡한〕 장소〔집·방〕(bordel). Quel ~! 정말 난잡한 곳!

foutral(ale, pl. als) [futral] a. 《속어》굉장한(extraordinaire).

foutraque [futrak] a., n. 《구어》(머리가)돈 (사람) (fou), 별난(excentrique).

*foutre¹ [futr] v.t. ① (f..., fo...로 생각하거나 완곡한 표현인 ficher 는 대신 사용하는 수가 많음)《속어》① 하다, 이다. Qu'est-ce qu'il *fout* donc? 저 놈은 도대체 뭘 하는 거야? Qu'est-ce que ça *fout*? 그게

어쨌다는 거야? Qu'est-ce que ça peut me ~? 그게 도대체 나와 무슨 상관이 있다는 거야? ② (걷어치워)놓다, 내던지다, 방치하다. Tu *fous* tes affaires n'importe où. 너는 네 물건을 아무데나 내던져둔다. *Foutez-le* en prison. 놈을 감옥에 처넣어. ③ 주다. ~ *un coup de poing à qn* …을 주먹으로 때리다. ④ 성교하다; (여자를)손아귀에 넣다.
Ça la fout mal. 형편이 좋지 않다.
en ~ (un coup) 열심히 하다.
~ sur la gueule à qn ~ …의 (그 얼굴)을 때리다.
n'avoir rien à ~ de …을 문제삼지 않다.
Va te faire ~! 나가, 꺼져; 어림도 없다!
—*se ~* v.pr. 《속어》① (장소·상태에)몸을 놓다; 놓여지다. *se ~ dans le pétrin* 늪에 빠지다. *se ~ en colère* 화를 내다. *se ~ à chialer* 울음을 터뜨리다. *se ~ par terre* 넘어지다, 뒹굴다. ② 서로 주다, 서로 해대다. *se ~ des raclées terribles* 서로 마구잡이로 때리다. ③ [*se ~ de*](을)바보 취급하다; 무시하다, 문제삼지 않다. Elle *se fout de nous.* 그녀는 우리를 바보 취급한다〔무시한다〕. *Je m'en fous.* 그까짓 것은 아무래도 좋아, 나는 알 바 없어.
se ~ dedans 잘못을 저지르다. *se ~ en l'air* 자살하다. *se ~ sur la gueule* 서로 때리다. *s'en ~ plein la lampe〔la panse〕* 배를 가득 채우다.

foutre² n.m. 《속어》정액.

foutre³ int. 《옛·속어》뭐라고, 그것 참, 제기랄(놀람·칭찬·실망·분개 따위). —ad. 《옛·속어》전혀(《강의를 나타냄》. F— oui! 바로 그래. Ce n'est pas ca! 전혀 그렇지 않아!

foutreau(*pl. ~x*), **foutro** [futro] n.m. 《군대어》① 교전(交戰). ②《놀이》(잡아맨)손수건으로 손을 치며 노는 놀이.

foutrement [futrɑmɑ̃] ad. 《속어》대단히, 매우(très, beaucoup). ~ beau 매우 아름다운.

foutrer [futre] v.i. 《비어》사정(射精)하다.

foutriquet [futrikɛ] n.m. ①《구어》꼬마; 하찮은 인물. ② 둔패기, 바보.

foutu(e) [futy] (p.p.<*foutre*) a.p. 《속어》=*fichu*¹ (혼히 f—u ը nowe 사용).

foutûment [futymɑ̃] ad. 《속어》무척, 심하게.

fovéa [fovea]《라틴》n.f. 《해부》(망막의)중심와 (中心窩).

fovéal(ale, pl. aux) [fɔveal, -o] a. 《해부》(망막의)중심와의.

fovéole [fɔveɔl] n.f. ① (빰·턱 따위의)오목한 곳, 볼우물(fossette). ②《식물》(국화식물의 화상 (花床) 따위의)소와(小窩).

fovéolé(e) [fɔveɔle] a. 《식물》오목한 곳이 있는.

fox [fɔks], **fox-terrier** [fɔkstɛrje] (pl. ~-~s)《영》 n.m. 폭스테리어(견).

foxé(e) [fɔksɛ] a. goût ~; saveur ~e 여우 냄새(아메리카계 포도(주)의 특유의 맛).

fox-hound [fɔksawnd]《영》n.m. 폭스하운드(견).

foxien(ne) [fɔksjɛ̃, -ɛn] a. 푸아(Foix, 프랑스의 도시)의. —F— n. 푸아 사람.

fox-trot [fɔkstrɔt]《영》n.m. 《복수불변》《무용·음악》폭스트로트(fox).

foyard [fwajaːr] n.m. 《속어》《식물》너도밤나무 (fayard).

*foyer [fwaje] n.m. ① 가정, 집; 가족. femme au ~ (밖에 나가 일하지 않는)가정주부. homme de ~ 집에 있기를 좋아하는 남자. fonder un ~ 결혼하다, 가정을 갖다. jeune ~ 젊은 부부. quitter le ~ 집을 나가다. ②《pl.》고향. rentrer dans ses ~s 고향에 돌아가다. renvoyer un soldat dans ses ~s 병사를 제대시키다. ③ 집회소, 담화실, 오락실; 숙박 시설. ~ *d'étudiants* 학생회관, 기숙사;

d'une caserne(du soldat) 《군사》 주보(酒保), 오락실. ~ du public (극장의)휴게실, 로비. ~ des acteurs(des artistes) 배우 대기실, 악사실. ④ 노(爐), 화덕, 난로; 노의 불. s'asseoir auprès du ~ 노변(불가)에 앉다. se chauffer au ~ 난롯가에서 몸을 덥히다. ⑤ 난로 앞에 까는 돌판(marbre du ~); 난로앞에 까는 깔개(tapis de ~). ⑥ 《스토브·보일러·기관차 따위의》화실, 화상(火床), 가마. ⑦ 원인, 불씨, 중심, 발생지. ~ d'incendie 화재의 원인; (분쟁 따위의)불씨. ~ de chaleur 열의 근원. ~ industriel 공업의 중심지. ~ d'épidémie 전염병의 발생지. ~ d'une maladie 병소(病巢). ~ d'intrigues 음모의 소굴. ⑧ ⓐ 《물리》 초점; 초점 거리. profondeur de ~ 초점 심도. lentille à long ~ 긴 초점의 렌즈. ⓑ 《수학》 초점. ⓒ 《언어》 초점(focus). mettre au ~ 초점을 맞추다.

Fp, fp 《약자》 forte piano 《음악》 포르테 피아노 《어떤 음을 강하게 한 후 곧 다른 음을 약하게》.

f.p. 《약자》 fin prochain 내월말.

F.P.A. 《약자》 formation professionnelle des adultes 성인직업교육.

fque 《약자》 fabrique 《상업》 제작, 제조.

Fr 《약자》 francium 《화학》 프란슘.

Fr. 《약자》 ① Frère 《종교》 같은 교회원, 같은 교단원. ② France 프랑스.

f.r. 《약자》 faire reporter 《주식》 (다음 인수인도기까지)연기하다.

frac [frak] n.m. 《옛》 예복, 연미복(燕尾服).

fracas [fraka] n.m. ① 깨지는[부러지는] 소리; (깨지는 듯한)격렬한 소리. ② 《옛》소란, 떠들썩함; 매우 좋은)평판. ③ 《옛》분쇄, 파쇄; 폭력행위, 싸움. ④ 《의학》(뼈의)골절, 부서짐. faire du ~ 《구어》ⓐ 떠들어대다. ⓑ 눈에 띄다, 돋보이다. Sa beauté fait du ~ dans le monde. 그녀의 미모는 세상을 떠들썩하게 한다.

fracassant(e) [frakasɑ̃ -ɑ̃:t] a. ① 시끄러운 소리를 내는. coup de tonnerre ~ 귀를 찢는 듯한 천둥소리. ② 매우 떠들썩한, 어마어마한, 평판이 좋은 (sensationnel). succès ~ 굉장한 성공.

fracassement [frakasmɑ̃] n.m. 《드물게》부숨, 부서짐, 부서짐.

fracasser [frakase] v.t. 분쇄하다, 부수다, 부러뜨리다. ~ la porte d'un coup d'épaule 문을 어깨로 부수다. avoir le bras droit fracassé 바른 팔의 뼈가 부러지다.

—**se ~** v.pr. ① 부서지다; 부러지다. La barque s'est fracassée sur un écueil. 배가 암초에 부딪혀서 부서졌다. ② 자신의 …의 (뼈)를 부수다(부러뜨리다). Elle s'est fracassée la jambe en tombant. 그녀는 넘어지면서 다리가 부러졌다.

fraction [fraksjɔ̃] n.f. ① 부분. former une ~ importante 주요한 부분을 구성하다. en une ~ de seconde 잠깐 동안에, 순식간에. ② 《수학》분수. ~ décimale 소수. ③ 《정치》(당파내의)소수파. ④ 《화학》 (석유 분류(分溜)에 의해서 얻어진)유분(溜分). ⑤ 《종교》 (성체의)빵 자르기. ⑥ 《옛》분할, 분열.

fractionnaire [fraksjɔnɛ:r] a. ① 《수학》 분수의. expression(nombre) ~ 가(대)분수. ② livre ~ 《상업》 부분별 분개장(分介帳).

fractionné(e) [fraksjɔne] a.p. ① 분할된, 나뉜. ② distillation ~e 《화학》 분별증류.

fractionnel(le) [fraksjɔnɛl] a. 《정치》 분열을 일으키는, 분파적인. activité ~ 분파적인 활동.

fractionnement [fraksjɔnmɑ̃] n.m. ① 분할, 분열, 세분화. ② 《화학》분별증류(分別蒸溜), 분류.

fractionner [fraksjɔne] v.t. ① 분할(세분)하다; 《수학》 분수로 나누다. ② 《화학》 분류(分溜)하다. —**se ~** v.pr. 분할되다; 나뉘어지다.

fractionnisme [fraksjɔnism] n.m. 《정치》 (정당내의)분열주의, 분파화.

fractionniste [fraksjɔnist] a. 《정치》 분파(파벌)주의적인. activité ~ 분파주의적 행동. —n. 분파활동을 하는 사람.

fractographie [fraktɔgrafi] n.f. 프랙토그래피《금속의 깨진 면·단면을 현미경으로 검사하는 학문》.

fracture [frakty:r] n.f. ① 《의학》 골절(骨折). ~ simple(compliquée) 단순(복잡) 골절. ② 《지질》 (지각의)단구(斷口), 단층(cassure). ③ 《언어》 음의 분열《단모음의 이중모음화》. ④ 프랙처《유층(油層)의 암석이 갈라진 형태》. ⑤ 《옛》파쇄(破碎).

fracturer [fraktyre] v.t. ① (뼈를)부러뜨리다(casser, rompre). crâne fracturé 두개골절(頭蓋骨折). ② 빼내다, 부수다. ~ une serrure 자물쇠를 부수다. —**se ~** v.pr. ① 자기의 …뼈를 부러뜨리다, 골절상을 입다. Elle s'est fracturé le poignet. 그녀는 손목이 부러졌다. ② 부러지다, 부서지다.

*****fragile** [fraʒil] a. ① 부서지기 쉬운, 깨지기 쉬운 (↔ fort, incassable, ferme, solide). ~ comme du verre 유리처럼 깨지기 쉬운. ② 불안정한, 무너지기 쉬운 (instable, incertain). théorie ~ 근거박약한 이론. ③ (체질이)연약한, 허약한. avoir l'estomac ~ 위가 약하다, 배탈이 잘 나다. santé ~ 허약한 건강상태. ④ 《옛》유혹(과오)에 빠지기 쉬운.

fragilement [fraʒilmɑ̃] ad. 약하게, 불안정하게.

fragilisation [fraʒilizasjɔ̃] n.f. 나약화, 노후화. ~ des voitures 자동차의 노후화.

fragiliser [fraʒilize] v.t. 약체화하다, 부서지기 쉽게 하다. Un certain savon fragilise les cheveux. 어떤 종류의 비누는 머리칼을 약하게 만든다. —**se ~** v.pr. 약체화되다, 허약해지다.

fragilité [fraʒilite] n.f. 부서지기 쉬움, 취약함, 허약함, 약함, 불안정성. ~ d'un organe 기관의 약함. ~ de la gloire 영광의 덧없음. F~, ton nom est femme. 약한 자여, 그대의 이름은 여자이니라.

fragment [fragmɑ̃] n.m. ① 단편, 파편, 조각 (morceau, débris). ~s d'une statue antique 고대 석상의 파편. ② (문장·시 따위의)단장(斷章), 단편(斷篇), 일절. 《미완성 유고·흩어져 없어진 작품의 남은》단편, 부분 원고. ③ 일부분, 한 조각, 한면. ~ de la vie 인생의 단면.

fragmentaire [fragmɑ̃tɛ:r] a. 단편적인, 부분적인; 통일이 안된, 흩어진. connaissances ~s 단편적인 지식.

fragmentairement [fragmɑ̃tɛrmɑ̃] ad. 단편적으로, 부분적으로, 흩어져서.

fragmentation [fragmɑ̃tasjɔ̃] n.f. ① 분쇄, 분열, 분할, 세분. ② 《지질》(암석의)파편화. ③ 《생물》(염색체의)단편화.

fragmenter [fragmɑ̃te] v.t. 토막내다, 조각조각으로 만들다. ouvrage fragmenté 분책으로 나온 작품. ② 분할하다(fractionner). —**se ~** v.pr. 분쇄(촌단·분할)되다.

fragon [fragɔ̃] n.m. 《식물》 야벌속(椰筏屬)(petit houx).

fragrance [fragrɑ̃:s] n.f. 《문어》 방향(芳香), 향기.

fragrant(e) [fragrɑ̃ -ɑ̃:t] a. 《옛·문어》 방향 있는, 향기 좋은.

frai[1] [fre] n.m. ① (물고기의)산란(産卵), 수정; 산란기(期). ② (물고기·양서류의)수정란. ③ 치어, 작은 물고기.

frai[2] n.m. 《기술》 (유통에 의한 화폐의)마멸, 무게의 감손.
fraîche [frɛʃ] *a.f., n.f.* ⇨frais¹.
fraîchement [frɛʃmɑ̃] *ad.* ①《구어》서늘하게, 시원하게. être logé ~ 시원한 집에서 살고 있다. ②《구어》쌀쌀하게, 차갑게, 냉담하게(froidement). accueillir *qn* ~ …을 냉담하게 맞아들이다. ③ 새로, 최근에(récemment). chemises ~ repassées 새로 다린 와이샤츠. tout ~ arrivé 막 도착한. ~ émoulu 갓 졸업한. ④《구어》(기후에 관한 인사말로)서늘하게. Comment ça va? ─F~! 어떻게 지내세요? 서늘하게요! (Il fait frais).
fraîcheur [frɛʃœːr] (<*frais*¹) *n.f.* ① 시원함, 서늘함, 쌀쌀함, 냉기, 으스스 추움. ~ du vent 바람의 서늘함. ~ du soir 저녁의 쌀쌀함. sentir la ~ 냉기를 느끼다. ② 신선함, 싱싱함. ~ des fruits 과일의 싱싱함. ③ (빛깔 따위의 원래의)신선함, 선명함; 《비유적》순수함. ~ d'un coloris 색채의 선명함. Ces fresques sont d'une extraordinaire ~. 이 벽화는 놀랍도록 선명하다. ~ d'un style 문체의 신선함. ④ 새로움, (뉴스 따위의)최신, 최근 (nouveauté); (기억 따위의)생생함. nouvelle de la première ~ 최신뉴스. ~ d'un souvenir 추억의 생생함. ⑤ (피로의 기억이 없는)원기왕성함, 넘치는 생기. ~ du teint 싱싱한 안색. ~ matinale 아침의 상쾌함. ~ du temps 생기넘치는 안색. terminer la course dans un état de ~ remarquable 원기왕성한 가운데 코스를 주파하다. ⑥ 냉랭함, 냉담함(froideur). ~ d'un accueil 접대의 냉랭함. ⑦《해양》미풍, 소슬바람. ⑧《옛》냉기에서 오는 통증, 류머티즘의 통증.
fraîchin [frɛʃɛ̃] *n.m.* 생선 비린내; 바다 냄새.
fraîchir [frɛ(e)ʃiːr] (<*frais*¹) *v.i.* ① 서늘해지다; (기후가)차가와지다. Le temps *fraîchit*. 날씨가 쌀쌀해진다. ② 《해양》(바람이) 불기 시작하다, 강해지다. Le vent *fraîchit*. 바람이 인다. ─*v.imp.* Il *fraîchit*. 서늘해진다; 《해양》바람이 세어진다.
fraie [frɛ], **fraieson** [frɛzɔ̃] *n.f.* (물고기의)산란기 (frai).
frairie [frɛ(e)ri] *n.f.* ①《옛》 연회를 위한 모임; (단체의)연회(festin). ② (사투리)마을의 축제.
:**frais¹**(*f.* **fraîche**) [frɛ, frɛʃ] *a.* ① (기후가)서늘한, (음료수가)시원한; 추운, 싸늘한, 쌀쌀한. eau de puits *fraîche* 시원한 우물물. *fraîche* matinée de printemps 쌀쌀한 봄날 아침.
② (식료품이)신선한, 싱싱한; 생(生)의. poisson ~ 싱싱한 생선. légume ~ 생야채. pain ~ 방금 구운 빵. crème *fraîche* 생크림.
③ (빛깔 따위가)선명한, 생기있는; 《향기가》싱그러운; (목소리가)청명한, 맑은; 《비유적》순진한, 순결한(pur, candide). avoir le teint ~ 안색이 생기있다. *fraîche* odeur de violettes 제비꽃의 싱그러운 향기. âme *fraîche* d'enfant 어린아이의 순수한 마음.
④새로운, 최신의, 최근의; (기억 따위가)생생한. nouvelles *fraîches* 최신 뉴스. de *fraîche* date 최근의; (부사적) 최근. plaie encore *fraîche* (방금 다친)아직 아물지 않은 상처. peinture *fraîche* (칠한)아직 마르지 않은 칠("칠 주의"의 표시로도 쓰임). argent ~ 방금 받은 돈. souvenir ~ de cet incident 이 사건의 생생한 기억.
⑤ (사람이)생기넘치는, 발랄한, 싱싱한. être ~ et dispos 원기왕성하다. se lever tout ~ après un sommeil réparateur 푹 자고 난 후 원기를 되찾고 일어나다. être ~ comme l'œil(comme une rose) 몹시 발랄하다, 원기가 넘쳐 있다. Il est ~ pour son âge. 그는 나이에 비해 원기왕성하다.
⑥ 냉담한, 냉랭한. accueil ~ 냉랭한 대접.
⑦《구어》《비꼼》 얕짤은 (떡한) 처지의. Te voilà ~. 네 꼴 참 좋다, 딱하게 됐구나.
⑧【해양】(바람이 항해하기에)알맞은. vent ~ 순풍.
─*ad.* ① 서늘하게, 차게. boire(servir) ~ 찬 것(음식)을 마시다(주다).
② (여성 형용사 앞에서는 흔히 변화함) 최근에, 갓, 새로이. roses toutes *fraîches* cueillies 갓 꺾은 장미. livre tout ~ paru 최신간(最新刊). tête tondue 방금 깎은 머리.
─*n.m.* ① 시원함, 사늘함; 쌀쌀함. prendre le ~ 바람을 쐬다.
② 서늘한 곳; 시원한(찬) 음료. [au ~] conserver *qc au* ~ …을 시원한 곳에 보관하다. mettre le vin *au* ~ dans le réfrigérateur 술을 냉장고 속에 차게 두다.
③ 【해양】질강풍(疾强風)(vent ~). bon(joli) ~ 순풍. Il vente grand ~. 강풍이 분다.
de ~ 새로, 최근에. rasé *de* ~ 갓 면도한. mur peint *de* ~ 갓 칠한 벽.
mettre qn au ~ 《구어》…을 교도소에 처넣다.
─*n.f.* ① 서늘한 시각; 서늘한 곳. sortir à la *fraîche* (아침 저녁의)서늘할 때 나가다.
② 【해양】 (아침·저녁에 바다쪽으로 부는)미풍, 육풍.
À la fraîche! 《옛》 시원한 것을 드시오! (노점 음료수 장수의 외치는 소리).

****frais²** *n.m.pl.* ① 비용, 경비, 지출(coût, dépense). ~ de déplacement 출장비, 교통비. ~ de logement 주거비. ~ de voyage(de transport) 여비(교통비). menus ~ 잡비. ~ d'habillement 의복비. ~ d'entretien 유지비.
② 【경제·상업】비용, 경비. ~ généraux 일반경비; (생산에 직접 들어가지 않는)간접비, 제(諸)경비. ~ de production 생산비. ~ de matières premières 원료비.
③ 소송비용(~ de justice). être condamné aux ~ 소송비용의 부담을 선고받다.
à ~ *communs* 공동출자로; 힘을 합쳐서.
à grands ~ 많은 비용으로; 큰 희생을 치르고.
à petits ~ 적은 비용으로, 싸게.
à peu de ~; *à moindre* ~ 싸게; 별로 수고하지 않고.
arrêter les ~ 헛된 지출을 중지하다; 더 이상 헛수고를 하지 않다.
aux ~ *de qn* …의 부담으로, *à ses* ~ 자비로. *aux* ~ *de la princesse* 국비로, 공금으로.
en être pour ses ~ 헛되이 돈을 쓰다; 헛수고하다.
faire des ~ 돈을 많이 쓰다; 애를 쓰다.
faire des ~ *pour qn* …을 위해 돈을 많이 쓰다; …의 환심을 사려고 애를 쓰다.
faire les ~ *de qc* …의 쓰라린 결과를 감당하다. C'est nous qui *ferons les* ~ *des* augmentations d'impôts. 세금인상의 피해를 입을 사람은 바로 우리이다.
faire les ~ *de la conversation* 화제거리가 되다.
faire(couvrir) ses ~ 출비를 보상받다, (사업의)수지 계산이 맞다.
faux ~ 특별지출, 임시비; 【법】 과세의 대상이 되지 않는 비용.
rentrer dans ses ~ 출비의 보상을 받다.
se mettre en ~ 큰 돈을 걸다; 대단한 노력을 하다.
se mettre en ~ *d'amabilité* 애교를 열심히 부리다.
tous ~ *payés* 모든 비용을 다 제하고.
fraisage [frɛzaːʒ] *n.m.* ① (성채·조각 따위에)목책을 둘러 싸기; (성채·조각의)목책. ② *fraise*⁴로 구멍을 넓히기(raisement).
fraise¹ [frɛːz] *n.f.* ① 딸기. ~s de bois 산딸기. ~s

(de culture) 재배한 딸기. ~ en grappes 서양소귀나무의 열매. ~ du désert 선인장 열매. ② (딸기 비슷한)피부의 반점, 모반(母斑). ③《속어》얼굴. **aller aux ~s** 딸기 따러 가다;《익살》(남녀 어린이끼리)숲속으로 놀러가다. **ramener sa ~**《공교육어때》얼굴을 내밀다; 아무때나 참견하다;《속어》허세를 부리다. **sucrer les ~s**《속어》(늙었거나 두려워서 손·입술을)떨다; 노망하다.
—a. 딸기빛의.

fraise² n.f. 《요리》(송아지·새끼양의)장간막(腸間膜).

fraise³ n.f. ① (16세기의)둥근 주름동정. ② 칠면조 턱 밑의 늘어진 살; (사슴 따위의)뿔 뿌리 둘레의 각질부(角質部). ③《축성》외책(外柵)、교각(橋脚)의 주위에 박은 말뚝.

fraise⁴ n.f. ① (원뿔꼴을 거꾸로 한 형태의)구멍을 넓히는 송곳; 프레이즈반. ②《치과》선동치절공구(旋動齒轄工具).

fraisé(e)¹ [frɛ[e]ze] a.p. fève ~e 깍지를 벗긴 잠두(蠶豆).

fraisé(e)² a.p. ① 주름동정을 단. ② 외책을 설치한.

fraisement¹ [frɛzmã] n.m. 《축성》외책의 설치.

fraisement² [frɛzmã] n.m. 《옛》=fraisage.

fraise-mère [frɛzmɛːr] (pl. ~s-~s) n.f. 《기계》(나사의)나선 깎는 공구, 호브.

fraiser¹ [frɛ[e]ze] v.t. ① (주름동정 모양으로)주름을 잡다. ②《축성》(에)외책(外柵)을 설치하다; (교각을)말뚝으로 둘러싸다. ③《기계》(나사못 대가리가 들어가도록)구멍의 아가리를 넓히다, 접시형 구멍을 파다; 프레이즈반으로 깎다. machine à ~ 프레이즈반(fraiseuse). ④《옛》껍질을 벗기다.

fraiser² v.t. (가루반죽을 손바닥으로)이기다.

fraiseraie [frɛzrɛ] n.f. =**fraisière**.

fraisette [frɛzɛt] n.f. 《옛》(상복의)소매장식.

fraiseur [frɛzœːr] n.m. 프레이즈반 직공.

fraiseur-outilleur [frɛzœrutiœːr] (pl. ~s-~s) n.m. 프레이즈반 숙련공.

fraiseuse [frɛzøːz] n.f. 프레이즈반(盤).

fraisia [frɛzja] n.m.[f.]=freesia.

fraisier [frɛ[e]zje] n.m. 딸기나무. ~ des Indes 뱀딸기. ~ en arbre 서양소귀나무(arbousier).

fraisière [frɛzjɛːr] n.f. 딸기밭.

fraisil [frɛzi(l)] n.m. ① 숯 구워낸 뒤에 남은 재. ② 석탄 타다 남은 찌꺼기, 탄진, 석탄재.

fraisoir [frɛzwaːr] n.m. ①《세공(細工)에 쓰는》구멍뚫는 송곳. ② (접시형 구멍을 파는)송곳.

fraisure [frɛ[e]zyːr] n.f. (나사못 대가리가 들어가는)접시형 구멍.

framboise [frãbwaːz] n.f. 《식물》framboisier 열매; 나무딸기 술.

framboisé(e) [frãbwaze] a.p. (포도주가)나무딸기의 냄새를 풍기는, 나무딸기를 섞어넣은.

framboiser [frãbwaze] v.t. 나무딸기의 풍미(風味)를 곁들이다.

framboiseraie [frãbwazrɛ] n.f. 나무딸기밭.

framboisier [frãbwazje] n.m. 《식물》나무딸기(나무).

framée [frame] n.f. 《고고학》(프랑크족이 애용한)일종의 장창(長槍).

‡**franc¹** [frã] n.m. ① 프랑스·벨기에·에스파냐 등의 화폐 단위; 100 centimes에 해당함. ancien ~ 구(舊)프랑(1960년 이전의 프랑으로 현재의 1 centime에 해당함). nouveau ~ 신(新)프랑(ancien ~ 과 구별하여 일시적으로 쓰이던 호칭).

‡**franc²(che)** [frã, -ãːʃ] a. ① 솔직한, 숨김없는, 터놓은(ouvert, direct), homme ~ 솔직한 사람. être ~ avec qn …에게 솔직하게 말하다. récit ~ 숨김[거짓]없는 이야기. rire ~ 거리낌없는 웃음. jouer ~ jeu 정정당당하게 승부하다, 페어플레이하다.
② 섞이지 않은, 순수한(pur). rouge ~ 순수한 적색. couleur ~che 단색. vin ~ (다른 맛이 섞이지 않은)순수한 포도주.
③《명사 앞에서》확실한, 명백한, 노골적인(déclaré, net); (나쁜 의미로) 진짜의(vrai, achevé). montrer une ~che hostilité 노골적인 적의를 나타내다. ~che canaille 진짜 악한. C'est une ~che comédie. 그건 진짜 연극[위선]이다.
④ 완전한. huit jours ~s 만 1주일. jour ~ 만 하루(24 시간). dormir la ~che matinée 아침내내 실컷 자다.
⑤ ⓐ《옛》자유신분의; 자유로운(libre). ~ arbitre [frãkarbitr] 《철학》자유의지(libre arbitre). clause ~che et quitte 《법》(부부재산계약에서)계약의 자유와 부채 면제조항. ville ~che 《역사》(중세의)자유도시. ⓑ port ~ 자유항; zone ~che (세금없이 상품거래가 이루어지는)자유지대; ~ d'impôts 면세(免税)의; ~ de port 운임선불로, 발송자부담으로. ⓒ corps ~ 《군사》별동대. ⓓ coup ~ 《스포츠》(축구의)프리킥; (농구의)자유투.
⑥ 《농업》arbre ~ 개량종의 종자에서 생육한 과수(果樹); arbre ~ de pied 접붙이지 않은 실생목(實生木); terre ~che 양질의 땅, 옥토.
⑦ 《해양》barre ~che 키자루; pompe ~che(물을 다 빨아올린)빈 펌프.
⑧《속어》믿을 수 있는, 안전한(sûr). quartier ~ 안전한 지역.

avoir part ~che (dans une affaire)《옛》(어떤 사업에)출자하지 않고 이익의 배당을 받다.

avoir son ~ parler 솔직성이 있다, 명백히 말하다.

être ~ du collier (말이 매질하여도)부지런히 끌다; (사람이)열심히 일하다.

~ comme l'or《옛》**comme l'osier** 어린아이같이 순진한.

y aller de ~ jeu 정정당당하게 행동하다.

—*ad.* ①《문어》솔직[대담]하게 (franchement). parler ~ 솔직하게 말하다. ② 완전히. sauter le fossé tout ~ 완전히 도랑을 뛰어넘다.

franc³(que) [frã, -ãːk] a. ① 프랑크족의. tribus ~ques 프랑크 부족. langue ~que¹ 프랑크어(語)(francique). ② (근동지방의 항구에서 호칭되던)유럽인의. colonie ~que 드 Tripoli 트리폴리의 유럽식민지. langue ~que² 사비르어(語) (근동지방에서 사용되는 프랑스·이탈리아·에스파냐·터키·아랍 제국어의 뒤섞은 언어)(lingua franca).
—**F**~ n. ① 프랑크 사람, (pl.)프랑크족. ② (근동지방에서)유럽 사람.

franc- préf. 「자유로운, 솔직한」의 뜻.

‡**français(e)** [frãsɛ, -ɛːz] a. ① 프랑스(France)의; 프랑스인[어]의. citoyen ~ 프랑스 시민. amis ~ 프랑스의 친구. langue (littéraire) ~e 프랑스어[문학]. ② 프랑스식[풍]의. élégance bien ~e 매우 프랑스적인 우아함. Ce qui n'est pas clair n'est pas ~. 명확하지 않은 것은 프랑스어가[프랑스적이] 아니다 (*Rivarol*의 말).

à la ~e 프랑스풍의[으로]. jardin à la ~e 프랑스식 정원. manger à la ~e 프랑스식으로 식사하다.

—**F**~ n. ① 프랑스 사람. un ~ 프랑스 남자. une ~e 프랑스 여자. empereur des ~ (나폴레옹 1세·3세의 정식 호칭으로)프랑스 황제. ② (le F~) 《구어》파리의 프랑스 국립극장(le Théâtre-Français, la Comédie-Française); (les F~) 《옛》 프랑스 국립극단 단원 (les Comédiens-Français).

—*n.m.* 프랑스어(語)(langue ~e). ~ élémentaire

[fondamental] 기초 프랑스어《3,000어》. ancien ~ 고대 프랑스어《9—13세기》. ~ de Moyen-Âge 중세 프랑스어《14—15세기》. ~ moderne 현대 프랑스어《18세기 이후》. ~ classique 고전 프랑스어《17세기》.
en bon ~《비유적》분명히[솔직히] 말해서.
entendre[comprendre] le ~ 말한 것을 알아듣다. Vous ne *comprenez* pas *le* ~? 내가 한 말을 못알아 들었단 말이오?
~ad 프랑스어로. Parlez-vous ~? 프랑스어를 하십니까?
parler ~《비유적》분명하게 말하다.
parler(le) ~ comme une vache espagnole [comme un Basque espagnol] 프랑스말을 엉터리로[아주서툴게] 하다.

franc-alleu [frãkalø] (*pl.* ~**s**~***x*** 《발음불변》) *n.m.* (봉건시대의)자유지, 완전사유지.

franc-bord [frãbɔːr] *n.m.* (*pl.* ~**s**~**s**). ①《해양》건현(乾舷) 《흘수선(吃水線)에서 상갑판까지의 높이》; (선박 바깥쪽의)평관(平板)붙임. ②(소유주가 없는)하천·수로의 둑 안쪽의 공지.

franc-bourgeois [frãburʒwa] *n.m.* (*pl.* ~**s**~) 《역사》①(봉건시대의)자유민. ②(봉건시대의 과세가 면제된)평의민.

franc-comtois(e) [frãkɔ̃twa, -aːz] (*pl.* ~**s**~, ~**s**~**es**) *a.* 프랑슈콩테(*la Franche-Comté*, 프랑스의 옛 주)의. —**F**~-**C**~ *n.* 프랑슈콩테 사람.

France (la) [lafrãːs] *n.pr.f.* 프랑스. productions de *la* ~ 프랑스의 산물. roi de ~ 프랑스 국왕. ambassade de ~ 프랑스 대사관. histoire de ~ 프랑스 역사. vins de ~ 프랑스산 포도주. île de ~ 모리스(*Maurice*) 섬의 옛 이름. ~ libre 자유 프랑스(2차 대전시 해외 망명정부의 호칭). être[aller] en ~ 프랑스에 있다[가다].
REM *de*와 함께 명사의 보어로 쓰일 때 보통 관사가 붙는다:habitants de la France 프랑스 주민. 그러나 앞의 명사와 성구를 이룰 때에는 관사가 생략된다:royaume de France 프랑스 왕국. roi de France 프랑스 왕. 때로는 고대의 형태가 병용되기도 한다:côte de (la) France 프랑스의 해안.

franc-étable (de) [dəfrãketabl] *loc.ad.*《두배의》이 물이 서로 만나는 곳(하게 되는).

franc-fief [frãfjɛf] *n.m.* (*pl.* ~**s**~**s**) ①《역사》귀족의 세습영지(領地); 과세가 면제된 봉지(封地). ②귀족의 봉지를 소유하는 평민이 내는 세금.

franc-filin [frãfilɛ̃] (*pl.* ~**s**~**s**) *n.m.*《해양》타르를 바르지 않은 밧줄.

franche [frãːʃ] *a.f.* ⇒franc².

Franche-Comté (la) [lafrãʃkɔ̃te] *n.pr.f.*《지리》프랑슈콩테(Besançon을 수도로 하는 프랑스의 옛 주》.

franchement [frãʃmã] (< *franc*) *ad.* ①솔직하게, 숨김없이. pour le dire (à parler) ~ 솔직히 말해서. *F*~, ça ne me plaît pas. 솔직히 말해서 그건 내 마음에 들지 않는다. ②결연히, 망설이지 않고 (résolument). 명백히(nettement). Appuyez-vous ~ 망설이지 말고 기대세요. se prononcer ~ pour une opinion 어떤 의견에 명백히 찬성을 표명하다. ③(주로 형용사 앞에서)《구어》진실로, 정말, 참으로. Cette robe est ~ laide. 이 드레스는 정말 흉하다. Il joue ~ bien. 정말 멋지게 연주(경기)하는군. ④《드물게》자유롭게(librement).

***franchir** [frãʃiːr] *v.t.* ①(도랑 따위를)뛰어넘다; (강·바다를)건너다(traverser). (산을)넘다; (터널을)통과하다(passer). ~ un bond bond 도랑을 껑충 뛰어넘다. ~ les mers[les continents] 바다[대륙]를 건너다. ②《비유적》(장애 따위를)극복하다, 돌파하다(surmonter). ~ toutes les difficultés 모든 난관을 극복하다. ③한계를 넘다(dépasser). ~ le cap de la cinquantaine 50고개를 넘다. ~ les bornes de la décence 예절의 한계를 넘다. Sa gloire *a franchi* les siècles. 그의 명성은 수세기 동안 줄어들지 않았다. ④(배의 뱃물 따위를)푸다. ~ un pompe 펌프의 물을 푸다. ~ un vaisseau 배의 뱃물을 퍼내다. ⑤《옛》자유민으로 만들다, 해방하다(affranchir).
~ le mot《옛》말하기 어려운 말을 과감하게 말하다. **~ le pas[le saut]** 오래 주저하던 일을 단호하게 단행하다. **~ le Rubicon** (시저의 고사에서)(루비콘 강을 건너다)→단호한 행동을 취하다.
—*v.i.* ①《해양》바람이 고물로 돌다, 순풍이 되다. ②자유롭게 되다.
—se ~ *v.pr.* ①《수동적》건너지다. Ce fossé *se franchit* aisément. 이 도랑은 쉽게 건널 수 있다.

franchisage [frãʃizaːʒ] (<《영》*franchise*) *n.m.*《상법》독점판매권계, 프랜차이즈 시스템.

franchise [frãʃiːz] (<*franc*) *n.f.* ①솔직성; 정직성(sincérité). parler avec ~ 솔직하게 말하다. ②《미술·음악》대담성. ~ du pinceau 필치의 대담성. ③면세, 면제(exemption). (특히)우송료 면제(~ postale). ~ douanière 관세면제. ~ militaire 군사우편의 송료면제. ④《옛》자유(liberté). ⑤《고대법》특권(immunité). ~ d'une ville[d'une corporation] 도시[조합]의 자치권. ⑤ (*pl.*) 《고대법》(사원 따위의)불가침력, 면죄권(免罪權). 도피처, 피난처. ~s des églises 교회의 불가침권.
en ~《상법》(로); ~ 우편요금 무료로[의]. importer qc en ~ …을 무세(無稅)로 수입하다. envoi en ~ (우편물의)무료수송.
en toute ~ 매우 솔직하게, 숨김없이.

franchisé [frãʃize] *n.m.*《상법》독점계약[프랜차이즈] 가맹점, 프랜차이저.

franchiseur [frãʃizœːr] *n.m.*《상법》독점계약[프랜차이즈] 체인의 모회사.

franchising [frãʃiziŋ] 《미영》*n.m.* =franchisage.

franchissable [frãʃisabl] *a.* (냇물 따위가)건널 수 있는; (길 따위가)통행할 수 있다.

franchissement [frãʃismã] *n.m.* 통과, 건너기, 넘기(passage). ~ des cours d'eau《군사》도강.

franc-homme [frãkɔm] *n.m.* (*pl.* ~**s**~**s** [frãzɔm])《역사》(일체의 예속에서 면제된)자유봉지(封地)의 소유자, 자유민.

francien [frãsjɛ̃] *n.m.*《언어》프랑시앵어(語) 《중세기 프랑스 *Île-de-France, Orléanais* 두 지방에서 쓰던 말》.

francique [frãsik] *a.* 프랑크족(어)의. —*n.m.* 프랑크어(語).

francisation [frãsizasjɔ̃] *n.f.* ①프랑스(어)화. ~ d'un mot d'emprunt 차용어의 프랑스어화(化). ②《해양》프랑스 선박으로의 등록; 프랑스 선적(船籍) 증명서(acte de ~).

franciscain(e) [frãsiskɛ̃, -ɛn] *a.* 프란체스코회의. —*n.* (프란체스코회)수도사(수녀).

franciser [frãsize] *v.t.* ①프랑스(어)화하다. ~ des noms propres étrangers 외국의 고유명사를 프랑스어로 만들다. ~ les héros de l'antiquité 고대의 영웅들을 프랑스화하다. ②《해양》프랑스 선적으로 등록하다. **—se** ~ *v.pr.* 프랑스(어)화되다.

francisque [frãsisk] *n.f.* ①《고고학》프랑크족이 무기로 쓴(큰 도끼. ② gallique (2차 대전시 *Vichy* 정부가 사용한)도끼 문장(紋章).

franciste [frãsist] *n.m.* 프랑스어(문)학자.

francité [frãsite] *n.f.* 프랑스적 특성, 프랑스적인 성격 《*Sénégal*의 대통령이며 시인이었던 *Senghor*가

사용한 말).
francium [frãsjɔm] *n.m.* 【화학】 프랑슘.
franc-jeu [frãʒø] (*pl.* ~**s**-~**s**) *n.m.* 페어플레이, 정정당당하게 겨루기. jouer ~ 정정당당하게 시합[행동]하다.
franc-juge [frãʒyːʒ] (*pl.* ~**s**-~**s**) *n.m.* 【역사】 (14·15세기 독일의) 비밀재판관.
franc-maçon(ne) [frãma(ɑ)sɔ̃, -ɔn] (*pl.* ~**s**-~**s**) *n.m.* 프리메이슨단(團)원. ~**ne**, (위)의.
franc-maçonnerie [frãma(ɑ)sɔnri] *n.f.* ① 프리메이슨단(1717년 영국에서 결성된 코스모폴리탁적 자유주의자의 단체). ② (비유적)(같은 사상·직업 사이에 생기는)친밀감, 동지의식.
franc-maçonnique [frãma(ɑ)sɔnik] *a.* 《드물게》 프리메이슨단의.
franco [frãko] *ad.* ① 【상업】 운임지불필로, 운임무료로.(~ de port, franc de port). expédier un colis ~ 소포를 발송인 부담으로(운임선불로)보내다. «Catalogue ~ sur demande» "청구하면 바로 카탈로그 무료증정." ~ de bord 【상업】 본선인도(本船引渡). livré ~ (운임)무료배달. ② (속어) 솔직하게, 단도직입적으로(franchement). Allez-y ~. (속어) 주저말고 하시오, 솔직하게 말하시오.
—*n.m.* 【상업】 (주식·증권 매매 때에)단일수수료만 징수하기.
franco- *préf.* 「프랑스」의 뜻(예: guerre *franco*-allemande 불독전쟁).
François [frãswa] *n.pr.m.* 남자 이름. saint ~ d'Assise 앗시지의 성프란체스코.
faire le coup du père ~ *à qn* (속어) ···을 숨어서 기다려 스카프로 목졸라 죽이다; 배반하다(trahir).
francolin [frãkɔlɛ̃] *n.m.* 【조류】 자고의 일종.
Franconie [frãkɔni] *n.pr.f.* 【역사·지리】 (독일의) 프랑켄.
franconien(ne) [frãkɔnjɛ̃, -ɛn] *a.* 프랑켄의.
—**F**~ *n.* 프랑켄 사람. 프랑켄어(語).
francophile [frãkɔfil] *a.* 친불(親佛)의.
francophilie [frãkɔfili] *n.f.* 친불(정신).
francophobe [frãkɔfɔb] *a.* 프랑스(사람)를 싫어하는. —*n.* (위)의 사람.
francophobie [frãkɔfɔbi] *n.f.* 프랑스(사람) 혐오.
francophone [frãkɔfɔn] *a.* 프랑스어를 말하는. Canadiens ~s 프랑스어를 말하는 캐나다인.
—*n.* 프랑스어를 말하는 사람.
francophonie [frãkɔfɔni] *n.f.* 프랑스어 사용; 프랑스어 사용권(사용국가).
franco-provençal(ale, *pl.* **aux)** [frãkoprɔvãsal, -o] *n.m., a.* 프랑코 프로방살(의) (프랑스 동부와 스위스의 프랑스어권에서 사용되는 방언).
franc-or [frãkɔːr] (*pl.* ~**s**-~**s**) *n.m.* 【경제】 금 프랑(1928년 제정, 금과 맞바꿀 수 있음).
franc-papier [frãpapje] (*pl.* ~**s**-~**s**) *n.m.* 【경제】 지폐 프랑(불환권(不換券).
franc-parler [frãparle] *n.m.* 솔직한(스스럼없는) 말씨. avoir son ~ avec *qn* ···에게 무엇이든지 솔직하게 말하다.
franc-quartier [frãkartje] (*pl.* ~**s**-~**s**) *n.m.* 【문장】 방패를 4등분한 좌상(左上)의 구획. ~종.
franc-réal [frãreal] (*pl.* ~**s**-~**s**) *n.m.* 배(梨)의 일종.
franc-salé [frãsale] (*pl.* ~**s**-~**s**) *n.m.* 【역사】 (구체제 하에서의)염세(鹽稅) 면제의 특권).
franc-tenancier(ère) [frãtənãsje, -ɛːr] (*pl.* ~**s**-~**s**) *n.* 【역사】 (봉건시대의)자유농민.
franc-tireur [frãtirœːr] (*pl.* ~**s**-~**s**) *n.m.* ① 【프랑스카】 (1870~1871 년의 보불전쟁시의)의용병, (일반적으로)의용병, 유격대. *F*~*s T*~*s et Partisans* (*français*) 의용유격대(2차 대전시 항독조직의

대원: (약자)F.T.P.(F.)). *F*~-*T*~ (항독조직에서 발간한)레지스탕스 신문. ② (비유적) (단체의 규율을 무시하는)독립 행동자. agir en ~ (단체에서 탈하여)제멋대로 행동하다. ~ du journalisme 《구어》(신문·잡지의)자유기고가.
frane [fran] 【이탈리아】 *n.m.* 산사태.
frange [frãːʒ] *n.f.* ① 가장자리 술 장식, 술. ~ d'or [de soie, de fil] 금실[비단실·마사] 장식 술. rideaux à ~s 술이 달린 커튼. 술 장식같이 늘어진 것. ~ de cheveux (이마 위로)늘어진 머리카락. Son pantalon avait une ~ de boue. 그의 바지 끝에 진흙이 더덕더덕 묻어 있었다. ③ 주변의, 외연(外緣); (집단의)주변에 있는 사람, 소수파. ~ d'étudiants politisés 정치의식화된 소수학생. ~ de conscience 【심리】 주의의 가장자리(意識圏). ④ ~ synoviale 【해부】 활액막주벽(滑液膜皺襞); ~s d'interférence 【광학】 간섭(干渉)무늬.
frangé(e) [frãʒe] *a.p.* ① 가장자리에 술 장식이 있는. jupe ~*e* 술 장식이 달린 치마. pantalon ~ 가장자리가 너덜너덜한 양복바지. ② 꽃잎 가장자리가 술 모양으로 째진. ③ corps ~ 【해부】 (소뇌(小腦))의 치상핵(齒狀核).
frangeant [frãʒã] *a.m.* 【해양】 거초(裾礁).
récif ~ 【해양】 거초(裾礁).
franger[1] [frãʒe] [3] *v.t.* ①(가에)술 장식을 달다. ~ une jupe[un fauteuil] 치마[안락의자]에 술 장식을 달다. ② 술 장식으로 선(線)을 두르다.
franger[2]**(ère)** [frãʒe, -ɛːr] *n.* 술 장식 제조인.
frangeuse [frãʒø:z] *n.f.* 술 장식 여직공.
frangible [frãʒibl] *a.* 꺾이기[부서지기] 쉬운.
frangier(ère) [frãʒje, -ɛːr] *n.* =**franger**[2].
frangin [frãʒɛ̃, -ɛ̃] *n.* (속어) ① 형제, 자매. ② 정부(amant, maîtresse).
frangipane [frãʒipan] *n.f.* ①(옛) 장갑 가죽에 칠하는 일종의 향료. ②(케이크용)편도(扁桃)크림; 편도크림파이.
frangipanier [frãʒipanje] *n.m.* 【식물】 협죽도과(科)의 일종.
franglais(e) [frãglɛ, -ɛːz] *a.* 영어(식 표현이) 섞인 불어의. —*n.* 영어가 섞인 불어.
franglaisant(e) [frãglɛzã, -ã:t] *a.* franglais 를 쓰는. —*n.* franglais 사용자.
franglicisme [frãglisism] *n.m.* franglais 어법, franglais 식 표현.
franque [frãːk] *a.f., n.f.* ⇨franc[3].
franquette [frãkɛt] *n.f.* à la bonne ~ (구어) 체면차리지 않고, 마음 가볍게; (옛) 솔직히. recevoir *qn à la bonne* ~ 격식을 차리지 않고 ···을 응접하다.
franquiste [frãkist] *a.* 프랑코(Franco) 장군파의. l'Espagne ~ 프랑코 장군 영도하의 에스파냐.
—*n.* (에스파냐의)프랑코파(사람).
frape [frap] *n.f.* =**frappe**[2].
frappage [frapaːʒ] *n.m.* ①《드물게》(화폐 따위의)주조. ② (술을)얼음으로 식히기.
***frappant(e)** [frapã, -ã:t] *a.* ① 사람의 마음을 끄는 인상적인(impressionnant); 놀라운; 눈에 띄는, 현저한, 일목요연한. spectacle ~ 인상적인 광경. coïncidence ~*e* 놀라운 일치. contraste ~ (뚜렷하게)눈에 띄는 대조. ressemblance ~*e* 아주 꼭 닮은. C'est ~! 그것 신기하군! 그거 놀라운데! ② arguments ~s (구어)완력에 의한 설득, 폭력.
frappe[1] [frap] *n.f.* ①(화폐·메달 따위의)주조; 각인(刻印). ②【타이프】타자(치기); 타자법; 타자 인쇄물. faute de ~ 타자 미스. Le manuscrit est à la ~. 원고는 지금 타자중이다. Cette dactylo a une bonne ~. 이 타이피스트는 타자를 잘 친다. ③ 【야구】 히트, 안타; 【권투】 히트; 치는 법; 【음

frappe² n.f. 《속어》되지못한 놈; 부랑자(voyou).

frappé(e) [frape] a.p. ① (옷감이) 올이 뺀, velours ~올이 뺀 비로드. ② 각인(刻印)이 찍힌, 주조된. ③ (비유적) 《시 따위가》 공들여 지어진. vers bien ~잘 짜여진 힘찬 시구(詩句). ④ (격렬한 감정·감각 따위로) 충격을 받은, 사로잡힌, 놀란, 심각한 인상을 받은. ⑤ (죽음·급병 따위에) 엄습당한. ⑥ (음식물이 얼음에) 잘 식혀진. champagne bien ~잘 식혀진 샴페인. café ~냉커피. ⑦《구어》머리가 돈(fou). Il est complètement ~. 그는 완전히 돌았다. ― n.m. ① 《음악》 하박(下拍), 강박(強迫) ② 《무용》 프라페.

frappe-cocktail [frapkɔktεl] n.m. 칵테일 셰이커 (shaker《영》〔ʃeikɔːr〕).

frappe-devant [frapdǝvɑ̃] n.m. 《복수불변》(대장 장이의) 큰 망치.

frappement [frapmɑ̃] n.m. 치기, 두드리기. ~des baguettes sur le tambour 북을 막대기로 치기. ~du pied 발길질. ~du rocher par Moïse 《성서》모세의 바위치기.

:**frapper** [frape] v.t. ① 때리다, 두드리다, 치다, (battre), (타격을) 가하다; (칼 따위로) 찌르다, 베다, 해치다. ~ qn au visage …의 얼굴을 때리다. ~ qn d'un poignard …을 단검으로 찌르다. ~ un clou avec un marteau 망치로 못을 치다. ~ un coup 치다, 때리다(donner un coup). 《주어는 사물》La pluie frappe les vitres. 비가 유리창을 친다. La mer frappe la falaise. 바닷물이 벼랑을 친다. Le coup le frappa à mort. 일격에 그는 죽었다. ② (광선이) 조사(照射)하다, 쬐다; (소리가) 울리다. ~les yeux(빛 따위가) 눈에 강하게 비치다. ~les oreilles (소리가) 귀에 울리다, 귀를 때리다. ③ (에게) 강한 인상을 주다, 감명을 주다; 놀라게 하다, 어안이 벙벙하게 하다(impressionner, étonner). Sa beauté m'a frappé. 그녀의 아름다움에 나는 강한 인상을 받았다. ~ qn de stupeur (d'admiration) …을 아연실색하게 하다(감탄하게 하다). J'ai été frappé de leur ressemblance. 그들이 너무나도 닮은 것에 놀랐다. Ce qui me frappe le plus... 내게 가장 감명을 주는 것은…. ④ (에) 〈세금·벌 따위가〉 과해지다. impôt qui frappe certaines catégories de salariés 몇몇 부류의 봉급생활자에 과해지는 세금. Une taxe spéciale frappe les articles de luxe. 사치품에 대해서 특별세가 과해진다. [~ qn/qc de] ~ qn d'emprisonnement …을 금고형에 처하다. ~ des marchandises de droits de douane élevés 상품에 높은 관세를 과하다.
⑤ (병·죽음 따위가) 엄습하다, 침범하다, 감염하다(atteindre). être frappé de cancer 암에 걸리다. être frappé de mutisme (갑자기)벙어리가 되다. politique frappée d'impuissance (비유적) 무력(無力) 화된 정책. La mort frappe tous les êtres. 죽음은 모든 존재를 엄습한다.
⑥ (화폐 따위에) 각인(刻印)을 찍다, 주조하다; (종이에 모양을) 박아내다, 찍어내다. ~ un décor sur une reliure 책표지에 장식을 찍어넣다.
⑦ (타이프를) 치다, 찍다; (옷감을) 이 빼게 하다. ~une lettre à la machine à écrire 타이프로 편지를 치다.
⑧ 《요리》 (술 따위를) 얼음으로 식히다. ~du champagne 샴페인을 차게 하다.
⑨ 《해양》 (밧줄을) 세게 죄다.
~ **les trois coups** 《연극》개막의 신호로 무대 바닥을 세번 치다.
~ **un grand coup** [un coup décisif] 일대 모험을 감행하다. (결판을 내기 위해) 승부를 걸다.
ouvrage frappé au bon coin 성공작, 수작.
―v.t.ind. [~ à/sur/contre] …을 치다, …을 두드리다; (문·방울·기…에) 타격을 가하다. ~ sur qn …을 때리다. ~ sur l'épaule 어깨를 두드리다. ~ à la porte 문을 노크하다. (목적보어 없이) Entrez sans ~. 노크없이 들어오시오. On frappe. 누군가 노크한다.
~ **à la tête** (반란의) 주모자〔핵심부〕를 치다.
―v.i. 두드리다, 치다. ~ des mains; ~ dans les mains 손뼉치다, 박수하다 (des mains 는 des 는 de +les 이며, de 는 avec 의 뜻). ~ du pied 발을 동동 구르다.
~ **se ~** v.pr. ① 서로 치다. ② 자기를 치다; 자기 …을 때리다. se ~ d'un coup de poignard 단검으로 자기를 찌르다 [찔러 자살하다]. (se 는 간접목적보어) se ~ la poitrine 자기의 가슴을 치다. se ~ le front 자기 이마를 치다 (좋은 생각이 떠올랐을 때, 혹은 상대방의 머리가 돎다는 것을 알릴 때의 동작). ③ 《구어》 속을 썩이다(se tourmenter). Ne te frappe pas: tu n'y changeras rien. 쓸데없이 속썩이지 말게, 그렇다고 달라지지 않으니까.
④ 얼음으로 식히다.

frappeur(se) [frapœːr, -ø:z] n. ①《구어》 (사람을) 치는 사람. ② (화폐 따위를) 박아내는 사람, (지형을) 뽑아내는 사람. ― n.m. ① 망치공, 쇠 불리는 직공. ~ de rivets 징 박는 사람, 해머, (전신기의)키. ― a. esprit ~ 《심령》탁자나 벽 따위를 두드려서 자기 의사를 알리는 망령(亡靈).

fraser [fraze] v.t. =**fraiser**.

frasil [frazil] 《캐나다》n.m. (강에 떠다니는) 얼음덩어리; (얼기 시작한) 살얼음.

frasque [frask] n.f. (옛) 짓궂은 장난; 엉뚱한 (무분별한) 행동.

frater [fratεːr] 《라틴》n.m. (옛) ① 수도사; 조수사, 노동수사 ② 외과의사 겸 이발사 조수.

fraternel(le) [fratεrnεl] a. ① 형제의; 형제다운. amour ~ 형제애. ② 형제와 같은, 우애 있는. amitié ~le 우정, 우애. se montrer ~ avec qn …에게 형제처럼 친하게 대하다. ③ jumeaux ~s 《유전》2란성 쌍동이. ― n.f. 공제단체 (18세기 말에 생긴 상호부조를 목적으로 설립된 근로자 단체).

fraternellement [fratεrnεlmɑ̃] ad. 형제로서, 형제같이, 우애 있게.

fraternisation [fratεrnizasjɔ̃] n.f. 형제같이 친함 〔협력함〕.

fraterniser [fratεrnize] v.i. [~ avec] (와)형제같이 친밀하게 지내다; 우호관계를 맺다. ~ aussitôt avec ses camarades 동료들과 곧 친밀하게 지내다. (보어 없이) Ces enfants commencent à ~. 이 아이들이 서로 친해지기 시작한다.

fraternité [fratεrnite] n.f. ①《드물게》형제관계; 형제의 우애. ② 우애, 동포애, 우호관계. Liberté, Égalité, F~ 자유·평등·우애 (프랑스 공화국의 표어). ③ 종교 단체.

fraticelles [fratisεl] n.m.pl.《종교》청빈(清貧) 형제회 (14세기의 프랜씨스코회 엄격파).

fratricide [fratrisid] n. 형제살해범. ― n.m. 형제살해(행위). ― a. 형제살해의. guerres ~s 골육상쟁.

fratrie [fratri] n.f. 《집합적》《통계》(한 가족의) 형제자매.

fraude [froːd] n.f. ① (법에 의해 처벌되는) 부정〔사

기)행위. ~ électorale 선거위반(부정). ~ fiscale (à l'impôt) 탈세. ~ (dans un examen)커닝, 부정행위. ②《옛》기만, 속임수(tromperie).
en ~ ⓐ불법으로, 부정한 수단으로. introduire *qc en ~* …을 밀수입하다. fabriquer des liqueurs *en ~* 술을 밀조하다. ⓑ 살짝, 숨어서(en cachette). introduire *en ~* un dictionnaire interdit 금지된 사전을 몰래 가지고 들어가다.
fraudé(e) [frode] *a.p.* 부정하게 취급된. marchandises ~*es* 밀수품. lait ~ 불순물이 섞인 우유.
frauder [frode] *v.t.* ① (에 대해)부정[불법]행위를 하다. ~ la douane (세관을 속여)밀수하다. ~ le fisc[l'impôt] 탈세하다. ②《옛》속이다, 기만하다. —*v.i.* 부정행위를 하다. ~ à l'examen 시험에서 커닝하다. ~ à la douane (세관을 속여)밀수하다. [~ sur] ~ *sur* la qualité des marchandises 상품의 질을 속이다. ~ *sur* le vin 술에 섞음질을 하다.
fraudeur(se) [frodœːr, -φːz] *a.* 부정행위를 하는, 밀수하는. —*n.* 부정행위자; 밀수꾼.
frauduleusement [frodyløzmɑ̃] *ad.* 부정한 수단으로, 당국의 눈을 속여; 남몰래, 숨어서. vendre ~ des marchandises 상품을 밀매하다.
frauduleux(se) [frodylφ, -φːz] *a.* 부정한, 사기적인; 기만적인. moyens ~ 부정수단, 사기. trafic ~ 부정거래, 밀매. édition ~*se* 해적판(《옛》 textes ~). banqueroute ~*se* 위장도산(倒産).
fräulein [frɔ́læjn] *n.f.* (프랑스 가정에 고용된)독일인 여자 가정교사.
fraxiné(e) [fraksine] 《식물》 *a.* 물푸레나무와 닮은(관계있는). —*n.f.pl.* 물푸레나무속(屬).
fraxinelle [fraksinɛl] *n.f.* 《식물》 백선(白癬) (dictame).
frayage [frɛjaːʒ] *n.m.* 《생리》(신경충동의)소통 (疏通).
fraye [frɛj] *n.f.* (칼날의)홈; (도로에 생긴 차의)바퀴자국.
frayé(e) [frɛ(e)je] *a.p.* ① (길이)트인. chemin ~ 트인 길; 사람이 통행하여 다져진 길. ② (화폐 따위가)마멸된. ③ 《수의》 (말이)마찰에 의해서 홍반 (紅斑)이 생긴.
frayement [frɛjmɑ̃] *n.m.* ① 길을 트기. ② 《수의》 (말의)마찰에 의한 홍반(紅斑).
frayer [frɛ(e)je] [8] *v.t.* ① (길을)트다, 개척하다. ~ un sentier 오솔길을 트다. 《비유적》 [~ la voie/le chemin à] Cette découverte *a frayé la voie* à tous les travaux ultérieurs. 이 발견은 이후의 모든 연구의 길을 터주었다. ② (사슴이 뿔을 나무 따위에)문지르다. ③ 《수의》(마찰에 의해 살갗이)벗겨지다. ④ (화폐를)마손(磨損)하다, (칼날의 등 가까이에)홈을 파다.
—*v.i.* ① (물고기가 암컷이)알을 낳다, (물고기 수컷이)이리를 끼얹다. ② 《비유적》 [~ avec] (와)사귀다, 친교를 맺다(fréquenter). Il ne veut pas ~ *avec* ces gens-là. 그는 저 사람들과 어울리고 싶어 하지 않는다. ③ (화폐가)마손되다. ④ ~ aux ars 《수의》(말의)가슴팍 부위가 마찰에 의해 홍반 (紅斑)이 생기다.
—*se* ~ *v.pr.* (*se* ~ 간접목적어)자기를 위해서 (길을)트다. ~ *un chemin*[un passage] à travers la foule 군중을 헤치며 나아가다. *se* ~ le[un] chemin vers *qc* (비유적) …으로의 길을 트다; …을 얻으려고 갖은 수단을 다하다. *se* ~ le chemin des honneurs 영광의 길을 스스로 개척하다.
frayère [frɛjɛːr] *n.f.* (물고기의)산란장. ~ naturelle[artificielle] 천연[인공]산란장.
frayeur [frɛjœːr] *n.f.* 공포, 두려움(effroi, terreur). ~ de la mort 죽음의 공포. être saisi de ~ 공포에 사로잡히다. faire ~ 두려워하게 하다(effrayer).
frayoir [frɛjwaːr] *n.m.* 사슴이 새로 돋은 뿔을 나무에 비빈 자국.
frayure [frɛ(e)jyːr] *n.f.* 사슴이 뿔을 나무에 비비기.
fre 《약자》facture 《상업》 송장(送狀), 계산서.
freak [frik] 《미영》 *n.* 《속어》 히피(족); 마약 중독자.
fredaine [frədɛn] *n.f.* (젊은이의)무분별한 행동, 탈선행위. faire des ~*s* 젊은 기분으로 난봉피우다.
Frédéric [frederik] *n.pr.m.* (독일의)프레데릭 (Friedrich). —**f—** *n.m.*《옛》프레데릭 2세의 초상이 있는 프러시아의 옛 화폐.
fredon [frədɔ̃] *n.m.* ①《옛》《음악》 (가수가 곡에 붙인)즉흥적 장식음; 후렴(refrain). ② (불명료한)음, 가락. ③《옛》《카드놀이》 같은 카드 셋을 모음; 세 사람의 모임.
fredonnement [frədɔnmɑ̃] *n.m.* 콧노래, 허밍.
fredonner [frədɔne] *v.i.,v.t.* ①《옛》장식음을 붙여 노래하다. ② 입안에서 (노래를)흥얼거리다, 콧노래를 부르다. ~ (un air) en travaillant 일하면서 (가락을)흥얼거리다.
fredonneur(se) [frədɔnœːr, -φːz] *a., n.* 콧노래하기를 즐기는(사람).
free-martin [frimartin] (*pl.* ~-~*s*) 《영》 *n.m.* (수컷과 쌍둥이로 태어난)암송아지 (보통 불임증).
freesia [frizja] *n.f.* 《식물》 프리지어.
freezer [frizœːr] 《영》 *n.m.* (냉장고의)얼음을 만드는 칸, 냉동실.
frégate [fregat] *n.f.* ①《옛》(15·16세기의)범선(帆船); (18·19세기의)3돛대의 쾌속범선. ② 프리깃함(대잠수함 호위용의 소형 구축함). capitaine de ~ 해군중령. ③《조류》군함조(열대지방산의 거대한 새).
frégate-école [fregatekɔl] (*pl.* ~*s*-~*s*) *n.f.* (19세기의)연습함.
frégater [fregate] *v.t.* (속력을 높이기 위해 선체를)유선형으로 만들다.
frégaton [fregatɔ̃] *n.m.* 《구어》해군중령.
*****frein** [frɛ̃] *n.m.* ①제동기(制動機), 브레이크. ~ à air comprimé 에어브레이크(~ aérodynamique). ~ à levier(à main) 핸드브레이크. ~ à huile 유압 브레이크. ~ moteur 엔진브레이크. serrer(desserrer) le ~ à main 핸드브레이크를 걸다[풀다]. donner un coup de ~ 브레이크를 걸다(→숙어). ②(비유적)억제, 억지; 구속. ~ de la loi [de la religion] 법[종교]의 구속[억제](력). Son ambition n'a pas de ~. 그의 야망은 멈출 줄 모른다. imagination sans ~ 고삐풀린 상상력. ③ ~*s* d'essais(dynamométriques) 흡수동력계. ④《해부》 소대(小帶), 계대(繫帶). ⑤《옛》재갈.
donner un coup de ~ *à qc* (비유적)…에 제동을 걸다, …의 진전을 억제하다.
mettre un ~ *à qc* …을 억제하다. Il a mis un ~ à ses dépenses. 그는 지출을 억제했다. ~ *mis au progrès économique* 경제발전에 걸린 제동[장애].
ronger son ~ (말이)재갈을 물다; (사람이)초조해서 어쩔 줄 모르다; 간신히 초조함을 억누르고[참고] 있다.
freinage [frɛnaːʒ] *n.m.* ① 브레이크 걸기; 제동장치. ~ brusque[brutal] 급브레이크. ~ à bloc[à fond] 전제동(全制動). ②《비유적》억제. ~ de la consommation 소비의 억제.
freinateur(trice) [frɛnatœːr, -tris] *a.* 《생리》(기관의 기능을)억제하는. nerfs ~*s* 억제신경. médicaments ~*s* 억제제. —*n.m.* 억제제. ~*s* de l'appétit 식욕억제제.
*****freiner** [frɛ(e)ne] *v.t.* ① (운동에)브레이크를 걸다. ② (비유적)억제[제한]하다(ralentir, ↔ accé-

lérer). ~ la hausse des prix 물가상승을 억제하다. ~ le progrès économique 경제발전을 억제하다. [~ qn] Il voulait faire un scandale, mais je l'ai *freiné*. 그는 소란을 피우려고 했지만 내가 그를 말렸다.
—*v.i.* 브레이크를 걸다. voiture qui *freine* bien 브레이크가 잘 걸리는 자동차.

freineur [frɛnœːr] *n.m.* 《철도》 제동수(制動手).

freinte [frɛːt] *n.f.* 《상업》 (상품의 제조·운송중의) 손모(損耗), 감손, 축이 남.

frelampier(ère) [frəlɑ̃pje, -ɛːr] *n.* 《엣》수도원의 등화계(燈火係) 승려.

frelatage [frəlataːʒ] *n.m.*, **frelatation** [frəlatɑsjɔ̃] *n.f.*, **frelatement** [frəlatmɑ̃] *n.m.* ① (술·약에)불순물을 섞기. ② (일반적으로) 불순물.

frelaté(e) [frəlate] *a.p.* ① 불순물이 섞인. vin ~ 섞음질한 포도주. ② 불순한, 부도덕한. fréquenter une société ~e 수상쩍은 사람들과 사귀다.

frelater [frəlate] *v.t.* ① (술·약 따위에) 불순물을 섞다, (불순물을 넣어) 변조하다. ~ du vin 포도주에 섞음질을 하다. ② 악화시키다, 변화시키다. Ces lectures *frelatent* le goût. 이런 류의 독서물은 취미를 타락시킨다. ③《엣》(포도주 따위를) 바꿔치기 하다; (쳐놓은) 나무들 다른 통에 갈아넣다.

frelaterie [frəlatri] *n.f.*《엣》=frelatage.

frelateur(se) [frəlatœːr, -øːz] *n.*《드물게》(술·약에) 불순물을 섞는 사람.

frêle [frɛl] *a.* ① 약한, 여린, 연약한, 가냘픈; 날씬한, 홀쭉한. tige ~ 꺾일 듯한 나무줄기. poignets ~s 가는 손목. voix ~ 가냘픈 목소리. être de santé ~ 몸이 허약하다. ② 믿을 수 없는, 덧없는; 희미한, 미미한. ~ appui 믿을 수 없는 지원. ~ espoir 덧없는 희망.

freloche [frəlɔʃ] *n.f.* 포충망(捕蟲網); (물속의 곤충을 건져내는) 사내끼.

frelon¹ [frəlɔ̃] *n.m.* ① 《곤충》 무늬말벌. ②《엣》기생충(적인 인간).

frelon² *n.m.* 《식물》 호랑가시나무.

freluche [frəlyʃ] *n.f.* 견사(絹絲)의 작은 술. ② (공중에 떠도는) 거미줄. ③ 하찮은 것.

freluquet [frəlykɛ] *n.m.*《구어》경박한 남자, 하찮은 남자.

frémir [fremiːr] *v.i.* ① (가벼운 소리를 내며) 살랑거리다; 가볍게 끓(기 시작하)다. Le feuillage *frémit* sous le souffle léger du vent. 잎이 미풍에 살랑거린다. L'eau commence à ~. 물이 (가벼운 소리를 내며) 끓기 시작한다. ② 몸을 떨다, 전율하다; 소름끼치다, 오싹하다. La forte fièvre le faisait ~ de tout son corps. 그는 고열로 온몸을 떨고 있다. Tout mon corps *frémit* de plaisir. 기쁜 나머지 온 몸이 떨린다. Ça me fait ~ quand j'y pense. 그 생각만 해도 소름이 끼친다. C'est à faire ~ ! 무시무시하며, 오싹하는군.

frémissant(e) [fremisɑ̃, -ɑ̃ːt] *a.* 떨고있는; 살랑거리는. voix ~e de colère 화가 나서 떨리는 목소리. feuillage ~ 살랑거리는 나뭇잎. eau ~e 끓기 시작하는 물. être plein d'ardeur ~e 끓는 듯한 열정에 넘쳐 있다. avoir une sensibilité ~e 무척 감수성이 예민하다.

frémissement [fremismɑ̃] *n.m.* ① (나뭇잎 따위의) 살랑거림. ② 떨림, 전율. ③ (끓기 전의) 가벼운 소리; 가볍게 끓음.

frênaie [frɛnɛ] *n.f.* 물푸레나무 재배지.

frêne [frɛn] *n.m.* 《식물》 서양물푸레나무. ~ à fleurs [à la manne] 만나나무. ~ à fleurs 꽃물푸레나무, 서양 개물푸레나무.

frénésie [frenezi] *n.f.* ① 열광, 열중. aimer avec ~ 열렬하게 사랑하다. travailler [jouer] avec ~ 열중해서 일하다 [놀다]. ② 격렬함, 맹렬함, 강렬. ~ de couleur [de son] 강렬한 색채 [소리]. ③《엣》광란, 미쳐 날뜀.

frénétique [frenetik] *a.* ① 열광적인, 열렬한; 격렬한, 강렬한. admirateur ~ 열광적인 팬. rythme ~ 격렬한 리듬. ② *littérature* ~ 《문학사》 열광 문학 《로망파의 한 경향으로 이성이나 도덕률에서 벗어난 인간의 힘참을 찬양하는》. ③《엣》광란에 빠진, 미쳐 날뛰는. —*n.* ① 열광하는 사람. ②《엣》 미친사람, 정신착란자.

frénétiquement [frenetikmɑ̃] *ad.* 열렬하게, 열중해서, 열광적으로.

fréon [freɔ̃] *n.m.*《상품명》 프레온《냉동제》.

fréquemment [frekamɑ̃] *ad.* 자주, 빈번하게. Cela arrive ~. 그것은 자주 일어나는 일이다.

fréquence [frekɑ̃ːs] *n.f.* ① 자주 일어남, 빈발; 빈도, 도수. La ~ des mêmes actes engendre l'habitude. 똑같은 행위가 자주 반복되면 습관이 된다. ~ des visites 빈번한 방문. ~ des trains (일정한 시간 내의) 열차의 운행수. ②《물리》빈도, 진동수, 사이클 수; (전파 따위의) 주파수. basse [haute] ~ 저 [고] 주파. ~ d'images [텔레비젼의] 상(像) 주파수. ③《의학》(맥박·호흡 따위의) 수, 빈도. ~ du pouls 맥박수. ~ respiratoire 호흡 수. ④《통계·수학》도수. ⑤ ~ des mots 〔언어〕 단어사용 빈도수. ⑥《엣》쏟아져 나옴, 쇄도 (affluence); (사람·장소를) 자주 방문함.

fréquencemètre [frekɑ̃smɛtr] *n.m.* 주파수계(計).

*fréquent(e) [frekɑ̃, -ɑ̃ːt] *a.* ① 자주 일어나는, 빈번한, 흔한(↔rare); (맥박 따위가) 몹시 빠른. usage ~ 빈번한 사용. symptôme ~ 자주 일어나는 증세. pouls ~s 《의학》빠른 맥박. ②《엣》(사람이 많이) 드나드는; 출입이 잦은 (peuplé, fréquenté).

fréquentable [frekɑ̃tabl] *a.* 드나들 수 있는, 사귈 수 있는; 안전한, 믿을 수 있는. lieu ~ (마음놓고) 출입할 수 있는 곳. individu peu ~ 사귀어서는 안될 사람.

fréquentatif(ve) [frekɑ̃tatif, -iːv] 《언어》 *a.* 반복상을 나타내는. aspect ~ 반복상(相). verbe ~. 반복(상) 동사. —*n.m.* 반복상(相) (aspect ~).

fréquentation [frekɑ̃tɑsjɔ̃] *n.f.* ① 자주 감[만남], (빈번한)방문, 출입; 사귐, 교제. ~ des cinémas 잦은 영화관람. ~ scolaire 통학. La ~ de mauvais camarades est nuisible. 나쁜 친구들과의 교제는 해롭다. ② 교제상대, 교우, 한패, 교제. avoir de bonnes [mauvaises] ~s 교우관계가 좋다 [나쁘다]. ③《문어》애독(愛讀). ~ des pièces théâtrales 희곡작품의 애독.

*fréquenté(e) [frekɑ̃te] *a.p.* (장소가)사람이 많이 모이는, (길이)사람이 많이 다니는, (항구가)배가 많이 드나드는. lieu peu ~ 사람이 잘 찾지 않는 장소. route ~e 교통량이 많은 도로. café bien [mal] ~ 손님이 들끓는 [뜸한] 카페. Ses cours sont très ~s. 그의 강의 시간에는 수강생들이 많다.

*fréquenter [frekɑ̃te] *v.t.* ① (장소에)잘 다니다; (사람과) 잘 만나다, 사귀다, 교제하다. promenade qu'on ne *fréquente* plus 이제는 인적이 드문 산책길. ~ l'école 학교에 다니다. Mon père *fréquente* les artistes. 나의 아버지는 예술가들과 교제가 많다. ②《구어·사투리》(결혼을 목적으로 이성과) 사귀다; 가까이 하다. ③《문어》(책을) 가까이하다, 애독하다.
—*v.i.* ①《구어·사투리》이성과 사귀다. ②《엣·문어》빈번히 드나들다 [찾아가다].
—**se** ~ *v.pr.* ① 왕래하다, 사귀다, 교제하다. Ils ont cessé de se ~. 그들은 교제를 끊었다. ②《속어》수음(手淫)하다.

frère [frɛːr] *n.m.* ① 형제, 형, 아우(↔ sœur). Pierre et Jean sont ~s. 피에르와 장은 형제간이다. ~ aîné; 《구어》 grand ~ 형. ~ cadet; 《구어》 petit (plus jeune) ~ 동생, 아우. ~s jumeaux 쌍둥이 형제. ~s germains 친형제. ~s consanguins (utérins) 배다른(이복) 형제. demi-~ 이부(이모)형제. ~s de lait 젖형제. vivre comme des ~s (en ~s) 형제처럼 사이좋게 살다. C'est un véritable ~ pour moi. 그는 내게 형제와 같다. ② 친구; 동료, 동지. ~ d'armes 전우; 《예》 맹약을 맺은 기사, 맹우. ~s d'opinions 의견을 같이 하는 사람, 찬동자. faux ~ 거짓 친구; 배신자. ~ franc-maçon(~ trois(-) points 프리메이슨 회원. ③ 공통점이 있는 것, 비슷한 것. Le sommeil est (le) ~ de la mort. 잠은 죽음과 상통하는 점이 있다. Les vertus devraient sœurs, ainsi que les vices sont ~s. 미덕이 서로 자매라면, 악덕은 서로 형제이다. ④ 《종교》 (믿음의)형제; 수도사. mes (chers) ~s 친애하는 형제 자매 (설교자가 청중에게). pêcheur(mineur) 도미니크(프란체스코)회의 수도 ⑤ vieux ~ 《구어》 자네 (친구에 대한 호칭). 사. ⑥ 《속어》 @ 저 녀석. ⓑ petit ~ 음경(陰莖).
—*a.* 형제와 같은, 우호적인; 동류의. parti ~ 우당(友黨).

frérot [frero] *n.m.* 《구어》 동생 (petit frère).
fresaie [frəzɛ] *n.f.* 《조류》 올빼미의 일종.
fresque [frɛsk] *n.f.* ① 《미술》 프레스코화(법). peindre à ~ 프레스코 화법으로 그리다. ② 대벽화; (한 시대의 사회의)웅장한 묘사.
fresquiste [freskist] *n.* (peintre) ~ 프레스코 화가.
fressure [fresyːr] *n.f.* (소·양 따위의)내장.
fret [frɛ] *n.m.* ① (화물의)운임, 운송료. ② 용선(傭船), 용선료. donner(prendre) un navire à ~ 배를 임대(임차)하다. ③ (기선·비행기의)적하(積荷), 짐(cargaison). avion de ~ 소송기. décharger son ~ 짐을 내리다. faux ~ 공(空)운임, 공짐, 이익이 없는 적하물. prendre du ~ 적하하다.
frètement [frɛtmɑ̃] *n.m.* 배의 임대 (賃貸).
fréter [frete] [6] *v.t.* ① (에게) (배를) 임대하다, (에게) 임차하다 《일반적으로 임대한다는 뜻으로 affréter 를 쓴다). une auto 《구어》 자동차를 임차하다. ② (배를)의장(艤裝)하다.
fréteur [fretœːr] *n.m.* 선박의 임대인 (賃貸人), 선주 (船主) (armateur, ↔ affréteur).
frétillage [fretijaːʒ] *n.m.* = **frétillement**.
frétillant(e) [fretijɑ̃, -ɑ̃ːt] *a.* ① 민첩하게 움직이고 있는; 팔딱팔딱 뛰는. poissons ~ 싱싱한 생선.
frétillement [fretijmɑ̃] *n.m.* ① 민첩하게 뜀, 팔딱 팔딱 뜀; (개가)꼬리를 흔듦. ② 안절부절 못함.
frétiller [fretije] *v.i.* ① 팔딱팔딱 (벌떡벌떡) 뛰다; (~ de)(을, 으로)흔들다. Les poissons *frétillent* dans le panier. 물고기가 바구니 안에서 팔딱팔딱 뛴다. Le chien *frétille de* la queue. 개가 꼬리를 흔든다. ~ *du* popotin 《속어》 엉덩이를 흔들다. ② 안절부절 못하다. ~ *de joie(d'impatience)* 기쁨이 가슴에 넘쳐 두근거리다(조마조마하다). Les pieds lui *frétillent*. 그는 가고 싶어 안절부절 못한다. La langue lui *frétille*. 그는 이야기가 하고 싶어서 애가 탄다.

frétillon [fretijɔ̃] *n.m.* 《예·구어》 침착하지 못한 (안절부절 못하는)사람.
fretin [frətɛ̃] *n.m.* ① 《집합적》 작은 물고기, 잔챙이. Il n'y a que du ~ dans cet étang. 이 연못에는 작은 물고기밖에 없다. ② 《구어》 값어치 없는 것; 하찮은 인간, 대수롭지 않은 존재(menu ~).
frettage [frɛtaːʒ] *n.m.* ① (보강용의) 쇠테를 붙이기. ② (집합적) 쇠[금속] 테, 쇠굴레, 쇠[금속] 띠.
frette[1] [frɛt] *n.f.* (보강용의)쇠테; 강철테, 화대.
frette[2] *n.f.* ① 《건축》 뇌문(雷文), 만자(卍字)를 이어놓은 모양. ② 《문장》 X무늬.
fretté(e) [frɛ(e)te] *a.p.* ① 쇠테(굴레)를 씌운. ② 《문장》 멜빵 무늬의.
fretter [frɛ(e)te] *v.t.* ① (보강을 위해 수레·포신 따위에) 쇠테를 씌우다; 강철제 테를 끼우다.
freudien(ne) [frødjɛ̃, -ɛn] *a.* 프로이트 학설의.
—*n.* 프로이트 학파의 사람, 프로이트주의자.
freudisme [frødism] *n.m.* 《의학·심리》 프로이트 (Freud, 오스트리아의 의사)학설(주의).
freux [frø] *n.m.* 《조류》 떼까마귀 (소형까마귀).
friabilité [frijabilite] *n.f.* 부서지기 쉬움, 가루가 되기 쉬움. de certaines pierres (de la craie) 어떤 종류의 돌 (분필)의 부서지기 쉬움.
friable [frij(j)abl] *a.* 부서지기 (가루가 되기) 쉬운, 여린. roche ~ 부서지기 쉬운 바위.
friand[1](e) [frij(j)ɑ̃, -ɑ̃ːd] *a.* ① (~ de] (을) 무척 좋아하는. chatte ~ *de* lait 우유를 무척 좋아하는 고양이. Mon fils est ~ *de bonbons*. 내 아들은 봉봉을 무척 좋아한다. être ~ *de* compliments 칭찬 받기를 무척 즐기다. ② 《예》 맛있는 것만 좋아하는, 음식을 가리는, 입이 짧은. avoir le goût ~ 입이 짧은. ③ 《예》 식욕을 돋우는, 맛있어 보이는. —*n.* 《예》 미식가, 식통.

friand[2] [frij(j)ɑ̃] *n.m.* 《요리》 (소형의)미트 파이. (소형의)아몬드 케이크.
friandise [frij(j)ɑ̃diːz] *n.f.* ① 맛있는 것; 《특히》 단것, 사탕과자. ② 《예》 맛있는 것을 즐김, 식도락; 탐욕. ~ de louanges 찬사를 즐김.
fric [frik] *n.m.* 《속어》 돈, 재산.
fricandeau [frikɑ̃do] (*pl.* ~*x*) *n.m.* 《요리》 ① 프리캉도 (송아지 넓적다리 고기에 돼지 기름살(베이컨)을 끼워서 찐 것). ② (용철갑 상어·참치 따위를 자른)저민.
fricassée [frikase] *n.f.* ① 《요리》 프리카세 : ⓐ 닭·토끼·송아지 고기 따위를 화이트 소스로 찐 것. ⓑ 《예》 베이컨을 넣은 오믈렛. ~ de poulet 치킨 프리카세. ~ de museaux 《구어》 (격렬한)키스 (포옹). ② 《무용》 (옛날의)형식에 구애받지 않는 춤; 《음악》 (가사를 긁어 모은 15·16세기의)모음곡. ④ 《예》 잡탕, 뒤죽박죽; 《야외에서 드는) 가벼운 식사.
fricasser [frikase] *v.t.* ① 《요리》 (고기·야채 따위를) 화이트 소스로 찌다, 프리카세하다; 《벨기에》 ~ *des œufs* 오믈렛을 만들다. ② 《예》 뒤죽박죽으로 하다; (돈을) 헛되이 쓰다, (남의 돈을) 써버리다. Il *aura* bientôt *fricassé* tout son bien. 그는 얼마 안 있어 모든 재산을 탕진할 것이다.
—*v.i.* 《속어》 육체관계를 갖다.
—*se* ~ *v.pr. se* ~ le museau 《구어》 키스하다 (포옹하다).
fricasseur(se) [frikasœːr, -øːz] *n.* ① 《드물게》 프리카세 조리사(調理師); 서투른 숙수(熟手). ② 《구어》 (유산 따위를) 탕진하는 사람.
fricatif(ve) [frikatif, -iːv] 《음성》 *a.* 마찰음의.
—*n.f.* 마찰음, 마찰자음 ([f,v,s,z,θ,ð,ʃ,ʒ] 따위).
fric-frac [frikfrak] (*pl.* ~~*s*) *n.m.* 《구어》 침입강도; 《예》 찍찍 (여는 소리) (물건이 찢어지는 소리).
friche [friʃ] *n.f.* 미개간지, 황무지; 미개간, 휴간. être (rester) en ~ (토지·지질 따위가) 개간되지 않은 상태로 두다. laisser ses dons en ~ 천부의 재능을 개발하지 않은 상태로 두다. archives en ~ 조사되지 않은 고문서.
frichti [friʃti] *n.m.* 《구어》 음식, 식사(repas). pré-

fricot [friko] *n.m.* 《구어》찜, 스튜; 식사, 요리. faire le ~ 요리하다.

fricotage [frikɔtaːʒ] *n.m.* ①《구어》부정거래, 엉터리 장사. ②《엣》요리하기; 잘 차린[푸짐한] 음식을 먹기.

fricoter [frikɔte]《구어》*v.t.* ① 스튜로 만들다; (식사)준비를 하다. ② 기도하다, 꾸미다. Qu'est-ce qu'il *fricote* encore dans son coin? 저 사람은 구석에서 무엇을 꾸미고 있나? ③《엣》(돈을)유흥비로 쓰다; 낭비하다. Il a *fricoté* toute sa fortune. 그는 전 재산을 유흥비로 탕진했다.
— *v.i.* ①부정거래 하다, 부당하게 벌다. Il *fricote* dans des affaires louches. 그는 수상쩍은 장사로 부당하게 돈을 번다. ③[~ avec] (와)공모하다, 한패가 되다; 성적관계를 맺다. ④ 잘 차린[푸짐한] 음식을 먹다.

fricoteur(se) [frikɔtœːr, -ø:z] *n.* ①《구어》부정업자, 엉터리 장사꾼. ②《군대은어》(군무를 게을리 하는)약삭빠른 병사. ③《엣》요리인; 미식가.

friction [friksjɔ̃] *n.f.* ①(몸의)마찰, 마사지; (특히 로션으로 하는)머리 마사지; (마사지용)로션. se faire faire une ~ (이발소에서)머리 마사지를 하다. ② 불화, 알력. Il y a encore bien des points de ~ à résoudre. 아직도 해결해야 할 분쟁의 씨가 많이 남아 있다. ③잔소리, 질책, 벌. administrer une bonne ~ à *qn* …을 혼쭐을 내다. ④ 《물리·기계》 마찰. cône de ~ 마찰원추. roue de ~ 마찰수레. embrayage à ~ 마찰 클러치. ⑤《지질》 brèche de ~ 단층각력; surface de ~ 매끄러운 면 (surface de glissement).

frictionnel(le) [friksjɔnɛl] *a.* ①《물리·기계》마찰의; 마찰에 의해 발생하는(움직이는). perte ~*le* 마찰손실. résistance ~ *le* 마찰저항. ②《경제》 chômage ~ 《경제》 마찰적 실업, 일시적 실업 (수요의 변화에 따른 노동산업간의 이동이 불완전함으로서 일시적으로 발생).

frictionner [friksjɔne] *v.t.* ①(몸·두피를)마찰하다, 마사지하다. ②《구어》~ la tête(les oreilles) à *qn* …을 야단치다; ~ les côtes à *qn* …을 때리다.
— *se ~ v.pr.* 자신의 몸[머리]을 마사지하다.

fridolin [fridɔlɛ̃] *n.m.* 《구어》(경멸) 독일 사람[놈] (특히 제 2차대전중에 쓰임).

frigidaire [friʒidɛːr] *n.m.* 《상표명》 냉장고. mettre *qc* au ~ …을 냉장고에 넣다; …을 보류[동결]하다.

frigidarium [friʒidarjɔm] *n.m.* 《고대로마》 냉수욕장, 냉탕실 (↔ caldarium).

frigide [friʒid] *a.* ①《엣·문어》찬; 냉랭한, 냉담한. ②《의학》(여성이)불감증인, 냉감증인.

frigidité [friʒidite] *n.f.* ①《엣·문어》차가움, 냉랭함. ②《의학》(여자의)불감증.

frigo [frigo] *n.m.* 《구어》① 냉장고, 냉장실. ② 냉동육. — *a.* 《구어》찬. Il fait ~. 춥다.

frigoluminescence [frigolyminɛsɑ̃s] *n.f.* 《물리》(물체를 액체 공기로 냉각시켰을 때 발생하는)광(光)루미네슨스.

frigoporteur [frigopɔrtœːr] *n.m.* 냉기운반유체.

frigo(ri)- *préf.* 「냉(冷)·한(寒)」의 뜻 〈예: *fri-go*thérapie 한랭요법. *frigori*gène 냉각제〉.

frigorie [frigɔri] *n.f.* 프리고리 (냉동에 사용되는 열의 계수 속도의 단위): (약어) fg).

frigorifère [frigɔrifɛːr] *n.m.* 냉각기. [(冷藏)]

frigorification [frigɔrifikasjɔ̃] *n.f.* (육류의)냉장

frigorifié(e) [frigɔrifje] *a.p.* ①냉장된, 냉동된. ②《구어》(추위·공포 따위로)얼어붙은. Donne-lui un thé bien chaud; il est ~. 그에게 뜨거운 차를 주시오, 몸이 꽁꽁 얼었으니까. candidat ~ (긴장해서)얼어붙은 수험생.

frigorifier [frigɔrifje] *v.t.* ①냉장하다, 냉동하다. ~ de la viande 고기를 냉동[냉장]시키다. ②《구어》(무서움에)얼게 하다, 기가 죽게 하다. Avec son air sévère, il *frigorifiait* les candidats. 그의 냉엄한 태도는 응시자들을 떨게 했다.

frigorifique [frigɔrifik] *a.* 냉동[냉장·냉각]한. armoire ~ 냉장고. bateau ~ 냉동[냉장]선. entrepôt ~ 냉장[냉동]창고. mélange ~ 냉각제.
— *n.m.* 냉장고, 냉각기; 냉동실, 냉장고.

frigorigène [frigɔriʒɛn] *a.* 냉기를 발생하는. appareil ~ 냉각기[냉각 장치].
— *n.m.* 냉각제, 냉각기.

frigorimètre [frigɔrimɛtr(ə)] *n.m.* 프리고리미터(생물 기후학에서 저온을 측정하는 온도계).

frigoriste [frigɔrist] *n.m.,a.* 냉동기사(의).

frigothérapie [frigoterapi] *n.f.* 《의학》한랭요법, 저온(냉동)치료.

frigousse [frigus] *n.f.* 《엣·속어》요리, 식사, 연회.

frigousser [friguse] *v.t.* 《엣·속어》요리하다.
— *v.i.* 요리를 만들다.

frileusement [frilø̃zmɑ̃] *ad.* 추운 듯이. se serrer ~ contre *qn* …에게 추운 듯이 몸을 꼭 붙이다.

frileux(se) [frilø, -ø:z] *a.* ①추위를 타는; 추운 듯한. On devient ~ avec l'âge. 나이가 들면서 추위를 타게 된다. posture ~*se* 추운 듯한 모습. ②조심성 있는, 깊이 생각하는; 겁이 많은. ③《문어》추운, 차가운. ciel ~ d'hiver 겨울의 냉랭한 하늘.
— *n.* 추위를 타는 사람.

frilosité [frilozite] *n.f.* 《드물게》추위를 잘 탐.

frimaire [frimɛːr] *n.m.* 《프랑스사》 프랑스공화력 제 3월 11월 21(22·23)일 ~ 12월 20(21·22)일).

frimant(e) [frimɑ̃, -ɑ̃:t] *n.* ①《은어》(영화·연극의)단역(端役). ② 놈, 녀석.

frimas [frima] *n.m.* ①《엣·속어》(서리 따위를 가져오는)차고 짙은 안개. saison des ~ 겨울. séjour des ~ 북국(北國). ② coiffe(poudre) à ~ 《엣》머리(가발)에 흰 가루를 뿌린.

frime [frim] *n.f.* ①《구어》표면, 겉치레, 속임수. C'est de la ~. 그것은 겉만 그럴사, 속임수이다. pour la ~ 표면상으로만, 겉차레로. ②《은어》(얼굴)놈, 녀석; 《집합적》단역들, 기타 여러 사람들. ④《은어》[en ~] (와)얼굴을 맞대고, 혼자서. laisser en ~ 혼자 내버려 두다.

frimer [frime] *v.i.* ①《구어》겉치장을 하다, 겉꾸림하다. ~ bien[mal] 《은어》풍채가 좋다[나쁘다]. — *v.t.* 《은어》(훔끔훔끔)(쳐다)보다.

frimeur(se) [frimœːr, -ø:z] *a.* 모양을 낸, 겉을 꾸민. — *n.* 멋장이, 허풍장이.

frimousse [frimus] *n.f.* 《구어》(어린아이·소녀의)얼굴. Va laver ta ~. 얼굴 좀 씻고 와.

fringalage [frɛ̃galaːʒ] *n.f.* (자동차의)옆으로 미끄러짐; (자동차가)울퉁불퉁한 곳에서 튐.

fringale [frɛ̃gal] *n.f.* ①《구어》①심한 공복감. avoir la ~ (급하게)무척 배가 고프다. ②억제할 수 없는 욕망. Elle a une ~ de voyager. 그녀는 무척 여행하고 싶어 한다.

fringaler [frɛ̃gale] *v.i.* 《드물게》비슷듬히 나아가다.

fringant(e) [frɛ̃gɑ̃, -ɑ̃:t] *a.* ①발랄한, 씩씩한. ②(말이)힘찬, 뛰어다니는. — *n.* faire le ~ 씩씩함을 나타낸 보이다[씩씩한 척하다].

fringillidés [frɛ̃ʒi(l)lide] *n.m.pl.* 《조류》되새.

fringot(t)ement [frɛ̃gɔtmɑ̃] *n.m.* 《엣》(작은 새의) 지저귐.

fringot(t)er [frɛ̃gɔte] v.i. 《옛》 (새가)지저귀다.
fringué(e) [frɛ̃ge] a.p. 《구어》옷을 입은. être bien ~ 멋지게 차려입고 있다.
fringuer [frɛ̃ge] v.t. 《구어》옷을 입히다. —v.i. 《옛》 ① (말이)뛰어다니다. ② 잘난 체하다.
  —**se ~** v.pr. 《구어》옷을 입다.
fringues [frɛ̃:g] n.f.pl. 《속어》의복(vêtements).
frio(t) [fri(j)o] a. 《불변》《구어》찬, 차가운.
fripe¹ [frip] n.f. ① 《주로 pl.》《구어》옷, 의복; 《옛》 헌옷, 누더기. ② ma vieille ~ 《옛·사투리》할아버지, 할머니.
fripe² n.f. ① 《옛》 먹을 것. ② 《사투리》빵에 발라 먹는 것 (버터·잼 따위).
fripé(e) [fripe] a.p. ① (옷 따위가)구깃구깃한, 주름이 진. robe toute ~e 완전히 구겨진 원피스. livre ~ 구겨진 책. ② (얼굴 따위가)주름살이 잡힌; 수척한. visage ~ 주름진 얼굴.
friper¹ [fripe] v.t. ① (옷을)구기다(froisser, chiffonner). ~ sa robe en s'asseyant 앉으면서 옷을 구기다. ② (얼굴을)주름잡히게 하다(rider); 수척하게 하다. L'âge *fripera* un jour ce joli visage. 나이가 이 예쁜 얼굴에도 어느날 주름살을 새겨놓겠지.
  —**se ~** v.pr. ① 구겨지다, 해어지다, 너덜너덜해지다. tissu qui *se fripe* aisément 쉽게 구겨지는 천. ② (얼굴이)수척하다.
friper² v.t. ① 《옛》게걸스럽게 먹다. ② 훔치다. ③ (재산을)탕진하다.
friperie [fripri] n.f. ① 고물, 헌옷, 헌 가구. ② 고물상, 헌옷장사. ③ 형어빠진 것. ④ 사탕수수 창고. *se jeter sur la ~ de qn* 《옛》…을 때리다.
fripe-sauce [fripso:s] n.m. 《복수불변》《구어》① 대식가. ② 서투른 숙수.
fripier(ère) [fripje, -ɛ:r] n. 고물장수, 헌옷(넝마)장수. ~ d'écrits 얼빠진 표절작가.
fripon(ne)¹ [fripɔ̃] n. ① 장난꾸러기 아이(petit ~, ~ d'enfant); (귀여운)장난을 즐기는 소녀. ② 《옛》사기꾼; 속이는 사람. ③ 《옛》환락을 즐기는 자, 방탕자; 바람기 있는 여자. ④ 미식가, 대식가.
  —a. ① 장난기 있는. regard ~ 장난기 있는 눈초리. jeune fille un peu ~ne 약간 멋을 부리는 (귀여운)처녀. ② 《옛》훔치는 데 능한, 슬쩍하는, 사기꾼의. maître ~ 훔치기 명수. ③ 유흥의, 바람 피우는. ④ 미식하는, 많이 먹는.
friponne² n.f. 《의복》(17세기 전반에 귀부인이 입은 세겹 옷 중의)가운데 옷 (안의 옷을 secrète, 겉의 옷을 modeste 라고 부름).
friponneau [fripɔno] (pl. ~x) n.m. 《옛》꼬마(미숙한, 어설픈) 사기꾼; 젊은 바람둥이.
friponner [fripɔne] 《옛》 v.t. 사취하다, 훔치다; 사기하다. —v.i. ① 사기하다. ② 방탕에 빠지다. ③ 푸짐한 음식을 먹다.
friponnerie [fripɔnri] n.f. ① 장난. ② 《옛》교활함; 교활한 방식, 사기행위.
fripouille [fripuj] n.f. 《구어》사기꾼; 악당, 불량배, 깡패.
fripouillerie [fripujri] n.f. 《구어》사기, 비행, 나쁜 짓.
frippe [frip] n.f. = **fripe**².
frique [frik] 《속어》= **fric**.
friquet [frikɛ] n.m. 《조류》참새(moineau ~).
frire [fri:r] [52] v.t. 프라이하다, 기름에 튀기다. poêle à ~ 프라이팬, 튀김남비. ~ des pommes de terre 감자를 기름에 튀기다. Il n'y a rien à. 《구어》빌이가 없다; 할 일이 없다.
  —v.i. 프라이되다, 기름에 튀겨지다.
  —**se ~** v.pr. 프라이되다, 튀겨지다.
frisage [friza:ʒ] n.m. ① (머리털 따위를)곱슬곱슬하게 하기, 컬하기(ondulation). Le ~ de ces cheveux est difficile. 이 머리를 곱슬거리게 하기는 어렵다. ② 《기술》(알루미늄판의 표면에 동심원(同心圓)의 물결무늬를 만드는)가공.
frisant(e) [frizɑ̃, -ɑ̃:t] a. ① 곱슬거리는. cheveux tout ~s 아주 곱슬거리는 머리. ② (빛이)비스듬히 스치는.
Frise [fri:z] n.pr. 프리슬란드(네덜란드 북부의 주). —**f~** n.f. 프리슬란드산의 모직물.
frise¹ [fri:z] n.f. ① 《건축》(원주의)프리즈, 소벽(小壁) (→colonne, maison 그림). ② (방·꽃병 따위의 윗부분의)띠 모양 장식, 장식띠. ~ de parquet 《건축》(쪽모이세공·마루의)굽도리. ③ 《보통 pl.》《연극》하늘을 나타낸 현수막.
frise² n.f. ① 프라이즈, 거친 방모사 직물. ② 《해양》(물건 사이에 끼우는)두툼한 벨트(모직물)(~ de calfat). ③ (모직물의)보풀 세우는 기계.
frise³ n.m. cheval de ~ 《군사》방책, 말뚝이 울타리(무기에 꽂히지 못하게 하는).
frisé(e) [frize] a.p. ① (머리털이)곱슬곱슬한, 컬한. ② (동물의 털·잎사귀·가죽 따위가)곱슬곱슬한, 주름진. laitue ~ 곱슬곱슬한 상치. chou ~ 잎 가장자리가 곱슬곱슬한 양배추. velours ~ 보풀의 고리를 자르지 않은 벨벳 (우단). —n.m. 곱슬곱슬한 것 (오글오글한 것) (사람).
frisé² n.m. 《구어》《경멸》독일놈 (특히 2 차대전 때의 호칭).
frise-beurre [frizbœ:r] n.m. 《복수불변》버터 셰이버 (버터를 얇게 썰거나 고둥 모양으로 만들거나 줄무늬를 넣는 데 쓰는 도구).
friselée [frizle] n.f. = **frisolée**.
friselis [frizli] n.m. 《문어》희미한 소리, (바람·초목의)살랑임, 그 울림. 《문어》솔랑거림. léger ~ des feuilles 나뭇잎의 가볍게 바스락거리는 소리 (frisselis).
friser¹ [frize] v.t. ① (머리카락을)컬하다, 웨이브하다. La coiffeuse lui *frise* les cheveux; La coiffeuse la *frise*. 미용사가 그녀의 머리를 컬한다. se faire ~ 머리를 남이 컬해주다. fer à ~ 머리인두, 헤어 아이언. ② (피부에)주름지게 하다. ③ 《기술》(알루미늄판 표면에 동심원의 물결무늬를 만들어)연마하다; (모직물의 털을)주름지게 하다.
  —v.i. ① (머리가)컬되다. Elle *frise* naturellement. 그녀의 머리는 자연스럽게 컬되어 있다. ② 《음악》(현의)음이 흔들리다, 떨다. ③ 《인쇄》(인쇄가)빗나가다.
  —**se ~** v.pr. (자기 머리카락을) 컬하다.
friser² v.t. ① 바로 곁을 지나다, 스치다. La balle m'a *frisé* le cou. 탄환이 내 목을 스쳤다. ② (에)가까이 지나다(가깝다). Sa politesse *frise* l'impolitesse. 그의 솔직함은 자칫하면 결례가 된다. ~ la catastrope 가까스로 대참사를 면하다. ~ la soixantaine 이럭저럭 예순이다, 60을 바라보다.
frisette [frizɛt] n.f. 작은 컬.
friseur(se) [frizœ:r, -ø:z] n. 《드물게》(컬 전문)미용사. —n.f. 직물의 털을 오글오글하게 하는 기계.
frisoir [frizwa:r] n.m. 《옛》헤어 아이언.
frisolée [frizɔle] n.f. 《농업》(감자의)축엽병(縮葉病).
frison¹ [frizɔ̃] n.m. ① (머리털의)컬, 웨이브. porter les cheveux en ~s 머리카락을 컬하고 있다. ② (화문지(花紋紙)의)물결 모양의 채색. ③ 풀솜; (pl.) 《구어》헝겊, 넝마; 대팻밥. ④ 《인쇄》얼룩짐.
frison²(ne) [frizɔ̃, -ɔn] a. 프리슬란드(Frise)의. vache ~ne 프리슬란드산 암소 (젖소). —**F~** n. 프리슬란드 사람.
frisottant(e) [frizɔtɑ̃, -ɑ̃:t], **frisotté(e)** [frizɔte] a. (머리가)곱슬곱슬한.
frisotter [frizɔte] v.t. (머리 따위를)가볍게 컬하다 (지지다). —v.i. (머리 따위가)가볍게 컬되다.

frisottis [frizɔti] *n.m.* 《문어》 가볍게 컬된 머리칼.

frisque [frisk] *a.* 《옛》 발랄한, 멋진.

frisquet(te¹) [friske, -ɛt] *(구어) a.* 으스스 추운, 싸늘한. vent ~ 싸늘한 바람. — *n.m.* 싸늘한 추위, 쌀쌀함. ~ du petit jour 새벽의 싸늘함.

frisquette² [frisket] *n.f.* 《인쇄》 (손으로 미는 인쇄기의) 종이 집게, 종이 누르개.

frisselis [frisli] *n.m.* = friselis.

frisson [fris3] *n.m.* ① 떨림, 오한; 몸서리; 전율. avoir le ~ 으슬으슬 떨리다. éprouver des ~s 몸서리 치다. ~ de fièvre 열로 인한 떨림, 오한. ② (자연이나 사물의) 떨림, 희미한 소리; (바람·초목 따위의) 흔들림, 바삭거림; (물의) 잔물결; (빛 따위의) 흔들림; 반짝임, 깜박임.

frissonnant(e) [frisɔnɑ̃, ɑ̃:t] *a.* 떨고 있는; 산들거리는, 흔들리는, 바스락거리는, 부스럭대는.

frissonnement [frisɔnmɑ̃] *n.m.* 떨림; 전율; 산들거림, 바스락거림.

frissonner [frisɔne] *v.i.* ① (몸이) 떨리다, 몸서리치다. ~ de froid[de fièvre] 추위서[열이 나서] 떨다. ~ de peur [de plaisir] 공포로 [기뻐서] 떨다. ② (사물이) 흔들리다, 바스락거리다; (물이) 잔물결 치다; (빛이) 흔들리다, 깜박이다, 반짝이다.

frisure [frizy:r] *n.f.* ① (머리·수염의) 컬하는 방법 [상태]. ② 컬된 머리칼, 곱슬머리.

*****frit(e)** [fri, -it] *(p.p<frire) a.p.* ① (기름에) 튀긴, 프라이한. poisson ~ 생선프라이. ② 《구어》 망쳐, 파산한. C'est ~. 이젠 글렀다, 손들었다.
— *n.f.* ① (주로 pl.) 《구어》 감자튀김 (pommes (de terre) ~es). bifteck ~es 감자튀김을 곁들인 비프스테이크. ② 《구어》 덩이를 때리기. ③ 《속어》 얼굴, 낯짝. ④ 《속어》 원기, 호조(好調), 행운. avoir la ~e 순조롭다, 재수가 좋다.

friteau [frito] *(pl. ~x) n.m.* = fritot.

friterie [fritri] *n.f.* ① 《생선 통조림 공장에서》 프라이 만드는 곳. ② 감자튀김을 파는 가게.

friteur(se¹) [fritœ:r, -ɸ:z] *n.* 튀김집; 감자튀김 요리인; 《생선 통조림 공장에서》 생선 튀기는 사람.

friteuse² [fritɸ:z] *n.f.* (쇠망 광주리가 달린) 튀김남비, 프라이팬.

fritillaire [fritil(l)ɛ:r] *n.f.* 《식물》 패모속(屬).

fritons [frit3] *n.m.pl.* 프리톤 (거위·돼지비계를 약한 불로 오래 조린 것; 기름은 요리용으로 살은 식혀서 냉육으로 먹는다).

frittage [frita:3] *n.m.* (광석의) 하소(煆燒); (유리 원료의) 용해; 금속 가루를 태운 덩어리.

fritte [frit] *n.f.* 《기술》 ① 프리트 (유리·도기의 원료인 모래와 소다의 혼합물). ② (프리트의) 용해.

fritter [frite] *v.t.* ① (유리 원료를) 용해하다, 하소(煆燒)하다. ② (광석을) 태워서 덩어리로 만들다.

friture [frity:r] *n.f.* ① 튀김, 프라이; (특히) 작은 생선 튀김 (petite ~). ② (프라이용) 작은 생선. pêcher de la ~ 작은 생선을 낚다. ③ (프라이용) 기름. ④ (튀길 때 나는 것 같은 전화·라디오의) 잡음 (bruit de ~). ⑤ 《빌기에》 감자 튀김집.

friturerie [frityrri] *n.f.* ① 튀김 공장. ② 생선기 튀김 공장.

friturier(ère) [frityrje, -ɛ:r] *n.* 튀김 장수.

fritz [frits] *n.m.* (복수불변) 《구어》 《경멸》 독일 군인 [사람] (특히 2차대전 때).

frivole [frivɔl] *a.* 경박한, 가벼운; 하찮은, 시시한. C'est une personne ~. 저 녀석은 경박하다. femme ~ 변덕스러운 여자. lecture ~ 가벼운 읽을거리. — *n.* 경박한 사람, 불성실한 사람. — *n.m.* 경박.

frivolement [frivɔlmɑ̃] *ad.* 경박하게, 1박, 천박.

frivolité [frivɔlite] *n.f.* ① 경박, 천박; 시시함, 하찮음. personne d'une extrême ~ 극히 경박한 인물. ~ des divertissements 오락의 시시함. ② 하찮은 일(것). Il n'a esprit occupé que de ~s. 그는 하찮은 일에만 정신을 쏟는다. ③ 《의복》 태팅 레이스 (셔틀을 (navette) 사용하여 꽃 따위의 곡선 모양으로 짠 면레이스); (부인복의 깃에 다는) 린넬의 주름장식, 애세서리.

fro (약자) franco 운임 지급필로, 무료로 (fco).

froc [frɔk] *n.m.* ① 《옛》 (수도사의) 후드, 두건; 수도복. prendre [quitter] le ~ 《구어》 수도사가 되다 [그만두다]. jeter le ~ aux orties 《구어》 환속하다; 의견 [직업] 을 바꾸다. ② 《속어》 바지. faire dans son ~ 겁을 먹다. baisser son ~ 항복하다.

frocard [frɔkaːr] *n.m.* 《옛》 《경멸》 수도사, 중.

:froid(e) [frwa(a), -a(ɑː)d] *a.* ① 찬, 추운. eau ~e 물, 냉수. boisson ~e 찬 음료. temps ~ 추운 날씨. sueur ~e 식은땀. animaux à sang ~ 냉혈 (변온) 동물. abcès ~ 《의학》 (냉한성) 종양.
② 식은, 차가운, 덥히지 않은. La crème est ~; il faut la réchauffer. 말크 커피가 식었다, 다시 덥혀야겠다. viande ~e 냉육, 콜드 미트. repas ~ (냉육·햄 따위의) 찬 요리.
③ 온기가 없는, 따뜻하지 않은, 냉랭한. étoffe ~e 보온성이 없는 천. lumière ~e 냉광 (冷光), 무열광 (無熱光).
④ 쌀쌀한, 냉담한, 매정한, 박정한; 무심한. air [ton] ~ 냉담한 태도 [어조]. Cette nouvelle mode me laisse ~. 이 새로운 유행에 나는 관심없다. ~ avec [envers] qn …에게 매정한. politesse ~e 냉담한 예의.
⑤ 냉정한, 냉철한; 침착한; (감정 따위가) 감추어진, 억누른. garder [conserver] la tête ~e 냉정을 유지하다. analyse ~e 냉철한 분석. rage ~e 억누른 분노. guerre ~e 냉전.
⑥ (여성이) 육체적인 욕망이 없는, 불감증의.
⑦ (작품 따위가) 감동을 주지 않는, 생기없는, 열기가 부족한.
— *ad.* 찬 대로. boire [manger] ~ (음식을) 차게 해서 마시다 [먹다].
— *n.m.* ① 추위, 한기, 냉기; 저온; 냉동. vague de ~ 한파. coup de ~ (급격한) 기운 강하; (추위로 인한) 감기. ~ de loup [de canard] 《구어》 지독한 추위. pôle du ~ 한랭극. 6 degrés de ~ 《옛》 영하 6도. ~ artificiel [industriel] 인공 [공업용] 저온. industrie du ~ 냉동 [저온] 공업. ② 차가운 (추운) 곳. conserver de la viande au ~ 고기를 차가운 곳에 저장하다.
③ 추위, 오한, 전율. ~ de la fièvre 열에 의한 추위, 오한.
④ 《문어》 쌀쌀함, 냉담; (작품 따위의) 생기없음, 무미건조함. Il y a un certain ~ entre eux deux. 그 두 사람 사이가 좀 서먹하게 되었다. ~ des ans 노령에 의한 생기의 쇠함.

à — ⓐ 찬 대로, 열을 가하지 않고. laminage à ~ 냉간압연 (冷間壓延). opérer à ~ 《의학》 열 (염증) 이 가라앉은 후에 수술하다; 흥분이 가라앉고 나서 행동하다. prendre (cueillir) un adversaire à ~ 《스포츠》 (아직 제 페이스를 찾기 전의) 상대를 덮치다, 게임 시작 즉시 속공을 가하다. ⓑ 냉정하게, 태연하게. prendre une décision à ~ 냉정하게 결정을 내리다. blaguer à ~ 태연하게 (얼굴 색도 바꾸지 않고) 농담하다.

***attraper (prendre)** ~ 몸이 식다, 추위를 느끼다; 감기 들다.

***avoir** ~ ⓐ 춥다, 추위를 느끼다. *avoir* ~ au pieds 발이 시리다. ⓑ ne pas *avoir* ~ aux yeux 《구어》 두려워하지 않다, 대담하다, 뻑뻑하다.

***battre** [《옛》 *faire*] ~ **à** *qn* …에게 쌀쌀하게 대하

***donner*[*faire*] ~ (*à qn*) (에게)추위[공포]를 느끼게 하다. Cette histoire *donne*[*fait*] ~ dans le dos. 그 이야기를 들으니 등골이 오싹하다.
***être en~** (*avec qn*) (와)틀어지다; 불화상태이다.
Il fait ~. (날씨가)춥다. *Il fait ~ aujourd'hui.* 오늘은 춥다. *Il fait ~ de loup.* 《구어》몹시 춥다.
jeter un ~ 찬 물을 끼얹다; 어색한 생각을 갖게 하다. *Le discours du président a jeté un ~ dans l'assemblée.* 회장의 연설은 회중의 기분을 상하게 했다.
froidement [frwadmɑ̃] *ad.* ① 냉담하게; 태연하게, 냉정하게; 냉혹하게. *recevoir qn ~* …을 냉담하게 [쌀쌀하게]맞다. *remercier ~* 무뚝뚝하게 고맙다고 하다. *juger ~ les résultats* 결과를 냉정하게 판단하다. *tuer ~ un animal* 동물을 태연하게 죽이다. ②《구어》춥게. *Ça va ~, aujourd'hui.* 오늘은 춥다. *Comment vas-tu? — Bien, mais ~.* 괜찮아? 응, 그저 그래. ③《문어》(작품 따위가)생기[빛]없이, 평범적으로, 기복없이. ④《옛》추운 데, 헹뎅그렁한. *être logé ~* 헹뎅그렁한 집에 살고 있다.
froideur [frwadœːr] *n.f.* ① (성격·태도 따위의)차가움, 쌀쌀함, 냉담. ② (작품 따위에 있어서)생기가 없음, 열기의 결핍. ③ 불감증. ④《옛·문어》(사물의)차가움; 추위.
froidir [frwadiːr] 《옛》 *v.t.* 차게 하다.
—*v.i.*, **se ~** *v.pr.* 차가워지다 (현재는 (se) refroidir 만을 사용).
froidure [frwadyːr] *n.f.* ①《옛·문어》추위, 찬기운; 추운계절, 엄동설한. ②《의학》동상.
froidureux(*se*) [frwadyrø, -øːz] *a.* 《옛》 ① 한랭[냉기]를 가져오는. ② 추위를 타는.
froissable [frwasabl] *a.* 구겨지기 쉬운.
froissage [frwasaːʒ] *n.m.* 《드물게》=**froissement**.
froissant(*e*) [frwasɑ̃, -ɑ̃ːt] *a.* (태도·말 따위가)감정을 상하게 하는.
froissé(*e*) [frwase] *a.p.* ① [~ de] (에)감정이 상한, 화를 낸. *Il a l'air ~ de votre opinion.* 그는 당신의 견해에 감정이 상한 것 같다. ② 구겨진.
froissement [frwasmɑ̃] *n.m.* ① (천·종이 따위가)구겨짐, 구김. ② (물건이 깨지는)가벼운 소리; 종이·옷 따위가 맞부딪혀 나는)바삭바삭소리 《살랑 살랑》하는 소리; (나뭇잎 따위의)우수수하는 소리. ③ 감정이 상함[상하게 함]; (성격·이해 따위의)충돌, 마찰, 알력. ④《팔·다리 따위의》뻠, 타박. ⑤ ~ *d'un muscle* 힘줄의 뻠.
froisser [frwase] *v.t.* ① (천 따위를)구기다. ~ *brouillon d'une lettre* 편지의 초안을 마구 구기다. ② (감정을)상하게 하다, 상하게 하다. ~ *l'amour-propre de qn; ~ qn dans son amour-propre* …의 자존심을 상하게하다. ③ (남의 이익·의견 따위를)손해 입히다, 깎아 내리다. ④ (손목·근육 따위를)다치게 하다, 삐게 하다. ⑤《옛》때려 부수다; 눌러 뭉개다.
—**se ~** *v.pr.* ① 구겨지다. *tissu qui ne se froisse pas* 구겨지지 않는 천. *Je me suis froissé le cou.* 나는 목을 삐었다. ② 기분이 상하다, 화를 내다. *Elle se froisse d'un rien.* 그녀는 사소한 일에 화를 낸다. *Elle s'est froissée qu'on ne l'ait pas invitée.* 그녀는 자기를 초대해 주지 않아서 기분이 상했다.
froissure [frwasyːr] *n.f.* 《드물게》구김살.
frôlement [frolmɑ̃] *n.m.* 가볍게 스치는 소리.
frôler [frole] *v.t.* ① (가볍게 스치다, 살짝 건드리다; 스쳐 지나가다. *La balle lui frôla les cheveux.* 탄환이 그의 머리를 스쳤다. ~ *qn dans la rue* 길에서 …와 스치다. ② 가까스로 모면하다, 자칫하면 …할 뻔하다. *Il a frôlé la mort.* 그는 하마터면 죽을 뻔했다.

frôleur(*se*) [frolœːr, -øːz] *a.* 《옛·문어》살짝 건드리는, 애무하는; 애무하는 듯한. —*n.m.* (인파속에서 여자를 건드리는)치한, 접촉광. —*n.f.* 도발적인 여자(allumeuse).
*****fromage** [fromaːʒ] *n.m.* ① 치즈. ~ *blanc*[*gras, à la crème*] 크림치즈. *rôtie au ~* 치즈를 얹은 토스트. ~ *fondu*[*industriel*] 가공치즈. ② 치즈 모양으로 만든 요리. ~ *de tête*[*de cochon*] 돼지 머리·족의 젤리 요리; 잘게 썬 제육 요리. ③《이탈리아어》파이의 일종. ③《비유적》한직(閑職)(sinécure); 《속어》편하고 좋은 자리[일]. *trouver*[*obtenir*] *un bon ~* 편하고 좋은 자리를 찾아내다[얻다]. ④《속어》발.
entre la poire et le ~ 식사가 끝날 무렵에, 대화가 활발해질 무렵에.
faire des ~s 《놀이》 빙빙 돌다가 갑자기 쪼그리며 치맛폭을 부풀게 하다.
faire (tout) un ~ de qc 《구어》 …을 굉장한 것으로 여기다.
se retirer dans un ~ 자기 혼자서 즐겁게 지내다.
fromagé(*e*) [fromaʒe] *a.* 치즈로 맛들인.
fromageon [fromaʒɔ̃] *n.m.* 크림치즈 《양젖으로 만든 프랑스 남부산의》.
fromager(*ère*) [fromaʒe, -ɛːr] *a.* 치즈 제조[판매]의. —*n.* 치즈 제조[판매]인. ① 치즈의 물기 빼는 그릇; 치즈 틀. ②《식물》파이아나무.
fromagerie [fromaʒri] *n.f.* 치즈 제조소[저장소]; 치즈 판매점; 치즈 거래.
fromageux(*se*) [fromaʒø, -øːz] *a.* ① 치즈 모양의. ②《속어》의심스러운, 미심쩍은; 가신, 귀찮은.
fromagier(*ère*) [fromaʒje, -ɛːr] *a.*, *n.* =**fromager**.
from(**e**)**gi** [frɔmʒi] *n.m.* 《속어》치즈.
froment [fromɑ̃] *n.m.* ① (문학·농업에서)밀; 상질의 밀; 밀가루. ② *faux ~* 메귀리. ③ 밀빛, 소의 털빛. —*a. ~ clair*[*foncé*] 황금빛(주홍빛)의. *vache à robe ~ clair* 황금빛 털의 소.
fromentacé(*e*) [fromɑ̃tase] *a.* 밀 과(類)에 속하는. —*n.f.pl.* 밀속(屬).
fromental(*ale*, *pl. aux*) [fromɑ̃tal, -o] *a.* 밀의. *région ~ale* 밀 재배 지방. —*n.m.* 《식물》메귀리의 일종. ②《옛》밀밭.
fromentée [fromɑ̃te] *n.f.* (설탕·육계(肉桂)를 넣고 우유로 쑨) 밀죽. ②《곤충》(회갈색의)작은 풍뎅이.
fromgi [fromʒi], **from**(**e**)**ton** [fromtɔ̃] *n.m.* 《속어》치즈(fromage).
fromenteux(*se*) [fromɑ̃tø, -øːz] *a.* 밀이 풍부한.
fromentier(*ère*) [fromɑ̃tje, -ɛːr] *a.* (땅이)밀에 알맞는.
fronce [frɔ̃s] *n.f.* 종이 따위의)구김살; 《재봉》개더, 주름. *jupe à ~s* 주름치마.
froncé(*e*) [frɔ̃se] *a.p.* (이마·눈살을)찌푸린, 《재봉》주름잡은. —*n.m.* 주름잡은 천.
froncement [frɔ̃smɑ̃] *n.m.* 주름잡기; 찌푸림.
froncer [frɔ̃se] [2] *v.t.* ① (이마를)주름지게 하다, (눈살을)찌푸리다. ~ *le*(*s*) *sourcil*(*s*) 눈살을 찌푸리다. ②《재봉》개더 [주름]을 넣다.
—**se ~** *v.pr.* 주름잡히다; 주름이 잡히다 [생기다].
fronceur [frɔ̃sœːr] *n.m.* (재봉틀의)주름 잡는 장치.
froncis [frɔ̃si] *n.m.* 《집합적》《재봉》개더, 주름.
fronçure [frɔ̃syːr] *n.f.* 주름지게 함, 주름잡음; 《재봉》개더를 넣음; 주름.
frondaison [frɔ̃dɛzɔ̃] *n.f.* 《식물》발엽(기)(發葉期); 《집합적》나뭇잎.
fronde¹ [frɔ̃d] *n.f.* 《식물》① (양치류 따위의)잎 (해초의)엽상체(葉狀體). ② 발엽(發葉); 군엽(群葉); (봄철의)새 잎.
fronde² *n.f.* ① 석궁(石弓), 투석기(投石器); 고무

총; 【외과】 턱뼈용 붕대. ② (F~) 【프랑스사】 프롱드의 난(亂); 프롱드당(黨). ③ 반항, 반역.
fronder [frɔ̃de] v.t. ①【옛】 투석기로 던지다; 고무총으로 쏘다. ② 비난하다(attaquer, critiquer). ~ le gouvernement 정부를 공격(비난)하다.
—v.i. ① 투석기로 돌을 던지다. ② 【프랑스사】 프롱드당에 가입하다. ③ [~ contre] (을)비난하다, 규탄하다. ④【옛】 불평하다.
frondescent(e) [frɔ̃desɑ̃, -ɑ̃:t] a. 【식물】 잎으로 덮인.
frondeur(se) [frɔ̃dœ:r, -ø:z] n.m. 투석수(投石手).
—n. ① 【프랑스사】 프롱드 당원. ② 비난하기 좋아하는 사람, 불평가. —a. 비판적인, 반항적인.
frondifère [frɔ̃difɛ:r] a. 【식물】 잎이 많은.
front [frɔ̃] n.m. ① (사람·동물의)이마, rides du ~ 이마의 주름살. gagner son pain à la sueur de son ~ 이마에 땀을 흘리며 밥벌이를 하다. Il a le ~ large. 그는 이마가 넓다.
② 【문어】머리; 얼굴, 모양, 태도. ~ blanchi 백발의 머리. donner du ~ contre qc …에 머리를 부딪치다. montrer un ~ serein 태연한 얼굴을 하다. n'avoir point de ~ 염치 없다. se voiler le ~ (부끄러워서) 얼굴을 가리다, 얼굴을 똑바로 쳐들을 수 없다. relever le ~ 머리를 들다; 신용을 얻다; 권위를 되찾다; 저항하다. marcher le ~ haut [élevé] 얼굴을 들고 걷다; 가슴을 펴다, 당당한 태도를 취하다. souillera au ~ 명예를 더럽히다. d'un ~ assuré 분명히 한 태도로.
③ 【옛】 뻔뻔스러움, 대담함, 파렴치(audace, insolence). avoir du ~ 뻔뻔하다. avoir le ~ de + inf. 뻔뻔스럽게도 …하다.
④ (건물 따위의)정면, 앞면;【문어】(산 따위의)꼭대기, 정상, 봉우리(sommet, cime). ~ d'un temple 사원의 정면. ~ de montagne 산의 정상.
⑤ 【군사】 전선(前線), 전선(戰線)(~ de bataille). attaquer le ~ ennemi 적의 전선(前線)을 공격하다. aller au ~ 전선으로 나가다. ~ de mer 해안의 방어선.
⑥ (비유적)【정치】 전선(戰線). ~ commun 공동 전선. F~ national (제 2차대전 중의) 국민전선.
⑦ 【기상】 전선(前線). ~ chaud [froid] 온난[한랭] 전선. ~ polaire 극전선.
⑧ ⓐ 【물리】 ~ d'un onde 파두(波頭), 파면(波面), 파두면(波頭面). ⓑ 【지리】 ~ pionnier 개척전선(前線). ⓒ 【지질】 ~ d'abattage [d'avancement] (갱도의)굴진면, ~ de taille (광맥의)채굴면.
baisser [courber] le ~ 머리를 숙이다; 항복하다.
de ~ 정면에서; 나란히; 동시에. attaquer *de* ~ 정면공격하다. heurter qn[qc] *de* ~ …와 정면 충돌하다. mener plusieurs choses *de* ~ 여러 가지 일을 병행해서 해나가다. en ligne *de* ~ 【해군】 횡대(橫隊)를 이루고.
faire ~ à …에 직면하다, …을 마주보다, …에 맞서다, 대항하다.
~ à 마주보고, 맞대고.
frontail [frɔ̃taj] n.m. (말의)이마끈.
frontal(ale, pl. aux) [frɔ̃tal, -o] a. 전면의, 정면(에서)의. collision ~ale (자동차의)정면충돌. attaque ~ale 정면공격. ② 【해부】 이마의. ③ 【수학】 plan ~ de projection (화법 기하학에서)투영화법의 수직화면; plan ~ 수직화면에 평행하는 면.
—n.m. 앞머리뼈(os~). ② 말의 이마끈.
—n.f. (투영화법의)수직화면에 평행인 직선.
frontalier(ère) [frɔ̃talje, -ɛ:r] a. 국경 가까운. zone ~ère 국경지대. contrôle ~ 국경의 검문.

—n. 국경 지대의 사람. carte de ~ 국경 지대 주민용의 통행증.
frontalité [frɔ̃talite] n.f. 【건축·미술】 정면성.
fronteau [frɔ̃to] n.m. (pl. ~x) n.m. ① 【종교】 ① (수녀의)이마띠; (유태인이 성서 구절을 적어 기도할 때, 하나는 이마에 하나는 왼팔에 단)성구함(聖句函). (이마에 다는)보석; (말의)이마끈. ② 【건축】 작은 박공. ③ (배 앞뒤의 갑판에 있는)난간. ④ ~ de mire 조준기.
****frontière** [frɔ̃tjɛ:r] n.f. ① 국경. ~ naturelle (artificielle) 자연[인위] 국경. ② 경계, 한계. ~ de la vie et la mort 생사의 갈림길. ③ (F~)【역사】(미국 개척시대의)서부 변경. ④ 【음성】 음절 경계; 【언어】 언어 경계. ⑤ 【수학】 경계; 경계선. —a. 국경의. gardes ~s 국경 수비대.
frontignan [frɔ̃tiɲɑ̃] n.m. 프롱티냥(Frontignan)산의 포도주.
Frontin [frɔ̃tɛ̃] n.pr.m. (옛 프랑스 희극에 나오는) 뻔뻔스럽고 재치 넘치는 하인.
frontispice [frɔ̃tispis] n.m. ① (건물의)정면, 앞면, 표제지; 첫페이지 그림. ② (책의)내제(內題), 속표지.
fronto- préf.「전·전선(前線)」의 뜻.
frontofocomètre [frɔ̃tɔfɔkɔmɛ:tr] n.m. 【광학】 (안경 렌즈의)프런트포커미터.
frontogenèse [frɔ̃tɔʒ(ə)nɛ:z] n.f. 【기상】 전선의 발생.
frontologie [frɔ̃tɔlɔʒi] n.m. 【기상】 전선학.
frontolyse [frɔ̃tɔliz] n.f. 전선의 소멸[쇠약].
fronton [frɔ̃tɔ̃] n.m. ① 【건축】 (건물 위의 삼각형 또는 아치형의)박공, 합각(合閣). ② 【해양】 고물 끝의 조각 부분. ③ (바스크 지방의) 공놀이용 벽; (그)놀이터.
fronto-pariétal(ale, pl. aux) [frɔ̃tɔparjetal, -o] a. 【해부】 이마 마루의.

fronton ①
(1) brisé (2) triangulaire
(3) en arc de cercle

frottage [frɔta:ʒ] n.m. 마찰; (가구·마루·금속 따위를) 문질러 닦기; (마루의)초칠.
frottant(e) [frɔtɑ̃, -ɑ̃:t] a. 연마(硏磨)용의; 마찰하는.
frotte [frɔt] n.f. 옴 치료;【속어】옴.
frotté(e) [frɔte] a.p. ① 문질러진; 닦아진, 연마된. parquet bien ~ 잘 닦아진 마루. ② [~ de] (을)바른. moule ~ de beurre 버터를 바른 케이크틀. ③ 【구어】 [~ de] (을)조금 배운, 반거충이의. être ~ de grec 그리스어를 조금 알다.
—n.m. 【회화】 얇게 칠하기(frottis).
—n.f. ① 【요리】 프로테(마늘과 버터를 살짝 칠한 빵). ② 【속어】 (연속)구타. donner une ~e 때리다. recevoir une ~e 얻어맞다.
frotte-manche [frɔtmɑ̃ʃ] n.m. (복수불변)【구어·벨기에】 아첨꾼(flatteur).
frottement [frɔtmɑ̃] n.m. ① 문지름, 비빔; 문질러짐. avancer lentement avec un ~ de pieds 발을 질질 끌며 느릿느릿 걷다. ② 【기계】 마찰, 마찰력, 감입(嵌入), 밀착. ③ 【구어】 (사람과의)접촉; 시달림; (이해관계의)충돌, 불화. ~ des esprits et des intérêts 사상과 이해관계로 생기는 마찰. user qc par (le) ~ …을 닳게 하다.
****frotter** [frɔte] v.t. ① 비비다, 마찰하다. ~ une allumette 성냥을 긋다. ~ les pieds en marchant 발을 질질 끌며 걷다. ② 문질러 깨끗이 닦다; (마루에)초칠하다. ~ les carreaux 유리창을 깨끗이

닦다. ③《미술》(불투명한 색을 엷게 칠하여) 흐리게 하다. ④《 ~ qc de》(에)(을)문질러 바르다. ⑤《옛·구어》[~ qn](을)때리다. ~ (l'échine à) qn 《옛·구어》…을 때리다.
~ *les oreilles à qn*《구어》…의 귀싸대기를 때리다; 심하게 꾸짖다. ~ *son nez à* (*dans*) *qc*《구어》…을 꼬치꼬치 따지다, …에 참견하다.
—*v.i.* ① 닦다, 훔치다, 걸레질하다. ②문질러지다, 마찰되다, ③《속어》(댄스 따위에서)몸을 바싹 대다[어루만지다]; (이성과)희롱거리다.
—**se ~** *v.pr.* ① [se ~ contre] (에)문질러지다, 마찰되다. ②[se ~ à] (와)사귀다, 교제하다. ③[se ~ à] (와)맞서다; [se ~ de] (을)결탁하기다. *se ~ de latin* 라틴어를 걸맞추기식으로 공부하다. ④자기의 …을 문지르다[비비다]. *se ~ les mains* 두 손을 비비다, 만족함을 나타내다. *se ~ les yeux* 눈을 비비다(의심하다). ⑤[se ~ avec] (와)서로 스치다; 서로 때리다.
Ne vous y frottez pas! 조심하시오! 위험하다! 관계하지 마라! *Qui s'y frotte s'y pique.*《속담》군자는 위험을 가까이하지 않는다.
frotteur(se) [frɔtœ:r, -ø:z] *n.* ① (마루에)초칠하는 사람. ②《속어》= frôleur; = frôleuse.
—*n.m.*《전기》미끄럼접촉장치; 마찰 제동장치; 마찰부, 접촉부.
frotti-frotta [frɔtifrɔta] *n.m.* 《복수불변》① 《구어》(불을)서로 비벼댐. ②《속어》(댄스에서)몸을 찰싹 붙임.
frottin [frɔtɛ̃] *n.m.*《속어》당구(의 한판).
frottis [frɔti] *n.m.* ①《미술》(캔버스 올이 보일 정도의)연한 착색. ②《의학》(현미경의 검경용에 칠하는)도말표본(塗抹標本). ③ (거울면의)찰상(擦傷), 흠. ④ (비명(碑銘) 따위의)탁본(拓本). 탑본.
frottoir [frɔtwa:r] *n.m.* 마찰용 수건; (성냥의)마찰면; 솔; 《전기》(발전기의)브러시; 《제본》(등의 표면을 고르게 하는)나무주걱; 《물리》마찰받이.
frouer [frue] *v.i.*《사냥》(새를 모으려고)피리를 불—.
frou(-)frou [frufru] (*pl.* **~s~s**) *n.m.* ①(나뭇잎·옷 따위의)스치는[살랑거리는] 소리. ②벌새《속칭》(oiseau-mouche). *faire du ~* 소리 피우다.
froufroutant(e) [frufrutɑ̃, -ɑ̃:t] *a.* (비단옷 따위가) 살랑 소리 나는.
froufrouter [frufrute] *v.i.* ①(비단 따위가)살랑살랑 소리나다. ②치장하다, 자랑삼아 보이다.
froussard(e) [frusa:r, -ard]《구어》*a.* 겁많은. —*n.* 겁장이.
frousse [frus] *n.f.*《구어》겁, 무서움. *avoir la ~* 무서워하다, 겁에 질리다.
fr(s). 《약자》franc(s) 프랑(복수).
fruct.《라틴·약자》fructus《약》 과일.
fructiculteur [fryktikyltœ:r] *n.m.* 과수 재배자.
fructiculture [fryktikylty:r] *n.f.* 과수재배.
fructidor [fryktidɔ:r] *n.m.* 《프랑스사》프랑스 공화력의 제 12월, 결실의 달(8월 18[19]일 — 9월 17[18]일).
fructifère [fryktifɛ:r] *a.*《식물》열매를 맺는.
fructifiant(e) [fryktifjɑ̃, -ɑ̃:t] *a.* ①열매를 맺는. ②이익이 되는, 유리한.
fructification [fryktifikɑsjɔ̃] *n.f.* ①결실(기). ②《집합적》과실. ③(비유적)성과, 이익. ④《식물》(은화식물의)생식기관.
fructifier [fryktifje] *v.i.* ①(나무가)열매를 맺다; (토지에서)수확을 내다, 소출이 있다. ②성과를 올리다; 이익이 나다.

fructiforme [fryktifɔrm] *a.* 과실 모양의.
fructose [fryktɔ:z] *n.m.*《화학》프룩토스, 과당(果糖).
fructueusement [fryktɥøzmɑ̃] *ad.* 이롭게.
fructueux(se) [fryktɥø, -ø:z] *a.* ①유익(유리)하는. travail ~ 유익한 일. placement ~ 유익한 투자. ②《옛·시》(나무 따위가)열매를 맺는.
fructule [fryktyl] *n.m.*《식물》작은 과실; (나무딸기 따위의)작은 핵과(核果).
fructuosité [fryktɥozite] *n.f.* 열매를 맺음, 결실; 이익이 많음, 유리함.
frugal(ale), *pl.* **aux** [frygal, -o] *a.* (사람이)소찬에 만족하는, 검소한; (식사가)간소한.
frugalement [frygalmɑ̃] *ad.* 검소하게.
frugalité [frygalite] *n.f.* 조식(粗食); 검소.
frugifère [fryʒifɛ:r] *a.* = **fructifère.**
frugivore [fryʒivɔ:r] *a.*《동물》열매를 먹고 사는.
—*n.m.* 과식(果食) 동물.
‡fruit[1] [frɥi] *n.m.* ①열매, 과실, 과일. arbre à ~ 과수. ~ défendu 금단의 열매. ~ vert 풋과, 숫처녀, 소녀. ~ sec 건과, 마른열매;《학생속어》낙제생, 낙오자. porter ~ 열매를 맺다. ②성과, 이익, 결과. ~ *de l'expérience* 경험의 성과. ~ *du hasard* 우연의 산물. ③ (*pl.*) 천연산물, 산물, 수확물. ~s de la terre 농산물. ~s de mer 해산물; 식용 연체동물. ~s *de l'amour* 사랑의 결정(結晶). ⑤《법》과실(정기적으로 되풀이되는 산물·이익). ~s civils 법정과실. ~s naturels(artificiels) 자연(인공) 과실.
avec ~ 성과있게, 유효하게, 이롭게. étudier *avec ~* 연구의 성과를 거두다.
sans ~ 효과[보람]없이, 헛되이. Je me suis donné beaucoup de mal *sans ~*. 보람없이 애만 많이 썼다.
fruit[2] *n.m.*《토목》(벽·탑 따위의)완만한 경사. avoir du ~ (벽 따위가)사면(斜面)을 이루다.
fruitarien(ne) [frɥitarjɛ̃, -ɛn] *a.* 과식(果食)주의의. —*n.* 과식주의자.
fruitarisme [frɥitarism] *n.m.* 과식(果食)주의.
fruité(e) [frɥite] *a.p.* ① (올리브 기름이나 포도주 따위가)생과일 맛이 나는. ②《문장》열매가 달린.
fruiter [frɥite] *v.i.* 《드물게》열매를 맺다, 결실하다.
fruiterie [frɥitri] *n.f.* 과일저장소; 과일 가게; 청과(靑果)거래;《집합적》청과.
fruiteux(se) [frɥitø, -ø:z] *a.* 생과일 맛이 나는.
fruitier(ère) [frɥitje, -ɛ:r] *a.* 과일의, 과일[열매]을 맺는. arbre ~ 과수. jardin ~ 과수원. cargo ~ 《해양》과일 전용 운반선.
—*n.* 과일 장수, 채소 장수; (프랑스 동부의)치즈 제조인.
—*n.m.* 과일 저장소; 과일 전시용 선반; 과수원.
—*n.f.* 치즈 제조소; 치즈 제조하는 조합.
fruitier[2] [frɥitje] *n.m.* bureau en ~ 뚜껑처럼 여닫게 된 책상.
frumentacé(e) [frymɑ̃tase] *a.* 곡식의.
frumentaire [frymɑ̃tɛ:r] *a.* 곡식의; 식량의.
frusquer [fryske] *v.t.*《속어》(에게)옷을 입히다.
frusques [frysk] *n.f.pl.*《속어》옷. ~ d'occasion 기성복. mettre ses belles ~ 나들이 옷을 입다.
frusqueur [fryskœ:r] *n.m.*《속어》양복장이.
frusquin [fryskɛ̃] *n.m.* = **saint-frusquin.**
frusquiner [fryskine] *v.t.*《속어》= **frusquer.**
frusquineur [fryskinœ:r] *n.m.* = **frusqueur.**
fruste [fryst] *a.* ①(화폐·메달 따위가)닳은, 마멸된. ②(기억이)희미한. ③(문장이)거칠; (사람이) 세련되지 못한, 투박한(grossier). paysan ~ 세련되지 못한 [투박한] 농민. manières ~s 거친 태도. —*n.m.* 마멸.
frustrant(e) [frystrɑ̃, -ɑ̃ːt] *a.* ① 거대에 어긋나는, 실망시키는. échec ~ 기대에 어긋나는 실패. ② 〖심리〗 욕구불만을 일으키는.
frustrateur(trice) [frystratœːr, -tris] *a.* 〖심리〗 욕구불만을 일으키는.
frustration [frystrasjɔ̃] *n.f.* ① 횡령, 사취. ② 실망, 낙심. ③ 〖심리〗 욕구불만(↔ satisfaction).
frustratoire [frystratwaːr] *a.* 속이려고 한, 회령을 목적으로 한.
frustrer [frystre] *v.t.* ① 횡령[사취]하다. — *qn* de *qc* …에게서 …을 횡령[사취]하다. ② 실망시키다, 낙심시키다. ~ l'espérance de *qn* …의 기대를 어긋나게 하다. ~ *qn* de *qc*)(에게서)(기쁨 따위를)빼앗다. ~ un enfant *de* son plaisir 어린아이에게서 즐거움을 빼앗다. ④ 〖심리〗 욕구불만을 일으키다. être[se sentir] *frustré* 욕구불만을 느끼다. —**se ~** *v.pr.* [se ~ de](을)자신에게서 빼앗다, 자신에게 금하다. Je *me suis frustré* par ma propre faute d'un grand plaisir. 나 자신의 잘못으로 큰 기쁨을 상실하였다.
frutescent(e) [frytesɑ̃, -ɑ̃ːt] *a.* 관목(灌木)같은, 관목성의.
fs (약자) florins 플로린(복수).
F.S. (약자) ① faire suivre 〖우편〗 전송(轉送)을 바람. ② franc suisse 스위스 프랑.
F.S.A. (약자) fac secundum artem 〖약〗 처방에 따라 조제할 것.
F.S.M. (약자) Fédération syndicale mondiale 세계 노동조합연맹.
F.T.A. (약자) Forces terrestres antiaériennes 육상 방공군.
F.T.P. (약자) Francs-Tireurs et Partisans (제 2 차 세계대전의)프랑스 의용군.
fucacé(e) [fykase] *a.* 〖식물〗 모자반 무리의. —*n.f.pl.* 모자반과(科). une —*e* 모자반과의 해초.
fuchsia [fyksja](<Fuchs, 독일의 식물학자) *n.m.* 〖식물〗 푸크샤, 수령초.
fuchsien(ne) [fyksjɛ̃, -ɛn] *a.* 〖수학〗 푹스(Fuchs, 독일의 수학자)의.
fuchsine [fyksin] *n.f.* 〖화학〗 푹신(염기성 염료).
fuchsiné(e) [fyksine] *a.* 〖화학〗 (포도주가)푹신으로 염색된.
fucoïde [fykɔid] *a.* 〖식물〗 모자반류의. —*n.m.* 모자반속의 해초.
fucus [fykys] *n.m.* 〖식물〗 모자반속(屬).
fuégien(ne) [fɥeʒjɛ̃, -ɛn] *a.* 푸에고 제도(*Terre de Feu*, 남아메리카 남단의 군도)의. —**F~** *n.* 푸에고 제도 사람.
fuel-oil [fyloil], **fuel** [fyɛl, fjul] 〖영〗 *n.m.* 연료유(mazout), ~ *lourd* 중유.
fuero [fɥ(w)ero] (에스파냐) *n.m.* 〖역사〗 (에스파냐의 도시·주(州)의 특권을 보장한)특별법.
fugace [fygas] *a.* 곧 사라지는, 덧없는(fugitif, ↔ permanent). 〖식물〗 조락성(早落性)의.
fugacité [fygasite] *n.f.* 순간성, 덧없음.
fugitif(ve) [fyʒitif, -iːv] *a.* ① 달아나는, 도망중인, 도망한. soldat ~ 도망병. ② 덧없는, 순간적인, 일시적인(fugace, passager). idée ~*ve* 순간적인 생각. bonheur ~ 덧없는 행복. ③ (마음이)변하기 쉬운, 변덕스러운.
—*n.* 도망자, 탈주자.
fugitivement [fyʒitivmɑ̃] *ad.* 순식간에, 덧없이; 도망하듯이.
fuguard [fygaːr] *n.m.* 〖구어〗 집을 비우고 놀아나는 사내, 학교를 빼먹는 어린이.

fugue [fyg] (이탈리아) *n.f.* ① 〖음악〗 푸가, 둔주곡. ② 〖구어〗 잠시 행방을 감춤, 가출; 실종, 〖정신의학〗 배회증. faire une ~ 행방을 감추다.
fugué(e) [fyge] *a.* 〖음악〗 둔주곡 형식의.
fuguer [fyge] *v.i.* ① 〖구어〗 종적을 감추다, 가출하다. ② 〖음악〗 둔주곡(풍의 곡)을 만들다.
fuguette [fygɛt] *n.f.* 〖음악〗 소둔주곡.
fugueur(se) [fygœːr, -øːz] *a., n.* 〖정신의학〗 잠시 가출하는(사람), 배회증의(사람).
führer [fyrœːr] (독일) *n.m.* 총통(히틀러의 칭호).
fuie [fɥi] *n.f.* 작은 비둘기장.
***fuir** [fɥiːr] 21 *v.i.* ① 달아나다, 도망하다(s'enfuir, se sauver); 탈주하다. ~ de sa maison 집에서 뛰쳐나가다(나오다). ~ devant ses responsabilités 책임을 회피하다. ②〖구어〗속이다, 임시변통으로 모면하다. ③ (구름·지평선 따위가)연듯 지나가다, 멀어지다; (강물·세월 따위가)지나 가다(couler, s'écouler). front qui *fuit* 뒤로 벗겨진 이마. ④ (그릇이)새다. vase qui *fuit* 새는 꽃병. ⑤ (도로·지면 따위가)함몰하다, 내려앉다.
—*v.t.* 피하다, 회피하다, 멀리하다(éviter). ~ le danger 위험을 피하다. ~ ses responsabilités 책임을 회피하다.
—**se ~** *v.pr.* ① 서로 피하다. ② (심려·노고 따위의)기분을 풀다. *se ~* soi-même 기분(전대·후회)을 풀려고 하다.
***fuite** [fɥit] *n.f.* ① 도망, 도주; 탈주(évasion). soldat en ~ 도망병. prendre la ~ 도망가다. mettre l'ennemi en ~ 적을 패주시키다. ~ du domicile conjugal 〖법〗 (남편·아내의)가출, 실종. ② (책임 따위의)도피; 회피, 회피 수단; 〖구어〗 변명, 발뺌. être en ~ 도피중이다. ③ 〖법〗 출두기피죄이다. user de ~s 핑계를 대다, 발뺌하다. ④ (구름 따위가)빨리 지나감; (시간의)경과, 흐름. ④ 새기, 새는 자리. ~ de gaz 가스가 샘. ⑤ (비밀의) 누설; (문서의)분실. ⑥ (자본·두뇌 따위의)유출(流出). ~ *des cerveaux* 두뇌 유출(〖영〗 braindrain). ⑦ 〖미술〗 (원근법의)멀어저 보임. point de ~ 소실점. ⑧ ~ en avant 〖정치·경제〗 전방으로의 탈출(불황 따위로부터의 탈출을 위한 적극적인 정책). ⑨ 〖군대속어〗 제대; 〖학생속어〗 수업의 종료, 휴가.
fuiter (se) [s(ə)fɥite] *v.pr.* 〖속어〗 달아나다.
fulgore [fylgɔːr] *n.m.* 〖곤충〗 나방의 일종(열대지방의 발광충(發光蟲)).
fulgural(ale, pl. aux) [fylgyral, -o] *a.* 번개의; 번개로 점치는.
fulgurant(e) [fylgyrɑ̃, -ɑ̃ːt] *a.* 번개같은, 번개치는; 번쩍거리는(étincelant); (진격 따위가)전격적인(rapide, ~ lent); (아픔이)급격한. lancer un regard ~ à *qn* …을 쏘아보다.
fulguration [fylgyrasjɔ̃] *n.f.* 번개, 〖의학〗 (종기의)전기소작; 〖야금〗 (용해한 금·은이 고체화할 때 발하는)섬광.
fulgurer [fylgyre] *v.i.* 섬광을 발하다; 번쩍거리다; 〖의학〗 전기소작하다.
fulguriser [fylgyrize] *v.t.* 〖익살〗 벼락으로 치다.
fulgurite [fylgyrit] *n.f.* 〖지질〗 섬전암(閃電岩).
fuligineux(se) [fyliʒinø, -øːz] *a.* ① 매연을 내뿜는. flamme ~*se* 매연을 내뿜는 불꽃. ② 매연색(煤煙色)의; (하늘 따위가)음침한.
fuliginosité [fyliʒinozite] *n.f.* 매연, (*pl.*) 〖의학〗 매연색의 설태(舌苔).
fuligo [fyligo] *n.m.* 〖식물〗 풀리고속(屬)(버섯의 일종).
fuligule [fyligyl] *n.f.* 〖조류〗 거러기과의 새.
fulmar [fylmaːr] *n.m.* 〖조류〗 풀마갈매기.

fulmi(-)coton [fylmikɔtɔ̃] *n.m.* 면(綿)화약.
fulminant(e) [fylminɑ̃, -ɑ̃:t] *a.* ① (옛)번쩍불을 발하는; 벽력치는; 격노하는, 노발대발하는. ② 〖화학〗폭발성의. —*n.f.* (F~*e*) 〖로마사〗 전격 군단(légion ~*e*).
fulminate [fylminat] *n.m.* 〖화학〗뇌산염(雷酸塩). capsule de ~ 〖군사〗(총포의)뇌관(雷管).
fulmination [fylminɑsjɔ̃] *n.f.* ① 〖가톨릭〗공포, 선고. = d'une excommunication 파문선고. ② 격노, 비난, 힐책, 노발대발. ③ (옛) 섬광.
fulminatoire [fylminatwa:r] *a.* ① 〖가톨릭〗파문 선고의. ② 비난의, 힐책의.
fulminer [fylmine] *v.t.* 〖가톨릭〗(파문 따위를)선고하다; (비난을)퍼붓다; (판결을)언도하다.
—*v.t.ind.* (~ contre) …에 통토하다, …에 격노하다. Le patron *a fulminé contre* ses employés. 사장이 고용인에게 노발대발했다.
—*v.i.* ① 〖화학〗폭발하다. ② 벼락을 내리다.
fulminique [fylminik] *a.* acide ~ 〖화학〗뇌산.
fumable [fymabl] *a.* 《구어》(여송연이)피울만한; 참을 만한, 그저 괜찮은.
fumacien(ne) [fymasjɛ̃, -ɛn] *a.* 퓌메(Fumay, 프랑스의 도시)의. —**F**~ *n.* 퓌메 사람.
fumade [fymad] *n.f.*, **fumage**[1] [fyma:ʒ] *n.m.* ① 〖농업〗비료를 줌, 시비(施肥). ② (*pl.*)비료.
fumage[2] *n.m.* (물고기·고기의)훈제(燻製).
fumagine [fymaʒin] *n.f.* 〖식물〗매로균(煤露菌)에 의한 병.
fumaison [fymɛzɔ̃] *n.f.* ① 훈제, 훈제 기간. ② 〖드물게〗시비(施肥) (fumage).
fumant(e) [fymɑ̃, -ɑ̃:t] *a.* ① 연기가 나는; 김이 나는. soupe ~*e* 김이 나는 수프. ② 〖비유〗(격한 감정을)폭발하는. ~ de colère 노발대발하는. ③ 《속어》훌륭한, 멋진. C'est ~! 굉장하군 !
fumariacées [fymarjase] *n.f.pl.* 〖식물〗양꽃주머니과(科).
fumasse [fymas] *n.f.* 《속어》분노, 성, 화.
fumé(e)[1] [fyme] *a.p.* 훈제(燻製)의; 〖회화〗볼상 본, 결딴난; (광선을 막으려고)검은 색을 칠한. verres ~*s* (검정빛)선글라스. —*n.m.* 갓 주조한 활자, 〖그〗시험쇄(試驗刷).
fume-cigare [fymsiga:r] *n.m.* 《복수불변》여송연 파이프.
fume-cigarette [fymsigarɛt] *n.m.* 《복수불변》궐련용 파이프.
‡**fumée**[2] [fyme] *n.f.* ① 연기; 담배 연기. charbon sans ~ 무연탄. noir de ~ 기름 검댕; 기름 검댕으로 만든 인쇄 잉크. ② (음식 따위의)김; 증기; (*pl.*) 연무(煙霧). ③ 덧없는 것, 공허한 일. ④ (*pl.*)술기운; 도취, 홍분. ~*s* de l'ambition 타오르는 야심. ~*s* du vin 주기(酒氣). ⑤ (다이아몬드의)흠. ⑥ (*pl.*)(사슴 따위의)똥. ⑦《은어》위험; 총알; 영감.
Il n'y a pas(point) de ~ sans feu. 《속담》아니 땐 굴뚝에서 연기 날까. *Il n'y a point de feu sans ~.* 불에는 연기가 마련이다, 좋은 점이 있으면 반드시 나쁜 점도 있다; 사랑은 얼굴에 반드시 나타난다. *s'en aller(partir) en ~* 연기처럼 (허황하게) 사라지다. *vendre de la ~* 헛된 약속을 하다.
—*a.* (불변) gris ~ 연기색의.
fumelle [fymɛl] *n.f.* 《비어》암컷; 여자; 갈보.
fumer[1] [fyme] *v.i.* ① 연기나다; (장작 따위가)연기 내며 타다. ② (수프 따위가)김이 나다; (말(馬) 따위가)김을 발산하다. ③ 《구어》노발대발하다. ~ de colère 《구어》화가 나서 펄펄 뛰다. ~ sans pipe et sans tabac 《속어》노발대발하다. ④ 《문어》먼지를 내다.
—*v.t.* ① 훈제로 하다. ② (담배·파이프를)피우다, 빨다; (목적보어 없이)담배를 피우다. ~ la pipe 파이프로 담배를 피우다. «Défense de ~»"금연." ~ comme un sapeur 담배를 많이 피우다. ③ 〖사냥〗 연기로 몰아내다. ④ (사람을)약오르게 하다.
—*se* — *v.pr.* (연기가)잘 빨리다. Ce cigare *se fume* bien. 이 여송연은 연기가 잘 빨린다.
fumer[2] *v.t.* (토지에)비료를 주다, 시비하다.
fumerie [fymri] *n.f.* 흡연(습관); 담배 특히 아편의)흡연장.
fumerolle [fymrɔl] *n.f.* ① 〖지질〗(화산의)분기공(噴氣孔). ② 분연(噴煙).
fumeron[1] [fymrɔ̃] *n.m.* ① 내는 숯, 생숯. ② 《속어》(특히 가는)다리. ③ 《속어》애연가.
fumeron[2] *n.m.* (밭의 군데군데에 쌓은) 거름더미.
fûmes [fym] être 의 직설·단순과거·1·복수.
fumet [fymɛ] *n.m.* ① (불고기·술 따위의)향기. ② 〖사냥〗사냥감의 냄새. ③ 〖요리〗(버섯 따위가 든)진한 수프. ④ 강한 냄새; (특히 사람의)체취. ⑤《문어》특징.
fumetereau [fymt(ə)ro, fymɛtro] *n.m.* = **fumeron**[2].
fumeterre [fymtɛ:r] *n.f.* 〖식물〗서양현호색의 일종 《줄기·잎은 약용》.
fumette [fymɛt] *n.f.* 《속어》대마초(마약) 흡연.
fumeur(**se**)[1] [fymœ:r, -ø:z] *n.m.* 흡연자; 아편장이. grand(gros) ~ 애연가. —*n.m.* 《구어》〖철도〗흡연실. —*n.f.* (등받이에 담배통이 달려 있는)흡연용 의자.
fumeux(**se**)[2] [fymø, -ø:z] *a.* ① 연기 나는. ② 몽롱한; 분명치 않은(brumeux, vague). esprit ~ 몽롱한 정신. ③ (술이) 오르는, 쉽게 취하는.
fumier [fymje] *n.m.* ① 퇴비, 두엄. ② 지저분한 하찮은 것;《속어》지저분한 사람; 빈곤, 궁핍.
être comme Job sur son ~ 궁핍하기 짝이 없다.
être hardi comme un coq sur son ~ 유리한 입장에 있기 때문에 대담하다.
mourir sur le ~ 가난 끝에 죽다, 말로가 비참하다.
perle dans un ~ 쓰레기통의 장미꽃.
regarder tout le monde comme du ~ 남을 경멸하는 눈초리로 보다.
fumière [fymjɛ:r] *n.f.* 퇴비, 퇴비장, 두엄자리.
fumifuge [fymify:ʒ] *a.* 연기를 막는. —*n.m.* 방연 장치(appareil ~).
fumigateur [fymigatœ:r] *n.m.* 〖의학〗훈증(燻蒸)소독기; 훈증 장치; (약제의)분무기; 〖원예〗해충 훈제기(燻除器).
fumigation [fymigɑsjɔ̃] *n.f.* 〖의학〗훈증; 훈증요법, 훈증소독법; 〖원예〗훈증 제충.
fumigatoire [fymigatwa:r] *a.* 훈증 소독[요법]의. —*n.m.* 훈증약.
fumigène [fymiʒɛn] *a.* 연기를 내는, 발연의. obus ~ 연막탄. —*n.m.* 발연기.
fumiger [fymiʒe] [3] *v.t.* 더운 연기를 쐬다; 〖의학〗(에)훈증 요법을 쓰다, 훈증 소독하다.
fumignon [fymiɲɔ̃] *n.m.* ① 소형램프. ② 《옛》엷은)연기의 소용돌이.
fumigo [fymigo] *n.m.* 《속어》난로공(工).
fumimètre [fymimɛ:tr] *n.m.* (자동차의)배기가스 측정기.
fumiste [fymist] *n.m.* ① 난로공. ② 《구어》장난을 좋아하는 [불성실한] 사람. —*a.* 불성실한.
fumisterie [fymist(ə)ri] *n.f.* ① 난로업. ② 《구어》장난, 엉터리, 터무니없음.
fumivore [fymivɔ:r] *a.* 연기를 제거하는. foyer ~ 무연 난로. —*n.m.* 제연기(除煙器), 완전 연소 장치(appareil ~).

fumivorité [fymivɔrite] *n.f.* 제연, 완전 연소.
fumoir [fymwaːr] *n.m.* ① (호텔 따위의)흡연실. ② (고기 따위의)훈증실(燻蒸室).
fumure [fymyːr] *n.f.* =fumage¹,².
fun- *préf.* 「밧숨」의 뜻.
funambule [fynɑ̃byl] *n.* 줄타기 곡예사. —*a.* 줄타기하는.
funambulesque [fynɑ̃bylɛsk] *a.* ① 줄타기의. ② 《구어》괴상한, 놀라운(bizarre).
fune [fyn] *n.f.* 〖해양〗 밧줄. ~ de tente 천막의 팽팽하게 하는 밧줄.
funèbre [fynɛbr] *a.* ① 장례의, 초상의. marche ~ 장송 행진곡. cérémonie ~ 장례식. pompe ~ 장의사. veillée ~ 초상집에서의 밤샘. ② 슬픈, 음산한, 침울한(lugubre, sombre). silence ~ 죽은듯한 침묵. voix ~ 침울한 목소리.
funèbrement [fynɛbrəmɑ̃] *ad.* 슬프게, 침울하게.
funer [fyne] *v.t.* 〖해양〗 (돛대 따위에)삭구(索具)를 달다.
funérailles [fyneraːj] *n.f.pl.* ① 장례, 초상, 장의. faire des ~ nationales à qn ···을 국장(國葬)으로 장사지내다. ② 죽음; 파멸; 붕괴.
funéraire [fynerɛːr] *a.* 장례의. drap ~ 관덮개, 관보. pierre ~ 묘석(墓石).
funeste [fynɛst] *a.* ① [~ à] (에) 해로운, 불길한(sinistre). conseil ~ 해로운 충고. ② 《옛》 pressentiment ~ 불길한 예감. ③ 《옛》치명적인, 비통한, 비참한(mortel). maladie ~ 치명적인 병.
funestement [fynɛstəmɑ̃] *ad.* 치명적으로; 해롭게.
fungus [fɔ̃gys] 《라틴》 *n.m.* 버섯류, 균류; 〖의학〗 균종(菌腫), 해면종, 육종.
funi- *préf.* 「밧줄」의 뜻.
funiculaire [fynikylɛːr] *a.* 사조(索條)의, 강삭(鋼索)의; 케이블의; 강삭으로 움직이는; 〖식물〗 주병(珠柄)의; 〖의학〗 정삭(精索)의. —*n.m.* 케이블[강삭]철도(chemin de fer ~). —*n.f.* 〖수학〗카테나리선, 현수선(垂曲線)(courbe ~).
funicule [fynikyl] *n.m.* 〖식물〗 주병(珠柄). 〖炎〗.
funiculite [fynikylit] *n.f.* 〖의학〗 정삭염(精索炎).
funiforme [fyniform] *a.* 〖광물〗 밧줄 모양의.
funin [fynɛ̃] *n.m.* 〖해양〗 (역청(瀝靑)칠을 하지 않은) 흰 밧줄.
fur [fyːr] *n.m.* 《옛》비율, 비례(다음 숙어에만 쓰임). *au* ~ *et à mesure* ···와 동시에, ···에 따라서. Tout ce qu'il apprend, il l'oublie *au* ~ *et à mesure*. 그는 배우는 족족 모조리 그 자리에서 잊어버린다.
au ~ *et à mesure de qc(que+ind.)* ···에 따라서, ···에 응하여. dépenser son argent *au* ~ *et à mesure de* ses besoins 필요에 따라 돈을 쓰다. S'apercevoir des difficultés *au* ~ *et à mesure qu*'on avance 전진함에 따라서 곤란을 깨닫다.
furax [fyraks] *a.* 《불변》《학생속어·구어》몹시 성난(furieux).
furent [fyːr] être 의 직설·단과거 3·복수.
furet [fyrɛ] *n.m.* ① 〖동물〗흰족제비; 《구어》꼬치꼬치 캐기 좋아하는 사람. chasse au ~ 흰족제비를 부리는 토끼 사냥. jeu de ~ 《놀이》 고리찾기; 〖카드놀이〗 도둑잡기. ② 파이프 소제자.
furetage [fyrtaːʒ] *n.m.* ① 흰족제비를 부리는 토끼 사냥. ② 꼬치꼬치 캐기, 천착. ③ (30년 지난)큰 나무만의 벌채.
fureter [fyrte] [5] *v.i.* ① 흰족제비를 부려 토끼 사냥을 하다. ② 꼬치꼬치 캐다; 천착하다, 샅샅이 뒤지다(fouiller). ~ dans un grenier 다락방을 샅샅이 뒤지다. —*v.t.* ① (토끼)흰족제비를 부려 사냥하다. ② 꼬치꼬치 캐다; 샅샅이 뒤지다.
fureteur(se) [fyrtœːr, -φːz] *n.* 흰족제비를 부리는

토끼 사냥꾼; 꼬치꼬치 캐는 사람. ~ de nouvelles 새소식을 수소문하고 다니는 사람. —*a.* (눈초리 따위가)캐내려는 듯한, 훑어보는.
fureur [fyrœːr] *n.f.* ① 분노, 격노, 격분. yeux enflammés de ~ 분노에 불타는 눈. entrer[se mettre] en ~ 격노하다. être en ~ 격노하고 있다. ② (격한)욕망, 열광. ~ du jeu 도박광. ③ 《문어》격렬, 맹위; (*pl.*)(노여움·정열의)발작, 격발. ~ de la mer[des flots] 거칠게 파도치는 바다. ~ d'une tempête 폭풍우의 맹위. ~s des révoltes 반란자의 격렬한 행동. ④ 《옛·문어》광기, 광란; (영감에 의한)정신의 고양.
faire ~ 센세이션을 일으키다, 크게 인기를 얻다.
(jusqu')à la ~; *avec* ~ 열렬히, 열광적으로.
furfur *n.m.*, **furfure** [fyrfyr] *n.f.* 〖의학〗(피부분으로 살갗에서 떨어져 나오는)비늘.
furfuracé(e) [fyrfyrase] *a.* 〖의학〗 겨 모양의.
furfural [fyrfyral], **furfurol** [fyrfyrɔl] *n.m.* 〖화학〗 푸르푸롤.
furia [fyːrja] *n.f.* 노도, 격렬; 격렬; 열광.
furibard(e) [fyribaːr, -ard] *a.* 《구어》격노한.
furibond(e) [fyribɔ̃, -ɔ̃ːd] *a.* 성마른; 미친듯이 성난, 노기등등한. —*n.* 성마른 사람.
furie [fyri] *n.f.* ① (F~) 〖로마신화〗복수의 3여신 (머리카락이 뱀임); 성질이 거센 여자, 악독한 여자. ② 분노, 분격, 격노(colère). entrer[se mettre] en ~ 격노하다. lion en ~ 미친듯이 날뛰는 사자. ③ 《문어》격렬, 맹렬, 맹위. attaquer avec ~ 맹렬히 공격하다. mer en ~ 성난 바다. ~ française 〖역사〗프랑스군의 용맹심(1495년 포르노보(*Fornovo*)의 전투에서임). ④ 《문어》격정, 정열; 열광. ~ des passions 격정. s'abandonner à la ~ du jeu 도박에 열중하다. ~ des timbres-poste 우표 수집열.
furieusement [fyrjφzmɑ̃] *ad.* ① 미친듯이 노하여, 광폭하게. ② 《구어》극단적으로, 맹렬히, 굉장히. travailler ~ 맹렬히 일하다(공부하다).
***furieux(se)** [fyrjφ, -φːz] *a.* ① 격노한, 미친듯이 화내는; 노기 띤. Albert est ~ contre sa sœur. 알베르는 그의 누이에게 몹시 화를 내고 있다. rendre *qn* ~ ···을 격노시키다. Il est ~ de cette réponse. 그는 그와같은 대답에 격노하고 있다. [~ que+*sub.*] Il est ~ qu'on ne l'ait pas prévenu. 그는 연락해주지 않은 것에 노발대발하고 있다. regards ~ 노기띤 시선. ② 사나운, 맹렬한, 격렬한. torrent ~ 격류. attaque ~se 맹렬한 공격. ③ 《구어》굉장한, 엄청난. avoir une ~se envie de ···하고 싶어서 못 견디다. ~ mangeur 굉장한 대식가. faire une dépense ~se 엄청난 비용을 지불하다.
—*n.* 격노하는 사람; 미치광이.
furin [fyrɛ̃] *n.m.* 《옛》 〖해양〗 앞바다, 난바다.
furioso [fyrjozo] 《이탈리아》 *a.* 〖음악〗 분격조의. —*ad.* 분격조로, 광포하게.
furole [fyrɔl] *n.f.* 도깨비불.
furoncle [fyrɔ̃ːkl] *n.m.* 〖의학〗 정(疔), 〔癤腫〕.
furonculeux(se) [fyrɔ̃kylφ, -φːz] *a.* 〖의학〗 정(疔)의; 정성(疔性)의. —*n.* 정이 생긴 사람, 정다발증 환자.
furonculose [fyrɔ̃kyloːz] *n.f.* 〖의학〗 정다발증(疔多發症), 절종증.
furtif(ve) [fyrtif, -iːv] *a.* 남몰래 하는, 은밀한, 슬쩍하는(secret). d'un pas ~ 발소리를 죽이고. jeter des regards ~s 남몰래 (슬쩍) 엿보다. laisser couler une larme ~*ve* 남몰래 눈물을 짓다. glisser une main ~*ve* dans le sac 가방속에 손을 스그머니 집어넣다.
furtivement [fyrtivmɑ̃] *ad.* 남몰래, 살짝.

fus [fy] être 의 직설·단과거·1(2)·단수.

fusain [fyzɛ̃] *n.m.* ①〖식물〗참빗살나무. ②〖미술〗(데생용의)목탄; 목탄화.

fusainiste [fyzɛ(e)nist] *n.* 목탄화가.

fusaïole [fyzajɔl] *n.f.* 〖고고학〗방추(紡錘)끝을 받는 구멍이 난 작은 원반.

fusant(e) [fyzɑ̃, -ɑ̃ːt] *a.* ①용해하는. ②(폭탄이)공중에서 작렬하는(↔percutant). obus ~ 시한폭탄. ―*n.m.* 시한 폭탄.

fusarol(l)e [fyzarɔl] *n.f.* 〖건축〗염주꼴 모서리.

fuscine [fysin] *n.f.* 〖고대로마〗삼지창(三枝槍), 당파창.

fuseau [fyzo] (*pl. ~x*) *n.m.* ①물레가락(실을 자아 감는 토리 구실을 하는 막대기); (방적 기계의)방추(紡錘); 굴대, (공작 기계의)주축(主軸). ~ de quenouille 실톳대(실짓는 데 씀). ~ pour dentelles 레이스 얼레. ~ des Parques 파르캐 여신(인간의 생사를 맡아보는 운명의 3여신)의 방추(비유적)수명. ②끝이 좁아진 바지, 운동용 바지, 스키바지(pantalon ~). ③방추형. arbre taillé en ~ 방추형으로 가꾼 나무. ④〖끝이〗홀쭉한 손가락. jambe en ~ 날씬한 다리. ④〖수학〗~ sphérique 원궁형쇄(圓弓形體); 〖지리〗~ géographique 구면반달형의 지도; 〖천문〗~ horaire 동일 시간대, 동일 표준 시간대. ⑤〖생물〗방추체. ~ achromatique 무색핵 방추. ~ neuro(-) musculaire 〖생리〗(신경)근(筋)방추. *faire bruire ses ~x* 세평에 오르다, 이름을 날리다. *Il peut à peine se tenir sur ses ~x.*〖구어〗그는 겨우서 있을 수가 있다.

*****fusée** [fyze] *n.f.* ①방추 한 개에 감긴 실(의 양). 〖기계〗(굴대의)양끝 부분; 칼뿌리; (노의)자루(손잡이 아래); (시계의)원통 도르래; 〖의학〗누관(瘻管). ②로켓; 로켓 탄. ~ lunaire〖spatiale, interplanétaire〗 달(우주·유성간)로켓. ~ décollage 이륙용 로켓. ~ à liquide〖à poudre〗액체〖고체〗연료 로켓. lancer une ~ vers la lune 달에 로켓을 쏘아올리다. ~ à trois étages 삼단로켓. ~ engin; ~ d'obus; ~ de bombes 로켓탄. ~ intercontinentale 대륙간탄도탄. ~ antichar 대전차로켓 탄. ~ air-air〖air-sol, sol-air, sol-sol〗공대공〖공대지·지대공·지대지〗로켓 탄. partir comme une ~ 갑작스럽게 떠나다. ③화전(火箭), 쏘아올리는 불꽃. ~ volante〖à baguette〗로켓 불꽃. ~ éclairante 조명탄. ~ de signalisation 신호용쏘아올리는불꽃신호. ④신관(信管). ~ à temps 시한(時限)신관. ~ percutante 착발(着發)신관. 〖옛〗〖음악〗룰라드. ⑥(담소의)왁자지껄한 소리, (농담 따위의)연발, (갑작스러운)분출, 돌발, 격발. jaillir en ~ (물 따위가)분출하다. ~ de rires 폭소. vomissement en ~ 돌발적 구토. ⑦〖문장〗〖문어〗기마름모꼴. *démêler une* ~ 난마(亂麻)를 풀다. *lâcher*〖*lancer*〗 *une* ~ 〖구어〗 귀우다, 토하다.

fusée-détonateur [fyzedetɔnatœr] (*pl. ~s-~s*) *n.f.* 〖군사〗신관.

fusée-gigogne [fyzeʒigɔɲ] *n.f.* 다단식(多段式)로켓.

fusée-parachute [fyzeparaʃyt] (*pl. ~s-~s*) *n.f.* 패러슈트 조명탄.

fusée-porteuse, **fusée porteuse** [fyzepɔrtøz] (*pl. ~s(-)~s*) *n.f.* ①보조추진 로켓; 인공위성용 로켓. ②(비유적)(사업 따위의)추진력, 후원자.

fusée-sonde [fyzesɔ̃d] (*pl. ~s-~s*) *n.f.* 관측 로켓.

fusel [fyzɛl] *n.m.* 〖화학〗퓨젤유(油)(알코올 발효의 부산물).

fuselage [fyzlaʒ] *n.m.* ①〖항공〗(비행기의)동체(胴體), 기체(機體). ②〖문어〗방추형(紡錘形).

fuselé(e) [fyzle] *a.p.* 방추형의; 유선형의; (끝이)가느다란.

fuseler [fyzle] [5] *v.t.* 방추형으로 하다; 유선형으로 하다.

fusement [fyzmɑ̃] *n.m.* fuser 하기.

fuséodrome [fyzeodro(ɔ)m] *n.m.* 로켓 발사기지.

fuséologie [fyzeɔlɔʒi] *n.f.* 추진장치(로켓)학.

fuséologue [fyzeɔlɔg] *n.m.* 로켓 공학자.

fuser [fyze] *v.i.* ①(색이)번지다, 퍼지다, 흐릿해지다. ②용해하다; 〖화학〗(석회가)비화(沸化)하다; (소금이 불위에서)바작바작 타다, 폭연(爆燃)하다. chaux *fusée* 풍화석회. cire qui *fuse* 녹아 흐르는 초. ③(화약이)폭발하지 않고 타다. ④(사람소리 따위가)갑자기 일어나다; 분출하다. Les éclats de rire *fusent* de toutes parts. 사방에서 와하는 웃음소리가 일어난다. Le jet d'eau *fuse*. 분수가 분출한다.

fusette [fyzɛt] *n.f.* 바느질실을 감는 판지로 된 원통.

fusibilité [fyzibilite] *n.f.* 용해성. 가용성.

fusible [fyzibl] *a.* 가용성(可溶性)의. ―*n.m.* 〖전기〗퓨즈. ~ de sûreté 안전 퓨즈 개폐기.

fusiforme [fyziform] *a.* 방추모 모양의; 유선형의.

*****fusil** [fyzi] *n.m.* ①총, 소총. à une portée de ~ d'ici 여기서 총알이 닿는 거리 내에. ~ à répétition 연발총. ~ à vent〖à air comprimé〗공기총. ~-mitrailleur 경기관총. vivre de son ~ 사냥하여 생활하다. ~ à deux coups 2연발총. tir au ~ 사격; ③. alimenter〖charger〗 un ~ 총을 장전하다. ②총수, 사격수; 수렵가, 포수. C'est un excellent ~. 이 사람은 명사수이다. ③부싯돌; 〖옛〗(옛날총의)화승대; ~. 가스점화장치. pierre à ~ 부싯돌. ④(고기 써는 칼을 가는)막대 줄; 숫돌. ⑤〖속어〗목, 위(胃). n'avoir rien dans le ~ 몹시 배고프다. se faire qc dans le ~ ~을 삼키다, 먹다, 마시다. écarter le ~ 이야기하면서 침을 튀기다. *changer son ~ d'épaule* 총을 다른 어깨로 갈아 메다, 의견〖계획·방법·직업·정당〗을 바꾸다. *coup de* ~ ⓐ 소총사격, 총성. tirer un *coup de* ~ 발포하다, 총을 쏘다. Le prisonnier a été tué d'un *coup de* ~. 그 포로는 사살되었다. J'ai entendu deux *coups de* ~. 나는 두발의 총소리를 들었다. ⓑ 〖en coup de ~〗좁고 긴 아파트. ⓒ〖구어〗(여관·식당 따위의)폭리(暴利). essuyer〖recevoir〗 le *coup de* ~ 바가지를 쓰다.

fusilier [fyzilje] *n.m.* 사격병, 총수(銃手). ~ marin 해병대원.

fusillade [fyzijad] *n.f.* ①일제 사격, 총화(銃火); 소총전. ②〖군사〗총살(형).

fusillement [fyzijmɑ̃] *n.m.* 총살.

*****fusiller** [fyzije] *v.t.* ①사살하다, 총살하다; 총살형에 처하다. ~ un espion 간첩을 사살하다. ②〖구어〗늘어놓다, 퍼붓다. ~ qn de sarcasmes …에게 야유를 퍼붓다. ~ qn du regard …을 쏘아보다. ~ la vedette 스타에게 카메라 세례를 퍼붓다. ~ qn de bons mots …에게 농담을 마구 하다. ③〖속어〗망가뜨리다; 마구 낭비하다(dépenser). ~ un moteur 모터를 망가뜨리다. En quelques mois, il a *fusillé* plusieurs millions. 몇달 동안에 그는 수백만원을 써버렸다. ④바가지 씌우다; 〖속어〗그러다가 모든 게 엉망이 될 것. ⑤(칼을)막대 줄로 갈다. se faire ~ 바가지 쓰다. ⑤*le pavé*〖속어〗손가락으로 코를 후비다.

fusilleur [fyzijœːr] *n.m.* 총살형 집행자.

fusil-mitrailleur [fyzimitrajœːr] *n.m.* 자동소총, 소형기관총(약자) F.M.).

fusiniste [fyzinist] *n.* = **fusainiste**.

fusion [fyzjɔ̃] *n.f.* ①융해; 용해. point de ~ 융점.

fusionnant(e)

Le métal entre en ~. 금속이 용해한다. ~ du sel dans l'eau 물속에서 소금의 용해. ② (생각이)하나로 합쳐짐, 융합; (정당·회사의)합병, 합동. ~ des races 서로 다른 인종들의 융합. ~ de deux partis politiques 두 정당의 합당. ~ nucléaire 〖물리〗핵융합. opérer la ~ de deux scènes 〖영화〗 두 장면을 오버랩하다.

fusionnant(e) [fyzjɔnɑ̃, -ɑ̃:t] a. langue ~e 〖언어〗 융합 언어.

fusionnement [fyzjɔnmɑ̃] n.m. (정당·회사 따위의)합동, 합병, 연합.

fusionner [fyzjɔne] v.t. (정당·회사 따위를)합병〔연합〕시키다. — v.i. 합병〔합동〕하다.

fusionniste [fyzjɔnist] 〖상업·정치〗 a. 합병주의의, 합병론자의. — n. 합병주의자, 합동론자.

fuss-e, -ions, etc. [fys, -jɔ̃] ⇨être.

fustanelle [fystanɛl] n.f. (그리스 남자용의)짧은 스커트.

fuste [fyst] n.f. 〖선박〗 돛과 노를 갖춘 길다란 배.

fustet [fystɛ] n.m. 〖식물〗 옻나무속(屬)의 일종.

fustibal(l)e [fystibal] n.f. 〖고고학〗 자루 달린 투석기(投石器).

fustigation [fystigasjɔ̃] n.f. 매질, 태형(笞刑); 징벌; 비난.

fustiger [fystiʒe] [3] v.t. ① 매질하다, 태형에 처하다. ② 징계하다, (페습 따위를)통렬히 비난〔공격〕하다, 힐책하다.

fustigeur(se) [fystiʒœr, -ø:z] n. 매질하는 사람; 징벌하는 사람.

fut, fût¹ [fy] ⇨être.

fût² n.m. ① (톱·라켓의)자루; (총의)개머리; (대패의)몸. ② 〖건축〗 주간(柱幹)(→ colonne 그림); (나무)줄기. ③ 나무통; (북의)통.

futaie [fytɛ] n.f. 대수림(大樹林); 큰 나무. haute (vieille) ~ 120년에서 200년 된 수림. jeune ~; demi-~ 40년에서 60년 된 수림.
de haute ~ (나무가)대목의; (사람이)강건한.

futaille [fyta:j] n.f. 술통; 〖집합적〗통.

futaine [fytɛn] n.f. 〖직물〗 퍼스티언(무명이 섞인 마직물(麻織物)).

futal [fytal] n.m. 〖에·속어〗 바지.

futé(e¹) [fyte] a. 약삭빠른, 꾀바른, 교활한. ~ comme un renard 여우처럼 교활한. — n. 약삭빠른〔교활한〕 사람.

futée² n.f. 〖목공〗(아교·톱밥을 이겨 만든)구멍 메우개.

fûtes [fyt] être의 직설·단과거·2·복수.

futile [fytil] a. 쓸데없는, 소용없는(↔ utile); 경박한(léger); 〖구어〗하찮은, 시시한. préoccupation ~ 쓸데없는 관심. femme ~ 경박한 여자.

futilement [fytilmɑ̃] ad. 쓸데없이, 헛되이.

futilité [fytilite] n.f. ① 쓸데없음, 소용없음; 경박함. ② (pl.)하찮은 일, 시시한 일.

***futur(e)** [fyty:r] a. 미래의, 장래의(↔ passé). générations ~es 미래의 세대. vie ~e 〖종교〗사후의 삶. (명사 앞에 놓여 장래의 신분·지위를 나타냄) ~s époux 장래의 부부. C'est un ~ champion. 그는 장래의 챔피언이다.
— n. 미래의 남편〔아내〕(fiancé(e)). Je vous présente ma ~e. 제 처가 될 사람을 소개합니다.
— n.m. 미래, 장래; 〖언어〗미래(시형). Ne pensez plus au passé, mais plutôt au ~. 이젠 더이상 과거를 생각지 말고 미래의 일을 생각하시오. ~ du passé 과거미래. ~ simple (antérieur) 단순(전)미래 시칭. à ~ 미래〔장래〕에.

futurible [fytyribl(ə)] a. 가능한 미래를 예측하는.
— n.m. 미래 예측자〔학자〕.

futurisme [fytyrism] n.m. 〖미술〗미래파, 미래주의(20세기초 이탈리아 시인 마리네티(Marinetti)에 의해 주창된 전위예술운동).

futuriste [fytyrist] a. ① 〖미술〗미래파의; 미래학의, 미래학적인. ② 〖구어〗미래주의적인, 미래지향적인; (기술적으로)참신한, 시대에 앞선. film ~ 공상(과학)영화. — n. 미래파 예술가.

futurition [fytyrisjɔ̃] n.f. 장래성, 미래성.

futurologie [fytyrɔlɔʒi] n.f. 미래학.

futurologue [fytyrɔlɔg] n.m. 미래학자.

fuxéen(ne) [fyksee, -ɛn] a, n. =**foxien.**

fuy-ais, -ons, etc. [fɥij-ɛ, -ɔ̃] ⇨fuir.

fuyant(e) [fɥijɑ̃, -ɑ̃:t] a. (p.pr.<*fuir*) ① 도피하는, 회피하는; 포착〔파악〕하기 어려운. regard ~ 사람의 시선을 피하는 눈길, 겁먹은 눈초리. réponse ~e 얼버무리는 대답, 느릿느릿한 대답. caractère ~ 파악하기 어려운 성격. ② 지나가버리는, 사라져버리는; 멀어지는, 멀리 보이는. heure ~e 지나가버리는 시간. souvenir ~ 희미해져가는 추억. horizon ~ 아득한 지평선. perspective ~e 점점 멀어져 보이는 전망. ligne ~e (원근법에서)소실점으로 향하는 선; (차체 따위의)유선. ③ (이마·턱 따위가) 뒤로 젖혀진, 움푹 들어간. menton ~ 뭉툭한 턱. ④ (지면 따위가)움푹 패인, 우묵한. ⑤ 〖문어〗 달아나는; 새는.
— n. 달아나는 사람〔동물〕.
— n.m. 멀리〔우묵하게〕 보이는 부분; 원경.
— n.f. 소실점으로 향하는 선.

fuyard(e) [fɥija:r, -ard] a. 도주하는; (동물이)사람을 무서워하는, 겁을 내는; 도망가는 버릇이 있는. ~ 달아나는 사람; 〖속어〗약속을 지키지 않는 사람. — n.m. (전장에서의)도망병, 탈주병; 〖옛〗병역 기자.

fy [fi] n.m. 〖수의〗 나병의 일종.

G

G, g [ʒe] *n.m.* ① 프랑스 자모의 제 7 자. ② 《음악》사음, 사조《sol에 해당하는 영어·독일어 명》. ③ facteur *G* 《심리》일반인자(facteur général).
G. 《약자》Grandeur 각하《특히 주교·대주교에 대한 경칭》; Grâce (특히 영국에서)각하, 각하부인.
g. 《약자》① gauche 왼편, 좌(左). ② gramme 《도량형》그램. ③ gravité 《물리》중력.
Ga 《약자》gallium 《화학》갈륨.
G.A. 《약자》groupe d'armées 《군사》군단.
gab [gab] *n.m.* 《옛》농담.
gabalitain(e) [gabalitɛ̃, -ɛn] *a.* 제보당(*Gévaudan*, 프랑스의 지방)의. —**G**~ *n.* 제보당 사람.
Gabaon [gabaɔ̃] *n.pr.m.* 《성서》기베온《팔레스티나의 옛 도시》.
gabaonite [gabaɔnit] 《성서》 *a.* 기베온(*Gabaon*)의. —**G**~ *n.* 기베온 사람.
gabarage [gabaraʒ] *n.m.* 짐배(gabare)에 의한 운반.
gabardine [gabardin] *n.f.* 《직물》개버딘; 개버딘제의 레인코트.
gabare, gabarre [gabaːr] *n.f.* ① 거룻배, 짐배; (바닥이 판판한)강배, 너벅선, 운송선. ② 《어업》저인망(底引網). ③ 《군사》(해군의)군항용 잡역선.
gabaret [gabarɛ] *n.m.* 작은 저인망(底引網).
gabari [gabari] *n.m.* =**gabarit**.
gabariage [gabarjaːʒ] *n.m.* 《조선》실물대의 모형 만들기; 실물대 모형에 맞추어 만들기.
gabarier¹, gabarrier [gabarje] *n.m.* 《해양》(거룻배·짐배의)선주; 부두 노동자, 뱃사공.
gabarier² [gabarje] *v.t.* 《조선·금속》실물대의 모형에 맞추어 자르다[만들다]; (모형의)규격검사를 하다.
gabarieur [gabarjœːr] *n.m.* 《조선》실물과 같은 크기의 모형 제작자; 규격검사를 하는 직공.
gabarit [gabari] *n.m.* ① (실물대의)모형; 거푸집, 형판(型板). ② (옷의)본(patron). salle des ~*s* (병기창 따위의)모형실. tour à ~ 틀 만드는 선반. ② 표준게이지, 측정기, ③ 《철도》궤간(軌間)의 표준계기기(~ de pose de voie). ③ (규격·표준의)형, 타입, 사이즈, 규격. être conforme au ~ 규격대로이다. être de même ~ 같은 형이다. ④ 《구어》(체격·성격 따위의)크기, 정도, 종류(genre, acabit). homme d'un ~ respectable 풍채가 좋은 남자. Je n'ai jamais rencontré de menteur de ce ~. 나는 이 같은 거짓말장이를 본 적이 없었다.
gabarot [gabaro] *n.m.*, **gabarotte** [gabarɔt] *n.f.* 루아르 강의 작은 짐배.
gabbro [gabro] *n.m.* 《지질·미술》반려암(斑糲岩).
gabegie [gabʒi] *n.f.* ① 《옛》속임(수); 사기, 협잡. ② (불실한 운영에 의한)행정의 난맥, 혼란(désordre); (공공사업에 있어서의)낭비(gaspillage). ③ 《구어》(액체를 흘려서)더럽히는 것. faire de la ~ 더럽히다.
gabelage [gabla:ʒ] *n.m.* 《옛》(방매까지의)소금의 저장 기간; 소금의 품질 검사인(印).
gabeler [gable] [5] *v.t.* (건조시키려고 소금을)창고에 넣다; (소금을)창고에서 건조시키다.

gabeleur [gablœːr] *n.m.* 소금을 건조시키는 사람; 《옛》염세리(塩稅吏).
gabelle [gabɛl] *n.f.* 《역사》염세(塩稅); 염세서(署). frauder la ~ (염세를)탈세하다.
gabelou [gablu] *n.m.* ① 《속어》(경멸)세관원. ② 《역사》염세리(塩稅吏).
gabie [gabi] *n.f.* 《옛》《해양》반교루(半檣樓); 《라디오》(안테나용)가로대(~ d'antenne).
gabier [gabje] *n.m.* 《옛》《해양》장루 담당자; 조종 담당 선원.
gabion [gabjɔ̃] *n.m.* ① 《군사》보람(堡籃). ② 거름바구니, 흙바구니. ③ 《토목》돌바구니. ③ 《사냥》(물오리 사냥의)사냥꾼이 숨는 통. 〔담.
gabionnage [gabjɔnaːʒ] *n.f.* 《군사》보람장(堡籃壁).
gabionnage [gabjɔnaːʒ] *n.m.* 《군사》보람[축조] 배치; 보람장(堡籃壁).
gabionner [gabjɔne] *v.t.* 《군사》(참호 따위를)보람으로 덮다.
gable, gâble [gɑːbl] *n.m.* ① 《건축》박공(벽). ② (단집 모양의)차양.

gable ①

Gabon (le) [ləgabɔ̃] *n.pr.m.* 《지리》가봉《적도 아프리카의 국가》.
gabonais(e) [gabɔnɛ, -ɛːz] *a.* 가봉(*le Gabon*)(사람)의. —**G**~ *n.* 가봉 사람.
gabord [gabɔːr] *n.m.* 《선박》용골익판(龍骨翼板)(galbord).
gabot [gabo] *n.m.* 물고기의 먹이로 쓰이는 작은 물고기.
gaburon [gabyrɔ̃] *n.m.* 《해양》(돛대의)보강재.
G.A.C. 《약자》groupe d'armées du centre 《군사》중앙집단군.
gâchage [ɡɑʃaːʒ] *n.m.* ① (물로)이기기, 반죽하기. ② 날림으로 만들기; 날림으로 한 일. ③ 낭비(gaspillage). ~ du temps 시간의 낭비.
gâche¹ [ɡɑʃ] *n.f.* ① (미장이의)흙손. ② 《요리》반죽주걱.
gâche² *n.f.* ① 자물쇠판. ②(톱니멈추개의) V 자꼴의 이. ③ 《건축》벽걸이.
gâchée [ɡɑʃe] *n.f.* 한 번 이기는 분량의 시멘트[콘크리트].
gâcher [ɡɑʃe] *v.t.* ① (모르타르·회반죽 따위를 물에)이기다, 반죽하다. ~ lâche[serré] 무르게[되게] 반죽하다. ② 날림으로 하다[만들다](bâcler). ~ la besogne 일을 되는대로 해치우다. ③ 망가뜨리다(gâter); 낭비하다, 허비하다(gaspiller). ~ son argent[son temps] 돈[시간]을 낭비하다. ~ une occasion 기회를 놓치다. La pluie *a gâché* nos vacances. 비 때문에 우리는 휴가를 망쳐버렸다. ~ sa vie 일생을 망치다. ~ le métier (부당하게)싼 임금으로 일하다; 싸게 팔다. ④ 《농업》(짚단

gâchette [gaʃɛt] *n.f.* ① 〖군사〗(총의)공이치기 용수철; 〖구어〗방아쇠. appuyer sur la ~ 방아쇠를 당기다. ② (자물쇠정의)걸림쇠. ③ 〖기계〗톱니 멈추개의 이, 폴.〖(영)pawl〗.

gâcheur(se¹) [gaʃœːr, -ʃiːz] *n.m.* 모르타르·회반죽을 이기는 인부. —*n.* ① 서투른 일꾼, 날림으로 해치우는 사람(saboteur). ~ de besogne 되는대로 일을 해치우는 사람. ~ d'argent 돈을 낭비하는 사람. ~ de papier 삼류문인.

gâcheux(se²) [gaʃø, -ʃøːz] *a.* ① 진창의. ② (과일이) 흠 있는, 상한.

gâchis [gaʃi] *n.m.* ① (모르타르·회·흙 따위의)반죽. ② 진창; (비유적) 혼돈상태, 뒤죽박죽(désordre). En hiver, ce chemin est un vrai ~. 겨울엔, 이 길은 그야말로 진창이 된다. ~ politique 정치적 혼란. [faire un ~ de] faire un beau ~ de sa vie 일생을 망치다. Nous sommes en plein ~. 난처한 지경에 빠지고 말았군. ③ 낭비, 손해.

gâchoir [gaʃwaːr] *n.m.* 도토(陶土)를 이기는 사발.

gade [gad] *n.m.* 〖어류〗대구의 일종.

gadget [gadʒɛt] *n.m.* ① 아이디어 상품, 기발한 가정용구, (새로운 것을 좋아하는 사람들을 즐겁게 하는)신제품. ② 〖실용성보다는 디자인에 따위가 새로운〗신안(新案). ③ 〖형용사적; 합성명사를 만듦〗[...-~] 아이디어 상품의 ~, 진기한 ~. appareil ~ 아이디어 상품을 살린 기구.

gadgétière [gadʒɛtjɛːr] *n.f.* 아이디어 상품 판매점, gadget을 파는 상점.

gadgétisation [gadʒɛtizasjɔ̃] *n.f.* 아이디어 상품화. ~ de l'automobile 자동차의 아이디어 상품화.

gadgétophile [gadʒɛtɔfil] *n.m.* gadget 애호가, 새로운 것을 좋아하는 사람.

gadiche [gadiʃ] *n.f.* 〖속어〗떨어짐, 낙하, 추락.

gadidés [gadide] *n.m.pl.* 〖어류〗대구과(科).

gadin [gadɛ̃] *n.m.* 〖속어〗= gadiche.

gadoïde [gadoid] 〖어류〗*a.* 대구 같은. —*n.m.* 대구과(科)의 물고기.

gadolinite [gadɔlinit] *n.f.* 〖광물〗가돌린석.

gadolinium [gadɔlinjɔm] *n.m.* 〖화학〗가돌리늄.

gadouard [gadwaːr] *n.m.* 〖속어〗변소 치는 사람; 청소부.

gadoue [gadu], 〖속어〗 **gadouille** [gaduj] *n.f.* ① 인분(거름), 똥거름, 쓰레기. ② 〖구어〗진흙탕, 진창.

Gaekwar [gɛkwaːr] *n.m.* = Gaikovar.

Gaël [gaɛl] *n.m.* 게일 사람.

gaélique [gaelik] *a.* 게일의. —*n.m.* 게일어(語).

gaffe [gaf] *n.f.* ① 〖해양〗갈고리 장대; 〖어업〗작살의 일종. ② 〖속어〗실수, 실언(bévue). 〖학생속어〗뜨내기는 답. faire une ~ 실수하다. ravaler sa ~ 허둥지둥 실수(실언)를 무마하려고 하다. faire ~ (à qc) 〖속어〗(…에)주의하다.

gaffeau [gafo] (*pl.* ~x) *n.m.* 〖어업〗작은 작살의 일종.

gaffer [gafe] *v.t.* (부유물 따위를)갈고리 장대로 걸다; 〖어업〗작살로 잡아올리다. —*v.i.* 〖구어〗실수하다; 〖속어〗주시하다. Vous avez encore gaffé. 또 실수[실언]를 했어요. Gaffe un peu! 좀 잘 봐.

gaffeur(se) [gafœːr, -øːz] *n.* 실수 잘하는 사람, 얼간이. —*a.* 실수하는.

gag [gag] 〖영〗 *n.m.* 간투대사(間投臺詞); 익살스러운 짓(장면), 개그.

gaga [gaga] *n.* 〖속어〗노망한 사람. —*a.* (불변) 노망한.

gage [gaːʒ] *n.m.* ① 저당(전당·담보)물; 인질. mettre [laisser] *qc* en ~ …을 전당[저당]잡히다. prê- ter sur ~s 담보를 잡고 돈을 빌려주다. prendre *qc* en ~ …을 담보로 잡다. mise en ~ 전당(저당)잡힘. prêteur sur ~s 전당포. lettre de ~ (담보부) 채권(社債券). ② 보증; 공탁(금), 보증금(caution). Je ne veux d'autre ~ que votre parole. 나는 당신의 언질 외에 다른 보증을 바라지 않는다. demander ~s pour l'avenir 장래에 대한 보증을 요구하다. mettre des ~s entre les mains de *qn* …의 손에 보증금을 맡기다. ③ 증거, 증언, 표시(preuve, témoignage). donner à *qn* un ~ de fidélité …에게 충성의 증거를 보이다. ~ d'amitié 우정의 표시. ~ d'amour 사랑의 표적; 〖옛·시〗아이. Je te donne cette bague en ~ de mon amour. 나는 너에게 내 사랑의 증표로서 이 반지를 준다. ④ (놀이에서)거는 돈(물건); (*pl.*) (옛), 벌금놀이. jouer aux ~s 내기를 하다. ⑤ (*pl.*) 〖옛〗(하인에게 주는)급료.

à ~ *s* 고용된, 급료를 받는. tueur *à* ~*s* 청부 살인자. auteur *à* ~*s* fixes 〖영화〗전속작가.

casser qn aux ~*s* 〖옛·문어〗…을 해고하다; 소홀히 하다.

être aux ~*s de qn* …에게 고용되어 있다.

jeter devant qn le ~ *de combat* [*de bataille*] 〖옛〗…에게 장갑을 던져 도전하다.

laisser qc pour ~ (*s*) …을 잃다, 포기하다.

gagé(e) [gaʒe] *a.p.* ① 〖법〗압류(처분)된. meu- bles ~s 압류된 가재도구. ② 담보물로 인하여 보증된. emprunt ~ 담보로 보증된다. ③ 고용된, 돈으로 산. faux témoin ~ 매수된 위증자.

gage-mort [gaʒmɔːr] (*pl.* ~*s*-~*s*) *n.m.* 〖옛〗= mort-gage.

gager [gaʒe] [3] *v.t.* ① 〖문어〗단언하다, 보증하다 (parier), (…이)확신하다. [~ *que* + *ind.*] Je gage qu'il ne nous trouvera pas. 그는 우리를 절대로 찾지 못할 것이다. Je gage que non; 〖구어〗Gage que non. 절대로 그렇지 않다. ! —(〖옛〗de) + *inf.*] Je *gage* le connaître ! 그를 알고 말고 ! ② 저당물로서 압류하다. 저당물로 보증하다. ~ un emprunt 공채에 담보물을 붙여 보증하다. ③〖옛〗(…에게)급료로 급하다; 고용하다; (돈을)걸다.

gagerie [gaʒri] *n.f.* 〖법〗압류(saisie-~).

gageur(se) [gaʒœːr, -øːz] *n.* 내기하는 사람, 내기 [도박]를 좋아하는 사람. —*a.* police ~*se* 〖보험〗도박 보험.

gageure [gaʒyːr] *n.f.* 내기; (내기에)건 돈, 걸돈. faire[tenir] une ~ 내기하다. ② (비유적)(도박 비슷한)무모한 짓[계획·생각]. Cela ressemble à une ~. 〖구어〗그건 일종의 도박이다(그런 걸 런 짓을 하는지 모르겠다). C'est (comme) une ~. 그건 거의 불가능하다.

soutenir la [*sa*] ~ 무모한(위험한) 계획을 끝까지 밀고나가다; 〖옛〗내기에 응하다.

gagiste [gaʒist] *n.m.* ① 임시 고용인; 〖군사〗임시 고용군악대원. ② 〖법〗질권자(質權者)(créan- cier~). —*a.* ① 고용된. ② 〖법〗질권 있는.

gagman (*pl.* **men**) [gagman, -ɛn] 〖영〗 *n.m.* 〖연극·영화〗개그맨; 개그작가.

gagnable [gaɲabl] *a.* 〖드물게〗획득(입수)할 수 있는; 승산이 있는.

gagnage [gaɲaːʒ] *n.m.* 〖옛〗〖농업〗목초지, 목장; 〖사냥〗(사슴 따위가 모이는)초원.

gagnant(e) [gaɲɑ̃, -ɑ̃ːt] *a.* 이기는, 승리를 얻는, 당첨되는. numéro ~ 당첨번호. On le donne ~. 그가 이기리라고 믿고 있다. —*n.* 승리자; 당첨자; 승마(勝馬).

gagne [gaːɲ] *n.f.* 〖이득, 벌이.

gagne-denier [gaɲdənje] (*pl.* ~-~(*s*)) *n.m.* 〖옛〗

《구어》행상인, 도붓군. ② 날품팔이꾼.

gagne-pain [ɡɑɲpɛ] *n.m.* 《복수불변》① 생계수단, 벌이도구. Sa plume est son seul ~. 펜이 그의 유일한 벌이수단이다. 그는 문필가로서 먹고 산다. ② 《집안의》기둥, 밥벌이하는 사람.

gagne-petit [ɡɑɲpəti] *n.m.* 《복수불변》① 돈벌이가 적은 사람; 소상인(小商人); 박봉을 받는 사람. ② 《옛》(도부치는)칼·가위 가는 사람.

‡**gagner** [ɡɑɲe] *v.t.* ① (돈을)벌다; (도박 따위에서)따다. ~ de l'argent 돈을 벌다. Il *gagne* deux milles francs par mois. 그는 한달에 2천프랑씩 번다. ~ sa vie [son pain, 《속어》sa croûte, son bifteck] 생활비를 벌다. ~ tout juste de quoi vivre 겨우 생계를 꾸려가다. son pain à la sueur de son front 이마에 땀을 흘리면서 [고생하면서] 먹고 살다. ~ un gros lot à la loterie 복권에서 특상에 당첨되다. [~ sa vie à+*inf.*] Elle *gagnait sa vie à* chanter. 그녀는 노래를 불러서 생활비를 벌었다.
② (시간 따위를)벌다, (이익 따위를)얻다, 획득하다. ~ une heure en prenant le rapide 특급열차를 타 한 시간을 벌다. Cela nous permet de ~ du temps. 그렇게 하면 우리는 시간을 벌 수 있다. ~ de la place (물건 따위를 놓는 방법에 따라)공간을 절약하다, 공간의 여유를 얻다. Qu'est-ce que tu *gagnerais* à lui raconter tout ça? 네가 그 일을 그에게 해서 무슨 이득이 있다는 말이냐?
③ (상 따위를)얻다, 획득하다. ~ le prix 상을 획득하다. 크게 받고. ~ une réputation d'homme habile 능한 사람이라는 평판을 얻다. ~ la faveur du public 대중의 인기를 얻다.
④ (신뢰·애정 따위를)얻다; (남의 마음을)휘어잡다; 매수하다. ~ le cœur des peuples 민심을 얻다. ~ l'amitié de *qn* …와 마음을 트는 친구가 되다. Tout le monde *a été gagné* par sa bonté. 누구나 그의 친절함에 사로잡혔다. ~ *qn* à sa cause …을 자기편에 끌어들이다. Il faut ~ cet homme à tout prix. 그 사람을 무슨 일이 있어도 우리편에 넣어야 맞 하다. ~ *qn* par des flatteries 아부를 해서 ~의 환심을 사다. ~ des amis 친구를 만들다. Je me suis laissé ~ par ses prières. 그의 간청에 지고 말았다. ~ les suffrages [les voix] 표를 얻다. ~ un témoin 증인을 매수하다.
⑤ (싸움이나 경기에서)승리를 얻다, 이기다 (↔perdre). Il *a gagné* une bataille. 그는 싸움에서 이겼다. Notre équipe de football *a gagné* le match. 우리 축구팀은 시합에서 이겼다. avoir la partie *gagnée* 승부에 이기다. ~ un procès 승소하다, 소송에서 이겼다. J'*ai gagné* la course. 나는 경주에서 이겼다. J'*ai gagné* une partie en en ai perdu deux. 나는 한판을 이기고 두판을 졌다. Ce parti *gagnera* les prochaines élections. 이 당은 다음 선거에서 승리를 할 것이다. [~ *qn*] Elle l'*a gagné* aux échecs. 그녀는 체스에서 그를 이겼다. ~ *qn* de vitesse …을 따라잡다, 앞지르다.
⑥ (당연한 결과로)받다 (mériter) 《bien 과 함께 쓰임》. Vous *avez bien gagné* votre promotion. 당신의 승진은 당연한 결과입니다. repos bien *gagné* 당연한 권리로 획득한 휴식. Ne te pleure pas, tu l'*as bien gagné*. 《반어적》울 것 없어, 네 탓이야.
⑦ (체중이)늘다; (키가 커지다. En vacances, j'*ai gagné* deux kilos. 휴가중 나는 2킬로가 늘었다. L'enfant *a gagné* cinq centimètres. 그 어린이는 키가 5센티미터 더 컸다.
⑧ (반어적)(병에)걸리다; (난처한 사태에)직면하다. Je suis sorti par ce froid, j'*ai gagné* un bon rhume. 추운 날씨에 외출했다가 감기가 단단히 들었다. Tu ne *gagneras* que du ridicule à protester. 항의해보아야 웃음거리밖에 되지 못한다.
⑨ (목적지에)다다르다. Le bateau *gagne* le port. 배가 항구로 들어온다. J'*ai gagné* la sortie. 나는 출구에 이르렀다. Il *a gagné* Paris. 그는 파리에 다다랐다.
⑩ 《주어는 사물》(불·병 따위가)번지다, 퍼지다; (시간이)다가오다. L'incendie *a gagné* la maison voisine. 화재는 이웃집에 번졌다. Le cancer *gagne* l'estomac. 암이 위로 퍼진다. Cette idéologie *gagne* toutes les couches sociales. 이 이데올로기는 모든 사회계층에 번지고 있다. Sa surprise me *gagne*. 그의 놀라움이 내게 옮겨진다. Le sommeil le *gagne*. 졸음이 그에게 밀려온다, 그는 졸린다. La nuit [Le temps] nous *gagne*. 벌써 밤[시간]이 되었다.
⑪ ~ le (dessus du) vent 《해양》 바람머리로 나아가다.

C'est autant [*toujours ça*] *de gagné.* 그만큼이라도 득이다.

donner gagné à qn …에게 졌음을 시인하다.

~ *le dessus* 우위[우세]를 차지하다.

~ *les champs* [*le taillis, le haut*] 달아나다; 따라미치다.

~ *le Pérou* 벼락부자가 되다.

Il y a tout à ~ *à* + *inf.* …하면 득이 될 뿐이다.

―*v.i.* ① 벌이하다, 벌다; 이익을 얻다, 이득을 보다. Il *gagne* gros dans ce commerce. 그는 이 장사에서 크게 벌고 있다. ~ aux courses [à la loterie] 경마[복권]에서 벌다. ~ bien 잘 벌다. Il n'y a rien à ~ à cela. 그것은 아무런 득도 안된다. Vous y *gagnerez*. 그렇게 하는 것이 득이 될거요(Vous y trouverez un avantage).
② 이기다; (패가)승리패가 되다. Il *a gagné* aux échecs. 그는 체스에서 이겼다. Tu *as gagné*, félicitations! 네가 이겼어. 축하해! Le roi de cœur *gagne*. 하트의 킹이 으뜸패이다. boxeur qui *a gagné* aux points 판정승을 한 권투선수.
③ (평판·포도주 따위가)좋아지다. Le vin *gagne* à vieillir. 포도주는 오래될수록 좋아진다.
④ [~ sur *qn/qc*] 이기다, 침범해 들어가다. ~ sur la propriété de son voisin 이웃집 땅을 침범해 들어가다. ~ sur son adversaire 상대방에 이기다.
⑤ (화재·병·습관 따위가)번지다, 퍼지다; 침식하다. Le feu *a gagné* jusqu'au toit. 화재가 지붕에까지 번졌다. L'épidémie *gagna* rapidement. 전염병이 빨리 퍼졌다. La mer *gagne* sur la côte. 바다가 해안을 침식한다. ~ au [dans le] vent 《해양》 바람머리로 나아가다.

~ *à*+*inf.* …하는 것에 의해 이익을 얻다, 득을 보다, 가치를 더하다, 좋아지다. Il *gagne à* être connu. 그는 사귀어서 보면 훌륭한 사람이다. Ce tableau *gagne à* être vu de loin. 이 그림은 멀리서 보는 것이 더 좋다. Ce poème *gagne à* être relu. 이 시는 다시 읽을수록 더 깊은 맛이 난다. Le vin *gagne à* vieillir. 포도주는 오래될수록 맛이 좋아진다.

~ *au pied* 《옛》도주하다.

~ *de*+*inf.* …하는 것의 득을 보다, …와 같은 결과를 얻다. Prenez une assurance, vous y *gagnerez d'*être plus tranquille. 보험에 드세요, 그러면 더 안심이 될 것입니다.

~ *en* …의 점에서 좋아지다. Son style *a gagné en* précision. 그의 글은 정확함에 있어서 좋아졌다.

―**se** ~ *v.pr.* ① 벌이가 되다; 얻어지다, 획득되다, 입수되다; 매수되다. Une si forte somme ne *se gagne* pas en un jour. 그와같은 대금은 하루만에 얻어지는 것이 아니다. 《se 는 간접목적보어》*se* ~

des amis 친구를 얻다. ② (병이)옮다, 전염되다. La grippe *se gagne* aisément. 감기는 쉽게 전염된

gagnerie [gaɲri] *n.f.* 《사투리》 =**gagnage**.

gagneur(se) [gaɲœːr, -øːz] *n.* ① 돈벌이하는 사람. ~ **d'argent** 돈을 버는 사람. ② 승리자. ~ **de batailles** 싸움에 이긴 자. 〔石〕.

gahnite [ganit] *n.f.* 《광물》 아연첨정석(亞鉛尖晶石).

‡gai(e) [ge] *a.* ① 즐거운, 명랑한, 쾌활한(jovial, joyeux, ↔triste). Ces jeunes gens sont très ~s. 이 젊은이들은 아주 명랑하다. Le dîner a été très ~. 저녁식사는 매우 유쾌했다. chanson ~e 즐거운 노래. ~ comme un pinson 지극히 유쾌한. ~ et dispos 그지없이 즐거운. auteur ~ 유머작가. le savoir ~ 《불문학》 (troubadour 의) 시(詩) 《신학·철학에 대해서 말함》. ② (표정 따위가) 밝은, 명랑한; (방·색채 따위가) 밝은, 청명한. vert ~ 밝은 녹색. chambre ~e 밝은 느낌을 주는 방. Elle porte toujours des robes de couleur ~e. 그녀는 밝은 빛깔의 드레스를 늘 입는다. jupe ~e 밝은 색깔의 치마. Le temps était ~. 맑은 [좋은] 날씨였다. ③ (이야기·노래가) 천한, 추잡한. tenir des propos un peu ~ 좀 음란한 이야기를 하다. ④《구어》얼근한, 거나한. Il commence à être ~. 그는 얼근하게 취하기 시작한다. ⑤ (열쇠·볼트 따위가)헐렁한. boulon trop ~ 너무 헐렁한 볼트. ⑥ hareng ~ 《어류》 산란기의 청어.

C'est ~. 《구어》 《반어적》 이거 낭패로군. J'ai perdu la clef, *c'est* ~ ! 열쇠를 잃어 버렸으니 이거 야단 났군 !

— *int.* Allons ~ ! 《옛》 자 기운내서 !

gaïac [gajak] *n.m.* ① 《식물》 유창목(癒瘡木), 구아야크. ② 유창목 목재(bois de ~).

gaïacol [gajakɔl] *n.m.* 《화학》 구아야콜.

***gaiement** [gemã] *ad.* 즐겁게, 쾌활하게. aller ~ 《속어》 성큼성큼 걷다.

***gaieté** [gete] *n.f.* ① 즐거움, 쾌활. perdre (retrouver) sa ~ 쾌활함을 잃다 [되찾다]. avoir de la ~ dans le caractère (dans le style) 성격 [문체]에 쾌활한 면이 있다. mettre *qn* en ~ 《구어》…을 유쾌하게 하다. comédie pleine de ~ 즐거움 [유머]으로 가득찬 희극. ② (표정·색채 따위의) 밝음. ~ d'un paysage 풍경의 밝음. ③ (*pl.*) 즐거운 놀이, 음담, 농담; 《반어적》 (어느 집단·지역·행위 에만 있는 독특하면서) 묘한 점, 우스꽝스러운 점. ~s de la province 시골의 묘한 (우스운) 점. ~ de l'administration 관청의 우스꽝스러운 점. Voilà les ~s de l'université. 그것이 대학의 묘한 [우스운] 점이다. ④ 거나하게 취함, 거나한 기분. Il est en ~. 그는 거나하게 취해 있다.

de ~ *de cœur* (싫고 위험한 일을)기꺼이, 자진해 서. Ce n'est pas *de* ~ *de cœur* que j'ai accepté cela. 나는 그것을 기꺼이 받아들인 것이 아니다.

gaillard(e¹) [gajaːr, -ard] *a.* ① 활기에 찬, 쾌활한; 기운찬(vigoureux), 호탕한. frais et ~ 원기발랄한. ② 《속어》 얼큰히 취한. ③ (이야기·노래 따위가) 천한, 외설스러운(licencieux).

— *n.m.* ① 쾌활한 [호탕한] 사람(luron), 쾌남; 건장한 사람, 빔틈없는 사내. mon ~ 《구어》여보게 《호칭》. ②《해양》윗갑판 끝부분. ~ d'arrière [d'avant] 뒷[앞]갑판. pont des ~s 윗갑판.

— *n.f.* ① 건장한 여자, 말괄량이 여자. ② 《인 쇄》 8 포인트 활자. ③ (16 – 18세기에 유행하는) 3 박자의 무용곡.

gaillarde² [gajard], **gaillardie** [gajardi] *n.f.* 《식물》 국화의 일종.

gaillardement [gajardəmã] *ad.* 쾌활하게, 씩씩하게; 대담하게.

gaillardise [gajardiːz] *n.f.* ① 쾌활, 명랑. par ~ 랑한 기분으로. ② (*pl.*)외설스런 언동. lâcher des ~s 추잡한 말을 지껄이다.

gaillet [gajɛ] *n.m.* 《식물》 꼬리솔나물.

gailleterie [gajt(ə)ri, gajɛtri] *n.f.* 크기가 중치 정도 의 석탄 (85 – 250mm).

gailleteux(se) [gajtø, -øːz] *a.* 중간치의 석탄덩이 (gaillette)를 함유한.

gailletin [gajtɛ̃] *n.m.* 작은 석탄 덩이.

gaillette [gajɛt] *n.f.* 중간치의 석탄 덩이, 중괴탄 (中塊炭).

gaîment [gemã] *ad.* =**gaiement**.

gain [gɛ̃] *n.m.* ① 벌이 (↔dépense); 이익, 이득 (profit). amour [soif] du ~ 이욕(利慾). âpre au ~ 잇속에 밝은, 욕심많은. ~s considérables [médiocres] 상당한 [보잘것 없는] 벌이. ~ honnête [illicite] 정당한 [부당한] 이득. ② (일반적으로) 이익, 이득; 획득; 증가, 절약. ~ de temps 시간의 절약. ~ de place 공간 [지면] 의 절약. ~ de voix aux élections 선거에서의 득표수의 증가. ~s de productivité 생산성의 향상. J'ai retiré du ~ de cette lecture. 나는 이 책을 읽고 큰 득을 보았다. être en ~ 이익보다, 득보다. ③ (전쟁·소송의) 승리 (succès, victoire). avoir [obtenir] ~ de cause 송 [논쟁]에 이기다. donner ~ de cause à *qn* …에 게 유리하다고 판단하다.

gainage [gɛnaːʒ] *n.m.* ① 피복작업; 《물리》 (원자 로의)핵연료 피복작업. ② 《해양》 (돛의)둘레 보 강하기.

gaine [gɛn] *n.f.* ① 칼집; (권총·사진기 따위의)케이 스; 포장, 커버. tirer un poignard de sa ~ 단검을 칼집에서 뽑다. ~ d'un meuble 가구의 커버. ~ à matériel (pour parachutages) 낙하산집. câble sous ~ 피복(被覆) 해저선 [케이블]. ② 《해부》 (근육 따위의) 막; 《의복》 (부인용) 거들; 《광 물》 모양 (母岩). ③ (미술품의)받침, 대(臺); 《건축·광산》 환기구(口). ~ de marbre 대리석 장식대. ~ d'aération [de ventilation] 환기 [통풍] 관. ④ (포탄의) 문관 (門管); (기·돛의)둘레. ⑤ (원자로의)원료피복. ⑥《문어》(비유적) (성장·발 달을) 방해하는 것.

gainé(e) [gɛ(e)ne] *a.p.* (커버·직물 따위로)싸인.

gaine-combinaison [gɛnkɔ̃binɛzɔ̃] (*pl.* ~**s**–~**s**) *n.f.* 콤비네이션 코르셋, 보디슈트, 올인원.

gaine-culotte [gɛnkylɔt] (*pl.* ~**s**–~**s**) *n.f.* 《의복》 팬티거들.

gainer [gɛ(e)ne] *v.t.* ① (집·커버에)넣다, 싸다; (옷 따위가)꼭 조이다. Elle parut, *gainée* dans une robe beige. 그 여자는 베이지색 옷을 꼭 끼게 입고 나타났다. ② (기·돛의)둘레를 달다 (튼튼히 하기 위해). — **se** ~ *v.pr.* 코르셋을 입다.

gainerie [gɛnri] *n.f.* 집 [커버] 제조 [장사]; 집 [커 버] 제조소; 《집합적》 집 [커버] 류.

gainier(ère) [gɛ(e)nje, gɛnjɛːr] *n.* 집 [커버] 제조인 [판매인]. — *n.m.* 《식물》 실거리나무.

gaîté [gete] *n.f.* =**gaieté**.

gaize [gɛːz] *n.f.* 《지질·광산》 해면암.

Gal 《약자》 Général 《군사》 장군.

gal¹ [gal] *n.m.* 《물리》 갈 (가속도의 단위, cm/s²) (Gale, galle).

gal² 《약자》 général 일반의, 보통의; 총…; 대장의.

gala [gala] *n.m.* ① (공적 또는 사교계의) 축제, 의 식, 리셉션 (cérémonie, réception); (국빈 따위를 맞추어 주는) 특별공연. dîner de ~ 공연회 (회). donner [organiser] un ~ ~축제를 열다 (주최하다). ~ de l'Élysée 엘리제궁의 리셉션. jour de ~ 국빈 따위를 맞는 날. ~ de bienfaisance 자선 공연.

habit de ~ 정장. repas de ~ 경축연회. soirée de ~ 성대한 야회; 오페라에서의 특별공연. ②《구어》대연회.

gala-, galact(o)- *préf.* 「젖」의 뜻.

Galaad [galaad] *n.pr.m.* ①《성서》 길르앗《요르단 강과 아라비아 사막 사이의 지방》. ② Saint Graal 전설의 기사 이름.

galactagogue [galaktagɔg], **galactogène** [galaktɔʒɛn] *a.* 《의학》 젖의 분비를 촉진하는, 최유성의. —*n.m.* 최유제, 젖 분비 촉진제.

galactique [galaktik] *a.* 《천문》 은하(銀河)의, 은하계의. plan ~ 은하면. pôles ~s 은하극.

galactocèle [galaktɔsɛl] *n.m.* 《의학》 유선낭종 (乳腺囊腫).

galactolactase [galaktɔlakta:z] *n.f.* 《화학》 갈락토락타아제.

galactomètre [galaktɔmɛtr] *n.m.* 《의학》 (우유의 비중·질을 측정하는) 검유기(檢乳器), 우유용 비중계(pèse-lait).

galactophage [galaktɔfa:ʒ] *a.* (소·말·양 따위와 같이) 젖을 먹고 사는.

galactophore [galaktɔfɔ:r] *a.* 젖을 내는. vaisseaux(canaux, conduits) ~s 유관(乳管). —*n.m.* (우유병의) 고무젖꼭지.

galactophorite [galaktɔfɔrit] *n.f.* 《의학》 유관염 (乳管炎).

galactorrhée [galaktɔre] *n.f.* 《의학》 유즙루(乳汁漏).

galactose [galakto:z] *n.m.* 《화학》 갈락토오스, 유당(乳糖).

galactosémie [galaktɔzemi] *n.f.* 《화학》 갈락토오스혈증(血症).

galactosidase [galaktɔzida:z] *n.f.* 《화학》 갈락토시다아제.

galactosurie [galaktɔzyri] *n.f.* 《의학》 갈락토오스요증(尿症).

galactozyme [galaktɔzim] *n.m.* 《생물》 산유(酸乳)《우유를 알코올로 발효시켜서 얻은 음료》.

galago [galago] *n.m.* 《동물》 (아프리카에 사는) 여우원숭이의 일종.

galalith(e) [galalit] *n.f.* 《상품명》 갈랄리트《합성 수지의 일종》.

galamment [galamɑ̃] (<*galant*) *ad.* ① (여자에 대해) 정중하게, 예의바르게, 친절하게. Il a offert sa place(le bras) à une dame. 그는 정중하게 한 부인에게 자기 자리를 내주었다(자기의 팔을 잡도록 내밀었다). ②《옛》점잖게, 우아하게; 훌륭하게, 신사적으로. s'habiller ~ 우아하게 옷을 입다. ③《옛》 패히, 자진해서. ④교묘하게, 능란하게. s'en tirer ~ 교묘히 곤경에서 빠져나오다.

galandage [galɑ̃da:ʒ] *n.m.*, **galandise** [galɑ̃di:z] *n.f.* 《건축》 벽돌로 쌓은 간막이.

galanga [galɑ̃ga] *n.m.* 《식물》 (남아시아산) 생강과(科)의 식물; 《약》 (위)의 뿌리.

galangine [galɑ̃ʒin] *n.f.* 《화학》 갈랑진.

galant(e) [galɑ̃, -ɑ̃:t] *a.* ① (여자에게) 정중한, 친절한; (여자의) 환심을 사려드는. En homme ~, il a cédé sa place(le bras) à une femme. 여자에게 친절한 남자 답게 그는 어떤 여자에게 자리를 내주었다. se montrer ~ envers[avec, pour] une femme 여자에게 친절하다. ② (옛) (남녀의 애정(정사)에 관한) 사랑을 나타내는. aventure[lettre] ~e 연애 사건[편지]. humeur ~e 호색적 기질. intrigue ~e 정사. poésie ~e (17·18세기의) 호색적인 연애시. surprendre qn en ~e compagnie …가 여자와 함께 있는 것을 목격하다. faire une déclaration ~e (여자를 유혹하려고) 감언이설을 늘어놓다. ③《옛》점잖은, 신사다운, 예의바른, 품위있는, 성실한. ~ homme 《옛》 신사, 신의를 존중하는 사람. Vous êtes un ~ homme d'être venu exprès pour me voir. 나를 보러 일부러 와주셨다니 훌륭한 분이십니다. ④《옛·문어》 (여자가) 바람기 있는, 음란한. femme ~e (경멸) 바람둥이 여자. ⑤ 빈틈없는, 교묘한.

—*n.m.* 《옛》여자를 감언이설로 꾀는 남자, 한량, 색골. faire le ~ auprès d'une dame 여자에게 수작을 걸다. ②《문어》애인. écrire à son ~ 애인에게 편지 쓰다. ③《옛》교활한 남자; 대담한 남자; 《익살》 도적. vert ~ 숲속의 도적, 산적; 호색가. ④《복》(17세기의) 리본장식.

—*n.m.* 《옛》여자에게 사족을 못쓰는 사람. faire le ~ auprès d'une dame 여자에게 수작을 걸다. ②《문어》애인. écrire à son ~ 애인에게 편지 쓰다. ③《옛》교활한 남자; 대담한 남자; 《익살》도적. vert ~ 숲속의 도적, 산적; 호색가. ④《복》(17세기의) 리본장식.

galanterie [galɑ̃tri] *n.f.* ① (여자에 대한) 정중함, 친절. proposer à une femme, par ~, de lui porter sa valise (환심을 사려고) 숙녀에게 가방을 날라다 주겠다고 친절하게 제의하다. ~ française 프랑스 사람 특유의 여자에 대한 친절. ②(보통 *pl.*) (여자에 대해) 환심사기; 여자에게 환심을 사려는 말. dire des ~s (어떤 여자에) 달콤한 말을 하다, 수작을 걸다. ③ 정사; 여색을 바치는 일; 염색. avoir une ~ avec qn …와 관계를 갖다. monde de la ~ 화류계. ④《옛》(태도·정신의) 고상한 기품, 점잖음, 우아함; 세련. Il y a de la ~ dans tout ce qu'il fait. 그가 하는 것은 모두 우아한 기풍을 지닌다.

galantin [galɑ̃tɛ̃] *n.m.* 《옛》여자에게 사족을 못쓰는 사람.

galantine [galɑ̃tin] *n.f.* 《요리》 갈랑틴《양념을 넣어서 삶은 고기를 굳힌 것》.

galantiser [galɑ̃tize] (<*galant*) *v.t.* 《옛》구애하다 (courtiser). —*v.i.* 《옛·문어》 (여자의) 환심을 사려고 수작을 걸다.

galapiat [galapja] *n.m.* 《구어》 부랑자.

galate [galat] *a.* 《성서》 갈라디아(*la Galatie*)의. —**G**~ *n.* 갈라디아 사람.

Galatée [galate] *n.pr.f.* 《신화》 갈라테아.

galaxie [galaksi] *n.f.* ① (*G*~) 은하수, 은하계(Voie lactée). ② 성운(星雲).

galazyme [galazim] *n.m.* 산유(酸乳)《우유를 알코올로 발효시켜서 만든 음료》.

galbanum [galbanɔm] *n.m.* 《약》 갈바눔, 풍자향(楓子香). donner[vendre] du ~ à qn 《옛·구어》 …에게 헛약속을 하다.

galbe [galb] *n.m.* (원주·꽃병 따위의) 윤곽, (볼록한) 곡선; (인체·얼굴의) 윤곽, 멋진 형태. ~ d'un vase 꽃병의 둥근 윤곽. jambes d'un ~ parfait 후선미 만점의 다리. avoir du ~ 몸매가 날씬하다.

galbe(e) [galbe] *a.* ① 《건축》 (원주의 중간이) 불룩한. ② 윤곽이 잡힌, 날씬한. corps bien ~ 아주 날씬한 몸매.

galber [galbe] *v.t.* 《건축》 원주의 중간을 불룩해지게 만들다; (윤곽을) 붙이다(그리다).

galbeux(se) [galbø, -ø:z] *a.* 《옛》 불룩한. ②《옛》 윤곽이 잡힌, 《속어》 스마트한.

galbord [galbɔ:r] *n.m.* 《선박》 용익판(gabord).

galbule [galbyl] *n.m.* 《식물》 사이프러스 《서양삼나무》의 열매.

gale [gal] *n.f.* ①《의학·수의》 옴; 습진류의 가려운 피부병. ~ du ciment 시멘트 습진. ② 고약한 사람. C'est une ~; Il est méchant [mauvais] comme une ~. 그 자는 악질분자이다, 남을 헐뜯기만 한다. ③《식물》 창가병(瘡痂病); (나무에 생긴) 혹; (재목의) 벌레 구멍; (천의) 해진 곳.

n'avoir pas la ~ 《속어》 남이 꺼리는 병이 없다, 건강하다.

galé [gale] *n.m.* 《식물》 소귀나무류(類).

galéace, galéasse [galeas] *n.f.* 《옛》 (전투용) 큰 범

galée [gale] *n.f.* ① 【옛】작은 범선. ② 【인쇄】게라; 게라쇄(刷), 교정쇄.
galéga [galega] *n.m.* 【식물】콩과(科)의 식물(홍붕체).
galéiforme [galeiform] *a.* 【식물】투구 모양의. pétales ~s 투구꼴 꽃잎.
galéjade [galeʒad]【남프랑스】*n.f.* (상대방을 혹하는)농담, 터무니없는 이야기(blague). dire des ~s 허풍 떨다.
galéjer [galeʒe] [6]【남프랑스】*v.i.* (상대방을 혹하는)농담을 하다, 터무니없는 이야기를 하다(blaguer, plaisanter).
galène [galɛn] *n.f.* ① 【광물】방연광(方鉛鑛). ~ de fer 철망간 중석. ② 【무전】(수신기 검파용) 광석. poste à ~ 광석수신기.
galénique [galenik] *a.* 【의학사】갈레노스(Galien, 그리스의 의사)학설의. remèdes ~s 식물약제.
galénisme [galenism] *n.m.* 【의학】갈레노스 학설.
galéopit(h)èque [galeɔpitɛk] *n.m.* 【동물】묘원속(猫猿屬)의 일종.
galéopside [galeɔpsid], **galéopsis** [galeɔpsis] *n.m.* 【식물】털광대수염의 일종.
galer¹ [gale] *v.i.* 【옛·사투리】춤추다; 즐기다.
galer² *v.t.* 【옛】비비다, 할퀴다; 치다.
galère [galɛr] *n.f.* ① 갤리선(船). ② (*pl.*)갤리선을 젓는 형벌(peine des ~s); 징역. condamner [envoyer] aux ~s 징역형에 처하다; 중노동형을 과하다. ③ (비유적)비참한[힘드는]직업[처지]. mener une vie de ~ 몹시 고되게 살다, 고생하다. C'est une vraie ~. 정녕 생지옥이다. ④ (성공의)손자국 (말이 끄는)바퀴달린 썰기의 일종. ⑤ 【군사】(대포 따위를)끄는 받줄. ⑥ 큰 대패. *Que diable donc allait-il faire dans cette* ~? 무엇 때문에 그 자는 이런 일에 걸려 들었나? *Vogue la* ~! 될대로 되리라!
***galerie** [galri] *n.f.* ① (성 따위의)좁고 긴 방; 회랑(corridor); (건물 안팎의 지붕이 있는)산책용 복도. ~ ouverte par arcades 한 쪽이 아케이드로 되어 밖으로 통하는 복도. G~ des Glaces (베르사유 궁전의)거울의 방. ② 지붕이 있는 상점가; (상점가의)아케이드. ~s du Palais-Royal 팔레루아얄의 아케이드 상점가. ③ 화랑, (예술품의)진열실; 화상(畫商). ~s du Louvre 루브르 박물관의 진열실. exposition à la ~ Charpentier 샤르팡티에 화랑에서의 전람회. ④ 수집 미술품, (초상화나 따위의)수집품. ~ de portraits[de médailles] 초상화[(고대)화폐] 콜렉션. ⑤ (문학작품 따위의)일련의 인물묘사. ~ des portraits de Mlle de Montpensier 몽팡시에양이 쓴 인물묘사집. ⑥ (극장의)관람석(→théâtre 그림); 교회의 계랑(階廊); 고물의 전망대(~ de poupe). premières ~s 무대에 가까운 1등 관람석. ⑦ 《집합적》관객, 구경꾼, 청중; 세평(世評). consulter la ~ 구경꾼의 의견을 묻다. s'inquiéter de la ~ 세평에 신경을 쓰다. ⑧ 지하도; 【광산】갱도(~ de mine); (*pl.*) 수평갱도. ~ des câbles 【전기】전선용.묻은 지하도. ⑨ (가구 윗부분의)쇠사닥 장식; (난로 앞에 놓는) 쇠 격자; (마차·자동차 지붕 위에 장치된)짐간, 시령(porte-bagages). ⑩ (*pl.*) 백화점의 상호(商號). Aux G~s Lafayette 라파예트 백화점. *faire* ~ 【구어】구경하다; (춤 따위에)끼지 않다. *pour la* ~ 좋게 보이려고, 갈채를 받으려고.
galérien [galerjɛ̃] *n.m.* ① 【역사】(옛날의)갤리선 (船)의 노예(죄수). ② 【옛】도형수, 복역수, 죄수.

mener une vie de ~ 비참한 생활을 하다.
travailler comme un ~ 매우 고된 일을 하다.
galerne [galɛrn] *n.f.* 【해양】(프랑스 대서양 연안의)서북서풍(vent de ~).
galet [galɛ] *n.m.* ① (해안·강가의)자갈, 조약돌; 자갈이 깔린 해변. ② 【기계】롤러; (침대 다리 따위의)작은 바퀴(roulette). ③ (어망의)찌.
galetas [galta] *n.m.* (지붕밑)다락방(grenier); 누추한 집(taudis).
galetouse [galtuːz] *n.f.* = galtouse.
galettard(e) [galtaːr, -ard] *a.* 【속어】부유한(galetteux). — *n.* 【속어·드물게】부자.
galette [galɛt] (<galet) *n.f.* ①(둥글고 판판한)팬케이크[쿠키·파이]. ~ des Rois 주현절(1월 6일)의 축제용 과자. ② 【사투리】(메밀가루의)크레이프, 서양전병. ③ 해군용 비스킷. ④ 둥글 납작한 물건. plat comme un ~ 빈대떡처럼 납작한. ⑤ 【속어】돈. grosse ~ 큰 재산. ⑥ 【구어】가공 전의 금속편, 반가공품. ⑦ 【속어】무능한 사람.
galetteux(se) [galtφ, -φːz] *a., n.* 【속어·드물게】= galettard.
galeux(se) [galφ, -φːz] *a.* ① 옴에 걸린; (나무에)혹이 생긴. ② 옴에 의한; 옴과 같은. éruption ~se 선성(癬性性) 발진. ③ 도덕적으로 타락한, 돌림장이 된. ④ 더러운; (유리가)불순한, 흠이 있는. murs ~ 더러운[얼룩진] 벽. *brebis* ~*se* (사회·집단의)기피인물. — *n.* 옴에 걸린 사람; 타락한 사람.
galfâtre [galfaːtr] *n.m.* 【속어】부랑배, 깡패.
galgal [galgal] *n.m.* 【고고학】(켈트족의)석분(石墳).
galgale [galgal] *n.f.* 선체의 초벌칠용 도료.
galhauban [galobɑ̃] *n.m.* 【항해】(마스트로부터)배의 뒷전에 맨 밧줄.
galiacé(e) [galjase] *a.* 【식물】천손나물을 닮은. — *n.f.pl.* 【식물】천손나물류(類).
galibis [galibi] *a.* 【불변】갈리비(*Galibis*)족의. — G~, *n.* (기니아의)갈리비족, 갈리비어.
galibot [galibo] *n.m.* (탄광의)소년 갱부.
galicien(ne) [galisjɛ̃, -ɛn] *a.* ① 갈리시아(*Galice*, 에스파냐의 주)의. ② 갈리시아(*la Galicie*, 폴란드의 주)의. — G~ *n.* 갈리시아 사람.
Galilée¹ [galile] *n.pr.m.* 갈릴레오.
Galilée² *n.pr.f.* 【성서】갈릴리(고대 팔레스티나의 지방).
galiléen(ne) [galileɛ̃, -ɛn] *a.* 【학술】갈릴레오(이론)의; 【성서】갈릴리의. système ~ 【수학】갈릴레오계(系). — G~ *n.* 갈릴리 사람. —*n.m.* (G~)그리스도; (*pl.*)최초의 그리스도교도.
galimafrée [galimafre] *n.f.* 잡탕, 스튜. ② 【옛·구어】맛없는 음식.
galimatias [galimatja] *n.m.* ① 뜻 모를 말, 횡설수설(charabia). ~ double 작자(말하는 사람)도 듣는 사람도 알지 못할 말[일]. ② 알쏭달쏭한 일, 잘 알 수 없는 일.
galine [galin] *n.f.* 【스포츠】(아이스하키의)팩.
galion [galjɔ̃] *n.m.* ① 【옛】(페루·멕시코에서 금은을 에스파냐에 나르던)큰 범선, 갈리온선. ② 보물선. Quand mes ~s sont arrivés,... 돈이 잔뜩 생기면(손에 들어오면)….
galioniste [galjonist] *n.m.* 【역사】갈리온 선을 타고 통상을 하던 스페인 상인.
galiote [galjɔt] *n.f.* ① 네덜란드 연안운송선[어선]; 운하선. ② 【해양】(갑판의 승강구 뚜껑을 받치는 금속의)보.
galipette [galipɛt] *n.f.* 【구어】재주넘기, 곤두박질(culbute). faire des ~s 재주넘다, 곤두박질하다.
galipot [galipo] *n.m.* ① 송진. ② 【해양】선체의

galipoter [galipɔte] *v.t.* 【해양】선체에 방수도료를 칠하다.

galipoteux(se) [galipɔtφ, -φːz] *a.* 《속어》① 더러운, 불결한(sale). ② 경험 없는.

gallate [gallat] *n.m.* 【화학】 몰식자산염.

galle[1] [gal] *n.f.* 【식물】 오배자(五倍子), 몰식자(沒食子); (식물의 잎이나 줄기에 생기는)혹.

galle[2] *n.m.* 【역사】프리기아(*Phrygie*)의 여신 키벨레(*Cybèle*)의 사제(祭).

gallec [galɛk] *n.m.* 북브르타뉴의 사투리(gallot).

gallérie [galleri] *n.f.* 【곤충】 꿀벌나방.

Galles [gal] *n.pr.f.* 【지리】 le pays de ~ (영국의) 웨일즈. Nouvelle-~ du Sud 뉴사우스웨일즈. prince de ~ 영국 황태자.

gallican(e) [gallikɑ̃, -an] *a.* 프랑스 독립 교회의. Église ~*e* 프랑스 교회. ―*n.* ① 프랑스 교회 독립파. ② (G~)《구어》프랑스 사람.

gallicanisme [gallikanism] *n.m.* 【종교】 프랑스 교회 독립주의.

gallicaniste [gallikanist] *n.m.* 【종교】 프랑스 교회 독립주의자.

gallicisme [gallisism] *n.m.* ① 프랑스어 특유의 관용어법[구문]. ~ de vocabulaire 어휘상의 갈리시슴. ~ de construction 구문상의 갈리시슴. ② 외국어에 잘못 도입된 프랑스어의 구문.

gallicole [gallikɔl] *a.* 【동물】 (식물의 잎이나 줄기의)혹 속에 사는.

gallifère [gallifɛːr] *a.* 【식물】몰식자가 붙은, 벌레로 인한 혹이 달린.

galliformes [galliform] *n.m.pl.* 【동물】 순계류(鶉鶏類)(gallinacés).

gallinacé(e) [gallinase] *a.* 【동물】 닭의, 닭과 비슷한 새(類)에 속하는. ―*n.m.pl.* 순계류, 순계류의 새 (닭·오리·거위 따위) (galliformes).

galline [gallin] *a.f.* 《드물게》【동물】 닭류(類)의. espèce ~ 닭류.

Gallion [galjɔ̃] *n.pr.m.* 【성서】 갈리오 (바울에게 유죄판결 내리기를 거절한 로마의 지방총독.

gallioniste [galjɔnist] *n.m.* 종교상의 문제에 무관심한 사람.

galliote [galjɔt] *n.f.* 【식물】 뱀무속(屬) (benoîte의 속칭).

gallique[1] [gallik] *a.* ① 【역사】 골(*Gaule*)의, 골 사람(*Gaulois*)의. idiomes ~*s* 갈리어[골] 사투리. ② 《속어》 프랑스(사람)의.

gallique[2] *a.* 나무 혹의, 몰식자의. acide ~ 【화학】몰식자산(沒食子酸).

gallium [galljɔm] *n.m.* 【화학】 갈륨.

gallo- *préf.* '골〔갈리아〕의, 프랑스의'의 뜻.

gallo-belge [gallɔbɛlʒ] *a.* 프랑스(사람)과 벨기에(사람). amitié ~ 프랑스·벨기에 사이의 우의.

gallois(e) [galwa, -aːz] *a.* (영국의)웨일스의 (du pays de Galles). ―**G**~ *n.* 웨일스 사람. ―*n.m.* 웨일스어.

gallomane [gallɔman] 《드물게》 *a.* 프랑스광(狂)의. *n.* 프랑스 심취자.

gallomanie [gallɔmani] *n.f.* 《드물게》 프랑스심취.

gallon [galɔ̃] *n.m.* 【도량형】 갤런 (영국은 4.546 리터, 미국은 3.787 리터).

gallophile [gallɔfil] 《드물게》 *a.* 프랑스를 좋아하는. ―*n.* 프랑스를 좋아하는 사람, 친불주의자.

gallophilisme [gallɔfilism] *n.f.* 《드물게》 친불주의 (親佛主義).

gallophobe [gallɔfɔb] 《드물게》 *a.* 프랑스를 싫어하는. politique ~ 반프랑스적 정치가. ―*n.* 프랑스를 싫어하는 사람, 프랑스 혐오자.

gallophobie [gallɔfɔbi] *n.f.* 《드물게》프랑스를 싫어하기, 프랑스 혐오.

gallo-romain(e) [gallɔrɔmɛ̃, -ɛn] *a.* 골과 로마의, 갈로로망의 (로마의 영향을 받은 골의). civilisation ―*e* 갈로로망 문명.

―G~-R~ *n.* 갈로로망 사람.

gallo-roman [gallɔrɔmɑ̃] *n.m.* 【언어】 갈로로망어, 골(*Gaule*)지방에서 사용된 로망어.

gallo(t) [galo], **gallèse** [galɛːz], **gallote** [galɔt] *a.* 갈로어의, 동 브르타뉴 주민의. parler ~ 갈로어. pays ~ (브르타뉴의)갈로(어)지방. ―*n.* 갈로어를 하는 사람, 동 브르타뉴 지방의 주민. ―*n.m.* 갈로 사투리, 동 브르타뉴 지방의 사투리.

galluchat [galyʃa] *n.m.* ① 《칼집 만드는》 상어가죽. ② 《구어》 칼집제조공.

gallup [galœp] *n.m.* 여론조사(sondage d'opinion).

gallus [galys] *n.m.* 【역사】 프리기아(*Phrygie*)의 여신 키벨레 (*Cybèle*의 사제(司祭)(galle[2]).

galoche [galɔʃ] *n.f.* ① 나무창을 댄 구두; 오버슈즈. ② 큰 괭이. ③ 【해양】 개폐식 도르래; 밧줄걸이, 초크; 삭이(索耳), 클리트. ④ (옛날 파리의) 통학 대학생.

menton de [*en*] ~ 주걱턱. *vieille*~ 《속어》 시대에 뒤떨어진 사람, 구식 사람.

galoch(i)er [galɔʃ(j)e] *n.m.* 나무창을 댄 구두의 제조인(상인).

galon [galɔ̃] *n.m.* ① (옷·커튼 따위의)선(縇), (금·은·비단의) 장식줄; (여자신발의) 명주 리본. ~*s* d'argent 은 장식줄. ②(*pl.*)(군복 소매에 두르는)계급줄, 계급장. ~*s* de lieutenant 육군중위계급장. gagner ses ~*s*; prendre du ~ 진급하다; 출세하다. arroser ses ~*s*축하를 축하연을 벌이다. priver *qn* de ses ~*s* …을 졸병으로 강등하다. rendre ses ~*s* 지위에서 물러나다. ③ (꽃의 줄기에 대는)헝겊 (보강용). *Quand on prend du* ~, *on n'en saurait trop prendre*). 《격언》 좋은 기회는 아무리 이용해도 지나칠 것이 없다.

galonnard [galɔnaːr] *n.m.* 《속어》《경멸》 금줄 두른 녀석, 사관, 하사관.

galonné(e) [galɔne] *a.p.* ① 장식줄을 붙인. ② (동물 따위가) 몸에 무늬가 있는. ―*n.m.* 《구어》 (하)사관.

galonner [galɔne] *v.t.* 【의복】 (모자·소매에)장식줄을 달다. ~ un chapeau [un habit, un rideau] 모자[의복·커튼]에 장식줄을 달다.

galonnier(ère) [galɔnje, -ɛːr] *n.* 《드물게》 금줄·장식줄 장수(제조인).

galop [galo] *n.m.* ① 말의 구보 (가장 빠른 걸음), 질구(疾驅). aller le[au] ~ 구보로 달리다. aller le petit(grand) ~ 보통의 구보로 (대(大)갤럽으로) 달리다. faire un temps de ~ 잠시동안(만) 구보로 달리다. ~ allongé 보폭이 특히 큰 구보. prendre le ~ (말이 보조를) 구보로 옮기다. 《비유적》 갑자기 내닫다. ② 【음악】 갤럽, 2/4 박자의 빠른 무용(곡). ③ bruit de ~ 【의학】 분마조(奔馬調)박동. ④ *mouvement de* ~ 【기계】 (기관차의) 앞뒤로의 흔들림. ⑤ ~ d'essai 【경마】 캔터(canter); (기계 따위의)테스트; 모의시험; 모의훈련. ⑥《구어》꾸지람. donner(recevoir) un ~ 꾸짖다[꾸지람을 듣다]. flanquer un ~ à *qn* …을 꾸짖다.

aller[*courir*, *prendre*] *le grand* ~ 전속력으로 달리다; 일[길]을 서둘러 [빨리] 하다.

au ~ 구보로; 전속력으로; 급히, 빨리. *Au* ~ ! (기수에게 명령으로) 구보 ! Allons, au travail, et *au* ~. 자, 일하자, 빨리.

piquer un ~ 《구어》 갑자기 달리기 시작하다.

galopade [galɔpad] *n.f.* ① 【승마】 구보 (자세)

galopant(e)

구보로 달릴 만한 거리; 구보, 질주. Il n'y a qu'une ~. 단숨에 달릴 거리이다. ② 허둥지둥 달림; 재빨리 움직이다. prendre la ~ (상상력·생각 따위가)재빨리 움직이다. ③ 〖무용〗 일종의 갤럽(급템포의 무용). à la ~ 부랴부랴, 급히. rapport rédigé à la ~ 급히 써낸 리포트.

galopant(e) [galɔpɑ̃, -ɑ̃:t] a. ① 구보로 질주하는. ② 성장이 빠른, 급성장적인. inflation ~e 급속도의 인플레이션, essor démographique ~ 급속도의 인구증가. phtisie ~ 〖의학〗질구(疾驅)성 결핵.

galope [galɔp] n.f. 〖무용〗 갤럽, 2/4 박자의 빠른 무용(곡)(galop). à la ~ 〖구어〗부랴부랴, 급히.

galoper [galɔpe] v.i. ① (말이)구보로 달리다, (기수가 말을)구보로 달리게 하다, 질주하다. ~ ventre à terre 전속력으로 달리다. ② (사람이)급히 가다(걷다, 읽다, 쓰다, 말하다). Nous avons galopé toute la journée à la recherche d'un appartement. 우리는 아파트를 구하러 온 종일 급히 쏘다녔다. ③ (일이)빨리 진행되다. Sa plume galope sur le papier. 그의 펜이 종이 위에서 재빨리 움직인다. ④ (상상력·생각 따위가)활발히 움직이다. Son imagination galope. 그의 상상력이 활발히 움직인다. ⑤ 〖구어〗갤럽으로 춤추다.
—v.t. ① 〖드물게〗(말을)구보로 달리게 하다. ② 〖옛〗급히[열심히] 뒤쫓다. ③ (에게)(병·공포 따위가)달라붙다. ④ 〖구어〗걸날림으로 해버리다.
—v.t.ind. [~ après] 〖구어〗을 추구하다, 갈망하다. Je ne galope pas après la fortune. 나는 재산을 갈망하는 것이 아니다.

galopeur(se) [galɔpœ:r, øːz] a. 구보로 달리는; 갤럽을 추는. —n. 구보 경주마; 갤럽을 추는 사람.
—n.f. (시계의)초침(秒針).

galopin(e) [galɔpɛ̃, -in] n. (f. 는 드묾)① 〖구어〗(거리를 뛰어다니는)장난꾸러기; 개구장이; 〖나쁜 뜻없이〗애, 이녀석아. ② 〖옛〗사동, 주방의 심부름꾼. —n.m. ① 〖기계〗유동활차(遊動滑車). ② 〖구어〗(맥주의)작은 컵; 이별의 잔.

galopiner [galɔpine] v.i. 〖드물게〗개구장이처럼 거리를 뛰어[돌아]다니다.

galoubet [galube] n.m. 갈루베(남프랑스 특히 프로방스 지방의 세 구멍짜리 피리).

galtonia [galtɔnja] n.f. 〖식물〗 갈토니아(남아프리카 원산의 수선화의 일종).

galtouse [galtuːz] n.f. 〖속어〗현금, 돈; (금속제의) 그릇(galetouse).

galuchat [galyʃa] n.m. ① (칼집·상자 따위에 바르는)상어[노랑가오리] 가죽. ② 〖구어〗 〖어류〗 상어, 노랑가오리.

galuchatisé(e) [galyʃatize] a. ① 상어가죽을 댄. ② (상어가죽처럼)푸르고 거칠거칠한.

galurin [galyrɛ̃], **galure** [galy:r] n.m. ① 〖속어〗모자, 실크해트. ② 〖구어〗중류계층의 사람.

galvanique [galvanik] (< Galvani, 생리학자) a. 갈바니 전기의, 평류(平流)전기의. dorure ~ 전기도금. pile ~ 갈바니 전지. plaqué ~ 전기도금한 것.

galvanisateur [galvanizatœ:r] n.m. =**galvaniseur**.

galvanisation [galvanizasjɔ̃] n.f. ① 평류전기를 작용시키기. ② 전기도금. ③ 〖의학〗평류전기 요법. ④ (청중 따위를)흥분시키기.

galvaniser [galvanize] v.t. ① 갈바니 전기를 작용시키다. ② 〖의학〗평류전기로 소생시키다, 전기치료하다. ③ (자극하여)일시 활기를 넣다; 열광(흥분)시키다(animer, exciter). ~ la foule 군중을 (일시적으로)열광시키다. ③ 〖야금〗전기도금하다 (métalliser). tôle galvanisée 양철판, 함석판.

galvaniseur [galvanizœ:r] n.m. 〖야금〗전기도금공(galvanisateur).

galvanisme [galvanism] n.m. ① 〖물리〗 갈바니 전기(이론). ② 〖의학〗전기요법. [type].

galvano [galvano] n.m. 〖인쇄〗 전기판(galvano-

galvano- préf. 「갈바니전기[전류]·전기직류·평류 전기[전류]」의 뜻.

galvanocaustie [galvanɔko[ɔ]sti] n.f. 〖외과〗 전기 소작법(燒灼法).

galvanocaustique [galvanɔko[ɔ]stik] a. 〖외과〗 전기 소작법의. —n.f. 전기 소작법.

galvanocautère [galvanɔko[ɔ]tɛ:r] n.m. 〖외과〗 전기 소작도[기].

galvanographie [galvanɔgrafi] n.f. 전기 제판술.

galvanomagnétique [galvanɔmaɲetik] a. 〖전기〗전자기의(électromagnétique).

galvanomagnétisme [galvanɔmaɲetism] n.m. 전자기(電磁氣); 전자기학(électromagnétisme).

galvanomètre [galvanɔmɛtr] n.m. 〖전기〗 검류기(檢流器), 갈바노미터.

galvanométrique [galvanɔmetrik] a. 전기측정의, 검류기의.

galvanoplaste [galvanɔplast] n.m. 전기도금공; 〖인쇄〗전기제판공.

galvanoplastie [galvanɔplasti] n.f. 전기도금법 (술); 〖인쇄〗전기제판술.

galvanoplastique [galvanɔplastik] a. 전기도금의; 전기제판의(에 의한).

galvanoscope [galvanɔskɔp] n.m. 검류기, 검전기.

galvanotaxie [galvanɔtaksi] n.f. 〖생물〗전기주성(電氣走性), 향전성(galvanotropisme, électrotaxie).

galvanothérapie [galvanɔterapi] n.f. 〖의학〗평류전기 요법.

galvanotropisme [galvanɔtrɔpism] n.m. 〖생물〗향전성(向電性)(galvanotaxie).

galvanotype [galvanɔtip] n.m. 〖인쇄〗 전기판 (galvano).

galvanotyper [galvanɔtipe] v.t. 〖인쇄〗전기제판하다.

galvanotypie [galvanɔtipi] n.f. 전기제판(법).

galvardine [galvardin] n.f. (중세에서 17세기까지 사용된)소매와 두건이 달린 우비겸용 외투.

galvaudage [galvodaːʒ] n.m. 〖드물게〗① 낭비. ~ d'un talent 재능의 낭비. ② 타락, 방탕. passer sa vie en ~ 방탕한 생활을 하다.

galvauder [galvode] v.t. ① 〖구어〗(이름·명예 따위를)더럽히다, 욕되게 하다(déshonorer). ~ son nom(son talent, sa gloire, sa réputation] 〔자기의 이름[재능·명예·명성]〕을 더럽히다. ② 낭비하다 (gaspiller, perdre). ~ son talent[ses dons] (천부의)재능을 낭비하다. ③ 〖옛〗(일 따위를)망쳐다, 잡치다(gâcher). ④ 〖옛〗심하게 꾸짖다.
—v.i. 〖옛〗거리를 어슬렁거리다, 떠돌다. Ne reste pas là à ~. 거기서 얼쩡거리지 마.
—se ~ v.pr. ①〖구어〗이름을 더럽히다, 체면을 손상하다. se ~ dans une affaire louche 수상한 사건에 연루되다. ② 패가망신하다; 타락하다.

galvaudeur(se¹) [galvodœ:r, øːz] n. 〖옛〗부랑자; 방탕아(galvaudeur).

galvaudeux(se²) [galvodø, øːz] n. ① 〖옛〗부랑자; 방탕아(galvaudeur). ② 술통 운반 인부.

GAM 〖약자〗 les Groupes d'action municipale 시정(市政) 활동집단.

gamache [gamaʃ] n.f. (16세기의)각반(脚絆).

gamay [game] n.m. (Côte-d'or의 Gamay 마을에서 재배되는)포도 묘목(gamet).

gambade [gɑ̃bad] n.f. ① 깡충거림; (말의)도약. faire des ~s 깡충깡충 뛰다; (아이들이)마음껏 뛰

놀다. ②《속어》무용, 춤.
payer en ~s 《엣》빚 지불을 교묘히 피하다.
gambader [gɑ̃bade] *v.i.* ① 깡충거리다; (말이)도약하다(bondir). ~ de joie 기뻐서 날뛰다. ②《상상 따위가》마음껏 날개를 펴다.
gambadeur(se) [gɑ̃badœːr, -ø:z] *n.* 깡충깡충 뛰어다니는 사람. —*a.* (어린애 따위가)깡충깡충 뛰어다니는, 까부는.
gambe [gɑ̃:b] *n.f.* ① viole de ~ 《음악》엣날의 첼로의 일종, 비올라다감바. ② (*pl.*) 《해양》장루하정삭(檣樓下靜索).
gamberge [gɑ̃bɛrʒ] *n.f.* 《속어》생각, 사색, 숙고(réflexion); 계획, 추리(raisonnement).
gamberger [gɑ̃bɛrʒe] *v.i.* 《속어》생각하다, 숙고하다(réfléchir). C'est un mec qui *gamberge* trop. 녀석은 너무 생각을 해. —*v.t.* 《속어》생각하다, 계획하다. ~ un fric-frac 가택침입강도를 계획을 하다.
gambette [gɑ̃bɛt] *n.f.* 《속어》다리(jambe). se tirer (jouer) des ~s 달아나다. —*n.m.* 《조류》붉은발도요(chevalier ~).
gamberge [gɑ̃bɛ(e)je], **gambéyer** [gɑ̃beje] *v.t., v.i.* 《해양》=**gambier**³.
gambi [gɑ̃bi] *n.m.* 《해군속어》해군사관 후보생.
Gambie (la) [lagɑ̃bi] *n.pr.f.* ①《지리》감비아《아프리카 서부의 공화국》. ② 감비아 강.
gambien(ne) [gɑ̃bjɛ̃, -ɛn] *a.* 《지리》감비아의(*la Gambie*의). —**G**~ *n.* 감비아 사람.
gambier¹ [gɑ̃bje] *n.m.* (머리꿀의)오지 파이프.
gambier² *n.m.* 《식물》(말레이 반도산의)꼭두서니과(科)의 식물; 《약》강비르 아선약(阿仙藥), 빈랑고(gambir).
gambier³ 《해양》*v.t.* 《돛의》방향을 바꾸다(gambéyer). —*v.i.* 돛의 방향이 바뀌다.
gambillard(e) [gɑ̃bija:r, -ard] *a.* 《속어》춤추는. chanteur ~ 춤추는 가수.
gambille [gɑ̃bij] *n.f.* 《속어》춤, 댄스.
gambiller [gɑ̃bije] *v.i.* ①《속어》(발랄한 리듬에 맞추어)춤추다. ②《구어》(손발들)흔들어 움직이다. ③《해양》(다리를 늘어뜨리고)뱃숙에 매달려 전진하다; (돛이)갑자기 방향을 바꾸다(gambeyer). —*v.t.* (돛의)방향을 바꾸다.
—**se** ~ *v.pr.* 뱃숙에 매달려 나가다.
gambilles [gɑ̃bij] *n.f.pl.* 《속어》다리(jambes).
gambilleur(se) [gɑ̃bijœːr, -ø:z] *n.* ①《속어》춤추는 사람; 댄스홀의 단골. ② (부주히 뛰어다니는)무능한 정치가. —*n.f.* 《엣·속어》춤추는 여자, 여기저기 무도회서 얼굴을 내미는 여자.
gambir [gɑ̃bi:r] *n.m.* 《약》강비르 아선약(阿仙藥)(gambier²).
gambit [gɑ̃bi] *n.m.* 《체스》(졸 따위를)희생시키며 시작하는 첫 수; 희생시키는 졸(pion de ~).
gambusie [gɑ̃byzi] *n.f.* 《어류》감부지아《장구벌레를 잡아먹는 남아메리카, 아메리카 대륙 원산》.
-game *suff.* 「결혼·교배·자웅합체」의 뜻《예:mono-*game* 일부일처제》.
gamelan [gaməlɑ̃]《인도네시아》*n.m.* 《음악》가믈란《타악기 중심의 전통적 악기합주단(형태)》.
gamelle [gamɛl] *n.f.* ①《군사》(원통형)반합(飯盒); 도시락(통); (몇 명의 군인(선원)이 함께 먹는 수프 따위의)그릇. ~ de soldat(de campeur) 군인용(캠핑용) 휴대식기. être[manger] à la ~ 군대식을 먹다. chef de ~ 식탁장. ②《구어》(극장·영화관의)특등석. ③《야금》선광(選鑛)남비. ⑤ 《연극·영화》프로젝터, 라이트.
ramasser une ~ 《속어》(말에서)떨어지다; 크게 실패하다.

gamelon [gamlɔ̃] *n.m.* 작은 휴대용 식기, 반합.
gamelot [gamlo] *n.m.* 《해양》작은 물통.
gamet [gamɛ] *n.m.* =**gamay**.
gamète [gamɛt] *n.m.* 《생물》배우자, 생식세포. ~ mâle(femelle)웅성(雄性)[자성(雌性)]배우자.
gamétogénèse [gametɔʒenɛ:z], **gamétogenèse** [gametɔʒ(ə)nɛːz] *n.f.* 《생물》배우자형성.
gamétophyte [gametɔfit] *n.m.* 《생물》배우체.
-gamie *suff.* 「결혼·교배」의 뜻《예:biga*mie* 중혼》.
***gamin(e)** [gamɛ̃, -in] *n.* ①《엣》건달, 부랑아, 장난꾸러기, 말괄량이. ~ de Paris 파리의 건달. ②《구어》(일반적으로)어린애(gosse); 《속어》아들, 딸. ~s de l'école primaire 국민학생. Ma ~e vous portera cela. 우리 딸아이가 당신에게 이것을 갖고 갈 것입니다.
—*n.m.* 《엣》(석수 따위의)견습공[소년].
—*a.* 장난꾸러기의, 개구장이의, 말괄량이의(espiègle). air[ton, esprit] ~ 어린아이같은 모습[어조·기및]. vent ~ 《엣》장난치듯 부는 바람.
gaminer [gamine] *v.i.* 《드물게》어린아이처럼 장난치다, 개구장이짓을 하다.
gaminerie [gaminri] *n.f.* (아이들의)장난, 개구장이 짓, 아이들같은 행동. Il est passé l'âge de ces ~s. 그는 이렇게 애들같은 짓 할 나이는 지났다.
gamma [gamma] *n.m.* ①그리스자모의 제 3자《Γ, γ》. rayons ~ 《물리》감마선. ②《물리》100만분의 1그램. ③《사진》《감광물의 콘트라스트의 도를 나타내는 말》. ④《곤충》감마나방《날개의 γ자 모양의 무늬가 있는 말》. ⑤ point ~ 《천문》춘분점. ⑥ fer ~ 《야금》감마철.
gammacisme [ga(m)masism] *n.m.* 《의학》g 음발음장애.
gammaglobuline [ga(m)maglɔbylin] *n.f.* 《생화학》감마글로불린.
gammagraphie [ga(m)magrafi] *n.f.* 감마(선)라디오그래피《감마선에 의한 방사선사진법》.
gammamètre [ga(m)mametr], **gammascope** [ga(m)maskɔp] *n.m.* 감마선 검출기.
gammare [ga(m)maːr] *n.m.* 《동물》새우의 일종.
gammaridés [ga(m)maride] *n.m.pl.* 《동물》옆새우류《단각류》.
gammathérapie [ga(m)materapi] *n.f.* 《의학》감마선 요법.
gamme [gam] *n.f.* ①《음악》음계. ~ ascendante [descendante] 상승[하강] 음계. ~ harmonique 화성 음계. ~ tempérée 평균율 음계. ~ majeure [mineure] 장[단] 음계. ②전범위, 전단계. ~ (모든 단계·종류가 갖추어진)한 벌; 《회화》색계(色階). ~ des couleurs[des nuances, de ton] 색계(色階). toute la ~ du bleu 청색의 전 색계. nouvelle ~ d'ordinateur 컴퓨터의 새로운 시리즈. toute la ~ des voluptés 모든 종류의 쾌락. ~ entière des vins de Bourgogne 부르고뉴산 포도주의 온갖 종류. Ils ont toute une ~ d'activités. 그는 굉장히 폭넓은 활동을 하고 있다. éprouver toute la ~ de la jalousie 질투의 모든 단계를 경험하다. ③ ~ d'opération 《공업·기계》생산공정. ④ ~ d'ondes moyennes[courtes] 《라디오》중파[단파]의.
changer de ~ 《구어》어조[태도]를 바꾸다.
chanter sa ~ *à qn* 《구어》…을 꾸짖다.
être au bout de sa ~ 알고 있는 것을 다 말해버리다.
être[*mettre qn*] *hors de* ~ 당황하다[…을 당황케 하다].
faire des ~s 음계를 연습하다; (어떤 일에 익숙해지기 위해)기초연습을 하다.
passer la ~ *de qn* …의 힘에 겁다.

gammée [game] (<*gamma*) *a.f.* croix ~ 만(卍)자형의. croix ~, emblème de l'Allemagne nazie 독일 나치의 문장인 역(逆)만(卍)자형.

gamo- *préf.*「결혼·교배·자웅합체」의 뜻.

gamogénèse [gamɔʒenɛːz] *n.f.* 《생물》 양성생식(兩性生殖).

gamogénétique [gamɔʒenetik] *a.* 《생물》 양성생식의.

gamologie [gamɔlɔʒi] *n.f.* 《드물게》 결혼론.

gamomanie [gamɔmani] *n.f.* 《의학》 구혼광.

gamonte [gamɔ̃ːt] *n.m.* 《생물》 가몬트 (원생동물에서 배우자 모세포가 되는 개체).

gamopétale [gamɔpetal] *a.* 《식물》 합판의, 통꽃의. corolle ~ 합판 화관(花冠), 통꽃부리.
—*n.f.pl.* 통꽃류(類), 합판화류(monopétales).

gamosépale [gamɔsepal] *a.* calice ~ 《식물》 합판악(合蕚萼), 통꽃받침.

ganache [ganaʃ] *n.f.* ① 말의 아래턱; 《옛·속어》 (사람의) 아래턱, 얼굴. cheval chargé de ~ 아래턱이 큰 말. ②《구어》 바보, 얼간이(bête); 능청이; 《연극》 능청이의 역. traiter ses professeurs de ~s 교사를 얼간이 취급하다.
—*a.* ① 못난, 무능한. Il est un peu ~. 그는 좀 못났다. ② fauteuil ~의 의자의 일종.

ganacherie [ganaʃri] *n.f.* 《구어》 우둔, 멍청함.

ganachisme [ganaʃism] *n.m.* 《구어》 (늙은이의) 노망, 무능력.

ganaderia [ganaderja] 《에스파냐》 *n.f.* 투우(鬪牛)의 사육(飼育) (장) ; (집합적) (동일 사육장 내의) 사육우.

Gand [gɑ̃] *n.pr.m.* 《지리》 겐트 (벨기에의 도시).

gandin [gɑ̃dɛ̃] *n.m.* 《옛·구어》 선멋장이(dandy).

gandinerie [gɑ̃dinri] *n.f.* 《옛·구어》 ① 선멋. ② 젠체하는 사람의 사회.

gandinisme [gɑ̃dinism] *n.m.* 《옛》 =**gandinerie**.

gandoura [gɑ̃dura] *n.f.* (근동·아프리카 지방의) 소매 없는 옷.

gang [gɑ̃ːg] 《영》 *n.m.* 《의학》 갱, 악당(gangster).

ganga [gɑ̃ga] *n.m.* 《조류》 사막뀡과 (科) 의 새(~paradoxal).

Gange(le) [lǝgɑ̃ːʒ] *n.pr.m.* 《지리》 갠지스 강.

gangétique [gɑ̃ʒetik] *a.* 갠지스 강의.

gangliforme [gɑ̃gliform] *a.* 《해부》 ① 신경절상(神經節狀)의. ② 결절종상(結節腫狀)의.

ganglion [gɑ̃gliɔ̃] *n.m.* 《해부》 신경절(~nerveux); 임파절(~lymphatique). ②《의학》 결종, 갈근있음. ③ 능을 표시하는 ~s 등에 서다. gonfler, avoir des ~s 임파절이 붓다.

ganglionnaire [gɑ̃gliɔnɛːr] *a.* 《해부》 신경절의, 임파절의. fièvre ~ 파이페르(*Pfeiffer*) 선열(腺熱).

ganglionné(e) [gɑ̃gliɔne] *a.* 《의학》 결절종 비슷한 종양(腫瘍)이 있는.

gangrène [gɑ̃grɛn] *n.f.* ① 《의학》 회저(壞疽), 탈저(脫疽);《식물》 암종병(癌腫病) (나무껍질의 병의 일종). ②《구어》 (사회 따위의) 부패 [퇴폐] 의 근원, 근원. de l'âme 영혼의 타락의 씨앗.

gangrené(e) [gɑ̃grane] *a.p.* ① 《의학》 회저에 걸린, 《식물》 암종병에 걸린. ② 부패한. avoir le cœur ~ 마음이 썩은.

gangrener [gɑ̃grane] [4] *v.t.* ① 《의학》 회저를 일으키다, 《식물》 암종병에 걸리게 하다. ②《구어》 (정신을) 부패시키다, 타락시키다. ~ une société 사회를 부패시키다.
—**se**— *v.pr.* ① 《의학》 회저에 걸리다; 《식물》 암종병에 걸리다. ② (정신 따위가) 부패하다, 썩다.

gangreneux(se) [gɑ̃grǝnø, -ø̸ːz], **gangréneux(se)** [gɑ̃grenø, -ø̸ːz] *a.* ① 《의학》 회저의. plaie (ulcère) ~ 회저성 창상(瘡傷). ②《식물》 암

종병성의.

gangster [gɑ̃gstɛːr] 《미영》 *n.m.* ① 갱 (의 일원) ; 도, 악당. film de ~ 갱 영화. ② 악인; 악덕상인.

gangstérisme [gɑ̃gsterism] *n.m.* 갱과 같은 행위, 폭력행위, 악덕행위.

gangue [gɑ̃ːg] *n.f.* ①《광산》 폐석(廢石); 모암(母岩); 맥석(脈石). débarrasser un cristal de sa ~ 수정을 모암에서 채취하다. ②(이물질의)피복, 껍질; (낱의 것나)붙수물, 협잡물. Il faut sans cesse décoller la ~ de terre qui alourdit la pelle. 삽에 묻어 무겁게 하는 흙을 줄곧 떼어내야 한다. quelques idées originales ne sont plus de ~ d'absurdités 부조리로 덮여있는 독창적 사상. ③《해부》피질(皮質), (중양 따위의 둘레의) 경화조직.

gangué(e) [gɑ̃ge] *a.* [~de] (으로) 덮인. mitaines ~es de glace 얼음으로 덮인 벙어리장갑.

gangui [gɑ̃gi] *n.m.* (지중해의) 트롤망(어선).

gannet [gane] *n.m.* 《조류》 횐갠네트.

gannister [ganistɛːr] *n.m.* 《광산》 가니스터, 연규석(軟硅石).

gano [gano] *n.m.* 《옛》《놀이》 옴브르(*hombre*, 카드놀이의 일종)에서 물주가 된다는 선언의 말.

ganoïde [ganɔid] 《어류》 *n.m.* 경린어류(硬鱗魚類)의 물고기; (*pl.*)경린어류.—*a.* 경린어류의. écailles ~s 경린어류의 비늘.

ganse [gɑ̃ːs] *n.f.* ①장식끈(cordon); 둘레에 두르는 줄(리본). coudre(poser) une ~ 장식끈을 달다. ② (끈·밧줄을 잇기 위해 짓는)첫고리. ③《해양》밧줄을 돌려지은 고리. ④ ~ de cheveux 땋은 머리.

ganser [gɑ̃se] *v.t.* (모자 따위에)장식끈을 달다.

gansette [gɑ̃sɛt] *n.f.* 작은 장식끈. ② 그물코.

*****gant** [gɑ̃] *n.m.* ① 장갑, (권투의)글러브. mettre (quitter, retirer) ses ~s 장갑을 끼다(벗다). ~s d'homme(de femme) 남자용·[여자용] 장갑. ~s de peau(de daim) 가죽[셈]장갑. ~s de boxe 권투 글러브. ~ de crin (말총으로 만든)피부 마찰용 장갑. ~ de toilette 장갑모양으로 된 목욕용 수건, 스폰지. boîte à ~s (자동차의) 장갑넣는 칸. ② ~(de) Notre-Dame 《식물》 디기탈리스. ③《옛》 (갑옷의)쇠사슬 토시(gantelet). ④ (*pl.*)《옛》 행하, 팁.

aller comme un ~ 더할 나위 없이 적합하다. Ce rôle lui *va comme un* ~. 이 역은 그에게 안성마춤이다.

avoir les ~s de qc 《옛》 …의 발기자이다. …이다. (philanthrope) *en ~s blancs* 뜻있지근한(박애주의자).

jeter le ~ à qn …에게 도전하다, 결투신청하다.

mettre(prendre) des ~s 《구어》조심하다, 신중하게 행동하다.

perdre ses ~s 《옛》 처녀성을 잃다.

relever(ramasser) le ~ 도전(결투)에 응하다.

retourner qn comme un ~ …의 생각을 완전히 바꾸어버리다.

sans mettre les ~s 가차없이.

se donner les ~s de qc …는 일을 자기의 공으로 돌리다.

gantelé(e¹) [gɑ̃tle] *a.* 쇠사슬로 짠 (갑옷용) 토시를 낀. Les chevaliers étaient ~s de fer. 기사들은 쇠사슬로 짠 토시를 끼고 있었다.

gantelée², **ganteline** [gɑ̃tlin] *n.f.* 《식물》 디기탈리스; 매발톱꽃; 초롱꽃류(類).

gantelet [gɑ̃tlɛ] *n.m.* ① 《옛》 (중세기사들의 쇠사슬로 짠) 토시. ②(직공이 사용하는) 가죽장갑. ③(치료용의) 장갑꼴 붕대.

gant-éponge [gɑ̃tepɔ̃ːʒ] (*pl.* ~s-~s) *n.m.* 장갑식으로 된 목욕용 스폰지.

ganter [gɑ̃te] *v.t.* ①(에) 장갑을 끼우다. monsieur ganté et cravaté 장갑 끼고 넥타이 맨 신사. ②(다

갑이)맞다; (옷이)잘 맞다. Ces gants vous *gantent très bien.* 이 장갑은 당신에게 꼭 맞습니다. Ça me *gante.* 《구어》나에게 안성마춤이다.
—*v.i.* [~ de] (사이즈가)…이다. ~ *du sept* 장갑 사이즈가 7이다.
—**se** ~ *v.pr.* ① (자기 손에)장갑을 끼다; 장갑을 사다. *se* ~ *pour aller au bal* 무도회에 가려고 장갑을 끼다. *Chez qui vous gantez-vous?* 어느 가게에서 장갑을 샀었나요? ② 장갑이 끼워지다.

ganterie [gɑ̃tri] *n.f.* ① 《집합적》장갑류. ② 장갑 제조; 장갑 장사. ③ 장갑 상점[공장].

gantier(ère) [gɑ̃tje, -ɛːr] *n.* 장갑제조인; 장갑장수.
—*n.f.* 《옛》장갑상자. —*a.* 장갑을 만드는[드는]. *ouvrier* ~ 장갑제조 직공. *marchand* ~ 장갑장수.

gantois(e) [gɑ̃twa, -aːz] *a.* 겐트(Gand, 벨기에의 도시)의. —**G**~ *n.* 겐트 사람.

Ganymède [ganimed] *n.pr.m.* ① 《신화》 가니메데스 《제우스에게 납치되어 신들에게 술을 따른 트로이의 미소년》. ② 《천문》 가니메데스 《목성의 가장 큰 위성. —**g**~ *n.m.* 남색의 상대; 귀여운 어린 아이.

gap [gap] 《영》 *n.m.* ① 간격, 차이, 벌어짐(écart). ② 《경제》 격차. ~ *entre l'Amérique et l'Europe* 아메리카와 유럽 사이의 격차.

gapençais(e) [gapɑ̃sɛ, -ɛːz], **gapençois(e)** [gapɑ̃swa, -aːz] *a.* 가프(Gap, 프랑스의 도시)의.
—**G**~ *n.* 가프 사람.

gâpette [gɑpɛt] *n.f.* 《속어》카스케트, 개똥모자 (casquette).

Gar. 《약자》 Garonne 가론(강).

*****garage** [garaːʒ] *n.m.* ① 차고에 넣기; 차고; 《드물게》야외 자동차 주차장. *mettre* [*rentrer*] *sa voiture au* ~ 자기 차를 차고에 넣다. ~ *d'avion* 격납고. ② *de locomotives* [*de machines*] 기관차 차고. ② 자동차 수리공장, 서비스공장《중고차 매매를 겸하기도 함》. ③ 《철도》(기차의)대피, 환입(換入). *voie de* ~ 대피 측선(側線). ④ 《배들》독[정박소]에 넣기, 독, 정박소. *mettre... sur une voie de* ~ 《비유적》한직으로 쫓아내다.

garagiste [garaʒist] *n.m.* 《자동차》 자동차 정비공장 주인; 자동차 수리[정비]공.

garagiste-motoriste [garaʒistəmɔtɔrist] (*pl.* ~**s**-~**s**) *n.m.* 자동차 수리공(garagiste).

garaldes [garald(ə)] *n.f.pl.* 《인쇄》 가랄드《가라몽(garamond)을 수정한 활자의 총칭》.

garamond [garamɔ̃] *n.m.* 《인쇄》 가라몽 활자.

garançage [garɑ̃saːʒ] *n.m.* 꼭두서니 염료로 물들이기[물들인 제품].

garance [garɑ̃ːs] *n.f.* ① 《식물》 꼭두서니. ② 꼭두서니색; 꼭두서니 염료. ③ 《옛·속어》 (1차대전 전의)군대. —*a.* (불변) 꼭두서니 염료로 염색된, 새빨간. *pantalons* ~ (1915년 이전의 프랑스 보병의) 빨간바지.

garancer [garɑ̃se] [2] *v.t.* 꼭두서니 염료로 염색하다.

garancerie [garɑ̃sri] *n.f.* 꼭두서니 염색공장; 꼭두서니 염료로 물들이기.

garanceur [garɑ̃sœːr] *n.m.* 꼭두서니 염색 직공.

garancière [garɑ̃sjɛːr] *n.f.* 꼭두서니 밭; 꼭두서니 염색공장.

garancine [garɑ̃sin] *n.f.* 꼭두서니 염료.

garant(e) [garɑ̃, -ɑ̃ːt] *n.* ① (빚의)보증인; 《일반적으로》책임자, 보증인; 보증국. ~ *de la dette* 채무 보증인. [*se porter/se rendre/être* ~ *de qc*] ~ *des pertes de marchandises* 상품의 분실에 책임을 지다. *Je me porte* ~ *de sa conduite.* 그의 행동에 대해 보증[보장]합니다. *Je m'en porte* ~. 그일은 내가 보증합니다. (*pays*) ~*s du traité* 조약 보증국. ②

근거, 전거; (소문의)증인. *citer pour* ~ *Aristote* 근거로서 아리스토텔레스를 인용하다.
—*n.m.* ① 보증 (assurance). *Votre amitié est mon meilleur* ~. 당신의 우정은 나의 최선의 보증이다. ② 《해양》 도르래 장치로 사용된 밧줄.
—*a.* 보증하는, 책임지는.

garanti(e¹) [garɑ̃ti] *a.p.* 《품질 따위가》보증된. *voiture* ~ *cinq ans* 5년 간 보증된 자동차.
—*n.* 《법》피보증인.

*****garantie²** *n.f.* ① ⓐ (상품에 대한)보증. *bon de* ~ 보증서. *vendre qc avec une* ~ *d'un an* 1년 보증으로 …을 팔다. [*sous* (*la*) ~] *Ma montre est encore sous la* ~. 내 시계는 아직도 보증기간 중이다. ⓑ (상업상의)보증; 담보(물), 보증금(gage). *contrat de* ~ 보증계약. *sans* ~ *du gouvernement* 정부의 보증 없이. ~ *des vices* (상품·셋집 따위의)하자보증. ~ *d'éviction* (제 3 자에 의한 상품의)수탈에 대한 보증. *demander* [*prendre*] *des* ~*s* 담보를 요구하다(받다). *verser une somme en* ~ 금액을 보증금으로 내다. ② 《법》보증, 보장. ~*s constitutionnelles* 헌법(의)[에 의한] 보장. ~*s parlementaires* [*des fonctionnaires*] 국회의원 [공무원]의 신분보장. ~ *collective* 집단안전보장. *appeler* [*poursuivre*] *qn en* ~ …에게 손해배상을 요구하다. *être tenu à la* ~ 보증의 의무가 있다. ③ (비유적)보장, 보증. *La richesse n'est pas la* ~ *du bonheur.* 부(富)가 행복을 보장하지는 않는다. [*la* ~ *que* + *ind.*] *Il a eu la* ~ *qu'on ne le trahira pas.* 그는 배신당하지 않을 것이라는 보장을 받았다. ④ (귀금속의)품질 보증서. *bureau des* ~*s* 금은분석 사무국.

présenter [*offrir*] *toutes les* ~**s** 확실한 보증이 있다. *Je vous recommande cette personne, elle présente toutes les* ~*s*. 이 사람을 추천합니다, 확실한 [틀림없는] 사람입니다.

*****garantir** [garɑ̃tiːr] *v.t.* ① (상품·품질을)보증하다; (책임을)자기가 보증하는, 책임지다. ~ *une montre pour un an* 시계를 1년간 보증하다. ~ *la dette de son ami* 친구의 부채에 대해 보증하다. *garanti sur facture* 보증서가 붙은, 《품질 따위가》틀림없는. ② 보장하다; 보호하다(préserver, protéger). ~ *les libertés individuelles* 개인의 자유를 보장하다. [~ (*qc/qn*) *contre/de*] *volets qui garantissent du vent* 바람을 막아주는 덧문. ~ *la jeunesse de la contagion du vice* 청소년을 악에 물들지 않게 하다. *Ce manteau te garantira du froid.* 이 외투를 입으면 춥지 않을거야. ③ (비유적)(사실을)보증하다(assurer). [~ *qc à qn*] *Si tu fais ce que je te dis, je te garantis le succès.* 내가 말하는대로만 하면 너의 성공은 내가 보장하지. [~ *qn* + 속사] *Je le garantis honnête.* 그가 정직함을 보증한다. [~ à *qn que* + *ind.*] *Je vous garantis qu'il a raison.* 분명히 말하지만 그 사람이 옳다.

—**se** ~ *v.pr. se* ~ *contre/de* (으로부터)자신을 보호하다. *se* ~ *du* [*contre le*] *froid* 추위로부터 자신을 보호하다.

garantissement [garɑ̃tismɑ̃] *n.m.* 《드물게》보증.

garantisseur [garɑ̃tisœːr] *n.m.* 《드물게》보증인.

garbure [garbyːr] *n.f.* 《요리》 (프랑스 서남부의) 수프의 일종(potage ~).

garce [gars] *n.f.* ① 《구어》 몹쓸 여자, 고약한 여자 (chameau). *Ah, la* ~, *elle m'a eu!* 아, 망할 년, 날 등치다니! ② 《비어》 매춘부, 갈보. *Fils de* ~! [fidgars] 빌어먹을! *Fils de* ~! *ce qu'il fait froid!* 빌어먹을! 무지하게 춥다. ③ [~ de + 명사] *Cette* ~ *de vie* [*du pluie*]! 싫증나는[견딜 수 없는] 생활[비] ! ④ 《옛》 (gars의 여성형) 젊은 여

자, 계집애.

garcette¹ [garsɛt] *n.f.* 〖해양〗(돛대를 잡아매는) 밧줄; 〖옛〗(선원을 벌하는 데 쓴)남은 밧줄.

garcette² *n.f.* (17세기의)에스파냐풍의 머리 모양 (coiffure à la ~).

‡**garçon** [gaʀsɔ̃] *n.m.* ① 사내아이, 소년; 〖구어〗아들 (↔fille). les filles et les ~s 소녀소년들. petit ~ 남자아이 (12세 무렵까지). grand ~ (어린이를 부추길 때) 다 큰 아이. jeune ~ 청년 (adolescent). ~ manqué 〖구어〗사내같은 계집아이, 말괄량이. (소유형용사와 함께) Son ~ va déjà au lycée. 그의 아들은 벌써 중학교에 다닌다.
② 청년; 남자; 총각. brave ~ 성실한 청년. beau (joli) ~ 미남자. ~ de vingt ans 20세의 청년. ~ d'honneur (신랑의)들러리. vivre en ~ 총각으로 살다. rester vieux ~ 노총각으로 있다. enterrer sa vie de ~ 독신생활을 청산하다, 장가가다.
③ (식당의)보이, 급사; 사환; 게시, 견습공. ~ de café(de restaurant) 카페(식당)의 보이. ~ de magasin 점원. ~ de course 심부름꾼. N'oubliez pas le ~. 팁을 잊지 마시오.
être[*se sentir*] *tout petit ~ auprès de qn* …와는 감히 상대가 안되다.

garçonne [gaʀsɔn] *n.f.* (자립적이고 자유분방한)사내같은 여자.

garçonner [gaʀsɔne] *v.i.* 〖구어〗(여자아이가) 사내행세를 하다; 사내아이와 놀다.

garçonnet [gaʀsɔnɛ] *n.m.* (어른과 아이 사이의)사내아이. taille ~ (기성복의)주니어 사이즈. rayon ~s (백화점 따위의)주니어 제품 매장.

garçonnier(*ère*¹) [gaʀsɔnje, -ɛːʀ] *a.* (여자가)사내같은, 말괄량이의. manières ~ères (여자의)사내같은 아이같은 태도.

garçonnière² [gaʀsɔnjɛːʀ] *n.f.* 독신용 아파트, 스튜디오.

gardable [gaʀdabl] *a.* 지킬 수 있는; 지키기 쉬운, 보존할 가치 있는.

garde¹ [gaʀd] *n.m.* ① 보관인; 관리인, 감시인. ~ des Sceaux (프랑스의)법무장관 (1790년 이전에는 대법관) (ministre de la Justice). ~ forestier 산림감시원. ~ maritime 수상경찰관. du commerce 〖경〗집달리. ~ 〖경비원〗친위대원. ~ de nuit 야경꾼. ~ du corps (국왕의)근위병; (요인 (要人)의)보디가드. ~ mobile 〖구어〗기동헌병대원 (gendarme mobile 의 옛 호칭). ~s rouges (중국의)홍위병. ③ (형무소 따위의)수위, 간수.
— *n.f.* (병자·노인 따위의)간호부, 간호인.

‡**garde²** *n.f.* ① 보관, 보존, 관리(conservation). confier à *qn* la ~ de sa maison …에게 집의 관리를 맡기다. ~ des bagages 수하물 보관. frais de ~ 보관료. avoir[prendre] *qc* en ~ …을 관리하다[…의 관리를 맡다].
② 보호, 간호; 비호. confier un enfant à la ~ de *qn* 아이를 …의 보호에 맡기다. sous la ~ d'un agent 경관의 호위하에. avoir *qn* en ~ …을 보호하다. prendre un malade sous sa ~ 병자를 간호하다. droit de ~ 〖법〗친권(親權). à la ~ de Dieu 신의 가호로써.
③ ⓐ 감시, 경계, 경비(surveillance). chien de ~ 집(가축) 지키는 개. faire bonne ~ 엄중히 지키다. être[entrer] en ~ 경계하다[에 들어가다]. ⓑ 보초(망보기); 일직, 당직, 주번. monter la ~ 보초를 서다. descendre la ~ 당직을 끝내다. 비번이 되다; 〖속〗〖비유적〗죽다. tour de ~ 당번, 당직. être de ~ 보초를 서다, 당직이다. ~ de nuit 야경. ⓒ (집합적)위병, 보초; 경비대, 근위대. cavalerie de la ~ 근위기병대. ~ impériale (나폴레옹 1세·3세의)황제친위대. ~ nationale (1789년~1871년의)국민병. ~ d'honneur 의장대. ~ républicaine (municipale) de Paris 파리공화국위병대 (〖약자〗la G~). vieille ~ (나폴레옹의)고참 친위대; (비유적) (정치가 따위의)고참측근(자).
④ (펜싱·복싱 따위의)방어자세, 가드. ~s de l'épée 에페의 기본자세. ouvrir[fermer] sa ~ 가드를 열다(닫다). être[se tenir] sur ses ~s 방어자세를 취하다. (비유적)경계하고 있다.
⑤ ⓐ (칼의)날밑; (책의)간지(pages de ~). ⓑ 〖카드놀이〗지키는 패. ⓒ 〖자동차〗(접촉을 막는)공간. ~ au toit (자동차 안의)머리와 지붕 사이의 공간. ~ au sol (자동차의)지상고. ~ de la pédale d'embrayage 클러치페달의 유격(遊隔).

avoir ~ de + *inf.* …하지 않도록 주의(경계)하다. Il *avait* bien ~ *de* se montrer. 그는 자기 모습을 나타내지 않도록 주의했다. ⓑ …하도록 주의하다. J'*aurai* ~ *de* ne pas oublier vos conseils. 당신의 충고를 잊지 않도록 조심하겠소.
avoir toujours ~ *à carreau* 〖구어〗모든 (어려운)사태에 대비하고 있다.
crier à la ~ 화급을 알리다.
être de bonne (*mauvaise*) ~ ⓐ (음식물이)보관이 잘되다(안되다). ⓑ (사람이)물건을 잘[잘못] 간수하다.
G~ à vous! 차렷!
mettre qn en ~ contre qc …을 …에 대해 경계시키다(경계하다).
mettre qn(*qc*) *sous bonne* ~ …을 엄중히 감시하다 (안전하게 보호하다).
prendre ~ ⓐ [~ à *qc/qn*] …에 주의하다. *Prends* ~ *au* train. 기차를 조심해. *Prends* ~ *à* toi! 정신차려. ⓑ [~ à + *inf.*] …하도록 유의하다. *prendre* ~ *à* modérer ses dépenses 지출을 억제하도록 조심하다. ⓒ [~ de ne pas + *inf.*/〖문어〗de + *inf.*] …하지 않도록 조심하다. *Prenez* ~ *de* ne pas tomber. 넘어지지 않도록 조심하시오. ⓓ [~ que + *ind.*] …하는 것에 유의하다 (noter). *Prenez* ~ *qu*'il va revenir. 그가 다시 온다는 것을 알고계십시오. ⓔ [~ que (ne pas) + *subj.*] …하지 않도록 조심하다. *Prenez* ~ *qu*'il ne s'en aperçoive (*pas*)! 그가 눈치채지 않도록 조심하세요. ⓕ 〖구어〗에서 prendre ~ à ce que 의 구문도 쓰임).
s'enferrer jusqu'à la ~ 완전히 착각하다; 함정에 빠지다.
sous la ~ *de* …의 감시[경계·간호]하에. être placé *sous la* ~ *de* la police 경찰의 감시하에 놓이다.

garde- *préf.* 「(을)지키는, 감시하는」의 뜻을 갖는 복합어를 형성(예:*garde*-barrière 건널목지기).

gardé(*e*) [gaʀde] *a.p.* 보호[감시]된, chasse ~ (개인 소유의)감시되고 있는 사냥터; (비유적)손대지 말아야 할 일(여자). passage à niveau ~ 간수가 있는 건널목.

garde-à-vous [gaʀdavu] *n.m.* (복수불변) ① 〖군사〗'차려'의 구령, 차려 자세. ② (비유적)긴장 상태, 굳어진 태도. se mettre au ~ (비유적)자세가 굳어 있다.

garde-barrière [gaʀdəbaʀjɛːʀ] (*pl.* ~*s*-~) *n.* 건널목지기(감시인). ~ automatique 건널목 자동개폐기.

garde-bébé [gaʀdəbebe] (*pl.* ~*s*-~*s*) *n.m.* 아기 보는 사람.

garde-bœuf [gaʀdəbœf] (*pl.* ~*s*-~(*s*)) *n.m.*, *a.* (héron) — 〖조류〗붉은머리왜가리 무리.

garde-bois [gaʀdəbwa] (*pl.* ~*s*-~) *n.m.* 삼림(森林) 간수.

garde-boue [gaʀdəbu] *n.m.* (복수불변) (자전거 따)

위의)훈받이.

garde-boutique [gardəbutik] *n.m.* ①〖구어〗〖상업〗팔다 남은 것. ②〖조류〗물총새.

garde-canal [-kano] *n.m.* (*pl.* ~*s*-~, ~*s-canaux*) 운하 감시원.

garde-cendre(s) [gardəsɑ̃:dr] *n.m.* 《복수불변》(아궁이·화덕 따위의)재받이.

garde-chaîne [gardəʃɛn] *n.m.* 《복수불변》①〖프랑스사〗(통행금지시키는)사슬지기. ②(회중시계의)사슬받이; (자전거의)사슬 커버.

garde(-)champêtre [gardʃɑ̃pɛtr] (*pl.* ~*s*(-)~*s*) *n.m.* (지방자치제의)전원 감시인.

garde-chasse [gardəʃas] (*pl.* ~*s*-~*s*) *n.m.* (사유)사냥터지기, 밀렵 감시인.

garde-chiourme [gardəʃjurm] *n.m.* (*pl.* ~(*s*)-~(*s*)) *n.m.* ①〖옛〗도형수(도형수)의 간수. ②(비유적) 혹독한 감시인(감독자).

garde-corps [gardəkɔːr] *n.m.* 《복수불변》①난간, 흉장(胸牆). ②〖해양〗(폭풍 때 갑판에 치는)난간줄. ③(중세기의)의복의 일종.

garde-côte(s) [gardəkot] *n.m.* ①《복수불변》〖옛〗해안 경비병. ②《복수불변》해안 경비함, 해방함(海防艦); 연안어업 감시선(garde-pêche). —*a.* 연안경비의.

garde-couche [gardəkuʃ] (*pl.* ~*s*-~(*s*)) *n.f.* 산모에 딸린 간호부.

garde-crotte [gardəkrɔt] *n.m.* 《복수불변》=**garde-de-boue**.

garde-cuisse [gardəkɥis] *n.m.* (*pl.* ~-~(*s*)) *n.m.* 〖옛〗(말의)넓적다리 덮개.

garde-doigts [gardədwa] *n.m.* 《복수불변》〖테니스·크리켓〗손가락 보호대.

garde-feu [gardəfø] *n.m.* (*pl.* ~*s*-~) ①(극장 따위의)화기단속 책임자. ②《복수불변》(벽난로 앞에 세우는 철망형의)불막이, 화이어 스크린; 밤새 화덕의 불이 꺼지지 않게 유지하는 장치. ③〖철도〗(산림연도변의)방화대; (산림의)방화선. tranchée ~ (산림의)방화호. ④〖옛〗〖군사〗탄약포(包).

garde-flanc(s) [gardəflɑ̃] *n.m.* ①《복수불변》〖군사〗측면 방비의 기병대. ②《복수불변》(말의)옆구리 보호용 가죽.

garde-fou [gardəfu] (*pl.* ~-~*s*) *n.m.* ①난간; 보호책, 가드레일. ②(비유적)(부당한 행위에 대한) 방책; 경고.

garde-française [gardəfrɑ̃sɛːz] (*pl.* ~*s*-~*s*) *n.m.* 〖역사〗(1789년 이전 프랑스의)왕실 친위대원.

garde-frein [gardəfrɛ̃] (*pl.* ~*s*-~) *n.m.* 〖철도〗제동수(制動手)(serre-frein).

garde-gouttes [gardəgut] *n.m.* 《복수불변》〖기계·공업〗(기름 따위 액체의)비말(飛沫)막이장치.

garde-guichet [gardəgiʃɛ] *n.m.* 《복수불변》〖크리켓〗캐처, 키퍼(3주문(柱門) 뒤쪽에서 공을 막는 사람).

garde-jambe [gardəʒɑ̃:b] *n.m.* (*pl.* ~-~(*s*)) *n.m.* 말의 정강이덮개; 〖크리켓〗정강이받이.

garde-jupe [gardəʒyp] *n.m.* 《복수불변》(여자용 자전거의)스커트 보호 장치.

garde-ligne [gardəliɲ] (*pl.* ~*s*-~(*s*)) *n.m.* 〖철도〗보선계원(保線係員).

garde-magasin [gardəmagazɛ̃] (*pl.* ~*s*-~(*s*)) *n.m.* ①창고 담당자; 〖군사〗피복창 요원, 창고 담당 하사관. ②《복수불변》팔다 남은 물건, 파치(garde-boutique).

garde-main [gardəmɛ̃] (*pl.* ~-~(*s*)) *n.m.* ①(정서할 때 용지가 더럽혀지지 않기 위해)손 밑에 대는 종이. ②〖옛〗(장검의)날밑.

garde-malade(s) [gardəmalad] (*pl.* ~*s*-~(*s*)) *n.* 간

호인(garde).

garde-manche [gardəmɑ̃:ʃ] (*pl.* ~-~(*s*)) *n.m.* 소매 커버.

garde-manège [gardmanɛʒ] (*pl.* ~*s*-~(*s*)) *n.m.* (마장의)기마 경비원.

garde-manger [gardəmɑ̃ʒe] *n.m.* 《복수불변》①찬장, 고기류 저장실. ②〖속어〗밥통, 위(胃).

garde-marine [gardəmarin] (*pl.* ~*s*-~(*s*)) *n.m.* 〖역사〗(1789년 이전의 귀족의)해군 후보생.

garde-meuble [gardəmœbl] *n.m.* (*pl.* ~~(*s*)) 가구 창고; 고방. ②(*pl.* ~*s*-~(*s*)) 왕실가구 보존관 (~ de la couronne).

garde-mites [gardəmit] (*pl.* ~*s*-~) *n.m.* 〖군대은어〗피복창 요원(garde-magasin).

gardénal [gardenal] *n.m.* 〖약〗루미날(진정·최면제로서 phénobarbital의 통칭).

garde-nappe [gardənap] (*pl.* ~-~(*s*)) *n.m.* (천이나 플라스틱 제품의)접시받침.

gardénia [gardenja] *n.m.*, **gardénie** [gardeni] *n.f.* 〖식물〗치자나무(꽃).

garde-noble [gardənɔbl] (*pl.* ~*s*-~*s*) *n.f.* 영주가 미성년 귀족(신하)의 재산을 관리하던 권리. —*n.m.* 교회의 휘위 귀족.

garde-note(s) [gardənɔt] *n.m.* ①《복수불변》서류함, 서류첩. 〖형용사적〗portefeuille ~ 서류가방. ②(*pl.* ~*s*-~(*s*))〖옛〗공증인.

garden-party [gard(ə)nparti] (*pl.* ~-*parties*)〖영〗 *n.f.*[*m.*] 원유회, 가든파티.

garde-pavé [gardəpave] *n.m.* 《복수불변》(차도와 보도 경계의)연석(緣石).

garde-pêche [gardəpɛʃ] *n.m.* ①(*pl.* ~*s*-~) 어업 감시관. ②《복수불변》(연안의)어로 경비선(vedette ~); 〖해군〗어로 경비선.   〖지기〗.

garde-phare [gardəfaːr] (*pl.* ~*s*-~(*s*)) *n.m.* 등대지기.

garde-place(s) [gardəplas] *n.m.* 〖철도〗①《복수불변》(객차의 좌석 위쪽에 있는) 좌석 번호권 넣는 틀; 좌석 예약(사무). ticket ~ (객차의)좌석예약권. ②(*pl.* ~*s*-~) 좌석 예약계 직원.

garde-port [gardəpɔːr] (*pl.* ~*s*-~(*s*)) *n.m.* (하천의)나루터 감독, 항무(港務)부장.

garde-poussière [gardəpusjɛːr] *n.m.* 《복수불변》(기계·자전거 따위의)먼지받이.

:**garder** [garde] *v.t.* ①(보호·간호 따위를 위해)보살피다, 지키다(surveiller); 호위(경호)하다; 감시하다. ~ un enfant 아이를 보다. ~ un malade 병자를 간호하다. ~ un personnage important 요인을 경호하다. ~ les bestiaux 가축을 지키다. ~ un prisonnier à vue 죄수를 엄중히 감시하다. [~ *qc*] Les soldats *gardent* le pont. 군인들이 교량을 경비한다.

②보존한다, 간수하다; 남겨두다(réserver). ~ des légumes au frais 야채를 시원한 곳에 보관한다. ~ une bonne bouteille pour des amis 친구들을 위해 좋은 술 한 병을 남겨두다. Je dois sortir un moment, tu veux me ~ ma place? 잠시 나갔다 와야겠는데, 내 자리 좀 맡아주겠니?

③계속 잡고(간직하고) 있다; (사람을)붙잡아 두다; (모자·옷 따위를)착용한 채로 있다. Il *garde* le livre que je lui ai prêté. 그는 내가 빌려준 책을 아직도 가지고 있다(돌려주지 않는다). [~ *qn*] Il m'a *gardé* une heure. 그는 나를 한 시간이나 붙들어 두었다. ~ à dîner ···을 저녁식사에 붙들다. ~ *qn* en otage ···을 인질로 잡아두다. ~ son chapeau 모자를 쓰고 있다.

④(어떤 곳에서)떠나지 않다, (자리를)지키다. ~ sa chambre 방에서 떠나지 않다. ~ le lit (병자 따위가)자리를 지키다, 앓아 누워 있다. ~ les

rangs 대열을 떠나지 않다.
⑤ (비밀 따위를)간직하다, 지키다. ~ un secret 비밀을 간직하다. [~ qc pour soi] Je vous dis ça, mais vous le garderez pour vous. 당신에게 이 말을 했는데 혼자만 알고 계십시오.
⑥ (상태·성질·약속 따위를)유지하다, 지키다; (규칙·습관 따위를)간직하다(observer). ~ son calme[son sang-froid] 평정(냉정)을 유지하다. ~ rancune à qn …에게 원한을 품고 있다. ~ sa parole 약속을 지키다. Elle garde la ligne. 그녀는 몸매를 그대로 유지하고 있다. ~ ses habitudes 습관을 그대로 간직하다. [~ qc+속사] ~ les yeux fermés 눈을 감은 채로 있다. ~ les mains propres 손을 깨끗하게 간직하다.
⑦《문어》[~ qn de qc/de+inf.] (로부터)보호하다, 지키다(protéger). ~ qn d'une faute [de commettre une faute] 과오를 범하지 않도록 지키다. Dieu m'en garde! 신이여, 지켜주시옵소서. Ce manteau vous gardera du froid. 이 외투는 추위를 막아줄 것이다.
en donner à ~ à qn 《구어》…을 감쪽같이 속이다. ~ qc pour la bonne bouche 가장 맛있는(즐거운) 것을 마지막에 먹으려고(즐기려고) 남겨두다.
~ une dent contre ;~ rancune à qn …에 대해 원한을 품다.
Nous n'avons pas gardé les cochons ensemble. 《구어》친한 체하지 마시오.
—v.i. 《옛》[~ de+inf./que+sub.] …하지 않도록 조심하다(prendre garde). Gardez de l'irriter. 그를 역정나지 않도록 조심하시오.
—se ~ v.pr. ① (음식물 따위가)변하지 않고 보관되다(se conserver). Ce fromage ne se garde pas plus de deux jours. 이 치즈는 이틀 이상 보관되지 않는다.
② [se ~ de] (을)경계하다, 조심하다. Il faut se ~ de médisants[de la flatterie]. 험뜯는 자들[아첨]을 경계해야 한다. Gardez-vous de tout excès. 지나친 일은 모두 삼가시오.
③ [se ~ de+inf.] (을)하지 않도록 조심하다. Gardez-vous de manquer votre train. 기차를 놓치지 않도록 조심하시오. Je m'en garderai bien. 그런 일을 절대 하지 않겠소.
④ 《옛》자신을 지키다, 방어하다. Gardez-vous! 조심하시오.
garde-rats [gardəra] n.m. 《복수불변》(정박중인 선박에 대한)쥐막이(장치).
garderie [gard(ə)ri] n.f. ① 탁아소. ② (삼림간수의)순회 구역, 감시 구역.
garde-rivière [gardərivjɛːr] (pl. ~s-~(s)) n.m. 수상 경비원.
garde-robe [gardərɔb] (pl. ~~-~s) n.f. ① 옷장; 의상실; (집합적) 의류. avoir une ~ fournie 옷가지가 많다. Ma ~ est bien démodée. 내 옷들은 유행이 지났다. ② 《옛》변소, 변기; (pl.) 《의학》 변. aller à la ~ 변소에 가다. Il a eu des ~s abondantes. 그는 많은 변을 보았다.
—n.m. 《옛》(여자의)앞치마.
garde-robier(ère) [gardərɔbje, -ɛːr] (pl. ~s-~s) n.m. 《옛》의상실 담당원. —— (발레단의)상 관리 담당자.
garde-rôle [gardəroːl] (pl. ~s-~(s)) n.m. 《역사》(부채를 가진 관리들의 사직(辭職)에 대한)이의(異議) 신청서 보관직원.
garde-roue [gardəru] (pl. ~s-~(s)) n.m. ① =garde-boue. ② 《옛》(수레의)외륜(外輪)커버.
garde-salle [gardəsal] (pl. ~s-~(s)) n.m. 검술 사범의 조수.

garde-scellés [gardəse(e)le] (pl. ~s-~) n.m. 《역사》봉인(封印) 담당 직원.
gardes-françaises [gardəfrɑ̃sɛːz] n.f.pl. 《프랑스사》왕실 치위대 (1789년 폐지).
garde-soleil [gardəsɔlɛj] n.m. 《복수불변》《광학》 렌즈후드, 렌즈셰이드.
garde-temps [gardətɑ̃] n.m. 《복수불변》스톱위치; (항해용)크로노미터; (실험용의)고성능정밀시계.
gardeur(se) [gardœːr, -øːz] n. ① 목자(牧者)(berger); 감시인(gardien). ~ de vaches 소치는 목동. ~se d'enfants 젖먹이를 돌보는 사람; 탁아소 경영자. ② 《옛》(돈·의복 따위를)없애지 않고 간수하는 사람. —a. mémoire ~se de détails 사소한 일을 잘 외는 기억력.
garde-vente [gardəvɑ̃ːt] (pl. ~s-~(s)) n.m. 낙찰자로부터 위탁받은 원목벌채판매책임자.
garde-voie [gardəvwa] (pl. ~s-~(s)) n.m. 《철도》=garde-ligne.
garde-vue [gardəvy] n.m. 《복수불변》① (모자의)챙, 차양. ② 《옛》남포의 갓(~ de lampe).
gardian [gardjɑ̃] n.m. (프랑스의 *Camargue* 지방의) 들소지기.
***gardien(ne)** [gardjɛ̃, -ɛn] n. ① (사람·동물·장소 따위를)지키는 사람, 관리인 (~ de prison); 문지기; 관리자. ~ de musée 박물관 수위. ~ de nuit 야경. ~ de but (축구 따위의)골키퍼. ~ de troupeaux 목자. ② 보호자, 옹호자; 지지자(protecteur). Dieu est notre meilleur ~. 신(神)은 우리의 최상의 수호자이다. ~ de la paix (파리 및 지방도시의)경관(sergent de ville). ③ 《종교》 수도원장.
—a. ange ~ 수호천사; 《구어》보디가드.
gardiennage [gardjɛnaːʒ] n.m. ① 감시원의 직분(직무). ② 항만내의 선박·시설 따위의 보호; 《군사》철도·교량의 보안, 보호.
gardiennat [gardjena] n.m. 《종교사》 (수도원의)수위직.
gardon [gardɔ̃] n.m. 《어류》잉어과(科)의 물고기.
frais comme un ~ 아주 건강해 보이는.
‡gare¹ [ɡa(ɑ)ːr] n.f. ① 정거장, 역. ~ terminus 종착역. ~ de départ(d'arrivée) 출발(도착)역. chef de ~ 역장. ~ aérienne 공항(aéroport). ~ de voyageurs (de marchandises) 여객(화물)역. ② (강에서)배가 서로 비켜 갈 수 있게 되어 있는 곳, 대피소. ~ d'évitement 《철도》대피선. ③ (강 운하의)배 닿는 곳, 계선장(繫船場).
À la ~! 《속》꺼져버려, 없어져버려.
REM *gare*는 일반적으로 기차역을 가리키고 도시교통과 관련된 역은 **station** 으로 표시 : station de métro 지하철역, station de taxis 택시정류장. 버스정류장은, 고정된 시설이 없는 것은 station이라 하지 일반적으로는 **arrêt**.
gare² [ɡaːr] int. 조심해! 주의! (attention). G~ devant (dessous)! 앞(밑)을 조심해. G~ la bombe! 《구어》정신을 차려! 위험하다! [~ (à)+명사/대명사] G~ à la tête! 머리를 숙이시오! 머리를 조심해요. G~ à la peinture! 페인트 주의! G~ à toi si tu conduis aussi imprudemment. 그렇게 조심성 없이 운전하다가는 혼날줄 알아. [~ à+inf.] G~ à ne pas recommencer une telle sottise! 그런 바보짓을 다시 하지 않도록 조심해! *crier* ~ (위험을) 경고하다, 미리 알리다. Ils sont arrivés sans crier ~. 그들은 예고 없이 왔다.
garenne [garɛn] n.f. ① 토끼 사육장; 산토끼의 군서지(群棲地). ② 《옛》(수렵·어로(漁撈) 등의) 금지구역; 영주의 사냥(낚시)터. ——n.m. 산토끼(lapin de ~).
garennier [garɛ(e)nje] n.m. 토끼 사육장 관리인.

*garer [gare] *v.t.* ① (차·선박 따위를 안전한 곳에)넣다, 대다, 놓다. ~ sa voiture dans le parking 차를 주차장에 주차시키다. ~ le train 열차를 측선(대피선)에 넣다. 《주어는 사람》Vous pouvez ~ au parc. 공원에 주차해도 됩니다. Je *suis garé* là-bas. 저기에 주차해 있다. ②《구어》《물건을》안전한 곳에 두다, (곡물 따위를 창고에)넣다, 두다. ~ sa fortune 재산을 안전한 곳에 두다. ~ des récoltes 농작물을 창고에 넣다.
être garé des voitures 《속어》이제 차분하게 살다; 평온하게 지내다; 은퇴하다. ~ *les meubles* 《구어》재산을 건지다〔안전한 곳에 옮기다〕.
—*se* ~ *v.pr.* ① (차·선박 따위를)주차하다, 정박하다. Cette petite voiture *se gare* facilement. 이 소형차는 주차하기는 쉽다. Je *me suis garé* dans la rue voisine. 나는 옆길에 주차시켰다. ②[se ~ de](을)피하다; 대피하다. *se* ~ *d'*un danger 위험을 피하다. 《보어 없이》Nous *nous sommes garés* pour les laisser passer. 우리는 그들이 지나가도록 옆으로 피했다〔비켜 섰다〕. *Garez-vous!* 비키시오.

gareur [garœːr] *n.m.* 〖철도〗 전철수(轉轍手).
gargamelle [gargamɛl] *n.f.* 《속어》목.
gargantua [gargɑ̃tɥa] *n.m.* ① (G~)가르강튀아 (*Rabelais* 소설의 주인공). ②《구어》대식가. appétit de ~ 엄청난 식욕. C'est un vrai ~. 굉장한 대식가이다.
gargantuesque [gargɑ̃tɥɛsk] *a.* ① 가르강튀아 같은. ② 대식(大食)의.
gargariser [gargarize] *v.t.* 《드물게》목구멍을 가시게 하다.
—*se* ~ *v.pr.* ① 자기의 (목구멍)을 가시다. *se* ~ à [de] l'eau tiède 미지근한 물로 목을 가시다. ②《구어》[se ~ avec/de] (으로)크게 〔몹시〕기뻐하다 (se délecter). *se* ~ *de* grands mots 야단스럽게 좋아하다. ③《속어》먹다, 마시다. ④ (을)탄잔하다, 목을 추기다. *se* ~ *de* vieux marc 묵은 마르브랜디를 마시다.
gargarisme [gargarism] *n.m.* ① 함수제(含漱劑). ② 양치질.
gargoine [gargwan] *n.f.* 《속어》① 목구멍. ② 얼굴.
gargot [gargo] *n.m.* ①《속어》《경멸》싸구려 식당 (taverne). ② (특히 돼지의)도살업자.
gargotage [gargotaːʒ] *n.m.* 《속어》싸구려 요리; 불결한 요리.
gargote [gargɔt] *n.f.* ① 《경멸》싸구려 식당; 불결한 식당. cuisine de ~ 싸구려 음식. ②《속어》먹는 것, 음식.
gargoter [gargɔte] *v.i.* ① 《옛》천하게 [버릇없이] 마시다[먹다]. ② 싸구려 식당에 드나들다. ③《드물게》맛없는 〔불결한〕 요리를 만들다.
gargotier(ère) [gargɔtje, -ɛr] *n.* ① 싸구려 식당 주인. ② 《경멸》서투른 요리사.
gargouillade [garguјad] *n.f.* 〖무용〗 가르구이야드 (발로 작은 원을 그리다가 뛰어오르기).
gargouille [garguj] *n.f.*
① 〖건축〗 석루조(石漏槽), 이무기돌. ② (차도와 인도 사이의) 수로; (지하의) 하수관; 〖야금〗 폐기관.
gargouillement [gargujmɑ̃], **gargouillis** [gargují] *n.m.* ① 이무기돌에서 물이 빠지는 소리. ~ d'un robinet 《비유적》수도꼭지에서 나는 소리. ② (위·목 따위에서) 꾸르륵거리는 소리.
gargouiller [garguje] *v.i.* ① 이무기돌에서 빠지는 빗물이 콸콸 소리를 내다. ② (위·목구멍 따위가)

꾸르륵거리다. Le ventre me *gargouille*; Cela me *gargouille* dans le ventre. 뱃속에서 꾸르륵거리는 소리가 나다.
gargouillette [gargujɛt] *n.f.* =gargoulette.
gargoulette [gargulɛt] *n.f.* (물 식히는) 질그릇.
gargousse [gargus] *n.f.* 〖군사〗 약포, 탄약통; 탄약 주머니.
gargoussier [gargusje] *n.m.*, **gargoussière** [gargusjɛːr] *n.f.* (포탄의)탄띠.
garibaldi [garibaldi] *n.m.* (*Garibaldi*의 군사가 입던 것 같은 붉은 색의)여자·소아용의 블라우스; 가리발디.
garibaldien(ne) [garibaldjɛ̃, -ɛn] *a.* 〖정치〗 가리발디(*Garibaldi*, 이탈리아의 장군)의. —*n.m.* 〖역사〗 가리발디 휘하의 군사(Chemise rouge). —*n.f.* (가리발디와 그 군사가 입은)빨간 샤쓰.
garigue [garig] *n.f.* 〖지리〗 (남프랑스의)황야 (*Languedoc* 지방의) (garrigue).
garite [garit] *n.f.* 〖해양〗 =guérite ②.
garnement [garnəmɑ̃] *n.m.* 《옛》불량배(voyou); 말썽꾸러기, 악동(galopin). ~s du quartier 동네의 불량배들. petit ~ (어린아이에 대한 애칭으로) 귀여운 아이.
garni(e) [garni] *a.p.* ① 가득찬, 풍성한, 갖춘. bourse bien ~*e* 돈이 가득한 지갑. chevelure bien ~*e* 풍성한 머리카락. table bien ~*e* 진수성찬의 식탁. [~ de] rayons ~*s* de livres 책으로 가득한 (책장의) 선반. salle ~*e* de monde 사람[관객]으로 가득찬 장내. chambre ~*e* (싸구려 호텔의)가구가 딸린 방. 〖요리〗 야채를 곁들인. plat de viande ~ 야채를 곁들인 고기 요리.
—*n.m.* 〖건축〗 메움돌; 〖목공〗 나뭇조각. ②《옛》가구가 딸린 싸구려 호텔[여인숙](hôtel ~), (싸구려)하숙(maison ~*e*). loger en ~ 가구 딸린 방에 세들어 살다.
garniérite [garnjerit] *n.f.* 〖광물〗 니켈광(鑛).
*garnir [garniːr] *v.t.* ① (필요한 물건·물품을)갖추다, 설비하다; 장식하다, (부속품을)붙이다. ~ une bibliothèque 도서실[서가]에 책을 갖추다. ~ un étui 케이스의 속을 채우다. [~ *qc* de] ~ une boutique (*de* marchandises) 가게에 상품을 갖추어 놓다. ~ un appartement (*de* meubles) 아파트에 가구를 구비하다. ~ une table *de* fleurs 식탁을 꽃으로 장식하다. ~ une robe *de* dentelle 옷에 레이스를 달다. ② (진지 따위를)튼튼하게 하다; 장비하다(équiper). ~ une place de guerre 요새를 견고히 하다. [~ *qc* de] ~ des remparts *de* défenseurs 성채에 수비병을 배치하다. ③ (가득)채우다, 접다 (remplir). 덮다, 장식하다. livres qui *garnissent* les rayons d'une bibliothèque 서가의 선반을 가득 채우고 있는 책들. Les spectateurs *garnissent* déjà les balcons. 관객들이 벌써 2층 정면 관람석을 채우고 있다. ④ [~ *de*] 〖요리〗 (요리에 야채 따위를)곁들이다. ~ un rôti de légumes (*de* pomme de terre) 로스트에 야채(감자)를 곁들이다. ⑤ 〖직물〗 (나사 따위)의 보풀을 세우다.
—*se* ~ *v.pr.* ① [se ~ de] (이)갖추어지다, 장비되다; 장식되다. Les poiriers *se garnissent* de fleurs. 배나무에 꽃이 피었다. ② 가득 차다, 충만하다. La salle *se garnissait* peu à peu. 장내는 차차 사람들로 채워졌다. Les murs *se garnissent de* livres. 벽이 책들로 채워져 있다. ③ (se ~ 간접목적보어) 자기의 ···을 채우다. *se* ~ les poches (d'argent) 호주머니를 채우다, 사복(私腹)을 채우다. ~ le ventre [l'estomac, la panse] 《속어》실컷 먹다. ④《옛》[se ~ contre] (에)대비하다. *se* ~ *contre* le froid 춥지 않도록 옷을 껴입다.

garnisaire [garnizɛːr] *n.m.* 《옛》① 피압류 가구 감시인; 납세 독촉인. ② 징병 기피자·도망병의 집에 파견되어 거주하는 병사.

garnison [garnizɔ̃] *n.f.* ①《군사》(요새·도시의) 수비(경비)대, 주둔부대; 주둔지(ville de ~). vie de ~ 주둔지에서의 군대생활. être en(tenir) à …에 주둔하고 있다. ②《옛》《공예》장식하기; (용접으로)부착된 부품《물통의 손잡이·난로의 다리 따위》. ~ mariage de ~ 어울리지 않는 결혼.

garnissage [garnisaːʒ] *n.m.* ① 갖추기, 설비(옷·모자 따위의)(도자기에)장식 넣기; (자동차의)좌석부품(제조·장치). ②《직물》(나사 따위의)보풀 세우기.

garnissement [garnismɑ̃] *n.m.* (가구의)설비, 설치.

garnisseur(se) [garnisœːr, -øːz] *n.* ①《의류·모자 따위에》장식물을 붙이는 직공; (상자 따위의)조립공. ②《직물》보풀 세우는 직공. ~ 선구(船具)를 만드는 직공; (자동차의)차체부품조립(부착)공. —*n.f.* 보풀 세우는 기계.

garniture [garnityːr] *n.f.* ① 비품, 가구(일습), 부속품. ~ de bureau 사무용품. ~ de feu(de foyer) 화덕(난로)용품. ~ d'un lit 침구 한 채. ~ d'une voiture 자동차의 내장(內裝). ~ 부속재료; 보강부품. ~ de frein 《자동차》브레이크라이닝. ~ d'un chapeau 모자 안쪽에 대는 것. ③《의복》장식품;《옛》(옷·무대의상의)장식꽃. ~ de dentelles 레이스의 장식. ~s de cuir aux coudes d'une veste 상의의 팔굽에 댄 가죽. ~ de tête 머리장식; 모자. ④《요리》(요리에)곁들이는 야채; 곁들임, 고명. ~ d'un plat de viande 고기요리에 곁들이는 야채. ~ de champignon 곁들이는 버섯. ~ de vol-au-vent 볼오방(파이의 일종)의 속. ⑤《인쇄》스페이스감《공목·인테르 따위》;《기계》충전물, (피스톤 따위의)패킹, 라이닝《축받이·실린더 따위의 안에 댄 것》, 피복(被覆), (보일러)외피;《해양》선장(船裝), 선구(船具)(~ d'un vaisseau); (말의 두부에서 흉부에 걸친)마구(일습). ~ de comble 《건축》지붕을 이는 재료.

garno [garno] *n.m.* 《속어》가구 딸린 방; 가구 딸린 방이 있는 호텔, 싸구려 호텔.

garonnais(e) [garonɛ, -ɛːz] *a.* 가론(Garonne)강(유역)의. —G~ *n.* 가론 강 유역 사람; (특히)오트가론(Haute-Garonne, 프랑스의 지방)사람.

garou¹ [garu] *n.m.* 《옛》=loup-garou. courir le ~ 《구어》밤새워 놀다, 밤의 쾌락을 찾아 헤매다.

garou² *n.m.* 《식물》팥꽃나무의 일종.

garrigue [garig] *n.f.* =garigue.

garron [garɔ̃] *n.m.* 《조류》자고의 수컷.

garrot¹ [garo] *n.m.* ① 줄을 비틀어 죄는 막대기;《옛》막대기. donner cent coups de ~ 몽둥이로 백 대 때리다. ②《옛》화살. ③《외과》혈관 압박기, 지혈기. 《에스파냐에서》철제 목걸이로 목을 죄는 형벌(supplice du ~).

garrot² *n.m.* (말·소 따위 큰 동물의)어깨뼈 사이의 돌기부.

garrot³ *n.m.* 《조류》횐뺨오리.

garrottage [garotaːʒ] *n.m.* ① 졸라매기. ② 교수형에 처하기.

garrotte [garot] *n.f.* 《옛》(에스파냐의)교수형; (그)기구(garrot¹).

garrotté(e) [garote] *a.p.* 《수의》(말이) garrot² 를 부상당한.

garrotter [garote] *v.t.* ① 졸라매다; 포박하다. ~ un prisonnier 죄수를 단단히 묶다. ② 자유를 박탈하다, 지배하에 두다(↔ libérer). Ce contrat vous *garrottera*. 당신은 이 계약에 묶일 것이다. [~ qc] ~ l'opposition 반대파를 꼼짝 못하게 하다. ③《원예》나무를 대어 받쳐주다;《의학》(부러진)다리 따위에 나무를 대어, 매다. ④《옛》교수형에 처하다.

garrulité [garylite] *n.f.* 《드물게》수다, 다변(bavardage).

***gars** [ga] *n.m.* 《구어》소년, 젊은이. petit ~ 소년, 청년. ②(남자를 가리켜 쓰여) 녀석(type). beau ~ 미남. Qui est-ce, ce ~-là? 그자는 누구냐? ~ du milieu 뒷골목의 건달(깡패). brave ~. ~ du village 마을의 젊은이. 호남, 훌륭한 청년. les ~ et les filles du village 시골 마을의 청춘남녀. ③ 가까운 친구에 대한 호칭. Eh! les ~! 애들아! Bonjour, mon petit ~! 꼬마, 안녕! ④《소유형용사와 함께》아들(fils). mon ~ 내 자식.

garse [gars] *n.f.* 《속어》=garce.

garus [garys] *n.m.* 《약》(사프란·육계 따위로 만든)엘릭지르제, 청약주(清藥酒)(élixir de G~).

garzette [garzɛt] *n.f.* 《조류》백로(aigrette ~).

gas [ga] *n.m.* =gars.

Gascogne [gaskɔɲ] *n.pr.f.* 《지리》가스코뉴《프랑스의 서남부 지방》. Golfe de ~ 비스케만.

gascon(ne) [gaskɔ̃, -ɔn] *a.* ① 가스코뉴의. ② 허풍선이의; 농담을 좋아하는; 빈틈 없는. —G~ *n.* ① 가스코뉴 사람. ② 허풍떨기 좋아하는 사람; 빈틈 없는 사람. faire le G~ 허풍을 떨다. lessive du G~ (테이블보를 빨지 않고 뒤집어엎기). promesse de G~ 지키지 못할 약속, 공수표. *en* G~ 빈틈없이, 교묘히. se tirer d'affaire *en* G~ 감쪽같이 궁지를 벗어나다. —*n.m.* 가스코뉴 지방의 사투리.

gasconnade [gaskonad] *n.f.* 허풍, 제자랑(fanfaronnade, vanterie). dire(raconter) des ~s 허풍을 떨다.

gasconner [gaskone] *v.i.* ① 가스코뉴 사투리로 말하다. —*v.t.* 《옛》훔치다.

gascon(n)isme [gaskonism] *n.m.* 가스코뉴 지방의 독특한 말투(말투).

gas(-)oil [gazojl, gazwal] 《영》*n.m.* 디젤유(油).

Gaspard [gaspaːr] *n.pr.m.* 가스파르(남자이름);《성서》성(聖) 가스파르《동방박사 3인중의 한 명》. (g~)《속어》교활한 사나이.

gaspillage [gaspijaːʒ] *n.m.* 낭비, 허비(prodigalité, ↔ épargne). ~ de la fortune familiale 가산의 낭진. ~ de forces(de talent) (비유적)힘(재능)의 헛된 소모.

gaspiller [gaspije] *v.t.* 낭비하여 보내다(dissiper). ~ son argent en achats inconsidérés 무분별한 구매에 돈을 낭비하다. ~ son temps(sa santé, son talent) 자기 시간(건강·재능)을 헛되이 소모하다.
—**se** ~ *v.pr.* 헛되게 자신의 힘을 소모하다.

gaspilleur(se) [gaspijœːr, -øːz] *a.* 낭비(허비)하는. Il est très ~. 그는 씀씀이가 너무 헤프다. —*n.* 낭비하는 사람.

gasquet [gaskɛ] (<casque) *n.m.* (프랑스제의)터키모자.

gassendisme [gasɛ̃dism] (<Pierre Gassendi, 17세기 프랑스 철학자)*n.m.* 《철학사》가생디의 철학.

gassendiste [gasɛ̃dist] *a.* 《철학》가생디 철학의. sensualisme ~ 가생디의 감각론. —*n.* 가생디 철학의 신봉자.

gaster [gastɛːr] *n.m.* 《옛》(약살)배, 위(胃).

gastéromycètes [gasterɔmisɛt] *n.m.[f.]pl.* 《식물》말불버섯과(科).

gastéropodes [gasterɔpɔd] *n.m.pl.* 《동물》복족류(腹足類)《연체동물》. un *gastéropode* 복족류의

gastralgie [gastralʒi] *n.f.* 【의학】복통, 위통.
gastralgique [gastralʒik] *a.* 복통의;《구어》배앓이 같은. —*n.* 위병환자.
gastrectasie [gastrektazi] *n.f.* 【의학】위확장.
gastrectomie [gastrɛktɔmi] *n.f.* 【외과】위절제(胃切除)(술).
gastricisme [gastrisism] *n.m* 【의학】위병, 소화불량.
gastrique [gastrik] *a.* 위의, 복부의. embarras ~ 위장장애, 소화불량. suc ~ 위액(液).
gastrite [gastrit] *n.f.* 【의학】위염(胃炎).
gastr(o)- *préf.* 「위·복부」의 뜻.
gastrobranche [gastrɔbrɑ̃:ʃ] *n.m.* ~ aveugle 【어류】먹장어.
gastrocèle [gastrɔsɛl] *n.f.* 【외과】위헤르니아.
gastro-colique [gastrɔkɔlik] (*pl.* ~-~*s*) *a.* 위장의, 대장의.
gastro-colite [gastrɔkɔlit] *n.f.* 【의학】위장염, 대장염.
gastro-duodénal(ale, *pl.* **aux)** [gastrɔdyɔdenal, -o] *a.* 【의학】위·십이지장의.
gastrodynie [gastrɔdini] *n.f.* 【의학】위경련.
gastro-entéralgie [gastrɔɑ̃teralʒi] *n.f.* 【의학】위장장애.
gastro-entérique [gastrɔɑ̃terik] *a.* 【의학】위장의, 소장의.
gastro-entérite [gastrɔɑ̃terit] *n.f.* 【의학】위장염, 위장 카타르.
gastro-entérologie [gastrɔɑ̃terɔlɔʒi] *n.f.* 【의학】위장병학, 소화기병학.
gastro-entérologue [gastrɔɑ̃terɔlɔg] *n.* 【의학】위장병 전문의사.
gastro-hépatite [gastrɔepatit] *n.f.* 【의학】위간염(胃肝炎).
gastro-intestinal(ale, *pl.* **aux)** [gastrɔɛ̃tɛstinal, -o] *a.* 【의학】위장의, 소장의.
gastrolâtre [gastrɔla:tr] *n., a.* 식도락가(의).
gastrolâtrie [gastrɔlatri] *n.f.* 식도락.
gastrolâtrique [gastrɔlatrik] *a.* 식도락의.
gastrologie [gastrɔlɔʒi] *n.f.* 요리학.
gastromane [gastrɔman] *n.* 식도락가, 미식가.
gastromanie [gastrɔmani] *n.f.* 《드물게》식도락, 미식벽(癖).
gastronome [gastrɔnɔm] *n.m.* 식도락가, 미식가(gourmet); 요리 전문가; 식도락(요리법)에 관한 저술가.
gastronomie [gastrɔnɔmi] *n.f.* 미식법, 요리법.
gastronomique [gastrɔnɔmik] *a.* 미식법의, 요리법의. repas ~ (특별히)잘 차린 식사. la chronique ~ d'un journal 신문의 요리란.
gastropathe [gastrɔpat] 【의학】*a.* 위병의. —*n.* 위병 환자.
gastropathie [gastrɔpati] *n.f.* 【의학】위병.
gastroplégie [gastrɔpleʒi] *n.f.* 【의학】위마비.
gastropodes [gastrɔpɔd] *n.m.pl.* =**gastéropodes.**
gastroptose [gastrɔptɔ:z] *n.f.* 【의학】위하수.
gastrorragie [gastrɔraʒi] *n.f.* 【의학】위출혈.
gastroscope [gastrɔskɔp] *n.m.* 【의학】위내시경(胃內視鏡).
gastroscopie [gastrɔskɔpi] *n.f.* 【의학】위내시경 검사(檢査).
gastrospasme [gastrɔspasm] *n.m.* 【의학】위경련.
gastrostomie [gastrɔstɔmi] *n.f.* 【외과】위루(胃瘻)형성술.
gastrotomie [gastrɔtɔmi] *n.f.* 【외과】위절개술.
gastro-vasculaire [gastrɔvaskylɛ:r] *a.* 【해부】

소화와 순환을 맡아보는. système ~ 【생물】(강장동물의)위수관계(胃水管系).
gastrula [gastryla] *n.f.* 【생물】낭배(囊胚), 원장배(原腸胚).
gastrulation [gastrylasjɔ̃] *n.f.* 【생물】낭배[원장배]형성.
gat [gat]《영》*n.m.* 선창에서 바다로 내려가는 계단; (인도에서)갠지즈 강으로 내려가는 층계.
gât [ga] *a.m.* marais ~ 【농업】간척목지(牧地).
gatangier [gatɑ̃ʒje] *n.m.*《사투리》【어류】얼룩점이 있는 상어의 일종.
gâte- *préf.* 「해치다」의 뜻.
***gâté(e)** [gate] *a.p.* ① 너무 귀염받는, 응석받이의. enfant ~ 애지중지하는 아이, 응석동이, (귀여움을 받은 나머지)버릇없는 아이. enfant ~ de la fortune 행운아. ②썩은, 상한. dent ~*e* 썩은 이, 충치. —*n.m.* 썩은[상한] 부분.
***gâteau** [gato] (*pl.* ~*x*) *n.m.* ①과자, 케이크. ~ au chocolat 초콜릿 케이크. ~ d'anniversaire 생일 잔치 케이크. ~ des rois 주현절(主顯節)에 식탁에 내놓는 과자 (그 속에 들어 있는 콩을 얻어 걸린 사람이 그 날의 임금·여왕이 됨). ②【조각】(틀[주형] 내부를 메꾸는)초·흙덩어리. ~ de plâtre 석고의 반죽덩어리. ③《구어》이득. partager le ~ 이득을 나누다.
C'est du ~!《구어》그거 참 좋군; 그건 누워서 떡먹기이다.
—*a.*《불변》(부모가 자식을)애지중지하는, 응석을 받아주는. père[mère] ~ 자식을 애지중지하는 아버지[어머니].
gâte-bois [gatbwa(a)] *n.m.*(복수불변)《구어》①서투른 목수. ②【곤충】굴벌레나방.
gâte-cuir [gatkɥi:r] *n.m.*(복수불변)《속어》서투른 구두발 직공.
gâte-enfant [gatɑ̃fɑ̃] (*pl.* ~-~(*s*)) *n.*《옛·구어》어린애의 응석을 받아 주는 사람, 자식을 애지중지하는 부모.
gâte-maison [gatmɛzɔ̃] (*pl.* ~-~(*s*)), **gâte-ménage** [gatmena:ʒ] (*pl.* ~-~(*s*)) *n.m.*《옛·구어》너무 주인만 위하는 하인.
gâte-métier [gatmetje] (*pl.* ~-~(*s*)) *n.m.*《옛》터무니없이 싼 임금으로 일하는 사람; 턱없이 싸게 물건을 파는 사람.
gâte-papier [gatpapje] *n.m.*(복수불변)《옛》삼류 문필가.
gâte-pâte [gatpa:t] *n.m.*(복수불변)《옛》서투른 제빵공;(일반적으로)일손이 서투른 사람.
***gâter** [gate] *v.t.* ①망쳐다, 잡쳐다, 못쓰게 만들다, 망그러뜨리다;(흥을)깨뜨리다(abîmer), gâcher). ~ un tableau en le retouchant 더 이상 손질을 함으로써 그림을 망치다. Le sucre gâte les dents. 당분은 이를 상하게 한다. ~ une affaire par sa maladresse 자기 실수로 일을 망치다. La pluie *a gâté* nos vacances. 비 때문에 휴가가 엉망이 됐다. ~ le plaisir de *qn* …의 흥을 깨뜨리다. ~ la main《구어》(작가·외과의사 따위의)솜씨를 무디게 만들다, 역량이 떨어지게 하다. ~ le métier(les prix) 《옛》형편없는 보수로 일하지; 싸게 팔아 가격을 무너뜨리다(오늘날에 gâter ne sai gâcher pet 쓰고 있다). ②변질시키다, 상하게 하다, 썩게 하다 (pourrir, altérer). fruits *gâtés* par l'humidité 습기로 상한 과일. ③《옛》(옷 따위를)더럽히다. ~ ses vêtements 옷을 더럽히다. ④(추상적인 것을)못쓰게 만들다, 상하게 하다, 타락시키다, (풍속 따위를)해치다. ~ la jugement(la raison) à *qn* …의 판단을 그르치게 하다. ⑤《구어》~ *qn* (어린애를)너무 귀여워하다, 애지중지하다; 극진히 대접하

다; 많은 선물을 주어 기쁘게 하다. (날씨 따위가)
행운을 베풀다. Sa grand-mère *l'a gâté* pour Noël.
할머니가 그 애에게 많은 크리스마스 선물을 주었
다. C'est trop, vous me *gâtez*. (지나친 환대에 대하
여)이건 너무 황송하군요. Quel beau temps, nous
sommes gâtés! 정말 좋은 날씨군, 행운인걸! Quel-
le pluie, nous *sommes gâtés*! (반어적) 웬 비야, 복
도 많지! (부정형) Le sort ne nous *a* pas *gâtés*
aujourd'hui. 오늘은 운이 따라 주지 않는군.
Cela(Ce qui) ne gâte rien. (손해될 게 없다) 더
잘된 일이다. Elle est jolie, intelligente, et de
plus, riche, *ce qui ne gâte rien.* 그녀는 예쁘고 영리
하고 게다가 부자이기까지 하니, 그야말로 금상첨
화이다.
~ *qn dans l'esprit de* …에 대해 …를 중상하다.
—*v.i.* (병자가)오줌·똥을 지리다.
—*se* ~ *v.pr.* ① 나빠지다, 상하다, 썩다; 사태가
험악해지다; 타락하다. Le temps *se gâte*. 날씨가 나
빠지는군. Les choses *se gâtent*. 사태가 악화되는
군. Ça va *se* ~. 나빠져 간다; 공기가 매우 험악해
졌다. Faute de travail, il a laissé ses dons *se* ~.
일자리를 못구해서 그는 자기의 재능을 썩였다. ②
(se는 간접목적보어) 자기의 …을 손상시키다. *se*
~ *les dents*(la vue) 이(시력)를 상하게 하다. *se*
~ *la main* (예술가 따위의)솜씨(재능)가 멀어지다
[무뎌지다].

gâterie [gɑtri] *n.f.* ① 애지중지, 너무 위하기; 지나
친 관용. ② 작은 선물(menus cadeaux). (어린이
에게 주는)과자·사탕선물.
gâte-sauce [gɑtsoːs] (*pl.* ~-~(*s*)) *n.m.* (속어) 서투
른 요리가; 주방 심부름꾼.
gâte-tout [gɑttu] *n.m.* (복수불변) (구어) 얼간이,
아둔패기.
gâteur(se¹) [gɑtœːr, -øːz] *n.* ① (재료 따위를) 망치
는 사람; 더럽히는 사람. ~ *de papier* 삼류 문필
가, 엉터리 문인. ② (아이들의) 버릇을 잘못 들이
는 사람.
gâteux(se²) [gɑtø, -øːz] *a.* ① 망령든, 노망한. ② 저
능한, 백치의(idiot); (구어) (열중한 나머지) 정신
을 잃은, 멍한. Il adore cette petite, il en est ~!
그는 이 여자애를 사랑하는 데, 제 정신이 아니야!
—*n.* ① 노망한 사람, 망령든 사람. ② 바보, 백치.
—*n.f.* (주로 병원에서 입히는) 길고 느슨한 가운.
gâtine [gɑtin] *n.f.* 늪, 습지; (숲 사이의)빈터.
gâtisme [gɑtism] *n.m.* ① (의학) 가티슴(대소변
을 지리는 상태). ② 노망, 망령, 정신쇠약. tom-
ber dans le ~ 노망하다.
G.A.T.T. (영·약자) General Agreement on Tariffs
and Trade 관세무역일반협정, 가트.
gatte [gat] *n.f.* (해양) 이물의 물 빠지는 부분.
gattilier [gatilje] *n.m.* (식물) 서양모형(杜荊).
gattine [gatin] *n.f.* 누에를 위축시키는 전염병.
gau¹ [gaw] (*pl.* ~**s**) *n.m.* ① (해양) 대구의 밥통. ②
(속어) 이(虱).
gau² [gaw] (독일) *n.m.* (나치의) 대관구(大管區).
‡**gauche** [goːʃ] *a.* ① 왼쪽의, 좌측의(↔droit). main
~ 왼손. à main ~ 왼쪽에. rive ~ (강하류를 향
해)좌안; (특히 센 강의)좌안 지구. ② (정치) 좌
파의, 좌익의. centre ~ 중도좌파. ③ (수학) 동
일 평면이 아닌. surface ~ 곡면. ④ 서투른
(maladroit, malhabile); 어색한. d'un geste ~ 서
투른 몸짓으로. Il a l'air un peu ~. 그는 어딘가 어
색해 보인다. ⑤ 비뚤어진, 뒤틀린(dévié, tordu).
table ~ 뒤틀린 책상.
mariage de la main ~ 내연관계; (옛)(귀족의)평
민여성과의 결혼; 균형이 맞지 않는 결혼. *s'être
levé du pied* ~ (구어) 화내며 일어나다.
—*n.f.* 왼쪽, 좌측; 좌익, 좌파. à la ~ de *qn* …의
왼쪽에. à[sur] sa[ma] ~ 그의(나의) 왼쪽에.
Tenez votre ~. 좌측통행. partis de ~ 좌익 정당.
extrême ~ 극좌의(極左). être de ~ 좌파이다.
à ~ 왼편에; 좌파에. tourner(prendre) *à* ~ 왼쪽
으로 돌다. circulation *à* ~ 좌측통행. être *à* ~
(사상적으로)좌파이다. voter *à* ~ 좌파에 투표하
다. A ~ (la barre)! (해양) 이물 좌향키!; (옛)
이물 우향키! *à* ~ *de qc* …의 왼쪽에.
donner à ~ (옛)딴 생각하다, 잘못하다.
en mettre à ~ (속어)은밀히 돈을 모으다.
jusqu'à la ~ 완전히, 철저하게(complètement).
prendre qc à ~ …을 곡해(오해)하다.
—*n.m.* ① (옛) 서투름; 어색함. ② 왼손주먹
(poing ~). crochet du ~ (권투) 라이트 훅. ③
(*pl.*) (정치) 좌파, 급진파. union des ~*s* 좌익정
당의 연합. ④ (기계) 왜형(歪形).
gauchement [goʃmɑ̃] *ad.* 서투르게, 어색하게(ma-
ladroitement).
gaucher(ère) [goʃe, -ɛːr] *a.* 왼손잡이의. —*n.* 왼손
잡이. —*n.m.* (정치) 좌익정당원.
gaucherie [goʃri] *n.f.* ① 왼손잡이임. ② 서투름
(maladresse); 어색함(↔aisance).
gauchi(e) [goʃi] *a.p.* 뒤틀린, 비뚤어진, 우그러진.
gauchir [goʃiːr] *v.i.* ① 뒤틀리다, 비뚤어지다; (재
목 따위가)휘다. À l'humidité la planche *a gauchi*.
습기 때문에 판자가 휘었다. ② (옛) 곁길로 나가
다, 돌아가다; (도덕적으로)탈선하다, 얼버무리
다. voyageur qui *gauchit* pour voir un site 경치를
구경하려고 길을 돌아가는 나그네.
—*v.t.* ① 뒤틀다, 휘게 하다. L'humidité *gauchit*
une porte. 습기는 문짝을 휘게 한다. ② 왜곡하다
(déformer, fausser). ~ *un fait* 사실을 왜곡하다.
③ (옛)피하다. ④ (항공) (선회 따위를 위해)조
직을 움직이다.
—*se* ~ *v.pr.* 휘다, 들어지다.
gauchisant(e) [goʃizɑ̃, -ɑ̃ːt] *a., n.* 좌익에 동조적인
[호의적인](사람), 좌경한(사람).
gauchisme [goʃism] *n.m.* (정치) 극좌사상, (좌
익정당 또는 노조내부의)극좌(급진)주의.
gauchissement [goʃismɑ̃] *n.m.* 뒤틀림, 휨; (항
공) (날개의)뒤틀림 (~ des ailes).
gauchiste [goʃist] *n., a.* 극좌파(의), 극좌모험주의
자(의).
gaucho [go(t)ʃo] (에스파냐) *n.m.* 남미의 목동.
gaudage [godaːʒ] *n.m.* 물푸레로 물들이기.
gaude [goːd] *n.f.* (식물) 물푸레속(屬)의 식물 (황
색염료의 원료); 옥수수가루로 만든 죽.
gaudeamus [godeamys] (라틴) *n.m.* 찬미가, 환희
의 노래; (옛)즐거운 식사.
gauder¹ [gode] *v.t.* 물푸레로 물들이다.
gauder²(se) [s(ə)gode] *v.pr.* (속어) =se gaudir①.
gaudir [godiːr] (옛·문어) *v.i.* 기뻐하다, 즐거워하
다, 기뻐하다. —*se* ~ *v.pr.* ① 즐기다, 좋아하다. ② (*se* ~
de) (을) 놀리다, 우롱하다, 비웃다.
gaudissart [godisaːr] *n.m.* 야비한 사람 (Balzac의
중편 *L'illustre Gaudissart*의 주인공 이름에서).
gaudissement [godismɑ̃] *n.m.* (옛·문어)즐거운 놀
이, 환락.
gaudisserie [godisri] *n.f.* (옛·속어) ① 즐김, 기뻐
함, 뚱땅거림. ② 조소, 냉소, 야유.
gaudisseur(se) [godisœːr, -øːz] *n.* (옛) 익살꾼, 농
담하는 사람.
gaudriole [godrijol] *n.f.* (구어) ① (종종 *pl.*)약간
상스러운 농담(gauloiserie). ② 정사, 성관계.
gaudrioler [godrijole] *v.i.* 상스러운 농담을 하다;
(여자를) 놀리다.

gaufrage [gofra:ʒ] *n.m.* ① 형판(型板)으로 눌러 무늬를 박기; 주름잡기; (철판 따위에)골을 내기. ② 돋을 새김 무늬; 주름; (물결 모양의)골.

gaufre [go:fr] *n.f.* ① 《제과》와플 (벌집 모양 무늬가 박힌 철판에 끼워 구운 얄팍한 과자). moule à ~s 와플 굽는 틀; 《속어》곰보; 못생긴 여자. ② 《옛》꿀벌 집. ~ de miel 벌집.
être la ~ d'une affaire 흥정에서 손해를 보다. *se sucrer la ~* 《속어》얼굴에 분을 바르다.

gaufrer [gofre] *v.t.* (가죽·천·책표지 따위에)형광(철인)을 눌러 무늬를 박다; (베 따위에)주름을 잡다; (철판 따위에)골을 내다; 《직물》바둑판 무늬를 넣다. ~ à la paille (베에)주름을 잡다.
se faire ~ 현행범으로 붙잡히다.

gaufrette [gofrɛt] *n.f.* 《제과》웨이퍼 (얄팍하고 바삭바삭한 양과자의 일종).

gaufreur(se) [gofrœ:r, -ø:z] *n.* (피륙·가죽 따위에)무늬 박는 직공.
—*n.f.* 무늬 박는 기계.

gaufrier [gofrije] *n.m.* 《제과》와플[웨이퍼]굽는 틀.

gaufrier

gaufroir [gofrwa:r] *n.m.* (피륙·가죽 따위에)무늬·글자 박는 틀, 형판(型板), 압형(押型).

gaufrure [gofry:r] *n.f.* (피륙·가죽 따위에 박은)무늬; 압형무늬와 같은 우툴두툴한 기복. *cheveux à* ~s 곱슬곱슬한 머리털.

gaulage [gola:ʒ] *n.m.* (과실을)장대로 쳐서 떨어뜨리기.

Gaule [go:l] *n.pr.f.* 《지리》골, 갈리아(지금의 프랑스에 해당하는 지역; 고대 로마인이 지은 이름).

gaule *n.f.* 장대; 낚싯대; (펌프의)손잡이; 승마용 회초리. *chevalier de la* ~ 《구어》낚시꾼, 강태공.

gaulé [gole] *n.m. mal* ~ 《속어》못난 녀석.

gaulée [gole] *n.f.* ① (과실을)장대로 쳐서 떨어뜨리기; 떨어뜨린 분량. ② 《구어》구타, 때리기.

gauleiter [gawlajtəːr] *n.m.* 《독일》(나치 독일의)대관구(大管區) 지도관(지사).

gauler [gole] *v.t.* (과실을 떨어고 나무를)장대로 때리다; (과실을)장대로 떨다.
se faire ~ 《속어》붙잡히다, 체포되다.

gaulette [golɛt] *n.f.* 작은 장대; (세공용 고리버들)잔 가지.

gaulis [goli] *n.m.* 어린나무 숲; 잡목 숲; 장대같이 자란 가지.

gaullien(ne) [goljɛ̃, -ɛn] *a.* 드골 장군의, 드골식의 (*de Gaulle* 개인에 관한 것을 의미; 이에 박해 gaulliste는 *de Gaulle*의 정치에 관한 것).

gaullisme [golism] *n.m.* 《정치》드골(De Gaulle, 프랑스의 군인·정치가)주의.

gaulliste [golist] *a.* 드골파의. —*n.* 드골파의 사람.

gaulois(e) [golwa, -az] *a.* ① 골[갈리아](*la Gaule*)(사람·말)의. le coq ~ 프랑스의 국장(國章)(새 혁명 후의 프랑스의 상징). ② 골 사람 같은; 솔직 담백한; 외설스런, 좀 상스럽고 쾌활한(gaillard, grivois); 옛낙식의. plaisanterie ~ 좀 상스러운 농담. gaité ~ 천연스럽고 솔직한 쾌활함. C'est ~. 《구어》그거 정말 웃기네. esprit ~ 골 기질《쾌활하고 익살을 즐기는 솔직한 기질》. ③ 《옛》시대에 뒤떨어진(suranné).
—G~ *n.* 골[갈리아]사람.
—*n.m.* 골[갈리아]어(語).
—*n.f.* (프랑스의)관제 담배 이름.

gauloisement [golwazmɑ̃] *ad.* 노골적으로, 농담으로, 좀 상스럽게.

gauloiserie [golwazri] *n.f.* ① 골 기질 (명랑하고 개방적인). ② 쾌활한 음담.

gault [go:(lt)] *n.m.* 《영》《지질》중록사토(中綠砂統), 골트통(統).

gaulthérie [golteri], **gaulthéria** [golterja] *n.f.* 《식물》노루발(북미산)쪽의 식물.

gaulthériline [golterilin] *n.f.* 동록유(冬綠油).

gaulthérine [golterin] *n.f.* 《약》골테린.

gaupe [go:p] 《독일》 *n.f.* 《옛·비어》불결한 여자; 하급 매춘부. —*a.* 불결한, 더러운.

gaur [go:r] *n.m.* 《동물》 인도·말레이시아 들소.

gaure [go:r] *n.m.* ① 조로아스터 교도, 배화교도(拜火敎徒). ② 뱅골어(語).

gauss [go:s] *n.m.* 《옛》《전기·도량형》가우스(자장(磁場)의 강도를 표시하는 전자(電磁)의 단위(œrsted). 자기유도도의 단위(기호: Gs).

gausse [go:s] *n.f.* 《옛·구어》농담, 희롱.

gausser [gose] *v.t.* 《옛·구어》놀리다, 비웃다.
—*se* ~ *v.pr.* 《문어》[se ~ de] (을)비웃다, 놀리다(se moquer); 농담을 하다. *Vous vous gaussez (de moi)*! (나를)놀리지 마!

gausserie [gosri] *n.f.* 《옛·문어》조롱, 조소.

gausseur(se) [gosœ:r, -ø:z] 《옛·문어》*a.* 비웃는, 조롱하는 버릇이 있는. —*n.* 비웃는(조롱하는) 사람.

Gaux 《약자》 généraux 장관(將官) (복수).

gavache [gavaʃ] *n.* 《옛·속어》① 에스파냐에서 프랑스인을, *Gironde* 지방에서 외국인을 가리키는 말. ② 더러운 사람, 옷이 형편없는 사람; 비겁한 사람, 무뢰한.

gavage [gava:ʒ] *n.m.* ① (가축에)많은 사료를 먹여 살찌게 하기, 강제사료, 《비유적》마구 퍼먹이기. ② 《의학》(병자에게)튜브를 통해 음식물을 공급해 주기, 강제 영양; 《비유적》지식을 마구잡이로 주입시키기.

gave[1] [ga:v] *n.f.* 《옛》목구멍; 《속어·사투리》(새의)모래주머니.

gave[2] *n.m.* (피레네 산중의)급류, 격류.

gaveau [gavo] (*pl.* ~x) *n.m.* 《옛》노동조합원; 동업조합원.

gavée [gave] *n.f.* 포식, 만복(滿腹). *en avoir une* ~《속어》(음식을)양껏 먹다; 배부르다.

gaver [gave] *v.t.* ① (가축 따위에)사료를 억지로 먹이다. ~ *des oies* (살찌도록)거위에게 먹이를 강제로 먹이다. ② 《의학》(환자에게)튜브로 음식을 넣어주다; (에게)많이 먹이다. *Je suis gavé.* 배불리 먹었다. [~ *qn de qc*] ~ *un enfant de friandises* 아이에게 맛있는 것을 많이 먹이다. ③ [~ de](지식 따위를)주입시키다(bourrer). *être gavé d'honneurs* 온갖 명예를 지겹도록 뒤집어쓰다. ~ *un écolier de connaissances* 학생에게 갖가지 지식을 잔뜩 주입하다. ④ ~ *un moteur*《항공》(고공비행을 위해)엔진에 과급기(過給器)를 달다.
—*se* ~ *v.pr.* [se ~ de qc] 양껏 먹다, 포식하다; (비유적) 영화·소설 따위를 실컷 읽다, 보다(se repaître de). *se ~ de romans policiers[de cinéma]* 탐정소설[영화]을 실컷 읽다[보다].

gaveur(se) [gavœ:r, -ø:z] *n.* (가금에게)먹이를 억지로 많이 먹이는 사람. —*n.f.* 가금을 포식시키는 장치. —*n.m.* 《항공》(발동기의)압축공기 장치.

gavial [gavjal] *n.m.* 인도 악어.

gavion [gavjɔ̃], **gaviot** [gavjo] *n.m.* 《속어》목구멍. *J'en ai jusqu'au* ~. 목구멍까지 찰만큼 먹었다.

gavot[1] [gavo] *n.m.* =**gaveau**.

gavot[2](**te**) [gavo, -ɔt] *a.* 가프(Gap, 프랑스의 도시)의, 가프 지방의. —G~ *n.* 가프 사람(알프스 산

gavroche

지에 사는 사람의 뜻도 있음). —*n.m.* 알프스의 주민이 쓰는 사투리. —*n.f.* 《무용·음악》 가보트(17-18세기의 2박자의 무용·무곡).

gavroche [gavrɔʃ] *n.m.* 파리의 방랑아(Hugo의 Les Misérables에 나오는 인물, 재치있고 다소 반항적인 성격). (형용사적) Il est un peu ~. 그는 재치있고 다소 반항적이다.

gayal [gajal] *n.m.* 《동물》 인도산 들소의 일종.

gay-lussite [gelysit] *n.f.* 《광물》 (베네수엘라산(産)의)게이뤼삭석(石).

*****gaz** [gɑːz] *n.m.* ① 기체, 가스. ~ carbonique 탄산가스. ~ parfait 《물리》 완전(이상) 기체. ~ rares (공기중의)희귀한 가스류. ~ inertes 불활성 가스. ~ permanent 영구기체. ~ hilarant 《화학》 웃음가스, 소기(笑氣) (아산화질소). ~ des marais 메탄가스. ② (연료·등불용의) 가스; 가스회사. lampe à ~ 가스등. bec de ~ 가스등의 화구; 가로등(가등). ~ naturel 천연가스. ~ à l'eau 수성가스. ~ d'huile 석유가스. ~ liquéfié 액화가스. ~ de bois [des forêts, forestier] 목탄가스. radiateur (cuisinière) à ~ 가스 히터(레인지). compagnie du ~ 가스회사(le G—). ~ en bouteilles [de ville] 프로판[도시] 가스. allumer [éteindre] le ~ 가스를 켜다[끄다]. ~ de combat [de guerre]). obus à ~ 독가스탄. ~ lacrymogènes 최루가스. masque à ~ 방독면 (masque antigaz). chambre à ~ (나치 독일이 사용한) 가스실; (미국의)가스 사형실. ④ (자동차·비행기 따위의)혼합가스. compression des ~ 혼합가스의 압축. ~ carburés 기화가스. ~ d'échappement [d'admission] 배기[흡입] 가스. mettre [donner] les ~ 《특히 비행기의》속력을 올리다; 《구어》급히 서두르다. La voiture roule (à) pleins ~. 차가 전속력으로 달리고 있다. ⑤ (pl.) 장내 가스. avoir des ~ 배에 가스가 차 있다.
Il y a de l'eau dans le ~. 한바탕 소란스러워질 기세로군. *lâcher du* [*un*] ~ 《구어》방귀를 뀌다.

gazage[¹] [gɑzɑːʒ] *n.m.* 가세로 닿기.

gazage[²] *n.m.* (보풀을 없애기 위해 천에)가스를 통하기.

gazateur [gɑ(a)zatœːr] *n.m.* =**gazogène**.

gaze [gɑːz] *n.f.* 얇은 천, 사(紗); 얇은 의상; 얇은 베일; 《의학》 가제. ~ stérilisée [oxygénée] 소독가제. ~ à pansement 붕사.
raconter les choses sans ~ 《구어》솔직하게 말하다, 숨김없이 털어놓다.

gazé(e) [gaze] *a.p.* (전쟁에서)가스에 중독된. —*n.* 가스중독자.

gazéifiable [gazeifjabl] *a.* 기화할 수 있는, 가스화할 수 있는.

gazéificateur [gazeifikatœːr] *n.m.* (탄산수제조용) 가스 발생로(爐); (석유로 켜는)덮개없는 남포.

gazéification [gazeifikasjɔ̃] *n.f.* 《화학》 ① 가스화(化), 기화(氣化). ~ souterraine 탄갱속의 석탄 가스화. ② (광천수(鑛泉水)의)이산화탄소 포화(飽和).

gazéifier [gazeifje] *v.t.* ① 가스로 되게 하다, 기화시키다. ② (광천수·포도주 따위에)탄산 가스를 포화시키다. —*se* ~ *v.pr.* 가스가 되다, 기화하다.

gazéiforme [gazeifɔrm] *a.* 가스(기체) 모양의.

gazelle [gazɛl] *n.f.* 《동물》 영양(羚羊).

gazer[¹] [gaze] *v.t.* ①《옛》가제(얇은 천)로 덮다. ②《옛·문어》숨기다; 얼버무리다. ~ son opinion 자신의 의견을 얼버무리다.

gazer[²] *v.t.* ① 《직조》(무명실에)가스를 통하다. ② 독가스로 공격하다(1차대전시의 용어).
—*v.i.* 《구어》(자동차·비행기 따위가)전속력을 내

다(filer, foncer); (일이)제대로 되어가다. Ça *gaze!* 《속어》잘 달린다; 일이 잘 되어 간다; 경기가 좋다. Ça ne pourra pas ~! 《속어》골칫거리가 생기겠어; 위험하게 되겠어.

gazetier(ère) [ga(a)zətje, -ɛːr] *n.* ①《옛》신문 기자[발행인] (journaliste). ②《속어》《경멸》소문을 퍼뜨리는[캐고 다니는] 사람.

gazette [ga(a)zɛt] (이탈리아) *n.f.* ①《구어》소문을 퍼뜨림; 수다스런 얘기; 수다장이. ②《옛》신문.
G— des tribunaux 판결록. *lire la* ~ 《속어》(자기는 먹지 않고)남이 먹는 것을 보고 있다. *vieille* ~ 《옛·구어》케케묵은[쓸데없는] 얘기.

gazeux(se) [ga(a)zø, -øːz] *a.* 가스의; 탄산가스의 들어 있는. fluide ~ 가스성 유체(流體). eau ~*se* naturelle 천연 탄산수. boisson ~*se* (사이다와 같은)탄산성 음료. lampe à atmosphère ~*se* 가스가 들어 있는 전구. —*n.f.* 탄산수(limonade ~*se*).

gazier(ère)[¹] [gazje, -ɛːr] *n.* 가제 제조공.

gazier(ère)[²] *a.* 가스의. industrie ~*ère* 가스공업.
—*n.m.* ① 가스 회사직원; 가스공(工). ②《군대속어》사나이, 놈.

gazifère [ga(a)zifɛːr] *a.* 가스 제조의. —*n.m.* 가스 제조장치.

gazoduc [ga(a)zɔdyk] *n.m.* 가스공급관(管).

gazogène [ga(a)zɔʒɛn] *a.* ① 가스 발생의. ② 탄산수 제조용의. —*n.m.* ① 가스발생로(爐). ② 탄산수 제조기.

gaz-oil [gazɔjl] *n.m.* =**gas-oil**.

gazoléine [gazɔlein] *n.f.*, **gazolène** [ga(a)zɔlɛn] *n.m.*, **gazoline** [ga(a)zɔlin] *n.f.* 가솔린, 휘발유.

gazomètre [ga(a)zɔmɛtr] *n.m.* ① 가스탱크. ②《화학》 가스계(計).

gazométrie [gazɔmetri] *n.f.* 《화학》 기체 정량.

gazon [ga(a)zɔ̃] *n.m.* ① 잔디; 뗏장; 잔디밭. couper [tondre] le ~ 잔디를 깎다. planter du ~ 잔디를 심다. lever des ~*s* 잔디를 뜨다. ②《시》풀, 목초. ③《속어》머리털; 가발. n'avoir plus de ~ sur la terrasse 《속어》(머리에)털이 하나도 없다, 대머리이다. se faire tondre le ~ 머리를 깎다.

gazonnage [ga(a)zɔnaːʒ], **gazonnement** [ga(a)zɔnmɑ̃] *n.m.* 잔디심기.

gazonnant(e) [ga(a)zɔnɑ̃, -ɑ̃ːt] *a.* 《풀이》잔디가 되는; 잔디밭 같은.

gazonnée [ga(a)zɔne] *n.f.* 잔디밭.

gazonner [ga(a)zɔne] *v.t.* (에)잔디를 심다.
—*v.i.* 잔디(밭)이 되다.
—*se* ~ *v.pr.* 잔디로 되다.

gazonneux(se) [ga(a)zɔnø, -øːz] *a.* 잔디가 되는 (gazonnant).

gazoscope [ga(a)zɔskɔp] *n.m.* 《광산》 가스 검출기(檢出器).

gazouillant(e) [gazujɑ̃, -ɑ̃ːt] *a.* (새가)지저귀는; (시냇물이)졸졸 흐르는; (어린애가)종알거리는.

gazouillement [gazujmɑ̃] *n.m.* (새의)지저귐; 물 흐르는 소리; (어린애의)종알거리는 소리.

gazouiller [gazuje] *v.i.* ① (새가)지저귀다; ② (시냇물이)졸졸 흐르다; 《구어》(어린애가)종알거리다 (babiller). ③《속어》악취를 내뿜다(puer).
—*v.t.* (지저귀듯)속삭이다.

gazouilleur(se) [gazujœːr, -øːz] *a.* =**gazouillant**.

gazouillis [gazuji] *n.m.* =**gazouillement**.

GB 《약자》Grande-Bretagne 영국.

G.C. 《약자》grand-croix 레지옹도뇌르 최고훈장.

Gd 《약자》gadolinium 《화학》가돌리늄.

G.D.F. 《약자》Gaz de France 프랑스가스공사.

Ge 《약자》germanium 《화학》게르마늄.

geai [ʒɛ] *n.m.* 《조류》어치, 언치.

le ~ paré des plumes du paon 《구어》 남의 것을 가지고 마치 자기 것이냥 뽐내는 사람 (La Fontaine 의 *Fables* IV, 9 에서).

géant(e) [ʒeɑ̃, -ã:t] *n*. ① 거인, 거녀. ② 《비유적》 거장(巨匠); 거물; 천재. ~s de l'art 예술의 거장들. ~s du sport 스포츠의 대선수들. ~s de la route 《스포츠》 프랑스 일주 자전거 경주 선수. ③ 초강대국 《미국·소련을 지칭》; 초대기업〔그룹〕. Deux ~s se partagent le monde. 두 강대국이 세계를 나누어 갖고 있다. ~s de l'automobile [de l'acier] 자동차〔강철〕계의 대메이커.
aller (avancer) à pas de ~ 큰 걸음으로 걷다; 큰 발걸음을 하다. *faire des pas de ~* 급속도로 발전하다.
— *a*. 거대한. entreprise ~*e* 대기업.

géantisme [ʒeɑ̃tism] *n.m.* 〖의학〗 거인증.
géaster [ʒeastɛr] *n.m.* 〖식물〗 방귀버섯속(屬).
gecko [ʒeko] *n.m.* 〖동물〗 도마뱀 무리.
Gégène [ʒeʒɛn] *n.pr.m.* Eugène 의 애칭.
géhenne [ʒeɛn] *n.f.* 《성서》 지옥; 《옛》 고문; 고난, 고통. souffrir la ~ 고문의 고통을 받다.
geign-ais, -ant [ʒɛɲɛ, -ɑ̃] ⇨geindre¹.
geignant(e) [ʒɛɲɑ̃, -ɑ̃:t] (*p.pr.*<*geindre*) *a*. 불평하는, 우는 소리를 하는, 투덜거리는.
geingnard(e) [ʒɛɲaːr, -ard] 《구어》 *a*. 불평을 잘하는, 불평투성이의. — *n*. 불평 잘하는 사람.
geignement [ʒɛɲmɑ̃] *n.m.* 불평, 우는 소리 (를 하기); (어린애의) 흐느낌; (개의) 낑낑거림.
geigneur(se) [ʒɛɲœːr, -øːz] *n*. 불평만 늘어놓는 사람, 말끝마다 투덜거리는〔우는 소리를 하는〕 사람.
geindre¹ [ʒɛ̃:dr] 〖27〗 *v.i.* ① (약한 소리로) 신음하다, 앓는 소리를 내다 (gémir). blessé qui *geint* 끙끙 앓는 부상자. girouette rouillée qui *geint* à tous les vents 바람불 때마다 꺽꺽 소리내는 바람개비. ② (일하면서) 투덜거리다, 공연스레 불평하다. ③ 노상 우는 소리만 하다 (se plaindre).
geindre² *n.m.* =gindre.
géique [ʒeik] *a*. acide ~ 〖화학〗 푸민산(酸).
geiser [ʒe(j)zɛːr] *n.m.* =geyser.
gel [ʒɛl] *n.m.* ① 결빙(結氷); 결빙기(期); 〖화학〗 겔, 교화체(膠化體). ② (자금의) 동결, 정지. ~ du prix du pétrole 석유 가격의 동결. ~ des armements 군비경쟁의 정지.
gélasime [ʒelazim] *n.m.* 〖동물〗 꽃발게과(科)의.
gélatine [ʒelatin] *n.f.* 〖화학〗 젤라틴, 아교. *détonateur* (*explosive*) 폭발성젤라틴 (폭약).
gélatiné(e) [ʒelatine] *a*. 젤라틴을 바른.
gélatineux(se) [ʒelatinø, -øːz] *a*. 젤라틴질(質)의. — *n.m.* 젤라틴체 (진통·수염제).
gélatiniforme [ʒelatiniform] *a*. 젤라틴질의.
gélatiniser [ʒelatinize] *v.t.* 젤라틴화하다; 젤라틴을 입히다〔바르다〕.
gélatino-bromure [ʒelatinobromyːr] *n.m.* 〖화학·사진〗 취화은(臭化銀)과 젤라틴의 혼합물. papier au ~ 취소지(臭素紙).
gélatino-chlorure [ʒelatinoklory:r] *n.m.* 〖화학·사진〗 염소(鹽素)젤라틴. papier au ~ 《사진》 가스라이트(紙).
gelé(e¹) [ʒ(ə)le] *a.p.* ① 언, 동결한; 아주 추운 (glacé). terre ~*e* 언 땅. être ~ jusqu'aux os 뼈속 꽁꽁 얼어붙다. ② 동상에 걸린, 얼음박힌; (식물이) 서리에 상한. avoir les pieds ~s 발이 얼음장같이 차다; 발이 동상에 걸리다. ③ 《비유적》 《문어·공사담판》(froid, glacial); 《속어》 술취한. Le public est ~. 청중은 냉담하다〔반응이 없다〕. ~ à zéro 곤드레만드레 취한. ④ 〖경제〗 (활동·공사자금이) 정지된, 중단된. capitaux ~*s* 동결자본. crédits ~*s* 동결된 자본. travaux de construction pro-

visoirement ~*s* 일시 중단된 건설사업.
gèle [ʒɛl] *n.m.* 〖화학〗 겔, 교화체 (gel).
gelée² *n.f.* ① 서리 (~ blanche). temps à la ~ 서리가 내릴듯한 날씨. ② 영도 이하의 온도, 얼음어는 추위. protéger les tuyauteries contre la ~ 얼지 않게 도관을 보호하다. ③ 〖요리〗 젤리 《과일·고기의 즙을 고아 엉기게 한 것》. bœuf en ~ 최고기 젤리. ~ royale 로얄 젤리. ④ 젤리상태의 물질 〔물체〕. ~ de mer 《동물》 해파리. ~ pour les ongles 손톱 연마제.
*****geler** [ʒ(ə)le] 〖4〗 *v.t.* ① 얼리다, 빙결〔동결〕시키다 (congeler). L'hiver, dans ce pays, *gèle* tout. 이 고장의 겨울은 모든 것을 얼게 한다. ② 동상에 걸리게 하다, [~ *qn*] 추위에서 떨게 하다. Ferme cette porte: tu nous *gèles*. 그 문좀 닫아라, 우리를 얼어 죽겠다. ③ (마음을) 얼어붙게 하다, 섬뜩하게 하다. Son discours *a gelé* l'assistance. 그의 연설은 청중을 냉랭하게 만든 것). ④ 〖경제〗 동결하다; (일을) 정지 〔마비〕시키다. ~ des capitaux 자본을 동결하다. ~ les prix (les salaires) 가격 〔임금〕을 동결하다. ~ la circulation 교통을 막다. La campagne électorale est *gelée*. 선거운동이 일시 중단되었다.
— *v.i.* ① 얼다, 결빙하다. Le lac *a gelé* pendant la nuit. 호수가 밤새 얼었다. ② 동상에 걸리다, (식물 따위가) 얼어죽다; 추위가 몸에 스며들다, 몸이 얼어붙는 듯하다. Mes oreilles *ont gelé*. 그의 귀가 얼었다. Fermez donc la fenêtre, on *gèle* ici. 창문을 좀 닫으시오, 얼어붙을 것만 같소.
— *v.imp.* ① *gelé*. *imp.* 얼다, 결빙하다. Il va ~ cette nuit. 오늘 밤에 얼음이 얼겠다 〔몹시 춥겠다〕. Il *a gelé* blanc. 서리가 내렸다. Il *Gèle* à pierre fendre. 꽁꽁 얼어붙는 〔지독한〕 추위이다.
— *se* ~ *v.pr.* ① 《구어》 몹시 춥다; (몸이) 얼다. On *se gèle* ici. 여기는 몸이 얼어붙는 것 같다. Ne restez pas dehors à *vous* ~. 바깥에서 떨지 말고 들어와요. ② (얼)얼다.
gélif(ve) [ʒelif, -iːv] 《학술》 *a*. (돌·나무 따위가) 추위로 터진; 추위를 타는, 추위에 약한.
gélifiant(e) [ʒelifjɑ̃, -ɑ̃t] *a*. 젤화의, 교화의. — *n.m.* 젤화제, 교화제 (수염제).
gélification [ʒelifikasjɔ̃] *n.f.* 〖화학〗 교화(膠化).
gélifier [ʒelifje] 〖화학〗 *v.t.* 교화시키다.
— *se* ~ *v.pr.* 교화하다.
gélignite [ʒelignit] *n.f.* 젤리그나이트 (폭약).
geline [ʒ(ə)lin] *n.f.* 《옛·사투리》 암탉.
gelinotte [ʒəlinɔt], **gélinotte** [ʒelinɔt] *n.f.* ① 〖조류〗 들꿩, 뇌조(雷鳥). ② (양계장의) 살찐 암평아리.
gélivité [ʒelivite] *n.f.* (돌·나무 따위가 추위 때문에) 갈라지기 쉬움.
gélivure [ʒelivyːr] *n.f.* (돌·나무 따위가) 추위로 갈라진 틈, 동렬(凍裂).
gélolevure [ʒelolvyːr] *n.f.* 한천 배양 효모.
gélose [ʒeloːz] *n.f.* ① 〖화학〗 겔로스. ② 우무, 한천(寒天).
gélule [ʒelyl] *n.f.* 〖의학〗 젤륄 (젤라틴으로 만든 길쭉한 캡슐).
gelure [ʒ(ə)lyːr] *n.f.* 〖의학〗 동상(凍傷).
Gémara (la) [laʒemara] *n.f.* 〖종교가〗 게마라 (유태의 율법 주석), 탈무드 제 2편.
gémeau(elle) [ʒemo (-ɛl)] *a*. (*pl. *~*x*) *n*. ①《옛》 쌍둥이 (jumeau). ② (les *G*~*x*) 〖천문〗 쌍둥이좌(座); 쌍자궁(雙子宮). — *a*. 《옛》 쌍둥이의.
gémellaire [ʒeme(ɛl)lɛːr] *a*. 쌍둥이의.
gémelliflore [ʒeme(ɛl)liflɔːr] *a*. 〖식물〗 꽃이 둘씩 짝지어 피는, 쌍화(雙花)의.

gémellipare [ʒeme(ɛl)lipaːr] *a.* 쌍둥이를 낳는.
gémelliparité [ʒeme(ɛl)liparite] *n.f.* 쌍둥이 임신《모체의 상태》.
gémellité [ʒeme(ɛl)lite] *n.f.* 쌍둥이 임신(사실을 말함). taux de ~ 쌍둥이 임신율.
gémination [ʒeminasjɔ̃] *n.f.* 《생물》쌍생(雙生); 2개 합성; 《수사학》동일어 반복; 《언어》(동일음 혹은 동일음절의)중복.
géminé(e) [ʒemine] *a.* 《생물》쌍생의; 2중의, 중복의(double); (복수를 표시하기 위해) 중복된 문자《예: mss=manuscrits, pp=pages》. fenêtres ~es 쌍창. consonne ~e 《언어》중복자음. écoles ~es 남녀공학 학교. classes ~es 《한 교사에 의한》합반수업.
géminiflore [ʒeminiflɔːr] *a.* =**gémelliflore**.
*__gémir__ [ʒemiːr] *v.i.* ① 신음하다, 끙끙거리다; 비명을 지르다(geindre). ~ de douleur 고통으로 신음하다. malade qui *gémit* 끙끙 앓는 환자. ② 괴로와하다, 슬퍼하다, 한탄하다(souffrir). [~ sous *qc*] ~sous la tyrannie 폭정아래서 괴로와하다. [~ de *qc*] ~ de son sort (얄궂은)숙명을 슬퍼하다. ③ (바람·비둘기 따위가)구슬픈 소리를 내다; (문학·침대 따위가)삐걱거리다. Le vent *gémit* dans la forêt. 바람이 숲속에서 구슬픈 소리를 낸다. faire ~ la presse 《구어》책을 마구 찍어내다.
—*v.t.* 《문어》(신음하면서 소리를)내다. ~ une plainte 신음소리를 내다. ~ une prière 신음하는 목소리로 기도드리다.
gémissant(e) [ʒemisɑ̃, -ɑ̃ːt] *a.* ① 신음하는, 비명을 지르는. ② 한탄(탄식)하는; 구슬픈. d'une voix ~e 구슬픈 목소리로. ③ 삐걱거리는.
gémissement [ʒemismɑ̃] *n.m.* ① 신음, 끙끙 앓는 소리; 비명. ② 한탄, 탄식; 고통. ③ (비둘기 따위의)우는 소리; (나무·바람 따위의)구슬픈 (가냘픈) 소리; (문·침대 따위의)삐걱거림.
gémisseur(se) [ʒemisœːr, -øːz] *n.* ① 신음하는 사람, 앓는 사람. ② 《구어》불평꾼, 우는 소리 잘하는 사람.
gemmage [ʒe(m)maːʒ] *n.m.* (진을 얻기 위해)소나무에 금을 내기, 송진 채취.
gemmail(*pl. aux*) [ʒe(m)maːj, -o] *n.m.* 융합식 스테인드글라스《색유리를 납으로 봉합한 종래의 것과 달리 구조적으로 내부 융합한 것》.
gemmation [ʒe(m)masjɔ̃] *n.f.* 《식물》발아(發芽); 발아기(期). ② reproduction par ~ 《동물》맹아(萌芽)번식.
gemme [ʒɛm] *n.f.* 《식물》눈, 싹, 맹아(萌芽); 인경(鱗茎); 《생물》아체(芽體); 《광물》(색이 있는)보석; 《임업》송진. —*a.* 보석의; 보석과 같은. pierre ~ 보석. sel ~ 암염(岩塩).
gemmé(e)¹ [ʒe(ɛm)me] *a.* 보석을 박은, 보석으로 장식한.
gemmé(e)² *a.p.* (소나무에서)송진을 채취하기 위해 줄기에 금을 낸.
gemmer [ʒe(ɛm)me] *v.i.* (나무가)싹트다. —*v.t.* (진을 채취하기 위해) 소나무에 금을 내다.
gemmeur [ʒe(ɛm)mœːr] *a.m., n.m.* 송진을 채취하는 (사람).
gemmifère [ʒɛ(m)mifɛːr] *a.* ① 《식물》싹(인경이) 있는; 진이 나오는《소나무 따위》. ② 《광석이》보석이 풍부한.
gemmiflore [ʒɛ(m)miflɔːr] *a.* 《식물》(꽃이)싹싸인(듯이) 보이는.
gemmiforme [ʒɛ(m)mifɔrm] *a.* 《식물》(꽃이)싹 같은.
gemmipare [ʒɛ(m)mipaːr] *a.* 《식물》발아생식하는.
gemmiparité [ʒɛ(m)miparite] *n.f.* 《생물》발아생식(發芽生殖).
gemmologie [ʒe(ɛm)mɔlɔʒi] *n.f.* 보석학《감정법》.
gemmologiste [ʒe(ɛm)mɔlɔʒist] *n.* 보석학자, 보석감정가.
gemmule [ʒe(ɛm)myl] *n.f.* 《식물》유아(幼芽)《Darwin이 유전을 설명하기 위해 세포내에 존재한다고 가정한 입자》; 《동물》(민물 해면의)아구(芽球).
gémonies [ʒemɔni] *n.f.pl.* 《고대로마》탄식의 계단《사형된 죄인의 시체를 내던진 곳》. *vouer* [*trainer*] *qn aux* ~ 《구어》…을 대중 앞에서 창피를 주다.
gén. (약자)génie 《군사》공병(대).
génal(*ale, pl. aux*) [ʒenal, -o] *a.* 《해부》뺨의.
gênant(e) [ʒenɑ̃, -ɑ̃ːt] *a.* ① 답답한; 거추장스러운, 방해가 되는(embarrassant). Ce fauteuil est ~. 이 의자는 거추장스럽다. ② 불편한; (입장이)난처한. C'est ~ pour moi de lui demander un service. 그에게 도움을 요청하는 것은 나로서는 난처한 일이다.
génappe [ʒenap] *n.m.* 《직물》견모사(絹毛絲).
gencive [ʒɑ̃siːv] *n.f.* 《해부》잇몸; 《속어》턱. en prendre un coup dans les ~s 턱을 한대 얻어맞다; (비유적) 모욕을 당하다.
gend. (약자) gendarmerie 《군사》헌병(대).
*__gendarme__ [ʒɑ̃darm] *n.m.* ① 헌병《국방성에 속하나 민간의 치안까지를 담당하는 일종의 공안관》; 《프랑스사》(17세기의)근위기병; 기병대장; 《일반적으로》병사. brigade de ~s 헌병대. avoir peur de ~ 권력기관에 대한 두려움을 가지다. ② 《비유적》거칠고 전방진 사람, (특히) 덩치 큰 여장부. C'est un ~. 《큰 여자를 가리켜》저런 왯자군. ③ 《보석의》흠집. ④ 《식물의》불통; 《포도주의》침전물. ⑤ 《속어》훈제(燻製)한 청어. ⑥ chapeau de ~ 종이로 만든 쌍팔모자. ⑦ 장다르므《주봉 앞에 솟아있는 바위봉우리》.
dormir en ~ 《구어》자는 척하면서 남을 살피다.
faire le ~ (엄하게 감시하면서)질서를 잡다.
sommeil de ~ 선잠.
gendarmer [ʒɑ̃darme] *v.t.* ① 자극하다, (여론 따위를)들끓게 하다. ② 학대하다, 구박하다.
—*se* ~ *v.pr.* 마구 성을 내다(s'emporter); 맹렬히 반대(항의)하다(protester). *se* ~ pour un rien 하찮은 일로 발끈 성을 내다. On voulait augmenter le loyer; il *se gendarma*. 집세를 올리려고 해서 그는 세차게 항의했다.
gendarmerie [ʒɑ̃darməri] *n.f.* ① 헌병, 헌병대《군대 직속의 경찰기구이지만 형사사건 이외에 교통정리·지방주재·국경수비 따위의 경찰 활동을 담당》. ② 헌병대의 막사(분서); 지방 경찰, 경찰 지서. ③ 《프랑스사》(17세기의)근위 기병대.
gendarmeux(se) [ʒɑ̃darmø, -øːz] *a.* (보석에)흠이 있는.
gendelettre [ʒɑ̃dletr] *n.m.* 《구어》《경멸》문인, 글장이.
gendelettrie [ʒɑ̃dletri] *n.f.* 《구어》문단, 문학계.
gendre [ʒɑ̃ːdr] *n.m.* 사위.
faire d'une fille deux ~s 같은 것을 두 사람에게 약속하다.
gène [ʒɛn] *n.m.* 《생물》유전자(遺傳子).
gêne [ʒɛn] *n.f.* ① (육체적·정신적인)답답함, 답답한(거북한) 느낌; 부자유스러움, 불편(embarras, ennui). avoir(sentir) de la ~ dans la respiration 숨쉬기가 거북하다. [~ à+*inf.*] éprouver une ~ à remuer le bras 팔을 움직이기가 거북스럽다. avoir de la ~ à avaler (음식을)삼키는 데 곤란을 느끼다. causer une ~ à *qn* …에게 거북한 느낌을 주다.

avoir(éprouver) de la ~ en présence de *qn* …앞에서 거북해(어려워)하다. ② 옹색함, 군색함, 빈궁 (pauvreté). vivre dans la ~ 가난한 생활을 하다. être dans la ~ 쪼들리고 있다. ③ 〖옛〗 고문; 큰 고통. mettre *qn* à la ~ 〖옛·구어〗…을 고문하다; …을 매우 난처하게 만들다.
sans ~ 스스럼없이; 버릇없이 (본래 부사구이지만 형용사 및 명사적으로도 쓰임). parler sans ~ 스스럼없이 말하다. 《형용사적》 Il est sans ~. 그는 스스럼없다 〖좀 뻔뻔스럽다〗. 《명사적》 C'est un sans ~. 그는 스스럼없는 사람이다.

*****gêné(e)** [ʒɛ(e)ne] *a.p.* ① 답답한, 부자유스러운, 거북한, 어색한, 난처한. être ~ dans ses habits 옷이 갑갑하다. avoir l'air ~ 거북해〖난처해〗보이다. sourire ~ 어색한 (억지) 웃음. se sentir ~ 거북하게 느끼다, 난처하다. n'être pas ~ 스스럼없다, 버릇이 없다(être sans gêne). On est ~ ici. 여기는 사람이 많아 갑갑하다. ② 옹색한, 돈에 궁한.

généalogie [ʒenealɔʒi] *n.f.* ① 가계, 혈통; 계통; 계보, 족보. être toujours sur sa ~ 언제나 자기의 조상〖족보〗이야기만 늘어놓고 있다. ② 계보학, 족보학.

généalogique [ʒenealɔʒik] *a.* 족보의, 혈통의, 가계의. arbre ~ 〖생물〗계통수(系統樹); 족보. livre ~ (말 따위의)혈통서.

généalogiquement [ʒenealɔʒikmã] *ad.* 계보에 의해서, 족보상으로.

généalogiste [ʒenealɔʒist] *n.m.* 계보〖족보〗학자.

génépi [ʒenepi] *n.m.* ① 〖식물〗쑥의 일종. ② (그것)으로 만든 음료.

*****gêner** [ʒene] (< *gêne*) *v.t.* ① (정신적으로)(에게)폐를 끼치다; 방해하다(déranger, importuner); 거북〖난처〗하게 하다, 당혹하게 하다(embarrasser). [~ de + *inf.*/que + *sub.*] Ça vous gêne que je vienne avec vous? 당신과 함께 가도 폐가 안될까요? 〖함께 가도 되겠죠?〗라는 뜻). Ça vous *gênerait* d'aller fumer ailleurs? 다른 곳에서 담배를 피우실 수 없을까요? Dites-(le-)moi si je vous *gêne*. 방해가 되거든 말씀하십시오. Sa présence me *gêne*. 그의 존재가 신경 쓰인다〖내게 거북하다〗. ② (육체적으로)거북하게 하다, 부자유스럽게 하다, 갑갑하게 하다(embarrasser). Mes souliers me *gênent*. 구두가 꼭 끼어서 거북하다. Est-ce que la fumée vous *gêne*? 담배 연기가 싫으신가요? ③ (활동을)곤란하게 하다, 방해하다 (entraver). ~ la respiration 그의 호흡을 곤란하게 만들다. ~ la circulation des voitures 차의 운행을 방해하다. ④ (돈에)옹색하게 하다. Cette dépense me *gêne*. 이러한 지출은 나를 곤란하게 만든다. ⑤ 〖옛〗고문하다; 몹시 괴롭히다(tourmenter).
—se ~ *v.pr.* 거북해 하다, 어렵게 여기다, 체면 차리다. Entre amis on ne doit pas se ~. 친구끼리는 체면차릴 필요가 없다. [se ~ pour *qn*] Ne te *gêne pas pour* moi, fais ce que tu as à faire. 내게 신경쓰지 말고 네 할 일을 해라. Ne vous *gênez* pas! 어려워하지 마세요; (비꿈)체면 좀 차리지(너무하군). ② 서로 거북하게 하다, 서로 방해하다. *En nous gênant* un peu, nous pourrons tous nous asseoir. 조금만 서로 불편함을 참으면, 우리 모두 앉을 수 있을 것이다. Il faut se ~ un peu si on veut mettre de l'argent de côté. 돈을 저축하려면 조금은 허리띠를 졸라매야 한다.
ne pas se ~ pour + *inf.* 스스럼없이〖거침없이〗… 하다. Elle ne s'est pas gênée pour me dire toute la vérité. 그녀는 조금도 망설이지 않고 내게 모든 사실을 말했다.

:**général(ale**, *pl.* **aux)** [ʒeneral, -o] *a.* ① 일반의, 전반의, 일반〖전반〗적인; 전체의, 총괄적인; 보통의, 보편적인 (↔ particulier); 막연한; 넓은 뜻의. culture ~*ale* 일반교양. sens ~ d'un mot 단어의 일반적 의미. opinion ~*ale* 일반적인 의견, 통설. intérêt ~ 전체〖공동〗의 이익. assemblée ~*ale* 총회. répétition ~*ale* 〖연극〗총연습. volonté ~*ale* 전체의 의사, 총의. rédiger un plan ~ 개괄적인 설계도를 작성하다. Ce que vous dites est trop ~. 당신이 말하는 것은 지나치게 포괄적이다〖막연하다〗. ② (직무 따위가)전체를 주관하는, 총…, 총장(長); (병 따위가)전신성(全身性)의; 〖군사〗장성급의. quartier ~ 사령부. secrétaire ~ 사무국장. procureur ~ 검찰총장. paralysie ~*ale* 전신마비. officiers ~*aux* 장성.
d'une façon ~*ale* 일반적으로 말하여, 대체로.
—n.m. ① 일반, 전반, 보편; 통례. ② 〖군사〗장군, 장성; 〖종교〗교구장. ~ de brigade 준장. ~ de division 소장. ~ de corps d'armée 중장, 군단장. ~ d'armée 대장.
en ~ 일반적으로, 보편적으로; 일반적 견지에서. *En* ~, nous passons l'été à la mer. 보통 우리는 여름을 바다에서 보낸다. Je ne disais cela qu'*en* ~. 일반적 견지에서(일반론으로서) 그렇게 말했을 뿐이다. 《형용사적》étude de l'homme *en* ~ 인간 일반에 관한 연구.
—n.f. ① 장군 부인; 〖종교〗여자 교구장. ② (북소리·나팔소리 따위의) 비상신호. battre(sonner) la ~*ale* 비상신호를 울리다; 《속어》(떨려서)이가 맞닿는 소리를 내다. ③ 〖연극〗(공연 직전의) 총연습(répétition ~*ale*) 《명사 및 보도관계자가 초청되는 특별공연》.
faire la ~*ale* 《속어》(카드놀이에서) 항상 이기다.

généralat [ʒeneral] *n.m.* 장군〖교구장, 총장〗의 지위〖임기〗.

générale [ʒeneral] *n.f.* ⇨général.

*****généralement** [ʒeneralmã] *ad.* 일반적으로, 총체적으로, 보편적으로; 대체로; 보통, 널리. homme ~ estimé 많은 사람들로부터 존경을 받는 사람. ~ parlant 일반적으로 말해서, 대체로.

généralisable [ʒeneralizabl] *a.* 일반화할 수 있는.

généralisant(e) [ʒeneralizã, -ã:t] *a.* 보편화〖일반화〗할 수 있는(힘을 가진).

généralisa*teur*(*trice*) [ʒeneralizatœ:r, -tris] *a.* 일반화〖총괄화〗하는; 일반개념을 만드는. **—*n.*** (일반의)사람.

généralisation [ʒeneralizasjɔ̃] *n.f.* ① 일반화, 보편화;보급; (분쟁 따위의)전면화. ② 〖철학〗개괄; 종합.

*****généraliser** [ʒeneralize] (< *général*) *v.t.* ① 일반화하다, 보편화하다; (사상 따위를)보급시키다(répandre). Il ne faut pas ~ votre cas particulier. 당신의 특수한 경우를 일반화시켜서는 안된다. ② 〖철학〗(여러 개념을) 개괄하다, 총괄하다; 〖심리〗일반화하다. ③ transformation *généralisée* 〖언어〗복합변형 문법.
—se ~ *v.pr.* 일반화되다; 보급되다; (병이)온 몸에 퍼지다; (분쟁이)전면화되다(↔ restreindre). L'épidémie s'est généralisée. 전염병이 널리 퍼졌다. cancer *généralisé* 전신에 퍼진 암. Le conflit va *se* ~. 분쟁이 전면적으로 확대되어 가려 한다.

généralissime [ʒeneralisim] *n.m.* 총사령관.

généraliste [ʒeneralist] 〖의학〗*a.* 종합 의학의 (↔ spécialiste). médecin ~ (전문에 대해서)일반의사, 일반개업의사. **—*n.*** 일반(개업)의사; 《비유적》(정치·경영에서 한 분야의 전문가에 대해)만능정치가, 만능경영자.

généralité [ʒeneralite] *n.f.* ① 일반성, 보편성; (나쁜 의미로) 일반론, ; (*pl.*) 총론, 개요. répondre par de vagues ~s 막연한 일반론으로서 답하다. ② 대부분, 대다수(majorité, plupart); 태반. la ~ des hommes 대다수의 사람들. dans la ~ des cas 대개의 경우. ③ 【프랑스사】 (대혁명 전의)납세구; (17·18세기의)행정·사법관구, 주(州).

générateur(trice) [ʒeneratœːr, -tris] *a.* 【생물】 생식하는, 아이〔새끼〕를 낳는; [~ de](을)낳는, 발생시키는. ambiance ~*trice* de crime 범죄를 발생시키는 환경. fonction ~*trice* 【수학】 모함수(母函數). faculté ~*trice* 생식능력. ② 발전(發電)하는. station[usine] ~*trice* (d'électricité) 【전기】 발전소. ③ 기본이 되는. son ~ 【음악】 기초음. principe ~ 근본원리.
—*n.* [~*trice*] d'électricité; appareil ~; machine ~*trice* 발전기.
—*n.m.* 【기계】 증기기관(chaudière ~*trice*). ~ de gaz 가스 발생기.
—*n.f.* 【수학】 모선(母線)(ligne ~*trice*).

génératif(ve) [ʒeneratif, -iːv] *a.* 【생물】 생식의; 【언어】 생성의. grammaire ~*ve* 생성문법.

*génération [ʒenerɑsjɔ̃] *n.f.* ① ⓐ 자손, 대(代). descendant à la sixième ~ 6대째의 자손. ⓑ 같은 시대 사람들; 시대, 세대, 1세대(약 30년). actuelle[présente] ~ 현대인, 당대 사람들, 현세대. jeune ~; ~ qui monte 젊은 세대, 청소년들. D'une ~ à l'autre, les goûts changent. 세대가 달라짐에 따라 취향도 달라진다. ② 생식; 〔옛〕생식행위(acte de la ~), organes de la ~ 생식기. ~ sexuée[asexuée] 유성[무성]생식. ③ 〔비유적〕발생, 형성, 생성. ~ d'une œuvre 작품의 형성〔창조〕. ~ des mots 낱말의 생성. ~ spontanée 자연발생. ~ d'une tempête 태풍의 발생. ~ d'un accord 【음악】 화음구성. ④ (기술적 발전의)단계. quatrième ~ de la force de frappe 〔전쟁〕억제력의 제4단계. nouvelle ~ de l'ordinateur 컴퓨터 새 단계.

de ~ *en* ~ 세세손손(世世孫孫), 대대로.

générer [ʒenere] [6] *v.t.* ① 낳다, 산출하다(produire). ② 발생시키다.
—*se* ~ *v.pr.* 산출되다; 발생되다.

généreusement [ʒenerøzmɑ̃] *ad.* ① 관대하게, 너그럽게. ② 후하게, 넉넉히(libéralement). récompenser *qn* ~ ~에게 후하게 보상하다. ③ 〔옛〕용맹스럽게, 용감하게(courageusement); 고귀하게, 품위있게.

*généreux(se) [ʒenerø, -øːz] *a.* ① 너그러운, 관대한, 아량있는, 자비심이 많은(charitable). le vainqueur ~ envers le vaincu 패자에 대해 너그러운 승자. patron ~ 마음이 관대한 주인. cœur ~ 너그러운 마음; 인정많은 사람. ② 고귀한, 고결한, 기개심이 강한; 〔옛〕혈통이 좋은, 명문출신의 (noble). sacrifice ~ 고귀한 희생. être d'un sang ~ 〔옛〕혈통이 좋다, 명문 출신이다. coursier ~ 준마(駿馬). ③ (인심이)후한, 너그럽게 베푸는 (large). gens ~ 인심이 후한 사람들. ~ donateur 너그럽게 베푸는 기부자. ④ (땅이) 기름진 (fertile); (음식이)풍만한; (술이)질이 좋은. terre ~*se* 비옥한 땅. poitrine[gorge] ~*se* 풍만한 가슴. repas ~ 푸짐한 식사. ⑤ 〔옛〕용감한, 용기있는 (courageux).
—*n.* 관대한 사람, 너그러운 마음씨의 소유자. faire le ~ 대범[호탕]하게 굴다, 관대한 체하다.

générique [ʒenerik] *a.* 【생물】 속(屬)의, 종족(種族)의, 한 종류에 특유한; 【언어】 총칭적인. terme ~ 종속명. —*n.m.* 【영화】 (제작자·감독·배역 따위를 알리는)영화 첫머리의 자막.

génériquement [ʒenerikmɑ̃] *ad.* 【드믈게】 속(屬)에 관하여.

générosité [ʒenerozite] *n.f.* ① 너그러움, 아량. 후한 마음[인심], 너그럽게 베풀기(libéralité). ~ (나쁜 의미로)낭비(prodigalité). ~ d'un pourboire 후한 팁. Sa ~ sans bornes nous ruina tous. 그가 무한정 돈을 쓰는 바람에 우리 모두가 망했다. ③ (*pl.*) 혜사(惠賜), 하사; 혜택; 증여품(bienfait, don). ④ 【옛】 용기(courage); 고귀, 고결, 명예의 감정. céder à un mouvement de ~ 고매한 감정에 이끌리다. ⑤〔문어〕(술이)좋은 질. ~ du bourgogne 부르고뉴 포도주의 훌륭한 질.

REM générosité 는 자신의 이익에 사로잡힘이 없이 타인을 위하는 너그럽고 고귀한 마음. **magnanimité** 는 고결함이 완벽에 달하여 나타난 상태로 주로 역사상의 지체높은 인물에 대해 쓰임.

Gênes [ʒɛn] *n.pr.f.* 【지리】 제노바.

genèse [ʒənɛz] *n.f.* ① (G~) 【성서】 창세기; 개벽설(說). ② (비유적)기원, 유래; 형성, 생성. ~ de l'amour 사랑의 기원. ~ d'une œuvre 작품의 탄생. ③ 【생물】 발생.

-génèse, -genèse, -génésie *suff.* 「탄생·형성·산출」의 뜻.

génésiaque [ʒenezjak] *a.* ① 【성서】 창세기의. ② 기원의, 생성의.

génésique [ʒenezik] *a.* 【생리】 생식의[에 관한]. instinct ~ 생식본능.

genestrelle [ʒ(ə)nɛstrɛl], **genestrol(l)e** [ʒ(ə)nɛstrɔl] *n.f.* 〔사투리〕【식물】 금작화의 일종(황색 염료로 쓰임).

genet [ʒ(ə)nɛ] *n.m.* 에스파냐산 말(馬)의 일종.

genêt [ʒ(ə)nɛ] *n.m.* 【식물】 금작화.

généthliaque [ʒenetli(j)ak] *a.* ① 점성(占星)의. ② (시 따위가)아기의 출생에 즈음하여 지은. poème ~ 탄생축시.
—*n.m.* 점성가; 탄생축시(poème ~).

généticien(ne) [ʒenetisjɛ̃, -ɛn] *n.* 유전 학자.

genêtière [ʒ(ə)nɛtjɛːr] *n.f.* 〔드믈게〕금작화가 무성한 곳.

génétique [ʒenetik] *a.* ① 기원의, 〔생성〕과정의; (예술작품 따위의)생성에 관한; 【철학】 발생론적인. méthode ~ 발생론적 방법(개념 또는 인식이 어떻게 생성·발전되어 왔는가를 설명하는 방법). ② 【생물】 유전적; 유전자의. génie (ingénierie) ~ 유전자공학. —*n.f.* 유전학.

génétiquement [ʒenetikmɑ̃] *ad.* 유전적으로, 유전적 견지에서.

génétisme [ʒenetism] *n.m.* 【철학】 생득설(nativisme)에 대하여)경험론(empirisme).

génétiste [ʒenetist] *n.m.* 유전연구가(동·식물의 생식·품종개량을 연구). 【철학】 génétisme 지지자, 경험론자.

genette[1] [ʒ(ə)nɛt] *n.f.* 【식물】 ① =genestrelle. ② 〔사투리〕수선화(水仙花).

genette[2] [ʒ(ə)nɛt] *n.f.* 【동물】 사향고양이.

genette[3] *n.f.* (터키식의)재갈. monter à la ~ 짧은 등자(鐙子)를 달고 말을 타다.

gêneur(se) [ʒɛnœːr, -øːz] *n.* 방해자, 훼방꾼(importun); 시끄럽게 구는 사람, 말썽꾸러기.

Genève [ʒ(ə)nɛːv] *n.pr.f.* 【지리】 제네바. croix de ~ 적십자.

genevois(e) [ʒ(ə)nvwa, -aːz] *a.* 제네바의.
—**G**~ *n.* 제네바 사람. —*n.f.* ① 【요리】 (물고기 요리에 쓰이는)소스의 일종. ② (16·17세기의) 제네바 은화.

genevrette [ʒ(ə)nvrɛt], **genévrette** [ʒ(ə)ne-

vrɛt] *n.f.* 노간주나무 열매로 향미를 돋운 음료.
genévrier [ʒ(ə)nevrie] *n.m.* 〖식물〗 노간주나무.
genevrière [ʒ(ə)nevriɛːr] *n.f.* 노간주나무 군생지.
génial(ale, *pl.* **aux)** [ʒenjal, -o] *a.* ① 천재적인, 재능있는; (작품·사상 따위가) 재능을 나타내는. artiste ~ 천재적 예술가. ② 멋진, 기막힌(merveilleux). idée ~ale 기막힌 착상, 명안. Ta cravate est ~ale. 너의 넥타이는 참 멋지구나.
génialement [ʒenjalmɑ̃] *ad.* 천재적으로; 멋지게.
génialité [ʒenjalite] *n.f.* 〖드물게〗 천재성; 탁월.
géniculation [ʒenikylɑsjɔ̃] *n.f.* 〖생물〗 슬상만곡 (膝狀彎曲).
géniculé(e) [ʒenikyle] *a.* 무릎 모양으로 구부러진, 슬상(膝狀) 관절이 있는.
***génie** [ʒeni] *n.m.* ① ⓐ 〖신화〗 운명을 지배하는 영(靈)(산 따위의) 정령(精靈), 요정(esprit); (비유적) 결정적 영향을 주는 사람. ~ tutélaire 수호신. ~ protecteur (개인의) 수호신. pousser par un mauvais ~ 악령에 끌려서. ~ des bois 숲의 정령. ~ aérien 공기의 정령. le bon[mauvais] ~ 좋은 [나쁜] 영향을 주는 사람. ⓑ (추상적 개념을 의인화해서) 상징, 권화; 신. ~ de la liberté 자유의 신. ② 타고난 재질, 소질, 천분(disposition); 재능, 재질(talent). pauvre ~ 빈약한 두뇌, 우둔한 사람. suivre son ~ 천분을 기르다(살리다). [avoir le ~ de *qc*] *avoir le* ~ *du* commerce 장사에 재주가 있다. *avoir le* ~ *du* mal 나쁜 짓 하는 재주가 있다. ③ 천재적 재능, 천재; 천재적인 사람. avoir du ~ 천재적인 데가 있다. [명사+de ~] homme *de* ~ 천재. invention *de* ~ 천재적 발명. idée *de* ~ 천재적 [기막힌] 착상(idée géniale). ~ méconnu (인정받지 못한) 불우의 천재. Ce n'est pas un ~. 〖구어〗 그자는 아주 평범하다. ④ (사물의) 성질, 특성, 특징, 정수(caractère, nature). ~ de la langue française 불어의 특성. le ~ du christianisme 기독교의 정수. ⑤ 공학(工學); 축성학; 〖군사〗 공병(~ militaire); 공병대(corps du ~). ~ civil 토목공학; 〖집합적〗 토목기사. ~ maritime 조선공학; 〖집합적〗 선박기사. ~ génétique 유전공학. école du ~ 공병학교. corps du ~ 공병대. officier du ~ 공병장교.
-génie *suff.* 「탄생·형성·출산」의 뜻.
génien(ne) [ʒenjɛ̃, -ɛn] *a.* 〖해부〗 턱의.
genièvre [ʒ(ə)njɛːvr] *n.m.* ① 〖구어〗 〖식물〗 노간주나무(genévrier); 노간주나무 열매. ② 진(gin) (노간주나무 열매로 향기를 돋운 증류주).
genièvrerie [ʒ(ə)njevrəri] *n.f.* 진 양조장.
génio-hyoïdien(ne) [ʒenjɔjɔidjɛ̃, -ɛn] 〖해부〗 *a.* 악설골(頷舌骨)의.
—*n.m.* 악설골근(筋).
génioplastie [ʒenjoplasti] *n.f.* 〖외과〗 턱성형술.
génipayer [ʒenipaje] *n.m.* 〖식물〗 (열대 아메리카산의) 꼭두서니과(科)의 나무(種苗).
génipi [ʒenipi] *n.m.* =**génépi**.
génique [ʒenik] *a.* 〖생물〗 유전(인)자의.
génisse [ʒenis] *n.f.* (아직 새끼를 낳지 않은) 암소.
génital(ale, *pl.* **aux)** [ʒenital, -o] *a.* 생식의, 성(性)의. organes ~*aux* 생식기.
génitalité [ʒenitalite] *n.f.* 〖생물〗 생식 능력.
géniteur(trice) [ʒenitœːr, -tris] *a.* 낳는, 생식하는. —*n.* 〖구어〗 (농조) 낳는 자, 부, 모. nos ~*s* 양친.
génitif [ʒenitif] *n.m.* 〖언어〗 (라틴어 따위의 격변화어가 갖는) 속격(屬格), 제 2격(格).
génito- *préf.* 「생식」의 뜻.
génito-crural(ale, *pl.* **aux)** [ʒenitɔkryral, -o] *a.* 〖해부〗 음고(陰股)의.
génito-urinaire [ʒenitɔyrinɛːr] *a.* 〖해부〗 비뇨 생식기의.
géniture [ʒenity:r] *n.f.* 〖옛〗 (사람·동물의) 자식.
génocide [ʒenɔsid] *n.m.* 한 종족(민족)의 말살(계획); (특히) 나치 독일의 유대민족 말살계획; (공해 따위의 의한) 인간산포.
génois(e) [ʒenwa, -aːz] *a.* 제노바(Gênes, 이탈리아의 도시)의. —**G**— *n.* 제노바 사람. —*n.m.* 제노바 사투리. —*n.f.* ① 제노바 사투리. ② 제노바의 옛 금화. ③ (남프랑스 지방에서 흔히 보는) 둥근 기와를 쌓아올린 소벽(小壁).
gènol [ʒenɔl] *n.m.* 〖사진〗 제놀(현상약).
génome [ʒenom] *n.m.* 〖생물〗 게놈(배우자(gamète)에 함유된 염색체의 한 조).
genope [ʒ(ə)nɔp] *n.f.* 〖해양〗 (삭구를 묶어맴, 팔착(括着); 묶음줄.
genoper [ʒ(ə)nɔpe] 〖해양〗 *v.t.* (한 줄의 두 끝 또는 두 줄을) 묶다. —*v.i.* (줄이) 단단히 묶여 풀리지 않게 되다.
génoplastie [ʒenɔplasti] *n.f.* 〖외과〗 (뺨 따위의) 정형수술.
génotype [ʒenɔtip] *n.m.* 〖생물〗 유전자형(型).
‡**genou** [ʒ(ə)nu] (*pl.* ~**x**) *n.m.* ① 무릎; 〖속어〗 대머리. s'enfoncer dans la neige jusqu'au(x) ~(*x*) 무릎까지 눈속에 빠지다. tenir un enfant sur ses ~*x* 어린애를 무릎에 앉히다. être blessé au ~ 무릎을 다치다. croiser un ~ sur l'autre 무릎(다리)을 포개다(꼬다). mettre un ~ en terre 한쪽 무릎을 꿇다. ronds de ~ (바지의) 기운 무릎. avoir les ~*x* en dedans [en dehors] 다리가 안(밖)으로 휘다. avoir la tête comme un ~ 〖구어〗 대머리이다. ② 〖기계〗 엘보[봉·토글] 이음쇠(joint ð ~). ③ 〖해양〗 (노의) 자루(손잡이와 노것과의 중간 부분); 〖선박〗 (접속 부분을 보강하기 위한) 만곡재(彎曲材); 중간늑재(肋材).
④ (노동자들의) 무릎싸개.
à ~x 무릎 꿇고. se mettre *à ~x* 무릎을 꿇다. C'est à se mettre *à ~x*. 아주 탄복할 만하군. demander *à*(deux) ~*x* 애결복걸하다.
couper comme un ~ 〖구어〗 (칼 따위가) 들지 않다.
être[*tomber*] *aux* ~ *x de qn* …에게 무릎을 꿇고 감사하다(빌다); …에게 절대 복종하다.
être sur les ~*x* 〖구어〗 몹시 지쳐 있다.
faire du ~ *à qn* (테이블 밑에) 무릎을 살짝 남의 다리에 갖다 대다; 제 무릎으로 …의 무릎을 몰래 쳐서 신호하다
fléchir[*plier, ployer*] *le*(*s*) ~(*x*) *devant qn* …의 앞에 엎드리다; …에게 굴복하다; …을 예찬하다.
mettre qn sur les ~*x* …을 기진맥진하게 만들다.
Ça m'a mis sur les ~*x* de courir les grands magasins. 백화점을 돌아다녔더니 녹초가 되었다.
genou-allonge [ʒ(ə)nualɔ̃:ʒ] (*pl.* ~**x-**~**s**) *n.m.* 〖선박〗 중간 늑재(肋材).
genouillère [ʒ(ə)nujɛːr] *n.f.* ① (갑옷의) 정강이받이; (의료·스포츠·노동용의) 무릎싸개; (장화의) 무릎 닿는 부분. ② (가스 튜브를 잇는) 접속부분. ③ 〖군사〗 (참호 속의) 발받.
génovéfain [ʒenɔvefɛ̃] *n.m.* 〖종교〗 생트즈느비에브(Sainte-Geneviève)회 수도사.
génovéfine [ʒenɔvefin] *n.f.* 〖종교〗 생트즈느비에브회 수녀.
génovine [ʒenɔvin] *n.f.* 제노바의 옛 금화.
‡**genre** [ʒɑ̃:r] *n.m.* ① (동·식물의) 종류, 유(類) (espèce). ~ humain 인류.
② 〖철학〗 유(類), 유개념; (막연히) 종류(sorte). ce ~ de chapeau 이런 종류의 모자. livre de ce ~ 이런 종류의 책. marchandises de tout ~ 온갖 종

류의 상품.
③ 방식, (행동의)양식; (예술가의)창작방식; 태도(façon, manière), 예의; 취향, 기호(goût). avoir (un) bon[mauvais] ~ 예의바르다[바르지 못하다]. ~ de vie 생활양식. changer son ~ 자신의 태도[행동방식]를 바꾸다. Ce n'est pas mon ~. 그것은 내 취향에 맞지 않는다. le grand ~ 《속어》상류사회풍(風); 최고급 유행. peindre dans le ~ de Matisse 마티스풍으로 그리다.
④ (예술·문학 따위의)양식, 장르. ~ gothique 고딕양식. ~ (du) portrait 초상화 부문. ~ comique 희극 장르. peinture de ~ 풍속화.
⑤ 품위, 세련됨(chic). avoir du ~ 《예》품위가 있다. manquer de ~ 품위가 없다.
⑥ 〖언어〗성(性). accord en ~ 성의 일치. *C'est (d'un) bon[mauvais] ~.* 좋은[나쁜] 형이다; 좋은[나쁜] 취미이다.
C'est (Ce n'est pas) son ~ de+inf. …하는 것은 그의 방식(습관)이다[아니다]. *Ce n'est pas son ~ d'être en retard.* 그는 평소에 늦는 법이 없다[평소의 습관이 아니라는 뜻].
dans le ~ 그 부문[분야]에서. On ne fait pas mieux dans le ~ que lui. 그 분야에서 그보다 더 잘 할 수는 없다.
dans le ~ de qc …와 유사한, 비슷한.
dans[en] son ~ 그 분야에서, 그 나름의. unique en son ~ 그 분야에서 독특한. C'est un artist dans son ~. 그는 그 나름대로의 예술가이다.
se donner (faire) du ~ 뽐내다, 아니꺼웁다.
genreux(se) [ʒɑ̃rø, -øːz] *a.* 《속어》잘난체하는, 재는. —*n.* 잘난체하는(재는) 사람.
‡**gens**¹ [ʒɑ̃] *n.m.* [*f.*] *pl.* (직전에 오는 형용사는 여성형, 그러나 그 외의 경우는 남성형으로 씀: Toutes ces vieilles ~ (Tous ces pauvres ~) sont ennuyeux.)[사람들; 《총칭》인간. beaucoup de ~ 많은 사람들. bonnes ~ 선량한 사람들. ~ d'Église 성직자, 신부. ~ de lettres 문인, 문필가, 작가. ~ de maison 하인, 고용인. ~ de mer 선원. ~ de théâtre 연극인. jeunes ~ 청년들. peu de ~ 소수의 사람들. la plupart des ~ 대부분의 사람들. les bêtes et les ~ 동물과 사람. des ~ bien[comme il faut] 점잖은[훌륭한] 사람. ~ du monde 상류인사. les ~ de quart 〖해양〗당직원. petites ~; ~ de peu[de rien] 신분이 낮은 사람, 평민.
② 하인, 종, 부하. un grand seigneur et ses ~ 영주와 그 하인들.
③ 민중, 국민. droit des ~ 국민의 권리; 국제법. *à la barbe des ~* 사람들 앞에서, 면전에서.
Vous vous moquez des ~. 웃기지 마시오, 당치도 않은 소리 마시오 (이 경우 gens 은 말하는 사람, 즉〈나〉또는 특정한 사람을 가리킴).
gens² [ʒɛːs] *n.f.* 〖고대로마〗씨족(氏族), 부족, 일족(一族).
gent¹ [ʒɑ̃] *n.f.* ① 《옛》민족, 국민. ② 《옛·문어》《가끔 비꼼》족속, 또래, 패거리. ~ ailée 날개가 있는 족속, 조류(鳥類). ~ féminine 여성. ~ écrivante 글장이.
gent²(*e*) [ʒɑ̃, -ɑ̃ːt] *a.* 《옛·사투리》귀여운; 상냥한, 친절한(gentil). ~*e fillette* 귀여운 소녀.
gentian(ac)ées [ʒɑ̃sjan(as)e] *n.f.pl.* 〖식물〗용담과(科).
gentiane [ʒɑ̃sjan] *n.f.* 〖식물〗용담속(屬).
gentianine [ʒɑ̃sjanin] *n.f.* 〖화학〗용담소.
‡**gentil**¹(*le*) [ʒɑ̃ti, -ij] *a.* ① (사람이)귀여운, 예쁜, 아름다운(aimable, beau). Elle est ~*le* comme tout. 그녀는 아주 예쁘다. ~ enfant 귀여운 애. ② (사물이)예쁜, 아담한(charmant); 쓸만한, 웬만한. ~ petit chapeau 예쁜 작은 모자. C'est ~ chez vous. 당신 집은 아담하군요. Votre discours est ~, mais il ne résout rien. 당신의 연설은 그런대로 잘 되었지만 아무것도 해결하지 못한다. ③ 친절, 상냥한, 마음씨 고운(↔méchant), être ~ avec[pour] *qn* …에게 친절하다. ~*le* attention 친절한 배려[관심]. C'est ~ (à vous) de+*inf.* …해 주셔서 정말 고맙습니다. ④ (어린아이가)착한, 얌전한, 말 잘듣는(sage, obéissant). Les enfants sont restés bien ~*s* toute la journée. 아이들은 온 종일 얌전히 지냈다. ⑤ (반어적)불쾌한, 보기싫은, 좋지 않은. Vous faites là un ~ personnage. 당신은 좀 묘한 사람이군요. C'est bien ~ d'avoir tout démonté. 다 못쓰게 만들어 놓기에 잘한 일이다. Je vous trouve ~! (예의를 모르는 사람들의 언동에 대해)참 훌륭하십니다, 잘 하셨습니다. ⑥ 상당한, 무시못할, 적지않은 (considérable, coquet). Il en coûte la ~*le* somme de mille francs. 1,000 프랑이란 거액이 든다. ⑦ 《옛》고귀한 집안의, 귀족 출신의, 귀족의.
Ce qui est ~ à voir, c'est... …은 보기에도 흐뭇한 광경이다.
—*n.* 상냥한[친절한] 사람. faire le ~ [la ~*le*] 상냥한 체하다; 남의 비위를 맞추려고 하다.
gentil² [ʒɑ̃ti] *n.m.* (헤브라이 사람이 볼 때)이방인(기독교인이 볼 때)이교도. Apôtre des ~*s* 성 바오로(Saint Paul). —*a.* 이방인의.
gentilé [ʒɑ̃tile] *n.m.* 《옛》 나라[도시] 주민의 이름 (예:la France(Paris)→ Français(Parisien)).
gentilhomme [ʒɑ̃tijɔm] (*pl.* **gentilshommes** [ʒɑ̃tizɔm]) *n.m.* ① 귀족(noble, ↔ bourgeois); 궁내관(宮內官), 시종. ~ de vieille souche et de haute lignage) 오랜 가문(명문)의 (유서깊은) 귀족. ~ de la Chambre du Roi 시종관. ② 신사, 교양 있는 사람. agir[se conduire] en ~ 신사로서 행동하다. Foi de ~! 귀족의 명예를 걸고!
gentilhommer [ʒɑ̃tijɔme] *v.i.* 《속어·드물게》 신사인 체하다; 귀족티를 내다.
gentilhommerie [ʒɑ̃tijɔmri] *n.f.* 《속어》① (한 지방의)귀족계급에 속하는 사람. ② 귀족의 자격.
gentilhommesque [ʒɑ̃tijɔmɛsk] *a.* 귀족에 속하는, 귀족 특유의. à la ~ 귀족풍(風)으로.
gentilhommière [ʒɑ̃tijɔmjɛːr] *n.f.* 귀족의 시골 저택, (시골의)작은 성(manoir). —*a.* 《옛》귀족(특유)의.
gentilice [ʒɑ̃tilis] 〖고대로마〗 *a.* 씨족(氏族)의.
—*n.m.* 씨족의 이름 (Caius Julius Caesar에서 Julius 가 gentilice).
gentilité [ʒɑ̃tilite] *n.f.* 이교도[국] (↔chrétienté).
gentillâtre [ʒɑ̃tijɑːtr] *n.m.* 《경멸》몰락(소)귀족.
gentille [ʒɑ̃tij] *a.f.* ⇨gentil.
gentillesse [ʒɑ̃tijɛs] *n.f.* ① 귀여움; 상냥함, 친절(bonté); 얌전함. Je vous remercie de votre ~. 당신의 친절에 감사합니다. ② (*pl.*)친절한 언동; 귀여운 언동; (반어적)짓궂은 짓, 욕설. Auriez-vous la ~ de+*inf.* …해주시면 감사하겠습니다. ~ 해주실 수 없을까요. dire des ~*s* à un ami 친구에게 친절한 말을 하다. échanger des ~*s* entre adversaires 적수들끼리 욕설을 주고받다. ③ 《옛》고귀함.
gentillet(*te*) [ʒɑ̃tijɛ, -ɛt] *a.* 《구어》사랑스러운, 귀여운, 예쁜.
gentiment [ʒɑ̃timɑ̃] (<*gentil*) *ad.* 귀엽게; 친절하게(aimablement); 얌전하게, 점잖게(sagement). Les enfants s'amusent ~ dans leur chambre. 아이들이 방에서 얌전히 놀고 있다. Vous voilà ~

arrangé. 《반어적》《괴상한 차림을 한 사람에게》참 군사한데.
gentleman (*pl.* **men**) [dʒɛntləman, -mɛn] 《영》 *n.m.* 신사(紳士).
gentleman-farmer (*pl.* **men-~s**) [dʒɛntləmanfarmœːr, -mɛn-] 《영》 *n.m.* 지주(地主).
gentleman-rider (*pl.* **men-~s**) [dʒɛntləmanrajdœːr, -mɛn-] 《영》 *n.m.* (경마의) 아마추어 기수.
gentleman's agreement [dʒɛntləmansagrimɛnt], **gentlemen's agreement** [-mɛn-] 《미영》 *n.m.* (정치인들 사이의) 신사협정; 《일반적으로》 신사협정.
gentry [dʒɛntri] 《영》 *n.f.* (영국에서) 작위가 없는 귀족계급, (귀족 밑의) 상류부르주아.
génuflec*teur*(*trice*) [ʒɛnyflɛktœːr, -tris] *a.* 《드물게》무릎을 꿇는, 비굴하게 아첨하는.
—*n.* 《드물게》아첨꾼(flatteur).
génuflexion [ʒɛnyflɛksjɔ̃] *n.f.* ① (예배를 하기 위하여 또는 존경·복종의 표시로) 무릎을 꿇기. ②《문어》아첨, 추종.
géo [ʒeo] *n.f.* 《구어》지리학. prof de ~ 지리 교수.
géo- *préf.* 「토지」의 뜻《*géographie* 지리. *géométrie* (토지측량에서 유래된) 기하학》.
géoacoustique [ʒeoakustik] *n.f.* 지질 음향학.
géocentrique [ʒeosɑ̃trik] *a.* 《천문》지심(地心)의. mouvement ~ 지심운동.
géocentrisme [ʒeosɑ̃trism] *n.m.* 지구 중심설.
géochimie [ʒeoʃimi] *n.f.* 지구화학.
géocinèse [ʒeosinɛːz] *n.f.* 《동물》중력(운동)반응.
géoclase [ʒeoklaːz] *n.f.* 《지질》단층(斷層). L응.
géocorises [ʒeokɔriːz] *n.f.pl.* 《곤충》육서군(陸棲群)(gymocérates).
géode [ʒeɔd] *n.f.* 《지질》정동(晶洞); 이질정족(異質晶簇).
géodésie [ʒeodezi] *n.f.* 측지학(測地學).
géodésien [ʒeodezjɛ̃] *n.m.* 측지학자; 측량기사.
géodésique [ʒeodezik] *a.* 측(지)의. point ~ 《측량》삼각점. —*n.f.* 측지선(ligne ~).
géodimètre [ʒeodimɛtr] *n.m.* 측지기.
géodique [ʒeodik] *a.* 《지질》정동(晶洞)의; 이질정족(異質晶簇)의.
géodynamique [ʒeodinamik] *n.f.* 지구역학.
—*a.* 지구역학의.
géogénie [ʒeoʒeni] *n.f.* 지구생성론(生成論)《지구의 성인(成因)에 관한 가설》.
géogénique [ʒeoʒenik] *a.* 지구생성론에 관한.
géognosie [ʒeognozi] *n.f.* 《옛》지질학(géologie).
géogonie [ʒeogoni] *n.f.* 《드물게》 = **géogénie**.
géographe [ʒeograf] *n.* 지리학자. —*a.* ingénieur ~ 측량기사, 지도 제작자.
*****géographie** [ʒeografi] *n.f.* ① 지리, 지리학. ~ humaine(linguistique, physique) 인문(언어·자연) 지리(학). carte de ~ 지도. ② 지리책, 지지(地誌).
*****géographique** [ʒeografik] *a.* 지리학의. carte ~ 지도. Institut ~ national 국립지리연구원.
géographiquement [ʒeografikmɑ̃] *ad.* 지리학적으로, 지리학상으로.
géoïde [ʒeɔid] *n.m.* 《지구물리》지구체《표면을 전부 평균해면으로 간주한 타원형 모양》.
geôlage [ʒolaːʒ] *n.m.* 《옛》(감옥에 들어갈(나올) 때) 영주·간수에게 치르는 세금.
geôle [ʒoːl] *n.f.* ①《옛·문어》우리, 감옥(cachot, prison), mettre à ~; jeter dans une ~ 투옥하다. ② 간수의 집, 간수의 막사.
geôlier [ʒolje] *n.m.* ①《옛·문어》감옥지기, 간수 (gardien). ②《남의 행동의》감시자.

geôlière [ʒoljɛːr] *n.f.* 여자 간수; 간수의 아내.
géolinguistique [ʒeolɛ̃gyistik] *n.f.* 언어지리학.
géologie [ʒeolɔʒi] *n.f.* 지질학.
géologique [ʒeolɔʒik] *a.* 지질학적인, 지질학상의.
géologiquement [ʒeolɔʒikmɑ̃] *ad.* 지질학적으로, 지질학상으로, 지질학적 견지에서.
géologue [ʒeolɔg] *n.* 지질학자.
géomagnétique [ʒeomaɲetik] *a.* 지자기(地磁氣)에 관한.
géomagnétisme [ʒeomaɲetism] *n.m.* 지자기.
géomance [ʒeomɑ̃ːs], **géomancie** [ʒeomɑ̃si] *n.f.* ① 흙점(占)《한 줌의 흙을 땅위에 던졌을 때의 모양 따위로 점을 침》. ②(토지의 형세로 길흉을 판단하는) 풍수학, 지상술(地相術).
géomancien(ne) [ʒeomɑ̃sjɛ̃, -ɛn] *n.* ① 흙점장이. ② 지관(地官).
géomét*ral*(*ale*, *pl.* *aux*) [ʒeometral, -o] *a.* 실측(實測)의. —*n.m.* 실측도(圖).
géométralement [ʒeometralmɑ̃] *ad.* 실측상으로.
géomètre [ʒeomɛtr] *n.m.* ① 기하학자; 《옛》수학자. ② 측량 기사. —*a.* arpenteur ~ 측량기사. —*n.f.* 《곤충》자벌레.
géométridés [ʒeometride] *n.m.pl.* 《곤충》자벌레나방.
*****géométrie** [ʒeometri] *n.f.* ① 기하(학); 《옛》수학. ~ euclidienne 유클리드 기하학. ~ analytique 해석기하. ~ dans l'espace 입체기하. ~ descriptive 도형기하. ~ plane 평면기하. ② 기하학 서적. ③ 기하학적 구조. bonne ~ (원자로의) 기하학적으로 좋은 배치. ~ mauvaise (원자로의) 기하학적으로 나쁜 배치.
à ~ *variable* 《비행기에 대해》가변익인; 《비유적》상황에 따라 변하는. avion à ~ *variable* 가변익(可變翼) 비행기. boggie à ~ *variable* (국제열차에서) 궤도간격이 다를 때 조정이 가능한) 궤간(軌間)가변 보기차. parti à ~ *variable* 상황변화에 유연하게 적응하는 정당.
géométrique [ʒeometrik] *a.* ① 기하학(상)의. ② 기하학적인, 극히 정확한; 질서정연한. exactitude (précision) ~ 기하학적인 정확성.
géométriquement [ʒeometrikmɑ̃] *ad.* 기하학적으로; 정확하게, 엄밀하게.
géométriser [ʒeometrize] *v.t.* 기하학적으로 만들다. —*se* ~ 기하학적으로 되다.
géomorphogénie [ʒeomɔrfoʒeni] *n.f.* 지모학(地貌學).
géomorphologie [ʒeomɔrfɔlɔʒi] *n.f.* 지형학(學).
géophage [ʒeofaʒ] *a., n.* 《옛》흙을 먹는(사람).
géophile [ʒeofil] *n.f.* 《동물》지네의 일종.
géophone [ʒeofɔn] *n.m.* 지중탐지기(地中探知機).
géophysicien(ne) [ʒeofizisjɛ̃, -ɛn] *n.* 지구물리학자(地球物理學者).
géophysique [ʒeofizik] *n.f.* 지구물리학. —*a.* 지구물리의. année ~ 지구 관측년. prospection ~ 지구물리적 탐광법(探鑛法), 물리탐광.
géopoliticien [ʒeopolitisjɛ̃] *n.m.* 지정학자(地政學者).
géopolitique [ʒeopolitik] *n.f.* 지정학(地政學).
—*a.* 지정학의. théories ~s 지정학 이론.
géopotentiel(le) [ʒeopotɑ̃sjɛl] *a.* 지오퍼텐셜의《어느 고도에 있어서의 단위 질량의 해면을 기준으로 한 퍼텐셜 에너지》.
géorama [ʒeorama] *n.m.* 지오라마《큰 구(球)안쪽에 경치를 그려놓은 파노라마》.
Georges [dʒɔrdʒ] 《영》 *n.pr.m.* ① 남자 이름. ②《구어》(비행기의) 자동조종장치.
georgette [ʒɔrʒɛt] *n.f.* ① 코담배를 넣는 상자. ②《직물》조젯(crêpe ~).
Géorgie [ʒeorʒi] *n.pr.f.* 《지리》① (소련의) 그루

지아. ②《미국의》조지아주(州).
géorgien(ne) [ʒeɔrʒjɛ̃, -ɛn] *a.* ①〈소련의〉그루지아의. ②《미국의》조지아주의. **—G—** *n.* 그루지아〈조지아〉사람. **—***n.m.* 그루지아어(語).
géorgique [ʒeɔrʒik] 《문학》 *a.* 농사의, 농경의. **—***n.f.pl.* 농경시(農耕詩). les G–s(비르기리우스의)농경시.
géostation [ʒeɔstasjɔ̃] *n.f.* 《우주》지구정지장.
géostationnaire [ʒeɔstasjɔnɛːr] *a.* 《우주항공》〈인공위성이〉정지궤도에 오른. satellite de télécommunication ~ 정지 통신 위성. orbite〈satellite〉~ 정지궤도〈위성〉.
géostatique [ʒeɔstatik] *a.* 지압(地壓)의. **—***n.f.* 강체역학(剛體力學).
géostatistique [ʒeɔstatistik] *n.f.* 통계 광상학(鑛床學).
géostratégie [ʒeɔstrateʒi] *n.f.* 전략 지정학(자연지리·경제 지리·인구학 등에 근거를 둔 전략.
géostratégique [ʒeɔstrateʒik] *a.* 전략 지정학의. position ~ de Madagascar 마다가스카르의 전략 지정학적 위치.
géosynchrone [ʒeɔsɛ̃krɔn] *a.* satellite ~ 정지위성
géosynclinal(ale, *pl.* ***aux)*** [ʒeɔsɛ̃klinal, -o] 《지질》 *n.m.,a.* 지향사(地向斜)(의).
géotactisme [ʒeɔtaktism] *n.m.* 《생물》주지성〈走地性〉《습기 따위의 다른 요인의 개입없이 세포가 중력쪽으로 끌려가는 성질》.
géotechnique [ʒeɔteknik] *a.* 지질기술(地質技術)적인, 지질공학의.
géothermal(ale, *pl.* ***aux)*** [ʒeɔtɛrmal, -o] *a.* 지열에 의한, 지열로 덥혀진.
géothermie [ʒeɔtɛrmi] *n.f.* 지열(地熱).
géothermique [ʒeɔtɛrmik] *a.* 지열의. degré ~ 〈온도가 1°올라가는 지층내의 깊이를 일컫는〉지하 온도 증가율. **—***n.f.* 지열 일반에 관한 지식.
géothermomètre [ʒeɔtɛrmɔmɛtr] *n.m.* 지층온도계(지질현상의 온도를 추정하는 광물 따위).
géotropique [ʒeɔtrɔpik] *a.* 《식물》굴지성의, 향지성(向地性)의.
géotropisme [ʒeɔtrɔpism] *n.m.* 《식물》향지성.
géotrupe [ʒeɔtryp] *n.m.* 《곤충》금풍뎅이.
géphyriens [ʒefirjɛ̃] *n.m.pl.* 《동물》게피레아류(類)《바다의 진흙 속에 사는 환충류》.
Gépides [ʒepid] *n.pl.m.* 《역사》게피데족(族)《6세기에 멸망한 게르만족》.
gérance [ʒerɑ̃ːs] *n.f.* ①관리; 관리인의 직책〈임기〉. être chargé de la ~ 관리직을 맡다. ②관리〈위탁〉기간.
gérani(ac)ées [ʒeranj(as)e] *n.f.pl.* 《식물》쥐손이풀과(科).
géranium [ʒeranjɔm] *n.m.* ①《식물》쥐손이풀속의 식물. ②《원예》양아욱, 제라늄.
géranti(e) [ʒerɑ̃, -ɑ̃ːt] *n.* ①관리〈지배〉인; 〈회사·지점의〉장; 〈신문·잡지의〉편집장. ~ de l'hôtel 호텔지배인. ~ d'immeubles 건물 관리인. ~ d'une succursale 지점장. ~ d'un journal 신문사 주간. ②《해양》선박 관리인.
—*a.* 관리하는. rédacteur ~ 편집장겸 발행인.
gerbage [ʒɛrbaːʒ] *n.m.* 다발(단)로 만들기; 〈다발·부대·통 따위를〉쌓아올리기.
gerbe [ʒɛrb] *n.f.* ①다발, 단. ~ de fleurs 꽃다발. mettre qc en ~s …을 다발로 묶다. déposer une ~ au monument aux morts 사자(死者)를 기념하는 묘비에 꽃다발을 바치다. 〈분수·불꽃 따위가 다발 여서〉다발 모양으로 된 것. ~ d'eau 분수, 물기둥. ~ d'étincelles 다발을 이룬 불꽃. ③《군사》집속 탄도(集束彈道)《한 화기에서 동일목표를 향해 연속 발사된 포탄이 그리는 탄도의 다발》; 《포탄의 작렬에 의한》토연(土煙). ④《속어》해, 년(年), 《특히》형무소에 있는 연수; 판결. ⑤《물리》우주선의 분출.
en ~ 떼를 지어서.
une ~ de 《같은 것의》떼, 집합. une ~ de preuves 〈더미를 이룬〉많은 증거.
gerbée [ʒɛrbe] *n.f.* ①〈이삭이 약간 남아 있는 밀 따위의〉단. ~ de sarments 포도덩굴의 묶음. ②〈사료용으로〉여물기 전에 벤 곡물의 줄기.
gerbement [ʒɛrbəmɑ̃] *n.m.* 《속어》판결.
gerber [ʒɛrbe] *v.t.* ①다발로 묶다〈만들다〉(engerber). ②〈통 따위를〉차곡차곡 쌓다. ③《옛》〈포탄을〉피라미드형으로 쌓아올리다; 포격하다. ④《속어》유죄 판결을 내리다. **—***v.i.* ①다발이 되다. ②〈분수·불꽃 따위가〉밀다발 모양이다.
gerbeur(se) [ʒɛrbœːr, -øːz] *a.* 벤 것을 다발〈단〉로 묶는 데쓰는; 단 쌓는 데 쓰는. **—***n.m.* 〈밀 따위를〉단으로 묶는 사람; 통 따위를 쌓는 일꾼.
—*n.f.* 통 쌓는 기계.
gerbier [ʒɛrbje] *n.m.* ①〈밀짚 따위의〉쌓아올린 더미, 낟가리(meule). ②《옛》헛간, 광. ③《속어》판사, 재판관, 배심원.
gerbière [ʒɛrbjɛːr] *n.f.* ①《곡식단의》운반차. ②《쌓아올린 곡식단의》더미, 낟가리. ③《pl.》《은어》열쇠.
gerbille [ʒɛrbij] *n.f.* 《동물》《아시아·아프리카산의》쥐의 일종.
gerbillon [ʒɛrbijɔ̃] *n.m.* 《농업》《곡식의》작은 단《다발·묶음》.
gerboise [ʒɛrbwaːz] *n.f.* 《동물》《아라비아·아프리카 사막 지방산의》쥐의 일종.
gerce [ʒɛrs] *n.f.* ①《곤충》좀(벌레). ②《목재의》갈라지는 틈, 금; 틈〈금〉이 난 판자; 《구어》《추위 따위로》피부가 틈. ③《속어》갈보.
gercé(e) [ʒɛrse] *a.p.* 《재목이》틈〈금〉이 있는; 〈피부가〉튼.
gercement [ʒɛrsəmɑ̃] *n.m.* ①《목재를》금가게 함, 갈라지게 함; 《피부를》트게 함. ②터지기; 트기.
gercer [ʒɛrse] [2] *v.t.* ①《목재·지면 따위에》금이 가게 하다. ②《피부를》트게 하다. lèvres gercées 튼 입술. froid vif qui gerce les mains 손을 트게 하는 강추위. **—***v.i.* 금이 가다, 터지다; 트다.
—se ~ *v.pr.* ①금이 가다, 터지다. 트다. ②《속어》상처를 입다; 《속어》주름이 생기다.
gerçure [ʒɛrsyːr] *n.f.* ①《피부·입술 따위의》튼 자리. ②《목재·지면 따위의》터진 금, 갈라진 틈.
gerçuré(e) [ʒɛrsyre] *a.* 《목재가》금이 간.
gérer [ʒere] [6] *v.t.*《위탁에의해》관리하다(administrer); 경영하다. bien[mal] ~ qc …을 잘〈잘못〉관리하다. Il *a* mal géré ses affaires. 그는 자기의 사업관리〈경영〉를 잘못했다. ~ son avoir[son capital, sa fortune] avec économie 자기 재산을 절약적으로 〈절약하면서〉관리하다.
—se ~ *v.pr. se ~* créancier 채권자가 되다.
gerfaut [ʒɛrfo] *n.m.* 《조류》큰매.
gériatre [ʒerjatr] *n.* 노인병 전문의.
gériatrie [ʒerjatri] *n.f.* 《의학》노인병학(老人病學)(gérontologie).
gériatrique [ʒerjatrik] *a.* médecine ~ 노인병학.
germain(e)[1] [ʒɛrmɛ̃, -ɛn] 《역사》 *a.* 게르마니아(la Germanie)의; 게르만 민족의. **—G—** *n.* 게르만 사람.
germain(e)[2] *a.* ①《법》같은 부모에게서 태어난(↔utérin); 부모가 형제〈자매〉간인. frère ~ 친형제《법률 용어로서만 사용》. cousin ~ 사촌형제. ②《문어》닮은, 가까운 관계의. La politique et

l'intrigue sont *~es*. 정치와 음모는 서로 닮은 것들이다. —*n.* ① 〖법〗친형제, 친자매. ② 사촌. cousins issus de ~s 육촌.

germandrée [ʒɛrmɑ̃dre] *n.f.* 〖식물〗개곽향속(屬)의 식물.

Germanie [ʒɛrmani] *n.pr.f.* 〖역사〗게르마니아.

germanique [ʒɛrmanik] *a.* 〖역사〗① 게르만의. ② 독일(식·사람)의. —*n.m.* 게르만어(語).

germanisant(e) [ʒɛrmanizɑ̃, -ɑ̃:t] *a.* ① 독일어화하는. ② 독일 연구의. —*n.* ① 독일어〖문학·문화〗학자. ② 독일식(풍)을 좋아하는 사람.

germanisation [ʒɛrmanizɑsjɔ̃] *n.f.* 독일화.

germaniser [ʒɛrmanize] *v.t.* ① 게르만화하다; 독일화하다. ② 독일의 지배하에 두다. ~ un pays 한 나라를 독일 지배하에 두다. pays *germanisé* par l'occupation allemande 독일군 진입으로 독일 지배하에 들어간 나라.
—*v.i.* 독일어 고유의 어법을 사용하다.
—**se** ~ *v.pr.* 독일식으로 되다.

germanisme [ʒɛrmanism] *n.m.* 독일어 특유(고유)의 어법; 독일어 어법에서의 차용.

germaniste [ʒɛrmanist] *n.* 게르만 연구가; 독일어〖문학·문화〗학자(germanisant).

germanium [ʒɛrmanjɔm] *n.m.* 〖화학〗게르마늄.

germano- *préf.*「독일의」의 뜻.

germanophile [ʒɛrmanɔfil] *a.* 독일을 숭배하는, 친독의. —*n.* 독일 숭배자, 친독파.

germanophilie [ʒɛrmanɔfili] *n.f.* 독일 숭배, 독일 심취.

germanophobe [ʒɛrmanɔfɔb] *a., n.* 독일을 싫어하는(배척하는) (사람).

germanophobie [ʒɛrmanɔfɔbi] *n.f.* 독일 혐오, 독일 공포증.

germanophone [ʒɛrmanɔfɔn] *a.* 독일어를 쓰는. —*n.* 독일어를 쓰는 사람(지방).

germanopratin(e) [ʒɛrmanɔpratɛ̃, -in] *a.* 〖파리의〗 생제르맹데프레(*Saint-Germain-des-Prés*)의. —**G**~ *n.* 생제르맹데프레 사람.

germe [ʒɛrm] *n.m.* ① 〖생물〗 배종(胚種), 배자(胚子), 배(胚) (감자 따위의) 싹. faux ~ 미숙(未熟)의 태아. ~s des pommes de terre 감자의 싹. pousser des ~s 싹이 트다. ② 싹트; 근원, 기원(source); 씨(semence). ~ de vie(de mort, de maladie) 삶(죽음·병)의 근원[원인]. ~ d'une idée(d'une crise économique) 〖추상적〗사상(경제위기]의 씨앗[원인]. [en ~] Les réformes économiques continnent en ~ des réformes sociales. 경제개혁은 사회개혁의 싹을 품고 있다. La jalousie est un ~ de discorde. 질투는 불화의 근원이다. étouffer une rébellion dans son ~ 반란을 미연에 방지하다. ③ (알의) 배점(胚點). œuf sans ~ 무정란(無精卵). ④ 〖의학〗세균, 바이러스, 미생물. porteur de ~s 보균자. ⑤ 〖사진〗미립자. ⑥ 〖물리〗결정핵(結晶核).

germé(e) [ʒɛrme] *a.p.* 싹이 튼.

germen [ʒɛrmɛn] *n.m.* 〖생물〗생식질(↔soma).

germer [ʒɛrme] *v.i.* ① 싹(움)트다, 발아하다. ② (감정 따위가) 생기다, 싹트다(se former). Cette idée commence à ~ dans les esprits. 이 생각이 사람들의 마음속에 싹트기 시작한다. —*v.t.* 싹트게 하다, 발아시키다.

germicide [ʒɛrmisid] *a.* 살균성의, 살균력이 있는 (antiseptique). —*n.m.* 살균제.

germinal(ale, pl. aux) [ʒɛrminal, -o] *a.* 〖생물〗배자[배종]의; 생식질의. cellule ~ale 생식세포의. feuille ~ale 떡잎. —*n.m.* 〖프랑스사〗 파종의 달(프랑스 혁명력의 제 7 월; 태양력의 3 월 21(22)일-4월 18(19)일).

germinateur(trice) [ʒɛrminatœ:r, -tris] *a.* 발아시키는, 발아를 돕는. pouvoir ~ 발아능력. —*n.m.* 〖원예〗발아 검사기.

germinatif(ive) [ʒɛrminatif, -i:v] *a.* 발아력이 있는, 움트는; 〖생물〗생식질의. pouvoir ~ 발아력. plasma ~ 배원질(胚原質), 생식질.

germination [ʒɛrminɑsjɔ̃] *n.f.* ① 발아(發芽); 발생. ② 〖생물〗(포자 따위의)발달, 활동개시. ③ 〖비유적〗발생, 발달. ~ des idées 사상의 발생.

germoir [ʒɛrmwa:r] *n.m.* ① 〖원예〗종자 보존용 상자(단지). ② 엿기름 제조소.

germon [ʒɛrmɔ̃] *n.m.* 〖어류〗날개다랑어.

géromé [ʒerɔme] *n.m.* 제라르메산의 치즈.

géromois(e) [ʒerɔmwa, -a:z] *a.* 제라르메의(*Gérardmer*, 프랑스의 도시)의. —**G**~ 제라르메 사람.

gérondif [ʒerɔ̃dif] *n.m.* 〖언어〗① (라틴어의)동사형 명사. ② (프랑스어의)현재분사 일체를 붙인 형(예 : Il la regardait *en riant*. 그는 웃으면서 그 여자를 바라보았다.)

géronte [ʒerɔ̃t] *n.m.* ① (G~) 〖연극〗고전희극속의 노인(역). ② 〖구어〗(남의 말을)쉽사리 믿는 노인, 잘 속는 노인.

gérontisme [ʒerɔ̃tism] *n.m.* ① (조기)노화현상, 조로(早老). ② 노인정치.

géront(o)- *préf.*「노인」의 뜻.

gérontocratie [ʒerɔ̃tɔkrasi] *n.f.* 노인정치(정부).

gérontocratique [ʒerɔ̃tɔkratik] *a.* 노인정치의.

gérontologie [ʒerɔ̃tɔlɔʒi] *n.f.* 노인학(gériatrie).

gérontologiste [ʒerɔ̃tɔlɔʒist] *a., n.* 노인학의(학자).

gérontologue [ʒerɔ̃tɔlɔg] *n.* 노인학자.

gérontophilie [ʒerɔ̃tɔfili] *n.f.* 〖정신의학〗노인애 (노인에게 성적만족을 구하는 성도착의 일종).

gérontoxon [ʒerɔ̃tɔksɔ̃] *n.m.* 〖의학〗(노인의)각막 주변에 동그랗게 나타나는 희끄무레한 것(arc sénile).

gerris [ʒeris] *n.m.* 〖곤충〗소금쟁이.

gerseau [ʒɛrso] (*pl.* ~*x*) *n.m.* 〖해양〗(보강용)도르래의 줄.

Gervais [ʒɛrvɛ] *n.m.* 〖상표명〗소형 크림치즈.

gerzeau [ʒɛrzo] (*pl.* ~*x*) *n.m.* 〖식물〗밭둑잔꽃.

gésier [ʒezje] *n.m.* ① (새의)모래주머니. ②〖속어〗위, 밥통.

gésine [ʒezin] *n.f.* 〖옛〗① 해산, 해산 자리에 눕기. ② (병원의)분만실.

gésir [ʒezi:r] *v.i.* 〖문어〗(지금은 다음 형태로만 쓰임 : 직설법현재 je *gis*, tu *gis*, il *gît*, nous *gisons*, vous *gisez*, ils *gisent*; 반과거 je *gisais*, tu *gisais*, il *gisait*, nous *gisions*, vous *gisiez*, ils *gisaient*; 현재분사 *gisant*) ① 누워있다. malade qui *gît* sur son lit 자기 침대에 누워있는 환자. ② 있다, 존재하다. ③ 흩뜨려져 있다. Ses habits *gisaient* en désordre sur le plancher. 그의 옷은 마루바닥에 어지럽게 흐트러져 있다. C'est là que *gît* la difficulté. 어려운 것은 바로 그것이다(↔숙어 아래). *C'est là que gît le lièvre(la difficulté).* 그것이 바로 문제의 핵심이다, 어려운 것은 바로 그것이다. *Ci-gît* [*Ci-gisent*] …… 이곳에 잠들다(묘비명).

gesnér(i)acées [ʒɛsner(j)ase] *n.f.pl.* 〖식물〗시과과(科).

gesse [ʒɛs] *n.f.* 〖식물〗연리초류(類).

Gessen [ʒesɛn] *n.pr.* terre[pays] de ~ 〖성서〗고센 땅(출애굽 이전에 이스라엘 사람이 살던 이집트 북부의 땅).

gessien(ne) [ʒɛsjɛ̃, -ɛn] *a.* 젝스(*Gex*, 프랑스의 도시)의. —**G**~ *n.* 젝스 사람.

gestaltisme [gɛstaltism] *n.m.* 【심리】게슈탈트주의 형태심리학.

gestaltiste [gɛstaltist] *a.* 【심리】게슈탈트 심리학설을 신봉하는. —*n.* 게슈탈트 심리학자.

gestapo [gɛstapo] 〖독일〗 *n.f.* 게슈타포(나치 독일의 비밀경찰).

gestation [ʒɛstasjɔ̃] *n.f.* ① 【생리】임신(기간), 임태(기간). ② (작품·사상 따위의)배태, 준비작업. [en ~] œuvre *en* ~ 준비중의 작품. ~ d'un poème 시의 제작과정.

gestatoire [ʒɛstatwa:r] *a.* 〖옛〗들어 옮길 수 있는. chaise ~ 【가톨릭】(의식 따위에 교황이 타는)평교자(平轎子).

***geste¹** [ʒɛst] *n.m.* ① 손짓, 몸짓, 시늉(signe); 제스처. d'un ~ de la main 손짓으로. langage par ~s des sourds-muets 농아자의 수화(手話). ② 동작, 거동, 행동(acte, action). Elle a le ~ noble. 그녀의 거동은 품위가 있다. beau ~ 훌륭한(관대한) 행위; (국가 따위의)호의적 의사표시. avoir le ~ large 〖구어〗마음이 후하다, 돈 씀씀이가 후하다. joindre le ~ à la parole 언행을 일치시키다. ③ (*pl.*) 겉치레. Ce ne sont que des ~s. 그것은 겉치레일 뿐이다.
faire un ~ 〖구어〗착하게 (관대하게) 행동하다. Quand il a vu ce malheureux, il *a fait un* ~. 이 가엾은 사람을 보자 그는 그를 도와주었다.
n'avoir qu'un ~ *à faire pour qc*〖구어〗…을 쉽사리 얻을 수 있다.
ne pas faire un ~ 찬성하지 않다; 개입하지 않다.

geste² *n.f.* ① 【문학사】무훈시(chanson de ~). ② 〖옛〗무훈, 공적, 위업(exploit).
les faits et ~*s de qn* …의 모든 행동(행적). La police interrogea le prévenu sur *ses faits et* ~*s.* 경찰은 피의자 행동에 대해 자초지종을 심문하였다.

gesticulaire [ʒɛstikyle:r] *a.* 손짓의, 몸짓의; 몸짓[손짓]에 의한.

gesticulant(e) [ʒɛstikylɑ̃, -ɑ̃:t] *a.* (이야기하면서) 연방 몸짓[손짓]을 하는.

gesticulateur(trice) [ʒɛstikylatœ:r, -tris] *n.* 연방 몸짓[손짓]을 하는 사람.

gesticulation [ʒɛstikylasjɔ̃] *n.f.* ① 몸짓[손짓]함. ② 몸짓[손짓]을 하는 흥분상태.

gesticulé(e) [ʒɛstikyle] *a.p.* 몸짓으로 나타낸.

gesticuler [ʒɛstikyle] *v.i.* 쉴새없이 요란한 몸짓[손짓]을 하다. Il *gesticule* en parlant. 그는 말하면서 제스처를 크게 한다.

gestion [ʒɛstjɔ̃] *n.f.* 관리, 경영, 운영 (administration); 관리 기간. ~ d'une fortune[de la production] 재산[생산]관리. rendre compte de sa ~ 사무[회계]보고를 하다. ~ d'affaires 【법】사무관리.

gestionnaire [ʒɛstjɔne:r] *a.* 관리에 관한; 관리인의. —*n.m.* 관리인, 지배인; 【군사】관리 장교[하사관].

gestuel(le) [ʒɛstyɛl] *a.* 몸짓[손짓]의, 제스처의.

Gètes [ʒɛt] *n.m.pl.* 【고대사】 게타에 사람.

getter [gɛtɛr] 〖영〗 *n.m.* 【전기】 게터(진공관 안의 남은 가스를 흡수시키는 물질).

Gétules [ʒetyl] *n.m.pl.* 【고대사】 게투리아 사람.

Gétulie [ʒetyli] *n.pr.f.* 【고대사】 게투리아.

GeV (약자) gigaélectron-volt 【전기】 기가전자 볼트.

geyser [ʒɛ(j)zɛ:r] 〖영〗 *n.m.* 【지질】 간혈온천.

geysérite [ʒɛ(j)zerit] *n.f.* 【광물】 규화(硅華).

gf. (약자) gramme-force 【물리】 중량그램.

g.g. 《약자》 grand-garde 【군사】 전초부대.

Ghâna [gana] *n.pr.m.* 【지리】 가나(공화국).

ghanéen(ne) [ganeɛ̃, -ɛn] 【지리】 *a.* 가나(le *Ghâna*)의. —G~ *n.* 가나 사람.

ghasel, ghazel [gazɛl] *n.m.* 《페르시아·아라비아 사람의》 연애와 술을 찬미한 시(rhazel).

ghât [gɑt] 〖인도〗*n.m.* (목욕하기 위해 마련한)강가의 층층다리. —*les G~s n.m.pl.* 【지리】인도 남부의 산맥.

ghee [gi] 〖인도〗 *n.m.* (요리용의)버터 기름.

ghetto [getto, geto] 〖이탈리아〗 *n.m.* ① 【역사】(이탈리아의)유태인 거류지[지구]. ② (경멸》유태인 거리. ③ (격리된)소수민족 거류지; 특수 부락. ~s noirs 흑인가. ~ communiste 공산주의자의 집단적인 고립. ~ culturel[politique] 문화적[정치적] 고립.

ghilde [gild] *n.f.* = **guilde**.

ghy [gi] *n.m.* = **ghee**.

gi [ʒi] *ad.* 《속어》 = **oui**.

G.I. [dʒiaj] (<〖영〗 *Gouvernement Issue*) *n.m.* 《구어》 미군 병사.

giaour [ʒjau:r] 【페르시아】 *n.m.* (터키 회교도가 본) 이교도 (특히 기독교도).

gibbérelline [ʒibere(ɛl)lin] *n.f.* 【생화학】 지베렐린(식물 성장촉진 효과가 있는 천연화합물).

gibbeux(se) [ʒibbø, -ø:z] *a.* ① 혹이 있는, 불룩한, 융기한. dos ~ d'un chameau 낙타의 혹있는 등. ② 곱사등이의.

gibbon [ʒibbɔ̃] *n.m.* 【동물】(말레이 군도산의)긴 팔원숭이.

gibbosité [ʒibbozite] *n.f.* ① 혹, 융기. ② 【의학】 척추후만(脊椎後彎).

gibecière [ʒibsjɛ:r] *n.f.* ① (사냥의)불치 넣는 부대, 사냥망태기(carnassière); (어부의)고기망태. ② (어깨에 메는)학생가방; 가죽부대; 요술장이가방, 요술부대. Les écoliers portent leur ~ à l'épaule. 국민학교 학생들은 어깨에 가방을 멘다.

gibelet [ʒiblɛ] *n.m.* 나사송곳.
avoir un coup de ~ 《구어》 약간 머리가 돌았다.

gibelin(e) [ʒiblɛ̃, -in] *n.,a.* 【역사】(중세 이탈리아의)기벨린 당원(의)(교황지지파(guelfes)에 대항하여 독일황제를 지지함).

gibelot [ʒiblo] *n.f.* 【선박】이물의 두 현벽(舷壁) 사이의 목재.

gibelotte [ʒiblɔt] *n.f.* 【요리】 백포도주를 넣은 토끼고기 프리카세.

giberne [ʒibɛrn] *n.f.* ① 〖옛〗 탄약주머니. ② 〖옛〗 학생가방. ③ 《속어》 엉덩이. se démolir la ~ 《속어》 엉덩방아를 찧다.
Chaque soldat a son (le) bâton de maréchal dans sa ~. 《구어》 졸병도 대장이 될 수 있다. *tailler (faire porter) une* ~ 《속어》 지루한 이야기를 하다; 싫은 일을 시키다.

giberner [ʒibɛrne] 《속어》 *v.t.* 싫증나게 하다; 피곤하다. —*v.i.* 수다떨다.

gibet [ʒibɛ] *n.m.* 교수대; 형장(刑場); 【종교】 십자가. envoyer un criminel au ~ 죄인을 처형하다. ~ du Christ 십자가.

gibier [ʒibje] *n.m.* ① (집합적) 사냥거리[감]; (사냥의)불치, 매치; 불치[매치]고기. pays qui abonde en ~ 사냥거리가 많은 고장. Les chasseurs poursuivent leurs ~s. 사냥꾼이 짐승을 쫓는다. ~ à plume 새. ~ à poil 짐승. ~ d'eau 물새. gros[menu, petit] ~ 큰[작은]불치. manger du ~ 불치고기를 먹다. ② (비유적) 등쳐먹을 대상으로 하는 사람, 이용당할 사람, 봉. Elle est un ~ facile pour cet escroc. 저 사기꾼에게 있어서 그녀는 넘어가기 쉬운 봉이다. ~ de cour d'assises 품행이 좋지 않은 인간. ~ de potence[de galère] (교수형에 처할 만한)악한, 악당. sale ~ 쓰레기같은 인간.

Cela n'est pas de son ~. 그건 그의 능력을 넘는 일이다; 그건 그의 구미에 맞지 않는다.

gible [ʒibl] *n.m.* 《굽기 위해》가마에 쌓아놓은 벽돌.

giboulée [ʒibule] *n.f.* (우박·눈이 섞인)소나기 (averse, ondée). ②《속어》마구 퍼붓는 강타.

gibouler [ʒibule] *v.imp.* 《구어》소나기 가 쏟아지다.

giboyer[1] [ʒibwaje] [7] *v.i.* 《옛》사냥을 하다. poudre à ~ 사냥용 화약.

giboyer[2] *n.m.* 《옛》악덕신문기자(Emile Augier의 풍자극 *le Fils de Giboyer*의 인물).

giboyeur [ʒibwajœːr] *n.m.* 《옛》① 사냥을 몹시 좋아하는 사람. ② 불치의 사냥상인.

giboyeux(se) [ʒibwajø, -øːz] *a.* 불치가 많은, 사냥감이 많은. plaine(forêt, région) ~se 불치(사냥감)가 많은 벌판(숲·고장).

gibus [ʒibys] *n.m., a.m.* (chapeau) ~《구어》(접을 수 있는 높은)오페라 모자.

G.I.C. 《약자》grand infirme civil 민간 중증 상이자.

giclage [ʒiklaːʒ] *n.m.* (가솔린의)분무(噴霧), 분출하기. carburateur à ~ 분무기화기.

giclée [ʒikle] *n.f.* ① (액체 따위의)분출, 뿜어나옴; 《군사》(기관총의)집중 사격. ② 《기계》(기화기 안으로의 가솔린의)분출.

giclement [ʒikləmɑ̃] *n.m.* ① (피 따위가)뿜어나오기. ② (진창 따위가)튀기.

gicler [ʒikle] *v.i.* ① (피 따위가)뿜어나오다, 분출하다; (진창이)튀기다. Le sang *giclait* de sa blessure. 상처에서 피가 뿜어나오고 있었다. ② (빛 따위가)반사하다. **~ des mirettes**《속어》울다.

gicleur [ʒiklœːr] *n.m.* (자동차)(기화기의)노즐, 분무관(噴霧管).

giffard [ʒifaːr] *n.m.* (보일러의)분사식 급수기.

gifle [ʒifl] *n.f.* ① 따귀치기, 뺨때리기(soufflet, claque). donner[appliquer, flanquer] une ~ à qn …의 뺨을 찰싹 치다. avoir la ~《구어》따귀에 갈기고 싶은 얼굴, 아니꼬운 녀석. ② 모욕(affront). Cette défaite était une vraie ~ pour lui. 이 패배는 그에게 참을 수 없는 모욕 이었다. ③ (뺨을 치는)돌풍, 물[빛]줄기. ④《옛》뺨.

gifler [ʒifle] *v.t.* ① 뺨을 치다. Pierre m'*a giflé*. 피에르가 내 뺨을 쳤다. ② 모욕하다. ③ (비·바람 따위가)후려치다.

gifleur(se) [ʒiflœːr, -øːz] *n.f.* 따귀치는 사람.

G.I.G. 《약자》grand invalide de guerre 중상(重傷) 상이군인.

giga- *préf.*「10억(배)」의 뜻(기호 G).

gigantesque [ʒigɑ̃tɛsk] *a.* 거인 같은(grand, colossal); 거대한(énorme), 대규모의. ② 터무니없는, 엄청난. erreur ~ 엄청난 과오.
—*n.m.* 거대한 것.

gigantesquement [ʒigɑ̃tɛskəmɑ̃] *ad.* 거인같이; 거대하게, 대규모로.

gigantisme [ʒigɑ̃tism] *n.m.* ① (생체조직의)이상비대(肥大); 《의학》거인증. ② (기업·도시 따위의)이상비대현상. entreprise atteinte de ~ 이상비대현상을 일으킨 기업. ~ urbain 도시의 이상 비대.

giganto- *préf.*「거대한」의 뜻.

gigantomachie [ʒigɑ̃tɔmaʃi] *n.f.* 《신화》거인과 신과의 싸움.

gigo [ʒigo] *ad.*《속어》=oui.

gigogne [ʒigɔɲ] *n.f.* Mère(Dame) G~ (인형극의)지고녀 아줌마《치마밑에서 많은 아이들이 나오는》; mère G~《구어》아이가 많은 여자.
—*a.* 다단식의; 많은 (한동아리의) 부품. meuble(table) ~ (부품이 차례차례 속으로 들어가는)조립식 가구(테이블). fusée ~ 다단식(多段式) 로켓. lits ~s (불필요할 때는 보조대가 주침대 밑으로 접혀 들어가는)조립식 침대. stylo à bille ~ 다색(多色)볼펜. film ~ 옴니버스 영화. vaisseau ~《포경선·헬리콥터 나·소잡수정 따위의》모함.

gigolette [ʒigɔlɛt] *n.f.* ①《구어》품행이 나쁜 여자. ②《속어》매춘부; 첩, 정부.

gigolo [ʒigɔlo] *n.m.*《속어》① 여자에게 얹혀사는 남자; 《옛》(갈보의)애인, 기둥서방. ②(소행이)수상쩍은 청년; 놈팡이. —*a.* 수상쩍게 훌륭한, 이상하게 멋진.

gigolpince [ʒigɔlpɛ̃ːs] *n.m.*《은어》여자에게 부양받는 청년.

gigot [ʒigo] *n.m.* ① (양의)넓적다리 고기(→mouton 그림). manche à ~ 넓적다리 고기를 잘라서 먹을 때 뼈에 끼우는 손잡이. manche de ~ 넓적다리 고기뼈. ② (*pl.*)(돼지의)뒷다리; (익살) 다리, 가랑이. ③ (여자 옷의)소매의 부푼 부분. manches ~ [(옛) à ~] 어깨쪽은 부풀고 팔꿈치 부분부터 좁아지는 소매.

gigoté(e), 《옛》**gigotté(e)** [ʒigote] *a.p.* bien ~ (말이나 개가)다리가 튼튼한.

gigoter [ʒigote] *v.i.* (토끼 따위가 죽을 때)다리를 떨다. ② 손발을 떨다; 온몸을 떨다. Cet enfant ne fait que ~. 이 아이는 계속 손발을 흔들고 있다. ③《속어》춤(댄스)을 추다.

gigue[1] [ʒig] *n.f.* ① (사슴의)허벅다리;《구어》다리. avoir de grandes ~s 다리가 길다. ② grande ~《구어》키가 크고 마른 처녀.

gigue[2]《영》*n.f.* 빠르고 경쾌한 춤; 지그댄스(선원들이 추는 빠른 템포의 춤). danser la ~ 몸을 요란스럽게 흔들면서 춤추다.

gigue[3] *n.f.* ~ de crosse (총)개머리판의 뺨에 대는 부분.

giguer [ʒige] *v.i.*《옛》(까불까불)뛰어다니다; 춤추다, 댄스하다.

gilde [gild] *n.f.*《역사》=guilde.

*****gilet** [ʒilɛ] *n.m.* ① 조끼, 동의(胴衣); 속옷, 내의, 셔츠. ~ d'armes (검술의)방어용 조끼. ~ de force (미친 사람 따위에게 입히는)구속복. ~ de sauvetage 구명조끼. ~ pare-balles 방탄조끼. ② (부인용의)카디건(앞을 단추로 채우는 모직 스웨터). ③ (4사람이 하는)카드놀이의 일종.
***donner un ~ à** qn《옛·구어》(검술에서)…의 가슴을 공격하다; …을 철저하게 패배시키다. ***venir pleurer dans le ~ de** qn …에게 와서 하소연하다.

gileter [ʒilte] [5] *v.t.* (에게)조끼를 입히다.

giletier(ère) [ʒiltje, -ɛːr] *n.* 조끼공. —*n.* 조끼 제조인. —*n.f.* (조끼에 다는)회중시계의 시계줄.

gileton [ʒiltɔ̃] *n.m.*《속어》조끼, 동의.

gille[1] [ʒil] *n.m.*《옛》어리석은 사람; (북프랑스 지방의)어릿광대.
***faire ~**《옛·구어》(무서워서)도망치다; 파산하다.

gille[2] *n.m.* 큰 투망(投網).

gillotage [ʒilotaːʒ] *n.m.*《옛》사진아연철판술(凸版術)(zincographie).

gimb(e)lette [ʒɛ̃blɛt] *n.f.* 《제과》가락지 모양의 과자.

gin [dʒin]《영》*n.m.* 진(술). ~-fizz 진피즈.

gindre [ʒɛ̃ːdr] *n.m.* 빵집의)반죽하는 남자.

gingas [ʒɛ̃ga] *n.m.*《옛》바둑무늬의 마(麻)천.

gingembre [ʒɛ̃ʒɑ̃ːbr] *n.m.* 《식물》생강; 생강 뿌리, 생강 근.

gingeole [ʒɛ̃ʒɔl] *n.f.* 《식물》대추열매의 속칭.

gingeolier [ʒɛ̃ʒɔlje] *n.m.* 《식물》대추나무.

gingin [ʒɛ̃ʒɛ̃] *n.m.*《속어》재주, 분별(adresse). avoir du ~ 처세에 능하다.

ginginer [ʒɛ̃ʒine] *v.i.*《속어》추파를 던지다.

gingival(ale, *pl.* **aux)** [ʒɛ̃ʒival, -o] *a.* 잇몸의, 치

은의.

gingivectomie [ʒɛ̃ʒivɛktɔmi] *n.f.* 《외과》 치육(齒肉) 절제술.

gingivite [ʒɛ̃ʒivit] *n.f.* 《의학》 치은염(齒齦炎).

gingko [ʒɛ̃ko] *n.m.* 《식물》 =ginkgo.

ginglard [ʒɛ̃glaːr] *n.m.* =ginguet①.

ginglet [ʒɛ̃glɛ] *n.m.* =ginguet①.

ginglyme [ʒɛ̃glim] *n.m.* 《해부》 경첩 관절.

ginguer [ʒɛ̃ge] *v.i.* 《사투리》뛰놀다, 까불다;《말·소가》날뛰다.

ginguet(te) [ʒɛ̃gɛ, -ɛt] *a.* ① 《사투리》(포도주가) 약간 시큼한. vin ~ 약간 시큼한 술. ② 《구어》 (작품 따위가) 별로 가치 없는, 천박한; (옷 따위가) 값싼. esprit ~ 천박한 정신. robe ~*te* 싸구려 옷.
— *n.m.* ①《사투리》약간 시큼한 포도주; 싸구려 포도주. ② (원치 따위의) 폴, 역회전 멈추개.

ginkgo [ʒɛ̃ko] 《중국》*n.m.* 《식물》 은행나무.

ginseng [ʒinsɛŋ] 《중국》*n.m.* 《식물》 고려인삼, 고려인삼 뿌리.

giobertite [ʒjɔbɛrtit] *n.f.* 《광물》 마그네사이트(magnésite).

giorno (a) [adʒɔrno, a(d)ʒjɔrno] 《이탈리아》 *loc.ad.* 대낮같이, éclairage *a*~ 대낮같이 밝은 조명.

gipsy(*pl. ies*) [dʒipsi] 《영》 *n.* 집시.

Gir. 《약자》 Gironde 지롱드 강(지방).

gir- *préf.* 「고리·회전」의 뜻.

girafe [ʒiraf] *n.f.* ① 《동물》 기린. ②《구어》키 크고 목이 길고 홀쭉한 사람. cou de ~ 긴 목. ③ 높은 다이빙대. ④ 《영화·라디오》이동 마이크로폰 설치대. ⑤ (G~) 《천문》 기린좌(座). ⑥ 《철도》 배전실. *peigner la* ~《구어》쓸데없는 일을 하다; 아무것도 안하다.

girafeau [ʒirafo] (*pl.* ~*x*)*n.m.* 새끼 기린《girafon 이라고도 씀》.

girande [ʒirɑ̃ːd] *n.f.* (동시에 솟아오르는)분수의 물길, (연달아 폭발하는)불꽃.

girandole [ʒirɑ̃dɔl] *n.f.* ① =girande. ② 가지가 달린 장식 촛대; (축제들 위한)꽃장식, 꽃전구. ③ (식탁 중앙에 놓는)장식용 접시. ④ 둘레에 작은 보석을 박은 귀걸이. ⑤꽃송이; (과일나무의)피라미드 모양의 전지(剪枝).

girasol [ʒirasɔl] *n.m.* ① 《광물》 화단백석(火蛋白石). ②《옛》 《식물》 해바라기.

giration [ʒirasjɔ̃] *n.f.* 선회, 회전(rotation). carrefour à ~ 로타리. cercle de ~ 《해양》(배의)선회권(圈). courbe de ~ (배의 선회시의)중심 궤도. rayon de ~ 회전 반경.

giratoire [ʒiratwaːr] *a.* 선회의(rotatif). mouvement ~ 회전운동. point ~ (배의)선회중심점. sens ~ 로타리의 선회방향. carrefour ~ 로타리.
— *n.m.* 회전쇄석기(碎石機).

giraumon(t) [ʒirɔmɔ̃] *n.m.* 《식물》 호박의 일종.

giraviation [ʒiravjasjɔ̃] *n.f.* 회전익식 항공기의 설계[제작·비행].

giravion [ʒiravjɔ̃] *n.m.* 《항공》 회전익식 항공기(回轉翼─式) 항공기.

-gire *suff.* 「고리·회전」의 뜻.

girelle¹ [ʒirɛl] *n.f.* (도공(陶工) 녹로의)회전판.

girelle² [ʒirɛl] *n.f.* 《어류》 (지중해산의)놀래기의 일종.

girie [ʒiri] 《옛·구어》 ① 짐짓 하는 불평(jérémiade). ② (*pl.*)부자연스러운 태도. faire des ~*s* 과장해서 야단법석하다.

girl [gœrl] 《영》 *n.f.* (뮤직홀에서)춤추는 여자; 《합창단의》가수.

giro- *préf.* 「회전」의 뜻.

girodyne [ʒirɔdin] *n.m.* 《항공》 자이로다인.

girofle [ʒirɔfl] *n.m.* 《식물》 정향(丁香)(clou de ~). huile de ~ 정향유.

giroflée [ʒirɔfle] *n.f.* 《식물》 꽃무우; (그)꽃.

~ *à cinq feuilles* [*à cinq branches*] 다섯 손가락자국이 날 정도로 찰싹 때리기.

giroflier [ʒirɔflje] *n.m.* 《식물》 정향나무.

girol(l)e [ʒirɔl] *n.f.* 《식물》 식용버섯의 일종(chanterelle²).

giron [ʒirɔ̃] *n.m.* ① 무릎 부분, 무릎;《문어》가슴, 품(sein). enfant blotti dans son ~ 그의 무릎위에 웅크리고 있는 아이. enfant qui dort dans le ~ maternel 엄마 품에 잠든 아이. ②《옛》여인의 허리에서 무릎까지 늘어진 옷자락. ③ 《건축》 (계단 따위의)디딤판. marche à ~ droit (계단의)직사각형의 디딤판. ④ 《기계》 손잡이 쇠우게. ⑤ ~ de l'Église 가톨릭교단, 가톨릭 신자 공동체. rentrer dans le ~ de l'Église (배교자가)다시 가톨릭 품으로 돌아가다.

girond(e) [ʒirɔ̃, -ɔ̃ːd] *a.* 《속어》(특히 여자에 대해)몸매가 아름다운; 포동포동한, 토실토실한. photographies du temps qu'elle était ~*e* 그녀가 아름답고 포동포동했던 시절의 사진들.

Gironde [ʒirɔ̃ːd] *n.pr.f.* 《지리》지롱드 강; 지롱드 지방. ~ *de* 《프랑스사》 지롱드 당.

girondin(e) [ʒirɔ̃dɛ̃, -in] *a.* ① 지롱드 지방의. ② 지롱드 당의. le parti ~ 지롱드 당. **—G~** *n.* ① 지롱드 사람. ② 지롱드 당원《프랑스혁명 당시의 온건 공화파》. les G~s et les Jacobins 지롱드 당원과 자코뱅 당원.

gironné(e) [ʒirɔne] *a.* marches ~*es* (나선계단의)삼각형의 디딤판; tuile ~*e* 삼각기와(타일).

gironner [ʒirɔne] *v.t.* (금주물의)밑바닥을 둥글게 만들다; (주물의)밑바닥을 둥글게 둥그스름하게 만들다.

girouette [ʒirwɛt] *n.f.* ① 바람개비(→maison 림);《해양》 풍향기(風向旗). ~ *en forme de coq* 수탉 모양의 바람개비. ②《구어》변덕장이(pantin). Il change d'avis comme une ~. 그는 변덕스럽게 주장을 한다. *graisser la* ~ *(avant de souffler dessus)* (일을)용이하게 하다.

girouette-anémomètre [ʒirwɛtanemɔmɛtr] (*pl.* ~*s*~*s*) *n.f.* 풍속 풍향계.

girouetter [ʒirwɛ(e)te] *v.i.* ① 바람개비처럼 빙글 빙글 돌아가다. ②《구어》마음·생각을 자주 바꾸다. ~ *à toutes les influences* 영향받는대로 생각이 바뀌다.

girouetterie [ʒirwɛtri] *n.f.* 마음·생각이 변하기 쉬움, 변덕.

gisait [ʒizɛ] gésir 의 직설·반과거·3·단수.

gisant(e) [ʒizɑ̃, -ɑ̃ːt] (*p.pr.* <*gésir*) ① 누워 있는, 넘어져 있는; 움직이지 않는. bois ~ 《임업》 베어 넘어뜨려진 나무. fenêtre ~*e* 긴 창문. navire ~ 《해양》 좌초한 배. ②《옛》병석에 누워 있는 환자.
— *n.m.* 《미술》(묘석의)와상(臥像). — *n.f.* 맷돌의 아래짝(meule ~).

giselle [ʒizɛl] *n.f.* 올이 성긴 모슬린.

gisement [ʒizmɑ̃] *n.m.* ① 《지질》지층; 《광산》 광맥, 광상(鑛床). ~ *pétrolifère* 유전(油田). ② 《해양》 (배로부터의)방위; (해안의)지세. ~ *à la boussole* 나침방위. indicateur de ~ 방위지시기(레이더).

gisent [ʒiz] gésir 의 직설·현재·3·복수.

gisquettes [ʒiskɛt] *n.f.pl.* 《속어》갈보.

git [ʒi] gésir 의 직설·현재·3·단수.

gitan(e¹) [ʒitɑ̃, -an] *n.* (에스파냐의)집시. —*a.* 집시의. danse [chanson] ~*e* 집시의 춤[노래].

gitane² [ʒitan] *n.f.* 프랑스 관제 담배의 일종.

gitano(a) [ʒitano, -a]. *n. m.* =gitan.

gîte [ʒit] (<*gésir*) *n.m.* ① 집, 숙소(demeure, maison); 《군사》 병참지; (동물의)집, 굴(terrier).

revenir(rentrer) au ~ 자기 집으로 돌아가다, 가족의 품으로 돌아가다. dernier ~ 무덤. ② (바캉스용의)산이나 시골의 간이숙소. ~ rural 시골의 민박집. offrir le ~ et le couvert à qn …에게 침식을 제공하다. ③ 〖건축〗장선; 〖군사〗포상재(砲床材); 〖지질〗광상(鑛床)(gisement); 뱃돛의 아래짝. ~ houiller 탄층, 탄전. ④ 소의 허벅지 윗부분의 살(→bœuf 그림). ~ à la noix 소 허벅지의 가장 맛있는 살코기.
Il faut attendre le lièvre au ~. 《속담》사람을 만나려면〖붙잡으려면〗 그의 집에서 기다리는 것이 가장 확실하다.
Un lièvre va toujours mourir au ~. 《속담》토끼도 죽을 때는 집에 돌아온다.
—*n.f.* 〖해양〗좌초 지점; (배의)경사.
avoir〖donner, prendre〗 de la ~ 배가 기울다.

gîter [3ite] *v.i.* 《옛·문어》 살다, 머무르다; 묵다, 숙박하다(loger). ② 〖해양〗(배가)좌초하다, 기울다. —*v.t.* 《옛》묵게 하다.
—**se ~** *v.pr.* 묵다; 거주하다.

githago [3itago] *n.m.* 〖식물〗 선옹초(동자꽃)류.
giton [3itɔ̃] *n.m.* (동성연애자의 상대인)정부(情夫), 미동(美童)(mignon).
givordin(e) [3ivɔrdɛ̃, -in] *a.* 지보르(*Givors*, 프랑스의 도시)의. —**G~** *n.* 지보르 사람.
givrage [3ivra:3] *n.m.* 〖항공〗(비행할 때 비행기에 얼어붙는)서리, 무빙(霧氷).
givre¹ [3i:vr] *n.m.* (나무 따위에 얼어붙는)서리(gelée blanche), 빙화(水花)(frimas); (마른 과일 따위에 붙는)흰 결정상(結晶狀)의 가루, 백분.
givre² *n.f.* 〖문장〗뱀(무늬)(guivre).
givré(e) [3ivre] *a.* ① 서리(무빙)로 뒤덮인. ② 《속어》미친(fou).
givrer [3ivre] *v.t.* ① 서리[무빙]로 뒤덮다. ② (크리스마스트리에)눈이 내린 듯이 장식하다. ③ (서리처럼)하얀 층으로 덮다.
—**se ~** *v.pr.* 서리〖무빙〗로 덮이다.
givreux(se) [3ivrø, -ø:z] *a.* ① 서리로 덮인. ② (보석 따위가)금이 간. diamants ~ 금이 간 금강석.
givrure [3ivry:r] *n.f.* (보석 따위의)금, 흠.
g.l. 《약자》grand livre 《부기》원장(元帳).
glabelle [glabel] *n.f.* 〖해부〗미간(眉間).
glabre [gla:(a)br] *a.* ① (잎 따위가)잔털이 없는, 매끈매끈한. ② (뺨 따위가)털이 없는; 수염이 없는 (↔ barbu). visage ~ 털 없는 얼굴; 면도한 얼굴.
glaçage [glasa:3] *n.m.* ① (종이 따위의)윤 내기(lustrage). ② 〖요리〗설탕을 입히기.
glaçant(e) [glasɑ̃, -ɑ̃:t] *a.* ① 얼게 하는; (바람 따위가)얼음같이 찬(glacial). froid(vent) ~ 얼어붙는 듯한 추위[바람]. ② 《비유적》냉담한, 냉정한, 쌀쌀한(froid). attitude ~*e* 쌀쌀한 태도.
:glace [glas] *n.f.* ① 얼음; (온도계의)영도, 빙점. à la ~ 얼음으로 만든; 몹시 찬. froid comme la ~ 강추위. montagne de ~ 빙산. navire(bateau) pris dans les ~*s* 빙해의 얼음덩이 속에 갇힌 배. patiner sur la ~ 빙판에서 스케이트를 타다. rafraîchir le champagne avec de la ~ 샴페인을 얼음으로 차게 하다. Mets un peu de ~ dans ton verre. 네 컵에 얼음을 조금 넣어라.
② 아이스크림. Au dessert, j'ai mangé une bonne ~. 나는 디저트로 맛있는 아이스크림을 먹었다.
③ 냉담, 냉정, 쌀쌀함(froideur) 무감각, 무관심(insensibilité). [de ~] accueil *de* ~ 냉담한 태도. Il a un visage *de* ~. 그는 쌀쌀한 얼굴을 하고 있다. être *de* ~ 무감각하다, 무관심하다.
④ 판유리, 거울; (기차·자동차의)창유리. ~ brise-vent (자동차의)바람막이 앞창. ~ dépolie

《사진》초점유리. Galerie des ~*s* (베르사유 궁전의)거울의 방. ~ à main 손거울. ~*s* de sécurité 안전유리창. se regarder dans une ~ 거울을 들여다보다. Baisse(Monte) les ~*s* de la voiture. 차의 창문을 내려라〖올려라〗.
⑤ 〖요리〗(우무·젤리·당밀·사탕 따위의)겉입히는 재료.
⑥ (보석의)홈, 금.
être ferré à ~ sur une question 어떤 문제에 충분히 준비가 되어 있다.
passer devant la ~ 《속어》재판에 회부되다.
rompre(briser) la ~ 차가운[어색한] 분위기를 해소시키다; 먼저 시작하다, (힘든 일의)실마리를 풀다. Pour rompre la ~, il a commencé à parler de leurs amis communs. 서먹서먹한 분위기를 깨기 위해서 그는 그들 모두의 친구에 대해서 이야기하기 시작했다.
saints de ~ ⓐ (프랑스에서)St. Georges, St. Gaston, St. Marc《축일 4월 23·24·25일》; (영국에서) St. Mamertus, St. Pancras, St. Servatius 《축일 5월 11·12·13일》. ⓑ (봄의)늦추위의 계속.

***glacé(e)** [glase] *a.p.* ① 언, 차가운, 차디찬(gelé). avoir les mains ~*es* 손이 얼음같이 차다. café ~ 아이스커피. crème ~*e* 아이스크림. chocolat ~ 초콜릿아이스크림. vent ~ 차가운 바람. lit ~ 얼음장 같은 잠자리. J'ai bu une bière ~*e*. 나는 차게 한 맥주를 마셨다. Il était ~ jusqu'aux os. 그는 꽁꽁 얼어붙어 있었다. ② 정열이 식은; 냉담한, 냉정한, 쌀쌀한, 무관심한(indifférent). air ~ 쌀쌀한 태도. accueil ~ 냉대. Il m'a lancé un regard ~. 그는 내게 싸늘한 시선을 던졌다. ③ (직물·종이 따위가)광이 나는, 윤이 있는. papier ~ 광택지. ④ 〖요리〗설탕을 입힌. marrons ~*s* 설탕을 입힌 마롱 과자.
glaceau *n.m.* 광택, 윤.
glacement [glasmɑ̃] *n.m.* 《구어》(몸·마음이)냉랭해지기, 차가와지기; 냉랭함, 쌀쌀함.
glacer [glase] ② *v.t.* 〖드물게〗(액체를)얼리다, 냉동시키다(geler). ② 몸을 얼게 하다, 몸이 어는 것처럼 느끼게 하다. Le vent me *glace* les mains. 바람에 내 손이 어는 것 같다. Cette pluie fine me *glace*. 이 가랑비에 몸이 어는 것 같다. L'âge *glace* les membres. 《비유적》나이 탓으로 손발이 차가와진다(굳어진다). (공포·혐오감 따위로)소름이 끼치게 하다; 정열을 식히다, 냉정하게 하다. attitude qui *glace* les gens 사람들의 기를 꺾는 냉담한 태도. Cet examinateur *glace* les candidats. 이 시험관은 수험생들을 얼어붙게 만든다. ~ qn d'horreur …을 공포로 소름끼치게 하다. ~ le sang (피가 얼어붙을 만큼) 소름끼치게 하다. ⓒ 얼음으로 채우다, 냉각시키다, 차게 하다. ~ du champagne 샴페인을 차갑게 하다. ④ 〖미술〗밝은 색깔을 연하게 칠하다; 〖도자기〗유약을 입히다. ~ des étoffes 천에 광택을 입히다. papier *glacé* 광택지. gants *glacés* 반짝반짝 윤이 나는 장갑. ⑤ 〖요리〗설탕을 입히다. ~ un gâteau(une crème) 과자[크림]에 설탕을 입히다.
—*v.i.* 《옛》얼다.
—**se ~** *v.pr.* ① 〖드물게〗(액체가)얼다. ② 몸이 차가와지다[얼다]; 《비유적》(공포 따위로)(피가)얼어붙다, 소름끼치다. Mon sang *se glaça* d'effroi (d'horreur) à ce spectacle. 이 광경을 보고 나는 (무서워) 소름이 끼쳤다.
glacerie [glasri] *n.f.* ① 거울 장사, 유리 장사; 거울 [유리] 공장. ② 아이스크림 장사.
glaceur [glasœr] *n.m.* ① (직물·종이 등의)윤내는 직공. ② 윤내는 기계.

glaceux(se) [glasø, -ø:z] *a.* (보석이)흠이 있는.
glacial(ale, *pl.* **als,** 《드물게》**aux)** [glasjal, -o] *a.* ① 얼음이 꽁꽁 언; 추위가 극심한. vent ~ 혹독하게 싸늘한 바람. nuit ~ale d'hiver 혹독하게 추운 겨울밤. ② (비유적) 쌀쌀한, 냉랭한, 냉담한(froid, dur). accueil ~ 냉대. homme ~ 냉담한 사람. ③ 한대(寒帶)의. zone ~ale 한대.
—*n.f.* 《식물》 채송화류(類).
glacialement [glasjalmã] *ad.* 《드물게》 냉담[냉랭]하게, 쌀쌀하게, 정열(열)의 없이.
glaciation [glasjasjɔ̃] *n.f.* ① 빙하(氷化), 빙결(氷結). ② 《지질》 빙하작용, 빙하기의 형성.
glacier [glasje] *n.m.* ① 《지질》 빙하. ~s polaires 극지(極地) 빙하. cassure d'un ~ 빙하의 깨진 틈. ② 아이스크림 장수. ③ 《옛》 판유리(거울) 장수.
glacière [glasjɛːr] *n.f.* ① 빙실(氷室), 빙고(氷庫); 냉장고(réfrigérateur). ② 제빙기(~ frigorifique); 제빙공장. ③ (비유적) 빙고 같은 장소.
glaciologie [glasjɔlɔʒi] *n.f.* (남극·북극에서의) 빙하·빙토(氷土)에 관한 연구, 빙하학.
glaciologique [glasjɔlɔʒik] *a.* 빙하학적인, 빙하학에 관계된.
glaciologiste [glasjɔlɔʒist] *n.* 빙하학자.
glaciologue [glasjɔlɔg] *n.* = **glaciologiste.**
glacis¹ [glasi] *n.m.* ① 완만한 경사, 비탈, 사면(斜面). ② 《요새·진지 전면의》 비스듬한 제방(→ fortification 그림). ③ 《정치》 주변 위성국으로 형성되는 강대국의 방위대(帶). le ~ soviétique de l'Est européen 동유럽의 소련 방위대. ④ 《건축》 (빗물이 흘러내리도록 된) 경사로. ⑤ 《지질》 경사진 침식면.
glacis² *n.m.* ① 《미술》 (마른 색채 위에 칠하는) 밝은 빛, 글라시. ② 《의복》 가봉.
glaçoire [glaswaːr] *n.f.* 《요리》 설탕 뿌리개.
glaçon [glasɔ̃] *n.m.* ① 얼음 덩어리(조각); (네모 진) 인조 얼음 조각. mettre un ~ dans son verre 자기 컵에 얼음 덩어리를 하나 넣다. ② 《옛》 냉담; 《구어》 (특히 사랑에) 냉담한 사람. C'est un vrai ~. 그는 정말 냉담한 사람이다.
glaçonné(e) [glasɔne] *a.* (청량음료·술 따위에) 얼음을 넣은.
glaçure [glasyːr] *n.f.* (도자기의) 유약(釉藥).
gladiateur [gladjatœːr] *n.m.* 《고대로마》 검투사(劍鬪士).
gladiatorial(ale, *pl.* **aux)** [gladjatɔrjal, -o] *a.* 《고대로마》 검투사의.
glagolitique [glagolitik] *a.* 글라골 문자(스라우어 초기 문헌에 쓰인 문자)의.
glaïeul [glajœl] *n.m.* 《식물》 글라디올러스류(類).
glairage [glɛraːʒ] *n.m.* 《제본》 (달걀 흰자위로 만든) 윤내는 약을 칠하기.
glaire [glɛːr] *n.f.* ① 달걀 흰자위(blanc). ② 《제본》 달걀 흰자위로 만든 윤내는 약(glairure). ③ (점막의) 분비물, 점액(粘液), 점질(粘質). ④ (보석의) 반투명의 티, 흠.
glairer [glɛ(e)re] *v.t.* 《제본》 (표지에) 달걀 흰자위로 만든 윤내는 약을 칠하다.
glaireux(se) [glɛrø, -ø:z] *a.* ① 단백질의, 난백(卵白)질의. ② 점액질(모양)의, 점액이 많은.
glairure [glɛ(e)ryːr] *n.f.* (달걀 흰자위와 알코올로 만든) 윤내는 약.
glaisage [glɛzaːʒ] *n.m.* 《광산》 점토(진흙)를 바르기; 점토(진흙)를 발라 방수하기.
glaise [glɛːz] *n.f.* ① 점토, 진흙; 찰흙. ② 《속어》 흙, 지면. —*a.* terre ~ 점토; 도토(陶土).
glaiser [glɛ(e)ze] *v.t.* ① (에) 점토(진흙)를 바르다; 《광산》 (에) 점토(진흙)를 발라 방수하다. ② 《농업》 (에) 점토(진흙)를 섞어 비옥하게 하다. ~ un champ 밭에 점토를 섞어 비옥하게 하다.
glaiseux(se) [glɛzø, -ø:z] *a.* 점토질의; 점토가 섞여 있는. sol ~ 점토질 토질. —*n.* (경멸) 농부.
glaisière [glɛzjɛːr] *n.f.* 점토채취장; 점토층.
glaive [glɛːv] *n.m.* ① 《시》 (양편이 모두 날이 선) 검, 칼(épée); 《비유적》 전쟁. tirer le ~ 전쟁을 선언하다, 선전포고하다. remettre le ~ au fourreau 칼을 칼집에 다시 넣다(전쟁을 중지하다). ② (신·정의·법 같은 힘의 상징으로) 권력, 생살여탈권. ~ spirituel (교회의) 파문권. ~ de la loi (de la justice) 법(정의)의 힘. la balance et le ~ (정의의 상징으로서의) 저울과 검. ③ 《속어》 《어류》 황새치.
glanage [glanaːʒ] *n.m.* 이삭줍기.
gland [glɑ̃] *n.m.* ① 《식물》 도토리; (*pl.*) 떡갈나무·너도밤나무·밤나무 따위의 열매 《돼지의 먹이》. ~ de terre 낙화생, 땅콩. rossignol à ~ 《속어》 돼지. ② (커튼 따위의) 장식. ③ 《해부》 귀두(龜頭). ④ ~ de mer 《동물》 굴등(balane).
glandage [glɑ̃daːʒ] *n.m.* ① 도토리 줍기. ② 도토리를 줍는 권리, (도토리를 먹이기 위해) 돼지를 방목할 수 있는 권리. ③ 《농업》 도토리 산지.
glande [glɑ̃:d] *n.f.* ① 《해부》 선(腺), 샘. ~ cervicale 경부(頸部) 임파선. ~s génitales 생식선. ~ lacrymale 누선, 눈물샘. ~ du noir (오징어·낙지 따위의) 먹물주머니. ② 《구어》 연주창(ganglion).
glandé(e¹) [glɑ̃de] *a.* 《문장》 도토리가 달린. ② 《수의》 비저병(鼻疽病)에 걸린.
glandée² *n.f.* ① 도토리 줍기 (수확); 도토리를 먹이기 위한 돼지의 방목. faire la ~ 도토리를 줍다. ② 도토리 채취권.
glander [glɑ̃de] *v.i.* 《속어》 ① 빈둥거리다, 허송세월하다. ② 공연히 기다리다. laisser ~ *qn* …을 공연히 기다리게 하다, 바람맞히다.
glandifère [glɑ̃difɛːr] *a.* 《식물》 도토리 (깍정이가 있는 열매)가 열리는.
glandiforme¹ [glɑ̃difɔrm] *a.* 《식물》 도토리 모양의, 깍정이가 있는 열매 모양의.
glandiforme² *a.* 선상(腺狀)의.
glandouiller [glɑ̃duje] *v.i.* = **glander.**
glandulaire [glɑ̃dylɛːr] *a.* 《해부》 선(腺)으로 된, 선의. troubles ~s 선(腺)질환.
glandule [glɑ̃dyl] *n.f.* 《해부》 소선(小腺).
glanduleux(se) [glɑ̃dylø, -ø:z] *a.* = **glandulaire.**
glane [gla(ɑ)n] *n.f.* ① 한 줌의 이삭; 이삭을 줍기; (*pl.*) 《구어》 따고 남은 것, 찌꺼기, 떨어진 이삭. droit de ~ 이삭 줍는 권리. ~ d'oignons 양파 한 두름; ~ de poires 한 가지에 열린 배. ③ (*pl.*) (비유적) (지식 따위의) 단편적 수집. ④ 《역사》 10분의 1세(稅)의 징수.
Il y a encore beau champ pour faire ~. 아직도 해야 할 문제가 남아있다.
glanement [gla(ɑ)nmɑ̃] *n.m.* 이삭줍기; (비유적) (정보 따위를) 수집하기.
glaner [gla(ɑ)ne] *v.t.* ① (밭에서) 이삭을 줍다. ~ du blé 밀이삭을 줍다. ~ un champ 밭에서 이삭을 줍다. ② (비유적) 주워모으다; 수집하다(butiner). ~ sa nourriture de ville en ville 마을로 문전걸식하다. ~ des anecdotes 일화를 수집하다. Il y a beaucoup à ~ dans ce livre. 이 책에는 얻을 것이 많다.
—*v.i.* 이삭줍기를 하다; 찌꺼기를 줍다.
glaneur(se) [gla(ɑ)nœːr, -ø:z] *n.* 이삭을 줍는 사람. les G~ses 「이삭줍는 여인들」 (밀레의 작품).
glanure [gla(ɑ)nyːr] *n.f.* ① 떨어진 이삭. ② (신문 따위의) 짧은 기사(란); (학문상의) 짤막한 메모, 주(註).

glapir [glapi:r] *v.i.* ① (여우·강아지 따위가)날카롭게 짖어대다. ②《구어》(사람이)날카롭게 외치다; (큰소리로)욕지거리하다. —*v.t.* 소리치며 말하다. ~ *des injures* 큰소리로 욕을 퍼붓다.

glapissant(e) [glapisɑ̃, -ɑ̃:t] *a.* ① (여우·강아지 따위가)짖어대는(criard). ② 날카롭게 외치는.

glapissement [glapismɑ̃] *n.m.* ① (강아지의)짖어대는 소리, (여우의)우는 소리. ②《구어》(사람의) 날카롭게 외치는 소리.

glaréole [glareɔl] *n.f.* 【조류】제비물떼새 무리(속하다:hirondelle des marais, perdrix de mer).

Glaris [glaris] *n.pr.* 글라리스(스위스의 군(郡) 및 도시).

glaronais(e) [glarɔnɛ, -ɛ:z] *a.* 글라리스의. —**G**~ *n.* 글라리스 사람.

glas [glɑ] *n.m.* ① 임종을 알리는 종, 조종(弔鐘); (국장·육군장의)조포(弔砲). sonner le ~ 조종을 울리다. ②《옛》교회의 종소리. ③《속어》음침한 사람.
sonner le ~ de qc …의 종말을 고하다. Cet échec a sonné le ~ de leur espérances. 이 실패로 그들의 희망은 무산되고 말았다.

glass [glas] *n.m.* 《속어》① 컵. ② (컵에 든)술. boire un ~ 술 한 컵을 마시다. payer un ~ 술값을 지불하다.

glatir [glati:r] *v.i.* ①《드물게》(독수리가)울다. ②《옛》=glapir①.

glaucescence [glosesɑ̃:s] *n.f.* 청록색을 띰.

glaucescent(e) [glosesɑ̃, -ɑ̃:t] *a.* 청록색을 띤.

glaucier [glosje] *n.m.*, **glaucière** [glosjɛ:r], **glaucienne** [glosjɛn] *n.f.* 【식물】양귀비과(科)의 식물.

glaucine [glosin] *n.f.* 【화학】글라우신.

glaucique [glosik] *a.m.* 글라우신의. acide ~ 글라우신산(酸).

glauco- *préf.* 「해록색(海緑色)의」의 뜻.

glaucomateux(se) [glokomatø, -ø:z] *a.* 녹내장의.

glaucome [glokom] *n.m.* 【의학】녹내장(緑内障).

glauconie [glokɔni] *n.f.*, **glauconite** [glokɔnit] *n.f.* 【광물】해록석(海緑石).

glaude [glo:d] *n.m.* 《속어》① 포켓. ② 바보. —*a.* 바보같은, 얼빠진.

glauque [glo:k] *a.* 해[녹]록색의(verdâtre). —*n.f.* 【식물】애기풀속(屬)(해변의 목장에 많으며 소 젖을 많이 나게 함).

glaux [gloks] *n.m.* 【식물】애기풀속(屬)의 식물.

glaviot [glavjo] *n.m.* 《속어》침, 가래침(crachat).

glaviot(t)er [glavjɔte] 《속어》*v.i.* 침(가래침)을 뱉다. —*v.t.* (침을)뱉다.

glayeul [glajœl] *n.m.* 【식물】=glaïeul.

glèbe [glɛb] *n.f.* ①《옛》흙 덩어리. écraser les ~*s* 흙덩이를 으깨다. ②《문어》경작지, 밭; 토지. ③【역사】(봉건시대의)영지(領地). serfs attachés à la ~ 영지에 딸려 있는 농노. droit de la ~; droit annexé à la ~ (농노에 대한 영주의)보호권, 재판권.

gléc(h)ome [glekɔm] *n.m.* 【식물】덩굴광대수염.

glène¹ [glɛn] *n.f.* 【해부】골와(骨窩).

glène² *n.f.* 【해양】(밧줄의)한 사리, 마름.

glène³ *n.f.* =gline.

gléner [glene] [6] *v.t.* 【해양】(밧줄을)둥그렇게 사리다(감다).

glénoïdal(ale, *pl.* **aux)** [glenɔidal, -o] *a.* 【해부】관절와(關節窩)가 있는. cavité ~*ale* 관절와.

glénoïde [glenɔid] *n.f.* 【해부】*a.* =glénoïdal. —*n.f.* 관절와(cavité ~).

glette [glɛt] *n.f.* 【상업】일산화납.

gleucomètre [gløkɔmɛtr] *n.m.* =glucomètre.

glide [glid] 《영》*n.m.* 【음성】전이음(轉移音)《예: 프랑스어의 [j,y,w]》.

gline [glin] *n.f.* (낚시꾼의)종다래끼.

glissade [glisad] *n.f.* ① 미끄러짐, 미끄러질, 미끄럼; 얼음미끄럼타는 곳(→ ②). faire des ~*s* sur la glace 얼음판 위에서 미끄럼을 타다. ②《구어》과실, 과오, 실수, 잘못. faire une ~《비유적》(유혹에 끌려)실수를 저지르다. ③【무용】글리사드, 활보; 【항공】곡예비행의 일종. ~ sur l'aile (비행기의)횡전(横轉).

glissage [glisa:ʒ] *n.m.* 산에서 자른 나무를 미끄러뜨려 내려보내기.

glissando [glisɑ̃do] *n.m.* 【음악】글리산도, 활주법(滑奏法).

glissant(e) [glisɑ̃, -ɑ̃:t] *a.* ① 미끄러운, 미끄러지기 쉬운. pavé ~ 미끄러운 포도. poisson ~ (잘 붙잡히지 않는)미끈미끈한 물고기. terrain ~ 위험한 곳; 곤란하고 미묘한 일. ②《비유적》위험한(dangereux). L'affaire est ~*e*. 사태는 이면에 위험을 내포하고 있다. ③ vecteur ~ 【수학】슬라이딩 벡터.

glisse [glis] *n.f.* (스키의)활주성능. avoir une bonne ~ 《스키》잘 미끄러지다.

glissé(e) [glise] *a., n.m.* (pas) ~ 【무용】활보(滑步), 파 글리세.

glissement [glismɑ̃] *n.m.* ① 미끄러지기, 미끄럼; 활주; 미끄러지는 소리. ~ d'un traîneau sur la neige 눈 위에서 썰매의 미끄러짐. entendre le ~ d'une auto 자동차의 미끄러지는(달리는) 소리를 듣다. ②(완만한)변화, 변질. ~ de sens d'un mot 낱말뜻의 (점진적인) 변화. Le résultat des élections marque un léger ~ à gauche. 선거의 결과는 다소 좌경화의 경향을 나타내고 있다. ③ ~ de terrain 【지질】사태(沙汰), 침하.

*****glisser** [glise] *v.i.* ① 미끄러지다, 미끄럼타다. Les enfants *glissent* sur la neige. 아이들이 눈 위에서 미끄럼타고 있다. Son pied *a glissé*; Le pied lui *a glissé*. 그는 발이 미끄러졌다.
② 미끄러지듯 가다; 살짝 스치다[스며들다]; 미끄러지듯 (살짝) 빠져나가다. La balle *a glissé* sur la tête. 탄환이 머리를 스쳐갔다. Un rayon de soleil *glisse* dans la chambre. 햇볕이 방안으로 스며든다. Le savon m'*a glissé* des mains. 비누가 내 손에서 미끄러져 떨어졌다.
③(주어는 사물) 미끄럽다. Ce parquet *glisse*. 이 마루바닥은 미끄럽다.
④《비유적》[~ sur] 가볍게 다루다[언급하다]. N'insistons pas, *glissons*. 고집부리지 말고 그냥 지나치자. *Glissons* là-dessus (*sur* cette question). 이 문제에 깊이 들어가지 맙시다.
⑤(주어는 사물) [~ sur] (에)강한 인상을 주지 못하다. Nos remontrances *glissent* sur lui. 우리의 충고에 대해 그는 개의치 않는다[마이동풍이다].
⑥ [~ à/dans/vers] (다른 상태·종류로)슬그머니 바뀌다; 빠져들다. Il *a glissé* au romanesque. 그는 공상가가 되었다. ~ *vers* la gauche 점진적으로 좌경화되다. ~ *dans* la forfait·부정죄에 죄를 범하다.
C'est à vous de ~; C'est votre tour à ~.《속어》(괴로운 일, 위험한 일 따위에)이제 당신 차례이다.
~ entre les doigts comme une anguille [une couleuvre, un poisson] 날렵하게 빠져나가다(도망치다). *se laisser ~* 《속어》죽다.
—*v.t.* 슬그머니 놓다[넣다]; (말 따위를)살짝 속삭이다; 넌지시 비치다, 암시하다. ~ *une lettre sous une porte* 문 아래로 편지를 밀어넣다. ~ *qc dans la poche de qn* …의 호주머니 속에 …을 슬그

머니 넣다. ~ un mot à l'oreille de *qn* …에게 살며시 귀뜸하다. Impossible de ~ un mot! 나는 한 마디도 참견할 수 없었다. [~ que + *ind.*] Il m'*a glissé qu'*il était amoureux d'elle. 그는 그녀를 사랑한다고 내게 넌지시 비쳤다.

— se v.pr. [se ~ dans/entre] (속에, 사이에)을 그머니 들어가다 [스며들다] (se faufiler). ~ *dans* son lit 침대 속으로 슬그머니 들어가다. (비인칭) Il s'*est glissé* quelques fautes *dans* ce livre. 이 책에는 많은 오식이 있다.

glisseur(se) [glisœ:r, -ø:z] *n.* ① 〖드물게〗얼음지치는 사람. ②〖스키〗활강선수, 활강의 명수. **— n.m.** ①〖스키〗슬라이더. ②활주(滑走)장치; 수상활주정(hydroglisseur). ③〖수학〗슬라이딩 벡터.

glissière [glisjɛ:r] *n.f.* ①(미닫이 따위의)홈. porte à ~ 미닫이(문). banc à ~(s) (보트의)활좌(滑座). ②〖기계〗활봉(滑棒); 〖군사〗포신(砲身)의 후좌; (*pl.*) 〖기계〗(선반의)활동로(滑動路); (석탄을 굴러 떨어뜨리는)홈길. ③ ~ de sécurité (고속도로 따위의)난간, 철제 방호책; fermeture à ~ 지퍼 (fermeture éclair).

glissoir [gliswa:r] *n.m.* ①〖기계〗(사슬이 통하게 만든)슬라이더. ②(목재를 미끄러뜨려 운반하는)비탈길.

glissoire [gliswa:r] *n.f.* 미끄럼 타는 곳(glissade).

globaire [glɔbɛ:r] *a.* 작은 구(球)로 된.

global(ale, *pl.* **aux)** [glɔbal, -o] *a.* 전체의, 총괄적인, 총체의. somme *—ale* 총액. déplacement ~ 〖해양〗총배수톤수. tonnage ~ 총톤수. méthode *—ale*〖교육〗종합적 교육법(개개의 문자보다 전체로서 인식시키는 교육법). stratégie *—ale*〖군사〗종합적 전략.

globalement [glɔbalmɑ̃] *ad.* 통틀어서, 전체로서, 총괄적으로.

globalisant(e) [glɔbalizɑ̃, -ɑ̃:t] *a.* 종합[총괄]화하는; (어떤 문제를)전체적 관점에서 다루는. vue *—e* 총체적[종합적]인 관점(견해).

globalisation [glɔbalizasjɔ̃] *n.f.* 종합, 총괄화. diminution et ~ de l'aide de l'État 국가원조의 감축과 종합화.

globaliser [glɔbalize] *v.t.* 종합[총괄]하다; (어떤 문제를)전체적 관점에서 다루다. ~ les revendications 요구사항을 (한 묶음으로) 종합하다[하나로 묶어 제시하다].

— se *v.pr.* 종합[총괄]화되다.

globalisme [glɔbalism] *n.m.* 종합적 교육법.

globalité [glɔbalite] *n.f.* 총괄성, 전체성, 총체(ensemble, totalité). problèmes à considérer dans leur ~ 총체성 속에서[총괄적으로]고려해야 할 문제들.

***globe** [glɔb] *n.m.* ①공, 구(球), 구체. ~ de l'œil; ~ oculaire 안구. ~ du sein 〖문어〗유방. ~ 지구(~ terrestre); 〖문어〗천체. carte du ~ 세계지도. faire le tour du ~ 세계일주하다. ~ terrestre (céleste) 지구의(천구의). ~ de feu 〖물리〗유성(流星). ~ fulminant 〖기상〗구형의 번쩍불. ② 구형의 유리(수정). ~ de lampe 등근 전등갓. pendule sous ~ (둥근)유리덮개 속의 탁상시계. ~ électrique 전구(電球). ④ 둥근 모양의 금옥관자(金玉貫子) (위에 독수리나 십자가가 얹혀 있는 왕위의 상징). ⑤ 도사가 가마 가마의 상층부분.

mettre sous ~ (때로는 비꼼, 사물에 대해) 소중히 간직하다. C'est *à mettre sous ~.* 그것은 잘 보존해야 한다.

globe-trotter [glɔbtrɔtœ:r] 〖영〗*n.m.* 세계관광 여행자; 여행을 즐기는 사람. journalistes ~s 각국취재기자.

globeux(se) [glɔbø, -ø:z] *a.*〖식물〗공 모양의, 구상(球狀)의.

globigérine [glɔbiʒerin] *n.f.*〖동물〗방추충(紡錘蟲) (유공충류(有孔蟲類)).

globine [glɔbin] *n.f.*〖생화학〗글로빈〖헤모글로빈 속의 단백질 성분〗.

globique [glɔbik] *a.* 구형의, 공 모양의.

globo (in) [inglɔbo] 〖라틴〗*loc.ad.* 총괄해서.

globulaire [glɔbylɛ:r] *a.* ①구형의, 공 모양의. ~ 혈구의. numération ~ 혈구수 산출. **— n.f.** 〖식물〗글로불라리아속(屬)의 식물.

globule [glɔbyl] *n.m.* ①(액체·기체 따위의)작은 구(방울); 혈구(血球). (~s sanguins (du sang)). ~s rouges (blancs) 적(백)혈구. 〖약〗작은 환약. ③ ~ polaire〖생물〗극체(極體), 극체포; (금속 따위의)기포(氣泡).

globuleux(se) [glɔbylø, -ø:z] *a.* 작은 구로 된; (작은)공 모양의. œil ~ 돌출안구.

globuliforme [glɔbyliform] *a.* 작은 공 모양의.

globulin [glɔbylɛ̃] *n.m.*〖생리〗혈소판.

globuline [glɔbylin] *n.f.*〖의학〗글로불린.

glockenspiel [glɔkɛnspil] 〖독일〗*n.m.* 〖음악〗철금(鐵琴).

***gloire** [glwa:r] *n.f.* ① 영광, 영예; 명예(honneur). être au sommet de la ~ 영광의 절정에 있다. se couvrir de ~ 영예에 싸이다. être avide de ~ 영예를 갈망하다.

② 자랑, 긍지; 공, 공적(mérite). s'attribuer la ~ de la réussite 성공을 자기의 자랑(공)으로 삼다. [être la ~ de] Il *est la ~ de* la famille. 그는 가문의 자랑이다. [faire la ~ de] «Le Cid» *fait la ~ de* Corneille.「르시드」는 코르네유의 자랑이다.

③ 평판, 명성(renommée). connaître une ~ internationale 국제적 명성을 누리다. transmettre sa ~ à la postérité 후세에 이름을 남기다. (사물에 대해) Cette mode a eu son heure de ~. 이 패션은 영광(명성)을 누린 시기가 있었다.

④ 명사(célébrité). une des ~s de son siècle 그의 시대의 뛰어난 인물 중의 사람. ~ reconnue (때로는 비꼼) 누구도 부인 못할 명사.

⑤ 경의, 찬양, 찬미. rendre ~ à *qn(qc)* …을 찬양하다. rendre ~ à la vérité 진실을 찬양하다; 진실을 말하다. G— à notre patrie! 우리의 조국에 영광 있으라!

⑥〖문어〗영화(榮華), (신의)영광; 〖신학〗천상의 영광, 지복(至福)(béatitude). ~ de Salomon 솔로몬의 영화. nostalgie de la ~ passée 사라져간 영화에의 향수. célébrer la ~ de Dieu 신의 영광을 찬양하다. séjour (ville) de la ~ 천국.

⑦ 〖미술〗후광(nimbe); 광배, 원광, 광륜. Christ en ~ 후광에 둘러싸인 예수.

à la ~ de …을 찬양하여, 찬양하기 위하여.

parti pour la ~ 〖속어〗거나하게 취한.

se faire ~ de qc(de + inf.) …(하는 것)을 자랑으로 삼다(se vanter de). Il *se fait ~ d'*avoir accompli de nombreux exploits. 그는 수많은 공적을 세운 것을 자랑으로 삼고 있다.

travailler pour la ~ 〖구어〗거저 일하다.

glome [glɔm] *n.m.* 〖수의〗단제류(單蹄類)의 발굽 뒷부분의 각질융기(角質隆起).

gloméris [glɔmeris] *n.m.* 〖동물〗쥐며느리 무리.

glomérule [glɔmeryl] *n.m.* ①작은 집단(덩어리). ②〖식물〗단산화(團繖花). ③ 〖해부〗사구체.

glomérulite [glɔmerylit] *n.f.*〖의학〗사구체염(絲球體炎).

glomus [glɔmys] *n.m.* 〖해부〗글로무스, 사구(絲

球), 공.
glop [glɔp] *n.m.* (복수불변) 심장의 고동.
gloria [glɔrja] 《라틴》 *n.m.* (복수불변) ① 《가톨릭》 대영광송 (Gloria in excelsis Deo로 시작되는 찬가). ② 《옛·구어》 (브랜디를 탄) 커피; 작은 커피주전자.
gloriette [glɔrjɛt] *n.f.* ① 정자, 정각, 초당(草堂) (~ pavillon). ② 새장, 조롱(volière).
glorieusement [glɔrjøzmɑ̃] *ad.* 영광스럽게, 명예롭게; 훌륭하게, 찬란하게, 당당하게; 기고양하게, 거만하게.
glorieux(se) [glɔrjø, -φ:z] *a.* ①영광스러운, 명예로운(célèbre, éclatant); 훌륭한, 찬란한(magnifique). vie(mort) ~se 명예로운 일생(죽음). ②《문어》교만한, 거만한; 뽐내는, 으스대는(fier, orgueilleux); 허영심이 있는. être ~ comme un paon (공작처럼) 몹시 뽐내다. [~ de] être ~ *de* sa naissance 자기의 출생신분을 자랑하다. ③《종교》(신의)영복[지복]을 받은(누린)(élu, saint). corps ~ 영복[영광]을 누리는 사람; 《익살》 육체의 욕망을 가지지 않는 인간.
—*n.* 교만(거만)한 사람. faire le ~ 뽐내다, 만심을 가지다.
—*n.m.* ①《속어》태양, 해. ② (*pl.*) 하느님의 영광으로 빛나는 사람들, 천사와 성자.
—*n.f.pl.* les trois G~ses 《프랑스사》 영광의 3일간(les trois journées ~ses) (1830년 7월 27·28·29일의 3일간에 걸친 혁명).
glorificateur(trice) [glɔrifikatœ:r, -tris] 《문어》 *a.* 영광을 돌리는, 찬미[찬송]하는. —*n.* 찬송자; 표창하는 사람.
glorification [glɔrifikɑsjɔ̃] *n.f.* ① 찬미, 찬송. ② 《신학》무궁한 영복을 받기.
glorifier [glɔrifje] *v.t.* ① 찬미하다, 찬송하다, 기리다(louer); (신의 영광을) 찬양하다. la nature 자연을 예찬하다. ② 《신학》 (에게) 영복(榮福)을 주다(bénir).
—**se** ~ *v.pr.* 영광으로 여기다; 자만하다. [se ~ de *qc*/de + *inf*.] se ~ de son rang 자신의 지위를 자랑으로 삼다. Il se glorifie d'avoir gagné la partie. 그는 시합에 이긴 것을 뽐내고 있다(se ~ que + *sub.*의 구문으로도 쓰임).
gloriole [glɔrjɔl] *n.f.* (하찮은) 자만심, 허영심(orgueil, ↔ humilité). faire de la ~ 허풍떨다, 뻐기는 소리치다. conter ses petites ~s 하찮은 공명담을 늘어놓다. agir par (pure) ~ (순전히) 보이기 위해 〔쇼를 위해〕행동하다.
glose [glo:z] *n.f.* ①주해, 주석, 해설. ~ marginale 난외주석. dire la vérité sans ~ (토를 달지 않고) 진실만을 말하다. ②《구어》비판, 평구, 비난. ~s des commères 수다스런 여자들의 험구.
gloser [gloze] *v.t.* ① 주석[해설]하다(annoter, commenter). ~ un texte 원문주석을 달다. ②《구어》비평[비판]하다(critiquer); 험구하다, 비난하다. —*v.i.* ① [~ sur] (에 대해) 주석[해설]을 하다. ~ sur un texte 원문의 주석을 달다. ②《옛·구어》[~ sur *qc*] (에 대해) 공론(空論)하다; [~ sur *qn*] (에 대해) 험구하다, 헐뜯다. ~ sur tout 무슨 일에든 왈가왈부하다 (마지고 들다).
gloseur(se) [glozœ:r, -φ:z] *n.* 헐뜯기 [험구] 잘하는 사람.
glossaire [glɔsɛ:r] *n.m.* ① 고어[난어]사전. ② 어휘집, 용어사전.
glossateur [glɔsatœ:r] *n.m.* 해설자, 주석자; 해설[주석]서 편집자.
-glosse *suff.*, **gloss(o)-** *préf.* 「혀·언어」의 뜻.
glossématique [glɔsematik] *n.f.* 《언어》 (엘므스레브(*Hjelmslev*)가 주창한) 기능구의적 언어분석, 언어소론(言語素論). —*a.* (위)의.
glossème [glɔsɛm] *n.m.* 《언어》어의소(語意素).
glossien(ne) [glɔsjɛ̃, -ɛn] *a.* 《해부》혀의, 혀에 관한.
glossine [glɔsin] *n.f.* 《곤충》 체체파리속(屬).
glossite [glɔsit] *n.f.* 《의학》설염(舌炎).
glossodynie [glɔsɔdini] *n.f.* 《의학》설통(舌痛).
glossographe [glɔsɔgraf] *n.m.* ①고어·난어 학자. ②혀의 진동 표시기.
glossolalie [glɔsɔlali] *n.f.* 《정신의학》정신병 환자의 이법에 어긋난 말; 언어망상.
glossologie [glɔsɔlɔʒi] *n.f.* 《의학》설학(舌學).
glossomanie [glɔsɔmani] *n.f.* 《정신의학》(조어·이상한 어법 따위로 지미불명의 말을 하는 증상.
glossopètre [glɔsɔpɛtr] *n.m.* 설석(舌石) 《물고기의 이빨의 화석》.
glosso-pharyngien(ne) [glɔsɔfarɛ̃ʒjɛ̃, -ɛn] *a.* 《해부》 인설두(舌咽頭)의.
glossotomie [glɔsɔtɔmi] *n.f.* 《의학》설(舌)절개수술.
glottal(ale, *pl.* **aux)** [glɔtal, -o] *a.* 성문(聲門)을 통해서 나오는. vibrations ~ales 성문진동.
glotte [glɔt] *n.f.* 《해부》성문(聲門). coup de ~ 《언어》성문파열음(폐쇄음).
-glotte *suff.*, **glotto-** *préf.* 「허·언어」의 뜻.
glottique [glɔtik] *a.* 성문의.
glottochronologie [glɔtɔkrɔnɔlɔʒi] *n.f.* 《언어》언어연대학.
glottorer [glɔtɔre] *v.i.* (황새가)울다.
glougloter [gluglɔte] *v.i.* 《구어》= **glouglouter**.
glouglou [gluglu] *n.m.* 《구어》꽐꽐, 꼴꼴꼴꼴 (액체가 병 따위에서 흘러나오는 소리). ②구구구(칠면조·비둘기 따위의 울음소리).
glouglouter [gluglute] *v.i.* 《구어》(액체가)꽐꽐(꼴꼴꼴꼴)흐르다. (칠면조가)울다.
gloussant(e) [glusɑ̃, -ɑ̃:t] *a.* (암탉 따위가)꼬꼬(댁)하고 우는.
gloussement [glusmɑ̃] *n.m.* (암탉의)꼬꼬댁하고 우는 소리; 칠면조가 우는 소리; 《사투리》껄껄 웃음.
glousser [gluse] *v.i.* (암탉이 병아리를 부르기 위해) 꼬꼬하고 울다; (칠면조가)울다; 《사투리》껄껄 웃다.
glouteron [glutrɔ̃] *n.m.* 《사투리》《식물》 ① = bardane. ② = gaillet.
glouton(ne) [glutɔ̃, -ɔn] *a.* 식탐하는, 게걸스럽게 먹는(goulu, vorace). enfant ~ 식성좋은 아이. appétit ~ 왕성한 식욕. ②욕심 많은. —*n.* 식충이, 대식가, 게걸스러운 사람. avaler comme un ~ 게걸스럽게 먹다.
—*n.m.* 《동물》오소리 비슷한 짐승(족제비과).
gloutonnement [glutɔnmɑ̃] *ad.* 게걸스럽게.
gloutonnerie [glutɔnri] *n.f.* 대식, 폭식; 탐욕.
gloxinie [glɔksini] *n.f.* 《식물》글록시니아 《브라질 원산의 관상용 다년초》.
glu [gly] *n.f.* ① (새 잡는) 끈끈이; 갓풀, 아교. prendre de petits oiseaux à la ~ 끈끈이로 작은 새를 잡다. ~ marine 조선용 아교(접착제). ②《비유적》유혹하는 것;《구어》(달라붙어서) 성가시게 구는 사람. C'est une vraie ~; Il est collant comme de la ~. 그자는 정말 성가신 사람이다.
avoir de la ~ *aux doigts(aux mains)* 손재주가 없다; (맡긴 돈을) 속여먹다, 착복하다. ***être pris(se laisser prendre)*** *à la* ~ 유혹(함정)에 빠져들다, 감언이설에 걸려들다.
gluant(e) [glyɑ̃, -ɑ̃:t] *a.* 끈끈이 같은, 끈적거리는 (collant); 《비유적》(사람이) 끈덕진, 성가시게 구

는. mains ~es 끈적거리는 손.
—n.m. 《속어》젓먹이, 갓난아이.

gluau [glyo] (pl. ~**x**) n.m. ① (새 잡는)끈끈이대. ②《은어》덫; 체포. ③《속어》가래, 침.

glucagon [glykaɡɔ̃] n.m. 《생화학》글루카곤(혈당을 상승시키는 호르몬).

glucide [glysid] n.m. 《생화학》탄수화물.

glucidique [glysidik] a. 탄수화물의, 포도당의.

glucine [glysin] n.f. 《화학》산화글루시늄.

glucinium [glysinjɔm] n.m. 《화학》글루시늄(béryllium).

gluc(o)- préf. 「당(糖)」의 뜻.

glucomètre [glykɔmɛtr] n.m. (발효전의 포도즙 따위의 당분을 측정하는)당분 측정기.

glucose [glykoːz] n.m. 《생화학》포도당.

glucoserie [glykozri] n.f. 포도당 제조공장.

glucoside [glykozid] n.m. 《화학》당원체.

glucosurie [glykozyri] n.f. = **glycosurie**.

gluer [glye] v.t. ① (에)끈끈이를 바르다. ~ des branches pour prendre des oiseaux 새를 잡으려고 가지에 끈끈이를 바르다. ②《드물게》끈적끈적하게 하다. —v.i. 《문어》끈적끈적하다.

glui [glɥi] n.m. (지붕 이는)보릿짚, 이엉.

glumacé(e) [glymase] 《식물》 a. 깍지(꼬투리)가 있는. —n.f.pl. 영화목(穎花目).

glume [glym] n.f. 《식물》깍지, 꼬투리; 왕겨.

glumelle [glymɛl] n.f. (벼과 식물의)화영(花穎).

glutamine [glytamin] n.f. 《화학》글루타민.

glutamique [glytamik] a. acide ~《화학》글루타민산.

gluten [glytɛn] n.m. 부질(麩質), (식물성)아교질, 글루텐. pain de ~ (당뇨병 환자용의)글루텐 빵.

glutinatif(ve) [glytinatif, -iːv] a. 《옛》= **agglutinatif**.

glutination [glytinasjɔ̃] n.f. 《드물게》접착(력), 점착(력).

glutineux(se) [glytinø, -øːz] a. ① 글루텐질의; 글루텐을 함유한. ② 아교질의, 접착성의, 끈적끈적한.

glutinosité [glytinozite] n.f. 접착성.

glyc- préf. 「당(糖)」의 뜻.

glycémie [glisemi] n.f. 《의학》혈당(血糖).

glycérat [glisera], **glycéré** [glisere] n.m. 《약》글리세린제(劑).

glycéride [gliserid] n.m.(f.) 《화학》글리세리드.

glycérie [gliseri] n.f. 《식물》육절보리풀·개미피류(類).

glycérine [gliserin] n.f., **glycérol** [gliserɔl] n.m. 《화학》글리세린.

glycériner [gliserine] v.t. (에)글리세린을 바르다.

glycér(o)- préf. 「당(糖)」의 뜻.

glycérolé [gliserɔle] n.m. = **glycérat**.

glycérophosphate [gliserɔfɔsfat] n.m. 《화학》글리세로포스파트.

glycéryle [gliseril] n.m. 《화학》글리세릴기(基).

glycine [glisin] n.f. ① 《식물》등나무. ② 《화학》글리신.

glyco- préf. 「당(糖)」의 뜻(gluco-).

glycocalix [glikokaliks] n.m. 《생물》당의(糖衣)(세포 외피).

glycocolle [glikɔkɔl] n.m. 《화학》글리코콜.

glycogène [glikɔʒɛn] n.m. 《화학》글리코겐.

glycogénèse [glikɔʒenɛːz], **glycogénie** [glikɔʒeni] n.f. 《생화학》당형성(糖形成).

glycogénique [glikɔʒenik] a. 《생리》당형성의.

glycol [glikɔl] n.m. 《화학》글리콜. 괴로한.

glycolipide [glikolipid], **glucolipide** [glykɔlipid] n.m. 《생화학》당지질(糖脂質).

glycolyse [glikɔliz] n.f. (효소작용으로 인한)포도당 훼손.

glycomètre [glikɔmɛtr] n.m. = **glucomètre**.

glyconien(ne) [glikɔnjɛ̃, -jɛn], **glyconique** [glikɔnik] a. 글리콘 시체(詩體)(일종의 사운각시체(四韻脚詩體))의. —n.m. 글리콘 시체.

glycoprotéine [glikɔprɔtein] n.f., **glycoprotéide** [glikɔprɔteid] n.m. 《생화학》당단백질.

glycorégulation [glikɔregylasjɔ̃] n.f. 《생리》(인체의)혈당치 조정작용, 당대사(糖代謝) 조절.

glycose [glikoːz] n.m. = **glucose**.

glycosurie [glikozyri] n.f. 《의학》당뇨(糖尿).

glycosurique [glikozyrik] 《의학》a. 당뇨병의. —n. 당뇨병 환자.

glyphe [glif] n.m. 《건축》(장식으로 파는)홈.

glyptique [gliptik] n.f. 보석 조각술.

glypto- préf. 「조각된」의 뜻.

glyptodon(te) [gliptɔdɔ̃(t)] n.m. 《고대생물》조치수(彫齒獸)(남미에서 발견되는 거대 포유류).

glyptographie [gliptografi] n.f. 고대 보석조각[학]; 고대 조석학(彫石學).

glyptothèque [gliptotɛk] n.f. ① 고대 조석(彫石) 진열실. ② 조각 진열실(관).

G.-M. 《약자》Grand-Maître 프리메이슨 결사(franc-maçonnerie)의 장.

G.M.T. 《영·약자》Greenwich mean time 그리니지 표준시.

gnaf [naf] n.m. 《속어》= **gniaf**.

gnaffer [nafe] v.t. 《속어》= **gniaffer**.

gnan(-)gnan [ɲɑ̃ɲɑ̃]《구어》a. 《불변》(무기력하게)축 늘어져 있는(mollasse), 게으르고 두덜거리는. femme ~ 늘 멍청하게 있는(게을러 빠진) 여자. —n. (위)의 사람.

gnaphale [gnafal], **gnaphalium** [gnafaljɔm] n.m. 《식물》떡쑥·풀솜나물류(類).

gnasse [nas] n.m. 《속어》= **gniasse**.

-gnathe, -gnathie suff. 「턱」의 뜻.

gnaule [noːl] n.f. = **gnole**.

gneiss [gnɛs] n.m. 《지질》편마암(片麻岩).

gneisseux(se) [gnɛsø, -øːz], **gneissique** [gnɛ(e)sik] a. 편마암[질]의.

gnétacées [gnetase] n.f.pl. 《식물》마황과(麻黃科).

gnète [gnɛt] n.f., **gnetum** [gnetɔm] n.m. 《식물》마황.

gniaf [ɲjaf] n.m. 《속어》① 구두 수선공; 서투른 수선공. ② (비유적)재주없는 사람, 쓸모없는 인간.

gniaffer [ɲjafe] v.t. 《속어》잡치다, (일을)망치다.

gniafferie [ɲjafri] n.f. 《속어》비열; 비열한 행동.

gnian-gnian [ɲjɑ̃ɲjɑ̃] a., n. = **gnan(-)gnan**.

gniard [ɲar] n.m. 《속어》애새끼(enfant).

gniasse [ɲjas] n.m. 《속어》① mon(ton, son…) …나(너, 그녀석). ② Quelle pluie! tant pis pour leurs ~s. 이 비 좀 보게! 그 사람들 가엾게 됐군. ② 사람.

gniole [ɲjɔl] n.f. = **gnole**.

gnion [ɲjɔ̃] n.m. = **gnon**.

gnocchi [nɔki] 《이탈리아》 n.m.pl. 《요리》뇨키(밀가루에 달걀·치즈 따위를 섞어 구운 음식).

gnognot(te) [nɔnɔt] n.f. 《구어》하찮은 것, 시시한 것. C'est de la ~. 시시한 것이군.

gnole [nɔl], **gnôle** [noːl] n.f. (싸구려)브랜디. —a. 멍빠진, 멍한. —n. 얼간이, 멍청이.

gnolerie [nɔlri] n.f. 《속어》어리석음, 우둔.

gnome [gnoːm] n.m. ① (난장이 모습을하고)땅의 정령, 지신(地神), 땅귀신. ② 난장이(nabot, nain).

gnomide [gnɔmid] n.f. 땅의 여신령, 땅귀신.

gnomique [gnɔmik] a.①격언적인, 금언적인. poésie ~ 격언시. ②《언어》(동사가)보편개념을 나타내는《예:La Terre tourne autour du

Soleil.). —*n.m.* 격언 시인(poète ~).
gnomon [gnɔmɔ̃] *n.m.* ① 지시침(指時針)《고대인들이 태양의 고도를 재기 위해 수직으로 세워 놓은 기둥 또는 막대기》. ② 해시계.
gnomonique [gnɔmɔnik] *n.f., a.* ① 해시계 제작법(의). ② projection ~ (지도의)심사도법.
gnon [gnɔ̃] *n.m.* 《속어》매질, 때리기. donner [recevoir] un ~ [des ~s] 매질하다(매맞다).
gnose [gno:z] *n.f.* ① 〖신학〗그노시스, 영적〖신비적〗인식. ② 《종교사》그노시스설(說).
-gnose, -gnosie, -gnostique *suff.* 「인식」의 뜻.
gnoséologie [gnɔzeɔlɔʒi] *n.f.* 〖철학〗인식형이상학(認識形而上學).
gnosie [gnɔzi] *n.f.* 〖심리〗감각에 의한 대상인식. ~ visuelle[auditive] 시각[청각]을 통한 인식.
gnosticisme [gnɔstisism] *n.m.* 《종교사》그노시스설(說)《특수한 영적 직관을 존중한 초기 기독교의 한 교리》.
gnostique [gnɔstik] *a., n.* ① 그노시스파의(사람). ② 영적 인식을 얻은(사람), 비교를 전수한(사람).
gnôthi seauton [gnotiseotɔ̃]《그리스》너 자신을 알라《소크라테스의 말》(Connais-toi toi-même.).
gnou [gnu] *n.m.* 〖동물〗누《아프리카산의 소영양의 일종》.
go¹ (tout de) [tudgo] *loc.ad.* 《구어》① 대뜸, 직접 (directement), 단도직입으로(sans détour). N'allez pas lui avouer cela *tout de* ~. 그에게 단번에 털어놓지는 마시오. ② 거침없이, 체면차리지 않고. Il est entré *tout de* ~. 그는 앞뒤 가리지 않고 들어 갔다.
go² [go] *n.m.* 《속어》이(虱).
go³ *n.m.* 바둑.
G.O. 《약자》① grandes ondes 〖무전〗장파(長波). ② grand officier 레지옹도뇌르 2등 훈장 수훈자.
goal [go:l] 《영》*n.m.* 〖예〗〖스포츠〗골; 골키퍼.
goal-average [golavera:ʒ]《영》*n.m.* 〖축구〗리그전에서 팀의 골 득실의 비율.
goal-keeper [golkipœ:r]《영》*n.m.*《예》〖축구〗골키퍼(gardien de but).
gobbe, gobe¹ [gɔb] *n.f.* ① (유해동물 독살용의)동그랗게 빚은 독약;(가축을 살찌게 하는)고기 만두. ② (양의 위 속에 생기는)모구(毛球).
gobe² [gɔb] *n.m.* (바다에서 강으로 거슬러 올라오는 고기를 잡기 위한)어망.
gobe-la-lune [gɔblalyn] *n.m.*《복수불변》《속어》바보, 얼간이.
gobelet [gɔblɛ] *n.m.* ① (손잡이 없는)컵, 물컵; 한 컵의 분량. boire un ~ de vin 포도주 한 컵을 마시다. ② (요술용)컵. tour de ~ 컵요술; 요술. C'est un tour de ~.《비유적》그것은 사기이다. joueur de ~s 요술장이;《비유적》사기꾼. ③ 주사위 통(~ à dés). ④ 〖건축〗(지붕용)쇠그릇.
gobeleterie [gɔblɛtri] *n.f.* ① 컵 제조; 컵장사. ②《집합적》컵류.
gobeletier(ère) [gɔblətje, -ɛ:r] *n.* 컵제조[판매]업자.
gobelin¹ [gɔblɛ̃] *n.m.*《예》악마; 작은 요정(妖精).
gobelin² *n.m.* 고블랭 직물〖양탄자〗.
Gobelins (les) [legɔblɛ̃] *n.pr.m.pl.* 파리의 고블랭 직물의 국영 공장.
gobelot(t)er [gɔblɔte] *v.i.*《속어》술을 (찔끔찔끔) 연거푸 마시다, 많이 마시다; 주연을 베풀다.
gobelot(t)eur(se) [gɔblɔtœ:r, -ø:z] *n.*《속어》술을 찔끔찔끔 마시는 사람.
gobe-mouche(s) [gɔbmuʃ] *(pl. ~-~s) n.m.* ① 〖조류〗딱새무리. ② 〖식물〗식충(食蟲)식물. ③ 《구어》남의 말을 쉽게 믿는 사람, 고지식한 바보 (gogo, naïf); 게으름뱅이.
gober [gɔbe] *v.t.* ① 씹지 않고 삼키다, 삼켜버리다, 꿀꺽 마시다, 한입에 마시다;《구어》먹다(manger). ~ un œuf cru 날계란을 한입에 삼키다. ② 《구어》《비유적》경신(輕信)하다, 덜어놓고 믿다. Il *gobe* tout ce qu'on lui dit. 그는 사람들이 말한 것을 그대로 다 믿는다. ③《예》갑자기 붙잡다(attraper). ④《속어》좋아하다, 중히 여기다(apprécier).《특히 부정형으로》Il ne me *gobe* pas beaucoup. 그는 나를 별로 대단하게 생각하지 않는다. ~ *l'appât(l'hameçon, le morceau, la mouche); la* ~ 속다; 걸려들다, 함정에 빠지다.
—*se* ~ *v.pr.*《구어》자부[자만]심이 강하다.
goberge [gɔbɛrʒ] *n.f.* ① (소목장이의)압착구. ② (침대 매트를 받치는)밑판자.
goberger(se) [s(ə)gɔbɛrʒe] ③ *v.pr.* ①《구어》마음편하게 [스스럼없이] 행동하다. ② 맛있는 음식을 먹다. ③《예》[se~ de] (을)희롱하다, 놀리다.
gobet [gɔbɛ] *n.m.* ①《구어》(먹을 때의)한 입의 고기덩어리. ② chasser au ~《사냥》매로 자고새를 잡다. ③《예·구어》(남의 말을)쉽게 믿는 사람. *prendre un homme au*~《예·구어》사람을 기습하여 잡다.
gobetage [gɔbta:ʒ] *n.m.* ① 〖건축〗(벽 따위를)초벌칠하기; (틈을)회반죽으로 메우기. ② 〖농업〗(부식토층)뒤엎기.
gobeter [gɔbte] ⑤ *v.t.* ① 〖건축〗(벽 따위를)초벌칠하다, 밑칠을 하다; (이은 틈을)회반죽으로 메우다. ② 〖농업〗(비료층을)뒤엎다.
gobetis [gɔbti] *n.m.* ① 〖건축〗초벌[애벌]칠. ② (틈을 메우는)회반죽.
gobette [gɔbɛt] *n.f.*《구어》(소량의)술. ②《사투리》아가씨, (시골)처녀.
gobeur [gɔbœ:r, -ø:z] *n.* ① 씹지 않고 (꿀꺽)삼키는 사람. ②《비유적》잘 속는 사람. 남의 말을 잘 믿는 사람(crédule, naïf); 멍텅구리, 멍청이(~ de mouches).
gobichonner [gɔbiʃɔne]《예·속어》*v.i.* 흥청거리며 살다; 실컷 먹고 마시다. —*v.t.* (음식을)먹다.
gobie [gɔbi] *n.m.* 〖어류〗줄망둑.
gobille [gɔbij] *n.f.* 〖놀이〗공기(돌).
gobin [gɔbɛ̃] *n.m.*《예·드물게》꼽추.
gobseck [gɔpsɛk] *n.m.* 구두쇠, 냉혹한 고리 대금업자《Balzac 소설의 주인공에서》.
godage [gɔda:ʒ] *n.m.* (천·종이의)구김살, 주름살.
godaille [gɔdɑ:j] *n.f.*《구어》실컷 먹고 마시기, 흥청 망청 놀기; 술잔치;《드물게》(하급의)포도주.
godailler [gɔdaje] *v.i.* ① (천·종이에)구김살[주름살]이 지다. ②《예·구어》실컷 먹고 마시다, 흥청 망청 놀다.
godailleur(se) [gɔdajœ:r, -ø:z] *n.* ①《구어》실컷 먹고 마시며 노는 사람; 폭음 폭식하는 사람.
godan(t) [gɔdɑ̃] *n.m.*《예·구어》지어낸 이야기; 함정, 속임수. donner dans le ~ 속임수에 넘어가다.
godasse [gɔdas] *n.f.*《속어》구두(chaussure), 헌 구두(godillot).
goddam [gɔddam] (<《영》*God damn*)《예》*int.* 제기랄. —*n.m.*《복수불변》영국 사람.
godefiche [gɔdfiʃ] *n.f.* 〖패류〗가리비(coquille Saint-Jacques의 이명).
godelureau [gɔdlyro] *(pl. ~x) n.m.*《구어》《경멸》젊은 멋장이; 건방진 젊은이.
godemiché, godemichet [gɔdmiʃe] *n.m.*《속어》인조 남근.
godenot [gɔdno] *n.m.*《구어》못생긴 난장이;《예》(요술장이가 쓰는)나무(상아)로 만든 작은 인형.

goder [gɔde] *v.i.* ① (천·종이가)구김살지다, 울다 (grigner). jupe qui *gode* 구김살지는 치마. ②《속어》발기하다.

godet [gɔdɛ] *n.m.* ① (다리·손잡이 없는)작은 컵, 찻종, 잔(gobelet). ②《속어》한 잔의 술. ③《송진을 받는》그릇; 그림물감 접시; (물레방아의)물반이; (준설기(浚渫機) 따위의)두레박, 진흙 퍼내는 통; 【광산】운반기. ④ 【식물】(도토리의)깍정이; (꽃의)꽃받침. ⑤ (천·옷 따위의)구김살, 주름; 【의복】플레어.

godétia [gɔdesja], **godétie** [gɔdesi] *n.f.* 【식물】고데시아(바늘꽃과의 관상용 식물).

godiche [gɔdiʃ], **godichon(ne)** [gɔdiʃɔ̃, -ɔn] 《구어》*a.* 얼빠진, 멍청한, 바보같은(niais); 서투른, 어설픈(maladroit). Ce qu'il a l'air ~! 그는 참으로 바보같구나! — *n.* 얼간이, 멍청이, 바보; 【학교】(사교나 운동을 하지 않고)공부만 하는 학생.

godille [gɔdij] *n.f.* ① (작은 배의 뒤에 달린)노, 고물노. ② 【스키】속력을 늦추기 위한 지그재그 활강, 베델곤. **à la ~** ⓐ 고물노를 저어서. ⓑ《구어》아무렇게나, 되는대로; 상태가 나쁜. avoir un estomac *à la ~* 위의 상태가 좋지 않다.

godiller [gɔdije] *v.i.* 고물노를 저어 가다; 【스키】속력을 늦추기 위해 지그재그로 활강하다.

godilleur [gɔdijœ:r] *n.m.* (드물게)고물노를 젓는 사람; 【스키】베델곤(godille)을 잘 하는 사람.

godillot [gɔdijo] *n.m.* ①《구어》군화. ②《속어》구두(godasse); 헌 구두. ③ 【정치】드골 장군(le Général de Gaulle)의 정책의 맹목적 추종자.

godiveau [gɔdivo] (*pl.* ~x) *n.m.* 【요리】(다른 음식에 넣으려고)가늘게 썰어 양념한 고기; (소금 간을 한 물에) 끓인 반자.

godron [gɔdrɔ̃] *n.m.* ① 【건축·금속】(음양각의)반원형 무늬 장식. ② 【의복】(옛날 옷의)둥근 주름; 주름 잡는 다리미.

godronnage [gɔdrɔnaːʒ] *n.m.* ① 둥근 가장자리 무늬 장식을 하기. ② (옷의)둥근 주름을 잡기.

godronné(e) [gɔdrɔne] *a.p.* ① 타원형의 가장자리 장식이 된; (옷의)주름을 잡은. ② 【식물】잎의 가장자리를 깔쭉깔쭉하게 한.

godronner [gɔdrɔne] *v.t.* ① 둥근 무늬 장식을 하다. ② 【의복】주름을 잡다.

godronnoir [gɔdrɔnwaːr] *n.m.* (은기(銀器) 세공에서)둥근 홈을 파는 끌.

godure [gɔdyːr] *n.f.* (드물게)(주름·접힌 자국이 있는) 천·종이의 흠, 결함.

goéland [gɔelɑ̃, (옛)gwalɑ̃] *n.m.* 【조류】갈매기.

goélette [gɔelɛt, (옛)gwalɛt] *n.f.* ① 【해양】스쿠너선(船); 삼각돛(voile ~)(→voilier 그림). ② 【조류】제비갈매기(hirondelle de mer).

goélo [gɔelo] *n.m.* 팽폴(Paimpol, 브르타뉴 지방의 도시)사투리.

goémon [gɔemɔ̃, (옛)gwamɔ̃] *n.m.* ① 해초(海草), 바닷말(varech). ② 해초로 만든 비료.

goethéen(ne) [gøteɛ̃, -ɛn] *a.* 괴테의; 괴테풍의.

goétie [gɔesi] *n.f.* 【고대그리스】악마를 부르는 주문(呪文).

Gœttingue [gœtɛ̃ːg] *n.pr.m.* 【지리】괴팅겐(서독의 도시).

gogaille [gɔgaːj] *n.f.* ①《옛·속어》즐거운 식사, 술잔치. être en ~ 흥청망청 마시다. ②농담.

gogly [gɔgli]《캐나다》*n.m.* 【조류】참새의 일종.

gogo¹ (à) [agogo] *loc.ad.*《구어》①많이, 풍성하게. ② 충분히; 안락하게. manger *à ~* 실컷 먹다. avoir tout *à ~* 없는 것이 없다, 안락하게 살다.

gogo² [gogo] (< *Gogo*, 희극 «*Robert Macaire*»의 등장인물) *n.m.*《구어》쉽게 믿는 자, 잘 속는 사람. C'est bon pour les ~s. 그런 말은 잘 속아넘어가는 사람들에게나 하시오.

gogue¹ [gɔg] *n.f.*《옛》요강; (*pl.*)변소.

gogue² [gɔg] *n.m.* (앙주(*Anjou*) 지방의)고기 요리.

goguenard(e) [gɔgnaːr, -ard] *a.* 놀리는, 야유하는, 빈정거리는(moqueur, railleur). répondre sur un ton ~ 장난하는 투로 대답하다. — *n.* 빈정거리는 사람, 놀리는 사람; 야유하는 사람. faire le ~ 놀리다, 야유하다.

goguenarder [gɔgnarde] *v.t.*《엣·문어》농담하다; 놀리다, 야유하다.

goguenarderie [gɔgnard(ə)ri], **goguenardise** [gɔgnardiːz] *n.f.* 농담; 놀리기, 야유(plaisanterie, raillerie).

gogueneau (*pl.* ~x), **goguenot** [gɔgno] *n.m.*《속어》요강; (*pl.*)변소(gogues).

goguette [gɔgɛt] *n.f.* ① en ~ 얼근히 취한. mettre *qn en* ~ ···을 얼근히 취하게 하다. ②《옛》욕, 욕설. chanter ~(*s*) *à qn* ···에게 욕을 퍼붓다.

goi (*pl.* **goïm**) [gɔi, -im] *n.m.* (유태교도의 입장에서 본)다른 종교의 신도(goy).

goïdélique [gɔidelik] *a.* 게일의, 게일어(語)(gaélique).

goinfrade [gwɛ̃frad] *n.f.*《엣·구어》폭음폭식.

goinfre [gwɛ̃ːfr] *n.m.* 폭음폭식가, 식탐을 내는 사람. manger comme un ~ 게걸스럽게 먹다. — *a.* 걸신이 들린.

goinfrer [gwɛ̃fre] *v.i.*《엣·구어》폭음폭식하다, 아귀아귀 먹다.
— **se** ~ *v.pr.* [se ~ de](을)아귀아귀[게걸스레]먹다. *se ~ de gâteaux* 과자를 게걸스레 먹다.

goinfrerie [gwɛ̃frəri] *n.f.* 폭음폭식.

goitre [gwatr] *n.m.* 【의학】갑상선종(甲狀腺腫). ~ exophtalmique 안구 돌출성 갑상선종.

goitreux(se) [gwatrø, -øːz] *a.* 갑상선종성의, 갑상선종에 걸린. — *n.* 갑상선종 환자; 《구어》바보.

golde [gɔld] *n.m.* 골디드어(語)(아무르강 하류유역에서 쓰이는 퉁구스어의 사투리).

golden [gɔlden]《영》*n.f.*《복수불변》골덴멜리셔스(사과의 일종).

gold-point, gold point [gɔldpɔjnt]《영》*n.m.* 【경제】정화수송점(正貨輸送點).

golf [gɔlf]《영》*n.m.* ① 【스포츠】골프, 골프장(terrain de ~). ~-miniature 실내[베이비] 골프. ② 【의복】(스포츠용)여자 잠바; 골프바지(culotte (pantalon) de ~).

golfe [gɔlf] *n.m.* ① 만(灣). G~ de Gascogne 비스케 만. Courant du G~ 멕시코 만류. ② 【해부】구상부(球狀部).

golfeur(se) [gɔlfœːr, -øːz] *n.* 골프하는 사람.

Golgotha [gɔlgɔta] *n.pr.m.* 【성서】골고다(그리스도가 십자가에 못박힌 언덕).

Goliath [gɔljat] *n.m.* 【성서】골리앗(다윗의 돌에 맞아 죽은 거인). — **g~** *n.m.* 거인.

golmelle [gɔlmɛl], **golmette** [gɔlmɛt], **golmotte** [gɔlmɔt] *n.f.* 【식물】파리버섯(amanite); 갓버섯(lépiote).

gomarisme [gɔmarism] *n.m.* 【신학】고마르 설.

gomariste [gɔmarist] *n.* 고마르(*Gomar*, 플랑드르의 신교도 신학자)파의 신도(gomarien(ne)).

gombette [gɔ̃bɛt] *a.* loi ~ 【역사】공베트 법.

gombo [gɔ̃bo] *n.m.* 【식물】오크라·꿈보; 오크라의 깍지(수프에 넣거나 향신료로 씀).

goménol [gɔmenɔl] *n.m.* 고메놀(호흡기 질환에 쓰이는 방부유(防腐油)).

goménolé(e) [gɔmenɔle] a. 고메놀을 함유한.
gomina [gɔmina] n.f. 〖상품명〗 포마드.
gominer (se) [s(ə)gɔmine] v.pr. (머리에)포마드를 바르다.
gommage [gɔmaːʒ] n.m. ① 고무를 입히기. ② 지우기, 지워 없애기. (추상적) ~ de la notion du châtiment 징벌의 개념을 지워 없애기. ③ 〖미용〗 (화장 전의)피부의 크린싱. ④ 〖기계〗 (밸브·피스톤이)꼭 붙어 움직이지 않음.
*__gomme__ [gɔm] n.f. ① 고무; 지우개(고무)(~ à effacer). ~ arabique(d'Arabie) 아라비아고무, 고무풀(우표 뒷면에 풀 대신 칠함). ~ de l'hévéa 라텍스고무. ~ à mâcher 추잉검. boule de ~ 고무풍 (인후진통제). ~ élastique 탄성고무. ② 〖의학〗 고무종(腫); 〖임업·원예〗 (살구·복숭아 따위의)나무껍질에서 고무같은 물질이 나오는 병. ③ (옛·구어)선병장이들의 사회(haute ~; 〖집합적〗)멋장이. faire de la ~ 〖속어〗멋부리다.
à la ~ 〖속어〗무능한, 쓸모있는, 쓸모없는. type à la ~ 쓸모없는 녀석. idée à la ~ 가치없는 생각.
mettre (toute) la ~ 〖속어〗(차의)속력을 내다; 부리나케 가다; 힘껏 노력하다.
gommé(e) [gɔme] a.p. ① 고무를 입힌; 고무풀을 칠한. taffetas ~ 반창고. ② 고무를 녹여서 넣는. 지우개(고무)의. 〖黃〗
gomme-gutte [gɔmgyt] (pl. ~s-~s) n.f. 자황(雌黃).
gomme-laque [gɔmlak] (pl. ~s-~s) n.f. 셀락.
gommelaquer [gɔmlake] v.t. (에)셀락을 칠하다.
gommement [gɔmmɑ̃] n.m. 〖드물게〗고무를 입힘.
gommer [gɔme] v.t. ① (에)고무를 칠하다. ② 고무를 녹여 넣다; (그림물감에)고무를 섞다. ③ 고무로 지우다(effacer); (비유적) 지워 없애다; 얼버무리다, 묵살하다. ~ quelques scènes d'un film 영화의 몇 장면을 삭제해 버리다. ~ la réalité 현실을 얼버무리다.
—v.i. 〖기계〗 (피스톤 따위가)꼭 붙어 움직이지 않다.
—se ~ v.pr. ① 모습을 감추다, 사라지다; (사람이)세상과의 접촉을 끊다. ② (수동적) (사물이)지워져 없어지다, 잊혀지다(s'effacer).
gomme-résine [gɔmrezin] (pl. ~s-~s) n.f. 고무수지(樹脂).
gommeux(se) [gɔmφ, -φːz] a. ① (식물이)고무를 내는. arbre ~ 고무원목. ② 고무를 함유한; 고무성의, 고무질의. substance ~se 고무질(質). ③ tumeur ~se 〖의학〗 고무종(腫). —n.m. 〖구어〗아니꼬운 멋장이. —n.f. ① (종이에)고무를 입히는 기계. ② 〖옛·구어〗(음악다방의)여가수.
gommier [gɔmje] n.m. 〖식물〗 고무나무.
gommifère [gɔmifeːr] a. 고무를 내는[산출하는].
gommose [gɔmoːz] n.f. 〖식물〗 (과수에서 볼 수 있는)고무 같은 물질을 분비(分泌)하는 병.
Gomorrhe [gɔmɔːr] n.pr. 〖성서〗 고모라(Sodome과 함께 신에게 멸망당한 도시).
gomorrhéen(ne) [gɔmɔreɛ̃, -ɛn] a. 동성연애하는 여자의. —n.f. 동성연애하는 여자(lesbienne).
gomphose [gɔfoːz] n.f. 〖해부〗 정상(釘狀)관절.
gonade [gɔnad] n.f. 〖생물〗 생식선(生殖腺).
gonadique [gɔnadik] a. 〖생물〗 생식선의.
gonadostimuline [gɔnadɔstimylin], **gonadotrophine** [gɔnadɔtrɔfin] n.f. 〖생화학〗 생식선[성] 호르몬.
gonadotrope [gɔnadɔtrɔp] a. 〖생물〗 생식선에 작용하는. hormones ~s 생식선 자극 호르몬.
-**gonal** suff. 「…각형」,「…모꼴」의 뜻.
gonalgie [gɔnalʒi] n.f. 무릎의 통증.
gonalgique [gɔnalʒik] a. 무릎의 통증을 가진.

gonarque [gɔnark] n.f. (다면체의 여러 표면에 그려진)해시계의 일종.
gonce [gɔ̃ːs] n.m. (은어)녀석, 사내(gonze).
goncesse [gɔ̃sɛs] n.f. (은어)계집; 첩(gonzesse).
gond [gɔ̃] n.m. (문 따위의)돌쩌귀, 경첩(charnière)(→porte 그림). mettre une porte sur ses ~s 문을 돌쩌귀에 맞추어 달다. porte hors de ses ~s 돌쩌귀에서 벗어난 문.
mettre qn hors des ~s [de ses ~s] …을 버려 화나게 하다, 격노하게 하다. *sortir des [de ses] ~s* 〖구어〗버럭 화를 내다.
gonder [gɔ̃de] v.t. (문에)돌쩌귀를 달다.
gondolage [gɔ̃dɔlaːʒ], **gondolement** [gɔ̃dɔlmɑ̃] n.m. (판자 따위가)휘어지기, 뒤틀리기(gauchissement). ② (칠한 페인트 따위가)떠서 일어나기.
gondolant(e) [gɔ̃dɔlɑ̃, -ɑ̃ːt] a. 〖속어〗우스워 견딜 수 없는, 포복절도하는.
gondole [gɔ̃dɔl] n.f. ① (베네치아의)곤돌라. faire une promenade en[sur une] ~ 곤돌라 뱃놀이하다. ② (비행기의)적신(吊船), (기구(氣球)의)곤롱(吊籠). ③ 곤돌라케이스 《수퍼마켓 따위의 상품진열 선반》. ④ 〖토목〗 (포장도로의)배수구(排水溝). ⑤ (파리 부근을 다니던)합승마차. ⑥ 〖의학〗 눈썹는 컵. ⑦(옛)곤돌라 의자.
gondolé(e) [gɔ̃dɔle] a.p. (판자 따위가)뒤틀어진, (칠한 페인트 따위가)떠서 일어난.
gondoler [gɔ̃dɔle] v.i. ① (선체의 양쪽이)곤돌라처럼 휘다. ② (판자 따위가)뒤틀어지다; (칠한 페인트 따위가)떠서 일어나다. faire ~ les planches 판자가 뒤틀리게 하다. —se ~ v.pr. ① 휘다, 뒤틀어지다. ② (칠한 페인트 따위가)떠서 일어나다. ③ 〖속어〗자지러지게 웃다.
gondolier(ère) [gɔ̃dɔlje, -ɛːr] n. 곤돌라의 뱃사공.
gone(sse) [gɔn, -ɛs] 〖리옹〗 n. 어린이; 녀석, 자식.
-**gone**[1] suff. 「…각형(角形)」,「…모꼴」의 뜻(예:décagone 10 각형).
-**gone**[2], -**gonie** suff. 「발생·생성·세대」의 뜻(예: archégone 造卵器).
gonelle [gɔnɛl] n.f. ① (중세의)성직자의 긴 옷; (일반적으로)긴 옷(gonne). ② 〖어류〗 베도라치과(科)의 물고기(gonnelle).
gonfalon [gɔ̃fɑlɔ̃], **gonfanon** [gɔ̃fɑnɔ̃] n.m. (전쟁 때 쓴)기류(旗旒).
gonfalonier, **gonfanonier** [gɔ̃fɑnɔnje] n.m. ① 기수(旗手). ② (주교관(館))승원의)기의병. ③ (중세 이탈리아 도시국가의)장관.
gonflage [gɔ̃flaːʒ] n.m. (자동차 타이어 따위의)팽창(한 상태), 부풀리기. ~ des pneus 타이어의 공기주입.
gonflé(e) [gɔ̃fle] a.p. ① 부푼, 부어 오른(enflé). yeux ~s de larmes 울어서 부어오른 눈. ② (비유적) ~ de (으로, 이)가득찬(rempli). cœur ~ de chagrin 슬픔으로 터질 듯한 마음. ③ 과장된. chiffre ~ 과장된 숫자. ④ 〖속어〗대담한, 뻔뻔스러운(culotté). Il est vraiment ~! 그는 정말 통이 크군!; 정말 뻔뻔스럽기도 하지!
être ~ à bloc 〖속어〗열중하다, 미쳐있다.
gonflement [gɔ̃flɑmɑ̃] n.m. ① 부풀기; 부푼 상태; 팽창; 과장. ~ de la circulation des billets 지폐유통의 팽창. vérifier le ~ des pneus 타이어의 공기압을 확인해 보다. ② 〖의학〗 종창(腫脹).
*__gonfler__ [gɔ̃fle] v.t. ① (가스·공기·액체 따위를 넣어)부풀리다. ② 팽창시키다; (강물 따위를)분게 하다. ~ un ballon 풍선을 부풀리다. faire ~ les pneus de sa voiture 자동차의 타이어에 바람을 넣

다. L'eau *gonfle* l'éponge. 물이 해면을 부풀린다. ② (과식하여)배를 부르게 하다; (눈을)붓게 하다. plat qui *gonfle* l'estomac 배를 부르게 하는 요리. ③ (수자 따위를)불리다, 과장하다(exagérer). ~ l'importance d'un incident 사건의 중대성을 과장하다. ~ le nombre des manifestants 시위 참가자의 수를 과장해서 발표하다. ④ 《비유적》(감정으로)가득 채우다(remplir). [~ qn de] Ses succès l'*ont gonflé* d'orgueil. 성공이 그에게 거만한 마음을 갖게 만들었다. ⑤ (자동차·엔진의)출력을 높이다. ⑥ 《속어》(여자를)임신시키다.
—*v.i.* 부풀다, 팽창하다, 붓다. Le gâteau *a gonflé*. 케이크가 부풀었다. Le genou *a gonflé*. 무릎이 부었다.
—*se* ~ *v.pr.* ① 부풀다, 팽창하다. ② (강물이)붇다. ③ (어떤 감정으로)가득 차다. Son cœur *se gonfle*. 그는 슬픔으로 가슴이 터질 지경이다. [*se* ~ *de*] Son cœur *se gonfla d'espoir*. 그의 가슴은 희망으로 가득 차 있었다. ④ 《구어》자만하다. Ne *te gonfle pas tant*! 그렇게 우쭐거리지 말아!
gonfleur [gɔ̃flœːr] *n.m.* 《자동차》공기펌프.
gong [gɔ̃(ːg)] *n.m.* ① 바라, 징; 《권투》공. coup de ~ (경기 시간을 알리는)공소리. ② 〔등대·등대선의〕경종.
gongonner [gɔ̃ɡɔne] *v.i.* 《구어》(의복 따위가 잘 맞지 않아)주름이 잡히다.
gongorisme [gɔ̃ɡɔrism] *n.m.* 《문학사》가식주의, 지나치게 꾸민 문체(에스파냐의 시인 *Gongora* 류의) (cultisme).
gonidie [gɔnidi] *n.f.* 《식물》(지의·조류(藻類) 따위의)녹과체(綠顆體), 고니디아.
-gonie *suff.* 「발생·생성」의 뜻 (예: cosmogonie 우주개벽(開闢)).
gonin [ɡɔnɛ̃] *n.m.* 교활한 놈(maître ~).
gonio [ɡɔnjo] *n.m.* 《구어》《해양》무선방위계.
gonio- *préf.*「각도」의 뜻.
goniomètre [ɡɔnjɔmɛtr] *n.m.* ① 《측량》고니오미터, 각측각기(測角器); 각도계. ② 무선방위.
goniométrie [ɡɔnjɔmetri] *n.f.* 각도측정 (술); (무선에 의한)방위측정(술).
goniométrique [ɡɔnjɔmetrik] *a.* 각도 측정의, 측각술(測角術)의.
gonion [ɡɔnjɔ̃] *n.m.* 《인류》악각점(顎角點), 고니온.
gonioscopie [ɡɔnjɔskɔpi] *n.f.* 《의학》(전방(前房))우각(隅角)검사법.
gonne [ɡɔn] *n.f.* ① (중세의)성직자의 긴 옷; (일반적으로)긴 옷(gon(n)elle); (말의)후구(後軀)의 덮개. ② 《해양》(조린 생선 따위를 넣는)통.
gonnelle [ɡɔnɛl] *n.f.* ① = gonne①. ② 《어류》베도라치과(科)의 물고기.
gono- *préf.*「종자·생식」의 뜻.
gonochorique [ɡɔnɔkɔrik] *a.* 《생물》자웅이체(雌雄異體).
gonochorisme [ɡɔnɔkɔrism] *n.m.* 《생물》자웅이체(현상) (↔ hermaphrodisme).
gonococcie [ɡɔnɔkɔksi] *n.f.* 《의학》임균감염증(淋菌感染症狀).
gonocoque [ɡɔnɔkɔk] *n.m.* 《세균·의학》임균.
gonocyte [ɡɔnɔsit] *n.m.* 《생물》생식원세포, 성원세포(性原細胞).
gonophore [ɡɔnɔfɔːr] *n.m.* 《생물》생식체.
gonorrhée [ɡɔnɔre] *n.f.* 《의학》임질.
gonorrhéique [ɡɔnɔreik] *a.* 《의학》임질의.
gonosome [ɡɔnozɔm] *n.m.* 《생물》성염색체.
gonozoide [ɡɔnozɔid] *n.m.* 《생물》유성생식개체, 생식개원(個員).

gonse [gɔ̃ːs] *n.m.* = gonze.
gonsesse [gɔ̃sɛs] *n.f.* = gonzesse.
gonze [gɔ̃ːz] *n.m.* 《은어》녀석, 사내.
gonzesse [gɔ̃zɛs] *n.f.* 《은어》① 계집, 년; 첩. ② 비겁한 녀석.
gopak [gɔpak] *n.m.* 호팍, 고팍(hopak) (우크라이나의 민속무용).
gopher [ɡɔfɛːr] *n.m.* bois de ~ 《성서》노아의 방주(方舟)를 만든 나무.
gord¹ [ɡɔːr] *n.m.* 《어업》어살.
gord² [북프랑스] *n.m.* (탄광의)진흙, 흙.
gordien [ɡɔrdjɛ̃] *a.m.* 고르디오스(Gordios, 프리기아왕)의. trancher [couper] le nœud ~ 비상수단으로 어려운 문제를 해결하다.
gore [ɡɔːr] *n.m.* ① (풍화하여)부석부석한 암석. ② 《광산》(중부 프랑스의 탄광에 흔한)진흙. ③ (연못의 물을 뺄 때)물고기를 넣어 두는 구멍.
gorenflos, gorenflot [ɡɔrɑ̃flo] *n.m.* 《요리》앵두주를 넣은 카스텔라의 일종.
goret [ɡɔrɛ] *n.m.* ① 돼지 새끼. ②《비유적》불결한 아이 (남자). ③ 《해양》(배밑창 소제용의)큰 비.
goretage [ɡɔrtaːʒ] *n.m.* (배밑창을)비로 쓸기.
goreter [ɡɔrte] [5] *v.t.* (배밑창을)비로 쓸다.
gorfou [ɡɔrfu] *n.m.* 《조류》펭귄과의 새.
***gorge** [ɡɔrʒ] *n.f.* ① 목구멍, 인후; 목 언저리. avoir mal à ~ [un mal de ~] 목 (구멍)이 아프다. avoir la ~ serrée [nouée] (감정이 복받쳐)목이 메이다. avaler qc à pleine ~ prise ~ 을 단숨에 [꿀꺽] 삼키다. crier à pleine ~ 고래고래 소리지르다. rire à ~ déployée 큰 소리로 웃다. se racler [s'éclaircir] la ~ (노래 따위를 하기 전에)헛기침을 하다. voix de ~ 울리는 저음.
②《문어》(여자의)가슴, 유방 (buste). avoir une ~ abondante [plate] 유방이 풍만하다 (납작하다). robe qui comprime la ~ 가슴을 꽉 죄는 원피스. ③ 《사냥》(매의)먹이주머니; 먹이. ~ chaude (맹금에게 줄)갓 잡은 짐승의 날고기 조각.
④ 협곡. ~ encaissée 좌우쪽이 험한 협로. ⑤ (피스톤봉·도래래의)홈; (차축의)머리부분; (패도의)권축(卷軸), (족자의)나무 롤러; 요새의 뒤쪽 입구; 《건축》쇠시리의 홈. ⑥ (자물쇠의)공간(槓) .
avoir la ~ prise 목이 쉬다.
avoir le couteau sur [sous] la ~ 목앞에 들이민 단도의 위협받고 있다; 협박(위협)을 받다.
couper la ~ à qn …의 목을 베다. …을 죽이다; … 에게 치명적 일격을 가하다. se couper la ~ 서로 죽이다(s'entre-tuer).
faire des ~s chaudes [une ~ chaude] de qn 《구어》…을 모두가 놀림감으로 비웃다, 좌중의 웃음거리로 삼다(se moquer de).
faire rentrer à qn les [ses] paroles [mots] dans la ~ …에게 말을 취소시키다.
mettre à qn le couteau sur [sous] la ~ …의 목에 칼을 들이대다; …을 위협해 시키는 대로 하게 하다.
prendre [saisir, tenir] qn par [à] la ~ …의 목을 잡다; …의 목을 잡고 [우격다짐으로] 시키다. Avec ce contrat on peut le tenir à la ~. 이 계약서만 있으면 그 자를 꼼짝못하게 할 수 있다.
rendre [옛] 토하다; 새가 먹이를 게워내다; 《구어》부당하게 얻은 돈을 토해내다.
tendre la ~ 목을 내밀다; 저항을 중지하다.
gorgé(e) [ɡɔrʒe] *a.p.* ① [~ de] (으로)배부른; 가득찬(bourré). campagne ~e de soleil 태양이 가득찬 평원. ② 《수의》충혈된, 부어 오른(engorgé) jambe ~e (말의)부은 다리. ③ chien ~ 《사냥》

gorge-blanche [gɔrʒəblɑ̃ːʃ] (*pl.* ~s-~s) *n.f.* 【조류】휘파람새(科)의 일종.

gorge-de-pigeon [gɔrʒədpiʒɔ̃] *a.* 《불변》(비둘기의 목 언저리처럼)광선빛에 따라 색깔이 바뀌는, 비둘기 털빛의. —*n.m.* 비둘기 털빛.

gorgée [gɔrʒe] *n.f.* 한 모금, 한 입. avaler *qc* d'une (seule)~ …을 단숨에 꿀꺽 삼키다. boire son vin à petites[grandes]~s 포도주를 찔끔찔끔[벌컥벌컥] 마시다.

gorge-jaune [gɔrʒəʒoːn] (*pl.* ~s-~s) *n.f.* 【조류】 (미국산의)노랑가슴벌레잡이새.

gorge-noire [gɔrʒənwaːr] (*pl.* ~s-~s) *n.f.* 【조류】 딱새 무리.

gorger [gɔrʒe] ③ *v.t.* 《드물게》[~ de](으로)가 득 채우다; (을)잔뜩 먹이다(bourrer, remplir). On les *a gorgés d'*honneurs. 그들은 명예를 듬뿍 안 았다. 《목적보어 없이》Il ne faut pas ~ les enfants. 어린이들에게 억지로 배를 채우는 것은 안된다. ② 【농업】(가득히 살찌도록)잔뜩 먹이다. —**se ~** *v.pr.* [se ~ de] ①(을)잔뜩 먹다. Cet enfant *s'est gorgé de* sucreries à en être malade. 이 아이는 병이 날 정도로 단 것을 잔뜩 먹었다. ② (으로)가득차다, 충만하다(se rassasier). *se ~ de* bonnes lectures 좋은 책을 마음껏 읽다.

gorgère [gɔrʒɛːr] *n.f.* 【선박】이물의 물을 가르는 부분의 오목한 곳.

gorgeret [gɔrʒərɛ] *n.m.* (꿀벌의)침의 끝.

gorgerette [gɔrʒərɛt] *n.f.* ① (옛 부인복의)깃 장식. ② (어린이 모자의)턱에 매는 끈. ③ 【조류】 검은머리휘파람새 무리.

gorgerin [gɔrʒərɛ̃] *n.m.* ① (투구의)목가림; (여자의)깃 장식. ② 【건축】(이오니아 양식의)주경(柱頸).

gorget [gɔrʒɛ] *n.m.* ① (오목쇠시리용)개탕 대패. ② 작은 오목쇠시리.

gorgonaires [gɔrgɔnɛːr] *n.m.pl.* 【동물】팔방산호 무리.

Gorgone [gɔrgɔn] *n.pr.f.* 【그리스신화】고르고노스《머리털이 뱀 모양의 세 자매 괴물》.
—**g~** *n.f.* ①《구어》말 많은 추녀(醜女)(mégère). ② 【동물】(고르고니아)바다부채. ③ 【건축】괴물머리(고르고노스) 장식.

gorgonie [gɔrgɔni] *n.f.* 【동물】고르고니류(類).

gorgonzola [gɔrgɔ̃zɔla] *n.m.* 고르곤졸라 치즈《이탈리아의 생산지명에서》.

gorille [gɔrij] *n.m.* ① 【동물】고릴라. ②《구어》보디가드, (신변)경호원(garde du corps). ③ 비밀 공작원(agent secret).

Gorkhas [gɔrka] *n.m.pl.* 구르카족(族)《북부 인도·네팔의 주민》.

Gos(c)en [gɔsɛn], **Goshen** [gɔʃɛn] *n.pr.m.* terre [pays] de ~ 【성서】고셴 땅《출애굽 이전에 이스라엘 사람이 살던 이집트 북부의 땅》(Gessen).

gosette [gozɛt] *n.f.*《벨기에》【제과】(반원형의)애플파이.

gosier [gozje] *n.m.* ① 목구멍, 인두(pharynx), 식도(œsophage). avoir une arête dans le ~ 목구멍에 가시가 걸리다. ~ d'éponge 술고래. grand ~ 대식가(gourmand). avoir le ~ sec《구어》목이 마르다. s'humecter le ~ 목을 축이다, 한잔 하다. ② 목청, 목소리, 발성기관. avoir un ~ de rossignol 목소리가 아름답다.
à plein ~ 목청껏, 큰 소리로, 목을 놓아.
avoir le ~ pavé (ferré, de fer-blanc) 뜨거운 것이나 매운 것을 잘 마시고 먹다.

*****gosse** [gɔs] *n.* ①《구어》아이, 어린이(gamin). ~ d'environ huit ans 여덟살 가량의 어린이. beau ~《속어》미소년; 미남. belle ~《속어》미소녀. ② (부모쪽에서 보아)자식. avoir des ~s 자식이 있다. faire des ~s《속어》자식을 낳다.
—*n.f.* ①《비어》처, 아내. ② 정부. —*a.* 젊은, 애송이의, 앳된. avoir l'air ~ 애숭이 같다.

gosselin [gɔslɛ̃] *n.m.*《속어》소년.

gosseline [gɔslin] *n.f.*《속어》소녀(fillette).

Goth [go] *n.pr.m.* 【역사】고트족 사람《3-5세기에 로마제국을 침범한 게르만족》. —*a.* 고트족[사람]의. rois ~s 고트족의 왕.

gotha [gɔta] (< *Gotha*, 독일의 도시) *n.m.* ①《집합적》(*Gotha*에서 발행된 귀족연감(almanach de Gotha)에 실려있는)귀족; 명사. ② (제 1 차대전에서 독일이 사용한)폭격기.

*****gothique** [gɔtik] *a.* ① 고트 사람의. ② 고딕식의; 고딕체의. écriture ~ 고딕체 활자. architecture ~ 고딕 건축. caractères ~s 고딕체 활자. ③ 《옛》《경멸》 중세풍의, 고풍의, 시대에 뒤진. habit ~ 구식의 (유행에 뒤진) 옷. —*n.m.* ① 고딕미술(art ~); 고딕양식(style ~). ②《옛》고트어(語)(gotique). —*n.f.* ② 【인쇄】고딕체 활자.

got(h)on [gɔtɔ̃], **gotte** [gɔt] *n.f.*《옛》시골처녀; 바람둥이 여자; 창녀.

gotique [gɔtik] *n.m., a.* 【언어】고트어(語)(의).

gouache [gwaʃ] *n.f.* 【미술】고무 수채화(법). peindre à la ~ 고무 수채화법으로 그리다.

gouacher [gwaʃe] *v.t.* 고무 수채화법으로 그리다.

gouaille [gwaːj] *n.f.*《구어》놀리기; 야유, 비웃음(raillerie).

gouailler [gwaje] *v.t.*《구어》비웃다, 빈정거리다, 야유하다, 놀리다(railler). —*v.i.* 조소하다.

gouaillerie [gwajri] *n.f.*《구어》야유, 비웃음, 빈정거림.

gouailleur(se) [gwajœːr, -ʃːz] *a.* 빈정거리는, 비웃는, 놀리는(railleur, moqueur). —*n.* 놀리는 사람, 비웃는 사람.

gouailleusement [gwajøzmɑ̃] *ad.* 빈정거려, 놀리며, 비웃으며.

gouais [gwɛ] *n.m.* 사부아(Savoie)산의 포도묘목(gouet).

goualante [gwalɑ̃ːt] *n.f.*《구어》상송, 《특히》풍자적인 노래. pousser une ~ 상송을 부르다, 한 곡 부르다.

goualer [gwale]《구어》*v.t.* 노래하다(chanter).
—*v.i.* ① 노래하다. ② 외치다, 울다; 자백하다.

goualeuse [gwaløːz] *n.f.*《구어》(싼 술집을 돌아다니며 노래하는)여가수.

gouape [gwap] *n.f.*《속어》① 불량배, 깡패(voyou); 깡패 집단(패거리). ② 깡패노릇(짓).

gouaper [gwape] *v.i.*《속어》빈둥빈둥 놀다; 방탕한 생활을 하다.

gouda [guda] (< *Gouda*, 네덜란드의 도시) *n.m.* 고다산(產) 치즈.

goudron [gudrɔ̃] *n.m.* 타르, 역청(瀝青)(bitume); 담뱃진. ~ de gaz[de houille]콜타르. ~ minéral (de pétrole). ~ pour route 아스팔트. eau de ~ 타르수(水).

goudronnage [gudrɔnaːʒ] *n.m.* 타르를 칠하기. ~ des routes 도로의 아스팔트 포장공사.

goudronné(e) [gudrɔne] *a.p.* 타르(아스팔트)를 칠한; 아스팔트 포장을 한. papier ~ (타르를 칠한) 기름종이. toile ~e 방수포(防水布). belle route ~e 아스팔트의 잘 된 도로.

goudronner [gudrɔne] *v.t.* (에)역청을 칠하다; 아스팔트를 깔다.

goudronnerie [gudrɔnri] *n.f.* ① 타르[역청]공장.

② 타르 제조법.
goudronneur [gudrɔnœ:r] *n.m.* 타르 공장의 직공; 타르를 칠하는 직공.
goudronneuse¹ [gudrɔnø:z] *n.f.* 타르를 뿌리는 기구(기계); 아스팔트 기계.
goudronneux(se²) [gudrɔnø, -ø:z] *a.* 타르질의, 역청질의.
goudronnier [gudrɔnje] *n.m.* 타르 제조(판매)인.
gouet [gwɛ] *n.m.* ① 《옛·사투리》 (포도 재배인·나무꾼이 쓰는)낫 모양의 도끼. ② 사보아(*Savoie*)산의 포도 묘목. ③ 《식물》 반하류(類)(arum).
gouffre [gufr] *n.m.* 깊은 구렁(구멍); 균열(abîme); 《지질》빨아들이는 구멍. descendre au fond d'un ~ 깊은 구멍 속으로 내려가다. ~ béant 크게 벌어진 틈새. ~ sous-marin 해구(海溝). ~ de la mer 《시》바다 속 깊은 곳. ~ (바다의)소용돌이(치는 흐름). ~ du Maelstrom (북빙양의)맬스트롬의 소용돌이. ③(비유적)심연, (불행·비참·악 따위의)구렁. sombrer dans le ~ de l'oubli 망각의 심연에 빠지다. tomber dans le ~ de misère 비참의 구렁 속에 떨어지다. ④(특히)막대한 돈의 손실을 초래하는 것; 위험·재해의 근원. Ce procès est un ~. 이 소송은 한없이 돈이 든다. C'est un ~ d'argent. 그것은 돈이 엄청나게 드는 일이다. ~ de tous les vices 모든 악덕의 온상. ⑤《구어》돈을 낭비하는 사람; 탐욕스러운 사람; 대식가. C'est un ~ que cet homme-là. 그자는 돈을 물쓰듯 쓴다.
gouge¹ [gu:ʒ] *n.f.* ①둥근 끌[정]. ②(통 만드는)둥근 대패.
gouge² 《남프랑스》 *n.f.* 계집, 여자; 하녀; 《옛》갈보.
gougelho(p)f [gugelɔ(p)f] *n.m.* (알자스 지방의)왕관꼴의 과자의 일종(kugelhopf, kougelhof).
gouger [guʒe] ③ *v.t.* 둥근 끌로 파다(새기다). pomme *gougée* 《해양》삭도구(索轡器).
gougère [guʒɛ:r] *n.f.* 《제과》치즈가 든 과자빵.
gougette [guʒɛt] *n.f.* 소형의 둥근 끌[정].
gougnafier [gunafje] *n.m.* 《속어》쓸모없는 자.
goun(i)ot(t)e [gun(j)ɔt] *n.f.* 《속어》동성연애하는 여자(lesbienne).
gouille [guj] *n.f.* (스위스·프랑스 중부 따위에서)늪, 물구덩이.
gouine [gwin] *n.f.* 《속어》동성애하는 여자(gougnotte); 《옛》갈보.
goujat [guʒa] *n.m.* ① 버릇 없는 놈; (특히 여자에게)모욕을 가하는 놈. conduite digne d'un ~ 비열한 짓. ②《옛》종졸(從卒), (장교의)당번병. ③《옛》(갈색의)견습공; 미장이 조수. ~ de maçon 석공 조수.
goujaterie [guʒatri] *n.f.* 버릇 없는[비열한] 짓(grossièreté). faire une ~ (특히 여자에게)무례한 짓을 하다.
goujon¹ [guʒɔ̃] *n.m.* 《어류》모샘치, 모래무지. taquiner le ~ 《구어》낚시질하다.
faire avaler le ~ à qn 《비유적》…을 함정에 빠뜨리다; …에게 엉터리 없는 말을 하다.
goujon² [guʒɔ̃] *n.m.* ①《건축·기계》(나무·돌 따위를 접합하는)장부(쇠), 박는 볼트, 스터드볼트(~ prisonnier). ②《기계》합정(合釘)(~ de jonction). ③(조각가의)둥근 끌. ④도래의 둥근 끌.
goujonnage [guʒɔna:ʒ] *n.m.* 속이음.
goujonner¹ [guʒɔne] *v.t.* 《구어》속이다.
goujonner² *v.t.* 《건축》장부이음하다; (볼트·합정으로)접합시키다.
goujonnier [guʒɔnje] *n.m.* 모샘치 잡이에 쓰는)촘촘한 그물의 일종.
goujonnière [guʒɔnjɛ:r] *a.f.* perche 《어류》(민물에 사는)농어의 일종(grémille).

goujonnoir [guʒɔnwa:r] *n.f.* 통제조인의 연장.
goujure [guʒy:r] *n.f.* 홈; 《해양》도르래의 홈.
goulache, goulasch [gulaʃ] *n.f.* 《요리》(헝가리식의)쇠고기 요리의 일종.
goulafre [gulafr] 《벨기에》 *a.* 식탐하는.
― *n.* 식탐하는 사람.
goulag [gulag] (러시아) *n.m.* (소련의) (강제노동)수용소 관리 본부; (비유적)탄압정치체제.
gouldie [guldi] *n.f.* 《조류》벌새의 일종.
goule¹ [gul] *n.f.* (근동의 전설에서 사람의 생피를 빨고 시체를 먹는)여자 마귀.
goule² *n.f.* 《속어》입(bouche, gueule).
goulée [gule] *n.f.* 《구어》한 입(bouchée), 한 모금. d'une ~ 한 입에, 한 모금에, 단숨에. prendre (respirer, aspirer) une grande ~ d'air 공기를 크게 들이마시다.
goulet [gulɛ] *n.m.* ①(항만의)좁은 입구. ②(산간의)좁은 길, 협로. ③(비유적)일시적인 애로, 지장. ~ d'étranglement 진행상의 애로. ④(병 따위의)가늘고 긴 목(goulot).
goulette [gulɛt] *n.f.* ①작은 도랑. ②(망태그물의)짧때기 모양의 아가리(goulotte). ③《구어》(병어 주둥이 같은)입.
gouleyant(e) [gulɛjɑ̃, -ɑ̃:t] *a.* 《구어》(포도주 맛이)개운한.
goulot [gulo] *n.m.* ①(병·물뿌리개 따위의)가늘고 긴 목. boire au ~ 병째로 마시다(나팔불다). ②《속어》입; 목구멍. ③ =goulet ③. ~ d'étranglement (진화·발전 따위의)저해 요인, 애로.
goulotte [gulɔt] *n.f.* ①작은 도랑, 실개천; (짐 따위를 미끄러뜨려 보내는)경사진 도랑. ②(망태그물의)깔때기 꼴의 아가리. ③《속어》입.
goulu(e) [guly] *a.* 게걸스럽게 먹는, 아귀아귀먹는, 식충이의(glouton); 탐욕스러운. regards ~s 탐내는 듯한 눈초리. ② pois ~s 《식물》꼬투리째 먹는 강남콩(haricot mange-tout). ③《구어》입이 큰. ―*n.* 식충이. ―*n.f.* 《구어》입이 큰 여자. ④ (*pl.*) 자물쇠 장수가 쓰는 폭이 넓은 못뽑이.
goulûment [gulymɑ̃] *ad.* 게걸스럽게, 아귀아귀.
goum [gum] *n.m.* ①(아라비아의)가족, 부족. ②《군사》(식민지시대의 알제리·튀니지·모로코의)토착민 부대.
goumier [gumje] *n.m.* 《군사》(알제리·튀니지의)토착민 부대의 기병.
goupil, -pi *n.m.* 《옛》여우(renard).
goupille [gupij] *n.f.* (시계·병기 따위에 쓰이는)쐐기못, 핀. mettre une ~ à qc …을 핀으로 꽂다.
goupiller [gupije] *v.t.* ①《기술》쐐기못으로 고정시키다[죄다]. ②《구어》잘 처리(준비·계획)하다. Qu'est-ce qu'il est en train de ~? 무슨 수작을 하고 있는 중이지 ?
― *se* ― *v.pr.* 《구어》잘 처리(준비·계획)되다. Ça s'est mal *goupillé*. 일이 잘 못됐다.
goupillon [gupijɔ̃] *n.m.* ①《종교》(성수)살포기(撒布器), 성수채; (비유적)성직계. le sabre et le ~ 《구어》군대와 교회. ②(병·등피 따위의)솔.
goupillonner [gupijɔne] *v.t.* 긴 솔로 청소하다.
gour [gu:r] *n.m.pl.* (gara의 복수, 이 형이 자주 쓰임) 사하라 사막의 외딴 언덕.

goupillon

goura [gura] *n.m.* 《조류》(뉴기니 근방의)왕관비둘기(pigeon couronné).
gourami [gurami] *n.m.* 《어류》구라미 무리(《순다

열도 부근에 사는 큰 물고기의 일종).
gourance [gurɑ̃:s], **gourante** [gurɑ̃t] *n.f.*《속어》잘 못하기, 실수(erreur).
gourbet [gurbɛ] *n.m.*《사투리》(모래언덕에 심는 사방(砂防)용)잡초(oyat).
gourbi [gurbi] *n.m.* ① (아라비아의)오두막집. ② (제1차대전 때의)참호. ③《속어》더러운 오막집.
gourbillage [gurbijaːʒ] *n.m.*《해양》(못·쐐기의 대가리가 들어가도록)구멍 입구를 넓히기.
gourbiller [gurbije] *v.t.*《해양》(못·쐐기를 박을) 구멍의 입구를 넓히다.
gourd(e¹) [guːr, gurd] *a.* ①(추위로)마비된, 곱은 (engourdi). mains ~es 곱은 손. avoir les doigts ~s 손가락이 곱다. ②《구어》멍청한.
n'avoir pas les bras ~s (싸움 따위에서)재빠르게 때리다. *n'avoir pas les mains ~es* (훔치거나 붙잡는)솜씨가 빠르다.
—*n.f.*《구어》멍청이, 바보.
gourde² [gurd] *n.f.* ①《식물》호리병박; (수통으로서의)호리병. ②수통(水筒). ③바보, 멍청이.
—*a.* 얼빠진, 바보같은.
gourde³ *n.f.* (아이티의)은화(piastre).
gourdin [gurdɛ̃] *n.m.* ①곤봉, 몽둥이. ②(옛)(죄수를 응징하기 위한)밧줄. ③ (아이티의)화폐단위(4분의 1구르드).
goure [guːr] *n.f.*《속어》①《약》위조약, 가짜약. ②속임수, 사기.
gourer [gure]《속어》*v.t.* ①(약을)위조하다. ②속이다(tromper, duper).
—*se ~ v.pr.* 잘못 알다, 착각하다(se tromper).
goureur(se) [gurœːr, -φːz] *n.* (옛)①위조약 제조 (판매)자. ②협잡꾼.
gourgandine [gurgɑ̃din] *n.f.*《속어》매춘부, 갈보. ②(옛) 가슴이 트인 부인용 속옷.
gourgandiner [gurgɑ̃dine] *v.i.*《속어》매춘부에게 무상 출입하다.
gourgane [gurgan] *n.f.*《식물》(알이 큰)잠두의 일종(fève des marais).
gourganier [gurganje] *n.m.* (옛·속어)(범선에 타는)노련한 선원.
gourgouran [gurgurɑ̃] *n.m.*《직물》인도 비단.
Gourkhas [gurka] *n.m.pl.* = Gorkhas.
gourmade [gurmad] *n.f.*《구어》주먹질, (특히 얼굴을 때리는)주먹질. se donner des ~s 서로 주먹질하다.
*****gourmand(e)** [gurmɑ̃, -ɑ̃ːd] *a.* ①식도락의, 미식가의(gourmet); 탐식하는, 욕심많은. être ~ de qc …을 즐겨먹다. ②《비유적》탐욕스러운, 욕심많은. être de louange 찬사를 탐내다. jeter sur *qn(qc)* des regards ~s …을 탐내는 눈초리로 쳐다보다. ③(옛)대식의(glouton). ④ⓐ branches ~es《원예》흡지(吸枝). ⓑ《농업》herbes ~es 해로운 잡초; pois ~s 완두콩.
—*n.* 미식가;《옛》대식가.
—*n.m.*《원예》흡지(branches ~es).
gourmander [gurmɑ̃de] *v.t.* ①《문어》몹시 꾸짖다 (gronder); 혼내주다. ②《옛》억누르다, 억제하다 (maîtriser); (말을)세차게 다루다. ~ ses passions 정열을 누르다. ~ ses propres sentiments 자기의 감정을 억제하다. ~ la bouche d'un cheval 《승마》고삐를 당겨 재갈을 꽉 물리다. ③《원예》불필요한 가지를 치다.
gourmandise [gurmɑ̃diːz] *n.f.* ①(결점으로서의)미식, 식도락; 대식. manger avec ~ 게걸스럽게 먹다. ②(*pl.*) 진수, 단것, 과자. ③갈망, 욕망. *La ~ tue plus d'hommes que l'épée.*《속담》식탐은 검(劍)보다도 더 많은 사람을 죽인다.

gourme [gurm] *n.f.* 〖의학〗농포성(膿疱性)습진. ②〖수의〗(특히 말의)선역(腺疫).
jeter sa ~ ⓐ (어린이가)농포성습진에 걸리다; (젊은 말이)처음으로 선역(腺疫)에 걸리다. ⓑ《속어》(비유적)젊은이가 혈기에 넘쳐 탕선하다.
gourmé(e) [gurme] *a.p.*《구어》(태도가)뻣뻣한, 새침한, 점잔빼는(guindé, affecté). prendre un air ~ 점잔빼다.
gourmer [gurme] *v.t.* ①(말에)재갈사슬을 달다. ②《구어》주먹질하다. —*se* ~ *v.pr.*《속어》①(옛)서로 주먹질을 하다. ②점잔빼다.
*****gourmet** [gurmɛ] *n.m.* ①식통(食通), 미식가; 포도주 감정가. ②《비유적》조예가 깊은 사람. ~ de la musique 음악에 조예가 깊은 사람.
gourmette [gurmɛt] *n.f.* (말의)재갈사슬. resserrer(lâcher) la ~ 재갈사슬을 조이다(풀다). ②(시계·팔찌의)사슬, 줄; (금속의)광을 내는 쇠줄(띠). *lâcher la ~ à qn* …을 마음대로 하게 내버려두다. *rompre sa* ~ 멋대로 놀아나다.
gournable [gurnabl] *n.f.*〖해양〗(조선용의)떡갈나무의 긴 쐐기.
gournabler [gurnable] *v.t.*〖해양〗나무 쐐기로 고정시키다.
gournay [gurne] *n.m.* 구르네 치즈(노르망디 지방의 연질치즈).
gourou, guru [guru]《산스크리트》*n.m.* (브라만교의)스승, 도사(導師); (정신적인)지도자.
gourrer [gure] *v.t.*《비어》= **gourer**.
gouspin [guspɛ̃] *n.m.*《비어》장난꾸러기 아이, 개구장이; 쓸모없는 놈(vaurien).
gouspiner [guspine] *v.i.*《비어》(아이들이) 거리에서)나쁜 장난을 치다.
goussaut [guso] *a.*, *n.m.* ①허리가 짧고 튼튼한 (말). ②둔한(매).
gousse [gus] *n.f.*〖식물〗콩 따위의)깍지. ~s de pois 콩깍지. ②〖식물〗(마늘·골파 따위의)쪽, 작은 비늘줄기의 한 조각. ③〖건축〗(이오니아식 기둥머리의)소용돌이 무늬 장식(부분). ④《은어》동성연애하는 여자(lesbienne).
goussepain [guspɛ̃] *n.m.* = **gouspin**.
gousset [gusɛ] *n.m.* ①〖의복〗곁바대; (바지의 혁대 안쪽의)작은 호주머니; (조끼의)호주머니. montre de ~ 회중시계. ②(옛)(처음에는 겨드랑이 밑에, 다음에는 혁대 안에 숨겨둔)작은 지갑. avoir le ~ bien garni 주머니가 두둑하다. avoir le ~ vide 한푼 없다. ③(옛)겨드랑이; 겨드랑내. sentir le ~ 겨드랑내가 나다. ④(건물의)이음받침; (기계 부품을 접속하는)연결 플레이트(판). ⑤〖문장〗Y자형 무늬.
‡**goût** [gu] *n.m.* ①맛, 풍미, 냄새; 미각. viande de bon ~ 맛이 좋은 고기. avoir un ~ acide 신맛이 나다. plat de haut ~ 양념이 잘 된 요리. aliment dépourvu de ~ 맛이 없는 음식. relever le ~ d'une sauce 소스의 맛을 돋구다. organe du ~ 미각 기관. perdre le ~ 미각을 잃다.
②식욕. manger avec ~ 맛있게 먹다. n'avoir(ne trouver) ~ à rien 아무것도 먹고 싶지 않다; 아무런 의욕이 없다.
③좋아하는 것, 기호, 관심. juger selon(par) son ~ 자기의 취향에 따라 판단하다. avoir du ~ [peu de ~] pour …을 좋아하다(좋아하지 않다). être au (du) ~ de *qn* …의 마음에 들다. faire *qc* par ~ 좋아서 ~을 하다. avoir le ~ difficile 기호가 까다롭다. avoir des ~s modestes 사치를 좋아하지 않다, 소박하다.
④(좋은)취미, 센스, 미적 감각, 심미안, 감식력. Elle n'a aucun ~ pour s'habiller. 그녀는 복장에

대한 센스가 없다. appartement meublé avec ~ 고상한 취미로 내부를 꾸민 아파트. vêtement de bon [mauvais] ~ 고상한[아한] 옷. homme de ~ 취미가 고상한 사람, 눈이 높은 사람.
⑤ 양식, (…)풍[식]. architecture d'un ~ baroque 바로크풍의 건축. changer de ~s 생활양식을 바꾸다. au ~ du jour 당세풍의, 시류를 따른.
avoir du ~ ⓐ 맛이 [맛 내기가] 좋다. ⓑ 센스가 있다, 감식안이 좋다.
Chacun (à) son ~. 《속담》취미는 제각각.
faire passer le ~ du pain à qn 《속담》…을 죽이다; …에게 다시는 …할 생각을 못 갖게 하다.
mettre qn en ~ …에게 …할 의욕을 갖게 하다.
prendre ~ à qc …에[을 보고] 식욕이 나다; …을 좋아하게 되다.
Tous les ~s sont dans la nature. 《속담》세상에는 여러가지 취미의 사람들이 있는 법.

*goûter [gute] v.t. ① 맛을 음미하다[즐기다], 맛(간)을 보다. Elle goûte la sauce et ajoute du sel. 그녀는 소스의 간을 보고 소금을 더 넣는다. avaler sans ~ 맛도 음미하지[즐기지]않고 삼키다. ② 즐기다, 향유하다, 경험하다. ~ la fraîcheur du matin 싱그러운 아침을 즐기다. Quand on a goûté l'indépendance, on y tient. 한번 독립의 맛을 알면 사람은 이에 집착한다. ③ 좋아하다, (좋은 것으로) 인정하다, 높이 평가하다. ~ vivement la poésie 시를 매우 좋아하다, 무척 좋아한다. Je ne goûte pas cette plaisanterie. 나는 그런 농담은 좋아하지 않는다. écrivain très goûté dans les années 1960, 1960년대에 인기가 높았던 작가. ④ 《벨기에》 맛(냄새)이 나다. Cette sauce goûte le brûlé. 이 소스는 탄내가 난다.
—*v.t.ind.* ① [~ à] …을 조금 맛보다. ~ *à un vin* 포도주를 맛보다. On lui avait servi un bon plat, il *y a à peine goûté.* 맛있는 요리를 대접했지만 그는 거의 입에 대지도 않았다. ② [~ de] …을 처음으로 맛보다, 시식[시음]하다; (비유적) 경험하다. *Goûtez un peu ce gâteau.* 이 과자를 좀 잡수어 보세요. ~ *du pouvoir* 권력의 맛을 알다. Il *a goûté du métier.* 그는 그 직업을 가져보았다. Il *goûte de tout.* 그는 무엇이든 손을 댄다. ③《벨기에》[~ à] …의 마음에 들다. Cette soupe me *goûte.* 이 수프는 내 마음에 든다.
—*v.i.* 간식하다, 주전부리하다. donner à ~ aux enfants 아이들에게 간식을 주다.
—*n.m.* 간식, 주전부리. C'est l'heure du ~. 간식 시간이다.

goûteur(se) [gutœːr, -øːz] *n.* ① 맛의 감식가, 술의 감정가. ② 간식을 먹는[주전부리하는] 사람.

:**goutte¹** [gut] *n.f.* ① 방울. ~ de pluie 빗방울. ~ d'eau 물방울. verser de l'huile par ~s 기름을 한 방울 한 방울 따르다. Le brouillard se condense sur les vitres en fines ~s. 안개가 유리창에 작은 물방울로 맺힌다. Il suait à grosses ~s. 그는 구슬같은 땀을 흘리고 있었다, 땀투성이었다.
② (특히 음료의)소량, 미량. Ajoutez à la sauce une ~ de vinaigre. 소스에 식초 한 방울을 치시오. Voulez-vous du café? — Juste une ~. 커피를 마시겠어요? 아주 조금만. Il ne boit plus une ~. 그는 술을 끊고 있다. n'avoir plus une ~ de force 기진 맥진해 있다.
③ (물방울 모양의)반점, 얼룩. plumage parsemé de ~s blanches 흰 반점이 흩어져 있는 새의 깃털.
④ 《약》 구트(점적제(點滴劑))에 의한 약의 미량 단위); (*pl.*)점적제. prendre ses ~s 점적제를 사용하다.
⑤ mère ~; première ~ (포도주 양조에서 압착 전의) 주스; vin de ~ (발효가 끝난 다음의)맑고 붉은 포도주; moût de ~ (압착하기 전의 주스로부터 나온)흰 포도주.
⑥ 《건축》 (도리아식) 방울무늬 장식; 방울무늬.
avoir la ~ au nez 《구어》 콧물이 나오다.   goutte ⑥
boire la ~ ⓐ (코냑·브랜디를) 한잔 마시다. ⓑ 《옛·속어》빠져들다; (금전상의) 큰 손해를 보다.
C'est la ~ d'eau qui fait déborder le vase. 그 사소한 일로 큰일이 터지고 말았다(불평·분노 따위).
C'est une ~ d'eau dans la mer [dans l'océan]. 해보았자 헛수고이다.
donner la ~ 《구어》 젖을 먹이다, 수유하다.
~ à ~ ⓐ 한 방울씩, 방울방울(져서). ⓑ 조금씩, 차츰히. bonheur savouré ~ à ~ 차분히 맛보는 행복의 맛.
jusqu'à la dernière ~ 최후의 한 방울까지; 마지막까지, 최후의 순간까지.
ne pas avoir une ~ de sang dans les veines 기력 [용기]이 전혀 없다, 기진맥진하다.
savoir passer entre les ~s 곤란[위험]을 잽싸게 [교묘하게] 피하다.
se ressembler comme deux ~s d'eau 꼭 닮다, 쌍동이 같다.
—*ad.* 《옛》(ne 를 동반해서) 조금도 …아니다(다음과 같은 동사와 함께 사용). n'y voir (comprendre, entendre) ~ 전혀 보이지 않다(모르겠다).

goutte² *n.f.* 《의학》 통풍; 통풍성관절염(~ articulaire).

goutte-à-goutte [gutagut] *n.m.* (복수불변) 《의학》 적주(滴注)법, 점적(點滴)주입장치. ~ intraveineux 정맥내 점적. ~ rectal 직장 점적.

goutte-d'eau [gutdo] (*pl.* ~s-~) *n.f.* ① 투명 토파즈, 황옥(黃玉). ② (펜던트 따위의 끝에 달린)방울 모양의 보석 (다이아몬드). ③《건축》 (빗물을 빼는)홈. ④《기술》 홈 파는 대패.

goutte-de-sang [gutdasɑ̃] (*pl.* ~s-~-~) *n.f.* 《식물》 복수초 (adonis 속칭).

goutte-de-suif [gutdəsɥif] (*pl.* ~s-~-~) *n.f.* (나사못·못·리벳 의) 대가리의 둥근 부분.

gouttelette [gutlɛt] *n.f.* 작은 (물)방울.

goutter [gute] *v.i.* (물방울 따위가) 똑똑 떨어지다. eau qui *goutte* d'un robinet 수도꼭지에서 똑똑 떨어지는 물.

gouttereau(*pl.* ~x), **goutterot** [gutro] *a.m.* mur ~ (고딕건축의)위에 빗물받이홈통이 있는 벽.

goutteux(se) [gutø, -øːz] 《의학》 a.통풍(痛風)에 걸린. —*n.* 통풍환자.

gouttière [gutjɛːr] *n.f.* ① (지붕의)빗물받이홈통. ②《옛》처마; 지붕. chat de ~ (즐겨 지붕에 오르는)도둑 고양이. ③ ⓐ(활자의)홈; (책의 등 반대편의)절단 부분. ⓑ (뼈의)홈; (통 모양의)고정, 부목. ⓒ (칼의)홈(피가 흘러내리는). ⓓ (나무 몸통 따위의)상처, (서리로 인한)갈라짐.

gouvernable [guvɛrnabl] *a.* 통치할 수 있는, 다스릴 수 있는; 제어할 수 있는. peuple difficilement ~ 다스리기 어려운 국민.

gouvernail [guvɛrnaj] *n.m.* ① (배·비행기의)키. ~ compensé 균형잡는 키. ~ de direction (de vertical) 방향타. ~ de plongée (잠수함의)부침타 (浮沈舵), 가로키. ~ de profondeur (항공) 승강타(昇降舵). monter [démonter] le ~ 키를 배에 달다[배에서 떼어내다]. roue du ~ 타륜(舵輪). ②(행정·경영 따위의)지휘, 지휘권, être au ~ 지도적 입장에 있다. saisir le ~ 지휘권을 장악하다. tenir le ~ de l'Etat 국정을 영도하다.

gouvernance [guvɛrnɑ̃:s] *n.f.* 【역사】(Artois, Flandre 지방의)관할권.

gouvernant(e) [guvɛrnɑ̃, -ɑ̃:t] *a.* 《드물게》통치[지배]하는; 정권을 쥐고 있는. parti ~ 여당.
—*n.m.* ① (혼히 *pl.*) 통치자, 지배자, 정권 담당자. ② 《옛》 지사, 총독(gouverneur).
—*n.f.* ① 여자 가정교사. ② (독신자를 돌보는)가정부. ③ 《옛》 (젊은 여자를 돌보는)(여)감독자; 지사부인, 총독부인; (여)통치자.

gouverne [guvɛrn] *n.f.* ① 배를 조종하기, 키를 잡기, 조타(操舵). ②《*pl.*》(비행기 따위의)조종 날개《방향타·보조 날개 따위를 포함한 총칭》. ③《옛》행동 지침, 규범. *pour la* ~ *de qn* …의 행동 지침으로서, …을 위하여 참고삼아. Je vous confie cela *pour* votre ~. 참고삼아 말씀드립니다.

gouverné(e) [guvɛrne] *a.p.* ① 통치[지배·통할·관리]받는. ②《문어》 억제되.
—*n.* (주로 *pl.*) 피통치자.

:**gouvernement** [guvɛrnəmɑ̃] *n.m.* ① 정부, 통치기구; 내각(cabinet). ~ révolutionnaire 혁명정부. constituer(former) un ~ 내각을 구성하다. faire tomber le ~ 정부를 쓰러뜨리다. entrer au ~ 입각하다. ~ de coalition 연립정부. acte de ~ 정령(政令). aux frais du ~ 관비로. ② 정부 형태, 정체. ~ républicain[monarchique] 민주(군주)정체. ~ parlementaire 의원내각정체. ~ représentatif 대의 정체. ③ 통치; 관리, 운영. organe de ~ 【행정】기관. prendre en mains le ~ d'un pays 나라의 통치권을 장악하다. ④《문어》지배, 총괄; 지도. ~ d'une famille 가정의 관리. ~ de soi-même 자기 억제. ⑤ (구체제 하에서의)행정 관할 구역, 군관구; 지사(총독)의 직; (식민지의)총독부.

gouvernemental(ale, *pl. aux***)** [guvɛrnəmɑ̃tal, -o] *a.* ① 통치의, 행정의. organes ~*aux* 행정기관. ② 정부의, 정부를 지지하는. parti ~ 여당.

gouvernementalisme [guvɛrnəmɑ̃talism] *n.m.* 《정치》정부중심주의.

***gouverner** [guvɛrne] *v.t.* ① 통치하다, 다스리다, 지배하다. ~ un pays[une nation] 나라[국민]을 다스리다. ② (배 따위를)몰다, 조종하다, 키를 잡다. ~ sa barque 배를 몰다; 사업을 꾸려나가다. ③ 【언어】지배하다. verbe qui *gouverne* l'accusatif 목적【제4】격을 지배하는 동사. ④《옛》(사람을)이끌다, 좌우하다; (감정 따위를)제어하다, 다스리다. C'est le père qui doit ~ ses enfants. 자기아이들을 다스리는 것은 아버지의 의무이다. ~ ses sentiments[son cœur] 감정을 억누르다[다스리다]. ⑤《옛》 (왕후(王侯)의 자제들을)양육하다; 관리하다; (말을)다스리다.
—*v.i.* ① 통치하다. ~ en tyran 폭군으로 통치하다, 폭정(暴政)하다. Le roi ne *gouverne* pas, il règne. 왕은 군림하지만 통치하지는 않는다. ② 배를 몰다(조종하다), 키를 잡다. pilote qui *gouverne* habilement sa barque 능란하게 배를 모는 수로안내인. ~ droit 진로에서 벗어나지 않도록 키를 잡다.《배가》키에 따르다. ~ sur son ancre[sur sa bouée] 흐름[바람]에 따라 밀려가다.
—**se** ~ *v.pr.* 지배되다; 스스로 다스리다; 처신하다. peuple qui *se gouverne* difficilement 통치하기 힘든 국민.

***gouverneur** [guvɛrnœ:r] *n.m.* ① (재무부 산하 기관의) 총재, 사장; (군관구·요새 따위의) 사령관. ~ de la Banque de France 프랑스 은행총재. ~ militaire 군관구 사령관《*Metz, Strasbourg, Lyon, Paris* 지구의 사령관》. ② (미국의)주지사. ~ général (캐나다의)총독. ③ 《옛》 (식민지·행정관할 구역의)총독. ④ 【역사】(왕후(王侯) 자제의)양육 담당자. ⑤ 펄프 제조 직공(gouverneau).

gouvernorat [guvɛrnɔra] *n.m.* gouverneur 의 직 [지위].

gouzi-gouzi [guziguzi] *n.m.*《구어》간지를 때 내는 소리(guili-guili). faire un ~ à *qn* …을 간지르다.

goy, goï [gɔj] (*pl. goym, goïm* [gɔ(j)im]) *n.m.* (유태교도의 입장에서 본)이교도; 《특히》기독교인.

goyau¹ [gɔjo] *n.m.* 【광산】(광부들이 오르내리는) 좁은 길. ~ d'aérage 환기갱(坑).

goyau² [gwajo] *n.f.* 《비어》하급 매춘부.

goyave [gɔja:v] *n.f.* 【식물】 번석류(蕃石榴)의 열매《잼·젤리 따위를 만듦》.

goyavier [gɔjavje] *n.m.* 【식물】번석류나무《열대 아메리카산》.

G.Q.G. 《약자》Grand Quartier Général 【군사】총사령부.

GR 《약자》Grèce 그리스 《외국 자동차의 표지》.

gr. 《약자》① gramme 그램; grade 【수학】그레이드 《직각의 100 분의 1 의 각도》. ② graines 【약】종자.

Graal (le) [lɔgra:l] *n.m.* 【중세문학】성배(聖杯) 《그리스도가 최후의 만찬 때 사용한 그릇》(le Saint-Graal).

grabat [graba] *n.m.* ① 초라한 침대. ②《옛》병상. être sur le ~ 앓아 누워 있다. ③《옛》(군대의)야영용 침대.

grabataire [grabatɛ:r] *a, n.* 《옛》병상에 누워 있는 (사람), 노상 누워 있는 (사람).

graben [grabɛn] 《독일》 *n.m.* 【지질】지구(地溝).

grabouiller [grabuje] *v.i.* 《구어》물을 튀기며 걷다.

grabuge [graby:ʒ] *n.m.* 《구어》소동, 말썽; 《옛》싸움 (bagarre). faire du ~ 소동을 일으키다.

***grâce** [grɑ:s] *n.f.* ① 우아함, 기품; (*pl.*)《옛》매력. avoir de la ~ 우아하다. danser avec ~ 우아하게 춤추다. faire des ~*s* (관심을 끌려고) 아양을 떨다, 교태를 부리다. 기품있는 척하다. les (trois) *G*~*s* 미의 3 여신《*Aglaé, Thalie, Euphrosyne* 의 3 여신》. sacrifier aux *G*~*s* 《옛·구어》《문장 따위를》우아하게 꾸미고자 하다.

② (신의)은총, 성총, 가호. ~ actuelle 도움의 은총. recevoir une ~ 은총을 입다. être en état de ~ 은총의 지위에 있다. 대죄를 범하지 않았다. ~ d'état 상황에 따른 은총; (괴로울 때의)마음의 의지가 되는 것. par la ~ de Dieu 신의 가호(은총)의 덕분으로. à la ~ de Dieu 신의 뜻대로; 운을 하늘에 맡기고. avoir la ~ 영감이 오다. an de ~ 1530 《옛》 (그리스도)기원 (서력) 1530 년.
③ 용서, 사면, 자비, 면제. requête pour obtenir une ~ 용서 [사면]을 얻기위한 청원. demander ~ 용서를 구하다. crier ~ 용서해 달라고 외치다. accorder sa ~ à *qn* …을 용서해 주다. droit de ~ (대통령이 갖는) 사면권. ~ simple 형의 집행 면제. ~ amnistiante 특사. 《감탄사 적으로》*G*~! 《문어》제발 용서를, 도움을!
④ 후의, 은혜; 총애, 애호. demander [solliciter] une ~ 후의를 구하다. Me ferez-vous la ~ d'accepter mon invitation! 저의 초대에 응해 주시겠습니까? 《애의상의 표현》. trouver ~ *devant* [aux yeux de] *qn* …의 총애를 받다, 마음에 들다. être dans les bonnes ~*s* de *qn* …의 총애를 받고 있다. rentrer en ~ auprès de *qn* …의 총애를 되찾다. délai de ~ 【법】유예기간.
⑤ 감사 (remerciement). rendre ~ (*s*) à *qn* …에게 감사하다. Mille ~*s*! 대단히 감사합니다. action de ~ (*s*) 신에의 감사, 감사의 기도. dire les ~*s* (식후) 감사 기도를 올리다.
⑥《영국의 공작·사제에 대한 존칭으로》votre *G*~

graciable 978

⑦ jeu de ~s 굴레 던지기(두 개의 막대기로 굴레를 던지고 받는 놀이).
avoir mauvaise ~ *à(de)*+*inf.* …할 자격이 없다. *J'aurais mauvaise* ~ *à me plaindre.* 나는 군소리할 자격이 없다.
coup de ~ 최후의 일격(빈사 상태의 고통을 면하게 해주거나, 사람을 재기불능으로 만드는). donner[porter] un *coup de* ~ 최후의 일격을 가하다.
***de bonne*[*mauvaise*]** ~ 기꺼이[마지못해].
***De*~!** 제발, 부탁이니. Taisez-vous! *De*~! 제발 조용히 하시오!
faire ~ *à qn de qc* …에게 …을 면제해 주다. *faire* ~ *à qn d'une dette*[*d'une obligation*] …에게 부채[의무]를 면제해주다. *Faites-moi* ~ *de vos observations.* (가급 바람)제발 잔소리는 거두시오.
~ *à* …의 덕택으로. *G*~ *à son aide, nous avons réussi.* 그의 도움의 덕분으로 우리는 성공할 수 있었다. ~ *à Dieu* 다행히, 다행히도.
graciable [grasjabl] *a.* 용서할 수 있는, 특사할 수 있는(rémissible). *cas* ~ 특사받을 수 있는 죄.
gracier [grasje] *v.t.* 〖법〗 특사하다.
gracieusement [grasjøzmɑ̃] *ad.* ① 우아하게; 상냥하게. *sourire* ~ 우아하게 미소짓다. *accueillir* ~ *qn* …을 상냥하게 맞이하다. ② 무보수로, 무료로 (gratuitement). *offrir qc* ~ …을 무료로 제공하다.
gracieuser [grasjøze] 〖옛〗*v.t.* 상냥하게 굴다.
—se— *v.pr.* 애교부리다.
gracieuseté [grasjøzte] *n.f.* ① 상냥함; 상냥한 언행. *faire à qn mille* ~*s* …에게 온갖 애교를 다 떨다. ② 행하, 팁; 선물(gratification). *faire une* ~ *à un employé* 직원에게 특별 수당을 주다.
gracieux(se) [grasjø, -øːz] *a.* ① 우아한, 단아한, 얌전한, 귀여운. *manières* ~*ses* 우아한 거동. ②상냥한, 친절한. *recevoir un accueil* ~ 친절한 대접을 받다. *Tu n'es pas bien aujourd'hui.* 너 오늘은 무뚝뚝하구나(사람에 대해서는 부정문이나 비꼬는 뜻으로만 사용). ③무보수의, 무료의, à titre ~ 무료로, 무보수로. *prêter à qn un concours* ~ …에게 대가없이 협력하다. ④ *Sa G*~*se Majesté* 〖옛〗자애로운 폐하(영국의 왕에 대한 존칭).
—*n.m.* ①〖옛〗(예술에 있어서의)우아함, 단아함; 단아한 문체(genre ~). ②〖연극〗에스파냐식 희극의 어릿광대.
gracile [grasil] *a.* 섬세한; 가냘픈(frêle, grêle). *corps* ~ 가냘픈 체격.
gracilité [grasilite] *n.f.* 섬세함; 가냘픔. ~ *des membres* 수족의 가냘픔.
gracioso¹ [grasjozo] 〖이탈리아〗〖음악〗 *a.* 우아한. —*ad.* 우아하게.
gracioso² (에스파냐) *n.m.* (중세에서 17세기까지 에스파냐 희극에 나오는)광대역(gracieux).
Gracques (les) [legrak] *n.pr.m.pl.* 〖로마사〗 그락쿠스(Gracchus) 형제.
gradation [gradɑsjɔ̃] *n.f.* ① 점증(漸增); 점감(漸減). *par* ~ 서서히, 점진적으로. ② 단계, 정도. *passer par une suite de* ~*s* 일련의 단계를 겪어 나가다. ③〖미술〗농담법, 그라데이션(색조의 미묘한 변화. ④〖음악〗(음의 강약·템포의)점차적인 변화. ⑤〖수사학〗점층법[점강법](뜻이 단계적으로 강해지는(약해지는) 말을 나열함으로써 수사적인 효과를 내는 방법):*Va, cours, vole.* 가라, 뛰어라, 날아라).
grade [grad] *n.m.* ① 계급, 관직(특히 군대의)계급 (~ *militaire*). ~ *de la police* 경찰의 계급. *avancer*[*monter*] *en* ~ 승진하다. *casser un officier de*

son ~ 장교의 계급을 박탈하다. *insigne de* ~ 계급장. ②〖대학〗학위, 칭호(~ *universitaire*). *être admis au* ~ *de docteur ès lettres* 문학박사 학위를 받다. ③그레이드:ⓐ〖수학〗평면각의 단위로 직각의 100분의 1; 기호 gr. ⓑ S.A.E. 규격에 의한 윤활유의 점성(粘性)의 등급〖다〗.
en avoir pour son ~ 《구어》잔뜩 받다(구어로 있다 ***en prendre pour son*** ~ 《구어》호되게 야단맞다.
-grade *suff.* 「보행」의 뜻(예:*rétrograde* 역행의).
gradé(e) [grade] *n.* 계급을 지닌 병사(특히 상병 이상의 하사관). —*a.* (병사가)계급을 지닌.
grader¹ [grade] *v.t.* (에게)계급을 수여하다. ~ *un soldat* (사병을)하사관으로 진급시키다.
grader² [gradœːr] 〖영〗*n.m.* 〖기술〗 그레이더 (땅을 다지는 기계) (niveleuse).
gradient [gradjɑ̃] *n.m.* ①〖기상·물리〗 ~ *de pression* 기압경도(傾度). ~ *de température* 온도구배 (勾配). ②. ~ *de potentiel* 〖전기〗 전위구배(電位勾配). ③〖생물〗구배, 경도.
gradin [gradɛ̃] *n.m.* ①계단석, 관객석. ② (가구·단의)선반. ③단(段) (모양). *cultures en* ~*s* 층층이 경작된 밭. *front en* ~*s droits* (광산의)계단식 채굴장.
gradine [gradin] *n.f.* (석공·도공이 쓰는)톱니 모양의 끌.
gradualité [gradɥalite] *n.f.* 《드물게》 (변화 따위의) 점진성.
graduateur [gradɥatœːr] *n.m.* 〖전기〗 전압조정기 (~ *de tension*).
graduation [gradɥɑsjɔ̃] *n.f.* ①〖물리〗눈금매기; 눈금. ~ *d'un thermomètre* 온도계의 눈금. *lire sur la* ~ 눈금을 읽다. ②(소금을 얻기 위한 바닷물의)농축.
gradué(e) [gradɥe] *a.p.* ①눈금이 있는. *verre* ~ 눈금이 새겨진 컵. ②난이도(難易度)에 따라 배열된, 단계적인. *exercices* ~*s* 단계적인 연습. ③ 〖옛〗학위를 수여받은.
graduel(le) [gradɥɛl] *a.* 점진적인(progressif). *diminution* ~*le* 점감. —*n.m.* 〖가톨릭〗 층계송(미사 때에 신약의 서간문 낭독과 복음서 낭독 사이에 부르는 시편) (versets ~*s*); 미사 성가집.
graduellement [gradɥɛlmɑ̃] *ad.* 점차로, 차차로.
graduer [gradɥe] *v.t.* ①점진(점증)시키다. ~ *les difficultés* 점차로 힘들게 하다. ②눈금을 매기다. ~ *une règle* 자에 눈금을 매기다. ③〖옛〗학위를 수여하다.
gradus [gradys] 〖라틴〗 *n.m.* (라틴시의)시법 사전, 운율 사전.
graffiti [grafiti] 〖이탈리아〗*n.m.pl.* ①〖고고학〗(고대건축에 남아 있는)낙서, 장난으로 그린 그림. ②(일반적으로)벽의 낙서. ③〖미술〗프레스코 화법.
grafigner [grafine] *v.t.* ①넘마를 긁어모으다. ② 《사투리》할퀴다(égratigner).
graille¹ [grɑj] *n.f.* 《구어》 까마귀.
graille² *n.f.* 《은어》밥, 먹이.
graillement [grɑjmɑ̃] *n.m.* (작은)까마귀의 울음소리(croassement); 쉰 목소리.
grailler¹ [graje] *v.i.* 〖사냥〗뿔피리로 개를 부르다 (~ *aux chiens*).
grailler² *v.i.* (까마귀가)울다; 쉰 목소리로 말하다.
grailler³ *v.t.* 《속어》(목적보어 없이) 먹다. *Ils sont en train de* ~. 그들은 먹고 있는 중이다.
graillon¹ [grɑ(j)ɔ̃] *n.m.* ① *(pl.)* (접시 따위의)기름 찌꺼기; 남긴 밥. ②기름(고기)의 탄내(맛); 맛없는 기름진 음식. ③〖건축〗(대리석 따위의)깎아 낸)부스러기.
graillon² *n.m.* 《속어》끈적끈적한 가래.

graillonnant(e) [grajɔnɑ̃, -ɑ̃:t] *a.* 쉰 목소리의.
graillonner¹ [gra(a)jɔne] *v.i.* 기름[지방]의 탄내가 나다. viande qui *graillonne* 지글지글 타는 냄새가 나는 고기.
graillonner² *v.i.* 《구어》 가래를 뱉기 위해 기침을 하다; 그렁거리다. 쉰 목소리로 말하다.
graillonner(se)¹ [gra(a)jɔne:r, -ɸ:z] *n.* ①《속어》 음식을 번번이 태우는 서툰 요리사. ②《옛》 음식 찌꺼기를 파는 사람. ―*a.* (요리 따위가) 기름[고기]의 탄내가 나는.
graillonneur(se)² *n.*《구어》 기침을 하며 연방 가래를 뱉는 사람.
***grain** [grɛ̃] *n.m.* ① 낟알; 곡물; (곡물의)종자. ~ de riz 쌀의 낟알. récolte (conservation) des ~s 곡물의 수확[저장]. moudre le ~ de blé 밀을 빻다. semer le ~[les ~] (땅에)씨를 뿌리다. ~ d'orge 보리의 낟알, 《의학》 맥립종(麥粒腫), 다래끼(grain-d'orge). poulet de ~ 곡물로만 키운(상질의 영계. eau-de-vie de ~s 곡물 증류주. ②(과실의)알[열매]; 알맹이. ~s de raisin 포도알. ~ de café 커피 원두. poivre en ~ (갈지 않은) 알맹이 후추. café en ~s 원두커피. ③(일반적으로) 알, 작은 구슬; 작은 환약. J'ai un ~ de poussière dans l'œil. 눈에 먼지가 들어갔다. ~ de chapelet 묵주알. ~s d'un collier 목걸이의 구슬[알]. ~s de grêle 우박(의 알). ~ de sable 모래알; 사소한 일. ~s de fumée 우주진[먼지]. ④(비유적) 약간, 미량. avoir un (petit) ~ de vanité 약간[다소]의 허영심이 있다. n'avoir pas un ~ de bon sens 양식이라고는 조금도 없다. avoir un ~ de fantaisie (사람이)좀 괴짜이다. ⑤(나무·돌·가죽·천 따위의)우둘두둘함, 껄끄러움; 결; 반점. ~ d'un tissu 천의 곱슬주름. ~ de la peau 피부결. cuir à gros ~ 결이 거친 가죽. ~ de beauté (흰 살결을 돋보이게 하는)검은 점. ⑥ 그레인 (옛날의 무게의 단위로 0.053g에 해당; 현재 영·미에서는 약 0.065g). ⑦(바람을 동반하는)갑작스러운 비, 폭우, 스콜; 《해양》 돌풍, 질풍. ~ noir 먹구름과 비를 동반하는 돌풍.
avoir un (petit) ~ 《구어》 머리가 좀 돌았다.
mettre(mêler) son ~ *de sel* 《구어》 (당치않게)참견하다.
séparer le bon ~ *de l'ivraie* 독밀과 밀을 구분하다, 악인과 선인을 구분하다.
veiller au ~ 돌풍을 경계하다; 주의를 게을리하지 않다.
voir venir le ~ 위험을 알아차리다.
grainage [grɛna:ʒ] *n.m.* =**grenage**.
grainasse [grɛnas] *n.f.* 《해양》 작은 돌풍 [선풍].
grain-d'orge [grɛ̃dɔrʒ] *(pl.* ~**s**~) *n.m.* ①《복》자수의 일종; 《직물》 (옛날의)무늬진 모직물. ② 도려 판 홈; 도려 파는 끌. ③ 마름모꼴 음부(音符) 그레고리안 성가에서).
***graine** [grɛn] *n.f.* ① (종자 식물의) 종자, 씨, 씨앗. semer des ~ 씨앗을 뿌리다. ② 누에알(~ de vers à soie). ③ ~ de paradis 생강과 식물의 씨(건위제 또는 수의학으로 쓰임)(maniguette). ④ épaulette à ~ d'épinard (시금치의 씨를 뿌린 듯한)금자수의 견장, 고급 장교. ⑤《나쁜 의미로》 ~ de 장차 ···이 될 소질을 가진 아이[녀석]. C'est de la ~ *de voyou*. 그는 장차 깡패가 될만한 녀석이다.
casser la ~ 《구어》 먹다. *en prendre de la* ~ 본받다, 표본으로 삼다. *mauvaise* ~ 질이 나쁜 아이[작자], 싹수가 신통치않은 아이. *monter en* ~ ⓐ (식물이) 씨를 맺다; (때 《꽃대》가 자라다. ⓑ (여자가)혼기를 놓치다. ⓒ 키가 쑥쑥 자라다.
graineler [grɛnle] [5] *v.t.* =**greneler**.

grainer [grɛ(e)ne] *v.i., v.t.* =**grener**.
graineterie [grɛnt(ə)ri, grɛnetri] *n.f.* 곡물상, 곡물점(grèneterie).
grainetier(ère) [grɛntje, -jɛ:r] *n.* 곡물[종자] 상인.
graineur [grɛnœ:r] *n.m.* 《미술》 =**greneur**.
grainier(ère) [grɛ(e)nje, grɛnjɛ:r] *n.* 씨앗장수.
grainu [grɛ(e)ny] *a.* =**grenu**.
graissage [grɛsa:ʒ] *n.m.* ① 기름[그리스]을 칠하기; 주유, 윤활유 치기. faire le ~ d'une voiture 차에 윤활유를 치다. huile de ~ 그리스유, 윤활유. ②《옛》(포도주 따위의)유상화(油狀化), 변질, 품질 저하.
***graisse** [grɛs] *n.f.* ① 지방(脂肪). excès de ~ 지방과다. prendre de la ~ 지방이 붙다, 살찌다. C'est une boule [un peloton] de ~ 《구어》 저놈은 뚱뚱보이다. avoir de la mauvaise ~ 비정상적으로 살이 쪄있다. (se) faire de la ~ (먹고는 잠만 자서) 살찌다; 빈둥빈둥 놀고 있다. être noyé dans la ~ 《구어》 잔뜩 살이 쪘다. ② 유지, 기름, 그리스, 윤활유. ~ de porc 돼지기름, 라드(saindoux, lard). ~ à frire 튀김요리에 쓰는 기름. ~s végétales 식물성 유지(마가린 따위). ~s minérales (석유정제에 의한)광유(鑛油). tache de ~ 기름 얼룩. retirer les étoiles[les yeux] de ~ d'une potage 수프에 뜬 기름을 걷어내다. mettre de la ~ sur une machine 기계에 기름을 치다. ③ ⓐ (포도주·맥주 따위가 끈적끈적해지는)유상(油狀) 변질, 품질 저하. ⓑ (활자의)굵기. ⓒ (유리의)탁해짐, 희게 흐림.
boniments à la ~ *d'oie* 《옛·속어》 함부로 하는 말, 시덥잖은 이야기. *de haute* ~ 노골적인, 자극적인; 열렬한, 신바람이 나는. *vivre sur la* ~ (동면하는 동물처럼) 자기 체내의 영양으로 살아가다 (살아갈 수 있을 만큼 살이 쪘다); 벌어놓은 돈으로 생활하다.
***graisser** [grɛ(e)se] *v.t.* ① (기계에) 기름 [윤활유·그리스]을 치다, 기름칠하다(huiler, ↔ dégraisser). ~ sa voiture 차에 기름을 치다. ② (몸에) 기름을 묻히다, (옷 따위에) 기름이 배게 하다. ~ son linge[ses habits] 속옷[의복]에 기름기를 묻히다. ③《구어》한턱 내다.
―*v.i.* (포도주 따위가 유상(油狀)으로)변질하다, (유리가) 희게 탁해지다.
―**se** ― *v.pr.* ① 자기의 ···을 기름으로 더럽히다. ② 자기 몸에 기름칠을 하다.
graisset [grɛsɛ] *n.m.* 작고 파란 사과(rainette verte).
graisseur(se¹) [grɛsœ:r, -ɸ:z] *a.* 도유(塗油)[주유]용의. pistolet ~ 그리스 주입기. ― *n.* 기름치는 사람, 그리스공; 트럭의 조수. ―*n.m.* 주유기.
graisseux(se²) [grɛsɸ, -ɸ:z] *a.* ① 지방질의, 기름기 있는(adipeux). corps ~ 지방체(體). tissu ~ 지방조직. dégénérescence ~se 《의학》 지방변성(變性). ② 기름 묻은. habits ~ 기름 묻은 옷. ③ (포도주 따위가 끈적끈적한) 기름처럼 끈적한.
graissoir [grɛswa:r] *n.m.* 기름 걸레(tampon graisseur).
gralles [gral] *n.m.pl.* 《조류》 섭금(涉禽)의 옛이름(échassiers).
Gram [gram] (<*Gram*, 세균학자) *n.m.* 《의학》 그람액(液)(liqueur de ~), 그람 염색(coloration de ~). ~ positif [négatif] 그람 양성 [음성]균(菌).
gramen [gramɛn] 《라틴》 *n.m.* 《식물》 잔디; 화본 [포아풀·벼]과의 풀.
graminacées [graminase] *n.f.pl.* 《식물》 화본과.

graminée [gramine] *a.* 화본[포아풀·벼]과 식물 (plante ~).

***grammaire** [gra(m)mɛːr] *n.f.* ① 문법(학). règle de ~ 문법규칙. faute de ~ 문법상의 오류. ~ générative 생성문법. classes de ~ 문법 학급(프랑스 중등교육의 저학년으로 제 6·5·4 학급). ② 문법서, 문전(文典); 문법론(집). ~ élémentaire 초급 문법책. ③ 규칙서, 교본; 법칙. ~ du cinéma 영화교본.

grammairien(ne) [gra(m)mɛrjɛ̃, -ɛn] *n.* ① 문법학자, 문법가; 문법 교사. ② (고대의)문학가, 문학교사.

grammatical(ale, pl. aux) [gra(m)matikal, -o] *a.* 문법(상)의, 문법적인; 문법(규칙)에 맞는. exercices ~*aux* 문법 연습문제. analyse ~*ale* 문법적 분석. tournure ~ 문법에 맞는 표현.

grammaticalement [gra(m)matikalmɑ̃] *ad.* 문법상, 문법적으로.

grammaticalisation [gra(m)matikalizasjɔ̃] *n.f.* 《언어》 문법어화(어휘적 요소가 문법적 요소로 바뀌는 것으로, 「걸음」이라는 뜻의 pas가 ne...pas 처럼 문법적인 요소로 바뀌는 현상).

grammaticalisé(e) [gra(m)matikalize] *a.p.* 문법적 요소가 된.

grammaticaliser [gra(m)matikalize] *v.t.* (어떤 단어를)문법어화하다.
—**se**~ *v.pr.* (어떤 단어가)문법어화되다.

grammaticalité [gra(m)matikalite] *n.f.* 《언어》 문법성(文法性).

grammatiste [gra(m)matist] *n.m.* ① 《옛》 융통성 없는 문법가. ② 《고대그리스》 읽기·쓰기 선생.

grammatite [gra(m)matit] *n.f.* 《광물》 투각섬석 (透角閃石).

grammatologie [gra(m)matɔlɔʒi] *n.f.* 《언어》 문자학(文字學)(문자 및 해독에 관한 연구; 특히 *Derrida* 가 시도한 문자어어의 근원성의 연구》.

gramme [gram] *n.m.* 《도량형》 그램; 극소량. n'avoir pas un ~ de bon sens 양식이라고 티끌만큼도 없다.

-gramme *suff.* 「문자」의 뜻(예: télé*gramme* 전보》.

gramme-équivalent [gramekivalɑ̃] *n.m.* 《화학》 그램 당량(當量).

gramme-force [gramfɔrs], **gramme-poids** [grampwa(ɑ)] (*pl.* ~**s**~) *n.m.* 《물리》 중량 그램 (기호 gf; 981 dynes).

gramophone [gramɔfɔn] *n.m.* 《옛》 축음기(phonographe).

grana [grana] *n.m.* (이탈리아) 그라나 치즈(이탈리아산으로 경질치즈, 갈아서 쓰기도 함).

‡**grand(e)** [grɑ̃, -ɑ̃ːd] (연독할 때는 [t]가 된다: grand arbre [grɑ̃tarbr]) *a.* ❶ (특별한 경우를 제외하고는 명사앞에》 ① (치수가)큰, 키가 큰(↔ petit). Cet arbre est très ~. 이 나무는 아주 크다. Ce garçon est ~ pour son âge. 이 소년은 나이에 비해 크다. ~*e* ville 대도시. homme ~ 키 큰 남자. ~*es* jambes 긴 다리. ~ front 넓은 이마. ~ nez 높은 코. ouvrir de ~*s* yeux 눈을 크게 (둥그렇게) 뜨다. marcher à ~ pas 성큼성큼 걷다. ouvrir la fenêtre toute ~*e* 창을 크게 열다.
② (나이가) 많은, 연상의. Tu comprendras quand tu seras ~. (어린애의 입장에서) 어른, 어른이 되면 알게 될 거다. ~*e* personne (아이들의 입장에서) 어른. ~ frère 형님. ~*e* sœur 누님, 언니. se faire ~ 자라다, 어른이 되다. Ma fille est assez ~*e* pour décider toute seule. 《구어》내 딸은 이미 다 자라서 혼자 결정할 수 있다. personne de ~ âge 고령자, 나이든 사람.
③ (수량·시간·거리 따위가)큰; 다대한, 많은. ~*e* foule 대군중. ~*e* pluie 많은 비. ~ nombre 다수. ~*e* quantité 다량. article de ~*e* consommation 대량 소비품. Je n'ai pas ~ argent. 나는 많은 돈을 가지고 있지 않다. Il n'y a pas ~ monde. 《구어》 사람들이 많지 않다.
❹ (정도가)대단한, 강한, 심한; 진짜의. Il fait un ~ froid. 무척 춥다. ~ vent 강풍. ~ travailleur 대단한 일군(노력가). ~ buveur 대주가. ~ ami 진정한 친구. ~ air 바깥 바람; 야외. ~ jour 백주, 대낮; 중요한 (기념할 만한) 날. de ~ matin 이른 아침에. au ~ jamais 절대로(…아니다). avoir (un) ~ besoin de *qc* …을 꼭 필요로 하다. faire ~ tort à *qn* …에게 대단한 폐를 끼치다. Il est ~ temps de + *inf.* 바야흐로 …할 때이다.
❺ 중요한, 주요한. ~*e* nouvelle 중요한 뉴스. ~*e* ligne de chemin de fer (철도의) 간선, 장거리선. ~*e* puissance 대국(大國). la G-*e* Guerre 제 1 차 세계대전. ~*es* vacances 여름방학, 여름휴가.
❻ 위대한, 훌륭한; 숭고한. ~ homme 위인. ~ artiste 위대한 예술가. ~ maître (학문·예술의)대가. ~ idée 위대한 사상. avoir ~ air 풍채있다. Louis le G~ 루이대왕(14세). le G~ Siècle 위대한 세기(17세기).
❼ 고귀한; 고급의, 상류의. ~ monde 상류사회, 귀족계급. ~*e* famille 명문. ~ personnage 귀인; 요인. ~*e* dame 귀부인. de ~*e* naissance 상류출신의. ~ poste 높은지위. ~*e* vie 상류 생활. vin de ~ cru 특급 포도주. ~*e* cuisine 고급 요리. produit de ~*e* marque 일류 메이커 제품.
❽ (격식 따위가)성대한, 거창한. ~*e* cérémonie 성대한 의식. ~ dîner 성찬. être en ~*e* tenue 성장하고 있다; 예복차림이.
❾ (수사와 함께) 듬뿍, 넉넉하게. une ~*e* heure 넉넉한 시간. Il y a dix ~*s* kilomètres d'ici à la gare. 여기서 역까지는 족히 10킬로는 된다.
❿ (경멸) 잘난 체하는, 거창한. prendre [se donner] de ~*s* airs 난 체하다, 고상한 척하다. faire de ~*s* gestes 거창한 몸짓을 하다. ~*s* mots 떠벌리는 말, 공허한 말.
à la ~*e* 《옛》 임금처럼, 호화롭게.
—*ad.* 크게(옛 어법의 잔재로 흔히 성·수 변화가 함). les yeux ~ ouverts 눈을 크게 뜨고. La porte ~*e* ouverte 문을 활짝 열고. faire ~ 《문어》일을 크게 하다, 대규모로 하다. voir ~ 거대한 계획을 세우다.
—*n.* (아이들의)연장자, 상급생; (아이들이 본)어른; 《구어》큰 아이.
—*n.m.* ① 대국(大國) (~ puissance).
② 《문어》위대한 것; 《옛》대귀족, 고관; 실력자, 거물. ~*s* du Royaume 왕국의 제후들.
③ l'infiniment ~ 무한대(↔ l'infiniment petit).
en ~ ⓐ 실물 크기로. se faire peindre en ~ 실물 크기의 초상화를 크게 그리도록 하다. faire une chose en ~ 물건을 실물 크기로 만들다. ⓑ 대규모로. fabrication en ~ 대규모 생산. voir les choses en ~ 사물을 대국적으로 관찰하다.
—*n.f.* les trois ~*es* (프랑스의) 3개의 국립은행(Banque nationale de Paris, Crédit lyonnais, Société générale), les quatre ~*es* (프랑스의 4개의) 4개의 통신사(U.P.I., A.P., Reuter, AFP.).

grand-angulaire [grɑ̃tɑ̃gylɛːr] (*pl.* ~**s**-~**s**) *n.m., a.* 《광학》 (렌즈가)광각도(廣角度)(의). objectif ~ 광각렌즈.

grand-calot [grɑ̃kalo] (*pl.* ~**s**-~**s**) *n.m.* 《군대속어》 고급장교; 생시르(Saint-Cyr)사관학교 교장.

grand-chambre [grɑ̃ʃɑ̃ːbr] (*pl.* ~(**s**)-~**s**) *n.f.* 《역

사)》(구체제에서의 고등법원(parlement)의)대심부(大審部).

grand-chose [grɑ̃ʃo:z] *n.* 《복수불변》《pas 또는 sans 을 수반하여 부정적 표현에 쓰임》대단한 일, 대수로운 것. Cela ne vaut pas ~. 그것은 대단한 가치가 없다. Pas ~ de neuf. 별로 새로운 것은 없다. un[une] pas ~《구어》하찮은 남자[여자].

grand-croix [grɑ̃krwa] *n.f.* 《복수불변》최고(십자)훈장《레지옹도뇌르(Légion d'honneur) 따위》. —*n.m.* (*pl.* ~**s**~) 최고훈장 패용자.

grand-duc [grɑ̃dyk] (*pl.* ~**s**~~**s**) *n.m.* ① 대공(大公); (제정 러시아의)황태자, 황손. faire la tournée des ~*s*~*s*《구어》(밤의 환락가에서)호탕하게 놀다. ② 《조류》수리부엉이.

grand-ducal(**ale**, *pl.* **aux**) [grɑ̃dykal, -o] *a.* 대공의, 대공국(大公國)의《특히 Luxembourg 대공국을 말함》. dignité ~*ale* 대공의 지위.

grand-duché [grɑ̃dyʃe] (*pl.* ~**s**~~**s**) *n.m.* 대공국; 대공령(大公領)《현재는 Luxembourg 대공국만을 말함》.

Grande-Bretagne [grɑ̃dbrətaɲ] *n.pr.f.* ① 《지리》대(大)브리텐 섬[나라]《잉글랜드·웨일스·스코틀랜드를 포함》. ② 대영제국(Royaume-Uni de Grande-Bretagne et d'Irlande du Nord).

grande-duchesse [grɑ̃ddyʃɛs] (*pl.* ~**s**~~**s**) *n.f.* 대공비; 여(女) 대공; (제정 러시아의)황녀.

Grande-Grèce [grɑ̃dgrɛs] *n.pr.f.* 《고대지리》마그나그레키아《이탈리아 남부에 있었던 그리스의 여러 식민 도시》.

grandelet(**te**) [grɑ̃dlɛ, -et] *a.*《구어》(어린이 따위가)커지어 되어가는, 좀 어른스러워진. filles et garçons déjà ~*s* 벌써 어른스러워진 소년소녀들.

grandement [grɑ̃dmɑ̃] *ad.* ① 크게, 몹시; 많이, 듬뿍(beaucoup, fortement). se tromper ~ 크게 잘못 생각하다. contribuer ~ à *qc* …에 크게 기여하다. avoir ~ de quoi vivre 충분히 먹고 살 것이 있다. Il était ~ l'heure de déjeuner. 점심 때가 되었다. ② 넉넉하게; 너그럽게. être logé ~ 넉넉한 집에서 살다. faire les choses ~ 일들을 시원스럽게 처리하다. ③ 고상하게, 기품있게. penser ~ 고상하게 사고하다.

grand-ensemble, grand ensemble [grɑ̃tɑ̃sɑ̃bl] (*pl.* ~**s**(-)~~**s**) *n.m.* (대도시 근교의)현대식 주택단지.

grand-ensemblier, grand ensemblier [grɑ̃tɑ̃sɑ̃bl(i)je] (*pl.* ~**s**(-)~~**s**) *n.m.* 주택단지 입주자[주민·거주자].

grandesse [grɑ̃dɛs] *n.f.* (에스파냐의)대공작(大公爵)의 지위[신분].

grande surface [grɑ̃dsyrfas] (*pl.* ~**s** ~**s**) *n.f.* (hypermarché, supermarché 따위의)현대식 대백화점, 슈퍼마켓 (magasin à très grande surface de vente).

grandet(**te**) [grɑ̃dɛ, -et] *a.*《구어》(어린이가)꽤 자란, 어른스러운.

*****grandeur** [grɑ̃dœ:r] *n.f.* ① 크기, 규모. de la ~ d'un moineau 참새만한 크기의. de la même ~ 같은 크기의. ~ apparente de *qc* …의 외관상의 크기. deux bâtiments de ~ égale (d'égale ~, de même ~) 같은 규모의 두 건물. ② 《수량·정도의》큼; 중대함, 다대함, 원대함. ~ de l'éléphant 코끼리의 큰 체구. ~ d'un projet grandiose 원대한 계획. ~ d'un crime 죄의 중대함. ③ 권세, 권위; 영화, 위광. ~ d'une nation 국위. ~ de Louis XIV 루이 14세의 영화. avoir un air de ~ 잘난 체하다. ④ 위대함, 숭고함; 《작품의》장엄함, 장중함; 《옛》높은 신분. ~ d'âme 영혼의 고결함. ~ d'une épopée 서사시의 장엄함; 《옛》높은 신분. discours plein de ~ 격조높은 연설. ⑤ Sa[Votre] G~ 각하《구체제하에서의 귀족의 존칭》; 예하《19세기까지의 주교·대주교의 존칭》(Son Excellence). ⑥《옛》《천문》(별의)광도, 등급 (magnitude).

avoir la folie des ~*s* 《분수없는》영예《풍요로운 생활》를 바라다.

de première ~ 최고상의; 《옛》《별의 광도가》1등급의.

~ *nature* 실물 크기의. portrait ~ *nature* 실물크기의 초상화.

ordre de ~ 대강의 크기, 어림, 짐작.

regarder qn du haut de sa ~ …을 내려다 보다.

grand-garde [grɑ̃gard] (*pl.* ~**-**~**s**) *n.f.* 《옛》전초 (前哨)(avant-poste).

grand-guignolesque [grɑ̃giɲɔlɛsk] (*pl.* ~**-**~**s**) *a.* 그랑기뇰 (Grand-Guignol, 19세기 말에 세워진 무서운 연극만을 하던 극장)다운; 엽기적인, 오싹하는, 무시무시한. C'est ~ [du G~-G~]. 무시무시하구먼!

grand-halte [grɑ̃alt] (*pl.* ~**-**~**s**) *n.f.*《군사》행군 중의 긴 휴식.

grandiflore [grɑ̃diflɔr] *a.*《식물》큰 꽃송이를 다는, [니는.

grandifolié(**e**) [grɑ̃difɔlje] *a.*《식물》큰 잎을 다.

grandiloquence [grɑ̃dilɔkɑ̃:s] *n.f.* 호언장담, 말 [문체]의 과장.

grandiloquent(**e**) [grɑ̃dilɔkɑ̃, -ɑ̃:t] *a.* 호언장담의, (말·문체가)과장된. orateur ~ 호언장담하는 변사. style ~ 과장된 문체.

grandiose [grɑ̃djo:z] *a.* 웅대한, 웅장한, 거창한, 숭고한. spectacle ~ 장관. plan ~ 웅대한 계획. paysage [nature] ~ 웅장한 풍경 [자연]. —*n.m.* 웅대함, 웅장함, 숭고함.

grandiosement [grɑ̃djozmɑ̃] *ad.* 웅장하게, 장엄하게.

*****grandir** [grɑ̃di:r] *v.i.* 《조동사는 동작을 나타낼 때는 avoir, 결과적 상태를 나타낼 때는 être》① 커지다, 자라다, 성장하다(croître). Comme il *est* [*a*] *grandi*! 정말 많이 커졌군! Les pluies ont fait ~ les blés. 비가 와서 밀이 자랐다. ② 《정도가》강해지다. La lueur du matin *grandissait*. 새벽빛이 점차 강해지고 있다. Son pouvoir *grandit* de jour en jour. 그의 세력이 하루씩 커지고 있다. ③ 훌륭해지다, 위대해지다. ~ en beauté [en sagesse] 더 아름답게 [슬기롭게] 되다.
—*v.t.* ① 크게 하다(agrandir, grossir); 자라나게 하다, 성장시키다. La loupe *grandit* les petites lettres. 돋보기는 작은 글자를 크게 보이게 한다. ② 과장하다. L'imagination *grandit* les dangers. 상상은 위험을 과장되게 한다. ③ 위대하게 하다, 고귀하게 하다. épreuves qui *grandissent* un homme 인간을 위대하게 만드는 시련. Ce succès l'*a grandi* aux yeux de sa femme. 이 성공은 그의 아내의 눈에 그를 위대해 보이게 하였다.
—*se* ~ *v.pr.* ① 자신을 크게 보이게 하다. *se* ~ en se haussant sur la pointe des pieds 발돋움해서 크게 보이다. ② 훌륭해지다, 위대해지다. On *se grandit* dans le malheur. 사람은 역경 속에서 성장한다.

grandissant(**e**) [grɑ̃disɑ̃, -ɑ̃:t] *a.* (서서히)커지는, 증대하는. bruit ~ 더 커지는 소리. tempête ~*e* 심해지는 폭풍우.

grandissement [grɑ̃dismɑ̃] *n.m.* ①《옛》크게 하기[되기], 증대. ②《광학》배율.

grandissime [grɑ̃disim] *a.*《구어》대단히 큰; 엄청나게 고급의. vin ~ 최고급의 포도주. faire un ~

plaisir à *qn* …을 굉장히 기쁘게 해주다.
grandjean [grɑ̃ʒɑ̃] *n.m.* 〖인쇄〗그랑장 활자(18세기 왕실인쇄소 조각가의 이름에서 유래).
grand-livre, grand livre [grɑ̃li:vr] (*pl.* ~**s**(-)~**s**) *n.m.* 〖상업〗대장, 원장, (공채(公債))등록대장. porter *qc* au ~ …을 원장에 기입하다.
grand-maman [grɑ̃mamɑ̃] (*pl.* ~(**s**)-~**s**) *n.f.* 〖어린애말〗할머니(grand-mère).
:**grand-mère** [grɑ̃mɛ:r] (*pl.* ~(**s**)-~**s**) *n.f.* 조모, 할머니; 〖구어〗노파. ~ paternelle 친할머니. du temps de nos ~**s**-~**s** 옛날에는.
grand-messe [grɑ̃mɛs] (*pl.* ~(**s**)-~**s**) *n.f.* 〖가톨릭〗창미사.
grand-oncle [grɑ̃tɔ̃:kl] (*pl.* ~**s**-~**s** [grɑ̃zɔ̃:kl]) *n.m.* 종조부(從祖父), 조부모의 형제.
grand-papa [grɑ̃papa] *n.m.* 〖어린애말〗할아버지(grand-père).
grand-peine (à) [agrɑ̃pɛn] *loc.ad.* 간신히, 겨우.
:**grand-père** [grɑ̃pɛ:r] (*pl.* ~**s**-~**s**) *n.m.* ① 할아버지, 조부. ~ paternel (maternel) 친할아버지[외할아버지]. ②〖구어〗노인.
grand-rue [grɑ̃ry] (*pl.* ~-~**s**) *n.f.* 〖옛〗(마을의)대로.
***grands-parents** [grɑ̃parɑ̃] *n.m.pl.* 조부모.
grand-tante [grɑ̃tɑ̃:t] (*pl.* ~**s**-~**s**) *n.f.* 대고모, (외)종조모.
grand-voile [grɑ̃vwal] (*pl.* ~(**s**)-~**s**) *n.f.* 〖해양〗큰 돛.
grange [grɑ̃:ʒ] *n.f.* ①(농가의)헛간, 광, 곡물(곡식)창고. emmagasiner les céréales dans une ~ 곡물을 곡간에 넣다. batteurs en ~ 보리를 타작하는 사람. ②(중세의)수도원 부속농장.
grangée [grɑ̃ʒe] *n.f.* 광에 가득 찬 양.
grani- *préf.* 「곡식」
granifère [granifɛr] *a.* 〖식물〗(꽃받침에)낱알(모양의 씨)가 있는.
graniforme [granifɔrm] *a.* 곡식 낱알 모양의.
granit(e) [grani(t)] *n.m.* ①화강암, 쑥돌. monument de ~ 화강암 기념비. ②(비유적)(화강암처럼)단단한 것; 비정한 것. cœur de ~ 비정한[무자비한] 마음.
granitaire [granitɛ:r] *a.* (토지 따위가)화강암질의(granitique).
granité(e) [granite] *a.* 화강암 모양의; 우둘두둘한. verre ~ 우둘두둘한 유리. papier ~ (벽지 따위의)우둘두둘한 종이. —*n.m.* ①〖직물〗결이 굵은 모직물의 일종. ②〖요리〗그라니테(겉이 오둘도둘한 셔벗).
granitelle [granitɛl] *n.m.* 〖광물〗화강암 비슷한 대리석; 결이 고운 화강암.
graniter [granite] *v.t.* 화강암무늬로 하다.
graniteux(se) [granitø, -ø:z] *a.* 화강암의; 화강암으로 된.
granitique [granitik] *a.* ①화강암질의; 화강암 특유의. roche ~ 화강암질의 암석. ②(비유적)(마음 따위가)비정하고 냉혹한.
granitoïde [granitɔid] *a.* 화강암 같은.
granivore [granivɔ:r] *a.* (새가)곡식을 먹는[주식으로 하는]. —*n.m.pl.* 곡식을 먹는 조류.
granulage [granyla:ʒ] *n.m.* (화약 따위를)알갱이로 만들기; 세립상태(細粒狀態).
granulaire [granylɛ:r] *a.* (바위 따위가)알갱이로 이루어진. roches ~**s** 세립상암(細粒狀岩).
granulat [granyla] *n.m.* 〖건축〗골재(骨材).
granulateur [granylatœ:r] *n.m.* (설탕 따위의)회전조립기(造粒器).
granulation [granylɑsjɔ̃] *n.f.* ①알갱이(잔 알)로 만들기, 세립화(細粒化); (*pl.*)과립(顆粒)상태, 오돌도돌함. surface qui présente des ~**s** 오돌도돌한 표면. ②〖의학〗육아형성(肉芽形成); (*pl.*)육아.
granule [granyl] *n.m.* ①알갱이, 세립(細粒). ②〖약〗잔 환약(丸藥).
granulé(e) [granyle] *a.p.* ①알갱이로 된, 입상(粒狀)의. ②육아가 생긴. —*n.m.* 〖약〗잔 환약(saccharure ~).
granuler [granyle] *v.t.* 알갱이[과립]로 만들다.
granuleux(se) [granylø, -ø:z] *a.* ①알갱이로 된; (겉이)오돌두돌한. papier ~ 우둘두둘한 종이[벽지]. ②〖의학〗육아로 된. cellule ~se; globule ~ 〖생리〗백혈구(leucocyte, globule blanc).
granulie [granyli] *n.f.* 〖의학〗(급성)속립결핵(粟粒結核)(tuberculose militaire).
granuliforme [granylifɔrm] *a.* 알갱이 모양의, 과립상(顆粒狀)의.
granulite [granylit] *n.f.* 〖광물〗백립암(白粒岩), 석류화강암.
granulocyte [granylɔsit] *n.m.* 〖생물·의학〗과립성(顆粒性)백혈구, 과립구.
granulomatose [granylɔmatoz] *n.f.* 〖의학〗육아종증.
granulome [granylɔm] *n.m.* 〖의학〗육아종(腫).
granulométrie [granylɔmetri] *n.f.* (분상체(粉狀體)의)세립(細粒)측정 분류법.
granulose [granylo:z] *n.f.* 〖화학·생리〗전분립과질(澱粉粒顆質).
granulosité [granylozite] *n.f.* (드물게)세립성(細粒性).
granvillais(e) [grɑ̃vilɛ, -ɛ:z] *a.* 그랑빌(Granville, 프랑스의 도시)(사람)의. —**G**~ *n.* 그랑빌 사람.
grape(-)fruit [grɛpfrut] 〖영〗*n.m.* 〖식물〗왕귤(pamplemousse).
graphe [graf] 〖영〗*n.m.* 〖수학·경제〗그래프, 도표. méthode des ~**s** 도시법, 그래프법(그래프에 의해 통계적 현상을 표시하는 법).
-graphe *suff.* ①「쓰는 사람·그리는 사람」의 뜻. ②「쓰는[그리는] 도구[기구]」의 뜻. ③「쓰는, 그리는」의 뜻.
graphème [grafɛm] *n.m.* 〖언어〗문자소(文字素).
graphie [grafi] *n.f.* ①〖언어〗서기법(書記法), 표기(말이나 음을 표기하는 방식). ~ phonétique 표음표기. ②뢴트겐 사진(radiographie의 약자).
-graphie *suff.* ①「서법(書法)·화법(畫法)·기록법」의 뜻. ②「쓰여진[그려진, 기록된]것」의 뜻.
graphique [grafik] *a.* ①선(기호·도표·그래프)으로 표시된. système ~ 표기법(알파벳 따위). signes ~**s** 서사(書寫)기호(문자·숫자·악상 따위). analyse ~ 도식 측정〈필자의 성격과의 관계를 조사〉. arts ~**s** 서사(書寫)예술(서화(書畫)·판화·인쇄 따위). dessin ~ 도표. —*n.m.* 선도, 그래프, 도표. ~ des températures 체온표. ~ des poids 체중표. —*n.f.* 제도법.
-graphique *suff.* =**-graphe, -graphie**.
graphiquement [grafikmɑ̃] *ad.* 도표[그래프]로. figurer une courbe ~ 곡선을 그래프로 표시하다.
graphisme [grafism] *n.m.* (개인 고유의)필적; 자체(字體); 화풍(畫風), 서풍(書風).
graphiste [grafist] *n.* 도안가, 그래픽 디자이너.
graphitage [grafita:ʒ] *n.m.* 흑연을 칠하기.
graphite [grafit] *n.m.* 〖광물〗흑연, 석묵(石墨)(plombagine). électrode de ~ 흑연전극.
graphiter [grafite] *v.t.* ①흑연을 칠하다. ②(에)흑연을 섞다.
graphiteux(se) [grafitø, -ø:z], **graphitique** [grafitik] *a.* 흑연의[에 관한], 흑연을 포함함; 석묵

graphitisation [grafitizasjɔ̃] *n.f.* 〖기술〗 (특히 전극 제로에서 쓰는)흑연화.
grapho- *préf.* 「쓰기·기술」의 뜻.
graphologie [grafɔlɔʒi] *n.f.* 필적학.
graphologique [grafɔlɔʒik] *a.* 필적학상의. examen ~ 필적 감정.
graphologue [grafɔlɔg] *n.* 필적학자.
graphomanie [grafɔmani] *n.f.* 〖정신의학〗 남서광(濫書狂)(무턱대고 쓰고 싶어하는 병).
graphomètre [grafɔmɛtr] *n.m.* 〖예〗 〖측량〗 측각기(測角器).
graphométrie [grafɔmetri] *n.f.* 필적 감정법.
graphométrique [grafɔmetrik] *a.* 〖측량〗 측각기에 관한. mesures ~s 측각기의 눈금(각도).
graphophone [grafɔfɔn] *n.m.* 원통 축음기.
__grappe__[1] [grap] *n.f.* ① (꽃·열매의)송이. ~ de raisin 포도송이. ② (송이처럼)밀집된 것; (짐승·사람의)무리. oignons accrochés en [par] ~s 다발로 매달아 놓은 양파. ~s humaines 옹기종기 모인 사람들. ③ 〖수의〗 포도창(瘡). ④ 〖식물〗 총상화서(總狀花序).
mordre à la ~ ⓐ 포도알을 따지 않고 송이채 먹다. ⓑ〖예〗제의를 덥석 받아들이다.
grappe[2] *n.f.* 꼭두서니의 가루(염료)(~ de Hollande).
grappeler [graple] [5] *v.t.* 송이로 만들다. [lande].
grapperie [grapri] *n.f.* ① 〖집합적〗 포도송이. ② 포도재배; 포도원.
grappillage [grapijaːʒ] *n.m.* ① (포도수확 후)남은 포도를 거두어 들이기. ②〖구어〗(비유적)(남이 번 뒤에)끼어 이익을 보기; 적은 부당이익.
grappiller [grapije] *v.i.* ① 수확하고 남은 포도를 따다. ②〖구어〗(비유적)(부당한)잔이익을 보다(gratter). ~ à droite et à gauche 닥치는 대로 (몇푼씩) 긁어모으다.
— *v.t.* ①(꽃·과일을)여기저기서 모으다 ②〖구어〗(비유적)조금씩 (부당)이익을 얻다; 우연히 얻다(입수하다). ~ quelques sous 몇 푼 벌다. ~ des nouvelles 정보를 여기저기서 주워모으다.
grappilleur(se) [grapijœːr, -ø:z] *a, n.* ①〖예〗수확하고 남은 포도를 따는(사람). ②(부정한 수단으로)잔이익을 보는(사람).
grappillon [grapijɔ̃] *n.m.* 작은 (포도)송이.
grappin [grapɛ̃] *n.m.* 〖해양〗 네갈고리 닻; 탐묘(探錨). ② (기중기의)클러치; (재목 벌채 인부가 쓰는)갈고리; 〖건축〗 이음쇠, 앵커. ③ (*pl.*)(나무에 오를 때 신는) 스파이크화(靴).
mettre[〖예〗 *jeter*] *le* ~ *sur qn*[*qc*] …을 움켜잡다(saisir); 독점하다 (accaparer). Une fois qu'il *a mis le* ~ *sur* vous, il ne vous lâche plus. 그 사람은 당신을 한 번 붙잡으면 다시는 놓아주지 않는다. *mettre le* ~ *sur* l'héritage 유산을 독차지하다.
grappiner [grapine] *v.t.* 〖해양〗 (배에)갈고리를 걸다.
grappu(e) [grapy] *a.* (포도 따위의)송이가 달린. vigne ~*e* (포도)송이가 달린 포도나무.
graptolites [graptɔlit] *n.m.pl.* 〖고대생물〗 필석류(筆石類)(바다에 사는 화석동물; 원생생물 필석강(筆石綱)).
‡**gras(se)** [gra, -aːs] *a.* ① 지방질의, 지방성의, 지방이 많은. matière [substance] ~*se* 지방질의 물질. corps ~ 유지(油脂). acide ~ 지방산(酸). ② 육식의, aliments ~ 기름진 고기 요리의; 고기를 먹는. potage (au) ~ 수프. jours ~ 〖가톨릭〗 육식일 (특별히 육식이 허용되는 사순절의 3일간). mardi ~ 〖가톨릭〗 사순절 전의 화요일. ③ 살찐, 비만한, 뚱뚱한(↔maigre). enfant ~ 비만한 아이. être ~ à lard (comme un porc, comme un moine) 몹시 뚱뚱하다. un peu ~ aux hanches 약간 허리가 뚱뚱한. ④ 기름묻은, 지저분한. col ~ 기름 때가 묻은 칼라. avoir les mains ~*ses* 손에 기름 때가 묻어 있다. ⑤ 《명사 앞에 써서》기름진, 비옥한; 풍요한. ~ pâturage 목초가 풍부한 목장. ~ de Flandre 풍요로운 플랑드르 지방. ⑥ 두툼한(épais). plantes ~*ses* 잎이 두툼한 식물. caractères ~ 굵은 활자, 고딕체 활자. dessin aux traits ~ 선이 굵은 데쌍. ~ (부사적)écrire en ~ 굵은 글자로 쓰다. ⑦〖예〗외설적인. plaisanterie ~*se* 상스러운 농담.
avoir le parler ~ [*la langue* ~*se*] (혀가 잘 돌아가지 않아서)똑똑히 발음을 못하다. [peu].
Ce n'est pas ~. 〖구어〗별로 많지가 않다(C'est —*ad.* parler ~ (r 음을)목젖을 강하게 울려 발음하다); peindre ~ 칠을 두껍게 하다.
— *n.m.* ① (고기의)기름진 부분; 비계(graisse). ~ de la jambe 다리의 살찐 부분, 장딴지(mollet). mets au ~ 고기와 비계를 사용한 요리. ② 살찐 사람. les ~ et les maigres 살찐 사람과 마른 사람, 뚱뚱이와 홀쭉이.
faire(*manger*) ~ 육식을 하다. *Il n'y a pas* ~ *à manger*. 〖속어〗별로 먹을 것이 없다.
gras-cuit [grakɥi] *n.m.* ~ (빵이)잘 부풀지 않은.
gras-double [gradubl] *n.m.* ① 〖요리〗 소의 위막(胃膜). ② 〖속어〗 (지방 덩는)함선포.
gras-fondu [grafɔ̃dy] *n.m.*, **gras-fondure** [grafɔ̃dy:r] *n.f.* 〖수의〗 (말의)장염(腸炎).
grassane [grasan] *n.f.* 〖식물〗 무화과의 변종.
grassement [grasmɑ̃] *ad.* ① 담뿍, 풍성하게. payer ~ 듬뿍 값을 치르다. vivre ~ 흥청망청 살다. ② 끈끈하게. parler ~ 말투가 끈끈하다; 상스럽게 말하다. ③ (칠 따위가)두툼하게.
grasserie [grasri] *n.f.* 농병(膿病)(누에의 병).
grasset[1](*te*) [gra(a)sɛ, -ɛt] *a.* 〖드물게〗 꽤나 살찐.
grasset[2] [gra(a)sɛ] *n.m.* ① (말의)뒷다리 슬개골(膝蓋骨)언저리의 연한 부분. ②(소의)뒷다리와 배 사이에 있는 지방질이 많은 꽃.
grassette[2] [gra(a)sɛt] *n.f.* 〖식물〗 벌레잡이 제비꽃.
grasseyant(e) [gra(a)sɛjɑ̃, -ɑ̃ːt] *a.* grasseyer 하는.
grasseyement [gra(a)sɛjmɑ̃] *n.m.* r 음을 목구멍으로 발음함.
grasseyer [gra(a)sɛje] *v.t., v.i.* r 음을 목구멍에서 발음하다; r 음을 불명확하게 발음하다. r *grasseyé* 목구멍으로 발음하는 r([r]).
grasseyeur(se) [gra(a)sɛjœːr, -øːz] *n.* r 을 목구멍으로(불명확하게) 발음하는 사람.
grassouillet(te) [gra(a)suje, -ɛt] *a.* 〖구어〗통통한, 포동포동한, 토실토실한(potelé). visage ~ 포동포동한 얼굴.
grateron [gratrɔ̃] *n.m.* 〖식물〗 갈퀴덩굴.
graticulation [gratikylasjɔ̃] *n.f.* 〖제도〗 (도면 따위를)방형(方形)으로 구획하기.
graticule [gratikyl] *n.m.* 〖제도〗 (확대·축소하기 위해)방형(方形)으로 구획된 도면.
graticuler [gratikyle] *v.t.* 〖제도〗 (축소하기 위해)그림을 방형으로 구획하다.
Gratien [grasjɛ̃] *n.pr.m.* 〖역사〗 그라티아누스 (로마 황제, 359–383).
gratifiant(e) [gratifjɑ̃, -ɑ̃ːt] *a.* 〖심리〗 (frustrant 에 대하여)욕구를 충족시켜 주는, 만족감을 주는.
gratification [gratifikasjɔ̃] *n.f.* ① 특별수당; 상여금, 보너스. ~ *de fin d'année* 연말 상여금. ~

gratifier

cachée(illicite) 뇌물. ~ de réforme 《군사》 (상이군인을 위한)특별 제대금. ②팁. donner une ~ au porteur 짐꾼에게 팁을 주다. ③《심리》 욕구 충족, (← frustration).

gratifier [gratifje] *v.t.* ① [~ *qn de*] (에게) (은혜·호의 따위를) 베풀다(doter). ~ le garçon d'un bon pourboire 보이에게 팁을 듬뿍 주다. ~ ses voisins d'un sourire 이웃들에게 미소를 짓다. ②(반어적) [~ *qn de*] (에게) (불쾌한 일을)가하다; (책임 따위를)전가하다. ~ *qn* d'un coup de poing ...을 한 대 갈겨주다. J'ai été gratifié d'une amende. 나는 벌금을 물었다. ~ *qn des* erreurs d'un autre ...에게 남의 잘못을 뒤집어 씌우다. ③《심리》(의)욕구를 충족시키, (에게)만족감을 주다(← frustrer).

gratin [gratɛ̃] *n.m.* ①《요리》 그라탱(표면의 빵가루와 치즈가 누렇게 구워지는 요리). macaroni au ~ 마카로니 그라탱. ②《구어》상류사회, 정화 (精華)(crème, élite). ~ de la société parisienne 파리 사교계의 엘리트들. ③최상급(에)의 것. Ça, c'est le ~! 이건 최고품이야! ④《축어》누룽지.

gratiné(e) [gratine] *a.p.* ①《요리》 그라탱으로 만든. soupe ~*e* 그라탱으로 만든 수프. ②《구어》터무니없는, 괴상한. histoire ~*e* 엉터리같은 이야기. ~ *n.m.* 그라탱(gratin). ~ *n.f.* 그라탱식 수프 (soupe ~*e*, soupe au gratin).

gratiner [gratine] *v.t.* 《요리》 그라탱으로 요리하다. — *v.i.* 《예》요리가 눌어붙다.

gratiole [grasjɔl] *n.f.* 《식물》 물뱀룩알풀속(屬) 《속칭:séné des prés》.

gratis [gratis] (라틴) *ad.* 무료로, 무보수로, 무상으로(gratuitement). assister ~ à un spectacle 공연을 무료로 구경하다.
~ *a*. 무료의. entrée ~ 무료입장. spectacle ~ 무료공연. billet ~ 무료입장권.
~ *pro deo* (라틴)(때로 비꼼)완전 무료로.

gratitude [gratityd] *n.f.* 감사의 뜻, 감사하는 마음(reconnaissance). témoigner(manifester, exprimer) sa ~ à *qn* ...에게 감사의 뜻을 표하다. marques de ~ 감사의 표시.

grattage [grataʒ] *n.m.* 긁기; 긁어 지우기. lésion de ~ (피부의)긁은 상처. effacer un mot par ~ 낱말을 긁어서 지우다.

gratte [grat] *n.f.* ①풀뽑는 괭이, 김매는 호미(sarcloir). ②《해양》 (선체·갑판을 긁어내는)손잡이가 달린 삼각형의 작은 기구. ③《구어》소액의 부당이득. faire de la ~ (음성적으로)약간의 이득을 얻다. ④《속어》옴(gale).

gratteau [grato] (*pl.* ~*x*) *n.m.* (금속 세공용의)강철의 조각도.

grattebossage [gratbosaʒ] *n.m.* 《야금》 (금속 표면의)광택을 죽이는 끝마무리.

gratte-ciel [gratsjɛl] *n.m.* 《복수불변》 마천루.

gratte-cul [gratky] (*pl.* ~~(*s*)) *n.m.* 들장미(찔레나무)의 열매.

gratte-dos [gratdo] *n.m.* 《복수불변》 등긁이.

grattée [grate] *n.f.* 《속어》=**raclée**.

gratte-fond [gratfɔ̃] *n.m.* 《복수불변》 (전물의) 겉 [표면]을 긁는 기구.

gratteler [gratle] 《⑤》 *v.t.* 가볍게 문지르다(닦다).

gratteleux(se) [gratlø, -ø:z] *a.* 《옛·구어》①옴에 걸린. ②안검염(眼瞼炎)에 걸린.

grattelle [gratel] *n.f.* ①《의학》 ① 옴 (gale légère). ② 안검염 (blépharite ciliaire).

grattement [gratmɑ̃] *n.m.* 긁기; 긁어 지우기; 긁는 소리.

gratte-ongles [gratɔ̃gl] *n.m.* 《복수불변》손톱 가는 줄.

gratte-papier [gratpapje] *n.m.* 《복수불변》①《구어》필생; (법률사무소 따위의)서기. ②3류 작가, 엉터리 문인.

gratte-pieds [gratpje] *n.m.* 《복수불변》(현관 따위에 놓인) 신발의 흙털개.

gratter [grate] *v.t.* ①(손톱 따위로)긁다, 긁어내다 (racler); 긁어주다. Gratte-moi dans le dos. 등좀 긁어다오. ~ *qn* où il lui démange ...의 가려운 데를 긁어주다; ...의 마음에 들게 일을 해주다. ~ un mur au couteau (avec un couteau) 칼로 벽을 긁어내다. ~ un mot 단어를 지우다. ~ un plancher avec de la paille 마룻바닥을 짚으로 문지르다. plume qui *gratte* 긁히는 펜. ②《구어》(주어는 사물)긁는 듯한 느낌을 주다, 간지럽히다(chatouiller); 자극하다. Ce pull me *gratte*. 이 스웨터는 국무 찌른다. Ça me *gratte* au dos. 등이 근질근질하다. ③《구어》 (자전거 경주에서 상대를)앞지르다, 추월하다(doubler, devancer). ~ ses concurrents (비유적) 경쟁자들을 추월하다. ④《구어》 (부당이득을)조금 얻다; (목적보이 없이) (조그마한)이익을 얻다. Il n'y a pas grand-chose à ~ dans cette affaire. 이 일에는 별이득이 없다.

~ *la terre avec ses ongles* (기껏이)힘드는 일을 해 나가다.

~ *le papier* 《구어》필경 일을 하며 살다; 서투른 글을 쓰다.

~ *l'épaule à qn* ...의 마음에 들려고 하다, 비위를 맞추다.

~ *le pavé* 몹시 가난한 생활을 하다.

~ *qn sur le poteau* 마지막에 앞지르다, 마지막 순간에 이기다.

~ *sur tout* 무슨 일이든 이용하다(이용해서 이득을].

~ *une vieille plaie* 옛 상처를 건드리다. (논다).

Un âne gratte l'autre.《속담》무지한 자들이 서로 칭찬한다.

— *v.i.* ① ~ à la porte 문을 가볍게 노크하다. ②《구어》[~ *de*] (악기를)서투르게 켜다. ~ *du violon* 바이올린을 서투르게 켜다. ③《속어》일하다(travailler). C'est toujours nous autres qui *grattons*. 뼈빠지게 일하는 건 항상 우리로 말이야.

— *se* ~ *v.pr.* ①자기 몸을 긁다. *se* ~ contre un arbre 나무에다 자기 몸을 비벼대다. ②《se ~ la tête 머리를 긁다(낯쳐할 때의 몸짓).

Tu peux toujours te ~. 《속어》아무리 기다려봤자 아무 소용이 없다.

gratterie [gratri] *n.f.* (몸을)긁기.

gratteron [gratrɔ̃] *n.m.* =**grateron**.

gratteur(se) [gratœ:r, -ø:z] *n.* ①긁는 사람. ~ de papier 엉터리 문인, 3류 문인(gratte-papier). ②무명에 보물을 일게 하는 직공.

grattoir [gratwa:r] *n.m.* (글자 따위를 긁어 지우는) 칼, (각종의) 긁는 도구. ~ 《속어》면도칼(rasoir).

grattons [gratɔ̃] *n.m.pl.* (돼지기름을 짜고 난 뒤에 남는)찌꺼기(fritons).

gratture [graty:r] *n.f.* (구리 따위를)긁어낼 때 생기는 부스러기.

***gratuit(e)** [gratɥi, -it] *a.* ①무료의, 무상의, 무보수의. consultation ~*e* 무료진찰. enseignement ~ et obligatoire 무상의무교육. entrée ~*e* à une exposition 전시회의 무료입장. ②근거 없는; 동기 없는. supposition ~*e* 근거 없는 추측. acte ~ 무동기(무상)행위. *à titre* ~ 무료로.

gratuité [gratɥite] *n.f.* ①무료, 무상(無償). ~ de l'enseignement 교육의 무상, 의무교육. ②(행위의)무동기성, 무상성.

gratuitement [gratɥitmɑ̃] *ad.* ①무보수로, 무상으

grau [gro] (*pl.* ~**x**) *n.m.* ① (남프랑스의)못[하천]이 바다로 흐르는 수로(水路). ② (산골짜기의)협로. ③ 작은 함수호(鹹水湖).

gravatier [gravatje] *n.m.* (헐린 건물 따위의)폐물 운반인.

gravatif(ve) [gravatif, -iv] *a.* 【의학】(통증 따위가)짓누르는 것 같은, 답답한.

gravats [grava] *n.m.pl.* ① 체질하고 난 석고[벽토] 부스러기. ② (헐린 벽·건물 따위의)잔해.

***grave** [gra(a):v] *a.* ① 무게 있는, 엄숙한, 근엄한 (austère). homme ~ 근엄한 사람. prendre un air ~ 근엄한 표정을 짓다. parler d'un ton ~ 엄숙한 말투로 말하다. ② 중대한, 중요한(important), 심각한(sérieux). La situation est ~. 사정은 심각하다. L'heure est ~. 지금은 중대한 시기이다. Ce n'est pas ~. (구어)대단한 일[걱정할 일]이 아니다. blessure[maladie] ~ 중상(중병). blessé ~ 중상자. ~s sanctions 중벌(重罰). ③ (소리가)낮은(bas), 장중한. voix ~ 낮은 목소리. accent ~ 【언어】악상그라브(`). ④ (옛)무거운(lourd). corps ~ 무거운 물체.
—*n.m.* ① (옛)무거운 물체. ② 장중함. ③ 【음악】저음. passer du ~ à l'aigu 저음에서 고음으로 옮겨가다.

gravé(e) [grave] *a.p.* ① 새겨진, 조각된. pierre ~e 조각된 돌. image ~e 목조화(木彫畫), 금속조화. ② (강철제品이)부식된. ③ (얼굴이)얽은(~ de petite vérole).

gravelage [gravla:ʒ] *n.m.* 자갈 깔기.

gravelée [gravle] *n.f.*, *a.* 포도주의 지게미 재(의) (cendre ~).

graveler [gravle] [5] *v.t.* (에)자갈을 깔다. allée gravelée 자갈길.

graveleusement [gravl¢zmã] *ad.* 외설적으로, 상스럽게.

graveleux(se) [gravl¢, -¢:z] *a.* ① 자갈이 섞인; (배 따위의 과육이)꺼칠꺼칠한. terre ~se 자갈이 섞인 흙. poire ~se 모래가 섞인 것같이 꺼칠꺼칠한 배. ② (구어)외설스러운, 추잡한(licencieux). conte ~ 음담. ③ (옛)【의학】사림상(砂粒狀) 결석의, 요사(尿砂)의. —*n.* 【의학】결석환자.

gravelinois(e) [gravlinwa, -a:z] *a.* 그라블린(Gravelines, 프랑스의 도시)의.
—**G**~ *n.* 그라블린 사람.

gravelle [gravɛl] *n.f.* ① 지게미. ② (옛)【의학】사립상(砂粒狀) 결석.

gravelure [gravly:r] *n.f.* 음담(grivoiserie).

gravement [gravmã] *ad.* ① 엄숙하게, 장중하게, 무게있게(dignement). parler ~ 엄숙하게 말하다. ② 중대하게, 심하게(considérablement, grièvement). ~ blessé 심한 상처를 입은. se tromper ~ 크게 잘못 생각하다. ③ 【음악】장중하게.

graver [grave] *v.t.* ① 새기다, 조각하다. ~ une inscription 비문(碑文)을 새기다. ~ son nom sur un arbre 나무에 자기 이름을 새기다. ~ à l'eau-forte (동판에)부식(腐蝕) 에칭)하다. machine à ~ 판각기(版刻機). ② (판화·석판을)새기다, 인쇄하다. faire ~ des cartes de visite 명함을 석판인쇄시키다. ③ (음악)(마음에)새기다(empreindre). ~ qc dans le cœur …을 마음에 새기다. Cela reste gravé dans la mémoire. 그것은 내 기억에 새겨져 있다. (옛)(음악 따위를)취입하다. ~ un disque 레코드를 취입하다.
—*se* ~ *v.pr.* ① 새겨지다, 조각되다. Le cuivre *se*

grave plus aisément que l'acier. 구리는 강철보다 더 잘 조각된다. ② (비유적)(마음에)새겨지다. *se* ~ dans la mémoire 기억에 새겨져 남다.

graves [gra:v] *n.f.pl.* 【지질】지롱드 지방(Gironde)의 자갈 많은 땅.
—*n.m.* 지롱드 지방의 포도로 빚은 포도주.

***graveur** [gravœ:r] *n.m.* (돌·나무·금속을 사용하는)조각사, 판각사(版刻師). ~ en bijouterie 귀금속 조각사. ~ à l'eau-forte 에칭 화가[조각사].

gravide [gravid] *a.* 【동물·생리】임신한. utérus ~ 임신중의 자궁.

gravidéviation [gravidevjasjɔ] *n.f.* 【우주】인력 편차 수정(천체의 인력을 이용하여 우주로켓의 속도 따위를 수정하는 조작; gravicélération이라고도 함).

gravidique [gravidik] *a.* 임신에 관한. (도함).

gravidité [gravidite] *n.f.* 【의학】임신.

gravier [gravje] *n.m.* ① 자갈, 조약돌. couvrir un chemin de ~ 길에 자갈을 깔다. ② (옛)【의학】사립상(砂粒狀) 결석.

gravière [gravjɛ:r] *n.f.* 자갈 채취장.

gravifique [gravifik] *a.* 【물리】중력의. attraction ~ 중력.

gravillon [gravijɔ̃] *n.m.* (작은)자갈.

gravillonnage [gravijɔnaːʒ] *n.m.* (길에) 자갈 깔기.

gravillonner [gravijɔne] *v.t.* 자갈을 깔다.

gravillonneur [gravijɔnœːr] *n.f.* 세(細)쇄석기.

gravillonneuse [gravijɔn¢:z] *n.f.* (도로의)자갈 고르는 기계.

gravimètre [gravimɛtr] *n.m.* 【물리】① 중력계(重力計). ② 화약밀도 측정기.

gravimétrie [gravimetri] *n.f.* 【물리】중량학; 중량측정(분석).

gravir [gravi:r] *v.t.ind.* [~ sur/à] (옛)…(위)에 기어오르다(grimper). ~ sur une muraille [*au haut* d'une muraille] 성벽을[의] 기어오르다. —*v.t.* 애써 [열심히] 오르다; (에)등반하다(monter, escalader). ~ une pente raide [un raidillon] 가파른 언덕을 오르다.

gravisphère [gravisfɛr] *n.f.* 【천체】(천체의)중력권.

gravitant(e) [gravitã, -ãːt] *a.* 끌리는.

gravitation [gravitasjɔ̃] *n.f.* 【물리】인력, 중력. loi de la ~ universelle 만유인력의 법칙.

gravitationnel(le) [gravitasjɔnel] *a.* 중력(작용)의. force ~le 중력, 인력.

gravité [gravite] *n.f.* ① (옛)【물리】중력, 인력(attraction, gravitation). centre de ~ 중심(重心). ② (태도의)진중[근엄]함; 장중함(austérité). ~ du ton 어조의 진중함. ② (문제 따위의)중대[중요]성; (병의)심함. ~ de la situation 상황의 심각성. ④ 저음; 억음(抑音); triage par ~ 【철도】(내리막길에서)중력을 이용한 차량 교체 작업.

graviter [gravite] *v.i.* ① (옛)[~ vers] (쪽으로 인력에 의해)끌리다. ~ vers la terre (중력으로)지구 쪽으로 끌리다, 지구로 떨어지다. ② (옛)(비유적)[~ vers] (마음이)향하다, 기울어지다. Cet État *gravite* vers le despotisme. 이 국가는 전제체제로 기울고 있다. ③ [~ autour de] (의 둘레를)(인력으로) 돌다; (주위를)(tourner); (비유적) (둘레·주위)…주위를 맴돌다. La Terre *gravite autour du* Soleil. 지구는 태양의 둘레를 돌고 있다. ~ *autour du pouvoir* 권력(자) 주변을 맴돌다.

gravoir [gravwaːr] *n.m.* ① 조각용구, 조각칼. ② 편자공의 망치.

gravois [gravwa] *n.m.pl.* = gravats.

gravure [gravy:r] *n.f.* ① 조판(彫版), (돌·나무·금속을 사용하는)조각(술). ~ sur bois 목판(술).

à l'eau-forte 삭각(蝕刻)술. ~ en relief 돋을 새김. ~ sur cuivre 동판술. ②판화(술); (책 안의)사진, 삽화. ③(레코드의)취입, 녹음(錄音).
gray [gre] *n.m.* 그레이 (방사선 흡수량의 최소단위, 기호는 Gy).
grazioso [grasjozo, gratzjozo](이탈리아) *ad.* 【음악】우아하게.
Gr. C. (약자)Grand-croix 레지옹도뇌르 최고훈장.
gr.coup. (약자) grosses coupures 《주식》 고액 보조은행권.
***gré** [gre] *n.m.* ①취미, 기호(嗜好)(goût); 의향, 의지(volonté); 마음내키는 것(caprice). se marier contre le ~ de ses parents 부모의 의향을 어기고 결혼하다. ②사의(謝意), 감사.
au ~ de qn …의 생각으로는; …의 마음[의향]대로, …의 마음에 맞는. (주로 소유형용사와 함께) Ce roman est trop long *à mon ~* [*au ~ de ma femme*]. 내(아내의) 생각으로는 이 소설은 너무 길다. agir *à son ~* 제멋대로 행동하다. *À votre ~*. 좋을대로 하시죠. trouver une chambre *à son ~* 제 마음에 드는 방을 발견하다.
au ~ de qc …대로. *au ~ de mes désirs* 내 마음대로. *au ~ des flots* 물결치는 대로. vagabonder *au ~ de son caprice* 마음내키는 대로 떠돌아다니다.
avoir [*prendre*] *qc en ~* (옛) …을 기꺼이 받아들이다, …에 호의를 갖다(agréer).
bon ~ mal ~ 싫든 좋건간에.
de bon ~ ; de son plein ~ 기꺼이, 자진해서. Il est venu *de son propre ~*. 그는 자발적으로 왔다.
de ~ à ~ 합의의[에 따라] (à l'amiable).
de ~ ou de force 자발적이건 강제에 의해서건, 무슨 수를 써서라도. Allez le ramener *de ~ ou de force*. 그 사람을 무슨 방법을 써서라도 다시 데려오시오.
savoir (*bon*) *~ à qn de qc* (*de+inf.*) …에 대하여 …에게 감사하다. Je lui *sais bon ~ d'avoir fait cela*. 그가 그것을 한 것에 대해 고맙게 생각한다.
savoir mauvais (*peu de*) *~ à qn de qc* (*de+inf.*) …에 대하여 …에게 불만을 품다(원망하다).
gréage [grea:ʒ] *n.m.* 【해양】 의장(艤裝)(작업).
grèbe [grɛb] *n.m.* 【조류】 농병아리의 물새.
grébiche [grebiʃ], **grébige** [grebi:ʒ] *n.f.* ①종이 끼우개, 바인더. ②【인쇄】 책 끝의 판권면(版權面), 원고에 매긴 페이지[일련번호]. ③(가죽제품 따위의)가장자리 훗조각.
grec(**que**) [grɛk] *a.* 그리스의, 그리스풍의. antiquité ~*que* 고대 그리스. profil ~*que* 그리스풍의 옆얼굴. église ~*que* 그리스정교회(正敎會).
vol à la ~que (옛·속어)신용을 이용한 사기.
—**G**— *n.* 그리스 사람.
—*n.m.* ①그리스어(語). le ~ ancien et le ~ moderne 고대 그리스어와 현대 그리스어. ②(비유적)전혀 이해할 수 없는 말. C'est du ~ pour moi. 이건 뭐가뭔지 통 모르겠다. ③숙달한 사람. Je ne suis pas ~ dans cette matière. 나는 이 문제에는 문외한이다. ④(옛)(도박 따위에서의)사기꾼, 협잡꾼. ⑤【종교】 그리스정교도.
Grèce [grɛs] *n.pr.f.* 그리스. —*g~ n.f.* (옛·속어)협잡 노름꾼들의 세계.
grécisant(**e**) [gresizɑ̃, -ɑ̃:t] *n.* 그리스정교신자; 그리스 애호가; 고대그리스 연구가(helléniste).
gréciser [gresize] *v.t.* 그리스어식으로 하다; (건축 따위를)그리스풍으로 짓다. —*v.i.* 그리스어식으로 문장을 쓰다.
grécité [gresite] *n.f.* ①그리스적 성격, 그리스식[풍]. ②그리스어(語). haute(basse) ~ 고전(말기) 그리스어.

gréco- *préf.* 「그리스」의 뜻.
gréco-bouddhique [grekɔbudik] *a.* 【미술사】 그리스 양식이 가미된 인도(불교)미술의.
gréco-latin(**e**) [grekɔlatɛ̃, -in] *a.* 그리스 라틴의. culture ~~*e* 그리스 라틴 문화.
grécomanie [grekɔmani] *n.f.* 그리스쾽(狂)(그리스의 풍속·예술·언어를 맹목적으로 모방하는 것).
gréco-romain(**e**) [grekɔrɔmɛ̃, -ɛn] *a.* 그리스 로마의. art ~ 그레코·로마술. période ~*e* 그레코·로마시대 (기원전 7세기에서 5세기까지).
gréco-slave [grekɔsla:v] *a.* 그리스 슬라브민족의.
grecque[1] [grɛk] *a., n.f.* ▷grec.
grecque[2] *n.f.* ①【미술】 그리스식 번개무늬. ②【제본】(책을 철할 때 끈을 끼우는)홈; (2)홈을 내는 그리스식 톱.
grecquer [grɛ(e)ke] *v.t.* ①【제본】(책을 철할 때 끈을 끼우는) 홈을 톱으로 파다. ②번개무늬로 장식하다.
gredin(**e**) [grədɛ̃, -in] *n.* ①무뢰한, 불량배, 망나니; (옛)거지. ②(*f.*) 말괄량이, 화냥년.
gredinerie [grədinri] *n.f.* 파렴치한 행동; 나쁜 짓.
gréement [gremɑ̃] *n.m.* 【해양】선구(船具), 삭구(索具), 의장(艤裝).
gréer [gree] *v.t.* 【해양】 의장하다, (배에)선구를 갖추다; (돛대를)장비하다. ~ *une goélette* 스쿠너선에 선구를 갖추다. ~ *un mât* 돛대에 부속품을 장비하다. ~ *une voile* 돛대를 달다.
—*se ~ v.pr.* 【해양】 의장되다. ②(속어)성장(盛裝)하다, 단장하다.
gréeur [grœːr] *n.m.* 【해양】 선구 장치공, 의장.
greffage [grɛfaːʒ] *n.m.* 【원예】 접목(하기). [공.]
greffe[1] [grɛf] *n.f.* ①【원예】 (에)접목(법); 접지(接枝), 접수(接穗). ~ *en écusson par œil détaché* 아접(芽接). ~ *en couronne* 관접(冠接). ②【외과】 이식(수술). ~ *du cœur* 심장이식. ~ *cutanée* 피부이식.
greffe[2] *n.m.* ①(재판소의)서기과; 기록 보관소. ②(옛)철필(鐵筆).
greffer [grɛ(e)fe] *v.t.* ①【원예】(에)접목하다, 접붙이다. ~ *un rosier sur un églantier* 장미나무를 들장미나무에 접붙이다. ②【외과】 이식하다. ~ *un rein* 신장(콩팥)을 이식하다. ③(비유적)결합하다, 접붙이다(ajouter). *lois nouvelles greffées sur le code Napoléon* 나폴레옹 법전에 부가된 새로운 법률.
—*se ~ v.pr.* ①접목[이식]되다. *Le pommier se greffe sur doucin*. 사과나무는 야생사과나무에 접목된다. ②(비유적)부가[결합]되다. *Une légende est venue se ~ sur un fait historique*. 한 전설이 역사적 사실에 덧붙여지기에 이르렀다.
greffeur [grɛfœːr] *n.m.* 【원예】 접목사.
greffier(**ère**) [grɛf(e)fje, grɛfjɛːr] *n.* 【법】 (재판소의)서기, 기록계. *Le ~ du tribunal civil* 민사재판소의 서기. *faire le ~* (옛)남이 쓴 것을 훔쳐 읽다.
—*n.m.* (속어)고양이.
greffoir [grɛfwaːr] *n.m.* 【원예】 접목용 나이프.
greffon [grɛfɔ̃] *n.m.* ①【원예】 접목, 접지, 접수(greffe). ②【외과】 이식조직.
grégaire [gregɛːr] *a.* ①【동물】 군서(群棲)하는; 군집[집단]의; 【식물】 군생(群生)하는. instinct ~ 군서본능(群居本能). ②부화뇌동적인. esprit ~ 부화뇌동하는 정신(grégarien).
grégarien(**ne**) [gregarjɛ̃, -ɛn] *a.* =grégaire.
—*n.m.pl.* 【동물】 족충류.

grégarines [gregarin] *n.f.pl.* 【동물】 족충류(簇蟲類).

grégarisme [gregarism] *n.m.* ① 【생물】 군서, 군생. ② (근본적)농군집성, 부화뇌동성.

grège [grɛːʒ] *a.* ① 고치에서 뽑아낸 채로의. soie ~ 생사(生絲). ② 생사빛의. robe de laine ~ 생사 빛깔의 드레스. —*n.m.* 생사 빛깔.

grégeois [greʒwa] *a.m.* feu ~ 물위에서도 타는 일종의 화합물(중세 그리스 사람들이 적함을 방화하는 데 쓰던 화약).

grégorien(ne) [gregɔrjɛ̃, -ɛn] *a.* 로마 교황 그레고리우스(*Grégoire*) 1세의. calendrier ~ 그레고리오 책력. Code ~ 그레고리오 법전. eau ~*ne* 그레고리오 수(水)(교회의 청결을 위해 쓰는 포도주와 재가 섞인 물). réforme ~*ne* 그레고리우스(7세에 의한)교회개혁운동. rite ~ 그레고리오 성례(聖禮). —*n.m.* 그레고리오 성가(chant ~).

grègues [grɛg] *n.f.pl.* 【옛】(옛날에)짧은 바지. tirer ses ~ 【옛·구어】도망치다, 달아나다.

***grêle¹** [grɛl] *a.* ① 가느다란, 가름한, 홀쭉한(fluet). jambes ~*s* 가느다란 다리. ② (목소리가)가냘픈, 약한. voix ~ 가냘픈 음성. ton ~ 【음악】 최고음(最高音). sonner (le) ~ 최고음을 내다. ③ ~ intestin ~ 【해부】 소장, 작은창자.

***grêle²** *n.f.* ① 우박, 싸라기눈. orage de ~ 우박을 동반한 뇌우. ②(비유적)우박처럼 쏟아지는 것. ~ de balles (de coups) 빗발치는 총탄[구먹]. une ~ d'injures 빗발치는 욕설. ③【구어】곰보.

méchant comme la ~ ; *pire que la* ~ 심술궂은; 몹시 불쾌한. *dru comme* ~ 우박처럼 쏟아지다.

grêlé(e) [grɛ(e)le] *a.p.* ① 우박의 해를 입은. région ~*e* 우박의 피해를 입은 지역. ② (얼굴이)곰보인.

grêler¹ [grɛ(e)le] *v.imp.* Il *grêle.* 우박이 온다.
—*v.i.* 우박처럼 쏟아지다. Les obus *grêlent*. 포탄이 우박처럼 쏟아지다. ~ *sur le persil* 《속어》(비유적)약한 자에게 화풀이하다; 얼토당토 않은 비난을 마구 퍼붓다.
—*v.t.* ① (에)우박 피해를 입히다. Toute cette région *a été grêlée*. 이 지역 일대가 우박의 피해를 입었다. Il *a été grêlé*. 그는 손 큰 손해를 입었다. ② 곰보로 만들다, 얽게 하다.

grêler² *v.t.* (빛의 이름)둥글게 하다.

grêlet(te) [grɛlɛ, -ɛt] *a.* 약간 호리호리한.

grêleux(se) [grɛlø, -øːz] *a.* (날씨가)우박이라도 올 듯한.

grelin [grəlɛ̃] *n.m.* 【해양】 작은 동아줄.

grêlon [grɛlɔ̃] *n.m.* 우박알; 【구어】다래끼.

grelot [grəlo] *n.m.* ① 방울. tintement de ~*s* 방울소리. ②(비유적)야단법석, 떠든 분위기. ~*s du carnaval* 카니발의 소란. ③《속어》전화.
attacher le ~ 《고양이 목에 방울을 단다는 일화에서》 ⓐ 〖옛〗자진하여 난국에 뛰어들다. ⓑ 솔선하여 일을 시작하다. *avoir les* ~*s* 《속어》무서워하다, 떨다. *faire sonner son* ~ 《옛》남의 주의를 끌려고 하다; 마구 지껄여대다.

grelottant(e) [grəlɔtɑ̃, -ɑ̃ːt] *a.* ① 방울처럼 울리는. ② (공포·추위에)떠는.

grelottement [grəlɔtmɑ̃] *n.m.* ① (방울 따위가)흔들리는 소리. ② (추위로)떨기, 떨림, 뗌.

grelotter [grəlɔte] *v.i.* ① 방울처럼 울리다. ② [~ de] (추위·열·공포에)떨다(frissonner, trembler). ~ *de froid* 추위에 떨다. ~ *de fièvre* 오한이 들다.

greluchon [grəlyʃɔ̃] *n.m.* 《속어》(첩의)정부(情夫), 기둥서방.

grément [gremɑ̃] *n.m.* =**gréement**.

gremeuille [grəmœj] *n.f.* =**grémille**.

grémial(*pl.* **aux**) [gremjal, -o] *n.m.* 【종교】 (주교의)무릎 덮개.

grémil [gremil] *n.m.* 【식물】 지치속(屬).

grémille [gremij], **gremille** [grəmij] *n.f.* 【어류】 (민물에 사는)농어의 일종(perche goujonnière).

grenache [grənaʃ] *n.m.* ① (남프랑스산의)알이 검고 큰 포도나무. ② (그)포도로 만든 포도주.

grenadage [grənadaːʒ] *n.m.* 【군사】 수류탄 던지기; 【해군】 폭뢰공격.

Grenade [grənad] *n.pr.f.* 【지리】 그라나다(에스파냐의 도시).

grenade [grənad] *n.f.* ① 【식물】 석류. ② 【군사】 유탄(榴彈). ~ *à fusil* 총류탄. ~ *à main* 수류탄. ~ *extinctrice* 소화(消火)탄. ~ *sous-marine* 【해군】 폭뢰. ③ 【군사】 발화(發火)유탄 표시의 휘장.

grenader [grənade] *v.t.* 【군사】 수류탄으로 공격하다; 【해군】 (잠수함을)폭뢰로 공격하다.

grenadeur [grənadœːr] *n.m.* 【해군】 폭뢰투하기.

grenadier¹ [grənadje] *n.m.* 【식물】 석류(나무).

grenadier² *n.m.* ① 【군사】 척탄병(擲彈兵); 정예의 병사. ② 《구어》 (덩치가)큰 남자; 남자처럼 덩치 큰 여자. boire comme un ~ 술을 (무척)많이 마시다. ③ 【어류】 경골어(macroure).

grenadière [grənadjɛːr] *n.f.* ① 【옛】【군사】 척탄합(盒). ② 소총의 총신을 총상(銃床)에 고정시키는 고리(anneau ~). à la ~ 【군사】 (총을 멜빵으로)밑스듬히 겨드랑이에 메게.

grenadille [grənadij] *n.f.* 【식물】 시계꽃(과실은 잼·주스를 만듦).

grenadin(e¹) [grənadɛ̃, -in] *a.* 그라나다(*Grenade*)의. —*G*~ *n.* 그라나다 사람.

grenadin² [grənadɛ̃] *n.m.* ① 【요리】 송아지 넓적다리 살의 찜(fricandeau). ② 【조류】 (아프리카산)방울새의 일종. ③ 【식물】 카네이션의 일종.

grenadine² [grənadin] *n.f.* ① 【직물】 꼰 명주실 또는 그 실로 짠 얇고 거친 직물. ② 석류의 시럽.

grenage [grənaːʒ] *n.m.* ① (화약·설탕 따위를)잔 알갱이로 만들기, 과립화(顆粒化). ② (종이·가죽의)표면이룰기; 거칠게 하기, 오톨도톨하게 하기.

grenaillage [grənajaːʒ] *n.m.* 쇼트피닝, 쇼트블라스트(금속 표면의 청정 방법).

grenaille [grənɑːj] *n.f.* ① 【야금】 쇼트(강철[금속]의 작은 구슬 모양의 입자). ② 【농업】 (가축의 먹이가 되는)곡물 부스러기.

grenailler [grənaje] *v.t.* 【야금】 (금속을)쇼트[입자]로 만들다.

grenaison [grənɛzɔ̃] *n.f.* 【농업】 (곡물의)결실(結實). ~ *du blé* 밀의 결실(기).

grenat [grəna] *n.m.* ① 【광물】 석류석; 가닛. ② 가닛 색깔(암홍색). —*a.invar.* 【광물】 가닛 색의.

grenatite [grənatit] *n.f.* 【광물】 석류석원석(石榴石原石).

grené(e) [grəne] *a.p.* ① 입자(모양)로 된, 과립상(顆粒狀)의. ② (종이·가죽의 표면이)우둘투둘한, 거칠거칠한; 【미술】 점묘의. —*n.m.* 거칠거칠한 표면, 【미술】 점묘화.

greneler [grə(e)nle] [5] *v.t.* ① 【기술】 (종이·가죽의 표면을)오툴도툴하게 하다, 거칠거칠하게 하다. ② (진주의 작은 알[입자] 따위로 옷을)점점이 장식하다.

grener [grəne] [4] *v.t.* ① 【기술】 ① (흙·설탕 따위)입자(모양)로 만들다, 과립으로 만들다. ② (종이·가죽 따위의 표면)을 오돌도돌하게 하다, 거칠거칠하게 하다. —*v.i.* ① 【농업】 (곡물이)여물다, 익다. Les blés *ont bien grené* cette année. 해는 밀이 잘 여물었다.

greneter [grənte], **grèneter** [grɛnte] [5] *v.t.* 《옛》

(금속·종이·가죽 따위의 표면을)오툴도툴하게 하다; (화폐의 테두리를)오툴도툴하게 하다.
grèneterie [grɛnt(ə)ri, grɛnɛtri] *n.f.* 곡물상(점).
grènetier(ère) [grɛntje, -ɛːr] *n.* 곡물상(인).
grenetis, grènetis [grɛnti] *n.m.* (메달·화폐 따위의)짤쭉짤쭉한 테두리(crénelure).
grenette [grənɛt] *n.f.* ① 《주로 *pl.*》《광산》입탄(粒炭). ② (화약의)목은 가루.
greneur(se¹) [grənœːr, -ɸːz] *n.* 《기술》 (동판 또는 석판에)좁쌀 무늬를 넣는 직공, 점각공(點刻工)(graineur).
greneuse² [grənɸːz] *n.f.* (가죽에 오툴도툴한 무늬를 넣는)조립기(造粒機).
***grenier** [grənje] *n.m.* ① 지붕밑 방. de la cave au ~ (지하실에서 지붕밑까지)집안 구석구석. ② (주로 지붕밑의)곡식광. ~ à blé 곡물 저장소. ~ à foin 건초 저장소. ③ 곡창지대. La Beauce est un des ~s de la France. 보스 지방은 프랑스의 곡창 지대 중의 하나이다. ④ 《역사》 ~ à sel (구체제하의)소금창고; ~s d'abondance (대혁명시대에 기근에 대비하여 여러지역에 설치한)곡식 저장소. ⑤ ~ à puces (더러운)고양이, 개.
Grenoble [grənɔbl] *n.pr.* 《지리》 그르노블(프랑스 동남부 이제르(Isère)도의 수도).
grenoblois(e) [grənɔblwa, -aːz] *a.* 그르노블 (Grenoble)의. —**G—** *n.* 그르노블 사람.
grenoir [grənwaːr] *n.m.* (화약 따위의)조립기(造粒機); 조립공장.
grenouillage [grənuja:ʒ] *n.m.* 《구어》(주로 정치상의)책모, 책략, 뒷거래.
grenouille [grənuj] *n.f.* ① 《동물》개구리; (특히)송장개구리. ~ verte 청개구리. ~ mugissante (taureau) 식용 개구리. ~ rousse 유럽송장개구리. larve de ~ 올챙이 (têtard). coassements des ~s 개구리의 울음소리. mangeurs de ~s 《구어》개구리를 먹는 사람들(영·미국 사람이 프랑스 사람을 가리켜 말함). C'est la fête à la ~. 《구어》비가 억수같이 온다 (개구리가 특히 좋아하겠다). ② 《구어》개구리(모양의)저금통; 공금. manger (faire sauter, bouffer) la ~ 공금을 횡령(착복)하다. ③ 《구어》 ~ de bénitier 광신자; 겉보기의(사이비) 신자; mare aux ~s 수상적은 책모가 들끓는 장소. ④ homme ~ 잠수부(병), 스킨다이버.
grenouiller [grənuje] *v.t.* 《구어》 속책을 쓰다; 뒷거래를 하다. ② 물속을 철벅철벅 걷다.
grenouillère [grənujɛːr] *n.f.* ① 《의복》 (갓난아이의)소매없는 겉옷 (가랑이와 양말이 달림). ② 《동물》개구리가 서식하는 늪지. ③ (강의 깊이를 재는)납이 달린 추. ④ 《옛》 (수영 못하는 사람이 철벙거리는)내의 얕은 못.
grenouillet [grənuje] *n.m.* 《식물》은방울꽃의 일종 (sceau de Salomon).
grenouillette [grənujɛt] *n.f.* ① 《식물》미나리아재비, 자라풀. ② 《의학》설하종(舌下腫).
grenu(e) [grəny] *a.* ① (이삭 따위가)낟알이 많은; 잘 여문. épi bien ~ 낟알이 많은 이삭. ② 《구어·암석 따위가》오툴도툴한; 쩔쭉쩔쭉한. chagrin ~ 오툴도툴한 가죽. marbre ~ 쩔쭉쩔쭉한 대리석. roche ~e 《지질》 화강암 (화강암(granite)·섬록암 (diorite) 따위 완정질(完晶質)의 조립화성암(粗粒火成岩)의 총칭).
—*n.m.* (가죽·암석 따위의)우둘두둘함.
grenure [grəny:r] *n.f.* ① (가죽·천·금속·종이 따위의)오툴도툴함. ② 《미술》점묘법(點描法); 점각(點刻).
grès [grɛ] *n.m.* ① 사암(砂岩). ② (모래 섞인 단단한)도토, 도기(陶土); 도기(~ cérame).

grésage [greza:ʒ] *n.m.* 《기술》(모래나 숫돌에 의한)갈기.
gréser [greze] [6] *v.t.* 《기술》 ① (타일·돌판을 모래나 숫돌로)갈다. ② (준칼로)깎아내다.
gréseux(se) [grezɸ, -ɸ:z] *a.* 사암성의, 사암을 포함한. calcaire ~ 사암질 석회암.
grésière [grezjɛːr] *n.f.* 사암 채석장.
grésil [grezi(l)] *n.m.* ① (특히 봄에 내리는)싸라기눈. ② 유리 가루.
grésillement [grezijmɑ̃] *n.m.* ① (튀김할 때 기름의)지글거리는 소리; (비 따위가)후두둑 떨어지는 소리. ② (라디오 따위의)찍찍거리는 잡음. ③ 《동물》 귀두라미의 울음소리.
grésiller¹ [grezije] *v.imp.* 《드물게》싸락눈이 오다 (grêler).
grésiller² *v.i.* (불이)톡톡 튀다; (귀뚜라미가)울다; (프라이팬이)지글지글 소리내다. L'omelette *grésillait* dans la poêle. 오믈렛이 프라이팬 속에서 지글거리고 있었다. —*v.t.* (열로 가죽 따위를)우그러지게 하다. Le feu a *grésillé* ce parchemin. 불이 이 양피지를 오그라트렸다.
—**se** ~ *v.pr.* (가죽따위가)열로 오그라들다.
grésillon [grezijɔ̃] *n.m.* ① 《광물》 (10—20 mm 크기로 부순)코크스; 분탄(粉炭), 거친가루. ② (고리짝 따위를 잠그는)걸쇠의 일종.
grésoir [grezwaːr] *n.m.* 《기술》(유리의 모서리 따위를 가는)줄칼.
gressin [gresɛ̃] *n.m.* 막대 모양의 건빵.
***grève¹** [grɛːv] *n.f.* ① 동맹 파업, 스트라이크. faire ~ ; se mettre en ~ 동맹파업을 하다. lancer un ordre de ~ 파업의 지령을 내리다. briser la ~ 파업을 깨뜨리다. répondre à la ~ par un lock-out 파업에 대해 축출 (폐쇄)로 응수하다 (맞서다). ~ générale 총파업. ~ perlée 태업(진공), 감속투쟁. ~ tournante (각각 다른 부문에서 행하는)산발적인 파업. ~ surprise 기습파업. ~ (-) bouchon (어느 분야의 작업을 지연·정지시키는)부분파업. ~ sauvage (부분적인 파괴를 수반하는)거친 파업. ~ de solidarité (de sympathie) 동정파업. ~ sur le tas; ~ des bras croisés 농성파업. ~ de l'impôt 납세 거부 투쟁. ② (la G~) 《역사》그레브 광장 (센 강변에 있는 옛날의 처형장으로, 실직자가 직업을 구하기 위해 모여들었고 1805년에 집단적인 직업을 요구하는 시위를 함); 시청근처 (place de l'Hôtel de Ville; place de G~). ③ 사장(砂場), 모래톱(plage); (이동성)사주(砂洲).
grève² [grɛːv] *n.f.* 《보통 *pl.*》(갑옷의)정강이 가리개.
grever [grəve] [4] *v.t.* ① (~ de) (금전적·재정적 부담을)지우다, 부담시키다, 과하다 (imposer, charger). dépenses qui *grèvent* mon budget 내 예산을 압박하는 경비 (지출). être *grevé* d'impôts 무거운 세금이 과해지다. maison *grevée* d'hypothèques 저당잡힌 (질속없는 유산으로서의) 집. ② 《법》중개 (신탁) 증여의 수증자를 지정하다. ③ 《옛》짓누르다; 슬프게 하다 (affliger).
—**se** ~ *v.pr.* 자기 재산을 저당잡히다.
gréviculteur(trice) [grevikylt œːr, tris] *n.* 파업을 선동하는 사람.
gréviculture [grevikylty:r] *n.f.* 파업선동.
gréviste [grevist] *n.* 동맹파업자. —*a.* 동맹파업의.
gribane [griban] *n.f.* ① (옛) 강 하구 지방에서 사용하는 전재 (건재)운반선. ② (옛) 노르망디 해안에서 사용한)범선, 돛단배.
gribiche [gribiʃ] *n.sauce* ~ 《요리》그리비슈 소스 (완숙한 달걀 노른자를 식초와 마요네즈로 휘젓고 아스파라거스·라벤더 따위의 향초를 가미한 소스).
gribiche² *n.f.* =grébiche.

gribouillage [gribuja:ʒ] *n.m.* 《구어》서투른 그림; 갈겨 쓴 글씨; 난필, 악필.

gribouille [gribuj] *n.m.* (피하고자 생각했던 난처한 일에 (어쩔 수 없이) 뛰어들고 마는)미련퉁이, 얼빠진 사람.

gribouiller [gribuje] 《구어》*v.t.* 서투르게 그리다; 괴발개발 쓰다, 아무렇게나 쓰다(barbouiller).
— *v.i.* 서투른 그림을 그리다; 알아볼 수 없는 글씨를 쓰다.

gribouillette [gribujɛt] *n.f.* 《옛》(아이들 놀이의)보물줍기 《술래가 던진 물건을 서로 빼앗으며 노는 놀이》. jeter son cœur à la ~ (바람둥이처럼)아무에게나 마음을 주다.

gribouilleur(se) [gribujœ:r, -ø:z] *n.* 《구어》알아보기 힘든 글씨를 쓰는 사람; 악필이, 서투른 그림을 그리는 사람.

gribouillis [gribuji] *n.m.* 《구어》알아보기 힘든 글씨(그림)(gribouillage).

grièche [gri(j)ɛʃ] *a.f.* pie → 【조류】때까치.

grief¹(**ève**) [gri(j)ɛf, -ɛ:v] *a.* 《옛》(죄·잘못·병 따위가)중한, 심한(grave).

grief² [gri(j)ɛf] *n.m.* ① 불만(불평)의 씨(원인). avoir un ~ [des ~s] contre *qn* …에게 불만을 품다. exposer(formuler) ses ~s 불평(항의)하다. faire ~ de *qc* à *qn* …의 일로 …을 비난하다. ② (*pl.*) 【법】 ~s d'appel 항소신립서, 항소장, 상고이유서; ~s d'accusation 기소장. ③ (옛)피해.

grièvement [gri(j)ɛvmɑ̃] *ad.* 《옛》무겁게, 심하게 (gravement) 《현재는 다음의 표현에만 쓰임》. ~ blessé (atteint, touché) 중상을 입은.

grièveté [gri(j)ɛvte] *n.f.* 《옛》(죄·과오·병 따위의)중대함, 심함.

griffade [grifad] *n.f.* (드물게) (맹수·맹금 따위가)발톱으로 할퀴기, 발톱을 세우기. donner une ~ à *qn* …을 손톱으로 할퀴다.

*****griffe**¹ [grif] *n.f.* ① (맹수·맹금류·파충류의)발톱, 갈퀴발톱(ongle); (갈퀴발톱을 가진)다리(지체). sortir ses ~s (고양이 따위가)발톱을 세우다. jouer des ~s (호랑이 따위가)발톱으로 잽싸게 공격하다. ② (위조 방지용의)서명날인, 도장; (양복점 따위의)상표, 브랜드, 레테르. exemplaires revêtus de la ~ de l'auteur 저자의 서명날인이 찍힌 책. ~ d'oblitération (관청 따위에서 찍는 수입인지의)소인. robe marquée de la ~ d'un grand couturier 일류 디자이너의 브랜드(상표)가 붙은 드레스. ③ (작품 따위에 나타나는 작가의)특징. Ce roman porte bien la ~ de l'auteur. 이 소설은 작가의 특징이 잘 나타나 있다. ~ du lion 뛰어난 재능(인물의 표시(사자발톱 표시로 상징). ④ 【기술】 갈퀴 모양의 기구; (보석 따위를 끼워 넣는)거미발; 갈퀴못, 걸쇠. ⑤ ⓐ ~ du jardinier 갈퀴. ⓑ ~ à musique 【음악】(끝이 다섯 갈래로 된)오선지 긋는 펜. ⑥ 【식물】 (포도 따위의)덩굴손; 부착근(附着根); (아스파라거스 따위의)저장근(貯藏根). ⑦ 【건축】 (상향)발톱 모양의 주춧돌. ⑧ main [pied] en ~ 【의학】 갈퀴손(발). ⑨ 《벨기에》긁힌 상처.
arracher A des ~s de B A를 B의 마수(지배)에서 구해내다.
lancer [donner] un coup de ~ 발톱으로 할퀴다; 짓궂은 말을 하다.
montrer les ~s; sortir ses ~s 발톱을 세우다(내보이다); 적의를 들어내다.
rentrer ses ~s 발톱을 거두다; 적의를 거두다.
rogner les ~s de qn …의 발톱을 깎다; …으로부터 …의 위해를 막다.
tenir qn entre ses ~s …의 목덜미를 움켜쥐고 있다, …을 손아귀에 넣고 있다.
tomber sous la ~ – [dans les ~s] de qn …의 수중에 떨어지다, …의 마수에 걸리다.

griffe² *n., a.* (특히 중남미에서)흑인과 흑백 혼혈아(mulâtre) 사이에서의 혼혈아(의).

griffé(e) [grife] *a.* (의복 안쪽에)재단사 [디자이너·메이커]의 상표가 붙은. prêt-à-porter ~ 상표가 붙은 기성복.

*****griffer** [grife] *v.t.* ① (발톱으로)할퀴다, 할퀸 상처를 내다. Le chat m'*a griffé*. 고양이가 나를 할퀴었다. 《목적보어 없이》Le chat *griffe*. 고양이는 발톱으로 할퀸다. ② (문서에)도장을 찍다, 서명날인하다; (어린 나무에)표지를 새기다. ③ (의복 따위의)안쪽에 상표(레테르)를 달다. ~ les chaussures 신발 안쪽에 제조업체의 상표를 넣다.

griffeur(se) [grifœ:r, -ø:z] *n.* 손(발)톱으로 할퀴는.
— *n.* 손(발)톱으로 할퀴는 사람(동물).

griffon [grifɔ̃] *n.m.* ① 【그리스신화】 그리푸스, 그리폰 《몸은 사자이며 머리와 날개는 독수리인 괴물》. ② 그리폰 《귀가 늘어진 거친 털을 지닌 사냥개》. ③ 대형 맹금류의 총칭으로 특히 흰깃독수리 (vautour fauve) 따위. ④ 샘이 솟는 구멍; (옛) 급수장(급수구에 그리푸스의 조각이 새겨진 데서).

griffonnage [grifɔnaʒ] *n.m.* 《구어》마구 갈겨씀, 읽기 힘든 필적; 형편없는 그림; 졸작.

griffonnement [grifɔnmɑ̃] *n.m.* 【미술】(밀초·흙 따위로 만든 조각의)원형.

griffonner [grifɔne] *v.i., v.t.* 《구어》저저분하게 쓰다, 읽기 힘든 글씨로 쓰다; 그림을 마구 그리다; 급히 글(문장)을 쓰다(gribouiller). ~ des notes sur un agenda 수첩에 메모를 마구 갈겨 쓰다.

griffonneur(se) [grifɔnœ:r, -ø:z] *n.* 《구어·드물게》저저분하게 글을 쓰는 사람, 읽기 힘든 글을 쓰는 사람; 작품을 남발하는 작가.

griffonnis [grifɔni] *n.m.* 펜의 조묘(粗描)(화); 펜화풍의 판화.

grif(f)ton [griftɔ̃] *n.f.* 《속어》=friveton.

griffu(e) [grify] *a.* 갈퀴손(발)톱을 가진. mains ~*es* 손톱이 긴 손; 잔인한 손.

griffure [grify:r] *n.f.* ① (손(발)톱 따위에 의한)할퀸(긁힌) 상처(égratignure). ② 【미술】 (에칭 따위의)묘선(描線).

grigne [griɲ] *n.f.* 【기술】 ① (펠트의)구김살, 주름. ② (빵을 굽기 전에 넣는)칼자국; (잘 익은 빵의)누르스름한 색.

grigner [griɲe] *v.i.* 【기술】 (펠트 따위에)구김살이 지다.

grignon [griɲɔ̃] *n.m.* ① 올리브의 (기름을 짜낸)찌꺼기. ② 《옛·사투리》(프랑스 빵의 타서 딱딱한 쪽의)한 조각.

grignotage [griɲɔtaʒ] *n.m.* 갉아먹기; 벌레가 파먹기(좀먹기), 서서히 파괴하기; 【정치】 서서히 공작하는 전략.

grignotement [griɲɔtmɑ̃] *n.m.* 갉아먹기(좀먹기); 갉아먹는 소리.

grignoter [griɲɔte] *v.t.* ① 조금씩 갉아먹다; 찔금찔금 먹다. La souris *grignote* un fromage. 쥐가 치즈를 갉아먹는다. ② 조금씩 줄이다; 《구어》서서히 정복하다. ~ son capital 자본을 찔금찔금 털어 먹다. ③ 《구어》으쓱하다, 실속을 차리다, 벌이하다. Il trouve toujours quelque chose à ~. 그는 항상 무엇인가를 얻는다.
— *v.i.* 조금씩 갉아먹다, 쏠다; 아주 조금씩 먹다.

grignoteur(se) [griɲɔtœ:r, -ø:z] *a., n.* 갉아먹는(사람·동물). — *n.f.* 【기술】 니블링 머신 《목재·금속을 얇게 켜는 기계》.

grignotis [griɲɔti] *n.m.* 【미술】 (판화의)나선 모양의 조각 《벽 따위를 표현하기 위한 불규칙한 단선

조각(短線彫刻)).
grigou [grigu] n.m. 《구어》구두쇠, 욕심장이.
gri(-)gri [grigri] n.m. (pl. ~s(~-s)) 부적.
gril [gri(l)] n.m. ① 《요리》 석쇠, 그릴, (스테이크용 홈이 있는)철판. poisson cuit sur le ~ 석쇠로 구운 생선. ② (유수(流水) 따위를 막는)격자책[망]. ③ 《연극》 (대도구 大道具)를 조작하는 무대 천정의)격자(모양)선반. ④ 《해양》 (배바닥 수리용)격자 모양의 선대(船臺). ⑤ 《철도》 (화차를 조작하기 위한)측선망(側線網). ⑥ ~ costal 흉곽(胸廓). ⑦ (옛날의)화형용 형구.
être sur le ~ 《옛》 걱정이 되다, 안절부절 못하다; 몹시 피로한 입장에 있다. *candidat qui est sur le ~* 안절부절 못하고 있는 수험생.
gril-express [grilekspres] n.m. 《철도》 셀프서비스 식당차.
grill [gril] n.m. =grill-room.
grillade [grijad] n.f. ① 석쇠로 구운)불고기. ② 《드물게》(고기·생선 따위의)석쇠구이 조리법.
grillage[1] [grija:ʒ] n.m. ① 석쇠로 굽기; 볶음. ② 《야금》 배소(焙燒). ③ 《직물》 직물의 보풀을 그을림. ④ 《전기》 (필라멘트가)타서 끊어짐.
grillage[2] n.m. ① (창·문 따위의)쇠망; (특히)쇠격자; 철망; (물고기가 도망하지 못하도록 연못의 유수구를 막는)책(柵). ② (무른 지반에 건축의 기초를 받치는 격자 모양의 골조.
grillager [grijaʒe] v.t. ① (창 따위에)철망[철책]을 치다. ② 《토목·건축》 틀을 끼우다.
grillagerie [grijaʒri] n.f. 《드물게》철망[철책·쇠창살] 제조(업).
grillageur [grijaʒœ:r] n.m. 철망[철책·쇠창살] 제조인(치는 사람).
grille [grij] n.f. ① (쇠)격자[창살]; 격자창(barreau). ~ d'une fenêtre 창의 격자[창살]. ~ d'égout 하수구의 찌꺼기를 막는 쇠망. ~ de prison 형무소의 면회용 격자[쇠창살]. *être sous [derrière] les ~s* 감옥에 갇혀 있다. ② (공원 따위의)철책; 쇠격자(창살)문. ③ 화덕의 쇠살대. ~ (암호 해독용의 격자 모양으로)구멍을 뚫은 판지; (크로스워드 퍼즐의)바둑무늬판. ⑤ 일람표. ~ d'horaires (de trains) 열차시간표. ~ de programmes de télévision 텔레비전 프로 일람표. ~ de rémunérations (de salaires) 급여표.
grillé(e) [grije] a.p. ① 석쇠에 구워진. ② 철책[쇠창살]에 둘러싸인. ③《속어》(사업 따위가)실패한.
grille-écran [grijekrɑ̃] (pl. ~s-~s) n.f. 《전기》차폐격자(遮蔽格子)(전기관의 제어격자와 양극 사이에 놓인 격자).
grille-pain [grijpɛ̃] n.m. (복수불변) 빵 굽는 기구 (~ électrique), 토스터.
***griller**[1] [grije] v.t. ① 석쇠[그릴·철판]로 굽다; 볶다. ~ un poisson 생선을 굽다. ~ du café 커피(원두)를 볶다. ② 혹독한 열에 노출시키다, 태우다; (혹서·혹한이 식물을)시들게 하다. *grand feu qui nous grille la figure* 우리를 화끈거리게 하는 강한 불. *La gelée a grillé les jeunes pousses.* 새싹이 얼어서 시들었다. ③《구어》추월하다; (정지선 따위를)통과하다(지나치다), 고속으로 달리다. ~ un feu rouge 붉은 신호등을 무시하다. ④ ~ une cigarette; en ~ une 《구어》담배를 피우다. ⑤《구어》《전기》합선(쇼트)시키다; (엔진 따위를)과열시키다. ~ une résistance 저항기를 태우다. ⑥《속어》폭로하다. *se faire ~* 정체가 밝혀지다; 신용을 잃다, 오도가도 못하다(être grillé), 진퇴곤곡에 빠지다. ⑦《야금》배소(焙燒)하다; 《직물》보풀을 그을리다.
—v.i. ① (석쇠[철판]에서)익다. *Faites ~ un bif-*
teck. 비프스테이크를 익히시오. ②타는 듯이 덥다. *On grille ici.* 여기 무척 덥다. ③ [~ de](으로) 안절부절 못하다. *Les enfants grillent de sortir.* 아이들은 나가고 싶어서 안절부절 못한다. ④《구어》(퀴즈·보물찾기 따위에서)목표에 가까이 가다(접근하다)(brûler); (전기기구가)합선(쇼트)하다; (엔진 따위가)과열하다.
—*se ~* v.pr.《구어》(햇빛에)살갗을 태우다.
griller[2] v.t. ①(쇠)격자[창살]을 끼우다; (쇠) [철책]로 둘러치다. ②(옛)(수도원 따위에)넣다, 가두다.
grilleur(se) [grijœ:r, -ø:z] n. 《드물게》《요리》 굽는 담당. —n.m.①(광물의)배소(焙燒)화덕. ②《은어》밀고자(délateur).
grilleur[2] [grijœ:r] n.m. 철책(창살)을 만드는 사람.
grilloir [grijwa:r] n.m. ①고기굽는 기구, 토스터; (커피원두를)볶는 기구. ②《야금》배소장; 《직조》보풀 그을리는 기계.
grillon [grijɔ̃] n.m. 《곤충》 귀뚜라미. ~-taupe; taupe-~ 《곤충》 땅강아지.
grillotis [grijoti] n.m. 방울소리.
grill-room [grilrum] (영) n.m. 그릴(손님 앞에서 고기나 생선을 구워내는 식당).
grilse [grils] n.f. 《어류》 (강에서 처음으로 바다로 들어온)어린 연어의 치어(稚魚).
grimaçant(e) [grimasɑ̃, -ɑ̃:t] a. ①(얼굴·입 따위를)찌푸린[찡그린]. ②주름잡힌. *robe ~e* 주름잡힌 원피스.
***grimace** [grimas] n.f. ①찌푸린[찡그린] 얼굴. *faire une ~ de mécontentement* 불만으로 얼굴을 찡그리다(찌푸리다). *faire la ~ à qn* ...을 냉대하다(박대하다). *faire la ~ devant qc* ...에 싫은 표정 [얼굴]을 하다, 불만을 나타내다. *faire la soupe à la ~*《구어》(집에 돌아온 남편을 아내가)푸대접하다. ② (pl.) 갖가지 얼굴 표정; (진심이 아닌)표정; 잘난 체하기. *faire des ~s* 찡제하다; 일부러 표정을 바꾸다, 오만가지 표정을 짓다. *se laisser prendre à des ~s* 겉으로 보이는 태도에 걸려들다. ③《구어》(의복·천 따위의)주름. ④《미술》(교회의 좌석에 조각된)그로테스크한 조상(彫像).
grimacer [grimase] v.i. ①얼굴을 찌푸리다. (옷 따위가)구겨지다. ②부자연스러운 태도를 취하다, 태부리다. —v.t.《문어》(하는)척 하다, 억지로 하다. ~ un sourire 억지로 웃다.
grimacerie [grimasri] n.f.《옛》①얼굴을 찌푸리기. *faire des ~s* 잔뜩 찌푸린 얼굴을 하다. ②태부리기, 점잔빼기.
grimacier(ère) [grimasje, -ɛ:r] a, n. 얼굴을 찡그리는 버릇이 있는(사람); 과장된 표정을 짓는(사람).
grimage [grima:ʒ] n.m.《무대배우의》얼굴의 윤곽 그리기, (짙은)화장, 메이크업.
grimaud(e) [grimo, -o:d] a. 우울한, 시무룩한. —n.m.①《옛》교양이 없는 사람, 학자연하는 사람; 엉터리 문필가. ②《옛》저학년생; 열등생.
grimaudage [grimoda:ʒ] n.m.《옛》학자인 척 하기, 현학자적 태도(pédanterie).
grimauderie [grimodri] n.f.《옛》 =grimaudage.
grime [grim] n.m.《옛》《연극》우스꽝스러운 노인역; 그 역을 연기하는 배우.
grimer [grime] v.t. ①(무대 배우의)얼굴의 윤곽을 그리다, 짙은 화장[메이크업]을 하다. ②《옛》(노인역 배우의)얼굴의 주름을 그리다.
—*se ~* v.pr. (자기 얼굴의)윤곽을 그리다, 짙은 화장(메이크업)을 하다.
grimoire [grimwa:r] n.m. 마술[마법]서. *sentir le ~* (책이)이단의 냄새가 나다(경향이 있다). ②《구어》난해한 책[이야기]; 알아볼 수[판독할 수 없는 글씨.
grimpant(e) [grɛ̃pɑ̃, -ã:t] *a.* 기어오르는; 덩굴이 있는. plante ~*e* 〖식물〗덩굴식물. rosier ~ 덩굴장미. —*n.m.*〖속어〗바지(pantalon).
grimpée [grɛ̃pe] *n.f.*〖구어〗가파른 비탈길(급경사)을 오르기; 가파른 비탈길, 급경사.
*grimper [grɛ̃pe] 〖조동사는 avoir 이지만 monter 와의 유추로 être 도 사용됨〗*v.i.* ① [~ à/sur/dans] (을) 기어오르다; 비탈길을 오르다. ~ *sur [dans]* un arbre 나무에 오르다. ~ *à l'échelle* 사다리에 오르다. ② 가파른 비탈길[오르막길]이 되다. *suivre un sentier qui grimpe dur* 가파른 비탈길을 오르다. *Ça grimpe.* 가파른 비탈길[오르막길]을 오른다. ③〖덩굴식물이〗기어오르다. ④ [~ sur/dans](에) 뛰어오르다, 타다. ~ *dans un taxi*〖구어〗택시를 타다. ⑤〖구어〗급상승하다, 급등하다. *Les prix ont grimpé.* 물가가 뛰었다. ⑥ faire ~ qn (à l'arbre) 〖속어〗~을 속여 넘기다.
—*v.t.* 기어오르다; 급히 오르다. ~ *l'escalier quatre à quatre* 계단을 급히 뛰어오르다.
—*n.m.* (체조의) 밧줄 오르기.
grimpereau [grɛ̃pro] (*pl.* ~*x*) *n.m.*〖조류〗나무발바리.
grimpette [grɛ̃pɛt] *n.f.*〖구어〗가파른 오르막길.
grimpeur(se) [grɛ̃pœ:r, -ø:z] *a.* 기어오르는[오르기 좋아하는], 오르는 습성이 있는. oiseaux ~*s* 반금류(攀禽類). ①〖스포츠〗등산가, 알피니스트. ②언덕을 오르는 데 뛰어난 경주자(선수). —*n.m.pl.*〖조류〗반금류(앵무새 따위).
grinçant(e) [grɛ̃sɑ̃, -ã:t] *a.* ①삐걱거리는. essieux ~*s* 삐걱거리는 차축. ②(소리가) 듣기에 불쾌한, 귀에 거슬리는(discordant). compliments ~*s* 귀에 거슬리는 아첨. musique ~*e* 듣기 싫은 음악.
grincement [grɛ̃smɑ̃] *n.m.* 삐걱거리는 소리; 삐걱거리기 하기. ~ *de dents* 이 가는 소리. ~ *des plumes sur le papier* 종이에 펜 긁히는 소리.
grincer [grɛ̃se] [2] *v.i.* 삐걱거리다; 귀에 거슬리는 소리(울음소리)를 내다. La chaise *grince*. 이 의자가 삐걱거린다. Ça *grince*. (단체·사업 따위의 진행이) 순조롭지 않다. La chauve-souris *grince*. 박쥐가 꺽꺽 운다. ~ *des dents de* …에 이를 갈다. faire ~ *des dents à qn* …의 기분을 상하게 하다.
grinche [grɛ̃:ʃ] *n.m.*〖은어〗도둑놈(voleur).
grincher¹ [grɛ̃ʃe] *v.t.*〖은어〗훔치다.
grincher² *v.i.*〖구어〗불평을 하다(grogner).
grincher³ *v.i.* (빵이 너무 타서 표면이) 갈라지다.
grincheux(se) [grɛ̃ʃø, -ø:z] *a.* 까다로운, 불평(불만)이 많은. vieillard ~ (즉시 불만을 털어놓는) 까다로운 노인. —*n.* 까다로운(불평이 많은) 사람.
gringalet¹(te) [grɛ̃gale, -ɛt] *a.* 빈약한, 보잘 것 없는, 빈상(貧相)의. —*n.m.*〖구어〗빈상의 남자; 풍채가 보잘 것 없는 남자.
gringalet² [grɛ̃gale] *n.m.*〖옛〗작은 말, 당나귀.
gringolé(e) [grɛ̃gɔle] *a.*〖문장〗끝이 뱀머리로 된. croix ~*e* 뱀머리를 조각한 십자가.
gringotter [grɛ̃gɔte] *v.i.*〖옛〗(작은 새가) 지저귀다. ②(비꼼) (사람이) 주절거리다. —*v.t.*〖옛〗콧노래를 부르다. ~ *un air* 한 귀절 읊다.
gringue [grɛ̃:g] *n.m.* faire du ~ à〖속어〗…에게 사랑을 호소하다, …을 달래다 (갖은 말로) 꾀다; être en ~ 시시덕거리다.
gringuenaude [grɛ̃gnoːd] *n.f.* ①〖옛〗코딱지; (항문 근처에 남은) 똥찌꺼기. ② 먹다 남은 음식.
griot¹(te¹) [gri(j)o, -ɔt] *n.* 그리오 (아프리카 흑인의 전통적인 구송[구誦]시인).
griot² [gri(j)o] *n.m.* 2급품 밀가루.
griotte² [gri(j)ɔt] *n.f.* 산과육도(酸果櫻桃), 버찌 (cerise의 일종); 버찌 과자. ②〖광물〗(적색과 갈색의 얼룩이 있는) 대리석.
griottier [gri(j)ɔtje] *n.m.*〖드물게〗〖식물〗산과앵도(griotte)의 나무.
grippage [gripa:ʒ] *n.m.* (오일부족에 의한 기계의) 마모, 녹아붙음; (기구 따위의) 기능정지, 정체.
grippal(ale, *pl. aux*) [gripal, -ol] *a.*〖의학〗인플루엔자(유행성 감기)의.
*grippe [grip] *n.f.* ①〖의학〗인플루엔자, 유행성 감기. attraper la ~ 감기 들다. épidémie de ~ 유행성 감기. ②혐오감; (옛)(충동적인) 기분. prendre … en ~ …에 (갑자기) 혐오감을 느끼다.
<small>REM</small> *rhume* 감기, *grippe* 바이러스성 유행성 감기; 열이 나는 감기도 grippe 를 사용.
grippé(e) [gripe] *a.p.* ①유행성 감기에 걸린. J'ai été ~ *au cours du voyage*. 나는 여행중에 유행성 감기에 걸렸다. ②(기계 따위가) 마모된, 녹아붙은. ③ faciès ~〖의학〗(심한 복통으로)일그러진 얼굴. —*n.* 유행성 감기에 걸린 사람.
grippement [gripmɑ̃] *n.m.* ①〖기계〗=grippage. ②〖의학〗얼굴의 일그러짐(~ *de la face*). ③(얼굴의) 주름이 잡히기.
grippeminaud [gripmino] *n.m.* 위선자.
gripper [gripe] *v.t.* ①(기계류)마모시키다, 닳게 하다, 녹아붙게 하다. ②기능을 정지시키다, 마비시키다. ③(옷·천을) 주름지게 하다. ④(옛) 잽싸게 체포하다, 훔치다.
—*v.i.*, *se* ~ *v.pr.* ①(기계가) 마모하다, 닳다, 녹아붙다, 움직이지 않게 되다. *Le débrayage grippe*. 클러치가 닳는다. ②(사회기구 따위가) 정지하다, 마비되다. ③(옷·천 따위가) 주름지다[잡히다].
grippe-sou [gripsu] (*pl.* ~~(*s*))*a.*, *n.m.*〖구어〗쩨쩨한(남자), 돈에 치사한(남자).
grippeur(se) [gripœ:r, -ø:z]〖드물게〗*a.* 손톱[발톱]으로 움켜잡는; 훔치는. —*n.* 도둑.
:**gris(e)** [gri, -i:z] *a.* ①회색의, 쥐색의. Elle porte un pantalon ~. 그녀는 회색바지를 입고 있다. Mes souliers étaient ~ *de poussière*. 내 구두는 먼지를 뒤집어써서 뿌옇게 되었다. J'ai des cheveux ~. 나는 흰 머리가 많다. tête ~*e* 반백의 머리. ②흐리멍덩한, 생기(핏기)가 없는; 단조로운, 음침한, 음산한. visage ~ (병·피로 따위로)생기(핏기)가 없는 얼굴. vie ~*e* 멋이 없는(단조로운) 생활. ③ substance(matière) ~*e*; cellules ~*es* (뇌의)회백질; 〖구어〗두뇌, 지능. Tu dois faire travailler un peu ta matière ~*e*. 너는 머리를 좀 써야겠다. ④얼큰한, 반쯤 취한. J'étais déjà ~ *avant de rentrer chez moi*. 나는 집에 돌아오기 전에 이미 얼큰한 상태였다. ⑤ⓐ sœur ~*e* 애덕(愛德)수도회의 수녀(《속어》회색옷을 입은 여자). ⓑ ambre ~ 용연향. ⓒ vin ~ 극히 희미한 색을 띈 제와인(*Anjou, Lorraine* 지방 따위의 연한 장미색 포도주). ⓓ papier ~ 인쇄가 선명치 않은 페이지. ⓔ éminence ~*e* 흑막. ⓕ onguent ~ 수은 연고.
en faire voir de ~*es à qn* …을 몹시 혼내다, 본때를 보여주다, 짓궂은 짓을 하다.
—*ad.* Il fait ~. 날씨가 음산하다.
—*n.m.* ①회색의, 쥐색(~ souris). peindre le mur *en* ~ 벽을 회색으로 칠하다. ~ *ardoise* 푸른기가 도는 회색. ~ *argenté* 은회색. ~ *fer* 철회색. ~ *foncé* 짙은 회색. ~ *perle* 회색(담회색). ②회색옷. ③ⓐ회색말. ⓑ(회색포장지로 싼)중급 파이프 담배, 싸구려 담배. ⓒ ~ *perlé* (피레네산의 진주색 광택이 점점이 있는) 회색 대리석. ⓓ (시베리아산의) 다람쥐 (petit-~).
grisaille [grizaj] *n.f.* ①〖미술〗그리자유: ⓐ회색의 농담(濃淡)만으로 부각시키는 효과를 내는 기법. ⓑ그리자유 기법에 의한 작품. ②《문어》(그리자유 기법을 연상시키는)회색의 색조[풍경]. ~ de l'aube (안개 따위로)회색빛이 짙은 새벽 풍경. ③ 단조로움, 무미건조함, 음울함. ~ de la vie quotidienne 일상생활의 단조로움.

grisailler [grizaje] *v.t.* 회색으로 그리다, 그리자유 화법으로 그리다. —*v.i.* 회색이 되다(돌다); 회색빛을 띠다; (머리가)희끗희끗해지다, 반백이 되다.

grisant(e) [grizã, -ã:t] *a.* 도취시키는. odeur ~e 도취시키는 향내.

grisard [griza:r] *n.m.* ①《식물》백양 (peuplier gris, peuplier blanc의 총칭). ②《동물》오소리 (blaireau의 총칭). ③새끼 갈매기. ④《광물》단단한 사암.

grisâtre [grizɑ:tr] *a.* ①회색을 띤. ciel ~ 잿빛이 도는 하늘. ②울적한, 서글픈 (désolant, morne). idées ~s 서글픈 생각.

grisbi [grizbi] *n.m.* 《은어》돈 (argent). Touchez pas au ~. 현금에 손대지 마라.

grisbock [grisbɔk] *n.m.*《동물》(남아프리카산의)회색빛 영양.

grisé [grize] *n.m.* (회화·판화·지도 따위에 사용하는 점으로 된)회색의 칸.

griser [grize] *v.t.* ①취하게 하다 (enivrer); 도취시키다. Cette odeur le *grisait*. 그 향기에 그는 도취되었다. se laisser ~ par le succès 성공에 도취되다. ②회색으로 칠하다, 회색으로 만들다.
—**se** ~ *v.pr.* [se ~ de](에)얼근히 취하다; 취하다; (에)도취하다(s'exalter). *se* ~ *de ses propres paroles* 자신의 말에 취하다.

griserie [grizri] *n.f.* 도연(陶然)해짐, 얼근해짐; 도취, 심취.

griset [grizɛ] *n.m.* ①《조류》(검은방울새 따위의 아직 갈색털이 회색인)어린 새. ②《어류》(지중해에 서식하는)상어의 일종 (canthère). 《조류》제비갈매기 (hirondelle de mer); 《식물》낙상홍(落霜紅) (argousier).

grisette [grizɛt] *n.f.* ①《옛》회색의 싸구려 천. ②《옛》회색 옷을 입은 천한 계집애; 바람기 있는 젊은 여공. ③《사투리》회색빛의 새 (꼬리꼬리과의 새·종달새 따위). ④회색빛의 나비.

gris(-)gris [grigri] *n.m.* (복수불변) (서아프리카 흑인의)부적, 호부護符) (gri-gri).

grisol(l)er [grizɔle] *v.i.* 《드물게》(종달새가)지저귀다, 울다.

grison(ne)¹ [grizɔ̃, -ɔn] *a.* 머리가 세기 시작한.
—*n.m.* ①《옛》머리가 희끗희끗한 남자; (비밀임무를 수행하는)회색옷을 입은 (심부)종자. ②(회색빛의)당나귀.

grison(ne)² *a.* 그리종 (Grisons, 스위스의 주)의.
—**G~** *n.* 그리종 사람. 그리종 사투리.

grisonnant(e) [grizɔnɑ̃, -ɑ̃:t] *a.* 반백이 되기 시작하는; 머리털이 희끗희끗 세는.

grisonnement [grizɔnmɑ̃] *n.m.* (머리털·수염이)희끗희끗해짐.

grisonner [grizɔne] *v.i.* 머리털이 희끗희끗해지기 시작하다.

grisotte [grizɔt] *n.f.* (여자용 스타킹의)투명무늬.

grisou [grizu] *n.m.* (탄갱 내에 발생하는)가연성 가스. coup de ~ 갱내 가스 폭발.

grisoumètre [grizumɛtr] *n.m.*, **grisouscope** [grizuskɔp] *n.m.*《기술》(갱내의)가스검출기.

grisouteux(se) [grizutø, -øːz] *a.*《기술》가연성 가스를 함유한. gisement ~ 가스가 많은 광맥 (탄갱 내의 메탄가스가 규정치를 넘는 경우).

grisoutine [grizutin] *n.f.*《광산》초안폭약.

grive [gri:v] *n.f.*《조류》(개똥)지빠귀(류). ~ musicienne [commune] 꾀꼬리. ~ litorne 개똥지빠귀. être soûl comme une ~《구어》만취해 있다. *Faute de ~ s, on mange des merles.*《속담》그 대로 만족해야 한다 (맛있는 지빠귀가 없을 때는 티티새라도 먹어야 한다).

grivelé(e) [grivle] *a.*《드물게》(지빠귀의 배처럼)흰 빛과 잿빛으로 얼룩진.

griveler [grivle] [4,5] *v.i.* ①《드물게》무전취식[숙박]하다, 무임승차하다. ②《옛》독직(瀆職)하다.

grivèlerie [grivɛlri] *n.f.* ①《드물게》무전취식[숙박]; 무임승차. ②《옛》오직, 배임행위.

griveleur [grivlœːr] *n.m.* 무전취식자.

grivelure [grivly:r] *n.f.* 회색과 백색이 섞인 색깔.

griveton [grivtɔ̃] *n.m.*《속어》졸병 (grifton).

grivois(e) [grivwa, -a:z] *a.* 무척 노골적인, 숨김없는. raconter des histoires ~es (외설에 가까운)노골적인 이야기를 하다. —*n.m.*《옛》①병사, 용병. ②명랑하고 유쾌한 남자.

grivoiserie [grivwazri] *n.f.* 노골적인[숨김없는] 성격; (외설에 가까운)아슬아슬한 이야기[말], 외설적인 짓[말].

grizzli, grizzly [grizli] 《영》*n.m.*《동물》(로키산맥에 사는)회색곰.

grœnendal, grœnendael [grɔ(n)endal, grɔ(n)nendal] *n.m.* (검고 긴 털을 가진 벨기에산)양 지키는 개의 일종.

Groenland, Groënland [grɔɛnlɑ̃:d, grɔɛlɑ̃] *n.pr.m.*《지리》그린란드.

groenlandais(e) [grɔɛn(e)lɑ̃dɛ, -ɛːz] *a.* 그린란드의. **G~** *n.* 그린란드 사람.

grog [grɔg] 《영》*n.m.* 그로그(럼 술 또는 브랜디에 설탕·레몬·더운 물을 섞어 마시는 음료).

groggy [grɔgi] 《영》*a.* ①《권투》(얻어맞은 선수가)비틀거리는.《구어》(정신적·육체적 충격으로 또는 술에 취해)비틀거리다.

grognard(e) [grɔɲa:r, -ard] *a.*《옛》불평 잘하는. —*n.m.*《프랑스사》(나폴레옹 시대의)근위병.

grognasse [grɔɲas] *n.f.*《속어》①(늙고 추한)여자. ②나이든 창녀.

grognasser [grɔɲase] *v.i.*《속어》불평을 잘하다, 늘 투덜대다.

grogne [grɔɲ] *n.f.*《구어》불평, 불만.

grognement [grɔɲmɑ̃] *n.m.* ①(돼지·곰·멧돼지 따위의)꿀꿀거리는 소리, 으르렁거리는 소리. pousser [faire entendre] un ~ 으르렁거리는 소리를 내다. ~s des pourceaux 돼지들의 꿀꿀대는 소리. ②《구어》불평[불만]으로 투덜거리기. ~s de colère [de protestation] 분노[항의]로 투덜거리기.

grogner [grɔɲe] *v.i.* ①(돼지·멧돼지·곰 따위가)울다, 울부짖다, 으르렁대다. ②《구어》투덜투덜 불평[불만]을 하다. Il *grognait* contre moi. 그는 내게 투덜거렸다. —*v.t.* 《구어》(불평을)불평을 털어놓다.

grognerie [grɔɲri] *n.f.*《드물게》불평[불만]의 투덜거림, 끊임없이 털어놓는 불평, 넋두리.

grogneur(se) [grɔɲœ:r, -øːz] *a.*, *n.*《드물게》불평을 잘하는(사람).

grognon(ne) [grɔɲɔ̃, -ɔn] *a.* (여성형은 드물)투덜하는, 투덜거리는; 시무룩한. air ~ 시무룩한 태도. —*n.* 불평가 (여성형 grognonne은 드물게 쓰임, 여성형에도 grognon을 사용).

grognonner [grɔɲɔne] *v.i.* ①(돼지가)꿀꿀거리다. ②투덜투덜 불평을 털어놓다.

grognonnerie [grɔɲɔnri] *n.f.*《드물게》①돼지처럼 꿀꿀 울기. ②불평[불만]가의 말, 잔소리.

groie [grwa] *n.f.*《사투리》그루아 토양 (샤랑트(la Charente)강 유역의 붉은 찰흙) (terre de ~).

groin [grwɛ̃] *n.m.* ① (돼지·멧돼지·두더지 따위의) 콧잔등. ②《구어》추한 얼굴. ③ (잠교(棧橋)의) 끝부분, 첨단.

groisil [grwazi(l)] *n.m.* 〖기술〗유리 부스러기《용해해서 유리 제품으로 재생됨》.

groizillon(ne) [grwazijɔ̃, -ɔn] *a.* 그루아(*Groix*, 프랑스의 섬)의.

grol(l)e¹ [grɔl] *n.f.* 〖사투리〗(프랑스 서부·*Berry* 지방의)땅까마귀(corneille); 갈가마귀(choucas); 떼까마귀(freux).

grol(l)e² *n.f.* 《주로 *pl.*》《속어》신발, 구두.

grommeler [grɔmle] ⑤ *v.i.* (입속말로)투덜대다; (멧돼지 따위가)으르렁거리다. —*v.t.* (욕설 따위를)중얼거리다.

grommellement [grɔmɛlmɑ̃] *n.m.* 불평·욕설 따위를 중얼거리기; 중얼거리는 말; 투덜거리기.

grondant(e) [grɔ̃dɑ̃, -ɑ̃:t] *a.* 으르렁거리는; 꽝꽝 울리는.

grondée [grɔ̃de] *n.f.* 질책(gronderie).

grondement [grɔ̃dmɑ̃] *n.m.* ① (짐승 따위의)으르렁거리는 소리, 노호. ② (천둥·번개·대포·파도 따위의)우르릉거리는 소리, 폭음. ~*s du canon* 대포의 폭음. ~ *du tonnerre* 천둥소리. ~ *de la tempête* 폭풍우가 우르릉거리는 소리.

*****gronder** [grɔ̃de] *v.i.* ① (짐승이)으르렁거리다, 포효하다; 노호하다; (천둥 따위가)우르릉거리다, 꽝꽝 울리다. 개가 으르렁거린다. *Le chien gronde*. 천둥이 우르릉거린다. *Le tonnerre gronde*. ② (비유적) (혁명 따위가)폭발하려 하다, 절박하다. *L'émeute gronde dans la rue*. 거리에서 폭동이 일어나려 한다. ③《옛》중얼거리다, 투덜거리다. ~ *entre ses dents* 중얼거리다.
—*v.t.* 꾸짖다, 야단치다; 화내며 말하다. ~ *un enfant désobéissant* 말 안 듣는 아이를 야단치다. [~ *qn de/pour+inf.*] *Ma mère m'a grondée pour avoir oublié mon foulard.* 어머니는 내가 머플러를 잊고 오지 않았다고 꾸중하셨다.

gronderie [grɔ̃dri] *n.f.* 꾸지람, 질책 (réprimande).

grondeur(se) [grɔ̃dœr, -φ:z] *a.* 잔소리 잘하는, 꾸지람 잘하는; 꾸짖는. *voix* ~*se* 꾸짖는(성난)듯한 목소리. —*n.* 잔소리(꾸지람)잘하는 사람.

grondin [grɔ̃dɛ̃] *n.m.* 〖어류〗성대.

Groningue [grɔnɛ̃:g] *n.pr.f.* 〖지리〗그로닝겐《네덜란드의 도시》.

groom [grum] 〖영〗*n.m.* (호텔·식당 따위의)제복 입은 보이, 급사; 〖옛〗젊은 마부.

‡gros(se) [gro, -o:s] *a.* ① 굵은; (…한)굵기의; 뚱뚱한(corpulent); 두께가(굵이가); 큰(grand). ~ *bâton* 굵은 막대. ~*se femme* 뚱뚱한 여자. ~*ses lèvres* 두툼한 입술. ~ *caractère* 굵은 활자. ~ *comme le poing* 주먹만큼 큰. [~ *de*] *joue* ~*se d'une fluxion* 염증으로 부은 뺨.
② 다량의, 많은; 엄청난, 큰. *avoir un* ~ *appétit* 식욕이 왕성하다. ~*se fièvre* 고열. ~*ses dépenses* 막대한 지출. *jouer le* ~ *jeu* 큰 도박을 하다. ~*se faute* 대실책. ~ *capitaliste* 대자본가. ~ *mangeur (buveur)* 대식가(대주가). ~*se industrie* 중공업.
③ (날씨가)나쁜, (비바람이)심한; (바다가)거친. ~*se mer* 파도가 높은 바다, 거친 바다. ~*se averse* 폭우. ~ *temps* 〖해양〗거친 날씨.
④ 조제(粗製)의; 기초단계의; 조잡한, 투박스러운; (비유적) 말 따위가)거친. ~ *drap* 투박한 천. œuvre (건물의)기초부분〖공사〗. ~ *travaux* 막노동, 중노동. ~ *vin* 하급 포도주. ~*ses chaussures* 투박한 신발. ~ *mot* 막된 말, 욕지거리. ~*se plaisanterie* 야비한 농담.
⑤ [~ *de*] (을)내포한, (이)가득한. *ciel* ~ *d'orage* 비바람을 품은 하늘. *événement* ~ *de conséquences* 중대한 결과를 초래할 사건. *yeux* ~ *de larmes* 눈물을 가득 머금은 눈. *cœur* ~ *de soupirs* (한숨으로 가득차)침통한 마음.
⑥ (진리 따위가) 명백한, 당연한; 평범한. ~*se vérité* 뻔한 진실. ~ *bon sens* 평범한 상식.
⑦〖옛〗(명사 뒤에서)임신한. *femme* ~*se* 임신부.
⑧ (색깔이)짙은(이 뜻으로 쓰일 때는 불변). *peinture* ~ *vert* 짙은 녹색의 페인트.
avoir le cœur ~ 서글프다, 마음 아프다. ~ ***bonnet***; 〖구어〗~*se légume* 큰 인물, 명사.
—*n.* ① 《구어》동보. ~ *plein de soupe* 《구어》몹시 뚱뚱한 사람.
② 《소유형용사와 함께》자네《친한 사람에 대한 호칭》. *Ça va, mon* ~? 자네, 잘 지내나?
③《종은 *pl.*》《구어》부자, 유력자.
—*n.m.* ① 가장 중요한 부분; 대부분; 〖군사〗주력. ~ *de l'arbre* 나무의 줄기. *se tenir au* ~ *de l'arbre* (비유적) 가장 확실한 것에 매달리다. ~ *de la fortune* 재산의 대부분. ~ *de la nation* 대다수의 국민. ~ *de l'armée* 군의 주력.
② 가장 격렬한 부분. *au* ~ *de l'été* 한여름. *le* ~ *de la tempête* 폭풍우가 가장 격렬한 때.
③ 〖상업〗도매(↔détail). *maison de* ~ 도매상. *prix de* ~ 도매가격. *faire le* ~ 도매상을 하다.
④ 굵은(큰)서체(書體), 큰 글자. *écrire en* ~ 큰 글씨로 쓰다(~*se*).
⑤ ~ *de Naples(de Tours)* 나폴리(투르)산의 견직(絹織)의 일종.
⑥ 그로《중량의 옛 단위로 8분의 1온스》.
en ~ ⓐ 도매로, 도매의. *commerçant en* ~ 도매상. *vendre en* ~ 도매로 팔다. ⓑ 큰 글자로. ⓒ 대체로 말하자면, 대략. *Dis-moi en* ~ *comment ça s'est passé*. 어떻게 된 일인지 대충 말해주게.
—*n.f.* ① 굵은 자체(字體); (공증인 따위가 쓰는) 원자체(原字體). *écrire en* ~ *se* 둥근 자체로 쓰다.
② 〖법〗등본(copie). ~*se d'un contrat* 계약의 등본. ③〖상업〗그로스(12다스). *une* ~ *de brosses* 브러시 1그로스. ④ *prêt à la* ~*se* (aventure) 〖해상보험〗(선주에 대한)모험 대차(冒險貸借).
—*ad.* 굵게; 크게; 듬뿍; 심하게. *gagner* ~ 크게 벌다. *parier* ~ (어마)크게 걸다. *Cela va vous coûter* ~. 당신은 비싸게 값을 치러야 할 것이오. *écrire* ~ 둥근 글자로 쓰다.
en avoir ~ *sur le cœur* 몹시 걱정되다. *Il y a* ~ *à parier que+ind.* ⇨ parier.

gros-bec [grobεk] *n.m.* 〖조류〗콩새.

gros-bleu [groblφ] *a.* 《불변》감색(紺色)의, 암청색의. —*n.m.* 《복수불변》감색.

groschen [grɔʃɔ(e)n] *n.m.* 〖통화〗(독일·오스트리아의)화폐. (독일의)니켈 화폐(¹/₁₀ 마르크).

gros-cul [groky] *n.m.* 〖군대은어〗군대 담배.

groseille [grozɛj] *n.f.* 〖식물〗까치밥나무 열매(~ à grappes). *sirop de* ~(*s*) 까치밥나무 열매의 시럽. ~ *à maquereau* 구즈베리(의 열매). *la* ~ 까치나무 열매의 즙. 밝은 빨강색.
—*a.* 《불변》(리본·드레스 따위가)까치밥나무 열매 색깔의, 밝은 빨강색의.

groseillier [grozεje] *n.m.* 〖식물〗까치밥나무. ~ *épineux*(à maquereau) 구즈베리나무.

gros-grain [grogrɛ̃] *n.m.* 〖직물〗굵은 능직 비단.

Gros-Jean [groʒɑ̃] *n.m.* 〖옛〗시골뜨기; 바보, 멍청한 녀석. *être(se trouver)* ~ *comme devant* 도로 아미타불, 결국 그전과 달라진 것이 없다, 같은 꼴이다.

gros-porteur [groportœ:r] *a.* (항공기가)대량수송력을 가진. —*n.m.* 대형 수송기.

Gros-René [grɔrne] *n.m.* 《옛》명랑한 십복하인 (Molière 작 *Le Dépit amoureux*의 인물에서).

grosse [grɔːs] ⇒grose.

grossement [grɔsmɑ̃] *ad.* 《드물게》대체로, 대략; 상스럽게. blaguer un peu — 《구어》좀 상스러운 농을 하다.

grosserie [grɔsri] *n.f.* ① 철물; 은식기. ②《옛》도매(都賣).

grossesse [grɔses] *n.f.* 임신(기간). robe de — 임신복. mener sa — à terme 달을 채워 해산하다. — extra-utérine 자궁외 임신. — nerveuse; fausse — 상상임신.

grosset(te) [grɔse, -et] *a.* 《드물게》좀 굵은(뚱뚱).

grosseur [grɔsœːr] *n.f.* ① 굵기, 크기(↔ finesse). trier des fruits selon leur — 과일을 크기에 따라 고르다. baguette de la — du petit doigt 새끼 손가락 만한 굵기의 막대기. ②【의학】종기(tumeur). avoir une — au bras 팔에 종기가 나다.

*****grossier(ère)** [grɔsje, -ɛːr] *a.* ①ⓐ (사물이)거친, 막치의, 조잡한. tissu — 거친 천. aliments —s 조식(粗食). instrument — (정밀하지 않은)조잡한 기구. matière —ère 정제되지 않은 원료. ⓑ (일이) 성의없이 된, 소홀히 된. travail — (아무렇게나 한)조잡한 일. dessin — 대강 그린 데쌍. lavage — (세탁물을)대강 빨기. ⓒ 《생각·관념 따위의》대략의, 대강의(approximatif). Je n'en ai qu'une idée —ère. 나는 그것에대해 막연한 생각만을 가지고 있다. solution —ère 미봉책.
②ⓐ (사람·행동이)예의에 어긋난; 《문어》교양없는; 야만스러운. — personnage 버릇없는 사람, être — avec qn …에 대해 버릇없다. public — 교양없는 대중. peuple — 야만인, 미개민족. ⓑ 세련되지 않은, 거친. visage aux traits —s 품위없는 얼굴모습. ⓒ 서투른(maladroit); (정도가)지나친, 지독한. ruse —ère 서투른〔조잡한〕계교. erreur —ère 터무니없는 실수. ignorance —ère 지독한 무지. ⓓ (말 따위가)상스러운, 외설적인 (obscène); propos —s 외설스러운 말. faire un geste — 추잡한 행동을 하다. ⓔ 《문어》육체적인 (charnel). plaisirs —s 육체적인 쾌락.
ⓕ marchand — 《옛》도매상인.
—*n.* 교양없는 사람, 무례한 사람.

grossièrement [grɔsjɛrmɑ̃] *ad.* ① 조잡하게, 되는 대로. motif — dessiné 조잡하게 그려진 모티브. ②대략, 대강(grosso modo). calculer — un prix de revient 원가를 대강 계산하다. ③아비하게, 무례하게(brutalement). répondre — 무례하게 대답하다. ④몹시, 심하게. se tromper — 터무니없이 착각하다〔잘못 생각하다〕.

grossièreté [grɔsjerte] *n.f.* ① 무례함; 상스러움; 교양이 없음. ② (보통 *pl.*) 버릇없는〔상스러운〕 말, 무례한 행동. dire des — à qn 추잡한 말을 하다. ③ 거칠음, 조잡함. — de travail 조잡한 일.

*****grossir** [grɔsiːr] *v.t.* ① 굵게〔크게〕하다, 확대하다; 굵게 보이게 하다. La loupe *grossit* les objets. 돋보기는 물체를 확대시킨다. [~ *qn*] Ce vêtement vous *grossit*. 이 옷은 당신을 커보이게 한다. [~ *qc*] Les jupes foncées *grossissent*. 짙은 색의 치마는 사람을 커보이게 한다. ②증가시키다(accroître). ~ une armée 부대를 증원하다. La fonte de neige *grossit* la rivière. 눈이 녹아 강물이 불어난다. ③ (비유적) 더 강하게 하다, 과장하다(amplifier, exagérer). ~ sa voix 목소리를 높이다. ~ les défauts d'autrui 타인의 결점을 과장하다. ~ l'affaire à des fins politiques 정치적인 목적으로 사건을 확대시키다.
—*v.i.* ① 커지다, 굵어지다; (사람이)살찌다, 뚱 뚱해지다. Elle *a grossi* depuis un an. 그녀는 1년 사이에 살이 쪘다. ② 증가되다, 불어나다(augmenter). Le fleuve *a grossi*. 강물이 불어났다. La foule *grossissait* toujours. 군중의 수는 여전히 늘고 있었다. ③ 커지다, 확대되다(s'amplifier). bruit qui *grossit* 커지는 소리. nouvelle qui *grossit* (꼬리에 꼬리를 물고)번져가는 뉴스.
—**se ~** *v.pr.* 커지다; (수량이)늘다.

grossissant(e) [grɔsisɑ̃, -ɑ̃ːt] *a.* ①확대하는. ② 《드물게》커지는; 늘어나는; 증대하는. verre — 확대경, 돋보기.

grossissement [grɔsismɑ̃] *n.m.* ① 커지기, 굵어지기; 비만. — anormal 병적 비만. ②증가, 증대, 확대. — de l'imagination 상상력에 의한 (현실의) 확대. ③【광학】배율. jumelles à fort — 고(高)배율 쌍안경.

grossiste [grɔsist] *n.* 도매상인(↔ détaillant).

grosso modo [grɔsomodo] 《라틴》*loc.ad.* 대강, 간략하게(grossièrement, ↔ exactement). raconter — 대강 이야기하다.

grossoyer [grɔswaje] [7] *v.t.* (계약서·판결문 따위의)등본을 만들다.

grossulaire [grɔsylɛːr], **grossularite** [grɔsylarit] *n.f.* 【광물】회반석류석(灰礬石榴石).

grotesque [grɔtesk] *a.* 기괴한, 기묘한, 우스꽝스러운, 괴상한(extravagant, ridicule); 【미술】그로테스크풍의. histoire — 기괴한 이야기. costume — 괴상한 옷차림. se trouver dans une situation — 우스꽝스러운 입장이 되다. C'est —. 우스꽝스러운〔별난〕일이군.
—*n.m.* 그로테스크함, 기괴함; 【문학·예술】그로테스크풍(風), 피기미(美)(익살과 환상이 섞인 피기의 경향).
—*n.f.* ①【미술】그로테스크 무늬(15–16세기에 발굴된 고대 로마 동굴 내의 기괴한 장식에서 볼수 있음). —s de Raphaël 라파엘의 환상화(고대의 그로테스크무늬를 모방한). ② 그로테스크한 꼴.
—*n.* 별난 사람, 기인(奇人).

grotesquement [grɔteskəmɑ̃] *ad.* 기괴하게, 괴상하게, 그로테스크하게.

grotte [grɔt] *n.f.* 동굴(petite caverne). — à peinture 벽화가 있는 동굴.

grouillant(e) [gruja, -ɑ̃ːt] *a.* 《구어》우글거리는; 들끓는(fourmillant). foule —*e* 우글거리는 군중. café — 사람이 붐비는 다방. [~ de] rue —*e* de monde 사람들로 붐비는 거리.

grouillement [grujmɑ̃] *n.m.* ① 우글거림; 《구어》 (사람들의)붐빔, 들끓음(fourmillement). ② 뱃속이 끓기(~ des intestins).

grouiller [gruje] *v.i.* ① 우글우글하다, 준동(蠢動)하다(fourmiller); 《구어》[~ de] (으로)들끓다, 붐비다. La foule *grouillait* sur la place. 군중이 광장에서 우글거리고〔운집해〕있었다. [~는 사물]rue qui *grouille* de monde 사람들로 붐비는 거리. Cette branche *grouille* d'insectes. 이 가지에는 벌레들이 우글거린다. [보어 없이] le boulevard *grouille*. 큰 거리는 인파로 덮여 있다. ②《옛·속어》몸을 움직이다(bouger). ~ sur sa chaise 의자 위에서 몸을 움직이다. ③《구어》(배가)끓다. Le ventre me *grouille*. 《구어》배가 꾸르륵거린다.
—**se ~** *v.pr.* ①《속어》서두르다(se dépêcher, se hâter). Grouillez-vous, vous allez être en retard. 서두르시오, 늦으리다! ②《옛》움직이다.

grouillis(-grouillot) [gruji(grujo)] *n.m.* 《구어》(벌레·군중의)우글거림.

grouillot [grujo] *n.m.* 【주식】(주식매매의 전령으로 하는)메신저; 《구어》견습, 심부름꾼.

group [grup] *n.m.* 《상업》(은행의)송금(送金) 행낭(가방).

groupage [grupa:ʒ] *n.m.* 《상업》(철도편으로 보내는 화물을)한데 모으기.

‡**groupe** [grup] *n.m.* ① 무리, 떼; 조(組). un ~ de curieux 구경꾼의 무리. travailler en ~ 짝을 지어 일하다. avancer par ~s 삼삼오오 짝을 지어 앞으로 나아가다. ~ de tête dans une course 경주에서 선두주자 그룹. ② 집단, 단체, 그룹; 파(派), 당파(école). appartenir à un ~ 어떤 단체에 소속하다. discipline de ~ 집단의 규율. ~ littéraire 문학그룹. ~ politiques 정당. ~ financier(industriel) 금융(기업)그룹. ~ de pression 압력단체. ③ 《생물》(분류상의)군(群); (혈액의)군, 형. ~ sanguin 혈액형. ④ 《어어》군, 어군. ~ de mots 어군. ~ de verbes (동사의 어미변화에 따른)동사의 군. ⑤ 《군사》전투군, (보병의)분대; (공군의)대대. ~ de combat 보병전투대. ~ franc 특공대. ⑥ 《미술》(회화·조각의)군상. ⑦ 《음악》돈꾸밈음; 음군(音群)(오케스트라의 동종의 악기로 이루어진 부분). ⑧ (한 세트의)기계장치. ~ électrogène 발전장치. ~ d'appareils (한 조의)기계장치. ⑨ 《수학》군; 《화학》기(基), 군, 원자단. théorie des ~s 《수학》군론이론.

groupement [grupmɑ̃] *n.m.* ① 한 패로 모으기, 모이기, 집결, 집합. ~ de matériel de guerre 군수품의 집결. ② (대규모의)연합(bloc); 집합체, 집단; 당파. ~ de partis politiques 정당의 연합. ~ de consommateurs 소비자(연합)단체. ~ politique 정치집단. ③ 《군사》(임시로 편성된)전투 부대. ~ tactique (전략을 위한)특별편성부대, (일시적인)전술적 연합.

*****grouper** [grupe] *v.t.* ① 한떼로 만들다, 모으다, 집결시키다 (réunir, ↔ disperser). ~ les mécontents 불평분자들을 모으다. ~ les touristes pour visiter le musée 박물관의 단체관람을 위해 관광객을 모으다. ~ les espèces en genres 종(種)을 속(屬)으로 분류하다. ② 《미술》군상(群像)을 이루도록 배치하다. ③ ~ qn 《의학》(수혈하기 전에)…의 혈액형을 조사하다.
—**se** ~ *v.pr.* 모이다, 떼(무리)를 이루다; 결속하다, 단결하다. se ~ autour d'un chef 지도자를 중심으로 모여들다.

groupeur [grupœ:r] *n.m.* 《상업》운송업자.

groupusculaire [grupyskyle:r] *a.* 《정치》groupuscule의.

groupuscularisation [grupyskylarizasjɔ̃] *n.f.* 《정치》(군소집단으로의)분립(分立).

groupuscule [grupyskyl] *n.m.* 《정치》(극한 투쟁을 하는)소수(小數)집단, 과격파. ~s gauchistes 극좌과격파.

grous [gru] *n.m.* (*Bretagne* 지방의)메밀죽.

grouse [gru:z] 《영》 《조류》뇌조(雷鳥).

groux [gru] *n.m.* =**grous**.

gruau[1] [gryo] (*pl.* ~x) *n.m.* ① (귀리의)껍질을 벗기지 않은 낟알; 애벌 빻은 귀리. ② 감자의 전분; 고운(상급)밀가루(farine de ~). pain de ~ 고운 밀가루빵.

gruau[2] (*pl.* ~x) *n.m.* ① 《드물게》 《조류》어린 두루미. ② 《기계》작은 기중기.

grue [gry] *n.f.* ① 《조류》두루미, 학. cou de ~ 비유적]가느다란 목. ② 《속어》헤픈 여자, 갈보; 《옛》바보. ③ 《기계》기중기, 크레인. ~ à vapeur 증기기중기. ~ montée sur rails 주행기중기. ~ alimentaire (급수탑)기중기. ~ 《철도》(기관차의)급수크레인. ~ de prise de vues 《영화》촬영용 크레인. travelling à la ~ 《영화》크레인 이동촬영.

faire le pied de ~ 《구어》꼼짝 않고 오래 서서 기다리다.

grue-marteau [grymarto] (*pl.* ~s-~x) *n.f.* 탑형(塔形)기중기.

gruerie[1] [gryri] *n.f.* 《집합적》 《속어》매춘부, 갈보.

gruerie[2] *n.f.* 《역사》(영주의)신하 소유의 삼림에 대한 특권(droit de ~); 삼림에 관한 재판.

grugeoir [gryʒwa:r] *n.m.* =**grésoir**.

grugeon [gryʒɔ̃] *n.m.* 설탕 덩어리.

gruger [gryʒe] ③ *v.t.* ① 《옛》(딱딱한 것을)이로 부수다; (사탕 따위를)깨물어 먹다; 《옛》(큰 소금 덩어리를)찧어부수다. ② 《문어》(사람을)등쳐먹다 (duper, voler); (재산을)빼앗다, 가로채다.

grugerie [gryʒri] *n.f.* 《옛》사취, 등쳐먹기.

grugeur(**se**) [gryʒœ:r, -ø:z] *n.* 남을 등쳐먹는 사람; 식객(食客).

grume [grym] *n.f.* ① (벌채한 수목에 붙은)나무껍질. bois en [de] ~ 껍질이 붙어 있는 목재. ② 《사투리》포도씨.

grumeau [grymo] (*pl.* ~x) *n.m.* (우유·혈액 따위)의 엉긴 덩이, 응결물; (소금 따위의)덩이. ~ de sucre (de sel) 설탕(소금)덩어리. sel en ~ 딱딱하게 굳은 소금. se mettre en ~x; former des ~x (우유·혈액 따위가)엉기다, 응고하다.

grumeler (**se**) [s(ə)grymle] ⑤ *v.pr.* (우유·혈액 따위가)엉기다.

grumeleux(**se**) [grymlø, -ø:z] *a.* 덩어리진, 엉긴; 여기저기 딱딱한 데가 있는.

grumelot [grymlo] *n.m.* =**grumeau**.

grumelure [grymly:r] *n.f.* 《야금》(주물에 생긴)작은 구멍, 주상(鑄傷). [au].

gruo [gryo], **gruon** [gryɔ̃] *n.m.* 고운 밀가루(gru-).

gruppetto (*pl.* **i**) [grupetto, -i] 《이탈리아》 *n.m.* 《음악》돈꾸밈음(일종의 장식음).

grutier [grytje] *n.m.* 기중기 운전수.

gruyer[1] *n.m.* 《역사》(봉건시대의)삼림에 관한 재판관; 신하 소유의 삼림에 대한 특권을 가진 영주(seigneur ~). —*a.* 신하 소유의 삼림에 대한 특권을 가진.

gruyer[2](*ère*[1]) [gryje, -ε:r] *a.* 두루미의[에 관한]. faucon ~ 두루미, 사냥에 쓰이는 매. —*n.m.* 두루미 사냥에 쓰이는 매.

gruyère[2] [gryjε:r] *n.m.* 그뤼예르 (스위스의 지방)산(産)의 치즈.

gryllidés [grillide] *n.m.pl.* 《곤충》귀뚜라미과.

gryphée [grife] *n.f.* 《패류》그리케아(굴의 아속(亞屬)).

guai(s) [gε] *a.m.* hareng ~ 《어류》알도 이리도 없는 청어.

guanaco [gwanako] *n.m.* 《동물》(남미의 안데스 산맥에 사는)야생 라마.

guaner [gwane] *v.t.* (밭에)구아노를 시비하다.

guanine [gwanin] *n.f.* 《생화학》구아닌(핵산을 구성하는 푸린 염기; guano에 다량 함유됨).

guano [gwano] *n.m.* ① 구아노, 조분석(鳥糞石) 비료. ② 어류 비료.

Guatemala (le) [lagwatemala] *n.pr.m.* 《지리》과테말라(중앙 아메리카의 나라).

guatémalien(**ne**) [gwatemaljɛ̃, -ɛn], **guatémaltèque** [gwatemaltɛk] *a.* 과테말라의. —**G~** *n.* 과테말라 사람.

gué[1] [ge] *int.* 《옛》(gai의 변형)좋다, 얼씨구나! (노래의 후렴 속에서 쓰이는 감탄사).

gué[2] *n.m.* (냇물의)걸어서 건너는 곳, 얕은 곳. *On ne change pas les chevaux au milieu du ~.* 《속담》강의 한가운데서 말을 갈아타지는 않는다. *sonder le ~* 《구어》(일을 시작하기 전에)슬그머니 살

퍼보다(탐지하다).

guéable [geabl] *a.* (개울이)걸어서 건널 수 있는.

Guèbre [gɛbr] *n.m.* (옛)《종교》(페르시아의)조로아스터교도, 배화교도(拜火教徒).

guède [gɛd] *n.f.* ①《식물》대청(大青). ②(대청잎에서 채취한)남색 염료.

guéder [gede] [6] *v.t.* ①《옛》①《구어》실컷 먹이다. ② 대청(大青)으로 염색하다.

guéer [gee] *v.t.* 《드물게》(냇물을)걸어서 건너다; (말을)개울에서 씻기다; 빨래를 물에 헹구다.

Gueldre [gɛldr] *n.pr.f.* 《지리》① 겔데르란트(Gelderland, 네덜란드의 주). ② 겔데른(Geldern, 독일의 도시). ③ rose de ~ 《식물》백당나무.

gueldrois(e) [gɛldrwa[ɑ], -a[ɑ]ːz] *a.* 겔데르란트(겔데른)의. ━G~ 의 *n.* 겔데르란트(겔데른) 사람.

guelfe [gɛlf] *n.m.* 《역사》겔프 당원, 교황당원; (*pl.*)겔프당, 교황당(중세 이탈리아에서 독일 황제파(gibelins)에 대항하여 교황을 옹호한 당파).

guelte [gɛlt] *n.f.* 《상업》(점원에게 주는)매상고에 대한·구전, 커미션. se faire de bonnes ~s 구전을 많이 받다.

guenille [gənij] *n.f.* ①(*pl.*)누더기, 남루한 옷(haillons, loques). mendiant en ~s 누더기를 입은 거지. ②《비유적》하잘것 없는 물건. le corps, cette ~ 누더기에 불과한 이 육체. ③(늙거나 병탈병으로)다 된 사람, 폐인.

guenilleux(se) [gənijø, -øːz] *a., n.* 누더기를 걸친(사람).

guenillon [gənijɔ̃] *n.m.* 《옛》누더기 조각; (누더기를 걸치는)지, 빈털터리(여성에게도 쓰임).

guenipe [gənip] *n.f.* 《옛·문어》더러운 여자; 타락한 여자.

guenon [gənɔ̃] *n.f.* ①《동물》암원숭이(singe 의 여성형); 《옛》긴꼬리원숭이. ②《구어》추녀, 아주 못생긴 여자. ③《옛》매춘부.

guenuche [gənyʃ] *n.f.* 작은 암원숭이; 《구어》못생긴 작은 여자.

guépard [gepaːr] *n.m.* 《동물》치타(표범의 일종).

guêpe [gɛp] *n.f.* 《곤충》말벌. taille de ~ (비유적)가는(잘록한) 허리. Pas folle, la ~! 《구어》그(녀)를 속이려 들다니 어림도 없지! fine ~ 폐바른(교활한) 여자.

guépéou [gepeu] *n.m.* 게페우(소련의 비밀경찰, 약자 G.P.U.).

guêpier [ge[ɛ]pje] *n.m.* ①(말벌의)벌집; (같은 벌집에 사는)말벌의 떼. ②《조류》벌잡이새. donner(tomber, se fourrer) dans un ~ 《구어》궁지에 빠지다, 올가미(함정)에 걸리다.

guêpière [gɛpjɛːr] *n.f.* 허리를 가늘게 하는 코르셋.

guerdon [gɛrdɔ̃] *n.m.* 《옛》보수, 보급.

guerdonner [gɛrdɔne] *v.t.* 《옛》보수(봉급)를 주다.

*guère, 《옛·시》**guères** [gɛːr] *ad.* (보통 부정의 ne 와 함께) ① 거의(그다지·별로) ─아니나(없다) (pas beaucoup, peu). ⓐ(형용사와 함께) Il n'est ~ raisonnable. 그는 별로 온당치 못하다. ⓑ(부사와 함께) Vous ne l'avez ~ bien reçu. 당신은 그를 그다지 환대하지 않았습니다. ⓒ(비교급과 함께) Il ne va ~ mieux. 그는 별로 좋아지지 않았다. n'y a ~ plus de deux kilomètres. 고작 2 킬로미터를 넘지 않는 거리이다. ⓓ(동사와 함께) Cela ne se dit ~. 그 말은 거의 쓰이지 않는다. ②(시간적으로) ⓐ 거의(별로, 그다지) …않다 (presque jamais). Je ne vais ~ au cinéma. 나는 거의 영화를 보러 가지 않는다. ⓑ 오래 ─지 않다 (pas longtemps). La paix ne dura ~. 평화는 오래 계속되지 않았다. [ne... plus ~] Ce mot ne s'emploie *plus* ~. 이 말은 이제 거의 쓰이지 않는다. Il ne tardera *plus* ~. 그는(더 이상 지체하지 않고) 곧 올 것이다.

③《동사 없는 문장에서 부정의 ne 없이》거의(별로·다지니) ─ plus. 그는 30 세쯤 되어 보인다, 아마 그 이상은 아닐 것이다. Vous aimez les endives? ─ G~. 상치를 좋아하세요? 별로요.

④[ne...~ de+명사] 거의, 별로, 그다지. Je n'ai ~ de loisirs en ce moment. 나는 지금 별로 여가가 없다.

⑤[ne...~ que] …밖에는 거의 아니다. Il n'y a ~ que vous qui puissiez faire ce travail. 이 일을 할 수 있는 사람은 당신밖에 없는 것 같다.

⑥《옛》많이(beaucoup). aller ~ avant 많이 전진하다(발전하다).

guéret [gerɛ] *n.m.* 《농업》① 갈아놓은 전답; 휴한지(休閑地); (*pl.*)《시》밭; 수확. muse des ~s 수확의 여신. ② 갈아놓은 고랑.

guéreter [gerte] [5] *v.t.* (휴한지를)갈다.

*guéri(e) [geri] *a.p.* 회복한, 완쾌한; (나쁜 버릇 따위가)교정된.

guéridon [geridɔ̃] *n.m.* ①(발 하나 달린)조그만 탁. ②《옛》물드는 국자.

guérilla [gerija] *n.f.* 게릴라전, 유격전(guerre de ~). ② 게릴라 부대, 유격대.

guérillero [gerijero] 《에스파냐》*n.m.* 게릴라병, 부정규병(partisan).

*guérir [geriːr] *v.t.* ①(병자를)쾌유시키다; (병에서)회복시키다(rétablir). [~ qn/qc] Ce médicament vous *guérira*. 이 약을 먹으면 당신의 병이 나을 것이오. remède qui *guérit* un rhume 감기를 낫게 하는 약. [~ qn de qc] Le médecin m'a *guéri* de ma grippe. 의사가 나의 감기를 고쳐주었다.

②《비유적》(나쁜 버릇 따위를)고치다, 교정하다 (corriger); 벗어나게 하다(débarrasser). [~ qn de] Pourra-t-on le ~ de sa timidité? 그의 수줍은 성격을 과연 고쳐줄 수 있을까? 《수동태》Il *est* maintenant *guéri* de ses lubies. 그는 이제 엉뚱한 망상에서 헤어났다.

③《옛》[~ qn de+*inf.*] …을 ─한데 대해 위로해주다. *Cela ne me guérit de rien*. 그것은 나에게 아무런 소용도 없다.

C'est un saint qui ne guérit de rien. 그는 믿을 수 없는 사람이다.

─ *v.i.* ①(상처가)치유되다, (병이)낫다, (병에서)회복되다. plaie qui *guérit* vite 빨리 아무는 상처. rhume qui ne *guérit* pas ─ 영 낫지 않는 감기. 《주어는 사람》Si tu veux ~ vite, il faut te reposer. 빨리 낫고 싶으면 푹 쉬어야 한다.

②《비유적》(정신적으로)낫다, 회복되다. souffrance qui ne *guérit* pas 아물지 않는 마음의 고통.

─**se** ─ *v.pr.* ① 치유되다, 완쾌되다, 건강을 회복하다. La grippe met longtemps à *se* ~. 독감은 낫는 데 오래 걸린다. [se ~ de] Il a obtenu un congé pour *se* ~ d'une lésion. 그는 상처를 치유하기 위해 휴가를 얻었다.

② 스스로 병을 고치다.

③《비유적》(결점·단점을)고치다, 바로잡다; 벗어나다(se débarrasser). [se ~ de] *se* ~ d'un défaut 단점이 고쳐지다. Il ne *s'est* pas encore *guéri* de ses préjugés. 그는 아직도 편견에서 벗어나지 못하고 있다.

guérison [gerizɔ̃] *n.f.* ① 치유, 완쾌, (건강의)회복 (rétablissement). en voie de ~ 회복과정에 있는. ②《비유적》교정; 치유. ~ d'un chagrin 슬픔에서 벗어나기.

guérissable [gerisabl] *a.* 고칠 수 있는, 회복의 가

많이 있는(curable); 교정할 수 있는.
guérissage [gerisaːʒ] *n.m.* (의사 면허 없이 마술·경험으로)병을 고치기, 무면허 의료.
guérisseur(se) [gerisœːr, -ˈøːz] *n.* (의사면허 없이 마술이나 경험으로)병을 고치는 사람, 무면허 치료사. —*a.* 병을 고치는.
guérite [gerit] *n.f.* ① 《군사》 파수막, 초사(哨舍), 초소. ② (공사장 등에 설치한)바라크; 망루. ~ de signaux (pour aiguilles) 《철도》 신호소. ~ de péage 통로외스. ~ téléphonique 긴급전화박스. ③ 《해양》 ~ de hune 장루(檣樓)의 테두리; ~ de manche à vent 통풍구. ④ 《옛》피난처. gagner la ~ 도망치다, 안전한 곳으로 피난하다.
Guernesey [gɛrnəze] *n.pr.m.* 《지리》게른지 섬(영불해협의 영국 섬).
guernesiais(e) [gɛrnəzjɛ, -ˈɛːz] *a.* 게른지 섬의. —G~ *n.* 게른지 섬 사람.
‡**guerre** [gɛːr] *n.f.* ① 전쟁(↔ paix). ~ civile 내란. ~ de positions 진지전. ~ de mouvement 기동전. ~ de tranchées 참호전. ~ des ondes 전파전. ~ d'agression 침략전. ~ locale 국지전. ~ planétaire 우주전쟁. ~ d'usure 소모전. ~ de rues 시가전. ~ de siège 포위전. ~ de défense 방어전. ~ des nerfs 신경전. ~ éclair 전격전. ~ étrangère 외국과의 전쟁. ~ froide 냉전. ~ idéologique (psychologique) 이데올로기(심리)전. ~ totale 총력전. ~ sainte 《역사》 성전, 십자군. ~ terrestre(navale, aérienne) 지상(해·공중)전. foudre de ~ 맹장(猛將). matériel de ~ 전쟁물자. entrer en(dans la) ~ 전쟁에 돌입하다. déclarer la ~ 선전포고하다.
② (일반적으로)싸움; 투쟁(lutte). ~ de plume 《옛》필전(筆戰). vivre en (état de) ~ avec *qn* …와 반목하며 살다, 적대관계에 있다. ~ contre l'alcoolisme 반음주 운동.
③ 《역사》 ~ de Troie 트로이전쟁(BC 1200년경); ~ de Cent Ans 백년전쟁(1337-1453); ~s napoléoniennes 나폴레옹전쟁(1800-1815); ~ franco-allemande 보불전쟁(1870-1871); Première G~ mondiale 제1차 세계대전(1914-1918, 당시는 Grande ~); Seconde G~ mondiale 제2차 세계대전(1939-1945); la drôle de ~ 기묘한 전쟁(1939년 9월부터 1940년 5월까지의 독일군의 의한 침략전 전의 기간).
④ (la G~) 《구어》 육군성(le ministère de la G~).
À la ~ comme à la ~. 《구어》 전시에는 전시에 맞도록 (비상시에는 불편을 참고 견뎌야 한다는 뜻).
C'est de bonne ~. 공명정대한 방법(행동)이다.
de ~ lasse 싸우다 지쳐서; 참다 못해, 마지못해.
De ~ lasse, il a fini par y consentir. 그는 마침내 지쳐서 그는 동의하고야 말았다.
faire la ~ à qc …와 싸우다, …을 타파하다. *faire la ~ aux* injustes 불의에 대하여 싸우다.
faire la ~ à qn sur qc …에 대하여 …을 책망하다. Ne lui *fais pas la ~ sur* mon échec. 내 실패에 대해서 그를 책망하지 마라.
nerf de la ~ 군자금; 돈.
nom de ~ (입대할 때 쓰는)가명.
petite ~ 전쟁놀이; 모의 전쟁.
s'en aller en ~; aller à la ~; partir pour la ~ 출정(出征)하다.
Si tu veux la paix, prépare la ~. 《속담》평화를 원하거든 전쟁을 준비하라.
sur le pied de ~ 임전태세의. un million d'hommes *sur le pied de ~* 임전태세를 갖춘 100만의 병력. être *sur le pied de ~ avec qn* (비유적)…와 반목하고 있다(être en ~ avec *qn*).

guerrier(ère) [gɛrje, -ɛːr] *a.* 《문어》전쟁의; 호전인(belliqueux, ↔ pacifique). exploits ~s 무훈. peuple ~ 호전적 민족. —*n.* 전사(戰士), 군인; 《옛》투사. grand(célèbre) ~ 위대한 장수.
guerroyant(e) [gɛrwajɑ̃, -ɑ̃ːt] *a.* 《옛》호전적인; 《구어》싸움을 좋아하는.
guerroyer [gɛrwaje] [7] *v.i.* 《문어》 [~ contre] (와)싸우다(se battre). ~ *contre* les païens 이교도와 싸우다. ~ *contre* les abus (비유적)폐습과 싸우다. —*v.t.* 《옛》(와)싸우다(combattre).
guerroyeur(se) [gɛrwajœːr, -ˈøːz] *a.* 호전적인, 투쟁적인; 싸움을 좋아하는. —*n.* (위)의 사람.
guet [gɛ] *n.m.* ① 감시, 망보기, 파수. être au ~; faire le ~ 망을 보다, 감시하다. avoir l'oreille au ~ 주의하여(주위를)살피다. chien de bon ~ 집잘 지키는 개. 《옛》야경(대). ~ à pied 보초. ~ à cheval 기마보초. mot du ~ 암호, 신호.
guet-apens [gɛtapɑ̃] (*pl.* ~*s*~ 《발음불변》) *n.m.* ① 매복(埋伏), 목지킴, 요격(邀擊); 함정, 간계(奸計). dresser un ~ à *qn* …을 매복하고 기다리다. tomber dans un ~ 함정에 걸리다. être victime d'un ~ 매복(함정)에 걸려들다. C'est un ~. 그것은 음모이다. ② 《법》고의. de ~ 계획적으로. meurtre par ~ 계획적 살인, 모살.
guète [gɛt] *n.f.* =**guette**.
guêtre [gɛtr] *n.f.* ① 각반(脚絆), 게트르. ② (빵꾸난 타이어의)뺑 헝겊(가죽).
laisser ses ~s 《옛》죽다. *tirer ses ~s* 도망치다.
traîner ses ~s partout 빈둥빈둥 돌아다니다.
guêtrer [ge(ɛ)tre] *v.t.* 《드물게》각반을 쳐주다.
—*se* ~ *v.pr.* 각반을 치다.
guêtrier(ère) [gɛtri(j)e, -ɛːr] *n.* 각반 제조인.
guêtron [gɛtrɔ̃] *n.m.* 《옛》짧은 각반.
guette [gɛt] *n.f.* 《옛》 ① 경계, 감시; (중세 성의)망루(望樓). chien de bonne ~ 집을 잘 지키는 개. ② 감시인.
guetter [ge(ɛ)te] *v.t.* ① (습격하려고)동정을 살피다, 노리다; 매복하여 지키다, 길목을 지키다. ~ sa proie 먹이를 노리다. ~ l'ennemi 매복하여 적을 기다리다. ② (기회 따위를)엿보다, 노리다, 애타게 기다리다. ~ une occasion favorable 유리한 기회를 기다리다. ~ le bon moment 적당한 시기를 기다리다. (목적보어 없이) Elle *guette* à sa fenêtre toute la journée. 그녀는 하루종일 창밖을 내다보고 있다. ③ (주어는 추상명사가)위협이 임박하다. La mort(La pauvreté) le *guette*. 죽음(가난)이 그를 노리고 있다.
guetteur [gɛtœːr] *n.m.* 《군사》(참호의)감시병; 《옛》경종(警鐘)지기; 《해양》(해안 신호소의)해상 감시원.
gueulante [gœlɑ̃ːt] *n.f.* 《학생속어》고함, 아우성.
gueulard(e) [gœlaːr, -ard] *a., n.* 《구어》 빽빽 소리지르는(사람), 큰소리로 떠드는(사람).
—*n.m.* ① 《해양》 전성기(傳聲器), 통화관(通話管). ② (용광로의)윗아궁이. ③ 《사투리》식충이.
*gueule [gœl] *n.f.* ① (짐승의)입, 아가리; (속어)(사람의)입(bouche). Ferme ta ~!; 《생략하여》 Ta ~! 입닥쳐! grande ~; fort en ~ 수다쟁이. fine ~ 미식가. combat de ~ 입싸움. avoir la ~ pavée 뜨거운 음식을 아무렇지도 않게 마구 먹다. n'avoir que la ~ 말뿐이다, 호언장담하다; 떠들어대다. avoir la ~ (속어)술에 취하다. ~ fraîche 아무때나 먹고 싶어하는 사람. s'en mettre plein la ~ 잔뜩 먹다.
② (속어)(사람의)얼굴, 낯짝. avoir une sale ~ 밉상이다. jolie petite ~ 귀여운(예쁘장한) 얼굴. casser la ~ à *qn* …의 얼굴을 갈기다. faire une ~

d'enterrement 처량한[음울한] 얼굴을 하다. ③《구어》모양, 맵시. Ce chapeau a une drôle de ~. 이 모자는 괴상한 모양을 하고 있다. L'affaire prend une sale ~. 사태가 악화되고 있다. avoir de la ~ 근사하다. ④(우물·터널·대포 따위의)입, 아가리; 아궁이. ~ d'un pot 항아리의 주둥이. ~ d'un haut fourneau 용광로의 화구. ~ d'un canon 포문(砲門), 포구(砲口). tonneau à ~ bée 밑에 구멍 난 통.
aller se faire casser la ~ 목숨을 버리러 가다, 싸움터에 가다.
avoir de la ~ 《구어》모양이 좋다; (내용이)훌륭하다. Cette voiture *a de la* ~. 이 차는 모양이 좋이다. Son discours *avait de la* ~. 그의 연설은 훌륭했다.
avoir la ~ *de bois* 《구어》(과음한 뒤에)입 안이 마르고 목이 칼칼하다, 숙취(宿醉)를 하다.
C'est bien fait pour ta ~. 그거 꼴 좋다, 고소하다.
crever la ~ *ouverte* 굶주려 못먹고 죽다.
emporter la ~ 입이 얼얼하게 맵다.
faire la (*sa*) ~ 《속어》부루퉁하다.
faire une drôle de ~ (낙심하여)얼굴이 일그러지다, 낙담하다.
La ~ *tue*(*fait périr*) *plus de gens que le glaive.* 《속담》(입이 칼보다 더 많은 사람을 죽인다)→전쟁에서 죽는 사람보다 지나치게 먹어서 죽는 사람이 더 많다.
pousser un coup de ~ 고함지르다, 큰 소리로 노래 부르다; 호령하다.
se casser la ~ ⓐ 넘어지다. Il *s'est cassé la* ~ *dans* l'escalier. 그는 층계에서 굴러 떨어졌다. ⓑ (영화작품이)실패하다. Ce film présenté à Cannes *s'est cassé la* ~. 칸 영화제에 출품되고 있는 영화는 완전히 실패했다.
se fendre la ~ 너털웃음을 웃다.
se jeter(*se précipiter*) *dans la* ~ *du loup* 위험한 줄 뻔히 알면서도 경솔하게 모험을 하다.

gueule-de-lion [gœldəljɔ̃] (*pl.* ~*s*-~-~) *n.f.* 《식물》 금어초.

gueule-de-loup [gœldəlu] (*pl.* ~*s*-~-~) *n.f.* ①《식물》금어초. ② 회전식 굴뚝의 갓. ③《건축》(목재를 접합하는)둥근 홈. ④《기계》소음기(消音器), 머플러. ⑤《해양》블랙월히치(밧줄을 걸어 잡아당기면 저절로 죄어지는 매듭).

gueulée [gœle] *n.f.* ① 한 입의 양. chercher sa ~(동물이)먹이를 찾다. ②《엣·속어》(노래·욕의)고함지르기; 야비한 말.

gueulement [gœlmã] *n.m.* (보통 *pl.*)《구어》떠드는 소리, 고함소리; 항의.

gueuler [gœle] *v.i.* 《속어》① 외치다, 고함지르다, 떠들어대다(crier). ~ pour un rien 아무것도 아닌 일에 떠들어대다. faire ~ la radio 라디오를 크게 틀어놓다. ② 항의하다(protester). Les nouveaux impots vont faire ~ les commerçants. 새로운 과세가 상인들의 항의사태를 불러일으킬 것 같다. [contre] Nous *gueulons contre* notre époque. 우리는 우리 시대에 대해 항의하고 있는 것이다.
—*v.t.* ① 《속어》외치다. ~ *des ordres* 큰 소리로 명령을 내리다. ② 《사냥》(짐승을)잡다.

gueules [gœl] *n.m.* 《문장》붉은(바탕)빛.

gueuleton [gœltɔ̃] *n.m.* 《구어》(친구끼리의)즐거운 식사; 대식(大食).

gueuletonner [gœltɔne] *v.i.* 《구어》(친구끼리)먹고 마시다.

gueuloir [gœlwaːr] *n.m.* 《속어》입, 목(*Flaubert* 의 용어). ② 메가폰, 라우드 스피커.

gueusaille [gøzaːj] *n.f.* 《엣》메거지; 부랑배, 깡패.

gueusailler [gøzaje] *v.i.* 《엣·속어》비렁뱅이 생활을 하다; 부랑배들과 어울리다.

gueusard(**e**) [gøzaːr, -ard] *n.* 《엣·속어》거지. —*a.* 거지의. monde ~ 거지사회.

gueusat [gøza] *n.m.* 《야금》작은 무쇠(덩어리).

gueuse¹ [gøːz] *n.f.* ① 《야금》무쇠, 선철; 선철용 거푸집. fer en ~; ~ *de fer* 《야금》무쇠, 선철. ② 《해양》바닥짐용 철괴(鐵塊). ③ 《스포츠》 중량기구용 철괴.

gueuser [gøze] *v.i.* 《엣》빌어먹다. —*v.t.* 《엣》(먹을 것·지위 따위를) 구걸하다(mendier).

gueuserie [gøzri] *n.f.* ①《엣·문어》거지 근성; 거지생활; 적빈. ② 《엣》추잡한 일(행동).

gueuset [gøze] *n.m.* =**gueusat**.

gueux(**se²**) [gø, -øːz] *n.* 《엣》① 거지, 비렁뱅이 (clochard). mener une vie de ~ 거지생활을 하다. vivre en ~ 가난하게 살다. ② 부랑배, 망나니. mon ~ de neveu 조카놈 (악의 없이).
—*n.f.* 매춘부. courir la ~*se* 계집질하다. ② (la G-*se*) 《역사》왕당파가 공화제(la République)를 가리켜 부른 명칭. ③ la ~*se* parfumée, Provence 의 별명.
—*a.* 가난한, 아주 빈한, ~ *comme un rat d'église* [*comme un peintre*, *comme Job*] 《구어》말할 수 없이 가난한. Un avare est toujours ~. 구두쇠는 가난뱅이처럼 산다.

gui¹ [gi] *n.m.* 《식물》겨우살이. Au ~ l'an neuf! 《옛》새해에 복 받으소서(새해 인사말).

gui² *n.m.* 《해양》뒷돛의 하활; 당김줄, 거이.

guibol(**l**)**e** [gibɔl] *n.f.* 《속어》다리. jouer des ~*s* 냅다 달아나다. en avoir plein les ~*s* 너무 걸어서 녹초가 되다.

guibre [gibr] *n.f.* 《선박》이물의 앞쪽. figure de ~ 《옛》이물을 장식하는 상(像).

guiche [giʃ] *n.f.* ① (*pl.*) (이마·볼 따위의)애교머리 (accroche-cœur). ② 《샤르트뢰즈 수도사의 소매 없는 주거리를 잇는》형겊 끈. ③ 《고고학》(목에 걸도록 방패 안쪽에 걸린)가죽끈.

guichet [giʃɛ] *n.m.* ① (은행·매표소 따위의) 창구; (역·극장 따위의)개찰구. Adressez-vous à l'autre ~. 다른 창구에 가서 문의하시오. faire la queue au ~ 매표소 앞에 줄을 짓다. ② 쪽문, 협문(夾門). portail muni d'un ~ 쪽문이 달린 정문. ~*s du* Louvre 루브르궁의 소문(小門)(밖과 안마당을 연결하는 아치형 통로). ③ (감옥의)들여다보는 창, 차입구(差入口). ④ ~ *d'un confessionnal* 고해실의 격자창문.
à ~*s fermés* (당일권 없는)예매(권) 흥행.

guichetier(**ère**) [giʃtje, -ɛːr] *n.* 창구에 있는 직원; 감수, 교도관.

guidage [gidaːʒ] *n.m.* ①《항공》(비행기·로켓 따위의)유도. ~ *par radio* 무선유도[체어] (radioguidage). ②《기계》유도장치, 가이드; (광산의 케이지)(cage)를 이끄는 가이드.

guide¹ [gid] *n.* 안내인, 가이드, 길안내자. J'ai servi de ~ à un étranger. 나는 외국사람을 안내했다. ~ *de* (*haute*) *montagne* 산악 가이드(안내자). prendre un ~ 안내인을 고용한다. Suivez le ~. 나를 따라오시오(안내원이 쓰는 말).
—*n.m.* ①지도자, 선도자; 행동원리, 지침. prendre *qn* pour ~ …을 지도자로 받들다. Il n'a d'autre ~ que ses fantaisies. 그는 기분내키는 대로 산다(행동한다). ②안내서, 가이드북; 편람, 요람. consulter un ~ 안내서를 읽다. ~ *des disques* 레코드 설명(안내서). ③《군사》(행군 따위의)향도. ~ *d'une escadre* 함대의 향도함. ④ (프랑스 혁명 및 제 2 제정하의)호위기병. ⑤ 《기술》유도장치.

—*n.f.* ① 걸스카우트. ②(*pl.*) 고삐(rênes)
(→ harnais 그림). lâcher(tirer sur) les ~s 고삐를
늦추다(당기다). conduire à grandes ~s 전속력으
로 (말을) 몰다.
mener la vie à grandes ~s 사치스럽게 살다.

guide-âne [gidɑn] (*pl.* ~-~(s)) *n.m.* ①(초보자를
위한)간단한 설명서[안내서]. ② 밑에 받치는 패
지.

guideau (*pl.* ~x)*n.m.*, **guide-eau** [gido] *n.m.* 《복
수불변》① 【해양】(항구 내에 판자로 만든)배수
로. ② 【어업】 대망(袋網).

guide-interprète [gidɛ̃tɛrprɛt] (*pl.* ~s-~s) *n.* (외
국인 관광객 상대의)통역 안내원.

guider [gide] *v.t.* ①(길을)안내하다, 인도하다; 유
도하다. Pendant les jeux asiatiques, j'ai *guidé*
beaucoup de joueurs étrangers. 나는 아시안게임
때 많은 외국선수들을 안내했다. Le chien *guide*
l'aveugle. 개가 맹인을 인도하다. ~ une fusée par
radio 무선으로 로켓을 유도하다. ~ son cheval 말
을 다스리다. ②지도하다, 지침을 주다. ~ un
étudiant dans ses études 학생의 공부를 지도하다.
—*se* ~ *v.pr.* [se ~ sur] 자신을 이끌다; (을 목표
로)나아가다. *se* ~ *sur* l'exemple de *qn* …을 본받
아 행동하다. *se* ~ *sur* une tour 탑을 바라보고 나아
가다.

guiderope [gidrɔp] [영] *n.m.* 【항공】(기구의)유
도삭(誘導索).

guidon [gidɔ̃] *n.m.* ①이륜차의 핸들. ②(총의)가
늠쇠. ③(사기꾼이 카드에 만드는)표시; ~ de
renvoi 【인쇄】 참조[삽입] 부호; 【음악】 다이
렉트(다음 페이지의 음에 대한 주의를 촉구하기 위
해 페이지 또는 오선 끝에 붙인 기호). ④【방향·거
리를 가리키는】길의 푯말. ~ d'arrêt 【철도】(붉
은색 회색으로 된)소형정지신호기. ~ de départ
출발신호용 (작은) 깃발. ⑤【해양】삼각기, (요
트의 소속단체를 나타내는 작은 깃발; 【군사】 향
도기; 【옛】(근위기병 부대의)군기; 기수. ⑥【옛】
안내서(guide).

guidonnage [gidɔnaʒ] *n.m.* 【광산】(감아 올리는
밧줄 따위의)유도(장치).

guignard[1] [giɲaːr] *n.m.* 【조류】물떼새의 일종.

guignard[2](e) [giɲaːr, -ard] *a.* 【옛·구어】불운한.

guigne[1] [giɲ] *n.f.* 【식물】 버찌(의 일종). 〔사람).
se soucier de qn [*qc*] *comme d'une ~* 《구어》…을
조금도 개의치 않다.

guigne[2] *n.f.* 《구어》불운, 액운(malchance). avoir
la ~ 운이 나쁘다. C'est la ~ noire! 이거 재수 없
군! porter la ~ à *qn* …을 불행하게 하다.

guigner [giɲe] *v.t.* ①(탐욕스럽게·호기심을 가지
고)훔쳐보다; 곁눈질하다. ~ le jeu de *qn* …의 손
에 쥔 패를 훔쳐 보다. ②(손에 넣고자)노리다. Je
guigne le poste de directeur général. 나는 총무부
장의 자리를 노리고 있다.

guignette [giɲɛt] *n.f.* ① 작은 낫. ②【해양】(뱃
밥 메우기 위해)널판 사이를 비틀어 벌리는 연장.
③【해양】경단고둥(littorine).

guignier [giɲie] *n.m.* 《드물게》【식물】벚나무의
일종(guigne[1]을 맺는).

guignol[1] [giɲɔl] *n.m.* ①(손가락으로 조종하는)인
형(극); 인형극 극장. ② 우스꽝스러운 사람. faire
le ~ 익살부리다. ③【옛·속어】 순경, 헌병.
C'est du ~! 정말로 우습군(웃기는군).

guignol[2] *n.m.* ①【해양】기둥...(요트의 앞부분에서
두개의 돛대고정 밧줄의 평형을 유지하는 장치). ②
(석탄 난로의)과속 방지기.

guignolant(e) [giɲɔla, -ãːt] *a.* =**guignonnant**.

guignolet [giɲɔlɛ] *n.m.* (버찌로 만든)체리 브랜디.

guignon [giɲɔ̃] *n.m.* 《옛·구어》(집요하게 따라다니
는)불운, 악운. avoir du ~ 운이 나쁘다, 재수 없
다. être en ~ 불운이 계속하다.

guignonnant(e) [giɲɔnã, -ãːt] *a.* 《속어》(집요하게
따라다니는 불운 때문에)분한, 원통한, 속상하는.
guignon ~ 가슴아픈 불운.

guilde [gild] *n.f.* ①동업(협동)조합; 【역사】 길드
(중세 유럽의 상공업 관계자의 동업조합). ②(회
원에게 특별가격으로 상품을 제공하는)공제회.

guilder [gildɛːr] *n.m.* 굴덴(네덜란드의 옛 화폐)
(gulden).

guildin [gildɛ̃] *n.m.* 한 쪽의 두 발을 동시에 들면서
걷는 말.

guildive [gildiːv] *n.f.* 당밀 또는 사탕수수의 즙으로
만든 브랜디(tafia).

guili(-)guili [giligili] *int.* 《복수불변》《구어》(간지
를 때의)간질간질. faire ~ à *qn* …을 간지르다.

guillage [gijaːʒ] *n.m.* 【양조】 발효된 맥주가 통 밖
으로 거품이 내 뿜기.

guillaume[1] [gijoːm] *n.m.* 개탕대패; 돌깎는 대패.

guillaume[2] *n.m.* 기욤(기욤(*Guillaume*)왕의 이름이
새겨진 옛날의 화폐).

guille [gij] 《남프랑스》 *n.f.* 포도주통의 나무마개.

guilledou [gijdu] *n.m.* 《다음 표현에만 쓰임》 courir
le ~ 《구어》 (남자·여자를)찾아다니다(헌팅하다).

guillemet [gijmɛ] *n.m.* 《주로 *pl.*》인용부호 (《》).
ouvrir[fermer] les ~s 인용부호를 열다[닫다]. être
[entre ~s] 인용부호로 묶은[안에 넣은]; (소
위)말하는[말하자면]. son grand amour *entre ~s*
그가 말하는 바의(이른바) 대단한 사랑.

guillemeter [gijmete] [5] *v.t.* 인용부호로 묶다.

guillemite [gijmit] *n.m.* 기유미트회의 수도자[수
사](12세기에 Malaval의 Guillaume에 의해서 창
설된 수도회의 회원).

guillemot [gijmo] *n.m.* 【조류】 바다까마귀(속)
(바다까마귀속·바다비둘기속 따위의 북극 주변 해
조의 총칭).

guiller[1] [gije] *v.i.* (맥주가 발효하여)통 밖으로 거품
을 뿜다.

guiller[2] *v.t.* 《옛》속이다(tromper).

guilleret(te) [gijrɛ, -ɛt] *a.* 원기있는, 쾌활한, 명랑
한; 약간 천한[외설스러운]. propos ~ 외설스러운
말. habit ~ (계절로 봐서)너무 엷은 옷.

guilleri [gijri] *n.m.* (참새의)지저귐; 참새.

guillochage [gijɔʃaːʒ] *n.m.* 밧줄[엮은 끈·비스듬한
격자]모양(을 금속판에 새기기).

guilloche [gijɔʃ] *n.f.* (금속판에 비스듬한 격자
(guillochis)를 새기는)끌.

guilloché(e) [gijɔʃe] *a.p.* 끈 밧줄[엮은 끈·비스듬
한 격자]모양의; (보석·시계 테두리가) 비스듬한
줄무늬로[꺼끌꺼끌하게] 된. —*n.m.*=guillochis.

guillocher [gijɔʃe] *v.t.* (금속판 따위에)끈 밧줄[엮
은 끈·비스듬한 격자]모양을 새기다, 비스듬한 줄
무늬를 내다.

guillocheur [gijɔʃœːr] *n.m.* (금속의)끈 밧줄[엮
은 끈·비스듬한 격자] 모양 세공사.

guillochis [gijɔʃi] *n.m.* 【기술】(금속판에 새겨
진)끈 밧줄[엮은 끈·비스듬한 격자]모양, 비스듬한
줄무늬 모양.

guillochure [gijɔʃyːr] *n.f.* (금속세공 따위의)끈 밧
줄[엮은 끈·비스듬한 격자]모양의 선; 비스듬한 줄
무늬선.

guilloire [gijwaːr] *n.f.* 【양조】 ①맥주의 첫번째
발효를 일으키게 하는 양조통. ②《옛》맥아즙(麥芽
汁)에 홉과 효모를 섞는 통.

guillotinade [gijɔtinad] *n.f.* 단두대에서 처형하기
(guillotinement).

guillotine [gijɔtin] *n.f.* ① 단두대(斷頭臺), 기요

guillotiné(e)

(échafaud); 단두대에 의한)사형. monter sur la ~ 단두대로 올라가다. ~ sèche (프랑스령 기아나 따위에서의)강제수용, 감금. ⊘ fenêtre à ~내리닫이 창. ③ (가죽 따위의)재단기. ④ retraite-~ 감원식 정년퇴직제도.

guillotiné(e) [gijɔtine] *a.p., n.* 단두대에서 목베인(사람).

guillotinement [gijɔtinmɑ̃] *n.m.* 단두대에서 목베기, 단두형(斷頭刑).

guillotiner [gijɔtine] *v.t.* 단두대에서 목을 베다, 단두형에 처하다.

guillotineur [gijɔtinœ:r] *n.m.* 단두대에서 목베는 사람; (기요틴에 의한)사형집행의 명령자.

guimauve [gimo:v] *n.f.* ① 《식물》 접시꽃(속)(屬). ② 《약》 마시멜로(pâte de ~). roman à la ~ (비유적) 달콤한 소설.

guimbarde [gɛ̃bard] *n.f.* ① 《구어》 고물 자동차; 4 륜 짐마차. ② (홈바닥을 곱게 미는)대패. ③ 《음악》 (17 세기의)두박자 댄스(곡). ④ 《엣》 무뚝뚝한 (애교가 없는) 여자.

guimpe [gɛ̃:p] *n.f.* 《의복》 ① 김프(레이스 따위로 만든 하이 스탠드 칼라의 내의(슈미제트) 또는 가슴받이). ② 웜플 (수녀의 흰 베일). ③ (레이스의) 삼각형 어깨걸이(조끼).

guimper [gɛ̃pe] *v.t.* ① 머릿수건을 쓰게 하다; 수녀로 만들다. ② 《전기》 (전선에)실을 감아서 절연하다, 피복(被覆)하다.

guinche [gɛ̃:ʃ] *n.m.* ①《엣·속어》 댄스; 댄스홀. ② (옛날에 구두창의)뒤축(구두바닥) 닦는 막대.

guincher [gɛ̃ʃe] *v.t.* 《속어》춤추다 (danser).

guincheur [gɛ̃ʃœ:r] *a.m., n.m.* (말이)마구간에 들어가기 쉬워하는 (말).

guindage [gɛ̃da:ʒ] *n.m.* 《해양》 (무거운 짐·돛대 따위를)끌어 (달아)올리기; 끌어올리는 기구 (도르래·받줄 따위).

guindal [gɛ̃dal] *n.m.* 《해양》 (뱃짐을 들어올리지나 내리는)기중기, 권양기(捲揚機).

guindant [gɛ̃dɑ̃] *n.m.* 《해양》 (돛·깃발의)세로폭; (마스트·돛대의)높이.

guindas [gɛ̃da] *n.m.* =**guindeau**.

guindé(e) [gɛ̃de] *a.p.* (태도가)부자연스러운, 어색한, 선뜻부린(contraint, affecté); (문체가)태를 부린(emphatique, pompeux).

guindeau [gɛ̃do] (*pl.* ~x) *n.m.* 《해양》 (닻을 감아올리는)권양기; (돛·돛대의)감아올리는 기계. Vire au ~! 닻을 올려라!

guinder [gɛ̃de] *v.t.* ① (권양기로)끌어올리다, 감아올리다. ② 《해양》 (마스트를)세우다. ③《구어》 태를 부리다, 부자연스럽게 멋을 내다. ~ ses manières 어색한 태도를 취하다.

—**se** ~ *v.pr.* ① 멋을 내다, 젠체하다, 거드름피우다. ② (새가 아득히)높이 날아오르다. ③ (정신적인 면에서)자신을 끌어올리려고 노력하다.

guinderesse [gɛ̃dres] *n.f.* 《해양》 (마스트를 세우는 데 쓰이는)굵은 밧줄.

guinderie [gɛ̃dri] *n.f.* (엣) 거드름피우는 [젠체하는] 태도.

Guinée [gine] *n.pr.f.* 《지리》 기니(서부 아프리카의 나라). la Nouvelle ~ 뉴기니.

—**g~** *n.f.* ① 기니 (영국의 옛날 금화로 21 실링에 상당함; 현재는 우리나라의 전 (錢) 처럼) 계산상의 화폐 단위). ② 《옛》 (아프리카 서해안의 토착민과의 교역에 쓰인)푸른색의 면포(綿布).

guinéen(ne) [gineɛ̃, -ɛn] *a.* 기니의.

—**G~** *n.* 기니 사람.

guingan [gɛ̃gɑ̃] *n.m.* 《직물》 깅검(푸른 바탕에 흰 줄기가 든 평직(平織)의 무명).

guingois (de) [d(ə)gɛ̃gwa] *loc.ad.* 《구어》 비스듬히; 형편이 나쁘게. marcher *de* ~ 비스듬히 걷다. Tout va *de* ~. 만사가 (의 진행이) 신통치 않다.

guinguet(te¹) [gɛ̃gɛ, -ɛt] *n.m.* 《구어》 약간 신 포도주 (vin ~). —*a.* 《엣》 싸구려의.

guinguette² [gɛ̃gɛt] *n.f.* (변두리의)술집 (야외에서 먹고 마시며, 축제일에는 모여서 춤을 추는 대중적인 놀이 장소).

guinguettier [gɛ̃gɛtje] *n.m.* 술집 주인.

guiorer [gjɔre] *v.i.* 《드물게》 (생앙쥐가)찍찍 울다.

guipage [gipa:ʒ] *n.m.* ① 레이스 무늬를 넣기. ② 《전기》 (전선의)피복(被覆)(작업).

guiper [gipe] *v.t.* ① 《직물》 (꼰 실 위에)전사(絹絲)로 겹쳐꼬다. ② 《기술》 (가죽에)투명 레이스 모양을 붙이다. ③ 《전기》 (전선을)피복하다, 절연하다. 「는 도구.

guipoir [gipwa:r] *n.m.* 《기술》 (술장식 따위를)꼬

guipon [gipɔ̃] *n.m.* 《해양》 (배의 타르 칠에 쓰이는) 긴 자루 솔.

guipure [gipy:r] *n.f.* ① 《의복》 기퓌르 (짠 부분이 보이지 않고 모양과 모양을 이어 맞춘 두터운 레이스). ② 기퓌르 모양.

guirlandage [girlɑ̃da:ʒ] *n.m.* (전선의 절연용) 피복사(絲).

guirlande [girlɑ̃:d] *n.f.* ① (꽃·잎·색종이 따위를 이은)꽃(잎)장식, 화환; (그림·조각 따위의)화환 무늬; (생화의)술. tresser une ~ 화환을 꾸미다 (짜다). ② 한 줄로 이어진 것. ~ de diamants 다이아몬드 목걸이. ~ poétique (연애) 시집. ③ (본 줄기가 아닌 장식(꾸미는)부분의)세부. sans ~s (이야기를) 장식하지 (꾸미지) 않고, 쓸데없는 것은 빼고. ④ 《해양》 이물 보강재; 혹.

guirlander [girlɑ̃de] *v.t.* 꽃(잎)장식을 붙이다.

guisard(e) [gɥiza:r, -ard] *a.* 귀즈 (Guise (gɥiz), 프랑스의 도시)의. —**G~** *n.* ① 귀즈 사람. ② 《프랑스사》 귀즈 파(派)의 사람 (16세기 종교전쟁 당시 구교동맹 (la Ligue) 의 지도자 Guise 가에 가담한 사람)(ligueur).

guisarme [gɥizarm] *n.f.* (12–15세기의)갈고리 달린 창.

guise [gi:z] *n.f.* 《옛·문어》 (자기)방식 (현재는 다음과 같은 숙어에만 쓰임).

à sa ~ 제멋대로. agir à sa ~ 자기 멋대로 행동하다. À votre~? 좋으실 대로 하십시오.

en — de …대신에; …으로서. prendre un bâton en ~ d'épée 검 대신에 막대기를 들다. En ~ de consolation, il lui fit cadeau d'un livre. 위안하기 위해 책 한 권을 선물했다.

guitare [gita:r] *n.f.* ① 기타. jouer (pincer) de la ~ 기타를 치다. ② 《엣·구어》 지루한 되풀이 (말), 넋두리. C'est toujours la même ~. 《구어》 언제나 똑같은 소리를 하고 있다.

guitariser [gitarize] *v.i.* 《엣》 기타를 치다.

guitariste [gitarist] *n.* 기타 연주자.

Guite [git] *n.pr.f.* Marguerite의 애칭.

guiterne [gitɛrn] *n.f.* 《음악》 기타의 전신(前身); 《해양》 돛대를 장치하는 기계의 받침목.

guit-guit [gɥitgɥit] (*pl.* ~s-~s) *n.m.* 《조류》 (열대 아메리카의)벌새의 일종.

guitoune [gitun] *n.f.* ① 《구어》 (캠프용) 텐트. ② 《속어》 오막살이, 초라한 집; (제 1 차대전 때의) 대피호(待避壕).

guivre [gi:vr] *n.f.* ① 《엣》 (옛날 상상 속에 있는)뱀 (vouivre). ② 《문장》 (다른 동물을 삼키고 있는) 뱀 모양.

guivré(e) [givre] *a.* 《문장》 큰 뱀의 머리가 달린.

gulden [guldɛn] *n.m.* 굴덴 (네덜란드의 옛 화폐).

gummifère [gɔmmifɛ:r] *a.* 《식물》 고무를 삼출

(溢出)하는(gommifère).

gummite [gymit] *n.f.* 【광물】 고무석(石)《섬(閃)우란광이 변질되어 생긴 광물로 우란 따위의 함수(含水)산화물을 함유하는》.

gunitage [gynita:ʒ] *n.m.* 【기술】(압축공기에 의한)구나이트(gunite)의 살포(도장).

gunite [gynit] *n.f.* 【기술】구나이트《모래와 시멘트의 혼합물로 건조물 따위의 보강부분에 살포함》.

guniter [gynite] *v.t.* 구나이트(gunite)를 살포(도장)하다, 구나이트로 덮다.

gunnère [gynnɛ:r] *n.f.* 【식물】대황(rhubarbe)의 일종.

günz [gynz] *n.m.* 【지질】귄츠《알프스에서의 홍적세 빙하작용으로 생긴 최초의 층》.

guppy [gypi] *n.m.* 【어류】 무지개송사리《남미 원산의 관상어》.

guru [guru] 《산스크리트》 *n.m.* (바라문교의)도사(導師); (정신적인)지도자(gourou).

gus(s) [gys] *n.m.* 녀석, 저놈(type);《군대은어》병사, 병졸.

gustatif(ve) [gystatif, -i:v] *a.* ① 미각의, 맛에 관한. nerf ∼ 미각신경. ② 【농조】 맛있는.

gustation [gystasjɔ̃] *n.f.* 【학술】 맛을 음미하기(즐기기); 미감(味感).

gustométrie [gystɔmetri] *n.f.* 【의학】 미각측정.

gutta-percha [gytapɛrka] (*pl.* ∼**s**∼**s**) *n.f.* 구타페르카《구타페르카 나무의 유액으로 만드는 고무질》.

gutte [gyt] *n.f.* 【식물】자황(雌黄). └물질》.

guttiféracées [gytiferase], **guttifères** [gytifɛ:r] *n.f.pl.* 【식물】고추나물(科).

guttiférales [gytiferal] *n.f.pl.* 【식물】 고추나물목(目).

guttural(ale, *pl.* aux) [gytyral, -o] *a.* ① 인후(咽喉)의; 목[인후]에서 나오는. ② 【음성】후음(喉音)의. ─*n.f.* 【음성】 후음(자음)《드물게 연구개음의 유의어》(consonne ∼*ale*).

gutturalement [gytyralmɑ̃] *ad.* 후음으로.

guyanais(e) [gɥijanɛ, -ɛ:z] *a.* 【지리】기아나(*Guyane*, 남미의 북동부 해안에 있는 지방)의. ─**G**∼ *n.* 기아나 사람.

guzla [gyzla] *n.f.* 구즐라《달마치아 지방의 1현(絃) 또는 2현의 현악기》.

G.V. 《약자》 Grande Vitesse (철도화물의)급행.

Gy 【물리】 그레이(gray)의 기호.

gy [ʒi] *ad.* 《비어》네, 그래(oui).

gym [ʒim] *n.f.* 《구어》 =**gymnastique**.

gymk(h)ana [ʒimkana] *n.m.* 운동회, 체육 대회.

gymnandre [ʒimnɑ̃:dr] *a.* 《꽃의》수술이 노출된.

gymnase [ʒimnɑ:z] *n.m.* ① (실내)체육관. ② 김나지움(독일·스위스의 중등교육기관). ③ 【고대그리스】 단련장, 체육장《체육뿐 아니라 토론도 행해지며, 웅변술과 철학 따위도 교육됨》.

gymnasiarque [ʒimnazjark] *n.m.* ① 《드물게》체조교사. ② 【고대그리스】 체육장의 장(長).

gymnaste [ʒimnast] *n.m.* ① 체조 교사, 체육 전문가; 체조 애호가. équipe de ∼s 체조 팀. ② 【고대그리스】체육장의 지도자[교관].

gymnastique [ʒimnastik] *n.f.* ① 체조(기술); 체육((구어) gym). faire de la ∼ 체조를 하다. ∼ corrective 교정(矯正)체조. ∼ rythmique 율동[리듬]체조. ②《구어》(곡예와 같은)동작. ③ (정신적·지적)훈련. Les échecs sont une ∼ de l'esprit. 서양장기는 머리의 운동[훈련]이 된다.
─*a.* ① pas ∼ (보조를 맞춘)구보(pas de ∼). ②《드물게》체조의, 체육의.

gymnique [ʒimnik] *a.* ① 체조[체육]의; 자연숭배주의의. ② 【고대그리스】(나체로 하는)경기의.

─*n.f.* 체육학.

gymno- *préf.* 「나체」의 뜻.

gymnocarpe [ʒimnɔkarp] *a.* 【식물】 나실성(裸實性)[나자성]《粿子生》의《균류(菌類)의 자실층(子實層)이 노출되어 있는 것》.

gymnocarpie [ʒimnɔkarpi] *n.f.* 【식물】 나실성[나자성].

gymnosophie [ʒimnɔsɔfi] *n.f.* 【고대인도】 나체고행자(苦行者)의 가르침.

gymnosophiste [ʒimnɔsɔfist] *n.m.* 《학술》(고대 힌두교의)나체 고행자.

gymnosperme [ʒimnɔspɛrm] 【식물】 *a.* 나자(裸子)의, 겉씨의. ─*n.f.pl.* 나자식물류.

gymnospermie [ʒimnɔspɛrmi] *n.f.* 《엣》【식물】 나자류(裸子類).

gymnote [ʒimnɔt] *n.m.* 【어류】 전기뱀장어《방전능력을 지닌 대형의 담수어; 열대 아메리카산》 (anguille électrique).

gynandre [ʒinɑ̃:dr] *a.* 【식물】 암수 한몸의, 자웅합체(雌雄合體)의.

gynandrie [ʒinɑ̃dri] *n.f.* ① 【식물】 암수 합체. ② 【의학】 음양을 겸한 여자; 남성화 여성.

gynandrique [ʒinɑ̃drik] *a.* =**gynandre**.

gynandromorphe [ʒinɑ̃drɔmɔrf] *a.* 【생물】 암수를 겸한. ─*n.m.* 암수를 겸함.

gynandromorphisme [ʒinɑ̃drɔmɔrfism] *n.m.* 《생물》 암수를 겸한 현상《하나의 동물 개체 속에 웅성(雄性)부분과 자성(雌性)부분이 명확하게 경계를 이루며 혼재(混在)하기》.

gynanthrope [ʒinɑ̃trɔp] *n.m.* 음양을 겸한 사람.

gynécée [ʒinese] *n.m.* ① 【고대그리스】 부인[여인]의 방. ② (이슬람 교도의)할렘. ③ (여성만의)작업장. ④ 【식물】 암술(pistil).

gynécocratie [ʒinekɔkrasi] *n.f.* 여성주권정체(女性主權政體).

gynécographie [ʒinekɔgrafi] *n.f.* 【의학】 여성 골반 촬영술.

gynécologie [ʒinekɔlɔʒi] *n.f.* 【의학】 부인과학(婦人科學), 부인병학.

gynécologique [ʒinekɔlɔʒik] *a.* 【의학】 부인과의.

gynécologiste [ʒinekɔlɔʒist], **gynécologue** [ʒinekɔlɔg] *n.* 부인과 의사, 부인과학자.

gynécomastie [ʒinekɔmasti] *n.f.* 【의학】 여성형 유방《남성의 유방 비대증》.

gynécopathie [ʒinekɔpati] *n.f.* 【의학】 부인과의 질환.

gyné(co)phobie [ʒine(kɔ)fɔbi] *n.f.* 【의학】 여성공포증(혐오증).

gynérion [ʒinerjɔ̃], **gynérium** [ʒinerjɔm] *n.m.* 【식물】 지네리움《열대아메리카 지방의 화본과(禾本科)의 일종》.

gynophore [ʒinɔfɔ:r] *n.m.* 【식물】 자방(子房)의 줄기.

gypaète [ʒipaɛt] *n.m.* 【조류】 수염수리《속》《산악지대의 바위·절벽에 사는 대형 독수리》.

gyps [ʒips] *n.m.* 【조류】 독수리(류).

gypse [ʒips] *n.m.* 【광물】 석고(石膏), 깁스.

gypseux(se) [ʒipsø, -ø:z] *a.* 【광물】 석고(질)의.

gypsifère [ʒipsifɛ:r] *a.* 석고를 함유한.

gypsomètre [ʒipsɔmɛtr] *n.m.* 【기술】 (포도주 속의)황산염 측정기.

gypsophile [ʒipsɔfil] *n.f.* 【식물】 대나물(속).

gypsy (*pl. ies*) [ʒipsi] 《영》 *n.m.* 집시(gipsy).

gyration [ʒirɑsjɔ̃] *n.f.* =**giration**.

gyratoire [ʒiratwa:r] *a.* =**giratoire**.

gyravion [ʒiravjɔ̃] *n.m.* =giravion.
-gyre *suff.* 「고리·회전」의 뜻.
gyrin [ʒirɛ̃] *n.m.* 《곤충》 물매암이(류) 《물매암이과(科)의 수생(水生)곤충의 총칭》 (tourniquet).
gyro [ʒiro] *n.m.* =gyroscope.
gyr(o)- *préf.* 「고리·회전」의 뜻.
gyrocompas [ʒirɔkɔ̃pa] *n.m.* 《기술》 자이로컴퍼스, 회전나침의(回轉羅針儀).
gyrodynamique [ʒirodinamik] *n.f.* 회전체력학(回轉體力學).
gyrodyne [ʒirodin] *n.m.* 《옛》《항공》 자이로다인 《헬리콥터와 오토자이로의 중간 비행기》.
gyrofréquence [ʒirofrekɑ̃:s] *n.f.* 《전자》 자이로 주파수, 자이로 진동수, 사이클로트론 주파수.
gyromagnétique [ʒiromaɲetik] *a.* 《물리》 회전자기(磁氣)의.
gyromancie [ʒirɔmɑ̃si] *n.f.* 윤점(輪占) 《4개의 동심원 위에 여러 개의 문자판을 늘어놓고 원의 중심에 서서 회전하여 어지러워져서 넘어졌을 때 몸밑에 있는 문자판을 모아서 점을 침》.

gyromètre [ʒirɔmɛtr] *n.m.* 《항공》 자이로 선회계(旋回計).
gyromitre [ʒirɔmitr] *n.m.* 《식물》 마귀곰보버섯.
gyrophare [ʒirɔfa:r] *n.m.* (구급차·퍼트롤 카의 지붕에 다는)회전(경보)등.
gyropilote [ʒirɔpilɔt] *n.m.* 자이로파일로트 《선박·비행기·탄환 따위의 자동 조종을 위해 자이로컴퍼스에 의해서 조작되는 자동 조종기》. 「(回轉儀).
gyroscope [ʒirɔskɔp] *n.m.* 자이로스코프, 회전의
gyroscopique [ʒirɔskɔpik] *a.* 자이로스코프에 관한, 자이로스코프를 응용한. compas ~ 자이로컴퍼스(gyrocompas). appareil ~ de pilotage자이로파일로트(gyropilote). horizon ~ 《항공》 자이로 수평(비행)기.
gyrostat [ʒirɔsta] *n.m.* 자이로스타트《자이로스코프처럼 자축(自軸)을 중심으로 회전하는 물체》.
gyrostatique [ʒirɔstatik] *a.* 자이로스타트의.
gyrotrain [ʒirɔtrɛ̃] *n.m.* 자이로 단궤(單軌)열차.
gyrovague [ʒirovag] *n.m.* 《옛》 (구걸하며 각국을) 순회하는 수도자.

H

H¹, h¹ [aʃ] *n.m.(f.)* ① 프랑스 자모의 제 8 자. ②《음악》하(si)에 해당하는 독일명. ③《군사》 전투개시 예정시간;《구어》행동개시 예정시간 (heure *H*).

H²《약자》① hydrogène 《화학》수소. bombe *H* 수소탄. ② Hautesse 폐하. ③ henry 《전기》헨리기호. ④ haschisch 하시시.

h²《약자》① hecto- 《물리》헥토그램; 헥토리터. ② heure 시간의 기호. ③ constante de Planck 《물리》플랑크 상수의 기호. ④《언어》 *h* aspiré 유음의 h; *h* muet 무음의 h.

†**ha** [a] *int.* 아아, 야아, 허어《놀람·고통·안도의 소리》. *Ha, ha!* 하하!《웃음소리》. ─ *n.m.*《복수불변》앗, 아하, 허《놀람·고통·안도의 소리》.

ha.《약자》hectare 《단위》헥타르.

†**H.-A.**《약자》Hautes-Alpes 프랑스의 도(道).

†**habanéra** [abanera] 《에스파냐》*n.f.* 하바네라 《19세기 쿠바의 하바나에서 생긴 무용·무곡》.

habeas corpus [abeaskɔrpys] 《라틴》*n.m.* 《법》 신병 제출명령, 인신(人身)보호령《장》; 《영국법》인신 보호법(*H~* Act) (1679년 공포).

*****habile** [abil] *a.* ① 솜씨 좋은, 재주있는, 숙달된. ouvrier ~ 솜씨 좋은 일꾼. chirurgien ~ 숙달된 외과의사. être ~ à+*inf.* …하는데 재주가 있다. ② 교묘한, 빈틈없는; 교활한. expert ~ aux estimations 눈이 정확한[빈틈없는] 감정가. ③《기법이》손에 익은; 재치있는. peintre ~, mais sans inspiration 재치는 있지만 독창성이 없는 화가. ④《~ à》《법》(의)자격이 있는. être ~ *à se porter héritier* 상속받을 만한 자격이 있다. ⑤《옛》학식이 있는; 합당한; 민첩한.
─ *n.* 능숙한 사람, 숙련자; 교활한 사람,《옛》학식 경험자, 전문가.

habilement [abilmɑ̃] *ad.* 솜씨좋게, 능란하게, 교묘하게, 재치있게.

*****habileté** [abilte] *n.f.* ① 좋은 솜씨, 민완, 숙달. Cet ouvrier est d'une grande ~. 이 직공은 무척 솜씨가 좋다. ~ à manier des machines 기계를 조작하는 좋은 솜씨. mener une affaire avec ~ 사업을 솜씨 있게 해나가다. ②《*pl.*》재치있는 방식, 〈교활〉수단방법. ─ *s* du métier 일에 있어서의 수단방법. ③ 《법》자격, 능력(habilité) ④《옛》민첩함.

habilitant(e) [abilitɑ̃, -ɑ̃:t] *a.*《법》자격(권리)을 부여하는.

habilitation [abilitasjɔ̃] *n.f.* ①《법》자격〔능력〕의 부여. ②《독일에서의》대학교수 자격 취득.

*****habilité** [abilite] *n.f.* ①《법》자격, 능력, 권리. avoir ~ à(pour)+*inf.* …할 자격〔권리〕이 있다. ②《옛》능력.

habiliter [abilite] *v.t.* ①《법》자격〔능력〕을 주다. ~ *qn* à(pour)+*inf.* …에게 …할 능력〔자격〕을 주다. ②《독일에서》대학교수 자격을 주다.

habillable [abijabl] *a.* 옷맵시가 좋은; 아무 옷이나 입힐 수 있는, 덮을 수 있는.

habillage [abija:ʒ] *n.m.* ① 옷을 입기, 착의(着衣); 옷의 매무새. cabinet d'~ 탈의실,《양장점 따위에서》옷을 입어보는 방. ② 준비 작업, 손질. ─ d'un poisson 생선의 손질. ③《상품 따위의》포장(작업). ~ d'une bouteille (라벨 따위를 붙이는)병의 외장.

habillant(e) [abijɑ̃, -ɑ̃:t] *a.*《옷 ~》잘 어울리는.

habillé(e) [abije] *a.p.* ① 옷을 입은; 복장을 단정히 한, 정장(성장(盛裝))한. ~ de noir 검은 옷을 입은. ~ en femme 여자 옷차림의. ②《옷》정장용(正裝用)의, 격식을 갖춘. robe ~*e* 나들이옷, 정장. dîner en tenue ~*e* 〈야회복을 입는〉정식〔격식을 갖춘〕만찬회. ─ *n.m.* ~ de soie《속어》퇘지.

habillement [abijmɑ̃] *n.m.* ① 의류, 의복. magasin d'~ 의류상점; 피복창고. ② 옷차림, 복장. ③ 피복(령).

:**habiller** [abije] *v.t.* ①《에게》옷을 입히다. Vous n'avez pas assez *habillé* cet enfant. 이 아이의 옷을 너무 얇게 입혔군요. ~ *qn* de〔en〕 bleu … 에게 푸른 옷을 입히다. ~ une figure 인물상에 옷을 그리다〔조각하다〕. ② 의복을 지급하다; 옷을 만들다. ~ ses employés 종업원에게 제복을 지급하다. Ce tailleur m'*habille* bien. 이 양복점은 내게 꼭 맞는 옷을 만들어준다. ③ (옷이)어울리다, 돋보이게 하다. Cette robe vous *habille* bien. 이 원피스는 당신에게 어울린다. ④ 덮개를 씌우다, 포장하다; 장식을 붙이다. ~ un livre d'une jaquette illustrée 책에 그림이 그려진 커버를 씌우다. ~ des bouteilles 병에 라벨을 붙이고 크라운을 씌우다. ~ une montre 시계에 외장을 하다《문자반·시계 바늘·케이스 따위를 붙임》. ~ une gravure 《인쇄》삽화 둘레에 글자를 새겨넣다. ⑤ 덮어 감추다, 꾸미다; 분식(粉飾)하다. ~ une méchanceté de flatteries 감언이설로 악의를 감추다. ~ une demande d'argent d'excuses diverses 온갖 구실로 돈을 우려먹다. ~ un texte 원문의 뜻을 왜곡해서 전하다. ⑥《구어》(사람을)깎아내리다, 중상하다, 악담하다. ~ *qn* de toutes pièces …을 형편없이 낮추어 말하다. ⑦《기술》(어느 용도에 맞춰)손질하다, 사전준비를 하다. ~ un arbre 손질을 위해 〈나무의 가지와 뿌리를 치다〉. ~ un poisson (판매·요리용을 위해)생선을 손질하다.
─ *s'~ v.pr.* ① 옷을 입다;〈어떤〉옷차림을 하다. *s'~* à la dernière mode 유행의 첨단을 걷는 복장을 하다. *s'~* en Coréenne 한복을 입다. ② 정장하다, 성장(盛裝)하다. Elle ne sait pas *s'~.* 저 여자는 옷을 입을 줄 모른다. Il faut *s'~* pour aller à l'Opéra. 오페라에 가려면 정장을 해야 한다. ③ 옷을 맞추다; 옷을 사다. *s'~* chez un tailleur réputé 소문난 양복점에서 옷을 맞추다. *s'~* sur mesure 옷을 맞추다, 주문복을 만들다. *s'~* en confection 기성복을 사입다.

habilleur(se) [abijœ:r, -ø:z] *n.* (주로 여성형)의상 담당;〈상품의〉장식 붙이는 담당. ─ *n.m.* ①(준비

habillure [abijy:r] *n.f.* 이음매.

*__habit__ [abi] *n.m.* ① (*pl.*)의복(vêtement). ~s d'homme 신사복. ~s de mariage 결혼의상. ~s de travail 작업복. ~s du dimanche 나들이옷. ~s de deuil 상복. ~s militaires 군복. ~s civils 사복. ~s démodés 유행이 지난 의복. marchand d'~s 헌옷장수. Il met vite ses ~s pour sortir. 그는 외출하기 위해서 급히 옷을 입는다. ② (남성의)예복, 연미복. homme en ~ 예복을 입은 남자. L'~ est de rigueur. 예복을 착용할 것. ③ (특정한 용도의)복장. ~ de gala 예복, 야회복. ~ vert (특히)프랑스 한림원 회원의 예복. ~ de rechange 갈아입는 옷. ④(~ religieux); 법의(法衣). prendre l'~ 수도회에 들어가다. quitter l'~ 환속하다. cérémonie de la prise d'~ 착복식. L'~ ne fait pas le moine. 《속담》사람은 겉보기와는 다르다.

habitabilité [abitabilite] *n.f.* ① 거주할 수 있음, 거주성(性). ② (자동차·엘리베이터 따위의)수용능력.

habitable [abitabl] *a.* 거주할 수 있는, 거주하기에 적합한.

habitacle [abitakl] *n.m.* ① 《항공》조종사실. ② 《해양》 나침반 상자. ③ 《문어》 주거, 집. Les églises sont l'~ du Seigneur. 교회는 하느님의 집이다.

*__habitant(e)__ [abita, -a:t] *n.* (여성형은 드묾)① 주민, 거주자. ~s de la ville(du quartier) 그 도시(동네)의 주민. recensement des ~s 인구 조사. nombre d'~s au kilomètre carré 1평방킬로미터 안의 인구밀도. ② (집합적) 그 고장의 주민, 토박이 주민. loger chez l'~ 민박하다. ③ 《시》 거주자. ~s de l'air 하늘의 거주자(새). ~s de l'Olympe 올림피아의 주민(그리스 신들). ④ 《구어》 기생충(벼룩·이 따위). ⑤ 《캐나다》농부; 농업 개척자.

habitat [abita] *n.m.* ① (동식물의)서식 환경, 서식지. ② (인간의)주거 양식; 거주 조건; 주거.

habitation [abitasjɔ̃] *n.f.* ① 주거, 집. Il veut changer d'~. 그는 이사하고 싶어 한다. ~ à loyer modéré 집세가 싼 주택(약자)H.L.M.). ② 거주(하기), droit d'~ 거주권. améliorer les conditions d'~ 거주 조건을 개선하다.

habité(e) [abite] *a.p.* 거주자가 있는, 사람이 살고 있는. quitter les zones ~es 사람사는 동네를 떠나다. terres ~es 사람이 살고 있는 땅. satellite ~ 유인 위성.

:**habiter** [abite] *v.i.* 살다, 거주하다. Où habite-t-il? 그는 어디에 삽니까? ~ à l'hôtel 호텔 생활하다. ~ avec *qn* …와 동거하다.
—*v.t.* ① 살다, 살고 있다; 주거(지)로 차지하다. Vos parents habitent Séoul depuis longtemps? 양친은 서울에 사신지 오래 됩니까? ~ une chambre d'hôtel 호텔방에서 살고 있다. Par qui *est habitée* cette maison? 이 집에는 누가 삽니까? ② 머물다, 매달리다. L'enthousiasme *habite* son cœur. 열정이 그의 가슴을 떠나지 않는다.

habituable [abityabl] *a.* 《드물게》[~ à](에)익숙할 수 있는.

habituation [abityasjɔ̃] *n.f.* 《심리》 익숙해짐, 순화(馴化).

:**habitude** [abityd] *n.f.* ① 습관, 습성, 버릇. contracter(prendre) une ~ 어떤 습관에 물들다. avoir l'~ de boire 술 마시는 습관을 가지고 있다. Cela sort de son ~. 그는 평상시에는 그렇지 않다[습관을 벗어났다]. changer d'~s 습관을 바꾸다. mauvaises ~s 악습; 자위(自慰). délit d'~ 《법》상습범. L'~ est une seconde nature. 《속담》습관은 제2의 천성이다.
② (주로 *pl.*)관습, 관례; 익숙함. ~s diplomatiques 외교상의 관례. s'adapter aux ~s du pays 고장의 관습에 맞추다[적응하다]. L'~ l'a rendu insensible au froid. 그는 익숙해져서 추위를 느끼지 않는다.
③ 《옛》교제. avoir ~ avec[auprès de] *qn* …와 친교가 있다.
④ 《옛》체형, 체질; 구조, 형태.
à[*selon, suivant*] *son* ~ 습관에 따라.
avoir l'~ de qc(*inf.*) …을 습관으로 하다; …에 익숙해져 있다. *J'ai l'habitude d'aller à pied jusqu'à mon bureau.* 나는 회사까지 걸어서 가는 것이 습관이 되어 있다.
d'~ 평상시에는, 여느 때는, 언제나.
par ~ 습관에 의해서, 버릇으로, 타성적으로.
prendre(*perdre*) *l'*~ *de*+*inf.* …하는 습관을 붙이다[버리다].

habitué(e) [abitye] *a.p.* ①[~ à](에)익숙한, 습관이 된, 길든. ② (정규의 자격이 부여되지 않은) prêtre ~ (본당 신부의 임무를 맡는)부분적인 대행 사제. —*n.* 단골손님, 자주 드나드는 사람.

*__habituel(le)__ [abityɛl] *a.* 습관적인, 관례의, 관용의(familier, ↔ rare). état ~ 정상적인 상태. histoire ~*le* 평범한[늘상 있는] 이야기.

habituellement [abitɥɛlmɑ̃] *ad.* 습관적으로, 평소에, 보통(ordinairement); 늘.

*__habituer__ [abitɥe] *v.t.* [~ à](에)익숙하게 하다, 습관을 갖게 하다, 버릇을 들이다(accoutumer). ~ les enfants *à* se lever tôt 아이들을 일찍 일어나도록 버릇을 들이다.
—*s'*~ *v.pr.* [s'~ à](에)익숙하게 되다, 습관이 들다, 길들다(s'accoutumer). Les oreilles *s'habituent au* bruit. 귀는 소음에 익숙해진다.

habitus [abitys] *n.m.* 《의학》(진단의 참고가 되는)체형, 체질, 외적인 특징.

†**hâbler** [able] *v.i.* 허풍떨다.

†**hâblerie** [a(a)bləri] *n.f.* 허풍.

†**hâbleur(se)** [ablœ:r, -ø:z] *a.* 《문어》 허풍떠는. —*n.* 허풍선이. faire le ~ 허풍을 떨다.

†**hachage** [aʃaʒ] *n.m.* 잘게 베기, 썰기.

†**hachard** [aʃa:r] *n.m.* (철사를 끊는)가위.

†**hache** [aʃ] *n.f.* 도끼, 손도끼, 큰 도끼. fendre du bois avec une ~ 도끼로 나무를 패다. ébrancher un arbre à coups de ~ 손도끼로 가지를 치다. mettre la ~ dans un bois 산림의 벌채를 시작하다. ~ d'arme (중세의)전투용 손도끼. périr sous la ~ 참수형에 처해지다.
avoir un coup de ~ (*à la tête*) 《구어》 머리가 약간 돌았다. *fait*[*taillé*] *à coups de* ~ 조잡하게 만들어진; 만듦새가 서투른. *porter la* ~ *dans qc* (예산 따위를)대폭적으로 삭감하다. *en* ~ 도끼 모양의. champs *en* ~ 남의 땅에 깊이 파고 든 밭.

†**haché(e)** [aʃe] *a.p.* ① 잘게 벤, 썬, 다진. ② (문장·말 따위가)토막토막 끊기는, 띄엄띄엄 말하는. débit ~ 띄엄띄엄 말하기. —*n.m.* 《요리》다진 고기(viande ~e).

†**hache-écorce** [aʃekɔrs] *n.m.* (복수불변)나무껍질 벗기는 기계.

†**hache-fourrage** [aʃfuraʒ] *n.m.* (복수불변)(동력을 사용하는)여물 베는 기계.

†**hache-légumes** [aʃlegym] *n.m.* (복수불변) 《요리》 야채용 식칼.

†**hachement** [aʃmɑ̃] *n.m.* 잘게썰기.

†**hache-paille** [aʃpaj] *n.m.* (복수불변)(병에 걸린 동물을 위한)짚 써는 기구, 작두.

†**hacher** [aʃe] *v.t.* ① 잘게 베다, 썰다, 다지다. ~ de la viande 고기를 다지다. ~ des oignons 양파를 잘게 썰다[다지다]. (목적보어 없이) ~ menu(fin) 잘게 썰다. ② 서툴게 자르다[썰다]; 손상시키다, 부수다. Ces ciseaux ne coupent plus, ils *hachent* le tissu. 이 가위는 이제 잘 들지 않아서, 천을 망쳐 버린다. Le froid *a haché* le riz. 추위가 벼를 망쳤다. ③ (이야기를)중단시키다; (문장을)짧게 끊다. La toux *hachait* mes phrases. 기침 때문에 나는 말을 멈추곤 했다. ④ 〖기술〗충을 내다. ~ un mur (칠하기 쉽도록)벽에 칼자국을 내다. ⑤ 〖미술〗선영(線影)을 그려 넣다.
~ *de la paille* ④ 짚을 썰다. ⓑ (구어)독일어를 하다. ~ *menu comme chair à pâté* (구어)(사람을) 때려눕히, 때려죽이다. *se faire* ~ (구어)죽을 때까지 싸우다; 어떠한 힘도 노력도 아끼지 않다.

†**hachereau** [aʃro] (*pl.* ~*x*), †**hacheron** [aʃrɔ̃] *n.m.* 작은 도끼.

†**hachette** [aʃɛt] *n.f.* ① 손도끼, 까뀌. ② 〖어류〗잉어의 일종.

†**hacheur(se)** [aʃœ:r, -ø:z] *n.* 써는 사람; (카펫에)양모(羊毛)를 써는 사람. —*n.m.* 〖기술〗촙퍼(직류 모터의 제어 조작 따위에 쓰이는 전류 단속(斷續)장치).

†**hache-viande** [aʃvjɑ̃:d] *n.m.* 《복수불변》〖요리〗고기 써는 기구(칼).

†**hachich** [aʃiʃ] *n.m.* =**hachisch**.

†**hachis** [aʃi] *n.m.* 〖요리〗(고기·생선의)다진(잘게 썬) 고기; (야채의)잘게 다진 것.

†**hachisch** [aʃiʃ] *n.m.* 삼, 인도삼; 하시시(인도삼에서 뽑은 마약).

†**hachisché(e)** [aʃiʃe] *a.* (마약에 취한 듯이)기분좋은, 황홀한.

†**hachischin** [aʃiʃɛ̃] *n.m.* ① 하시시 상용자. ② 〖역사〗자객(刺客).

†**hachischisme** [aʃiʃism] *n.m.* 하시시 중독.

†**hachoir** [aʃwaːr] *n.m.* ① 고기 써는 식칼. ② 고기 다지는 기계. ③ 도마. ④ 〖농업〗 =hache-paille.

†**hachot** [aʃo] *n.m.* 작은 도끼.

†**hachotte** [aʃɔt] *n.f.* 통 만드는 사람·지붕 잇는 사람의 손도끼.

†**hachure** [aʃyːr] *n.f.* ① 〖미술〗선영(線影); (지도에서 산이나 경사지를 나타내는)가는 선; 〖기술〗(금은 세공사가 금·은을 칠하기 전에 새기는)자국. ② 무늬모양; 줄기.

†**hachurer** [aʃyre] *v.t.* 〖미술〗선영을 넣다; 줄기를 넣다. parties *hachurées* d'une carte (산이나 경사지를 나타내는)지도의 가는 선을 그은 부분.

hacienda [asjɛnda] 《에스파냐》*n.f.* 농장, 목장; (농장 따위에 있는)주거(지).

†**hacquebute** [akbyt] *n.f.* =**arquebuse**.

hadal(e, *pl.* **aux)** [adal, -o] *a.* 초심해(超深海)의(심도 6,000 m 이하를 말함).

†**haddock** [adɔk] 《영》*n.m.* 〖요리〗(북해산)대구(aiglefin)의 훈제.

†**hade** [ad] 《프랑스》*n.f.* 선녀(仙女).

Hadès [adɛs] *n.pr.m.* 《그리스신화》하이데스(저승의 왕); 지옥, 저승.

†**hadith** [adit] 《아라비아》*n.m.* 하디스(마호메트와 그 교우(敎友)의 언행에 관한 전승기록).

†**hadj** [adʒ], **hadji** [adʒi] *n.m.* 메카를 순례한 회교도(칭호).

hadron [adrɔ̃] *n.m.* 〖물리〗하드론족(바리온족과 중간자족을 포함한 소립자의 총칭).

hafnium [afnjɔm] *n.m.* 〖화학〗하프늄(원자기호 Hf; 원자번호 72) (celtium).

†**hagard(e)** [aga:r, -ard] *a.* ① (눈·표정 따위가 공포 따위로 인해)혼란된, 험상궂은. air ~ (공포 따위로)혼란된(얼거진) 모습. œil ~ 혼란된 눈초리. yeux rouges et ~s 핏발선 험상궂은 눈. visage ~ 험상궂은 얼굴. ② 거친, 격렬한. colère ~e 격한 노여움. fou ~ 정신착란자. ③ oiseau(faucon) ~ 《엣》〖사냥〗(길들일 수 없게 된)야생의 새(매) (↔ oiseau niais).

†**haggis** [agis] 《스코틀랜드》*n.m.* 〖요리〗하기스 (양의 내장을 그 위(胃)에 채워서 삶음).

hagio- *préf.* 「신성한」의 뜻.

hagiographe [aʒjɔgraf] *a.* 구약성서 중에서 '율법'과 '예언'을 제외한 부분의; 성인전(聖人傳)에 관한. livres ~s (모세 5서와 예언서를 제외한)구약성서. —*n.m.* ① 구약성서 필자; 성인전 작가. ② (비유적)인물을 미화하는 전기작가.

hagiographie [aʒjɔgrafi] *n.f.* ① 성지(聖誌), 성인 연구; 성인전. ② 미화된 전기(傳記).

hagiographique [aʒjɔgrafik] *a.* 성지의, 성인 연구의; 성인전의.

hagiologie [aʒjɔlɔʒi] *n.f.* 성인전(聖人傳).

hagiologique [aʒjɔlɔʒik] *a.* 성인전의.

†**haha**¹ [a(h)a] *int.* 아아! 저런! 《감탄·홍미·비꼼 따위를 나타냄》.

†**haha**² *n.m.* 《복수불변》(길의 통행을 막기 위해 파놓은)도랑; 《요새 입구 따위에 파놓은)도랑.

†**hahnium** [anjɔm] *n.m.* 〖화학〗하늄(원자 번호 105, 초(超)우란 원소).

†**hai** [e] *int.* =**hé**.

†**haï** [aj] *int.* =**haïe**.

***haie** [ɛ] *n.f.* ① 울타리, 생울타리. ~ morte(sèche) 마른 나뭇가지 울타리. ~ vive 생울타리. ② 〖스포츠〗허들, 장애물. course de ~s 장애물 경주. ③ (나무·바위·사람의)열, 줄. ~ de baïonnettes 줄지어 늘어선 총검. faire(former) la ~ 열을 짓다. ④ 〖농업〗(쟁기의)성에.

†**haie** [aj] *int.* ① 아야! (아픔) (aïe). ② 이러 《소·말의 소리》.

(†)**haïk** [aik] 《아라비아》*n.m.* 아랍 여인이 옷 위로 온 몸을 감싸는 네모난 천.

†**haillon** [a(a)jɔ̃] *n.m.* 넝마; (*pl.*)누더기(옷). être couvert de ~s 누더기를 걸치고 있다.

†**haillonneux(se)** [a(a)jɔnø, -ø:z] *a.* 누덕누덕 해진; 누더기를 입은. —*n.m.* 거지.

†**haim, thain** [ɛ̃] *n.m.* 《사투리》낚시.

***haine** [ɛn] *n.f.* [~ de/contre/pour] (에 대한)증오, 혐오, 반발. avoir(concevoir, éprouver) de la ~ *pour*(*contre*) *qn*(*qc*) …에 대하여 증오심(반감)을 가지다. s'attirer la ~ *de qn* …의 미움을 사다. *en* (*par*) ~ *de qc*(*qn*) …을 증오하는 나머지, …에 대한 반감에서. Il agit ainsi *par* ~ *de* son père. 그 아버지를 미워한 나머지 그렇게 행동한다.

†**haineusement** [ɛnøzmɑ̃] *ad.* 증오심을 품고, 미운 듯이.

†**haineux(se)** [ɛnø, -ø:z] *a.* 증오를 품은, 증오에 넘친; (사람·성질이)사나운, 앙심 깊은. yeux ~ 증오심에 불타는 눈. tenir des propos ~ 앙심 깊은 말을 하다. —*n.* 《구어》집념이 강한 사람.

†**hainuyer(ère)** [ɛnɥije, -ɛːr] *a.* 〖고대지리〗 에노 주(州) (*la Hainaut*, 벨기에의 주). —**H~** *n.* 에노 사람.

†**haïr** [aiːr] 11 *v.t.* ① 미워하다, 증오하다; 싫어하다 (détester, ↔ aimer). Il *hait* ceux qui ne pensent pas comme lui. 자기와 같이 생각하지 않는 사람을 미워한다. ~ *qn* comme la peste (la mort) …을 몹시 싫어하다. se faire ~ de tout le monde 모든 사람의 미움을 사다. ②《엣》à + *inf.* : ~ *que* + *sub.* (하는 것을)몹시 싫어하다. Je *hais* d'être flatté. 나는 아첨받는 것을 매우 싫어

한다. Il *hait qu'*on le flatte. 그는 사람들이 자기에게 아첨하는 것을 대단히 싫어한다. ③ [~ *qn* de+ *inf*.; ~ *qn* de ce que+*ind*.] (의 이유로)(을)증오하다. Je le *hais* de m'avoir trompé[*de ce qu'*il m'a trompé]. 그가 나를 속인 것 때문에 그를 증오한다. *ne pas* ~ (완곡하게)좋아한다. Je *ne* vous *hais point*. 난 당신을 좋아합니다(Je vous aime).
— *se* ~ *v.pr.* ① 자기를 증오하다; (한 데 대해서) 자신을 책망하다, 후회하다. [*se* ~ de+*inf*.] Je *me hais* de l'avoir blessée. 나는 그녀에게 상처를 준 것에 대하여 몹시 후회하고 있다. ②(상호적)서로 미워하다. Ces deux peuples *se haïssent* depuis longtemps. 이 두나라 백성은 오래 전부터 서로 증오하고 있다.

†**haire** [ɛːr] *n.f.* ①(고행자(苦行者)용의)말총 따위로 짜인 속옷. prendre la ~ 《비유적》고행생활을 시작하다. ②《직물》말총을 섞어 짠 직물.

hai-s, -t [t] ⇔haïr.

†**haïssable** [aisabl] *a.* 가증스러운, 혐오스러운(détestable, odieux). homme ~ 타기(唾棄)할 인간. Le moi est ~. 자아(自我)는 가증스러운 것이다(*Pascal*의 말).

†**haïsseur(se)** [aiscer, -øːz] *a.* 《문어》증오[혐오]에 찬. — *n.* 가증스러운 사람.

Haïti [aiti] *n.pr.f.[m.]* 《지리》아이티 섬(공화국).

haïtien(ne) [ais(t)jɛ̃, -ɛn] *a.* 아이티(*Haïti*) 섬의. patois ~ 아이티 섬의 사투리. — **H**~ *n.* 아이티 섬 사람.

†**haje** [aːʒ] *n.m.* 《동물》(아프리카산)독사의 일종.

†**halage** [a(ɑ)laːʒ] *n.m.* 예선(曳船). chemin de ~ 예선도(曳船道).

†**halbi** [albi]《노르망디》*n.m.* 사과와 배를 발효시켜 만든 음료(*bière légère*).

†**halbran** [albrɑ̃] *n.m.* 《조류》들오리의 햇새끼.

†**halbrené(e)** [albrəne] *a.p.* ①《사냥》(애 따위가) 깃이 잘린. ②《옛·구어》기진맥진한.

†**halbrener** [albrəne] [4] *v.i.* 오리를 사냥하다.
— *v.t.* ①(매의)것을 자르다. ②《옛·구어》기진맥진하게 하다.

†**hâle** [aːl] *n.m.* ①(사람·식물이)볕에 탐; 볕에 탄 피부(얼굴 빛). visage bruni par le ~ 햇볕에 검게 그을린 얼굴. ②(식물 따위를 마르게 하는)건조한 북풍(동북풍).

†**hâlé(e)** [ɑle] *a.p.* 볕에 탄(그을린)(bronzé). teint ~ 볕에 그을린 얼굴빛.

†**hale-à-bord** [alabɔːr] *n.m.* 《복수불변》《해양》(배안으로)잡아올리는 밧줄.

†**hale-avant** [alavɑ̃] *n.m.* 《복수불변》(어부가 끼는) 벙어리 장갑.

†**hale-bas** [alba] *n.m.* 《복수불변》《해양》삼각돛을 내리는 밧줄.

†**hale-bouline** [albulin] *n.m.* 《구어》신입《서투른》 선원(船員), 견습수부.

†**halecret** [alkrɛ] *n.m.* 《고고학》(몸을 자유롭게 움직일 수 있도록 철판을 이은 것으로 16·17세기에 사용했던)갑옷.

haleine [alɛn] *n.f.* ① 숨, 숨결(souffle); 입김. En hiver, on voit l'~ sortir de la bouche. 겨울에는 입김이 어려 눈에 보인다. avoir l'~ forte; avoir mauvaise ~ 입에서 악취가 나다. ②숨쉬기, 호흡(respiration). ~ égale 규칙적인 호흡. avoir de l'~ 숨이 오래가다. avoir une ~ courte (숨이 가쁘다;《구어》숨이 곧 막혀버리다. donner ~ à *qn* …에게 숨을 돌리게 하다. perdre ~ 숨이 끊어지게 가쁘다. retenir son ~ 숨죽이다. reprendre ~ 숨을 돌리다, 휴식하다. ③향기(parfum). ~ des lilas 라일락 향기. premières ~s du printemps 봄의 첫

향기로운 미풍.
à perdre ~; *à perte d'*~ 숨이 차도록〔끊어지게〕, 헐레벌떡. courir(rire) *à perdre* ~ 숨이 끊어지게 달리다〔웃다〕.
de longue ~ 장시일〔노력〕을 요하는. travail *de longue* ~ 장시일 요하는 작업〔일〕.
d'une (*seule*) ~ 단숨에. tout *d'une* ~ 단숨에. boire une verre *d'une seule* ~ 단숨에 잔을 비우다.
être en ~ 일하는 중이다, 일할 마음이 있다.
hors d'~ 숨이 끊어질 정도로 가쁘게. être *hors d'*~ 숨이 차다, 숨이 가쁘다.
mettre qn en ~ *pour qc* …에게 …할 마음이 내키게 하다.
tenir qn en ~ …에게 숨 쉴 여유를 주지 않다;《구어》…의 마음을 조마조마하게 하다. Le film nous *a tenus en* ~. 그 영화는 끝까지 우리의 마음을 조마조마하게 했다.

REM haleine 자연스럽고 조용한 호흡. souffle 가

halenée [alne] *n.f.* 악취를 풍기는 입김. ~ d'ail 늘내나는 입김. ~ de vin 술냄새나는 입김.

haleiner [alene], **halener** [alne], **haléner** [alene] [4] *v.i.* 《옛》숨을 내쉬다. difficulté d'~ 호흡곤란.
— *v.t.* ①(사람의)입김을 맡다. ②(사냥개가 짐승의)냄새를 맡아내다. ③《구어》(음모 따위를)알아채다. ~ un dessein 계획을 알아채다. ④《옛》(숨을)내쉬다.

†**haler**¹ [a(ɑ)le] *v.t.* ①《해양》(밧줄·케이블 따위를)끌다(tirer sur). ②(배를 육지에서)끌어당기다. ~ un canot 보트를 잡아당기다.
③ ~ bas (돛 따위를)내리다. ④《해양》 ~ l'arrière(l'ouest)(바람이)동쪽〔서쪽〕으로 변하다; ~ le vent 맞바람을 안고 나아가다. — *v.i.* sur (une manœuvre)《해양》(밧줄)을 당기다.
— *se* ~ *v.pr.* *se* ~ dans le vent 맞바람을 안고 나아가다.

†**haler**² [ale] *v.t.* 《사냥》(개를)부추기다.

†**hâler** [ale] *v.t.* ①《옛》(햇빛·바람 따위가 피부를)검게 태우다(bronzer). Le soleil *hâle* la peau. 햇빛이 피부를 검게 태운다. ②《옛》(햇빛·바람 따위가 식물 을)시들게〔말라죽게〕하다.
— *se* ~ *v.pr.* 볕에 타다. peau qui *se hâle* vite 햇볕에 빨리 타는 피부.

†**haletant(e)** [altɑ̃, -ɑ̃ːt] *a.* 헐떡거리는, 숨이 찬(essoufflé). chien ~ 숨을 헐떡이는 개. poitrine ~*e* 숨이 가쁜 가슴. ②《비유적》탐하는. ~ vers les honneurs 명예를 탐하는.

†**halètement** [alɛtmɑ̃] *n.m.* ①헐떡임, 숨가쁨. ~ d'un asthmatique 천식환자의 호흡곤란. ②《우주》(로켓 엔진의)단속연소.

†**haleter** [alte] [4,5] *v.i.* ①헐떡거리다, 시근거리다(s'essouffler); 숨이 조마조마해 하다. courir *en haletant* 헐떡거리며 뛰다. Tout l'auditoire *haletait*. 모든 청중이 숨을 죽이고 있었다. ②《비유적》[~ après] (을)열망하다(aspirer). ~ *après* l'Inconnu 미지의 것을 열망하다.

†**halette** [alɛt] *n.f.* (*Lorraine*지방의)두건.

†**haleur(se)** [a(ɑ)lœr, -øːz] *n.* 배를 끄는 사람.
— *n.m.* (배를)끄는 배; 증기권양기(蒸氣捲揚機)(~ *à vapeur*).

†**half(-)track** [a(l)ftrak]《영》*n.m.* 《군사》반궤도(半軌道)장갑차.

hali- *préf.* 「소금·바다」의 뜻.

halicte [alikt] *n.m.* 《곤충》혈출애꽃벌속(屬).

halieutique [aljøtik] *a.* 낚시질의, 고기잡이의. connaissances ~s 낚시질에 관한 지식. — *n.f.* 어

법(漁法), 고기잡이 기술.

†**halin** [alɛ] *n.m.* (배를 끄는)밧줄.

haliotide [aljɔtid], **haliotis** [aljɔtis] *n.f.* 《패류》전복《속칭 ormeau², ormier, oreille de mer》.

haliple [alipl] *n.m.* 《곤충》물진드기.

halite [alit] *n.f.* 암염(岩鹽).

halitueux(**se**) [alitɥɸ, -ɸ:z] *a.* 《의학》① (피부가)땀이 난. ② (더위가)땀나게 하는.

†**hall** [o:l] 《영》 *n.m.* (호텔·역·은행의)홀(vestibule, salle d'entrée); 넓은 방. ~ de l'hôtel 호텔 로비. ~ de mairie 시청의 홀.

†**hallage** [ala:ʒ] *n.m.* 《상업》시장세(市場稅).

hallali [alali] *n.m.* 《사냥》짐승을 궁지에 몰아 넣었을 때의 사냥꾼의 함성(각적소리). sonner l'~ 짐승을 몰아넣고 고함을 지르다(각적(角笛)을 불다); 《비유적》(적이 쓰러져 가는 것을 보고)함성을 지르다.

†**halle** [al] *n.f.* ① (도매)시장(marché); (*pl.*) (*H*~s) 파리의 중앙시장(les *H*~s centrales). dames des ~s 파리 중앙시장의 여상인들. langage des ~s《구어》야비한(상스러운) 말. ⇒ =hall.

†**hallebarde** [albard] *n.f.* 《고고학》미늘창(14-17세기에 사용된 도끼를 겸한 창). **Il pleut**(**tombe**) **des ~s.** 《구어》비가 억수같이 쏟아진다.

hallebardier [albardje] *n.m.* 미늘창을 든 병사.

†**hallier**¹ [alje] *n.m.* ① 시장지기; 시장 상인. ② (소리치며 다니는)도붓장수, 행상인.

†**hallier**² *n.m.* 총림(叢林).

†**hallier**³ *n.m.* 《사냥》삼중(삼중)망; 《어업》삼단망(tramail).

halloween [alɔwin] 《영》 *n.f.* 핼러윈(만성절(萬聖節) 전날 밤의 어린이들의 축제, 10월 31일밤》(veille de la Toussaint).

†**Hallstadt**, †**Hallstatt** [alstat] *n.pr.m.* 《지리》할시타트(오스트리아의 마을로서 고분발전으로 유명). période de ~ 《고고학》할시타트 시대(기원전 10-5세기의 청동·철 병용 시대).

†**hallstattien**(**ne**) [alstatjɛ̃, -ɛn] *a.* 《지리》할시타트의. période ~*ne* 《고고학》할시타트 시대. civilisation ~*ne* 할시타트 문명.

hallucinant(**e**) [a(l)lysinɑ̃, -ɑ̃:t] *a.* 《의학》환각을 일으키는; 착각을 일으키는. ressemblance ~*e* 착각을 일으킬 만큼 흡사함.

hallucination [a(l)lysinasjɔ̃] *n.f.* ① 《의학》환각(幻覺). être en proie à une ~ 환각에 사로잡히다. ~ auditive 환청(幻聽). ② 《구어》착각; 환영.

hallucinatoire [a(l)lysinatwa:r] *a.* ① 환각의, 착각의. vision ~ (시각적)환영(幻影). ② 환각을 일으키는. psychoses ~s 환각성 정신병.

halluciné(**e**) [a(l)lysine] *a, n.* 환각에 사로잡힌(사람). toxicomane ~ 환각에 사로잡힌 마약중독환자. air ~ 환각에 사로잡힌 모습.

halluciner [a(l)lysine] *v.t.* 《드물게》(에게)환각을 일으키다.

hallucinogène [a(l)lysinɔʒɛn] *a.* 《물건이》환각을 일으키는. —*n.m.* 환각제.

hallucinose [a(l)lysino:z] *n.f.* 《의학》자각적 환각증.

†**halo** [alo] *n.m.* ① 《기상》(해·달의)무리, 훈륜(暈輪). ② 《비유적》후광(auréole); 영광, 광채. ~ de gloire 영예의 광채, 빛나는 영광. ③ 《해부》유혼(乳頭輪). ④ 《사진》헐레이션, 훈영(暈影).

†**hal**(**o**)- *préf.* 「소금·염(鹽)」의 뜻.

†**halochimie** [alɔʃimi] *n.f.* 《화학》염(鹽)화학.

†**halogène** [alɔʒɛn] *a.* 할로겐의. —*n.m.* 《화학》할로겐, 조염원소(造鹽元素).

†**halogénure** [alɔʒenyr] *n.m.* 《화학》 할로겐 화합물(化合物).

†**halographie** [alɔgrafi], †**halologie** [alɔlɔʒi] *n.f.* 염류학, 염류 연구서.

†**haloïde** [alɔid] 《화학》 *a.* 할로겐과 금속의 화합으로 생기는. sel ~ 할로겐 염. —*n.m.* 할로겐과 금속의 화합물, 할로겐 유도체.

†**haloir**, †**hâloir** [alwa:r] *n.m.* ① 대마(大麻) 건조장. ② 치즈 건조실.

†**halomètre** [alɔmɛtr] *n.m.* 《화학》염류 계량기.

†**halométrie** [alɔmetri] *n.f.* 《화학》염류계량.

halopéridol [alɔperidɔl] *n.m.* 《약》할로페리돌《진정제·정신안정제》.

†**halophile** [alɔfil] *a.* 《식물》염생(塩生)의, 염분이 많은 토지에 생기는.

†**halophyte** [alɔfit] *a.* =holophile. —*n.f.* 《식물》염생식물.

†**halot** [alo] *n.m.* 산토끼의 굴(rabouillère). 《법.

†**halotechnie** [alɔtekni] *n.f.* 《화학》공업염 제조

halothane [alɔtan] *n.m.* 《약》할로탄《마취제》.

†**halotrichite** [alɔtrikit] *n.f.* 《화학》철명반(鐵明礬)(alun de fer naturel).

†**halte** [alt] *n.f.* ① (도중·보행의)일시정지, 정지, 휴식(arrêt, repos). faire ~ 정지하다; 휴식하다. ② 휴식처, 숙박지; (소규모의)정거장, 작은 역. arriver à la ~ 휴식처에 도착하다. ③ 휴식시간, 일시중단. faire ~ pendant un long travail 장시간의 작업도중 잠시 일시중단하다. ④ 《간투사적》정지(停止). *H*~-là! 정지! *H*~ au feu! 사격중지. dire à …에 정지를 명하다; 제지하다.

haltère [altɛ:r] *n.m.* ① 《스포츠》아령(啞鈴); 중량올리기, 역도(poids et ~). ② (*pl.*)《곤충》쌍시류의 평형기(平衡器). 《소.

†**halte-garderie** [altgardəri] (*pl.* ~**s-**~**s**) *n.f.* 탁아

†**halte-repas** [altərpɑ] (*pl.* ~**s-**~) *n.f.* 《군사》식사를 위한 휴식.

haltérophile [alterɔfil] *a, n.* 역기를 하는(사람·선수), 아령 운동을 하는(사람).

haltérophilie [alterɔfili] *n.f.* 《스포츠》아령 운동, 역기 운동.

†**halva** [alva] *n.m.* 할바《꿀·과일을 넣은 터키 과자》.

†**hamac** [amak] *n.m.* 해먹, 달아맨 그물침대.

†**hamada** [amada] *n.f.* 《아라비아》(사하라 사막의)돌이 깔린 고원.

hamadryade [amadri(j)ad] *n.f.* ① 《그리스신화》수목의 정(精). ② 《동물》(인도산의)독사.

hamadryas [amadri(j)ɑ:s] *n.m.* 《동물》(아프리카산)비비(狒狒).

hamamélis [amamelis] *n.m.* 《식물》하마멜리스《잎과 나무껍질은 혈관수축제로 사용됨》.

†**Hambourg** [ɑ̃bu:r] *n.pr.m.* 《지리》함부르크.

†**hambourgeois**(**e**) [ɑ̃burʒwa, -a:z] *a.* 함부르크의. —*H*~ *n.* 함부르크 사람.

†**hamburger** [ɑ̃byrʒɛ:r, ɑ̃byrgœ:r] 《영》 *n.m.* 《요리》햄버거. 《락.

†**hameau** [amo] (*pl.* ~**x**) *n.m.* 낚시바늘, 작은 마을, 부락, 촌

hameçon [amsɔ̃] *n.m.* 낚시바늘, 낚시. prendre un poisson à l'~ 낚시로 물고기를 낚다. mordre(se prendre) à l'~ (물고기가)낚시에 걸리다; 《구어》걸려들다, 당하다. tendre l'~ à …에게 유혹의 손길을 뻗다.

hameçonné(**e**) [amsɔne] *a.p.* ① (물고기가)낚시에 걸린, (낚싯줄에)낚시가 달린. ② 《식물》가시 있는, 낚시 모양으로 굽은.

hameçonner [amsɔne] *v.t.* ① (낚싯줄에)낚시를 달다; 낚시로 고기를 낚다. ② 《비유적》포로로 만들다, 유혹하다.

hamitique [amitik] *a.* 함족(*Hamites*, 북아프리카의

목양민)의.

†hammam, hammâm [a(m)mam]《터키》*n.m.* (터키의)목욕탕; 터키식 목욕탕.

†hammerless [ammerles]《영》*n.m.* 공이치개 없는 엽총.

†hampe¹ [ɑ̃:p] *n.f.* ① 깃대; 붓대; (미닫창 따위의)자루. ② 《식물》꽃대. ~ d'une tulipe 튤립의 꽃대. ③ 《인쇄》(b, d, f, p, g, t 따위에서 볼 수 있는)수직획. ④ ~ de torpille 《해군》수뢰(水雷)의 후부(꼬리날개).

†hampe² *n.f.* ① 《사냥》사슴의 가슴. ② 《요리》소의 옆구리 고기.

†hampé(e) [ɑ̃pe] *a.* 자루가 달린. fer de lance ~ 자루가 달린 투창.

†hamster [amstɛːr]《독일》*n.m.* ① 《동물》쥐의 일종, 햄스터. ② 《구어》(식량난에 대비하여)먹을 것을 저축해 두는 사람.

†han [ɑ̃, hɑ̃] *int.* 어여차, 얏!(힘쓸 때 내는 소리).
—*n.m.* 탄식. faire(pousser) un ~ 탄식소리를 내다, 얏하고 외치다.

†hanap [anap] *n.m.* ① (중세기의)굽달린 큰 잔. ② droit de ~ 《역사》배세(杯稅)(hanap를 단위로 징수하는 식료품세).

†hanche [ɑ̃:ʃ] *n.f.* 허리(엉덩이 위, 하반신과 상반신의 연결부분), 둔부(臀部), 궁둥이. tour de ~*s* 히프. 《레슬링》허리치기. rouler(balancer) les ~*s* 궁둥이를 흔들다. jupe serrant les ~*s* 타이트스커트. ② 《동물》허리의 관절부; 《곤충》기절(基節). ③ 《해양》선측후반부(船側後半部). **mettre les poings(les mains) sur les ~***s* 《구어》주먹(손)을 허리에 대다; 도전하는(뻔뻔스러운) 태도를 취하다.

†hanché(e) [ɑ̃ʃe] *a.p.* 한쪽 허리를 앞으로 내밀고 서있는; 《미술》허리를 강조하는. position ~*e* 한쪽 다리에 체중을 기울인 자세, '쉬어'의 자세.

†hanchement [ɑ̃ʃmɑ̃] *n.m.* (조각 따위에서)한 쪽 다리에 체중을 준 자세.

†hancher [ɑ̃ʃe] *v.i.* ① (걸을 때)궁둥이를 흔들다. 체중을 한쪽 다리에 기울이다(~ sur une patte); 절름거리다. —*v.t.* 《미술》허리를 강조하다. ~ une statue 입상의 허리를 강조하다.
—**se** ~ *v.pr.* 허리를 흔들다.

†hand(-)ball [ɑ̃dba(o)l]《영》*n.m.* 《스포츠》핸드볼.

†handballeur [ɑ̃dba(o)lœːr] *n.m.* 《스포츠》핸드볼 선수(경기자).

†handicap [ɑ̃dikap]《영》*n.m.* ① 불리한 조건; 핸디캡. Son âge est pour lui un sérieux ~. 나이가 그에게는 아주 불리한 조건이 되고 있다. surmonter son ~ 불리한 조건을 극복하다. ② 《스포츠》(경마·경주 따위의)핸디캡.

†handicapé(e) [ɑ̃dikape] *a.* 건강상으로 불리한;(특히)신체에 장애가 있는. —*n.* 건강상 불리한 상태에 있는 사람; 신체장애자(les ~*s* (physiques)(혼히 [lezɑ̃dikape]로 발음).

†handicaper [ɑ̃dikape] *v.t.* ① 《스포츠》(에)핸디캡을 붙이다; 불리한 상태에 놓다(désavantager). cheval sévèrement *handicapé* 심하게 핸디캡이 주어진 말. ② (어떤 사람을)불리한 조건에 놓다. Sa timidité le *handicape* sérieusement. 그의 수줍음이 그를 아주 불리하게 한다.

†handicapeur [ɑ̃dikapœːr] *n.m.* 《스포츠》핸디캡을 결정하는 사람(특히 경마에 있어서 핸디캡 사정원)(commissaire ~).

†handisport [ɑ̃disport] *a.* 신체장애자의 스포츠의.

†hanebane [anban] *n.f.* 《식물》사리풀.

†hanet [ane] *n.f.* ① 천막 줄. ② 《해양》돛 올림줄; (해먹의)줄.

†hangar [ɑ̃gaːr] *n.m.* ① 헛간, 광, 창고. ② 《항공》격납고(~ d'aviation). ~ à locomotives 《철도》기관차 차고.

†hanneton [antɔ̃] *n.m.* ① 《곤충》풍뎅이. ② 《구어》되통스러운 사람(étourdi).
ne pas être piqué(mangé) des ~s 《구어》(풍뎅이에게 쩔린 것 이상으로)심한, 매우 격한. froid qui *n'est pas piqué des ~s* 몹시 심한 추위.

†hannetonnage [antɔnaːʒ] *n.m.* 《농업》풍뎅이 구제.

†hannetonner [antɔne] *v.t., v.i.* 《농업》풍뎅이를 구제(驅除)하다.

†Hanovre [anɔ:vr] *n.pr.m.* 《지리》① 하노버시(市). ② (le ~)하노버 주(州)《왕국》. ③ la maison de ~ 하노버 일가(一家)《왕조》.

†hanovrien(ne) [anɔvrj(j)ɛ̃, -ɛn] *a.* 하노버(사람)의. —**H**~ *n.* 하노버 사람.

†hansart [ɑ̃saːr] *n.m.* 《사투리》(서프랑스의)고기 자르는 칼.

†hanse¹ [ɑ̃ːs] *n.f.* 《역사》① 중세 북구 도시간의 상업조합. ② la H~ 한자 동맹.

†hanse² *n.f.* (関의 머리와 앞의)중간부분.

(†)hanséatique [ɑ̃seatik] *a.* 《역사》한자 동맹의(에 가맹한). Ligue ~ 한자 동맹.

†Hansen [ansɛn, ɑ̃sɛn] *n.pr.m.* 《의학》maladie de ~ 한센병; bacille de ~ 한센균.

†hanté(e) [ɑ̃te] *a.p.* 유령이 나오는. maison ~*e* 유령이 나오는 집, 귀신이 붙은 집.

†hantement [ɑ̃tmɑ̃] *n.m.* (드물게)① 뻔질나게 다니기, 교제하기;(유령 따위의)출몰. ② 고정관념(hantise).

†hanter [ɑ̃te] *v.t.* ① (유령·귀신·요정이)나오다. revenant qui *hante* ce château en ruine 폐허가 된 이 성(城)을 떠나지 않는 귀신. fantôme qui *hante* la vie de qn …의 생활에 붙어다니는 망령. ② (비유적)(망상·상념 따위가)(의)머리에서 떠나지 않다(obséder). Ce souvenir le *hantait*. 그 추억은 그의 머리에서 떠나지 않고 있었다. ③ 《옛》(와)교제하다, 사귀다; 자주 방문하다(fréquenter). ~ une mauvaise compagnie 나쁜 친구와 어울리다. ~ les cabarets 카바레에 드나들다.
Dis-moi qui tu hantes, et je te dirai qui tu es. 《속담》사귀는 친구를 보면 그 사람됨을 알 수 있다.

†hanteur(se) [ɑ̃tœːr, -øːz] *n.* 《드물게》드나드는 사람, 단골 손님.

†hantise [ɑ̃tiːz] *n.f.* ① 강박(고정)관념(obsession, idée fixe). être poursuivi par la ~ de la mort 죽음의 강박관념에 사로잡히다. ② 《옛》출입, 교제.

†Haoussa [ausa], **†Haousa** [auza] *n.pr.m.* 《지리》하우사란드. —*n.m.pl.* 하우사족(수단지방의 흑색인종). —**h**~ *n.m.* 《언어》하우사어(語).

hapax [apaks] *n.m.* 《언어》단 한번밖에 사용된 적이 없는 낱말(형), 유일용례(唯一用例).

hapaxépie [apaksepi] *n.f.* = **haplologie**.

haplo- *préf.* 「단일(單一)」의 뜻.

haplobionte [aplɔbjɔ̃t], **haplonte** [aplɔ̃t] *n.m.* 《생물》반수세대.

haplographie [aplɔgrafi] *n.f.* 《언어》중자탈락(重字脫落)(동일음과 유사음의 2철자를 잘못해서 한 철자로 빠뜨리는 것 :philologie를 philogie로 쓰는 따위)(↔ dittographie).

haploïde [aplɔid] *a.* 《의학》(감수분열을 하는 생식세포 따위의)염색체 반수성의(↔ diploïde).

haplologie [aplɔlɔʒi] *n.f.* 《음성》중음(重音) 탈락(비슷한 음이 계속될 때 한번만 발음하기;ha-plologie를 haplogie로 하는 따위).

haplopétale [aplɔpetal] *a.* 《식물》단일 화판(꽃잎)의.

haplophase [aplofaz] *n.f.* 《생물》 단상(單相).
†**happant(e)** [apɑ̃, -ɑ̃:t] *a.* 들러붙는, 접착성의.
†**happe** [ap] *n.f.* ① 《건축》 꺾쇠. ② 《야금》 도가니 집게. ③ (제본용의)도자물 철사. ④ (솥·냄비 따위의)손잡이; (수레의)차금(車金).
†**happeau** [apo] (*pl.* ~x) *n.m.* 새올가미, 새덫.
happe-chair [apʃɛːr] *n.m.* (복수불변)《옛》(도적을 잡는)포졸.
†**happelourde** [aplurd] *n.f.* ① 모조보석. ② 《옛》 허울뿐인 말(馬)〔사람〕.
†**happement** [apmɑ̃] *n.m.* ① 덥석 물기(붙잡기). ② (표면에)들러붙기, (혀에)달라붙기.
†**happening** [ap(ə)niŋ] 《영》 *n.m.* ① 《연극》 해프닝; 즉흥극. ② (비유적) 우발적인 사건.
*†**happer** [ape] *v.t.* ① 덥석 물다. Le chien *happe* un morceau de viande. 개가 고기 한덩어리를 덥석 문다. ② 《구어》 갑자기 꽉 붙잡다(attraper). ~ *qn* au collet ~의 목덜미를 꽉 붙잡다. —*v.i.* 《옛》 [~à] (표면에)들러붙다(adhérer fortement). L'argile sèche *happe* aux doigts. 마른 진흙이 손가락에 들러붙는다.
†**happeur** [apœːr] *n.m.* (종이를 끼우는)클립.
†**happy-end**, †**happy end** [apiɛnd] 《영》 *n.m.* [*m.*] 해피엔드.
†**haptène** [apten] *n.m.* 《화학》 하프텐, 부착체(附着體)《항체 형성력이 없는 항체와의 결합력을 지닌 일종의 항원물질(抗原物質)》.
hapt(o)- *préf.* 「잡다, 붙잡다」의 뜻. 〔類〕.
†**haptophore** [aptɔfɔːr] *n.f.* 《생물》 결합류(結合類).
†**haquebute** [akbyt] *n.f.* 《고고학》 (15세기에 쓰인)화승총(火繩銃).
†**haquenée** [akne] *n.f.* ① 《옛》 여자용의 순한 말. aller à la ~ (말이)천천히 걷다. ② 《비유》행실이 나쁜 여자, 매춘부; 《구어》 보기흉한 여자. grande ~ 《구어》 못생긴 키다리 여자. aller sur la ~ des cordeliers 《옛》 걸어서 가다.
†**haquet** [akɛ] *n.m.* (통을 운반하는)2륜마차.
†**haquetier** [aktje] *n.m.* (통 싣는)2륜마차의 마부.
†**hara-kiri** [arakiri]《일본》*n.m.* 할복 자살. (se) faire ~ 자살하다; (비유적) 목숨을 내던지다, 자살행위를 하다.
†**harangue** [arɑ̃:g] *n.f.* ① (군중·의회·왕 따위의 앞에서 하는)연설(discours solennel). faire [prononcer] une ~ 연설을 하다. ② 장광설(長廣舌); 지루한 설교. faire une ~ à *qn* ~에게 지루한 소리를 하다.
†**haranguer** [arɑ̃ge] *v.t.* (에게)연설하다; (비유적) 설교하다(sermonner). —*v.i.* 연설을 하다.
†**haranguet** [arɑ̃gɛ] *n.m.* = harenguet.
†**harangueur(se)** [arɑ̃gœːr, -ϕːz] *n.* ① 연설가. ② (비유적) 장황하게 늘어놓는 사람; 잔소리하기 좋아하는 사람.
†**haras** [arɑ] *n.m.* 종마 사육장.
†**harassant(e)** [arasɑ̃, -ɑ̃ːt] *a.* 몹시 피로하게 하는.
†**harasse** [aras] *n.f.* (유리·도자기 따위가 운반하는)고리버들 상자, 나무상자.
†**harassé(e)** [arase] *a.* 몹시 피로한(fatigué, las). air ~; mine ~ 몹시 피로한 표정.
†**harassement** [arasmɑ̃] *n.m.* 기진맥진, 심한 피로.
†**harasser** [arase] *v.t.* 기진맥진하게 만들다(épuiser, exténuer)《보통 복합형태로 쓰임》. Une longue marche *a harassé* les soldats. 긴 행군으로 병사들은 기진맥진하였다. (수동태) *être harassé* de travail 일로 지칠대로 지치다.
—*se* ~ *v.pr.* 기진맥진해지다.
†**harcelage** [arsəlaːʒ] *n.m.* 《드물게》 애태우기, 괴롭히기, 들볶기(harcèlement).
†**harcelant(e)** [arsəlɑ̃, -ɑ̃ːt] *a.* 애태우는, 괴롭히는,

들볶는. créanciers ~s 귀찮게 들볶는 채권자.
†**harcèlement** [arsɛlmɑ̃] *n.m.* = harcelage.
†**harceler** [arsəle] [4,5] *v.t.* ① (을)마구 공격하다, 끊임없이 공격하다. Les convois *étaient harcelés* par l'ennemi. 수송대는 적의 공격을 줄곧 받고 있었다. ② 괴롭히다, 애태게 하다(presser, agacer, importuner). ~ *qn* de questions 질문공세로 …을 괴롭히다. Il *harcèle* ses parents pour aller à la familie au cinéma. 그는 온 가족이 영화 구경가자고 부모에게 졸라댄다. ③ (비유적)항상 붙어다니며 괴롭히다(poursuivre). *être harcelé* de soucis 늘 따라 다니는 걱정으로 괴로움을 겪다.
—*se* ~ *v.pr.* 서로 상대를 공격하다.
†**harcèlerie** [arsɛlri] *n.f.* 《드물게》 harceler 하기〔하는 버릇〕.
†**harceleur(se)** [arsəlœːr, -ϕːz] *a.* 애태우는, 괴롭히는. ~ *n.* 《드물게》 애태우는〔괴롭히는〕 사람.
†**harde**¹ [ard] *n.f.* ① 《옛》야생마의 무리. ② 《사냥》 (사슴·새 따위의)떼, 무리(compagnie).
†**harde**² *n.f.* 《사냥》 개의 끈. 《사냥》 한쌍의 사냥개.
†**hardé** [arde] *a.m.* 껍질 없는. œuf ~ 껍질없는 알.
†**hardées** [arde] *n.f.pl.* 《사냥》 (사슴 따위의 뿔에 걸린)나뭇가지.
†**harder** [arde] *v.t.* 《사냥》 (사냥개를 4마리 또는 6마리씩)끈으로 매다. —*se* ~ *v.pr.* (6마리나 4마리로)나뉘어 달리다.
†**hardes** [ard] *n.f.pl.* 《경멸》헌옷, 옷가지, 누더기 (haillon). marchand(e) de ~ 헌옷장수.
*†**hardi(e)** [ardi] *a.* ① 대담한, 과감한, soldats ~s 용감한 병사들. ~ réformateur 대담한 개혁자. ② (계획 따위가)아슬아슬한, 무모한(osé, risqué). projet ~ 무모한 계획. ③ (태도·표정이)자신있는; (사상·문체 따위가)독창적인(original), 분방한, 틀에 박히지 않은. peintre au pinceau ~ 분방한 필치를 지닌 화가. métaphore ~*e* 대담한 비유. idée ~*e* 독창적인 생각. ④ 《경멸》 뻔뻔스러운, 파렴치한(effronté); 점잖지 못한(impudique). Il est ~ avec les [auprès des] femmes. 그는 여자들에 대해 뻔뻔스럽다. mensonge ~ 파렴치한 거짓말. décolleté ~ 지나치게 가슴까이 파인 옷. ~ comme un page 《구어》 아주 뻔뻔스러운.
—*int.* 용기를 내!
†**hardiesse** [ardjɛs] *n.f.* ① 대담성, 과감성(audace), 꿋꿋함, 단호함(fermeté). avoir de la ~ 대담성이 있다. prendre la ~ de + *inf.* 감히 [대담하게] …하다. ~ dans le visage 단호한 얼굴표정. ② (계획 따위의)무모함. ~ d'une entreprise 기획의 무모함. ③ (사상·문체 따위의)독창성(originalité); 생기(vigueur). ~ du style 문체의 참신한 대담성. ~ de l'architecture gothique 고딕건축의 대담성. ④ 《경멸》뱃심좋음, 뻔뻔스러움(effronterie, impudence); 뻔뻔스러운 행동, 뻔뻔스러움 (liberté, licence). Quelle ~ d'aller dire cela! 그런 말을 하려고 하다니 뻔뻔스럽기도 하군! se permettre des ~s 뻔뻔한 짓을 감히 하다.
†**hardiment** [ardimɑ̃] *ad.* ① 대담하게, 과감하게. ② 뻔뻔스럽게. mentir ~ 뻔뻔스럽게 거짓말하다. ③ 《구어》주저하지 않고, 단호하게. On peut ~ prévoir un succès complet. 완전한 성공을 확신해도 된다.
†**hard-top** [ardtɔp] 《영》 *n.m.* 하드톱(자동차의 여닫이가 가능한 금속제 지붕).
†**hardware** [adwɛːr] 《영》 *n.m.* 《컴퓨터》 하드웨어 《전자계산기의 기계적 설비》.
†**harem** [arɛm] (<《아라비아》 *haram*) *n.m.* ① (회교도의)부인방, 규방. ② 《집합적》 하렘에 사는 여자

들; 처첩. ③《프랑스의》사창가; 창녀. *avoir un ~* 《구어》《남자가》많은 여자관계를 가지고 있다.

†**hareng** [arɑ̃g] *n.m.* ① 《어류》청어, 비웃. ②《옛·구어》헌병(gendarme).
être sec comme un ~ 《구어》피골이 상접하다.
être serrés comme des ~s 《구어》콩나물 시루같다.

†**harengaison** [arɑ̃gɛzɔ̃] *n.f.* 청어잡이; 청어잡이철.

†**harengère** [arɑ̃ʒɛːr] *n.f.* 비웃〔청어〕 파는 여자;《구어》《비유적》거칠은〔상스러운〕 여자. parler comme une ~ 상스러운 말을 하다.

†**harengerie** [arɑ̃ʒri] *n.f.* 청어 시장.

†**harenguet** [arɑ̃gɛ] *n.m.* 《어류》청어의 일종(속칭:sprat).

†**harenguier** [arɑ̃gje], **harengueux** [arɑ̃gø] *n.m.* 청어잡이 배; 청어잡이 어부.

†**harenguière** [arɑ̃gjɛːr] *n.f.* 청어 그물.

†**haret** [arɛ] *a.m.* 야생화된. chat ~ 야생화된 고양이. —*n.m.* 살쾡이(chat ~).

†**harfang** [arfɑ̃] *n.m.* 《조류》(북유럽산)흰올빼미.

†**hargne**[1] [arɲ] *n.f.* 《구어》대장간; 모루.

†**hargne**[2] [arɲ] *n.f.* 기분, 역정(colère); 공격적 태도. travailler avec ~ 역정을 내며 일을 하다. répliquer avec ~ 퉁명스럽게 대답하다. ②《스포츠》(선수들의)투지, 파이팅.

†**hargnerie** [arɲəri] *n.f.* 심술부리기.

†**hargneusement** [arɲøzmɑ̃] *ad.* 퉁명스럽게; 심술궂게.

†**hargneux**(*se*) [arɲø, -øːz] *a.* ①《사람이》퉁명스러운; 성미가 까다로운, 심술궂은, 공격적인. femme ~*se* 성미 고약한 여자. ton ~ 심술궂은 말투. critique ~*se* 신랄한 비판. ②《개·말이》곧잘 무는. ③《선수 따위가》투지가 좋은, 파이팅이 있는.

***haricot** [ariko] *n.m.* ① 《식물》강남콩. ~*s verts* 강남콩. ② ~ *de mouton* 《요리》양고기 스튜. (pl.)《속어》하찮은 것, 보잘것없는 것. Qu'est-ce que tu as obtenu? — Des ~*s!* 뭘 얻었지? 아무 소득도 없었어. toucher des ~*s* 보잘것없는 돈을 받다. ④ table ~ (18·19세기에 유행한 강남콩 모양의) 작은 탁자. ⑤ hôtel des *H*~*s* (19세기 국민위병전용의)파리시립 형무소.
aller manger des ~*s* 교도소로 가다. *C'est la fin des* ~*s.*《속어》만사 끝났어, 끝장 다 났다. *courir* (*taper*) *sur le* ~ *à qn*《속어》…을 괴롭히다, 진저리나게 하다.

†**haricoter** [arikɔte] *v.i.*《옛·속어》쩨쩨한 도박을 하다; 쩨쩨한 짓을 하다.

†**haridelle** [aridɛl] *n.f.*《구어》① 여윈 말. ② 키가 크고 여윈 여자.

†**harki** [arki] 《아라비아》*n.m.* (현지에서 징발된)회교도 보충병.

†**harle** [arl] *n.m.*《조류》비오리.

†**harmattan** [armatɑ̃] *n.m.* 하르마탄《서아프리카의 건조한 열풍》.

harmonica [armɔnika] *n.m.*《음악》하모니카(~ à bouche).

harmoniciste [armɔnisist] *n.* 하모니카 연주자.

harmonicorde [armɔnikɔrd] *n.m.* (옛)《음악》① 수형(竪型) 피아노의 일종. ② 하르모늄(harmonium)의 일종.

***harmonie** [armɔni] *n.f.* ① (부분·색·형 따위의)조화, 조합, 균형, 하모니. ~ *des couleurs* (d'un tableau 그림의 색(채)의 조화. ~ *d'un corps* 신체의 균형미. ~ *de l'univers* 우주의 조화. ②《의견·감정 따위의》일치, 화합, 협조. [en ~ (avec)] *vivre en parfaite* ~ *avec qn* …와 사이 좋게 살다. *mettre en* ~ *A et B*, A와 B를 조화시키다. ③ 《소리·말》조화, 해조(諧調); 즐거운 가락, 듣기좋은 음조. ~ *des vers* 시구의 해조. ~ *imitative* 말의 울림에 의한 자연음의 모방. ~ *vocalique* 《음성》모음조화. ④《음악》화성(화음)학; 연주약단(concert d'~), table d'~ (악기의)사운드보드, 울림판. *musique d'~* 취주악. ~ *du village* 마을의 악대. connaître (les lois de) l' ~ 화성학을 알다. ⑤《철학》의 spheres (피타고라스 학파의)천체의 음악; ~ *préétablie* (라이프니츠의)예정조화. ⑥《수학》조화, rapport d'~ 조화관계.

harmonieusement [armɔnjøzmɑ̃] *ad.* ① 잘 조화되게, 잘 어울리게. couleurs ~ *réparties* 조화롭게 배합된 색채. ② 듣기 좋게. chanter ~ 듣기 좋게 노래하다. ③ 사이좋게. *Nous vivons assez* ~. 우리는 꽤 사이좋게 살고 있다.

harmonieux(*se*) [armɔnjø, -øːz] *a.* ① 잘 조화된, 잘 어울린, 균형잡힌. couleurs ~*ses* 조화색. visage ~ 균형잡힌 얼굴. développement ~ 균형잡힌 발전. ②《소리가》듣기 좋은. chœur ~ 듣기 좋은 합창. *musique ~se* 아름다운 음악. ③ 사이좋은. couple ~ 사이좋은 부부.

harmonique [armɔnik] *a.* ①《음악》화성의. gamme ~ 화성적 음계. notes ~*s* 화성음. ②《수학》조화의. série ~ 조화 급수. —*n.m.* 《음악·물리》배음(倍音)(son ~). ~*s supérieurs* 《물리》고조파(高調波). ~ *fondamental* 기본파. ② ~ *du deuxième rang* 《수학》제 2 조화점.

harmoniquement [armɔnikmɑ̃] *ad.* ①《음악》화성적으로. ②《수학》조화적으로.

harmonisateur(*trice*) [armɔnizatœːr, -tris] *n.* 《음악》화음을 붙이는 음악가.

harmonisation [armɔnizasjɔ̃] *n.f.* ①《음악》화음을 붙이기. ②《언어》모음조화(~ vocalique).

harmoniser [armɔnize] *v.t.* ① 조화시키다, 어울리게 하다, 화합시키다, 화해시키다(accorder, arranger, concilier). ~ *des couleurs* 색을 조화시키다. ~ *nos intérêts avec ceux les leurs* 우리의 이익과 그들의 이익을 조화시키다. ②《음악》화음을 붙이다; 반주를 넣다; 편곡하다. ~ *une mélodie* 멜로디에 화음을 붙이다. ~ *un chant* 노래에 반주를 넣다. ~ *un air pour chœur et orchestre* 합창과 오케스트라용으로 편곡하다. ③ (오르간 따위를)조율(律)하다.
—*s'~ v.pr.* [s'~ avec] (와)조화하다, 어울리다, 화합하다(s'accorder). *Sa robe jaune s'harmonise bien avec ses cheveux noirs.* 그녀의 노란색 드레스는 검은 머리칼과 잘 조화를 이룬다. ②《상호적》서로 어울리다, 조화되다.

harmoniste [armɔnist] *n.* ① 화성학자. ② (오르간 따위의)조율하는 사람.

harmonistique [armɔnistik] *n.f.*《종교》복음서 대조연구.

harmonium [armɔnjɔm] *n.m.* 리드 오르간, 하르모늄.

harmoniumiste [armɔnjɔmist] *n.* 리드 오르간 연주자.

harmonographe [armɔnɔgraf] *n.m.* 진음계(振音計)《음의 진동을 측정하는 기계》.

harmotome [armɔtom] *n.m.*《광물》중십자석(重十字石).

†**harnachement** [arnaʃmɑ̃] *n.m.* ① 마구를 달기. ②《총칭》마구; 말의 장식, (가죽의)장구(裝具). ③ (보병 따위의)중장비; 어마어마한 차림. ~ *complet d'alpiniste* 완벽한 등산 장비.

†**harnacher** [arnaʃe] *v.t.* ① (말에)마구를 달다. ② (중)장비를 갖추게 하다.
—*se~ v.pr.*《구어》(군인·사냥꾼·등산가 따위가)

복장[장비]을 갖추다(s'équiper).
†**harnacherie** [arnaʃri] *n.f.* 마구 제조[판매].
†**harnacheur** [arnaʃœ:r] *n.m.* ① 마구상인; (옛) 마구 제조인. ② 말몰이꾼.
†**harnais** [arnɛ] *n.m.* ① 마구, 말의 장식. chevaux aux ~ dorés 금빛 말장식을 단 말들. pièces du ~ 마구의 부분품. cheval de ~ 마차를 끄는 말. ② (옛) 갑옷;《비유적》군직. ③ (마구 외의) 도구 일습. ~ de pêche 낚시 도구. ~ de toilette 화장 도구. ~ de chasse 사냥 도구. ④ (등산가 따위의) 안전벨트; (낙하산의) 어깨띠. ⑤ 〖직물〗(직조기의) 잉앗대 장치; (기계의) 전동장치. ~ d'engrenage 전동[톱니바퀴] 장치.
blanchir sous le ~ 일생을 무인(武人)으로서 보내다; 어떤 직업에 일생을 바치다. *endosser le ~* (옛) 무인(武人)이 되다; 직업을 갖다.

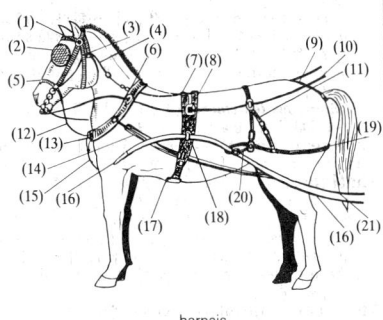

harnais

(1) cocarde (2) œillère (3) panurge (4) fausses rênes (5) muserolle (6) anneau d'attelle (7) sellette (8) dossière (9) croupière (10) guide (11) branche à fourche (12) martingale (13) collier (14) trait (15) fausse martingale (16) brancard (17) sous-ventrière (18) porte-brancard (19) avaloire (20) courroie de reculement (21) boucle de trait

†**harnaque** [arnak] *n.m.* (구어) 가짜 (물건).
†**harnaqué(e)** [arnake] *a.* (구어) 가짜의.
†**harnois** [arnwa] *n.m.* (옛) =**harnais**.
†**haro** [aro] *n.m.* ① 〖고대법〗(중세에, 현행범을 목격한 사람이 외치는) 고함소리 (clameur de ~). ② (일반적으로) 외침소리; (문어) 비난, 규탄. crier ~ sur *qn* 분연히 ~의 언행을 비난하다. faire ~ sur *qn* (*qc*) ~을 고발하다, 즉심에 붙이다.
—*int.* H~, on m'assassine! 살려주세요, 사람 죽여요!
harpagon [arpagɔ̃] *n.m.* 구두쇠, 수전노 (Molière 작 *l'Avare*의 주인공 이름에서).
†**harpail** *n.m.*, †**harpaille** [arpaj] *n.f.* ① 암사슴과 새끼사슴의 떼. ② (옛) 도둑의 떼.
†**harpailler** [arpaje] *v.i.* 〖사냥〗(사슴을 추격하던 사냥개가) 속다.
†**harpe**[1] [arp] *n.f.* ① 〖음악〗하프. pincer de la ~ 하프를 켜다. ② (문어) 성시 (시편의 작가 다윗의 수금에서). ③ (일반적으로) 노래.
†**harpe**[2] *n.f.* ① 〖사냥〗(개의) 발톱. ② 〖건축〗물림이빨 (돌담을 앞으로 이어 쌓을 수 있도록 들쭉날쭉하게 한 것); (벽에 판자를 고정시키는) 꺾쇠.
†**harpeau** [arpo] (*pl.* ~*x*) *n.m.* 〖해양〗(배를 부두에 붙이는) 4갈고리 닻.

†**harper**[1] [arpe] *v.i.* 하프를 타다.
†**harper**[2] *v.t.* (옛) 움켜잡다, 붙잡다. ~ *qn* au collet …의 멱살을 움켜잡다.
†**harpie** [arpi] *n.f.* ① 〖그리스신화〗하르퓌아 (폭풍과 죽음을 다스리는 새의 몸에 여자 얼굴을 한 괴물). ② (구어) 욕심장이; 사나운 (심술궂은) 여자. ③ 〖조류〗(남미산의) 큰 수리; 박쥐의 일종.
†**harpigner (se)** [saarpine], †**harpiller (se)** [saarpije] *v.pr.* (옛·속어) 서로 때리다; 서로 욕하다.
†**harpin** [arpɛ̃] *n.m.* 뱃사공의 갈고리 장대.
†**harpiste** [arpist] *n.* 하프 타는 사람.
†**harpoise** [arpwa:z] *n.f.* 고래작살의 촉.
†**harpon** [arpɔ̃] *n.m.* ① 고래작살; 작살. ② 〖건축〗물림이쇠, 물림이빨(harpe). ③ 〖해양〗(다른 배나 부두에 댈 때 쓰는) 갈고리; 〖의학〗조직 절취기; (소방수의) 갈고리 장대.
†**harponnage** [arpɔna:ʒ], †**harponnement** [arpɔnmɑ̃] *n.m.* (고래) 작살로 쏘기.
†**harponner** [arpɔne] *v.t.* ① (고래)작살을 쏘아 맞히다, 작살로 찍다. ② (구어) (도둑 따위를) 잡다 (saisir, arrêter). ~ un malfaiteur 악당을 잡다. ③ 귀찮게 붙잡고 늘어지다. se faire ~ par un solliciteur 청탁자에게 붙잡혀 시달리다.
†**harponneur** [arpɔnœ:r] *n.m.* (고래) 작살을 쏘는 사람.
†**hart** [ar] *n.f.* ① (장작 따위를 묶는) 버들가지 끈. ② (옛) 교수형용의 밧줄; 교수형. avoir la ~ au col 교수형을 받다. être condamné à la ~ 교수형을 선고받다. mériter la ~ ; être digne de la ~ 교수형을 받을 만하다.
haruspice [aryspis] *n.m.* =**aruspice**.
harveyage [arveja:ʒ] *n.m.* 〖야금〗삼탄법(滲炭法); (강철판의) 삼탄부(部) (미국의 발명가 Harvey의 이름에서).
harveyer [arvɛ[e]je] *v.t.* 〖야금〗(철에) 삼탄(滲炭)시키다.
‡**hasard** [aza:r] *n.m.* ① 우연 (한 일); 운, 행운, 요행 (fortune, sort). Le ~ décide de tout. 운이 모든 것을 좌우한다. coup de ~ 우연한 일, 요행. caprices du ~ 운명의 장난. rencontre de ~ 우연한 상봉. profiter d'un ~ favorable [heureux] 행운의 기회를 이용하다. Ce n'est pas un ~ si tu as raté ton examen. 네가 시험에 실패한 것은 우연한 일이 아니다. ② (옛) 위험, 모험(risque, péril). ~s de la guerre 전쟁의 위험성. courir ~ 위험에 처하다. Mon honneur y *court* trop de ~. 내 명예가 너무나 위태로와진다. ③ jeu de ~ (복권·룰렛 따위의) 운수를 건 승부; 도박. ④ (옛) 충고; 중고품 (de ~). ⑤ 〖골프〗장애지역, 해저드. ⑥ 〖법〗불가항력(cas fortuit). ⑦ 〖철학〗우연성.
à tout ~ 어쨌든, 어찌되는 간에; 요행을 바라고. Je suis venu *à tout ~* prendre de ses nouvelles. 혹시나 그의 소식을 들을까 해서 왔습니다.
au ~ 무턱대고, 되는 대로. Prends une carte *au ~*. 어느 카드나 (닥치는 대로) 집어라.
au ~ de (@) …에 따라, …대로. *au ~ des* circonstances (그 때의) 상황에 따라. dire ses idées *au ~ de l'*improvisation 머리에 떠오르는대로 생각을 말하다. (b) (옛) …의 위험을 무릅쓰고.
par ~ 우연히, 뜻밖에; 혹시. C'est *par ~* que j'ai appris son accident. 그의 사고를 알게 된 것은 우연이었다. Avez-vous rencontré *par ~* M. Dupont? 혹시 뒤퐁씨를 만나지 않았습니까?
par le plus grand des ~s 전혀 뜻밖에, 예상외로.
prendre le ~ de + inf. (문어) 기회를 틈타서 …하다. Il *a pris le ~ de* lui en parler. 그는 기회를 포착해서 그에게 그 얘기를 했다.
†**hasardé(e)** [azarde] *a.p.* ① (문어) 위험스러운, 무

모한, 아슬아슬한(risqué). entreprise ~*e* 위험한 기획. ②〖옛〗도가 지나친, 외설스러운. expression 〜 걸맞지 않은〔잘못 사용한〕표현. ③ blond ~ 〖옛〗붉은 색을 띤 금발.

†**hasardément** [azardemɑ̃] *ad.* 〖옛〗운에 맡기고.

†**hasarder** [azarde] *v.t.* ①〖문어〗운에 맡기고 해보다, (생명·재산 따위를)위태롭게, 위태롭게(risquer, exposer). ~ sa fortune dans des spéculations 투기사업에 재산을 내걸다. ~ sa vie 생명을 내걸다. ②(의견·행동 따위를)용기를 내어(말)해보다, 감행하다(tenter). ~ une explication de ce phénomène 이 현상에 대한 설명을 (감히)시도해 보다. ~ une démarche auprès d'un ministre 장관에게 감히 청탁하다. ③〖옛〗[~ de+*inf.*] 위험을 무릅쓰고 …하다.
— *v.i.* 〖옛〗스스로 위험에 몸을 내맡기다.
— **se ~** *v.pr.* ①위험한 장소에 들어가다(s'aventurer). Ne *vous hasardez* pas dans ce quartier après minuit. 밤 12시 이후에는 이 구역내에 접근하지 마시오. ②[se ~ à/〖옛〗de+*inf.*] (위험을 무릅쓰고)하다. Je *me hasardai* à sortir malgré le temps menaçant. 나는 날씨가 험악한데도 감히 외출했다. ③〖옛〗스스로 위험에 몸을 내맡기다. Quand on voit tout perdu, on ne craint pas de (*se*) ~. 모든 것이 끝장났을 때 사람은 어떤 위험도 두려워하지 않는다.

†**hasardeusement** [azardφzmɑ̃] *ad.* 모험적으로, 운을 하늘에 맡기고.

†**hasardeux, -euse** [azardφ, -φ:z] *a.* ①위험한, 아슬아슬한(dangereux). entreprise ~*se* 위험성이 많은 기획. vie ~*se* 파란만장한 생애. ②〖옛〗(사람이)대담한, 모험적인, 무모한(aventureux). pilote ~ 대담한 항해사. humeur ~*se* 모험적인 기질.

†**hasardise** [azardiz] *n.f.* 〖옛〗무모함, 모험.

†**hasch** [aʃ] *n.m.* 〖구어〗=haschi(s)ch.

†**haschi(s)ch** [aʃiʃ] *n.m.* 하시시〖마약〗. prendre du ~ 하시시를 복용하다.

†**haschi(s)ché(e)** [aʃiʃe] *a.* 하시시에 취한.

†**haschischin** [aʃiʃɛ̃] *n.m.* 하시시 상용자〖중독자〗.
— *a.m.* 하시시의 효과에 의한(hachischin).

†**haschischisme** [aʃiʃism] *n.m.* 하시시 중독.

†**hasch-party** [aʃparti] (*pl.* **~~ies**) 〖영〗 *n.f.* 하시시 파티.

†**hase** [ɑ:z] *n.f.* 〖독일〗 *n.f.* 〖동물〗산토끼의 일종.

†**hast** [ast] *n.m.* ①〖옛〗창 자루, arme d'~ 자루가 긴 무기(pique, hallebarde 따위). ②(t, f 따위의)세로획.

†**hastaire** [aste:r], †**hastat** [asta] *n.m.* 〖고대로마〗창병(槍兵).

†**haste** [ast] *n.f.* =hast.

†**hasté(e)** [aste] *a.* 〖식물〗미늘창 모양의. feuille ~*e* 미늘창 모양의 잎.

†**hastifolié(e)** [astifolje] *a.* 〖식물〗미늘창 모양의.

†**hâte**[1] [ɑ:t] *n.f.* =haste.

****hâte**[2] *n.f.* 서두름, 급함, 신속, 황급(précipitation, promptitude); 안달함, 초조함(impatience). se préparer avec ~ au départ 출발준비를 서두르다. répondre sans ~ 서두르지 않고〔침착하게〕대답하다. Quelle ~ de parler! 꽤나 안달하며 말하는군! [avoir ~ de+*inf.*] Il a eu ~ de sortir. 그는 서둘러 밖에 나갔다. faire ~ 〖옛〗[…하기를]서두르다. mettre de la ~ [peu de ~] à+*inf.* …하기를 서두르다〔서두르지 않다〕.
à la ~ 서둘러, 허둥지둥. Il s'habille à la ~. 그는 허겁지겁 옷을 입는다.
en ~ 급히. en toute (grande) ~ 부랴부랴.

†**hâte**[3] *n.f.* 〖요리〗(불고기용)쇠꼬치; 구운 고기.

†**hâte(e)** [ɑte] *a.* ①빨리 한〔만든〕. affaire ~*e* 서두른 일. ②(계절이)이른, 빠른. La saison est un peu ~*e*. 계절이 좀 이르다. ③속성으로 재배한.

†**hâtelet** [atlɛ] *n.m.* 〖요리〗작은 쇠꼬치.

†**hâtelette** [atlɛt], †**hâtelle** [atɛl] *n.f.* 〖요리〗쇠꼬치로 구운 고깃조각, 산적.

****hâter** [ɑte] *v.t.* ①(의 시기를)빠르게 하다, 앞당기다(avancer); 재촉하다, (움직임을)빠르게 하다(accéler). ~ son départ 서둘러 떠나다. ~ le pas 걸음을 빨리 하다. ②(일을)서두르다, 빨리 해치우다. ~ le dîner 저녁 식사를 일찍 끝내다. ~ la besogne 일을 서둘러 끝내다. ③속성재배하다. ~ une plante (des fruits) 식물(과일)을 속성재배하다. ④〖옛〗[~ *qn*] 재촉하다(dépêcher). *Hâtez* un peu ces gens-là! 저 사람들 좀 재촉하시오! ~ *qn* de+*inf.* …을 …하도록 재촉하다.
— **se ~** *v.pr.* 서두르다, 서둘러 하다. *Hâtez-vous!* 서두르시오! [se ~ vers] *se ~ vers* la sortie 출구 쪽으로 달려가다. [se ~ de+*inf.*] *se ~ de* terminer un travail 일을 빨리 끝내다〔끝내려고 서두르다〕.

Hâtez-vous lentement. 〖속담〗급할수록 천천히 하라〔라틴어 festina lente의 역〕.

†**hâtereau** [atro] (*pl.* ~x) *n.m.* 〖요리〗돼지간 구이.

†**hâtier** [atje] *n.m.* 〖요리〗꼬치받침.

†**hâtif, -ive** [atif, -i:v] *a.* ①(계절 따위가)이른, 빠른. printemps ~ 이른 봄. (과일·사람 따위가)성장이 빠른, 올된, 조숙한(prématuré). fruit ~ 조숙 과일. croissance ~*ve* 조숙한 성장. esprit ~ 조숙한 정신(연령). ③성급한, 조급한; 서둘러서 한(bâclé). décision ~*ve* 성급한 결정. travail ~ 서둘러서 한 일.

†**hâtiveau** [a(ɑ)tivo] (*pl.* ~x) *n.m.* 〖사투리〗〖원예〗올된 과일·야채 (특히 배·콩).

†**hâtivement** [a(ɑ)tivmɑ̃] *ad.* ①급히, 서둘러서, 조급히. faire ~ ses devoirs 급히 숙제를 하다. ②(시기적으로)철이르게.

†**hâtiveté** [ativte] *n.f.* 〖옛〗올되기, 빨리 됨.

†**hauban** [obɑ̃] *n.m.* ①〖해양〗슈라우드(돛대 꼭대기에서 양 뱃전에 쳐서 돛대를 고정시키는 밧줄). ②(기중기의)캥김줄. ~ de croisillonnage 〖항공〗(날개의)장선(張線).

†**haubanage** [obana:ʒ] *n.m.* ①〖해양〗슈라우드(캥김줄). ②(선박·비행기의)장선(張線), 당김줄.

†**haubaner** [obane] *v.t.* 슈라우드(캥김줄)로 고정시키다. ~ un mât 돛대를 캥김줄로 고정시키다.

†**haubergeon** [obɛrʒɔ̃] *n.m.* 〖고고학〗(중세의)짧은 쇠사슬 갑옷.

†**haubert** [obɛ:r] *n.m.* 〖고고학〗(중세의)쇠사슬 갑옷. fief de ~ 〖역사〗기사의 영지(領地).

haudriette [odri(j)ɛt] *n.f.* 〖종교사〗성모승천회회원(ordre de l'Assomption de Notre-Dame)의 수녀.

****hausse** [o:s] *n.f.* ①상승(上昇). ~ des eaux 수위의 상승. ~ de la température 기온의 상승. ②(물가 따위의)오름, 오르기, 상승, 양등(augmentation). ~ 〖구어〗(비유적)(중요성·신용 따위의)증대. ~ du coût de la vie 생활비의 양등. ~ des loyers 집세〔임대료〕의 양등. ③〖군사〗조준기(照準器), 가늠쇠. curseur de ~ 조준기의 유표(遊標). angle de ~ 고각(高角)〖고저선(高低線)의 각〗. ⑤ⓐ〖인쇄〗밑받침〖활자면을 고르게 하기 위한 것〗. ⓑ(바이올린의 활의)조리개. ~ à violon 조리개. ⓒ(독의 수위를 높여 주는)증수판(增水板). ⓓ〖양봉〗(벌통 속의)벌집 넣은 통. ⑦〖기상〗고기압력.
être à la ~ (물가 따위가)오르는 경향에 있다; (일

이)잘 되어가다. *être en* ~ ⓐ (물가 따위가)상승하다. marchandise *en* ~ 값이 오르는 상품. Les cours de la Bourse *sont en* ~. 주식시세가 오르고 있다. ⓑ《구어》(신용 따위가)커지다. Ses actions *sont en* ~. (비유적)그의 주가가 오르고 있다. 《주어는 사람》Il *est en* ~ auprès du public. 그는 대중의 신망을 더욱 더 얻고 있다.
jouer à la ~ 값이 오르리라고 내다보고 사다(매점하다). joueur[spéculateur] *à la* ~ 오름세를 내다보고 투자하는 사람.

†**hausse-col** [oskɔl] *n.m.* ① 〖고고학〗 (갑옷의)목 가리개. ② (1881년 이전의 보병사관이 목에 걸치던)근무장(勤務章).

†**haussement** [osmɑ̃] *n.m.* ① (옛)올리기. ~ de voix 목소리를 크게 하기. ~ de prix des denrées 식료품의 가격상승(지금은 hausse 를 사용). ② 들어올리기. ~ d'épaules 어깨를 으쓱하기(경멸·무관심 따위의 표시).

†**hausse-pied** [ospje] (*pl.* ~-~(s)) *n.m.* ① (사냥)이리 덫(함정). ② (옛)발판.

†**hausse-queue** [oskø] (*pl.* ~-~(s)) *n.m.* 〖조류〗할미새(hochequeue, bergeronnette).

*†**hausser** [ose] *v.t.* ① (담 따위를)높이다. 더 높이 올리다(élever, monter). ~ une muraille 담을 높이다. ~ une maison d'un étage 집을 한 층 올리다. ② (소리·음성을)높이다, 크게 하다. ~ la voix 목소리를 높이다[크게 하다]. ③ 높이 들어올리다(lever, soulever). ~ le bras 팔을 들어올리다. ~ les épaules(《옛》le dos) 어깨[등]을 으쓱하다(경멸·무관심의 표시). ~ le coude(le temps) 《구어》술을 (진탕) 마시다. ④ (값·세금 따위를)올리다(augmenter). ~ les impôts 세금을 올리다. ~ le prix 값을 올리다. ⑤ (비유적) (가치·평가 따위를)높이다; (정신적으로)드높이다(élever). ~ la situation de *qn* …의 지위를 높이다. Cela ne le *hausse* pas dans mon estime. 그것으로 그에 대한 내 평가가 높아지지는 않는다. ~ le courage(le cœur) à *qn*(옛)…의 용기를 고무시키다.
~ *le ton* 소리를 높이다; (비유적)강압적으로 나오다, 강력히 요구하다.
—*v.i.* ① 오르다, 높아지다, (물이)붇다(monter). La température *a haussé*. 기온이 올랐다. La rivière *a haussé* de deux mètres. 강물의 수위가 2 미터 높아졌다. ② (가격 따위가)앙등[상승]하다(augmenter). Les prix *ont haussé*. 물가가 올랐다.
—se ~ *v.pr.* ① 자기 몸을 일으키다. *se* ~ sur la pointe des pieds 발돋움하다. ② 올라가다(↔s'abaisser). glace qui *se hausse* et s'abaisse à volonté 마음대로 올렸다 내렸다 할 수 있는 창유리. ③ (비유적) (지위·평판 따위가)올라가다; (정신적으로)자신을 높이다. *se* ~ jusqu'au sacrifice 희생을 감당하기에 이르다.

†**haussette** [osɛt] *n.f.* (집수레의)옆판자; (수문의)내리닫이 판자.

†**haussier** [osje] *n.m.* 〖구어〗〖주식〗매점(買占)하는 사람.

†**haussière** [osjɛːr] *n.f.* ① 〖해양〗왕밧줄. ② (수레 짐간의)가로장.

†**haussoir** *n.m.*, †**haussoire** [oswaːr] *n.f.* 수문(水門), 갑문.

:†**haut(e)** [o, oːt] *a.* ① ⓐ (높이·키 따위가)높은(élevé). ~*e* montagne 높은 산. Ces arbres sont très ~*s*. 이 나무들은 매우 크다. porter des talons ~*s* 굽이 높은 구두를 신다. homme de ~*e* taille 키 큰 사람. ⓑ [~ de] 높이가 …되는. mur ~ *de* deux mètres 2 미터 높이의 담. maison ~*e* *de* deux éta-

ges 3층집.
② ⓐ (위치)위쪽의, 높은 곳의; (바다에서 먼)내륙의, 오지(奥地)의. ~ plateau 고원. la ~*e* Loire 루아르강 상류. habiter le plus ~ étage d'une maison 집의 제일 위층에 살다. ~*es* régions de l'air 대기의 상층부. la ~ Normandie 노르망디지방 내륙부. ⓑ (물이)깊은; (파도가)거센, (바다가)거친. L'eau est fort ~*e* en cet endroit. 이곳이 물이 대단히 깊다. La mer est ~*e*. 파도가 거세다. ~*e* marée 만조; 대조(大潮). la mer ~ 난바다. ⓒ (시간)먼(ancien). la ~*e* antiquité 먼 옛날, 상고시대. le ~ moyen âge 중세전기(5세기에서 10세기까지). sculptures des ~*es* époques chinoises 고대중국의 조각.
③ 강한; (정도가)높은, 고도의. ~*e* pression du sang 고혈압. ~ fréquence 고주파. ~*e* précision 고정밀. ~*e* fidélité 하이파이.
④ (소리가)높은, 강한(fort, sonore). parler à voix ~ (=à ~*e* voix) 음성을 높여 말하다. pousser les ~*s* cris 고함[소리]를 지르다.
⑤ (값이)비싼, (봉급이)많은. acheter à ~ prix 비싼 값으로 사다. Les cafés sont ~*s*. 커피는 값이 비싸다. ~*s* salaires 고액봉급.
⑥ (신분·지위 따위가)상류의, 고위의. ~*es* classes 상류계급. en ~ lieu (당국의)고위층에서. dans les ~*es* sphères de l'armée 군고위층에.
⑦ (평가·가치 따위가)크도의, 고귀한; 극도의(extrême). Il jouit d'une ~*e* réputation. 그는 최고의 명성을 누리고 있다. ~*e* valeur de ses travaux 그의 (연구)업적의 커다란 가치. avoir une ~ idée de *qn* …을 높이 평가하다. ~*s* faits 무훈(武勳). au plus ~ degré 최고도로. C'est du plus ~ comique. 우습기 짝이 없는 일이다.
⑧ (품위가)높은, 고상한. âme ~*e* 고귀한 마음. ~ style 격조높은 문체. (비꼼)거창한 문체. plaisanterie de ~ goût 고상한 취미의 농담.
⑨ (옛)격렬한, 심한; 중대한(현재는 몇몇 관용적 표현으로만 쓰임). ~ mal 간질(épilepsie). crime de ~*e* trahison 국가반역죄.
⑩ (옛)거만한(orgueilleux). prendre des airs ~*s* 거만한 태도를 취하다.

avoir la ~ *e main dans une affaire* 어떤 일에 주도권을 쥐고 있다.
avoir le cœur ~ 아량이 있다.
avoir le verbe ~ 말소리가 높다; 말투가 격렬하다.
être ~ *à la main* 결벽하면 완력을 쓰다; 거만하다, 건방지다.
marcher la tête ~*e*(*le front* ~) 으스대며 걷다; 거리낌없다.
ne pas avoir une parole plus ~*e que l'autre* 조용히 이야기하다.

—*ad.* ① 높이, 위로. voler ~ dans le ciel 하늘 높이 날다. monter ~ 위로 올라가다. regarder plus ~ 더 위쪽을 보다.
② 큰 소리로; 〖음악〗고음으로. parler ~ 큰 소리로 말하다. lire tout ~ 소리를 내어 읽다.
③ (가격이)높이. Les prix sont montés très ~. 물가가 껑충 뛰었다.
④ (비유적) (평가·지위 따위가)높이, 고위에. estimer très ~ 높이 평가하다. viser ~ 높은 곳을 겨누다, 대망을 품다. personnes ~ placées 지위가 높은 사람, 고위층(인사).
⑤ (시간적으로)옛날로; 이전으로; (비유적) 근원으로. remonter plus ~ 더 옛날로[윗으로] 거슬러 올라가다. voir plus ~ (책 안에서)앞을 참조하는 것. comme il est dit plus ~ 앞(위)에서 말한 바와 같이. reprendre les choses de plus ~ 처음[근본원

hautain¹(e)

치)으로 거슬러 올라가다.
couper ~ 《카드놀이》 높은 끗수의 상수패로 자르다.
dire bien ~ 분명히[숨김없이] 말하다. Je le *dirai bien ~*, s'il le faut. 필요하다면 터놓고 말하겠다.
~ la main 《승마》 고삐를 잡아당기고; 쉽게, 문제없이. l'emporter — *la main* 낙승하다.
~ le pied ⓐ(엣) 급히. H— *le pied!* 꺼져라! ⓑ(엣)(말 따위가)사람[짐]을 싣지 않고, train *~ le pied* 빈 열차. locomotive *~ le pied* (차량을 끌지 않고)단독운행하는 기관차.
H— les mains! 손들어!
penser tout ~ 생각한 바를 분명히 말하다.
rêver tout ~ 잠꼬대를 하다.
—*n.m.* ① 높이; 키. Cet arbre a six mètres du *~* 이 나무는 높이가 6미터이다.
② 위, 상부, 꼭대기, 높은 곳, 정상(sommet). *~ du corps* 상반신. *~ d'un tableau* 그림의 윗부분. perché sur le *~ d'un arbre* 나무 꼭대기에 앉아 있는. le plus *~ du jour* 대낮, 정오.
③ 《해양》 *~ de l'eau* 만조; *~ d'un navire* 선수[선미]루(樓).
④ le Très-H*~* (지고의) 신.
⑤ *~ de casse* 《인쇄》 대문자 활자 케이스.
crier du ~ de sa tête 힘을 다해[목청껏] 외치다.
de ~ ⓐ 높은 데에서, 높은 곳에서 아래로 내려다보다. ⓑ(비유적) 대국적으로, regarder les choses *de ~* 대국적으로 보다, 전체적으로 개관하다(피상적으로 겉만을 본다는 뜻도 있음). ⓒ(사람에 대해)거만하게. regarder qn *de ~* …을 내려보다.
de ~ en bas ⓐ 위에서 아래로. ⓑ(사람을)깔보며, 거만하게. traiter qn *de ~ en bas* …을 거만한 태도로 다루다.
des ~s et des bas (인생의)행불행, 흥망, 성쇠; (병의)일진일퇴.
du ~ en bas 위에서 아래까지. tomber *du ~ en bas de l'escalier* 계단의 위에서 아래까지 떨어지다.
en ~ ⓐ 위에, 높은 데에, 위층에. regarder *en ~* 위쪽을 바라보다. Elle est restée *en ~*. 그녀는 위층에 머물러 있었다. ⓑ(de와 함께) 상부(고위층)의; 하늘의. ordre qui vient *d'en ~* 상부에서 내려온 명령. inspiration *d'en ~* 하늘의 계시, 영감.
en ~ de …위에. *en ~ de l'arbre* 나무꼭대기에.
être au ~ de l'échelle 《구어》 최고의 지위에 있다.
par en ~; par le ~ 높은 데로, 위에서.
tomber de (tout) son ~ 나자빠지다; 깜짝 놀라다.
—*n.f.*《속어》 상류사회(*~e société*).

†**hautain¹(e)** [otɛ̃, -ɛn] *a*. ① 거만한, 불손한(orgueilleux, arrogant). prendre un air *~* 거만한 태도를 취하다. ②《엣》 높은; 품위 있는.

†**hautain²** [otɛ̃] *n.m.* =**hautin**.

†**hautainement** [otɛnmã] *ad*. 거만하게, 불손하게.

†**hautbois** [obwa] *n.m.* ①《음악》 오보에, 하양. douce comme les *~* 오보에의 소리처럼 감미로운. ②《음악》 오보에 주자(hautboïste). ③《시》 전원시(田園詩), 목가(牧歌).

†**hautboïste** [oboist] *n.* 《음악》 오보에 주자.

†**haut-commissaire** [okɔmisɛ:r] (*pl. ~s-~s*) *n.m.* 고관, 고등 판무관.

†**haut-de-chausse(s)** [odʃo:s] (*pl. ~s-~-(s)*) *n.m.*《옛》(남성용)짧은 바지(culotte).
porter le ~ 《구어》(아내가)내주장하다.

†**haut-de-forme** [odfɔrm] (*pl. ~s-~-~*) *n.m.* 실크해트.

†**haute-contre** [otkɔ̃:tr] (*pl. ~s-~*) *n.f.*《음악》카운터테너(남성의 최고음역); 남성 알토.
—*n.m., a*. 카운터테너 가수(의).

†**haute-fidélité** [otfidelite] (*pl. ~s-~s*)《영》 *n.f.* 하이파이. disques *en ~* 하이파이 디스크. —*a*. 하이파이의. chaîne *~* 하이파이 전축.

†**haute-forme** [otfɔrm] (*pl. ~s-~*) *n.m.* =**haute-de-forme**.

†**haute-futaie** [otfytɛ] (*pl. ~s-~s*) *n.f.* 큰 나무의 삼림.

†**hautement** [otmã] *ad*. ①(정도가)높게, 아주, 고도로, 극도로. *~ civilisé* 고도로 문명화된. ② 큰 소리로(à haute voix). Lisez *~*. 큰 소리로 읽으시오. ③ 공공연하게(ouvertement); 분명하게. déclarer *~* 분명하게 말하다(단언하다). ④ 용감하게; 당당하게(fièrement). Il prend *~ les intérêts de M.X.* 그는 용감하게 X씨를 옹호한다. ⑤ 오만하게(orgueilleusement). penser *~ de soi-même* 자신을 크게 생각하다.

†**haute-sécurité, haute sécurité** [otsekyrite] *n.f.* (기계 따위의)고도의 안정성.

†**hautesse** [otɛs] *n.f.* 《옛》 터키 황제의 칭호. Sa H— le Sultan 터키 황제폐하.

†**haute-taille** [ota:j] (*pl. ~s-~s*) *n.f.* 《옛》 《음악》 =**ténor**.

*†***hauteur** [otœ:r] *n.f.* ① 높이(haut); 고도(altitude); 크기, 신장(taille). avoir 10 mètres de *~* 높이 10미터이다. Cet avion vole à une très grande *~*. 이 비행기는 아주 높은 고도에서 난다. ② 높은 곳(éminence); 고지, 언덕(coteau). maison sur une *~* 언덕 위의 집. air pur des *~s* 언덕의 맑은 공기. ③(비유적) 탁월, 우월(supériorité). 《엣》 숭고, 고매(高邁). *~ de ses conceptions* 그의 착상의 탁월함. ④(비유적) 거만함(fierté); 교만한 언동. parler avec *~* 오만하게 말하다. ⑤ 《엣》 깊이(profondeur). (*pl.*)깊은 곳, 내막. savoir la *~ de la mer* 바다의 깊이를 알다. ⑥(비유적) 함, 고상함(noblesse), 품위(dignité). *~ d'âme* 숭고한 마음. ⑦ 《수학》 높이, 수직선. *~ apparente* 《천문》 천체의 시고도(視高度); saut *en ~* 《스포츠》 높이뛰기.
à ~ de …의 높이에[의]. *à ~ d'homme* 키 큰 사람의 높이에. *fenêtre à ~ d'appui* 팔꿈치로 기댈만한 높이의[가슴 높이의] 창문.
à la ~ 《구어》(유능한, 감당할 능력이 있는. Il n'est pas *à la ~*. 그는 감당할 능력이 없다.
à la ~ de qc(qn) ⓐ …와 같은 높이에. lever sa jambe *à la ~ d'œil* 눈 높이까지 발을 들어올리다. ⓑ …와 같은 위도에; (높이와 관계없이) …의 위치에. tourner à gauche *à la ~ du bureau de poste* 우체국에서 왼쪽으로 돌다[꺾다]. presser le pas pour se tenir *à la ~ de qn* …와 나란히 가려고 걸음을 재촉하다. ⓒ …와 견줄 수 있는; …와 알맞는. esprits qui sont *à la ~ de ce grand génie* 이 위대한 천재와 견줄 만한 사람들. Le débat a été *à la ~ du sujet traité*. 토론은 다루어진 주제에 합당한 것이었다[알맞는 수준이었다]. ⓓ(사태, 임무에)대처할 만한, 감당할 만한. être *à la ~ d'une situation [des circonstances]* 사태에 대처할 능력이 있다. Il n'est pas *à la ~ de sa tâche*. 그는 그의 임무를 감당할 능력이 없다.
prendre[perdre] de la ~ (비행기 따위가)상승[하강]하다.
tomber de sa ~ 《구어》 꽉 넘어지다; 깜짝 놀라다.
tomber de toute sa ~ 벌렁 나자빠지다.

†**Haute-Volta** [otvɔlta] *n.pr.f.*《지리》 오트볼타 《서아프리카의 공화국》.

†**haut-fond** [ofɔ̃] (*pl. ~s-~s*) *n.m.* (바다·강의)얕은

곳, 여울; 암초.

†**haut-fourneau** [ofurno] (*pl.* ~**s**-~**x**) *n.m.* 용광로; 제철소.

†**hautin** [otɛ̃] *n.m.* 《원예》 버팀나무로 받쳐놓은 포도나무.

†**haut-jointé(e)** [oʒwɛ̃te] *a.* (말이)발목이 긴; 다리가 긴.

†**haut-le-cœur** [olkœːr] *n.m.* 《복수불변》① 구역, 구토증(nausée). avoir un ~ 구토증을 느끼다. ②(비유적)혐오감(dégoût); 반항심(répulsion).

†**haut-le-corps** [olkɔːr] *n.m.* 《복수불변》①《경마》(말이)껑충 뛰기. ②(사람이 놀라움·분노 따위로)몸을 움찔하다. avoir(faire, marquer) un ~ 몸을 움찔하다(부르르 떨다).

†**haut-le-pied** [olpje] *ad.* 급히(à la hâte). —*n.m.* 《복수불변》《옛》①부랑자. ②(마차의)예비의 말. —*a.*《불변》《철도》(기관차가)객차를 연결하지 않은; (열차가)텅 빈(machine ~).

†**haut-lieu** [oljø] (*pl.* ~**s**-~**x**) *n.m.* 《관광·교역·연구 따위의》요지(要地), 중심지. ~ touristique 관광의 중심지. ~ des productions agricoles 농산물 생산 중심지.

†**haut-mal** [omal] *n.m.* 《복수불변》 간질(épilepsie).

†**haut-monté(e)** [omɔ̃te] *a.* =**haut-jointé**.

†**haut-parleur** [oparlœːr] (*pl.* ~**s**) *n.m.* 확성기, 마이크.

†**haut-pendu** [opɑ̃dy] *n.m.* 《해양》 비구름; 비바람.

†**haut-perché(e)** [operʃe] *a.* ①《구어》높은 곳에 앉은. ② haut-jointé.

†**haut-relief** [oraljef] (*pl.* ~**s**-~**s**) *n.m.* 《조각》 높은 돋을새김(양각)(의 작품).

†**Hauts-de-Seine** [od(ə)sɛn] *n.pr.pl.* 오드센(1964 년에 파리근처에 새로 생긴 département 의 이름).

†**hauturier(ère)** [otyrje, -ɛːr] *a.* 원양(遠洋)의. navigation ~ère 원양항해. pêche ~ère 원양어업. —*n.m.* 원양 수로안내인(pilote ~).

†**havage** [avaːʒ] *n.m.* 《광산》(광석을 층리(層理)와 평행하게)잘라 들어가기.

†**havanais(e)** [avanɛ, -ɛːz] *a.* 아바나(*la Havana*)의. —**H**~ *n.* 아바나 사람. —*n.m.* 아바나산 개.

†**Havane (la)** [laavan] *n.pr.f.* 아바나《쿠바의 수도》. —**h**~ *n.m.* 아바나산의 엽궐련. fumer du ~ [des ~**s**] 아바나산의 엽궐련을 피우다. ②엷은 밤색. —**h**~ *a.*《불변》엷은 밤색의. robes ~ 엷은 밤색 드레스.

†**hâve** [ɑːv] *a.* ①(배고픔·피로·고민으로)창백한, 핏기 없는(livide). figure ~ 창백한 얼굴. ②야윈(maigre). joues ~**s** 야윈 뺨.

†**havée** [ave] *n.f.* 《기술》 갱도.

†**haveneau** [avno] (*pl.* ~**x**), †**havenet** [avnɛ] *n.m.* 새우잡이 그물.

†**haver** [ave] *v.t.* 《광산》(광맥의 층리(層理)와 평행하게)잘라 들어가기.

†**Havers** [avɛːr] *n.pr.m.* canaux[système] de ~ 《해부》하베르관(管)〖계(係)〗.

†**haversien(ne)** [avɛrsjɛ̃, -ɛn] *a.* 《해부》하베르의; 하베르관〖계〗의.

†**haveur** [avœːr] *n.m.* 《광산》 haver 하는 광부.

†**haveuse** [avɸːz] *n.f.* 《광산》 haver 하는 기계.

†**havi(e)** [avi] *a.p.* (고기 따위가)겉만 눌은. —*n.m.* 겉만 눋기.

†**havir** [aviːr] *v.t.* 《요리》(고기 따위가)겉만 눌게 하다. —*v.i.* 겉만 눋다.

†**havrais(e)** [avrɛ, -ɛːz] *a.* 르아브르(*le Havre*)의. —**H**~ *n.* 르아브르 사람.

†**havre** [aːvr] *n.m.* 항구. —**Le H**~ *n.pr.m.* 르아브르《프랑스의 항구》.

†**havresac** [a[ɑ]vrəsak] *n.m.* 《옛》《군사》 배낭(背囊); (연장·식품 따위를 넣는)배낭.

havrit [avri] *n.m.* (광석을 자를 때 생기는)석탄 부스러기.

hawaïen(ne), hawaiien(ne) [awajɛ̃, -ɛn] *a.* 하와이(*Hawaï*)의. guitare ~*ne* 하와이 기타. type ~ 〖지질〗(화산분출의)하와이형(型). —**H**~ *n.* 하와이 사람.

†**Haye (la)** [laɛ] *n.pr.f.* 《지리》 헤이그.

†**hayon** [ɛjɔ̃] *n.m.* (수레짐간의)앞[뒷]판자; (왜건 후부의)문으로 이용되는 부분.

H.B.M.《약자》 habitation à bon marché 저렴한 가격의 주택.

H.C.《약자》① hors concours (이미 상을 받아서)참가 자격이 없는; 무심사의. ② hors cadre 《군사》 정원외의(定員外)의, 부대외의. ③ hors classe 《행정》 특급.

H.C.H.《약자》 hexa-chlorocyclo-hexane 《화학》 벤젠헥사클로리드.

h.c.n.《약자》 hier cours nul 《주식》 어제 거래 없음.

He《약자》 hélium 《화학》 헬륨, 금(-)원소.

†**hé** [e] *int.* ①(부르는 소리)이봐, 여보; (놀람)저런, (만족)음; (동의)좋아. *Hé!* toi, où vas-tu? 이봐, 어디가? *Hé* quoi! tu n'es pas encore parti? 아니, 아직 안 떠났니! *Hé* bien! 저런(놀람); 어서(격려); 그럼, 좋아(동의·결심). *Hé, hé!* 흠, 허(주의·감탄·조소 따위). ②(다음 말을 강조) *Hé*, oui! 아, 그래요!

†**heaume** [oːm] *n.m.* ①《고고학》 투구. ②《옛》(투구 모양이 새겨진 중세의)화폐, 금[은]화.

†**heaumerie** [omri] *n.f.* 《옛》 투구 제조(소).

†**heaumier(ère)** [omje, -ɛːr] *n.* 투구 제조인(상인). —*n.f.* 투구 제조인(상인)의 아내.

hebdo [ɛbdo] *n.m.* 주간지(hebdomadaire).

***hebdomadaire** [ɛbdɔmadɛːr] *a.* ①매주의, 주 1회의, 주간의. revue ~ 주간지, 일주일간의. travail ~ 일주일간의 노동. repos ~ 주휴(週休). —*n.m.* 《구어》주간지〖신문·잡지〗.

hebdomadairement [ɛbdɔmadɛrmɑ̃] *ad.* 매주, 1주일에 한 번씩. ouvrier payé ~ 주급 노동자.

hebdomadier(ère) [ɛbdɔmadje, -ɛːr] *n.* 《종교》 주번(週番)수도사〖수녀〗.

hebdomigrant [ɛbdɔmigrɑ̃] *n.m.* 주말 행락객.

Hébé [ebe] *n.pr.f.* 《그리스신화》 헤베《*Zeus*와 *Hera*의 딸로서 청춘의 여신》.

hébéphrénie [ebefreni] *n.f.* 《옛》《심리》 정신분열증의 일종(schizophrénie).

hébéphrénique [ebefrenik] *a.* 정신분열증의. —*n.* 정신분열증 환자.

héberge [ebɛrʒ] *n.f.* ①(이웃집 벽과의)공유구획선(인접한 두 가옥 사이에서 낮은 가옥의 벽의 상부선; 이 선 이하는 공유, 그 위는 높은 가옥의 소유가 됨). ②《옛》집, 숙소(logement).

hébergement [ebɛrʒəmɑ̃] *n.m.* ①유숙시킴《피난민 따위를》받아들임. centre d'~ pour réfugiés 피난민 수용소. ②숙소(logement).

héberger [ebɛrʒe] [3] *v.t.* ①유숙시키다(loger). (피난민 따위를)받아들이다. ~ ses amis 친구를 유숙하게 하다. ~ des sinistrés 이재민을 수용하다. ②환대하다(accueillir). ~ libéralement un hôte 손님을 후하게 대접하다. ③ [~ *qc*](물건·농작물을)경계벽의 공유 부분에 설을 긋다.

hébergeur(se) [ebɛrʒœːr, -ɸːz] *n.* 숙소를 제공하는, 수용하는. centre ~ d'émigrants 망명자 수용센터.

hébertisme [ebertism] *n.m.* (< *Georges Hébert*, 프랑스의 교육자) *n.m.* 에베르식 운동법(걷기·수영 따위의

야외운동법).
hébertiste[1] [ebertist] *n.* 에베르파 혁명당원(*Jacobins* 당 중 극좌파). —*a.* 에베르파의.
hébertiste[2] *n.* 에베르식 운동법 지지자.
hébétant(e) [ebetɑ̃, -ɑ̃:t] *a.* 정신(감각)을 마비시키는. action ~e de l'alcool 알코올의 정신마비작용.
hébété(e) [ebete] *a.p.* 얼빠진 (ahuri, abasourdi). yeux ~s 얼빠진 듯한 눈. être ~ de stupeur(de fatigue) 놀라서(피곤해서) 얼이 빠지다. —*n.* 얼빠진 사람, 얼간이.
hébétement [ebetmɑ̃] *n.m.* 정신몽롱, 멍해진 상태.
hébéter [ebete] [6] *v.t.* 감각을 마비시키다; 정신을 몽롱하게 하다(abrutir). L'alcool *hébète* le cerveau. 술은 정신을 몽롱하게 만든다. [~ *qn*] La douleur l'*avait* tout hébété. 고통으로 그는 정신을 잃었다.
—*s'*— *v.pr.* 감각이 둔해지다, 흐리멍덩해지다.
hébétude [ebetyd] *n.f.* ① 【의학】 (정신·감각의) 마비. ②『구어』얼빠진 (멍한) 상태.
hébraïque [ebraik] *a.* 헤브라이의; 헤브라이어의.
hébraïsant(e) [ebraizɑ̃, -ɑ̃:t], **hébraïste** [ebraist] *n., a.* 헤브라이어 학자(의); (특히)헤브라이 성서 연구자(의).
hébraïser [ebraize] *v.i.* ① 헤브라이어를 연구하다. ② 헤브라이어 특유의 어법을 쓰다. —*v.t.* 헤브라이화(化)하다. populations *hébraïsées* 헤브라이화된 족의.
hébraïsme [ebraism] *n.m.* 헤브라이어 특유의 어법.
hébreu [ebrø] (*pl.* ~**x**) *a.m.* (*f.* hébraïque) 헤브라이의. —*n.m.* ① 헤브라이어 사람(주. Juive). Épître aux H~*x* 헤브라이서(書) (신약 성서중의 하나). ② 헤브라이어. ③ (비유적) 잘 알아들을 수 없는 말. C'est de l'~ pour moi. 『구어』나로서는 통 알아들을 수가 없다.
hébridais(e) [ebride, -ɛːz] *a.* 헤브리디즈 (*Hébrides*) 제도(諸島) (사람)의. H~ *n.* 헤브리디즈 제도 사람.
†H.E.C. 『약자』(école des) hautes études commerciales 고등상업학교.
Hécate [ekat] *n.pr.f.* 【그리스신화】 헤카테 (천지와 하계(下界)를 다스리는 여신; 마법을 다스리는 여신).
hécatombe [ekatɔ̃ːb] *n.f.* ① (옛) 소 100마리의 제물; 많은 가축의 제물. ②[시] (신에게 바치는)인간의 제물; 대살육, 대량학살. Les guerres provoquent d'atroces ~s. 전쟁은 끔찍한 대량살육을 초래한다. ③ (익살) 많은 낙제생.
***hectare** [ektaːr] *n.m.* 헥타르 (100아르, 10,000 m²).
hecticité [ektisite] *n.f.* 【의학】 소모, 소모열에 한 소약.
hectique [ektik] *a.* 【의학】 소모열(성)의. fièvre ~ 소모열.
hectisie [ektizi] *n.f.* =**étisie**.
hecto [ɛkto] *n.m.* ① =hectogramme. ② =hectolitre.
hect(o)- *préf.* 「100」의 뜻. 「hg.).
hectogramme [ɛktɔgram] *n.m.* 100 그램((약자)
hectographe [ɛktɔgraf] *n.m.* (100매를 복사할 수 있는)젤라틴판.
hectographie [ɛktɔgrafi] *n.f.* 젤라틴판 복사, 젤라틴판 인쇄.
hectolitre [ɛktɔlitr] *n.m.* 100 리터((약자)hl.).
hectom. 『약자』hectomètre 100 미터.
hectomètre [ɛktɔmɛtr] *n.m.* 100 미터.
hectométrique [ɛktɔmetrik] *a.* 100 미터의.
hectopascal [ɛktɔpaskal] *n.m.* 【물리】 헥토파스칼 (기압의 단위로 1 밀리바; 기호hPa).

hectopièze [ɛktɔpjɛːz] *n.f.* 『기상』 100 피에즈, 1 바 (압력의 단위;『약자』hpz.).
hectowatt [ɛktɔwat] *n.m.* 【전기】 100 와트((약자)hW).
hectowatt-heure [ɛktɔwatœːr] (*pl.* ~**s**-~) *n.m.* 【전기】 100 와트시(時).
hédéracé(e) [ederase] 『식물』 *a.* 담송악 비슷한. —*n.f.pl.* 오갈피나무과(科).
hédonisme [edɔnism] *n.m.* 【철학】 쾌락주의, 쾌락설.
hédoniste [edɔnist] *n.* 쾌락주의자. —*a.* 쾌락주의(자)의.
hédonistique [edɔnistik] *a.* 쾌락주의의.
hégélianisme [egeljanism] *n.m.* 【철학】 헤겔(*Hegel*) 철학.
hégélien(ne) [egeljɛ̃, -ɛn] 【철학】 *a.* 헤겔철학의. école ~ne 헤겔학파. dialectique ~ne 헤겔식 변증법. —*n.* 헤겔주의 철학도; (*pl.*) 헤겔학파.
hégémonie [eʒemɔni] *n.f.* ① (고대그리스 동맹 도시의)주도권, 헤게모니. ② (근대국가간의)정치적 지배권, 패권; (비유적) 주도권. conquérir l'~ du monde 세계의 패권을 쟁취하다. avoir l'~ 주도권을 장악하다.
hégémonique [eʒemɔnik] *a.* 패권의, 주도권의. ambitions ~s 패권적 야망.
hégire [eʒiːr] *n.f.* 『회교』 헤지라, 회교 기원(紀元)(마호메트가 메카에서 메디나로 도망한 해(622 년)로부터 시작함).
heiduque [ɛ(e)dyk] *n.m.* ① 『역사』 헝가리 보병. ② (옛)헝가리식 복장을 한 프랑스 하인.
†heimatlos [ajmatlos] 『독일』 *a.* (불법)고국이 없는, 무국적의. —*n.* 무국적자(apatride).
†heimatlosat [ajmatloza] 『독일』 *n.m.* (옛)무국적.
***hein** [ɛ̃] *int.* 『구어』① (놀람) 무엇; (반문)에, 뭐라구요? H~? je n'entends rien. 뭐라구요? 안 들려요. ② (긍정의 요구) 응, 그렇지 않소? (n'est-ce pas). Ça vous surprend, ça? H~? 그거 놀랐죠? 그렇죠 (안그래요)? ③ (명령 따위의 강조) Tais-toi, ~! 닥치라니까!
hélamys [elamis] *n.m.* 『동물』 (남아프리카의)설치류의 일종(lièvre sauteur).
†hélas [elɑs] *int.* 아아! 슬프(도)다! (탄식·슬픔·고통·절망). C'est, ~, vrai. 슬프게도 그건 사실이다. H~! trois fois ~! 유감천만이군!
—*n.m.* 탄식.
hélépole [elepɔl] *n.m.* 『고대』 성(城) 공격용 이동식 누(樓).
†héler [ele] [6] *v.t.* ① (멀리서)소리쳐 부르다. ~ un taxi(un porteur) 택시(짐꾼)를 부르다. ② 『해양』(메가폰으로 배를 향해서)소리치다, 통신하다. ~ un navire 배를 향해 소리치다.
—*se* ~ *v.pr.* 서로 부르다.
heli- *préf.* 「태양」의 뜻.
hélianthe [eljɑ̃ːt] *n.m.* 『식물』 ~ annuel 해바라기(tournesol); ~ tubéreux 뚱딴지, 돼지감자.
hélianthème [eljɑ̃tɛm] *n.m.* 『식물』 시스투스속(屬)의 식물(물푸레나무과(科)).
hélianthine [eljɑ̃tin] *n.f.* 『화학』 헬리안틴, 메틸 오렌지(산염기(酸鹽基))지시약).
héliaque [eljak] *a.* 『천문』 (별이)태양과 동시에 출몰하는. lever(coucher) ~ d'un astre 별이 일출(日出) 직전에 뜨기[일몰 직후에 지기).
héliaste [eljast] *n.m.* 『고대그리스』 (해가 뜬 후 야외에서 열리던)아테네 시민법정의 재판관.
hélice [elis] *n.f.* ① 나선. escalier en ~ 나선형 계단. ② 『수학』 나선 (螺線); 『해부』 외우각(蝸牛殼); 『기계』 나선식 양수기; 『건축』 (코린트

식 주(柱頭)의)나선장식. ③ 『해양』 추진기, 스크루; 『항공』 프로펠러. avions à ~ 프로펠러 비행기. aéronef à ~s horizontales 오토자이로, 헬리콥터. ventilateur à ~ 선풍기; 환풍기. ~ transporteuse 스크루 컨베이어. ④ 『동물』 달팽이속 (屬)(hélix).

héliculteur(trice) [elisikyltœːr, -tris] n.m. 식용 달팽이 양식자.

héliciculture [elisikylty:r] n.f. 식용달팽이 양식.

hélicier [elisje] n.m. (스크루)프로펠러 제조공.

hélicoïdal(ale, pl. **aux)** [elikoidal, -o] a. 나선 모양의. mouvement ~ 나선운동. axe ~ 나선축(軸). mèche ~ale 『도구』 드릴.

hélicoïde [elikɔid] 『수학』 a. 나선(형)의.
—n.f.[m.]나선(면).

hélicomètre [elikɔmɛtr] n.m. 스크루의 추진력측정기.

Hélicon [elikɔ̃] n.pr.m. 『그리스신화』 헬리콘 산(山)《Muses가 산 것으로 전해짐》.

hélicon n.m. 『음악』 헬리콘(대형 나팔).

hélicoptère [elikɔpteːr] n.m. 『항공』 헬리콥터.

héliée [elje] n.f. 『고대그리스』 (아테네의)시민법

-hélie suff. 「태양」의 뜻. _____정, 민중재판.

héligare [eligaːr] n.f. 헬리콥터 발착소.

hélio [eljo] n.f. = **héliogravure**.

héli(o)- préf.「태양」의 뜻.

héliocentrique [eljɔsɑ̃trik] a. 『천문』 태양을 중심으로 하는, 태양중심의(↔géocentrique). théorie ~ 지동설. force ~ 태양인력. mouvement ~ 일심운동(日心運動).

héliocentrisme [eljɔsɑ̃trism] n.m. 『천문』 태양중심설, 지동설.

héliochromie [eljɔkrɔmi] n.f. (옛)천연색 사진.

héliodore [eljɔdɔr] n.m. 『광물』 헬리오도르《밝은 황색의 녹주석》.

hélioélectrique [eljɔelɛktrik] a. 『전기』 태양전지의.

héliofuge [eljɔfyːʒ] a. 『식물』 태양을 피하는, 배일성(背日性)의.

héliogène [eljɔʒɛn] a. ① 빛을 발하는. appareil ~ 발광기(發光器). ② 『물리』 (붕괴되어)헬륨을 생성하는. —n.m. 발광기.

héliographe [eljɔgraf] n.m. ① 『천문』 일광 광도계; 『기상』 일조계(日照計). ② 『군사』 회광(回光)신호기 (거울로 햇빛을 반사시키는).

héliographie [eljɔgrafi] n.f. ① 『천문』 태양면학(太陽面學). ②《옛》(Niepce가 발명한)사진제판술. ③회광통신법.

héliograveur [eljɔgravœːr] n.m. 사진 제판공.

héliogravure [eljɔgravyːr] n.f. 사진판 제작법, 사진 요판(凹版術), 사진판, 그라비어.

héliomarin(e) [eljɔmarɛ̃, -in] a. 『의학』 햇빛과 바다 공기(오존)를 동시에 이용하는. cure ~e 일광 오존요법.

héliomètre [eljɔmɛtr] n.m. 태양의(太陽儀).

hélion [eljɔ̃] n.m. 『물리』 알파 입자.

héliophile [eljɔfil] a. 호일성(好日性)의, 햇빛을 좋아하는. plante ~ 호일성 식물.

héliophobie [eljɔfɔbi] n.f. 『의학』 광선 공포증.

hélioplastie [eljɔplasti] n.f. 사진 조판술(膨版術).

hélioprophylaxie [eljɔprɔfilaksi] n.f. 『의학』 (질병예방 목적의)일광욕.

hélioscope [eljɔskɔp] n.m. 태양경(太陽鏡)《태양관측용 접안렌즈》; 일조계(日照計).
—a. 『식물』 향일성의(向日性의).

hélioscopie [eljɔskɔpi] n.f. 태양관측.

héliostat [eljɔsta] n.m. 『천문』 헬리오스타트《태양의 빛을 받아 일정방향으로 반사시키는 장치》.

héliostatique [eljɔstatik] a. 헬리오스타트의.

héliosynchrone [eljɔsɛ̃krɔn] a. 『우주』 (인공위성이)정지형(靜止型)의, 동기형(同期型)의.

héliothérapie [eljɔterapi] n.f. 『의학』 일광요법.

héliotrope [eljɔtrɔp] n.m. ① 『식물』 헬리오트로프; (pl.) 해바라기류, 향일성 식물(plantes ~s). ② 『광물』 혈석(血石). ③ 『천문』 일광반사기.
—a.(불변)헬리오트로프색(色)의.

héliotropine [eljɔtrɔpin] n.f. 『화학』 헬리오트로핀《향료》; (pipéronal).

héliotropique [eljɔtrɔpik] a. 『식물』 향일성의.

héliotropisme [eljɔtrɔpism] n.m. 『식물』 향일성. ~ positif(négatif) 향일성(배일성).

héliotypie [eljɔtipi] n.f. 『인쇄』 헬리오트로프 제판법(製版法), 사진과출.

héliport [elipɔːr] n.m. 『항공』 헬리콥터 발착장, 헬리포트.

héliportage [eliportaːʒ] n.m. 헬리콥터 수송.

héliporté(e) [eliporte] a.p. 헬리콥터로 수송된. commando ~ 헬리콥터 특공대. opération ~e 헬리콥터 수송작전.

héliporter [eliporte] v.t. 헬리콥터로 수송하다.

hélisurface [elisyrfas] n.f. 가설 헬리포트.

hélium [eljɔm] n.m. 『화학』 헬륨.

hélix [eliks] n.m. (복수불변) ① 『해부』 와우각(蝸牛殼). ② 『동물』 달팽이속(屬)(hélice).

Hellade [e(ɛl)lad] n.pr.f. 『고대지리』 그리스.

hellébore [e(ɛl)lebɔːr] n.m. 『식물』 = **ellébore**.

hellène [e(ɛl)lɛn] a. (고대) 그리스(Hellade)의. tribus ~s 헬라스족《고대그리스인의 선조》. ② 그리스의, 헬라스의. —**H**~ n. 헬라스 사람.

hellénique [e(ɛl)lenik] a. 『문어』 고대그리스의. cités ~s 고대그리스 도시. civilisation ~ 고대그리스 문명. ②그리스어(문학)의. études ~s 그리스(문학)연구. —n.m. 고대그리스어. Les H~s (Xénophon 이 쓴)그리스 역사.

hellénisant(e) [e(ɛl)lenizɑ̃, -ɑ̃ːt] a. 그리스에 동화된; 그리스(어)를 연구하는. —n. 그리스(어) 연구가; 『역사』 그리스 문화에 동화한 유태인.

hellénisation [e(ɛl)lenizɑsjɔ̃] n.f. 그리스화(化).

helléniser [e(ɛl)lenize] v.t. 그리스화하다. ~ un peuple(une contrée) 한 민족(국가)을 그리스화하다. —v.i ①《드물게》그리스(어)를 연구하다. ② 그리스 사상에 기울어지다.
—s'~v.pr. 그리스화되다.

hellénisme [e(ɛl)lenism] n.m. ① 그리스어 특유의 어법, latin mêlé d'~s 그리스어법이 섞인 라틴어. ② 그리스 문화(사상·정신), 헬레니즘.

helléniste [e(ɛl)lenist] n.m. 『역사』 ① 그리스 문화에 동화한 유태인(juif~). ② 구약성서의 그리스어 번역(version des Septante)에 종사한 유태인학자. —n. 그리스(어) 학자. —a. 그리스화된. Juifs ~s 그리스화된 유태인.

hellénistique [e(ɛl)lenistik] a. 『역사』 ① 헬레니즘시대의. période ~ 헬레니즘 시대. art ~ 헬레니즘시대의 예술. ② langage(grec) ~ 헤브라이어가 섞인 그리스어《성서의 그리스어 번역에 쓰이고, 기원전 3세기 이후의 말》. 〔鬼〕

hellequin [elkɛ̃] n.m. (중세전설의)악마, 아귀(夜

helminthagogue [ɛlmɛ̃tagɔg] 『약』 a. 구충하는. —n.m. 구충제, 회충약(vermifuge).

helminthe [ɛlmɛ̃ːt] n.m. 장내 기생충, 회충.

helminthiase [ɛlmɛ̃tjaːz] n.f. 『의학』 기생충병, 회충병.

helminthique [ɛlmɛ̃tik] 『약』 a. 구충의. —n.m. 구충제.

helminthologie [ɛlmɛ̃tɔlɔʒi] n.f. 기생충학.

hélode [elɔd] *n.m.* 【곤충】 알꽃벼룩.
helvelle [ɛlvɛl] *n.f.* 【식물】 삿갓버섯.
helvète [ɛlvɛt] *a.* 헬베티아(지금의 스위스)의.
—**H**~ *n.* 【역사】 헬베티아 사람.
Helvétie [ɛlvesi] *n.pr.f.* ① 【고대지리】 헬베티아. ② 【시】스위스.
helvétien(ne) [ɛlvesjɛ̃, -ɛn] *a.* 헬베티아(사람)의; 스위스의. —**H**~ 헬베티아 사람.
helvétique [ɛlvetik] *a.* 헬베티아에 관한, 스위스의. Confédération ~ 스위스 연방.
helvétisme [ɛlvetism] *n.m.* 【언어】 스위스의 프랑스어에 특유한 어법(suissisme).
†**hem** [ɛm] *int.* ① 에헴 《주의 환기》. ② 흠! 《멸시·의심》. —*n.m.* 《복수불변》 에헴하기. attirer l'attention par des ~s 에헴하면서 주의를 끌다.
héma- *préf.* 「피(血)」의 뜻.
hémadynamique [emadinamik] *a.* =**hémodynamique**.
hémagogue [emagɔg] *a.* (월경이나 치질 따위의) 출혈을 촉진하는. —*n.m.* 통경제.
hémal(ale, pl. aux) [emal, -o] *a.* 【의학】 혈관계의, 순환계의.
hémangiome [emɑ̃ʒjom] *n.m.* 【의학】 혈관종(血管腫).
hémarthrose [emartro:z] *n.f.* 【의학】 관절의 충혈, 관절혈종(血腫)(증).
hématémèse [ematemɛ:z] *n.f.* 【의학】 피를 토함, 토혈(吐血).
hémateux(se) [ematø, -ø:z] *a.* 【의학】 피의, 혈액의. dermatose ~se 출혈성 피부병.
hémat(h)idrose [ematidro:z] *n.f.* 【의학】 혈한증(血汗症).
hématie [emati] *n.f.* 【생리】 적혈구.
hématimètre [ematimɛtr] *n.m.* 혈구 계산기.
hématine [ematin] *n.f.* 헤마틴, 혈홍소(血紅素).
hématique [ematik] *a.* 【의학】 피의, 혈액의.
hématite [ematit] *n.f.* 【광물】 적철광(赤鐵鑛)(~ rougie). ~ brune 갈철광.
hémato- *préf.* 「피」의 뜻.
hématoblaste [ematɔblast] *n.m.* 【생리】 혈소판(血小板), 적아구(赤芽球).
hématocèle [ematɔsɛl] *n.f.* 【의학】 음낭혈종(陰囊血腫).
hématocrite [ematɔkrit] *n.m.* ① 헤마토크리트《혈액 속의 적혈구의 비율》. ② 적혈구 산정기.
hématode [ematɔd] *n.m.* 【의학】 출혈성 암종.
—*a.* 혈액의. carcinome ~ 【의학】 혈액 암종.
hématogène [ematɔʒɛn] *a.* 조혈성의; 혈행성(血行性)의. infection ~ 혈행성 감염. —*n.m.* 노른자 속의 성분.
hématographie [ematɔgrafi] *n.f.* =**hématologie**.
hématoïde [ematɔid] *a.* 【광물】 피빛의.
hématologie [ematɔlɔʒi] *n.f.* 【의학】 혈액학.
hématologique [ematɔlɔʒik] *a.* 혈액학의.
hématologiste [ematɔlɔʒist], **hématologue** [ematɔlɔg] *n.* 혈액학자.
hématolyse [ematɔli:z] *n.f.* =**hémolyse**.
hématome [ematom] *n.m.* 【의학】 혈종(血腫).
hématopoïèse [ematɔpɔjɛ:z] *n.f.* 【생리】 혈구(혈액) 생성, 조혈(造血).
hématopoïétique [ematɔpɔjetik] *a.* 조혈의. organe ~ 【생리】 조혈기관.
hématoscope [ematɔskɔp] *n.m.* 혈색소 측정기.
hématose [ematɔ:z] *n.f.* 정맥혈(血)의 동맥혈화(化), (폐내(肺內))혈액의 산화.
hématosine [ematozin] *n.f.* =**hématine**.
hématozoaire [ematɔzɔɛ:r] *n.m.* 【동물】 혈액 안에 기생하는 기생충, 주혈충(住血蟲).
hématurie [ematyri] *n.f.* 【의학】 혈뇨(血尿).
héméralope [emeralɔp] *n.* 【의학】 야맹증 환자.
héméralopie [emeralɔpi] *n.f.* 【의학】 야맹증(夜盲症). ~ épidémique 유행성 야맹증.
hémérocalle [emerɔkal] *n.f.* 【식물】 원추리속.
hémérologe [emerɔlɔ:ʒ] *n.m.* 역학(曆學). 〔屬〕.
hémérologie [emerɔlɔʒi] *n.f.* 책력 편성법.
hémi- *préf.* 「반(半)」의 뜻.
hémialgie [emjalʒi] *n.f.* 【의학】 반측성 동통(半側性疼痛), 편두통.
hémianesthésie [emjanɛstezi] *n.f.* 【의학】 반측 지각상실, 반신마비.
hémianopsie [emjanɔpsi] *n.f.* 【의학】 반맹증(半盲症).
hémicrânie [emikrani] *n.f.* 【의학】 편두통.
hémicycle [emisikl] *n.m.* ① 반원(형). comptoir en ~ 반원형의 카운터. ② 【건축】 반원형의 공간(건물), 반원형의 회의장, (계단 좌석의)반원형 관람석.
hémicyclique [emisiklik] *a.* 반원형의.
hémicylindrique [emisilɛ̃drik] *a.* 반 원통형의.
hémièdre [emjɛdr] *a.* 【광물】 (결정(結晶)의)반면상(半面像). cristal ~ 반면상의 결정체.
hémiédrie [emjedri] *n.f.* 【광물】 (결정의)반면상.
hémigrammus [emigramys] *n.m.* (아마존 강·기니아 산의)반신마비를 열대어.
hémimétabole [emimetabɔl] *a.* 【곤충】 불완전 변태의.
hémimorphie [emimɔrfi] *n.f.* 【광산】 이극상(異極像).
hémimorphite [emimɔrfit] *n.f.* 【광물】 =**calamine**.
hémine [emin] *n.f.* 헤민 《고대그리스·로마의 용량의 단위, 0.2711 리터》.
héminée [emine] *n.f.* (그리스·로마에서)1 헤민의 씨를 뿌리는 데 필요한 토지.
hémione [emjon] *n.m.* 【동물】 (아시아의)야생 당나귀.
hémiopie [emjɔpi] *n.f.* 【의학】 반시증(半視症), 반맹증(半盲症).
hémiparésie [emiparezi] *n.f.* 【의학】 반측부전마비, 반신마비.
hémiplégie [emipleʒi] *n.f.* 【의학】 반신불수(不髓). ~ alterne 교대성 반신마비. ~ alterne supérieure 상반신 교대성 반신마비.
hémiplégique [emipleʒik] *a.* 【의학】 반신불수의. paralysie ~ 반신마비, 반신불수.
hémiplexie [emiplɛksi] *n.f.* =**hémiplégie**.
hémiptère [emiptɛ:r] 【곤충】 *a.* 반시류(半翅類)의. insecte ~ 반시류 곤충. —*n.m.pl.* 반시류. —*n.m.* 반시류의 곤충.
hémiptéroïdes [emiptɛrɔid] *n.m.pl.* =**hémiptères**.
hémisphère [emisfɛ:r] *n.m.* ① 【지리·천문】 반구(半球). ~ boréal(nord) 북반구. ~ austral(sud) 남반구. ~ oriental(occidental) 동(서)반구. ② 【해부】 뇌(腦)의 한 쪽. ~s cérébraux(cérébelleux) 대뇌(소뇌)반구. ③ 반구형. voûte en ~ 반구형 궁륭. ④ (익살)중둥이.
hémisphérique [emisferik] *a.* 반구(형)의. calotte ~ 반구형. vase ~ 반구형의 꽃병.
hémisphéroïde [ɛmisferɔid] *n.m.*, *a.* 반구상체(半球狀體)(의).
hémistiche [emistiʃ] *n.m.* 【시】 (특히 12음절구(alexandrin)의)반구(半句); (넓은 의미로) 시구 안의 휴지(césure). premier[second] ~ 제 1[2] 반구.

hémitriptère [emitriptɛ:r] *n.m.* 【어류】(북대서양산의)미구라지류의 물고기.

hémitrope [emitrɔp] *a.* 【광물】(결정이)반체쌍정(半體雙晶)의.

hémitropie [emitrɔpi] *n.f.* 【광물】(결정(結晶)의)반체쌍정(半體雙晶). axe d'~ 쌍정축.

hém(o)- *préf.*「피」의 뜻(hém(a)-).

hémocrinie [emɔkrini] *n.f.* 【의학】피 속의 호르몬 함유.

hémoculture [emɔkylty:r] *n.f.* 【의학】(환자의)혈중 세균 배양, 혈액배양.

hémocyanine [emɔsjanin] *n.m.* 헤모시아닌, 혈청소(血青素).

hémocytoblaste [emɔsitɔblast] *n.m.* 【생물】혈구아(血球芽)세포, 혈액 아구(芽球).

hémodialyse [emɔdjaliz] *n.f.* 【의학】혈액 투석(透析).

hémodynamique [emɔdinamik] *n.f.* 【의학】혈액역학(hémadynamique).

hémodynamomètre [emɔdinamɔmɛtr] *n.m.* 혈압계.

hémogénie [emɔʒeni] *n.f.* 【의학】만성 혈소판(血小板) 감소성 자반증(紫斑症).

hémogénique [emɔʒenik] *a.* hémogénie의. —*n.* hémogénie 환자.

hémoglobine [emɔglɔbin] *n.f.* 【생리】혈색소, 헤모글로빈.

hémoglobinémie [emɔglɔbinemi] *n.f.* 【의학】헤모글로빈혈(증), 혈색소혈(증).

hémoglobinomètre [emɔglɔbinɔmɛtr] *n.m.* 【의학】혈색소계(計).

hémoglobinopathie [emɔglɔbinɔpati] *n.f.* 【의학】혈색소 장애.

hémoglobinurie [emɔglɔbinyri] *n.f.* 【의학】혈색소뇨(증).

hémogramme [emɔgram] *n.m.* 【의학】혈액상.

hémolyse [emɔli:z] *n.f.* 【의학】용혈(현상).[素].

hémolysine [emɔlizin] *n.f.* 【의학】용혈소(溶血

hémolytique [emɔlitik] *a.* 용혈을 일으키는. poison ~ 용혈성 독물.

hémopathie [emɔpati] *n.f.* 【의학】혈액병.

hémophile [emɔfil] *a.* 혈우병에 걸린. —*n.* 혈우병 환자.

hémophilie [emɔfili] *n.f.* 【의학】혈우병.

hémophilique [emɔfilik] *a.* 혈우병의. état ~ 혈우병 증상.

hémophtalmie [emɔftalmi] *n.f.* 【의학】안구 출혈.

hémoptysie [emɔptizi] *n.f.* 【의학】각혈.[혈.

hémoptysique [emɔptizik] *a.* 【의학】각혈의.

hémorragie [emɔraʒi] *n.f.* ① 【의학】출혈. ~ artérielle(veineuse) 동맥(정맥)출혈. ~ capillaire 모세혈관출혈. ~ cérébrale 뇌출혈. ~ gastrique (stomacale) 위출혈. ~ interne 내출혈(內出血). ②(비유적)인명 손실; (경제적)손실, 유출. ~ causée par guerre 전쟁으로 인한 출혈(인명손실). ~ des capitaux 자본의 손실(해외 유출).

hémorragique [emɔraʒik] *a.* 【의학】출혈성의. diathèse ~ 출혈성 특이소질(병적 소질). accident ~ 이상(異狀) 출혈.

hémorrhée [emɔre] *n.f.* 【의학】치질출혈.

hémorroïdaire [emɔrɔidɛ:r] *n.f.* 【의학】*a.* 치질에 걸린. —*n.* 치질 환자.

hémorroïdal(ale, *pl.* ***aux)*** [emɔrɔidal, -o] *a.* ① 【의학】치질의, 치질에 관한. flux (sang) ~ 치질에 의한 출혈. ② 【해부】항문 부분의.

hémorroïdes [emɔrɔid] *n.f.pl.* 【의학】치질. ~ fluentes 출혈성 치질.[여자.

hémorroïsse [emɔrɔis] *n.f.* 【성서】출혈증에 걸린

hémostase [emɔsta:z], **hémostasie** [emɔstazi] *n.f.* 【생리】지혈(止血)(법).

hémostatique [emɔstatik] 【의학】*a.* 지혈의, 지혈성의. remède ~ 지혈제. —*n.m.* 지혈제.

hendéca- *préf.*「11」의 뜻.

hendécagone [ɛ̃dekagɔn] *n.m., a.* 【수학】11각형(의). vers ~ 11음절의 시구.

hendécasyllabe [ɛ̃dekasi(l)lab] 【운율】*a.* 11음절의. —*n.m.* 11음절의 시구(詩句). ~s saphiques 사포풍의 11음절 시구.

hendécasyllabique [ɛ̃dekasi(l)labik] *a.* = **hendécasyllabe.**

†**henné** [ene, ɛnne]《아라비아어》*n.m.* ① 【식물】헤나(부처꽃과(科)에 속하는 열대식물). ② 헤나 염료.(머리털 따위의 염색에 쓰이는 적갈색 염료).

†**hennin** [enɛ̃] *n.m.*【옛】(15세기경의)여자의 원뿔꼴 모자.

†**hennir** [eni:r] *v.i.* (말이)울다;《비유적》말의 울음소리 같은 소리를 내다. Le vent *hennissait*. 바람이 윙윙 불고 있었다.

†**hennissant(e)** [enisɑ̃, -ɑ̃:t] *a.* (말이)우는.

†**hennissement** [enismɑ̃] *n.m.* ① 말의 울음소리. ② (말의 울음소리 같은)날카로운 소리. ~s d'un orgue mécanique 자동풍금의 날카로운 소리.

†**hennuyer(ère)** [anqije, -ɛ:r] *a., n.* = **hainuyer.**

hénothéisme [enoteism] *n.m.* 단일신교(單一神教)(단일 민족신앙).

henriquinquiste [ɑ̃rikɛ̃kist] *n.m.*【역사】정통왕조파(왕위에 오르지 않았으나 Henri V라 불린 *le comte de Chambord*의 지지자).

henry [ɑ̃ri] *n.m.*【전기】헨리(자기감응계수의 단위; 기호 H).

†**hep** [ɛp] *int.* 어이, 이봐(부르는 소리).

†**héparine** [eparin] *n.f.*【생물】헤파린(간에서 생성되는 항(抗) 응혈소).

hépat- *préf.* = **hépat(o)-.**

hépatalgie [epatalʒi] *n.f.*【의학】간장(신경)통.

hépatique [epatik] *a.*【해부】간(장)의. fonctions ~s 간기능. canal ~ 간관(肝管). cirrhose ~ 간경화증(cirrhose de foie). médication ~ 간장치료. ② 【의학】간장염에 걸린. femme ~ 간장병에 걸린 여자. ③【옛】【화학】황화수소(黃化水素)의. soufre ~ 황화물. air ~ 황화수소. ④ ligne ~ (수상(手相)에서)건강선.
—*n.* 간장병 환자. teint bilieux des ~s 간장병 환자에 나타나는 누런 얼굴.
—*n.m.* 【식물】간장약. —*n.f.* ①【식물】노루귀; 우산이끼. ②(*pl.*) 태류(苔類).

hépatisation [epatizasjɔ̃] *n.f.*【의학】간장양 변성(肝臟樣變性).

hépatiser (s') [sepatize] *v.pr.*【의학】(폐 따위가)간장과 같은 조직으로 변하다.

hépatisme [epatism] *n.m.*【의학】간장병 증상, 간장장애 증후.

hépatite [epatit] *n.f.* ①【의학】간염. ~ aiguë (chronique) 급성(만성) 간염. ~ infectieuse épidémique 유행성 간염. ~ virale 바이러스성 간염. ②【광물】(간장색의)보석(barytine).

hépat(o)- *préf.*「간장」의 뜻.

hépatocèle [epatɔsɛl] *n.f.*【의학】간장 헤르니아.

hépatocirrhose [epatɔsiro:z] *n.f.*【의학】간경변증(肝硬變症).

hépatologie [epatɔlɔʒi] *n.f.*【의학】간장학.

hépatomégalie [epatɔmegali] *n.f.*【화학】간확대.

hépatonéphrite [epatonefrit] *n.f.*【의학】간신염(肝腎炎), 간신증후군.

hépatoptôse [epatɔptoːz] *n.f.* 《의학》간하수(肝下垂).
hept(a)- *préf.* 「7」의 뜻.
heptacorde [εptakɔrd] 《음악》*a.* 7현의. lyre ~ 칠현금(七絃琴). —*n.m.* ① (고대의)7현금. ②7음 음계.
heptaèdre [εptaɛdr] *n.m.* 《수학》7면체.
heptaédrique [εptaedrik] *a.* 《수학》7면체의.
heptagonal(ale, *pl.* **aux)** [εptagɔnal, -o] *a.* 《수학》7면체의, 7각형의. pyramide ~*ale* 7각형의 피라미드.
heptagone [εptagɔn] 《수학》*a.* 7각형의(heptagonal). —*n.m.* 7각형. ~ régulier 정7각형.
Heptaméron (l') [lεptamerɔ̃] *n.m.* 《문학사》7일 이야기 (Marguerite de Navarre 의 작품, 1559 년).
heptamètre [εptamεtr] 《운율》*a.* 7 각(脚)의.
—*n.m.* 7각의 시구(詩句).
heptane [εptan] *n.m.* 《화학》헵탄.
heptarchie [εptarʃi] *n.f.* 《역사》7두(頭) 정치.
heptasyllabe [εptasi(l)lab] *a.* 《운율》7음절의.
Heptateuque (l') [lεptatøːk] *n.m.* 구약성서 처음의 7서(書).
heptavalent(e) [εptavalɑ̃, -ɑ̃ːt] *a.* 《화학》7가 (價)의.
Héraclides (les) [lezeraklid] *n.m.pl.* 《신화》헤라클레스의 후손.
Héraklès, Héraclès [εraklεs] *n.pr.m.* 《그리스신화》헤라클레스.
héraldique [eraldik] *a.* 문장(紋章)의. —*n.f.* 문장학; (총칭)문장, 문장연감.
héraldiste [eraldist] *n.* 문장학자.
†**héraut** [ero] *n.m.* ① 군사(軍使). ②《비유적》선구자, 전조. ~ du printemps 봄의 전조, 봄을 알리는 사자(使者).
herbacé(e) [εrbase] *a.* 《식물》풀의, 초질(草質)의, 초본(草本)의. consistance ~ (식물의)초질부(草質部). plantes ~*es* 초본(草本)식물.
herbage [εrbaːʒ] *n.m.* ①풀, 목초. ②《천연》목장 (pré). ③《옛》풀, vivre d'~ 풀을 먹고 살다. ④ 《요리》녹색 야채.
herbagement [εrbaʒmɑ̃] *n.m.* 《농업》(가축을)목장에 놓아주기, 방목(放牧).
herbager¹ [εrbaʒe] [③] *v.t.* 《농업》(가축을)목장에 놓아주다, 방목하다.
herbager²(ère) [εrbaʒe, -εːr] *n.* 소 먹이는 사람; 목축업자.
herbageux(se) [εrbaʒø, -øːz] *a.* 《드물게》풀이 많은. plaines ~*ses* 초원.
‡**herbe** [εrb] *n.f.* ①풀, 초본, (향신료용·약용)식물. ~*s* médicinales 약초. ~ vénéneuse 독초. ruines envahies par l'~ 풀이 무성한 폐허. ~ marine 해초, 바닷말. ~*s* potagères 야채. ~*s* folles 잡초. ~ bien entretenue des plates-bandes 화단의 잘 가꾸어진 잔디.
②《집합적》풀; (사료용의)목초. donner de l'~ à un cheval 말에게 풀을 주다. ~ sèche 건초. déjeuner sur l'~ 야외에서 식사하다.
③《식물》 ~ à la rosée 끈끈이주걱; ~ au soleil 해바라기; ~ aux ânes 달맞이꽃; ~ de la Saint-Jean 고추나무류(類)(《성요한제의 밤(6월 23~24일)에 꺾은》마력이있는 풀(→숙어란); ~ d'amour 물망초.
④ fines ~*s* 《요리》(파슬리·세르퍼유·에스트라공 따위를 함께 다진)양념용 야채.
⑤《속어》마리화나(marihuana), 하시시.
⑥ (*pl.*)《옛》야채.
À chemin battu il ne croit pas d'~. 《속담》왕래가 많은 길에는 풀이 나지 않는다 《많은 사람이 손을 대는 장사에는 이익이 없다》.
couper l'~ sous le pied à (de) *qn* 《구어》 …을 몰아내고 이익을 가로채다.
en ~ 갓난, 《구어》미래의, 장래의. blé *en ~* 청맥(青麥). manger son blé *en ~* 《구어》생길 것을 예상하고 미리 써버리다. musicien *en ~* 장래의 음악가. C'est un artiste *en ~*. 장래유망한 예술가이다.
employer toutes les ~s de la Saint-Jean 온갖 수단을 쓰다.
mauvaise ~ 잡초; 《구어》몹쓸 놈, 건달. *Mauvaise ~ croît toujours.* 잡초는 늘 자란다《몹쓸 놈은 항상 끼어있기 마련이다》.
Sur quelle ~ avez-vous marché? 《구어》무슨 일이 있었어요? 《화난 사람에게 묻는 말》.
herbeiller [εrbe(e)je] *v.i.* 《사냥》(멧돼지가)풀을 뜯다.
herber [εrbe] *v.t.* 《옛》《직물》풀 위에 바래다.
herberie [εrb(ə)ri] *n.f.* ①《옛》풀 시장. ②(천을)바래는 곳[풀밭].
herbette [εrbεt] *n.f.* 《옛》짧고 가는 풀, 잔디. danser sur l'~ 잔디 위에서 춤추다.
herbeux(se) [εrbø, -øːz] *a.* 풀이 무성한. sentiers ~ 풀이 무성한 오솔길.
herbicide [εrbisid] *a.* 잡초를 죽이는. produit ~ 제초제. —*n.m.* 제초제.
herbicole [εrbikɔl] *a.* 풀 속에 사는.
herbier [εrbje] *n.m.* ①《식물》압엽(押葉) 표본, 식물 표본. confectionner un ~ 식물 표본을 만들다. ②《식물》(誌); 식물 도감(~ artificiel). ③ (민물고기가 모이는)수초가 많은 곳. ④《농업》여물간. ⑤ 후위 (되새김 동물의 제1위).
herbière [εrbjεːr] *n.f.* 《옛》풀 파는 여자.
herbiforme [εrbifɔrm] *a.* 《드물게》《동물》풀을 닮은, 풀같이 생긴. poils ~*s* 풀같이 생긴 털.
herbivore [εrbivɔːr] *a.* 풀을 먹는. animaux ~*s* 초식동물. —*n.m.* 초식동물; (*pl.*)초식동물류.
herborisateur(trice) [εrbɔrizatœːr, -tris] *n.* 《드물게》식물채집가(herboriseur).
herborisation [εrbɔrizɑsjɔ̃] *n.f.* ①식물 채집; 식물 채집 여행. ②《광물》수지정(樹枝晶), 나뭇가지 모양.
herborisé(e) [εrbɔrize] *a.p.* 《광물》나뭇가지 모양의. agate ~ 나뭇가지 모양의 마노(瑪瑙).
herboriser [εrbɔrize] *v.i.* (표본용 또는 약용의)식물을 채집하다. —*v.t.* (식물을)채집하다.
herboriseur [εrbɔrizœːr] *n.m.* =**herborisateur**.
herboriste [εrbɔrist] *n.* 약초 판매인, 건재(乾材)상인. pharmacien ~ 약초 전문 약제사.
herboristerie [εrbɔrist(ə)ri] *n.f.* 약초 판매업; 약초 판매점, 건재상.
herbu(e) [εrby] *a.* 풀이 무성한. champ ~ 초원. —*n.f.* ①《원예》(포도재배용의)부식토. ②《야금》점토 용제(粘土溶劑).
†**herchage** [εrʃaːʒ] *n.m.* 《광산》운반(작업).
†**herche** [εrʃ] *n.f.* 《광산》(탄)광차.
†**hercher** [εrʃe] *v.i.* 《광산》(탄)광차를 밀다, 광차로 운반하다.
†**hercheur(se)** [εrʃœːr, -øːz] *n.* 《광산》(탄)광차 운반 인부.
Hercule [εrkyl] *n.pr.m.* 《그리스신화》헤라클레스 (Héraclès); 《천문》헤라클레스자(座). les Colonnes d'~ 지브롤터 해협 양쪽의 2 기암(巨岩); 극한(極限). travaux d'~ 무척 하기 힘든 [어려운] 일 (treizième travail d'~).
—**h~** *n.m.* 《구어》힘이 센 남자, 괴력의 사나이.

homme taillé(bâti) en h~ 금강 장사. force d'h~ 괴력. h~ de foire; h~ forain; h~ du Nord (서커스 따위에서 괴력을 보여주는)장사.

herculéen(ne) [ɛrkyleɛ̃, -ɛn] a. ①헤라클레스와 같은; 힘이 장사 같은. force ~ne 장사 같은 힘. taille ~ne 장사 같은 거구. ②(사일 따위가)곤란한, 무척 힘든. entreprise ~ne 몹시 곤란한 기업.

hercynien(ne) [ɛrsinjɛ̃, -ɛn] a. 〖지질〗고생대 탄기의.

†**herd-book** [œrdbuk] (pl. ~~-s) 〖영〗n.m. 소의 혈통 기록서.

†**hère**¹ [ɛːr] 〖독일〗n.m. ① pauvre ~ 《구어》(재산·지위가 없는)불쌍한 녀석. ②카드놀이의 일종.

†**hère**² n.m. 〖동물〗(6개월-1세의)어린 사슴.

héréditaire [ereditɛːr] a. ①세습(제)의; 상속하는. biens ~s 상속재산. droit ~ 상속권. prince ~ (직계의)왕위 계승자(prince héritier). ②유전(성)의. maladie ~ 유전병. ③대대로 내려오는, 대대손손의. ennemi ~ 대대로 내려오는 원수.

héréditairement [ereditɛrmɑ̃] ad. ①상속권에 의하여. posséder ~ un immeuble 상속권에 의하여 부동산을 소유하다. ②유전적으로, 내림으로.

héréditarisme [ereditarism] n.m. 형질유전설.

hérédité [eredite] n.f. ①세습, 계승; 계통, 상속권, 〖옛〗상속재산, 유산. ~ de la couronne 왕위의 계승. refus de l'~ 상속의 포기. pétition d'~ 상속권 확인 소송. 〖성물〗유전. ~ spécifique [raciale] 종[종족]의 유전. science de l'~ 유전학. ~ discontinue 격세 유전(atavisme). (조상으로부터의)유전적 성격, (지역적·사회적)특성. lourde ~; ~ chargée (대대로 이어진)유전적 결함. ~ paysanne (대대로 내려오는)농부의 피. ~ sociale 사회적 유산.

hérédo [eredo] n. 유전성 매독 환자. —n.f. 유전성 매독.

hérédo- préf.「유전성의」의 뜻.

hérédocontagion [eredɔkɔ̃taʒjɔ̃] n.f. 〖의학〗유전성 감염.

hérédosyphilis [eredɔsifilis] n.f. 유전성 매독(《구어》hérédo).

hérédosyphilitique [eredɔsifilitik] a. 유전성 매독에 걸린. —n. 유전성 매독 환자.

hérésiarque [ereziark] n.m. 〖종교〗이교의 시조(始祖), 이단의 주장자.

hérésie [erezi] n.f. ①〖종교〗이교(異敎), 이단(hétérodoxie). être suspect d'~ 이단의 혐의를 받다. ②유설(謬說); 관습에 어긋난 일. Servir du vin rouge avec le poisson, quelle ~! 생선에 붉은 포도주를 내놓다니, 이건 있을 수 없는 일이다!

hérésiographie [erezjɔgrafi], **hérésiologie** [erezjɔlɔʒi] n.f. 이교학(學), 이교연구.

héréticité [eretisite] n.f. 〖드물게〗(사람·학설의)이단적 성격, 이교적인 점.

hérétique [eretik] a. 이교의, 이단적인. doctrine ~ 이단의 학설. n. 이교도, 이단자.

†**hérissé(e)** [erise] a.p. ①(머리털 따위가)곤두선. cheveux ~s de terreur 공포로 곤두선 머리. ②[~ de](검·창 따위가)비죽비죽 늘어선, (산이)깎아지른. toit ~ d'antennes de télévision 텔레비전 안테나가 뾰족뾰족 솟아있는 지붕. ③(비유적)[~ de] (곤란·고통에) 찬, ①(많이 있는. travail ~ de difficultés 다사다난한 일. ouvrage ~ de citations 인용이 많은 저서. ④〖구어〗성미가 까다로운(hargneux, rude), homme toujours ~ 성깔 사나운 사람. ⑤〖식물〗(줄기·열매에)가시가 있는. tige[fruit] ~ 가시가 있는 나무줄기[열매]. ⑥털이 뻣뻣한, 털이 많은. cheval ~

뻣뻣한 털로 덮인 말. —n.m. 고슴도치(hérisson).

†**hérissement** [erismɑ̃] n.m. ①(머리털 따위가)곤두선 모양, 직립. ②~ de colère[de rage]《비유적》치솟는 분노, 격노.

†**hérisser** [erise] v.t. ①(머리털·가시 따위가)곤두세우다(dresser). ~ les cheveux 머리털을 곤두세우다. La colère hérisse les poils des chats. 분노가 고양이의 털을 곤두세운다. plantes qui hérissent leurs épines 가시가 돋은 식물. ②(뾰족한 것이)(에)비죽비죽 솟다. De hautes montagnes hérissent toute cette région. 이 지역 일대에 높은 산이 우뚝우뚝 솟아 있다. ③[~ qc de](에)(을)온통 덮다, 가득 채우다. On a hérissé ce mur de tessons de bouteilles. 이 담을 깨진 유리병 조각으로 덮었다. ~ de mitrailleuses une ligne de défense 방어선에 기관총을 설치하다. ~ la thèse de citations 《비유적》논문을 인용문으로 가득 채우다. ~ sa conversation de malices 이야기에 비꼬는 말을 섞다. ④[~ qn] 화나게 하다(irriter). Cela me hérisse. 그것은 나를 화나게 한다. ⑤〖건축〗벽을 애벌칠하다(~ un mur).

—**se ~** v.pr. ①(털이)곤두서다. crins qui se hérissent 곤두선 말총. ②[se ~ de](으로)덮이다, 투성이로 되다. mur qui se hérisse de clous 못이 박힌 담. ③《구어》(사람이)발끈 화를 내다. Il se hérissa à cette proposition. 이 제안에 그는 발끈 화냈다.

†**hérisson** [erisɔ̃] n.m. ①〖동물〗고슴도치. ~ de mer 성게(oursin). ②《구어》《비유적》사귀기 어려운 사람. ③〖식물〗가시베씀바(類); 밤송이. ④(담에 박는)가시장못; (울타리의에 쓰이는)가시 달린 철선. ⑤〖기계〗스프로킷. ⑥굴뚝청소기; 병솔 는 솔. ⑦(식기류·병의 물기를 빼기 위한)선반, 병세우개. ⑧〖군사〗(원형)방어거점. ⑨〖농업〗토양압쇄기(土壤壓碎機).

†**hérissonne** [erisɔn] n.f. ①〖동물〗암고슴도치. ②〖식물〗(피레네산의)양골담초류(類). ③〖곤충〗쐐기벌레, 모충(毛蟲)(chenille ~).

†**hérissonné(e)** [erisɔne] a.p. ①〖식물〗가시가 있는, 곤두선 모양. chat ~ 털이 곤두선 고양이.

†**hérissonner** [erisɔne] v.t. ①(벽을)애벌 바르다. ②〖옛〗(깃 따위를)곤두세우다.
—**se ~** v.pr. ①《구어》머리털을 곤두세우다. ②〖옛〗깃을 곤두세우다.

héritabilité [eritabilite] n.f. 〖생물〗유전율(遺傳率), 유전력(力).

héritable [eritabl] a. 〖옛〗〖법〗상속할 수 있는.

héritage [eritaːʒ] n.m. ①상속(succession); 유산. laisser en bien pour[en] ~ 유산을 유산으로 남기다. recueillir l'~ de ses pères 조상의 유산을 물려받다. ~ des coutumes 대대로 내려오는 풍습. ~ vital 생명유산(염색체내 유전물질). ~ de gloire 명예의 유산. ②〖옛〗(가옥 따위의)부동산(immeuble). vendre son ~ 부동산을 처분하다. ~ celeste(de Dieu, du Seigneur) 〖성서〗천국(royaume des cieux).

hériter [erite] v.t.ind. [~ de]①…을 상속받다. Il a hérité d'une grande fortune. 그는 큰 재산을 상속받았다. ~ de la gloire de ses ancêtres 《비유적》선조의 영광을 물려받다. ②《목적보어 없이》유산을 받는다. À la mort de son père, il hérita. 부친이 사망하여 그가 상속을 받았다. ③《구어》…을 물려받다. J'ai hérité d'un beau tapis. 나는 아름다운 양탄자를 물려받았다.

—v.t. ①상속하다. maison qu'il a héritée de son père 그가 아버지로부터 상속받은 집. ~ une tradi-

tion (비유적) 전통을 이어받다[계승하다]. ② (목적보어 없이) Il a hérité de son oncle. 그는 숙부의 유산을 물려받았다.
—s'~ v.pr. 이어지다, 계승되다. La culture s'hérite de génération en génération. 문화는 대대로 이어진다.

héritier(ère) [eritje, ɛːr] n. ① 상속인, 후계자. qualité d'~ 상속인의 자격. (동격) prince ~ 황태자 (~ héréditaire). — légitime 법정 상속인. ~ présomptif 추정 상속인. ~ d'une civilisation (비유적) 문명의 계승자. ② 자식, 후사. Sa femme ne lui a point encore donné d'~. 그의 아내는 아직도 자식을 낳아주지 않았다.
—n.f. 큰 재산을 상속받을 외동딸.

Hermandad [ɛrman(a)dad] (에스파냐) n.f. (중세 에스파냐에서 자위수단으로 형성된) 도시동맹.

hermaphrodisme [ɛrmafrɔdism] n.m. 《생물》 양성구유(兩性具有); (사람의) 반음양(半陰陽); (비유적) (성격의) 양성(兩性).

hermaphrodite [ɛrmafrɔdit] a., n. ① (H~) 《그리스신화》 헤르마프로디토스 (남녀 양성을 가진 신). ② 《동·식물》 자웅동체[암수한몸]의 동물; 자웅동주 (암수한그루) 의 식물; 양성화(兩性化). ③ (사람의) 반음양. — masculin (féminin) 남성 [여성]. ④ (H~) 《미술》 반음양상. —a. 자웅동체[동주]의, 양성(兩性)의. statue de dieu ~ 반음양의 신상.

herméneutique [ɛrmenøtik] a. (성서·고대법률 따위의) 해석의. science ~ 해석학. —n.f. 해석학 (~ sacrée).

Hermès [ɛrmɛs] n.pr.m. 《그리스신화》 헤르메스 (제우스의 아들로 상업·학술·체육 따위를 관장하던, 도적·나그네·양떼의 수호신; 로마신화의 Mercure에 해당). —h~ n.m. 《미술》 헤르메스의 두상(頭像); 인두주(人頭柱).

herméticité [ɛrmetisite] n.f. ① 밀폐, 밀봉. ② 신비성; 난해성.

hermétique¹ [ɛrmetik] a. ① 연금술의. science ~ 연금술. ② 밀폐[밀봉] 된. fermeture ~ 밀봉. récipient ~ 밀봉용기[그릇]. appareils ~s 완전밀봉장치. rideau ~ 《사진》 암실막(幕). fermeture ~ des frontières (비유적) 국경의 완전봉쇄. ③ 신비로운, 난해한 (ésotérique, obscur), écrivain ~ 난해한 작가. visage ~ 속마음을 알 수 없는 얼굴.
—n.f. 연금술. —n.m. 연금술사 (hermétiste).

hermétique² [ɛrmetik] a. 《건축》 헤르메스의 두상(頭像) 이 있는. colonne ~ 헤르메스의 두상이 있는 원기둥.

hermétiquement [ɛrmetikmɑ̃] ad. ① 밀봉 [밀폐] 하여. récipient fermé ~ 완전히 밀폐된 용기. ② 엄밀히, secret ~ couvé 엄밀히 감추어진 비밀.

hermétisme [ɛrmetism] n.m. ① 연금술사의 비법(秘法), 연금술. ② 신비성, 난해성.

hermétiste [ɛrmetist] n.m. 연금술사(師).

hermine [ɛrmin] n.f. ① 《동물》 흰담비, 어민. ② 흰담비 모피. manteau doublé d'~ 흰담비 모피로 안을 넣은 외투. ③ 《문장》 흰 바탕에 검은 반점 무늬.

herminé(e) [ɛrmine] a.p. ① (옛) 흰담비 모피가 붙은. ② 《문장》 흰 바탕에 검은 반점 무늬가 있는.

herminer [ɛrmine] v.t. (의복에) 흰담비 모피를 붙이다, 흰담비 모피로 안을 받다.

herminette [ɛrminɛt] n.f. 손도끼.

hermitage [ɛrmitaːʒ] n.m. =ermitage.

hermite [ɛrmit] n.m. =ermite.

†**hernhute** [ɛrnyt] n.m. 《종교사》 모라비아파의 교도 (15세기에 모라비아에서 일어난 Jean Huss의 신봉자들).

†**hernhutisme** [ɛrnytism] n.m. 《종교사》 모라비아파 교리.

†**herniaire** [ɛrnjɛːr] a. 《의학》 헤르니아의. bandage ~ 헤르니아대(帶), 탈장대(脫腸帶).
—n.f. 《식물》 헤르니아풀.

†**hernie** [ɛrni] n.f. ① 《의학》 헤르니아, 탈장(脫腸). ~ abdominale 복부헤르니아. ~ du cerveau 연골헤르니아. ② 《자동차》 (타이어의) 부풀음 (~ des pneus).

†**hernié(e)** [ɛrnje] a. 《의학》 헤르니아를 일으킨.

†**hernieux(se)** [ɛrnjø, øːz] 《의학》 a. 헤르니아에 걸린. —n. 헤르니아 환자.

†**herniole** [ɛrnjɔl] n.f. 《식물》 =herniaire.

†**hernute** [ɛrnyt] n.m. =hernhute.

†**hernutisme** [ɛrnytism] n.m. =hernhutisme.

hérodien [erɔdjɛ̃] n.m. 《종교》 헤로디교도 (유태교의 일파).

héroïcité [erɔisite] n.f. (드물게) 영웅성, 용맹, 장렬.

héroï-comique [erɔikɔmik] a. (시 따위가) 장렬하면서도 익살스러운.

héroïde [erɔid] n.f. 《문학》 (영웅이 이야기하는 형식의) 서한체 시가(詩歌).

héroïne¹ [erɔin] n.f. ① 여걸, 여장부. ② (문학작품의) ~의 주인공. ~ d'un conte (d'un roman) 꽁트 [소설]의 여주인공. ③ (사건 따위의) 중심인물. ~ d'une aventure 사건의 중심인물.

héroïne² n.f. 《화학》 헤로인 (마취 진통제). 〔자〕.

héroïnomane [erɔinɔman] a., n. 헤로인 중독의 (환자).

héroïnomanie [erɔinɔmani] n.f. 헤로인 중독(증).

*héroïque [erɔik] a. ① 영웅적인, 용맹한, 장렬한. actions ~s 영웅적인 행동. faire d'~s efforts 영웅적인 노력을 하다. ② (신화의) 영웅을 노래한, 서사적인. âge ~; siècles (temps) ~s (그리스·로마의) 신화시대 (트로이 함락 이전). temps ~s de l'aviation (비유적) 항공의 (전설적인) 초창기. poésie ~ 영웅시, 서사시. vers ~s (그리스·로마의) 6각(脚) 시구 (詩句); (프랑스의) 12음절로된 시구. ③ (약 따위가) 강력한 효과가 있는; (결단 따위가) 과감한, 단호한. remède ~ 강력 특효약. prendre une résolution ~ 대담한 결심을 하다.

héroïquement [erɔikmɑ̃] ad. 영웅적으로, 용맹하게, 장렬하게. se conduire ~ 용감하게 처신하다.

*héroïsme [erɔism] n.m. 영웅적 행위 [정신]; 용맹; (익살) 비범한 행위 [정신]. montrer de l'~ 용기를 보이다. Vivre avec une femme pareille, c'est de l'~! 이런 여자와 살다니, 참 대단한 일이군!

†**héron** [erɔ̃] n.m. 《조류》 왜가리.

†**héronneau** [erɔno] (pl. ~x) n.m. 《드물게》 《조류》 새끼 왜가리.

†**héronnier(ère¹)** [erɔnje, ɛːr] a. ① faucon ~ 《사냥》 왜가리 사냥을 배운 매. ② (비유적) (왜가리 다리처럼) 길쭉한. jambe ~ère 길고 가는 다리.

†**héronnière²** [erɔnjɛːr] n.f. 《드물게》 왜가리 서식지; 왜가리 사육장.

*†**héros** [ero] n.m. ① 《신화》 신인(神人), 반신(半神); 전설적인 영웅. ② (특히 전쟁의) 영웅, 용사. ~ de la Résistance 레지스탕스 운동의 영웅. mourir en ~ 용사답게 죽다. ③ 위인, 큰 인물 (grand homme). se prendre pour un ~ 자신을 큰 인물로 생각하다. ④ (소설 따위의) 주인공. ~ de roman 소설의 주인공. ⑤ (사건 따위의) 주역, 주인공; 화제의 인물, 인기있는 사람. ~ de la fête 주빈(主賓). ~ du jour [de l'actualité] 당대의 최고 인기자 [화제의 인물].

†**herpe** [ɛrp] n.f. ① 《선박》 선수재 (船首材) (lisse). ② chien de bonne ~ 《사냥》 발톱이 날카롭게 굽은 사냥개. ③ (pl.) ~s marines 《해양》 바다의 표

착물(산호·해초 따위).
herpès [ɛrpɛs] *n.m.* 《의학》 (수)포진(疱疹).
herpétique [ɛrpetik] *a.* 《의학》 포진성(性)의. éruption ~ 포진발병. virus ~ 포진성 바이러스.
herpétisme [ɛrpetism] *n.m.* 《의학》 (신경장애로 인해 생기는 유전성의)피부병 체질.
herpétologie [ɛrpetɔlɔʒi] *n.f.* =erpétologie.
†**hersage** [ɛrsaːʒ] *n.m.* 《농업》 쇠스랑으로 흙을 고르기.
†**herschage** [ɛrʃaːʒ] *n.m.* =herchage.
†**hersche** [ɛrʃ] *n.f.* =herche.
†**herscher** [ɛrʃe] *v.i.* =hercher.
†**herscheur(se)** [ɛrʃœːr, -ʃøːz] *n.* =hercheur.
†**herse** [ɛrs] *n.f.* ① 《농업》 쇠스랑. passer la ~ dans les champs 밭을 쇠스랑으로 갈다. ② 《축성》 내리닫이 살문(~ château 그림). ③ 《건축》 지붕 구조평면도. ④ 《종교》 (교회의)3각 촛대; (*pl.*) 《연극》 정면 배경 조명기. ⑤ 기구(氣球)의 닻. ⑥ 《기상》 운속기(雲速計).
†**hersement** [ɛrsəmɑ̃] *n.m.* =hersage.
†**herser** [ɛrse] *v.t.* 《농업》 쇠스랑으로 고르다. ~ un semis[un guéret] 못자리[휴한지]를 쇠스랑으로 고르다.
†**herseur(se)** [ɛrsœːr, -øːz] *a.* 쇠스랑으로 고르는. —*n.* 쇠스랑으로 흙을 고르는 사람. —*n.f.* 기계 쇠스랑.
hertz [ɛrts] *n.m.* 《무전》 헤르츠(주파수의 단위).
hertzien(ne) [ɛrts(dz)jɛ̃, -ɛn] *a.* 《전기》 헤르츠의. ondes ~nes 헤르츠파(波), 전파. signaux ~s 전파신호.
Herzégovine [ɛrzegɔvin] *n.pr.f.* 《지리》 헤르제고비나.
herzégovinien(ne) [ɛrzegɔvinjɛ̃, -ɛn] *a.* 헤르체고비나의. —**H**~ *n.* 헤르체고비나 사람.
Hésiode [ezjɔd] *n.pr.m.* 《그리스문학》 헤시오도스(기원전 8세기 말의 서사시인).
hésitant(e) [ezitɑ̃, -ɑ̃ːt] *a.* ① 망설이는, 주저하는, 갈팡질팡하는; 우유부단한(irrésolu, incertain). être de caractère ~ 우유부단한 성격의 소유자이다. être[demeurer] ~ 어찌할 바를 모르고 갈팡질팡하다. ② 자신이 없는. voix[réponse] ~*e* 자신이 없는 음성(대답). pas ~s d'un vieillard 노인의 비틀거리는 발걸음.
***hésitation** [ezitɑsjɔ̃] *n.f.* ① 망설임, 주저. accepter sans ~ 망설이지 않고[서슴없이] 수락하다. Cette réponse a levé ses ~s. 이 대답으로 그는 더이상 망설이지 않게 되었다. ② (말의)더듬거림; (행동의)멈춤, 중단. parler sans ~ 더듬거리지 않고(줄줄) 말하다. Il eut une minute d'~, puis se remit en route. 그는 잠시 멈췄다가 다시 걷기 시작했다.
***hésiter** [ezite] *v.i.* ① 망설이다, 주저하다(balancer). [~ entre/sur] ~ *entre* plusieurs possibilités 여러 가능성 사이에서 망설이다. ~ *sur* le parti à prendre 어떤 결정을 해야 할지 망설이다. [~ à/《옛》 de + *inf.*] Le témoin *hésite à* dire la vérité. 증인은 진실을 말하기를 주저하고 있다. Il n'y a pas à ~ 주저할 것 없다, 뻔한 일이다. ② 더듬거리다(balbutier). Il *hésitait* dans ses réponses. 그는 대답을 더듬거렸다.
Hespérides (les) [lezɛsperid] *n.pr.f.pl.* 《그리스신화》 헤즈페리데스. Jardin des ~ (황금사과나무가 심어진)헤즈페리데스의 정원; 금지된 과일.
hespérornis [ɛsperɔrnis] *n.m.* 《고대생물》 헤즈페로르니스, 황혼새(중세대 백악기의 새).
†**Hesse** [ɛs] *n.pr.f.* 《지리》 헤센. 			 [람.
†**hessois(e)** [ɛswa, -aːz] *a.* 헤센의. —**H**~ *n.* 헤센사
hétaïre [eteːr], **hétaïre** [etaiːr] *n.f.* 《고대그리스》 고급창녀;《문어》창녀.

hétairie, hétérie [eteri] *n.f.* ① 《고대그리스》 (귀족의)정치[비밀] 결사. ② (비잔틴 제국의)외인고용 근위대. ③ (근대그리스의)정치당문에 결사.
hétaïrisme [ete(e)rism], **hétaïrisme** [etairism] *n.m.* 《고대그리스》 창녀의 신분(풍습).
Hétéens [eteɛ̃] *n.m.pl.* =Héthéens.
hétère [etɛːr] *n.f.* 《옛》 =hétaïre.
hétér(o)- *préf.* 「다른」(autre)의 뜻.
hétérocarpe [eterɔkarp] *a.* 《식물》 여러 종류의 열매가 생기는, 다형과(多形果)의.
hétérocentrique [eterɔsɑ̃trik] *a.* 애타주의의.
hétérocerque [eterɔsɛrk] *a.* 《어류》 꼬리지느러미의 두 가닥이 비상칭적(非相稱的)인.
hétérochromie [eterɔkrɔmi] *n.f.* 《의학》 이색(異色)(증).
hétéroclite [eterɔklit] *a.* ① 《언어》 불규칙하게 변화하는. nom ~ 불규칙 명사. verbe ~ 불규칙 동사. ② 《미술·문학》 (예술의)규칙을 벗어난, (양식이)혼합식의. bâtiment ~ 혼합식 건물. ③ 잡다한, 뒤섞인. population ~ (인종이)잡다한 주민. ④ 이상한, 기묘한. accoutrement ~ 이상하한 옷차림. ⑤ maladie ~ 진행상태가 이상한 병. 			 [環.
hétérocycle [eterɔsikl] *n.m.* 《화학》 복소환(複素
hétérocyclique [eterɔsiklik] *a.* 《화학》 복소환식(複素環式)의(↔homocyclique).
hétérodesmique [eterɔdɛsmik] *a.* 《광물》 이형(異型) 결합의.
hétérodoxe [eterɔdɔks] *a.* 이단(설)의; 비정통(파)의. théologiens ~s 비정통파 신학자. esprit ~ 자유사상(가)(↔orthodoxe). —*n.* 이단자.
hétérodoxie [eterɔdɔksi] *n.f.* 이단; 이단설(說); 비정통(非正統)(↔orthodoxie).
hétérodyne [eterɔdin] *n.f.*[*m.*] 헤테로다인. —*a.* 헤테로다인의. réception ~ 헤테로다인 수신법.
hétérogame [eterɔgam] *a.* 《생물》 이형생식(異形生殖)의.
hétérogamie [eterɔgami] *n.f.* 《식물》 이형생식.
hétérogène [eterɔʒɛn] *a.* ① 이질의, 이질물로 된. éléments ~s d'un corps 물체를 구성하는 이질적인 제성분. ② (비유적)혼합된, 혼성의; 잡다한, 고르지 않은. nation ~ (여러 민족으로 형성된)혼합국가. classe ~ (학생들의)수준이 다양한 학급. ③ ⓐ 《수학》 nombre ~ 대분수(帶分數). ⓑ 《화학》 système ~ 불균일계(系); équilibre ~ 불균일 평형. ⓒ 《언어》 substantif ~ 변성 명사(단수와 복수에서 성이 달라짐:délice 따위).
hétérogénéité [eterɔʒeneite] *n.f.* 이질(異質)(성), 이종혼성(異種混成)(↔homogénéité).
hétérogenèse [eterɔʒenɛːz] *n.f.* 《생물》 (자연적인)돌연발생.
hétérogénie [eterɔʒeni] *n.f.* 《생물》 자연발생(génération spontanée).
hétérogonie [eterɔgɔni] *n.f.* 《생물》 이상생식, 주기성 단성생식(單性生殖).
hétérogreffe [eterɔgrɛf] *n.f.* =hétéroplastie.
hétérologue [eterɔlɔg] *a.* 이종(異種)(기원)의, 이형(異型)의.
hétéromère [eterɔmɛːr] 《생물》 *a.* 부절(跗節)의 수가 다른, 상이한 부분을 가진. fleurs ~s 이수화(異數花). —*n.m.pl.* 이절류(異節類).
hétérométabole [eterɔmetabɔl] *a.* 《생물》 점변태(漸變態)의.
hétérométrique [eterɔmetrik] *a.* 《운율》 비등시구(非等詩句)의(↔isométrique).
hétéromorphe [eterɔmɔrf] *a.* ① 《동물》 완전변태의; 《생물》 이형의. fleur ~ 이형화(異形花). ②

【지질】 동질이상(同質異鑛)의.
hétéromorphie [eterɔmrfi] *n.f.*, **hétéromorphisme** [eterɔmɔrfism] *n.m.* 【동물·식물】 이질형성(異質形性) 【지질】 동질이상(同質異鑛).
hétéronome [eterɔnɔm] *a.* 【천학】 타율의; 【법】 타치적(他治的)인(↔ autonome).
hétéronomie [eterɔnɔmi] *n.f.* 타율(性).
hétéronyme [eterɔnim] *a.* 【의학】 반대관계의; 【언어】 이근동류(異根同類)의. —*n.m.* 【언어】 이근동류어(frère 과 sœur 의 경우 따위).
hétéroplastie [eterɔplasti] *n.f.* 【외과】 (타인의 조직에 의한)이종이식수술(異種移植手術).
hétéropode [eterɔpɔd] 【동물】 *a.* 이족(異足)의. —*n.m.pl.* 이족류(異足類).
hétéroprotéine [eterɔprɔtein] *n.f.* 【생화학】 복합단백질.
hétéroptère [eterɔptɛːr] *a.* 【곤충】 이시목(異翅目)의. —*n.m.pl.* 이시목.
hétérosciens [eterɔsjɛ̃] *n.m.pl.* 【예】 【지리】 이영인(異影人)(동일한 자오선상(上)의 사람들).
hétérosexualité [eterɔsɛksɥalite] *n.f.* 이성애(異性愛)(↔ homosexualité).
hétérosexuel(le) [eterɔsɛksɥɛl] *a.* 이성애의. —*n.* 이성애자(↔ homosexuel).
hétéroside [eterɔsid] *n.m.* 【생화학】 헤테로시드.
hétérosis [eterɔzis] *n.m.* 【생물】 잡종강세(强勢).
hétérosphère [eterɔsfɛːr] *n.f.* 이질권(異質圈)(약 100킬로 이상의 기권(氣圈)).
hétérotherme [eterɔtɛrm] *a.* 【동물】 (외계 기온에 따라)체온이 변하는, 변온의. animaux ~s 변온동물.
hétérotriches [eterɔtriʃ] *n.m.pl.* 【동물】 이모목(異毛目).
hétérotrophe [eterɔtrɔf] *a.* 【생물】 종속 영양의, 타급(他給) 영양의.
hétérozygote [eterɔzigɔt] *a.* 【생물】 이형(異形)[이질(異質)] 접합체의. —*n.m.* 이질접합의 개체.
Héthéens [eteɛ̃] *n.m.pl.* 【성서】 헤테인(人)(Canaan 의 아들, Hittites 의 선조).
hetman [ɛtmã] *n.m.* 코사크 종족의 두목.
†**hêtraie** [ɛtrɛ] *n.f.* (식목한)너도밤나무의 숲.
†**hêtre** [ɛtr] *n.m.* 【식물】 너도밤나무; 너도밤나무 재목(bois de ~).
†**heu**[1] [ø] *int.* 허어, 그래(놀람·의심). 흥(의심·경멸); 어(머뭇거림). Heu! heu! tu crois qu'il viendra. 아니 그래, 그가 오리라고 믿는거요. La capitale du Honduras? Heu!... heu!... je ne sais pas. 온두라스의 수도 말인가? 응... 응... 모르겠는걸.
†**heu**[2] *n.m.* 【해양】 (영불해협·북해의)소형 연안선.
†**heup** [ø.p] *int.* 【해양】 포(砲) 조종의 호령.
heur [œːr] *n.m.* 【예·문어】 행운(지금은 다음의 표현으로만 쓰임) (bonheur), [avoir l'~ de + inf.) n'ai pas eu l'~ de vous plaire. 당신 맘에 들지 않아 유감입니다. *Il (Tout) n'est qu'~ et malheur.* (속담) 운수 나름이다.
:**heure** [œːr] *n.f.* ① 시간, 한 시간. un quart d'~ 15 분. une demi-~ 반시간. attendre une bonne [grande] ~ 넉넉 한 시간 기다리다. partir dans deux ~s 2 시간 후에 떠나다. Il a mis une ~ pour venir. 그는 오는 데 한 시간 걸렸다.
② (시계의)시, 시각. ~ d'été 여름 시간, 서머타임. ~ légale 표준시. ~ locale 현지시각. avancer [retarder] l'~ 시계를 빠르게 하다(늦추다). mettre une montre à l'~ (시계의)시간을 맞추다. Quelle ~ est-il?; Quelle ~ avez-vous? 몇 시입니까? Vous avez l'~? 몇 시입니까? [(à) l'~ faire cent kilomètres à l'~; rouler à cent à l'~ 시속 100킬로로 달리다. gagner vingt francs (par) l'~ 한시간에 20프랑을 벌다.
③ 거리, 도정(distance). Vous avez encore (pour) une ~ de chemin. 아직도 한 시간의 갈 길이 남아 있소. Londre est à une ~ de Paris par avion. 런던은 파리에서 비행기로 한 시간의 거리에 있다.
④ (일하는)시간; (시간제)노동; 수업시간. payer des ~s de travail 노동시간에 대해 임금을 지급하다. les huit ~s 8시간 근무. ~ de français 프랑스어(수업)시간.
⑤ (일정한)시각; (약속)시간(moment); 기회, 호기(chance). laisser passer l'~ du repas 식사시간을 넘기다. ~s d'affluence[de pointe] 러시아워(혼잡시간). ~s d'~ n'êtes pas à l'~. (약속)시간을 지키지 않는군요. [C'est l'~ (de + inf.)] Ce n'est pas l'~. (구어)시간이 되지 않았다, 시간 이다. *C'est l'~ d'aller se coucher.* 잠자리에 들 시간이다. [L'~ est venue de + inf.] *L'~ est venue de vous révéler ce secret.* 이 비밀을 당신에게 알려줄 때가 왔소.
⑥ (인생 따위의)시기, 시절(temps, moment); 영광의 시기. aux ~s de bonheur 행복한 시절에. connaître des ~s de découragement 실망의 순간들을 맞보다. attendre son ~ 기회를 기다리다. Il sait qu'il aura son ~ (que son ~ viendra). 그는 자기의 때가 오리라는 것을 알고 있다. Son ~ est passée. 그의 황금시절은 끝났다. Cette école a eu son ~ de gloire. 이 학교는 영광의 시절이 있었다.
⑦ 현재, 오늘(~ actuelle). problèmes de l'~ 늘날의 문제. L'~ est grave. (현재의)시국은 중대하다.
⑧ 임종(~ dernière). Son ~ est arrivée. 그의 종이 다가왔다.
⑨ 【가톨릭】 기도(서). dire ses ~s 성무일도(聖務日禱)를 외다, 기도를 올리다. (livres d') H~s 일도서(日禱書).
⑩ ⓐ 마지막 ~ (신문의)마감뉴스(란). ⓑ ~ H 【군사】 작전개시 시간; (비유적) 결행의 시간.
⑪ les H~s 【그리스신화】 호라이(계절의 여신).
à cette ~ ((예·사투리)[astœːr]) 지금은, 현재는. À cette ~, vous pouvez entrer. 이제는 들어오셔도 됩니다.
À la bonne ~! 좋아! 마침 잘됐어!; 반갑군! À la bonne ~, le temps s'annonce très beau pour l'excursion. 잘됐군, 소풍 날씨로는 그만인 걸.
à la dernière ~ 막판에.
à l'~ + '형용사' [de + '명사'] ⓐ ···의 시대에; ···의 영향하에. vivre à l'~ atomique[de l'audiovisuel] 원자(시청각) 시대에 살다. la France qui vit à l'~ de Paris 파리의 영향하에 사는 프랑스. ⓑ ···의, ···의 방식대로. village à l'~ allemande 독일풍의 마을.
à l'~ qu'il est; à l'~ actuelle 이제, 지금(쯤), 이런 시대에.
à ses ~s 기분이 나면; 때때로. À ses ~s, il est bavard. 그는 신바람이 나면 수다를 떤다.
à toute ~, 늘, 언제나. pharmacie ouverte à toute ~ 24시간 영업하는 약국.
de bonne ~ 일찍, 일찍부터. se lever de bonne ~ 일찍 일어나다. Cet enfant a appris à lire de très bonne ~. 이 아이는 아주 일찍부터 글을 배웠다. (비교급) de meilleure ~ 더 일찍.
d'~ en ~; d'une ~ à l'autre 시간마다; 시시각각으로(전진을 뜻함); 곧, 오래 되기 전에. *D'~ en ~, l'inquiétude se faisait plus vive.* 시시각각 불안이 더욱 고조되었다. La situation peut changer

d'une ~ *à l'autre.* 사태는 금새라도 바뀔지 모른다.
n'avoir pas une ~ à soi[*de repos*]《구어》시간이 전혀 없다, 몹시 바쁘다.
pour l'~ 《구어》지금으로서는, 지금은.
prendre ~ avec *qn* ...와 만날 시간을 정하다.
sur l'~ 당장에, 즉시로(sur-le-champ). *Obéissez sur l'~.* 지금 당장 하라는 대로 하라시오.
tout à l'~ 곧, 조금 후에; 방금, 조금 전에; 《옛》당장. *Il va sortir tout à l'~.* 그는 곧 외출할 것이다. *Tout à l'~, il est tombé un peu de neige.* 조금 전에 눈이 좀 내렸다. *À tout à l'~!* 이따가 봐요!《헤어질 때의 인사》.
vingt-quatre ~*s sur vingt-quatre* 24시간 쉬지않고, 주야로.

*****heureusement** [œrøzmɑ̃] *ad.* ① 다행히(도). *H~ [H~ qu']on est rentré avant l'orage.* 다행히도 소나기가 오기 전에 집에 돌아왔다. ② 유리하게; 무사히(avantageusement). *terminer ~ une affaire* 일을 성공리에 끝마치다. ③ 잘, 적절히. *jouer ~* (악기를)잘 연주하다; (배우가)명연기를 하다. *Cela est ~ exprimé.* 그건 잘 표현되어 있다. ④《옛》행복하게.

‡**heureux**(**se**) [œrø, -ø:z] *a.* ① 행복한(↔malheureux). *vivre ~* 행복하게 살다. ~ *se vieillesse* 행복한 만년. *souvenirs ~* 행복한 추억. *être ~ comme un roi* 몹시 행복하다. [*H~* (*ceux*) *qui*] *H~ qui* sont morts dans une juste guerre. 정의의 싸움에서 죽은 자는 복이 있도다.
② 만족한, 기쁜, 흐뭇한. [~ *de qc*] *Je suis ~ de son succès.* 나는 그의 성공을 기쁘게 생각한다. [~ *de*+*inf.*] *Très ~ de faire votre connaissance.* (소개받았을 때)만나뵙게 되어 매우 기쁩니다. [~ *que*+*sub.*] *Je suis ~ qu'il aille mieux.* 그의 건강이 좋아져서 흐뭇합니다.
③《사물에 대해》다행한(avantageux); 알맞은, 행운의(favorable). ~*se issue* 다행스러운 결말, *circonstances* ~*ses* 행운의 상황. *naître sous une étoile* ~*se* 행운의 별 아래《행운을 타고》태어나다. *avoir la main* ~*se* 하는 일마다 행운이 따르다, 승부운이 강하다. [*Il est+*《구어》*C'est* ~ *que*+*sub.*] *C'est* ~ *qu'il ne nous ait pas vus.* 다행히도 그는 우리를 보지 않았다.
④《사람·사물에 대해》훌륭한, 좋은, 탁월한. *climat* ~ 좋은 기후. ~ *caractère* 낙천적인 성격. *avoir une* ~ *se mémoire* 기억력이 뛰어나다.
⑤ (표현 따위가)적절한, 올바른(juste). *expression* ~*se* 적절한 표현. ~ *choix de mots* 말의 음바른 선택. *Votre conseil s'est révélé très ~.* 당신의 충고는 매우 적절한 것이었다.
— *n.* 행복한 사람. *faire un*[*des*] ~ (남을)행복하게[기쁘게] 해주다.

heuristique [ørist̃ik] *a.* 발견의 도움이 되는. *hypothèse* ~ 발견의 도움이 되는 가설. *méthode* ~ 《교육》발견적 교수법. — *n.f.* 자료발굴법; (역사)문서발굴.

†**heurt** [œ:r] *n.m.* ①충격, 충돌. *déplacer qc sans* ~ ...을 충격을 주지 않고 옮기다. ~ *de deux voitures* 두 자동차의 충돌. ②《수의》타박상. ③《비유적》(정신적인)격돌; 대립, 항쟁. ~*s incessants entre deux âmes passionnées* 열정적인 두 사람 사이에서의 끊임없는 충돌. *Tout s'est fait sans* ~. 만사가 마찰 없이[원만히] 행해졌다. ④《색채 따위》부조화, 마찰, 심한 대조; (음의)충돌. ~*s violents des tons* 색조의 지나친 대조. ~ *de deux voyelles* 《언어》모음 충돌(hiatus). ⑤《토목》(길·다리의)중앙부.

†**heurté**(*e*) [œrte] *a.p.* ①《미술·사진》경조(硬調)

의, 대조가 지나치게 강한. ②(문장의)거친. *style* ~ 거친 문체. ③(소리가)귀에 거슬리는.

†**heurtement** [œrtəmɑ̃] *n.m.* 충돌. ~ *de voyelles*《언어》모음 충돌(hiatus).

*****†**heurter** [œrte] *v.t.* ①(에)부딪치다, (와)충돌하다(cogner). ~ *son front contre*(à) *qc* 얼굴을 ...에 부딪치다. *voiture qui est venue* ~ *un arbre* 나무를 들이받은 자동차. ②(비유적》(감정·이익 따위를)해치다(blesser, choquer); 거역하다. *Le bon sens* ~ *son avis*[*usage, coutume 상식*]에 어긋나다. [~ (*les sentiments de*) *qn*] *Ces paroles risquent d'~ certains auditeurs.* 이 말은 일부 청중의 빈축을 살 우려가 있다. ~ *de front qn* ...와 정면으로 충돌하다. ③《미술·사진》(와)대조가 되게 하다.
— *v.-i.* ①[~ à] 두드리다(frapper). ~ *à la porte* 문을 노크하다. ②(옛》[~ *contre*](에)부딪다. ~ *de la tête contre une muraille* 벽에 머리를 부딪다.
~ *à la bonne porte* 잘못을 저지르지 않다.
— **se** ~ *v.pr.* ①[se ~ *contre*](에)부딪치다. 《*se* 는 간접보어》자기의 ...을 (...에)부딪치다. *se* ~ *contre un mur* 벽에 머리를 부딪치다. *se* ~ *le front contre une poutre basse* 낮은 서까래에 이마를 부딪치다. ②《비유적》거절당하다. *se* ~ *à*(avec) *qn* ...와 충돌하다, 적대하다. *se* ~ *à*[avec] *qn* ...와 충돌하다. ~ *à un refus* 거절당하다. *se* ~ *à de grosses difficultés* 커다란 곤란에 직면하다. *se* ~ *à*[avec] *qn* ...와 충돌하다. ③《상호적》(사람·사물이)서로 충돌하다. *Les deux voitures se sont heurtées de plein fouet.* 두 자동차가 정면으로 충돌했다. *passants pressés qui se heurtent* 서로 몸을 부딪치는 바쁜 행인들. ④(색채 따위가)극도로 대조를 이루다. *Ces tons se heurtent.* 이 색조는 서로 조화되지 않는다.

†**heurtoir** [œrtwa:r] *n.m.* ①(방문객을 위한)문 두드리는 망치, 노커. ②(강풍으로 인한)문의 급격한 개폐 방지 장치. ③《철도》완충기(緩衝器).

†**heuse** [ø:z], †**heusse** [ø:s] *n.f.* ①(펌프의)플런저. ②(중세의)장화, 다리.

hévé *n.m.*, **hévéa** [evea] *n.m.*, **hévée** [eve] *n.f.* 《식물》파라고무나무.

hexa- *préf.* 「6」의 뜻.

hexachlorophène [ɛgzaklɔrɔfɛn] *n.m.* 《화학》6염화페.

hexacoralliaires [ɛgzakɔraljɛr] *n.m.pl.* 《동물》육방산호류(六放珊瑚類).

hexacorde [ɛgzakɔrd] *n.m.* 《음악》6음 음계.

hexadécimal(**ale**, *pl.* **aux**) [ɛgzadesimal, -o] *a.* 《수학》16진법의.

hexaèdre [ɛgzaɛdr] 《수학》*a.* 6면의. *prisme* ~ 6면체. — *n.m.* 6면체.

hexaédrique [ɛgzaedrik] *a.* 《수학》6면체의.

hexagonal(**ale**, *pl.* **aux**) [ɛgzagɔnal, -o] *a.* ① 6각형의. *prisme* ~ 6각추(錐). ②(익살》(프랑스 국토가 6각형인데에서)프랑스 본토의. — *H~aux n.m.pl.*《구어》프랑스인(Français). — *n.m.* 프랑스어(語)(français).

hexagone [ɛgzagɔn] *a.* (옛》6각형의(hexagonal). — *n.m.*《수학》6각형. ~ *régulier* 정 6각형. ②l'*H~* (français) 프랑스 본토.

hexagyne [ɛgzaʒin] *a.*《식물》6개의 수술이 있는.

hexal [ɛgzal] *n.m.* 폭약의 일종.

hexamètre [ɛgzamɛtr]《운율》*a.* (그리스·라틴의)6각시(六脚詩)의; (프랑스의)12음절시의(오용). — *n.m.* 6각시; (오용)12음절시.

hexamidine [ɛgzamidin] *n.f.* 방부제의 일종.

hexandre [ɛgzɑ̃dr] *a.*《식물》6개의 수술이 있는.

hexandrie [ɛgzɑ̃dri] *n.f.*《식물》수술이 6개인 식물.

hexane [ɛgzan] *n.m.* 【화학】핵산.
hexapétale [ɛgzapetal] *a.* 【식물】꽃잎이 6개인, 6화판의.
hexaples [ɛgzapl] *n.m.pl.* 【성서】구약 오리게네스 판(헤브라이어·그리스어 따위 6개국어 대역성).
hexapode [ɛgzapɔd] 【곤충】*a.* 발이 6개의.[서].
—*n.m.pl.* 6족충(足蟲)류[곤충류].
hexapolaire [ɛgzapɔlɛːr] *a.* 【전기】6극(極)의.
hexastyle [ɛgzastil] 【건축】*a.* 6주(柱)의, 6주(柱)식의. —*n.m.* 6주식 회랑.
hexasyllabe [ɛgzasillab] 【운율】*a.* 6음절로 된. —*n.m.* 6음절 시구.
Hexateuque (l') [lɛgzatǿːk] *n.m.* (구약성서 처음의) 6서(書).
hexatomique [ɛgzatɔmik] *a.* 【옛】【화학】6원가(價)의(hexavalent); 6원자의.
hexavalent(e) [ɛgzavalɑ̃, -ɑ̃ːt] *a.* 【화학】6가의.
hexet [ɛgzɛt] *n.m.* 【컴퓨터】6비트바이트(기억보량)
hexode [ɛgzɔd] *n.f.* 【전기】6극관. [의 단위].
hexose [ɛgzoːz] *n.m.* 【생화학】6 탄당(炭糖)《6개의 탄소원자를 가진 단당류》.
hexyl [ɛgzil] *n.m.* 【화학】핵실.
heyduque [edyk] *n.m.* ① 【역사】(16세기 남부 국경 수호의 임무를 맡은)헝가리 귀족. ②【헝가리·폴란드의】귀족집의 하인. ③세르비아·헝가리·루마니아)인 의적[의용병].
Hf 〔약자〕 hafnium 【화학】하프늄.
H.F. 〔약자〕 haute fréquence 고주파.
Hg 〔약자〕 hydrargyre 【화학】수은(mercure).
hg. 〔약자〕 hectogramme 헥토그램.
H.-G. 〔약자〕 Haute-Garonne(프랑스의 도(道)).
†**hi** [i] *int.* Hi! Hi! 히히, 킥킥(웃음소리); 흑흑(울음소리). —*n.m.* (복수불변) ①놀라는 소리. faire des hi et des ha(ho) 깜짝 놀라다. ② point de hi, point de ha 고장, 아픔.
hiatal(ale, *pl.* **aux)** [jatal, -o] *a.* 【의학】열공(裂孔)의.
hiatus [jatys] *n.m.* ①【운율·언어】모음중복[접속]. ②간격, 단절(décalage); 중단(interruption); 틈, 공백(lacune). ~ entre les deux générations 두 세대간의 간격. Il y a un ~ dans mes souvenirs. 내 기억에 구멍(공백)이 있다. ③【해부】열공(裂孔).
hibernacle [ibernakl] *n.m.* 【식물】월동용 외피, 월동체(越冬體).
hibernal(ale, *pl.* **aux)** [ibernal, -o] *a.* 겨울동안의. glace —*ale* 겨울철 얼음, 동빙(冬氷). sommeil ~ 겨울잠, 동면(冬眠).
hibernant(e) [ibernɑ̃, -ɑ̃ːt] *a.* 【동물】동면하는. animaux —*s* 동면동물.
hibernation [ibernɑsjɔ̃] *n.f.* ①동면. ~ artificielle 【의학】인공동면. ②(비유적)활동정지, 정체(停滯). sortir d'une longue ~ 오랜 정체상태를 벗어나다.
hiberner [iberne] *v.i.* 동면(冬眠)하다, 겨울잠을 자다. —*v.t.* 【의학】인공동면시키다.
hibernien(ne) [ibernjɛ̃, -ɛn] *a.* 아일랜드(사람)의. —**H**— *n.* 아일랜드 사람.
hibiscus [ibiskys] *n.m.* 【식물】부용·무궁화류.
†**hibou** [ibu] *n.m.* (*pl.* ~*x*) ①【조류】올빼미. ②【구어】교제를 싫어하는 사람. C'est un ~. 그는 사람들과 어울리기를 싫어한다. faire le ~ 【구어】사람들을 피하고 혼자 시무룩해지다.
†**hic** [ik] *n.m.* 【구어】난점, 난관, 중요한 점. Voilà le ~; C'est là le ~. 그게 난점이다.
hic et nunc [iketnɔ̃ːk] 〔라틴〕*loc.ad.* 당장에, 즉시(sur-le-champ).

†**hickory** [ikɔri] 〔영〕 *n.m.* 【식물】히코리(북미산 호두과(科)의 식물).
hidalgo [idalgo] *n.m.* 에스파냐의 귀족.
†**hideur** [idœːr] *n.f.* 흉측함, 추악함. ~ d'un visage 추한 얼굴. Quelle ~! 【속어】(못생긴 여자에 대하여)아이 흉측해! ②흉측(추악)한 꼴.
†**hideusement** [idǿzmɑ̃] *ad.* 흉측하게.
†**hideux(se)** [idǿ, -ǿːz] *a.* 보기 흉한, 흉측스러운 (laid); 지독한, 무시무시한, 흉악한(affreux, atroce). spectacle ~ 보기 흉한 광경. chose —*se* à voir 보기에도 흉측하는 것. ~ termes d'argot 듣기에도 끔찍한 은어.
hidrorrhée [idrɔre] *n.f.* 【의학】탈한(脫汗), 발한(發汗過多).
hidro(s)— *préf.* 「땀」의 뜻.
hidrosadénite [idrozadenit] *n.f.* 【의학】한선염(汗腺炎).
†**hie** [i] *n.f.* ①【토목】달구. ②포석 다지는 기구.
hièble [jebl] *n.f.* 【식물】딱총나무의 일종.
hiémal(ale, *pl.* **aux)** [jemal, -o] *a.* 【문어】겨울의(hivernal); 〔식물〕겨울에 자라는. sommeil ~ 동면. plantes —*ales* 동계 식물.
hiémation [jemɑsjɔ̃] *n.f.* 【식물】동계 성장.
†**hiement** [imɑ̃] *n.m.* ①포석 다지기. ②(무거운 짐을 들어올릴 때의)기중기의 삐걱거리는 소리.
†**hier¹** [je] *v.t.* ①(포석을)다지다. ②(기계로 말뚝을)박다. —*v.i.* (기중기 따위가)삐걱거리는 소리를 내다.
hier² [jɛːr] *ad.* ①어제. ~ (au) matin (soir) 어제 아침(저녁). d'~ en huit 어제부터 1주일 후에, il y a eu—~ huit jours 어제부터 1주일 전에. ②(상대적)요즘, 최근. ne pas dater d'~ 최근의 일이 아니다. être né (fait) d'~ 〔구어〕경험이 없다(주로 부정적으로 쓰임). Je ne suis pas né d'~. 나를 한두 살 난 어린애로 보지 마시오. homme d'~ 벼락감투를 쓴(벼락부자가 된)사람. —*n.m.* 어제.
hiér— *préf.* 「신성한」의 뜻.
†**hiérarchie** [jerarʃi] *n.f.* ①계급제도. ②(군대·관리·행정기구의)위계, 조직, 서열. être au sommet de la ~ 위계의 정상에 있다. degrés(échelons) de la ~ 계층, 위계. ③【종교】(천사의)9계급; (성직자·관리 따위의)계급; 〔가톨릭〕교계 제도. ④단계, 서열, 순서. ~ des valeurs 가치의 고하(高下). ~ des devoirs 의무의 순위. ~ morale (intellectuelle) 정신적[지적] 가치의 순위. ⑤【컴퓨터】(전자계산기의)기억성능의 계층.
†**hiérarchique** [jerarʃik] *a.* 계급의; 계급제도의, 위계제도의. supérieur ~ 상관; 상사.
par (la) voie ~ 공식 수속을 거쳐. demander à parler au colonel par la voie ~ 계통을 밟아 연대장에게 면회를 신청하다.
†**hiérarchisation** [jerarʃizɑsjɔ̃] *n.f.* 계급(등급)을 두기; 등급을 매기기.
†**hiérarchiser** [jerarʃize] *v.t.* (에)계급(등급)을 주다, 계층화하다. société fortement hiérarchisée 계급이 뚜렷한 사회. ~ l'indemnité 수당에 차등을 두다.
hiératique [jeratik] *a.* ①성직의; 성직자의, 사제(司祭)의; 종교적 전통에 따른. ②(태도 따위가)엄숙한, 장중한, 딱딱한. attitude ~ 엄숙한 태도. ③【미술】(그림이나 조각이)종교적 전통을 따라서 형식이 고정된. écriture ~ 고대 이집트의 초서체(草書體) 종교문자. style ~ (그림·조각의)종교적 양식.
hiératiquement [jeratikmɑ̃] *ad.* 종교적 전통에 따라, 격식을 차리고.

hiératiser [jeratize] *v.t.* 《미술》 종교적 전통에 따라 그리다.

hiératisme [jeratism] *n.m.* ① (성화(聖畫)의)전통적 양식성. ② (태도·표정 따위가)엄숙함, 굳음.

hiéro- *préf.* 「신성함」의 뜻.

†**hiérodoule** [jerɔdul], †**hiérodule** [jerɔdyl] *n.m.* 《고대그리스》 (신전에서 일하던)노예.

†**hiéroglyphe** [jerɔglif] *n.m.* ① (고대이집트의)상형문자. ② (*pl.*)해독하기 어려운 문자[글씨체]. ③ (중세시대의)표장(標章).

†**hiéroglyphique** [jerɔglifik] *a.* 상형문자의; 난해한, 해독할 수 없는. —*n.f.* 상형문자(의 체계).

†**hiérogramma(tis)te** [jerɔgramma(tis)t] *n.m.* 《고대이집트》 신전의 기록 담당자; 성전(聖典)의 주석을 맡은 고승(高僧).

hiérogramme [jerɔgram] *n.m.* (고대이집트의)행서체 상형문자.

hiérographie [jerɔgrafi] *n.f.* 《종교》 ① 종교사. ② 신비학론(神秘學論).

hiérographique [jerɔgrafik] *a.* 《종교》 ① 종교사의. ② 신비학론의.

hiéromancie [jerɔmãsi] *n.f.* 신에 바친 제물로 치는 점.

hiéronymite [jerɔnimit] *n.* 《종교사》 (14·15기 이탈리아·에스파냐의)성제롬(*saint Jérôme*)회의 수도사.

hiérophante [jerɔfɑ̃:t] *n.m.* ① 사제, 주교. ② (고대 그리스의)엘레우시스(*Eleusis*)의 사제(司祭). ③ (고대 로마의)대주교.

hiérosolymitain(e) [jerɔsɔlimitɛ̃, -ɛn], **hiérosolymite** [jerɔsɔlimit] *a.* 예루살렘의. —**H~** *n.* 예루살렘 사람.

†**hi-fi** [ifi] (<《영》 *high fidelity*) *n.f.* 하이파이. —*a.* 하이파이의.

†**highlander** [ajlɑ̃dœ:r] 《영》 *n.m.* ① 스코틀랜드 고지의 주민. ② 고지연대병(高地聯隊兵).

†**high-life** [ajlajf] 《영》 *n.m.* 《속어》 상류사회; 최신 유행.

†**hi-han** [iɑ̃] *int.* 히힝(당나귀의 울음소리). —*n.m.pl.* (*pl.* ~~**s**) 당나귀의 울음소리.

†**hilaire** [ilɛ:r] *a.* ① 《해부》 문(門)의. ganglion ~ 폐문임파선염. ② 《식물》 (종자의)배꼽(hile)의.

hilarant(e) [ilarɑ̃, -ɑ̃:t] *a.* 웃음을 자아내는. histoire ~e 웃음을 자아내는 [유쾌한] 이야기. gaz ~ 《화학》 최소(催笑)가스(일산화질소의 옛 이름).

hilare [ila:r] *a.* 명랑한(gai), 들뜬; 크게 웃는.

hilarité [ilarite] *n.f.* ① 폭소, 크게 웃음. provoquer (déclencher) l'~ générale 일동을 크게 웃기다. ② 《옛》 만족, 즐거운 기분(joie).

hilarodie [ilarɔdi] *n.f.* 《문어》 (알렉산드리아시대의)익살극.

hile [il] *n.m.* ① 《해부》 (내장의 혈관·신경 따위가 드나드는)문. ~ du poumon 폐문(肺門). ~ du rein 신문(腎門). ② 《식물》 (씨의)배꼽.

hiloire [ilwa:r] *n.f.* 《해양》 뱃전로.

hilote [ilɔt] *n.* 《그리스사》 (스파르타의)노예; 최하층의 천민, 노예 같은 사람(ilote).

hilotisme [ilɔtism] *n.m.* 《그리스사》 노예 신세; 비천한 신분(ilotisme).

Himalaya (l') [limalaja] *n.pr.m.* 《지리》 히말라야 산맥.

himalayen(ne) [himalajɛ̃, -ɛn] *a.* 히말라야의. —**H~** *n.* 히말라야 지방의 주민.

himation [imatjɔn] *n.m.* (고대그리스의)소매없는 외투.

†**himent** [imɑ̃] *n.m.* ① 포석 다지기. ② (무거운 짐을 들 때의)가쁜숨의 삐걱거리는 소리(hiement).

†**hindi** [indi] *n.m.* 힌디어(인도의 공용 국어).

hindou(e) [ɛ̃du] *a.* 《옛》 인도의; 힌두교의. —*n.* ① (*H~*)《옛》 인도 사람. ② 힌두교도.

hindouisme [ɛ̃duism] *n.m.* 힌두교(敎).

hindouiste [ɛ̃duist] *a.* 힌두교의. —*n.* 힌두교도.

Hindoustan [ɛ̃dustɑ̃] *n.pr.m.* 《지리》 힌두스탄.

hindoustānī [ɛ̃dustani] *n.* 《언어》 힌두스탄어. —*a.* 《불변》 langue ~ 힌두스탄어(語).

hindoustanique [ɛ̃dustanik] *a.* 힌두스탄의.

hinterland [intɛrlɑ̃:(an]d] 《독일》 *n.m.* ① 배후지(背後地). ② (식민지의)오지(奧地).

†**hip¹** [ip] *int.* (다음 표현으로만 쓰임) H~! ~! ~! hourra! 만만세! (열광).

†**hip²** *a.* 《불변》 히피족의, 히피풍의. groupes ~ 히피집단. —*n.m.* 히피.

hipparchie [iparʃi] *n.f.* 《그리스사》 기병대, 기병사단(약 500 기(騎)); 기병대장의 지위[계급].

hipparion [iparjɔ̃] *n.m.* 《고대생물》 히파리온.

hipparque [ipark] *n.m.* 《그리스사》 기병대장.

hippiatre [ipjatr] *n.m.* 《옛》 마의(馬醫).

hippiatrie [ipjatri] *n.f.* 마의술(術).

hippiatrique [ipjatrik] *a.* 마의술의, 마의술에 관한. —*n.f.* 마의술(hippiatrie).

†**hippie**, †**hippy**(*pl.* **ies**) [ipi, -iz] 《영》 *n.m.* 히피(족). —*a.* 히피족의, 히피풍의.

hippique [ipik] *a.* ① 말의, 말에 관한. concours ~ 말 공진회(共進會); 경마회(競馬會). ② 마술(경마)의 경기. sport ~ 마술(馬術)의 경기. chronique ~ (신문의)경마란.

hippisme [ipism] *n.m.* 경마, 승마 경기.

hipp(o)- *préf.* 「말의, 말에 관한」의 뜻.

hippobosque [ipɔbɔsk] *n.m.* 《곤충》 말진드기.

hippocampe [ipɔkɑ̃:p] *n.m.* ① 《어류》 해마(海馬). ② 《그리스신화》 해마(말 머리에 물고기 꼬리를 가진 괴물).

hippocastanacées [ipɔkastanase] *n.f.pl.* 《식물》 칠엽수과(科).

hippocentaure [ipɔsɑ̃to:r] *n.m.* (그리스신화에 나오는)반인반마(半人半馬)의 동물(centaure).

hippocratique [ipɔkratik] *a.* 히포크라테스(*Hippocrate*)(학설)의. face ~ 《의학》 사상(死相).

hippocratisme [ipɔkratism] *n.m.* ① 히포크라테스의 학설. ② 손톱·손가락의 병변(病變).

hippocratiste [ipɔkratist] *n.* 히포크라테스 학설 신봉자.

hippodrome [ipɔdro:(ɔ)m] *n.m.* ① 경마장. ② 《고대》 (경마·전차 경주용의 타원형)경기장. ③《옛》 곡마장.

hippogriffe [ipɔgrif] *n.m.* 《그리스신화》 말의 몸에 독수리의 머리와 날개를 가진 괴물.

hippolite [ipɔlit] *n.f.* 《수의》 말의 창자·쓸개주머니 안에 생기는 노란 결석(結石).

hippologie [ipɔlɔʒi] *n.f.* 마학(馬學).

hippologique [ipɔlɔʒik] *a.* 마학의.

hippologue [ipɔlɔg] *n.* 마학자.

hippomane¹ [ipɔman] *n.m.* ① 《수의》 암말의 요막(尿膜)으로 된 부유물. ② 《식물》 만치닐(열대 아메리카산의 독나무). ③《옛》 (발정기의 암말의)음수(陰水).

hippomane² *a.* 말에 미친, 승마를 좋아하는. —*n.* 말에 미친 사람, 승마 애호가.

hippomanie [ipɔmani] *n.f.* 말 애호.

hippomobile [ipɔmɔbil] *a.* 말이 끄는.

hippophaé [ipɔfae] *n.m.* 《식물》 낙상홍(落霜紅)(argousier).

hippophage [ipɔfa:ʒ] *a., n.* 말고기를 먹는(사람).

hippophagie [ipɔfaʒi] *n.f.* 말고기를 먹는 버릇.

hippophagique [ipɔfazik] *a.* 말고기를 먹는 (것에

관함). boucherie ~ 말고깃간.
hippopotame [ipɔpɔtam] *n.m.* ① 《동물》 하마(河馬). ②《구어》거대한 사람.
hippotechnie [ipɔtekni] *n.f.* 조마술(調馬術); 말 기르는 법.
hippotigris [ipɔtigris] *n.m.* 얼룩말.
hippurique [ipyrik] *a.* acide ~ 《화학》 마뇨산(馬尿酸).
hippurite [ipyrit] *n.f.*[*m.*] 《고대생물》 말꼬리조개(백악기의 화석).
hircin(e) [irsɛ̃, -in] *a.* (냄새가) 산양 같은, 산양 냄새가 나는.
hirnéole [irneɔl] *n.f.* 《드물게》《식물》 목이속(屬) (auriculaire).
hirondeau [irɔ̃do] (*pl.* ~**x**) *n.m.* 《옛》 새끼 제비.
*****hirondelle** [irɔ̃dɛl] *n.f.* ①《조류》 제비. ~ rustique (de cheminée)(가장 흔한 종류의)제비. ~ de mer 제비갈매기; 《어류》 날치 무리. Le retour des ~s annonce le printemps. 제비가 돌아오는 것은 봄의 징조이다. nid d'~ 《요리》(중국요리의 재료로 쓰이는)제비집(salangane의 집).
② 강의 증기선. ③《구어》《연극》 공짜 입장자. ④《속어》(자전거를 탄)순찰경관. ⑤ 계절노무자. ~ de pontes 품팔이, 떠돌이. ⑥ ~ d'hiver《옛·속어》(파리의) 굴뚝 청소부; 군밤장수.
Une ~ *ne fait pas le printemps.*《속담》(한 마리의 제비가 왔다고 해서 봄이 온 것은 아니다)→ 하나로 전체를 속단하지 말라.
hirondinidées [irɔ̃dinide] *n.f.pl.*《조류》 제비과(科)(hirundinidés).
hirsute [irsyt] *a.* ①(머리털·수염이) 텁수룩한; 털투성이의. ② 거친, 퉁명스러운(grossier, bourru). apparence ~ 무뚝뚝해 보이는 겉모습. ③《식물》 털이 많은.
hirsutisme [irsytism] *n.m.*《의학》 다모증(多毛症), 다모성조숙증.
hiruduculture [irydikylty:r] *n.f.* 거머리 사육(hiruduniculture), (科).
hirudinées [irydine] *n.f.pl.*《동물》 거머리과.
hirudiniculture [irydinikylty:r] *n.f.* 거머리 사육.
hirundinidés [irɔ̃dinide] *n.m.pl.*《조류》 제비과(hirundinidés).
Hispanie [ispani] *n.pr.f.*《옛》이베리아 반도.
hispanique [ispanik] *a.* 에스파냐의. ——*n.m.*《언어》 아랍·마그레브(*Magreb*, 모로코·알제리·튀니지의 총칭) 사투리.
hispanisant(e) [ispanizɑ̃, -ɑ:t] *n.* 에스파냐(어) 연구자(hispaniste).
hispanisme [ispanism] *n.m.* 에스파냐어의 특유한 어법.
hispaniste [ispanist] *n.* 에스파냐(어) 연구자.
hispan(o)- *préf.*「에스파냐」의 뜻.
hispano-américain(e) [ispanɔamerikɛ̃, -ɛn] *a.* ① 에스파냐계 아메리카의. ② 에스파냐와 아메리카의. guerre ~ *e* 미서(美西)전쟁. ——**H**~**A**~ *n.* 에스파냐계 미국 사람. ——*n.m.*《언어》 중·남미의 에스파냐어.
hispano-arabe [ispanɔarab], **hispano-moresque** [ispanɔmɔrɛsk] (*pl.* ~~-**s**) *a.* (에스파냐의 중세예술, 특히 도자기에 대해서) 이스파노모레스크 양식의.
hispide [ispid] *a.* ①《식물·곤충》 센털이 많은. ② 텁수룩한.
†**hissage** [isa:ʒ] *n.m.* 게양; 끌어올리기, 감아올리기. ~ des couleurs (배의) 기(旗) 게양.
†**hisser** [ise] *v.t.* ① (돛·기 따위를) 끌어올리다, 게양하다; 감아올리다. ~ le drapeau au (en) haut du mât 돛대 꼭대기에 기를 게양하다. ~ les voiles 돛을 올리다(달다). ② (힘들여) 끌어올리다, 들어올리다. ~ un blessé 부상자를 들어올리다. Oh(Ho), hisse! 영치기 영차! (감아올리거나 끌어당길 때 내는 소리).
——*se* ~ *v.pr.* ~ sur (담 따위에) 기어오르다 (grimper, monter); 몸을 추켜올리다(se hausser, s'élever). se ~ sur la pointe des pieds 발돋움하다.
histamine [istamin] *n.f.*《화학》 히스타민.
histaminique [istaminik] *a.*《생물》 히스타민에 의한. choc ~ 히스타민 쇼크.
hister [istɛːr] *n.m.*《곤충》 딱정벌레.
histidine [istidin] *n.f.*《화학》 히스티딘(염기성 아미노산).
histio-, hist(o)- *préf.*「조직」의 뜻.
histiocytaire [istjɔsitɛːr] *a.*《생물》 조직구(組織球)의.
histiocyte [istjɔsit] *n.m.*《생물》 결체조직세포.
histiocytome [istjɔsitom] *n.m.*《생물》 결체조직세포종(腫).
histochimie [istɔʃimi] *n.f.*《생물·화학》 세포·조직화학.
histocompatibilité [istɔkɔ̃patibilite] *n.f.* 조직적 합성.
histogène [istɔʒɛn] *a.* 조직 발생의.
histogénèse [istɔʒenɛːz], **histogénie** [istɔʒeni] *n.f.* 조직 발생(형성·생성); 조직 발생학.
histogramme [istɔgram] *n.m.*《통계》 히스토그램, 도수분포도, 막대그래프.
histographie [istɔgrafi] *n.f.*《옛》《의학》 조직학 (histologie).
:**histoire** [istwaːr] *n.f.* ① 역사; 사학. ~ universelle 세계사. ~ de France 프랑스 역사. ~ sainte (sacrée) 성사(聖史); 구약시대사; 교회사. ~ naturelle 자연사; 박물학(지)(誌). ~ ancienne (du moyen âge, des temps modernes) 고대(중세·현대)사. petite ~ 이면사, 일화.
② (역사책, 사서(史書). «H~» d'Hérodote 헤로도투스의 「역사」.
③ (역사적) 사실, 실록. Ce poète n'a pas assez respecté l'~. 이 시인은 역사적 사실을 충분히 존중하지 않았다.
④ 연혁; 전기; 경력, 내력. ~ de Napoléon 1er 나폴레옹 1세의 전기.
⑤ 이야기(conte);《구어》 꾸며낸 이야기(fable); 터무니없는 이야기(mensonge). conter une ~ 이야기를 하다. *H*~ que tout cela! Tout ça, ce sont des ~s. 전부 거짓말이다. ~ de brigands 황당무계한(말도 안되는) 이야기. femme à ~s 사연이 많은 여자.
⑥ (*pl.*)《구어》 소란, 말썽. s'attirer des ~s 말썽을 자초하다. avoir des ~s avec *qn* ~와 말썽이 생기다, 옥신각신하다. chercher une ~ à *qn* ~에게 싸움을 걸다, 트집잡다. faire des (un tas d') ~s《구어》 법석을 떨다; 말썽을 부리다. Je ne veux pas d'~s. 말썽을 일으키고 싶지 않다.
⑦ (예의) 건(件), 문제, 사건, 일 (affaire, aventure). C'est une ~ d'argent. 이것은 돈 문제이다. Il m'est arrivé une drôle d'~. 나에게 묘한 일이 생겼다.
⑧《구어》(시시한) 것, 물건. Qu'est-ce que c'est que cette ~-là? 그것은 도대체 뭐야? Il porte un tas d'~s à sa boutonnière. 그는 단추구멍에 온갖 잡동사니를 걸고 다닌다.
⑨《옛》 관찰(학)(observation).
à (*d'après*) *ce que dit l'*~ 역사가 전하는 바에 의하여; 남이 말하는 바에 의하여.

C'est toujours la même ~. 《구어》언제나 마찬가지이다(C'est toujours la même chanson).
C'est toute une ~. 말하자면 길어진다; 큰 일이다. Quand il part en voyage, *c'est toute une ~*. 그가 여행을 떠나기라도 하면 그야말로 야단법석이다.
C'est une autre ~. 그것은 별개의 문제이다.
En voilà une ~. 그거 참 하나 생겼군.
~ de+*inf.* 《구어》…하기 위해서, 그저 …하려고. **~ de rire** 장난으로, 농담삼아. Je suis sorti, *~ de* fumer une cigarette. 그저 담배 한 대 피우려고 밖에 나갔다.
La belle ~! 《반어적》겨우 그거야 ! 당치도 않은 소리 !
Le plus beau de l'~, c'est... 이야기의 요점은 …라는 것이다, 사건의 핵심은 …이다.

histologie [istɔlɔʒi] *n.f.* 《의학》조직학(組織學).
histologique [istɔlɔʒik] *a.* 조직학적, 조직학의.
histologiste [istɔlɔʒist] *n.* 조직학자.
histolyse [istɔli:z] *n.f.* 《생물》(동물의)조직용해(溶壞).
histoplasmose [istɔplasmo:z] *n.f.* 《의학》 히스토플라스마증(症).
historial(ale, *pl.* **aux)** [istɔrjal, -o] *a.* 《옛》① 역사에 관한(historique). ② 삽화가 든.
historicisme [istɔrisism] *n.m.* 《철학》역사주의; 사관(史觀).
historiciste [istɔrisist] *a.* 역사주의의. —*n.* 역사주의자.
historicité [istɔrisite] *n.f.* 역사적 사실의 가치, 사실성(史實性).
historico- *préf.* 「역사적」의 뜻.
historié(e) [istɔrje] *a.p.* ① 《미술》(인물, 특히 성서의 인물로)장식된. **chapiteau ~** (특히 로마네스크 양식의)성사(聖史)의 모티브를 조각한 주두(柱頭). **prières ~es** 삽화가 있는 기도서. ② 《일반적》무늬로 장식된.
historien(ne) [istɔrjɛ̃, -ɛn] *n.* ① 역사가, 역사학자(歷史學者); 전기(傳記)작가. ② 사학과(史學科) 학생. ③ 《자기 감상을 섞지 않고 사실만》이야기하는 사람.
historier [istɔrje] *v.t.* ① 《미술》(성사(聖史)의 인물상으로)장식하다; (성사와 관계 없이)아름답게 꾸미다. ② 《옛》상세히 이야기하다.
historiette [istɔrjɛt] *n.f.* 소화(小話), 일화(逸話).
historiogramme [istɔrjɔɡram] *n.m.* 《통계》 히스토리오그램(courbe chronologique).
historiographe [istɔrjɔɡraf] *n.m.* 사료(史料) 편찬관, 연대기 작가.
historiographie [istɔrjɔɡrafi] *n.f.* 사료 편찬.
historiographique [istɔrjɔɡrafik] *a.* 사료 편찬에 관한.
***historique** [istɔrik] *a.* ① 역사적인, 역사(학)의, 사적 분석의. **narration ~** 역사적 서술. **documents ~s** 사료(史料). ② 역사상의, 실재의, 역사에 나타난. **âges(temps) ~s** 유사(有史)시대. **faits ~s** 사실(史實). **personnage ~** 역사상의 인물. **pièce ~** 《연극》사극(史劇), 시대극. **C'est ~.** 《구어》그것은 사실로 존재했던 일이다. ③ 역사에 남는, 역사상 중요한(mémorable). **événement (monument) ~** 역사적 사건(건조물). **famille ~** 유서깊은 가문. **journée ~** 역사적인(기념할 만한) 날. ④ 《언어》 **grammaire (linguistique) ~** 역사 문법(언어학). **présent ~** 역사적 현재. ⑤ matérialisme ~ 《철학》 사적 유물론, 유물사관. —*n.m.* 내력, 연대순(順) 기록. **faire l'~ d'une négociation** 협상의 경과를 순서대로 기록하다.
historiquement [istɔrikmɑ̃] *ad.* ① 역사적으로, 역사적 견지에서. ② (주관을 섞지 않고)정확하게 〔사실대로〕.
historisant(e) [istɔrizɑ̃, -ɑ̃:t] *a.* 고증(考證)으로 시종하는. **histoire ~e** 사건의 기술에 시종하는 역사, 역사를 위한 역사.
historisme [istɔrism] *n.m.* 《철학》역사주의; 사관(史觀)(historicisme).
histotoxique [istɔtɔksik] 《생물》 *a.* 조직독의, 조직중독성의. —*n.m.* 조직독, 조직중독성.
histrion [istrijɔ̃] *n.m.* ① 《경멸》서투른 배우; 《구어》사기꾼. **~ politique** 정치광대(사기꾼). ② 《고대로마》익살광대, 희극배우(bouffon).
histrionisme [istri(j)ɔnism] *n.m.* 《정신의학》 연극증(演劇症)《감동을 과장하여 표현하는 증상》.
hitlérien(ne) [itlerjɛ̃, -ɛn] *a.* 히틀러(Hitler, 나치스의 당수)의, 히틀러식의. —*n.* 히틀러주의자.
hitlérisme [itlerism] *n.m.* 히틀러(식)의 정책, 히틀러주의.
†**hit-parade** [itparad] 《영》 *n.m.* ① 《라디오·텔레비전에서》히트곡 순위표; 영화·연극의 인기 순위. ② 《비유적》으뜸가는 지위. **être au ~ de l'actualité** 당면한 가장 큰 사건 중의 하나이다.
†**Hittites** [itit] *n.m.pl.* 힛타이트《소아시아의 고대 민족》. **—h~** *a.* 힛타이트의.
‡**hiver** [ivɛ:r] *n.m.* 겨울, 삼동. **en**《드물게》**à l'**〕 **~** 겨울에(는), 겨울이 되면. **jardin d'~** 온실. **quartier d'~** 《군사》동영지(冬營地). **être en ~** 겨울이다. ② 겨울의 추위, 혹한. **année du grand ~** 혹한이 오래 계속되는 해. ③《시》성상(星霜) : 노년(晩年), 만년 ; 《~ de la vie》. **compter soixante ~s** 예순 살이 되다.
hivernage [ivɛrnaʒ] *n.m.* ① 월동(지) ; (가축의)겨울 사육. ② 《군사》겨울살이, 억제파병. ③《해양》겨울철의 정박지[정박기(期)]. ④《지리》열대지방의 우기.
hivernal(ale, *pl.* **aux)** [ivɛrnal, -o] *a.* 겨울의 ; 겨울 같은(↔estival). **station ~ale** (스키장 따위의) 동계관광지, 피한지. —*n.f.* 동계등산(冬季登山)(ascension ~).
hivernant(e) [ivɛrnɑ̃, -ɑ̃:t] *a.* 피한(避寒)하는. —*n.* (스키장 따위를 찾는)피한객(↔estivant).
hiverné(e) [ivɛrne] *a.p.* ①《농업》겨울철이 되기 전에 가을갈이된 ; 《해양》(해안 따위가)눈에 덮인.
hiverner [ivɛrne] *v.i.* 월동하다 ; 겨울을 지내다 ; 동영(冬營)하다. **~ au sud** 남쪽에서 겨울을 나다. ② 추운 곳에 머물다. —*v.t.* ① (가축을)겨울나게 하다. ② (밭을)가을갈이하다.
hiverneur(se) [ivɛrnœ:r, -ø:z] *n.* 피한객(客).
hivio(t) [ivjo] *n.m.* 《속어》겨울.
hl. 《약자》 hectolitre 헥토리터.
H.-L. 《약자》 Haute-Loire《프랑스의 도(道)》.
†**H.L.M.** [aʃɛlɛm]《<*habitation à loyer modéré*》 *n.f.* [*m.*] (영세민에게 빌려주는)공영주택. **habiter un ~** 공영주택에 살다.
hm. 《약자》 hectomètre 헥토미터.
H.-M. 《약자》 Haute-Marne《프랑스의 도(道)》.
Ho 《약자》 holmium 《화학》 홀뮴.
†**ho** [o, hɔ] *int.* 여보《부르는 소리》; 이런 ! 호오 !《놀람·노염·칭찬》. —*n.m.* 《복수불변》놀라움의 외침.
†**hoazin** [ɔazɛ̃] *n.m.* 《조류》 호아친《아마존 지방의 꿩 무리》.
†**hobby** (*pl.* **ies**) [ɔbi, -iz] 《영》 *n.m.* 취미, 오락.
†**hobereau** [ɔbro] (*pl.* **~x**) *n.m.* ① 《조류》 새호리기. ② 《구어》《비꼼》시골 귀족.
†**hoc** [ɔk] *n.m.* 《옛》 카드놀이의 일종. **être ~ à qn** 확실히 …의 것으로 되다.

†**hoca** [ɔka] *n.m.* 【놀이】옛 도박의 일종.

†**hocco** [ɔko] *n.m.* 【조류】봉관조(鳳冠鳥)《열대 아메리카산》.

†**hochage** [ɔʃaːʒ] *n.m.* (사과주 제조용의) 사과를 흔들어 떨어뜨리기.

†**hoche** [ɔʃ] *n.f.* ① (빵·고기 따위에 낸) 칼금; 양을 표시하기 위한 금. ② (칼·톱날의) 이빠진 부분.

†**hochement** [ɔʃmɑ̃] *n.m.* (동의·의심·거부의 표시로 머리·몸을) 흔들기; 머리를 끄덕이기; 머리를 가로젓기. approuver d'un ~ de tête 머리를 끄덕이며 찬성하다.

†**hochepot** [ɔʃpo] *n.m.* 【요리】(고기와 야채의) 스튜의 일종 또는 수프.

†**hoche(-)queue** [ɔʃkø] *n.m.* 【조류】할미새.

†**hocher**¹ [ɔʃe] *v.t.* ① (머리를 좌우로, 상하로) 흔들다. ~ la tête 머리를 설레설레 흔들다 《부정을 표시》;《드물게》머리를 위아래로 흔들다 《긍정을 표시》. ② 【문어】(나무 따위를) 흔들어 떨어뜨리다. ③ 【옛】흔들다(secouer).
— *v.i.* (고개를) 젓다 (끄덕이다). ~ de la tête 고개를 젓다 (끄덕이다 (~ la tête).

†**hocher**² *v.t.* (에) 칼금을 내다.

†**hochet** [ɔʃɛ] *n.m.* ① 딸랑이 《흔들면 소리나는 장난감》. agiter un ~ 딸랑이를 흔들다. ② 【문어】(마음의 위안이 되는) 하찮은 것. ~ de la vanité 허영심을 만족시키는 하찮은 것. Il y a des ~s pour tout âge. 어떤 연령에도 낙(樂)은 있는 법이다. ③ 【농업】날이 넓은 삽.

†**hockey** [ɔkɛ]《영》*n.m.* 【스포츠】하키. ~ sur glace 아이스하키.

†**hockeyeur** [ɔkejœːr] *n.m.* 【스포츠】(아이스) 하키 경기자.

hodographe [ɔdɔgraf] *n.m.* 【물리】호도그래프, 속도도(速度圖).

hodomètre [ɔdɔmɛtr] *n.m.* 보수계(步數計).

hodoscope [ɔdɔskɔp] *n.m.* 호도스코프, 카운터 《계수관》호도스코프.

hoffman(n)esque [ɔfmanɛsk] *a.* 호프만 (Hoffmann, 독일의 작가·작곡가, 1776-1822) 의 이야기와도 같은; 환상적인.

†**hogner** [ɔɲe] *v.i.* 《옛·사투리》투덜거리다;《개가》으르렁거리다.

hoir [waːr] *n.m.* 《옛》【법】직계 상속인.

hoirie [wari] *n.f.* 《생존시의》【법】① avancement (avance) d'~ 《증여자 생존시의》상속 재산의 전도(前渡). ② 상속.

hol- *préf.*「전체·완전」의 뜻.

holà [ɔla] *int.* ① 이봐, 여봐라, 어이《부르는 소리》. H~! vous, là-bas, venez donc ici! 이봐 당신, 이리 좀 오시오! ② 워워《말을 정지시키는 소리》. ③《제지하여》그만 해, 그만 됐어 (C'est assez!). H~, ne faites pas tant de bruit. 쉬, 너무 떠들지 말아요.
— *n.m.*《복수불변》이봐, 어이 따위 부르는 소리. mettre le ~ à qc …을 정지시키다; 결말을 짓다, 수습하다 (mettre fin[bon ordre] à).

holacanthe [ɔlakɑ̃ːt] *n.m.* 【어류】나비고기.

holarctique [ɔlarktik] *a. région* ~ 【지리】전북구(全北區)《동물지리구의 하나》.

†**holding** [ɔldiŋ]《영》*n.m.* 【경제】지주(持株) 회사 (~ trust), 투자 회사.

hold-up [ɔldœp]《미영》*n.m.*《복수불변》무장강도 (의 습격).

†**hôlement** [olmɑ̃] *n.m.* 부엉이의 울음소리.

†**hôler** [ole] *v.i.*《부엉이가》울다.

†**holisme** [ɔlism] *n.m.* 【철학】전체론.

†**hollandais(e)** [ɔ(l)lɑ̃dɛ, -ɛːz] *a.* 네덜란드의. sauce ~e 【요리】네덜란드 소스. —**H~** *n.* 네덜란드 사람. —*n.m.* 네덜란드어 (語). —*n.f.* ① 홀스타인 (vache ~e). ②《배수용》네덜란드 풍차.

†**Hollande** [ɔ(l)lɑ̃ːd] *n.pr.f.* ① 네덜란드 (Pays-Bas). ② 홀란드 주. —**h~** *n.f.* ① 네덜란드 직물[린네르]. ② 네덜란드 도기(陶器). ③【원예】감자의 일종; 구즈베리 열매.

†**hollywoodien(ne)** [ɔliwudjɛ̃, -ɛn] *a.* 할리우드의; (비유적) 호화찬란한.

holmium [ɔlmjɔm] *n.m.* 【화학】홀뮴《금속원소의 하나》.

holo- *préf.*「전체·완전」의 뜻.

holoblastique [ɔlɔblastik] *a.* 【생물】전할 (卵割) 하는. segmentation ~ 완전분할, 전(란)할(全卵割).

holocauste [ɔlɔkoːst] *n.m.* ①【종교】(유태의) 전번제(全燔祭)《통째로 구운 짐승을 신에게 바침》, 제사. ② 희생, 제물 (sacrifice). s'offrir en ~ 제 몸을 제물로 바치다, 희생하다.

holocène [ɔlɔsɛn] *n.m.* 【지질】제 4 기현세; 충적세(沖積世). —*a.* 제 4 기현세(現世)의, 충적세의. période ~ 충적세.

holocéphale [ɔlɔsefal] *n.m.pl., a.*【어류】전두류(全頭類)(의).

holocristallin(e) [ɔlɔkristalɛ̃, -in] *a.*【광물】완전결정의.

holoèdre [ɔlɔɛdr] *n.m.*【광물】(결정의) 완면상(完面像).

holoédrie [ɔlɔedri] *n.f.*【광물】완면상체.

holoédrique [ɔlɔedrik] *a.* (결정의) 완면상의.

hologamie [ɔlɔgami] *n.f.*【생물】홀로가미, 전배우성(全配偶性).

hologramme [ɔlɔgram] *n.m.*【광학】홀로그램 《홀로그래피 (holographie) 에 의해 재생된 상(像)》.

holographe [ɔlɔgraf] *n.m., a.* 자필(의) (olographe). testament ~ 자필 유언.

holographie [ɔlɔgrafi] *n.f.* 홀로그래피 《레이저광선의 간섭으로 물체의 상을 재생하는 사진술》.

holographique [ɔlɔgrafik] *a.* 홀로그래피의.

holomètre [ɔlɔmɛtr] *n.m.*【천문】측거기(測距器) (télémètre).

holomorphe [ɔlɔmɔrf] *a.*【수학】정칙(正則)의. fonction ~ 정칙함수.

holomorphose [ɔlɔmɔrfoːz] *n.f.*【생물】기관의 완전재생.

holophrastique [ɔlɔfrastik] *a.*【언어】일문일어의 《한 문장이 한 단어로 표현되는》.

holoprotéide [ɔlɔprɔteid] *n.m.* (아미노산으로만 합성하는) 복합단백질.

holoprotéine [ɔlɔprɔtein] *n.f.*【화학·생물】단순단백질.

(h)olorime [ɔlɔrim] *n.f.*【운율】두 시구의 완전동음성(同音性).

holoside [ɔlɔsid] *n.m.*【화학】홀로시드.

holosidère [ɔlɔsidɛːr] *n.m.*【지질】자연철로만 이루어진 운석.

holostérique [ɔlɔsterik] *a.* baromètre ~ 【기상】(벽걸이) 금속압기압계, 홀로스테릭 (아네로이드) 청우계.

holothrix [ɔlɔtriks] *n.m.*【식물】난초과의 일종.

holothurides [ɔlɔtyrid] *n.m.pl.*【동물】홀로투리아(科)(의 총칭 삼유).

holothurie [ɔlɔtyri] *n.f.*【동물】해삼.

holotriches [ɔlɔtriʃ] *n.m.pl.*【동물】전모류(全毛類)(의 총칭).

†**holsteinois(e)** [ɔlstɛnwa, -aːz] *a.* 홈슈타인 (Holstein, 독일의 지방)의. —**H~** *n.* 홀슈타인 사람.

†**thom** [ɔm] *int.* 흥! 글쎄!《의혹·불만·주저》.

homaiserie [ɔmɛzri] *n.f.* 속물근성, 저속《Flaubert 작 *Madame Bovary* 중의 인물 *Homais*에서》.

†**homard** [ɔma:r] *n.m.* ①《동물》바다가재. ~ épineux (de roche) 대하(langouste). ②《군대은어》(식민지시대의) 알제리 기병. *être rouge comme un* ~ 매우 붉다. *nez et menton en patte de* ~《구어》뾰족한 코와 턱.

†**homarderie** [ɔmard(ə)ri] *n.f.* 바다가재 양식장.

hombre [ɔ̃:br] *n.m.* 《놀이》(에스파냐 전래의) 카드놀이의 일종.

†**home** [o:m]《영》*n.m.* 내 집, 가정. ~ *d'enfants* 보육원, 탁아소.

homélie [ɔmeli] *n.f.* ① 통속 종교교육;《특히》복음서 강화(講話); 설교(sermon). ②《가톨릭》(초기 교회 신부들의) 주일미사 과서(聖務日課書). ③《구어》《경멸》(지루한) 설교, 잔소리(réprimande). *faire une* ~ *à qn* …에게 설교하다.

homéo-, homœo- *préf.*「유사한, 같은」의 뜻.

homéomorphe [ɔmeɔmɔrf] *a.* ①《수학·논리》같은 상(相)의, 위상동형(位相同形)의. ②《광물》동상(同像)의, 유질동상(類質同像)의.

homéomorphism [ɔmeɔmɔrfism] *n.m.* ①《수학·논리》같은 상(相), 위상동형(位相同形)의. ②《광물》동상(同像), 유질(類質)동상.

homéopathe [ɔmeɔpat]《의학》*n.* 유사요법론자, 유사요법 시술자(homœopathe). —*a.* 유사요법주의의.

homéopathie [ɔmeɔpati] *n.f.*《의학》유사요법(類似療法), 호메오파티(생체의 병적반응과 동일한 반응을 일으키는 약물에 의한 치료법).

homéostasie [ɔmeɔstazi] *n.f.*《심리·생리》호메오스테시스, 항상성, 생체항상상태.

homéostat [ɔmeɔstat] *n.m.*《컴퓨터》자동제어 [호메오스테시스] 장치.

homéostatique [ɔmeɔstatik] *a.*《심리·생리》호메오스테시스의 [에 의한]. *équilibre* ~ 호메오스테시스적 균형, 생리정형.

homéotherme [ɔmeɔtɛrm] *a., n.*《동물》정온(定溫)의, 항온(의). *animal* ~ 항온동물. 항온(↔ poïkilotherme).「온) 성.

homéothermie [ɔmeɔtɛrmi] *n.f.*《동물》정온(恒

Homère [ɔmɛ:r] *n.pr.m.*《그리스문학》호메로스.

homéride [ɔmerid] *n.m.* ① 호메로스의 시를 노래하는 음유시인. ② 호메로스의 모방자.

homérique [ɔmerik] *a.* ① 호메로스의; 호메로스 시풍의; 호메로스에 관한; 호메로스 시대의;《비유적》웅장한. *poème* ~ 호메로스의 시. *hymnes* ~*s* 호메로스 찬가. *rire* ~ 홍소(哄笑), 떠들썩한 웃음. ②《구어》《비꼼》터무니없는. *ridicule* ~ 터무니없는 웃음거리.

—*n.* (17세기 문학논쟁에서) 호메로스 찬미자.

homérisme [ɔmerism] *n.m.* 호메로스의 시풍.

†**home rule** [omrul]《영》*n.m.*《아일랜드》(아일랜드의) 자치(自治). *parti du* ~ 아일랜드의 자치권을 요구하는 국가주의당.

†**homespun** [omspœn]《영》*n.m.*《직물》홈스펀.

†**homestead** [omsted]《영》*n.m.* 가옥.

†**home-trainer** [omtrɛnœ:r] (*pl.* ~*s*—*s*)《영》*n.m.* 가정용 체조기구.

homicide[1] [ɔmisid] *n.* ①《문어》살인범, 살인자. ② 타인을 파멸로 이끄는 자 (meurtrier). —*a.*《옛·문어》살인(용)의, 살기(殺氣)를 띤 — 흉기, dessein ~ 살인의도 [계획]. *guerre* ~ 많은 사람의 생명을 앗아가는 전쟁, 살육전쟁.

homicide[2] *n.m.*《법》살인(죄). ~ *involontaire* [*par imprudence*] 과실치사. ~ *volontaire* 고의적 [계획적] 살인.

homicidé(e) [ɔmiside] *a. personne* ~*e*《옛》《법》피살자.

homilétique [ɔmiletik] *a.* 설교학의. —*n.f.*《옛》설교법《수사학의 일부분》.

homing [ɔmiŋ]《영》*n.m.*《항공》호밍, 자동추적《미사일 유도방식의 하나》.「(屬).

hominidés [ɔminide] *n.m.pl.*《동물》사람, 사람속

hominien(ne) [ɔminjɛ̃, -ɛn] *a.*《드물게》《인류》사람의. —*n.m.* 《인류》사람과(科).

hominisation [ɔminizasjɔ̃] *n.f.*《인류》인간화, 호모니제이션《인류의 진화과정》.

hominiser [ɔminize] *v.t.*《인류》인간화하다.

***hommage** [ɔma:ʒ] *n.m.* ① 경의, 존경, 칭찬. *en signe d'* ~ 경의의 표시로. [*rendre* ~ *à qn/qc*] *rendre* ~ *au Créateur* 창조주를 찬양하다. *rendre* ~ *à la vérité* 진리를 존중하다. ② (*pl.*) 찬사, 경의 (respects), 인사 (civilité). *offrir* (*présenter*) *ses* ~*s à qn* …에게 경의를 표하다. *Mes* ~*s, Madame*. 안녕하십니까, 부인. *Mes* ~*s à Madame*. 영부인께 안부말씀 전해주십시오 《헤어질 때의 인사》. ③ 헌정(獻呈). [*faire* (*l'*) ~ *à qn de qc*] *Je lui ai fait* ~ *de mon livre*. 나는 그에게 나의 저서를 헌정했다. ~ *en* ~ (*de*) *]en* ~ *de ma reconnaissance* 나의 감사의 표시로서. *exemplaire en* ~ 기증본. ④《역사》신하가 되는 서약. *rendre* (*jurer*) *foi et* ~; *rendre l'* ~ 신하가 되어 충성을 서약하다.

hommagé(e) [ɔmaʒe] *a.* fief ~《옛》신하에게 주어진 봉토.

hommager [ɔmaʒe]《옛》*a.m.* 충성을 맹세한. —*n.m.* 신하.

hommasse [ɔmas] *a.*《경멸》《여자》남자같은. *manières* ~*s* 남자 같은 태도. *s'habiller à l'* ~ 남자 같은 옷차림을 하다.

:**homme** [ɔm] *n.m.* ① 사람; 인류 (humanité). *droits de l'* ~ 인권. *le Fils de l'* ~ 예수 그리스도. *le premier* ~ 아담. *avoir un cœur d'* ~ 인간다운 마음을 갖다.

② 남자 (↔ femme); (사나이다운) 사나이. *brave* ~ 충직한 [훌륭한] 남자. *vêtements d'* ~ 남자의 복. *se montrer (un)* ~ 사나이다운 태도를 취하다. ~ *à femmes* 여자 관계가 많은 남자, 오입장이. [*en* ~] *agir en* ~ 남자답게 행동하다. *s'habiller en* ~ 남장을 하다.

③ 성인, 어른. *devenir* ~ 어른이 되다. *atteindre l'âge d'* ~ 성인이 되다.

④ (개개의) 사람, 인물; (*pl.*) 사람들, 세상사람들. *Aucun* ~ *n'est parfait.* 어떤 사람도 완벽하지는 않다. *Misanthrope, il fuit les* ~*s.* 인간혐오자인 그는 사람들을 피한다.

⑤ 《주로 소유형용사와 함께》 (지금 화제에 오른) 그 사람; 찾고 있는 사람, 적합한 [필요한] 사람. *trouver son* ~ 필요한 [마땅한] 사람을 찾아내다. *J'ai trouvé mon* ~. 적격자 [임자]를 만나다. *tuer son* ~ 적수를 쓰러뜨리다. *Voilà mon* ~. 내가 찾던 사람이 바로 이 사람이다. *Il n'est pas mon* ~. 그는 내가 바라던 사람이 아니다 《부적합하다》.

⑥《군사》병졸 (soldat); 부하. *caporal et ses* ~*s* 하사와 그의 부하.

⑦《해양》승무원; 노무자, 직공 (ouvrier); 하인;《옛》《봉건시대의》가신 (vassal).

⑧《속어》남편; 애인, 정부.

comme un seul ~ 만장일치로, 일심동체로.
d' ~ *à* ~ 사나이답게, 솔직히. *Parlons d'* ~ *à* ~. 솔직이 이야기 합시다.
être ~ *à* + *inf.* …할 수 있는 [할 만한] 사람이다. *Il n'est pas* ~ *à manquer à son devoir.* 그는 자신의 의무를 저버릴 사람이 아니다.

~ **à tout** 팔방미인.
~ *de*+「명사」…의 직업[성질]을 가진 사람. ~ *de journée* (*de peine*) 날품팔이. ~ *de lettres* 문필가. ~ *de loi* 법관, 법조계 인사. ~ *d'État* 정치인. ~ *de couleur* 유색인종. ~ *de la rue* (어디에나 있는) 보통사람; 누구나.
jeune ~ ⓐ 젊은 남자(~ *jeune*). Il a toujours la force de *jeune* ~. 그는 여전히 젊은이의 힘을 가지고 있다. ⓑ (독신의)청년(↔ jeune fille)「복수는 jeunes gens). tout *jeune* ~ 소년. Hep! *jeune* ~! 이봐, 젊은이! (호칭).
—*a.* 인간적인; 사나이다운.

homme-affiche(s) [ɔmafiʃ] (*pl.* ~*s*-~(*s*)) *n.m.* 샌드위치맨, 광고판을 지고 다니는 사람(homme-sandwich).
homme-cible [ɔmsibl] (*pl.* ~*s*-~*s*) *n.m.* 비난의 대상(인 사람).
homme-Dieu (l') [lɔmdjø] *n.m.* 《신학》 그리스도.
homme-grenouille [ɔmgrənuj] (*pl.* ~*s*-~*s*) *n.m.* 《해양》 프로그맨, 잠수부(병(兵)).
homme-masse [ɔmmas] (*pl.* ~*s*-~*s*) *n.m.* 대중 속에 파묻혀 개성을 잃은 사람.
homme-mort [ɔmmɔːr] (*pl.* ~*s*-~*s*) *n.m.* (기관사 단독승무기관차의 기관사 유고시에 대비한)안전제동장치.
homme-orchestre [ɔmɔrkɛstr] (*pl.* ~*s*-~*s*) *n.m.* ① 혼자서 여러 악기를 연주할 수 있는 사람. ② (비유적) 다재다능한 사람.
homme-robot [ɔmrɔbo] (*pl.* ~*s*-~*s*) *n.m.* 로봇인간.
homme-sandwich [ɔmsɑ̃dwitʃ] (*pl.* ~*s*-~(*e*)*s*) *n.m.* 샌드위치맨(homme-affiche(s)).
homme-serpent [ɔmsɛrpɑ̃] (*pl.* ~*s*-~*s*) *n.m.* (몸을 자유자재로 휘는)곡예사.
homo [ɔmo] *n.m.* 동성연애자(homosexuel).
homo- *préf.* 「유사·동일」의 뜻.
homoblastique [ɔmɔblastik] *a.* 《생물》 동할(等割)하는.
homocentre [ɔmɔsɑ̃ːtr] *n.m.* 《수학》 (동심원의) 중심.
homocentricité [ɔmɔsɑ̃trisite] *n.f.* 《수학》 동심성; 《광학》 공심성.
homocentrique [ɔmɔsɑ̃trik] *a.* 《수학》 동심의; 《광학》 공심(共心)의.
homocercie [ɔmɔsɛrsi] *n.f.* =homocerquie.
homocerque [ɔmɔsɛrk] *a.* 《어류》 꼬리지느러미의 모양이 상칭인.
homocerquie [ɔmɔsɛrki] *n.f.* 《어류》 꼬리지느러미의 상칭성.
homochromie [ɔmɔkrɔmi] *n.f.* 《동물》 환경에 따라 색이 변하는 보호색.
homocinétique [ɔmɔsinetik] *a.* ① 《물리》 같은 속도의, 같은 운동을 일으키는. particules ~ 같은 속도를 갖는 입자. ② liaison (joint) ~ 《기계》 혹 연결.
homocyclique [ɔmɔsiklik] *a.* 《화학》 탄소환식(炭素環式)의(↔ hétérocyclique).
homodesmique [ɔmɔdɛsmik] *a.* 《광물》 (수정의) 원자결합방식이 동일한.
homodonte [ɔmɔdɔ̃ːt] *a.* 《동물》 동치성(同齒性)의.
homodrome [ɔmɔdrɔ(ː)m] *a.* ① 《식물》 동(방)향운동의. ② 《기계》 (지렛대의)작용·반작용의 방향이 같은. —*n.m.* 《기계》 작용·반작용의 방향이 같은 지렛대.
homodromie [ɔmɔdrɔmi] *n.f.* 《식물》 (줄기에서 가지까지의)동(방)향성.
homœo- *préf.* =homéo-.
homofocal(ale, *pl.* **aux**) [ɔmɔfɔkal, -o] *a.* 《광학》 동초점(同焦點)의, 공초(共焦)의.
homogame [ɔmɔgam] *a.* ① 《생물》 동자생식(同子生殖)의, 동류종교잡성(同類種交雜性)의. ② 《식물》 동성화(同性花)를 가진.
homogamète [ɔmɔgamɛt] *n.f.* 《생물》 동형배우자(同形配偶子).
homogamétie [ɔmɔgamesi] *n.f.* 《생물》 동형배우자 형성.
homogamétique [ɔmɔgametik] *a.* 《생물》 배우자가 동형인.
homogamie [ɔmɔgami] *n.f.* ① 《식물》 동성화(同性花)를 갖기. ② 《생물》 동형배우자생식, 동형배우자접합.
homogène [ɔmɔʒɛn] *a.* ① 동질의, 균질의; 동질재로 구성된(↔ hétérogène). mélange ~ 균질혼합제. substance ~ 균질체, 동질제. ② (의견·성질 따위가)동일한, 일치된, 통일된(uniforme); 일관성 있는(cohérent). classe ~ 학력이 고른 학급. ministère ~ 동일 정당의 각료들로 구성된 내각. ③ 《논리》 동질적. ④ 《수학》 coordonnées ~*s* 동차좌표; équation ~ 동차방정식; fonction ~ 동차함수.
homogénéifier [ɔmɔʒeneifje] *v.t.* =homogénéiser.
homogénéisant(e) [ɔmɔʒeneizɑ̃, -ɑ̃ːt] *a.* 동질화하는. pays où règne un mode de vie niveleur et ~ 균등화되고 동질화된 생활양식이 지배하는 국가.
homogénéisateur(trice) [ɔmɔʒeneizatœːr, -tris] *n.m.,f.* (우유 따위를 균질화하기는) 기계(의).
homogénéisation [ɔmɔʒeneizasjɔ̃] *n.f.* ① (우유 따위의)등질화(等質化), 균질화. ~ du lait 우유의 균질화. ② (근대사회가 갖고 있는 인간의)균일화, 균질화.
homogénéiser [ɔmɔʒeneize] *v.t.* 등질(균질)화하다; (특히 우유 따위의 액체를)균질화하다.
homogénéiseur [ɔmɔʒeneizœːr] *n.m.* =homogénéisateur.
homogénéité [ɔmɔʒeneite] *n.f.* ① 동질(균질)성. ~ d'une substance 물질의 균질(등질)성. ② (비유적)(의견·감정 따위의)일치(unité); 일관(cohésion), Il n'y a pas de gouvernement sans ~ de plan, de volonté et d'action. (각료들간에)계획·의지·행동의 일치 없이는 정부는 있을 수 없다. ③ 《수학》 동차(同次).
homogènement [ɔmɔʒɛnmɑ̃] *ad.* (드물게)등질적으로.
homogénie [ɔmɔʒeni] *n.f.* 《생물》 (발생의)상동성(相同性).
homographe [ɔmɔgraf] *a.* 《언어》 동형이의(同形異義)의; 동철이음(同綴異音)의. —*n.m.* (위)의 단어.
homographie [ɔmɔgrafi] *n.f.* 《수학》 1차변환(一次變換), 1차함수.
homographique [ɔmɔgrafik] *a.* 《수학》 1차변환의, 1차함수의.
homogreffe [ɔmɔgrɛf] *n.f.* 《의학》 동종조직이식(同種組織移植)(↔ hétérogreffe).
homologatif(ve) [ɔmɔlɔgatif, -iːv] *a.* 《법》 승인(인가)하는.
homologation [ɔmɔlɔgasjɔ̃] *n.f.* 《법》 승인, 인가; 《스포츠》 (기록·성적의)공인.
homologie [ɔmɔlɔʒi] *n.f.* 《생물》 상동(相同); 《화학》 동족(관계); 《수학》 대응, 상응.
homologique [ɔmɔlɔʒik] *a.* (위)의.
homologue [ɔmɔlɔg] *a.* ① 《수학》 대응의; 《화학》 동족(同族)의; 《생물·해부》 상동(相同)의, 동류성(同類性)의. angle ~ 대응각. corps ~ 동족

체. Les deux reins sont des organes ~s. 두 개의 신장은 상동성의 기관이다. ② 《구어》 (서로 다른 조직 사이에) 상응한; (지위·신분 따위가) 동등의. —*n.m.* ① 《수학》 대응; 《화학》 동족열(列), 동족체; 《생물》 상동물, 상동기관. ② (서로 다른 조직간에) 동등한 신분(지위)의 사람; 대응물. le magnétophone et son ~ 테이프레코더와 그 유사품.

homologuer [ɔmɔlɔge] *v.t.* 《법》 승인(인가)하다. ② 《스포츠》 (기록을) 공인하다. ~ un record 기록을 공인하다. ~ une piscine 수영장(의 규격)을 공인하다.

homomorphe [ɔmɔmɔrf] *a.* 《수학》 준동형(準同形)의; 《동물》 (곤충의) 변태하지 않는, (동식물의 역사에서) 동형(同型)의, 동일형(同一形)의.

homoncule [ɔmɔ̃kyl] *n.m.* =**homuncule**.

homonyme [ɔmɔnim] *a.* 《언어》 동음이의의(同音異義)의. mots ~s 동음이의어. 《sceau [so] 도장, seau [so] 들통》. —*n.m.* 동음이의어. 《구어》 동명이인; 같은 이름의 다른 도시.

homonymie [ɔmɔnimi] *n.f.* 《언어》 동음이의.
homonymique [ɔmɔnimik] *a.* 《언어》 동음이의에 관한.

homopétale [ɔmɔpetal] *a.* 《식물》 동형화판(同形花瓣)을 가진.

homophile [ɔmɔfil] *a.* (주로 남성의) 동성애의. —*n.m.* 동성애자.

homophilie [ɔmɔfili] *n.f.* (주로 남성의) 동성애.

homophone [ɔmɔfɔn] *a.* ① 《언어》 동음(이의)의. ② 《음악》 단선율(單旋律)의, 단음악의, 제창의. —*n.m.* 동음이의어(homonyme).

homophonie [ɔmɔfɔni] *n.f.* ① 《언어》 동음이의 (성). ② 《음악》 단선율, 단음악, 제창. [그.

homopolaire [ɔmɔpɔlɛːr] *a.* 《화학》 동극(同極)의.
homoptère [ɔmɔptɛːr] 《곤충》 *a.* 동시류(同翅類)의. —*n.m.pl.* 동시류.

homorgane [ɔmɔrgan], **homorganique** [ɔmɔrganik] *a.* 《언어》 동위음(同位音)의.

homosexualité [ɔmɔsɛksɥalite] *n.f.* 동성애.
homosexuel(le) [ɔmɔsɛksɥɛl] *a.* 동성애의. —*n.* 동성연애자, 성도착자.

homosphère [ɔmɔsfɛːr] *n.f.* 《기상》 등기권(等氣圈) (대류권·중간권·성층권을 포함한 지상 100 km 이내에 위치한 부분).

homothermal(ale, *pl.* **aux)** [ɔmɔtɛrmal, -o] *a.* 동온(等溫)의.

homothermie [ɔmɔtɛrmi] *n.f.* 《지리》 (해수·호수의) 온도의 항상성(恒常性), 등온(等溫).

homothétie [ɔmɔtesi] *n.f.* 《수학》 상사(相似), 상사변환(확대).

homotype [ɔmɔtip] 《생물》 *a.* 동형(同型)의, 상동(相同)의. —*n.m.* 동형 기관, 상동 기관.

homozygote [ɔmɔzigɔt] *n., a.* 《생물》 동종접합자(同種接合子)(의).

homuncule [ɔmɔ̃kyl] *n.m.* 《구어》 꼬마; 《옛》 (요술사가 만들어내는) 작자, 난장이.

†**hon** [ɔ̃] *int.* 홍! 오나! (불만·분노·위협).
hon. 《약자》 honorée 《상업》 서한, 귀한(貴翰).
†**honchets** [ɔ̃ʃɛ] *n.m.pl.* = **jonchets**.
†**Honduras (le)** [lɔ̃dyraːs] *n.pr.m.* 《지리》 온두라스 (중미의 나라).
†**hondurien(ne)** [ɔ̃dyrjɛ̃, -ɛn] *a.* 온두라스(사람)의. —H—*n.* 온두라스 사람.
†**hongre** [ɔ̃ːgr] *a.* (말이) 거세된. —*n.m.* 거세한 말.
†**hongreur(se)** [ɔ̃grœːr, -φːz] *n.* 말을 거세하는 사람.
†**Hongrie (la)** [laɔ̃gri] *n.pr.f.* 《지리》 헝가리.

†**hongrieur(se)** [ɔ̃gri(j)œːr, -φːz] *n.* =**hongroyeur**.
†**hongroierie** [ɔ̃grwari] *n.f.* 헝가리 가죽 제조(판매·제품).
†**hongrois(e)** [ɔ̃grwa[ɑ], -a[ɑ]ːz] *a.* 헝가리의. poulet à la ~*e* 《요리》 헝가리풍 영계 《파프리카로 조미하고 크림을 섞어 만든 것》. —*n.m.* 헝가리어(語). —H—*n.* 헝가리 사람.
†**hongroyage** [ɔ̃grwajaːʒ] *n.m.* =**hongroierie**.
†**hongroyer** [ɔ̃grwaje] [7] *v.t.* (가죽을) 헝가리식으로 무두질하다.
†**hongroyeur(se)** [ɔ̃grwajœːr, -φːz] *n.* 헝가리 가죽 제조인.
†**honi(e)** [ɔni] honnir 의 과거분사(honni).

*****honnête** [ɔnɛt] *a.* ① 정직한(loyal), 성실한. homme ~ 정직한(성실한) 사람(→ 역순). peu ~ 불성실한, 정직하지 못한. Elle était pauvre et ~. 그녀는 가난하지만 정직했다. ② 올바른, 진정한. Il gagne sa vie par un travail ~. 그는 올바른 일을 해서 먹고 산다. ~ monnaie 올바르게 번 돈; (위조지폐가 아닌) 진짜 돈. ③ 적당한, 타당한, 웬만한(passable). récompense ~ 적당한 보수. Ce film est ~. 이 영화는 제법 괜찮다. Le repas a été ~ pour ce prix-là. 그 가격으로는 식사가 그런대로 괜찮았다. ④ 《옛》 (여자가) 정숙한, 얌전한 (chaste, pudique), femme ~ 정숙한 여자. ⑤ 《옛》 훌륭한, 기품있는, 고상한, 예의바른.
— *homme* ~ 《17세기의 사교계에서 가문·교양·태도가 뛰어난》신사. ⓑ 정직한(성실한) 사람. *Vous êtes trop (bien)* ~. 《옛》 참으로 정중하시군요 《때로 반어》.
—*n.m.* 《문어》 성실, 도의.

honnêtement [ɔnɛtmɑ̃] *ad.* ① 정직하게, 청렴하게 (loyalement). vivre ~ 정직하게 살다. ② 적절하게, 상당하게. être ~ payé 적절하게 보수를 받다. ③ 《옛》 예의바르게.

honnêteté [ɔnɛtte] *n.f.* ① 정직, 성실. Il est d'une grande ~. 그는 대단히 성실한 사람이다. travailler en toute ~ 성실하게 일하다. ② 《옛》 정숙함, 예의, 예절. *faire mille* ~*s à qn* 《옛》…에게 온갖 친절(정중)을 다하다.

:**honneur** [ɔnœːr] *n.m.* ① 명예, 체면(dignité); 신의. défendre son ~ 자신의 명예를 지키다. sauver l'~ de la famille 집안의 명예를 유지하다. manquer à l'~ 신의를 저버리다. homme d'~ (sans ~) 신의가 두터운(없는) 사람.
② 명성, 영광(gloire), 자랑거리. C'est un ~ pour moi de faire votre connaissance. 당신을 알게 되어 영광입니다. Il est l'~ de sa famille. 그는 집안의 자랑거리이다.
③ 경의, 존경, 존중(vénération, respect); (*pl.*) 경의의 표시, 예식. Vous me faites là un grand (bel) ~; C'est beaucoup (trop) d'~ que vous me faites. 너무 과분하게 대해주셔서 황송합니다 《때로 반어적》. A vous l'~! (게임이나 시합에서) 먼저 하시지요; *tir* ! rendre les ~*s à qn* …에게 경의를 표하다; 《군사》…에게 받들어 총하다. On l'a reçu avec tous les ~s dus à son rang. 사람들은 그의 지위에 합당한 예를 갖추어 그를 영접했다.
④ (특히 여성의) 정절, 정조. femme d'~ 정숙한 여자. ravir l'~ à une femme 여자를 겁탈하다.
⑤ 영달(榮達); 고위직, 권세. parvenir au sommet des ~s 최고의 직위에 오르다. être avide d'~s 권세에 굶주리다.
⑥ (*pl.*) 《카드놀이》 으뜸패 《에이스·킹·퀸·잭》.
⑦ 《건축》 cour d'~ (궁전 따위의) 정면의 앞뜰; escalier d'~ 정면 계단.
à l'~ *de qn* …의 명예를 위하여. Il faut dire, *à son*

~, qu'il n'était pas là. 그의 명예를 위해 말씀드리지만 그는 거기에 없었다.
avoir l'~ de + *inf*. …할 영광을 갖다. Il a eu l'~ d'être élu président. 그는 영광스럽게도 회장으로 선출되었다. A qui ai-je l'~ (de parler)? [전화] 댁은 누구시죠?
... d'~ ⓐ(사람의 신분·임무 따위) membre [président] d'~ 명예회원(회장). garde d'~ 의장병. garçon (demoiselle) d'~ 신랑(신부)의 들러리. ⓑ(명예를 거는 것 또는 칭찬하는 것) affaire d'~ 명예에 관한 문제; 결투. baroud d'~ (항복하기 전 명예를 걸고 하는 일전) [戰], champ d'~ 전장(戰場). Légion d'~ 레지옹도뇌르 훈장. partie d'~ 결승전. place d'~ 상석, 귀빈석. prix d'~ (국민학교의) 품쿠르상, 우등상. tableau d'~ 우등생 명부. titre d'~ 명예칭호. tour d'~ (경기후의 승자의 장내 일주). vin d'~ 축배; 간단한 축하연.
en l'~ de *qn* …에 경의를 표하여; …을 축하하여; …을 주빈으로. dîner organisé en l'~ du nouvel ambassadeur 신임대사를 위해 열린 만찬.
En quel ~ (구어) 무슨 일 (까닭)로; 누구를 위해. En quel ~ vous voit-on ici? 여기서 뵙게 되다니 어찌된 일인가요?
en tout bien tout ~ 성의있게, 순수한 의도로; (여자와의 교제에 있어서) 진지하게. aider *qn* en tout bien tout ~ …을 아무런 사심없이 도와주다.
être en ~ (à l'~) 높이 평가되다, 유행되다. Le roman a été fort en ~ au XIXᵉ siècle. 소설은 19세기에 대인기였다.
faire à *qn* **l'~ de** + *inf*. …에게 …해주다. Faites-moi l'~ de me présenter à vos amis. 당신 친구에게 나를 소개해주시오.
faire ~ à *qc* …을 명예롭게 하다; 이행하다. faire ~ à ses engagements 약속을 이행하다. faire ~ à un repas 음식을 많이 먹다.
faire ~ à *qn* …의 명예가 되다. Ces nouveaux bâtiments ont fait grand ~ à l'architecte. 이 새 건물은 그 건축가에게 큰 영광이 되었다.
faire une réparation d'~ à *qn* …에게 사과하다.
(Ma) parole d'~! (내)명예를 걸고! donner sa parole d'~ 맹세하다.
point d'~ 명예에 관한 일. mettre son *point d'~* à + *inf*; se faire un *point d'~* de + *inf*. …하는 데 명예를 걸다, 명예를 걸고 …하다.
pour l'~ 무상으로, 무보수로.
rendre les derniers ~s [*les* ~ *s suprêmes*] **à** *qn* …의 장례식을 거행하다.
se faire (un) ~ de *qc* [*de* + *inf*.] …(하는 것)을 자기의 덕택이라고 말하다; 자랑하다. se faire ~ d'un succès de son ami 친구의 성공을 자기의 덕이라고 자랑하다.
se piquer d'~ 명예를 걸고 분발 노력하다.
sur l'~ (mon ~) 명예를 걸고; 기필코.
tenir à ~ de + *inf*. …하는 것을 명예로 삼다. Je tiens à ~ de lui être présenté. 그에게 소개받은 것을 명예로 생각한다.

†**honni(e)** [ɔni] *honnir* 의 과거분사 (honi).
†**honnir** [ɔniːr] *v.t.* (옛)(에게) 치욕 [창피]을 주다 (déshonorer, mépriser, ↔ louer). être honni de *qn* …의 멸시를 받다. Hon(n)i soit qui mal y pense. 《격언》 사념(邪念)을 품은 자에게 화 있을지저.
†**honnissement** [ɔnismɑ̃] *n.m.* (옛) 모욕.
†**honnisseur** [ɔnisœːr] *n.m.* (옛) 모욕자.
Honoloulou [ɔnolulu], **Honolulu** [ɔnolyly, -lulu] *n.pr.m.* [지리] 호놀룰루.
honorabilité [ɔnɔrabilite] *n.f.* ① 명예(를 받을 자격), 명망, 신망. ② 신용할 만함.
honorable [ɔnɔrabl] *a.* ① 명예로운, 명망높은, 고귀한; (상인 따위가) 신용할 만한 (probe). Il appartient à une famille ~. 그는 명문에 속해 있다. ② (재산이) 상당한; (행위·성품이) 훌륭한; (성적이) 웬만한 (moyen). avoir une fortune ~ 상당한 재산을 갖고 있다. C'est un homme ~. 이 분은 훌륭한 남자이다. ③ (주로 의원끼리의 호칭) mon ~ contradicteur 나의 존경할 만한 반론자.
honorablement [ɔnɔrabləmɑ̃] *ad.* ① 명예롭게; 정중히. traiter ~ 정중히 대우하다. se conduire ~ 정중하게 행동하다. ② 훌륭히, 웬만큼 (assez bien). gagner ~ sa vie 웬만큼 먹고 살다. s'acquitter ~ de ses fonctions 훌륭하게 그의 임무를 이행하다.
honoraire [ɔnɔrɛːr] *a.* 명예직의. professeur ~ 명예교수. membre ~ 명예회원. — *n.m.pl.* (의사·변호사에 대한) 사례금.
honorariat [ɔnɔrarja] *n.m.* 명예직.
honoré(e) [ɔnɔre] *a.p.* ① 존경받는 (estimé, honorable). mon ~ maître 나의 존경하는 선생님. ② 영광스러운. Je suis très ~. 저로서는 더없는 영광입니다. ③ (급여가 아니라 자유계약으로) 보수를 받는. — *n.f.* 《상업》 편지. votre ~ du 16 novembre 11월 16일자 귀한 (貴翰).
honorer [ɔnɔre] *v.t.* ① 존경하다, 공경하다, 경의를 표하다, 높이 평가하다 (respecter, estimer). ~ son père et sa mère 부모를 공경하다. donner une décoration à *qn* pour l'~; ~ *qn* d'une décoration …을 표창하여 훈장을 수여하다. J'honore sa mérite et sa vertu. 나는 그의 재능과 덕망을 높이 평가한다. ② 명예롭게 (영광스럽게) 하다. ~ sa patrie 조국에 영광을 돌리다. [~ *qc*/*qn* de] ~ une réunion de sa présance 회합에 참석하는 영광을 베풀다. Vous m'*honorez* de votre confiance. 신뢰해 주셔서 영광입니다. 《주어는 사물》Cette réussite vous *honore*. 이 성공은 당신의 영광이 된다. ③ (약속·계약 따위를)지키다; (어음·수표를)지불하다. ~ sa signature 계약을 이행하다; 부채를 갚다. ~ une traite 어음의 결제를 하다. ④《드물게》(의사·변호사에게)보수를 지불하다.
— **s'~** *v.pr.* ①[s'~ de] (을)영광으로 여기다, 자랑으로 삼다. Je m'honore d'avoir fait de mon mieux. 나는 최선을 다한 것을 자랑스럽게 여긴다. ② 명예를 얻다 (높이다). ③ 서로 존경하다.
honorifique [ɔnɔrifik] *a.* ① (실리를 떠난) 명예상의. charge ~ 명예직. titre ~ 경칭. droits ~s 《역사》(봉건 영주에게 부여하는) 명예상의 특권. ② 경의를 표하는, 존대 받는.
honorifiquement [ɔnɔrifikmɑ̃] *ad.* 경의를 표하여.
honoris causa [ɔnɔriskoza] 《라틴》 *loc. a.* docteur ~ 명예박사.
*†**honte** [ɔ̃ːt] *n.f.* ① 수치, 치욕, 불명예, 체면 손상, 창피 (déshonneur, humiliation). essuyer la ~ de …의 치욕을 당하다. [faire la ~] faire la ~ de la famille 가문의 수치이다. C'est une ~ de + *inf*. …하는 것은 수치스러운 일이다. ② 부끄러움, 수줍음, 수치심. éprouver de la ~ 수치심을 느끼다. rougir de ~ 창피해서 얼굴이 붉어지다. [avoir ~ de *qc*/*de* + *inf*.] Il a ~ de ses actes. 그는 자기의 행동을 부끄럽게 여기고 있다.
à la ~ de *qn* …에게 불명예 (수치)가 되도록.
avoir perdu toute ~ [*tout sentiment de* ~]; (옛) **avoir toute ~ ~ bue; perdre [mettre bas] sa ~** 염치가 없어지다.
faire ~ à *qn* …에게 창피를 주다. Cet enfant me

fait ~. 이 아이는 나에게 창피한 생각을 갖게 한다. [faire ~ à *qn* de *qc*] Je lui *ai fait* ~ de sa *paresse*. 나는 그가 그의 게으름을 부끄럽게 여기도록 했다.
fausse[*mauvaise*] ~ 수줍음, 부끄럼타기. Acceptez sans *fausse* ~ cette récompense. 주저 말고 이 보답을 받으시오.
H~ *à vous!* 수치를 아시오, 이 치사스러운 양반!
sans ~ 뻔뻔스럽게, 부끄럼없이.

†**honteusement** [ɔ̃tǿzmã] *ad.* ① 불명예스럽게, 창피하게, 치사하게. Il est ~ payé pour ses travaux. 그는 한 일에 대해서 창피한 정도의 보수를 받았다. ② 수줍은 듯이.

***honteux(se)** [ɔ̃tǿ, -ǿ:z] *a.* 《속어에서는 무성 h》 ① 부끄러워하는, 수치를 느끼는(confus). [être ~ de *qc*/de + *inf.*] Je *suis* ~ *de ce que* j'ai fait. 나는 내가 한 일을 부끄럽게 생각한다. ② 불명예스러운, 수치스러운. action ~*se* 수치스러운 행위. ③ (비인칭) Il est ~ de mentir. 거짓말하는 것은 수치스러운 일이다. ③ (사실을) 숨기고 있는. pauvre ~ 염치있는[가난을 내색하지 않는] 가난뱅이. communiste ~ 자칭하지 않는 공산당원. ④ 치부의. maladies ~*ses* 성병. parties ~*ses* 음부(陰部). morceau ~ 《구어》 접시에 남은 마지막 한 조각.
—*n.* 수줍어하는 사람, 소심자.
Il n'y a que les ~ qui perdent. 《속담》 소심한 자는 손해보기 마련. Jamais ~ *n'eut belle amie*. 《속담》 소심한 자는 연애에 성공하지 못한다.

†**hop** [ɔp, hɔp] *int.* ① (부추길 때 또는 뛰어 넘게 할 때)자, 어서. *H*~~! 자! 어서. ② (갑작스런 동작을 가리켜) 훌떡, 훌쩍.

:**hôpital**(*pl. aux*) [ɔ[o]pital, -o] *n.m.* ① 병원, 진료소. ~ pour enfants 소아과 병원. entrer à l'~ 입원하다. ~ auxiliaire (전시의) 임시병원. ~ militaire 육군병원. ~ mixte 민간과 군용의 병용 병원. ~ psychiatrique 정신병원. navire ~ 병원선. ~ de campagne 《군사》 야전병원. ~ privé 사립병원, 개인병원. faire les ~*aux* 병원에서 실습을 하다. ~ d'《옛》 자선시설, 시료원(施療院); 보육원; 양로원. ~ des orphelins 고아원. Ordre de l'*H*~ 《역사》 호스피탈〔자혜〕 기사단.
prendre le chemin de l' ~ 《옛》 (소송·도박 따위로) 재산을 날리다.

hoplite [ɔplit] *n.m.* 《고대그리스》 장갑보병.
hoplomachie [ɔplɔmaʃi] *n.f.* 《고대로마》 (검투사의) 시합.

†**hoquet** [ɔkɛ] *n.m.* ① 딸꾹질. avoir le ~ 딸꾹질하다. ② 딸꾹질과 유사한 소리[동작]. ~ de sanglot 임종할 때의 헐떡거림. être au dernier ~ 《구어》 숨이 곧 끊어지려 하고 있다. avoir un ~ de surprise (깜짝 놀라) 숨이 꽉 막히다. être pris d'~ de dégoût [de nausée] 구역질이 나다. ③ 《음악》 호케투스 (호켓)《중세의 다성(多聲) 음악의 한 기법》. ④ 《옛》 장애, 충돌, 불의의 장애.

†**hoqueter** [ɔkte] [5] *v.i.* 딸꾹질하다.
†**hoqueton** [ɔktɔ̃] *n.m.* ① (면직물) 웃옷; (농부의) 작업옷. ② 《옛》 (무사의) 웃옷; 소매달린 조끼. ③ (궁정 재판장의) 웃옷.

Horace [ɔras] *n.pr.m.* 《로마문학》 호라티우스.

***horaire** [ɔrɛ:r] *a.* ① 매(每)시간의, 한 시간의. vitesse ~ 시속. salaire ~ 시간당 급료. ② 시간의, 시간의 표시. lignes ~*s* (해시계의) 시각선(時刻線). fuseau ~ 《지리》 동일 표준 시대. ③ 시간급을 받는. ouvrier ~ 시간급을 받는 노동자. ④ 《천문》 cercles ~*s* 시각권(時角圈); angle ~ 시각(時角) 《관측자의 자오선부터 천체의 시각권까지의 각도》.
—*n.* 《구어》 시간급 노동자.

—*n.m.* ① (교통기관의) 시간표; 발착시간; (상점 따위의) 영업시간. consulter l'~ des trains 열차 시간표를 보다. ② (수업·노동 따위의) 시간표, 일정. avoir un ~ chargé 일정이 꽉 짜여져 있다. ~ des cours 수업 시간표. ③ 노동시간. ~ hebdomadaire du travail 일주간의 노동시간. ~ mobile (출퇴근 자유의) 근무시간.

†**horde** [ɔrd] *n.f.* ① 유목민. ② 《구어》 (부랑자·도둑 따위의) 무리, 떼.

hordéacé(e) [ɔrdease] *a.* 《식물》 보리 비슷한; 보리의.

hordéine [ɔrdein] *n.f.* 《화학》 호르데인《보리 속에 함유된 단백질》.

†**horion** [ɔrjɔ̃] *n.m.* 《보통 *pl.*》 구타. donner(recevoir) des ~ 구타당하다[당하다].

***horizon** [ɔrizɔ̃] *n.m.* ① 지평선, 수평선. au-dessus de l'~ 지평선[수평선] 상에. plaine qui s'étend jusqu'à l'~ 지평선까지 펼쳐져 있는 평야. ② 시계(視界), 시야(vue). Ce livre nous ouvre des ~*s* nouveaux. 이 책은 우리에게 새로운 경지를 열어준다. ③ 장래, 미래(avenir). ④ (사고·활동의) 범위, 영역. injures venues de tous ~*s* 사방팔방으로부터 오는 비난. ⑤ ⓐ 《천문》 ~ astronomique 천문지평선(수평선); 상대~ 눈에 보이는 지평선(수평선). ⓑ 《해양·항공》 ~ artificiel 인공지평선(수평선). ⓒ 《미술》 ligne d'~ 소전선(消盡線). ⑥ 《지질》 층(層).
à l'~ 수평선[지평선] 상에; 멀리, 미래에.
bleu ~ 청회색《제1차대전 중부터 제2차대전 전까지의 프랑스 육군의 군복의 색》.
ne jamais changer d' ~ 여행을 싫어하다; 절대로 견해를 바꾸지 않다.
tour d'~ 개관, 개괄조사. faire un *tour d'*~ (여러 문제의) 개괄검토하다.

horizonner [ɔrizɔne] *v.t.* (드물게) (시야 따위를) 한정하다.

***horizontal(ale, *pl. aux*)** [ɔrizɔ̃tal, -o] *a.* 수평의 (↔vertical), 수평방향의; 《종적인 선에 대한》횡의. écriture ~*ale* 횡서, 가로쓰기. ligne ~*ale* 수평선. plan ~*ale* 수평면. terrains ~*aux* (기복이 없는) 평평한 지면. diamètre ~ 《천문》 (천체의) 수평직경. parallaxe ~*ale* 《천문》 지평시차(地平視差). réfraction ~*ale* 지평굴절.
se mettre dans la position ~*ale* 《구어》 눕다.
—*n.f.* ① 수평선. ② 《속어》 고급 매춘부.

horizontalement [ɔrizɔ̃talmã] *ad.* 수평으로, 가로로. cadran placé ~ 수평으로 놓인 나침반.

horizontalisme [ɔrizɔ̃talism] *n.m.* 《기독교》 수평주의, 횡광계《기독교의 본질이 인간에게 봉사하는 데에 있다고 생각하는 경향》(↔verticalisme).

horizontalité [ɔrizɔ̃talite] *n.f.* 수평(상태).

***horloge** [ɔrlɔ:ʒ] *n.f.* ① (건물의) 큰 시계; 괘종시계. ~ à sable 모래시계. ~ solaire 해시계. ~ atomique 원자시계. ~ électronique 전자시계. ~ à quartz 수정시계. avoir une précision d'~ 시계처럼 정확하다[시간을 잘 지키다]. être réglé comme une ~ (시계처럼) 규칙적으로 살다, 아주 꼼꼼하다. ② ~ de la mort 《곤충》 살짝수염벌레. ~ *parlante* (전화·라디오의 에 의한) 시보(時報). *une heure* [*deux heures,* ...] d'~ 꼬박 한 시간[두 시간, ...]. Il a parlé *deux heures* d'~. 그는 꼬박 두 시간 동안 이야기했다.

horloger(ère) [ɔrlɔʒe, -ɛ:r] *a.* 시계 제조[판매·수리]업의. industrie ~*ère* 시계 제조업. —*n.* 시계 제조[판매]업자, 시계상. ~-bijoutier 시계귀금속상.

horlogerie [ɔrlɔʒri] *n.f.* ① 시계 제조(수리·판매)업. atelier d'~ 시계공장. ② 시계점. ③ 《집합적》

시계, 시계류, 시계부품.

hormin [ɔrmɛ̃] n.m. 《식물》 꿀풀과의 일종.

†**hormis** [ɔrmi] prép. (《다음 낱말과 연음하지 않음》) …을 제외하고, …이외에(excepté). Tous sont venus ~ deux ou trois personnes. 두세 사람을 제외하고 모두 왔다. ~ (de)+inf. …하는 것을 제외하고. majorité, ~ deux abstentionnistes 기권자두 사람을 제외한 대다수. ~ le cas où …하는 경우를 제외하고. ~ que+ind. 《옛》 …하는 것을 제외하고는. ~ que (ne)+sub. …이 아니라면.

hormonal(ale, pl. **aux)** [ɔrmɔnal, -o] a. 호르몬의[에 의한]. troubles ~aux 호르몬 장애, subir un traitement ~ 호르몬 요법을 받다.

hormone [ɔrmɔn] n.f. 《생리》 호르몬. ~s hypophysaires 뇌하수체호르몬. ~ de croissance 성장호르몬.

hormonothérapie [ɔrmɔnɔterapi] n.f. 《의학》 호르몬 요법.

†**hornblende** [ɔrnblɛ̃:d] n.f. 《광물》 각섬석(角閃石).

horo- préf. 「시(時)의」 뜻.

horodateur [ɔrɔdatœr] n.m. 《공업》 (우편물 따위의 발송·수취의 날짜와 시간을 자동적으로 물품에 찍는)타임 스탬프.

horographie [ɔrɔgrafi] n.f. 해시계 제작술.

horokilométrique [ɔrɔkilɔmetrik] a. 시간과 거리의. compteur ~ 적산계(積算計), 시간 거리 병용미터.

horométrie [ɔrɔmetri] n.f. 측시법(測時法).

horométrique [ɔrɔmetrik] a. 시간 측정의.

horoptère [ɔrɔptɛ:r] n.m. 《의학》 단시계(單視界), 단시궤적, 동시선(同視線).

horoscope [ɔrɔskɔp] n.m. 《출생시의 성좌에 의한》 점성(占星); 예측. faire(dresser, tirer) l'~ de qn …의 운명을 점성술로 점치다.

horoscopie [ɔrɔskɔpi] n.f. 점성술.

horoscopique [ɔrɔskɔpik] a. 점성술의.

*****horreur** [ɔrœ:r] n.f. ① 공포, 무서움(épouvante). Glacé d'~, il restait muet. 공포로 얼어붙어 그는 입을 열지 못했다. Cela fait ~ à voir. 보기에도 끔찍한 광경이다. ② (신 따위에 대한) 두려움, 경외; (장소 따위의) 무시무시함. avoir ~ de qc (aversion), 싫어함. [avoir ~ de] J'ai ~ de sortir par un temps pareil. 나는 이런 날씨에 외출하기를 무척 싫어한다. ④《구어》 추악(한 것·사람), Ce tableau est une ~. 이 그림은 정말 보기 흉하다. ⑤ 잔인, 가혹, 잔학, 처참. ~ d'un accident 사고의 처참함. ~s de la guerre 전쟁의 참화[참혹]. ⑥ (pl.) 모욕적인[외설스러운] 말.

avoir[prendre] qn(qc) **en ~** 을 몹시 싫어하다(염오하다). J'ai ces sortes de femmes en ~. 나는 이런 류의 여자들을 몹시 싫어한다.

être en ~ à qn …에게 몹시 미움 받다.

faire ~ à qn 을 소름끼치게 하다; …에게 염오감을 일으키다.

*****horrible** [ɔribl] a. ① 무시무시한, 소름끼치는(affreux). ~ à voir 보기에도 끔찍한. Il y a eu hier un accident ~ sur l'autoroute. 어제 고속도로에서 끔찍한 사고가 있었다. ②《구어》 지독한, 극심한, 혐오스러운; (길·기후 따위가) 몹시 나쁜(épouvantable); 추한. Il fait un temps ~. 몹시 궂은 날씨이다. J'ai un ~ mal de tête. 머리가 몹시 아프다. femme ~ 지독하게 못생긴 여자.

horriblement [ɔribləmɑ̃] ad. 무시무시하게; 《구어》 몹시, 지독하게. C'est ~ cher. 그것은 지독하게 비싸다.

horrifier [ɔrifje] v.t. ①《드물게》 소름끼치게 하다; 놀라 소리치다. De telles atrocités ont hor-

rifié le monde entier. 그러한 잔인한 행위는 전세계를 공포에 떨게 했다. ②《주로 p.p.로》 Elle s'est écriée, horrifiée. 《구어》 그녀는 소름이 끼쳐 '어마'를 질렀다.

horrifique [ɔrifik] a. 소름끼치는, 끔찍스러운.

horripilant(e) [ɔripilɑ̃, -ɑ̃:t] a. ① 소름끼치게 하는. ②《구어》 울화통을 터뜨리는.

horripilateur [ɔripilatœr] n.m., a. 《해부》 입모근(立毛筋)(의).

horripilation [ɔripilasjɔ̃] n.f. ①《의학》 소름 (chair de poule). ②《구어》 [~ contre] (에 대한) 울화, 극도의 혐오.

horripilement [ɔripilmɑ̃] n.m. 《구어》 =horripilation②.

horripiler [ɔripile] v.t. ① 소름끼치게 하다. ②《구어》 울화가 치밀게 하다.

‡**hors** [ɔr] prép. …의 밖에(서)(다음 낱말과 연음하지 않음) I. (de 와 함께) ① (장소·시간) s'élancer ~ de la maison 집 밖으로 뛰어 나가다. vivre ~ du monde 세속을 떠나 살다. H~ d'ici. 여기서 나가거라. Nous voilà ~ d'hiver. 이제 겨울은 지나갔다. ~ de saison 철이 지난(제 철이 아닌).
②(상태·범위)(명사 앞에 관사 없이) ~ d'haleine 숨을 헐떡이며. ~ de question 논외의. ~ de cause 청렴결백한. ~ de prix 터무니없이 비싼. Cet appareil est ~ d'usage. 이 기계는 사용불능이다. Le malade est ~ de danger. 병자는 위기를 모면했다.
③《옛》 [~ de+inf.] …하는 것 이외에는.
II. (단독으로)(주로 관용적 표현에서 쓰임) ① (상태) …밖에, …의 범위 밖에. mettre qn ~ la loi …에게서 법의 보호를 박탈하다. exemplaire ~ commerce 비매품. fonctionnaire(officier) ~ cadre(s) (다른 부서로의)전출관리[장교]. illustration ~ (-)texte 별면삽화. joueur ~ jeu (축구·럭비에서)오프사이드의 반칙을 범한 선수.
②…을 넘어선, …보다 뛰어난. restaurant ~ catégorie 특급식당. modèle ~ série (주문에 의한)특제품.
③《문어》 …이외에(는); …을 제외하고(는). ~ cela 그것 이외에는. ~ son goût pour le jeu 도박에 대한 그의 취미를 제외하고는.
④《옛》 (장소) …밖에. habiter ~ la ville 교외에 살다.

— de soi 흥분한, 분격한. Il est ~ de lui. 그는 극도로 흥분해 있다. Vous la mettez ~ d'elle. 그녀를 화나게 하는 구려.

— que+ind. …을 제외하고. Il a tout essayé ~ qu'il demande son aide. 그는 모든 것을 다 해보았다, 단 그의 도움을 청하는 것을 제외하고.

†**horsain** [ɔrsɛ̃] n.m. 《사투리》(노르망디 지방에서) 타지 사람.

†**hors-bord** [ɔrbɔ:r] n.m. 《복수불변》(모터가 배 밖에 붙어 있는)모터보트.
— a.m. moteur ~ 선외모터.

†**hors-caste** [ɔrkast] n. 《복수불변》 천민(賤民), 사회에서 배척된 사람(paria).

†**hors-concours** [ɔrkɔ̃ku:r] n.m. 《복수불변》 (전람회의)무감사 출품자(이미 상을 받은 사람, 심사원, 우수성을 인정받아 콩쿠르에 나갈 수 없는 사람).

†**hors-cote** [ɔrkɔt] n.m. 《복수불변》 (증권거래소 외부의)증권 매매 시장.

*†**hors-d'œuvre** [ɔrdœ:vr] n.m. 《복수불변》 ① 오르되브르, 전채, 전식(식사 처음에 나오는 간단한 요리). ②《건축》 부속가옥, 돌출부;《구어》(작품의)주제와 관계 없는 부분.

†**horse-guard** [ɔrsgard] 《영》 n.m. 《복수불변》 영국

근위기병.

†**horse-power** [ɔrspawœːr] 《영》 n.m. 《복수불변》《기계》마력.

†**horse-pox** [ɔrspɔks] 《영》 n.m. 《수의》마두창(馬痘瘡).

†**hors(-)gel** [ɔrʒɛl] a. 《불변》부동(不凍)의. autoroute ~ 부동식(不凍式) 고속도로.

horsin [ɔrsɛ̃] n.m. =**horsain**.

†**hors-jeu** [ɔrʒø] n.m. 《복수불변》《스포츠》오프사이드.

†**hors-la-loi** [ɔrlalwa] n.m. 《복수불변》법의 보호를 박탈당한 사람; 무법자.

†**hors-ligne** [ɔrliɲ] n.m.《복수불변》《토목》(도로·철도의 건설용으로 수매한 토지중) 노선 밖에 남겨진 자투리 땅. —a.《불변》《구어》뛰어난, 비교가 안되는.

†**hors-montoir** [ɔrmɔ̃twaːr] n.m. 《복수불변》《드물게》(말의) 오른쪽(côté ~).

†**hors-profil** [ɔrprɔfil] (pl. ~-~(s)) n.m. 《토목》(구획선을 넘는 부분의) 굴착부분.

†**hors-programme** [ɔrprɔgram] a.《불변》《학교》 교과과정 외의. —n.m.《복수불변》프로그램 외의 영화.

†**horst** [ɔrst] n.m. 《지질》지루(地壘).

†**hors-texte** [ɔrtɛkst] n.m. 《복수불변》《제본》(따로 인쇄한) 삽화.

hortensia [ɔrtɑ̃sja] n.m. 《식물》수국.

horticole [ɔrtikɔl] a. 원예의. exposition ~ 화훼 《관상용 식물》품평회.

horticulteur [ɔrtikyltœːr] n.m. 원예가.

horticulture [ɔrtikyltyːr] n.f. 원예, (특히) 화훼분 원예. Ecole nationale d'~ 국립원예학교.

hortillonnage [ɔrtijɔnaːʒ] n.m. 야채 재배용 습지; 야채의 습지 재배 (법).

hosanna [ɔza(n)na] n.m. ① 유태인이 외는 기도의 일종. ② 사순절 마지막 일요일에 부르는 찬송가. ③ 환희의 노래, 기쁨의 함성.

hosannière [ɔza(n)njɛːr] a.f. croix ~ 《고고학》 찬송가(hosanna)가 새겨진 십자가.

hospice [ɔspis] n.m. ①양육원, 양로원(~ de vieillards), 구제원. ~ des aliénés 정신병원. ~ d'invalides 상이군인 원호원. finir dans un ~ 가난 〔비참〕속에서 죽다. ②(순례자·여행자를 위한) 순례자 숙박소. ③《구어》=hôpital.

hospitalier(ère) [ɔspitalje, -ɛːr] a. ①환대하는; 손님 접대를 좋아하는(↔ hostile); (경치가) 마음을 끄는. table ~ère 《비유적》사람을 식사에 초대하기 좋아하는 사람 (가족). Dieux ~s 《신》손님을 보호하는 신. ②병원의, 구호소의, 양육원의. 《종교》환대 《자비·간호》 수도회의. religieux ~s 환대 수도사. —n. (자선·구호에 종사하는) 수도사, 수녀.

hospitalièrement [ɔspitaljɛrmɑ̃] ad.《드물게》 극진히, 정성스레.

hospitalisation [ɔspitalizasjɔ̃] n.f. 입원, 구호원 〔양육원〕에 넣기. frais d'~ 입원비. ~ à domicile 자택요양.

hospitalisé(e) [ɔspitalize] n, a. 입원 환자(의); 양육원의 수용자(의).

hospitaliser [ɔspitalize] v.t. 입원시키다, 양육원 〔구호소〕에 수용하다. ~ un blessé 부상자를 병원에 수용하다.

hospitalisme [ɔspitalism] n.m. 《심리》입원성 장애 《가정을 떠나 시설이나 병원에 장기간 수용되어 있는 데서 생기는 심신의 발달 장애》.

hospitalité [ɔspitalite] n.f. 환대, 후대, 극진한 대접 (accueil). 《옛》(모르는 사람에게) 무료로 숙박시 킴. donner〔recevoir〕l'~ à qn …을 환대하다 〔환대받다〕. établissement d'~ de nuit 무료 숙박소.

hospitalo- préf. 「병원의」의 뜻.

hospitalo-universitaire [ɔspitaloyniversitɛːr] (pl. ~-~s) a. 《의학》대학병원의. centre ~ 대학병원.

hospodar [ɔspɔdaːr] n.m. 《역사》터키제후의 존칭.

hosteau [ɔsto] (pl. ~x) n.m.《속어》병원.

hostellerie [ɔstɛlri] n.f.《옛》=**hôtellerie**.

hostie [ɔsti] n.f.① 《고대유태·종교》(신에게 바치는) 제물, 희생. ②《종교》성체의 빵.

*****hostile** [ɔstil] a. ① 적대하는, 적대적인, 적의를 품은. nature ~ 적대적인 성격. pays ~ 적대국. attitude ~ 적의를 품은 태도. jeter un regard ~ 적의에 찬 눈으로 보다. ②〔~ à〕반대의. Il est ~ à notre projet. 그는 우리들의 계획에 반대한다.

hostilement [ɔstilmɑ̃] ad. 적의를 품고.

*****hostilité** [ɔstilite] n.f. ①〔~ contre/envers〕(에 대한) 적의, 반감(antipathie, ↔ amitié); 반대. avec ~ 적의를 〔반감을〕품고. acte d'~ 적대 행위. manifester une vive ~ contre〔envers〕…에 대하여 맹렬히 반대하다. ②(pl.) 적대 행위, 전투행위. ouvrir 〔suspendre〕les ~s 전투를 시작하다 〔중지하다〕. période des ~s 《법》(저작권 보호 따위의) 전시 가산기간.

hosto [ɔsto] n.m. =**hosteau**.

*****hot** [ɔt] 《미영》a.《불변》《재즈음악의》열광적인, 즉 흥적인. —n.m. 열광적인 곡.

†**hot-dog** [ɔtdɔg] (pl. ~-~s) 《미영》n.m. 핫도그.

*****hôte(sse)** [oːt, otes] n. ①(손님에 대한) 주인 (maître). 《옛》(하숙집) 주인. ~sse charmante 친절한 여주인. ② (f.) 스튜어디스 (~sse de l'air). ③ (접대받는) 손님, (호텔 따위의) 숙박객. ~ payant 《개인집의》하숙인. table d'~ (호텔·식당 따위에서 손님이 일제히 식사하는) 정식용의 탁자. ④《시》 (비유적) 거주자 (habitant). ~ de la mer 고기류. ~s des airs 새. ~s des bois 들짐승, 야수. ⑤《역사》(중세에서 새로 토지를 개간하기 위해서 이주하는) 소작인. ⑥《생물》숙주(宿主). ~ intermédiaire 중간 숙주.

faire bon visage d'~ à qn …을 진심으로 환대하다.

:**hôtel** [o(ɔ)tɛl] n.m. ①호텔, 여관. ~ de tourisme 관광 호텔. ~ meublé 장기체류객용의 가구 달린 호텔. ~ garni 하숙용의 저렴한 호텔. ②관저, (웅장한) 저택. ③관용 건물, 국, 원. H~ des Monnaies 조폐국. H~ des Postes 파리 중앙우체국. H~ des ventes 파리의 경매소. H~ de ville 시청. *maitre d'*~ 호텔·식당의 웨이터.

hôtel-château [otɛlʃato] (pl. ~s-~x) n.m. 호텔로 사용되는 성.

hôtel-Dieu [o(ɔ)tɛldjø] (pl. ~s-~) n.m. 시립병원; (H~) 파리 시립병원.

hôtelier(ère) [o(ɔ)tǝlje, -ɛːr] a. 호텔의. ① 여관주인, 호텔 경영자. ② 《종교사》(수도원의) 숙박 접대인.

hôtellerie [o(ɔ)tɛlri] n.f. ①(민속적 성격의 호화스러운) 여관 〔레스토랑〕. 《옛》주막 (auberge). ②여관업, 호텔 경영. ③《옛》(수도원의) 숙박소.

hôtesse [otɛs] n.f. ▷**hôte**.

hotte [ɔt] n.f. ①등에 지는 채롱. ②《건축》(깔때기 모양의) 빗물받이. ③《공업》호퍼. ④벽난로의 굴뚝 구멍.

†**hottée** [ɔte] n.f. ①《구어》많은 분량. ②《드물게》한 등채롱(의 분량).

†**hottentot(e)** [ɔtɑ̃to, -ɔt] a. 호텐토트의. —H~ n. 호텐토트 사람. —H~s n.m.pl. 호텐토트족 (아프리카 남부의 미개 종족). —n.m. 호텐토트어.

†**hotter** [ɔte] *v.t.* 등채롱으로 운반하다.
†**hottereau** [ɔtro] (*pl.* ~**x**), †**hotteret** [ɔtrɛ] *n.m.* 《드물게》작은 등채롱.
†**hotteur(se)** [ɔtœːr, -ø:z] *n.* (포도 따위를)등채롱으로 운반하는 사람.
†**hottier(ère)** [ɔtje, -ɛːr] *n.* 등채롱으로 어선에서 고기를 부리는 사람.
†**hotu** [ɔty] *n.m.* 《어류》 (중부 유럽산)잉어의 일종.
†**hou** [u] *int.* ① 우우! (늑대 울음소리의 흉내). ② 쳇! (조소·경멸의 표시). ③ 쉭쉭! (사냥에서 개를 부추기는 소리).
†**houache** [waʃ], †**houaiche** [wɛʃ] *n.f.* 《옛》《해양》 항적(航跡).
†**houage** [waːʒ] *n.m.* =houement.
†**houari** [wari] *n.m.* 《해양》 ① (북해의)범선. ② 삼각돛(voile à~).
†**houblon** [ublɔ̃] *n.m.* 《식물》 홉.
†**houblonnage** [ublɔnaːʒ] *n.m.* (맥주제조에)홉을 넣기.
†**houblonner** [ublɔne] *v.t.* (맥주제조에)홉을 넣는다. —*n.f.* 홉 재배자. —*n.f.* 홉밭.
†**houblonnier(ère)** [ublɔnje, -ɛːr] *a.* 홉의, 홉이 나는.
†**houdan** [udɑ̃] *n.f.* 우당(프랑스의 도시)산의 암탉.
†**houe** [u] *n.f.* 괭이. L(영계).
†**houement** [umɑ̃] *n.m.* 괭이질.
†**houer** [we] *v.t.* 괭이로 일구다.
†**houette** [wɛt] *n.f.* 작은 괭이.
†**houeur** [wœːr] *n.m.* 괭이질하는 사람.
***houille** [uj] *n.f.* 《식물》 석탄(charbon). gisement de ~ 탄층. gaz de ~ 석탄가스. goudron de ~ 코르타르. mine de ~ 탄광, 탄갱. ~ blanche (발전용)수력; ~ bleue 조력(潮力); ~ d'or 태양 에너지; ~ incolore 풍력; ~ verte 유수력(流水力).
†**houiller(ère)** [uje, -ɛːr] *a.* 석탄을 함유한; 석탄의. bassin ~ 탄층, 탄전. gîte ~ 탄전(炭田). période —*ère* 석탄기(紀). —*n.f.* 탄광, 탄광.
†**houilleur** [ujœːr] *n.m.* 탄광부. —*a.m.* 탄광에서 일하는.
†**houilleux(se)** [ujø, -øːz] *a.* 《지질》 석탄을 함유
†**houillification** [ujifikasjɔ̃] *n.f.* 《지질》 (식물의) 석탄화.
†**houillifier (se)** [səujifje] *v.pr.* 석탄화하다.
†**houka(h)** [uka] *n.m.* (페르시아·인도 사람의)수연통(水煙筒).
†**houle** [ul] *n.f.* ① (파도의)넘실거림, 파동. forte ~ 높은 파도. ~ de fond 여파(餘波) (먼 곳에서 불어오는 큰 바람에 의한). longues ~ 큰 파도. ~ battue 역파(逆波), 삼각파. ② (*pl.*) 《문학》 거친 물결, 파랑(波浪). ③ (비유적)물결. ~ humaine 인파. ④ 《문학》 마음의 동요, 감동.
†**houler** [ule] *v.i.* 큰 파도처럼 넘실거리다.
†**houlette** [ulɛt] *n.f.* ① (양치는)목동의 지팡이. ② (주교의)홀장(笏杖). être sous la ~ de qn …의 지도하에 있다. ③ 《원예》 모종삽.
†**houleux(se)** [ulø, -øːz] *a.* ① 파도가 높은. ② 소란스러운.
†**houlque** [ulk] *n.f.* 《식물》 수수새의 일종.
†**houp** [up] *int.* 어이(부르는 소리); 자! (성원).
†**houpée** [upe] *n.f.* =houppée².
†**houper** [upe] *v.t.* ① (말·개 따위에)소리를 질러 뛰어넘게 하다. ② 《사냥》 멀리서 부르다.
†**houppe** [up] *n.f.* ① (양모·비단실 따위의)술장식. capuchon à ~s de fil d'or 금실 장식이 달린 두건. fleur en ~ 술 모양의 꽃. ② 《옛》(머리의)우듬지. ③ ⓐ ~ de plumes (새의)도가머리. ⓑ ~ à poudre 분첩, 퍼프. ⓒ 《해부》 신경총(神經叢).
†**houppé(e¹)** [upe] *a.p.* 도가머리가 있는.

†**houppée²** *n.f.* 《해양》 (파도가 부딪쳐 생기는)하얀 거품, 흰 파도; 흰 파도가 이는 바다. *prendre la* ~ 파도가 높아질 때 배에서나 보트(보트에서 배에)로 옮겨 타다.
†**houppelande** [uplɑ̃ːd] *n.f.* ① (소매 없는 넓은)외투, 망토. ② (성직자의)외출용 외투.
†**houpper** [upe] *v.t.* ① 다발(술)로 만들다(장식하다). ② 《직물》 (양모를)빗질하다.
†**houppette** [upɛt] *n.f.* ① (털 따위의)작은 다발(타래). ② 분첩, 퍼프.
†**houppier** [upje] *n.m.* ① 꼭대기만 남기고 가지를 자른 나무. ② 양모를 빗질하는 직공.
†**houppifère** [upifɛːr] *a.* (새가)도가머리를 가진. —*n.m.* 《조류》 (자바산의)꿩의 일종.
†**houque** [uk] *n.f.* =houlque.
†**houra** [ura] *n.m.* =hourra.
†**hourailler** [uraje] *v.i.* 《사냥》 둔한 사냥개로 사냥하다.
†**houraillis** [uraji] *n.m.* 둔한 사냥개의 무리.
†**hourd** [uːr] *n.m.* 《옛》 ① 기마무술시합 구경용의 판자 울타리, 널판장. ② 톱질할 때의 모탕.
†**hourdage** [urdaːʒ] *n.m.* 《건축》 초벌질; 초벌칠한 벽; (벽의 나무틀 사이에)회반죽으로 돌을 쌓기.
†**hourder** [urde] *v.t.* 《건축》 (벽을)초벌칠하다; (나무틀 사이에)회반죽으로 돌을 쌓다.
†**hourdis** [urdi] *n.m.* 《건축》 =hourdage. ② 《해양》 배의 고물 바깥쪽에 붙인 널판, 선미판.
†**houret** [urɛ] *n.m.* 《사냥》 둔한 사냥개.
†**houri¹** [uri] *n.f.* (돛대 셋의)연안 항로선.
†**houri²** [uri] *n.f.* ① 《회교》 처녀(마호메트가 신도(信徒)에게 약속한 극락의 미녀). ② 절세 가인(미인). ③ 《속어》 요염한 여자; 정부; 첩.
†**hourque** [urk] *n.f.* ① 《해양》 네덜란드의 화물선. ② (구어)속력이 느린 모양없는 배.
†**hourra(h)** [ura] *n.m.* 함성, 환호, 만세(acclamation). pousser tous ~s (*un* triple ~) 만세 삼창하다. —*int.* ① 우아! (돌격의 함성). ② 만세!
†**hourvari** [urvari] *n.m.* 《사냥》 (길 잃은)사냥개를 도로 부르는 소리; 사냥개에게 쫓기던 짐승이 추적을 피하기 위하여 온 길을 되돌아 오는 것. ② 《속어》 소란, 법석.
†**housard** [uzaːr] *n.m.* 《옛》 =hussard.
†**housarde** [uzard] *n.f.* 《옛》 =hussarde.
†**houseau** [uzo] *n.m.* (*pl.* ~**x**) *n.m.* 《옛》 가죽 각반.
†**house-boat** [awzbot] (*pl.* ~~**s**) *n.m.* 《영》 하우스 보트, 숙박시설이 있는 보트(요트).
†**houspillement** [uspijmɑ̃] *n.m.* ① 함부로 다루기. ② 윽박지르기, 욕.
†**houspiller** [uspije] *v.t.* ① 함부로 대하다, 학대하다. ② 윽박지르다, 심하게 야단치다(gronder). —*se* — *v.pr.* 서로 볶아대다; 서로 욕하다.
†**houspilleur(se)** [uspijœːr, -øːz] *n.* (위)의 사람.
†**houssage¹** [usaːʒ] *n.m.* 커버를 씌우기; 마의(馬衣)를 걸치기.
†**houssage²** *n.m.* 먼지떨이로 털기.
†**houssaie, houssaye** [usɛ] *n.f.* 호랑가시나무 숲.
†**housse** [us] *n.f.* ① (가구 따위의)커버. ② 마의(馬衣), 안장 아래 모포. ③ (차 좌석의)커버.
†**housser¹** [use] *v.t.* ① (가구·좌석 따위에)커버를 씌우다. ② (말에) 마의(馬衣)를 걸치다, (안장 아래)모포를 걸치다.
†**housser²** *v.t.* (가구 따위를)먼지떨이로 털다.
†**housset** [use] *n.m.*, †**houssette** [usɛt] *n.f.* (상자·가방 따위의)자물쇠.
†**houssine** [usin] *n.f.* 《옛》① (호랑가시나무 따위의)가는 막대. ② (승마용)채찍.
†**houssiner** [usine] *v.t.* 《옛》 (가구·의복 따위를)막대

기로 두드리다; (말을)채찍질하다.
†**houssoir** [uswa:r] *n.m.* 《옛》(호랑가시나무·깃털 따위로 만든)비, 먼지떨이.
†**housson** [usɔ̃] *n.m.* 《식물》 백합과의 상록 관목
†**houste** [ust] *int.* =**ouste**. 〔비를 만들〕.
†**houvet** [uvɛ] *n.m.* 《동물》 식용 게의 일종.
†**houx** [u] *n.m.* (복수불변) 《식물》 호랑가시나무.
†**houzard** [uza:r] *n.m.* 《옛》=**hussard**.
†**houzarde** [uzard] *n.f.* 《옛》=**hussarde**.
†**hova** [ɔva] *a.* (여성형 없음) 호바족(마다가스카르 섬의 인도네시아족)의. —**H**~ *n.* 호바족의 사람(Antoimérinas). —*n.m.* 호바어(語).
hovercraft [ovœ(ɛ)rkraft] 《영》 *n.m.* 호버크래프트(aéroglisseur).
hoverport [ovœ(ɛ)rpɔr] 《영》 *n.m.* 호버크래프트 발착장.
†**hoyau** [wajo] (*pl.* ~*x*) *n.m.* 《농업》 작은 괭이; 《광산》 곡괭이.
HP 《약자》horse-power 마력.
h.p. 《약자》haute pression 고압.
H.-P. 《약자》Hautes-Pyrénées (프랑스의 도(道)).
H.P.C.C. 《약자》hautes parties contractantes (조약의)체맹국(締盟國).
hpz 《약자》《물리》hectopièze 헥토피에즈.
H.R. 《약자》① hors rang 《군사》사령부 소속. ② habitat rural 《지리》농촌의 거주형태.
H.S. 《약자》hors de service 《군사》 병역 불합격.
H.-Sav. 《약자》Haute-Savoie (프랑스의 도(道)).
†**huaille** [ɥa:j] *n.f.* 《옛》오합지중(烏合之衆), 천민.
†**huard** [ɥa:r] *n.m.* 《조류》물수리; 〔창.
hublot [yblo] *n.m.* (배·비행기의)현창(舷窓); 원
†**huche** [yʃ] *n.f.* ① 빵 반죽 통〔그릇〕. ② (곡식 따위를 저장하는)큰 통, 뒤주. ③ 《공업》정분(精粉)받는 통; 세광조(洗鑛槽). ④ (양어용)수조. ⑤ 《기계》(터빈의)케이싱.
†**huchée** [yʃe] *n.f.* 《옛》외치는소리.
†**hucher** [yʃe] *v.t.* 《옛》《사냥》(고함·피리소리로 사냥개를)부르다.
†**hucher²** *n.m.* 통(뒤주)을 만드는(파는) 사람.
†**hucher³ (se)** [səyʃe] *v.pr.* 《구어》=**se jucher**.
†**hucherie** [yʃri] *n.f.* 통(뒤주) 만들기.
†**huchet** [yʃɛ] *n.m.* 《옛》《사냥》사냥피리; (금속으로 만든)피리.
†**huchier** [yʃje] *n.m.* =**hucher²**.
†**hue** [y] *int.* 이러! (말을 앞으로 또는 오른쪽으로 모는 소리) (huau, ↔ dia).
à ~ *et à dia* 반대방향으로, 역방향으로. L'un tire *à* ~ *et l'autre à dia*. 《구어》서로 반대방향으로 끌어당기다, 서로 방해하다.
†**huée** [ɥe] *n.f.* ① (사냥감을 몰 때나 물고기를 어망에 몰아넣을 때의)함성. ② (*pl.*) 야유하는 소리 (sifflet). *pousser des* ~*s* 야유하는 소리를 지르다.
†**huer** [ɥe] *v.t.* ① 《사냥》함성을 지르며 뒤쫓다. ② 소리질러 야유하다. ~ *un auteur[une pièce]* 작가 [작품]에 대해서 야유하는 소리를 지르다. —*v.i.* (올빼미가)울다.
†**huerta** [w(ɥ)ɛrta] 《에스파냐》 *n.f.* 《지리》(관개된)비옥한 평야.
†**huette** [ɥɛt] *n.f.* =hulotte.
†**hueur** [ɥœ:r] *n.m.* ① 함성을 지르는 사람. ② 야유하는 사람.
(†)**hugolâtre** [ygɔla:tr], (†)**hugophile** [ygɔfil] *n., a.* 위고(Victor Hugo)숭배자(의).
hugolesque [ygɔlɛsk] *a.* 위고풍의.
hugolien(ne) [ygɔljɛ̃, -jɛn] *a.* 위고의.
†**huguenot(e)** [ygno, -ɔt] *n.* 《종교사》《옛》위그노(프랑스의 Calvin파 신교도); 신교도(protes-
tant). *les papistes et les* ~*s* 구교도와 신교도.
—*a.* 위그노의. *parti* ~ 위그노파, 신교도파.
—*n.f.* 옹기 남비(marmite ~*e*); 풍로.
†**huguenoterie** [ygnɔtri] *n.f.* 《역사》위그노파.
†**huguenotisme** [ygnɔtism] *n.m.* 《옛》위그노파에 대
†**huhau** [yo] *int.* =**hue**. 〔한 지지.
hui [ɥi] *ad.* 《옛》오늘 (aujourd'hui). *ce jour d'*~ 《법·신문》 오늘.
huilage [ɥila:ʒ] *n.m.* (기계에의)기름칠; 기름에 담그기.
:**huile** [ɥil] *n.f.* ① (식용·약제의)기름, 오일. ~ *alimentaire* 식용유. ~ *pour la salade* 샐러드기름. ~ *de table* 식탁용 기름. ~ *à friture* 튀김기름. ② ~ *de pétrole*. — *minérale* 광유. — *brute* 원유. — *légère[lourde]* 경(중)유. ~*s essentielles* 휘발유, 석유(따위). ③ (등화용·공업용)기름, 윤활유 (~ *lubrifiante*). ~ *blanche* 백응유. *lampe à l'*~ 석유난로. *mettre de l'*~ *dans le moteur* 엔진에 윤활유를 치다. *vidanger l'*~ *du moteur* 엔진오일을 교환하다. ④ 《종교》성유(聖油) (~ *sainte*). ⑤ 《미술》채색기름, 유화재료; 한폭의 유화(tableau[peinture] à l'~). ⑥ (*pl.*) 《속어》권력자들; 당국(자들). ~ *du gouvernement* 정부의 고관. *fréquenter des* ~*s*; 《옛》 *nager dans les* ~*s* 유력자들과 사귀다.
dans l'~ 원활하게, 순조롭게, 완전무결하게. La première se déroula *dans l'*~. (극의)초연이 순조롭게 이루어졌다.
faire (la) tache d'~ 《구어》(나쁜것이)점점 번져가
~ *de bras(de coude, de poignet)* 《구어》어려운 일을 하는 데 필요한 힘.
Il n'y a plus d'~ *dans la lampe.* 남은 목숨이 얼마 되지 않는다.
jeter de l'~ *sur le feu* (불에 기름을 붓다)→ 불 난 데 부채질하다.
mer d'~ 잔잔한 바다. La *mer était d'*~. 바다는 평온했다.
mettre de l'~ *dans les rouages* 곤란을 제거하다; 적이가 있는 사이를 부드럽게 하다.
On tirerait plutôt de l'~ *d'un mur* (que de l'argent de cet homme). (그 사람에게서 돈을) 끌어내다니 어림없는 일이다.
sentir l'~ (작품 따위에)고심한 흔적이 있다.
verser[mettre] de l'~ *sur les plaies de qn* 《구어》 …을 위로하다, …의 고통을 덜어주다.
huilé(e) [ɥile] *a.p.* ① 기름을 먹인, 방수(防水)된. *papier* ~ 기름(먹인)종이. ② 《요리中》기름을 사용한. *salade trop* ~*e* 기름을 너무 친 샐러드. ③ 원활히 가동하는, 잘 작용하는. *organisation bien* ~*e* 원활히 돌아가는 조직.
huilement [ɥilmɑ̃] *n.m.* 기름칠.
huiler [ɥile] *v.t.* (기계 따위에)기름을 치다(graisser). —*v.i.* (병든 식물이)기름 모양의 수액을 내
huilerie [ɥilri] *n.f.* 기름 공장; 기름장사. 〔다.
huileux(se) [ɥilø, -ø:z] *a.* ① 기름기 있는, 유질의; 기름진; 기름을 바른모양. solution ~*se* 《약》유상(油狀)용액. cheveux ~ 반지르르한 머리카락. mer ~*se* 잔잔한 바다. —*n.f.* 제유기(製油機).
huilier(ère) [ɥilje, -ɛ:r] *a.* 제유(製油)의, 제유업의. —*n.* (드물게)제유업자, 기름집. ② (기름병·식초병 등을 담는 식탁용)그릇. —*n.f.* 《해양》
huis [ɥi] *n.m.* 《옛》문. *à ~ clos* 비공개리에. *entretien à ~ clos* 비공개[비밀] 회담. *entendre une cause à ~ clos* 《법》방청을 금지하고 사건을 재판하다. *le ~ clos* 방청금지 (이때 h는 유성). *demander le ~ clos* 비공개회의의(재판)을 요구하다.

huisserie [ɥisri] *n.f.* 〖건축〗문틀(→ porte 그림); 〖옛〗문.

huissier [ɥisje] *n.m.* ① (의회·관청 따위의)수위. ② 집행관, 집달리. acte d'~ 집행영장. ~ audiencier (재판소의)정리(廷吏). ③〖옛〗문지기. ④ 〖옛〗(문을 만드는)세공인.

:huit [ɥit] *a.num.* (복수불변)(자음 또는 유성 h 앞에서는 [ɥi]로 발음) ① 8의. On travaille ici ~ heures par jour. 여기에서는 하루에 8시간 노동을 한다. journée de ~ heures 8시간 노동제. journal qui paraît sur ~ pages 8페이지짜리 신문. ②(서수형용사 대용)8번째의 (huitième). Il se lève à ~ heures le matin. 그는 아침 8시에 일어난다.
— *n.m.* (복수불변)(발음은 항상 [ɥit]) ① 8(자). Deux et ~ font dix. 2 더하기 8은 10이다. ~ couché 무한대를 나타내는 기호(∞). ~ romain 로마자 8(Ⅷ). patiner en essayant des ~ 8자를 그리면서 스케이트를 타다. ② 8일; 8시(간); 8번지, 8호실(numéro ~). les trois ~ 〖역사〗(19세기 말 노동자가 요구한) 3교대 근무제. ⓒ (카드놀이에서)8번째 카드. ⓓ (영화의)8미리필름. ⓒ (보트경기의)에이트. ⓓ (보트의)8머큐트. ⓔ ~ de chiffre 〖기술〗8자형의 한 부품.
~ **jours** 1주일. donner ses ~ *jours* à *qn* (1주일분의 급료를 주고) …을 해고하다.
en ~ 1주일 후에. jeudi en ~ 1주일 후의 목요일.

†**huitain** [ɥitɛ̃] *n.m.* 〖운율〗8행시(절).

†**huitaine** [ɥitɛn] *n.f.* ① 8개, 약 8개. une ~ de livres 여덟 권 가량의 책. ② 1주일(semaine); 주급(週給). dans la ~ 1주일 내에. remettre à ~ 1주일 연기하다. à (la) ~; dans ~; ~ après 〖법〗1주일 후에.

†**huitante** [ɥitɑ̃ːt] *n., a.* (스위스·벨기에 지역에서 사용되는)80(의).

†**huit-de-chiffre(s)** [ɥidʃifr] (*pl.* ~**s**‑‑**s**) *n.m.* ① 8자형. ② 8자형으로 붕대감기. ③ 8자형의 쇠붙이.

*†**huitième** [ɥitjɛm] *a. num.* 제8의, 여덟째의. le ~ (jour) du mois 8일 (증명서에 기재할 때 씀).
— *n.m.* 제8. ① 8분의 1; 8분의 (마리의)8구. ② ~s de finale 〖스포츠〗준결승을 앞둔 16팀[선수]의 경기. — *n.f.* 〖학교〗제8학급(국민학교 5학년에 해당).

†**huitièmement** [ɥitjɛmmɑ̃] *ad.* 여덟째로.

huître [ɥitr] *n.f.* ① 굴. ~ perlière[à perle] 진주조개. ~ d'élevage 양식굴. ② (속어)바보, 멍텅구리. ③ (속어) 가래침.

†**huit-reflets** [ɥiflɛ] *n.m.* (복수불변)실크해트.

huîtrier(ère) [ɥitri(je, ‑ɛːr] *a.* 굴의. industrie ~*ère* 굴 양식업. — *n.m.* 〖조류〗검은머리물떼새. — *n.f.* 굴 양식장.

†**hulan** [ylɑ̃] *n.m.* (독일·오스트리아·러시아의)창기병(uhlan).

†**hulotte** [ylɔt] *n.f.* 〖조류〗올빼미(chat-huant).

†**hululement** [ylylmɑ̃] *n.m.* (올빼미 따위 야행성 새의)울음소리.

†**hululer** [ylyle] *v.i.* (올빼미가)울다; 슬픈 소리로 울다(ululer).

†**hum** [œm] *int.* 흠! (의혹·억측).

†**humage** [ymaːʒ] *n.m.* 흡입, (조금씩)들이마심. salle de ~ d'un établissement thermal 온천치료소의 흡입실.

:humain(e) [ymɛ̃, ‑ɛn] *a.* ① 인간의, 인간고유의. l'être ~ 인간. dignité ~*e* 인간의 존엄성. chair ~*e* 인간의 육체. n'avoir plus figure ~*e* 사람의 얼굴이라 할 수 없을 만큼 흉측한 얼굴을 가지다. voix ~*e* 사람의 음성; (오르간의)인성음(人聲音) 키. nature ~*e* 인간본성. personne ~*e* 인간. choses ~*es* 세상사. plus qu'~ 인간을 초월하는; 초인적인. ② 인간으로 이루어진. société ~*e* 인간사회. genre ~; espèce ~*e* 인류. ressources ~*es* 인적자원. respect ~ 체면(치례). relations ~*es* 인관관계; 교제. ③ 인간에 관한. sciences ~*es* 인문과학. lettres ~*es* 고전학. géographie ~*e* 인문지리. ④ 인간다운, 인간미가 있는. attitude ~*e* 인간다운 태도. sentiment ~ 인간적 감정. juge ~ 인정미가 있는 재판관. Il n'a rien d'~. 그는 아무런 인간미도 없다. voies ~*es*, moyens ~*s* 인간적 수단(voies divines, moyens divins 과 대비). ⑤ 〖언어〗사람을 나타내는. nom ~ 인물명사.
— *n.m.* ① 인간; 인간성; 인간의 능력. ② (*pl.*) 인류; 사람들.

humainement [ymɛnmɑ̃] *ad.* ① 사람으로서; 사람의 힘으로. ~ impossible 인간의 능력으로 불가능한. ② 인간(인도)적으로(charitablement). traiter ~ un ennemi 적을 인도적으로 처우하다.

humanes [yman] *n.f.pl.* 〖인쇄〗위만(로만 서체에서 파생한 활자체).

humanisable [ymanizabl] *a.* 교화할[개화시킬] 수 있는; 인간미[성]를 부여할 수 있는.

humanisant(e) [ymanizɑ̃, ‑ɑ̃ːt] *a.* 교화하는, 인간적으로 만드는.

humanisation [ymanizɑsjɔ̃] *n.f.* ① 교화, 개화. ② 인간화, 인격화. ③ 완화. ~ des conditions du travail 노동조건의 완화.

humaniser [ymanize] *v.t.* ① 인간미를 지니게 하다, 인간답게 만들다. ② (신·동물 따위를)인격화하다, 인간성을 부여하다. ③ 문명화하다; (미개인을)교화하다(civiliser). ④ (어려운 교리·학설 따위를)공감할 수 있게(알기쉽게) 하다. ⑤ (조건 따위를)완화시키다.
s'~ *v.pr.* ① 인간성[인간미]을 띠다; 온화해지다. ② 인격화되다. ③ 문명화[개화]하다. ④ 이해되다.

humanisme [ymanism] *n.m.* ① 〖철학〗인문주의. ② 〖문학〗(르네상스 시대의)인본주의; 고전어·고전문학 연구.

humaniste [ymanist] *n.m.* ① 〖철학〗인문주의자. ② 고전학자, (특히 르네상스 시대의)고전 연구가. ③ 〖옛〗〖학교〗고전학급의 학생. — *a.* (위)의. mouvement ~ 고전연구운동. philosophies ~*s* 인간주의철학.

humanitaire [ymanitɛːr] *a.* 인도주의적인; 박애주의적인. sentiments ~*s* 인도적 감정. — *n.* 인도주의자.

humanitarisme [ymanitarism] *n.m.* 인도주의.

humanitariste [ymanitarist] *a., n.* =**humanitaire**.

***humanité** [ymanite] *n.f.* ① 인류(genre humain), 인간. évolution de l'~ 인류의 진화. les faiblesses de l'~ 인간으로서의 약점. ② 인간미, 인정. traiter *qn* avec ~ …을 인자하게 대하다. ③ 인간성; 〖신학〗인성. L'~ est naturellement bonne. 인성은 본래 선하다. l'~ et la divinité du Christ 그리스도의 인성과 신성. ④ (*pl.*) (그리스·라틴의)고전; 고전연구; 고전학급 (옛날의 학교제도에서 중학교 교육의 최종단계). faire ses ~*s* 고전학급의 과정을 이수하다.
payer le tribut de l'~ 죽다; 육욕에 지다(넘어가다).

humanoïde [ymanɔid] *n., a.* 인간과 닮은 것(의). robots ~*s* des romans de science-fiction 공상과학소설에 등장하는 기계인간(인간을 닮은 로봇).

*****humble** [œ̃ːbl] *a.* ① ⓐ (사람이)겸손한(↔ orgueil‑

leux), 공손한; 비굴한. se faire ~ devant un patron 주인앞에서 공손하게 행동하다. ⓑ (행동이) 겸손한, 겸허한. à mon ~ avis 제 소견으로는. ② (신분 따위가)비천한, 보잘 것 없는. ~ demeure 보살 것 없는 집. ~ condition 비천한 신분.
—*n.* (보통 *pl.*) 비천한 사람; 소박한 사람.
humblement [œ̃bləmɑ̃] *ad.* 겸손[겸허]하게, 자기를 낮추어; 검소하게, 수수하게.
humectage [ymɛktaːʒ] *n.m.* 〖공업〗 가습(加濕).
humectant(e) [ymɛktɑ̃, -ɑ̃ːt] *a.* 축축하게 하는, 적시는. —*n.m.* 〖의학〗 습윤제(濕潤劑).
humectation [ymɛktɑsjɔ̃] *n.f.* 축축하게 하기, 적시기; 축축함; 〖옛·의학〗습윤제의 사용.
humecter [ymɛkte] *v.t.* 축축하게 하다, 적시다, 축이다. Des larmes *humectent* ses paupières. 눈물이 그의 눈시울을 적신다.
—**s'~** *v.pr.* 축축해지다, 젖다. *s'~* (le gosier) 《구어》목을 축이다, 한잔 하다.
humecteur [ymɛktœːr] *n.m.* appareil ~ 급습기, 가습기. —*n.m.* 급습기(humidificateur); (제분·제지업에 사용하는)급습장치.
†**humer** [yme] *v.t.* 《옛·문어》① (냄새를)맡다. ~ une prise de tabac 코담배를 냄새 맡다. ② 들이마시다 (respirer); 빨아들이다. ③ (비유적) 기쁘게 맛보다. ~ *des voix élogieuses* 찬사를 듣고 기뻐하다.
huméral(ale, *pl.* aux) [ymeral, -o] *a.* 〖해부〗 상박(上膊)의. artère ~*ale* 상박동맥.
huméro- *préf.* 「상박·어깨」의 뜻.
humérus [ymerys] *n.m.* 〖해부〗상박골(上膊骨).
humescent(e) [ymesɑ̃, -ɑ̃ːt] *a.* 습한.
***humeur** [ymœːr] *n.f.* ① 기분. être de bonne (mauvaise) ~ 기분이 좋다〔언짢다〕. être d'une noire 우울한 기분이다, 심기 나쁘다. homme d'égale (inégale) 변함 없는 (변덕스러운)사람. L'~ me prend d'aller me promener. 〖문어〗산책하고 싶다. ②성질, 기질, 성미 (caractère). Il est d'~ chagrine. 그는 우울한 성격의 사람이다. ~ batailleuse 싸움질 좋아하는 성미. ~ vive 급한 성미. incompatibilité d'~ 성격의 불일치. ③ 기분나쁨, 신경질, 화. avoir de l'~ contre *qn* …에게 화를 내고 있다. être d'~ à *qn* …을 기분상하게 하다. prendre de l'~ 버럭 화를 내다. avec ~ 언짢은 기분으로, 화가 나서. dans un mouvement d'~ 버럭 화를 내며. ④ 〖의학〗 액(液); 분비액, 체액. quatre ~*s*; ~*s* cardinales 〖옛〗4 체액 《혈액·담·황담즙·흑담즙》. ~ aqueuse 안방수(안방액). ~*s* froides 연주창. ③ 〖옛〗해학적임, 유머러스함, 비꼬기를 좋아함(humour).
être d'~ à+inf.; *être en ~ de+inf.* …할 생각이다 《주로 습관적으로》, …하고 싶은 기분이다.
n'avoir ni ~ ni honneur 멸시를 당해도 화낼 힘조차 없는 위인이다.
humicole [ymikɔl] *a.* 〖생물〗 부식성(腐植性)의.
***humide** [ymid] *a.* 습한, 물기가 많은, 축축한 (mouillé, détrempé, ↔ sec). ~ 습기의 〖시〗 바다. ~ empire; ~*s* plaines de la mer 〖시〗 바다. yeux ~*s* de larmes 눈물에 젖은 눈. avoir le regard ~ 눈물을 글썽이다. —*n.m.* 습기. —*ad.* se raser ~ 비눗물로 면도하다.
humidement [ymidmɑ̃] *ad.* 습하게, 축축하게.
humidificateur [ymidifikatœːr] *n.m.* (방적용의)습윤기(濕潤機).
humidification [ymidifikɑsjɔ̃] *n.f.* 축축하게 하기, 습윤(濕潤), 가습(加濕).
humidifier [ymidifje] *v.t.* 축축하게 하다, 적시다, (에)습기를 주다. ~ un gaz (수증기를 뿜어)기체의 습도를 높이다.

humidifuge [ymidifyːʒ] *a.* 습기를 싫어하는; 습기를 흡수(중화)하는. 〔기.
humidimètre [ymidimɛtr] *n.m.* (화포의)습도 측정
humidité [ymidite] *n.f.* ① 습기. «Craint l'~» "건조한 곳에 보관할 것." taches d'~ 곰팡이. ② 습도. mesure de l'~ atmosphérique 대기중의 습도측정. ~ absolue (relative) 절대〔상대〕습도.
humification [ymifikɑsjɔ̃] *n.f.* 부식화 작용.
humifié(e) [ymifje] *a.* (토양이)부식화된.
humiliant(e) [ymiljɑ̃, -ɑ̃ːt] *a.* 모욕적인, 창피스러운 (↔ glorieux). C'est une chose bien ~ (que) de+*inf*; Il est bien ~ de+*inf.* …하는 것은 매우 굴욕적이다. défaite ~*e* 굴욕적인 쾌배. essuyer un refus ~ 굴욕적인 거절을 당하다.
humiliation [ymiljɑsjɔ̃] *n.f.* ① 창피, 모욕, 굴욕. éprouver(ressentir) une ~ 굴욕을 느끼다. infliger une ~ à *qn*; accabler *qn* d'~ …을 모욕하다. essuyer une ~ 모욕을 받다. ② 굴종, 굴복.
humilié(e) [ymilje] *a., n.* 모욕당한(사람); 굴복한 (사람).
humilier [ymilje] *v.t.* 모욕하다, (에게)창피를 주다. ② 〖옛〗굴종(굴복)시키다, (의)기를 꺾다. ③ 〖옛〗겸손(겸허)하게 만들다.
—**s'~** *v.pr.* ① 겸손하게 행동하다. *s'~* jusqu'à+*inf.* …할 정도로 겸손하다. ② 비굴하게 굴다.
humilité [ymilite] *n.f.* ① 겸손, 겸허; 겸손; 유순; 복종. Elle a accepté mes critiques avec ~. 그녀는 내 비판을 겸허하게 받아들였다. en toute ~ 그지없이 겸손하게. ② (신분 따위의)비천함, 보잘 것 없음.
humine [ymin] *n.f.* 〖화학〗 부토소(腐土素).
humique [ymik] *a.* acide ~ 〖화학〗 부식산(腐植酸), 후민산.
humite [ymit] *n.f.* 〖광물〗 휴마이트.
hummock [œmɔk] 〖영〗*n.m.* 〖지리〗 빙구(氷丘) 《얼음 덩어리가 불규칙하게 쌓인 것》.
humoral(ale, *pl.* aux) [ymɔral, -o] *a.* 〖의학〗 체액의, 체액에 의한. trouble ~ 체액의 이상. théorie ~*ale* 체액선, 체액병리학(humorisme).
humoreux(se) [ymɔrφ, -φːz] *a.*《구어》습한; 심술사나운.
humorisme [ymɔrism] *n.m.* ① 유머, 해학. ② 〖옛〗〖의학〗 체액 병원설(病原說).
humoriste [ymɔrist] *a.* ① 유머가 있는, 익살스러운, 해학적인. ② 〖옛〗침울한(maussade). ③ 〖옛〗〖의학〗체액병원설을 주장하는. —*n.* ① 유머 작가; 해학가, 익살꾼. salon des ~*s* 만화전람회. ② 〖옛〗〖의학〗 체액병리론자.
humoristique [ymɔristik] *a.* 해학적인, 익살스러운(comique), 유머가 있는. écrivain ~ 유머 작가. dessin ~ 만화.
humoristiquement [ymɔristikmɑ̃] *ad.* 해학적으로, 익살스럽게.
humour [ymuːr] 〖영〗*n.m.* 해학, 익살, 유머. ~ noir 블랙 유머.
humus [ymys] *n.m.* 〖원예〗 부식토, 부식질.
†**hune** [yn] *n.f.* 〖해양〗 장루(檣樓). ~ mât de 중장
†**hunier** [ynje] *n.m.* 〖해양〗 중간 돛. (中檣).
†**Huns** [œ̃] *n.m.pl.* 〖역사〗 훈족(族), 흉노족.
†**hunter** [œntɛːr] 〖영〗*n.m.* 헌터, 사냥말(馬).
†**huppe** [yp] *n.f.* ① 〖조류〗 오디새. ② (새의)도가머리.
rabattre la ~ à qn 《옛·구어》…의 콧대를 꺾다.
†**huppé(e)** [ype] *a.* ① 〖조류〗 도가머리(관모)가 있는. ② 《구어》지위가 높은, 돈많은; 신분있는 사람의. famille ~*e* 상류가정.

†**hurdler** [œrdlœːr]《영》n.m. 〖스포츠〗장애물경주 선수.

†**hure** [yːr] n.f. ① (멧돼지·연어 따위의)머리;《속어》 (사람의)머리, 얼굴. 돼지의 머리고기 요리. (대가 긴)솔, 브러시.

†**hurlant(e)** [yrlɑ̃, -ɑ̃ːt] a. ① 짖는; 울부짖는. ② (색깔 따위가)야단스러운.

†**hurlement** [yrləmɑ̃] n.m. ① (특히 개·이리의)짖는 소리(cri). ② 고함소리, 울부짖음, 아우성;《시》 (폭풍 따위의)노호.

†**hurler** [yrle] v.i. ① (개·이리가)짖다. ② (사람이) 울부짖다, 아우성치다; (폭풍이)노호하다. ③ (색 따위가)어울리지 않다(jurer). 요란스럽다.
—v.t. 외치다. ~ des injures 욕을 퍼붓다.

†**hurleur(se)** [yrlœːr, -øːz] a. ① 짖어대는. ② 울부짖 는, 아우성치는. —n. 울부짖는(아우성치는) 사람. —n.m. 〖동물〗(남아메리카산의)짖는 원숭 이; 〖라디오〗의 고음확성기.

huluberlu(e) [yrlyberly] a. 경솔한. —n.m. 경솔한 사람. (1670년경의)여자의 머리형.

†**huron(ne)** [yrɔ̃, -ɔn] a. ① 휴론(Huron, 북미휴론 호 (湖) 동쪽의 토인)의. ② 〖옛·구어〗버릇없는.
—H~ n. 휴론족. —n.m. 휴론어(語).

†**huronien(ne)** [yrɔnjɛ̃, -jɛn] a. 〖지질〗plissement ~ (특히 스칸디나비아·캐나다의)휴론기(紀)의 습 곡(褶曲) 작용.

†**hurra(h)** [ura] n.m. = hourra. 「인.

hurricane [œrikan] n.m. (중남미의)태풍, 허리케

†**hussard(e)** [ysaːr, -ard] n.m. ① 〖군사〗경기병. ② (15세기 형가리의)기병. bonnet de ~ (앞에 술 을 세운)털가죽 군모. —n.f. 형가리 무용.
—a. 〖구어〗버릇없는.
à la ~e 경기병풍으로; 난폭하게, 사납게.

†**hussite** [ysit] n.m. 〖종교사〗후스(Jean Huss, 체코 슬로바키아의 종교개혁자)교리의 신봉자.

†**hutin** [ytɛ̃] a.m. 〖옛〗고집센, 싸우질 좋아하는. Louis X le H~ 루이 10세 (별명).

†**hutinet** [ytine] n.m. (통 장수의)작은 나무망치.

†**hutte** [yt]《독일》n.f. ① (나무·짚,흙 따위로 만든) 오두막집(cabane). ② (사냥꾼의)휴대용 산막(山 幕). chasser à la ~ 산막에 숨어서 새를 쏘다.

†**hutter** [yte] v.t. 〖옛〗오두막집에 숙박시키다.
—se ~ v.pr. 오두막집을 짓다(지어 살다).

H.-V.《약자》Haute-Vienne (프랑스의 도(道)).

hW《약자》hectowatt 〖전기〗헥토와트.

Hyacinthe [jasɛ̃ːt] n.pr.m. 〖그리스신화〗히아 킨토스. —h~ n.f. ① (때로 n.m.) 〖옛〗〖식물〗 수선화, 히아신드(jacinthe). ② 〖광물〗풍신자 석(風信子石) (홍색 지르콘). ③ 수선화빛, 자주빛 도는 청색. —a. 〖불변〗히아신드(청)색의.

Hyades (les) [lezjad] n.f.pl. ① 〖그리스신화〗히 아데사(디오니소스를 키운 여자들). ② 〖천문〗 히아데스 성단(星團).

hyalin(e) [jalɛ̃, -in] a. 〖식물·광물〗유리 같은, 투명한. quartz ~ 무색수정. —n.f. 히알린.

hyalite [jalit] n.f. 〖광물〗옥적석(玉滴石).

hyal(o)- préf. 「유리」의 뜻.

hyalographe [jalɔgraf] n.m. 유리판구(版具).

hyalographie [jalɔgrafi] n.f. 유리판술(版術); 유 리 조각술.

hyaloïde [jalɔid] a. 〖해부〗유리 모양의, 투명한. membrane ~ 유리막(膜). humeur ~ 〖해부〗(눈 의)유리체.

hyaloïdien(ne) [jalɔidjɛ̃, -ɛn] a. 〖해부〗유리체 의; 유리막의.

hyaloplasme [jalɔplasm] n.m. 〖생물〗투명질(透

hyalotechnie [jalɔtɛkni] n.f. 유리 공예. 「明質).

hyalotechnique [jalɔtɛknik] a. 유리 공예의.

hyalurgie [jalyrʒi] n.f. 유리 제조술.

hyalurgique [jalyrʒik] a. 유리 제조술의.

hybridation [ibridasjɔ̃] n.f. 〖생물〗잡종 형성.
~ par greffe 접목잡종.

hybride [ibrid] a. ① 〖생물〗잡종의. Le mulet est un animal ~. 노새는 잡종 동물이다. ② (비유 적)혼합의, 절충의. œuvre ~ (장르·문체 따위가 뒤범벅이 된)잡종적 작품. ③ 〖언어〗혼종어의. ④ calculateur(ordinateur) ~ 하이브리드 계산기.
—n.m. ① 〖생물〗잡종. ~ binaire 이원잡종. ~ intermédiaire 중간잡종. ~ simple[double] 잡종 제 1(2)세대. ② 〖언어〗혼종어.

hybrider [ibride] 〖생물〗v.t. (이종의 동식물을) 교배시키다.
—s'~ v.pr. 이화수정(異花受精)하다.

hybridisme [ibridism] n.m., **hybridité** [ibridite] n.f. 〖생물〗잡종성; 〖언어〗혼종.

hydarthrose [idartroːz] n.f. 〖의학〗관절수종(關節水腫).

hydatide [idatid] n.f. ① 〖동물〗포충(胞蟲). ② 〖의학〗포충종(腫).

hydatique [idatik] a. (위)의.

hydatisme [idatism] n.m. 〖의학〗수장(水漿)의 파동음.

hydne [idn] n.m. 〖식물〗버섯의 일종(식용).

hyd(r)- préf. 「물·수소」의 뜻.

hydracide [idrasid] n.m. 〖화학〗수소산.

hydraire [idrɛːr] 〖동물〗a. 히드로이드류(類)의.
—n.m.pl. 히드로이드류.

hydramnios [idramnjɔs] n.m. 〖의학〗양수(羊水) 과다.

hydrangées [idrɑ̃ʒe], **hydrangelles** [idrɑ̃ʒɛl] n.f.pl. 〖식물〗수국속(屬).

hydrargyre [idrarʒiːr] n.m. 〖옛〗수은.

hydrargyrique [idrarʒirik] a. 〖약〗수은의; 수은 을 함유한.

hydrargyrisme [idrarʒirism] n.m. 〖의학〗수은 중독(증).

hydratable [idratabl] a. 〖화학〗수화될 수 있는.

hydratant(e) [idratɑ̃, -ɑ̃ːt] a. 수화(水化)하는, 수분 을 주는. crème ~ (얼굴에 수분을 주는)수화 크림. —n.m. 수화제.

hydratation [idratasjɔ̃] n.f. 〖화학〗수화(水化) 작용, 수화.

hydrate [idrat] n.m. 〖화학〗수화물. ~ de carbone 탄수화물. ~ de potasse 가성칼리(소다).

hydraté(e) [idrate] a.p. 수화된.

hydrater [idrate] v.t. 수화시키다.
—s'~ v.pr. 수화하다.

hydraulicien(ne) [idrolisjɛ̃, -ɛn] a. 수력(학)의. monteur ~ 수력기계(기구) 설비 전문가. —n.m. 수력기사(水力技師), 수력(학)의 전문가.

hydraulicité [idrolisite] n.f. (수력원에 있어서의) 유입(유출) 계수; 〖건축〗(모르타르의)수경성 (水硬性).

hydraulico-électrique [idrolikɔelektrik] a. 수력 전기의.

hydraulique [idrolik] a. 수력의; 수력(학)의 전문 가. centrale ~ 수력발전소. machine ~ 수력 기 계. énergie(force) ~ 수력, 조수력. roue ~ 수차 (水車). installation(ouvrage) ~ 수리시설. mortier ~ 수경성(水硬性) 모르타르. —n.f. 수력학, 수리학. ~ agricole 농업수리학.

hydrauliquement [idrolikmɑ̃] ad. 수력으로.

hydrauliste [idrolist] n.m. 수력 기사.

hydraviation [idravjasjɔ̃] n.f. 수상 비행(술).

hydravion [idravjɔ̃] *n.m.* 수상 비행기. ~ à coque 비행정. ~ de bord 함재(艦載) 수상기.
hydrazine [idrazin] *n.f.* 【화학】 히드라진.
hydre [idr] *n.f.* ① 【그리스신화】 7(9) 두사(頭蛇) (머리 하나가 잘리면 여러 개가 생기는 괴물); 근절하기 어려운 것[사건]. ②《옛》물뱀. ③ 【동물】 히드라. ④ 【식물】 붕어마름. ⑤ (H~) 【천문】 해사좌(海蛇座).
-hydre *suff.* 「물」의 뜻.
hydrémie [idremi] *n.f.* 【의학】 수혈증(水血症).
-hydrie, -hydrique *suff.* 「수소산」의 뜻.
hydriote [idri(j)ɔt] *a.* 히드라(*Hydra*, 에게해(海)의 섬)의. **—H~** *n.* 히드라 사람.
hydrique [idrik] *a.* 물의, 함수(含水)의.
hydro- *préf.* 「물·수소」의 뜻.
hydroa [idrɔa] *n.m.* 【의학】 수포증(水疱症).
hydroaérien(ne) [idrɔaerjɛ̃, -ɛn] *a.* station ~*ne* 수상기 기지.
hydroaéroport [idrɔaerɔpɔːr] *n.m.* 수상비행장.
hydrobase [idrɔbaːz] *n.f.* 수상(비행)기 기지.
hydrobiologie [idrɔbjɔlɔʒi] *n.f.* 수생(水生) 생물학.
hydrobromique [idrɔbrɔmik] *a.* acide ~ 【화학】 취화수소산.
hydrocarbonate [idrɔkarbɔnat] *n.m.* 【화학】 함수탄산염.
hydrocarbure [idrɔkarbyːr] *n.m.* 【화학】 탄화수소(炭化水素).
hydrocèle [idrɔsɛl] *n.f.* 【의학】 수종(水腫).
hydrocéphale [idrɔsefal] *a.* 【의학】 뇌수종에 걸린. **—** *n.* 뇌수종 환자. **—** *n.f.* 뇌수종.
hydrocéphalie [idrɔsefali] *n.f.* 【의학】 뇌수종.
hydrocharid(ac)ées [idrɔkarid(as)e] *n.f.pl.* 【식물】 자라풀과(科).
hydroclasseur [idrɔklasœːr] *n.m.* 【물리】 유체분류기.
hydrocoralliaires [idrɔkɔralje:r] *n.m.pl.* 【동물】 히드로산호류.
hydrocortisone [idrɔkɔrtizɔn] *n.f.* 【생화학】 히드로코티즌(부신피질 호르몬의 하나).
hydrocotyle [idrɔkɔtil] *n.f.* 【식물】 피막이풀.
hydrocrackin [idrɔkrakin], **hydrocraquage** [idrɔkraka:ʒ] *n.m.* (석유의)수소첨가분해법.
hydrocraqueur [idrɔkrakœːr] *n.m.* (석유의)수소첨가분해장치.
hydrocuté(e) [idrɔkyte] *a.* 냉수쇼크환자.
hydrocution [idrɔkysjɔ̃] *n.f.* 【의학】 (수영하는 사람이 수압이나 수온 때문에 받는)냉수쇼크, 수중실신.
hydrodynamique [idrɔdinamik] *n.f., a.* 유체동력학(流體動力學)(의).
hydro-électricité [idrɔelɛktrisite] *n.f.* 수력 전기, 수력 발전.
hydro-électrique [idrɔelɛktrik] *a.* 수력전기(발전)의.
hydro-extracteur [idrɔɛkstraktœːr] *n.m.* (세탁물의)탈수기(脫水機), 건조기(essoreuse).
hydrofoil [idrɔfɔjl]《영》*n.m.* 수중익선(水中翼船)(hydroptère).
hydrofuge [idrɔfyːʒ] *a.* 방수(防水)의. tissu ~ 방수포. couche ~ 【건축】 방습층.
hydrofuger [idrɔfyʒe] [6] *v.t.* 방수성(防水性)으로 만들다.
hydrogel [idrɔʒɛl] *n.m.* 【화학·물리】 히드로젤.
hydrogénation [idrɔʒenasjɔ̃] *n.f.* 【화학】 수소첨가(부가).
hydrogène [idrɔʒɛn] *n.m.* 【화학】 수소. ~ lourd 중(重)수소. bombe à ~ 수소폭탄(bombe H).

hydrogéné(e) [idrɔʒene] *a.p.* 【화학】 수소와 화합된; 수소를 함유한.
hydrogéner [idrɔʒene] [6] *v.t.* 수소와 화합시키다. **—s'~** *v.pr.* 수소와 화합되다.
hydrogénoïde [idrɔʒenɔid] *a.* 수소형의. **—** *n.m.* 수소와 유사한 원자.
hydrogénolyse [idrɔʒenɔliːz] *n.f.* 【화학】 수소분해.
hydrogéologie [idrɔʒeɔlɔʒi] *n.f.* 지하수리학.【艇】
hydroglisseur [idrɔglisœːr] *n.m.* 수상 활주정(滑走)
hydrographe [idrɔgraf] *n.m.* 수로(水路) 측량기사 (ingénieur ~); 수리학자. **—** *a.* navire (bâtiment) ~ 측량선.
hydrographie [idrɔgrafi] *n.f.* ① 수리학(水理學). ② (한 지방의)하천과 호수, 수리. ③ 수로 측량술, 해도 작성.
hydrographier [idrɔgrafje] *v.t.* (수로 조사·해도 작성을 위해)측량하다.
hydrographique [idrɔgrafik] *a.* 수로 측량의. carte ~ 수로도(圖). service ~ 【군사】 수로측량부.
hydrohémie [idrɔemi] *n.f.* = hydrémie.
hydroïde [idrɔid] *n.m., a.*《옛》【동물】 히드로충류 (類)(의).
hydrol [idrɔl] *n.m.* 【화학】 하이드롤(1분자의 「물」.
hydrolase [idrɔlaːz] *n.f.* 【생화학】 가수분해효소.
hydrolat [idrɔla] *n.m.* 증류 향수.
hydrolé [idrɔle] *n.m.* 물약.
hydrolisable [idrɔlizabl] *a.* 가수분해할 수 있는.
hydrolisat [idrɔliza] *n.m.* 가수분해 생성물.
hydrolithe [idrɔlit] *n.f.* 【화학】 히드롤리트(칼슘의 수소화합물).
hydrologie [idrɔlɔʒi] *n.f.* 수리학(水理學); 광천학(鑛泉學).
hydrologique [idrɔlɔʒik] *a.* 수리학의; 광천학의.
hydrologiste [idrɔlɔʒist], **hydrologue** [idrɔlɔg] *n.* 수리학자; 광천학자. **—** *a.* 수리학[광천학]을 연구하는.
hydrolysat [idrɔliza] *n.m.* 가수분해 생성물, 수해물(水解物).
hydrolyse [idrɔliːz] *n.f.* 【화학】 가수분해.
hydrolyser [idrɔlize] *v.t.* 【화학】 가수분해하다.
hydromancie [idrɔmɑ̃si] *n.f.*《옛》수점(水占).
hydromécanique [idrɔmekanik] *a.* 수력이용의, 수력의. **—** *n.f.* 유체역학(流體力學).
hydroméduses [idrɔmedyːz] *n.f.pl.* 【동물】 히드로해파리류(類).
hydromel [idrɔmɛl] *n.m.* 꿀물. ~ vineux 벌꿀술.
hydrométallurgie [idrɔmetalyrʒi] *n.f.* 습식야금.
hydrométéore [idrɔmeteɔːr] *n.m.* 【기상】 습윤기상(비·안개·구름 따위).
hydromètre [idrɔmɛtr] *n.m.* ① 【물리】 액체 비중계. ② 【해양】 수심계. ③ 【역학】 수속계(水速計). **—** *n.f.* 【동물】 물거미.
hydrométrie [idrɔmetri] *n.f.* 【물리】 ① 액체 비중 측정. ② 수수(水速) 측정.
hydrométrique [idrɔmetrik] *a.* 액체 비중[수속] 측정의.
hydrominéral(ale, *pl.* ***aux***) [idrɔmineral, -o] *a.* 광천의, 온천에 관한(thermal).
hydromodélisme [idrɔmɔdelism] *n.m.* 수리모형의 제작기술.
hydromoteur [idrɔmɔtœːr] *n.m.* 수력 터빈.
hydropathe [idrɔpat] 【의학】 *a.* 물 치료법의. **—** *n.* 물 치료법자.
hydropéricarde [idrɔperikard] *n.m.* 【의학】 심막수종(心膜水腫), 수심막증(水心膜症).

hydrophile [idrɔfil] *a.* 흡수성의; 〖화학〗 친수(親水)의. coton ~ 탈지면. —*n.m.* 〖동물〗 물땅땅.

hydrophis [idrɔfis] *n.m.* 〖동물〗 물뱀.

hydrophobe [idrɔfɔb] *a.* ① 〖의학〗 공수병의, 광견병의. ② 〖화학〗 소수성(疏水性)의. —*n.* 공수병(광견병) 환자.

hydrophobie [idrɔfɔbi] *n.f.* ① 공수(恐水). ② 〖의학〗 공수병, 광견병. ③ 〖화학〗 소수성.

hydrophobique [idrɔfɔbik] *a.* 〖의학〗 공수증의.

hydrophone [idrɔfɔn] *n.m.* 하이드로폰(수중음파를 수신하여 전기적 파동으로 전환하는 장치).

hydropique [idrɔpik] *a.* 수종(水腫)의, 수종에 걸린. —*n.* 수종 환자.

hydropisie [idrɔpizi] *n.f.* 〖의학〗 수종.

hydroplane [idrɔplan] *n.m.* =hydroglisseur.

hydroplaner [idrɔplane] *v.i.* 〖항공〗 (수상기가) 물 위를 활주하다.

hydropneumatique [idrɔpnømatik] *a.* (물·기름·압축가스 따위의) 유체압식의(流體壓式).

hydroptère [idrɔptɛːr] *n.m.* 수중익선(水中翼船).

hydroquinone [idrɔkinɔn] *n.f.* 〖화학·사진〗 하이드로키논(현상약).

hydrosalpinx [idrɔsalpɛ̃ks] *n.m.* 〖의학〗 난관유수증(卵管瘤水症).

hydroscope [idrɔskɔp] *n.m.* 지하수조사(탐사) 기사.

hydroscopie [idrɔskɔpi] *n.f.* 지하수 조사(탐사).

hydrosilicate [idrɔsilikat] *n.m.* 〖화학〗 수화 규산염.

hydrosol [idrɔzɔl] *n.m.* 〖화학〗 히드로졸, 수교액(水膠液).

hydrosoluble [idrɔsɔlybl] *a.* 수용성(水溶性)의.

hydrosphère [idrɔsfɛːr] *n.f.* 〖지질〗 수권(水圈).

hydrostat [idrɔsta] *n.m.* 잠수작업함(函).

hydrostatimètre [idrɔstatimetr] *n.m.* 하천수위 표시기〖장치〗.

hydrostatique [idrɔstatik] *a.* 정수학(靜水學)의. balance ~ 부력(浮力)저울. pression ~ 정수압. niveau ~ 지하수의 수위. —*n.f.* 유체정력학(流體靜力學).

hydrosulfite [idrɔsylfit] *n.m.* 〖화학〗 히드로술파이트, 히트로아황산염 (표백제).

hydrotactisme [idrɔtaktism] *n.m.* 〖생물〗 습도주성(濕度走性) (생물이 습도에 반응하여 운동을 일으키는 성질).

hydrotaxie [idrɔtaksi] *n.f.* =hydrotropisme.

hydrotechnique [idrɔteknik] *a.* 수공(水工)에 관한, 수공학의. —*n.f.* 수공(학).

hydrothérapeute [idrɔterapøt] *n.* 물치료 전문의, 물치료사.

hydrothérapie [idrɔterapi] *n.f.*, **hydrothérapeutique** [idrɔterapøtik] *n.f.* 〖의학〗 (샤워·목욕에 의한)물치료법.

hydrothérapique [idrɔterapik] *a.* (샤워·냉수에 의한)물(냉수) 치료법의.

hydrothermal(ale, *pl.* **aux)** [idrɔtɛrmal, -o] *a.* 〖지질〗 열수(熱水)의, 열수작용에 의한; 온천의. filon ~ 온천대.

hydrothermique [idrɔtermik] *a.* 〖지질〗 열수(熱水)의.

hydrothorax [idrɔtɔraks] *n.m.* 〖의학〗 수흉(水胸)의.

hydrotimètre [idrɔtimetr] *n.m.* 수질 검사기, 경도(硬度) 측정기.

hydrotimétrie [idrɔtimetri] *n.f.* 수질 검사.

hydrotraitement [idrɔtretmɑ̃] *n.m.* (석유 따위의) 수소 처리법.

hydrotropisme [idrɔtrɔpism] *n.m.* 〖식물〗 굴수성(屈水性).

hydroxyde [idrɔksid] *n.m.* 〖화학〗 수산화물. ~ de sodium 가성소다.

hydroxylamine [idrɔksilamin] *n.f.* 〖화학〗 히드록실아민.

hydroxyle [idrɔksil] *n.m.* 〖화학〗 수산기(水酸基)(oxhydryle).

hydrozoaires [idrɔzɔɛːr] *n.m.pl.* 〖동물〗 히드로충류.

hydrure [idryːr] *n.m.* 〖화학〗 수소 화합물.

hyémal(ale, *pl.* **aux)** [jemal, -o] *a.* =hiémal.

(†)**hyène** [jɛn] *n.f.* 〖동물〗 하이에나(육식동물의 일종). ❷잔인하고 비열한 사람 (특히 여자).

hyérois(e) [jerwa(a)], -a(a)z] *a.* 에르(Hyères, 프랑스의 도시)의. —H—. *n.* 에르 사람.

Hygie [iʒi] *n.pr.f.* 〖그리스신화〗 히게이아(건강의 여신).

***hygiène** [iʒjɛn] *n.f.* 위생; 위생적; 건강법. ~ alimentaire 식품위생; 영양관리. ~ publique 공중위생. avoir beaucoup(peu) d'~ 매우 위생적(비위생적)이다. manquer d'~ 위생관념이 없다, 비위생적이다. Centre d'~ et de sécurité 보건안전센터(종업원 50명 이상 기업체에 의무적으로 설치).

hygiénique [iʒjenik] *a.* 위생의, 위생학의; 건강에 좋은. peu ~ 비위생적인. papier ~ 화장지. serviette ~ 생리대. promenade ~ 건강에 좋은 산책.

hygiéniquement [iʒjenikmɑ̃] *ad.* 위생적으로; 위생학상.

hygiéniste [iʒjenist] *n.* 위생학자.

hygiénodiététique [iʒjenodjetetik] *a.* 위생영양학적인.

hygro- *préf.*「습기·습도」의 뜻.

hygrographe [igrograf] *n.m.* 〖기상〗 자기(自記) 습도계.

hygroma [igroma], **hygrome** [igrɔm] *n.m.* 〖의학〗 수활액낭종(水滑液囊腫), 히그롬.

hygromètre [igrometr] *n.m.* 습도계. ~ à double thermomètre 건습계.

hygrométricité [igrometrisite] *n.f.* ① 〖물리〗 습도. ② 흡습율(吸濕率).

hygrométrie [igrometri] *n.f.* 〖물리〗 습도 측정(법); 습도.

hygrométrique [igrometrik] *a.* 〖물리〗 습도 측정의; 습도의, 흡습성의.

hygroscope [igroskɔp] *n.m.* 〖물리〗 검습기(檢濕器), 습도계.

hygroscopie [igroskɔpi] *n.f.* =hygrométrie.

hygroscopique [igroskɔpik] *a.* ① 습도 측정의; 검습기의. ② 흡습성의.

hygrostat [igrosta] *n.m.* 〖물리〗 습도조절기.

hygrotropisme [igrotrɔpism] *n.m.* 굴습성(屈濕性)(hygrotaxie 라고도 함).

hyl(é)-, hyl(o)- *préf.*「물질·나무」의 뜻.

hylémorphisme [ilemɔrfism] *n.m.* 질료형상론(質料(資料)와 형태의 상호작용에 의해 존재하는 물체가 영향을 받는다는, 아리스토텔레스와 스콜라 학파의 이론).

hylène [ilɛn] *n.m.* 〖화학〗 이렌느 (합성수지 원료).

hylésine [ilezin] *n.m.* 〖곤충〗 나무좀.

hylobe [ilɔb], **hylobie** [ilɔbi] *n.m.* 〖곤충〗 곰보바구미.

hylotome [ilɔtɔm] *n.m.* 〖곤충〗 잎벌의 일종.

hylozoïsme [ilozoism] *n.m.* 〖철학〗 물활론(物活論) (모든 물질은 고유의 생명을 소유한다는 설).

hylozoïste [ilozoist] *n.,a.* 물활론자(의).

hymen¹ [imɛn] *n.m.* ① (H~) 〖그리스신화〗 결혼의 신. ②〖시〗결혼; 결합. allumer le flambeau de l'~ 〖옛〗결혼하다.

hymen² *n.m.* 〖해부〗 처녀막.
hyménal(ale, *pl.* **aux)** [imenal, -o] *a.* 〖해부〗 처녀막의.
hyménée [imene] *n.m.* (H~) 〖그리스신화〗 결혼의 신 ; 〖시〗 결혼.
hyménéen(ne) [imeneɛ̃, -ɛn] *a.* 〖시〗 결혼의. 〖層〗.
hyménium [imenjɔm] *n.m.* 〖식물〗 자실층(子實層).
hyménomycètes [imenɔmisɛt] *n.m.pl.* 〖식물〗 균류(帽菌類).
hyménoptère [imenɔptɛːr] 〖곤충〗 *a.* 막시류(膜翅類)의. — *n.m.pl.* 막시류.
hyménotomie [imenɔtɔmi] *n.f.* 〖의학〗 (폐쇄된) 처녀막 절개수술.
hymnaire [imnɛːr] *n.m.* 성가집.
hymne [imn] *n.m.* 찬가, 송가. ~ national 국가(國歌). ~ à l'amour 사랑의 찬가. — *n.f.* 〖가톨릭〗 (라틴어)성가, 찬송가.
hymnographe [imnɔgraf] *n.m.* 성가 작자.
hymnologie [imnɔlɔʒi] *n.f.* 성가학(聖歌學).
hyoïde [jɔid] 〖해부〗 *a.* 설골(舌骨)의. — *n.m.* 설골(os ~).
hyoïdien(ne) [jɔidjɛ̃, -ɛn] *a.* 〖해부〗 설골의.
hypallage [ipa(l)laʒ] *n.m.* 〖수사학〗 환치법(換置法)(ⓐ문중의 단어의 위치가 바뀌어 놓이는 것: enforcer son chapeau dans sa tête는 이론적으로 enforcer sa tête dans son chapeau가 옳다. ⓑ 형용사 하나가 수식할 말이 아닌 다른 말에 붙어 쓰는 수법:tarifs aériens은 원래 transport aérien의 aérien을 tarifs의 형용사로 바꾸어 놓은 것).
hyper- *préf.* 〖과도·초(超)〗의 뜻.
hyperacidité [iperasidite] *n.f.* 〖의학〗 = hyperchlorhydrie.
hyperacousie [iperakuzi] *n.f.* 청각과민.
hyperalgésie [iperalʒezi], **hyperalgie** [iperalʒi] *n.f.* 〖의학〗 통각(痛覺) 과민.
hyperbare [iperbaːr] *a.* 고압의. oxygène ~ 고압산소. caisson ~ (폭발사고 처리에 쓰이는)고압통.
hyperbate [iperbat] *n.f.* 〖수사학〗 전치법(轉置法)(문장의 뜻을 강조하기 위해 어순을 바꾸는).
hyperbole [iperbɔl] *n.f.* ① 〖수사학〗 과장법. ② 〖수학〗 쌍곡선.
hyperbolique [iperbɔlik] *a.* ① 〖수사학〗 과장법의 ; 과장된(exagéré). louange ~ 과장된 찬사. doute ~ 〖철학〗 궁극적 회의(Descartes의 방법적 회의의 doute méthodique의 별명). ② 〖수학〗 쌍곡선의, 쌍곡선모양의.
hyperboliquement [iperbɔlikmɑ̃] *ad.* 과장하여.
hyperboliser [iperbɔlize] *v.i.* 〖드물게〗과장하다.
hyperbolisme [iperbɔlism] *n.m.* 〖드물게〗 과장법의 남용, 과장벽(癖).
hyperboloïde [iperbɔlɔid] 〖수학〗 *a.* 쌍곡선 비슷한. — *n.m.* 쌍곡선체.
hyperboréal [iperbɔreal] *n.m.* 북쪽 끝, 극북.
hyperborée [iperbɔre] *a.* = **hyperboréen.**
hyperboréen(ne) [iperbɔreɛ̃, -ɛn] *a.* 북극의 ; 북방 낙토(北方樂土)의. — **H~s** *n.m.pl.* 〖그리스신화〗 아폴론의 보호를 받는 북방낙토의 백성.
hypercapnie [iperkapni] *n.f.* 〖의학〗 혈액속의 탄산가스(CO_2) 과다.
hyperchlorhydrie [iperklɔridri] *n.f.* 〖의학〗 위산과다(증) (↔ hypochlorhydrie).
hyperchromie [iperkrɔmi] *n.f.* 〖의학〗 혈색소증가(증), 고색소증(高色素症).
hypercomplexe [iperkɔ̃plɛks] *a.* 〖수학〗 초복소(超複素)의. nombres ~s 다원수(多元數).
hypercorrect(e) [iperkɔrɛkt] *a.* 〖언어〗 (발음·표현의)과잉 정정(訂正)의(올바른 형태까지도 오류라고 믿고 정정하는 경우를 말함:poids 는 고대 프랑스어에서 pois 로 쓰였는데 어원을 pondus 로 착각해서 d 를 덧붙인 것).
hypercrinie [iperkrini] *n.f.* 〖의학〗 내분비과다증, 선(腺)분비증가(증).
hypercritique [iperkritik] *a.* 엄밀히 비평하는 ; 혹평하는. — *n.f.* 혹평가. — *n.f.* 엄밀비평 ; 혹평.
hyperdulie [iperdyli] *n.f.* 〖가톨릭〗 성모 마리아 숭배(culte d'~).
hyperémie [iperemi] *n.f.* 〖의학〗 충혈.
hyperémier (s') [siperemje] *v.pr.* 〖의학〗 충혈하다.
hyperémotivité [iperemɔtivite] *n.f.* 〖심리〗 지나친 감수성(의감동성).
hyperergie [iperɛrʒi] *n.f.* 〖의학〗 하퍼레르기, 증력증(增力症).
hyperespace [iperɛspa(ɑː)s] *n.m.* 〖수학〗 초공간(超空間).
hyperesthésie [iperɛstezi] *n.f.* 〖의학〗 감각(지각)과민. ~ du toucher 촉각과민.
hyperfin(e) [iperfɛ̃, -in] *a.* structure ~e 〖물리〗 초미세구조.
hyperfocal(ale, *pl.* **aux)** [iperfɔkal, -o] *a.* 〖사진〗(거리가)가장 가까운 초점의. distance ~ale 가장 가까운 결상(結像) 거리.
hyperfragment [iperfragmɑ̃] *n.m.* 〖물리〗 하이퍼론 원자핵.
hyperfréquence [iperfrekɑ̃s] *n.f.* 〖무전〗 초(超)고주파.
hypergenèse [iperʒə(e)nɛːz] *n.f.* 〖해부〗 이상세포증식 ; 발육과다.
hyperglycémiant(e) [iperglisemjɑ̃, -ɑ̃ːt] *a.* 혈당을 상승시키는.
hyperglycémie [iperglisemi] *n.f.* 〖의학〗 혈당(血糖)과다증, 과혈당(증)(diabète).
hypergol [ipergɔl] *n.m.* 자발점화성 로켓 추진제.
hypergolique [ipergɔlik] *a.* 자연 발화성의.
hyperhémie [iperemi] *n.f.* = **hyperémie.**
hyperhidrose [iperidroz] *n.f.* 〖의학〗 다한증(多汗症).
hypéricacées [iperikase] *n.f.pl.* 〖식물〗 물레나무과.
hyperlipidémie [iperlipidemi], **hyperlipémie** [iperlipemi] *n.f.* 〖의학〗 과지방혈증(過脂肪血症).
hypermarché [ipermarʃe] *n.m.* 대형슈퍼마켓.
hyperménorrhée [ipermenɔre] *n.f.* 〖의학〗 월경과다.
hypermètre [ipermɛtr] *a.* 〖운율〗 (시구가)음절 과다.
hypermétrie [ipermetri] *n.f.* 〖의학〗 측정과대(증)(목표를 넘어서는 실조증).
hypermétrope [ipermetrɔp] *a.* 원시(遠視)의. — *n.* 원시안(遠視眼)인 사람.
hypermétropie [ipermetrɔpi] *n.f.* 〖의학〗 원시.
hypermnésie [ipermnezi] *n.f.* 〖의학〗 기억이상증진.
hypernerveux(se) [ipernɛrvø, -øːz] *a.* 〖구어〗 (병적인)신경과민의.
hypéron [iperɔ̃] *n.m.* 〖물리〗 중핵자(重核子), 하이퍼론.
hyperonyme [iperɔnim] *n.m.* 〖언어〗 상위개념(chien 에 대한 animal 따위).
hyperoodon [iperɔɔdɔ̃] *n.m.* 〖동물〗 (북해의)대형 향유고래.
hyperosmie [iperɔsmi] *n.f.* 후각과민.
hyperostose [iperɔstoz] *n.f.* 〖의학〗 골화(骨化)과잉, 과골증(過骨症).
hyperpituitarisme [iperpitɥitarism] *n.m.* 〖의

hyperplan [ipɛrplɑ̃] *n.m.* 【수학】 초평면.
hyperplasie [iperplazi] *n.f.* 【의학】 과형성(過形成)〖기관·조직의 용적의 이상증대〗.
hyperpnée [iperpne] *n.f.* 【의학】 과호흡.
hyperréalisme [iperrealism] *n.m.* (1960년대 미국에서 나타난 예술상의) 하이퍼리얼리즘.
hypersécrétion [ipersekresjɔ̃] *n.f.* 【생리】 분비과잉[항진].
hypersensibilisation [ipersɑ̃sibilizasjɔ̃] *n.f.* 【사진】 초감광성.
hypersensibilité [ipersɑ̃sibilite] *n.f.* 지각(감각)과민.
hypersensible [ipersɑ̃sibl] , **hypersensitif(ve)** [ipersɑ̃sitif, -iv] *a.* ① 감성(感性)이 지나치게 민감한, 과민한. ② 【사진】 초감광(超感光)의.
hypersonique [ipersɔnik] *a.* 극초음속의.
hyperstatique [iperstatik] *a.* 【물리】 초정압(超靜壓)의.
hypersthénie [ipersteni] *n.f.* 【의학】 (기관·조직의) 기능 이상 항진.
hypersustenta*teur(trice)* [ipersystɑ̃tatœːr, -tris] *a.* 〖항공〗 고양력의. —*n.m.* 고양력 장치.
hypersustentation [ipersystɑ̃tasjɔ̃] *n.f.* 〖항공〗 (날개의 일시적)고양력(高揚力).
hypertélie [iperteli] *n.f.* 〖생물〗 (어떤 기관의)이상발달(바비루사의 송곳니 따위).
hypertendu(e) [ipertɑ̃dy] 【의학】 고혈압의. —*n.* 고혈압의 사람.
hypertensi*f(ve)* [ipertɑ̃sif, -iv] *a.* 【의학】 혈압을 올리는. —*n.m.* 승압제(médicament ~).
hypertension [ipertɑ̃sjɔ̃] *n.f.* 【의학】 고혈압(증) (hypertonie).
hyperthermie [ipertermi] *n.f.* 높은 체온, 고열.
hyperthyroïdie [ipertirɔidi] *n.f.* 【의학】 갑상선 기능 항진(증).
hypertonie [ipertɔni] *n.f.* 【의학】 삼투압이 높음, 고장성(高張性); 고혈압; (근육의)긴장과도.
hypertonique [ipertɔnik] *a.* 삼투압이 높은; (근육의)긴장 과도의.
hypertrichose [ipertrikoz] *n.f.* 【의학】 다모증(多毛症).
hypertrophie [ipertrɔfi] *n.f.* ① 【의학】 (기관의) 비대. ② (비유적)이상 발달, 확대. ~ des services administratifs 관리부문의 팽창.
hypertrophié(e) [ipertrɔfje] *a.p.* 비대해진.
hypertrophier [ipertrɔfje] 【의학】 *v.t.* 비대시키다. —*s'~ v.pr.* 비대해지다.
hypertrophique [ipertrɔfik] *a.* 비대증의.
hypervitaminose [ipervitaminoz] *n.f.* 【의학】 비타민 과다증.
hypèthre [ipetr] *a.* 【건축】 지붕 없는, 무개(無蓋)의. —*n.m.* ①(고대로마 신전의 출입문 위에 달린)쳐낙 채광창. ②무개 건조물(신전 따위).
hyphe [if] *n.m.* 【식물】 팡이실, 균사(菌絲).
hyphéma [ifema] *n.m.* 전방(前房) 출혈.
hypholome [ifɔlom] *n.m.* 【식물】 밤버섯류(類).
hyphomycètes [ifɔmiset] *n.m.pl.* 【식물】 사상균류(絲狀菌類).
hypnagogique [ipnagɔʒik] *a.* 수면 전의; 반수(半睡)상태의. hallucination ~ 수면 직전에 일어나는 환각.
hypne [ipn] *n.f.* 【식물】 (나무줄기 따위에 나는)이끼의 일종.
hypn(o)- *préf.* 「졸음·최면」의 뜻.
hypnoïde [ipnɔid] *a.* 【정신의학】 수면 상태의, 최면의.
hypnologie [ipnɔlɔʒi] *n.f.* 수면연대.

hypnopompique [ipnɔpɔ̃pik] *a.* 【정신의학】 출면시(出眠時)의.
hypnose [ipnoːz] *n.f.* ① 최면 상태. ② (훌륭한 예술작품 따위가 일으키는)마비상태, 황홀.
hypnotique [ipnɔtik] *a.* ① 최면의; 최면술의. sommeil ~ 최면에 의한 수면; 최면상태. ② (비유적)(정신이)마비된; 도취상태의. —*n.m.* 최면제.
hypnotiser [ipnɔtize] *v.t.* ① 최면술로 잠자게 하다. ② (비유적) (의)정신을 빼앗다; 도취시키다. être hypnotisé par les difficultés 어려운 문제로 정신을 온통 빼앗기다.
—*s'~ v.pr.* [s'~ sur] (에)정신을 빼앗기다, 매혹되다. *s'~ sur* une idée 어떤 생각에 사로잡히다.
hypnotiseu*r(se)* [ipnɔtizœːr, -øːz] *a.* 최면술을 거는. —*n.m.* 최면술사.
hypnotisme [ipnɔtism] *n.m.* 최면술; 최면현상[상태]; (최면상태를 연구하는)최면학.
hypnotiste [ipnɔtist] *n.* 최면술사.
hypo- *préf.* 「하위·감소·부족」의 뜻.
hypoacousie [ipoakuzi] *n.f.* 【의학】 청력장애, 난청.
hypoalgésie [ipoalʒezi] *n.f.* 【의학】 통각(痛覺)감퇴(둔화).
hypoazoteux [ipoazɔtø] *a.m.* acide ~ 〖화학〗 차아질산(次亞窒酸).
hypocapnie [ipokapni] *n.f.* 【의학】 탄산부족.
hypocauste [ipokoːst] *n.m.* 【고대로마】 온돌.
hypocentre [ipɔsɑ̃ːtr] *n.m.* (지진의)진원.
hypochloreux [ipoklɔrø] *a.m.* acide ~ 〖화학〗 차아염소산(次亞鹽素酸).
hypochlorhydrie [ipoklɔridri] *n.f.* 【의학】 (위액의)염산(위산) 감소증(↔ hyperchlorhydrie).「염.
hypochlorite [ipoklɔrit] *n.m.* 〖화학〗 아염소산염.
hypochrome [ipokrom] *a.* 〖생물〗 담색(淡色)의, 감색(減色)의; 【의학】 저색소의. anémie ~ 저색소성 빈혈(증).
hypochromie [ipokrɔmi] *n.f.* 【의학】 혈색소감소증.
hypocondre [ipokɔ̃ːdr] *n.m.* ① 【해부】 계륵부(季肋部), 늑골하부. ② 【의학】 심기증(心氣症) 환자, 히포콘드리 환자. —*a., n.* = **hypocondriaque**.
hypocondriaque [ipokɔ̃dri(j)ak] *a.* ① 〖고대의학〗 계륵부(季肋部)의. ② 심기증에 걸린; 침울한. —*n.* 심기증 환자.
hypocondrie [ipokɔ̃dri] *n.f.* 우울증, 히포콘드리.
hypocoristique [ipokɔristik] *a.* 【언어】 애칭적(愛稱的)의.
hypocras [ipokraːs] *n.m.* (옛)(중세의)향료를 넣은 포도주.
hypocriser [ipokrize] *v.i.* (드물게)위선을 행하다.
hypocrisie [ipokrizi] *n.f.* ① 위선, 선한 체하기. ② 위선 행위; 감언, 아첨.
hypocrite [ipokrit] *a.* 위선적인, 거짓의(faux); 영금한(sournois). verser des larmes ~s 거짓 눈물을 흘리다. flatteur ~ 거짓 아첨자. —*n.m.* 위선자.
hypocritement [ipokritmɑ̃] *ad.* 위선적으로.
hypocycloïde [ipɔsiklɔid] *n.f.* 【수학】 하이포사이클로이드.
hypoderme [ipɔderm] *n.m.* ① 【해부】 피하조직. ② 〖식물〗 하피(下皮). ③ 〖곤충〗 쇠파리.
hypodermique [ipɔdermik] *a.* 【의학】 피하의. injection ~ 피하 주사.
hypodermose [ipɔdermoːz] *n.f.* 〖수의〗 쇠파리로 인한 질병.
hypoépinéphrie [ipoepinefri] *n.f.* 【의학】 부신(기능) 부전[저하](의).
hypoesthésie [ipoestezi] *n.f.* 【의학】 감각[지각]감퇴.
hypogastre [ipɔgastr] *n.m.* 【해부】 하복부.

hypogastrique [ipɔgastrik] *a.* 하복부의.
hypogé(e¹) [ipɔʒe] *a.* ① 【식물】 (먹을이)땅속에 있는, 땅속에서 받아하는. ② 【지질】 지하의. eau ~ 지하수.
hypogée² *n.m.* 【고고학】 지하실; (특히)지하 납골소(納骨所).
hypoglobulie [ipɔglɔbyli] *n.f.* 적혈구 감소.
hypoglosse [ipɔglɔs] 【해부】 *a.* 혀밑의. —*n.m.* 설하신경(舌下神經).
hypoglycémiant(e) [ipɔglisemjɑ̃, -ɑ̃:t] *a.* 【의학】 저혈당성의, 혈당 저하작용이 있는.
hypoglycémie [ipɔglisemi] *n.f.* 【의학】 저혈당(증), 혈당감소(증). [부리].
hypogyne [ipɔʒin] *a.* 【식물】 암술 밑에 있는(꽃)
hypoïde [ipɔid] *a.* engrenage ~ 하이포이드 톱니바퀴 (엇갈려 물리는 축 사이에 운동을 전달하는 원뿔꼴 톱니바퀴).
hypolimnion [ipɔlimnjɔ̃] *n.m.* 심수층(深水層).
hypolipémie [ipɔlipemi], **hypolipidémie** [ipɔlipidemi] *n.f.* 【의학】 저지방(질)혈증.
hypomanie [ipɔmani] *n.f.* 【정신의학】 경조증(輕躁症).
hyponyme [ipɔnim] *n.m.* 【언어】 하위개념어.
hyponymie [ipɔnimi] *n.f.* 하위개념 (animal 에 대한 chien 따위).
hypophosphate [ipɔfɔsfat] *n.m.* 【화학】 차인산염(次燐酸塩).
hypophosphite [ipɔfɔsfit] *n.m.* 【화학】 차아인산염(次亞燐酸塩).
hypophosphoreux(se) [ipɔfɔsfɔrø, -ø:z] *a.* acide ~ 【화학】 차아인산.
hypophosphorique [ipɔfɔsfɔrik] *a.* acide ~ 【화학】 차인산(次燐酸).
hypophysaire [ipɔfizɛr] *a.* 【해부】 뇌하수체의.
hypophyse [ipɔfi:z] *n.f.* 【해부】 뇌하수체.
hypophysectomie [ipɔfisektɔmi] *n.f.* 【외과】 뇌하수체 절제(술).
hypopituitarisme [ipɔpitɥitarism] *n.m.* 【의학】 뇌하수체 기능 감퇴증.
hypoplasie [ipɔplazi], **hypoplastie** [ipɔplasti] *n.f.* 【의학】 발육부전, 형성부전.
hypopyon, hypopion [ipɔpjɔ̃] *n.m.* 【의학】 전방(前房) 축농.
hyposcénium [ipɔsenjɔm] *n.m.* 【고대그리스】 주악소(奏樂所) 위의 무대를 받치는 벽; 합창석.
hyposécrétion [ipɔsekresjɔ̃] *n.f.* 【의학】 분비 저하(감퇴).
hyposmie [ipɔsmi] *n.f.* 【의학】 후각감퇴[둔화].
hypospade [ipɔspad] *a.* 【의학】 요도하열(尿道下裂)의. —*n.m.* 요도하열 환자.
hypospadias [ipɔspadjas] *n.m.* 【의학】 요도하열.
hypostase [ipɔsta:z] *n.f.* ① 【의학】 (혈액·장액 따위의)침(沈)체[침전]. ② 【신학】 (삼위일체론의)위격(位格); (삼위일체의)한 위격. ③ 【철학】 (신플라톤·알렉산드리아 학파에서의) 실체(實體). ④ 【언어】 범주전환(형용사를 명사로 전환하는 따위) (dérivation impropre).
hypostatique [ipɔstatik] *a.* ① 【신학】 위격(位格)의. union ~ 그리스도의 신성(神性)과 인성의 결합. ② 【철학】 실체의.
hypostatiquement [ipɔstatikmɑ̃] *ad.* 【신학】 (위격)일체를 이루어.
hypostyle [ipɔstil] *a.* 【건축】 다주식(多柱式)의.
hyposulfate [ipɔsylfat] *n.m.* 【화학】 차황산염.
hyposulfite [ipɔsylfit] *n.m.* 【화학】 차아황산염. ~ de soude 【사진】 하이포.
hyposulfureux [ipɔsylfyrø] *a.m.* acide ~ 【화학】

hypotaxe [ipɔtaks] *n.f.* 【언어】 종속, 종위(從位)(복문에 있어서의 절 상호간의 관계).
hypotendu(e) [ipɔtɑ̃dy] 【의학】 *a.* 저혈압(증)의. —*n.* 저혈압증환자.
hypotenseur [ipɔtɑ̃sœr] *a.* 【의학】 혈압강하의. —*n.m.* 혈압강하제.
hypotensif(ve) [ipɔtɑ̃sif, -i:v] *a.* 【의학】 저혈압의; 저혈압에 의한.
hypotension [ipɔtɑ̃sjɔ̃] *n.f.* 【의학】 저혈압(증).
hypoténuse [ipɔteny:z] *n.f.* 【수학】 빗변, 사변.
hyp(oth). 《약자》hypothèque 저당(抵當).
hypothalamique [ipɔtalamik] *a.* 【해부】 시상하부(視床下部)의.
hypothalamus [ipɔtalamys] *n.m.* 【해부】 시상하부(視床下部).
hypothécable [ipɔtekabl] *a.* 저당잡힐 수 있는.
hypothécaire [ipɔteke:r] *a.* 저당에 관한, 저당권 있는. banque ~ 부동산 은행. créancier ~ 저당권자. débiteur ~ 저당권 설정자. dette ~ 저당 채무, 저당 대부. prêt ~ 담보 대부. ~ 저당권자.
hypothécairement [ipɔtekermɑ̃] *ad.* 【법】 저당으로서, 저당잡히고.
hypothénar [ipɔtena:r] *n.m.* 【해부】 소지구(小指球)(손바닥의 새끼손가락쪽의 융기).
hypothèque [ipɔtɛk] *n.f.* ① 저당, 저당권. emprunter sur ~ 담보로 돈을 빌리다. prendre une ~ sur un immeuble 부동산을 담보로 잡다. lever une ~ 저당권을 해제하다. purger une ~ (대금·부채를 청산하고) 저당권을 되찾다. ~ légale 법적 저당권. ~ judiciaire 재판상의 저당권. conservation des ~s 등기보전. ② (비유적) 【정치】 장애. lever l'~ 정치적 장애를 제거하다.
prendre une ~ sur l'avenir 소유하기 전에 미리 사용하다.
hypothéqué(e) [ipɔteke] *a.p.* ① 저당잡힌. ② être mal ~ 《구어》건강이 나쁘다, 몸이 불편하다.
hypothéquer [ipɔteke] [6] *v.t.* ① (토지 따위를)저당잡히다; 저당잡다. ② 묶다(lier, engager). ~ imprudemment l'avenir 경솔하게 장래를 걸다.
hypothermie [ipɔtermi] *n.f.* 【의학】 체온의 이상하강, 저체온증(低體溫症).
hypothèse [ipɔte:z] *n.f.* ① 가설, 가정. poser[formuler] une ~ 가설을 세우다. vérifier l'~ 가설을 증명하다. ② 추측, 억측(conjecture). faire des ~s sur qc ···에 대해 갖가지 추측을 하다. Ce ne sont que des ~s. 그것은 억측에 불과하다.
dans l'~ où+ind.[sub.] ···이라고 가정하고. *Dans l'~ où* il n'accepterait pas votre proposition, que feriez-vous? 그가 당신의 제안을 받아들이지 않는다고 가정하면 (그때) 어떻게 하시겠읍니까 ?
en toute ~ 그 어떤 경우에도, 어쨌든(en tout cas). *En toute ~,* nous agirons comme s'il ne savait rien. 어쨌든간에 우리는 그가 아무것도 모르는 것처럼 행동합시다.
par ~ (···이라고 한다면); 추측하건대. Il est *par ~* hostile à toute innovation. 추측하건대 그는 모든 개혁에 반대하는 것 같다.
hypothético-déductif(ve) [ipɔtetikɔdedyktif, -i:v] *a.* 【논리】 가설연역법의.
hypothétique [ipɔtetik] *a.* ① 가정의, 가설적인; 【논리】 가언적(假言的)인. syllogisme ~ 가언적 삼단논법. jugement ~ 가언적 판단. ②《구어》의심스러운(douteux), 불확실한(douteux, incertain). compter sur des bénéfices ~s 확실치 않은 이득을 기대하다. ③ 【문법】 가정의, 조건의 (conditionnel). proposition ~ 가정[조건]절. li-

gature ~ 가정적 연결사(si, quand 따위).
— n.f. 가정절(proposition ~).
hypothétiquement [ipɔtetikmɑ̃] ad. 가정적으로, 가설적으로.
hypothrepsie [ipɔtrɛpsi] n.f. (유아의)영양실조.
hypothyroïdie [ipɔtirɔidi] n.f. 《의학》 갑상선 분비 부족.
hypotonie [ipɔtɔni] n.f. ① 《의학》 근(筋) 긴장 감소(atonie); 저혈압(hypotension). ② 《물리》 (용액의)저삼투압, 저장성(低張性).
hypotonique [ipɔtɔnik] a. 《의학》 (혈액보다)삼투압이 낮은; 저혈압의; 《물리》 저장(低張)의.
hypotrophie [ipɔtrɔfi] n.f. 《생리》 영양장애성 발육부진, 기능감퇴, 위축; 영양불량.
hypotypose [ipɔtipoːz] n.f. 《수사학》 활사(活寫)(생생하게 묘사하기).
hypovitaminose [ipɔvitaminoːz] n.f. 《의학》 비타민 결핍(증)(avitaminose).
hypoxémie [ipɔksemi] n.f. 《의학》 저산소혈(증)(anoxémie).
hypoxie [ipɔksi] n.f. 《생리·의학》 저산소(증).
hypso- préf. 「높이」의 뜻.
hypsogramme [ipsɔgram] n.m. 《전기》 전송(傳送)레벨 곡선.
hypsographie [ipsɔgrafi] n.f. 측고학(測高學).
hypsomètre [ipsɔmɛtr] n.m. 측고계(測高計).
hypsométrie [ipsɔmetri] n.f. 측고술(測高術).
hypsométrique [ipsɔmetrik] a. 측고술의.
Hyrcanie [irkani] n.pr.f. 히르카니아(고대 페르시아의 지방).
hyrcanien(ne) [irkanjɛ̃, -ɛn] a. 히르카니아의. Mer ~ne 남카스피해(海). — H~ n. 히르카니아의 사람.
hysope [izɔp] n.f. ① 《식물》 히솝(박하과 식물).
② 《엣·문어》《비유적》작은 것(성서의 표현에 따라 삼나무(cèdre)의 장대함에 반대되는 상징).
hystér(o)- préf. 「자궁」의 뜻.
hystéralgie [isteralʒi] n.f. 《의학》 자궁통(痛).
hystérectomie [isterɛktɔmi] n.f. 《의학》 자궁절제(술).
hystérèse [isterɛːz], **hystérésis** [isterezis] n.f. 《물리》 히스테리시스, 이력(履歷)현상. ~ élastique (magnétique) 탄성 (자기) 히스테리시스.
hystérie [isteri] n.f. 《의학》 히스테리, 극도의 흥분(délire, frénésie). C'est de l'~. 그것은 히스테리(의 발작)이다. ~ collective 집단적 히스테리, 군중의 열광.
hystériforme [isterifɔrm] a. 《의학》 히스테리형 (型)의, 히스테리성(性)의.
hystérique [isterik] a. 히스테리의, 히스테리 증세의; 극도로 흥분된(열광된). rire ~ 히스테릭한 웃음. — n. 히스테리 환자.
hystérisme [isterism] n.m. 히스테리증세.
hystérocèle [isterɔsɛl] n.f. 《의학》 자궁헤르니아.
hystérogène [isterɔʒɛn] a. 《의학》 히스테리를 일으키는. zone ~ 히스테리 대(帶)(자극하면 히스테리를 일으키는 곳).
hystérographie [isterɔgrafi] n.f. 《의학》 자궁 조영(造影)(X선 촬영)(술).
hystérosalpingographie [isterɔsalpɛ̃gɔgrafi] n.f. 《의학》 자궁 난관 조영(촬영)(법).
hystérologie [isterɔlɔʒi] n.f. 《수사학》 논리가 맞지 않는 표현.
hystéromètre [isterɔmɛtr] n.m. 자궁측정기구.
hystérotomie [isterɔtɔmi] n.f. 《의학》 자궁절개(술). ~ abdominale 제왕절개술.
Hz 《약자》 hertz 《전기》 헤르츠.

I

I¹, i¹ [i] *n.m.* ① 프랑스 자모의 제 9자. ② *i* grec, Y 의 호칭.
I²《약자》iode 《화학》 요드.
I.《약자》① intensité 《전기》 전류의 강도. ② moment d'inertie 《기계》 관성(慣性) 모멘트.
i²《약자》(nombre) imaginaire 《수학》 (복소수론에서)허수(의 기호)($i^2 = -1$).
i³, i' [i] *pron.pers.*《속어》그는, 그들은(il, ils).
Iahvé [javel]《헤브라이》*n.pr.m.* 여호와(Jéhovah).
Iakoute [jakut] *n.* 《인종》 야쿠트 사람(시베리아 동부에 사는 민족). —*n.m.* 야쿠트어(語).
—i~ *a.* 야쿠트 사람의.
ïambe, iambe [jã:b] *n.m.* 《운율》① 《옛》단장격(短長格), 단장각 시. ② (*pl.*) (12 음절과 8음절이 번갈아 쓰이는)풍자시(18세기 말의 시인 *André Chénier* 가 애용한 시형).
ïambique [jãbik] 《운율》 *a.* (고전시의)단장격의. —*n.m.* 단장각 시.
ianthin(e) [jãtɛ̃, -in] *a.*《드물게》자주색의.
iatrique [jatrik] *a.*《옛》의술의.
iatr(o)- *préf.*「의사・의학」의 뜻.
iatrochimie [jatrɔʃimi] *n.f.* 《옛》 《의학》 이아트로화학, 화학 의료(17세기 유럽의 화학적 기술).
iatrogène [jatrɔʒen], **iatrogénique** [jatrɔʒenik] *a.* 《의학》의사에 원인이 있는. maladie ~ 의원성(醫原性) 질환.
iatromécanisme [jatrɔmekanism] *n.m.* 생활 현상의 기계관(機械觀).
ib.《약자》ibidem 같은 곳[책]에.
ibère [ibɛ:r] *a.* 이베리아(*Ibérie*)의. —*n.m.* 이베리아어(語). —**I~** *n.* 이베리아 사람.
ibéride [iberid] *n.f.* 《식물》 이베리스 꽃.
Ibérie [iberi] *n.pr.f.* 《고대지리》 이베리아(현대의 에스파냐・포르투갈).
ibérien(ne) [iberjɛ̃, -ɛn] *a.* 이베리아(사람)의(보통 ibérique 를 씀). —**I~** *n.* 이베리아 사람(보통 Ibères 를 씀).
ibérique [iberik] *a.* 이베리아(사람)의, 스페인과 포르투갈(사람)의. péninsule ~ 이베리아 반도.
ibéris [iberis] *n.m.* 《식물》 =**ibéride**.
ibérisme [iberism] *n.m.* 이베리아의 특성.
ibéro-américain(e) [iberoamerikɛ̃, -ɛn] *a.* 에스파냐와 아메리카의. —*n.* 에스파냐계 미국인.
ibéro-celtique [iberoseltik] *a.* 에스파냐계(系) 켈트족(族)의.
ibex [ibɛks] *n.m.* 《동물》(알프스의)야생 염소.
ibidem [ibidɛm]《라틴》*ad.* 같은 곳에, 같은 책에(《약자》ibid.).
ibis [ibis] *n.m.* 《조류》 따오기속(屬).
-ible *suff.*「가능한」의 뜻.
ibn [ibn] (*pl. beni* [beni], ***beno*** [beno])《아라비아》 *n.m.* 아들.
ibsénien(ne) [ipsenjɛ̃, -ɛn] *a.* 《문학》입센(*Ibsen*)풍[식]의. —*n.* 입센 숭배자[모방자].
ibsénisme [ipsenism] *n.m.* 《문학》입센풍의 수법; 입센주의[사상].
I.C.《약자》① Jésus-Christ 예수 그리스도(옛날에는 J를 I로 표기). ② 《영》 integrated circuit 《컴퓨터》 집적회로(프랑스어는 circuit intégré).
icaque [ikak] *n.f.* 《식물》 ① 코코프럼의 열매 (prune d'~). ② = **icaquier**.
icaquier [ikakje] *n.m.* 《식물》 코코프럼나무(열대 아메리카산).
Icare [ika:r] *n.pr.m.* 《그리스신화》 이카로스(납으로 붙인 날개로 하늘을 날았으나 태양열에 초가 녹아 바다에 추락해서 죽었음).
Icarie [ikari] *n.pr.f.* 《고대지리》 이카리아(그리스의 섬, 현재의 *Nikaria*).
icarien(ne) [ikarjɛ̃, -ɛn] *a.* ① 이카리아(사람)의. ② 이카로스의. audace ~*ne* 만용, 무모한 용기. jeux —*s* 《드물게》줄타기(곡예). —*n.* ① (*I*~) 이카리아 사람. ② 《프랑스사》 카베(*Étienne Cabet*) 파의 사회주의자
icaroscope [ikarɔskɔp] *n.m.* 태양관측기구.
icaunais(e) [ikonɛ, -ɛz] *a.* 욘(*Yonne*, 프랑스의 도)의(사람). —*n.* 욘 사람.
I.C.B.M.《약자》Intercontinental Ballistic Missile 《영》대륙간 탄도-[유도]-탄.
iceberg [isbɛrg, isbɛrg]《영》 *n.m.* 빙산(氷山).
icebloc [ajsblɔk] 《영》 *n.m.* 작은 빙산.
ice-boat [ajsbo:t] 《영》 *n.m.* 빙상 요트.
ice-cream [ajskrim] (*pl.* ~-~**s**) 《영》 *n.m.* 아이스크림(glace).
icefield [ajsfild], **icefeld** [ajsfɛld] 《영》 *n.m.* (극지의)빙원(氷原).
icelui [isəlɥi] (*f. icelle* [isɛl], *m.pl. iceux* [isø], *f.pl. icelles* [isɛl]) 《옛》 *a. dém.* 그…, 이…, icelle same 그 부인. —*pron. dém.* =celui-ci, celle-ci, ceux-ci, celles-ci.
ichneumon [iknømɔ̃] *n.m.* 《동물》 이집트 몽구스. ② 《곤충》 맵시벌.
ichnographe [iknɔɡraf] *n.m.* 평면도 제도공.
ichnographie [iknɔɡrafi] *n.f.* 평면도(법).
ichnographique [iknɔɡrafik] *a.* 평면도(법)의. plan ~ 평면도.
ichnologie [iknɔlɔʒi] *n.f.* 족적화석학(足跡化石學).
-ichon(ne) *suff.*「소(小)」의 뜻.
ichor [ikɔ:r] *n.m.* ① 《그리스신화》 신의 피. ② 《의학》 혈농(血膿), 피고름. ③ 《지질》 아이코아(암석을 화강암으로 만드는 성분).
ichoreux(se) [ikɔrø, -ø:z] *a.* 《의학》 혈농의.
icht(h)yique [iktiik] *a.* 물고기의. régime ~ 어식(魚食)요법.
ichthys [iktis] *n.m.* 그리스도를 나타내는 그리스어 문자(그리스어로「물고기」의 뜻; 초기 그리스도교에서 물고기를 그리스도의 상징으로 삼았음).
ichtyo- *préf.*「물고기」의 뜻.
ichtyocolle [iktjokɔl] *n.f.* 부레풀.
ichtyographie [iktjoɡrafi] *n.f.* =**ichtyologie**.
ichtyoïde [iktjoid] *a.* 물고기 모양의.
ichtyol [iktjol] *n.m.* 《약》 이히티올.
ichtyolithe [iktjolit] *n.m.* 《지질》 물고기의 화석.
ichtyologie [iktjolɔʒi] *n.f.* 어류학(魚類學).
ichtyologique [iktjolɔʒik] *a.* 어류학의.

ichtyologiste [iktjɔlɔʒist] *n.* 어류학자.
ichtyophage [iktjɔfaːʒ] *a.* 어식(魚食)하는. —*n.* 어식자; (*pl.*)어식민족.
ichtyophagie [iktjɔfaʒi] *n.f.* 어식(魚食). 「鳥」
ichtyornis [iktjɔrnis] *n.m.* 【고대생물】어조(魚
ichtyosaure [iktjɔsɔːr] *n.m.* 【고대생물】어룡.
ichtyose [iktjoːz] *n.f.* 【의학】어린선(魚鱗癬).
ichtys [iktis] *n.m.* =**ichthus**.

‡**ici** [isi] *ad.* ① 여기에, 여기서(↔là); (이야기·문장 따위에서)여기(↔ailleurs). ~ et là 여기저기에 (서). On est bien ~. 이곳은 편안하다. I~, il pleut, mais à Paris, il fait beau. 여기는 비가 오는데, 파리는 쾌청하다. C'est ~ ta place. 네 자리는 여기이다. Il habite près d'~. 그는 이 근처에 산다. I~ encore, l'auteur évoque sa jeunesse. 작가는 여기서 다시 젊은 시절을 회상한다. ② (엣)지금 (현재는 d'~, jusqu'~ 의 형태로만 쓰임).
d'~ (à) 여기서 …까지. *d'~ (à)* Séoul 여기서 서울까지. *d'~ là* 여기서 거기까지. ⓑ 지금부터 …까지. *d'~ (à)* samedi 지금부터 토요일까지. *d'~ là* 지금부터 그때까지. *d'~* peu 곧, 불원간.
d'~ (à) ce que + *sub.* 지금부터 …할 때까지. *D'~ à ce qu'*il vous le rende, il se passera du temps. 그가 당신에게 그것을 돌려줄 때까지는 꽤 시간이 걸릴 것이다.
~bas 이 세상에(서). *les choses d'~-bas* 이 세상의 일들, 세상살이.
Je vois ça d'~. (구어) 상상할 수 있다, 빤한 일이다.
jusqu'~ 지금까지.
par ~ 이쪽(이곳)으로; 이 근처에. *Par ~*, s'il vous plaît. 자, 이곳으로 오시지요. Il habite *par ~*. 그는 이 근처에 산다.

-icien(ne) *suff.* 「…에 뛰어난 사람, …의 전문가」의 뜻(예 : *logicien* 논리학자).
I.C.N. (라틴·약자) In Christi Nomine 그리스도의 이름으로.
icoglan [ikɔglɑ̃] *n.m.* (터키황제의)시종무관.
icône, icone [ikoːn] *n.f.* ① 【종교】(그리스 정교의)성모상, 성화상(聖畵像). ② 【언어】 도상(圖像)(외적 현실과 유사관계에 있는 기호; 인물을 나타내는 초상화·의성어 따위)(indice, symbole).
iconique [ikɔnik] *a.* 성모상의.
icon(o)- *préf.* 「상(像)」의 뜻.
iconoclasie [ikɔnɔklazi], **iconoclastie** [ikɔnɔklasti] *n.f.*, **iconoclasme** [ikɔnɔklasm] *n.m.* ① 【종교사】 (8–9세기 비잔틴 제국의)성상파괴운동. ② 우상파괴, 인습(전통)타파.
iconoclaste [ikɔnɔklast] *n.* ① 【종교사】성화상 파괴주의자. ② 우상파괴(론)자, 전통파괴론자. —*a.* 성화상 파괴의; 우상파괴의.
iconogène [ikɔnɔʒɛn] *n.m.* 【사진】 아이코노겐(현상액).
iconographe [ikɔnɔgraf] *n.m.* 초상(성상) 학자.
iconographie [ikɔnɔgrafi] *n.f.* ① 초상학, 성상학. ② (전명 인물의)초상화집; 참고도감. ~ *bouddhique* 불교관계도감.
iconographique [ikɔnɔgrafik] *a.* iconographie 의.
iconolâtre [ikɔnɔlɑːtr] *n.* 【종교사】 우상(성상) 숭배자.
iconolâtrie [ikɔnɔlɑtri] *n.f.* 우상숭배; 성상숭배.
iconologie [ikɔnɔlɔʒi] *n.f.* 도상(圖像) 해석학.
iconologique [ikɔnɔlɔʒik] *a.* 도상해석학의.
iconologiste [ikɔnɔlɔʒist], **iconologue** [ikɔnɔlɔg] *n.* 도상해석학자.
iconomanie [ikɔnɔmani] *n.f.* 회화(판화) 애호.
iconomaque [ikɔnɔmak] *n.m.* 우상(성상) 숭배 반대론자.

iconomètre [ikɔnɔmɛtr] *n.m.* 【사진】 (자동조절의)직사(直視)파인더, 이코노미터.
iconométrie [ikɔnɔmetri] *n.f.* 【사진】 이코노미터에 의한 측정.
iconophile [ikɔnɔfil] *n.* ① 화상(판화) 애호가. ② 【종교사】 우상숭배 찬성론자.
iconoscope [ikɔnɔskɔp] *n.m.* ① 【사진】 파인더. ② 【텔레비전】 촬상관(撮像管), 아이코노스코프(영상송신용 진공관).
iconostase [ikɔnɔstaːz] *n.f.* 【건축】 (교회의)성상(聖像)벽.
iconothèque [ikɔnɔtɛk] *n.f.* (도서관·박물관 따위의)도감자료(보관)실.
icosaèdre [ikozaɛdr] *n.m.* 【기하】 20면체.
icosagone [ikozagɔn] *n.m., a.* 20각형(의)(icosigone 라고도 함).
ictère [iktɛːr] *n.m.* 【의학】 황달(jaunisse).
ictérin(e) [iktɛrɛ, -in] *a.* 【의학】 황달색(모양)의.
ictérique [ikterik] 【의학】 *a.* 황달성의; 황달에 걸린. —*n.* 황달병 환자.
ictus [iktys] *n.m.* ① 【운율】 강음, 양음(揚音). ② 【의학】 (졸중(卒中)·간질의)발작. ~ *apoplectique* 뇌졸중.
id. [idem] 【약자】 idem 동상(同上), 마찬가지로.
I.D.A. (라틴·약자) Immortalis Dei Auspiciis 신의 가호로써.
ide¹ [id] *n.m.* 【어류】 잉어과(科)의 물고기.
ide² *n.m.* 【생물】 유전인질(遺傳基質)(세포 원형).
-ide *suff.* 「형태·동류·동족」의 뜻, 「질의 단위」.

***idéal(ale, pl. aux, als)** [ideal, -o] *a.* ① 관념적인; 공상의(imaginaire, ↔ réel), monde ~ 관념세계. ② 이상적인; 완벽한(parfait). *amour* ~ 이상적인 사랑. C'est la solution ~*ale*. 그것은 최선의 해결책이다. *couple* ~ 이상적인 한 쌍.
—*n.m.* ① (*pl.* ~*s*, 학술어는 ~*aux*) 이상. *réaliser son* ~ 자기의 이상을 실현하다. *homme sans* ~ 이상이 없는 인간. ② 이상적인 것, 이상형(型). Cet appartement n'est pas l'~, mais il est habitable. 이 아파트는 이상형은 아니지만 살 만하다. C'est l'~ de *l'étudiant*. 그는 학생의 이상적인 형이다. *[L'~, c'est/ce serait de* + *inf.*/*que* + *sub.*] ~, *ce serait de prendre le premier train demain matin*. 최선의 방법은 내일 아침 첫 기차를 타는 것이다.
idéalement [idealmɑ̃] *ad.* 이상적으로.
idéalisateur(trice) [idealizatœːr, -tris] *a., n.* 이상화하는(사람·것).
idéalisation [idealizasjɔ̃] *n.f.* 이상화; 관념화.
idéaliser [idealize] *v.t.* 이상화하다; 미화하다(embellir); 관념화하다. ~ *sa vie dans ses Mémoires* 회고록 가운데 자기의 삶을 미화하다.
—*s'*~ *v.pr.* 이상화되다, 미화되다; 관념화되다.
idéalisme [idealism] *n.m.* ① 【철학】 관념론(↔ matérialisme). ② 이상주의(↔ réalisme).
idéaliste [idealist] *a.* ① 관념론적인. ② 이상주의적인; 비실제적인. *avoir une idée trop* ~ *de la situation* 상황(정세)에 대해 지나치게 낙관적이다.
—*n.* 관념론자(↔ matérialiste); 이상주의자.
idéalité [idealite] *n.f.* ① 관념성, 이상(적인 것). ② 이상화하는 경향. ③ (*pl.*)공상.
idéation [ideasjɔ̃] *n.f.* 【심리】 관념형성 작용; 관념화.

‡**idée** [ide] *n.f.* ① ⓐ 관념, 개념(concept). ~ *générale* 일반적관념, 개념. ~ *première* 기본관념(이념). ~ *fixe* 고정관념. *association d'*~*s* 관념의 연상. *l'*~ *de qc* ~ *du juste* et *de l'injuste* 정의와 불의의 개념. ~ *de beauté* 미의 개념. ⓑ 생각; 아이디어, 창의. *C'est une bonne* ~. 그것은 좋은

각이다. J'ai une ~ pour les vacances. 휴가를 위한[어떻게 보낼 것인가에 대한]아이디어가 있다. Il a des ~s. 그는 아이디어가 많다. [~ de+inf.] L'~ de la revoir me ravit. 그녀를 다시 만날 생각을 하니 기뻐서 어쩔 줄 모르겠다. L'~ m'a pris d'y aller. 거기에 갈 마음이 생겼다. [~ que] ~ que le monde va s'améliorer 세계가 더 좋아지리라는 생각. ⓒ 사상, 견해(opinion); 착상, 구상; 의도, 계획(dessein). ~s d'un écrivain 작가의 사상. ~s littéraires 문학 사상. Chacun a ses ~s. 각자에다 제 나름의 생각[견해]이 있다. J'ai mon ~ sur cette question. 이 문제에 대해서는 나대로의 생각이 있다. prendre l'~ d'un roman dans la mythologie 신화에서 소설의 구상을 얻다. Laissez-le faire, c'est son ~. 하도록 내버려두게, 그의 계획이니까. ~ maîtresse du livre 이 책의 주제.
② 공상, 변덕(fantaisie). vivre à son ~ 자기 멋대로 살다. Voilà encore de vos ~s! 또 묘한 생각을 하시는군요.
③ 대체적인 지식[이해], 개념(aperçu). Ces photographies vous donneront une ~ du pays. 이 사진들을 보면 그 나라[지방]에 대해 대강 짐작할 수 있게 될 것이다. pour vous en donner une ~ 그것이 어떤 것인가에 대해 대강 설명해 드리자면. (관사 없이) [avoir ~ de qc/que+ind.] J'ai ~ des difficultés que vous avez rencontrées. 당신이 겪은 어려움은 대강 짐작이 갑니다. On n'a pas ~ de cela. 그것은 상상도 못할 일이다. (보어 없이) A-t-on ~! 생각이나 할 수 있나, 설마! J'ai ~ que... …라고 생각된다(Il me semble que...).
④〖구어〗약간, 극소량. Reculez une ~ 약간만 물러서시오. une ~ de sucre 소량의 설탕.
à l'~ de+inf.[que+ind.] …이라고[생각하면].
À la seule ~ de visiter Paris, mon cœur se met à battre. 파리를 구경한다는 생각만 해도 가슴이 두근거리기 시작한다. À l'~ qu'elle allait me quitter, je suis tombé dans le désespoir. 그녀가 내게서 떠나간다는 생각에 나는 절망에 빠졌다.
avoir dans l'~ que+ind. …이라고 생각하다[여기다]. J'ai dans l'~ qu'il ne viendra pas. 그는 오지 않을 것만 같다.
avoir des ~s noires 기분이 우울하다.
avoir l'~ de+inf. …할 생각이 든다. Il a eu l'~ de venir me voir en pleine nuit. 그는 한밤중에 나를 찾아올 마음이 생겼다.
avoir une haute[grande] ~ de qc[qn] …을 높이 평가하다[존중하다].
Cela m'est sorti de l'~. 그 일을 까맣게 잊었다.
dans(avec) l'~ de+inf. …할 생각(심산)으로.
donner des ~s à qn〖구어〗(난잡한 언동을) …에게 욕망을 일으키게 하다 (idées; idées érotiques).
en ~ 상상으로. voir qc en ~ …을 상상하다, 머리 속에 그리다. Son succès n'existe qu'en ~. 그의 성공은 머리 속에서만 존재한다[머리 속에서 공상하고 있을 뿐이다].
Il me vient à l'~[en ~] que+ind.〖비인칭〗…이라는 생각이 떠오르다. Il m'est venu à l'~ que j'étais en vacances en ce moment. 내가 지금 휴가중이라는 생각이 떠올랐다.
L'~ m'est venue de+inf.[que+ind.] …할 생각이 들었다, …하고 싶어졌다.
se faire des ~s〖구어〗엉뚱한 생각을 하다, 공상에 잠기다.
se faire une ~ de qc …에 대한 개념을 얻다, …이 무엇인가를 생각하다. En lisant ce livre, vous pourrez *vous faire une ~ de la psychanalyse.* 이 책을 읽으면 정신분석에 대해 대강 알게 될 것이다.
se mettre dans l'~ 생각하다, 명심하다.
une ~ de derrière la tête 은밀한 계획; 의심.
idée-force [idefɔrs] (*pl.* **~s-~s**) *n.f.* 중심 개념.
idéel(le) [ideɛl] *a.* 관념의, 관념적인 (idéal은 관념적·이상적 등 2개의 의미를 가지고 있기 때문에 전자의 뜻에 한정시키기 위해 이 말이 쓰임).
idéen(ne) [ideɛ̃, -ɛn] 〖고대그리스〗 *a.* 이다(*Ida*)산의. **—I—** *n.* 이다 사람.
idéer [idee] *v.t.* 〖심리〗 (의)관념을 만들다, 관념화하다 (*Husserl*, *Sartre*의 용어).
idem [idɛm] 〖라틴〗 *ad.* 위와 같이, 동상(同上), 마찬가지로. Il est reçu à l'examen, et moi ~. 〖구어〗그는 시험에 합격하였며, 나도 마찬가지이다.
idempotent(e) [idɛ̃pɔtɑ̃, -ɑ̃t] *a.* 〖수학〗 멱등(冪等)의.
identification [idɑ̃tifikasjɔ̃] *n.f.* ① 동일화, 동일시. ② 동일인의 확인, 신원 확인, 식별; 감정(鑑定), 판정.
identifier [idɑ̃tifje] *v.t.* ① 동일화하다, 동일시하다. ~ A avec[à, et] B, A를 B와 동일시하다. ② 확인하다, (임에)틀림없다고 인정하다; 〖광석 따위를〗감정하다. ~ un voleur 도둑의 신원을 확인하다. La police n'a pas encore pu l'~. 경찰은 아직도 그의 신원을 확인하지 못했다. ~ un parfum 향수의 종류를 식별하다. objet volant non *identifié* 미확인 비행 물체(UFO).
—s'~ *v.pr.* ①[s'~ à/avec]( )와)동일화하다, 동화되다, 일체화. acteur qui *s'identifie à* son personnage 작중 인물과 일체가 된 배우. ②〖심리〗[s'~ à](...와)동일시되다. *s'~* à son père 자기를 아버지와 동일시하다.
*****identique** [idɑ̃tik] *a.* 동일한, 같은. arriver à des conclusions ~ 동일한 결론에 도달하다. [~ à] Mon opinion est ~ à la vôtre. 내 의견은 당신 의견과 같다.
identiquement [idɑ̃tikmɑ̃] *ad.* 같게, 마찬가지로.
*****identité** [idɑ̃tite] *n.f.* ① 동일(성), 일치(accord, ↔ différence, opposition). Il y a ~ entre ces deux styles. 이 두 양식은 동일하다. [~ de qc avec] ~ *de mon goût avec le sien* 나의 취미와 그녀의 취미와의 일치. ② 본인(동일인)임에 틀림없음; 신원, 신분. carte d'~ 신분증. plaque d'~ (자동차 따위의)등록번호판; 〖군사〗인식표. ~ judiciaire (범죄기록의 한)신원을 감파하는 감식과. établir(vérifier) l'~ de qn …의 신원을 밝히다. ③〖수학〗항등식. ④ principe d'~〖논리〗자동율(自同律).
idéo- *préf.* 「관념·생각」의 뜻.
idéogrammatique [ideɔgramatik] *a.* 〖언어〗 표의문자의.
idéogramme [ideɔgram] *n.m.* 〖언어〗 표의(표상)문자.
idéographie [ideɔgrafi] *n.f.* 〖언어〗 (기호·문자에 의한)표의법, 표의문자법.
idéographique [ideɔgrafik] *a.* (문자가)표의의.
idéologie [ideɔlɔʒi] *n.f.* ①〖철학〗관념학; (경멸) 관념론, 공상, 공론. ② 이데올로기, 관념체계. ~ marxiste 마르크스주의적 이데올로기.
idéologique [ideɔlɔʒik] *a.* ① 관념학적인; 관념론적인. ② 이데올로기적인, 관념론적.
idéologiquement [ideɔlɔʒikmɑ̃] *ad.* 이데올로기적으로; 관념적으로.
idéologisation [ideɔlɔʒizasjɔ̃] *n.f.* 이데올로기화, 관념화.
idéologiser [ideɔlɔʒize] *v.t.* (문제·현상을)관념[이데올로기]화하다.
idéologue [ideɔlɔg], **idéologiste** [ideɔlɔʒist] *n.m.* 〖철학〗관념학파; 관념론자; 공상가, 이상가.

idéo-moteur(trice) [ideɔmɔtœːr, -tris] *a.* 관념 운동성의. processus ~ 관념 운동 작동(어떤 운동의 관념이 그 운동을 실제로 일으키게 하기).

ides [id] *n.f.pl.* 《고대로마》(로마력(曆)의 3·5·7· 10월의)15일 ; (그외 달의 13일.

id est [idest] 《라틴》 *loc.conj.* 즉, 다시 말하면(《약자》 i.e.).

I.D.H.É.C. 《약자》Institut des hautes études cinématographiques 프랑스 영화 연구소.

idie [idi] *n.f.* 《곤충》 집파리의 일종.

idio- *préf.* 「특유의, 특수한」의 뜻.

idioblaste [idjɔblast] *n.m.* 《생물》 특수세포, 이상세포.

idiolecte [idjɔlɛkt] *n.m.* 《언어》개인 특유의 언어 사용, 개인어.

idiomatique [idjɔmatik] *a.* ① 관용어의, 특유어법의. expression ~ 관용어법, 특수어법. ② 방언의.

idiome [idjo:m] *n.m.* ① (어떤 국가·민족의)관용어, 특유어, 고유언어 ; 국어 ; 방언(dialecte). ② 《옛》 =idiotisme².

idiomographie [idjɔmɔgrafi] *n.f.* ① 고유언어학. ② 방언학.

idiomorphe [idjɔmɔrf] *a.* 《지질》 자형(自形)의.

idiopathie [idjɔpati] *n.f.* 《의학》 특발성(特發性) 질환, 자발증(自發症)(원인 불명의 병).

idiopathique [idjɔpatik] *a.* 《의학》 특발성의, 원인 불명의.

idioplasma [idjɔplasma] *n.m.* 《생물》 이디오 플라스마, 유전질.

idiostatique [idjɔstatik] *a.* 《전기》 자정전식(自靜電式)의.

idiosyncrasie [idjɔsɛ̃krazi] *n.f.* ① 《의학》 특이 체질(약품·단백질 따위에 이상반응을 일으킴) ; (일반적으로) 특이질, 특질. ② 《언어》(언어사용에 있어서의 개인적)특이성.

idiosyncrasique [idjɔsɛ̃krazik] *a.* 특이체질의, (약품에)이상반응을 일으키는 ; (각사람에게)특유의, 고유한.

*idiot(e) [idjo, -ɔt] *a.* 《의학》 백치의, 저능의 ; 《구어》 얼빠진, 바보같은. Ils sont complètement ~s de le croire. 그 이야기를 믿다니 정말 바보같은 사람들이군. question ~e 얼빠진 질문. film ~ 형편 없는 영화. C'est ~ de sortir par ce temps. 이런 날씨에 외출하는 것은 바보같은 짓이다.
—*n.* 《의학》 백치, 저능아 ; 《구어》바보, 얼간이. faire l'~ 바보짓을 하다 ; 바보인 척하다. Arrête de faire l'~, tu comprends très bien ce que je veux dire. 그렇게 (바보처럼) 모른척 하지마, 내말의 뜻을 잘 알고 있으면서.

idiotement [idjɔtmɑ̃] *ad.* 《구어》바보처럼.

idiotie [idjɔsi] *n.f.* ① 《의학》백치, 저능. ② 바보짓 ; 《구어》시시한 책. faire des ~s 바보짓을 하다. Ne lisez pas cette ~. 이 시시한 책은 읽지 마시오.

idiotifier [idjɔtifje] *v.t.* 바보로 만들다.

idiotique¹ [idjɔtik] *a.* 《의학》 백치의.

idiotique² *a.* 어떤 국어의 고유 어법의.

idiotiser [idjɔtize] *v.t.* (드물게)백치(바보)로 만들다 ; 아연하게 하다. Il resta comme *idiotisé*. 그는 바보라도 된듯 우두커니 있었다.

idiotisme¹ [idjɔtism] *n.m.* 《의학》 =idiotie.

idiotisme² *n.m.* (어떤 국어의)고유 어법.

ido [ido] *n.m.* 이도어(語)(인공 국제어의 하나).

idocrase [idɔkraz] *n.f.* 《광물》 베스브석(石)(보석의 일종).

idoine [idwan] *a.* ① 《옛》 [~ à]적합한. être ~ à un emploi 어떤 직에 적합한. ② 《익살》 알맞는, 적합 한(approprié). C'est ~ et adéquat. 안성마춤이

다. [~ pour+*inf.*] endroit ~ *pour* camper 캠핑하기에 적당한 장소. —*n.m.* 《구어》《익살》전문가.

idolâtre [idɔlɑ:tr] *a.* ① 우상숭배의 ; 우상숭배적인. culte ~ 우상숭배. ② 《구어》[~ de](을)열렬히 사랑하는. mère ~ *de* ses enfants 자기 아이들을 열렬히 사랑하는 어머니. avare ~ *de* son argent 돈을 숭배하는(배금의)수전노.
—*n.* 우상숭배자 ; 열렬히 사랑하는 사람, 숭배자.

idolâtrer [idɔlɑtre] *v.t.* 우상처럼 숭배하다 ; 열애하다(adorer). ~ ses enfants 아이들을 맹목적으로 사랑하다. —*v.i.* 《옛》우상을 숭배하다.
—**s'**~ *v.pr.* 자기를 숭배[열애]하다 ; 서로 깊이 사랑하다.

idolâtrie [idɔlɑtri] *n.f.* ① 우상숭배. ② 맹목적 숭배, 열애. objet d'~ 숭배의 대상. aimer *qn* jusqu'à l'~ ~을 열렬히 사랑하다.

idolâtrique [idɔlɑtrik] *a.* 우상숭배의 ; 우상처럼 숭배하는. attachement ~ 열렬한 [맹목적인] 애착.

idole [idɔl] *n.f.* ① (종교적 예배의 대상으로서의)우상. culte des ~s 우상숭배. ② 숭배[열애]받는 대상[사람]. ~ *des* jeunes 젊은이들의 우상. faire de *qc* son ~ ~을 숭배[열애]의 대상으로 삼다. Il est l'~ de ses parents. 그는 부모들의 맹목적 사랑을 받고있다.

Idumée [idyme] *n.pr.f.* 《고대지리》이도마에아, 에돔(사해에서 홍해에 이르는 지방).

iduméen(ne) [idymeɛ̃, -ɛn] *a.* 이도마에아의.
—**I**~ *n.* 이도마에아 사람.

idylle [idil] *n.f.* ① 전원 연애시, 목가. ② (비유적) 순정적인 사랑.

idyllique [idilik] *a.* ① 전원시풍의, 목가적인. ② 순정의, 아름다운. tableau ~ 순수한 서정적 그림.

idylliste [idilist] *n.m.* 전원 시인, 목가 작가.

i.e. 《약자》 id est 즉.

-ie *suff.* ① 「성질·집합성」을 뜻하는 여성 명사 어미. ② 「~가게, ~제조소」를 뜻하는 여성 명사 어미.

ièble [jɛbl] *n.f.* =hièble.

-ième *suff.* 「~번째(의 것)」의 뜻.

-ien(ne) *suff.* 「~에 관한, ~에 속하는, ~태생의 (사람)」의 뜻.

Iéna [jena] *n.pr.m.* 《지리》예나.

iénois(e) [jenwa, -aːz] *a.* 예나(市)의. —**I**~ *n.* 예나 사람.

-ier(ère) *suff.* ① 「직업, 용기, ~의 나무」의 뜻. ② 「~에 관한」의 뜻.

I.-et-L. 《약자》 Indre-et-Loire 프랑스의 도.

I.-et-V. 《약자》 Ille-et-Vilaine 프랑스의 도.

if [if] *n.m.* ① 《식물》 주목(朱木). ② 삼각형의 등화대 ; (물기를 없애는)병걸이(~ à bouteille).

IFOP, I.F.O.P. 《약자》Institut français d'opinion publique 프랑스 여론 연구소.

I.G.A.M.E. [igam] (<*Inspecteur général de l'administration en mission extraordinaire*) *n.m.* 특별행정 총감(1지구 région에 포함되는 여러 현의 행정을 총괄 감독하는 직위, 현재는 지역지사 préfet de la région에 인계됨).

igamie [igami] *n.f.* I.G.A.M.E의 감사구역.

I.G.H. 《약자》immeuble de grande hauteur 고층빌딩.

igloo, iglou [iglu] *n.m.* (에스키모의)얼음집, 눈집.

I.G.N. 《약자》Institut géographique national 국립 지리연구소.

Ignace [iɲas] *n.pr.m.* ~ de Loyola 이그나티우스 로욜라(예수회의 창립자).

ignacien(ne) [iɲasjɛ̃, -ɛn] *a.* 이그나티우스 로욜라 의. —*n.* 《종교》(예수회를 경멸하여)이그나티우스회원.

igname [iɲ(gn)am] *n.f.* 《식물》마.

ignare [iɲaːr] *a.* 배우지 못한, 무식한. [~ en] ~ *en musique* 음악에 대해 무식한. —*n.* 무식한 사람.
ignatie [iɲasi] *n.f.* 《식물》 마전의 일종《열매는 독성이 강한》.
igné(e) [igne] *a.* ① 《문어》불의, 불같은. ② 《지질》《암석이》화성(火成)의.
ignescent(e) [iɡnesɑ̃, -ɑ̃ːt] *a.* 《드물게》타고 있는, 연소중의.
igni- *préf.* 「불」의 뜻.
ignicole [iɡnikɔl] *a.* 불을 숭배하는. —*n.* 배화교도 《拜火敎徒》.
ignicolore [iɡnikɔlɔːr] *a.* 불빛깔의.
ignifère [iɡnifɛːr] *a.* 도화성(導火性)의.
ignifugation [iɡnifyɡɑsjɔ̃] *n.f.* 내화(耐火)(불연(不燃))성으로 만들기; 불연소성.
ignifuge [iɡnifyːʒ] *a.* 내화성(耐火性)의, 불연소의. *matière* ~ 불연소 물질. *grenade* ~ 소화탄(消火彈). —*n.m.* 내화성 물질; 불연성 물질.
ignifugeage [iɡnifyʒaːʒ] *n.m.* =ignifugation.
ignifugeant(e) [iɡnifyʒɑ̃, -ɑ̃ːt] *a.* 불연성의, 내화성의. —*n.m.* 내화성 물질.
ignifuger [iɡnifyʒe] [3] *v.t.* 내화성으로 하다.
ignipuncture [iɡnipɔ̃ktyr] *n.f.* 《의학》낙사법(烙刺法), 《바늘에 의한》소작술(燒灼術).
ignition [iɡnisjɔ̃] *n.f.* 연소, 연소상태. *en* ~ ; *en état d'* ~ 연소중의, 연소상태의. *mettre qc en* ~ …을 연소시키다. ② 《물리》발화, 점화. ~ *spontanée* 자연발화. *point d'* ~ 발화점.
ignitron [iɡnitrɔ̃] *n.m.* 《공학》이그니트론《점호자형(點弧子型) 수은방전관》.
ignitubulaire [iɡnitybylɛːr] *a. chaudière* ~ 연관식(煙管式)기관.
ignivome [iɡnivɔm] *a.* 《지질》 분화(噴火)하는. *cratère* ~ 분화구. —*n.* 불을 먹는 괴물.
ignivore [iɡnivɔːr] *a.* 불을 먹는. —*n.* 불을 먹는 요술쟁이.
ignobilité [iɲɔbilite] *n.f.* ① 《고대로마》 태생의 비천함. ②《드물게》상스러움, 비천.
ignoble [iɲɔbl] *a.* ① 천한, 상스러운; 비열한 (infâme). ~ *individu* 수치스러운 인간. *procédé* ~ 비열한 수법. *mots* ~s 《입에 담지 못할》상스런 말들. ② 더러운, 끔찍한(affreux, hideux). *hôtel* ~ 더러운 호텔. ③《옛》귀족의 아닌, 비천한 (↔ noble). ④《옛》《사냥》《매 따위가》길들여지지 않는.
ignoblement [iɲɔbləmɑ̃] *ad.* 천하게, 비열하게, 상스럽게.
ignominie [iɲɔmini] *n.f.* ① 불명예, 치욕(infamie). *se couvrir d'* ~ 수치를 뒤집어 쓰다, 치욕을 당하다. ② 비열한《상스러운》언동. *La torture est une* ~. 고문은 수치스러운 짓이다.
ignominieusement [iɲɔminjøzmɑ̃] *ad.* 추잡스럽게, 수치스럽게(honteusement).
ignominieux(se) [iɲɔminjø, -jøːz] *a.* 추잡스러운, 불명예스러운.
ignorable [iɲɔrabl] *a.* 《드물게》몰라도 할 수 없는.
ignoramment [iɲɔramɑ̃] *ad.* 《옛》무식《무지》해서, 무지막지하게.
ignorance [iɲɔrɑ̃ːs] *n.f.* ① 무지(無知); 무식, 무학. *les siècles d'* ~ 암흑시대. *être d'une* ~ *(totale)* 일자무식이다. *être dans l'* ~ *de qc* …을 모르고 있다. *laisser qn dans l'* ~ *de qc* …에게 …을 알려주지 않다, 모르게 내버려 두다. [~ *sur qc*] Reconnaissez votre ~ *sur ce chapitre*. 이 문제에 대한 당신의 무지를 시인하시오. ② *(pl.)* 《무지를 나타내는》과오, 실수. *livre plein d'* ~s 오류투성이의 책. *par* ~ 몰랐기 때문에, 모르고. *pécher par* ~ 무지한 탓으로 죄를 짓다. *prétendre cause d'* ~ 《법》모른다고 주장하다; 《비유적》잘 모른다고 발뺌하다.
*****ignorant(e)** [iɲɔrɑ̃, -ɑ̃ːt] *a.* 무식한, 무지한; [~ *de/sur*] (~ *de*)모르는; [~ *dans/en*] (에 관해)지식이 없는, 무지한. *homme* ~ 무식한 사람. *être* ~ *des événements* 사건을 모르고 있다. ~ *en histoire* 역사에 대해 무식한. ~ *comme une carpe* 전혀 모르는. —*n.* 무지한 사람; 문맹자. *faire l'* ~ 모르는 체하다.
ignorantifier [iɲɔrɑ̃tifje] *v.t.* 《속어·드물게》무식하게 만들다.
ignorantin [iɲɔrɑ̃tɛ̃] *a.m.* 문맹의, 무식한. —*n.m.* 문맹자, 무식꾼《 *Saint-Jean-de-Dieu* 교단 수도사가 자신을 낮추어 부르는 말; 그리스도교 학교의 성직자·교사를 경멸하여 부르는 말》(frère ~).
ignorantissime [iɲɔrɑ̃tisim] *a.* 지극히 무식한.
ignorantiste [iɲɔrɑ̃tist] 《드물게》 *a.* 학문 유해론의. —*n.* 학문 유해론자.
ignoré(e) [iɲɔre] *a.p.* 알려지지 않은; 무시당한; 무명의(inconnu). *événement* ~ 알려지지 않은 사건. [~ *de*] *vivre* ~ *du monde* 세상에 알려지지 않은 채 살아가다.
*****ignorer** [iɲɔre] *v.t.* ① 모르다; 경험이 없다. [~ *qc/qn*] ~ *tout de cette affaire* 이 사건에 대해 아무 것도 모르다. ~ *les plaisirs* 쾌락 따위를 모르고 지내다. *Le public ignore ce peintre.* 대중은 이 화가를 모른다. [~ *+inf.*; ~ *que+sub./ind.*] *Elle ignore être trahie.* 그녀는 배신당한 것을 모른다. *J'ignorais qu'il eût (avait) quitté Paris.* 나는 그가 파리를 떠난 것을 몰랐다. [~ *+간접의문*] *Il ignore qui je suis.* 그는 내가 누군지 모른다. *J'ignore s'il est arrivé.* 그가 도착했는지 나는 모른다. ② 모르는 체하다; 무시하다. *Dans beaucoup de choses, il faut savoir* ~. 많은 일에 있어서 눈을 감아줄줄 알아야 한다. *J'ai décidé de l'* ~. 나는 그 자를 무시하기로 마음먹었다.
—*v.t.ind.* [~ *de*]《구어》…을 모르다. *Il n'ignore de rien.* 그는 모르는 것이 없이 다 알고 있다.
—**s'**~ *v.pr.* ① 자신을 모르다. *Tout homme est un criminel qui s'ignore.* 모든 사람이 자기가 범죄자임을 모르는 범죄자이다. *passion qui s'ignore* 자신이 의식하지 못하는 사랑의 감정. ② 서로 모르는 척하다. *Ils veulent s'* ~. 그들은 서로 모르는 척하기를 원한다. ③ 알려지지 않다.
iguane [iɡwan] *n.m.* 《동물》이구아나《열대 아메리카산의 큰 도마뱀》.
iguanidés [iɡwanide] *n.m.pl.* 《동물》이구아나과.
iguanien(ne) [iɡwanjɛ̃, -ɛn] 《동물》 *n.m.pl.* 이구아나과(科). —*a.* 이구아나과의.
iguanodon [iɡwanɔdɔ̃] *n.m.* 《고대생물》금룡(禽龍)《중생대 백악기의 거대한 파충류》.
igue [iɡ] *n.f.* 《사투리》천연 우물.
I.H.S. 《라틴·약자》Iesus hominum salvator 인류의 구세주 예수.
I.I.P. 《약자》Institut international de la presse 국제 신문 편집인 협회.
ikse [iks] *n.m.* X의 호칭.
IL 《약자》Israël 이스라엘《외국 자동차의 표지》.
⁑il [il] *pron. pers.m.*《구어에서는 때때로 자음 앞·동사 뒤에서 [i로 발음됨]》① ⓐ 그는. *Il est étudiant.* 그는 학생이다. ⓑ《그는 다음의 남성명사를 받아》그는; 그것은. *Que fait Jean? —Il travaille.* 장은 무엇을 하지? 그는 공부하고 있어. *Il n'est pas venu, ce paresseux.* 그 게으름뱅이는 오지 않았다. *Ce veston est chic, mais il est cher.* 이 웃옷은 멋있지만 비싸다. ⓒ《cela, ce, rien, tout 따위의 중성 명사나 앞 문장의 뜻을 받아서》그것, 그 일,

Quand cela finira-t-*il*? 그것은 언제 끝날까? Il est vrai. 《문어》그것은 옳다(C'est vrai). ②(비인칭 주어)ⓐ(시각) Il est trois heures. 3시이다. ⓑ(기후·날씨:비인칭 동사의 주어) Il pleut. 비가 온다. Il fait beau. 날씨가 좋다. ⓒ《문법상의 가주어》Il tombe de la neige. 눈이 내린다. Il est honteux de mentir. 거짓말하는 것은 수치스런 일이다. Il est vrai qu'elle était malade. 그녀가 앓고 있었다는 것은 사실이다. ⓓ《성구》Il y a…···이] 있다. Il faut travailler. 일해야 한다. Il s'agit de s'entendre. 서로 타협하는 것이 문제이다. ③《관용적 용법에서 cela의 뜻으로》Il se peut. 그럴지도 모른다. Il n'importe. 아무래도 좋다. Il suffit. 그것으로 충분하다. **REM** (1) 어떤 성구의 경우에 il이 생략되기도 한다:tant (*il*) y a que... 그렇다 치더라도. Mieux vaut {Il vaut mieux} que…···하는 편이 더 낫다. (Il) n'empêche que... 그렇다 해도 여전히 ···이다. (2) il은 17세기까지 ce, cela의 대용으로 더 자주 쓰여졌으나 오늘날에는 약간의 성구에서만 볼 수 있다. 그 경우에도 il은 문어적 표현으로서 ce, cela 보다 객관적·추상적인 뉘앙스를 띤다.

il- *préf.* ①「부(否)·비(非)·불(不)」의 뜻. ②「내(內)·중(中)·상(上)」의 뜻.

ilang-ilang [ilɑ̃ilɑ̃] *n.m.* 《식물》일랑일랑(몰루카 군도의 교목).

*****île** [il] *n.f.* ① 섬. habiter dans une ~ 섬에 살다. les ~s du Vent 소(小)앙티유군도(les petites Antilles). l'~ de Beauté 코르시카섬(la Corse). l'~ de France 모리샤스 섬(l'~ Maurice). les oasis, ~s du désert (비유적) 사막의 섬, 오아시스. ②《도시의 평지》 길로 둘러싸인 일곽(一廓). ~ de sécurité 안전 지대. ③ les I~s 《옛》서인도 제도. ④~ flottante (떠 있는 섬) → 바다 위에 떠있는 함선; 《요리》계란 흰자위를 크림 속에 띄워 익힌 것(디저트의 일종).

iléal(ale, *pl.* **aux)** [ileal, -o] *a.* 《해부》 회장(回腸)의.

Île-de-France (l') [lildəfrɑ̃ːs] *n.pr.f.* 일드프랑스(파리를 중심으로 한 프랑스의 에 주).

iléite [ileit] *n.f.* 《의학》 회장염(回腸炎).

iléo-cæcal(ale, *pl.* **aux)** [ileosekal, -o] *a.* 《해부》 회맹부(回盲部)의.

iléo-colique [ileokɔlik] *a.* 《해부》 회결장의.

iléon [ile3] *n.m.* 《해부》 회장(回腸).

iléostomie [ileɔstɔmi] *n.f.* 《의학》 회장절개술.

iles [il] *n.m.pl.* 《해부》 옆 아랫배, 옆구리.

îlet [ilɛ] *n.m.*, **îlette** [ilɛt] *n.f.* =îlot.

iléum [ileɔm] *n.m.* =iléon.

iléus [ileys] *n.m.* 《의학》 장폐색증.

ilex [ileks] *n.m.* 《식물》 ① 호랑가시나무. ② 참나무의 일종.

Iliade (l') [liljad] *n.f.* 《그리스문학》 일리아드(호메로스의 서사시); 투쟁을 읊은 서사시.

iliaque¹ [iljak] *a.* 《그리스사》 일리온(*Ilion*, 트로이)의.

iliaque² [ ] *a.* 《해부》 장골(腸骨)의. os ~ 관골(臗骨), artère ~ 장골 동맥.

ilicacées [ilikase], **ilicinées** [ilisine] *n.f.pl.* 《식물》 감탕나무과(科).

îlien(ne) [iljɛ̃, -ɛn] *n.* 섬(*Bretagne*의 섬 *Ouessant, Sein, Moines*)의 주민. — *a.* 섬사람의.

ilio-lombaire [iljɔlɔ̃bɛːr] *a.* 장요부(腸腰部)의.

Ilion [iljɔ̃] *n.pr.m.* 《고대지리》 일리온(*Troie*, 트로이)의 그리스명.

ilion [iljɔ̃], **ilium** [iljɔm] *n.m.* 《해부》 장골.

illabourable [i(l)laburabl] *a.* 경작할 수 없는.

illacérable [i(l)laserabl] *a.* 찢어지지 않는.

illatif(ve) [i(l)latif, -iːv] *a.* 《언어》 (어떤 언어들에 있어) 방향을 나타내는)방향격(格)의.

illation [i(l)lasjɔ̃] *n.f.* 《가톨릭》 수녀의 지참 재산; 성유물의 이전.

illec [ilɛk] *ad.* 《옛》거기서(là).

illécèbre [i(l)lesɛbr] *n.f.* 《식물》 일래세브르속(屬)《석죽과》.

illégal(ale, *pl.* **aux)** [i(l)legal, -o] *a.* 위법의, 불법의. détention ~ale 불법구류. actes ~aux 불법행위. — *n.* 무법자(hors-la-loi).

illégalement [i(l)legalmɑ̃] *ad.* 불법(적)으로.

illégaliste [i(l)legalist] *a.,n.* 불법 행위를 방조하는 (사람).

illégalité [i(l)legalite] *n.f.* 위법(성), 불법행위. commettre des ~s 불법행위를 범하다.

illégitime [i(l)leʒitim] *a.* ① 불법의, 비합법적인; (아이가~사생의, (처가~내연의. enfant ~ 사생아. union ~ 불륜의 관계(간통·근친상간 따위). femme ~ 내연의 처. ② 부당한, 근거없는. conclusion ~ 부당한 결론. colère ~ 까닭없는 노여움. — *n.* 《구어》내연의 처, 정부, 첩.

illégitimement [i(l)leʒitimmɑ̃] *ad.* 비합법적으로, 부당하게.

illégitimité [i(l)leʒitimite] *n.f.* ① 비합법(성); 사생(私生); 내연(內緣). ② 부당(성).

illésé(e) [i(l)leze] *a.* 상처를 입지 않은.

illettré(e) [i(l)letre] *a.* 문맹의(analphabète). — *n.* 무식한 사람, 문맹자.

illibéral(ale, *pl.* **aux)** [i(l)liberal, -o] *a.* 《드물게》 비자유주의적인.

illibéralité [i(l)liberalite] *n.f.* 《드물게》비자유주의, 자유의 억압.

illicite [i(l)lisit] *a.* ① 불법의, 부정한; 불륜의. gain ~ 부정이익. vente ~ de drogues 마약의 불법판매. amour ~ 불륜의 사랑. ② 《스포츠》규칙 위반의. coup ~ (권투 따위의)반칙타격.

illicitement [i(l)lisitmɑ̃] *ad.* 불법으로; 불륜하게.

illico [i(l)liko] 《라틴》 *ad.* 《구어》즉시로, 곧. Venez ~. 곧 와주시오.

illimitable [i(l)limitabl] *a.* 무제한의.

illimité(e) [i(l)limite] *a.* 한없는, 무제한의. recevoir des pouvoirs ~s 전권을 위임받다. responsabilité ~ 《상업》무한책임. être en congé ~ 무기한 휴가중이다. pour une durée ~으로. — *n.m.* 무한, 광대무변; 무제한.

illinium [i(l)linjɔm] *n.m.* 《화학》 일리늄.

illiquéfié(e) [i(l)likefje] *a.* 액화되지 않은.

illiquide [i(l)likid] *a.* 《상업》현금으로 바꿀 수 없는, 팔리지 않는; (자산이)동결된.

illiquidité [i(l)likidite] *n.f.* 《상업》(채권 따위의) 비현금화; (시장에서의)무응성; (자산의)동결.

illisibilité [i(l)lizibilite] *n.f.* 읽기 어려움; 읽을 가치가 없음.

illisible [i(l)lizibl] *a.* 읽기 어려운, 읽을 수 없는; 읽을 가치가 없는. manuscrit ~ 판독할 수 없는 원고. roman ~ 읽을 가치가 없는 소설.

illisiblement [i(l)liziblǝmɑ̃] *ad.* 읽기 어렵게, 난해하게. écrire ~ 알아보기 힘들게 쓰다.

illite [i(l)lit] *n.f.* 《광물》 일라이트《운모 모양의 점토 광물》.

illocutionnaire [i(l)lɔkysjɔnɛːr] *a.* 《언어》 발화내적(發話內的)인.

illogicité [i(l)lɔʒisite] *n.f.* 비논리성, 부조리.

illogique [i(l)lɔʒik] *a.* 비논리적인, 부조리한, 불합리한. conclusion ~ 비논리적인 결론. Il est ~ que+*sub.* ···하는 것은 비논리적이다.

illogiquement [i(l)lɔʒikmā] *ad.* 부조리하게, 비논리적으로.

illogisme [i(l)lɔʒism] *n.m.* ① =illogicité. ② 모순, 모순된 것. C'est un ~ flagrant. 그것은 명백한 모순이다.

illuminable [i(l)lyminabl] *a.* 밝힐 수 있는, 조명할 수 있는; (비유적) 교화[계발]될 수 있는.

illuminant(e) [i(l)lyminā, -ā:t] *a.* 조명하는, 밝히는; (비유적) 계발하는. —*n.m.* 발광체(發光體).

illuminateur [i(l)lyminatœ:r] *n.m.* ① 조명하는[드물게] 조명[일류미네이션] 기술자. céleste ~ 태양. ② 계몽자; 해설자.

illuminatif(ve) [i(l)lyminatif, -i:v] *a.* 빛을 발하는; 마음을 비추는, 계시[영감]를 주는.

illumination [i(l)lyminasjɔ̃] *n.f.* ① 조명; 일류미네이션; (*pl.*) 장식등, 장식 조명. ~s au gaz à l'électricité 가스등[전기]에 의한 조명. ~ d'un monument par des projecteurs 투광기에 의한 기념물의 조명. ~ de la fête 축제일의 조명장식[일류미네이션]. ② 계몽; (신의)계시; 영감(inspiration); 《불교》무상보리(無上菩提). par ~ du Saint-Esprit 성령의 계시에 의해. ~ du poète 시인의 영감.

illuminé(e) [i(l)lymine] *a.p.* ① 조명[일류미네이션]으로 장식된. En été, le soir, Paris est ~. 여름날, 저녁에 파리는 조명으로 장식된다. ② 계시를 받은. ③ (얼굴이 기쁨 따위로)빛나는. sourire ~ de joie 기쁨으로 빛나는 얼굴. — de visage = de joie 기쁨으로 빛나는 얼굴.
—*n.* 계시를 받은 사람; (종교상의)환각자; (경멸) 광신자.
—*n.m.pl.* 《종교사》 각종 신비교파의 신도(특히 독일의 종교학자 *Weishaupt* 가 창시한 종교결사의 교도; *Saint-Martin* 과 *Swedenborg* 의 신비철학의 신봉자).

*****illuminer** [i(l)lymine] *v.t.* ① (빛을)비추다, 조명하다(éclairer); 일류미네이션으로 장식하다. La lune *illuminait* la route. 달이 길을 비추고 있었다. On *illumine* la Cathédrale. 사원이 조명으로 밝혀져 있다. La joie *illumine* son regard. (비유적)그의 눈은 기쁨으로 빛나고 있다. ② 《종교》계시를 주다, 깨달음을 주다; 영감을 주다. Une inspiration soudaine *l'illumina*. 갑자기 어떤 영감이 그의 머리를 스쳤다. ③ 《옛》(갓난이의)눈을 뜨게 하다.
—*s'~ v.pr.* ① 조명되다. ② (얼굴이) 빛나다 (briller). [s'~ de] Ses yeux *s'illuminent de colère*. 그의 눈이 분노로 이글거린다.

illuminisme [i(l)lyminism] *n.m.* ① 《종교사》천계론(天啓論), 신비적 계시론. ② 《심리》(초자연적 환상이 수반되는)환각상태.

*****illusion** [i(l)lyzjɔ̃] *n.f.* ① ⓐ 착각, 환각. ~ visuelle 시각상의 착각. ~ théâtrale[scénique] 연극의 박진감. Cette oasis n'était qu'une ~. 그 오아시스는 환각에 불과했다. [donner l'~ de *qc*/que+*ind.*] Cette poupée *donne l'~ de* la vie. 이 인형은 마치 살아있는 것 같다. Le dessin sur le mur *donne l'~ qu'*on est à la mer. 이 벽위의 그림은 마치 바다에 와있는 것 같은 느낌을 준다. ⓑ 잘못된 생각, 헛된 생각(기대), 착각. Je suis déçu, j'avais des ~s *sur* Paul. 난 실망했어, 폴에 대해 잘못 생각하고 있었단 말야. ② 환상, 공상, 꿈(chimère, rêve). se nourrir [se repaître] d'~s 환상을 품다. Cet échec dissipera toutes ses ~s. 이 실패로 그는 모든 환상에서 깨어날 것이다. ③ 이 모든 것은 한낱 꿈일뿐! 일장춘몽! ③ 요술, 마술, 《옛》(악마·마법의)환술(幻術). Théâtre d'~s[Palais de l'I~] 마술관. ④ tulle ~ 《직물》 (베일 따위에 쓰이는 얇은)실크 튈르.
faire ~ 사람의 눈을 속이다. Pendant quelque temps, il a pu *faire* ~. 한동안 그는 사람의 눈을 속일 수 있었다.
~ *d'optique* 시각상의 착각, 착시(錯視); 《비유적》관점의 잘못.
se faire des ~*s* 잘못 생각하다, 환상을 품다. Il *se fait des* ~*s* s'il croit m'avoir persuadé. 그가 나를 설득했다고 믿는다면 그건 어림없는 생각이다. Ne *vous faites pas d'*~. (착각하지 말고)정신 똑바로 차리시오.

illusionnable [i(l)lyzjɔnabl] *a.* 착각하기 쉬운.

illusionnant(e) [i(l)lyzjɔnā, -ā:t] *a.* 착각을 일으키게 하는; 생각을 그르치는.

illusionner [i(l)lyzjɔne] *v.t.* [드물게][~ *qn*] 착각을 일으키게 하다; 잘못 생각하게 하다. Il cherche à nous ~ sur le sort qui nous attend. 그는 우리를 기다리는 운명에 대해 우리를 혹욕시키려 한다.
—*s'~ v.pr.* [s'~ sur] (에 대해)착각하다, 잘못 생각하다(se tromper). Il *s'illusionne sur* ses capacités. 그는 자기의 능력에 대해 착각하고 있다. *s'~ sur* ses chances de succès 자신의 성공의 가능성에 대해 헛된 기대를 걸다.

illusionnisme [i(l)lyzjɔnism] *n.m.* 마술, 요술; 《옛》착각을 일으키는 경향; 환각의 작용.

illusionniste [i(l)lyzjɔnist] *n.* 요술[마술]사.

illusoire [i(l)lyzwa:r] *a.* 허망한, 허위의, 사람을 속이는; 현실성이 없는. promesse ~ 공허한 약속. Il est ~ d'espérer le succès. 성공을 기대한다는 것은 헛된 일이다. ② 《옛》착각을 일으키는.

illusoirement [i(l)lyzwarmā] *ad.* 착각으로써; 허망하게, 헛되이.

illustrateur [i(l)lystratœ:r] *n.m.* 삽화가.

illustratif(ve) [i(l)lystratif, -i:v] *a.* 설명해주는, 실증이 되는. A ce sujet, l'exemple suivant est ~. 이 문제에 관해 다음의 예는 (특징적으로) 잘 설명해 준다. Le ~ texte = *de* son point de vue 그의 관점을 잘 보여주고 있는 문장.

illustration [i(l)lystrasjɔ̃] *n.f.* ① 삽화를 넣기; 삽화. abondante ~ d'un dictionnaire 사전의 풍부한 삽화[도해]. ② 예증; 《옛》주석, 해설. servir d'~ à sa théorie 그의 학설의 예증이 되다. ③ 《옛》(을)저명하게 하기, (이름)높이기; 저명함; 저명인사. contribuer à l'~ de la famille 가명(家名)을 양양하는 데 공헌하다. jeunes ~s littéraires 젊은

*****illustre** [i(l)lystr] *a.* 저명한, 이름높은(célèbre, fameux). famille ~ 명문. Vies des hommes ~s 《플루타크》영웅전. l'~ compagnie (아카데미 프랑세즈를 가리켜)고명한 학회. Quel est cet ~ inconnu? (익살) 저자는 도대체 누구요?
—*n.m.* ① 명사, 거장. ② 《옛》고관.

*****illustré(e)** [i(l)lystre] *a.p.* ① 삽화가 들어 있는. carte postale ~*e* 그림엽서. ② 《옛》(으로)저명한 진.
—*n.m.* 삽화 많은 신문[잡지].

*****illustrer** [i(l)lystre] *v.t.* ① (에) 삽화를 넣다. ~ une édition de la Bible 성서의 어느 판에 삽화를 넣다. ② 예증하다, (예를 들어)설명하다, (예로서)보여주다(éclairer). [~ *qc* de/par] ~ un texte *de* nombreuses citations 이 문장에 많은 인용으로 쉽게 이해하게 하다. ~ sa théorie *par* quelques exemples 몇가지 예로써 자신의 이론을 설명하다. ③ 《옛》(의 이름)높이다, 저명하게 하다. ~ le nom *de qn* ...의 이름을 빛내다. ④ 《신학》(신의)계시를 받게 하다, (진리를)깨닫게 하다.
—*s'~ v.pr.* 저명해지다, 이름을 날리다(se

distinguer). s'~ dans le métier des armes 무인으로서 이름을 날리다.

illustrissime [i(l)lystrisim] a. 《옛》《익살》지극히 이름높은; 예하(猊下) 《특히 교회의 고위 성직자에 대한 존칭》.

illutation [i(l)lytasjɔ̃] n.f. ① 《건축》 진흙을 바르기. ② 《의학》 진흙 요법.

illuter [i(l)lyte] v.t. 《의학》 (에게)진흙 목욕을 시키다.

illuvial(ale, pl. **aux)** [i(l)lyvjal, -o] a. 《지질》 집적에 의한. zone ~ale 집적 지대.

illuviation [i(l)lyvjasjɔ̃] n.f. 《지질》 집적(集積).

illuvion [i(l)lyvjɔ̃], **illuvium** [i(l)lyvjɔm] n.m. 《지질》 집적.

Illyrie [i(l)liri] n.pr.f. 《지리》 일리리아 《발칸 반도의 옛 왕국》.

illyrien(ne) [i(l)lirjɛ̃, -ɛn] a. 일리리아의. ―**I**― n. 일리리아 사람. ―n.m. 일리리아어(語).

ilménite [ilmenit] n.f. 《광물》 티타늄 철광.

îlot [ilo] n.m. ① 작은 섬. ~ perdu 외딴 작은 섬, 고도(孤島). ② (고립해 있는 집·나무의)작은 집단; 도시의 일곽(一廓). démolition des ~s insalubres 비위생 구역의 철거. ~s de résistance (산재하는) 저항의 거점. ~s de vieilles maisons 낡은 집이 남아 있는 (시내)지구.

îlotage [ilotaʒ] n.m. (도시 따위의)경찰 관할 구역.

ilote [ilɔt] n. ① 《그리스사》 《스파르타의》노예(esclave); 최하층의 천민, 노예같은 사람. ② ivre 술취한 사람《술의 해독을 자식들에게 보여주기 위해 노예에게 술을 마시게 한 데서 유래》. Il a fait de sa femme une véritable ~. 그는 아내를 진짜 노예처럼 다루었다.

ilotie [ilɔti] n.f. =**ilotisme**.

ilotisé(e) [ilɔtize] a. 《구어》노예가 된.

ilotisme [ilɔtism] n.m. ① 《그리스사》 노예 신세; 최하층민의 신분, 예속; 무지몽매의 상태.

‡ils [il] pron. pers. m.pl. ① 그들은; 그것들은(◊il). Ils arriveront demain. 그들은 내일 도착할 것이다. Vos parents vont-ils bien? 부모님께서는 안녕하십니까? ②《속어》놈들은《상사·정부·부자 따위를 지칭》. Ils vont augmenter les impôts. 놈들은 세금을 올리려고 한다.

im- préf. ①「부(否)·비(非)·불(不)」의 뜻. ②「내(内)·중(中)」의 뜻.

‡image [imaʒ] n.f. ① (시각·물·거울 따위에 비친) 상, 영상, 모습; (영화·텔레비전 따위의)영상, 사진. regarder son ~ dans la glace 거울 속에 자기 모습을 바라보다. ~ réelle(virtuelle) 《광학》 실상(허상). ~ d'un avion sur l'écran du radar 레이다의 스크린에 비친 비행기의 영상(그림자). ~ radioscopique 뢴트겐 사진.
② (그림·조각 따위에 나타난) 모양, 조상(彫像), 초상; (pl.) 《종교》 성화, 성상(聖像). ~ fidèle (ressemblante) de qn ···의 충실한(판에 박은 듯한) 모습. culte des ~s 성화 숭배.
③ (비유적) 유사, 흡사, 판박이. ~ vivante de sa mère 어머니를 그대로 닮은 모습. Cet article donne une ~ fidèle de la situation. 이 기사는 정세를 충실히 전해주고 있다. [à l'~ de qn] Dieu créa l'homme à son ~. 하느님은 인간을 그의 형상대로 창조했다. Ce jardin est l'~ de son propriétaire. 이 정원은 주인의 성격 그대로이다.
④ 그림, 판화. livre d'~s 그림책. ~ d'Épinal 에피날 판화《프랑스 동북부의 에피날시에서 만들어진 통속적인 교훈 판화》.
⑤ (마음에 비치는)모습, 심상(心像), 이미지. conserver l'~ de qn ···의 모습을 마음속에 간직하다. effacer(chasser) de son cœur l'~ de ···의 이미지를 마음 속에서 지워버리다. se faire une fausse ~ de ···에 대해 그릇된 이미지를 갖다.
⑥ 비유(적인 표현)(métaphore); 상징. s'exprimer par ~s 비유로서 자기 뜻을 설명하다. Le printemps est l'~ de la vie. 봄은 생명의 상징이다. expression qui fait ~ 그림처럼 생생한 표현; 비유적인 표현.
⑦ 《곤충》 성충(成蟲)(imago).
⑧ ~ acoustique 《언어》 청각(음향) 영상.
C'est une belle ~. 《구어》그녀는 인형과도 같다(표정이 차갑다).
~ de marque ⓐ 기업 이미지, 상품 이미지. ⓑ (일반인들이 개인·집단·나라 등에 대해 갖는)이미지. ~ de marque du vieux métro parisien 파리의 낡은 지하철의 이미지. ~ de marque du mari parfait 이상적인 남편상(像). soigner son ~ de marque 자기의 이미지를 (손상받지 않도록) 가꾸다.
sage comme une ~ (어린이가)인형처럼 얌전한.

imagé(e) [imaʒe] a.p. (언어·문체가)비유적 표현이 풍부한, 생기있는.

image-orthicon [imaʒɔrtikɔ̃] (pl. ~-~s) n.m. 《전기》 고감도 텔레비전 촬상관(撮像管).

imager[1] [imaʒe] v.t. (문장에)비유를 사용하다, 생동하게 하다, 생기를 주다.

imager[2]**(ère)** [imaʒe, -ɛːr] n. 《옛》 =**imagier**.

imagerie [imaʒri] n.f. ① 판화 제작 (기술)업; (집합적) 판화. ~ pieuse 종교화. ~ populaire 통속판화. ② 비유, 수사학의 총칭. ③ (초음파·X선 따위에 의한)영상기술; 특수영상. ~ spatiale 우주 영상. ~ satellitaire (기상 위성 따위에 의한)위성사진.

imagier(ère) [imaʒje, -ɛːr] n. 판화가. ―n. ① 판화 제작자(판매자). ②《옛》 (교회의)성상 화가, 성상 조각가.

imaginable [imaʒinabl] a. 상상할 수 있는. employer tous les moyens ~s 상상할 수 있는 모든 방법을 쓰다. Une autre solution est difficilement ~. 다른 해결책은 생각하기 어렵다.

***imaginaire** [imaʒinɛːr] a. 상상의, 가상의, 가공의(irréel). danger ~ 가상적 위험. malade ~ 제 몸에 앓는 사람. 《수학》 허수(虛數)의. nombre(racine) ~ 허수(허근). ―n.m. 상상(공상)인 것, 상상적 세계. ―n.f. 《수학》 허량(虛量).

imaginal(ale, pl. **aux)** [imaʒinal, -o] a. 《곤충》 성충의.

imaginant(e) [imaʒinɑ̃, -ɑ̃ːt] a. 상상하는. faculté ~e 상상력.

imaginateur(trice) [imaʒinatœːr, -tris] n. 상상하는 사람; 고안자.

imaginatif(ve) [imaʒinatif, -iːv] a. ① 상상적인. faculté(puissance) ~ve 상상력. ② 상상력이 풍부한. ―n.f. 《옛》상상력.

***imagination** [imaʒinasjɔ̃] n.f. ① ⓐ 상상력; 상상 작용; 상상의 산물. avoir de l'~ 상상력이 풍부하다. Cela dépasse l'~. 이것은 상상을 초월한다. ⓑ 공상; 《구어》거짓, 허구(chimère). Sa peur n'est qu'une pure ~. 그의 공포는 터무니없는 환상(사실 무근)이다. se repaître d'~s 공상에 잠기다. se faire des ~s 공상에 잠기다. ② 독창력, 창의력. admirer l'~ d'un inventeur 어떤 발명가의 창의력을 찬양하다. Avec un peu d'~, il aurait pu s'en tirer. 조금만 머리가 잘 돌아갔으면 거기서 빠져나올 수 있었을 텐데. Ce poète a l'~ fougueuse. 이 시인은 창조력이 왕성하다.

imaginé(e) [imaʒine] a.p. 고안된, 꾸며낸, 날조된 (inventé, forgé). prétexte ~ 꾸며낸 구실. histoire ~e de toutes pièces 하나에서 열까지 만들어

se plaire dans son ~ 가정적인 생활을 좋아하다.
intérieurement [ɛ̃terjœrmɑ̃] *ad.* ① 내부적으로. ② 마음속으로; 비밀리에.
intérim [ɛ̃terim] 《라틴》 *n.m.* 중간시기, 짬; 대리; 대리기관; 대리의 직무. pendant(dans) l'~ 공석기간중, 그 사이에, 그 기간중. faire l'~ de qn …의 대리근무를 하다.
par ~ 대리의(로), 임시의(로). exercer la fonction *par* ~ …의 직무를 대리하다. ministre *par* ~ 대리공사. dividende *par* ~ 《상업》 임시 배당.
intérimaire [ɛ̃terimɛːr] *a.* 일시적인, 임시의, 대리의(remplaçant). directeur ~ 지배인 대리. fonction(charge) ~ 대리 근무〔직무〕. —*n.* 대리자.
intérimairement [ɛ̃terimɛrmɑ̃] *ad.* 대리로, 일시적으로.
intérimat [ɛ̃terima] *n.m.* ① 대리의 임무, 대리직; 대행기간. ② 임시정부, 가(假)정부.
interindividuel(le) [ɛ̃tɛrɛ̃dividɥɛl] *a.* 개인상호간의. psychologie ~*le* 《심리》 대인(對人)심리학.
intériorisation [ɛ̃terjɔrizasjɔ̃] *n.f.* 《심리》 내면화; 투입작용; 은폐; 내면적 심화. ~ des sentiments 감정의 내면화.
intérioriser [ɛ̃terjɔrize] *v.t.* 내부에 감추다, 내면화하다. ~ un conflit 갈등을 내면화하다.
intériorité [ɛ̃terjɔrite] *n.f.* 《철학》 내재성(內在性); 《심리》 내면성.
interjacent(e) [ɛ̃tɛrʒasɑ̃, -ɑ̃ːt] *a.* 《드물게》 《중간에》 개재하는.
interjectif(ve) [ɛ̃tɛrʒɛktif, -iːv] *a.* 감탄사의.
interjection [ɛ̃tɛrʒɛksjɔ̃] *n.f.* ① 《언어》 감탄사, 간투사. ② 《법》 공소의 제기(~ d'appel).
interjectionnel(le) [ɛ̃tɛrʒɛksjɔnɛl] *a.* 삽입되는, 중간에 끼이는; 《언어》 감탄사적인.
interjeter [ɛ̃tɛrʒəte] [5] *v.t.* ① 삽입하다. ② ~ appel 《법》 공소를 제기하다.
interlignage [ɛ̃tɛrliɲaːʒ] *n.m.* 《인쇄》 행간에 인테르를 넣기〔넣는 방법〕.
interligne [ɛ̃tɛrliɲ] *n.m.* 행간(行間); 《음악》 (오선지의) 두 선 사이; 《법》 행간에 적어넣은 글. écrire[ajouter] qc dans un ~ 행간에 …을 적어넣다〔덧붙이다〕. —*n.f.* 《인쇄》 인테르.
interligner [ɛ̃tɛrliɲe] *v.t.* 행간에 적어넣다; 《인쇄》 인테르를 넣어 행간을 비우다.
interlinéaire [ɛ̃tɛrlineɛːr] *a.* 행간의; 행간에 적어넣은(notes, scolies) ~*s* 행간의 주석. traduction ~ 원문 행간에 적어넣은 번역.
interlinéation [ɛ̃tɛrlineasjɔ̃] *n.f.* 행간에 적어넣기.
interlinéer [ɛ̃tɛrlinee] *v.t.* =interligner.
interlinguistique [ɛ̃tɛrlɛ̃gɥistik] *n.f.* 《언어》 국제어 연구.
interlob(ul)aire [ɛ̃tɛrlɔb(yl)ɛːr] *a.* 《해부》 소엽간(小葉間)의.
interlock [ɛ̃tɛrlɔk] 《영》 *n.m.* (올이 풀리지 않게 짠) 편물의 일종.
interlocuteur(trice) [ɛ̃tɛrlɔkytœːr, -tris] *n.* ① 이야기 상대자, 대화자; 《협상 따위의》 결상대자; 질문자. ② valable 정식협상〔교섭〕 상대자. ② 《언어》 대화자, 청자(allocutaire, auditeur).
interlocution [ɛ̃tɛrlɔkysjɔ̃] *n.f.* 대화, 문답, 회화, 회담; 《법》 중간판결.
interlocutoire [ɛ̃tɛrlɔkytwaːr] 《법》 *a.* 중간판결의. jugement ~ 중간판결. —*n.m.* 중간판결.
interlope [ɛ̃tɛrlɔp] *a.* 밀매(密賣)하는, 암거래하는, 면허 없이 영업하는; 《구어》 수상한. bar ~ 비밀 바. commerce ~ 밀수. navire ~ 밀수선. —*n.m.* 암거래선, 밀매자; 《옛》 밀수선.
interloqué(e) [ɛ̃tɛrlɔke] *a.* 당황한, 어리둥절한.

interloquer [ɛ̃tɛrlɔke] *v.t.* ① 말문이 막히게 하다, 당황케 하다(décontenancer). Cette plaisanterie l'*a interloquée*. 이 농담이 그녀를 당혹케 했다. ② 《옛》 《법》 (에 대해)중간판결을 내리다.
—**s'**~ *v.pr.* 당황하다.
interlude [ɛ̃tɛrlyd] *n.m.* 《음악》 간주곡; 《연극·영화》 막간 프로.
intermariage [ɛ̃tɛrmarjaːʒ] *n.m.* 근친결혼.
intermaxillaire [ɛ̃tɛrmaksi(l)lɛːr] *a.* 《해부·동물》 턱뼈 사이의, 악골간(顎骨間)의.
intermède [ɛ̃tɛrmɛd] *n.m.* ① 중간, 중단(entracte, interruption); 중간물, 매개물, 매개〔중개〕자; 매개, 중개. par l'~ de qc …의 중개로, …을 매개로 삼아. ~ de calme entre deux époques tourmentées 격동의 두 시대 사이의 평온한 시기. ② 《연극》 막간극; 막간의 음악〔합창·발레〕; 《옛》 《연극》 1 막 가극.
intermédiaire [ɛ̃tɛrmedjɛːr] *a.* 중간의, 중간적, 중매의, 개재하는. commerce ~ 중계(무역). une date ~ entre A et B, A와 B의 중간의 어느 날. époque ~ 과도기. solution ~ (어느 쪽도 아닌)중간의 해결책, 타협안. couleur ~ 중간색. cadres ~*s* 중견간부, 중간관리직. terrain ~ 《지질》 중생층(中生層). arbre ~ 《기계》 중간축(軸).
—*n.m.* 중개; 중개물; 중개인, 중매인, 중간상인; 중간물. servir d'~ 중개역할을 하다, 중개인이 되다. ② 《기계》 톱니바퀴 장치.
par l'~ *de qn(qc)* …의 주선으로, 중개로. C'est *par l'*~ *de* Pierre que j'ai pu trouver cet emploi. 내가 이 일자리를 구할 수 있었던 것은 피에르의 주선 *sans* ~ 직접, 스스로. L으로써.
intermédiairement [ɛ̃tɛrmedjɛrmɑ̃] *ad.* 중간에 서서, 중개인으로서.
intermédiat(e) [ɛ̃tɛrmedja, -at] *a.* (어떤 행위·기일의)중간의, 사이의.
intermédiation [ɛ̃tɛrmediasjɔ̃] *n.f.* (금융기관의) 중개기능.
intermédine [ɛ̃tɛrmedin] *n.f.* 《생물》 인테르메딘 (뇌하수체 중엽(中葉) 호르몬).
intermezzo [ɛ̃tɛrmedzo] 《이탈리아》 *n.m.* 《음악》 간주곡.
interminable [ɛ̃tɛrminabl] *a.* 끝없는, 한없는, 기나긴(↔ bref); 《구어》 이야기가 끝이 없는. cortège ~ 끝없이 계속되는 행렬. discours〔conversations〕 ~*s* 밑도 끝도 없는 연설〔대화〕.
interminablement [ɛ̃tɛrminabləmɑ̃] *ad.* 끝없이.
interministériel(le) [ɛ̃tɛrministerjɛl] *a.* 각부〔성〕 상호간의. comité ~ 각부 공동 위원회.
intermission [ɛ̃tɛrmisjɔ̃] *n.f.* 중지, 중단, 중절; 《연극》 막간; 《의학》 (열 따위의)간헐(間歇) (시간). sans ~ 계속적으로, 그칠 새 없이.
intermittemment [ɛ̃tɛrmitamɑ̃] *ad.* 《드물게》 간헐적으로, 단속적으로.
intermittence [ɛ̃tɛrmitɑ̃ːs] *n.f.* 간헐; (일시적인) 단절, 두절, 중단(intermission, ↔ continuité). ~ du pouls 맥박의 결절(結節). pendant les ~*s* de la fièvre 열이 잠시 멀어진 동안. jouer l'~ 《카드놀이》 매번 종류가 다른 패를 집다. *par* ~ 불규칙적으로, 단속적으로, 간헐적으로. travailler *par* ~ 불규칙적으로〔정해 놓지 않고〕 일하다.
intermittent(e) [ɛ̃tɛrmitɑ̃, -ɑ̃ːt] *a.* 간헐적인, 단속적인(discontinu, ↔ continu). courant ~ 단속전류. travail ~ 하다 말다 하는 불규칙적인 일. fièvre ~*e* 간헐열. lumière ~*e* 명멸하는 빛.
intermodulation [ɛ̃tɛrmɔdylasjɔ̃] *n.f.* 《전기》 혼변조(混變調).   「間)의.
intermoléculaire [ɛ̃tɛrmɔlekylɛːr] *a.* 분자간(分子

심[흥미]을 가진; …하는 데에 관계있는. ② 이기주의의; 타산적인(calculé), 이해관계로 움직이는. amitié ~e 타산적인 우정. C'est un homme ~ qui ne travaille jamais pour rien. 그는 공짜로는 결코 일하지 않는 타산적인 사람이다.
—n. (이해)관계자, 당사자. Il faut consulter les ~s. 관계자들과 의논을 해야 한다.

intéressement [ɛ̃terɛsmɑ̃] n.m. (급료 이외에 회사가 사원에게 지불하는)이익(이윤)분배(제도); (기업체의 이익과 번영에 대한) 참여. ~ des travailleurs à l'enrichissement des entreprises 상여금 지급에 의한 근로자들의 기업번영에의 참여.

:**intéresser** [ɛ̃terɛ(e)se] v.t. ① 관심을 끌다, 흥미를 갖게 하다. ouvrage qui m'intéresse 나의 흥미를 끄는 책. Elle m'intéresse peu. 그녀에 대해서 나는 별 관심이 없다. [~ qn à qc] Son professeur l'a intéressé aux sciences. 선생은 그가 과학에 흥미를 갖게 했다. Continue, tu m'intéresses! (반어적)그만 둬, 재미[관심]없다!
② (에)관계하다; (중대한)관련을 갖다. Cela téresse mon honneur. 그것은 내 명예에 관계된다. Cela ne vous intéresse en rien. 그것은 당신과 아무 관계가 없다.
③ 이익에 참여시키다, 공동의 이해관계를 갖게 하다. ~ les employés aux bénéfices 종업원에게 이익을 분배하다. ~ qn dans une entreprise …을 기업에 참가시키다.
④ 〖의학〗 (을)다치게 하다, 부상을 입히다. Ce coup de couteau intéresse le poumon. 칼에 찔린 상처가 폐까지 미치고 있다.
⑤ ~ le jeu 판돈을 늘려서 내기를 재미있게 하다.
—s'~ v.pr. ① 관계하다, 이해관계를 갖다. Il s'est intéressé dans cette entreprise. 그는 이 기업과 관계를 맺었다.
② [s'~ à qc/qn] (에)관심을 가지다, 흥미를 느끼다. s'~ au sport 운동을 좋아하다. Il s'intéresse trop à elle. 그는 그녀에게 지나치게 관심이 많다.

:**intérêt** [ɛ̃terɛ] n.m. ① 이자; (투자의)수익. ~ bancaire 은행 이자. ~ légal 법정이자. prêt à l'~ 이자가 붙는 대여금. porter ~ 이자가 붙다. payer [servir] des ~s 이자를 지불하다. taux de l'~ 이율. ~s composés 복리. ~s d'un placement 투자수익.
② 이익, 이득; 이점. ~ public(individuel) 공익(사익). ~ national 국익. [avoir/trouver ~ à + inf.] Vous avez ~ à vous taire. 잠자코 있는 것이 당신에게 이롭다. agir dans (contre) son ~ 자신의 이익 (불이익)을 위해 행동하다. C'est dans l'~ de la paix. 그것은 평화를 위해서이다. Il y a ~ à + inf. …하는 것이 바람직한 것이다.
③ (주로 pl.) 이해관계; 이권; 투자금. La France a des ~s dans plusieurs pays d'Afrique. 프랑스는 아프리카 여러 나라에 이권을 갖고 있다. Mon père a des ~s dans cette compagnie pétrolière. 나의 아버지는 이 석유회사에 투자하고 있다.
④ 이기심, 욕심, 사리사욕. mariage d'~ (돈을 목적으로 한)타산적인 결혼. Il agit par ~. 그는 사리사욕에 차서 행동한다.
⑤ 관심, 호기심. exciter (susciter) l'~ 관심을 불러 일으키다. C'est sans (aucun) ~. 그건(하나도) 별 볼 것 없다.
⑥ 재미, 흥미. livre [histoire] plein(e) d'~ 흥미 진진한 책(이야기). prendre de l'~ à qc …에 흥미를 느끼다. lire (écouter) avec ~ 흥미있게 읽다(듣다). ~ dramatique 극적 흥미.
⑦ 호의, 동정, 공감. marque [témoignage] d'~ 호의의 표시. porter [témoigner] de l'~ à qn …에게 호의를 표시하다.

interface [ɛ̃tɛrfas] n.f. 〖물리·화학〗계면 (界面).

interférence [ɛ̃tɛrferɑ̃ːs] n.f. 간섭; 저촉; 충돌; 중복; 〖물리〗 (음파·광파의)간섭. ~ d'un parti politique (어떤 사건에 대한)정당의 간섭(개입). ~ des phénomènes politiques et économiques 정치적 현상과 경제적 현상의 중복. ~ des rayons lumineux 광선의 간섭. ~ linguistique (두 언어 사이의)언어간섭.

interférent(e) [ɛ̃tɛrferɑ̃, -ɑ̃ːt] a. 〖물리〗 간섭현상의. rayons ~s 간섭광선.

interférentiel(le) [ɛ̃tɛrferɑ̃sjɛl] a. 〖물리〗 간섭의. couleurs ~les 간섭색. filtre ~ 간섭필터.

interférer [ɛ̃tɛrfere] [6] v.i. 〖물리〗 간섭하다; 겹치다; 충돌하다. Leurs initiatives risquent d'~. 그들의 간섭은 충돌할 가능성이 있다.

interféromètre [ɛ̃tɛrferɔmɛtr] n.m. 〖물리〗 간섭계(計).

interférométrie [ɛ̃tɛrferɔmetri] n.f. 〖물리〗 간섭측정(법).

interféron [ɛ̃tɛrferɔ̃] n.m. 〖의학〗 (체내세포가 분비하는)항(抗)바이러스성(性) 단백질; 인터페론.

interfluve [ɛ̃tɛrfly:v] n.m. 〖지리〗 계곡 사이의 고지대.

interfoliacé(e) [ɛ̃tɛrfɔljase] a. 〖식물〗 마주난 잎 사이의.

interfoliage [ɛ̃tɛrfɔlja:ʒ] n.m. 페이지 사이에 백지를 끼우기.

interfolier [ɛ̃tɛrfɔlje] v.t. 페이지 사이에 백지를 끼우다.

interfractionnel(le) [ɛ̃tɛrfraksjɔnɛl] a. 〖정치〗 수개 당파(분파)의 지지를 얻은, 각 분파간의(협정 따위).

interfrange [ɛ̃tɛrfrɑ̃ʒ] n.m. 〖광학〗 간섭무늬.

intergalactique [ɛ̃tɛrgalaktik] a. 〖천문〗 은하계 (銀河系) 사이의.

interglaciaire [ɛ̃tɛrglasjɛ:r] a. 〖지질〗 간빙기(間氷期)의, 두 빙하기 사이의. période ~ 간빙기.

intergouvernemental(ale, pl. **aux)** [ɛ̃tɛrguvɛrnəmɑ̃tal, -o] a. 수개 정부간의. Ministère des Affaires ~ (퀘벡주의)(연방정부와 주정부간의 사건을 전담하는)정부간 정무장관.

intergroupe [ɛ̃tɛrgrup] a. 〖정치〗 각 당 합동의, 초당파적인. réunion ~ 초당파 회의. —n.m. (의회 내의)초당파 그룹; (특수문제 토의를 위한)합동위원회.

:**intérieur(e)** [ɛ̃terjœ:r] a. ① 안의, 내부의, 내면의 (↔ extérieur). cour ~e 안뜰. poche ~e d'un vêtement 양복 안주머니. vie ~e d'une famille 가정의 내막. ② 내적인, 정신적인, 내심의. homme ~ 정신적인 인간. monologue ~ 내면독백. vie ~e 내적인생활, 정신생활. for ~ 양심. ③ 국내의 (↔ étranger). commerce ~ 국내상업. politique ~e 국내정책, 내정(內政).
—n.m. ① 내부, 내면 (dedans, ↔ dehors). ② 가정; 실내, 옥내; 실내장식, 인테리어; 실내화(畵) (tableau d'~). vêtement(robe) d'~ 실내복. femme d'~ 가정적인 부인. homme d'~ 집에 틀어박혀 있는 사람. ~ de qn …의 가정(집안). ③ 국내. ministère de l'~ 내무부. marché de l'~ 국내시장. ④ 내심, 심중(心中); (옛)정신(내면) 생활. ⑤ 〖축구〗 이너(inter). ~ gauche(droit) 레프트(라이트) 이너.
à l'~ de …의 내부에서, …안에; 국내정치에서는.
de(par) l'~ 내부로부터; 관계자의 입장에서. juger de l'~ 소속 정당을 당원의 입장에서 비판하다. étudier une question de l'~ 문제를 전문가의 입장에서 검토하다.

intercommunication [ɛ̃tɛrkɔmynikasjɔ̃] *n.f.* 상호 연락; 〖철도〗(차량 상호간의)연락.

intercommunion [ɛ̃tɛrkɔmynjɔ̃] *n.f.* 〖종교〗(성당·종교단체간의)교제, 교류.

intercompréhension [ɛ̃tɛrkɔ̃preɑ̃sjɔ̃] *n.f.* (언어 따위의)상호 이해.

interconfessionnalisme [ɛ̃tɛrkɔ̃fesjɔnalism] *n.m.* (종교단체간의)교리의 통일.

interconnecter [ɛ̃tɛrkɔnekte] *v.t.* 〖전기〗(회로 따위를)연결하다; (여러 개의)발전소를 연결하다.

interconnexion [ɛ̃tɛrkɔneksjɔ̃] *n.f.* 〖전기〗회로의 연결; (여러 발전소의)상호연결.

interconsonantique [ɛ̃tɛrkɔ̃sɔnɑ̃tik] *a.* 〖언어〗자음간의(↔ intervocalique).

intercontinent(**al**(*ale, pl. aux*) [ɛ̃tɛrkɔ̃tinatal], -이] *a.* 대륙간의. engin balistique ~ 대륙간 탄도병기(탄). fusée ~*ale* 대륙간 탄도탄. ligne aérienne ~*ale* 대륙간 항공선.

intercostal(*ale, pl. aux*) [ɛ̃tɛrkɔstal, -이] *a.* 〖해부〗늑골간(肋骨間)의. névralgie ~*ale* 늑간 신경통. —*n.m.*(*pl.*) 늑골간근(肋骨間筋).

intercotidal(*ale, pl. aux*) [ɛ̃tɛrkɔtidal, -이] *a.* 〖지리〗조간(潮間)의. zone ~*ale* 밀물과 썰물 사이의 지대. lignes ~*ales* 동조선(同潮線)(동일 시각에 만조가 되는 지점을 연결하는 선).

intercourse [ɛ̃tɛrkurs] *n.f.* 〖해상법〗(두 나라의 특정 항구간의)자유 교통; 〖드물게〗(두 나라 사이의)교역.

intercurrence [ɛ̃tɛrkyrɑ̃:s] *n.f.* 〖의학〗병발.

intercurrent(*e*) [ɛ̃tɛrkyrɑ̃, -ɑ̃:t] *a.* 그 중간에 일어나는; 〖의학〗병발하는. maladie ~*e* 병발증.

interdental(*ale, pl. aux*) [ɛ̃tɛrdɑ̃tal, -이] *a.* 〖음성〗치간음(齒間音)의. —*n.f.* 치간음.

interdépartemental(*ale, pl. aux*) [ɛ̃tɛrdepartəmɑ̃tal, -이] *a.* 도(道) 상호간의, 수개 도에 공통적인. taxes ~*ales* 각도 공통과세. commission ~*ale* 각 도 연락위원회.

interdépartementalement [ɛ̃tɛrdepartəmɑ̃talmɑ̃] *ad.* 도 상호간에.

interdépendance [ɛ̃tɛrdepɑ̃dɑ̃:s] *n.f.* ① 상호의존; 상관성(相關性). ~ des problèmes politiques et économiques 정치문제와 경제문제의 상호의존. ② 〖국제법〗(국가간의)상호의존; (공통이익을 위한)국가 협정. 〖철학〗(자연현상 사이의)유기적 관계. ~ des événements 사건들의 상호관계.

interdépendant(*e*) [ɛ̃tɛrdepɑ̃dɑ̃, -ɑ̃:t] *a.* 상호의존하는.

interdiction [ɛ̃tɛrdiksjɔ̃] *n.f.* ① 금지(défense, ↔ autorisation). ~ absolue(expresse, formelle) 절대금지(엄금). lever une ~ 금지를 해제하다. [~ *de*] ~ *d'un journal* 신문의 발행금지. ~ *de* bâtir(*de* stationner) 건축(주차) 금지. ② 〖법〗금치산(지금은 mise en tutelle을 사용); ~ judiciaire(civile); 시민권(공민권) 박탈(~ légale); 〖행정〗정직(停職); 〖종교〗교권 정지(interdit). ~ des droits civiques 공민권(시민권) 정지(박탈). ~ de séjour 거주제(추방). fonctionnaire frappé d'~ 정직처분을 받은 공무원. ③ 〖해양〗위험 구역. ④ tir d'~ 〖군사〗(적의 진격을 막는) 방해(엄호) 사격.

interdigital(*ale, pl. aux*) [ɛ̃tɛrdiʒital, -이] *a.* 손가락 사이의.

*****interdire** [ɛ̃tɛrdi:r] 29 《예외:제 2 인칭 복수 직설법 현재와 명령법은 interdisez》 *v.t.* ① 금(지)하다 (défendre). [~ à *qn qc/de+inf.*] Je vous *interdis* l'alcool(*de* boire). 당신이 술마시는 것을 금합니다. [~ *que+sub.*] Le commandant *a interdit* qu'on abandonne son poste. 지휘관은 자기 위치를 떠나는 것을 금지시켰다. 《비인칭》[Il est interdit à *qn de+inf.*] *Il est interdit de* fumer ici. 이곳에서는 금연입니다. ② (공무원 따위를)정직시키다; 〖종교〗교권(敎權)을 정지시키다; 〖법〗금치산을 선고하다. ~ un fonctionnaire pour cinq mois 공무원을 5 개월간 정직처분을 내리다. prêtre *interdit* 성무집행이 금지된 사제. ~ un homme atteint de démence 정신이상이 된 사람을 금치산자로 선고하다. ③ 당황하게 하다(confondre, troubler). La peur l'*a* tout *interdit*. 공포가 그를 어리둥절케 했다. ④《옛》[~ *qn* de *qc*] (을)(에게서) 멀어지게 하다. ~ *qn de* ses fonctions …의 직위를 해제하다.

—**s'**~ *v.pr.* ① 스스로 금하다, 중지하다; 직무의 집행을 중지하다. [s'~ *qc*/de+*inf.*] Il *s'est interdit* le vin. 그는 술을 끊었다. s'~ *de* fumer 금연하다. ② 어리둥절해 하다.

interdisciplinaire [ɛ̃tɛrdisipline:r] *a.* 제(諸) 과학 〔학문·전공〕분야간(間)의, 범(汎)분야적인 (pluridisciplinaire). recherches ~*s* 학문의 범분야적 연구(硏究).

interdisciplinarité [ɛ̃tɛrdisiplinarite] *n.f.* 범과학성(汎科學性), 제 과학분야 상호연관성, (동일 주제에 관한)여러 전문분야의 공동연구.

interdit(*e*) [ɛ̃tɛrdi, -it] *a.p.* ① 금지된. film ~ aux moins de seize ans 16 세 이하(미성년)는 입장 금지된 영화. «Entrée ~*e* (au public)» "출입금지". stationnement(passage) ~ 주차(통행) 금지. reproduction ~*e* 복제 불허. véhicule ~ d'autoroutes 고속도로 사용금지 차량. 《비인칭》Il est ~ de+*inf.*(que+*sub.*) …하는 것이 금지되어 있다. ② 정직(停職)된. prêtre ~ 교권 정지 제재를 받은 사제. ③ 〖법〗금치산 선고를 받은. aliéné ~ 금치산 선고를 받은 정신병자. ④ 당황한, 어리둥절한, 매우 놀란(confondu). rester tout ~ (말도 못하고, 움직이지 못할 정도로)어리둥절해 있다.

—*n.* 〖법〗금치산자; ~ de séjour 거주제한을 선고받은 전과자.

—*n.m.* 〖종교〗(성직자에 대한)성무집행금지령. jeter〔prononcer〕l'~ 금지령을 발하다. ②《사람에 대한》배척. jeter l'~ contre *qn* …을 배척하다. ③ 금지사항, 금기(禁忌). braver les ~*s* 금지사항을 무릅쓰고 범하다.

interentreprise [ɛ̃tɛrɑ̃trəpriz] *a.* 《불법》기업간의.

:intéressant(*e*) [ɛ̃teresɑ̃, -ɑ̃:t] *a.* ① 재미(흥미)있는, 관심을 끄는(↔ ennuyeux). phénomène social ~ 흥미있는 사회현상. visage ~ 매력있는 얼굴. auteur ~ 주목을 끄는(재미있는) 작가. 《비인칭》Il est ~ de+*inf.* …하는 것은 재미있다. Il cherche à se rendre ~. 그는 사람들의 주의를 끌려고 애쓴다. ② 유리한, 이로운, 이익을 가져다 주는 (avantageux). affaire ~*e* 유리한 사업. prix ~*s* 유리한(헐한) 값.

être dans un état ~ 〔*une position* ~*e, une situation* ~*e*〕《구어》임신하고 있다.

—*n.m.* 관심있는 점.

—*n.* faire l'~(*e*) 《구어》남의 관심을 끌려고 하다 《주어가 여성일 때도 남성형으로 쓰는 일이 있음》.

intéressé(*e*) [ɛ̃tere(e)se] *a.p.* ① 이해 관계가 있는; 관련된; 관심(흥미)을 가진. parties ~*es* 당사자들. puissances ~*es* 관계 강대국들. [~ dans *qc*] être ~ *dans* une entreprise 어떤 사업에 관계하고 있다. ~ à+*inf.*; ~ à ce que+*sub.* …하는 데에 관

다; 논란(비난)하다. ~ un procès(une action, une accusation) à(contre) qn …에게 소송을 걸다.

*intention [ɛ̃tɑ̃sjɔ̃] *n.f.* ① 의향, 의도, 의사, 생각 (dessein); 취지; 목적(but); 【법】고의(故意), 범의(犯意). bonne(mauvaise) ~ 선의(악의). avec ~ délictueuse 【법】범의를 갖고, 고의로. sans ~ 고의가 아니고, 무심코. avoir l'~ de+*inf.* …할 작정이다. ② 【의학】아물어 붙음, 유합(癒合). réunion par première(seconde) ~【외과】제 1 [2]기 유합. ③【옛】강함, 강도.
à cette ~ 그 목적(의도) 때문에.
à l'~ de qn …을 위해서. J'ai acheté cette fleur *à votre* ~. 나는 당신을 위해서 이 꽃을 샀다.
C'est l'~ qui fait l'action; L'~ est réputée pour le fait. 《속담》결과의 좋고 나쁨은 의도(동기)의 좋고 나쁨에 달려 있다.
dans l'~ de+*inf.* …할 생각(의향)으로. J'ai acheté cet article *dans l'~ de* le revendre. 나는 이 물건을 되팔 생각으로 샀다.
L'enfer est pavé de bonnes ~s. 《속담》실천 없는 선의는 아무 소용이 없다

intentionnalité [ɛ̃tɑ̃sjɔnalite] *n.f.* 【철학·심리】지향성(志向性).

intentionné(e) [ɛ̃tɑ̃sjɔne] *a.* 의사(의향)가 있는. bien(mal) ~ 호의(악의)를 품은.

intentionnel(le) [ɛ̃tɑ̃sjɔnɛl] *a.* ① 고의의, 의도적인, 계획적인(volontaire). retard ~ 고의(의도적)인 지각. délit ~【법】고의의 경범죄(↔délit d'imprudence). ②【철학·심리】지향성의, 지향적인.

intentionnellement [ɛ̃tɑ̃sjɔnɛlmɑ̃] *ad.* 고의로, 계획적으로, 의식적으로.

inter¹ [ɛ̃tɛːr] *n.m.* 《구어》시외 전화, 장거리 전화 (interurbain).

inter² *n.m.* ~ droit(gauche) 【축구】라이트(레프트) (intérieur).

intér.《약자》intérêt 이자(int.).

inter- *préf.*「사이·중·안·상호」의 뜻(entre-).

interactif(ve) [ɛ̃tɛraktif, -ive] *a.* 【컴퓨터】대화형(型)의, 대화용의.

interaction [ɛ̃tɛraksjɔ̃] *n.f.* 상호작용; (문화 따위의)교류. ~*s de gravitation* 인력의 상호작용.

interagir [ɛ̃tɛraʒiːr] *v.i.* 상호작용하다.

interallié(e) [ɛ̃tɛralje] *a.* 연합국의(특히 1 차대전 중에 사용됨). —**I—** *n.m.* 앵테랄리에 상(賞)《1930 년에 설정된 문학상으로 주로 언론계 종사 문필가들의 소설에 수여됨》.

interarmées [ɛ̃tɛrarme] *a.* 《불변》육·해·공군의. état-major ~ 육해공군 통합 참모본부.

interarmes [ɛ̃tɛrarm] *a.* 《불변》【군사】(보병·기갑 따위)여러 병과의. école(militaire) ~ 각과종합학교.

interarticulaire [ɛ̃tɛrartikylɛːr] *a.*【해부】관절간(間)의.

interastral(ale, *pl.* **aux)** [ɛ̃tɛrastral, -o] *a.* 별과 별 사이의, 천체간의(interplanétaire, interstellaire).

interatomique [ɛ̃tɛratomik] *a.* 원자간의.

interattraction [ɛ̃tɛratraksjɔ̃] *n.f.* 【심리】상호흡인(誘引).

interbancaire [ɛ̃tɛrbɑ̃kɛːr] *a.* 은행간의. 「(不整).

intercadence [ɛ̃tɛrkadɑ̃s] *n.f.* 【의학】맥박 부정

intercadent(e) [ɛ̃tɛrkadɑ̃, -ɑ̃ːt] *a.* 【의학】(맥박이)고르지 않은. pouls ~ 고르지 못한 맥박.

intercalaire [ɛ̃tɛrkalɛːr] *a.* ① 윤(閏)의(책력). jour ~ 윤일(閏日)《윤년의 2 월 29 일》. lune [mois] ~ 윤달. ② 삽입(첨가)하는. feuille(t) ~ (팜플렛 따위의)별첨 페이지. proposition ~【언어】삽입절. vers ~*s* (노래의)삽입반복절. —*n.m.* 색출(색인) 카드.

intercalation [ɛ̃tɛrkalasjɔ̃] *n.f.* ① 삽입, 첨가; 치윤(置閏)《윤달·윤일을 두기》; ~ *d'exemples dans un dictionnaire* 사전에 예문 삽입하기. ② (*pl.*) 【인쇄】특수 활자.

intercaler [ɛ̃tɛrkale] *v.t.* ① [~ dans/entre] 중간에 넣다, 삽입하다, 첨가하다; 【철도】연결하다. ~ *une citation(une glose) dans* un texte 원문에 인용 문(주석)을 삽입하다. ~ *une planche hors texte entre deux chapitres* 두 장(章) 사이에 별쇄의 도판을 삽입하다. ② (윤달·윤일을)달력에 넣다.
—*s'~ v.pr.* 중간에 끼이다, 삽입되다.

intercédent(e) [ɛ̃tɛrseda, -ɑ̃ːt] *a.* (맥이)이따금씩 막히는, 간헐맥(間歇脈)의.

intercéder [ɛ̃tɛrsede] [6] *v.i.* [~ pour/en faveur de](을 위하여)중간에 들다, 중재하다, 개입하다, 화해시키다. *J'ai intercédé* en vain *pour* le défendre. 그를 옹호하기 위하여 내가 개입했으나 소용이 없었다. ~ *pour* B *auprès de* A. B를 위하여 A에게 중재하다.

intercellulaire [ɛ̃tɛrselylɛːr] *a.* 세포간(間)의.

intercepté(e) [ɛ̃tɛrsɛpte] *a.* 가로막힌, 차단된. circulation(communication) ~*e* 교통(통신) 차단. lettre ~*e* 가로채인 편지.

intercepter [ɛ̃tɛrsɛpte] *v.t.* ① 중간에서 가로채다; (통신을)엿듣다[도청하다]. ~ *une lettre* 편지를 가로채다. ~ *un message téléphonique* 전화 통화를 도청하다. ② 가로막다; 막다, 저지하다. nuage qui *intercepte* le soleil 햇빛을 가리는 구름. ~ *un avion* 비행기를 요격(邀擊)하다. ~ *le ballon* 【스포츠】(럭비 따위에서)공을 차단하다.

intercepteur [ɛ̃tɛrsɛptœːr] *n.m.* 가로막는 사람 [것], 방해자; 【항공】요격 전투기(chasseur).

interception [ɛ̃tɛrsɛpsjɔ̃] *n.f.* ① (광선의)차폐, (교통 따위의)차단, 중단, 중지. ~ *des rayons solaires* 일광차단. avion(chasseur) d'~ 요격기. ② (편지 따위의)가로채기. ~ *d'un message* 통신의 도청.

intercesseur [ɛ̃tɛrsesœːr] *n.m.* 중재인, 중개인; 변호사. se faire l'~ de *qn* …의 중개인이 되다. être ~ *auprès de qn* (*pour qn*) (…을 위해)…에 대하여 개입하다.

intercession [ɛ̃tɛrsesjɔ̃] *n.f.* 중재, 조정; 【로마법】간섭; 【종교】중개. ~ *de la* (Sainte) Vierge 성모 마리아의 중개.

interchangeabilité [ɛ̃tɛrʃɑ̃ʒabilite] *n.f.* 교환가능성, 상호 교환성.

interchangeable [ɛ̃tɛrʃɑ̃ʒabl] *a.* 서로 교환(교체)할 수 있는, 엇바꿀수 있는.

intercirculation [ɛ̃tɛrsirkylasjɔ̃] *n.f.* =intercommunication.

interclasse [ɛ̃tɛrklɑːs] *n.m.* (수업시간 사이의)짧은 휴게시간《밖으로 나갈 수 없음》(récréation).

interclasser [ɛ̃tɛrklɑse] *v.t.* 【컴퓨터】카드 분류기로 분류하다.

interclasseuse [ɛ̃tɛrklɑsøːz] *n.f.* 【컴퓨터】카드 분류기.

interclaviculaire [ɛ̃tɛrklavikylɛːr] *a.*【해부】쇄골(鎖骨) 사이의.

interclubs [ɛ̃tɛrklœb] *a.*《불변》클럽 대항의. rencontre ~ 클럽 대항 시합.

intercolonial(ale, *pl.* **aux)** [ɛ̃tɛrkɔlɔnjal, -o] *a.* 식민지 상호간의.

intercolumnaire [ɛ̃tɛrkɔlɔmnɛːr] *a.*【해부】주간 (柱間)의.

intercommunal(ale, *pl.* **aux)** [ɛ̃tɛrkɔmynal,

정신 노동(↔travail manuel). fatigue ~le 정신적인 피로. ② 이지적인. 총명한. Elle est très ~le. 그녀는 매우 이지적이다. —n. 지식 계급; 지식인, 인텔리.

intellectuellement [ɛte(ɛl)lɛktɥɛlmɑ̃] ad. 지적으로, 이지적으로, 정신적으로.

intelligemment [ɛte(ɛl)liʒamɑ̃] ad. 영리하게, 총명하게, 지혜롭게.

*__intelligence__ [ɛte(ɛl)liʒɑ̃:s] n.f. ① 지성, 지능; 이해력, 총명(discernement, clairvoyance). cultiver l'~ 지성을 가꾸다. être doué d'~ 타고난 총명을 지니다. faire preuve d'~ 머리의 총명함을 증명하다. agir sans ~ 미련하게 행동하다. ② 지성을 갖춘 자; 지식인. belle ~ 훌륭한 지능의 소유자. ~s de la fin du siècle 세기말의 지식인. ③ [~ de] (에 대한)이해(compréhension); 재능. avoir une bonne ~ de la situation 상황을 올바르게 파악하고 있다. avoir l'~ innée des affaires 사업에 대한 재능을 타고나다. lire la préface pour l'~ de ce qui va suivre 다음에 오는 내용을 이해하기 위하여 서문을 읽다. ④ (pl.)(적과의)내통, 연락; 《옛》(상호간의)암암리의 양해, 공모(complicité). entretenir [avoir] des ~s avec qn …와 내통하다. adresser à qn un signe d'~ …에게 (눈짓 따위의)신호를 보내다. ⑤ 《옛》영적 존재. ~s célestes 천사. *être[agir] d'~ avec qn* …와 공모하고 있다(공모하여 행동하다). *être en bonne[mauvaise] ~ avec qn* …와 사이가 좋다[나쁘다].

*__intelligent(e)__ [ɛteliʒɑ̃, -ɑ̃:t] a. ① 지성[지능]을 갖춘; 지적인. l'homme, être ~ 지적하는 인간. ② 이해력이 있는, 총명한. C'est rudement ~! 그건 정말 매우 훌륭한 생각이구나! comportement [visage] ~ 영리한 처신[얼굴]. enfant ~ 똑똑한 어린아이. réponse ~e 현명한 대답. être très ~ en [pour les] affaires 사업에 재능이 있다. 《비인칭》 Il est ~ de + inf. …하는 것이 현명하다.

intelligentiel(le) [ɛte(ɛl)liʒɑ̃sjɛl] a. 지능의, 지성의. avoir le sens ~ 지적 분별력이 있다.

intelligentsia, **intelligentzia** [ɛteliʒɛn(t)sja] 《러시아》 n.f. 지식계급[층], 인텔리겐챠.

intelligibilité [ɛte(ɛl)liʒibilite] n.f. 이해하기 쉬움, 알아듣기 쉬움, 명료함. ~ d'un raisonnement 추론(推論)의 명료함.

intelligible [ɛte(ɛl)liʒibl] a. ① 이해하기 쉬운, 알아듣기 쉬운, 명료한(clair, ↔obscur). parler de façon ~ 알기 쉽게 말하다. parler à haute et ~ voix 크고 알아듣기 쉬운 목소리로 말하다. ② 《철학》 관념적인. Platon oppose le monde ~ au monde sensible. 플라톤은 관념세계를 감각세계에 대립시키고 있다.
—n.m. 지(성)적인 것. le sensible et l'~ 감각적인 것과 지적인 것.

intelligiblement [ɛte(ɛl)liʒibləmɑ̃] ad. 이해하기 쉽게, 알아듣기 쉽게, 명료하게.

intempéramment [ɛtɑ̃peramɑ̃] ad. 지나치게, 과도하게; 무절제하게. boire ~ 지나치게 마시다.

intempérance [ɛtɑ̃perɑ̃:s] n.f. 지나침, 과도(excès); 무절제, 폭음폭식(gloutonnerie, ivrognerie). ~ d'imagination 공상과잉. ~ de jugement 극단적 판단. ~ de langage 지나친 말, 폭언.

intempérant(e) [ɛtɑ̃perɑ̃, -ɑ̃:t] a. 과도한; 무절제한, 폭음폭식의. faire un usage ~ de l'alcool 습관적으로 폭음하다.

intempéré(e) [ɛtɑ̃pere] a. 과도한; 무절제한, 폭음폭식의; 방종한. homme ~ en toutes choses 매사에 무절제한 사람.

intempérie [ɛtɑ̃peri] n.f. ① 《종종 pl.》 혹독한 기후(비·바람 따위), 악천후. être exposé aux ~s 악천후에 노출되어 있다. ② 《옛》 (일기·육체의) 불순, 부조화; 혼란. ~ de l'air(des saisons) 일기 [계절]의 불순.

intempérisme [ɛtɑ̃perism] n.m. 《지질》 풍화(風化), 풍해(風解).

intempestif(ve) [ɛtɑ̃pɛstif, -i:v] a. 때아닌, 계제 나쁜(inopportun). demande ~ve 시의에 적절하지 않은 요구.

intempestivement [ɛtɑ̃pɛstivmɑ̃] ad. 때 아니게, 계제 나쁘게.

intemporalité [ɛtɑ̃poralite] n.f. 초(비)시간성, 비물질성.

intemporel(le) [ɛtɑ̃pɔrɛl] a. 《문어》 시간을 초월한; 영원한; 비물질적인(immatériel). existence ~ 시간을 초월한 존재. Le vrai et le faux sont ~s. 진실과 거짓은 시간을 초월해서 존재한다.

intenable [ɛtnabl] a. ① 유지할 수 없는, 지킬 수 없는. situation [place] ~ 유지할 수[지킬] 수 없는 지위[진지]. ② 억제할 수 없는, 참을 수 없는 (intolérable). chaleur ~ 견딜 수 없는 더위. enfant ~ 어찌할 도리가 없는 아이.

intendance [ɛtɑ̃dɑ̃:s] n.f. ① (학교의)경리과, 회계과. ② 관리, 감독(administration); 관리[감독] 기관; (국가의)재정관리. ~ des finances (des vivres) 재무[식량] 관리(직). ② 《프랑스사》 행정 감독자 관리직; 그(그)관할지(사무소·관저). ④ 《군사》 경리국(局). (~ militaire). *L'~ suivra*. 물질적·경제적 문제는 정치적 결정에 뒤따른다.

intendant [ɛtɑ̃dɑ̃] n.m. ① 경리계; 관리인, 감독관 (administrateur). ② 집사, 하인(domestique). ③ 《프랑스사》 행정 감독관, 주지사. ~ de marine (17·18세기의)해군경리장교. ④ ~ militaire 《군사》 경리관.

intendante [ɛtɑ̃dɑ̃:t] n.f. 집사[관리인] 부인; 《프랑스사》 지사 부인; 《종교》 여자 수도원장.

intense [ɛtɑ̃:s] a. 강렬한, 심한, 막대한, 강도(強度) 높은. froid (chaleur) ~ 심한 추위(더위). joie [plaisir] ~ 강렬한 기쁨(쾌락). lumière ~ 강렬한 빛. vie ~ 강렬한(충실한) 삶. circulation ~ sur l'autoroute 고속도로상의 과밀한 교통량.

intensément [ɛtɑ̃semɑ̃] ad. 강렬하게, 심하게.

intensif(ve) [ɛtɑ̃sif, -i:v] a. ① 강렬한; 집중적인, 집약적인. courant ~ 고압 전류. culture ~ve 집약농업. ② 《언어》 의미를 강조하는. particule ~ve 강조의 첨사(예: ultra-confidentiel「극비」의 ultra). —n.m. 《언어》 강조어. ② 강조, 강도.

intensification [ɛtɑ̃sifikɑsjɔ̃] n.f. 강화, 증대. ~ de la production 생산의 강화.

intensifier [ɛtɑ̃sifje] v.t. 강하게 하다, 강렬하게 하다; 집약시키다, 증대시키다(augmenter). ~ ses efforts 노력을 강화하다. ~ la culture 농업을 집약화하다.
—s'~ v.pr. 강해지다, 강렬하게 되다; 많아지다 (s'accroître); 열을 하다.

intensité [ɛtɑ̃site] n.f. 강렬함, 세참; (빛·조명 따위의)강도, 세기, (소리·바람·전류 따위의)강함; (색 따위의)농도. ~ de la lumière 빛의 강도. ~ d'un sentiment 감정의 격렬함. ~ du regard 눈초리의 날카로움. La tempête diminue d'~. 폭풍우의 기세가 약해진다. La fièvre a atteint son maximum d'~. 열이 최고점에 이르렀다. accent d'~ 《음성》 강세악센트(accent tonique).

intensivement [ɛtɑ̃sivmɑ̃] ad. 강력하게, 맹렬히; 집중적으로, 집약적으로.

intenter [ɛtɑ̃te] v.t. 《법》 (소송을)걸다, 제기하다.

복할 수 없는, 물리칠 수 없는; 《비유적》《감정이》억누를 수 없는(invincible). obstacle ~ 극복할 수 없는 장애. aversion ~ 어찌할 도리없는 반감.

insurmontablement [ɛsyrmɔ̃tabləmɑ̃] *ad.* 극복할[어찌할] 수 없을 정도로.

insurpassable [ɛ̃syrpasabl] *a.* 능가할 수 없는, 최상의. perfection ~ 최고의 완벽.

insurrecteur(trice) [ɛ̃syrɛktœːr, -tris] *a.* 반란(폭동)을 일으키는. — *n.* 선동자, 《반란·폭동의》주모자(instigateur).

insurrection [ɛ̃syrɛksjɔ̃] *n.f.* ① 폭동, 반란, 봉기(émeute, révolte). ~ populaire 민중의 봉기. ② 반발, 저항. ~ de la conscience 양심의 저항.

insurrectionnel(le) [ɛ̃syrɛksjɔnɛl] *a.* 반란의, 폭동의, 반항적인. gouvernement ~ 반란정부.

insurrectionner(s') [sɛ̃syrɛksjɔne] *v.pr.* = **insurger (s')**.

int. 《약자》intérêt 《상업》이자, 이식.

intact(e) [ɛ̃takt] *a.* 손대지 않은, 있는 그대로의; 다치지 않은, 부서지지 않은(entier). jeune fille ~*e* 숫처녀. Le colis est arrivé ~. 짐은 손상되지 않은 채 무사히 도착했다. Sa réputation est restée ~*e*. 그의 명성은 아무런 손상도 입지 않았다.

intactile [ɛ̃taktil] *a.* 《예》만져지지 않는, 촉지(觸知)할 수 없는(intangible). Un son est ~. 음은 촉지할 수 없다.

intaillable [ɛ̃tajabl] *a.* 자를[끊을] 수 있는.

intaille [ɛ̃taːj] *n.f.* 음각(陰刻), 요조(凹彫); 음각한 보석(↔ camée).

intailler [ɛ̃taje] *v.t.* 요조로 새기다, 음각하다.

intangibilité [ɛ̃tɑ̃ʒibilite] *n.f.* ① 손으로 만질 수 없음, 촉지(觸知) 불능. ② 《법·규칙 따위가》변경될 수 없음, 불가침성.

intangible [ɛ̃tɑ̃ʒibl] *a.* ① 손으로 만질 수 없는, 촉지할 수 없는, 실체를 파악할 수 없는(impalpable). ② 신성한, 범할 수 없는(inviolable). principes ~*s* 신성 불가침의 원칙.

intarissable [ɛ̃tarisabl] *a.* ① 《우물이》마르지 않는, 《눈물이》끊임없이 흐르는. source ~ 마르지않는 샘. ② 《비유적》《이야기가》끝이 없는, 《상상력이》풍부한, 무궁무진한(inépuisable). imagination ~ 무궁무진한 상상력. 《사람에 대해》Il est ~ sur ce sujet. 그는 이 문제라면 이야기가 끝이 한이 없다.

intarissablement [ɛ̃tarisabləmɑ̃] *ad.* 풍부하게, 무궁무진하게; 지칠줄 모르고. répéter ~ la même chose 지칠 줄도 모르고 똑같은 얘기를 반복하다.

intégrable [ɛ̃tegrabl] *a.* 《수학》적분할 수 있는.

intégral(ale, pl. aux) [ɛ̃tegral, -o] *a.* ① 전체의, 전적인, 완전한(complet, ↔ partiel). payement ~ 전액 지불. remboursement ~ d'une dette 부채의 전액 상환. édition ~*ale* 《생략부분이 없는》완본판. ② 《수학》적분의. calcul ~ 적분학.
— *n.f.* ① 《문학·음악》전집(全集). ~*ale des* symphonies de Beethoven 베토벤의 교향곡 전집. ② 《수학》적분(calcul ~).

intégralement [ɛ̃tegralmɑ̃] *ad.* 전부, 전적으로. lire un texte ~ 한 텍스트를 완전히 다 읽다.

intégralité [ɛ̃tegralite] *n.f.* 전부, 전체; 전액. dépenser l'~ de son salaire 봉급 전부를 써버리다. ~ des impôts 세금의 총액. *dans son* ~ 전체로서, 전체적으로.

intégrant(e) [ɛ̃tegrɑ̃, -ɑ̃ːt] *a.* 전체를 이루는, 《전체의》구성요소를 이루는. partie ~*e* du vocabulaire français 프랑스 어휘의 구성요소. faire partie ~*e* de qc …의 《필요불가결한》일부를 이루다.

intégrateur [ɛ̃tegratœːr] *a.m.* 《면적·온도 따위의》 총화(總和)를 가리키는; 적분(積分)의, 구적(求積)의. — *n.m.* 적분기(器), 구적기(appareil ~).

intégration [ɛ̃tegrasjɔ̃] *n.f.* ① 《수학》적분, 적분법. ② 통합(incorporation), 동화(assimilation), 합병. ~ économique de l'Europe 유럽의 경제적 통합. ~ raciale 인종차별 철폐《에 의한 통합》. ~ mentale 《심리》심적 통합. ③ ~ des immigrants 이주민들의 동화. ③ 《경제》《관련산업의》기간산업에의 통합, 기업집중.

intégrationniste [ɛ̃tegrasjɔnist] *a.* ① 합방〔통합〕을 원하는. ② 인종차별 철폐를 주장하는, 인종차별 철폐론의.
— *n.* ① 통합주의자. ② 인종차별 철폐론자.

intègre [ɛ̃tɛgr] *a.* 청렴한, 공명정대한, 공정한(honnête, ↔ corrompu). vie ~ 청렴한 생애. juge ~ 공정한 재판관.

intégré(e) [ɛ̃tegre] *a.* ① 통합된, 동화된. minorité ethnique bien ~*e* 사회에 동화가 잘된 소수민족. ② 《경제·행정》《관리방식이》통합〔집중〕되어 있는, 집중관리방식의. gestion ~*e* 집중관리《방식》. ③ 《전기》집적(集積)된, IC 형의. circuit ~ 집적회로. ④ réacteur ~ 《물리》일체형 원자로.

intégrement [ɛ̃tegrəmɑ̃] *ad.* 공정하게, 공명정대하게, 정직하게.

intégrer [ɛ̃tegre] [6] *v.t.* ① ~ *qc* (à/dans *qc*)《부분을 전체 속에》편입하다, 합치다, 통합하다(incorporer, assimiler). ~ plusieurs théories *dans* un système 여러 이론을 한 체계 안에 통합하다. Le mensonge *est intégré à* ses habitudes. 거짓말은 완전히 그의 습성이 되어버렸다. ② 《수학》적분하다. ~ une fonction 함수를 적분하다.
— *v.i.* 《학생속어》《일류 학교에》들어가다. ~ à l'École normale 《프랑스의》사범대학에 입학하다.
— *s'* ~ *v.pr.* [*s'*~ *dans*/à] 《에》합류하다, 통합되다, 동화되다. *s'*~ *dans* une majorité 다수파에 합류하다. Il a du mal à *s'*~ *dans* la nouvelle classe. 그는 새 학급에 잘 적응하지 못한다.

intégrisme [ɛ̃tegrism] *n.m.* 《특히 종교적 의미로》교조주의.

intégriste [ɛ̃tegrist] *n.* ① 《역사》《19세기 말 에스파냐의》교권당원. ② 《종교》교조주의자.

intégrité [ɛ̃tegrite] *n.f.* ① 《전체로서의》완벽함, 전체(totalité); 완전, 완벽. ~ du territoire 영토의 보전. ~ d'un manuscrit 수사본(手稿本)의 완전한 상태. ② 《예》《성모 마리아의》순결성, 무염성(pureté). ③ 청렴, 공명정대(honnêteté). être d'une parfaite ~ 청렴결백〔공명정대〕하다.

intellect [ɛ̃te(ɛl)lɛkt] *n.m.* 《철학》지성, 이성; 《구어》이해력(entendement). ~ agent(passif) 능동〔수동〕적 이성.

intellectif(ve) [ɛ̃te(ɛl)lɛktif, -iːv] *a.* 《철학》지성의, 지적(知的)인. — *n.f.* 《예》= **intellect**.

intellection [ɛ̃te(ɛl)lɛksjɔ̃] *n.f.* 《철학》지적 작용, 사유(思惟), 사고.

intellectualisation [ɛ̃te(ɛl)lɛktɥalizasjɔ̃] *n.f.* 지적으로 만들기, 지성화; 《정신의학》주지화.

intellectualiser [ɛ̃te(ɛl)lɛktɥalize] *v.t.* 지적〔이성적〕으로 만들다, 지성화하다.
— *s'* ~ *v.pr.* 지성화되다.

intellectualisme [ɛ̃te(ɛl)lɛktɥalism] *n.m.* 주지주의(主知主義), 주지설(說), 《경멸》지성편중.

intellectualiste [ɛ̃te(ɛl)lɛktɥalist] *a.* 주지설의.
— *n.* 주지주의자.

intellectualité [ɛ̃te(ɛl)lɛktɥalite] *n.f.* 지성, 지적 능력.

*****intellectuel(le)** [ɛ̃te(ɛl)lɛktɥɛl] *a.* ① 지적인, 지능의; 정신적인. activités ~*les* 지적 활동. travail ~

다. ③ 서로 배우다; 서로 훈련하다. ④〖법〗예심중이다. Son affaire *s'instruit* en ce moment. 그 사건이 지금 예심중에 있다.

instruit(e) [ɛ̃strɥi, -it] (p.p.<*instruire*) a.p. ① 교육을 받은; 유식한, 학식있는(cultivé). ~ par l'expérience[par l'âge] 경험[연륜]으로 배움을 얻은. homme peu(très) ~ 무식한[유식한] 사람. ②[~ de](에 대해)알고 있는, 사정에 밝은(averti de).

*****instrument** [ɛ̃strymɑ̃] n.m. ① 도구, 기구(outil); 기계. ~ aratoire 농기구. ~s de précision 정밀기기. ~s de mesure 측정기. ②(비유적)수단, 방편(moyen); 매개물. servir d' ~ à …의 수단[앞잡이]이 되다. ③(악)(~ de musique). ~ à cordes(à vent) 현악기(관악기). ④〖법〗(권리를 설정하는)증서, 서류, 문서; (조약의)원본. ~s de radification 인준서.

instrumentaire [ɛ̃strymɑ̃tɛːr] a. témoin ~ 〖법〗(공증인·변호사의 보좌로서 법률문서작성에 입회하는)입회인. ——n.m. 〖악〗기악가(↔ vocaliste).

instrumental(ale, *pl.* **aux)** [ɛ̃strymɑ̃tal, -o] a. ① 도구의, 기구의. ② 악기의. musique ~ale 기악. ③〖법〗증서의. ——n.m.〖언어〗구격(具格), 조격(助格)(cas ~).

instrumentalisme [ɛ̃strymɑ̃talism] n.m. 〖철학〗기구[도구]주의(*Dewey*의 학설).

instrumentation [ɛ̃strymɑ̃tɑsjɔ̃] n.f. ①〖법〗증서[문서] 작성. ②〖음악〗기악 편성, 악기법.

instrumenter [ɛ̃strymɑ̃te] v.i. 〖법〗증서[문서]를 작성하다. ——v.t. 〖음악〗(드물게)기악편성하다(orchestrer).

instrumentiste [ɛ̃strymɑ̃tist] n. 기악가.

insu [ɛ̃sy] n.m.(다음 숙어로만 쓰임) **à l'~ de** qn …에게 알리지 않고, …이 모르는 사이에. Elle est sortie à *l'~* de ses parents. 그 여자는 부모 몰래 외출했다. à mon ~ 내가 모르는 사이에, 나에게 알리지 않고.

insubmersibilité [ɛ̃sybmɛrsibilite] n.f. 가라앉지 않음, 불침성(不沈性).

insubmersible [ɛ̃sybmɛrsibl] a. (선박 따위가)가라앉지 않는, 잠수하지 않는.

insubordination [ɛ̃sybɔrdinɑsjɔ̃] n.f. 불복종; 반항, 항거(désobéissance).

insubordonné(e) [ɛ̃sybɔrdɔne] a. 복종하지 않는, 반항하는, 항거하는. troupes ~es 반란부대.

insubstantiel(le) [ɛ̃sypstɑ̃sjɛl] a. 실체가 없는, 실재하지 않는, 공허한.

insuccès [ɛ̃syksɛ] n.m. 실패(échec). ~ à l'examen 낙방, 낙제. ~ d'une pièce de théâtre 연극작품의 실패.

insuffisamment [ɛ̃syfizamɑ̃] (<*insuffisant*) ad. 불충분하게, 부족하게(↔ assez).

insuffisance [ɛ̃syfizɑ̃:s] n.f. ① 부족, 불충분, 결핍(manque)(↔ excès). ~ de ressources 자원부족. ~ de personnel 인원 부족; 직원의 무능. ~ 능력 부족, 무능(incapacité); (pl.)결함(déficience). Ce candidat est d'une ~ flagrante. 이 수험생은 현저하게 실력이 부족하다. ~s de ce travail 이 작업의 결함. ③〖의학〗(특히 심장 판막의)기능 부전(不全).

insuffisant(e) [ɛ̃syfizɑ̃, -ɑ̃:t] a. ① 부족한, 불충분한, 결핍된. quantité ~e 부족한 양. connaissances ~es 지식의 결함. ② 힘이 모자라는, 무능한, 무기력한. Il est ~ pour cette charge. 그는 이 일을 맡기에는 능력이 부족하다.

insufflateur [ɛ̃syflatœːr] n.m. ①〖의학〗공기 취입기(吹入器). ②〖기계〗송풍기.

insufflation [ɛ̃syflɑsjɔ̃] n.f. ①〖의학〗(공기 따위를)

불어넣기, 취입, 공기 주입(注入). ②(풍선 따위를)부풀게 하기.

insuffler [ɛ̃syfle] v.t. ①[qc à qn] (에게)불어넣다; 불어 일으키다(inspirer). Dieu *insuffla* la vie à sa créature. 신은 그의 창조물에 생명을 불어넣었다. Cette première réussite lui *insuffla* une nouvelle ardeur. 이 첫 성공은 그로 하여금 새로운 정열이 용솟음치게 했다. ②〖의학〗(공기·약품 따위를)불어넣다. ~ de l'air dans la bouche d'un noyé 물에 빠진 사람의 입으로 공기를 불어넣다. se faire ~ 인공기흉(氣胸)을 받다.

insulaire [ɛ̃sylɛːr] a. 섬에 사는, 섬나라의, 섬의(↔ continental). peuple ~ 섬민족. ——n. 섬 사람. ~s d'Hawaii 하와이 사람.

insularité [ɛ̃sylarite] n.f. 섬나라임; 섬나라 근성.

insulinase [ɛ̃sylinaːz] n.f. 〖생화학〗인슐린 분해 효소(간 효소의 하나).

Insulinde (l') [lɛ̃sylɛ̃:d] n.pr.f. 〖지리〗말레이군도.

insuline [ɛ̃sylin] n.f. 〖의학〗인슐린.

insulinothérapie [ɛ̃sylinɔterapi] n.f. 〖의학〗인슐린 요법.

insultant(e) [ɛ̃syltɑ̃, -ɑ̃ːt] a. 모욕적인, 경멸투의(injurieux). silence ~ 모욕적인 침묵.

insulte [ɛ̃sylt] n.f. (((옛)) 掛.) ① 모욕; 모욕적인 말(affront, injure); (에 대한)무시, 경멸(mépris). faire (une) ~ à qn …을 모욕하다. ressentir qc comme une ~ …을 모욕으로 생각하다. dire(adresser, proférer) des ~ à qn …에게 모욕적 언사를 가하다. ~ au drapeau national 국기에 대한 모욕. ②〖옛〗공격, 습격.

insulté(e) [ɛ̃sylte] a.p. 모욕당한, 멸시당한, 무시당한(offensé). ——n. 모욕당한 사람.

insulter [ɛ̃sylte] v.t. ① 모욕하다, (특히)욕설하다(injurier); 경멸하다, 무시하다(mépriser). se faire ~ par qn …에게 모욕을 당하다. Garde ton calme, ne *l'insulte* pas. 진정해라, 그에게 욕하지 마. ②〖옛〗공격하다, 습격하다.
——v.t. ind. 〖옛〗[~ à] …을 멸시[모욕]하다;《문어》무시하다. ~ aux dieux 신을 모독하다. ~ au bon sens 상식을 무시하다.
——s'~ v.pr. 서로 욕하다.

insulteur(se) [ɛ̃syltœːr, -øːz] n. (드물게)모욕하는 사람.

insupportable [ɛ̃sypɔrtabl] a. ① 견딜 수 없는(intolérable). douleur ~ 참을 수 없는 고통. ②(사람·행위가)참을 수 없는, 비위에 거슬리는(intenable). enfant ~ 몹시 비위에 거슬리는 아이. caractère ~ 몹시 비위에 거슬리는 성격.

insupportablement [ɛ̃sypɔrtabləmɑ̃] ad. 견딜 수 없게, 참을 수 없게.

insupporter [ɛ̃sypɔrte] v.t. 《구어》못 견디게 하다《항상 직접목적보어 인칭대명사와 함께》. Sa curiosité m'*insupporte*. 그의 호기심에 나는 진절머리가 난다.

insurgé(e) [ɛ̃syrʒe] a.p. 폭동[반란]을 일으킨, 봉기한(révolté). provinces(populations) ~es 반란을 일으킨 지방(민중). ——n. 폭도, 반란자.

insurgent [ɛ̃syrʒɑ̃] n.m. 〖역사〗(미국 독립전쟁 당시의)식민지군.

insurger [ɛ̃syrʒe] [3] v.t. 〖옛〗폭동[반란]을 일으키게 하다. ~ une nation 국민들로 하여금 반란을 일으키게 하다.
——s'~ v.pr. [s'~ contre](에 대하여)반란[폭동]을 일으키다(se révolter); 항거하다, 반항하다(protester). peuple qui s'*insurge contre* le tyran 폭군에 항거하는 국민.

insurmontable [ɛ̃syrmɔ̃tabl] a. (곤란·장애가)극

instar de(à l') [alɛstard(ə)] *loc. prép.* …을 본따서, …처럼 (à l'exemple de, à la manière de). ~ ses frères 그의 형제를 따라서.

instaura*teur*(*trice*) [ɛsto(o)ratœːr, -tris] *n.* 설립[창설·창시]자.

instauration [ɛsto(o)rasjɔ̃] *n.f.* 설립, 창설, 창시 (établissement). ~ d'une mode 모드의 창시.

instaurer [ɛsto(o)re] *v.t.* 창설[창립·창시]하다 (fonder). ~ la république 공화국을 건설하다. ~ un usage 관습을 처음으로 만들다.

insti [ɛsti] *n.* 〖구어〗국민학교 교원(instituteur).

instiga*teur*(*trice*) [ɛstigatœːr, -tris] *n.* 선동자, 주모자(dirigeant, promoteur); 원동력(cause, moteur). ~ d'une révolution 혁명의 주모자.

instigation [ɛstigasjɔ̃] *n.f.* 교사(敎唆), 선동, 충동. à(sur) l'~ de *qn* …의 선동을 받아.

instiguer [ɛstige] *v.t.* 〖엣〗선동하다, 교사하다, 충동하다. ~ *qn* à+*inf.* …을 부추겨 …시키다.

instillation [ɛstilasjɔ̃] *n.f.* 〖의학〗(안약 따위를) 한 방울씩 떨어뜨리기, 점안(點眼), 주입(注入). seringue à ~s 주입기.

instiller [ɛstile] *v.t.* ① 〖의학〗한 방울씩 떨어뜨려 넣다, 조금씩 주입하다. ② 〖문어〗(비유적)(사상 따위를)조금씩 불어넣다. ~ le doute dans l'esprit 머리속에 의혹을 불어넣다.

*****instinct** [ɛstɛ̃] *n.m.* ① 본능, 천성; 충동. ~ de conservation 자기 보존의 본능. ~ maternel 모성본능. céder à ses mauvais ~s 사악한 충동에 끌려가다. ② 직감, 직감. être averti par un heureux ~ 다행스럽게 직감적으로 알다. ③ 천분, 소질(talent); 반사작용. 〖엣〗자극, 충동. avoir l'~ des affaires 〔du commerce〕사업〔상업〕에 소질이 있다. ④ ~s de vie〔de mort〕〖정신의학〗생(사)의 충동(현재는 instinct 대신 pulsion을 씀).

d'~; par ~ 본능적으로. Il a fait cela *d'~*. 그는 본능적으로 그렇게 했다.

instincti*f*(*ve*) [ɛstɛ̃ktif, -iːv] *a.* 본능적인, 무의식적인, 직관적인(inconscient). désirs ~s 본능적 욕구. antipathie ~*ve* 본능적 반감.

instinctivement [ɛstɛ̃ktivmɑ̃] *ad.* 본능적으로. agir ~ 본능적으로 행동하다.

instinctivité [ɛstɛ̃ktivite] *n.f.* 본능적임, 충동적임.

instinctuel(**le**) [ɛstɛ̃ktɥel] *a.* 〖심리〗본능의, 본능에 속하는.

instit [ɛsti] *n.* =insti.

institué(**e**) [ɛstitɥe] *n.* 〖법〗유산 상속인.

instituer [ɛstitɥe] *v.t.* ① (단체·기구를)세우다, 설립하다, 창설하다, 창립하다(fonder); (법률·규칙 따위를)제정[설정]하다(établir). ~ un conseil de défense 국방자문회를 창설하다. ~ de nouvelles règlements de circulation 새로운 교통 법규를 제정하다. ② ~ *qn* (son) héritier 〖법〗…을 재산상 속인으로 지명하다. 〖엣〗~ *qn* 임명하다.

— **s'~** *v.pr.* ①정해지다, 제정되다; 확립되다. Des relations commerciales *se sont instituées* entre les deux pays. 양국간의 무역관계가 확립되었다. ②〔s'~+속사〕스스로 …이 되다, 자임(自任)하다. s'~ l'ardent défenseur d'une cause 어떤 주의 (主義)의 열렬한 옹호자가 되다.

institut [ɛstity] *n.m.* ① 학회, 협회, 학사원(académie); 학원, 연구소. ~ de beauté 미용학원. *I~* (de) Pasteur 파스퇴르 연구소. *I~* (de France) (5개의 *Académies* 로 형성되는)프랑스 학사원. membre de l'*I~* 학사원 회원. ② 〖종교〗교회, 수도회; 교회 규식, 수도회 회칙.

institutes [ɛstityt] *n.f.pl.* les ~ de Justinien; les *I~* 〖로마법〗유스티니아누스의 법률 요강.

*****institu*teur*(*trice*)** [ɛstitytœːr, -tris] *n.* ①국민학교 교사(maître); 가정교사(précepteur). école normale d'~s 사범학교. ②〖엣〗창설자; 창시자.

*****institution** [ɛstitysjɔ̃] *n.f.* ①설립; 설정, 창설 (fondation). ~ des Jeux Olympiques 올림픽경기의 창설. être de l'~ de *qn* …가 창립한 것이다. ② 설립물, 기구, 기관; 체제. ~ démocratique 민주체제. ~s internationales 국제기관. contester les ~s 체제를 부인하다. ③ 〖법〗유산 상속인 지정; 〖종교〗성직 수임(授任)(nomination). faire ~ d'héritier 유산상속인을 지정하다. ④〖구어〗습관 (habitude), 관습. On fête toujours les anniversaires au bureau; c'est devenu une ~. 우리는 사무실에서 늘 생일파티를 여는데 그것 관습이 되었다. ⑤ 학원, 학교; 〖엣〗교육. ~ de jeunes filles (사립)여학교.

institutionnalisation [ɛstitysjonalizasjɔ̃] *n.f.* 법제화, 제도화.

institutionnaliser [ɛstitysjonalize] *v.t.* 법제화하다, 제도화하다. ~ le dialogue entre syndicats et patrons 노사간의 대화를 제도화하다.

— **s'~** *v.pr.* 제도화되다.

institutionnalisme [ɛstitysjonalism] *n.m.* 〖정치·경제〗제도만능주의.

institutionnel(**le**) [ɛstitysjonɛl] *a.* 제도(상)의.

institutionnellement [ɛstitysjonɛlmɑ̃] *ad.* 법제[제도]상으로.

instruc*teur* [ɛstryktœːr] *n.m.* ①교사; (승마·교련 따위의)교관. ②〖법〗예심판사(juge ~). —*a.* juge ~ 〖법〗예심판사. officier ~ 〖군사〗교련 지도 장교.

instructi*f*(*ve*) [ɛstryktif, -iːv] *a.* ①교훈이 되는, 유익한(didactique), 유익한. livre ~ 교훈적인 책. ②진상을 잘 드러내는. article bien ~ (사건의)진상을 잘 밝혀주는 기사.

*****instruction** [ɛstryksjɔ̃] *n.f.* ①교육, 지도, 교화(enseignement). ~ primaire[secondaire, supérieure] 초등[중등·고등] 교육. ministère de l'*I~* publique 〖엣〗문교부(현재는 ministère de l'Éducation nationale). ②〖군사〗교련, 훈련 (~ militaire). ③ (교육으로 얻은)학식, 지식; 교양(connaissance). Il a de l'~. 그는 교양이 있다. sans ~ 무식한, 교육받지 않은. ④ 훈령, 명령, 지시(ordre). donner des ~s à *qn* …에게 지시를 하다. conformément aux ~s 훈령[지시]에 따라. ~ pastorale 〖가톨릭〗(주교가 교구 신도들에게 내는)교서. ⑤ (*pl.*) (상품의)사용법, 설명서. ⑥ 〖법〗예심. juge d'~ 예심 판사. ouvrir une ~ 예심을 개시하다. code d'~ criminelle 형사소송법.

*****instruire** [ɛstrɥiːr] 32 *v.t.* ①가르치다, 교육하다 (enseigner); (에게)교육을 주다; 훈련시키다 (éduquer). ~ les enfants 아이들을 교육하다. (목적보어 없이) L'exemple *instruit* mieux que les préceptes. 이론보다는 솔선수범이 가르치는 바가 더 크다. ~ *qn* sur *qc* …에게 …에 대해 가르쳐주다. ~ *qn* de *qc* 알리다(avertir); 통지하다 (informer). J'*instruirai* sa famille *de* sa conduite. 그의 행동을 그의 가족에게 알리겠다. Il *est* bien *instruit de* cette affaire. 그는 이 문제에 정통하고 있다. ②〖법〗예심하다. ~ une affaire 사건의 예심을 행하다. (목적보어 없이) ~ contre *qn* …을 소추하다.

— **s'~** *v.pr.* ①공부하다, 교양을 쌓다, 배우다 (apprendre). On s'*instruit* à tout âge. 사람은 죽을 때까지 배운다. s'~ *de qc*(에 대해) 알다(s'informer de). s'~ *des* circonstances exactes de l'événement 사건의 정확한 상황에 대해 알게 되

qn …의 시사에 따라 행동하다. suivre l'~ d'un ami 친구의 권고에 따르다. sous l'~ du moment 즉흥적으로, 순간적 충동으로. ② [d'~+형용사] (에서)영감을 얻은, (영향을 받은. musique d'~ orientale 동양적인 음악. écrire des poèmes d'~ religieuse 종교적 색채가 짙은 시를 쓰다. ③ 〖생리〗 숨을 들이쉬기, 흡기.

inspiratoire [ɛ̃spiratwar] a. 〖의학〗숨을 들이쉬는, 흡기의.

inspiré(e) [ɛ̃spire] a.p. [~ de](에서)영감을 받은, (의)영감에서 나온; 착상을 얻은. auteur ~ 영감을 받은 작가. robe ~e de la mode européenne 유럽풍의 유행을 모방한 옷.
être bien(*mal*) *~ de*+*inf*. …하는 것은 잘(잘못) 판단한 일이다. Il a été bien ~ de vendre ses actions. 그가 주식을 판 것은 선견지명이 있었다.
— n. 영감을 받은 사람.

*****inspirer** [ɛ̃spire] v.t. ① [~ qc à qn](감정·생각 따위를)(에)불러 일으키다, 품게 하다, 고취하다. Ce garçon ne m'*inspire* pas confiance. 이 소년은 내게 신뢰감을 주지 못한다. Le ressentiment *inspire* ses propos. 그의 말은 원한에서 나오는 것이다. ~ à qn l'horreur de qc …에게 …에 대한 공포심을 품게 하다. ~ *inspiré* par[de] la pitié 동정심에 끌려. ② (에게)영감을 불어넣다, (창작의)착상을 일으키다; 〖구어〗(의)마음을 끌다(plaire). Les paysages de Provence *ont inspiré* ce peintre. 프로방스의 풍경이 이 화가에 영감을 주었다. Cette promenade ne m'*inspire* pas. 〖구어〗나는 이 산책이 마음에 들지 않는다. [~ qn](에게)행동을 하게 하다, 동기를 주다. C'est la charité qui l'*inspire*. 그를 이끈 것은 자비심이다. ④ 시사하다, (넌지시)부추기다. C'est lui qui *inspire* ce complot. 이 음모를 꾸미게 한 것은 그 사람이다. ⑤ (바람·공기를)불어넣다(insuffler). ~ de l'air dans les poumons d'un noyé 물에 빠진 사람의 폐에 공기를 불어넣다. ⑥ (기체를)빨아들이다;《목적보어 없이》숨을 들이 쉬다.
—*s'~* *v.pr.* [s'~ de](로부터)영감을 받다, 착상을 얻다, (을)본받다. Le romancier *s'est inspiré d'*une légende populaire. 그 소설가는 민간전설에서 영감을 얻었다. *s'~ de* l'exemple de son père 아버지를 본받다.

I.N.S.T. 《약자》In nomine sanctae Trinitatis 〖가톨릭〗성삼위일체의 이름으로.

instabilité [ɛ̃stabilite] n.f. ① 불안정(incertitude); (인생의)무상. ~ d'une situation 지위의 불안정. ~ des choses humaines 인간사의 무상. ② (마음의)변하기 쉬움, 변덕(inconstance). ~ des opinions 변하기 쉬운 여론.

instable [ɛ̃stabl] a. ① 불안정한; 잘 변하는. meuble ~ 불안정하게 놓인 가구. temps ~ 변덕스러운 날씨. combinaison ~ 〖화학〗불안정한 결합. équilibre ~ 〖물리〗불안정한 균형. ② 정착하지 못하는, 유랑의. population ~ 유랑민족. ③ 변덕스러운; 정서불안정의. personne ~ 변덕스러운 사람. enfant ~ 정서가 불안정한 아동.
—n. 정서불안 아동(사람).

instablement [ɛ̃stabləmɑ̃] ad. 불안정하게, 변하기 쉽게, 변덕스럽게.

installateur [ɛ̃stalatœːr] n.m. ①〖옛〗〖종교〗성직 수여자. ② (주거지 따위의)시설자, 가설자. ~-décorateur 시설장식업자.

*****installation** [ɛ̃stalasjɔ̃] n.f. ① 입주. fêter son ~ (새집의)이사 축하연을 하다, 집들이를 하다. ② 설치, 가설; 시설, 설비;(공간의)설비(물), (집의)가구. ~ de l'électricité 전기 가설. ~ industrielle 공장시설. ③ (성직 따위의)수여, 임명; 취임. ~ d'un évêque 주교직 수여. ~ d'un magistrat 법관의 임명. ~ dans une fonction 관직 취임.

installé(e) [ɛ̃stale] a. ① 〖속〗지위가 있는, 유복하게 살고 있는. ② 설치된.

:**installer** [ɛ̃stale] v.t. ① 설치(비치·설비·가설)하다 (placer, poser). ~ le téléphone[le gaz] 전화[가스]를 가설하다. ~ un appartement 아파트의 내부 [가구]시설을 하다. ② (사람을)정착시키다, 거주시키다, 자리잡게 하다(loger). ~ sa famille à Lyon 가족을 리용에 정착시키다. ③ 취임(취직)시키다, 임명하다, (자리에)배치하다; 〖종교〗성직을 수여하다. ~ un évêque 주교직을 수여하다.
—*s'~* *v.pr.* ① 자리잡다, 정착하다. *s'~* chez un ami 친구집에 자리잡다(머물다). *s'~* à Paris 파리에 정착하다. ② (비유적》(어떤 상태에)안주하다. *s'~* dans son mensonge 편안하게 거짓말하고 살다. ③ 개업하다.

installeur [ɛ̃stalœːr] n.m. 시설자, 설비인.

instamment [ɛ̃stamɑ̃] (<*instant*¹) ad. 간곡하게.

instance [ɛ̃stɑ̃ːs] n.f. ① (주로 pl.) 간청, 탄원, 애원 (prière); 열성. faire de vives ~s auprès de *qn* 에게 간청하다. avec ~ 열심히, 간곡히《단수형은 현재는 이런 뜻에만 쓰임》. sur(devant) les ~s de 의 간청에 따라. ②〖법〗소송; 소송 수속; 심급 (審級). introduire une ~ 소송을 제기하다. tribunal de première ~ 1심법원, 지방법원. ③ 결정 기관; (조직의)최고기관. les plus hautes ~s d'un parti 당의 최고결정기관. ④ 〖정신의학〗심급, 심적 역력(力域)《국소론적 역동적 견지에서 본 심적 장치의 하부구조의 각 영역으로; 예컨대 초자아 (surmoi), 검열(censure)따위》.
en ~ 〖법〗심의중인. affaire *en ~* 고소[심의]중인 사건[일]. pièces *en ~* 소송 서류. proposition de loi *en ~* 상정중인 법안.
en ~ *de* 막 ~하려고 하는(sur le point de). Le train est *en ~ de* départ. 기차가 막 떠나려 한다.

instant'(e) [ɛ̃stɑ̃, -ɑ̃ːt] a. 간곡한, 간절한; 절박한, 급박한(immédiat); 초미(焦眉)의(pressant). prière ~e 간청. besoin ~ 절박한 욕구.

:**instant²** [ɛ̃stɑ̃] n.m. 순간, 순식간(moment). Attendez un ~. 잠깐만 기다리세요. Il viendra dans quelques ~s. 그는 잠시 후에 올 것이다.
à chaque(*tout*) ~ 줄곧, 끊임없이(tout le temps).
à l'~ 금방, 곧, 당장《가까운 미래·과거》. J'arrive à l'~. 지금 곧 갑니다. à l'~ où il sortait 그가 막 나가려는 때에. Je l'ai vu à l'~. 방금 그를 봤다.
dès l'~ *que*(*où*) + *ind*. …한 이상(이유); …하자마자. Dès l'~ que tu dis d'accord, je n'ai rien à dire. 네가 찬성한다면 더 이상 나는 아무 말도 없다.
de tous les ~s 끊임없이, 부단히.
d'~ *en* ~ 시시각각으로.
d'un ~ *à l'autre* 금시, 곧, 이제나 저제나 하고. Elle va arriver *d'un* ~ *à l'autre*. 그녀는 곧 올 것이다.
en un ~ 순식간에, 눈 깜짝할 사이에.
par ~s 가끔, 때때로(de temps en temps).
pour l'~ 당장에는, 당분간은(pour le moment).

instantané(e) [ɛ̃stɑ̃tane] a. 순식간의; 갑작스런, 즉각적인, 눈 깜짝할 사이의(subit). L'explosion fut presque ~e. 폭발은 거의 순간적이었다. mort ~e 즉사. photographie ~e 스냅사진.
—n.m. 〖사진〗스냅 사진(pose); 극히 짧은 노출시간. prendre un ~ 스냅 사진을 찍다.

instantanéité [ɛ̃stɑ̃taneite] n.f. 즉시, 즉각, 순간적임; 갑작스러움.

instantanément [ɛ̃stɑ̃tanemɑ̃] ad. 순식간에, 즉각적으로, 즉석에서(immédiatement).

기. ③ 별난 시간. ~ faible 짧은 일조시간.
insolemment [ɛ̃sɔlamɑ̃] ad. 건방지게, 불손하게. 뻔뻔스럽게. parler ~ 건방지게 말하다.
insolence [ɛ̃sɔlɑ̃ːs] n.f. ① (웃사람에 대한)건방짐, 무례한, 오만불손(irrespect, ↔ déférence); 불손한 언행. répondre avec ~ à ses parents 부모에게 불손하게 대답하다. dire des ~s 오만불손한 말을 하다. ② (아랫사람에 대한)오만, 거만, 도도함 (arrogance). ~ d'un vainqueur 승리자의 오만.
insolent(e) [ɛ̃sɔlɑ̃, -ɑ̃ːt] a. ① [~ envers/avec qn] (에 대해)건방진, 불손한, 거만한, 무례한(effronté, grossier); 부당한, 부적당한(inconvenant). attitude ~e 건방진 태도. fils ~ envers sa mère 어머니에게 불손한 아들. rival ~ 거만한 적수. ② (옛)(음모·배신 따위가)뻔뻔스러운, 철면피한 (audacieux). ③ 비상한, 대단한(extraordinaire). bonheur (succès) ~ 대단한 행복(성공). étaler une santé ~e 대단한 건강을 과시하다. —n. 건방진(거만한) 사람.
insoler [ɛ̃sɔle] v.t. 햇볕에 쬐다; 《사진》 햇볕에 굽다.
insolide [ɛ̃sɔlid] a. 《드물게》 견고하지 않은.
insolidité [ɛ̃sɔlidite] n.f. 견고하지 않음; (비유적) (논리·논거의)박약.
insolite [ɛ̃sɔlit] a. 엉뚱한, 별난, 야릇한, 괴상한 (étrange)(지금은 평범하지 않은 일로서 칭찬을 받을 만한 것에 쓰임). événement ~ 괴상한 사건. tenue ~ pour la saison 철에 맞지 않는 별난 옷차림.《좋은 의미로》 film ~ 경이적인 영화. —n.m. 야릇함, 괴상함. recherche de l'~ et du bizarre en poésie 시에 있어서의 기발함의 추구.
insolubiliser [ɛ̃sɔlybilize] v.t. 불용성(不溶性)으로 하다.
insolubilité [ɛ̃sɔlybilite] n.f. 불용(해)성; (문제 따위의)해결 불능(성). ~ d'un problème 문제의 해결불능성.
insoluble [ɛ̃sɔlybl] a. ① 불용해성의. substance ~ dans l'eau 물에 녹지 않는 물질. ② (문제가)해결될 수 없는.
insolvabilité [ɛ̃sɔlvabilite] n.f. 《상업》 지불(판상) 불능.
insolvable [ɛ̃sɔlvabl] a. 《상업》 지불(판상) 능력 없는.
insomniaque [ɛ̃sɔmnjak], **insomnieux(se)** [ɛ̃sɔmnjø, -øːz] a. 불면(증)의. —n. 불면증에 걸린 사람.
insomnie [ɛ̃sɔmni] n.f. 불면(증). nuits d'~s 불면의 밤. remède contre l'~ 불면증약(somnifère).
insondable [ɛ̃sɔ̃dabl] a. ① (바다 따위가)깊이를 알 수 없는. gouffre ~ 깊이를 헤아릴 수 없는 심연. ② (신비 따위가)헤아릴 수 없는, 불가사의한; (불행 따위가)한없는. mystère(secret) ~ 불가사의한 신비(비밀). douleur ~ 한없는 괴로움.
insondé(e) [ɛ̃sɔ̃de] a. 깊이를 모르는; (신비가)풀리지 않은.
insonore [ɛ̃sɔnɔːr] a. 울리지 않는, 방음의. cloison ~ 방음벽. matériaux ~s 방음용 자재.
insonorisation [ɛ̃sɔnɔrizasjɔ̃] n.f. 방음; 방음장치. techniques d'~ 방음기술.
insonorisé(e) [ɛ̃sɔnɔrize] a.p. 방음된. appartement mal ~ 방음장치가 잘 안된 아파트.
insonoriser [ɛ̃sɔnɔrize] v.t. 방음하다.
insonorité [ɛ̃sɔnɔrite] n.f. 울리지 않음, 방음상태. ~ d'un studio 스튜디오의 방음상태.
insouciamment [ɛ̃susjamɑ̃] ad. 예사로, 태평스럽게(négligement).
insouciance [ɛ̃susjɑ̃ːs] n.f. 대범함, 데면데면함, 예사, 태평함. avec ~ 대범하게, 데면데면하게.

vivre dans l'~ 대범하게 살다.
insouciant(e) [ɛ̃susjɑ̃, -ɑ̃ːt] a. ① [~ de] (에)무관심한, 아랑곳 않는, (을)염려하지 않는, 걱정 않는 (insoucieux). ~ de l'avenir 앞날을 걱정하지 않는. ② 데면데면한, 태평스러운(négligent). caractère ~ 태평스러운 성격. —n. 태평한 사람.
insoucieux(se) [ɛ̃susjø, -øːz] a. 《문어》 [~ de] (을)염려하지 않는, 아랑곳 않는; 근심걱정 없는. ~ du lendemain 내일을 걱정하지 않는. vie ~se 근심없는 살림살이.
insoudable [ɛ̃sudabl] a. 《금속》 용접할 수 없는.
insouffrable [ɛ̃sufrabl] a. 《구어》 참을 수 없는, 두고 볼 수 없는.
insoumis(e) [ɛ̃sumi, -iːz] a. ① 순종하지 않는, 반항하는(rebelle); 말듣지 않는. tribus ~es 불복종 부족(部族). enfant ~ 말을 듣지 않는 아이. ② 《군사》 원대복귀하지 않은; (장녀가)등록하지 않는. soldat ~ 탈주(탈영)병. —n.m. 불복종자. 미귀병(未歸兵). —n.f. 사창(私娼).
insoumission [ɛ̃sumisjɔ̃] n.f. ① 불복종, 반항(désobéissance), acte d'~ (상관·명령에 대한)불복종 행위. ② 《군사》 원대복귀 위반(désertion).
insoupçonnable [ɛ̃supsɔnabl] a. 혐의를 걸 수 없는. honnêteté ~ 의심할 수 없는 청렴.
insoupçonné(e) [ɛ̃supsɔne] a. ① 생각지도 않은, 짐작하지 못한, 예상밖의(inattendu). domaine ~ 예상밖의 (새로운)영역. difficultés ~es 뜻밖의 난제(難題). ② 혐의를 받지 않은.
insoutenable [ɛ̃sutnabl] a. ① 지지(주장)할 수 없는(inadmissible); 수비할 수 없는. argument ~ 지지할 수 없는 논리. ② 견딜(참을) 수 없는(insupportable). effort ~ 감당 못할 노력.
***inspecter** [ɛ̃spɛkte] v.t. 검사하다(contrôler); 검열 (시찰·감독·순시)하다(surveiller); 《군사》 사열하다. ~ des travaux 공사를 감독하다. À la douane, on a longtemps inspecté nos bagages. 세관에서 우리의 짐은 오랫동안 검사를 받았다. ~ une école 학교를 시찰하다.
***inspecteur(trice)** [ɛ̃spɛktœːr, -tris] n. ① 검사관, 감독관, 감찰관; 《학교》 장학관. ~ des forêts 삼림감독관. ~ des finances (국가의)회계감사관. ~ du travail 노동조건 감찰관. ~ des pavés 《구어》떠돌아다니는 사람; 취직 자리를 찾는 사람. ~ des travaux finis (익살) 일이 다 끝날 무렵에 나타나는 게으름뱅이. ② 사복형사(~ de police).
inspection [ɛ̃spɛksjɔ̃] n.f. ① 검사, 감독, 시찰, 검열, 감찰; 순시; 《군사》 사열, 열병. faire (passer) une ~ 검사(감독, 검열)을 하다. ~ du travail 노동조건의 조사. ② 감독관 따위의 지위.
inspectorat [ɛ̃spɛktɔra] n.m. 검사(감독)관의 직위 (재직 기간); (집합적) 검사(감독)관.
Insp. gén. (약자) inspecteur général 각 부의 행정감독관.
inspirant(e) [ɛ̃spirɑ̃, -ɑ̃ːt] a. 영감을 주는, 좋은 힌트를 주는. livre ~ 좋은 시사를 주는 책.
inspirateur(trice) [ɛ̃spiratœːr, -tris] a. ① 《드물게》영감을 주는, 고취하는. ② muscles ~s 《해부》 흡식근(吸息筋).
—n.m. 영감(암시)을 주는 사람(것). ~trice d'un poète 시인에게 영감을 준 여자. ~ d'un complot 음모의 배후(자). La religion était l'~trice de leurs actes. 종교는 그들의 행동의 원동력이었다.
—n.m. 《해부》 흡식근(吸息筋)(muscles ~s).
***inspiration** [ɛ̃spirasjɔ̃] n.f. ① 영감(靈感), (기발한)착상; 계시; 암시(suggestion); 시사, 권고 (conseil). ~ des prophètes 선지자(예언자)의 영감(계시). ~ poétique 시적 영감. agir par l'~ de

insert [insert, ɛsɛːr] 〖영〗 n.m. ① 〖영화·텔레비전〗 인서트, 삽입 화면(화면에 삽입되는 컷 또는 자막). ② (라디오 방송중에 삽입되는)전화 인터뷰. ③ (영상에 삽입되는)광고문.

insertion [ɛ̃sɛrsjɔ̃] n.f. ① 삽입, 게재. ~ des notes dans une thèse 논문에 주를 넣기. ② (사회·집단에의)동화(同化), 끼어들기, 가입. ~ des jeunes travailleurs français dans un pays étranger 프랑스 청년 노동자들의 외국(생활)에의 동화〔적응〕. ③ (법률의 규정에 의한)신문 공고(~ légale) ④ 〖해부〗 부착(附着); 〖식물〗 착생(着生). point d'~ 부착점; 착생점. ⑤ ~ lexicale 〖언어〗 (생성문법에 있어서)어휘 삽입.

inserviable [ɛ̃sɛrvjabl] a. 불친절한, 돌봐주기 싫어하는.

insexué(e) [ɛ̃sɛksɥe] a. 성(性)이 없는(asexué).

insidieusement [ɛ̃sidjøzmɑ̃] ad. 엉큼하게, 교활하게, 간계를 써서.

insidieux(se) [ɛ̃sidjø, -øːz] a. ① 엉큼한, 음흉한, 교활한; 은밀히 진행하는. poser une question ~se 유도신문을 하다. flatteries ~ses 간사한 아첨. maladie ~se 잠복진행성의 병. ② 〖옛·문어〗 (사람이)함정을 판, 감쪽같이 속이는.

insight [insajt] 〖영〗 n.m. 〖심리〗 꿰뚫어 보기, 통찰(동물이 학습과정 중에 시행착오를 줄이거나 또는 돌발사태를 이해하는 것 등을 통해 나타내는 직관적 능력).

insigne¹ [ɛ̃siɲ] a. 〖문어〗 주목할 만한, 각별한; 멋있는, 빛나는(현재는 가끔 비꼬는 뜻으로 사용). faveur ~ 각별한 호의. personnage ~ 명사(名士). erreur ~ 얼토당토않은 실수.

insigne² n.m. (지위·계급·단체 따위를 나타내는)기장, 배지. ~ de la Croix-Rouge 적십자 기장. ~s de légat(de sénateur, de député) 교황특사(상원의원·국회의원)의 배지.

insignifiance [ɛ̃siɲifjɑːs] n.f. ① 하찮은 것. émission d'une totale ~ 전혀 쓸모없는 방송 프로그램. ② 〖드물게〗무의미.

insignifiant(e) [ɛ̃siɲifjɑ̃, -ɑ̃ːt] a. ① 하찮은, 대단치 않은, 평범한, 시시한. personnage ~ 평범한 인물. rôle ~ 단역. paroles ~es 쓸모없는 이야기. pour une somme ~e 푼돈으로. ② 〖드물게〗아무 것도 뜻하지〔의미하지〕 않는.

insincère [ɛ̃sɛ̃sɛːr] a. 성실하지 못한, 성의 없는, 겉모습뿐인.

insincérité [ɛ̃sɛ̃serite] n.f. 불성실, 무성의.

insinuant(e) [ɛ̃sinɥɑ̃, -ɑ̃ːt] a. 남의 환심을 잘 사는, 잘 구슬리는(persuasif). esprit ~ 남을 잘 구슬리는 재주. flatteur ~ 남들이 좋게 아부하는 사람. voix ~e 구슬려대는 〔본성을 숨긴〕 목소리. persuader qn avec un sourire ~ 마음을 끄는 미소로 …을 설득하다.

insinuatif(ve) [ɛ̃sinɥatif, -iːv] a. 〖옛〗 스며드는, 침투력이 있는.

insinuation [ɛ̃sinɥasjɔ̃] n.f. ① 암시, 넌지시 가리킴(allusion). procéder par ~ 완곡하게〔넌지시〕 표현하다. ~ calomnieuse publiée dans la presse 신문의 중상 기사. ② 〖옛〗침투, 삽입. ③ 〖옛〗 〖법〗 (문서의)등기.

insinuer [ɛ̃sinɥe] v.t. ① 암시하다, 넌지시 말하다 (suggérer); (중상·욕설 따위를)완곡하게 나타내다. Qu'est-ce que vous insinuez par là? 도대체 무슨 뜻으로 그런 말씀을 하시는 겁니까? (vouloir dire). ~ une calomnie 넌지시 중상하다. [ne pas ~ que + sub.] Je n'insinue pas qu'il soit traître. 그가 배신자라는 뜻은 아니다. ② 〖옛〗슬그머니 넣다, 끼워넣다; 머릿속에 교묘히 주입하다. ~ une doctrine à qn …에게 어떤 사상을 주입하다. ③ 〖옛〗 〖법〗 등기하다.

—**s'~** v.pr. ① 슬그머니 끼어들다, 비집고 들어가다(se faufiler, se fourrer), s'~ dans la foule 군중속에 비집고 들어가다. ② 용케 환심을 사다, 구슬리다. s'~ auprès de qn …을 구슬리다. s'~ dans les bonnes grâces (dans la confiance) de qn …의 환심을 사다〔신임을 얻다〕. ③ 〖옛·문어〗스며들다, 배어들다(se pénétrer, s'infiltrer). L'eau s'insinue dans le sable. 물이 모래에 스며든다. La crainte s'est insinuée dans son cœur. 공포심이 그의 마음속에 생겼다.

insipide [ɛ̃sipid] a. ① 맛없는, 무미한(fade). boisson ~ 맛없는 음료〔술〕. ② 재미없는, 따분한, 김 빠진(ennuyeux). film ~ 따분한 영화.

insipidement [ɛ̃sipidmɑ̃] ad. 맛없게, 무미건조하게, 따분하게.

insipidité [ɛ̃sipidite] n.f. ① 맛없음, 무미(fadeur). ② 재미없음, 무미건조. ~ d'une œuvre (d'un spectacle) 작품(공연물)의 무미건조함.

insistance [ɛ̃sistɑ̃ːs] n.f. 주장, 역설, 강조, 고집 (obstination, persévérance); 강요, 간청. avec ~ 끈질기게, 집요하게. mettre une grande ~ à + inf. …할 것을 강조〔강요〕하다. ~ déplacée 부당한 고집. accent d'~ 〖언어〗 강조 악센트.

insistant(e) [ɛ̃sistɑ̃, -ɑ̃ːt] a. 주장을 굽히지 않는, 고집하는. d'un ton ~ 끈질긴 어조로.

*****insister** [ɛ̃siste] v.i. ① [~ sur qc](에)역점을 두다, (을)강조하다〔역설하다〕(souligner); 강요하다. ~ sur les syllabes finales 끝음절들을 강조하다. On ne saurait trop ~ sur cette question. 이 문제는 아무리 강조해도 지나치지 않다. [목적보어 없이] N'insistez pas davantage. 더 이상 고집부리지 마시오. ② [~ pour qc/pour + inf./pour que + sub.](을 해줄 것을)간청〔강요〕하다. Elle est au téléphone, elle insiste pour te parler. 그녀가 전화를 했는데, 너하고 꼭 좀 통화하고 싶다는군. Insistez pour qu'il vienne. 그에게 꼭 와 달라고 부탁하시오. [목적보어 없이] Insiste auprès d'elle, elle acceptera peut-être. 그녀에게 간청해 보게, 아마 들어줄지. ③ 〖구어〗계속하는, 꾸준히 해나가는, 버티어 나가다(continuer); 중언부언하다(répéter). Tirez fort, insistez. 세게 당기고, 계속해야 해!

in situ [insity] loc.ad. 원 위치에서, 본래의 환경에서(광물·식물 따위를 본래의 위치에서 채집·연구함을 뜻함)(↔ in vitro).

insobriété [ɛ̃sɔbrijete] n.f. 무절제, 폭음폭식.

insociabilité [ɛ̃sɔsjabilite] n.f. 비사교성, 교제하기 싫음, 무뚝뚝함.

insociable [ɛ̃sɔsjabl] a. 사교성 없는, 붙임성 없는, 무뚝뚝한.

insociablement [ɛ̃sɔsjabləmɑ̃] ad. 붙임성없게, 무뚝뚝하게.

insocial(ale, pl. aux) [ɛ̃sɔsjal, -o] a. 비사회적인.

in-soixante-douze [ɛ̃(in)swasɑ̃tduːz] a. 〖불변〗72 절판의. —n.m. 〖복수불변〗72 절판(의 책). format ~ 72 절판.

in-soixante-quatre [ɛ̃(in)swasɑ̃tkatr] 〖인쇄〗 a. 〖불변〗64 절판의. —n.m. 〖복수불변〗64 절판 (의 책). volumes ~ 64 절판 본.

insolarium [ɛ̃sɔlarjɔm] n.m. 일광욕장(건물).

insolation [ɛ̃sɔlasjɔ̃] n.f. ① 햇볕에 쬐기, (치료 목적의)일광욕. L~ prolongée est dangereuse. 일광욕을 오래 하면 위험하다. ~ d'une pellicule photographique 〖사진〗 필름을 햇볕에 굽기. ② 〖의학〗일사병(coup d'~); 〖식물〗햇볕에 타

생. député non ~ 무소속 의원. dette ~e 정리 공채(公債). valeur ~e à la cote officielle 〖상업〗 상장(上場)된 주(株). valeur non ~e 상장되지 않은 주. ② 〖수학〗 내접한. angle[cercle] ~ 내접각[원].
—n. 등록된 사람. ~ maritime 〖해양〗 등록된 선원(해군 징집을 위해 전문 선원을 등록함).

inscrivant(e) [ɛ̃skrivɑ̃, -ɑ̃ːt] n. 〖법〗 저당권 등기 신청자.

inscrutabilité [ɛ̃skrytabilite] n.f. 《드물게》 불가해(不可解), 눈어림할 수 없음.

inscrutable [ɛ̃skrytabl] a. 《드물게》 탐구할 수 없는, 눈어림할 수 없는.

inscrutablement [ɛ̃skrytabləmɑ̃] ad. 《드물게》 불가해하게; 눈어림할 수 없을 만큼.

insculper [ɛ̃skylpe] v.t. 송곳[끌]으로 새기다.

insécabilité [ɛ̃sekabilite] n.f. 분할할 수 없음.

insécable [ɛ̃sekabl] a. 분할할 수 없는. Les atomes ne sont pas des éléments ~s. 원자는 분할될 수 없는 요소가 아니다.

insecouable [ɛ̃skwabl] a. 흔들 수 없는.

insectarium [ɛ̃sɛktarjɔm] n.m. 《드물게》 곤충(사육)관.

*****insecte** [ɛ̃sɛkt] n.m. ① 곤충. ~ social 사회생활을 하는 곤충. ② 벌레같은 것(인간). activité d'~ 바지런함. ③《예》벌레 (곤충을 비롯하여 거미·지네·뱀 따위의 무척추 소동물의 총칭으로 사용됨).

insecticide [ɛ̃sɛktisid] n.m. 살충제. —a. 살충(제)의. poudre ~ 가루 살충제.

insectier [ɛ̃sɛktje] n.m. 곤충 표본상자; 〖속어·드물게〗 아마추어 곤충채집가.

insectifuge [ɛ̃sɛktifyʒ] n.m., a. 방충(제)(의).

insectivore [ɛ̃sɛktivɔːr] a. 〖생물〗 곤충을 먹고 사는(entomophage). oiseau ~ 벌레 먹고 사는 새. plante ~ 식충 식물(plante carnivore).
—n.m.pl. 〖동물〗 식충목(目)(포유류강(綱)의 한 목; 두더지·고슴도치 따위를 포함).

insectologie [ɛ̃sɛktɔlɔʒi] n.f. 〖예〗 곤충학(entomologie).

insécuriser [ɛ̃sekyrize] v.t. 불안감을 주다, 불안하게 하다.

insécurité [ɛ̃sekyrite] n.f. 불안정, 불안. vivre dans l'~ 불안 속에서 생활하다. zone d'~ 〖전시의〗위험 지대(지구), ~ des grandes villes 대도시의 불안정한(뒤숭숭한) 생활.

I.N.S.E.E. 《약자》 Institut national de la statistique et des études économiques 국립 통계 경제 연구소.

in-seize [ɛ̃sɛːz] 〖인쇄〗 a.《불변》16절판의. volume ~ (in-16°) 16절판 책. —n.m. 《복수불변》 16절판(의 책).

inselberg [ɛ̃sɛlbɛrg]《노르웨이》n.m. 〖지리〗 평지 가운데 우뚝 솟아 있는 산.

insémination [ɛ̃seminɑsjɔ̃] n.f. 〖생물〗 수정, 매정(媒精). ~ artificielle (소 따위의)인공수정.

inséminer [ɛ̃semine] v.t. 인공수정하다.

insénescence [ɛ̃senɛsɑ̃s] n.f. 〖생물〗(적충류(滴蟲類)의)노화(老化)(적충류의 2분열이 여러번 행해진 후이 적충들이 두종류와 합체하지 않고 증가 열을 멈추고 죽는 현상).

insensé(e) [ɛ̃sɑ̃se] a. ① 비상식적인, 상례를 벗어난, 무분별한, 어리석은. homme ~ 분별이 없는 사람. idées ~es 엉뚱한 생각. projet ~ 당치도 않은 계획. ②《구어》괴상한, 기묘한. mobilier ~ 괴상망측한 가구. ③《예》정신이 돈. —n. ①《문어》비상식적인 사람. ②《예》미친 사람.

insensément [ɛ̃sɑ̃semɑ̃] ad. 《드물게》 미치광이처럼, 무분별하게.

insensibilisateur(trice) [ɛ̃sɑ̃sibilizatœːr, -tris] 《드물게》〖의학〗 a. 마취시키는. —n.m. 마취제 (약); 마취 기구.

insensibilisation [ɛ̃sɑ̃sibilizasjɔ̃] n.f. 무감각하게 하기, 마비시키기; 〖의학〗마취(시키기).

insensibiliser [ɛ̃sɑ̃sibilize] v.t. 무감각하게 하다; 마취시키다, 몽혼시키다. ~ un malade avant de l'opérer 환자를 수술하기 전에 마취시키다. ~ les nerfs d'une dent 이의 신경을 마취시키다.

insensibilité [ɛ̃sɑ̃sibilite] n.f. ①무감각, 마비(상태). ~ d'un nerf 신경의 마비 상태. ②무관심, 개의치 않음, 냉담. ~ aux compliments 찬사에 대한 무관심.

insensible [ɛ̃sɑ̃sibl] a. ① [~ à] (에)무감각한, 마비된. L'œil est ~ à l'infrarouge. 육안으로는 적외선을 볼 수 없다. ~ au froid 추위를 느끼지 않는. ② [~ à] (에)무관심한, 무심한, 둔감한, 냉담한. ~ aux prières 부탁에 귀를 기울이지 않는. ~ à la pitié 동정할 줄 모르는. ~ aux injures 욕설에 끄떡 않는. ~ à la poésie 시의 아름다움을 못하는. ③ 느낄 수 없을 만큼의, 극히 적은, 극히 완만한. différence ~ 있을까 말까한 차이.
—n. ① 무감각한 사람, 개의치 않는 사람. ②《예》 (사랑에 있어서)매정한 사람.

insensiblement [ɛ̃sɑ̃sibləmɑ̃] ad. 느낄 수 없을 만큼 천천히, 조금씩. Ce travail avance ~. 이 일은 서서히 진행된다.

insensitif(ve) [ɛ̃sɑ̃sitif, -iːv] a. 〖라디오〗(광선 검파기에) 감수(感受) 하지 않는.

inséparabilité [ɛ̃separabilite] n.f. 불가분성(不可分性). ~ de la cause et l'effet 원인과 결과를 구분하기 어려움.

inséparable [ɛ̃separabl] a. [~ de] (로부터)뗄 수 없는, 불가분의. L'idée de liberté est ~ de celle de responsabilité. 자유라는 개념은 책임이라는 개념으로부터 떼어놓을 수가 없다.
—n.pl. 헤어지지 못하는(항상 함께 있는) 사람들.
—n.f.pl. 〖조류〗 모란잉꼬(과)(아프리카산의 소형 잉꼬로 사이가 무척 좋다).

inséparablement [ɛ̃separabləmɑ̃] ad. 떼어놓을 수 없도록, 떼어놓기 힘들게. Ils sont ~ unis. 그들은 떨어질래야 떨어질 수 없게 밀착되어 있다.

insérable [ɛ̃serabl] a. 삽입할 수 있는, 게재할 수 있는. Cette photo est ~ dans la revue. 이 사진은 잡지에 실릴 수 있다.

insérer [ɛ̃sere] [6] v.t. ① 삽입하다, 끼워 넣다. ~ la facture dans le colis 소포에 송장을 넣다. ~ une greffe sous l'écorce 수피(樹皮) 밑에 접목(接木)을 끼워 넣다. 〖기사 따위를〗게재하다; (항목 따위를)추가하다. faire ~ une annonce dans une revue 잡지에 광고를 싣다. ~ une clause dans un contrat 계약서에 어느 조항을 추가해 넣다. prière d'~ (n.m. 또는 n.f.) 서평 의뢰서(출판사가 신간 서적을 신문·잡지사에 보낼 때 첨부하는 서평용 해설 자료가 담긴 종이).
—s'~ v.pr. ① [s'~ dans] (에)끼워 넣어지다, 일환을 이루다, 위치하다. Ce problème s'insère dans mon plan d'études. 이 문제는 내 연구 계획의 일환을 이룬다. s'~ dans la société 사회에 자리를 잡다 〖동화되다〗. ② [s'~ sur] (에)부착되다. Les muscles s'insèrent sur les os. 근육은 뼈에 부착되어 있다.

INSERM [ɛ̃sɛrm] 《약자》Institut national de la santé et de la recherche médicale 국립 보건의학 연구소.

insermenté [ɛ̃sɛrmɑ̃te] a.m. 〖역사〗 (사제가 1790

는 질문. —*n.m.* ① 조사관, 심문자. ② 《역사》 종교 재판관(~ de la foi). Grand I~ 이단 규명소 재판장.

inquisitif(ve) [ɛ̃kizitif, -i:v] *a.* 탐색하는 듯한; 《철학》 사변적인, 이론만 캐는.

inquisition [ɛ̃kizisjɔ̃] *n.f.* ① 《문어》 (지나치게) 엄한 취조[심문·따짐]. C'est de l'~. 취조가 지나치다. ~ de la censure 엄한 검열. ② (I~) 《역사》 (13세기에 교황 그레고리우스 9세에 의해 설치된) 이단 규명소, 종교 재판소(tribunal de l'I~); 종교 재판관. ③ 《옛》 연구, 조사.

inquisitionner [ɛ̃kizisjɔne] *v.t.* 취조하다, 심문하다; (사물을) 탐색[음미]하다. —*v.i.* 《드물게》 이단 심문(규명·취조)에 종사하다.

inquisitorial(ale, pl. aux) [ɛ̃kizitɔrjal, -o] *a.* ① 《문어》 (견딜 수 없을 정도로) 엄하게 추궁하는, 용서없는; 이단 규명과 같은. ② 종교재판의. procédure ~*ale* 종교재판기록.

I.N.R.A. 《약자》 Institut national de la recherche agronomique 국립농학연구소.

inracontable [ɛ̃rakɔ̃tabl] *a.* 이야기할 수 없는. film ~ 이야기[설명]하기 힘든 영화.

I.N.R.I., INRI [ɛ̃ri] 《약자》 Iesus Nazarenus Rex Iudaeorum 유태인의 왕 나사렛 예수.

inrouillable [ɛ̃rujabl] *a.* 《야금》 녹슬지 않는.

insaisissabilité [ɛ̃sezizabilite] *n.f.* 《법》 압류금지. clause d'~ 압류금지조항.

insaisissable [ɛ̃sezisabl] *a.* ① 붙잡을 수 없는; (성격·뜻 따위가) 파악할 수 없는. voleur ~ 붙잡을 수 없는 도둑. nuances ~*s* de couleurs 파악할 수 없는 색깔의 뉘앙스. ② 《법》 압류할 수 없는. bien inaliénable et ~ 양도압류금지 재산.

insalifiable [ɛ̃salifjabl] *a.* 《화학》 비염화성(非塩化性)의. base ~ 비염화기(基).

insalissable [ɛ̃salisabl] *a.* 《드물게》 더러워지지 않는, 쉽게 때묻지 않는.

insalivation [ɛ̃salivasjɔ̃] *n.f.* 《생리》 타액혼화(唾液混和) 작용 (음식을 씹을 때 음식물에 타액이 섞이는 작용).

insalubre [ɛ̃salybr] *a.* 건강에 해로운, 비위생적인 (malsain). climat ~ 건강에 나쁜 기후. îlot ~ (도시의 철거대상이 되는) 비위생 구역.

insalubrement [ɛ̃salybrəmɑ̃] *ad.* 비위생적으로.

insalubrité [ɛ̃salybrite] *n.f.* 비위생, 불건강.

insane [ɛ̃san] *a.* ① 《문어》 지각없는, 정신나간, 당치않은 (insensé). projets ~*s* 엉뚱한 계획. ② 《옛》 광기의, 미친 듯한.

insanité [ɛ̃sanite] *n.f.* ① 미치광이 같음, 난폭; 엉망; 비상식적인 언동. dire des ~*s* 어리석은 소리를 하다. ② 《옛》 광기.

insapide [ɛ̃sapid] *a.* 《드물게》 아무런 맛이 없는, 무미의.

insatiabilité [ɛ̃sasjabilite] *n.f.* 《문어》 탐욕, 게걸 (avidité). ~ d'un désir 만족할 줄 모르는 욕망.

insatiable [ɛ̃sasjabl] *a.* 탐욕스러운, 게걸스러운 (avide, vorace). appétit ~ 끝없는 식욕. être ~ d'honneur 명예욕에 사족을 못쓰다.

insatiablement [ɛ̃sasjabləmɑ̃] *ad.* 탐욕스럽게, 게걸스럽게, 결코 만족치 않고.

insatisfaction [ɛ̃satisfaksjɔ̃] *n.f.* 불만족(mécontentement). manifester son ~ 불만을 나타내다. ~ sexuelle 성적 불만.

insatisfait(e) [ɛ̃satisfɛ, -ɛt] *a.* [~ de] (에) 불만인, 채워지지 않는. désir ~ 차지 않은 욕망. Il est ~ de sa situation. 그는 자신의 지위에 불만이다. —*n.* 은수 한탄을 하는 사람, 불만가 (mécontent).

insaturable [ɛ̃satyrabl] *a.* 포화(飽和)시킬 수 없는. curiosité ~ (비유적) 채워지지 않는 호기심.

insaturation [ɛ̃satyrasjɔ̃] *n.f.* 《화학》 불포화(不飽和).

insaturé(e) [ɛ̃satyre] *a.* 《화학》 불포화의. hydrocarbure ~ 불포화 탄화수소.

insaveur [ɛ̃savœ:r] *n.f.* 《드물게》 무미(건조), 맛이 없음 (insipidité).

insciemment [ɛ̃sjamɑ̃] *ad.* 《드물게》 모르는 사이에; 바라지 않고.

inscolarisable [ɛ̃skɔlarizabl] *a., n.* (심신장애로 인한) 취학불능의(아동).

inscripteur(trice) [ɛ̃skriptœ:r, -tris] *a.* 기록하는. —*n.m.* (계산기의) 등록장치.

inscriptible [ɛ̃skriptibl] *a.* ① 기재[등록]할 수 있는. ② 《기하》 내접(內接)할 수 있는.

*inscription [ɛ̃skripsjɔ̃] *n.f.* ① 기입, 기재, 등기, 신청. ~ d'un nom sur un registre 장부에 이름을 기입하다. ~ d'une question à l'ordre du jour 의제 (議題) 의 상정. faire l'~ de qn sur les listes électorales …의 이름을 선거인 명부에 기재하다. ~ maritime 《해양》 등록(소) (《해군의 징집원을 위해 직업적인 선원을 등록시키는 제도》). ~ de faux; ~ en faux 《법》 위조(허위)기록의 신고. ~ hypothécaire 《법》 저당권 등기. ② (대학 따위의) 등록. faire[prendre] ses ~*s* (학생이) 등록하다. ~ d'un étudiant dans[à] la faculté de droit 한 학생의 법과대학에의 등록. ③ 게시(문), 광고문; (표시판 따위의) 글자; 낙서. ~ bilingue d'une seigne 2개 국어로 쓰여진 간판의 문자. mur couvert d'~*s* 낙서로 덮인 벽. ④ 비문, 비명. mettre(graver) une ~ sur… …에 비문을 넣다(새기다). ~ funéraire 묘비명. Académie des I~*s* et Belles-Lettres 비명문학 아카데미 (《프랑스 5개 아카데미의 하나로 주로 사학·고고학·문헌학의 학자들로 구성됨》). ⑤ 《수학》 내접(內接).

*inscrire [ɛ̃skri:r] [38] *v.t.* ① 적어두다, 기입[기재]하다 (noter). ~ un rendez-vous sur son carnet 만날 약속을 수첩에 적어 두다. ② 등록시키다, (의) 이름을 올려주다, 가입시키다; (의) 수강신청을 내다 (enrôler). ~ son enfant à une école 아들을 학교에 등록[입학]시키다. ~ qn au nombre de ses amis …을 친구로 꺼위주다. se faire ~ à un cours 어느 강의에 수강신청하다. ③ ⓐ (비문 따위를) 새기다 (graver). ~ une épitaphe sur une tombe 묘비명을 새기다. ⓑ (기억에) 새기다, 명심하다; 자국을 남기다 (marquer). *Inscrivez* bien cette date dans votre mémoire. 이 날짜를 명심하시오. Les rides *ont inscrit* son âge sur son front. 주름살이 이마에 나이를 새겨놓았다. ④ 《수학》 내접시키다. ~ un triangle dans un cercle 원에 삼각형을 내접시키다.

—*s'*~ *v.pr.* ① 들어가다, 가입하다, 입학[등록]하다, 이름을 올리다 (entrer, adhérer). s'~ à la faculté 대학에 등록하다 (s'~ en médecine 따위의 형태도 있음). s'~ à un parti 입당하다. ② 포함되다, 위치하다; 새겨지다. Ces mesures *s'inscrivent* dans la réforme de l'enseignement. 이러한 조치들은 교육개혁의 일환을 이루고 있다. ③ 《수학》 내접하다.

s'~ *en faux(contre qc)* ⓐ 《법》 (상대가 제출한 서류에 대해) 위조임을 신고하다 ⓑ (을) 부인하다, 부정하다. Il *s'est inscrit en faux contre* les bruits de départ à la retraite. 그는 퇴직에 관한 소문을 부인했다.

inscrit(e) [ɛ̃skri, -it] *a.p.* ① 기명된, 명단에 오른, 등록된, 기재된. orateur ~ (의회의) 발언 신청자. étudiant ~ à un club sportif 운동부에 가입한 학

적(非器質的)인(기관의 손상이 아닌 기능의 장애). ④ 〖언어〗(철자·음 따위가)비발생적인, 비어원적인(라틴어 pensum이 poids로 될 때 d는 잘못 붙여진 것이 비어원적임).

inorganisation [inɔrɡanizɑsjɔ̃] n.f. 무[미]조직(상태); 조직을 정비하지 않음. Une ~ administrative existe encore dans trop de secteurs. 아직도 너무나 많은 분야에서 행정조직이 정비되지 못한 것을 볼 수 있다.

inorganisé(e) [inɔrɡanize] a. ① (조합·정당 따위가)조직되지 않은; 미가입의. ② 무생물의, 생활 기능이 없는. ③ 난잡한, 단정치 못한.
—n. 비조직원, 비당원.

inoscopie [inɔskɔpi] n.f. 〖의학〗삼출물(滲出物) 세균 검사법.

inosculation [inɔskylɑsjɔ̃] n.f. ① 〖의학〗접합, 문합(吻合); (특히) 혈관 문합(교통). ② (드물게) 〖식물〗(관상(管狀)기관의)접합.

inostensible [inɔstɑ̃sibl] a. 남의 눈에 띄지 않는, 숨겨진.

inostensiblement [inɔstɑ̃siblǝmɑ̃] ad. 남의 눈에 띄지 않게, 눈치채지 않게, 극비리에.

inoubliable [inubli(j)abl] a. 잊지 못할, 잊을 수 없는. accueil ~ 잊지 못할 대접. fait ~ 잊을 수 없는 사실.

inoublié(e) [inubli(j)e] a. 잊혀지지 않는.

*__inouï(e)__ [inwi] a. ① 놀라운, 믿을 수 없을 만큼의, 터무니없는. Le succès de ce concert est ~. 이 연주회의 성공은 놀랄 만하다. Il n'écoute personne, c'est ~. 그는 누구의 말도 듣지 않아, 놀라운 일이야. Jean est ~ (구어)쟝은 대단한 녀석이야. ② 〖옛〗전대미문의. ③ 〖옛·문어〗(소리가)여지껏 들어본 적이 없는.

inouïsme [inwism] n.m. 〖옛·구어〗괴상함, 엉뚱함.

inox [inɔks] 〖약자〗inoxydable.

inoxydable [inɔksidabl] a. 산화하지 않는, 녹슬지 않는(〖약자〗inox). acier ~ 스테인레스 스틸.
—n.m. 녹슬지 않는 금속, 스테인레스 금속.

inoxydé(e) [inɔkside] a. 산화하지(녹슬지)않은.

in-pace, in pace [inpas(tʃ)e] 〖라틴〗n.m. (복수불변)(수도원이나 교회 안에 설치되어 파계수도자 따위를 종신 유폐한)감옥, 지하감옥(감옥의 문을 닫을 때 죄수에게 하던 말로서 라틴어 vade in pace (평안히 가거라)에서 나온 말).

in partibus (infidelium) [inpartibys(infideljɔm)] 〖라틴〗loc.a. ① évêque ~ (이교도에 의해서 점령된 교구의)명의사제. ② (구어)직책 없는, 이름뿐인, 명의뿐인(라틴어 in partibus infidelium (비(非)그리스도교 나라에서)에서 유래). ministre ~ 무임소장관.

in petto [inpɛ(ɛt)to] 〖이탈리아〗loc.ad. ① 마음속으로, 심중에, 내심(농담으로 사용할 때도 있음). ② cardinal ~ (아직 공표되지 않은)교황 임명의(意中)

in-pl. (약자)in-plano.

in-plano [inplano] 〖인쇄〗a. (불변)접지 않은, 전지판의, 아틀라스판의. format ~ 아틀라스판.
—n.m. (복수불변)전지판(全紙判), 아틀라스판.

input [input] 〖영〗n.m. 〖컴퓨터〗인풋, 입력.

inqualifiable [ɛ̃kalifjabl] a. 형언할 수 없는; 언어 도단의. conduite ~ 언어도단의 행위.

in-quarante-huit [ɛ̃(in)karɑ̃tɥit] 〖인쇄〗a. (불변) 48절판의. volume ~ 48 절판(본). —n.m. (복수불변) 48절판(의 책).

inquart [ɛ̃kar] n.m., **inquartation** [ɛ̃kartasjɔ̃] n.f. 〖야금〗추은분석(追銀分析)(법), 금은(金銀)분리(법)(회취법(灰吹法) (coupellation)을 행하기 전에 금의 3배 무게의 은을 첨가하기).

in-4° 〖약자〗in-quarto.

in-quarto [inkwarto] 〖인쇄〗a. (불변) 4 절판의.
—n.m. (pl. ~s) 4 절판(의 책).

in-quatre-vingt-seize [ɛ̃(in)katrǝvɛ̃sɛːz] 〖인쇄〗a. (불변) 96절판의. —n.m. (복수불변) 96 절판(의 책).

*__inquiet(ète)__ [ɛ̃kjɛ, -ɛt] a. ① 불안한, 걱정스러운, 마음에 걸리는. Je suis ~ pour l'avenir de mon fils. 나는 아들의 장래가 불안(걱정)스럽다. Je suis ~ à ce sujet (sur votre sort). 그 점(당신의 운명)이 걱정스럽다. [~ de qc/de+inf.] Je suis ~ de son silence. 나는 그가 잠자코 있는 것이 마음에 걸린다. Elle est ~ète de voir sa fille si souvent avec lui. 그녀는 자기 딸이 그렇게 자주 그와 함께 있는 것을 보고 걱정스러워 한다. air ~ 걱정스러운 표정(모습). voix ~ète 불안스러운 목소리. ② 〖문어〗항상 불만인, 노상 바라는. ambition ~ète 끊임없는 야심. ③ 〖옛〗침착하지 못한; 움직임 [과란]을 즐기는.
—n. ① 불안증을 지닌 사람. ② 〖문어〗침착하지 못한 사람.

inquiétant(e) [ɛ̃kjetɑ̃, -ɑ̃ːt] a. 불안하게 하는, 걱정되는, 염려스러운(↔ rassurant). avenir ~ 걱정되는 앞날. nouvelle ~e 불안한게 하는 소식. visage ~ 무시무시한(기분나쁜) 얼굴. ~ personnage 수상한 사람.

inquiètement [ɛ̃kjɛtmɑ̃] ad. 〖문어〗불안한 마음으로, 걱정하면서.

*__inquiéter__ [ɛ̃kjete] [6] v.t. ① 불안하게 [걱정스럽게] 하다, 마음을 조이게 하다. Sa santé m'inquiète. 그의 건강이 걱정스럽다. Ça m'inquiète de te voir partir seul. 네가 혼자 떠나는 것을 보니 마음에 걸리는구나. ② (적을 공격으로)괴롭히다, 곤란하게 하다. ~ l'ennemi dans sa marche 적의 진군을 (공격으로)방해하다. 〖수동〗평온은 깨뜨리다, 동요시키다; (특히)경찰이 끈질기게 뒤쫓다. Les passions inquiètent l'adolescence. 정열이 청춘기를 흔들어 놓는다. La police ne l'inquiète plus. 경찰이 이제 그를 괴롭히지 않는다.
—s'~ v.pr. ① 걱정하다, 불안해 하다. Ne vous inquiétez pas. 걱정하지 마십시오. s'~ au sujet de qn …에 대해 걱정하다. Je m'inquiète s'il ne viendra pas. 그가 오지 않을 것 같아서 불안합니다. ② [s'~ de/sur] (에)신경을 쓰다, 염려하다. Sans s'~ des conséquences 결과가 어찌 됐든 신경쓰지 않고. [s'~ de+inf.; s'~ que+sub.; s'~ de ce que+ ind./sub.] (…이)하기(이)…마음에 걸린다. Je m'inquiète qu'elle soit fâchée. 나는 그녀가 화가 났을까 걱정된다. ③ 알아보다, 문의하다, 묻다. [~ de qc] Je me suis inquiété de l'heure d'arrivée de l'avion. 나는 비행기의 도착시간을 문의했다.

*__inquiétude__ [ɛ̃kjetyd] n.f. ① 불안, 근심, 걱정, 염려, 체념. J'ai des ~s à ce sujet. 나는 그 점이 불안하다. éprouver une vive ~ 몹시 불안하다. dissiper des ~s 불안을 떨어내다. être dans l'~ 불안하다. donner de l'~ …에게 걱정을 주다. ~ sur [au sujet de] qn(qc) …에 대한 불안. Soyez sans ~. 걱정하지 마십시오. sujet d'~ 걱정거리. N'ayez pas d'~ pour cette affaire. 이 일에 대해서 걱정하지 마세요. J'ai des ~s dans les jambes. (발에)쥐가 쑤신다. ② 〖문어〗〖철학〗(형이상학적인)불안. ~ religieuse [métaphysique, existentielle] 종교적 [형이상학적, 실존적] 불안. ③ 〖옛〗동요, 동요상태.

inquisiteur(trice) [ɛ̃kizitœːr, -tris] a. 탐색하는 듯한, 따지는 듯한, 더듬어 찾는 듯한. regard ~ 탐색하는 듯한 눈초리. question ~trice 깊이 캐어묻

inobservance [inɔpsɛrvɑ̃:s] *n.f.* 《문어》(규칙·명령·주의 따위를)지키지 않음, 위반. ~ des prescriptions médicales 의사의 처방을 무시함.

inobservation [inɔpsɛrvasjɔ̃] *n.f.* 어김, 위반, 불이행. ~ d'un contrat 계약 위반.

inobservé(e) [inɔpsɛrve] *a.* 관찰되지 않은; 지켜지지 않은.

inobstrué(e) [inɔpstrye] *a.* 《문어》가로막히지 않은, 닫혀져 있지 않은.

inoccupation [inɔkypasjɔ̃] *n.f.* 《문어》① 무직, 무위(désœuvrement). ② (장소·집 따위가)쓰이지 않음, 불사용, 유휴(遊休).

inoccupé(e) [inɔkype] *a.* ① 일이 없는, 노는, 무위도식하는(désœuvré). vie ~e 무위도식하는 생활. ② (장소·집 따위가)비어있는(vide, inhabité). appartement ~ 비어 있는 아파트. terrain inculte et ~ 경작되지 않고 비어있는 땅. —*n.* 일없는 사람, 한가한 사람.

in-8° 《약자》in-octavo.

in-octavo [inɔktavo] *a.* 《불변》8절판의. format ~ 8절판. —*n.m.* 8절판(책)(volume ~) (*pl.* in-octavo 또는 in-octavos).

inoculabilité [inɔkylabilite] *n.f.* 접종 가능성.

inoculable [inɔkylabl] *a.* 《의학》접종될 수 있는. La variole est ~. 천연두는 접종될 수 있다.

inoculateur(trice) [inɔkylatœ:r, -tris] *a.* 접종용의. appareil ~ 접종용 기구.

inoculation [inɔkylasjɔ̃] *n.f.* ① (병균의)체내침입, 세균감염, 접종. La vaccination est une ~ volontaire. 백신접종은 자발적인 감염이다. ~ préventive(prophylactique, immunisante) 예방접종. ② (사상의)전파, 감화(感化), 주입, 만연. ③ 《옛》종두.

inoculer [inɔkyle] *v.t.* ① 《의학》(세균을)접종하다, 예방주사하다(vacciner); 감염시키다. ~ *qn* contre... …에게 …의 예방주사를 놓다. ~ le vaccin contre la variole 우두를 놓다. La morsure du chien lui *a inoculé* la rage. 개가 물어 그에게 광견병을 감염시켰다. ② (사상 따위를)불어넣다, 주입하다, 전파하다(communiquer, transmettre). Il *m'a inoculé* une grande ambition. 그는 내게 큰 야심을 불어넣어 주었다. ~ un vice à *qn* …을 악덕에 물들게 하다.

—*s'~ v.pr.* ① 접종되다. La rage *s'inocule* facilement. 광견병은 쉽게 접종되다. ② 감염되다; 자기에게 접종하다. *s'~* une maladie (세균에 의해서) 병에 걸리다.

inocybe [inɔsib] *n.m.* 《식물》땀버섯속(屬).

inodorant(e) [inɔdɔrɑ̃, -ɑ̃:t] *a.* 《드물게》냄새가 없는. principe ~ 무취성분.

inodore [inɔdɔ:r] *a.* ① 무취의, 냄새가 없는. gaz ~ 무취가스. fleur ~ 향기없는 꽃. ② 《농담》멋이 없는, 전혀 흥미가 일지 않는.

inoffensif(ve) [inɔfɑ̃sif, -i:v] *a.* ① 해가 없는, 무해의. Ce chien est ~. 이 개는 물지 않는다. livre ~ 해롭지 않은 책. plaisanterie ~*ve* 해롭지 않은 농담. ② 《구어》배짱이 없는, 소심한. pauvre type bien ~ 배짱없이 마냥 착한 놈.

inoffensivement [inɔfɑ̃sivmɑ̃] *ad.* 무해하게.

inofficiel(le) [inɔfisjɛl] *a.* 《행정·외교》비공식적인. visite ~le 비공식 방문.

inofficieusement [inɔfisjøzmɑ̃] *ad.* 《법》(증여나 재산배분 등이) 부당하게, 불공정하게.

inofficieux(se) [inɔfisjø, -ø:z] *a.* 《법》부당[부공평]한. donation ~*se* 부당 증여. testament ~ 부당 유언(법정상속인의 상속권을 빼앗는 유언).

inomissible [inɔmisibl] *a.* 빠뜨릴[생략할] 수 없는, formalité ~ 생략할 수 없는 수속(절차).

inondable [inɔ̃dabl] *a.* 홍수가 일어나기 쉬운, 침수되기 쉬운.

*****inondation** [inɔ̃dasjɔ̃] *n.f.* 홍수, 범람; 침수; 범람한 물. ~ causée par la fonte des neiges 눈이 녹아서 일어난 홍수. ~*s* périodiques du Nil 나일강의 주기적인 범람. ~*s des* rizières 논에 물대기. ~ de larmes 눈물의 홍수. ~ de produits étrangers 외국제품의 범람.

inondé(e) [inɔ̃de] *a.p.* ① 침수된; 홍수피해를 입은. terrain ~ 물에 잠긴 땅. populations ~*es* 수해 피해자, 수재민. ② [~ de]잠긴, 젖은; (...으로) 넘친. joues ~*es* de pleurs 눈물로 젖은 볼. Séoul est ~ *de* touristes. 서울은 관광객으로 넘친다. chambre ~ de soleil 햇빛이 가득 비치는 침실. ③ plantes ~*es* 《식물》침수식물. —*n.m.pl.* 수재민. quête pour les ~*s* 수재민을 위한 모금.

inonder [inɔ̃de] *v.t.* ① 《~》홍수가 나게하다, 침수시키다; 물에 적시게 하다, 심하게 적시다. La Loire *a inondé* les terrains bas. 루아르강이 저지대를 침수시켰다. *être inondé* par une averse 소나기로 흠뻑 젖다. Les pleurs *inondaient* son visage. 눈물로 그의 얼굴이 온통 젖어 있었다. ② (이)넘치다, 침입하다; 가득하게 하다. foule qui *inonde* une place 광장을 가득 메운 군중. Les Sarassins *inondèrent* l'Espagne. 사라센족이 에스파냐를 침입했다. Une immense joie *inonde* mon cœur. 내 마음은 커다란 기쁨으로 넘친다. ③ [~ de] (으로)적시다, 가득하게 하다; (을)넘쳐 흐르게 하다. La guerre *a inondé* ce pays *de* sang. 전쟁이 이 나라로 하여금 많은 피를 흘리게 했다. ~ le marché *de* produits étrangers 시장을 외국상품으로 범람하게 하다.

—*s'~ v.pr.* ① 홍수가 나다, 침수되다. Ces terrains *s'inondent* à chaque crue. 이 땅은 강물이 범람할 때마다 침수된다. ② 자신의 …에 액체를 듬뿍 뿌리다. *s'~* les cheveux de parfum 머리에 향수를 듬뿍 뿌리다.

I.N.O.P. 《약자》Institut national de l'opinion publique 국립 여론 연구소.

inopérable [inɔperabl] *a.* 《외과》수술할 수 없는. blessé ~ 수술 불가능한 부상자.

inopérant(e) [inɔperɑ̃, -ɑ̃:t] *a.* 효력[효과]없는. remède ~ 효력없는 약. mesure ~*e* 효과없는 조치.

inopiné(e) [inɔpine] *a.* 뜻밖의, 불의의(imprévu). nouvelle ~ 뜻밖의 소식. incident ~ 우발 사건. mort ~ 급사, 횡사.

inopinément [inɔpinemɑ̃] *ad.* 뜻밖에, 느닷없이. recevoir ~ l'ordre de partir 느닷없이 출발명령을 받다.

inopportun(e) [inɔpɔrtœ̃, -yn] *a.* 계제가 나쁜, 공교로운, 시기가 적절하지 못한, 시기를 상실한. Le moment est ~. 시기가 좋지 못하다.

inopportunément [inɔpɔrtynemɑ̃] *ad.* 《문어》계제 나쁘게, 공교롭게.

inopportunité [inɔpɔrtynite] *n.f.* 《문어》계제 나쁨, 형편[시기]이 좋지 않음.

inopposabilité [inɔpozabilite] *n.f.* 《법》(제 3 자에 대해 법적으로)권리를 주장할 수 없음, 대항할 수 없음.

inopposable [inɔpozabl] *a.* 《법》대항할 수 없는. droit ~ à des tiers 제 3 자에게 대항[항변]할 수 없는 권리.

inorganique [inɔrganik] *a.* ① 생활기능이 없는, 무생물의. ② 《화학》무기(無機)의. composé ~ 무기화합물. chimie ~ 《옛》무기화학(현재는 chimie minérale 을 사용). ③ 《의학》(병이)비기질

inobservable

proches 근거 없는 비난.
—n.m. 부정(不正), 부당(한 일). distinguer le juste et l'~ 옳고 그름을 구별하다.
—n. 부정한(불의의) 사람.

injustement [ɛ̃ʒystəmɑ̃] ad 부당[부정]하게, 불공평하게; 근거없이. punir ~ 부당하게 벌주다.

***injustice** [ɛ̃ʒystis] n.f. [~ envers](에 대한)부정, 불의, 부당, 불공평; 부정[부당]한 행위. ~ sociale 사회적 불공평. Ton ~ à son égard m'indigne. 그에 대한 너의 부당함에 나는 화가 난다. réclamer contre une ~ 부정한 행위에 항의하다. ~ d'un tribunal 재판의 부정. ~ d'une mesure fiscale 과세 기준의 불공정. faire ~ à qn(옛)…에게 옳지 못하게 행동하다.

injustifiable [ɛ̃ʒystifjabl] a. 변명[정당화]할 수 없는, 정당성을 증명할 수 없는, 용납될 수 없는 (inexcusable). conduite[procédé] ~ 변명의 여지가 없는 행위.

injustifié(e) [ɛ̃ʒystifje] a. 정당하 되지 않은, 근거가 없는. réclamation ~e 부당한 요구.

inlandsis [inlɑ̃dsis] n.m. 『지리』 (극지의)내륙빙하, 빙상.

inlassable [ɛlasabl] a. 지칠 줄 모르는, 꾸준한 (infatigable). efforts ~s 꾸준한 노력.

inlassablement [ɛlasabləmɑ̃] ad. 꾸준히, 지치지 않고. répéter ~ la même chose 같은 일을 끈기있게 되풀이하다.

inlassé(e) [ɛlase] a.《드물게》지칠 줄 모르는.

inlay [inlɛ]《영》n. 『치과』 인레이.

innavigabilité [innavigabilite] n.f. (강 따위의)항행불능; (배 따위의)항행불능.

innavigable [innavigabl] a. 항행할 수 없는. rivière[avion] ~ 항행불능의 강[비행기].

inné(e) [i(n)ne] a. 타고난, 선천적인, 천부의(↔acquis). sens ~ de la justice 타고난 정의감. idées ~es 『철학』 본유(本有)관념.

innégociable [i(n)negɔsjabl] a. 『상업』 거래할 수 없는.

innéisme [i(n)neism] n.m. 『철학』 본유(本有)관념설(생득설).

innéiste [i(n)neist] n. 『철학』 본유[생득]론자.
—a. 본유[생득]론(자)의.

innéité [i(n)neite] n.f. 『철학』 본유성(本有性).

innervation [i(n)nɛrvasjɔ̃] n.f. 『해부』 신경 분포; 신경 지배. ~ de la face 안면 신경 분포.

innervé(e) [i(n)nɛrve] a. 신경이 분포된. région du corps peu ~ 신경 분포가 적은 신체 부위.

innerver [i(n)nɛrve] v.t. (조직이나 기관에)신경을 분포시키다, 신경을 지배하다.

inning [iniŋ]《영》n. 『스포츠』 (크리켓·야구의)회(回), 이닝.

innocemment [inɔsamɑ̃] ad. 천진난만하게, 악의없이; 단순소박하게; 고지식하게. Il a dit cela fort ~. 그는 전혀 악의없이 그 말을 했다. tomber ~ dans le piège 미련하게 함정에 빠지다.

innocence [inɔsɑ̃s] n.f. 무죄, 무고, 결백. reconnaître(établir) l'~ de qn …의 무죄를 인정[입증]하다. proclamer[démontrer] son ~ 자신의 무고를 주장[증명]하다. ③천진난만함, 순진함, 악의 없음, 단순소박함, 세상물정을 모름. abuser de l'~ de qn …의 순진함을 악용하다. ~ d'un jeune enfant 어린아이의 순진함. ③(악을 모르는)순수함, 때묻지 않음. ~ de l'homme avant le péché originel 원죄 이전의 인간의 순수함. ④《옛》(성의)순결. ⑤《문어》(집합적)무고한 사람들.
en toute ~ 전혀 악의 없이, 천진스럽게.

***innocent(e)** [inɔsɑ̃, -ɑ̃:t] a. ①죄없는, 무고한, 결백한; [~ de](을)범하지 않은. Il est ~ de ce crime. 그는 그 범죄와는 무관하다. être ~ d'une faute 과오와는 무관하다. verser le sang ~ 무고한 자의 피를 흘리다. ②순진한, 악의없는; 단순소박한, 세상물정을 모르는. ~e jeune fille 순진한 처녀. Tu es bien ~ de croire ces faribotes. 그 따위 같잖은 이야기들을 믿다니 너 참 순진하구나. ③순진무구한, 악을 모르는, 순결한. vie ~e 순결한 생활. ④(놀이 따위가 위)죄없는, 남에게 해를 끼치지 않는. railleries ~es 악의없는 놀림. jeux ~s (옛날의)실내 게임[놀이]; (반어적) 아슬아슬한 놀이. ⑤《문어》(사람이)해를 끼치지 않는.
—n. ①죄없는[무고한] 사람. accuser un ~ 무고한 자를 비난하다[고소하다]. faire l'~ 무죄인 척하다, 시치미를 떼다. ②청순한 사람, 때묻지 않은 사람; (천진난만한)아이, 유아. Massacre des(saints) I~s 『성서』유아학살(헤롯왕이 예수의 탄생을 두려워하여 베들레헴에서 수많은 유아를 학살한 일). ③세상물정을 모르는 사람, 호인, 단순한 사람; 얼간이, 바보.
—n.f. (옛날에 여성이 입던)벨트가 없는 넉넉한 드레스(robe à l'~e).
Aux ~s les mains pleines.《속담》세상물정 모르는 단순한 사람이 행복한 법이다.

innocenter [inɔsɑ̃te] v.t. ①무죄를 선고하다, 죄를 벗기다. témoignage qui innocente le suspect 용의자의 무고를 밝히는 증언. ②정당화하다, 허락하다, 변호하다. Rien n'innocente son attitude. 그의 태도는 용서할 수 없다.
—**s'~** v.pr. 자신의 무고를 증명하다.

innocuité [i(n)nɔkyite] n.f. 무해(↔nocivité).

innombrable [i(n)nɔ̃brabl] a. ①무수한, 헤아릴 수 없는. foule ~ 어마어마한 군중. Il avait d'~s choses à me dire. 그는 내게 할 말이 무척 많았다. ②(문어)매우 다양한, 여러 모습의.

innombrablement [i(n)nɔ̃brabləmɑ̃] ad 무수히, 수없이.

innominé(e) [i(n)nɔmine] a. 『해부』 무명의. os ~ 무명골(os iliaque). artère ~ 무명동맥.

innom(m)é(e) [i(n)nɔme] a. ①아직 이름없는, 무명의. contrats ~s (로마법에서)무명 계약. ②=innominé.

innommable [i(n)nɔmabl] a. ①말도 못하리만큼 천한, 불쾌한, 상스러운(vil, dégoûtant). matières ~s 오물. conduite ~ 상스러운 행동. ②이름붙일 수 없는, 형언할 수 없는.

innovateur(trice) [i(n)nɔvatœ:r, -tris] a. 개혁하는, 혁신적인. politique ~trice 혁신적 정책. —n. 개혁자, 혁신가.

innovation [i(n)nɔvasjɔ̃] n.f. 혁신, 개혁; 혁신적인 것, 새로운 것. ~ au théâtre 연극의 개혁. ~s techniques 기술혁신. aimer[craindre] les ~s 새로운 것을 좋아하다(두려워하다).

innover [i(n)nɔve] v.t. 개혁[혁신·쇄신]하다. ~ une mode 유행을 바꾸다. —v.i. [~ en/sur](을)개혁[쇄신]하다. ~ en art 미술을 혁신하다.

inobéissance [inɔbeisɑ̃:s] n.f. 불복종; 위배.

inobéissant(e) [inɔbeisɑ̃, -ɑ̃:t] a. 순종하지 않는, 공손하지 않은.

inobligeance [inɔbliʒɑ̃:s] n.f.《드물게》불친절.

inobligeant(e) [inɔbliʒɑ̃, -ɑ̃:t] a.《드물게》불친절한, 통명스러운.

inobscurci(e) [inɔpskyrsi] a. 어둡게 하지 않은; 애매[불명료]하게 되어 있지 않은.

inobservable [inɔpsɛrvabl] a. ①관찰할 수 없는. comète ~ 관찰할 수 없는 혜성. ②(규칙 따위가)지킬 수 없는. prescription ~ 지킬수없는 명령.

설정을 하다.

initia*teur(trice*) [inisjatœːr, -tris] *n.* ① 입문 지도자, 기초를 가르치는 사람. Il a été mon ~ pour la géométrie. 저 분은 내게 기하학의 기초를 가르쳐 주신 분이다. Elle fut son ~*trice* en amour. 그녀는 그에게 처음으로 사랑을 알게해 주었다. ② 선도자, 선각자; 창시자. ~s de la sédition 반란의 주모자들. ~s des progrès scientifiques 과학의 진보를 이끈 선구자들.
—*a.* 기초[초보]를 가르치는; 선구적인. génie ~ 새로운 분야를 개척하는 천재.

initiation [inisjasjɔ̃] *n.f.* ① 심오한 교리의 전수. ② (종교단체나 비밀결사에의)입회[입당](의식), 통과의식; 성인식(成人式). ③ 입문지도, 기초[초보]를 가르침. ~ à la musique 음악에의 입문지도. cours d'~ de français 프랑스어 기초강좌.

initiatique [inisjatik] *a.* 《종교·사회》 심오한 교리 전수의; (결사 따위의)입회[입단]식의. épreuves ~s d'~[입단]을 위해 받는 시련[훈련]. rites ~s 입단식, 입단의례.

initiative [inisjatiːv] *n.f.* ① 발의, 발기, 제안, 솔선; 창의(솔선하는) 행동. [~ de *qc*] prendre l'~ d'un mouvement 앞장서서[솔선해서] 운동을 주도하다. [~ de/pour+*inf.*] Il a pris l'~ de réviser le Constitution. 그는 앞장서서 헌법개정을 제창했다. ② 진취적인 기질, 자발성, 주도권. faire preuve (d'esprit) d'~ 진취적인 기질[기상]을 발휘하다. leader plein d'~ 진취성이 있는 지도자. ③ 《정치》 발의권(droit d'~). ~ parlementaire 국회의 법안 발의권. ~ populaire 국민의 법안 발의권 (일정 수의 국민이 입법에 관한 제안을 행하는 태도).
avoir[*garder*] *l'~* (전투·경기 따위에서)주도권 (공격권)을 쥐고 있다. *de sa propre ~* 자진해서, 자발적으로. *sur*[*à*] *l'~ de qn* ···의 제안으로. *syndicat d'~* 관광 협회(안내소).

initié(e) [inisje] *a.p.* [~ à] (에게)초보[기초]교육을 받은, 요령을 터득한.
—*n.* 심오한 교리를 전수받은 사람. ② 기초[초보]교육을 받은 사람, 입문자, 초보자. ③ 사정에 정통한 사람, 기예에 숙달한 사람, 전문가. ~s de la profession 외교통. Cette peinture est réservée aux seuls ~s. 이 그림은 전문가가 아니면 이해할 수 없다. lecteur non ~ 문외한인 독자.

initier [inisje] *v.t.* ① (에게) (의)에게) 심오한 교리 [비전(秘傳)]를 전수하다; [~ *qn* à *qc*] (종교단체나 비밀결사에의)입회[입문]를 허락하다. ~ *qn* à la franc-maçonnerie ···에게 프리메이슨단의 입단을 허락하다. ② [~ *qn* à *qc*] (에게···의)입문지도를 하다, 초보를 가르쳐 주다, 처음으로 가르치다. ~ *qn aux* sciences ···에게 과학의 기초를 가르치다. ~ *qn aux* secrets d'une affaire ···에게 사업의 비밀을 처음으로 가르쳐주다.
—*s'~ v.pr.* [s'~ à] (의)(에게)의 초보를 배우다; (을)배우다. s'~ à un métier 어떤 직업의 요령을 배우다.

inj. 《약자》 injection 《약》 주사, 주입.

injectable [ɛ̃ʒɛktabl] *a.* 주사[주입]할 수 있는, 주사용의. solution ~ 주사액.

injecté(e) [ɛ̃ʒɛkte] *a.p.* ① (액을)주입한, 주입된. bois ~ de créosote 크레오소트를 주입한 목재. ② 충혈된. yeux ~s (de sang) 충혈된 눈.

injecter [ɛ̃ʒɛkte] *v.t.* ① 주사하다, 주입하다. ~ du sérum à un blessé 부상자에게 혈청을 주사하다. ~ du ciment 시멘트를 부어넣다. ~ du coaltar dans du bois 목재에 콜타르를 주입하다. ② (대량으로)투입하다; 도입하다. ~ une somme importante dans l'économie d'un pays 국가경제에 거액의 자본을 투입[도입]하다. ③ 충혈시키다.
—*s'~ v.pr.* ① 주사[주입]되다. ② 충혈되다(s'~ de sang).

injec*teur(trice*) [ɛ̃ʒɛktœːr, -tris] *a.* 주입하는, 주사용의. seringue ~*trice* 주사기. —*n.m.* ① 주사기, 주입기. ② 인젝터 (보일러 따위의 분사식 급수장치). ③ 연료 분사장치. ~ d'essence 휘발유 주입기.

injectif(ve) [ɛ̃ʒɛktif, -iv] *a.* 《수학》 단사(單射)의. application ~*ve* 단사.

injection [ɛ̃ʒɛksjɔ̃] *n.f.* ① 주입; 주사(piqûre). ~ intraveineuse (sous-cutanée) 정맥(피하)주사. ~ rectale 관장(灌腸). aiguille à ~s 주사바늘. ~ d'air dans la plèvre 늑막강(肋膜腔)에의 공기주입. ~ du bois 목재에의 방부제 주입. ~ de capitaux 자본의 투입. ② 주사[주입]액, 관장액. ③ 《지질》 (암맥의) 관입(貫入). ④ 《수학》 단사(1 대 1 의 사상(寫像)). ⑤ (로켓 추진장치 내부의)연료분사. moteur à ~ 연료분사식 엔진. ⑥ (인공위성 따위를)궤도에 올려놓기.

injonc*tif(ve*) [ɛ̃ʒɔ̃ktif, -iːv] *a.* 《언어》 (인도·유럽어의)지령법(指令法)의 (명령·금지를 나타냄).

injonction [ɛ̃ʒɔ̃ksjɔ̃] *n.f.* 명령; 《법》(재판관의)법정명령. faire une ~ à *qn* ···에게 엄명을 내리다. se mettre à une ~ 명령에 따르다. ~ de payer (민사 소송법에서 독촉수속에 의한)지불명령.

injouable [ɛ̃ʒwabl] *a.* 연주[상연]할 수 없는. pièce ~ 상연 불가능한 연극.

injudicieusement [ɛ̃ʒydisjøzmɑ̃] *ad.* (엣·드물게) 분별없이, 지각없이.

injudicieux(se) [ɛ̃ʒydisjø, -øːz] *a.* (엣·드물게) 지각 없는, 생각이 모자라는.

injure [ɛ̃ʒyːr] *n.f.* ① 욕(설), 모욕하는 말, 갖은 폭언. dire[adresser, proférer, débiter] des ~s à *qn* ···을 욕하다. en venir aux ~s 서로 욕지거리를 해대기에 이르다. couvrir[abreuver] *qn* d'~s ···에게 갖은 욕설을 퍼붓다. chapelet[bordée] d'~s 끝없는 욕설. Retire tes ~s! 말조심해 ! ② 모욕, 명예훼손. Il m'a fait l'~ de me chasser. 그는 나를 내쫓는 모욕을 내게 했다. ~ grave 《법》(이혼의 사유가 되는 배우자에 대한)중대한 모욕. ③ 《문어》(자연이나 세월이 가져다주는)손해, 훼손. Cette maison a résisté aux ~s du temps. 이 집은 세월이 가져오는 파괴를 견뎌냈다. ~s des ans 늙어 추해짐. ~ du sort 불운, 운명의 부정, 불의.
faire à qn (엣) ⑧ ···을 모욕하다, ···의 명예를 훼손하다. ⓑ 부당한 취급을 하다, 부당한 손해를 입히다. *tenir à ~ un refus* (엣) 거절당한 것을 모욕으로 간주하다.

injurier [ɛ̃ʒyrje] *v.t.* ① (에게)욕설을 퍼붓다, 욕지거리를 하다(invectiver). ~ grossièrement un ennemi 적에게 야비하게 욕지거리하다. ② 모욕하다, 해를 끼치다(offenser). ~ la mémoire de *qn* 고인(故人)을 욕되게 하다.
—*s'~ v.pr.* 서로 욕하다.

injurieusement [ɛ̃ʒyrjøzmɑ̃] *ad.* ① 《문어》모욕적으로. ② (엣) 정당하지 않게, 부당하게.

injurieux(se) [ɛ̃ʒyrjø, -øːz] *a.* ① 모욕적인, 무례한. paroles ~*ses*; termes[propos] ~ 모욕적인 욕사. article ~ pour *qn* ···을 중상하는 기사. ② (엣) 정당하지 않은, 부당한. sort ~ 부당한 운명.

*****injuste** [ɛ̃ʒyst] *a.* [~ envers/avec/pour] (에 대해) 옳지 못한, 불공평한, 부정의(abusif, inéquitable). Vous avez été ~ envers vos amis. 당신은 친구들에게 부당하게 했다. Il est ~ de+*inf.* [*que*+*sub.*] ···하는 것은 옳지 못하다. sentence ~ 부당한 판결. soupçon ~ 근거없는 혐의. ~s re-

inhabituel(le) [inabituɛl] *a.* 에사롭지 않은, 평소에 없는(inaccoutumé). Il règne dans la rue une animation ~*le.* 길에 평소에 없는 활기가 감돈다.

inhalateur(trice) [inalatœːr, -tris] *a.* 흡입에 쓰이는, 흡입하는. appareil ~ 흡입기. —*n.m.* 《의학》 (훈증흡입용)흡입기. ~s d'oxygène (특히(우주)비행사 용의)산소 흡입기.

inhalation [inalɑsjɔ̃] *n.f.* ① 《의학》 (가스·수증기·마취제 따위의)흡입. 《식물》 흡수작용. L'~ d'éther provoque l'anesthésie. 에테르 흡입은 마취를 일으킨다. faire des ~s 훈증 요법을 쓰다. ② 《의학》 흡입물.

inhaler [inale] *v.t.* 《의학》 들이마시다, 흡입하다. ~ de l'éther 에테르를 흡입하다.

inharmonie [inarmɔni] *n.f.* 부조화, 불일치.

inharmonieux(se) [inarmɔnjø, -øːz] *a.* 《문어》 조화되지 않은, 일치되지 않은.

inharmonique [inarmɔnik] *a.* 《음악》 화음아닌, 불협화음의.

inhérence [ineraːs] *n.f.* 《철학》 내속(內屬); 고유, 생득(生得), 내재.

inhérent(e) [inerã, -ãːt] *a.* [~ à] (에)타고난, 고유의, 내재의; 《철학》 내속의. La responsabilité est ~e à l'autorité. 권력에는 책임이 따르게 마련이다. trait ~ 《언어》 (각 형태소 자체가 갖는)고유특질.

inhibé(e) [inibe] *a.p.* 《생리》 (기능이)억제된, 제지된; 《심리》 억압받은. —*n.* 《심리》 억압 관념을 가진 사람.

inhiber [inibe] *v.t.* ① 《생리》 억제(저해)하다; 《심리》 억압하다; 《화학》 (반응을)저해하다, 저해물질(억제제)을 첨가하다. ② 《옛》 《법》 금하다.

inhibiteur(trice) [inibitœːr, -tris], **inhibitif(ve)** [inibitif, -iːv] *a.* 《생리·심리·화학》 억제하는, 미련하게, 우둔하게. nerf ~ 억제신경. gène ~ 억제유전자. —*n.m.* ① 《화학》 (화학적 작용의)저해물질. ② (로켓연료의)연소억제제.

inhibition [inibisjɔ̃] *n.f.* ① 《생리》 억제, 저해; 《심리》 억압; 《화학》 (반응의)저해. ② 《옛》 《법》 금지. (비유적)무능의 상태, 기능정지.

inhibitoire [inibitwaːr] *a.* 《생리》 억제하는, 저해하는; 《심리》 억압적인; 《화학》 (반응을)저해하는. ② 《옛》 《법》 금지의.

inhomogène [inɔmɔʒɛn] *a.* 이질(異質)의, 이종(異種)의, 이질적인.

inhomogénéité [inɔmɔʒeneite] *n.f.* 이질(異質), 이종(異種), 이질성.

inhospitalier(ère) [inɔspitalje, -ɛːr] *a.* ① 푸대접하는, 냉대하는, 불친절한. ② 있기[지내기·살기]에 불편한.

inhospitalièrement [inɔspitaljɛrmã] *ad.* 《드물게》 불친절하게, 퉁명스럽게.

inhospitalité [inɔspitalite] *n.f.* 푸대접, 냉대.

inhumain(e) [inymɛ̃, -ɛn] *a.* ① 비인간적인, 인정없는, 잔인한; 지독한, 끔찍한; (작중인물·기계·문명이)인간성이 결여된. traitement ~ 몰인정한 대접. cri ~ 끔찍한 고함소리. ② (여성이 남성에 대하여) 냉담한, 무정한. femme ~*e* 무정한 여인. —*n.f.* 냉담한[무정한] 여자.

inhumainement [inymɛnmã] *ad.* 《문어》 몰인정하게도, 박정하게, 비인도적으로.

inhumanité [inymanite] *n.f.* 《문어》 비인간성; 몰인정, 잔인, 잔인한 짓, 비인도적 행위.

inhumation [inymɑsjɔ̃] *n.f.* 매장; 매장식.

inhumer [inyme] *v.t.* 매장하다(enterrer, ↔ exhumer). permis d'~ 매장허가서.

inimaginable [inimaʒinabl] *a.* 상상할 수 없는, 생각조차 못한.

inimaginé(e) [inimaʒine] *a.* 상상(생각)조차 못한.

inimitable [inimitabl] *a.* 흉내낼 수 없는, 모방할 수 없는.

inimitablement [inimitabləmã] *ad.* 흉내도 낼 수 없이.

inimité(e) [inimite] *a.* 《드물게》 모방된 일 없는, 유례 없는.

inimitié [inimitje] *n.f.* 반감, 반목, 적의; 원한(animosité, ↔ amitié), vieille ~ 옛 원한, 구원(舊怨). avoir(concevoir) de l'~ pour(contre) qn ⋯에게 반감을 갖다.

inimprimable [inɛ̃primabl] *a.* 인쇄하지 못할, 출판하지 못할.

inimprimé(e) [inɛ̃prime] *a.* 인쇄되지 않은.

ininflammabilité [inɛ̃flamabilite] *n.f.* 불연성(不燃性).

ininflammable [inɛ̃fla(ɑ)mabl] *a.* 타지 않는.

inintelligemment [inɛ̃te(ɛl)liʒamã] *ad.* 무지하게, 미련하게, 우둔하게.

inintelligence [inɛ̃te(ɛl)liʒɑ̃ːs] *n.f.* 무지, 우둔; 몰이해, 이해력 결여.

inintelligent(e) [inɛ̃te(ɛl)liʒɑ̃, -ɑ̃ːt] *a.* 총명치 못한, 우둔한(bête).

inintelligibilité [inɛ̃te(ɛl)liʒibilite] *n.f.* 난해성, 이해할 수 없음.

inintelligible [inɛ̃te(ɛl)liʒibl] *a.* 이해할 수 없는, 난해한.

inintelligiblement [inɛ̃te(ɛl)liʒibləmã] *ad.* 알기 어렵게. parler ~ 알아듣기 어렵게 말하다.

inintentionnel(le) [inɛ̃tɑ̃sjɔnɛl] *a.* 본의 아닌, 뜻하지 않은.

inintentionnellement [inɛ̃tɑ̃sjɔnɛlmã] *ad.* 《드물게》 본의 아니게, 무심코.

inintéressant(e) [inɛ̃terɛsɑ̃, -ɑ̃ːt] *a.* 흥미(재미)없는.

inintérêt [inɛ̃terɛ] *n.m.* 흥미(재미) 없음.

ininterprétable [inɛ̃tɛrpretabl] *a.* 해석(통역)할 수 없는.

ininterprété(e) [inɛ̃tɛrprete] *a.* 해명(해독)되지 않은; 《음악》 연주된 일이 없는. œuvre musicale encore ~*e* 미연주 작품.

ininterrompu(e) [inɛ̃terɔ̃py] *a.* 끊임없는, 연속된.

ininterruption [inɛ̃terypsjɔ̃] *n.f.* 끊임없음.

inion [injɔ̃] *n.m.* 《해부》 이니온(후두골(後頭骨)의 분계항선(分界項線)과 한가운데 시상면(矢狀面)과의 교차점).

inique [inik] *a.* 부당한, 부정한, 불공평한(↔ équitable). juge ~ 공정하지 못한 판사.

iniquement [inikmã] *ad.* 부당(불공평)하게.

iniquité [inikite] *n.f.* ① 부정, 불공정, 불공평(illégalité). ② (도덕의)부패, 타락. ③ 불공평한 행위, 부정행위. ④ (*pl.*) 《종교》 죄, (종교·도덕에)위반되는 행위.

initial(ale, *pl.* aux) [inisjal, -o] *a.* 처음의, 첫 머리의; 애초의, 본래의. cause ~*ale* 첫째의 이유, 제일 원인의. état ~ 원상태. cellules ~*ales* 《식물》 최초의 세포. voyelle(consonne) ~*ale* 첫머리 모음(자음). —*n.f.* ① (성명·기관명의)머리글자(lettre ~*ale*). signer de ses ~*ales* 성명의 머리글자로서 명하다. ② 어두음(語頭音).

initialement [inisjalmã] *ad.* 최초로, 처음으로, 맨먼저.

initialer [inisjale] *v.t.* 머리글자를 쓰다(수놓다). ~ un mouchoir 손수건에 머리글자를 수놓다.

initialiser [inisjalize] *v.t.* 《컴퓨터》 초기(初期)

infusoire [ɛ̃fyzwa:r] 【동물】 *n.m.* 적충(滴蟲); (*pl.*)적충류(원생동물의 일종). terre à ~s; terre d'~s 규조토(硅藻土). —*a.* 적충의.

ingagnable [ɛ̃gaɲabl] *a.* 이길 수 없는.

ingambe [ɛ̃gɑ̃:b] *a.* 건각(健脚)의, 정정하여 잘 움직이는. vieillard ~ 정정한 노인.

ing(én).〖약자〗ingénieur 기사.

ingénier (s') [sɛ̃ʒenje] *v.pr.* [s'~ à/pour+*inf.*] 이리저리 궁리하다, 애쓰다(s'évertuer). *s'~ à* trouver une solution à un problème difficile 어려운 문제의 해결책을 찾으려고 애쓰다.

ingénierie [ɛ̃ʒeniri] *n.f.* 엔지니어링, 공학(工學), 토목공학 종합기술.

*****ingénieur** [ɛ̃ʒenjœ:r] *n.m.* ① 기사, 기술자. ~ civil 민간 기사. ~ des ponts et chaussées (관청의)토목 기사. ~ de l'aéronautique 항공 기사. ~ des constructions navales 조선 기사. ~ de marine 해군 기술장교. ~ des mines 광산 기사. ~ militaire 기술장교. ~ mécanicien 기관 기사.【영화・방송】 녹음(음향조절) 기사. femme ~ 여자 기사. Corps des *I*~s-géographes 【군사】 육지측량부. ②〖옛〗병기 제작〖발명〗자.

ingénieur-conseil [ɛ̃ʒenjœrkɔ̃sɛj] (*pl.* ~*s*-~*s*) *n.m.* 고문(顧問)기사, 상담기사.

ingénieusement [ɛ̃ʒenjøzmɑ̃] *ad.* 교묘하게, 재간있게.

ingénieux(se) [ɛ̃ʒenjø, ・ø:z] *a.* ① (사람이)창의력 있는, 연구심이 풍부한, 재간있는; 영리한, 꾀바른, 약삭빠른. homme ~ 재간있는 사람. inventeur ~ 창의력있는 발명가. Le besoin rend ~. 필요는 발명의 어머니. ② (사물이)교묘한, 정교한, 독창적인, 빈틈 없는. mensonge ~ 교묘한 거짓말. invention ~*e* 교묘한〖독창적인〗발명. explication ~*se* 기발한〖재치있는〗설명. *être* ~ *à*+*inf.* …하기에 능란하다, …하려고 머리를 짜내다.

ingéniosité [ɛ̃ʒenjozite] *n.f.* ① 연구심, 재간, 능란한 솜씨; 재치, faire preuve d'~ 재간을 나타내다. ② 정교〖교묘・정밀〗함, 빈틈없는 짜임새. ~ d'un projet 빈틈없는 계획.

ingénu(e) [ɛ̃ʒeny] *a.* ①〖문어〗어수룩한, 숫된, 천진한(candide), 순박한, 솔직한. jeune fille ~*e* 〔순진한〕 처녀. réponse ~*e* 솔직한 대답.〖로마법〗(나면서부터)자유민인(↔ esclave).
—*n.* 숫된〔어수룩한〕사람, 호인. faire l'~(*e*) 순진한 체하다. ②〖로마법〗(노예에 대해, 나면서부터)자유민.
—*n.f.*〖연극〗숫처녀 역.

ingénuité [ɛ̃ʒenɥite] *n.f.* ① 순진, 천진, 솔직, 순박. ②〖로마법〗(타고난)자유신분.

ingénument [ɛ̃ʒenymɑ̃] *ad.* 솔직하게, 순진하게, 꾸밈없이.

ingérence [ɛ̃ʒerɑ̃:s] *n.f.* 간섭, 참견(intervention).

ingérer [ɛ̃ʒere] 6 *v.t.*【생리】(약・음식을)입에 넣다, 먹다, 삼키다(avaler, manger).
—**s'~** *v.pr.* [s'~ dans/〖옛〗s'~ de/à+*inf.*] (에)간섭하다, 참견하다. *s'~ dans* les affaires intérieures des États 국가 내정에 간섭하다.

ingestion [ɛ̃ʒɛstjɔ̃] *n.f.*【생리】삼킴, 섭취. ~ des aliments 음식물 섭취.

in globo [inglɔbo] (라틴)*loc.ad.* 전체로서, 통틀어.

inglorieusement [ɛ̃glɔrjøzmɑ̃] *ad.*〖드물게〗불명예스럽게도, 창피하게.

inglorieux(se) [ɛ̃glɔrjø, ・ø:z] *a.*〖드물게〗불명예스러운, 창피한(↔ glorieux).

ingouvernable [ɛ̃guvɛrnabl] *a.* 통치할 수 없는; (배가)조종될 수 없는; 감당할 수 없는.

ingrat(e) [ɛ̃gra, -at] *a.* ① [~ envers;〖옛〗~ de/(에 대하여)은혜를 모르는, 배은망덕한. être ~ envers un bienfaiteur 은인에 대해 배은망덕하다. fils ~ 불효자식. ②(땅・고생이)보답없는, 보람없는, 헛수고인.(땅이)불모인, 메마른(stérile, infructueux, ↔ fertile). tâche ~*e* 보람이 적은 일, 헛수고. métier ~ 힘만 들고 실속 없는 일. sol ~ 메마른 땅. mémoire ~*e* 미덥지 못한 기억력. ③ 인상이 좋지 못한, 불쾌한, 볼품없는(disgracieux, ↔ avenant). visage ~ 볼품없는 얼굴. être dans [à] l'âge ~ 말썽부릴 나이이다, 사춘기에 들어서고 있다. ④〖옛〗(사랑에 대해서)냉정한.
—*n.* 배은망덕자. faire du bien à un ~ 배신할 자를 도와주다(키워주다).

ingratement [ɛ̃gratmɑ̃] *ad.*〖문어〗배은망덕하게.

ingratitude [ɛ̃gratityd] *n.f.* ① 배은망덕. acte d'~ 배은망덕한 짓. ~ des enfants envers leurs parents 아이들의 부모에 대한 망은. payer par ~ …의 은혜를 못된 짓으로 갚다, …에게 배은망덕하다. ②〖옛〗(노력의)헛됨; (땅의)메마름. ~ d'un sol 메마른 토지. ③〖옛〗(애정에 대하여)냉담함.

ingravissable [ɛ̃gravisabl] *a.* 기어 오를 수 없는.

ingrédient [ɛ̃gredjɑ̃] *n.m.* 성분, 원료, 함유물 (constituant). ~ d'un médicament 약의 성분. toutes sortes d'~s 〖구어〗잡동사니.

ingressif(ve) [egresif, -i:v] *a.*【언어】시동상(始動相)의. aspect ~ 시동상.

ingression [ɛ̃grɛsjɔ̃] *n.f.* ①【지리】(바닷물의 낮은 땅으로의)침입. ②【치과】매몰. ③〖옛〗침범, 침입(incursion, invasion).

inguéable [ɛ̃geabl] *a.* 걸어서 건널 수 없는.

inguérissable [ɛ̃gerisabl] *a.* (병이)고칠 수 없는, 불치의(incurable); (고뇌・슬픔이)가실 수 없는, 가라앉히기 힘드는, 달랠 길 없는. détresse ~ 달랠 길 없는 고뇌.

inguinal(ale, *pl.* **aux)** [ɛ̃gɥinal, -o]**, inguinaire** [ɛ̃gɥinɛ:r] *a.*【해부】서혜부(aine)의.

ingurgitation [ɛ̃gyrʒitasjɔ̃] *n.f.*〖드물게〗게걸스럽게 먹음[삼킴];〖구어〗폭음폭식.

ingurgiter [ɛ̃gyrʒite] *v.t.* ① 삼키다; 게걸스레 먹다 (avaler, engloutir); (지식을)무턱대고 머리에 주입하다. ~ son repas en quelques minutes 식사를 몇분만에 먹어치우다. faire l'~ l'algèbre 대수를 억지로 공부시키다. ②〖드물게〗(약을)먹이다, 삼키게 하다(entonner).

inhabile [inabil] *a.* ① 서투른, 미숙한, 무능한 (maladroit, malhabile). ouvrier ~ 미숙한 직공. ~ à tout 매사에 서투른. ②〖옛〗[~ à](에)부적당한(inapte),【법】(의)능력〔자격〕없는(incapable). ~ à tester [à contracter, à voter] 유언〔계약・투표〕자격이 없는.

inhabilement [inabilmɑ̃] *ad.*〖문어〗서투르게, 미숙하게.

inhabileté [inabilte] *n.f.*〖문어〗서투름, 미숙, 무능 (gaucherie, maladresse).

inhabilité [inabilite] *n.f.*〖옛〗【법】무자격, 무능력. [~ à+*inf.*] ~ du mineur à voter 미성년자의 투표자격 없음.

inhabiliter [inabilite] *v.t.*【법】(의)능력〔자격〕을 없애다. ~ à+*inf.* …하는 자격을 없애다.

inhabitable [inabitabl] *a.* (집 따위가)살 수 없는. maison ~ 살 수 없게 된 집, 살기에 불편한 집.

inhabité(e) [inabite] *a.* 아무도 살지 않는(désert). terres ~*es* 무인지경. appartement ~ 비어 있는 아파트. île ~ 무인도.

inhabitude [inabityd] *n.f.*〖드물게〗습관이 없음.

inhabitué(e) [inabitɥe] *a.* [~ à](에)익숙하지 않

—s'~ *v.pr.* 컴퓨터에 의해 정보처리되다.

informe [ɛ̃fɔrm] *a.* ① 형태가 정해지지 않은, 형태를 알 수 없는. ombres ~s 형태 모를 그림자. l'eau ~ 형상 없는 물. ② 틀이 덜 잡힌, 조잡한, 미완성의. brouillon ~ 초고, 초안. ouvrage ~ 미완성의 작품. ③ 보기 흉한, 어색한(laid). vêtement ~ 어색해 보이는 옷. ④ 【법】법규에 어긋난, 정식이 아닌. acte ~ 미비한 증서.

informé(e) [ɛ̃fɔrme] *a.p.* 알고 있는, 지식 있는, 정통한. dans les milieux bien ~s 정통한 소식통에 의하면. —*n.m.* 【법】증거조사, 증인신문. *jusqu'à plus ample* ~ 새 증거가 나타날 때까지; (구어) 더 자세한 조사가 될 때까지.

informel(le) [ɛ̃fɔrmɛl] *a.* 【미술】① 반조형(反造形)의, 비정형의. l'art abstrait ~ 비정형의 추상미술. ② 비공식의. entretien ~ 비공식 회담. —*n.m.* 비정형 미술.

*****informer** [ɛ̃fɔrme] *v.t.* ① 알리다, 통지하다. 기별하다(faire savoir, avertir). [~ *qn* de/sur *qc*] Il m'a *informé* par télégramme *de* son arrivée. 그는 내게 전보로 도착을 알렸다. *être* bien [mal] *informé sur*[*de*] …에 대해 잘[잘못] 알고 있다. [~ *qn que* +*ind.*] Je vous *informe que* vous avez été élu président. 귀하가 의장에 선출되었음을 알려드립니다. ② 【철학】형태(생기·의미)를 부여하다. —*v.i.* 【법】증거조사(증인신문)하다; 죄상을 조사하다. ~ d'un crime [sur un crime] 범죄의 증거를 조사하다. ~ contre *qn* …의 죄상을 조사하다. —s'~ *v.pr.* (에 대해) 알아보다, 문의하다(s'enquérir). Cherchez à *vous* ~ *avant* de décider. 결정하기전에 알아보도록 하세요. *Informez-vous* du prix. 값을 알아보시오. [s'~ auprès de *qn* si +*ind.*] …에게 …인지의 여부를 알아보다. *Informez-vous auprès de* lui s'il a l'intention de venir. 그에게 올 의사가 있는지 알아보세요.

informulé(e) [ɛ̃fɔrmyle] *a.* 말로 표현되지 않은. vœu ~ 가슴속에 숨겨둔 맹세.

infortifiable [ɛ̃fɔrtifjabl] *a.* 요새화할 수 없는.

infortune [ɛ̃fɔrtyn] *n.f.* 불행, 불운, 역경; 재앙, 실패, 곤궁(malheur, adversité). compagnon d'~ 고생을 같이 하는 사람. pour comble d'~ 설상가상으로. tomber dans l'~ 역경에 빠지다.

infortuné(e) [ɛ̃fɔrtyne] *a.* 《문어》불행한, 불운한, 박복한, 불우한 ― 불행한 남자. jours ~s 불우한 나날. —*n.* 불행한 사람. secourir les ~s 불우한 사람들을 구조하다.

infra [ɛ̃fra] (라틴) *ad.* 나중 대목에, 아래에.

infra-*préf.* 「하부·아래쪽」의 뜻.

infracteur(trice) [ɛ̃fraktœːr, -tris] *n.* 《드물게》위반자; (권리의)침해자.

infraction [ɛ̃fraksjɔ̃] *n.f.* ① (계약·규칙 따위를)어김, 위반, 위배, (권리의)침해. ~ aux droits d'autrui 타인의 권리침해. ~ à une règle 규칙 위반. ② 【법】불법, 범죄(délit, crime). commettre une ~ 범죄를 저지르다. ~ d'habitude 상습적인 범행. ~ à la paix 치안 방해.

infraliminaire [ɛ̃fraliminɛːr], **infralimin***al***(ale, *pl.* aux)** [ɛ̃fraliminal, -o] *a.* 【심리】의식에 오르지 않는, 식역하(識閾下)의(subliminal).

inframicrobiologie [ɛ̃framikrɔbjɔlɔʒi] *n.f.* 초(超)미생물학.

infranchissable [ɛ̃frɑ̃ʃisabl] *a.* 넘어[건너]갈 수 없는; 극복할 수 없는.

infrangible [ɛ̃frɑ̃ʒibl] *a.* 《문어》깨뜨릴 수 없는; 어길[범할] 수 없는. résolution ~ 굳은 결의.

infra(-)rouge [ɛ̃fraruːʒ] *a.* 적외(선)의. rayons [radiations] ~s 적외선. —*n.m.* 적외선. l'~ et l'ultraviolet 적외선과 자외선.

infra(-)son [ɛ̃frasɔ̃] (*pl.* ~~s) *n.m.* 【물리】초저주파음(1초 15회 이하의 진동).

infra(-)sonore [ɛ̃frasɔnɔːr] (*pl.* ~~s) *a.* 【물리】초저주파음의.

infrastructure [ɛ̃frastryktyːr] *n.f.* ① (철도·교량·건축물 따위의)기초 공사(fondation). ② 【경제·철학】하부구조, (특히 마르크스주의에서)사회의 하부구조로서의 경제구조(↔ superstructure). ③ (집합적)공유시설; 【항공】(격납고·활주로 따위의)지상시설; 【군사】부대 지원시설.

infra(-)virus [ɛ̃fravirys] *n.m.* (복수불변)《드물게》【의학】여과성(濾過性) 병원체.

infréquence [ɛ̃frekɑ̃ːs] *n.f.* 《드물게》드묾.

infréquent(e) [ɛ̃frekɑ̃, -ɑ̃ːt] *a.* 《드물게》드묾.

infréquentable [ɛ̃frekɑ̃tabl] *a.* 가까이 사귈 수 없는. gens ~s 사귀기 힘든 사람들.

infréquenté(e) [ɛ̃frekɑ̃te] *a.* 《드물게》인적이 드문, 내왕이 적은.

infroissabilité [ɛ̃frwasabilite] *n.f.* 주름지지 않음, 구겨지지 않음.

infroissable [ɛ̃frwasabl] *a.* 【직물】주름지지 않는, 구겨지지 않는.

infructueusement [ɛ̃fryktɥøzmɑ̃] *ad.* 헛되게, 보람없이.

infructueux(se) [ɛ̃fryktɥø, -øːz] *a.* ① 헛된, 무익한, 보람없는(inefficace, inutile, vain). tentatives ~ses 보람없는[실패로 돌아간] 시도. ② 《옛》열매(수확) 없는(stérile).

infructuosité [ɛ̃fryktɥozite] *n.f.* 헛됨, 무익함, 보람없음; 《옛》열매를 맺지 못함.

infule [ɛ̃fyl] *n.f.* (고대로마 사제들의)흰 머리띠;(세물을 장식하는).

infumable [ɛ̃fymabl] *a.* (담배가 맛이 없어)피울 수 없는(↔ fumable).

infundibuliforme [ɛ̃fɔ̃dibyliform] *a.* 【식물】깔때기 모양의.

infundibulum [ɛ̃fɔ̃dibylɔm] (라틴) *n.m.* 【해부】깔때기, 누두(漏斗).

infus(e) [ɛ̃fy, -yːz] *a.* ①《문어》선천적인, 타고난, 천부의. révélation ~*e* 천계(天啓). science ~*e* 【신학】아담이 신에게서 받은 지식. avoir la science ~*e* 공부하지 않고도 다 알다, 천재이다. ②《옛》[~ dans] 주입된(répandu).

infusé [ɛ̃fyze] *n.m.* 【약】우려낸 약, 침제(浸劑).

infuser [ɛ̃fyze] *v.t.* ① 쏟아넣다, 주입하다, 붙어넣다. ~ du sang à *qn* …에게 피를 수혈하다. ~ du courage 용기를 불어넣다. ~ un sang nouveau à *qn* …에게 새 힘을 불어넣다. ② (약초·차를)달이다, 끓이다, 우리다. ~ du tilleul 보리수차를 끓이다. —*v.i.* 우러나다. Laissez ~ quelques minutes. 몇 분간 우러나게 두시오. —s'~ *v.pr.* 우러나다. (목적보어 se 생략) faire ~ du thé 홍차를 끓이다. laisser ~ le thé 홍차를 우러나게 두다.

infusibilité [ɛ̃fyzibilite] *n.f.* 불용해성.

infusible [ɛ̃fyzibl] *a.* 용해되지 않는. amiante ~ à haute température 내열성 석면.

infusion [ɛ̃fyzjɔ̃] *n.f.* ① 우려내기; 우려낸 것(약·차 따위). ~ à froid 침제(浸劑). ~ de menthe 박하차. Le café, le thé se font par ~ dans l'eau bouillante. 커피, 홍차는 끓는 물에 우려내어 만든다. ② 【신학】(진리·은총의)스며듦; 주입; 【카톨릭】(영세의)관수(灌水). ~ de la vérité 진리의 주입.

infusoir [ɛ̃fyzwaːr] *n.m.* (약초·차 따위를 우려내는)주전자, 약탕관.

infléchissable [ɛ̃fleʃisabl] *a.* 굽힐 수 없는; 불굴의, 강직한.

infléchissement [ɛ̃fleʃismɑ̃] *n.m.* (정책·의견 따위의)변경, 수정. ~ des positions du parti 당의 정책태도의 수정.

inflectif(ve) [ɛ̃flɛktif, -iːv] *a.* 《드물게》 《언어》 굴절의.

inflexe [ɛ̃flɛks] *a.* 《식물》 안으로 굽은. ㄴ절한.

inflexibilité [ɛ̃flɛksibilite] *n.f.* ①《드물게》구부려 뜨릴[꺾을] 수 없음. ②(성격·규율의)준엄, 강직, 완고.

inflexible [ɛ̃flɛksibl] *a.* ① 끄떡도 않는, 굽힐 줄 모르는; 고집 센, 강직한, 엄격한. juge ~ 준엄한 판사. volonté ~ 굳은 의지. règle ~ 엄한 규칙. ②《드물게》(물체가)구부러뜨릴 수 없는, 꺾지 못한.

inflexiblement [ɛ̃flɛksibləmɑ̃] *ad.* 굽히지 않고, 완강하게.

inflexion [ɛ̃flɛksjɔ̃] *n.f.* ①(몸 따위를)굽힘; 숙임 (inclination). saluer d'une légère ~ de la tête 고개를 살짝 숙여 인사하다. ②구부러짐, 굴곡, (빛의)굴절. ~s du fleuve 강물의 굴곡. ~ des rayons lumineux 광선의 굴절. point d'~ 《수학》변곡점. ③(소리의)억양, 변음. Cette ~ trahit son émotion. 목소리의 변화가 마음의 동요를 드러내고 있다. ~ vocalique 《언어》 모음접변. 「의.

inflexionnel(le) [ɛ̃flɛksjɔnɛl] *a.* 구부러지는; 억양

inflictif(ve) [ɛ̃fliktif, -iːv] *a.* 《옛》(벌·형벌을)과하는, 형벌의.

infliction [ɛ̃fliksjɔ̃] *n.f.* [~ à]《법》(에게)(형벌따위를)과하기, 가하기.

infliger [ɛ̃fliʒe] ③ *v.t.* (벌·형을)과하다; (손해 따위를)입히다, 당하게 하다; (굴욕을)가하다. ~ une amende(la torture) à *qn* …에게 벌금을 과하다 [고통을 주다]. ~ une défaite à l'ennemi 적을 패배시키다. ~ un affront à *qn* …을 모욕하다. ~ un démenti à *qn* …의 말을 정면으로 반대하다. ~ *s'~ v.pr.* 과해지다, 가해지다; 스스로 과(가)하다. *s'*~ une punition 스스로 벌을 주다.

inflorescence [ɛ̃flɔresɑ̃ːs] *n.f.* 《식물》꽃차례, 화서(花序); 《집합적》꽃.

influençable [ɛ̃flyɑ̃sabl] *a.* 영향을 잘 받는, 남에게 좌우되기 쉬운.

*****influence** [ɛ̃flyɑ̃ːs] *n.f.* ① [~ sur](에 대한)영향, 작용, 감화(effet). exercer une grande ~ *sur* son entourage 주위에 큰영향을 미치다. subir l'~ de *qn* …의 영향[감화]을 받다. ~ de la lune *sur* la marée 조수에 미치는 달의 영향[작용]. ②세력, 영향력, 지배력; 유력자, 실력자. avoir beaucoup d'~ à[auprès de] …에 영향력이 크다. zone d'~ d'un État 국가의 세력권. ③ⓐ《물리》유도(誘導). machine à ~ 유도 기전기(起電機). électrisation par ~ 유도대전(帶電). ⓑfacteur d'~ 《전자》 인플루언스팩터. ⓒdélire d'~ 《심리》 감응망상. ④《옛》《점성술》(인간의 운명에 영향을 끼친다는 천체의)감응(력), (신비적인)감응, 운세. ~ bénéfique(favorable) 길운. ~ maléfique (néfaste) 액운.

le[*la*] *faire à l'*~《구어》압력을 넣다, 권세의 힘으로 얻으려고[손에 넣으려고] 하다.

sous ~ 〔술·분위기에〕취한[취한].

sous l'~ *de* …의 영향〔감화〕을 받아서. agir *sous l'*~ *de* la boisson[colère] 술[홧]김에 행동하다.

influencer [ɛ̃flyɑ̃se] ② *v.t.* (에게)영향[작용]을 미치다, 영향을 주다, 감화를 주다, 감동시키다. se laisser ~ par …로부터 영향을 받다, …에 좌우되다, 끌려가다. La lune *influence* les marées. 달의 작용으로 조수의 간만이 일어난다.

influent(e) [ɛ̃flyɑ̃, -ɑ̃ːt] *a.* 영향력(세력)있는, 유력한, 권세 있는. critique ~ 권위 있는 평론가. personnage ~ 유력자, 실력자.

influenza [ɛ̃flyɑ̃(d)za] *n.f.* 《옛》《의학》인플루엔자, 유행성 감기(grippe).

influer [ɛ̃flye] *v.i.* ①[~ sur](에)영향을 미치다, 감화시키다, 작용하다. La crise politique *influe* directement *sur* la situation économique. 정치적 위기는 직접적으로 경제적 상황에 영향을 준다. ②《옛》[~ dans](에)흘러들다, 침투하다. ③(별의 작용·영향력을 사람에게 전한다고 생각되던)유체(流體), 감응력.
—*v.t.* 《옛》쏟다.

influx [ɛ̃fly] *n.m.*, **influxion** [ɛ̃flyksjɔ̃] *n.f.* ①영향; 흘러듦, 유입. ② ~ nerveux 《생리》신경충동. ③(별의 작용·영향력을 사람에게 전한다고 생각되던)유체(流體), 감응력.

in-f(o)., **in-fol**《약자》in-folio 《인쇄》 2절판.

in-folio [ɛ̃(in)fɔljo] 《인쇄》 *a.* 《불변》2절판의.
—*n.m.* 《복수불변》2절판(의 책).

infondé(e) [ɛ̃fɔ̃de] *a.* 근거 없는, 무근한. craintes ~es 이유 없는 근심걱정.

inforçable [ɛ̃fɔrsabl] *a.* ①(진지 따위가)공략할 수 없는; 무력으로 점령할 수 없는. ②부서뜨릴 수 없는. serrure ~ 부서지지 않는 자물쇠.

informant(e) [ɛ̃fɔrmɑ̃, -ɑ̃ːt] *a.* ①생기(활기)를 주는. ②《옛》《철학》(물질에)형상을 부여하는.

informateur(trice) [ɛ̃fɔrmatœːr, -tris] *n.* ①보도원, 정보 제공자; 보고자. ~ de presse 보도기자. ②《법》밀고자. —*a.* journaliste ~.

informaticien(ne) [ɛ̃fɔrmatisjɛ̃, -ɛn] *n.* 정보처리 기술자. —*a.* ingénieur ~ 정보처리 기술자.

informatif(ve) [ɛ̃fɔrmatif, -iːv] *a.* 정보[지식]를 주는, 정보의, 정보에 관한. publicité ~*ve* 정보공급을 목적으로 하는 선전.

*****information** [ɛ̃fɔrmasjɔ̃] *n.f.* ①정보; 정보수집〔전달〕. bureau de ~s 정보국. ~ prodigieuse 놀라운 정보량(量). recueillir d'utiles ~s 유용한 정보를 수집하다. service d'~《군사》정보부. ②《주로 *pl.*》(방송의)뉴스(bulletin d'~s). Je vais écouter les ~s à la radio. 나는 라디오로 뉴스를 들으러고 한다. ~s météorologiques 일기예보. ~s politiques(sportives) 정치[스포츠]뉴스. ③보도, 홍보활동. agence d'~(s) 통신사. journal d'~ 《정치적 논평 없이》보도만 하는 신문. service des ~《신문》보도부. ministère de l'~ 공보부. ④[~ sur](에 관한)지식, 정보; 조사, 문의, 조회. aller aux ~s au sujet de *qn*; prendre des ~s *sur qn* …에 대해 문의(조사)하다. bureau d'~s 안내소. manquer d'~s *sur* un événement 어떤 사건에 대한 소식이 부족하다. voyage d'~ 시찰여행. ⑤《컴퓨터》정보. ~ codée 코드화된 정보. théorie(traitement) de l'~ 정보이론(처리). ⑥《법》예심; 증거 조사; 증인신문. ouvrir une ~ *sur qc* …에 대한 예심(증인신문)을 시작하다. ⑦~ génétique 《생화학》유전정보.

informationnel(le) [ɛ̃fɔrma(a)sjɔnɛl] *a.* 정보이론 [처리]에 관한.

informatique [ɛ̃fɔrmatik] *n.f.* 정보과학, 정보처리. —*a.* 정보과학의, 정보처리의. système ~ 정보체계. industrie ~ 정보(과학)산업.

informatisable [ɛ̃fɔrmatizabl] *a.* 정보과학〔정보처리기술〕을 이용하여 처리할 수 있는, 컴퓨터로 처리할 수 있는.

informatisation [ɛ̃fɔrmatizasjɔ̃] *n.f.* 컴퓨터처리.

informatisé(e) [ɛ̃fɔrmatize] *a.p.* 컴퓨터로 처리되는[처리된]. entreprise ~*e* 컴퓨터화된 기업.

informatiser [ɛ̃fɔrmatize] *v.t.* 정보처리하다, 컴퓨터로 처리하다; 컴퓨터화하다. ~ une gestion 관리를 컴퓨터화하다.

infléchir

qc) Il est ~ à sa promesse. 그는 약속에 충실하지 못하다. femme ~ 부정한 아내. être ~ à qn 《예》…에게 충실치 못하다[불충하다]. ② 믿지 못할, 부정확한, 불확실한. mémoire ~ 부정확한 기억. traduction ~ 부정확한 번역. ③ 이교를 믿는; (기독교에 대한) 신앙심 없는. nations ~s 이교국.
—*n.* ①《예·문어》불충실[불충실·부정]한 사람. ② 이교도; 불신자.

infidèlement [ɛfidɛlmɑ̃] *ad.* 불충실하게, 불성실하게; 부정확하게.

infidélité [ɛfidelite] *n.f.* ① [~ à] (에 대한)불충실, 불성실; (부부 간의)부정. faire des ~s à qn …에게 부실[부정]한 짓을 하다. ② 부정직, 부정확, 사실대로가 아님. ③《예》이교신앙, 불신앙. ④《예》(왕 따위에 대한)불충.

infiltrat [ɛfiltra] *n.m.* 《의학》백혈구의 침윤; 침윤물(유체·가스).

infiltration [ɛfiltrasjɔ̃] *n.f.* ①(액체의) 스며들기, 침투, 침윤. ~ leucémique 《의학》백혈병 세포의 침윤. ②《비유적》침투; 잠입, 진출. ~ des idées modernes 현대사상의 침투. ~ d'espions 간첩의 잠입.

infiltré(e) [ɛfiltre] *a.p.* 스며든, 배어든, 침투한. mur ~ d'eau 물이 스며든 벽.

infiltrer [ɛfiltre] *v.t.* ① 스며[배어] 들게 하다. ②《드물게》(물 따위가)스며[배어] 들게 하다.
—**s'~** *v.pr.* ①[s'~ dans/à travers] (액체가) 스며[배어] 들다. ②(방어선·사람 머리 따위에) 침투하다, 슬그머니 기어들다, 잠입하다. ③《의학》(혈액 따위가 조직 속에) 일출하다(溢出하다).

infime [ɛfim] *a.* ① 아주 작은, 미세한. une quantité ~ 미소량. ② 맨 아래의, 최하급의. niveau ~ 최하 수준. —*n.m.* 최하층민.

infimité [ɛfimite] *n.f.* 《드물게》① 아주 작음, 미세, 무가치. ② 최하급; (태생의) 천함.

in fine [infine] 《라틴》 *loc.ad.* 맨 끝(줄) 에.

infini(e) [ɛfini] *a.* ① 끝없는, 한없는; 한없이 넓은; 셀 수 없는; 영원한(éternel). plaine ~e 끝없는 평야. foule ~e 끝없는 군중. patience ~e 극도의 인내심. béatitude ~e 영원한 행복. ensemble ~ 《수학》무한집합. un nombre ~ de 무수한 ….
—*n.m.* ① 무한한 것. ② 《수학》 수학적 무한. calcul de l'~ 《수학》 미적분학. ② 무한대, 광대 무변, 무궁(immensité). ~ des cieux 하늘의 무한대. régler à l'~ 《사진》초점을 무한대에 맞추다. ③《철학》무한한 존재, 절대자, 신.
à l'~ 끝없이, 한없이. varier les hypothèses à l'~ 가정(假定)을 한없이 바꾸다.

infiniment [ɛfinimɑ̃] *ad.* 한없이, 비할 데 없이(incomparablement);《구어》아주, 매우. L'honneur est ~ plus précieux que la vie. 명예는 생명보다 한없이 더 고귀하다. ~ petit(grand) 《수학》무한소(小)[대(大)]. calculs des ~ petits 《수학》 미적분. ~ de 한량없는 (beaucoup de 의 강조). se donner ~ de peine 몹시 고생하다.

infinité [ɛfinite] *n.f.* ① 무한성, 무한한. ~ de la puissance divine 하나님의 권능의 무한성. ②《구어》무한한 수(양), 무수. une ~ de gens 무수한 사람들. ③ 《수학》 무한(대).

infinitésimal(ale, pl. aux) [ɛfinitezimal, -o] *a.* ① 무한히 작은[적은]; 극도로 작은[적은](infime). quantité ~*ale* de …의 극소량. ②《수학》 무한소의. calcul ~ 미적분(微積分).

infinitésime [ɛfinitezim] *a.* 무한소(無限小)의.
—*n.f.* 무한소.

infinitif(ve) [ɛfinitif, -iv] 《언어》 *a.* 부정법의. mode ~ 부정법. proposition ~*ve* 부정법절. verbe à l'~ 부정법 동사. —*n.m.* 부정법.

infinitude [ɛfinityd] *n.f.* 무한(성).

infirmable [ɛfirmabl] *a.* 《법》(증거·판결이)무효로 될 수 있는; (판결을) 번복할 수 있는.

infirmatif(ve) [ɛfirmatif, -iv] *a.* ①(증거의) 약점을 찌를 수 있는. ②《법》파기의, 무효로 하는. arrêt ~ d'un jugement 원심파기 판결.

infirmation [ɛfirmasjɔ̃] *n.f.* ①(증거의)약점 찌르기. ②(판결의)파기.

infirme [ɛfirm] *a.* ① 몸이 성하지 못한, 불구인, 병신인, 기형인. demeurer ~ à la suite d'une blessure 부상으로 몸을 쓰지 못하게 되다. ②《예》힘빠진, 약한, 무력한. chair ~ 말은 듣지 않는 육신. ~ 불구자, 신체장애자; 병약자. hôpital destiné aux ~s 신체장애자 전용병원.

infirmer [ɛfirme] *v.t.* ①(힘·권위·신용 따위를) 깎아내리다, 잃게 하다, 약화시키다, 약점을 찌르다(affaiblir). ~ une preuve 증거의 약점을 찌르다. ②《법》(판결을 파기하다(casser), 무효화하다.

infirmerie [ɛfirməri] *n.f.* (학교·군대·수도원 따위의) 의무실. ~ portative 구급 상자. ②《예》(수도원의) 간호원직.

infirmier(ère) [ɛfirmje, -ɛːr] *n.* 간호원. ~*ère* en chef; ~*ère* major 간호원장. ~*s* militaires 간호병. élève ~ 수습간호원. ~*ère* visiteuse 방문간호원. —*a.* 간호원의.

infirmité [ɛfirmite] *n.f.* ① 불구, 신체장애. ② 약점, 결함, 결점. ③《예》병약, 고질. ~ de la vieillesse 노쇠. ④《예》무력함, 불안전. ~ de l'esprit 정신의 박약.

infixe [ɛfiks] *n.m.* 《언어》 삽입사(挿入辭), 접중사(接中辭).

infixer [ɛfikse] *v.t.* 《언어》 어간에 삽입하다.

inflammabilité [ɛflamabilite] *n.f.* 인화성, 발화성; 흥분하기 쉬움.

inflammable [ɛfla(ɑ)mabl] *a.* 인화성의, 불붙기 쉬운; (성질이) 발끈하기 쉬운.

inflammateur(trice) [ɛfla(ɑ)matœːr, -tris] *a.* 발화시키는. —*n.m.* 발화장치.

inflammation [ɛfla(ɑ)masjɔ̃] *n.f.* ①《의학》염증. ~ des bronches 기관지염. ②《드물게》인화, 발화. point d'~ 인화점. ~ spontanée 자연발화. ③《예》격분.

inflammatoire [ɛfla(ɑ)matwaːr] *a.* 《의학》 염증성의. colique ~ 장염.

inflation [ɛflɑsjɔ̃] *n.f.* ①《경제》인플레이션, 통화팽창, 물가 폭등(↔ déflation). ~ fiduciaire [monétaire] 통화팽창. ~ des prix 가격폭등. ②(사람·현상 따위의) 과잉 증가, 격증. une ~ de fonctionnaires 관리의 격증. ~ de l'adjectif 형용사의 과잉사용. ③《예》《의학》 팽창, 종창.

inflationnisme [ɛflɑsjɔnism] *n.m.* 인플레 정책; 통화팽창론.

inflationniste [ɛflɑsjɔnist] *a.* 인플레의. danger ~ 인플레 위기. —*n.* 인플레(통화팽창)론자.

infléchi(e) [ɛfleʃi] *a.* ①《식물》안으로 굽은. rameaux ~s 안으로 굽은 잔가지들. ②《광학》(빛이) 굴절한; 《언어》(모음이) 변음한. voyelle ~*e* 변음모음.

infléchir [ɛfleʃiːr] *v.t.* ① 구부러뜨리다, 휘게 하다. ②(빛을) 굴절시키다. ~ les rayons lumineux 광선을 굴절시키다. ③ 방향을 바꾸다. essayer d'~ la politique du gouvernement 정부 정책의 방향을 바꾸려고 하다.
—**s'~** *v.pr.* 구부러지다, 휘다; 《식물》안으로 굽다; (광선이)굴절하다. La route s'*infléchit* à droite. 도로가 오른쪽으로 꺾인다.

inféond(e) [ɛfekɔ̃, -ɔ̃:d] *a.* ① 아무 것도 생산하지 못하는, 불임의, 불모의. ② (재능 따위가)부족한, 빈약한. terre ~*e* 불모의 토지. poule ~*e* 알을 낳지 못하는 암탉. esprit ~ 보잘 것 없는 재능.

inféondité [ɛfekɔ̃dite] *n.f.* 불임, 불모(성); 빈약(함). période d'~ 불임기간. ~ d'une idée 사상의 빈곤.

infect(e) [ɛfɛkt] *a.* ① 악취를 풍기는. marais ~ 악취를 풍기는 늪. ② 형편없는, 고약한; 불결한. repas ~ 무척 맛이 없는 식사. temps ~ 고약한 날씨. taudis ~ 형편없이 지저분한 집. ③ 비열한, 괘씸한. roman ~ 저속한 소설. être ~ avec *qn* ···에게 못되게 굴다.

infectant(e) [ɛfɛktɑ̃, -ɑ̃:t] *a.* ① 유독성의, 전염(감염)성의. virus ~ 전염성 바이러스. ② (옛)악취를 풍기는.

infecté(e) [ɛfɛkte] *a.p.* ① 감염된, 곪은, 화농된; 오염된. plaie ~*e* 곪은 상처. ②《문어》퇴폐한, 타락한, 황폐한.

infecter [ɛkekte] *v.t.* ① (악취 따위로)오염시키다. Les usines *infectent* l'air des grandes villes. 공장이 대도시의 공기를 오염시킨다. ② 감염[전염]시키다; 부패시키다. Le malade *a infecté* ses proches. 병자가 주위 사람들에게 병을 전염시켰다. La chaleur *infecte* les eaux stagnantes. 더위가 고인 물을 부패시킨다. ~ une plaie 상처를 화농시키다. être *infecté* de *qc* ···에 감염되다. ③《문어》퇴폐시키다, 타락시키다. film qui *infecte* la jeunesse 젊은이의 정서를 해치는 영화. ④(옛)(고약한 냄새를)풍기다.
—**s'~** *v.pr.* 감염하다, 화농하다. La blessure risque de s'~. 상처가 곪을 우려가 있다.

infectieux(se) [ɛfɛksjø, -ø:z] *a.* 《의학》전염되는, 전염성의. germe ~ 전염성 병원균. maladie ~*se* 전염병.

infection [ɛfɛksjɔ̃] *n.f.* ① (병의)감염, 전염; 감염증. ~ virale 바이러스 감염. ~ latente 잠복성 감염. ~ généralisée 전신 감염. ~ amniotique 양수(羊水) 감염. ~ par contact 접촉 감염. ~ par gouttelettes 비말(飛沫) 감염. ~ secondaire 2차 감염. foyer d'~ 전염병의 중심지. source d'~ 감염원(源). ② (악취에 의한)오염; 악취(를 풍기는 것). C'est une ~ ici. 여기 냄새가 지독하군. ③ 형편없음, 악영향.

infectum [ɛfɛktɔm] *n.m.* 《언어》미완료.

infélicité [ɛfelisite] *n.f.* 《문어》불행, 불운; (성격 따위의)결함, 결점; 쓸모없음.

inféodation [ɛfeodasjɔ̃] *n.f.* ① [~ à] (에)복종, 종속. ② (옛) 영지하사(領地下賜).

inféodé(e) [ɛfeode] *a.p.* [~ à] (에)복종하는, 종속된. pays ~ à une grande puissance 대국의 속국.

inféoder [ɛfeode] *v.t.* ① [~ à] (에)복종[종속]시키다. ~ l'Église à l'État 교회를 국가에 종속시키다. ②(역사)(영지를)봉토(封土)로서 주다. ~ *qn* d'une terre ···에게 봉토를 하사하다.
—**s'~** *v.pr.* [s'~ à] (에)복종[종속]되다. s'~ à un parti 당파에 속하다.

infère [ɛfɛːr] *a.* 《식물》(씨방이)하위(下位)의.

inférence [ɛferɑ̃ːs] *n.f.* 《논리》추리, 추론(raisonnement); (추론에 근거한)결론(conclusion).

inférer [ɛfere] [6] *v.t.* (사실·원리 따위에서 추론하서)결론을 이끌어 내다, 추리하다. Vous n'en pouvez rien ~. 그것에서는 이런 결론도 끌어낼 수 없을 것이다.

***inférieur(e)** [ɛferjœːr] *a.* ① (보다)아래의, 낮은; 하류의(↔ supérieur). partie ~*e* d'un édifice 건물의 하부. lèvre ~*e* 아랫입술. mâchoire ~*e* 아래턱. membres ~*s* 하지(下肢). cours ~ de la Loire; Loire ~*e* 루아르 강의 하류. concept ~《철학》하위개념. ② [~ à](수량이)(보다)적은. Le prix du porc est ~ à celui du bœuf. 돼지고기가 쇠고기보다 값이 싸다. forces ~*es* en nombre 수에 있어서 열세인 장비《군사력》. ③ [~ à](질·재능이)(보다)못한, 하등(하급)의, 열등한. ouvrage ~ au précédent 전작(前作)보다 못한 작품. se sentir ~ à un adversaire 자신이 상대[적]보다 열세임을 느끼다. être ~ à sa tâche 맡은 일을 감당하지 못하다. classes ~*es* 하등계급;《학교》저학년. tissu de qualité ~*e* 싸구려 천. ④ (진화에서)하등의. plantes ~*es* 하등식물. ⑤ planètes ~*es*《옛》내혹성(內惑星)《수성과 금성》.
—*n.* 하급자; 손아랫 사람. se montrer aimable avec des ~*s* 손아랫 사람에게 친절하게 대하다.

inférieurement [ɛferjœrmɑ̃] *ad.* ① 아래에, 밑에, 낮게. ②《드물게》한결 못하게.

infériorisation [ɛferjorizasjɔ̃] *n.f.* ① 열등감을 갖게 하기; 열등감을 가진 상태. ② 과소평가.

inférioriser [ɛferjorize] *v.t.* ① 과소평가하다. ② (에게)열등감을 갖게 하다, ③《드물게》(보다)못한 것이 되게 하다, 열등하게 만들다.

***infériorité** [ɛferjorite] *n.f.* ① 열등, 열세(↔ supériorité). ~ en nombre 수적 열세. sentiment [complexe] d'~ 열등감. comparatif d'~《언어》열등 비교급. ~ des armes 무기의 열세. ② 열등해지게 하는 것, 불리한 점. ③《드물게》아래임, 낮음, 하위. ~ de niveau 수준의 낮음.

infermentescible [ɛfɛrmɑ̃tesibl] *a.* 발효하지 않는. aliment rendu ~ 살균된 식품.

infernal(ale, pl. aux) [ɛfɛrnal, -o] *a.* ① 지옥의; 지옥같은. puissances ~*ales* 악마. régions ~*ales* 지옥. ② 악마같은, 극악한, 끔찍한(terrible). ruse ~*ale* 극악무도한 계략. méchanceté ~*ale* 지독한 심술. ③ (소리가)요란스러운, 야단스러운, 극성맞은. vacarme ~ 야단법석. ④《구어》참을 수 없는, 귀찮은, 성가신(insupportable). métier ~ 진저리나는 직업. Cet enfant est ~ ! 이 아이는 성가시구나! ⑤ machine ~*e* 시한폭탄; pierre ~*e*《옛》《의학》질산은.

infernalement [ɛfɛrnalmɑ̃] *ad.* ① 악마처럼, 극악하게, 끔찍스럽게. ② 야단스럽게, 극성맞게.

inférovarié(e) [ɛferovarje] *a.*《식물》씨방 하위(下位)의.

infertile [ɛfɛrtil] *a.* ①(땅이)메마른, 불모의; (나무가)열매 맺지 않는. contrée ~ 토지가 불모인 지방. ②(재능·내용이)빈약한, 초라한. imagination ~ 빈약한 상상력.

infertilisable [ɛfɛrtilizabl] *a.* 기름지게 할 수 없는.

infertilisé(e) [ɛfɛrtilize] *a.* 기름지게 하지 않은.

infertilité [ɛfɛrtilite] *n.f.* 《문어》① 메마름, 불모. ②(사상 따위의)빈약, 초라함.

infestation [ɛfɛstasjɔ̃] *n.f.* ① 《의학》기생충의 장기(臟器)침입. ②《옛》황폐하게 하기; 황폐.

infester [ɛfɛste] *v.t.* ① (도둑·동물·병 따위가)횡행하다, 설치다, 들끓다, 피해를 끼치고 다니다; (식물이)널리 퍼지게 하다. Les pirates *infestaient* ces côtes. 해적들이 이 해안에 출몰했다. Les souris *infestent* la maison. 쥐가 그 집안에 우글거린다. ②《의학》(기생충이)침입하다, 붙다.

infeutrable [ɛføtrabl] *a.* 펠트로 만들 수 없는.

infibulation [ɛfibylasjɔ̃] *n.f.* 《사회》음부봉쇄.

infibuler [ɛfibyle] *v.t.* 《사회》(미개 사회에서 성교 불능케 하기 위해)(음)부를 봉쇄하다.

infidèle [ɛfidɛl] *a.* ① 충실하지 못한, 불성실한, (약속·선서 따위를)지키지 않는; 부정(不貞)한. [~ à

joies ~es 미처 맛보지 못한 기쁨.
inexplosible [inɛksplozibl] *a.* 폭발[파열]하지 않는. autoclave ~ 폭발방지(장치가 된) 압력솥.
inexpressible [inɛkspre(e)sibl] *a.* 《드물게》표현할 수 없는.
inexpressif(ve) [inɛkspre(e)sif, -i:v] *a.* (문장·언어가)표현력이 빈약한; (얼굴이)무표정한.
inexprimable [inɛksprimabl] *a.* 말로 표현할 수 없는, 형언키 어려운. —*n.m.* 표현할 수 없는 것.
inexprimablement [inɛksprimabləmɑ̃] *ad.* 표현할 수 없을 만큼.
inexprimé(e) [inɛksprime] *a.* 표현되지[되어 있지] 않은, 언외(言外)의. entente ~*e* 묵계(默契).
inexpugnable [inɛkspygnabl] *a.* 《문어》① 공략할 수 없는, 난공불락의(imprenable). ② 《엣》(여자가)넘어가지 않는, 지조가 굳은.
inextensibilité [inɛkstɑ̃sibilite] *n.f.* ·(천 따위의) 불연성(不延性).
inextensible [inɛkstɑ̃sibl] *a.* (천 따위가)늘어나지 않는.
in extenso [inɛkstɛ̃so] 《라틴》*loc.ad.* 상세하게, 원문 그대로, 누락 없이(intégralement). —*loc.a.* 전문(全文)의, 빠짐 없는. compte rendu ~ d'un débat 토론회의 기록 전문.
inextinguible [inɛkstɛ̃g(ɥ)ibl] *a.* 《문어》① 끌 수 없는, feu ~꺼지지 않는 불. ② 누를 수 없는, 진정할 수 없는, 치유할 수 없는. soif ~ 가시지 않는 목마름[갈증].
inextirpable [inɛkstirpabl] *a.* 《드물게》뿌리 뽑을 수 없는, 근절할 수 없는(indéracinable). défaut ~ 고치지 못하는 결점.
in extremis [inɛkstremis] 《라틴》*loc.ad.,a.* ① 임종에(의), tester ~ 숨을 맞이하여 유언하다. ② 최후의 순간에(의), 마지막에(의). éviter un accident ~ 간신히 사고를 면하다. préparatifs de voyage ~ 출발이 임박해서 하는 여행준비.
inextricabilité [inɛkstrikabilite] *n.f.* 착잡함, 헝클어져 있음; 빠져나올 수 없음.
inextricable [inɛkstrikabl] *a.* ① 해결할[풀] 수 없는, 뒤얽힌. écheveau ~ 얽혀서 풀 수 없는 실타래. entrelacement ~ de souvenirs 복잡하게 뒤얽힌 추억. ② 빠져나오지 못할, labyrinthe ~ 빠져나올 수 없는 미로.
inextricablement [inɛkstrikabləmɑ̃] *ad.* 빠져나오지 못하게; 착잡하게.
inf. 《약자》① infanterie 《군사》보병(과). ② Faites infuser; laisser infuser 《약》달이시오.
in-f. 《약자》in-folio 《제본》2절판(의 책).
infaillibiliste [ɛ̃fajibilist] *n.* 《가톨릭》교황무류(無謬)론.
infaillibilité [ɛ̃fajibilite] *n.f.* ① 과오를 범하지 않음, 무류(無謬). ~ pontificale (du pape) (교리에 관한)교황의 무류성. ② 실효성; 확실성. ~ d'un médicament 약의 확실한 효능. ③ 《엣》반드시 일어날 일, 필지(必至)의 일.
infaillible [ɛ̃fajibl] *a.* ① 과오를 범하지 않는; 무류의. Nul n'est ~ 사람은 누구나 잘못을 범한다. se croire ~ 자기가 틀림없다고 생각하다. ② 실효성이 있는, 절대 확실한. remède ~ contre la toux 기침에 효력이 있는 약. ③ 반드시 일어나는, 필지의.
infailliblement [ɛ̃fajibləmɑ̃] *ad.* ① 잘못됨이 없는 일 없이. ② 꼭, 반드시, 어김없이, 영락없이, 필연코, 확실히(sûrement).
infaisable [ɛ̃f(ə)zabl] *a.* 이룰 수 없는, 실현 불가능한. C'est une chose ~. 그건 불가능한 일이다.
infalsifiable [ɛ̃falsifjabl] *a.* 《드물게》위조[변조]할 수 없는.
infamant(e) [ɛ̃famɑ̃, -ɑ̃:t] *a.* 명예를 해치는, 불명예스러운. accusation ~*e* 명예를 해치는 비난. peine ~*e* 명예형(공권의 박탈 따위).
infâme [ɛ̃fɑ:m] *a.* ① 싫은, 고약한, 천한; 증오할 만한, 경멸할 만한. flatterie ~ 혐오감을 주는 아부. maison ~ 천한 곳, 갈보집. ② 더러운, 초라한, 조잡한. logis ~ 누추한 집. ③ 《엣》비열한, 치사한, 파렴치한; 명예형을 받은, 불명예스러운. trafic ~ 치사한 부정거래.
—*n.m.* 《엣》비열[치사]한 놈[것] (특히 Voltaire 가 미신이나 완고함을 가리킨 말).
infamie [ɛ̃fami] *n.f.* ① 치욕, 오욕, 불명예. mourir dans l'~ 굴욕스럽게 죽다. banc d'~ 피고석. ② 《문어》비열함, 야비함, 혐오스러움, 불결함, 추악함; 비열(야비)한 언동. ~ d'un crime 범죄의 추악스러움. ~ d'un traître 배반자의 비열함. dire des ~*s* sur *qn* …에게 악담하다. ③ 《엣》명예형 (공권 박탈 따위).
infant(e) [ɛ̃fɑ̃, -ɑ̃:t] *n.* (에스파냐·포르투갈의)왕자, 공주, 왕족. —*n.f.* 《엣》사랑스러운 사람.
infanterie [ɛ̃fɑ̃tri] *n.f.* 《군사》보병대, soldat d'~ 보병. ~ de marine 해병대 (식민지·해외 영토의 보병대). ~ de l'air; ~ aéroportée 공정부대. division d'~ 보병 사단. ~ motorisée 기계화부대. ~ de ligne 전투[보병]부대.
infanticide [ɛ̃fɑ̃tisid] *a.* 영아(유아) 살해의. —*n.* 영아(유아) 살해(범). —*n.m.* 《법》영아 살해(행위). femme accusée d'~ 영아 살해로 고발된 여자.
infantile [ɛ̃fɑ̃til] *a.* ① 《의학·심리》유아의, 영아의, 어린이의. paralysie ~ 소아마비. médecine ~ 소아과 의학. ② (경멸) (지능이)어린애같은, 유치한(puéril, enfantin). —*n.* 소아과 환자.
infantilisant(e) [ɛ̃fɑ̃tilizɑ̃, -ɑ̃:t] *a.* 유아·소아의 수준으로 떨어뜨리는.
infantilisation [ɛ̃fɑ̃tilizasjɔ̃] *n.f.* 소아의 수준으로 떨어뜨림.
infantiliser [ɛ̃fɑ̃tilize] *v.t.* 어린애처럼 유치하게 하다, 어린애의 수준으로 떨어뜨리다.
infantilisme [ɛ̃fɑ̃tilism] *n.m.* ① 어린애같은 [유치한] 행동·성격. C'est de l'~. 유치한 짓이다. ② 《의학》유치증, 소아증.
infarci(e) [ɛ̃farsi] *a.* 《의학》경색된.
infarcissement [ɛ̃farsismɑ̃] *n.m.* 《의학》경색(梗塞)(증). ~ du myocarde 심근 경색(증).
infarctus [ɛ̃farktys] *n.m.* ① 《의학》내출혈, 경색. ~ du myocarde 심근 경색(증). ② (도로의)막힘, 교통체증; (정치·경제상의)중대한 위기.
infatigabilité [ɛ̃fatigabilite] *n.f.* 《드물게》끈기.
infatigable [ɛ̃fatigabl] *a.* 끈기있는, 지칠 줄 모르는 (inlassable), 지구력이 있는. ardeur (esprit) ~ 불굴의 열의 (정신).
infatigablement [ɛ̃fatigabləmɑ̃] *ad.* 끈기있게, 꾸준히.
infatuation [ɛ̃fatɥasjɔ̃] *n.f.* ① (지나친)자기만족, 자만. ② 《엣》열중, 심취.
infatué(e) [ɛ̃fatɥe] *a.p.* [~ de] (에)자만하는; 우쭐한. Il est ~ de sa personne. 그는 자기 자만심에 넘쳐있다 (우쭐해 있다). ② 《엣》 (에)열중한, 홀딱 빠진. homme ~ de politique 정치에 미친 남자.
infatuer [ɛ̃fatɥe] *v.t.* ① 《엣》 (에)열중하게 하다, 심취시키다. ~ *qn* d'une femme …을 어떤 여자에게 빠지게 하다. ② 《드물게》자만하게 하다. Ce succès l'*infatue*. 이 성공으로 그는 우쭐해 있다.
—*s'~ v.pr.* ① 자만하다, 우쭐하다. ② 《엣》 [s'~ de] (에)열중하다, 심취하다.

inescomptable [inɛskɔ̃tabl] *a.* 《상업》할인할 수 없는.

inespérable [inɛsperabl] *a.* 기대할 수 없는.

inespéré(e) [inɛspere] *a.* 생각밖의, 뜻밖의, 예상 밖의《현재는 좋지 않은 일에는 쓰이지 않음》. Ce film a eu un succès ~. 이 영화는 예상 밖의 성공을 거두었다.

inespérément [inɛsperemɑ̃] *ad.* 뜻밖에도.

inessayé(e) [inɛsɛ(e)je] *a.* 시도한 바 없는.

inessif(ve) [inesif, -iːv] *a.* 《언어》내격(內格)의. cas ~ 내격《어느 장소의 내부에서 동작이 행해짐을 나타내는 격》.

inesthétique [inɛstetik] *a.* 심미적(審美的)이 아닌; 미를 해치는《가끔 laid 의 완곡한 표현》. cicatrice ~ 심한 상처.

inestimable [inɛstimabl] *a.* 평가할 수 없을 만큼 값비싼; 이루헤아릴 수 없는. Son aide est ~. 그의 협력은 더 없이 고마왔다(값졌다).

inestimé(e) [inɛstime] *a.* 평가[존중]되지 않은.

inétanche [inetɑ̃ːʃ] *a.* 《학술》(물·공기 따위가)새는.

inétendu(e) [inetɑ̃dy] *a.* 《학술》넓이가 없는.

inétirable [inetirabl] *a.* 《공업》(금속 따위가)늘어나지 않는.

inétudié(e) [inetydje] *a.* (자세·태도가)꾸밈 없는, (문장이)기교를 쓰지 않은, 자연스러운.

inévaluable [inevalɥabl] *a.* 평가할 수 없는.

inévitabilité [inevitabilite] *n.f.* 불가피(성).

***inévitable** [inevitabl] *a.* ① 피할 수 없는, 면할 수 없는; 필연적인(nécessaire). piège ~ 피할 수 없는 함정. malheur ~ 면할 수 없는 불행. [Il est ~ que (ne) +*sub.*] *Il est* ~ *que le citoyen soit gouverné plus qu'il n'est nécessaire.* 시민이 필요 이상으로 정치권력의 간섭을 받는 것은 불가피하다. ② 《익살》 꼭 붙어다니는, 언제나 떨어지지 않는. le ministre et son ~ cigare 장관과 그의 입에 늘 물려 있는 여송연.
—*n.m.* 불가피한 일[것]. accepter l'~ 불가피한 일을 감수하다.

inévitablement [inevitabləmɑ̃] *ad.* 불가피하게, 반드시, 필연적으로.

inexact(e) [inɛgza(kt), -kt] *a.* ① 부정확한, 틀린. calcul ~ 부정확한 계산. (비인칭)[Il est ~ de+*inf.*(que+*sub.*)] …라는[이라는] 것은 옳지 않다. ② 꼼꼼하지 못한, 부실한, 시간을 잘 지키지 않는. ~ à remplir ses devoirs 직무를 소홀히 하는. être ~ à un rendez-vous 약속시간에 늦다.

inexactement [inɛgzaktəmɑ̃] *ad.* 부정확하게, 틀리게. rapporter ~ les paroles de qn …의 말을 틀리게 전하다.

inexactitude [inɛgzaktityd] *n.f.* ① 부정확, 오류. ~ d'un calcul 계산착오. ② 꼼꼼하지 못함, 부실함. ~ à remplir ses devoirs 직무태만.

inexaucé(e) [inɛgzose] *a.* 《문어》(소원이)성취되지 않은.

inexcitabilité [inɛksitabilite] *n.f.* 《생리》비흥분성, (자극에 대한)무반응.

inexcitable [inɛksitabl] *a.* 《생리》흥분하지 않는, 자극에 반응이 없는.

inexcusable [inɛkskyzabl] *a.* 용서할 수 없는(impardonnable); 변명의 여지가 없는. négligence ~ 변명의 여지가 없는 태만.

inexcusablement [inɛkskyzabləmɑ̃] *ad.* 《드물게》용서할 수 없을 만큼.

inexécutable [inɛgzekytabl] *a.* (명령·약속이)실행될 수 없는; 《음악》연주할 수 없는[하기 힘든].

inexécuté(e) [inɛgzekyte] *a.* 《문어》실행되지 않은, 미집행의; 《음악》연주되지 않은.

inexécution [inɛgzekysjɔ̃] *n.f.* 《드물게》불실행, 불이행, 미집행; 불이행. ~ d'un contrat(d'un testament, d'un traité) 계약[유언·조약]의 불이행.

inexécutoire [inɛgzekytwaːr] *a.* (명령 따위의)집행할 수 없는.

inexercé(e) [inɛgzɛrse] *a.* 《드물게》훈련되지 않은; 익숙하지 않은; (솜씨가)미숙한. soldat ~ 미숙한 병사. main ~*e* d'un enfant 어린이의 미숙한 손.

inexhaustible [inɛgzostibl] *a.* 《문어》다 소비할 수 없는, 무궁무진한(inépuisable).

inexigibilité [inɛgziʒibilite] *n.f.* 《법》요구[청구]불능.

inexigible [inɛgziʒibl] *a.* 《법》요구[청구]할 수 없는, 부당한; 《상업》부채가 아닌.

inexistant(e) [inɛgzistɑ̃, -ɑ̃ːt] *a.* ① 존재[실재]하지 않는. *éléments* ~*s il y a dix ans* 10 년 전에는 없었던 요소. ② 《구어》가치없는(nul), 하찮은, 대수롭지 않은(néant). Comme poète, il est ~. 그는 시인으로서는 삼류이다.

inexistence [inɛgzistɑ̃ːs] *n.f.* ① 존재[실재]하지 않음, 결여. ② 《법》(소송행위 따위의 본질적 요건의 결여에 의한)불성립. ③ 하찮음; 무가치, 무익.

inexorabilité [inɛgzɔrabilite] *n.f.* 《드물게》가혹, 냉혹, 준엄(↔ clémence).

inexorable [inɛgzɔrabl] *a.* 준엄한, 냉혹한; 막무가내인, 인정에 끌리지 않는, 용서없는. Il est ~ à toutes tes prières. 그는 아무리 부탁해도 들어주지 않았다. fatalité ~ 가혹한 운명.

inexorablement [inɛgzɔrabləmɑ̃] *ad.* 《문어》엄하게, 가혹하게, 항거할 수 없게. Le temps s'écoule ~. 시간은 용서없이 흘러간다.

inexpérience [inɛksperjɑ̃ːs] *n.f.* ① 무경험, 미숙. ② 무경험으로 빚어지는 실패. ~ de la jeunesse 젊은 시절의 미숙함.

inexpérimenté(e) [inɛksperimɑ̃te] *a.* ① 무경험의, 미숙한. adolescent ~ en amour 사랑을 해본 적이 없는 청년. alpiniste ~ 미숙한 등산가. ② 시험해본 일이 없는, 시험해본 일이 없는. arme nouvelle encore ~*e* 아직 시험해본 일 없는 신무기.

inexpert(e) [inɛkspɛːr, -ɛrt] *a.* [~ dans/en/à qc] (에)서투른, 졸렬한, 솜씨없는. être ~ en musique 음악에 소질이 없다.

inexpiable [inɛkspjabl] *a.* ① 속죄할 수 없는. ② (원한·증오심을)진정시킬 수 없는. vouer une haine ~ à qn …에게 억누를 수 없는 증오심을 갖다. Guerre ~ 《역사》(제 1 차 포에니 전쟁 후의)용병(傭兵)의 난.

inexpié(e) [inɛkspje] *a.* 속죄되지 않은. faute ~*e* 속죄되지 않은 잘못.

inexplicable [inɛksplikabl] *a.* 설명할 수 없는, 풀 수 없는, 불가해한. fait ~ 설명할 수 없는 사실. énigme ~ 풀 수 없는 수수께끼. caractère ~ 이해할 수 없는 성격. —*n.m.* 설명할 수 없는 것, 불가해한 것.

inexplicablement [inɛksplikabləmɑ̃] *ad.* 설명할 수 없게.

inexplicite [inɛksplisit] *a.* 《드물게》불명료한.

inexpliqué(e) [inɛksplike] *a.* 해명되지 않은, 설명되지 않은. —*n.m.* 설명되지 않은 것, 수수께끼.

inexploitable [inɛksplwatabl] *a.* 이용[채굴·개척]할 수 없는.

inexploité(e) [inɛksplwate] *a.* 이용[채굴·개척]되지 않은. ressources ~*es* 미개발 자원.

inexplorable [inɛksplɔrabl] *a.* 《드물게》탐험[답사]할 수 없는.

inexploré(e) [inɛksplɔre] *a.* 탐험[답사]되지 않은.

ineffaçablement [inefasabləmɑ̃] *ad.* 지울 수 없도록; 잊을 수 없도록.

ineffacé(e) [inefase] *a.* 지워지지 않은.

ineffectif(ve) [inefektif, -i:v] *a.* 무효의, 효과없는.

ineffectué(e) [inefektɥe] *a.* 실행[이행]되지 않은.

inefficace [inefikas] *a.* 효력이 없는, 소용에 닿지 않는. remède ~ 효력이 없는 약. efforts ~s 쓸데없는 노력. secrétaire ~ 무능한 비서.

inefficacement [inefikasmɑ̃] *ad.* 효과[효력]없이.

inefficacité [inefikasite] *n.f.* 효력[효능] 없음, 무효; 무능. ~ d'un gouvernement 정부의 무능.

inégal(ale, *pl.* **aux)** [inegal, -o] *a.* ① 같지않은, 불균등한, 균형이 잡히지 않는, 짝이 맞지 않는, 앞뒤가 맞지 않는. deux nombres ~aux 상이한 두 개의 수. joueurs ~aux 실력차이가 나는[균등하지 않은] 경기자들. ② 불규칙적인, 고르지 않은, 일정하지 않은; 평탄치 않은, 울퉁불퉁한. écrivain très ~ 작품의 수준이 고르지 못한 작가. rythme ~ 불규칙적인 리듬. pouls ~ 부정맥(不整脈). humeur ~e 변덕. roman ~ (부분적으로) 고르지 않은[기복이 심한] 소설. sol ~ 울퉁불퉁한 지면. ③ 《옛》 (사람이)변덕이 있는, 변덕스러운.

inégalable [inegalabl] *a.* 비할 데 없는.

inégalé(e) [inegale] *a.* 비길 데 없는, 탁월한.

inégalement [inegalmɑ̃] *ad.* 불균등하게, 불평등하게; 불균치하게, 고르지 않게.

inégalitaire [inegalitɛ:r] *a.* 《학》 불평등주의의.

inégalité [inegalite] *n.f.* ① 불균등, 불평등, 불균형. ~ entre l'offre et la demande 공급과 수요간의 불균형. ~ sociale 사회적 불평등. ~ de chances 기회의 불평등. ② 불균치; 기복, 요철(凹凸); 《문어》 변덕. ~ d'un chemin 길의 기복(울퉁불퉁함). avoir de l'~ dans le caractère 성격이 변덕스럽다. Son style est plein d'~s. 그의 문체는 무척 고르지 못하다[기복이 심하다]. ③ 《수학》 부등식. signe d'~ 부등호(>, <). ④ 《천문》 균차(均差), 부등(不等), 차(差) (천체의 운행에 있어서 어떤 양식에서 벗어남).

inélasticité [inelastisite] *n.f.* 비탄력성.

inélastique [inelastik] *a.* 《드물게》 탄력 없는, 비탄력성의.

inélégamment [inelegamɑ̃] *ad.* 우아하지 못하게, 멋없게, 촌스럽게, 투박스럽게; 무례하게.

inélégance [inelegɑ̃:s] *n.f.* 우아하지 못함, 어색함, 기품없음, 멋없음, 촌스러움, 투박성; 무례함. L'~ de son procédé m'a choqué. 그의 무례한 태도에 나는 분개했다.

inélégant(e) [inelegɑ̃, -ɑ̃:t] *a.* 우아하지 못한, 품위 [아취·기품] 없는, 멋없는, 세련되지 못한; 무례한. mise ~e 촌스러운 복장. Il[Ce] serait ~ d'insister. 계속 고집하면 결례[실례]가 될거요.

inéligibilité [ineliʒibilite] *n.f.* 피선거권이 없음.

inéligible [ineliʒibl] *a.* 피선거권이 없는.

inéluctable [inelyktabl] *a.* (운명·죽음 따위를) 피할 수 없는, 불가피한(inévitable); 항거할 수 없는 (irrésistible). destin ~ 피할 수 없는 운명. conséquence ~ 불가피한 결과[결말].
—*n.m.* 불가피한 일, 불가항력. se soumettre à l'~ 불가항력에 굴하다.

inéluctablement [inelyktabləmɑ̃] *ad.* 피할 도리없이, 꼼짝없이.

inéludable [inelydabl] *a.* 《드물게》 회피할 길 없는.

inémotivité [inemotivite] *n.f.* 《심리》 감정표현의 상실.

inemploi [inɑ̃plwa] *n.m.* 실업.

inemployable [inɑ̃plwajabl] *a.* 《드물게》 사용할 수 없는 (inutilisable).

inemployé(e) [inɑ̃plwaje] *a.* 사용되지 않은, 미사용의, 손대지 않은; 활용되지 않은. talent ~ 파묻혀 있는 재능[인재].

inénarrable [inenarabl] *a.* ① 몹시 우스꽝스러운, 괴상망측한; 기묘한, 별난. aventures ~s 기묘한 [파란만장한] 모험. ② 《옛》 필설로 다하지 못할.

inensemencé(e) [inɑ̃sm̃ɑse] *a.* (밭이) 씨가 뿌려지지 않은, 사용되지 않은.

inentamable [inɑ̃tamabl] *a.* 동요되지 않는, 흔들리지 않는.

inentamé(e) [inɑ̃tame] *a.* 손대지 않은, 그대로 보존된; (신념이) 흔들리지 않는. ressources ~es 손대지 않은 자본. confiance ~e 확고한 신뢰.

inentendu(e) [inɑ̃tɑ̃dy] *a.* 들어본 일이 없는.

inépanoui(e) [inepanwi] *a.* (꽃이) 피지 않은.

inéprouvé(e) [inepruve] *a.* ① 시련을 당한 적이 없는. amitié ~e 시련을 겪지 않은 우정. ② 느껴본 일 없는(↔ressenti). douleur ~e 여지껏 맛보지 못한(경험하지 못한) 고통.

inepte [inept] *a.* 어리석은, 무능한, 바보스러운. conduite[réponse] ~ 어리석은 행동[대답], histoire ~ 하찮은 이야기. 《비인칭》 Il serait ~ de+*inf.* …하는 것은 어리석은 짓일 것이다. ② 《옛》 부적당한(inapte). Il a *qc* gens ~s *aux* affaires d'État 국사에 무능한 사람들.

ineptement [ineptəmɑ̃] *ad.* 《드물게》 어리석게도, 무능하게.

ineptie [inepsi] *n.f.* ① 어리석음, 무능. ② 어리석은 언행(bêtise). dire des ~s 얼빠진 소리를 하다.

inépuisable [inepɥizabl] *a.* 아무리 퍼내도 끝이 없는(intarissable); (비유적) 무궁무진한, 무진장의, 한없는(infini). ~ curiosité 끝없는 호기심. Le vent est une source ~ d'énergie. 바람은 무한한 동력원이다.

inépuisablement [inepɥizabləmɑ̃] *ad.* 무궁무진하게, 무진장, 한없이.

inépuisé(e) [inepɥize] *a.* 《문어》 고갈되지 않은, 한이 없는. ressources ~es 고갈되지 않은 자원.

inépuré(e) [inepyre] *a.* 정제(精製)되지 않은.

inéquation [inekwasjɔ̃] *n.f.* 《수학》 (변수·미지수를 포함하는) 조건부등식.

inéquilibré(e) [inekilibre] *a.* 균형잡히지 않은, 어울리지 않는.

inéquitable [inekitabl] *a.* 불공평한, 불평등한.

inéquitablement [inekitabləmɑ̃] *ad.* 불공평하게.

-iner *suff.* 「반복」의 뜻.

inerme [inerm] *a.* 《식물》 가시 없는(↔ épineux); 《동물》 (촌충이)갈고리 없는. ténia ~ 민촌충.

inerte [inert] *a.* ① 생기가 없는, 꼼짝하지 않는; 기력이 없는, 나른한. Je restais ~ sur le lit. 나는 침대에 꼼짝 않고[나른하게] 누워있었다. résistance ~ 무기력한 저항. C'est un esprit ~. 저 사람은 무기력하다. ② 《화학·물리》 불활성(不活性)의, 스스로 움직일 힘이 없는. gaz ~ 불활성 기체. masse ~ 관성물질. sol ~ 《농업》 불활성 토양 《작토(作土)와 심토(心土)의 중간에 있는》. ③ bombe [obus] ~ 《군사》 공포.

inertie [inersi] *n.f.* ① 무기력, 활발하지 않음; 귀찮음. sortir de son ~ 무기력한 상태에서 빠져 나오다[벗어나다]. ② 《물리》 관성, 타성. principe d'~ 관성의 원리. moment d'~ 관성 모멘트. armement par ~ (로켓 따위의) 관성에 의한 무장. ③ 《의학》 무력(증). ~ musculaire 근육 무력증. ~ utérine 미약 진통, 자궁 무력. force d'~ 관성의 힘[저항]; 소극적인 저항.

inertiel(le) [inersjɛl] *a.* 《기계·물리》 관성의. guidage ~ 관성 유도(장치).

죄)를 주다. ~ un chapelet 묵주에 방사를 주다.
***indulgent(e)** [ɛ̃dylʒɑ̃, -ɑ̃:t] a. ① [~ pour/envers/à qn/qc] (에)관대한, 너그러운, 후한. Il est ~ envers tout le monde. 그는 누구에게나 관대하다. mère trop ~e 아이의 응석을 지나치게 받아주는 어머니. ②《문어》[~ à qc] (에)빠지기 쉬운. être ~ à l'amour 사랑에 빠지기 쉽다(쉬운 성격이다).
—n.m.(pl.) 《역사》(프랑스혁명 때의)관용파《급진파에서 본 당통(Danton)의 일파》.

induline [ɛ̃dylin] n.f. 《화학》인듈린《자청색(紫青色)의 유용성(油溶性) 염료》.

indult [ɛ̃dylt] n.m. ① 《가톨릭》(교황이 특례로 주는)은전(恩典). ② 《역사》(교황이 군주나 추기경에게 주는)성록(聖祿) 수여권.

indultaire [ɛ̃dylte:r] n.m. 《가톨릭》특전 수혜자.

indûment [ɛ̃dymɑ̃] ad. 부당하게, 옳지 못하게; 불법으로. procéder ~ contre qn …에 대해 부당하게 소송을 제기하다. détenir ~ 횡령하다.

induration [ɛ̃dyrɑsjɔ̃] n.f. 《의학》(조직의)경화(硬化); 경화된 부분. ~ de l'œil 안구 경화.

induré(e) [ɛ̃dyre] a.p. 《의학》경화된, 경결(硬結)(성)의.

indurer [ɛ̃dyre] 《의학》v.t. 경화시키다(durcir).
—s'~ v.pr. 경화되다, 경결이 생기다.

Indus (l') [lɛ̃dys] n.pr.m. 《지리》인더스 강.

induse [ɛ̃dy:z], **indusie** [ɛ̃dyzi] n.f. ① 《식물》포막(胞膜), 포피, 포개(包蓋). ②《고대생물》(물여우류, 유충의 화석이 된)고치.

industrialisation [ɛ̃dystrijalizɑsjɔ̃] n.f. 산업화, 공업화. étapes de l'~ 산업화의 제단계. ~ d'une fabrication 생산의 공업화. ~ des pays neufs 신흥국의 공업화.

industrialisé(e) [ɛ̃dystrijalize] a.p. 산업〔공업〕화되. production ~e 공업화된 생산.

industrialiser [ɛ̃dystrijalize] v.t. 산업화하다, 공업화하다. ~ une découverte scientifique 과학상의 발견을 산업화하다. ~ une région 어떤 지역을 산업화하다.
—s'~ v.pr. 산업〔공업〕화되다. Ces pays neufs commencent à s'~. 이들 신흥국가들은 공업화되기 시작한다.

industrialisme [ɛ̃dystrijalism] n.m. 산업〔공업〕주의, 산업〔공업〕우선, 공업화 우선 사상〔정책〕.

industrialiste [ɛ̃dystrijalist] a. 산업〔공업〕주의의.
—n.m. 산업〔공업〕 우선 주의자.

*__industrie__ [ɛ̃dystri] n.f. ① 산업, 공업. donner des ~s de base à un pays sous-développé 저개발국가에 기간산업을 일으키다. ~ légère〔lourde〕 경〔중〕공업. ~ alimentaire〔automobile, métallurgique, pétrolière〕식료품〔자동차·금속·석유〕공업. ~(-)clef 기간 산업. ~ des transports 《옛》운송업. ② 기업, 제조회사, 공장. grande〔moyenne, petite〕~ 대〔중·소〕기업. ③《옛》재주, 직공, 솜씨, 술책; 교활, 간책(奸策). être fait avec beaucoup d'~ 무척 교묘하게 만들어져 있다. employer〔mettre, appliquer〕son ~ à qc …에 솜씨를 발휘하다. chevalier d'~ 사기꾼. ④《옛》(주로 손으로 하는)생업, 일.

*__industriel(le)__ [ɛ̃dystrijɛl] a. 산업〔공업〕의. produits ~s 공업 제품. chimie ~le 공업 화학. révolution ~le 산업혁명. école ~le 공업학교. zone ~le 공업 지역. véhicule ~le 화물 수송용 차. arts ~s 산업 미술. dessin ~ (기계 따위의)설계도. en quantité ~le 《구어》 대량으로.
—n.m. 실업가. ~s du textile 섬유업자.

industriellement [ɛ̃dystrijɛlmɑ̃] ad. 산업〔공업〕적으로, 공업 기술에 의해서; 산업〔공업〕면에서.

produit fabriqué ~ 공업적으로 제조된 제품. pays ~ avancé 공업 선진국.

industrieusement [ɛ̃dystrijøzmɑ̃] ad. 교묘하게, 솜씨좋게.

industrieux(se) [ɛ̃dystrijø, -ø:z] a. ①《문어》솜씨가 돋보이는, 시원시원한; 솜씨〔재치〕있는. artisan ~ 솜씨 좋은 직공. ②《옛》[~ à/pour+inf.] (하는 데)능숙한. ③《옛》산업이 융성한.

indut [ɛ̃dy] n.m. 《가톨릭》(대미사 때 보좌신부·부제(副祭)를 돕기 위해 정장한)부제 보좌.

induvie [ɛ̃dyvi] n.f. 《식물》(과실을 싸고 있는)각두(殻斗); (국화과의)관모(冠毛).

inébloui [inebluí] a. 《드물게》(아직도)현혹되지 않는, 태연한.

inébranlable [inebrɑ̃labl] a. 흔들리지 않는, 견고한, 불굴의, 꺾이지 않는. colonne ~ 흔들리지 않는 기둥. roc ~ 끄떡도 하지 않는 바위. bataillon ~ 강한 부대. amitié ~ 굳은 우정. caractère〔courage〕~ 꺾이지 않는 성격〔용기〕. foi ~ 확고한 신념. être〔rester〕~ dans ses résolutions 결의를 굳히고 있다.

inébranlablement [inebrɑ̃labləmɑ̃] ad. 《드물게》요지부동으로; 확고하게.

inébranlé(e) [inebrɑ̃le] a. 흔들리지 않는, 확고한. doctrine ~e 확고한 학설.

inébriant(e) [inebri(j)ɑ̃, -ɑ̃:t], **inébriatif(ve)** [inebri(j)atif, -i:v] a. 취하게 하는. —n.m. 발취제(發醉劑)《médicaments ~s》.

inéchangeable [ineʃɑ̃ʒabl] a. 교환할 수 없는. marchandises ~s 교환할 수 없는 상품.

inéclairci(e) [ineklɛrsi] a. 밝혀지지 않은, 미해결의. fait ~ 밝혀지지 않은 사실.

inéclairé(e) [ineklɛre] a. ① 불이 밝혀지지 않은, 캄캄한. ② 계발되지 않은, 무지몽매한 채로 있는.

inéconomique [inekɔnɔmik] a. 비경제적인. 나는.

inécoutable [inekutabl] a. (음악이) 졸렬하여 차마 들을 수 없는.

inécouté(e) [inekute] a. 사람이 들어주지 않는. conseils ~s 소홀히 취급된 충고.

inécrit(e) [inekri, -it] a. 글자로 쓰여지지 않은.

I.N.E.D. 《약자》Institut national d'études démographiques 국립 인구 통계학 연구소.

inéd. 《약자》inédit (책이)미간행의.

inédifiant(e) [inedifjɑ̃, -ɑ̃:t] a. 교훈이 되지 않는, 교육적이 아닌.

inédit(e) [inedi, -it] a. ① 미간(행)의; 미발표의. Cet ouvrage est demeuré ~. 이 작품은 아직 간행되지 않고 있다. film ~ 미공개 필름. jeune écrivain ~ (아직)책을 내지 않은 젊은 작가. ② 신기한, 참신한. recette ~e 새로운 요리법.
—n.m. ① 미간행의 작품〔원고〕. ② 전대미문(의 사건); 새로운 계기. Voilà de l'~. 이건 참신한데.

inéducable [inedykabl] a. 교육하기 힘든; 교정(矯正)될 수 없는.

ineffabilité [inefabilite] n.f. 《드물게》이루 형언할 수 없음, 말로 표현할 수 없는 것〔일〕.

ineffable [inefabl] a. ① 이루 말할 수 없는, 필설로 다할 수 없는(indicible). bonheur ~ 말로 표현할 수 없는 행복. ② 《옛》(우스꽝스럽거나 특이해서)무엇이라 말할 수 없는, 어이없는. —n.m. 이루 말할 수 없는 것〔일〕.

ineffablement [inefabləmɑ̃] ad. 《드물게》이루 형언할 수 없을 만큼.

ineffaçable [inefasabl] a. ① 지울 수 없는. empreinte ~ 지워지지 않는 흔적. ② (추억 따위가) 잊을 수 없는, 사라지지 않는. souvenir ~ 잊을 수 없는 추억.

indo-iranien(ne) [ɛ̃dɔiranjɛ̃, -jɛn] *n.m., a.* 인도·이란어파(의).

indole [ɛ̃dɔl] *n.m.* 〖화학〗인돌《인도긴딘의 화학처리로 얻으며 향료·시약으로 쓰임》(《영》indol).

indolemment [ɛ̃dɔlamɑ̃] *ad.* 게으르게, 빈둥빈둥하게. travailler ~ 건성으로 일하다.

indolence [ɛ̃dɔlɑ̃:s] *n.f.* ① 귀찮아함, 게으름, 나태, 무기력. Cette chaleur incite à l'~. 이 더위는 무기력하게 만든다. ② 〖의학〗무통증. ~ d'une tumeur 종양의 무통증. ③〖옛〗무감각; 개의치 않음; 무관심.

indolent(e) [ɛ̃dɔlɑ̃, -ɑ̃:t] *a.* ① 게으른, 정성을 다하지 않는, 무기력한. regard ~ 나른한 눈빛. ②〖의학〗무통성의. ③〖옛〗무정한, 개의치 않는. ④〖옛〗아픔을 느끼지 않는, 괴로와하지 않는. —*n.* 게으름뱅이, 《만사를》귀찮아하는 사람.

indolore [ɛ̃dɔlɔ:r] *a.*〖의학〗무통성(無痛性)의, 아프지 않은. opération ~ 무통수술.

indomptabilité [ɛ̃dɔ̃tabilite] *n.f.* 길들이기〔다스리기〕힘듦.

indomptable [ɛ̃dɔ̃tabl] *a.* ① 길들일 수 없는 (féroce). cheval ~ 길들일 수 없는 말. ② 복종시킬 수 없는, 권위〔권력〕에 굴하지 않는, 다스리기 힘든, 불굴의. peuple ~ 다스리기 힘든 국민. tempérament ~ 꺾이지 않는 기질. volonté ~ 불굴의 의지.

indomptablement [ɛ̃dɔ̃tabləmɑ̃] *ad.* 억압〔억제〕하기 어렵게, 어찌할 도리가 없게, 굴하지 않고.

indompté(e) [ɛ̃dɔ̃te] *a.* 억압되지 않은, 제어되지 않은; 길들지 않은; 누르기 힘든. caractère ~ 고집 센 성격. courage ~ 불굴의 용기. désirs ~s 억누르기 어려운 욕망.

Indonésie [ɛ̃dɔnezi] *n.pr.f.* 인도네시아.

indonésien(ne) [ɛ̃dɔnezjɛ̃, -ɛn] *a.* 인도네시아의. —**I**~ *n.* 인도네시아 사람. —*n.m.* 인도네시아어.

indophénol [ɛ̃dɔfenɔl] *n.m.*〖화학〗인도페놀《청색의 염료로 사용》.

indou(e) [ɛ̃du] *a., n.* =hindou.

Indou-Kouch [ɛ̃dukuʃ], **Indou-Koh** [ɛ̃duko] *n.pr.m.*〖지리〗힌두쿠시 산맥.

Indoustan [ɛ̃dustɑ̃] *n.pr.m.* =Hindoustan.

in-douze [ɛ̃(in)du:z] *a.* 〖인쇄〗《불변》 12절(24페이지)형의. volume ~ 12 절판본. livre imprimé ~ 12절판으로 인쇄한 책. —*n.m.*《복수불변》12절형(의 책).

indoxyle [ɛ̃dɔksil] *n.m.*〖화학〗인독실.

indri [ɛ̃dri] *n.m.*〖동물〗인드리(류)《마다가스카르 섬의 여우원숭이》.

indroiture [ɛ̃drwaty:r] *n.f.*〖옛·드물게〗《행동이》청렴결백하지 않음, 부정(不正).

indu(e) [ɛ̃dy] *a.* 부적당한, 정당치 못한, 상식에서 벗어난,〖법〗부당한; 지불 의무가 없는. Elle m'a téléphoné à (une) heure ~*e*. 그녀는 당치않은 시간에 전화를 걸어왔다. réclamation ~*e* 부당한 주장〔요구〕. somme ~*e* 갚을 의무가 없는 금액. —*n.m.*〖법〗지불 의무가 없는 돈.

indubitable [ɛ̃dybitabl] *a.* ① 의심할 여지가 없는, 확실한 (incontestable). preuve ~ 명백한 증거. Il est ~ que + *ind.* …하는 것은 의심할 여지가 없다《주절이 의문·부정인 경우에 que 이하는 접속법》. ②〖옛〗《전기·도차이》피할 수 없는. La mort est ~. 죽음은 피할 수 없다.

indubitablement [ɛ̃dybitabləmɑ̃] *ad.* 의심할 여지 없이, 명백하게.

inductance [ɛ̃dyktɑ̃:s] *n.f.*〖전기〗유도계수, 인덕턴스 (코일).

inducteur(trice) [ɛ̃dyktœ:r, -tris] *a.* ①〖전기〗유도하는, 유도의. courant ~ 초(超)유도 전류. champ ~ 유도 전자계(電磁界). ②〖논리〗귀납하는. propositions ~*trices* 귀납 명제. ③〖생물〗(배(胚)발생시의)유도를 일으키는. ④〖심리〗(남의 망상을)유도하는. délire ~ 유도성 망상《집단 망상에 있어서의 지배적 망상》. —*n.m.* ①〖전기〗유도자(子). ②〖생물〗(배(胚)발생시의)유도자〔원(原)〕《(효소의 합성을 촉진하는)유도 물질. ③〖심리〗(연상어(聯想語) 검사에 있어서의)자극어(terme ~). ④〖언어〗유도요소.

inductif(ve) [ɛ̃dyktif, -i:v] *a.* ①〖논리〗귀납적인. méthode ~*ve* 귀납법. ②〖전기〗(전하(電荷)·연결이)유도성의. courant ~ 유도전류.

inductile [ɛ̃dyktil] *a.*〖야금〗비연성(非延性)의.

inductilité [ɛ̃dyktilite] *n.f.*〖야금〗비연성.

induction [ɛ̃dyksjɔ̃] *n.f.* ①〖논리〗귀납(歸納) (법), ~ mathématique 수학적 귀납법. raisonnement par ~ 귀납적 추리. ②(귀납적 추리에 의한) 추론, 유추; (귀납법 또는 추론에 의한)결론, 귀결. ③〖전기〗유도, 감응. moteur à ~ 유도 전동기. ~ magnétique 자기 유도. ~ propre (mutuelle) 자기 (상호) 유도. ④〖생물〗유도《어떤 배역(胚域)의 분화·발생이 인접 배조직의 영향으로 결정되는 현상》; (효소 합성의)유도, 유발. ~ hétérogène (homogène) 이질〔동질〕유도. ~ de l'ovulation 배란 유발제. ⑤〖의학〗(전신 마취에 있어서의)마취 도입 (~ de l'anesthésie).

inductivité [ɛ̃dyktivite] *n.f.*〖전기〗상호 인덕턴스 (coefficient d'induction mutuelle).

inductomètre [ɛ̃dyktɔmetr] *n.m.*〖전기〗인덕턴스계(計).

induire [ɛ̃dɥi:r] [32] *v.t.* ①(로부터)귀납하다; 결론을 이끌어내다, 추론하다. [~ *qc* de *qc*] ~ *des faits une loi générale* 사실로부터 일반적 법칙을 귀납하다. Qu'en induisez-vous? 당신은 그것에서 어떤 결론을 내리겠소? [~ *de qc que*+ *ind.*] J'en induis que… 나는 그것에서 …라는 결론을 내린다. ② [~ *qn* en *qc*/à + *inf.*] (나쁜 일 따위에)끌어넣다〔끌어들이다〕《다음과 같은 표현에만 사용》. ~ *qn* en erreur …을 그르치다, 혼란시키다. ~ *qn* en tentation …을 나쁜 일에 끌어넣다. Ce mauvais garçon nous a *induits à* quitter le droit chemin. 이 악동이 우리를 바른 길에서 벗어나도록 꾀였다. ③〖전기〗유도하다, 감응작용을 발생시키다.

induis [ɛ̃dɥi] ⇨induire.

induit(e) [ɛ̃dɥi, -it] (*p.p.*< induire) *a.p.*〖전기〗① 유도된. courant ~ 유도전류. magnétisme ~ 유도 자화(磁化). radio(-)activité ~*e* 유도 방사능. ②〖논리〗귀납된. ③〖심리〗유도된. délire ~ 유도된 망상《집단망상에 있어서의 종속적 망상》. ④ 결과로서의(생긴). —*n.m.* ①피(被)유도회로 (circuit ~); 전기자(電機子). ~ mobile d'une dynamo 발전기의 가동전기자(可動電機子). ②〖심리〗(연상어 검사에 있어서의)반응어 (terme ~). ③〖언어〗피유도요소 (↔ inducteur).

indulgemment [ɛ̃dylʒamɑ̃] *ad.* 관대하게, 너그럽게

indulgence [ɛ̃dylʒɑ̃:s] *n.f.* ① 관용, 관대(한 조치); (사람에 대한)너그러움. avoir (montrer) de l'~ envers *qn*(pour les fautes de *qn*) …에 대해 〔…의 잘못에 대해〕 관대한 태도를 취하다. avec ~ 관대하게. regard plein d'~ 정이 담뿍 담긴 눈초리. ②〖가톨릭〗면죄, 전대사, 사면, 방사. ~ plénière (면적인)면죄. ~ particulière 부분 면죄. querelle des *I*~*s*〖역사〗(16세기의)면죄부 논쟁.

indulgencier [ɛ̃dylʒɑ̃sje] *v.t.*〖가톨릭〗방사(면

는 불쾌하다.
indisposition [ɛ̃dispozisjɔ̃] *n.f.* ① (육체적)불편, 편치 못함; 《간접적 표현으로》(여자의)월경(시). ②《옛》[~ contre/envers/pour] (에 대한)불쾌감, 반감, 악감정.
indisputabilité [ɛ̃disputabilite] *n.f.* 《옛·드물게》 논쟁의 여지없음.
indisputable [ɛ̃disputabl] *a.* 논쟁의 여지없는, 명백한, 확실한.
indisputablement [ɛ̃disputabləmɑ̃] *ad.* 논쟁의 여지없이[없을 만큼].
indisputé(e) [ɛ̃dispyte] *a.* 논의되지 않은, (승부 따위가)겨루어지지 않은.
indissociable [ɛ̃disɔsjabl] *a.* 《문어》분리할 수 없는, 떼어놓을 수 없는(inséparable). éléments ~s 서로 분리될 수 없는 요소들. [~ de] A est ~ de B. A는 B와 분리될 수 없다.
indissolubilité [ɛ̃disɔlybilite] *n.f.* ① 《화학》 불용해성. ② (결혼·약속 따위의)파기불가능.
indissoluble [ɛ̃disɔlybl] *a.* ① 용해되지[풀리지] 않는. ② (비유적)(결혼 따위가)파기 할 수 없는.
indissolublement [ɛ̃disɔlybləmɑ̃] *ad.* 파기[해소]할 수 없게, 굳게.
indistinct(e) [ɛ̃distɛ̃(:kt), -ɛ:kt] *a.* ① (사물이)구별[분간]하기 어려운, 불분명한(confus). objets ~s 희미한 사물. bruits ~s 어렴풋한 소리. ② (생각·계획 따위가)명료치 않은, 희미한, 어렴풋한, 몽롱한(vague). préssentiments ~s 막연한 예감. projets ~s 확실치 않은 계획.
indistinctement [ɛ̃distɛ̃ktəmɑ̃] *ad.* ① 무차별하게, 구별없이 (indifféremment). critiquer ~ ses amis et ses ennemis 자기 편이고 적이고 가리지 않고 비판하다. ② 불명료하게, 희미하게 (confusément). prononcer ~ 불분명하게 발음하다.
indistinction [ɛ̃distɛ̃ksjɔ̃] *n.f.* ① 불분명, 불명료. ②《드물게》품이 없음.
indistingué(e) [ɛ̃distɛ̃ge] *a.* ① 구별할 수 없는. ② 두드러지지 않은.
indistinguible [ɛ̃distɛ̃gibl] *a.* 구별할 수 없는.
indium [ɛ̃djɔm] *n.m.* 《화학》 인듐.
*****individu** [ɛ̃dvidy] *n.m.* ① 개인, (특히 집단에 대한)개체. droits de l'~ 개인의 권리. ~ écrasé par la société 사회에 짓눌린 개인. ②《구어》《무관심 또는 경멸을 담아》어떤 사람, 녀석, 자식(type). Qui est cet ~ ? 저 자는 누구지 ? Il y a un drôle d'~ qui nous suit. 우리 뒤를 따라오는 묘한 놈이 있는데. louche ~ 수상한 자. ③《구어》자기자신, 《특히》자기 몸. avoir soin de son ~ 자기 몸을 각별히 보살피다. ④《학술》(유(類)(genre), 종(espèce)을 구성하는)개체.
individualisation [ɛ̃dividɥalizɑsjɔ̃] *n.f.* 개성화, 개체화, 개별화; 《생물》개체형성.
individualisé(e) [ɛ̃dividɥalize] *a.p.* 개체화된, 개별된, 개성화된. groupe fortement ~ 개개인의 특징이 강하게 나타나는 집단. sièges ~s (자동차 따위의)개인석.
individualiser [ɛ̃dividɥalize] *v.t.* 개별화하다, 별개로 하다; 개성을 주다, 개성화하다. ~ les peines en tenant compte des circonstances 정상을 참작하여 형을 개별적으로 정하다. ~ les fortunes 재산을 각각 개인에게 나누어주다.
—**s'~** *v.pr.* 개별화하다, 개성을 발휘하다.
individualisme [ɛ̃dividɥalism] *n.m.* 개인주의, 개체주의.
individualiste [ɛ̃dividɥalist] *a.* 개인주의의. —*n.* 개인주의자.
individualité [ɛ̃dividɥalite] *n.f.* ① 개성, 개체성,

개성적 특징(originalité). ~ régionale 지방의 개성적 특징. ② 개인.
individuation [ɛ̃dividɥɑsjɔ̃] *n.f.* 개체화.
*****individuel(le)** [ɛ̃dividɥɛl] *a.* 개체의; 개성의, 개개의; 개인의; 개별적인. propriété ~*le* 개인의 재산. liberté ~*le* 개인의 자유. scrutin ~ 《정치》단기명(單記名) 투표. réclamation ~*le* 개인적인 요구. différence ~*le* 개인차.
—*n.m.* 개별성; (클럽이나 팀에 소속되지 않은)무소속 운동가, 개인 경기자.
individuellement [ɛ̃dividɥɛlmɑ̃] *ad.* 개인적으로; 개별적으로. Travaillez chacun ~. 각자 따로따로 공부[일]하시오.
indivis(e) [ɛ̃divi, -i:z] *a.* 《법》공유의, 공동의; 공동상속의. succession ~*e* 공동상속. propriétés ~*es* 공유재산. *par* ~ 공유로, 공동으로.
indivisaire [ɛ̃divizɛ:r] *n.* 《법》공유자; 공동상속인.
indivisé(e) [ɛ̃divize] *a.* 분할되지 않은.
indivisément [ɛ̃divizemɑ̃] *ad.* 공유로, 연대(連帶)해서.
indivisibilité [ɛ̃divizibilite] *n.f.* 분할 불가능, 불가분성.
indivisible [ɛ̃divizibl] *a.* ① 분할할 수 없는, 불가분의. ② 《법》공유의, 연대의. ③ 《수학》 나누어 떨어지지 않는.
indivisiblement [ɛ̃divizibləmɑ̃] *ad.* 불가분(不可分)하게; 《법》공동으로.
indivision [ɛ̃divizjɔ̃] *n.f.* 《법》 불분할(不分割), 공유(copropriété).
indivulgable [ɛ̃divylgabl] *a.* 《드물게》폭로해서 아니될, 누설해서 아니될.
indivulgué(e) [ɛ̃divylge] *a.* (아직)폭로[공표]되지 않은, (비밀이)누설되지 않은.
in-dix-huit [ɛ(in)dizɥit] 《인쇄》 *a.* 《불변》18절(36페이지)형의. format ~ 18절판의 책. —*n.m.* 《복수불변》18절형(의 책).
indo-afghan(e) [ɛ̃dɔafgɑ̃, -an] *a.* 인도·아프간 사람의. —**I~-A~** *n.* 인도·아프간 사람.
indo-aryen(ne) [ɛ̃dɔarjɛ̃, -jɛn] *a.* 인도·아리아 사람[어(語)]의. —**I~-A~** *n.* 인도·아리아 사람. —*n.m.* 인도·아리아어.
Indo-Chine, Indochine (l') [lɛ̃dɔʃin] *n.pr.f.* 《지리》인도지나, 인도차이나.
indo(-)chinois(e) [ɛ̃dɔʃinwa, -a:z] *a.* 인도지나의, 프랑스령 인도지나의. —**I~** *n.* 인도지나 사람.
indocile [ɛ̃dɔsil] *a.* ① 온순하지 않은, 다루기 힘든(désobéissant). écolier ~ 말을 듣지 않는 아동. ② [~ à] (에)반항적인.
indocilement [ɛ̃dɔsilmɑ̃] *ad.* 순종 않고, 다루기 힘들게.
indocilité [ɛ̃dɔsilite] *n.f.* 불순종, 거역성.
indocte [ɛ̃dɔkt] *a.* 《옛》무식한.
indo-européen(ne) [ɛ̃dɔœ(ø)rɔpeɛ̃, -ɛn] *a.* 인도유럽어(족)의. langues ~*nes* 인도유럽제어(諸語). peuple(groupe) ~ 인도유럽계제민족. —**I~-E~** *n.* 인도유럽사람(인도·유럽어를 사용하는 사람). —*n.m.* 인도·유럽(조(祖))어, 인도·유럽 공통조어(祖語).
indo-gangétique [ɛ̃dɔgɑ̃ʒetik] *a.* 인더스·갠지스 강(유역)의.
indo-germanique [ɛ̃dɔʒɛrmanik] *a.* 《옛》인도·게르만어족의 (독일에서 indo-européen 대신 사용). —**I~** *n.* 인도·게르만어.
indo-hellénique [ɛ̃dɔe(ɛl)lenik] *a.* 《언어》인도·그리스어족의. langues ~s 인도·그리스제어 (산스크리트어와 고대그리스어를 포함함). art ~ 인도·그리스[그리스 불교] 미술 (art gréco-bouddhique).

indigo [ɛ̃digo] *n.m.* ① 인디고, 양람(洋藍)(염료). blanc d'~ 【화학】백람(白藍). bleu d'~ 【화학】청람(靑藍). ② 남색, 남빛(bleu ~). —*a.* (불변) 남색의.

indigoterie [ɛ̃digɔtri] *n.f.* ① 쪽밭. ② 양람 제조소.

indigotier [ɛ̃digɔtje] *n.m.* ① 【식물】쪽. ② 양람 제조자.

indigotine [ɛ̃digɔtin] *n.f.* 【화학】남정(藍精), 인디고틴.

indiligence [ɛ̃diliʒɑ̃ːs] *n.f.* 게으름.

indiligent(e) [ɛ̃diliʒɑ̃, -ɑ̃ːt] *a.* 게으른, 나태한(paresseux).

indiqué(e) [ɛ̃dike] *a.p.* ① 지시된, 지정된. à l'heure ~*e* 지정된 시간에. ② 적당한, 적합한(adéquat). traitement ~ dans votre cas 당신의 경우에 꼭 맞는 치료법. Voyons, c'est tout à fait ~! 그건 딱 들어맞는군, 안성마춤이야! Vous êtes tout ~ pour ce travail. 당신은 이 일에 아주 적격이다.

indique-fuite(s) [ɛ̃dikfɥit] *n.m.* (복수불변) 가스 누설 검사기.

***indiquer** [ɛ̃dike] *v.t.* ① (방향·소재를) 가리키다, 보여주다(montrer); 알려주다, 가르쳐주다; 지시(지적)하다(dire, enseigner). ~ *qc* du doigt(du regard) …을 손가락(눈짓)으로 가리키다. Il m'*indiqua* une place libre. 그는 내게 빈 자리를 가리켜 주었다. Il nous *indiqua* l'origine du phénomène. 그는 이 현상의 근원을 가르쳐주었다(지적했다). ② (날짜 따위를)정하다, 지정하다(fixer). *Indiquez*-moi le lieu et votre rendez-vous. 우리가 만날 곳을 정해 [말씀해] 주세요. ③ (비유적) …의 존재를 가리키다, 나타내다, (의)표시이다(manifester, révéler). La pâleur de son visage *indique* son trouble. 얼굴이 창백한 것을 보니 그의 마음의 충격이 짐작된다. Les traces de pas *indiquent* le passage du fugitif. 발자국은 도망자가 지나갔음을 가리킨다. ④ 【미술·문학】간단한 스케치[묘사]하다, 소묘하다. ⑤ 《엣》밀고하다.

[REM] **indiquer** 사람·사물의 위치나 방향을 가리켜주다. **montrer** 보여줌으로써 알리다. **signaler** 특히 상대의 주의를 끌도록 알려주다. **désigner** 표시(signe)나 특수한 표현으로 사람·사물을 명확히 가리키다. **marquer** 분명히 구별지어 표시하다.

***indirect(e)** [ɛ̃dirɛkt] *a.* ① 간접의, 간접적인, 중간에 의한. moyen ~ 간접적인 수단. éclairage ~ 간접조명. ② 【언어】간접의. discours(style) ~ 간접화법. interrogation ~*e* 간접의문. verbe transitif ~ 간접타동사. ③ (공격·요구 따위가)우회적인, 완곡한(allusif); (수답이)음흉한. critique ~*e* 완곡한 비판. ④ 【법】ligne ~*e* (친척의)방계(傍系); preuves ~*es* 정황(情況)증거.

indirectement [ɛ̃dirɛktəmɑ̃] *ad.* 간접적으로; 완곡하게, 우회하여.

indirigeable [ɛ̃diriʒabl] *a.* 지도[조종]할 수 없는.

indiscernable [ɛ̃dizɛrnabl] *a.* 구별되지 않는, 분간되지 않는.

indisciplinable [ɛ̃disiplinabl] *a.* 《엣》다룰 길이 없는, 불순종하는. enfant ~ 말을 듣지 않는 아이.

indiscipline [ɛ̃disiplin] *n.f.* 규율없음, 불순종, 군기문란, 규율 위반(désobéissance). élève exclu d'~ 규율[학칙] 위반으로 퇴학당한 학생.

indiscipliné(e) [ɛ̃disipline] *a.* ① 규율이 없는, 버릇없는, 순종하지 않는(indocile, insoumis). ② cheveux ~*s* 뻣뻣한[빗기 어려운] 머리털.

indiscret(ète) [ɛ̃diskrɛ, -ɛt] *a.* ① 삼가지 않는, 조심성이 없는. faire un usage ~ de *qc* …을 남용하다. trouver ~ que + *sub.* …하는 것을 실례라고 생각하다. ② 철부지의, 주제넘은. question ~*ète* 주제넘은

질문. ③ 비밀을 지키지 않는, 입이 가벼운. C'est un homme ~, on ne peut rien lui confier. 그는 입이 가벼운 사람이어서 속이야기를 전혀 할 수 없다. —*n.* (위)의 사람. C'est un ~ à qui on ne peut pas faire confiance. 그는 신용할 수 없는 경망한[입이 가벼운] 사람이다.

indiscrètement [ɛ̃diskrɛtmɑ̃] *ad.* 조심성없이, 주책없이, 《엣》경솔하게.

indiscrétion [ɛ̃diskresjɔ̃] *n.f.* ① 조심성없음, 삼가지 않음, 경솔, 무례(inconvenance). Excusez mon ~. 저의 실례를 용서하시오. Sans ~, peut-on demander votre adresse? 댁의 주소를 물어도 실례가 되지 않겠습니까? ② 《엣》무분별; 절도없음. ③ 경솔한 언행; 입이 가벼움, 실언. commettre des ~*s* 경솔한 [주착없는] 짓을 하다, 해서는 안 될 말을 하다.

indiscutabilité [ɛ̃diskytabilite] *n.f.* 이론의 여지 없음, 명백함.

indiscutable [ɛ̃diskytabl] *a.* 이론의 여지없는, 명백한(incontestable, évident). preuve ~ 명백한 증거. C'est ~. 그것은 분명하다.

indiscutablement [ɛ̃diskytabləmɑ̃] *ad.* 이론의 여지없이, 명백히.

indiscuté(e) [ɛ̃diskyte] *a.* ① 검토[토론]되지 않은. ② 이론(異論)의 여지없는, 만인이 인정하는. supériorité ~*e* 누구나 인정하는 우월성.

indispensabilité [ɛ̃dispɑ̃sabilite] *n.f.* 필수(必須), 필요 불가결.

***indispensable** [ɛ̃dispɑ̃sabl] *a.* ① 필요불가결한, 필수적인, 없어서는 안될(nécessaire, essentiel). aide ~ 꼭 필요한 원조(협력). [~ à/pour] L'eau est ~ à l'organisme. 수분은 기관에 필요불가결하다. [~ pour + *inf.*/pour que + *sub.*] condition ~ pour réussir 《비인칭》[Il est ~ de + *inf.*/que + *sub.*] Il est ~ de prendre *que* vous preniez) rendez-vous avant de venir. 오시기 전에 만날 약속을 반드시 해야합니다. 《엣》면할 수 없는(obligatoire). —*n.m.* ① 필요불가결한 것[사람]. n'emporter que l'~ 꼭 필요한 것만을 가지고 가다. Il se croit ~. 그는 자기가 없어서는 안될 사람으로 생각한다. faire l'~ 없어서는 안될 사람처럼 행세하다. ② 《엣》(여자)용) 휴대용 손가방.

indispensablement [ɛ̃dispɑ̃sabləmɑ̃] *ad.* 필요불 가결하게, 반드시, 필수적으로.

indisponibilité [ɛ̃dispɔnibilite] *n.f.* ① 【법】양도 불가능성, 처분 불능. ② 이용 불가능. ③ (군인에게)병역부적격; (공무원의)휴직(休職).

indisponible [ɛ̃dispɔnibl] *a.* ① 【법】(재산이)양도[처분]할 수 없는. ② 【군사】근무를 감당할 수 없는. ③ (재산 따위가)이용할 수 없는, 고정된. —*n.m.* 【군사】근무 부적격자.

indisposé(e) [ɛ̃dispoze] *a.p.* 몸이 불편한(incommodé), (*f.*) 월경중에 있는. être [se sentir] ~ 몸이 불편하다, 기분이 좋지 않다.

indisposer [ɛ̃dispoze] *v.t.* ① [~ *qn*] (의)몸을 불편하게 하다(incommoder); 기분을 상하게 하다(déplaire). Ce qu'il a mangé hier l'*a indisposé*. 그는 어제 먹은 것 때문에 속이 거북했다. ② [~ *qn* (contre *qn*)] (에게) (…에게) 악감정을 품게 하다, 적의[불만]를 품게 하다. Il *indispose* tout le monde *contre* lui avec sa prétention. 그는 자만하는 것 때문에 모든 사람의 악감정[미움]을 사고 있다. Tout l'*indispose*, il a un caractère difficile. 모든 것에 불만인 그는 성미가 까다롭다. (목적보어 없이) Son attitude hautaine *indispose*. 그의 거만한 태도

제조업자. ② (위)의 직공; 옥양목 남염공.

indifféremment [ɛ̃diferamɑ̃] *ad.* ① 《옛》무관심하게, 냉담하게. ② 구별[차별]없이, 일률적으로(indistinctement). Il mange ~ de tout. 그는 무엇이든 가리지 않고 먹는다.

***indifférence** [ɛ̃diferɑ̃:s] *n.f.* ① [~ pour/à] (에 대한)무관심(désintéressement); 종교적 무관심, 무신앙; (연애·우정 따위에 대한)냉담(froideur, insensibilité). ~ pour les malheurs d'autrui 타인의 불행에 대한 무관심. ~ aux événements 세상사에 대한 무관심. affecter [feindre, jouer] l'~ 무관심을 가장하다. Elle a pour lui la plus complète ~. 그녀는 그에 대해 철저하게 냉담하다. affronter la mort avec ~ 태연하게 죽음을 대하다. ② 《물리》타성, 관성, 《화학》중성. ③ 《철학》 liberté d'~ (무동기·무차별의 행동을 할 수 있는)무차별의 자유; 《심리》 état d'~ (기쁨도 슬픔도 없는)무감동 상태.

indifférenciation [ɛ̃diferɑ̃sjɑsjɔ̃] *n.f.* (세포·사회 구조 따위의)미분화(未分化).

indifférencié(e) [ɛ̃diferɑ̃sje] *a.* 미분화된, 분화되지 않은. cellules ~es 미분화 세포. filiation ~e 《인류》 미분화 가계 《부계와 모계 사이에 사회적 기능이 구별되어 있지 않은 가계》.

***indifférent(e)** [ɛ̃diferɑ̃, -ɑ̃:t] *a.* ① 무관심한, 개의치 않는(désintéressé, détaché); (사랑·우정 따위에)냉담한, 모르는 체하는, 외면하는(impassible, dédaigneux); 무종교의. air ~ 무관심한 태도. homme ~ (어떤 일에도)무관심한 사람. La politique me laisse ~. 정치에 대해 나는 관심이 없다. [~ à] rester ~ à tout 모든 것에 무관심하다. être ~ à son sort 자기 운명에 무관심하다. femme ~ (특히 사랑에) 냉담한 여자. regarder d'un œil ~ 냉담하게 바라보다. ② [~ à qn] (에게)흥미 없는, 관심을 끌지 않는; 대단치 않은, 이래도 저래도 좋은. Je vous assure qu'elle m'est ~e. 나는 그녀에게 전혀 흥미가 없다니까요. Tout cela m'est ~. 이 모든 것에 대해 나는 관심이 없다, 그런 것은 다 아무래도 좋다. ③ 《심리》기쁨도 고통도 느끼지 않는. état ~ 무감동 상태. ④ 《화학》중성의; 《물리》타성의. équilibre ~ 《물리》 중립의 평형. ⑤ (물고기에 대한) 금어기(禁漁期)가 없는.
Il est ~ de + inf. [que + sub.] …하는 것은 어느 편이건 상관 없다. *Il* [《구어》 Cela] *m'est ~ de* partir tout de suite ou plus tard. 곧 떠나거나 좀 있다 떠나거나 내게는 상관없다《아무렇게나 좋다》.
parler de choses ~es 무해두서한 이야기를 하다, 한담하다.
—*n.* ① 무관심한 사람; (사랑에)냉담한 사람 《특히 여성을 가리킴》. faire [jouer] l'~ 무관심을 가장하다. ② 무종교인(incroyant).

indifférentisme [ɛ̃diferɑ̃tism] *n.m.* 《정치·종교》 무관심주의.

indifférentiste [ɛ̃diferɑ̃tist] *n.* (위)의 사람.

indifférer [ɛ̃difere] [6] *v.t.* 《구어》 [~ qn] (에게)무관심하다 《주어는 사물, 목적보어는 인칭대명사》. Cela m'indiffère. 그것은 내게 무관심하다.

indiffusible [ɛ̃difyzibl] *a.* 《물리》확산시킬 수 없는, 흩어지지 [퍼지지] 어려운.

indigénat [ɛ̃diʒena] *n.m.* ① 《집합적》 (식민지의)토착민. ② 토착민에게 적용된 특수행정 제도.

indigence [ɛ̃diʒɑ̃:s] *n.f.* ① 적빈, 궁핍; 《비유적》 빈곤, 결여(pauvreté, dénuement). être réduit à l'~ 빈곤에 빠지다. ~ d'idées 사상의 빈곤. ② 《집합적》빈민.

indigène [ɛ̃diʒɛn] *a.* (구 식민지)토착의, 토산의; 토박이의, 현지인의; 《드물게》토착의, 고유의. main-d'œuvre ~ 현지인 노동력. ville ~ 토착민(현지인) 거주도시. religion ~ (그 나라 고유의)종교. —*n.* ① (구 식민지의)토착민, 원주민. ②《구어》(외국인 이주민·여행자에 대해)현지인.

indigent(e) [ɛ̃diʒɑ̃, -ɑ̃:t] *a.* 적빈의, 극빈의(nécessiteux); 《비유적》빈곤한. imagination ~e 빈약한 상상력. —*n.* 극빈자.

indigéré(e) [ɛ̃diʒere] *a.* 《드물게》 소화되지 않은.

indigérer (s') [sɛ̃diʒere] [6] *v.pr.* 《드물게》 소화불량을 일으키다.

indigeste [ɛ̃diʒɛst] *a.* ① 소화되지 않는, 소화되기 어려운(lourd), aliment ~ 잘 소화되지 않는 음식. ②《비유적》(작품 따위가)잘 이해되지 않는, 혼란된(confus, embrouillé).

indigestibilité [ɛ̃diʒɛstibilite] *n.f.* 소화되지 않음.

indigestible [ɛ̃diʒɛstibl] *a.* 소화되지 않는.

indigestion [ɛ̃diʒɛstjɔ̃] *n.f.* ① 소화불량. avoir une ~ 소화불량을 일으키다. ②《구어》포만(飽滿), 물림. avoir une ~ de qc …에 물리다[질리다].

indigète [ɛ̃diʒɛt] *a.* 《종종 pl.》dieux ~s 《고대로마》(나라·집안의)수호신.

indignation [ɛ̃diɲɑsjɔ̃] *n.f.* 분개. éprouver une vive ~ de qc …에 몹시 분개하다. soulever l'~ de qn …을 분개시키다. avec ~ 분개하여.

indigne [ɛ̃diɲ] *a.* ① (을)받을 자격 [가치] 없는(démérité, disqualifié). [~ de qc] ~ d'une telle faveur 이런 혜택을 받을 자격이 없는. [~ de + inf.] Il est ~ d'être décoré. 그는 훈장을 받을 자격이 있다. [~ que + sub.] Elle est ~ qu'on fasse rien pour elle. 그녀는 무엇 하나 해줄 값어치가 없다. ② [~ de qn] (에게)마땅치 않은, 어울리지 않는; (자격이)당치 않은, 자격이 없는. amis ~s de vous 당신에게 어울리지 않는 친구. Ce travail est ~ de lui. 이 일은 그에게 합당하지 않다. ③ (보어 없이) 비열한, 더러운, 모독하는, 파렴치한, 가증할(méprisable, odieux). épouse ~ 악처. conduite ~ 추악한 행동. ④《옛》비천한, 미미한 《의례적 표현에서》 (humble). ⑤ communion ~ 《신학》불법의 성체 배수, 모령성체.
—*n.m.* ①《구어》비열한 자. ②《법》상속권 실격자(결격자).

indigné(e) [ɛ̃diɲe] *a.p.* 분개한. protestation ~e 성난 항의. être ~ de + inf. …하는 것에 분개하다. être ~ que + sub. [de ce que + ind.] …하는 것에 분개하다.

indignement [ɛ̃diɲmɑ̃] *ad.* ① 당치 않게, 비열하게. ② 자격 없이.

indigner [ɛ̃diɲe] *v.t.* 분개시키다, 화가 치밀게 하다. Sa conduite m'indigne. 그의 행위를 보면 화가 치밀어 오른다.
—*s'~ v.pr.* (에)분개하다(se fâcher). [s'~ de/contre] s'~ d'une injustice 불의에 분노하다. s'~ contre qn …에 대해 분개하다. [s'~ de + inf.] s'indigne de voir ce crime impuni. 그는 그 범죄가 처벌받지 않는 것을 보고 분개하고 있다. [s'~ que + sub.] Il s'indigne qu'on puisse être si lâche. 그는 사람들이 그렇게도 비열할 수 있는 것에 분개하고 있다.

indignité [ɛ̃diɲite] *n.f.* ① (사람의)무자격, 무가치, 무능. avoir le sentiment de son ~ 자신의 무가치를 느끼다. ~ successorale 《법》 상속권 상실. ②(행위의)비굴, 더러움; 수치스러운 [비열한] 행위(bassesse, honte). Quelle ~! 이런 비열한 짓이 어디 있나! ~ nationale (2차대전중의)부역죄(附逆罪). ③《옛》모욕, 무례(affront). souffrir des ~s 모욕을 받다.

부정(不定)의. Le sens de ce mot est ~. 이 말의 뜻은 불분명하다. sentiments ~s 막연한 감정. ② 《드물게》우유부단한, 결단성 없는(hésitant). Je suis encore ~ sur ce point[dans ce choix]. 이 점에 대해[이 선택에 있어] 아직 결정을 못 내리고 있다. ③ 《철학》 우연의, 우발적인(contingent).
—*n.m.* ① 불확정적인 일. ② 《수학》 부정 문제 (problème ~).

indéterminément [ɛ̃detɛrminemɑ̃] *ad.* 《드물게》불확정하게; 막연히며.

indéterminisme [ɛ̃detɛrminism] *n.m.* 《철학》 비결정론, 비숙명론.

indéterministe [ɛ̃detɛrminist] *n.* 비결정론자.
—*a.* 비결정론의.

indétonant(e) [ɛ̃detɔnɑ̃, -ɑ̃:t] *a.* 《드물게》폭발성이 아닌; 폭음을 내지 않는. —*n.m.* =**antidétonant**.

indétraquable [ɛ̃detrakabl] *a.* (기계 따위의)조작이 간단한.

indétrempable [ɛ̃detrɑ̃pabl] *a.* (강철의)경도(硬度)를 엎앨 수 없는.

indéveloppable [ɛ̃de(e)vlɔpabl] *a.* 《수학》 (면이)전개되지 않는.

indevinable [ɛ̃dvinabl] *a.* 추측할 수 없는.

indévot(e) [ɛ̃devo, -ɔt] *a.* 《드물게》믿음 없는, 불경건한. —*n.* 신앙심 없는 사람.

indévotement [ɛ̃devɔtmɑ̃] *ad.* 《드물게》신앙 없이.

indévotion [ɛ̃devosjɔ̃] *n.f.* 《드물게》불신앙.

index [ɛ̃dɛks] *n.m.* (복수불변) ① 인지(人指), 검지, 집게손가락; (계량기의)바늘, 지침(指針). ② 색인(索引). ③《가톨릭》 금서목록(禁書目錄)(~ de la cour de Rome). faire l'~ d'un livre 서적에 색인을 넣다. Ce roman est à l'~. 이 소설은 금서로 되어 있다. ③ 《경제》 지수, 계수.
mettre... à l'~ (서적 따위를)위험시하여 금하다; (사람을)요감시자 명부[블랙 리스트]에 싣다; 제외[배척]하다.

indexation [ɛ̃dɛksasjɔ̃] *n.f.* indexer 하기.

indexer [ɛ̃dɛkse] *v.t.* ① 색인 형태로 분류하다. ② (임금을)물가 지수에 맞추다. Les salaires sont *indexés* sur le coût de la vie. 임금은 생계비 지수에 연동되어 있다.

indianiser [ɛ̃djanize] *v.t.* (사람·풍습 따위를)인도화하다.

indianisme [ɛ̃djanism] *n.m.* ① 인도풍(風), 인도식. ② 인도어(語) 관용어법. ③ 인도학, 인도어[문화] 연구.

indianiste [ɛ̃djanist] *n.* 인도학자.

indic [ɛ̃dik] *n.m.* 《속어》 경찰의 스파이[앞잡이].

indican [ɛ̃dikɑ̃] *n.m.* 《화학》 인디칸(쪽잎에서 채취되는 포도당).

indicateur(trice) [ɛ̃dikatœ:r, -tris] *a.* 지시하는, 표시하는. chiffre ~ 지수(指數). doigt ~ 검지. plaque ~*trice* 길 표지판. poteau ~ 도로푯말.
—*n.* (경찰에의)밀고자, 정보 제공자(《속어》 in-dic); 스파이(informateur).
—*n.m.* ① 《철도》 시각표(horaire); 안내서, (신문의)안내란(guide). ~ des chemins de fer 열차 시각표. ~ des rues de Paris 파리시가 안내(서). ② 표지(標識), 지침; 지침; (기관의)지시기 (水位計); (증기 기관·내연 기관의)지압기(指壓器). diagramme d'~ 인디케이터 선도(線圖). ~ de direction [자동차] 방향 지시기; [전기] 방향 표시기; 《무전》방향 탐지기. ~ de vitesse 속도계. ~ de distance 《사진》 거리계. ~ de jauge 연료계. ③ 《화학》 지시약, 트레이서. ~ radio-actif 방사성 지시약. ④ 검지, 집게손가락. ⑤ 《조류》꿀길잡이(빼꾸기새의 일종).

—*n.f.* 《수학》 굴절률 타원체.

*****indicatif(ve)** [ɛ̃dikatif, -i:v] *a.* ① [~ de] (을)지시하는. symptôme ~ 징후. signe ~*d*'une maladie 병의 징후. état ~ *des* dépenses 지출 일람표. ② mode ~ 《언어》 직설법.
à titre ~ 참고로, 참고삼아. *À titre ~*, je vous signale que... 참고로 …라는 것을 알려드립니다.
—*n.m.* ① 《언어》 직설법. ② 《라디오》 시그날 뮤직; 《전신》 호출 부호, 콜 사인(~ d'appel).

indication [ɛ̃dikasjɔ̃] *n.f.* ① 《표시》 (표시)하기. ~ d'origine 원산지 표시. lettre sans ~ de date 날짜 표시가 없는 편지. à titre ~ 참고로. sauf ~ contraire 별도 지시가 없는 한. ~ d'un virage dangereux 위험한 커브길의 표시. ② 표, 증거 (marque, signe); [옛] 《의학》 징후, 증상. Sa fuite est une marque de sa culpabilité. 그의 도주는 그가 죄인이라는 증거이다. ③ 정보, 보고; 【법】 신고. donner une fausse ~ 틀린 정보를 제공하다. fausse ~ de revenu 허위 소득신고. ④(《종종 pl.》) 지시, 지령, 명령(directive). suivre les ~s de qn …의 지시를 따르다. sur l'~ [les ~s] de qn …의 지시에 따라, …가 가르쳐준 대로. ~s scéniques 무대지시. selon les ~s données 지시에 따라. ⑤ 【의학】(약품·치료에 관한)적응증, 적응(~ thérapeutique). ~ d'un médicament 약품의 적응증.

indice [ɛ̃dis] *n.m.* ① (어떤 존재를 지시하는)표, 지표, 증거(marque, signe); 징후(symptôme); 증빙(證憑); 실마리. Cette attitude est l'~ d'un mécontentement. 이 태도는 불만의 표시이다. ~ d'une maladie 병의 징후. ~s de pétrole 석유매장의 징후. On ne peut condamner les gens sur des ~s vagues. 분명치 않은 증거에 입각해서 사람들을 벌할 수는 없다. ② 《수학·과학·경제》 지수; 율. ~ de réfraction 《광학》 굴절률. ~ d'octane d'un carburant 휘발유의 옥탄가(價). ~ des prix de détail[de gros] 소매[도매] 물가지수. ~ de la production 생산지수. ~ du coût de la vie 생계비 지수. ③ 《법》고발, 밀고(dénonciation).
REM 「징후」의 뜻으로 indice는 막연한 것인 데 반해, indication은 명확하고 구체적인 것을 가리킴.

indiciaire [ɛ̃disjɛ:r] *a.* 지수의, 지수에 의한. impôt ~ 《경제》 지수과세.

indicible [ɛ̃disibl] *a.* ① 말로 다할 수 없는, 설명할 수 없는(inexprimable). joie ~ 말로 표현할 수 없는 기쁨. ② 언어도단의.

indiciblement [ɛ̃disiblemɑ̃] *ad.* 말할[설명할] 수 없을 만큼.

indiciel(le) [ɛ̃disjɛl] *a.* 지수(指數)의[에 의한].

indiction [ɛ̃diksjɔ̃] *n.f.* ① 《로마사·종교사》 15년을 1기로 하는 회계기; 15년마다 이루어진 토지세 징수. première [septième] ~ 15년기의 제 1년 [제 7년]. ② 《종교》 (특히 공의회(concile), 사교구 회의(synode)의)기일의 결정; (회의의)소집.

indien(ne¹) [ɛ̃djɛ̃, -ɛn] *a.* 인도의. Océan ~ 인도양. Archipel I~ 말레이 군도. ② 아메리카인디언의. être file ~*ne* 일렬로 맞추어서. brasse ~*ne; nage (à l') ~ne* 《수영》 팔을 번갈아 뻗어서 끌어당기는 헤엄.
—*I~* *n.* ① 인도인. ② 아메리카 인디언(혼동을 피하기 위해 전자는 Hindou(e), 후자는 Amérindien이라 부름). —*n.m.* 인도어(語).

indiennage [ɛ̃djɛnaːʒ] *n.m.* 인도 사라사 날염.

indienne² [ɛ̃djɛn] *n.f.* 《직물》인도 사라사, 날염(捺染)옥양목.

indiennerie [ɛ̃djɛnri] *n.f.* ① 인도 사라사 제조(판매)업. ② (집합적) 인도 사라사.

indienneur(se) [ɛ̃djɛnœːr, -øːz] *n.* ① 인도 사라사

indélébilité [ɛ̃delebilite] *n.f.* 《드물게》지워지지 않음; (인상이) 사라지지 않음.

indélégable [ɛ̃delegabl] *a.* 《드물게》위임(양도)할 수 없는.

indélibéré(e) [ɛ̃delibere] *a.* 숙고하지 않은, 숙의(熟議)하지 않은, 경솔한.

indélicat(e) [ɛ̃delika, -at] *a.* ① 부정직한(malhonnête). procédés ~s 부정직한 방법. ② 상스러운, 무례한, 버릇없는(grossier).

indélicatement [ɛ̃delikatmɑ̃] *ad.* 야비하게, 상스럽게, 노골적으로; 부정직하게.

indélicatesse [ɛ̃delikates] *n.f.* ① 부정직(malhonnêteté); 상스러움, 무례(grossièreté), 야비함. ② (위)의 행위. commettre une ~ 부정직한 (무례한) 짓을 하다.

indémaillable [ɛ̃demajabl] *a.* (천·양말 따위의) 올이 풀리지 않는.

indemne [ɛ̃dɛmn] *a.* 손해를 입지 않은, 무사한; 《옛》《법》보상받은. sortir ~ de …을 무사히 면하다. rendre *qn* ~ …에게 배상하다.

indemnisable [ɛ̃dɛmnizabl] *a.* 배상받을 만한, 보상받을 만한.

indemnisation [ɛ̃dɛmnizɑsjɔ̃] *n.f.* 배상, 보상.

indemniser [ɛ̃dɛmnize] *v.t.* 배상(변상·보상)하다(dédommager). [~ *qn* de] ~ *qn* de sa perte …에게 손해를 배상하다.

indemnitaire [ɛ̃dɛmnitɛ:r] 《법》 *n.* 배상금 수령자. —*a.* 배상의. allocation ~ 보상금.

*****indemnité** [ɛ̃dɛmnite] *n.f.* 배상(보상)금(dommages-intérêts); 수당(allocation). ~ de guerre 전쟁 배상금. ~ de charges de famille 가족수당. ~ de déplacement (공무원의)출장 여비. ~ de logement (de transport) 주택수당 (교통비). ~ parlementaire 국회의원의 세비.
bill d'~ 《정치》 장관 치외법안(治外法案). accorder à *qn* un *bill d'*~ …의 비행을 용서하다.

indémontable [ɛ̃demɔ̃tabl] *a.* 분해되지 않는.

indémontrable [ɛ̃demɔ̃trabl] *a.* 증명할 수 없는. hypothèse ~ 증명불능의 가설.

indémontré(e) [ɛ̃demɔ̃tre] *a.* 증명되지 않은.

indène [ɛ̃dɛn] *n.m.* 《화학》 인덴, 다핵식(多核式) 탄화수소.

indéniable [ɛ̃denjabl] *a.* 부정할 수 없는(incontestable). preuve ~ 명백한 증거. Il est ~ que *ind.*[*sub.*] …라는 것은 부인할 수 없다.

indéniablement [ɛ̃denjabləmɑ̃] *ad.* 부정할 수 없이, 부정할 것 없이.

indénouable [ɛ̃denwabl] *a.* ① 풀어지지 않는. ② 해명되지 않는.

indentation [ɛ̃dɑ̃tɑsjɔ̃], **indenture** [ɛ̃dɑ̃ty:r] *n.f.* (해안선 따위의)톱니 모양.

indépassable [ɛ̃depɑsabl] *a.* 넘을 수 없는.

indépendamment [ɛ̃depɑ̃damɑ̃] *ad.* [~ de] (와)관계없이(sans égard à). ~ l'un *de* l'autre; ~ les uns *des* autres 피차간에 서로 관계없이. ② 《옛》 독립하여. agir ~ 단독으로 행동하다. ③ [~ de] …외에, (와) 별도로(outre, en plus de). I~ *de* son salaire, il touche de nombreuses indemnités. 그는 급료 외에도 많은 수당을 받는다.

*****indépendance** [ɛ̃depɑ̃dɑ̃:s] *n.f.* ① (개인·국가 따위의) 독립(성), 자립(성). ~ de la justice 사법권의 독립. ~ de la femme 여성해방. vivre dans l'~ 독립해서 (구속을 받지 않고) 살다. ② (정신·사상의) 자주성, 독립 정신; 방종. assurer à chacun son ~ 각자에게 자주성을 보장해 주다. ③ (사물 사이의) 관계가 없음. ~ de deux phénomènes 두 현상 사이의 무관계성. ④ 자립할 수 있는 재산.

*****indépendant(e)** [ɛ̃depɑ̃dɑ̃, -ɑ̃:t] *a.* ① 예속되어 있지 않는, 독립의, 자주의(autonome). pays ~ 독립국. [~ des] être ~ *des* autres 남에게 예속되지 않다, 남에 대해 독립적이다. chambre à louer ~e (출입문이 따로 난)독채 셋방. ② 남의 속박·지배를 거부하는, 자주심이 강한 성격. Il est très ~ et il vit seul. 그는 독립심이 강해서 혼자 산다. ③ [~ de] (와)는 관계 없는. pour des raisons ~es *de* notre volonté 우리 의사와는 관계 없는 이유로, 본의아닌 사정에 의하여. ④ (재산이)독립 생활을 할 수 있을 만큼의, (지위가)독자성을 보장해줄 만한. fortune ~e 남의 신세를 지지 않을 만한 재산. ⑤ (기계가)그 자체로 완비된; 독자적인. roues avant ~es 제 맘대로 도는 앞바퀴. ⑥ proposition ~e 《언어》 독립절.
—*n.* 속박을 싫어하는 사람; 방종한 사람.
—*n.m.pl.* ① (les I~s) 《종교사》 독립파 (16·17 세기 이탈리아의 청교도 운동의 핵심). ② 반(反) 아카데미파 예술가; 재야미술가협회 (Société des Artistes ~s).
—*n.f.* 《언어》 독립절(proposition ~e).

indépendantiste [ɛ̃depɑ̃dɑ̃tist] *n.* ① 캐나다 프랑스어권(주로 퀘벡 *Québec* 주)의 독립을 주장하는 (독립파의). *n.* (위 주민들의) 독립운동가.

indéracinable [ɛ̃derasinabl] *a.* 뿌리뽑을 수 없는; (비유적)(폐해 따위를)근절할 수 없는.

indéraciné(e) [ɛ̃derasine] *a.* (편견·폐해 따위가)근절되지 않은.

indéraillable [ɛ̃derajabl] *a.* 《철도》 탈선하는 일이 없는; 탈선 방지의.

indéréglable [ɛ̃dereglabl] *a.* 규칙을 벗어나지 않는, (기계가) 고장나지 않는.

indescriptible [ɛ̃deskriptibl] *a.* 표현(묘사)될 수 없는, 필설로 다할 수 없는(inexprimable, ineffable). joie ~ 말로 다 할 수 없는 기쁨.

indescriptiblement [ɛ̃deskriptibləmɑ̃] *ad.* 필설로 다할 수 없을 만큼.

indésirable [ɛ̃dezirabl] *a.* 달갑지 않은; 환영할 만하지 않은; (주로 외국인에 대해)입국(체류)을 환영할 수 없는. personne ~ 달갑지 않은 존재. Il se sentait ~ parmi eux. 그는 그들 사이에서 환영받지 못함을 느꼈다.
—*n.* (위)의 사람. On l'a traité comme un ~. 그를 달갑지 않은 불청객처럼 대했다. expulser les ~s 《정치》 달갑지 않은 (기피) 인물을 추방하다.

indesserrable [ɛ̃desɛrabl] *a.* ① 《구어》 (핸들 따위가) 돌지 (움직이지) 않는. ② 느슨해지지 않는. écrou ~ 《기계》 록너트.

indestituable [ɛ̃destitɥabl] *a.* 면직할 수 없는.

indestructibilité [ɛ̃destryktibilite] *n.f.* 불멸성, 파괴 불능.

indestructible [ɛ̃destryktibl] *a.* 파괴할 수 없는, 불멸의; (비유적) 박멸할 수 없는. impression ~ 영원히 지워지지 않을 인상.

indestructiblement [ɛ̃destryktibləmɑ̃] *ad.* 불멸하게, 파괴할 수 없게.

indéterminable [ɛ̃detɛrminabl] *a.* 결정(확정)할 수 없는; 분명히 말할 수 없는, 막연한.

indétermination [ɛ̃detɛrminɑsjɔ̃] *n.f.* ① 미정, 불확정 (imprécision, confusion); 《수학》 부정(不定). ~ d'une frontière 경계선의 불확정. ~ d'un texte de loi 법문(法文)의 불명확함. ② 우유부단, 주저(irrésolution). être (demeurer) dans l'~ 결을 내리지 못하고 있다.

indéterminé(e) [ɛ̃detɛrmine] *a.* ① 불확정의, 결정짓지 못한 (imprécis); 막연한 (incertain); 《수학》

incurver [ɛ̃kyrve] *v.t.* 안쪽으로 휘다(courber). —**s'**~ *v.pr.* (안쪽으로)휘다, 굽다.
incuse [ɛ̃ky:z] *a.f.* (화폐·메달 따위에)각인을 이면에서 표면으로 요철되게 찍은. —*n.f.* (위)의 화폐[메달].
ind. 《약자》industrie 공업.
indatable [ɛ̃databl] *a.* 날짜를 매길 수 없는. document ~ 연대미상의 자료.
Inde [ɛ̃:d] *n.pr.f.* ① 《지리》 인도; (*pl.*)(인도·동인도 지나·동인도 제도(諸島)와 그 주변을 포함한)인도 제국. Compagnie anglaise des ~*s* orientales 《역사》동인도 회사. ~*s* occidentales 서인도 제도. ~*s* orientales; grandes ~*s* 동인도. ② bois d'~ 《식물》소방목(蘇芳木).
inde *n.m.* (짙은)남색(indigo). teindre en ~ 남색으로 물들이다.
indébrouillable [ɛ̃debrujabl] *a.* 《드물게》(헝클어진 실이)풀리지 않는; (비유적)(분쟁이)해결되지 않는(inextricable).
indécachetable [ɛ̃dekaʃtabl] *a.* 《드물게》(봉서(封書)가 흔적을 남기지 않고는)개봉할 수 없는.
indécemment [ɛ̃desamɑ̃] *ad.* 무례하게, 추잡하게, 음란하게.
indécence [ɛ̃desɑ̃:s] *n.f.* ① 추잡함, 노골적임, 외설(impudicité). parler avec ~ 노골적으로(외설스럽게) 이야기하다. ② 노골적인(외설스런) 언행. Nous ne supportons pas de telles ~*s*. 그런 추잡한 말(행동)은 참을 수가 없다. ③ 《드물게》예절에 벗어남, 무례(inconvenance).
indécent(e) [ɛ̃desɑ̃, -ɑ̃:t] *a.* ①(언어·의복·인품이)천한, 단정치 못한, 추잡한, 외설스런(impudique). posture ~*e* 단정치 못한 자세. propos ~*s* 외설스런 언사. ②(옛)[~à](예)합당치 않은, 어울리지 않는(malséant); 무례한, 예의에 어긋난. ③(과장해서)터무니없는, 비상한(insolent). avoir une veine ~*e* 억세게 운이 좋다.
indéchiffrable [ɛ̃deʃifrabl] *a.* ①판독(判讀)하기 어려운; 읽기 어려운, 읽을 수 없는(illisible). ②난해한, 불가해한(incompréhensible); (사람의) 속을 알 수 없는.
indéchiffré(e) [ɛ̃deʃifre] *a.* 판독되지 않은.
indéchirable [ɛ̃deʃirabl] *a.* 찢어지지 않는.
indéchiré(e) [ɛ̃deʃire] *a.* 찢어지지 않은.
indécidable [ɛ̃desidabl] *a.* 《논리》결정 불능의, (명제가)해(解)없는.
indécis(e) [ɛ̃desi, -i:z] *a.* ①(사람이)결단성이 없는, 우유부단한, 결정을 내리지 못하는(irrésolu, perplexe). caractère ~ 우유부단한 성격. rester ~ devant la solution à adopter 어떤 방책을 택해야 할지 결정을 내리지 못하는. [~sur] Elle est ~*e sur* la robe qu'elle doit mettre. 그녀는 어떤 옷을 입어야할지 망설이고 있다. ②(일이)결정이 내려지지 않은, 확정되지 않은, 유동적인, 막연한(incertain, flottant). victoire ~*e* 확실치 않은(애매한) 승리. donner une réponse ~*e* 애매한 대답을 하다. Le temps est ~. 날씨가 개일지 흐릴지 모른다. ③(형태·윤곽 따위가)알아보기 힘드는, 어렴풋한, 막연한(indistinct, vague, ↔ net). sourire ~ 어렴풋한 미소. apercevoir dans l'obscurité une forme ~*e* 어둠 속에서 희미한 형체를 보다.
indécisif(ve) [ɛ̃desizif, -i:v] *a.* 결정적이 아닌.
indécision [ɛ̃desizjɔ̃] (<*indécis*) *n.f.* ① 우유부단, 결단성 없음, 주저(irrésolution). demeurer(flotter) dans l'~ 결단을 내리지 못하고 우물쭈물하다. ②《드물게》불분명.
indéclinabilité [ɛ̃deklinabilite] *n.f.* ① 《언어》(라틴어·독일어 따위의)격변화 없음. ②《옛》거절[회피]할 수 없음.
indéclinable [ɛ̃deklinabl] *a.* ① 《언어》 격변화 없는. ②《옛》거절[회피]할 수 없는.
indécliné(e) [ɛ̃dekline] *a.* 《드물게》《언어》 격변화되지 않은.
indécollable [ɛ̃dekɔlabl] *a.* 《풀붙인 것을》 떼어낼 수 없는.
indécomposable [ɛ̃dekɔ̃pozabl] *a.* 분해할 수 없는, 분석할 수 없는.
indécomposé(e) [ɛ̃dekɔ̃poze] *a.* 분해되지 않은.
indécousable [ɛ̃dekuzabl] *a.* (솔기가)풀어지지[터지지] 않는.
indécouvrable [ɛ̃dekuvrabl] *a.* 발견되지 않는.
indécrit(e) [ɛ̃dekri, -it] *a.* 《드물게》(문헌 따위가) 서술(서술)되지 않은.
indécrochable [ɛ̃dekrɔʃabl] *a.* ①(걸린 것을)벗길 수 없는. ②《구어》획득할 수 없는. diplôme ~ 획득하기 어려운 학위.
indécrottable [ɛ̃dekrɔtabl] *a.* 《드물게》진흙을 털 수 없는; 《구어》(성질 따위가)교정될 수 없는; 다룰 길이 없는, 교화(교육)시킬 수 없는.
indédoublable [ɛ̃dedublabl] *a.* 《화학》 분해되지 않는, 《사진》 렌즈를 교환할 수 없는.
indéfectibilité [ɛ̃defɛktibilite] *n.f.* 영원성, 불멸성. ~ de l'Église 《신학》교회의 영원성.
indéfectible [ɛ̃defɛktibl] *a.* 영원의, 불멸의(éternel, ↔éphémère); 손상되지 않는, 확고한(solide, sûr), attachement ~ 영원히 변함없는 애착. actif ~ 《경제》비소모성 고정 자산.
indéfectiblement [ɛ̃defɛktiblamɑ̃] *ad.* 영원하게, 소멸되지 않게.
indéfendable [ɛ̃defɑ̃dabl], **indéfensible** [ɛ̃defɑ̃sibl] *a.* 방어[변호]할 수 없는.
indéfendu(e) [ɛ̃defɑ̃dy] *a.* 《드물게》방어되지 않은.
*indéfini(e) [ɛ̃defini] *a.* ① 한계 없는, 무한한, 무기한의(illimité). espace ~ 무한한 공간. progrès ~ 끝없는 발전. ②부정확한, 막연한(incertain, indécis). idée ~*e* 애매한(막연한) 관념. tristesse ~*e* 막연한 슬픔. ③《언어》부정(不定)의. adjectif(pronom) ~ 부정 형용사(대명사). passé ~ 《옛》부정과거 (passé composé의 별명).
indéfiniment [ɛ̃definimɑ̃] *ad.* 무한정으로, 무기한으로; 《언어》부정(不定)의 뜻으로, Je ne t'attendrai pas ~. 너를 무한정 기다리지는 않겠다. mot employé ~ 《언어》부정(不定)의 의미로 쓰여진 말.
indéfinissable [ɛ̃definisabl] *a.* ①정의할 수 없는; 명확히 규정지을 수 없는, 막연한. éprouver une émotion ~ 뭐라고 말할 수 없는 감정을 느끼다. ②(사람·성격 따위가)불가해한, 정체불명의.
indéformable [ɛ̃defɔrmabl] *a.* 변형시킬 수 없는, 변형되지 않는. vêtement ~ (입어도)모양이 변하지 않는 옷.
indéfrichable [ɛ̃defriʃabl] *a.* 《드물게》개간할 수 없는, 황폐해버린.
indéfriché(e) [ɛ̃defriʃe] *a.* 개간되지 않은.
indéfrisable [ɛ̃defrizabl] *a.* (머리의)웨이브가 안 펴지는. —*n.f.* 퍼머넌트(웨이브).
indéhiscence [ɛ̃deisɑ̃:s] *n.f.* 《식물》벌어지지 않음, 불열개(不裂開).
indéhiscent(e) [ɛ̃deisɑ̃, -ɑ̃:t] *a.* 《식물》벌어지지 않는. fruit ~ 폐과(閉果).
indélébile [ɛ̃delebil] *a.* (잉크·오점이)지워지지 않는; (비유적) (인상이)사라지지 않는, 소멸되지 않는(ineffaçable).
indélébilement [ɛ̃delebilmɑ̃] *ad.* 지워지지 않을 만큼, 사라지지 않을 만큼.

incristallisable

의심하다, 수상히 여기다(suspecter). ～ la conduite de qn …의 행동을 규탄하다. On *incriminera* sa bonne foi. 그의 성실성은 의심받을 것이다. ② 《법》 고소[고발]하다(accuser).

incristallisable [ɛ̃kristalizabl] *a.* 결정(結晶)되지 않는, 비결정성의.

incritiquable [ɛ̃kritikabl] *a.* 비평할 수 없는, 비평의 여지없는.

incrochetable [ɛ̃krɔʃtabl] *a.* (자물쇠·금고 따위가)튼튼하여 열 수 없는.

***incroyable** [ɛ̃krwajabl] *a.* ① 믿어지지 않는, 정말이라고는 생각되지 않는(invraisemblable). histoire ～ 믿기 어려운 이야기. Il est ～ de+*inf.*[que+*sub.*] …한다는 것은[…라는 것은] 믿어지지 않는다. C'est ～! 설마! Il est ～ combien[à quel point]+*ind.* 얼마나 ～ 믿어지지 않을 정도이다. ② 심상치 않은, 비상한, 놀라운, 대단한(étonnant, extraordinaire). Il a fait des progrès ～s. 그는 엄청나게 진보했다.《명사 앞·뒤에서》surmonter d'～s difficultés 엄청난 난관을 극복하다. ③ 괴상한, 터무니없는(bizarre, extravagant). C'est un type ～. 그는 정말 어처구니 없는 녀석이야. en conter d'～s 엉터리없는 말을 하다.
— *n.m.* 믿어지지 않는 일[점]; (I～s)《프랑스사》대혁명 집정관 시대에 기이한 옷차림과 말투로 멋을 부린 청년들(무슨 일에나 C'est ～!을 연발한데서 유래. incroyable의 *r*를 빼고 [ɛkwajabl]로 발음하는 버릇이 있었음. 뒤에, 여자들에 대해서는 Merveilleuses).

incroyablement [ɛ̃krwajabləmɑ̃] *ad.* 믿을 수 없을 만큼; 놀랄 만큼, 터무니없이(excessivement).

incroyance [ɛ̃krwajɑ̃:s] *n.f.* 무신앙(↔foi).

incroyant(e) [ɛ̃krwajɑ̃, -ɑ̃:t] *a.* 신앙이 없는. — *n.* 무신앙자(athée).

incrustant(e) [ɛ̃krystɑ̃, -ɑ̃:t] *a.* (광천수가)물때[버캐]를 끼게 하는; 《기계》경수(硬水)의.

incrustation [ɛ̃krystasjɔ̃] *n.f.* ① 상감(象嵌), 《건축》(벽 따위에)화장판 붙이기. ②(광천에 의해 생기는)물때, 버캐; (보일러 따위의 내부에 생기는)버캐; 《의학》가피(痂皮) 형성.

incruster [ɛ̃kryste] *v.t.* ①(에)상감(象嵌)하다, 장식을 박아넣다, 《건축》(벽에)화장판을 붙이다. ～ de la nacre dans l'ébène 흑단에 나전(螺鈿)을 박아넣다. ②《기계》물때[버캐]가 끼게 하다.
— **s'**～ *v.pr.* ① 표면에 달라붙다, 고착되다, 박히다. Les cailloux *s'incrustent* dans l'asphalte surchauffé. 자갈이 뜨겁게 달은 아스팔트에 달라붙는다. ②(비유적)(방문객이)눌러앉다, (돌아가지 않고)늘어붙다; (직장 따위에)매달리다. Voici un mois qu'il *s'incruste* ici. 그가 여기 늘어붙은지 한달이나 된다. ③ 상감되다. ④ 물때[버캐]가 끼다.

incrusteur(se) [ɛ̃krystœ:r, -ø:z] *n.* 상감사(師).

incubateur(trice) [ɛ̃kybatœ:r, -tris] *a.* 인공 부화시키는 것의. — *n.m.* 인공 부화기(appareil ～). 《농학》(조생아용)보육기.

incubation [ɛ̃kybasjɔ̃] *n.f.* ①(알탉·새의)알품기, 포란; 부화. ～ artificielle 인공 부화. ②《의학》잠복(기). (비유적)(작품·사건 따위의)배태기.

incube [ɛ̃kyb] *n.m.* 몽마(夢魔)〔잠자는 여자를 범한다는 귀신〕.

incuber [ɛ̃kybe] *v.t.* (알을)품다, 부화하다.

incuisable [ɛ̃kɥizabl] *a.* 익지않는, 구워지지않는.

incuit(e) [ɛ̃kɥi, -it] *a.* 《드물게》(음식·벽돌 따위가)익지(구워지지) 않은, 설익은.
— *n.m.* 가열 부족의 생석회(生石灰); (펄프 제조 공정 중의)익지않은 부분.

inculcation [ɛ̃kylkasjɔ̃] *n.f.* 《드물게》(머리에)불어

넣기, 주입(注入).

inculpabilité[1] [ɛ̃kylpabilite] *n.f.*《옛·드물게》무죄, 무고(innocence).

inculpabilité[2] *n.f.* 죄를 문책당해야 함.

inculpable [ɛ̃kylpabl] *a.*《드물게》《법》 [～ de] (의)혐의를 받을 만한; 비난받을 만한. personne ～ 용의자. Il est ～ *de* meurtre. 그는 살인의 혐의를 받고있다.

inculpation [ɛ̃kylpasjɔ̃] *n.f.* 혐의(↔disculpation). ～ *de* meurtre 살인 혐의. être arrêté sous l'～ *de* vol 절도 혐의로 체포되다. se justifier d'une ～ 어떤 혐의에 대해 결백을 입증하다.

inculpé(e) [ɛ̃kylpe] *a.p.* 고소당한, 혐의를 받은. personne ～*e* 용의[피의]자. — *n.* 피의자, 용의자.
REM **inculpé** 단순한 피의자로서 예심판사(juge d'instruction)의 조사를 받고 있는 자. **accusé** 중죄(crime)로 이미 기소되어 중죄재판소(cour d'assises)에서 재판중인 피고. **prévenu** 경범죄(délit)로 기소되어 경범재판소(tribunal correctionnel)에서 재판중인 피고.

inculper [ɛ̃kylpe] *v.t.* 《법·행정》(의)혐의를 걸다, (죄)의 혐의로 고발하다(accuser). ～ *qn* sans preuves 증거도 없이 …에게 죄를 씌우다. [～ *qn* *de*] ～ *qn* d'homicide par imprudence …을 과실치사로 고발하다.

inculquer [ɛ̃kylke] *v.t.* (명심하도록)차근차근 설명하다, 가르치다, 주입시키다(apprendre, enseigner). ～ à un élève les rudiments des mathématiques 학생에게 수학의 기초를 주입시키다.

inculte [ɛ̃kylt] *a.* ①(땅이)경작되지 않은, 황폐한(désert). jardin ～ 손질하지 않은 정원. ②(머리털·수염이)텁수룩한(hirsute). ③(비유적)(정신이)연마되지 않은, 교양 없는, (백성이)미개한(barbare). esprit ～ 지적으로 연마되지 않은 사람. peuplade ～ 미개한 만족(蠻族).

incultivable [ɛ̃kyltivabl] *a.* 경작할 수 없는.

incultivé(e) [ɛ̃kyltive] *a.* ①경작되지 않은. ②《문어》교양 없는(inculte).

inculture [ɛ̃kylty:r] *n.f.* ①《드물게》경작되지 않음. ② 교양 없음.

incunable [ɛ̃kynabl] *a.* 활판술 발명 당시(1500년 이전)의 인쇄된. édition ～ 초기 간행본. — *n.m.* (위)의 고서적.

incurabilité [ɛ̃kyrabilite] *n.f.*《드물게》치유[교정] 불가능.

incurable [ɛ̃kyrabl] *a.* (병이)불치의(inguérissable); (비유적)(나쁜 버릇이)고칠 수 없는, 고질이 된(incorrigible). maladie ～ 불치병. ～ 불치병 환자, 폐질자(廢疾者).
— **l**～**s** *n.m.pl.* 폐질자 구제원.

incurablement [ɛ̃kyrabləmɑ̃] *ad.* 고칠 수 없을 만큼; 교정할 수 없을 만큼, 고질적으로.

incurie [ɛ̃kyri] *n.f.* 태만, 무관심(négligence).

incurieux(se) [ɛ̃kyrjø, -ø:z] *a.*《문어》[～ de] (에 대해)호기심이 없는, 무관심한.

incuriosité [ɛ̃kyrjozite] *n.f.* 무관심.

incursif(ve) [ɛ̃kyrsif, -iv] *a.*《드물게》침입하는.

incursion [ɛ̃kyrsjɔ̃] *n.f.* ①(외적 따위의)침입(invasion); 급습(raid). ②(외부 사람의)침입(irruption). Les enfants ont encore fait une ～ dans mon bureau. 아이들이 또 내 사무실에 쳐들어와 뒤죽박죽을 만들었다. ③전문외 분야의 (일시적) 연구. faire une ～ dans la peinture (외도삼아)그림에 손을 대다.

incurvation [ɛ̃kyrvasjɔ̃] *n.f.* 안쪽으로 휘어짐; (안쪽으로의)만곡.

incurvé(e) [ɛ̃kyrve] *a.p.* 안쪽으로 휘어진; 만곡한.

incontroversé(e) [ɛ̃kɔ̃trɔversé] *a.* 이론의 여지 없는, 반박 받지 않은.

inconvaincu(e) [ɛ̃kɔ̃vɛ̃ky] *a.* 《드물게》확신을 갖지 못한. rester ~ que + *sub.* …하는지 자신이 없다.

inconvenable [ɛ̃kɔ̃vnabl] *a.* [~ à] (에)마땅치 않은, 부적당한; (태도 따위가)단정치 않은.

inconvenablement [ɛ̃kɔ̃vnabləmɑ̃] *ad.* 부적당하게, 적절하지 않게.

inconvenance [ɛ̃kɔ̃vnɑ̃ːs] *n.f.* ① 《옛》부적당. ② 버릇없음; 무례; 버릇없는 언행(grossièreté). se conduire avec ~ 무례하게 행동하다. se permettre des ~s avec *qn* …에게 버릇없이 대하다.

inconvenant(e) [ɛ̃kɔ̃vnɑ̃, -ɑ̃ːt] *a.* ① 《옛》부적당한. ② 버릇없는, 무례한(indécent); 외설스러운(licencieux). question ~e 무례한 질문. tenir des propos ~s 외설스러운 말을 하다.

***inconvénient** [ɛ̃kɔ̃venjɑ̃] *n.m.* ① 불리한 형편, 지장(empêchement); 불편. entraîner des ~s graves 심각한 지장을 초래하다. Peut-on changer sans ~ les dates du voyage? 지장이 없다면 여행 날짜를 바꿀 수 있을까요? Je ne vois pas d'~ à + *inf.* [à ce que + *sub.*] …하는데 지장을 느끼지 않는다. ② 불리한 점, 나쁜 점(désavantage). avantages et ~s de *qc* 의 좋고 나쁜 점. Toute chose a ses ~s. 모든 것에 단점은 있는 법이다. ③ 《에》불쾌한 일; 불행(한 일); 불합리.

inconversible [ɛ̃kɔ̃vɛrsibl] *a.* 〖논리〗전환〔환치〕할 수 없는.

inconverti(e) [ɛ̃kɔ̃vɛrti] *a.* 개종(改宗)〔개심(改心)〕하지 않은.

inconvertible [ɛ̃kɔ̃vɛrtibl] *a.* ① 〖경제〗(화폐 따위가)불환의(不換)의, 바꿀 수 없는. ② 개종〔개심〕시킬 수 없는(inconvertissable).

inconvertissable [ɛ̃kɔ̃vɛrtisabl] *a.* 개종〔개심〕의 가망이 없는; 《드물게》불회의.

inconviction [ɛ̃kɔ̃viksjɔ̃] *n.f.* 확신〔신념〕이 없음.

inconvié(e) [ɛ̃kɔ̃vje] *a.* (손님이)초대받지 않은, 불청의.

incoordination [ɛ̃kɔɔrdinasjɔ̃] *n.f.* ① (사고·계획·사무의)무질서. ② 〖의학〗(근육의)공동작용불능, 실조 기행장애(起行障碍).

incorporable [ɛ̃kɔrpɔrabl] *a.* 《드물게》합체시킬 수 있는; 〖군사〗편입할 수 있는.

incorporalité [ɛ̃kɔrpɔralite] *n.f.* (신·천사의)무형, 형체를 갖추지 않음; 〖법〗(저작권과 같은 재산의)무형, 무체(無體).

incorporant(e) [ɛ̃kɔrpɔrɑ̃, -ɑ̃ːt] *a.* 〖언어〗포합적(抱合的)인. langue ~e 포합어.

incorporation [ɛ̃kɔrpɔrasjɔ̃] *n.f.* ① (물질의)합체, 혼합; (나라·단체 따위의)합병(annexion); 〖군사〗(신병의)편입. ~ de jaunes d'œufs dans du sucre 계란 노른자를 설탕에 섞기. ~ de l'Autriche à l'Allemagne en 1938, 1938년 오스트리아의 독일에의 합병.

incorporéité [ɛ̃kɔrpɔreite] *n.f.* 형체가 없음, 무형(無形)(incorporalité).

incorporel(le) [ɛ̃kɔrpɔrɛl] *a.* 형체를 갖추지 않은, 무형의; 감각에 감촉되지 않는; 〖법〗(재산이)무체(無體)의. L'âme est ~le. 영혼은 무형이다. biens ~s (저작권과 같은)무형재산.

incorporer [ɛ̃kɔrpɔre] *v.t.* ① [~ à/dans] (에)합체〔합병〕하다(annexer, intégrer); [~ à/《드물게》avec] (에)혼합하다, 섞어넣다(mélanger). ~ une province *au* royaume 한 주를 왕국에 합병하다. ~ des œufs *à(avec)* une sauce 계란을 소스에 섞어넣다. ② 삽입하다, 끼워넣다(insérer); 〖군사〗편입하다. ~ un paragraphe dans un chapitre 장(章)속에 한 항(項)을 삽입하다. ~ une recrue dans un bataillon 신병을 대대에 편입하다. ~ *qn* dans une société ~을 단체에 가입시키다.

—s'~ *v.pr.* [s'~ à] (에)합체되다; 혼합되다; 가입하다. Il n'a pas réussi à *s*'~ *à* ce groupe d'amis. 그는 이 친구들의 그룹에 끼어들지 못했다.

incorrect(e) [ɛ̃kɔrɛkt] *a.* ① 부정확한, 틀린. style ~ (문법적으로)잘못된 문체. écrivain ~ 틀린 문장을 쓰는 작가. ② 버릇없는, 단정치 못한, 예절에 어긋나는(↔ courtois, poli); (경쟁 상대에 대해)당당하지 못한, 비굴한. tenue ~e 단정치 못한 복장. [~ avec *qn*] Il a été ~ *avec* son concurrent. 그는 경쟁 상대에게 당당하지 못했다.

incorrectement [ɛ̃kɔrɛktəmɑ̃] *ad.* 부정확하게; 버릇없이; 단정치 못하게. Il s'est conduit ~ *avec* moi. 그는 나에게 무례하게 굴었다.

incorrection [ɛ̃kɔrɛksjɔ̃] *n.f.* ① 부정확, 오류. ② 버릇없음; 방정치 못한 행동.

incorrigibilité [ɛ̃kɔriʒibilite] *n.f.* 교정할 수〔고칠〕수 없음, 교화시킬 수 없음.

incorrigible [ɛ̃kɔriʒibl] *a.* 교정할 수 없는, 고치기 어려운, 다루기 힘드는(incurable); 교화시킬 수 없는. enfant ~ 이러지도 저러지도 못할 아이.

incorrigiblement [ɛ̃kɔriʒibləmɑ̃] *ad.* 《드물게》교정할 수 없을 만큼.

incorrompu(e) [ɛ̃kɔrɔ̃py] *a.* 썩지 않은; 타락하지 않은.

incorruptibilité [ɛ̃kɔryptibilite] *n.f.* ① 부패하지 않음, 불후성; 매수되지 않음, 청렴; (법칙 따위의)항구불변성.

incorruptible [ɛ̃kɔryptibl] *a.* ① 썩지 않는, 변하지 않는. ② 《비유적》매수되지 않는, 청렴한; (법칙 따위가)변하지 않는, 항구불변의. fonctionnaire ~ 청렴한 공무원.

incorruptiblement [ɛ̃kɔryptibləmɑ̃] *ad.* 《드물게》 썩지 않고; 청렴하게, 매수됨이 없이.

incorruption [ɛ̃kɔrypsjɔ̃] *n.f.* 부패하지 않음; 청렴.

incourant(e) [ɛ̃kurɑ̃, -ɑ̃ːt] *a.* 〖상업〗① 수요가 없는, 팔리지 않는. ② (어음·채권 따위가)할인되지 않는.

incréable [ɛ̃kreabl] *a.* 창조할 수 없는.

incrédibilité [ɛ̃kredibilite] *n.f.* 믿을 수 없음, 신용할 수 없음.

incrédule [ɛ̃kredyl] *a.* 쉽게 믿지 않는, 의심많은(sceptique); (태도 따위가)의심쩍은; 〖신학〗신을 믿지 않는(mécréant). rester ~ à l'annonce d'un événement 사건의 발표를 듣고 믿으려하지 않다. secouer la tête d'un air ~ 의심쩍은 듯 고개를 갸우뚱하다. —*n.* (위)의 사람(↔ croyant).

incrédulité [ɛ̃kredylite] *n.f.* 의심많음, 의혹심, 불신; 무신앙(irréligion). avec ~ 의심쩍은 듯이.

incréé(e) [ɛ̃kree] *a.* 〖종교〗창조되지 않고 처음부터 존재하는. Sagesse ~e 신의 말씀; 신의 아들, 그리스도.

incrément [ɛ̃kremɑ̃] *n.m.* 증가, 증량; 〖수학〗증분(增分).

increvable [ɛ̃krəvabl] *a.* ① (타이어가)터지지 않는. ② 《속어》지칠 줄 모르는, 쉽게 항복하지 않는, 강인한(infatigable, résistant).

incriminable [ɛ̃kriminabl] *a.* ① 《문어》규탄(비난) 받을 만한(blâmable). ② 《엣》〖법〗기소(고발)할 수 있는(accusable).

incrimination [ɛ̃kriminasjɔ̃] *n.f.* 《드물게》① 비난, 규탄(attaque). ② 〖법〗고소, 고발.

incriminé(e) [ɛ̃krimine] *a.p.* 비난받은; 고소당한(accusé). —*n.* 피고발인.

incriminer [ɛ̃krimine] *v.t.* ① 비난하다(blâmer).

라]. bienfaiteur de nom ~ 익명의 자선가. [~ à/de qn] nouveau monde qui lui était ~ 그에게 알려지지 않았던 신세계. Les causes du décès restent ~es. 사인(死因)은 불명인 채로 있다. auteur ~ 무명의 작가. vivre ~ 초야에 숨어서 살다. femme ~e 알지 못하는 여자. ② 일찌기 경험하지 못한, 생소한. être en pays ~ 생소한 나라에 있다. impression ~e 처음 느껴보는 인상.
— n. 미지의 사람; 무명인; 초면의 사람. Ne parle pas aux ~s dans la rue. 길에서 모르는 사람에게 말을 걸지 마라.
— n.m. 미지, 미지의 것.
— n.f. 《수학》미지수(quantité ~e).

inconquérable [ɛ̃kɔ̃kerabl] a. 《드물게》정복할 수 없는.

inconquis(e) [ɛ̃kɔ̃ki, -i:z] a. 정복되지 않은.

inconsciemment [ɛ̃kɔ̃sjamɑ̃] ad. 무의식적으로, 알지 못하고(à son insu); 경솔하게.

inconscience [ɛ̃kɔ̃sjɑ̃:s] n.f. ① 무의식(상태); 무자각. glisser[sombrer] dans l'~ 무의식 상태에 빠지다. ② 《구어》무분별, 경망(輕妄); 양심의 결여. Courir un pareil risque, c'est de l'~. 그런 위험을 범한다는 것은 무분별한 일이다.

inconscieux(se) [ɛ̃kɔ̃sjø, -ø:z] a. 《드물게》비양심적인.

inconscient(e) [ɛ̃kɔ̃sjɑ̃, -ɑ̃:t] a. ① 의식을 잃은; 무의식의, 자각하지 못하는; 의식하지 못하는. Il est resté une heure ~. 그는 한 시간 동안 의식을 잃고 있었다. geste ~ 무의식적인 행동. [~ de] enfant ~ du danger 위험을 모르는 아이. ② 분별[지각]이 없는, 사리를 모르는(fou).
— n. 무의식자; 지각 없는 사람.
— n.m. 《심리》무의식.

inconséquemment [ɛ̃kɔ̃sekamɑ̃] ad. 《드물게》① 부조리하게, 모순되게. ② 무분별하게, 경솔하게.

inconséquence [ɛ̃kɔ̃sekɑ̃:s] n.f. ① 자가당착, 모순(contradiction); 언행의 불일치. ② 무정견, 무분별, 경솔(한 언행).

inconséquent(e) [ɛ̃kɔ̃sekɑ̃, -ɑ̃:t] a. ① 모순된, 자가당착의(↔ logique). raisonnement ~ 모순된[부조리한] 이론. ② 무정견한, 무분별한, 지각없는, 경솔한(inconsidéré, léger). proposition ~e 무분별한 제안. — n. (위)의 사람.

inconservable [ɛ̃kɔ̃sɛrvabl] a. 보존할 수 없는.

inconsidération [ɛ̃kɔ̃siderasjɔ̃] n.f. ① 《옛·문어》지각없음, 경솔. ② 명예·신뢰의 상실. tomber dans l'~ 명예를 잃다; 평이 나빠지다.

inconsidéré(e) [ɛ̃kɔ̃sidere] a. 경솔한, 무분별한(imprudent, irréfléchi). — n. (위)의 사람.

inconsidérément [ɛ̃kɔ̃sidereɑ̃] ad. 무분별하게.

inconsistance [ɛ̃kɔ̃sistɑ̃:s] n.f. ① 견실성이 없음, (이론·주장 따위의)취약(fragilité). ~ d'une théorie 이론의 체계가 서있지 않음. ~ des accusations portées contre lui 그에 대한 고발 내용의 근거 박약. ② (크림 따위가)단단하지 않음.

inconsistant(e) [ɛ̃kɔ̃sistɑ̃, -ɑ̃:t] a. ① 견실치 못한, 일관성 없는, 변하기 쉬운(changeant, fragile). caractère[homme] ~ 변덕스러운 성격[사람]. espoirs ~s 확실성 없는 희망. ② (크림 따위가)단단하지 않은.

inconsolable [ɛ̃kɔ̃sɔlabl] a. 위로할 길 없는; [~ de] (으로) 비탄에 잠긴. mère ~ à la mort de son fils 아들의 죽음으로 비탄에 빠진 어머니.

inconsolablement [ɛ̃kɔ̃sɔlabləmɑ̃] ad. 위로할 수 없을 만큼.

inconsolé(e) [ɛ̃kɔ̃sɔle] a. 위로될 수 없는; 비탄에 잠긴. veuve ~e 비탄에 잠긴 과부. — n. 비탄에 잠긴 사람.

inconsommable [ɛ̃kɔ̃sɔmabl] a. ① 먹을 수 없는(immangeable). ② 《경제》소비할 수 없는.

inconsommé(e) [ɛ̃kɔ̃sɔme] a. ① (결혼 따위가) 완성(성취)되지 않은. ② (음식 따위가) 소진(消盡)되지 않은.

inconstamment [ɛ̃kɔ̃stamɑ̃] ad. 변하기 쉽게.

inconstance [ɛ̃kɔ̃stɑ̃:s] n.f. ① 절개 없음, 변심(infidélité); (기분·마음의) 변하기 쉬움, 변덕(caprice). femme qui se plaint de l'~ de son mari 남편의 바람끼에 애태우는 아내. ~ de son humeur 변화무쌍한 그의 기분. ② (날씨·운수 따위가) 변하기 쉬움, 불안정(instabilité).

inconstant(e) [ɛ̃kɔ̃stɑ̃, -ɑ̃:t] a. ① 절개 없는, 마음이 잘 변하는(frivole, infidèle); 불안정한(changeant). homme qui est ~ en amour 바람끼 있는 남자. ~ dans ses idées 생각이 잘 바뀌는. ② 《옛》(날씨가) 변하기 쉬운. temps ~ 불안정한 날씨.
— n. 절개 없는 사람, 기분이 잘 변하는 사람, 무정견한 사람.

inconstatable [ɛ̃kɔ̃statabl] a. 확인할 수 없는.

inconstitutionnalité [ɛ̃kɔ̃stitysjɔnalite] n.f. 헌법위반, 위헌(違憲).

inconstitutionnel(le) [ɛ̃kɔ̃stitysjɔnɛl] a. 위헌의, 비입헌적(非立憲的)인.

inconstitutionnellement [ɛ̃kɔ̃stitysjɔnɛlmɑ̃] ad. 헌법에 위반하여, 비입헌적으로.

inconstructible [ɛ̃kɔ̃stryktibl] a. (어떤 지역이) 건축이 금지된.

inconsumé(e) [ɛ̃kɔ̃syme] a. 《드물게》 ① 모두 타버리지 않은. ② (재산 따위가) 다 써버리지 않은.

incontaminé(e) [ɛ̃kɔ̃tamine] a. 더럽혀 [감염되어] 있지 않은.

incontentable [ɛ̃kɔ̃tɑ̃tabl] a. 만족시킬 수 없는.

incontestabilité [ɛ̃kɔ̃tɛstabilite] n.f. 《드물게》 ① 이론의 여지 없음, 명백함. ② 명백한 사실.

***incontestable** [ɛ̃kɔ̃tɛstabl] a. 이론의 여지 없는, 의심할 점이 없는, 움직일 수 없는, 명백한(indiscutable, formel). ~ réussite 확실한 성공. preuve ~ 움직일 수 없는 증거. Il est ~ que+ind. …라는 것은 명백하다.

incontestablement [ɛ̃kɔ̃tɛstabləmɑ̃] ad. 명백하게, 확실히(assurément).

incontesté(e) [ɛ̃kɔ̃tɛste] a. 이의가 없는, 확정된, 명백한. maître ~ 모두가 인정하는 대가.

incontinemment [ɛ̃kɔ̃tinamɑ̃] ad. 《드물게》 자제심 없이; 방탕하게.

incontinence [ɛ̃kɔ̃tinɑ̃:s] n.f. ① (육체적 쾌락에 대한) 무절제함, 방탕(débauche); (언행에) 자제심이 없음. ~ de langue[de parole] 말이 많음. ② 《의학》실금(失禁). ~ d'urine 요(尿) 실금.

incontinent¹(e) [ɛ̃kɔ̃tinɑ̃, -ɑ̃:t] a. ① (육체적 쾌락에) 무절제한, 방탕한; (언행에) 자제심[자제력] 없는. ② 《의학》유뇨(遺尿)의, 실금의. vessie ~e 쇄뇨불능의 방광. enfant ~ 유뇨증 유아.
— n. 유뇨증 유아.

incontinent² ad. 《옛·문어》즉시, 곧(aussitôt).

incontinu(e) [ɛ̃kɔ̃tiny] a. 연속되지 않은.

incontinuité [ɛ̃kɔ̃tinyite] n.f. 불연속, 중단.

incontournable [ɛ̃kɔ̃turnabl] a. 고려하지 않을 수 없는, 무시할 수 없는.

incontrit(e) [ɛ̃kɔ̃tri, -it] a. 회개하지 않은.

incontrôlable [ɛ̃kɔ̃trolabl] a. 검사(확인)할 수 없는(invérifiable). rumeur ~ 확인할 수 없는 소문.

incontrôlé(e) [ɛ̃kɔ̃trole] a. 검사[확인]되지 않은; 제어(통제)되지 않은.

incontroversable [ɛ̃kɔ̃trɔvɛrsabl] a. 이론이 제기

incompensable [ɛ̃kɔ̃pɑ̃sabl] a. ① 보상할 수 없는. ② (나침반 따위가) 보정(補整)할 수 없는.

incompensé(e) [ɛ̃kɔ̃pɑ̃se] a. 보상되지 않은; 보정되지 않은.

incompétemment [ɛ̃kɔ̃petamɑ̃] ad. 권한 없이, 자격 없이.

incompétence [ɛ̃kɔ̃petɑ̃:s] n.f. ① 〖법〗 (재판관·재판소의) 권한 부재, 관할 외. réclamer l'~ d'un tribunal 재판소(재판관)에 재판권이 없음을 신립하다, 재판 기피 신청을 내다. ② 무자격, 부적임, 무능력(incapacité, ↔ aptitude). employé renvoyé pour ~ 무능한 탓으로 해고되 직원. parler de qc avec une ~ totale 전혀 그럴만한 자격도 없이 …에 대해 말하다.

incompétent(e) [ɛ̃kɔ̃petɑ̃, -ɑ̃:t] a. ① 〖법〗 관할이 틀리는, 권한 없는. ② 능력 없는(incapable); 자격 없는. ~ en musique 음악에 대해 논할 자격이 없는. Je suis ~ sur cette question. 이 문제에 대해서는 해결할(답할) 능력이 없다.

incomplaisant(e) [ɛ̃kɔ̃plɛzɑ̃, -ɑ̃:t] a. 불친절한.

incomplet(ète) [ɛ̃kɔ̃plɛ, -ɛt] a. 불완전한, 불비한 (imparfait). définition –ète 불충분한(미흡한) 정의. collection –ète 짝이 채워지지 않은 콜렉션, 결본(缺本)이 있는 전집. —n.m. 파본; 결본(缺本)된 전집(한 질).

incomplètement [ɛ̃kɔ̃plɛtmɑ̃] ad. 불완전하게.

incomplétude [ɛ̃kɔ̃pletyd] n.f. 〖심리〗 부족감, 비충족감(sentiment d'~).

incomplexe [ɛ̃kɔ̃plɛks] a. 복합되지 않은, 단순한; 〖언어〗 (주어·속사가) 보어가 없는.

incompréhensibilité [ɛ̃kɔ̃preɑ̃sibilite] n.f. 불가해(不可解).

incompréhensible [ɛ̃kɔ̃preɑ̃sibl] a. ① 알 수 없는, 이해되지 않는, 불가해한(inconcevable), mystère ~ 불가해한 신비(비밀). conduite ~ 이해하기 어려운 행위. [~ à qn] Cela m'est ~. 그것은 나로서는 이해할 수 없는 일이다. ② 요령부득의, 난해한 (abstrus, ténébreux). propos –s 뜻을 알 수 없는 말. poème ~ 난해한 시. —s 이해되지 않음.

incompréhensiblement [ɛ̃kɔ̃preɑ̃siblǝmɑ̃] ad. 이해할 수 없게.

incompréhensif(ve) [ɛ̃kɔ̃preɑ̃sif, -i:v] a. 이해력 없는, 둔한.

incompréhension [ɛ̃kɔ̃preɑ̃sjɔ̃] n.f. 이해력의 결핍; 이해의 거부. ~ mutuelle 상호간의 몰이해. son ~ de l'art 예술에 대한 그의 이해 부족.

incomprenable [ɛ̃kɔ̃prǝnabl] a. 〖드물게〗= incompréhensible.

incompressibilité [ɛ̃kɔ̃presibilite] n.f. 〖물리〗 비(非)압축성.

incompressible [ɛ̃kɔ̃prɛ(e)sibl] a. 비압축성의; (비유적) (지출 따위를) 억제할 수 없는. dépenses –s 줄일 수 없는 지출.

incomprimé(e) [ɛ̃kɔ̃prime] a. 압축되지 않은.

incompris(e) [ɛ̃kɔ̃pri, -i:z] a. 이해되지 않는; 진가가 인정받지 못한. livre ~ 인정받지 못한 책. femme –e 남편으로부터 이해받지 못하는 아내. —n. (위)의 사람.

incomptable [ɛ̃kɔ̃tabl] a. 헤아릴 수 없는, 무수한.

inconcessible [ɛ̃kɔ̃sesibl] a. 용인될 수 없는; 양도할 수 없는.

inconcevabilité [ɛ̃kɔ̃sǝvabilite] n.f. 상상도 못함, 불가사의.

inconcevable [ɛ̃kɔ̃sǝvabl] a. 생각(상상)도 할 수 없는; 불가해한; 엉뚱한, 기묘한. mystère ~ 믿기 어려운 신비. produire des effets –s 엉뚱한 효과를 낳다. Il est ~ que + sub. …한다는 것은 생각지도 못할 일이다.

inconcevablement [ɛ̃kɔ̃sǝvablǝmɑ̃] ad. 상상도 못하게; 불가해하게; 엉뚱하게.

inconciliabilité [ɛ̃kɔ̃siljabilite] n.f. 양립되지 않음; 화해할 수 없음.

inconciliable [ɛ̃kɔ̃siljabl] a. ① 양립되지 않는 (incompatible). intérêts –s 양립되지 않는 이해관계. ② 화해시킬 수 없는.

inconciliablement [ɛ̃kɔ̃siljablǝmɑ̃] ad. 양립되지 않게; 화해되지 않게.

inconciliant(e) [ɛ̃kɔ̃siljɑ̃, -ɑ̃:t] a. 절충되지 않는, 비타협적인.

inconciliation [ɛ̃kɔ̃siljɑsjɔ̃] n.f. 〖드물게〗 〖법〗 화해 불성립(non-conciliation).

incluant(e) [ɛ̃kɔ̃klyɑ̃, -ɑ̃:t] a. 결론 미달의, 요령부득의.

incondensable [ɛ̃kɔ̃dɑ̃sabl] a. (기체가) 응축되지 않는. —n.m. 압축불능가스.

inconditionnalité [ɛ̃kɔ̃disjɔnalite] n.f. 무조건의 순종(복종·추종); (특히) 드골(De Gaule)에 대한 절대적 복종.

inconditionné(e) [ɛ̃kɔ̃disjɔne] a. 어떤 조건에도 좌우되지 않는, 무제약의, 절대적인(absolu). —n.m. 〖철학〗 무제약자.

inconditionnel(le) [ɛ̃kɔ̃disjɔnɛl] a. (드골에 대해) 무조건 순종하는; (일반적으로) 무조건의, 절대적인. gaulliste ~ 절대 순종하는 드골파. fidélité –le 무조건의 충성. —n. 무조건의 순종자(추종자·지지자), 맹종자. –s de Jean Gabin 장가뱅의 절대 찬양가.

inconditionnellement [ɛ̃kɔ̃disjɔnɛlmɑ̃] ad. 무조건으로, 절대적으로.

inconducteur(trice) [ɛ̃kɔ̃dyktœ:r, -tris] a. 〖전기〗 불량도(不良導)의, 부전도성(不傳導性)의.

inconduite [ɛ̃kɔ̃dɥit] n.f. 비행, 나쁜 행실, 난봉피우기(débauche).

inconel n.m. 〖상표명·야금〗 인코넬 (크롬 14%, 철 6%를 함유하는 니켈 합금).

inconfessé(e) [ɛ̃kɔ̃fɛ(e)se] a. mourir ~ 〖드물게〗 〖가톨릭〗 참회 않고 죽다.

inconformité [ɛ̃kɔ̃fɔrmite] n.f. [~ avec] (와의) 부조화, 불일치.

inconfort [ɛ̃kɔ̃fɔ:r] n.m. 편안(안락)하지 못함, 불편; (생활에 편리한) 시설이 갖추어지지 않음. vivre dans l'~ 불편하게 살다.

inconfortable [ɛ̃kɔ̃fɔrtabl] a. 편안하지 못한, 불편한, 불쾌한. maison ~ 살기에 불편한 집. attitude ~ 거북한 자세.

inconfortablement [ɛ̃kɔ̃fɔrtablǝmɑ̃] ad. 불편하게, 거북하게.

incongelable [ɛ̃kɔ̃ʒlabl] a. 얼지 않는.

incongru(e) [ɛ̃kɔ̃gry] a. ① 몰상식한, 엉뚱한; 버릇없는, 예절에 어긋난(malséant). question –e 때와 장소에 어긋난(엉뚱한) 질문. personne –e 버릇없는 사람. ② 〖옛〗 어법(語法)에 맞지 않는.

incongruité [ɛ̃kɔ̃grɥite] n.f. ① 몰상식; 버릇없음; 주책없는 언행. dire des –s 주책없는(야비한) 말을 하다. ② 〖옛〗 어법의 오류.

incongrûment [ɛ̃kɔ̃grymɑ̃] ad. 〖드물게〗 몰상식하게, 엉뚱하게; 버릇없이.

inconjugable [ɛ̃kɔ̃ʒygabl] a. (동사가) 활용되지 않는.

inconnaissable [ɛ̃kɔnɛsabl] a. 알 수 없는, 불가지(不可知)한. —n.m. 불가지적 것.

inconnaissance [ɛ̃kɔnɛsɑ̃:s] n.f. 무지.

***inconnu(e)** [ɛ̃kɔny] a. ① 알려지지 않은, 미지의, 불명의; 무명의(ignoré). terre –e 미지의 땅(나

넣어서(y compris). du lundi au vendredi ~ 월요일부터 금요일까지(포함해서).

incoagulable [ɛkɔagyabl] *a.* 응결하지 않는.
incoercibilité [ɛkɔɛrsibilite] *n.f.* ① 〖물리〗 압축할 수 없음. ②〖드물게〗억제할 수 없음.
incoercible [ɛkɔɛrsibl] *a.* ① 〖물리〗 압축할 수 없는. ② (기침·웃음·구토 따위를)억제할 수 없는(irrépressible). rire[désir] ~ 억제할 수 없는 웃음[욕망].
incognito [ɛkɔn(gn)ito] 〖이탈리아〗*ad.* 익명(匿名)으로, 암행으로, 남몰래, 비밀로(secrètement). faire un voyage ~ 익명으로[남몰래] 여행하다. —*n.m.* 익명, 암행. garder l'~ 본명을 숨기다, 신분을 감추다.
incognoscible [ɛkɔgnɔsibl] *a.*《드물게》인지(人知)가 미치지 않는, 인지(認知)할 수 없는.
incohérence [ɛkɔerã:s] *n.f.* ① 부조화, 불일치(désaccord). ② (말·사상 따위의)지리멸렬, 전후가 어긋남(désordre); 지리멸렬한 말[생각].
incohérent(e) [ɛkɔerã, -ã:t] *a.* ① 통일성이 없는, 분산된. ② 지리멸렬한, 조리가 맞지 않는(désordonné, illogique). propos ~s 앞뒤가 맞지않는 말, 횡설수설.
incohésif(ve) [ɛkɔezif, -i:v] *a.* 응집력 없는.
incohésion [ɛkɔezjɔ] *n.f.* ① 〖물리〗 응집력(凝集力) 없음. ② 지리멸렬, 불통일.
incollable [ɛkɔlabl] *a.*《구어》질문으로 꼼짝못하게 할 수 없는, (어떤 문제에서나)척척 대답하는. Il est ~, il a toujours une réponse à tout. 그는 궁지에 몰리는 일이 없다, 항상 모든 것에 대한 답을 가지고 있다.
incolore [ɛkɔlɔ:r] *a.* ① 무색의, 빛깔없는. ② (문장이)생색 없는(추상적이고 비유가 없는); (나쁜의미로)(정치사상 따위가)무색의, 분명치 않은.
incombant(e) [ɛkɔbã, -ã:t] *a.* 〖식물〗 (꽃밥이)내향(內向)의.
incomber [ɛkɔbe] *v.t.ind.*(3인칭에만 쓰임)[~ à] ① (의무·책임이)돌아오다, 과해지다, 떠맡겨지다 (retomber sur, revenir à). Ce devoir nous incombe. 이 의무는 우리가 수행해야 한다. (비인칭)[Il incombe à qn de+*inf*.] Il m'*incombe* de faire cette tâche. 이 임무를 맡아 하는 것은 내 책임(역할)이다. ② 〖법〗 (서류가 재판기록에)소속되다(appartenir).
incombustibilisation [ɛkɔbystibilizasjɔ] *n.f.*《드물게》불연성화(不燃性化).
incombustibilité [ɛkɔbystibilite] *n.f.* 불연소성.
incombustible [ɛkɔbystibl] *a.* 불연소성의.
incomestible [ɛkɔmestibl] *a.* 식용에 적당치 않은, 먹을 수 없는.
income-tax [inkɔmtaks]《영》*n.m.* 소득세.
incommensurabilité [ɛkɔ(m)mãsyrabilite] *n.f.* ① 광대무변. ② 〖수학〗 약분 불능.
incommensurable [ɛkɔ(m)mãsyrabl] *a.* ① 무한의, 광대한, 막대한(illimité, immense). ② [~ avec] 〖수학〗 약분되지 않는, 무리(無理)의. nombres ~s 무리수(無理數).
incommensurablement [ɛkɔ(m)mãsyrabləmã] *ad.* ① 광대무변하게, 무한히(immensément, infiniment). ② 약분되지 않게.
incommerçable [ɛkɔmɛrsabl] *a.* 〖상업〗 거래될 수 없는; 〖재정〗 (통화 따위가)교환 불가능의.
incommodant(e) [ɛkɔmɔdã, -ã:t] *a.* 불쾌한; 귀찮은(désagréable, gênant).
incommode [ɛkɔmɔd] *a.* ① 불편한, 거북한(embarrassant, inconfortable). habits ~s 활동에 불편한 옷. posture ~ 거북한 자세. [~ à+*inf*.] objet ~ à porter 운반하기에 불편한 물건. ② établissement ~ 〖법〗 위험성을 내포하고 있기 때문에 특별한 규제의 대상이 되는 산업시설. ③《옛·문어》불쾌한(désagréable). ④《옛》(사람이)귀찮은(insupportable). voisin ~ 귀찮은 이웃.
incommodé(e) [ɛkɔmɔde] *a.p.* ① 불쾌감을 느끼는, (에)시달리는. [~ par/《드물게》de] être ~ par la chaleur 더위에 시달리다. ②《옛》몸이 약간 불편한(indisposé); 《옛》돈에 궁한(gêné); 《옛》사용 못하는; 〖해양〗 (배가)파손됨. être ~ dans ses affaires 사업이 잘 풀리지 않다, 자금이 궁색하다. être ~ d'un bras 한 팔을 못쓰다.
incommodément [ɛkɔmɔdemã] *ad.*《드물게》불편하게, 불쾌하게.
incommoder [ɛkɔmɔde] *v.t.* ① 불쾌하게 하다, (에게)폐를 끼치다, (의)방해가 되다(gêner, importuner). Cela ne vous *incommode*-t-il pas de me prêter 1 000 francs? 형편 닿으시면 천 프랑 빌려주시겠소? La fumée ne vous *incommode*-t-elle pas? 담배를 피워도 좋습니까? ②《옛》병이 나게 하다(indisposer); 《옛》돈에 궁하게 하다; (음식이)얹히게 하다.
—**s'~** *v.pr.* 몸이 다소 불편해지다, (음식이)얹히다; 《옛》돈에 궁하다; 서로 불편하게 하다.
incommodité [ɛkɔmɔdite] *n.f.* 불편, 불쾌; 훼방, 번거로움(ennui, inconvénient). ②《옛》가벼운 병; 《옛》돈의 궁색; 〖해양〗 파손.
incommuable [ɛkɔ(m)mɥabl] *a.* 감형될 수 없는.
incommunicabilité [ɛkɔmynikabilite] *n.f.* ① 전달 불능, (상호간의 의사(意思)) 단절. ② (권리 따위의)양도 불능.
incommunicable [ɛkɔmynikabl] *a.* ① (사상·감정 따위를)전달할 수 없는, 알릴 수 없는; 의사가 소통되지 않는, 단절된. deux mondes ~s, l'Orient et l'Occident (상호 교류할 수 없는)단절된 두 세계, 동양과 서양. ② (권리 따위가)양도할 수 없는. droits ~s 양도불능의 권리.
incommutabilité [ɛkɔ(m)mytabilite] *n.f.* 〖법〗 (권리의)이전(양도) 불능.
incommutable [ɛkɔ(m)mytabl] *a.* 〖법〗 (권리·재산 따위를)이전(양도)할 수 없는; 수탈(收奪)할 수 없는.
***incomparable** [ɛkɔparabl] *a.* ① 유례없는, 비길 데 없는(inégalable, supérieur). œuvre ~ 비길 데 없이 훌륭한 작품. ②《드물게》(다른 것과)비교되지 않는, 전혀 다른(différent).
incomparablement [ɛkɔparabləmã] *ad.* 비길 데 없이, 유례 없이(비교급을 동반). Ceci est ~ plus utile que cela. 이것은 저것보다 비교도 안될 만큼 더 유익하다.
incompatibilité [ɛkɔpatibilite] *n.f.* ① 양립되지 않음, 모순, 상극, 부조화(contrariété, désaccord). ~ de A et de B[de A avec B] A와 B와의 비양립성(상극). Il y a ~ entre son travail et la vie de famille. 그가 하는 일과 가정생활은 양립되지 않는다. divorce pour ~ d'humeur 성격 부조화로 인한 이혼. ② 〖법〗 겸직 불능; 〖약〗 배합금기; 〖의학〗 (혈액의)부적합.
***incompatible** [ɛkɔpatibl] *a.* ① 양립[조화·일치]되지 않는(inconciliable, opposé). deux solutions ~s 서로 용납되지 않는[모순되는] 두 해결책. [~ avec] La foi est parfois ~ *avec* la science. 신앙은 때때로 과학과 양립되지 않는다. ②(사람이)협조하지 않는. ③ 〖법〗 겸직 불능의. ④ 〖논리〗 (여러 명제가)동시에 증명되지 않는. équations ~s 〖수학〗 양립되지 않는 방정식.
incompatiblement [ɛkɔpatibləmã] *ad.* 양립[조

incise [ɛ̃siːz] *a.f.* 《언어》삽입의. proposition ~ 삽입절. —*n.f.* 《언어》삽입절; 《음악》삽입소리듬.

incisé(e) [ɛ̃size] *a.* feuille ~e 《식물》(가장자리가) 불규칙적으로 깊이 팬 잎.

inciser [ɛ̃size] *v.t.* 베다; (종기를) 째다, 절개하다(scarifier); (나무껍질에) 홈을 새기다(entailler).

inciseur [ɛ̃sizœːr] *n.m.* 환상 박피(環狀剝皮)하는 〔나무에 자국을 내는〕 도구. ② (외과의)메스.

incisif(ve) [ɛ̃sizif, -iːv] *a.* ① 날카로운, 신랄한(acéré). critique ~ve 신랄한 비평. ② 《옛》끊는. dent ~ve 앞니, 문치. —*n.f.* 《해부》앞니, 문치.

incision [ɛ̃sizjɔ̃] *n.f.* ① 홈을 새김; 절개(切開). ~ annulaire 《농업》환상박피(環狀剝皮); (그) 차국. ② 새긴 홈, 벤 자리. faire une ~ à …에 홈을 새기다; 절개하다.

incisivement [ɛ̃sizivmɑ̃] *ad.* 날카롭게, 신랄하게.

incisure [ɛ̃sizyːr] *n.f.* ① 《식물》(가장자리가) 불규칙적인 잎. ② 《해부》절흔(切痕).

incitable [ɛ̃sitabl] *a.* 《드물게》격려할 보람이 있는, 교사(敎唆)할 수 있는. ② 《의학》흥분시킬 수 있는, 자극할 수 있는.

incitant(e) [ɛ̃sitɑ̃, -ɑ̃ːt] *a.* 흥분시키는. —*n.m.* 《의학》흥분제; 강장제.

incitateur(trice) [ɛ̃sitatœːr, -tris] *a.* 《드물게》격려〔고무〕하는, 교사하는, 선동하는. cause ~*trice* 유인(誘因). —*n.* (위의) 사람. ~ de troubles 소요 선동자.

incitatif(ve) [ɛ̃sitatif, -iːv] *a.* 《드물게》격려〔선동〕하는.

incitation [ɛ̃sitasjɔ̃] *n.f.* ① 격려, 고무, 선동(exhortation). ~ au meurtre 살인교사. ~ au crime 남을 선동〔사주〕하여 죄를 범하게 하기. ② 《생리》자극, 흥분(excitation).

inciter [ɛ̃site] *v.t.* ① 《문어》격려하다, 자극하다, 교사하다(encourager, exhorter). ~ qn à qc[à+inf.] …을 격려〔교사〕하여 …(을)하게 하다. ~ qn au bien …을 선도하다. ~ les jeunes à la violence 젊은이들의 폭력을 자극하다. ② 《구어》(사물이 사람을) …하게 하다. Sa réponse m'*incite* à penser que… 그의 대답이 나에게 …라고 생각하게 한다.

incivil(e) [ɛ̃sivil] *a.* 《옛·문어》버릇없는, 무례한.

incivilement [ɛ̃sivilmɑ̃] *ad.* 《옛·문어》무례하게.

incivilisable [ɛ̃sivilizabl] *a.* 개화시킬 수 없는.

incivilisé(e) [ɛ̃sivilize] *a.* 미개한.

incivilité [ɛ̃sivilite] *n.f.* 《옛·문어》버릇없음, 무례; 버릇없는 언행(impolitesse).

incivique [ɛ̃sivik] *a.* 《옛》비국민적인, 비공민적인; 《벨기에》나치스 독일에 협력한.

incivisme [ɛ̃sivism] *n.m.* 《옛》비공민〔국민〕적임.

inclairvoyant(e) [ɛ̃klɛrvwajɑ̃, -ɑ̃ːt] *a.* 선견지명이 없는, 앞일을 내다보지 못하는.

inclassable [ɛ̃klasabl] *a.* 분류할 수 없는.

inclémence [ɛ̃klemɑ̃ːs] *n.f.* ① (기후 따위의) 혹심함(rigueur). ② 《옛》(비명·판결 따위의) 무자비, 냉혹(dureté).

inclément(e) [ɛ̃klemɑ̃, -ɑ̃ːt] *a.* ① 《문어》(기후 따위가) 혹심한, 가혹한(dur, rigoureux). ② 《옛》무자비한, 가차없는, 냉혹한.

inclinable [ɛ̃klinabl] *a.* 기울일 수 있는.

inclinaison [ɛ̃klinɛzɔ̃] *n.f.* ① (사물의) 기울임, 기울어짐, 경사(도), 구배(勾配). ~ de la tour de Pise 피사의 사탑의 기울어짐. ~ d'un terrain [d'un toit, d'une voie ferrée] 지면〔지붕·철로〕의 구배. ② 숙이기. ~ de la tête 머리를 숙이기. ~ du buste 상체를 숙이기. ③ ⓐ 《수학》경사, 경각. ⓑ ~ magnétique (측지학에서) 복각, 경각. ⓒ 《천문》~ de l'écliptique 황도경사; ~ de l'orbite 궤도경사.

inclinant(e) [ɛ̃klinɑ̃, -ɑ̃ːt] *a.* ① 기울어진. ② ~ à qc[à+inf.] …의 경향이 있는, …할 생각이 있는.

inclination [ɛ̃klinasjɔ̃] *n.f.* ① (동의·예절의 표시로) 머리〔허리〕를 숙이기〔굽히기〕, 절, 고개를 끄떡이기. faire une profonde ~ 공손히 절하다. ② 경향, 성향(性向), 기질, 성벽(penchant, temperament). suivre son ~ 제멋대로 하다. montrer une vive ~ pour l'aventure 무척 모험을 즐기는 성향을 보이다. avoir de l'~ à mentir 거짓말하는 성향이 있다. contre son ~ 마지못해. ③ 《옛》애정, 호의, 공감. mariage d'~ 《옛》연애 결혼. ④ 《옛》좋아하는 것; 애인. ⑤ 《드물게》기울이기, 숙이기; 경사 (inclinaison).

incliné(e) [ɛ̃kline] *a.p.* ① 기울어진. la tête ~e 고개를 숙이고. plan ~ 빗면, 사면. ② [~ à/vers] (의) 경향이 있는(enclin). Je suis ~ à penser que… 나는 …라는 생각이 든다.

incliner [ɛ̃kline] *v.t.* ① 기울이다(pencher); (고개를) 숙이다(baisser); 굽히다(courber); 돌리다. Le vent *incline* les épis. 바람이 이삭을 기울게 한다. ~ la tête 머리를 숙이다. ~ la route vers le sud 《해양》진로를 남으로 돌리다. ② (비유적) (의) 마음을 기울게 하다. [~ qn à qc/à+inf.] L'expérience nous *incline* à l'indulgence. 경험은 우리의 마음을 관대하게 만든다. Son passé m'*incline* à pardonner cette faute. 그의 과거를 보고 나는 이 잘못을 용서해주기로 마음을 돌린다.
—*v.i.* ① 기울어지다(pencher). Le mur *incline* dangereusement. 담이 위험하게 기울어져 있다. ② 《주어는 사람·비유적》(으로) 마음이 기울어지다 (être poussé vers); 《주어는 사물》(쪽으로) 기울다. [~ à+inf.] J'*incline* à accepter son offre. 그의 제안을 받아들이고 싶은 마음이 든다. [~ à/vers qc] ~ à un avis 어떤 의견으로 기울다. Il *incline* vers les solutions extrêmes. 그는 극단적 해결책을 취할 마음으로 기운다. régime qui *incline* au despotisme 독재의 경향을 띠어가는 정권. ~ vers sa fin 《옛》끝이 가까와지다.
—s'~ *v.pr.* ① 기울어지다. Le petit bois s'*incline* en pente jusqu'à la mer. 작은 숲이 해변까지 경사를 이루고 있다. ② 몸을 굽히다, 인사하다; (에게) 굴복하다, (에) 복종하다, 따르다(céder), saluer en s'*inclinant* profondément 정중하게 허리를 굽히면서 인사하다. [s'~ devant] Il ne s'*incline* devant aucune autorité. 그는 어떤 권위 앞에서도 굴복하지 않는다. (목적보어 없이) Je m'*incline*. (시키는 대로) 따르겠습니다(J'obéis).

inclinomètre [ɛ̃klinɔmɛtr] *n.m.* 항공용 경사계; 복각계(伏角計).

inclure [ɛ̃klyːr] [48] *v.t.* ① 동봉(同封)하다; 포함시키다(renfermer, insérer). ~ un nom dans une liste 명단에 이름을 포함시키다. ② 《법》(계약에) 조항을 삽입하다.

inclus(e) [ɛ̃kly, -yːz] *a.p.* ① 동봉한(ci-inclus); 포함된(compris). jusqu'à la page 5 ~e (5페이지도 포함하여) 5페이지까지. ② 《식물》(수술이) 꽃잎 밖으로 나오지 않은. —*n.f.* 동봉한 편지.

inclusif(ve) [ɛ̃klyzif, -iːv] *a.* 포괄하는, 포함하는; 《언어》(인칭의) 포괄적인(1인칭 복수가 상대방을 포함하는 따위) (↔ exclusif).

inclusion [ɛ̃klyzjɔ̃] *n.f.* 포괄, 포섭; 《법》(조항의) 삽입; 《광물》(결정 속에 이물질로서 포함된) 함유물; 《해부》봉입; 《의학》봉입체.

inclusivement [ɛ̃klyzivmɑ̃] *ad.* 포함해서, 계산에

길, 추파. —*n.* 방화범; 선동자. Néron l'~ 방화자 네로.

*__incendie__ [ɛ̃sādi] *n.m.* ① 화재(feu). échelle à ~ (화재용)비상 사다리. ~ volontaire(criminel) 방화. avertisseur d'~ 화재 경보기. matériel d'~ 소방용구. bouche d'~ 소화전(消火栓). pompe à ~ 소방 펌프. poste d'~ 소방서. provoquer un ~ 화재를 일으키다, 방화하다. protection contre l'~ 방화(防火). maîtriser(circonscrire) un ~ 진화하다(불의 확산을 막다). ② 넓게 퍼진 붉은 빛깔. ~ du soleil couchant 불타는 듯한 저녁놀. ③ 동란, 소요, 반란(bouleversement, guerre). ④ 격정(激情), (감정의)폭발. ~ de la colère 격렬한 분노. ⑤《옛》(화산의)분화.

__incendié(e)__ [ɛ̃sādje] *a.p.* ① (집이)불타버린, 소실된; (사람이)화재를 당한. ②《문어》새빨개진, 불타는 듯한. joues ~es par la fièvre 열로 빨개진 뺨. —*n.* 화재 이재민(罹災民).

__incendier__ [ɛ̃sādje] *v.t.* ① 불지르다, 방화하다(brûler). ~ une maison[une ville] 집[도시]을 불태우다. ②(술 따위가 목을)불타듯 자극하다. L'eau-de-vie *incendia* la gorge. 브랜디는 목을 화끈거리게 한다. ③《문어》새빨갛게 물들이다. Le soleil couchant *incendiait* les fenêtres. 석양이 창문들을 새빨갛게 물들이고 있었다. ④(마음을)불타오르게 하다, 흥분시키다, 들뜨게 하다; 선동하다. ~ l'imagination des enfants avec les récits d'aventure 모험담으로 어린이의 마음을 설레게 하다. ⑤《속어》몹시 비난하다. se faire ~ 몹시 꾸지람을 듣다.

__in-cent-vingt-huit__ [ɛ̃(in)sāvɛ̃tɥit] 《인쇄》 *a.*《불변》128 절판의. —*n.m.*《복수불변》128 절판의 서적.

__incération__ [ɛ̃serasjɔ̃] *n.f.*《화학》다른 물질에 밀랍을 섞어넣기.

*__incertain(e)__ [ɛ̃sɛrtɛ̃, -ɛn] *a.* ① 불확실한(↔ sûr); 확정되지 않은(indéterminé); 미덥지 않은, 애매한, 의심스러운. résultat ~ 불확실한 결과. aide ~e 미덥지 않은 원조. date ~e 확실치 못한 날짜. Il est ~ que+*sub.* …하는 것은 의심스럽다. ② 혼돈한, 분명치 않은, 막연한(indécis), contours ~s 뚜렷하지 않은 윤곽. lumière ~e 어렴풋한 빛. ③ (사람이)확신을 갖지 못한, 자신 없는, 흔들리는, 줏대없는(vacillant); 주저하는(hésitant). être ~ de ce que l'on va faire 무엇을 해야 좋을지 모르다. pas ~s 확실치 못한[뒤뚝거리는] 발걸음. demeurer ~ 머뭇거리고 있다. ④(말이)조련(調練)에 익숙하지 않은.
—*n.m.* ① 불확실한 일. ②《재정》(외환의)실세(實勢).

__incertainement__ [ɛ̃sɛrtɛnmā] *ad.* 불확실하게; 자신없이.

__incertifié(e)__ [ɛ̃sɛrtifje] *a.* 보증되지 않은.

*__incertitude__ [ɛ̃sɛrtityd] *n.f.* 불확실성, 불확정; 의심스러움; 불안정; 애매모호. ~ de notre avenir 우리 미래의 불확실성. principe d'~ 《물리》불확정성 원리. [demeurer] dans l'~ (결정을 못내리고)주저하고 있다; 의심을 품고 있다. ③《옛》불확실한 것.

__incessamment__ [ɛ̃sesamā] *ad.* ① 당장, 바로, 곧(bientôt, sous peu). ②《옛》끊임없이, 줄곧.

__incessant(e)__ [ɛ̃sesā, -ā:t] *a.* 끊임없는, 부단한, 계속적인(continuel). bruit ~ 끊임없는 소음.

__incessibilité__ [ɛ̃sesibilite] *n.f.* 《법》(권리의)양도불가능(성).

__incessible__ [ɛ̃se(e)sibl] *a.*《법》양도할 수 없는.

__inceste__ [ɛ̃sɛst] *n.m.* 근친상간(近親相姦). commettre un ~ 근친상간을 하다. —*n.*《옛》근친상간자.

__incestueusement__ [ɛ̃sɛstɥøzmā] *ad.* 근친상간으로.

__incestueux(se)__ [ɛ̃sɛstɥø, -ø:z] *a.* 근친상간의, 불륜의; 근친상간으로 태어난. —*n.* 근친상간자.

__inchangé(e)__ [ɛ̃ʃāʒe] *a.* 변하지 않은. La situation demeure ~e. 상황에는 전혀 변화가 없다.

__inchangeable__ [ɛ̃ʃāʒabl] *a.* 변할[바꿀] 수 없는.

__inchantable__ [ɛ̃ʃātabl] *a.* 노래부를 수 없는.

__inchâtié(e)__ [ɛ̃ʃɑtje] *a.* 벌받지 않은.

__inchauffable__ [ɛ̃ʃofabl] *a.* 데울 수 없는, 난방하기 어려운.

__inchavirable__ [ɛ̃ʃavirabl] *a.* (배가)뒤집히지 않는.

__inchiffrable__ [ɛ̃ʃifrabl(ə)] *a.* 셀 수 없는, 셀 수 없이 많은.

__inchoatif(ve)__ [ɛ̃koatif, -i:v] 《언어》 *a.* 동작의 개시를 가리키는, 기동(起動)의. —*n.m.* 기동사(verdir, enlaidir 따위) (verbe ~).

__inchoation__ [ɛ̃koɑsjɔ̃] *n.f.* 《철학·언어》개시, 시작(commencement).

__incicatrisable__ [ɛ̃sikatrizabl] *a.* (상처가)낫지 않는, 아물지 않는.

__incidemment__ [ɛ̃sidamā] *ad.* ① 부수적으로, 부대적으로(accessoirement). ② 우연히, 우발적으로.

__incidence__ [ɛ̃sidā:s] *n.f.* ① 영향, 결과(conséquence, effect). ~ de la hausse des prix sur le pouvoir d'achat 가격인상이 구매력에 미치는 영향. ② 투사(投射), 입사(入射). angle d'~ 입사각. ②《경제》(간접세 따위의)전가, 귀착《최종적으로 소비자 따위의 부담이 되는 것》. ④《의학》발생률, 이환율. ⑤《옛》발생된 일, 사건.

__incident(e)__ [ɛ̃sidā, -ā:t] *a.* ① 부대적인, 부수의, 우발적인. événement ~ 부수적인 사건. d'une façon ~e 부수적으로. demande ~e 《법》부대소송. question ~e 부대적 문제. ②《물리》입사의. rayon ~ 입사광선. ③《언어》삽입의. proposition ~e 삽입절.
—*n.m.* ①《부수적 결과를 초래하기 쉬운》작은 사건; 말썽, 혼란. ~ imprévu 뜻하지 않은 사건. ~ diplomatique 외교상의 말썽. Tout s'est passé sans ~. 모든것이 무사히 지나갔다. ~ de parcours 우발적인 지장. ②《문학사》(소설·희곡 중의)삽화, 에피소드(épisode). ③《법》부대사항, 부대적 의견.
—*n.f.*《언어》삽입절(proposition ~e).

__incidentaire__ [ɛ̃sidɛtɛ:r] *a., n.*《법》부대공소를 제기하는(사람).

__incidentel(le)__ [ɛ̃sidātɛl] *a.* 우발의; 부대적인.

__incidenter__ [ɛ̃sidāte] *v.i.* 부대공소를 제기하다;《옛·구어》불평을 말하다.

__incinérateur__ [ɛ̃sineratœ:r] *n.m.* 소각로(燒却爐).

__incinération__ [ɛ̃sinerasjɔ̃] *n.f.* ① 소각. ② 화장.

__incinérer__ [ɛ̃sinere] [6] *v.t.* ① 소각하다, 재로 만들다. ② 화장하다.

__incipit__ [ɛ̃sipit] 《라틴》*n.m.*《복수불변》(책·사본·시의)첫구절;《음악》인치핏.

__incirconcis(e)__ [ɛ̃sirkɔ̃si, -i:z] *a.* ①《종교》할례를 받지 않은, (유대인이 본)이교(異敎)의. ②《옛》(마음이)정화되지 않은, 방종한(pécheur). —*n.* 할례를 받지 않은 자; 이교도.

__incirconcision__ [ɛ̃sirkɔ̃sizjɔ̃] *n.f.* 《종교》 ① 할례를 받지 않음. ②《옛》(성욕의)방종.

__incirconscriptible__ [ɛ̃sirkɔ̃skriptibl] *a.*《드물게》《기하》외접(外接)시킬 수 없는.

__incirconscrit(e)__ [ɛ̃sirkɔ̃skri, -it] *a.*《기하》외접되지 않은.

__incirconspect(e)__ [ɛ̃sirkɔ̃spɛ(k, kt), -kt] *a.* 신중하지 못한.

__incirconspection__ [ɛ̃sirkɔ̃spɛksjɔ̃] *n.f.* 신중하지 못

위가 나빠서)차마 들을 수 없는.
inaugural(ale, *pl. aux***)** [inɔ(o)gyral, -o] *a.* 개회〔낙성·제막·개관·개통〕식의. séance ~*ale* d'un congrès 대회의 개회식. discours ~ 개회사. leçon ~*ale* (교수의)취임 기념강의.

inaugurateur(trice) [inɔ(o)gyratœ:r, -tris] *n.* 《드물게》(위)식의 거행자; 개시자, 창설자.

inauguration [inɔ(o)gyrasjɔ̃] *n.f.* ① 개회〔낙성·제막·개관·개통〕식(ouverture). ~ d'une usine 공장 낙성식. ② 발단, 시초(commencement). ~ d'une nouvelle période 새로운 시대의 개막.

inaugurer [inɔ(o)gyre] *v.t.* ① 개회〔낙성·제막·개관·개통〕식을 거행하다. ~ un monument 기념비의 제막식을 거행하다. ~ une nouvelle école 신설 학교의 낙성식을 거행하다. ② 창시하다, 발단이 되다. ~ une genre littéraire 어떤 문학 장르를 창시하다. ~ une nouvelle politique 새 정책을 실시하다. ③《구어》처음으로 사용하다. ~ un nouveau logement 새 집에 입주하다, 집들이하다. ④《옛》(의)취임식을 거행하다; 즉위(취임)시키다.
—**s'~** *v.pr.* 개회〔낙성〕식이 거행되다; 시작되다.

inauthenticité [inɔ(o)tɑ̃tisite] *n.f.* 불확실성, 신빙성이 없음, 진실이 아님; 진짜가 아님.

inauthentique [inɔ(o)tɑ̃tik] *a.* 위이〔眞僞〕 불명의, 신빙성이 없는, 불확실한; 정당하지 않은(apocryphe); 진짜가 아닌.

inautorisé(e) [inɔ(o)torize] *a.* 권한없는, 월권의; 신빙성이 없는, 권위가 없는; 가치가 없는.

inaverti(e) [inaverti] *a.* ① 경고되지 않은. ② 경험없는, 아무것도 모르는.

inavouable [inavwabl] *a.* 고백하기 어려운, (말하기도)창피한(honteux).

inavoué(e) [inavwe] *a.* 《드물게》① 고백〔자백〕되지 않은; 은밀한(caché, secret). ② 자신도 모르는, 무의식의.

inca [ɛ̃ka] *n.* ① (*I*~)《역사》 잉카 황제. ② (*pl.*) (les *I*~(*s*)) 잉카족. —*a.*《불변》잉카족의. Empire ~ 잉카 제국.

incalcinable [ɛ̃kalsinabl] *a.*《화학》 석회화할 수 없는.

incalculable [ɛ̃kalkylabl] *a.* ① 헤아릴 수 없는, 계산할 수 없는, 무수한. ②《비유적》막대한, 한량없는(illimité).

incalculablement [ɛ̃kalkylabləmɑ̃] *ad.* 수없이; 한없이.

incalomniable [ɛ̃kalɔmnjabl] *a.* 나무랄 데 없는, 중상모략이 없는.

incamération [ɛ̃kamerasjɔ̃] *n.f.*《종교사》 교회령(敎會領)으로 몰수하기.

incamérer [ɛ̃kamere] [6] *v.t.*《종교사》 교회령으로 몰수하다.

incandescence [ɛ̃kɑ̃desɑ:s] *n.f.* ① 백열(白熱), 작열. lampe à ~ 백열전구. ② 열광; 격한 흥분.

incandescent(e) [ɛ̃kɑ̃desɑ̃, -ɑ̃:t] *a.* 백열하는; 열광하는(ardent).

incantateur(trice) [ɛ̃kɑ̃tatœ:r, -tris] *n.* 주술사(呪術師). —*a.* 주술의.

incantation [ɛ̃kɑ̃tasjɔ̃] *n.f.* ① 주문(呪文); 주술. ②(예술 따위의)매혹적인 힘, 매력.

incantatoire [ɛ̃kɑ̃tatwa:r] *a.* 주문의; 주술의.

***incapable** [ɛ̃kapabl] *a.* ①[~ de](하는)능력이 없는, (을)할 힘이 주어진 경우는 엥을 법). Je suis ~ *de* partir demain. 나는 내일 떠날 수가 없다. argument ~*de* convaincre 사람을 설득할 수없는 논지. ~ *de qc*《엣》…이 불가능한. Il est ~ *d'*amour. 그는 사랑을 모르는 사람이다. ②무능한, 쓸모없는. homme ~ 무능한 남자. ③[~ de]

《법》 무능력의; (할)자격이 없는. Un interdit est ~ *d'*exercer ses droits civils. 금치산자는 민법상의 권리를 행사할 자격이 없다.
—*n.* 무능자;《법》 무능력자.

incapacitant(e) [ɛ̃kapasitɑ̃, -ɑ̃:t] *a.* 저항력을 없애는, 제압용(制壓用)의. gaz ~ 제압용 가스(최루탄 따위). —*n.m.* 제압용 가스.

incapacité [ɛ̃kapasite] *n.f.* ①(할)능력이 없음, 할 수 없음. ~ de juger. 나는 판단할 수 없는 상태이다. ~ *de* juger. 나는 판단할 수 없는 상태이다. ② 무능, 무력(impuissance); 자격이 없음; 능력상실. des gouvernants 위정자의 무능. avoir honte de son ~ 자기의 무능을 창피하게 생각하다. ③《법》 불능, 무능력, 무자격. frapper *qn* d'~ …을 무능력〔무자격〕자로 규정하다. ~ de travail 취로불능. ~ d'exercice 행위무능력.

incarcérable [ɛ̃karserabl] *a.* 금고(禁錮)〔감금·구류〕시켜야 할.

incarcération [ɛ̃karserasjɔ̃] *n.f.* ①《법·행정》 금고(禁錮), 투옥, 구류. ordonner l'~ d'une personne 어떤 사람의 투옥을 명령하다. ②《의학》(헤르니아의)감돈(嵌頓).

incarcérer [ɛ̃karsere] [6] *v.t.* 《법·행정》 투옥하다, 감금하다(emprisonner, ↔libérer), 구치하다. ~ un inculpé 용의자를 감금하다.
—**s'~** *v.pr.*《의학》 감돈(嵌頓)을 일으키다.

incardiné [ɛ̃kardine] *a.m.*《교회》 (사제가)교구소속의.

incarnadin(e) [ɛ̃karnadɛ̃, -in] *a.*《문어》연한 살빛의, 연분홍의, 담홍색의. —*n.m.* 연한 살빛.

incarnat(e) [ɛ̃karna, -at] *a.* 살빛의, 담홍〔연분홍〕색의. —*n.m.*《문어》살빛, 담홍색.

incarnation [ɛ̃karnasjɔ̃] *n.f.* ①(신의)화신(化身), 육체화(personnification). ~ nombreuses ~s de Jupiter 주피터의 여러 화신. ② (*I*~)《신학》 그리스도의 강생(降生). ③ 구현(具現), 구상화. Il est l'~ du vice. 그는 악덕의 전형이다. ④《의학》 (손톱이)살에 파고들기;《옛》(상처의)육아발생(肉芽發生).

incarné(e) [ɛ̃karne] *a.p.* ①(신이)육체화된, 사람으로 나타난. le Verbe ~ 예수 그리스도. ② 육신한, 구현된. diable ~ 악마의 화신, 극악한 인간. vertu ~*e* 미덕의 화신. ③《의학》(손톱이)살에 파고드는.

incarner [ɛ̃karne] *v.t.* ① 육체화하다, 인간화하다. Dieu *incarna* son fils. 신은 그의 아들을 강생시켰다. ② 육체화하다, 구현(具現)하다(représenter). Ce magistrat *incarne* la justice. 그 법관은 정의의 구현이다. ~ une idée dans une œuvre 작품 속에서 사상을 구체화하다. ③(의)역을 연기하다(interpréter). ~ Hamlet 햄릿 역을 연기하다.
—**s'~** *v.pr.* ① 육체화하다; 화신하다. ② 구현되다, 구상화되다. Tous nos espoirs *s'incarnent* en vous. 우리의 모든 희망은 당신에게 맺혀있다. ③《의학》(손톱이)살에 파고들다.

incartade [ɛ̃kartad] *n.f.* ①(사소한)과오; 엉뚱한 짓. ②《옛》(느닷없는)욕설. ③《마술》말이 갑자기 방향을 바꾸기.

incasique [ɛ̃kazik] *a.* 잉카족에 관한.

incassable [ɛ̃kasabl] *a.* 부서지지 않는, 깨지지 않는, 튼튼한.

incélébré(e) [ɛ̃selebre] *a.* 축하되지 않은.

incélérité [ɛ̃selerite] *n.f.*《드물게》완만.

incendiaire [ɛ̃sɑ̃djɛ:r] *n.* ① 방화하는, 불을 지르는. bombe ~ 소이탄. ② 선동적인(작가·작품·연설 따위)(séditieux). pamphlet ~ 선동책자. ③ 마음을 불태우는, 유혹적인. œillade ~ 유혹의 눈

inaltérable [inalterabl] *a.* ① 변질되지 않는. ~ à l'air(à la chaleur) 공기[열]에 변질되지 않는. ② (기분·애정이)변치 않는(constant). amitié ~ 변치 않는 우정.

inaltéré(e) [inaltere] *a.* 《드물게》변하지[손상되지] 않은(intact).

inamabilité [inamabilite] *n.f.* 무뚝뚝한.

inamendable [inamãdabl] *a.* (땅이)경작에 부적당한.

inamiable [inamjabl] *a.* 《옛·드물게》붙임성 없는.

inamical(ale, *pl.* **aux)** [inamikal, -o] *a.* 우정 없는, 매정한, 불친절한; 적의가 있는.

inamicalement [inamikalmã] *ad.* 우정없이, 냉정하게.

inamissibilité [inamisibilite] *n.f.* 【신학】 (은총·정의 따위의)불멸.

inamissible [inamisibl] *a.* 【신학】 (은총·정의 따위가)불멸의.

inamovibilité [inamɔvibilite] *n.f.* 【행정】파면되지 않음, 종신성(終身性). ~ des juges 재판관의 종신적 신분보장.

inamovible [inamɔvibl] *a.* ① 파면되지 않는, 종신의. ② 뜯어낼 수 없는, 고정된. agencements ~s (실내의)고정설비.

inanalysable [inanalizabl] *a.* 분석할 수 없는.

inanimé(e) [inanime] *a.* ① 생명이 없는; 죽은. êtres ~s 무생물. corps ~ d'un soldat 병사의 시체. ② 의식(생명)을 잃은. tomber ~ 졸도하다. ③ 생기〔활기〕가 없는, (시장이)불황의. regards ~s 생기없는 시선. port ~ 활기없는 항구. ④ 【언어】무생물의(non-animé). nom ~ 무생물 명사.

inanité [inanite] *n.f.* ① (노력 따위의)보람없음, 무용성(inutilité). ~ d'un espoir 부질없는 희망. ② 《드물게》공허, 허무(néant).

inanition [inanisjɔ̃] *n.f.* (영양실조로 인한)쇠약, 피로. mourir d'~ 영양실조로 죽다, 굶어죽다. tomber d'~ 허기저서 쓰러지다.

inapaisable [inapɛzabl] *a.* 《문어》진정시킬 수 없는, 달랠 길 없는.

inapaisé(e) [inape(e)ze] *a.* 《문어》풀어지지[진정되지] 않은.

inapercevable [inapɛrsəvabl] *a.* 인지되지 않는, 지각되지 않는; 보이지 않는.

inapercevance [inapɛrsəvɑ̃:s] *n.f.* 《옛》인지할 수 없음.

inaperçu(e) [inapɛrsy] *a.* (남에게)들키지 않은; 눈에 띄지 않은. passer ~ 눈에 띄지 않고 넘어가다, 주목되지 않다, 간과되다.

inapparent(e) [inaparã, -ã:t] *a.* 밖에 드러나지 않는, 숨은; 두드러지지 않는. infection ~e 불현성(不現性) 감염.

inappauvri(e) [inapovri] *a.* 여전히 풍족한.

inappétence [inapetã:s] *n.f.* 【의학】식욕감퇴; 욕구감퇴. ~ sexuelle 성욕감퇴.

inapplicabilité [inaplikabilite] *n.f.* 적용(適用)할 수 없음.

inapplicable [inaplikabl] *a.* 적용할 수 없는.

inapplication [inaplikasjɔ̃] *n.f.* ① 열심이 아님, 태만, 열의가 없음. ~ d'un élève 학생의 태만. ② 【법】부적용.

inappliqué(e) [inaplike] *a.* ① 근면하지 않은, 태만한, 열의가 없는. ② 적용되지 않은.

inappréciable [inapresjabl] *a.* ① 측정할 수 없을 만큼 작은, 미미한, 미세한. ~ à l'œil 눈으로 분간 못할. ② 《구어》헤아릴 수 없이 큰, 엄청난, 그지없는(inestimable). tableau d'une valeur ~ 엄청난 가치가 있는 그림.

inapprécié(e) [inapresje] *a.* 진가(眞價)가 인정되지 않은.

inapprenable [inaprənabl] *a.* 배울 수 없는; 외울 수 없는.

inapprêté(e) [inaprɛ(e)te] *a.* ① 준비되지 않은, 마련되지 않은. ② (문체 따위가)다듬어지지 않은.

inapprivoisable [inaprivwazabl] *a.* 길들일 수 없는. animal ~ 길들일 수 없는 동물.

inapprivoisé(e) [inaprivwaze] *a.* 길들여지지 않은 (sauvage).

inapprochable [inaprɔʃabl] *a.* 접근할 수 없는.

inapprouvé(e) [inapruve] *a.* 승인[시인]되지 않은.

inapte [inapt] *a.* ① [~ à](에)부적당한, 맞지 않는 (impropre). personne ~ aux affaires 사업에 적합하지 않은 사람. ② 【군사】(군무나 어떤 병과에)부적격한. —*n.m.* ① 【군사】부적격자. ② (신체적 결함에 의한)생활 부적능자.

inaptitude [inaptityd] *n.f.* ① [~ à](에)적합치 않음, (을)할 수 없음; 무능. ~ à un exercice physique 체육훈련의 부적합. ② 【군사】부적격.

inarrangeable [inarɑ̃ʒabl] *a.* 정돈할 수 없는; 타협 [조정]되지 않는.

inarticulable [inartikylabl] *a.* 똑똑히[분명히] 발음될 수 없는.

inarticulé(e) [inartikyle] *a.* ① 발음이 분명치 않은, 불분명한. ② 【동물】관절 없는. —*n.m.pl.* 【동물】무관절류.

inassermenté(e) [inasɛrmɑ̃te] *a.* = insermenté.

inasservi(e) [inasɛrvi] *a.* 정복되지 않은.

inassiduité [inasidɥite] *n.f.* 근면하지 않음, 열심이 아님, 태만.

inassiégeable [inasjeʒabl] *a.* 포위공격할 수 없는.

inassignable [inasiɲabl] *a.* 지정〔결정〕할 수 없는.

inassimilable [inasimilabl] *a.* ① 《지식·문화 따위가》동화될 수 없는, 흡수될 수 없는, (에)동화되지 않는. ② (음식이)소화될 수 없는.

inassisté(e) [inasiste] *a.* (빈민이)원호받지 않은, 도움받지 않은, 독력의.

inassociable [inasɔsjabl] *a.* 모순되는, 양립되지 않는; (성격 따위가)트이지 않은.

inassorti(e) [inasɔrti] *a.* 잘 어울리지 않는.

inassortissable [inasɔrtisabl] *a.* 《옛》[~ à/avec](와)어울릴 수 없는.

inassouvi(e) [inasuvi] *a.* 《문어》(기갈이)풀어지지 않은, (욕망 따위가)채워지지 않은, 충족되지 않은 (inapaisé). haine ~e 풀리지 않은 증오. —*n.* 욕구불만의 사람.

inassouvissable [inasuvisabl] *a.* (욕망 따위가)채워질 수 없는, 이룰 수 없는.

inassouvissement [inasuvismã] *n.m.* 불만족, (pl.) 충족되지 않은 본능, 욕구불만.

inassujetti(e) [inasyʒɛ(e)ti] *a.* ① [~ à](에)복종하지 않은. ② 고착되지 않은.

inassuré(e) [inasyre] *a.* 불확실한.

inattaquable [inatakabl] *a.* ① 공격할 수 없는, 공략되지 않는. ~ aux[par les] acides 산(酸)에 부식되지 않는. ② 비난할 여지 없는(irréprochable), 트집잡을 수 없는, 진정한.

inattendu(e) [inatɑ̃dy] *a.* 뜻밖의, 불시의, 예상외의(imprévu). résultat ~ 예상외의 결과. —*n.* 뜻밖의 일.

inattentif(ve) [inatɑ̃tif, -i:v] *a.* [~ à](에)부주의한, 마음쓰지 않는, 조심성 없는.

inattention [inatɑ̃sjɔ̃] *n.f.* 부주의, 무관심; 《옛》[~ à](에 대한)부주의. faute d'~ 부주의로 인한 과실. par ~ 부주의로.

inattesté(e) [inatɛste] *a.* 증명되지 않은.

inaudible [inodibl] *a.* ① 들리지 않는. ② (음악 따

inabrogeable [inabrɔgabl] *a.* 《법》 폐지[폐기]할 수 없는.

in absentia [inapsɑ̃sja, inabsɛntja]《라틴》*loc.ad.* 《행정》 부재중(en l'absence).

inabsous(te) [inapsu, -ut] *a.* 죄를 용서받지 못한.

inabstinence [inapstinɑ̃:s] *n.f.* 무절제.

inabstinent(e) [inapstinɑ̃, -ɑ̃:t] *a.* 무절제한.

in abstracto [inapstrakto]《라틴》*loc.ad.* 추상적으로(dans l'abstrait).

inaccentué(e) [inaksɑ̃tɥe] *a.* 《언어》 악센트[강세] 없는(atone). voyelle ~*e* 무강세 모음.

inacceptable [inakseptabl] *a.* 받아들일 수 없는, 승낙할 수 없는.

inacceptation [inakseptɑsjɔ̃] *n.f.* 불승낙, 거부.

inaccepté(e) [inaksepte] *a.* 승낙[승인]되지 않은.

inaccessibilité [inaksesibilite] *n.f.* 가까이[이해]할 수 없음.

inaccessible [inaksesibl] *a.* [~ à] ① (가까이 할[접근할] 수 없는(inabordable); 도달할 수 없는. montagne ~ 올라갈 수 없는 산. personne ~ 가까이 갈 수 없는 사람. forêt ~ aux rayons du soleil 햇빛이 뚫고 들어갈 수 없는 숲. ② 이해할 수 없는. vérité ~ aux profanes 문외한은 이해할 수 없는 진리. ③ (에)(마음이)움직이지 않는, 무정한(insensible à). ~ à la pitié 인정사정 없는.

inacclimaté(e) [inaklimate] *a.* (동식물 따위가) 풍토에 익숙하지 않은.

inaccommodable [inakɔmɔdabl] *a.* ① (싸움이)화해되지 않는. ② (옛)양립될 수 없는, (사실 따위가)모순되는.

inaccompagné(e) [inakɔ̃paɲe] *a.* 동반자 없는.

inaccompli(e) [inakɔ̃pli] *a.* ①《문어》(의무 따위가)이행되지 않은; (계획 따위가)실행되지 않은. ②《언어》 미완료의(imperfectif, non-accompli).

inaccomplissement [inakɔ̃plismɑ̃] *n.m.* 《문어》(의무 따위의)불이행.

inaccordable [inakɔrdabl] *a.* 《드물게》① 융화[양립]할 수 없는(irrecevable); (악기의 음조가)서로 맞을 수 없는. ② (요구 따위가)들어줄 수 없는.

inaccostable [inakɔstabl] *a.* (사람이)가까이 하기 힘드는.

inaccoutumance [inakutymɑ̃:s] *n.f.* 《옛·문어》익숙하지 않음.

inaccoutumé(e) [inakutyme] *a.* ① 심상치 않은, 평소에 없는, 이례적인, 이상한(insolite). mot ~ 귀에 익지 않은 말. ②《문어》[~ à] (에)익숙하지 않은(inhabituel). ~ au travail 일에 익숙치 않은.

inaccusable [inakyzabl] *a.* 비난할 수 없는.

inachevé(e) [inaʃve] *a.* 미완성의.

inachèvement [inaʃɛvmɑ̃] *n.m.* 미완성.

inacquérable [inakerabl] *a.* 얻기 힘든.

inacquitté(e) [inakite] *a.* (채무가)변제되지 않은; (죄수가)석방되지 않은; (계산서·어음이)영수증이 없는.

inactif(ve) [inaktif, -i:v] *a.* ① 비활동적인, 활발치 않은; (기계가)움직이지 않는(immobile); (자본이)한산한; (자본이)놀고 있는. rester ~ 빈둥거리고 있다. marché boursier ~ 활기가 없는 주식시장. population ~*ve* 비취업인구. fonds ~ 유휴자본(遊休資本). ② (약물 따위가)효력이 없는. ③ 《물리》불활성(不活性)의, 불광성(不光性)의, 방사능이 없는. corps ~ 불활성물체.

inactinique [inaktinik] *a.* 《물리》 사진 건판에 작용하지 않는. éclairage[lumière] ~ 《사진》 안전광(安全光).

inaction [inaksjɔ̃] *n.f.* 활동하지 않음, 무위; (시장의)한산(oisiveté). vivre dans l'~ 무위도식하다.

inactivation [inaktivɑsjɔ̃] *n.f.* 《의학》 불활성화.

inactivement [inaktivmɑ̃] *ad.* 활발하지 않게, 하는 일 없이.

inactiver [inaktive] *v.t.* 불활성화하다.

inactivité [inaktivite] *n.f.* ① 불활동; (기계의)정지; 《상업》 한산, 불경기. ②《법·행정》(특히 공무원의)휴직. être en ~ 휴직중이다.

inactualité [inaktɥalite] *n.f.* 시대에 적합치 않음, 비현대성.

inactuel(le) [inaktɥɛl] *a.* 시사성(時事性)이 없는, 비현대적인, 시대에 역행하는.

inadaptation [inadaptɑsjɔ̃] *n.f.* 부적응 불능[곤란].

inadapté(e) [inadapte] *a.* 적합하지 않은; (환경에)순응[적응]하기 어려운. mener une vie ~*e* à ses besoins 자신의 욕구에 맞지 않는 생활을 하다. enfant ~ 적응 불능아. —*n.* (위)의 사람.

inadéquat(e) [inadekwa, -at] *a.* 불충분한; 타당치 않은, 부적당한.

inadéquation [inadekwɑsjɔ̃] *n.f.* 불충분; 타당치 않음, 부적당.

inadhérent(e) [inaderɑ̃, -ɑ̃:t] *a.* 밀착하지 않는.

inadmissibilité [inadmisibilite] *n.f.* ① 승인[용인]할 수 없음. ② (필기시험에서의)불합격.

inadmissible [inadmisibl] *a.* ① 승인(용납·채용·수리)할 수 없는(inacceptable); (요구 따위에)응할 수 없는. opinion ~ 받아들일 수 없는 의견. C'est ~ ! 어이 없다이다. Il serait ~ que+*sub.* …하는 것은 있을 수 없는 일이다. ② (필기시험에서)불합격한.

inadmission [inadmisjɔ̃] *n.f.* ① 불승인, 불수리. ② (필기시험에서의)불합격.

inadvertamment [inadvertamɑ̃] *ad.* 부주의로.

inadvertance [inadvertɑ̃:s] *n.f.* ①《드물게》부주의, 소홀(↔ attention). ② 부주의로 저지른 과실. par ~ 부주의로, 경솔하게. entrer sans frapper, par ~ 부주의로 노크도 안하고 들어가다.

inadvertant(e) [inadvertɑ̃, -ɑ̃:t] *a.* 《드물게》부주의한, 경솔한.

in æternum [ineternɔm]《라틴》*loc.ad.* 영원히《묘비 따위의 문구》.

inaffecté(e) [inafekte] *a.* 뽐내지 않는, 꾸밈없는.

inaffection [inafeksjɔ̃] *n.f.* 애정이 없음, 냉담.

inaffectueux(se) [inafektɥø, -ø:z] *a.* 애정이 없는, 냉담한.

inaffouillable [inafujabl] *a.* 《토목》(제방 따위가)내수성(耐水性)이 있는.

inagité(e) [inaʒite] *a.* (바다 따위가)잔잔한.

inaguerri(e) [inageri] *a.* 전쟁에 익숙치 않은.

inajournable [inaʒurnabl] *a.* 연기할 수 없는.

inaliénabilité [inaljenabilite] *n.f.* 《법》 양도 불가능성.

inaliénable [inaljenabl] *a.* ①《법》(재산·권리 따위를)양도[이전·매각·파기]할 수 없는. ② (비유적)취소할 수 없는, 빼앗을 수 없는.

inaliénablement [inaljenabləmɑ̃] *ad.* 양도[파기]할 수 없게.

inaliénation [inaljenɑsjɔ̃] *n.f.* 양도 불능.

inaliéné(e) [inaljene] *a.* 양도되지 않은.

inalliable [inaljabl] *a.* ①《야금》비(非)합금성의. ② 양립되지 않는, 융화될 수 없는.

inalpage [inalpaʒ] *n.m.* 《사투리》① (Savoie 지방에서)여름에 가축을 알프스 초목지에 방목하기. ② 여름을 산장에서 보내기; 산장개설기간.

inalpin(e) [inalpɛ̃, -in] *a.* 알프스의 (있는).

inaltérabilité [inalterabilite] *n.f.* ① 변치되지 않음. ② (감정 따위가)변치 않음; 불변성(immutabilité). ~ d'un principe 원칙의 불변성.

탕한 사람, 색골.
impudiquement [ɛ̃pydikmɑ̃] *ad.* 음란하게.
impugnation [ɛ̃pyɲasjɔ̃] *n.f.* 《옛》논박, 공격.
impugner [ɛ̃pyɲe] *v.t.* 《옛》논박[공격]하다.
impuissance [ɛ̃pɥisɑ̃:s] *n.f.* ① 무력, 무능. sentiment de son ~ 자신의 무력감. ~ de la volonté 의 지박약. [~ à+*inf.*] ~ à résoudre un problème 어떤 문제를 해결하지 못하다. réduire *qn* à l'~ …을 무력하게 만들다, 꼼짝못하게 하다. frapper d'~ (사람을)마비시키다. ② 효과없음(inefficacité). ~ de nos efforts 우리의 노력의 허무함. ③ 《의학》음위(陰痿), 성적 불능.
être dans l'~ de+inf. …할 힘[능력]이 없다.
impuissant(e) [ɛ̃pɥisɑ̃, -ɑ̃:t] *a.* ① 무력한, 무능한; 《문어》창조력 없는. rester ~ devant ce désastre (contre les menaces) 이 재난을 앞에 두고고[위협에 대하여] 아무것도 하지 못하다. [~ à+*inf.*] être ~ à les aider 그들을 도울 힘이 없다. poète ~ 창조력 없는 시인. ② 무력한, 효과없는(inefficace). efforts ~s 헛된 노력. ③ 《의학》성불능의.
—*n.* ① 무능한 사람. ② 성불능자.
impulser [ɛ̃pylse] *v.t.* (어느 방향으로)밀다; 활기 띠게 하다, 추진시키다.
impulseur [ɛ̃pylsœ:r] *n.m.* ① (선풍기·펌프 따위의)날개, 임펠러. ② (비행기 따위의)자동 제동기.
impulsif(ve) [ɛ̃pylsif, -i:v] *a.* ① 충동적인(emporté, fougueux). ② 《옛》추진의, 충격의. force -*ve* 충격격.
—*n.* 본능대로 움직이는[충동적인] 사람.
impulsion [ɛ̃pylsjɔ̃] *n.f.* ① 《기계》충격, 추진력. ② 자극, 촉진. donner de l'~ à *qc* …에 활기를 주다, …을 자극하다. recevoir une ~ favorable (사업 따위가)유리한 자극을 받다. ③ 충동, 순간적 충동심, 부추김(élan). ~ morbide 병적 충동. ④ 《전기》임펄스, (계수관(計數管) 따위의)카운트. 《물리》역적(力積).
sous l'~ de …의 충동을 받고. agir *sous l'~ de la vengeance* 복수의 충동을 받고 행동하다. *sous l'~ du moment* (순간의)충동에 이끌려, 충동적으로.
impulsivité [ɛ̃pylsivite] *n.f.* 충동성, 충동적 경향, 충동적 성격.
impunément [ɛ̃pynemɑ̃] *ad.* ① 벌받지 않고, voler (tuer) ~ 도둑질[살인]하고도 벌을 받지 않다. ② 탈없이, 지장없이. Ce malade ne sortira pas ~. 이 환자는 외출하면 반드시 탈이 날 것이다. ③《옛》벌주지 않고, 복수하지 않고.
impuni(e) [ɛ̃pyni] *a.* 벌받지 않은. laisser un affront ~ 모욕을 앉고 넘기다.
impunissable [ɛ̃pynisabl] *a.* 처벌할 수 없는.
impunité [ɛ̃pynite] *n.f.* 형벌의 면제, 처벌되지 않음. L'~ encourage le crime. 처벌을 하지 않는 것이 범죄를 조장하게 된다.
impur(e) [ɛ̃py:r] *a.* ① 불순한, 혼탁한; 오염된. air ~ 탁한 공기. métaux ~s 불순물이 섞인 금속. eau -*e* 불순물이 섞인 물. haleine -*e* 냄새 나는 입김. race -*e* 순종이 아닌 종족, 잡종(민족). ② 《옛·문어》부도덕한(immoral), 《종교적으로》더러운; 《종교》부정탄. société -*e* 부패한 사회. cœur ~ 비루한 마음. esprits ~s 악마들. animaux ~s 부정 탄 짐승들. ③ 음란한, 외설한(indécent). regard ~ 음란한 눈초리.
impurement [ɛ̃pyrmɑ̃] *ad.* 《드물게》불순하게, 부도덕하게.
impureté [ɛ̃pyrte] *n.f.* ① 불순, 더러움; 오염; 불순물. ~ de l'eau 물의 더러움. ~ de l'air 공기의 오염. éliminer les ~s 불순물을 제거하다. ② (마음의)더러움, 부도덕, 퇴폐; 음란함; (*pl.*)《옛》외설적인 말[행위]. vivre dans l'~ 추잡한 생활을 보내다. ~ des mœurs 풍속의 퇴폐. livre rempli d'~s 외설적인 말로 가득찬 책. ③ ~ légale 《종교》(금지된 짓에서 유래하는)부정.
impurifié(e) [ɛ̃pyrifje] *a.* 정화(淨化)되지 않은; 정제(精製)되지 않은.
imputabilité [ɛ̃pytabilite] *n.f.* ① (물질적·정신적인)인책성(引責性); 책임; 《법》형사책임.
imputable [ɛ̃pytabl] *a.* ① [~ à] (에게)책임을 지울[돌릴] 수 있는, (의)탓으로 돌릴 수 있는(attribuable). Cette faute n'est ~ qu'à lui seul. 그 잘못은 오직 그의 탓이다. ② [~ sur] (에서)공제해야 할. somme ~ sur tel chapitre 어떤 항목 중에서 지출되어야 할 금액. ③ 《신학》 (그리스도의 공덕이 신자에게)돌아와야 할.
imputatif(ve) [ɛ̃pytatif, -i:v] *a.* 《신학》그리스도의 공덕을 신자에 갖고 있다고는 하는.
imputation [ɛ̃pytasjɔ̃] *n.f.* ① (책임 따위의)전가, 혐의; 비난(공격). ~s calomnieuses 중상. ② 《신학》전가(轉嫁)(그리스도의 공덕이 신자에게로 돌아온다고 하는 것). ③ [~ sur/à] 《상업》(에서의)공제; (앞으로)달아놓기. ~ d'un payement 지불금액의 부채 상환 충당. ~ d'une somme *au débit* 어떤 금액의 차변(借邊)산입.
imputer [ɛ̃pyte] *v.t.* ① [~ à] (에게)(죄·책임 따위를)전가하다, 돌리다, 지우다, 쐬우다(attribuer). ~ un accident *au hasard* 사고를 우연으로 돌리다. [~ à *qn* de+*inf.*/que+*ind.*] On lui impute d'avoir voulu(*qu'il a voulu*) corrompre des témoins. 사람들은 그가 증인을 매수했다고 비난한다. ② 《신학》 (그리스도의 공덕을 신자에게로)전가하다. ③ [~ sur/à] 《상업》(에서)공제하다; (앞으로)달아놓다. ~ une dette *du mois précédent* 부채를 전월 계정으로 달아놓다. ~ un paiement *à une dette* 지불금액을 부채의 상환에 충당하다. ④ ~ *qc* à crime[à faute, à négligence, à oubli] à *qn* 《문어》…을 …의 죄(실수·태만·망각]로 하다.
—*s'*~ *v.pr.* (의)책임을 자기가 지다. *s'~ à péché qc* …을 자기 죄로 하다.
imputrescibilisation [ɛ̃pytresibilizasjɔ̃] *n.f.* 부패방지.
imputrescibilité [ɛ̃pytresibilite] *n.f.* 비부패성.
imputrescible [ɛ̃pytresibl] *a.* 썩지 않는.
In 《약자》indium 《화학》인듐.
in [in] 《영》*a.* 《불변》유행을 쫓는, 현대적인(↔out). gens *in* de Paris 파리 유행의 첨단을 걷는 사람.
in-[1] *préf.* 「비(非)·불(不)·무(無)」의 뜻(l 앞에서는 *il*-, b, m, p 앞에서는 *im*-, r 앞에서는 *ir*-로 됨).
in-[2] *préf.* 「안으로, 안에, 안쪽으로」의 뜻(b, m, p 앞에서는 *im*- 으로 됨)(dans, en).
-in(e) *suff.* ① 「출처·기원·원소·조성(組成)·종족·성격」의 뜻《예:chevalin 말의》. ②「축소·멸칭(蔑稱)」의 뜻《예:bottine 반장화》. ③(-ine 로만 사용)화학적 성분을 나타내는 요소《예:caféine 카페인》.
inabondance [inabɔ̃dɑ̃:s] *n.f.* [~ de]《옛》결핍.
inabordable [inabordabl] *a.* ① 접근할 수 없는. En hiver, ce port est ~. 겨울에는 그 항구에 들어갈 수 없다. ② 《옛》(사람이)가까이하기 어려운. ③ (물건 값이)비싸서 엄두를 낼 수 없는.
inabordé(e) [inaborde] *a.* (섬 따위가)사람이 가 본 일이 없는.
inabrité(e) [inabrite] *a.* 《드물게》보호[방호·엄폐]되지 않은.
inabrogé(e) [inabrɔʒe] *a.* (법률 따위가)폐지되지 않은.

improbant(e) [ɛ̃prɔbɑ̃, -ɑ̃:t] *a.* 《드물게》증거가 되지 않는, 신복시키지 못하는.

improbateur(trice) [ɛ̃prɔbatœ:r, -tris] *a.* 불찬성을 표명하는. geste ~ 반대를 나타내는 몸짓. —*n.* 불찬성자.

improbatif(ve) [ɛ̃prɔbatif, -i:v] *a.* 불찬성을 표시하는, 불만스러운(improbateur).

improbation [ɛ̃prɔbɑsjɔ̃] *n.f.* 불찬성, 부인(désapprobation).

improbe [ɛ̃prɔb] *a.* 불성실한.

improbité [ɛ̃prɔbite] *n.f.* 《문어》불성실, 부정직(malhonnêteté); 불성실한 행위.

improductible [ɛ̃prɔdyktibl] *a.* 생산할 수 없는.

improductif(ve) [ɛ̃prɔdyktif, -i:v] *a.* ① (토지가) 불모의, 수확이 없는(stérile). terres ~*ves* 불모지. ② (자본이)자고 있는, 비생산적인. argent [capital] ~ 놀고 있는 돈《유휴(遊休)》자본》. consommation ~*ve* 비생산적 소비.

improductivement [ɛ̃prɔdyktivmɑ̃] *ad.* 비생산적으로.

improductivité [ɛ̃prɔdyktivite] *n.f.* 《드물게》불모, 비생산(성).

improfitable [ɛ̃prɔfitabl] *a.* 불리한, 무익한, 이득이 안되는, 무용의.

improgressif(ve) [ɛ̃prɔgrɛ(e)sif, -i:v] *a.* 《드물게》진보적이 아닌, 보수적인.

impromptu [ɛ̃prɔ̃pty] *a.* 《종래의 문법에서는 남성 복수 ~*s* 외에는 여성 단·복수형 ~*e*, ~*es* 도 자주 쓰임》 무준비의, 즉석의, 즉흥의(improvisé). pièce ~*e* 즉흥극. dîner ~ 즉석의 《있는 그대로의》 저녁식사.
—*n.m. (pl.* ~(s)) ① (특히 17·18세기에 유행한)즉흥시(극·곡), 즉흥의 연회(식사). ② 《옛》즉흥, 《준비없는》갑작스러운 일. mariage en ~ 갑작스러운 결혼. à l'~ 《문어》즉석에서, 느닷없이.
—*ad.* 즉석에서, 준비없이, 즉흥적으로.

impromulgué(e) [ɛ̃prɔmylɡe] *a.* 포고(布告)되지 않은.

imprononçable [ɛ̃prɔnɔ̃sabl] *a.* 발음되지 않는.

impropères [ɛ̃prɔpɛ:r] *n.m.pl.* 《종교》임프로페리아 (유태인에 대한 예수의 비난의 말이 담긴 연송(連誦), 성(聖) 금요일에 부르는 시구》.

impropice [ɛ̃prɔpis] *a.* 《드물게》이롭지 않은, 은혜롭지 않은.

improportionnel(le) [ɛ̃prɔpɔrsjɔnɛl] *a.* (수·양이) 비율에 맞지 않는, 불균형의.

impropre [ɛ̃prɔpr] *a.* ① 적당(적합)하지 않은, 어울리지 않는, 맞지 않는. expression ~ 적절하지 않은 표현. usage ~ de certains mots 어떤 말들의 부적절한 사용. [~ à] ~ *au* service militaire 군복무에 적합치 않은. [~ à+*inf*.] Il est ~ à faire ce travail. 그는 이 일을 하기에 적합하지 않다. ② 《언어》dérivation ~ 위(僞) 파생어 《어떤 말이 형태의 변화없이 다른 기능을 갖는 것:manger 「먹다」→ le manger 「음식」》; diphtongue ~ 위(僞) 이중모음 (ou 따위와 같이 외관상만의 이중》.

improprement [ɛ̃prɔprəmɑ̃] *ad.* 부적당하게.

impropriété [ɛ̃prɔprj(i)ete] *n.f.* 《언어》(말의)부적절; 말의 부적절한 용법(오용).

improspère [ɛ̃prɔspɛ:r] *a.* 번영하지 않는.

improuvable [ɛ̃pruvabl] *a.* 《드물게》증명(입증)할 수 없는.

improuvé(e) [ɛ̃pruve] *a.* 증명되지 않은.

improuver [ɛ̃pruve] *v.t.* (옛·문어》동의하지 않다.

improvisade [ɛ̃prɔvizad] *n.f.* à l'~ 《옛》즉흥적으로, 즉석에서.

improvisateur(trice) [ɛ̃prɔvizatœ:r, -tris] *n.* 즉흥시인, 즉석 연주자, 즉석 연설자. —*a.* 즉흥의, 즉석의. talent ~ 즉흥의 재능. poète ~ 즉흥시인.

improvisation [ɛ̃prɔvizɑsjɔ̃] *n.f.* 즉흥, 즉음(即吟), 즉흥적 연주(연설); 즉흥곡(연설·시). se fier à ses dons d'~ 자기의 즉흥적 재능을 믿다. parler au hasard de l'~ 즉흥적으로《생각이 떠오르는 대로》말하다. se lancer dans une ~ 즉흥적으로 연주(연설)하기 시작하다.

improvisé(e) [ɛ̃prɔvize] *a.p.* 즉흥적으로 제작된(de fortune, hâtif). discours ~ 즉석연설. moyens ~*s* 즉흥적인 수단. réformes ~*es* 즉흥적 개혁.

*****improviser** [ɛ̃prɔvize] *v.t.* ① (시·악곡·연설 따위를)즉석에서 만들어내다, 즉석에서 생각하여 행하다; 임시변통으로 일을 꾸미다. ~ un discours 즉석연설을 하다. ~ une excuse 임시변통으로 변명을 꾸며대다. ~ un repas 부라부라 식사준비를 한다. ② [~ *qn*+속사] (을)(으로)부랴부랴 꾸며대다. Je l'*ai improvisée* secrétaire. 나는 그녀를 재빨리 비서로 꾸며댔다.
—*v.i.* 즉흥시를 짓다, 즉흥연주(연설)를 하다.
—*s'*~ *v.pr.* 준비없이(당장에) 이루어지다. Des secours *s'improvisèrent*. 구조대가 즉석에서 조직되었다. [s'~+속사] On ne *s'improvise* pas artiste aussi facilement. 사람은 그렇게 쉽게 예술가가 되는 것은 아니다.

improviste (à l') [alɛ̃prɔvist] *loc.ad.* 갑작스레, 돌연, 뜻밖에, 불현듯(inopinément). prendre *qn* à l'~ ...의 허를 찌르다. survenir à l'~ 뜻밖에 닥쳐오다. Il m'a rendu visite *à l'*~. 그는 난데없이 나를 찾아왔다.

improvoqué(e) [ɛ̃prɔvɔke] *a.* 도발되지 않은; 정당한 이유가 없는. crise ~*e* 이렇다할 이유없는 위기.

imprudemment [ɛ̃prydamɑ̃] *ad.* 경솔히, 무모하게, 조심성 없이.

imprudence [ɛ̃prydɑ̃:s] *n.f.* ① 경솔, 경망, 방정맞음, 무분별, 조심성 없음(irréflexion). être d'une grande ~ 몹시 경솔하다. avoir l'~ de+*inf*. 경솔하게도 …하다. ② 경솔한 언행(étourderie). commettre des ~*s* 경솔한 짓을 하다. ③ 《법》과실. homicide par ~ 과실치사.

imprudent(e) [ɛ̃prydɑ̃, -ɑ̃:t] *a.* 경솔한, 경망스러운, 방정맞은, 분별없는, 무모한. parole ~*e* 경솔한 말. automobiliste ~ 조심성없는 운전자. projet ~ 무모한 계획. (비인칭) Il est ~ de+*inf*. …하는 것은 경솔한 일이다. —*n.* 《위》의 사람.

impubère [ɛ̃pybɛ:r] 《법》 *a.* 사춘기 이전의; 혼인 적령기에 도달하지 않은(↔ nubile). —*n.* 《위》의 사람.

impuberté [ɛ̃pybɛrte] *n.f.* 《법》 사춘기 이전의 나이, 결혼연령 미달(남자 18세·여자 14세 미만》.

impubliable [ɛ̃pybli(j)abl] *a.* 공표할 수 없는; 출판할 수 없는.

impudemment [ɛ̃pydamɑ̃] *ad.* 파렴치하게, 철면피같이, 뻔뻔스럽게.

impudence [ɛ̃pydɑ̃:s] *n.f.* ① 파렴치, 철면피(insolence). Cela est de la dernière ~. 더할 나위없이 파렴치한 짓이다. avoir l'~ de+*inf*. 파렴치하게도 …하다. ② 파렴치한 언행(effronterie).

impudent(e) [ɛ̃pydɑ̃, -ɑ̃:t] *a.* 파렴치한, 뻔뻔스러운, 후안무치한(effronté). mensonge ~ 뻔뻔스러운 거짓말. —*n.* 파렴치한 사람.

impudeur [ɛ̃pydœ:r] *n.f.* ① 수치심 없음, (거동 따위의)단정치 못함, 추잡스러움. ② 《드물게》파렴치, 후안무치(impudence).

impudicité [ɛ̃pydisite] *n.f.* 《문어》① 더러움, 추잡함, 음란, 외설. ② 음란한 행위.

impudique [ɛ̃pydik] *a.* 추잡한, 더러운, 음란한. gestes(regards) ~*s* 음란한 몸짓(눈초리). —*n.* 음

명. première ~ 첫인상. faire une bonne[mauvaise] ~ à[sur] qn …에게 좋은[나쁜] 인상을 주다. Quelle est votre ~ sur lui?; Quelle ~ vous fait-il? 그 사람을 어떻게 생각합니까? noter ses ~s de voyage 여행의 감상을 기록하다. Cela m'a laissé une ~ de tristesse. 그것은 내게 슬픈 느낌을 주었다. ② (pl.) 【심리】(외부자극에 대한 감각기관의)반응. ~s visuelles 시각적 반응. ③ 【인쇄】인쇄, 프린트; 【직물】 날염(捺染); (도장·형 따위를)찍기. envoyer un manuscrit à l'~ 원고를 인쇄에 붙이다. fautes d'~ 인쇄 미스, 오식. en ~ 인쇄중. ~ des étoffes 옷감의 프린트, 날염. ④ 【사진】 감광(感光); 【회화】(그림의)밑칠. couche d'~ 바닥칠의 층. ⑤ 〖옛〗영향, 작용; 압력. ~s de l'amour 사랑의 압력.
avoir l'~ de qc[*de*+*inf.*; *que*+*ind.*] …라는 인상을 받다[느낌을 갖다]. *avoir l'~ d'être incompris* 이해받지 못하고 있다는 느낌이 들다. *J'ai l'~ qu'on me trompe.* 나는 사람들이 나를 속이고 있다는 느낌이 든다.
donner l'~ de qc[*de*+*inf.*; *que*+*ind.*] …라는 인상[느낌]을 주다. *Cette description donne l'~ du vrai.* 이 묘사는 사실같은 느낌을 준다[사실처럼 보인다]. *Il donne l'~ d'être sûr de lui.* 그는 자신이 있어 보인다.
faire ~ à[*sur*] *qn* …에게 깊은 감명을 주다; …의 눈을 끌다. *Il cherche à faire ~ sur elle.* 그는 그녀의 눈길을 끌려고 애쓰고 있다.

impressionnabilité [ɛpresjɔnabilite] *n.f.* ① 인상을 받기 쉬운 성질, 감동성, 감수성. ② 【화학】(작용에 대한)민감성; 【사진】감광도(感光度).

impressionnable [ɛpresjɔnabl] *a.* ① 느끼기 쉬운, 감수성이 강한(sensible). ② 【화학】 작용에 민감한; 【사진】 감광성. papier ~ 감광지. plaque ~ 건판(乾板).

impressionnant(e) [ɛpresjɔnã, -ã:t] *a.* ① 깊은 감명을 주는, 인상적인, 감동적인. ② 세상을 놀라게 하는, 엄청난(frappant); 무시무시한(effrayant). fortune ~e 놀랄만한 재산. un nombre ~ de livres 엄청난 수의 책.

impressionner [ɛpresjɔne] *v.t.* ① [~ qn] (에게)인상[감명]을 주다(affecter), 깊은 인상을 주다. Ce film nous a beaucoup impressionné. 이 영화는 우리에게 깊은 감명을 주었다. Vos menaces ne m'impressionnent pas. 당신의 위협 따위에 나는 끄떡도 하지 않는다. (목적보어 없이) scène qui impressionne 감명을 주는 광경[장면]. ② 【화학】 (에)작용을 일으키다; 【사진】 감광시키다.

impressionnisme [ɛpresjɔnism] *n.m.* 《미술·문학》 인상주의.

impressionniste [ɛpresjɔnist] 《미술·문학》 인상파 화가(작가). ─ *a.* 인상주의의.

imprévisibilité [ɛprevizibilite] *n.f.* 예측불능.

imprévisible [ɛprevizibl] *a.* 예측[예견]불능의. événements ~s 예측할 수 없는 사건.

imprévision [ɛprevizjɔ̃] *n.f.* ① 예견[예측]불능; 선견지명의 부족. ② théorie de l'~ 【법】 불측(不測)이론 (장기계약이 경제변동 따위에 의해 불리하게 되었을 때 계약의 개정·갱신을 인정하는).

imprévoyable [ɛprevwajabl] *a.* 예측[예견]하기 어려운.

imprévoyance [ɛprevwajɑ̃:s] *n.f.* 사려없음, 선견지명이 없음, (앞날에 대한) 부주의. vivre dans l'~ 앞날을 생각지 않고 살아가다.

imprévoyant(e) [ɛprevwajɑ̃, -ã:t] *a.* 선견지명이 없는, 부주의한, 사려없는. jeunesse ~e 앞날을 생각하지 않는[사려없는] 젊은이들. ─ *n.* 선견지명이 없는 사람.

imprévu(e) [ɛprevy] *a.* 뜻밖의, 의외의, 예상밖의 (inattendu). réaction ~e 뜻밖의 반응. dépenses ~es 예상외의 지출. ─ *n.m.* 뜻밖의 일, 돌발사. faire face à l'~ 불의의 사태에 대처하다.
en cas d'~ 만일의 경우에는. *En cas d'~, écrivez-moi.* 무슨 일이 있으면 편지해 주세요.
sauf ~; à moins d'~ 뜻밖의 일이 일어나지 않는 한, 돌발사고가 없는 한.

imprimable [ɛprimabl] *a.* ① 인쇄할 수 있는. ② 인쇄할 가치가 있는.

imprimante [ɛprimɑ̃:t] *n.f.* 《컴퓨터》 인자기(印字機), 프린터.

imprimatur [ɛprimaty:r] *n.m.* (복수불변)(교회·대학이 주는)인쇄인가.

imprimé(e) [ɛprime] *a.p.* ① 인쇄된, 각인된; 날염된. livre ~ 인쇄본. tissu ~ 날염된 천. ② 《문어》(마음에) 새겨진. souvenir ~ dans la mémoire 기억 속에 새겨진 추억.
─ *n.m.* ① 인쇄물, 서적; 인쇄된 서류(용지); 인쇄된 글자. service des ~s 《우편》 인쇄물 취급. remplir lisiblement les ~s 인쇄된 용지에 알아볼 수 있도록 기입하다. ② 《직물》 날염직포.

*****imprimer** [ɛprime] *v.t.* ① 활자하하다, 인쇄하다, (책을)박아내다. ~ un roman à dix mille exemplaires 소설을 만부 찍다. Ce livre est mal imprimé. 이 책은 인쇄가 잘못되어 있다. [~ qn] un écrivain 작가의 작품을 출판시키다. (목적보어 없이) achevé d'~ le 20 mai 5월 20일 인쇄완료.(책 뒷면의 표시). ② 《직물》 날염하다; (무늬를)박다. ~ des fleurs un tissu 천에 꽃무늬를 프린트하다. ~ une étoffe 옷감에 날염하다. ③ (자국을)남기다; 각인하다; (인장 따위를)누르다, 찍다. ~ ses pas sur le sable 모래 위에 발자국을 내다. ~ un cachet sur de la cire 초에 각인하다. L'âge a imprimé de profondes rides sur son visage. 나이가 그의 얼굴에 깊은 주름을 지게 하였다. ④ (운동을) 전하다, 전도하다; (방향 따위를)결정짓다. ~ un mouvement de rotation à un mécanisme 기계에 회전운동을 전하다. ~ une nouvelle direction à des recherches 연구를 새로운 방향으로 향하게 하다. ⑤ 《문어》 (마음에)새기다, 심다. ~ la haine dans le cœur de qn …의 마음 속에 증오를 심다. ⑥ 《화학》 형질[빛깔]을 주다, 배게 하다.
─ *s'~* *v.pr.* ① 인쇄되다, 발간되다. ② 자국을 남기다; (마음에)새겨지다. *s'~ dans la mémoire* 기억 속에 새겨지다. ③ (운동이)전달되다.

*****imprimerie** [ɛprimri] *n.f.* ① 인쇄(술)(typographie). ② 인쇄소; 인쇄기계; (집합적) 인쇄공. caractères d'~ 인쇄체 활자. ③ 《직물》 날염기.

imprimerie-libraire [ɛprimrilibrɛ(ǝ)ri] (*pl.* *~s*-*~s*) *n.f.* 인쇄소 겸 출판사.

imprimeur [ɛprimœ:r] *n.m.* ① 인쇄인, 인쇄업자; 인쇄공. ~ lithographe 석판공(石版工). ~-libraire 인쇄인 겸 발행인. ② 《직물》 날염공.

imprimeuse [ɛprimø:z] *n.f.* 인쇄기.

imprimure [ɛprimy:r] *n.f.* ① 《미술》 바탕칠. ② (카드 인쇄용)형판(型板)(원지).

improbabilité [ɛprɔbabilite] *n.f.* ① 있음직하지 않음. ② 일어날 수 없는 일.

improbable [ɛprɔbabl] *a.* ① 있음직하지 않은. hypothèse ~ 있을 수 없는 (불확실한) 가정. C'est plus qu'~. 그것은 결코 있을 수 없다(불가능하다). Il est ~ *que* + *sub.* …라는 것은 있을 수 없는 일이다. ② 《옛》 사실 같지 않은.

improbablement [ɛprɔbablǝmɑ̃] *ad.* 《드물게》있음직하지 않게.

일하는 것은 불가능하다. 《생략하여》 I~ de la savoir. 그것은 알 도리가 없다. I~! 그것은 불가능하다, 있을 수 없는 일이다! [Il est/semble ~ que+sub.] Il est ~ qu'elle soit partie. 그녀가 떠났다는 것은 있을 수 없는 일이다. ② 대단히 힘든, 까다로운, 피로운(insupportable). problème ~ 해결하기 극히 어려운 문제. situation ~ 매우 곤란한 상황[처지]. ③ 비현실적인(irréel); 《구어》 기묘한, 터무니없는, 당치도 않은. s'habiller d'une façon ~ 엉뚱한 옷차림을 하다. Il lui arrive toujours des aventures ~s. 그에게는 늘 기묘한 사건들이 일어난다. ④ 《사람이》 감당할 수 없는. Ces enfants sont ~s. 이 애들은 어찌 해볼 도리가 없다.
—n.m. 불가능한 일. tenter l'~ 불가능한 일을 시도하다. Je ferai l'~. 《불가능한 일을 하겠다》
→ 가능한 모든 일을 다 하겠소.
À l'~ nul n'est tenu. 《속담》 아무도 불가능한 일을 할 의무는 없다.
par ~ 만일에라도, si, par ~, cette affaire réussissait 만일 어쩌다가 이 일이 성공하기라도 한다면.
réduire qn à l'~ …에게 무리한 요구를 하다.

imposte [ɛ̃pɔst] n.f. 〖건축〗 ① 홍예받침대. ② (문 위쪽의) 채광창, 통풍창.

imposteur [ɛ̃pɔstœːr] n.m. 사기꾼, 야바위꾼, 협잡꾼(charlatan); 위선자. —a.m. 협잡의.

imposture [ɛ̃pɔstyːr] n.f. ① 《옛》 사기, 협잡, 속임수(tromperie). ② 《문어》 사칭. ③ 《옛》 중상모략.

*****impôt** [ɛ̃po] n.m. 조세, 세금(contribution, taxe). ~ foncier 지세(地稅). ~ sur le revenu des personnes physiques 개인소득세. ~ sur le chiffre d'affaires 영업세. ~ sur les sociétés 법인세. ~ proportionnel 비례과세. ~ progressif 누진과세. ~ direct [indirect] 직접 [간접] 세. déclaration d'~s 납세신고. feuille d'~s 세금 고지서. mettre un ~ sur qc; frapper qc d'un ~ …에 과세하다. lever [percevoir] les ~s 세금을 징수하다. ② ~ du sang 《옛》 병역의무.
〖REM〗 impôt 국가 또는 지방공공단체가 의무로서 부과하는 세를 가리키는 일반적 용어. **taxe** 각 납세자에 부과되는 세금, 공공서비스 요금으로서의 세금, 각종의 간접세를 가리킴: taxe postale 우편세(우편요금). taxe sur les tabacs 담배세. taxe d'enlèvement des ordures ménagères 오물수거세. taxe sur la valeur ajoutée 부가가치세(T.V.A.). **droit** 인가·허가에 따르는 세 및 간접세에 쓰임: droit de douane 관세. droit sur les alcools 주세. **contribution** 행정용어로서 impôt와 같음: contribution des patentes 사업세.

impotable [ɛ̃pɔtabl] a. 음료로서 부적당한.

impotence [ɛ̃pɔtɑ̃ːs] n.f. 신체부자유, 신체불수, 손발의 부자유. ~ fonctionnelle 기능장애.

impotent(e) [ɛ̃pɔtɑ̃, -ɑ̃ːt] a. 신체불수의, 손발이 부자유한(infirme, ↔ valide). ~ d'une jambe 한쪽 다리를 못쓰는. —n. (위)의 사람.

impoursuivi(e) [ɛ̃pursɥivi] a. ① 추적당하지 않은; 계속되지 않은. ② 〖법〗 소추(訴追)의 대상이 되지 않는.

impraticabilité [ɛ̃pratikabilite] n.f. ① 〖드물게〗 실행불능; 통행불능; 입주불능. ② 《옛》 비사교성.

impraticable [ɛ̃pratikabl] a. ① 실현[실행]불가능한(irréalisable). ② (길이) 통행불가능한; 《집이》 살기에 부적당한. chemin ~ aux voitures 자동차의 통행이 불가능한 길. ③ 《옛》 사귈성없는(insociable); 《성격 따위가》 까다로운.

impratique(e) [ɛ̃pratike] a. 《드물게》 (길 따위가) 사람이 통행한 일이 없는.

imprécateur(trice) [ɛ̃prekatœːr, -tris] 《드물게》 a,n. 주술(呪術)을 거는 (사람), 저주하는 (사람).

imprécation [ɛ̃prekasjɔ̃] n.f. 《문어》 저주, 주술 (malédiction). faire [proférer] des ~s contre qn …을 해치려고 주술을 걸다.

imprécatoire [ɛ̃prekatwaːr] a. 《문어》 저주의.

imprécaution [ɛ̃prekosjɔ̃] n.f. 부주의, 조심부족.

imprécis(e) [ɛ̃presi, -iːz] a. 불명확한, 애매한, 막연한; 부정확한(incertain). souvenir ~ 희미한 추억. idée ~e 막연한 생각. renseignement ~ 확실치 않은 정보.

imprécisé(e) [ɛ̃presize] a. 미정의, 확실히 말할 수 없는.

imprécision [ɛ̃presizjɔ̃] n.f. 불명료, 막연, 애매; 부정확, laisser qc dans l'~ …을 애매한 [막연한] 대로 두다.

imprégnable [ɛ̃preɲabl] a. 삼투시킬 수 있는.

imprégnation [ɛ̃preɲasjɔ̃] n.f. ① 삼투(滲透) (배어듦), 침투. ~ des bois 목재의 합침 (방부제 따위의 주입). ② 〖생물〗 수태작용(受胎作用)(fécondation); 감응유전(hérédité d'influence). ③ 《비유적》 젖게하기, 주입. ~ des esprits par la propagande 사람들의 마음속에 선전을 주입하기. ④ (운전자의) 음주상태(~ alcoolique). taux d'~ 음주도(度). automobilistes en état d'~ 음주운전자.

imprégné(e) [ɛ̃preɲe] a.p. [~ de] (이)배어들어간. bois ~ d'eau 물을 머금은 나무. mouchoir ~ de parfum 향수가 배인 손수건. regard ~ de tristesse 슬픔에 젖은 시선.

imprégner [ɛ̃preɲe] [6] v.t. ① [~ qc de] (에) (을) 배어들게 하다, 스미게 하다, 삼투시키다(imbiber). ~ une étoffe de teinture 옷감에 물감이 배어 들게 하다. 《목적보어 없이》 Le brouillard imprègne lentement toute la ville. 안개가 서서히 온 마을을 덮었다. ② 《비유적》 (사상·추억 따위를) 스며들게 하다, 침투시키다 《주로 수동형》. Il était tout imprégné de son souvenir. 그는 온통 추억에 잠겨 있었다. être imprégné des préjugés 편견에 사로잡혀 있다. ③ 《옛》 수태(受胎)시키다.
—s'~ v.pr. ① [s'~ de] (에) 배어들다. Les prairies se sont imprégnées d'humidité. 풀밭에 물기가 젖어들었다. ② 《비유적》 《사상 따위에》 젖어들다, 사로잡히다. s'~ d'une idée nouvelle 새 사상에 물들다. s'~ d'une langue étrangère 외국어에 동화되다. ③ 《옛》 수태하다.

imprémédité(e) [ɛ̃premedite] a. 고의가 아닌, 계획적이 아닌.

imprenable [ɛ̃prənabl] a. ① 함락시킬 수 없는, 난공불락의. ② vue ~ (새 건축물에 의해) 가리워지지 않는 전망. ③ 《구어》 (마음이) 꿋꿋한, (여자가) 정결한. cœur ~ 고결한 마음.

impréparation [ɛ̃preparasjɔ̃] n.f. 준비 없음.

impresario [ɛ̃prez(s)arjo] (pl. ~s, impresarii [-rii]) 《이탈리아》 n.m. 《옛》 (연극의) 흥행주; 극단 단장. (연예인의) 매니저; (연극·음악회 따위의) 프로듀서.

imprescriptible [ɛ̃preskriptibl] a. ① 시효에 걸리지 않는, 시효에 의하여 소멸되지 않는. ② 《비유적》 절대적인, 불가침의 가치를 지닌. privilège ~ 불가침의 특권. droits ~s de la conscience 양심의 절대적 권리.

impresse [ɛ̃pres] a.f. idées ~s 〖철학〗 감각에 의해서 인상지어진 후천적 관념, 인상 관념.

impressible [ɛ̃pre(e)sibl] a. 《옛》 느끼기 쉬운.

impressif(ve) [ɛ̃pre(e)sif, -iːv] a. ① 《옛》 인상적인, 감명을 주는. ② 인상을 표현하기 쉬운.

‡impression [ɛ̃presjɔ̃] n.f. ① 인상, 느낌; 감상, 감

~ du pétrole 석유를 수입하다. ~ de la main-d'œuvre 노동력을 수입하다. ② (다른나라의 사상·유행·습관을) 도입하다. ~ une mode 외국의 유행을 도입하다.
—s'~ v.pr. 수입되다; 전래(傳來)하다.

*__importer__² v.i., v.t.ind. (부정법·현재분사·제 3 인칭 단·복수에만 쓰임) ① [~ à qn] (에게) 중요하다, 필요하다(compter). Le passé m'importe moins que le futur. 내게는 과거는 미래보다 덜 중요하다. (보어 없이)) la seule chose qui importe 중요한 단 하나의 사항. Cela importe peu. 그것은 별로 중요하지 않다. ② (비인칭) [Il importe de+inf./que+sub.] (하는 것이) 중요하다(필요하다). Il nous importe d'agir vite(que nous agissions vite). 우리는 빨리 행동하는 것이 필요하다. Il importe peu que vous partiez ou non. 당신이 떠나건 안떠나건 아무래도 좋다. ③ (que 나 peu 와 함께 부정의 뜻으로) Qu'importe son avis? 그의 의견이 뭐란 말인가 (문제로 되지 않는다는 뜻). Que m'importent ses protestations? 그의 항의는 내게는 문제로 되지 않는다. Peu importent les difficultés! 곤란 따위는 개의치 않는다. Peu m'importe qu'il vienne ou non. 그가 오건 안오건 내게는 아무래도 좋다.
__Il n'importe;__ (주어 생략) __N'importe; Peu importe; Qu'importe!__ 아무래도 좋다.
__n'importe__+의문사 ⓐ [~ +qui] 그 누구나; 보잘것없는 사람(personnage insignifiant). Je n'en parlerai pas à n'importe qui. 그 누구에게나 그 이야기를 하지는 않겠다. Ce n'est pas n'importe qui. 그는 우습지 볼 사람이 아니다. ⓑ [~ +quoi] 무엇이거나. Je ferais n'importe quoi pour lui plaire. 나는 그를 기쁘게 하기 위해서라면 무슨 일이든 하겠다. ⓒ [~ +où/comment/quand] 그 어디라도 방 속으로나, 어느 때나. Je te suivrais n'importe où. 그 어디나 너를 따라가겠다. Il travaille n'importe comment. 그는 아무렇게나 일한다. ⓓ [~ +quel+명사] 어떤 ···이건. Prête-moi n'importe quel livre. 어떤 책이라도 좋으니까 빌려주게. à n'importe quel prix 그 어떤 값으로라도.

__import-export__ [ɛpɔrɛkspɔːr] n.m. 《상업》 수출입.
__importun(e)__ [ɛpɔrtœ̃, -yn] a. (문어) (사람·사물이) 귀찮은, 성가신, 번거로운(fâcheux, embêtant). visiteur ~ 귀찮은 방문객. demande ~e 성가신 요구. Je ne voudrais pas être ~. 폐가 되고 싶지는 않습니다. —n. 성가신 사람, 훼방꾼(gêneur).
__importunément__ [ɛpɔrtynemɑ̃] ad. 귀찮게, 진력나게 (↔ discrètement).
__importuner__ [ɛpɔrtyne] v.t. (문어) ① 귀찮게 (성가시게) 굴다, 폐를 끼치다 (déranger, ennuyer). ~ qn de ses demandes 귀찮도록 ···에게 부탁하다. Je ne veux pas vous ~ plus longtemps. 더 이상 폐끼치고 싶지 않습니다, 그만 물러가겠다. ② (주어는 사물) 짜증나게 하다, 괴롭히다. Tes jérémiades ne font que l'~. 너의 푸념은 그를 짜증나게 만들 뿐이다. (목적보어 없이) Le bruit importune. 소음이 사람을 괴롭힌다.
__importunité__ [ɛpɔrtynite] n.f. (옛·문어) ① 귀찮게 (짜증나게) 굴기, 폐스러움 (indiscrétion). ② (주로. pl.) 성가신 재촉, 치근치근함; 불쾌한 일. obtenir qc à force d'~s 끈질기게 청탁해서 ···을 얻다. poursuivre une femme de ses ~s 여자를 치근치근하게 쫓아다니다.
__imposable__ [ɛpozabl] a. 과세(課稅)할 수 있는, 과세해야 할. matière ~ 과세품.
__imposant(e)__ [ɛpozɑ̃, -ɑ̃ːt] a. ① 위엄있는, 무게있는, 당당한, 위압하는 (majestueux, solennel). taille ~e 당당한 체격. homme ~ 위엄있는 사람.

② (수량·비율 따위가) 막대한, 압도적인. forces ~es 압도적인 병력.
__imposé(e)__ [ɛpoze] a.p. ① 과세된. marchandises ~es 과세품. ② 의무적인, 강제된. prix ~ 공정가격. ③ 《스포츠》 (체조·피겨 따위의)규정의, 과제의. —n. 납세자(contribuable).
__imposer__ [ɛpoze] v.t. ① [~ qc (à qn)] 과하다, 명하다, 강요하다, 받아들이게 하다. ~ des conditions 조건을 강요하다. ~ sa volonté 자기의 의사를 강요하다. ~ silence à qn[qc] ···을 침묵하게 하다. La situation nous impose des décisions rapides. 상황이 우리에게 신속한 결정을 내리도록 강요한다. [~ qn de +inf.] Il m'impose de terminer ce travail avant midi. 그는 정오 이전에 이 일을 끝내도록 강요한다.
② 과세하다(taxer). ~ qn sur son revenu déclaré 신고된 소득에 대해 ···에게 과세하다. ~ lourdement les gros revenus 고액소득에 중과세하다. ~ un immeuble[une marchandise] 부동산[상품]에 과세하다.
③ ⓐ 《종교》 ~ les mains (sur la tête à qn) (···의 머리 위에) 안수하다. ⓑ 《가톨릭》 ~ les cendres 성회(聖灰)를 머리 위에 뿌리다.
④ [~ qn à] (인쇄)(에)판을 앉히다 (~ une feuille).
⑤ (옛) [~ qc à qn] (을)(의) 탓으로 돌리다.
—v.t.ind. [en ~ à] ((옛) 없이) ① ···에 강한 인상을 주다, 위압하다, 존경[찬양·두려움]의 마음을 일으키게 하다. Son éloquence nous en impose. 그의 웅변은 우리를 압도한다. Sa science en impose. 그의 학식에는 머리가 숙여진다.
② ···을 속이다. s'en laisser ~ par qc ···에 속아 넘어가다.
—s'~ v.pr. ① 절실히 요구되다, 필요불가결하다. (주어는 사물) La discrétion s'impose. 신중을 기하는 것이 절대 필요하다. Ça ne s'impose pas. 그것은 꼭 필요한 것은 아니다. (주어는 사람) À ce poste, il s'impose. 이 자리에는 그 사람이 꼭 필요하다.
② (주어는 사람, se 는 간접목적보어) 자기에게 ···을 부과하다. s'~ une promenade à pied chaque jour 매일 산보하는 것을 일과로 삼다. [s'~ de+inf.] Il s'impose de ne jamais intervenir dans les affaires des autres. 그는 결코 남의 일에 간섭하지 않는 것을 원칙으로 삼는다.
③ (실력·권위 따위의 에 의해) 자신을 인정하게 하다; 인정되다 (se faire admettre). s'~ comme chef 우두머리(지도자)로서 인정받다. s'~ par son talent 재능으로 남을 압도하다. s'~ sur le marché (제품따위가) 시장에서 인정을 받다.
__imposeur__ [ɛpozœːr] 《인쇄》 n.m. (인쇄기에)판을 앉히는 직공.
__imposition__ [ɛpozisjɔ̃] n.f. ① (벌·조건·의무의) 부과, 강제. ② 《인쇄》 판앉기. ③ 《종교》 ~ des mains 안수(按手); ~ du nom 명명(命名). ④ 과세; (pl.)(에) 세금(impôt). taux d'~ 과세율.
__impossibilité__ [ɛposibilite] n.f. ① 불가능(성). être (se trouver) dans l'~ de +inf. 도저히 ···할 수 없는 처지에 있다. Il y a ~ à cela (que+sub.). 그것은 [···하는 것은] 불가능하다. ② 불가능한 일. accomplir des ~s 불가능한 일을 해내다. C'est une ~ pour moi. 그것은 내게는 불가능한 일이다.
:__impossible__ [ɛposibl] a. ① 불가능한, 있을 수 없는; 실현될 수 없는 (irréalisable). solution ~ 실현 불가능한 해결책. amour ~ 이루어질 수 없는 사랑. [~ +inf.] condition ~ à remplir 이행할 수 없는 조건. Cette lettre est ~ à lire. 이 편지는 읽을 수 없다. Il est/(구어) C'est ~ de+inf.] Il est ~ de travailler dans ces conditions. 이런 조건 하에서

는 사물》(암암리에 어떤 뜻을)품다, 함축하다, 내포하다(comporter); (결과로서)예상케 하다(supposer). Ces propos semblent ~ de votre part un refus. 이 말은 당신의 거절을 의미하는 것 같구려. La collaboration *implique* la confiance réciproque. 협력은 상호간의 신뢰를 내포한다. [~ que+*ind.*] Cela *implique* qu'il a menti. 이것으로 그가 거짓말했다는 것을 짐작할 수 있다. ③ ~ contradiction 《엣》모순되다.

implorable [ɛ̃plɔrabl] *a.* 《드물게》탄원할 수 있는.
implorant(e) [ɛ̃plɔrɑ̃, -ɑ̃:t] *a.* 《문어》탄원하는.
implora*teur*(*trice*) [ɛ̃plɔratœːr, -tris] *n.* 탄원자.
imploration [ɛ̃plɔrasjɔ̃] *n.f.* 《문어》탄원, 간청 (supplication).
implorer [ɛ̃plɔre] *v.t.* ① [~ *qn*] (에게)탄원[애원·간청]하다(prier, supplier). ~ Dieu(le ciel) 신에게 애원하다. ② [~ *qc*] (을)간청하다(solliciter). ~ le pardon de *qn* …의 용서를 간청하다. ~ le secours d'autrui 남의 원조를 간청하다.
imploser [ɛ̃ploze] *v.i.* (핵폭탄이)내향성 폭발을 일으키다; (브라운관이)내축으로 파열하다.
implosif(*ve*) [ɛ̃plozif, -iːv] 《음성》 *a.* 내파의. consonne ~*ve* 내파자음(예: captif의 p는 내파음이고 aspire의 p는 파열음(explosif)).
—*n.f.* 내파음.
implosion [ɛ̃plozjɔ̃] *n.f.* ① (핵폭탄의)내향성 폭발; (브라운관의)내측파열. ② 《음성》(폐쇄음의)내파(內破).
imployable [ɛ̃plwajabl] *a.* ①굽힐 수 없는. ②《엣》완고한.
impluviosité [ɛ̃plyvjozite] *n.f.* 가뭄, 한발.
impluvium [ɛ̃plyvjɔm] *n.m.* 《고대로마》 안뜰의 빗물받이 작은 못.
impoétique [ɛ̃pɔetik] *a.* 시적이 아닌.
impolarisable [ɛ̃pɔlarizabl] *a.* 《전기》(전지가)분극(分極) 작용을 일으키지 않는, 비분극의.
impoli(e) [ɛ̃pɔli] *a.* ①버릇없는, 무례한, 불손한(discourtois). enfant ~ 버릇없는 아이. langage ~ 무례한 말. être ~ envers(avec) *qn* …에 대해 무례하다. ②《엣》세련되지 않은, 교양없는(grossier, inculte). —*n.* 버릇없는 사람.
impolicé(e) [ɛ̃pɔlise] *a.* (국민이)미개한; 순화되지 않은.
impoliment [ɛ̃pɔlimɑ̃] *ad.* 버릇없이, 무례하게.
impolitesse [ɛ̃pɔlitɛs] *n.f.* ①버릇없음, 무례, 실례. traiter *qn* avec ~ …에게 무례하게 대하다. ②무례한 언행. commettre une ~ envers *qn* …에게 실례를 범하다.
impolitique [ɛ̃pɔlitik] *a.* (정책상)졸렬한, 현명치 못한; 서투른(maladroit). mesure ~ 졸렬한 조치.
impolitiquement [ɛ̃pɔlitikmɑ̃] *ad.* (정책상)졸렬하게, 현명치 못하게.
impollu(e) [ɛ̃pɔly] *a.* 《엣》순결한, 청정한.
impollué(e) [ɛ̃pɔ(l)lye] *a.* (환경 따위가)더럽혀지지 않은, 오염되지 않은; 순결한, 청정한.
impondérabilité [ɛ̃pɔ̃derabilite] *n.f.* (무게가)계량될 수 없음.
impondérable [ɛ̃pɔ̃derabl] *a.* ①(무게를)잴 수 없는, 무게 없는, 불가량(不可量)의. particules ~*s* 무게를 잴 수 없는 미분자. fluides ~*s* 무중량유체(전기·열·빛·자력 따위). ②헤아릴 수 없는, 미세한. poussière ~ 미세한 먼지. ③감지할 수 없는, 예측 불능의. facteurs ~*s* (실체를 파악할 수 없는)규명 불능의 요인들.
—*n.m.* ①무게를 잴 수 없는 것. ② (*pl.*)규명할 수 없는 원인[요인](facteur ~).
impondéré(e) [ɛ̃pɔ̃dere] *a.* (행위가)분별없는, 절도[중용]를 잃은; (성격이)균형을 잃은, 불안정한. caractère ~ 불안정한 성격.
impopulaire [ɛ̃pɔpylɛːr] *a.* 인기없는, 평판 나쁜; 민심을 얻지 못한. gouvernement ~ 민심을 얻지 못한 정부.
impopularité [ɛ̃pɔpylarite] *n.f.* 인기없음, 나쁜 평판, 민심을 얻지 못함.
import [ɛ̃pɔːr] *n.m.* 《언어》(말의)의미 내포.
importable[1] [ɛ̃pɔrtabl] *a.* 수입할 수 있는.
importable[2] *a.* (옷 따위가)입을 수 있는.
*****importance** [ɛ̃pɔrtɑ̃:s] *n.f.* ①중대성, 중요성(gravité). affaire de grande ~ 매우 중대한 사건. être de grande(haute, première) ~; être d'une ~ capitale 매우 중대(중요)하다. avoir(prendre) de l'~ 중요하다(중요해지다). C'est sans ~. 그것은 별게 아니다. Cela n'a aucune ~. 그것은 아무런 문제도 되지 않는다. accorder(attacher, mettre, prêter) de l'~ à *qc* …을 중요시하다. ②(수량·규모의)크기; 다수, 다량, 대량. ville de faible ~ 규모가 작은 도시. entreprises de petite et moyenne ~ 중소기업. ~ d'une somme 총액수의 막대함. ~ d'effectifs 막대한 인원(병력수). ③(사회적 지위따위가 주는)권위, 힘(autorité). place qui lui donne beaucoup d'~ 그에게 큰 세력을 부여하는 지위. être pénétré de son ~ 우쭐해하다. ④뽐냄, 젠체하기, 거드름. se donner de l'~; prendre des airs d'~ 젠체하다.
d'~ ⓐ중대한, 중요한. affaire d'~ 중대한 사건. ⓑ뽐내는, 젠체하는. faire l'homme d'~ 뽐내다. ⓒ심하게, 호되게. rosser(sermonner) *qn* d'~ 을 호되게 두들겨 패다(꾸짖다).
:important(e) [ɛ̃pɔrtɑ̃, -ɑ̃:t] *a.* ①중대한, 중요한(grave, sérieux); 긴요한(capital, essentiel). question ~ 중대한 문제. jouer un rôle ~ 중요한 역할을 하다. C'est ~ à savoir. 그것을 알아두는 것은 중요하다. (비인칭) [Il est ~ de+*inf.*/que+*sub.*] *Il est* ~ *d'agir vite*(*que nous agissions vite*). 빨리 행동하는 것이 중요[필요]하다. ②(수량·규모 따위가)큰(considérable); 다수의, 다량의. somme ~ 막대한 금액. ~ héritage 막대한 유산. rendre d'~*s* services à la nation 국가에 커다란 공헌을 하다. retard ~ de l'industrie 산업의 현저한 낙후. ③세력있는, 신망있는(influent). personnage ~ 유력자. ④뽐내는, 거드름피우는. se donner des airs ~*s* 거드름피우다.
—*n.* 거드름피우는 사람. faire l'~ 거드름피우다.
—*n.m.* 중요점, 요점. parer au plus ~ 가장 중요한 일에 대처하다. [L'~ est de+*inf.*/que+*sub.*] *L'~ est de faire de son mieux.* 최선을 다하는 것이 중요하다. *L'~ est que*[(구어) *L'~ c'est que*] *tu sois à l'heure ce soir.* 중요한 것은 네가 오늘저녁 시간을 지키는 일이다.
importa*teur*(*trice*) [ɛ̃pɔrtatœːr, -tris] *n.* 수입업자(↔ exportateur). —*a.* 수입의. pays ~ 수입국. négociant ~ 수입무역상. pays ~ de pétrole 석유 수입국가.
*****importation** [ɛ̃pɔrtasjɔ̃] *n.f.* ①수입; (*pl.*)수입품(↔ exportation). ~ d'objets manufacturés 공업제품의 수입. licence d'~ 수입허가. ~*s* en provenance d'Italie 이탈리아로부터의 수입품. contingentement des ~*s* 수입할당, 수입쿼터(제). ②(식물품종·따위의)도래, 전래(傳來); (전염병 따위의)전파, 만연. ~ du tabac en Europe 담배의 유럽전래. ③(다른나라의 사상·습관 따위의)전래, 유입(introduction). ~ des idées 사상의 수입. mœurs d'~ 외국으로부터 전파되는 풍습.
*****importer**[1] [ɛ̃pɔrte] *v.t.* ①수입하다(↔ exporter).

없는, 건방진(insolent). manières ~es 버릇없는 [건방진] 태도. ②《법》해당되지 않는, 관련없는. ③《옛》당치않은, 터무니없는, 어리석은(ridicule, extravagant). Ils sont bien ~s de vouloir que… 그들이 …이기를 바라는 것은 실로 어리석은 짓이다.
— n. 무례한 자, 버릇없는 사람.

imperturbabilité [ε̃pεrtyrbabilite] n.f. 태연자약, 침착, 냉정.

imperturbable [ε̃pεrtyrbabl] a. 태연한, 차분한, 침착한, 냉정한(calme, ↔ ému), sang-froid ~ 흔들리지 않는 냉정함. rester ~ sous les reproches 비난 속에도 냉정을 유지하다.

imperturbablement [ε̃pεrtyrbabləmɑ̃] ad. 태연하게, 동요됨이 없이, 침착하게.

impétigineux(se) [ε̃petiʒinø, -øːz] a. 《의학》소농포진성(小膿疱疹性)의.

impétigo [ε̃petigo] n.m. 《의학》소농포진.

impétrable [ε̃petrabl] a. 《법》(탄원으로)취득할 수 있는.

impétrant(e) [ε̃petrɑ̃, -ɑ̃ːt] n. ①《법》(면허장·증서 따위의)취득자. ②《구어》청원자.

impétration [ε̃petrasjɔ̃] n.f. 《법》(특권 따위의)탄원에 의한 취득.

impétrer [ε̃petre] [6] v.t. 《드물게》《법》(면허장·증서 따위를)탄원으로 취득하다.

impétueusement [ε̃petyøzmɑ̃] ad. 격렬하게; 혈기에 넘쳐서, 맹렬하게.

impétueux(se) [ε̃petyø, -øːz] a. ① 맹렬한, 격렬한(déchaîné). vent(torrent) ~ 맹렬한 바람[격류]. ② 혈기왕성한, 과격한; 열렬한(ardent). tempérament ~ 욱하는 기질. orateur ~ 열변을 토하는 연사. sentiment ~ 격렬한 감정.
—n. 열혈한(熱血漢), 혈기왕성한 사람.

impétuosité [ε̃petɥozite] n.f. ①《폭풍 따위의》맹렬함, 세참. ②《기질이》극성스러움, 과격함, 성급함(violence). ~ de la jeunesse 젊은이의 혈기. ~ d'une passion 정념의 격렬함. s'élancer avec ~ sur l'ennemi 적에게 맹렬한 기세로 덤벼들다.

impeuplé(e) [ε̃pøple] a. 《드물게》주민이 없는.

impie [ε̃pi] a. ① 불경건한, 신앙심 없는, 반종교적인(irréligieux). action ~ 불경건한 행동. ② 부도덕한, 불효《불효·부정》한. fils ~ 불효자식.
— n. (위)의 사람.

impiété [ε̃pjete] n.f. 《문어》① 불경건, 무신앙, 종교멸시(모독); 불경건한 언행(blasphème). ② 부덕, 불효, 불효.

impitoyabilité [ε̃pitwajabilite] n.f. 매정, 냉혹함.

impitoyable [ε̃pitwajabl] a. ① 무정한, 무자비한, 냉혹한. cœur ~ 무정한(냉혹한) 마음. destin ~ 가혹한 운명. ② 용서않는, 가차없는, 준엄한(sévère, ↔ indulgent). critique ~ 준엄한 비평가. [~ envers/pour] Il est ~ envers ses ennemis. 그는 적에 대해 가차없다. ③《구어》다루기 힘든: ~ bavard 처치곤란한 수다장이.

impitoyablement [ε̃pitwajabləmɑ̃] ad. 냉혹하게, 무정하게, 가차없이.

implacabilité [ε̃plakabilite] n.f. 《드물게》① 달랠 길 없음; 집요함. ② 무정, 냉혹함. ~ d'un tyran 폭군의 냉혹함.

implacable [ε̃plakabl] a. ① 달래기[화해시키기] 어려운; 집요한, 앙심깊은(acharné). remords ~ 달랠 길 없는 회한. haine ~ 앙심깊은 증오. ennemi ~ 집요한 적. ② 가차없는, 무정한, 냉혹한(impitoyable). répression(logique) ~ 냉혹한 탄압[논리]. soleil ~ 가차없이 내리쬐는 태양.

implacablement [ε̃plakabləmɑ̃] ad. 화해하기 어렵게; 집요하게, 앙심깊게; 가차없이.

implacentaire [ε̃plasɛ̃tɛːr] 《동물》a. 태반없는.
—n.m.pl. 무태반류(無胎盤類).

implant [ε̃plɑ̃] n.m. 《의학》피하 이식용 조직체 [호르몬제].

implantation [ε̃plɑ̃tasjɔ̃] n.f. ① 뿌리박음, 뿌리내림. ②(이민 따위의)이주(移住), 세력의 부식, 정착. ~ des Chinois en Indonésie 인도네시아에서의 중국인들의 이주[정착]. ③(사상·제도·습관 따위의)도입, 수립, 설치(installation). ~ de l'informatique dans une entreprise 어떤 기업의 전산시설 설치. ④《건축》(건물·설비의)배치결정, 부지설정. ~ d'une gare 역의 부지설정. ⑤《의학》(조직편 따위의)이식;《생물》(수정란의)착상(着床). ~ (머리·속모 따위의)생긴(난) 모양.

implanter [ε̃plɑ̃te] v.t. ①《드물게》(식물을)심다(planter); (식물이 뿌리를)내리다. ②(비유적)(사상·제도·습관 따위를)도입하다, 설치[수립]하다, 심다(introduire). ~ des industries dans des régions sous-développées 저개발지역에 산업을 도입하다. ~ une idée dans le cerveau de qn …의 머리에 어떤 사상을 심다. préjugés solidement implantés 깊이 뿌리박은 편견. ③《건축》부지를 설정하다. ④《의학》(조직을)이식하다, 식피(植皮)하다.
—s'~ v.pr. ① 뿌리박다, 뿌리내리다. Le gui s'implante sur le chêne. 겨우살이는 떡갈나무에 기생한다. ②(사상·제도·관습 따위가)도입되다, 수립되다. Cette idée s'est implantée dans son esprit. 그 생각이 그의 머리속에 자리잡았다. ③《주어는 사람》정착하다, 자리잡다(se fixer, s'installer). s'~ chez qn《구어》…의 집에 눌러 앉다.

implanteur [ε̃plɑ̃tœːr] n.m.《측량》(풍대를 세우는)측량 조수.

impleuré(e) [ε̃plœre] a. 애도하는 사람이 없는.

implexe [ε̃plɛks] a.《철학》(개념이)도식화되지 않은;《옛》(소설·희곡 따위의)줄거리가 복잡한(complexe).

impliable [ε̃pli(j)abl] a. ① 굽힐 수 없는, 접을 수 없는. ②(성질이)완고한.

implication [ε̃plikasjɔ̃] n.f. ①《법》(범죄와의)관련, 연루(連坐), 연루(連累). ②《철학》반립(伴立)(2명에 사이에서 한 쪽의 진실이 다른 쪽의 진실을 논리적으로 가능하게 하는 관계);《옛》모순(내포)(contradiction). ③《주로 pl.》(한 사실이 내포하는)당연한 결과, 논리적 귀결(conséquences). la nouvelle législation et ses ~s pour l'industrie automobile 새로운 입법과 그것이 자동차 산업에 미치는 결과.

implicite [ε̃plisit] a. ① 암암리의, 무언중의; 함축적인(tacite, ↔ explicite). volonté ~ 은연중에 나타나는 의지. ②(신앙 따위가)절대적인. foi ~ 절대적 신앙. ③《언어》단일절《한 낱말로 성립되는 것: Soit! Partez! 따위》.

implicitement [ε̃plisitmɑ̃] ad. 암암리에, 은연중에(↔ explicitement). Cela a été ~ convenu entre nous. 그것은 우리 사이에서 암암리에 합의되었다.

impliqué(e) [ε̃plike] a.p. ① 말려든, 연루된(engagé). être ~ dans une affaire 어떤 사건에 연루되어 있다. ②《옛》복잡한, 뒤얽힌(compliqué). ③ 포함된, 내포된. idée ~e dans sa proposition 그의 제안에 내포된 사상.

impliquer [ε̃plike] v.t. ①[~ qn dans] 끌어넣다, 연루시키다, 연좌(連坐)시키다(compromettre, mêler). ~ qn dans un procès …을 소송에 끌어들이다. être impliqué dans une affaire de détournement de fonds 공금횡령사건에 연루되다. ②《주어

—*n.m.* ① 【철학】 명령. ~ catégorique [hypothétique] 정언적(定言的) [가언적(假言的)] 명령. ② 【언어】 명령법(mode ~). ③ (정치·경제 따위의) 지상명령, 절대적필요, 요청; (유행 따위의) 강요. ~s de la défense nationale 국방의 절대필요성. ~s de la mode 유행의 요청.

impérativement [ɛperativmɑ̃] *ad.* 명령적으로, 강제적으로.

impératoire [ɛperatwa:r] *n.f.* 【식물】 바디나물의 일종.

impérator [ɛperatɔːr] (라틴) *n.m.* 【고대로마】 개선장군; 황제.

impératrice [ɛperatris] *n.f.* (empereur 의 여성) ① 황후. ② 여제(女帝).

imperceptibilité [ɛpersɛptibilite] *n.f.* 《드물게》 지각되지 않음; 미세(微細).

imperceptible [ɛpersɛptibl] *a.* ① 지각되지 않는, 감지되지 않는(insensible); 눈에 띄지 않는. ~ à l'œil nu 육안으로는 보이지 않는. nuances ~s 감지되지 않는 뉘앙스. ② 대수롭지 않은, 미미한. changement ~ 미미한 변화.

imperceptiblement [ɛpersɛptibləmɑ̃] *ad.* ① 감지할 수 없을 만큼; 느껴지지 않을 정도로. ② 조금씩, 서서히. changer ~ 조금씩 변하다.

imperdable [ɛperdabl] *a.* (소송·승부 따위가) 반드시 이기는, 필승의. procès ~ 반드시 이기는 소송.

imperfectible [ɛperfɛktibl] *a.* 완전(완벽)하게 할 수 없는.

imperfectif [ɛperfɛktif] *a.m.* aspect ~ 【언어】 미완료상(未完了相).

imperfection [ɛperfɛksjɔ̃] *n.f.* ① 불완전; 미완성(↔ achèvement). ② 결점, 결함(défaut). ~s morales 정신적 결함.

imperforation [ɛperfɔrasjɔ̃] *n.f.* 【의학】 (입·코·항문 따위의)폐색(閉塞) (↔ ouverture).

imperforé(e) [ɛperfɔre] *a.* 【의학】 폐색된, 무공(無孔)의 (↔ ouvert, percé).

impérial(ale, *pl.* **aux)** [ɛperjal, -o] *a.* ① 황제의; 황실의; (특히) 독일제국의. délégué ~ 칙사(勅使). ordonnance ~*ale* 칙령. Sa Majesté I~*ale* 황제 폐하. (soldats) ~*aux* 독일제국 군대. ② 황제같은 태도의, 오만한. ③ (종이 따위가) 최상품의, 특제의. papyrus (japon) ~ 극상지(紙). ④ latin ~ 〔어기〕제정기 라틴어.
—*n.m.pl.* 〔역사〕독일제국 군대(soldats ~*aux*).
—*n.f.* ① (침대의) 닫집; (합승마차·전차의) 지붕위 좌석. ② (아랫입술 밑의) 황모 수염(barbe à l'~*ale*). ③ 【식물】 패모속(屬)의 일종(프리틸라리아 임페리알리스) (couronne ~*ale*). 서양살구의 일종(prune ~*ale*). ④ 【직물】가는 양모의 사지(serge ~*ale*). ⑤ 【카드놀이】 같은 무늬의 킹·퀸·잭·에이스의 한 벌 (série ~*ale*); 카드놀이의 일종. ⑥ (*pl.*) 제정로마시대의 화폐.

impérialement [ɛperjalmɑ̃] *ad.* 황제답게, 위풍당당하게.

impérialisme [ɛperjalism] *n.m.* ① 제국주의(정책), 영토확장주의(정책). ② (비유적) 지배적 성격, 지배력. ~ de la science naturelle 자연과학의 지배적 (독재적) 경향.

impérialiste [ɛperjalist] *n.* 제정론자; 제국주의자.
—*a.* 제정(帝政)을 주장하는; 제국주의의.

impérieusement [ɛperjøzmɑ̃] *ad.* ① 오만하게, 명령조로. parler ~ 강압적으로 (명령조로) 말하다. ② 긴급하게, 마지못해. La situation commande ~ l'union. 상황은 어쩔 수 없이 연합할 것을 요구하고 있다.

*****impérieux(se)** [ɛperjø, -øːz] *a.* ① 명령적인, 거만

한, 교만한, 독재적인(autoritaire, dictatorial). caractère ~ 오만한 성격. ton ~ 강압적인 말투. ② 긴급한, 거역 못하는, 마지못하는, 절대적인. besoin ~ 긴박한 필요 (요청). fatalité ~*se* 어쩔 수 없는 숙명.

impériosité [ɛperjozite] *n.f.* 《드물게》 건방진 태도, 고자세. ② (어떤 사태의) 긴급함, 필치.

impérissable [ɛperisabl] *a.* 불멸의, 불후의. souvenir ~ 영원히 남을 기억.

impérissablement [ɛperisabləmɑ̃] *ad.* 불멸로, 불후하게.

impéritie [ɛperisi] *n.f.* ① (특히 직업상의) 무지, 무능(incapacité). ~ d'un médecin 의사의 무능. faire preuve d'~ 무능을 드러내다. ② 무경험, 졸렬(maladresse).

impérium [ɛperjɔm] *n.m.* 【고대로마】 명령권, 통치권.

impermanence [ɛpermanɑ̃ːs] *n.f.* 비영속성.

impermanent(e) [ɛpermanɑ̃, -ɑ̃ːt] *a.* 영속되지 않는, 영속성이 없는.

imperméabilisant(e) [ɛpermeabilizɑ̃, -ɑ̃ːt] *a.* 방수의. —*n.m.* 방수제.

imperméabilisation [ɛpermeabilizasjɔ̃] *n.f.* 방수, (옷감 따위의) 방수가공.

imperméabiliser [ɛpermeabilize] *v.t.* 불침투성으로 만들다, (특히) 방수가공하다.

imperméabilité [ɛpermeabilite] *n.f.* ① 불침투성, 방수성. ② (비유적) 몰이해, 무감각. ~ du public à l'art moderne 현대예술에 대한 대중의 몰이해.

*****imperméable** [ɛpermeabl] *a.* ① 스며들지 않는, 불침투성의, (특히) 방수성의. manteau ~ 방수가공된 외투. [~ à] ~ à la poussière 먼지 막이의, ~ au gaz 가스 방지의. ② [~ à] (에) 무감각한; (을) 이해하지 못하는. ~ à la pitié 연민의 정을 모르는, 연민의 정에 무감각한. ~ à l'art 예술을 이해하지 못하는. —*n.m.* 레인코트.

impermutabilité [ɛpermytabilite] *n.f.* 【재정】 교환 불가능성.

impermutable [ɛpermytabl] *a.* 【재정】 교환 불가능한. valeurs ~s 교환불가능한 유가증권.

impersévérance [ɛperseverɑ̃ːs] *n.f.* 끈기(인내력) 없음.

impersévérant(e) [ɛperseverɑ̃, -ɑ̃ːt] *a.* 끈기없는, 인내력 없는.

impersonnalité [ɛpersɔnalite] *n.f.* ① 비인격성, 몰개성, 몰아성(沒我性); 보편성. ~ parnassienne 파르나스파의 몰아성. ~ de la science (de la loi) 과학(법)의 보편성. ② 【언어】 비인칭.

*****impersonnel(le)** [ɛpersɔnɛl] *a.* ① 비인격적인; 비개성적인, 몰아적인; 보편적인. poésie ~*le* des Parnassiens 파르나스파 시인들의 몰아적인 시. style ~ 개성 없는 문체. La loi est ~*le*. 법은 보편적이다 (개인에게만 해당되지는 않는다). ② 【언어】 비인칭의. —*n.m.* 【언어】 비인칭 동사.

impersonnellement [ɛpersɔnɛlmɑ̃] *ad.* 비인격적으로, 몰아적으로; 【언어】 비인칭으로.

impersuadé(e) [ɛpersɥade] *a.* 설득되지 않은.

impersuasible [ɛpersɥazibl] *a.* 《드물게》 설득시키기 어려운.

impertinemment [ɛpertinamɑ̃] *ad.* ① 버릇없이, 무례하게. ② 〔옛〕격에 맞지 않게, 엉뚱하게, 어리석게. ③ 【법】 부당함이 없이.

impertinence [ɛpertinɑ̃ːs] *n.f.* ① 건방짐, 무례, 버릇없음; 무례한 (말) (insolence). dire (faire) des ~s 무례한 말(짓)을 하다. ② 〔옛〕격에 맞지 않음, 엉뚱함, 어리석음. ③ 【법】 비(非)해당.

impertinent(e) [ɛpertinɑ̃, -ɑ̃ːt] *a.* ① 무례한, 버릇

impatiemment [ɛ̃pasjamɑ̃] *ad.* 참을 수 없이, 안달나서, 초조하게. attendre ~ 애태우며 기다리다.
impatience [ɛ̃pasjɑ̃ːs] *n.f.* ① 참을성 없음, 성급함, 초조(énervement, ↔ calme). ~ de la jeunesse 젊은이의 성급함. attendre avec ~ 초조하여 [애타게] 기다리다. brûler(griller) d'~ 초조해서 못견디다, 안절부절 못하다. ②《보통 *pl.*》《구어》(신체에 나타나는)근질거림, 저림. avoir des ~s dans les jambes 다리가 근질근질하다, 좀이 쑤시다, 안절부절 못하다.
avoir ~ *de* + *inf.* (*que* + *sub.*) 《옛·문어》…하고 싶어 못견디다. J'ai ~ qu'il s'en aille. 제발 그가 가주었으면 좋겠다.
être dans l' ~ *de* + *inf.* …하고 싶어 못견디다. Je suis dans l'~ de vous voir. 하루 빨리 당신을 뵙고 싶어 견딜 수가 없읍니다.
impatiens [ɛ̃pasjɛ̃ːs] *n.f.*【식물】봉숭아속(屬). ~ balsamine 봉숭아. ~ noli (me) tangere 노랑물봉숭아.
*****impatient(e¹)** [ɛ̃pasjɑ̃, -ɑ̃ːt] *a.* ① 참을성 없는, 성급한; 초조한, 기다리지 못한. être d'un caractère ~ 참을성 없는 기질이다. geste ~ 초조한 몸짓. être ~ dans l'attente de qc …을 기다리며 안절부절 못하다, 애태우며 기다리다. ②[~ de + *inf.*/《문어》de qc] (하고 싶어)못견디는(avide de + *inf.*). Il est ~ *de* vous revoir. 그는 당신을 다시 만나기를 몹시 바라고 있다. jeune homme ~ du succès 성공을 갈망하는 젊은이. ③《옛》[~ de qc]](을)참지 못하는. être ~ du joug 속박을 참지 못하다.
— *n.* 참을성 없는 사람; 초조한 사람.
— *n.f.*【식물】= impatiens.
impatientant(e) [ɛ̃pasjɑ̃tɑ̃, -ɑ̃ːt] *a.* 애타게 하는; 참을 수 없게 하는. monotonie ~ 참을 수 없는 단조로움, enfants ~s avec leurs cris 소리를 질러 어른들을 못살게 구는 아이들.
impatiente² [ɛ̃pasjɑ̃ːt] *n.f.*【식물】봉선화.
impatienté(e) [ɛ̃pasjɑ̃te] *a.p.* 초조해진. [~ de qc/de + *inf.*/que + *sub.*] être ~ de n'avoir pas de ses nouvelles 그의 소식을 듣지 못해 초조해하다.
impatienter [ɛ̃pasjɑ̃te] *v.t.* 참을 수 없게 만들다, 초조하게 하다, 애타게 하다(agacer, exaspérer). ~ son auditoire 청중을 진력나게 하다. Il m'*impatiente* avec son bavardage. 그의 수다 때문에 나는 견딜 수가 없다.
— *s'* ~ *v.pr.* 참지 못하다, 화내다; 안절부절 하다, 초조해 하다. [s'~ de *qc*/contre *qn*] Je m'*impatiente des* longueurs de ce voyage. 이 긴 여행이 짜증스럽고 해서 나는 참을 수 없다. [s'~ de + *inf.*/que + *sub.*] Elle *s'impatiente de* vous voir. 그녀는 당신을 애타게 보고싶어 한다.
impatronisation [ɛ̃patrɔnizɑsjɔ̃] *n.f.* 주인(지도자)으로 모시기; 추대하기, 상전(주인) 행세하기.
impatroniser [ɛ̃patrɔnize] *v.t.* 《드물게》① 추대하다. ②(사상·유행 따위를)강요하다(imposer). ~ une mode 유행을 강제로 받아들이게 하다.
— *s'* ~ *v.pr.* ① 상전(주인) 행세하다; 우격으로 밀고 들어가다. Il a fini par *s'*~ dans ce milieu. 그는 이 환경에서 주인행세를 하기에 이르렀다. ②(사상·유행 따위가)자리잡다. coutume qui *s'impatronise* 밀려 들어오는 습관.
impavide [ɛ̃pavid] *a.*《문어》(익살)호담하는, 두려움 없는(intrépide).
impayable [ɛ̃pejabl] *a.* ①《구어》우스꽝스러운(ridicule). ②《옛》돈으로 살 수 없는, 아주 훌륭한.
impayé(e) [ɛ̃peje] *a.* ①(빚진 돈이)갚아지지 않은, (어음이)부도난. traite ~*e* à l'échéance 기일에 지불하지 못하고 있음. — *n.m.pl.* 부도어음.

impeachment [impitʃmɛnt]《영》*n.m.* (영국·미국 의회에서의)의원 탄핵.
impec [ɛ̃pek] (< *impeccable*) *a.*《속어》완벽한.
impeccabilité [ɛ̃pe(ek)kabilite] *n.f.* ①《옛》【종교】죄짓음(과오를 범함) 수 없음. ② 완전무결.
impeccable [ɛ̃pe(ek)kabl] *a.* ① 과오를 범할 수 없는; 나무랄 데 없는, 완전무결한(irréprochable, parfait). œuvre ~ 완벽한 작품. parler un français ~ 완벽한 프랑스어를 말하다. conduite ~ 탓할 데 없는 행동. ②《종교》죄를 지을 수 없는(infaillible).
impeccablement [ɛ̃pe(ek)kabləmɑ̃] *ad.* 나무랄 데 없이, 완전무결하게.
impécunieux(se) [ɛ̃pekynjø, -øːz] *a.*《드물게》돈에 궁한, 가난한(pauvre).
impécuniosité [ɛ̃pekynjozite] *n.f.*《옛·문어》돈에 궁함, 무일푼.
impédance [ɛ̃pedɑ̃ːs] *n.f.*【전기】임피던스. bobine d'~ 임피던스 코일.
impedimenta [ɛ̃pedimɛ̃ta], **impédiments** [ɛ̃pedimɑ̃] *n.m.pl.* (때로 단수형 impedimentum 도 쓰임) ①【군사】(행군을 방해하는)짐, 보급품. ②《문어》(비유적)방해물, 장애물.
impénétrabilité [ɛ̃penetrabilite] *n.f.* ① 들어갈 수 없음, 삼투불능(滲透不能); 【물리】불가입성(不可入性). ②(신비·마음속 따위의)속이 들여다보이지 않음, 알수없음, 불가지(不可知). ~ de l'avenir 미래의 예측불능.
impénétrable [ɛ̃penetrabl] *a.* ① 들어갈 수 없는, 침투할 수 없는, 뚫리지 않는; 【물리】불가입성(不可入性)의. forêt ~ 뚫고 들어갈 수 없는 숲. [~ à] blindage ~ *aux* balles 탄환으로 뚫을 수 없는 장갑(장비). substance ~ *à la chaleur* (*à l'eau*)열(물)이 침투할 수 없는 물질. ② 헤아릴 수 없는, 불가지(不可知)의; 속이 들여다 보이지 않는(insondable). visage ~ 속을 점작할 수 없는 표정. desseins ~s de Dieu 헤아릴 수 없는 신의 뜻. poème ~ (뜻을 알 수 없는)난해한 시. ③《옛》무정한. cœurs ~s 무정한 마음. cœur ~ à l'amour 사랑을 (느낄 줄) 모르는 마음.
impénétrablement [ɛ̃penetrabləmɑ̃] *ad.* 들어갈 (침투할) 수 없게; 헤아릴 수 없게.
impénétré(e) [ɛ̃penetre] *a.* ① 들어간 일이 없는, 전인미답의. ②《속어》알려진 일이 없는, 이해할 수 없는. mystère ~ 미지의 신비.
impénitence [ɛ̃penitɑ̃ːs] *n.f.* ① 죄를 뉘우치지 않음(↔ repentir). ~ finale 죽을 때까지 회개하지 않음. ② 미망(迷妄)에서 깨어나지 않음.
impénitent(e) [ɛ̃penitɑ̃, -ɑ̃ːt] *a.* ① 회개하지 않는, 개전(改悛)의 여지 없는. pécheur ~ 회개하지 않는 죄인. mourir ~ 회개하지 않은 채 죽다. ②《구어》잘못을 고치지 않는, 상습의. fumeur ~ 상습흡연자. — *n.* 회개하지 않는 사람; 상습가.
impenne [ɛ̃pen], **impenné(e)** [ɛ̃pene] *a.*【조류】(펭귄 따위)날개·깃털이 없는.
impensable [ɛ̃pɑ̃sabl] *a.* 생각할 수 없는; 있음직하지 않은(invraisemblable).
impense [ɛ̃pɑ̃ːs] *n.f.* (보통 *pl.*)【법】(부동산의)수리비, 개량비.
imper [ɛ̃pɛːr] (< *imperméable*) *n.m.*《구어》비옷, 레인코트.
*****impératif(ve)** [ɛ̃peratif, -iːv] *a.* ① 명령적인, 강압적인(autoritaire); 【법】강제의. d'une voix ~*ve* 명령조로. lois ~*ves* 강행법. mandat ~ 강제위임, 선거인의 지시. ② 긴요한, 어길 수 없는. besoins ~s de l'économie française 프랑스 경제에 불가결한 조건. ③【언어】명령법의. mode ~ 명령법.

immuno- *préf.* 「면역」의 뜻.
immunochimie [i(m)mynɔʃimi] *n.f.* 면역화학.
immunocompétent(e) [i(m)mynɔkɔ̃petɑ̃, -ɑ̃:t] *a.* 《생물》(세포 따위가) 면역담당의.
immunodépresseur [i(m)mynɔdepresœːr] *a.* 《의학》면역억제의. traitement ~ 면역억제치료. —*n.m.* 면역억제제(médicament) ~.
immunodépressif(ve) [i(m)mynɔdepresif, -iːv] *a.* =immunodépresseur.
immunogène [i(m)mynɔʒɛn] *a.* 《의학》면역성이 있는. pouvoir ~ 항독력.
immunoglobuline [i(m)mynɔglɔbylin] *n.f.* 《생화학》(항체활성을 갖는)면역 글로불린(약자).
immunologie [i(m)mynɔlɔʒi] *n.f.* 면역학. (Ig).
immunosuppresseur [i(m)mynɔsypresœːr] *a., n.m.* =immunodépresseur.
immunothérapie [i(m)mynɔterapi] *n.f.* 《의학》면역 요법.
immunotolérant(e) [i(m)mynɔtɔlerɑ̃, ɑ̃:t] *a.* 《의학》면역 관용의.
immunotransfusion [i(m)mynɔtrɑ̃sfyzjɔ̃] *n.f.* 《의학》면역수혈, (면역)혈청주입.
immun-sérum [i(m)mœserɔm] (*pl.* ~**s**~~**s**) *n.m.* 《의학》면역혈청, 항혈청.
immuration [i(m)myrasjɔ̃] *n.f.* (처벌·근신 따위를 위한)유폐; 《옛》(종교적 이단자에 대한)금고.
immutabilité [i(m)mytabilite] *n.f.* 불변성, 불역성.
imp. (약자)impayé 《상업》부도어음. L(不易性).
I.M.P. (약자)internat médico-pédagogique 《학술》의학이론 실습인턴.
impact [ɛ̃pakt] *n.m.* ① 《군사》탄착(彈着). point d'~ 탄착점. ② 충격(choc); 영향, 효과(effet, influence). ~ d'un événement 사건의 충격. ~ du cinéma sur l'esprit des spectateurs 관객의 마음에 미치는 영화의 충격(영향력). avoir de l'~ sur … 에 영향력을 미치다.
impaction [ɛ̃paksjɔ̃] *n.f.* 《의학》외압(外壓)에 의한 골절.
***impair(e)** [ɛ̃pɛːr] *a.* ① 홀수의, 기수의(↔ pair); 좌우 부대칭(不對稱)의. jours ~s 기수일; 월·수·금요일. voie ~*e* 《철도》하행선. ② 《해부》외짝의, organe ~ (좌우 비대칭의)외짝기관(심장·간·위 따위). ③ foliole ~*e* 《식물》소단엽. —*n.m.* 기수, 홀수; 반(쪽). jouer à pair ou ~ 홀짝놀이를 하다. ② 《운율》기수각(脚). ③ 《구어》서투른 수작, 실수(maladresse). commettre [faire] un ~ 실수하다.
impalpabilité [ɛ̃palpabilite] *n.f.* 만져지지 않음.
impalpable [ɛ̃palpabl] *a.* ① 만져서 느껴지지 않는. ② 미세한. ③ 《구어》(비유적) fortune devenue ~ 완전히 바닥난 재산; salaire ~ 받지 못한 월급.
impaludation [ɛ̃palydasjɔ̃] *n.f.* 《의학》말라리아 감염; 말라리아 접종(요법).
impaludé(e) [ɛ̃palyde] *a.* 말라리아성의; (치료방법으로)말라리아 접종을 받은.
impaludisme [ɛ̃palydism] *n.m.* 《의학》말라리아열(paludisme).
impanation [ɛ̃panasjɔ̃] *n.f.* 《신학》성찬에 있어 빵과 성체가 일체라는 루터의 설.
impané(e) [ɛ̃pane] *a.* 《신학》(그리스도의 몸이)빵 속에 깃들어 있는.
imparable [ɛ̃parabl] *a.* (특히 스포츠에서)피할 수 없는, 불시의.
imparcouru(e) [ɛ̃parkury] *a.* 인적미답(人跡未踏)의, 전인미답의.
impardonnable [ɛ̃pardɔnabl] *a.* 용서할 수 없는 (inexcusable). erreur ~ 용서할 수 없는 실수.

[être ~ de+*inf.*] Elle *est ~ de* m'avoir trahi. 그녀가 나를 배반한 것은 용서할 수 없다.
impardonné(e) [ɛ̃pardɔne] *a.* 용서받지 못한.
***imparfait(e)** [ɛ̃parfɛ, -ɛt] *a.* ① 불완전한, 미완성의 (inachevé); 불충분한(insuffisant). guérison ~*e* 불완전한 치유. ouvrage ~ 결함있는 작품. dessin ~ 미완성의 데셍. accord ~ 《음악》불완전 화음. ② 《언어》미완료의. —*n.m.* ① 불완전, 미완성. ② 《언어》반과거.
imparfaitement [ɛ̃parfɛtmɑ̃] *ad.* 불완전하게, 미완성으로.
impari- *préf.* 「홀수」의 뜻.
imparidigité [ɛ̃paridiʒite] *a.m.* 《해부》손·발가락이 홀수인. —*n.m.pl.* 《동물》기제류(奇蹄類)(발끝의 굽이 하나 또는 세 개인 낙타·코뿔소·물소·말 따위)(périssodactyles).
imparipenné(e) [ɛ̃paripe(ɛ)ne] *a.* 《식물》(잎이)기수우상복엽(奇數羽狀複葉)의.
imparisyllabe [ɛ̃parisi(l)lab], **imparisyllabique** [ɛ̃parisi(l)labik] *a.* 《언어》부등철음(不等綴音)의(소유격형이 주격형보다 음절수가 많은). —*n.m.* 부등철음어(語).
imparité [ɛ̃parite] *n.f.* ① 기수성(奇數性). ② 부동, 부등(inégalité).
impartagé(e) [ɛ̃partaʒe] *a.* ① (재산 따위가)분할되지 않은. ② (감정 따위가)나눠갖지 않은, 혼자만의.
impartageable [ɛ̃partaʒabl] *a.* 분할할 수 없는, (감정 따위가)나눠가질 수 없는.
impartial(ale, *pl.* **aux)** [ɛ̃parsjal, -o] *a.* 공명무사한, 공정한, 편파성 없는(équitable). arbitre ~ 공정한 심판. critique ~ 편파성 없는 비판.
impartialement [ɛ̃parsjalmɑ̃] *ad.* 공명무사하게.
impartialité [ɛ̃parsjalite] *n.f.* 공평, 공정. juger avec ~ 공정하게 판단하다. en toute ~ 공명정대하게.
impartir [ɛ̃partiːr] *v.t.* (부정법·직설법 현재·과거분사로만 쓰임)《법》(권리·은혜·유예 따위를)주다 (accorder). dons que la nature nous *a impartis* 자연이 우리에게 준 선물. ~ un délai 《법》유예기간을 주다.
impassable [ɛ̃pasabl] *a.* (산·물 따위가)통과할[넘을·건널] 수 없는.
***impasse** [ɛ̃pa:s] *n.f.* ① 막다른 골목(cul-de-sac). habiter dans une ~ 막다른 골목에 살다. ② (비유적)곤경, 진퇴유곡. être[se trouver] dans une ~ 꼼짝달싹 못할 지경에 빠지다. ~ budgétaire 예산적자(déficit budgétaire의 완곡한 표현). ① faire une ~ 《카드놀이》끗수가 높은 패를 남겨두고 낮은 패로 패를 따다.
faire l'~ *sur qc* …이 일어나지 않으리라 예상하는 모험을 무릅쓰다. *faire l'*~ *sur* la dépense militaire 모험을 무릅쓰고 국방비를 감축하다.
impassibilité [ɛ̃pasibilite] *n.f.* ① 무감동, 태연, 평정(calme, indifférence). garder son ~ 평정을 유지하다. sans se départir de son ~ 냉정을 잃지 않고. ~ d'un diplomate 외교관의 의연한 태도. ② 《옛》《신학》고통을 느끼지 않음, 무고(無苦).
impassible [ɛ̃pasibl] *a.* ① 무감동의, 동하지 않는, 태연한, 냉정한(imperturbable). être ~ devant le danger 위험 앞에서 태연하다. visage ~ 무표정한 얼굴. ② 공정(공평)한(impartial). juge ~ 냉엄한 재판관. ③《옛》《신학》고통을 느끼지 않는.
impassiblement [ɛ̃pasibləmɑ̃] *ad.* 《드물게》태연하게, 냉정하게.
impastation [ɛ̃pastasjɔ̃] *n.f.* ① 약을 이기기. ② (도료 따위의)반죽.

사고를 마비시키는 이데올로기. ③ 〖의학〗(치료를 위해 손·발 따위를)고정시키다. ~ un membre fracturé 골절된 다리를 (깁스로) 고정시키다. ④ 〖법〗(동산을)부동산화하다; 〖상업〗(자산을) 고정시키다.

—s'~ v.pr. 움직이지 않게 되다, 정지하다, 고정되다.

immobilisme [i(m)mɔbilism] n.m. 보수주의, 퇴영(退嬰)주의, 수구(守舊), 반혁신주의.

immobiliste [i(m)mɔbilist] a. 보수적인, 수구적인. —n. 보수(수구)주의자.

immobilité [i(m)mɔbilite] n.f. ① 부동, 부동상태; 고정. ~ de l'eau 물이(흐르지 않고)괴어 있음. ~ des traits(du visage) 표정이 굳어있음, 무표정. La fièvre me condamne à l'~. 열 때문에 나는 꼼짝할 수 없다(안정을 취해야만 한다). garder l'~. 〖군사〗부동자세를 지키다. ② 불변; 정체. ~ d'une situation 상황의 정체. L'~ politique est impossible. 정치적 상황의 불변이 있을 수 없다.

immodération [i(m)mɔderasjɔ̃] n.f. 〖드물게〗과도, 무절제(excès).

immodéré(e) [i(m)mɔdere] a. 과도한, 무절제한 (abusif); 터무니없는(démesuré). dépenses ~es 무절제한 낭비. usage ~ de l'alcool 과도한 음주, 과음. prix ~ 터무니없는 값.

immodérément [i(m)mɔderemã] ad. 무절제하게, 과도하게; 터무니없이.

immodeste [i(m)mɔdɛst] a. 〖옛〗불손한; 단정치 못한, 추잡한. femme ~ 단정치 못한 여자. propos ~s 추잡한 말.

immodestement [i(m)mɔdɛstəmã] ad. 〖옛〗버릇없이; 추잡스럽게.

immodestie [i(m)mɔdɛsti] n.f. 〖옛〗① 불손; 추잡함. ② 불손한[추잡한] 언동.

immolateur [i(m)mɔlatœːr] n.m. 〖옛〗제물을 바치는 사람(sacrificateur).

immolation [i(m)mɔlasjɔ̃] n.f. ① 제물 바치기. ~ des victimes 희생자를 제물로 바치기. ② 희생 (sacrifice); 자기희생; (에게의)분신자살. ~ de soi-même à l'objet aimé 사랑하는 대상을 위한 자기희생. ③ 살육.

immoler [i(m)mɔle] v.t. 〖문어〗① 제물로 바치다. ~ des agneaux 어린 양을 제물로 바치다. ② 희생시키다, (에)바치다; 포기(단념)하다. ~ qc à/pour ~ son amour à son devoir 의무를 위해 사랑을 포기하다. Il a tout immolé pour sa patrie. 그는 조국을 위해 모든 것을 바쳤다. ③ 죽이다, 살육하다. La guerre immole d'innombrables victimes. 전쟁은 무수한 희생자를 낸다. [~ qn à] ~ qn à sa rage 분풀이 나머지 ⋯을 죽이다.

—s'~ v.pr. ① [s'~ à/pour] (을 위해)자기를 바치다, 목숨을 바치다. s'~ pour la patrie 조국을 위해 목숨을 바치다. ② (se는 간접목적어로 보여) s'~ qn 자기를 위해 [자기 때문에] ⋯을 희생시키다.

immonde [i(m)mɔ̃ːd] a. ① 불결한, 더러운(ignoble, ↔ propre). taudis ~ 더러운 집. ② (구역질나도록)추잡한, 야비한; 음탕한(obscène). gestes ~s 추잡한 몸짓. péché ~ 색욕(음란)의 죄. ③ 〖종교〗더럽혀진. esprit ~ 악마.

immondice [i(m)mɔ̃dis] n.f. ① (pl.)오물(ordures), 쓰레기. «Défense de déposer des ~s» 《쓰레기 버리지 말 것.》 dépôt d'~s 쓰레기 버리는 곳. ② 〖옛〗〖신학〗더러움.

immondicité [i(m)mɔ̃disite] n.f. 〖드물게〗(정신적인)더러움.

immontable [ɛ̃i(m)mɔ̃tabl] a. (말이)탈 수 없는.

*__immoral(ale, pl. aux)__ [i(m)mɔral, -o] a. 부도덕한, 패덕(悖德)한(↔ honnête, vertueux); 외설한. homme ~ 패덕자. livre ~ 부도덕한 책.

immoralement [i(m)mɔralmã] ad. 부도덕하게.

immoralisme [i(m)mɔralism] n.m. 배덕주의.

immoraliste [i(m)mɔralist] a. 배덕(背德)주의의. —n. 배덕자.

immoralité [i(m)mɔralite] n.f. ① 배덕, 부도덕; 외설. ② 부도덕한 행위.

immortalisateur(trice) [i(m)mɔrtalizatœːr, -tris] a., n. 불멸(불후)의 것으로 만드는(사람·것).

immortalisation [i(m)mɔrtalizasjɔ̃] n.f. 불멸(불후)하게 하기(되기).

immortaliser [i(m)mɔrtalize] v.t. 불멸(불후)하게 만들다; 영원히 전하다. ~ qn(son nom, sa mémoire) ⋯을(의 이름을) 불멸의 것으로 만들다.

—s'~ v.pr. 명성을 영원히 전하다.

immortaliseur [i(m)mɔrtalizœːr] n.m. 〖옛〗= immortalisateur.

immortalité [i(m)mɔrtalite] n.f. ① 불사(不死), 불멸. ~ de l'âme 영혼의 불멸. ② (명성의)불멸, 불후. entrer dans l'~ 불후의 명성을 얻다.

*__immortel(le)__ [i(m)mɔrtɛl] a. ① 불사의, 불멸의, 영원의. amour ~ 불멸의 사랑. ② 불후의(éternel, impérissable). ouvrage ~ 불후의 명작. ~ n. (신화의)신, 여신. —n.m. ① 아카데미프랑세즈 회원(académicien). ② 〖옛〗페르시아 근위병. —n.f. 〖식물〗보릿대국화, 떡쑥; 에델바이스 (~le des neiges(des Alpes)).

immortellement [i(m)mɔrtɛlmã] ad. 불멸하게, 불후하게.

immortification [i(m)mɔrtifikasjɔ̃] n.f. 〖옛〗방종.

immortifié(e) [i(m)mɔrtifje] a. 〖옛〗욕망을 억제하지 않는, 안일한, 방종한.

immotivé(e) [i(m)mɔtive] a. ① 이유 없는. action ~e 동기 없는 행동. peur ~e 이유 없는 공포심. ② 〖언어〗(언어기호가)무동기의.

immuabilité [i(m)mɥabilite] n.f. = immutabilité.

immuable [i(m)mɥabl] a. ① 불변의, (만고)불역(不易)의. lois ~s de la nature 영구불변의 자연법칙. ② (구어)변함 없이 지속되는(constant), 확고부동한. habitude ~ 변함없는 습관. Il est ~ dans ses convictions. 그의 신념은 요지부동이다.

immuablement [i(m)mɥabləmã] ad. 변하지 않게, 변함 없이.

immun(e) [i(m)mœ̃, -yn] a. [~ contre] 〖의학〗(에)면역된. —n.m. 〖생물·의학〗면역체.

immunigène [i(m)mynizɛn] a. 〖의학〗면역이 되게 하는.

immunisant(e) [i(m)mynizã, -ãːt] 〖의학〗a. 면역성의. sérum ~ 면역혈청. —n.m. 면역혈청.

immunisation [i(m)mynizasjɔ̃] n.f. 〖의학〗면역화. ~ active(passive) 능동(수동)면역.

immuniser [i(m)mynize] v.t. [~ qn contre] ① (에 대해)면역시키다(vacciner). ~ un enfant contre la coqueluche 아이를 백일해에 대해 면역시키다. ② (비유에)무감각하게 만들다, 보호하다. Personne n'est immunisé contre certaines tentations. 어떤 류의 유혹에 대해서는 넘어가지 않는 사람은 없다.

immunitaire [i(m)mynitɛːr] a. 〖의학〗면역(성)의. réaction ~ 면역반응.

immunité [i(m)mynite] n.f. ① (노역·세금 따위의)면제. ② 〖법〗(외교관·국회의원 따위의)불가침권, 특권(inviolabilité). ~ parlementaire 〖법〗(국회의원의)면책 특권. ③ 〖생물·의학〗면역(성). ~ naturelle(spontanée) 선천성 면역. ~ acquise(provoquée) 취득(후천)면역.

매개 조작.

immédité(e) [i(m)medite] *a.* 미리 계획되지 않은, 계획적이 아닌.

immelmann [i(m)melman] *n.m.* 《항공》임멜만 (독일 비행사)식 비행술.

immémorable [i(m)memɔrabl] *a.* =immémorial.

immémorant(e) [i(m)memɔrɑ̃, -ɑ̃:t] *a.* 《옛·드물게》망각한, 기억하지 못하는.

immémoré(e) [i(m)memɔre] *a.* 《드물게》잊혀진, 기억에서 사라진.

immémorial(ale, *pl.* **aux)** [i(m)memɔrjal, -o] *a.* 기억에 없는, 아득한 옛날의, 태고의. de temps ~; aux temps *~aux* 까마득한 옛날에. depuis un temps ~ 태고적부터.

immémorialement [i(m)memɔrjalmɑ̃] *ad.* 《드물게》태고로부터, 아득한 옛날부터.

*****immense** [i(m)mɑ̃:s] *a.* ① 무한한(vaste). avenir ~ 무한한 장래. ② 광대한, 광막한, 거대한(vaste). océan ~ 광대한 대양. espace ~ 광대한 공간. habiter un appartement ~ 거대한 아파트에 살다. ③ (질·양 따위가)막대한, 엄청난(énorme, gigantesque). ~ succès 대성공. ~ fortune 막대한 재산. ~s efforts 비상한 노력. C'est ~. 《속어》굉장하군(19세기 말에 유행된 표현).

immensément [i(m)mɑ̃semɑ̃] *ad.* 《구어》굉장히, 엄청나게(extrêmement).

immensité [i(m)mɑ̃site] *n.f.* ① 광대, 무한한 공간. ~ de la mer 바다의 광대함. se perdre dans l'~ 무한한 공간속에서 길을 잃다. ② 막대함, 엄청남. ~ de ses richesses 그의 엄청난 부. ~ de leur bonheur 그들의 무한한 행복. ③ 다수. [une ~ de] une ~ de gens 헤아릴 수 없는 사람들.

immensurable [i(m)mɑ̃syrabl] *a.* 헤아릴 수 없는, 무한한. —*n.m.* 측정 불가능한 것, 무한.

immergé(e) [i(m)mɛrʒe] *a.p.* ① 물에 잠긴. câble ~ 해저전선. ② plantes *~es* 수생(水生)식물; planète *~e* 《천문》엄폐[식(蝕)]된 혹성.

immergent(e) [i(m)mɛrʒɑ̃, -ɑ̃:t] *a.* 《물리》(빛이) 투사하는.

immerger [i(m)mɛrʒe] *v.t.* ① (물에)잠기게 하다. ② (해저에)부설하다. ~ un câble 해저전선을 부설하다. ③ (시체를)수장하다. ④ 《천문》(일식과 같이 다른 천체를)식(蝕)하다.
—*s'*~ *v.pr.* ① 잠기다, (물 속에)가라앉다; 잠수하다. ② 《천문》(천체가)식(蝕)되다.

immérité(e) [i(m)merite] *a.* (비난 따위가)부당한 (injuste); (상이)과분한, 분에 넘치는(↔ mérité). reproches ~s 부당한 비난. honneur ~ 분에 넘치는 영광.

imméritoire [i(m)meritwa:r] *a.* 《드물게》공적이 없는, 무가치한.

immersif(ve) [i(m)mersif, -i:v] *a.* 《화학》액침 (液浸)에 의한. calcination ~*ve* de l'or 금의 액침하소(煆燒)《금을 질산에 담그는 방법》.

immersion [i(m)mersjɔ̃] *n.f.* ① 물에 잠그기; (토지 따위의)침수; (땅에 묻기)매장. ~ des terres 토지의 침수. baptême par ~ 침례《세례》. vitesse d'un sous-marin en ~ 잠수함의 잠항(潛航)속도. ② (전선 따위의)부설. ~ d'un câble 해저 케이블의 부설. ③ 수장(水葬). ④ 《천문》(천체의)식(蝕)(éclipse). ⑤ 《물리》point d'~ 굴절점; objectif à ~ 액침 대물렌즈.

immesurable [ɛ(im)məzyrabl] *a.* 헤아릴 수 없는, 한량없는.

immettable [ɛmɛtabl] *a.* (옷이)입을 수 없는.

*****immeuble** [i(m)mœbl] *a.* 《법》부동의. biens ~*s* 부동산. —*n.m.* ① 《법》부동산, 가옥, 토지. ②

(구어)빌딩; 아파트, 맨션. ~ à usage locatif 임대 아파트. ~ de grande hauteur 고층빌딩(《약자》 I.G.H.)(immeuble-tour).

immeuble-tour [i(m)mœblətu:r] *(pl.* **~s-~s)** *n.m.* 고층건물, 고층 아파트.

immigrant(e) [i(m)migrɑ̃, -ɑ̃:t] *a.* (타국으로부터)이민오는(↔ émigrant). population ~*e* (들어온)이민. —*n.* (들어온)이민, 이주민.

immigration [i(m)migrasjɔ̃] *n.f.* (타국으로부터)이(주)민(↔ émigration). lois sur l'~ 이민법.

immigré(e) [i(m)migre] *a.p.* (타국에서)이주한. travailleurs ~s 이주노동자. —*n.* (타국으로부터)이민자.

immigrer [i(m)migre] *v.i.* (타국으로부터)이주하다, 이민오다.

imminence [i(m)minɑ̃:s] *n.f.* 절박, 촉박. ~ de la crise 임박한 위기.

imminent(e) [i(m)minɑ̃, -ɑ̃:t] *a.* 절박한, 촉박한, 초미(焦眉)의(proche). danger ~ 절박한 위험. Son départ est ~. 그의 출발이 임박했다.

imminer [i(m)mine] *v.i.* 《문어·드물게》(어떤 사태가)절박(촉박)하다.

immiscer [i(m)mise] [2] *v.t.* 《드물게》[~ dans] (에)끌어 들이다, (에)관계시키다.
—*s'*~ *v.pr.* ① [s'~ dans] (에)참견[간섭]하다. (나쁜 의미)(에)관계하다(se mêler). s'~ dans la vie privée d'autrui 남의 사생활에 간섭하다. s'~ de+*inf.* 자기가 떠맡아 …하다. s'~ dans une succession 《법》상속 재산을 점유하다.

immiscibilité [i(m)misibilite] *n.f.* 《드물게》《물리》불혼화성(不混和性).

immiscible [i(m)misibl] *a.* 《드물게》《물리》혼합될 수 없는.

immixtion [i(m)miksjɔ̃] *n.f.* ① [~ dans] (에의)간섭, 개입, 참견. ~ *dans* les affaires intérieurs d'un pays 한 나라의 내정간섭. ② ~ dans une succession 《법》상속 재산의 점유.

*****immobile** [i(m)mɔbil] *a.* ① 부동의, 고정된(fixe). mer ~ 잔잔한 바다. eau ~ 괴어있는 물. ~ comme une statue[une souche] 미동도 하지 않는. ② (비유적)(표정 따위가)굳어버린; 불변의. visage ~ de stupeur 놀라움으로 굳어버린 얼굴. dogme ~ 불변의 교리. calme et ~ 태연자약한.

immobilement [i(m)mɔbilmɑ̃] *ad.* 꼼짝 않고.

immobilier(ère) [i(m)mɔbilje, -ɛ:r] *a.* 《법》부동산의; 부동산으로 된. agence ~*ère* 부동산 매매 소개소, 복덕방. biens ~*s* 부동산. société ~*ère* 부동산 회사; 건축 회사. vente ~*ère* 부동산 매각.
—*n.m.* 부동산; 부동산업.

immobilisation [i(m)mɔbilizasjɔ̃] *n.f.* ① 움직이지 않게 하기(되기); 꼼짝 못하게 하기. ② 《의학》(골절치료 따위를 위한)고정. ③ 《법》(동산의)부동산화; 《상업》(자본의)고정화, 동결. ④ (*pl.*)(기업의)고정자산.

immobilisé(e) [i(m)mɔbilize] *a.p.* ① 고정된, 움직이지 못하게 된 프로페르. Il est ~ par une grippe. 그는 감기로 꼼짝 못하고 있다. ② 《의학》(치료를 위해 손·발 따위가)고정된. ③ (동산이)부동산으로 전환된. actif ~ 《상업》고정 자산.

immobiliser [i(m)mɔbilize] *v.t.* ① 움직이지 못하게 하다, 정지시키다, 고정시키다(fixer). ~ un véhicule (고장 따위가)차를 움직이지 못하게 하다. La fièvre m'a *immobilisé* pendant plusieurs jours. 나는 열 때문 며칠 동안 꼼짝 못했다. ② (비유적)마비시키다. ~ le commerce 상업을 마비시키다. idéologie qui *immobilise* la pensée

상 따위가)스며든, (에)젖은. ~ de préjugés 편견에 젖은. ~ de soi-même (de sa supériorité) 자만심(우월감)에 넘쳐 있는. —*n.m.* =**embu**.

imbuvable [ɛ̃byvabl] *a.* ① 마실 수 없는, 음료로 부적당한. vin ~ 마실 수 없는 술. ②《구어》(사람·작품 따위가) 참을 수 없는. spectacle ~ 차마 볼 수 없는 연극. Cet homme-là est ~. 저 자는 상대할 수 없는 사람이다.

I.M.E.X.《약자》importation-exportation 수출입.

imide [imid] *n.m.*《화학》이미드.

imidé(e) [imide] *a.* 이미드의.

imidoacide [imidoasid] *n.m.* R-C (OH) 공식의 화합물 (iminoacide).

imidoéther [imidoete:r] *n.m.* 이미도 에테르 (iminoéther).

imidogène [imidoʒɛn] *n.m.* 이미드(imide)와 이민 (imine)을 포함한 양가(兩價)의 기(基)〔NH〕.

imine [imin] *n.f.*《화학》이민.

imitable [imitabl] *a.* 모방할 수 있는; 모범으로 삼을 만한.

imita*teur*(*trice*) [imitatœ:r, -tris] *n.* 모방자. se faire ~ de qn ⋯을 모방하다, ⋯의 모방을 일삼다. —*a.* 모방하는; 모방을 잘하는.

imitati*f*(*ve*) [imitatif, -i:v] *a.* 모방하는, 모방성의; (말의)의성(擬聲)의. mot ~ 《언어》의성어.

*****imitation** [imitasjɔ̃] *n.f.* ① 모방, 흉내; (연기의)모방. arts d'~ 모방 예술《회화·조각 따위》. avoir le don d'~ 모방의 재능이 있다. ② 모범으로 삼기, 본받기. ~ des grands esprits 위대한 정신(인물)을 본받기. l'I~ de Jésus-Christ「그리스도의 본방」(*Thomas a Kempis*의 저서로 전해짐). ③ 모조, 모조품; 모조 보석; (화폐의)위조; 변안. fabriquer des ~*s* de meubles anciens 고가구의 모조품을 만들다. [en ~] bijoux *en* ~ 모조보석. 《동격》reliure (en) ~ cuir 모조가죽장정. ~ de la signature 서명의 위조. ④《음악》(대위법의)선율의 반복. à l'~ *de qn* ⋯을 모방해서, 모범삼아. A l'~ *de* ses amis, elle porte une nouvelle coiffure. 그녀는 친구들을 본따서 새 모자를 쓰고 다닌다.

imité(e) [imite] *a.* ① 모방한; 모조(인조)의. tableau ~ de Raphaël 라파엘 그림의 모작, 라파엘풍의 그림. marbre ~ 인조 대리석. ② 번안의 (adapté). roman ~ de l'allemand 독일어(작품)에서 번안한 소설. ③ 가짜의 (faux). signature ~*e* 위조된 서명.

*****imiter** [imite] *v.t.* ① 모방하다, 흉내내다. ~ les gestes (l'accent) *de qn* ⋯의 제스처 (어조)를 흉내내다. ② 모범으로 삼다. ~ la conduite de *qn* ⋯의 행동을 본받다. C'est un exemple à ~. 그것은 본받아야 할 모범이다. ③ 모조하다, 위조하다. ~ un acte 증서를 위조하다. ④ (주어는 사물) 닮다, (와) 흡사하다. Le cuivre doré *imite* l'or. 금박을 입힌 구리는 금과 흡사하다.

—s'~ *v.pr.* 모방되다; 서로 모방하다.

immaculable [i(m)makylabl] *a.* 더렵혀지지 않는. acier ~ 스테인레스 스틸.

immaculé(e) [i(m)makyle] *a.* 더렵혀지지 않은, 때묻지 않은; 순결한;《신학》원죄로 더럽혀지지 않은. blancheur ~ 순백. neige ~ 새하얀 눈. innocence ~ 때묻지 않은 순결함. I~*e* Conception 성모의 무염시태. Vierge ~*e* 성모마리아.

immanence [i(m)manɑ̃:s] *n.f.*《철학》내재성 (內在性);《신학》(신(神)의)내재(성).

immanent(e) [i(m)manɑ̃, -ɑ̃:t] *a.*《철학》내재의, (일반적으로)내재하는, 내재인 (內在因). absurdité ~*e* à la société actuelle 현 사회에 내재하는 부조리.

immanentisme [i(m)manɑ̃tism] *n.m.*《철학》내재설 (↔ transcendantalisme).

immangeable [ɛ̃(i(m))mɑ̃ʒabl] *a.* 먹을 수 없는, 식용에 부적합한.

immaniable [ɛ̃(i(m))manjabl] *a.* 다루기 어려운; (배 따위가)조종하기 어려운.

immanœuvrable [i(m)manœvrabl] *a.*《해양》조종하기 어려운.

immanquable [ɛ̃(i(m))mɑ̃kabl] *a.* 필연적인, 불가피한 (inévitable); 확실한. conséquence ~ 필연적 결과. moyen ~ 확실한 방법.

immanquablement [ɛ̃(i(m))mɑ̃kabləmɑ̃] *ad.* 틀림없이, 필연적으로, 확실히.

immarcescible [i(m)marsesibl] *a.* 불후 (不朽)의.

immariable [i(m)marjabl] *a.* 혼인시킬 수 없는; 시집 (장가) 못가는.

immatérialiser [i(m)materjalize] *v.t.* 무형 (無形)으로 만들다, 비물질화시키다.
—s'~ *v.pr.* 비물질화되다, 무형화되다.

immatérialisme [i(m)materjalism] *n.m.*《철학》비물질론, 유심론.

immatérialiste [i(m)materjalist]《철학》*n.m.* 비물질론자. —*a.* 비물질론적인.

immatérialité [i(m)materjalite] *n.f.* 비물질성, 무형. ~ de l'âme 영혼의 비물질성.

immatériel(le) [i(m)materjɛl] *a.* 무형의, 비물질적인. êtres ~*s* 비물질적 존재. —*n.m.* 비물질적인 것, 무형체. domaine de l'~ 비물질 세계, 정신계.

immatériellement [i(m)materjɛlmɑ̃] *ad.* 무형으로, 비물질적으로.

immatriculation [i(m)matrikylɑsjɔ̃] *n.f.* 등록, 등기, 기재; (대학의)입학등록;《군사》병적 등록; 입적, 편입. plaque d'~ (d'une automobile (자동차의)등록 번호판. carte d'~ à la Sécurité sociale 사회보장증.

immatricule [i(m)matrikyl] *n.f.*《법》등기, 등록; (집달리의)등록번호.

immatriculer [i(m)matrikyle] *v.t.* 등록하다; (대학에)입학시키다; 편입하다; (병적에)등록시키다; 등기하다. se faire ~ à la Faculté de Droit 법과대학에 등록하다. voiture *immatriculée* dans la Seine 센 구(區) (등록) 번호의 차.

immature [i(m)maty:r] *a.*《학술》미(성)숙한.

immaturé(e) [i(m)matyre] *a.* (정신적으로)미성숙한, 미발달의, 유치한. jeune homme instable, ~ 불안정하고, 정신적으로 미숙한 젊은이.

immaturité [i(m)matyrite] *n.f.*《학》미숙, 미발달; 생경, 미완성. ~ biologique 생물학적 미숙. ~ d'un projet 계획의 미숙.

*****immédiat** [i(m)medja, -at] *a.* ① 직접의; 가까운. cause ~*e* 직접원인. conséquence ~*e* 직접적인 결과. successeur ~ 《법》직계상속인. C'est notre voisin ~. 그는 바로 우리 옆집 사람이다. ② 즉시의, 당장의; 임박한. réponse ~*e* 즉각적인 응. effet ~ 즉효. danger ~ 임박한 위험.
—*n.m. dans*(*pour*) *l'*~ 당장(으로서는) (pour le moment). Rien ne presse, *dans l'*~. 지금 당장은 급할 것이 없다, 조금도 서두를 필요가 없다.

*****immédiatement** [i(m)medjatmɑ̃] *ad.* ① 직접적으로; (공간적으로) 바로 가까이. précéder (suivre) *qc* ~ ⋯을 바로 앞서다 (뒤따르다). ② 즉각 (aussitôt); 당장에. Sortez ~! 당장 나가시오!

immédiateté [i(m)medjatte] *n.f.* ①《철》직접성. ②《역사》(특히 신성로마제국에서 황제직속의 봉토·귀족의)특권.

immédiation [i(m)medjasjɔ̃] *n.f.* ①《철학》직접성, 무매개성. ② (두 현상 사이의)직접적 관련, 무

낸 이야기.
:imaginer [imaʒine] *v.t.* ① 상상하다, 마음속에 그리다, 생각하다(concevoir). [~ qc] J'imagine très bien cette scène. 나는 그 장면을 잘 상상할 수 있다. Je ne peux pas ~ un repas sans dessert. 디저트가 없는 식사는 생각할 수 없다. [~ qn/qc+속사] Je l'imaginais plus vieille que ça. 나는 그녀가 그보다 더 늙었다고 생각했었다. [~ +간접화법] Vous n'imaginez pas à quel point il m'ennuie. 그가 나를 얼마나 못살게 구는지 당신은 상상도 못할 것이오. [~ que + *ind*.] (부정문·의문문에서는 que + *sub*.) J'imagine qu'il arrive ce soir. 그가 오늘 저녁 도착할 것으로 생각한다. Je ne peux pas ~ qu'il puisse réussir. 나는 그가 성공하리라고는 믿지 않는다. ② 가정하다(supposer). [~ que + *sub*.] Imaginons qu'il finisse par céder. 그가 결국 양보하리라고 가정해 보자. ③ 생각해내다, 고안[안출]하다(inventer). ~ un expédient 방책을 생각해 내다. Ce n'est pas mal *imaginé*. 그것은 좋은 착상이다. [~ de + *inf*.] Il *a imaginé* d'acheter une villa. 그는 별장을 살 생각이 있다.
—**s'~** *v.pr.* ① (se 는 간접목적보어) 상상하다, 생각하다. [s'~ qc/qn (+속사)] Imaginez-vous une grande salle noire. 컴컴한 큰 방을 상상해 보시오. comme on peut se l'~ 상상할 수 있는 바와 같이. Je me l'imaginais plus grand. 나는 그를 더 큰 사람으로 상상하고 있었다. [s'~ que...] Elle *s'imagine* qu'elle ne réussira pas son examen. 그녀는 시험에 합격하지 못할 것이라고 생각하고 있다. [s'~ + *inf*.] Il *s'imagine* tout savoir. 그는 모든 것을 알고 있다고 생각하고 있다. ② (se 는 직접목적보어) 자기를 상상하다. s'~ à 60 ans 60세의 자기 모습을 상상하다. [s'~ +속사] Il *s'imagine* être grand musicien. 그는 자기가 위대한 음악가라고 믿고 있다. ③ (수동적) 상상되다. Cela *s'imagine* facilement. 그것은 쉽사리 상상할 수 있다.
imagisme [imaʒism] *n.m.* 〖영문학〗사상주의(寫像主義) (1912년경에 영·미에서 일어난 시운동: 이미지의 명확성을 꾀함).
imagiste [imaʒist] *n.* ① =imagier. ② 〖영문학〗사상주의의 시인.
imago [imago] *n.m.* ① 〖곤충〗성충. ② 〖정신분석〗성상(成像) (어릴 때 이성(異性)인 아버지 또는 어머니를 이상화한 이미지).
imam [imam], **iman** [imɑ̃] *n.m.* 〖회교〗① 도사(導師). ② 마호메트의 후계자에게 주어진 존칭.
imamat [imama], **imanat** [imana] *n.m.* 〖회교〗(위)의 직(職).
I.M.A.O. 〖약자〗inhibiteur de la monoamineoxydase 〖화학〗모노아민 옥시다제 저해물질.
imaret [imarɛ] 〖아라비아〗 *n.m.* (터키의) 구호소, 자선병원.
imbâti(e) [ɛ̃bati] *a.* (건축물이) 아직 축조되지 않은; (토지가) 집이 아직 들어서지 않은. terrain ~ 건축용지.
imbattable [ɛ̃batabl] *a.* 이길 수 없는, 무적의. champion ~ 무적의 선수. record ~ 깰 수 없는 기록. soldes à des prix ~s 염가 대매출.
imbatty(e) [ɛ̃baty] *a.* (싼추 따위가) 진 일이 없는, 무패의; (기록 따위가) 깨어지지 않는.
***imbécile** [ɛ̃besil] *a.* ① 저능한(idiot) 어리석은, 얼빠진, 멍청한. vieillard ~ 노망한 노인. Il faut être ~ pour dire cela. 그런 말을 하다니 정말 바보로군. poser une question ~ 얼빠진 질문을 하다. ② (옛) (몸이) 약한(faible).
—*n.* 〖의학〗저능자(아); (구어) 바보, 얼간이, 숙맥(idiot). Ne me prends pas pour un ~ 날 바보로 취급하지 마. Espèce d'~! 이 바보같은 녀석. faire l'~ 바보인 체하다.
imbécilement [ɛ̃besilmɑ̃] *ad.* (구어) 어리석게, 바보처럼.
imbécillité [ɛ̃besilite] *n.f.* ① 저능, 정신박약; (구어) 어리석음, 우둔함(bêtise). déplorer l'~ de *qn* ...의 어리석음을 개탄하다. ~ d'une question 질문의 어리석음, 어리석은 질문. ② 어리석은 짓[말]. commettre (dire) des ~s 어리석은 짓[말]을 하다. ③ (옛) 약함, 무기력.
imbelliqueux(se) [ɛ̃be(l)likø, -ø:z] *a.* (드물게) 전쟁을 염오하는.
imberbe [ɛ̃bɛrb] *a.* 수염이 없는, (구어) (경멸) 털도 안 난, 풋나기의, 젖비린내 나는. jeune homme ~ 풋나기.
imbibé(e) [ɛ̃bibe] *a.p.* ① [~ de] (이) 스며든. chaussures ~s d'eau 물이 스며든 신발. ~ de préjugés (비유적) 편견에 젖어 있는. ② (속) 취한.
imbiber [ɛ̃bibe] *v.t.* ① 적시다, 축축하게 하다(imprégner). La pluie *a imbibé* la terre. 비가 땅을 적셨다. [~ qc de qc] (액체 따위를) 스며들게 하다, 침윤시키다. ~ une étoffe de vapeur 천에 증기를 스며들게 하다. Après les pluies d'automne, la terre *est imbibée* d'eau. 가을비가 온 후 땅은 물기에 흠뻑 젖어 있다. ③ 〖식물〗물을 흡수하다.
—**s'~** *v.pr.* ① [s'~ de] (으로) 적셔지다, (을) 흡수하다. La terre *s'imbibe* d'eau. 대지가 물로 적셔진다. ② [s'~ dans] (속에) 젖어들다. L'huile *s'est imbibée* dans le drap. 기름이 시트에 스며들었다. ③ *s'~* de vin (구어) 술을 퍼마시다. ④ (비유적) [s'~ de] (감정·생각 따위가) 스며들다. *s'~ de préjugés* 편견에 젖어들다.
imbibition [ɛ̃bibisjɔ̃] *n.f.* 적시기, 침윤; 흡수.
imblâmable [ɛ̃blamabl] *a.* 탓할 데 없는.
imblessable [ɛ̃blesabl] *a.* 상처입힐 수 없는.
imboire [ɛ̃bwa:r] ㉟ *v.t.* (부정법 및 복합시에만 쓰임) ① 〖공예〗(석고들에 기름·초를) 바르다 (emboire). ② (옛) 주입하다.
—**s'~** *v.pr.* =s'imbiber.
imbricatif(ve) [ɛ̃brikatif, -i:v] *a.* 〖식물〗비늘 모양으로 배열된.
imbrication [ɛ̃brikasjɔ̃] *n.f.* ① 비늘[기와] 모양(의 구조), 비늘[기와] 모양의 배열. ② (비유적) (여러가지 요소들의) 중복, 뒤얽힘. ~ des souvenirs (서로 겹쳐져) 뒤얽힌 추억.
imbrifuge [ɛ̃brifyʒ] *a.* 비를 막는, 방수의. tente ~ 방수텐트.
imbrim [ɛ̃brim] *n.m.* 〖조류〗논병아리.
imbriquant(e) [ɛ̃brikɑ̃, -ɑ̃:t] *a.* 비늘[기와] 모양으로 된.
imbriqué(e) [ɛ̃brike] *a.p.* ① 기와[비늘] 모양으로 배열된, 미늘을 단. ② (비유적) 중복된, 뒤얽힌. deux affaires étroitement ~es 서로 밀접하게 얽혀 있는 두 사건.
imbriquer [ɛ̃brike] *v.t.* 기와[비늘] 모양으로 배열하다, 미늘달다.
—**s'~** *v.pr.* (비유적) 겹쳐지다; 뒤얽히다. questions économiques qui *s'imbriquent* dans ces discussions politiques 정치토론에 밀접하게 결부되는 경제문제.
imbrisable [ɛ̃brizabl] *a.* 깨지지 [부서지지] 않는.
imbroglio [ɛ̃brɔgljo, -glijo] 〖이탈리아〗 *n.m.* ① 혼잡, 착잡(embrouillement). ② (소설·각본 따위의) 복잡한 구성.
imbrûlable [ɛ̃brylabl] *a.* 불연소의.
imbrûlé(e) [ɛ̃bryle] *a.* 불완전 연소의.
imbu(e) [ɛ̃by] (*p.p.* < imboire) *a.p.* [~ de] (감정·사

intermonde [ɛtɛrmɔ̃:d] *n.m.* 〖물리·철학〗 천체간의 공간, 세계와 세계 사이의 공간.

intermusculaire [ɛ̃tɛrmyskyle:r] *a.* 근육간의.

internalisation [ɛ̃tɛrnalizasjɔ̃] *n.f.* 〖경제〗 (사회적 비용의) 내부화(기업이 공해대책비 따위를 가격에 반영시키는 일).

internat [ɛ̃tɛrna] *n.m.* ① 〖학교〗 기숙(제도); 기숙학교; (집합적) 기숙생(pensionnat, ↔ externat). maître[maîtresse] d'~ 사감(舍監). régime de l'~ 기숙제도. ② 〖의학〗 인턴; 인턴의 기간[시험]. passer l'~ 인턴 시험을 치다.

*international(ale, *pl. aux*) [ɛ̃tɛrnasjɔnal, -o] *a.* 국제적인, 국제간의, 국제상의. commerce ~ 국제무역. droit ~ 국제법. marchés ~*aux* 국제시장. championnat ~ 세계선수권. Fédération ~*ale* des professeurs de Français 세계 프랑스어 교수 연합회. droit ~ privé[public] 국제사법[공법]. —*n.m.* 〖스포츠〗 국제경기 참가선수. —**I~*ale*** *n.f.* ① 국제노동자연맹, 인터내셔널(Association ~*ale* des travailleurs). ② 국제노동자 연맹의 노래(혁명가).

internationalement [ɛ̃tɛrnasjɔnalmɑ̃] *ad.* 〖드물게〗 국제적으로.

internationalisation [ɛ̃tɛrnasjɔnalizasjɔ̃] *n.f.* 국제화; 국제관리하에 두기. empêcher l'~ d'un conflit 분규의 국제화를 막다.

internationaliser [ɛ̃tɛrnasjɔnalize] *v.t.* 국제화하다; 국제관리하에 두다. ~ une zone 한 지역을 국제관리하에 두다.

internationalisme [ɛ̃tɛrnasjɔnalism] *n.m.* 세계[국제]주의; 국제관계; 국제노동자연맹주의.

internationaliste [ɛ̃tɛrnasjɔnalist] *a.* 세계[국제]주의의. —*n.* 세계[국제]주의자; 국제노동자연맹주의자; 국제법 연구자.

internationalité [ɛ̃tɛrnasjɔnalite] *n.f.* 국제성, 만국 공통성.

interne [ɛ̃tɛrn] *a.* ① 내부의, 안의, 내적인, 내재(內在)의; 체내의(intérieur, ↔ extérieur). dissension ~ 내분. oreille ~ 내이. observation ~ 내성(內省). hémorragie ~ 내출혈. médicaments pour usage ~ 내복용. structure ~ de la Terre 〖지질〗 지구의 내부구조. angle ~ 〖기하〗 내각. pathologie ~ 〖의학〗 내과학. ② 〖학교〗 기숙의; 〖의학〗 인턴의. ~ à objet ~ 〖언어〗 동족목적어. —*n.* 기숙생; 〖의학〗 인턴.

interné(e) [ɛ̃tɛrne] *a.p.* 감금된, 억류된, 구금된, 수용된. —*n.* 감금[구금]된 사람, 수용자. aliéné ~ 감금된 정신병자. pavillon des ~*s* 정신병동. ~*s* politiques 감금된 정치범.

internement [ɛ̃tɛrnəmɑ̃] *n.m.* (법인·정신병자의) 감금; (강제)수용(emprisonnement).

interner [ɛ̃tɛrne] *v.t.* ① (범죄자·망명자를)수용하다, 수감하다, (중립국이 패전국의 군대를)억류하다, 구금하다. ② (정신병원에)수용하다.

internissable [ɛ̃tɛrnisabl] *a.* 흐리게(변색하게) 할 수 없는.

internonce [ɛ̃tɛrnɔ̃:s] *n.m.* 〖가톨릭〗 교황 대리대사(공사), nonce 의 대리인.

internucléaire [ɛ̃tɛrnykleɛ:r] *a.* 〖생물〗 세포핵간(間)의.

interocéanique [ɛ̃tɛrɔseanik] *a.* 양양간(兩洋間)의, 양양에 걸친.

intérocepteur(trice) [ɛ̃tɛrɔsɛptœ:r, -tris] *a.* 〖생리〗 내수용감각(内受容感覺)에 관한. récepteurs sensoriels ~*s* 내수용(감각)기관. —*n.* 〖생리〗 내수용(감각)기(器).

intéroceptif(ve) [ɛ̃tɛrɔsɛptif, -i:v] *a.* 〖생리〗 (감각기관이)내수용성(内受容性)인. sensibilité ~*ve* 내수용계(성) 감각. voies nerveuses ~*ves* 내수용성 신경계통.

interoculaire [ɛ̃tɛrɔkylɛ:r] *a.* 〖해부〗 두 눈 사이의; 〖곤충〗 (촉각의)두 눈 사이에 있는.

interosseux(se) [ɛ̃tɛrɔsø, -ø:z] *a.* 〖의학〗 뼈 사이에 있는. couteau ~ 〖외과〗 쌍날의 수술도(刀).

interpariétal(ale, *pl. aux*) [ɛ̃tɛrparjetal, -o] *a.* 〖해부〗 두정골간(頭頂骨間)의.

interparlementaire [ɛ̃tɛrparləmɑ̃tɛ:r] *a.* 상하양원 간의; (유럽공동체내의)회원국 국회간의. commission ~ 〖정치〗 (상하)양원합동위원회.

interpellateur(trice) [ɛ̃tɛrpelatœ:r, -tris] *n.* 질문자, 질문제출자.

interpellation [ɛ̃tɛrpelasjɔ̃] *n.f.* (갑작스럽게) 부르기; 불러세우기; 질문; 힐문. Cette ~ m'a surpris. 갑작스럽게 불러세워 나는 깜짝 놀랐다. ② 〖정치〗 (국회에서 각료에게 하는)질문, 질의. ~ sur la politique agricole 농업정책에 관한 질의. ③ 〖법〗 독촉, 청구.

interpeller [ɛ̃tɛrpe(e)le] *v.t.* ① [~ *qn*](에게)질문하다; (갑작스럽게)부르다, 불러세우다. ~ un passant 지나가는 사람에게 말을 걸다. Un agent m'a interpellé. 순경이 나를 불러세웠다. Plusieurs manifestants *ont été interpellés* par la police. 여러 명의 데모 가담자가 경찰의 심문을 받았다. ② 〖정치〗 (국회에서 각료에게) 힐문하다, 설명을 요구하다. ~ un ministre[un membre du gouvernement] 장관[각료]에게 질의하다. ③ ~ *qn* de + *inf.* 〖법〗 …에게 …하도록 독촉[요구]하다.

interpénétration [ɛ̃tɛrpenetrasjɔ̃] *n.f.* (사상 따위의)상호침투, (두 물체의)혼합, 융합. ~ de deux civilisations 두 문명의 교류.

interpénétrer [ɛ̃tɛrpenetre] [6] *v.t.* 침투하다, 융합하다, 관철하다.
—*s'*~ *v.pr.* 서로 침투하다, 융합[혼합]되다; 서로 꿰뚫다; (두 요인이)서로 의존하다.

interphase [ɛ̃tɛrfa:z] *n.f.* 〖생물〗 기간.

interphone [ɛ̃tɛrfɔn] *n.m.* 인터폰.

interplanétaire [ɛ̃tɛrplanetɛ:r] *a.* 혹성간의. voyage ~ 혹성간의 (우주)여행.

interpol [ɛ̃tɛrpɔl] *n.m.* 인터폴, 국제형사경찰기구(Organisation internationale de police criminelle; 〖약자〗 O.I.P.C., 〖영〗 ICPO).

interpolaire [ɛ̃tɛrpɔlɛ:r] *a.* 〖전기〗 (전지의)양극(極)간의.

interpolateur(trice) [ɛ̃tɛrpɔlatœ:r, -tris] *n.* 가필(加筆)자. —*a.* 가필하는.

interpolation [ɛ̃tɛrpɔlasjɔ̃] *n.f.* 가필, 써넣기; 가필문구; 〖수학〗 내삽법(内挿法), 보간법(補間法). Les ~*s* sont nombreuses dans les textes anciens. 고본(古本)에는 가필한 경우가 많다.

interpoler [ɛ̃tɛrpɔle] *v.t.* 써넣다, 가필하다(insérer); 〖수학〗 보간(삽입)하다. ~ un passage 한 구절을 가필하다(덧붙이다). glose *interpolée* par un copiste 필경사가 가필한 주석(注釋).

interponctuation [ɛ̃tɛrpɔ̃ktɥasjɔ̃] *n.f.* 〖언어〗 중지점; 중단부호(points de suspension).

interposé(e) [ɛ̃tɛrpoze] *a.p.* ① personne ~*e* 〖법〗 명의대여인. ② 가운데 놓여진.
par ~ …을 중개로 하여, …의 중재로. politique de relance mondiale *par* dollar ~ 달러화(貨)를 통한 세계경기 부양정책. *par* Italie ~*e* 이탈리아의 중재로.

par personne(s) ~*e*(*s*) 중개인을 통해서, 타인명의로, être mêlé à diverses entreprises, *par personnes* ~*es* 타인명의로 여러 사업에 손을 대고 있다.

interposer [ɛ̃tɛrpoze] *v.t.* 사이에 놓다, 삽입하다; 개입시키다. ~ ses bons offices 조정역할을 하다. —**s'**~ *v.pr.* 사이에 들다; 조정하다, 개입하다 (s'entremettre). Quand la lune s'*interpose* entre la terre et le soleil, il y a éclipse de soleil. 달이 지구와 태양 사이에 들게될 때 일식이 있다. s'~ dans une querelle 싸움에 중재를 하다.

interposition [ɛ̃tɛrpozisjɔ̃] *n.f.* ① 사이에 끼어들기, 중개; (비유적)중재. ② 【법】명의대여(~ de personne).

interprétable [ɛ̃tɛrpretabl] *a.* 해석할 수 있는, 통역할 수 있는.

interprétant(e) [ɛ̃tɛrpretɑ̃, -ɑ̃:t] *a.* 【정신의학】해석망상증의. —*n.* 해석망상증 환자. —*n.m.* (피스의 기호론에서) 기호의 의미.

interprétariat [ɛ̃tɛrpretarja] *n.m.* 통역관의 직. école d'~ 통역관 양성학교.

interprétateur(trice) [ɛ̃tɛrpretatœ:r, -tris] *a.* 해석하는, 주석하는, 설명하는. yeux ~s des paroles 말을 대신하는 눈, 마음을 나타내는 눈. —*n.* 해설자, 주석자(interprète).

interprétatif(ve) [ɛ̃tɛrpretatif, -i:v] *a.* ① 해설적인, 주석적인. ② 【정신의학】해석망상증의. test ~ 해석테스트. états ~s 해석망상 상태.

interprétation [ɛ̃tɛrpretasjɔ̃] *n.f.* ① 해석, 설명; (꿈 따위의)해몽(explication). La phrase est à double ~. 그 구절은 이중의 뜻으로 해석된다. donner une mauvaise (fausse) ~ de(à) qc …을 잘못 해석하다; …을 왜곡(곡해)하다. ② 【연극】역할, 배역; 연기; 【음악】연주(법). prix de la meilleure ~ masculine (de cinéma) (영화의)최우수 남우상. L'~ de ce concerto est particulièrement difficile. 이 협주곡의 연주는 유난히 어렵다. ~ du personnage d'Othelo 오셀로라는 인물의 역할. ③ 【정신의학】해석망상(증); ~ photographique (군사목적을 위한)공중사진 분석. ④ 통역; (예)번역.

__interprète__ [ɛ̃tɛrprɛt] *n.* ① 통역자; (예)번역자. ~ simultané 동시 통역자. ② 대변자; 표시물; 대리인. se faire l'~ de A auprès de B, B에 대해서 A의 대변자가 되다. servir d'~ à un ami 친구를 위해 대변자 역할을 하다. Les yeux sont les ~s du cœur. 눈은 마음의 거울이다. ③ 【연극】연기자(acteur); 【음악】연주자. grand ~ de Bach 바흐의 명연주자. ④ 해설자, 해석자; (꿈·점 따위를)판단하는 사람. ~ des rêves 해몽가.

interpréter [ɛ̃tɛrprete] [6] *v.t.* ① 해석하다, 해설하다, 주석을 달다(commenter, expliquer); (꿈·점을)판단하다. Comment *interprétez*-vous en refus? 그의 거절을 어떻게 해석하세요? ~ en bien (en mal) 좋은 (나쁜)쪽으로 해석하다. ~ un passage obscur d'un texte ancien 옛 글의 모호한 구절에 주를 달다. ② 【연극】연기하다; 【음악】연주하다. ~ un rôle 어떤 역할을 연기하다. Il a *interprété* les personnages les plus divers au cinéma. 그는 영화에서 가지각색의 인물들의 역을 맡았다. L'orchestre a *interprété* la cinquième symphonie de Beethoven. 그 교향악단은 베토벤의 제 5 교향곡을 연주했다. ③ 통역하다; (예)번역하다.

~ qc *comme*+‘속사’ …을 …으로 간주하다[해석하다]. J'*interprète* son silence *comme* une acceptation. 나는 그의 침묵을 동의(승낙)로 간주한다.
—**s'**~ *v.pr.* 해석되다; 설명되다.

interprofessionnel(le) [ɛ̃tɛrprofɛsjɔnɛl] *a.* 여러 직업에 공통되는. réunion ~*le* 여러 직업 상호간의 모임. salaire minimum ~ de croissance 업종간 일률슬라이드제(制) 최저임금(약자) S.M.I.C.).

interpsychologie [ɛ̃tɛrpsikɔlɔʒi] *n.f.* 상호심리학.

interrègne [ɛ̃tɛrrɛɲ] *n.m.* (국왕의 붕어·폐위 따위에 의한)공위(空位)기간, 국가원수의 공위기간.

interrogant(e) [ɛ̃tɛrɔgɑ̃, -ɑ̃:t] (예) *a.* 질문의; 의아스러운 듯한; 질문하는 버릇이 있는; 【언어】의문[물음]을 나타내는. —*n.m.* 물음표(point ~). —*n.m.* 물음표(point ~).

interrogateur(trice) [ɛ̃tɛrɔgatœ:r, -tris] *a.* 질문하는 듯한; 의아스러운 듯한. regard ~ 의아하다는 듯한 눈길(태도). —*n.* ① 질문자. ② (구두시험의)시험관. ③ 캐묻기 좋아하는 사람.

interrogatif(ve) [ɛ̃tɛrɔgatif, -i:v] *a.* ① 【언어】의문의. adjectifs (pronoms) ~s 의문형용사(대명사). ② 질문하는 듯한, 의아스러운 듯한. —*n.m.* 의문사. —*n.f.* 의문문 [절].

__interrogation__ [ɛ̃tɛrɔgasjɔ̃] *n.f.* ① 의문; 질문. orale (écrite) 구두(필기)시험. répondre à une ~ 질문에 대답하다. ② 【언어】의문(문). ~ directe (indirecte) 직접(간접)의문(문). point d'~ 물음표(?); (구어)의문점. Quant à l'avenir, c'est un point d'~. 장래에 어찌될 것인지는 의문이다. ③ (예)심문, 신문(訊問).

interrogativement [ɛ̃tɛrɔgativmɑ̃] *ad.* 질문하는 듯이; 의아스러운 듯이.

interrogatoire [ɛ̃tɛrɔgatwa:r] *n.m.* ① (법정에서의)신문; 신문조서. ~ contradictoire 반대신문. d'identité 신원 인정신문. ② (일련의)질문(사항).

__interroger__ [ɛ̃tɛrɔʒe] [3] *v.t.* ① (에게)질문하다; (피고에게)신문하다; 구두시험을 하다(questionner, ↔ répondre). ~ qn sur ses intentions …에게 그의 의도에 대해 질문하다(알아보다). ~ les témoins(les inculpés) 증인(피고)에게 질문하다. ~ un élève (un candidat) 학생 (수험생)에게 질문하다. ~ un passant sur la cause de l'accident 사건의 원인에 대해서 행인에게 물어보다. ~ qn pour obtenir des informations 정보를 얻기 위해 ~에게 물어보다 [~을 신문하다]. ② 조사하다, 살피다 (examiner); (기억 따위를)더듬어 찾아내다. ~ le ciel pour savoir s'il fera beau aujourd'hui 오늘 날씨가 어떤지 하늘을 살피다. ~ sa mémoire 자기의 기억을 더듬어 보다. ③ (와)상의하다, (의)의견을 묻다(참작하다)(consulter). ~ sa conscience (son cœur) 양심(마음의 소리)에 귀를 기울이다.
—**s'**~ *v.pr.* ①자문하다, 스스로 의아해하다(se demander). Il s'*interroge* sur ce dont on l'accuse. 그는 비난받고 있는 점에 대해서 곰곰이 생각해본다. ② 서로 질문하다, 서로 묻다.

interroi [ɛ̃tɛrwa(ɑ)] *n.m.* 【고대로마】(공화정의) 집정관대리; (고대 제정기의)섭정.

__interrompre__ [ɛ̃tɛrɔ̃:pr] [25] *v.t.* ① (목적보어는 사물)중단하다(시키다), 중지하다(시키다); (일 따위를)방해하다; (목적보어는 사람)(의)이야기를 가로막다. ~ ses études 학업을 중단하다. ~ une conversation 대화를 중단시키다. notre voyage qui fut *interrompu* par le mauvais temps 나쁜 날씨로 중단된 우리 여행. ~ qn dans son repos 휴식을 방해하다. Je ne voudrais pas vous ~, mais… 이야기 도중에 실례합니다마는…, 말씀 중이시지만…. ② 차단하다, (강물 따위를)막다; 【전기】(전류를)끊다, 스위치를 끄다(couper). ~ le courant (électrique) 전류를 끊다. ~ un circuit électrique 전기(회로)를 차단하다.
—**s'**~ *v.pr.* 도중에 그만두다, 중단하다, 중지하다. Toute conversation s'*interrompait* à mon approche. 내가 가까이 갈 때마다 모든 대화가 중단되었다. s'~ de+*inf.* …하는 것을 중단하다. ② 말이 끊어지다, 말을 중단하다. Il s'*interrompit* pour

aller saluer un ami. 그는 말을 멈추고 친구에게 인사하러 갔다.
sans s'~ 쉴 새 없이, 끊임 새 없이.

interrompu(e) [ɛ̃tɛrɔ̃py] *a.p.* 중단된. non ~ 계속된, 연속의. propos ~s 두서 없는 이야기, 산만한 이야기. jeu du propos ~ 짝짝이 문답놀이, 동문서답놀이 (언어의 유희의 일종》.

interrup*teur(trice)* [ɛ̃tɛryptœ:r, -tris] *a.* 《드물게》 (남의 말을)가로막는, 방해하는. —*n.* 《드물게》남의 말(이야기)을 끊는 사람; 운행 방해자.
—*n.m.* 『전기』차단기, 스위치(commutateur), 안전기, 단속기. ~ horaire 타임 스위치.

interrupteur-disjoncteur [ɛ̃tɛryptœrdisʒɔ̃ktœ:r] *(pl.* ~**s**–~**s**) *n.m.* 『전기』단로기(斷路器), 안전기.

interruptif(ve) [ɛ̃tɛryptif, -i:v] *a.* 『법』(시효를)중단하는, 차단하는, 중지하는.

interruption [ɛ̃tɛrypsjɔ̃] *n.f.* ① 중단, 중지(arrêt); 『법』(시효의)중단. ~ des études [du travail] 학업[일]의 중단. ② 차단; 불통; (경물을)막기; 『전기』전류의 단락(coupure). ~ des communications 통신의 차단. ~ du courant 단전. ③ (연설의)방해, 야유.
avec des ~s 시간적인 간격을 두고. *sans ~* 그칠 사이 없이, 계속해서.

inter-saison [ɛ̃tɛrsɛzɔ̃] *n.f.* 『스포츠』 시즌 오프.

interscapulaire [ɛ̃tɛrskapylɛ:r] *a.* 『해부』 견갑골간(肩甲骨間)의.

interscolaire [ɛ̃tɛrskɔlɛ:r] *a.* 국민학교간 대항의. concours ~ 국민학교간의 경쟁경시대회.

intersecté(e) [ɛ̃tɛrsekte] *a.p.* 『건축』교차한, 엇걸린, 가로지른; 『기하』(선·면이)교차한. arcs ~*s* 교차 아치. plan ~ 교차면(面).

intersecter [ɛ̃tɛrsekte] *v.t.* 《드물게》가로지르다, 교차하다, 횡단하다.
—*s'~* *v.pr.* (2개의 물체가)교차하다.

intersection [ɛ̃tɛrsɛksjɔ̃] *n.f.* 가로지름, 교차; 『기하』(2직선·2평면의)교차, (두 길의)교차점(croisement). ~ de voies ferrées 철도길의 교차(점). angle d'~ 교각(交角). point d'~ 교차점.

intersession [ɛ̃tɛrsesjɔ̃] *n.f.* (국회·회담의)폐회기간, 휴회기간.

intersexualité [ɛ̃tɛrsɛksɥalite] *n.f.* 『생물』중성(中性), 반음양(半陰陽).

intersexué(e) [ɛ̃tɛrsɛksɥe], **intersexuel(le)** [ɛ̃tɛrsɛksɥɛl] *a.* 간성(間性)의, 중성체질의.
—*n.m.* 양성인 사람, 남녀추니, 어지자지.

intersidéral(ale, *pl.* **aux)** [ɛ̃tɛrsideral, -o] *a.* 『천문』 항성간의, 천체간(天體間)의, 별 사이의. espaces ~*aux* 우주공간.

intersigne [ɛ̃tɛrsiɲ] *n.m.* 전조, 영적 예감 《먼 곳에서 일어난 사건의 전조라고 믿어지는 현상》.

interstellaire [ɛ̃tɛrstɛl(l)ɛ:r] *a.* 『천문』별 사이의, 항성(恒星)간의, 성좌간의. voyage ~ 우주여행. matière ~ 성간물질; 우주진(塵).

interstice [ɛ̃tɛrstis] *n.m.* ① 틈, 구멍; 사이, 간격. ② 『의학』조직간(組織間). ③ 짬, 빈 시간.

interstitiel(le) [ɛ̃tɛrstisjɛl] *a.* 『해부·의학』간질(間質)속의, 간질성의, 간질을 침범하는. pneumonie ~*le* 간질성 폐렴.

intersubjectif(ve) [ɛ̃tɛrsybʒɛktif, -i:v] *a.* 『철학·심리』 주체간의, 상호(공동)주체적(주관적). communication ~*ve* 주체(주관) 상호간의 교통.

intersubjectivité [ɛ̃tɛrsybʒɛktivite] *n.f.* 『철학·심리』상호주체성(주관성), 공동주관.

intersyndical(ale, *pl.* **aux)** [ɛ̃tɛrsɛ̃dikal, -o] *a.* 기업[노동]조합 상호간의, 조합연합의. —*n.f.* 조합연합집회.

intertextualité [ɛ̃tɛrtɛkstɥalite] *n.f.* (현대문학이론의)텍스트 상호성.

intertidal(ale, *pl.* **aux)** [ɛ̃tɛrtidal, -o] *a.* 조차(潮差)(지대)의.

intertrigo [ɛ̃tɛrtrigo] *n.m.* 『의학』 습란(濕爛).

intertropical(ale, *pl.* **aux)** [ɛ̃tɛrtrɔpikal, -o] *a.* 열대내의, 남북회귀선내의. plantes ~*ales* 열대식물.

interurbain(e) [ɛ̃tɛryrbɛ̃, -ɛn] *a.* 도시간의, 도시연락의. lignes (relations) ~*es* 『전화』장거리전화회선, 시외전화회선. téléphone ~ 도시간의 전화.
—*n.m.* (도시간의)장거리전화(회선).

intervallaire [ɛ̃tɛrvalɛ:r] *a.* 《드물게》두 물체 사이에 있는, 중간의, 사이의.

intervalle [ɛ̃tɛrval] *n.m.* ① (공간적)사이, 간격, 거리. des ~*s* de dix mètres 10미터 간격으로. ~ entre deux murs 두 벽 사이의 간격. ② (시간적)간격, 사이, 틈, 간극. à ~*s* égaux (réguliers) 똑같은(규칙적인) 간격으로. longs (brefs) ~*s* 오랜(짧은) 기간. À deux mois d'~, quel changement! 두 달 사이에 얼마나 도 변할 수가 있을까! ③ 『음악』음정. ④ 『수학』구간. ~ fermé (ouvert) 폐(개)구간.
dans l'~ 그 동안에, 그 사이에. *dans l'~ de* …사이에.
par ~s 때때로; 군데군데, 사이를 두고.

intervenant(e) [ɛ̃tɛrvənɑ̃, -ɑ̃:t] *a.* ① 『법』(소송에)참가하는, 관여하는. ② 『상업』(서명자를 대신하여 지불을 하는)어음 참가인.

*intervenir** [ɛ̃tɛrvəni:r] [16] *v.i.* 《조동사는 être》 ① 사이에 들다(끼이다), 중재(조정)하다; 나서서 손을 쓰다. Il *est intervenu* pour vous auprès de vos chefs. 그는 당신을 위하여 상사에게 좋게 말해 주었다. ~ en faveur de *qn* …을 위해 나서서 손을 쓰다. ~ 개입하다; 간섭하다; (군대·경찰이)출동하다. faire ~ la force armée 군사력을 개입시키다, 군대를 출동시키다. ~ dans les affaires intérieures d'un État 국가의 내정에 간섭하다. Les pompiers *interviennent* pour éteindre l'incendie. 소방수가 불을 끄기 위해 출동한다. ③ (토론 따위에)참가하다, 발언하다. ~ dans un débat 토론에 참가하다. ④ 《주어는 사물》개재하다, 작용하다. De nouveaux facteurs *sont intervenus* pour provoquer ce désastre. 새로운 요인들이 작용해서 이런 재해를 일으켰다. ⑤ 『법』소송에 개입하다, 참가하다. ~ dans un procès 소송사건에 참가하다. ⑥ 생기다, 일어나다, 행하여지다(se produire). Un accord *est intervenu* entre la direction et les grévistes. 경영자측과 파업자 사이의 합의가 이루어졌다. 《비인칭》 Il *intervint* un jugement. 판결의 언도가 있었다. Une ordonnance *est intervenue*. (재판관의)판결이 내렸다. ⑦ 『의학』처치하다, 수술하다. Le chirurgien décide d'~ immédiatement. 그 외과의사는 즉시 수술을 하기로 결정했다.

interven*teur(trice)* [ɛ̃tɛrvɑ̃tœ:r, -tris] *a.* 간섭(개입·조정)하는. —*n.* 조정자, 개입자, 간섭자.

*intervention** [ɛ̃tɛrvɑ̃sjɔ̃] *n.f.* ① 간섭, 개입. ~ de la force militaire 무력간섭. ~ du gouvernement pour maintenir les prix 물가의 안정을 도모하기 위한 정부의 개입. politique d'~ [de non-~] (타국간의 분쟁에 대한)개입(불개입)정책. forces d'~ (de l'O.N.U.) (분쟁지역에의) (U.N.) 파견군. ② 중재. Je compte sur votre bienveillante ~ en ma faveur. 나는 당신이 중재해 주실 것을 기대하고 있습니다. ③ (토론 따위의)참가, 발언. ④ 작용; (사건 따위의)발생, 개재. ⑤ 『법』(소송 따위에 관

한)참가, 개입, 관여. acceptation par ~; ~ à protêt 〖상업〗(어음의)참가 인수. payement par ~ 〖법〗(어음의)참가 지불. ⑥〖의학〗처치; 외과수술. ~ chirurgicale 외과수술.

interventionnisme [ɛ̃tɛrvɑ̃sjɔnism] *n.m.* 〖경제・정치〗간섭주의, 개입주의.

interventionniste [ɛ̃tɛrvɑ̃sjɔnist] *n.* 간섭주의자. — *a.* 개입〖간섭〗주의의.

interversibilité [ɛ̃tɛrvɛrsibilite] *n.f.* 〖수학〗전위성.

interversible [ɛ̃tɛrvɛrsibl] *a.* 전도할 수 있는, 위치를 바꾸어놓을 수 있는.

interversion [ɛ̃tɛrvɛrsjɔ̃] *n.f.* ① (순서의)전도, 전환; 〖화학〗전화(轉化). ~ des titres 〖법〗자격거진, 자격전위. ② 〖음성〗입접음위 전화. ~ des mots dans une phrase 문장 속의 낱말의 도치.

intervertébral(ale, pl. aux) [ɛ̃tɛrvertebral, -o] *a.* 〖해부〗척추간(椎骨間)의.

intervertir [ɛ̃tɛrvertiːr] *v.t.* 전도하다, 위치를 바꾸다; 〖화학〗전화하다. ~ les rôles 타인의 역(할)을 차지하다. sucre *interverti* 〖화학〗 전화당(糖). —*s'~ v.pr.* 전도되다, 역(逆)이 되다, 위치가 서로 바뀌다. 〖환.

intervertissement [ɛ̃tɛrvertismɑ̃] *n.m.* 전도, 전환

***interview** [ɛ̃tɛrvju] 〖영〗 *n.f.* 회견, 회담, 취재방문; 〖신문〗회견담, 인터뷰; 방문기사. demander[accorder] une ~ 인터뷰를 요청하다[에 응하다]. prendre l'~ de *qn* …와 인터뷰하다.

interviewé(e) [ɛ̃tɛrvjuve] *a.p.* 인터뷰를 받은. —*n.* 인터뷰를 받은 사람, 인터뷰의 당사자.

interviewer [ɛ̃tɛrvjuve] *v.t.* 회견하다, 회담하다, 인터뷰하다; (기자가 명사를)방문하다. ~ un homme politique 한 정치가와 회견하다. se faire ~ (기자 따위와)회견(회담)을 갖다.

interviewe(u)r [ɛ̃tɛrvjuvœːr] *n.m.* 취재 방문기자.

intervin-s, -t [ɛ̃tɛrvɛ̃] ⇨intervenir.

intervocalique [ɛ̃tɛrvɔkalik] *a.* 〖언어〗모음간의, (자음이)모음 사이에 놓인.

interzone [ɛ̃tɛrzon], **interzonal(ale, pl. aux)** [ɛ̃tɛrzonal, -o] *a.* 지역간의; (특히)동・서독간의.

intestat [ɛ̃tɛsta] *a.* (유 불변)유언하지 않은. héritier ab ~ 유언 없이 죽은 사람의 법정 상속인. mourir [décéder] ~ 유언하지 않고 죽다. —*n.* 유언 없이 사망한 사람(ab ~).

***intestin¹** [ɛ̃tɛstɛ̃] *n.m.* 〖해부〗장(腸); (*pl.*)장부(臟腑). gros ~ 대장. ~ grêle 소장.

intestin²(e) [ɛ̃tɛstɛ̃, -in] *a.* 〖문어〗사회내의; 조직내의; 국내의(intérieur, civil). guerre ~*e* 내란. ②〖문어〗내면의, 내심의. guerre ~*e* entre la raison et les passions 이성과 정열 간의 내적 갈등. ③〖옛〗체내의.

intestinal(ale, pl. aux) [ɛ̃tɛstinal, -o] *a.* 장의, 장내의, 창자의. embarras ~*aux* 장 장애. canal ~ 장관(腸管). suc ~ 장액. vers ~*aux* 장내 기생충.

intimation [ɛ̃timasjɔ̃] *n.f.* 통지, 통고, 통달, 고지(告示), 고지; 〖법〗공소에 의한 소환, 호출. faire des ~*s* à *qn* …에게 출두를 명하다, …을 소환하다.

***intime** [ɛ̃tim] *a.* ①〖문어〗내적인, 내부의(intérieur, ↔extérieur); 내심의; 본질적인. avoir la conviction[le sentiment] ~ de *qc* …에 대한 깊은 신념[느낌]을 갖다. bonheur[plaisir] ~ 내적인 행복감[기쁨]. connaissance ~ de *qc* …에 대한 깊은 지식. nature ~ 본성. sens ~ (글의)참뜻, 속뜻. ② 긴밀한, 밀접한, 가까운; 친밀한. être ~ avec *qn* …와 친밀하다. avoir des relations ~*s* avec *qn* …와 육체적 관계를 맺고 있다; …와 극친한 사이이다. rapports ~*s* 육체관계, 성교(情交); 친교. ③ 허물없는, 터놓은. repas ~ 정다운 사람끼리의 오붓한 식사. ~ 사적인, 개인적인, 남몰래 간직한 (privé, personnel). Sa vie ~ ne nous regarde pas. 그의 사생활은 우리가 관여할 바 아니다. hygiène ~ 국부(局部)위생. poésie ~ 내면시(詩), 고백시(告白詩).
—*n.* 친구, 측근. ~*s* du président 대통령의 측근. discuter entre ~*s* 친한 사람끼리 의논하다.
—*n.m.* ① 비밀함. ②〖옛〗깊은 속; 깊은 곳.

intimé(e) [ɛ̃time] *n.* 〖법〗(공소의)피고.

intimement [ɛ̃timmɑ̃] *ad.* 비밀하게, 친절하게; 마음속으로.

intimer [ɛ̃time] *v.t.* 〖법〗 통지하다, 통달하다; (공소심에)출두를 명하다, 호출하다. ~ l'ordre à *qn* de+*inf.* …이 …하도록 명하다.

intimidable [ɛ̃timidabl] *a.* 〖드물게〗겁이 많은, 벌벌 떠는, 위협에 잘 넘어가는.

intimidant(e) [ɛ̃timidɑ̃, -ɑ̃ːt] *a.* 위협적인, 위압적인, 무시무시한.

intimidateur(trice) [ɛ̃timidatœːr, -tris] 〖드물게〗 *a.* 위협적인, 협박하는. mesures ~*trices* 협박수단.
—*n.* 협박자.

intimidation [ɛ̃timidasjɔ̃] *n.f.* 위협, 협박(menace). manœuvres[mesures] d'~ 위협 정책[수단]. par ~ 위협하여.

intimidé(e) [ɛ̃timide] *a.p.* 겁을 먹은, 벌벌 떠는. jeune fille ~*e* 겁을 먹은 처녀.

intimider [ɛ̃timide] *v.t.* ① 으르다, 위협[협박]하다, 위압하다. chercher à ~ *qn* …을 위압하려고 하다. se laisser ~ 위협에 넘어가다. ② 겁을 먹게 하다, 축기들게 하다(troubler). L'examinateur *intimidai* les candidats. 시험관은 수험생들을 축기들게 하고 있었다.
—*s'~ v.pr.* 겁내다, 무서워하다, (공포심 따위로) 떨다.

intimisme [ɛ̃timism] *n.m.* 앵티미즘:ⓐ 〖문학〗내면주의, 내면파. ⓑ 〖미술〗(실내・가정경경 따위의 주제로 하는)실내화파.

intimiste [ɛ̃timist] *n.* 〖문학〗 내면적인 생활을 노래하는 시인, 내면파(内面派) 시인; 〖미술〗앵티미즘의 화가. —*a.* 내면파의; 앵티미즘화파의.

intimité [ɛ̃timite] *n.f.* ① 친밀, 친교, 기밀한 관계. lier ~ avec *qn* …와 친해지다, 친교를 맺다. ~ conjugale 친밀한 부부관계. vivre dans l'~ [dans la plus grande ~] avec *qn* …와 친밀하게[더없이 친밀하게] 지내다. ② 사생활. Dans l'~, c'est un homme charmant. 사생활에서는 상냥한 사람이다. pénétrer dans l'~ de *qn* …의 사생활을 속속들이 알다. ③ 〖문어〗내부, 내심; 본성. dans l'~ de sa conscience 그의 마음 속 깊이(에서). ④ (장소 따위의)아늑함. ~ d'un petit appartement 작은 아파트의 아늑함.
dans l'~ ⓐ 사생활에서는, 평상시에는. ⓑ 내적으로, 가까운. *dans la plus stricte* ~ 극히 친한 사람끼리.

intitulé [ɛ̃tityle] *a.p.* 표제[제목]가 붙은 roman ~ «L'Étranger» 「이방인」이란 제목의 소설. ① (책의)표제, (장(章)의)제목(titre); 〖법〗두서(頭書). ② ~ de compte postal 우편구좌 명의인의 표시성명.

intituler [ɛ̃tityle] *v.t.* 제목을 붙이다, 표제를 붙이다; 〖법〗(법률증서에)두서를 붙이다. film *intitulé* «terreur sur la ville» 「도시의 공포」라는 제목의 영화.
—*s'~ v.pr.* ①제목이 붙다, 이름이 붙다. Le

livre s'*intitule* «Histoire de Napoléon Ier». 그 책의 제목은「나폴레옹 1세의 전기」이다. ② (경멸) 자칭(자처)하다. s'~ marquis 후작이라고 자칭하다.

intolérabilité [ɛ̃tolerabilite] *n.f.* 《드물게》용서할 수 없음, 견디어낼 [참을] 수 없음.

intolérable [ɛ̃tolerabl] *a.* 용서[허용]할 수 없는 (inadmissible); 견디기 어려운, 참을 수 없는 (insupportable, ↔ supportable). chaleur ~ 견딜 수 없는 더위. douleur ~ 견딜 수 없는 고통. tyrannie ~ 참을 수 없는 폭정. 《비인칭》 Il est ~ que+*sub*. …하는 것은 용서할 수 없다.

intolérablement [ɛ̃tolerabləmɑ̃] *ad.* 견디어낼 수 없을 정도로, 참을 수 없을 만큼.

intoléramment [ɛ̃toleramɑ̃] *ad.* 《드물게》좁은 마음으로, 너그럽지 못하게.

intolérance [ɛ̃tolerɑ̃s] *n.f.* ① (특히 정치·종교 부문에 있어서의)너그럽지 못함, 불관용(不寬容); 이설(異說) 배척. ~ politique [religieuse] 정치적 [종교적] 불관용. ② 편집(偏執), 편협. avoir trop d'~ pour les faiblesses d'autrui 타인의 결점에 대해서 지나치게 냉혹하다(아량이 없다). ③ 《의학》(약 따위의) 불내성(不耐性). ~ d'un malade aux antibiotiques 항생제에 대한 환자의 부적응.

intolérant(e) [ɛ̃tolerɑ̃, -ɑ̃:t] *a.* 도량이 좁은, 아량이 없는, 너그럽지 못한, 불관용의. Soyons ~s pour nous-mêmes. 우리 자신에 대해 엄격하도록 하자. —*n.* 도량이 좁은[너그럽지 못한] 사람.

intolérantisme [ɛ̃tolerɑ̃tism] *n.m.* 《드물게》불관용; 《종교》 배타주의, 이설배격(異說排擊)주의.

intonation [ɛ̃tonasjɔ̃] *n.f.* ① 억양, 음정, 어조. ~ monotone 단조로운 어조. voix aux ~s tendres 어조가 부드러운 목소리. ② 《음악》 성가합창에 앞서 선창자가 노래를 부르는 일, 발성(법), 조음(법). ~ fausse [juste] 음정이 틀린 (옳은) 발성.

intondu(e) [ɛ̃tɔ̃dy] *a.* 《드물게》털이 깎이지 않은.

intonème [ɛ̃tɔnɛm] *n.m.* 《언어》 억양소(抑揚素).

intons [ɛ̃tɔ̃:s] *a.* (책의)가장자리를 절단하지 않은. livre ~ 가장자리를 고르게 절단하지 않은 책.

intorsion [ɛ̃tɔrsjɔ̃] *n.f.* 《동·식물》 (기관의)내만곡(內彎曲).

intouchable [ɛ̃tuʃabl] *a.* ① 《구어》 나무랄 데 없는, 규탄할 수 없는. ② (돈을)받을 수 없는; (어음이) 현금과 바꿀 수 없는. ③ 《옛》손을 댈 수 없는; 건드릴 수 없는, 침해[침범]할 수 없는. —*n.m.pl.* (인도의)최하층민(paria).

intox(e) [ɛ̃tɔks] *n.f.* 《구어》 (선전에 의한 민심의)중독; 심리작전(intoxication).

intoxicant(e) [ɛ̃tɔksikɑ̃, -ɑ̃:t] *a.* 유독(有毒)의, 중독을 일으키는.

intoxication [ɛ̃tɔksikasjɔ̃] *n.f.* ① 《의학》 중독. ~ par l'oxyde de carbone 연탄가스 중독. ~ alimentaire [saturnine] 식 [납] 중독. ② 정신적인 중독, 마비. ~ due à la télévision T.V.에 중독되る정신의 마비. plan [mesures] d'~ (군대나 경찰이 쓰는)심리작전. ③ 《정치》 (대중에게 겁을 주기 위한)기만 선전.

intoxiqué(e) [ɛ̃tɔksike] *a.p.* 중독된; 심리작전에 말려든. famille ~*e* par l'oxyde de carbone 연탄가스에 중독된 가족. jeune fille ~*e* de littérature 문학에 중독된 (미친) 아가씨.

intoxiquer [ɛ̃tɔksike] *v.t.* ① 《의학》 중독시키다; (정신적으로) 중독시키다, 마비시키다. ② 《정치》 선전으로 믿게 하다. —s'~ *v.pr.* ① 중독되다. ② 취하다, 마비되다, 열중하다.

intra- *préf.* 「내부의, 안의, 속의」의 뜻.

intra-atomique [ɛ̃traatɔmik] *a.* 《물리》 원자내의. énergie ~ 원자내력(力).

intracardiaque [ɛ̃trakardjak] *a.* 《의학》 심장내의. —*n.f.* 심(강)내천자, 심장주사. 〔의.

intracellulaire [ɛ̃traselylɛ:r] *a.* 《생물》 세포내

intracérébral(ale, *pl.* **aux)** [ɛ̃traserebral, -o] *a.* 《해부》 대뇌 속의.

intracra(â)nien(ne) [ɛ̃trakranjɛ̃, -ɛn] *a.* 《해부》 두개골내의.

intradermique [ɛ̃tradɛrmik] *a.* 《의학》 피내(皮內)의. injection ~ 피내주사.

intradermo-réaction [ɛ̃tradɛrmoreaksjɔ̃] *n.f.* 《의학》 피내주사에 의한 반응 (약칭: intradermo). ~ positive 양성반응.

intrados [ɛ̃trado] *n.m.* ① 《건축》 (아치의)내호(內弧), 내륜(內輪). ② 《항공》 (비행기 날개의)내면, 이면(↔ extrados).

intraduisible [ɛ̃tradɥizibl] *a.* ① 번역할 수 없는. ② 말로 표현할 수 없는; 뜻을 명확히 할 수 없는.

intraduit(e) [ɛ̃tradɥi, -it] *a.* 《드물게》 번역 안됨.

intra-épithélial(ale, *pl.* **aux)** [ɛ̃traepitɛljal, -o] *a.* 《해부》 상피내(上皮內)의.

intrait [ɛ̃trɛ] *n.m.* 《약》 약초의 건조분말.

intraitable [ɛ̃trɛtabl] *a.* 교섭하기 어려운; 다루기 어려운; 완고한, 고집이 쎈 (intransigeant); 인정사정 없는 (impitoyable). caractère ~ 다루기 힘든 성격. adversaire ~ 고집불통의 적 (大敵者).

intramédullaire [ɛ̃tramedylɛ:r] *a.* 《해부》 수내 (髓內)의. 〔자내의.

intramoléculaire [ɛ̃tramɔlekylɛ:r] *a.* 《물리》 분

intramontagnard(e) [ɛ̃tramɔ̃taɲar, -ard], **intramontagneux(se)** [ɛ̃tramɔ̃taɲø, -øːz] *a.* 산맥 안의, 산간의. bassin ~ 《지질》 산간 분지.

intra-muros [ɛ̃tramyrɔ:s] 《라틴》 *ad.* 성벽 안에, 문 안에, 시내에 (↔ extra-muros). habiter ~ 시내에서 살다. —*a.* 《불편》 성벽 안의.

intramusculaire [ɛ̃tramyskylɛ:r] *a.* 근육내의. —*n.f.* 근육내 주사.

intransférable [ɛ̃trɑ̃sferabl] *a.* (절차상 사람·회의장·재물 따위를) 옮길 수 없는, 이동할 수 없는; 《법》 양도할 수 없는.

intransigeance [ɛ̃trɑ̃ziʒɑ̃:s] *n.f.* 비타협성, 강경일변도, 완강, 고집 (↔ souplesse). garder une ~ absolue (정당(인) 따위가)주장을 한 치도 양보하지 않다.

intransigeant(e) [ɛ̃trɑ̃ziʒɑ̃, -ɑ̃:t] *a.* 양보하지 않는, 비타협적인, 완강한, 단호한; 융통성이 없는. parti ~ 비타협적인 정당. —*n.* 비타협적인 사람; 《정치》 강경파.

***intransitif(ve)** [ɛ̃trɑ̃zitif, -i:v] 《언어》 *a.* 자동의 (↔ transitif). verbe ~ 자동사. emploi ~ 자동사적 용법. —*n.m.* 자동사.

intransitivement [ɛ̃trɑ̃zitivmɑ̃] *ad.* 《언어》 자동사로서, 자동사적으로. verbe transitif employé ~ 자동사적으로 사용된 타동사.

intransitivité [ɛ̃trɑ̃zitivite] *n.f.* 《언어》 자동사로서의 성질, 자동사성.

intransmissibilité [ɛ̃trɑ̃smisibilite] *n.f.* (재산 따위를) 양도할 수 없음, (형질이) 유전되지 않음. ~ des caractères acquis 후천적 성격의 비유전성.

intransmissible [ɛ̃trɑ̃smisibl] *a.* ① 전달할 수 없는, 전할 수 없는; (형질 따위가) 유전하지 않는. ② 《법》 양도할 수 없는.

intransportable [ɛ̃trɑ̃spɔrtabl] *a.* 운반할 수 없는, 옮길 수 없는.

intrant [ɛ̃trɑ̃] *n.m.* 《옛》 파리 대학총장 선출위원.

intranucléaire [ɛ̃tranyklɛ:r] *a.* 《물리》 원자핵 내의.

intrapilaire [ɛ̃trapilɛ:r] *a.* 《전기》 전지내의. cou-

rant ~ 전지내의 전류.
intrasolaire [ɛ̃trasɔlɛːr] a. 【천문】태양내의.
intra-utérin(e) [ɛ̃trayterɛ̃, -in] a. 【의학】자궁내의, 태내의. grossesse ~e (자궁내의)정상 임신. vie ~e 태내생활.
intraveineux(se) [ɛ̃travɛnø, -øːz] a. 정맥내의. piqûre ~se 정맥주사. —n.f. 《구어》정맥주사.
intraversable [ɛ̃travɛrsabl] a. 횡단할 수 없는, 건너갈 수 없는.
intraversé(e) [ɛ̃travɛrse] a. 《드물게》(사람이)지나간 일이 없는.
in-trente-deux [in(ɛ̃)trɑ̃tdø] 《인쇄》 a. (불변) 32절판의. —n.m. (복수불변) 32절판(의 책).
in-trente-six [in(ɛ̃)trɑ̃tsis] 《인쇄》 a. (불변) 36절판의. —n.m. (복수불변) 36절판(의 책).
intrépide [ɛ̃trepid] a. ① 대담한, 용감한(courageux); 굴복의. sauveteurs ~s 용감한 구조대원들. résistance ~ 불굴의 항거. ②《구어》(나쁜 의미로)(청탁 따위가)끈질긴, 철면피의. ~ menteur 후안무치한 거짓말장이.
intrépidement [ɛ̃trepidmɑ̃] ad. 대담하게, 용감하게; 끈질기게.
intrépidité [ɛ̃trepidite] n.f. 용감, 대담(courage); 끈질김, 뻔뻔스러움. avec ~ 대담하게.
intrication [ɛ̃trikasjɔ̃] n.f. 복잡, 사건의 얽힘.
intrigailler [ɛ̃trigaje] v.i. (자질구레한)음모를 꾸미다, 간계를 부리다.
intrigailleur(se) [ɛ̃trigajœːr, -øːz] n. (자질구레한)음모(간계)를 꾸미는 사람, 모사꾼.
intrigant(e) [ɛ̃trigɑ̃, -ɑ̃ːt] a. 음모를 꾸미는. —n. 음모자, 모사꾼, 책략꾼.
intrigue [ɛ̃trig] n.f. ① 음모, 간계, 책략. homme d'~ 모사꾼. nouer une ~ contre qn …에 대해 음모를 꾸미다. ② 정사(情事), 밀통, 불의. avoir une ~ avec une femme mariée 유부녀와 정을 통하다. ③《문학·연극》(희곡·소설의)줄거리. ~ simple[compliquée] 단순한[복잡한] 줄거리. comédie d'~ 줄거리의 변화·전개에 역점을 둔 희극. ④《옛》복잡한 상황, 난국; 처세술, 수완.
intrigué(e) [ɛ̃trige] a.p. ①(희곡이)교묘하고 재미있게 줄거리를 짠. ②《옛》호기심을 끄는; 당황한.
intriguer [ɛ̃trige] v.t. (의)호기심(흥미)을 끌어서 난처하게 하다; 마음에 걸리게 하다, 수상한 느낌을 갖게 하다. Je suis intrigué par son silence prolongé. 그가 오랫동안 침묵을 지키고 있는 것이 수상쩍다. cas qui intrigue la police 경찰을 쩔쩔매게 만드는 사건. ②《문학·연극》줄거리를 복잡하게 꾸미다.
—v.i. 음모를 꾸미다, 책동하다(manœuvrer). Il a beaucoup intrigué pour se faire nommer. 그는 임명되기 위해서 몹시 술책을 썼다.
—s'~ v.pr. 《옛》애쓰다, 동분서주하다.
intrinsèque [ɛ̃trɛ̃sɛk] a. ① 내재(內在)적인, 내재의, 내부의; 본질적인(essentiel); 고유의. qualité ~ 내재적 특성. valeur ~ de l'œuvre 작품의 진가. ② muscle(s) ~(s)【해부】고유근, 자체근, (기관의)내근(內筋). —n.m.《옛》단문.
intrinsèquement [ɛ̃trɛ̃sɛkmɑ̃] ad. 내재적으로, 본질적으로.
intriqué(e) [ɛ̃trike] a.p. 복잡한, 착잡한, 뒤얽힌.
intriquer [ɛ̃trike] v.t. 복잡[착잡]하게 하다, 뒤얽히게 하다.
intro- préf.「속에, 내부에」의 뜻.
introducteur(trice) [ɛ̃trodyktœːr, -tris] n. ①《옛》안내자, 소개자. ②(신규·산물 따위의)수입자, 소개자. ~ d'un mot nouveau 신어를 만드는 사람. ~ d'une danse étrangère 외국무용을 최초로 도입[소개]한 사람. ③ 입문서의 저자.
introductif(ve) [ɛ̃trodyktif, -iːv] a. 서론의; 【법】개시의. requête ~ve d'instance 소송개시의 신립.
*****introduction** [ɛ̃trodyksjɔ̃] n.f. ①(사람을 어떤 장소에)들어오게 하기; 안내; (어떤 곳에)들어가기. ~ d'un visiteur dans le salon 방문객을 객실로 안내하기. après l'~ dans les lieux (강도가)그곳에 침입한 다음에(형법의 한 귀절). ② 소개(recommandation). lettre d'~ 소개장, 추천장. ③(물체를)넣기, 삽입. ~ d'une clé dans la serrure 열쇠를 열쇠구멍에 넣기. ~ d'une sonde dans l'estomac 위속으로의 소식자의 삽입. ④ 도입, 수입. ~ de produits étrangers(d'une mode) 외국제품[유행]의 도입(수입). ⑤ 서론, 머리말(préface); 서설; 입문(入門). ~ à la chimie 화학 입문. ⑥【음악】서주, 도입부. ⑦【법】제기. ~ d'instance 소송 제기.
introductoire [ɛ̃trodyktwaːr] a. 소개의, 소개적인; 수입의; 서론[입문·서주(序奏)]의. forme ~ 서론 형식, 소개문 형식.
*****introduire** [ɛ̃trodɥiːr] [32] v.t. ① 들어오게 하다; 안내하다. ~ un visiteur au salon 방문객을 객실로 안내하다. ②(사람을)소개하다; (단체따위에)맞아들이다. ~ un ami dans sa famille 친구를 집안 사람에게 소개하다. ~ qn dans un club …을 클럽에 들게 하다. ~ qn auprès du président …을 회장에게 소개하다. ③ 도입하다, 채용하다, 받아들이다; 야기하다. Des danses d'Amérique ont été introduites. 미국춤이 도입되었다. ~ un nouveau système 새로운 제도를 도입하다. ~ la confusion 혼란을 야기하다. ~ une marchandise en contrebande 상품을 밀수입하다. ④[~ dans](에)넣다, 삽입하다(insérer). ~ la clef dans la serrure 열쇠를 열쇠구멍에 넣다. ⑤ ~ une instance 【법】소송절차를 밟다.
—s'~ v.pr. ① 들어가다, 침입하다(se glisser). Le voleur s'est introduit dans la maison sans être vu de personne. 그 도둑은 누구에게도 들키지 않고 집안에 침입했다. s'~ en cachette dans une pièce 방안에 몰래 들어가다. ②(단체 따위에)영입되다, 가입하다. s'~ dans une association 협회에 가입하다. ③ 도입되다, 수입되다. Ces techniques se sont introduites au début du siècle. 이 기술은 금세기 초에 도입되었다.
introduit(e) [ɛ̃trodɥi, -it] a.p. (에)출입[가입·참가]이 허용된.
introït [ɛ̃trɔit] n.m. 《가톨릭》입당송(入堂頌)(미사 시작 전 사제가 들어올 때 부르는 성가).
introjection [ɛ̃troʒɛksjɔ̃] n.f.【정신의학】투입(投入)작용, 내부로의 투사(投射).
intromission [ɛ̃tromisjɔ̃] n.f. 삽입; 【물리】송입(送入); 【식물】흡수.
intronisation [ɛ̃tronizasjɔ̃] n.f. ①(왕·교황·주교의)즉위, 취임, 착좌; 취임식, 착좌식. ②(학설 따위의)창시(創始), 확립.
introniser [ɛ̃tronize] v.t. ①(왕을)즉위시키다, (교황·주교를)취임시키다, (의)착좌식을 집행하다. ②(학설 따위를)창시하다, 확립시키다(établir); (유행 따위를)받아들이게 하다; 퍼뜨리다.
—s'~ v.pr. ① 확립되다; (습관·유행 따위가)정착하다. ② 거주하다, 살다.
introrse [ɛ̃trɔrs] a.【식물】내향(内向)의.
introspectif(ve) [ɛ̃trɔspɛktif, -iːv] a. 내성적인.
introspection [ɛ̃trɔspɛksjɔ̃] n.f. 내성, 반성, 성찰.
introuble(e) [ɛ̃truble] a. 냉정(冷静)한, 침착한, (마음이)차분한.
introuvable [ɛ̃truvabl] a. ① 발견할 수 없는, 만날

수 없는. ② 유례없는, 극히 드문(précieux, rare). édition ~ 희귀본.

introversion [ɛ̃trɔvɛrsjɔ̃] *n.f.* 【심리】 내향성(內向性)(↔ extraversion).

introverti(e) [ɛ̃trɔvɛrti] *a.* 【심리】 내향적인, 내성적인. —*n.* 내향적인 사람.

intrure [ɛ̃try:r] *v.t.* 《옛》(현재에는 과거분사 intrus 로서 복합시제에만 쓰임)(사람을)억지로 밀어넣다. —**s'**~ *v.pr.* 억지로 뚫고 들어가다.

intrus(e) [ɛ̃try, -y:z] (*p.p.*<*intrure*) *a.p.* 부당하게 직업(직위)을 얻은, 억지로 끼어들어온, 침입한, 난입한. évêque ~ 무자격 주교. —*n.* 억지로 끼어든 사람, 불청객, 난입자; 【법】 침입자, 위법자; 【종교】 무자격 취임자.

intrusion [ɛ̃tryzjɔ̃] *n.f.* ① 억지로 끼어듦, 난입; 간섭; 【법】 주거침입; 불법침입. ~ de l'étranger dans nos affaires 이 문제에 대한 외국의 간섭. faire ~ auprès de *qn* …의 곁에 간섭하다, 간섭하다. faire ~ dans *qc* …에 억지로 끼어들다. ② 【지질】 관입(貫入). roches d'~ 관입암상(岩床). ③《옛》(성직 따위의)무자격 취임.

intubation [ɛ̃tybasjɔ̃] *n.f.* 【의학】 (기관·후두 따위의)삽관(插管), 삽관치료.

intuitif(ve) [ɛ̃tɥitif, -i:v] *a.* ① 직감적인, 직각적인. connaissance —*ve* 직각적 인식. ② 직관력이 있는.

*****intuition** [ɛ̃tɥisjɔ̃] *n.f.* ① 직감; 예감, 예각; 【철학】 직관(直觀). avoir de l'~ 직관력이 있다, 껌새를 잘 알아채다, 예감이 빠르다. avoir l'~ de *qc* …을 직감하다. par ~ 직감적으로. ② ~ empirique(rationnelle, métaphysique) 【철학】 경험적(합리적, 형이상학적) 직관.

intuitionnisme [ɛ̃tɥisjɔnism] *n.m.* 【철학·윤리】 직관론, 직관주의. 【수학】 (가설·연역에만 의존하지 않는)직관법.

intuitionniste [ɛ̃tɥisjɔnist] *n.* 직관론자. —*a.* 직관론의, 직관론적인.

intuitivement [ɛ̃tɥitivmã] *ad.* 직각적으로.

intuitivisme [ɛ̃tɥitivism] *n.m.* ① (인식의)직관적 경향, 직각적 인식성. ② 직관력, 통찰력.

intuitiviste [ɛ̃tɥitivist] *n.* 직관주의자. —*a.* 직관주의의.

intuitu personæ [ɛ̃tɥitypɛrsɔne] 《라틴》*loc.ad.* 【법】 계약 상대방을 고려하여.

intumescence [ɛ̃tymɛsã:s] *n.f.* 부풀음, 팽창; 【물리】 팽창; 【의학】 종기, 종창.

intumescent(e) [ɛ̃tymɛsã, -ã:t] *a.* 부푸는, 팽창하는.

intussusception [ɛ̃tyssysɛpsjɔ̃] *n.f.* ① 섭취; 【생리】 영양작용, 영양흡수. ② 【의학】 장관중첩 (腸管重疊)(invagination).

inule [inyl] *n.f.* 【식물】 금불초속(屬)의 식물.

inulées [inyle] *n.f.pl.* 금불초속(屬).

inuline [inylin] *n.f.* 【화학】 이눌린(다당류(多糖類)의 일종).

inurbanité [inyrbanite] *n.f.* 상스러움, 촌스러움.

inusable [inyzabl] *a.* (옷 따위가)해지지 않는, 질긴. chaussures ~ 질긴 구두.

inusité(e) [inyzite] *a.* ① 쓰이지 않는, 낡은(↔ courant). mot ~ 쓰이지 않는 낱말. ②《드물게》이례적인, 보통이 아닌.

inusuel(le) [inyzɥɛl] *a.* 《문어》잘 쓰이지 않는, 이례적인.

*****inutile** [inytil] *a.* ① [~ à] (에)무익한, 무용으로, 쓸데없는, 필요없는. individu ~ à la société 사회에 무용한 사람. ② 헛된(vain). efforts ~*s* 헛된 노력. [Il est ~ que + *sub.*] *Il est* ~ *que* vous partiez. 떠나 가실 필요가 없습니다. [C'est/Il est ~ de + *inf.*] *C'est*(*Il est*) ~ *de* vous affliger ainsi. 그렇게 슬퍼하실 서도 소용 없읍니다. *I* ~ à vous d'attendre. 당신은 기다릴 필요가 없다. *I* ~ de dire que... …은 말할 나위도 없다.
—*n.m.* 무용지물.
—*n.* 무용한 인물, 무익한 사람.

inutilement [inytilmã] *ad.* 쓸데없이, 공연히, 불필요하게, 무익하게, 보람없이. sang répandu ~ 보람없이(공연히) 흘린 피.

inutilisable [inytilizabl] *a.* 이용할 수 없는, 쓸모없는. machine(voiture) ~ 쓸모없는 기계(차).

inutilisé(e) [inytilize] *a.p.* 이용되지 않는, 사용되지 않는.

inutiliser [inytilize] *v.t.* 《드물게》쓸모없게 하다.

inutilité [inytilite] *n.f.* 무용, 무익, 불필요;《보통 *pl.*》《드물게》쓸데없는(무익한) 것(일). laisser *qn* dans l'~《옛》…을 일 안시키고 놀리다.

inv.《약자》invenit …에 의해 발명된(발명자의 이름과 함께 쓰임).

invagination [ɛ̃vaʒinasjɔ̃] *n.f.* 【의학】 장관중첩(腸管重疊); 【생물】 함입(陷入), 내절(內折).

invaginé(e) [ɛ̃vaʒine] *a.p.* 【의학】 중복된; 【생물】 함입한, 내절한.

invaginer (s') [sɛ̃vaʒine] *v.pr.* 【의학】 (장이)중첩하다; 【생물】 함입되다, 내절되다.

invaincu(e) [ɛ̃vɛ̃ky] *a.* 진 일 없는, 패배한 적이 없는, 무패의.

invalidable [ɛ̃validabl] *a.* 【법】 무효로 할 수 있는.

invalidant(e) [ɛ̃validã, -ã:t] *a.* 취로(就勞)할 수 없게 하는; 일상생활에 지장을 가져오는.

invalidation [ɛ̃validasjɔ̃] *n.f.* 【법】 효력 정지 (취소), 무효로 하기. ~ d'un contrat 계약취소. ~ d'une élection 당선 무효. ~ d'un député 의원직의 당선취소.

invalide [ɛ̃valid] *a.* ① 병구(病軀)의, 불구의, 병신의(infirme); 폐질의;《구어》(가구 따위가)쓸모 없는. ②《옛》【법】 무효의. contrat(mariage, donation) ~ 무효가 된 계약(결혼·증여).
—*n.* (노령·상해·질환 따위로)일할 수 없게 된 사람, 장애자.
—*n.m.* ① 상이군인. ② l'Hôtel des *I*~*s*; les *I*~*s* 앵발리드 기념관.《파리의 상이군인 병원》.

invalidement [ɛ̃validmã] *ad.* 【법】 무효(無效)한 방법으로.

invalider [ɛ̃valide] *v.t.* 무효로 하다, 효력을 취소하다; 당선을 무효로 하다; 의원의 당선을 취소하다.

invalidité [ɛ̃validite] *n.f.* ① 상병(傷病), 폐질. pension d'~ 장해(근로재해)연금; 상이군인 연금. ②《옛》【법】 무효.

invar [ɛ̃va:r] *n.m.* 【야금】 불변 합금, 인바르《invariable의 단축형》.

invariabilité [ɛ̃varjabilite] *n.f.* ① 불변성, 불역(不易). ~ de ses principes 일관된(확고부동한) 그의 주의. ②【언어】 불변화. ~ d'un adverbe 부사의 불변화.

invariable [ɛ̃varjabl] *a.* ① 불변의, 언제나 다름없는. lois ~*s* 불변의 법칙. ②【언어】 불변화의, 어미 변화 없는. ③《문어》확고한. Il est ~ dans ses opinions. 그의 의견은 확고부동하다.

invariablement [ɛ̃varjabləmã] *ad.* 변함없이, 언제나 다름없이, 꾸준히.

invariance [ɛ̃varjã:s] *n.f.* 【수학·화학】 불변(성).

invariant(e) [ɛ̃varjã, -ã:t] *a.* 【수학·화학】 불변의. —*n.m.* ① 변하지 않는 것(요소). ②【수학】 불변식; 【물리】 불변량(量). —*n.f.* 【언어】 불변(의)체.

invasion [ɛ̃va(ɑ)zjɔ̃] *n.f.* ① 침략, 침공; 침략자, 침략군. livrer un pays à l'~ 나라를 적의 침략에 내

맡기다. troupes d'~ 침략군. ② 침입(irruption). ~ des produits étrangers sur le marché coréen 외국상품의 한국시장침입. ③ (해충 따위의)대량침해(내습). ~ de sauterelles 메뚜기떼의 내습. ④ (사상·풍습 따위의)전파; (병의)유행, 만연. ~ de des idées révolutionnaires 혁명사상의 만연. ~ de mauvais goût 악취미의 유행. ⑤ 《의학》 (병의)진행기. ⑥ ~s barbares; grandes ~s 《역사》 게르만 민족의 대이동

invective [ɛ̃vɛkti:v] n.f. 《주로 pl.》 욕설, 독설. ~ contre le luxe 사치에 대한 규탄. accabler qn d'~s …에게 욕설을 퍼붓다. se répandre en ~s contre qn …에게 욕설을 퍼붓다.

invectiver [ɛ̃vɛktive] v.i. [~ contre] (에게)욕설(독설)을 퍼붓다; (을)비난하다, 매도하다. ~ contre les mœurs du siècle 현대의 풍속(풍습)을 비난하다. —v.t. 《구어》 (에게)욕설을 퍼붓다 (injurier); (을)매도하다. ivrogne qui invective les passants 행인에게 욕을 퍼붓는 주정꾼. —s'~ v.pr. 서로 욕설하다.

invendable [ɛ̃vɑ̃dabl] a. 팔 수 없는, 팔리지 않는; 《법》 매각권(능력)이 없는.

invendu(e) [ɛ̃vɑ̃dy] a. 팔리지 않은. journaux ~s 팔다 남은 신문. —n.m. 팔리지 않은 상품, 작품(특히 신문·책 따위).

invengé(e) [ɛ̃vɑ̃ʒe] a. 복수를 당하지 않은.

inventaire [ɛ̃vɑ̃tɛ:r] n.m. ① (재고 따위의)목록(작성); 재산목록(작성), 《상업》 상품목록(표), 재고조사(표). livre d'~ 대차대조표. table (dresser) l'~ d'une succession 상속재산을 조사하다. «Fermé pour cause d'~» 「재고조사로 인하여 휴업.」 ② 명세목록[일람표](작성). ~ d'une bibliothèque 장서목록. ③ 면밀한 점검, 상세한 검토 (recensement). faire l'~ des dégâts causés par l'incendie 그 화재의 인적 손해를 조사·집계하다. ④ 《언어》 (언어요소의)목록. ~ fermé(ouvert) (요소의 수가 한정된)닫힌 목록((요소의 수가 한정되지 않은)열린 목록). ⑤ bénéfice d'~ 《법》 (유산조사에 의한)한정승인의 특권.
  sous bénéfice d'~ ⓐ 《법》 한정승인부로, 보류부(附)로. ⓑ 《구어》후에 확인한다는 조건으로, 이득이 있는 경우에 한하여.

*__inventer__ [ɛ̃vɑ̃te] v.t. ① (새로운 것을)생각해내다, 발명하다, 고안하다. l'imprimerie 인쇄술을 발명하다. ~ un médicament 새 약을 만들어내다. (목적보어 없이) N'imitez pas, inventez! 모방하지 말고 창조하라. ② (방법·변명 따위를)찾아내다, 꾸미다(imaginer); (제멋대로)꾸며내다, 지어내다(forger). ~ un prétexte à sortir 외출할 구실을 꾸며내다. ~ une histoire 이야기를 조작하다. Il n'invente rien. 내가 꾸며낸 것은 아무것도 없소. —s'~ v.pr. ① 발명되다; 꾸며지다. Ce sont des choses qui ne s'inventent pas. 그것은 꾸며낼 수 있는 것이 아니다(분명히 진짜이다). ② 신상이야기

*__inventeur(trice)__ [ɛ̃vɑ̃tœ:r, -tris] n. 발명[창조]자; 《법》 (유실물 따위의)발견자. —a. 발명의 재주가 있는, 창의성이 풍부한.

inventif(ve) [ɛ̃vɑ̃tif, -i:v] a. 발명의 재주가 있는, 창의성이 풍부한; 지략(智略)이 뛰어난(astucieux). esprit ~ 창의적 정신. Il est très ~ quand il s'agit d'ennuyer les autres. 그는 남들을 골탕먹이는 일에 있어서 뛰어난 재주를 발휘한다.

*__invention__ [ɛ̃vɑ̃sjɔ̃] n.f. ① 발명; 발명품, 창의력, 발명의 재주; 발견. brevet d'~ 특허증. esprit d'~ 발명의 재능. être à court d'~ 창의력이 부족하다. ② (소설 따위를 포함한)창작(물); 지어낸 말,

책, 속임수(mensonge). Pure ~ tout cela! 그건 모두 엉터리 수작이다. Tout cela est de son ~ 이 모든 것은 그가 꾸며낸 이야기이다. vivre d'~ 궤변술수로 세상을 살아가다. ③ 《음악》 (푸가풍의)기악 소품 (J.-S. Bach 가 붙인 이름).

inventivité [ɛ̃vɑ̃tivite] n.f. 발명의 재능, 창의성.

inventoriage [ɛ̃vɑ̃tɔrjaʒ] n.m. (재산·재고 따위의)목록작성; 분류정리.

inventorier [ɛ̃vɑ̃tɔrje] v.t. (재산·재고 따위의)목록을 만들다; 분류정리하다. ~ des marchandises 상품 재고조사를 하다. —v.i. 재고조사를 하다.

invérifiable [ɛ̃verifjabl] a. 확인(입증)할 수 없는.

invérifié(e) [ɛ̃verifje] a. 확인(입증)되지 않은.

inversable [ɛ̃vɛrsabl] a. 뒤엎을 수 없는, 전복되지 않는.

inverse [ɛ̃vɛrs] a. 반대의; 순서가 바뀐, 전도된. suivre l'ordre ~ 반대(역)순서를 따르다. faire l'opération ~ (기계 따위의)조작을 반대로(거꾸로) 하다. proposition ~ 《논리》 역명제. éléments ~s 《수학》 역요소. nombres ~s 《수학》 역수(어떤 수의 역수는 1/5). opérations ~s 《수학》 역산. en(dans l') ordre ~ 반대의 순서로. en raison ~ de qc 《수학》 …와 반비례하여. en sens ~ (de qc) …의 반대의 방향으로.
 —n.m. 반대, 역(逆)(contraire).
 à l'~ de …에 반해서, …의 반대로. À l'~ de son frère, il aime la lecture. 그는 형과는 반대로 독서를 좋아한다.
 faire l'~ de ~와 반대의 일을 하다, …을 거꾸로 처리하다.

inversement [ɛ̃vɛrsəmɑ̃] ad. 거꾸로, 역으로(vice versa). Jean aime Marie et ~. 장은 마리를 사랑하고 마리도 장을 사랑한다. ~ proportionnel《수학》 반비례의.

inverser [ɛ̃vɛrse] v.t. 전도시키다, 거꾸로 하다; (전류를)역류시키다, (톱니바퀴 따위를)역동시키다. ~ les rôles 역할을 거꾸로[바꿔서] 하다.
 —v.i. (전류가)역전하다.

inverseur [ɛ̃vɛrsœ:r] n.m. 《기계》 역동기(逆動器), 역진기(逆進器); 《전기》 전류전환기, 역변류기(逆變流器); ~ de marche; 《광학》 (망원경의 도립상(倒立像)을 정립(正立)상으로 바꾸는)정립 렌즈.

inversible [ɛ̃vɛrsibl] a. 전도할 수 있는, 거꾸로할 수 있는, 역전시킬 수 있는.

inversif(ve) [ɛ̃vɛrsif, -i:v] 《언어》 도치(倒置)의, 전도의. construction ~ve 도치구문.

*__inversion__ [ɛ̃vɛrsjɔ̃] n.f. ① (순서·운동 따위의)도치, 역전; (기계의)역진; 도착. ~ de marche 《기계》 역진. ~ (sexuelle) 《심리》 성도착. ② 《언어》 어순 전환. ~ du sujet 주어도치. ~ simple [complexe] 단순[복합]도치. ③ 《물리》 《전류의》 역류(~ du courant); 《의학》 역위(逆位); 《화학》 전화(轉化); 《수학》 반전; 《지질》 축(軸)반전; 《사진》 반전현상. ~ du cœur 심장역위(우측에 위치한 것). ~ du sucre 당의 전화. ~ de relief (침식작용에 의한)축반전.

invertase [ɛ̃vɛrta:z] n.f. 《생화학》 인베르타제(invertine), 전화효소.

invertébré(e) [ɛ̃vɛrtebre] 《동물》 a. 무척추(無脊椎)의. —n.m.pl. 무척추 동물.

inverti(e) [ɛ̃vɛrti] a. 전도된, 역(逆)의; 전화한. sucre ~ 《화학》 전화당(轉化糖). consonne ~e 반전음. —n. 성도착자(性倒錯者)(homosexuel).

invertine [ɛ̃vɛrtin] n.f. 《화학》 전화(轉化)효소.

invertir [ɛ̃vɛrti:r] v.t. ① (옛)전도(轉倒)시키다, 전화하다, 역전[역치]시키다(inverser). Les miroirs *invertissent* les objets. 거울은 물체를 좌우 역으로 비춘다. ② 〖언어〗 (주어를) 도치시키다; 〖광학〗 (상을) 도립[역립]시키다.

investigateur(trice) [ɛ̃vɛstigatœ:r, -tris] n. 탐구자, 연구자 (chercheur). —a. 탐구의, 탐구심이 강한; (눈초리 따위가) 탐색하는 듯한, 날카로운.

investigation [ɛ̃vɛstigasjɔ̃] n.f. 연구, 탐구 (recherche); (경찰 따위의) 조사. faire des ~s sur qc …에 대하여 조사[연구]하다.

investir [ɛ̃vɛsti:r] v.t. ① (직위에) 서임[임명]하다; [~ qn de] (권력·지위를) 부여하다, 맡기다; (비유적) (신임을) 부여하다. ~ les évêques par la crosse et l'anneau 지팡이와 반지를 하사하며 주교를 서임하다. ~ qn de tous les pouvoirs …에게 모든 권한을 위임하다. droit dont il est investi 그가 위임받은 권리. ~ qn de sa confiance …을 전적으로 신임하다. ② 둘러싸다 (encercler); 〖군사〗 포위하다 (assiéger). La police *investit* le village. 경찰이 마을을 포위했다. ③ (자본을) 투자하다. capitaux *investis* 투자된 자본. ~ son argent dans l'industrie chimique 화학공업에 투자하다.
—v.i. (어떤 활동·대상에) 정신력을 집중하다. Il *investit* beaucoup dans son travail. 그는 자기 일에 온 정성을 쏟는다.

investissement [ɛ̃vɛstismɑ̃] n.m. ① 투자. ~s de longue durée 자본의 장기투자. ② 〖군사〗 포위, 공략 (siège). ③ 서임 (敍任), 임명. ④ 〖정신분석〗 (대상에 대한) 정신력의 집중.

investisseur [ɛ̃vɛstisœ:r] n.m. 투자자.

investiture [ɛ̃vɛstity:r] n.f. ① (주교 따위의) 서임, 임명, 권한 부여. ② (정당의 입후보자) 공천; (내각 구성을 위한 의회의 수상) 지명. ③ 〖옛〗 〖법〗 소유권의 양도.

invétéré(e) [ɛ̃vetere] a.p. (병·습관이) 만성의, 상습적인, 고질이 되어버린, 뿌리 깊은. alcoolique ~ 알코올중독자. habitude ~e 뿌리깊은 습관.

invétérer (s') [sɛ̃vetere] [6] v.pr. 〖옛·문어〗 (병·습관 따위가) 만성이 되다, 고질이 되다, 상습이 되다, 뿌리박히다. laisser (s') ~ une maladie 병을 만성화시키다.

invigilant(e) [ɛ̃viʒilɑ̃, -ɑ̃:t] a. 《드물게》 방심한, 주의를 기울이지 않은.

invigoration [ɛ̃vigɔrasjɔ̃] n.f. 〖생리〗 튼튼히 하기, 원기를 북돋아주기.

invincibilité [ɛ̃vɛ̃sibilite] n.f. 무적 (無敵), 물리칠 수 없음, 상승 (常勝).

invincible [ɛ̃vɛ̃sibl] a. ① 물리칠 수 없는, 이길 수 없는, 무패의, 무적의 (imbattable). armée ~ 무적의 군대. argument ~ 《비유적》 물리칠 수 없는 이론. ② 극복할 수 없는, 뛰어넘을 수 없는, 어쩔 수 없는 (insurmontable). obstacle ~ 극복할 수 없는 난관. charme ~ 저항할 수 없는 매력.

invinciblement [ɛ̃vɛ̃sibləmɑ̃] ad. 물리칠 수 없을 정도로, 저항할 수 없을 만큼.

in-vingt-quatre [in(ɛ̃)vɛ̃tkatr] [인쇄] a. 《불변》 24 절판의. —n.m. 《복수불변》 24 절판 (의 책).

inviolabilité [ɛ̃vjɔlabilite] n.f. 불가침 (권), 침범 [침해]할 수 없음, 신성함; (국회의원의) 면책특권, (외교관·외교문서 따위의) 불가침의 특권.

inviolable [ɛ̃vjɔlabl] a. 불가침의, 침범 [침해]할 수 없는, 신성한; (국회의원이) 면책특권을 가진, (외교관이) 불가침의 특권을 가진.

inviolablement [ɛ̃vjɔlabləmɑ̃] ad. 침범할 수 없을 만큼.

inviolé(e) [ɛ̃vjɔle] a. 침범되지 않은; (맹세·규칙 따위가) 깨뜨려지지 않은.

invisibilité [ɛ̃vizibilite] n.f. 보이지 않음, 불가시성 (不可視性).

***invisible** [ɛ̃vizibl] a. ① 보이지 않는, 눈에 띄지 않는 (imperceptible). danger ~ 보이지 않는 위험. étoile ~ à l'œil nu 육안으로 보이지 않는 별. ② 만나볼 수 없는, 자취를 감춘. Depuis quelque temps, elle est devenue ~. 얼마전부터 그녀는 자취를 감추었다.
—n.m. 눈에 보이지 않는 것; 보이지 않는 세계.

invisiblement [ɛ̃vizibləmɑ̃] ad. 보이지 않게.

invitant(e) [ɛ̃vitɑ̃, -ɑ̃:t] a. ① 사람의 마음을 끄는, 유혹하는. ② 초청하는. puissance ~e (회의 따위에 여러 나라를 초청하는) 초청국. —n.m.pl. 《스포츠》 도전자.

***invitation** [ɛ̃vitasjɔ̃] n.f. ① 초대, 초빙; 초대장, 안내장. carte [lettre] d'~ 초대장, 초청장. [~ à] recevoir une ~ à dîner 저녁식사에 초대받다. ② 권유; 독촉 (exhortation).
sur l'~ de qn …의 초대로, 권유에 따라.

invitatoire [ɛ̃vitatwa:r] 〖가톨릭〗 a. 초대의.
—n.m. 초대의 찬가 (讚歌), 초문 (招文) (antienne ~). —n.f. (로마 교황이 취임 기념일에 주교들에게 내는) 초대장.

invite [ɛ̃vit] n.f. ① 간접적인 유혹, 유인; 권유, 권고. ne pas répondre aux ~s d'un adversaire 적의 유인에 응하지 [넘어가지] 않다. ② 《카드놀이》 (상대에게 카드를 내라는) 신호, 콜 (appel).

invité(e) [ɛ̃vite] n. 초대받은 사람, 내빈. ~s de marque 귀빈. Tu es mon ~; laisse-moi payer. 너는 내 손님이야, 내가 돈을 낼게.

***inviter** [ɛ̃vite] v.t. ① (을) 초대하다, 초청하다 (convier). [~ qn à qc/à+inf.] ~ qn au mariage [à dîner] ~을 결혼식에 [저녁식사에] 초대하다. ② 이끌다; 권유하다, 권고하다 (inciter). [~ (qn) à qc/à+inf.] Le beau temps *invite* à la promenade. 산책하고 싶어지는 좋은 날씨이다. ~ à croire que… …라고 믿게끔 하다. Je vous *invite* à vous retirer. 제발 돌아가 주셨으면 합니다.
—s'~ v.pr. ① 서로 초대하다. ② 《구어》 불청객으로 나타나다.

inviteur(se) [ɛ̃vitœ:r, -φ:z] a, n. 초대하기 좋아하는 (사람).

in vitro [invitro] 《라틴》 loc.ad. 시험관내에서.

invivable [ɛ̃vivabl] a. ① (장소 따위가) 살기 어려운. ensemble immobilier ~ 살기 어려운 주거단지. ② 《구어》 (사람이) 견디기 어려운, 사귀기 힘든 (insociable).

in vivo [invivo] 《라틴》 loc.ad. 생체내 (生體內)에서. expériences ~ 생체내의 실험.

invocateur(trice) [ɛ̃vɔkatœ:r, -tris] a. 비는, 기원하는. —n. 기원자, 기도자.

invocation [ɛ̃vɔkasjɔ̃] n.f. [~ à] (에의) 기원, 기도; (서정시 따위에의) 첫머리의 기원. ~ aux Muses 시신 (詩神)에의 기원.
sous l'~ de …의 가호 아래; …을 위해. église placée *sous l'~ de* la Vierge (성모의 가호 밑에 세워진 교회)→ 성모에게 봉헌된 교회. mettre son œuvre *sous l'~ de* la lutte contre l'injustice 불의에 대한 투쟁을 위해 작품을 바치다.

invocatoire [ɛ̃vɔkatwa:r] a. 〖문어〗 기원 (祈願)의.

invoisé(e) [ɛ̃vwaze] a. 〖언어〗 무성화한.

involontaire [ɛ̃vɔlɔ̃tɛ:r] a. 본의 아닌, 무의지적인; 〖생리〗 불수의 (不隨意)의; 〖법〗 과실의. erreur ~ 고의 아닌 과실. mouvement ~ 기계적 [반사] 운동. muscles ~s 불수의근 (不隨意筋).

involontairement [ɛ̃vɔlɔ̃tɛrmɑ̃] ad. 본의 아니게, 얼떨결에. Si je vous ai peiné, c'est bien ~. 폐를

꺼졌읍니다만 그것은 제 본의가 아니었읍니다.
involucelle [ɛ̃vɔlysɛl] *n.m.* 〖식물〗소(小)총포.
involucral(ale, *pl.* **aux)** [ɛ̃vɔlykral, -o] *a.* 〖식물〗총포 위에 생긴.
involucre [ɛ̃vɔlykr] *n.m.* 〖식물〗총포(總苞).
involucré(e) [ɛ̃vɔlykre] *a.* 〖식물〗총포가 있는.
involuté(e) [ɛ̃vɔlyte] *a.* 〖식물〗안으로 말린, 내선상(內旋狀)의.
involutif(ve) [ɛ̃vɔlytif, -i:v] *a.* 〖식물〗내선상의; 〖기하〗대합(對合)의.
involution [ɛ̃vɔlysjɔ̃] *n.f.* 〖의학〗(산후 자궁의) 퇴축(退縮); 〖수학〗거듭제곱법, 누승법(累乘法); 〖기하〗대합(對合); 〖식물〗내선(內旋); 〖생리〗함입, 내절(內折); 〖생물〗(기관·조직 따위의) 퇴화, 쇠퇴.
invoquer [ɛ̃vɔke] *v.t.* ① (에게) 구원을 빌다, 가호를 빌다, 기도하다, 기원하다 (prier). ~ Dieu 하느님께 구원을 빌다. ② [~ *qc*] (을) 하소연하다, 간청하다 (implorer). ~ le secours 원조를 간청하다. ③ (비유적) 내세우다, (증거물 따위를) 방패로 제시하다 (alléguer). ~ un témoignage en faveur de l'accusé 피고에게 유리하도록 증언을 갖다대다. arguments *invoqués* à l'appui d'une thèse 명제를 뒷받침하기 위해 내세운 논거.
invraisemblable [ɛ̃vrɛsɑ̃blabl] *a.* ① 사실같지 않은, 있음직하지 않은, 거짓말 같은 (incroyable). histoire ~ 거짓말 같은 이야기. Il est ~ que+*sub.* …하다는 것은 있음직한 일이 아니다. ② (구어) 기이한, 괴상한 (bizarre); (사람이) 엉뚱한. porter un chapeau ~ 괴상한 모자를 쓰다. Ils sont ~s de partir sans même nous prévenir. 우리에게 연락도 없이 떠나다니 그 사람은 참 엉뚱하군. —*n.m.* 있음직하지 않은 일, 사실같지 않은 일.
invraisemblablement [ɛ̃vrɛsɑ̃blabləmɑ̃] *ad.* 사실같지 않게; 거짓말같이; 놀랍게도.
invraisemblance [ɛ̃vrɛsɑ̃blɑ̃:s] *n.f.* 사실같지 않음, 있음직하지 않음; 사실같지 않은 일, 있을 수 없는 일. drame plein d'~s 거짓말 같은 이야기로 가득찬 극.
invulnérabilité [ɛ̃vylnerabilite] *n.f.* 상처입힐 수 없음, 손상되지 않음; 불사신(不死身).
invulnérable [ɛ̃vylnerabl] *a.* 상처입힐 수 없는, 손상되지 않는; (정신적 충격에) 견뎌내는. ~ aux coups 공격을 받고도 끄떡없는. ~ au malheur [aux tentations] 불행[유혹]에 굴하지 않는.
invulnérablement [ɛ̃vylnerabləmɑ̃] *ad.* 《드물게》 상처입힐 수 없게, 손상되지 않게.
iodargyrite [jɔdarʒirit] *n.f.* 〖광물〗(천연의) 옥화은(沃化銀)(AgI).
iodate [jɔdat] *n.m.* 〖화학〗요오드산염.
iode [jɔd] *n.m.* 〖화학〗요오드, 옥소(沃素). teinture d'~ 옥도정기.
iodé(e) [jɔde] *a.p.* 요오드를 함유한.
iodémie [jɔdemi] *n.f.* 〖의학〗요오드혈증(血症).
ioder [jɔde] *v.t.* 〖의학·사진〗요오드를 바르다; 요오드를 넣다.
iodeux [jɔdø] *a.m.* 요오드산화의.
iodhydrique [jɔdidrik] *a.* 〖화학〗요오드화 수소의. acide ~ 요오드화 수소산.
iodide [jɔdid] *n.f.* 〖의학〗요오드진(疹).
iodifère [jɔdifɛ:r] *a.* 〖화학〗요오드를 함유한.
iodique [jɔdik] *a.* acide ~ 〖화학〗요오드산.
iodisme [jɔdism] *n.m.* 〖의학〗요오드 중독.
iodite [jɔdit] *n.f.* =**iodargyrite.**
iodler [jɔdle] *v.t.* =**jodler.**
iodoforme [jɔdɔfɔrm] *n.m.* 〖화학〗요오드포름.
iodoformé(e) [jɔdɔfɔrme] *a.* 요오드포름을 바른.

iodométrie [jɔdɔmetri] *n.f.* 요오드 정량법(定量法).
iodure [jɔdy:r] *n.m.* 〖화학〗요오드화물, 옥화물(沃化物). ~ de potassium (de sodium) 요오드화칼륨 [나트륨]. ~ d'argent (사진건판에 쓰는) 옥화은.
ioduré(e) [jɔdyre] *a.p.* 〖화학〗요오드화한, 요오드화물을 함유한; 〖사진〗요오드은으로 처리한.
iodurer [jɔdyre] *v.t.* 〖화학·의학·사진〗(에) 요오드를 넣다(함유시키다); 요오드화물로 처리하다.
iodyrite [jɔdirit] *n.f.* =**iodargyrite.**
iole [jɔl] *n.f.* =**yole.**
-iole *suff.* 「소(小)」의 뜻.
iolite [jɔlit] *n.f.* 〖광물〗근청석(菫青石).
ion [jɔ̃] *n.m.* 〖물리·화학〗이온. ~ positif [négatif] 양[음] 이온. ~ de l'atmosphère 대기이온.
ionie [jɔni] *n.pr.f.* 〖고대지리〗이오니아.
ionien(ne) [jɔnjɛ̃, -ɛn] *a.* 이오니아의. mer I—*ne* 이오니아해(海). —I— *n.* 이오니아 사람. —*n.m.* 이오니아어(語).
ionique[1] [jɔnik] *a.* 이오니아(식)의. ordre ~ 〖건축〗이오니아식. poésies ~s 이오니아 시(호색적임). —*n.m.* 〖건축〗이오니아식.
ionique[2] *a.* 〖전기·물리·화학〗이온의. théorie ~ 전리설(電離說).
ionisable [jɔnizabl] *a.* 이온화할 수 있는.
ionisant [jɔnizɑ̃], **ionisateur** [jɔnizatœ:r] *n.m.* 이온화(전리) 장치.
ionisation [jɔnizasjɔ̃] *n.f.* 이온화, 전리(電離). ~ atmosphérique 대기전리.
ioniser [jɔnize] *v.t.* 이온화[전리] 시키다. couche *ionisée* de l'atmosphère 대기권의 전리층.
—**s'**~ *v.pr.* 이온화하다.
ionone [jɔnɔn] *n.f.* 〖화학〗이오논(인공향료의 일종)($C_{13}H_{20}O$).
ionosphère [jɔnɔsfɛ:r] *n.f.* 〖물리〗전리층(層).
ionosphérique [jɔnɔsferik] *a.* 〖물리〗전리층의.
iota [jɔta] *n.m.* 그리스 자모의 제 9 자; (비유적) 극소(極小), 점 하나. copier un texte sans changer un ~ 글자 하나 바꾸지 않고 원본 그대로 복사하다. pas un ~ 〖구어〗조금도. Il n'y manque *pas un* ~. 조금도 부족한 점이 없다.
iotacisme [jɔtasism] *n.m.* 〖음성〗(그리스어의) 이음의 지나친 사용; [ʒ] 를 [j] 로 잘못 발음하기.
iouler [jule] *v.i.* (옛) 〖음악〗요들식으로 노래하다 (jodler).
iourte [jurt] *n.f.* =**yourte.**
ipéca [ipeka], **ipécacuana** [ipekakɥana] *n.m.* 〖약〗토근(吐根), 이페카 토제(吐劑).
I.P.E.S. 〘약자〙 Institut de préparation aux enseignements du second degré 중등교원 양성소.
ipésien(ne) [ipezjɛ̃, -ɛn] *n.* I.P.E.S.의 학생. —*a.* I.P.E.S. 학생의.
i.p.i. 〘라틴·약자〙 in partibus infidelium (주교가) 이교(異敎)의 나라에서의 (명의 주교에 대하여).
ipomée [ipɔme] *n.f.* 〖식물〗이포메아 (메꽃과(科)의 1속).
I.P.P. 〘약자〙 impôt sur le revenu des personnes physiques 개인 소득세.
ipréau [ipreo] (*pl.* ~**x**) *n.m.* 〖식물〗백양.
I.P.S.A. 〘약자〙 infirmières parachutables secouristes de l'air 공군 낙하산 구호반 간호원.
ipseité [ipseite] *n.f.* 〖철학〗그 자체의 성(性) (Sartre의 용어) (eccéité).
ipso facto [ipsofakto] 〘라틴〙 *ad.* 사실 그 자체에 의하여, 필연적인 결과로서.
-ique *suff.* 「…에 관하여, …에 특유한」의 뜻.
Ir 〘약자〙 iridium 〖화학〗이리듐.

ir- *préf.* ⇨in-¹, in-².
iradé [irade] *n.m.* (터키 황제의)칙령.
ir-ai, -as, etc. (i.r.e-, -a] ⇨aller.
Irak (l') [lirak] *n.pr.m.* 《지리》 이라크.
irakien(ne) [irakjɛ̃, -ɛn] *a.* 이라크의. **—I~** *n.* 이라크 사람. **—***n.m.* 이라크어(語).
Iran (l') [lirɑ̃] *n.pr.m.* 《지리》 이란.
iranien(ne) [iranjɛ̃, -ɛn] *a.* 이란의. **—I~** *n.* 이란 사람. **—***n.m.* 이란어(語).
Iraouadi, Iraouaddy [irawadi] *n.pr.m.* 《지리》 이라와디 강.
Iraq (l') [lirak] *n.pr.m.* = **Irak.**
iraquien(ne) [irakjɛ̃, -ɛn] *a.* = **irakien.**
irascibilité [irasibilite] *n.f.* 성미 급함, 성마름, 조급증(impatience).
irascible [irasibl] *a.* 성마른, 조급한, 성미 급한 (irritable). homme d'humeur ~ (결핏하면)성 내는 사람. appétit ~ 《스콜라철학》(악을 물아내는)노여움의 정념.
irbis [irbis] *n.m.* 《동물》 백표(白豹).
I.R.B.M. 《영·약자》Intermediate Range Ballistic Missile 중거리 탄도탄.
ire [iːr] *n.f.* 《옛》분노, 노여움.
Irénée [irene] *n.pr.m.* 《종교》 이레나에우스.
irénique [irenik] *a.* 《종교》 (다른 종파 사이에서) 평화적인, 협조적인.
iridacées [iridase], **iridées** [iride] *n.f.pl.* 《식물》 붓꽃과(科).
iridectomie [iridɛktɔmi] *n.f.* 《의학》 홍채절제(虹彩)切除)(술).
iridescence [iridesɑ̃:s] *n.f.* 《문어》무지개빛.
iridescent(e) [iridesɑ̃, -ɑ̃:t] *a.*《문어》무지개 빛깔의.
iridié(e) [iridje] *a.* 《화학》 이리듐을 함유한; 이리듐이 붙은.
iridien(ne) [iridjɛ̃, -ɛn] *a.* 《해부》 홍채(虹彩)의.
iridier [iridje] *v.t.* 《금속》 끝에 이리듐을 입히다.
iridium [iridjɔm] *n.m.* 《화학》 이리듐.
irido-diagnostic [iridɔdjagnɔstik] *n.m.* 《의학》 홍채 진단법.
iridosmine [iridɔsmin] *n.f.* 《광물》 이리도스민 (오스뮴과 이리듐의 천연산 합금).
iris [iris] *n.m.* ① 《시》무지개(arc-en-ciel); 무지개 빛; 무지개빛의 수정(pierre d'~). ② 《의학》 홍채(虹彩); 《사진》 조리개(diaphragme ~). 《식물》붓꽃; 《약》붓꽃뿌리 (주로 여자의 화장용으로 쓰임). **—I~** *n.pr.f.* 《그리스신화》 이리스 (무지개의 여신).
irisable [irizabl] *a.* 무지개빛을 내는; 채운(彩雲)현상을 일으키는. verres ~s 무지개빛 유리.
irisage [iriza:ʒ] *n.m.* 무지개빛으로 빛내기, 무지개빛의 광채; 채운현상(irisation).
irisation [irizɑsjɔ̃] *n.f.* 무지개빛, 무지개빛의 광채; 채운현상.
irisé(e) [irize] *a.p.* 무지개빛의.
irisement [irizmɑ̃] *n.m.* = **irisation.**
iriser [irize] *v.t.* 무지개빛으로 빛나게 하다.
—s'~ *v.pr.* 무지개빛을 발하다.
iritis [iritis] *n.f.* 《의학》 홍채염(虹彩炎).
Irkoutsk [irkutsk] *n.pr.m.* 《지리》 이르쿠츠크.
irlandais(e) [irlɑ̃dɛ, -ɛ:z] *a.* 아일랜드의.
—I~ *n.* 아일랜드 사람. **—***n.m.* 아일랜드어(語).
Irlande [irlɑ̃:d] *n.pr.f.* 《지리》 아일랜드.
—*n.f.* 아일랜드풍의 레이스(point d'~).
irone [irɔn] *n.f.* 《화학》 이론.
*****ironie** [irɔni] *n.f.* ① 아이러니; 빈정거림, 비꼬기 (humour, sarcasme). ~ du sort 운명의 장난. ne pas comprendre l'~ 아이러니〔유머〕를 이해 못하다. ② 《수사학》반어법. . ~ socratique 《철학》 소크라테스식 반어법.
ironique [irɔnik] *a.* 아이러니컬한; 빈정거리는, 비꼬는(moqueur). sourire ~ 빈정거리는 웃음.
ironiquement [irɔnikmɑ̃] *ad.* 야유하여, 비꼬아서, 빈정거리며.
ironiser [irɔnize] *v.t.* 《드물게》 (사람을)놀리다, 비꼬다, 빈정거리다(blaguer). **—***v.i.* [~ sur *qc/qn*] (輰)야유하다, 비꼬다(se moquer). ~ *sur* l'embarras de *qn* …의 곤경에 대해 빈정거리다.
ironisme [irɔnism] *n.m.* 비꼬는 투〔버릇〕.
ironiste [irɔnist] *n.* 야유하는 사람, 빈정거리기 잘하는 사람.
iroquois(e) [irɔkwa, -a:z] *a.* (북미 인디언의 한 종족인)이러퀴이의. **—***n.* ① (I~)이러퀴이 사람. ② 《구어》영통한 사람. **—***n.m.* 이러퀴이어(語);《구어》영문 모를 말.
I.R.P.P. 《약자》impôt sur le revenu des personnes physiques 개인 소득세.
irraccommodable [i(r)rakɔmɔdabl] *a.* 《드물게》고칠〔수선할〕 수 없는; 화해시킬 수 없는.
irrachetable [i(r)raʃtabl] *a.* 《드물게》되살 수 없는.
irracheté(e) [i(r)raʃte] *a.* ① 되사지 않은; 보상되지 않은. ② (죄 따위가)속죄되지 않은; (결점 따위가)벌충되지 않은.
irracontable [i(r)rakɔ̃tabl] *a.* 《드물게》(남에게)이야기할 수 없는.
irradiateur(trice) [i(r)radjatœ:r, -tris] *a.* 발광(發光)하는, 조사(照射)하는.
irradiation [i(r)radjɑsjɔ̃] *n.f.* ① 발광; 분산(rayonnement); (방사선의)조사(照射); 《물리》 광삽(光滲)(배경을 어둡게 하여 물체를 강하게 비추면 실물보다 커보이는 현상). ② 《사진》 헐레이션; 훈영(暈影).
irradier [i(r)radje] *v.i.* (빛이)사방으로 퍼지다, 분산하다; (통증 따위가)퍼지다(se propager). ~ de tous côtés (빛이)사방으로 퍼지다. La douleur du genou *irradiait* dans toute la jambe. 무릎의 통증이 다리 전체로 퍼졌다.
—*v.t.* ① 방사선을 쐬다. organismes *irradiés* 방사선을 쬔 기관. ② (빛 따위가)발하다(émettre); 《문어》빛나게 하다(illuminer); (주위에)발산하다. Elle *irradie* le bonheur autour d'elle. 그녀는 자기 주변에 행복을 발하고 있다.
—s'~ *v.pr.* [s'~ de](으로)넘치다, 충만하다. Le ciel *s'irradie des* rayons du soleil. 하늘에 햇빛이 넘치고 있다.
irraisonnable [i(r)rɛzɔnabl] *a.* 이성(理性)이 없는, 무분별한, 몰지각한(déraisonnable).
irraisonnablement [i(r)rɛzɔnabləmɑ̃] *ad.* 지각없이, 몰지각하게, 불합리하게.
irraisonné(e) [i(r)rɛzɔne] *a.* 이치에 어긋나는, 불합리한, 도리에 맞지 않는.
irrassasiable [i(r)rasazjabl] *a.* 만족할 줄 모르는, 탐욕스러운.
irrationalisme [i(r)rasjɔnalism] *n.m.* 비합리(주의); 반이성주의.
irrationaliste [i(r)rasjɔnalist] *a.* 《철학》 비합리주의의, 반이성주의의. **—***n.* 비합리주의자, 반이성주의자.
irrationalité [i(r)rasjɔnalite] *n.f.* 불합리, 반이성; (사람의)무분별, 이성의 결여.
irrationnel(le) [i(r)rasjɔnɛl] *a.* ① 불합리한, 비이성적인; 몰지각한; 비정상적인(anormal). supposition ~*le* 이치에 어긋난 가정. conduite ~*le* 무분별한 행동. ② 《수학》 무리(無理)의. nombre

~ 무리수.

irrationnellement [i(r)rasjɔnɛlmã] ad. 비이성적으로, 불합리하게, 지각없이.

irréalisable [i(r)realizabl] a. ① 실현(성취)할 수 없는; 공상적인(impraticable). désir ~ 실현불가능한 욕망. ② 《상업》현금으로 바꿀 수 없는. valeurs ~s 환금불능의 유가증권.

irréalisé(e) [i(r)realize] a. 《문어》실현되지 않은, 성취되지 않은(↔ accompli).

irréalisme [i(r)realism] n.m. 현실감(성)의 결여, 비현실성.

irréalité [i(r)realite] n.f. 비현실성.

irrecevabilité [i(r)rəsvabilite] n.f. 받아들일 수 없음; 승인(승낙)할 수 없음.

irrecevable [i(r)rəsvabl] a. 받아들일 수 없는, 허용되지 않는, 인정할 수 없는; 《법》증거 능력이 없는. demande(proposition) ~ 받아들일 수 없는 요구(제안). demandeur ~ 소송이 기각된 원고.

irrécompensable [i(r)rekɔ̃pɑ̃sabl] a. 《드물게》보상받을 수 없는, 보답받을 수 없는.

irrécompensé(e) [i(r)rekɔ̃pɑ̃se] a. 《드물게》보상[보답]받지 못한.

irréconciliabilité [i(r)rekɔ̃siljabilite] n.f. 화해할 수 없음, 융합할 수 없음.

irréconciliable [i(r)rekɔ̃siljabl] a. (와)화해할 수 없는, 융합할 수 없는; (양자가)서로 화해할 수 없는, 서로 받아들이지 않는; 양립될 수 없는; 양보하지 않는. ennemi ~ 불구대천의 원수.

irréconciliablement [i(r)rekɔ̃siljabləmɑ̃] ad. 화해할 수 없으리만큼, 융화할 수 없게.

irréconcilié(e) [i(r)rekɔ̃silje] a. 화해[융화]하지 못한. ennemis ~s 서로 화해하지 못하는 적들.

irrécouvrable [i(r)rekuvrabl] a. (손실 따위의)만회가 불가능한, 회복할 수 없는; (부채 따위의)회수가 어려운. créance ~ 돌이킬 수 없는 신용.

irrécupérable [i(r)rekyperabl] a. (손실 따위가)돌이킬 수 없는, 되찾을 수 없는; (대금 따위가)회수되지 않는; (사람이 이전의 그룹이나 정당에)되돌아 갈 수 없는, 복귀시킬 수 없는.

irrécusable [i(r)rekyzabl] a. 거부할 수 없는, 부인할 수 없는, 《법》기피할 수 없는. preuve ~ 부인할 수 없는 증거.

irrécusablement [i(r)rekyzabləmɑ̃] ad. 거부(부인)할 수 없게.

irrédentisme [i(r)redɑ̃tism] n.m. 《정치》이탈리아 민족통일주의.

irrédentiste [i(r)redɑ̃tist] a. 이탈리아 민족통일주의의. —n. 이탈리아 민족통일당원.

irréductibilité [i(r)redyktibilite] n.f. ① 환원될 수 없음, 감소될 수 없음; 《수학》약분할 수 없음; 《화학》비환원성. ② 굽히지 않음, 불굴. ③ 《의학》(좌골(挫骨)의)원상회복 불능.

irréductible [i(r)redyktibl] a. ① 완강한; 요지부동의, 불굴의(invincible). ennemi ~ 완강한 적. Il est ~ sur ce point. 그는 이점에 대해 요지부동이다. ② (다른 것으로)환원할 수 없는, 돌릴 수 없는; 줄일 수 없는; 《수학》약분할 수 없는; 《화학》환원될 수 없는. [~ à] sentiments ~s à la simple amitié 단순한 우정으로 돌릴 수 없는 감정. souscription ~ 할인되지 않는 예약금. fraction ~ 《수학》기약(旣約)분수. ③ 《의학》(좌골이)원상회복 불가능한. fracture ~ 원상복귀 불능의 골절. —n. 비타협적인 사람.

irréduit(e) [i(r)redɥi, -it] a. 《의학》(골절 따위가)원상회복되지 않은.

irréel(le) [i(r)reɛl] a. 비현실적인, 사실이 아닌; 환상적인, 추상적인(imaginaire). univers ~ 환상적인 세계. —n.m. 비현실.

irrééligible [i(r)reeliʒibl] a. 재선(再選)될 수 없는.

irréfléchi(e) [i(r)refleʃi] a. ① (언행·사람이)지각없는, 경솔한(insensé). parole ~e 경솔한 말. ② 본능적인, 무의식적인(involontaire). mouvement ~ 무의식적(기계적) 운동.

irréflectivité [i(r)reflɛktivite] n.f. 《의학》반사기능 상실, 반사작용 결여.

irréflexion [i(r)reflɛksjɔ̃] n.f. 몰지각, 경솔, 경망. sottise commise par ~ 경솔로 인한 실수.

irréformable [i(r)reformabl] a. (법령·악습 따위가)개혁(개정)할 수 없는; 《법》(판결이)취소할 수 없는, 결정적인.

irréfragable [i(r)refragabl] a. 거부할 수 없는, 부인할 수 없는, 항의(반박)할 수 없는(irrécusable). témoignage ~ 거부할 수 없는 증언.

irréfrangible [i(r)refrɑ̃ʒibl] a. 《광학》굴절성 없는.

irréfrénable [i(r)refrenabl] a. 억제할(억누를) 수 없는. passion ~ 억누를 수 없는 열정.

irréfutabilité [i(r)refytabilite] n.f. 《문어》부인(반박)할 수 없음.

irréfutable [i(r)refytabl] a. 부인할 수 없는, 논박할 수 없는, 부정할 수 없는(indiscutable). preuve ~ 부인할 수 없는 증거.

irréfutablement [i(r)refytabləmɑ̃] ad. 반박할 수 없을 정도로, 부인(부정)할 수 없게.

irréfuté(e) [i(r)refyte] a. 부정(부인)되지 않은, 논박된 일이 없는.

irrégularité [i(r)regylarite] n.f. ① 불규칙, 불순(不順), 변칙; 고르지 않음. ~ des saisons 계절의 불순. ~ du pouls 맥박의 불규칙. surface qui présente des ~s 고르지 않은(굴곡이 있는) 표면. ② 반칙; 부정, 규율없는 행실, 난잡한 행위. ~s dans une élection 선거에 있어서의 부정 행위. commettre des ~s 부정한 짓을 하다.

***irrégulier(ère)** [i(r)regylje, -ɛr] a. ① 불규칙한, 불규칙적인(désordonné); 고르지 않은(inégal), 불순한. visage ~ 균형잡히지 않은 얼굴. terrain ~ 지면이 고르지 않은. pouls ~ 부정맥(不整脈). troupes ~ères 《군사》비정규군. verbes ~s 《언어》불규칙 동사. ② 반칙의; 부정의; 규율없는, 난잡한. mener une vie ~ère 난잡하게 살다. situation de famille ~ère 비정상적인 가족 상황. Il a été ~ dans cette affaire. 그는 이 일(거래)에 있어서 정직하지 못했다(지켜야 할 규칙을 어겼다). ③ (사람이)(일에)꾸준하지 않은; (결과·성적이)고르지 않은(inégal). élève ~ 출석이 꾸준하지 않은 학생. athlète ~ 성적이 고르지 않은 운동선수. —n.m. 유격대, 비정규군.

irrégulièrement [i(r)regyljɛrmɑ̃] ad. ① 불규칙하게, 고르지 않게. Il vient ~ au bureau. 그는 꾸준하게 근무하지 않는다. ② 변칙적으로, 규율없게; 비합법적으로, 난잡하게.

irréligieusement [i(r)reliʒjøzmɑ̃] ad. 무종교(비종교)적으로, 경건하지 못하게.

irréligieux(se) [i(r)reliʒjø, -ʒjøz] a. ① 무[비]종교적인, 신앙없는(athée, incroyant); 불경건한.

irréligion [i(r)reliʒjɔ̃] n.f. 무종교(athéisme).

irréligiosité [i(r)reliʒjozite] n.f. 비종교성, 무종교성, 불경건.

irremboursable [i(r)rɑ̃bursabl] a. 《드물게》《상업》(재정》상환될 수 없는, (돈이)회수될 수 없는. dette ~ 상환 불능의 부채.

irrémédiable [i(r)remedjabl] a. ① 치료할 수 없는, 불치의, 불가피한. aggravation ~ d'un état de santé 건강상태의 치명적인 악화. ② 돌이킬 수 없는, 보상할 수 없는, 만회하기 어려운, 다시 어쩔

수 없는(irréparable). faute ~ 돌이킬 수 없는 실수. désastres ~s 복구할 수 없는 재난.
—n.m. 돌이킬 수 없는 것, 보상(만회)할 수 없는 것. éviter l'~ 돌이킬 수 없는 일은 피하다.

irrémédiablement [i(r)remedjabləmɑ̃] ad. 치료할 수 없을 만큼, 회복될 수 없을 만큼; 복구할 수 없을 정도로, 다시 어쩔 수 없게(irréparablement).

irrémissible [i(r)remisibl] a. 《문어》용서[사면]할 수 없는. faute ~ 용서할 수 없는 과오. péché ~ 《신학》성령모독죄(péché contre l'esprit).

irrémissiblement [i(r)remisibləmɑ̃] ad. 용서 못하게, 사면할 수 없을 만큼.

irrémission [i(r)remisjɔ̃] n.f. 용서할 수 없음, 가차 없음. ~ d'une faute 용서할 수 없는 잘못.

irremplaçable [i(r)rɑ̃plasabl] a. 다른 것과 바꿀 수 없는, 대치될 수 없는, 유일한. collaborateur ~ 누구와도 바꿀 수 없는 (귀중한) 협력자.

irrémunéré(e) [i(r)remynere] a. 《드물게》보상[보답]되지 않은.

irrendable [i(r)rɑ̃dabl] a. 《미술》 표현할 수 없는, 표현 불가능의.

irréparabilité [i(r)reparabilite] n.f. 치료불능, 회복불능; 수리불능; 돌이킬 수 없음.

irréparable [i(r)reparabl] a. 회복할 수 없는; 수리할 수 없는; 돌이킬 수 없는(irrémédiable). perte ~ 만회할 수 없는 손실. moteur ~ 수리할 수 없는 엔진.
—n.m. 회복[만회]할 수 없는 일.

irréparablement [i(r)reparabləmɑ̃] ad. 회복할 수 없게, 만회할 수 없게; 수리할 수 없게; 수리할 수 없을 만큼.

irrépréhensible [i(r)repreɑ̃sibl] a. 《문어》 비난할 수 없는, 나무랄 데 없는(irréprochable).

irrépressible [i(r)represibl], **irréprimable** [i(r)reprimabl] a. 억누를 수[억제할] 수 없는. passion ~ 억누를 수 없는 정열.

irréprochable [i(r)reprɔʃabl] a. 나무랄 데 없는, 비난할 데 없는; 결점 없는, 완전한(impeccable). épouse ~ 나무랄 데 없는 아내. être ~ dans sa conduite 행동에 있어 나무랄 데 없다.

irréprochablement [i(r)reprɔʃabləmɑ̃] ad. 비난할 수 없을 만큼, 나무랄 데 없을 만큼.

irréproductif(ve) [i(r)reprɔdyktif, -i:v] a. 비생산적인; 재생산 할 수 없는.

irrésistibilité [i(r)rezistibilite] n.f. 저항할 수 없음, 불가항성(不可抗性).

irrésistible [i(r)rezistibl] a. ① 저항할 수 없는; 억제할 수 없는(impérieux). tentation ~ d'un plaisir 억제할 수 없는 향락의 유혹. ② (여자가)매혹적인. femme ~ (그 매력에 저항할 수 없는)매혹적인 여자. ③ 못견디게 웃기는. Il est ~ quand il raconte une histoire. 그가 무슨 이야기를 할 때는 웃지 않을 수가 없다.

irrésistiblement [i(r)rezistibləmɑ̃] ad. 저항할 수 없게; 억제할 수 없게.

irrésolu(e) [i(r)rezɔly] a. ① 주저하는, 우유부단한, 결단성 없는(indécis). caractère ~ 우유부단한 성격. ② (문제 따위가)미해결의. problème ~ 미해결의 문제.

irrésoluble [i(r)rezɔlybl] a. 《드물게》① 분해할 수 없는. ② 해결할 수 없는(insoluble).

irrésolument [i(r)rezɔlymɑ̃] ad. 우유부단하게, 결단성 없게.

irrésolution [i(r)rezɔlysjɔ̃] n.f. 우유부단, 결단성 없음(indécision).

irrespect [i(r)respɛ] n.m. 무례, 불손, 불경, 실례(irrévérence). ~ des enfants envers les parents 부모에 대한 아이들의 불손[무례].

irrespectueusement [i(r)rɛspɛktɥøzmɑ̃] ad. 불손하게, 무례하게, 불경하게.

irrespectueux(se) [i(r)rɛspɛktɥø, -ø:z] a. [~ envers/pour] (에 대해서)불손한, 무례한, 실례되than (impertinent). propos[acte] ~ 무례한 말[행위]. manières ~ses 불손한 태도. se montrer ~ envers son supérieur 자기 상관에게 불손하게 굴다.

irrespirable [i(r)rɛspirabl] a. ① 호흡에 적합치 않은, 호흡에 위험한. air[gaz] ~ 호흡하기에 곤란한 공기[가스]. ② (장소·분위기 따위가)질식할 것 같은. atmosphère ~ 질식할 것 같은 분위기.

irresponsabilité [i(r)rɛspɔ̃sabilite] n.f. ① (도덕적으로)책임감. ② (법적인)무책임; 면책. ~ parlementaire 《법》 국회의원의 면책특권. plaider l'~ d'un accusé 피고에게 책임이 없음을 주장[변호]하다.

irresponsable [i(r)rɛspɔ̃sabl] a. ① (도덕적으로)책임없는, 무책임한. enfant ~ (행위에 대해)책임지지 않는 아이. ② (법적으로)책임지지 않는, 책임질 능력이 없는. aliéné ~ 책임능력이 없는 정신병자. ③ 분별없는, 경솔한(irréfléchi, léger).
—n. 책임이 없는 자, 책임감이 없는 사람; 《법》 (법적 책임이 면제된)무능력자.

irrétrécissable [i(r)retresisabl] a. (천 따위가)줄지 않는, 수축되지 않는. tissu[étoffe] ~ au lavage 빨아도 줄지 않는 천.

irrévélé(e) [i(r)revele] a. 게시되지[밝혀지지]않은.

irrévéremment [i(r)reveramɑ̃] ad. 불손하게, 불경하게, 무례하게. parler ~ de qn …에 대해 불경하게 이야기하다.

irrévérence [i(r)reverɑ̃:s] n.f. 불손, 불경, 무례; 《드물게》불손한 언행. commettre des ~s envers qn …에게 불손한 행동을 하다.

irrévérencieusement [i(r)reverɑ̃sjøzmɑ̃] ad. 《문어》무례하게, 불손하게, 실례되게.

irrévérencieux(se) [i(r)reverɑ̃sjø, -ø:z] a. 경의를 표하지 않은, 불손한, 불경한, 무례한(↔ respectueux). paroles ~ses 무례한 말. ~ envers[pour] qn …에 대하여 실례를 범한.

irrévérent(e) [i(r)reverɑ̃, -ɑ̃:t] a. (주로 종교적인 면에서)불경한, 불손한; irrespectueux, irrévérencieux. ~ envers Dieu 신에 대해 불경한.

irréversibilité [i(r)reversibilite] n.f. 《학술》 불가역성(不可逆性). ~ du temps 시간의 불가역성. loi de l'~ 《생물》 진화불가역의 법칙 《1893년 Dollo가 주창함》.

irréversible [i(r)reversibl] a. ① 역진(逆進)[역행]할 수 없는; (기계가)한 방향으로만 작동하는; 불가역의. La marche de l'histoire est ~. 역사의 진행은 역진할 수 없다. réaction chimique ~ 《화학》 불가역반응. ② 회복할 수 없는(irréparable); 번복할 수 없는, 결정적인(irrévocable). modification ~ des structures de la société 사회구조의 결정적인 변화.

irréversiblement [i(r)reversibləmɑ̃] ad. 불가역적으로, 돌이킬 수 없게.

irrévocabilité [i(r)revɔkabilite] n.f. 《법》 철회불능, 취소불능, 변경불능; 《문어》 돌이킬 수 없음.

irrévocable [i(r)revɔkabl] a. (재판 따위가) 철회[취소]할 수 없는, 변경할 수 없는; 결정적인(définitif); (시간을)돌이킬 수 없는. jugement ~ 최종판결. refus ~ 단호한 거절. fuite ~ des ans 돌이킬 수 없는 세월의 흐름.
—n.m. 철회할 수 없음, 돌이킬 수 없음; 숙명.

irrévocablement [i(r)revɔkabləmɑ̃] ad. 철회[취소]할 수 없게, 결정적으로(définitivement), 최종적으로. projet ~ arrêté 확정적인 계획.

irrévoqué(e) [i(r)revɔke] *a.* 취소[철회]되지 않은.

irrigable [i(r)rigabl] *a.* 관개(灌漑)할 수 있는. terres ~s 관개가능한 땅.

irrigateur(trice) [i(r)rigatœːr, -tris] *n.m.* ① 관수용 펌프[호스], 관수기; 살수차(撒水車). ② 《의학》세척기, 세정기. ― *a.* 관개용의. canal ~ 관개용 수로.

irrigation [i(r)rigasjɔ̃] *n.f.* ① 《농업》관개. travaux d'~ 관개공사. ② 《의학》세척, 세정. ~ continue 지속세정법. ③ 《혈액 따위 체액의 체내 각 부분에의》순환, 공급.

irriguer [i(r)rige] *v.t.* ① (에)물을 대다, 관개하다(arroser). ~ un désert 사막을 관개하다. ② (동맥 따위가 혈액을 몸의 각 부분에)공급하다, 순환시키다. ③ 《드물게》세척(洗滌)하다, 세정(洗淨)하다. ~ une plaie 상처를 세정하다.

irritabilité [i(r)ritabilite] *n.f.* ① 흥분하기[격하기], 노하기] 쉬움(쉬운 경향). ② 《생물》감응성, 피자극성. ~ cellulaire 세포의 피자극성.

irritable [i(r)ritabl] *a.* ① 성마른(emporté); 신경질적인(nerveux), 흥분하기 쉬운. femme ~ 신경이 예민한 여성. ② 《생물》피자극성의.

irritant(e)[1] [i(r)ritɑ̃, -ãːt] *a.* ① 성나게 하는, 안절부절 못하게 하는, 기분을 거슬리는. attitude ~e 성나게 하는 태도. ② 자극하는. médicament ~ 자극제. gaz ~ 자극성 가스. ― *n.m.* ① 《의학》자극제, 자극물.

irritant(e)[2] *a.* 《법》무효로 하는. clause ~e 무효 규정 조항. décret ~ 《가톨릭》(교회교서 중의) 무효명령.

irritatif(ve) [i(r)ritatif, -iːv] *a.* 《의학》자극성의.

irritation [i(r)ritasjɔ̃] *n.f.* ① 노여움, 노기(怒氣), 신경질. être au comble de l'~ 극도로 화가 나 있다. ② 《생리》자극; 자극 감응, 흥분(excitation). ③ 《의학》(가벼운)염증(inflammation). ~ des bronches 기관지염.

irrité(e) [i(r)rite] *a.p.* ① [~ contre qn](에 대해서) 성이 난, 화를 내고 있는, 신경질이 난(énervé). Je suis très ~ contre lui. 나는 그에 대해 매우 화가 나 있다. ~ que + *sub*.; ~ de ce que + *ind*. …한 데 대해 화내고 있는. ② 《의학》가벼운 염증을 일으킨 (enflammé), 붉어진. peau ~e 피부염. avoir la bouche ~e 입안에 약간 염증이 있다.

irriter [i(r)rite] *v.t.* ① 성나게 하다, 약올리다, 역정[신경질]나게 하다(agacer, ↔ calmer). ~ qn avec ses plaintes continuelles 끊임없는 불평으로 …을 성가시게 굴다(…의 역정을 돋우다). Son indécision finit par m'~. 그의 우유부단함이 마침내 나를 화나게 했다. ②《문어》(감정을) 자극하다, 흥분[고조]시키다(aviver). ~ la passion 열정을 격화시키다. ③ (가벼운)염증이 생기게 하다. La fumée des cigarettes *irrite* la gorge. 담배연기가 목에 가벼운 염증을 일으킨다. ④ 《동·식물》(인위적으로)자극하다.

― s'~ *v.pr.* ① [s'~ contre qn/de qc/de voir qc](에 대해서)화를 내다. Il s'*irrite* contre moi. 그는 나에 대해서 화를 낸다. Il s'*irritait* du retard des invités. 그는 손님들이 늦게 와서 짜증을 내고 있었다. Paul s'*irrite* facilement. 폴은 욱하는 성미가 없이) 화를 잘 낸다. La mer s'*irrite*. (비유적) 파도가 거세다. ② 《의학》염증이 생기다. L'œil s'*est* irrité, il est tout rouge. 눈이 충혈되어 새빨갛다. ③《문어》(감정이)격화되다.

irroration [i(r)rɔrasjɔ̃] *n.f.* ① 물뿌리개로 물주기; 분무. bain par ~ 분무욕. ② 밤이슬에 씻기.

irrorer [i(r)rɔre] *v.t.* 분무하다; 밤이슬에 씻기다.

irruption [i(r)rypsjɔ̃] *n.f.* ① 침입, 돌입, 난입(invasion); 뜻하지 않은 출현, 갑작스럽게 나타나는 것. ~s de barbares 야만족의 침입. [faire ~] Elle a fait ~ chez nous. 그녀가 갑자기 우리집에 왔다. Ce pianiste génial a fait ~ il y a deux ans. 이 천재적인 피아니스트는 2년 전에 갑자기 나타났다. ② 범람, 침수, 홍수(inondation). ~ des eaux dans la basse ville 도시의 저지대로의 침수. 들).

Isaac [izaak] *n.pr.m.* 《성서》이삭(아브라함의 아들).

isabelle [izabɛl] *a.* 《불변》크림색의. drap ~ 크림색의 시트. ― *n.m.* 크림색; 크림빛깔의 말.

isagogique [izagɔʒik] 《예》*a.* 입문적, 서설(序說)적인, 서론적인. ― *n.f.* 서론적 연구; 성서 서론.

Isaïe [izai] *n.pr.m.* 《성서》이사야(기원전 8세기 유태 선지자중의 한 사람)(Esaïe). Livre d'~ 이사야서(구약성서의 1서).

isallobare [iza(l)lɔbaːr] *n.f.* 《기상》등변압선(等變壓線), 기압 등변화선.

-isant(e) *suff.* 「…에 가까운, …의 경향이 있는, …을 연구하는」의 뜻 (예: socialisant 사회주의적 경향을 띤).

isard [izaːr] *n.m.* 《동물》(피레네 산맥산의)영양(羚羊)(ysard).

-isation *suff.* 「…화(化)」의 뜻을 나타내는 여성명 사어미 (예: civilisation 문명화).

isatis [izatis] *n.m.* ① 《동물》북극여우. ② 《식물》대청속(大青屬)(pastel, guède).

isba [isba] *n.f.* (북극지방의)통나무집.

ischémie [iskemi] *n.f.* 《의학》허혈(虛血), 저혈(沮血), 핍혈(乏血)(국소적인 빈혈).

ischiatique [iskjatik] *a.* 《해부》좌골(座骨)의.

ischion [iskjɔ̃] *n.m.* 《해부》좌골.

ischiote [iskjɔt] *a.* 《지리》이스키아(Ischia, 나폴리만의 화산도)의. ― I~ *n.* 이스키아 사람.

ischurétique [iskyretik] *a.* 《의학》요폐(尿閉)의.

ischurie [iskyri] *n.f.* 《의학》요폐.

-ise *suff.* ① (형용사와 함께) 품질을 표시함 (예: franchise 솔직성. sottise 우둔함). ② (명사와 함께) 기능을 표시함 (예: maîtrise 숙달). ③ (동사와 함께)동작을 표시함 (예: convoitise 갈망).

-iser *suff.* 「…화(化)하다, …로 처리하다」의 뜻을 나타내는 동사어미.

isiaque [izjak] *a.* 《학》이시스(Isis)신의. table ~ 이시스동판(1527년 이시스 여신의 제례에 관한 기록이 담겨져 있음). ― *n.m.* 이시스 제사(祭司).

isinglass [izɛ̃glas] 《영》*n.m.* 부레풀(물고기의 부레로 만든 접착제).

Isis [izis] *n.pr.f.* 이시스 신(神)(이집트의 결혼·농업의 여신). ② 《천문》소혹성 N° 42의 명칭.

islam [islam] *n.m.* 《아라비아》① 이슬람교(教), 회교. ② (I~) (집합적) 이슬람교의 나라[문화]; 회교도.

islamique [islamik] *a.* 회교의(musulman). civilisation ~ 이슬람 문명.

islamisation [islamizasjɔ̃] *n.f.* 회교[이슬람]화.

islamisé(e) [islamize] *a.p.* 회교[이슬람]화된. ― *n.m.* 회교화된 사람.

islamiser [islamize] *v.t.* (사람을)회교[이슬람교]로 개종시키다(만들다); 회교국으로 만들다.

islamisme [islamism] *n.m.* 회교, 이슬람교(islam, mahométisme).

islamite [islamit] *a.* 《옛》회교도(이슬람교도)의. ― *n.* 회교도.

islandais(e) [islɑ̃dɛ, -ɛːz] 《지리》*a.* 아이슬란드(Islande)의. ― *n.m.* 아이슬란드어. ② (*pl.*)브르타뉴의 아이슬란드 어장에서 일하는 브르타뉴의 대구잡이 어부. ― I~ *n.* 아이슬란드 사람.

Islande [islɑ̃:d] *n.pr.f.* 〖지리〗 아이슬란드.
Ismaël [ismaɛl] *n.pr.m.* 〖성서〗 이스마엘.
ismaéliens [ismaeljɛ̃], **ismaïliens** [ismailjɛ̃] *n.m.pl.* 〖종교 I~〗이스마엘교도《허무주의와 절대적 숙명론을 주장한 4교의 1파》.
Ismaélite, **Ismaïlite** [ismailit] *n., a.* 이스마엘의 후예(의), 아라비아 사람(의).
-isme *suff.*「제도·체계·주의·주장·직업·특성」의 뜻을 나타내는 남성명사어미《예:socialisme 사회주의》.
is(o)- *préf.*「동(同)·등(等)」의 뜻.
iso-agglutination [izoaglytinɑsjɔ̃] *n.f.* 〖의학〗 동종혈구(同種血球)응집.
isobare [izɔba:r] *a.* ① 〖기상〗 등압의. ligne(courbe) ~ 등압선. ② 〖물리〗 동중(同重)의, 등압의. —*n.m.* 동중체. —*n.f.* 등압선.
isobarique [izɔbarik] *a.*, **isobarométrique** [izɔbarɔmetrik] *a.* =**isobare**.
isobathe [izɔbat] *a.* 〖지리〗 등심의. ligne(courbe) ~ 등심선(等深線). —*n.f.* 등심선.
isocarde [izɔkard] *n.m.* 〖패류〗 판새강(瓣鰓綱)의 1속(cœur-de-bœuf).
isocarène [izɔkarɛn] *a.* 선형(船型)이 다르지만 배수량이 같은. volumes ~s 선각(船殼) 배수량.
isocèle [izɔsɛl] *a.* 등변의. triangle ~ 2등변 3각형. trapèze ~ 등변사다리꼴.
isocélie [izɔseli] *n.f.*, **isocélisme** [izɔselism] *n.m.* 〖수학〗 2등변 3각형의 성질.
isochimène [izɔkimɛn] *a.* 〖기상〗 동기등온(冬期等溫)의. lignes ~s 동기(의 평균)등온선. —*n.f.* 동기등온선, 등한선(等寒線). —*de* 0° 0도 등온선.
isochore [izɔkɔ:r] *a.* 〖물리〗 체적을 일정하게 유지한. transformation ~ 등적변화(等積變化).
isochromatique [izɔkrɔmatik] *a.* 〖광학〗 등색(等色)의.
isochrone [izɔkron] *a.*, **isochronique** [izɔkronik] *a.* 〖물리〗 등시성(等時性)의. oscillation ~ 등시진동(等時振動). —*n.f.* 〖학술〗등시선.
isochronisme [izɔkrɔnism] *n.m.* 〖물리〗 등시성; 〖의학〗 동시치성(同時値性).
isoclinal(ale, pl. aux) [izɔklinal, -o] *a.* 〖광학·지질〗 동사(同斜)의, 등경(等傾)의.
isocline [izɔklin] *a.* 〖물리·지리〗 등복각(等伏角)의. —*n.f.* 등복각선(ligne ~).
isoclinique [izɔklinik] *a.* =**isocline**.
isocyanate [izɔsjanat] *n.m.* 〖화학〗 이소시안산염.
isocyanique [izɔsjanik] *a.* acide ~ 〖화학〗 이소시안산.
isodynamie [izɔdinami] *n.f.* 〖생리〗 (여러 음식물의)영양의 등가(等價).
isodynamique [izɔdinamik] *a.* ① 〖기계〗 등력(等力)의. ② 〖물리〗 수평자력(磁力)이 같은. ligne ~ 등수평자력선. ③ 〖생리〗 등영양가의.
isoédrique [izɔedrik] *a.* 〖광물〗 등면(等面)의《결정(結晶)》.
isoète [izɔɛt] *n.m.* 〖식물〗 물솔.
isogame [izɔgam] *a.* 〖생물〗 동형배우자 접합(생식)의(↔hétérogame).
isogamie [izɔgami] *n.f.* 〖생물〗 동형배우자 접합(생식).
isogéotherme [izɔʒeɔtɛrm] *a.* 〖지질〗 등지온(等地溫)의. lignes ~s 등지온선.
isoglosse [izɔglɔs] 〖언어〗 *n.* 등어(等語)적인. —*n.f.* 등어선(ligne d'~).
isogone [izɔgon], **isogonique**[1] [izɔgɔnik] *a.* ① 〖수학〗 등각(等角)의, 동각(同角)의. ② 〖물리〗

편각(等偏角)의. ligne ~ 등편각선, 등방위각선. ③ 〖기상〗 등풍향(等風向)의. courbes ~s du vent 등풍향선.
—*n.f.* 〖물리〗 등편각선; 〖기상〗 등풍향선.
isogonique[2] *a.* 〖생물〗 (개체 각부의)생장율이 같은, 등(等)생장의.
isohyète [izɔjɛt] 〖기상〗 *a.* 등강수량(等降水量)의. —*n.f.* 등강수량선(ligne ~).
isohypse [izɔips] 〖지리〗 *a.* 등고(等高)의. —*n.f.* 등고선(ligne ~).
isoionique [izɔjɔnik] *a.* 〖물리·화학〗 등(等)이온의, 이온가가 같은.
isolable [izɔlabl] *a.* 분리[유리]할 수 있는; 〖전기〗 절연할 수 있는, 〖화학〗 단리할 수 있는.
isolant(e) [izɔlɑ̃, -ɑ̃:t] *a.* ① 고립시키는, 고립시키기. ② 〖전기〗 절연시키는; 〖물리〗 방음의; 단열의; 방습의. ruban ~ 절연테이프. ③ langues ~es《언어》고립어. —*n.m.* 절연체, 단열재, 방음재, 방습재.
isolat [izɔla] *n.m.* ① 고립민족; 〖생물〗 고립집단. ② (관찰 따위를 위한)분리편(分離片).
isolateur(trice) [izɔlatœ:r, -tris] 〖전기〗 *a.* 절연체의. —*n.m.* 절연물(체), 애자(碍子).
isolation [izɔlɑsjɔ̃] *n.f.* ① 〖전기〗 절연; 〖건축〗 단열, 방음, 방한; 〖화학〗 단리; 〖생물〗 (유전의)분리. ② 〖예〗《비유적》 고립, 고독(isolement).
isolationnisme [izɔlɑsjɔnism] *n.m.* 쇄국정책[주의], 고립[불간섭]주의.
isolationniste [izɔlɑsjɔnist] *n.* 쇄국주의자, 고립[불간섭]주의자. —*a.* 쇄국주의(자)의, 고립[불간섭] 주의(자)의. doctrine ~ 고립주의[먼로주의].
*****isolé(e)** [izɔle] *a.p.* ① 고립된, 외딴(écarté, reculé). endroit ~ 외딴 장소. île ~e 고도(孤島). protestation ~e 단독항의. phrase ~e 문맥에서 떼어낸 구. C'est un cas ~. 그것은 특수한 경우이다. ② 고독한, 외로운, 단독의. se sentir ~ 외로움을 느끼다. vivre ~ 혼자(떨어져) 살다. ③ 〖전기〗 절연된; 〖화학〗 단리(單離)된.
—*n.* ① 혼자인 사람. ② 〖군사〗 소속부대가 없는 군인.
isolement [izɔlmɑ̃] *n.m.* ① 고립, 고독(solitude). ~ d'un village 마을의 고립상태. ~ économique (diplomatique) 경제적(외교적) 고립. vivre dans l'~ 고독하게 살다. ② 격리. ~ des malades contagieux 전염병 환자의 격리. hôpital d'~ 격리병원. ~ cellulaire 독방에의 구금. ③ 〖전기〗 절연. résistance d'~ 절연저항. ④ 〖생물〗 격리, 분리; 〖화학〗 단리(單離).
isolément [izɔlemɑ̃] *ad.* 고립하여, 고독하게; 따로따로, 개별적으로, 단독적으로(individuellement, ↔ensemble;). agir ~ 개별적으로 행동하다. étudier ~ chaque partie de l'ensemble 전체를 각 부분별로 나누어 연구하다.
isoler [izɔle] *v.t.* ① 고립시키다, 유리시키다, 외따로 떼어놓다(séparer, ↔unir). La ville *est isolée* du monde extérieur. 이 도시는 외부세계로부터 고립되어 있다. considérer un élément *en l'isolant* de l'ensemble 어떤 요소를 전체에서 분리시켜 고찰하다. ② (사람을)고립시키다; 격리시키다. Ses adversaires cherchent à l'~. 그의 적수들이 그를 고립시키려고 애쓴다. ~ un (malade) contagieux 전염병 환자를 격리시키다. ③ 〖전기〗 절연하다; 〖화학〗 단리(유리)시키다; 방음장치를 하다. ~ une pièce 방안에 방음장치를 하다.
—**s'~** *v.pr.* 고립하다, 한 사람씩 떨어지다(se séparer); 고독하게 되다(살다). s'~ dans sa médita-

tion 명상에 잠기다.
isologue [izɔlɔg] 【화학】 *a.* 동급(同級)의. série ~ 동급열(同級列). —*n.m.* 동급체(corps ~).
isoloir [izɔlwa:r] *n.m.* ① 【전기】 절연대(isolateur, tabouret isolant). ② 투표용지 기입소.
isomère [izɔmɛ:r] *a.* 【화학】 이성(異性)의 ; 【물리】이성핵(異性核)의 ; 【식물】 동수(等數)의. —*n.m.* 【화학】 이성체(異性體)(corps ~); 【물리】이성핵(異性核).
isomérie [izɔmeri] *n.f.* 【화학】 이성. ~ nucléaire 【물리】 이성핵.
isomérique [izɔmerik] *a.* 【화학】 이성의 ; 【물리】이성핵의.
isomérisation [izɔmerizɑsjɔ̃] *n.f.* 【화학】 이성화.
isomérisme [izɔmerism] *n.m.* =**isomérie**.
isométrie [izɔmetri] *n.f.* 【수학】 등장사상(等長寫像), 등장교환(交換).
isométrique [izɔmetrik] *a.* ① 【수학】 길이가 같은. ② 【광물】 (결정(結晶)이) 등축(等軸)의. ③ 【운율】 등운율(等韻律)의.
isomorphe [izɔmɔrf] *a.* ① 【광물·화학】 동형(同形)의, 이질동상(異質同像)의. ② 【수학】 동형(型)의. —*n.m.* 동형, 이종(異種)동형체.
isomorphie [izɔmɔrfi] *n.f.*, **isomorphisme** [izɔmɔrfism] *n.m.* 【수학】 【화학】 동형, 이질동상(異質同像) ; 【언어】 동형(성).
isonitrile [izɔnitril] *n.m.* 【화학】 이소니트릴(carbylamine).
isonomie [izɔnɔmi] *n.f.* ① 【광물】 동형, 동일 결정(結晶). ② 【정치】 권리 평등.
isooctane [izɔɔktan] *n.m.* 【화학】 이소옥탄.
isopérimètre [izɔperimɛtr] *a.* 【수학】 둘레가 같은. polygones ~*s* 등주(等周) 다각형.
isophase [izɔfa:z] *a.* 등상(等相)의. phare ~ 등상 등대(점등 시간과 소등 시간이 똑같은).
isopode [izɔpɔd] 【동물】 *a.* 등각(等脚)의. —*n.m.pl.* 등각류.
isorel [izɔrɛl] *n.m.* 【상표명】 이조렐 (하드보드의 일종).
isoscèle [izɔsɛl] *a.* =**isocèle**.
isoséiste [izɔseist], **isosiste** [izɔsist] 【지질】 *a.* 등진(等震)의. —*n.f.* 등진선(等震線)(ligne ~).
isospore(e) [izɔspɔre] *a.* 【식물】 단일 포자의.
isostasie [izɔstazi] *n.f.* 【지질】 지각균형(설).
isostatique [izɔstatik] *a.* ① 【물리】 정정(靜定)의, 응력(應力)균형이 있는. ② 【지질】 지각균형의. mouvement ~ 지각균형운동.
isosyllabique [izɔsi(l)labik] *a.* 【언어】 등음절의.
isothère [izɔtɛ:r] *a.* 【기상】 등고온(等高溫)의. ligne ~ 기둥동온선(夏期等溫線). —*n.f.* 등서선(等暑線).
isotherme [izɔtɛrm] *a.* 【기상·물리】 등온의. ligne ~ 등온선. dilatation ~ d'un gaz 【화학】 기체의 등온 팽창. —*n.f.* 등온선.
isothermique [izɔtɛrmik] *a.* 【기온】 등온의, 등온선에 관한.
isotonie [izɔtɔni] *n.f.* (용액의) 등장(等張).
isotonique [izɔtɔnik] *a.* 등장(等張)(성)의. sérum ~ 등장형장, soluté ~ 【의학】 등장analytic 액.
isotope [izɔtɔp] *n.m.* 【화학·물리】 동위원소, 동위체. ~*s* radio-actifs 방사성 동위체. séparation des ~*s* 동위체의 분리(파리 산업물리화학 전문학교 학생들의) 졸업축제. —*a.* 동위의.
isotopie [izɔtɔpi] *n.f.* ① 동위체의 특성. ② 【텍스트 이론에서】 *Greimas* 가 제창한 개념 ; 메시지 또는 텍스트에 인정되는 의미요결의 일관성.
isotopique [izɔtɔpik] *a.* 【화학·물리】 동위원소의, 동위체의. masse ~ 어떤 동위체의 원자량.

isotrope [izɔtrɔp] *a.* 【화학·물리】 등방성(等方性)의.
isotropie [izɔtrɔpi] *n.f.* 【화학·물리】 등방성. L의.
isovireur [izɔvirœ:r] *a.m.* 【사진】 셀프토닝의(autovireur).
Israël [israɛl] *n.pr.m.* 【지리】 이스라엘.
israélien(ne), **israëlien(ne)** [israeljɛ̃, ɛn] *a.* (현대의) 이스라엘의. —I~ *n.* 이스라엘 사람.
israélite [israelit] 【성서】 *a.* 유태교의 ; (고대의) 이스라엘의. —I~ *n.* (고대의)이스라엘 사람, 유태교도.
issant(e) [isɑ̃, -ɑ̃:t] *a.* 【문장】 상반신상(像)의, 상반신만 보이는. lions ~*s* 상반신 사자상.
-issime *suff.* 「극히」의 뜻.
issu(e¹) [isy] *a.p.* [~ de] ① (에서) 태어난, (의) 출신의(descendant). Il est ~ de sang royal 왕가의 피를 타고나다. Il est ~ d'une vieille famille normande. 그는 노르망디의 오래된 가문출신이다. ② (에서) 나온, 생겨난, 일어난, 유래한. révolution ~*e du* mécontentement général 민중 전체의 불만에서 비 기된 혁명.
issue² [isy] *n.f.* ① 출구(sortie, ↔ entrée); 배출구. chemin sans ~ 막다른 길(골목). chercher une ~ pour fuir 도망칠 출구를 찾다. donner ~ à la fumée 연기의 배기구를 설치하다. ② 결과, 성과, 결말(résultat). ~ fatale 숙명적인(치명적인) 결과; 죽음. ~ d'une guerre 전쟁의 결말. On l'a félicité pour l'heureuse ~ de ses recherches. 그의 훌륭한 연구성과에 대해서 그를 축하해주었다. ③ 해결책, 방법(solution); 탈출구(échappatoire). La situation est sans ~. 상황은 절망적이다(해결 방도가 없다). La seule ~ est le mariage. 유일한 해결책은 결혼하는 것이다. ~ de la sensibilité 감수성의 탈출구. se ménager une ~ 도망갈 길(빠질 구멍)을 만들어 두다. ④ (*pl.*) (도살장의) 부스러기 고기 ; (공업) 부산물.
à l'~ de (la conférence) (회의)가 끝나고, 끝났을 때. À l'~ du conseil des ministres, il y a eu une conférence de presse. 각의가 끝나자 기자회견이 있었다.
-iste *suff.* 「주의(主義)의(사람), 주장하는(사람), ...의 특성을 지니는, ...직업에 종사하는(사람)」의 뜻(예 :*journaliste* 신문기자).
isthme [ism] *n.m.* 【지리】 지협(地峽) ; 【해부】 협부(峽部).
isthmique [ismik], **isthmien(ne)** [ismjɛ̃, -ɛn] *a.* 지협의. Jeux ~*s* 【고대그리스】 코린트 지협 대회.
Istrie [istri] *n.pr.f.* 【지리】 이스트리아, 【경기】의.
istrien(ne) [istri(j)ɛ̃, -ɛn] *a.* 이스트리아(Istrie)의. —I~ *n.* 이스트리아 사람.
itacisme [itasism] *n.m.* 【언어】 =**iotacisme**.
itague [itag] *n.f.* (물건 따위를 끌어 올리기 위한) 도르래의 굵은 밧줄.
italianisant(e) [italjanizɑ̃, -ɑ̃:t] *n.* 이탈리아어(문학·문화) 연구가 ; 이탈리아 예술의 영향을 받은 예술가.
italianisation [italjanizɑsjɔ̃] *n.f.* 이탈리아화.
italianiser [italjanize] *v.t.* 이탈리아화하다 ; 이탈리아 풍으로 하다. —*v.i.* (옛) 프랑스어에 이탈리아 어법을 쓰다. —s'~ *v.pr.* 이탈리아화되다.
italianisme [italjanism] *n.m.* ① 이탈리아식, 이탈리아 취미. ② 【언어】 이탈리아 어법.
Italie [itali] *n.pr.f.* 【지리】 이탈리아.
***italien(ne)** [italjɛ̃, -ɛn] *a.* 이탈리아(사람)의. cuisine ~*ne* 이탈리아 요리. format à l'~*ne* 【인쇄】 장방형형(型). —I~ *n.* 이탈리아 사람. —*n.m.* 이탈리아어. —les I~*s* *n.m.pl.* (옛)【연극】(파리의)이탈리아극장(Théâtre des I~*s* de

Paris). aller aux *I*~s 이탈리아좌에 가다.
italiote [italjɔt] *a*. 고대 중부 이탈리아의.
—**I**~ *n*. 고대 중부 이탈리아 민족.
italique [italik] *a*. ① 〖인쇄〗 이탤릭체의, 사체(斜體)의. lettres ~s 이탤릭체. mettre un mot en ~ 어떤 단어를 이탤릭체로 하다. ②〖옛〗이탈리아의(italien). —*n.m.* ① 〖인쇄〗 이탤릭체, 사체활자. ②〖언어〗이탤릭어파. ③(*pl.*)(*I*~s)(고대 중부의)이탈리아족(族)(Italiotes).
italiqué(e) [italike] *a*. 〖인쇄〗이탤릭체로 인쇄된. mots ~s 이탤릭 활자체의 단어.
italo-celtique [italɔsɛltik] *n.m.* 〖언어〗 이탈로켈트어(語).
-ite[1] *suff*.「염증(炎症)성 질환」의 뜻〖예:bronch*ite* 기관지염).
-ite[2] *suff*.「광물·염류(鹽類)」의 뜻〖예:sulf*ite* 아황산염).
-ite[3] *suff*. 「…출신의 (사람), …파(派)의 (사람)」의 뜻.
-ité *suff*.「상태·성격」을 나타내는 여성 명사어미.
item[1] [item] *ad*. 역시, 마찬가지로(계산·송장·목록 따위에서 사용).
item[2] 〖영〗*n.m.* ① 〖언어〗 (특정)사항, 항목. ②(선다형으로 된)설문, 테스트의 한 항목. ③ 〖심리〗(행동에 선다형이 있는)특정상황.
itératif(ve) [iteratif, -i:v] *a*. ① 반복되는〖된〗. ~ commandement 누차의 명령. ②〖언어〗 반복의. aspect ~ 반복상. verbe ~ 반복동사(verbe fréquentatif). ③ (이야기 분석에서)반복법의.
—*n.m.* (이야기 분석에서)반복법《여러차례 일어난 일을 한번으로 말하는 것; Genette의 용어》.
itération [iterasjɔ̃] *n.f.* ① 반복, 되풀이. ②〖수학〗반복법. ③ 〖컴퓨터〗조작의 반복.
itérativement [iterativmɑ̃] *ad*. 반복하여, 되풀이하여.
ithos [itɔ:s] *n.m.* =**éthos**.
ithyphalle [itifal] *n.m.* 〖고대그리스〗(디오니소스의 행렬에 이어지는)발기 남근상(男根像).
ithyphallique [itifalik] *a*. 〖고대그리스〗 발기 남근상의.
*****itinéraire** [itinerɛ:r] *a*. 길의, 노정의, 여정(旅程)의. carte ~ 노정표. mesures ~s 행정거리(行程距離)의 단위《마일·킬로미터 따위).
—*n.m.* ① 여정, 도정(trajet), 여행코스. Notre ~ passe par Dijon. 우리는 디종을 경유한다. tracer [indiquer] à *qn* son ~ …에게 자기의 여정을 일러 주다. suivre un ~ touristique 관광코스를 따라가다. ② 도정안내(지도). ③ (사고·예술제작 따위의)과정. ④〖옛〗여행안내(서), 안내지도.
itinérant(e) [itinerɑ̃, ɑ̃:t] *a*. 순회하는. prédicateur [pasteur] ~ 〖갈리교〗 순회 전도사. ambassadeur ~ 순회대사. formation médicale ~*e* 순회진료반. culture ~*e* 이동 경작.
itou [itu] *ad*. 〖옛·구어〗…도 역시, 또한…(aussi, également). Et moi ~ ! 나도 그렇다.
-itude *suff*.「상태·성질」을 나타내는 여성명사어미.
iule [jyl] *n.m.* ① 〖식물〗유제화서(葇荑花序), 미상화서(尾狀花序). ②〖동물〗노래기.
-ium *suff*.「금속」의 뜻.
ive [i:v], **ivette** [ivɛt] *n.f.* 〖식물〗 금란초의 일종, 이바초(草).
IVG 〖약자〗Interruption Volontaire de Grossesse 임신중절.

ivoire [ivwa:r] *n.m.* ① 상아(象牙); 상아세공품. peigne en ~ 상아빗. Côte d' *I*~ 〖지리〗(아프리카의)상아해안, 코트디부아르. noir d' ~ 태워서 만든 흑색 채료. beaux ~s 아름다운 상아 세공품. ② 상아색, 상아같이 흼. mains d' ~ 상아처럼 하얀 손. ③〖해부〗(이의)상아질. ④ ~ végétal 식물상아. **taquiner l'**~ 〖구어〗피아노를 치다. **tour d'**~ 상아탑.
ivoirerie [ivwarri] *n.f.* 〖옛〗상아 세공품; 상아 세공 술; 상아 상아.
ivoirien(ne) [ivwarjɛ̃, -ɛn] *a*. 〖지리〗 코트디부아르(상아해안)의(Côte d'Ivoire). —**I**~ *n*. 코트디부아르의 사람.
ivoirier(ère) [ivwarje, -ɛ:r] *n*. 상아 세공인.
ivoirin(e) [ivwarɛ̃, -in] *a*.〖문어〗상아 같은; 상아처럼 흰. —*n.f.* 인조 상아.
ivraie [ivrɛ] *n.f.* ① 〖식물〗 가라지, 독보리. ②(비유적)유해물. **arracher l'**~ 유해물〖해로운 학설·사상〗을 없애다. **séparer l'**~ **d'avec le bon grain** 좋은 것 가운데에서 나쁜 것을 골라내다, 선과 악을 구분하다.
*****ivre** [i:vr] *a*. ① (술 따위에)취한(gris, soûl). ~ mort 만취한. ② [~ de](에)도취된; (기쁨·노여움 따위에)흥분된. ~ **de sang** 피를 보고(살육에)도취한. ~ **d'amour** 사랑에 도취한. ~ **de joie** [**de colère**] 기뻐서〖화가 나서〗 어쩔 줄 모르는. ~ **à rouler** [**à tomber**] **sous la table** (테이블 밑으로 굴러 떨어질 정도로)곤드레 만드레 된. ~ **comme une soupe** 곤드레만드레가 된.
REM (1) ivre는 상당히 취해 있는 사람을 일컫고 soûl은 곤드레만드레 취해 있다는 뜻으로 속어적 표현임. (2) 비유적으로 쓴 경우:être *ivre* de gloire 영광에 도취되다. être *soûl* de gloire 영광에 겨워 하다. (3)homme *ivre*는 현재 취해 있는 사람, ivrogne는 항상 취해 있는 술주정뱅이를 말함.
ivresse [ivrɛs] *n.f.* ① 취기, 명정(酩酊)(griserie). fumées[vapeurs] d'~ (머리에까지 오르는)취기. L'air frais dissipe l'~. 선선한 바람이 취기를 깨운다. Il ne faut pas conduire en état d'~. 술취한 상태에서 운전해서는 안 된다. ② 도취, 열중, 흥분, 감흥. ~ **de la victoire** 승리의 열광. ~ **poétique** 시적 감흥. ~ **de la joie** 환희(狂喜), 환희. **avec** ~ 취한 듯이, 황홀하게. Il la regarda *avec* ~. 그는 황홀한 듯이 그녀를 바라보았다.
ivrogne [ivrɔɲ] *n.m.* (상습적인)술꾼, 취한(醉漢)(buveur). serment d'~ 술주정뱅이의 맹세; 지켜지지 않는 약속. —*a*. 술을 많이 마시는, 술주정 버릇이 있는.
ivrogner [ivrɔɲe] *v.i.* 〖구어〗술에 취하다, 명정하다, 만취하다.
—**s'**~ *v.pr*. ① 술취하다. ② 주벽에 빠지다.
ivrognerie [ivrɔɲri] *n.f.* 음주벽(alcoolisme); (*pl.*) 명정. sombrer dans l'~ 음주벽에 빠지다.
ivrognesse [ivrɔɲɛs] *n.f.* 〖속어〗여자 술꾼.
ixia [iksja], **ixie** [iksi] *n.f.* 〖식물〗 익시아 《서남 아프리카산 붓꽃과(屬)의 관상 식물》.
ixode [iksɔd] *n.m.* 〖동물〗 진드기(tique의 전문용어).
ixtle [ikstl] *n.m.* 〖식물〗 용설란의 일종(chanvre de Tampico).
izard [iza:r] *n.m.* =**isard**.
izba [izba] *n.f.* =**isba**.

J

J, j [ʒi, 드물게 ʒə] *n.m.* ① 프랑스 자모의 제 10 자. ② le jour J 《군사》 전투개시일; (입학시험 따위를 가리켜)결전의 날. ③ J 3 [ʒitrwa] 청소년《배급표에 적혔던 약자》.

J. 《약자》joule 《물리》줄《에너지의 단위》.

j. 《약자》janvier 1 월.

j' [ʒ] *pron.pers.* = je 《모음자·무성 h 앞에서 쓰임》.

jà [ʒa] *ad.* 《옛》① 벌써, 이미 (déjà). ② 《부정·기원을 나타내는 문장에서》확실히.

jab [ʒab] 《영》 *n.m.* 《권투》잽.

jabiru [ʒabiry] *n.m.* 《조류》(남미산의)황새류.

jable [ʒɑːbl] *n.m.* 통널의 밑홈(밑판을 박아넣기 위한 것).

jabler [ʒɑble] *v.t.* (통널에)밑홈을 파다.

jablière [ʒɑbli(je)ːr] *n.f.*, **jabloir** *n.m.*, **jabloire** [ʒɑblwaːr] *n.f.* (통장이의)개탕파패.

jaborandi [ʒabɔrɑ̃di] *n.m.* 《식물·약》야보란디(잎은 발한제).

jabot [ʒabo] *n.m.* ① (새·곤충 따위의)모이주머니; 《구어》위(胃). se remplir le ~ 《구어》잔뜩 먹다, 배불리 먹다. ② 《의복》(샤쓰·블라우스 앞에 붙인)가슴장식. faire ~, enfler(gonfler) le ~ 《구어》(사람이)우쭐하다; (비둘기가)가슴을 부풀리다.

jabotage [ʒabɔtaːʒ] *n.m.* 《구어》수다, 지껄임.

jaboter [ʒabɔte] *v.i.* ① 《구어》(여럿이)지껄이다, 수다를 떨다. ② 《드물게》(새가 목청을 뽑아)울다.

jaboteur(se) [ʒabɔtœːr, -øːz] *n.* 《옛》수다장이.

jabotière [ʒabɔtjɛːr] *n.f.* ① 《의복》가슴장식용의 레이스. ② 《조류》기러기의 일종.

J.A.C. 《약자》Jeunesse Agricole Chrétienne 기독교 청년농민동맹.

jacamar [ʒakamar] *n.m.* 《조류》추취류(錐嘴類)의 일종.

jacana [ʒakana] *n.f.* 《조류》연각류(蓮角類)의 일종.

jacaranda [ʒakarɑ̃da]《브라질》 *n.m.* (열대 아메리카산)능소화과(科)의 1 속(屬).

jacasse [ʒakas] *n.f.* ① 《조류》까치(pie). ② 《옛》수다스러운 여자.

jacassement [ʒakasmɑ̃] *n.m.* =**jacasserie**.

jacasser [ʒakase] *v.i.* ① 까치가 울다. ② 《구어》수다스럽게 지껄이다, 재잘거리다(bavarder).

jacasserie [ʒakasri] *n.f.* 《구어》수다, 재잘거림.

jacasseur(se) [ʒakasœːr, -øːz], 《옛》**jacassier(ère)** [ʒakasje, -ɛːr] *a., n.* 《구어》수다스러운(사람), 재잘거리기 좋아하는(사람).

jacée [ʒase] *n.f.* 《식물》수레국화의 일종.

jacent(e) [ʒasɑ̃, -ɑ̃ːt] *a.* 《옛》① 누워 있는. ②《법》 소유자 불명의, 상속자(소유자)가 현재 없는. succession ~ 상속권 주장자가 없는 유산.

jachère [ʒafɛːr] *n.f.* 《농업》휴한(休閑), 휴경(休耕); 휴한지; 미개척지. champ en ~ 휴한지. laisser[mettre] une terre en ~ 땅을 휴한지로 남겨놓다. rester[être] en ~ 미개척지로 남아 있다.

jachérer [ʒafere] [6] *v.t.* 《농업》(휴한지를)갈다.

jacinthe [ʒasɛ̃ːt] *n.f.* ① 《식물》히아신스. ~ des bois; ~ sauvage 야생 히아신스. ② 《광물》풍신자석(風信子石).

jaciste [ʒasist(ə)] (<J.A.C.) *a., n.* 기독교 청년농민동맹의(회원).

jack [dʒak] 《영》 *n.m.* ① 《전화》정류차(整流子), 잭. ② 《기계》잭(천물기 따위에서 바늘을 조작하는 금속부품).

jacket [(d)ʒakɛt] 《영》 *n.m.* (야금이나 내연기관 따위에 사용하는 과열방지용)냉각통.

jacksonisme [ʒaksɔnism] *n.m.* 영국의 신경병학자 Jackson 의)잭슨학설(신경계통의 구조를 발생학상의 계층분화로서 설명함).

jaco [ʒako] *n.m.* =**jacquot**.

Jacob [ʒakɔb] *n.pr.m.* 《성서》야곱. échelle de ~ 야곱이 꿈에서 본 천사가 오르내리는 사다리. ② baudrier de ~ 《천문》오리온좌의 세 별.

jacobée [ʒakɔbe] *n.f.* 《식물》개쑥갓류(séneçon 의 일종; herbe de Saint-Jacques 라고도 함).

jacobin(e) [ʒakɔbɛ̃, -in] *n.* 《종교》도미니크파의 수도사(수녀). ②《프랑스사》자코뱅당원. ③ 급진민주주의자; 급진(과격)파. ③《조류》비둘기의 일종. — *a.* 도미니크파의; 자코뱅당의; 급진민주주의의.

jacobinisme [ʒakɔbinism] *n.m.* ① 《프랑스사》자코뱅주의; 자코뱅 정신. ② 급진민주주의.

jacobite [ʒakɔbit] *n.m.* ① 《종교사》야곱파(시리아의 단성론파(單性論派)). ② 《영국사》제임스 2 세 당원(지지자). — *a.* 야곱파의; 제임스 2 세 당원(지지자)의.

jacobus [ʒakɔbys] *n.m.* 《역사》제임스 1 세 시대의 금화.

jaconas [ʒakɔnɑ] *n.m.* 《직물》면사(綿紗).

jacot [ʒako] *n.m.* =**jacquot**.

jacquard [ʒakaːr] *n.m.*[*f.*] 《직물》자카드방직기; 자카드 직물.

jacqueline [ʒa(a)klin] *n.f.* (북프랑스의)사암(砂 岩) 항아리(jaquelin(e)).

jacquemart [ʒakmaːr] *n.m.* =**jaquemart**.

jacquerie [ʒakri] *n.f.* ① 《프랑스사》(1358 년의)농민폭동. ② (빈민·농민의)폭동.

jacques [ʒɑːk] *n.m.* ①《J~》《옛》《경멸》흔한 남자 이름; 《역사》(1358 년의 농민폭동에 참가한 농민. ②《구어》가련한 놈, 바보, 아둔패기. ③ Maître J~《구어》(모든 집안일을 관리하는)하인, 서기(Molière 의 회곡 *L'Avare* 의 하인 이름). faire le ~ 익살떨다; 바보짓을 하다.

jacquet [ʒakɛ] *n.m.* ① 서양 주사위 놀이판. ② 《옛·사투리》다람쥐(écureuil).

jacquier [ʒakje] *n.m.* = **jaquier**.

jacquot [ʒa(a)ko] *n.m.* 《조류》(서아프리카산의)앵무새(jaco 기).

jactance[1] [ʒaktɑ̃ːs] *n.f.* 《문어》자랑, 허풍. parler avec ~ 자랑삼아 이야기하다.

jactance[2] *n.f.* 《속어》수다(bavardage).

jactancieux(se) [ʒaktɑ̃sjø, -øːz] *a.* 《옛》허풍이 센, 자랑이 많은(vantard). La jeunesse est ~*se*. 젊은이들은 허풍이 세다.

jactation [ʒaktasjɔ̃], **jactitation** [ʒaktitɑsjɔ̃] *n.f.* 〖의학〗 (중환자의)전신반측(輾轉反側).

jacter [ʒakte] *v.i., v.t.* 〖속어〗 지껄이다.

jaculatoire [ʒakylatwa:r] *a.* oraison ~ 〖종교〗 짧고 열렬한 기도.

jade [ʒad] *n.m.* 〖광물〗 경옥, 비취; 경옥(비취)의 장식품, 미술품. ~ de Saussure 소쉬르석.

jadéite [ʒadeit] *n.f.* 〖광물〗 경옥(jade)의 일종.

jadis [ʒa(a)dis] *ad.* 〖문어〗옛날, 옛적에(autrefois). comme ~ dans son enfance 옛날 어린시절처럼. —*a.*《불변》지난, 지나날의. au temps ~ 옛날, 옛적에《옛날 이야기의 서두》.

jaffe [ʒaf] *n.f.*《군대속어》식사; 수프.

jaguar [ʒagwa:r] *n.m.* 〖동물〗 (남미산의)표범.

jaguarondi, jaguarundi [ʒagwarɔ̃di] *n.m.* 〖동물〗 (열대 아메리카산의)살쾡이.

*****jaillir** [ʒaji:r] *v.i.* ①《 ~ de 》(에서)솟다, 용솟음치다, (gicler); (소리가)터져나오다, (불빛이)빛을 발하다. eau qui *jaillit de* sa source 샘에서 솟아나는 물. Des cris *jaillissent.* 갑자기 비명소리가 터져나왔다.《비인칭》Il *jaillit* des flots de spectateurs par toutes les portes. 사방의 출입문에서 관객의 물결이 쏟아져 나온다. ② 돌출하다, 튀어나오다. Les tuiles, *jaillies* très haut, retombaient. 아주 높이 솟은 기와가 다시 떨어졌다. ③(진리 따위가)나타나다, 떠오르다(se manifester). Une idée *jaillit* en lui. 어떤 생각이 불현듯 그의 머리에 떠오른다.

jaillissant(e) [ʒajisɑ̃, -ɑ̃:t] *a.* 솟아나오는, 솟아오르는, 분출하는. source ~*e* 솟아나오는 샘. émotions ~*es*《비유적》솟아오르는 감동.

jaillissement [ʒajismɑ̃] *n.m.,* **jaillissure** [ʒajisy:r] *n.f.* 용솟음, 분출(jet). ~ d'eau[de sang, de gaz] 물[피·가스]의 분출.

jaïn(a) [ʒain(a)] *n.* 〖종교〗 자이나교도(les jaïns). —*a.*《불변》자이나교(도)의. communauté ~ 자이나교도.

jaïnisme [ʒainism] *n.m.* 〖종교〗 자이나교(敎).

jais [ʒɛ] *n.m.* ①〖광물〗흑옥(黑玉). ~ artificiel; faux ~ 인조흑옥. ②《문어》(noir de) ~ 새까만. cheveux *de* ~ 새까만 머리카락. *noir comme (du) ~* 흑옥처럼 새까만.

jalage [ʒala:ʒ] *n.m.* 〖역사〗 술의 소매세.

jalap [ʒalap] *n.m.* ①〖식물〗 얄라파《멕시코산 메꽃과(科)의 식물》; 〖약〗 얄라파 뿌리.

jalapine [ʒalapin] *n.f.* 〖화학〗 얄라핀《얄라파 뿌리의 수지로 만든 하제》.

jale [ʒal] *n.f.*《사투리》(양조업자들이 쓰는)큰 통, 양동이, 양푼.

jalet [ʒalɛ] *n.m.*《옛》(석궁(石弓)용의)조약돌.

jalon [ʒalɔ̃] *n.m.* ①《측량용의》말뚝, 표주; 〖군사〗 표지; 표적. planter des ~*s* 말뚝을 세우다(→ 숙어란). ②《비유적》지표, 방침(repère). ~*s* d'un exposé 발표논문의《각각의》줄거리. *poser* (*planter*) *des* ~*s* 《작업의》방침을 세우다, 준비작업을 하다. planter des ~*s* pour un travail futur 장차의 작업방향을 설정하다. poser des ~*s* pour un rapprochement franco-allemand 불독(佛獨)의 화해를 위한 준비작업을 하다.

jalon-mire [ʒalɔ̃mi:r] (*pl.* ~*s*-~*s*) *n.m.* 〖측량〗 시준표(視準標).

jalonnage [ʒalɔna:ʒ], **jalonnement** [ʒalɔnmɑ̃] *n.m.* ①〖측량〗 말뚝(표)을 세우기. ②〖군사〗 표병(標兵)을 배치하기.

jalonner [ʒalɔne] *v.t.* ①〖측량〗 (지면에)푯말[표지]을 세우다; (…의)경계표시를 하다. ~ une ligne téléphonique 전화선을 가설하기 위해 푯말을 세우다. ~ les limites d'un champ; ~ un champ (푯말로)밭의 경계를 표시하다. ②(을 따라)점점으로 늘어서다. Les poteaux télégraphiques *jalonnent* la route. 전신주가 길을 따라 늘어서 있다. La route de paix *est jalonnée* d'obstacles.《비유적》평화의 길은 곳곳에 장애물이 가로놓여 있다. ③《시기적으로》연이어 일어나다. Des succès éclatants *jalonnent* sa vie d'auteur. 그의 작가로서의 생애는 빛나는 성공으로 점철되어 있다. ④《비유적》(일의)방침(줄거리)을 세우다. ⑤〖군사〗(에)표병(標兵)을 배치하다.

jalonneur [ʒalɔnœ:r] *n.m.* ①〖측량〗 표척계(標尺係). ②〖군사〗 표병(標兵).

jalousé(e) [ʒaluze] *a.*《창에》미늘덧문(블라인드)이 있는.

jalousement [ʒaluzmɑ̃] *ad.* ①질투하여, 시기하여. regarder ~ un rival 경쟁자를 질시의 눈으로 바라보다. ②조심스럽게. secret gardé ~ 조심스럽게 지켜진 비밀.

jalouser [ʒaluze] *v.t.* 질투하다, 시기하다, 시새우다(envier). ~ un riche voisin 돈많은 이웃을 질투하다. ~ la situation de *qn* …의 지위를 샘내다. —**se** ~ *v.pr.* 서로 시기하다.

*****jalousie**[1] [ʒaluzi] (< *jaloux*) *n.f.* ①질투, 시기, 샘(envie). exciter la ~ 질투심을 불러일으키다. concevoir(avoir) de la ~ à l'égard de *qn* …에 대하여 시기심을 갖다. ②〖식물〗 왕수염패랭이꽃(fleur de ~).

jalousie[2] *n.f.* 미늘덧문, 블라인드; 발.

*****jaloux(se)** [ʒalu, -u:z] *a.* ①질투하는; 시기하는, 샘많은, 시새우는(envieux). caractère ~ 질투심이 강한 성격. amour ~ 자기만이 독점하고자 하는 사랑. jeter un regard ~ 질투어린 시선을 던지다. 《 ~ de 》~ *du* succès de ses camarades 동료들의 성공을 시기하는. ②《 ~ de 》(에)집착하는; (을)소중히 여기는; (을)열망하는(désireux). être ~ *de* son indépendance 자신의 독립생활에 집착하다. être ~ *de* son autorité 자신의 권위를 소중히 여기다. 《 ~ de + *inf.* 》âme ~*se* d'être parfaite 완전해지고자 애타는 심혼. ③조심스러운, 각별한. surveiller avec un soin ~ 엄중히 감시하다. —*n.* 샘[질투심] 많은 사람; 시기하는 사람.

jamaïquain(e) [ʒamaikɛ̃, -ɛn] *a.* 《서인도의》자마이카 섬(사람)의. —**J**~ *n.* 자마이카 섬 사람.

Jamaïque (la) [ʒamaik] *n.pr.f.* 〖지리〗 자마이카《서인도제도의 섬》. —**j**~ *n.m.* 〖염색〗 소방(蘇方)《홍색염료》.

:**jamais** [ʒamɛ] *ad.* ①《부정적 의미》결코〔한번도〕…않다, 조금도 …않다, 언제나 …않다. ⓐ《ne와 함께》Je *ne* l'ai ~ vu. 나는 그를 한번도 만난 적이 없다. Je *ne* l'accepterai ~. 결코 수락하지 않겠다. ⓑ《단독으로》poursuivre un idéal sans ~ l'atteindre 이상을 추구하면서도 한번도 이에 도달하지 못한 적이 없다. Avez-vous été à Paris? —*J*~. 파리에 간 적이 있읍니까? 아니요, 한번도 없읍니다. Mieux vaut tard que ~.《속담》전혀 하지 않는 것 보다는 늦게라도 하는 것이 낫다. ②《긍정적 의미》언젠가(미래·가정); 이전에《과거》. si ~ je deviens riche 언젠가 내가 부자가 되면. Je désespère de ~ y réussir. 나는 《언젠가》그 일을 해낼 수 있으리라는 희망이 없다. A-t-on ~ vu cela? 일찌기 이런 일을 본 적이 있는가? Elle est plus belle que ~. 그녀는 전에 없이〔그 어느 때 보다도〕아름답다.

à (*tout*) ~; *pour* ~ 영원히, 언제까지나(pour toujours). C'est *à* (*tout*) ~ fini entre nous. 우리들 사이는 영원히 끝났다. perdu pour ~ 영원히 잃어버린. *J*~ *de la vie!* 결코, 조금도《강조》.

ne ... encore ~ 여태껏 …않다.
ne ... ~ plus (plus ~) 두번 다시[더 이상, 이제는] …않다. Je *ne* le ferai *plus*. 두번 다시 그런 일은 하지 않겠다. *Plus* ~ nous n'entendrons sa voix. 이제 다시는 그의 목소리를 듣지 못할 것이다.
ne ... ~ que 결국 …밖에 아니다(*jamais* 는 somme toute 와 유사한 뜻). Ce n'est ~ *qu*'un enfant. 그 애는 결국 어린아이일 뿐이다.
ou ~ 《기회 따위에》 대해》다시는 없다. C'est le moment *ou* ~ de le faire. 지금이야 말로 바로 그렇게 할 때이다(이 때를 놓치면 그만이다). Fais le maintenant *ou* ~. 할톄면 지금 해라.
—*n.m. au grand* ~ 《구어》결코, 결단코《부정의 강조》. J~ , *au grand* ~ je n'ai renversé l'encrier. 나는 맹세코 잉크병을 엎지르지 않았다.

jambage [ʒɑ̃baːʒ] *n.m.* ① 《건축》《문·창 따위의》문설주; 《벽난로의》측면돌(→ cheminée 그림). ② 《기중기 따위의》지주(支柱); 《건축》들보의》돌받침. ③ (m, n, u 따위의)세로획(劃).

jambard, jambart [ʒɑ̃baːr] *n.m.* 《고고학》 갑옷의》정강이받이(jambière).

:jambe [ʒɑ̃ːb] *n.f.* ① 《사람의》다리, 정강이. gras de la ~ 장딴지. ~ de bois 나무 의족(義足). plier les ~s 다리를 오그리다. ~ s minces comme des allumettes 성냥개비처럼 가느다란 다리. tirer (traîner) la ~ 다리를 질질 끌다.
② 《동물·새의》다리(patte); 《말의》뒷다리; 《곤충의》경절(脛節).
③ 《컵·컴퍼스 따위의》다리. ~s d'un compas 컴퍼스의 다리.
④ 《건축》지주(支柱), 버팀목; 《벽돌 공사의》석주(石柱), 보강석(石); 《자동차의》차축, 샤프트. ~ de force 버팀목, 받침대; 《자동차의》샤프트. ~ d'encoignure 귓돌.
à toutes ~ *s* 전속력으로. s'enfuir *à toutes* ~ *s* 걸음아 날 살려라고 도망치다.
avoir de bonnes ~ *s* 다리가 튼튼하다, 잘 걷다.
avoir des ~ *s de vingt ans* 나이는 먹었어도 (20 세의 젊은이처럼) 다리가 튼튼하다.
avoir les ~ *s brisées (cassées)* 더이상 걸을 수 없다.
Cela me fait (fera) une belle ~! 《구어》그게 무슨 소용이 있으랴.
donner des ~ *s* 《공포 따위가》달려가게 하다. La peur lui *donne des* ~ *s*. 그는 무서워서 급히 걸어간다(달려간다).
en avoir plein les ~ *s* 《구어》(너무 많이 걸어서)다리가 빠지도록 지치다.
être (se mettre) dans les ~ *s de qn* …에게 달라붙어 방해하다. Cet enfant *est* tout le temps *dans mes* ~ *s*. 이 아이는 늘 내게 거머리처럼.
Il faut faire le pas selon la ~. 《격언》분수에 맞게 처신해야 한다.
~ *deçà,* ~ *delà* 《옛·구어》걸터앉아.
jouer des ~ *s* 부리나케 달려가다.
n'avoir plus de ~ *s* 이젠 한 발자국도 걷지 못하다, 다리가 빠질 것 같다.
par-dessous (par-dessus) la ~ 아무렇게나. faire qc *par-dessous la* ~ …을 적당히 해치우다. Il m'a traité *par-dessus la* ~. 그는 나를 업신여겼다.
prendre ses ~ *s à son cou* 《구어》부리나케[몸서 빨리] 도망치다.
tenir la ~ *à qn* 《구어》…을 붙잡고 수다를 멸다, 귀찮게 굴다.
tirer dans les ~ *s de qn* 《구어》 …에 대하여 비열한 수단을 쓰다.

jambé(e) [ʒɑ̃be] *a.* 《옛》bien (mal) ~ 다리가 날씬한 (날씬하지 못한).

jamber [ʒɑ̃be] *v.t.* 《옛·속어》귀찮게 굴다.

jambette [ʒɑ̃bɛt] *n.f.* ① 《건축》지주; 《선박》늑재(肋材)의 끝. ② 《옛》작은 다리. ③ 《사투리》주머니 칼.

jambier(ère) [ʒɑ̃bje, -ɛːr] *a.* 《해부》다리(정강이)의. muscles ~s 정강이 근육, 경골근.
—*n.m.* ① 《해부》다리 근육. ~ antérieur (postérieur) 전(후) 경골근. ② 《도살한 짐승의 뒷다리를 벌려놓는》고정갈쇠. ③ 《기와장이가 로프를 발에 대는》가죽벨트.
—*n.f.* 《고고학》정강이받이; (pl.) 각반.

*jambon [ʒɑ̃bɔ̃] *n.m.* ① 《요리》돼지의 엉덩이살 (→ porc 그림); (그 고기로 만든)햄. sandwich au ~ 햄샌드위치. œufs au ~ 햄에그. ② 《속어》허벅지; 사타구니. ③ ~ des jardiniers 《식물》왕달맞이.

jambonné(e) [ʒɑ̃bɔne] *a.* 《옛》검게 그슬린. [의꽃.

jambonneau [ʒɑ̃bɔno] (*pl. ~x*) *n.m.* ① 《요리》돼지다리 고기 (→ porc 그림); 돼지다리로 만든 햄. ② 《패류》조개의 일종.

jambonner [ʒɑ̃bɔne] *v.t.* 《속어》① 때려서(발로 차서) 부상시키다. ② 귀찮게 굴다(jamber).

jamboree [ʒɑ̃bɔre, ʒɑ̃bɔri] 《영》*n.m.* 잼버리, 보이스카우트 대회, 국제대회, 대야영대회.

jambose [ʒɑ̃boːz], **jamerose** [ʒɑ̃mroːz] *n.f.* 《식물》포도(pomme de rose).

jambosier [ʒɑ̃bozje], **jamerosier** [ʒɑ̃mrozje] *n.m.* 《식물》포도.

jam-session [dʒæmsesjɔ̃] *n.f.* 즉흥재즈연주회.

jan [ʒɑ̃] *n.m.* ① 《놀이》러시아식 쌍륙판, 트릭트락(tric-trac)판. ② 《식물》가시금작화.

jangada [ʒɑ̃gada] *n.f.* 《남미의》큰 뗏목.

janissaire [ʒanisɛːr] *n.m.* (14–19세기 터키 국왕의》근위보병(近衛步兵).

janot [ʒano] *n.m.* 《구어》바보(jeannot).

janoterie [ʒanɔtri] *n.f.* 《옛》어리석은 언행(言行).

janotisme [ʒanɔtism] *n.m.* 《문장을 애매하게 하는》 그릇된 어순(jeannotisme).

jansénisme [ʒɑ̃senism] *n.m.* ① 《종교사》얀센 (*Jansénius*)파의 교리《인간의 자유의지를 무시하고 신의 은총을 절대시하고 도덕적 엄격을 추구》. ② 《비유적》도덕적 엄격; 《사상·예술에 있어서의》엄격주의.

janséniste [ʒɑ̃senist] *n.m.* ① 《종교사》얀센파의 교도, 얀센파의 도덕가, 엄격파. —*a.* ① 얀센파의, 얀센파적인; 《비유적》엄격한. esprit ~ 얀센파 정신. éducation (morale) ~ 엄격주의의 교육(도덕). ② reliure ~ 《제본》(장식없는 견고한) 얀센장정.

jante [ʒɑ̃ːt] *n.f.* 수레바퀴의 테.

jantille [ʒɑ̃tij] *n.f.* (수차의)물받이 판.

Janus [ʒanys] *n.pr.m.* 《로마신화》야누스《성문집의 문을 지키는 2개의 얼굴을 가진 신》.

janv. 《약자》janvier 1월.

:janvier [ʒɑ̃vje] *n.m.* 1월, 정월. le 1er ~ 정월 초하루(jour de l'an). en (au mois de) ~ 1월에. du 1er ~ à la Saint-Sylvestre 일년 내내.

Japhet [ʒafɛt] *n.pr.m.* 《성서》야벳 《노아의 세째 아들》.

japhétique [ʒafetik] *a.* ① 야벳의, 야벳계 (系) 의. ② 《민족》=aryen.

Japon [ʒapɔ̃] *n.pr.m.* 《지리》일본. —**j~** *n.m.* ① 일본 도자기. collection de ~s 일본 옛자기 수집. ② 일본 종이 (papier du J~). ~ impérial 극상지.

japonais(e) [ʒapɔnɛ, -ɛːz] *a.* 일본의. —**J~** *n.* 일본사람. —*n.m.* 일본어(語).

japonaiserie [ʒapɔnɛzri], **japonerie** [ʒapɔnri]

n.f. ① 일본 미술품〔골동품〕. ② 일본 취향.

japonisant(e) [ʒaponizɑ̃, -ɑ̃:t] *n.* ① 일본 연구가; 일본학자(japonologue). ② 일본 애호가, 친일파.

japonisme [ʒapɔnism] *n.m.* 《옛》일본 미술〔골동품〕애호.

japoniste [ʒaponist] *n.* 《드물게》일본 미술 애호가.

japonner [ʒapone] *v.t.* 《일본 도자기 비슷하게 도기를》다시 굽다. faïences *japonnées* 일본풍의 도자기.

japonologie [ʒaponɔlɔʒi] *n.f.* 일본학, 일본연구.

japonologue [ʒaponɔlɔg] *n.m.* 일본학자.

jappage [ʒapaːʒ] *n.m.* (강아지 같은)동물의 울음소리. ~ du renard 여우의 울음소리.

jappant(e) [ʒapɑ̃, -ɑ̃:t] *a.* 강아지 울음소리의, 껑껑거리는.

jappement [ʒapmɑ̃] *n.m.* 강아지처럼 울기; 강아지 짖는 소리.

japper [ʒape] *v.i.* ① 《강아지가》짖다. ②《비유적》떠들어대다.

jappeur(se) [ʒapœːr, -øːz] *a.* 《개가》짖는. ―*n.* ① 잘 짖는 개. ②《구어》울부짖는 사람.

jaque¹ [ʒak] *n.m.* 《식물》빵나무의 열매.

jaque² *n.f.*[*m.*] 《옛》《중세의 남자용》동의(胴衣).

jaquelin [ʒaklɛ̃] *n.m.*, **jaqueline** [ʒaklin] *n.f.* (북프랑스의)사암(砂岩)의 항아리.

jaquemart [ʒakmaːr] *n.m.* 시계의 종을 치는 인형(jacquemart).

jaquette [ʒaket] *n.f.* ① 모닝코트. ② (여자의)웃옷, 재킷. ③《옛》(14-15세기의)동의(胴衣); (17세기의)농의(農衣); (어린애의)옷. ④ (《영》jacket)(보일러 따위의)외피; (포신의)피(被籠); (책의)커버; (미용을 목적으로 치아에 씌우는 도기 또는 합성수지제의)외치관(外歯冠).

jaquier [ʒakje] *n.m.* 《식물》빵나무.

jar¹ [ʒaːr] *n.m.* 《옛》은어, 변말(jars). dévider le ~ 은어를 사용하다.

jar²(d¹) [ʒaːr] *n.m.* ①《사투리》자갈 많은 모래톱. bans de ~ de la Loire 루아르 강의 자갈 많은 모래톱. ② 《샹파뉴 지방의》산쑥갓.

jard² *n.m.* 《직물》(양털의)거친 털 (jarre).

jarde¹ [ʒard] *n.f.* 《수의》(말의)무릎관절 외종(外腫).

jarde² *n.f.* (다이아몬드 따위의)티, 흠. (L難).

‡**jardin** [ʒardɛ̃] *n.m.* ~, 정원; 화원. ◊ d'agrément 관상용 정원. ~ anglais 영국식 정원《자연 모방한 것》. J~ des Plantes (파리의)식물원. ~ fruitier(potager) 과수원(채소밭). ~ (public) 공원, 유원지. ~-terrasse 옥상 정원. ~ botanique (zoologique) 식물원(동물원). ~ d'hiver (겨울의)온실. ② 낙원, 풍요한 땅, 옥토. ~ de l'Éden, le premier ~ 에덴동산. La Touraine est le ~ de la France. 투렌 지방은 프랑스의 낙원이다. ③ ~ d'enfants 유치원(maternelle). ④ côté ~ 《연극》 (관객석에서 볼 때)무대의 왼쪽(↔ côté cour).

C'est une pierre dans son ~. 이것은 그에 대한 간접적인 공격이다.

jardinage [ʒardinaːʒ] *n.m.* ① 뜰가꾸기, 원예, amateur de ~ 원예애호가. ② 뜰에 가꾼 야채. ③ 《임업》간벌. ④ 《금강석의》티, 반점.

jardiner [ʒardine] *v.i.* 뜰을 가꾸다; 수목을 간벌하다. ―*v.t.* ~ un bois 숲의 나무를 간벌하다.

jardinerie [ʒardinri] *n.f.* 원예전문점.

jardinet [ʒardinɛ] *n.m.* 작은 뜰.

jardineux(se) [ʒardinø, -øːz] *a.* 《보석에》반점(斑點)이 있는.

jardinier(ère) [ʒardinje, -ɛːr] *a.* ① 뜰의, 정원의. plantes ~ères 정원수. ② exploitation ~ère d'une forêt 《임업》숲의 간벌.

―*n.* 정원사, 원정(園丁), 원예가. ~ fleuriste (maraîcher) 꽃(야채) 재배자.

―*n.f.* ① ~ère d'enfants 유치원 선생. ②(당근·콩 따위의) 모듬 야채 요리의 일종. ~ère à la mayonnaise 마요네즈를 곁들인 야채요리. bœuf à la ~ère 야채를 곁들인 쇠고기. ③ 화분, 꽃나무 상자, 화분받침들. ④ (가메이)숨병을 세워놓는 선반. ⑤ 야채차(野菜車). ⑥ 《위에》전지용 톱. ⑦ 《조류》멧새의 일종; 《곤충》먼지벌레.

jardiniste [ʒardinist] *n.* 정원 설계가, 조원사(造園師)(décorateur ~).

jardon [ʒardɔ̃] *n.m.* =**jarde¹**.

jargon¹ [ʒargɔ̃] *n.m.* ① 온전찮은 말; 알아들을 수 없는 말(baragouin). s'exprimer dans un ~ incompréhensible 알아들을 수 없게 말하다. ② 특수용어. ~ de la réclame 선전〔광고〕용어. ~ des médecins 의사들 사이의 특수용어. ③ 은어(隱語) (argot). ④ 수커위의 울음소리.

jargon² *n.m.* 《광물》황록의 금강석; 풍신자석(hyacinthe)의 일종.

jargonagraphie [ʒargɔnagrafi] *n.f.* 《의학》혼란실서증(失書症).

jargonaphasie [ʒargɔnafazi] *n.f.* 《의학》혼란실어증(混亂失語症).

jargonnant(e) [ʒargɔnɑ̃, -ɑ̃:t] *a.* 알아들을 수 없는 (inintelligible); 은어가 섞인.

jargonner [ʒargɔne] *v.i.* ① 알아들을 수 없는 말을 하다. ② 은어(변말)를 쓰다. ③ (수거위가)울다.

jargonneur(se¹) [ʒargɔnœːr, -øːz] *n.* 알아들을 수 없는 말(은어)을 하는 사람.

jargonneux(se²) [ʒargɔnø, -øːz] *a.*, *n.*《구어》(경멸) 알아들을 수 없는 말을 하는 (사람); 젠체하는(난해한) 말을 쓰는 (사람).

Jarnac [ʒarnak] *n.pr.m.* **un coup de ~** 《비유적》기습. monter à qn un coup de ~ …을 불의에 기습하다.

―**j**~ *n.m.* 《옛》단검(短劍).

jarni(dieu) [ʒarni(djø)], **jarnibleu** [ʒarniblø] *int.* 제기랄《Je renie (Dieu)의 단축형》.

jarnicoton [ʒarnikotɔ̃] *int.* 《옛》제기랄(jarni).

jarosse [ʒaros], **jarousse** [ʒarus] *n.f.* 《식물》스위트피류(類)(gesse, vesce).

jarovisation [ʒarɔvizasjɔ̃] *n.f.* 《농업》야로비 농법(재배법), 춘화(春化)처리(vernalisation).

jarrah [ʒara] *n.m.* 《식물》(오스트레일리아산의) 고무나무.

jarre¹ [ʒaːr] *n.f.* 병, 항아리. ~ électrique 《전기》라이덴 병.

jarre² *n.m.* =**jar²**.

jarre³ *n.m.* =**jard²**.

jarret [ʒarɛ] *n.m.* ① (사람의)오금. plier le ~ 무릎을 꿇다. ② (짐승의)과관절(踝關節). couper les ~s à un cheval 말의 과관절을 끊다. ③ 《요리》(소·송아지의)관절 부분의 고기 (수프용). ④ 《건축·가구》(아치의 내호(內弧)나 가구의 곡선부에 생기는)돌기, 혹. ⑤ 《기술》(두 파이프를 각도를 이루어 연결시키는)엘보관.

avoir du ~ [des ~s d'acier] 튼튼한 다리를 가지고 있다, 끄떡없다. *être ferme sur ses ~s* 의연하게 버티고 있다, 끄떡없다. *tendre le ~* 무릎을 펴다; (무릎을 펴고)의젓한 자세를 취하다.

jarreté(e) [ʒarte] *a.p.* ① 양말대님을 맨. ② (말 따위의)뒷다리가 안으로 휜. ③ 《건축》돌출한, 혹 모양의.

jarretelle [ʒartɛl] *n.f.* 양말대님.

jarreter [ʒarte] [5] *v.t.* 《드물게》[~ qn] (의)대님을 매주다; 《꽃다발에》리본을 매다. ―*v.i.* (건축에서나 가구의 원재(圓材) 부분 따위의)혹이 생기다, 돌출하다.

―*se ~ v.pr.* 양말을 대님으로 매다.

jarretière [ʒartjɛːr] *n.f.* ① 양말대님(jarretelle). ② (포병·함선용의)밧줄. ③ 『전신·전화』접속선. ④ ordre de la J~ (영국의)가터 훈장.

jarreux(se) [ʒarø, -øːz] *a.* 『직물』(양털에)거친 털이 있는.

jarron [ʒarɔ̃] *n.m.* 작은 병. d'huile 작은 기름병.

jars¹ [ʒaːr] *n.m.* 『조류』수커위.

jars² *n.m.* 《속어》은어 (隱語) (jar).

jas [ʒa] *n.m.* 『해양』닻장.

jasante [ʒazɑ̃ːt] *n.f.* 《속어》기도(prière); 노래; 편지.

jasement [ʒazmɑ̃] *n.m.* 《옛》수다.

jaser [ʒaze] *v.i.* ① 수다를 떨다, 떠벌리다(bavarder); [~ de](에 대해)수군거리다, 나쁘게 말하다. Tout le monde *en jaserait* et rirait de moi. 모두가 그 일을 수군대고 나를 비웃겠지. faire ~ les gens 사람들의 화제거리가 되다. ② 비밀을 말하다. Un complice *a jasé*. 공범이 (다) 털어놓았다. faire ~ qn 에게 비밀을 불게 하다. ③ 《까치·앵무새 따위가》울다; 《문어》(바람·분수 따위가)소리를 내다.

jaseran [ʒazrɑ̃], **jaseron** [ʒazrɔ̃] *n.m.* ① 『고고학』쇠사슬 갑옷. ② (십자가·메달 따위를 목에 거는)금쇠사슬.

jaserie [ʒazri] *n.f.* 《드물게》수다, 객설.

jaseur(se) [ʒazœːr, -øːz] *a.* 수다스러운(bavard). ——*n.* 수다스러운 사람; 입이 가벼운 사람. ——*n.m.* 『조류』여새, 연작(連雀). ——*n.f.* 『조류』까치의 일종.

jasmin [ʒasmɛ̃] *n.m.* 『식물』말리(茉莉), 재스민(꽃); 재스민 향수.

jaspage [ʒaspaːʒ] *n.m.* =**jaspure**.

jaspe [ʒasp] *n.m.* ① 『광물』벽옥(碧玉). ~ noir 시금석. ~ sanguin 혈석(血石). ② 『제본』대리석 무늬.

jaspé(e) [ʒaspe] *a.p.* (벽옥과 같은)얼룩(반점·물결) 무늬가 든. marbre ~ (벽옥과 같은)얼룩무늬 대리석. acier ~ 벽옥무늬가 들어간 강철. ——*n.m.* 『기술』(특수단조법에 의한 강철의)무늬(색깔 채색).

jasper [ʒaspe] *v.t.* (에)(벽옥과 같은)얼룩(반점)무늬를 넣다. ~ la tranche d'un livre 책 가장자리를 얼룩 모양으로 하다.

jaspeur [ʒaspœːr] *n.m.* ~ sur tranches 『제본』(표지나 가장자리에)벽옥무늬를 넣는 직공.

jaspinage [ʒaspinaːʒ] *n.m.* 《속어》수다.

jaspiner [ʒaspine], **jaspiller** [ʒaspije] *v.i.,v.t.* 《속어》지껄이다. ~ le jar 은어를 지껄이다.

jaspure [ʒaspyːr] *n.f.* ① 벽옥처럼 만들기; (표지·가장자리에)벽옥 무늬를 넣기. ② 『기술』(특수단조법에 의한 강철의)무늬 처리.

jatte [ʒat] *n.f.* ① 공기, 사발; 한 공기의 양(bol). ② 잔. une ~ de lait 우유 한 잔.

jattée [ʒate] *n.f.* 한 사발의 양. une ~ de soupe 한 사발의 수프.

jauge [ʒoːʒ] *n.f.* ① (일정한 용기의)용량; 정량(定量). ② 『해양』톤수. ~ brute 총톤수. ~ nette 순(純)톤수. ③ 『기계』게이지, 재기(計器). ~ d'essence 휘발유 게이지. robinet de ~ (보일러·저수조의 수위를 나타내는)수위기(驗水器)코크. ④ 『원예』묘조 가식(假植)을 위한 고랑.

jaugeage [ʒoʒaːʒ] *n.m.* ① 계량. ② 『해양』(배의)톤수 측정. 측정비(費)(calibrage). ~

jauger [ʒoʒe] *v.t.* ① (의)용적을 계량하다. ~ un réservoir 저장탱크의 용량(현재량)을 측정하다. ~ un cours d'eau 수로량(流水量)을 측정하다. ~ une pompe (일정 시간 내의)펌프의 가동량을 측정하다. ② (비유적) (인물을)평가하다(juger). ~ qn à sa juste valeur …을 그의 진가대로 평가하다.
——*v.i.* 『해양』(배수량·홀수(吃水)가)…이다. navire qui *jauge* 10 000 tonneaux 배수량 1만톤의 배. ~ 2 mètres d'eau 홀수선 2미터이다.

jaugeur [ʒoʒœːr] *n.m.* 용적 검사관; 검량기.

jaumière [ʒomjɛːr] *n.f.* 『선박』키가 배 위로 나오게 마련된 구멍, 키구멍(trou de ~).

jaunâtre [ʒonaːtr] *a.* 누르스름한. visage ~ 누르스름한 얼굴.

:jaune [ʒoːn] *a.* ① 노란, 황색의. teint ~ et maladif 병색이 도는 노란 얼굴빛. épis ~s 누렇게 익은 이삭. métal ~ 황금. race ~ 황색인종. Mer J~ 황해. Fleuve J~ 황하. ~ comme du coing(un citron) 《구어》아주 노란 안색을 한. ② 『의학』corps ~ 황체; fièvre ~ 황열, tache ~ (망막 중심부의)황반(黃斑). ③ colère ~ (얼굴의 핏기가 사라질 정도의)격노; bec ~ (새끼새의)노란 부리; (비유적) 풋나기, 미숙한 자(béjaune). ④ livre ~ 황서(노란 표지를 사용한 프랑스정부의 보고서); syndicat ~ 황색조합(1899년 프랑스에서 조직된 어용 노동조합).
——*ad.* ① 노랗게, 황색으로. ② rire ~ 쓴(억지)웃음을 짓다.
——*n.* ① (J~s) 황색인. 『역사』황색조합의 조합원(경멸)파업에 가담하지 않은 노동자.
——*n.m.* ① 노랑, 황색. peindre qc en ~ …을 황색으로 칠하다. ②(변화하지 않는 복합형용사로서) fleurs ~ d'or 황금빛 꽃; gants ~ paille 밀짚 빛깔의 장갑; étoffes ~ citron 레몬 옐로우 빛의 천. ③ 황색 달갈감. tube de ~ 황색 물감 튜브. ④ 달걀의 노른. Le ~ ne te va pas 노란 옷은 어울리지 않는다. ~ d'œuf. séparer les blancs des ~s 흰자위와 노른자위를 분리하다.
être peint en ~ 《옛》(남편이)아내에게 속다.

jaunet(te) [ʒonɛ, -ɛt] *a.* 《구어》누르스름한.
① (1차 세계대전 전의)20프랑 금화; (그 후의)1프랑 화폐. ② ~ d'eau 『식물』황수련(黃睡蓮).

jauni(e) [ʒoni] *a.* 노래진, 노르스름해진; (사람이) 늙은. vieille photo ~e 누렇게 변색된 옛날 사진.

jaunir [ʒoniːr] *v.t.* ① 노랗게 물들이다. L'automne *a jauni* les feuilles. 가을은 나뭇잎을 노랗게 물들였다. ② 노랗게 하다, 노랗게 색칠하다. ~ un plancher 마루를 노랗게 칠하다.
——*v.i.* 노래지다, 노랗게 익다. Les blés *jaunissent*. 밀이 노랗게 익어 간다.
——*se* ~ *v.pr.* 노래지다, 누르스름해지다; 색이 바래다.

jaunissage [ʒonisaːʒ] *n.m.* (금박 세공인이)황색으로 물들이기.

jaunissant(e) [ʒonisɑ̃, -ɑ̃ːt] *a.* 노랗게 되는; 황금빛으로 익는. feuillages ~s 노랗게 물들어가는 잎새.

jaunisse [ʒonis] *n.f.* 『의학』황달(ictère); 『식물』황화병(黃化病).
en faire une ~ 《구어》(어떤 일을)몹시 애석해하다, 속이 뒤집히다.

jaunissement [ʒonismɑ̃] *n.m.* 노랗게 만들기; 누렇게 익기.

Java [ʒava] *n.pr.f.* 『지리』자바. habiter à ~ 자바에 살다. ——*j*~ *n.f.* ①자바 무용(곡). ②《속어》소란기; 질색; 격론(激論); 서로 때리기. faire la ~ 요란하게 떠들어대다. partir en ~ 신나게 놀러가다.

javanais(e) [ʒavanɛ, -ɛːz] *a.* 자바섬(사람)의.
——J~ *n.* 자바 사람. ——*n.m.* 『언어』(속어) ② 프랑스 제2제정시대에 유행한 은어적 어법(자음과 모음 사이에 av 또는 va를 붙임: jeudi→ ja*ve*udavi). ——*n.f.* 자바 무용.

javart [ʒavaːr] *n.m.* 《수의》(말·소의 발목에 생기는)제관염(蹄冠炎).

javeau [ʒavo] (*pl.* **~x**) *n.m.* (강의)모래톱.

Javel [ʒavɛl] eau de ~ 자벨수(水)(염화칼륨 수용액, 표백용).

javelage[1] [ʒavlaːʒ] *n.m.* 《농업》 벤 곡식을 고랑에 널어 말리기; (그)기간; (염전에서)소금을 쌓아올려 물기를 빼기.

javelage[2] *n.m.* 《염색》 자벨수(eau de Javel)에 의한 표백.

javelé(e) [ʒavle] *a.p.* ① (벤 곡식이)고랑에 널려진. ② avoine ~e 《농업》(건조기간중에 비를 맞아)검게 변한 귀리.

javeler[1] [ʒavle] [5] *v.t.* ① 《농업》(벤 곡식을)고랑에 넣어 말리다. ② (염전에서 물기를 빼기 위해)소금을 쌓아놓다. —*v.i.* (말린 밀이)누렇게 되다.

javeler[2] [5] *v.t.* 《염색》 자벨수(水)로 표백하다.

javeleur(se) [ʒavlœːr, -øːz] 《농업》 *n.* (곡물을)베어 말리는 사람. —*n.f.* (곡물을)베어내는 기계.

javeline[1] [ʒavlin] *n.f.* 긴 투창(投槍).

javeline[2] *n.f.* 《농업》 밀 단(다발).

javelle[1] [ʒavɛl] *n.f.* ① 《농업》(베어서 고랑에 널어놓은)한 무더기의 곡식. ②《사투리》포도덩굴의 다발. ③ (염전의)소금 더미.

tomber en ~ (통 따위가)산산조각이 나다.

javelle[2] *n.f.* eau de ~ 《구어》표백액, 자벨수(水).

javellisation [ʒavelizasjɔ̃] *n.f.* 자벨수(水)에 의한 살균(정수법). trousse de ~ 살균장치.

javelliser [ʒavelize] *v.t.* (물을)살균하다, 정수하다. ~ une eau de boisson 음료수를 정수하다.

javelot [ʒavlo] *n.m.* 투창(投槍).

javelotte [ʒavlɔt] *n.f.* =javotte②.

javotte [ʒavɔt] *n.f.* ①《속어》수다스러운 여자. ② 모루 받침.

javotter [ʒavɔte] *v.i.* 《옛·속어》수다를 떨다.

jayet [ʒajɛ] *n.m.* =jais.

jazz [dʒɑːz] 《미영》 *n.m.* ① 재즈 음악; 재즈 댄스. ② =jazz-band.

jazz-band [dʒɑzbɑ̃d] 《미영》 *n.m.* 《옛》 재즈 밴드.

jazzifier [dʒɑzifje] *v.t.* 재즈화하다; 재즈식으로 편곡하다. ~ de la musique classique 고전음악을 재즈로 편곡하다.

jazziste [dʒɑzist] *a.* 재즈를 연주하는. orchestre ~ 재즈 오케스트라.

jazzman(*pl.* **men**) [dʒɑzman, -mɛn] 《미영》 *n.m.* 재즈 연주가.

jazzophile [dʒɑzɔfil] *n.* 재즈 애호가. L즈 연주가.

J.-B. 《약자》Jean-Baptiste《남자 이름》.

J.-C. 《약자》Jésus-Christ 예수그리스도. avant J.-C. 서기 기원전.

jce 《약자》jouissance 《주식》배당부(配當附).

j/d 《약자》jours de date 《상업》며칠 후 지불(어음).

Je 《약자》jeune 젊은.

je [ʒ(ə)] *pron.pers.*《1 인칭 단수·비강세형 주어; 모음 또는 무성 h 앞에서는 j'》 나는. *Je* suis coréen. 나는 한국인이다. *J'*aime la musique. 나는 음악을 좋아한다. ②《예외적으로 강세형일 때·발음 [ʒɛ]》 *Je*, soussigné... 서명인인 나는…. ③《명사처럼》@ employer le ~ dans un récit 1인칭으로 서술하다. ⓑ《철학》자아(égo, le moi).

REM (1) **je** 가 도치될 때 동사의 어미 e 는 é[e] 가 됨: Aimé-*je*? (2) 제 1 군 동사 이외의 동사의 경우는 도치형 대신 Est-ce que *je*…? 를 쓰는 것이 보통임. 단, Suis-*je*, Ai-*je*, Puis-*je*, Dois-*je*, Dis-*je* 등은 예외적으로 사용됨.

Jean [ʒɑ̃] *n.pr.m.* 장《남자 이름》. (Saint) ~-Baptiste 세례요한. l'Évangile selon saint ~ 요한 복음. la Saint-~ 성요한제(6월 24일).

faire son petit saint ~《구어》(어린이가)얌전히 하고 있다. ~ **Farine** 어릿광대. ~ **fait tout**《구어》만사에 능한 사람, 팔방미인.

jean(s) [dʒin] 《영》 *n.m.* 블루진(bluejean).

jean-foutre [ʒɑ̃futr] *n.m.*《복수불변》①《속어》쓸모없는 자, 건달, 망나니. ②《옛》악당.

jean-jean [ʒɑ̃ʒɑ̃] *n.m.*《복수불변》① 바보, 얼간이(niais, nigaud). ②《경멸》신입생, 신병(新兵). —*a.*《불변》바보스러운, 얼빠진.

jean-le-blanc [ʒɑ̃ləblɑ̃] *n.m.*《복수불변》《조류》매의 일종(circaète ~).

Jeanne [ʒa(ː)n] *n.pr.f.* 잔《여자 이름》. cheveux à la ~ d'Arc 다르크식의 머리, 앞머리를 드리운 단발.

Jeanneton [ʒɑ̃tɔ̃] *n.pr.f.* Jeannette 의 애칭. —**j~** *n.f.*《속어》(여파의)하녀.

Jeannette [ʒanɛt] *n.pr.f.* 자네트《여자 이름, Jeanne 의 애칭》. —**j~** *n.f.* ① (여자들의 목에 거는)작은 십자가. ② (소형)다림질 받침대. ③《식물》수선화. ④ 걸스카우트 단원.

jeannot [ʒano] *n.m.*《속어》잘 속아넘어가는 사람, 바보(niais); 아내에게 속은 남편(cocu). —**J~** *n.pr.m.* Jean 의 애칭.

jeannotisme [ʒanɔtism] *n.m.* =janotisme.

J.É.C. 《약자》Jeunesse étudiante catholique 가톨릭 청년 학생연맹.

jéciste [ʒesist] *a.* 가톨릭 청년 학생연맹(J.É.C.)에 속한. —*n.* 가톨릭 청년 학생연맹원.

jectisse [ʒɛktis] *a.f.* (흙이)쌓아올려진, 운반되어 온. terres ~s 파서 쌓아올린 흙. pierres ~s 건축용 잔 자갈.

jeep [ʒip] 《영》 *n.f.* 지프(차).

Jéhovah, Jehovah [ʒeɔva] *n.pr.m.* 《성서》 여호와 (Jahvé(h), Yahvé).

jéhovisme, jehovisme [ʒeɔvism] *n.m.* 여호와 숭배《신앙》.

jéhoviste, jehoviste [ʒeɔvist] *a.*《성서》신을 (Élohim 이라고 부르지 않고)여호와라고 부르는.

jéjuno-iléon [ʒeʒynɔilɛɔ̃] *n.m.*《해부》공회장(空回腸)《십이지장에서 맹장에 이르는》.

jéjunum [ʒeʒynɔm] *n.m.*《해부》공장(空腸), 빈창자.

je-m'en-fichisme [ʒ(ə)mɑ̃fiʃism], **je-m'en-foutisme** [ʒ(ə)mɑ̃futism] *n.m.*《구어》(정치나 주변상황에 대한)무관심주의, 오불관언.

je-m'en-fichiste [ʒ(ə)mɑ̃fiʃist], **je-m'en-foutiste** [ʒ(ə)mɑ̃futist] *a.*, *n.*《구어》(사건·정치 따위에)무관심(사람).

je-ne-sais-quoi, je ne sais quoi [ʒənsɛkwa] *n.m.*《구어》무엇인지 말 수 없는 것, 알 수 없는[표현할 수 없는] 그 무엇(quelque chose). Il y a chez lui un ~ qui inquiète. 그에게는 남을 불안하게 하는 그 무엇이 있다.

jennérien(ne) [ʒenerjɛ̃, -ɛn] *a.*《의학》제너(Jenner, 종두 발명자)의, 종두의. vaccination ~ne 제너식 종두법.

jenny [ʒe(ɛ)ni] 《영》 *n.f.*《직물》무명 방적기.

jer 《약자》janvier 1월, 정월.

jérémiade [ʒeremjad] *n.f.*《구어》(주로 *pl.*)《구어》하소연, 푸념, 우는 소리(lamentation).

Jérémie [ʒeremi] *n.pr.m.*《성서》예레미야.

jerez [ʒerɛːz] *n.m.* =xérès.

Jéricho [ʒeriko] *n.pr.m.*《성서》여리고. murailles de ~ 여리고 성벽《커다란 어려움이 갑자기 해결되었을 때의 비유로 쓰임》.

jerk [(d)ʒɛrk] 《영》 *n.m.* 저크 춤.

jerker [(d)ʒɛrke] *v.i.* 저크 춤을 추다.

jéroboam [ʒerɔbɔam] *n.m.* (6 리터들이) 큰 술병.
jérosolymitain(e) [ʒerozɔlimitɛ̃, -ɛn] *a.* 예루살렘 (사람)의. —**J~** *n.* 예루살렘 사람.
jerrycan, jerricane, jerrican [(d)ʒerikan]《영》 *n.m.* (20리터들이) 네모난 휘발유통.
jersey [ʒɛrzɛ] *n.m.* ①《의복》(몸에 달라붙는)저지 스웨터. ②《직물》저지.
jersiais(e) [ʒɛrzjɛ, -ɛːz] *a.* 저지 섬의. —**J~** *n.* 저지 섬 사람. —*n.f.* 저지종의 소(vache ~e).
jésuate [ʒezɥat] *n.*《종교》(14세기 이탈리아에 창설된)수도회의 수도사(수녀).
jésuite [ʒezɥit] *n.m.* ①《가톨릭》예수회(la Compagnie de Jésus) 수도사(교도). ②《경멸》위선자. —*a.* 예수회의. art(style) ~ 예수식 예술(양식). ②위선적인(hypocrite). air ~ 위선적인 태도.
jésuitière [ʒezɥitjɛːr] *n.f.*《경멸》예수회 수도원.
jésuitique [ʒezɥitik] *a.*《경멸》①예수회 특유의. morale ~ 예수회의 도덕론(도덕관). ②위선적인.
jésuitiquement [ʒezɥitikmɑ̃] *ad.*《경멸》예수회 회원처럼; 위선적으로, 엉큼하게. répondre ~ 교활하게 속여 대답하다.
jésuitiser [ʒezɥitize] *v.i.*《경멸》엉큼한 짓을 하다, 선량한 체하다.
jésuitisme [ʒezɥitism] *n.m.* ①예수회의 교리. ②위선(hypocrisie).
Jésus [ʒezy] *n.pr.m.* 예수. ~-Christ 예수그리스도(가톨릭에서는 [ʒezykri], 신교에서는 [ʒezykrist]). le petit ~ 어린 예수. la Compagnie(la Société, l'Ordre) de ~ 예수회. —*int.* 어머나! 이걸 어쩌나!《놀라움·공포·감탄의 표시》(Doux ~!, ~ Marie!).
—**j~** *n.m.* ①어린 예수상(像);《구어》 귀여운 애. Mon ~! 내 귀염둥아! ②《인쇄》56×72(76)cm 형의 대형지(papier ~). double ~, 72×112cm 형의 종이.
jet[1] [ʒɛ] *n.m.* ①던지기, 투척(投擲)(lancement); 투척기. ~ de grenade 수류탄 투척. armes de ~ 투척·발사 무기(창·활·총 따위). bois de ~ 에 띄워 운반하는 목재. ~ à la mer (위급할 때의) 선하(船荷)의 해중투하. à un ~ de pierre 돌을 던져 닿는 거리에. ②《야금》주형(鑄型)에 부어넣기. fondre(couler) une statue d'un seul ~ 상(像)을 단번에 부어넣다. ③《액체·증기의》분출; (빛 따위의)방사(放射), 사출(jaillissement). force de ~ 추진력. ~ de sang 분출하는 피. ~ de salive 침을 탁 뱉기. ~ lumineux d'une phare 헤드라이트(등대) 빛의 조사(照射). ④《식물》새 순(rejeton), 어린 가지(rameau). ⑤《기술》분출구, 노즐. ~ d'eau 물의 분출; 분수; 분수(호스 따위의)분사 노즐; (창문·자동차 지붕의)빗물받이 홈.
à ~ continu《속어》끊임없이, 계속해서.
d'un seul ~ 단숨에, 일시에 사격으로. poème écrit d'un seul ~ 단숨에 쓴 시. arbre d'un (seul) ~ 쭉 뻗어오른 나무.
du premier ~ 단번에 (du premier coup), atteindre la perfection du premier ~ (그림·문장이)단번에 완성에 도달하다.
premier ~《미술·문학》초잡은 그림(글), 초고, 소묘(素描)(ébauche, esquisse).
jet[2] [dʒɛt]《영》 *n.m.* 제트 비행기(avion à réaction). prendre le ~ pour Paris 파리행 제트기를 타다.
jet[3]《약어》juillet 7월.
jetable [ʒ(ə)tabl] *a.* (몇 번 사용하지나)버릴 수 있는, 쓰고 버리는. rasoir ~ 일회용 면도칼.
jetage [ʒ(ə)taːʒ] *n.m.* ①(운반할 나무를 강에) 던지기. ②~ d'un pont《옛》가교(架橋). ③《수의》(비저병에 걸린 말의)콧물(흘리기).
jeté [ʒ(ə)te] *n.m.*《무용》즈테(한 발로 뛰어올라 다른 발로 내려서는 동작). ~ simple 단순 비약. ~ battu 교차 비약. ②(가구 위에 덮는)장식커버. ③《스포츠》(역도의) 용상(어깨까지 똑바로 들어올리는 동작).
jetée [ʒ(ə)te] *n.f.* ①선창, 부두; 방파제(digue). ~ flottante 물에 떠있는 방파제. droits de ~ 부두세. ②《토목》길 위에 까는 자갈. ③(도로·선로의)성토(盛土). ④《옛·은어》100프랑(지폐). demi-~ 50프랑.
‡**jeter** [ʒ(ə)te] [5] *v.t.* ①던지다, 내던지다, 팽개치다(lancer). ~ une pierre dans l'eau 물속에 돌을 던지다. ~ son vêtement sur une chaise 의자 위에 옷을 내팽개치다. ~ son sac par terre 보따리를 땅바닥에 내려놓다. ~ un regard sur qn ⋯에게 시선을 던지다.
②(던져서)버리다(se débarrasser). ~ de vieux journaux 낡은 신문을 버리다. bon à ~ à la poubelle (쓰레기통에 버려도 될) 쓰레기. ~ les [ses] armes 무기를 버리다; 휴전하다.
③(던져)올려놓다, 집어넣다(déposer). ~ une lettre à la boîte 편지를 편지통(통)에 넣다. ~ un manteau sur ses épaules 어깨에 외투를 걸치다.
④(초석을)놓다, (다리를)가설하다; (닻을)내리다. ~ les premières fondations d'un immeuble 건물의 초석을 놓다. ~ un pont 다리를 놓다. ~ l'ancre 닻을 내리다.
⑤(주형에)부어넣다. ~ en fonte[en moule] 주형에 부어넣다. ~ une statue en bronze 동상(銅像)을 주조하다.
⑥(빛·향기 따위를)발하다(répandre); (비유적)(공포심 따위를)퍼뜨리다. diamant qui jette des feux 빛을 발하는 다이아몬드. ~ des parfums enivrants 매혹적인 향기를 내다. crime qui a jeté l'effroi dans la ville 도시를 공포의 도가니로 몰아넣은 범죄. ~ un sort 요술사 따위가)저주하다.
⑦(강압적으로)밀다, 밀어내다(pousser), 쓰러뜨리다. ~ qn dehors[à terre] ⋯을 밖으로 내쫓다[땅바닥에 쓰러뜨리다]. ~ un bateau sur les récifs (바람이)배를 암초 위로 끌어올리다.
⑧(투입하다. ~ de nouvelles forces dans une bataille 전투에 새 부대를 투입시키다. ~ un nouveau produit sur le marché 시장에 새 상품을 내놓다.
⑨(신체의 일부분을)던지다, 향하게 하다. ~ les bras autour du cou de qn ⋯의 목을 끌어안다, 입 맞추다. ~ la tête en arrière 머리를 뒤로 젖히다.
⑩(액체가)흐르다, 흘러내리다. Cet abcès jette du pus. 그 고름집에서 고름이 흘러나온다. (목적보어 없이)Sa plaie commence à ~. 그의 상처에서 고름이 나오기 시작한다.
⑪(소리를)지르다, (한숨을)내쉬다(pousser). ~ un cri 고함을 지르다. ~ un profond soupir 깊은 한숨을 내쉬다.
⑫(나무가)싹트다, 발아하다, (가지를)뻗다. arbre qui jette ses racines dans le sol 땅속에 뿌리를 뻗는 나무. terroir qui jette des oranges (옛)오렌지 나무를 싹트게 하는 토양.
⑬(꿀벌이)분봉(分蜂)하다. Les ruchers commencent à ~. 벌꿀의 무리가 분봉하기 시작한다.
en ~《옛》(사람이)걸작임을 보이다.
~ (à) bas 쓰러뜨리다, 부수다, 파괴하다, 없애다. ~ bas une institution 제도를 폐지하다.
~ les yeux sur qn ⋯에게 눈독들이다, ⋯을 점찍어 두다.
~ qc à la tête(au visage, au nez) de qn ⓐ ⋯에 대

해 ~을 힐난[책망]하다. On me *jette au visage* mes dépenses inconsidérées. 사람들은 나의 무분별한 지출을 공공연하게 비난한다. ⓑ ~을 …에게 강제로 떠맡기다. Je ne lui ai pas *jeté* ma fille *à la tête*. 나는 그에게 내 딸을 억지로 떠맡기지는 않았다(*목적보어는 qn* 일 수도 있음). ⓒ ~을 나발불다, 자랑삼다(s'en vanter). Il *jette* ses diplômes *à la tête de tout le monde*. 그는 누구에게나 자기 학위를 자랑삼는다.

N'en jetez plus! 《구어》이젠 지긋지긋하다.

—***se ~*** *v.pr.* ① 몸을 던지다; 《비유적》투신하다, 뛰어들다(se lancer, s'engager). *se ~ à l'eau* 물에 뛰어들다. *se ~ sur un lit* 침대에 몸을 던지다. *se ~ dans la politique* 정치에 투신하다. *se ~ dans la dévotion* 신앙에 몸을 바치다.
② 달려들다, 덥벼들다(se précipiter). *se ~ au cou de qn* …의 목을 껴안다. *se ~ sur qn pour l'attaquer* 공격하기 위해 …에게 덥벼들다.
③ 《주어는 사물》(물이) 흘러나리다, (에) 빠지다. La Durance *se jette* dans le Rhône. 뒤랑스강은 론강으로 흘러들어간다.
④ 《se는 간접목적보어》서로 던지다; (비난 따위를) 서로 퍼붓다. *se ~ des regards de haine* 증오의 시선을 서로 던지다.

se ~ à la tête de qn …에게 자기를 떠맡기다.
se ~ à l'eau 《비유적》(결연히) 어려움에 도전하다; ~ 모험을 감행하다.
se ~ dans les bras de qn …에게 원조를 청하다.
se ~ dans les jambes de qn …을 방해하다.
se ~ en(au) travers d'un projet 계획을 방해하다.
se ~ la tête contre les murs 절망하다.

jeteur(se) [ʒ(ə)tœːr, -ø:z] *n.* 던지는 사람; (주사위) 던지는 사람. *~ de sort* 주술(呪術)을 거는 사람.

jetisse [ʒ(ə)tis] (< *jeter*) *a.f.* = **jectisse**.

jeton [ʒ(ə)tɔ̃] *n.m.* ① (식권 따위의) 권(券), 표; (공중전화에 사용되는) 동전; (카드놀이 따위에 사용되는) 점수패. *~ de téléphone* 전화용 동전. *~s numérotés* (은행 등에서 순서를 기다리는) 번호표. ②《구어》화폐(pièce de monnaie). ③ (회합의 출석의원과 바꿔 받는) 출석수당; 출석권(~ *de présence*). *toucher des ~s de présence* 회의수당을 받다. ④《속어》구타; 무서움. *flanquer(filer, coller) un ~ à qn*《구어》…에게 한방 먹이다. *avoir les ~s*《속어》무서워하다, 겁을 먹다. *donner[foutre] les ~s à qn* 겁을 주다 (faire peur).
être faux comme un ~ 《구어》위선자이다. ***faux ~*** 《구어》위선자. ***vieux ~*** 《구어》(시대에 뒤떨어진) 늙다리.

jetonnier [ʒ(ə)tɔnje] *n.m.* (빗꼼) 아카데미회원(회의수당만 받아 먹는다는 뜻에서).

jet-set [dʒɛtsɛt] *n.m.*, **jet-society** [dʒɛtsɔsajti] 《영》 *n.f.* 《집합적》제트기족(제트기로 세계를 돌아다니는 정치가·외교관·배우 따위).

jet-stream [dʒɛtstrim] 《영》 *n.m.* 제트기류.

jettatore (*pl. i*) [dʒɛ(t)tatɔre, -i] 《이탈리아》 *n.m.* 마법사, 주술사(呪術師).

jettatura [dʒɛ(t)tatyra], **jettature** [ʒɛ(t)taty:r] 《이탈리아》 *n.f.* ① 사나운 눈초리 (mauvais œil). ② 저주; 흉조.

‡**jeu** [ʒø] (*pl. ~x*) *n.m.* ① 놀이, 유희 (divertissement, récréation); 장난. *~ d'imitation* 모방유희. *~ de manipulation* 조작(操作) 유희. *~ d'adresse* 기교를 요하는 놀이. *~ de société* 실내유희. *~ de groupe* 그룹놀이. *~ de mots* 재담치문. *Cela passe le ~.* 《옛》농담이 지나치다. *Ce n'est qu'un ~.* 《구어》그것은 문제 없다. *faire qc par ~* 재미로 ~ 하다. *~x de mains* 손장난, 장난으로 서로 치고 받기. *~x du destin* 운명의 장난. *~x de l'imagination* 공상의 유희. *~x de Mars* 《시》전쟁. *~x de Vénus* 《시》연애. *les J~x* 《옛》유희의 신. *~ d'écritures* 《회계》장부의 조작.
② 연기; 연주솜씨; (신체의) 움직임. *~ de mains d'un pianiste* 피아니스트의 손놀림. *~ net d'un escrimeur* 검객의 깨끗한 칼솜씨. *~ brillant d'un pianiste* 피아니스트의 화려한 연주. *indications de ~* (연출가가 행하는) 연기 지시. *~ de scène* (배우의) 무대 위에서의 움직임. *~ de lumière* (무대의) 조명효과. *jouer le grand ~* 열연하다. *~x de physionomie* 얼굴 표정에 의한 연기. *~ de jambes d'un boxeur* 권투선수의 풋워크.
③ 경기, 승부; 경기장; 경기 규칙. *règle du ~* 경기의 규칙. *~ d'équipe* 단체경기. *~x de balle(de ballon)* 작은(큰) 공을 쓰는 구기(球技). *~x olympiques* 올림픽경기. *J~!* 경기 시작《호령》. *théorie des ~x* 게임이론. *suivre le ~* 시합을 구경하다. *être au ~* 시합에 나가다. *sortir du ~* 경기장에서 나가다. *Ce n'est pas le ~.* 그것은 반칙이다. *jouer d'après le ~* 규칙대로 경기하다. *~ de bon* 공정한 승부이다. *jouer beau ~* 공정하게 승부하다. *se mettre du ~* 승부에 끼어들다. *tenir le ~* 승부를 계속하다. *tenir le ~ de qn* …의 대리로 승부하다.
④ 노름, 도박; 도박에 거는 돈. *gagner[perdre] au ~* 도박에서 따다[잃다]. *~ de hasard* 도박. *maison de ~* 도박장. *démon du ~* 도박에 미친 사람. *Faites vos ~x.* 돈을 거세요. *jouer grand [gros] ~; jouer un ~ d'enfer* 큰 도박을 하다, 이기든 지든 해보다. *Le ~ ne(n'en) vaut pas la chandelle.* 《구어》해보았자 헛수고이다, 애쓴 보람이 없다. *Les ~x sont faits.* 모든 것이 끝장이 났다, 일은 이미 결판났다.
⑤ (기계·장치 따위의) 활동, 작용, 일, 영향 (action); (기계) 여유, 간극(間隙 — utile). *~ d'un ressort* 스프링의 작용. *forces en ~* 작용하는 갖가지 힘. *par le ~ de causes diverses* 갖가지 원인의 작용으로. *le ~ de l'offre et de la demande* 수요와 공급 간의 상호 작용. *donner du ~ à une porte* (개폐를 쉽게 하기 위해) 문 틈에 여유를 두다. *Il y a du ~ dans la direction.* (자동차의) 핸들에는 간극이 있다.
⑥ 놀이기구; (놀이 기구·따위의) 한 벌. *~ de cartes* 트럼프 한 벌. *le grand ~; le ~ de tarot* 타로 트럼프 한 벌. *faire le grand ~* 트럼프로 점을 치다. *un ~ d'échecs* 서양 장기 한 벌. *un ~ de clefs* 열쇠 꾸러미. *un ~ d'aiguilles* 뜨개질용 바늘 한 벌. *un ~ d'épreuves* 《인쇄》교정쇄 한 묶음. *un ~ d'orgue(s)* 《음악》음전(音栓).

À beau ~, beau retour. 《격언》은혜는 은혜로 갚는 법이다.
avoir beau ~ 【카드놀이】좋은 패를 쥐다; 《구어》[~ *de/pour + inf.*] (하기에) 좋은 조건에 있다, 일이 쉽다.
cacher son ~ (카드놀이에서) 자기 패를 감추다; 《비유적》목적(수단)을 숨기다.
donner beau ~ à qn …에게 좋은 기회를 주다.
donner du ~ à qn …에게 행동의 자유를 주다.
entrer dans le ~ 어떤 일에 참여하다.
entrer dans le ~ de qn …와 이해(利害)를 같이하다, …에게 가담하다.
entrer en ~ 경기가 시작되다; 일에 관계하기 시작하다; 작용하다.
être en ~ 문제되다; 와중에 있다. *Votre vie est en ~.* 당신의 목숨이 걸려 있다.
faire le ~ de qn …의 수단에 넘어 가다, …의 수에

걸려 들다.
J~ de main, ~ de vilain. 《속담》장난이 심하면 싸움이 된다.
jouer double ~ 《구어》양다리를 걸치다.
jouer franc ~ 정정당당하게 승부[행동]하다.
jouer un ~ serré 신중하게 승부하다.
mettre qc en ~ …을 움직이다; …을 이용[사용]하다; …을 위태롭게 하다. *mettre en ~ toutes ses ressources* 온갖 수단을 다 쓰다. *mettre en ~ la vie d'un homme* 한 사람의 목숨을 위태롭게 하다.
mettre qn en ~ …을 미끼로 쓰다, 이용하다.
par ~ 장난삼아, 농담으로.
se faire un ~ de qc(+inf.) …을 (하는 것을) 즐거움으로 삼다. *se faire un ~ des chagrins d'autrui* 남의 슬픔을 재미있어하다.
se prendre(se piquer) au ~ 열중하다, 집착하다.
vieux ~ 《불변》구식의, 시대에 뒤떨어진. *J'ai trouvé sa façon de penser un peu vieux ~.* 나는 그의 사고방식이 좀 낡았다고 생각했다.
y aller bon ~, bon argent 정정당당하게 일을 하다.
jeu-concours [ʒøkɔ̃kuːr] (*pl.* ~*x*~) *n.m.* (라디오・텔레비전의)공개퀴즈.
‡**jeudi** [ʒødi] *n.m.* 목요일. ~ *saint* 성 목요일 《부활절 전주의 목요일》. *la semaine des quatre(trois) ~s* 《구어》결코 오지 않는 날.
jeun (à) [aʒœ̃] *loc.ad.* ① 아무것도 먹지 않고, 단식하여; 공복시에, 식전에. *boire à ~* 공복에 술을 마시다. *Prendre à ~.* 공복시에 복용할 것. *Je suis encore à ~.* 나는 아직 아무것도 먹지 않았다. ② 《구어》술을 마시지 않고.
‡**jeune** [ʒœn] *a.* ① 젊은, 어린, 청년의; 활기있는. ~ *homme* 젊은이, 청년. ~ *fille* 아가씨, 처녀. ~ *chat* 새끼 고양이. ~*s pousses* 새싹. *dans son ~ temps* 그의 젊은 시절에. ~ *âge* 청춘. *être ~ de cœur (d'esprit, de corps)* 마음(몸)이 젊다. *se marier ~* 어려서 결혼하다. ~ *courage* 젊은 혈기.
la ~ saison; *les ~s ans(années)* 《문어》유년・소년 시절. *faire ~; faire plus ~ que son âge* 나이보다 젊어 보이다.
② 손아래의(cadet); 아들인; 미숙한, 유치한, 경험이 없는(novice). ~ *frère ou ~ fils* Dupont (형・아버지에 대해서)아우[아들・소(小)]뒤퐁. *Pline le J~ et Pline l'Ancien.* 소 플리니우스(조카)와 대 플리니우스(백부). *être ~ dans le métier* 직업에 아직 익숙해 있지 않다. *être ~ et facile à tromper* 아직 경험이 없어 속기 쉽다.
③ 젊은이에게 어울리는. *coiffure ~* 젊은이에게 어울리는 헤어스타일. *Ce vêtement est trop ~ pour vous.* 당신에게 이 옷은 너무 젊은이 취향 같아요. (부사적)*s'habiller ~* 옷을 젊게 입다(젊은이 옷차림을 하다).
④ (사물에 대해서)생긴지 얼마 안되는. *pays ~* 신생국. *industrie ~* 신흥 산업. *Cette eau de vie est ~.* 이 브랜디는 만든 지 얼마 안되었다.
⑤ 《구어》부족한. *Cent francs, c'est un peu ~!* 백 프랑으로는 좀 부족하군.
—*n.* ① 젊은이, 청년; 아들, 2세. *maison des ~s* 청소년 문화회관. ② 《드물게》(동물의)새끼.
faire le(la) ~ 젊은 체하다.
‡**jeûne** [ʒøːn] *n.m.* ① 절식; (종교적)금식, 단식. *observer(rompre) le ~* 단식을 지키다(중지하다).
~ *du carême(ramadan)* 사순절(라마단)의 단식.
~ *eucharistique* 성체배령전의 단식. ② 굶주림, 배고픔. *être exténué de ~s et de veilles* 배고픔과 불면에 시달리다. ③ 금욕; [~ *de*] (어떤 즐거움으로부터의)단절. *un long ~ de lecture* 오랫동안 책을 멀리한 사실.

jeune(-)loup [ʒœnlu] (*pl.* ~*s*~*s*) *n.m.* 《정치・경제》젊은 야심가; 《스포츠・연예》젊은 도전자 (스타).
jeunement [ʒœnmɑ̃] 《옛》*ad.* ① 젊은이처럼, 젊게; 새롭게. ② *cerf (à) dix(-)cors ~* 《사냥》갓 5살 된 사슴.
jeune-premier(ère) [ʒœnprəmje, -εːr] (*pl.* ~*s*-~*s*) *n.* 《연극》연인역(戀人役).
jeûner [ʒøne] *v.i.* ① 단식하다; 《종교》단식일을 지키다. *Un malade enfant doit ~.* 환자에게 단식하게 하다. ② (가난・양식 부족으로)굶다. *mère qui laisse ~ ses enfants* 애들을 굶기는 어머니. ③ 즐거움을 끊다, 금욕[절제]하다. *Un an loin de Paris! Ce serait trop longtemps.* 1년이나 파리를 떠나야 한다니, 그건 너무 긴 절제생활이군.
*jeunesse** [ʒœnεs] *n.f.* ① 젊음, 청춘; 청춘시대. *première(prime) ~* 소년기. *seconde ~* 제2의 청춘. *air de ~* 젊은 모습. *dès ~* 젊을 때부터. *en pleine ~* 한창 젊은 시절에. *œuvre de ~* 청년시대의 작품. *péché(folie, erreur) de ~* 청춘기의 과오. ② 젊은 기운, 혈기; 싱싱함(fraîcheur, vigueur); 미숙, 무경험; 경솔. ~ *de son sourire* 그의 미소의 순수함. *conserver sa ~* 자기 젊음을 유지하다. ~ *de corps(de cœur)* 싱싱한(젊은) 육체(마음). ~ *d'une œuvre* 작품의 미숙함. ③ (동・식물의)성장기, 발육기; (술의)숙성기간; 《문어》(사물의)초기. ~ *du monde* 지구의 생성기. ④ (집합적)젊은이, 청소년 남녀(les jeunes); 청년동맹(연맹). ~ *d'un pays* 한 나라의 젊은이. *instruire la ~* 청소년을 가르치다. ~ *étudiante* 청년학생. ~ *ouvrière* 청년노동자. ~ *agricole* 농촌청년. ~ *dorée* 《역사》18세기말 집정관 시대에 기이한 복장・풍습으로 세상사람을 놀라게 한 젊은이들; (현재는)부유층 자녀. *auberge de la ~* 유스호스텔. *J~s musicales* (여러 나라와 도시로 확산된)청년 음악연맹. *J~s hitlériennes* 《역사》히틀러 유겐트. ⑤ 《구어》젊은 남자(여자). *vieillard qui épouse une ~* 젊은 여자와 결혼하는 노인.
Il faut que ~ se passe. 《속담》젊을 때의 과실은 너그럽게 봐줘야 한다. *La ~ revient de loin.* 《속담》젊은이는 모진 병에도 걸려도 곧 낫는다; 젊은이는 과실을 범해도 갱생할 수 있다. *Si ~ savait, si vieillesse pouvait!* 《속담》젊은이는 경험이 없고 늙은이는 힘이 없다.
jeunet(te) [ʒœnε, -εt] *a.* 《구어》매우 젊은, 어린.
—*n.* 매우 젊은 사람, 어린이.
jeune-turc [ʒœntyrk] (*pl.* ~*s*-~*s*) *n.m.* 《정치》터키 청년당원. —*a.* 터키청년당의. —*n.m.* 과격파.
Jeune-Turquie (la) [laʒœntyrki] *n.pr.f.* 《정치》터키청년당.
jeûneur(se) [ʒønœːr, -øːz] *n.* 단식하는 사람.
jeunot(te) [ʒøno, -ɔt] *a.* 《구어》《경멸》젊은, 풋나기인(jeune). —*n.* 젊은이, 풋나기.
jeu-pari [ʒøpari] *n.m.* 《복수불변》《법》도박.
J.I.C. 《약자》Jeunesse indépendante chrétienne 기독교 독립청년회.
jigger [dʒigεːr] 《영》*n.m.* 《전기》진동변성기(變成..).
jingo (*pl.* ~*es*) [dʒεgo, -oːs] 《영》*n.m.* 《영국사》감정적 주전론자.
jingoïsme [dʒεgoism] *n.m.* 《영국사》감정적 주전론, (1877년의)대노(對露)강경론.
jingoïste [dʒεgoist] *a.* 주전론의. —*n.* =jingo.
J.-J. 《약자》Jean-Jacques 장자크《남자 이름》.
jl 《약자》journal 《부기》일장.
jll. 《약자》juillet 7월.
J.M.F. 《약자》Jeunesse musicale de France 프랑스 청년 음악 연맹.

Jne《약자》 jeune 젊은, 손아래의.
J.O.《약자》 Journal officiel 관보(官報); Jeux Olympiques 올림픽.
Jo [ʒo] *n.pr.*《속어》 Georges; Joseph 의 애칭.
Jô [ʒo] *n.pr.m.* Georges 의 애칭.
joaillerie [ʒɔajri] *n.f.* ① 보석세공(술); 보석세공품. ~-orfèvrerie 금은 보석세공술[상]. ② 보석세공공장; 보석장사[상점].
joaillier(ère) [ʒɔaje, -ɛːr] *n.* 보석세공인(ouvrier-~); 보석상인.
Job [ʒɔb] *n.pr.m.*《성서》욥. Livre de ~ 욥기.
job¹ [ʒɔb] *n.m.*《구어》고지식한 사람.
battre le ~《연극》당황(실수)하다. *monter le ~ à qn* …을 속이다. *se monter(se chauffer) le ~* 괜히 흥분하다.
job² [ʒɔb]《영》*n.m.*《구어》(일시적인)일, 일자리, 아르바이트. *étudiant qui cherche un ~* 아르바이트 자리를 구하는 학생.
jobard(e) [ʒɔbaːr, -ard]《구어》*a.* 고지식한, 속기 쉬운(naïf, niais). —*n.* 고지식한 사람.
jobarder [ʒɔbarde] *v.t.*《구어》속여넘기다(duper).
jobarderie [ʒɔbard(ə)ri], **jobardise** [ʒɔbardiːz] *n.f.*《구어》① 잘 속음, 고지식함. ② 어리석은 짓(bêtise, niaiserie).
jobelin [ʒɔblɛ̃] *n.m.* ①《옛·문어》어리석은 사람. ② 15세기 부랑자의 변말.
jober [ʒɔbe] *v.i.* ① 실수하다. ② 놀림을 받다.
—*v.t.*《옛》조소하다.
J.O.C.《약자》Jeunesse Ouvrière Catholique 청년 가톨릭 노동자 동맹.
jociste [ʒɔsist] *a.* 청년 가톨릭 노동자동맹(J.O.C.)에 속한. —*n.* J.O.C.의 동맹원.
jockey [ʒɔkɛ]《영》*n.m.* ①《경마》기수; 마차꾼; 마부. *casquette de ~* 기수모자. *régime ~*《구어》식이요법. ② 조마(調馬)용 안장.
jockey-club [ʒɔkɛklœb]《영》*n.m.* 경마 클럽.
jocko [ʒɔko] *n.m.* ①《동물》성성이. ②《속어》빵장수. *pain ~* 길쭉한 빵.
Joconde (la) [laʒɔkɔ̃d] *n.pr.f.* 라조콩드(레오나르도다빈치의 작품 모나리자의 초상).
jocrisse [ʒɔkris] *n.m.*《옛》① 어수룩한 사람, 숫보기(niais, nigaud); 아내에게 눌려 지내는 남자. ② 멍청한 하인.
jodhpurs [ʒɔdpyr] *n.m.pl.* 무릎아래로 다리에 꼭 맞는)승마용 바지.
jodler [ʒɔdle] *v.i.*《음악》요들식으로 노래하다.
jogging [dʒɔgiŋ]《영》*n.m.* (경주가 아닌)적당한 속도로 달리기, 조깅.
johannique [ʒɔanik] *a.*《신학》성 요한의.
johannite [ʒɔanit] *n.m.* 요한교 신도.
:joie [ʒwa] *n.f.* ①《추상적인 뜻》기쁨(allégresse). ~ *infinie*(*immense*) 무한한[크나큰] 기쁨. *avec ~* 기쁘게, 기꺼이. *éprouver de la ~* 기쁨을 느끼다. *mettre qn en ~* …을 기쁘게 하다. *être au comble de la ~* 더 없이 기쁘다. *être transporté*(*fou, ivre*) *de ~* 미칠듯이 기쁘다. *sauter*(*bondir*) *de ~* 기뻐 날뛰다. *cri de ~* 환성. *larmes de ~* 기쁨의 눈물. *~ de vivre* 삶의 기쁨. *C'est une ~ de vous revoir*. 다시 만나니 기쁘다.
② 《구체적인 뜻》기쁨의 원인이 되는 사물, 즐거움, 낙(樂)；《옛·문어》쾌락(plaisir). *Les enfants sont sa seule ~*. 그 아이들이 그의 유일한 낙이다. *vivre dans les ~s du monde* 현세의 즐거움을 만끽하며 살다. *fille de ~* 매춘부.
③ (*pl.*) (반어적 뜻) 고통. *Encore une panne, ce sont les ~s de la voiture!* 또 고장이야, 이게 바로 차 가진 사람의 즐거움이거든.

à sa grande ~ 기쁘게도.
avoir la ~ de qc …을 즐기다, 향락하다.
être à(*dans*) *la ~ de son cœur* 기쁨으로 마음이 설레이다.
être tout à la ~ de qc …을 몹시 기뻐하다.
faire(*être*) *la ~ de qn* …을 기쁘게 하다. *spectacle qui fait la ~ des enfants* 아이들이 즐거워하는 구경거리.
ne plus se sentir de ~ 더할 나위없이 기쁘다. *Il ne se sent plus de ~* à la pensée des vacances prochaines. 다가올 방학을 생각하면 몹시 기쁘다.
se faire une ~ de + inf. …하는 것을 기쁨으로 여기다.
s'en donner à cœur ~ 마음껏 즐기다[누리다].

joign-ant, -ons, -is, etc. [ʒwaɲ-ɑ̃, -ɔ̃, -i] ⇨ joindre.
joignant(e) [ʒwaɲɑ̃, -ɑ̃ːt] *a.*《옛》이웃하는, 인접하는. —*prép.*《옛》…에 인접하여, 바로 곁의.
***joindre** [ʒwɛ̃ːdr] [27] *v.t.* ① 잇다, 붙이다, 잇닿게(attacher); (사람·마음을)합치시키다, 결합시키다(unir). *~ les mains* 합장(合掌)하다. *~ les deux bouts de la ficelle par un nœud* 끈의 두 끝을 매듭지어 잇다. *Un pont joint l'île au continent.* 다리가 섬을 뭍과 연결하고 있다. *Joignons nos efforts.* 우리의 힘을 합칩시다. *~ deux personnes par les liens du mariage* 두 사람을 부부의 연줄로 묶다. *amitié qui les joint* 그들을 결합시키고 있는 우정. ② [~ à] 첨부하다, 동봉하다, 더하다, 추가하다(ajouter). *~ A à B*, A를 B에 첨부하다; A와 B를 아울러 갖추다, 겸비하다. *~ à une lettre un chèque de cent francs* 편지에 100프랑의 수표를 동봉하다. *Il joint à*(*avec*) *la beauté* 슬기와 미를 겸비하고 있다. *~ le geste à la parole* 말과 행동을 일치시키다. ③ [*~ qn*] (와)합치다, 합동[합류]하다(toucher); 만나다(rencontrer). *J'ai essayé en vain de le ~ par téléphone.* 그와 전화 통화를 하려고 했지만 허사였다. *régiment qui joint la division* 사단에 합류하는 연대.
—*v.i.* 맞다, 들어맞다. *fenêtre qui joint mal* 잘 맞지 않는 창문.
—*se ~ v.pr.* ① 서로 합치다, 합해지다; 맺어지다. *deux cœurs qui se joignent* 뜻이 맞는 두 마음. ② [se ~ à qc] 가담하다, 참가하다(adhérer, particiiper); [se ~ à qn] 합류하다(s'unir). *se ~ au débat* 토론에 참가하다. *se ~ à la foule* 군중과 합류하다.
join-s, -t [ʒwɛ̃] ⇨ joindre.
joint¹ [ʒwɛ̃] *n.m.* ① (뼈의)마디, 관절. ② 접합부, 이은 자리. ③ 틈바구니. *trouver*(*chercher*) *le*(*un*) *~* (해결의)비법을 알아내다[찾다].
joint²(e¹) [ʒwɛ̃, -ɛːt] (*p.p.< joindre*) *a.p.* ① 맺어진, 합쳐진. *mains ~es* 두 손을 모아, 합장하여. *sauter à pieds ~s* 두 발을 모아뛰다. *sauter à pieds ~s sur qn*《구어》…에게 이래라 저래라 하명하다; …에게 느닷없이 덤벼들다. ② [~ à] (에)결합된, 첨부된. *pièces ~es* (편지의)동봉물. *lettre ~e à un paquet* 소포에 첨부된 편지. *clause ~e au contrat* 계약의 부대조항. *ci-~* 별지에, 동봉하여. *~ que + ind.*; *~ à ce*(*cela*) *que + ind.* …에다가, …에 더하여.
jointe² [ʒwɛ̃t] *n.f.*《수의》(말의)발굽 관절.
jointé(e¹) [ʒwɛ̃te] *a.* ⇨bas-joint, court-jointé.
jointée² *n.f.* 두 손에 가득한 양. [long-jointé.
jointement [ʒwɛ̃tmɑ̃] *n.m.* 접합, 결합.
jointer [ʒwɛ̃te] *v.t.*《기술》합판으로 만들다.
jointif(ve) [ʒwɛ̃tif, -iːv]《건축》*a.* 마주 이은, 접합된. —*n.f.* (판자를 이어 만든)간막이.
jointivement [ʒwɛ̃tivmɑ̃] *ad.* 마주 이어서.
jointoiement [ʒwɛ̃twamɑ̃] *n.m.*《건축》회 (모르

jointoyer [ʒwɛtwaje] [7] v.t. (회·모르타르로)(의) 틈을 바르다.
jointoyeur [ʒwɛtwajœːr] n.m. 회 따위로 틈을 바르는 직공.
jointure¹ [ʒwɛtyːr] n.f. ① 《해부》 관절. ② 이은데, 접합부. ~ étanche 방수접합.
n'avoir point de ~s 《속어》동작이 부드럽지 못하다; 고집불통이다.
jointure² n.f. 《언어》=**joncture**.
jojo [ʒoʒo] n.m. affreux ~ 망나니 아이(미국 만화의 주인공에서).
joker [ʒɔkɛr] 《영》 n.m. 〖카드놀이〗 조커(어디에나 통용되는 패).
joli(e) [ʒɔli] a. ①예쁜, 귀여운(mignon). ~e fille 귀여운 소녀. avoir de ~es jambes 다리가 예쁘다. être ~ comme un cœur; ~ à croquer 굉장히 예쁘다. ② 재미있는, 멋진. ~ mot 경구(警句). jouer un ~ tour à qn ...을 멋지게 골탕 먹이다. faire un ~ mot d'esprit 재치가 번쩍이는 말을 하다. ③《구어》상당한(considérable). avoir une ~e situation 상당한 지위를 가지다. ~e somme 꽤 큰 돈. obtenir de très ~s résultats 제법 훌륭한 결과를 얻다. ④(반어적)대단한, 훌륭하신, 그럴싸한. Elle est ~e, votre idée! 당신 생각 멋지군요!(어리석은 생각이라는 뜻으로). Nous voilà dans un ~ pétrin! 우리는 참 몹쓸싸한 꼴이 됐군. un ~ monsieur [coco] 한심한 남자[녀석].
—n.m. ①깨끗함, 산뜻함; 재미있음, 유쾌한 일. Le ~ de l'histoire que... 얘기의 재미있는 점은 ...이다. ② (반어적) C'est du ~ d'agir ainsi dans son dos! 그 사람 몰래 그런 짓을 하다니, 못써! C'est du ~. 그것 나쁜짓이다.
joliesse [ʒɔljɛs] n.f. 《문어》귀여움, 예쁨.
joliet(te) [ʒɔljɛ, -ɛt] a. 《엣》예쁘장한.
joliment [ʒɔlimɑ̃] ad. ①예쁘게(agréablement); 산뜻하게; 묘하게. salon ~ aménagé 산뜻하게 꾸며진 객실. être ~ habillé 예쁘게 차려 입었다. ②(반어적) 혼이 나게, 단단히. Vous voilà ~ arrangé! 단단히 혼났군요! ③《구어》썩, 무척(très). Le temps s'est ~ rafraîchi. 무척 쌀쌀해졌다.
joliveté [ʒɔlivte] n.f. ①(어린이 따위의)귀여운 말. ②(실용가치가 없는)예쁜 물건. ③《엣》귀여움.
Jonas [ʒɔnɑːs] n.pr.m. 《성서》요나(선지자). Livre de ~ 요나서(書).
jonc [ʒɔ̃] n.m. ①《식물》골풀, 등심초. ~ d'Inde 등나무. ②대나무 지팡이(canne de ~). ③ (보석이 없는)반지, 팔찌. ④《속어》돈. avoir du ~ 유복하다.
jon(ca)cées [ʒɔ̃(ka)se] n.f.pl. 《식물》골풀과.
joncer [ʒɔ̃se] [2] v.t. (의자의)앉는 자리를 골풀로 만들다.
jonchaie [ʒɔ̃ʃɛ] n.f. 골풀이 우거진 곳; 등나무 숲.
jonchée [ʒɔ̃ʃe] n.f. ①(축젯 때)길에 뿌리는 꽃과 나뭇잎; 땅위에 흩어져 있는 많은 물건. faire une ~ de fleur 많은 꽃을 뿌리다. ②(골풀로 짠 바구니; 이 바구니에 담겨 만든 작은 치즈).
jonchement [ʒɔ̃ʃmɑ̃] n.m. (꽃 따위를)뿌림.
joncher [ʒɔ̃ʃe] v.t. (에)꽃 따위를 뿌리다; 덮다. ~ la terre de fleurs 땅에 꽃을 뿌리다, 땅을 꽃으로 덮다. Après la tempête, les rues *étaient* jonchées *de* débris de toutes sortes. 폭풍이 지난 후 길에는 온갖 부스러기가 깔려 있었다. Des papiers *jonchent* le sol du bureau. 서류들이 사무실 바닥에 어지럽게 흩어져 있다.
joncheraie [ʒɔ̃ʃrɛ], **jonchère** [ʒɔ̃ʃɛːr] n.f. =**jonchaie**.

jonchets [ʒɔ̃ʃɛ] n.m.pl. (상아·뼈·나무 따위로 만든 어린이 놀이용의)가는 막대; (그) 놀이.
jonciforme [ʒɔ̃sifɔrm] a. 《식물》골풀꼴[모양]의.
jonction¹ [ʒɔ̃ksjɔ̃] n.f. ①(길 따위의)접합, 합류, 합체, 교차. ~ de deux circuits électriques 두 전기회로의 접속. ~ des troupes 군대의 합류. ~ de nos efforts 우리들 노력의 결집. gare de ~ 《철도》접속역. opérer une ~ 《군사》(군대가)합류하다. ②접합점, 합류점, 교차점(point de ~). à la ~ des deux routes 두 도로의 교차점에서. ③ 〖법〗(소송의)병합. ~ et disjonction d'instance 소송수속의 병합과 분리. ④《전기》코넥터.
jonction² n.f. 《언어》=**joncture**.
joncture [ʒɔ̃ktyːr] n.f. 《언어》연접(連接).
jonglage [ʒɔ̃glaːʒ] n.m. (공·접시·막대기 따위로)곡예하기.
jongler [ʒɔ̃gle] v.i. 곡예를 하다, (공·접시 따위를 손으로 던져 교묘한 받았다 하는)손재주를 부리다. (비유적) [~ avec qc] 재치있게 [솜씨있게] 다루다 [처리하다]. ~ avec des boules 공으로 곡예를 하다. ~ avec des chiffres 숫자의 마술을 부리다. ~ avec les rimes 교묘하게 시를 써 내다. ~ avec les difficultés 난관을 교묘하게 타개하다.
jonglerie [ʒɔ̃gləri] n.f. ①곡예, 재주, 요술. ②속임수, 협잡.
jongleur(se) [ʒɔ̃glœːr, -øːz] n.m. ①요술장이, 곡예사, 광대. ②《엣》음유(吟遊)시인. —n. 사기꾼, 협잡꾼.
jonkheer, jonker [ʒɔ̃kɛːr] n.m. (네덜란드)의 칭호 없는 귀족.
jonque [ʒɔ̃ːk] n.f. 《해양》정크, 중국배.
jonquille [ʒɔ̃kij] n.f. 《식물》황수선. —a. (불변)담황색의, 짙은 담황색.
joran [ʒɔrɑ̃] n.m. (주라 산맥의 남쪽에서 레만호수로 부는)북서풍.
Jordanie [ʒɔrdani] n.pr.f. 요르단왕국.
jordanien(ne) [ʒɔrdanjɛ̃, -ɛn] a. 요르단(*Jordanie*)의. —n. 요르단 사람.
J(')ordonne [ʒɔrdɔn] n.pr. monsieur (madame, mademoiselle) ~ 《구어》명령하기 좋아하는 사람.
jordonner [ʒɔrdɔne] v.i. 《구어》함부로(걸핏하면) 명령하다.
Joseph [ʒɔzɛf] n.pr.m. 《성서》요셉: ⓐ 야곱 (*Jacob*)의 아들. ⓑ 성모마리아의 남편.
joseph a. (불변)《화학실험에 쓰는》얇고 투명한. —n.m. 얇고 투명한 거름종이(papier ~).
Joséphine [ʒɔzefin] n.pr.f. 나폴레옹 1세의 첫째 왕비. faire sa ~ 《속어》새침하다, 거만하게 굴다.
—*j*~ n.f. 《속어》총검(銃劍).
joséphisme [ʒɔzefism] n.m. 《역사》요제프주의 (18세기 신성로마제국의 황제 요제프 2세가 채택한 계몽적 절대주의 정책).
Josué [ʒɔzɥe] n.pr.m. 《성서》여호수아(모세의 후계자). Livre de ~ 여호수아기(記).
jota [xota] n.f. ①에스파냐의 민속무용. ②스페인어 자모의 하나인 j(독일어의 ch에 해당하는 연구개 협착음을 나타냄).
jottereau [ʒɔtro] (pl. ~*x*) n.m. 《해양》(장루(檣樓)의)양쪽에 고정시킨 나무.
jou. 《약자》jouissance 〖주식〗배당부(配當附).
jouable [ʒwabl] a. 《연극·음악》연주(상연)할 수 있는.
jouail [ʒwaj] n.m. =**jas**.
jouailler [ʒwaje] v.i. 《구어》①장난삼아 돈을 조금 걸다. ②악기를 서툴게 연주하다.
joual(ale) [ʒual, ʒwal] a. 퀘벡 속어의. —n.m. (캐나다)의 퀘벡지방의 퀘벡 속어.
joualiser [ʒwalize] v.i. 퀘벡 속어를 쓰다[말하다].

joubarbe [ʒubarb] *n.f.* 〖식물〗 돌나물과(科)의 잡초(지붕 따위에 자람).

:joue [ʒu] *n.f.* ① 뺨, 볼. embrasser *qn* sur la ~ [les ~s] …의 볼에 입맞추다. danser (la) ~ contre (la) ~ 서로 볼을 맞대고 춤추다. gifler *qn* sur la ~ …의 뺨을 치다. ② (안락의자 따위의)측면; (*pl.*) 〖선박〗현측(舷側).
avoir le rouge [le feu] aux ~s; avoir les ~s en feu (흥분이나 치욕으로)얼굴이 빨개지다.
En ~!; J~! 〖군사〗거총!
être ~ à ~; faire du ~-à-~ 볼과 볼을 맞대다.
mettre [coucher] en ~ un fusil [une carabine] 총(카빈총)을 뺨에 대고 겨누다.
mettre [coucher, tenir] qn [qc] en ~ (총으로) …을 겨누다.
présenter [tendre] l'autre ~ 다른쪽 뺨도 내밀다 (한번 더 모욕을 받아들이다).
se caler les ~s 〖속어〗배불리 먹다.

jouée [ʒwe] *n.f.* ① 〖건축〗벽의 두께. ② (지붕창의)측면.

:jouer [ʒwe] *v.i.* I. (주어는 사람)① 놀다(s'amuser, s'ébattre); 장난하다, 농(담)을 하다(plaisanter). Les enfants *jouent* dans la cour. 아이들이 마당에서 놀고 있다. Allez ~ dehors! 밖에 나가 놀아요. ~ avec une balle 공을 갖고 놀다. Ce n'était pas sérieux, c'était pour ~. 그건 진담이 아니고 농담이었다.
② (운동 경기를)하다, 플레이하다(치다, 차다, 젓다), (선수로서)뛰다, 시합을 하다. ~ mollement 힘없이 경기를 하다. Notre équipe *jouera* ce soir. 우리팀은 오늘 저녁에 경기가 있다. Il *joue* avant [derrière]. 〖축구〗그는 공격수[수비수]이다. ~ sec 거칠게 경기를 하다.
③ 게임 [놀이]을 하다, 놀음을 하다, 투기하다. À vous de ~. 당신 할 차례요. ~ erré 신중하게 게임을 하다. Il boit et il *joue*. 그는 술도 마시고 노름도 한다. perdre sa fortune *en jouant* 노름으로 재산을 탕진하다. [~ sur] ~ *sur* un cheval 어떤 말에 돈을 걸다. ~ *sur* les grains 곡물에 투기하다. (비유적) ~ *sur* la faiblesse d'autrui 남의 약점을 믿고 행동하다.
④ 연기하다; (어떤 작품에서) 역(할)을 맡다; 연주하다. Il *joue* dans «le Cid» [au Théâtre-Français]. 그는 「르시드」[프랑스 극장]에 출연한다. ~ *en mesure* 박자를 맞추어 연주하다.
II. (주어는 사물)① (물건이)움직이다; (기계·기구·장치 따위가)제대로 움직이다(작동하다), (헐거워서)놀다, 헛돌다(dues); 못쓰게 되다; (악기가)소리를 내다. Le soleil *joue* à travers le feuillage. 햇빛이 녹음 사이로 새어 들어온다. clef qui *joue* bien dans la serrure 열쇠 구멍에 잘 맞는 열쇠. Ce ressort *joue* bien. 이 스프링은 제대로 구실을 한다. faire ~ *qc* 작동하게 하다. faire ~ une serrure 자물쇠를 열쇠로 열다. faire ~ une mine 지뢰를 폭발시키다. meuble qui *joue* (습기로 불었거나 너무 건조해서)서랍·문의 개폐가 잘 안되는 가구. La sécheresse a fait ~ la porte. 건조해서 문의 이가 맞지 않는다. La flûte continue de ~. 플루트가 계속 소리를 낸다.
② 활동[활약]하다(agir), 작용하다, 영향[효력]을 미치다. Ces circonstances *ont joué* contre vous. 이런 상황이 당신에게 불리하게 작용했다. Sa réputation *a joué* en faveur de son avancement. 그의 평판이 그의 승진을 도왔다.
faire ~ les grandes eaux (구어)엉엉 울다.
—*v.t.ind.* ①①[~ à] (오락·운동·도박에서)…의 놀이 [게임·노름]을 하다. ~ *à* cache-cache 숨바꼭질을 하다. (부정법과 함께) ~ *à* se poursuivre 쫓고 쫓기기 놀이를 하다. ~ *au* foot-ball [*au* tennis] 축구 [테니스]를 하다. ~ *aux* cartes [*aux* échecs] 카드 [장기]놀이를 하다. ~ *à* + *inf.* (문어) …하는 모험을 하다. ⓑ [~ *à qn*] …인양 처신하다, …인체 뽐내다. ~ *au* grand savant 대학자연하다. ~ *au* (plus) fin 속임수를 쓰다; 간사하게 굴다.
②[~ de] …을 사용[이용]하다, 휘두르다; …을 연주하다. ~ *du* bâton 막대기를 휘두르다. ~ *du* couteau 칼을 쓰다[갈겨 쓰다]. ~ *de* sa force 완력을 사용하다. ~ *de* son autorité 관권을 사용하다. ~ *du* piano [*du* violon] 피아노(바이올린)를 연주하다. ~ *de* l'œil [*de* la prunelle] 윙크하다. ~ *des* coudes (군중 속을)밀치고 들어가다. ~ *des* jambes [(속어)*des* flûtes] 뛰다, 도망가다. ~ *de* la mâchoire [*de* la fourchette] 많이 먹다.
③[~ à] …에 돈을 걸다, 투기하다. ~ *à* la Bourse [en Bourse] 주식 투기를 한다. ~ *à* la baisse [*à* la hausse] 증권시세의 폭락시 [급등시]에 투기하다.

~ de bonheur [de malchance, de malheur] 억세게 재수가 좋다 [나쁘다].

—*v.t.* ① (오락·운동·승부 따위를)하다; 플레이하다, (카드)를 내놓다, (장기의 말을)움직이다. ~ une partie d'échecs 장기를 한판 두다. ~ un match (de tennis) (테니스의)시합을 하다. ~ une balle 공을 치다. ~ une carte 카드를 내놓다. ~ un pion (장기의)말을 움직이다. ~ une partie serrée [dure] 백중전을 벌이다 (고전하다).
② (돈 따위를)걸다. ~ une forte somme 큰 돈을 걸다. ~ tout son avenir sur une carte 카드 한 장에 전생애를 걸다. (비유적) ~ sa réputation 명성을 걸다.
③ (곡을)연주하다; (역할을)맡다, 연기하다; (작품을)상연하다. ~ une valse 왈츠 곡을 연주하다. ~ un disque 〖구어〗레코드를 틀다. ~ un rôle important 중요한 역할을 하다. ~ une tragédie [du Corneille] 비극 [코르네유의 작품]을 상연하다. ~ Harpagon [les mauvais garçons] 아르파공의 역 [악역]을 맡다. Que *joue*-t-on au cinéma? 지금 무슨 영화를 하고 있어 ?
④ (정관사와 함께) [~ *qn*] (인)체하다; [~ *qc*] (의)모습을 흉내내다; (의)느낌·태도를 위장하다. ~ les victimes 피해자인 체하다. des candélabres de zinc *jouant* le bronze 청동제인 것처럼 보이는 한 아연제 촛대. ~ le désespoir 절망적인 것 같은 태도를 하다.
⑤ [~ *qn*] 속이다. Il vous *a joué*. 당신은 그에게 속았어요.

—**se** ~ *v.pr.* ① (오락놀이·운동경기·노름 따위가)행해지다; 연주(상연)되다; (운명 따위가)결정되다. Ce match *se jouera* la semaine prochaine. 그 시합은 내주에 있을 것이다. Ce film *se joue* en exclusivité au cinéma X. 이 영화는 X 영화관에서 개봉상영되고 있다. C'est à Waterloo que *se joua* le sort de Napoléon. 나폴레옹의 운명이 결정된 것은 워털루이다.
②[se ~ de] 농락하다, 이용하다, 조롱하다, 멸시하다; 속이다; ~ 문제시하지 않다, 업신여기다; ~ *des* difficultés 난관을 문제 삼지 않다. Elle *s'est jouée de moi*. 그녀는 나를 속였다.
③ (문어) [se ~ à] (아무)에게 공손하게 대들다. Ne *vous y jouez* pas. 그런 위험한 짓은 하지 마시오.
④ 〖옛〗놀다, 장난하다; 〖문어〗경쾌하게 움직이다. Le cygne *se joue* sur le lac. 백조가 호수 위를 미끄러지듯 헤쳐간다.

faire qc (comme) en se jouant 전혀 힘 안들이고 [문

jouet¹ [ʒwɛ] n.m. ① 장난감. rayon des ~s 완구판매장. industrie du ~ 완구산업. ~ éducatif[scientifique] 교육[과학]완구. ② 놀림감. servir de ~ à tous 모든 사람의 놀림감이 되다. ③ (운명 따위의) 노리개, 희생자. être le ~ de la fortune 운명에 희롱당하다.

jouet² n.m. 《선박》보강 철판.

jouette [ʒwɛt] n.f. 《사냥》토끼가 판 구멍. —a. 놀 생각만 하는.

joueur(se) [ʒwœːr, -ø:z] n. ① 놀이[승부]를 하는 사람, 경기자. beau ~ 승부의 결과에 구애되지 않는 사람. mauvais ~ 지면 화내는 사람. ~ de rugby 럭비선수. ② (악기의)연주자. ~ de flûte 플루트 연주자. ③ 노름꾼, 도박자. 《주식》투기자. —a. 놀이를 좋아하는, 노름을 좋아하는.

joufflu(e) [ʒufly] a., n. 《구어》볼이 통통한(사람).

joug [ʒu(g)] (《비유적인 뜻으로 쓰일 때만 [ʒug]) n.m. ① 멍에. mettre les bœufs au ~ 소에 멍에를 씌우다. ~ simple 한마리용 멍에(jouguet). ~ double 두마리용 멍에. ② 속박, 질곡(contrainte); 지배(domination). tomber sous le ~ des ennemis 적의 지배하에 들다. secouer(briser, rompre) le ~ 속박을 벗어나다. ③ 《고대로마》창문(檻門) 3 셋으로 문을 만들고 포로를 지나가게 함). faire passer qn sous le ~ …을 굴복시키다. ④ 저울대; (엔진의)크로스헤드.

jougoslave [ʒugoslaːv] a.=yougo(-)slave.

jouguet [ʒugɛ] n.m. (소에 씌우는)한마리용 멍에.

jouière [ʒujɛːr] n.f. 《토목》(수문의 측면에 있는) 익벽(翼壁).

***jouir** [ʒwiːr] v.t.ind. [~ de] ① …을 즐기다; 좋아하다; 이용하다(profiter de). ~ de la vie 삶을 즐기다. ~ de l'embarras de qn …의 당황하는 것을 재미있어 하다. ~ de la faveur[de l'estime] de qn …의 총애[존경]를 받다. ~ d'une santé solide 건강을 누리다. ~ du privilège 특권을 누리다. Cette maison jouit d'une belle vue. 이 집은 전망이 아주 좋다. Il ne joue pas de toute sa raison[de toutes ses facultés]. 그는 정상이 아니다(미쳤다). —v.i. ① 성적쾌락을 느끼다, 오르가슴에 달하다. ② 《구어》몹시 즐기다; (반어적》고통을 겪다. scène qui fait ~ 마음에 드는 장면. On lui a arraché sa dent: ça l'a fait ~. 그는 이를 뽑았는데, 쩨 아팠겠지.

jouissance [ʒwisɑ̃ːs] n.f. ① 향락, 쾌락, 즐거움(plaisir); (보어 없이) 성적 쾌락. ~ de l'esprit 정신적[지적] 즐거움. ~ des sens 관능의 즐거움. épuiser toutes les ~s de la vie 삶의 모든 향락을 만끽하다. absence de ~ 《성적》불감증. ② 향유; 이익(을 얻음); 사용(usage); 《법》용익권; (권리의)소유. ~ de passage 통행권. avoir(obtenir) la libre ~ de qc …을 자유로이 사용할 수 있는 권리가 있다(권리를 얻다). entrer en ~ de qc …의 소유권을 얻다. incapacité de ~ 소유권 행사 불능. ~ légale 법적 용익권. ③ 《상업》배당(을 받음), action de ~ 배당주(配當株). date de ~ 배당 개시일.

jouissant(e) [ʒwisɑ̃, -ɑ̃ːt] a. ①《속어》멋진, 즐거운. ②《법》권리소유자.

jouisseur(se) [ʒwisœːr, -øːz] n. 향락자, 쾌락추구자. —a. 향락을 쫓는, 향락적인(↔ascète).

jouissif(ve) [ʒwisif, -iːv] a. =jouissant.

joujou [ʒuʒu] (pl. ~x) n.m. 《구어》장난감(jouet). faire ~ avec une poupée 인형을 갖고 놀다.

joule [ʒul] (<James Joule, 물리학자) n.m. 《물리》줄(전기에너지의 단위). loi de J~ 줄의 법칙.

‡jour [ʒuːr] n.m. I. ① (시간의 길이로 본)하루; 낮(journée); 《시》시간, 광음. tout un ~ 하루 종일. tout le ~ (그날)진종일. C'est à deux ~s de train. 그 곳은 기차로 이틀 걸리는 거리에 있다. il y a trois ~s 사흘 전에. dans trois ~s 사흘 후에. en trois ~s 사흘 만에(걸려서). Les ~s sont plus longs en été. 여름은 낮이[낮이] 길다. (le) ~ et (la) nuit; nuit et jour [nyiteʒuːr] 밤낮으로, 낮이나 밤이나. Il est absent deux ~s au trois. 그는 3일중 이틀은 결근한다.

② (시점으로 본)날, 하루. ce ~ -là 그날. un (beau, certain) ~ 어느 날 (과거·미래에 다 쓰임). le ~ d'avant[d'après] 그 전날[다음날]. l'autre ~ 저번(날)에, 일전에. au ~ (dit(nommé) 지정된 날에. un de ces ~s 언젠가 (한번) (미래). un ~ au l'autre 어느 날엔가 (동사는 미래·조건법으로).

③ (어떤 특정의)날, 날(어느와 함께) ~ de pluie 비오는 날. ~ de l'an 설날. un ~ de la semaine 중의 어느 날. ~ ouvrable(férié) 평일(휴일). ~ de travail(de repos) 일하는(쉬는) 날. ~ de deuil 상중의 날. ~ de bonheur 행복한 날. ~s critiques 위기의 나날; 월경일. Quel ~ est-ce aujourd'hui? 오늘은 무슨 요일입니까? le ~ où[que] vous m'avez rencontré 당신이 나를 만났던 그날. un ~ qu'il pleuvait 비가 오던 어느 날. Nous sommes partis par un beau ~ de printemps. 우리는 어느 화창한 봄날에 출발했다. ⑤ (보어의 생략) Quel est votre ~? 당신의 면회일은 언제입니까? (de réception의 생략). J'ai droit à dix ~s. 나는 10일간의 급료(휴가)를 받을 권리가 있어 (de salaire, de congé의 생략). le J~ 《군사》공격개시일; (대계획의)결행일.

④ (pl.)인생, 생애; 시기, 시대. auteurs de nos ~s 우리 부모님. les beaux ~s 아름다운 시절, 봄, 청춘. attenter à ses ~s 자살을 기도하다. finir ses ~s 죽다. derniers(vieux) ~s 만년, 여생.

II. ① (태양의 빛), 해, 햇살, 햇빛; 낮. se lever avant[avec] le ~ 해가 뜨기 전에(뜰 때) 일어나다. point du ~ 새벽, 미명. au petit ~ 해가 틀 무렵에. Le ~ tombe(baisse, se lève]. 해가 진다(기운다, 돋는다). Il fait déjà grand ~. 벌써 대낮이다. laisser entrer le ~ 햇빛을 들어오게 하다. avoir le ~ dans les yeux 햇빛이 눈에 들어온다, 눈이 부시다. astre du ~ 《시》해, 태양.

② (태양의)조명; 채광용 창, 구멍, 틈. faux ~ 나쁜(불충분한) 조명. percer un ~ des ~s dans une muraille 벽에 창을 설치하다. Il y a un grand ~ sous cette porte. 이 문은 아래 틈이 많다.

⑤ 《의복》(자수·레이스 따위의)투명 장식.
à ~ 일정을 따른; 현황에 맞는, 최근의; 빛이 들어오게 된, 채광창이 있는. Mon travail est à ~. 내 일은 일정표대로 진행되고 있다. mise à ~ d'un vieux dictionnaire 낡은 사전의 개정증보.
au grand(en plein) ~ 백주에, 대낮에. mettre (étaler) qc en plein ~ …을 폭로하다.
au ~ le ~ 그날그날, 이력저력.
avoir son ~ (진실 따위가)승리를 얻다.
beau comme le ~ 매우 아름다운.
ces ~s-ci 요즘(ces ~s derniers).
de ~ 낮의; 하루중의; 대낮의. service de ~ 주간 근무; (군대 따위의)24 시간 일직. travailler de ~ 낮에 일하다.
de ~ en ~ 곧, 내일이라도.
de nos ~s 오늘날에는; 현대의.
donner le ~ à (un enfant) (어린애)를 낳다.
du ~ 당일의, 오늘(날)의, 현대의. œufs du ~ 오

늘 난 계략. homme *du* ~ 오늘의 인물. plat *du* ~ (음식점의)오늘의 특별요리.
du ~ au lendemain 대뜸, 곧; 하룻밤새에.
d'un ~ 잠깐동안에. vedette *d'un* ~ 반짝 스타.
d'un ~ à l'autre 나날이, 매일.
être comme le ~ et la nuit (낮과 밤처럼)정반대이다, 전혀 대조적[다른 것]이다.   [다].
être dans son bon (*mauvais*) ~ 기분이 좋다[나쁘
faire de la nuit le ~ de ~ la nuit 낮에 자고 밤에 일하다, 낮과 밤을 거꾸로 생활하다.
jeter le ~ sur qc …을 명백하게 하다, …에 빛을 비
~ *après* ~ 날마다, 매일.   [추다.
~ *pour ~; à pareil* ~ (다른 해·달의)똑같은 날에. il y a 6 ans ~ *pour* ~ 6년전의 똑같은 날에.
Les ~s se suivent et ne se ressemblent pas. 《속담》한 달이 크면 한 달이 작다, 인생엔 즐거운 날도 있고 슬픈 날도 있다.
mettre qc à(*au*) ~ …을 햇볕을 보게 하다; 밝히다, 폭로하다; 갱신하다.
percer à ~ (비밀 따위를)알아내다, 탐지하다.
prendre ~ (*pour*) (…을 위한)날을 정하다.
prendre ~ sur (방 따위가)…으로부터 햇볕이 들어오다, …에 면하고 있다.
ravir le ~ à qn (옛·문어)…의 목숨을 빼앗다.
redouter le grand ~ 대낮을 두려워하다, 양심에 거리낌이 있다.
se faire ~ 통로[진로]를 뚫다; 나타나다, 드러나다, 밝혀지다. Tôt ou tard la vérité *se fait* ~.《속담》조만간 진실은 밝혀진다, 사필귀정.
sous un ~ 보기에 따라서, 다른 입장으로. voir la question *sous un* ~ *tout à fait nouveau* 문제를 전혀 새로운 관점으로 보다.
voir le ~; venir au ~ 햇볕을 보다, 세상에 나오다, 태어나다.
REM *jour* 시간의 단위로서의 하루, **journée** 그날 일어난 일, 하루의 내용을 나타냄 : Une semaine se compose de 7 *jours.* 일주일은 7 일이다. passer une bonne *journée* 즐거운 하루를 보내다.

jourd'hui, jourd'huy [ʒurdɥi] *n.m.* ce ~ 《옛》【법】 = aujourd'hui.

:**journal**(*ale, pl. aux*) [ʒurnal, -o] *n.m.* ① 일기; 《상업》일기장, 분개장 (livre ~). roman sous forme de ~ 일기 형식의 소설. tenir un ~ 꼬박꼬박 일기를 쓰다. écrire son ~ 일기를 쓰다. ~ de (du) bord 항해일지. ② 신문; 정기 간행물; 뉴스; 신문사. ~ *aux* du matin (du soir) 조간(석간) 신문. ~ officiel 관보. ~ à gros tirage 발행부수가 많은 신문. ~ d'entreprise 사보(社報). ~ d'enfants 어린이 신문. papier ~ 신문지[종이]. kiosque *aux* ~*aux* 신문 판매소(대). ~ parlé(télévisé) 라디오(텔레비전) 뉴스. ~ filmé 뉴스영화. écrire à un ~ 신문(사)에 투고하다. ③ ~ de terre 《옛》한 사람이 하루에 경작할 수 있는 토지의 면적.
—*a.* 《옛》매일의, 나날의.

journalier(*ère*) [ʒurnalje, -ɛːr] *a.* ① 매일의, 나날의(quotidien). travail ~ 하루하루의 일, 날품. ② 《옛》변하기 쉬운.
REM *journalier* 매일, 또는 거의 매일 일어나는 일에 대해 쓰임. **quotidien** 규칙적으로 매일 같은 일이 일어나, 또는 필수적인 것에 대해 쓰임 : son travail *journalier* 나날의 일. journal *quotidien* 일간신문. notre pain *quotidien* 나날의 빵.
—*n.m.* ① 날품팔이꾼. ② 그날그날의 일.

journaliser [ʒurnalize] *v.t.* 《상업》 일기장에 기입하다.

journalisme [ʒurnalism] *n.m.* ① 저널리즘. ②《집

합적》신문·잡지계; 기자직(職). faire du ~ 신문〔잡지〕 기사를 쓰다; 기자생활을 하다.

***journaliste** [ʒurnalist] *n.* ① 신문·잡지·방송기자, 저널리스트(《기자·편집자·기고가》). ~ sportif 스포츠 기자. ~ à la radio(-télévison) 방송기자. le papier d'un ~ 기자의 원고. ② 《인쇄》 신문 식자공; 《부기》 일기장 담당자; 《옛》 신문발행인.

journalistique [ʒurnalistik] *a.* 신문·잡지의.

:**journée** [ʒurne] *n.f.* ① 하루 《아침부터 저녁까지》; 낮동안. dans la ~ 그날 중으로. ~ pluvieuse 비오는 하루. demi-~ 반나절. en fin de ~ 저녁때. longue ~ d'été 여름의 긴 하루. belle ~ 맑은 날. ~ chaude (froide) 더운 (추운) 날. passer des ~s (entières) à dormir 며칠간 계속 잠만 자다. Il ne fait rien de la ~. 그는 온종일 아무것도 하지 않는다. pendant la ~ 낮동안. toute la ~ 하루내, 온종일. la ~ du 28 avril 4월 28일 (하루).
② 1 일분의 일 (~ de travail), 일과; 일급, 일당. ~ de huit heures 8 시간의 노동. La ~ de M. Thibaud est bien organisée. 티보씨의 일과는 잘 짜여져 있다. femme de ~ 일일 파출부. ~ d'en ~ 품팔이하러 가다. travailler à la ~ 날품팔이로 일하다. être payé à la ~ 일당으로 받다. ~ continue 연속 근무제 (접심시간도 계속 근무 (영업) 하는). ③ 하룻길. Il y a deux ~s de voyage. 이틀간의 여행길이다. à grandes (petites) ~s 강행군으로 해서 (하룻길을 조금씩).
④ 특정한 날; (전쟁·폭동·혁명 따위가 일어났던 역사적인) 하루(날). ~ internationale des femmes 국제 여성의 날. ~ des Nations-Unies 유엔의 날. les ~s de juillet 1830, 1830 년 7월혁명의 3 일간 (7월 27·28·29일).
⑤ ~ de terre 《옛》 하루에 갈 수 있는 토지의 면적.
à longueur de ~; toute la ~; 《구어》 *toute la sainte ~* 하루종일, 아침부터 밤까지.
La ~ fut rude. 전투는 치열하였다. 《비유적》 떼 고전이었다.

journellement [ʒurnɛlmɑ̃] *ad.* 매일; 일상, 늘.

journoyer [ʒurnwaje] [7] *v.i.* 《옛》무위하게 날을 보내다.

joute [ʒut] *n.f.* ① 경쟁; 싸움. ~ oratoire 토론회. ~ de coqs 닭싸움. ② 《옛》(창을 가지고 하는) 마상 시합. ~ sur l'eau 《스포츠》 수상(水上) 창시합 《배 위에서 장대를 가지고 상대를 물속에 빠지게 하는 놀이》(~ nautique (lyonnaise)).

jouter [ʒute] *v.i.* ① 겨루다, 경쟁하다 (disputer). ~ avec (contre) *qn* …와 겨루다. ~ des coqs 닭싸움을 시키다. ②《옛》마상(馬上) 창시합을 하다; 수상 창시합을 하다.

jouteur [ʒutœːr] *n.m.* 《드물게》① 경쟁 상대, 논적 (論敵). rude ~ 《구어》만만찮은 적수. ② 마상 창시합자; 수상(水上) 창시합의 선수.

joûtir [ʒutiːr] *v.i.* (덜익은 과일이)온실에서 익다.

jouvence [ʒuvɑ̃s] *n.f.* ① 《옛》젊음, 청춘. la Fontaine de J- 《신화》청춘의 샘 《여기서 목욕하는 자는 젊어진다는》. eau (bain) de ~ 《비유적》젊음의 원천. ② eau (élixir) de ~ 화장수.

jouvenceau [ʒuvɑ̃so] (*pl.* ~*x*) *n.m.* 《옛》《익살》젊은이, 청년 (adolescent).

jouvencelle [ʒuvɑ̃sɛl] *n.f.* 《옛》《익살》아가씨.

jouxte [ʒukst] *prép.* ①《옛》 ~ 근처에 (près de). ~ l'église 교회당 근처에. ② (원본에) 따라서. ~ la copie originale 원본에 따라.

jouxter [ʒukste] *v.t.* 《옛·문어》(에) 이웃하다, (의)곁에 있다.

jovial(*ale, pl. als, aux*) [ʒɔvjal, -o] *a.* 쾌활한, 명랑한, 유쾌한. propos (visage, caractère) ~ 유쾌

한 이야기〔얼굴·성격〕.
jovialement [ʒɔvjalmā] *ad.* 쾌활하게, 명랑하게.
jovialité [ʒɔvjalite] *n.f.* 쾌활, 명랑. ~s de Rabelais 라블레의 쾌활한 점.
jovien(ne) [ʒɔvjɛ̃, -ɛn] *a.* 《천문》 목성(木星)의.
—*n.* 《점성술》 목성의 기운을 타고난 사람.
joyau [ʒwajo] (*pl.* ~**x**) *n.m.* ① (금은보석의)패물, 보석. bagues et ~x 《법》(남편의 유산과는 별도 취급을 받는)처의 패물류. ~x de la Couronne 왕실소장의 패물. ② 보배, 지보(至寶), 귀중한 것 〔사람〕. Notre-Dame de Paris, ~ de l'art gothique 고딕미술의 지보, 파리의 노트르담 성당.
joyeusement [ʒwajøzmɑ̃] *ad.* 명랑하게, 유쾌하게; 즐겁게.
joyeuseté [ʒwajøzte] *n.f.* 《구어》농담; 《문어》 웃기는 짓.
*****joyeux(se)** [ʒwajø, -ø:z] *a.* 즐거운, 신나는, 유쾌한, 기쁜, 반가운. être de ~se humeur 명랑한 기분이다. J~ Noël! 메리 크리스마스. J~ anniversaire! 생일 축하합니다. mener ~se vie 방탕한 생활을 하다. ~se musique 신나는 음악. ~se nouvelle 기쁜 소식. bande ~se 재미나게 노는 사람〔어린이〕들의 무리. mines ~ses 희색이 가득한 얼굴. Elle était ~se à la pensée de revoir bientôt ses parents. 그녀는 곧 부모님을 다시 뵙게 될 생각을 하니 기뻤다. être ~ de ce que+*ind.*〔*sub.*〕; être ~ que+*sub.* …을 기뻐하다.
—*n.m.* 《옛·군대속어》아프리카 연대의 군인.
jr 《약자》 jour 날.
jubarte [ʒybart] *n.f.* 《동물》 혹고래 (mégaptère).
jubé [ʒybe] *n.m.* 《건축》 성당의 성가대석 (chœur) 과 중앙홀 사이의 높은 주랑 (柱廊). venir à ~ 《옛》 마지못해 복종하다.
jubilaire [ʒybilɛ:r] *a.* ① 《종교》 대사(大赦)의. année ~ 성년(聖年)(année sainte). ② 재직 50년의. parlementaire ~ 의원경력 50년의 국회의원.
jubilant(e) [ʒybilɑ̃, -ɑ̃:t] *a.* 《드물게》환희에 찬.
jubilation [ʒybilasjɔ̃] *n.f.* 환희.
jubilatoire [ʒybilatwa:r] *a.* 《드물게·문어》 몹시 기뻐하는.
jubilé [ʒybile] *n.m.* ① (취임) 50년 기념 축전(祝典). ~ de diamant 60주년 기념. ② (유태의) 50년 절(節). ③ 《종교》 대사(大赦).
jubiler [ʒybile] *v.i.* 《구어》몹시 기뻐하다.
juché(e¹) [ʒyʃe] *a.p.* (새가 나무가지에) 앉아있는; 《구어》(높은 곳에)걸친, 걸린. maison ~e sur une colline 언덕 위에 세워진 집.
juchée² *n.f.* 꿩이 앉는 곳.
jucher [ʒyʃe] *v.t.* 높은 곳에 놓다〔걸다, 살게 하다〕. ~ les pots de confitures sur l'armoire 잼단지를 찬장위에 놓다. —*v.i.* ① 《드물게》(새가)앉다, 깃들이다. ② 《구어》꼭대기〔높은 곳〕에 살다.
—**se** ~ *v.pr.* (새가) 홰〔가지〕에 앉다, 깃들이다; (높은 곳에) 올라앉다. Le petit enfant *se jucha* sur l'âne. 어린아이가 나귀에 올라탔다.
juchoir [ʒyʃwa:r] *n.m.* 《농업》(가금의)홰.
judaïcité [ʒydaisite] *n.f.* 유태인이라는 신분, 유태교도의 신분, 유태교의 특성.
judaïque [ʒydaik] *a.* ① 고대 유태(교)의. religion ~ 유태교. loi ~ 유태법. rites ~ 유태교의 의식. ② 자의(字義)에 구애하는.
judaïquement [ʒydaikmɑ̃] *ad.* ① 유태식으로. ② 자의에 구애받아.
judaïsant(e) [ʒydaizɑ̃, -ɑ̃:t] *a.* 유태적인. juif ~ 《구어》순수한 유태인. ② 유태교를 신봉하는.
judaïser [ʒydaize] *v.i.* 유태교를 신봉하다. —*v.t.* 유태(인)화하다; 유태인을 살게 하다.
judaïsme [ʒydaism] *n.m.* 유태교.

judaïté [ʒydaite] *n.f.* 유태인의 현실〔조건〕.
Judas [ʒyda] *n.pr.m.* 《종교사》 유다(그리스도를 배반한 제자). baiser de ~ 호의를 가장한 배반.
—**j**~ *n.m.* ① (문 따위의)들여다보는 구멍. ② 배반자. C'est un ~. 그는 배반자이다.
Judée [ʒyde] *n.pr.f.* 《성서》 유대.
judéité [ʒydeite] *n.f.* 유태적 특성.
judelle [ʒydɛl] *n.f.* 《조류》 물닭(뜸부기과) (foulque noire).
judéo- *préf.* 「유태」의 뜻.
judéo-allemand(e) [ʒydeoalmɑ̃, -ɑ̃:d] *a.* 《언어》 이디쉬어(語)의. —*n.m.* 이디쉬어(語).
judéo-chrétien(ne) [ʒydeokretjɛ̃] *a.* 유태·그리스도 절충교의. —*n.* 유태·그리스도 절충교도(기원 1세기의).
judéo-christianisme [ʒydeokristjanism] *n.m.* 유태·그리스도 절충교(折衷敎).
judéo-espagnol(e) [ʒydeoɛspaɲɔl] *a., n.m.* 유태계 에스파뉴인(의 –사투리).
judicature [ʒydikaty:r] *n.f.* ① 《옛》 사법관의 직. ② 《역사》 이스라엘 사법관의 직.
judiciaire [ʒydisjɛ:r] *a.* ① 사법의; 재판의; 소송상의; 법정의. enquête ~ 범죄수사. pouvoir ~ 사법권. vente ~ 공매. police ~ 사법경찰. hiérarchie ~ 재판소의 심급. acte ~ 영장. casier ~ (개인별)범죄기록. liquidation ~ 법정청산. témoin ~ 법정증인. poursuites ~s 소추(訴追). caution ~ 소송비용보증금. erreur ~ 오판. assistance ~ (극빈자에 대한 소송비용의)보조. conseil ~ 법정후견인. éloquence ~ (검사·변호사의)변론술(éloquence du barreau). roman〔drame〕 ~ 재판소설〔극〕. ② 판단의〔에 대한〕. astrologie ~ 《천문》 점성술(占星術). ③ combat〔duel〕 ~ 《역사》 (중세의)결투 재판(이기는 자는 자기의 권리를 보유할 수 있었음).
—*n.f.* 《옛》 판단력 (faculté ~). bonne〔forte〕 ~ 정확한 판단력을 가진 사람.
judiciairement [ʒydisjɛrmɑ̃] *ad.* 사법상; 재판상.
judicieusement [ʒydisjøzmɑ̃] *ad.* 정확하고 판단하여, 현명하게; 적절히(bien à propos). Il agit toujours ~. 그는 늘 현명하게 행동한다. se servir d'un mot ~ 단어 하나를 적절히 사용하다.
judicieux(se) [ʒydisjø, -ø:z] *a.* 판단이 정확한, 분별있는(raisonnable, sensé); 정당한, 정확한; 현명한(intelligent). esprit ~ 판단이 정확한 사람. homme ~ 분별있는 사람. critique ~se 적절한 비평(비판). Il serait ~ de renoncer. 포기하는 것이 온당할 것이다.
judo [ʒydo] 《일본》 *n.m.* 유도(柔道).
judoka [ʒydoka] 《일본》 *n.* 유도 선수.
jugal(ale, pl. aux) [ʒygal, -o] *a.* 《해부》 뺨의, 볼의. os ~ 광대뼈.
*****juge** [ʒy:ʒ] *n.m.* ① 재판관, 판사. récuser un ~ 재판관을 기피하다. aller devant les ~s 재판소에 서다, 법의 심판에 맡기다. femme ~ 여자 판사. ~ de paix (경범죄나 자잘한 소송을 재판하는)치안 판사 (1958년 이후 juge d'instance 로 개칭 되었음). ~ 《구어》(대내적인)조정자; 《속어》(자전거 경기에서의)난관, 고비. ~ d'instruction 예심 판사. ~s administratifs 행정재판소 판사. ~ consulaire; ~ de commerce 상사 재판관. ~ aux affaires matrimoniales 가정법원 판사. ~ des enfants 아동 사건 담당판사. Grand ~ 《역사》(제 1제정 하의)법무대신. ② 심사원, 심판. ~ d'un concours 경콩쿠르의 심사원. ~ -arbitre 《테니스의》주심. ~ de ligne (테니스)의선심. ~ de touche 선심. ~ au départ 〔à l'arrivée〕(경마의)스타〔골〕심판. ③ 심판자. J~; J~ suprême; souverain J~ 신. La

conscience est le ~ de notre conduite. 양심은 우리 행동의 심판자이다. ④《때로 f.》감식가(鑑識家). être bon ~ (en matière) de qc …의 감식력이 있다. ~ en matière de peinture 회화 감정가. ⑤ (고대 유태의)사사(士師).
faire qn de…; prendre qn pour ~ dans qc …에 대해서는 …의 심판(판단)에 맡기다. Je vous *en fais* ~. 시비의 판단은 당신에게 맡깁니다.

jugé(e) [ʒyʒe] *a.p.* 판결된. ——*n.m.* 판단(juger). *au* ~ 판단한 바에 의하면(의하여); 어림잡고. faire qc au ~ …을 어림치고 하다.

jugeable [ʒyʒabl] *a.* 판단할 수 있는; 《법》 재판할 수 있는.

juge-assesseur [ʒyʒasɛsœːr] (*pl.* ~*s*-~*s*) *n.m.* 배석 판사.

:**jugement** [ʒyʒmɑ̃] *n.m.* ① 《법》 재판; 판결(sentence); 판결문. ~ déclaratif de faillite 파산 선고. mettre(faire passer) *qn* en ~ …을 재판에 회부하다. mise en ~ 공판에 회부함. passer en ~ 재판을 받다. prononcer(rendre) un ~ 판결을 내리다. faire appel d'un ~ 판결에 불복하고 상소하다. minute de ~ 판결문의 원본. *J*~ de Salomon 솔로몬 왕의 재판《현명하고 공정한 판단》. ~ en premier (dernier) ressort 제 1 심(최종심). ~ par défaut 궐석 판결. ~ de Dieu 신의 재판; 《중세에 행해지던》신명(神明) 재판. ② 판단, 비판; 의견, 생각 (avis), porter(émettre, exprimer, formuler) un ~ sur *qc* …에 대하여 판단을 내리다. Je livre(soumets) cela à votre ~. 그것은 당신의 판단에 맡기 겠습니다. ~ préconçu 선입관, 편견. ~ hâtif 속단. au ~ de …의 의견에 의하면. ~ de réalité (de valeur) 사실(가치) 판단. ~ analytique (synthétique, problématique) 《논리》 분석(종합·개연) 판단. ~ de l'histoire (de la postérité) 역사 (후세)의 심판. *J*~; *J*~ dernier 《종교》 최후의 심판, 공심판. ~ 판단력; 감식력. homme de ~ 분별있는 사람, 현명한 사람. avoir du ~ 판단력이 있다.

jugeote [ʒyʒɔt] *n.f.* 《구어》상식, 분별(bon sens). Cet homme n'a pas (pour deux sous) de ~. 이 사람은 (조금도) 분별이 없다.

:**juger** [ʒyʒe] ③ *v.t.* ① 재판하다; 판결하다. ~ une affaire criminelle 형사사건을 재판하다. ~ un accusé[un crime] 피고[범죄]를 재판하다. Bien *jugé*, mal appelé. 하급재판소의 판결이 정당하고 상소가 부당하다《상급재판소의 판결에 쓰는 문구》. respect dû à la chose *jugée* 판결의 존중.
② 판단하다; 심사하다. ~ mal *qn* …에 대하여 잘 못 판단하다. Il ne faut pas ~ les gens sur l'apparence. 외모만 보고 사람을 판단해서는 안된다. Le jury *a jugé* les candidats au concours. 심사원들이 경쟁시험의 응시자들을 심사했다.
③ 평가하다; 비판하다. *être jugé* à sa juste valeur 진가가 그대로 판단(평가)되다. ~ (la valeur d')un ouvrage 작품(의 가치)를 평가하다.
④ 생각하다, 여기다(estimer, trouver). ~ *qc* nécessaire …이 필요하다고 생각하다. J'ai *jugé* bon de me sauver. 나는 도망치는 것이 좋겠다고 생각했다. Je *juge* souhaitable qu'elle vienne. 나는 그녀가 오는 것이 바람직하다고 생각한다. *Jugez* combien [si] j'ai eu peur. 내가 얼마나 겁이 났었는 지 생각해보세요.
——*v.i.* 판결을 내리다; 판단을 내리다. Le tribunal *a jugé*. 법정에서 판결을 내렸다. ~ témérairement 무모하게 판단을 내리다.
——*v.t. ind.* [~ de] ①《특히 명령법으로》…을 상상하다(imaginer). *Jugez* de ma surprise. 저의 놀라움을 상상해 보세요.
②…을 판단하다; …을 평가〔감정〕하다. L'oreille *juge des* sons. 귀는 소리를 식별한다. à *en* ~ par… …에 의해서 판단하는, ~에 의하면. autant que j'*en* puis ~ 내가 판단하는 한에서는.
—— *se* — *v.pr.* ① 자기를 심판하다; 자기를 …라고 생각하다. Il *se juge* très sévèrement. 그는 자기자신에 대해 아주 엄격하다. *se* ~ perdu 자기는 가망이 없다고 생각하다.
② 심판받다, 비평받다. Une décision politique *se jugera* à son efficacité. 정치적 결정은 그 효율성에 의해 평가된다.
③ 서로 비판하다, 서로 상대를 …라고 생각하다. Ils ne *se jugent* pas très favorablement. 그들은 서로 상대를 호의적으로 생각지 않는다.
——*n.m.* 판단. au ~ 짐작으로, 어림잡고.

jugeur(se) [ʒyʒœːr, -ø:z] *n.* 《드물게》주책없게 비평하기 좋아하는 사람.

juglandacées [ʒyglɑ̃dase] *n.f.pl.* 《식물》 호두과.

jugoslave [ʒygoslaːv] *a., n.* =**yougo(-)slave.**

jugulaire [ʒygylɛːr] *a.* 목구멍의, 목의.
——*n.f.* ① (군모 따위의)턱에 거는 끈. ② 경정맥 (頸靜脈)(veine ~).

juguler [ʒygyle] *v.t.* ① 막다, 억제하다, 진압하다. ~ une révolte 폭동을 저지하다. ~ l'inflation menaçante 위협적인 인플레이션을 억제하다. ② 〔옛〕(의)목을 졸라 죽이다; (의)목을 베다.

***juif(ve)** [ʒɥif, -iːv] *a.* 유태인의, 유태교의; 〔옛〕인색한(avare). ——*n.* ① (*J*~)유태인, 유태교도. ② 〔옛〕욕심장이, 수전노; 고리대금업자. ③ petit ~ 《속어》새끼손가락.

juil. 〔약자〕juillet 7 월.

juillet [ʒɥijɛ] *n.m.* 7 월. Le Quatorze *J*~ 7 월 14 일《프랑스의 국경일》. monarchie de *J*~ 7 월왕정(1830-1848 년). les journées de *J*~ (1830 년) 7 월혁명의 3 일간.

juilletiste [ʒɥijetist] *n.* 7 월의 피서객; 7 월이면 으레 피서 가는 사람.

:**juin** [ʒɥɛ̃] *n.m.* 6 월. en(au mois de) ~ 6 월에.

juiverie [ʒɥivri] *n.f.* ① 유태인 거리; 《경멸》 유태인. ②《경멸》 탐욕, 고리대금; 탐욕.

jujube [ʒyʒyb] *n.m.* ①《식물》 대추. ② 대추의 즙《진해제로 쓰임》.

jujubier [ʒyʒybje] *n.m.* 《식물》 대추나무.

juke-box [(d)ʒy(u)kbɔks] 《미영》 *n.m.* 주크박스《요금을 넣으면 희망하는 곡이 울리는》.

julep [ʒylɛp] *n.m.* 《옛》 당약(糖藥) 음료.

jules [ʒyl] *n.m.* ①《군대속어》요강, 실내변기; 똥통. ②《속어》(창녀의)애인, 기둥서방; 《구어》애인; 연인; 남편.

Julie [ʒyli] *n.pr.f.* 쥘리《여자 이름》.
faire *sa* ~ 《속어》 얌전빼다.

julien(ne¹) [ʒyljɛ̃, -ɛn] *a.* 율리우스케사르의. année ~*ne* 율리우스 책력의 1 년.

julienne² *n.f.* ①《식물》 노랑장대, 헤스페리초류. ②《요리》 (여러가지 채소가) 수프의 일종(potage à la ~).

jumbo [dʒɔmbo] 《미영》 *n.m.* (대형의)이동 굴착기.

jumbo-jet [dʒɔmbodʒɛt] 《미영》 *n.m.* 점보 제트기 (gros-porteur).

***jumeau(elle)** [ʒymo, -ɛl] (*pl.* ~*x*, ~*s*) *a.* ① 쌍둥이의. frères ~*x* 쌍둥이 형제. sœurs ~*elles* 쌍둥이 자매. ② 한쌍을 이루는; 《식물》 2 개 합생의. navire ~ 자매선(船). machine à vapeur ~*elle* 복식 증기기관.
——*n.* 쌍둥이. trois ~*x* 세 쌍둥이. vrais[faux] ~*x* 일란성[이란성] 쌍둥이.

—*n.m.pl.* 〖해부〗 비장근(脾臟筋).
—*n.f.pl.* ① 대합재(對合材). ② 〖해양〗〖돛대를 고정시키는〗덧나무. ③(때로 *sing.*)쌍안경; 〖문장〗쌍선. ~*elles* de théâtre 오페라 구경용 쌍안경. ~*elles* de campagne (시계가 넓은)야외용 쌍안경.

jumel [ʒymɛl] *n.m.* 이집트 목화(coton ~).
jumelage [ʒymla:ʒ] *n.m.* ① 접합(接合); (덧나무에 의한)보강; 자매결연. ~ de Paris et de Rome 파리와 로마의 자매결연. ② 〖군사〗(기관총 따위의)연장(聯裝).
jumelé(e) [ʒymle] *a.p.* ① 짝지어진, 한 쌍의. maison ~*e*두 채 한 건물의 집. villes ~*es* 자매결연을 맺은 도시. pneus ~*s* 〖자동차〗이중 타이어의. ② (한쌍의 버팀나무로)보강된.
jumeler [ʒymle] [5] *v.t.* ① 짝짓다; (서로 다른 나라의 두 도시를)자매결연하다; 접합(接合)하다. ② 〖해양〗(돛대에)덧나무를 대다.
jument [ʒymɑ̃] *n.f.* 암말; 〖구어〗키크고 볼품없는 여자. ~ poulinière 씨암말; 어린애가 많은 여자.
jumenterie [ʒymɑ̃tri] *n.f.* 씨암말 사육장.
jumentés [ʒymɑ̃te] *n.m.pl.* 〖동물〗말(科).
jumping [dʒœmpiŋ] 〖영〗*n.m.* (말의)장애물 경기.
jungle [ʒɔ̃(œ)gl] *n.f.* ① (인도 따위의)밀림, 총림, 정글. ② 약육강식의 세계 (사회).
junior [ʒynjɔ:r] *a.m.* ① 연소한, 손아래의. ② 〖스포츠〗주니어급의. ③ 청소년 대상(용)의.
—*n.m.* 연소자; 〖스포츠〗주니어.
junker [junkɛr] 〖독일〗*n.m.* (병사로 입대한)프러시아 청년 귀족; (프러시아의)지주귀족.
junkie [dʒœnki] 〖미영〗*n.m.* 마약중독환자.
Junon [ʒynɔ̃] *n.pr.f.* 〖로마신화〗주노 (빛의 여신; 주피터의 아내).
junonien(ne) [ʒynɔnjɛ̃, -ɛn] *a.* 〖로마신화〗주노 같은.
junte [ʒɔ̃(œ)t] 〖에스파냐〗*n.f.* (에스파냐·포르투갈의)의회, 평의회; (남미의)혁명정권, 임시정부. ~ militaire 군사정부.

*****jupe** [ʒyp] *n.f.* ① 스커트. ~ droite 타이트스커트. ~ plissée 주름스커트. être pendu(cousu) à la ~ (aux ~*s*) de sa mère; être dans les ~*s* de sa mère; ne pas quitter les ~*s* de sa mère 〖구어〗(어린애가)어머니의 치맛자락에 매달려 다니다. ~ de dessous 〖옛〗페티코트; 슬립. ② (프록코트 따위의)아랫자락. ③ (피스톤의)측면; (호버크라프트·선박의)아래부분 덮개. ④ 〖옛·구어〗여자.
jupe-culotte [ʒypkylɔt] (*pl.* ~*s*—~*s*) *n.f.* 〖의복〗퀼로트 스커트.
jupette [ʒypɛt] *n.f.* (아주 짧은)미니스커트; (여자수영복의)허벅지 위를 덮는 자락. ~ plissée de tennis 테니스용 짧은 주름치마. 〖사〗
jupier(ère) [ʒypje, -ɛ:r] *n.* 스커트전문 재단(재봉)
Jupiter [ʒypitɛ:r] *n.pr.m.* ① 〖로마신화〗주피터 (천지 최고의 신). ② 〖천문〗목성.
jupitérien(ne) [ʒypiterjɛ̃, -ɛn] *a.* 주피터의, 주피터 같은; (성격이)도도한, 위압적인.
*****jupon** [ʒypɔ̃] *n.m.* ①페티코트, 속치마. être toujours dans les ~*s* de sa mère 〖구어〗늘 어머니의 치맛자락에 매달리다. ②〖구어〗(집합적)여자, 아가씨. courir(trousser) le ~ 여자의 뒤를 쫓아다니다. ③ (스코틀랜드 사람의)짧은 스커트, 킬트.
juponner [ʒypɔne] *v.t.* (옷·치마를)페티코트를 입어 부풀리다; 〖옛〗페티코트를 입히다.
—*se* ~ *v.pr.* 페티코트를 입다.
juponnier [ʒypɔnje] *a., n.m.* 〖속〗여자 뒤를 쫓아다니는(남자).
Jura [ʒyra] *n.pr.m.* 〖지리〗쥐라 산맥. —**j**~ *n.m.* 〖지질〗 ~ blanc 백 쥐라; ~ brun 갈(褐)쥐라.

jurançon [ʒyrɑ̃sɔ̃] *n.m.* 쥐랑송(산)포도주(vin de J~).
jurande [ʒyrɑ̃:d] *n.f.* 〖옛〗동업조합 대표; 동업조합 단체.
jurassien(ne) [ʒyrasjɛ̃, -ɛn] *a.* 쥐라(Jura)지방의.
—**J**~ *n.* 쥐라 사람.
jurassique [ʒyrasik] 〖지질〗 *a.* 쥐라기층(紀層)의. —*n.m.* 쥐라기층.
jurat [ʒyra] *n.m.* 〖역사〗(중세 프랑스 서부 도시의)시정관(市政官).
juratoire [ʒyratwa:r] *a.* 〖법〗서서의. caution ~ 보증서서.
juré(e) [ʒyre] *a.p.* 서서한, 맹세한; 지독한. ennemi ~ 불구대천의 원수. —*n.* 〖법〗배심원. —*n.m.* 〖역사〗(동업 조합의)간사. —*n.f.* 〖역사〗(통역·의사 따위의)서서.
jurement [ʒyrmɑ̃] *n.m.* 〖옛〗(필요도 의무도 없는) 서서(宣誓); 〖경서하〗[저주하는] 말(juron).
*****jurer** [ʒyre] *v.t.* ① 서서하다, 맹세하다. [~ *qc* à *qn*] ~ obeissance à *qn* …에게 복종을 맹세하다. faire ~ le secret à *qn* …에게 비밀을 지키기를 맹세시키다. ~ un amour éternel à sa fiancée 약혼자에게 변함없는 사랑을 약속하다. [~ de+*inf.*] Il jura de ne plus boire d'alcool. 앞으로는 술을 마시지 않겠다고 그는 맹세했다. [~ (à *qn*) que+*ind.*] Le jour du mariage, les époux jurent qu'ils seront fidèles l'un à l'autre. 결혼식날, 부부는 서로에게 충실할 것을 맹세한다. 〖옛·문어〗 ~ *qc* que+*ind.*/de+*inf.*] ~ Dieu(le ciel, sa foi, ses grands dieux) que … 라고 천지신명앞에 〖맹세코〗서악하다〖맹세하다〗. ~ son honneur de dire la vérité 명예를 걸고 진실을 말하겠다고 서약하다.
② 단언하다(affirmer). [~ (à *qn*) que+*ind.*] Je vous jure que c'est vrai. 나는 그게 정말이라고 단언〖맹세〗합니다. Il jure qu'il a vu cet homme devant la maison. 그는 자기가 이 사람을 집 앞에서 보았다고 단언한다.
③ 굳게 결심하다. [~ *qc*/de+*inf.*] ~ la mort de *qn* …을 죽이기로 결심하다. Ils ont juré de ne plus jamais boire. 그들은 이제 더이상 술을 마시지 않겠다고 굳게 마음먹었다.
④ 〖옛〗모독하다. ~ (le nom de) Dieu 신의 이름을 들먹이다; 욕지거리를 하다.
—*v.i. ne* ... *que* …을 맹세하다; 단언하다. Il ne faut ~ de rien. 아무 것도 맹세하지 말라. On ne doit pas ~ de ce dont on n'est pas sûr. 확실치 않은 것을 장담해서는 안된다. J'en jurerais. 나는 틀림없이 그렇다고 생각한다.
—*v.i.* ① [~ sur/par] (을 걸고)맹세하다. ~ sur la Bible 성서에 손을 얹고 맹세하다. ~ par le sang de *qn* …의 생명을 걸고 맹세하다.
② 욕을 하다, 매도하다. ~ comme un poissonier 생선장수처럼 욕설을 퍼붓다. Il jure contre les retards de ses employés. 그는 종업원들의 지각에 대해 욕을 해댄다.
③ 귀에 거슬리는 소리를 내다; 어울리지 않다. violon qui jure sous l'archet 거친 소리가 나는 바이올린. Ces deux couleurs jurent entre elles. 이 두 빛깔은 서로 맞지〖어울리지〗않는다. Sa toilette jure avec son physique. 그녀의 화장은 체격과 어울리지 않는다.
je vous jure ⓐ 단언합니다, 장담합니다, 확실합니다. ⓑ 아, 이런, 이럴 수가〖놀라움·분개〗. Ah! *je vous jure!* On vit une drôle d'époque. 아, 정말 화나는군! 이런 고약한 시대가 있나.
ne ~ (*plus*) *que par qn* …만을 숭배하다; 일 있을 때마다 …을 인용하다. Il *ne* jure *que par* vous. 그는

당신만 떠받든다.
—se ~ v.pr. ① 스스로 맹세하다[다짐하다]. ② 서로 맹세하다. Ils *se sont juré* un amour éternel. 그들은 서로 영원한 사랑을 맹세했다.
jureur [ʒyrœːr] n.m. ① (경멸) (프랑스 혁명 당시 교회규혁법에 충성을 다짐한)선서 사제; 선서자. ② 《옛》저주의 말을 내뱉기 잘하는 사람.
juridiction [ʒyridiksjɔ̃] n.f. ① 《법》 사법권, 재판권; (재판소의)관할, 권한. ~ ecclésiastique 교회의 재판권. ~ contentieuse (관할사건에 대한)판결권. ~ gracieuse (관할사건 이외의 사건에 대한) 결정권. ~ ordinaire 통상재판권. degré de ~ 급(審級). Cela n'est pas de[dans] sa ~. 《구어》그것은 그의 권한에 속하지 않는다, 그것은 그와 상관이 없다. ② 《집합적》(같은 계열의)재판소, 재판기관, 법정. ~ compétente 관할재판소. ~s civiles 민사재판소. ~ d'exception 특별재판기관.
juridictionnel(le) [ʒyridiksjɔnɛl] a. 재판권의; 재판관할의. pouvoir [droit] ~ 재판권.
juridique [ʒyridik] a. ① 법률(상)의. fait ~ 법적 사실. acte ~ 공정증서; 법률행위. science ~ (律)학. situation ~ 법적지위. vocabulaire [terme] ~ 법률용어. personne ~ 법인. assassinat ~ 법에 의한 살인(부당한 사형). ② 재판에 관한. action ~ 소송. preuve ~ 재판상의 증거.
juridiquement [ʒyridikmɑ̃] ad. 법적으로, 법률상, 재판에 의하여.
juridisme [ʒyridism] n.m. 《법》 법률 문구에 구애하기; 법률만능주의.
jurisconsulte [ʒyriskɔ̃sylt] n.m. 법률가, 법학자 (juriste) 법률 고문.
jurisprudence [ʒyrisprydɑ̃ːs] n.f. ① 《집합적》 판례; 법해석, (판례로부터 나오는)법원리. ~ commerciale 상법의 원리. recueil de ~ 판례집. Cet arrêt fait ~. 이 체포는 법적 구속력을 지닌다. ② 《옛》법률학.
jurisprudentiel(le) [ʒyrisprydɑ̃sjɛl] a. 법학의; 법규의, 판례의. solution ~le 법에 따른 해결. précédent ~ 판례. débats ~s 법해석상의 논쟁.
juriste [ʒyrist] n.m. 법학자; 법률관계의 저술가.
juron [ʒyrɔ̃] n.m. 욕설 (특히 각 개인의 입버릇이 된 욕설). pousser[lâcher] un ~ 욕설을 내뱉다.
jury [ʒyri] 《영》 n.m. ① 《법》 배심 (단). Le ~ se retire pour délibérer. 배심단은 의결하기 위하여 자리를 뜬다. ~ de la cour d'assises 중죄재판소의 배심단. ~ de jugement 판결 [보통]배심. ~ d'accusation 기소배심, 탄핵배심 (1810 년 폐지되었음). ② 《집합적》 심사위원(회). membre du ~ 심사위원. ~ d'expropriation 수용심사위원회. ~ d'examen 시험관. ~ d'une exposition de peinture 미술전람회 심사위원. ~ du prix Goncourt 공쿠르상 심사위원.
***jus** [ʒy] n.m. ① 즙, 액, 주스; 《요리》 고기즙 (~ de viande). ~ de la treille[de la vigne] 《문어》포도주. ② 《미술》 광내는 물감. passer un tableau au ~ 그림에 광 내는 물감을 바르다. ③ 《속어》(바다·강·풀)물; (블랙)커피; 가솔린; 전류(電流). Il est tombé dans le ~. 그는 물에 빠졌다. balancer un type au ~ 물속에 사람을 내던지다. mettre le ~ 전기를 접속하다, 스위치를 넣다. ④ 《학생어》소논문 (dissertation scolaire, exposé). pondre un ~ 논문을 쓰다. ⑤ premier [deuxième] ~ 《군대은어》 1 등 [2 등] 병.
Ça vaut le ~. 《구어》해볼 만한 가치가 있다.
cuire dans son ~. 《속어》 난처한 지경에 빠져있다, 불쾌감을 맛보다. *laisser qn cuire dans son ~* 어려운 처지 [불쾌감]을 맛보게 내버려 두다.

jeter du [son] ~ 이목을 끌다.
~ de coude 《구어》 힘드는 일.
y mettre du ~ 《구어》 열을 내고 하다, 수완을 발휘하다.
jusant [ʒyzɑ̃] n.m. 《해양》 썰물, 간조.
jusée [ʒyze] n.f. 《피혁》 탄닌액(液), 무두질액.
jusqu'à [ʒyska] =jusque.
jusqu'au-boutisme [ʒyskobutism] n.m. 《구어》 《정치》 극한주의; (제 1 차 세계대전 당시의)철저한 항전주의(의 抗戰主義).
jusqu'au-boutiste [ʒyskobutist] n. 《구어》 《정치》 극한(항전) 주의자.
***jusque** [ʒysk] prép. (모음과 무음 h 앞에서는 jusqu') ① (장소·수 따위의 한계·정도)…까지, …만큼. aller *jusqu'*à Paris 파리까지 가다. *Jusqu'*où? 어디까지? compter *jusqu'*à dix 10까지 세다. rougir *jusqu'*aux oreilles 귀까지 빨개지다. Vous allez *jusqu'*au bout de la rue. 그 길로 끝까지 가세요. à 이외의 전치사와 함께하여) du haut *jusqu'*en bas 위에서 아래까지. aller *jusqu'*en Afrique 아프리카까지 가다. ~ chez lui 그의 집까지. regarder ~ sous le lit 침대 밑까지 보다.
② (시간) …까지. *jusqu'*à présent 현재까지. *jusqu'*à aujourd'hui 오늘까지. *jusqu'*à plus ample informé 새로운 증인심문의 날까지. *Jusqu'*à quand? 언제까지? courir *jusqu'*à tomber épuisé 지쳐서 쓰러질 때까지 달리다. remonter *jusqu'*en 1900, 1900년까지 거슬러 올라가다.
③ …할 정도로. [jusqu'à+inf.] Il en fut affligé *jusqu'*à en être malade. 그는 그 일로 병이 날 정도로 슬퍼했다.
④ …할 때까지. [jusqu'à ce que+sub.] Il va t'attendre *jusqu'*à ce que tu aies terminé tes achats. 그는 네가 물건을 다 살 때까지 기다릴 것이다. *jusqu'*au moment [*jusqu'*à l'instant] où+ind. …하기까지.
⑤ (강조) …까지도, …마저, …일지라도(même). compromettre *jusqu'*à son bonheur 자기 행복까지도 위태롭게 하다.
aller jusqu'à+inf. 마침내 …하기에 이르다.
en avoir ~ -là 《구어》 이젠 지긋지긋하다(en avoir assez). *J'en ai ~ -là* de tes histoires. 네 이야기는 이제 지긋지긋하다.
~-là 거기까지; 그 때까지; 그만큼이나.
Il n'est (Il n'y a) pas jusqu'à... qui ne+sub. …마저 아니다 (이중부정으로 강한 긍정을 나타냄). *Il n'y a pas jusqu'*à son regard *qui n'*ait changé. 그의 눈빛마저도 달라졌다.
jusques [ʒyska(z)] prép. 《옛·시》 =jusque.
~ et y compris [ʒyskəzeikɔ̃pri] (compris 는 불변)…까지 (포함해서).
jusquiame [ʒyskjam] n.f. 《식물》 사리풀.
jussiée [ʒysje] n.f., **jussiæa**, **jussieua** [ʒysjœa] n.m. 《식물》 (열대산)달뿌리꽃의 일종.
jussif(ve) [ʒysif, -iːv] 《문법》 《언어》 a. 지령법의. —n.m. 지령법 (명령법이나 접속법의 명령 표현 따위) (forme ~ve).
jussion [ʒysjɔ̃] n.f. lettres de ~ 《고대법》 왕의 명령서, 칙령(勅令).
justaucorps [ʒystokɔːr] n.m. 《옛》 《의복》 (특히 17세기 경에 유행한) 몸에 꼭 붙게 만든 남자의 웃옷; 여자의 웃옷.
***juste** [ʒyst] a. ① 올바른, 정당한, 당연한; 정의의, 정의로운. ~ colère (punition) 당연한 분노[벌]. guerre ~ 정당한 전쟁. présenter de ~s revendications 정당한 요구를 하다. ~ mesure 절도(節度). ~ cause 정의. homme ~ 의인. à ~ titre 정당하

게, 당연히.
② 공평한, 공정한(équitable). être ~ pour [envers, à l'égard de] qn …에 대하여 공평하다. Tu n'es pas ~ avec moi, tu m'accuses quand je n'ai rien fait. 너는 내게 공정치 못하다, 난 아무것도 안 했는데 넌 나를 비난한다. professeur ~ dans ses notations 채점이 공정한 교수.
③ (시계·악기 따위가) 틀림이 없는, 정확한(exact, précis). avoir l'oreille ~ 귀가 정확하다 (음악 따위에 대하여). à l'heure ~ 바로 그 시간에, 정각에. à 10 heures ~s 정각 10시에. estimer les choses à leur ~ prix 물건을 제값으로 평가하다, 물건의 값을 알아맞히다. ~ milieu 중용. voix ~ (음정이) 정확한 목소리. rien de plus ~ 바로 그대로, 그보다 더 정확할 수 없다.
④ (옷·구두 따위가) 꼭 끼는. Ce pantalon est trop ~. 이 바지는 너무 꼭 낀다.
⑤ 빠듯한. repas trop ~ pour dix personnes 10 명 분이 겨우 되는 식사.
au plus ~ prix 〖상업〗 최저 가격으로.
C'est ~. 그대로이다; 바로 그것이다.
C'est tout ~ si..., 겨우 …할 뿐이다. C'est tout ~ s'il me répond quand je lui parle. 그는 내가 말을 걸면 그때서야 겨우 대답한다.
—*ad.* ① 정확하게, 올바르게, 적당히 (exactement). J'en voudrais un kilo, pas plus. 정확히 1킬로만 주세요. chanter ~ (음정이) 정확하게 노래부르다. tirer ~ 정확히 쏘다. raisonner ~ 정확히 추론하다. frapper [toucher] ~ 적중시키다; (비유적) 합당한 발언 [행동]을 하다.
② 바로, 꼭 (justement). Il est à côté lui ~ 옆에. Il est midi ~. 꼭 정오이다. C'est ~ ce qu'il faut. 그것이 바로 필요한 것이다.
③ 겨우, 간신히. savoir tout ~ lire 겨우 읽을 정도이다. Il nous reste ~ une heure. 겨우 한 시간이 남았다. échapper tout ~ 간신히 피하다.
—*n.m.* 올바른 일, 정의; 정당함. le ~ et l'injuste 옳은 일과 그른 일. le vrai, le ~ et le beau 진선미 (眞善美).
—*n.* 옳은 사람, 의인; 신앙이 독실한 사람. demeure [séjour] des ~s 천국. les ~s et les impies 신자와 무신앙자.
au ~ 정확하게. Qu'est-ce que vous désirez *au ~*? 정확히 무엇을 원하세요?
comme de ~ 당연히, 늘 그렇듯이 (comme il est habitude).
—*n.f.* =justaucorps.

:**justement** [ʒystəmɑ̃] *ad.* ① 정확하게, 적절하게. comme il a remarqué ~ 그가 적절히 지적한 바와 같이. ② 바로, 마침 (précisément). Voilà ~ ce qu'il me fallait. 그것이 바로 내게 필요했던 것이다. ③ 《드물게》 당연히. être ~ puni 당연히 처벌되다, 처벌되어 마땅하다.

juste-milieu [ʒystəmiljø] *n.m.* ① 중용 (中庸), 중용책. ② 중용주의자. —*a.* 〖예〗 중용주의의, 중도파의.

justesse [ʒystɛs] *n.f.* 올바름, 정확함, (표현 따위가) 적절함. ~ et précision d'une balance 저울의 정확성과 정밀함. ~ du tir 사격의 정확함. ~ d'esprit 판단의 정확함. avec ~ 정확하게, 옳게.
de ~ 겨우 시간에 맞추어, 가까스로, 근소한 차이로. arriver *de ~* 겨우 시간에 대어 도착하다. éviter *de ~* une collision 가까스로 충돌을 피하다.

*****justice** [ʒystis] *n.f.* 올바름, 정당함; 정의; 공평. agir selon [contre] la ~ 정의에 따라 [반하여] 행동하다. ~ sociale 사회정의. ~ de Dieu 신의 정의. ~ de ma cause 내 주장의 정당성. traiter les gens avec ~ 사람들을 공정하게 대하다. ~ distributive 상벌의 공정. ~ commutative 교환의 공정성. en toute [en bonne] ~ 정당하여, 당연히.
② 사법; 재판; 법정. cour de ~ 재판소, 법원. rendre [exercer] la ~ 재판하다. être appelé [assigné, cité] en ~ 법원에 소환되다. poursuivre qn en ~ …을 고소하다. maison de ~ 사형장. gens de ~ 법조계 사람. officier de ~ 〖역사〗 정리 (廷吏). ~ seigneuriale 영주재판권. basse [haute] ~ (봉건 시대의) 하급 [상급] 재판 (권). Palais de J~ 법원. ~ administrative [militaire] 행정 [군사] 재판. ministère de la J~ 법무부. ~ de paix 〖옛〗 치안재판소 (현재 명칭은 tribunal d'instance). (homme) repris de ~ 재범자. portefeuille de la J~ 법무장관의 직책 [직위]. ~ criminelle 형사재판. action en ~ 소송. bois de ~ 〖문어〗 교수대, 단두대.
③ (집합적) 사법관, 사법경찰.
④ (J~) 정의의 여신.
C'est ~ que+sub. …은 당연한 일이다.
faire ~ de qn 〖옛〗 …을 정당하게 벌하다.
faire ~ de qc …을 [에 대한 잘못된 평가를] 밝히다 [바로잡다]. Il *a fait ~ des* accusations portées contre lui. 그는 자신에 대한 비난이 부당함을 밝혀 냈다.
Il est de toute ~ de+inf. (que+sub.) …하는 것은 지극히 당연하다.
rendre [faire] ~ à qn …을 옳다고 인정하다, …의 권리를 인정하다, …의 공적 [잘한 일·좋은 점]을 인정하다.
se faire ~ (à soi-même) (자기의 잘못을 인정하여) 자결하다; 복수하다.

justiciable [ʒystisjabl] *a.* ① (의) 관할에 속하는; 재판에 회부해야 할. criminel ~ de la cour d'assises 중죄재판소에서 관할하는 형사범. ② [~ de] (의) (의견·규칙 따위에) 의존하는, (의) 판단에 맡겨진. ~ *de* l'opinion publique 여론에 좌우되다. problème ~ *de* la philosophie 철학적 판단에 따라야 하는 문제. —*n.* (의) 관할에 속하는 사람.

justicier[1] [ʒystisje] *v.t.* 〖옛〗 체벌 (體罰)에 처하다; (에게) 형을 집행하다.

justicier[2] (**ère**) [ʒystisje, -ɛːr] *n.* 시비곡직을 가리는 사람; 정의의 심판자, 판정자, 집행자. 〖옛〗 재판관. —*a.* ① 재판권을 가지는. ② 응징적인.

justifiable [ʒystifjabl] *a.* 정당함을 증명할 수 있는; 변명할 수 있는.

justifiablement [ʒystifjabləmɑ̃] *ad.* 《드물게》 정당하게, 변명할 수 있게.

justifiant(e) [ʒystifjɑ̃, ɑ̃ːt] *a.* 〖종교〗 의인 (義認) 하는, 의를 사하는. grâce ~e 의인의 은총.

justificateur(**trice**) [ʒystifikatœːr, -tris] *a.* 정당함을 증명하는. —*n.* 정당함을 증명하는 사람, 변명자. —*n.m.* 〖인쇄〗 행간 조절자; 조스 (행의 빈 칸을 메우는 것).

justificatif(**ve**) [ʒystifikatif, -iv] *a.* (정당함을) 증명하는. document ~; pièce ~*ve* 증거서류.
—*n.m.* ① 증거서류. ② (광고 의뢰자에게 증거로 보내는) 광고 게재지.

justification [ʒystifikasjɔ̃] *n.f.* ① 무죄의 증명, 변명, 변호; 증거. demander des ~s 해명을 요구하다. ~ de la guerre 전쟁의 정당화. ② 증명 (서). ~ d'une identité [d'un paiement] 신분 [지불] 증명 (서). ~ d'origine 원산지 증명. ③ 〖신학〗 의인 (義認). ④ 〖인쇄〗 행간 정리; (정리된) 행의 길이.

justifié(e) [ʒystifje] *a.p.* (행위가) 정당화된 (légitime). réclamation ~*e* 당연한 요구. être ~ à+ *inf.* …하는 것은 정당하다.

***justifier** [ʒystifje] *v.t.* ① 변명하다, 해명하다; 무죄를 증명하다. [~ *qn/qc*] J'ai tenté de ~ mon ami. 나는 친구의 결백을 증명하려고 했다. ~ *qn* de son crime …의 무죄를 증명하다. Comment vas-tu ~ toutes ces dépenses? 너는 어떻게 이 경비들을 해명할거지? ② (의)근거[이유]를 대다, (의 진실성을)증명하다(vérifier, confirmer). Il *a justifié* ma confiance. 그는 나의 신뢰를 배반하지 않았다. Cet événement *a justifié* mon opinion. 이 사건이 내가 옳았다는 것을 증명해 주었다. ③ 정당화하다. La fin *justifie* les moyens. 《속담》목적은 수단을 정당화한다, 목적을 위해서는 수단을 가리지 않게 된다. ~ ses faiblesses 자신의 약점을 정당화하다. ④ 【인쇄】 (행의 길이를)정리하다, 정판하다. ⑤ 【신학】 (사람을)의인(義人)으로 인정하다; 의인(義認)하다.

—*v.t.ind* [~ de] 【법】 …의 충분한 증거를 제시하다, …을 증명하다. ~ *de* son identité 신분을 증명하다. reçu qui *justifie d'*un paiement 지불을 증명하는 영수증.

—*se* ~ *v.pr.* ① 자기의 무죄를 증명하다. *se* ~ de sa conduite 자신의 행동의 정당함을 내세우다. ② 무죄가 증명되다; 변명이 되다, 정당화되다.

Justinien [ʒystinjɛ̃] *n.pr.m.* 【로마사】 유스티니아누스. —*j*~ *a.m.* le Code ~ 유스티니아누스 법전(法典), 로마 법전.

jute¹ [ʒyt] 【역사】 *a.* 주트족(族)의. —**J**~**s** *n.m.pl.* 주트족.

jute² 《영》 *n.m.* ① 【식물】 황마(黃麻). ② 황마 섬유, 주트.

juter [ʒyte] *v.i.* 즙이 나오다; 《속어》열변을 토하다. fleurs qui *jutent* blanc 흰 액이 나오는 꽃.

juteux(se) [ʒytφ, -φ:z] *a.* ① 즙이 많은. viande ~*se* 즙이 많이 나오는 고기. fruit ~ 수분이 많은 과일. ② 《구어》수지맞는, 돈벌이가 잘되는(fructueux, très lucratif). ③ 《속어》때벗은, 세련된.

—*n.m.* 《군대속어》특무상사.

jutlandais(e) [ʒytlɑ̃dε, -ε:z] *a.* 유틀란트(*Jutland*)반도의. —**J**~ *n.* 유틀란트 반도 사람.

juvenat [ʒyvna], **juvénat** [ʒyvena] *n.m.* (수도사의)고전수업시기(古典修業時期); 작은 수도원〔신학교〕.

juvénile [ʒyvenil] *a.* 청년의, 젊은, 젊은이다운. ardeur ~ 청춘의 혈기[열정]. eau ~ (지하 5-10 km에서 솟아오르는)온천(eau hypogée).

juvenilia [ʒyvenilja] 《라틴》 *n.m.pl.* 젊은 시절의 작품, 초기작품(특히 시 작품).

juvénilisme [ʒyvenilism] *n.m.* 【의학】(사춘기의 젊은이에게 나타나는)유치증, 성적(性的)미발달.

juvénilité [ʒyvenilite] *n.f.* 《문어》젊음(jeunesse).

juxta- *préf.* 「가까운, 곁에」의 뜻.

juxtalinéaire [ʒykstalineε:r] *a.* 줄과 줄이 마주놓인. traduction ~ (원문과 번역문을 한 줄씩 번갈아 늘어놓은)대역(對譯).

juxtaposable [ʒykstapozabl] *a.* 나란히 놓을 수 있는, 병렬(병치)할 수 있는.

juxtaposant(e) [ʒykstapozɑ̃, -ɑ̃:t] *a.* 【언어】(반투어처럼 어휘형태소 앞에 병치되는 접두사적 요소로 문법관계가 표현되는)병치어(並置語)의.

juxtaposé(e) [ʒykstapoze] *a.p.* 나란히 놓인. Ce livre n'est fait que d'idées ~*es*. 이 책은 잡다한 생각의 나열에 불과하다. touches ~*es* (인상파 회화의)점묘. mots ~ 【언어】(접속요소 없는)병치어(예: hôtel-restaurant). propositions ~*es* 병치절(並置節).

juxtaposer [ʒykstapoze] *v.t.* (서로 관련없이)나란히 놓다, 병렬(並列)하다. ~ deux mots pour former un composé 복합어를 만들기 위해 두 낱말을 붙여놓다. ~ A à B, A et B, A B와 병치하다. ~ A et B, A와 B를 병치하다.

—*se* ~ *v.pr.* 나란히 서다, 나란히 놓이다.

juxtaposition [ʒykstapozisjɔ̃] *n.f.* 나란히 놓기, 병렬(並列)의; 병렬상태; 【언어】병치.

juxtatropical(ale, *pl.* **aux)** [ʒykstatrɔpikal, -o] *a.* 열대밖의 근처의.

jv. 《약자》janvier 1월.

j/v. 《약자》jours de vue 【상업】(어음이)일람후 …일(日)지급의.

jy [ʒi] *ad.* 《옛·속어》=**oui**.

K

K¹, k [kɑ] *n.m.* 프랑스자모의 제 11 자. grand K; K majuscule 대문자 K. k minuscule; petit k 소문자 k. k comme Kléber 《전신》 Kléber의 k.
K² 《약자》 ① (échelle de)Kelvin 《물리》 절대온도 눈금. ② potassium 《화학》 칼륨. ③ kilogramme 킬로그램.
KA, ka [ka] *n.m.* 중간자 K (méson K, méson KA
kabbale [kabal] *n.f.* = **cabale**.　[ka].
kabuki [kabuki] 《일본》 *n.m.* 일본 고유의 극.
kabyle [kabil] *a.* 카바리아(*la Kabylie*, 알제리의 지방)의. —*n.m.* 카빌리아어(語). —**K**~ *n.* 카빌리아 사람.
kacha [kaʃa], **kache** [kaʃ] 《러시아》 *n.f.* (러시아식) 메밀 요리.
kaddisch [kadiʃ] *n.m.* 《종교》 유태교에서 예배 각 부의 끝에 부르는 기도.
kadi [kadi] *n.m.* = **cadi**.
kafir [kafiːr] *n.m.* (이슬람교도에 대해서)비신자(非信者), 무신앙자.
kafkaïen(ne) [kafkajɛ̃, -ɛn] *a.* (카프카(*Kafka*)의 소설에 특유한)숨막히는 분위기의, 카프카적인.
kaïnite [kainit] *n.f.* 《광물》 카이닛석(石).
kaïr [kaiːr] *n.m.* = **coir**.
kaiser [kajzɛːr, 《숙어》 kezɛːr] 《독일》 *n.m.* 독일황제.
kajac [kaʒak] *n.m.* = **kayac**.
kajkavien [kaʒkavjɛ̃] *n.m.* 크로티아에서 사용되는 유고슬라비아 사투리.
kakatoès [kakatɔɛs] *n.m.* = **cacatoès**.
kakémono [kakemɔno] 《일본》 *n.m.* (명주에 그린) 족자(簇子).
kaki¹ [kaki] *n.m.* 《직물》 카키색. —*a.* 《불변》 카키색의.
kaki² 《일본》 *n.m.* 《식물》 감나무; 감.
kala-azar [kalaazaːr] *n.m.* 《의학》 흑열병(말라리아성 전염병).
kaléidoscope [kaleidɔskɔp] *n.m.* 만화경(萬華鏡).
kaléidoscopique [kaleidɔskɔpik] *a.* 만화경의.
kali [kali] 《아라비아》 *n.m.* ① 《상업》 칼리, 소다. ② 《식물》 퉁퉁마디속(屬).
kalicytie [kalisiti] *n.f.* 《생화학》 (세포조직·혈구내의)칼륨농도.
kaliémie [kaliemi] *n.f.* 《생화학》 (혈액 중의)칼륨 함유율.
kalmouk(e) [kalmuk] *a.* 칼마키아(*Kalmoukie*, 소련의 지방)의. —**K**~ *n.* 칼마키아 사람. —*n.m.* 칼마키아어(語).
kamala [kamala] *n.m.* 《식물》 카말라(에덕나무속(屬) 식물; 열매에서 얻는 분말은 염료·구충제).
kamichi [kamiʃi] *n.m.* 《조류》 (남미산)섭금류의 큰 새.
kamikaze [kamikaze] 《일본》 *n.m.* (2차 대전 때의) 자폭 비행사(비행기).
Kamtchatka [kamtʃatka] *n.pr.m.* 캄차카.
kan [kɑ̃] *n.m.* = **khan**¹,².
kanat [kana] *n.m.* = **khanat**.
kandjar [kɑ̃ʒaːr], **kandjlar** [kɑ̃ʒlaːr], **kangiar** [kɑ̃ʒjaːr] 《아라비아》 *n.m.* 단검(短劍)의 일종.

kangourou, kanguroo [kɑ̃guru] *n.m.* 《동물》 캥거루.
kantien(ne) [kɑ̃s(t)jɛ̃, -ɛn] *a.* 칸트(*Kant*)의; 《철학》 칸트 철학의.
kantisme [kɑ̃tism] *n.m.* 《철학》 칸트 철학.
kantiste [kɑ̃tist] 《철학》 *a.* 칸트파의. —*n.* 칸트 파의 철학자.
kaoliang [kaɔljɑ̃] 《중국》 *n.m.* 《식물》 고량(高粱).
kaolin [kaɔlɛ̃] *n.m.* 《요업》 고령토, 자토(磁土).
kaolinique [kaɔlinik] *a.* 고령토질의.
kaolinisation [kaɔlinizasjɔ̃] *n.f.* 고령토화(化).
kaolinite [kaɔlinit] *n.f.* 《광물》 고령토.
kaon [kaɔ̃] *n.m.* 《물리》 케이온, K 중간자.
kapo [kapo] *n.m.* (나치 수용소에서)동료포로나 죄수를 감독하는 사람.
kapok, capok [kapɔk] *n.m.* 케이폭, 판야.
kapokier [kapɔkje] *n.m.* 《식물》 판야나무.
kappa [ka(p)pa] *n.m.* 그리스 자모의 제 10 자 (K, k).
karagan [karagɑ̃] *n.m.* 《동물》 몽고여우.
karakul [karakyl] *n.m.* = **caracul**.
karaté [karate] 《일본》 *n.m.* 당수(당수하는 사람은 karatéka).
karbau [karbo], **karabau** [karabo] (*pl.* ~x) *n.m.* 《동물》 (말레이지아에 널리 퍼져 있는)인도 물소의 일종.
karité [karite] *n.m.* (보통 버터나무(arbre à beurre) 라고 불리는)아프리카산의 과수.
karma(n) [karma(n)] 《산스크리트》 *n.m.* 《힌두교》 업(業); 인과응보.
karpatique [karpatik] *a.* 카르파티아 산맥의.
karstique [karstik] *a.* 《지리》 카르스트(*Karst*, 유고슬라비아의 석회질 고원)의.
kart [kart] 《영》 *n.m.* 고카트 (차체가 없는 간단한 구조의 유희용 소형 자동차)(gokart).
karting [kartiŋ] 《영》 *n.m.* karts(소형 자동차) 경주.
karyokinèse [karjɔkinɛːz] *n.f.* 《생물》 유사분열 (有絲分裂).
kasba(h) [kasba] *n.f.* = **casba(h)**.
kascher [kaʃɛːr] *a.* 《불변》 = **casher**.
kava, kawa [kava] *n.m.* 《식물》 카와카와 (폴리네시아산 후추나무과의 식물). —*n.f.* (그 뿌리로 빚은)술.
kayac, kayak [kajak] *n.m.* ① (그린란드에서 에스키모인(人)이 사용하는 바다표범 가죽으로 만든) 작은 어선. ② (천으로 만든 스포츠용)소형 보트.
kC 《약자》 kilocoulomb 《전기》 킬로쿨롱.
kc. 《약자》 kilocycle 《전기》 킬로사이클.
kcal 《약자》 kilocalorie 《물리》 킬로칼로리.
kchatr(i)ya [kʃatrija] *n.m.* 크샤트리아, 무사(武士)(인도 카스트 제도의 제 2 계급).
keepsake [kipsɛk] 《영》 *n.m.* (19세기 초엽에 유행한)증정용(호화) 장식본.
kéfir [kefiːr] *n.m.* (코카서스 지방의)유정(乳精)으로 빚은 음료.
kelvin [kɛlvɛ̃] (< *Kelvin*, 영국 물리학자) *n.m.* 《물리》 켈빈(절대온도의 단위).
kénotron [kenɔtrɔ̃] *n.m.* 《전기》 케노트론 (고압

kentia [kɛtja] *n.m.* 【식물】(오스트레일리아산의) 종려나무(유럽에서 실내장식용으로 재배).

kentrophylle [kɛtrɔfil] *n.m.* 【식물】(유럽산의) 대형 엉겅퀴.

képhir, képhyr [kefi:r] *n.m.* = **kéfir**.

*****képi** [kepi] *n.m.* (프랑스 장교의) 군모; (군모 모양의) 모자, 경관모, 세관원의 모자.

kéra-, kérat(o)- *préf.* 「각(角)·각질(角質)」의 뜻.

kérabau [kerabo] (*pl.* ~x) *n.m.* = **karbau**.

kératine [keratin] *n.f.* 【생화학】 케라틴, 각질(角質).

kératinisé(e) [keratinize] *a.* 각질화(化)한.

kératique [keratik] *a.* 각막의.

kératite [keratit] *n.f.* 【의학】 각막염(角膜炎).

kérato-conjonctivite [keratokɔ̃ʒɔ̃ktivit] *n.f.* 【의학】 각막결막염.

kératomycose [keratomiko:z] *n.f.* 【의학】 각막진균증.

kératoplastie [keratoplasti] *n.f.* 【의학】 각막 이식술.

kératose [kerato:z] *n.f.* 【의학】 피부 각화증.

kératotomie [keratotomi] *n.f.* 【외과】 (백내장 수술의) 앞수정체 절개술.

kermès [kɛrmɛs] *n.m.* ① 【곤충】 연지벌레; (연지벌레 알로 만든) 홍색 염료. ② 【식물】 떡갈나무의 일종(= chêne ~ 라고도 함). ③ 【약】 케르메스 광물(鑛).

kermésite [kɛrmezit] *n.f.* 【광물】 홍안광(紅安鑛).

kermesse [kɛrmɛs] *n.f.* (네덜란드 지방의) 축제; 정기시장(定期市場); 야외 자선 바자, 야외 축제.

kérogène [kerɔʒɛn] *n.m.* 【지질】 유모(油母).

kérosène [kerɔzɛn] *n.m.* 등유(燈油), 석유.

kerrie [keri], **kerria** [kerja] *n.f.* 【식물】 (일본원산의) 황매화.

ketch [kɛtʃ] 【영】 *n.m.* 【해양】 돛대 두 개의 범선(→ voilier 그림).

ketchup [kɛtʃœp] 【영】 *n.m.* 【요리】 케첩.

ketmie [kɛtmi] *n.f.* 【식물】 부용(가구용으로 쓰이는 열대지방의 나무).

keynésien(ne) [keneziɛ̃, -ɛn] *a.* 【경제】 케인즈(*Keynes*)의; 케인즈 이론의.

kg 《약자》 kilogramme 킬로그램.

kgf 《약자》 kilogramme-force 【물리】 중량 킬로그램, 킬로그램중(重).

kgm 《약자》 kilogrammètre 킬로그램미터.

kg/m³ 《약자》 kilogramme par mètre cube 킬로그램 입방미터.

kgp 《약자》 kilogramme-poids 킬로그램중(重).

kgr 《약자》 = **kg**.

khâgne [kaɲ] *n.f.* = **cagne²**.

khâgneux(se) [kaɲø, -ø:z] *a.* = **cagneux**.

khaki [kaki] *n.m., a.* 《불번》 = **kaki¹**.

khalifat [kalifa] *n.m.* = **califat**.

khalife [kalif] *n.m.* = **calife**.

khamsin [kamsin] *n.m.* 【기상】 오순풍(五旬風) (이집트에서 약 50일간 계속되는 열풍).

khan¹ [kã] *n.m.* (몽고·터키 종족의) 원수(元首), 한(汗) (예: Gengis *Khan* 칭기즈칸).

khan², kan *n.m.* 대상(隊商)의 숙소.

khanat [kana] *n.m.* ① 한(khan)의 영토, 한국(汗國). ② 한의 직위.

kharidjisme [kari(d)ʒism] *n.m.* 하리지파 《이슬람교의 일파》.

kharidjite [kari(d)ʒit] *a.* 하리지파의.

khédivat [kediva], **khédiviat** [kedivja] *n.m.* 이집트 부왕(副王)의 신분(직위).

khédive [kedi:v] *n.m.* 이집트 부왕의 칭호.

khédivi(i)al(ale, *pl.* **aux)** [kediv(j)al, -o] *a.* 이집트 부왕(副王)의.

khi [ki] *n.m.* 그리스 자모의 제 22자(X, χ).

khmer(ère) [kmɛ:r] *a.* 크메르족(族)의. —*n.m.* 크메르어(語). —K~s *n.m.pl.* 크메르족 《캄보디아의 주요 민족》.

khôl [ko:l], **koheul** [kɔœl], **kohol** [kɔɔl] *n.m.* (동양에서) 눈썹·눈시울을 검게 하는 화장품, 미묵 (眉墨).

kHz 《약자》 kilohertz 【전기】 킬로헤르츠.

kibboutz, kibbouts [kibuts] *n.m.* (이스라엘의) 집단 농장.

kichenotte [kiʃnɔt] *n.f.* 《사투리》 (*Nantes, Saintonge* 지방의 시골 여자들이 쓰는) 두건.

kick [kik], **kick-starter** [kikstartər] 【영】 *n.m.* (오토바이의) 킥스타터.

kid [kid] 【영】 *n.m.* ① 【의복·피혁】 키드 《새끼염소 가죽》. ② 《구어》 어린아이 (gosse).

kidnappage [kidnapa:ʒ] *n.m.* 유괴.

kidnapper [kidnape] 【미】 *v.t.* 유괴하다; 《구어》 훔치다. ~ un enfant 아이를 유괴하다.

kidnappeur(se) [kidnapœ:r, -ø:z] *n.* 유괴자.

kidnapping [kidnapiŋ] 【미】 *n.m.* 어린이 유괴.

kief¹ [kjef] 《아라비아》 *n.m.* (터키 사람의) 대낮의 절대 안식; 지복(至福)의 상태.

kief² *n.m.* = **kif(f)**.

kieselgu(h)r [kizelgu:r] *n.m.* 【광물】 판자 모양의 규조토(硅藻土).

kiesérite [kjezerit] *n.f.* 【광물】 황산 고토석(苦土石).

kif(f) [kif] *n.m.* (모로코 지방에서 담배에 섞어 피우는) 인도대마 잎의 가루; 인도대마 잎을 섞은 담배.

kif-kif [kifkif] 《아라비아》 *a.* 《불변》 「구이」 같은 (pareil). Celui-ci ou celui-là, c'est ~! 이것이나 저것이나 마찬가지이다 《속어로는 C'est du kif.》.

kiki [kiki] *n.m.* 《구어》 목(gorge). serrer le ~ à *qn* …의 목을 조르다.

kil [kil] *n.m.* 《속어》 1리터의 적포도주. un ~ de rouge 적포도주 1리터.

kilo [kilo] *n.m.* ① 킬로그램(kilogramme). trois ~s d'oranges 귤 3 킬로그램. ② 《속어》 1 리터 (의 포도주). payer un ~ 포도주 1 리터를 내다.

kilo- *préf.* 「천(千)」의 뜻.

kilocalorie [kilokalori] *n.f.* 【물리】 킬로칼로리 (grande calorie).

kilocycle [kilosikl] *n.m.* 【전기】 킬로사이클.

*****kilogramme** [kilogram] *n.m.* 킬로그램.

kilogramme-force [kilogramfɔrs] (*pl.* **~s-~s**) *n.m.* 《옛》 【물리】 킬로그램중(重) 《중력단위계의 힘의 단위: 약자) kgf》.

kilogramme-poids [kilogrampwa(ɑ)] (*pl.* **~s-~**) *n.m.* = **kilogramme-force** 《약자》 kgp).

kilogrammètre [kilogra(m)mɛtr] *n.m.* 【물리】 킬로그램미터 《약자) kgm》.

kilohertz [kilɔɛrts] *n.m.* 【물리】 킬로헤르츠 《약자) kHz》.

kilojoule [kiloʒul] *n.m.* 【물리】 킬로줄.

kilolitre [kilolitr] *n.m.* 킬로리터, 1,000 리터.

kilométrage [kilometra:ʒ] *n.m.* ① 킬로미터로 재기. ② 주행 킬로미터의 표시. ~ d'une voiture (미터기에 표시된) 자동차의 주행거리.

*****kilomètre** [kilometr] *n.m.* 킬로미터.

kilomètre-passager [kilometrpasaʒe] (*pl.* **~s-~s**) *n.m.* 【항공】 인(人)킬로 《여객수송량의 단위

kilométrer [kilɔmetre] ⑥ v.t. ① (주행거리를) 킬로미터 단위로 재다. ② (길에)1킬로미터마다 표지를 세우다.
kilomètre-voyageur [kilɔmεtrəvwajaʒœːr] (pl. ~s-~s) n.m. 〖철도〗인(人)킬로(여객수송량의 단위로 주행거리×승객수).
kilométrique [kilɔmetrik] a. 킬로미터의. borne ~ (킬로미터를 표시하는) 푯돌.
kilométriquement [kilɔmetrikmɑ̃] ad. 킬로미터로 나타내자면.
kilotonne [kilɔtɔn] n.f. 1,000톤(원자탄 따위의 TNT 1,000 톤에 해당하는 폭파력).
kilovolt [kilɔvɔlt] n.m. 〖전기〗 킬로볼트.
kilovolt(-)ampère [kilɔvɔltɑ̃pεːr] (pl. ~(s-)~s) n.m. 〖전기〗 킬로볼트암페어.
kilowatt [kilɔwat] n.m. 〖전기〗 킬로와트.
kilowatt(-)heure [kilɔwatœːr] n.m. 〖전기〗 킬로와트시(時).
kilt [kilt] 〖영〗 n.m. 킬트(스코틀랜드 산악민의 스커트 모양의 남자옷).
kimméridgien(ne) [ki(m)meridʒjɛ̃, -εn] a. 〖지질〗 상부(上部) 쥐라기(紀)의.
kimono [kimɔno] 〖일본〗 n.m. 일본 고유의 여자옷.
kin-, kinési- préf. 〖운동〗의 뜻.
kina [kina] n.m. ① 〖의학〗 키나, 키나 분말. ② 키나주(酒).
kinase [kinaːz] n.f. 〖화학〗 키나아제(다른 효소를 활성화 시키는 효소).
kincajou, kinkajou [kɛ̃kaʒu] n.m. 〖동물〗 킹카주(남미산의 미국너구리).
kinescope[kineskɔp] n.m. (텔레비전의)영상 녹화장치(오늘날은 magnétoscope 를 씀).
kinescope[2] n.m. (텔레비전의)영상영출관(映像映出管).
kinésique [kinezik] a. =kinesthésique.
kinésithérapeute [keneziterapøːt] n. 운동·마사지 요법사.
kinésithérapie [kineziterapi] n.f. 운동·마사지 요법.
kinesthésie [kinestezi] n.f. 〖심리〗 근육운동의 내부적 감각.
kinesthésique [kinestezik] a. sens ~ 근육운동(내부)감각.
kinétoscope [kinetɔskɔp] n.m. 〖영화〗 영사기.
king [kiŋ] n.m. (중국의)경서(經書).
king-charles [kiŋʃarl] 〖영〗 n.m. 《복수불변》스패니엘(영국산의 작은 애완용 개).
kino [kino] n.m. 〖약〗 키노.
kiosquaire [kjɔskεːr] n. 신문 가두판매점 경영자.
kiosque [kjɔsk] n.m. ① (거리에 있는 신문·잡지·꽃 따위의)가두 매점. ② (정원의)정자. ③ 〖해양〗 방, 실; (잠수함의)사령탑. ~ de la gare 조타실(操舵室). ~ de transformation 〖전기〗 변압탑. ④ (공원 따위의)야외음악당(~ à musique).
kioste [kjɔst] n.m. 《속어》 =kiosque ②.
kipper [kipœ(ε)ːr] 〖영〗 n.m. 훈제(燻製)청어.
kir [kir] n.m. 키르(백포도에 리꾀르를 가미한 식전주).
kirsch [kirʃ] n.m. 버찌 술. 〖L주〗.
kit [kit] 〖영〗 n.m. 키트(조립을 위한 부품들의 한벌).
kitchenette [kitʃεnet] 〖미영〗 n.f. 작은 부엌.
kitsch [kitʃ] 〖독일〗 n.m. 저속한 예술품, 시시한 물건. —a. 《불변》(위)의. objets[décoration]~ 저속한 물건[장식].
kiwi [kiwi] n.m. 〖조류〗 키위(aptéryx).
kl (약자)kilolitre 킬로리터.
klakson, klaxon [klaksɔn] n.m. 〖자동차〗 경적, 클랙슨.
klaxonner [klaksɔne] v.i. 경적을 울리다.
klephte [klεft] n.m. =clephte.
klepper [klepœ(ε)ːr] n.m. 〖동물〗 (에셀(Esel) 섬 특산의) 조랑말.
kleptomane [klεptɔman] a. 절도광(窃盜狂)의. —n. 절도광.
kleptomanie [klεptɔmani] n.f. 절도광; 도벽.
klipper [klipœːr] n.m. =clipper.
klystron [klistrɔ̃] n.m. 〖물리〗 클리스트론(진공관), 속도 변조관.
km[1] (약자)kilomètre 킬로미터.
km[2] (약자)kilomètre carré 평방 킬로미터.
km[3] (약자)kilomètre cube 입방 킬로미터.
km/h (약자)kilomètre par heure 1 시간마다 …킬로.
knémide [knemid] n.f. =cnémide.
knickerbockers [nikœrbɔkœːr], **knicker(s)** [nikœːr] 〖영〗 n.m.pl. 무릎 아래서 훑치게 된 반바지, 니커보커즈.
knock-down [nɔkdawn] 〖영〗 n.m. 《복수불변》 〖권투〗 녹다운. —a. 녹다운된.
knock-out [nɔkawt] 〖영〗 〖권투〗 n.m. ① 《복수불변》녹아웃. —a. (불변)être ~ 녹아웃당하다. mettre qn ~ …을 녹아웃시키다.
knock(-)outer [nɔkawte] v.t. 녹아웃시키다.
knot [nɔt] 〖영〗 n.m. 〖해양〗 노트(1시간에 1해리를 가는 속도 단위); (해저 케이블의 1해리 마다의) 매듭.
knout [knut] 〖러시아〗 n.m. ① 태형(笞刑). ② 태형용의 채찍.
knouter [knute] v.t. 태형에 처하다.
K.-O. [kao] (약자) =knock-out.
koala [kɔala] n.m. 〖동물〗 (호주산의)주머니곰.
kob [kɔb] n.m. 〖동물〗 (아프리카산의)큰 영양.
kobold [kɔbɔld] n.m. 〖독일신화〗 땅속의 귀금속을 지키는 요정(妖精).
kobus [kɔbys] n.m. =kob.
kodak [kɔdak] n.m. 〖상품명〗 코닥 카메라[필름].
koheul [kɔœl], **kohl, kôhl** [koːl], **kohol** [kɔɔl] n.m. =khôl.
koinê, koiné(è) [kɔjnε] n.f. ① 기원전 4세기경의 그리스 공동어. ② (한 지역의) 공동어.
kola, cola [kɔla] n.m. 〖식물〗 콜라나무(아프리카산의 무궁화과의 식물). —n.f. ① 콜라의 열매(noix de ~). ② 콜라 음료(cola).
kolatier [kɔlatje] n.m. 〖식물〗 콜라나무.
kolback [kɔlbak] n.m. =colback.
kolinski [kɔlɛ̃ski] n.m. (시베리아산)수달 모피.
kolkhoz(e), kolkhose [kɔlkoːz] 〖러시아〗 n.m. 소련의 집단농장, 콜호즈.
kolkhozien(ne) [kɔlkozjɛ̃, -εn] n. 콜호즈 원(員). —a. 콜호즈의.
Kominform [kɔminfɔrm] n.m. 코민포름, 공산당 정보국(1947년에 설치).
Komintern [kɔmintεrn] n.m. 코민테른, 국제 공산당, 제3인터내셔널(1943년에 폐지).
kommandantur [kɔmandantuːr, kɔmɑ̃dɑ̃tyːr] n.f. (독일군의)사령부.
kommando [kɔmado] 〖독일〗 n.m. 〖군사〗 ① (2차 세계대전중 독일 포로수용소에서 특수노동에 종사한)포로별동대. ② 중노동에 복역하는 포로집단.
konak [kɔnak] n.m. 세르비아(la Serbie)의 왕궁(王宮); (터키의)관저.
konzern [kɔ̃tsεrn] 〖독일〗 n.m. 〖경제〗 콘체른.
kope(c)k [kɔpεk] n.m. (러시아의)코펙(1 루블의 100분의 1).
Koran (le) [lǝkɔrɑ̃] n.pr.m. =Coran.
korê, koré [kɔrε] n.f. (고대 그리스의)처녀의 조각상(像).

korrigan(e) [kɔrigā, -an] *n.* 〖신화〗 (브르타뉴 지방 전설의) 악마, 요정(妖精).

koubba, kouhah [ku(b)ba] 《아라비아》 *n.f.* 귀인의 무덤에 세우는 기념당(堂).

koufique [kufik] *a.* 고대 아라비아 문자의.

kouglof [kuglɔf] *n.m.* (알자스 지방의)왕관꼴의 과자 **(** kougloff, kugeloff, kougelhof, kugelhof, kugelhopf 등의 철자로도 쓰임 **).**

koulak [kulak] *n.m.* (러시아의)부농(富農).

koumis, koumys [kumis] *n.m.* (아시아 유목인의) 마유주(馬乳酒).

k(o)um(-)quat [kumkwat] 《중국》 *n.m.* 〖식물〗 금귤(의 열매).

Kourile [kuril] *a.* les (îles) ~s 〖지리〗 쿠릴열도. —*n.* (위)의 주민.

kouros [kuros] *n.m.* (고대 그리스의)청년 조각상.

Kowait [kɔwɛt], **Koweït** [kɔweit] *n.pr.m.* 〖지리〗 쿠웨이트 **(** 아랍 반도의 산유국**).**

Kr 《약자》 krypton 크립톤 **(** 원자 기호**).**

kraal [kra:l] 《네덜란드》 *n.m.* 호텐토트족의 촌락; (남아프리카의)가축 사육장.

krach [krak] *n.m.* ① (재정상의)공황, 파탄. ② (특히 은행의)파산.

kraft [kraft] 《독일》 *n.m.* 크라프트지 (포장지).

krak [krak] *n.m.* le ~ des Chevaliers (시리아의)십자군의 성 (crac).

kraken [krakɛn] 《노르웨이》 *n.m.* (북유럽 전설의) 큰 바다의 괴물.

kremlinologie [krɛmlinɔlɔʒi] *n.f.* 크레믈린 [소련] 연구.

kremlinologiste [krɛmlinɔlɔʒist], **kremlinologue** [krɛmlinɔlɔg] *n.m.* 크레믈린 [소련] 연구자.

kreutzer [krøts(dz)ɛ:r] 《독일》 *n.m.* 〖역사〗 (오스트리아·헝가리제국의)옛 화폐.

kriegspiel [krigʃpil] *n.m.* 도상 전술[전략] 연구.

kriss [kris] *n.m.* =**criss**.

kronprinz [krɔnprints] 《독일》 *n.m.* (1918년 이전의)독일 황태자. le *K*~ 빌헬름 2세의 황태자.

kroumir [krumi:r] *n.m.* (나막신 속에 신는)일종의 슬리퍼.

krypton [kriptɔ̃] *n.m.* 〖화학〗 크립톤.

ksar (*pl. our*) [ksa:r, -u:r] *n.m.* (북아프리카의)요새.

ksi [ksi] *n.m.* 그리스 자모의 제 14자 **(** Ξ, ξ **).**

kt 《약자》 kilotonne 〖물리〗 킬로톤.

kugelhof [kugɛlɔf] *n.m.* =**kouglof**.

kummel [kymɛl] 《독일》 *n.m.* 퀴멜 술.

kumquat [kɔmkwat, kumkwa, kymka] *n.m.* 금귤.

kung-fu [kung(kuŋ)fu] 《중국》 *n.m.* 쿵후 **(** 무술의 일종**).**

kupfernickel [kupfɛrnikɛl] *n.m.* 〖광물〗 홍(紅) 니켈.

kurde [kyrd] *a.* 쿠르드족(族)의. —**K**~ *n.* 쿠르드족. —*n.m.* 쿠르드어(語).

kurtosis [kyrtozis] *n.m.* 〖통계〗 (확률분포의)첨도(尖度), 뾰족한 부분.

kV 《약자》 kilovolt 킬로볼트.

kVA 《약자》 kilovoltampère 〖전기〗 킬로볼트암페어.

kW 《약자》 kilowatt 〖전기〗 킬로와트.

kwas, kvas [kva:s] 《러시아》 *n.m.* (러시아의)호밀맥주.

kWh 《약자》 kilowatt(s)-heure 킬로와트시.

kymographe [kimɔgraf] *n.m.* 〖생리〗 파동곡선 기록 장치.

kymrique [kimrik] *a.* 킴리족(*Kymris*, 웨일즈족)의. —*n.m.* 〖언어〗 킴리 [웨일즈]어(語).

kyrie (eleison) [kirje(eleisɔn)] 《그리스》 *n.m.* (복수불변) 〖가톨릭〗 기리에 **(** 미사의 처음 기도로 '주여 긍휼히 여기소서'의 뜻 **);** (그)음악.

kyrielle [kirjɛl] *n.f.* ① 〖옛〗연도(連禱). ② 《구어》 (귀찮은 일의 한없는)연속. ~ d'injures 연달아 퍼붓는 욕설. ③ 〖옛〗 〖운율〗 (평탄운(平坦韻)을 사용한)8음절 시구.

kyste [kist] *n.m.* ① 〖의학〗 낭종(囊腫). ~ de l'ovaire 난소낭종. ② 〖생물〗 (원생동물 따위의) 낭자, 포자.

kysteux(**se**) [kistø, -ø:z], **kystique** [kistik] *a.* 〖의학〗 낭종의; 낭종성의.

L

L, l [엘] *n.m.(f.)* ① 프랑스 자모의 제 12 자. ② (*L*) (로마수자의) 50; 5 만. ③ 파운드(영국의 화폐 단위).

l. 《약자》① litre 리터. ② livre 파운드. ③ lieue 리(里) (4 킬로미터). ④ liquidation 《상업》 청산(清算). en *l*. 청산중(en liquidation). ⑤ longueur 《물리》 파장.

l' ⇨le, la.

la¹ [la] *art. déf.* ⇨le¹.

la² *pron.pers.* (3 인칭 단수·여성형) ⇨le².

la³ *n.m.* (복수불변)《음악》(음계의)라, A음; (바이올린 따위의) A 선. sonate en ~ majeur [mineur] 라장조[단조] 소나타. ~ normal (조율을 위한)기본음의 A음. donner le ~ (조율을 위해) 우선 A 음을 내다.

:là [la] *ad.* ①(ici 와 대립되는 개념으로)저기, 저기(에)서. Allez *là*. 저기로 갑시다. Votre stylo n'est pas ici, je le vois *là*, sur l'autre bureau. 당신의 만년필은 여기 없어요, 저기 다른 책상 위에 있는 게 보이네요.
② (ici 와의 대립개념 없이 쓸 때) 여기(에), 저기(에)(대화자가 서로 잘 아는 곳을 가리킴). Restez *là*! 거기 있어요. Nous sommes *là* tous. 우리 모두 여기에 있소. Que fais-tu *là*? — Je suis *là* à attendre. 거기서 뭘 하니? 여기서 기다리고 있어.
③ (ici, ça, 또는 대구로 쓰여) 여기서는… 저기서는…, 어떤 곳에서는… 또 어디 곳에서는…. Vous voyez ici le fleuve et *là* les montagnes. 이쪽에는 강이 그리고 저쪽에는 산이 보입니다. *Là* on travaille, *là* on s'amuse. 한쪽에서는 일하고 또 한쪽에서는 놀고 있다. ça et *là* 여기저기.
④ (où 로 시작하는 관계절의 선행사로서) …하는 곳에, …할 경우(dans le cas où). Je suis allé *là* où vous aviez été. 나는 당신이 갔다 온 곳에 갔어요. Pas un dialogue, ne recourez pas à la force. 대화로 해결해야 할 경우라면 힘을 사용하지 마시오.
⑤ (추상적·비유적 뜻) 그곳에, 그 점에 (있어서), 그런 경우에. Il y a *là* plus de gloire véritable que dans le gain d'une bataille. 그렇게 하는 것이 싸움에서 이기는 것보다 더 큰 영광이 있다. Ne voyez *là* aucune malveillance. 거기에 조금이라도 악의가 있다고 생각하지 마시오.
⑥ (사건 또는 이야기 진행되는 어느 시점) 바로 그때에. *Là* il arriva que… 바로 그때 다음과 같은 일이 발생했다. *Là* il interrompit son récit et se leva. 거기서 그는 얘기를 멈추고 일어섰다.
⑦ (강의적 용법) Qu'est-ce que vous me chantez *là*? Est-ce *là* votre avis? 도대체 무슨 소리를 하는 거요? 그게 당신 의견이요? *Là*, vous avez fait un beau travail. 거참 훌륭한 일을 하셨군요.
⑧ (되풀이하여 설명하기 전에 쓰는 용법) 즉. Avez-vous de l'amour pour elle, *là*, ce que l'on appelle de l'amour? 그녀에 대해서 당신은 사랑을 느끼고 있나요? 이른바 사랑이라는 감정 말이요?
de là ⓐ 거기서부터. *De là* à la gare il y a à peine un kilomètre. 거기서 역까지는 1킬로미터도 안될 거에요. ⓑ 그때부터. à quelque temps *de là* 그때부터 얼마 후에. ⓒ 그로 말미암아, 거기서부터 (이유). Le métro a eu une panne, *de là*, mon retard. 지하철이 고장났어. 그래서 늦었지. *De là* vient qu'il est timide. 그녀가 수줍어하는 것은 그것 때문이다.
d'ici là 여기서 거기까지; 지금부터 그때까지. *D'ici là*, j'aurai le temps de me reposer. 그때까지는 쉴 시간이 있겠군.
en être là 거기까지 (그 지경에) 이르고 있다. Sa maladie *en est-elle là*? 그의 병이 그 정도까지 되었읍니까? J'*en étais là* de mes réflexions quand… 내 생각이 거기까지 미쳤을 때….
être là ⓐ 거기에 있다. ⓑ 집에 있다, 외출하지 않고 있다. Madame *est-elle là*? 부인께서는 댁에 계세요?
être un peu là 《구어》 대단한 존재이다; 대단하다, 훌륭하다. Pour la pêche, je *suis un peu là*. 낚시에 있어서는 나도 남에게 뒤떨어지지 않지.
par là ⓐ 저쪽에서, 저쪽을 거쳐서 (장소). J'ai passé *par là* pour revenir ici. 나는 저쪽으로 해서 이리로 왔다. quelque part *par là* 저쪽 어디 쯤에. ⓑ 그런 방법으로 (수단). C'est *par là* qu'il est parvenu aux honneurs. 그렇게 해서 그는 명예를 얻을 수가 있었다. ⓒ 그 말에 의해서. Qu'entendez-vous *par là*? 그 말의 뜻은 무엇입니까?
—int. (진정시키거나 위로하거나 할 때) 자. *Là*, rassurez-vous! 자 안심하세요. *Là*, *là*, ne pleure plus. 자, 자 이제 그만 울어.
② (꾸짖을 때) 자. *Là*, en voilà assez! 자 이제 그만 하라니깐!
oh! là là! (고통·경멸·놀라움) 아야!; 저런 아이구!

laager [lage:r] 《네덜란드》 *n.m.* (남아프리카에서) 차를 둥그렇게 세워놓은 야영(野營). former en ~ 차를 둥그렇게 세워놓고 야영시키다.

labadens [labadɛ:s] *n.m.* 《옛》학교나 기숙사의 옛친구 (*Labiche* 의 희극작품에 나오는 사감 이름에서).

labarum [labarɔm] 《라틴》 *n.m.* 후기 로마 제국의 군기(軍旗).

***là-bas** [lɑba] *ad.* 거기에, 거기에서, 거기에는 (어감상 *là* 보다 먼 곳을 가리킴); 《옛》지옥에 (서). Je resterai ~ une semaine. 나는 거기서 1주일간 머물겠다. 《명사적》revenir de ~ 거기서 돌아오다.

labdanum [labdanɔm] *n.m.* =**ladanum**.

label [labɛl] 《영》 *n.m.* ①상표, 레테르. ② ~ NF 프랑스 공업규격표 (NF 는 norme française). ③ 《컴퓨터》 레이블 (자료식별에 쓰이는 문자열(列)).

labelle [labɛl] *n.m.* ① 《식물》 (난초과 식물의) 순판(脣瓣). ② 《패류》부족류 조개의 한 쌍의 아가미판. ③ 《곤충》 아랫입술의 가운데 쪽.

labeur [labœ:r] *n.m.* ① 《문어》 수고, 노고 (travail). dur(pénible) ~ 고된 일. bêtes de ~ 농경용 가축. terre en ~ ⇨《옛》 경작지. ② 《인쇄》 큰 인쇄물.

labferment [labfɛrmɑ̃] *n.m.* 《생화학》응유효소, 렌닌, 키모신.

labiacées [labjase] *n.f.pl.* 《식물》 꿀풀과(科).

labial(ale, *pl. aux* [labjal, -o] *a.* 입술의; 《언어》 순음(脣音)의. —*n.f.* 《언어》 순음.

labialisation [labjalizɑsjɔ̃] *n.f.* 《언어》 순음화 (脣音化).
labialiser [labjalize] *v.t.* 《언어》 순음화하다.
labié(e) [labje] 《식물》 ⓐ (꽃부리의)순형(脣形)의. —*n.f.pl.* 《옛》꿀풀과(科).
labile [labil] *a.* ⓐ 《식물》 (꽃잎 따위가)떨어지기 쉬운. ② 《화학》 불안정한. ③ (기억 따위가)희미한, 불확실한.
labilité [labilite] *n.f.* 불안정성.
labio(-)dental(ale, *pl.* **aux)** [labjɔdɑ̃tal, -o] 《언어》 *a.* 순치음(脣齒音)의. consonne *~ale* 순치(자-)음([f,v]). —*n.f.* 순치음.
labio(-)nasal(ale, *pl.* **aux)** [labjɔnazal, -o] 《언어》 *a.* 순비음(脣鼻音)의. —*n.f.* 순비음([m]).
labio(-)palatal(ale, *pl.* **aux)** [labjɔpalatal, -o] 《언어》 *a.* 순경구개음(脣硬口蓋音)의. —*n.f.* 순경구개음([ʃ, ʒ, ɥ, y, ɸ, œ]).
labio(-)vélaire [labjɔveleːr] 《언어》 *a.* 순연(脣軟)구개음의. —*n.f.* 순연구개음([w, u, o, ɔ]).
labium [labjɔm] *n.m.* 《동물》 (곤충 따위의)하순.
labo [labo] *n.m.* 《구어》 = **laboratoire.**
laborantin(e) [labɔrɑ̃tɛ̃, -in] *n.* (연구소·실험실·병실 따위의)조수.
laboratoire [labɔratwaːr] *n.m.* ⓐ 실험실; 시험소, 연구소. *~ de langue* 어학실습실. *assistant de ~* 실험실 조수. *appareils de ~* 실험용 기구. *animaux de ~* 실험용 동물. *théâtre(-) ~* 실험극장. *ferme(-) ~* 실험농장. ② (약품·화학제품 따위의)제조소; 《아궁》 (노(爐)의) 화상(火床).
laborieusement [labɔrjøzmɑ̃] *ad.* 부지런히 일하여, 고생고생하여.
laborieux(se) [labɔrjø, -øːz] *a.* ⓐ 힘든, 벅찬, 곤란한(pénible). *accouchement ~* 난산(難產). *mets d'une digestion ~se* 소화가 잘 안되는 요리. *style ~* 고심한 흔적이 보이는 문장. *C'est ~ !*《구어》그건 쉬운 일이 아냐 ! ② 근면한; 근로의, 노동으로 사는. *élève ~* 근면한 학생. *classe ~se* 근로 계급.
labour [labuːr] *n.m.* ⓐ 경작. *~ de printemps [d'automne]* 봄[가을]갈이. *bœuf de ~* 농경용 소. ② (*pl.*) 《문어》 경작지.
labourable [laburabl] *a.* 경작에 적합한.
labourage [laburaːʒ] *n.m.* 경작; 경작법.
labouré(e) [labure] *a.p.* ⓐ 경작된. *terre ~e* 경작지. (얼굴이)주름진; 흔적이 남은. *visage ~ (de rides)* 주름진 얼굴. *corps ~ de cicatrices* 상처 투성이의 몸.
*****labourer** [labure] *v.t.* ⓐ (땅을)갈다, 경작하다. *un champ* 밭을 갈다. ② (밭고랑처럼)파다, 이랑지게 하다. *Les obus ont labouré le sol.* 탄알로 땅에 구멍이 났다. ③ 주름지게 하다; 자국을 내다. *~ les joues de qn* …의 뺨을 (박박 긁어) 상처를 내다. *~ le fond* 《해양》 (배가) 뭍밑에 닿다; (닻이 끌려서)땅에 자국을 내다. ④ 《옛》애써서 만들다, 부지런히 일하다. *~ sa vie* 《속어》고생하다.
—se ~ *v.pr.* 《se는 간접목적보어》 자기의 …에 상처를 내다. *se ~ le visage* 자기의 얼굴에 상처를 내다.
laboureur [laburœːr] *n.m.* 《경작인; 《옛》농부. 드물게.
laboureuse [laburøːz] *n.f.* 《곤충》 땅강아지 (taupe-grillon).
labrador [labradɔːr] *n.m.* ⓐ 《광물》 조회장석(曹灰長石) (labradorite). ② 《동물》 라브라도르 사냥개. ③ 《조류》 라브라도르 오리.
labre [labr] *n.m.* ⓐ 《동물》 (곤충 따위의)윗입술, 상순(上脣). ② 《어류》 양놀래기.
labridés [labride] *n.m.pl.* 《어류》 양놀래기과(科).

labri(t) [labri] *n.m.* 《사투리》 (*Dauphiné*와 *Provence* 지방의)양 지키는 개.
labyrinthe [labirɛ̃ːt] *n.m.* ⓐ 미궁(迷宮); 미로. ② (비유적)착잡한, 뒤얽혀 얽힌 것(enchevêtrement). *~ des lois* (미궁과 같은)복잡한 법률. *~ de ses pensées* 복잡하게 뒤얽힌 그의 생각. ③ 《해부》 이강(耳腔), 속귀의 미로. ④ 《건축》 (교회의)미로모양의 포도(鋪道) 《신자가 무릎으로 기어감; *chemin de Jérusalem* 이라고도 불림》.
labyrinthique [labirɛ̃tik] *a.* ⓐ 미로 같은; 착잡한. ② 《해부》 이강(耳腔)의.
labyrinthite [labirɛ̃tit] *n.f.* 《의학》 내이염(內耳炎).
labyrinthodon(te)s [labirɛ̃tɔdɔ̃(ːt)] *n.m.pl.* 《고대생물》 라비린토돈테아 《양서류》.
*****lac¹** [lak] *n.m.* ⓐ 호수. *~ artificiel* 인공호수. *~ de cratère* 화구호(火口湖). *~ salé* 함수호(鹹水湖). ② 《문어》 (많은 양의)액체, 물이 괸 곳. *~ de sang* 피의 바다. *~ d'oubli* 망각의 심역. *être (tomber) dans le ~* 《구어》 《주어는 사물》 실패하다. *Tous nos beaux projets sont tombés dans le ~.* 우리의 멋진 계획은 모두 실패했다.
lac² *n.m.* = **lack.**
laçage [lasaːʒ] *n.m.* (구두 따위를)끈으로 졸라매기.
laccase [lakaːz] *n.f.* 《화학》 라카제, 페놀라제 《산화효소의 일종》.
lacé [lase] *a.p.* 끈으로 졸라맨. —*n.m.* (걸어놓는 촛대의 장식으로)유리 구슬.
Lacédémone [lasedemɔn] *n.pr.f.* 《고대지리》 스파르타 (Sparte).
lacédémonien(ne) [lasedemɔnjɛ̃, -ɛn] *a.* 스파르타(식)의. **—L—** *n.* 스파르타 사람.
lacement [lasmɑ̃] *n.m.* = **laçage.**
lacer [lase] [2] *v.t.* ⓐ (구두 따위를)끈으로 졸라매다. *~ ses souliers* 구두끈을 매다. *~ une femme* 《옛》 여자의 코르셋 끈을 매어주다. ② 《해양》 (주요돛에)가름돛을 (돛에 묶어) 잇다. *~ une bonnette* 보조돛을 주(主)돛에 잇다. ③ (수캐가)교미하다. **—se ~** *v.pr.* (끈으로)죄어(매어)지다.
lacération [laserɑsjɔ̃] *n.f.* ⓐ 《일반적으로》잡아찢기, 깨뜨리기. *~ des affiches* 벽보를 찢기. ② 《옛》 《법》 (문서 따위의)파기(破棄). ③ 《의학》 열상(裂傷); 종기의 절제(切除).
lacérer [lasere] [6] *v.t.* ⓐ 찢다, 박박찢다 (déchirer). *~ une jambe du pantalon* 바지 한쪽을 찢다. *~ qn* …에게 열상(裂傷)을 입히다. ② 《옛》《법》 (당국의 명령에 의해) 문서 따위를 파기하다.
laceret [lasrɛ] *n.m.* (쇄기 따위의 구멍을 파는)도래송곳.
lacerie [lasri] *n.f.* 가는 짚으로 만든 쫀물(lasserie).
lacerne [lasɛrn] *n.f.* 《고대로마》 외투의 일종.
laceron [lasrɔ̃] *n.m.* 《식물》 = **laiteron.**
lacert(il)iens [lasɛrt(il)jɛ̃] *n.m.pl.* 《동물》 도마뱀류.
lacet [lasɛ] *n.m.* ⓐ (구두·코르셋 따위의)끈; 꼰 끈. *lier (serrer) un ~* 끈을 매다(죄다). ② (길이)구불구불함(zigzag). *sentier en ~* 구불구불한 길. ③ (토끼 따위를 잡는)올가미; 《군사》 철조망; (터키에서 쓰는)교수용의 밧줄; 《카우보이가 쓰는》던지는 밧줄. *prendre des lièvres au ~* 산토끼를 덫으로 잡다. *tendre [poser] des ~* 덫을 놓다. *dresser des ~s à qn* 《구어》 …에게 함정을 만들어놓다. *être pris dans ses propres ~s* 자기가 놓은 덫에 걸리다, 자기 꾀에 넘어가다. ④ 《철도》 (차량의)좌우로 흔들림(mouvement de ~); 《항공》 요잉, 편요(偏搖)《비행기의 수직축이 좌우로 기울도록 흔들리는 것》. ⑤ *signe de ~* 《의학》 룸펠-리드(Rumpel-Leede) 사인 《성홍열의 보조 진단법》.

L

laceur(se) [lasœːr, -ɸːz] *n.* 그물을 만드는 사람.
lâchage [lɑʃaːʒ] *n.m.* ① 느슨하게 하기; 풀어놓기. ② (폭탄의)투하. ③《구어》(사람을)저버리기.
***lâche** [lɑːʃ] *a.* ① 느슨한(détendu); (옷 따위가)헐렁한(flottant); (천 따위가)성긴. ressort ~ 느슨한 용수철. vêtement ~ 헐렁한 옷. ②《문어》기력 없는, 맥빠진[a] (mou, languissant); 무력한(veule). Il se sentait ~ à tout travail. 그는 모든 일에 의욕을 잃고 있다. style ~ 짜임새 없는 문체. être ~ devant la tentation 유혹에 약하다. ③ 용기 없는; 비겁한, 비열한. ~ devant les puissants 강자 앞에서 비굴한. procédé ~ 비열한 방법. ④《언어》(음성적 특성이)이완성의.
—*n.* 비겁자, 비열한 자; 겁장이.
—*n.f.*《언어》이완성음(弛緩性音).
lâché(e) [lɑʃe] *a.p.*《미술》영성한. dessin ~ 아무렇게나 그린 데생.
lâchement¹ [lɑʃmɑ̃] *ad.* ① 비겁하게; 비열하게. ② 느슨하게, 엉성하게. ③ 원기없이, 무력하게.
lâchement² *n.m.*《드물게》① (끈·밧줄 따위를)느슨하게 하기. ② (일의)중단, 단념. ③ (동물 따위를)놓아주기.
***lâcher** [lɑʃe] *v.t.* ① (죄고 있는 것을)느슨하게 하다, 풀다(desserrer); (수문·수도꼭지 따위를)돌려서)열다. ~ sa ceinture d'un cran 허리띠를 구멍 하나만큼 늦추다. ~ la bride[les rênes] à un cheval 말의 고삐를 늦추어 주다. ~ les amarres 닻을 풀다. ~ une vanne 수문을 열다. ~ (잡고 있던 것을)놓아 버리다; 놓아주다; 나가게 하다; (탄환 따위를)발사〔투하〕하다. Lâchez-moi. 나를 놓아 주세요. Il a lâché le poignet de l'enfant. 그는 아이의 손목을 놓았다. Je ne lâcherai pas un sou. 동전 한푼도 못 주겠다. ~ une bombe 폭탄을 투하하다. ~ un verre 컵을 떨어뜨리다. ~ un ballon 기구를 띄우다. ~ le faucon (사냥에서)매를 날려 보내다. ~ un coup de revolver 권총을 쏘다. ③ (말 따위를)내뺃다(lancer), 누설하다(avouer). ~ un cri 고함을 치다. ~ des gaillardises 외설스러운 말을 하다. ~ un secret 비밀을 누설하다. ~ [qn/qc] 떨어지다; 헤어지다, 버리다. ~ son amant 애인과 관계를 끊다. ~ la scène 무대를 떠나다; 연극을 포기하다. ~ ses études 학업을 중단하다. ~ le peloton 《스포츠》(주자가)한 무리를 제치고 앞서가다.
~ *le morceau*[*le paquet*]《속어》다 털어놓다, 자백
~ *pied* 도망치다. [하다.
les ~ (*avec un élastique*)《속어》(내기 싫은 돈을)할 수 없이 내놓다.
—*v.i.* (끈 따위가)느슨해지다; 풀리되다; 끊어지다. Ne tire plus, la corde va ~. 더 이상 잡아당기지 마, 끈이 끊어지겠다.
—*se* ~ *v.pr.* ①《옛》거침없이 이야기하다(행동하다). ②《옛·무어》방귀를 뀌다.
—*n.m.* (비둘기·풍선 따위를)놓아주기.
Lachésis [lakezis] *n.pr.f.*《그리스신화》라케시스(운명의 3여신중의 하나).
lâcheté [lɑʃte] *n.f.* ① 겁 많음. fuir avec ~ 겁이 나서 도주하다. ② 비열(bassesse, vilenie); 비열한 행동. C'est une ~ de s'attaquer à ce malheureux. 이 불행한 사람에게 공격을 가하는 것은 비열한 짓이다. ③《옛》무기력; 무력(faiblesse, mollesse).
lâcheur(se) [lɑʃœːr, -ɸːz] *n.*《구어》약속을 어기는 사람, 우정을 배반하는 사람, 배신자.
lacinie [lasini] *n.f.*《식물》(잎 따위가)기름한 갈라짐.
lacinié(e) [lasinje] *a.*《식물》(잎이)기름하게 갈라진.

lacis [lasi] *n.m.* 그물; (신경·섬유 따위가)그물처럼 얽힘; 착잡함; (레이스 무늬 자수에 쓰이는)메시네트, 라시.
lack [lak] *n.m.* (인도·페르시아의)10만(lakh).
laconien(ne) [lakɔnjɛ̃, -ɛn]《고대지리》*a.* 라코니아(*la Laconie*, 펠로폰네소스 남동쪽의 고대 그리스의 주)의. —L~ *n.* 라코니아 사람. —*n.m.* 라코니아 사투리.
laconique [lakɔnik] *a.* 간결한(concis); 헛된 소리를 하지 않는. réponse ~ 간단명료한 대답.
laconiquement [lakɔnikmɑ̃] *ad.* 간결하게, 간단명료하게.
laconisme [lakɔnism] *n.m.* ① 간결한 표현; (표현의)간결함(↔ atticisme). ②《고대그리스》스파르타 애호〔편애〕.
là-contre [lakɔ̃ːtr] *ad.*《옛》그것에 대하여. Je n'ai rien à dire ~. 그것에 대하여 이의 없다.
lacryma-christi, lacrima-christi [lakrimakristi] *n.m.*《복수불변》(베수비오 산록에서 만들어지는)사향포도주; (그 원료가 되는)포도.
lacrymal(ale, *pl.* **aux)** [lakrimal, -o] *a.*《해부》눈물의. glande ~*ale* 누선(涙腺).
lacrymatoire [lakrimatwaːr] *n.m.*《고고학》눈물단지. —*a.* urne ~ 눈물 단지.
lacrymogène [lakrimɔʒɛn] *a.* 눈물 나게 하는. gaz ~《군사》최루(催涙)가스. grenades ~*s* 최루탄.
lacrymo-nasal(ale, *pl.* **aux)** [lakrimonazal, -o] *a.* canal ~《해부》비루관(鼻淚管).
lacs [lɑ] *n.m.* ① (동물을 잡는)올가미. pris dans le(s) ~ 올가미에 걸린, 함정에 빠진. tendre des ~ à qn《구어》…을 함정에 빠뜨리다, …에게 올가미를 씌우다. ②《의학》(골절·탈구시에 견인·고정을 위한)끈. ③ ~ d'amour 사랑 매듭(8자 모양으로 만든 장식끈).
lactaire¹ [laktɛːr] *a.* 젖의, 젖을 먹여 키우는. conduits ~*s* 유도관(乳導管).
lactaire² *n.m.*《식물》(송이과에 속하는)버섯의 일종.
lactalbumine [laktalbymin] *n.f.*《화학》락트알부민(우유의 단백질).
lactame [laktam] *n.f.*《화학》락탐(어떤 아미노산의 가열로 생기는 아미드를 함유한 화합물).
lactarium [laktarjɔm] *n.m.* 모유(母乳)공급 센터.
lactase [laktɑːz] *n.f.*《화학》락타아제.
lactate [laktat] *n.m.*《화학》유산염(乳酸鹽).
lactation [laktasjɔ̃] *n.f.* ①《생리》젖의 분비. ② 수유(授乳); 수유기(授乳期).
lacté(e) [lakte] *a.* 젖의; 젖같은; 우유로 된; 유백색의. sécrétion ~*e* 젖의 분비. farine ~*e* (유아용의)조정분유. régime ~; diète ~*e* 우유요법. blanc ~ 유백색. Voie ~*e*《천문》은하수.
lactescence [laktɛsɑ̃ːs] *n.f.*《문어》유즙질(乳汁質), 유즙상(乳汁狀).
lactescent(e) [laktɛsɑ̃, -ɑ̃ːt] *a.* ①《식물》유액을 내는; 유즙질(乳汁質)의; 젖빛의. lueurs ~*es* de l'aube 여명의 유백색 미광.
lactide [laktid] *n.m.*《화학》락티드(에스테르 화합물의 일종).
lactifère [laktifɛːr] *a.* ①《해부》(도관에)젖을 운반하는. vaisseaux ~*s* 유도관(乳導管). ②《식물》유액이 나는. plantes ~*s* 유액함유식물.
lactifuge [laktifyːʒ] *n.m.*《의학》지유제(止乳劑). —*a.* 젖을 억제하는.
lactique [laktik] *a.*《화학》acide ~ 젖산, 유산(乳酸); ferments ~*s* 유산균.
lact(o)-, lacti- *préf.*「젖·우유」의 뜻.
lactobacille [laktobasil] *n.m.* (당류, 특히 포도당

lacto(-)butyromètre [laktɔbytirɔmɛtr] *n.m.* 유지계(乳脂計).

lacto(-)densimètre [laktɔdɑ̃simɛtr] *n.m.* 유즙 농도계(lactomètre, pèse-lait).

lactoduc [laktɔdyk] *n.m.* (스위스의 *Valais* 주에서 목장 우유를 치즈 공장으로 운반하는) 우유 수송관.

lactogène [laktɔʒɛn] *a.* 〖생물〗 hormone ~ 유선(乳腺) 자극 호르몬.

lactoflavine [laktɔflavin] *n.f.* 〖화학〗 락토플라빈(젖속의 비타민 B₂).

lactomètre [laktɔmɛtr] *n.m.* = **lacto(-)densimètre**.

lactone [laktɔn] *n.f.* 〖화학〗 락톤.

lactose [laktoːz] *n.m.* 〖화학〗 유당(乳糖), 락토스(sucre de lait).

lactosérum [laktɔserɔm] *n.m.* 탈지유(脫脂乳) (petit-lait).

lactosurie [laktɔzyri] *n.f.* 〖의학〗 유당뇨(증).

lactuca [laktyka] *n.m.* 〖식물〗 상치(laitue).

lactucarium [laktykarjɔm] *n.m.* 〖약〗 상치즙.

lacunaire [lakynɛːr], **lacuneux(se)** [lakynø, -øːz] *a.* 공백[결함]이 있는; 〖생물〗 와(窩)가 있는. index ~ 탈락부분이 있는 색인. tissu ~ (세포 간의) 와(窩) 조직.

lacune [lakyn] *n.f.* ① 빈틈, 간격, 공백. ② 탈락, 결함; 누락(omission). remplir[combler] une ~ 공백을 채우다, 결함을 보충하다. manuscrits pleins de ~s 탈락된 부분이 많은 원고. ③ 〖생물〗 (세포간의) 와(窩); 〖물리〗 공격자점(空格子點); 〖지질〗 라쿠나; 〖의학〗 (뇌세포 속의) 공동.

lacustre [lakystr] *a.* 호수에 사는; 호수에 생기는. animaux ~ 호수 동물. cité ~ 〖고고학〗 호상도시(湖上都市). ―*n.* 〖고고학〗 호상 거주자.

lad [lad] 〖영〗 *n.m.* (경마용 말의) 소년 마부.

ladanum [ladanɔm] *n.m.* 낙엽진초의 일종.

***là-dedans** [laddɑ̃] *ad.* 그 속에. Qu'est-ce qu'il y a ~? 그 안에 무엇이 있소?

là-dehors [ladəːr] *ad.* 그 밖에.

***là-dessous** [ladsu] *ad.* 그 아래, 그 밑에. Mon cahier est ~. 나의 노트가 그 아래에 있다.

***là-dessus** [ladsy] *ad.* ① 그 위에. Posez votre livre ~. 책을 그 위에 놓으시오. ② 그 점에 대해(서는). Nous avons déjà décidé ~. 그 점에 대해서는 벌써 결정을 내렸다. ③ 그리고, 그렇게 말하고. Et, ~, il s'en alla. 그렇게 말하고 나서 그가버렸다.

ladin [ladɛ̃] *n.m.* 〖언어〗 라딘어(語)(스위스·사부 오스트리아·북부 이탈리아에서 사용되는 로만스어의 일종) (rhéto-roman).

ladino [ladino] *a., n.m.* = **judéo-espagnol**.

ladite [ladit] *a.f.* ⇨ledit.

ladre [laːdr] *a.* ①〖옛·문어〗 아주 인색한, 욕심꾸러기의(avare). ②〖수의〗 (소·돼지가)포충병(胞蟲病)에 걸린. truie ~ 포충병에 걸린 암퇘지. ③〖옛〗문둥병의. ④〖옛〗 (*f. ladresse* [ladrɛs]) 〖수의〗 수전노. ⑤〖옛〗 나병 환자(lépreux). ―*n.m. taches de* ~ 〖수의〗 (말의 눈·굽 주위의) 탈모부분.

ladrerie [la(ɑ)drəri] *n.f.* ①〖옛·문어〗 인색함. ②〖수의〗 (소·돼지의)포충병(胞蟲病). ③〖옛〗문둥병(lèpre); (중세의)나병원(癩病院).

lady(*pl. ies*) [lɛdi, -iːz] 〖영〗 *n.f.* ① 귀부인. ② 영국 귀족(lord)의 부인에 대한 존칭.

laetare [letare] *n.m.* 〖가톨릭〗 카렘(*Carême*)제(祭)의 제 4 일요일.

lagan [lagɑ̃] *n.m.* 〖해양〗 표류물. droit de ~ 〖역사〗 (봉건시대의 영주가 가졌던)표류물 몰수권.

lago- *préf.* 「산토끼」의 뜻.

lagon [lagɔ̃] *n.m.* ① (바닷가의)함수호(鹹水湖). ② (산호초 안의)초호(礁湖).

lagopède [lagɔped] *n.m.* 〖조류〗(고산지대와 북유럽에 서식하는)뇌조.

lagophtalmie [lagɔftalmi] *n.f.* 〖의학〗 토안증(兎眼症)(눈꺼풀이 짧아 완전히 덮혀지지 않음).

lagothriche [lagɔtriʃ], **lagothrix** [lagɔtriks] *n.m.* 〖동물〗 (남미산의)긴꼬리원숭이의 일종.

laguiole [lagjol] *n.m. Aubrac* 지방산(産) 치즈.

laguis [lagi(s)] *n.m.* 〖해양〗 물건 중량으로 저절로 매어지는 밧줄, 러닝볼라인.

lagunaire [lagynɛːr] *a.* 간석지의, 함수호의.

lagunage [lagynaʒ] *n.m.* (미생물의 산성 활동을 이용한)정화조의 설치.

lagune [lagyn] *n.f.* 간석지(干潟地), 함수호.

***là-haut** [lao] *ad.* ① 저 높은 곳에; 위층에. ②〖옛〗 하늘(천국)에(서).

lai¹ [lɛ] *n.m.* 〖운율〗 (중세의 8음절의)단시(短詩).

lai²(e) [lɛ] 〖종교〗 *a.* 〖옛〗속인(俗人)의. frère ~ 조수사(助修士), 노동수사. sœur ~e 조수녀(助修女). ―*n.* 속인; 조수사.

laïcat [laika] *n.m.* 〖집합적〗 (성직에 종사하지 않는)기독교 평신도.

laïc [laik] *a., n.* = **laïque**.

laiche, lâiche [lɛʃ] *n.f.* 〖식물〗 사초.

laïcisation [laisizasjɔ̃] *n.f.* 속화; (학교·병원을)종교에서 분리시키기.

laïciser [laisize] *v.t.* 속화(俗化)하다; (학교·병원을)종교에서 분리시키다. ~ une école 학교를 종교에서 분리시켜 일반인의 손에 이관하다. ~ l'enseignement 교육에서 종교색을 빼다.

laïcisme [laisism] *n.m.* 비종교화주의(제도상의 관리·운영을 성직자로부터 일반인에게 이관하려는 주장·운동); 정교(政敎)분리주의.

laïcité [laisite] *n.f.* ① 비종교성, 세속성. ② 정교(政敎)분리원칙.

***laid(e)** [lɛ, -ɛd] *a.* ① 추한, 못생긴, 보기 싫은(moche, hideux). visage ~ 보기 흉한 얼굴. jambes ~es 못생긴 다리. ~ comme un pou[comme les sept péchés capitaux]; ~ à faire peur 아주 추한. ② 혐오감을 일으키는(ignoble); (행실 따위가)보기 흉한, 예절 바르지 못한(honteux, scandaleux); (날씨가 나쁜(vilain). ~ *e action* 비열한 행동. C'est ~ de parler en mangeant. 음식을 먹으면서 말을 하는 것은 보기 흉하다. Il est ~ de mentir. 거짓말을 하는 것은 수치스러운 일이다. Hou! qu'il est ~! 저 참 치사스럽게 구는군!
―*n.* 추남, 추녀; 못나게[치사스럽게] 구는 사람. Hou! le ~! 저런 못난이[치사스러운 놈] 같으니라구!
―*n.m.* 보기 흉한 것. le ~ et le beau 추함과 아름다움.

laidement [lɛdmɑ̃] *ad.* 못생기게, 흉하게; 추잡하게, 비열하게. pleurer ~ 보기 흉한 꼴로 울다. se comporter ~ 비열하게 행동하다.

laideron(ne) [lɛdrɔ̃, -ɔn] *n.m.* 못생긴. ―*n.m.* 〖구어〗 못생긴 여자(아가씨).

laideur [lɛdœːr] *n.f.* ① (용모가)추함, 못생김, 보기 흉함(hideur). être d'une ~ affreuse 끔찍이도 보기 흉하다. ② 비열함; (*pl.*) 비열한(추잡한) 언행. ~ d'une action 행동의 비열함.

laidir [lɛ(e)diːr] *v.t., v.i.* 〖옛〗흉하게 만들다[되다] (enlaidir).

laie¹ [lɛ] *n.f.* 〖동물〗 멧돼지의 암컷.

laie² *n.f.* 숲속의 오솔길.

laie³ *n.f.* 석공(石工)의 망치; (돌 위에 난)망치자국.

laie⁴ *n.f.* 〖음악〗 (오르간의)풍상(風箱) 공기실.

lainage [lɛnaːʒ] *n.m.* ① 모직물; 양모제품; 《드물게》 양털, 양모. ② 《직물》 (직물의) 보풀 세우기.

laine [lɛn] *n.f.* ① 양털, 양모; 모직물(의복). vêtements en(de) ~ 모직옷. complet pure ~ 순모직 양복. porter de la ~ 모직옷을 입다. ~ à tricoter 뜨께질용, 모사. bêtes à ~, moutons à ~. tapis de haute ~ 털이 긴 융단. ② 양모 모양의 것. ~ artificielle 합성울. ~ minérale (de laitier) 석면 (단열재). ~ de verre 유리섬유 (절연용). ③ 《식물·곤충》 솜털. *aller chercher de la ~ et revenir tondu* 혹 메러 갔다가 혹 붙이고 오다. *avoir les jambes en ~* 《구어》 (피로·공포 따위로) 다리가 후들후들하다. *se laisser manger (tondre) la ~ sur le dos* 《구어》 (알몸이 될 정도로) 몽땅 빼앗기다, 도둑맞다; 착취당하다.

lainer [lɛ(e)ne] *v.t.* 《직물》 (모직물의) 보풀을 세우다. —*n.m.* 모직물의 보풀.

lainerie [lɛnri] *n.f.* ① 모직물 제조, 모직물; 모직물 공장, 모직물. ② (모직물의) 보풀 세우는 기계 [작업장]. ③ 양모 깎는 곳.

laineur(se²) [lɛnœːr, -ɸːz] *n.* 보풀 세우는 직공. —*n.f.* 보풀 세우는 기계(lainière).

laineux(se²) [lɛnɸ, -ɸːz] *a.* ① (모직물에) 털이 선; 양털 같은; 털 많은, 솜털(잔털)이 많은; 고수머리 의. étoffe très ~se 보풀이 아주 많은 천. cheveux ~ (혹인 따위의) 양털같은 고수머리. ② 《식물》 솜털이 난.

lainier(ère) [lɛ(e)nje, -ɛːr] *a.* 양모의. industrie ~*ère* 모직물 산업. —*n.* 《옛》 양모 상인; 양모 직공. —*n.f.* 보풀 세우는 기계.

laïque [laik] *a.* ① (세례받은 교인으로서) 성직자가 아닌 일반(평) 신도의. saint ~ (성직자가 아닌) 속세의 성자. ② 종교와 무관한, 속인의, 속세의 (↔ religieux), enseignement ~ 종교색이 없는 (일반) 교육. prêtre en habit ~ 평복을 입는 사제. —*n.* 속인 (성직자에 대한) (laïc). —*n.f.* 《구어》 (성직자가 운영하지 않는) 일반국민학교 (école primaire laïque의 약어).

laird [lɛːr] 《영》*n.m.* (스코틀랜드의) 영주 (領主).

lais [lɛ] *n.m.* ① (벌목구역에 남겨 놓은) 어린 나무. ② (바다·강둑이) 빠진 뒤의 모래땅. ③《옛》= legs.

laise [lɛːz] *n.f.* = laize.

laisse [lɛs] *n.f.* ① (개·말을 매는) 줄; 모자의 끈. ②《문학》중세시 (中世詩)의 시절 (詩節). ③ 썰물 때 노출되는 모래땅; (강가의) 충적토; 조수에 밀려드는 쓰레기. ④《사냥》= laissées. *mener (tenir) qn en ~* …의 자유를 속박하다; …을 마음대로 부리다. *mener un chien en ~* 개를 끈을 매고 데려가다.

laisse-courre [lɛsekuːr] *n.m.* = **laisser-courre**.

laissées [lɛ(e)se] *n.f.pl.* (멧돼지 따위의) 똥.

laissé(e)-pour-compte, laissé(e) pour compte [lɛsepurkɔ̃ːt] (*pl.* ~*s*-~, ~*s* ~) *a.* (상품이 주문시의 조건과 달라) 수취 (인수)를 거절당한. marchandise ~*e*-~-~ 반품, 팔다남은 상품. —*n.m.* ①《상업》반품, 팔다남은 상품. ② 아무도 원하지 않는 사람(물건). —*n.* [~ de] (에서) 제외된 사람, 빼돌림 받은 사람. ~*s* ~ *du progrès social* 사회발전의 혜택을 못 받는 자들.

:laisser [lɛ(e)se] *v.t.* ① (주어는 사람) 남겨 놓다, 그냥 내버려 두다. Il a laissé son assiette 음식을 다 먹지않고 접시에 남겨 놓다. Tu prends ton imperméable? —Non, je le laisse ici. 비옷을 갖고 갈거니? 아니야, 여기 두고 가겠어. ~ des fautes dans un texte 본문 중의 틀린 것을 그대로 내버려 두다.

② [~ qc à qn/qc] (을) 남겨주다; 맡기다; 양도하다. Il m'a laissé sa nouvelle adresse. 그는 나에게 그의 새 주소를 적어 놓고 갔다. ~ toute sa fortune à sa femme 전 재산을 아내에게 남기다. ~ le champ libre à qn …을 자유롭게 행동하게 하다. ~ qc au soin de qn …을 …의 손에 맡기다. ne rien ~ au hasard 아무 것도 우연에 맡기지 않다 [면밀한 계획을 세워서 행하다]. *Laisse-moi le temps de réfléchir.* 생각할 시간을 좀 주게.

③ [~ qc/qn] (잊어버리고) 놓아 두고 가다, 두고 가다; 버리다; 그만두다, 포기하다. *J'ai laissé mes gants chez mon ami.* 나는 장갑을 친구 집에 (잊고) 두고 왔다. *Je vous laisse, mes amis.* (자네들을 두고) 나는 가봐야겠어. *Elle a laissé son mari.* 그녀는 남편을 버렸다. *Laissons cela.* 그 얘기(일)는 그만 합시다.

④ 뒤에 남기다. ~ *une trace (un souvenir)* 흔적 (추억)을 남기다. [~ qn] *Il a laissé trois enfants après lui.* 그는 세 아이들 남겨두고 죽었다.

⑤ [~ qn/qc+속사/상황보어] (어떤 상태에 있는 것을) 그대로 놓아두다. *Laissez la porte ouverte.* 문을 그대로 열어 두시오. *Laisse-moi tranquille.* 날 좀 가만히 있게 해주게. *Cela me laisse froid* (indifférent). 그따위 일엔 관심이 없어. ~ *qc tel quel* …을 현 상태로 놓아두다.

⑥ [~ à + inf. (à qn)] (에게) …할 여지를 남기다; (에게) …할 것을 일임하다. *Ce travail laisse (beaucoup) à désirer.* 이 일은 (매우) 미흡하다 (만족스럽지 못하다).

⑦ [~ + inf.] (허용·방임의 뜻을 내포하는 사역동사를 형성) …하게 내버려두다. ⓐ (목적보어 없는 동사와 함께) *J'ai laissé partir mon frère; J'ai laissé mon frère partir.* 나는 동생을 떠나게 했다. ~ *s'échapper un prisonnier* 죄수의 도주를 방임하다. ~ *tomber qc* …을 떨어뜨리다; (어떤 일을) 내팽개치다, 돌보지 않다, 그만두다. ~ *tout aller* 만사에 무관심하다. ~ *tout traîner* 만사를 질러 놓고 내버려 두다. ⓑ (목적보어를 갖고 있는 타동사와 함께) ~ *un enfant lire un livre*; ~ *lire un livre à(par) un enfant* 아이에게 책을 읽게 하다. ~ *voir sa pensée (à qn)* 제 마음을 드러내 보이다. ~ *faire le temps* (일의 해결을) 시간(의 흐름)에 맡기다. (목적보어 없이) ~ *faire (qn)* (…)하는 대로 내버려 두다. ~ *dire (qn)* 마음대로 말하게 내버려 두다.

~ *qn loin de soi*; ~ *qn loin derrière soi* (경주에서) …을 훨씬 앞서다, 많이 앞지르다.

L-faire, ~ passer; Laissez faire, laissez passer. 《경제》자유방임 (주의).

ne pas ~ (que) de + inf. …하지 않고는 못배기다, 여전히 [계속] …하다. *Il ne laisse pas d'être sensible à votre gentillesse.* 그는 당신의 친절에 몹시 감사하고 있다. *Cela ne laisse pas de m'inquiéter.* 그래도 역시 걱정이 된다.

—*se* ~ *v.pr.* ① (se ~ + 자동사; 복합시제에서는 과거분사 laissé 는 se 와 일치함) 자신을 (저항없이) …하는 대로 내버려두다. *se ~ mourir* 죽어가다. *se ~ tomber* 넘어지다. *se ~ vivre* 《구어》태평하게 살다, 걱정·근심을 하지 않다. [se ~ aller] *Elle est mal habillée, elle se laisse aller.* 그녀는 흉한 옷차림을 하고 있는데다 아무렇게나 (되는 대로) 처신하려 한다. *se ~ aller* dans un fauteuil 이 의자에 몸을 묻다. [se ~ aller à] *se ~ aller à la tentation* 유혹하는 대로 몸을 내맡기다. *Je me suis laissé aller à lui faire des confidences.* 나도 모르게 그에게 속마음을 털어놓고 말았다.

② (se ~ + 타동사; 과거분사 laissé 는 se 와 일치하지 않음) 자기자신에게 …하는 것을 방임하다;

(남이)자기를 …하는 것을 방임하다. se ~ dire des injures 남에게서 욕설을 듣다. se ~ accuser injustement 부당한 비난을 듣다. se ~ battre 얻어맞다. [se ~ faire] Il me met la main sur l'épaule. Je me laisse faire. 그는 내 어깨에 손을 얹었는데 그대로 (하게) 내버려 두었다. Ne te laisse pas faire, proteste. 가만히 당하지만 말고 항의해라. se ~ faire une douce violence (여자가)저항하는 듯이 보이면서 시키을 되로 따르다. Ce film se laisse voir. 이 영화는 볼 만하다. se ~ mener par le bout du nez 남에게 혹사를 당하다.

laisser-aller [lɛseale] *n.m.* 《복수불변》(태도나 거동을)되는 대로 하기(abandon); 칠칠치 못함, 소홀함(négligence). ~ d'une tenue 복장의 칠칠치 못함. ~ dans le travail 아무렇게 일을 해치우기.

laisser-courre [lɛseku:r] *n.m.* 《복수불변》 ① 사냥개를 풀어주는 곳(때·신호). ② 사냥.

laisser-faire [lɛsefɛ:r] *n.m.* 《복수불변》무간섭, 자유방임. politique de ~ 자유방임 정책.

laissez-passer [lɛsepɑse] *n.m.* 《복수불변》통행허가증; (극장·철도 따위의)프리패스; 〖법〗(주류·담배 따위의)운송허가증.

‡**lait** [lɛ] *n.m.* ① 젖; 우유. cochon(veau) de ~ 젖먹이 돼지(송아지). dents de ~ 젖니. ~ de chèvre 양젖. frère(sœur) de ~ 젖형제[자매]. ~ bourru (갓 짠)생젖. ~ battu[de beurre] 버터 밀크. vache à ~ 젖소. ~ condensé[concentré] 연유. ~ en poudre 분유. se mettre au ~ 우유요법을 쓰다. fièvre de ~ 〖의학〗초유열(初乳熱). ② (우유와 같은)흰색, 유백색. teint de ~ 우윳빛의 안색. voie de ~ 은하(수). ③ 젖 모양의 액체, 유액. ~ de coco 야자유. ~ de chaux (소독용)석회유. ~ de beauté (화장용)유액. ~ de poule 뜨거운 우유에 달걀 노른자를 푼 음료. ~ de ciment 〖건축〗모르타르액. ④《문어》마음의 양식. ~ de la tendresse humaine 따뜻한 인정(Shakespeare 의 Macbeth 중에서). ⑤ ~ d'âne 〖식물〗방가지똥. *boire du* ~ 《구어》우쭐하다, 크게 만족하다. *Si l'on lui pressait le nez, il en sortirait (encore) du* ~. 《구어》아직도 젖비린내 나는 주제에 건방지군.

laitage [lɛtaːʒ] *n.m.* 유류(乳類), 우유 제품. Pour avoir de belles dents, prenez beaucoup de ~s. 좋은 치아를 가지려면 우유제품을 많이 드세요.

laitance [lɛtɑ̃ːs], **laite** [lɛt] *n.f.* ① 〖어류〗이리, 어백(魚白). ② ~ de ciment 〖건축〗묽은 모르타르.

laité(e)¹ [lɛ(e)te] *a.* (물고기가)이리가 있는.

laitée² *n.f.* (사냥개 따위의)한 배의 새끼.

laiterie [lɛtri] *n.f.* ① 낙농업, 낙농장; (농가의)우유 보관소. ② 유제품 판매점, 밀크홀(crémerie).

laiteux(se) [lɛtø, -øːz] *a.* ① 〖옛〗〖의학〗젖의; 수유(授乳)에 관한. ② (액체가) 젖 모양의; 젖빛의. liquide ~ 유액. blanc ~ 유백색. ③ 〖식물〗젖 같은 즙을 분기하는.

laitier¹(ère) [lɛ(e)tje, -ɛːr] *a.* 우유의. industrie ~ère 낙농업. produits ~s 유제품. vache ~ère 소. vache bonne(mauvaise) ~ère 젖이 잘 나는[안 나는] 소. —*n.* 우유 상인; 우유 배달인.
—*n.f.* ① 암소. ② 우유통.

laitier² [lɛ(e)tje] *n.m.* 〖야금〗용재(鎔滓).

laiton [lɛtɔ̃] *n.m.* 놋쇠(cuivre jaune).

laitonner [lɛtɔne] *v.t.* (에)놋쇠줄을 장식으로 달다; 놋쇠 도금하다.

laitue [lɛty] *n.f.* 〖식물〗상치; 상치 샐러드.

laïus [lajys] *n.m.*《구어》① 연설, 스피치(discours).

piquer[faire] un ~ 연설하다. ② 길고 과장된 연설, 장광설. C'est du ~. 그건 객설에 불과하다.

laïusser [lajyse] *v.i.* 《구어》연설하다; 장광설을 늘어놓다.

laïusseur(se) [lajysœːr, -øːz] *a., n.* 《구어》연설하는(사람); 장황하게 늘어놓기를 좋아하는(사람).

laize [lɛːz] *n.f.* ① 〖직물〗피륙의 폭. ② 〖해양〗범포(帆布), 돛베. ③ 인쇄용 권지(卷紙)의 폭.

lakh [lak] *n.m.* =**lakh**.

lakisme [lakism] *n.m.* 〖영문학〗호반 시인파의 시풍[경향].

lakiste [lakist] 〖영문학〗 *n.* 호반 시인.
—*a.* 호반 시인의.

-lalie *suff.*「말하다」의 뜻.

lallation [lalasjɔ̃] *n.f.* 〖언어〗① =lambdacisme. ② (어린애의)혀짤배기 소리.

lama¹ [lama] 〖티벳〗*n.m.* 라마승(僧). grand ~; dalaï ~ 달라이라마《라마교 교주》.

lama² *n.m.* 〖동물〗라마, 아메리카 낙타.

lamaïsme [lamaism] *n.m.* 라마교.

lamaïste [lamaist] *n.* 라마교도. —*a.* 라마교도의.

lamanage [lamanaːʒ] *n.m.* (항만의)수로 안내(업).

lamaneur [lamanœːr] *n.m.* 수로(뱃길) 안내인.

lamantin [lamɑ̃tɛ̃] *n.m.* 〖동물〗해우(海牛).

lamarckisme [lamarkism] *n.m.* 라마르크(Lamarck, 프랑스의 박물학자)의 진화설(說).

lamartinien(ne) [lamartinjɛ̃, -ɛn] *a.* 라마르틴느(Lamartine, 프랑스의 낭만파 시인)(풍)의. —*n.* 라마르틴느 모방자.

lamaserie [lamazri] *n.f.* 라마교 승원.

lambda [lɑ̃bda] *n.m.* ① 그리스 자모의 제11자《Λ, λ》. ② 〖해부〗후두골(後頭骨)의 정점.

lambdacisme [lɑ̃bdasism] *n.m.* 〖언어〗[l] 발음의 잘못《[l]를 [ll], [r]를 [l]처럼 발음하는 따위》.

lambdoïde [lɑ̃bdɔid] *a.* suture ~ 〖해부〗람다 봉합(縫合)《후두골과 두정골(頭頂骨)과의 봉합》.

lambeau [lɑ̃bo] *(pl.* ~**x***) n.m.* ① (헝겊·고기 따위의)조각, 동강이, (살)단편(morceau). habit en ~x 누더기옷. mettre en ~x 갈기갈기 찢다. tomber[s'en aller, partir] en ~x 갈가리 찢어지다. ~x de musique[de conversation] 음악(대화)의 단편. ② 〖외과〗피부의 판(瓣) 모양의 조각, 피판(被瓣). ~ de recouvrement 〖지질〗이층(離層).

lambel [lɑ̃bɛl] *n.m.* 〖문장〗가로줄 무늬《장남(長男)의 신분을 나타냄》.

lambic(k) [lɑ̃bik] *n.m.* 벨기에산의 독한 맥주.

lambin(e) [lɑ̃bɛ̃, -in] 《구어》*a.* 동작이 느린.
—*n.* 느림보, 굼벵이(traînard).

lambiner [lɑ̃bine] *v.i.* 《구어》늑장부리다, 꾸물거리다(traînasser); 시간을 낭비하다. Ne *lambinez* pas en chemin. 도중에서 꾸물거리지 말아요.

lambourde [lɑ̃burd] *n.f.* ① 〖원예〗(과일나무의)열매눈이 붙어 있는 작은 가지. ② 〖건축〗마룻귀틀; 대들보 받침대. ③ 석회질의 연한 돌.

lambrequin [lɑ̃brəkɛ̃] *n.m.* ① 드림 장식《정자·천막 따위의 지붕 또는 침대·장 따위의》. ② (13–16세기의)투구 꼭대기 장식에 두르는 헝겊띠. ③ (낙수 홈통을 가리기 위한)정자지붕 주위의 장식. ④ (*pl.*) 〖문장〗투구 쓰우개.

lambris [lɑ̃bri] *n.m.* ① 화장널《벽·천장 표면의》화장돌, 대리석. ~ d'appui 벽의 아랫부분에 두르는 장식판. ~ de hauteur 벽의 윗부분까지 둘러댄 장식판. ② (다락방 천장의)회반죽 칠. ③《문어》~ dorés; riches ~ 호화찬란한 저택(장식); ~ sacré 사원(寺院); célestes ~ 〖시〗창공(蒼空).

lambrissage [lɑ̃brisaːʒ] *n.m.* 〖건축〗lambrisser하기.

lambrissement [lɑ̃brismɑ̃] *n.m.* 《건축》 lambris를 붙이기.

lambrisser [lɑ̃brise] *v.t.* 《건축》 (내벽·천장에 목재·대리석 따위를)붙이다, 붙여대다.

lambruche [lɑ̃bryʃ], **lambrusque** [lɑ̃brysk] *n.f.* 《식물》 머루, 야생 포도(나무).

lambswool [lɑ̃bswul, lɑ̃mbs-] 《영》*n.m.* (생후 6-7 개월 이내의)새끼양 털.

‡**lame** [lam] *n.f.* ① (금속·나무 따위의)얇은 판《조각》. ~ de plomb (가늘고 얇은)납판. ~ d'acier 얇은 동판. ~ d'argent 은박(銀箔). ~ de parquet 마루널. ressort à ~s 《자동차》 중첩 스프링. ~ de jalousie 베니션 블라인드의 미늘판. ② (칼·면도·톱 따위의)날; 《속어》칼, 단도; 검객. ~ de rasoir 면도날. visage en ~ de couteau 가늘고 뾰족한 얼굴. bonne(fine) ~ 능력한 검객. ③ 물결, 파도 (flot, vague). ~ de fond 넘실거리는 큰 파도. ④ 《식물》(잎사귀); 《광물》, 《동물의 얇은(薄片); 《해부》(척추의)추간판(椎間板); 《현미경용의》슬라이드(글라스).
La ~ use le fourreau. 《속담》정신의 과로는 몸을 해친다.

lamé(e) [lame] *a.* 금박(은박)으로 장식한; 금실(은실)로 짠. —*n.m.* 금·은실로 짠 직물.

lamellaire [lamelɛ:r] *a.* 《광물》얇은 조각의, 엽층(葉層)의.

lamellation [lamelasjɔ̃] *n.f.* 얇은 조각으로 만들; 합판 제조 기술.

lamelle [lamel] *n.f.* (석판·운모 따위의)엽층(葉層), 얇은 조각. ~ de verre (현미경의)슬라이드.

lamellé(e) [lamele], **lamelleux(se)** [lamelø, -ø:z] *a.* 얇은 조각으로 된.

lamelli- *préf.* 「얇은 조각」의 뜻.

lamellibranches [lamelibrɑ̃:ʃ] *n.m.pl.* 《동물》판새류(瓣鰓類).

lamellicornes [lamelikɔrn] *n.m.pl.* 《곤충》 쩐각충류(偏角蟲類).

lamellifère [lamellifɛ:r] *a.* 《동물》 얇은 조각으로 있는.

lamelliforme [lamelliform] *a.* 얇은 조각 모양의.

lamellirostre [lamellirɔstr] 《조류》 *a.* 편취류(扁嘴類). —*n.m.pl.* 편취류.

lamentable [lamɑ̃tabl] *a.* ①《옛·문어》비통한, 애통한; 애처로운, 가련한 (déplorable, navrant). sort ~ 비통한 운명. voix ~ 애처로운 목소리. ②《구어》미침한, 초라한(pitoyable). ouvrage ~ 초라한 작품.

lamentablement [lamɑ̃tabləmɑ̃] *ad.* 비통하게, 애처롭게; 비참하게.

lamentation [lamɑ̃tasjɔ̃] *n.f.* 비탄, 통탄, 통곡; 한탄, 푸념 (jérémiade). se répandre en ~ 비탄에 잠기다. *L~s de Jérémie* 예레미아 애가《애가》(구약 성서의 1편). *Mur des L~s* 통곡의 벽《매 금요일 예루살렘의 폐허를 슬퍼하며 이 벽 앞에서 유대인들이 울었다》.

lamenter [lamɑ̃te] *v.t.* ①《옛》애처로운 소리로 노래하다. ②《옛·문어》슬퍼하다, 한탄하다. Cette veuve *lamente* la mort de son mari. 이 미망인은 남편의 죽음을 슬퍼한다. ③《옛》한탄하다, (악어·새가)울다.
—se— *v.pr.* [se ~ de/sur] (을)한탄(동탄·탁식)하다(se désoler de). Elle *se lamente* sur son malheur. 그녀는 자신의 불행을 한탄한다. Le vent *se lamente.* 바람이 탄식하듯 소리를 낸다.

lamentin [lamɑ̃tɛ̃] *n.m.* =**lamantin.**

lamento [lamento] 《이탈리아》 *n.m.* 애가(哀歌).

lamiaque [lamjak] *a.* 라미아(*Lamia,* 그리스의 도시)의. *guerre* ~ 《그리스사》라미아 전쟁.
—L~ *n.* 라미아 사람.

lamie [lami] *n.f.* ①《신화》(어린아이를 잡아먹는다는 머리는 여자이고 몸은 뱀인)여귀(女鬼). ②《어류》악상어(touille).

lamier¹ [lamje] *n.m.* 《옛》(천을 장식하는)금은박 (金銀箔) 제조인. 《직물》잉아 직공.

lamier² *n.m.* 《식물》광대 수염.

laminage [lamina:ʒ] *n.m.* ①(금속의)압연(壓延) (책을)롤러에 걸어 납작하게 하기; (섬유의)신장 (伸張). ②~ de la vapeur 《철도》증기의 압력 강하. ③《지질》지층의 압착.

laminaire¹ [laminɛ:r] *a.* 《광물》얇은 조각으로 된. écoulement ~ 《물리》(액체의)층류(層流).

laminaire² [laminɛ:r] *n.f.* ①《식물》다시마속(屬). ②《외과》라미나리아(자궁경관(頸管) 확장용구).

laminari(ac)ées [laminarj(as)e] *n.f.pl.* 《식물》 다시마과(科).

laminé(e) [lamine] *a.p.* 압연된. —*n.m.* 압연강(壓延鋼).

laminer [lamine] *v.t.* ①(금속의)(제본한 책을)눌러 두께를 줄이다; 《물리》(물·가스의)분출을 줄어들게 하다. ②(비유적) 짓누르다, 압박하다, 축소시키다. *être laminé* par l'existence 생활에 짓눌리다. *Les revenus sont laminés par l'impôt.* 수입이 세금 때문에 압박받는다(줄어든다). (과거분사형) parti *laminé* 세력이 축소(약화)된 정당.
—se— *v.pr.* 축소되다.

laminerie [laminri] *n.f.* 《금속》압연공장.

lamineur [laminœ:r] *n.m.* 《금속》압연공(工). —*a.m.* 압연하는.

lamineux(se) [laminø, -ø:z] *a.* 얇은 조각으로 된. tissu ~ 《옛》《해부》느슨한 결체(結締)조직.

laminiforme [laminiform] *a.* 얇은 판 모양의.

laminoir [laminwa:r] *n.m.* 《금속》압연기; 롤러; 《제지》윤내는 롤러; (제본할 때 쓰는)압착기. *passer au* ~ 《비유》쓰라린 시련을 겪게하다.

Lamourette [lamurɛt] *n.pr.m.* 프랑스의 정치가. *baiser* ~ 일시적인 화해.

lampadaire [lɑ̃padɛ:r] *n.m.* (높은)전기 스탠드; 가로등; 《옛》큰 촛대.

lampadéphore [lɑ̃padefɔ:r], **lampadophore** [lɑ̃padɔfɔ:r] *n.m.* 《고대그리스》(종교의식에서)횃불 드는 사람. ②《스포츠》횃불경주 경기자, (횃불경주에서)횃불을 들어 신호를 하는 사람.

lampadéphories [lɑ̃padefɔri], **lampadophories** [lɑ̃padɔfɔri] *n.f.pl.* 《고대그리스》횃불경주.

lampant(e) [lɑ̃pɑ̃, -ɑ̃:t] *a.* ①조명용의; 《옛》밝게 하는. huile ~*e* 등유. pétrole ~ 조명용 정제 석유. ②(포도주의)맛이 상쾌한.

lamparo [lɑ̃paro] *n.m.* 집어등(集魚燈). *pêche au* ~ 등불 고기잡이; 등불 고기잡이용 배.

lampas¹ [lɑ̃pa(:)s] *n.m.* 《수의》(말의)구개종(口蓋腫). ②《옛》목구멍. humecter le ~ 술마시다.

lampas² *n.m.* 《직물》(중국 원산의)돋을무늬 비단.

lampassé(e) [lɑ̃pase] *a.* 《문장》네발짐승의 혀와 이가 다른 색깔로 된《특히 사자의 경우》.

‡**lampe** [lɑ̃:p] *n.f.* ① 남포, 램프; 전등, 전구. ~ à alcool 알코올 램프. ~ à arc 아크 등. ~ ampoule 전구. ~ de sûreté 《광산》안전등. ~ (-)témoin (기계의 작동을 나타내는)표시등. ~ éclair (사진용)플래시. ~ à incandescence 백열등. ~ de poche 손전등. ②진공관, 진공 튜브. ~ amplificatrice 증폭관. ~ diode(triode) 2극(3극)관. ③《속어》위(胃). s'en mettre plein la ~ 게걸스레 먹다.

lampée [lɑ̃pe] *n.f.* 《구어》 (물·술 따위의) 한모금. boire d'une seule ~ 단숨에 마셔버리다. boire à petites (grandes) ~s 찔끔찔끔(벌컥벌컥) 마시다.

lamper [lɑ̃pe] *v.t.* 《구어》 (술을) 꿀꺽꿀꺽 마시다.

lamperon [lɑ̃prɔ̃] *n.m.* ① (램프의) 기름통. ② 심지받침쇠.

lampion [lɑ̃pjɔ̃] *n.m.* ① 칸델라, 조명 램프. ② 초롱 (lanterne vénitienne). ③《옛》작은 삼각모자 (chapeau-~). ④《속어》눈.
crier (réclamer) sur l'air des ~s 3박자로 일제히 함성을 지르면서 요청(항의)하다.

lampiste [lɑ̃pist] *n.* ①《옛》램프[전등·전구]제조[판매인]. ② 점등원(點燈員). ③《비유적》하급직원; 상사의 실수에 대해 부당하게 책임지는 하급직원.

lampisterie [lɑ̃pistəri] *n.f.* ①《옛》램프[전등·전구] 제조[판매]업. ②《철도》안전등 보관[수리]소.

lampon [lɑ̃pɔ̃] *n.m.* 《옛》 주가(酒歌). 창고.

lampourde [lɑ̃purd] *n.f.* 《식물》 도꼬마리.

lamprillon [lɑ̃prijɔ̃] *n.m.* 《어류》새끼 칠성장어.

lamproie [lɑ̃prwa(ɑ)] *n.f.* 《어류》칠성장어. ~ d'alose; ~ fluviatile 민물 칠성장어.

lamproyon [lɑ̃prwajɔ̃] *n.m.* = **lamprillon**.

lampsane [lɑ̃psan] *n.f.* 《식물》숲보리뺑이.

lampyre [lɑ̃pi:r] *n.m.* ①《곤충》반딧벌레 (ver luisant). ② 백열등의 일종.

lampyridés [lɑ̃piride] *n.m.pl.* 반딧벌레속.

lan(c) [lɑ̃] *n.m.* 《해양》=**embardée**.

lançage [lɑ̃saːʒ] *n.m.* 《옛》진수(進水); (신문·서적 따위의) 발매 선전.

lancastrien(ne) [lɑ̃kastri(j)ɛ, -ɛn] *a.* ① 랭커스터 (*Lancastre*, 영국의 지방)의. ②《영국사》랭커스터 당의. —**L~** *n.* 랭커스터 사람; 랭커스터 당원.

lance¹ [lɑ̃:s] *n.f.* ① 창(槍). ~ de combat (칼 끝을 날카롭게 한) 전투용 창. ~ de tournoi (칼 끝을 둥 툭하게 한) 시합용 창. ~ sainte ~ (십자가 위의 그리스도를 찌른) 성스러운 창; (그리스정교에서 성찬용 빵을 자르는) 성체 나이프. *courir une* ~ (창 시합에서) 창을 옆에 끼고 돌진하다. *baisser la* ~ (창 끝을 내리고) 패배를 인정하다; 항복하다. ② 장병 (槍兵). ③ (호스 따위의) 주둥이(~ à eau). ④ (문 책 위의 창끝 모양의) 장식; 《외과》창 모양의 칼, 란세트. ⑤ ~ *de sonde* 《해양》측연(測鉛).
fer de ~ ⓐ 창의 끝(날). ⓑ 창 끝 모양의. ⓑ (문책 따위의 있는) 창끝 모양의 장식. ⓒ 선봉부대, 철병(尖兵). *L'industrie est le fer de ~ de notre économie.* 공업은 국가 경제의 첨병이다.
rompre une ~ avec qn 《구어》 와 한 판 싸우다; 논쟁을 벌이다.
rompre une ~ pour qn …을 옹호하여 싸우다.

lance² *n.f.* 《은어》물; 비; 소변. *jeter de la* ~ 소변을 보다.

lancé(e¹) [lɑ̃se] *a.p.* ① 질주하고 있는, 스타트를 끊은; 궤도에 오른. *voiture* ~e *à toute vitesse* 전속력으로 질주하는 자동차. *départ* ~《스포츠》스타트대시. *Le voilà* ~. (인생·사업에) 드디어 그는 나섰다. 《구어》이제부터 신이 날 판이다(발동이 걸렸다). ② 이야기 따위를 시작한. *Une fois* ~, *il ne s'arrête plus.* 일단 말문이 열리면 그는 그칠 줄을 모른다. ③ 유명한, 세련된. *J'étais très* ~ *autrefois.* 옛날에 나는 꽤 이름이 널리 알려진 배우. *acteur* ~ 인기있는 배우. ④《옛·구어》취기가 오른.
—*n.m.* ① 앞으로 내뻗는 몸짓. ②《사냥》사냥감을 내몰기; 개가 짐승을 몰아낸 자리(똥).

lance-amarre [lɑ̃sama:r] *n.m.* 구명 밧줄 발사포.

lance-bombes [lɑ̃sbɔ̃b] *n.m.* 《복수불변》《옛》《군사》박격포; 《공군》폭탄 투하기.

—*a.* 《불변》 *appareil* ~ 폭탄 투하기.

lancée² [lɑ̃se] *n.f.* ① 던지기; 나아가기, 질주; (얻어진) 속력. ② (*pl.*) 고동(鼓動) 치기; 동통(疼痛). *continuer sur sa* ~ 여세를 몰아 계속하다.

lance-engins [lɑ̃sɑ̃ʒɛ̃] *n.m.* 《복수불변》《군사》미사일 발사장치.

lance-flammes [lɑ̃sfla(ɑ:)m] *n.m.* 《복수불변》《군사》화염 방사기.

lance-fusées [lɑ̃sfyze] *n.m.* 《복수불변》《군사》로켓 발사기.

lance-grenades [lɑ̃sgrənad] *n.m.* 《복수불변》《군사》척탄통(擲彈筒).

lancéiforme [lɑ̃seifɔrm] *a.* = **lanciforme**.

lancement [lɑ̃smɑ̃] *n.m.* ① 던지기; (폭탄·낙하산 따위의) 투하; (로켓 따위의) 발사. ~ *du javelot* (*du poids*) 《스포츠》투창(투포환). *rampe de* ~ (로켓) 발사대. *tube de* ~ 《해군》수뢰 발사관. ②《배의》진수(進水); 가교(架橋) 공사. ~ *d'un pont métallique* 철교가설. ③ (사업 따위의) 발기; 개시; (사람·책 따위를) 세상에 내놓기, 선전. ~ *d'une campagne* 캠페인(선전활동)의 개시. ④ 노동자에게 작업을 분배하기; 작업분배 담당부. ⑤ 《속어》따끔따끔한 아픔(élancement).

lance-mines [lɑ̃smin] *n.m.* 《군사》 = **lance-bombes**.

lance-missiles [lɑ̃smisil] *n.m.* 《복수불변》미사일 발사장치.

lancéole [lɑ̃seɔl] *n.f.* 《식물》창끝 모양의 기관.

lancéolé(e) [lɑ̃seɔle] *a.* ①《식물》창끝 모양의. ②《건축》(홍예머리 따위가) 뾰족한.

lance-pierre(s) [lɑ̃spjɛ:r] *n.m.* 《복수불변》(Y자형의) 장난감 새총.

lancequinade [lɑ̃skinad] *n.f.* 《은어》폭우.

lancequiner, lansquiner [lɑ̃skine] *v.i.* 《은어》① 비가 오다, 소변을 보다. ② 울다.

:lancer¹ [lɑ̃se] ② *v.t.* ① 던지다; (활을) 쏘다; (폭탄을) 투하하다; (수뢰·로켓 따위를) 발사하다; (증기를) 분출하다. *lancer une pierre* 돌을 던지다. ~ *des flèches avec un arc* 활로 화살을 쏘다. *Le volcan lance des cendres.* 화산이 재를 뿜어 올린다.
② (소리를) 내지르다; (타격·비난을) 가하다; (시선을) 던지다; (결정·통첩 따위를) 띄우다, 보내다. ~ *un coup de pied à qn* …을 차다. ~ *des regards de colère à qn* 노기어린 눈으로 쏘아보다. ~ *un ultimatum* 최후통첩을 보내다.
③ (말 따위를) 내달리게 하다; (군대를 적을 향하여) 내보내다, 진격시키다; 《사냥》(사슴 따위를) 몰다, 쫓다. ~ *les troupes à l'assaut* 군대를 돌격시키다.
④ (배를) 진수시키다; (기계 따위를) 작동시키다. ~ *un moteur* 모터를 작동시키다. ~ *une cloche* 종을 흔들다.
⑤ (사업 따위를) 일으키다, 발기하다; (상품·배우 따위를) 세상에 내놓다. ~ *une nouvelle mode* 새로운 유행을 내놓다. ~ *un chanteur* (새) 가수를 진출시키다. ~ *ses fils dans les affaires* 아들을 사업계에 내보내다.
—**se** ~ *v.pr.* ① (을 향해) 돌진하다. *La bête se lance sur sa proie.* 그 짐승은 먹이를 향해 돌진한다. *se* ~ *à la poursuite de qn* …을 추적하다.
② (에) 뛰어들다, 나서다, 시작하다. *se* ~ *dans une folle entreprise* 무모한 사업에 뛰어들다. *se* ~ *dans la politique* 정계에 투신하다.
③ (세상·문단에) 진출하다. *se* ~ *dans le monde* 사교계에서 유명해지다.

lancer² *n.m.* ① 〖사냥〗 개가 짐승을 몰아낸 자리(때). ② 던지기; 〖스포츠〗(포환·원반·창 따위를) 던지기. pêche au ~ 던질 낚시.

lance-roquettes [lɑ̃srɔket] *n.m.* 〖복수불변〗〖군사〗(보병의) 로켓 발사기.

lance-torpilles [lɑ̃stɔrpij] *n.m.* 〖복수불변〗〖해군〗수뢰 발사장치. (동격) tube ~ 수뢰 발사관.

lancette [lɑ̃sɛt] *n.f.* ① 〖의학〗란세트, 바소; 종두칼. ② 끝이 뾰족한 물건 (아픔이라는 ~).

lanceur(se) [lɑ̃sœːr, -øːz] *n.* ① 던지는 사람; 〖야구〗투수; 〖스포츠〗투척 선수; 던질 낚시꾼. ~ de disque 투원반 선수. ② (회사 따위의) 발기인; 세상에 처음으로 소개하는 (내놓는) 사람. ~se de modes 〖옛〗패션 모델. de Balzac 발자크를 세상에 낸 사람, 발자크의 작품, 발행소의 주인. ―*n.m.* ~ de satellites 인공위성 발사용 로켓.

lanche [lɑ̃ʃ] *n.f.* 〖해양〗쌍돛대의 작은 범선.

lancier [lɑ̃sje] *n.m.* 〖군사〗창기병. ② (*pl.*) (제2 제정기에 유행한) 일종의 우아한 무도(곡) (quadrille des ~s).

lancière [lɑ̃sjɛːr] *n.f.* (물방아의) 방수구 (放水口).

lanciforme [lɑ̃siform] *a.* 창 모양의. [vanne ~).

lancinant(e) [lɑ̃sinɑ̃, -ɑ̃ːt] *a.* (아픔이) 찌르는 듯한, 쑤시는; (비유적) 끈질기게 괴롭히는 (obsédant). douleur ~e 찌르는 듯한 고통. regrets ~s 가슴에는 당한 회한.

lancination [lɑ̃sinɑsjɔ̃] *n.f.*, **lancinement** [lɑ̃sinmɑ̃] *n.m.* 찌르는 듯한 아픔, 동통(疼痛).

lanciner [lɑ̃sine] *v.i.* (아픔이) 찌르는 듯하다, 쑤시다. ― *v.t.* 몹시 괴롭히다. Cette pensée le *lancinait*. 이 생각이 그를 끈질기게 괴롭혔다.

lancis [lɑ̃si] *n.m.* 파손된 벽의 돌을 갈아 끼우다.

lançon [lɑ̃sɔ̃] *n.m.* 〖어류〗양미리.

landais(e) [lɑ̃dɛ, -ɛːz] *a.* 랑드 (Landes, 프랑스의 지방)의. ― **L**~ *n.* 랑드 사람.

landammann [lɑ̃damɑ(an)] 〖독일〗*n.m.* (스위스의) 주지사.

landau [lɑ̃do] (*pl.* ~s) *n.m.* ① 랑도 마차(4륜 포장마차). ② 유모차.

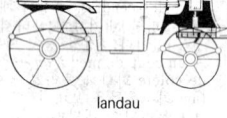
landau

landaulet [lɑ̃dolɛ] *n.m.* ① 2인승 작은 포장마차. ② (뒷좌석의 포장을 떼었다 달았다 할 수 있는) 2인승 자동차 (landaulette).

landaulette [lɑ̃dolɛt] *n.f.* 〖옛〗=landaulet ②.

lande [lɑ̃ːd] *n.f.* ① 광야, 황야. ② (*L~s*) (프랑스의 대서양에 면한) 랑드 지방.

landerira [lɑ̃derirɑ], **landerirette** [lɑ̃derirɛt] *n.f.* 옛 노래·민요의 후렴.

Landerneau [lɑ̃dernо] *n.pr.m.* ① 〖지리〗랑데르노 (프랑스의 도시). ② 〖속어〗좁은 세상, 사회. *On en parlera à* ~; *Cela fera du bruit dans* ~. 아마도 평판이 자자하겠지.

landeux(se) [lɑ̃dø, -øːz] *a.* (지방의) 허허벌판의.

landgrave [lɑ̃graːv] *n.m.* 〖역사〗① 독일의 방백(方伯), 지방태수. ② 독일 황제 직속 재판관. ― *n.f.* (위)의 부인.

landgraviat [lɑ̃graviа] *n.m.* 방백의 신분(영지).

landgravine [lɑ̃gravin] *n.f.* =landgrave (*n.f.*).

landier [lɑ̃dje] *n.m.* ① 〖고기 굽는 쇠꼬챙이를 올려놓는 갈고리 달린) 받침쇠.

landier² *n.m.* 〖속어〗〖식물〗가시금작화. 「도.

landlordisme [lɑ̃dlordism] *n.m.* (영국의) 지주제

landolphie [lɑ̃dɔlfi], **landolphia** [lɑ̃dɔlfja] *n.f.* 〖식물〗(마다가스카르에서 나는) 고무액을 채취하는 나무.

land rover [lɑ̃drovœr] 〖영〗*n.m.* [*f.*] 〖상표명〗랜드로버 (영국제 자동차).

landsturm [lɑ̃ds(ʃ)turm] (독일) *n.m.* (독일·스위스의) 국민병.

landtag [lɑ̃dtag] 〖독일〗*n.m.* 독일 각 연방(의) 의회.

landwehr [lɑ̃dver] 〖독일〗*n.f.* (제1차 세계대전 때까지의 독일·스위스의) 후비군.

laneret [lanrɛ] *n.m.* 〖조류〗난추니 (사냥용 매의 일종; lanier의 수컷).

*****langage** [lɑ̃gaːʒ] *n.m.* ① (인간에 고유한) 언어, 언어능력, 언어활동. science du ~ 언어학. faculté du ~ 언어능력. ② (인간의 자연언어 이외의 기호 체계로서의) 언어. ~ des animaux 동물의 언어. ~ des fleurs 꽃말. ~ symbolique (수학·논리학·컴퓨터 따위에서 사용되는) 기호 언어. ~ mimique 몸짓으로 나타내는 언어. ③ (어떤 특정한 측면에서 본) 언어, 말; 용어. ~ courant 일상어. ~ populaire ~ littéraire 문어. ~ administratif 행정용어. ④ 말투, 말씨, 어법. changer de ~ 말투를 바꾸다. ~ flatteur 아첨하는 말투. ~ vert 상스러운 말씨. ~ de la raison 이성적 언어.

langage-machine, langage machine [lɑ̃gaʒmaʃin] (*pl.* ~s(-)~) *n.m.* 〖컴퓨터〗기계(언)어.

langagier(ère) [lɑ̃gaʒje, -ɛːr] *a.* 언어의, 언어에 관한 (linguistique). phénomènes ~s 언어현상. activité ~*ère* 언어활동.

lange [lɑ̃ːʒ] *n.m.* ① 배내옷; (*pl.*) 기저귀. ② 요람기 (搖籃期). *dans les* ~*s* 유아기의, 초기의, 초창기의. science qui est encore *dans les* ~*s* 아직 초창기에 있는 학문.

langer [lɑ̃ʒe] [3] *v.t.* 배내옷으로 싸다; 기저귀를 채우다.

langoureusement [lɑ̃gurøzmɑ̃] *ad.* 번민하여, 수심에 잠겨; 힘없이.

langoureux(se) [lɑ̃gurø, -øːz] 〖옛〗 *a.* ① (사랑에) 번민하는. ② 기운없는, 생기없는. ― *n.m.* faire de ~ 사랑에 번민하는 체하다.

langouste [lɑ̃gust] *n.f.* 〖동물〗대하 (大蝦).

langoustier [lɑ̃gustje] *n.m.*, **langoustière** [lɑ̃gustjɛːr] *n.f.* 대하잡이 그물.

langoustine [lɑ̃gustin] *n.f.* 〖동물〗작은 새우의 일종.

:langue [lɑ̃ːg] *n.f.* ① 혀; (비유적) 혀와 같은 모양의 것. avoir la ~ blanche (병이 나서) 혀에 백태가 끼다. claquer la ~ 혀를 차다. se brûler la ~ 데다. ~ de feu 화염. ~ glaciaire 〖지리〗빙하의 끝부분, 빙설 (氷舌). ~ de terre 반도 (半島). ② (한 나라·집단의) 언어, 말; 국어. ~ française 프랑스어. ~ maternelle 모국어. ~ morte (vivante) 사어 (현대어). famille de ~s 어족. ~ internationale 국제어. ~ artificielle 인공언어. ~ agglutinante (flexionnelle) 교착어 (굴절어). apprendre une ~ 언어를 습득하다. avoir le don des ~s 어학에 재주가 있다.

③ (어떤 분야·사회계층에 특유한) 말, 용어; 문체; (언어외의) 표현수단. ~ écrite (parlée) 문어 (구어). ~ verte 은어 (隱語). ~ philosophique 철학용어. ~ de Racine 라신의 문체. ~ des dieux 〖문어〗신의 말 (시(詩)를 높여서 가리킨 때).

avaler sa ~ 〖구어〗입을 다물다; 죽다.

avoir la ~ *bien pendue* (*affilée*) 혀가 잘 돌다; 잘 지껄이다, 수다스럽다.

avoir la ~ *trop longue* 입이 너무 헤프다.

avoir un mot sur (*le bout de*) *la* ~ 말이 나올 듯 나

lanterne

울 듯하면서도 안 나오다.
bonne ~ 수다장이; 독설가, 중상가.
coups de ~ 욕, 비꼬기, 독설.
délier(dénouer) la ~ 말문을 열다. *délier la ~ à qn* 발언을 허락하다; …의 혀를 풀어주다.
donner(jeter) sa ~ aux chiens(au chat) (수수께끼 따위의) 답을 알아맞힐 수 없어서)단념하다, 포기하다.
faire aller les ~s 남의 화제(구설수)에 오르다.
faire la ~ à qn …에게 한마디 해주다.
Il faut tourner sa ~ sept fois avant de parler. 《속담》말하기 전에 심사숙고해야 한다.
~ méchante(mauvaise, de serpent) 독설가, 입이 험한 사람.
prendre ~ avec qn …와 교섭(접촉)하다.
Quelle ~! 잘도 지껄이는군!
se mordre la ~ 혀를 깨물다; 말하고 싶은 것을 참다; (말한 것을) 후회하다.
tenir sa ~ 침묵하다. *Elle ne sait pas tenir sa ~.* 그 여자는 입이 가볍다.
tirer la ~ 목마르다; (개가) 혓떡거리며 혀를 내밀다; (사람이) 헛되이 갈망하다.
tirer la ~ à qn 혀를 내밀어 …을 놀리다.
langué(e) [lɑ̃ge] *a.* 《문장》새의 혀 빛깔이 몸 빛깔과 다른.
langue-d'agneau [lɑ̃gdaɲo] (*pl.* ~**s**-~) *n.f.* 《식물》질경이(plantain).
langue-de-bœuf [lɑ̃gdəbœf] (*pl.* ~**s**-~-~) *n.f.* ① (미장이가 사용하는) 흙손. ② 《식물》(소혀처럼 생긴) 식용버섯의 일종. ③ (중세의) 짧은 창(槍).
langue-de-carpe [lɑ̃gdəkarp] (*pl.* ~**s**-~-~) *n.f.* ① (철판에 무늬를 새기는) 끌. ② 《치과》이 뽑는 집게. ③ 《철도》(침목부설용) 곡괭이.
langue-de-carpette [lɑ̃gdəkarpɛt] (*pl.* ~**s**-~-~) *n.f.* (금속세공 기술자가 사용하는) 끌.
langue-de-cerf [lɑ̃gdəsɛːr] (*pl.* ~**s**-~-~) *n.f.* 《식물》골고사리.
langue-de-chat [lɑ̃gdəʃa] (*pl.* ~**s**-~-~) *n.f.* ① 납작하고 긴 비스킷. ② 조각용 끌.
langue-de-chien [lɑ̃gdəʃjɛ̃] (*pl.* ~**s**-~-~) *n.f.* 《식물》큰꽃마리의 일종.
langue-de-serpent [lɑ̃gdəsɛrpɑ̃] (*pl.* ~**s**-~-~) *n.f.* ① 《식물》나도고사리삼. ② 《치과》치석 제거기. ③ (중세에 유행했던) 호신용 부적.
langue-de-vache [lɑ̃gdəvaʃ] (*pl.* ~**s**-~-~) *n.f.* 노루.
languedocien(ne) [lɑ̃gdɔsjɛ̃, -ɛn] *a.* 랑그도크 (*Languedoc*, 프랑스의 남부 지방)의. **—L~** *n.* 랑그도크 사람. **—***n.m.* 랑그도크 사투리.
langue-objet [lɑ̃gɔbʒɛ] *n.f.* 《언어》대상언어.
langueter [lɑ̃gte] [5] *v.t.* (판자 따위에) 장부촉을 만들다, 장부촉이음을 하다.
languette [lɑ̃gɛt] *n.f.* ① 작은 혀 모양의 것. *~ de pain* 얇은 빵조각. *~ d'une chaussure* 구두의 혀 가죽. *~ d'une balance* 저울의 바늘. ② (악기의) 리드, 혀. ③ 《건축》장부촉; (연통내의) 격벽(隔壁). ④ 《식물》혀 모양의 꽃잎 조각.
langueur [lɑ̃gœːr] *n.f.* ① 우울감, 우수, 의기소침. ② 무기력, 생기없음, 초체; 부진, 불경기 (dépression, ~ animation). *~ du style* 문체의 생기없음. *~ des affaires* 사업의 침체. ③ 《옛》(신체의) 쇠약. *maladie de ~* 쇠약증.
langueyage [lɑ̃gɛjaːʒ] *n.m.* ① (포충병(胞蟲病)의 유무를 알기 위한) 돼지의 혀 검사. ② 《음악》악기에 혀를 달기.
langueyer [lɑ̃geje] *v.t.* (돼지의) 혀를 검사하다. ② 《음악》(악기에) 혀를 달다.
langueyeur [lɑ̃gɛjœːr] *n.m.* 돼지의 혀를 검사하는

languide [lɑ̃gid] *a.* 《문어》무기력한; 초체한.
languier [lɑ̃gje] *n.m.* 《요리》훈제(燻製)한 돼지의 혀.
languir [lɑ̃giːr] *v.i.* ① 활기를 잃다, 침체하다; (이야기·연극 따위가) 재미가 없어지다. *La conversation languit.* 대화가 재미없어진다. *Les affaires languissent.* 사업이 부진하다. ② 《옛·문어》번민하다, 괴로와하다. *~ loin de qn* …와의 이별로 괴로와하다. *~ d'amour* 사랑에 번민하다. ③ 애타게 기다리다. *~ après une lettre* 편지를 애타게 기다리다. *faire ~ qn* …을 애태우다, 몸달게 하다. ④ 《옛》쇠약하다; (초목이) 시들다.
—se *v.pr.* 《남프랑스》따분해지다, 재미가 없어지게.
languissamment [lɑ̃gisamɑ̃] *ad.* 기운없이, 나른하게.
languissant(e) [lɑ̃gisɑ̃, -ɑ̃ːt] *a.* ① 따분한, 활기없는; 침체한 (↔*actif*). *récit ~* 따분한 이야기. *commerce ~* 부진한 상업. ② 《옛》쇠약한, (초목이) 시들시들한. ③ 《옛·문어》(사랑에) 번민하는 (langoureux).
lanice [lanis] *a.* 《옛》양모의, 양모에서 나는. *bourre ~* 양모 부스러기.
lanier [lanje] *n.m.* 《조류》익더귀(사냥용 매의 일종; laneret의 암컷).
lanière [lanjɛːr] *n.f.* ① 가는 가죽 끈. *découper en ~s* 가는 끈 모양으로 자르다. ② 《문장》병행사선 (並行斜線).
lanifère [lanifɛːr], **lanigère** [laniʒɛːr] *a.* ① 양털 모양의 털이 있는. ② 《식물》잔털(솜털)이 있는.
laniflore [laniflɔːr] *a.* 솜털로 싸인 꽃이 있는.
laniste [lanist], **lanista** [-ta] *n.m.* 《고대로마》검투사(劍鬪士)의 스승, 검투사 양성가.
lanlaire [lɑ̃lɛːr] *n.m. envoyer qn faire ~* 쫓아내다 해치자를 내쫓다. 「毛脂」
lanoline [lanɔlin] *n.f.* 《화학》라놀린, 양모지(羊
lansquenet [lɑ̃skənɛ] *n.m.* ① 《독일사》(15-16세기의) 용병(傭兵). ② 카드놀이의 일종.
lansquine [lɑ̃skin] *n.f.* 《속어》비(pluie).
lansquiner [lɑ̃skine] *v.i.* = **lancequiner**.
lantanier [lɑ̃tanje], **lantana** [lɑ̃tana] *n.m.* 《식물》란타나(『마편초과(科)의 관목).
lanter [lɑ̃te] *v.t.* (주물(鑄物)을) 찍어내다.
lanterne [lɑ̃tɛrn] *n.f.* ① 초롱, 램프, 칸델라; 《옛》가로등. *~ de papier* 종이초롱. *~ vénitienne* (축제 따위에) 줄줄이 매다는 초롱. *~ rouge* (자동차 따위의) 붉은 빛의 미등(尾燈), 테일라이트; (등 등가의) 꼴찌; 《속어》(학급·경쟁 따위의) 꼴찌. *~ des morts* (묘지에 두는) 탑모양의 등, 장명등. *~ sourde* (마음대로 불을 가릴 수 있는) 칸델라. *~ magique* 환등기(= *~ de projection*). ② 《자동차》전조등, 라이트. *~s d'automobile* 차폭등. *~ arrière* 미등(尾燈). *se mettre en ~s* (마주 오는 차를 위하여) 전조등을 낮추다. ③ 《건축》(둥근 지붕 따위의) 옥상누각; 채광창; (교회의) 몰래 엿볼 수 있는 장소(방). ④ 《기계》핀 톱니 바퀴 (roue à ~). ⑤ *~ d'Aristote* 《동물》성게의 저작(咀嚼)기관. ⑥ (*pl.*) 《옛》터무니없는 이야기, 객담. *conter des ~s* 객담을 늘어놓다.

lanterne③

À la ~! 놈들을 죽여라! 《프랑스 혁명 당시의 유행가 "Ça ira"의 후렴인 *Les aristocrates à la ~!* 「귀족들을 가로등의 끈에 매달아라」에서

나옴).
éclairer la ~ de qn …에게 깨우쳐 주다.
éclairer sa ~ 자기 생각을 이해시키다.
joues en ~ 매우 여윈 얼굴.
oublier d'allumer(d'éclairer) sa ~ 《구어》(자기를 이해시키는 데) 가장 중요한 말을 하는 것을 잊어버리다.
prendre des vessies pour des ~s 터무니없는 착오를 범하다.

lanterneau [lɑ̃tərno] (*pl. ~x*) *n.m.* 《건축》(계단 위의) 채광창.

lanterner [lɑ̃tərne] *v.i.* 꾸물거리다, 빈둥거리다. *faire ~* 기다리게 하다. —*v.t.* 《옛》(핑계를 대서) 기다리게 하다, 질질 끌다; 성가시게 하다; 수다를 떨다.

lanternerie [lɑ̃tərnəri] *n.f.* 《옛》실없는 말, 수다, 객담.

lanternier[1] [lɑ̃tərnje] *n.m.* 《옛》① 가로등을 켜는 인부; 등 제조인. ② 《구어》갈보집 주인, 포주 (*proxénète*).

lanternier[2](*ère*) [lɑ̃tərnje, -ɛːr] *n.* 꾸물거리는 사람, 굼벵이; 수다장이.

lanternon [lɑ̃tərnɔ̃] *n.m.* =**lanterneau**.

lanthane [lɑ̃tan] *n.m.* 《화학》란탄 (희토류 원소의 하나, 원자번호 57; La).

lanthanide [lɑ̃tanid] *n.m.* 《화학》란탄계열(란탄에서 루테륨까지 15개의 희토류 원소의 총칭).

lantiponner [lɑ̃tipɔne] *v.i.* 《옛》실없는(쓸데없는) 말을 하다, 수다를 늘어놓다.

lantur(e)lu [lɑ̃tyrly] *n.m.* 《옛 가요의 후렴에서》① (경멸적 거절)싫다니까!; (회피하려는 말) 글쎄올시다, 좀 두고 봅시다. ② 《카드놀이》(jeu de la bête aux ~) 클럽의 잭. ③ 《역사》1771년 Paris에서 결성된 해학문학 동호회 회원. ④ *émeute du ~* 1630년 *Dijon*에서 세금인상에 반대하여 일어난 폭동.

lanugineu*x*(*se*) [lanyʒinø, -øːz] *a.* ① 《식물》솜털이 있는. ② (머리털 따위가)양모같은. ③《구어》(문장 따위가) 박력이 없는.

lanugo [lanygo] *n.m.* 《의학》(태아의) 솜털.

laonnois(*e*) [lanwa, -aːz] *a.* 랑(*Laon*, 프랑스의 도시)의. —**L**~ *n.* 랑 사람.

Laos [laoːs] *n.pr.* 《지리》라오스.

laotien(*ne*) [laɔsjɛ̃, -ɛn] *a.* 라오스의. —**L**~ *n.* 라오스 사람.

La Palice, La Palisse [lapalis] *n.pr.m. vérité de (monsieur de)* ~ 자명한 이치, 뻔한 일.

lapalissade [lapalisad] *n.f.* 자명한 이치(*vérité de La Palice*).

laparocèle [laparɔsɛl] *n.f.* 《의학》복벽(腹壁) 헤르니아.

laparotomie [laparɔtɔmi] *n.f.* 《외과》개복(開腹)(수술).

lapement [lapmɑ̃] *n.m.* (개・고양이가 물을 마실 때) 핥기; 핥는 소리.

laper [lape] *v.t.* (개 따위가 소리를 내면서)핥다; 《구어》(술을)마시다. *chat qui lape du lait* 우유를 핥고 있는 고양이. —*v.i.* 핥아먹다.

lapereau [lapro] (*pl. ~x*) *n.m.* 《동물》어린 토끼.

lapiaz [lapjaːz] *n.m.* 《지리》(석회질 토지의)물에 의한 지표침식 (또는 그런 토지).

lapicide [lapisid] *a.* 《식물》바위 틈에 자라는. —*n.m.* 비명(碑銘) 새기는 사람.

lapidaire[1] [lapidɛːr] *a.* 비명(碑銘)의, 비문의; 간결한. *inscription ~* 비명. *style ~* 비명의 문체. *formules ~s* 간결한 표현.

lapidaire[2] *n.m.* 보석 세공인; 보석 상인; 보석 연마기; (중세의)보석서(보석을 노래한 교양시).

lapidairerie [lapiderri] *n.f.* 보석 가공업.

lapida*teur*(*trice*) [lapidatœːr, -tris] *n.* 《드물게》① 돌로 때려죽이는 사람. ② 《구어》비방자.

lapidation [lapidasjɔ̃] *n.f.* ① 돌로 때려죽이는 형벌. ② (사람을 쫓기 위한)투석.

lapider [lapide] *v.t.* ① 돌로 쳐죽이다, (에게)돌을 던지다, 돌을 던져 쫓아버리다. ~ *les femmes adultères* 간통한 여자를 돌로 쳐죽이다. ② 비방 (혹평)하다.

lapidification [lapidifikasjɔ̃] *n.f.* 석화(石化).

lapidifier [lapidifje] *v.t.* 돌로 만들다, 석화(石化)시키다. —**se** ~ *v.pr.* 석화하다.

lapidifique [lapidifik] *a.* 석화시키는.

lapié [lapje] *n.m.* =**lapiaz**.

lapilleu*x*(*se*) [lapijø, -øːz] *a.* (배(梨) 따위가)단단한 알갱이가 있는.

lapilli [lap(l)li, lapiji] 《라틴》 *n.m.pl.* 《지질》화산력(火山礫).

*****lapin(e)** [lapɛ̃, -in] *n.* ① 《동물》(집)토끼. ~ *domestique(de choux)* 집토끼. *peau de ~* (값싼) 토끼 가죽. ② (비유적으로 사람에 대하여) *mon (petit) ~* (어린아이를 부를 때)애야. *mère ~e* (토끼처럼)아이를 많이 낳은 여자. *fameux ~e* 여자에게 능란한 남자; 한량. *chaud ~* 정력적인 남자. ~ *de gouttière* 고양이; ~ (*ferré*) 《옛・은어》말.
coup de ~ 목덜미를 치기.
courir comme un ~ 민첩하게 달리다, 재빠르게 도망치다.
faire le coup du ~ à qn 《속어》…을 배반하다.
monter(voyager) en ~ 《옛》차비를 내지 않고 운전사(마부) 옆에 앉다(앉아서 여행하다).
pattes de ~ 짧은 구레나룻.
poser un ~ à qn …을 공연히 기다리게 하다, 바람맞히다.

lapiner [lapine] *v.i.* (토끼가)새끼를 낳다.

lapinière [lapinjɛːr] *n.f.* 토끼집, 토끼 사육장.

lapinisme [lapinism] *n.m.* 《구어》다산(多産); 다산 장려정책.

lapis[1](-**lazuli**) [lapis(lazyli)] *n.m.* 《복수불변》《광물》청금석(靑金石), 유리(瑠璃). —*a.* 《불변》산뜻한 청색의 (《천》).

lapis[2] *n.m.* 《직물》라피스 (푸른 파랑색의 얇은

lapon(*e*) [lapɔ̃, -ɔn] *a.* 랩랜드(*la Laponie*)의. —**L**~ *n.* 랩랜드 사람. —*n.m.* 랩랜드(語).

Laponie [lapɔni] *n.pr.f.* 《지리》랩랜드 (노르웨이・스웨덴・핀란드의 북부 지역).

laps[1] [laps] *n.m. ~ de temps* (지나간)기간.

laps[2](*e*) [laps] *a., n. ~ et relaps* (가톨릭교로 귀의한 자가)원래의 이교로 되돌아간(사람).

lapsi [lapsi] *n.m.pl.* (초기 기독교에서 박해를 두려워하여)기독교를 버린 자, 배교자.

lapsus [lapsys] 《라틴》*n.m.* 오류, 실수, 잘못. ~ *calami* 잘못 쓰기. ~ *de mémoire* 그릇된 기억. ~ *linguae* 말의 실수. *faire un ~* 실언하다.

laptot [lapto] *n.m.* ① (프랑스에 귀순하여 식민병이 된 서부 아프리카의)세네갈(*Sénégal*) 흑인. ② (아프리카, 특히 세네갈 항구의)흑인 하역인부.

laquage [lakaːʒ] *n.m.* ① 옻칠. ② ~ *du sang* 《의학》용혈(溶血)(반응・현상).

laquais [lakɛ] *n.m.* (제복을 입은)하인; 《구어》비루하고 천한 사람. *petit ~* 시동(侍童), 사동. *âme de ~* 《옛・문어》비굴한 근성, 하인 근성. *mentir comme un ~* 《구어》뻔뻔스럽게 거짓말하다.

laque [lak] *n.f.* 락(*gomme* ~); 《페인트》래커. ~ *en écailles*(*plaques*) 셀락 (도료의 일종). —*n.m.* ① 옻. *arbre à ~* 옻나무. ② 칠기(漆器).

laqué(*e*) [lake] *a.p.* 옻[래커]칠을 한; (옻칠처럼)번

들번들하게 칠한, 번들번들한. paravent chinois ~ 옻칠을 한 중국 병풍. visage ~ de sueur 땀으로 번들거리는 얼굴. canard ~ 〖요리〗북경식 오리 요리. sang ~ 〖의학〗용혈(溶血)된 혈액.
Laquedives [lakdi:v] *a.f.pl.* les (îles) ~ 〖지리〗라카다이브 제도.
laquelle [lakɛl] ⇒**lequel**.
laquer [lake] *v.t.* ① 옻(래커)칠을 하다; 매니큐어를 칠하다. ② 광택을 내다.
laquet [lakɛ] *n.m.* (피레네 산중의)작은 호수.
laqueur [lakœ:r] *n.m.* 칠장이.
laqueux(se) [lakø, -ø:z] *a.* 옻질(質)의, 옻과 같은.
laqurier [lakje] *n.m.* 옻나무(a laque).
laquiste [lakist] *n.m.* =**laqueur**.
laraire [larɛ:r] *n.m.* 〖고대로마〗(수호신(lare)을 모신)제단.
larbin [larbɛ̃] *n.m.* 〖속어〗〖경멸〗하인, 종복; 비루한 사람.
larcin [larsɛ̃] *n.m.* ①〖문어〗좀도둑; 훔친 물건. doux ~ 〖옛〗도둑 키스. commettre(faire) un ~ 좀도둑질을 하다. ②(남의 작품의)표절.
lard [la:r] *n.m.* ①비계, (돼지의)기름살. ~ gras, gros ~ 돼지 기름(→ porc 그림). ~ maigre(de poitrine); petit ~ (베이컨을 만들 때 쓰는)돼지의 배부분의 살, 삼겹살. ②〖요리〗비계조각(lardon); 베이컨(~ salé(fumé)). omelette au ~ 이컨을 넣은 오믈렛. ③(사람의)기름(脂肪). Il est gras à ~. 그는 돼지처럼 살이 쪘다. tête de ~ 〖구어〗빈둥빈둥 둥한 사람. (se) faire du ~ 〖구어〗빈둥빈둥 놀며 살이 찌다. ④(목재의)백목질(aubier). ⑤ pierre de ~ (재단사가 쓰는)흰 활석(滑石), 초크.
se demander si c'est du ~ *ou du cochon* 〖구어〗무엇일까 하고 의아해하다.
lardacé(e) [lardase] *a.* 돼지기름(비계) 같은.
lardage [larda:ʒ] *n.m.* 〖요리〗(고기에) 비계를 끼우기.
larde [lard] *n.f.* 〖요리〗비계를 끼운 고기.[우기.
larder [larde] *v.t.* ①〖요리〗비계(기름살)를 넣다(끼우기). ~ un rôti 구운 고기에 비계를 넣다. ② (칼 따위로)찌르다; (비유적)(에게)(비난 따위)를 퍼붓다. ~ *qn* de coups d'épée (de coups) 칼로 쑥 찌르다. ~ *qn* d'épigrammes 〖구어〗에게 신랄한 말을 퍼붓다. ③섞어넣다, 삽입하다. ~ un discours de citations 연설중에 인용구를 많이 삽입하다. ~ une carte 〖카드놀이〗표시를 해놓은 카드를 살짝 섞어넣다. ④〖건축〗(에)못을 박아두다 (회칠하기 전에); 〖해양〗(돛 따위에) 밧줄을 풀어서 꿰매넣다. ⑤ ~ une étoffe 〖직물〗(잘못해서)천의 올을 불규칙하게 만들다.
larderasse [lardəras] *n.f.* 〖해양〗삼 빗솔.
lardeux(se) [lardø, -ø:z] *a.* (고기가)비계살 같은; 비계가 많은.
lardiforme [lardifɔrm] *a.* 비계살 같은.
lardoire [lardwa:r] *n.f.* ①비계살 끼우는 꼬챙이. ②(말뚝에 박는)뾰족한 쇠붙이. ③〖구어〗뾰족한 무기(총검 따위).
lardon [lardɔ̃] *n.m.* ①〖요리〗(고기에 넣는)비계 조각. ②〖속어〗갓난애, 유아; 꼬마. ③〖금속〗(무쇠가 갈라짐을 방지하는)쇠붙이 속. ④〖카드놀이〗(살짝 섞어넣은)표시를 한 패. ⑤〖옛〗가시 돋친 말, 풍자, 야유.
lardonner [lardɔne] *v.t.* ①(비계살)를가느다랗게 자르다. ②작은 쇠붙이를 만들다. ③〖옛〗비꼬다, 야유하다.
lare [la:r] *n.m.* ① 〖고대로마〗(집안·도시·가로의) 수호신. ~s domestiques (집안을 지켜주는)선조의 영령. ②(*pl.*)〖시〗가정, 고향의 자기집(foyer). ~s paternels 생가(生家).
—*a.* dieux ~s 집안의 수호신.
larg. 〖약자〗largeur 나비, 폭.
largable [largabl] *a.* 〖항공〗(비행기 따위에서)투하할 수 있는, 투하해서 버릴 수 있는.
largage [larga:ʒ] *n.m.* ①(비행기 따위로부터의)투하. ~ des bombes 폭탄투하. ②(비유적)(고용자 따위의)해고, 추방.
:**large** [larʒ] *a.* ①폭이 넓은, 넓은(↔ serré, étroit, resserré); (옷이)헐렁한. ~ avenue 넓은 가로수 길. ~s épaules 딱 벌어진 어깨. homme ~ de carrure 어깨가 딱 벌어진 남자. Ce jardin est plus long que ~ 이 정원은 가로보다 세로가 더 길다. fleuve ~ de cent mètres 폭 100미터의 강.
②(정신적으로)너그러운, 아량있는, 대범한(libéral). ~s idées 폭넓은(활달한) 생각. avoir l'esprit ~ (être ~ d'esprit) 편견이 없다, 생각이 탁 트였다. manière ~ 여유있는 태도. faire un ~ tour d'horizon 폭 넓게 검토하다. mener une vie ~ 돈에 얽매이지 않는(인색하지 않은) 생활을 하다. avoir la conscience ~ (도덕적으로)죄의식이 적다.
③(물질적으로)넉넉한, 안락한; 인심좋은. vie ~ 안락한 생활. Notre budget de vacances n'est pas ~. 우리 휴가에 산이 넉넉치 못하다. être ~ avec (envers) *qn* (팀 따위를)에게 듬뿍주다.
④큰; 중대한(grand, considérable, ↔ petit). décrire un ~ cercle 큰 원을 그리다. ~s gouttes de pluie 굵직한 빗방울. entreprise de ~ envergure 대규모의 기업. faire de ~s concessions 크게(대폭)양보하다. avoir une ~ part de contribution à *qc* 에 크게 공헌하다. ~ sens ~ 넓은 의미, 광의(廣義). dans une ~ mesure 대체로.
à ~*s traits* 굵은 선으로, 대강. peindre *à* ~*s traits* 대담한 필치로 그리다. décrire la situation *à* ~*s traits* 상황을 개략적으로 묘사하다.
—*ad.* ①크게, 넓게. s'habiller ~ 헐렁한 옷을 입다. voir ~ 넓은 견해(시야)를 가지다. cheval qui va ~ 외곽으로 크게 회전하는 말. deux fenêtres ouvertes ~(s) 활짝 열린 두개의 창문.
②대강, 개략적으로. calculer ~ 대강 계산하다. mesurer ~ 대강 재다.
ne pas en mener ~ 〖구어〗벌벌 떨다, 전전긍긍하다; 난처한 처지에 있다.
—*n.m.* ①폭; 넓이; 넓은 광장. rivière de 20 mètres de ~ 폭이 20 m 인 강.
②난바다, 먼바다(haute mer). gagner le ~ 먼바다로 나가다. vie du ~ 대양(大洋) 생활.
Au ~! 〖해양·군사〗접근하지 마라! 비켜라!
de long en ~; *en long et en* ~ 〖옛〗종횡으로, 가로세로. se promener *de long en* ~ 이리저리 서성거리다. expliquer *qc en long et en* ~ 〖비유적〗을 모든 각도에서 설명하다.
être au ~ 넓은 곳에 있다; 〖구어〗유복하다. Vous êtes au ~ ici. 이곳(이 방)은 넓군요.
prendre le ~ 〖해양〗먼바다로 나가다; 〖구어〗도망치다.
se tenir au ~ *de qc* 에 가까이 가지 않다.
largement [larʒəmɑ̃] *ad.* ①넓게, 폭넓게. opinion ~ répandue 널리 퍼진 의견. déborder ~ (강물이)넓은 면적에 걸쳐 범람하다. ②충분히, 여유있게 (abondamment); 아낌없이. récompenser ~ 넉넉히 상을 주다. vivre ~ 유복하게 살다. donner ~ à *qn* 에게 넉넉히 주다. gagner ~ sa vie 생활비를 넉넉히 벌다. Il a été payé ~. 그는 넉넉하게 보수를 받았다. ③대략, 대강. peindre ~ (세밀하지 않게)대강 그리다, 소묘하다. ④넉

녁잡아, 적어도. Il était ~ trois heures. 적어도 3시는 돼 있었다. billet ~ périmé 무효가 된 지 벌써 오래된 표.

largesse [larʒɛs] *n.f.* ① (너그럽게 준)선물, 시혜; 행하, 팁. faire des ~s (행하 따위를)듬뿍주다. ② (옛)너그러운 행위. faire ~ de dix louis 십금을게 10루이를 주다.

larget [larʒɛ] *n.m.* 【야금】(폭은 150mm 이상, 두께는 40mm 이하의)시트바.

***largeur** [larʒœːr] *n.f.* ① 폭; 넓이; 가로; (의복 따위의)여유 있음, 헐렁함. ~ de la route 노폭. ~ d'une rivière 하천의 폭. mesurer dans le sens de la ~ 폭을 재다. écrire en ~ 가로로 쓰다. étoffe en grande[petite] ~ 【직물】광폭[소폭]의 피륙. avoir 3 pieds de ~ 폭이 3피트이다. ② 크기, 굵기; (정신적인)넓음, 활달함, 너그러움. ~ d'un tronc d'arbre 나무줄기의 굵기. ~ d'esprit 넓은 도량. *dans les grandes* ~ (구어)완전히, 크게.

larghetto [largetto] (이탈리아)【음악】*ad.* 조금 느리게. —*n.m.* 조금 느린 악곡.

largo [largo] (이탈리아)【음악】*ad.* 느리게. —*n.m.* (복수불변)완서곡(緩徐曲).

largonji [largɔ̃ʒi] *n.m.* 라르공지식 은어.

largue¹ [larg] *a.* 【해양】① (밧줄 따위가)느슨한. ② (바람이)옆에서 부는; (침로에 대하여)비스듬한. vent ~ 옆에서 불어오는 바람. —*ad.* 옆바람을 받으며. aller ~ 옆바람을 받으며 나아가다. —*n.m.* 옆바람. avoir du ~ 옆바람을 받다. grand ~ 비스듬히 불어오는 바람(vent ~ 와 vent en poupe 와의 중간 바람).

largue² *n.f.* (구어)여자; 정부; 도둑의 아내.

larguer [large] *v.t.* 【해양】(밧줄)늦추다; 풀다. ~ les amarres 닻줄을 풀다. ~ une voile (밧줄을 늦추어서)돛을 올리다. ② 투하(投下)하다. ~ des bombes 폭탄을 투하하다. ③ (구어)(사람을)버리다(abandonner). ~ sa fiancée 약혼자를 버리다.

larie [lari] *n.f.* =**bruche**. 　(目).

lariformes [lariform] *n.m.pl.* 【동물】갈매기목.

larigot [larigo] *n.m.* ① (옛)【음악】은적(銀笛)(플루트의 일종). ② 오르간의 음전(音栓).

larix [lariks] *n.m.* 【식물】낙엽송.

***larme** [larm] *n.f.* ① 【생물】눈물. verser(répandre) des ~s 눈물을 흘리다. pleurer à chaudes ~s 뜨거운 눈물을 흘리다. être tout en ~s 한없이 눈물을 흘리다. avoir une crise de ~s; fondre en ~s 갑자기 울음을 터뜨리다. avoir des ~s dans la voix 울먹이다. retenir ses ~s 눈물을 참다. avoir la ~ facile; avoir toujours la ~ à l'œil 걸핏하면 눈물을 흘리다. ~s de crocodile 악어의 눈물(거짓 눈물). ~s de sang (문어)피눈물. ②(문어)슬픔, 비탄; 고통. vivre dans les ~s 비탄에 잠겨 지내다. vallée de ~s 이승, 속세. Son inconduite a coûté bien des ~s à sa mère. 그의 나쁜 행실 때문에 그의 어머니는 많은 고통을 받았다. ③〖une ~ de qd〗한 방울의, 소량의. prendre *une* ~ *de* rhum dans son café 커피에 럼주를 한 방울 타다. ④수액(樹液), 수지. ⑤ (장례식장의 휘장에 그린)눈물 모양의 장식. ⑥ ~s de cerf 사슴의 눈물주머니에서 나오는 분비액. *arracher des* ~*s* à *qn* …의 눈물을 자아내다. *avoir le don des* ~*s* 울기를 잘하다, 마음대로 울 수 있다; 기도하면서 눈물을 흘리다. *mêler ses* ~*s* à *ceux de qn* …와 슬픔을 함께하다. *s'abreuver des* ~*s de qn* …이 우는 것을 보고 즐거워하다. *sécher*[*essuyer*] *les* ~*s de qn* …의 슬픔을 위로하

다(달래다). *y aller de sa* (*petite*) ~ (구어)(의러나)눈물을 흘려보이다.

larme-de-Job [larmədʒɔb], **larme-du-Christ** [larmədykrist] *n.f.* 【식물】염주(포아풀과(科)).

larmier [larmje] *n.m.* ① 【해부】눈구석; (사슴의)눈물주머니; (말의)관자놀이. ② 【건축】(처마처럼 나와 있는)빗물막이돌.

larmière [larmjɛːr] *n.f.* (사슴의)눈물주머니.

larmille [larmij] *n.f.* =**larme-de-Job**.

larmoiement, larmoîment [larmwamã] *n.m.* (눈의 피로·자극으로)눈물이 계속 나옴(pleurnicherie). se confondre en ~s 눈물을 쏟다.

larmoyant(e) [larmwajã, -ãːt] *a.* ① 눈물 흘리는; 울먹거리는, 【의학】무의식중에 눈물이 나는. voix ~e 울먹거리는 목소리. ② 눈물이 나게 하는; (경멸)눈물을 짜는. comédie ~e 최루극(18세기에 유행하던 비극의 일종)(genre ~).

larmoyer [larmwaje] [7] *v.i.* 눈물을 흘리다; (경멸)훌쩍훌쩍 울다(pleurer).

larmoyeur(se) [larmwajœːr, -øːz] *n.* (훌쩍훌쩍)우는 사람.

larron(nesse, 때로 ne) [la(a)rɔ̃, -ɔnɛs, -ɔn] *n.* (옛)도둑; 좀도둑. Au ~ !(옛)도둑이야! ~ d'amour [d'honneur] (옛)사랑(정조)의 유혹자. le bon [le mauvais] ~ 【성서】그리스도와 함께 십자가에 못박힌 회개한(회개하지 않은)도둑. *L'occasion fait le* ~. (속담)기회가 도둑을 만든다. 기물생심. *s'entendre comme* ~*s en foire* (나쁜 짓을 하려고)작당하다, 기맥이 상통하다. *un troisième* ~ 어부지리를 얻는 사람(*La Fontaine*의 우화에서). —*n.m.* ① 【제본】종이가 접힌 곳. ② ~ d'eau 【기술】관개용 수로. 　(독).

larronneau [la(a)rɔno] (*pl.* ~**x**) *n.m.* (드물게)좀도둑.

larronner [la(a)rɔne] (옛)*v.i.* 도둑질을 하다.

larvaire [larvɛːr] *a.* ① 유충(애벌레)의. ② (비유적)초기의, 발생기의.

larve [larv] *n.f.* ① 【생물】유충, 애벌레. ② 【고대로마】원령(怨靈), 악령. ③ (비유적)발육부전아; 보잘것없는 인간. vivre comme une ~ 못난 인생을 살다.

larvé(e) [larve] *a.* ① 【의학】잠복성의; (열이)간헐적인. épilepsie ~e 잠복성 간질. ② (구어)잠재적인(latent). révolte ~e (폭발하지 않은)잠재적인 반란.

larvicide [larvisid] *a.* 유충 살충의. —*n.m.* 유충 살충제.

larvicole [larvikɔl] *a.* 유충의 체내에 기생하는.

larviforme [larvifɔrm] *a.* 유충 모양의.

larvipare [larvipaːr] *a.* 【곤충】유충을 낳는.

laryngal(ale, *pl.* **aux)** [larɛ̃gal, -o] 【언어】*a.* 후두(喉頭)의. —*n.f.* 후음.

laryngé(e) [larɛ̃ʒe], **laryngien(ne)** [larɛ̃ʒjɛ̃, -ɛn] *a.* 【해부】후두(부)의. phtisie ~e 후두결핵.

laryngectomie [larɛ̃ʒɛktɔmi] *n.f.* 【의학】후두절제(술).

laryngite [larɛ̃ʒit] *n.f.* 【의학】후두염.

laryng(o)- *préf.* 「후두」의 뜻.

laryngologie [larɛ̃gɔlɔʒi] *n.f.* 후두학.

laryngologiste [larɛ̃gɔlɔʒist], **laryngologue** [larɛ̃gɔlɔg] *n.* 후두학자(전문의사). 　(鏡).

laryngoscope [larɛ̃gɔskɔp] *n.m.* 【의학】후두경.

laryngoscopie [larɛ̃gɔskɔpi] *n.f.* 【의학】후두검사(법).

laryngotome [larɛ̃gɔtɔm] *n.m.* 【의학】후두 절개도(切開刀).

laryngotomie [larɛ̃gɔtɔmi] *n.f.* 〖의학〗 후두 절개(술).
larynx [larɛ̃:ks] *n.m.* 〖해부〗 후두.
***las¹(se)** [lɑ, -ɑ:s] *a.* ① 피곤한, 지친(fatigué). être ~ à ne plus avoir la force de se lever 지쳐서 일어 날 기력조차 없다. ②[~ de](에)싫증난, 지친 (dégoûté). ~ d'attendre 기다리기에 지친. Je suis ~ de la vie. 나는 사는 데 싫증이 났다.
las² [lɑ:s] *int.* 〖옛〗 =**hélas**.
lasagne [lazaɲ] *n.f.* 〖복수불변〗〖요리〗(리본 모양의)이탈리아식 파이.
lascar [laska:r] *n.m.* ①〖구어〗빈틈없는 사나이; 대담한 사나이; 녀석. C'est un ~. 대단한 놈이다. Quel est ce ~? 저놈은 누구지? ②〖옛〗인도인의 선원.
lascif(ve) [lasif, -i:v] *a.* ① 호색의, 음탕한(voluptueux). regards ~s 음탕한 눈길. femme ~ve 음탕한 여자. ② 선정적인, 관능적인(lubrique). danse ~ve 선정적인 춤.
lascivement [lasivmɑ̃] *ad.* 음탕하게, 외설스럽게.
lasciveté [lasivte], **lascivité** [lasivite] *n.f.* 음란, 음탕, 외설.
laser [lazɛ:r] 〖영〗 *n.m.* 〖물리〗 레이저 (분자 또는 원자의 고유진동에 의하여 강한 광선을 방출하는 장치; Light Amplification by Stimulated Emission of Radiation).
lasiocampe [lazjɔkɑ̃:p] *n.m.* 〖곤충〗 송충나방의(科)의 해충.
lassant(e) [lɑsɑ̃, -ɑ̃:t] *a.* 진력나는, 싫증나는;〖옛〗 피로하게 하는.
lassé [lase] *a.p.* 지친, 싫증난. cœur ~ de tout 모든 것에 지친 마음.
lasser¹ [lase] *v.t.* ① 진력나게 하다, 싫증나게 하다 (dégoûter, ennuyer). ~ la patience de qn …을 못 참게 하다. ~ son auditoire 청중을 싫증나게 하다. ②(용기 따위를)꺾어놓다(décourager). enthousiasme que rien ne lasse 그 무엇으로도 꺾이지 않는 열의. ③〖옛〗피곤하게 하다(fatiguer).
—**se**— *v.pr.* [se ~ de qc/de+inf.](하는데)진저리나다, 싫증나다. On se lasse de tout. 사람은 만사에 싫증이 나게 마련이다. se ~ d'attendre 기다리기에 지치다. sans se ~ 악착같이, 지치지 않고.
lasser² *v.t.* 올가미를 던져 잡다.
lasserie [lasri] *n.f.* =**lacerie**.
lassis [lɑsi] *n.m.* 풀솜을 원료로 한 직물.
lassitude [lɑ[ɑ]sityd] *n.f.* ① 피로(fatigue). ② 권태; 무기력. ~ des combattants 전투원의 사기 저하. soupir de ~ 지겨워서 나오는 한숨.
lasso [laso] 〖에스파냐〗 *n.m.* 던지는 올가미.
last(e) [last] *n.m.* 〖옛〗〖도량형〗 배의 적하(積荷)의 중량단위(약 2톤).
lastex [lastɛks] *n.m.* 〖상표명〗합성수지를 먹인 방직사(絲).
lasting [lastiŋ] 〖영〗 *n.m.* 〖직물〗 라스팅 (일종의 질긴 모직물).
lat. (약자)① latitude 〖지리〗 위도. ② latin 라틴어.
latakiè, latakieh [latakjɛ] *n.m.* 라타키아 담배 (시리아의 항구명에서).
latanier [latanje] *n.m.* 〖식물〗 라타니아 (Mascareignes 제도의 종려과(科) 식물).
latence [latɑ̃:s] *n.f.* 잠재, 잠복. période de ~ (병의)잠복기[시간];〖정신의학〗잠재기 (6,7세에서 12,13세까지)성적욕구의 잠재기간. temps de ~〖생리〗반응시간(자극으로부터 반응이 나타나기까지의 시간).
latent(e) [latɑ̃, -ɑ̃:t] *a.* 잠재하는; (병의)잠복하는; (위험 따위)눈에 안보이는, 숨은. haine ~e 마음 속에 품은 증오. chaleur ~e; calorique ~ 〖물리〗 잠열(潛熱). maladie ~e 잠복기의 병. image ~e 〖사진〗 잠상(潛像). œil ~ 〖식물〗 잠아(潛芽). demeurer à l'état ~ 〖의학〗 잠복상태에 머물러 있다. ~ d'un rêve 〖정신의학〗 꿈의 잠 재적 내용.
later- *préf.* 「곁·측면」의 뜻.
latéral(ale, pl. aux) [lateral, -o] *a.* 〖해부〗측면(側面)의, 옆쪽의. porte ~ale 옆문. bourgeon ~ 〖식물〗 곁눈. consonne ~ale 〖언어〗 측면자음, 설측음([l] 따위). ligne ~ale 〖어류〗 옆줄, 측선(側線).
—*n.f.* 〖언어〗 설측음.
latéralement [lateralmɑ̃] *ad.* 측면으로, 옆쪽으로.
latéralisation [lateralizasjɔ̃] *n.f.* (어린이가 손·발을 사용함에 있어)왼손잡이인지 오른손잡이인지가 결정되는 것.
latéralisé [lateralize] *a.* enfant bien[mal] ~ (손·발을 사용함에 있어)잘 쓰는 쪽이 분명히[불분명하게] 결정된 아이.
latéralité [lateralite] *n.f.* (신체를 사용함에 있어) 한쪽을 잘 씀. 좌우측의 차이.
-latère *suff.*, **latéro-** *préf.* 「곁·측면」의 뜻.
latere (a) [alatere] 〖라틴〗 *loc.ad.* légat a~ 교황특파사절.
latériflore [lateriflɔ:r] *a.* 〖식물〗 측생화(側生花)를 갖는.
latérigrade [laterigrad] 〖동물〗 *a.* 측행(側行)의.
—*n.m.pl.* 측행 거미류.
latérisation [laterizasjɔ̃], **latéritisation** [lateritizasjɔ̃] *n.f.* 〖지질〗 홍토화(紅土化) 작용.
latérite [laterit] *n.f.* 〖광물〗 홍토(紅土), 라테라이트.
latéritique [lateritik] *a.* 〖광물〗 홍토의.
latéropulsion [laterɔpylsjɔ̃] *n.f.* 〖의학〗 측보증(側步症)(파킨슨 증후군의 하나).
latex [latɛks] *n.m.* 〖복수불변〗〖식물〗 유액(乳液). ~ artificiels 합성 유수지(乳樹脂).
lathyrus [latirys] *n.m.* 〖식물〗 연리초속(屬).
laticifère [latisifɛ:r] *a.* 〖식물〗 유액을 가진.
laticlave [latikla:v] *n.m.* 〖고대로마〗 원로원 의원의 제복〖휘장〗.
latifolié(e) [latifɔlje] *a.* 〖식물〗 원엽(闊葉)의.
latifondiaire [latifɔ̃djɛ:r] *a.* 〖고대로마〗 광대한 소유지의.
latifundium(*pl.* **a**) [latifɔ̃djɔm, -ja] 〖라틴〗 *n.m.* 〖고대로마〗 광대한 소유지; 광대한 사유농지.
***latin(e)** [latɛ̃, -in] *a.* ① 라틴 (*Latium*)의; 라틴어의, 라틴어의. ligue ~e 〖역사〗 라틴연맹. littérature(langue) ~e 라틴문학[어]. Quartier ~ 라틴구(區), 카르티에 라탱 (파리의 학생가, 옛날에 라틴어로 교육을 했기 때문에 생긴 말). ② 라틴계의. tempérament ~ 라틴계 민족의 기질. Amérique ~e 라틴 아메리카. Église ~e 로마 가톨릭 교회. nations ~es 라틴계 국가. ③ voile ~e 〖해양〗 (지중해의)삼각돛〖帆〗.
—**L**~ *n.* 라틴 사람; (*pl.*) 라틴 민족.
—*n.m.* 라틴어. bas ~ 후기 라틴어. ~ classique 고전 라틴어 (B.C. 75-175). ~ médiéval 중세 라틴어 (600-1500). ~ populaire(vulgaire) 민중[통속] 라틴어. C'est du ~ pour moi. 나로서는 통 알아들을 수가 없다. ~ de cuisine 엉터리 라틴어. (y) perdre son ~ 무슨 소린지 알 수 없다; 헛수고하다.
latinisant(e) [latinizɑ̃, -ɑ̃:t] *a.* (그리스정교의 지역에 살면서)로마 가톨릭교의 전례를 따르는. —*n.* (위)의 사람.
latinisation [latinizasjɔ̃] *n.f.* 라틴어화; 라틴화.
latiniser [latinize] *v.t.* 라틴어화하다; 라틴화하다. ~ le nom de Paul en Paulus, Paul이라는 이름을 라틴어화하여 Paulus 라고 하다. —*v.i.* ① 라틴어

latinisme 를 쓰는 체하다. ② (그리스정교 지역에 살면서)로마 가톨릭교의 전례를 따르다.

latinisme [latinism] *n.m.* 라틴어법.

latiniste [latinist] *n.* 라틴어학자; 라틴어를 배우는 학생.

latinité [latinite] *n.f.* ① 라틴어. 라틴어를 쓰기[말하기]. basse ~ 후기 라틴어(법). ② 라틴 문화권, 라틴계의 나라들.

latino-américain(e) [latinɔamerikɛ̃, -ɛn] *a.* 라틴 아메리카의.

latirostre [latirɔstr] *a.* 《조류》부리가 납작한.

latitude [latityd] *n.f.* ① 『지리』위도. Paris est à 48° de ~ Nord. 파리는 북위 48°에 위치하고 있다. hautes ~s 고위도 지방. par 30° (de) ~ nord 북위 30°에. ② 지방(région); 풍토(climat). sous toutes les ~s (지구의) 모든 지방[풍토]에서. ③ (행동의) 자유. avoir toute ~ de + *inf*. 아주 자유롭게 …할 수 있다. donner[laisser] toute ~ à qn (pour + *inf*.)…에게 (…할) 완전한 자유를 주다. ④ 《옛》폭, 넓이(largeur); (말의) 광의(廣義).

latitudinaire [latitydinɛːr] *a.* ①《문어》(도덕적으로)자유방임주의의(↔rigoriste). ②《종교》광교(廣敎)주의의, 광교파의. —*n.* (위)의 사람.

latitudinal(ale, *pl.* **aux)** [latitydinal, -o] *a.* 《선박》횡단면의.

latitudinarisme [latitydinarism] *n.m.* 《종교》자유(관용)주의, 광교파(廣敎派).

Latium (le) [lalasjɔm] *n.pr.m.* 《고대지리》라티움.

latomies [latɔmi] *n.f.pl.* 《고대》 ① (대리석 따위의) 채석장. ② 석굴 감옥.

Latone [latɔn] *n.pr.m.* 『신화』라토나(아폴론의 어머니 레나의 라틴명).

lato sensu [latɔsɛsy] 《라틴》 *ad.* 넓은 뜻으로.

Latran (le) [lɑlɑtrɑ̃] *n.pr.m.* 라테라노(로마의 지명으로, 왕궁·대성당이 있음).

-lâtre, -lâtrie *suff.* 「숭배(의)」의 뜻.

latrie [latri] *n.f.* 『신학』최고의 숭배. culte de ~ 1식 숭배(↔culte de dulie).

latrines [latrin] *n.f.pl.* (군대·학교 따위의) 변소.

latrodecte [latrɔdɛkt] *n.m.* 《동물》(남부 유럽의) 거미의 일종.

lattage [lataːʒ] *n.m.* latter 하기.

latte [lat] *n.f.* ① 가느다란 각재(角材), 오리목. ~ volige (지붕의) 산자. ② 얇은 금속판. ③《옛》(기병의) 군도(軍刀).

latter [late] *v.t.* (에)가는 각재[오리목]를 붙이다.

lattis [lati] *n.m.* 각재[오리목] 세공.

Latvie [latvi] *n.pr.f.* 『지리』라트비아.

latvien(ne) [latvjɛ̃, -ɛn] *a.* 라트비아의. —**L~** *n.* 라트비아 사람.

laudanisé(e) [lodanize] *a.* 로다늄을 함유한.

laudanum [lɔdanɔm] *n.m.* 로다늄(아편제).

laudateur(trice) [lodatœːr, -tris] *n.* 《문어》찬양자, 찬미자(louangeur).

laudatif(ve) [lɔdatif, -iːv] *a.* 찬양하는, 칭찬하는 (élogieux). poème ~ 송가(頌歌). parler d'un ami en termes ~s 친구에 대해 칭찬의 말로 말하다.

laudes [lɔːd] *n.f.pl.* 『카톨릭』찬과(讃課), 성무일도의 새벽기도.

laudinien(ne) [lodinjɛ̃, -ɛn] *a.* 생로(Saint-Lô, 프랑스의 도시)의. —**L~** *n.* 생로 사람.

lauracé(e) [lɔ(o)rase] *a.* 《식물》월계수 비슷한.

lauracées [lɔ(o)rase] *n.f.pl.* 《식물》녹나무과(科) (laurinées).

laurag(u)ais(e) [lɔrɑɡɛ, -ɛːz] *a.* (남프랑스 남부의) 로락 지방의. —**L~** *n.* 로락 사람.

laure [lɔːr] *n.f.* (근동 제국의) 수도원.

lauré(e) [lɔ(o)re] *a.* 《문어》월계관을 쓴.

lauréat(e) [lɔ(o)rea, -at] *a.* ① 월계관을 쓴. poète ~ 계관시인. ② 상을 받은, 입상한. élève ~ 수상학생. —*n.* ① 수상자. ~ du prix Nobel 노벨상 수상자; (시험 따위의) 합격자. liste des ~s 수상자 명단. ②《옛》계관시인(poète ~).

laurelle [lɔ(o)rɛl] *n.f.* = **laurier-rose**.

laurentie [lɔrɑ̃si] *n.f.* 《식물》로베리아의 일종.

lauréole [lɔ(o)reɔl] *n.f.* 《식물》서향나무속.

laurier [lɔ(o)rje] *n.m.* ①《식물》월계수. couronne de ~(s) 월계관. ~ commun (d'Apollon, des poètes) 월계수. ②(*pl.*) 영광, 영예. ~s du guerrier 전사의 영광, 무훈. cueillir(moissonner) des ~s 승리를 거두다, 성공하다. être chargé[se couvrir] de ~s 영광에 싸이다.

se reposer sur (*à l'ombre de*) *ses* ~*s* 공명(功名)을 세우고 유유자적하다; 첫 성공에 만족해버리다 (s'endormir sur ses ~s).

laurier-cerise [lɔ(o)rjesriːz] (*pl.* ~s-~(s)) *n.m.* 《식물》라우로세라스.

laurier-rose [lɔ(o)rjeroːz] (*pl.* ~s-~s) *n.m.* 《식물》협죽도(夾竹桃)(laurose).

laurier-sauce [lɔ(o)rjesoːs] (*pl.* ~s-~) *n.m.* 《요리》월계수(의 잎).

laurier-tulipier [lɔ(o)rjetylipje] (*pl.* ~s-~s) *n.m.* 《식물》양옥련.

laurinées [lɔ(o)rine] *n.f.pl.* = **lauracées**.

laurique [lɔ(o)rik] *a.* 라우린의. acide ~ 《화학》라우릴산(酸).

laurose [lɔ(o)roːz] *n.m.* = **laurier-rose**.

lavable [lavabl] *a.* 세탁할 수 있는.

*****lavabo** [lavabo] *n.m.* 《라틱》 ① (학교·병영 따위의) 세면소; 세면대; (보통 *pl.*) 화장실. ②《종교》세수례(洗手禮); (세수레 때의) 기도.

lavage [lavaːʒ] *n.m.* 세탁, 빨래. 『의학』세척. ~ d'une voiture 세차. ~ du linge 속옷 세탁. ~ des minerais 세광(洗鑛). ~ d'intestin 장세척. ~ de cerveau 세뇌. ~ *de tête* 《구어》심한 꾸지람.

La Vallière, lavallière [lavaljɛːr] *n.f.* 큰 나비넥타이(cravate). —*a.* 낙엽색의. maroquin ~ 낙엽색의 모로코 가죽.

lavande [lavɑ̃ːd] *n.f.* 《식물》라벤더(꿀풀과(科)의 식물). eau de ~ 라벤더 향수.

lavanderie [lavɑ̃dri] *n.f.* 세탁장, 빨래터.

lavandier [lavɑ̃dje] *n.m.* 왕실의 세탁 책임자.

lavandière [lavɑ̃djɛːr] *n.f.* ① 빨래하는 여자. ②《조류》할미새(bergeronnette).

lavaret [lavarɛ] *n.m.* 《어류》송어의 일종.

lavasse [lavas] *n.f.* ①《구어》멀건 수프(커피); 물을 탄 술. Ce café est imbuvable, c'est de la ~. 이 커피는 너무 묽어서 마실 수가 없어. ②《옛》소나기.

lavatory [lavatɔri] *n.m.* (*pl.* ~*ies*) 《영》*n.m.* (세면소가 있는) 공중변소, 화장실; 《옛》이발소.

lave [laːv] *n.f.* 『지질』용암(熔岩).

lavé(*e*¹) [lave] *a.p.* ① 세탁한, 물에 씻은. ② (빛깔이) 엷은; 수채(水彩)의. yeux d'un bleu ~ 엷은 청색의 눈. dessin ~ 담화채. ③ 『농업』(거둔 작물이)비에 젖은.

lave-bouteilles [lavbutɛj] *n.m.* 《복수불변》병(瓶) 소제구.

lave-dos [lavdo] *n.m.* 《복수불변》등을 씻는 손잡이 달린 솔(브러시).

lavée² [lave] *n.f.* 한번에 씻는 털(광석)의 양.

lave-glace [lavɡlas] *n.m.* (자동차 유리 와이퍼의) 살수장치.

lave-mains [lavmɛ̃] *n.m.* 《복수불변》《옛》《종교》

(성기(聖器) 안치소 따위의)손씻는 대야. **lavement** [lavmɑ̃] n.m. ① 〖성서〗 성자(聖者)의 손발을 씻기. ~ des pieds (성 목요일에 행해지는)세족례(洗足禮). ② 〖의학〗 관장(灌腸). prendre un ~ 관장하다. ③〖옛〗귀찮은 녀석.
lave-pare-brise [lavparbri:z] n.m. 《복수불변》(자동차 유리의)와이퍼(세척 장치).
lave-phares [lavfa:r] 《복수불변》(달리는 자동차의)헤드라이트를 닦는 장치.
lave-pieds [lavpje] n.m. 《복수불변》발 씻는 대야.
lave-pinceaux [lavpɛ̃so] n.m. 《복수불변》붓 씻는 그릇.
:laver [lave] v.t. ① 세탁하다, 세척하다. ~ du linge 속옷을 세탁하다. faire ~ sa voiture 차를 세차시키다. machine à ~ 세탁기. ② 씻다, 깨끗이 하다. ~ la figure d'un enfant 아이의 얼굴을 씻어주다. ~ une plaie à l'alcool 상처를 알코올로 씻다. ~ l'intestin 관장하다. ③ (죄·오명 따위를) 씻다, 청산하다. ~ les péchés de qc ~을 씻다. ~ qn d'un soupçon ...의 혐의를 벗겨주다. ④ (색깔을)엷게 하다; 〖미술〗 담채로 그리다. ~ une couleur (물로)색깔을 엷게 하다. ~ un dessin 스케치를 담채로 채색하다. ⑤ 〖기술〗 불순물을 씻어내다. ~ du minerai 세광하다. ~ le papier (습기발기 위해)종이를 명반액에 담그다. ~ un livre (얼룩 제거 용액)책을 산성 용액에 적시다. ~ *la tête à qn* ...을 엄하게 꾸짖다. ~ *un affront dans le sang* 모욕당한 것을 피로 갚다〔복수하다〕. —*se* ~ v.pr. ①세탁되다. Ce tissu *se lave* à l'eau tiède. 이 천은 미지근한 물로 세탁해야 한다. ② 몸을 씻다, 자기 ...을 씻다. *se* ~ la figure (les mains) 얼굴[손]을 씻다. ③ [se ~ de](에서)벗어나다, (을)씻다. *se* ~ *de* soupçon (자기가 받은)혐의를 풀다. *se* ~ *les mains de qc* ...에서 물러나다, 손을 떼다, ...에 책임을 지지 않다.
laverie [lavri] n.f. ① 빨래터, 세탁장; (자동세탁기를 갖춘) 세탁소(~ automatique). ② 〖기술〗 세광장(洗鑛場).
lave-tête [lavtɛt] n.m. 《복수불변》(이발소·미장원의)세면대.
lavette [lavɛt] n.f. ① 식기 씻는 솔, 수세미. ②〖속어〗혀. ③〖구어〗무기력한 사람; 쓸모없는 사람.
laveur(se) [lavœ:r, -ø:z] n. 씻는 사람, 빨래하는 사람; 세광 노동자. —n.m. 솔, 브러시, 걸레. —n.f. 세탁부(婦) (~ *se de linge*); 〖드물게〗 세탁기 (machine à laver).
lave-vaisselle [lavvɛsɛl] (pl. ~-~s) n.m. 접시[식기]씻는 기계 (machine à laver la vaisselle).
lavique [lavik] a. 용암질(熔岩質)의.
lavis [lavi] n.m. 담채화(법); 수묵화(법).
lavoir [lavwa:r] n.m. ① 공동 세탁장, 빨래터; 수조(水槽). ②(센 강의)세탁선(船) (bateau-~). ③〖광산〗세광조(洗鑛槽).
lavure [lavy:r] n.f. ① (부엌의)개숫물. ~ de vaisselle 접시 씻는 물; 묽은〔싱거운〕 수프. ② (닦은 부스러기를 모으기 위해)재를 씻는 작업; (pl.)(그 작업에서 얻은)금은 부스러기. ③〖속어〗저질한 녀석.
lawn-tennis [lontenis] 〖영〗 n.m. 론테니스.
lawrencium [lorɑ̃sjɔm] n.m. 〖화학〗 로렌슘(Lr, 원자번호 103; 초우라늄원소).
laxatif(ve) [laksatif, -i:v] 〖의학〗 a. 변을 잘 통하게 하는. —n.m. 완하제(↔astringent).
laxisme [laksism] n.m. ① 관용주의(비적수여(秘蹟授與)의 성무를 정지시키는 따위의 종교상의 처벌을 없애자는 주의). ② 타협주의, 온건파.
laxiste [laksist] a., n. 관용 주의의(사람).
laxité [laksite] n.f. 〖의학〗 (조직의)이완(弛緩).
laye [lɛ] n.f. =laie ③.
layer[1] [lɛ(e)je] [8] v.t. ① (숲에)오솔길을 만들다. ② (벌목중에 보존할 나무에)표를 하다.
layer[2] [8] v.t. 〖건축〗 (돌을)망치로 쪼다.
layetier [lɛjtje] n.m. 포장용 나무상자 제조인.
layette [lɛjɛt] n.f. ① 배내옷; 기저귀. ② 포장용 나무상자. ③〖옛〗(서류·옷을 간직하는)사랑.
layetterie [lɛjɛtri], **layeterie** [lɛjɛtri, lɛjt(ə)ri] n.f. ① 포장용 나무상자 제조(판매)업. ② 배내옷 제조(판매)업.
layeur [lɛjœ:r] n.m. (숲속에)오솔길을 만드는 사람.
layon[1] [lɛjɔ̃] n.m. (사냥꾼이 다니는)숲속의 오솔길.
layon[2] [lɛjɔ̃] n.m. (짐수레 따위의 후부에 경첩으로 달아놓은)측판(側板).
lazagne [lazaɲ] n.f. ① =lasagne. ②《속어》편지.
lazaret [lazarɛ] n.m. ① (항만·국경·공항의)검역소, 항내(港內) 격리소. ② (소아과 병원의)격리병동; (동물병원의)격리수용소. ③〖옛〗나병원.
lazariste [lazarist] n.m. 〖종교사〗성 라자르회(會) 수도자.
lazaro [lazaro] n.m. 《군대속어》영창(營倉).
lazarone [la(d)zarone] n.m. =**lazzarone**.
lazulite [lazylit] n.m.(f.) 〖광물〗 청금석(靑金石).
lazzarone(pl. *i*) [ladzarone, -i] (이탈리아) n.m. (나폴리의)천민(賤民), 부랑자, 거지.
lazzi [la(d)zi] n.m.pl. 《때로 단수취급하여 복수형에 ~s를 씀》① 해학(諧謔); 조롱. ②〖옛〗(이탈리아) 익살스런 희극.
lb. 《약자》livre 파운드(영국의 무게의 단위).
l.c. 《약자》① loco citato 상기 인용문중. ② lieue carrée 병방리(平方里).
l/c. 《약자》leur compte 〖상업〗...알〔제삼자〕계정.
L.C.I. [elsei] (<《영》 *Landing Craft Infantry*) n.m. 《군사》보병 상륙용 주정.
l/cr. 《약자》lettre de crédit 〖상업〗신용장.
:le[1] [lə] (f. *la* [la], pl. *les* [le]) art. déf. (le, la는 모음자 또는 무성 h앞에서는 *l'*; le, les는 전치사 à, de와 합쳐 *au, aux; du, des* 가 됨. les, aux, des 는 모음 앞에서는 [z]로 연음됨) I. 《보통명사》 ① 《총괄적 용법》ⓐ《종류의 대표》Le chien est un mammifère carnivore. 개는 육식을 하는 포유동물이다. J'aime la musique. 나는 음악을 좋아한다. *Les hommes sont mortels.* 사람은 죽게 마련이다. ⓑ《소유의 개념으로서 주어 또는 목적보어에의 소속》. Il s'est cassé la jambe. 그는 다리를 삐었다. Je lui ai pris la main. 나는 그의 손을 잡았다. Il marchait *le* chapeau sur *la* tête. 그는 모자를 쓰고 걷고 있었다. ②《특정적 용법》ⓐ《지시적 용법; 대화자 쌍방이 다 알고 있는 지적된 것》Fermez la porte. 문을 닫으시오. Je vais à l'école. 난 학교에 간다. Il part dans la semaine. 그는 금주 중에 떠난다. On ne peut y procéder *de la* sorte. 일을 그렇게 할 수는 없다. pour l'instant 지금 당장으로서는. ⓑ《유일물》 *le* soleil 태양. *la* lune 달. *la* terre 지구. ⓒ《감정적 용법》L'idiot! 이 바보야. Oh! le beau chien! 거 정말 예쁜 개로군〔이상은 감탄의 형용사 quel에 해당〕. Hé l'homme! 《속어》여보시오. Merci, Monsieur le professeur. 선생님, 고맙습니다 《호칭앞》. ⓓ《한정적 용법》C'est l'homme dont je vous ai parlé. 저이는 내가 말하던 사람이오. J'ai la certitude qu'il s'est trompé. 나는 그가 잘못했다는 것을 확신하오. l'espoir de réussir 성공하리라는 희망. le temps d'aller voir un film 영화 구경을 할 시간. *le livre de Pierre* 피에르의 책. l'étoile

le¹

polaire 북극성. *la* maison paternelle 아버지의 집. *la* ville de Paris 파리 시. *le* capitaine Moreau 모로 대위. *le* roi Charles 샤를 왕. Nous sommes aujourd'hui *le* samedi 28 novembre 1987. 오늘은 1987 년 11월 28일 토요일이다. *le* matin 아침 (에). *le* lendemain 내일(에). ⓒ《배분적 용법》(chaque, par). cinq francs (*la*) pièce 한개 5 프랑. 10 francs *le* mètre 1 미터당 10 프랑. trois fois *le* jour[*la* semaine] 하루에[일주일에] 세번. Il vient me voir *le* mercredi[*les* mercredis]. 그는 수요일마다 나를 만나러 온다. ⓕ《~수사와 함께》*le* vingtième siècle 20 세기. *la* troisième leçon 제 3 과. ⓖ《전치사와 함께 쓰이는 ~수 앞에서; 어림수》sur *les* deux heures 두 시경에. Je l'ai payé dans *les* 20 mille. 약 2만 프랑 치렀다.

Ⅱ.《고유명사와 함께》ⓐ《대륙명·지방명·국명·산하명·선박명 앞》*l'*Asie 아시아주. *la* France 프랑스. *la* Corse 코르시카 섬. *les* Alpes 알프스 산맥. *la* Seine 센강. *la* Normandie 노르망디호. ⓑ《이탈리아의 저명한 화가·배우명 앞에》*le* Tasse 타소. *la* Callas 칼라스. ⓒ《신문·잡지명 앞》«*le* Monde» 「르몽드 지」. «*l'*Avare» 「수전노」(몰리에르의 희극). ⓓ《건물·단체·가로 따위의 이름 앞》*l'*Université de Paris 파리 대학. *l'*Académie (française) 아카데미 프랑세즈. *le* boulevard Saint-Michel 생 미셸 가. *le* pont Mirabeau 미라보 다리. ⓔ《축제일 앞》*la* Toussaint 만성절. *la* Saint-Jean 성 요한 축일 (※ Pâques 부활제, Noël 성탄절은 무관사). ⓕ《감정적 용법; 명성 또는 경멸을 나타내기 위해 인명 앞에》*le* Thénardier 《레미제라블에 나오는》 그) 테나르디에. *la* Pompadour 《경멸 등이》 15 세의 첩 퐁파두르. *la* Masson 《구어》 마송 아주머니. *la* Dupont 《구어》 뒤퐁씨 부인. ⓖ《한정적 용법; 형용사·보어·종속절 따위로 한정되는 경우》*le* Néron de Racine 라신이 묘사한 네로 황제. *le* Gide poète 시인으로서의 지드. *le* Paris d'il y a dix ans 10 년 전의 파리. *l'*immortel Hugo 불후의 위고. ⓗ《고유명사의 보통명사화》ⓐ《…같은 (사람)》. C'est *le* Napoléon de notre temps. 그는 금세기의 나폴레옹이다. *Les* Corneille sont rares. 코르네유 같은 대극작가는 드물다. ⓑ《작품·생산물을 나타냄》*les* Rubens 루벤스의 그림. *la* Citroën noire de Jean 장의 검은색 시트로엔 차. ⓒ 《pl.》 《집안·가족을 나타냄》 *les* Bourbons 부르봉 왕가. *les* Dupont 뒤퐁씨네 가족. ⓓ《강의적 les》 *Les* Corneille et *les* Racine ont illustré *le* 17ᵉ siècle. 코르네유와 라신은 17세기를 빛냈다.

Ⅲ.《형용사·부사·동사 따위와 함께》ⓐ《이미 한 번 쓰인 명사와 관계하는 형용사 앞》*les* affaires politiques et *les* militaires 정치적 및 군사적 사항. Préférez-vous *les* (cartes postales) en noir ou en couleurs? 《구어》 흑백(그림엽서)를 사시겠어요, 색있는 것을 사시겠어요? ⓑ《한 명사 앞에 여러 개의 형용사가 있을 때》*la* grande et *la* petite industrie 대소 산업. ⓒ《왕명의 별칭》Louis *le* Grand 루이 대왕. ⓓ《다른 품사가 명사로 전용된 경우》*l'*être 존재. *le* manger et *le* boire 음식. *le* beau 미(美). *le* comment et *le* pourquoi 방법과 이유. ⓔ《à la+여성형용사》…식으로, …와 같이. à *la* française 프랑스식으로. à *la* légère 경솔하게. à *l'*étourdie 경솔하게. à *l'*étourdie 경신없이.

Ⅳ.《비교급과 함께 최상급을 만듦; 정관사는 의미에 따라 변화 또는 불변》la femme *la* plus élégante que je connaisse 내가 알고 있는 중에서는 제일 멋있는 여자. *la* plus belle chose 가장 아름다운 것. C'est ce jour-là qu'elle a été *le* plus souffrante. 그 날이 그녀에게 제일 몸이 괴로운 날이었다. C'est elle qui a marché *le* plus vite. 가장 빨리 걸은 사람은 그녀이다.

‡**le²** (*f. la* [la], *pl. les* [le]) *pron.pers.*《강세형이 아닌 경우 le, la 는 모음 앞에서 *l'* 이 되고 les 는 뒤따르는 낱말과 연음됨. le 는 명령형 뒤에서 강세를 취하면 [l∅]로. 본문에서 모음과 모음사이 연음도 하지 않음》① 《직접 타동사 및 voici, voilà 의 직접보어》그(그녀)를, 그것을; 그(그녀)들을, 그것들을. Je vous *le* présenterai. 당신에게 그를 소개하겠읍니다. *Les* voilà! 그 사람들 저기에 있군[오는군]! Donnez-*le*-lui. 그것을 그녀에게 주시오. Donne-*le* à ton frère[dɔnləatɔfrɛr]. 그것을 자네 형(동생)에게 줘라. Faites-*le* apporter [fɛtlɔapɔrte]. 그걸 갖고 오도록 일러라. Faites-*l'*en retirer. 그걸[그를] 거기서 빼내도록 하시오. ②《속사》Êtes-vous *la* mère de cet enfant? — Oui, je *la* suis. 당신이 이 아이의 어머니요? 네, 그렇습니다. ③《동사와 함께 갖가지 숙어를 만듦; 각 동사 참조》 l'emporter sur *qn* …보다 우세하다. *le* céder 양보하다. *l'*échapper belle 간신히 위기를 모면하다.

—*pron. pers. neut.* ①《속사 형용사 또는 형용사적인 무관사명사 대신에》Malheureux, je *l'*étais certainement. 불행했읍니다, 확실히 저는. Êtes-vous mère? — Je *le* suis. 어머니십니까? 그렇습니다. ②《직접보어; 중성대명사·부정법·절·문 대신에》Que tu *le* veuilles ou non, il te faut venir. 싫건 좋건 너는 와야 한다. Partez, il *le* faut. 떠나시오, 꼭 그래야 한다. Cela, vous *le* savez comme moi. 그건 나같이 당신도 잘 아는 터요. Il est plus riche que vous ne *le* pensez. 그는 당신이 생각하는 것보다 부자이오. Le train est-il parti? — Je *le* crois. 기차가 떠났읍니까? 그렇다고 생각합니다.

lé [le] *n.m.* ①《에인선(曳引船)의》뱃길(넓이). ②《피륙의》나비, 폭.

leader [lidœ:r] 《영》 *n.m.* ① 지도자, 통솔자; 수령, (정당의) 당수. ~ gouvernemental 여당당수. ②《신문의》사설. ③《스포츠》수위선수. ④《항공》《편대의》지도기, 지도기의 기장.

leadership [lidœrʃip] 《영》 *n.m.* 통솔력, 영도 능력; 주도권, 관할권.

Léandre [leɑ:dr] *n.pr.m.* 《연극》《이탈리아 희극중의》세련된 멋장이.

leasing [lizin] 《영》 *n.m.* 《경제》《장기간의》 임대계약(crédit-bail).

lebel [label] *n.m.* 《군사》 르벨식 연발총.

lécanie [lekani] *n.f.* 《곤충》 연지벌레.

lécanore [lekanɔ:r] *n.f.* 《식물》《물감을 채취하는》이끼의 일종.

léchage [leʃa:ʒ] *n.m.* ① 핥기 (lèchement). ~ de bottes 아첨. ②《그림·문장 따위를》 꼼꼼하게 다듬기. ~ d'un tableau 그림의 꼼꼼한 마무리.

lèche¹ [lɛʃ] *n.f.* 《구어》《빵·고기 따위의》 얇은 조각.

lèche² *n.f.* ①《속어》아첨, 빌붙기; 핥기. faire de la ~ auprès de *qn* …에게 아첨하다. ② 《회화》 꼼꼼한 손질. peindre ~s à ~s un portrait 아주 꼼꼼하게 초상화를 그리다.

léché(e) [leʃe] *a.p.* 핥은; 《문장·일 따위가》 꼼꼼한, 공들인.

lèche-bottes [lɛʃbɔt] *n.m.* 《복수불변》《구어》 아첨꾼. — *a.* 《불변》 아첨하는.

lèche-carreau(x) [lɛʃkaro] *n.m.* =**lèche-vitrines.**

lèche-cul [lɛʃky] 《속어》 *n.m.* 《복수불변》 아첨꾼.

—a. (불별)핥는.
lèche-doigts (à) [alɛʃdwa] *loc.ad.* 극히 소량으로.
lèchefrite [lɛʃfrit] *n.f.* (불고기의)기름 받는 그릇.
lèchement [lɛʃmɑ̃] *n.m.* 핥기.
lécher [leʃe] [6] *v.t.* ① 핥다. Le chien me *lèche* la main. 개가 내 손을 핥는다. Les flammes *lèchent* le toit. 불길이 널름거리며 지붕을 핥고 있다. ② 꼼꼼히 다듬다. ~ *les vitrines* 《구어》 (상점의)진열창에 코를 갖다대고 구경하다; 윈도쇼핑을 하다.
se ~ *v.pr.* 자기 몸을 핥다; 자기 ···을 핥다.
s'en ~ *les doigts (les pouces, les babines, les babouines)* 《구어》 입맛을 다시다, 맛있어 하다; 입맛을 다셔가며 먹다.
lécherie [lɛ(e)ʃri] *n.f.* 《구어》 ① 대식(大食). ② 아첨, 추종.
léchette [leʃɛt] *n.f.* 《구어》 (빵·고기 따위의)얇은 조각 (petite lèche).
lécheur(se) [leʃœːr, -φːz] *n.* ① 대식가; 입맛추기 좋아하는 사람. ② 비굴한 아첨꾼. ③ (작품에)세심한 신경을 쓰는 화가[작가].
lèche-vitrines, [lɛʃvitrin] *n.m.* 진열장의 상품을 구경하고 다니기, 윈도쇼핑. faire du ~ 윈도쇼핑을 하다.
lécithine [lesitin] *n.f.* 《화학》 레시틴. ···하다.
:leçon [ləsɔ̃] *n.f.* ① 수업, 강의(cours); 학과; 레슨. assister aux ~s 강의를 듣다. donner des ~s 학과를 가르치다, 강의를 맡다. prendre des ~s (d'un professeur) (어느 교수로부터) 가르침을 받다. faire sa ~ 강의하다. ~s de choses 《학교》 실물교육. ~ inaugurale (연속강의의) 첫강의. ~s de piano 피아노 레슨. Il récite une(sa) ~. (비유적) 시킨 일을 열심히 하고 있다.
② (교과서의)과(課). L~ un 제 1 과.
③ 《도덕적·처세적》 교훈, 계율; 충고; 징계(réprimande). ~s de l'histoire 역사의 교훈. sages ~s 현명한 가르침. Je me passerai de vos ~s de morale. 당신의 훈화는 듣고 싶지 않습니다. donner une ~ à *qn* ···을 징계하다. Cet accident lui a servi de ~. 그 사고는 그에게 교훈이 되었다. recevoir une ~ méritée 당연한 벌을 받다. Cela lui donnera une bonne ~. 《구어》 그렇게 해야 제 잘못을 뼈아프게 느낄 것이다.
④ 《학술》 (사본·고문서 따위의)이본(異本).
⑤ 《종교》 일과(日課) (특히 성서·성전의 독서).
faire la ~ *à qn* ···에게 교훈을 주다, 엄하게 훈계하다; 자세하게 지시하다.
Il lui donnerait des ~*s.* 그 문제에 있어서는 그가 월등 실력이 낫다.
recevoir une bonne ~ 훌륭한 교훈을 받다; (반어적) 호되게 당하다.
***lecteur(trice)** [lɛktœːr, -tris] *n.* ① 독자; (도서관의)열람자(liseur). ~ *de journaux* 신문 구독자. *avis au* ~ 서문, 권두언. courrier des ~s 《신문·잡지의》 독자 투고란. ② (극장·출판사의)대본 [원고] 심사위원. ③ 《인쇄》 교정원. ④ 낭독자. ⑤ (독일 대학의)강사; (프랑스 대학의 어학담당)외국인 강사. ⑥ 《가톨릭》 (칠품의 하나인)독사(讀師). ⑦ être bon ~ 《음악》 악보를 보고 바로 노래[연주]할 수 있다.
—*n.m.* (음성)재생장치. ~ *optique* 광학음성재생장치. ~ *magnétique* 자기녹음재생장치. ~ *perforateur de bandes*[*de cartes*]《컴퓨터》 정보해독장치.
lectionnaire [lɛksjɔnɛːr] *n.m.* 《종교》 일과서(日課書), 독송집(讀誦集).
***lecture** [lɛktyːr] *n.f.* ① 독서; 읽을거리, 책; 열람. *aimer la* ~ 독서를 좋아하다. *faute de* ~ 오독. *cabinet de* ~ 열람실. *livre en* ~ 《도서관》 《대출》 중의

책. *apporter de la* ~ 읽을거리를 가져오다. ~s *qn* ···의 애독서. ~ *au son* 모르스 신호의 해독. ② (교과목으로서의)읽기, 읽는 법. la ~ *et l'écriture* 읽기와 쓰기. *premier livre de* ~ 초등독본. ③ 낭독, 낭독법; 《가톨릭》 (성전의)독송; (의회 의의)토의(讀會). donner ~ d'une proclamation 포고문을 낭독하다. faire la ~ à *qn* ···에게 읽어주다. *en deuxième* ~ 제 2 독회에서. ④ 해독; 독해, 해석. ~ *d'une carte* (*d'une partition musicale*) 지도 (악보)의 해독. ~ *psychanalytique d'un ouvrage* 작품의 정신분석학적 해석. ⑤ (녹음의)재생; 《컴퓨터》 해독. *tête de* ~ (전축·녹음기의)헤드. *temps de* ~ 정보해독 시간. ⑥ 《옛》교양, 학식. *homme de grande* ~ 폭넓은 교양을 지닌 사람. *avoir de la* (*beaucoup de*) ~ 박식하다.
lécythe [lesit] *n.m.* 《고대그리스·로마》 기름(향료)항아리(병).
ledit [lədi] (*f. ladite* [ladit], *m.pl. lesdits* [ledi], *f.pl. lesdites* [ledit]) *a.* (à, de 다음에 놓이면 audit, auxdit(e)s; dudit, desdit(e)s로 됨) 《법》 전술(前述)의. *audit lieu* 전술(전기)의 장소에.
lédonien(ne) [ledɔnjɛ̃, -ɛn] *a.* 롱스르소니에(*Lons-le Saunier*, 프랑스의 도시)의. —L~ n. 롱스르소니에 사람.
lefaucheux [ləfoʃø] *n.m.* 르포슈 엽총.
lég. (약자) *légation* 공사관, 공사관원.
légal(ale, *pl.* **aux)** [legal, -o] *a.* ① 법률(상)의, 법적인. *dispositions* ~*ales* 법적조치. *moyens* ~*aux* 법적 수단. *médecine* ~*ale* 법의학. *pays* ~ (제한 선거에서)참정권 소유계급; (경멸)정치가, 지배계급. ② 법정(法定)의, 합법적인. *âge* ~ 법정연령. *monnaie* ~*ale* 법정통화. *assassinat* ~ 합법적 살인. ③ 《옛》 모세의 계율로 정해진.
légalement [legalmɑ̃] *ad.* 법률상; 합법적으로.
légalisation [legalizasjɔ̃] *n.f.* (문서 따위의) 서명이 틀림없음의 증명, 공증; 합법화.
légaliser [legalize] *v.t.* (···의 틀림없음을)증명하다 (attester); 공인하다, 합법화하다.
légalisme [legalism] *n.m.* 준법주의, 법률[율법] 제일주의.
légaliste [legalist] *n.m.* 준법주의자, 법률[율법] 제일주의자(rigoriste).
légalité [legalite] *n.f.* 적법성, 합법성 (↔ *illégalité*). *rester dans la* ~ 법에 저촉되지 않는 범위내에 있다. *sortir de la* ~ 합법성을 벗어나다.
légat [lega] *n.m.* ① 《가톨릭》 교황의 특사; 《옛》 교황령(領)의 주(州) 총독. ~ *a latere* 교황의 특사. ② 《고대로마》 (장군이나 총독의)보좌관; (섭정 시대의)지방 총독. [tier).
légataire [legatɛːr] *n.f.* 《법》 수유자(受遺者)(héri-
légation [legasjɔ̃] *n.f.* ① 공사의 직; 공사관; 외교사절(의 파견). *personnel de* ~ 외교사절의 수행원. *droit de* ~ 외교사절 파견의 권리. ③ 《가톨릭》 교황특사의 직; 《옛》교황령(領)의 주 총독의 직; 교황령의 한 주(州).
legato [legato] 《이탈리아》《음악》 *ad.* 음을 연결하여 부드럽게. —*n.m.* 레가토의 곡(악장).
légatoire [legatwaːr] *a. province* ~ 《고대로마》 주총독(州總督) 관할지역.
lège [lɛːʒ] *a.* 《해양》 (배가)짐이 가벼운. *navire* ~ 적재물이 가벼운 배.
légendaire [leʒɑ̃dɛːr] *a.* 전설의; 전설적인. Hercule est un héros ~. 헤라클레스는 전설상의 영웅이다. *chapeau de* ~ Napoléon 나폴레옹의 전설적인(유명한) 모자. —*n.m.* ① 《옛·문어》 전설 편집자. ② 전설집.
légende [leʒɑ̃ːd] *n.f.* ① 전설; 전기. *la* ~ *de Napoléon* 나폴레옹 전. *entrer dans la* ~ 전설화되다.

La ~ veut que+*sub.* 전설에 의하면…. ② 〖종교〗 성인전(聖人傳). la *L*~ dorée (13세기에 저술된)성인 전기집. ③ (메달 따위에 새긴)글, 명(銘). ④ (삽화 따위의)설명문; (도면·지도의)범례. ⑤ 〖음악〗 레겐데, 전설곡. ⑥〖옛〗(이름 따위의)길다란 나열.

‡**léger(ère)** [leʒe, -ɛːr] *a.* ① 가벼운(↔*lourd*). ~ comme une[de la] plume 깃털처럼 가벼운. métal ~ 경금속. personne ~*ère* comme un papillon 매우 경쾌한 사람. vêtement ~ à porter 착용감이 가벼운 옷. (명사적) plus ~s que l'air 경항공기. ② 경쾌한, 날렵한; 민첩한. tableau peint par touches ~*ères* 경쾌한 필치로 그려진 그림. style ~ 경쾌한 문체. musique ~*ère* 경음악. geste ~ 날렵한 동작. soprano ~ 릴릭 소프라노. se sentir ~ 거뜬한 느낌[기분]이다; 홀가분하다. ③ 얇은(↔*épais*); (술 따위가)약한, (커피 따위가)연한. étoffe ~*ère* 얇은 천. ~*ère* couche de neige 얄팍하게 쌓인 눈. café ~ 연한 커피. parfum ~ 은은한 향기. vin ~ 약한 술. sommeil ~ 풋잠. ④ 섬세한, 우아한. taille ~*ère* 우아한 몸매. flèche ~*ère* 우아한 첨탑. ⑤ 경장비의. armes ~*ères* 경무기, 경장비. bâtiment ~ 경장비의 군함. bombardier ~ 경폭격기. artillerie ~*ère* 경포. ⑥ 경박한, 경솔한; 바람기 있는. caractère ~ 경솔한 성격. se montrer ~ dans sa conduite 행동이 경솔하다. porter un jugement ~ 경솔한 판단을 하다. connaissance ~*ère* 천박한 지식. femme ~*ère* 경박한(바람기 있는) 여자. ⑦ 가벼한, 보잘것 없는, 사소한. La différence est ~*ère*. 차이는 경미하다. blessure[peine] ~*ère* 가벼운 상처[형벌]. faute ~*ère* 사소한 실수. ⑧ (음식이)담백한, 소화가 잘 되는. aliment [repas] ~ 가벼운 음식[식사]. ⑨〖옛〗[~ de]부족한, 결핍된. ~ d'esprit 재치가 없는. ~ d'argent 가난한.
à la ~*ère* 경쾌하게; 경솔하게.
avoir la langue ~*ère* 분별없이 마구 말하다.
avoir la main ~*ère* 손이 재빠르다; 솜씨있다; 솜씨있게[가볍게] 다루다.
avoir la tête ~*ère* 머리가 비어 있다, 경솔하다.
avoir le cœur ~ 마음이 편하다.
avoir le pied ~ 발이 가볍다; 항상 쏘다니다.
avoir l'estomac ~ 속이 비어 있다, 배가 고프다.

*légèrement [leʒɛrmɑ̃] *ad.* ① 가볍게, 경쾌하게. remuer ~ la tête 머리를 살래살래 흔들다. vêtu ~ 가벼운 옷차림을 한. marcher ~ 경쾌하게 걷다. manger ~ 가벼운 식사를 하다. ② 경미하게; 약간, 조금; 〖속어〗상당히, 제법. ~ plus grand 약간 더 큰. ~ enrhumé 약간 감기 기운이 있다. ③ 경솔하게; 경박하게. parler ~ de choses sérieuses 심각한 일에 대해 경솔하게 말하다.

légèreté [leʒɛrte] *n.f.* ① 가벼움; 경쾌함. marcher avec ~ 경쾌하게 걷다. ~ de main (능란한)손재주. ② 얇음; 섬세함, 우아함. ~ de la flèche gothique 고딕식 첨탑의 우아함. ③ 경솔함, 경박함; 변덕스러움. avoir la ~ de+*inf.* 경솔하게도 …하다. se plaindre de la ~ de son amant 애인의 변덕스러움을 불평하다. ④ (과오·부상 따위의)경미함. ⑤ 〖옛〗경솔한 언행.

léger-vêtu(e) [leʒevety] *a.* 경장(輕裝)을 한.

leggings [legiŋs], **leggins** [legins] 〖영〗*n.m.pl.* 각반(脚絆). 〖크리켓〗정강이받이(jambières).

leghorn [legɔrn] 〖영〗*n.m.* 레그혼〖닭의 품종〗.

légiférer [leʒifere] [6] *v.i.* 법률을 제정하다. pouvoir de ~ 입법권. ② (문벌 따위의)규칙을 정하다.

légi fi〖약자〗législation financière 재정법.

légion [leʒjɔ̃] *n.f.* ① (로마의)군단; (16~19세기 프랑스의)보병군단. ② (프랑스의)헌병대; (*pl.*)〖옛〗군대. ③ 외인부대(*L*~ étrangère). ④ 다수, 무리(multitude). une ~ de fourmis 개미떼. ~ de démons 〖종교〗악마의 군단. ~ (관사 없이 무변화로)Ils sont ~. 그들은 무리를 이루고 있다. ⑤ ~ d'honneur 레지옹도뇌르 훈장.
Je m'appelle ~. 나의 이름은 군대이다〖마가 5:9, 걸맞게, 하나님의 실상은 다수임을 말함〗.

légionnaire [leʒjɔnɛːr] *n.m.* ① 외인부대의 병사. (고대로마의)군단의 병사. ② 레지옹도뇌르 훈장 패용자(佩用者).

législateur(trice) [leʒislatœːr, -tris] *n.* 입법자. —*n.m.* 입법권; 입법부; 국회의원. —*a.* 입법의, 입법자의.

législatif(ve) [leʒislatif, -iːv] *a.* ① 입법의, 입법(부)에 관한. pouvoir ~ 입법권. élections ~*ves* 국회의원 선거. Assemblée ~*ve* 〖프랑스사〗입법의회 (1791-1792; 1849-1851). Corps ~ 〖프랑스사〗입법원 (1852-1870). ② 입법상의, 법적인. dispositions ~*ves* 법규. acte ~ 법령.
—*n.m.* 입법권(pouvoir ~). le ~ et l'exécutif 입법권과 행정권.
—*n.f.* la *L*~ 입법의회(Assemblée ~*ve*).

législation [leʒislasjɔ̃] *n.f.* ① 〖옛〗입법, 입법권. ② 법률, 법제(法制). ~ criminelle 형법. ~ électorale 선거법. ~ civile 민법. ③ 법학.

législativement [leʒislativmɑ̃] *ad.* 법에 의하여; 입법(권)에 의하여.

législature [leʒislatyːr] *n.f.* ① 입법기관, 입법부, 입법의회. ② 입법의회의 회기.

légiste [leʒist] *n.m.* ① 법률학자. ② 〖프랑스사〗(왕의)법률고문, 레지스트. —*a.* médecin ~ 〖법〗법의학자.

légitimaire [leʒitimɛːr] *a.* 〖법〗(권리가)유류분(遺留分)에 관한. portion ~ 유류분.

légitimation [leʒitimasjɔ̃] *n.f.* ① 〖법〗(서자를)적자(嫡子)로 인정하기, 준정(準正). ② (지위·권리의)공인, 인정. ③〖문어〗(행동 따위의)정당화.

légitime [leʒitim] *a.* ① 합법적인, 적법의, 법률상의 (légal, ~ naturel). enfant[femme] ~ 적자(본처). union ~ 합법적인 결혼. ~ défense 〖법〗정당방위. ~ (요구 따위가)정당한(juste). revendications ~*s* 정당한 권리요구. récompense ~ 정당한 보수. ~ colère 당연한 분노.
—*n.f.* ① 〖법〗유류분(réserve). ② 〖속어〗아내, 본처.

légitimé(e) [leʒitime] *a.p.* 적출(嫡出)이라고 인정된. ~ (서자가 법적으로 인정받은)적자.

légitimement [leʒitimmɑ̃] *ad.* 합법적으로; 정당하게; 당연히. fortune ~ acquise 합법적으로 취득한 재산.

légitimer [leʒitime] *v.t.* ① 〖법〗(사생아를)적자로 인정하다. ② 인지(認知)하다. ③ (행위·요구 따위를)정당화하다(justifier). 공인하다.

légitimisme [leʒitimism] *n.m.* 〖프랑스사〗정통왕조주의(正統王朝主義).

légitimiste [leʒitimist] *n.* (프랑스·에스파냐의)정통왕조파. —*a.* 성통왕조파의. le parti ~ 정통왕당파.

légitimité [leʒitimite] *n.f.* ①적출(嫡出), (왕계가)정통임. ② (행위·수단의)정당성, 합법성. ~ d'une prétention 권리 주장의 합법성. ~ d'un con-

trat 계약의 합법성. ③ 〖정치〗 정통왕위 계승권. partisan de la ~ 정통왕조파.

legs [lɛ, lɛg] *n.m.* 〖법〗 유증(遺贈); 유증물; (비유적) 유산. faire un ~ 유증하다. ~ à titre universel 포괄명의의 유증. ~ universel 포괄 유증. ~ du passé 전시대의 유산. coureur de ~ (구어) 유산을 노려 아첨하는 사람.

léguer [lege] ⑥ *v.t.* 유증하다; 물려주다. *Il légua toute sa collection de tableaux au Louvre.* 그는 수집한 모든 그림을 루브르 박물관에 유증했다. ~ *un exemple à la postérité* 후세에 모범을 남기다. **—se ~** *v.pr.* 대를 이어 전해지다.

‡**légume** [legym] *n.m.* ① 야채, 채소(potager). *cultiver des ~s* 야채를 재배하다. *~s verts* 녹색채소. *~s secs* 콩류. *soupe de[aux] ~s* 야채수프. ② 〖식물〗 꼬투리, 깍지. **—***n.f.* 〖구어〗거물, 세도가(*grosse* ~). *être dans les ~s* 중요한 지위에 있다.

légumier(ère) [legymje, -ɛːr] *a.* 야채의. *jardin ~* 채소밭. *culture ~ère* 야채 재배. **—***n.m.* 야채 담는 집시. **—***n.* 〖화학〗 채소 장수.

légumine [legymin] *n.f.* 〖화학〗 레구민.

légumineux(se) [legyminø, -øːz] *a.* 꼬투리가 있는. **—***n.f.pl.* 콩과식물.

légumiste [legymist] *n.* 채소 재배자; 채식주의자.

lehm [lem] 〖독일〗 *n.m.* 〖지질〗 황토.

lei [le] *n.m.pl.* ⇨leu.

leibnizianisme [lajbnitsjanism] *n.m.* 라이프니츠(*Leibniz*)철학.

leibnizien(ne) [lajbnitsjɛ̃, -ɛn] 〖철학〗 *a.* 라이프니츠파의. **—***n.* 라이프니츠파의 철학자.

Leipzig [lajpsi(t)(s)ig] *n.pr.* 〖지리〗 라이프치히 (독일의 도시).

leipzigois(e) [lajpsi(t)(s)igwa, -aːz] *a.* 라이프치히의. **—L~** *n.* 라이프치히 사람.

leishmania [lɛʃmanja], **leishmanie** [lɛʃmani] *n.f.* 〖동물〗 (영국의 의학자 레슈만이 발견한) 레슈마니아(속)(동물성 편모충류).

leishmaniose [lɛʃmanjoːz] *n.f.* 〖의학〗 레슈마니아 병(病).

leitmotif(*pl.* ~*s*), **leitmotiv**(*pl.* ~*e*) [lajtɛ(e)tmotif] 〖독일〗 *n.m.* ① 〖음악〗 시도동기(示導動機), 라이트모티프. ② (문학 작품 따위의) 중심 사상, 반복되는 주제.

lem [lem] (<〖미영〗 *lunar excursion module*) *n.m.* 달착륙선.

Leman [lemɑ̃] *n.pr.m.* lac ~ 〖지리〗 레만 호.

lemmatisation [lɛmatizasjɔ̃] *n.f.* (사전편찬에서) 표제어로 올리기 위해 형태의 변이를 보이는 요소의 대표형을 약정하는 것 (동사의 경우 부정법 형태를 표제어로 등재하는 따위).

lemme [lem] *n.m.* 〖수학·논리〗 보조 정리; 부명제(副命題); (사전·어휘집의)표제어.

lemming [lɛmiŋ] *n.m.* 〖동물〗 나그네쥐.

lemna [lemna], **lemne** [lɛmn] *n.f.* 〖식물〗 좀개구리밥속(屬).

lemnacées [lɛmnase] *n.f.pl.* 〖식물〗 개구리밥과.

lemnien(ne) [lɛmnjɛ̃, -ɛn] *a.* 렘노스(*Lemnos*, 에게 해의 섬)의.

lemniscate [lɛmniskat] *n.f.* 〖기하〗 쌍엽곡선(雙葉曲線).

lemnisque [lɛmnisk] *n.m.* 〖고대로마〗 (승리자에게 주는) 영예의 관의 장식 끈.

lemon-grass [lemɔngras] 〖영〗 *n.m.* 〖식물〗 레몬그라스.

lémur(e) [lemyːr] *n.m.* 〖동물〗 여우원숭이.

lémures [lemyːr] *n.m.pl.* 〖고대로마〗 귀신, 망령.

lémurien(ne) [lemyrjɛ̃, -ɛn] 〖동물〗 *a.* 여우원숭이의. **—***n.m.pl.* 여우원숭이류.

lémuries [lemyri] *n.f.* 〖고대로마〗 사령제(死靈祭)(5월 9, 11, 13일에 집안의 악령을 쫓기 위해 행하는 비공식 종교축제).

L. en D. (약자) *licencié en droit* 법학사.

‡**lendemain** [lɑ̃dmɛ̃] *n.m.* ① (그)다음날, 이튿날; 직후. *le ~ matin* 그 다음날 아침. *au ~ de son arrivée* 그가 도착한 다음날. *au ~ de la guerre* 전쟁 직후에. *Il ne faut pas remettre au ~ ce qu'on peut faire le jour même.* (속담) 오늘 할 일을 내일로 미루지 말라. ② 미래, 장래(*avenir*). *sans ~* 한동안만의, 일시적인. *penser*(*songer*) *au ~* 장래 일을 생각하다. ③ (어떤 사건 따위의) 결말. *Cette affaire a eu d'heureux ~s.* 이 사건의 결말은 다행했었다.

du jour au ~ 순식간에, 어느덧.

Il n'est pas de fête sans ~. (속담) 즐거움에는 괴로움이 뒤따르는 법이다.

Il n'y a pas de bonne fête sans ~. (속담) 즐거운 축제는 계속되어야 한다.

Le plus beau ~ ne nous rend pas la veille. (격언) 내일이 아무리 좋을지라도 어제는 어쩔 수 없다.

triste comme un ~ de fête 극히 슬픈.

lendit [lɑ̃di] *n.m.* (옛) 큰 장 (중세기의 파리근교 *Saint-Denis*에 서던); (장이 서는 동안의)대학의 휴가; (고등학교에서 학생들에게 주는 사례금.

lendore [lɑ̃dɔːr] *n.* (옛·구어) 멍청이.

lénifiant(e) [lenifjɑ̃, -ɑ̃:t] *a.* ① 〖의학〗 (고통을) 진정시키는. ② (마음을) 가라앉히는(calmant). *propos ~s* 안심시키는 말.

lénifier [lenifje] *v.t.* ① 〖의학〗 진정시키다, 완화하다. ② (마음을) 가라앉히다(calmer).

léninisme [leninism] *n.m.* 레닌주의.

léniniste [leninist(ə)] *a.* 레닌의, 레닌주의의. **—***n.* 레닌주의자.

lénitif(ve) [lenitif, -iːv] *a.* 완화하는, 진정하는. **—***n.m.* 〖의학〗 진통제, 완화제(adoucissant). ②위안, 달램.

***lent(e¹)** [lɑ̃, -ɑ̃:t] *a.* ① 느린, 굼뜬, 완만한(mou, traînard); 우둔한; 효과가 느린. *être ~ dans le choix* 선택에 느리다. *avoir l'esprit ~* 머리가 둔하다. [~ *à* + *inf.*] *être ~ à comprendre* 이해가 느리다. *Il est ~ à la colère* 여간해서는 골을 안 내는. ② 〖해양〗 뱃머리를 돌리는 데 시간이 걸리는.

lente² *n.f.* 〖곤충〗 서캐.

‡**lentement** [lɑ̃tmɑ̃] *ad.* 느리게, 천천히(doucement), ↔vite). *Hâte-toi ~.* (속담) 급할수록 해 천 하.

lenter [lɑ̃te] *v.t.* =lanter.

lenteur [lɑ̃tœːr] *n.f.* ① 느림, 완만; 굼뜸, 진척이 느림, 지체; 우둔 (↔vivacité, diligence). ~ *de la construction* 건설의 지체. (*parler*) *avec ~* 천천히 (느릿느릿) (말하다). ② (*pl.*) 완만하게 하기. (*pl.*).

lenticelle [lɑ̃tisɛl] *n.f.* 〖식물〗 피목(皮目), 껍질눈.

lenticellé(e) [lɑ̃tisɛle] *a.* 〖식물〗 피목이 있는.

lenticulaire [lɑ̃tikylɛːr], **lenticulé(e)** [lɑ̃tikyle] *a.* 렌즈콩 모양의, 렌즈 모양의.

lenticule [lɑ̃tikyl] *n.f.* 〖식물〗 좀개구리밥.

lentiforme [lɑ̃tifɔrm] *a.* **=lenticulaire**.

lentigineux(se) [lɑ̃tiʒinø, -øːz] *a.* 주근깨가 있는.

lentigo [lɑ̃tigo] *n.m.*, **lentigine** [lɑ̃tiʒin] *n.f.* 〖의학〗(tache de rousseur).

lentille [lɑ̃tij] *n.f.* ① 〖식물〗 렌즈콩. ~ *d'eau* 〖식물〗 좀개구리밥. ② (시계의) 추(*le pendule*). ③ 〖광학〗 렌즈. ~ *s cornéennes* 콘택트렌즈 (*verre de contact*). ④ 〖해양〗 (하갑판의)채광창. ⑤ (*pl.*) 주근깨.

lentilleux(se) [lɑ̃tijø, -ø:z] *a.* 주근깨가 있는. visage ~ 주근깨가 있는 얼굴.

lentillon [lɑ̃tijɔ̃] *n.m.* 《식물》 (알이 작은)렌즈콩의 일종.

lentiprisme [lɑ̃tiprism] *n.m.* 《광학》 각릉(角稜).

lentisque [lɑ̃tisk] *n.m.* 《식물》 유향나무. 렌즈.

lento [lɛnto] 《이탈리아》 《음악》 *ad.* 느리게, 천천히. —*n.m.* 완서곡(緩徐曲).

Léon [leɔ̃] *n.pr.m.* Vas-y ~. 《속어》힘 내라.

léonais(e) [leɔnɛ, -ɛ:z], **léonard(e)**¹ [leɔna:r, -ard] *a.* 레옹 지방(*pays de Léon*, Bretagne 의 한 지방)의. —**L**~ *n.* 레옹 사람. —**L**~ *n.m.* 레옹 사투리.

léonard(e)² *a.* 생폴드레옹(*Saint-Pol-de-Léon*, 프랑스의 도시)의. —**L**~ *n.* 생폴드레옹 사람.

Léonides [leɔnid] *n.f.pl.* 《천문》 사자좌(座)의 유성군(流星群).

léonin(e)¹ [leɔnɛ, -in] *a.* ① 사자의. ② (계약·조건 따위가)편파적인, 불공정한(injuste, ↔ juste). partage ~ 부당한 분배.

léonin(e)² *a.* 《문학사》레옹시형의(라틴시에서 각 행의 중간과 끝의 말의 음절이 압운하는 것, 프랑스 시에서 반구(hémistiche)중의 각운 또 같은 음이 반복되는 것). rime —*e* 《운율》레옹형 압운.

léonnais(e) [leɔnɛ, -ɛ:z] *a., n.* = **léonard**².

léontice [leɔ̃tis] *n.f.* 《식물》 모란의 일종.

léontine [leɔ̃tin] *n.f.* (여자용)시계줄.

léont(o)- *préf.* 「사자」의 뜻.

léonure [leɔny:r] *n.m.* 《식물》 익모초속(屬).

léopard [leɔpa:r] *n.m.* 《동물》 표범. manteau de ~ 표범 털가죽의 외투. tenue ~ (낙하산병의)얼룩무늬 군복.

léopardé(e) [leɔparde] *a.* ① 표범 같은 반점이 있는. ② 《문장》 사자가 걸어가는 모습의.

lépadogastre [lepadɔgastr] *n.m.* 《어류》 배에 빨판이 있는 물고기.

lépas [lepa:s] *n.m.* 《패류》 삿갓조개.

lépido- *préf.* 「비늘·인(鱗)」의 뜻.

lépidodendron [lepidɔdɛ̃drɔ̃] *n.m.* 《고대생물》 인목(鱗木).

lépidolit(h)e [lepidɔlit] *n.m.* 《광물》 인운모(鱗雲母).

lépidoptères [lepidɔptɛ:r] *n.m.pl.* 《곤충》 인시류(鱗翅類).

lépidoptériste [lepidɔpterist] *n.m.* 인시류 학자.

lépidoptérologie [lepidɔpterɔlɔʒi] *n.f.* 《곤충》 인시류학.

lépidosiren, lépidosirène [lepidɔs[ɔz]irɛn] *n.m.* 《어류》 (남미산의)폐어(肺魚)류의 일종.

lépidostée [lepidɔste] *n.m.* 《어류》 담수어.

lépiote [lepjɔt] *n.f.* 《식물》 송이버섯의 일종.

lépisme [lepism] *n.m.* 《곤충》 반대좀.

léporide [lepɔrid] *n.m.* 집토끼와 산토끼의 잡종.

léporides [lepɔrid], **léporidés** [lepɔride] *n.m.pl.* 《동물》 토끼과(科).

lèpre [lɛpr] *n.f.* 《의학》 문둥병, 나병, 레프라.

lépreux(se) [leprø, -ø:z] *a.* ① 나병에 걸린. ② 곰팡이가 슨. murs ~ 곰팡이 슨 벽. —*n.* 나병환자, 문둥이. traiter *qn* comme un ~…와 사귀기를 꺼리다, …와 말을 건네기조차 싫어하다.

léprome [leprom] *n.m.* 《의학》 나종(癩腫), 나결절(癩結節).

léproserie [leprozri] *n.f.* 나병원, 나병환자 수용소.

lepte [lɛpt] *n.m.* 《동물》 진드기의 일종.

leptinotarse [leptinɔtars] *n.f.* 《곤충》 감자벌레의 일종.

-leptique *suff.* 《의학》「…약, …제」의 뜻.

lepto- *préf.*「얇은, 미세한」의 뜻.

leptocardiens [lɛptɔkardjɛ̃] *n.m.pl.* 《어류》 협심류(狹心類), 두개골이 좁고 긴 물고기류.

leptocéphale [lɛptɔsefal] *n.m.* 《어류》 붕장어·뱀장어의 유생(幼生).

leptodactyle [lɛptɔdaktil] 《조류》 *a.* 가는 다리가 있는. —*n.m.* 세지류(細趾類).

leptolithique [lɛptɔlitik] *a.* 후기 구석기시대의. —*n.m.* 후기 구석기시대.

lepton¹ (*pl. a*) [lɛptɔ̃, -a] *n.m.* 그리스의 동전(drachme 의 100 분의 1, 1 상팀에 해당).

lepton² *n.m.* 《물리》 립톤, 경입자(輕粒子)(소립자 그룹의 명칭).

leptorhin(e) [lɛptɔrɛ̃, -in], **leptorhinien(ne)** [lɛptɔrinjɛ̃, -ɛn] *a.* (사람·동물의)코가 좁은, 콧구멍이 좁은.

leptospire [lɛptɔspi:r] *n.m.* 《의학》 렙토스피라 (나선상 원생동물).

leptospirose [lɛptɔspiro:z] *n.f.* 《의학》 렙토스피라증(症).

lepture [lɛpty:r] *n.f.* 《곤충》 하늘소.

;lequel [ləkɛl] (*f.* **laquelle** *m.pl.* **lesquels,** *f.pl.* **lesquelles** (lequel, lesquels, lesquelles 는 전치사 à, de 와 합쳐져서 auquel, auxquels, auxquelles; duquel, desquels, desquelles 가 됨) *pron.rel.* ① (주어로서; 현재는 법률문서·공문서 또는 문장 속에서의 모호함이나 qui 의 반복을 피하는 경우에만 사용) On a entendu 3 témoins, *lesquels* ont dit… 증인 세 사람의 말을 청취했는데 그들은 …이라고 진술하였다. la mère de Jean, *laquelle* est en Belge 벨기에에 있는, 장의 어머니, *lequel* des deux qui vienne 《옛·문어》둘 중에 누가 오든.
② (전치사와 함께 보어로서 사용하는 경우) le voyage *auquel* elle pense toujours 그녀가 항상 생각하고 있는 여행. le milieu dans *lequel* je vis 내가 살고 있는 환경. la raison pour *laquelle*……한 이유. les enfants avec *lesquels* elle partage la chambre 그녀가 방을 함께 쓰는 아이들. Beaucoup de soldats blessés, parmi *lesquels* se trouva son fils. 많은 부상병들 사이에 그의 아들이 있었다.

[REM] (1) 직접목적보어로 사용되는 que 대신에 단독으로 사용되는 경우는 《옛》 또는 《문어》이고 현재는 드물게 사용한다. (2) 관계대명사에 전치사가 붙는 경우, 선행사가 사람일 때 qui, lequel 이 함께 사용되지만, 전치사가 parmi, dans 인 경우에는 반드시 lequel 을 사용. 또 사람 이외의 동물·사물인 경우 현재로는 qui 는 사용 못하며 lequel 을 사용. 단지 예외적으로는 선행사가 부정관사·부정형용사 뒤에 놓일 때 quoi 로 사용할 수 있음. (3) dequel, de laquelle… 은 보통 dont 으로 바꿔 놓을 수 있지만 [선행사+전치사+명사+duquel/de laquelle/desquels/desquelles]의 형태인 경우는 바꿔 놓을 수 없다:les collaborateurs avec le concours *desquels* j'ai mené cette tâche 이 일을 수행하는데 있어서 내가 도움을 받은 협력자들.
—*a.rel.* 《문어》 (앞의 말을 받아서)그(현재는 법률문서·공문서인 경우에만 사용). *auquel* cas 그 경우에(en ce cas).
—*pron.interr.* (앞뒤의 사람·사물을 받아서) *L*~ des deux viendra? 둘 중에 누가 올까? Voici deux solutions possibles. Dites-moi *laquelle* vous préférez. 여기 두가지 해결 방법이 있습니다. 어느 쪽이 좋으신지 말씀하십시오. Je connais ton amie. —*Laquelle*? 나는 네 여자 친구를 알고 있다. 어느 여자 친구를? *L*~ vaut mieux, manger ou dormir? 먹는 것과 자는 것 어느 쪽이 나을까?

lerch(e) [lɛrʃ] *ad.* 《은어》많이, 듬뿍. pas ~*e* 약간, 조금.

Lerne [lɛrn] *n.pr.* hydre de ~ 《그리스신화》 그리스의 레르나 늪에 사는 머리가 일곱인 뱀.

lérot [lero] *n.m.* 《동물》 다람쥐 비슷한 설치류의 일종.

les[1] [le] *art.déf.pl.* ⇨le[1].

les[2] *pron. pers.* 《3인칭 복수》 ⇨le[2].

lès [lɛ], **les**[3] [le] *prép.* ...의 곁의 《Plessy-*lès*-Tours 처럼 지명에만 쓰임》 (lez).

lesbianisme [lɛsbjanism(ə)], **lesbisme** [lɛsbism(ə)] *n.m.* 여성의 동성애.

lesbien(ne) [lɛsbjɛ̃, -ɛn] *a.* 레스보스(*Lesbos*)섬의. ─**L**~ *n.* 레스보스 사람. ─*n.m.* 레스보스어《그리스의 사투리》. ─*n.f.* 동성 연애하는 여자.

lesdit(e)s [ledi(t)] *a.pl.* ⇨ledit.

lèse [lɛz] *a.f.* 《연결부호로 명사와 결합되어》 (을)손상한, 모독의. crime de ~-humanité 파렴치죄.

lèse-majesté [lɛzmaʒɛste] *n.f.* 《법》 불경죄, 대역죄 (crime de ~).

léser [leze] [6] *v.t.* (사람·자존심 따위를)해치다, 상하게 하다(nuire à); (이익 따위를)침해하다. ~ les droits de *qn* …의 권리를 침해하다. *être lésé dans ses intérêts* 이익을 침해당하다. *partie lésée* 피해자.

lésinant(e) [lezinɑ̃, -ɑ̃:t] *a.* 인색한.

lésine [lezin] *n.f.* 《앵·문어》 인색(avarice).

lésiner [lezine] *v.i.* (에 있어서) 인색하게 굴다(rogner). [~ sur] ne pas ~ sur l'éducation de ses enfants 자식들의 교육에는 돈을 아끼지 않다. ~ *sur tout* 아주 깍쟁이다.

lésinerie [lezinri] *n.f.* ① 인색한 짓. ② =lésine.

lésineur(se) [lezinœːr, -øːz] *a.* 인색한(avare). ─*n.* 수전노, 인색한 사람.

lésion [lezjɔ̃] *n.f.* ① 《의학》 상해(傷害), 병해. ~ cérébrale 뇌손상. ② 《법》 위반행위, (권리의) 침해(dommage).

lésionnaire [lezjɔnɛːr] *a.* 《법》 권리침해의, 위반의. *condition* ~ 계약위반의 성립 조건.

lésionnel(le) [lezjɔnɛl] *a.* 《의학》 상해의.

L. ès L. 《약자》 licencié ès lettres 문학사.

Lesotho [lalezoto] *n.pr.m.* 《지리》 레소토《남아프리카의 왕국》.

lesquel(le)s [lekɛl] ⇨lequel.

L. ès Sc. 《약자》 licencié ès sciences 이학사.

lessivable [lesivabl] *a.* 빨 수 있는, 세탁이 되는.

lessivage [lesivaʒ] *n.m.* ① 잿물로 표백하기; 세탁; 《비유적》 (낡은 사상의)일소. ② 《속어》 (도박 따위에서의)큰 손해. ③ 《광산》 (물에)걸러 내기.

lessive [lesiːv] *n.f.* (비누를 만드는 소다·칼리 따위의)알칼리성 용액; (가정용)분말세제. ~ de soude 소다비누(용액). ~ de potasse 양잿물. mettre du linge à la ~ 속옷을 세탁용 용액(세제)에 담그다. acheter un paquet de ~ 분말세제를 한 상자 사다. ~ neutre 중성세제. ②세탁; 세탁물. faire la ~ 세탁하다. rincer la ~ 세탁물을 헹구다. jour de ~ 빨래하는 날. ③《구어》 (사악한 인간의)일소; 숙청; (옛)(파산 따위에 의한 재산의)염가처분; (옛) 지위·자격 따위의 잃기. ④《화학》 ~ alcaline 알카리액; ~ des savonniers 비누원료로서의 소다액; ~ de cendres 잿물.

lessivé [lesive] *a.* (세제로)세탁한. *murs bien* ~s 깨끗하게 닦은 벽. ②《속어》 기진맥진한; (도박에서 내기로)빈털터리가 된.

lessiver [lesive] *v.t.* ① (마루·벽 따위를)닦다; (옛) 세탁하다. ~ *le parquet* 마루를 닦다. ② 《화학》 (용제에서 가용성분을)추출하다, 빼내다. ③ [~ *qn*] (도박에서)상대방의 돈을 몽땅 따다; (경기에서 상대방을)제쳐버리다; (상대방을 지위에서)제거하다. ~ *la tête à qn* 《속어》 …을 나무라다.

lessiveur(se) [lesivœːr, -øːz] *n.* 세탁(표백)하는 사람. ─*n.f.* 세탁기.

lessiviel(le) [lesivjɛl] *a.* 세탁의, 세탁에 관한. *produits* ~s (세탁용)세제.

lessonie [lesɔni] *n.f.* 《식물》 다시마의 일종.

lest [lɛst] *n.m.* 《복수없음》 ① 《해양》 밸러스트, 바닥짐《배의 균형을 잡기 위해 뱃바닥에 싣는 물·모래·쇠 따위》. faire son ~ 바닥짐을 싣다. *navire sur* ~ (바닥짐만 있고)하물이 없는 배. ②(기구의)모래 주머니. ③ (어망의)추. *homme qui a besoin de* ~ 침착성이 없는 사람. *jeter*(*lâcher*) *du* ~ (배의)바닥짐을 버리다; 《구어》위험을 모면하기 위해 큰 희생을 치르다.

lestage [lɛstaʒ] *n.m.* 밸러스트(바닥짐)를 싣기.

leste [lɛst] *a.* ① 민첩한, 재빠른, 활발한(agile, vif). avoir la main ~ 《구어》걸핏하면 손이 올라가다(때리다); 싸움을 잘하다. *marcher d'un pas* ~ 경쾌하게 걷다. ~ *à l'ouvrage* 일하는 데 신속하다. ② (말·노래 따위가)외설스러운, 상스러운(cru, grivois. ↔ sérieux). *raconter une histoire un peu* ~ 외설스러운 이야기를 하다. ③ 경솔한, 조심성이 없는. ④ 멋부리는; (복장)멋진, 우아한.

lestement [lɛstəmɑ̃] *ad.* ① 재빠르게, 민첩하게, 신속하게. ② 경솔하게; 상스럽게. ③ 《옛》 우아하게.

lester [lɛste] *v.t.* ① (배에)바닥짐을 싣다. ② (기구에)모래주머니를 싣다. ③ 《속어》 가득 채우다. ~ *son estomac* 든든히(배불리) 먹다. ~ *ses poches* 호주머니에 물건을 넣다. ─*se* ~ *v.pr.* 《구어》 사기의 …을 가득 채우다; 든든하게 먹다 (se ~ l'estomac) *de nourriture*. ② 《속어》 착실(견실)해지다, 안정되다.

lesteur [lɛstœːr] *n.m.* 《해양》 바닥짐을 싣는 인부; 바닥짐 운반인.

let [lɛt] 《영》 *a.* 《불변》《테니스·탁구》 레트《네트를 건드리고 상대방 코트에 들어간 서브 공》.

L.-et-C. 《약자》 Loir-et-Cher [lwarəʃɛːr]《프랑스의 도(道)》.

letchi [lɛtʃi] *n.m.* 《식물》 =litchi.

L.-et-G. 《약자》 Loir-et-Garonne [lwarəgarɔn]《프랑스의 도(道)》.

lét(h)al(ale, *pl. aux***)** [letal, -o] *a.* 《생물·의학》치사(致死)의, 치명적인. *gène*(factor) ~ 치사전자(인자). *dose* ~*ale* (독물의)치사량.

lét(h)alité [letalite] *n.f.* 사망율(率). 《의학》치사율(致死率). *tables de* ~ 사망일표.

léthargie [letarʒi] *n.f.* ① 《의학》 혼수(가사(假死))상태(hypnose). ② (지능의)마비상태, 나태. ②빈둥거리는. ─*n.* 혼수상태에 빠진 사람.

léthargique [letarʒik] *a.* ① 혼수상태의, 마비상태의. ② 빈둥거리는. ─*n.* 혼수상태에 빠진 사람.

Léthé (le) [lete] *n.pr.m.* 《그리스신화》 레테 강《저승의 5개의 강 중의 하나》. *eaux du* ~ 망각의 샘.

léthéen(ne) [leteɛ̃, -ɛn] *a.* 레테 강의(에 관한).

léthéomanie [leteɔmani] *n.f.* 신경안정제의 과도한 사용(복용).

léthifère [letifɛːr] *a.* 치명적인.

léthisimulation [letisimylasjɔ̃] *n.f.* 《동물》의사(擬死).

lette [lɛt], **letton(ne)** [lɛtɔ̃, -ɔn] *a.* 레트족의; 라트비아의. ─**L**~ *n.* 레트족; 라트비아 사람. ─*n.m.* 《언어》 레트어(語).

lettique [le(ɛ)tik] *n.m.* 《언어》 레트어(語).

Lettonie (la) [lalɛtɔni] *n.pr.f.* 《지리》 라트비아.

lettonien(ne) [letɔnjɛ̃, -ɛn] *a.* 레트족의; 라트비아의.

lettrage [letraʒ] *n.m.* 큰 글자를 써서 표현하기. ⇨⇩.

‡**lettre** [lɛtr] *n.f.* ① 글자, 문자; 활자. *épeler les* ~*s d'un nom* 이름의 철자를 말하다. *mot de six* ~*s* 여섯자로 된 단어. ~ *double* 합자(合字)《œ 따위》.

double ~; ~ redoublée 이중문자(mm, tt 따위). ~ initiale (성·이름 따위의)머릿글자. ~ capitale 대문자. ― cursive(gothique, italique) 필기체(고딕체·이탤릭체). ― minuscule(majuscule) 소(대)문자. (les) cinq ~s 상스러운 욕(merde 라는 다섯 글자).

② 자의(字意); 문면(文面). la ~ et l'esprit (글의)겉표현과 속에 담긴 정신. ~ morte 공문(空文). s'attacher à la ~ de la loi 법률의 자의에 구애되다.

③ 편지; 증서. ~ timbrée de Paris 파리 소인이 찍힌 편지. ― exprès 속달편지. ― recommandée 등기편지. papier à ~s 편지지. boîte aux ~s 우편함. ~ de faire-part (결혼)청첩장. ― de recommandation 추천장. ― d'amour 연애편지. ― ouverte 공개장. par ~ 서면으로, 편지로. décacheter une ~ 편지를 개봉하다.

④ (pl.) (역사) (17세기의) 서간문작가〈현대의 저명작가의〉서간; 서간체의 작품. L-s de Mme de Sévigné 세비녜 부인의 편지. roman par ~s 서간체소설. «L-s de mon moulin」「풍차방앗간의 편지」(Daudet의 작품).

⑤ 공식문서; 영장, 통고. ~ circulaire 회람장. ~ rectificative (정부가 제출하는)세(차)수정서. ~ de créance (외교관의)신임장. ~ de crédit (은행 따위의)신용장(《약자》cr.). ~ de cachet 봉인장; 체포영장. ~s apostoliques 교서. ~ de mer 출항허가서. ~ de grâce (사형)사면장. ~ de rappel (외국주재 외교관에 대한)소환장. ~ de service (군사) (군대에게 보내는)명령서. ~ de marque (역사)적국 상선의 나포허가장.

⑥ (pl.) 문학, 문예; 문과. homme de ~s 문학자, 문인; 작가(여류작가는 femme de ~s). licencié ès ~s 문학사(文學士). faculté des ~s 문과대학. ~s classiques(modernes) 고전(현대) 문학(과). avoir des ~s 학식(교양)이 있다. belles ~s(옛) 문학, 문예. Société des Gens de ~s 문인협회.

à(au pied de) la ~ 문자 그대로. traduire à la ~ 직역하다.

avant la ~ ⓐ 〖인쇄〗 (판화의)제목을 찍기 전에(의). ⓑ (비유적) 아직 설익은, 발육중의. L'enfant, c'est l'homme avant la ~. 어린아이는 자라고 있는 어른이다.

écrit(gravé, imprimé) en ~s d'or 명심하고 있는, 언제나 마음에 간직하고 있는.

en ~s de feu (말 따위가)불같은, 정열적인.

en ~s de sang (말 따위가)피어린, 피맺힌. histoire écrite en ~s de sang 피맺힌 역사.

en toutes ~s 생략하지 않고; 숨김없이, 분명히. Ma disgrâce était écrite en toutes ~s sur mon visage. 나의 치욕감은 얼굴에 역력히 씌어있다.

~ close ⓐ 봉인장(封印狀). ⓑ (문어)수수께끼; 범접할 수 없는. La raison de ce refus est pour moi une ~ close. 이 거절의 이유를 나로서는 도저히 알 수 없다.

passer comme une ~ à la poste (구어)척척 진척되다; (음식이)쉽게 소화되다; (제안 따위가)쉽게 가결되다.

lettré(e) [le(e)tre] a. 학식 있는, 교양 있는, 문학에 정통한(cultivé, ↔ ignorant). esprit ~ 문인. ―n. 학식(교양)있는 사람, 선비. ―n.m. (pl.)(왕조(王朝)시대의 중국의)지식계급, 문관계급. peinture des L-s 문인화.

lettrine [le(e)trin] n.f. 〖인쇄〗 (장(章)·절(節)의 처음에 쓰이는)대형 장식 대문자; (사전의)난외 표제어 문자, 주석 참조 문자.

lettrisme [le(e)trism] n.m. 〖문학〗 문자주의(상형적인 글자·의성어 따위를 시에 쓰기를 주장하는 전위 문학).

leu¹ (pl. **lei**) [lφ, le] n.m. 루마니아의 화폐 단위.

leu² [lφ] n.m. (옛) 늑대(loup) (다음 표현에만 쓰임). à la queue ~ ~ 일렬로, 줄줄이.

leucanie [løkani] n.f. 〖곤충〗 나방의 일종.

leucémie [løsemi] n.f. 〖의학〗 백혈병.

leucémique [løsemik] 〖의학〗 a. 백혈병성(性)의. ―n. 백혈병 환자.

leucie [løsi] n.f. 〖심리〗 루시(색의 표현법에서 표면색을 이르는 말).

leucine [løsin] n.f. 〖화학〗 로이신.

leucite [løsit] n.f. 〖광물〗 백류석(白榴石). ―n.m. 〖식물〗 백색체(白色體).

leuc(o)- préf. 「백(白)(blanc)」의 뜻.

leucobase [løkɔbaz] n.m. 〖화학〗 로이코 염기.

leucoblaste [løkɔblast] n.m. 〖의학〗 백혈구 모세포(母細胞).

leucocytaire [løkɔsitɛ:r] a. 〖생리〗 백혈구의.

leucocyte [løkɔsit] n.m. 〖생리〗 백혈구, 회적톨.

leucocythémie [løkɔsitemi] n.f. =**leucémie**.

leucocytose [løkɔsito:z] n.f. 〖의학〗 백혈구 증가증(症).

leucodérivé [løkɔderive] n.m. 〖화학〗 로이코 화합물.

leuco-encéphalie [løkɔɑ̃sefali] n.f. 〖의학〗 백질(白質)뇌염.

leucoma [løkɔma] n.m. =**leucome**.

leucomaïne [løkɔmain] n.f. 〖생물〗 로이코마인.

leucome [løkɔm] n.m. ① 〖의학〗 각막백반(角膜白斑). ② 〖곤충〗 나방의 일종.

leucomyélite [løkɔmjelit] n.f. 〖의학〗 백질(白質)척수염.

leuconychie [løkɔniki] n.f. (손톱·발톱의)부분적 백변(白變).

leucopénie [løkɔpeni] n.f. 〖의학〗 백혈구 감소증.

leucophlegmasie [løkɔflegmazi] n.f. 〖의학〗 급성 백색결조직염.

leucoplasie [løkɔplazi] n.f. 〖의학〗 백판증(白板症), 접막백반(粘膜白斑).

leucoplaste [løkɔplast] n.m. 〖생물〗 백색체.

leucopoïèse [løkɔpɔjɛːz] n.f. 〖의학〗 백혈구 조혈(형성).

leucorrhée [løkɔre] n.f. 〖의학〗 백대하(白帶下).

leucose [løko:z] n.f. 〖의학〗 로이코제, 백혈구증.

leucotomie [løkɔtɔmi] n.f. 〖외과〗 백질절단(술).

leude [lø:d] n.m. 〖역사〗 측근자, 근위의 무사.

leur¹ [lœ(:)r] (pl. ~s) a. poss. (발음 [lœr]) 그(그녀)들의, 그것들의. ~ père et ~ mère 그들의 아버지와 어머니. ~s enfants 그(그녀)들의 자녀들.
―pron.poss. (발음 [lœːr]) ① 그들(그녀)들의 것(들), 그것들의 것(들)(le leur, la leur, les leurs의 형태로, leur(s)+명사의 대신 사용됨). Ma fille et la ~ vont à l'école ensemble. 내 딸과 그들의 딸은 함께 학교에 다닌다. ② (관사 없이 속사로서)fortune qui est ~ 그들의 것이었던 재산.
―n.m. (발음 [lœːr]) 그(그녀)들 자신의 것(몫·재산); (pl.) 그(그녀)들의 가족(친구). si vous trouvez quelque chose du ~ 만일 무엇이건 그(그녀)들의 것을 보신다면.

être des ~s 그들에게 한몫 끼다, 참가하다. J'étais des ~s à dîner. 나는 그들과의 저녁을 먹었다.

faire des ~s (구어)낡은 수법을 쓰다, 분별없는 짓을 하다.

y mettre du ~ 그들 나름의 노력을 하다.

leur² pron.per. ⇨**lui**.

leurre [lœːr] n.m. ① (매 사냥용의 빨간 가죽으로 만

든)미끼를《새 모양을 한 것으로 풀어놓은 매를 불러들이는 데 씀》. ② 속임수, 환상: 《옛》올가미, 술책. Cet espoir n'est qu'un ~. 이 희망은 헛된 것이다. se laisser prendre à un ~, 속함에 넘어가다. ③ 【군사】레이다 방해편(片)《교란물》.

leurrer [lœre] *v.t.* ① (매를 미끼새로 불러들이다 〖불러들이도록 훈련하다〗. ② 속이다. se laisser ~ 속아 넘어가다. ~ qn par des promesses extraordinaires …을 엉터리 같은 약속으로 속이다.
—**se** ~ *v.pr.* [se ~ sur] 환상을 품다, 착각하다; [se ~ de] (헛된 희망 따위)를품다. Il *se leurrait sur* l'avenir de son pays. 그는 조국의 장래에 대해 환상을 품고 있었다. *se* ~ *d'*un espoir 가냘픈 희망을 품다.

lev (*pl.* **leva**) [lɛf, leva] *n.m.* 불가리아의 화폐단위.

levage [ləvaːʒ] *n.m.* ① 들어올림. appareil de ~ 기중기. ② (세금의)징수. ③ 발효, (반죽의)부풀음. ~ de la pâte 반죽이 부풀음.

levain [ləvɛ̃] *n.m.* 효모(酵母), 누룩; (불화 따위의)원인, 근원(germe). poudre ~ 베이킹 파우더. ~ de discorde 불화의 원인(原因).

levalloisien(ne) [lavalwazjɛ̃, -ɛn] *a.* 르발루아《파리 근교의 도시 *Levallois-Perret*》문화(기법)의. —*n.m.* 르발루아 문화《중기 구석기시대의 문화의 하나》.

levant(e) [ləvɑ̃, -ɑ̃ːt] *a.* (해 따위가)뜨는. soleil ~ 아침해. 《비유적》신흥세력. au soleil ~ 새벽에. —*n.m.* ① 해뜨는 쪽, 동쪽, 동방. chambre exposée au ~ 동쪽으로 난 방. du couchant jusqu'au ~ 서쪽에서 동쪽까지. ② (프랑스 지중해 지방 특유의)동풍(東風). ③ (*L*~)《옛》근동제국; 지중해 동부연안 지역.

levantin(e) [ləvɑ̃tɛ̃, -in] *a.* 근동제국(*Levant*)의, 지중해동부연안 지방의. —**L~** *n.* 근동제국의 국민. —*n.m.* 《해양》지중해의 강한 동풍. —*n.f.* 【직물】근동 지방 원산의 비단.

lève [lɛːv] *n.f.* ① 【기계】(제분기의 공이)들어올리는 캠; 태피트, 철자(凸子). ② 【놀이】(mail놀이에 쓰는)방망이.

levé(e¹) [ləve] *a.p.* ① 들어올린, 올려진 (haussé, ↔ baissé); 일어선 (debout). à main ~ 손을 들어, 거수로; 손만으로, 기구 없이. ② pierre ~*e* 【고고학】선돌, 멘히르.
la tête ~*e; le front* ~ 결연히, 정정당당히.
—*n.m.* ① 【지리】측량; 측량도의 작성; 측량도 (lever). ~ hydrographique 해도(海圖). ② 【음악】상박(上拍).
voter par assis et ~ 기립 투표하다.

lève-auto [lɛvɔ(o)to] *n.m.* 《복수불변》자동차 수리용의 잭.

levée² [lave] *n.f.* ① 성토(盛土), 제방(~ de terre). ~ alluviale 자연제방. ② 치우기, 제거, 취소, 철회. ~ d'une attelle (골절부에 대었던)부목을 떼어내기. ~ du corps 출관(出棺)식. ~ de camp 야영지로부터의 철수. ~ d'une punition 처벌의 철회. ~ d'écrou (옥에 갇힌 사람의)석방. ~ d'un blocus 포위(봉쇄)해제. ~ de séance (d'audience) 폐회(폐정). ~ des scelles 【법】(법무관 따위에 의한)봉인 해제, 개봉. ③ (세금 따위의)징수, (우체통 안에 모인 우편물의)수집, (빵반죽의)부풀음 (보리 따위의)싹트기(發芽); (농산물 따위의)수확, 채집. ⑤ 기립, 기상; 【해양】파도가 일기; 파도의 출렁임. ~ de la lame (mer) 연이어 거친 바다. ⑥ 【군사】소집, 징집. ~ en masse 국민총동원. ⑦《옛》들어올림 (오늘날에는 다음 표현에서만 쓰이임). ~ de boucliers 반대의사 표시, 항의《로마의 병사가 방패를 들어 흔들면서 장군에게 항의했던 일에서 유래). ⑧ⓐ 【카드놀이】패를 따오기《자기 한 장석 패를 내어 제일 센 패를 낸 자가 거둬가는 패의 수》, 한 차례에 따오는 패. faire une ~ [deux ~*s*] 1[2]장을 따오다. ⓑ (의복용으로)재단한 옷감. ⑨【기계】캠; (피스톤의)행정(行程); (밸브의)열림. puissance de ~ (기중기의)양력(揚力). ⓓ ~ de compte 【상업】(기업주·경영자가 행하는 현금의)인출. ~ de jugement 【법】(재판소 서기가 소송당사자에게 주는)판결문의 사본.

lève-et-baisse [lɛvebɛs] *n.m.* 《복수불변》(방직기의)개구(開口)장치.

lève-gazon [lɛvga(ɑ)zɔ̃] *n.m.* 《복수불변》뗏장 떼어내는 기구.

lève-glace(s) [lɛvglas] *n.m.* 《복수불변》【자동차】유리창을 올리거나 내리는 손잡이.

lève-nez [lɛvne] *n.m.* 《복수불변》《옛》【해양】(가벼운 것을 들어올리는)작은 밧줄.

:**lever¹** [ləve] [4] *v.t.* ① 들다, 올리다, 일으키다; 쳐들다(soulever, ↔ abaisser). ~ la main 손을 쳐들다. ~ la glace d'une voiture 자동차의 유리창을 닫다. ~ l'ancre 닻을 올리다. ~ son verre 잔을 들어 축배를 올리다. ~ les épaules 어깨를 으쓱하다《경멸·무관심》. ~ la main (le poing) sur qn …을 때리다.
② 없애다; 일소하다; 치우다; 제거하다; 떼어(잘라)내다; (포위·제한)을 풀다; 폐회(산회)하다. ~ des obstacles 장애물을 제거하다. ~ le blocus 봉쇄(포위)하다. ~ le camp 천막을 걷다; 진지를 철거하다; 철수하다, 달아나다. ~ une interdiction 금지령을 풀다. ~ la séance (l'audience) 폐회(폐정)하다.
③ (군대·의회)를 소집하다; (세금을)징수하다; 수금하다; 수집하다. ~ des troupes 군대를 동원하다. ~ des impôts 세금을 거두다. ~ les lettres (le courrier) (우체부가)우체통의 편지를 수집하다.
④ⓐ 패를 거두어가다 (prendre). ~ les cartes 【카드놀이】 낸 패를 거두어가다. ⓑ 【인쇄】 (활자를)뽑다. ~ la lettre 채자(採字)하다. ⓒ (곡식을)수확하다; (과실을)따다; (감자 따위를)캐내다.
⑤ (지도·설계도 따위를)작성하다 (dresser). ~ un dessin 데생을 그리다.
⑥ (전체에서)일부분을 떼다. ~ un mètre sur une pièce d'étoffe 피륙 한 필에서 1 미터를 잘라내다.
⑦《속어》~ une femme 여자를 유혹하다; ~ un homme (장녀가)손님을 끌다.
⑧ 【사냥】(짐승을)몰아내다. ~ un lièvre 토끼를 몰아내다.
en ~ *une* 그것을 맹세하다.
~ *la patte* (개가 다리를 올리고)오줌을 누다.
~ *le doigt* 손가락을 들다 《발언을 요구하는 동작》.
~ *le masque* 가면을 벗다; (공공연하여 행동을)개시하다.
~ *les bras au ciel* 두손을 높이 쳐들다《놀람·절망·항복 따위의 표시》.
~ *les yeux au ciel* 하늘을 우러러보다《초조·절망의 표시》. 〖원하다.
~ *les yeux sur qc* …에 관심을 보이다; …을 몹시
~ *le voile* (*un coin du voile*) 베일을 올리다; 비밀을 어느 정도 보여 주다〖폭로하다〗.
ne pas ~ *le petit doigt* 새끼손가락 하나 까딱하지 않다, 전혀 관여하지 않다, 도우려하지 않다.
—*v.i.* ① (식물이)싹이 트다, 돋아나다(pousser). Le blé *lève*. 보리이삭이 팬다.
② (반죽 따위가)부풀어 오르다, 발효하다(fermenter). La pâte *lève*. 반죽이 부풀어 오른다.
—**se** ~ *v.pr.* ① 오르다, 들려지다. Le rideau *s'est*

lever²

levé. 막이 올랐다.
② 일어나다; 기상하다. *se ~ tôt* 일찍 일어나다. *se ~ de table* 식탁을 떠나다. *faire ~ qn* …을 일으켜 세우다(*se* 의 생략).
③ (해·달 따위가)뜨다; (날씨가)개다, 맑아지다; 출현하다; 발생하다. *Le temps se lève.* 날씨가 갠다. *L'aube(Le jour) se lève.* 날이 샌다, 동이 튼다. *Le vent se lève.* 바람이 인다.
se ~ pour(contre) (기립 투표로)…에 찬성(반대) 하다.

lever² *n.m.* ① (태양 따위가)떠오름; (새로운 사상 따위의)대두. *au ~ du soleil* 해돋이, *au ~ du soleil* 해가 뜨자, 해뜰 무렵에. ② 일어남, 기상(↔ *coucher*); 일어날 때; (프랑스혁명 이전)국왕의 기상 의식. ③ (막 따위가)올라감. *~ du rideau* 개막(開幕). *~ de rideau* 개막극; (주로 연극에 앞서하는) 소극(小劇). ④ (도면·지도 따위의)작성.

lève-rail(s) [lɛvra:j] *n.m.* 《복수불변》【철도】 레일 잭.

lever-Dieu [ləvedjø] *n.m.* 《복수불변》【가톨릭】 《옛》성체 봉기(奉擧) (미사에서 사제가 성체의 빵을 높이 쳐들 때) (*élévation*).

lève-roue(s) [lɛvru] *n.m.* 《복수불변》 차바퀴 잭.

lève-soupape(s) [lɛvsupap] *n.m.* 《복수불변》 압축 밸브.

lève-tard [lɛvta:r] *n.* 《복수불변》 늦잠꾸러기.

lève-tôt [lɛvto] *n.* 《복수불변》 일찍 일어나는 사람.

leveur(se) [ləvœ:r, -ø:z] *n.* 【제지】 제지 직공; 【인쇄】 식자공; 《속어》 날치기, 도둑놈.

Léviathan [levjatɑ̃] *n.m.* ① 【성서】 《구약성서 중의》 거대한 바다의 괴물. ② (때로 *l~*) 거대한 것; 괴물.

levier [ləvje] *n.m.* ① 【기계】 지렛대; (펌프의)손 잡이(*manette*). *~ de commande* 【항공】 조종간. *~ du changement de vitesse* 【자동차】 변속 기어레버. *faire ~ sur qc* 지렛대로 …을 움직이다. ② (장애를 제거하는)수단; (사물을 움직이는)힘. *L'intérêt est le grand ~ de l'activité humaine.* 이 익은 인간 활동의 커다란 원동력이다. ③ (비유적) 지도적 지위. *être aux ~s de commande* 지도적 입장에 있다.

lévier [levje] *n.m.* 《속어》= **évier**.

lévigation [levigɑsjɔ̃] *n.f.* *léviger* 하기.

léviger [leviʒe] ③ *v.t.* (물질을)액체에 용해 침전 시켜 고운 가루로 만들다.

lévirat [levira] *n.m.* 【유태교】 수혼제(嫂婚制) (형 수와 결혼하는 제도).

lévirostres [levirɔstr] *n.m.pl.* 《옛》【조류】 경취류 (輕嘴類).

levis [ləvi] *a.m.* (성의)도개교(跳開橋) (운하의)승개교(昇開橋) (*pont-~*).

lévitation [levitɑsjɔ̃] *n.f.* 【심령술】 《영매(靈媒)의 힘으로 사람(물건)이》공중에 떠오름.

lévite [levit] *n.m.* ① 【성서】 레위(*Lévi*)족 사람; 레위족의 신관(神官). ② 성직자, 수도자. —*n.f.* (남자용) 긴 웃옷; (여자용) 드레싱가운.

lévitique [levitik] *a.* 레위 사람의. ―**L~** *n.m.* 레위 기(記) (구약성서 중의 1서).

lévogyre [levɔʒi:r] *a.* 【화학】 좌선성(左旋性)의.

levrauder [ləvrode] *v.t.* (드문게) (사람을)괴롭히다, 괴롭히다.

levraut [ləvro] *n.m.* 어린 들토끼.

:lèvre [lɛ:vr] *n.f.* ① 입술. *serrer les ~s* 입술을 깨물다. *~ supérieure (inférieure)* 윗 (아랫)입술. *avoir le sourire aux ~s* 입가에 미소를 띠다. *mettre un doigt sur ses ~s* (입다물라는 표시로)손가락을 입술에 대다. *embrasser sur les ~s* 입술에 키스하다. *se lécher les ~s* 자기의 입술을 핥다. *se mettre du rouge à(aux) ~s* 루즈[입술연지]를 바르다.
② 입술모양의 것; 【식물】 순형(脣形)꽃잎.
③ (*pl.*) 【해부】 음순; 【외과】 상처의 양쪽 가장 자리. *grandes(petites) ~s* 대 (소)음순.
avoir la mort(l'âme) sur les ~s 빈사상태에 있다.
avoir le cœur sur les (au bord des) ~s 마음을 터놓고 말하다, 숨김이 없다; 구역질나다.
avoir le mot sur les ~s (sur le bord des ~s) 말이 입에서 맴돌다.
dire des ~s (마음에 없는 말을)입으로만 말하다.
du bout des ~s 겉으로만, 부자연스럽게, 억지로, 마지못해. *rire du bout des ~s* 억지웃음을 웃다.
ne pas desserrer les ~s 비밀을 지키다.
ne pas passer les (le bord des) ~s (웃음 따위가)자연스럽지 않다.
pincer les ~s (화 따위로)입술을 오므리다.
s'en mordre les ~s 후회하다.
se suspendre(être suspendu) aux ~s de qn …의 이야기를 골똘하게 듣다.

levrette [ləvrɛt] *n.f.* 그레이하운드(*lévrier*)의 암컷. *~ de salon* 이탈리아종 그레이하운드.

levretté(e) [ləvre(e)te] *a.* (그레이하운드처럼)몸매가 날씬한. *jument ~e* 날씬한 암말.

levretter¹ [ləvre(e)te] *v.i.* (토끼가)새끼를 낳다.

levretter² *v.t.* (사냥개를 부리며)말타고 수렵하다.

lévrier [levrije] *n.m.* ① 그레이하운드(*사냥개*). *courir comme un ~* 굉장히 빨리 달리다. *~ d'Afrique* 슬루기(*Sloughi*) 사냥개. ② (옛) 탐정.

levron(ne) [ləvrɔ̃, -ɔn] *n.m.* 그레이하운드의 강아지; 이탈리아종 그레이하운드.

lévulose [levylo:z] *n.f.* (【화학】에서는 *m.*) 좌선당(左旋糖), 과당(果糖), 프룩토오스(*fructose*).

levure [ləvy:r] *n.f.* 효모균(酵母菌)(*ferment*). *~ artificielle* 베이킹파우더. *~ de bière* 맥주의 효모. *~ (sèche) de fuite.* se faire la *~ (fuite).* 달아나다.

levurer [ləvyre] *v.t.* (에)효모를 넣다.

levurier [ləvyrje] *n.m.* 맥주 효모 제조인(판매인).

lew [lɛf] *n.m.* = **lev**.

lexème [lɛksɛm] *n.m.* 【언어】 어휘소(語彙素).

lexical(ale, *pl.* aux) [lɛksikal, -o] *a.* 어휘의. *éléments ~aux* 어휘의 요소(단어와 성구). *recherches ~ales* 어휘연구. *champ ~* 어휘장. *statistique ~ale* 어휘통계(학).

lexicalisation [lɛksikalizɑsjɔ̃] *n.f.* 【언어】 어휘화(낱말로서 사용하기).

lexicalisé(e) [lɛksikalize] *a.p.* 【언어】 어휘화된, 낱말로서 사용된.

lexicaliser [lɛksikalize] *v.t.* 【언어】 어휘화하다.

lexicaliste [lɛksikalist] *a.* 【언어】 (생성문법의) 어휘주의적. *hypothèse ~* 어휘주의적 가설.

lexicographe [lɛksikɔgraf] *n.m.* 【언어】 어휘기술(記述)가, 사전편집가(연구가).

lexicographie [lɛksikɔgrafi] *n.f.* 【언어】 어휘기술학(연구), 사전 편집(법); 사전학(론).

lexicographique [lɛksikɔgrafik] *a.* 【언어】 어휘 기술학(연구)의, 사전 편집의; 사전학(론)의. *travaux ~s* 사전편찬 작업.

lexicologie [lɛksikɔlɔʒi] *n.f.* ① 어휘론, 사학(辭學). ② 《옛》= **lexicographie**.

lexicologique [lɛksikɔlɔʒik] *a.* 어휘론의, 사학의.

lexicologue [lɛksikɔlɔg] *n.m.* 어휘 연구가; 사학자(辭學者).

lexicométrie [lɛksikɔmetri] *n.f.* = **lexico-statistique**.

lexico-statistique [lɛksikɔstatistik] *n.f.* 【언어】 어휘 통계학(*statistique lexicale*).

lexie [lɛksi] *n.f.* 【언어】 하나의 단어를 이루어 낱말처럼 쓰이는 모든 종류의 언어 표현.

lexigraphie [lɛksigrafi] *n.f.* 1자 1어(一字一語)(한자처럼 하나의 글자가 하나의 낱말을 나타내는 표기법).

lexique [lɛksik] *n.m.* ① (학문·기술에 관한)용어사전; (2개국어 대역의)소사전; (작가의)용어집. ~ de la musique 음악용어사전. ~ de Molière 몰리에르 용어집. ② 【언어】 어휘(vocabulaire); 한 언어의 어휘 요소의 총[전]체.
―*a.* 용어의. manuel ~ 용어집.

lexis [lɛksis] *n.f.* 【논리】 가상(假想)판단(진위를 고려하지 않은 언술)(jugement virtuel).

lexovien(ne) [lɛksɔvjɛ̃, -ɛn] *a.* 리저(*Lisieux*, 프랑스의 도시)의. ―**L**~ *n.* 리저 사람.

Leyde [lɛd] *n.pr.f.* 【지리】 라이덴(네덜란드의 도시). bouteille de ~ 【전기】 라이덴병.

lez [le] *préf.* =lès.

lézard [lezaːr] *n.m.* 【동물】 도마뱀; (*L*~) 【천문】 도마뱀좌(座). paresseux comme un ~ 아주 게으른. faire le ~; faire son ~ au soleil; prendre un bain de ~ 〖구어〗 (양지에서)햇볕을 쬐다.

lézarde [lezard] *n.f.* ① (벽·천장 따위의) 갈라진 금, 균열(fente). ② 실내장식용 천의 이음매를 가리기 위한 테이프.

lézardé(e) [lezarde] *a.p.* 금이 간, 균열이 생긴.

lézarder[1] [lezarde] *v.t.* 금가게 하다, 터지게 하다.
―**se** ~ *v.pr.* (벽에)금이 가다, 균열이 생기다.

lézarder[2] *v.i.* 〖구어〗 햇볕을 쬐다; 빈둥거리다.

Li (약칭) lithium 〖화학〗의.

li [li] *n.m.* (중국의)리(里)(약 576 m).

liage [ljaːʒ] *n.m.* (드물게)매기; (화약 따위의)혼합; 〖직조〗 종사·횡사의 교차.

liais[1] [ljɛ] *n.m.* 【광물·건축】 석회석.

liais[2] *n.m.* 〖직조〗 (수평형 물레의)나무 막대기.

***liaison** [ljɛzɔ̃] *n.f.* ① 연관, 맥락(cohérence). manque de ~ dans les idées 관념들 사이의 맥락의 결여. La santé morale est en ~ étroite avec la santé physique. 정신건강은 육체적 건강과 밀접한 연관이 있다. ② 남녀관계(~ amoureuse); 〖옛〗인간관계. avoir[former, entretenir] une ~ 남녀관계를 맺다[이어가다]. ~ difficile à rompre 끊기 어려운 관계. ~ d'amitié 친구관계. ③ 연락; 연결, 결합. officier de ~ 【군사】 연락장교. entrer[se tenir, rester] en ~ constante[étroite] 항상(긴밀한) 연락을 취하다[유지하다]. ~ aérienne[maritime, ferroviaire, routière] 항공(해상·철도·도로) 연락. ~s postales (téléphoniques) 우체(전화) 연락. ④ ⓐ 【언어】 연음, 리에종 〔예: les enfants [lezɑ̃fã]〕. mauvaise ~; vicieuse 잘못된 연음(예:Ce n'est pas à moi [s(ə)nɛpazamwa]). ⓑ mot(terme) de ~ 【언어】 연결어(접속사·전치사 따위). ⑤ 【물리·화학】 결합. ~ intermoléculaire 분자결합. ~ chimique 화학 결합. ⑥ 【건축】 어긋매끼게 돌(벽돌) 쌓기; 모르타르; 【해양】 (선체의 주요 부분의)결합재. ⑦ 【음악】 연결기호. ~ de durée 타이(같은 음정의 음을 연결; 〖영〗tie). ~ d'accentuation 슬러(다른 음정의 음을 연결; 〖영〗slur). ⑧ 【요리】 소스를 진하게 하려고 넣는 재료(계란 노른자 따위).
en ~ avec *qn* ···와 연락을 취하는[취하면서]. Il agit en ~ étroite avec son supérieur. 그는 상사와 긴밀한 연락을 취하면서 행동한다.

liaisonner [ljɛzɔne] *v.t.* 【건축】 (벽돌·돌 따위)를 서로 어긋매기게 쌓아올리다; (돌쌓기의)이음매를 회반죽으로 메우다.

liane [ljan] *n.f.* 【식물】 (열대 아메리카산의)칡의 일종.

liant(e) [ljɑ̃, -ɑ̃ːt] *a.* ① 상냥한, 사근사근한, 사교적인. peu ~ 서먹서먹한. ②〖옛〗부드러운, 탄력성있는(souple, ~ cassant).
―*n.m.* ① 탄력성; (동작의)부드러움. ②《문어》상냥함, 사교성. avoir du ~ 상냥하다, 사교성이 있다. ③ 【건축】 (모르타르를 굳히는)결합제. ~ hydraulique 수경(水硬)결합제.

liard[1] [ljaːr] *n.m.* ① 옛날 동전(sou의 4분의 1). n'avoir pas un ~ [~ 〖구어〗 무일푼이다. couper un ~ en deux 몹시 인색하다. ②〖옛〗푼돈; 소량. [un ~ /deux ~s de *qc*] 약간의. n'avoir pas *deux* ~*s de bon sens* 양식이라곤 조금도 없다. ③ pierre à ~s 【지질】 화폐석.

liard[2] *n.m.* 【식물】 ① 새양버들(peuplier noir). ② 회색 배(梨)의 일종.

liarder [ljarde] *v.i.* 〖구어〗 인색하게 굴다(lésiner).

liardeur(se) [ljardœːr, -øːz] *n.* 수전노, 구두쇠.

lias [ljaːs] *n.m.* 【지질】 흑(黑)쥐라통(統).

liasique [ljazik], **liassique** [ljasik] *a.* 【지질】 lias의.

liasse [ljas] *n.f.* (편지·지폐 따위의)묶음, 철, 뭉치(tas). mettre *qc* en ~ ···을 뭉치다; 철하다. une ~ de billets de banque 지폐 뭉치[묶음].

lib. 〖약칭〗 libéré 〖상업〗 전액 납부한, 완납한.

libage [libaːʒ] *n.m.* 【건축】 ① (기초에 쓰이는)거친 석재(石材). ② 바위 부스러기.

Liban [libɑ̃] *n.pr.m.* 【지리】 ① 레바논. ② 레바논 산맥.

libanais(e) [libanɛ, -ɛːz] *a.* 레바논의. ―**L**~ *n.* 레바논 사람.

libation [libasjɔ̃] *n.f.* 【종교】 헌주(獻酒)(술·우유·기름 따위를 부어서 바침). 시키다. faire des ~s; faire de copieuses[de joyeuses] ~s 〖구어〗 술을 실컷 마시다.

libelle[1] [libɛl] *n.m.* ① 비방문(誹謗文), 중상문(中傷文). faire[répandre] des ~s contre *qn* ···에 대해서 중상문을 쓰다(유포하다). ②〖옛〗소책자. ③〖옛〗통고; (교회의)파문장. ~ de divorce 이혼신청, 이혼장. ~ d'excommunication 파문장.

libelle[2] *n.f.* (결정체 속의 액체내의)기포(氣泡).

libellé [libɛle] *n.m.* (문서의)작성(법).

libeller [libɛle] *v.t.* (문서)를 꾸미다, 작성하다(formuler). ~ un contrat 계약서를 작성하다. ~ un télégramme (서식에 맞추어)전보를 쓰다. ~ un chèque 수표를 떼다.

libelliste [libɛlist] *n.m.* 비방문의 작성자.

libellule [libɛllyl] *n.f.* 【곤충】 잠자리.

liber [libɛːr] *n.m.* 【식물】 속껍질, 인피(靭皮).

libera [libera] (라틴) *n.m.* 〖복수불변〗 【가톨릭】 죽은 사람을 위한 기도.

libérable [liberabl] *a.* (군인이)제대할 수 있는; 제대 전의. militaire ~ 제대군인. congé(permission) ~ 제대 전의 휴가. ―*n.m.* (위)의 군인.

libéral(ale), *pl.* **aux** [liberal, -o] *a.* ① 【정치·경제】 자유주의의. régime ~ 자유주의 체제. économie ~ale 자유주의 경제. parti ~ 자유당. bourgeois ~ 자유주의적 중산계층(의 일원). idées ~ales 자유주의 사상. démocratie ~ale 자유민주주의. Empire ~ 〖역사〗 자유제정(제 2 제정하의 자유주의 정책이 실시되던 때). ② 얽매이지 않는, 자유로운. arts ~aux (중세의 〖교양〗 과목(trivium과 quadrivium). professions ~ales 자유업. ③〖옛〗관대한, 도량이 큰, 인심이 후한, 활수한(généreux, ~ mesquin). ~ envers *qn* ···에게 관대하다. être ~ de *qc* ···에 후하다, ···을 아낌없이 주다. d'une main ~ale 아낌없이.

—*n.* 자유주의자; (*pl.*) 자유당원.
libéralement [liberalmɑ̃] *ad.* 후하게, 관대하게; 자유주의적으로.
libéralisation [liberalizasjɔ̃] *n.f.* 자유화. ~ des échanges internationaux 국제무역의 자유화.
libéraliser [liberalize] *v.t.* (정치적·경제적으로)자유주의화하다.
libéralisme [liberalism] *n.m.* 자유주의; (타인의 의견에 대해)관대한 태도(tolérance).
libéralité [liberalite] *n.f.* ① 인심좋음, 활수함. donner avec ~ 후하게 주다. ② 적선(물), 은혜; 《법》 무상공여(供與). faire une ~ à qn …에게 적선하다. vivre des ~s de ses parents 부모가 대주는 것으로 생활하다. ③《드물게》대범함, 너그러움, 관용.
libérat*eur*(*trice*) [liberatœːr, -tris] *a.* 해방하는 (émancipateur, ↔ oppresseur). —*n.* 해방자, 구원자; 구세주(le L~; Jésus Christ).
*****libération** [liberasjɔ̃] *n.f.* ① 석방, 방면; (군인의)제대. ~ d'un captif 포로의 석방. ~ conditionnelle 가석방, 가출옥. ~ du territoire 영토해방. Mouvement de ~ de la femme 여성해방운동. ③ L~《역사》(2차 대전중 독일점령으로부터의)프랑스의 해방. ④《물리》방출(속도 따위의)방출. vitesse de ~ 탈출속도 (로켓이 대기권을 벗어날 수 있는 속도). ⑤《법》(채무의)변제, 이행. ⑥《경제》 ~ d'une action (주주에 의한)주식금액 불입. ~ des échanges 무역(수입)자유화.
libératoire [liberatwaːr] *a.* 채무를 변제하는. avoir force ~ (화폐가)강제 통용력을 가지다. monnaie ~ 법화(法貨). payement ~ 완제(完濟).
libéré(e) [libere] *a.p.* 해방된; 석방된;《상업》완제된. territoire ~ 해방된 영토. soldat ~ 제대병. prisonnier ~ 석방되 죄수. valeur entièrement ~*e* 전액불입주(株). —*n.m.* 출감한 죄수; 제대병.
libérer [libere] [6] *v.t.* ① 석방하다; 해방하다. ~ un détenu 억류자를 석방하다. ~ les femmes 여성을 해방하다. ~ les soldats 병사를 (만기)제대시키다. ~ les échanges commerciaux 무역을 자유화하다. ②(의무를)면제하다(dispenser); (정신적으로)짐을 덜다. [~ qn de qc] ~ qn d'une dette …의 부채를 갚다《고백함으로써》마음의 짐을 덜다. ~ sa conscience (고백함으로써)마음의 짐을 덜다. ~ son cœur 마음 속을 다 털어놓다. ③(의)장애물을 제거하다; (기계장치를)벗기다. ~ la table 책상 위를 치우다. ~ le passage 길을 트다. ~ un cran de sûreté (총의)안전장치를 벗기다. ④ 드러내다, 발산하다. ~ ses instincts 본능대로 행동하다. ~ ses caprices 제멋대로 행동하다. ⑤《물리》(에너지·가스 따위를)방출하다.
—se ~ *v.pr.* ①[se ~ de](에서)해방되다, (을)면하게하다; (을)변제하다;《보어 없이》빚을 갚다. se ~ par un payement 돈을 지불하여 빚을 갚다. ②《구어》한가로와지다, 틈이 생기다. Je n'ai pas pu me ~ plus tôt. 더 빨리 시간을 낼 수가 없었다.
Libéria [liberja] *n.pr.m.*《지리》리베리아《서아프리카의 공화국》.
libérien(ne) [liberjɛ̃, -ɛn] *a.* 리베리아의. —**L~** *n.* 리베리아 사람.
libérien(ne)[2] *a.*《식물》속껍질의, 인피(靭皮)의.
libéro-ligneux(se) [liberoliɲø, -ø:z] *a.*《식물》인피와 목질(木質)로 된.
libertaire [libertɛːr]《정치》*a.* 절대자유주의의, 무정부주의의(anarchiste). —*n.* 절대자유[무정부]주의자.

‡**liberté** [liberte] *n.f.* ①(신체의)자유. donner (rendre) la ~ à un esclave (un prisonnier) 노예(죄수)를 해방(석방)하다. mise en ~ 석방, 방면. ~ provisoire (sous caution)《법》보석. ~ surveillée (미성년자에 대한)보호감찰. mettre (élever) des animaux en ~ 동물을 방목하다. ②(행동의)자유. laisser trop de ~ à qn …을 방임하다. heures de ~ 자유시간. agir en pleine (toute) ~ 자유롭게 행동하다. avoir toute ~ pour +*inf.* 마음대로 …할 수 있다. d'action 행동의 자유.
③(정치적·사회적)자유. ~ civile 공민적 자유. ~s publiques 공적 자유(언론·신앙·결사의 자유 따위). ~ individuelle 개인의 자유; 신체의 자유 (~ physique). ~ de conscience (신앙)의 자유. ~ naturelle 자연권. ~ politique 정치적 자유. ~ d'association 결사의 자유. ~ de réunion 집회의 자유. ~ d'opinion 언론[사상]의 자유. ~ religieuse 종교의 자유. ~ du commerce 통상의 자유. ~ des mers 공해의 자유[항해권].
④(동작의)자유로움; (동작 따위의)유연함. ~ d'esprit 활달한 정신. ~ des gestes 동작의 유연함. ~ de langage 기탄없는 말투. s'exprimer avec une grande ~ 자유롭게 자기를 표현하다.
⑤(거동의)방종함, 제멋대로임; 무람없음. être blâmé pour la ~ de sa conduite 방종한 행동에 대해 비난받다. prendre des ~s avec qn …에게 무람없이 굴다. prendre des ~s avec un texte 글을 멋대로 해석하다; 원문을 부정확하게 인용하다.
⑥(*pl.*)(사회단체·지방단체 따위의)자주권, 자치권(autonomie). ~s des villes 도시의 자치. ~s des communes 지방자치.
⑦《철학·심리》자유의지(libre arbitre). ~ d'indifférence (아무런 동기 없이 행동을 결정할 수 있는)무차별의 자유. ~ morale 도덕적 자유《완전히 의식적이며 이성적인 행위로서의 정신상태》.

prendre la ~ *de* +*inf.* 멋대로 [실례를 무릅쓰고]…을 하다. **reprendre sa ~** 해약하다; 이혼하다.
liberticide [libertisid] *a.* 자유를 침해하는. —*n.* 자유를 침해하는 자. —*n.m.* 자유 침해죄.
libertin(e) [libertɛ̃, -in] *a.* ①방종한, 방탕한 (débauché, ↔ ascétique). vie ~*e* 방탕한 생활. ②《옛·문어》무신앙의, 무신앙의(irréligieux, ↔ dévot); 자유분방한. —*n.* ①방종[방탕]한 사람; 도락가. ②《옛》무신앙가, 자유 사상가.
libertinage [libertinaːʒ] *n.m.* ①방종, 방탕(dévergondage, ↔ vertu), vivre dans le ~ 방탕한 생활을 하다. ②《옛》자유사상, 무신앙; 자유분방.
libertiner [libertine] *v.i.*《드물게》방종[방탕]한 생활을 하다.
libertinisme [libertinism] *n.m.* (종교적인)자유사상, 무신앙(libertinage).
liberty [liberti]《영》*n.m.* 비단《명주》의 일종. —*a.* (불변) étoffe ~ 리버티 비단.
liberty-ship [libœrtiʃip]《영》*n.m.*《해양》리버티선(船).
liberum veto [libɛrɔmveto]《라틴》*n.m.* (폴란드 국회의원의)자유 거부권.
libidin*al*(*ale*, *pl.* *aux*) [libidinal, -o] *a.*《정신분석》리비도의(libido)의.
libidineux(se) [libidinø, -øːz] *a.* 음란한, 음탕한, 색골의(licencieux, ↔ chaste).
libidinosité [libidinozite] *n.f.* 음탕, 호색.
libido [libido] *n.f.*《정신분석》리비도; 성욕.
libouret [liburɛ] *n.m.*《어업》고등어 낚싯줄.
*****libraire** [librɛːr] *n.* 서적상인, 책장수. boutique de

~ 서점.
libraire-éditeur [libreredito:r] (*pl.* ~**s**-~**s**) *n.m.* 서적 출판 판매업자.
***librairie** [libre(e)ri] *n.f.* ① 서적상; 서적 판매업. commissionnaire(placier) en ~ 서적 외판원. ② 서점. ~ (d'ouvrages) d'art 미술서 전문서점. ~ d'occasion 고서점. tenir une ~ 서점을 경영하다. ~-papeterie 서적 문방구점. ~ de gare 역의 신문 및 잡지 판매소. ③ 출판사. ④《옛》서고, 장서. ~ royale 왕립문고《Bibliothèque nationale 의 전신》. maître de la ~ 국왕의 사서관.
libration [librɑsjɔ̃] *n.f.* 《천문》칭동(秤動).
:**libre** [libr] *a.* ① (신분이)자유로운, 구속받지 않는. homme ~ 자유인. rendre qn ~ …을 석방하다, 자유롭게 하다. auditeur ~ 자유 청강생. prévenu ~ 구속되지 않은 피의자. membre ~ 자유회원. ② (정신·행동이)자유로운, 구애받지 않는. comme l'air 전적으로 자유로운. accès ~ 출입자유. avoir l'esprit(la tête) ~ 자유로운 정신(사상)을 지니다. [~ de qc] je suis ~ *de* mes actes. 나는 행동이 자유롭다. ~ d'entraves 질곡으로부터 해방된. [~ de + *inf.*] Vous êtes ~ [L~ à vous] d'accepter ou de refuser. 승낙하든 거절하든 당신 마음이오.
③ (정치적·사회적으로)자유로운, 독립된, 통제되지 않는. L'homme naît ~. 인간은 태어나면서부터 자유롭다. monde ~ 자유세계. société ~ 자유사회. pays ~ 독립국. ville ~ 《봉건시대에 정치적 독립을 누리던 도시》. prix ~ 자유가격. ~ concurrence 자유경쟁. denrée ~ 비통제〔무세〕품. écoles(institutions) ~s 사립학교《특히 종교단체가 경영하는》.
④ (모양·형식이)자유로운, 구속되지 않는. vers ~ 자유시. traduction ~ 의역. figures ~s (피겨 스케이팅의)자유연기.
⑤ 비어 있는; 틈(시간)이 있는; 독신의, 특정한 상대가 없는. place ~ 빈 자리(↔ place occupée). taxi ~ 빈 택시. papier ~ 우표·인지가 붙지 않은 서류. Ce soir, je suis ~. 오늘 저녁 나는 시간이 있다. avoir le cœur ~ 마음을 주고 있는 상대가 없다. mer ~ (극지의)얼음이 얼지 않는 바다.
⑥ 자유분방한, 조심성이 없는; 상스러운, 외설스러운. amour ~ 자유연애. manières ~s 허물없는 태도. être ~ avec *qn* …와 허물없이 지내다. propos ~s 외설스러운 이야기.
⑦ (의복 따위가)헐렁한, 넉넉한. cheveux ~s 묶지 않은 머리. Cette robe laisse la taille ~. 이 옷은 품이 넉넉하다.
⑧ 《기계》맞물리지 않은, 연동(連動)되지 않은. roue ~ 자유바퀴.
⑨ 《언어》 discours(style) indirect ~ 자유간접화법; variante ~ 자유 변이체, 자유이음(異音); voyelle ~ 자유모음《개음절의 모음》.
⑩ 《철학》 자유의지를 지닌.
⑪ ~ possession 《법》빈 집·공지의 소유.
à l'air ~ 야외에서.
avoir le champ ~ 마음대로 행동할 수 있다.
avoir les mains ~**s** 아무런 구속도 받지 않고 마음대로 할 수 있다.
avoir (*un*) ~ *accès auprès de qn* …와 자유롭게 교제하다; …의 집에 자유로이 드나들다.
entrée ~ 입장자유, 무료 입장.
Le champ est ~. 《구어》기회가 좋다.
libre arbitre [librarbitr] *n.m.* (결단 따위를 내릴 경우의)자유의지〔의사〕; 《철학》자유 의지.
libre-échange [libreʃɑ̃:ʒ] *n.m.* 《경제》자유무역(↔ protectionnisme).

libre-échangiste [libreʃɑ̃ʒist] *n.* 《경제》자유무역론자. —*a.* 자유무역(론)의.
librement [librəmɑ̃] *ad.* ① 자유롭게, 마음대로. ② 무람없이; 솔직하게; 외설스럽게, 난잡하게.
***libre-service** [librəsɛrvis] *n.m.* 《복수불변》《상업》셀프서비스; 셀프서비스 백화점.
librettiste [librettist] *n.* 가극 각본작가.
libretto(*pl.* **s**, *i*) [libretto, -i] 《이탈리아》 *n.m.* 가극 대본.
liburne [libyrn] *n.f.* 《고대로마》쾌속정. 〔각본.
Liburnie [libyrni] *n.p.r.f.* 《역사》리부르니아.
liburnien(ne) [libyrnjɛ, -ɛn] *a.* 《역사》리부르니아의. —L~ *n.* 리부르니아 사람.
Libye [libi] *n.p.r.f.* ① 《고대지리》리비아《그리스 사람이 북아프리카를 가르켜 부르던 이름》. ② 《지리》리비아《북아프리카의 왕국》.
libyen(ne) [libjɛ̃, -ɛn] *a.* 리비아의. —L~ *n.* 리비아 사람.
lice¹ [lis] *n.f.* ① 야외 경기장, 투기장. ② (경마장 따위의)울타리; 《스포츠》(육상경기 트랙과 바깥쪽과의)경계책(柵). ③ 《기술》(울타리 상부의)가로목(木); 나무다리의 난간. ④ 《옛》(중세성의 화살을 막기 위한)나무판장.
entrer en ~ 경기에 참가하다; 논쟁하다.
lice² *n.f.* 《사냥》사냥개의 암컷.
lice³ *n.f.* 《직물》잉앗대. de haute ~ 수직직(織)의. de basse ~ 수평직의.
licence [lisɑ̃:s] *n.f.* ① 학사자격. ~ en droit 법학사의 자격. ~ ès lettres 문학사의 자격. ~ d'enseignement 교사 자격. faire sa ~ 학사과정에 있다. passer sa ~ 학사 학위를 얻다. ② 허가, 인가; 《스포츠》라이센스; 특허. ~ d'importation(d'exportation) 수입(수출)허가. ③ (시·문법 따위의)파격, 허용. ~ poétique 시작상의 파격《예; encore 를 encor 로》. ~ grammaticale 문법적인 파격. ④ 《옛》방종; 제멋대로 하는 행동. vivre dans la ~ 방탕한 생활을 하다. liberté qui a dégénéré en ~ 방종으로 타락해버린 자유. prendre des ~s avec *qn* …에게 무람없이 굴다.
licencié(e) [lisɑ̃sje] *n.* ① 학사. ~ en droit 법학사. ~ ès lettres 문학사. ~ ès[de] sciences 이학사. être reçu ~ 학사학위를 받다. ② 《스포츠》라이센스(선수등록증) 소지자. —*a.* 학사학위가 있는.
licenciement [lisɑ̃simɑ̃] *n.m.* ① (노동자의)해고; (공무원의)면직, 파면. ② 《옛》(유행병 따위로 학생을)귀가시킴, 휴교; (부대의)해산.
licencier [lisɑ̃sje] *v.t.* ① 해고하다, 파면하다, 면직하다. L'usine *a licencié* une partie de son personnel. 공장은 종업원의 일부를 해고했다. ② 《옛》(유행병 따위로 학생을)귀가시키다; (부대를)해산하다. ③ 《옛·문어》거절하다.
—*se* ~ *v.pr.* 《옛》제멋대로 행동하다. *se* ~ *à* + *inf.* 거리낌없이 …하다.
licencieusement [lisɑ̃sjøzmɑ̃] *ad.* 《드물게》외설스럽게; 《옛》방종하게.
licencieux(se) [lisɑ̃sjø, -ø:z] *a.* ① 방탕한, 난잡한 (obscène, grivois, ↔ chaste). écrits ~ 외설 작품. ② 《옛》야비한, 절도가 없는.
licet [liset] *n.m.* 《복수불변》《옛》허가, 면허.
lichade [liʃad] *n.f.* 《속어》폭음, 폭식.
lichailler [liʃaje] *v.t.* 《속어》술을 마시다.
lichen [likɛn] *n.m.* ① 《식물》지의(地衣). ② 《의학》태선(苔癬).
lichéneux(se) [likenø, -ø:z] *a.* 지의 같은; 《의학》태선성(性)의.
lichénique [likenik] *a.* 《식물》지의의.
lichénoïde [likenoid] *a.* 지의 비슷한.
licher [liʃe] *v.t.* 《속어》① 마시다(boire); 먹다; 《목

적보어 없이》 진탕 마시다. ② 핥다.
licherie [liʃri] n.f. 《속어》폭음, 폭식(lichade).
lichette [liʃɛt] n.f. 《구어》=**léchette**.
licheur(se) [liʃœ:r, ɸ:z] n. 《속어》술꾼; 대식가.
licier [lisje] n.m. 잉아 직공.
licitation [lisitasjɔ̃] n.f. 《법》 공유재산의) 경매. vendre une maison par ~ 공유가옥을 경매에 붙이다. ~ judiciaire (법원판결에 의한)공유재산의 경매. ~ amiable[volontaire] 임의 경매.
licitatoire [lisitatwa:r] a. 공유재산 경매에 관한. contrat ~ 《법》공유재산 경매계약.
licite [lisit] a. 합법적인, 적법의. employer un moyen ~ 합법적인 수단을 쓰다.
licitement [lisitmɑ̃] ad. 합법적으로.
liciter [lisite] v.t. (공유재산을)경매하다. ~ un domaine 소유지를 경매에 붙이다.
licol [likɔl] n.m. 굴레, 고삐.
licorne [likɔrn] n.f. 《신화·문장》 일각수(一角獸); (L~) 《천문》 일각수좌(座); 《동물》 ~ de mer 일각돌고래(narval).
licou [liku] n.m. =licol.
licteur [liktœ:r] n.m. 《고대로마》 고관의 선두에 가는 호위병.
L.I. des A.T. (약자) Ligue internationale des Associations touristes 국제관광협의연맹.
lido [lido] n.m. (간석지 어귀의)모래톱. le L~ (베니스의)리도.
lie¹ [li] a.f. 《옛》faire chère ~ 호사롭게 살다.
lie² n.f. ① 재강, 찌끼, 지게미. ② ~ du peuple 천민. jusqu'à la~ 찌꺼기까지; 남김없이, 마지막까지. boire le calice[la coupe] jusqu'à la~ 고난을 끝까지 감수하다.
—a. (불변) de vin 재강 빛깔의(연보라빛).
lié(e) [lje] a.p. ① 묶인; 얽매인, 구속된. forçat ~ à sa chaîne 사슬에 묶인 죄수. avoir les mains ~es 양손을 묶이다; 행동의 자유를 박탈당하다. être ~ par une promesse(un contrat) 약속(계약)에 얽매이다. ② 관계가 깊은, 친분이 두터운. Il est très ~ avec ma famille. 그는 나의 가족들과 친분이 아주 두텁다. souvenir ~ à son enfance 유년시절과 관련된 추억. partie ~e 《게임》 3판 2승 게임(2승한 경우에 이김). ③ 《음악》 (음표가)연결부호로 묶인. ④ forme ~e 《언어》 구속형식.
avoir la langue ~e 비밀을 강요당하고 있다. pieds et poings ~s 손발이 묶여, 꼼짝달싹 못하게 되어.
liebig [libig] n.m. 쇠고기 엑스.
lied [lid] (pl. ~er [-d], ~s) n.m. 《독일》 《음악》 리트 가곡(독일 민요 및 소품의 예술적인 독창곡); 리트 형식의 곡, 가곡(형식의 곡). 「의.
lie-de-vin, **lie de vin** [lidvɛ̃] a. 《불변》연보라빛
liège [ljɛ:ʒ] n.m. ① 《식물》 코르크 나무. ② 코르크; 《어업》 부표(浮標), 낚시찌. ③ ~ fossile [de montagne] 《광물》돌솜[石綿]의 일종.
liégé(e) [ljeʒe] a.p. 코르크부표(낚시찌) 달린.
liégeois(e) [ljeʒwa, -a:z] a. 리에즈(Liège, 벨기에 도시)의. café ~ 커피가 든 아이스케이크.
—L~ n. 리에즈 사람. —n.m. 리에즈어(語).
liéger [ljeʒe] [3-6] v.t. (에)부표[낚시찌]를 달다.
liégeux(se) [ljeʒø, ɸ:z] a. (나무껍질의) 코르크 같은.
liement [limɑ̃] n.m. 묶기, 매기. 「은(질)의.
*****lien** [ljɛ̃] n.m. ① 끈, 끈나불, 사슬, 포승. ~ de cuir 가죽끈. ② (인간)관계, 유대; (사물의)관련성, 맥락. ~ de parenté 친척관계. ~ du sang 혈연. ~ de l'amitié(d'amitié) 친구관계. ~ de camaraderie 동지 관계. nouer(créer, établir) des ~s avec qn …와 깊은 관계(인연)를 맺다. ~ de cause à effet 인과관계. ~ des idées 사고의 맥락. briser

[rompre] ses ~s 관계(인연)를 끊다; 속박에서 벗어나다. ③ 《옛》 (죄수를)묶음; 사슬; 《문어》 구속, 속박. ~s moraux 윤리적인 속박. ④ 《건축》 보강재; 《기계》 (부품 따위의)대금(帶金).
lientérie [ljɑ̃teri] n.f. 《의학》 완곡(完穀)설사.
lientérique [ljɑ̃terik] a. 《의학》 완곡설사의.
*****lier** [lje] v.t. ① 묶다, 매다; 접합하다. ~ ses cheveux avec un ruban 리본으로 머리를 묶다. ~ les parties d'une machine 기계의 부분들을 접합하다. ~ des briques avec du mortier 모르타르로 벽돌을 붙이다. ~ les notes 《음악》 음을 연결하다. ~ les mots 《언어》 연독하다. ② (사람을)결속시키다; (관계를)맺다. L'expérience des mêmes souffrances les liait. 함께 고생한 것이 그들을 결속시켜 주었다. [~+무관사명사+avec qn] ~ amitié avec qn …와 친교를 맺다. ~ connaissance avec qn …와 알게 되다. ~ conversation avec qn …와 대화를 시작하다. ③ (생각 따위의)맥락을 짓다, 연관지우다. ~ les idées 사고의 맥락을 짓다. ~ l'émancipation des femmes à celle des travailleurs 여성해방을 노동자해방과 연관지우다. ④ (법률·계약 따위에 의해)속박하다, 구속하다. (운명 따위를)맺다. Un contrat de dix ans me lie à cette entreprise. 나는 10년 계약으로 이 회사에 묶여 있다. ~ sa vie à celle d'une femme 어떤 여자와 운명을 같이 하다, 결혼하다. ⑤ 《요리》 (소스를)진하게 하다. ~ une sauce 소스를 진하게 하다. ⑥ 《종교》 (의)죄를 용서하지 않다. ⑦ ~ l'épée 《펜싱》 칼을 맞대다.
être fou à ~ 미쳐도 단단히 미치다. ~ la langue à qn …을 침묵시키다. ~ les mains(les bras) à qn …을 속박하다; 행동의 자유를 빼앗다.
—se ~ v.pr. ① 자기의 ~을 묶다(구속하다). ② [se ~ avec] (와)인연(관계)를 맺다; 연락하다. se ~ d'amitié avec un camarade 친구와 우정을 맺다. ③ [se ~ à qn] (에)결합되다; 연결되다. ④ (돌 따위가)고착하다. ⑤ (소스 따위가)진해지다.
lierne [ljɛrn] n.f. 《건축》 (교차 궁륭의)늑재(肋材)(nervure); (보트의)밑바닥 널.
lierre [ljɛ:r] n.m. 《식물》 송악. ~ terrestre 《식물》=gléchome.
liesse [ljɛs] n.f. 《옛》환희(joie). foule en ~ 환희에 찬 인파.
‡lieu¹ [ljø] (pl. ~x) n.m. ① 장소, 곳(endroit). ~ de passage 통로. la date et ~ ― 날짜와 장소. en aucun ~ 어디에도. en tout ~ [tous ~x] 도처에서. ~ public 공중집회소. ~ saint 성소(聖所), 성당. ~ de travail 직장. ~ d'action 무대. ~ de plaisance 《옛》별장. mauvais ~ 청루, 갈보집. mettre qc en ~ sûr …을 안전한 곳에 놓다. Les costumes varient avec les ~x 장소에 따라 의복이 바뀐다. unité de ~ 《연극》 (프랑스 고전극에서) 장소의 일치. les ~x saints 성지(聖地).
② (pl.) 현장, 현지. quitter les ~x 현장을 떠나다, 퇴장하다. usage des ~x 현지의 관습. La police s'est rendue sur les ~x 경찰은 현장에 갔다. être sur les ~x 현장에 마침 있다.
③ (사회적)지위; 가문. être de bon(bas, haut) ~ 명문(하층, 상류)출신이다.
④ (pl.) 처소, 방; 《옛》변소(~x d'aisances). vider les ~x 집(거처)을 옮기다(대주다).
~ géométrique 《수학》 궤적.
au ~ de+qn(qc; +inf.) …대신에, …가 아니고.
au ~ que ⓐ [~+ind.] 그런데, 그 반면에(tandis que). On croit que c'est une bergère, au ~ qu'elle est fille de roi. 사람들은 그녀를 양치기 여자라고 생각하지만 그녀는 왕녀이다. ⓑ [~+

cond.] …에도 불구하고. Il ne pense qu'à ses plaisirs, *au ~ qu'*il devrait travailler à ses affaires. 그는 사업에 힘을 써야 하는데도 불구하고 노는 것만 생각하다. ⓒ [~+*sub.*] …대신에, …이기는커녕. *Au ~ que* la bonne nouvelle l'ait réjoui, elle l'a mis en colère. 그녀는 그 낭보(朗報)를 듣고 기뻐하기는커녕 (오히려) 화를 냈다.
avoir ~ 일어나다, 행하여지다.
avoir(*il y a*) *~ de+inf.* …할 이유가 있다, …하는 것이 당연하다, …할 필요가 있다.
de bon ~ ⓐ 출처가 확실한. Je tiens ce renseignement *de bon ~*. 이 정보는 확실한 출처가 있다. ⓑ 좋은 가문의. venir *de bon ~* 좋은 집안 출신이다.
donner ~ à qc …의 원인이 되다, …을 야기하다.
donner ~ de+inf. …할 기회(구실)를 주다, …하게 하다.
en dernier (*premier*) *~* 최후로 (첫째로, 우선).
en ~ et place (*de*) …대신에.
en son ~ …의 차례에, 이번에는.
en son ~ et place 적소 적기에.
en temps et ~ 적시적소에.
être sans feu ni ~; n'avoir ni feu ni ~ 의지할 곳이 없다, 집도 절도 없다.
haut ~ 유태인이 제사지내던 곳; 기념할 만한 일이 벌어진 곳.
~ commun 흔해빠진 생각(이야기); 예사로운(진부한) 일; (*pl.*) 〖수사학〗모든 주제에도 적용할 수 있는 일반적 논거·논리 《줄여서 lieux 라고도 함》.
s'il y a ~ 필요에 따라.
tenir ~ de …을 대신하다, …의 역할을 하다.
lieu² (*pl. ~s*) *n.m.* 〖어류〗대구의 일종.
lieu(-)dit [ljødi] (*pl. ~x*(-)*~s*) *n.m.* 특별한 명칭〔별명〕이 있는 곳, …이라 곳. L'autocar s'arrête au *~* «Deux Pins». 관광버스는 Deux Pins 이란 곳에서 정차한다.
lieue [ljø] *n.f.* 거리의 단위《약 4 km》. *~ marine* 해리(海里). à cent *~s* à la ronde 사방 1,000 리에. les bottes de sept *~s* 한번에 70 리를 갈 수 있는 장화《동화 *le petit Poucet*에 나오는》.
être à mille ~s de + inf. …한다는 것은 어림도 없는 일이다.
lieur(se) [ljœːr, -ø:z] *n.* (곡식 단을)묶는 사람.
—*n.f.* 〖농업〗곡식 단을 묶는 기계.
Lieut (약자) lieutenant 〖군사〗육군 중위.
Lieut-Col (약자) lieutenant-colonel 〖군사〗육군 중령.
lieutenance [ljøtnɑ̃ːs] *n.f.* 부관 직, 육군중위의 직.
*lieutenant [ljøtnɑ̃] *n.m.* ① 육군 중위; 부관, 대리자; (우두머리의) 조수. *~* civil 〖프랑스사〗(파리 장관의) 민사대리인, 민사재판관. *~ de police* (대도시의) 경찰대리관. *~ général du royaume* 〖역사〗국왕대리관. *~ général*, *~ de vaisseau* 해군 대위. ② 〖해양〗2등운전사(premier *~*). *~ de port* (작은 항구의) 항무장(港務長).
lieutenant-colonel [ljøtnɑ̃kɔlɔnɛl] (*pl. ~s-~s*) *n.m.* 육군 중령.
lieutenante [ljøtnɑ̃ːt] *n.f.* 〖구어〗육군 중위의 부인; 〖여군중위, 〖옛〗재판관의 부인.
*lièvre [ljɛːvr] *n.m.* 산토끼; 토끼 고기; (*L~*) 〖천문〗토끼좌. courir comme un *~* 매우 빨리 달리다. Il ne faut pas courir(chasser) deux *~s* à la fois. 〖속담〗한꺼번에 두 마리의 토끼를 쫓지 마라.
C'est là que gît le ~. 문제는 바로 거기에 있다.
courir le même ~ (여러 사람이 동시에)하나의 목표를 향하여 달리다.
lever (*soulever*) *un ~* (어려운)문제를 갑자기 제기

mémoire de ~ 흐릿한 기억력.
prendre le ~ au gîte 불시에 습격하다.
lièvreteau [ljɛvrəto] (*pl. ~x*) *n.m.* 토끼 새끼.
lift [lift] 〖영〗*n.m.* ① 승강기, 엘리베이터 (ascenseur). ② = liftier.
lifter [lifte] *v.t.* 〖테니스〗(공을)쳐올리다. ② (성형수술로)(의)얼굴의 주름살을 펴다.
liftier(ère) [liftje, -ɛːr] *n.* 승강기 운전수, 엘리베이터 보이(걸).
lifting [liftiŋ] 〖영〗*n.m.* 미안술(美顏術)의 일종.
ligament [ligamɑ̃] *n.m.* 〖해부〗인대(靭帶).
ligamenteux(se) [ligamɑ̃tø, -ø:z] *a.* 인대성의; 인대 모양의.
ligature [ligatyːr] *n.f.* ① (정맥·팔·접목을)동여매기; 〖의학〗동여매는 끈, 붕대. faire une *~* à la jambe d'un blessé 부상자의 발을 동여매다. ② 〖음악〗타이. ③ (철사 따위의)접착(接着); 〖인쇄〗합자(合字)《œ, ff 따위》; 〖언어〗연결사《전치사·접속사》.
ligaturer [ligatyre] *v.t.* 〖의학〗동여매다.
lige [liːʒ] *a.* 〖옛〗(한 군주에)충성을 맹세한; 헌신적인. *homme ~* (*de*) (…의)충복, 가신(家臣), 충신. *hommage ~* 가신이 되는 맹세.
ligérien(ne) [liʒerjɛ̃, -ɛn] *a.* 루아르(*Loire*) 강 (분지)의.
ligie [liʒi] *n.f.* 〖곤충〗뱃장나무벌레.
lignage¹ [linaʒ] *n.m.* 가계(家系), 혈통. *de haut ~* 명문 출신의. ② (인쇄된)행수(行數).
lignage² *n.m.* (낚싯줄의)찌, 부표.
lignage³ *n.m.* (목재·석재를)늘어놓기.
lignager [linaʒe] 〖법〗동일가계의 사람, 본관이 같은 사람.
lignard [linaːr] *n.m.* 〖옛〗전열보병대(戰列步兵隊)의 병사, 〖신문〗(한 줄에 얼마씩 돈을 받는)삼류 기자; 식자공.
*ligne [liɲ] *n.f.* ① 선, 줄; 경계선. tirer (tracer) une *~* 선을 긋다. *~ droite* (*courbe*) 직선(곡선). Ça fait 100 kilomètres en *~ droite*. 그것은 직선거리로 100 킬로이다. *~ de départ* (*d'arrivée*) 출발선, 스타트라인(도착선). *~ de démarcation* 경계선. *~ oblique* 사선. *~ parallèle* 평행선. *~ verticale* 수직선. *~ de niveau* 수준선.
② (사물의)윤곽; 신체의 선. *~s du visage* 얼굴의 윤곽; 얼굴 모습. *~ d'une voiture automobile* 자동차의 보디라인. avoir (de) la *~* 몸매가 날씬하다. garder (perdre) sa *~* 몸의 선을 유지하다(이 망가지다). lire (dans) les *~s de la main* 손금을 보다. *~ de vie* (*de cœur*) (손금의)생명〔감정〕선.
③ 〖미술·건축〗선, 데생. *~s et volumes* 선과 질량감(量感). *~ d'horizon* (투시법의)수평선. *~s harmonieuses de l'architecture grecque* 그리스 건축의 균형잡힌 선.
④ 방향, 방침; 주체. *en ~ droite* 곧바로. *~ de foi* (망원경 따위의 각도나 방향의)기준선. se fixer une *~ de conduite* 자기의 행동기준을 정하다. être dans la *~ du parti* 당의 방침에 따르고 있다. *~ politique* 정치노선. *~ de force* (사물의)주세; 〖물리〗역선(力線).
⑤ (교통·수송의)연락선, 노선. *~s de chemin de fer* (*d'autobus*) 철도(버스) 노선. *tête de ~* (철도의)시발점, 시발역. *~ maritime* (*aérienne*) 항로(항공로). *~s de communication* 교통로 (선); 〖군사〗병참선. *~ de retraite* 〖군사〗퇴로.
⑥ 전선(~ *électrique*); 전화선 (~ *téléphonique*). *~ à haute tension* 고압선. *La ~ est occupée* (*coupée*, *en dérangement*). 통화중이다(전화가 끊겼다, 혼선중이다).

ligne 1186

⑦ 낚싯줄; 낚시도구. pêcher à la ~ 낚시질하다.
⑧ (똑바로 세우거나 긋지 위한)줄; (목수 따위의) 먹줄. planter des arbres à la ~ 줄을 쳐서 똑바로 나무를 심다. ~ de charpentier 목수의 먹줄.
⑨ 【해양】(특히 끝에 기구가 달린)줄, 밧줄. ~ d'amarrage 계류삭(繫留索). ~ de sonde (바다 깊이를 재는)측심선. ~ de loch (배의 속도를 재는)측정삭(索).
⑩ (인쇄문 따위의)행, 줄. Cette page comporte cinquante ~s. 이 페이지에는 50행이 들어있다. aller à la ~ 행을 바꾸다. être payé à la ~ 한 행에 얼마로 지불받다. Envoie-moi quelques ~s dès que tu arriveras. 도착 즉시 몇 자 적어 보내라(편지를 해라).
⑪ une. une ~ d'arbres 일렬로 서 있는 나무. écoliers rangés en ~ 정렬하고 있는 학생들. s'avancer sur une seule ~ 일렬로[한 줄이 되어]앞으로 가다(진군하다).
⑫ 【스포츠】라인. ~ de touche(축구 따위의)터치라인.
⑬ 【군사】전열, 전선; 방어선. ~ de défense). ~ de feu 포연선. infanterie de ~ (전선의)전열보병부대. ~s de Maginot 마지노선.
⑭ 가계, 혈통; 계열, 계통. ~ directe(collatérale) 직계[방계]. descendre en droite ~ de qn …의 직계이다.
⑮ (텔레비전의)주사선(走査線).
⑯ 적도(= équinoxiale). passer la ~ 적도를 통과하다. baptême de la ~ 【해양】적도제(祭).
⑰ ⓐ 【지리】~ de faîte 능선; ~ de partage des eaux 분수령(계). ⓑ 【음악】cinq ~s (de la portée)(악보의)5선. ⓒ (제품 특히 화장품의)계열, 동계통(同系統). une ~ de produits de beauté pour hommes 남성용 화장품의 한 세트.
de la première ~ à la dernière 처음부터 끝까지, 철두철미하게.
en première ~ 무엇보다도 먼저; 제 1 선에서.
entrer en ~ de compte 고려(계산)의 대상이 되다, 문제가 되다. Cela ne doit pas *entrer en ~ de compte*. 그것은 고려의 대상으로 삼아서는 안된다.
être en ~ ⓐ 전열(경기)에 참가하고 있다. ⓑ 전화가 통하고있다.
grandes ~s ⓐ 개요, 요점. expliquer qc dans ses *grandes ~s* …의 요점(개요)을 설명하다. ⓑ (건축물의)주요부분. ⓒ 【철도】간선.
hors ~ 정상에서 벗어난, 뛰어난. intelligence *hors ~* 뛰어난 지성.
mettre en ~ 전열에 참가시키다, 투입하다; 주장하다. Il faut *mettre en ~* les meilleurs joueurs pour vaincre. 이기기 위해 최우수 선수를 투입해야 한다.
monter en ~ 전열에 참가하다.
s'écarter de la ~ droite [de la ~ du devoir] 정도에서 벗어나다.
sur la même ~ 같은 선에서, 동열에서. On ne peut pas placer ces écrivains *sur la même ~*. 이들 작가를 같은 선에서 논할 수는 없다.
sur toute la ~ 완전하게, 철두철미하게; 전면에 걸쳐서. mentir *sur toute la ~* 처음부터 끝까지 거짓말을 하다. reculer *sur toute la ~* 전전선(全戰線)에 걸쳐 후퇴하다.

ligné(e¹) [liɲe] a. 【식물】평행선이 있는.
ligne-bloc [liɲblɔk] (pl. ~s-~s) n.f. 【인쇄】(라이노타이프용의)1행분의 활자덩어리.
lignée² n.f. 혈통, 가계. de bonne ~ 혈통이 좋은. ① 자손(postérité). ② (비유적)계보, 계열.
ligner [liɲe] v.t. (종이 따위에)선을 긋다.
lignerolle [liɲrɔl] n.f. 가는 노끈의 일종.

lignette [liɲɛt] n.f. (그물을 짜는데 쓰이는)끈 실, 삼끈.
ligneul [liɲœl] n.m. ① (구두에 쓰는)역청(瀝青)칠한 실. ② 【건축】벽재(壁材).
ligneux(se) [liɲø, -øːz] n.m.,a. 목질(木質)(의).
lignicole [liɲikɔl] a. 나무 속에서 사는.
lignification [liɲifikasjɔ̃] n.f. 목화(木化).
lignifier [liɲifje] v.t. 목화시키다. tissu *lignifié* 목화한 조직.
　—**se** ~ v.pr. 목화하다.
ligniforme [liɲifɔrm] a. 나무 같은.
lignine [liɲin] n.f. 【식물·화학】목질(木質).
lignite [liɲit, liɲnit] n.m. 【광물】아탄(亞炭).
lignocérique [liɲɔserik] a. acide ~ 【화학】리그노세리산(酸).
lignomètre [liɲɔmɛtr] n.m. 【인쇄】행수계(行數計).
lignosité [liɲɔzite] n.f. 목질성(木質性).
ligot [ligo] n.m. 작은 나뭇가지 다발.
ligotage [ligɔtaːʒ] n.m. 묶기.
ligoter [ligɔte] v.t. ① 묶다(lier). ~ un prisonnier 죄수를 묶다. ② 구속하다, 속박하다(enchaîner). se laisser ~ au mariage 결혼생활에 구속당하다. se laisser ~ par les préjugés 편견에 사로잡히다.
ligroïne [ligrɔin] n.f. 리그로인(석유 휘발유).
ligue [lig] n.f. ① (정치적·군사적)동맹, 연맹. L~ arabe 아랍연맹. L~ française de l'enseignement 프랑스교육연맹. ~ de consommateurs 소비자연맹. ~ contre l'alcoolisme 금주(禁酒)동맹. L~ des Droits de l'Homme 인권옹호연맹. ② L~ 【역사】가톨릭동맹(Sainte L~, Sainte Union).
liguer [lige] v.t. 동맹(단결)시키다; 결속시키다. ~ la classe ouvrière pour la défense de ses intérêts 이익의 수호를 위해 노동자계급을 단결시키다. ~ les mécontents 불평분자를 결속시키다.
　—**se** ~ v.pr. 동맹을 맺다, 단결[결탁]하다, 연합하다. L'Europe presque tout entière *se ligua* contre la Révolution. 거의 전유럽이 대혁명에 대항하여 동맹을 맺었다. Les partis de l'opposition *se liguent* contre le gouvernement. 야당은 정부에 대항하기 위해 손을 잡는다.
ligueur(se) [ligœːr, -øːz] n. 동맹원; 【역사】신성동맹원. —a. (위)의.
ligule [ligyl] n.f. 【식물】소설편(小舌片); (곤충)곤충의 입술, 순(脣).
ligulé(e) [ligyle] a. 【식물】(꽃부리가)설상(舌狀)의.
liguliflore [ligyliflɔːr] a. 【식물】설상(舌狀)꽃잎을 가진.
liguliforme [ligyliform] a. 【식물】혀모양의.
Ligures [ligyːr] n.m.pl. 【역사】리구리아 사람.
Ligurie [ligyri] n.pr.f. 【지리】리구리아(고대 이탈리아의 지방).
ligurien(ne) [ligyrjɛ̃, -ɛn] a. 리구리아의.
　—**L**~ n. 리구리아 사람.
lilas [lila] n.m. ① 【식물】라일락. ② 자홍색(紫紅色). —a. (불변)자홍색의.
liliacé(e) [liljase] a. 【식물】백합 모양의.
　—n.f.pl. 백합과(科) 【식물】.
lilial(ale, pl. aux) [liljal, -o] a. 백합 같은, 하얀; 순결한. teint ~ 백합같이 흰 피부색.
lilliputien(ne) [lilipysjɛ̃, -ɛn] a. 소인국의(Lilliput, Swift의 「걸리버 여행기」에 나오는 난장이의 나라)의; 아주 작은; (비유적)편협한, 옹졸한; 쨰쨰한. taille ~*ne* 아주 작은 키. —n. 난장이.
lillois(e) [lilwa, -aːz] a. 릴(Lille, 프랑스의 도시)의.
　—**L**~ n. 릴 사람.
limace [limas] n.f. ① 【동물】괄태충(括胎蟲). ②

【기계】 나선 양수기, 아르키메데스의 나사. ③ 《속어》느림보. ④《속어》셔츠. ⑤ ~ de mer 《어류》활유어.

limaçon [limasɔ̃] *n.m.* ① 【동물】달팽이. ② 【해부】(속귀의)와우각(蝸牛殻), 나선관. ③ escalier en ~ 【건축】나선 계단. ④ ~ de Pascal 【수학】파스칼의 선. ⑤ (시계의)나선형 캠.

limaçonnière [limasɔnjɛːr] *n.f.* 달팽이 양식장.

image [limaːʒ] *n.m.* 줄질하기.

limaille [limaːj] *n.f.* 줄밥.

limailleux(se) [limajø, -øːz] *a.* (무쇠가)탄소를 많이 함유한.

liman [limɑ̃] 《러시아》 *n.m.* 【지리】(흑해의)함수호(鹹水湖).

limande [limɑ̃ːd] *n.f.* ① 【어류】가자미; 《속어》따귀치기. ② 【건축】(겉면에 대는)엷은 판자. ③ 【해양】(밧줄을 감는)역청을 칠한 헝겊띠.
faire la ~ 《속어》굽실거리다.

limander [limɑ̃de] *v.t.* ① 【건축】(에)엷은 판자를 붙이다. ② 【해양】(밧줄을)역청칠한 헝겊띠로 감다.

limbaire [lɛ̃bɛːr] *a.* 【식물】엽신(葉身)의.

limbe [lɛ̃ːb] *n.m.* ① (태양·달 따위의)주변, 가, 가장자리, 둘레; 【해부】가장자리, 끝. ~ solaire 태양의 가장자리. ~ cornéen 각막의 가장자리. ② (경위의(經緯儀) 따위의)눈금 가장자리, 분도호(分度弧). ③ 【식물】엽편(葉片), 엽신(葉身), 꽃잎의 넓어진 부분.
—*n.m.pl.* ① 【신학】고성소(古聖所)《지옥의 변두리라고도 하며 구약시대의 의인들이 그리스도 강림때까지 머무른다고 하는 곳》(~s des patriarches); 해소(孩所)《세례를 받지 않고 죽은 어린 애의 영혼이 산다고 하는 장소》(~ des enfants). ②(비유적)명부(冥府), 혼돈; 미결상태. ~s de la pensée 사고의 혼돈. Le projet reste encore dans les ~s. 그 계획은 아직도 미결상태이다.

limbifère [lɛ̃bifɛːr] *a.* 【식물】가장자리 빛깔이 다른.

limbourg [lɛ̃buːr] *n.m.* 치즈의 일종. 　　　 른.

lime¹ [lim] *n.f.* ① 줄《연장》. donner un coup de ~ à qc …에 줄질을 하다. ~ douce 이가 고운 줄. ~ sourde 이가 가장 고운 줄; 교활한 사람. ~ d'émeri 평줄. ② 【패류】호소. **donner le dernier coup de ~ à** …에 마지막 손질을 하다, 마무리하다.

lime² [lim] *n.f.* 【식물】스위트레몬의 일종.

limer [lime] *v.t.* ① (에)줄질하다. ②《구어》(문장을)퇴고(推敲)하다, 다듬다.

limerick [limrik] 《영》 *n.m.* 리메릭, 5행속요(俗謠)《20세기 초엽에 영국에서 크게 유행한 시형》.

limes [limes] *n.m.* 《복수불변》【고대로마】(변경지방에 설치된)요새선(線).

limette [limɛt] *n.f.* 라임 열매.

limettier [limɛ[e]tje] *n.m.* 【식물】라임.

limeur(se) [limœr, -øːz] *n.* 줄질을 하는 직공.
—*a.* 줄질을 하는. —*n.f.* 줄질하는 기계, 연마기.

limicole [limikɔl] *a.* 【동물】호소(潮沼)에 사는.

limier [limje] *n.m.* ① 블랙하운드《사냥개의 일종》. ②《구어》경찰의 정보원; 간첩, 스파이.

liminaire [liminɛːr] *a.* 권두(卷頭)의. épître ~ 머리말. note ~ 권두언. journée ~ 《행사 따위의》첫째 날.

liminal(ale, *pl.* **aux)** [liminal, -o] *a.* 【심리】역(閾), 감각을 일으키는 최소 단위의.

limitable [limitabl] *a.* 제한할 수 있는.

limitateur [limitatœːr] *n.m.* ~ de charge 【전기】충전 제한 장치.

limitatif(ve) [limitatif, -iːv] *a.* 제한하는, 한정되는. disposition ~*ve* 한정조치. énumération ~*ve* 한정적 열거《법률의 조문에서 확대해석을 방지하기 위해 구체적인 예를 열거하는 것》.

limitation [limitasjɔ̃] *n.f.* ① 제한; 규제. ~ de vitesse 속도제한. ~ des naissances 산아제한. ~ d'un pouvoir 권력의 제한. apporter des ~*s* à qc …에 제한을 가하다. sans ~ de temps 시간의 제한없이. ②(능력 따위의)한계; (토지 따위의)구획.

limitativement [limitativmɑ̃] *ad.* 제한적으로.

*limite** [limit] *n.f.* ① 경계. fixer des ~*s* 경계선을 정하다. ~ entre deux pays 두 국가의 경계(frontière). ~ d'arrondissement 구계(區界). ~*s* d'un terrain de tennis 테니스코트의 구획선. horizon sans ~ 끝없는 지평선. ② 한계, 한도. ~ d'âge 연령제한; 정년. dernière ~ pour payer les impôts 세금의 납부기한. atteindre(dépasser)la ~ 한계에 도달하다〔를 넘어서다〕. Il y a des ~*s*!《구어》일정한 한도가 있다. dans une certaine ~ 어느 한도 내에서는. gagner avant la ~ 【권투】최종라운드 전에 이기다, KO승하다. ~ d'élasticité 【물리】탄성한도. ~ de rupture 파괴점, 극한강도. ~ 《형용사적으로 쓰이며 명사의 수에 일치》 prix ~*s* 최고〔최저〕가격. cas ~ 극단적인 사례. date ~ 기한, 기일. valeur ~ 【수학】극한치. angle ~ 【광학】임계각. vitesse ~ 제한속도. situation ~ 【철학】한계상황.
à la ~ 극단적인 경우에, 마지막에, 최후에.
sans ~*s* 끝없는. confiance *sans* ~*s* 무한한 신뢰. pouvoir *sans* ~*s* 무한의 권력.

limité(e) [limite] *a.p.* ① 제한된, 한정된(↔ illimité, infini). surface ~*e* 한정된〔좁은〕면적. édition à tirage ~ 한정판. guerre ~*e* 국지전쟁. société à responsabilité ~*e* 유한(책임)회사. nombre ~ 제한된 수. mesure de durée ~*e* 기한부 조치. ②《구어》여유가 없는, 가난한; (능력에)한계가 있는. Maintenant je suis assez ~. 지금 나는 궁핍하다. intelligence ~*e* 풍부하지 못한 지성.

*limiter** [limite] *v.t.* ① (에)경계를 긋다; 구획짓다, 한정하다. La Méditerranée *limite* la France au sud. 지중해는 프랑스의 남쪽을 경계짓고 있다. ②(정도·범위를)제한하다; 제어하다(restreindre). ~ la durée de parole 발언시간을 제한하다. ~ les dépenses 출자를 억제하다. ~ les dégâts 손해를 어느 한도내에 억제하다. ~ le pouvoir de qn …의 권한을 제한하다.
—**se** ~ *v.pr.* 분수를 지키다; 한정되다. ne pas savoir se ~ dans sa dépense 자기의 소비를 제한할 줄 모르다. [se ~ à qc/+*inf.*] L'entrée *se limite aux* invités. 입장은 초대자에 한한다. Pour lui, le monde *se limite* à son village. 그에게 있어서 세계는 그의 마을에 한정되어 있다《자기 마을만이 전세계라고 생각하고 있다》. *se* ~ *à* exposer l'essentiel 요점만을 진술하는 것에 머무르다.

limiteur [limitœːr] *n.m.* (속도·전압 따위의)제한 장치, 조정기.

limitrophe [limitrɔf] *a.* ①인접하는; [~ de](와)접경하고 있는. départements ~*s* 인접하고 있는 도. villes ~ de la frontière 국경에 접해 있는 여러 도시. ②국경의, 변경의. populations ~*s* 변경의 주민.

limnée [limne] *n.f.* 【패류】명주우렁이. 　 L주민.

limni-, limno- *préf.* 「늪·호소」의 뜻.

limniculture [limnikyltyr] *n.f.* =**aquiculture.**

limnologie [limnɔlɔʒi] *n.f.* 호소학(湖沼學).

limnologue [limnɔlɔɡ], **limnologiste** [limnɔlɔʒist] *n.m.* 호소학자.

limnoplancton [limnɔplɑ̃ktɔ̃] *n.m.* 【생물】호소

부유생물[플랑크톤].

limogeage [limɔʒaːʒ] *n.m.* (구어) (장교·고관 따위의) 좌천, 예비역 편입.

limoger [limɔʒe] ③ *v.t.* (구어) (장교·고관 따위를) 좌천시키다, 예비역으로 편입시키다, 사직시키다 (destituer).

limon¹ [lim³] *n.m.* ① (강물에 의해 운반된)진흙. ~ fin 황토. ② 기원(起源), 태생 (신이 인간을 진흙으로 만들었다는 고사에서). Il se croit d'un autre ~ que nous. (문어)그는 우리와는 다른 인간이라 생각한다.

limon² *n.m.* ① (수레의)끌채. ② (계단의)옆 화장판 (→ escalier 그림).

limon³ *n.m.* (옛) 【식물】 레몬(열매).

limonade [limɔnad] *n.f.* ① 레몬수; 소다수(~ gazeuse). (*pl.*) 청량음료, ② 청량음료 판매. ③ 《속어》물; 곤궁.

limonadier(ère) [limɔnadje, -ɛːr] *n.* ① (때로) 청량음료 판매업자; (보통) 카페의 주인. ② 【법】음식점 주인.

limonage [limɔnaːʒ], **limonement** [limɔnmɑ̃] *n.m.* 【농업】메마른 땅을 진흙으로 비옥하게 만들기.

limonaire [limɔnɛːr] *n.m.* 【상표명】 리모네르, 손풍금.

limonène [limɔnɛn] *n.m.* 【화학】 리모넨.

limoner [limɔne] *v.t.* (물고기의)진흙이나 비늘을 제거하다.

limoneux(se) [limɔnø, -øːz] *a.* ① (물이)진흙 특성의. ② (강이)높에서 나는.

limonier¹ [limɔnje] *a*, *n.m.* 끌채에 매다는(말).

limonier² *n.m.* 【식물】 레몬나무.

limonière [limɔnjɛːr] *n.f.* ① (수레의)끌채. ② (끌채가 둘이 있는)4륜 마차.

limonite [limɔnit] *n.f.* 【광물】 갈철광(褐鐵鑛).

limoselle [limɔzɛl] *n.f.* 【식물】 거미줄풀.

limosinage [limɔzinaːʒ] *n.m.* 【건축】 자갈이 섞인 회반죽으로 쌓기.

limousin(e¹) [limuzɛ̃, -in] *a.* ① 리무쟁(Limousin, 프랑스의 옛 지방)의. ② 리모주(Limoges, 프랑스의 도시)의. —*L*~ *n.* 리무쟁[리모주] 사람. —*n.m.* ① 리무쟁어(語) (오크어의 방언으로서 중세의 트루바두르(*troubadour*)가 썼음). ② 【건축】 (비계를 짜들면서 쓰는)삽 받줄, ③ (옛)석수, 석공 (리무쟁지방 출신이 많았던 데서).

limousinage [limuzinaːʒ] *n.m.* =limosinage.

limousine² [limuzin] *n.f.* ① (목동들의)외투, 망토의 일종. ② 리무진(고급 세단형의 자동차).

limousiner [limuzine] *v.t.* (벽 따위를)자갈섞이 회반죽으로 쌓다.

limpide [lɛ̃pid] *a.* (수정·물 따위가)맑은, 투명한 (pur, transparent); (눈동자가)맑은; (문장이)명쾌한. cristaux ~s투명한 수정. source ~맑은 샘. yeux ~s 맑은 눈. explication ~ 명쾌한 설명.

limpidité [lɛ̃pidite] *n.f.* 맑음, 청징(淸澄), 투명; 명쾌. ~ de l'eau 물의 맑음. ~ du regard 시선의 투명함. ~ de la conscience (비유적)양심의 깨끗함. ~ du style 문체의 명쾌함.

limule [limyl] *n.m.* 【동물】 투구게.

limure [limyːr] *n.f.* ① (*pl.*)=limaille. ② (옛)=limage.

lin [lɛ̃] *n.m.* 【식물】 아마, 아마포, 린네르(tissu de ~). fil de ~ 아마실. graine de ~ 아마인(亞麻仁). huile de ~ 아마인유(油). farine de ~ 아마인의 분말. gris de ~ 아마색(의).

lin. (약자) liniment (약) 고약.

linacé(e) [linase] 【식물】 *a.* 아마 같은.

—*n.f.pl.* 아마과(科) 식물.

linaigrette [linɛgrɛt] *n.f.* 【식물】 타래에자풀.

linaire [linɛːr] *n.f.* 【식물】 가는잎꽁지꽃.

linalol [linalɔl] *n.m.* 【화학】 리날롤(향료).

linceul [lɛ̃sœl] *n.m.* 시체를 덮는 천, 수의(壽衣) (suaire). ~ de neige (비유적)하얗게 덮인 눈. *Le plus riche n'emporte que son* ~. 《속담》아무리 부자라도 죽을 때는 수의 한 벌 뿐이다.

linçoir [lɛ̃swaːr] *n.m.* 【건축】 장선받이 보.

Lindor [lɛ̃dɔːr] *n.pr.m.* 【연극】기타를 치는 연인역(戀人役). —*l*~ *n.m.* nain jaune 놀이(의 다이아몬드의 7).

linéaire [lineɛːr] *a.* ① 선(線)의, 직선의. perspective ~ 직선원근도(법). dessin ~ 선화(線畫). mesures ~s (길이의)척도(尺度). ② 【수학】 선형(線形)의, 1차의. équation ~ 선형(1차) 방정식. fonction ~ 선형함수. ③ 【동·식물】 선상(線狀)의. feuilles ~s 선엽(線葉). ④ programme ~ 【컴퓨터】 선형계획(법). ⑤ (이야기 따위가)단조로운, 깊이가 없는. —*n.m.* ~ A[B] 선문자 A[B] (크레타 문자 가운데의 음절문자의 계열; A는 아직 해독되어 있지 않음).

linéal(ale, *pl.* **aux)** [lineal, -o] *a.* ① 【미술】 선의. ② (드물게) 【법】 직계의. succession ~*ale* 직계상속.

linéalement [linealmɑ̃] *ad.* 직계로서.

linéament [lineamɑ̃] *n.m.* (주로 *pl.*)(문어) ① (얼굴 따위의)윤곽, 선. ② 밑그림, 초안, 구도; 개요, 대강. ~s d'une politique 정책의 아웃라인(개요). ~s d'un discours 연설의 개요.

linéarité [linearite] *n.f.* 선상성(線狀性); 【언어】 선조성(線條性); 【전자】 직선성.

linéature [lineatyːr] *n.f.* (얼굴 따위의)윤곽, (텔레비전 따위의)주사선 수; 【인쇄】 (사진판의)스크린선 수.

linéen(ne) [lineɛ̃, -ɛn] *a.* ① 리니르바루아(Ligny-le-Barrois, 프랑스의 도시)의. ② 리니르샤텔(Ligny-le-Châtel, 프랑스의 마을)의. —*L*~ *n.* (위)의 사람. [기.

liner [lajnœːr] (영) *n.m.* 연락선, 정기선; 대형 여객

linette [linɛt] *n.f.* 아마인(亞麻仁). [(道)ー.

L.-Infre (약자) Loire-Inférieure (프랑스의 도

linge [lɛ̃ːʒ] *n.m.* ① 린네르[캘리코] 제품. ~ de corps 내의·손수건 종류. ~ de cuisine(de ménage) 행주·에이프런 종류. ~ de dessous 내의류. ~ de lit 홑이불·시트 종류. ~ de table 냅킨·테이블보 종류. ② 내의·슈미즈 종류. changer de ~ 내의를 갈아입다. ~ d'une layette 갓난애의 내의류. ~ d'un trousseau (신혼부부·기숙생활을 하는 자녀에게 주는)의복. ③ 린네르(캘리코) 천(형겊). frotter avec un ~ 걸레로 닦다. essuyer le front avec un ~ 이마를 수건으로 닦다. ~ de pensement 붕대. ~ d'autel (제단의)성포(聖布). ~ de maison 부엌·식탁·침대 따위에 쓰이는 천의 총칭. laver[sécher, étendre] 빨래하다[말리다, 널다]. corde à ~ 빨랫줄.

avoir du ~. 《속어》넉넉하게 살다.
blanc comme un ~ 얼굴이 창백한.
Il y a du (beau) ~. 옷 잘 입는 여자들이 있다.
laver son ~ *sale en famille* 《구어》집안의 수치를 소문내지 않다.
un paquet de ~ *sale* 《구어》누더기를 걸치는[불결한] 옷을 입은] 남자.

lingé(e) [lɛ̃ʒe] *a.* 내의류를 공급받은.

linger(ère) [lɛ̃ʒe, ɛːr] *n.m.* ① 린네르 제품 제조(판매)업자 (요즈음은 confectionneur en lingerie, chemisier 등을 씀). —*n.f.* (병원·호텔·기숙사 따

위의)내의(린네르)를 책임맡은 하녀.
lingerie [lɛʒri] *n.f.* ① 린네르 판매업. ② 린네르 제품, 내의류;(특히)여자용 내의류. rayon de ~ (백화점의)여자용 내의류 판매장. ③ 내의류를 두는 방.
lingette [lɛ̃ʒɛt] *n.f.* 〖직물〗 ①(노르망디산의)능모직(綾毛織), 세루. ②일종의 플란넬.
lingot [lɛ̃go] *n.m.* ① 〖야금〗지금(地金), 주괴(鑄塊), 잉곳. or en ~; ~ d'or 금괴. ② 〖군사〗원장탄(圓長彈); 〖인쇄〗공목. ③ (Vendée 지방에서 나는)콩의 일종.
lingoter [lɛ̃gɔte] *v.t.* 금속을 주형에 부어 주괴로 만들다.
lingotière [lɛ̃gɔtjɛːr] *n.f.* 〖야금〗주형(鑄型).
lingua franca [lingwafranka] 〖이탈리아〗*n.f.* 〖언어〗링구아프랑카(아프리카·중동 지방에서 쓰이는 프랑스어·이탈리아어·에스파냐어·터키어·아랍어 등의 혼성어).
lingual(ale, *pl.* aux) [lɛ̃gwal, -o] *a.* 〖해부〗혀의. artère ~ale 혀의 동맥. nerf ~ 혀의 신경. ② 〖언어〗혀로 발음하는. —*n.f.* 〖언어〗설음(舌音).
linguatule [lɛ̃gwatyl] *n.f.* 〖동물〗혀벌레(포유류·파충류의 기생충).
lingue¹ [lɛ̃ːg] *n.f.* 〖어류〗대구의 일종.
lingue² *n.m.* 〖속어〗작은 칼.
linguer [lɛ̃ge] *v.t.* 〖속어〗찌르다.
linguet [lɛ̃gɛ] *n.m.* 〖기계〗기어의 역회전 방지장치.
linguette [lɛ̃gɛt] *n.f.* 〖약〗설하정(舌下錠). ㄴ치.
linguiforme [lɛ̃gyifɔrm] *a.* 혀 모양의.
linguiste [lɛ̃gyist] *n.* 언어학자.
linguistique [lɛ̃gyistik] *n.f.* ① 언어학. ~ comparative(générale, historique, structurale) 비교(일반·역사·구조) 언어학. ~ fonctionnelle 기능언어학. ~ appliquée 응용언어학. ② 〖옛〗언어의 역사적 비교연구.
—*a.* 언어의; 언어학의. études ~s 언어(학적)연구. fait ~ 언어사실. géographie ~ 언어지리학. communauté ~ 언어공동체, 공통언어권. séjour ~ en France 프랑스어 습득을 위한 프랑스 체류. vacances ~s 방학을 이용한 외국어 습득.
linguistiquement [lɛ̃gyistikmɑ̃] *ad.* 언어학적으로, 언어학상.
lingulaire [lɛ̃gylɛːr], **lingulé**(e) [lɛ̃gyle] *a.* 〖식물〗설상(舌狀)의.
linguodental(ale, *pl.* aux) [lɛ̃gwɔdɑ̃tal, -o] *a.* 〖언어〗설치음(舌齒音)의.
—*n.f.* 설치음([t,d]).
linier(ère) [linje, -ɛːr] *a.* 아마(亞麻)의. —*n.f.* 아마 밭.
liniment [linimɑ̃] *n.m.* 〖약〗리니멘트, 고약, 유성 도찰제(油性塗擦劑).
linine [linin] *n.f.* 〖생물〗핵사(核絲).
linition [linisjɔ̃] *n.f.* 도찰(塗擦).
linkage [linkaʒ] 〖영〗*n.m.* 〖생물〗(유전에 있어서의)연쇄, 연관.
links [links] 〖영〗*n.m.pl.* 골프장.
linnée [line] *n.f.* 〖식물〗린네풀.
linnéen(ne) [lineɛ̃, -ɛn] *a.* 린네(Linné, 스웨덴의 식물 분류학자)식의. classification ~ne 린네식 분류.
lino [lino] *n.* 〖구어〗① =linoléum. ② =linotype; linotypiste. 〖酸).
linoléique [linɔleik] *a.* acide ~ 〖화학〗리놀렌산
linoléum, **linoleum** [linɔleɔm] *n.m.* 리놀륨.
linon [linɔ̃] *n.m.* 〖직물〗한랭사(寒冷紗).
linotte [linɔt] *n.f.* ① 〖조류〗홍방울새. ② tête de ~ 〖구어〗경솔한 사람.
linotype [linɔtip] *n.f.* 〖인쇄〗라이노타이프, 자동식자기.
linotypie [linɔtipi] *n.f.* 라이노타이프에 의한 식자.
linotypiste [linɔtipist] *n.* 라이노타이프 식자공.
linsoir [lɛ̃swaːr] *n.m.* =linçoir.
lint [lɛ̃ːt] *n.m.* 〖외과〗린트 천.
linteau [lɛ̃to] (*pl.* ~x) *n.m.* 〖건축〗(문·창 위의)횡목(橫木), 상인방(上引枋).
linter [lɛ̃tɛːr] 〖영〗*n.m.* 〖조면기(繰綿機)에 걸었을 때 씨에 남아붙은)솜의 보풀.
*****lion(ne) [ljɔ̃, -ɔn] *n.* ① 사자, 라이온. hardi comme un ~ 사자같이 사나운. ~ du Pérou(d'Amérique) 〖동물〗퓨마. ~ marin(de mer) 〖동물〗강치. ② 용맹스러운 사람;〖구어〗뛰어난 사람. C'est un ~! 용맹스런 사나이이다. ③ 〖옛〗(19세기 사교계의)스타; 멋장이. ④ (L~) 〖천문〗사자자리.
À l'ongle on connaît le ~. 〖속담〗사람은 어디엔가 자기 본성을 나타내는 법이다.
avoir mangé(bouffé) du ~ 〖구어〗무서운 힘을 발휘하다; 몹시 난폭하다.
griffe du ~ 천재의 표증, 재능의 번득임.
homme au cœur de ~ 용감무쌍한 사람.
part du ~ 강자의 독점(횡포)(*La Fontaine*의 우화, 사자의 분배에서).
lionceau [ljɔ̃so] (*pl.* ~x) *n.m.* 새끼 사자.
lip- *préf.* 「지방(脂肪)」의 뜻.
liparéen(ne) [lipareɛ̃, -ɛn] *a.* 리파리(*Lipari*, 시칠리아 섬 북방의 이탈리아 군도)의.
—**L**~ *n.* 리파리 사람.
liparis [liparis] *n.m.* ① 〖어류〗꼼치의 일종. ② 〖곤충〗밤나방과(科)의 독나방의 일종(유충은 교목을 해침). ③ 〖식물〗(습지에 나는)난초의 일종.
liparite [liparit] *n.f.* 〖광물〗석영조면암.
lipase [lipaːz] *n.f.* 〖화학〗리파제, 지방분해효소.
lipide [lipid] *n.m.* 〖의학〗지질(脂質).
lipo- *préf.* 「지방」의 뜻.
lipochrome [lipɔkrom] *n.m.* 〖생화학〗리포크롬(지용성 색소).
lipoïde [lipɔid] *a.* 유지질(類脂質)의. —*n.m.* 리포이드(유지질).
lipolyse [lipɔliz] *n.f.* 〖생물〗지방분해.
lipome [lipoːm] *n.m.* 〖의학〗지방종(脂肪腫).
lipophile [lipɔfil] *a.* 〖화학〗친(親)지방성의.
lipoprotéine [lipoprotein] *n.f.* 〖생물〗리포단백질. 〖(肉腫).
liposarcome [liposarkom] *n.m.* 〖의학〗지방 육종
liposoluble [liposɔlybl] *a.* 〖화학〗유지(油脂)에 용해하는, 지용성의.
lipothymie [lipotimi] *n.f.* 〖의학〗기절, 졸도.
lipotrope [lipɔtrɔp] *a.* 〖생물〗지방 친화(성)의, 향(向)지방성의.
lipovaccin [lipovaksɛ̃] *n.m.* 리포백신.
lippe [lip] *n.f.* 앞으로 내민 두꺼운 아랫입술. faire la(sa) ~ 뽀로통해지다.
lippée [lipe] *n.f.* 〖옛·구어〗① 진수성찬. franche ~ 거저 얻어먹는 맛좋은 음식. ② 한 입의 분량.
lipper [lipe] *v.t.* 〖속어〗마구 먹고 마시다.
lippu(e) [lipy] *a.* 아랫입술이 두꺼운.
lipurie [lipyri] *n.f.* 〖의학〗지방뇨(증).
liq. 〖약자〗① *liqueur* 〖화학〗액(液). ② *liquidation* 〖주식〗청산. ~ cte. 당기(當期) 결산(liquidation courante). ~ pro. 차기(次期)결산(liquidation prochaine).
liquater [likwate] *v.t.* 〖야금〗용석(鎔析)하다.
liquation [likwasjɔ̃] *n.f.* 〖야금〗용석.

liquéfacteur(trice) [likefaktœːr, -tris] *n.m.* 액화기(液化機). —*a.* 액화하는.

liquéfaction [likefaksjɔ̃] *n.f.* 액화(condensation); 용해(fonte).

liquéfiable [likefjabl] *a.* 액화[용해]할 수 있는.

liquéfiant(e) [likefjɑ̃, -ɑ̃ːt] *a.* ①(기체를)액화시키는; 〖의학〗고름을 용해시키는. ②〖구어〗(정력 따위를)소모시키는. —*n.m.* 〖의학〗액화제, 용해제.

liquéfier [likefje] *v.t.* 액화[용해]시키다. ~ un gaz 가스를 액화시키다. ~ de l'air 공기를 액화시키다. —*se* ~ *v.pr.* ①액화[용해]하다. ②〖구어〗할력[기력]을 상실하다.

liquescent(e) [likɛsɑ̃, -ɑ̃ːt] *a.* 액화[용해]시키는.

liquette [likɛt] *n.f.* 《속어》샤쯔.

liqueur [likœːr] *n.f.* ①리뾔르 술(~ de dessert); 주류(酒類); 음료; (포도주의)달콤한 맛. ~*s* fraîches 청량음료수. vin de ~ 달콤한 포도주. ~*s* digestives 식후주. ~*s* apéritives 식전주. ②〖화학〗용액; 〖에〗액체; 체액. ~ séminale 정액.

liquidable [likidabl] *a.* 청산할 수 있는.

liquidambar [likidɑ̃baːr] *n.m.* 〖식물〗소합향(蘇合香).

liquidateur(trice) [likidatœːr, -tris] *n.* 〖법〗청산인, 〖상업〗결산자. ~ judiciaire (재판소선임의)파산청산인. ~ de société 파산회사 청산인. ~ d'une situation difficile 어려운 사태를 수습 처리하는 사람. —*a.* 〖법〗청산에 종사하는.

liquidatif(ve) [likidatif, -iːv] *a.* 〖법〗청산의.

liquidation [likidasjɔ̃] *n.f.* 청산; 결제. ~ des dépens par le tribunal 재판소에 의한 소송비용의 결정. ~ de l'impôt 세금의 완납. ~ de fin de mois 《주식》월말결제거래, 월말인도. ②청산, 결제; (문제의)해소. ~ d'une société 회사의 청산[해산]. ~ d'une succession (분배전의)유산의 배분. ~ d'un conflit politique 정치적 분규의 해소[타개]. ③〖구어〗(골치거리·방해자 따위의)제거; (정적 따위의)처치, 숙청. ~ de vieux meubles 낡은 가구들의 처치. ~ d'un témoin gênant 방해가 되는 증인의 처치[제거]. ~ 〖상업〗바겐세일, 재고품 정리 염가판매. ~ de marchandises en solde 상품의 염가판매. ~ de stock 재고품 정리 판매.

*****liquide** [likid] *a.* 액체의; 유동체의. corps ~ 액체. air ~ 액체공기. aliment ~ 유동식. sauce trop ~ 물기가 많은 소스. ~ empire; plaine ~ 《시》바다. ~ élément 《시》물. ②〖재정〗(채권 따위의 금액·평가가)확정된; 곧 쓸 수 있는, 현금의. créance ~ 확정채권. dette ~ 확정채무. argent ~ 현금. dix mille francs ~*s* 현금으로 1만프랑. ③〖문어〗(물과 같이)맑은, 투명한. matinée ~ 맑은 아침. bleu ~ 밝은 하늘색. ④〖음성〗유음의. consonnes ~*s* 유(자)음(l, r, m, n, 특히 l, r의 진동음).

—*n.m.* ①액체. compressibilité des ~*s* 액체의 압축율. ②음료, 유동식;《속어》술. Depuis un certain temps, il ne prend que des ~*s*. 얼마 전부터 그는 유동식밖에는 먹지 않는다. ③체액(~ organique); 용액. ~ excrémentiel ~ physiologique 생리적 식염수. ~ de Ringer 링거액. ④현금. avoir du ~ 현금을 갖고 있다. payer en ~ 현금으로 치루다.

—*n.f.* 〖음성〗유음([l], [r] 따위).

liquidé [likide] *n.m.* 파산자, 지불 불능자.

*****liquider** [likide] *v.t.* ①청산하다; 결산하다. ~ ses biens 재산을 처분하다. ~ ses dettes 부채를 청산하다. ~ une société 회사를 청산[해산]하다. ~ une liaison amoureuse 연애관계를 청산하다. ~ une crise politique 정치위기를 해소시키다. ②바겐세일하다, 염가판매하다. ~ le stock 재고품 정리를 하여 염가판매하다. ③〖구어〗(골치거리·방해자를)제거하다; (정적 따위를)처치[숙청]하다. ~ les restes d'un repas 음식의 찌꺼기를 없애다. ~ un témoin gênant 방해가 되는 증인을 없애다. C'est liquidé. 그것은 이미 끝났다. La question *est liquidée*. 문제는 해결되었다.

—*se* ~ *v.pr.* 자기 빚을 상환하다. Je *me suis liquidé* avec lui. 그 사람에게는 빚이 없다.

liquidien(ne) [likidjɛ̃, -ɛn] *a.* 액체[유동체]의.

liquidité [likidite] *n.f.* ①유동성. ~ du sang(du mercure) 혈액(수은)의 유동성. ②〖재정〗(자산 따위의)유동성, 환금성; (*pl.*) 유동자산, 유동자금. ~ internationale 국제유동성; 대외지급수단. ~*s* d'une banque 은행이 보유하고 있는 유동자산.

liquor [likwɔr] *n.m.* 〖생리〗(혈액의)액체성분.

liquoreux(se) [likɔrǿ, -ǿːz] *a.* (술이)리쾨르성의, 달콤한 맛.

liquoriste [likɔrist] *n.* 리쾨르 술 제조[판매]인; 술장수.

:lire¹ [liːr] [30] *v.t.* ① ⓐ 읽다. ~ des lettres 문자를 읽다. ~ les caractères chinois 한자를 읽다. ~ et parler couramment le français 프랑스어를 자유롭게 읽고 말하다. Avez-vous quelque chose à ~? 무엇인가 읽을 것을 가지고 있읍니까? ~ tout Racine 라신을 독파하다. [~ *ind.* + *ind.*] J'ai lu, je ne sais plus où, *que* c'était un très bon film. 나는 어디선가, 그것이 아주 좋은 영화라는 것을 읽었다. ⓑ(목청보어 없이)책(글)을 읽다. apprendre à ~ et à écrire 읽고 쓰기를 배우다. Il ne sait pas ~. 그는 글자를 읽지 못한다(전혀으로서의). aimer (à) ~ 독서를 좋아하다. ~ beaucoup 책을 많이 읽다. user ses yeux à ~ 독서로 눈을 버리다. ②(소리를 내어)읽다, 낭독하다. ~ un discours (un arrêt) 연설문[판결문]을 읽다. [~ *qc* à *qn*] ~ un livre à ses enfants 애들에게 책을 읽어주다. ③(암호 따위를)해독하다, 판독하다; 추측하다. ~ un message chiffré 암호문을 해독하다. ~ des hiéroglyphes 상형문자를 읽다. ~ une partition (une carte) 악보[도표]를 읽다. ~ une radiographie (의사가)뢴트겐 사진을 판독하다. l'avenir dans les lignes de la main 손금을 보고 미래를 점치다. ~ un sentiment sur le visage de *qn* …의 안색을 읽어 감정을 추측하다. ④(직접목적보어 없이)알아채다, 판독하다. ~ dans la pensée de *qn* …의 생각을 알아채다. ~ sur le visage de *qn* …의 안색을 읽다. ~ dans les astres 별을 보고 점을 치다. ⑤〖컴퓨터〗(컴퓨터가 기억장치·입력장치로 정보를)읽어내다, 알아채다.

avoir beaucoup lu 박식하다.

dans l'espoir (l'attente) de vous ~ (편지에서)회신을 기다리면서.

~ *des doigts* 대강 훑어 보다.

se faire ~ 잘 읽히다.

se laisser ~ (재미있어)읽을 만하다.

—*se* ~ *v.pr.* ①읽히다, 읽어지다. Ce livre *se lit* en une heure. 이 책은 한 시간이면 읽을 수 있다. Ce texte peut *se* ~ de plusieurs façons. 이 문장은 여러 뜻으로 읽을 수 있다(해석될 수 있다). ②(생각·감정 따위가)읽어낼 수 있다.

lire² *n.f.* 리라(이탈리아의 화폐단위).

liron [lirɔ̃] *n.m.* 〖동물〗= **lérot**.

lis [lis] *n.m.* ①〖식물〗백합(속). ② ~ d'eau(d'étang) 수련; ~ des vallées(de mai) 은방울꽃; ~

(de) Saint-Jacques 아마릴리스. ③ 흰 백합꽃; 순백. teint de ~ 하얀 피부. blanc comme un ~ 흰 백합처럼 하얗다. Le ~ est le symbole de la virginité. 백합꽃은 처녀성의 상징이다. ④ fleur de ~ [flœrdəli(s)] ⓐ 흰 백합꽃(의 가문)의 프랑스왕가의 가문(家紋). ⓑ (옛날에 죄인 어깨에 찍은) 백합 낙인. ⑤ royaume des ~ 프랑스 왕조.

fleur de lis

lisable [lizabl] *a.* 읽을 수 있는.
lisage [liza:ʒ] *n.m.* 《직물》 무늬조각(기).
lisailleur(se) [lizɑjœːr, -ø:z] *n.* 난독가(亂讀家).
lisant(e) [lizɑ̃, -ɑ̃:t] *a.* 독서하는. public ~ 독자.
lisbonnin(e) [lisbɔnɛ̃, -in] *a.* 리스본(Lisbonne, 포르투갈의 수도)의. —L~ *n.* 리스본 사람.
lise [li:z] *n.f.* (물가의) 유사(流砂).
liserage [lizra:ʒ], **lisérage** [lizera:ʒ] *n.m.* (자수의) 가장자리 장식을 하기.
liseré(e) [lizre], **liséré(e)** [lizere] *a.p.* 가장자리 장식을 한; 가두리를 단. —*n.m.* 피륙의 가두리, 가장자리 선; 《지도》 운영(暈映).
liserer [lizre] [4], **lisérer** [lizere] [6] *v.t.* (의)가두리를 붙이다; 가장자리 장식을 하다. 〔(屬).
liseron [lizrɔ̃], **liset** [lizɛ] *n.m.* 《식물》 메꽃속.
Lisette [lizɛt] *n.pr.f.* ① 《연극》 희곡의 꾀바른 시녀역. ② 《문학》 민요의 명랑한 여직공. *Pas de ça, ~!* 《속어》 그것만은 아주 질색이야.
lisette¹ [lizɛt] *n.f.* 《곤충》 포도벌레.
lisette² *n.f.* 어린이옷 칼.
liseur(se) [lizœːr, -ø:z] *n.* 독서를 좋아하는. —*n.* 독서가. ~ d'âmes 독심술사(讀心術師). —*n.f.* 페이퍼나이프를 겸한 서진(書鎮); 전기 스탠드; 독서용 의자; 책 커버 (가죽·헝겊제); 여자의 평상복. —*n.m.* 지도대(地圖臺).
lisibilité [lizibilite] *n.f.* 읽기 쉬움.
lisible [lizibl] *a.* ① 읽기 《해독하기》 쉬운; 읽을 만한. signature (écriture) ~ 읽기 쉬운 서명 [필적]. caractères à demi effacés et peu ~s 반쯤 지워져 읽기 어려운 문자. ② 읽을 만한 가치가 있는. article à peine ~ 거의 읽을 만한 가치가 없는 기사.
lisiblement [lizibləmɑ̃] *ad* 읽기 〔해독하기〕 쉽게.
lisier [lizje] *n.m.* 《농업》 (비료용으로 보존된) 가축의 분뇨, 액비(液肥).
lisière [lizjɛːr] *n.f.* ① (피륙의) 가장자리 천; 가장자리 〔(숲 따위의) 기슭, 경계. chaussons de ~ 《옛》 가장자리 천〔천조각〕으로 만든 실내화. ~ d'un champ 밭의 경계. arbre de ~ 경계를 긋는 나무. ② 《옛》 걷기 시작하는 어린애를 부축하는 끈; 도움. *marcher sans ~s* 독립 독행하다. *mener qn en* 〔*à la, par la*〕 ~ …을 마음대로 부려먹다 〔간섭하다〕. *tenir qn en ~s* …을 지배하다.
l'islois(e) [lilwa, -a:z] *a.* 릴라당 (*L'Isle-Adam*, 프랑스의 도시)의; 릴주르댕 (*L'Isle-Jourdain*, 프랑스의 도시)의. —L' I~ *n.* (위)의 사람.
lisoir [lizwa:r] *n.m.* (차량의) 받침대; (포차 따위의) 가로대. (가붕용) 실.
lisotter [lizɔte] *v.t.* 《구어》 군데군데 읽어보다.
lissage¹ [lisa:ʒ] *n.m.* 매끈매끈하게 하기, 반들반들하게 하기; 윤내기.
lissage² *n.m.* 《조선》 가접판을 고정시키기; 《집합적》 가접판.
lisse¹ [lis] *n.f.* 《조선》 가접판 〔건조중인 선체의 늑재(肋材)를 임시로 고정시킴〕; 뱃전의 난간; (*pl.*) 선체선도 〔船體線圖〕.
lisse² *n.f.* = **lice³**.
*****lisse³** (<*lisser*¹) *a.* 매끈매끈한, 반들반들한, 윤기있는; 《문어》 평온한. peau ~ 매끈매끈한 피부. cheveux ~s 매끄럽고 윤기있는 머리. eau ~ de l'étang 잔잔한 연못의 수면. visage ~ (주름이 없는) 매끈한 얼굴. grain ~ 매끈한 영혼. muscles ~s 《해부》 평활근(平滑筋). —*n.m.* 매끈매끈함. —*n.f.* (주물용의) 윤내는 인두.
lissé(e) [lise] *a.p.* 매끈매끈하게 된, 매끈하게 닦인, 반들반들한. —*n.m.* 매끈매끈함; 《요리》 엿같이 졸인 설탕, 조청.
lisser¹ [lise] *v.t.* ① (돌을) 매끈하게 하다; 닦음질을 하다; (종이·가죽·금속 따위의) 윤기를 내다. ~ sa moustache 턱수염을 매끈하게 가다듬다. ~ sa jupe avec ses paumes 손바닥으로 치마의 주름을 펴다. ~ un faux col 칼라를 다리미로 펴다. ~ les cuirs 가죽에 윤기를 내다. ② 《요리》 설탕을 입히다. —se ~ *v.pr.* ① 매끈매끈하게 되다. ② (새가 깃털을) 부리로 다듬다.
lisser² *v.t.* (배에) 가접판을 붙이다.
lisseur(se) [lisœːr, -ø:z] *n.* 윤내는 직공. —*n.f.* 《사투리》 다림질하는 직공; 윤내는 기계.
lissoir [liswa:r] *n.m.* 윤내는 인두.
lissotriche [lisɔtrik] *a.* 《인류》 머리카락이 곧은.
lissure [lisy:r] *n.f.* 윤내기.
*****liste** [list] *n.f.* ① (일람)표, 목록; 명부, 명단. ~ alphabétique 알파벳순의 리스트. dresser〔faire〕 une ~ 명부를 작성하다. Son nom se trouve sur la ~. 그의 이름이 명단에 있다. ~ électorale 선거인 명부. ~ de candidats 후보자 명단. scrutin de ~ 연기(連記)투표. venir en tête de la ~ (선거의) 득표에서 1위를 하다. ~ noire 블래클리스트, 요주의 인물 명단. ~ des mets 메뉴. ~ civile 왕실비(王室費); 국가 원수의 세비. ~ de mariage 결혼축하품 목록. *grossir la* ~ *de* …속에 끼이다.
listeau [listo] (*pl.* ~*x*), **listel**(*pl.* **els, eaux**) [listɛl, -o], **liston** [listɔ̃] *n.m.* ① 《건축》 가장자리. ② 《건축》 (두 쇠시리 사이의) 좁다란 부분.
:**lit** [li] *n.m.* ① 침대, 잠자리. Allons, les enfants, au ~! 자, 꼬마들아, 잠잘 시간이다. faire un ~ 잠자리를 만들다. sortir du ~ 잠자리에서 일어나다 (se lever). aller〔se mettre〕 au ~ 자러 가다, 잠자리에 들다. arracher〔tirer〕 qn du ~ …을 침대에서 불러일으키다〔일으키다〕. garder le〔être au〕 ~ (병으로) 침대에 누워 있다; 방에 들어박혀 있다. cloué au ~ 병상에 누워 있는. faire le〔son〕 ~ 침대를 정돈하다. ~ à une place〔pour une personne〕 일인용 침대. ~ à deux places〔pour deux personnes〕 이인용 침대. ~s jumeaux 트윈베드. ~ d'enfant 유아용 침대. ~ pliant 접을 수 있는 침대. ~ de camp 간이침대. ciel de ~ 침대의 닫집. ~ d'hôpital 병원의 침대, 병상. hôpital à 200 ~s, 200 병상의 병원. ② 부부〔육체〕 관계, 결혼. enfant du premier〔du second〕 ~ 첫번째〔두번째〕 결혼에서 태어난 아이. ~ nuptial 결혼〔신혼〕의 잠자리. ~ conjugal 부부의 결연〔동침〕. partager le ~ de qn …의 남편〔처·정부〕이 되다. faire ~ à part (부부가) 침대를 따로 쓰다. chasser qn de son ~ 이혼하다. ③ (침대 대용이 될 수 있는 나뭇잎 따위의) 잠자리. se coucher sur un ~ de foin 건초 더미 위에 눕다. ne pas être couché sur un ~ de roses 《비유적》 몹시 궁색한 상황에 놓여 있다. ④ (암석 따위의) 상(床), 층; 하상(河床). ~ de pierres 암석층. ~ de carrière 암상(岩床). La rivière est sortie de son ~. 강물이 범람하고 있다. ~ mineur〔moyen, majeur〕 (강의) 최저〔평균·최고〕 수위. ⑤ 《해양》 (조수·바람 따위의) 방향, 흐름. ~ de

marée (du courant) 조류. naviguer dans le ~ du vent 바람을 타고 항해하다.
faire le ~ de …을 싹트게 하다; …의 온상이 되다. C'est le capitalisme qui *a fait le ~ du communisme.* 공산주의를 낳게 한 것은 자본주의이다.
~ de douleur 병상.
~ de justice 《역사》 (혁명전)파리고등법원의 옥좌, 친국(親鞫)의 자리. tenir un ~ de justice 친국하다; 개정(開廷)하다.
~ de mort 죽음의 잠자리, 임종. être sur le ~ *de mort* 죽어가고 있다.
~ d'honneur 《문어》전장. mourir au ~ *d'honneur* 전사하다.
mourir dans son ~ 편안하게 죽다; 자기 잠자리에서 죽다.
prendre le ~ 병석에 눕다, 자리보전하다.
lit. 《약자》 litre 《도량형》 리터.
litanie [litani] *n.f.*(*pl.*) 연도(連禱); 《구어》(불평·비난 따위를)지루하게 늘어놓기. ~s des saints 성인들의 연도. ~s du nom de Jésus 예수의 이름으로의 연도. C'est toujours la même ~ de reproches. 항상 같은 비난이다. faire une longue ~ d'injures 길게 똑같은 욕설을 늘어놓다.
lit-armoire [liarmwɑːr] (*pl.* ~s-~s) *n.m.* 상자 모양의 침대.
lit-cage [likaːʒ] (*pl.* ~s-~s) *n.m.* (철제의)접게 된 침대.
lit-canapé [likanape] (*pl.* ~s-~s) *n.m.* 침대 겸용의 긴의자.
litchi [litʃi] *n.m.* 《식물》 여주. 파.
lit-divan [lidivɑ̃] (*pl.* ~s-~s) *n.m.* 침대 겸용 소
liteau [lito] (*pl.* ~x) *n.m.* ① 《건축》 서까래의 가두리; 각목. ② 《직물》 (식탁보·손수건 따위의)가두리 줄무늬.
liteau *n.m.* 《사냥》 늑대가 낮에 숨는 장소.
litée [lite] *n.f.* ① 《동물》한 배의 새끼. ② 한자리 〔소굴〕에 모여드는 짐승의 떼.
liter [lite] *v.t.* ① (물고기를)나무층층이 쌓다. ② (염색 전 가장자리를 물들지 않도록 굵은 실로)묶어 죄다; 《옛》커튼 레일을 닳다.
literie [litri] *n.f.* 침구(일습)(침대·매트리스·이불·베개·시트·침대카버 따위의 총칭).
litham [litam] *n.m.* (회교도 여인의)베일.
litharge [litarʒ] *n.f.* 《화학》일산화납.
litharge(e) [litarʒe], **lithargyré(e)** [litarʒire] *a.* 일산화납을 함유한.
-lithe, -lite, -lithique *suff.* 「돌」의 뜻《예:*aérolithe* 운석. *néolithique* 신석기시대의》.
lithiase [litjɑːz], **lithiasie** [litjɑzi] *n.f.* 《의학》결석병(結石病).
lithiasique [litjɑzik] *a.* 《의학》 결석병의, 결석병에 걸린.
lithine [litin] *n.f.* 《화학》 산화리튬.
lithiné(e) [litine] *a.* 산화리튬을 함유한. —*n.m.* 산화리튬 정제(錠劑).
lithinifère [litinifɛːr] *a.* 리튬을 함유한.
lithium [litjɔm] *n.m.* 《화학》 리튬.
litho [lito] *n.f.* = **lithographie**.
litho- *préf.* 「돌」의 뜻.
lithochromie [litɔkrɔmi] *n.f.* 착색 석판술(着色石版術).
lithochromique [litɔkrɔmik] *a.* 착색 석판술의.
lithochromiste [litɔkrɔmist] *n(m.)* 착색 석판(인쇄)공.
lithoclase [litɔklɑːz] *n.f.* 《지질》 (지표의)균열.
lithocolle [litɔkɔl] *n.f.* (보석 세공이용의)시멘트.
lithodialyse [litɔdjaliːz] *n.f.* 《의학》 결석(結石)용해법.
lithogène [litɔʒɛn] *a.* ① 암석을 산출하는; 돌 모양의. ② 《의학》 결석을 만드는.
lithogenèse [litɔ(ɔ)ʒ(ə)nɛz] *n.f.* 《지질》 암석생성.
lithoglyphie [litɔglifi] *n.f.* 보석 조각술.
lithographe [litɔgraf] *n.* 석판(인쇄)공.
lithographie [litɔgrafi] *n.f.* 석판술; 석판화; 석판인쇄소.
lithographier [litɔgrafje] *v.t.* 석판술로 인쇄하다. album *lithographié* 석판화집.
lithographique [litɔgrafik] *a.* 석판술의; 석판화용의. encre ~ 석판인쇄용 잉크.
lithoïde [litɔid] *a.* 돌 모양의.
lithologie [litɔlɔʒi] *n.f.* ① 《지질》 암석학. ② 《의학》 결석학(結石學).
lithologique [litɔlɔʒik] *a.* 암석학의.
lithopédion [litɔpedjɔ̃] *n.m.* 《의학》 화석태아(化石胎兒).
lithophage [litɔfaːʒ] 《동물》 *a.* (조개가)바위를 후벼파고 그 속에 사는. —*n.m.* (위)의 조개, 연체동물.
lithophanie [litɔfani] *n.f.* (도자기·유리 따위의)투명조각(술).
lithophyte [litɔfit] *n.m.* 《동물》 산호충류.
lithopone [litɔpɔn] *n.m.* 《화학》 리토폰《황화바륨과 황화아연의 혼합물》. 〔圈〕
lithosphère [litɔsfɛːr] *n.f.* 《지질》 암석권(岩石圈).
lithotome [litɔtɔm] *n.m.* 《의학》 (방광 결석을)도려내는 메스.
lithotomie [litɔtɔmi] *n.f.* 《의학》 (방광 결석의) 절제술.
lithotriteur [litɔtritœːr] *n.m.* 《의학》 쇄석기(碎石器).
lithotritie [litɔtrisi] *n.f.* 《의학》 쇄석술. 〔石器〕
lithotypographie [litɔtipɔgrafi] *n.f.* 《인쇄》 양각(陽刻)석판술.
Lithuanie [lityani], **lithuanien(ne)** [lityanjɛ, -ɛn] ⇔Lituanie, lituanien.
litière [litjɛːr] *n.f.* ① 가마. être porté en ~ 가마를 타고 가다. ② (짐승의)잠자리짚, 깃; 누에섶. être sur la ~ (짐승이)앓아 누워 있다, (사람이)자리에 누워 있다.
faire ~ de qc …을 중요시 않다, 멸시(경멸)하다.
faire ~ de l'honneur de qn …의 명예를 짓밟다.
litigant(e) [litigɑ̃, -ɑ̃ːt] *a.* 《옛》 《법》 소송하는.
litige [litiːʒ] *n.m.* ① 《법》 소송, 계쟁(係爭). objet du(en) ~ 계쟁물. être en ~ avec *qn* …와 계쟁이다. ② 논쟁, 분쟁. ~ entre deux nations 두 국가간의 분쟁. frontière en ~ 분쟁중인 국경. question en ~ 논쟁중인 문제. point en ~ 문제점; 논쟁점.
litigieux(se) [litiʒjø, -øːz] *a.* ① 계쟁의; 논쟁의. objet(point) ~ 계쟁물〔논쟁점〕. ② 《옛》소송(논쟁)을 좋아하는, 소송의 대상이 될 수 있는.
litisdécisoire [litisdesizwaːr] *a.* serment ~ 《옛》 (원고·피고에 대한)소송을 종결시키는 맹세.
litispendance [litispɑ̃dɑ̃ːs] *n.f.* 《옛》 《법》 ① (소송의)미결. ② 미결 기간. ③ 동급의 두 재판소에의 동시 제소.
litorne [litɔrn] *n.f.* 《조류》 지빠귀의 일종.
litote [litɔt] *n.f.* 《수사학》 완서법(緩敍法); 곡언법(曲言法)《예: C'est très bon. → Ce n'est pas mauvais》.
litre[1] [litr] *n.f.* (귀족·명사들의 장례식 때 교회 안팎의 벽에)가문(家紋)이 든 흑포(黑布). 〔기〕.
*****litre**[2] *n.m.* ① 《도량형》 리터. ② 1 리터들이 병〔量〕.
litron [litrɔ̃] *n.m.* ① 《속어》 리터, 포도주 1 리터. ② 《옛》 《도량형》 옛 용량의 단위《boisseau의 16 분

lit-sac [lisak] (*pl.* ~**s**-~**s**) *n.m.* (등산용)슬리핑 백.
litsam [litsam] *n.m.* =**litham**.
lits-salon [lisalɔ̃] *n.m.* 〖철도〗 1등 침대차.
littéraire [literɛːr] *a.* ① 문학의, 문학상의, 문학적인, 문예에 관한. œuvres ~s 문학작품. monde ~ [milieux ~s] 문단(文壇). propriété ~ 저작권. revue ~ 문학 잡지, 문예지. histoire ~ 문학사(史). prix ~ 문학상. critique ~ 문학〔문예〕비평(가). langue ~ 문(학)어. ② 문예에 적합한; 문학계열의. Il est plus ~ que scientifique. 그는 이과계열보다 문과계열에 적합하다. ③〖경멸〗가공적인, 인위적인, 억지로 꾸민. Ses souffrances sont ~s. 그의 고통에는 진실미가 없다.
— *n.* 문과의 교수(학생); 문학적인 사람.
littérairement [literɛrmɑ̃] *ad.* 문학적인 견지에서.
littéral(ale, *pl.* **aux)** [literal, -o] *a.* ① 문자에 의한. notation ~ale 문자에 의한 표기. preuve ~ale 〖법〗증거서류. ② 글자대로의, 자의대로(字義上)의. sens ~ d'un mot 단어의 본래의 의미, 글자대로의 의미. transcription ~ale 글자 하나하나의 전사. traduction ~ale 직역. homme trop ~〖속어〗사물을 꼭 글자그대로만 해석하려는 사람. ③ (구어에 대응하는). arabe ~ 아라비아 문어. grec ~ 고전 그리어.
littéralement [literalmɑ̃] *ad.* 글자대로, 자의대로; (구어) 완전히. traduire ~ 직역하다. Il est ~ fou. 그는 글자 그대로 미친 사람이다.
littéralisme [literalism] *n.m.* 자의구애(字義拘礙).
littéralité [literalite] *n.f.* 자의에 너무 구애됨, 자의적 해석. s'en tenir à la ~ d'un texte 텍스트의 자의에 충실히 따르다. ~ d'une traduction 직역.
littérarité [literarite] *n.f.* 문학성, 문학적 가치.
littérateur [literatœːr] *n.m.* (흔히 경멸) 문학자, 문인; (옛) 인문주의자.
*** littérature** [literatyːr] *n.f.* ① 문학, 문예; 문필업. ~ française 프랑스 문학. ~ classique 고전문학. ~ engagée 참여 문학. ~ comparée 비교문학. ~ orale 구비문학. faire carrière dans la ~ 문학을 직업으로 삼다, 문학(활)가가 되다. ②〖경멸〗허구, 꾸민 일, 공상의 소산. La patrie, l'honneur, tout ça, c'est de la ~. 조국이라든가 명예같은 것은 모두 허구에 불과하다. ③ 문학사의 교과서; 문학(연구)서. ~ de Lanson 랑송의 문학사. ④ (특정 문제에 관한)문헌, 서지(書誌). Il existe sur ce problème une abondante ~. 이 문제에 대한 문헌은 풍부하다. ⑤〖음악〗(어떤 악기를 위한)작품, 악곡. ~ de la flûte 플루트를 위한 작품. ⑥〖옛〗학식, 교양(culture générale).
littéromanie [literomani] *n.f.* 문학광.
littoral(ale, *pl.* **aux)** [litoral, -o] *a.* 연안의(沿岸의). zone ~ale 연안지대.
— *n.m.* 해변(연안)지방. ~ de la Manche 영불해협 연안지대.
littorine [litorin] *n.f.* 〖패류〗경단고둥속(屬).
Lituanie [lityani] *n.p.r.f.* 〖지리〗리투아니아《발트해에 면한 소련의 1공화국》.
lituanien(ne) [lityanjɛ̃, -ɛn] *a.* 리투아니아의.
— **L**~ *n.* 리투아니아 사람.
— *n.m.* 리투아니아어(語).
liturgie [lityrʒi] *n.f.* ①〖종교〗예배식, 예전(禮典), 전례. ~ catholique 가톨릭 전례. ~ occidentale[orientale] 서양(동양)의 전례. livret de ~ 전례서. ②〖고대그리스〗(부자들에게 과하던)봉사 의무.
liturgique [lityrʒik] *a.* 〖종교〗예전에 관한, 예배식에 관한. chants ~s 성가. prières ~s 기도문. fête ~ 교회축일. vases ~s 성기(聖器). calendrier ~ 교회력(曆). vêtements ~s 제복(祭服). drame ~ (중세의)전례극.
liturgiste [lityrʒist] *n.m.* 전례학자.
lituus [lityys] *n.m.* 〖고대로마〗① 점성(占星)용의 막대기. ② 긴 나팔.
liure [ljyːr] *n.f.* ①(짐수레의 짐을 묶는)줄. ②〖해양〗(선구를 묶는)밧줄, 쇠사슬.
liv. 〖약자〗livraison 〖상업〗인도(引渡)
livarde [livard] *n.f.* 〖해양〗(斜桁)《돛을 펼쳐내는 데 쓰는》활대. voile à ~ 사강범(斜桁帆).
livarot [livaro] *n.m.* 《프랑스의 *Livarot*산》치즈.
livèche [livɛʃ] *n.f.* 〖식물〗미나리과의 약초.
livedo [livdo] *n.f.* 〖의학〗청색 피부반(斑).
livet [livɛ] *n.m.* ①〖당구〗최후의 공을 치는 사람. ②~ de pont 〖해양〗갑판의 위치를 표시하기 위해 늑재(肋材)에 그은 선.
livide [livid] *a.* 납빛의, 창백한(blafard, blême). Cette nouvelle l'a rendu ~. 그 소식을 듣고 그는 창백해졌다. lèvres ~s à cause du froid 추위로 창백해진 입술.
lividité [lividite] *n.f.* 납빛, 창백함.
livie [livi] *n.f.* 〖곤충〗등에의 일종.
living, living-room [liviŋ, -rum]《영》 *n.m.* 거실《식당·객실 따위로 사용됨》.
livonien(ne) [livɔnjɛ̃, -ɛn] *a.* 〖지리〗리보니아 《*Livonie*, 소련의 주)의. — **L**~ *n.* 리보니아 사람.
livournais(e) [livurnɛ, -ɛːz], **livournien(ne)** [livurnjɛ̃, -ɛn] *a.* 리보르노(*Livourne*, 이탈리아의 도시)의. — **L**~ *n.* 리보르노 사람.
livr. 〖약자〗=**liv**.
livrable [livrabl] *a.* 〖상업〗인도할 수 있는. marchandise ~ immédiatement 즉시 인도할 수 있는 상품.
livraison [livrɛzɔ̃] *n.f.* ①〖상업〗(상품·증권 따위의)인도; 배달(품). délai de ~ 인도〔배달〕기한. ~ à domicile 집으로의 배달. payable à la ~ 현품 인수에 돈을 지불하는. faire[prendre] ~ d'un colis 소포를 배달하(받)다. ②(총서 따위의 정기적으로 배본되는)일회분, 분책(分冊). par ~s 분책으로. la première ~ 제1회 배본. édition populaire en dix ~s 10회 배본의 보급판.
livrancier [livrɑ̃sje] *n.m.* (상품·증권 따위의)인도인(引渡人); 배달인.
*** livre¹** [liːvr] *n.f.* ①파운드《무게의 단위, 500그램》. vendre à la ~ 파운드 당 얼마로 팔다. ②리브르《옛 화폐의 단위; 연금액(rente)을 나타낼 때 franc 대신에 쓰임》. ③(영국·이스라엘·이집트의) 화폐 단위. ~ sterling (영국 화폐)파운드.
⁚livre² [liːvr] *n.m.* ①책, 서적. ~ relié(broché) 장정〔가제〕본. ~ manuscrit 필사본. ~ rare(ancien) 희귀본(고서). ~ d'images 그림책. ~ de cartes 지도책. ~ de bibliothèque (가정의)비치용 도서《백과전서·고전전집 따위》. ~ de chevet (머리말에 두고 읽는)애독서. ~ de classe[d'étude] 교과서. ~ de cuisine 요리책. semaine du ~ 독서주간. le petit ~ rouge 모택동 어록.
② 출판사(industrie du ~). syndicat du ~ 출판조합. Le ~ est en grève. 출판산은 파업중이다.
③(비유적)지식(지혜)의 원천, 책과 같은 것. les ~s et la vie 책에서 얻은 지식과 실제의 삶. grand ~ de la nature 자연이라는 책《지식의 원천으로서의 자연》.
④(한 권의 책으로서의)권, 부, 서, 편. le second des Fables 라퐁텐의「우화」제2권. ~s prophétiques (구약성서의)예언서.
⑤장부, 대장; 일지. ~ de comptes 회계장부, 출

납부. ~ de dépenses 지출부. ~ de bord 《해양》 항해일지. ~s de commerce 상업장부. tenir les ~s 장부를 기재하다.
Après cela, il faut fermer le ~. 《옛》그 이상 더 할 말이 없다.
être écrit sur le ~ rouge (제정러시아 시대에서 범죄자 명부가 적색 표지였던 데에서 유래하여) 전과자의 낙인이 찍히다. ┌사람.
homme d'un seul ~ 하나의 의견밖에는 갖지 못한
~ de raison 《옛》가정일기 (가장이 가계·가사 등을 기록한 것).
~ **d'or** ⓐ방명록, 기념부명록. ─ *d'or de la poésie française* 프랑스 명시선. ⓑ《옛》귀현명록 (貴顯名錄) (금색문자로 썼음).
~ **jaune** 황서(黃書) (표지 색에서 유래, 프랑스정부 발행의 외교자료집, 미국은 ~ blanc, 영국은 ~ bleu).
pâlir sur les ~s (어려운)책과 씨름하다.
parler comme un ~ 식자연(識者然)하게 말하다, 부자연스럽게 현학적으로 말하다.

livrée [livre] *n.f.* ① (하인의)정복, 제복; 《집합적》하인. porter la ~ 큰 저택의 하인이 되다. porter la ~ de qn …을 섬기다; 《구어》…의 편이다. ② 《사냥》(멧돼지·사슴 따위의)모피, 털가죽; 《문어》특징, 징후, 표시. ~ de la misère 빈곤의 표시, 누더기 옷.

*livrer [livre] *v.t.* ① 인도하다, 넘겨주다. ~ un criminel à la police 범죄자를 경찰에 인도하다. Je vous *livre* cet homme-là pieds et poings liés. 《구어》(이 사람의 손발을 묶어 넘겨드립니다) 나이 사람을 마음대로 쓰십시오. ② 《종종 목적보어 없이》(상품을)배달하다. On vous *livrera* dès que possible. 가능한한 빨리 배달해드리겠습니다. ~ à domicile [en gare] 집[역]으로 배달하다. ③ 맡기다, 위임하다, 회부하다. ~ un enfant à des éducateurs 자식을 교육자의 손에 맡기다. ~ un manuscrit à l'imprimerie 원고를 인쇄소에 맡기다. ~ qn à la mort …을 사형에 처하다. La ville *fut livrée* au pillage. 마을이 약탈당했다. ④ (비밀 따위를)누설하다, 밀고하다; 배신하다. ~ des renseignements militaires 군사정보를 누설하다. ~ son complice 공범자를 밀고하다. ~ sa patrie à l'ennemi 조국을 적에게 팔아넘기다. ⑤ (싸움 따위를)시작하다, 교전하다. ~ bataille [combat] 교전하다.
~ *passage* 통행을 허가하다, (길을 양보해서)통과하게 하다.
──**se ~** *v.pr.* ① 항복하다, 투항하다; 자수하다. *se ~ après une violente résistance* 격렬한 저항끝에 항복하다. *se ~ à la police* 경찰에 자수하다. ② [se ~ à] (에게)몸[마음]을 내맡기다, (여성이)몸을 허락하다. *se ~ au destin* 운명에 몸을 맡기다. *se ~ à la douleur* 비탄에 빠지다. *se ~ au premier venu* 누구에게나 몸을 허락하다. ③ (마음의 비밀 따위를)털어놓다; 고백하다. *se ~ à ses amis* 친구에게 속마음을 털어놓다. Cet homme *ne se livre* pas facilement. 이 사람은 좀처럼 속마음을 털어놓지 않는다. ④ [se ~ à] (에)몰두하다, 전념하다. *se ~ à un exercice* 연습에 몰두하다. *se ~ à l'étude* 학문에 몰두하다. *se ~ au commerce* 상업에 종사하다. ⑤ (싸움이)벌어지다. Des combats furieux *se sont livrés* en Normandie. 노르망디에서 격전이 벌어졌다.

livresque [livresk] *a.* ① (지식이)책에서 얻어진, 책냄새를 풍기는. ② 책을 좋아하는.

livret [livre] *n.m.* ① 작은 책, 책자, 수첩. ~ de banque 예금통장. ~ de caisse d'épargne 저금통장. ~ de famille (시장이 신혼부부에게 교부하는)가족 수첩. ~ militaire individuel 군대수첩. ~ matricule 《군사》근무 고표과. ─ scolaire 학적부. ② 안내서; 목록. ③ (오페라의)각본.

livret-police [livrɛpɔlis] (*pl.* ~*s*~(*s*)) *n.m.* (책자식으로 된)보험 증서.

livreur(se) [livrœ:r, -ø:z] *n.* 상품 배달인 (garçon [employé] ~). ──*n.f.* (상품)배달차.

livrier [livri(j)e] *n.m.* 《구어》대량 저작가, 북메이커. ─ à style ─ 삼류작가의 문체.

liv. st. 《약자》 livre sterling (영국 화폐)파운드.

lixiviation [liksivjɑsjɔ] *n.f.* 어떤 물질에서 용해성 물질을 녹여 제거하기.

lixivier [liksivje] *v.t.* (의)용해성 물질을 녹여서 제거하다.

l.l. (라틴·약자) loco laudato 상기 지시문에서.

LL.AA. 《약자》Leurs Altesses 전하 (복수).

LL.AA.II. 《약자》Leurs Altesses Impériales 황태자 전하.

LL.AA.RR. 《약자》Leurs Altesses Royales 왕자 전하 (복수).

llanos [ljanos] *n.m.pl.* (남미의)초원(草原).

LL.EE(M). 《약자》Leurs Éminences 예하 (추기경에 대한 경칭).

LL.EE(xc). 《약자》Leurs Excellences 각하.

LL.MM. 《약자》Leurs Majestés 양(兩)폐하.

lloyd [lɔjd] 《영》 *n.m.* 해상회사; 보험회사. L~('s) anglais (영국의)로이드 선박회사.

lm 《약자》 lumen 《전기》 루멘(광속의 단위).

L.M. 《영·약자》lunar module 달착륙선. ┌문.

l/o 《약자》leur ordre 《상업》선방(先方)지시 [주

lob [lɔb] 《영》 *n.m.* 《테니스》로빙(높이 쳐올리기).

lobaire [lɔbɛ:r] *a.* 《해부》엽(葉)으로 분열된 (갈라진); 엽의.

lobby(*pl.* *ies*) [lɔbi, -iz] 《영》 *n.m.* 《정치》(공동 해관로 모인)압력단체(groupe de pression).

lobe [lɔb] *n.m.* 《해부》엽(葉)·뇌엽·폐엽·간엽 따위); 《식물》(잎의)열편(裂片). ~ frontal [occipital] (뇌의)전(후)두엽. ~ du foie 간엽. ~ du poumon 폐엽. ~ de l'oreille 귓불. ② 《건축》잎모양의 장식 무늬.

lobé(e) [lɔbe] *a.* 《해부》엽이 있는; 《식물》(잎이)찢어진, 《식물》(잎이)찢어진.

lobectomie [lɔbɛktɔmi] *n.f.* 《외과》(폐엽·뇌엽 따위의)엽절제수술.

lobélie [lɔbeli] *n.f.*, **lobelia** [lɔbelja] *n.m.* 《식물》로벨리아, 숫잔대.

lober [lɔbe] *v.t.* 《테니스》로빙으로 치다, 높이 쳐올리다.

lobotomie [lɔbɔtɔmi] *n.f.* 《외과》(뇌의)백질(白質) 절제수술.

lobule [lɔbyl] *n.m.* 《해부》소엽(小葉); 《식물》소엽편(小裂片).

lobulé(e) [lɔbyle], **lobulaire** [lɔbylɛ:r], **lobuleux(se)** [lɔbylø, -ø:z] *a.* 《해부》소엽(小葉)의.

*local(ale, *pl.* aux)* [lɔkal, -o] *a.* ① (어떤 일정한)지방의. collectivités ─*ales* 지방공공단체. autorités ─*ales* 지방 행정 당국. couleur ─*ale* 지방(지방)색. loi ─*ale* 지방자치단체의 조령. affaire d'intérêt ~ 지역적 문제. journal ~ 지방신문. produit ~ 지방산물(특산물). ② 국부의. averses ─*ales* 국지적 호우. maladie ~*ale* 국부성 질환. agitation purement ─*ale* 단순히 국지적인 사회불안. ③ 장소의. mémoire ─*ale* 장소의 기억력.
──*n.m.* 장소; 부지; 장(場); 실(室). ~*aux* disciplinaires 감방. ~*aux* commerciaux 점포용의 장

소. ~aux à usage d'habitation 주거용의 부지. chercher un ~ pour une réunion 회합을 위한 장소를 찾다.
localement [lɔkalmɑ̃] *ad.* 지방(국부·국지)적으로. temps ~ brumeux 곳에 따라 안개가 끼는 날씨. éprouver ~ une douleur 국부적으로 통증을 느끼다.
localisable [lɔkalizabl] *a.* 국한될 수 있는. 느끼다.
localisateur(trice) [lɔkalizatœːr, -tris] *a.* 《문어》 위치를 결정하는; (한 장소에)국한하는. —*n.m.* (방사선 조사역(照射域)에 구멍이 뚫린)정위(定位)스크린; (방사선 조사역의)지정 장치.
localisation [lɔkalizasjɔ̃] *n.f.* ① 위치결정, 위치측정. ~ de l'avion ennemi 적기의 위치측정. ~ d'un satellite (레이다에 의한)인공위성의 추적. ~ d'un poste clandestin 비밀통신지의 탐지. ~ d'une cellule cancéreuse (X선 따위의 의한)암세포의 진단. ② 《생리·생물》 국재(局在)(성). théories des ~s cérébrales 대뇌기능 국재설. ~s graisseuses 지방질의 집적(국재). ③ 국지화. ~ d'un conflit 분쟁의 국지화. ~ d'une épidémie 전염병의 만연방지.
localisé(e) [lɔkalize] *a.p.* 국부의. conflit ~ 국지적인 충돌.
localiser [lɔkalize] *v.t.* ① (위치·기원·원인 따위를)탐지하다; 위치시키다. ~ un bruit(une rumeur) 소문의 출처를 알아내다. ~ la cause d'une maladie 병의 원인(부위)을 찾아내다. ~ un événement historique 역사적 사건의 날짜를 확정하다. ② 국한하다, 만연하는 것을 방지하다. ~ une épidémie 전염병의 만연을 방지하다.
—*se* *v.pr.* 국지화되다, 장소가 정해지다. L'incendie s'est localisé. 화재는 국지적으로 그쳤다. Le mal s'est localisé dans le côté gauche. 좌반신에 병이 있는 것이 확인되었다.
localisme [lɔkalism] *n.m.* 지방적임; 지방주의.
localité [lɔkalite] *n.f.* ① 고장, 지방, 마을. ~ malsaine 건강에 좋지않은 지역. ② (특정의)장소, 지점; 《생물》 서식지. ③ 《영》 《철학》 (사물의)국재성(局在性). ④《옛》지방색.
*****locataire** [lɔkatɛːr] *n.* (토지·가옥의)차용자, 세든 사람, 하숙인. avoir des ~ 하숙을 치다.
locateur(trice) [lɔkatœːr, -tris] *n.* 임대인(賃貸人), 세놓는 사람, 집주인, 지주.
locatif(ive)[lɔkatif, -iːv] *a.* ① 임대(賃貸)에 관한. valeur ~ve 임대료. impôt ~ (임대료에 부과하는)부동산 소득세. ② 세든 사람의. charges ~ves (전기·수도료 따위의)세든 사람의 부담. réparations ~s 세든 사람이 하는 수리(비). risques ~s 가옥손상에 대해 세든 사람이 지는 책임.
locatif(ive)[lɔkatif, -iːv]² *a.* 장소에 관한. cas ~ 위격(位格). prépositions ~ves 장소표현의 전치사. —*n.m.* 위격(cas ~).
location [lɔkasjɔ̃] *n.f.* ① 임대차(賃貸借). agence de ~ 복덕방. 《~ de livres》 "대본함." ~ au mois (à l'heure) 월세로〔시간당으로〕빌리기. voiture de ~ 렌트카. donner(prendre) une maison en ~ 집을 빌려주다(빌다). ② 임대료, 집세(prix de ~). ③ 《연극》(좌석의)예약; 좌석권 예매처(bureau de ~). ~ d'une place de théâtre 극장의 좌석 예약. ④《속어》수당.
location-vente [lɔkasjɔ̃vɑ̃ːt] (*pl.* **~s-~s**) *n.f.* (일정한 기간 후에 소유권이 자동적으로 이전되는)특수 임대 계약(crédit-bail, leasing).
locatis [lɔkati] *n.m.* 《구어》① 삯말; 전세 마차; 전세 자동차. ② 가구 딸린 셋방(셋집).
loc. cit. 《라틴·약자》loco citato 상기 인용문에서.
loch¹ [lɔk] *n.m.* 《해양》속력 측정기. livre de ~ 항

해 일지. jeter(filer) le ~ (측정기를 던져서)배의 속력을 재다.
loch² *n.m.* (스코틀랜드의)호수. le ~ Ness 네스호.
loche [lɔʃ] *n.f.* ① 《어류》 미꾸라지. ② (회색의)괄태충.
locher [lɔʃe] *v.i.* 《구어》(쩐자가)헐렁거리다. *Il y a quelque fer qui loche.* 《구어》무엇인가 잘못된 게 있다, 어딘가 고장난 데가 있다.
—*v.t.* 《사투리》(과수 따위를)흔들다.
lochial(ale, *pl.* aux) [lɔʃjal, -o] *a.* 《의학》산욕(産褥) 배설물의.
lochies [lɔʃi] *n.f.pl.* 《의학》 산욕 배설물.
lochomètre [lɔkɔmɛtr] *n.m.* 《해양》 항주(航走)거리 측정기.
lockiste [lɔkist] *n.m.* 로크(Locke)파의 철학자.
lock-out [lɔkawt] 《영》 *n.m.* 《복수불변》(파업에 대한 고용주의)공장 폐쇄.
lock-outer [lɔkawte] *v.t.* 공장폐쇄를 하다. ouvriers lock-outés 공장폐쇄를 당한 노동자들.
locman [lɔkmɑ̃] =**lamaneur**①.
loco¹ [lɔko] 《이탈리아》 *ad.* 《상업》 현장 인도로. prix ~ 현장 인도가격. ②《음악》악보에 적힌대로.
loco² *n.f.* 《속어》=**locomotive.**
loco- *préf.* 「장소」의 뜻.
loco citato [lɔkositato] *ad.* 상기 인용문에서(《약자》loc. cit.).
locomobile [lɔkɔmɔbil] *a.* 《옛》이동성(移動性)의. grue ~ 이동식 기중기. —*n.f.* 《농업》(탈곡기 따위에 쓰는)이동식 증기기관.
locomoteur(trice) [lɔkɔmɔtœːr, -tris] *a.* 운동의; 운동을 맡는. ataxie ~trice 《의학》이동성 운동실조증. troubles ~s 운동장애. appareil ~ 이동용의 기계장치. —*n.f.* 중형기관차(150−500 마력). —*n.m.* 소형기관차(150 마력이하).
locomotif(ive) [lɔkɔmɔtif, -iːv] *a.* 운동의, 이동의, 운동에 관한; 이동하는, 자동적인. troubles ~s 운동 장애. faculté ~ve 운동능력. machine ~ve《옛》기관차.
locomotion [lɔkɔmɔsjɔ̃] *n.f.* ① 이동, 운동. muscles de la ~ 운동근육. ② 운송, 운수. moyen de ~ 운송방법, 교통수단.
*****locomotive** [lɔkɔmɔtiːv] *n.f.* ① 《철도》 기관차. ~ routière 노면 기관차. ~ électrique(à moteur Diesel, à vapeur) 전기(디젤·증기)기관차. conducteur de ~ 전기기관차의 기관사. ② 견인력(牽引力); 견인자(者), 지도자. ③ ~ littéraire 문학계의 리더. *C'est une vraie ~.* (경주차·경주용차)마치 기관차처럼 빠르다. *fumer comme une* ~ 담배를 많이 피우다.
locomotivité [lɔkɔmɔtivite] *n.f.* 《생리》 운동력, 이동력.
locomotrice² [lɔkɔmɔtris] *n.f.* 경(輕)기관차.
locotracteur [lɔkɔtraktœːr] *n.m.* 경(輕)견인차.
loculaire [lɔkylɛːr] *a.* 《식물》 포실(胞室)이 있는.
locule [lɔkyl] *n.f.* 《식물》 포실.
loculé(e) [lɔkyle], **loculeux(se)** [lɔkylø, -øːz] *a.* =**loculaire.**
locus [lɔkys] *n.m.* 《생물》 좌(座), 위(位)《염색체 유전자의 위치》.
locuste [lɔkyst] *n.f.* ① 《곤충》 메뚜기. ② 《동물》 참새우.
locuteur(trice) [lɔkytœːr, -tris] *n.* ① 말을 잘하는 사람, 능변가. ② 《언어》 화자(話者).
*****locution** [lɔkysjɔ̃] *n.f.* 어법, 표현; 구(句), 숙어, 성구. ~ vicieuse 잘못된 어법. ~ verbale(prépositive) 동사(전치사)구.
locutoire [lɔkytwaːr] *n.* acte ~ 《언어》 발화(發話)

행위.
loden [lɔdɛn] *n.m.* (알자스·티롤 지방산의)두꺼운 모직물.
lods [lo] *n.m.pl.* ~ et ventes 《옛》영내(領內) 재산 취득세.
læss [lœːs] 《독일》 *n.m.* 《지질》황토(黃土).
lof [lɔf] *n.m.* 《해양》바람 받는 쪽의 뱃전. aller [venir] au ~ =lofer. revenir au ~ 뒷바람을 받아 배가 회항(回航)하다;《구어》분쟁을 피하다; 굴복하다. virer ~ pour ~ 뒷바람을 받도록 키를 조종하다.
lof(f)er [lɔfe] *v.i.* 《해양》바람 불어오는 쪽으로 뱃머리를 돌리다.
log《약자》logarithme 《수학》대수(對數).
loganie [lɔgani] *n.f.* 《식물》 병꽃나무속(屬).
logarithme [lɔgaritm] *n.m.* 《수학》대수. ~s vulgaires[décimals, à base 10] 상용대수. ~s népériens[naturels, à base é] 자연대수. tables de ~s 대수표.
logarithmique [lɔgaritmik] 《수학》 *a.* 대수의. échelle[règle] ~ 대수자. ―*n.f.* 대수곡선.
loge [lɔːʒ] *n.f.* ① (나뭇군 따위의)오두막집; 수위실(~ de concierge); 개집; (맹수의)우리; 노점(露店). ~ des éléphants 코끼리 우리. ② (비밀 단체의)회의실; 프리메이슨, 비밀결사; 해외 지점. ③ 《연극》복스 좌석, 간막이 좌석(→théâtre 그림); 관객(극장의 이상일). ~s de balcon 2층 복스 좌석. ④ 《미술·음악》(로마상(賞) 응모자의)독방. entrer en ~ (로마상 응모자가)독방에 들어박히다. ⑤ 《철도》(전차 따위의)운전실. ⑥ 《건축》로지아, 외랑(外廊)(loggia). ~s du Vatican 바티칸 회랑. ⑦ 《식물》(과실 따위의)실(室), 방(房); 《패류》요부(凹部). ⑧《옛》(광인·죄인의 수용하는)독방.
être aux premières ~s 《구어》잘 보이는 곳에 자리 잡다.
logeabilité [lɔʒabilite] *n.f.* (방·차 따위의)수용 능력, 넓이.
logeable [lɔʒabl] *a.* (집이)살 수 있는, 살기 좋은.
*****logement** [lɔʒmɑ̃] *n.m.* ① 거주; 주택, 집(domicile, résidence); 하숙; 숙소; 셋방; 《해양》 선실. crise du ~ 주택난. indemnité ~ 주택 수당. ~ vacant 빈 집(방). chercher un ~ 숙소를 찾다. le ~ et la nourriture 숙식, 식사 제공의 하숙. ~ garni[meublé] 가구 딸린 셋방. prendre ~ (dans un hôtel) (호텔에)묵다. donner le ~ à qn …에게 숙소를 제공하다. avoir chez un ami le ~ et la table 친구집에 기식하다. ② 숙박, (특히)민가숙박; 숙박료; 《군사》숙사, 막사. ③ (기계부품의)오목한 부분, 홈, 홈통. ~ du percuteur dans un fusil 소총의 격침받이 홈. ④ 《해양》승무원 숙소실.
*****loger** [lɔʒe] ③ *v.i.* 살다; 묵다(demeurer); 숙박하다. Où *logez*-vous? 어디에 묵고 계십니까? Une idée étrange *loge* dans ma tête. 묘한 생각이 나의 머리속에 자리잡고 있다. ~ à la belle étoile à l'enseigne de la lune) 노천에서 야숙하다.
―*v.t.* ① (숙박시키다, 재우다, 묵게 하다; (가구 따위를)갖다 놓다. Où *logerez*-vous tout ce monde-là? 이 많은 사람들을 어디에 묵게 할 생각입니까? Notre internat peut ~ une centaine d'élèves. 우리들의 기숙사는 약 100명의 학생을 수용할 수 있다. Où allez-vous ~ votre piano? 피아노는 어디에 놓을까요? ② (탄환등을)들어박히게 하다; 넣다. Il lui *a logé* une balle dans la tête. 그는 그 사람의 머리에 총을 쏘았다.
être bien logé 좋은 집(방)에 살고 있다;《반어적》

곤란한 입장에 서 있다.
―*se*~ *v.pr.* ① 숙박하다; 거처를 정하다; 들어살다; 머물다. *se* ~ avec goût 아담하게 꾸며 살다. *se* ~ dans un faubourg 변두리에 살고 있다. ne pas trouver à *se* ~ 기거할 데[살 데]를 못 찾다. ② (탄환을)자기…에 쏘아맞히다. *se* ~ une balle dans le cœur 심장에 총을 쏘아 자살하다. *se* ~ dans la tête mille idées (비유적) 수많은 상념들이 머리속에 떠오른다. ③ (탄환이)집에 박히다.
logette [lɔʒɛt] *n.f.* 작은 방; 《연극》작은 복스 좌석; 《식물》작은 꽃가루주머니.
logeur(se) [lɔʒœːr, -φːz] *n.* 가구 딸린 셋방의 주인; 여관 주인.
loggia [lɔdʒja] 《이탈리아》 *n.f.* 《건축》로지아, 외랑(外廊).
logiciel [lɔʒisjɛl] *n.m.* 《컴퓨터》 소프트웨어(software, ↔ matériel).
logicien(ne) [lɔʒisjɛ̃, -ɛn] *n.* ① 논리학자; 논리적인 두뇌를 가진 사람. ②《옛》(중학교의)논리학급 학생.
logicisme [lɔʒisism] *n.m.* 논리주의.
logico-mathématique [lɔʒikɔmatematik] (*pl.* ~~s) *a.* 논리수학의.
logico-positivisme [lɔʒikɔpozitivism(ə)] (*pl.* ~~s) *n.m.* 《철학》논리실증주의.
-logie, -logique, -logiste *suff.*「학(學)·론(論)」의 뜻(예:socio*logie* 사회학. géo*logique* 지질학의. anthropo*logiste* 인류학자).
*****logique** [lɔʒik] *n.f.* ① 논리학; 논리학서(書). suivre un cours de ~ 논리학의 강의를 듣다. ~ formelle 형식논리학. ~ symbolique (mathématique) 기호논리학(logistique). ~ d'Aristote 아리스토텔레스의 논리학. ② 논리, 도리. Ce raisonnement manque de ~. 이 추론은 논리적이지 못되다. ③ 사고법, 논법. ~ féminine 여성 특유의 사고법. ~ du cœur[des passions] 마음(정념]의 논리. ④ 논리적 필연, 당연한 귀결. Ce dénouement est dans la ~ des choses. 이 결말은 당연한 귀결이다. ⑤ 추상력, 도식적 논리; 추리.
―*a.* 논리학의, 논리적인; 필연적인, 당연한. raisonnement ~ 논리적 추론. opération ~ 논리적 조작. Vous n'êtes pas ~ ! 당신은 도리에 어긋납니다. homme[esprit] ~ 논리적인 사람[정신]. conséquence ~ 필연적인 귀결. suite ~ d'une erreur 과실의 필연적인 결과. Il est ~ de l'inviter à cette réunion. 이 모임에 그를 초청하는 것은 당연하다. forme ~ 《언어》논리형식.
logiquement [lɔʒikmɑ̃] *ad.* 논리(학)적으로. raisonner ~ 논리적으로 추론하다. L~ ~, les choses devraient s'arranger. 이론적으로 말한다면, 일은 잘 되어야만 한다.
logis [lɔʒi] *n.m.* 《옛》집; 숙소(logement); 여인숙. corps de ~ 큰채, 안채. ~ familial 가정. rentrer au ~ 귀가하다.
logiste [lɔʒist] *n.* 《미술·음악》로마상 응모자.
logisticien(ne) [lɔʒistisjɛ̃, -ɛn] *n.* 기호 논리학자.
logistique [lɔʒistik] *n.f.* ① 《철학》논리 계산; 기호논리학. ② 《군사》 병참학(兵站學).
―*a.* ① 병참의 moyens ~s d'une armée 군의 보급수단. ② 기호논리학의. ③ logarithmes ~s 《천문》 연대수(演算對數).
logo- 《그리스》 *préf.*「말·어(語)·사상·연설」의 뜻.
logogramme [lɔgogram] *n.m.* 《언어》 표어(表語) 문자.
logographe [lɔgɔgraf] *n.m.* ①(고대그리스 초기의) 산문가(散文家); 역사가; (연설 대작(代作)을 업으로 삼던)수사학자. ② (특히 프랑스혁명 당시의) 속기사.

logographique [lɔgɔgrafik] *a.* 《언어》어표(語標)의, 약부(略符)의.
logogriphe [lɔgɔgrif] *n.m.* ① 일종의 글자 수수께끼. ② 불가사의한 일.
logogripher [lɔgɔgrife] *v.t.* 이해하기 어렵게 쓰다; 난해한 문구로 표현하다.
logomachie [lɔgɔmaʃi] *n.f.* 말에 관한 논쟁;《집합적》무의미한 말.
logomachique [lɔgɔmaʃik] *a.*《문어》무의미한 말을 늘어놓는. tirade ~ 공허한 장광설.
logopathie [lɔgɔpati] *n.f.* 《의학》언어장애.
logopédie [lɔgɔpedi] *n.f.*《의학》언어의학, 언어 교정법.
logorrhée [lɔgɔre] *n.f.* ①《문어》수다, 다변, 요설. ②《의학》누루(증)(語漏症), 병적 다변증.
logorrhéique [lɔgɔreik] *a.*《문어》수다스런;《의학》어루증의.
logos [lɔgɔːs] *n.m.* ① 《철학》로고스, 이성. ②(플라톤 철학의)신(神); (신플라톤 철학파의)신의 한 표현;《신학》하느님 말씀.
logotype [lɔgɔtip] *n.m.* 《인쇄》 연자(連字), 로고타이프(작업능률을 올리기 위해서 일련의 활자를 붙여서 주조한 것).
-logue *suff.* ①「학자, …가(家)」의 뜻〈예:ethnologue 민족학자〉. ②「설화(說話)형식」의 뜻〈예:dialogue 대화〉.

‡**loi**¹ [lwa] *n.f.* ① 법, 법률. respecter(observer, obéir à) la ~ 법을 지키다. violer la ~ 법을 위반하다. Au nom de la ~, je vous arrête. 법의 이름으로 당신을 체포한다. ~s constitutionnelles 헌법. ~s fondamentales 기본법. ~s civiles(criminelles, pénales) 민(형)법. ~ écrite(positive, coutumière) 성문(실정·관습)법. ~ en vigueur 현행법. projet de ~ (정부가 제출하는)법안. ~ des nations; ~s internationales 국제법.
② 법칙. ~s physiques 물리의 법칙. ~s de l'attraction universelle 만유인력의 법칙. ~s de l'hérédité 유전의 법칙. ~s de la pesanteur 중력의 법칙. ~ des grands nombres 대수의 법칙. ~s économiques 경제의 법칙. ~ de l'offre et de la demande 수요 공급의 법칙. ~ phonétique 《음성》음성법칙.
③ 규칙, 규범. ~s de la grammaire 문법규칙. ~ du jeu 게임 규칙. ~s du beau 《미술》미의 기준.
④ 계율, 가르침, 율법. ancienne ~ 옛 계율 《모세의 율법》. ~ nouvelle 새로운 가르침《예수 그리스도의 가르침》. ~ de l'islam 이슬람교의 계율.
⑤《옛·문어》지배, 권력. tenir un territoire sous ses ~s 영토를 자기 지배하에 두다. soumettre qn à sa ~ ~을 지배하다, 예속시키다. être aux ~s de qn …의 지배하에 있다.
avoir force de ~; faire ~ 법의 힘을 지니다, 법칙이 되다.
avoir la ~ pour soi 법률의 편에 서다, 법률에 비추어 자기에게 권리가 있다.
C'est la ~ et les prophètes. 《속담》그것은 절대적이다, 이론의 여지가 없다.
faire(donner, dicter) la ~ (à qn) (…을)지배하다, 예속시키다; 제멋대로 행동하다. Quand il rentre chez lui, il fait la ~. 그는 집에 돌아오면 제멋대로 행동한다.
~ du plus fort 강자(승자)의 지배. subir la ~ *du plus fort* 강자의 지배를 달게 받다.
se faire une ~ de qc(de+inf.) …을 자기의 의무로 정하다, 결심하다. Je *me fais une ~ d'*être toujours à l'heure. 나는 항상 시간을 엄수하는 것을 신조로 삼고 있다.
tomber sous le coup de la ~ 법률을 위반하다, 법에 저촉되다.
loi² [lwa] *n.f.* (화폐의)금위(金位).
loi-cadre [lwakaːdr] *n.f.* (*pl.* ~s~s) 모법(母法), 기본법.

‡**loin** [lwɛ̃] *ad.* ①《장소》멀리. aller se promener ~ 멀리까지 산책하러 가다. un kilomètre plus ~ d'ici 여기에서 1킬로 앞에. 《형용사적》C'est ~, l'aéroport? 공항은 여기서 먼가요?
②《시간》아득하게《미래 또는 과거》. remonter ~ dans l'histoire 역사를 멀리 거슬러 올라가다. pas plus ~ qu'hier 바로 어제《최근》의 일. Mon enfance est déjà bien ~. 나의 유년시절도 이미 까마득한 옛날의 일이다. L'été n'est plus très ~. 이제 곧 여름이다, 여름이 다가온다.
③《비유적》어느정도 이상으로, 멀리까지. voir ~ 멀리까지 바라보다, 앞을 예견하다. pousser [mener] très ~ ses recherches 연구를 크게 진전시키다. mener(entraîner) ~ 멀리까지 끌고가다;(경비·시간이)예상 이상으로 소요되다. rejeter bien ~ une proposition 어떤 제안을 깨끗이 거절하다.
(aller) chercher ~ (qc) ⓐ 멀리서 찾다. ⓑ 생각이 지나치다; (…을)너무 먼곳에서 찾다. Ne *va pas chercher si ~*. 그것은 지나친 생각이다. On *cherche trop ~* des raisons pour cet échec. 모두 이 실패의 원인을 딴 곳에서 찾고 있다. ⓒ (설명 따위를) 즐거 복잡하게 만들다. *aller chercher bien ~* des explications 설명을 매우 복잡하게 만들려 하다.
aller ~ ⓐ 진전하다, 중대한 결과에 이르다. Cette affaire peut *aller ~*. 이 사건은 확대될 가능성이 있다. ⓑ(미래형으로)(사람이)크게 성공하다. Ce jeune homme *ira ~*. 이 젊은이는 크게 될 사람이다. ⓒ(un peu, trop 따위와 더불어)과장하다; 정도를 넘어서다, 지나치다. Tu *es allé un peu(trop) ~* avec tes plaisanteries. 당신의 농담은 도가 좀 [너무] 지나쳤다. ⓓ(비교문으로)aller plus ~ (que qn) (…보다)앞지르다, 능가하다; 더욱 추진하다. L'élève *va parfois plus ~ que* le maître. 때로는 학생이 선생보다 앞질러 나간다.
(bien) ~ que+sub. …은 어림도 없이, …하기는 커녕 조금도(…않다), …와는 반대로. *Bien ~ que je me plaigne*, Je me réjouis. 불평은 커녕 나는 반대로 기뻐하고 있다.
être ~ 생각에 잠겨 있다, 멍청하게 있다.
~ de …에서 멀리 떨어져. vivre ~ *de* la ville 도시에서 멀리 떨어져서 살다. Tout cela est maintenant ~ *de* ma pensée. 그런 일은 이미 오래 전에 모두 잊어버렸다. ⓑ[pas ~ *de*] 거의(presque). Il n'est *pas ~ de* midi. 곧 정오가 된다. On n'est *pas ~ de* l'été. 거의 여름이나 다름없다. Ça ne coûte *pas ~ de* cent francs. 대충 100 프랑 정도의 값이 된다. ⓒ《비유적》[être ~ *de+inf.*]…하는 것과는 거리가 멀다; …하기는 커녕 조금도 …않다. Mon travail *est ~ d'*être fini. 내 일은 끝나려면 아직 멀었다.《주어는 사람》Je *suis ~ d'*être content. 나는 조금도 만족스럽지 않다. L~ *de* se fâcher, il s'est mis à rire. 그는 화를 내기는 커녕, 웃기 시작했다.《모두에서 거절·부정을 나타냄》(…에서)없어져라; …하다니 당치도 않다. L~ *d'*ici. 여기에서 나가라, 딴 데로 가라. L~ *de* nous l'idée(la pensée) *de* vous tromper. 우리가 당신을 속이다니 당치도 않다.
~ de là 그렇기는 커녕, 반대로. Il n'est pas bête, ~ *de là*. 그는 바보가 아니라 그 반대이다.
L~ des yeux, ~ du cœur. 《속담》멀리 떨어져 있으면 마음도 멀어진다.

ne pas aller ~ 길게 견디내지 못하다; (생명이)길지 않다; 거의 값어치가 없다. Vous *n'irez pas ~* avec si peu d'argent. 그런 적은 돈을 갖고서는 오래 버티지 못할것이다. Ce malade *n'ira plus ~*. 이 환자는 그리 오래 살지는 못할 것이다. raisonnement qui *ne va pas ~* 별로 의미가 없는 추론.
ne pas voir plus ~ que(le bout de) son nez《구어》 대단한 근시안이다; 선견지명이 조금도 없다.
—n.m. 먼 데〔곳〕; 먼 거리. Il y a ~ de l'hôtel à la gare. 호텔에서 역까지는 멀다.
au ~《공간적·시간적》 멀리. partir *au* ~ 멀리 떠나다.
de ~ ⓐ 멀리서부터, 거리를 두고. suivre *de* ~ les événements 사건을 먼 곳에서부터〔멀리 떨어져〕 지켜보다. revenir *de* ~ 먼 곳에서 돌아오다; (환자가)겨우 살아나다. voir les choses *de* ~ 사물을 멀리 떨어져 관찰하다; 대국적 견지에서 바라보다. être parent *de* ~ 먼 친척이다. ⓑ 옛날부터, Notre amitié date *de* ~. 우리의 우정은 오래전부터이다. ⓒ《비유적》단연, 훨씬. Ce film est *de* ~ le meilleur. 이 영화는 단연 으뜸이다.
de ~ *en* ~ 이따금, 가끔; 사이를 두고, 이곳저곳에. Il ne vient me voir que *de* ~ *en* ~. 그는 어쩌다 한번씩밖에는 나를 보러오지 않는다. Les maisons sont semées *de* ~ *en* ~. 집들이 이곳저곳에 산재해 있다.
de près ou de ~ 다소간이라도, 어떤 형태로도.
du plus ~ *(d'aussi* ~, *si* ~*) que* + *ind.(sub.)*《원칙적으로 공간적 의미로는 *ind.*, 시간적 의미로는 *sub.*를 사용》 ⓐ …하는 한은. *Du plus* ~ *qu'elle me vit*, elle agita le bras. 그녀는 내가 보일때까지 손을 계속 흔들었다. *d'aussi* ~ *que* je me souvienne; *du plus* ~ *qu'il m'en souvienne* 내가 기억하는 한, 생각이 나는 한. ⓑ …하자마자. *D'aussi* ~ *qu'il aperçut le gibier, il tira.* 불치를 보자마자 그는 총을 쐈다.
il y a ~ *de qc à qc* …에서부터 …까지는 멀다; …와 …의 사이에는 큰 거리가 있다. *Il y a* ~ *du projet à la réalisation.* 계획과 실현사이에는 상당한 거리가 있다.
ni de près ni de ~ 전적으로, 전연. Je ne le connais *ni de près ni de* ~. 나는 그를 전연 모른다.
voir venir... de ~ ⓐ …이 멀리서 오는 것을 보다. ⓑ …의 진상(真相)을 꿰뚫어보다. Dès les premières pages de ce roman, je *vois venir de* ~ le dénouement. 이 소설의 몇 페이지만 읽어봐도 나는 그 결말이 보인다.

*lointain(e) [lwɛ̃tɛ̃, -ɛn] *a.* ① 《장소·시간》 멀리 멀어진, 먼, 아득한. avenir ~ 먼 앞날. bruit ~ 멀리서 들려오는 소음. passé〔futur〕 ~ 먼 과거〔미래〕. époque ~*e* 아주 옛적. ② 간접적인; 약간의. cause ~*e* 원인(遠因) (↔ cause directe). Il n'y a entre nous qu'une ressemblance ~*e*. 우리에게는 약간의 유사점밖에 없다.
—n.m. 먼 곳. dans le ~; au ~ 멀리에. ② (*pl.*)《미술》원경(遠景). ③《연극》무대 안쪽.

loi-programme [lwaprɔgram] (*pl.* ~*s*—~*s*) *n.f.* 계획(기획) 법률《정부투자가 따르는 장기계획에 관한 법률》.
loir [lwa:r] *n.m.* 《동물》(다람쥐와 쥐의 중간의 동면하는) 설치류의 일종. dormir comme un ~ 깊이 잠자다. être paresseux comme un ~ 《구어》지독한 게으름뱅이다.
Loire [lwar] *n.pr.f.* ① 루아르강. ② 루아르도(道). ③ pays de la ~ 페이드루아르 《지역권(région de programme)의 하나로서 Loire-Atlantique 도를 포함한 5도》.

loisible [lwazibl] *a.* 허용되는. Il vous est ~ de + *inf.* …하는 것은 당신의 자유이다.
*loisir [lwazi:r] *n.m.* ① (시간의)틈, 짬, 여유, 여가; (*pl.*) 여가를 즐기기 위한)오락, 여가활동. heures de ~ et de travail 여가와 일의 시간. avoir le ~ de + *inf.* …할 틈〔여유〕이 있다. avoir du ~ 〔des ~*s*〕 여가가 있다. être de ~ 한가하다, 할 일이 없다. ~*s dirigés*《국민학교·중학교의》여가 지도. ~*s culturels* 문화적 여가선용. ②《옛》자유, 허가. *à (son)* ~; *tout à* ~ 마음 있을 때; 천천히, 한가하게.
lok [lɔk] *n.m.* = **looch**.
lokoum [lɔkum] *n.m.* = **loukoum**.
lollards [lɔla:r]《영》*n.m.pl.*《종교사》① 독일의 롤라르드(*Lollard*) 파당(派黨). ② 영국의 위클리프(*Wyclif*) 파당.
lolo [lolo] *n.m.* ①《어린애말》맘마《젖》. ②《속어》맛있는 것. C'est du ~. 이전 맛이 좋군. ③《속어》젖통.
lombago [lɔ̃bago] *n.m.* 《의학》= **lumbago**.
lombaire [lɔ̃bɛ:r] *a.* 《해부》요부(腰部)의.
lombalgie [lɔ̃balʒi] *n.f.* 《의학》요통(腰痛); 허리의 신경통.
lombard(e) [lɔ̃ba:r, -ard] *a.* 롬바르디아(*Lombardie*, 이탈리아의 지방)의. **—L—** *n.* 롬바르디아 사람.
—n.m. ① 롬바르디아 어. ②《옛》전당포.
lombardique [lɔ̃bardik] *a.* écriture ~ 롬바르디아체 《7—12세기에 이탈리아에서 사용되던 초서체》(écriture lombarde).
lombarthrose [lɔ̃bartro:z] *n.f.* 《의학》요추(腰椎) 관절염.
lombes [lɔ̃:b] *n.m.pl.* 《해부》요부(腰部)《lombe droit (오른쪽 허리)처럼 단수로도 쓰임》.
lombo-sciatique [lɔ̃bɔsjatik] *n.f.* 《의학》좌골신경통.
lombric [lɔ̃brik] *n.m.* 《동물》① 지렁이. ② 회충 (蛔蟲).
lombrical(ale, *pl.* **aux)** [lɔ̃brikal, -o] 《해부》*a.* 충양(蟲樣)의. —~ *n.m.* 충양근(蟲樣筋).
lombricidés [lɔ̃briside] *n.m.pl.* 《동물》지렁이과.
lombricoïde [lɔ̃brikɔid] *a.* 지렁이 모양의.
lombricose [lɔ̃brikɔ:z] *n.f.* 《의학》회충병.
lombricule [lɔ̃brikyl] *n.m.* 《곤충》장구벌레.
londonien(ne) [lɔ̃dɔnjɛ̃, -ɛn] *a.* 런던의.
—L— *n.* 런던사람.
Londres [lɔ̃:dr] *n.pr.f.* 《지리》런던. **—l—** *n.m.* = londrin.
londrès [lɔ̃drɛs] *n.m.* 아바나 엽궐련.
londrin [lɔ̃drɛ̃] *n.m.* 《직물》 나사의 일종.
‡long(ue) [lɔ̃, -ɔ̃:g] *a.* ① 길이가 있는, 긴 (↔ court). avoir la vue ~*ue* 시야가 넓다. cou ~ et mince 가늘고 긴 목. voyelle ~*ue* 장모음. ~*ue* phrase 긴 문장. 〔~ *de* + 길이의 표현〕 Cette table est ~*ue de deux mètres.* 이 탁자는 길이가 2 미터이다. prendre le chemin le plus ~ 가장 먼 에움길을 가다; 우회방법을 쓰다.
② (시간적으로)오래 걸리는, 오랜. ~*ue* habitude 오랜 습관. ~ hiver [lɔ̃kive:r] 긴 겨울. trouver le temps ~ 시간이 길게 느껴지다, 지루하다. ~ comme un jour sans pain 아주 지루한. papiers à ~*ue* échéance;《구어》papiers ~*s* 장기 어음. ③ 《요리》(소스가) 싱거운.〔음〕. ④ syllabe〔voyelle〕 ~*ue*《음성》장음절 또는 ~ *à* + *inf.* …하는 데 시간이 오래 걸리는; …하는 데 더딘. Que tu es ~ *à* te décider! 넌 어쩌면 그렇게 우유부단하냐. travail ~ *à* faire 시간이 오래 걸리는 일.

—n.m. 길이, 세로. avoir dix mètres de ~ 길이가

de ~; en ~ 종(縱)으로, 세로로. profil *en ~* 종단면. avoir les côtes *en ~* 《구어》몹시 지으르다; 매우 지쳐 있다.
de ~ en large; en ~ et en large 종횡으로, 이리저리. expliquer *en ~ et en large* 설명하여 설명하다.
de (tout) son ~ (몸을)쭉 펴서. étendu *de tout son ~* 길게 누워도. tomber *de son ~* 네 활개를 펴고 넘어지다, 뻗어 버리다.
le [au] ~ de; tout le [du] ~ de ···을 따라서; ···가에, ···의 높이를 따라서 쪽; ···동안 내내. *tout le ~ du* jour 온 종일. *tout le ~ du* rivage 강을 따라서.
tirer de ~ 도망하다; (일을) 질질 끌다.
(tout) au ~; tout du ~ 빠짐없이, 모조리. Racontez-moi cela *tout au ~*. 그것을 자세히 이야기해 주시오.
—*n.f.* 장음절; 장모음.
à la ~ue 마침내, 결국.
les ~ues et les brèves 장음절과 단음절; (일의)매듭. observer *les ~ues et les brèves* 《예》매우 꼼꼼하다. en savoir *les ~ues et les brèves* 자세히 잘 알고 있다.
—*ad.* 《양적으로》많이, 몹시; 긴 옷을 입고. en dire ~ sur qc ···에 대해 상세하게 설명하다.

long. 《약자》longitude 경도(經度); longueur 길이.
longanime [lɔ̃ganim] *a.* 《예》참음성 있는.
longanimité [lɔ̃ɡanimite] *n.f.* (모욕을 잘 참아내는)참을성, 인내, 너그러움.
Longchamp [lɔ̃ʃɑ̃] *n.pr.m.* hippodrome de ~ 롱샹 경마장(파리 서쪽, 불로뉴 숲에 있는 경마장).
long-courrier [lɔ̃kurje] *a.m.* 원양 항해의. —*n.m.* 원양 항해선; (그)선장.
longe¹ [lɔ̃:ʒ] *n.f.* ① 《승마》(말을 매는)끈; 조마(調馬)용 끈. trotter [faire travailler] un cheval à la ~ 조마용 끈으로 말을 훈련하다. ② 매의 발에 다는 끈. *marcher sur sa ~* 《구어》 (이야기 도중에 당황하여서)말을 못하게 되다.
longe² *n.f.* 《요리》(송아지 따위의)등심.
longer [lɔ̃ʒe] ③ *v.t.* (의 가를)따라서 가다; (의 가를)따라서 이르다, 뻗어 있다. Le train longe la mer. 기차가 바다를 따라 달리고 있다. Ce chemin *longe* le canal. 이 도로는 운하를 따라 뻗어 있다.
longeron [lɔ̃ʒrɔ̃] *n.m.* ① 《토목》세로 들보, 종형(縱桁). ② (자동차·비행기의)종재(縱材); (날개의)삐대.
longévital(ale, *pl.* **aux)** [lɔ̃ʒevital, -o] *a.* 《드물게》명이 진, 장수의.
longévité [lɔ̃ʒevite] *n.m.* 장수, 장명(長命); 수명. tables de ~ 장수 통계표.
longi- *préf.* 「긴」의 뜻.
longicaule [lɔ̃ʒiko:l] *a.* 《식물》줄기가 긴.
longicorne [lɔ̃ʒikɔrn] *a.* 《곤충》더듬이가 긴.
—*n.m.pl.* 하늘소과(科).
longière [lɔ̃ʒjɛ:r] *n.f.* (회석자들의)공동 냅킨.
longifolié(e) [lɔ̃ʒifɔlje] *a.* 《식물》잎이 긴.
longiligne [lɔ̃ʒiliɲ] *a, n.* 몸통은 작고 팔다리가 긴(사람).
longimane [lɔ̃ʒiman] *a.* 《동물》손이 긴.
longimètre [lɔ̃ʒimɛtr] *n.m.* (재봉용의)자.
longimétrie [lɔ̃ʒimetri] *n.f.* 거리 측량법.
longin [lɔ̃ʒɛ̃] *a.* 《구어》느림보, 굼벵이.
longipède [lɔ̃ʒiped] *a.* 《동물》장족(長足)의.
longipenne [lɔ̃ʒipɛn] *a.* 《조류》 날개가 긴.
—*n.m.pl.* 장익류(長翼類).
longirostre [lɔ̃ʒirɔstr] *a.* 《조류》부리가 긴.
longitude [lɔ̃ʒityd] *n.f.* 《지리》경도(經度); 《천문》황경(黃經). ~ est 동경(東經). ~ ouest 서경(西經).
logitudinal(ale, *pl.* **aux)** [lɔ̃ʒitydinal, -o] *a.* 종단(縱斷)의, 세로의.
longitudinalement [lɔ̃ʒitydinalmɑ̃] *ad.* 세로로.
long-jointé(e) [lɔ̃ʒwɛ̃te] *a.* (말이)족관부(足冠部)가 긴 [cot.].
longotte [lɔ̃ɡɔt] *n.f.* 《직물》일종의 칼리코(calico).
longovicien(ne) [lɔ̃ɡɔvisjɛ̃, -ɛn] *a.* 롱위(Longwy, 프랑스의 도시)의. —**L**~ *n.* 롱위 사람.
longrine [lɔ̃ɡrin] *n.f.* ① 《건축》대들보. ② 《선박》진수고정대(進水固定臺). ③ 《철도》세로침목.
:**longtemps** [lɔ̃tɑ̃] *ad.* 오래, 오랫동안. parler ~ 오랫동안 말하다. Il a été ~ sans rien faire. 오랫동안 그는 아무것도 하지 않았다. [être/rester ~ à+ *inf.*] Tu *es resté ~ à* dormir ce matin. 너는 오늘 아침 오랫동안 자고 있었다. La paix ne durera pas ~. 평화는 오래가지 않을 것이다.
—*n.m.* 긴 시간. ① 《전치사 다음의》 오랫동안. Nous sommes amis depuis ~. 우리는 아주 오래전부터 친구입니다. Pendant ~, il ne m'a pas écrit. 오랫동안 그는 나에게 편지를 쓰지 않았다. Je ne suis pas ici pour ~. 나는 이곳에 오래 있을 수 없습니다. avant (qu'il soit) ~ 멀지않아. mettre ~ à+*inf.* ···하는데 오랜 시간이 걸리다. ② (il y a, voilà, voici 다음의 것) *Il y a ~ que* je ne l'ai pas vu. 나는 그를 오래도록 못 만나고 있다. Il est déjà venu ici, *voici(voilà)* ~. 그는 아주 오래전에 이미 이곳에 온 일이 있다.
de ~; d'ici ~ 아주 오래전부터; 《부정문에서》앞으로 당분간은 (···하지 않는다). Je ne le verrai pas *de ~*. 앞으로 당분간은 그를 만나지 못할 것이다. *n'en avoir pas pour ~* 시간이 오래 안 걸리다, 여명(餘命)이 얼마 안 남았다.
longue [lɔ̃:g] *a.f., n.f.* ⇨long.
longuement [lɔ̃gmɑ̃] *ad.* ① 오랫동안; 길게 (↔ brièvement), projet ~ mûri 오랫동안 심사숙고한 계획. parler ~ 길게 얘기하다. regarder ~ 한참 쳐다보다. ② 상세히. s'étendre ~ sur un sujet 어떤 문제를 소상히 논하다.
longue-paume [lɔ̃ɡpo:m] *n.f.* 야외에서 하는 테니스의 일종.
longuerine [lɔ̃ɡrin] *n.f.* =**longrine**.
longuet(te) [lɔ̃ɡɛ, -ɛt] 《구어》 *a.* 갸름한, 길쭉한; 길게 끄는, 지루한. discours ~ 지루한 연설.
—*n.m.* ① 갸름한 빵. ② (피아노 제조용)길쭉한 망치.
*****longueur** [lɔ̃ɡœ:r] *n.f.* 길이; 세로(↔ largeur). ~ totale [hors tout] 전장(全長). mesures de ~ 척도(尺度). saut en ~ 《스포츠》넓이뛰기. d'onde 《물리》파장(波長). dans le sens de ~ 세로로. Excusez la ~ de ma lettre. 편지가 길어졌음을 용서하십시오. ② (*pl.*) 완만, 더딤, 지연; 장황함. ~s d'un procès 소송의 지연. fuir les ~s 장황하게 얘기하는 것을 피하다. ③ 1 마신(馬身); 1 정신(艇身). cheval qui prend deux ~s d'avance (경마에서)2 마신 앞서 달리는 말. cheval qui gagne d'une ~ 1 마신 차이로 승리하는 말.
à ~ de ···동안 내내. *à ~ de* journée[de semaine] 하루 종일[일주일 내내].
tirer qc en ~ ···을 오래 끌게 하다, 지연시키다.
traîner en ~ (일이)질질 끌다.
longue-vue [lɔ̃ɡvy] (*pl.* ~s-~s) *n.f.* 망원경.
looch [lɔk] *n.m.* 《약》(내복용)유제(乳劑).
loofa(h) [lɔfa] *n.m.* 《식물》=**luffa**.
looping [lupiŋ] 《영》 *n.m.* 《항공》공중 회전. faire

des ~s 공중회전을 하다.
lope [lɔp], **lopette** [lɔpɛt] n.f. 《속어》 남색(男色)의 상대자; 무기력한 남자.
lophobranches [lɔfɔbrɑ̃:ʃ] n.m.pl. 《어류》 관새류(冠鰓類).
lophophore [lɔfɔfɔ:r] n.m. 《조류》 펑루(類)의 일종.
lophyre [lɔfi:r] n.m. 《곤충》 잎벌 내.
lopin [lɔpɛ̃] n.m. ① 《야금》 첫덩이, 강철 덩이. ② ~ de terre 얼마 안되는 토지. ③《옛》(음식의)조각, 덩이.
loquace [lɔk(w)as] a. 수다스러운, 말이 많은 (bavard). Il n'est pas très ~ aujourd'hui. 그는 오늘 별로 말이 없다.
loquacement [lɔk(w)asmɑ̃] ad. 수다스럽게.
loquacité [lɔk(w)asite] n.f. 《문어》 요설, 수다, 다변(bavardage).
loque [lɔk] n.f. ①《흔히 pl.》 넝마, 넝마 조각; 누더기. tomber en ~s (옷이)너덜너덜해지다. ②《구어》 나약한 사람. n'être qu'une ~; être une ~ humaine 기진맥진하다, 축 늘어지다. ③《식물》 배풍등류(類)의 독물. ④(번메기가 썩는)꿀벌의 병.
-loque suff.「무너기」의 뜻《예:soli*loque* 독백, 혼잣말. ventri*loque* 복화술자》.
loquèle [lɔkɥɛl] n.f. 《옛》 다변, 수다.
loquet¹ [lɔkɛ] n.m. ①《문의》걸쇠. abaisser[soulever] le ~ 걸쇠를 잠그다[벗기다]. fermé au ~ 걸쇠로 잠긴. ② couteau à ~ 접게 된 칼.
loquet² [lɔkɛ] n.m. 《직물》 (털이불에 쓰이는)거칠은 털, (솔 따위의)털.
loqueteau [lɔkto] (pl. ~x) n.m. 조그만 걸쇠.
loqueter [lɔkte] [5] v.i. 《옛》 (문을 열어달라고)걸쇠를 덜그럭거리다.
loqueteux(se) [lɔktø, -ø:z] a. 누더기를 걸친; 너덜너덜한. habit ~ 누더기 옷. de vieux bouquins ~ 헐어빠진 낡은 책. ―n. 누더기를 입은 사람.
loquette [lɔkɛt] n.f. ①《구어》(고기 따위의)작은 조각. ②《직조》빗은 양털을 감아놓은 두루마리.
loran [lɔrɑ̃] (<《영》 Long Range Aid to Navigation) n.m. 로란(항법)《선박·비행기가 지상관측소의 신호로 자기 위치를 아는 전파 항법(航法)의 하나》.
loranthacées [lɔrɑ̃tase] n.f.pl. 《식물》 겨우살이 과(科).
loranthe [lɔrɑ̃:t] n.f. 《식물》(밤나무 따위의)겨우살이.
lord [lɔːr] n.m. 《영》 경(卿); 각하《귀족·상원의원의 존칭》. Chambre des L—s 상원(上院). — Chancelier 대법관. ~ de l'Amirauté; ~ de la mer (영국의)해군성 장관.
lord-lieutenant [lɔrljøtnɑ̃] (pl. ~s-~s) n.m. 《옛》(영국의)주지사(州知事).
lord-maire [lɔrmɛːr] (pl. ~s-~s) n.m. (런던 기타 대도시의)시장(市長).
lordose [lɔrdoːz] n.f. 《의학》 척추 전굴증(前屈症).
lordosique [lɔrdozik] a. 《의학》 척추 전굴증의.
lorette [lɔrɛt] n.f. 《옛》 고급창녀(courtisane).
lorgnade [lɔrɲad] n.f. 《옛》곁눈질, 추파, 윙크.
lorgnement [lɔrɲəmɑ̃] n.m. 곁눈질[흘끗보기].
lorgner [lɔrɲe] v.t. ① 곁눈질하다, (에게)추파를 던지다. ~ qc du coin de l'œil …을 힐끗힐끗 곁눈질하다. ~ une femme 여자에게 추파를 던지다. ② 탐내다(guigner). ~ une place[un héritage] 자리[유산]을 탐내다. ③ 오페라글라스로 보다.
lorgnerie [lɔrɲəri] n.f. 《옛》 곁눈질, 추파 던지기.
lorgnette [lɔrɲɛt] n.f. 작은 쌍안경, 오페라글라스. *regarder par le petit bout de la ~* (일의 작은 부분을)과대시하다; 시야가 좁다, (생각이)편협하다.

lorgneur(se) [lɔrɲœːr, -øːz] n. 《구어》 곁눈질하는 사람; 추파 던지는 사람.
lorgnon [lɔrɲɔ̃] n.m. ① 코안경. ②《옛》=monocle.
lori [lɔri] n.m. 《조류》 잉꼬의 일종.
lori² n.m. 《철도》 (선로 공사용의)손으로 미는 화차, 경편 무개차.
loricaire [lɔrikɛːr] n.m. 《어류》 메기의 일종.
loriot [lɔrjo] n.m. 《조류》 꾀꼬리.
lorique [lɔrik] n.f. 《생물》 유각(有殼), 껍데기.
loriqué(e) [lɔrike] a. 《생물》 유각(有殼)의.
loriquet [lɔrikɛ] n.m. 《조류》(오스트레일리아·말레이군도산의)잉꼬의 일종.
loris [lɔri] n.m. 《동물》 늘보원숭이.
lorrain(e) [lɔrɛ̃, -ɛn] a. 로렌(Lorraine, 프랑스의 지방)의. ―L— n. 로렌 사람.
lorry [lɔri] 《영》 n.m. = **lori²**.
*****lors** [lɔːr] ad. 《옛》그때, 그 당시(alors) 《현재는 다음 성구로만 쓰임》.
  depuis ~ 그때부터.
  dès ~ ⓐ 그때부터. *Dès ~, il me prit en amitié.* 그후로 그는 내게 우정을 갖게 되었다. ⓑ 그렇기 때문에(de là). *Un accusé se tait; dès ~ on le croit coupable.* 피고가 입을 다물면 그것으로 인해 그를 유죄로 생각하게 된다.
  dès ~ que …이니까, …인 이상. *Dès ~ que vous me trompez, je ne peux plus avoir confiance en personne.* 당신이 나를 속이는 마당에 이제는 아무도 믿을 수 없게 되었다.
  ~ de… n.m. *~ de sa naissance* 그의 탄생시.
  ~ même que ⓐ [~ + ind.] …하는 때라도. ⓑ [~ + cond.] 비록 …일지라도. *Ce qui est juste est juste, ~ même que le monde devrait crouler.* 하늘이 무너져도 옳은 것은 옳다.
  pour ~ ⓐ 그러므로 우선. *La situation est embrouillée, pour ~ essayons d'en examiner les divers aspects.* 사정이 복잡하니 우선 여러 면을 검토해 봅시다. ⓑ《구어》 그 경우에는. *Pour ~, vous vous trompez.* 그 경우에는 당신이 잘못 생각하고 있는거요.
:**lorsque** [lɔrsk(ə)] conj.《il, elle, on, un(e)의 앞에서는 lorsqu'》 ①《동시성》…할 때, 그때. ~ je le verrai 그를 만나면[만날 때]. ②《대립》…인데도. *Pourquoi l'as-tu acheté, ~ je te l'avais défendu?* 사지 말라고 일러두는데도 왜 그것 샀지? *On fait des discours, lorsqu'il faut agir.* 행동을 해야 하는데도, 따지고만 있다. ③《문어에서 lors와 que 사이에 다른 말이 삽입》 *Lors donc qu'il fut arrivé…* 그래서 그가 도착하자….
los [lo] n.m. 《옛》 칭찬.
losange [lɔzɑ̃:ʒ] n.m. ① 마름모꼴, 능형(菱形). 《음악》(코랄기보법(記譜法)에 쓰이는)능형음표. ②《철도》(황색의)경고표지.
losangé(e) [lɔzɑ̃ʒe] a. 마름모꼴 무늬가 있는, 마름모꼴 무늬로 장식된.
losanger [lɔzɑ̃ʒe] [3] v.t. 마름모꼴로 자르다.
losse [lɔs] n.f. (통마개 구멍을 뚫는)천공기.
lot [lo] n.m. ① (유산 따위의)몫. *distribuer des ~s* 몫을 분배하다. *diviser une terre en ~s* (매각 위하여)토지를 분할하다. ②(복권 따위의)상금. *gagner(tirer) le gros ~* 1등을 뽑다; 큰 벌이를 하다. *~ de consolation* 아차상. ③《문어》운수, 숙명(destin, sort). *Ton ~ est de regretter toujours.* 항상 후회만 하는 것이 네 운명이다. ④ 몫음, 한 벌. *un ~ de livres anciens* 한 묶음의 고서. ⑤《석유》(석유채굴의)배치《영》 batch.
loterie [lɔtri] n.f. ① 복권; 심지 뽑기. *~ nationale* (국영)복권. *billet de ~* 복권. *tirage d'une ~* 복

권취첩. numéros gagnants à la ~ 복권당첨번호. ②요행. C'est une ~ 운수소관이다.

loti(e) [lɔti] *a.p.* 배당을 받은. être bien ~《구어》배당을 넉넉히 받다; 운수가 좋다.

lotier [lɔtje] *n.m.*【식물】노랑들콩.

lotiforme [lɔtifɔrm] *a.* 연꽃 모양의. chapiteau égyptien ~ 연꽃 모양의 이집트 기둥머리.

lotion [losjɔ̃] *n.f.* ①【의학】(상처 따위의)세척(洗滌); 세척제, 물약. ~ calmante 소염 세척제. ~ anti-pelliculaire 비듬약. faire des ~s une plaie 상처를 세척하다. ②(일반적으로) (피부·모발용의) 화장수, 로션. ~ après rasage 애프터 셰이브 로션.

lotionner [losjɔne] *v.t.* 세척하다; 물약을 뿌리다.

lotir [lɔti:r] *v.t.* ①(재산 따위를)분할하다; 배당하다. ~ les immeubles d'une succession 유산의 부동산을 분할하다. [~ qn de] ~ qn d'une maison …에게 집을 배당하다. ②(토지를)분양하다. terrains à ~ 분양지. ③(광물·곡물 등을)선별하다.

lotissage [lɔtisa:ʒ] *n.m.* (상품 따위의)선별.

lotissement [lɔtismɑ̃] *n.m.* ①분할, 분양, 분배. ②분할된 토지.

lotisseur(se) [lɔtisœ:r, -ø:z] *n.* (땅을)여러 필지(筆地)로 분할하는 사람; 토지 분양자.

loto [lɔto] *n.m.*【놀이】복권놀이의 일종; (그)놀이에 쓰이는 도구. *yeux en boules de ~*《구어》퉁방울눈, 화면 같이 큰 눈.

Lotophages [lɔtɔfa:ʒ] *n.m.pl.*【그리스신화】(북아프리카산)로터스 열매를 먹는 종족.

lotos [lɔto:s] *n.m.* = **lotus**.

lotta [lɔ(t)ta] *n.f.* (핀란드의)여군 지원병.

lotte [lɔt] *n.f.*【어류】모캐.

lotus [lɔtys] *n.m.*①【식물】백련(白蓮). ②【그리스신화】(북아프리카산)로터스(그 열매를 먹는 나그네는 고국을 잊어버렸다고 함). ③【건축】이집트 건축의 기둥머리 장식으로 쓰인)백련무늬(장식); (불상 따위의)대좌의 무늬.

louable¹ [lwabl] *a.* 칭찬할 만한. intention ~ 칭찬할 만한 의향. ~s efforts 가상한 노력.

louable² *a.* 세들 수 있는, (방을)빌 수 있는.

louablement [lwabləmɑ̃] *ad.* 훌륭하게, 칭찬받을 만하게.

louage [lwa:ʒ] *n.m.* 임대차(賃貸借), 세놓기, 세내기; 세 차료(prix de ~). contrat de ~ 임대차계약. ~ d'ouvrage 청부계약. ~ de services 노무[노동]계약. voiture de ~ 렌트카; 삯마차. donner [prendre] *qc* à ~ 을 세놓다[세내다].

louageur [lwaʒœ:r] *n.m.* 말(마차) 세놓는 사람.

louange [lwɑ̃:ʒ] *n.m.* 칭찬; 찬사(éloge, compliment); 찬가(讚歌). chanter [entonner] les ~ de *qn* …을 극구 칭찬하다, 격찬하다. chanter ses propres ~s 자화자찬하다. [à la ~ de] discours *à la ~ d'un héros* 영웅을 찬양하는 연설.

louanger [lwɑ̃ʒe] [3] *v.t.* 《문어》격찬(극찬)하다 (louer, glorifier).

louangeur(se) [lwɑ̃ʒœ:r, -ø:z] *a, n.* ①격찬하는(사람), discours ~ 칭찬하는 말, 찬사. ②남을 칭찬하는 버릇이 있는(사람).

loubar(d) [luba:r] *n.m.*《속어》(대도시의 변두리 구역에 사는)건달 불량배.

louchard(e) [luʃa:r, -ard] *n., a.*《속어》사팔뜨기(의) (loucheur). femme ~ 여사팔뜨기 여자.

louche¹ [luʃ] *a.* ①사시(斜視)의, 사팔뜨기의. yeux ~s 사팔뜨기 눈. jeter un regard ~ 곁눈질하다. ②(비유적으로)수상한, 석연치 않은, 모호한. conduite ~ 수상한 행동. milieux ~s 수상쩍은 무리. Catherine dit qu'elle n'a pas reçu ma lettre; mais c'est ~ et je ne la crois pas. 카트린은 내 편지를 못받았다고 말했는데 그것이 석연치 않다. 그녀를 못믿겠다. ③흐린, 탁한. vin ~ 탁한 술.
—*n.* 사팔뜨기. —*n.m.* 애매함; 의심스러운, 수상한 점. Il y a du ~ dans cette affaire. 그 사건에는 좀 의심쩍은 데가 있다.

louche² *n.f.* ①국자. ②【농업】(거름푸는)삽, 【기계】(선반용)송곳의 일종;《속어》손.

louchement [luʃmɑ̃] *n.m.* 사팔눈(strabisme).

loucher [luʃe] *v.i.* ①사팔눈이다; 곁눈질하다. Elle *louche* légèrement. 그 여자는 약간 사팔뜨기이다. ②《구어》[~ sur/vers] (을)선망의 눈으로 보다. ~ *sur* la voiture d'une amie 친구의 자동차를 부러운 눈으로 바라보다. faire ~ *qn* …에게 부러움(호기심)을 일으키다.

loucherie [luʃri] *n.f.* 사팔눈, 사시(louchement).

louchet [luʃɛ] *n.m.* 길쭉한 삽의 일종; 고래고기를 자르는 기구; 준설(浚渫)용 양동이.

loucheur(se) [luʃœ:r, -ø:z] *n.* 사팔뜨기.

louchir [luʃi:r] *v.i.* (액체가)탁해지다, 흐려지다.

louchissement [luʃismɑ̃] *n.m.* (액체의)흐림.

louchon [luʃɔ̃] *n.m.*《구어》사팔뜨기(loucheur).

louchoter [luʃɔte] *v.i.* 약간 사팔뜨기이다.

louée [lwe] *n.f.*《사투리》(모여서 고용계약을 하는)농가의 일꾼[머슴] 소개소.

:louer¹ [lwe] *v.t.* ①세놓다. ~ des chambres aux estivants 피서객들에게 방을 세주다. Ici, on *loue* des voitures à la journée. 여기서는 자동차를 하루 단위로 빌려준다. maison à ~ 셋집. ②세내다. ~ un appartement 아파트를 세내다. ~ une voiture 차를 빌리다. Cette maison n'est pas à nous, on la *loue*. 이 집은 우리 것이 아니오, 우리는 세내어 살고 있어. ③예약하다. ~ sa place dans le train 기차의 좌석을 예약하다. ④《옛》고용하다. ~ un guide 안내원을 고용하다.
—*se* ~ *v.pr.* ①빌려지다. Cet appartement *se loue* très cher. 이 아파트는 세가 비싸다. ②고용되다. *se* ~ à la journée 일당으로 고용되다.

louer² *v.t.* ①칭찬하다(complimenter, vanter), 치하하다(féliciter). [~ *qn* de/pour *qc*] ~ un élève *de* son travail 학생의 하는 일을 칭찬하다. Je vous *loue de* votre choix. 당신의 선택을 치하합니다. [~ *qn* de + *inf.*] On ne peut que le ~ d'avoir agi ainsi. 그가 이렇게 행동한 것을 칭찬하지 않을 수 없다. ②찬양하다. ~ Dieu 신을 찬양하다. *Dieu soit loué!* 고마와라! 잘됐군!《만족·안도의 느낌을 나타냄》
—*se* ~ *v.pr.* ①[*se* ~ *de*] (에)만족하다(se féliciter de). Il *se loue de* sa secrétaire. 그는 그의 여비서에 만족하고 있다. Je *me loue d'*avoir accepté son offre. 나는 그의 제안을 수락한 것을 기뻐하고 있다. ②서로 칭찬하다. ③《드물게》자찬하다.

loueur(se) [lwœ:r, -ø:z] *n.m.* 임대인, 세놓는 사람. ~ de voitures 자동차 임대업자, 렌트카 업자.

louffa [lufa] *n.m.* = **luffa**.

louffe [luf] *n.f.*《속어》도둑방귀(vesse).

louf(f)er [lufe] *v.i.*《속어》소리없이 방귀 뀌다.

louf(f)iat [lufja] *n.m.*《속어》카페의 보이.

loufoque [lufɔk], **louf** [luf], **louftingue** [luftɛ̃:g] *a, n.*《속어》머리가 돈, 미친(fou). Tu n'es pas ~? 너 미쳤니? histoire ~ 가당찮은 이야기. ~ 미친 사람.

loufoquerie [lufɔkri] *n.f.*《속어》미치기; (*pl.*)기괴한 짓[말].

lougre [lugr] *n.m.* 노르망디 지방의 일종의 연해 항해용 범선.

louis [lwi] *n.m.* ① (옛)루이《루이 13세 시대에 만들어진 프랑스의 금화》. ② (1928년까지의)20프랑 금화; (도박에서)20프랑.
louise-bonne [lwizbɔn] (*pl.* **~s-~s**) *n.f.* 《식물》배의 일종.
louisianais(e) [lwizjanɛ, -ɛːz] *a.* 루이지애나(*Louisiane*, 미국의 주)의. —**L~** *n.* 루이지애나 사람.
louis-philippard(e) [lwifilipaːr, -ard] *a.* 《구어》루이필립(*Louis-Philippe*, 프랑스의 왕)(시대)의.
louis-quatorzien(ne) [lwikatɔrzjɛ̃, -ɛn] *a.* 루이 14세의; 루이 14세 시대(1643~1715)의.
loukoum [lukum] *n.m.* 루쿰 사탕《향료가 든 아랍의 사탕과자》(lokoum).
loulou(tte) [lulu, -t] *n.m.* 북슬개의 일종. ~ de Poméranie 포메라니아 개. ① 《구어》 귀여운 아기《여자·아이의 호칭》. ② 불량배 (loubar, voyou). ~s de banlieu 변두리의 불량배들.
*‎**loup** [lu] *n.m.* ① 《동물》늑대, 이리《암컷 louve, 새끼 louveteau 》. bande de ~s affamés 굶주린 이리떼. tanière du ~ 늑대의 굴.
② 《부인들이 외출할 때, 혹은 가면 무도회에서 쓰는》검은 가면; 《군사》방독면(面).
③ 《건축·미술제작 따위에서의》흠, 결함; 《옛》《늑대에게 물린 것 같은》상처.
④ 쇠거레; 못질로; 《직조》개모기(開毛機); 《야금》노괴(爐塊).
⑤ 《어린이나 사랑하는 사람에 대한 애칭》mon (petit, gros) ~ 여보, 여보게.
⑥ 《구어》노련한 사람; 야심가(vieux). ~ de mer 노련한 뱃사람, 노수부. 《재계·정계의》늙은 야심가. jeune ~ du tennis 테니스의 젊은 유망주.
⑦ ~ pas de mer 《동물》바다표범.   L주.
à pas de ~ 살금살금, 몰래.
avoir vu le ~ 세상 물정을 잘 알다, 약삭빠르다; (여자가)남자를 알다.
crier au ~ (장난으로)거짓 선전을 하고 다니다.
donner la brebis à garder au ~; enfermer le ~ dans la bergerie 이리에게 양을 지키게 하는 처사를 하다, 위험천만이다.
être connu comme le ~ blanc [gris] 두루 알려져 있다.
faim de ~ 심한 공복《배고픔》.
froid de ~ 심한 추위.
hurler avec les ~s 사람을 공격하는 데 가세하다, 부화뇌동하다.
Il fait noir comme dans la gueule de ~. 아주 캄캄하다.
Le ~ mourra dans sa peau. 《속담》악인은 어디까지나 악인이다《개심하는 법이 없다》.
Les ~s ne se mangent pas entre eux. 《속담》악인 상호간에도 의리는 있다.
manger comme un ~ (굶주린 이리처럼)게걸스럽게 먹다.
Quand on parle du ~ on en voit la queue. 《속담》호랑이도 제말하면 온다.
tenir le ~ par les oreilles 곤경에 빠지다.
loupage [lupaːʒ] *n.m.* 《구어》(일의)실수, 결함.
loup-cerve [lusɛrv] (*pl.* **~s-~s**) *n.f.* 샴팽이(loup-cervier)의 암컷.
loup-cervier [luservje] (*pl.* **~s-~s**) *n.m.* ① 《동물》샴팽이; 그 가죽. ② 《비유적》탐욕스러운 사람《자본주》.
loupe¹ [lup] *n.f.* ① 《의학》종창(腫脹); 혹. ② 《야금》(압연용(壓延用))분괴(分塊). four à ~ 분괴로(爐). ③ 확대경, 돋보기. lire à la ~ 돋보기를 대고 읽다. ④ 보석의 흠. ⑤ 결상.
loupe² *n.f.* 《식물》게으름, 나태.
loupé(e) [lupe] *a.p.* 《속어》잡친, 실수하는(manqué, raté). —*n.m.* (제작을)잡치기, 실패(ratage).

louper [lupe] *v.t.* 《구어》① 잡치다, 망치다, 실수하다(rater). ~ son travail 일을 잡치다. ~ son atterrissage 《항공》착륙시에 기체를 파손하다.
② (기회를)놓치다(manquer). Tu vas ~ ton train. 넌 기차를 놓치겠다. Il *a loupé* l'occasion. 그는 기회를 놓쳤다. 《직접목적보어 없이》*Ça n'a pas loupé.* 아니나 다를까, 그럴줄 알았다.
—*v.i.* 《옛》게으름피우다, 빈둥거리다.
loupeur(se¹) [lupœːr, -ɸːz] *n.* 《속어》서투른 사람 (maladroit).
loupeux(se²) [lupɸ, -ɸːz] *a.* 《드물게》혹이 있는.
loup-garou [lugaru] (*pl.* **~s-~s**) *n.m.* ① 밤에 늑대로 둔갑해서 돌아다니는 요술쟁이. ② 《옛》《비유적》교제를 싫어하는 사람(sauvage).
louphoque [lufɔk] *a., n.* 《속어》《옛》=loufoque.
louphoquerie [lufɔkri] *n.f.* 《속어》=loufoquerie.
loupiau (*pl.* **~x**), **loupiot** [lupjo] (*f.* **loupiot(t)e** [lupjɔt]) *n.* 《속어》개구장이, 어린이.
loupiote [lupjɔt] *n.f.* 《구어》《속어》작은 램프.
‡**lourd(e)** [luːr, -urd] *a.* ① 무거운(↔ léger). ~ fardeau 무거운 짐. valise très ~e 몹시 무거운 가방.
② 중장비의; 중량의. industrie ~e 중공업. armes ~es 중무기. artillerie ~e 중포(병). poids ~¹ 대형 트럭. eau ~e 《화학》중수(重水).
③ 《부담이》무거운, 비용이 드는; 《책임 따위가》무거운, 힘드는, 벅찬; 《손해·과실 따위가》중대한, 막중한. frais très ~s 막대한 비용. ~e tâche à accomplir 벅찬 임무. ~e responsabilité 막중한 책임. faire une ~e faute 중대한 과실을 범하다. avoir une maison ~e 생활이 몹시 어렵다.
④ [~ de] (이)많은, (으로)가득한. large table ~e de livres, de papiers 책과 서류로 가득한 넓은 테이블. incident ~ de conséquences 중대한 결과를 낳는 사건.
⑤ 《신체의 일부분에 대해》무거운 느낌을 주는, 묵직한; 둔한, 둔감한. avoir la tête ~e 머리가 아프다, 머리가 멍하다. avoir l'estomac ~ 배가 묵직하다, 뱃속이 거북하다. se sentir les jambes ~es 다리가 무겁다. avoir les yeux ~s 졸리다. avoir l'esprit ~ (=l'intelligence ~e) 머리가 둔하다. homme ~ 둔감한 사람.
⑥ 《음식이》위에 부담이 되는, 소화가 잘 안되는; 《날씨가》무더운; 답답한, 짓누르는 듯한, 서투른. aliment ~ 위에 부담이 가는 음식. Le temps est ~; Il fait ~. 날씨가 무덥다. silence ~ 짓누르는 듯한 침묵. parfum ~ 독한 향수. plaisanterie ~e 서투른(세련되지 못한) 농담.
⑦ poids ~² 《스포츠》(복싱 따위의)중량급, 헤비급.
⑧ 《경제》marché ~ 활기없는(침체된) 시장(거래); franc ~ 《구어》(1960년 이후의)신프랑(nouveau franc).
⑨ ⓐ 《농업》sol ~ 경(硬)토질. ⓑ 《해양》brise ~e 강풍; navire ~ 속력이 느린 배.
avoir la main ~e ⓐ 세게 때리다, 엄한 벌을 내리다. 《스포츠》많이 쓰다; 크게 자르다. Ce boucher *a la main ~e*. 이 정육점 주인은 항상 큼직하게 자른다(손이 크다).
—*ad.* ① 무겁게. peser ~ 무게가 무겁다.
② 《속어》많이. être payé ~ 돈을 많이 받다. Il n'en sait pas ~. 아주 먹통이다, 깜깜하게 모른다. *Ça ne pèsera pas ~ dans la balance.* 별 중요성이 없을 것이다.
—*n.f.* 《속어》문. boucler la ~e 문을 잠그다.
lourdaud(e) [lurdo, -oːd] *a.* 서투른; 둔한(maladroit, balourd). —*n.* 서투른(둔한) 사람.
lourdement [lurdəmã] *ad.* ① 무겁게(↔ légère-

ment). camion ~ chargé 짐을 가득 실은 트럭. Ces charges grèvent ~ son budget. 이 부담이 그의 예산을 무겁게 압박한다. ② 둔하게; 답답하게; 어설프게, 서투르게. marcher ~ 뒤뚱거리며 걷다. plaisanter ~ 서투른 농담을 하다. ③ 심하게. se tromper ~ 큰 실수를 저지르다.

lourder [lurde] *v.t.* 《속어》쫓아내다, 몰아내다. Il s'est fait ~. 그는 쫓겨났다.

lourderie [lurd(ə)ri] *n.f.* 《옛》우둔; 큰 실수, 실태(失態); 서투름.

lourdeur [lurdœːr] *n.f.* ① 무거움. ② 막대함, 막중함. ~ des impôts 중세(重稅), 세금의 무거운 부담. ~ d'une responsabilité 책임의 막중함. ③ 답답함, 무더움. ~ de tête 두통. ~ d'estomac 속이 답답함. ~ du temps 무더위. ④ 우둔, 둔함; 서투름. ~ d'esprit 머리의 둔함. ~ de la démarche 걸음걸이의 둔함[무거움].

lourdingue [lurdɛ̃g] *a.* 《속어》둔한, 굼뜬.

lourdise [lurdiːz] *n.f.* 《옛》 = **lourderie**.

loure [luːr] *n.f.* 《옛》 퉁소; 4 분의 3[4 분의 6] 박자의 느린 춤.

louré(e) [lure] *a.p.* 《음악》 레가토로 연주하여 제 1 음에 힘을 주는.

lourer [lure] *v.t.* 《음악》 제 1 음을 강하게 하여 레가토로 연주하다.

lousse [lus] *n.f.*, **lousseau** [luso] (*pl.* ~*x*), **loussec** [lusek], **lousset** [luse] *n.m.* 《해양》 (배 밑바닥의)더러운 물이 괴게 된 곳.

loustic [lustik] *n.m.* ① 익살광대 《옛날 스위스 군대에 배속되었던》; 익살꾼. ② 《구어》(경멸》사내, 녀석(type). C'est un drôle de ~. 묘한 녀석이다.

loute [lut] *n.f.* 《속어》 = **louloutte**.

loutre [lutr] *n.f.* 《동물》 수달; 바다표범의 모피(peau de ~). fourrure genre ~ 《상업》 (토끼가죽으로 만든)모조 바다표범 모피. ~ marine; ~ de mer 해달.

louvaniste [luvanist] *a.* 루뱅(*Louvain*, 벨기에의 도시)의. —**L**~ *n.* 루뱅 사람.

louvard [luvaːr], **louvat** [luva] *n.m.* (젖떨어진지) 4·5개월 된 새끼 늑대.

louve [luːv] (<*loup*) *n.f.* ① 늑대의 암컷. ② 《옛》 창녀. ③ 《건축》 (큰 돌을 올리는 데 쓰는) 쇠집게; 《선박》 타두관(舵頭管).

louvelle [luvɛl] *n.f.* bordé en ~ 《선박》 (뱃전의 판자를)평평하게 붙인.

louver¹ [luve] *v.t.* 쇠집게로 들어올리다.

louver² *v.t.* = **lover**.

louvet(te) [luvɛ, -ɛt] *a.* (말이)늑대털 빛깔의. —*n.m.* 늑대털 빛깔.

louveteau [luvto] (*pl.* ~*x*) *n.m.* ① 새끼 늑대. ② 프리메이슨 단원의 아들, (12 세 이하의)보이 스카웃 단원.

louveter¹ [luvte] ⑤ *v.i.* (늑대가)새끼를 낳다.

louveter² ⑤ *v.t.* 《작조》 (양털을)개모기(開毛機)에 걸다.

louveterie [luvt(ə)ri, luvɛtri] *n.f.* 늑대 사냥; 늑대 사냥꾼의 떼, 늑대 사냥의 근거지. lieutenant de ~ 《역사》 늑대사냥 지휘자.

louvetier [luvtje] *n.m.* (왕가의)늑대사냥 지휘자; 늑대사냥 대장(lieutenant de louveterie).

louviers [luvje] *n.m.* 《직물》 프랑스의 루비에 (*Louviers*)산 나사.

louvoiement [luvwamɑ̃], **louvoyage** [luvwajaːʒ] *n.m.* ① 《해양》 바람 불어오는 쪽을 향해 지그재그로 항해하기. ② (목적달성을 위한)우회적 수단.

louvoyer [luvwaje] ⑦ *v.i.* ① 《해양》 (바람 불어

오는 쪽을 향해)지그재그로 항해하다. ② 《비유적》 우회적인 수단을 쓰다; 완곡하게 말하다, 얼버무리다. Il est inutile de ~ pour lui faire comprendre votre refus. 그의 거절을 그에게 이해시키는 데 둘러서 말할 필요는 없다.

Louvre [luːvr] *n.pr.m.* ① 루브르 궁전(Palais du ~). ② 루브르 박물관(Musée du ~).

lovage [lɔvaːʒ] *n.m.* 《해양》 밧줄 사리기; 사려놓은 밧줄.

love [lɔv] *n.f.* 비누 덩어리.

lovelace [lɔvlas] *n.m.* 《문어》호색꾼《영국의 소설가 Richardson 의 소설 *Clarissa Harlowe* 의 주인공의 이름에서.

lover [lɔve] *v.t.* 《해양》 (밧줄을)사리다.
—**se** ~ *v.pr.* (뱀 따위가)도사리다.

loxodromie [lɔksɔdrɔmi] *n.f.* 《해양》 사항선(斜航線); 사항법(斜航法).

loxodromique [lɔksɔdrɔmik] *a.* 사항선[법]의. —*n.f.* 사항선(斜航線).

*****loyal(ale, *pl.* aux)** [lwajal, -o] *a.* ① 《법》 합법적인, 정당한(légal). qualité ~*ale* (상품의)합법성. bon ~ et inventaire 정확하고 상세한 재산목록. compte rendu ~ et exact 충실한 보고(서). ~*aux* coûts (부동산 취득자가 지불하는)법정(法定) 비용. ② 충성스러운(dévoué); 충실한(fidèle). chevalier ~ 충성스러운 기사. sujet ~ 충신. ami ~ 신의있는 벗. ③ 정직한, 공정한. emploi de procédés ~*aux* 공명정대한 수단을 쓰다. remercier qn de ses bons et ~*aux* services …의 공정하고 성실한 봉사에 대해 감사하다.

à la ~*ale* 《속어》성실[충실·정직]하게.

loyalement [lwajalmɑ̃] *ad.* 성실하게, 신의있게, 정직하게; 충성스럽게; 정정당당하게, 공정하게. discuter ~ 공정하게 토론하다. accepter ~ sa défaite 정직하게 패배를 인정하다.

loyalisme [lwajalism] *n.m.* (왕이나 체제에 대한)충성, 충절. ~ républicain 공화주의에 대한 충성.

loyaliste [lwajalist] *a.* 충성스러운. —*n.* 충성스러운 사람; 《역사》 (미국독립전쟁 당시의)영국지지자, 영국당원.

loyauté [lwajote] *n.f.* 성실; 충성, 충절; ~ conjugale 부부간의 신의. avec ~ 성실[공정]하게.

*****loyer** [lwaje] *n.m.* ① 집세, 방세, 땅세; 집세(따위)의 지불기일. gros ~ 고가의 집세[땅세]. habitation à ~ modéré (집세가 싼)공영 주택(《약자》 H.L.M.). donner[prendre] une maison à ~ 집을 세주다[세내다]. ② ~ de l'argent 《경제》 대출이율. ③ 《옛》 보수, 급료; 《문어》《비유적》 대가. être chargé du ~ de ses fautes 자기 과오의 대가 [짐]을 짊어지고 있다.

loyoliste [lɔjɔlist] (<*Loyola*, 1491-1556 예수회파의 신학자) *n.* 《종교사》 예수회 수도사.

lozange [lɔzɑ̃ːʒ] *n.m.* = **losange**.

L.Q. 《라틴·약자》 Lege, quæso. 부디 읽어주십시오 《학생이 교수에게 꼭 읽어달라는 뜻으로 답안지에 쓰는 말》.

l.s. 《약자》 ① 《라틴》 Loco sigilli 서명 대신에. ② livre sterling 영국의 화폐 단위, 파운드.

LSD, **L.S.D.** [elesde] 《약자》《독일》 *Lyserg Säure Diethylamid* LSD. 환각제의 일종.

L.S.T. 《영·약자》 landing ship tank 엘에스티, 전차상륙용 주정(舟艇).

Lt 《약자》 Lieutenant 《군사》육군중위.

Lu 《약자》 lutécium 《화학》 루테슘.

lu [ly] 《약자》

lubie [lybi] *n.f.* 불시에 일어난 생각, 변덕스러운 생각, 기상(奇想)(caprice, fantaisie). Il lui prend

[Il a] des ~s. 그는 가끔 변덕스런 생각을 한다.
lubin [lybɛ̃] *n.m.*, **lubine** [lybin] *n.f.* 〖어류〗 = **bar¹**.
lubricité [lybrisite] *n.f.* 음란, 음탕(↔ chasteté). se livrer à la ~ 방탕한 생활을 하다.
lubrifaction [lybrifaksjɔ̃] *n.f.* =**lubrification**.
lubrifiant(e) [lybrifjɑ̃, -ɑ̃:t] *a.* 미끄럽게 하는. liquide ~ 윤활액〔유〕. —*n.m.* 윤활제.
lubrifica*teur*(*trice*) [lybrifikatœ:r, -tris] *a.* 윤활작용을 하는.
lubrification [lybrifikɑsjɔ̃] *n.f.* 윤활, 미끄럽게 하기. ~ d'un organe de machine (par huilage [par graissage]) 기계장치에 기름을 치기.
lubrifier [lybrifje] *v.t.* (기계 따위를) 기름쳐서 미끄럽게 하다.
lubrique [lybrik] *a.* 음탕한, 음란한(luxurieux). amours ~s 음란한 사랑. œil ~ 음탕한 시선.
lubriquement [lybrikmɑ̃] *ad.* 음란하게.
Luc [lyk] *n.pr.m.* 〖성서〗 누가. Évangile selon saint ~ 누가복음.
lucane [lykan] *n.m.* 〖곤충〗 사슴벌레.
lucanien(ne) [lykanjɛ̃, -ɛn] *a.* 〖고대지리〗 루카니아(*Lucanie*, 이탈리아의 지방)의. —**L~** *n.* 루카니아 사람.
lucarne [lykarn] *n.f.* 〖건축〗 천창(天窓), 빛을 이는 창(faîtière, œil-de-bœuf)(→ maison 그림).
lucarnon [lykarnɔ̃] *n.m.* 〖건축〗 작은 천창.
Lucayes (les) [lelykaj] *n.pr.f.pl.* 〖지리〗 바하마 제도(les Bahamas).
lucernaire [lysɛrnɛ:r] *n.m.* 〖종교〗 야과(夜課)(초기 기독교도들이 토요일 밤부터 일요일까지 불을 켜놓고 드리던 밤기도).
lucernois(e) [lysɛrnwa, -a:z] *a.* 루체른(*Lucerne*, 스위스의 도시)의. —**L~** *n.* 루체른 사람.
lucide [lysid] *a.* ①(〘액〙) 맑은, 투명한. air ~ 맑은 공기. ② 명석한, 명쾌한(clairvoyant); 감정에 혼들리지 않는, 냉정한. raisonnement ~ 명쾌한 추론. esprit ~ 명석한 정신. juger d'un œil ~ 냉정한 눈으로 판단하다. ③ 정신(의식)이 맑은. Le mourant était encore ~. 빈사자는 아직 의식이 있었다. intervalle ~ 〖의학〗 정신이상자가 잠시 정신이 드는 상태, 소강시간(小康時間). somnambule ~ 최면상태에 있어서의 천리안(千里眼).
lucidement [lysidmɑ̃] *ad.* 명철하게, 명민하게.
lucidité [lysidite] *n.f.* ① 명철, 명민(明敏)(clairvoyance, clarté). ② (정신이상자의 일시적인) 각성, 제정신이 듦. ③ 〖심령술〗 투시력.
Lucien [lysjɛ̃] *n.pr.m.* 〖그리스문학〗 루키아노스.
Lucifer [lysifɛ:r] *n.pr.m.* ① 금성, 샛별. ② 〖성서〗 마왕, 사탄의 별명 〔누가 10 : 18〕.
luciférien(ne) [lysiferjɛ̃, -ɛn] *a* 마왕의, 악마적인(démoniaque). —*n.* 악마신봉자(者).
lucifuge [lysify:ʒ] *a.* 빛을 좋아하지 않는, 빛을 피하는.
lucilie [lysili] *n.f.* 〖곤충〗 금파리.
lucimètre [lysimɛtr] *n.m.* 〖천문〗 광도계, 자동기록발계.
Lucine [lysin] *n.pr.f.* 〖로마신화〗 루키나 (해산 (解産)의 여신).
luciole [lysjɔl] *n.f.* 〖곤충〗 반딧벌레.
lucite [lysit] *n.f.* 〖의학〗 (X 선·전기 따위에 의한) 화상(火傷).
lucquois(e) [lykwa, -a:z] *a.* 루카(*Lucques*, 이탈리아의 도시)의. —**L~** *n.* 루카 사람.
lucratif(ve) [lykratif, -i:v] *a.* 이득있는, 벌이가 되는. travail ~ 벌이가 잘되는 일. association à but ~ 영리단체.
lucrativement [lykrativmɑ̃] *ad.* 영리에 급급하여,

영리적으로.
lucre [lykr] *n.m.* (경멸) 이익. par amour du ~ 영리에 급급하여.
Lucrèce [lykrɛs] *n.pr.m.* 〖로마문학〗, *n.pr.f.* 〖로마사〗 루크레티우스.
lucule [lykyl] *n.f.* 〖천문〗 태양의 광휘(光輝)점.
ludion [lydjɔ̃] *n.m.* 〖물리〗 (실험용의) 잠수 인형.
ludique [lydik] *a.* 〖학술〗 유희의, 놀이의. activité ~ des enfants 아이들의 놀이활동.
ludisme [lydism] *n.m.* 〖학술〗 유희, 유희에 주안점을 둔 행동.
ludothèque [lydɔtɛk] *n.f.* 장난감 빌려주는 곳.
luette¹ [lɥɛt] *n.f.* 〖해부〗 현옹수(懸雍垂), 목젖.
luette² *n.f.* 카드놀이의 일종.
lueur [lɥœ:r] *n.f.* ① 미광(微光), 어렴풋한 빛. ~ crépusculaire 황혼의 어렴풋한 빛. à la ~ d'une bougie 촛불의 빛으로. ② 섬광; (감정의) 번득임. jeter une ~ 섬광을 발하다. avoir une ~ de colère dans les yeux 눈에서 노여움의 빛이 번득이다. ③ (비유적)(희망 따위의) 서광. Il reste une ~ d'espoir de la sauver. 그녀를 살릴 희망이 아주 없는 것은 아니다.
luffa [lyfa] *n.m.* 〖식물〗 수세미(속).
luge [ly:ʒ] *n.f.* (스위스에서 쓰이는) 소형 썰매.
lugeage [lyʒa:ʒ] *n.m.* luge 타기.
luger [lyʒe] ③ *v.i.* luge 를 타고 지치다.
lugeur(se) [lyʒœ:r, -ø:z] *n.* luge 타는 사람.
lugubre [lygybr] *a.* ① 비통한, 침통한(triste); 음산한, 음울한(chagrin). air ~ 음울한 모습(표정). Il est ~. 그는 침통하다. paysage ~ 음울한 풍경. ② (문어) 흉조의(funèbre). glas ~ 조종(弔鐘).
lugubrement [lygybrəmɑ̃] *ad.* 서글프게; 음산하게; 불길하게.
lui¹(*pl. leur*) [lɥi, lœ(:)r] *pron. pers.* (긍정명령형의 동사 뒤에 올 경우 이외는 항상 악센트가 없음) ① 그에게, 그녀에게, (*pl.*) 그들에게, 그것들에게. Je ~ offre un cadeau. 나는 그에게 선물을 준다. Donnez-le-~. 그것을 그(그녀)에게 주어요.
② 그(그녀)(들)에게는(로서는). Sa mort ~ fut un nouveau coup. 그의 죽음은 그에게는 새로운 타격이었다.
③ 그(그녀)(들)을 위해서. Je *leur* ai acheté une voiture. 그들을 위해서 차를 한 대 사줬다.
④ (à ~ 를 수반하는 제거·탈취의 동사와 함께) 그(그녀)(들)로부터(에게서). On ~ a volé sa montre. 그에게서 시계를 훔쳐갔다. On ~ a enlevé son permis de conduire. 그는 운전면허증을 빼앗겼다.
⑤ (지각·판단의 동사와 함께) 그(그녀)(들)에게는. Je ~ connaissais un esprit inventif. 그(그녀)에게는 발명의 재주가 있다는 것을 알고 있었다. On ~ voit beaucoup d'ennemis. 그에게 적이 많은 것을 알 수 있다.
⑥ (신체의 일부분을 나타내는 명사 앞에서 소유를 나타냄) Je ~ ai sauvé la vie. 나는 그의 생명을 구해줬다. Une pierre ~ tomba sur la tête. 돌이 그의 머리 위에 떨어졌다. Ses paroles ~ déchiraient le cœur. 그의 말이 그녀의 가슴을 찢는 듯했다.
⑦ (사역·지각동사와 함께 부정법의 주어로서) Je ~ ai fait chanter une chanson. 나는 그에게 노래를 부르게 했다. On ~ laisse faire tout ce qu'il veut. 그가 원하는 것은 무엇이든지 내버려둔다. Je ~ ai entendu dire que... 나는 그가 …라고 말하는 것을 들었다.
REM (1) 이때 부정법의 동사가 직접목적보어를 취하는 자동사일 경우에는 직접보어 le, la, les 를 취한다: On *les* a fait partir tout de suite. 그들을

지체없이 떠나게 했다. (2) laisser 의 경우는 직접·간접보어가 다 쓰인다:On le *lui* a laissé faire; On *l*'a laissé le faire. entendre 의 경우도 그러하다:Je *lui*[*l*']ai entendu dire...

‡**lui**²(*pl. eux*) [lɥi, ∅] *pron. pers. m.* 〖강세〗그, 그것; (*pl.*)그들. ①(주어·주어속사) Vous ne l'aimez peut-être pas, mais ~ vous aime. 당신은 그를 사랑하지 않는지 모르지만 그는 당신을 사랑한다. Son père et ~ sont venus. 그와 그의 아버지가 왔다. L~-même l'avoue. 그 자신이 그것을 인정하고 있다. L~ arrivé, nous partîmes tout de suite. 그가 도착하자마자 우리는 곧 출발했다. C'est ~ qui sera content de vous voir. 당신을 만나서 만족할 사람은 그이다.
②(주어·직접목적보어의 동격) Ils iront, *eux* aussi. 그들도 역시 갈 것이다. Je ne l'aime pas, ~. 나는 그를 좋아하지 않는다.
③(비교의 que 뒤에서 동사가 생략될 때) Je suis plus grand que ~. 나는 그보다 크다.
④(특수한 구문 속에서 목적보어) Je n'ai vu que ~. 나는 그밖에 만나지 않았다. Vous pensez encore à ~? 아직도 그를 생각하십니까?
⑤(전치사와 함께)ⓐ(소유) Ce livre est à *eux*. 이 책은 그들의 것이다. ⓑ(간접목적어의 동격) Je leur en ai parlé, à *eux*. 나는 바로 그들에게 그 이야기를 했다. ⓒ('c'est 뒤에서) C'est à ~ de chanter. 그가 노래할 차례다. (C'est의 생각) A *eux* de décider 결정할 사람은 그들이다. ⓓ(동사가 1·2인칭의 직접목적보어 대명사를 취할때) Voulez-vous me présenter à ~? 그에게 나를 소개해 주시겠읍니까? ⓔ(à 이외의 전치사와 함께) parler d'*eux* 그들에 관해 이야기하다, 그들을 화제로 삼다. Nous allons avec *eux*. 우리는 그들과 함께 갑니다.
⑥〖문어〗(분사·형용사 앞에) propos pour ~ offensants 그를 모욕하는 것같은 말; chanson à ~ dédiée 그에게 바쳐진 노래.
à ~ (tout) seul 그 혼자의 힘으로; 그 혼자서.

lui³ [lɥi] luire 의 과거분사.

‡**lui-même** [lɥimɛm] ⇨ lui², même.

luire [lɥiːr] 32 *v.i.* (직설법 단순과거·명령법·접속법 반과거·과거분사의 여성 등이 없음)① (발광체가)빛나다, 반짝이다(briller, éclairer). Le soleil commence à ~. 해가 뜨기 시작한다. L'aurore(Le jour) *luit.* 날이 샌다. ②(빛을 반사하여)번득이다. [~ de] Ses yeux *luisent* de colère.그의 눈이 분노로 번득인다. Son front *luisait* de sueur. 그의 이마는 땀으로 번질거렸다. ③(비유적)(희망 따위가)비치다, 서광이 비치다. Un espoir *luit* encore. 아직도 희망은 있다. Un nouveau jour va ~. 이제부터는 행운이 찾아올 것이다.

luis [lɥi], **luis-ait, -ent**, etc. [lɥizɛ, lɥiːz] ⇨ luire.

luisance [lɥizɑ̃ːs] *n.f.* 〖문어·드물게〗반짝임, 번득임; 광택, 윤(潤).

luisant(e) [lɥizɑ̃, -ɑ̃ːt] *a.* ①(별 따위가)빛나는. ② 반짝거리는; 반드러운. peau ~*e* de sueur 땀으로 번질거리는 피부. vêtement ~ d'usure 닳아서 번들거리는 옷. ③〖곤충〗반딧벌레.
—*n.m.* ①광택, 윤. ~ d'une étoffe 옷감의 광택. ②(*pl.*)〖속어〗에나멜 구두;〖은어〗태양. ③〖미술〗(빛을 반사하여 그림을 보는데 방해를 주는)광택재료의 효과.
—*n.f.* 〖천문〗한 성좌 중에서 제일 빛나는 별.

luisette [lɥizɛt] *n.f.* =luzette.

luit [lɥi] luire 의 직설·현재·3·단수.

lulu [lyly] *n.m.* 〖조류〗작은 종달새의 일종.

lumachelle [lymaʃɛl] *n.f.* 〖광물〗조가비를 함유한 대리석.

lumbago [lɔ̃bago]《(라 틴)》 *n.m.* 〖의학〗요통(腰痛).

lumen [lymɛn] *n.m.* 〖물리〗루멘《광속(光束)의 단위; 기호 lm》.

‡**lumière** [lymjɛːr] *n.f.* ①빛;〖문어〗햇빛, 별; 불빛, 등불; 조명. source de ~ 광원. Il y a beaucoup de ~ dans cette chambre. 이 방은 햇빛이 잘 든다. être privé de la ~; perdre la ~ 장님이다, 눈이 멀다. ouvrir les yeux à la ~ 〖문어〗태어나다. Apportez de la ~! 불을 갖고와! lire à la ~ d'une bougie 촛불로 책을 읽다. régler les ~*s* 〖무대〗조명을 조절하다. ②(비유적)빛, 광명; 지식; 정보. ~*s* de la raison(de la foi) 이성〖신앙〗의 빛. Cette œuvre a été un trait de ~ dans cette sombre époque. 이 작품은 이 어두운 시대에 한줄기 빛이었다. siècle des ~*s* 계몽주의 시대《프랑스의 18세기》. avoir(acquérir) quelque ~ sur qc …에 대해 다소의 지식이 있다(지식을 얻다). jeter une nouvelle ~ sur qc …을 새롭게 조명하다〖해명하다〗. faire (toute) la ~ 모든 사유를 밝히다, 모든 것을 명백히 밝히다〖해명하다〗. ③(사람을 가리켜) 특출한 인물. ~ de la science 과학계의 특출한 인물. Ce n'est pas une ~. 〖구어〗그는 별로 뛰어나지 않다. ④〖측량〗(측량판의)들여다 보는 구멍;〖옛〗(총포의)화구(火口); (대패의)날홈, 날구멍;〖기계〗주유구(注油口), 홈구멍; (실린더밸브의)구멍;〖음악〗(악기의)공기 구멍. ⑤~ cendrée (de la lune) 〖천문〗(지구로부터 달표면으로 반사하는 빛, 지구조(地球照).
à la ~ de …의 빛으로. ⓑ …에 비추어. *à la ~ des* récentes expériences spatiales 우주에 관한 최근의 경험에 비추어.
mettre qc en (pleine) ~ …을 밝은 곳에 내놓다; 명백하게 설명하다.
voir la ~《문어》살고 있다; (작품이)나오다, 출판되다.

lumignon [lymiɲɔ̃] *n.m.* (불이 붙은 등불·양초 따위의)심지; 타다 남은 양초, 꽁초; 미광, 희미한 빛.

luminade [lyminad] *n.f.* pêche à la ~ 횃불을 밝히고 하는 밤고기잡이〖밤낚시질〗.

luminaire [lyminɛːr] *n.m.* ①〖집합적〗조명기구; 〖종교〗(교회의)등화, 조명. frais de ~ 등화료, 조명료. ②〖문어〗천체; 태양, 달.

luminance [lyminɑ̃ːs] *n.f.* ①〖물리〗(물체의)휘도(輝度). ②〖문어〗강렬한 빛.

luminariste [lyminarist] *n.* 〖미술〗광선을 위주로 하는 화가.

luminescence [lyminesɑ̃ːs] *n.f.* 〖물리〗냉광(冷光), 발광.

luminescent(e) [lyminesɑ̃, -ɑ̃ːt] *a.* 〖물리〗냉광을 발하는, 발광하는. tube ~*e* 형광관〖등〗.

lumineusement [lyminøzmɑ̃] *ad.* ①찬란하게, 밝게. ②(비유적)매우 분명하게. expliquer ~ 명확하게 설명하다.

lumineux, -euse [lyminø, -øːz] *a.* ①빛을 발하는, 빛나는, 반짝거리는(brillant, éclatant, ↔ obscur). corps ~ 발광체. enseigne ~*se* 네온사인. cadran ~ d'une montre 시계의 야광문자반. visage ~ 빛나는 얼굴. ②빛의. rayon ~ 광선. onde ~*se* 〖물리〗광파. pouvoir ~ 〖전기〗축광. ③(비유적)명석한; 명확한(lucide); 〖구어〗뛰어난(excellent). intelligence ~*se* 명철한 지성〖정신〗. C'est une idée ~*se*. 그것은 묘안이다.

luminifère [lyminifɛːr] *a.* 빛을 발하는, 발광성(發光性)의.

luminisme [lyminism] *n.m.* 〖미술〗빛의 명암법

luministe [lyminist] *n.* 〖미술〗 뤼미니즘화가 (*Prud'hon, Géricault* 등) (luminariste).

luminogène [lyminɔʒɛn] *n.m.* (형광등 따위의 제조에 쓰이는)발광 활성제.

luminophore [lyminɔfɔr] *n.m.* 〖전기〗(브라운관 따위에 쓰이는)발광체.

luminosité [lyminozite] *n.f.* 빛남, 찬란함; (빛의) 광도, 조명도, 밝기. ~ du ciel 하늘의 빛남. ~ des étoiles 별의 광도.

lumitype [lymitip] *n.f.* 〖상표명〗사진식자기.

lumpenprolétariat [lumpœnprɔletarja] 〖독일〗 *n.m.* 룸펜프롤레타리아, 부랑무산대중.

lunaire [lynɛːr] *a.* ① 달의. calendrier ~ 음력. mois ~ 음력달, 태음월. module ~ 달착륙선. ② (달처럼)둥그런, 어슴푸레한(blafard). face ~ 둥근 얼굴; 창백한 얼굴. paysage ~ 황량한 풍경. ③《문어》몽상적인(chimérique). rêveur ~ 몽상가. projet ~ 꿈같은 (허황된) 계획.
—*n.f.* 〖식물〗고사리삼의 일종.

lunaison [lynɛzɔ̃] *n.f.* 〖천문〗태음월(太陰月), 삭망월(朔望月)(mois lunaire).

lunatique [lynatik] *a.* ① 변덕스러운(capricieux); 별난, 괴상한. humeur ~ 변덕스러운 기질. conduite ~ 별난 행동. ②《옛》(달의 영향으로 일어나는)정신이상의.
—*n.* 변덕장이, 괴짜; 《옛》머리가 돈 사람.

lunaute [lynoːt] *n.m.* 달여행을 한 우주비행사(*lune* 와 astro*naute* 와의 혼성어).

lunch [lɛntʃ, lœʃ] 〖영〗 *n.m.* ① (영국에서)점심. ② (프랑스에서)간단한 식사.

luncher [lœʃe] *v.i.* 간단한 식사를 하다.

‡**lundi** [lœdi] *n.m.* 월요일. L~ saint 부활제 전주(前週)의 월요일.
  faire le ~ ;fêter la Saint-L~ 《구어》월요일에 휴업하다〔쉬다〕.

lundiste [lœdist] *n.m.* 《드물게》(신문의)월요 평론.

‡**lune** [lyn] *n.f.* ① 달. clair de ~ 달빛. Il fait un beau clair de ~. 아름다운〔휘황한〕달밤이다. nouvelle ~ 초승달, 신월. pleine ~ 보름달, 만월. nuit sans ~ 달 없는 밤. âge〔phases〕de la ~ 월령(月齡)(月相). ② (L~)《구어》〖천문〗premier〔dernier〕quartier de la L~ 상현〔하현〕(의 달); éclipses (de la) L~ 월식. atterrir sur la L~ 달에 착륙하다. ③《속어》둥그런 얼굴(visage de pleine ~, face de ~); 엉덩이. ④《옛》(혹성의)위성(satellite). ~s de Saturne 토성의 위성군.
⑤〔옛〕태음월(mois lunaire). ~ rousse 《4월 5일부터 5월 6일까지의》붉은 달(이 기간에 서리·냉풍 등의 피해로 농작물이 시들어 다갈색으로 변한데서 유래).
⑥ⓐ〖식물〗 ~ d'eau 백수련. ⓑ〖어류〗 ~ (de mer); poisson ~ 개복치.
  aller décrocher la ~ pour qn …을 위해 무슨 일이라도 하다.
  avoir des ~s 기분이 변하기 쉽다, 변덕스럽다.
  demander la ~ 무리한 것을 바라다.
  être dans la ~ 정신을 딴데 팔고 있다, 멍하니 생각에 잠겨 있다.
  être dans une bonne〔*mauvaise*〕*~* 기분 좋은〔나쁜〕날이다(변덕이 많은 사람에 대해).
  faire voir la ~ à qn en plein midi …을 속이다.
  ~ de miel 밀월, 신혼시절; (정치적)밀월(두 나라〔정당〕간의 새로운 합의 혹은 접근).
  pêcheur de ~ 몽상가.

  tomber de la ~ (뜻밖의 일에)깜짝 놀라다.
  vieilles ~s 지난 옛날; 케케묵은 생각.

luné(e) [lyne] *a.* ① 초승달 모양의. ② être bien 〔mal〕 ~ 기분이 좋다〔언짢다〕.

lunelle [lynɛl] *n.f.* 관상용 고사리(lunaire).

lunetier(ère) [lyntje, -ɛːr] *n.* 안경 제조〔판매〕인.
—*a.* 안경 제조의. industrie ~*ère* 안경 제조업.

‡**lunette** [lynɛt] *n.f.* ① 망원경. ~ d'approche 망원경. ~ astronomique 천체 망원경. ② (*pl.*)안경 (une paire de ~s). ~s de soleil 선글라스. ~s de plongée〔de plongeur sous-marin〕잠수안경. ~s de protection 보호안경, 고글. mettre〔porter〕des ~s 안경을 끼다〔쓰다〕. ③ 〖요리〗(날짐승 가슴의)장사골(暢思骨). ④ 〖건축〗(채광용)천창, 〖축성〗안경보(眼鏡堡)〔단두대의〕목 넣는 구멍 (~ de la guillotine), (변기의)앉는 자리(~ des cabinets); (시계의)유리 끼우는 테(~ de boîtier de montre); (자동차의)뒷유리(~ arrière); 〖철도〗(기관사실의)창문; 〖선박〗 (추진기의) 굴대 구멍. ⑤ serpent à ~ 안경뱀.
  Mettez vos ~s! 《구어》(안경을 쓰고서 잘 보시오.
  regarder le gros〔*petit*〕*bout de la ~* (사물을) 과대 〔과소〕평가하다.

lunette(e) [lynɛte] *a.* ①《구어》안경을 낀. ~ d'écailles 자개를 박은 안경을 낀. ②〖동물〗(머리에) 안경 모양의 반점을 가진.

lunetterie [lynɛtri] *n.f.* 안경 제조〔판매〕업.

lunettier(ère) [lynɛ(e)tje, -ɛːr] *n.* =lunetier.

lunéviller [lynevije] *v.t.* 모조 진주로 장식하다.

luniforme [lyniform] *a.* 달 모양의; 초승달 모양의.

luni-solaire [lynisɔlɛːr] *a.* 〖천문〗달과 해의. année ~ 일월년(일력과 월력이 일치되는 해로 532년에 한 번씩 돌아옴). attraction ~ 달과 태양 사이의 인력. précession ~ 세차(歲差).

lunite [lynit] *n.f.* 달의 표층물질, 월석(月石).

lunulaire [lynylɛːr] *a.* 달 모양의.

lunule [lynyl] *n.f.* ① 달(초승달)같이 생긴 것; 〖가톨릭〗(반달 모양의)성체 그릇. ② 〖기하〗궁형(弓形), 활꼴; 〖해부〗(손톱의)반달(손톱 뿌리쪽의 반달 모양의 흰 부분).

lunulé(e) [lynyle] *a.* 초승달 모양의; (손톱에 있는) 반달 모양의.

lunure [lynyːr] *n.f.* (나무의 둥근)오점, 흠.

lupa [lypa] *n.f.* 〖동물〗늑대의 일종.

lupanar [lypanaːr] *n.m.* 《문어》창가(娼家).

lupercales [lyperkal] *n.f.pl.* 〖고대로마〗목신제(牧神祭)〔루페르쿠스(*Lupercus*, 늑대의 신)를 기리는 축제; 2월 15일〕.

lupin [lypɛ̃] *n.m.* 〖식물〗층층이부채꽃.

lupineile [lypinɛl] *n.f.* 〖식물〗① 담홍색의 클로버. ②산싸리의 일종(목초로 재배).

lupulin [lypylɛ̃] *n.m.* 〖맥주〗홉(houblon)열매 속의 가루, 홉소(素).

lupuline [lypylin] *n.f.* ① 〖식물〗잔개자리. ② 〖화학〗류퓰린(홉소에서 채취한 알칼로이드로 맥주제조·안면용으로 사용).

lupus [lypys] *n.m.* 〖의학〗낭창(狼瘡). ~ érythémateux 붉은 반점 낭창.

lurette [lyrɛt] *n.f.* 《구어》depuis belle ~ 벌써 오래전부터; Il y a belle ~ que+*ind.* …한 지 오래다.

luron(ne)¹ [lyrɔ̃, -ɔn] *n.* 《구어》쾌활한 사람; 대담한 사람. joyeux〔gai〕 ~ 명랑한 사람, 낙천가.

luron(ne)² *a.* 뤼르(*Lure*, 프랑스의 도시)의.
  —L~ *n.* 뤼르 사람.

lu-s, -t [ly] ▷lire.

Lusiades (les) [lelyzjad] *n.f.pl.* 포르투갈의 애국적 서사시의 제목(1572년, *Camões* 작).

lusin [lyzɛ̃] *n.m.* 〖해양〗(계류용)가는 밧줄.
lusitain(e) [lyzitɛ̃, -ɛn] *a.* 루시타니아(*Lusitanie*, 포르투갈의 옛이름)의. —**L~** *n.* 루시타니아 사람.
lusitanien(ne) [lyzitanjɛ̃, -ɛn] *a, n.* =**lusitain**.
lustrage [lystraːʒ] *n.m.* 윤내기, 닦음질. ~ des étoffes(des fourrures) 천[모피]의 윤내기.
lustral(ale, *pl.* **aux)** [lystral, -o] *a.* 《문어》깨끗이 하는, 정결하게 하는. jour ~ 재계일(齋戒日), 명명일(命名日). eau ~*ale* du baptême 영세[세례]때 쓰는 물.
lustration [lystrasjɔ̃] *n.f.* ① 〖고대로마〗(신생아 따위의)재계식(齋戒式). ② 〖가톨릭〗성수(聖水)를 뿌리기.
lustre¹ [lystr] *n.m.* ①윤, 광택(éclat); 윤내는 약. ~ du cristal 수정의 광택. donner du ~ au parquet 마루를 윤내다. ②(천장에서 드리운)촛대, 샹들리에. ③(비유적)돋보이게 하는 광채(éclat, relief). Le palais restauré retrouve tout son ~. 복구된 궁전은 옛날의 광채를 되찾는다.
mettre qc dans tout son ~ 《구어》…을 가장 좋게 [아름답게] 보이게 하다. *servir de ~ à* …을 돋보이게 하다, 두드러지게 하다.
lustre² *n.m.* ① 〖고대로마〗 5년제(祭); (5년마다 하는)인구조사. ②《문어》5년간. une période de trois ~s 15년간. depuis de nombreux ~s 오래 전부터.
lustré(e) [lystre] *a.p.* 윤나는, 반짝이는. veste ~*e* aux coudes 팔꿈치가 반들반들해진 저고리.
lustrer [lystre] *v.t.* 윤내다. ~ les cuirs 가죽을 윤내다. ~ une glace 유리[거울]를 닦다.
lustrerie [lystrəri] *n.f.* 샹들리에 제작소.
lustreur(se) [lystrœːr, -øːz] *n.* 윤내는[닦음질하는] 직공.
lustrine [lystrin] *n.f.* 〖직물〗 안감용의 무명; 비단의 일종.
lustroir [lystrwaːr] *n.m.* (유리 닦는)나사 조각.
lustucru [lystykry] *n.m.* 《구어》얼빠진 놈(niais).
lut [lyt] *n.m.* 〖요업〗 봉니(封泥).
lutation [lytasjɔ̃] *n.f.* 봉니로 봉하기.
lutécien(ne) [lytesjɛ̃, -ɛn] *a.* 뤼테시아(*Lutèce*, 파리의 옛 이름)의. —**L~** *n.* 뤼테시아 사람.
lutécium [lytesjɔm] *n.m.* 〖화학〗루테슘.
lutéine [lytein] *n.f.* 〖생물〗① 루테인(난황 색소). ②〖옛〗=progestérone.
lutéinisation [lyteinizasjɔ̃] *n.f.* 〖생리〗황체형성, 황체화(난세포가 배란후 황체세포로 변하기).
luter [lyte] *v.t.* 봉니로 봉하다.
lutétien [lytesjɛ̃] *n.m.* 〖지질〗 뤼테시아층(étage ~).
lutétium [lytesjɔm] *n.m.* =**lutécium**. 〚L~〛.
luth [lyt] *n.m.* ①〖음악〗 류트(16-18세기에 유럽에서 유행했던 비파의 일종). jouer du ~ 류트를 탄주하다. ② 시흥(詩興); 시재(詩才). ③ 〖동물〗큰바다거북(tortue ~).
luthé(e) [lyte] *a.* 류트(비파) 모양의; 류트로 하는. danse ~*e* 류트반주의 무용.
luthéranisme [lyteranism] *n.m.* 〖종교사〗 루터의 교리.
lutherie [lytri] *n.f.* 현악기 제조(판매)업; 현악기(총칭). ~ grattée 찰현악기(바이올린 따위). ~ pincée 손뜯으로 튕기는 현악기(기타 따위).
luthérien(ne) [lyterjɛ̃, -ɛn] *a.* 〖종교사〗루터교파의. église ~ 루터교회. —*n.* 루터 교도.
luthier [lytje] *n.m.* 현악기 제조(판매)인.
lutin(e) [lytɛ̃, -in] *a.* 장난 잘하는, 장난꾸러기의 (mutin). —*n.m.* 작은 요정(妖精); 《구어》장난꾸러기, 개구장이.
lutiner [lytine] *v.t.* 〖옛〗(여자 따위를 장난삼아)골려주다, 괴롭히다, 희롱하다.
lutinerie [lytinri] *n.f.* lutiner 하기.
lutrin [lytrɛ̃] *n.m.* 〖종교〗(교회의)보면대(譜面臺); 〖집합적〗성가대. chanter au ~ 성가대에서 노래하다.
*****lutte** [lyt] *n.f.* ①씨름, 레스링(catch). ~ gréco-romaine 그레코로만(형 레슬링). ②투쟁, 항쟁(conflit); 전쟁; 경쟁(rivalité); 논쟁. ~ des classes 계급투쟁. ~ pour l'existence[pour la vie] 생존경쟁. ~ contre la tyrannie 폭정에 대한 항거. ~s d'intérêts 이해상충. ~ à la corde de traction 〖스포츠〗줄다리기.
de bonne ~ 정당하게, 페어플레이로.
de haute ~; de vive ~ 힘[무력]으로; 힘껏 싸워서 [노력해서]. enlever *de haute ~* une position ennemie 적의 진지를 강공으로 점령하다.
entrer en ~ avec qn …와 싸우다, 충돌하다.
*****lutter** [lyte] *v.i.* ①씨름을 하다, 레슬링하다. ~ corps à corps 몸을 맞대고 씨름하다(싸우다). ②[~ contre/pour](와)다투다, 싸우다; (에게)항거하다, 대항하다. ~ *contre* l'ignorance 문맹을 퇴치하다. ~ *pour* l'indépendance 독립을 위하여 항쟁하다. ~ de vitesse(d'éloquence) avec *qn* …와 속력(웅변)을 겨루다.
lutteur(se) [lytœːr, -øːz] *n.* ①씨름꾼, 레슬러; 싸움꾼. ②(주의·주장을 위해서 싸우는)투사.
lux [lyks] *n.m.* 〖물리〗 럭스, 촉광(밝기의 단위; 약자 lx).
luxation [lyksasjɔ̃] *n.f.* 탈구(脫臼), 뼈를 삐기.
*****luxe** [lyks] *n.m.* ①사치, 호사(faste, magnificence). articles de ~ 사치품. taxe de ~ 사치세. vivre dans le ~ 호사스러운 생활을 하다. costume d'un ~ extrême 그지없이 사치스러운 의복. C'est du ~. 《구어》그것은 (지나친)사치이다. ② 호화; 최고급. [de ~] édition *de* ~ 호화판. hôtel *de* ~ 최고급 호텔. train *de* ~ 특별열차. poule *de* ~ 《구어》고급창녀. ③풍요; 과잉. ~ de la végétation 풍성한 초목.
Ce n'est pas du ~. 《구어》그것은 사치가 아니다, 꼭 필요한 것이다.
se payer [se donner, s'offrir] le ~ de+inf. (평소와는 달리)분발해서 …하다. Il *s'est payé le ~ de* dîner en ville. 그는 마음먹고 외식을 했다. C'est un ~ que je ne peux pas m'offrir avec mon salaire. 그것은 내 월급으로는 엄두도 낼 수 없는 일이다.
un ~ de 많은(《복수명사를 동반함》). raconter un accident avec *un ~ de* détails 사고에 대해 자세하게 이야기하다.
Luxembourg (le) [ləlyksɑ̃buːr] *n.pr.m.* ①룩셈부르크(국명·수도명). ② jardin du ~ (파리의)뤽상부르공원; palais du ~ (프랑스 의회의 상원이 있는)뤽상부르궁; musée du ~ 뤽상부르 미술관.
luxembourgeois(e) [lyksɑ̃burʒwa, -aːz] *a.* 룩셈부르크(*Luxembourg*, 대공국 및 그 수도)의; (벨기에의)룩셈부르크의. —**L~** *n.* 룩셈부르크 사람.
luxer [lykse] *v.t.* (의)뼈를 삐다. épaule *luxée* 탈구된 어깨. —*se ~ v.pr.* 탈구하다, 뼈를 삐다.
luxmètre [lyksmɛtr] *n.m.* 촉광 계량기.
luxovien(ne) [lyksɔvjɛ̃, -ɛn] *a.* 뤽쇠유(*Luxeuil*, 프랑스의 도시)의. —**L~** *n.* 뤽쇠유 사람.
luxueusement [lyksɥøzmɑ̃] *ad.* 호화롭게, 사치스럽게. appartement ~ meublé 호화로운 가구를 갖춘 아파트.
*****luxueux(se)** [lyksɥø, -øːz] *a.* 사치스러운, 호화로운, 호사한(fastueux, somptueux). mener un train de vie ~ 호화로운 생활을 하다.
luxure [lyksyːr] *n.f.* 음란, 음탕(impureté, las-

civeté). vie de ~ 음란한 생활.
luxuriance [lyksyrjɑ̃ːs] *n.f.* 무성함; (문체 따위의) 화려함. ~ des images dans un poème 시에 나타난 비유적 표현들의 과잉.
luxuriant(e) [lyksyrjɑ̃, -ɑ̃ːt] *a.* 무성한(abondant); (문체 따위가)화려한. style ~ 화려한 문체.
luxurieusement [lyksyrjøzmɑ̃] *ad.* 음란하게.
luxurieux(se) [lyksyrjø, -ϕːz] *a.* 음란한; 외설스러운(débauché, lascif). homme ~ 호색가.
luzerne [lyzɛrn] *n.f.* 〖식물〗 개자리속(屬).
luzernière [lyzɛrnjɛːr] *n.f.* 개자리속의 밭.
luzette [lyzɛt] *n.f.* (누에의)공두병(空頭病).
luzule [lyzyl] *n.f.* 〖식물〗 두메꿩의밥.
L.V.F. 〖약자〗Légion des volontaires français contre le bolchevisme 대(對) 볼셰비키 프랑스의 용단(義勇團).
Lw 〖약자〗lawrencium 〖화학〗 로렌슘.
lx 《약자》lux 〖물리〗 럭스.
lycanthrope [likɑ̃trɔp] *n.m.* 〖의학〗 낭광환자.
lycanthropie [likɑ̃trɔpi] *n.f.* 〖의학〗 낭광(狼狂)(자신을 늑대라고 생각하는 정신병).
lycaon [likaɔ̃] *n.m.* 〖동물〗 (아프리카산의)하이에나(hyène)의 일종.
*****lycée** [lise] *n.m.* ① (프랑스의)국립 고등학교 (4년 과정 (collège)를 거쳐 들어가는 3년제 학교로서, 고전반(classique), 현대반(moderne), 이공반 (technique)으로 나뉘어 있음); (그)학교시절. ils ne s'étaient pas revus depuis le ~. 고등학교시절 이후 그들은 서로 만나지 못했다. ② (L~) 〖고대 그리스〗 아리스토텔레스의 철학 학교; 리세 (18 세기 파리에 개설된 학원).
lycéen(ne) [liseɛ̃, -ɛn] *a.* 〖고대그리스〗 아리스토텔레스 학설의. —*n.* 리세의 학생.
lycène [lisɛn] *n.f.* 〖곤충〗 (푸른)부전나비.
lychnide [liknid] *n.f.*, **lychnis** [liknis] *n.m.* 〖식물〗 선옹초(仙翁草).
lycien(ne) [lisjɛ̃, -ɛn] *a.* 리키아(Lycie, 소아시아의 고대 도시)의. —L~ *n.* 리키아 사람.
lyciet [lisjɛ] *n.m.* 〖식물〗 구기자나무.
lyc(o)- *préf.* 「늑대」의 뜻.
lycope [likɔp] *n.m.* 〖식물〗 쉽싸리.
lycoperdon [likɔpɛrdɔ̃] *n.m.* 〖식물〗 말불버섯.
lycopode [likɔpɔd] *n.m.* 〖식물〗 석송(石松). poudre de ~ 〖약〗 석송자.
lycopodiacées [likɔpɔdjase] *n.f.pl.* 〖식물〗 석송과(科).
lycose [likoːz] *n.f.* 〖동물〗 땅거미의 일종.
lycra [likra] *n.m.* 〖상표명〗 라이크라 (폴리우레탄계의 합성섬유).
Lycurgue [likyrg] *n.pr.m.* 〖스파르타사〗 리쿠르구스 (기원전 9세기경의 전설적 입법자).
lyddite [lidit] 〖영〗 *n.f.* 리다이트 (강력한 폭약).
Lydie (la) [lalidi] *n.pr.f.* 〖고대지리〗 리디아.
lydien(ne) [lidjɛ̃, -ɛn] *a.* 리디아(Lydie, 소아시아의 고대국가)의. —L~ *n.* 리디아 사람.
lygée [liʒe] *n.f.* 〖식물〗 에스파르토; 〖곤충〗 아프리카 수염새.
lylack [lilak] *n.m.* 〖시〗 바벨탑.
lymphadénite [lɛ̃fadenit] *n.f.* 〖의학〗 림프선염.
lymphadénome [lɛ̃fadenɔm] *n.m.* 〖의학〗 림프선종(腺腫).
lymphangiome [lɛ̃fɑ̃ʒjɔm] *n.m.* 〖의학〗 림프관종(管腫).
lymphangite [lɛ̃fɑ̃ʒit] *n.f.* 〖의학〗 림프관염 [(炎).
lymphatique [lɛ̃fatik] *a.* ① 〖생리〗 임파(액)의, 림프의. glande ~ 림프선. tempérament ~ 〖옛〗 림프성 체질의 (고대의학에서 임파액 과잉에서 오는 체질이나 기질로 근육박약・안면창백・비활동성 등으로 나타남). ② 〖구어〗생기없는. adolescent ~ 《구어〗생기없이 둔한 젊은이. —*n.* 림프성 체질의 사람. —*n.m.* (*pl.*)림프관(vaisseaux ~s).
lymphatisme [lɛ̃fatism] *n.m.* ①〖옛〗〖의학〗 림프성 체질. ②(비유적)생기없음, 비활동적임.
lymphatite [lɛ̃fatit] *n.f.* =**lymphangite**.
lymphe [lɛ̃ːf] *n.f.* 〖생리〗 림프(액); 〖옛〗 〖식물〗 수액(樹液).
lymphocytaire [lɛ̃fositɛːr] *a.* 〖생리〗 림프구(球) (성)의. leucémie ~ 림프구성 백혈병.
lymphocyte [lɛ̃fosit] *n.m.* 〖생리〗 림프구(球).
lymphocytose [lɛ̃fositoːz] *n.f.* 〖의학〗 림프구 (증가)증.
lymphogranulomatose [lɛ̃fɔgranylomatoːz] *n.f.* 〖의학〗 림프 육아종(肉芽腫).
lymphoïde [lɛ̃fɔid] *a.* 〖해부〗 림프 모양의.
lymphome [lɛ̃fɔm] *n.m.* =**lymphadénome**. [증.
lymphopénie [lɛ̃fɔpeni] *n.f.* 〖의학〗 림프구 감소
Lynch [lɛ̃ːʃ] (<〖영〗버지니아주의 치안판사 W. Lynch 가 행한 즉결재판에서 온 말) *n.pr.m.* loi de ~ 사형(私刑), 린치.
lynchage [lɛ̃ʃaːʒ] *n.m.* 사형을 가하기, 린치하기.
lyncher [lɛ̃ʃe] *v.t.* (에게)사형[린치]을 가하다. nègre *lynché* 린치당한 검둥이.
lyncheur(se) [lɛ̃ʃœːr, -ϕːz] *a, n.* 린치를 가하는(사람). foule ~*se* 린치를 가하는 군중.
lynx [lɛ̃ːks] *n.m.* ①〖동물〗 스라소니, 삵괭이. avoir des yeux de ~ 눈매가 날카롭다. ② (L~) 〖천문〗 살쾡이자리.
lyonnais(e) [ljɔnɛ, -ɛːz] *a.* 리옹(Lyon, 프랑스의 시)의. —L~ *n.* 리옹 사람.
lyophilisation [ljɔfilizasjɔ̃] *n.f.* 동결(凍結)건조법 (저온・저압을 이용해서 건조시키는 방법으로 혈청・항생물질・식료품 따위의 보존에 이용).
lyophiliser [ljɔfilize] *v.t.* (혈청・항생물질・식료품 따위의 보존을 위해) 동결건조시키다.
lypémanie [lipemani] *n.f.* 〖의학〗 우울증.
lyre [liːr] *n.f.* ① 〖악기〗 리라, 칠현금(七絃琴). ②〖문어〗시(詩); 시상(詩想); 시재(詩才). essayer sa ~ 시험삼아 시를 지어보다. accorder sa ~ 리라의 줄을 맞추다; 시작(詩作)의 준비를 하다. ③ (L~) 〖천문〗 금琴座). ④ 〖조류〗금조(琴鳥)(oiseau ~).
toute la ~ 〖구어〗같은 종류의[기타 등등의] 온갖 것[사람]. Il m'a parlé de son travail, de sa famille, de ses goûts et *toute la ~*. 그는 내게 그의 일, 가족, 취미, 기타 모든 것을 이야기했다.
lyré(e) [lire] *a.* 칠현금 모양의.
lyrics [liriks] 〖영〗*n.m.pl.* (뮤지컬에서의)막간에 부르는 노래.
lyriforme [liriform] *a.* 칠현금 모양의.
lyrique [lirik] *a.* ① 서정적인. poésie ~ 서정시. thème ~ 서정적 주제. ②정열적인(passionné). ③ 노래의, 노래되는. drame ~ 가극, 오페라. comédie ~ 오페레타. théâtre ~ 오페라 극장. artiste ~ 오페라[오페레타] 가수. faire une carrière ~ 가수가 되다. ④〖고대음악〗(시가 리라 따위의 반주로)노래되는. poème grec ~ 그리스 음악시.
—*n.m.* ① 서정시인. ② 서정.
—*n.f.* 〖고대그리스〗 음악시.
lyrisme [lirism] *n.m.* ① 서정; 서정성, 서정적 영감. ② 정열, 감흥(感興). vie dénuée de ~ 무미건조한 생활. ③ (고대시인의 이양식의 어조[문체].
lyriste [lirist] *n.m.* 칠현금 연주자.
lyrure [liryːr] *n.m.* 〖조류〗 멧닭속(屬).

lys [lis] *n.m.* 《옛》=lis.
lys-, lysi-, lyso- *préf.* 「분해·용해」의 뜻.
lysat [liza] *n.m.* 【생화학】 (리진에 의한 세포·세균의 용해로 생기는)용해물.
lyse [li:z] *n.f.* 【생물】 세포[세균] 용해, 용균현상 (溶菌現象).
-lyse *suff.* 「분해·용해」의 뜻.
lyser [lize] *v.t.* 【생물】 (세포·세균을)용해하다.
lysergamide [lizɛrgamid] *n.m.* 【약】 리제르가미드(쌀보리의 맥각(麥角)에서 추출한 환각제), 엘에스디(L.S.D.). [제).
lysergide [lizɛrʒid] *n.m.* 【화학】 엘에스디 (환각
lysergique [lizɛrʒik] *a.* acide ~ 엘에스디 (L.S.D.).
lysimachie [lizimaki], **lysimaque** [lizimak] *n.f.* 【식물】 큰까치수염속(屬).

lysimètre [lizimɛtr] *n.m.* (땅속으로 스며드는 빗물을 재는)우량계.
lysine [lizin] *n.f.* 【화학】 리진; 【생물】 용균[세포용해] 효소.
lysis [lizis] *n.m.* 【의학】 (열의)소산(消散).
lysol [lizɔl] *n.m.* 【약】 리졸.
lysosome [lizozom] *n.m.* 【생물】 리소좀, 수해 소체(水解小體)(가수분해 효소를 가지며 소화작용을 하는 세포 소기관).
lysozyme [lizozim] *n.m.* 【생물】 라이소자임(흰자위 따위의 점액질이나 식물에 함유되는 박테리아 용해 효소의 일종).
lythracées [litrase], **lythrariées** [litrarje] *n.f.pl.* 【식물】 부처꽃과(科).
lytique [litik] *a.* 세포를 용해하는, 용해성의; 【의학】 (약물이)신경활동을 억제하는.

M

M¹, m¹ [ɛm] *n.m.(f.)* ① 프랑스 자모의 제 13자. ② (M)(로마수자의)1 000. ③ métal 금속.

M²《약자》① 《물리》 Maxwell 맥스웰(자기 감응속(感應束)의 전자(電磁)단위); méga- 100만배의. ② 《천문》 magnitude absolue (항성의)절대등급; Messier (성운의)메시에 번호.

m²《약자》① mètre 미터; m² 평방미터(mètre carré); m³입방미터(mètre cube). ② méta 《화학》 메타(예: mxylène = métaxylène 메탁실렌).

M.《약자》① Monsieur …님, …씨(복수는 MM). ② Majesté 폐하. ③ mars 3월. ④ mardi 화요일; mercredi 수요일. ⑤ midi 정오. ⑥ mille 1 000.

m.《약자》① mort 죽음. ② mon 나의. ③ masculin 《언어》 남성. ④ minute 분(分). ⑤ misce 《약》 섞을 것.

m' me의 단축형(모음 또는 무성의 h 앞에서).
━*a.poss.f.* 〖예〗 ma *m'amie* 〖옛〗나의 님이여(사랑하는 여자를 부르는 말).

MA《약자》Maroc (외국 자동차 표지).

Ma《약자》masurium 《화학》 마수륨.

mA《약자》milliampère 《전기》 밀리암페어.

M.A.《약자》① moyen âge 중세. ② majorité absolue 절대다수. ③ mandat d'arrêt 《법》 체포영장. ④ mérite agricole 농업공로장(功勞章).

ma¹ [ma] *a.poss.f.* ⇨mon.

ma²《약자》myria- 1만배(倍)의.

maboul(e) [mabul]《아라비아》 *a., n.*《속어》머리가 돈(사람).

mabolisme [mabulism] *n.m.* 《속어》머리가 이상한, 머리가 돈 상태, 광기(狂氣).

Mac [mak] 〖아〗 《스코틀랜드·아일랜드계의 이름 앞에 붙임; *Mac* Adam 따위》;《약자》Mc, Mᶜ.

mac [mak] *n.m.*《비어》매춘부의 정부, 기둥서방(maquereau).

macab [makab] *n.m.* = macchabée.

Macabées [makabe] *n.pr.m.* = Macchabées.

macabre [maka:(a)br] *a.* ①죽음을 연상시키는, 죽음의(lugubre). danse ~ 죽음의 무도(舞蹈). ②(비유적)기분 나쁜, 무시무시한. scène(plaisanterie) ─ 으시시한〖가문나쁜〗 장면(농담). ━*n.m.* 음산, 기괴; (문학작품의)기괴함.

macabrement [maka(a)brəmɑ̃] *ad.* 무시무시하게.

macache [makaʃ] *ad.*《속어》그럴 리 없다; 그건 질색이다(강력한 부정·거절). Debout à 3 heures, oh ~! 세 시에 일어나라니, 못해!

macadam [makadam] (<*McAdam*, 발명자) *n.m.* ① 마카담식 포장법(鋪裝法). ② 마카담식 포장 도로.

macadamisage [makadamiza:ʒ] *n.m.*, **macadamisation** [makadamizɑsjɔ̃] *n.f.* 마카담식 도로 포장(鋪裝).

macadamiser [makadamize] *v.t.* (도로에)자갈을 깔다, 마카담식으로 포장하다.

macaque [makak] *n.m.* ① 《동물》 (열대아시아산의)원숭이의 일종. ②《구어》추남, 추녀.

macareux [makarø] *n.m.* 《조류》 펭귄의 일종.

macaribo [makaribo] *n.m.* 《동물》(북미산의)순록(馴鹿).

macaron [makarɔ̃] *n.m.* ① 마카롱과자. ② 모자걸이, 외투걸이. ③ (pl.)(땋은 머리를 귀 위에서 말아 붙이는)헤어스타일의 일종; (헤어핀 겸용의)빗. ④《구어》(훈장 따위에 붙은)장식류. ⑤《속어》(자동차의)핸들(volant). manier le ~ 자동차를 운전하다. ⑥《속어》구타, 주먹질(coup de poing).

macaronée [makarɔne] *n.f.* 아속혼효체 광시(雅俗混淆體狂詩)(현대 속어에 라틴어 어미를 붙여서 쓰는 시).

macaroni [makarɔni] *n.m.* ① 《요리》 마카로니. ②《속어》《경멸》이탈리아 사람(mangeur de ~ 의 생략).

macaronique [makarɔnik] *a.* 아속혼효체 광시의; 뒤범벅의.

Macassar [makasa:r] *n.pr.* 《지리》 마카사르(*Célèbes*섬의 도시). huile de ~ 마카사르유(油)(머릿기름). ━**m**~ *n.m.* (마카사르산의)흑단(黑檀).

macchab [makab] *n.m.*《속어》 = macchabée.

Macchabée [makabe] *n.pr.m.*《성서》 마카베, les ~s 마카베족(族). ━**m**~ *n.m.*《속어》시체, (특히)익사체(溺死體).

macchabéen(ne) [makabeɛ̃, -ɛn] *a.*《성서》 마카베족의.

Macédoine [masedwan] *n.pr.f.*《고대지리》 마케도니아. ━**m**~ *n.f.* ①《요리》(각종의 야채·과일을 뒤섞은)샐러드. ②《구어》잡동사니, 혼합물(mélange); (문예 작품의 발췌 따위의)모음, 잡문집(雜文集).

macédonien(ne) [masedɔnjɛ̃, -ɛn] *a.* 마케도니아의. ━**M**~ *n.* 마케도니아 사람.

macératé [maserate] *n.m.* 《약》 침용액(浸漬液).

macérateur(se) [maseratœ:r, -ø:z] *a.* 침용(浸溶)하는, 담그는. liquide ~ 침용액. ━*n.m.* 침용기(浸溶器), 담그는 그릇.

macération [maserɑsjɔ̃] *n.f.* ① 담그기, 침용, 침해. ~ des fruits dans l'alcool 술에 과일을 담그기. ②침출액(浸出液). ③(단식 따위의)고행(苦行)(mortification).

macéré(e) [masere] *a.p.* ①(물에)담근. ②(고행으로)쇠약한.

macérer [masere] [6] *v.t.* ①(담그는 액체 안에)넣다, 담그다(infuser). cerises *macérées* dans l'eau-de-vie 브랜디에 담근 버찌. ②(고행으로써 육체를)괴롭히다, 시달리게 하다(mortifier). ━*v.i.* ① (오랫동안)잠기다, 담기다(tremper). faire ~ la viande dans une marinade 고기를 소스 속에 담그다. ②(비유적)(어떤 상태 속에)머물다. Vous m'avez laissé ~ dans mon ignorance. 당신은 나를 무지 속에 방치해 두었다.
━se ~ *v.pr.* 고행하다.

macérien(ne) [maserjɛ̃, -ɛn] *a.* 메지에르(*Mézières* [mezjɛ:r], 프랑스의 도시)의. ━**M**~ *n.* 메지에르 사람.

maceron [masrɔ̃] *n.m.* 《식물》 미나리과(科)식물의 일종.

macfarlane [makfarlan]《영》*n.m.* 인버네스(남자용의 소매 없는 겉옷).

mach [mak] *n.m.* 【물리】 마하《초음속도의 단위》(nombre de M~). voler à ~ 2, 마하 2로 날다.

machacoire [makakwa:r] *n.f.* =macque.

machaon [makaɔ̃] *n.m.* 【곤충】 제비나비.「(科)】

mâche [mɑːʃ] *n.f.* 【식물】 콘샐러드《마타리과의》.

mâché(e) [mɑʃe] *a.p.* ① 《종이 따위가》우둘두둘한; (이로 깨문 듯이)들쑥날쑥한. plaie ~e 톱니 모양의 상처. ②《비유적》잘 준비된, 하기(알기)쉽게 된. doctrine toute ~e 쉽게 풀이된 학설. ③ papier ~ 《상자 따위를 만드는》딱딱한 종이. figure(mine) de *papier* ~ 《병으로》창백한 얼굴.

mâche-bouchon(s) [mɑʃbuʃɔ̃] *n.m.* 《복수불변》코르크 양창기.

mâchecoulis [mɑʃkuli] *n.m.* =**mâchicoulis.**

mâchefer [mɑʃfɛːr] *n.m.* 광재(鑛滓), 쇠똥;《녹은 납의》더껑이.

mâchelier(ère) [mɑʃəlje, -ɛːr] 【옛】【해부】 *a.* 턱의. —*n.f.* 어금니(dent ~ère).

mâchement [mɑʃmɑ̃] *n.m.* ① 씹기, 저작(咀嚼). ② 【의학】 턱의 경련《신경장애의 일종》.

***mâcher** [mɑʃe] *v.t.* ① 깨물다; 씹다, 저작하다. ~ du chewing-gum 껌을 씹다. ②《칼날 따위를》뜯어먹은 듯이 베다. lame mal aiguisée qui *mâche* le bois 나무를 쥐 뜯어먹은 듯이 베는 무딘 톱날. ③《비유적》[~ *qc* à *qn*](일을)하기 쉽게 해주다; 알기 쉽게 해주다. ~ le travail(la besogne) *à qn* …에게 일을 쉽게 할 수 있도록 준비해주다. Le maître *mâche* la leçon *à* ses élèves. 선생은 학생들에게 학과를 (쉽게 이해하도록)자세하게 가르쳐준다. Il faut tout lui ~. 그는 무엇이든지 다 차려주어야 한다, 도움 없이는 아무 것도 못한다. ④《비유적》《추억 따위를》반추하다(remâcher). ~ son amertume 쓰라린 생각을 되씹다. ⑤《말을》어물어물 발음하다.

—*se* ~ *v.pr.* 씹어지다, 씹히다. *se* ~ *le cœur* 혼자서 남몰래 괴로워하다, 고생하다. 「칼.

machette [maʃɛt] *n.f.* (남미의 농경·전투용의)

mâcheur(se) [mɑʃœːr, -øːz] *n.* ① 씹는 사람. ~ de chewing-gum 항상 껌을 씹는 사람. ②terrible ~ 《속어》먹보, 대식가.

machiavel [makjavɛl] *n.m.* 권모술수를 쓰는 사람 [정치가].

machiavélien(ne) [makjavelje, -ɛn] *a.* 마키아벨리의. —*n.* 미키아벨리주의자.

machiavélique [makjavelik] *a.* 권모술수를 쓰는, 마키아벨리적인.

machiavéliquement [makjavelikmɑ̃] *ad.* 권모술수를 써서, 간교하게.

machiavélisme [makjavelism] *n.m.* 권모술수; 마키아벨리주의.

mâchicatoire [maʃikatwaːr] *n.m.* =**masticatoire.**

mâchicoulis [maʃikuli] *n.m.* 《옛》【축성】 돌출 회랑(突出回廊)《아래의 적에게 돌을 굴려 떨어지게 하기 위한 성의 외각 회랑》(→ château 그림).

-machie *suff.* 「싸움」의 뜻.

mâchiller [maʃije] *v.t.* (여송연을)가볍게 물다; 우물우물 씹다.

machin [maʃɛ̃] *n.m.* 《속어》거시키《사람·물건 따위의 이름이 생각나지 않거나 밝히기 싫을 때 쓰는 말》(truc, chose). Monsieur M~ 아무씨, 모씨. Qu'est-ce que c'est que ce ~-là? 그게 뭐지? Passe-moi le ~. 그거 좀 이리 주게.

machinal(ale, *pl.* **aux)** [maʃinal, -o] *a.* 기계적인, 반사적인, 무의식적인. geste ~ 기계적인 몸짓. réactions ~*ales* 무의식적인 반응.

machinalement [maʃinalmɑ̃] *ad.* 기계적으로.

machinateur(trice) [maʃinatœːr, -tris] *n.* 음모자,

간계를 부리는 사람. ~ d'intrigues 음모를 꾸미는 사람.

machination [maʃinasjɔ̃] *n.f.* 음모, 흉계(complot, conspiration). diaboliques ~*s* 음흉한 흉계. ourdir une ~ 음모를 꾸미다.

‡**machine** [maʃin] *n.f.* ① 기계, 기구; 기계장치. [~ à] ~ à battre 【농업】 탈곡기. ~ à calculer 계산기. ~ à laver 세탁기. ~ à coudre 재봉틀. ~ à sous 슬로트머신, 자동판매기. ~ de bureau 사무기기. ~ d'imprimerie 인쇄기기. civilisation des ~*s* 기계문명. ~ à vapeur 증기기관. salle(chambre) des ~*s* 기관《엔진》실.
② 타이프라이터(~ à écrire). trois pages de ~ 타이프로 친 3페이지. taper à la ~ 타이프라이터로 치다.
③ (각종의)기구, 연장. ~ de guerre 《옛》성을 공격하는데 쓰이는 도구《석궁·파성추 따위》. ~ infernale 《살해·파괴를 위해 설치하는》폭약, 폭탄.
④ 기관차(locomotive); 자전거, 오토바이;《옛》자동차. la ~ et les wagons 기관차와 차량. cycliste sur sa ~ 자전거를 타고 있는 사람.
⑤ (행정 따위의)기구, 조직. ~ de l'État 국가의 기구. ~ administrative 행정조직.
⑥ 【연극】《무대의》기계장치. pièce à ~*s* 《기계·도구 따위의》장치가 많은 극.
⑦ 《비유적》기계와 같은 사람(것). C'est une ~ à travailler. 그는 일하는 기계이다. Elle n'est qu'une ~ à pondre. 그녀는 아이를 낳는 기계일 뿐이다. ~ à habiter 《현대적》대형 아파트.
⑧ 《구어》물건, 것; (특히)《미술·영화 따위의》작품. C'est une grande ~. (그림 따위에 관해)굉장한 작품이다. Qu'est-ce que c'est que cette ~-là? 저것 뭐냐?《익살: machin의 여성형처럼》그 여자는 누구지?
⑨ 《옛》《인간·동물의》제기관; 신체. ~ humaine 인간의 몸. théories des animaux-~*s* 《데카르트의》동물기계론.
⑩ 《옛》 간계, 계교. 「계.

machine-outil [maʃinuti] (*pl.* **~s-~s**) *n.f.* 공작기

machiner [maʃine] *v.t.* ① (흉계를)꾸미다, 꾀하다 (conspirer, intriguer). ~ la perte de *qn* …을 파멸시키는 음모를 꾸미다. 《작품의 줄거리 따위를》꾸미다, 구상하다. ③ 【연극】 무대장치를 하다.

machinerie [maʃinri] *n.f.* ① 기계설비, 기계류. ② 【선박】 기관실. ③ 【연극】 (무대의)장치류.

machine-transfert [maʃintrɑ̃sfɛr] (*pl.* **~s-~s**) *n.f.* 반송기(搬送機).

machinette [maʃinɛt] *n.f.* 《드물게》하찮은 것, 시들한 것.

machineur(se) [maʃinœːr, -øːz] *n.* 《속어》= **machinateur.** —*n.m.* 기계공.

machiniser [maʃinize] *v.t.* 《드물게》기계로 취급하다, (사람을)기계처럼 부리다.

machinisme [maʃinism] *n.m.* ① 기계 사용; 기계화. ② 【철학】 동물기계론《데카르트의 학설》.

machiniste [maʃinist] *n.m.* ① 《옛》기계의 운전사. ② (전차·전기기관차 따위의)운전사. «Défense de parler au ~!» "운전사와 잡담금지." ③ 【연극】 무대장치》 영사기사《《음어》 machino). chef ~ 무대장치 책임자.

machisme [matʃism(ə)] 《<《멕시코》 *machismo*》 *n.m.* 남성우위의 사회체제《사고》(phallocratie).

machmètre [makmɛtr] *n.m.* 【물리】 마하(Mach) 측정기.

macho [matʃo] *n.m.* 《속어》남성우월감을 나타내는 라틴아메리카 남자; 남성우월감에 사로잡힌 남자.

mâchoire [mɑʃwaːr] *n.f.* ① 턱; 턱 뼈. ~ supérieure

mâchon 1212

(inférieure) 위〔아래〕턱. ②(각종의)물림장치；(도르래의)홈. ~ d'un étau 바이스의 물림장치. ~ de frein 브레이크라이닝. ③《옛》우둔한〔무능한〕사람.
avoir la ~ lourde 과묵하다, 입이 무겁다. *jouer* 〔*travailler*〕 *des ~s* 《구어》열심히 〔씹어〕먹다.

mâchon [mɑʃɔ̃] *n.m.* 《속어》진수성찬.

mâchonnement [mɑʃɔnmɑ̃] *n.m.* ① 우물우물 씹기. ② 투덜거림, 중얼거림. ③《의학》턱의 경련 〔신경장애〕.

mâchonner [mɑʃɔne] *v.t.* ① 우물우물〔깨작깨작〕씹다. ~ son crayon 연필을 씹다. ② 투덜거리다, 중얼거리다 (marmonner). ③(비유적)(대생 따위를)대강대강 그리다.

mâchonneur(se) [mɑʃɔnœːr, -ø:z] *n.* 《드물게》우물우물 씹는 사람；중얼중얼거리는 사람.

mâchouiller [mɑʃuje] *v.t.* 《구어》우물우물〔깨작깨작〕씹다 (mâchonner).

mâchure [mɑʃy:r] *n.f.* ①(과실의)멍든 곳；모직물의 흠. ②《의학》타박상, 좌상(挫傷).

mâchurer¹ [mɑʃyre] *v.t.* 검게 칠하다〔더럽히다〕；《인쇄》불선명하게 인쇄하다.

mâchurer² *v.t.* ①(집게·바이스 따위로)상처를 내다. ②(자근자근 씹어)으깨다, 상처를 내다. ~ un mouchoir 손수건을 자근자근 씹다. visage *mâchuré de larmes* 눈물로 일그러진 얼굴.

macis [masi] *n.m.* 《식물·요리》육두구(肉荳蔲)껍질(향료).

mackintosh [makintɔʃ] 《영》 *n.m.* 《옛》방수외투, 레인코트 (imperméable).

M.A.C.L. 《약자》maison assurée contre l'incendie 화재보험에 가입된 집. 〔반.

maclage [mɑklɑ:ʒ] *n.m.* (녹인 유리를)휘젓기, 교

macle¹ [makl] *n.f.* ①《어업》눈이 성긴 그물. ②《광물》쌍정(雙晶). ③《문장》마름모꼴 무늬.

macle² *n.f.* 《식물》마름 (macre).

maclé(e) [makle] *a.p.* cristaux ~s 《광물》쌍정.

macler [makle] *v.t.* (녹인 유리를)휘젓다, 교반 (攪拌)하다. — *v.i.* 십자형으로 결정(結晶)하다, 쌍정(雙晶)이 되다.
—se ~ v.pr. 십자형으로 결정하다.

mâcon [mɑkɔ̃] *n.m.* 마콩(Macon)산의 적포도주(vin de *M~*).

maçon¹ [masɔ̃] *n.m.* ①(돌·벽돌을 쌓는)석공, 벽돌공. ② 프리메이슨 단원 (franc-~).

maçon²(ne) [masɔ̃, -ɔn] *a.* (벌·개미 따위가)집을 짓는. abeille ~*ne* 집 짓는 벌.

maçonnage [masɔnɑ:ʒ] *n.m.* 석공〔벽돌공〕의 일.

maçonné(e) [masɔne] *a.p.* (돌·벽돌 따위로)만들어진；(문체 따위가)잘 다듬어진.

maçonner [masɔne] *v.t.* ① 돌〔벽돌〕로 쌓다, 쌓아 올리다, (벽 따위를)수리하다. ~ un mur 돌로 담을 쌓다. ②(문·창 따위를)돌〔벽돌〕로 메우다, 틀어막다. ~ une fenêtre 창을 돌〔벽돌〕로 막다. ③(동물이 집 따위를)짓다.

maçonnerie [masɔnri] *n.f.* ① 석공일, 벽돌공사. grosse ~ 기초〔외벽·내벽〕공사 (gros ouvrage). ② 프리메이슨 단 (franc-~).

maçonnique [masɔnik] *a.* 프리메이슨(비밀결사)단의 (franc-~).

macouba [makuba] *n.m.* 마쿠바 담배.

macquage [makɑ:ʒ] *n.m.* ①《직조》쇄마(로 삼을 짓이기기. ②《야금》(첫조각의)압착.

macque [mak] *n.f.* 《직조》쇄마기(碎麻機).

macquer [make] *v.t.* ①《직조》쇄마기로 짓이기다. ②《야금》압착하다. machine à ~ 쇄기, 착쇄기(搾碎機).

macramé [makrame] *n.m.* 마크라메레이스 (짠 레이스의 일종).

macre [makr] *n.f.* 《식물》= **macle²**.

macreuse [makrø:z] *n.f.* ①《조류》검둥오리. ② 소의 견골(肩骨)위의 지방분 없는 살코기.

macro- *préf.* 「큰, 긴」의 뜻.

macrobe [makrɔb] *a.* 《드물게》오래 사는.

macrobie [makrɔbi] *n.f.* 《드물게》장수, 오래 살기.

macrobien(ne) [makrɔbjɛ̃, -ɛn], **macrobite** [makrɔbit] *a.* = **macrobe**. — *M~ n.* 장수족〔고대인이 믿었던 가공의 민족).

macrobiotisme [makrɔbjɔtism] *n.m.* 장수 식사요법(곡식과 채소를 주로 함).

macrocéphale [makrɔsefal] *a.* 머리가 큰, 대두(大頭)의.

macrocéphalie [makrɔsefali] *n.f.* 《의학》대두증(大頭症).

macrocosme [makrɔkɔsm] *n.m.* 대우주(大宇宙) (↔ microcosme).

macrocosmique [makrɔkɔsmik] *a.* ①《철학》대우주의. ② 거시적인, 종합적인 (synthétique). vision — 거시적 시야.

macrocyte [makrɔsit] *n.m.* 《생물》대적혈구.

macrodactyle [makrɔdaktil] *a.* 《동물》손가락〔발가락〕이 큰, 장지(長趾)의.

macrodécision [makrɔdesizjɔ̃] *n.f.* 《경제·정치》거시적 결정.

macro-économie [makrɔekɔnɔmi] *n.f.* 매크로〔거시〕경제학.

macro-économique [makrɔekɔnɔmik] *a.* 매크로 〔거시〕경제학적인.

macroglobuline [makrɔglɔbylin] *n.f.* 《생화학》매크로글로불린.

macroglossie [makrɔglɔsi] *n.f.* 《의학》대설증(大舌症), 설(舌)비대.

macrographie [makrɔgrafi] *n.f.* 《야금》매크로 금속조직검사법.

macro-instruction [makrɔɛ̃stryksjɔ̃] *n.f.* 《컴퓨터》매크로 명령.

macromélie [makrɔmeli] *n.f.* 《의학》매크로멜리, 거대사지증(四肢症).

macromère [makrɔmɛ:r] *n.m.* 《생물》대할구(大割球).

macromoléculaire [makrɔmɔlekylɛ:r] *a.* 《화학》고〔거대〕분자의.

macromolécule [makrɔmɔlekyl] *n.f.* 《화학》고(고대)분자.

macrophage [makrɔfɑ:ʒ] *n.m., a.* 《생리》대식세포(의).

macrophotographie [makrɔfɔtɔgrafi] *n.f.* (미세물의)확대사진.

macropode [makrɔpɔd] *a.* 《생물》다리가 긴, 지느러미가 긴〔물고기 따위〕. —*n.m.* 《어류》파라다이스피시〔열대어의 일종〕.

macropodidés [makrɔpɔdide] *n.m.pl.* 《동물》캥거루과(科).

macropsie [makrɔpsi] *n.f.* 《정신의학》대시증(大視症).

macroscélide [makrɔselid] *n.m.* 《동물》(아프리카산의)코끼리땃쥐, 장비서(長鼻鼠).

macroscopique [makrɔskɔpik] *a.* 거시적(巨視的)인；육안으로 보이는. *physique* ~ 거시물리학.

macroscopiquement [makrɔskɔpikmɑ̃] *ad.* 거시적으로；육안으로 볼 수 있게.

macroséisme [makrɔseism] *n.m.* 《물리》유감(有感) 지진.

macrosomie [makrɔzɔmi] *n.f.* 《의학》거대발육,

거인증.
macrosporange [makrɔspɔrɑ̃:ʒ] *n.m.* 〖식물〗대포자낭(大胞子囊).
macrospore [makrɔspɔ:r] *n.f.* 〖식물〗대포자.
macrostructure [makrɔstryktyr] *n.f.* (금속 따위의)매크로 조직.
macrotage [makrɔta:ʒ] *n.m.* =maquereautage.
macroter [makrɔte] *v.i.* =maquereauter.
macrotin [makrɔtɛ̃] *n.m.* 《속어》매춘부의 젊은 애인(maquereautin).
macroule [makrul] *n.f.* 〖조류〗(유럽산)물닭.
macroure [makru:r] *a.* 꼬리가 긴. ── *n.m.* 〖어류〗경골어(硬骨魚)의 일종. ② (*pl.*) 〖동물〗장미류(長尾類)(가재 따위).
macula [makyla] *n.f.* 〖해부〗(망막의)황반(黃斑)(tache jaune).
maculage [makyla:ʒ] *n.m.*, **maculation** [makylasjɔ̃] *n.f.* 더럽히기; 〖인쇄〗잉크가 너무 묻어 [채 마르지 않아서] 종이가 더러워짐.
maculature [makylaty:r] *n.f.* 〖인쇄〗제품용 포장지; (시험 인쇄용으로 쓰는)손지(損紙); (인쇄된 종이 사이에 끼워넣는)간지(間紙).
macule [makyl] *n.f.* ① 〖인쇄〗(잉크의)얼룩; (잉크의 얼룩을 방지하는)간지(間紙); (인쇄된 포장지(maculature). ② (옛) 오점(汚點), 얼룩(tache). ③ 〖천문〗(태양의)흑점; 〖의학〗(피부의)반점(斑點).
maculé(e) [makyle] *a.p.* ① (책·종이가)잉크로 얼룩진, 지저분해진(↔immaculé). ② 〖동물〗얼룩진, 반점이 있는.
maculer [makyle] *v.t.* 더럽히다, 얼룩지게 하다(souiller, tacher); 〖인쇄〗잉크로 더럽히다. ~ de boue ses vêtements 옷을 진흙으로 더럽히다. ── *v.i.* (종이가)더러워지다.
── **se** ~ *v.pr.* (종이가)더러워지다.
maculeux(se) [makylø, -ø:z] *a.* 〖의학〗반점 형태로 나타나는.
maculiforme [makyliform] *a.* 작은 얼룩 모양의.
Madagascar [madagaska:r] *n.pr.* 〖지리〗마다가스카르(인도양 서부의 섬, 공화국).
:**madame**(*pl.* **mesdames**) [madam, medam] *n.f.* ① ⓐ(기혼여자에 대한 경칭)부인. Bonjours, ~. 안녕하세요, 부인. M~ une Telle 아무개(씨)부인. *Mesdames* et *Messieurs*! 신사숙녀 여러분! Allo, je voudrais parler à M~ Dupont. (전화에서)여보세요, 뒤퐁부인을 바꿔주십시오. ⓑ(기혼·미혼에 관계 없이 상당한 지위에 있는 여성의 존칭) M~ la Présidente 회장님. M~ la Directrice 소장[과장·국장]님. ⓒ(집의 안주인·주부에 대한 호칭)아주머니, 부인. M~ est sortie. 안주인께서는 외출하셨습니다. ③(옛)마마, 전하(기혼·미혼에 관계 없이 왕가의 왕비·공주·작위를 지닌 여성에 대한 경칭). ④ (*pl.*)(구어)귀부인. belles *mesdames* 아리따운 귀부인들. jouer à la ~; faire la ~ 《구어》귀부인인 체하다. ⑤ [~+실제명사(구)] (에)전문적인[정통한] 여인. M~ Drogue 마약문제에 정통한 여자.
madapolam [madapɔlam] *n.m.* (인도의)마다폴람에서 나는 두꺼운 캘리코.
madécasse [madekas] (옛) *a.* 마다가스카르의(malgache). ── **M~** *n.* 마다가스카르 사람.
madéfaction [madefaksjɔ̃] *n.f.* (드물게) 〖약〗(고약 따위를)축축하게 함, 적심, 물로 축임.
madéfier [madefje] *v.t.* 〖약〗(고약 따위를)축축하게 하다.
made in [medin] 《영》···제(製)의. ~ Corée 한국제. ~ France 프랑스제.

madeleine [madlɛn] *n.f.* ① 둥근 카스텔라. ② 마들렌(막달라 마리아의 기일(7월 22일)경에 일찍 열매를 맺는 포도·배·살구·복숭아 따위의 조생종). ③ (*M~*)〖성서〗막달라 마리아.
pleurer comme une M~ 평평 울다, 눈물에 젖다.
Madelon [madlɔ̃] *n.pr.*(구어) Madeleine의 애칭.
madelonnette [madlɔnɛt] *n.f.* 성 막달라회 수녀; 창녀 갱생원에 갇힌 매춘부; (*M~s*) (파리의)창녀 갱생원.
:**mademoiselle**(*pl.* **mesdemoiselles**) [madmwazɛl, me(ɛ)dmwazɛl] *n.f.* ①(미혼여성에 대한 경칭) 아가씨, ···양. M~ Rolland 롤랑 양. ~ une Telle 아무개 아가씨. ~ votre fille 댁의 따님. ② 아가씨(점원이나 하인이 쓰는 상대방 혹은 제 3자를 부르는 호칭). ③(옛)공주님, 마마(왕녀·왕제의 맏딸에 대한 경칭).
madère [madɛ:r] *n.m.* 마다라(*Madère*, 포르투갈령(領)의 섬)의 포도주.
madérien(ne) [maderjɛ̃, -ɛn], **madérois(e)** [maderwa(ɑ), -a(ɑ)z] *a.* 마다라(포르투갈령의 섬)의.
── **M~** *n.* 마다라 섬의 사람.
madgyar [madʒja:r] *a., n.* =**magyar**.
madianite [madjanit] 〖성서〗*a.* 미데안의.
── **M~s** *n.pl.* 미데안 사람(이스라엘을 약탈한 아랍 유목민).
madone [madɔn] *n.f.* ① 성모상(像). femme belle comme une ~ 성모상과 같이 아름다운 여인. ② (*M~*) 성모. prier la M~ 성모에게 기도하다.
madourais(e) [madurɛ] *n.m.* 마두라어(語) (자바 동부와 마두라 섬의 언어).
madrague [madrag] *n.f.* 〖어업〗다랑어잡이그물.
madras [madra:s] *n.m.* 마드라스(*Madras*, 인도의 도시)산(産) 직물(명주와 면의 교직); 큰 손수건.
madre [mɑ:dr] *n.m.* 〖고고학〗얼룩덜룩한 결이 있는 나무(술잔을 만듦).
madré(e) [mɑ(a)dre] *a.* ① 얼룩덜룩한 결이 있는. ②《문어》교활한, 간사한. ── *n.* 교활한 사람.
madréporaires [madrepɔrɛ:r] *n.m.pl.* 〖동물〗석산호(石珊瑚)류.
madrépore [madrepɔ:r] *n.m.* 〖동물〗녹석(綠石)(석산호의 일종).
madréporien(ne) [madrepɔrjɛ̃, -ɛn], **madréporique** [madrepɔrik] *a.* 녹석의, 녹석으로 된.
madréporite [madrepɔrit] *n.f.* 녹석의 화석(化石)(녹석이 만드는)천공판(穿孔板).
madrier [madrije] *n.m.* 두께운 널판.
madrigal(*pl.* **aux**) [madrigal, -o] *n.m.* 〖문학〗마드리갈(짧은 연시의 형식); 〖음악〗마드리갈; 《구어》(여자에게 하는)달콤한 말.
madrigalesque [madrigalɛsk] *a.* 연가의.
madrigalique [madrigalik] *a.* 연가조의.
madrigaliser [madrigalize] 〖드물게〗*v.t.* 연가를 낭송하다; 연가를 지껄여대다; (여자에게)달콤한 말을 하다.
madrilène [madrilɛn] *a.* 마드리드(*Madrid*, 에스파냐의 수도)의. ── **M~** *n.* 마드리드 사람.
madrure [madry:r] *n.f.* 나무의 결; (표범 따위의)얼룩 반점.
maelström [malstrø:m], **maelstrom** [ma(ɛ)lstrɔm] 〖네덜란드〗*n.pr.m.* (노르웨이 서북부 북빙양의)큰 소용돌이.
maërl [maerl], **merl** [mɛrl] *n.m.* (브르타뉴(*Bretagne*) 지방에서 비료로 쓰이는)석회질을 함유한 바다모래.
maestoso [maɛstozo] 〖이탈리아〗*ad.* 〖음악〗장엄하게.
maestria [maɛstrija] *n.f.* (뛰어난)솜씨, 재간.

avec ~ 솜씨있게, 훌륭하게.
maestro [maestro] (*pl.* **~s**) 《이탈리아》 *n.m.* 대작곡가, 명지휘자.
maf(f)ia [mafja] (*pl.* **~s**) *n.f.* ① (*M~*) 마피아당 (시칠리아섬의 비밀범죄조직). ②《일반적으로》흉악한 범죄를 수단으로하는 비밀결사, 비밀〔범죄〕조직.
mafflu(e) [mafly], **maflé(e)** [mafle] 《옛·문어》 *a.* 뺨이통통한(joufflu). —*n.* 뺨이 통통한 사람.
‡**magasin** [magazɛ̃] *n.m.* ① 상점, 가게(boutique). ~ d'alimentation 식료품점. employés de ~ 점원. commis(demoiselle) de ~ 점원(여점원). grand ~ 백화점. ~ spécialisé 전문점. courir les ~s 여러가게를 다니며 쇼핑하다. ②창고(dépôt); 곳간; 보관소; 《집합적》 저장품. mettre qc en ~ …을 창고에 넣어두다. avoir qc en ~ …의 재고가 있다. ~ d'armes(d'explosifs) 탄약(화약)고. faire un ~ de qc …을 저장하다. ~s généraux 보세 창고. marchand en ~ (점포를 갖지 않은) 도매상인. marchandises en ~ 재고품. ③ (연발총의) 탄창 (카메라의) 필름감는 틀. ④《옛》(이 많이 있는) 공간; 잡지(magazine). ~ de connaissances 지식의 보고. le *M~* pittoresque 그림이 든 잡지 (19세기 후반의 잡지).
magasinage [magazinaʒ] *n.m.* 창고에 넣기; 재고기간. droit(frais) de ~ (창고의) 보관료.
magasiner [magazine] 《캐나다》 *v.i.* 쇼핑하다.
magasinier [magazinje] *n.m.* 창고지기.
magazine [magazin] 《영》 *n.m.* ① 잡지. ② 《라디오·텔레비전의 정기적인》시리즈 프로. ~ sportif 스포츠 뉴스.
magdalénien(ne) [magdalenjɛ̃, -ɛn] *a.* 《고고학》 마그달레니아기(期)의. —*n.m.* 마그달레니아기(후기 구석기시대).
magdunois(e) [magdynwa, -waːz] *a.* 묑쉬르루아르(*Meung-sur-Loire* [mœsyrlwaːr], 프랑스의 도시)의. —*M~* *n.* 묑쉬르루아르 사람.
mage¹ [maːʒ] *n.m.* 고대 페르시아의 승려; 마술사; 점성가. les trois *M~s*; les Rois ~ 《성서》 동방박사 세 사람;《천문》오리온 성좌.
mage² *a.m., n.m.* juge ~ 《옛》《법》(고대 프랑스의) 지방 부법관(副法官).
magellanique [maʒɛllanik] *a.* 마젤란(*Magellan*) 해협의. nuées ~s 《천문》마젤란 성운.
magenta [maʒɛ̃ta] *n.m.* 진홍색(의).
Maghreb [magrɛb] *n.pr.m.* 《지리》 마그렙(모로코·튀니지·알제리를 포함하는 북아프리카 지방).
maghrébin(e) [magrebɛ̃, -in] *a.* 마그렙(*Maghreb*)의. —*M~* *n.* 마그렙 사람.
maghzen [magzɛn] *n.m.* 모로코 정부.
magicien(ne) [maʒisjɛ̃, -ɛn] *n.* ①마술사, 마법사. ②《비유적》마법사 같은 재주를 발휘하는 사람. Ce musicien est un vrai ~. 이 음악가는 정말 마법사 같다. —*a.* 마법 같은, 영묘한.
magie [maʒi] *n.f.* 마술, 마법; 비법. C'est de la ~. 그것 신기하군. comme par ~ 기묘하면서, 신기하게. ~ d'amour (des mots) 사랑(말)의 무서운 힘. ~ blanche 요술 (귀신의 힘을 빌지 않고 하는 손재주). ~ noire 마술, 요술 (악마의 힘을 빌어서 하는).
Maginot [maʒino] *n.pr.m.* ligne ~ 마지노선.
***magique** [maʒik] *a.* 마법의, 마술의; 경이적 (merveilleux, surnaturel). baguette ~ 요술 방망이. lanterne ~ 환등기 (幻燈器). pouvoir ~ 신통력, 마력. formules ~s 주문(呪文). mentalité ~ 《논리적 사고 이전의》원시〔전논리적〕심성.
magiquement [maʒikmɑ̃] *ad.* 마술을 사용하여; 신기하게.

magisme [maʒism] *n.m.* 마기교(敎) 《고대 페르시아의 도사(道士)의 교》.
magiste [maʒist] *n.* 마기교도.
magister [maʒistɛːr] *n.m.* 《구어》현학자(pédant); 《옛》 마을 학교 교사.
magistère [maʒistɛːr] *n.m.* ① 《종교적·지적·도덕적》 권위. ~ du Pape 교황의 권위. ②《옛》신약 (神藥), 묘약. ③《옛》 말트기사 (騎士) 단장의 지위.
magistral(ale, *pl.* **aux)** [maʒistral, -o] *a.* ①스승의, 교사의; 교사연하는. cours ~ (선생이 직접 하는)강의. ② (스승답게)훌륭한, 당당한, 위대한. adresse ~ale 위대한 솜씨. laisser derrière soi une œuvre ~ale 위대한 작품을 남기다. ③《구어》단호한, 혹심한. infliger une volée ~ale à qn …을 힘껏 갈기다. ④ médicament ~ 《약》의사가 처방한 약. ⑤ ligne ~ale 《측량》 주선(主線).
magistralement [maʒistralmɑ̃] *ad.* 훌륭하게, 당당하게. ~ interprété (연극에서) 훌륭하게 연출해낸 역(役).
magistrat [maʒistra] *n.m.* ① 행정관. premier ~ 최고행정관. ② 사법관. ~ du siège; ~ assis 재판관, 판사. ~ du parquet; ~ debout 검찰관, 검사. ③ (사법·행정권을 갖는) 집정관. ④《옛》행정; (정치권력을 보유한) 관리.
magistrature [maʒistratyːr] *n.f.* ① 행정관(집정관)의 관직(임기). ~ suprême 최고관직 《대통령직》. ②사법관의 직(임기); 《집합적》사법관 《판·검사 따위》. conseil supérieur de la ~ 사법관 최고회의. ~ assise 재판관, 판사. ~ debout 검찰관, 검사. faire carrière dans la ~ 법조계에 투신하다.
magma [magma] *n.m.* 《화학》 점착성 (粘着性) 물질;《지질》 마그마, 암장 (岩漿);《비유적》 잡탕사니, 뒤범벅. Son discours est un ~ grandiloquent. 그의 연설은 조리없는 장광설이다.
magmatique [magmatik] *a.* 《지질》 마그마의, 암장의.
magnalium [magnaljɔm] *n.m.* 《야금》 마그날륨.
magnan¹ [maɲa] 《남프랑스》 *n.m.* 누에.
magnan² *n.m.* 《옛》 =**magnien**.
magnanage [maɲanaːʒ] *n.m.* 양잠, 누에치기.
magnanarelle [maɲanarɛl] 《남프랑스》 *n.f.* 누에치는 여자.
magnanerie [maɲanri] *n.f.* 양잠; 잠잠장(養蠶場).
magnanier(ère) [maɲanje, -ɛːr] *n.* 양잠가.
magnanime [maɲanim] *a.* 도량이 큰, 관대한 (clément, généreux);《옛》고결한(noble). cœur ~ 관대한 마음씨. se montrer ~ 관대한 태도를 보이다. pensée ~ 고결한 사상.
magnanimement [maɲanimmɑ̃] *ad.* 관대하게; 고결하게.
magnanimité [maɲanimite] *n.f.* 관대함, 아량; 《옛》고결(noblesse).
magnat [magna] *n.m.* (실업계의) 거물;《역사》(폴란드·헝가리의) 귀족. ~ du pétrole 석유왕.
magner (se) [s(ə)maɲe] *v.pr.* 《속어》서두르다.
magnes [maɲ] *n.f.pl.* faire des ~ 《속어》젠체하다.
magnésie [maɲezi] *n.f.* 《화학·약》마그네시아, 산화마그네슘. sulfate de ~ 황산마그네슘.
magnésien(ne) [maɲezjɛ̃, -ɛn], **magnésifère** [maɲezifɛːr] *a.* 산화마그네슘을 함유한.
magnésique [maɲezik] *a.* 마그네슘의.
magnésite [maɲezit] *n.f.* 《광물》 마그네사이트, 능고토석 (菱苦土石) (MgCO₃).
magnésium [maɲezjɔm] *n.m.* 《화학》마그네슘 (Mg; 원자번호 12). alliage au ~ 마그네슘 합금. lampe au ~ 《사진》플래시 램프. prise de vues

au ~ 플래시 촬영.
magnétique [maɲetik] *a.* ① 〖물리〗 자석의, 자기를 띤. axe ~ (자석의)자축(磁軸). flux ~ 자속(磁束). déclination ~ 자기편각(偏角). moment ~ 자기 모멘트. bande(ruban) ~ 자기녹음 테이프. barreaux ~s 막대자석. champ(fer, méridien, pôle) ~ 자장(자철·자기자오선·자극). résistance ~ 자기저항. ② 〖심령〗 동물자기의. sommeil ~ 자기최면. ③ 《비유적》 사람의 마음을 끄는. regard ~ 매혹적인 시선.
—*n.f.* 〖물리〗 자기학.
magnétiquement [maɲetikmɑ̃] *ad.* 자기에 의해서, 자기적으로.
magnétisable [maɲetizabl] *a.* 최면술을 걸 수 있는. sujet facilement ~ 최면술에 잘 걸리는 사람.
magnétisant(e) [maɲetizɑ̃, -ɑ̃:t] *a.* 자화(磁化)시키는. champ ~ 자화자계(磁界). —*n.* 최면술사.
magnétisation [maɲetizasjɔ̃] *n.f.* ① 자화(磁化). ② 최면술(을 거는 것), 최면상태. ③ 《비유적》 매혹. être sous le coup de la ~ d'un beau parleur 구변좋은 남자에게 넋이 빠져 있다.
magnétiser [maɲetize] *v.t.* ① 자화시키다, 자기를 띠게 하다. ② (에게)최면술을 걸다. ③ 《비유적》 매혹하다.
magnétiseur(se) [maɲetizœ:r, -ø:z] *n.* 최면술사(hypnotiseur). guérisseur ~ 최면치료사.
magnétisme [maɲetism] *n.m.* ① 〖물리〗 자기(磁氣), 자기학. ~ induit 유도자기. ② 최면술. ~ animal 동물자기.
magnétite [maɲetit] *n.f.* 〖광물〗 자철광(磁鐵鑛).
magnéto [maɲeto] *n.f.* 자석 발전기, 마그네트 발전기 (machine magnéto-électrique 의 단축형).
magnéto- *préf.* 「자력·자기」의 뜻.
magnétocassette [maɲetokaset] *n.m.* 카세트 테이프(녹음기).
magnétochimie [maɲetoʃimi] *n.f.* 자기화학.
magnétodynamique [maɲetodinamik] *a.* haut-parleur ~ 〖기술〗 마그네트다이나믹형(型)의 스피커.
magnéto-électrique [maɲetoelɛktrik] *a.* 전자기(電磁氣)의. machine ~ 마그네트[자석] 발전기.
magnétohydrodynamique [maɲetoidrodinamik] *a.* 〖물리〗 자기유체(磁氣流體)역학의. —*n.f.* 자기유체역학.
magnétologie [maɲetoloʒi] *n.f.* 자기학.
magnétomètre [maɲetomɛtr] *n.m.* 〖물리〗 자력계, 자기계.
magnétométrie [maɲetometri] *n.f.* 〖물리〗 자력측정(법).
magnétomoteur(trice) [maɲetomotœ:r, -tris] *a.* 〖물리〗 자력을 발생시키는. force ~ 기자력(起磁力), 동자력(動磁力).
magnéton [maɲetɔ̃] *n.m.* 〖물리〗 자자(磁子)《자기 모멘트의 단위》.
magnétooptique [maɲetooptik] *n.f.* 자기광학.
magnétopause [maɲetopoz] *n.f.* 〖물리〗 자기권(磁氣圈) 경계선.
magnétophone [maɲetofɔn] *n.m.* 녹음기. enregistrer *qc* au(sur) ~ ...을 테이프에 녹음하다. à ~ à cassette 카세트녹음기.
magnétorésistance [maɲetorezistɑ̃s] *n.f.* 〖전자〗 자기저항.
magnétoscope [maɲetoskɔp] *n.m.* 비디오테이프 녹화기; 녹화 장치.
magnétoscoper [maɲetoskɔpe] *v.t.* (비디오테이프에)녹화하다.
magnétosphère [maɲetosfɛ:r] *n.f.* 〖물리〗 자기권(磁氣圈).
magnétostatique [maɲetostatik] 〖물리〗 *a.* 정자기학(靜磁氣學)의. —*n.f.* 정자기학.
magnétostriction [maɲetostriksjɔ̃] *n.f.* 자기변화(약화).
magnétothèque [maɲetotɛk] *n.f.* 녹음(녹화) 테이프 보관소(취급소).
magnétothérapie [maɲetoterapi] *n.f.* 《옛》 자기요법; 〖드물게〗 전기요법.
magnétron [maɲetrɔ̃] *n.m.* 〖전자〗 자전관.
magnicide [maɲisid] *n.m.* 〖정신의학〗 국가고위 충인사 살해(죄). —*n.* (그)범죄자.
magnien [maɲjɛ̃], **magnier** [maɲje] *n.m.* 《옛·사투리》(냄비 따위를 수선하는)땜장이.
magnificat [magnifikat] 〖라틴〗 *n.m.* 《복수불변》 〖가톨릭〗 성모마리아 찬가; (그)음악. arriver à ~ 너무 늦게 오다. entonner le ~ à matinée(à matines) 형편(시기)에 맞지 않은 엉뚱한 짓을 하다.
magnificence [maɲifisɑ̃:s] *n.f.* ① 웅장, 화려; (*pl.*) 화려한 물건. ② 호쾌; 관대, 관후. recevoir ses hôtes avec ~ 손님을 성대하게 맞이하다.
magnifier [maɲ(gn)ifje] *v.t.* ① 찬양하다, 칭송하다 (glorifier). ② 고양시키다, 위대하게 하다.
*****magnifique** [maɲifik] *a.* ① 찬란한, 웅장화려한, 현란한(brillant, splendide); 장엄한(superbe); 으리으리한. vue ~ sur les montagnes 산들의 웅대한 경관. ② 굉장한, 훌륭한, 멋진(épatant). femme ~ 절세의 미인. Vous êtes ~. 굉장하시군요, 어마어마하시군요《종종 비꼼》. ③ 관후한, 호쾌한.
magnifiquement [maɲifikmɑ̃] *ad.* 웅장화려하게, 멋지게; 관후하게, 호쾌하게.
magnin [maɲɛ̃] *n.m.* = **magnien**.
magnitude [magnityd] *n.f.* 〖천문〗 (별의)광도; (광도의 크기의)등급《기호 m》. ~ absolue 절대등급《기호 M》. ~ relative 실시(實視)등급《기호 m》.
magnolia [maɲ(gn)olja], **magnolier** [maɲolje] *n.m.* 〖식물〗 목련.
magnoliacées [maɲoljase] *n.f.pl.* 〖식물〗 목련과.
magnum [magnɔm] *n.m.* (1.5~2 리터들이)큰병.
magot[1] *n.m.* 〖동물〗《구어》 (꼬리 모르게 저축해 둔)숨겨둔 돈; 상당한 액수의 돈, 재산. croquer son ~ 돈을 낭비하다; 파산하다.
magot[2] *n.m.* ① 〖동물〗 (꼬리 없는)붉은털원숭이. ② 도자기 인형《중국·일본산》. ③《옛》《비유적》 《*f.* ~te* [magɔt]》 (키작은)추남(추녀).
magouille [maguj] *n.f.*《속어》 〖정치〗 이면(뒷) 공작, 뒷거래.
magrébin(e) [magrebɛ̃, -in] *a.* = **maghrébin**.
magret [magrɛ] *n.m.* 〖요리〗 (스테이크처럼 구운)오리요리.
magyar(e) [maʒja:r] *a.* 마자르의, 헝가리의(hongrois). —**M**~ *n.* 마자르(헝가리) 사람. —*n.m.* 마자르어(語).
magyariser [maʒjarize] *v.t.* (언어·풍속 따위를)마자르화하다, 헝가리화하다.
mahaleb [maaleb] *n.m.* 〖식물〗 벚나무의 일종.
mahara(d)jah [maara(d)ʒa] *n.m.* 대왕(大王)《인도 왕후(王侯)의 존칭》.
maharani [maarani] *n.f.* 대왕의 비(妃).
maharat(t)e [maarat] *a., n., n.m.* = **mahratte**.
mahari [maari] *n.m.* = **méhari**.
mahatma [maatma] *n.m.* (인도의)대성(大聖), 현자(賢者). le ~ Gandhi 간디 옹(翁).
mahdi [madi] *n.m.* ① (*M*~)마디《회교의 구세주》. ② 아라비아의 추장(酋長).
mahdisme [madism] *n.m.* ① 마디당(黨)《*Mahdi* 라

고 자칭하여 1881년 수단에서 반란을 일으킨 *Mu-hammad-Ahmad*의 일당). ② 마디숭배(신앙).
mahdiste [madist] *a.* 마디당의; 마디숭배(주의자)의. —*n.* 마디당원; 마디숭배(주의)자.
mah-jong [maʒɔːg] 《중국》 *n.m.* 마작(麻雀), 마장.
mahogani [maɔgani] *n.m.* 《식물》 마호가니 (고급 가구용 목재) (acajou).
Mahomet [maɔmɛ] *n.pr.m.* 마호메트 (회교의 교조 (教祖)).
mahométan(e) [maɔmetɑ̃, -an] *a.* 회교의; 회교를 믿는. —*n.* 회교도.
mahométanisme [maɔmetanism] *n.m.* =**mahométisme**.
mahométiser [maɔmetize] *v.i.* 회교를 선교하다.
mahométisme [maɔmetism] *n.m.* (옛) 마호메트교, 회교(islam).
mahonia [maɔnja] *n.m.*, **mahonie** [maɔni] *n.f.* 《식물》 가시남천 (매자나무(科)).
mahon(n)ais(e) [maɔnɛ, -ɛːz] *a.* 마혼(Mahon, 미노르카섬의 도시)의. —**M**— *n.* 마혼 사람.
mahonne [maɔn] *n.f.* (지중해의)화물선; (연안항로의)소형선박; (옛) (터키의)대형 돛배.
mahous(se) [maus] *a.* =**maous**.
mahout [mau] *n.m.* 코끼리 몰이꾼.
mahratte [marat] *a.* 마라트족의; 마라트어(語)의. —**M**— *n.* 마라트 사람 (인도 서부의 한 종족). —*n.m.* 〔언어〕 마라트어(語).
‡**mai** [mɛ] *n.m.* ① 5월. le premier ~ 5월 1일, 메이데이. (au mois de) ~ 5월에. la mi-~ 5월중순. événements de M—; M— 68 (1968년의)5월혁명. ② 5월제 기념수 (5월 1일에 경의를 표하고 싶은 사람의 문 앞에 세우는 나무)(arbre de ~). ③ 5월 (예술)제 (祭).
maïa [maja] *n.m.* 〔동물〕 큰 게의 일종.
maïanthème [majɑ̃tɛm] *n.m.* 백합과(科) 식물의 일종 (은방울꽃 비슷함).
maid [mɛd] 《영》 *n.f.* 하녀.
maiden [mɛdɛn] 《영》 *a.* 《경마》 (말·기수가)아직 한번도 상을 타보지 못한.
maie [mɛ] *n.f.* (빵의)반죽통; 압착대(壓搾臺).
maïeur [majœːr] *n.m.* ① (벨기에의)촌장. ② 《옛》 (중세의)시장, 읍장, 촌장.
maïeutique [majøtik] *n.f.* 〔철학〕 (소크라테스의)산파술 (지적사고를 유발시키는 문답법).
‡**maigre**[1] [mɛgr] *a.* 야윈, 마른, 수척한, 파리한 (↔ gros). grand ~ 호리호리한 사람. ~ comme un clou 아주 마른. ② 기름기 (지방)이 없는; 고기 없는. repas ~ 고기 없는 식사. viande ~ 기름기 없는 고기. jour ~ 〔가톨릭〕고기를 먹지 않는 날. soupe ~ 야채 수프. ③ 빈약한, 하찮은 (이 뜻으로는 흔히 명사 앞); 메마른, 불모(不毛)의 (aride, ↔ gras). ~s résultats 변변치 못한 결과. sol ~ 메마른 땅. ~s moissons 흉작(凶作). ~ repas 형편없는(빈약한) 식사. bourse ~ 빈 지갑. C'est (un peu) ~.《구어》시시하다. ④ 물이 적은, 얕은. fond ~ 얕은 물속. eau ~ 여울. ⑤ 〔인쇄〕 (자체가)가느다란. caractère ~ 세자체(細字體), 라이트체.
faire ~ chère (réception) à qn …을 변변치 않게 대접하다.
—*n.m.* ① 기름기 없는 고기. ② 고기 없는 식사. faire ~ 고기 없는 식사를 하다. ③ (*pl.*)(물의)얕은 곳, 여울; 갈수기(渴水期). ④ 〔인쇄〕세자체.
—*ad.* peindre (dessiner) ~ 그림 그리는 솜씨가 나지 않다.
maigre[2] *n.m.* 〔어류〕 민어.
maigrelet(te) [mɛgrəlɛ, -ɛt] *a., n.* 지나치게 야윈

maigrement [mɛgrəmɑ̃] *ad.* 빈약하게, 변변치 못하게; 불충분하게. ~ payé 박봉을 받는. dîner ~ 변변치 못한 저녁을 들다. ~ satisfait 그다지 만족하지 못하다. traiter ~ 푸대접하다.
maigret(te) [mɛgrɛ, -ɛt] *a.* =**maigrelet**.
maigreur [mɛgrœːr] *n.f.* 야윈 모습, 수척, 파리함; 빈약, 부족, 희박; 메마름, 불모.
maigrichon(ne) [mɛgriʃɔ̃, -ɔn], **maigriot(te)** [mɛgrijo, -ɔt] *a., n.* =**maigrelet**.
maigri(e) [mɛgri] *a.p.* 야윈, 수척해진.
***maigrir** [me(e)griːr] *v.i.* ① 야위다. Il a(est) maigri. 그는 수척해졌다. ② 빈약해지다, 줄어들다. Mes économies *maigrissent* à vue d'œil. 내 저축이 눈에 띄게 줄어들고 있다.
—*v.t.* ① (병이)수척하게 (야위게) 하다 (amaigrir). La diète l'a maigri. 식이요법이 그를 야위게 했다. ② (옷 따위가)야위어 보이게 하다. Cette robe la *maigrit*. 그 드레스는 그녀를 야위어 보이게 한다. ③ (목재·석재 따위를)얇게 하다.
mail[1] [maj] *n.m.* ① (옛) 큰 망치. ② (옛) 펠멜놀이에 쓰이는 망치; 펠멜놀이; 펠멜놀이터. ③ 산책로.
mail[2] [mɛl] *n.m.* =**mail-coach**.
mail-coach [mɛlkotʃ] (*pl.* ~~es*) 《영》 *n.m.* (옛) 4두 마차.
maillage[1] [majaːʒ] *n.m.* ① (그물 따위를)뜨기, 짜기; (그물눈의)크기. ② (비유적) (시설 따위의)조직망, 밀도. ~ des voies de communication 통신망. ~ universitaire bien serré 조밀하게 구성된 대학교육시설의 밀도.
maillage[2] *n.m.* (탄광의)풍도(風道).
maille[1] [maːj] *n.f.* ① (편물·그물 따위의)코, 눈 (쇠사슬의)고리; (자고새 따위의)얼룩무늬. filet à larges ~s 눈이 성긴 그물. poisson qui passe à travers les ~s 그물코 사이로 빠져나가는 물고기. cotte de ~s 쇠사슬 갑옷. ② 〔선박〕 (늑재, 肋材)·마루판 사이의)틈. ③ 〔의학〕 눈의 흰 점, 각막백반(白斑). ④ 〔식물〕 열매가 될 눈, 싹. ⑤ 〔전기〕 메시 (폐회로(閉回路) 중의 최소 단위).
maille[2] *n.f.* 자루가 긴 큰 망치.
maille[3] *n.f.* (옛) (최소 단위의)동전.
avoir ~ à partir avec qn …와의 사이가 들어지다, …와 다투다. *n'avoir ni sou ni ~* (구어)동전 한푼 없다. *ne... ~* (옛)전혀 …하지 않다(ne... point; ne... rien). *sans sou ni ~* 한푼없이.
maillé(e) [maje] *a.p.* ① 쇠사슬갑옷으로 무장한. ② 그물에 걸린. ③ (자고새 따위가)얼룩점이 있는.
maillechort(t) [majʃɔːr] *n.m.* 양은(melchior).
mailler[1] [maje] *v.t.* ① 뜨다(짜다). ② 〔해양〕 (쇠사슬을)쇠고리로 연결하다; (돛과 돛을)잇다.
—*v.i., se ~ v.pr.* ① (포도나무 따위가)싹트다. ② (그물이) 물고기를 잡다; (물고기가)그물에 걸리다. ③ (자고새 따위가)얼룩무늬가 생기다.
mailler[2] *v.t.* 나무 망치로 치다; 〔직조〕 (삼을) 짓이기다, 짓이겨 섬유를 뽑다.
maillet [majɛ] *n.m.* 나무 망치; 폴로 경기용의 타구봉; (옛) (중세의)군용망치.
mailletage [majtaːʒ] *n.m.* (옛) 〔해양〕 (뱃전을 튼튼히 하기 위해) 큰 못을 쳐 박기.
mailleter [majte] *v.t.* 〔해양〕 mailletage 하다.
mailleton [majtɔ̃] *n.m.* 〔농업〕 (포도덩굴을 매는)끈; (옛)새싹, 꺾꽂이.
mailloche [majɔʃ] *n.f.* 큰 망치; (큰 북의)북채.
maillon [majɔ̃] *n.m.* (사슬의)고리; 〔해양〕 (닻줄의)한 마디, 새클(30미터).
maillonner [majɔne] *v.t.* 〔해양〕 쇠사슬을 고리로 연결하다.
maillot [majo] *n.m.* ① 배내옷(lange). enfant au

갓난아이, 젖먹이. ⓶ (무용수·곡예사 따위의)타이츠, 속옷. ~ de danseuse 무용수의 타이츠. ~ de corps (남자용)속옷. ~ jaune (프랑스 일주 자전거경주의 선두주자가 입는)노란 샤쓰; 선두자. ⓷ 수영복(~ de bain). ~ deux pièces 투피스 수영복. se mettre en ~ (de bain) 수영복을 입다.

maillotin [majotɛ̃] *n.m.* ⓵ 올리브유 압착기. ⓶ 《옛》망치 형태의 무기. ⓷ 〖프랑스사〗(les *M*~s) 1382년에 망치를 들고 폭동을 일으킨 파리 시민.

maillure [majy:r] *n.f.* (자고새 따위의)얼룩점; 나무의 결.

⁑main [mɛ̃] *n.f.* ⓵ (사람의)손. dos[paume] de la ~ 손등[손바닥]. lever la ~ 손을 들다. se laver les ~s 손을 씻다. battre des ~s 박수치다. serrer la ~ à *qn* …와 악수하다. toucher avec la ~ 손으로 만지다. joindre les ~s (기도 따위를 위해)합장하다. travailler de ses ~s 손으로 일하다. être plus habile de la ~ gauche 왼손잡이이다. prendre *qc* d'une ~ …을 한 손으로 들다. tenir *qc* à la ~ …을 손에 들다. porter *qc* à deux ~s …을 두 손으로 들고 가다. Haut les ~s!; Les ~s en l'air! 손 들어. ⓶ (소유하는)손, 수중; 소유자, 임자. argent en ~ 수중에 가진 돈. tomber dans les ~s de *qn* …의 손[수중]에 들어가다, …의 소유가 되다. tomber sous la ~ de *qn* (우연히)…의 수중에 들어가다. avoir *qc* entre ses ~s …을 소유하고 있다. changer de ~s 소유주가 바뀌다. ⓷ 솜씨, 기술, 수완; 필적, 필치. se faire la ~ 솜씨를 연마하다. perdre la ~ 솜씨가 떨어지다. de ~ de maître 뛰어난 솜씨로. tour de ~ 손재주. On reconnaît facilement la ~ de ce violoniste. 그 바이올린 연주자의 솜씨는 금방 알 수 있다. avoir une belle ~ 글씨를 잘 쓰다. ⓸ (일하거나 돕는)손길, 일손; 도움, 원조; 일꾼. tendre à *qn* une ~ secourable …에게 구원의 손길을 뻗다. donner[prêter] la ~ à *qn* …을 도와주다. de ~ d'homme 사람의 손으로, 인력으로. ~ du destin 운명의 손길 〖장난〗. petite ~ 견습재봉공. première [deuxième] ~ 1급[2급] 재봉공(파리의 고급 양장점의 재봉공의 계급). ⓹ (여성의)결혼 승낙(의 손짓). accorder[refuser] sa ~ (여성이)결혼을 승낙[거절]하다. obtenir la ~ de *qn* …의 결혼 승낙을 얻다. Il a demandé la ~ de Françoise à ses parents. 그는 프랑수아즈의 부모에게 그녀와의 결혼승낙을 요청했다. ⓺ (원숭이 따위의)손; (앵무새·매 따위의)발; (덩굴 식물의)덩굴. ⓻ (지팡이·서랍 따위의)손잡이. ~ de justice 법의 지팡이(사법권을 상징하는 손을 본뜬 장식이 달린 지팡이). ⓼ (천·종이 따위의)손의 촉감, 감촉. Ce papier a de la ~. 이 종이는 두툼하다. ⓽ 종이 한 권(卷)(25매); 〖인쇄〗 송부(☞). ⓾ 〖축구〗 핸들링. Il y a ~! 핸들링이다! ⑪ 〖카드놀이〗 (손에 든)패, 손패; 선. J'ai une belle ~. 좋은 패가 들어왔다. avoir[faire, être à] la ~ 선이 되다. ⑫ 〖법〗 ~ tierce (이의신청된 재산을 맡고 있는)제3자; ~ commune (부부 재산의)공동관리. ⑬ 〖음악〗 à quatre ~s 연탄(連彈)으로[의]; morceau à quatre ~s 연탄곡. ⑭ ⓐ ~ courante 난간. ⓑ ~ de fer (하물취급용)갈고리. ⓒ ~ de ressort (자동차 따위의)용수철받침. ⓓ ~ chaude 술래잡기.

à la ~ ⓐ se promener une canne *à la* ~ 손에 지팡이를 들고 산책하다. être bien *à la* ~ 손에 잘 잡히다; 손에 들기 편하다. ⓑ (기계가 아닌)손으로, 손으로 만든. tricoter *à la* ~ 손으로 짜다.
à ~ 손에 드는; 수동(-식)의. sac *à* ~ 핸드백. frein *à* ~ 핸드브레이크.
à ~ *armée* 무장하고, 흉기를 써서.
à ~ *droite*[*gauche*] 〖옛〗오른[왼]쪽에《지금은 단순히 à droite, à gauche 라고 함》.
à ~ *forte* 힘으로, 우격다짐으로.
à ~ *levée* ⓐ 손을 들고, 거수로. voter *à* ~ *levée* 거수로 가결하다. ⓑ 단숨에, 단번에. dessin *à* ~ *levée* 단숨에 그린 그림.
à pleine(*s*) ~(*s*) 가득히, 잔뜩, 후하게. puiser *à pleines* ~*s* dans la caisse 금고에서 돈을 잔뜩 꺼내다(훔치다).
à toutes ~*s* 온갖 솜씨가 다 있는, 만물박사인.
avoir la haute ~ *sur*[*dans*] *qn* …에 대해 주도권을 가지고 있다, 마음대로 조종하다.
avoir la ~ *leste* 금방 폭력을 휘두르다.
avoir la ~ *rompue à qc* …에 능숙하다.
avoir la ~ *verte* 정원 일을 잘하다.
avoir les ~*s liées* 자유롭게 행동할 수 없다.
coup de ~ ⓐ 도움, 조력. donner un *coup de* ~ à *qn* …을 돕다. ⓑ 〖군사〗 기습.
cousu[*fait*] ~ ⓐ 손으로 꿰맨[만든]; 〖구어〗 정성들인, 공들인. travail *cousu* ~ 정성들인 일. ⓑ C'est du *cousu* ~. 〖구어〗 그건 손쉬운 일이다.
de la ~ *à la* ~ 손에서 손으로, 직접. payer une somme *de la* ~ *à la* ~ (정식 수속을 밟지 않고)직접 지불하다.
de la ~ *de qn* ⓐ …의 손에서, …로부터. Il a reçu de l'argent *de la* ~ *de* son patron. 그는 주인으로부터 직접 돈을 받았다. ⓑ …의 손으로 만든, …작의. paysage *de la* ~ *de* Corot 코로작의 풍경화. lettre *de sa* ~ 그녀의 자필 편지.
de longue ~ 오래 전부터. préparer *qc de longue* ~ …을 오래 전부터 준비하다.
de ~ *en* ~ (소유권 따위가 사람의)손에서 손으로, 이손 저손으로.
de première ~ (남의 손을 거치지 않고)직접; 직접의. information *de première* ~ 직접 얻은 정보.
des deux ~*s* ⓐ 두 손으로. ⓑ 열심히; 쌍수를 들고. souscrire à un projet *des deux* ~*s* 어떤 계획에 쌍수를 들고 찬성하다.
de seconde ~ 간접적으로; 간접적인; 2차적인; 중고의. étude *de seconde* ~ (직접적인 자료에 의하지 않은)재탕 논문.
en ~*s propres* 직접 본인의 손에.
(*en*) *mettre la* ~ *au feu* (그것이)진실임을 맹세하다〖확신하다〗.
(*en*) *sous* ~ 남몰래, 은밀히.
en venir aux ~*s* 완력에 호소하다, 치고받다, 드잡이하다.
être en bonnes ~*s* 성실한[유능한] 사람의 손에 맡겨지다.
être en ~ (누군가가)사용중이다. Le livre *est en* ~. 그 책은 지금 대출중입니다.
faire ~ *basse sur qc* …을 빼앗다, 훔치다.
homme de ~ (폭력단 따위의)앞잡이, 부하.
(*la*) ~ *dans la* ~ 손에 손을 잡고; 서로 협조[제휴]하여.
les ~*s vides* 아무것도 갖지 않고, 빈손으로. avoir *les* ~*s vides* 아무것도 줄 것이 없다. rentrer *les* ~*s vides* 빈손으로 돌아가다.
mettre la ~ *à qc* …에 손대다, 착수하다.
mettre la ~ *sur* …을 발견하다; 손에 넣다; 체포하다, 압류하다.
mettre la ~ *sur son cœur* (가슴에 손을 얹고)사랑[결백]을 맹세하다.

ne pas y aller de ~ morte 호되게 때리다, 거칠게 다루다; 단호하게 행동하다[말하다].
passer la ~ (카드놀이에서) 선을 넘겨주다; 단념하...다.
passer la ~ dans le dos 아첨하다.
passer par les ~s de qn ⓐ ···의 손을 거치다. Cette maison *est passée par bien des ~s.* 이 집은 많은 사람들의 손을 거쳤다. ⓑ ···의 책임[권한]이다.
porter la ~ sur qn ···을 때리다, ···에게 폭력을 휘두르다.
prendre qc en ~ ···을 맡다, 담당하다. *prendre en ~ l'éducation d'un enfant* 아이의 교육을 맡다.
se donner la ~ 악수하다; 협력하다; (나쁜 의미로) 필적하다.
se faire la ~ (도구 따위의) 다루는 법을 손에 익히다; 요령을 배우다.
s'en laver les ~s 손을 떼다.
sous la ~ 바로 가까이에, 바로 곁에.
tendre la ~ 손을 벌리다, 구걸하다.
tendre la ~ à qn (화해하려고) ···에게 손을 뻗다; ···을 돕다.

mainate [mɛnat] *n.m.* 【조류】 구관조(九官鳥).
mainbour, maimbour [mɛbur] *n.m.* 《옛》【법】후견인, 재산관리인.
main-de-gloire, main de gloire [mɛ̃dglwaːr] (*pl.* ~**s**-~-~) *n.f.* 《옛》 마법의 손; (마법의) 연꽃뿌리.
***main-d'œuvre** [mɛ̃dœːvr] (*pl.* ~**s**-~) *n.f.* ❶ 인력, 일손. *manque de* ~ 일손의 부족. ❷ 일삯, 임금, 공임(工賃). *frais de* ~ 공임. ❸ (집합적) 노동자, 노동력. ~ *agricole*(*étrangère, féminine*) 농업(외국인·여성) 노동자.
main-forte [mɛ̃fɔrt] *n.f.* (특히 관헌에 대한) 협력, 원조. *prêter*(*donner*) ~ *à qn* ···에게 협력하다.
mainlevée [mɛ̃lve] *n.f.* 【법】 (압류·저당권 따위의) 해제; (이의신청의) 철회. *donner* ~ *de qc* ···을 해제하다, 철회하다.
mainmettre [mɛ̃mɛtr] [46] *v.t.* 【역사】 (농노를) 해방하다.
mainmise [mɛ̃miːz] *n.f.* ❶ 장악, 점유; (경멸) 독점지배. ~ *d'une entreprise sur le marché* 한 기업에 의한 시장점유. ❷ 《옛》 압류, 몰수; 【역사】 (농노의) 해방.
mainmortable [mɛ̃mɔrtabl] *a.* 【법】 ❶ 【역사】 (노예의) 재산을 상속있킬 수 없는. ❷ (상속세 비과세의) 재산을 소유할 수 있는. *société* ~ 상속세 면세 단체. *immeubles* ~*s* (법인소유의) 상속세 비과세 재산.
mainmorte [mɛ̃mɔrt] *n.f.* 【법】 ❶ 《옛》 (노예의) 재산상속불능제도. ❷ *biens de* ~ 영구재산(자선·종교·학술 단체가 소유한 법인재산).
maïnote [mainɔt] *a.* 마이나(Maïna, Magne, 그리스의 지방)의. —**M**~ *n.* 마이나 사람.
maint(e) [mɛ̃, -ɛ̃ːt] *a.* 《옛·문어》 (단수) 여러, 몇몇의; (복수 또는 반복 사용) 많은, 다수의. ~ *auteur* 여러 저작가. *à* ~*es* (*et* ~*es*) *reprises*, ~*es et* ~*es*) *fois* 여러 번(되풀이하여). —*pron. ind.* 《옛》 여럿.
maintenance [mɛ̃tnɑ̃s] *n.f.* ❶ (기계·장비 따위의) 유지, 보존. ❷ 【군사】 보충, 보급; 보급부. ❸ 《옛》 소유권 보존.
:**maintenant** [mɛ̃tnɑ̃] *ad.* ❶ 지금, 지금은, 현재; 이제, 자. *M*~ *il est sorti.* 그는 지금 외출중입니다. *Décide-toi* ~. 이제 당신 결심하라. *M*~ *c'est votre tour.* 이제 당신 차례입니다. ❷ (과거형과 함께) 이제는, 지금에 와서는. *M*~, *il était trop tard.* 이제는 너무 늦었다. ❸ (미래형과 함께) 지금부터는, 앞으로는. *C'est* ~ *que nous allons être heureux.* 이제부터 우리는 행복해질 것이다. ❹ (화제의 전환) 그런데, 자 이제는; 그러나, 하지만. *M*~ *revenons à notre sujet.* 자 이제 본론으로 돌아갑시다. *Toi, je te conseille d'accepter;* ~, *tu es libre de faire ce que tu veux.* 나로서는 네가 승낙했으면 하지만 넌 네 마음대로 해도 돼. ❺ (전치사와 함께) *hommes de* ~ 지금 사람들, 현대인들. *dès* ~ 지금부터, 당장에. *pour* ~ 지금으로서는. *à partir de* ~ 지금부터는, 앞으로는. *jusqu'à* ~ 지금까지.
C'est ~ *ou jamais.* 지금이 다시 없는 기회이다.
~ *que* ···하는 지금; ···하는 이상, 지금 ···하기 때문에. *M*~ *que le temps s'est mis au beau, nous allons pouvoir sortir.* 이제 날씨가 좋아졌으니 외출할 수 있겠다.
mainteneur [mɛ̃tnœːr] *n.m.* ❶ (드물게) 유지자, 보존자. ❷ 【문학사】 툴루즈의 문학회(*Jeux Floraux*)의 회원.
***maintenir** [mɛ̃tniːr] [16] *v.t.* ❶ 꽉 붙들다, 고정시키다(*fixer, retenir*), 괴다(*appuyer*), 받치다(*soutenir*). ~ *les mains derrière la tête* 손을 뒤통수에 얹다. ❷ 그대로 지행하다, 존속시키다, 유지하다(*garder, entretenir*); (의) 생활을 유지시키다. ~ *l'ordre*(*la paix*) 질서(평화)를 유지하다. *Les traditions sont maintenues.* 전통이 유지되고 있다. ❸ 단언하다, 주장하다(*affirmer*). ~ *une opinion* 어떤 의견을 고집[주장]하다. *Je maintiens que cet erreur ne vient pas de moi.* 이 잘못은 내 탓이 아니라고 나는 단언한다. ❹ (사람의 움직임을) 억제하다. *Les agents maintiennent la foule à l'intérieur des barrières.* 경찰들은 군중들이 바리케이트[철책] 밖으로 나오지 못하게 하고있다. ~ *qn sous les verrous* ···을 감금하다.
—*se* ~ *v.pr.* (같은 상태·기분에) 머무르다; 유지하다, 지속하다; 주장하다. *Ça se maintient.* (구어) 여전합니다. *se* ~ *contre les attaques de l'ennemi* 적의 공격을 받고도 물러서지 않다. *se* ~ *en bonne santé* 여전히 건강하다. *se* ~ *dans une attitude hostile* 계속해서 반항적인 태도를 견지하다.
maintenon [mɛ̃tnɔ̃] *n.f.* 《옛》 목에 거는 십자가.
maintenir(e¹) [mɛ̃tny] *Maintenir* 의 과거분사.
maintenue(e² *n.f.* 《옛》 (재판에 의한) 점유 확인.
maintien [mɛ̃tjɛ̃] *n.m.* ❶ (질서 따위의) 유지. *les forces du* ~ *de l'ordre* 치안대. ~ *au corps*(*sous les drapeaux*) 병역기간연장. ~ *dans les lieux* 【법】 거주권. ~ *des prix* 물가억제. ❷ 태도, 몸가짐, 품행(allure, façons). *n'avoir pas de* ~ 몸가짐을 모르다; 어색한 태도를 취하다. *perdre son* ~ 당황하다. *se donner un*(*du*) ~ 체면유지를 위해서, 면구스러움을 면하려고.
maintien-gorge [mɛ̃tjɛ̃gɔrʒ] *n.m.* 《복수불변》【의복】브래지어.
maintien-s, -t [mɛ̃tjɛ̃] ⇨maintenir.
maïolique [majɔlik] *n.f.* =**majolique**.
mairain [mɛrɛ̃] *n.m.* =**merrain**.
***maire** [mɛːr] *n.m.* ❶ 시장, 구청장, 읍장, 면장. ~ *de Paris* 파리시장. *Monsieur le* ~ 시장님(시장이 여자일 때는 *Madame le* ~). ❷ ~ *du palais* 【역사】 (메로빙거 왕조의) 궁중 감독관.
passer devant le ~ (*chez M. le* ~) 정식으로 결혼수속을 하다(민법상의 결혼식은 시·읍·면·구청장에서 거행하므로).
mairesse [mɛrɛs] *n.f.* ❶ (구어) *maire* 의 부인. ❷ 《드물게》 여성시장(읍장·면장·구청장).
***mairie** [mɛ(e)ri] *n.f.* ❶ *maire* 의 직위[임기]. ❷ 시청, 구청, 면사무소.
:**mais** [mɛ] *conj.* ❶ (대립·제한) 그러나, 하지만; 그

령기는 하지만. Il est riche, ~ avare. 그는 부자이지만 인색하다. Il a bien travaillé, ~ il n'a pas réussi. 그는 공부를 잘했지만 합격하지 못했다.
② (부정 뒤에 쓰여서 대립을 강조) …이 아니고, Il n'est pas un criminel, ~ bien un imprudent. 그는 죄인은 아니고 그저 몹시 경솔할 따름이다.
③ (이의) 하지만, 그래도. Oui, ~. 그렇기는 하지만. Je ne viens pas avec vous. —M~ tu avais dit que tu viendrais. 같이 가겠다고 말했잖아요. 하지만 (너는) 같이 가겠다고 말하지 않았으니.
④ (문두에서 화제전환) M~, dites-nous, que faites-vous demain? 그건 그렇고, 내일 무엇을 할 건지 말해보시오. M~, revenons à notre sujet. 하여간 우리의 이야기로 돌아옵시다.

—ad. ① (강조) 정말, 참. Il ne craint rien, ~ rien! 그는 아무것도, 전혀 아무것도 겁내지 않는다. Tu viens avec moi? —M~ oui! 나하고 같이 가겠니? 그러고 말고! Ça ne te dérange pas? —M~ non! 너에게 방해가 되지 않니? 천만에.
② (놀라움·분개·초조함) 도대체, 아니. Ah! ça, ~! je ne me trompe pas, c'est bien lui! 아니 이럴 수가! 틀림없어, 바로 그 자라니까! M~, qu'avez-vous donc? 도대체 어떻게 된 거야? Non, ~! quelle bêtise! 이것 참! 이런 바보짓이!
n'en pouvoir ~ 《엣·문어》어쩔 수가 없다; (의)책임이 아니다. Vous m'accusez, mais je *n'en peux* ~. 당신은 나를 비난하시는데, 나로서는 어쩔 도리가 없다. Si le père a fait une faute, le fils *n'en peut* ~. 아버지가 실수를 범했다고 해서 아들이 책임질 일은 아니다.

—*n.m.* 이의; 반대. Il y a un ~. 이의(문제)가 있어요.
maïs [mais] *n.m.* 『식물』 옥수수.
maïserie [maizri] *n.f.* 옥수수 가공 공장.
‡**maison** [mɛzɔ̃] *n.f.* ① 가옥, 주택. ~ à vendre [louer] 팔[세놓을] 집. ~ de campagne (시골의) 별장. ~ meublée [garnie] 가구딸린 집. garder la ~ 집안에 틀어박혀 있다; 가사를 돌보다.
② 가정, 집안, 가족. maîtresse de ~ 주부. toute la ~ 가족전원. être de la ~ 가족의 일원이다. C'est quelqu'un de la ~. 그는 가족이나 다름없다.
③ 가계, 왕가. être de (bonne) ~ 훌륭한[뼈대 있는] 가문의 출신이다. M~ des Bourbons 부르봉 왕가.
④ (각종 공공의) 건물, 회관. ~ de santé 병원, 요양소. ~ de fous 정신병원(asile). ~ de la culture (프랑스 주요도시의) 문화회관. ~ d'éducation 학교; (사립) 기숙학교. ~ d'arrêt 유치장. ~ centrale [départementale] 중앙 [지방] 형무소(《엣》 ~ de force). ~ de correction 《엣》 소년원. ~ de retraite 양로원. ~ de jeu(x) 오락장, 카지노. ~ de Dieu (du Seigneur) (예루살렘의) 신전. La M~ Blanche 화이트하우스, 백악관. ~ close [de passe, de tolérance] 사창굴, 창가(娼家). ~ de rendez-vous 러브호텔. grande ~ 《은어》 경시청.
⑤ 상사(商社), 상점 (~ de commerce); 직장. ~ de détail [de gros] (도매) 상점. ~ mère 본점 (↔ ~ succursale). Il travaille dans la même ~ depuis vingt ans. 그는 20년째 같은 직장에서 일하고 있다.
⑥ 고용살이; 하인 (gens de ~); (엣) (왕·귀족의) 시종. nombreuse ~ 많은 하인. avoir fait de nombreuses ~s (하인이) 여러 집에서 고용살이를 하였다. ~ du roi 왕 직속의 시종부(部). ~ civile [militaire] du Président de la République 프랑스 대통령 직속문관[무관].
⑦ (les douze) ~s du ciel 『점성술』 황도(黃道) 12궁.

C'est la ~ du bon Dieu. 손님을 환대하는 집이다.
entrer en ~ (남의 집에) 하인으로 들어가다; 창녀가 되다.
faire la jeune fille de la ~ (한 집안의 딸처럼) 손님을 접대하다.
tenir ~ 집에 손님을 맞이하다, 저녁초대를 하다.

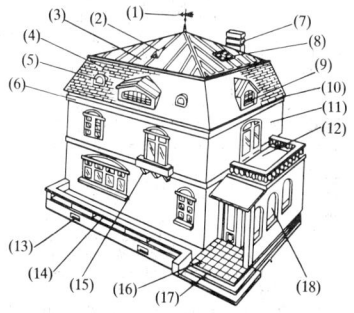

maison

(1) girouette (2) chatière (3) toiture (4) combles (5) œil-de-bœuf (6) frise (7) cheminée (8) tabatière (9) lucarne (10) corniche (11) trumeau (12) terrasse (13) soupirail (14) balustrade (15) balcon (16) seuil (17) perron (18) porche

—*a.* (불변) ① 특제의, 자가제작의; (업체·기관) 특유의. pâté ~ (식당·호텔에서 자가제작한) 특제 파이. émission- ~ 자국 (自局) 제작프로. esprit ~ (극단 따위의) 전래의 정신. fidèle à la tradition ~ (회사 따위의) 전래의 전통에 충실한.
② (상부의 지시에) 순응하는, 어용의 (conformiste). syndicat- ~ 어용노동조합.
③ 《구어》 대성공의. succès ~ 대성공.
maisonnage [mɛzɔnaːʒ] *n.m.* 건축용 목재.
maisonnée [mɛzɔne] *n.f.* 《구어》 (동거하는) 한 가족 전체. rassembler toute la ~ 가족전원을 모으다.
maisonnette [mɛzɔnɛt] *n.f.* 작은 집.
maistrance [mɛstrɑ̃ːs] *n.f.* 《집합적》 해군의 하사관. Écoles de M~ 하사관학교.
mait [mɛ] *n.m.* = **maie**.
‡**maître(sse¹)** [mɛtr, mɛtrɛs] *n.* ① 주인; 소유주. ~ et ses domestiques 주인과 하인. ~*sse* de maison 주부. animal qui reconnaît son ~ 주인을 알아보는 짐승. ~ d'un domaine 영주, 지주. bien sans ~ 《법》 소유주가 없는 물건. maison [voiture] de ~ 자택(자가용차).
② 지배자(dominateur), 지도자(dirigeant). ~*s* de la terre 지상의 지배자들(《왕후(王侯)》). M~ du monde [de la nature] 신. ~ d'un pays [d'un peuple] 나라 [국민]의 지배자 [지도자].
③ 교사, 선생, 스승 (instituteur, précepteur, professeur). ~ (*sse*) d'école 국민학교 선생. ~ d'études 《엣》 자습감독. ~ de conférences (대학의) 강사. ~ de danse; 《엣》 à danser 댄스교사. livre du ~ 교사용 지침서.
④ (*n.m.* 으로만) ⓐ 장, 우두머리 (chef); 경영자; 숙달자. ~ charpentier 도편수. ~ des cérémonies 의전장. ~ d'équipage 《해양》 갑판장. ~ d'hôtel (호텔·식당 따위의) 급사장. ~ de chapelle (교회의) 성가대장. grand ~ de l'Université 문교부장

관(Ministre de l'Éducation nationale의 별칭). ~ de forges 제철회사 사장; 《옛》천공장주. ~ de poste 《옛》우체국장. ⓑ 대가, 거장(grand ~); 명인. ~ de la peinture moderne 근대회화의 거장. ~ à penser 지도적 사상가. œuvre faite de main de ~ 명인의 손으로 만들어진 작품. coups de ~ 명인의 솜씨; 걸작품. ⓒ 《법률가·예술가 따위에 대한 경칭으로》선생; 《익살》영감. étude de ~ Leblanc 르블랑 변호사 사무실. mon cher M~ 선생님(님). M~ Jacques 자크영감. M~ Corbeau 까마귀아저씨. ⓓ 《해군》상사. ~ de 1ᵉ 〔2ᵉ〕 classe 일등〔이등〕 상사. 《프리메이슨의 계급으로서》장(長). ⓔ être ~ à carreau 《카드놀이》상대방보다 높은 다이아몬드 패를 갖고 있다.

REM 근래에는 다른 명사와 함께 합성명사를 이룸(예: *maître-pipier* 파이프제조업자, 파이프제조의 명인).

en ~ 주인처럼, 거만하게; 솜씨좋게, 전문가답게. décider *en* ~ 독단적으로 결정하다.

être (*le*) ~ *de qc* …을 지배하다, 뜻대로 하다; 억누르다. *être le* ~ *de la vie et de la mort de qn* …의 살아죽일 권을 쥐고 있다. *être* ~ *de son destin* 자기의 운명을 지배하다. Je ne *suis* pas ~ *de mon temps*. 나는 시간을 마음대로 쓸 수 없다.

être ~ *de* + *inf*. 마음대로 …할 수 있다. Je le laisse ~ *de faire ce qu'il voudra*. 나는 그가 하고 싶은 대로 하도록 내버려 둔다.

être (*rester*) ~ *de soi*(-*même*); *être son* (*propre*) ~ (누구에게도 지배받지 않고)완전히 자유롭다; 자기를 억제하다. Restons ~s de nous-mêmes! 자제합시다.

être passé ~ *en* (*dans*) *qc* …에 정통하다, …의 명수이다.

faire le ~ 《구어》으스대다. ~수이다.

Les bons ~*s font les bons valets*. 《속담》주인이 좋으면 하인도 좋아진다.

Nul ne peut servir deux ~*s*. 《속담》아무도 두 임금을 섬길 수 없다; 양다리를 걸쳐서는 안된다.

se rendre ~ *de* …을 지배〔진압〕하다. *se rendre* ~ *d'un incendie* 화재를 진압하다.

trouver son ~ 자기보다 상수(上手)의 사람을 만나다. —*a*. ① 뛰어난, 으뜸가는; 주요한(essentiel). ~ filou 소매치기의 명수. ~*sse* femme 여장부, 뛰어난 여자. ~ sot 대단한 바보. ~*sse* branche 주지(主枝). idée ~*sse* 주개념. ~*sse* poutre 《건축》대들보.
② 《카드놀이》 atout ~ 상수패; carte ~*sse* 강한 패.

maître-à-danser [metradɑse] (*pl.* ~**s**-~-~) *n.m*. 《기술》캘리퍼스, 측경기(測徑器).

maître-assistant [metrasistɑ̃] (*pl.* ~**s**-~**s**) *n.m*. (대학의)전임강사, 조교수.

maître(-)autel [metrotel] (*pl.* ~**s**(-)~**s**) *n.m*. 《종교》주제단(主祭壇), 대제대(大祭臺).

maître(-)chanteur [metrɑʃɑ̃tœ:r] (*pl.* ~**s**(-)~**s**) *n.m*. ① 《구어》협박·공갈 상습자. ②《옛》(14-16세기 독일의)직업적인 음유시인.

maître(-)couple [metrəkupl] (*pl.* ~**s**(-)~**s**) *n.m*. (비행기·배의)중앙 늑재(肋材).

maître-mot [metrəmo] (*pl.* ~**s**-~**s**) *n.m*. (마술사의)주문(呪文).

maître-nageur [metrənaʒœ:r] (*pl.* ~**s**-~**s**) *n.m*. 수영코치.

*****maîtresse²** [metres] *n.f*. ① =maître. ②(*n.f*. 만으로)정부(情婦), 첩; 《옛》애인, 약혼녀. entretenir une ~ 첩을 거느리다.

maître-timonier [metrətimɔnje] (*pl.* ~**s**-~**s**) *n.m*. 《해군》2등 신호중사.

maîtrisable [metrizabl] *a*. 제어할 수 있는(흔히 부정형으로). peur difficilement ~ 쉽게 억누를 수 없는 두려움.

maîtrise [me(ɛ)tri:z] *n.f*. ① 지배(권)(domination), 우세(력), 자제(력)(contrôle). ~ de l'air 〔de la mer〕 제공권〔제해권〕. ~ de soi 자제력. perdre sa ~ 냉정을 잃다. ② 거장의 솜씨, 숙련된 기술(habileté, virtuosité). faire preuve de ~ exceptionnelle 탁월한 기량을 보여주다. ③ 《집합적》직장; 현장감독(반장)(agent de ~). ④ 교직(教職). ~ de conférence (대학)조교수(의 직위). ⑤ (교회내의)성가대원 훈련소; 《집합적》성가대원; 성가대원 지휘자(의 직위). ⑥ (대학의)석사 학위(과정).

maîtriser [metrize] *v.t*. 제어하다, 제압하다, 극복하다(asservir, soumettre); 진정시키다, 억제하다(contenir, dompter). ~ un incendie 진화(鎮火)하다. ~ sa colère 분노를 억제하다. ~ la langue 언어를 자유자재로 구사하다. ②《옛》지배하다. ~ un peuple 한 민족을 지배하다.

—*se* ~ *v.pr*. 자제하다. ne pas savoir *se* ~ 자제력이 없다.

maïzena [maizena] *n.f*. 《상표명》옥수수 가루.

Maj. 《약자》Major 《군사》육군 소령.

maja [maʒa] *n.m*. =**maïa**.

maje [ma:ʒ] *a., n.m*. =**mage²**.

majesté [maʒeste] *n.f*. ① 위엄, 존엄; 당당함, 장중함, (경치의)장엄함. ~ impériale 제왕의 위엄. ~ de la nature 자연의 장엄함. air de ~ 위풍당당함. ② 폐하. Sa M~ 〔Leurs M~s〕 폐하(3인칭 경칭). Sa M~ Catholique (Très Chrétienne) 《역사》에스파냐〔프랑스〕국왕. Votre M~ 폐하《국왕을 직접 부르는 말》.

majestueusement [maʒɛstyøzmɑ̃] *ad*. 위엄을 갖추고, 위풍당당하게.

majestueux(*se*) [maʒɛstyø, -ø:z] *a*. 위엄있는, 위풍당당한(imposant); 장중한, 장엄한. allure ~se 위엄있는 태도. paysage ~ 장엄한 경치.

*****majeur**(*e*) [maʒœːr] *a*. ① 더 큰(많은). en ~*e* partie 대부분은. ② 주요한, 중대한; 불가항력의, 어쩔 수 없는. préoccupation ~*e* 주된 관심(사). pour des raisons ~*es* 어쩔 수 없는 이유 때문에. cas de force ~*e* 불가항력(의 경우). ③ 성년이 된; 《구어》자립할 수 있는. héritier ~ 성년이 된 상속자. Il est ~, il sait ce qu'il fait. 그는 이제 어른이므로 자기가 하는 일이 무엇인지를 알고 있다. peuple ~ 자립한 민족. fille ~*e* 성년이 된 처녀. ④ 《음악》장조의. gamme ~ 장음계. ⑤ 《논리》 prémisse ~*e* 대전제; terme ~ d'un syllogisme 삼단논법의 대개념. ⑥ ordres ~*s* 《종교》상급성품(사제·부제·차부제의 총칭).

—*n*. 《법》성년자.

—*n.m*. ① 가운뎃손가락(médius). ② 《음악》 장조(長調).

—*n.f*. 《논리》 대전제(prémisse ~*e*).

majolique [maʒɔlik] *n.f*. 《요업》마졸리카 도기.

ma-jong [maʒɔ:g] 《중국》*n.m*. 《놀이》마작(麻雀), 마장(mah-jong).

major [maʒɔ:r] *n.m*. ① 《군사》행정장교; (구체대에서의)소령, 대대장. ~ général 사령부 참모장; 《해군》기지사령관. ②《옛》《군사》군의관(médecin ~). ③《학생용어》수석입학생.
—*a*. (불복) 상위계급의, 상급의. infirmière-~ 간호부장. état-~ 사령부, 참모본부. canot-~ 《해군》사령용 보트.

majoral(*pl. aux*) [maʒɔral, -o] *n.m*. ① 《사투리》(프로방스 지방의)목동의 우두머리. ② (오크 말 보존 운동 연맹의)간부 위원.

majorant [maʒɔrɑ̃] *n.m.* 《수학》상계(上界), 우급수(優級數)(↔ minorant).

majorat [maʒɔra] *n.m.* 《옛》귀족의 세습 재산.

majorataire [maʒɔratɛːr] *a.* 세습 재산을 가진.
—*n.* 세습 재산 소유자.

majoraté(e) [maʒɔrate] *a.* 《옛》(재산이)세습인.

majoration [maʒɔrɑsjɔ̃] *n.f.* ① 실가(實價) 이상의 평가, 과대평가. ② (금액의)가산; 증액. ~ du prix des transports 운임의 가산. ~ de retard 《세금》연체가산세. ~ des salaires[des impôts] 임금[세금]의 증액.

majorcain(e) [maʒɔrkɛ̃, -ɛn] *a., n.* =**majorquin**.

majordome [maʒɔrdɔm] *n.m.* (왕가·귀족 따위의)우두머리 하인(급사장·주방장 따위).

majorer [maʒɔre] *v.t.* ① 실가 이상으로 평가하다, 과대평가하다. ② (계산서에)가산하다; 증액하다 (augmenter, relever). ~ une facture (수수료 따위를 고려하여)청구서의 금액을 증액하다. ~ les prix 가격을 올리다. ~ les salaires 봉급을 인상하다. *majoré* de notre commission de 10%, 수수료 10 % 를 가산한.

majorette [maʒɔrɛt] *n.f.* 군악대 고수장(鼓手長)의 옷차림을 한 소녀, 바톤 걸.

majoritaire [maʒɔritɛːr] *a.* ① 다수결의. scrutin ~ 다수결 투표. ② 다수파의; 여당의. devenir ~ dans l'Assemblée 의회에서 다수파가 되다. ③ 전 주식의 과반을 가지는. —*n.* ① 다수파. ② (주식의 과반을 갖고 있는)대주주.

majoritard [maʒɔritaːr] *n.m.* 《옛·구어》(다수파에 찬표를 던지는)기회주의적 의원.

***majorité** [maʒɔrite] *n.f.* ① 대다수, 과반수 (↔ minorité); 다수당. ~ absolue 절대 다수. ~ relative 최다수. avoir[emporter] la ~ 과반수를 얻다. être adopté à la ~ 과반수로 채택되다. à la ~ de dix 10 표의 차로(이기다). ~ de l'Assemblée nationale 국회의 다수파. ② 대부분, 태반. [la ~ de] *la* ~ *des* lecteurs 대부분의 독자. dans *la* ~ *des* cas 대부분의 경우. ~ silencieuse 말없는 다수; 일반 대중. Les garçons sont la ~ dans la classe. 학급의 태반이 남자이다. ③ 《법》성년(프랑스에서는 현재 18세). atteindre sa ~ 성년이 되다. ~ civile[électorale] 민법[선거법]상 성년. ④ 《군사》사령부.
en ~ 대부분. Nous sommes *en* ~ hostiles à cette opinion. 우리는 대부분 이 의견에 반대이다.

Majorque [maʒɔrk] *n.pr.f.* 《지리》마조르카 섬.

majorquin(e) [maʒɔrkɛ̃, -in] *a.* 마조르카(*la Majorque*)섬의. —**M~** *n.* 마조르카 사람.

majuscule [maʒyskyl] *a.* ① 대문자의. A ~ 대문자 A. ②《구어》대단한, 중요한.
—*n.f.* 대문자(lettre ~).

maki [maki] *n.m.* 《동물》여우원숭이.

makila [makila] *n.m.* (바스크 사람이 쓰는)지팡이.

Mal (약자) Maréchal 《군사》원수.

mal¹(e) [mal] *a.* ① 나쁜(현재는 다음 표현에서만 쓰임). bon an, ~ an (성적이 좋은 해와 나쁜 해를 평균한 뜻으로)연 평균. bon gré, ~ gré 좋든 싫든. ②《옛》불길한, 죽음의. à la ~*e* heure 임종 때. mourir de ~ mort 횡사(橫死)하다.

⁑mal²(*pl.* **aux**) [mal, -o] *n.m.* ① 악, 나쁜 짓 (crime). le bien et le ~ 선악. faire le ~ 나쁜 짓을 하다, 죄를 짓다(pécher). rendre le ~ pour le ~ 악을 악으로 갚다.
② 손해(dommage); 화(禍), 재난; 불행(malheur). réparer le ~ causé par un incendie 화재로 인한 손해를 보상하다. supporter des *maux* cruels 가혹한 재난[시련]을 견디다. vouloir[souhaiter] du ~ à qn …이 잘못 되기를 바라다.
③ 수고, 노력; 곤란(difficulté). On n'a rien sans ~. 노력 없이는 아무 것도 얻지 못한다. Le ~ est qu'il s'absente souvent. 곤란한 것은 그가 자주 결석한다는 것이다.
④ ⓐ 고통, 아픔(douleur). ~ insupportable 참을 수 없는 고통. souffrir de violents *maux* de tête (de dents) 심한 두통[치통]을 앓다. [avoir ~ à] *avoir* ~ *à la tête* [*à l'estomac*] 머리[배]가 아프다. ⓑ 상함, 부상(blessure). se tirer sans ~ d'un accident 사고에서 상처를 입지 않다. Il n'y a pas de ~. 다친 데 없습니다(괜찮습니다). ⓒ 병(maladie). prendre (du) ~ 병에 걸리다. Le ~ s'aggrave (s'empire). 병이 악화되다. ~ de mer(de l'air) 배 [비행기]멀미. ~ du siècle (비유적)세기병. ~ d'amour 상사병. ~ du pays 향수(병). haut ~; ~ sacré 《옛》간질병. ~ blanc 종기. ~ français 《옛》매독. ~ de cœur 구토.
⑤ 나쁜 면, 잘못된 점. en ~ 나쁘게(→숙어란). Je n'y vois aucun ~. 나쁜 점이라곤 전혀 없다.
⑥ 나쁜 의도, 악의. sans penser[songer] à ~ 악의 없이, 해칠 마음 없이. Je n'y entends aucun ~. 나쁜 뜻은 전혀 없다.

avoir du ~ *à* + *inf.* …하기가 힘들다[어렵다]. J'ai du ~ à comprendre ce que vous dites. 당신이 하는 말을 이해하기가 어렵군요.
avoir ~ *(à)* (이)아프다. J'ai ~ à la tête. 머리가 아프다. avoir ~ *au cœur* 구토증이 나다, 토하고 싶어지다.
dire du ~ *de qn* …을 나쁘게 말하다.
en ~ 나쁘게, 나쁜 뜻으로. prendre[tourner] *qc en* ~ …을 나쁜 뜻으로 해석하다, 곡해하다. Tu lui ressembles, mais *en* ~. 너는 그를 닮았는데, 나쁜 면을 닮았다.
en ~ *de qc* ⓐ …이 결핍되어 고심하다. écrivain *en* ~ *d'imagination* 상상력이 결핍된 작가. enfant *en* ~ *de* mère 어머니가 없는 아이. ⓑ …을 몹시 희구하는. être *en* ~ *de* nouveauté 항상 새로운 것을 추구하는.
faire du ~ *(à)* (에)해를 입히다, 해치다. La grêle a fait du ~ aux récoltes. 우박으로 수확이 피해를 입었다. Il ne *ferait* pas de ~ à une mouche. 파리 한 마리도 죽이지 못할 정도로 그는 선량하다.
faire ~ *à qn* …에게 고통을 주다, ~을 아프게 하다. Vous me *faites* ~. 아파요. La tête me *fait* ~. 머리가 아프다. Cela me *fait* ~ (au cœur) de voir ce spectacle. 이 광경을 보니 마음이 아프다[차마 눈뜨고 볼 수가 없다].
mettre qc(qn) à ~ (사물이 목적보어)손해를 입히다; (사람이 목적보어)학대하다; 《옛》(여자를)유혹하다.
Qui trop se fie, ~ *lui en prend.* 《속어》너무 으스대면[자만하면] 큰 코 다친다.
se donner du ~ [*un* ~ *de chien*] *pour* + *inf.* …하기에 (죽도록) 수고하다(애쓰다). Il *s'est* donné du ~ *pour* y parvenir. 그는 그 일을 성사시키는 데 갖은 애를 썼다.
se faire du ~ 다치다, 상처입다. Il *s'est fait* du ~ en tombant. 그는 넘어져서 다쳤다.

—*ad.* ① 나쁘게, 불완전하게; 졸렬하게, 서투르게. Je parle ~ le français. 나는 불어를 말하는 것이 서투르다. Ça tombe ~. (일이)공교롭게 됐군. affaire qui va ~ 잘못되어 가는 일. Ça commence ~! 시작이 좋지 않군!.
② (다분히 부정적 의미로) 충분히 …하지 않은. salle ~ chauffée 난방이 잘 되지 않은 방. enfants ~ nourris 영양실조의 아이들. La porte ferme ~.

문이 잘 닫히지 않는다. J'ai ~ dormi. 나는 잠을 잘 못잤다.
ⓒ (도덕적으로)나쁘게, 부정하게. Cet homme se conduit ~. 이 남자는 품행이 단정하지 못하다.
④ 악의를 가지고, 좋지 않게, 불친절하게. Il parle ~ des autres. 그는 남들을 험담한다. On est ~ traité ici. 여기서는 대우가 나쁘다.
⑤《속사로서》ⓐ(몸·기분 따위가)좋지 못한, 불편한. se sentir ~ 기분이 좋지 않다. se trouver ~ 몸이 불편하다; 기절하다. Il est ~ portant. 그는 건강이 나쁘다. (aller 와 함께 부사로서)Le malade va ~. 환자의 상태가 좋지 않다. être au plus ~ 위독하다. ⓑ 나쁜, 좋지 않은. quelque chose de ~ 무엇인가 나쁜 것. Il est[C'est] ~ de +inf. …하는 것은 나쁘다. ⓒ 사이가 나쁜. Ils sont ~ ensemble. 그들은 사이가 나쁘다. être[se mettre] ~ avec qn …와 사이가 나쁘다[나빠지다]. **bien ou** ~ 좋건 나쁘건.
pas ~《구어》ⓐ(ne 와 함께)썩 좋은, 썩 잘. Elle n'est *pas* ~. 꽤 아름답다. Nous ne sommes *pas* ~ ici. 여기 있는 것이 그리 나쁘지 않다. Ce n'est *pas* ~. 이건 대단한데. ⓑ(항상 ne 없이)꽤, 많이, 상당히. J'ai déjà *pas* ~ bu. 나는 벌써 많이 마셨다. ⓒ Il a *pas* ~ voyagé. 그는 여행을 상당히 했다. ⓒ [*pas* ~ de]꽤 많은…. Il y a *pas* ~ de fautes dans ce texte. 이 텍스트에는 오자가 꽤 많다.
mal- *préf.* ①「나쁜」의 뜻《예:malchance 불운). ② 다른 말과 결합하여 단어를 만듦《예:mal-aimé 사랑받지 못한 사람).
malabar [malaba:r] *a.* ① 말라바르(*Malabar*, 인도의 지방)의. ②《속어》건장한, 튼튼한(costaud).
malabre [malabr] *n., a.* 말라바르(*Malabar*, 인도의 해안지방)에 사는 토착 기독교도(의).
Malacca [malaka] *n.pr.f.* ①《지리》말라카(말레이 반도 남서안의 도시). ② presqu'île de ~ 말레이 반도.
Malachie [malak(ʃ)i] *n.pr.m.* le Livre de ~ 《성서》말라기서《구약성서 중의 1서).
malachite [malakit] *n.f.* 《광물》공작석.
malacie [malasi] *n.f.* 《의학》이기증(異嗜症).
malaco- *préf.* 「부드러운」의 뜻.
malacoderme [malakɔdɛrm] 《곤충》*a.* 연피(軟皮)의. —*n.m.pl.* 연피류.
malacolite [malakɔlit] *n.f.* 《광물》백휘석(白輝).
malacologie [malakɔlɔʒi] *n.f.* 연체동물학.
malacoptérygien(ne) [malakɔpteriʒjɛ̃, -ɛn] 《어류》*a.* 연기(軟鰭)의, 부드러운 지느러미를 가진. —*n.m.pl.* 《옛》연기류.
malacostracés [malakɔstrase] *n.m.pl.* 《동물》연갑류(軟甲類).
malacozoaire [malakɔzɔɛ:r] *n.m.* 《옛》《동물》연체동물.
‡**malade** [malad] *a.* ① 병든, 탈이 난(indisposé, souffrant). tomber ~ 병들다. être ~ de l'estomac [du cœur] 위장[심장]이 나쁘다. être ~ à mourir [à crever] 중병이다. partie ~ 환부, 환처. ~ à mort 중태.《동식물에 대해》chien ~ de la rage 광견병에 걸린 개. plante ~ 병든 식물. être ~ comme une bête [un chien] 중병이다. ②《기분 따위가》나쁜; (정신적으로)상처입은; 머리가 돈. se sentir ~ 기분이 좋지 않다. avoir le cœur ~ 마음의 상처를 입고 있다. [~ de] être ~ *de* jalousie 질투로 마음(이) 앓고 고 있다. J'en suis ~.《구어》그것 때문에 골치가 아프다. avoir le cerveau(l'esprit) ~ 머리가 돌다, 정신이 이상(異常)중세이다. ②《비유적》《사물에 대해》상한; (사업 따위가)부진한, 병든. reliure bien ~ 몹시 해진《책의》장정. entreprise ~ 부진한 기업. Le ministère est bien ~. 내각은 중병에 걸렸다[위기에 처해 있다].
se faire porter ~ 《군사》병고결석[결근]계를 내다.
—*n.* 병자; 환자. grand ~ 중환자. ~ imaginaire (병도 아닌데)스스로 병자라고 생각하는 사람. faire le(la) ~ 꾀병을 부리다. poste des ~s 《해군》의병실.
‡**maladie** [maladi] *n.f.* ① 병, 질환. ~ de cœur [de peau] 심장[피부]병. ~ infantile 소아병;《비유적》《제도·단체의》초기 불안정. ~ (grave) 가벼운(중한) 질병. ~ honteuse 성병.《동식물에 대해》~ de la vigne 포도나무의 병. ~ du vin 포도주의 변질. ~ de neuf mois《속어》임신. ~ des camps 티푸스. ~ des chiens 《수의》디스템퍼. ~ contagieuse 전염병. ~ aiguë[chronique] 급성(만성)병.
②《비유적》(기능의)장애, 이상. ~s de la mémoire 기억증.
③《구어》심한 버릇, 괴벽(manie). avoir la ~ de la propreté 병적일 정도로 청결을 고집하다, 결벽증이 있다. Elle a la ~ de se mêler des affaires d'autrui. 그녀는 남의 일에 끼어드는 나쁜 버릇이 있다.
en faire une ~ 몹시 괴로와하다[걱정하다]. Tu vas *en faire une* ~. 그러다가 병나겠다. N'*en faites pas une* ~. 너무 마음쓰지 마시오.
maladif(ve) [maladif, -i:v] *a.* 병약한, 잘 앓는; 병적인. tempérament ~ 허약체질. sensibilité ~*ve* 병적인 감수성.
maladivement [maladivmã] *ad.* 병적으로.
maladministration [maladministrasjɔ̃] *n.f.* 악정(惡政).
maladrerie [maladrəri] *n.f.*《옛》(중세의)나병환자 수용 병원.
maladresse [maladrɛs] *n.f.* ① 서투름, 졸렬한 솜씨. agir avec ~ 서투르게 행동하다. ② 서투른 짓, 실수. commettre une ~ 실수를 범하다.
*maladroit(e)** [maladrwa, -at] *a.* 서투른, 졸렬한, 어설픈, 소홀한(gauche, inhabile, ↔ adroit); 무능한(incapable). ouvrier ~ 서투른 일꾼. être ~ de ses mains 손재주가 없다.《비인칭》Il est ~ de + *inf.* …하는 것은 졸렬한 일이다.
—*n.* (위)의 사람.
maladroitement [maladrwatmã] *ad.* 서투르게, 졸렬하게, 어설프게.
malaga [malaga] *n.m.* 말라가(*Malaga*, 에스파냐의 도시)산의 포도주.
malaguette [malagɛt] *n.f.* 후추의 일종.
malaire [malɛ:r] *a.* 《해부》뺨의; 광대뼈의. os ~ 광대뼈.
malais(e¹) [malɛ, -ɛ:z] *a.* 말레이시아의. —**M**~ *n.* 말레이시아 사람. —*n.m.* 말레이시아어(語).
malaise² [malɛ:z] *n.m.* ① 몸이 불편함, 거북스러움(ennui, incommodité, ↔ bien-être). avoir un ~ 몸이 불편하다. ②(막연한)불안(inquiétude);(사회적·정치적)불안, 위기감. ~ indéfinissable 막연한 불안. ~ politique 정치적 불안. ③《옛》돈에 궁한, 곤궁. être dans le ~ 돈에 군색하다.
malaisé(e) [malɛ(e)ze] *a.* ① 곤란한, 어려운(ardu, difficile). tâche ~*e* 어려운 일[임무]. [~ à+*inf.*] théorie ~*e à* comprendre 이해하기 어려운 이론. 《비인칭》Il est ~ *de*+*inf.* …하는 것은 어렵다[힘들다]. ②《옛》고생스러운(pénible). chemin ~ 걷기 힘든 길.
malaisément [malɛzemã] *ad.* 간신히, 가까스로, 겨우, 힘들여.
Malaisie [malɛ(e)zi] *n.pr.f.* 《지리》말레이반도

[군도]; 말레이시아 연방.
malamoc [malamɔk] n.m. 【조류】 검을갈매기.
malandre [malɑ̃:dr] n.f. ① 【수의】 슬군(膝輭)《말의 무릎 오금에 생기는 피부병》. ② 〖목재의〗썩은 마디.
malandreux(se) [malɑ̃drǿ, -ǿ:z] a. ① 【수의】 슬군에 걸린. ② 썩은 마디가 있는.
malandrin [malɑ̃drɛ̃] n.m. ① 〖역사〗 (12~14세기에 프랑스를 휩쓴)불한당. ② 〖옛〗부랑배; 강도.
malappris(e) [malapri, -i:z] 〖옛〗 a. 버릇없는, 상스러운. —n. 버릇없는 [상스러운] 사람. Espèce de ~! 버릇없는 놈!
malaptérure [malaptery:r] n.m. 〖동물〗 (나일강의) 시끈가오리.
malard, malart [mala:r] n.m. 오리의 수컷.
malaria [malarja] n.f. 〖의학〗 말라리아.
malate [malat] n.m. 〖화학〗 능금산염.
malaventure [malavɑ̃ty:r] n.f. 〖옛〗재난(災難), 재앙(mésaventure).
malavisé(e) [malavize] a. (사람·행동이)지각없는, 사려없는, 무분별한(inconsidéré, imprudent). être ~ de + inf. 무분별하게 …하다. —n. 〖드물게〗(위)의 사람.
Malawi [malawi] n.pr.m. 〖지리〗 말라위《동아프리카의 공화국》.
malawien(ne) [malawjɛ̃, -ɛn] a. 말라위(Malawi)의. —M~ n. 말라위 사람.
malaxage [malaksa:ʒ], **malaxation** [malaksasjɔ̃] n.f. ① 반죽, 빚기. ~ du beurre 버터의 연압(煉壓). ② 마사지.
malaxer [malakse] v.t. ① (버터·시멘트·진흙 따위)를 반죽하다, 이기다. ② (팔다리를)주무르다, 마사지하다.
malaxeur [malaksœ:r] n.m. (버터·시멘트·진흙 따위를)반죽하는 기구, 혼합기.
malayo-polynésien(ne) [malejɔpɔlinezjɛ̃, -ɛn] a., n. = maléo-polynésien.
Malaysia [malɛzja] n.pr.f. = Malaisie.
malbâti(e) [malbɑti] 〖구어〗 a. (체격이)보기 흉한, 못생긴. —n. 못생긴 사람.
malchance [malʃɑ̃:s] n.f. ①불운, 불행. avoir de la ~ 운이 나쁘다. jouer de ~ (무슨 일에나)운수가 나쁘다. ②불운한 일. une série de ~s 불운의 연속. par ~ 운이 나쁘게, 재수없이.
malchanceux(se) [malʃɑ̃sǿ, -ǿ:z] a., n. 불운한(사람). joueur ~ 운이 따르지 않는 도박꾼.
malcommode [malkɔmɔd] a. 불편한.
malcomplaisant(e) [malkɔ̃plɛzɑ̃, -ɑ̃:t] a. 〖드물게〗 불친절한.
mal-connaissance [malkɔnɛsɑ̃:s] n.f. 부족한 [부정확한] 지식.
malcontent(e) [malkɔ̃tɑ̃, -ɑ̃:t] a., n. 〖옛〗 = mécontent. —n.m.pl. 〖프랑스사〗 제4차 종교전쟁시대(16세기)의 불평당. coiffure (coiffé) à la ~ 빡빡 깎은 머리(의).
maldisant(e) [maldizɑ̃, -ɑ̃:t] a., n. 〖옛〗 = médisant.
Maldives [maldi:v] n.pr.f.pl. 〖지리〗 몰디브《인도양 안의 군도·공화국》.
maldivien(ne) [maldivjɛ̃, -ɛn] a. 몰디브 군도《공화국》의. —M~ n. 몰디브 사람.
maldonne [maldɔn] n.f. ① 【카드놀이】 패를 잘못 나눠주기. ② (분배·계산의) 잘못(erreur); 오해 (malentendu). Il y a ~!; Y a ~! 〖속어〗잘못 생각했어! 오해야!
maldonner [maldɔne] v.i. 【카드놀이】 패를 잘못 나눠주다.
*****mâle** [ma:l] n.m. ① 수컷(↔ femelle); 〖법〗 남자.

② 〖구어〗정력적인[사내다운] 남자. beau ~ 대장부, 쾌남아. —a. ① 수컷의, 남성의. hormone ~ 남성 호르몬. population ~ 남자인구. enfant ~ 남자아이. ② 사내다운(viril); (문장 따위가)박력있는, 힘찬. visage ~ 사내다운 얼굴. ~ beauté 남성미. style ~ 박력있는 문체. ③ 〖기술〗 prise ~ 콘센트 플러그; vis ~ 수나사.
malebête [malbet] n.f. 〖옛〗맹수; 위험 인물.
malebouche [malbuʃ] n.f. ① 험구가. ② (중세 이야기 속의 우의적 인물로서의)험구, 욕설.
malechance [malʃɑ̃:s] n.f. 〖옛〗 = malchance.
malechanceux(se) [malʃɑ̃sǿ, -ǿ:z] a. 〖옛〗 = malchanceux.
malédiction [malediksjɔ̃] n.f. 〖문어〗 ① 저주, 저주하는 말. ~ divine 신의 저주. jeter une ~ à ~을 저주하다. ② (비유적) (숙명적인)불운, 불행. La ~ est sur moi. 나는 저주받은 몸이다. —int. M~! 제기랄! 빌어먹을!
malefaim [malfɛ̃] n.m. 〖옛〗심한 굶주림.
maléfice [malefis] n.m. 주문, 방자; 마법, 마력. jeter des ~s sur qn …에게 주문을 외어 재앙이 닥치게 하다. ~ de la drogue 마약의 마력.
maléficié(e) [malefisje] a. 〖옛〗저주받은, 주술에 걸린.
maléfique [malefik] a. 불길한. être né sous une étoile ~ 불길한 별아래 [저주를 받고] 태어나다.
malefortune [malfɔrtyn] n.f. 〖옛〗불행, 재앙.
maléique [maleik] a. acide ~ 【화학】 말레인산(酸) ($C_2H_2(COOH)_2$).
malembouché(e) [malɑ̃buʃe] a. 〖구어〗말투가 상스러운.
mâlement [mɑlmɑ̃] ad. 〖드물게〗사내답게.
malemort [malmɔ:r] n.f. ① 〖옛〗참사, 횡사. mourir de ~ 비참하게 죽다. ② 나병, 문둥병.
malencontre [malɑ̃kɔ̃:tr] n.f.[m.] 〖옛〗불운, 재앙. par ~ 공교롭게도, 운수 나쁘게.
malencontreusement [malɑ̃kɔ̃trǿzmɑ̃] ad. 운수 나쁘게, 공교롭게도.
malencontreux(se) [malɑ̃kɔ̃trǿ, -ǿ:z] a. 공교로운, 불운한(fâcheux, malheureux). panne ~se 재수없는 [공교로운] 고장.
malendurant(e) [malɑ̃dyrɑ̃, -ɑ̃:t] a. 〖옛〗성미 급한, 참을성 없는.
mal-en-pattes [malɑ̃pat] n.m. 《복수불변》〖구어〗서투른 사람.
mal(-)en(-)point [malɑ̃pwɛ̃] loc.a. 《불변》〖구어〗몸이 편찮은, 곤경에 빠진. Voici un blessé bien ~. 이 부상자는 매우 위태롭다. commerçant ~ 돈이 궁색한 상인.
malentendant(e) [malɑ̃tɑ̃dɑ̃, -ɑ̃:t] a., n. 잘 못듣는 [난청의] (사람).
malentendu [malɑ̃tɑ̃dy] n.m. 오해; (감정의)불일치, 불화(mésentente). provoquer des ~ 오해를 일으키다. dissiper un ~ 오해를 풀다. ~ diplomatique 외교적 갈등.
malentente [malɑ̃tɑ̃:t] n.f. 〖옛〗불화(不和).
maléo-polynésien(ne) [maleɔpɔlinezjɛ̃, -ɛn] a. 말레이 폴리네시아 인종[어족]의. —M~-P~ n. 말레이 폴리네시아 사람. ② n.m. 말레이 폴리네시아 어족(langues ~nes).
malepeste [malpɛst] n.f. 〖옛〗 La ~ soit de lui! 고러운 녀석 뒈져라! —int. 제기랄! 빌어먹을! 저런! 〖억울함·노여움·놀람〗.
mal(-)être [malɛtr] n.m. ① 《복수없음》〖옛·문어〗불쾌감. éprouver du ~ 불쾌감을 느끼다. ② 가난, 빈곤.
malévole [malevɔl] a. 〖옛〗악의있는.

malfaçon [malfasɔ̃] *n.f.* 서투른 솜씨, 서투르게 된 것, 결함(défaut, imperfection).

malfaire [malfɛːr] *v.i.* 《옛》《부정법에만 씀》나쁜 일을 하다; 해를 끼치다. se garder de ~ 해로운 일〔나쁜 짓〕을 삼가다.

malfaisance [malfəzɑ̃ːs] *n.f.* ①《문어》악의, 앙심. exercer sa ~ 악한 짓을 하다. ② 악행; 해로운 작용〔영향〕. ~ d'une philosophie pessimiste 비관주의 철학의 악영향.

malfaisant(e) [malfəzɑ̃, -ɑ̃ːt] *a.* ① 악의있는. génie ~ 악령. ② 유해한(nuisible). avoir une influence ~e 악영향을 끼치다. ③《문어》해롭다.

malfaiteur(trice) [malfɛtœːr, -tris] *n.* 범죄자, 악당, 갱. dangereux ~ 흉악범. bande de ~s 강도단. repaire de ~s 범죄자의 소굴.

malfamé(e) [malfame] *a.*《드물게》평판이 나쁜(mal famé(e) 라고도 씀).

malfil [malfil] *n.m.* = **morfil**².

malformation [malfɔrmasjɔ̃] *n.f.*《의학》기형.

malfrat [malfra] *n.m.*《속어》악당, 망나니.

malgache [malgaʃ] *a.* 마다가스카르(Madagascar) 섬의. —**M~** *n.* 마다가스카르 섬 사람. —*n.m.* 마다가스카르어(語).

malgracieusement [malgrasjøzmɑ̃] *ad.*《옛》버릇 없게, 퉁명스럽게.

malgracieux(se) [malgrasjø, -øːz] *a.* ①《옛》사투리 버릇없는, 퉁명스러운. ②《문어》보기흉한, 못 생긴(disgracieux). pattes ~ses 보기흉한 다리.

‡**malgré** [malgre] *prép.* ① [~ qn] …의 뜻에 반하여, 의사를 무시하고, Il s'est marié ~ son père. 그는 아버지의 뜻을 어기고 결혼했다. ② [~ qc] …에도 불구하고, 을 무릅쓰고, ~ cela 그럼에도 불구하고, ~ la pluie 비가 오는데도, M~ tout son talent, il n'y a pas réussi. 뛰어난 재주에도 불구하고 그는 실패했다.

~ **que j'en aie(qu'il en ait)** 《문어》내〔그가 싫다〕라도, 싫든 좋든. Il doit obéir, ~ qu'il en ait. 그는 좋든 싫든 복종해야 한다.

~ **que + sub.**《드물게》[+ ind.] …임에도 불구하고 (quoique). ~ qu'il ait beaucoup de travail en ce moment 그가 요즈음 일이 많음에도 불구하고. 이 용법은 ~que+avoir 의 경우만을 인정하는 문법학자도 있음.

~ **soi** ⓐ 자기 뜻에 반하여, 마지 못해(à contrecœur). Il y a consenti ~ lui. 그는 마지못해 찬성했다. ⓑ 본의 아니게(involontairement). J'ai entendu ~ moi ce que vous venez de dire. 당신이 방금 한 말을 본의 아니게 들었읍니다.

~ **tout** ⓐ 어떤 일이 있더라도, 기어코, Il faut ~ tout que je réussisse à cet examen. 나는 기필코 이 시험에 합격해야만 한다. ⓑ 그래도 역시(et pourtant). Il a des défauts, mais ~ tout il est gentil. 그는 결점이 있긴 하지만 그래도 상냥한 사람이다. ⓒ 뭐니뭐니해도(quoi qu'on en dise(pense)). C'était un grand homme, ~ tout. 그는 누가 뭐라해도 큰 인물이었다.

malguorien(ne) [malgɔrjɛ̃, -ɛn] *a.* 모기요(Mauguio, 프랑스의 도시)(사람)의. —**M~** *n.* 모기요 사람.

malhabile [malabil] *a.* 서투른, 솜씨 나쁜, 어설픈 (gauche, maladroit). 솜씨 ~s 서투른 솜씨. [~ à + inf.] être ~ à mentir 거짓말에 서툴다.

malhabilement [malabilmɑ̃] *ad.* 서투르게, 어설프게.

malhabileté [malabilte] *n.f.*《드물게》서투름, 서투른 솜씨.

malherbe [malɛrb] *n.f.*《식물》갯실경이과(科)의 1속(屬).

‡**malheur** [malœːr] *n.m.* ① 불행, 불행한 일; 재난, 화(禍)(↔ bonheur). Il lui est arrivé un grand ~. 그에게 큰 불행이 닥쳤다. Il a eu bien des ~s. 그는 많은 불행한 일을 겪었다. Un ~ arrive si vite! 불행은 눈깜짝할 사이에 일어난다. ~ des temps 시대의 불행한 상황〔조건〕.

② 불운; 난처한 일, 재수 ~ 불운하게도, 불행히도. [avoir le ~ de+inf.] J'ai eu le ~ de tomber sur lui. 나는 불행하게도 그에게 걸렸다. Le ~, c'est que … 난처하게도….

③《감투사적》《절망·놀라움을 표시》M~! il m'a trahi! 이럴수가! 그자가 나를 배신하다니.

À quelque chose ~ est bon.《속담》불행도 어떤 일에는 행복이다, 전화위복.

de ~ ⓐ 불길한, 불행을 초래하는. jour *de ~* 재수없는 날, 흉일. Encore cette pluie *de ~*! 또 재수없는 비가 오는군. ⓑ jouer *de ~* (무슨 일에나)운이 없다.

faire le ~ de qn …을 불행하게〔마음 아프게〕만들다. Il a fait le ~ *de* toute la famille. 그는 온가족의 골칫거리였다. Le jeu *fera votre ~*. 도박은 당신을 불행하게 만들 것이다.

faire un ~《속어》① 불상사를 일으키다. Retenezmoi ou je *fais un ~*. 나를 붙잡으시오, 아니면 바탕 소란을 피우겠소. ② 대성공을 거두다. Il *a fait un ~* à l'Olympia. 그는 올림피아(음악당)에서 대성공을 거두었다.

Le ~ a voulu que + sub. 불운하게도 …하다. *Le ~ a voulu qu'il arrive trop tard*. 운나쁘게도 그는 너무 늦게 도착했다.

M~ à …! …에게 화 있으라 ! *M~ au tyran!* 폭군에게 화 있으라 ! *M~ aux vaincus*! 패자에게 화 있으라 ! (패자는 무슨 일을 당해도 할 수 없다는 뜻).

porter ~ 불행을 초래하다, 불길하다.

pour son ~ 불행히도, 운 나쁘게도. Je l'ai connu *pour mon ~*. 나는 불행하게도 그를 알게 되었다.

Quel ~ que + sub. …! …하다니 정말 억울하군 〔유감이다〕! *Quel ~ qu'elle ne puisse pas venir pour mon anniversaire*! 그녀가 내 생일에 올 수 없다니 정말 유감스럽군!

Un ~ ne vient jamais seul.《속담》불행은 언제나 연이어서 닥치는 법이나.

malheure (à la) [alamalœːr] *ad.*《옛》《다음의 표현으로만 쓰임》aller *à la ~* 불행에 빠지다. Va-t'en *à la ~*! 꺼져버려.

*malheureusement** [malœrøzmɑ̃] *ad.* 불행하게도, 운수 나쁘게, 공교롭게. périr ~ 비참하여 죽다.

‡**malheureux(se)** [malœrø, -øːz] *a.* ① 불행한, 불쌍한, 가련한(misérable). famille ~se 불행한 가족. rendre *qn* ~ 을 불행하게 하다. se rendre ~ 불행해지다. ~ses victimes 불쌍한 희생자들. Ne prends pas cet air ~. 그런 가련한 모습을 하지 말게. ~ comme les pierres《구어》아주 비참한; 몹시 불행한.

② 운 없는, 불운한(malchanceux); 결과가 나쁜. être ~ au jeu 도박에 운이 없다. candidat ~ 낙방한 후보자〔수험자〕. tentative ~se 끝내 실패해버린 시도.

③ 유감스러운, 마음아픈(regrettable). C'est bien ~. 매우 유감이다. [être ~ de + inf.] Je suis ~ de ne pouvoir vous venir en aide. 당신을 도와드릴 수 없어 마음이 아픕니다. (비인칭) Il est(C'est) ~ de ne pouvoir faire ce qu'on veut. 하고 싶은 일을 할 수 없다니 마음이 아프다. Il est ~ qu'elle ne vienne pas. 그녀가 오지 않다니, 유감이군요.

④ (행동·말 따위가)격에 맞지 않는(lamentable). avoir un mot ~ (상대의 감정을 해치는)엉뚱한 말

을 하다, 실언하다. avoir un geste ~ (일을 그르치고 마는)서투른 행동을 하다.
⑤《명사 앞에서》하찮은, 보잘것 없는(insignifiant, pauvre). ~ écrivain 3류작가. En voilà des histoires pour un ~ billet de dix francs! 하찮은 10프랑 지폐 때문에 이 무슨 말썽인지!
avoir la main ~se《구어》서툴다, 손재주가 없다; (선택을 잘못하여)실패하다. Il *a eu la main ~se* dans le choix de ses collaborateurs. 그는 협력자를 선택하는 데 있어 실수를 범했다.
—*n.* ① 불행한 사람;《특히》가난한 사람. secourir les ~ 가난한 사람을 돕다.
②《옛》쓸모없는 사람; 비열한 사람. M~! Tu vas perdre une fortune dans cette affaire! 이 바보야! 이 사업에서 재산을 날리려고 그래!(경고). M~! pourquoi avoir tant tardé? 이 멍청아! 왜 그렇게 늦었어?(비난). Petit ~! (경솔한 아이를 가리켜)애야!

malhonnête [malɔnɛt] *a.* ① 파렴치한, 불성실한, 부정직한. commerçant ~ 부정직한(속임수를 쓰는) 상인. recourir à des procédés ~s 부정한 방법을 쓰다. ②《옛》무례한, 버릇없는; 외설스러운, 상스러운. ~ homme 버릇없는 사람. paroles ~s 상스러운 말. —*n.*《속어》무례한 자, 버릇없는 사람. Tais-toi, petit ~. 너 이놈아, 버릇없는 녀석.

malhonnêtement [malɔnɛtmɑ̃] *ad.* ① 불성실하게, 부정하게. ②《옛》버릇없게, 무례하게, 외설스럽게.

malhonnêteté [malɔnɛtte] *n.f.* ① 불성실; 불성실한 행동. ~ intellectuelle 지적 불성실. ②《옛》버릇없음, 무례함; 버릇없는 짓; 외설, 음란.

Mali [mali] *n.pr.m.*【지리】말리(서아프리카의 공화국).

malice [malis] *n.f.* ① 악의, 앙심, 교활, 간교함 (malignité, méchanceté). Il est sans ~ 그는 악의 없는(순진한) 사람이다. ne pas entendre ~ à qc 악의 없이 ...을 하다. par pur ~ 순전히 악의적으로.
② 깜찍스러운 장난, 놀림(plaisanterie, farce); 비꼼, 우롱(moquerie). ~ bien innocente 악의없는 장난. dire des ~s à qn ...을 놀리다. faire une ~ à qn ...에게 장난을 하다. réponse pleine de ~ 몹시 비꼬는 대답. *sac à* ~ (요술장이의)요술주머니.

malicieusement [malisjøzmɑ̃] *ad.* ① 장난꾸러기로; 농담으로, 놀림삼아. interroger ~ sur une question délicate 미묘한 문제에 대하여 짓궂게 물어보다.
②《옛》악의를 가지고.

malicieux(se) [malisjø, -ø:z] *a.* ① 간교한, 비꼬는; (아이가)장난꾸러기인. regard ~ 장난기 있는 눈초리. ②《옛》악의있는. ~ homme 악의있는 사람. cheval ~ 사나운 말. —*n.* 장난꾸러기, 심술쟁이.

malien(ne) [malje͂, -ɛn] *a.* 말리(Mali, 아프리카 서부의 공화국)의. —**M~** *n.* 말리 사람.

maligne [maliɲ] ⇨ malin.

malignement [maliɲmɑ̃] *ad.* 심술궂게; 장난스럽게, 장난으로; 꾀바르게.

malignité [maliɲite] *n.f.* ① 간교; 악의; 악의에 찬 언행(méchanceté). ~ du destin 운명의 장난. calomnie faite par ~ 악의로 행해진 중상(中傷).
② 유해(有害)(종양 따위의)악성.

malin(gne) [male͂, -iɲ] *a.* ① 꾀바른, 약삭빠른 (futé, rusé, astucieux); 영리한(intelligent). Il n'est pas très ~. 그는 그다지 영리하지 못하다. ~ 심술궂은; 장난 좋아하는, 장난꾸러기인. regard ~ 장난기 있는 눈매. ② 유해(有害)한, 화(禍)가 미치는(nocif, pernicieux); (질병이)악성의. ~ tumeur ~*gne* 악성종양. fièvre ~*gne*《옛》악성열병.

influence ~*gne*《옛》악영향. ④ 간교한, 간악한, 성질 나쁜; 악의있는(mauvais, méchant). intention ~*gne* 악의. Esprit ~; ~ esprit 악마, 데몽(démon). mettre un ~ vouloir à + *inf.* 심술궂게 ...하다. ⑤ 곤란한, 어려운, 복잡한(compliqué). Ce n'est pas ~; un enfant de cinq ans saurait le manipuler. 그건 어렵지 않다. 다섯살난 아이도 그걸 조작할 수 있다.
Ce n'est pas ~ *de* + *inf.* ...하는 것은 바보짓이다.
Ce n'est pas ~ *d'*être sorti sans manteau alors qu'il neige! 눈이 내리는데 외투도 없이 외출하다니 칠칠맞기도 하지! (C'est idiot).
C'est ~!《구어》(반어적으로)그런 바보짓을 하다니 똑똑하기도 하구나! Tu n'as pas d'argent pour payer? *C'est* ~! 지불할 돈이 없다구? 잘됐군! (C'est stupide).
C'est (Cela n'est) pas ~!《구어》그건 문제 없어! *être plus* ~ *que ça* 그런 짓을 할 만큼 어리석지는 않다.
—*n.* ① le M~ 악마(esprit ~). ② 간교한 사람, 꾀바른 사람; 영리한 사람. C'est un ~. 아주 영리한 사람이다. vieux ~ 약빠리, 여우같은 놈. ③ 장난꾸러기.
À ~, ~ *et demi.*《속담》뛰는 놈 위에 나는 놈 있다.
faire le (son) ~《구어》헤세를 부리다, 똑똑한 체하다. Ce garçon *fait le* ~, mais ce n'est qu'un sot. 그 아이가 똑똑한 체는 하지만 실은 좀 모자라는 녀석이지!

maline[¹] [malin] *n.f.* 한사리.
maline[²] *a.*《속어》malin의 여성형(maligne).
malines [malin] *n.f.* 말린산 흰 레이스.
malingre [male͂gr] *a.* 허약한;《옛》병색이 도는 (↔ robuste).
malingrerie [male͂grəri] *n.f.* 허약.
malinois(e) [malinwa, -a:z] *a.* 말린(Malines, 벨기에의 도시)의. —**M~** *n.* 말린 사람. —*n.m.* 양을 지키는 벨기에산(產) 개.
malintentionné(e) [male͂tɑ̃sjɔne] *a., n.* 악의 있는 (사람), 악의를 가진(사람).
malique [malik] *a.* acide ~【화학】사과산.
malitorne [malitɔrn] *a.*《옛·문어》상스러운, 버릇없는. —*n.* 상스러운 사람; 버릇없는 사람.
mal-jugé [malʒyʒe] *n.m.*【법】부당한 판결, 오판 (↔ bien-jugé).
mallard [mala:r] *n.m.* 회전숫돌.
mallardite [malardit] *n.f.*【광물】말라다이트.
***malle** [mal] *n.f.* ① 트렁크, 여행용(대형) 가방. défaire ses ~ 짐을 풀다, 트렁크에서 짐을 꺼내다. ② (행상인의)봇짐. ③ (자동차의)트렁크 (coffre). ④《옛》우편 행낭; 우편 마차. ⑤ (우편)선박. ~ des Indes【역사】인도便《옛날 영국과 인도를 철도나 배로 연결했던》.
faire sa ~ (*ses* ~*s*);《속어》*se faire la* ~ ⓐ 짐을 꾸리다, 출발 준비를 하다. ⓑ《구어》허둥지둥 떠나가다; 출행랑치다.

malléabilisation [maleabilizasjɔ̃] *n.f.* (금속에)전성(展延性)이 있게 하기, 가단성(可鍛性)이 있게 하기.
malléabiliser [maleabilize] *v.t.* (금속에)가단성이 있게 하다.
malléabilité [maleabilite] *n.f.* ① (금속의)전연성(展延性)이 있음, 가단성. ② 전성적 온순, 유순, 유연성. ~ d'un caractère 융통성 있는 성격.
malléable [maleabl] *a.* 전연성이 있는; 유순한.
malléaire [male:r], **malléal(ale,** *pl.* **aux)** [maleal, -o] *a.*【해부】추골(槌骨)의.
malle-armoire [malarmwa:r] (*pl.* ~**s**-~**s**) *n.f.* 옷

넣는 대형 트렁크. 「하다.
malléer [male] v.t. (금속을)전연하다, 단조(鍛造)
malléination [maleinasjɔ̃] n.f. 《수의》 (말에 대한)말레인의 주사.
malléine [malein] n.f. 《수의》 말레인.
malléiner [maleine] v.t. 《수의》 (말에)말레인을 주사하다.
mallemolle [malmɔl] n.f. ① 인도산의 고운 모슬린. ② (금실로 테를 두른)모슬린 솔.
malléolaire [ma(l)leɔlɛːr] a. 《해부》 복사뼈의.
malléole [ma(l)leɔl] n.f. 《해부》 복사뼈.
malle-poste [malpɔst] (pl. ~s-~(s)) n.f. 《옛》우편마차(malle).
malleterie [maltəri] n.f. 트렁크 제조(판매)업.
malletier(ère) [maltje, -ɛːr] n.m. 트렁크 제조인. ── a. 트렁크 제조의.
mallette [malɛt] n.f. ① 슈트케이스, 작은 가방. ~-radio 휴대용 라디오. ② 《식물》 냉이.
mallier [malje] n.m. 《옛》역(우편)마차를 끄는 말.
mal-logé(e) [malloʒe] (pl. ~-~s) n. 좁고 편의시설이 없는 집에 사는 사람.
mallophages [malɔfaːʒ] n.m.pl. 《생물》 조류에 기생하는 기생충목(目).
malm [malm] 《영》n.m. 《지질》 말름통(統) (서유럽 중생대의 쥐라계의 상부지층).
malmenage [malmənaːʒ] n.m. ① (기계 따위의)혹사. ② (아동의 생체리듬과 학업부담의 부조화에서 비롯되는)과잉피로, 무리.
malmener [malməne] [4] v.t. ① 난폭하게 다루다, 거칠게 대하다. ② (전쟁이나 운동경기에서 적을) 호되게 무찌르다, 혼내주다. Le champion *malmena* son adversaire. 그 챔피언은 자기의 적수를 혼내 주었다.
malmignatte [malmiɲat] n.f. 《동물》 (이탈리아·코르시카산)독거미의 일종.
malnutrition [malnytrisjɔ̃] n.f. 영양 부족(실조).
malocclusion [malɔklyzjɔ̃] n.f. 《의학》 부정교합(不正咬合).
malodorant(e) [malɔdɔra, -ɑ̃ːt] a. 악취를 내는, 고약한 냄새가 나는.
malon [malɔ̃] n.m. 《사투리》도로 포장용 벽돌.
malonique [malɔnik] a. 《화학》 말론산(酸)의. acide ~ 말론산.
malotru(e) [malɔtry] a. 버릇없는, 교양없는, 무례한. conducteur ~ 무례한 운전자. ── n. 버릇(교양)없는 사람.
malouin(e) [malwɛ̃, -in] a. 생말로(Saint-Malo, 프랑스의 도시)의. ──**M**~ n. 생말로 사람.
malpeigné(e) [malpɛ(e)ɲe] a. 머리가 헝클어진, 머리에 빗질을 안한. ── n. 머리가 헝클어진 사람; 옷 매무새가 단정치 못한 사람.
mal-pensant [malpɑ̃sɑ̃] a. 보수적(인습적)생각에 항거하는, 반체제적 사상을 가진. ──n. 불온한(반체제적) 사상을 가진 사람.
Malpighi [malpigi] n.pr.m. corpuscules de ~ 《해부》말피기 소체(小體).
malpighiacées [malpigjase] n.f.pl. 《식물》 마디풀과(科).
malpighie [malpigi] n.f. 《식물》 말피기(빨간색의 식용 열매를 맺는 열대식물).
malplaisant(e) [malplɛzɑ̃, -ɑ̃ːt] a. 《옛》불쾌한.
malpoli(e) [malpɔli] a. 《구어》무례한, 예의에 벗어나는(impoli).
malposition [malpozisjɔ̃] n.f. 《의학》 (치아 따위의 기관 및 태아의)위치이상, 비정상위치.
malpropre [malprɔpr] a. ① 더러운, 때묻은, 불결한(sale). vêtements(mains) ~s 더러운 옷(손).
② 조잡한, (일솜씨 따위가)거친. travail ~ 조잡한 일, 날림으로 해낸 일. ③ 외설스러운, 음탕한; 아비한. plaisanterie ~ 외설스러운 농담. propos ~s 음담패설. ④ 옳지 못한, 부정직한. personnage ~ 부정직한 인물. combinaisons ~s 음흉한 책략.
⑤《옛》부적당한. être ── à qc(à+inf.) ···에(···하기에) 부적당한. ──n. 뻔뻔스러운 사람.
malproprement [malprɔprəmɑ̃] ad. ① 더럽게, 불결하게. ② 부정직하게. ③ 조잡하게; 《드물게》추잡하게.
malpropreté [malprɔprəte] n.f. ① 더러움, 불결. ② (pl.)오물(汚物), 더러운 것. ③ 부정직, 부정(행위). ④ 아비한(외설스러운) 행위(말).
malsain(e) [malsɛ̃, -ɛn] a. ① (사람이)건강하지 못한; 건강에 해로운, 유해한. travail ~ 건강에 나쁜 작업. logement ~ 비위생적인 주거. ② 불건전한, 병적인(maladif). imagination ~e 병적인 상상력. littérature ~e 퇴폐적인 문학. ③《구어》위험한. Filons d'ici, le coin est ~. 달아나자, 여기는 위험하다. ④ côte ~ 《해양》암초가 많은 해안.
malséance [malseɑ̃ːs] n.f. 어울리지 않음, 부적당; 《옛》실례, 결례.
malséant(e) [malseɑ̃, -ɑ̃ːt] a. 어울리지 않는; 무례한. propos ~s 조심성 없는 말. Il est ~ de+inf. ···하는 것은 실례이다, 부적당하다.
malsentant(e) [malsɑ̃tɑ̃, -ɑ̃ːt] a.《옛》자설(邪說)을 주장하는, 생각이 잘못된.
malsonnant(e) [malsɔnɑ̃, -ɑ̃ːt] a. 귀에 거슬리는; (말이)외설스러운.
Malstrom [malstrɔm] n.pr.m=**Maelstrom**.
malt [malt] 《영》n.m. 맥아(麥芽), 엿기름(맥주양조 용).
maltage [maltaːʒ] n.m. 맥아 만들기. 「용).
maltais(e) [maltɛ, -ɛːz] a. 몰타(Malte)섬의. ──**M**~ n. 몰타섬 사람. ──n.m. ① 몰타어(語). ② 몰티즈(애완용 개의 일종). ──n.f. ① 몰타산 오렌지. ② 《옛·속어》금화.
maltase [maltaːz] n.f. 《화학》말타아제.
Malte [malt] n.pr.f. 《지리》몰타 섬(공화국). croix de ~ 몰타 십자; 《기계》(영화촬영기 사용기의)필름정착장치. fièvre de ~ 《의학》몰타열.
malté(e) [malte] a.p. 엿기름이 된; 엿기름이 든.
malter [malte] v.t. (보리를)엿기름으로 하다.
malterie [maltəri] n.f. 맥아 제조소(업); 맥아창고.
malteur [maltœːr] n.m. 맥아 제조인; 맥아 제조공.
malthe [malt] n.m. 《광물》역유(瀝油).
malthusianiser [maltyzjanize] v.i. 《구어》산아제한하다.
malthusianisme [maltyzjanism] n.m. ① 맬서스주의, 맬서스의 인구론; 산아제한(피임)론. ②《경제》생산제한론(주의), 조업단축(── économique). faire du ── universitaire 대학정원의 감축정책을 실시하다.
malthusien(ne) [maltyzjɛ̃, -ɛn] a. 맬서스주의(학파)의; 산아(생산)제한론의. ──n. 맬서스주의자, 산아제한론자; 생산제한론자.
maltine [maltin] n.f. 《화학》맥아(麥芽)속에 함유된 디아스타제.
maltose [maltoːz] n.m. 《화학·공업》 맥아당.
maltôte [maltoːt] n.f. ① 《프랑스사》 (필립 벨(*Philippe le Bel*)이 징수한)특별세; 악질적인 과세. ② 징세(徵稅); 《집합적》세무서원.
maltôtier [maltotje] n.m. 《옛》① 악세를 징수하는 사람. ② 세무서원.
maltraiter [maltrɛ(e)te] v.t. ① 학대하다, 구박하다. parent *maltraité* 학대받는 아이. ── la langue (grammaire) 어법(문법)을 어기다. ② 혹독하게 대하다, 혹평하다, (여자가 남자를)냉대하다. être

maltraité par le sort 액운에 시달리다. ~ un auteur 작가를 혹평하다. ③ 손해를 입히다, 불리하게 하다. L'orage *a maltraité* les vignes. 포도밭이 심한 비바람으로 피해를 입었다.
malvacées [malvase] *n.f.pl.* 〖식물〗 무궁화과.
malvé(e) [malve] *a.* 〖식물〗 접시꽃 비슷한.
malveillamment [malvɛjamɑ̃] *ad.* 악의를 갖고.
malveillance [malvɛjɑ̃:s] *n.f.* [~ envers/pour] (에 대한)악의, 적의. avec ~ 악의를 갖고. par ~ 감정이 있어서, 홧김에. ~ ouverte(manifeste) 노골적인 악의.
malveillant(e) [malvɛjɑ̃, -ɑ̃:t] *a.* 악의에 찬, 적의를 가진(méchant). paroles ~*es* 악의에 찬 언변. se montrer ~ pour *qn* …에 대해 악의(적의)를 표시하다. remarques ~*es* 악의에 찬 지적. —*n.* 악의(적의)를 품은 사람.
malvenant(e) [malvənɑ̃, -ɑ̃:t] *a.* (수목 따위가)발육이 늦은.
malvenu(e) [malvəny] *a.* ① [être ~ à+*inf.*] (할) 권리(자격)가 없는. Il *est ~ à* se plaindre. 그에게는 불평할 권리가 없는(나쁜). ② 발육이 늦은[나쁜].
malversation [malvɛrsasjɔ̃] *n.f.* 공금 횡령, 착복, 독직 행위. fonctionnaire coupable de ~ 독직행위를 한 공무원.
malverser [malvɛrse] *v.i.* (옛) 공금을 횡령하다; 독직행위를 저지르다.
malvoisie [malvwazi] *n.m.[f.]* (그리스산의)단 포도주.
m. à m. (약자) mot à mot 축어적(逐語的)으로, 한마디 한마디, 문자 그대로.
mamamouchi [mamamuʃi] *n.m.* 〖구어〗고관, 관리 (Molière의 희극 *Bourgeois Gentilhomme*에 나오는 벼슬 이름).
‡**maman** [mamɑ̃] *n.f.* ① (어린애말) 엄마. M~ va nous emmener au théâtre ce soir. 엄마는 오늘 저녁 우리를 극장에 데리고 갈 것이다. ② (관사와 함께) 어머니, 마님, 주부. jouer à la ~ 소꿉장난에서 엄마노릇을 하다. bonne ~ 할머니. grosse ~ 〖구어〗뚱뚱한 여자.
mambo [mɑ̃mbo] *n.m.[f.]* 맘보(춤).
mame [mam] *n.f.* 〖구어〗=**madame**.
mamelé(e) [mamle] *a.* 〖동물〗 유방이 있는. animaux ~ 포유동물.
mamellaire [mamɛlɛ:r] *a.* 〖해부〗 유방의.
mamelle [mamɛl] *n.f.* ① (포유동물의)유방. ~s de la vache 암소의 유방. ② 큰 유방; (옛)(여성의)유방(sein). enfant à la ~ 젖먹이. ③ (비유적)(정신적·물질적)양식. Labourage et pâturage sont les deux ~*s* de la France. 농업과 목축은 프랑스의 두가지 양식이다. ④ (옛)(남성의)젖.
sous la ~ gauche 마음속에. n'avoir rien *sous la ~ gauche* (옛)인정도 없다; 용기도 없다.
mamelliforme [mamɛliform] *a.* 유방 모양의.
mamelon [mamlɔ̃] *n.m.* ① 〖해부〗 젖꼭지, 유두(乳頭). ② 원구(圓丘); 원형 돌기. ③ 〖기계〗 대 갈못; 굴대꼭지; 접관(接管).
mamelonné(e) [mamlɔne] *a.* ① (허 따위의)젖꼭지 모양의 돌기가 있는. ② 기복이 많은. plaine ~*e* de collines 둥그스름한 언덕이 산재해 있는 평야.
mamelonner [mamlɔne] *v.t.* 〖건축〗 (지붕 따위에 돔 모양의)돌기를 만들다.
mamel(o)uk(e) [mamluk] *n.m.* ① 〖역사〗 (노예 출신의)기병 ② 친위대원(용사)(후일 터키와 이집트를 지배하기도 함); 나폴레옹1세의 기마 친위대원. ② (비유적) 충신. —*a.* dynastie ~*e* 마멜크왕조.
mamelu(e) [mamly] (속어) *a.* 유방이 큰. —*n.* 유방이 큰 여자.

mamertin(e) [mamɛrtɛ̃, -in] *a.* 마메르(Mamers, 프랑스의 도시)의. —M~ *n.* 마메르 사람.
mamie¹ [mami] 〖영〗 *n.f.* 〖구어〗할머니 (아이들이 할머니를 부를 때, 병원에서는 일반적으로 나이 많은 부인을 말함).
m'amie, mamie² [mami] *n.f.* 〖옛·구어〗귀여운 사람 (mon amie의 옛 형(形), ma+amie)(mie).
mamillaire [mami(l)lɛ:r] *a.* 〖해부〗 유두[젖꼭지] 모양의. éminences ~ 〖해부〗 유두돌기. —*n.f.* 〖식물〗 선인장의 일종.
mamilloplastie [mamilɔplasti] *n.f.* 유방성형수술.
mammaire [ma(m)mɛ:r] *a.* 〖해부〗 유방의. glande ~ 유선(乳腺). sécrétion ~ 유방의 분비작용. —*n.f.* 가슴동맥.
mammalien(ne) [ma(m)maljɛ̃, -ɛn] *a.* 포유(哺乳)동물의.
mammalogie [ma(m)malɔʒi] *n.f.* 포유동물학.
mammalogique [ma(m)malɔʒik] *a.* 포유동물학의.
mammalogiste [ma(m)malɔʒist] *n.* 포유동물학자.
mammectomie [ma(m)mɛktɔmi] *n.f.* 〖외과〗 유방절단술.
mammée [ma(m)me] *n.f.* 〖식물〗 마미 (열대아메리카에서 나는 물레나무과의 나무); (그) 열매.
mammifère [ma(m)mifɛ:r] *a.* 유방이 있는. —*n.m.* 포유동물; (*pl.*) 포유류.
mammiforme [ma(m)miform] *a.* 유방형의.
mammite [ma(m)mit] *n.f.* 〖의학〗 유선염(炎).
mammographie [ma(m)mɔgrafi] *n.f.* 〖의학〗 유선묘사법(乳腺描寫法), 유방조영법(造影法).
Mammon [mamɔ̃] *n.pr.m.* 맘몬 (시리아의 황금의 신); (나쁜 의미로)부(富), 돈. adorateur de ~ 〖구어〗황금숭배자.
mammouth [mamut] 〖러시아〗 *n.m.* ① 〖고대생물〗 매머드. ② (형용사적)매우 거대한; 장시간의. avion ~ 점보 제트기. conseil ~ 마라톤[장시간의] 회의.
mammy [mami] 〖영〗 *n.f.* 〖구어〗할머니 (mamie).
mamoiselle [mamwazɛl] *n.f.* 〖구어〗=**mademoiselle**.
m'amour, mamour [mamu:r] *n.m.* ① (옛) 귀여운 사람 (여자애인에 대한 애칭). ② (*pl.*)(구어) 애정의 표시, 애무. faire des ~*s* à *qn* 〖구어〗…을 애무[귀여워]하다.
mam'selle, mam'zelle [mamzɛl] *n.f.* 〖구어〗=**mademoiselle**.
man [mɑ̃] *n.m.* 〖곤충〗 풍뎅이의 유충.
Man. (약자) ① manuel 개요. ② manivelle 〖약〗 한 줌.
mana [mana] *n.m.* 〖인류〗 (원시 종교에 있어서의) 초자연력. posséder du ~ 초자연적인 힘을 갖다.
manade [manad] (남프랑스) *n.f.* (한 사람의 목동이 지키는)마소의 떼(무리).
management [manadʒmɑ̃, manadʒmɛnt] 〖영〗 *n.m.* 〖경제〗 경영관리 (기업의 경영기능과 관리기능의 총칭).
manager¹ [mana(d)ʒœ:r] 〖영〗 *n.m.* ① (기업의)경영자, 지배인. ② (특히) (극장·운동 경기 단체의)흥행주, 매니저.
manager² [mana(d)ʒe] [3] 〖영〗 *v.t.* ① 〖경제〗 (기업을)관리하다, 경영하다. ② (가수 따위의)흥행을 관리·지도하다; 〖스포츠〗 감독하다.
manant [manɑ̃] *n.m.* ① 〖역사〗시골뜨기, 농부;〖문어〗버릇없는 사람. ② (옛) 촌민; (중세의)평민.
manceau(elle)¹ [mɑ̃so, -ɛl] (*pl.* ~*x*) *a.* 르망(le Mans, 프랑스의 도시)의; 맨(le Maine, 프랑스의 지방)의. —M~ *n.* 르망사람, 르맨사람.
mancelle² [mɑ̃sɛl] *n.f.* 말의 멍에와 수레채를 연결하는 사슬[가죽띠].

mancenille [mãsnij] *n.f.* 《식물》 만치닐의 열매.
mancenillier [mãsnije] *n.m.* 《식물》 만치닐(열대산의 독이 있는 나무).
*****manche**¹ [mã:ʃ] *n.f.* ① 소매. passer(enfiler) ses ~s de son veston 저고리의 소매를 끼다. retrousser ses ~s 소매를 걷어올리다; 열심히 일하기 시작하다. fausses ~s 소매 가리개.

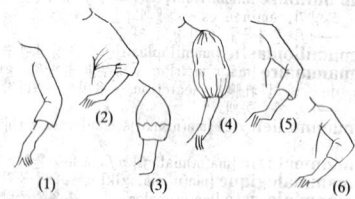

manche¹
(1) manche pagode (2) manche au chauve-souris
(3) manche lanterne (4) manche bouffante
(5) manche raglan (6) manche montée bas

② 통, 호스, 도관(導管). ~ à eau[en toile] 호스. ~ à incendie; ~ d'incendie 소화(消火)용 호스. ~ à vent[à air] 《해양》 통풍관.
③ 《놀이·스포츠》 (세 판 게임의)한 세트. jouer en deux ~s 3판 양승제로 승부를 겨루다. être ~ à ~ 세트 스코어가 동점이다 (이때 결승전은 la belle 이라고 함). ~《구어》백승하다.
④(옛) 《지리》 해협(bras de mer). M~ 영불해협.
avoir la ~ large (참회를 듣는 신부가)매우 관대하다, 너그럽다.
avoir qn dans sa ~ 《구어》…의 힘을 이용할 수 있다; …을 마음대로 할 수 있다.
C'est une autre paire de ~s! 《구어》그건 전혀 다른 문제이다; 그것은 훨씬 어려운[까다로운] 것이다.
être dans la ~ de qn …의 뜻대로 되다; …의 총애를 받다.
être en ~s de chemise 저고리를 벗고 있다.
mettre qc dans sa ~ …을 제것으로 만들다.
se faire tirer la ~ 쉽게 응하지 않다.
se moucher sur la ~ 《속어》전혀 경험이 없다, 아주 풋나기이다. On ne *se mouche* plus *sur la ~*. 세상이 개화됐다. du temps qu'on *se mouchait sur la ~* 옛날 옛적에.
tirer qn par la ~; tirer la ~ à qn …의 소매를 잡아당기다; …의 주의를 끌다.
*****manche**² *n.m.* ①자루; 손잡이; (현악기의)목 (→ violon 그림); (비행기의)조종간(~ à balai). ~ de couteau 칼자루. ~ de guitare 기타의 손잡이(목). savoir son ~ (sur le violon)(바이올린의) 포지션을 잘 터득하고 있다. ②《요리》(양의 허벅다리 고기에 붙어 있는)뼈. ~ à gigot (양의 허벅다리 고기의 뼈를 집는)집게. ③《속어》큰 난관, 곤란. tomber sur un ~ 큰 난관에 봉착하다. ④《구어》명청이, 서투른 자. s'y prendre comme un ~ 바보처럼[서투르게] 처신하다. (형용사적) Elle est assez ~. 그 여자는 어지간히도 재주가 없다.
branler au[*dans le*] ~ 지위가 위태롭다; 결심이 서 있지 않다, 자신이 없어이다. *être*[*se mettre*] *du côté du ~* 《구어》강한 편의 편이 되다, 지배자쪽의 편이다. *jeter le ~ après la cognée* 《구어》낙심해서 단념하다, 손을 들다. *s'endormir sur le ~* 《구어》아무 일도 하지 않고 빈둥거리다.

manche³ *n.f.* (은어) ① 구걸, 걸식. ②(옛) 팁; 새해 선물. ~ 어릿광대[거지]의 세계.
faire la ~ (공공장소에서)구걸하다.
mancheron¹ [mãʃrɔ̃] *n.m.* 짧은 소매; 소매의 윗부분.
mancheron² *n.m.* (쟁기·경운기의) 손잡이.
manchette¹ [mãʃɛt] *n.f.* ① 커프스; (사무용)소맷부리; (사무용)소매커버. ②(*pl.*)《속어》쇠고랑; (세게 쥐어서 생기는)손목의 붉은 자국. ③(신문의)큰 표제, (인쇄) (교정쇄의)여백의 방주(傍註). ④ 맥주의 거품. ⑤ coup de ~ 《스포츠》(펜싱의)손목찌르기.
chevalier de la ~ (옛) 남색가. *mettre des ~s pour + inf.* (옛) …하기 위해서 신중하게 대비하다.
manchette² *n.f.* (다음 표현에서만 사용됨). marquis de la ~ 《속어》거지.
manchon [mãʃɔ̃] *n.m.* ① 토시. chien de ~ 애완용개. ②(유리·도기의)통; 연결기, 슬리브; 굴대반이의 통, 베어링의 부싯; (가스등 따위)광도 증강용 맨틀; 《제지》(초지기(抄紙機)의)건조피트. ③《해부》(관절 따위의)를 싸는초(鞘), 낭囊). ④《군사》군모의 회형겊 커버. ⑤ ~ d'écubier 《해양》호스파이프. ⑥ ~ d'embrayage 《자동차》클러치.

manchon①

manchonner [mãʃɔne] *v.t.* 연결기로 연결하다.
manchot(**e**) [mãʃo, -ɔt] *a.* ①(한) 손[팔]이 없는; (손·팔이)병신인, 불구인. du bras gauche 왼팔이 없는. ②《구어》손재주가 없는, 서투르다. n'être pas ~《구어》손재주가 있다; 빈틈이 없다. —*n.* 손[팔]이 없는(병신인, 불구인)사람. —*n.m.* 《조류》펭귄.
-mancie,-mancien(**ne**) *suff.* 「점·점장이」의 뜻.
mancienne [mãsjɛn] *n.f.* 《식물》가막살나무의 일종.
mancipation [mãsipasjɔ̃] *n.f.* 《로마법》소유권의 양도.
mandaïte [mãdait] *n.m.* =**mendaïte**.
mandala [mãdala] 《산스크리트》 *n.m.* 만다라(曼陀羅).
mandale [mãdal] *n.f.* 《속어》따귀 치기, 뺨 때리기 (gifle).
mandant(**e**) [mãdã, -ã:t] *n.* ①《법》위임자, 위탁자. ②(*pl.*) 《정치》선거민, 투표자.
mandarin¹(**e**') [mãdarɛ̃, -in] *a.* ①(중국의)관리(官話)의. langue ~e 관화. ② canard ~ 《조류》원앙새. —*n.m.* ①《역사》(중국의)고관. ②특권적 지식인, 문화인; (종종 경멸)(영향력 있는)인물. ③ 표준 중국어, 관화.
mandarin² [mãdarɛ̃] *n.m.* 밀감으로 만든 일종의 술(식전에 마심).
mandarinal(**ale**, *pl.* **aux**) [mãdarinal, -o] *a.* ①《역사》(중국·인도지나·조선의)고관의. ②특권적 지식계급의.
mandarinat [mãdarina] *n.m.* ①《역사》(중국·인도지나·조선의)고관의 직; 과거(제도). ②《집합적》특권적 지식계급. ③학력서열제도.
mandarine [mãdarin] *n.f.* 《식물》 밀감. —*a.* (불변) 밀감색의.
mandarinier [mãdarinje] *n.m.* 밀감나무.
mandarinisme [mãdarinism] *n.m.* ①(중국의)관리 등용법, 과거(科擧). ②학력(자격면허장)서열제도.
*****mandat** [mãda] *n.m.* ①위임, 위탁, 위임장. donner ~ à qn de + inf. …에게 …하는 것을 위임하다. impératif 강제위임, 명령적위임. ~ tacite 묵시적 위임. territoire sous ~ 신탁통치령. ②(위원의)

권한, 의무, 임기; 대리. s'acquitter d'un ~ 의무 [책임·직무]를 다하다. confier un ~ difficile 어려운 임무를 맡기다. remplir un ~ 책임을 다하다. ③ 【법】 영장; 명령서. ~ d'amener 구인장. ~ d'arrêt 체포장. ~ de comparution (de dépôt) 소환(구류)장. ④ 우편환. ~ international (sur l'étranger) 외국환. ~ postal (de poste) 우편환. ~ télégraphique 전신환. ⑤ 【재정】 국고지불명령서(~ du Trésor); 【상업】 상업어음(~ commercial). ~ de paiement 약속어음; 지불어음. ~ de virement 환어음.

mandataire [mɑ̃datɛ:r] n. ① 수임자(受任者), 수탁자; 대리인; 위임통치국. ~ du peuple 국민의 대표자, (의회의)의원. ~ aux Halles 【상업】 (파리 중앙 청과물 시장의)거간상(居間商), 브로커. ② 수호자, 옹호자.

mandat-carte [mɑ̃dakart] (pl. ~s-~s) n.m. 《우편》 (엽서 모양으로 된)우편환.

mandat-contributions [mɑ̃dakɔ̃tribysjɔ̃] (pl. ~s-~) n.m. 납세용 우편환.

mandaté(e) [mɑ̃date] n. 수임자; (의회의)의원.

mandatement [mɑ̃datmɑ̃] n.m. 환송금, 우편송금.

mandater [mɑ̃date] v.t. ① 위임하다. ② (돈을)우편환으로 송금[지불]하다.

mandatif(ve) [mɑ̃datif, -i:v] a. 우편환의.

mandat-lettre [mɑ̃dalɛtr] (pl. ~s-~s) n.m. 봉함우편환.

mandat-poste [mɑ̃dapɔst] (pl. ~s-~) n.m. 우편환.

mandchou(e) [mɑ̃(t)ʃu] (pl. ~s) a. 만주의. ㄴ환. —M~ n. 만주 사람. —n.m. 만주어.

Mandchoukouo [mɑ̃(t)ʃukwo] n.pr.m. 【역사】 만주국(1932-1945).

Mandchourie [mɑ̃(t)ʃuri] n.pr.f. 《옛》 만주.

mandé(e) [mɑ̃de] n. 《옛》 불려온 사람, 소환된 사람.

mandéen(ne) [mɑ̃deɛ̃, -ɛn] 《종교》 a. 만다야교(敎)의 《근동지역의 종교유파》. —n. 만다야교도. —n.m. 만다야어(語).

mandegloire [mɑ̃dglwa:r] n.f. 《옛》 =mandragore.

mandement [mɑ̃dmɑ̃] n.m. ① 《가톨릭》 (주교의 교구 신자에게 보내는)교서(敎書). ② 《옛》 (부하에 대한 상관의)명령서.

mander [mɑ̃de] v.t. ① 《문어》 불러들이다, 오게 하다. ~ qn d'urgence 급히 불러들이다. ② 《옛》 명하다(ordonner). ~ à qn de+inf.; ~ que+sub. ···에게 ···하라는 명령(명령서)을 내리다. Mandons et ordonnons que+sub. ···하기를 명하노라 《왕조 시대의 명령서 형식》. ③ 《옛》 (문서에)통지하다. On mande de... que... (신문에서)···이라는 보도가 있었다. ···부터의 보도에 의하면···.

mandibulaire [mɑ̃dibylɛ:r] a. 아래턱의; 아래턱뼈의; 부리의.

mandibule [mɑ̃dibyl] n.f. 【동물】 아래턱; 【곤충】 큰턱; 【조류】 부리. ㄴ는.

mandibulé(e) [mɑ̃dibyle] a. 【곤충】 큰턱이 있는

mandille [mɑ̃dij] n.f. 《옛》 (옛날 신분이 낮은 사람들이 입은)짧은 외투, 짧은 상의.

mandoline [mɑ̃dɔlin] n.f. 【음악】 만돌린.

mandoliniste [mɑ̃dɔlinist] n. 만돌린 연주자.

mandore [mɑ̃dɔ:r], **mandole** [mɑ̃dɔl] n.f. 《옛》 《음악》 만도라 《만돌린의 전신》.

mandorle [mɑ̃dɔrl] n.f. 【미술】 (최후의 심판의 그리스도를 둘러싼)후광(後光).

mandragore [mɑ̃dragɔ:r] n.f. 【식물】 만드라고라 《약용 가지과(科) 식물로서 고대와 중세의 마법 용으로 사용되었음》.

mandrill [mɑ̃dril] n.m. 【동물】 만드릴 《서아프리 카산의 비비》.

mandrin¹ [mɑ̃drɛ̃] n.m. 【기계】 (선반의)물림장치, 물림쇠; (철판을 뚫는)천공기(穿孔), 원통 ㄴ형 공구.

mandrin² n.m. 《구어》 도둑, 강도.

mandrinage [mɑ̃drina:ʒ] n.m. ① 선반에 고착시키기. ② 천공, 구멍 뚫기 [넓히기].

mandriner [mɑ̃drine] v.t. 【기계】 (선반에)고착시키다.

manducable [mɑ̃dykabl] a. 【의학】 먹을 수 있는, 식용이 되는.

manducation [mɑ̃dykasjɔ̃] n.f. ① 《생리》 먹는 행위 《소화작용 이전에 행해지는》. ② 《가톨릭》

-mane¹ suff. 「광(狂)·중독자」의 뜻. ㄴ영성체.

-mane² suff. 「손」의 뜻.

manéage [manea:ʒ] n.m. 【해양】 (상선의 선원이 무료로 하는)시간외 노동, (선주의 명령에 따라 선원이 행하는)하역봉사.

manécanterie [manekɑ̃tri] n.f. (교회 부속의)성가대 양성소.

manège [manɛ:ʒ] n.m. ① 조마(調馬); 조마술(術). maître de ~ 조마 교사; (서커스단의)곡마사. ② 조마장; 승마 연습장. ~ couvert 옥내 조마장, 옥내 마술연습장. ③ 메리고라운드; 회전목마(~ de chevaux de bois). ④ (말 따위의 힘을 이용하는)연자방아; 기계장치. ⑤ 《구어》 간책, 술책, 잔꾀(manœuvre); 《옛》 처세술. Je me méfie de son ~. 나는 그의 술책을 경계하고 있다.

manégé(e) [maneʒe] a. ① (말이)조련된. ② 《옛》 (사람이)권모술수에 능한.

manéger [maneʒe] [3-6] v.t. (말을)조련하다. —v.i. 《문어》 능란하게 사용[조종]하다.

mânes [ma:n] n.m.pl. ① 【고대로마】 (죽은 사람의)망혼. ② 《문어》 영(靈), 조상의 넋.

manet [manɛ] n.m. 【어업】 자망(刺網).

maneton [mantɔ̃] n.m. 【기계】 (크랭크 축(軸)의)크랭크핀; 피스톤핀.

manette [manɛt] n.f. ① 핸들, 손잡이. ② 【전신】 (모르스 발신기의)키; 【해양】 (키의)손잡이. ② 【원예】 (정원사의)모종삽.

manezingue [manzɛ̃:g] n.m. 《속어》 선술집[목로주점](의 주인).

manganate [mɑ̃ganat] n.m. 【화학】 망간산염.

manganèse [mɑ̃ganɛ:z] n.m. 망간. acier au ~ 망간강(鋼).

manganésé(e) [mɑ̃ganeze] a. 망간이 섞인.

manganésien(ne) [mɑ̃ganezjɛ̃, -ɛn], **manganésifère** [mɑ̃ganezifɛ:r] a. 【화학】 망간을 함유한.

manganeux(se) [mɑ̃ganø, -ø:z] a. 【화학】 제 1 망간의. oxyde ~ 일산화망간.

manganin [mɑ̃ganɛ̃] n.m. 《상표명》 망가닌 《전기저항선용 구리·망간·니켈의 합금》.

manganique [mɑ̃ganik] a. 【화학】 제 2 망간의. acide ~ 망간산.

manganisme [mɑ̃ganism] n.m. 망간 중독.

manganite [mɑ̃ganit] n.f. 【광물】 수(水)망간광. —n.m. 【화학】 아망간산염.

mangeable [mɑ̃ʒabl] a. 식용이 되는, 먹을 수 있는. à peine ~ 식용할 수 없는.

mangeaille [mɑ̃ʒa:j] n.f. 《옛》 (가축·가금의)먹이, 모이; 《구어》 음식.

mangeant(e) [mɑ̃ʒɑ̃, -ɑ̃:t] a. être bien ~ 《옛》 잘 먹다, 식성이 좋다. ㄴ식.

mangement [mɑ̃ʒmɑ̃] n.m. 《구어》 침식(浸蝕), 부

mangeoire [mɑ̃ʒwa:r] n.f. 구유, 사료통; (가금의)모이통.

mangeotter [mɑ̃ʒɔte] v.t. 《구어》 마지 못해 조금씩 먹다; 깨지락 거리며 먹다.

‡manger [mɑ̃ʒe] [3] v.t. ① 먹다. Il mange de tout.

그는 무엇이든 먹는다. Il a tout mangé. 그는 전부 먹었다. Y a-t-il quelque chose à ~? 먹을 것이 있읍니까? ~ de la soupe 수프를 먹다.
② 좀먹다, 갉아먹다; (녹이 쇠를)부식시키다; (색깔을)바래게 하다; 【해양】(동아줄을)닳게 하다. vêtement mangé aux(par les) mites 좀먹은 옷.
③ (먹을 듯이)열심히 …하다, 탐닉하다. ~ qc des yeux …을 뚫어지게 바라보다. ~ qn de caresses (de baisers) …에게 애무(키스)를 퍼붓다.
④ 〖구어〗소비하다, 낭비하다. Cette voiture mange trop d'essence. 이 자동차는 너무 많은 휘발유를 소비한다. Son père a mangé toute sa fortune en une seule nuit. 그의 아버지는 하룻밤에 전재산을 탕진했다.
⑤ 가리다, 덮다. visage mangé par une barbe énorme 수염으로 온통 뒤덮인 얼굴.
⑥ (말을)불명확하게 발음하다. ~ la moitié de ses mots 말의 절반 가량을 흐리다(불분명하게 발음하다).
⑦ (거리를)주파하다, 질주하다. ~ des kilomètres 몇 킬로미터를 질주하다.
Ça ne mange pas de pain. 유지비가 들지 않는다, 값이 싸게 먹히다.
Je ne mangerais pas ce pain-là. 그런 방식은 내 맘에 들지 않는다.
~ *de la prison* 〖속어〗징역 살다.
~ *du curé* 성직자를 몹시 싫어하다.
~ *la grenouille* 남의 비밀을 털어놓다; 공금을 횡령하다.
~ *la soupe sur la tête de*(*à*) *qn* …보다 머리 하나만큼 키가 더 크다.
—v.i. 식사하다. ~ chez soi(au restaurant) 집(식당)에서 식사하다. inviter *qn* à ~ 을 식사에 초대하다. On *mange* bien dans ce restaurant. 이 식당의 요리는 맛이 있다. salle à ~ 식당. donner à ~ 먹을 것을 주다.
~ *à son appétit*(*à sa faim*) 실컷(배불리) 먹다.
~ *comme un ogre*(*comme quatre*) 많이 먹다, 게걸스럽게 먹다.
~ *comme un oiseau* 소식(小食)하다.
—*se* ~ *v.pr.* ①자기의 …을 먹다. ②먹히다, 먹어지다. ③서로 뜯어먹다. *se* ~ *les sangs* 불안으로 피가 마르도록 괴로와하다.
—n.m. 식사; 음식; 먹기. À prendre après ~. 식후 복용. Il en perd le boire et le ~. 그는 침식을 잃고 일에 열중하고 있다. *À petit* ~ *bien boire.* 적게 먹는 자는 많이 마시는 법이다.

mangerie [mɑ̃ʒri] *n.f.* 〖구어〗①많이 먹기, 대식(大食); 오래 하는 식사. ②〖옛〗착취.

mange-tout [mɑ̃ʒtu] *n.m.* (복수불변) ①〖구어〗낭비가, 무위도식자. ②꼬투리째 먹는 강낭콩.
—*a.* (불변)꼬투리째 먹을 수 있는. haricots ~ 꼬투리째 먹는 강낭콩.

mangeur(**se**) [mɑ̃ʒœːr, -øːz] *n.* ①먹는 사람. grand (gros) ~ 대식가. ~ de légumes 채식가. ~s d'hommes 식인종. petit ~ 소식가. ~ grenouilles 개구리를 먹는 사람(영국인이 프랑스인들을 가르키는 별명). ~ de livres 〖구어〗책벌레, 독서가. ~ de pain mollet 입이 짧은 사람; 가냘픈 사람. ~ de viandes apprêtées 게으름뱅이. ②낭비가. ~s de temps 〖문어〗남의 시간을 뺏는(짜증나게 하는) 사람.

mangeure [mɑ̃ʒyr] *n.f.* 〖옛〗(벌레나 쥐가 천·책 따위를)쏠은 자리.

mangin [mɑ̃ʒɛ̃] *n.m.* 거짓말장이; 악인.
mangle [mɑ̃gl] *n.f.* 〖식물〗망그로브 열매.
manglier [mɑ̃glije] *n.m.* 〖식물〗망그로브(열대산 홍수과(紅樹科)의 일종).

mango [mɑ̃go] *n.m.* 〖식물〗=manguier.
mangonneau [mɑ̃gono] (*pl.* ~*x*) *n.m.* 〖고고학〗(중세기의)석궁(石弓), 사석기(射石機).
mangostan, mangosta, mangoustan [mɑ̃gustɑ̃] *n.m.* 〖식물〗망고스탄나무(열매).
mangout(**an**)**ier** [mɑ̃gust(ɑ̃)je] *n.m.* 〖식물〗망고스탄나무.
mangouste[1] [mɑ̃gust] *n.f.* 망고스탄의 열매.
mangouste[2] [mɑ̃gust] *n.f.* 〖동물〗몽구스(쥐·뱀을 잡기 위해 기르는 인도산의 족제비).
mangrove [mɑ̃grɔːv] *n.f.* 망그로브 나무숲.
mangue [mɑ̃g] *n.f.* 망고 열매.
manguier [mɑ̃gje] *n.m.* 〖식물〗망고 나무.
maniabilité [manjabilite] *n.f.* 다루기(가공하기·조종하기) 쉬움; (언어의)유연성.
maniable [manjabl] *a.* ①다루기 쉬운; 순조로운; 조종하기 쉬운. objet ~ 다루기 쉬운 물건. peu ~ 다루기 거북한. temps(mer) ~ 〖해양〗(배를)조종하기 쉬운 날씨(바다). vent ~ 순풍. voiture ~ 운전하기 쉬운 자동차. ②온순한.
maniacal(**ale**, *pl. aux*) [manjakal, -o] *a.* 미친, 광기의, 광기가 있는.
maniaco-dépressif(**ve**) [manjakodepresif, -iːv] *a.* 〖의학〗조울성의, 조울증의. —*n.* 조울증 환자.
maniage [manjaːʒ] *n.m.* 〖드물게〗다루기.
maniant [manjɑ̃] *a.m.* (피룩의 촉감이)부드러운.
maniaque [manjak] *a.* 〖옛〗편집광(偏執狂)의, 미친, 편집광적인; 〖옛〗광기의. excitation ~ 편집광적인 흥분. ménagère ~ du propreté 결벽증이 있는 주부. précision ~ 편집적인 정확성. —*n.* 미친 광이, 기인(奇人), 편집광. ~ de la philatélie 우표 수집광.
maniaquement [manjakmɑ̃] *ad.* 편집적으로.
maniaquerie [manjakri] *n.f.* 〖구어〗편집, 괴벽.
manichéen(**ne**) [manikeɛ̃, -ɛn] *n.* 마니교도.
—*a.* ① 마니(Manès)교의. ② 2원론의. opposition ~*ne* du bien et du mal 선악의 2원론적 대립.
manichéisme [manikeism] *n.m.* ①마니교. ②(일반적으로)선악이원론.
manichordion [manikɔrdjɔ̃] *n.m.*, **manicorde** [manikɔrd] *n.m.* 〖음악〗중세기의 건반악기.
manicle [manikl] *n.f.* =**manique**.
manicure [manikyːr] *n.* =**manucure**.
manie [mani] *n.f.* ①〖옛〗정신착란; 〖의학〗편집증(偏執症). ②편집, 고정관념; 열중; 괴벽, 기벽. avoir la ~ de+*inf.* …하는 괴벽이 있다. avoir la ~ des tableaux 그림에 미쳐 있다. ~ de la persécution 피해망상증.
-manie[1] *suff.* 「광(狂)·벽(癖)」의 뜻.
-manie[2] *suff.* 「손으로 하는(기술)」의 뜻.
maniement [manimɑ̃] *n.m.* ①다루기, 취급; 조종; 관리. ~ d'un outil 도구 다루기. ~ d'arme 무기 조작. avoir un ~ de fonds considérable 막대한 금액을 다루다. ~ des affaires 문제의 처리. ②(*pl.*) 〖동업〗동물의 피부 각 부분에 있는 지방 축적부(비대 여부의 판단 기준).
manier [manje] *v.t.* ①(손으로)다루다, 조작하다; 가공하다. ~ une hache 도끼를 사용하다(se servir); 조종(운전)하다. ~ un outil 도구를 사용하다. habilement le pinceau 화필을 능란하게 놀리다(휘두르다). ~ de la cire 밀랍을 세공하다. camion difficile à ~ 운전하기 어려운 트럭. ②(손으로)이기다, 반죽하다(pétrir). ~ du beurre et de la farine 버터와 밀가루를 섞어 반죽하다. ③(물품 따위를)관리하다, 운용하다. ~ de l'argent 돈을 다루다. ④(사람을)다루다, 조종하다; (말을)구사하다. savoir ~ la foule(le peuple) 대중을 조종할 줄 알다. Il *manie* souvent le paradoxe. 그는 자주 역설을 늘어놓는다. ⑤ 《옛》 손대다, 만져보다.
—**se**— *v.pr.* ① 다루어지다. ② 《속어》 서두르다 (se magner). ③ 교묘히 처신하다.
—*n.m.* (피륙 따위의) 촉감.
au ~ (손으로 만져본) 촉감으로 보아서.

‡**manière** [manjɛ:r] *n.f.* ① 방법, 방식(façon). ~ de vivre 사는 방식; 처세술. ~ de voir(de penser) 보는(생각하는) 방식. ~ d'être 상태, 모양, 양태. C'est une ~ de parler. 그렇게 말할 수도 있겠지, 그것은 말뿐이야(하지만 액면 그대로 받아들여서는 안된다는 뜻**)**.
② **(**정관사와 함께**)** (합당한) 방법. Refusez, mais mettez-y la ~. 거절하는 것은 좋습니다, 그러나 (거절 도) 합당한 방법으로 하시오. employer la ~ forte 강경수단을 쓰다.
③ 《미술·문학》 수법, 투, 식(style). changer sa ~ 수법을 바꾸다. sonate dans[à] la ~ classique 고전주의풍의 소나타.
④ (*pl.*) 거동, 태도; 예의, 예절. avoir de bonnes (belles) ~s 예의바르다, 거동이 점잖다. En voilà des ~s! 몹시 버릇없이 구는군.
⑤ 《언어》 양태. adverbe de ~ 양태부사.
⑥ 《문어》 (의) 일종, (와) 비슷한 것(genre). une ~ de 일종의…, …같은 것.
à la ~ +형용사; *à la de+'*명사' …같이, …식으로; …을 모방하여. *à la* française 프랑스식으로. tableau *à la* ~ *de* Picasso 피카소식의 그림. *à la* ~ *d'un* torrent 급류(急流) 같이.
à sa ~ 자기 나름으로, 제멋대로. faire *à sa* ~ 제멋대로 하다. Il est heureux *à sa* ~. 그는 자기 나름으로 행복하다.
Chacun a sa ~. 각인각색. 「다).
d'aucune(en aucune) ~ 전혀, 결코(…하지 않
de cette ~ 이와같이, 그런 식으로, 그렇게(ainsi).
de la belle(bonne) ~ 《구어》 몹시, 호되게.
de la ~ *que*(*dont*) + *ind.* …하도록, …같이. Les choses se sont passées *de la* ~ *que* vous dites. 사태는 당신이 이야기 한 것처럼 진행되었소.
de(《옛》 *d'une*) ~ *à* + *inf.* …하도록. agir *de* ~ *à* satisfaire tout le monde 모든 사람들을 만족시키도록 행동하다.
de ~ *ou d'autre; d'une* ~ *ou d'une autre* 어떻게 해서든지.
de (telle) ~ *que; 《구어》 de* ~ *à ce que* ⓐ [~ + *ind.*](결과) 그래서, 그 결과로. Vous faites les choses *de* ~ *que* tout le monde est content. 네가 하는 일에는 모두 만족하고 있다. ⓑ [~ + *sub.*](목적) …하도록. Faites les choses *de* ~ *que* tout le monde soit content. 모두가 만족하도록 일을 해라.
d'une ~ + '형용사' …하게 **(**양태의 부사구**)**.
d'une ~ adroite 교묘히. *d'une* ~ générale 일반적으로, 대체로 보아.
de quelle ~ 어떻게, 어떤 식으로.
d'une certaine ~ 어떤 의미(관점)로는.
en quelque ~ 어떻게 보면, 말하자면, 이를테면.
faire des ~*s* 《구어》 아니꼽게 굴다**(**결국 승낙도 하는 일을 번번 거절한 끝에 겨우 승낙하는 것을 뜻함**)**.
Il n'y a que la ~ *qui compte*. 무엇이든 방법이 중요하다.
ne pas faire de ~*s pour* + *inf.* (조금도 어려워하는 기색없이) 마음대로 …하다.
par ~ *d'acquit* 형식적으로; 되는대로.
par(*en*) ~ *de* (consolation) (위로) 삼아.
sans ~*s* 격식을 차리지 않고.
y mettre la ~ 합당한 방법을 쓰다.

maniéré(e) [manjere] *a.p.* (목소리·문체 따위가) 일부러 꾸민 듯한, 부자연스러운, 거짓의.
—*n.* 거드름피우는(아니꼬운) 사람, 젠체하는 사람.
—*n.m.* 지나치게 꾸민 것.

maniérer [manjere] [6] *v.t.* 《미술·문학》 (에) 기교를 부리다, 부자연스럽게 꾸미다.
—**se**— *v.pr.* 기교에 빠지다.

maniérisme [manjerism] *n.m.* ① 《미술·문학》 기교주의, 꾸미는 짓, 매너리즘. ② (예술상의) 지나친 꾸밈. ③ 《정신의학》 (정신분열증과 긴장병 증세에서 보이는) 태도를 짐짓 꾸미는 증상.

maniériste [manjerist] *n.* 《미술·문학》 허식가, 기교파.

manieur(se) [manjœ:r, -ø:z] *n.* 《드물게》 취급자, 관리인; (마음대로) 조작하는 사람. ~ d'argent 금융업자, 재정가; 투기가.

manif [manif] *n.f.* 《구어》 데모(manifestation).

manifestant(e) [manifɛstɑ̃, -ɑ̃:t] *n.* 시위 운동자(참가자).

*****manifestation** [manifɛstasjɔ̃] *n.f.* ① (감정·의지 따위의) 표시, 표명, 나타냄. ~ de mécontentement 불만의 표시. ~ de joie 기쁨의 표현. ② 《신학》 (신의) 발현(發顯). ③ 시위 운동(행진). ~ interdite 금지된 데모.

manifeste¹ [manifɛst] *a.* ① 명백한, 뚜렷한(indéniable, visible). vérité ~ 명백한 진실. Il est ~ *que* + *ind.* …하는 것은 명백한(분명한) 일이다. ② contenu ~ *du* rêve 《정신의학》 꿈이 분명히 표현된 내용.

manifeste² *n.m.* ① (군주·정부·단체 따위의) 선언(문), 성명(서). M~ communiste 공산당선언. ② (문학·예술 따위의 새로운 운동의) 선언. M~ du surréalisme 초현실주의 선언. ③ 《해양》 적하(積荷) 목록; 《항공》 적하명세서; 승객명부.

manifestement [manifɛstəmɑ̃] *ad.* 분명히.

*****manifester** [manifɛste] *v.t.* (의사·사상 따위를) 표명(표시·발표)하다(exprimer); (기쁨·슬픔 따위를) 나타내다(trahir). ~ son courage 용기를 보여주다. Ses gestes *manifestent* de l'impatience. 그의 행동에 초조함이 나타난다.
—*v.i.* 시위하다, 데모하다.
—**se**— *v.pr.* ① 나타나다, 표명되다, 표면화되다, 모습이 드러나다. La révolte commençait à *se* ~. 반란이 표면화되기 시작하였다. ② 자기의 본성·존재)를 나타내다. donner à *qn* l'occasion de *se* ~ …에게 두각을 나타낼 기회를 주다. ③ 《구어》 얼굴을 보이다, 연락하다.

manifold [manifɔld] 《영》 *n.m.* (영수증 따위의) 복사용지철(綴); (정유용) 다기관(多岐管), 매니폴드.

manigance [manigɑ̃:s] *n.f.* 《구어》 음모, 책략.

manigancer [manigɑ̃se] [2] *v.t.* 《구어》 음모를 꾸미다, 술책을 부리다.

maniguette [maniget] *n.f.* =**malaguette**.

manillage [manijaʒ] *n.m.* (고리를 이어) 쇠사슬 만들기.

manille¹ [manij] *n.m.* 여송연; 마닐라제 밀짚모자.
—*n.f.* 《해양》 마닐라로프.
—*n.f.* 10을 제일 센 패로 삼는 카드놀이의 일종; (그) 놀이에 있어서의 10의 패.

manille² *n.f.* ① (아프리카 토인들의) 발에 차는 고리; (갤리선 도형수들의) 쇠고랑. ② (사슬의 양 끝을 잇는) 「하다.

maniller¹ [manije] *v.t.* (고리를 이어 쇠사슬을) 연결
maniller² *v.i.* 《구어》 manille² 를 하는 사람.
manilleur [manijœ:r] *n.m.* manille² 를 하는 사람.
manillon [manijɔ̃] *n.m.* (manille² 놀이의) 에이스의 패(10 다음으로 강함).

maniluve [manily:v] *n.m.* =**manuluve**.
manîment [manimã] *n.m.* =**maniement**.
manioc [manjɔk] *n.m.* 《식물》카사바속(屬)의 식물(남미의 관목, 뿌리에서 타피오카를 채취).
manip [manip] (<*manipulation*) *n.f.* ①《학생》실험. ②《구어》흑막적 공작(활동).
manipulaire [manipylɛ:r] 《고대로마》 *a.* 중대(中隊)의. —*n.m.* 중대장.
manipulant(e) [manipylɑ̃, -ã:t] *a.* 발신하는. —*n.* (전보의)발신계(원).
manipula*teur(trice)* [manipylatœ:r, -tris] *n.* ① 취급人, 조작기사. ~ de laboratoire 실험조수. ~ radiographe 방사선과 조수. ② 마술사. —*n.m.* 《전신》송신기(의 키). —*a.* (대중 따위를)조작하는; 배후공작을 하는. minorité ~*trice* 소수의 지배(통치)자들.
manipulation [manipylɑsjɔ̃] *n.f.* ① 취급, 다루기; (손으로 하는)조작. ~ des substances chimiques 화학약품의 취급. ~ vertébrale 《의학》척추마사지. ②(*pl.*)(학교에서의 물리·화학의)실험, 실습. cahier de ~ 물리·화학실험노트. ③《전신》(전신기 따위로의)발신, 송신. ④(손을 사용하는)마술, 요술. 《구어》(떳떳하지 못한·불법의)공작, 막후공작, (대중상대의)인심조작. ~s électorales 선거의 이면공작. ~s des foules 군중의 조작.
manipule [manipyl] *n.m.* ①《고대로마》중대; 중대의 기치(旗幟). ②《가톨릭》사제가 미사때 왼쪽팔에 두르는 헝겊, 성대(聖帶).
manipuler [manipyle] *v.t.* ①(화학제품 따위를)취급하다, 다루다; (기계)운전하다, (꼭둑각시를) 움직이게 하다. ② 책략을 사용하여 조작하다, 농간질하다. ~ les statistiques 통계를 조작하다. ~ l'opinion publique 여론을 조작하다. ③(압력·선전·광고 등을 동원해서 개인이나 집단에게)영향력을 미치다, 회유하다. —*v.i.* 약품을 취급하다, 실험하다; 전신기를 조작하다, 송신하다.
manipuleur(se) [manipylœr, -ɸ:z] *n.* 《구어》(경멸》(뒤에서 조종하는)책략가; 모사(謀士).
manique [manik] *n.f.* ①(구두·마구 제조공이 끼는)가죽장갑. ②(연장의)자루, 손잡이(manicle). ③《사수·검투사의 팔 보호용)금속 팔받이.
manitou [manitu] *n.m.* ① 아메리카 인디언의 신(神). ②《속어》거물. grand ~ 실력자, 세도가.
maniveau [manivo] (*pl.* ~x) *n.m.* (과일·야채 따위를 넣어 파는)광주리.
manivelle [manivɛl] *n.f.* 《기계》크랭크, 크랭크 핸들. donner le premier tour de ~ 크랭크인하다, 촬영을 시작하다. ~ de mise en marche (자동차 엔진의)시동크랭크(démarreur). arbre (à) ~ 크랭크축. **retour de** ~ 시동크랭크의 역전; 《비유적》형세의 역전.
manne¹ [man] *n.f.* ①《성서》만나(옛날 이스라엘 백성에게 하느님이 내린 음식). ②《비유적》하늘의 선물[은혜](~ céleste); 뜻밖의 은총. ③《구어》풍족하고 값싼 양식. ④ ~ des poissons(des pêcheurs) 고기밥(물에 떨어진 하루살이). ⑤《약》만나(만나나무·낙엽송·유칼리나무 따위의 수액으로 만든 하제와화제).
manne² *n.f.* (과실·물고기·꽃 따위를 나르는)큰 버들 광주리. ~ d'enfant 요람.
mannée [mane] *n.f.* 한 광주리의 분량.
mannequin¹ [mankɛ̃] *n.m.* ① 광주리. ②《예》(건물의)장식용 꽃바구니 조각.
mannequin² [mankɛ̃] *n.m.* ①《의학·미술용의》인체모형. ②《의복》스탠드, 마네킹; 마네킹 걸, 패션모델. taille ~ 표준사이즈. Cette robe est juste votre ~. 이 옷은 당신 몸에 꼭 맞는다. ③ 허수아비; 《비유적》꼭두각시(pantin). mettre un ~ dans son jardin 그의 밭에 허수아비를 세우다. C'est un ~.《구어》저사람은 꼭두각시이다.
mannequinage [mankinaːʒ] *n.m.* (건축물의)장식용 조각.
mannequiné(e) [mankine] *a.p.* 《미술》부자연스러운, 딱딱한.
mannequiner [mankine] *v.t.* 《미술》(마네킨처럼)부자연스럽게 그리다.
mannette [manɛt] *n.f.* 작은 광주리.
mannezingue [manzɛːg] *n.m.* 《속어》선술집(주인).
mannite [manit] *n.f.* 《화학》마니트(6가 알코올의 일종).
mannitol [manitɔl] *n.m.* 《화학》=**mannite**.
mannois(e) [manwa, -azʒ] *a.* 《지리》맨 섬(*île de Man*, 아일랜드해의 섬)의. —*n.m.* 맨 섬의 말(語). —**M**~ *n.* 맨 섬의 사람.
mannose [manoz] *n.m.* 《생화학》만노스(포도당과 같은 단당류의 일종).
manocage [manɔkaːʒ] *n.m.* 담배잎을 단으로 묶기.
manodétendeur [manɔdetɑ̃dœːr] *n.m.* 《기술》(가스)감압판(減壓瓣).
manœuvrabilité [manœvrabilite] *n.f.* (배·차량의)조종하기 쉬움.
manœuvrable [manœvrabl] *a.* (배·차량)조종(조작)하기 쉬운. véhicule facilement ~ 운전하기 쉬운 차.
manœuvrant(e) [manœvrã, -ãːt] *a.* 《해양》(배가)조종하기 쉬운, 조종을 잘 받는.
***manœuvre** [manœːvr] *n.f.* ①(도구·기구의)조종, 조작, 다루기(maniement); 운전. ~ d'un canon 대포의 조작. ~ d'une voiture 자동차 운전. ②《철도》(열차의)입환작업, 조차(操車). locomotive de ~ 조차전용기관차. Attention à la ~! (역에서)열차의 이동에 주의하십시오. ③《군사》연습; (작전에 의한)군사행동. champs(terrain) de ~s 《군사》연병장. grandes ~s 《군사》대연습. ~s de repli 후퇴작전, 후퇴를 위한 부대이동. ④(주로 *pl.*)술책, 책동(combinaison, intrigue). ~ politique 정치적 책략. ~s électorales (부정)선거전략. ~s frauduleuses(dolosives) 《법》사기. ⑤《해양》밧줄, 삭구(索具). ~s courantes (dormantes)《해양》동삭(動索)[정삭(靜索)]. fausse ~ 보조맛줄. officier de ~ 항해사. spécialité de la ~ 갑판부. premier maître de ~ 갑판장. ⑥《의학》예비수술; 수술실습; 수술과정. —*n.m.* 인부, 일꾼, 잡역부, 미숙련노무자. ~ spécialisé (일정한 일에 대한)기능직공. travail de ~ (기술·재능이 필요하지 않는)단순노동. ②《구어》3류 예술가(문인); (예술가·문인의)조수. ③《예》수공(手工)노무자.
manœuvre-balai [manœːvrəbalɛ] (*pl.* **~s-~s**) *n.m.* 청소부; 특히 지하철의 청소노무자.
manœuvrer [manœvre] *v.t.* ①(기계·도구 따위를)조작하다, 조종하다, 운전하다(conduire). ~ des fusils 소총을 조작하다. ~ un véhicule 차를 조종[운전]하다. ~ le volant 핸들을 조작하다. ②《비유적》(사람·생각을)조종하다(manier). ~ une foule 군중을 조종 ~ 조종[농락]당하다. ~ l'opinion 여론을 조작하다. ③《철도》(차량을)측선(側線)에 옮기다.
—*v.i.* ①(차·선박 따위의)를 조종[조작]하다. ~ pour se garer 주차하기 위해(차를)조작하다. ②《군사》연습하다, 기동하다. armée(escadre) qui *manœuvre* 기동중에 있는 부대(함대). ③ 책동하다, 수를 쓰다. ~ pour obtenir un emploi 일자리를 얻기 위해 운동하다. Il arrivera à ce

qu'il veut; il sait ~. 그는 원하는 것을 이룰 것이다, 그는 수에 능하다.
—se ~ *v.pr.*《수동적》조종[조작]되다.

manœuvrier(ère) [manœvrije, -ε:r] *a.* ① 《군사》용병(用兵)이 능숙한. (군대가)기동에 능숙한. général ~ 용병[전략]에 능한 장군. qualités ~*ères* d'un officier(des troupes) 장교의 지휘력 능력(부대의 기동력). ② 《해양》(선원이)숙련된; (배가)조종하기 쉬운. habileté ~*ère* 조종의 능란함.
—*n.* ① 전술가, 병법 전문가. ② 숙련된 선원. ③ 능란한 논전가(論戰家); 민완 사업가(정치가).

manoir [manwa:r] *n.m.* ① (봉건시대의)영주의 저택. ②《구어》(터가 넓은)주택, 집; 주거, 저택. 《예·시》 ~ liquide 대해(大海); ~ des morts 황천.

manomètre [manɔmɛtr] *n.m.* 압력계.

manométrie [manɔmetri] *n.f.* 《물리》(유체(流體)의)압력측정.

manométrique [manɔmetrik] *a.* 압력계의.

manoque [manɔk] *n.f.* ① (30 내지 60 발의)새끼줄의 사리. ② (담배잎의)다.

manoquer [manɔke] *v.t.* (담배잎을)단으로 묶다.

manouche [manuʃ] *n.* 《구어》집시.

manouvrier(ère) [manuvrije, -ε:r] *n.* 《옛·사투리》날품팔이꾼.

manquant(e) [mɑ̃kɑ̃, -ɑ̃:t] *a.* 없는, 빠져있는; 모자라는, 부족한. somme ~*e* 부족액. élèves ~s 결석생. —*n.* 결원(缺員). —*n.m.* 부족액, 부족수, 부족분; 결석자.

manque [mɑ̃:k] *n.m.* ① 결핍, 부족(défaut, pénurie). ~ de vivres 식량부족. ~ de respect 경례결. ~ d'imagination 상상력의 부족. ~ de pot 《구어》불운. ② 과실, 실책; 결함(lacune). On voit quelques ~*s* dans sa culture. 그의 교양에는 몇 가지 결함이 눈에 띈다. ~ de parole 약속위반, 위약. état de ~ 《의학》(중독자의) 금단(禁斷)상태; (일반적으로) (필요한 것의)결핍상태. ③《말의》비트적거림, 쓰러짐. ⑤ⓐ (룰렛의)망크, 전반(1에서 18까지의 부분; 후반 19에서 36 은 passe). ⓑ ~ de touche;《옛》~ à toucher 《당구》미스.
à la ~ 엉터리의, 서투른, 실패한. artiste à *la ~* 엉터리 예술가. spéculation à *la ~* 빗나간 투기《à la manière ~ 의 뜻으로 형용사적 용법》.
de ~ 부족한, 모자라는. trouver vingt francs *de ~* 20 프랑이 모자람을 알다.
~ à gagner《상업》놓쳐버린 돈벌이; 손실.

manqué(e) [mɑ̃ke] *a.p.* ① (기회 따위를)놓친; (계획·인생 따위가)실패한; (일이)잘못된, 실패작인, 어설픈. vie ~*e* 실패한 인생. ouvrage ~ 실패작. occasion ~*e* 놓친 기회. coup ~ 못 맞힌; 실패, 실책. vêtement ~ 몸에 맞지않는 옷. ②《옛》(사람이)되다 만, 될 뻔한. Le docteur est un cuisinier ~. 그 의사는 되다 만 요리사이다, 그 의사는 요리솜씨가 훌륭하다. garçon ~ 《구어》되다 만 남자, 사내아이 같은 여자아이. fille ~ 여자아이 같은 남자. poète ~ 시인이 될 뻔한 사람.

manquement [mɑ̃kmɑ̃] *n.m.* ①《옛》부족, 결여. ~ de mémoire 기억 상실. ② [~ à] (…에 대한)위반. ~ à une règle 규칙 위반. ~ *au* Code de la route 도로교통법 위반. ③ (도덕적 의미의)과실, 과오.

‡**manquer** [mɑ̃ke] *v.i.* ① 없다, 결핍하다, 모자라다. Les fruits *manquent* sur les marchés. 시장에 과일이 없다(넉넉치 않다). Tout est prêt, rien ne *manque*. 모든 것이 준비되어, 부족한 것은 아무 것도 없다. Les occasions ne *manquent* pas. 기회는 얼마든지 있다. [~ à *qn*] Le temps nous *manque*. 우리는 시간이 없다. Le cœur lui *manque*. 그는 용기가 없다. Les mots me *manquent* pour vous remercier. 당신에게 무슨 말로 감사드려야 할지 모르겠습니다.
② [~ à *qn*] (신체의 기능이)약해지다(défaillir). La voix me *manque*. 목소리가 나오지 않는다. Le pied lui *a manqué*. (발이 흔들려)그는 넘어졌다[미끄러졌다].
③ [~ à *qn*] (이)없어 몹시 아쉽다[그립다]. Ses enfants lui *manquent*. 그는 애들이 보고 싶다. Les vacances ne te *manquent* pas trop? 바캉스 생각이 간절하지 않니?
④ 결석하다. Cet élève *manque* souvent. 이 학생은 결석이 너무 잦다. ~ à l'appel 점호에 불참하다.
⑤ (~는 사물) 실패하다, 좌절되다(échouer, rater). L'expérience *a manqué*. 실험은 실패했다. Le coup *a manqué*. 하려고 했던 일이 실패했다.
⑥ 《문어》실수하다. Tous les hommes peuvent ~. 모든 사람은 실수를 할 수 있다.
⑦ (집이)무너지다; (땅이)꺼지다, 함몰하다, 빠지다. La maison commença à ~ par les fondations. 집은 토대부터 무너지기 시작했다.
—*v.t.ind.* ①ⓐ [~ à *qc*] …을 게을리하다, 위반하다, 돌보지 않다. ~ *à* sa parole 약속을 어기다. ~ *à* ses devoirs 의무를 저버리다. ⓑ[~ à *qn*] …에게 결례하다, 모욕을 주다. ~ *à* un supérieur 웃사람에게 결례하다. Il m'*a* gravement *manqué*. 그는 내게 심한 모욕을 가했다.
② ⓐ [~ de ~] …이 없다, …을 갖지 않다. ~ *d'argent* 돈이 없다. ~ *de* patience 참을성이 없다. Il ne *manque de* rien. 그는 없는 게 없다. Il ne *manque de* bon *d'esprit*. 그는 제법 재치가 있다. ⓑ [~ de+*inf.*] …하기를 깜박 잊다(보통 부정형으로만 쓰임; 《옛》~ à+*inf.*). Il ne *manquera* pas *d'être* surpris. 그는 놀라지 않을 수 없을 것이다. Ne *manquez* pas *de* venir. (잊지 말고)꼭 오십시오.《주어는 사물》 Ça n'a pas *manqué d'arriver*. 꼭 그렇게 되고야 말았다《구어에서 d'arriver 가 생략될 수 있음》. ⓒ[~ (de)+*inf.*] …할 뻔하다(faillir). Il *a manqué* (de) tomber. 그는 넘어질 뻔했다.
Je n'y manquerai pas. 틀림없이 그렇게 하겠어요.
—*v.t.* ① 놓치다. ~ une occasion 기회를 놓치다. ~ le train 기차를 놓치다. Le chasseur *a manqué* le lièvre. 사냥꾼은 토끼를 놓쳤다. ~ la cible 과녁을 못맞히다. Nous *avons manqué* le début film. 우리는 영화의 시작 부분을 보지 못했다.
② [~ *qn*] (만날 사람을)만나지 못하다. Je l'*ai manqué* de quelques minutes. 나는 몇 분 차이로 그를 만나지 못했다.
③ 실패하다, 그르치다(rater, louper). ~ une photo 사진을 망치다(잘못 찍다). ~ sa vie 일생을 망치다. ~ son coup 하려고 했던 일을 실패하다.
④ (에)결석하다, 오지 않다. ~ un cours(la classe) 강의(수업)을 빼먹다. ~ un rendez-vous 약속시간에 오지 않다.
Il n'en manque pas une! 그는 맡아놓고 실수만 저지른다!《une=une occasion de faire une gaffe》.
ne pas ~ qn …에게 앙갚음하다. Je ne te *manquerai pas*. 어디 본때를 보여줄테다.
—*v.imp.* (이)없다, 부족하다. Il *manque* 5 francs. 5 프랑이 부족하다. Il ne me *manque* rien. 나는 아무것도 부족한 것이 없다.
Il ne manquait plus que cela! 설상가상이다; 극치로군(C'est le comble). Son fils est malade. *Il ne manquait plus que cela*. 그의 아들이 병들었다니, 설상가상이로군.
Il ne manquerait plus que+sub. …하게 된다면 설상가상이다(최악의 상태일 것이다). *Il ne manquerait plus qu'il se mette à pleuvoir*. 비까지 온다

면 설상가상이겠는걸!
—se ~ v.pr. ① 《상호적》ⓐ 서로 못만나다. Nous nous sommes manqués à dix minutes près. 우리는 10분 차이로 서로 만나지 못했다. ⓑ (결투에서)서로 공격하지 못하다[못치이다].
② 《재귀적》ⓐ se ~ (soi-même) 자살에 실패하다. ⓑ se ~ à soi-même 자신의 이름을 더럽히다.
③ 《비인칭》부족하다.
Il s'en manque (de) beaucoup (que + sub.) 《엣》전연 그렇지 않다, …에는 어림도 없다.
Il s'en manque (de) peu (que ne + sub.) 《엣》조금만 더하면 된다; 조금만 더하면 …할 만하다.
mansarde [mɑ̃sard] (<*Mansard*(*t*), 프랑스 건축가) *n.f.* 《건축》① 망사르드식(2중 물매식) 지붕 (comble à la[en] ~). ② 고미다락방, 지붕밑방. ③ 지붕창 (fenêtre en ~).
mansardé(e) [mɑ̃sarde] *a.* 《건축》chambre ~*e* 지붕밑방, 고미다락; étage ~ 지붕층(層).

mansarde

manse [mɑ̃:s] *n.m.[f.]* 《역사》(중세의)농장이 붙은 주택. ~ ecclésiastique 신부 저택.
mansion [mɑ̃sjɔ̃] *n.f.* ① 《역사》(중세 농지의 1가족용의)구획. ② 《연극》(중세극에서 동일무대에 설치된)장치의 1구획. ③ 《엣》《천문》궁(宮) (maison).
mansionnaire [mɑ̃sjɔnɛ:r] *n.m.* ①《엣》(중세시대의)왕실관리인. ②《종교사》교회 관리인.
mansuétude [mɑ̃sɥetyd] *n.f.* 《문어》관용, 유화 (indulgence).
mantais(e) [mɑ̃tɛ, -ɛːz] *a.* 망트가시쿠르(*Mantes-Gassicourt*, 프랑스의 도시)의. —**M**~ *n.* 망트가시쿠르 사람.
mante[mɑ̃:t] *n.f.* 《엣》(여성용의)소매없는 망토.
mante[2] *n.f.* 《곤충》사마귀(기도하는 모습을 닮은 데서 ~ religieuse, ~ prie-Dieu 라고도 함). ~ religieuse 《비유적》남자에게 잔인한 여자, 악녀.
‡**manteau** [mɑ̃to] (*pl.* ~*x*) *n.m.* ① 외투, 망토. ~ d'hiver 겨울외투. ~ de fourrure [de lainage] 모피[울]코트. mettre [enlever] son ~ 외투를 입다[벗다]. ②《비유적》덮어 감추는 것(voile). amour qui se couvre du ~ de l'indifférence 무관심으로 위장한 사랑. ③ 《동물》(연체동물의)외투막(外套膜); 날짐승의 등의 털빛이 다른 부분. ④ 《연극》~ d'Arlequin 막을 아치형으로 늘어뜨린 무대장치(→ théâtre 그림); rôles à ~ 나이 든 중요한 역. ⑤ ~ de (la) cheminée 《건축》맨틀피스. ⑥ 《지질》맨틀 (지구의 지각(地殼)과 중심부 사이의 층.

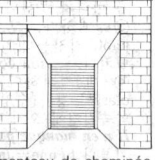
manteau de cheminée

sous le ~ 《구어》몰래, 은밀히 (clandestinement). livre interdit, vendu *sous le* ~ 비밀리에 판매되는 금서(禁書).
sous le ~ *de qc* …의 그늘 아래, 미명하에. cacher des vues intéressées *sous le* ~ *de l'amitié* 우정이라는 미명아래 이해타산을 감추다.
mantelé(e) [mɑ̃tle] *a.* ① 《조류》등의 털빛이 다른. ② 《문장》3 각문(紋)의.
mantelet [mɑ̃tlɛ] *n.m.* ① 《가톨릭》(고위성직자의)소매없는 반외투; (부인용의)짧은 케이프. ②《엣》《군사》(휴대용 탄화막이)방패. ③ 《해양》

현창(舷窓); 들창.
manteline [mɑ̃tlin] *n.f.* ①《엣》시골 여자의 망토. ②《엣》(중세의)갑옷 위에 걸친 웃옷.
mantelure [mɑ̃tly:r] *n.f.* (다른 부분과 털빛이 다른)개의 배모(背毛).
mantidés [mɑ̃tide] *n.m.pl.* 《곤충》사마귀과(科).
mantille [mɑ̃tij] *n.f.* 만틸라(에스파냐 여자들이 쓰는 머리 수건).
mantique [mɑ̃tik] *n.f.* 점술(占術)(divination).
mantisse [mɑ̃tis] *n.f.* 《수학》(상용 대수의)가수 (假數).
mantouan(e) [mɑ̃twɑ̃, -an] *a.* 《지리》만토바 (*Mantoue*, 이탈리아의 도시)의. —**M**~ *n.* 만토바 사람.
manualité [manɥalite] *n.f.* 손의 기능성 (오른손·왼손잡이 따위를 가리킴).
manubrium [manybrjɔm] *n.m.* ~ sternal 《해부》흉골병(胸骨柄).
manucaude [manyko:d], **manucode** [manykɔd] *n.m.* 《조류》극락조의 통속명.
manucure [manyky:r] *n.* 매니큐어 (손톱) 화장사. trousse de ~ 매니큐어 세트.
manucurer [manykyre] *v.t.* (의)손톱을 다듬다.
*‎**manuel(le)** [manɥɛl] *a.* ① 손의; 손으로 하는. habileté ~ 손재주. ouvrage ~ 수예품. travail ~ 수공업. don ~ 《법》수교(手交). ② 육체노동의; 손재주가 있는. Il est ~, il peut tout faire de ses mains. 그는 손재주가 있다. 손으로면 무엇이든지 할 수 있다. ③ (책 따위가)간략한. dictionnaire ~ 간략한 사전. —*n.* 육체노동자. —*n.m.* 개요, 개론. ~ de physique 물리학 개론.
manuélin(e) [manɥelɛ̃, -in] *a.* 《건축》(16세기초에 유행했던)포르투갈풍 건축양식의.
manuellement [manɥɛlmɑ̃] *ad.* 손으로; 손에서 손으로.
manufacturable [manyfaktyrabl] *a.* 제조[가공]할 수 있는.
manufacture [manyfakty:r] *n.f.* ① (주로 수공업의)공장, 제조소. ② 《엣》수공업, 제조; 제품. École centrale des arts et ~*s* 국립중앙공예학원.
manufacturé(e) [manyfaktyre] *a.p.* 공장에서 제조 [가공]된 (↔ brut). produits ~*s* 제품.
manufacturer [manyfaktyre] *v.t.* 가공하다; 《엣》제조하다.
manufacturier(ère) [manyfaktyrje, -ɛ:r] *a.* ①공업에 종사하는. ②공업이 번창하는, 공장이 많은. villes ~*es* 공장 도시. —*n.* 공장 주인.
manuluve [manyly:v] *n.m.* 《의학》수욕(手浴).
manu militari [manymilitari]《라틴》*loc.ad.* 무력 (경찰력)으로. expulser les perturbateurs ~ 난동자들을 무력으로 추출하다.
manumission [manymisjɔ̃] *n.f.* 《역사》(중세의)노예 해방.
manus [manys] *n.f.* 《로마법》(남편이 아내에 대해 가지는)부권(夫權).
manuscrit(e) [manyskri, -it] *a.* 손으로 쓴. lettres ~*es* des hommes célèbres 유명인의 육필편지. —*n.m.* ① 수사본(手寫本). ② 원고. ouvrage en ~ 작품 원고. ~ autographe 자필 원고. ~ dactylographié 타자 원고.
manutention [manytɑ̃sjɔ̃] *n.f.* ① (상품 따위의)취급, 운반; (화물)취급소. ~ d'un grand magasin 백화점의 상품취급소. ②《엣》《군사》식량창고. ③《엣》관리, 운영.
manutentionnaire [manytɑ̃sjɔnɛ:r] *n.* 화물운반계, 상품취급소원, 창고지기.
manutentionner [manytɑ̃sjɔne] *v.t.* ① (상품 따위

marâtre

를)취급하다; 운반하다. ② 《옛》《군사》(빵을) 제조하다.
manuterge [manytɛrʒ] *n.m.* 【가톨릭】 사제가 손을 닦는 수건.
manx(e) [māːks] *a.* =**manxois**.
manxois(e) [mākswa, -aːz] *a.* 【지리】 맨 섬 *(île de Man*, 아일랜드 해에 있는 섬)의.
—**M~** *n.* 맨 섬 사람. —*n.m.* 맨 섬 어(語).
manzanilla [māzanija] 《에스파냐》*n.m.* 에스파냐 산 포도주.
mao [mao] *a., n.* =**maoïste**.
maoïser [maoize] (<*Mao Tsé-toung*) *v.t.* 모택동(毛澤東)주의로 만들다.
maoïsme [maoism] *n.m.* 모택동 주의[노선].
maoïste [maoist] *a., n.* 모택동주의[노선]를 신봉하는(사람).
maori(e) [maori] *a.* 마오리족(뉴질랜드의 토인)의.
—**M~** *n.* 마오리 족[사람]. —*n.m.* 마오리어.
maotiser [maotize] *v.t.* =**maoïser**.
maous(se) [maus] *a.* ①《속어》거대한, 큰 (gros). ②《옛》훌륭한, 멋있는 (superbe, magnifique).
maplet [maple] *n.m.* (인도 서부연안의)회교도.
mappe [map] *n.f.*《옛》지도; (지도용)방안지.
mappemonde [mapmɔ̃ːd] *n.f.* 지구 전도(全圖), 양반구도(兩半球圖), 지구의. ~ céleste 천체도.
maque [mak] *n.m.* =**macque**.
maquée [make] *n.f.* 마제치즈(벨기에산).
maquer[1] [make] *v.t.* =**macquer**.
maquer[2] *v.t.*《비어》(여자에게)매음 행위를 시키다.
maqueraison [makrɛzɔ̃] *n.f.* 고등어의 어획기.
maquereau[1] [makro] (*pl.* ~**x**) *n.m.* 【어류】 고등어. ~ bâtard 전광어.
maquereau[2](**elle**) [makro, -ɛl] (*pl.* ~**x**)《비어》*n.* 두장이; 창가(娼家)의 주인. —*n.m.* 매춘부의 애인, 기둥서방
maquereautage [makrotaːʒ], **maquerellage** [makrelaːʒ] *n.m.*, **maquerellerie** [makrɛlri] *n.f.*《비어》여자에게 매춘행위를 시켜 생활하기; 뚜장이질.
maquereauter [makrote], **maquereller** [makrele] *v.i.*《비어》매춘중개를 하다, 뚜장이질을 하다.
maquereautier [makrotje] *n.m.* 고등어잡이 어선; 고등어잡이하는 어부. —*a.* 고등어의.
maquette [makɛt] *n.f.* ①【조각·건축】 모형; (도안 따위의)초, 초벌그림; (기계·비행기 따위의)시연구용 모형. ~ d'avion 비행기 모형. ②【연극】(무대장치의)모형;【영화】미니어처(트릭 촬영에 사용하는 모형). ~ d'un décor de théâtre 무대장치모형. ③【제본】견본.
maquettiste [makɛtist] *n.* 모형제작자.
maquignon(ne) [makiɲɔ̃, -ɔn] *n.* ①마필 매매상; 교활한 마상(馬商). ②《경멸》브로커, 간사한 중개상. ~ de mariages 중매장이.
maquignonnage [makiɲɔnaːʒ] *n.m.* ①말의 매매;(말 매매에 있어서의)협잡, 사기. ②《경멸》중개상의 간사한 수단; 협잡(trafic). ~ electoral 선거 협잡, 부정선거.
maquignonner [makiɲɔne] *v.t.* ①(결점을 숨겨서 말을)비싸게 팔다. ②(흥행 따위에서)술책을 쓰다; 협잡하다. ~ une rente 부정하게 매매하다.
maquila [makila] *n.m.* =**makila**.
maquillage [makijaːʒ] *n.m.* ①화장; 화장품;【연극】분장. ②【사진】(원판의)수정. ③변조, 위조 (falsification). ~ d'une automobile volée 훔친 자동차의 번호 변조.
maquille [makij] *n.f.*【카드놀이】①카드에 표시함. ②카드에 한 표시.

maquiller [makije] *v.t.* ①화장시키다;【연극】분장시키다. Elle *était* un peu trop *maquillée*. 그녀는 화장이 좀 지나쳤다. ②【사진】수정하다. ③《비유적》(~을)변조하다, 변조(위조)하다. ~ un passeport 여권을 변조하다. ~ la vérité 진실을 왜곡하다. ④ ~ les brèmes《은어》【카드놀이】 카드에 표를 하다. *se* ~ *v.pr.* 화장하다.【연극】 분장하다.
maquilleur[1](**se**) [makijœːr, -øːz] *n.* ①【연극】분장 담당자. ②분장자, 위조자. ③《카드에 표를 하는》속임수를 쓰는 사람, 사기꾼(tricheur).
maquilleur[2] [makijœːr] *n.m.* 고등어잡이 배.
maquis [maki] *n.m.* ①(코르시카 섬의)밀림, 관목지대. ②(제 2 차 대전중 프랑스에서)항독운동을 한 조직(원). *prendre le* ~ (코르시카 사람이 추적을 피하여)밀림 속으로 숨다; 항독지하운동에 참가하다.
maquisard [makizaːr] *n.m.* (제 2 차 대전중의)항독 지하운동가.
mar.《약자》mardi 화요일.
marabout [marabu] *n.m.* ①회교의 도사, 성자, 은자(隱者); 성자(은자)의 묘(墓). ②(이슬람교도에게)성스러운 것. ③《옛》배가 불룩한 커피 끓이개. ④【조류】황새의 일종; 황새의 깃털(옷 장식용). ⑤(직조용의)가느다란 견사(絲); (그 견사로 짠)직물.
maragon [maragɔ̃] *n.m.* =**marayon**.
maraîchage [marɛʃaːʒ] *n.m.* 야채 재배.
maraîcher(ère) [mare(ε)ʃe, -ɛːr] *a.* 야채 재배의, 야채의. culture ~*ère* 야채 재배. jardin ~ 야채밭. plante ~*ère* 야채 재배자.
maraîchin(e) [marɛʃɛ̃, -in] *a.* (*Poitou* 지방과 *Bretagne* 지방의)늪지대의. villages ~*s* 늪지대 마을.
—**M~** *n.* 늪지대의 주민.
marais [marɛ] *n.m.* ①늪, 습지. gaz des ~ 메탄가스. fièvre des ~《옛》말라리아열. ~ salant 염전. ②《옛》야채 재배에 적합한 저습지(低濕地), 채소밭. ③ ~ barométrique 전선대(前線帶). ④《비유적》혼탁한. ~ de la vie politique 정계의 혼탁함. ⑤ le M~ 【역사】 (프랑스 대혁명 당시의)온건파(Tiers Parti에 대한 경멸적 호칭).
marandais(e) [marãdɛ, -ɛːz] *a.* 마랑(*Marans*, 프랑스의 도시)의. —**M~** *n.* 마랑 사람.
maranta [marãta], **marante** [marãːt] *n.f.*【식물】마란타(남미산 양하속(屬)의 일종).
marasme [marasm] *n.m.* ①【의학】소모증, 소모, 쇠약. ~ sénile 노인성 쇠약, 노쇠. ②《문어》낙담, 의기소침 (apathie). être pris de ~ 의기소침하다. ③《비유적》(사업 따위의)부진, 침체상태 (ralentissement, stagnation). Les affaires sont dans le ~. 사업이 침체해 있다. ~ politique 정계 침체된 정치. ④【식물】느타리버섯의 일종.
marasque [marask] *n.f.*【식물】앵두의 일종.
marasquin [maraskɛ̃] *n.m.* 마라스캥 (marasque로 만든 술).
marathe [marat] *a., n., n.m.* =**mahratte**.
marathon [maratɔ̃] *n.m.* ①마라톤 경주. ②《비유적》장시간을 요하는 힘든 일. ~ budgétaire 장시간을 요하는 예산심의.
REM 합성명사의 제 2 요소로서「장시간을 요하는, 강행군」의 뜻 《예: examen-*marathon* de neuf heures 9시간의 마라톤 시험. visite-*marathon* 강행군 관광여행》.
marathonien [maratɔnjɛ̃] *n.m.* 마라톤 선수, 마라톤경기 참가자.
marâtre [maraːtr] *n.f.* ①계모. ②《비유적》못된 [학대하는] 어머니. société plus ~ que mère (사랑으로 감싸는)어머니라기보다는 사람을 괴롭히는

(제모와 같은) 사회. être une ~ pour qn (특히 여자가)…을 학대하다.

marattiacées [maratjase] *n.f.pl.* 〖식물〗양치류의 1과(科).

maraud(e¹) [maro, -o:d] *n.* 〖옛〗못된 놈; 악당.

maraudage [maroda:ʒ] *n.m.* ① 〖법〗밭(작물)도둑질; 〖군사〗약탈(maraude²).

maraudaille [maroda:j] *n.f.* ① 악당의 무리. ② 〖옛〗약탈자의 무리.

maraude² [maro:d] *n.f.* ① (군인·일반인에 의한)밭도둑질. aller à le ~(en ~) 밭도둑질하러 가다. ② taxi en ~ 손님을 찾아 다니는 택시.

marauder [marode] *v.i.* ① 약탈하다; 밭도둑질하다. ② 〖구어〗(택시가)손님을 찾아 헤매다.

marauderie [marodri] *n.f.* 〖옛〗도둑질 짓.

maraudeur(se) [marodœ:r, -ø:z] *n.* ① 약탈자; 밭 (작물)도둑. ② 〖구어〗손님을 찾아 돌아다니는 택시 운전사. —*a.* ① 약탈하는; 밭(작물)도둑의. ② taxi ~ =taxi en maraude.

maravédis [maravedi] *n.m.* 에스파냐의 동전. n'avoir pas un ~ 〖구어〗동전 한 푼 없다.

marayon [marɛjɔ̃] *n.m.* 염전 소작인.

***marbre** [marbr] *n.m.* ① 대리석. bloc de ~ 대리석 괴(塊). ~ artificiel; faux ~ 인조대리석. ② 대리석 제품; 대리석상; (난로 따위의)대리석판. ③ 〖제본〗대리석 무늬. ④ (약품·물감 따위를 짓이기기 위한 돌·쇠붙이의)받침돌. ⑤ 〖인쇄〗조판대, 인쇄대. livre sur le ~ 인쇄준비가 된 책. *de* ~ 차가운, 냉정한. visage *de* ~ 차가운 얼굴. cœur *de* ~ 냉혹한 사람. être(rester) *de* ~ (끝까지)냉랭하다, 마음이 동하지 않다.
froid comme le(un) ~, *comme* ~ 극히 냉담한, 차디찬.

marbré(e) [marbre] *a.p.* 대리석 무늬의, 대리석 모양의. —*n.m.* 〖요리〗(살코기의 근육 사이의)비계(기름). —*n.f.* 〖어류〗철성장어.

marbrer [marbre] *v.t.* ① (책 가장자리 따위에)대리석 무늬를 넣다. ② (피부에)대리석 무늬 같은 자국을 내다. Le froid lui *marbrait* le visage. 추위에 그의 얼굴에 반점이 얼룩졌다.
—*se* ~ *v.pr.* 대리석 모양이 되다.

marbrerie [marbrəri] *n.f.* 대리석 가공술; 대리석 가공 공장.

marbreur(se) [marbrœ:r, -ø:z] *n.* (종이·가죽·나무 따위에)대리석 무늬를 넣는 직공.

marbrier(ère) [marbrije, -ɛ:r] *a.* 대리석의; 대리석 가공의. industrie ~*ère* 대리석 가공업. —*n.* 대리석공, 대리석상(商); 비석공. —*n.f.* 대리석 갱(坑);채석장.

marbrure [marbry:r] *n.f.* 대리석 무늬; (추위 따위로 인한 피부의)대리석 무늬 모양의 얼룩.

Marc [mark] *n.pr.m.* l'Évangile de saint ~ 〖성서〗마가복음.

marc¹ [ma:r] *n.m.* ① 〖옛〗금·은의 중량 단위(244.5 그램); 옛 화폐(가치는 나라에 따라 다름). ~ d'or (d'argent) 마르금(은)화. ② (발음 [mark]) 마르크(독일 화폐).
au ~ *le franc(la livre)* 〖법〗안분비례로.

marc² *n.m.* ① (과실의 짜고 난)찌꺼기; (포도 찌꺼기로 만든)브랜디(eau-de-vie de ~). ② (커피 따위의 국물을 짜고 난)찌꺼기. ~ de thé 차 찌꺼기.

marcaire [markɛ:r] *n.m.* 치즈 제조인.

marcai(re)rie [markɛ(r)ri] *n.f.* 치즈 제조소.

marcandier [markɑ̃dje] *n.m.* 〖옛〗거지.

marcasite [markazit] *n.f.* =**marcassite**.

marcassin [markasɛ̃] *n.m.* 〖동물〗(1세 미만의) 새끼 멧돼지.

marcassite [markasit] *n.f.* 〖광물〗백철광.

marceau [marso] (*pl.* ~*x*) *n.m.* 〖식물〗호랑버들.

marceline [marsəlin] *n.f.* 〖직물〗얇은 비단.

marcescence [marsesã:s] *n.f.* 〖식물〗시듦.

marcescent(e) [marsesã, -ã:t] *a.* 〖식물〗(꽃 따위가)떨어지지 않은 채 시드는, 시들어 죽는.

marcescible [marsesibl] *a.* 〖문어〗시들어지는.

marchage [marʃa:ʒ] *n.m.* (진흙 따위를)발로 밟아 짓이기기.

:**marchand(e)** [marʃɑ̃, -ɑ̃:d] *n.* ① (보어와 함께의)판매업자, 상인(한정보어가 없을 때는 보통 commerçant을 씀). ~ au détail(en gros) 소(도)매업자. ~ ambulant 행상인. ~ de meubles 가구상. ~ de biens 부동산업자. ~ des quatre-saisons (행상하는)식료품상. ~*e* d'amour 매춘부. ~ *de* sommeil 터무니없는 방값을 받는 숙박업자. ② 〖옛〗(보어 없이)구매인(acheteur), trouver ~ 살 사람을 만나다.
être (le) mauvais ~ *de qc* …으로 손해를 보다.
—*a.* ① 판매의, 매매의. valeur ~*e* d'un objet 상품의 시장가치. denrée ~*e* 상품; 잘 판매되는 상품. prix ~ 상인 상호간의 거래가격. qualité ~*e* (잘 팔리는)보통의 품질(qualité extra(surfine) 와 대비). ② 〖상업〗(무역) 과 관련된. vaisseau(navire) ~ 상선. ville ~*e* 상업 도시.

marchandage [marʃɑ̃da:ʒ] *n.m.* ① 에누리, 값을 깎기. ② 흥정. ~ diplomatique 외교적 흥정. ~*s* de couloirs (의회 따위에서)막후에서의 흥정. ③ 〖법〗하청부(下請負)(청부업자가 청부받은 공사를 위해 노무자를 알선하는 불법계약).

marchandailler [marʃɑ̃daje] *v.t., v.i.* 〖옛〗하찮은 액수를 깎다, 이러쿵저러쿵 흥정하다.

marchandailleur(se) [marʃɑ̃dajœ:r, -ø:z] *n.* 〖옛〗끈질기게 깎으려 드는 사람.

marchandé(e) [marʃɑ̃de] *a.p.* 하청을 맡은 ouvrier ~ 하청노동자.

marchander [marʃɑ̃de] *v.t.* ① 값을 깎아내리다, 에누리하다. ~ un livre d'occasion 헌 책의 값을 에누리하다. ~ 〖목적보어 없이〗 payer sans ~ 값을 깎지 않고 지불하다. ② 주기를 꺼리다, 마지못해 주다; 아끼다. ~ ses éloges à la réussite d'un rival 경쟁자의 성공을 마지못해 칭찬하다. 《주로 부정형으로》 ne pas ~ sa vie 목숨을 아끼지 않다. Il ne nous *a pas marchandé* son appui. 그는 쾌히 우리를 후원할 것을 약속했다. ③ 〖법〗하청맡다; 하청맡기다. ④ (돈으로 살 수 없는 것을)매수하다. ~ la conscience *de qn* …의 양심을 매수하려하다. ⑤ 〖옛〗질질 끌다(traîner). médecin qui *marchande* les maladies 병을 질질 끄는 의사.
ne pas ~ *qn* …을 용서하지 않다. Si je le rencontre, je *ne le marchanderai pas*. 그를 만나기만 하면 가만두지 않을 테다.
—*v.i.* 〖옛〗망설이다. Il n'y a pas à ~. 망설일 것이 없다. faire qc sans ~ 망설이지 않고 하다.
—*se* ~ *v.pr.* 서로 용서하다.

marchandeur(se) [marʃɑ̃dœ:r, -ø:z] *n.* ① 에누리하는 사람. ② 하청인. ③ 〖옛〗파는 사람 (vendeur). —*a.* 값을 깎는, 에누리하는. Il a un tempérament ~. 값을 깎는 기질이다.

***marchandise** [marʃɑ̃di:z] *n.f.* ① 〖집합적〗상품; 〖철도〗화물. ~ en magasin 재고품. tromper sur la ~ 상품을 속여 팔다. train de ~ 화물열차. transport des ~*s* 화물수송. ② 〖속어〗대변, 똥.
faire métier et ~ *de qc* 〖옛〗…을 …하다. ① …으로 장사를 하다, 이득을 얻다. faire de dévotion métier et ~ 신앙을 팔아먹고 살다.
vanter (faire valoir) sa ~ (상인이)상품 선전을 늘

어놓다;《구어》자기 선전을 하다.
marchant(e) [marʃɑ̃, -ɑ̃:t] a. 보행하는, 행진하는. aile ~e 《군사》(선회행동 때의)외익(外翼). aile ~e d'un parti 정당의 행동파.
marchantia [marʃɑ̃tja], **marchantie** [marʃɑ̃ti] n.f. 《식물》우산이끼.
marchantiacées [marʃɑ̃tjase] n.f.pl. 《식물》우산이끼과(科).
marche[1] [marʃ] n.f. 《역사》국경지역, 변방.
***marche**[2] n.f. ① 걷기, 보행; 걸음걸이, 걸음(pas). faire une longue ~ 먼 거리를 걷다. C'est à deux heures de ~. 걸어서 두 시간의 거리이다. ~ rapide(lente) 빠른[느린] 걸음걸이. régler sa ~ sur celle d'un enfant 자기의 걸음걸이를 아이의 그것에 맞추다. ② 행진, 행군; 행렬. ~ forcée 강행군. ~ de nuit 야간행군. ~ de protestation 항의행진. ~ du silence 침묵의 행진. ordre de ~ 행렬의 순서. ouvrir(conduire) la ~ 행렬의 선두에 서다. fermer(clore) la ~ 행렬의 후미에 서다. ③ (인간 이외의 것의)진행, 운행; 경과. sens de la ~ d'un train 기차의 진행방향. ~ d'un astre 천체의 운행. ~ du temps 시간의 흐름. assurer la bonne ~ d'une entreprise 사업이 순조롭게 진행되게 하다. en état de ~ (기계·시설 따위가)작동(운행) 가능한. ~ d'une maladie 병의 경과. ④ 《계단의 하나 하나의)단, 디딤판(→escalier 그림). monter(descendre) les ~s 계단을 오르다(내리다). Attention à la ~! 계단주의! ~s du trône (비유적) 왕좌의 측근. ⑤ 《음악》③행진곡. ~ militaire 군대행진곡. ~ nuptiale (funèbre) 결혼[장례]행진곡. ⓑ ~ d'harmonie (harmonique) 화성적 반복. ⑥ 《자동차》~ arrière 백기어; faire ~ arrière; mettre en ~ arrière (자동차가)후진하다. ⑦《스포츠》경보. ~ athlétique). ⑧ 《기계》 페달. ⑨《사냥》(짐승의)발자국(trace).
en ~ ③진행중의, 운행중의. train en ~ 운행중인 열차. ⓑ monter [descendre] en ~ 운행중인 차에 올라타다[내리다]. mettre qc en ~ (기계·사업 따위를)작동(시동)시키다. se mettre en ~ (사람이) 걷기 시작하다; (기계·사업 따위가)작동(운행) 하기 시작하다《명사화: mise en ~ (엔진의)시동, (사업 따위의)가동》.
être né sur les ~s du trône 왕위의 계승자로 태어나다《직계의 왕자를 가리킴》.
~ à suivre (밟아야 할)수속, 절차. Indiquez-moi la ~ à suivre pour obtenir ces papiers. 이 증명서를 얻는 데 필요한 수속을 알려주시오.
‡**marché** [marʃe] n.m. ①매매, 거래(échange); 《매매》계약(contrat). ~ à terme 정기(定期)거래《가격은 현재 합의된 것으로 하되 일정한 기일에 인수인도하는 선매거래》. ~ au comptant (시세에 의한)현금 거래. ~ noir 암거래. faire un ~ avantageux 유리한 거래를 하다. conclure un ~ (매매)계약을 하다.
② ⓐ장, 장터. jour de ~ 장날. ~ aux légumes [aux fleurs] 야채[꽃]시장. ~ à ciel ouvert 노천시장. ~ aux puces 고물시장. faire son ~ 장을 보다. ⓑ 《상업》(넓은 의미의)시장. études de ~ 시장조사. mettre [lancer] un nouveau produit sur le ~ 신제품을 시장에 내놓다. ~ de l'or 금시장. ~ des changes 《외국》환시장. ~ du travail 노동시장. ~ financier 자본시장. C'est un commerce ~ de vins. 이곳은 주요한 포도주 시장《집산지》이다. ⓒ M~ commun 유럽공동시장,《일반화되어》 ~ commun de film 영화공동시장; ~ commun des cerveaux 두뇌공동시장.
③ 《상업》시황(市況). ~ actif(faible) 활발한 〔활기없는〕시황.
(à) bon ~ ⓐ 헐값으로. articles bon ~ 싸구려 상품. acheter qc (à) bon ~ …을 싸게 구입하다. Ici, tout est bon ~. 이곳에는 모든 것이 싸다. ⓑ 쉽게, 문제 없이. en être quitte(s'en tirer) à bon ~ 일이 쉽게 처리되다. ⓒ [faire ~ de qc] …을 중히 여기지 않다. Il fait bon ~ de l'avis des autres. 그는 남들의 의견을 경시한다. ⓓ [(à) meilleur ~] 더 싸게; 더 싼. Bientôt les fruits seront meilleur ~. 멀지않아 과일은 더 싸질 것이다.
C'est ~ fait; M~ conclu. 일은 결정됐다.
C'est ~ donné. 공짜같이 싸다; 뜻밖의 이득이다.
courir (aller) sur le ~ de qn …보다 높은 값을 붙이다; (비유적)…을 제치고 대신 차지하려고 들다.
Le bon ~ coûte toujours cher. 《속담》싼게 비지떡, 비싼 물건은 다 그 값어치가 있다.
M~ conclu reste conclu; On ne revient pas sur un ~. 계약[약속]은 어디까지나 계약[약속]이다.
mettre à qn le ~ à la (en) main …에게 계약을 맺거나 폐기하거나 선택하게 하다; 언제든지 해약의 용의가 있음을 알리다. (outre~)
par-dessus le ~ 게다가, 그위에 (en plus, en
marchéage [marʃea:ʒ] n.m. 《경제》 판매관리 (판매능률의 향상을 위한 체계적 대책).
marché-gare [marʃegaːr] (pl. ~s~x) n.m. 《대규모 시설을 갖춘》역시장(驛市場).
marchepied [marʃəpje] n.m. ①(의자에 앉아 발을 올려놓는)발판; (기차·마차 따위를 오르내릴 때의)디딤대, 스텝; (가정용의)작은 사닥다리. ~ d'un train 기차의 발판. ②《왕좌의》최상단. ③ ~ de vergue 《해양》(활대밑의)루트 로프. ④(배를 끄는 길(chemin de halage)과 반대쪽 언덕의)보도(步道). ***se faire un ~ de qn; servir de ~ à qn*** …의 성공을 위해 발판이 되다.
‡**marcher** [marʃe] v.i. ①걷다, 가다, 나아가다, 들어가다; 행군(행진)하다. ~ vite 빨리 걷다. ~ d'un pas lent 천천히 걷다. ~ dans la rue (sur une route) 길(한길)을 걷다. [~ sur] Défense de ~ sur les pelouses. 잔디밭에 들어가지 마시오. *Marche sur le trottoir.* 보도 위로 걸어라. ~ sur une ville (군대가)도시를 향해 전진하다(→ 숙어란). [~ dans] ~ dans une flaque d'eau 물웅덩이에 빠지다. En avant, *marche!* 앞으로 갓!
② (차·배·말 따위가)달리다; (사람이 차를 타고)달리다. automobile qui *marche* à cent km à l'heure 시속 100 킬로로 달리는 자동차. Nous *avons* très bien *marché* au début. 우리는 처음에는 잘 달렸다.
③ (기계 따위가)움직이다; (공장·기구 따위가)가동하다(fonctionner). Ma montre ne *marche* pas. 내 시계는 가지 않는다. faire ~ la télévision 텔레비전을 틀다(작동시키다). De nouvelles commandes font ~ l'usine. 새로운 주문으로 공장이 가동하기 시작한다.
④ (일이)진행되다; 잘 운행되다. Ses affaires *marchent* bien. 그의 사업은 순조롭다. Comment ça *marche* ? 어떤가? 잘 되어가지 않네[전혀 안되네]. Ce procédé a *marché*. 그 방법은 성공했다.
⑤《구어》③에 응하다. Je lui ai proposé ce projet, mais il n'a pas *marché*. 그에게 이 계획을 내놓았는데, 그는 동의하지 않았다. ⓑ [~ dans](을)곧이곧대로 받아들이다(croire naïvement). *A marché dans mon histoire.* 그는 내 이야기를 그대로 믿었다. ⓒ [faire ~ qn] 속아넘기다(berner, tromper). N'essayez pas de me *faire* ~, ça ne prend pas avec moi. 나를 속이려고 들지 마시오, 그런 것에 속을 내가 아니니까.

~ sur les pas de qn …을 추종하다, …을 본받다. **~ sur qn(qc)** …을 짓밟다, 무시하다. **~ sur ses principes** 자기의 원칙을 스스로 짓밟다.
—*n.m.* 걸어가기; 걸음걸이.

marcheur(se) [marʃœr, -ø:z] *n.* ① 걷는 사람; 전각가(健脚家)(bon ~); 경보선수. ② 데모참가자. ~s de la paix 평화행진 참가자. ③ vieux ~ 《예·구어》여색에 빠진 늙은이. —*n.f.* (오페라 따위의)단역(端役)여배우. —*a.* 걷는, 나아가는. animaux ~s 축용동물. navire bon ~ 속력이 빠른 배.

marchis [marʃi] *n.m.* =margis.

marchois(e) [marʃwa, -a:z] *a.* 마르슈(Marche, 프랑스의 옛 지방)의. —**M**— *n.* 마르슈 사람.

Marcomans [markɔmɑ̃] *n.m.pl.* 《역사》 마르코마니족(族)(고대 게르만 민족).

marconigramme [markɔnigram] *n.m.* 《옛》마르코니식 무선전신.

marcottage [markɔta:ʒ] *n.m.* 《원예》 취목, 휘묻이; 취목법.

marcotte [markɔt] *n.f.* 《원예》 휘묻이하는 가지; (딸기 따위의) 줄기.

marcotter [markɔte] *v.t.* 《원예》 휘묻이하다.

mardelle [mardel] *n.f.* 《저질》 (고원지대에 우물 모양으로)함몰된 구멍.

‡**mardi** [mardi] *n.m.* 화요일. M— gras 참회 화요일(사육제의 최종일). Ce n'est pas ~ gras aujourd'hui. 오늘이 사육제는 아닌데도(오늘 우스꽝스러운 옷차림을 한 사람을 놀리는 말로).

mare [ma:r] *n.f.* 늪, 못. ~ aux harengs 청어의 못(=북대서양). ~ de sang (비유적)피바다.

maréage [marea:ʒ] *n.m.* (선원이 하는)승선 계약.

maréca [mareka] *n.m.* 《조류》 홍머리오리.

marécage [mareka:ʒ] *n.m.* 늪, 소택지.

marécageux(se) [mareka3ø, -ø:z] *a.* (땅이)질퍽한, 늪이 많은; 늪에 사는, 늪에 무성하는. air ~ 메탄가스. contrée ~se 늪이 많은 지방. plantes ~ses 늪지대의 식물. goût ~ (조류·어류의)소택지를 좋아하는 성질.

*****maréchal**(*pl.* **aux**) [mareʃal, -o] *n.m.* ① 원수(元帥)(~ de France); 《옛》부사령관. bâton de ~ 원수의 단장 (직권을 상징). ~ de camp 《옛》준장, 여단장. ② 제철공(蹄鐵工)(~-ferrant); (왕실의)마부. ③ 《군사》~ des logis (기마대의)중사; ~ des logis-chef (기마대의)상사. **avoir son bâton de ~** 원수에 임명되다; 최고의 지위에 오르다.

maréchalat [mareʃala] *n.m.* 원수의 직책(신분).

maréchale [mareʃal] *n.f.* ① 원수 부인. ② 제철용의 석탄(houille ~).

maréchalerie [mareʃalri] *n.f.* 제철업; 제철공장.

maréchal-ferrant (*pl.* **~aux-~s**) [mareʃalferɑ̃, -oferɑ̃] *n.m.* 제철공(蹄鐵工).

maréchaussée [mareʃose] *n.f.* 《역사》 ① 원수법정, 원수의 분쟁을 취급했음). ② (1790년 이전의)기마헌병대; 헌병 (대) (gendarmerie).

marée [mare] *n.f.* ① 조수(潮水). fleuve à ~ 바닷물이 들어오는 강(내), 감조(感潮) 하천. grandes ~s 대조(大潮). ~ haute(basse) 만조(간조). ~ montante(descendante) 밀물(썰물). mer sans ~ 조수의 간만이 없는 바다. faire ~ 《구어》조수를 타고 가다. prendre la ~ (출항·입항할 때 배가) 조수를 이용하다. La ~ gagne(perd) 조수가 밀려든다(빠진다). amplitude de la ~ 간만의 차. échelle de ~ 조위계(潮位計). forces des ~ 조력(潮力). courant de ~ 조류. ② (바다의)생선. train de ~ 《구어》생선 수송열차. ③ (비유적)물결(flot). ~ humaine 사람의 물결. Une ~ de bonheur montait en lui. 그에게는 행복감이 넘쳐 다. ④ⓐ ~ blanche (손해를 끼칠 정도의)폭설. ⓑ ~ noire (중유의 유출로 인한)해양 오염; (비유적)우려(憂慮).

arriver comme ~ après [en] carême 《구어》뒤늦게(마침 알맞은 때에) 도착하다. **avoir vents et ~** 《구어》기회를 잡다; 찬스를 만나다. **La ~ n'attend personne.** 《속담》세월은 사람을 기다리지 않는다.

marégramme [maregram] *n.m.* 《기상》 조후곡선 (潮候曲線).

marégraphe [maregraf] *n.m.* 《기상》 자동기록식 검조기 (檢潮器) (marégomètre).

marègue [mareg] *n.f.* (차부(車夫)의 외투를 만드는)성성하지 짠 나사.

marelle [marel] *n.f.* 돌차기(어린이 놀이).

marémètre [maremetr] *n.m.* =maréographe.

maremmatique [marematik] *a.* (이탈리아의)해안 늪지대의. fièvres ~s 말라리아열(paludisme).

maremme [marɛm] *n.f.* (이탈리아의)해안 늪지대.

marémoteur(trice) [maremɔtœr, -tris] *a.* 조수의; 조수의 힘으로 움직이는. centrale ~*trice* 조력(潮力) 발전소. usine ~*trice* 조력 이용 공장. énergie ~*trice* 조력(houille bleue).

Marengo [marɛgo] *n.pr.m.* 《지리》 마렝고(이탈리아의 도시). poulet à la m~ 《요리》 마렝고식 닭튀김. —**m**— *n.m.* 《직물》 마렝고나사.
—**m**— *a.* (불변) 마렝고나사의; 적갈색의.

marennes [marɛn] *n.m.* 마렌(Marennes, 프랑스의 도시)산의 굴조개.

maréographe [mareɔgraf], **maréomètre** [mareɔmɛtr] *n.m.* =maréographe.

maréthermique [maretermik] *a.* 해양의 열에너지의(를 이용하는). problème ~ 해양 열에너지의 문제. usine ~ 해양 열에너지 이용 공장.

mareyage [marɛja:ʒ] *n.m.* 생선 거래; 어선 하역업.

mareyeur(se) [marɛjœr, -ø:z] *n.* 생선 장수; 어선 하역업부.

margaille [margaj] *n.f.* 《벨기에》 《구어》 싸움, 시비; 무질서, 혼란.

margarate [margarat] *n.m.* 《화학》 마가린산염.

margarine [margarin] *n.f.* 인조 버터, 마가린.

margarinerie [margarinri] *n.f.* 마가린 제조업.

margarique [margarik] *a.* acide ~ 《화학》 마가린산.

margarite [margarit] *n.f.* 《광물》 진주운모.

margauder [margode] *v.i.* =**margoter**.

margay [margɛ] 《미영》 *n.m.* 《동물》 (중남미에 사는)삵괭이.

marge [marʒ] *n.f.* ① (책 따위의)여백, 가장자리; (원고 왼쪽의)난외. laisser une ~ 여백을 남기다. notes en ~ 방주(傍註), 난외의 기입. ② (시간·행동 따위의)여유, 폭, 허용 범위. laisser de la ~ à qn …에게 (행동·선택의) 여지(여유)를 주다. ~ d'erreur 오차 범위. ~ de réflexion 숙고의 여유. ~ de tolérance (제품의 품질 관리상의)공차(公差), 허용차. ~ de sécurité (예산 따위의 주는)안정성의 폭. ~ bénéficiaire 《경제》 마진, 이윤. ~ de garantie (주식거래에 있어서의)안전 보증. ④ 《인쇄》 용지 넘기기. table de ~ 용지 넘기는 대. ⑤ ~ continentale 《지질》 대륙의 가장자리.

en ~ (de) (의)테두리 밖에서, 따로. Il a une autre activité en ~ de sa profession principale 그는 본 직 말고도 또 다른 일을 하고 있다. vivre en ~ (de la société) 사회에서 멀어져서 살다.

margelle [marʒɛl] *n.f.* 우물 둘레의 돌.

marger [marʒe] [3] *v.t.*, *v.i.* ① (타자기의)마진을 세트하다. ② 여백을 남기다. ③ 《인쇄》 (종이를

margeur(se) [marʒœːr, -ɸːz] n. 〖인쇄〗종이 넣는 직공. —n.m. (타자기의)마진 스톱; 〖인쇄〗자동 급지(給紙) 장치.

marginal(ale, pl. aux) [marʒinal, -o] a. ① 난외의. note ~ale 방주. ② 부차적인, 이차적인, 지엽적인. phénomènes ~aux 부수적 현상. préoccupations ~ales 부차적 고려. travail ~ 부업. ③ 〖경제〗한계의. entreprise ~ale 한계기업. utilité ~ale 한계효용. ④ 가에 있는, 가장자리의; 연변[연안]의. récifs ~aux 연안 암초. conscience ~ale 〖심리〗의식의 주변. —n. 사회의 주변에서 살고 있는 사람, 주변인(homme en marge).

marginalement [marʒinalmɑ̃] ad. 소외되어; 부수적으로(incidemment).

marginalisation [marʒinalizasjɔ̃] n.f. (사회의) 테두리 밖으로의 소외; 부수적 존재화. ~ par la pauvreté 빈곤에 의한 사회적 소외.

marginaliser [marʒinalize] v.t. (사회에서)소외시키다; 부수적(부차적) 존재화하다, 얕잡다.

marginalisme [marʒinalism] n.m. 〖경제〗한계효용설.

marginaliste [marʒinalist] a., n. 한계효용설의(지지자).

marginalité [marʒinalite] n.f. 〖사회〗(사회 하층민·소외계층의)한계상황; 부차성(副次性).

marginé(e) [marʒine] a.p. 〖생물〗가두리가 있는. élytre ~ (갑충류의)유연시초(有緣翅鞘).

marginer [marʒine] v.t. 난외에 써넣다.

margis [marʒi] n.m. 〖군대속어〗(기마대의)중사(maréchal des logis).

margot [margo] n.f. ① 〖조류〗까치. ②〖옛·속어〗수다스러운 여자; 품행이 나쁜 여자.

margota [margota], **margotas** [margoːs] n.m. 마르고타(문하 따위의 운설·수리에 사용되는 네모꼴의 바닥이 평평한 배); (파리의)꿀 운반선.

margotin [margotɛ̃] n.m. 불쏘시개.

margot(t)er [margote] v.i. (메추리가)울다.

margouillat [marguja] n.m. ① 〖동물〗회색도마뱀. ②〖군대속어〗아프리카의 기병(spahi).

margouillet [marguje] n.m. 〖해양〗(밧줄을 꿰는)나무 고리.

margouillis [marguji] n.m. 《구어》흙탕, 진창; 엉망진창, 뒤죽박죽; (비유적) 곤경; 혼란. abominable ~ du temps présent 현대의 혐오스러운 혼란. mettre qn dans le ~ …을 곤경에 빠뜨리다.

margoulette [margulɛt] n.f. 《속어》입; 턱.

margoulin(e) [margulɛ̃, -in] n. 《속어》① 부정상인; 암거래 상인; 협잡꾼. ② 소상인. ③ 까다로운 구매인. ④ 무능한 직공.

margousier [marguzje] n.m. 〖식물〗멀구슬나무의 일종.

margrave [margraːv] n.m. (고대 독일의)변새(邊塞)총독. —n.f. =**margravine**.

margraviat [margravja] n.m. 〖역사〗(고대 독일의)변새 총독의 직권[신분]; 변새 총독의 영지.

margravine [margravin] n.f. 변새 총독의 부인.

margriette [margrijet], **margrillette** [margrijɛt] n.f. (아프리카 토인과의 물물교환에서 사용하던)영성한 유리 제품.

marguerite [margərit] n.f. ①〖옛〗〖성서〗진주, 보석. ②〖식물〗데이지(petite ~). effeuiller la ~ 데이지 점을 치다. grande ~; ~ des champs; ~ des prés; ~ dorée 마거리트. reine ~ 과꽃. ③ 〖해양〗닻 올리는 반줄. ④ 〖피혁〗무두질하는 데 쓰는 받침대. ⑤〖군대속어〗기로표. *jeter des ~s aux pourceaux* 돼지에게 진주를 주다.

marguillage [margija:ʒ] n.m. 《집합적》교구재산 관리위원.

marguillerie [margijri] n.f. ① 교구재산 관리위원의 직분. ② 교회의 기록.

marguillier [margije] n.m. 교구재산 관리위원.

:**mari** [mari] n.m. 남편(↔ femme). donner un ~ à sa fille 딸을 시집보내다. ~ complaisant (commode, patient) 처의 부정을 눈감아 주는 남편. ~ garçon 결혼하고도 독신자처럼 생활하는 사람.

mariable [marjabl] a. 결혼 적령기의, 혼인할 수 있는. une fille ~ 시집보낼 딸이 있다. Avec un pareil caractère, il n'est guère ~. 그런 성격을 갖고는 그는 결혼하기 힘들다.

*****mariage** [marja:ʒ] n.m. ① 혼인, 결혼(↔ divorce); 결혼식(noce); 결혼생활. contracter (un) ~ 결혼하다. donner sa fille en ~ 딸을 결혼시키다. demande en ~ 청혼. prendre qn en ~ …와 결혼하다. contrat de ~ 부부재산계약(서). ~ civil 민법상의 결혼(식). acte de ~ 결혼 증명서. célébrer un ~ 결혼식을 올리다. ~ religieux 교회에서 하는 결혼식. ~ d'amour 연애결혼. ~ d'argent (d'intérêt) 타산적 결혼. ~ de raison (de convenance) 정략결혼. ~ blanc 성관계가 없는 결혼. ~ à l'anglaise (de conscience) 결혼후 생활비를 부부가 각각 부담하는 방식. ~ consanguin 근친혼. faire un ~ 결혼식 주례를 하다; 결혼중매를 하다. faire un riche ~ 부자와 결혼하다. assister à un ~ 결혼식에 참석하다. célébrer un ~ 결혼식을 거행하다. faire-part de ~ 청첩장. cadeau de ~ 결혼선물. dîner de ~ 결혼 피로연. vingt ans de ~ 20년간의 결혼생활. ② 결합, 합체(alliance, réunion); 배합(combinaison). ~ de deux organisations politiques 두 정치조직의 연합. heureux ~ de mots 적절한 단어들의 결합. ~ de deux couleurs 두 색의 배합. ~ de l'esprit et de la beauté 재색겸비. ③ 〖놀이〗(로프의)마디; 《카드놀이》매리지(같은 조의 킹과 퀸으로 득점할 수 있는 조합).

marial(ale, pl. aux) [marjal, -o] (남성복수형 marials도 사용됨) a. 〖신학〗성모 마리아의. culte ~ 성모숭배.

marianisme [marjanism] n.m. 〖종교사〗성모숭배.

marianiste [marjanist] n.m. 마리아회 수도사.

mariannais(e) [marjanɛ, -ɛːz] a. 마리아나 제도의. —M— n. 마리아나 제도 사람.

Marianne [marjan] n.pr.f. ① les îles ~s 〖지리〗마리아나 군도. ②《구어》프랑스 공화국.

Marie [mari] n.pr.f. 〖성서〗성모 마리아(Notre-Dame).

marié(e) [marje] a.p. ① 결혼한. 지나치게 좋은 조건에 대해 경계하다. *se plaindre que la ~e est trop belle* 신부가 너무 예쁘다고 불평을 하다《좋아할 일에 불평을 하다》. *toucher à qc comme à une jeune ~e* …을 조심스럽게 만지다.

marie-couche-toi-là [marikuʃtwala] n.f. 《복수불변》행실이 나쁜 여자.

marie-jeanne [mariʒan] n.f. 마리화나(marihuana)의 별칭.

marier [marje] *v.t.* ① 결혼시키다, (에게)장가들이다, 시집보내다. (목적보어 없이)On ne *marie* pas le dimanche. 일요일에는 결혼식을 올리지 않는다. fille à ~ 시집보내야 할 딸. être bon à ~ 결혼적령기에 있다. Il *a marié* sa fille à[avec] un médecin. 그는 딸을 의사와 결혼시켰다. Cet abbé nous *a mariés*. 이 사제가 우리 결혼식 주례를 했다.
② 맞추다, 합치다, 결합시키다(joindre); 얽히게 하다, 배합하다(assortir); 조화시키다. deux rivières qui *marient* leurs eaux 합류하는 두 강. ~ la voix avec les instruments 목소리를 악기에 맞추다. ~ l'eau et le feu 전혀 이질적인 것을 결합하다. Il ne sait pas ~ des couleurs. 그는 색을 배합할 줄 모른다.
③ 【해양】 잇다, 연결하다.
—se ~ *v.pr.* ①[se ~ à/avec] (와)결혼하다. Elle *s'est mariée avec* un jeune avocat. 그 여자는 젊은 변호사와 결혼했다. (보어 없이) Il pense à *se* ~. 그는 결혼할 것을 생각한다. (주어는 복수, 보어 없이) Ils vont *se* ~. 그들은 곧 결혼한다.
② 일체가 되다, 일치하다, 조화되다; 섞이다. Sa voix *se marie* bien à[avec] cet instrument. 그의 목소리는 이 악기와 잘 맞는다. (보어 없이) Les odeurs de cuisine venaient *se* ~. 음식냄새가 서로 섞여 풍겨왔다.
Qui se marie par amour a une bonne nuit, deux mauvais jours. 《속담》 연애결혼이란 성공하기가 어렵다.
marie-salope [marisalɔp] (*pl.* ~**s**-~**s**) *n.f.* ① 준설선; 증기 준설기. ②《속어》야전 취사장. ②《구어》품행이 나쁜 여자, 갈보.
marieur(se) [marjœr, -ø:z] *a, n.* 중매하기 좋아하는(사람), ~*se* engagée 중매쟁. *C'est quand la fille est pourvue que l'on trouve des* ~*s.*《속담》시집을 가게 되니까 중매를 서겠다고들 나선다.
marigot [marigo] *n.m.* 【지리】 끝없는 강〔서아프리카 적도지방의 강줄기 끝이 막속으로 잠기는〕.
marihuana [mariɥana], **marijuana** [mariʒɥana] *n.f.* 마리화나 〔인도산 대마 비슷한 마약의 일종〕, cigarette de ~ 마리화나 담배.
marihuanesque [mariɥanɛsk], **marijuanesque** [mariʒɥanɛsk] *a.* 마리화나의. étoiles ~*s* 마리화나에 취했을 때 보이는 별들.
***marin**(e)¹ [marɛ̃, -in] *a.* ① 바다의, 바다에서 나는; 바닷가의. courant ~ 해류. falaises ~*es* 해안의 단애. plantes ~*es* 바다식물. ② 항해의. carte ~*e* 해도(海圖). mille ~ 해리(海里). ③ 선원의. col ~ 세일러복의 칼라.
avoir le pied ~ 흔들리는 배에서 자유로이 걷다; 《구어》난관에 처해도 침착성을 잃지 않다.
—*n.m.* ① 선원, 해상 공무원. ~ du commerce [de la marine marchande] 상선의 선원. ② 항해술이 능한 사람. peuple de ~*s* 해양민족. ③ 수병, 해병 (~ de l'État, ~ de la marine de guerre). ④ 세일러복(costume ~); 세일러복 칼라(col ~).
marina [marina] 《이탈리아》 *n.f.* 해변, 바닷가.
marinade [marinad] *n.f.* 소금물, 염수; 【요리】 (고기 절이는)소스의 일종; 자반.
marinage [marinaʒ] *n.m.* (소금·소스에)절이기.
*****marine**² [marin] *n.f.* ① 항해술. terme de ~ 항해 용어. ② 해군(력·행정); 해군근무; 선박, 함선; (집합적)선박 근무자 (military) 해군. ~ marchande 해운력; 상선단(~ de commerce). Ministère de la M— 해군성. officier de ~ 해군장교. La France prussienne 《상선》, gars de la ~ 수병. ③ 바다그림, 해양화. Ce peintre est spécialisé dans les ~*s*. 이 화가는 해양화 전문이다. ④

《옛》바다. sentir la ~ 바다냄새가 나다.
—*n.m.* (영·미의)해병대원.
—*a.* (불변) 《구어》감색의, 곤색의(bleu ~). chaussettes (bleu) ~ 감색 양말.
mariné(e) [marine] *a.p.* 소금에 절인; (상품 따위가)바닷물로 훼손된.
mariné(e)² *a.* 【문장】 물고기 모양의.
mariner [marine] *v.t.* 소금에 절이다; 【요리】 소스에 절이다. —*v.i.* ① 소스에 담가지다. ② (불유쾌한 장소·상황에서)오래 기다리다, 시간을 끌다. Elle m'a laissé ~ trois heures. 그 여자는 나를 세 시간씩이나 기다리게 내버려두었다.
marinette [marinɛt] *n.f.* 《옛》나침반.
maringot(te) [marɛ̃gɔt] *n.f.* (둘레에 가로장이 있는)작은 마차; (집시의)마차.
maringouin [marɛ̃gwɛ̃] *n.m.* 【곤충】(열대 아메리카의)모기.
marinier(ère) [marinje, -ɛ:r] *a.* ① 바다의; 항해의. officier ~ (해군의)하사관. ② arche ~*ère* 【토목】아치형 교각(橋脚). —*n.m.* (하천용 수송선 (péniche)의)사공, (그런 배에서)사는 사람. 【수영】 횡영(橫泳). —(여자의)세일러복. *à la* ~*ère* ⓐ 선원같이. ⓑ 양파 소스로 조리한.
marinisme [marinism] *n.m.* 【문학사】 마리니 (Marini, 이탈리아의 시인)풍의 문체.
mariniste [marinist] *n.* 마리니풍의 문체를 좋아하는 문인.
mariol, mariol(l)e¹ [marjɔl] 《속어》 *a.* 교활한, 간사한. —*n.* 교활한 사람. faire le ~ 아는 체하다, 자랑하다.
mariolâtre [marjɔlɑtr] *a, n.* 【종교】 성모를 숭배하는(사람).
mariolâtrie [marjɔlɑtri] *n.f.* 성모숭배.
mariol(l)e² [marjɔl] *n.f.* 《옛》작은 성모상.
marionnette [marjɔnɛt] *n.f.* ① 꼭두각시, (*pl.*)인형극 (théâtre de ~s) 괴뢰. ~ à fils 실로 조종하는 인형. ~ à gaine 손으로 조종하는 인형(guignol). joueur(montreur) de ~*s* 꼭두각시 조종사. L'homme n'est qu'une ~ aux mains de la destinée. 인간은 운명의 손에 따라 움직이는 꼭두각시에 지나지 않는다. ② 【해양】이동 도르래. *faire jouer les grandes* ~**s**《구어》뒤에서 조종하다.
marionnettiste [marjɔnɛ(e)tist] *n.* 꼭두각시 조종자(흥행사).
marisque [marisk] *n.f.* ① 【식물】야생 무화과의 일종. ② 【의학】 위축한 치핵(痔核).
mariste [marist] *n.* 성모 마리아 회원.
marital(ale, *pl.* aux) [marital, -o] *a.* 남편의. droits ~*aux* 남편의 권리. autorisation ~*ale* 남편의 허가.
maritalement [maritalmɑ̃] *ad.* 부부같이; 《옛》남편 같이.
*****maritime** [maritim] *a.* ① (도시·지방이)바다에 면하는; (식물이)해안에서 많이 자라는. ville ~ 임해도시. port ~ 연안항. gare ~ 임해역. plante ~ 해안식물. climat ~ 해양성 기후. Provinces ~*s* 대서양연안 지역. ②해상의; 항해의; 선박의. agent ~ 선화(船貨)취급인. assurance ~ 해상보험(code ~). transport ~ 해상운송, 해운. navigation ~ 항해. canal ~ 외양(外洋)〔국제〕운하. puissance ~ 해양국가, commerce ~ 해상무역. droit ~ 해양법. expédition ~ 원양항해. ③ 해군의. arsenal ~ 해군공창. forces ~*s* 해군력. inscription ~ 해병등록. —*n.m.pl.* 상선관계자, 해운업자.
maritorne [maritɔrn] *n.f.* 못생긴 여자, 추녀.
marivaudage [marivodaʒ] *n.m.* 【문학】 마리보

(*Marivaux*, 18세기의 프랑스 극작가)식의 부자연스럽게 꾸민 말투; 부자연스럽게 멋부리는 언동(특히 여자의 환심을 살 때).

marivauder [marivode] *v.i.* 〖문학〗마리보의 문체를 모방하다; 부자연스럽게 언동을 꾸미다; 달콤한 말로 여자의 환심을 사려들다.

marjolaine [marʒɔlɛn] *n.f.* 〖식물〗꽃박하, 마을라나.

marjolet [marʒɔlɛ] *n.m.* 〖옛〗반겨들농이; 멋쟁이.

mark [mark] *n.m.* 마르크〖독일의 화폐〗.

marketing [marketiŋ] 〖영〗 *n.m.* 〖경제〗마케팅.

marle [marl]〖속어〗 *n.m.* ① 창녀의 정부. ② 교활한 놈. ——*a.* 교활한.

marli [marli] *n.m.* ① (접시의)가장자리; 가두리 장식. ② 〖옛〗얇은 명주.

marlou [marlu] *n.m.* 〖속어〗창녀의 정부; 깡패.

marmaille [marmɑ:j] *n.f.* 〖구어〗〖집합적〗어린이.

marmailleux(se) [marmajø, -ø:z] *a.* 〖구어〗애들이 많은.

marmelade [marməlad] *n.f.* ① 설탕에 졸인 과일, 마말레이드. ② 진창, 진구렁. être dans la ~ 진구렁에 빠져 있다, 곤궁하다.

en ~ ⓐ (요리가)흐물흐물해진, 곤죽이 된. ⓑ 〖구어〗엉망(진창)이 된. avoir la figure *en ~* 얼굴이 엉망이다.

marmenteau [marmɑ̃to] (*pl.* ~*x*) *a.m., n.m.* (arbre) ~; (bois) ~*x* 〖법〗(벌채하지 못하는)저택 장식용 수목〖풍치림〗.

marmitage [marmita:ʒ] *n.m.* 〖옛·군대속어〗중포탄 포격.

***marmite** [marmit] *n.f.* ① 냄비, 솥; 냄비 안의 음식. ~ de Papin 파팽식 압력솥. ~ sous pression 압력솥. ~ suédoise[norvégienne] 무화곤로[無火烘爐]〖뜨거운 음식을 그릇째 넣어 보온하는 통〗. ② ~ de géants 〖지질〗구혈(甌穴).

casser la ~ 〖구어〗돈벌이[직업]을 그만두다.
écumer la ~ (최고기 국물 따위의)더껑이를 걷어내다; (남의 집에서)기식하다, 얻어먹고 살다.
faire bouillir la ~ 〖구어〗생계를 돕다; 가게를 꾸려 나가다.
La ~ est renversée dans cette maison. 저 집에선 이제 만찬회는 하지 않는다.
nez en pied de ~ 〖구어〗납작코.
trouver couvercle à sa ~ 결혼하다.

marmitée [marmite] *n.f.* 한 냄비의 분량. une ~ de soupe 수프 한 냄비.

marmiter [marmite] *v.t.* 〖군대속어〗(중포탄으로) 포격하다.

marmiteux(se) [marmitø, -ø:z] *a.* 가난한, 가련한 (pauvre). ——*n.* 가난한[가련한] 사람.

marmiton [marmitɔ̃] *n.m.* 접시[그릇] 씻는 이, 설거지꾼; (요리사가 부리는)부엌 하인, 심부름꾼; 밥짓는 사람.

marmitonnage [marmitɔnaːʒ] *n.m.* 밥짓기; 설걷이, 그릇 씻기.

marmitonner [marmitɔne] *v.i.* 밥을 짓다; 설걷이하다, 그릇을 씻다.

marmolite [marmɔlit] *n.f.* 〖광물〗사문석(蛇紋石)의 일종.

marmonnement [marmɔnmɑ̃] *n.m.*, **marmonnage** [marmɔna:ʒ] *n.m.* marmonner 하기.

marmonner [marmɔne] *v.t.* 중얼중얼 말하다, 중얼거리다(murmurer). ~ des injures 욕설을 중얼거리다.

marmoréen(ne) [marmɔreɛ̃, -ɛn] *a.* 대리석질의; 대리석 특유의; 대리석같이 흰; (마음이)냉정한. visage d'une immobilité ~*ne* 대리석같이 냉담하고 동요가 없는 얼굴.

marmoriforme [marmɔrifɔrm] *a.* 대리석 비슷한.

marmorisation [marmɔrizasjɔ̃] *n.f.* 〖지질〗대리석화 작용.

marmoriser [marmɔrize] *v.t.* 대리석화하다.

marmot [marmo] *n.m.* ① 〖종종 *f.* ~*te* [-mɔt]〗어린애; (*pl.*) 〖구어〗(성의 구별 없이)어린애들. ② 괴상한 얼굴을 한 인형; 괴상한 얼굴 모양을 한 망치(문을 노크할 때 쓰는). ③ 포도의 일종. ④〖옛〗원숭이. *croquer le ~* 〖구어〗오래 기다리다.

marmottage [marmɔta:ʒ] *n.m.* 중얼거리기, 중얼거리는 말.

marmotte [marmɔt] *n.f.* ① 〖동물〗마르모트. manteau de ~ 마르모트 가죽외투. dormir comme une ~ 푹 잠자다. ② (보자기처럼 생긴)부인용 머리수건, 네커치프. ③ (브장송산의)서양오얏나무의 열매. ④ 여행가방(~ de voyage); 〖상업〗(상품의)견본상자(~ de commis-voyageur).

marmottement [marmɔtmɑ̃] *n.m.* = **marmottage**.

marmotter [marmɔte] *v.t.* 〖구어〗중얼거리다, 중얼중얼 말하다(murmurer).

marmotterie[1] [marmɔtri] *n.f.* 중얼거리기.

marmotterie[2] *n.f.* 〖구어〗푹 잠자기.

marmotteur(se) [marmɔtœ:r, -ø:z] *n.* 중얼중얼 말하는[중얼거리는] 사람.

marmottier [marmɔtje] *n.m.* 〖식물〗(브장송산의)서양오얏나무.

marmouset [marmuzɛ] *n.m.* ① 보기 흉측한 인형; (인형 장식이 있는)벽난로 안의 장작 받침쇠. ② 〖구어〗어린애; 키가 작은 남자. ③ 〖동물〗= ouistiti. ④ (M~s) 〖역사〗샤를 6세 즉위 후에 재임용된 샤를 5세 시대의 궁중 고문관.

marmousette [marmuzɛt] *n.f.* 〖구어〗어린 소녀, 키가 작은 여자.

marnage[1] [marna:ʒ] *n.m.* 〖농업〗이회토(泥灰土)의 시비(施肥).

marnage[2] *n.m.* 〖해양〗조수가 밀려오기.

marnais [marnɛ] *n.m.* 마른(Marne) 강의 석탄 배.

marne [marn] *n.f.* 〖지질〗이회암(泥灰岩); 〖농업〗이회토(비료로 씀).

marner[1] [marne] *v.t.* 〖농업〗(에)이회토를 뿌리다, 이회토 거름을 주다.

marner[2] *v.i.* 〖사투리〗밀물이 들다.

marner[3] *v.i.* 〖속어〗고되게 일하다.

marneur [marnœ:r] *n.m.* 이회토를 시비하는 사람; 이회암 채굴광부.

marneux(se) [marnø, -ø:z] *a.* 이회암질의. sol ~ 이회암질 토양.

marnière [marnjɛ:r] *n.f.* 이회암갱.

Maroc [lə] [ləmarɔk] *n.pr.m.* 〖지리〗모로코.

marocain(e) [marɔkɛ̃, -ɛn] *a.* 모로코의. ——M~ *n.* 모로코 사람.

maroilles [marwal], **marolles** [marɔl] *n.m.* 마루아유(Maroilles, 프랑스의 도시)산의 치즈.

maronage [marɔna:ʒ] *n.m.* (산림 사용권자의)자가용[用] 목재 벌채권.

maronite [marɔnit] 〖종교사〗 *n.* 마론 교도(레바논 지방의 가톨릭교도). ——*a.* 마론 교도의.

maronnant(e) [marɔnɑ̃, -ɑ̃:t] *a.* 〖속어〗울화통이 터지게 하는. pluie ~*e* 재수없는[지겨운] 비.

maronner [marɔne] *v.t., v.i.* 〖구어〗중얼거리다, 투덜거리다.

maroquin[1] [marɔkɛ̃] *n.m.* ① 모로코가죽; 모로코제 가방; 모로코가죽을 모방한 양가죽. ② 장관직(~ ministériel, portefeuille ministériel), obtenir un ~ 장관직을 얻다. ——*a.* 모로코가죽과 유사한. papier ~ 모로코가죽을 흉내낸 종이.

maroquin² *n.m.* 《옛》【해양】도르래 장치의 밧줄의 일종.

maroquinage [marɔkinaːʒ] *n.m.* 모로코가죽 제조; 모로코가죽처럼 만들기.

maroquiner [marɔkine] *v.t.* 모로코가죽 모양으로 만들다.

maroquinerie [marɔkinri] *n.f.* 모로코가죽 제조(법); 모로코가죽 제조공장; 【상업】모로코가죽 제품; 모로코가죽 장사.

maroquinier [marɔkinje] *n.m.* 모로코가죽 제조 직공; 모헉지(模革紙) 제조공. —*a.m.* 모로코가죽 제조의.

marotique [marɔtik] *a.* 【문학】클레망 마로 (Clément Marot, 프랑스의 시인)풍의; 상고(尙古) 취미의, 의고풍(擬古風)의.

marotiser [marɔtize] *v.i.* 《옛》【문학】클레망 마로식의 문체를 흉내내다.

marotisme [marɔtism] *n.m.* 《옛》【문학】클레망 마로식 문체의 모방, 의고주의.

marotiste [marɔtist] *n.* 의고주의자.

marotte [marɔt] *n.f.* ① 어릿광대의 지팡이(궁정 어릿광대가 가졌던 것으로, 끝에 종과 인형얼굴이 달려 있음). ② (모자걸이·미장원용의)머리 모형. ③ 《구어》편집(偏執), 기벽(奇癖); 고정관념. Il a la ~ de voyager. 그는 여행에 미쳐 있다. ④ (통장이의)절삭대(臺).

marouette [marwet] *n.f.* 【식물】카밀레 (camomille puante).

marouflage [maruflaːʒ] *n.m.* 표구, 표장(表裝).

maroufle¹ [marufl] *n.m.* 《옛》불량배 (fripon).

maroufle² *n.f.* 표구용 풀.

maroufler [marufle] *v.t.* 표구하다; (화포에)풀칠하다.

maroute [marut] *n.f.* =**marouette**.

marprime [marprim] *n.f.* 【해양】(돛 꿰매는 직공의)송곳.

marquage [markaːʒ] *n.m.* ①(나무·천·상품 따위에)표를 하기. ②【스포츠】행동방해, 마크; 행동(활동)감시(방해); 점수 기입.

marquairerie [markɛrri] *n.f.* =**marcai(re)rie**.

marquant(e) [markɑ̃, -ɑ̃ːt] *a.* 눈에 띄는, 현저한 (important); 저명한. trait ~ 특징. personnage ~ 저명인사. —*n.f.* (카드놀이에서)조커 역할을 하는 카드(carte ~e).

***marque¹** [mark] *n.f.* ①표, 표시; 인장; 검인; 낙인; 상표; 상표 붙은 상품; 제작데(제조)회사. faire une ~ sur une liste (en marge) 일람표(여백)에 표시를 하다. mettre une ~ dans un livre 책안에 표시를 하다. coudre une ~ à son linge 속옷에 자기 것의 표시로 작은 형겊조각을 꿰매어 붙이다. ~ de la douane 세관의 검인. ~ typographique (인쇄소나 출판사의)사명(社名)도안. ~ nationale de qualité 국가에서 인정한 품질증명표시. porter la ~ (죄인)의 낙인찍히다. ~ de fabrique (de commerce) 상표. ~ déposée 등록상표 (déposée au tribunal 의 뜻). grande ~ d'automobiles 대 자동차 회사. grande ~ et ses sous-~s 대기업과 그 하청업체.
② 자국, 흔적(tache). ~s de pas 발자국. ~s de pneus sur le sol 땅 위의 차바퀴 자국. ~s de dents 이빨자국. faire porter ses ~s à qn …을 멍들 정도로 때리다. ~ de la mer 조수가 썬 흔적. ~ du temps (작품에 나타난)시대의 흔적.
③ 특징, 특성; 표시, 징후, 증거; 저명, 지명(知名). ~ d'amour 사랑의 표시. donner des ~s de confiance 신임의 표시를 보여주다. ~ de malheur 흉조. Cette attitude est la ~ d'un homme d'action. 이러한 태도는 그가 행동인이라는 증거이다.
④【상업】(상품의)가격표, 【놀이】계산표, 득점패(牌); (중간)득점상황. ouvrir la ~ 선취점을 올리다. Où en est la ~ à la mi-temps? 전반전의 스코어는 어떠했니? La ~ est de trois à deux. 스코어는 3 대 2이다. tenir la ~ 점수를 세다, 득점을 기록하다.
⑤【스포츠】라인 보폭, 복수. lettres de ~【법·역사】(전쟁시 적국의 선박에 대한)보복적 나포 허가증; 복수 허가장.
⑥《옛》위장, 표장(標章); 【군사】제독기(~ de l'amiral).
⑦【언어】표지(標識).
de ~ (포도주 따위가)유명한, 고급의; (사람이)저명한, 뛰어난, 고위 *de ~*. hôte *de ~* 최상급의. personnage *de ~* 유력자, 권력가. produits *de ~* 고급(일류) 생산품.

marque² *n.f.* 《옛》복수, 복수. lettres de ~【법·역사】(전쟁시 적국의 선박에 대한)보복적 나포 허가증; 복수 허가장.

marqué(e) [marke] *a.p.* ①표시가 있는, 자국이 있는, 낙인찍힌, 접찍힌; 날인된; (얼굴이)주름살잡힌. être né ~ 날 때부터 접이 있다. ~ de la petite vérole 마마 자국이 있는. être ~ 주름살이 있다. homme ~ 요주의 인물. ② 현저한, 눈에 띄는, 두렷하게 나타나는. différence ~e 명백한 차이. avoir un goût ~ pour… 특히 …을 좋아하다. prix ~ (카탈로그의)정가. arriver à l'heure ~e 지정된 시간에 도착하다. ④【언어】유표의. terme ~ 유표항(項). forme ~e du substantif 명사의 유표형 (여성형, 복수형). rôle ~【연극】중년역(中年役), 노인역.

marque-mal [markəmal] *n.m.* (복수불변)인상나쁜 남자.

***marquer** [marke] *v.t.* ①표시를 찍다. 낙인을 찍다. ~ une croix ×표를 하다. ~ le passage important d'un trait rouge 중요한 대목을 붉은 선으로 표시하다. ~ sa place avec (par, de) qc (차안에서 모자 따위로)자리를 잡아두다.
② 자국(흔적)을 남기다. ~ ses pas dans la neige 눈위에 발자국을 남기다. La fatigue *marque* ses yeux. 그의 눈에는 피로가 역력하다. ~ qn de son influence …에게 영향을 주다.
③ 지적하다, 가리키다, 나타내다, 알리다, 표시하다. Ma montre *marque* midi. 내 시계는 정오를 가리키고 있다. ~ les heures (시계가)시간을 나타내다. ~ son refus 거부를 표명하다. Il ne *marque* pas son âge. 그의 나이를 알 수 없다. Il *marque* plus que son âge. 그는 나이보다 늙어 보인다. ~ à qn son respect …에게 존경을 표하다.
④ 기입(기록)하다. ~ un numéro de téléphone sur son carnet 수첩에 전화번호를 기입하다.
⑤ 눈에 띄게 하다, 강조하다. ~ la mesure (노래를 부를 때) 박자를 또박또박 맞추다. On ne *marque* pas les «e» muets. 무음 e는 발음하지 않는다. ⑥ 파수보다, 경계하다, 살펴보다. ~ un adversaire 적의 움직임을 살펴보다.
⑦【스포츠】상대편 선수를 마크하다; 득점하다. ~ un but (un panier) 골인하다.
⑧《학술》(지시약 따위로)식별하다.
~ un point 이점을 얻다; 논의에서 우세하다.
ouvrage marqué au bon coin 걸작.
—*v.i.* 표시가 있다; 자국(흔적)이 남아 있다; 눈에 띄다, 뚜렷하다; 저명하게 되다, 유명해지다. Ce

fait *marquera* dans l'histoire. 이 사건은 역사에 기록될 것이다. une date qui *marque* 중요한 날. Cela *marquerait* trop. 그렇게 하면 너무 눈에 띈다(속이 들여다 보인다]. femme qui *marque* 출산의 전조를 보이는 부인.
faire ~ 【해양】 (깃발을)올리다. **~ bien**[*mal*] (풍채·태도가) 좋은[좋지 않은] 인상을 주다.
—se ~ *v.pr.* 표시되다, 표적이 찍히다, 나타나다.
se ~ soi-même d'un signe de mort (제도 따위가) 붕괴될 조짐을 보이다.

marqueté(e) [markəte] *a.p.* ① 쪽매붙임을 한. 【문장】 반점무늬의.

marqueter [markəte] [5] *v.t.* ① 상감세공(象嵌細工)으로 하다, 쪽매붙임으로 하다. ② 반점무늬를 넣다, 얼룩지게 하다.

marqueterie [markə(e)tri] *n.f.* 《구어》 긁어 모은 것, 잡동사니; 《문예작품 따위의》 잡문집; 상감세공, 쪽매붙임.

marqueteur [markətœ:r] *n.m.* 상감세공 직공, 쪽매붙임 직공. —*a.m.* 상감세공(쪽매붙임)한.

marquette¹ [markεt] *n.f.* 생랍(生蠟)덩어리.
marquette² *n.f.* 봉건시대의 혼인세.

marqueur(se) [markœ:r, -ø:z] *n.* 표시를 하는 사람, 검인(낙인)을 찍는 사람. ~ de bétail 가축에 검인을 찍는 사람. —*n.m.* ① 득점기록자, 득점기록계(計). ~ automatique 자동기록계. ② 【스포츠】 득점을 올린 선수. ③ 표시하는 기구. ~ à chaux 【스포츠】 줄 긋는 기구. ~ de plis (재봉틀의)주름잡는 기계. ④ 수성볼펜(crayon-feutre).
—*n.f.* 《상품 따위의》 검인기.

marquis [marki] *n.m.* 후작; 세련된 사람. le ~ de X, X 후작. faire le ~ 거드름부리다. ② 【역사】 변새(邊塞)사령관. ③ ~ de Carabas 《옛》 정체를 알 수 없는 대영주 (Perrault 의 동화 「장화신은 고양이」에 나오는 고양이의 주인).

marquisat [markiza] *n.m.* ① 후작의 영지[지위]. ② 변새(邊塞)경비장관의 관구(직위).

marquise [marki:z] *n.f.* ① 후작 부인; 거드름부리는 여자. ② (건물의)차양; (플램풍의)유리로 된 지붕; 계단·입구의 지붕. ③ (갈쭉한 보석을 박은) 반지. ④ 샴페인의 일종.

Marquises [marki:z] *n.pr.f.pl.* les îles ~ 【지리】 마르키즈 제도.

marquisien(ne) [markizjɛ̃, -εn] *a.* 마르키즈제도의. —**M~** *n.* 마르키즈 사람.

marquoir [markwa:r] *n.m.* ① (재단사용의)본뜨는 기구. ② (피륙에 붙이는)마크 견본.

marrainage [ma(a)rena:ʒ] *n.m.* 대모(代母)의 신분〔자격〕.

marraine [ma(a)rεn] *n.f.* ① 【가톨릭】 대모; 【신교】 교모. ② (선박·종 따위의)명명자. ③ 사교계에 신인을 소개하는 여자. ④ ~ de guerre 전시대모(일선장병에게 위문품(편지)을 보내는 여자).

marrant(e) [marɑ̃, -ɑ̃:t] *a.* 《속어》우스운, 웃기는, 익살맞은; 이상한, 유별난.

marre¹ [ma:r] *n.f.* 괭이의 일종.
marre² *ad.* *C'est ~!* 《속어》이제 그만.
en avoir ~ 《속어》지긋지긋하다. Une histoire comme ça. On *en a ~.* 그런 이야기는 이제 지긋지긋하다. On *en a ~* d'attendre. 기다리는 데 질렸다. (Il) y *en a ~*! 그만해 둬! 지긋지긋하다.

marrer (se) [s(ə)mare] *v.pr.* 《속어》허리가 끊어지게 웃다.

marri(e) [mari] *a.* 《옛》 유감스럽게 생각하는.

*****marron¹** [ma(a)rɔ̃] *n.m.* ① 밤; 밤빛. ~s grillés 군밤. ~s glacés 밤을 설탕에 졸여 만든 당과. porter du ~ 밤색 옷을 입고 다니다. yeux d'un ~ sombre 짙은 밤색의 눈. marchand de ~s 군밤장수. ② 폭죽. ③ 《속어》주먹질; 얼굴. recevoir un ~ 한대 얻어맞다. coller(flanquer) un ~ à qn …을 한대 먹이다. ④ ~ sculpté 우스팡스러운 얼굴. ⑤ ~ d'Inde 상수리; ~ d'eau 마름(열매). ⑥ (*pl.*) 반죽 속의 덩어리. ⑥ 《옛》 출근표, 순찰표(~ de ronde[de service]). ⑦ 《옛》 리본으로 묶은 머리. *tirer les ~s du feu pour qn* …의 앞잡이 노릇을 하다, …에게 이용당하다.
—*a.* ① 《불변》 밤색의. yeux ~ 밤색 눈. tissu clair 엷은 밤색 천. ② être ~ 《속어》속다, 당하다.

marron²(ne) [marɔ̃, -ɔn] *a.* ① 면허가 없는, 무허가의, 감찰 없는, 돌팔이의. médecin ~ 돌팔이 의사. ② 《역사》 (노예의)탈주한. esclave ~ 도망 노예. —*n.* ① 무감찰자, 돌팔이. ② 탈주 흑인노예. ③ 비밀출판물, 원본에 새긴 결자.

marronnage [marɔna:ʒ] *n.m.* ① (노예의)탈주. ② 무면허 영업; 비밀출판.

marronnant(e) [marɔnɑ̃, -ɑ̃:t] *a.* 《속어》=**embêtant**.

marronner¹ [marɔne] *v.t.* 《옛》 머리카락을 크게 말아서 리본으로 묶다.

marronner² *v.i.* ① (탈주한 노예가) 산속에 잠복하다. ② 면허(감찰)없이 영업하다; 비밀출판하다. ③ 《옛》 해적노릇을 하다.

*****marronnier¹** [ma(a)rɔnje] *n.m.* 【식물】 마로니에; ~ d'Inde); 콘밤나무. ② 명절 특집기사.

marronnier², **marronniste** [ma(a)rɔnist] *n.m.* 《구어》 군밤장수.

marrube [maryb] *n.m.* 【식물】 마루비움(꿀풀과(科)의 일종).

Mars [mars] *n.pr.m.* 【로마신화】 마르스 군신(軍神) 【천문】 화성. champ de ~ 《옛》 【군사】 연병장. jeux(travaux) de ~ 전쟁.

:**mars** *n.m.* ① 3월; (*pl.*) 3월에 씨를 뿌리는 곡식. au mois de ~, en ~ 3월에. Je pars début ~. 나는 3월초에 떠난다. bière de ~ 3월에 양조한 맥주. ② grand ~ 【곤충】 (유럽산의)번개오색나비. ③ ~ sucré (사투리)씨를 뿌림.

marsage [marsa:ʒ] *n.m.* 【농】 (사투리)씨를 뿌림.

marsala [marsala] *n.m.* 마르살라(*Marsala*, 이탈리아의 도시)포도주(vin de *M~*).

marsanne [marsan] *n.f.* (*Drôme*, *Isère* 지방의)백포도주.

marsault, **marseau** (*pl.* ~**x**) [marso] *n.m.* 【식물】 호랑버들(marceau).

marseillais(e) [marsɛjε, -ε:z] *a.* 마르세유의. —**M~** *n.* 마르세유 사람. —**la M~e** *n.f.* 라마르세에즈(프랑스의 국가).

Marseille [marsɛj] *n.pr.* 【지리】 마르세유.

marsiliacées [marsiljase] *n.f.pl.* 【식물】 네가래과(科).

marsouin [marswɛ̃] *n.m.* ① 【동물】 돌고래의 일종. ② 식민지 보병; 밀수입자; 《속어》 못생긴 놈사내. ③ 【해양】 앞 갑판의 천막.

marsupial(ale, *pl.* **aux**) [marsypjal, -o] 【동물】 *a.* 주머니 모양의, 유대낭(育兒囊)이 있는. —*n.m.pl.* 유대류(有袋類).

marsupiau [marsypjo] (*pl.* ~**x**) *n.m.* 《구어》 녀석, 놈.

martagon [martagɔ̃] *n.m.* 【식물】 백합의 일종.

marte [mart] *n.f.* =**martre**.

*****marteau** [marto] (*pl.* ~**x**) *n.m.* ① 망치, 쇠망치, 메, 해머. ② (문에 달린)두드리는 쇠, 노커; (피아노의)해머; (경매인이 쓰는)작은 방망이(~ de commissaire-priseur; ~ d'ivoire). ③ 【해부】 추골(槌骨). ④ 【어류】 귀상어(requin ~); 【식물】 수선화(narcisse).
avoir (reçu) un coup de ~ (sur la tête) 《속어》약간

정신이 이상하다.
graisser le ~《구어》(자유로이 출입할 수 있도록) 문지기에게 팁을 주다.
passer sous le ~ 경매되다.
—*a.* être ~《구어》머리가 좀 이상하다.

marteau-pilon [martopilɔ̃] (*pl.* ~*x*-~*s*) *n.m.* 《야금》증기망치, 동력 해머.

marteau-pilonner [martopilɔne] *v.t.*《구어》(피아노 따위를)망치로 치듯이 치다.

marteau-piolet [martopjɔle] (*pl.* ~*x*-~*s*) *n.m.* (등산용)아이스 해머.

martégallois(e) [martegalwa, ɑːz], **martégal** (*ale*, *pl. aux*) [martegal, -o] *a.* 마르테그(*Martigues*, 프랑스의 도시)의. —**M**~ *n.* 마르테그 사람.

martel [martɛl] *n.m.*《옛》① 망치, 쇠망치(marteau). ② 고뇌, 걱정.
avoir (se mettre) ~ *en tête*《구어》걱정하다. *donner (mettre)* ~ *en tête à qn* …에게 걱정을 시키다.

martelage [martəlaːʒ] *n.m.* ① 망치로 치기[두드리기], 메질; 《야금》망치질, 단련. ② (벌채하지 않을 나무에) 망치로 표시를 하기. ③《수의》(황소)고환의 동맥을 망치로 치는 거세법.

martelé(e) [martəle] *a.p.* ① 망치로 두드려서 만든, 메질한. ② (문체 따위가)고심하여 다듬어진, 쇠고 된. ③《음악》음절마다 끊어서 발음된[연주된].

martèlement [martɛlmɑ̃] *n.m.* =**martellement**.

marteler [martəle] [4] *v.t.* ① 망치로 치다[두드리다]; 강타[강공]하다. ~ *d'obus une position* 진지를 포격하다. ② (문체 따위를)고심하여 다듬다, 퇴고하다. ③ 음절마다 끊어서 발음하다. ③《목적보어 없이》《기계》(내연기관이)노킹하다, 폭음을 내다. ④ (벌채하지 않을 나무에)표시를 하다. ~ (*le cerveau à*) *qn* …에게 걱정을 끼치다, 다…을 괴롭히다.

martelet [martəlɛ] *n.m.* 작은 망치.

marteleur [martəlœːr] *n.m.* (대장간의) 망치질하는 직공, 메질꾼.

martellement [martɛlmɑ̃] *n.m.* 망치로 치는 소리; 망치질하는 듯한 소리.

martellerie [martɛlri] *n.f.* 대장간.

martello [martɛ(l)lo] *n.m.* (해안 방비의) 원형포탑.

martelures [martəlyːr] *n.f.pl.* (벌겋게 단 쇠토막을 두들길 때 벗겨지는)쇠비눌.

martensite [martɑ̃sit] *n.f.* 《야금》마르텐사이트, 마르텐스철(鐵).

martial (*ale*, *pl. aux*) [marsjal, -o] *a.* ① 전쟁의, 군대의; 군대식의, 호전적의. *chant* ~ *de* ~, *code* ~ 교전법규(交戰法規). *cour* ~*ale* 군법회의. *loi* ~*ale* 계엄령. *vie* ~*ale* 군대생활. *nation* ~*ale* 호전적인 국민. *peuples* ~*aux* 호전적인 민족. *arts* ~*aux* 무예, 무술, 격투기. *discours* ~ 사기를 북돋우는 연설. ② 씩씩한, 용사같은, 군인다운. ③《약》철분을 함유한. —*n.m.* 철제(鐵劑).

martialement [marsjalmɑ̃] *ad.*《문어》용감하게, 씩씩하게.

martien(ne) [marsjɛ̃, -ɛn] *a.* ①《천문》화성의;《점성술》화성의 영향을 받는. *observation* ~*ne* 화성관측. ② 호전적인. —*n.* 화성인(人).

Martin [martɛ̃] *n.pr.m.* 마르탱(남자 이름, 때로는 당나귀·곰의 이름으로도 쓰임); 곤봉을 가진 남자 (~-*bâton*). *ours* ~ 장난감 곰. *Il y a à la foire plus d'un âne qui s'appelle* ~.《속담》그런 흔해빠진 이름의 남자는 얼마든지 있다(상대방의 말이 누구를 가리키는지 알 수 없을 경우).

martin [martɛ̃] *n.m.* ~ *rose*《조류》찌르레기 (*étourneau*)의 일종, ~-*sec*; ~-*sire*; ~-*sucré*《원예》배의 일종.

martin-bâton [martɛ̃batɔ̃] *n.m.* ① (*M*~) 곤봉을 가진 남자. ② (반항하는 동물을 때리는)곤봉.

martin-chasseur [martɛ̃ʃasœːr] (*pl.* ~*s*-~*s*) *n.m.*《조류》물총새의 속명(俗名).

martiner [martine] *v.t.*《야금》(쇠를)망치[메]로 치다[두드리다], 단련하다.

martinet[1] [martine] *n.m.*《야금》증기해머, 동력해머. ② (가죽·삼끈이 여러 가닥으로 된)채찍, 총채. ③ 촛대. ④《해양》활대의 첨단을 끌어올리는 밧줄.

martinet[2] *n.m.*《조류》명매기.

martineur [martinœːr] *n.m.* 동력 해머공.

martingale [martɛ̃gal] *n.f.* ① 가슴걸이(말이 머리를 숙이지 못하도록 안장에 맨 가죽 끈)(→ *harnais* 그림). ②《해양》삼각돛의 하활을 아래쪽에 고정시키는 밧줄. ③ (허리끈에 달린)칼춤끈. ④《의복》(코트 따위의 등쪽에 붙이는)벨트. ⑤ (노름에서)질 때마다 돈을 갑절로 걸기.

martingaler [martɛ̃gale] *v.i.* (노름에서)돈을 갑절로 걸다.

martiniquais(e) [martinike, -ɛːz] *a.* 마르티니크 섬 (*la Martinique*)의. —**M**~ *n.* 마르티니크 섬 사람.

martinique [martinik] *n.m.* (마르티니크 섬산의)커피; 럼주(酒). —**la M**~ *n.pr.f.* 마르티니크 섬.

martin-pêcheur [martɛ̃peʃœːr] (*pl.* ~*s*-~*s*) *n.m.*《조류》물총새.

martite [martit] *n.f.*《광물》마타이트(적철광의 일종).

martoire [martwaːr] *n.m.* 쇠망치.

martray [martrɛ], **martroi**, **martroy** [martrwa(-ɑ)] *n.m.*《옛》처형; (중세의)형장(刑場). *place du* ~ 처형의 광장.

martre [martr] *n.f.*《동물》담비; 담비의 모피. ~ *zibeline* 검은 담비.
prendre ~ *pour renard*《구어》(닮아서)잘못 알다.

martyr(e[1]**)** [martiːr] *n.* ① (그리스도교의)순교자; 순사자. *ère des* ~ *s* 《로마황제 *Dioclétien*의 그리스도교도 박해시대》. ~ *de la liberté* 자유를 위하여 순사한 사람. ② (병 따위의)희생자, 고통받는 사람. *Il est le* ~ *de son ambition. 그는 자기자신의 야심의 희생자가 되어 있다.
être du commun des ~*s* 대수롭지 않은 인간이다.
—*a.* ① 순교의. ② 수난의, 학대받는; 고뇌하는. *enfant* ~ 학대받는 아이. *la Pologne* ~*e* 수난받는 폴란드. *le roi* ~ 루이 16세.

martyre[2] *n.m.* (그리스도교의)순교, 수난, (일반적인 뜻으로)순사; 박해, 학대; 고통, 고뇌, 오뇌.
mettre qn au ~《구어》…을 괴롭히다. *souffrir le* ~ 순교하다, 신앙을 위해 박해를 참고 견디다; 몹시 괴로와하다. *prendre (se donner) les airs de* ~; *jouer les* ~*s* 희생자인 체하다, 대단한 박해를 받은 척하다. *Toute sa vie fut un* ~. 그의 전 생애는 고난의 연속이었다.

martyriser [martirize] *v.t.* 학대하다, 박해하다; 몹시 괴롭히다; 순교시키다. *se faire* ~ 순교하다, 순교자가 되다. ~ *un enfant (un animal)* 아이(동물)를 괴롭히다.

martyrium [martirjɔm]《라틴》*n.m.*《종교》순교자를 위한 교회당; 순교자의 유해를 안치한 예배당(지하납골당).

martyrologe [martirɔlɔːʒ] *n.m.* 순교자 명부; 순교자 축일표(祝日表); 희생자 명단(명부). ~ *de la science* 과학을 위한 희생자들.

martyrologie [martirɔlɔʒi] *n.f.* 순교사(史), 순교자전(傳);《드물게》순교자론.

martyrologique [martirɔlɔʒik] *a.* 순교사의.

martyrologiste [martirɔlɔʒist] *n.m.* 순교자전 작가.

marum [marɔm] *n.m.*《식물》개박하.

marxien(ne) [marksjɛ̃, -ɛn] *a.* 마르크스의, 마르크스식의. analyse ~*ne* du capitalisme 마르크스의 자본주의 분석.
marxisant(e) [marksizɑ̃, -ɑ̃:t] *a.* 마르크스주의적 (경향을 띤).
marxisation [marksizasjɔ̃] *n.f.* 마르크스주의의 경향을 띰. ~ de l'Église catholique 가톨릭교회의 마르크스주의화.
marxiser [marksize] *v.t.* 마르크스주의이 되게하다. —**se ~** *v.pr.* 마르크스주의를 신봉하게 되다.
marxisme [marksism] *n.m.* 마르크스주의.
marxisme-léninisme [marksismaleninism] *n.m.* 마르크스·레닌주의.
marxiste [marksist] *a.* 마르크스주의(자)의. —*n.* 마르크스주의자.
marxiste-léniniste [marksistaleninist] *a.* 마르크스·레닌주의의.
marxologue [marksɔlɔg] *n.* 마르크스 연구가.
maryland [marilɑ̃] *n.m.* 메릴랜드(*le Maryland*, 미국 동부 대서양연안의 주)산의 담배.
MAS [mas] 《약자》manufacture d'armes de Saint-Étienne 《군사》 생테티엔 병기창. [저택.
mas [mɑ(:)s] 《남프랑스》 *n.m.* (전통적 양식의)농가,
mascarade [maskarad] *n.f.* ① 가면[탈]을 쓴, 가장한 사람들의 모임; 가면 무도회, 가장행렬. ~*s* du carnaval 카니발의 가장행렬. ② 허위, 위선(행위). Ce procès est une véritable ~. 이 재판은 순전히 사기이다. ③ 《옛》가면극; 가면극을 위한 시.
mascaret [maskarɛ] *n.m.* 만조 때 강어귀에 생기는 높은 파도; 《비유적》고조. ~ de contestation 극도에 달한 항의의 물결.
Mascarille [maskarij] *n.m.* 《연극》(*Molière*의 작품에 등장하는)명랑하고 능글맞은 하인.
mascaron [maskarɔ̃] *n.m.* 《건축》(장식용의)괴인면(怪人面).
mascotte [maskɔt] *n.f.* 행운을 가져다준다고 생각되는 사람[것], 행운의 부적, 마스코트.
***masculin(e)** [maskylɛ̃, -in] *a.* ① 남자의, 남성의 (mâle, ↔ féminin). sexe ~ 남성. voix ~*e* 남자 목소리. population ~*e* 남자 인구. ② (여자가)남자 같은. ③ 《언어》 남성의. rime ~*e* 《운율》 남성운. nom ~ 남성 명사. terminaisons ~*es* 남성어미. vers ~*s* 남성운의 시구. —*n.m.* 《언어》 남성(형)(genre ~).
masculiniser [maskylinize] *v.t.* 남성적으로 만들다, 《언어》 남성으로 만들다. —**se ~** *v.pr.* (여자가)남자같이 되다, (생물이)수컷의 성징을 띠다.
masculinisme [maskylinism] *n.m.* 《의학》 (생식기 장애로 인한 여자의)남성화.
masculinité [maskylinite] *n.f.* 남성; 남자다움, 씩씩함(↔ féminité); 《생물》 수성. privilège de ~ 《옛》 《법》 (귀족계급의 남성상의)남자의 특권. rapport de ~ 《통계》 (전체인구 중)남자의 비.
masculisme [maskylism] *n.m.* 남성 우위. [늘.
maser [mazɛ:r] *n.m.* 메이저(분자 또는 원자의 고유진동을 이용해 마이크로파 띠위의 전자파를 방출하는 장치; microwave amplification by stimulated emission of radiation의 약자).
mash [maʃ] 《영》 *n.m.* 《농업》 밀기울·보릿가루 따위를, 더운 물에 개 사료.
maskinongé [maskinɔ̃ʒe] 《아메리카인디언》 *n.m.* 곤들매기(brochet)의 일종.
maso [mazo] *n.m.* =**masochiste**.
masochisme [mazɔʃism] *n.m.* 피학대 음란증, 매저키즘(↔ sadisme).
masochiste [mazɔʃist] *n.* 피학대 음란증 환자. —*a.* 피학대 음란증에 걸린.

masquage [maska:ʒ] *n.m.* ① 가면을 쓰기. ② 《사진》 마스크를 이용한 사진의 수정. ③ 《언어》 자신이 어떤 정치·사회적 계층에 속해 있음을 드러내지 않기위한 다른 계층 언어의 사용.
***masque¹** [mask] *n.m.* ① 가면, 탈, 복면; (검술용의)마스크; 《군사》 방독면(~ à (contre le) gaz; ~ respirateur). ~*s* du théâtre antique 고대극의 가면. mettre un ~ 가면을 쓰다. ~ d'apiculteur 양봉가의 마스크. ~ antiseptique 《의학》 소독마스크. ~ respiratoire 방진마스크. prendre le ~ de la vertu (고결한 체)위선의 탈을 쓰다. homme au ~ de fer 《역사》 철가면의 남자. arracher (ôter) le ~ à qn …의 가면을 벗기다, 정체를 폭로하다. lever(jeter) le ~ 가면을 벗다, 본성을 드러내다. sous le ~ de …의 가면을 쓰고서, …한 체하고서. ② 가면을 쓴 사람. ③《옛》 《연극》 가면극. ④ 면형(面型), 데드마스크(~ mortuaire). ⑤ 얼굴(생김새)(visage). ~ impénétrable 속을 알 수 없는(표정이 나타나지 않는)얼굴. ⑥ 《건축》 = mascaron. ⑦ 《해양》 (돛의)역풍을 받기. ⑧ (미용의)팩.
masque² *n.f.* ①《옛》 추녀; 마귀같은 할멈. ② 심술 궂은 계집, 깜찍한 계집.
masqué(e) [maske] *a.p.* ① 가면[탈]을 쓴, 가장한. bal ~ 가장무도회. ② 숨겨진, 엄폐(차폐)된. tir ~ 엄폐진지 너머로 간접조준을 하여 사격하기. bouteille (de vin) ~ 가면병(붙어 있어 속이 불투명한 포도주 병. virage ~ 시선이 닿지 않는 모퉁이.
masquer [maske] *v.t.* ①《드물게》 가면을 씌우다. ② 숨기다(dissimuler); 가리다; 은폐하다; (본성을)속이다, 《냄새를》없애다. arbres qui *masquent* une maison 집을 가리는 나무. ~ les lumières 빛을 가리다. ~ les feux 《해양》 등화관제하다. ~ la vérité par des lâchetés 비열한 수단으로 진실을 은폐하다. ③《해양》 (돛에)역풍을 받게 하다. être masqué 돛에 역풍을 받다. ④《요리》 소스나 진한 크림으로 접시 위의 요리를 덮다. —*v.i.* 《해양》 돛에 역풍을 받다. —**se ~** *v.pr.* 가면(탈)을 쓰다; 복면하다; 본성을 숨기다. hypocrite qui *se masque* sous les dehors de la dévotion 신앙의 가면을 뒤집어 쓴 위선자.
massacrant(e) [masakrɑ̃, -ɑ̃:t] *a.* 기분이 좋지 않은. être d'une humeur ~*e* 기분이 좋지 않다.
massacre [masakr] *n.m.* ① 살육, 학살(carnage); 도살(tuerie); 대량으로 파괴하기. envoyer des soldats au ~ 대량으로 죽일 것이 틀림없는 전장으로 병사들을 보내다. ②《옛》서투른 일꾼, 일을 망쳐놓는 사람; 《구어》 일을 망쳐놓기, 결딴내기. Les acteurs ont fait un ~ de la pièce. 그 배우들은 서투른 연기로 그 작품을 망쳐놓았다. ~ d'une robe (재단을 잘못해서)옷을 망쳐놓기. ③ 사슴뿔. *jeu de ~* 공을 던져서 인형을 넘어뜨리는 놀이.
massacrer [masakre] *v.t.* ① 살육하다, 학살하다, 도살하다. ~ des populations civiles 일반시민을 학살하다. ② 때려눕히다(amocher, démolir). Le boxeur *massacra* son adversaire. 그 권투선수는 상대방을 녹초로 만들었다. ③《구어》 망쳐놓다, 결딴 내다. ~ un texte en le remaniant 글을 고친다고 엉망으로 만들다. —**se ~** *v.pr.* 서로 죽이다.
massacreur(se) [masakrœ:r, -ø:z] *n.* ① 살육자, 학살자. ② 서투른 사람, 일을 망쳐놓는 사람.
massage [masa:ʒ] *n.m.* ① 마사지, 안마(按摩). ~ facial 《치료를 위한》얼굴 마사지. ~ au visage (미용)얼굴 마사지. ②《속어》일.
massaliote [masaljɔt] *a.* 마살리아의 (*Massalia*, 마르

세유의 옛 이름)의. —M~ n. 마살라야 사람.
masse¹ [mas] n.f. ① 덩어리(bloc); 더미. ~ de pâte (밀가루 따위)반죽의 덩어리. ~ de(s)pierres 돌더미. ~ de rocher 바위 덩어리. ~ de chair 고기 덩어리. ~s d'air froid 《기상》 한랭기단. ~ d'eau retenue par le barrage 둑에 의해 저장된 다량의 물. se prendre en ~ 응고되다.
② 전체, 총체, 총량(totalité, corps). ~ du sang (인체내의)혈액의 총량. ~ de l'air 지구상의 대기의 총량. voir les choses en ~ 사물을 전체적으로 보다. être pris(taillé, sculpté) dans la ~ (조각물이)통채로 된 석괴에서 만들어지다(깎아내다). ~ de manœuvre 《군사》 (작전용 か한)예비부대. ~ des créanciers 《법》 (파산회사의)총채권자. La ~ du château masquait la vue. 성관의 당당한 위용이 시야를 가렸다. ~ répartition des ~s 《미술》 화면공간의 배분. ~ instrumentale [vocale] 《음악》 기악[성악]부(합창단이나 오케스트라의 공연시에 동시에 연주에 참여함).
③ 다수, 다량(grand nombre); 집단, 단체. réunir une ~ de documents 많은 자료를 수집하다. ~ de touristes 다수의 관광객. (grande) ~ des électeurs 대다수의 투표자.
④ 대중, 서민계급. Le spectacle plaît à la ~. 이 연극[영화]은 일반대중에게 인기가 높다. ~s laborieuses 근로대중. ~s paysannes 농민층.
⑤ 《물리》 질량. nombre de ~ 질량수. ~ spécifique d'une substance 어떤 물질의 비중. ~ atomique 원자질량. ~ critique (핵연료의)임계질량. ~ magnétique [électrique] 자기[전기]량. mettre le courant à la ~; faire ~ 전류를 접지시키다.
⑥ 준비금, 적립금; 총액; 《옛》도박에서 거는 돈의 전체. ~ d'habillement 《군사》 (연대를 유지하기 위한)피복비. ~ salariale 한 국가나 기업의 근로자들이 받는 임금의 총액. ~ des prisonniers (형무소에서 보관하고 있는 ~)재소자의 적립금.
⑦ 《법》 자산, 재산. ~ successorale 상속재산. ~ active[passive] 적극[소극] 재산.
de ~ 대중의, 대중적. littérature de ~ 대중문학. culture (civilisation) de ~ 대중문화. manifestation de ~ 민중시위.
en ~ 집단으로, 일제히, 대거; 대량으로; 떼를 지어서. venir en ~ à une réunion 회의에 대거 참석하다. levée en ~ 국민총동원.
Il n'y en a pas des ~s. 《구어》 많지 않다.
tomber(s'affaisser, s'écrouler) comme une ~ 단번에 무너지다(주저앉다).
masse² n.f. ① 큰 망치, 메. ② 권표(權標); 《당구》큐의 뒤끝. ③ coup de ~ 심한 충격; 바가지 요금. N'allez pas dans ce restaurant, c'est le coup de ~! 이 식당에는 가지 마세요. 음식값이 터무니없이 비싸요. ④ ~ d'armes 《고고학》 (끝에 쇠갈고리가 붙은)철퇴의 일종, 전추(戰槌)(중세의 무기). ⑤ ~ d'eau 《식물》 부들.
masse³ n.f. 《상업》 144 다스.
massé⁴ [mase] n.m. 《야금》 (도가니 속에 남는)해면 같은 금속.
massé⁵ n.m. 《당구》 마세(큐를 세워 치기).
masseau [maso] (pl. ~x) n.m. 《야금》 단련된 첫 덩어리(철괴).
masselet [maslɛ] n.m. 《야금》 작은 쇳덩이.
masselotte [maslɔt] n.f. 《야금》 주조물에 붙어 나오는 군더더기 쇳조각.
massepain [maspɛ̃] n.m. 편도 과자.
masser¹ [mase] v.t. ① 한덩어리로 만들다, 밀집시키다, 집결시키다; 집중시키다. ~ des hommes sur une place 사람들을 광장에 모이게 하다. ~ des troupes 각 부대를 집결시키다. ~ ses cheveux derrière la tête 머리칼을 머리 뒤로 모아 묶다. ② 《옛》(돈을)걸다. —v.i. 《속어》열심히 일하다.
— se ~ v.pr. 밀집하다.
masser² v.t. 마사지하다, 안마하다.
masser³ v.t. 《당구》 큐를 세워서 치다, 마세하다.
masséter [masetɛːr] 《해부》 a.m. 교근(咬筋)의. —n.m. 교근(muscle ~).
massette [masɛt] n.f. ① 《수공·도로 인부의》큰 망치, 메. ② 나무칼. ③ 《식물》 부들. ④ 《옛》(기마시합 때 사용하던)곤봉.
masseur(se) [mascœr, -øːz] n. ① 안마사, 마사지하는 사람; 안마 기계. ② 《속어》 일 잘하는 일꾼.
masseur⁴ [mascœːr] n.m. 대장장이.
masseur-kinésithérapeute [masœrkineziterapøt] (pl. ~s-~s) n. 운동요법 병용의 안마사.
massiau [masjo] (pl. ~x) n.m. 《사투리》 = masseau.
massicot¹ [masiko] n.m. 《화학》 일산화납, 밀타.
massicot² n.m. 《제본》 재단기. ㄴ승(密陀僧).
massicoter [masikote] v.t. 재단하다.
massier¹(ère) [masje, -ɛːr] n. (화실·미술학교 학생들의 공동적립금을 관리하는)회계원.
massier² [masje] n.m. (대학의 명 총장·대 법관의 의식행렬 선두에서)권표(權標)를 들고가는 임무를 맡은 사람.
massif(ve) [masif, -iːv] a. ① 묵직한, 육중한(pesant); 덩치가 큰; (정신이)둔한. ② 속까지 동질인, 순수한, 도금한 것이 아닌. bijou d'or [d'argent] ~ 순금(순은)의 장신구. ③ 다량의, 집단의; 실질적인. dose ~ve (약제의)다량투여. bombardement ~ 대량폭격. propagande ~ve 대량선전. —n.m. ① 《건축》 (공공사의)토대, 주춧돌. ② (공원 관목의)덤불, 우거짐; 화단; 《선박》 데드우드(이물·고물의 맨끝에 가로대는 목재). ~ de roses 장미밭, 장미화단. ③ 《지리》 산괴(山塊). M~ central (프랑스의)중앙 산악지대.
massificateur(trice) [masifikatœːr, -tris] a. 대중화(집단화)하는.
massification [masifikasjɔ̃] n.f. 집단화; 대중화; 오합지졸이 되기. ~ de la musique (de l'enseignement) 음악(교육)의 대중화.
massifier [masifje] v.t. 집단을 이루게 하다, 한덩어리가 되게 하다.
massilien(ne) [masilje, -ɛn] 《옛》 a. 마르세유(Marseille)의. —M~ n. 마르세유 사람.
massique [masik] a. 《물리》 단위질량의. volume ~ 질량. chaleur ~ 비열(chaleur spécifique).
massiquot [masiko] n.m. = **massicot¹**.
massivement [masivmɑ̃] ad. ① 묵직하게, 육중하게; 둔하게. édifice ~ construit 중량감있게 지어진 건물. ② 다량으로. médicament administré ~ 다량으로 투여되는 약제. répandre ~ des prospectus 안내설명서를 다량으로 뿌리다.
massiveté [masivte], **massivité** [masivite] n.f. (건물 따위가)육중함.
mass media, mass-media [masmedja] n.m.pl. 매스미디어, 대중매개체. développement prodigieux des ~ 대중매체의 경이적인 발달.
massorah [masɔra], **massore** [masɔːr] n.f. 《헤브라이문자》 마소라(8세기경까지의 구약성서에 관한 전통적인 주석).
massorète [masɔrɛt] n.m. 마소라의 편자.
massorétique [masɔretik] a. 마소라에 관한, 마소라학자의.
massothérapie [masɔterapi] n.f. 마사지요법, 안마요법.

massue [masy] *n.f.* ① (끝이 굵은)몽둥이, 곤봉; 〖고고학〗철퇴의 일종(16세기까지 사용하던 무기). coup de ~ 몽둥이로 갈기기; (비유적) 결정적인 일격;〖구어〗불시(뜻밖)의 사건, (형용사적·불변) arguments ~ 상대방을 꼼짝 못하게 하는 논거. ② 〖식물〗(버섯 따위의)불룩한 윗부분; 〖동물〗(촉각 따위의)도톰한 끄트머리.

massylvain(e) [masilvɛ̃, -ɛn] *a.* 마쇠브(*Masseube*, 프랑스의 도시)의. —**M**~ *n.* 마쇠브 사람.

mastaba [mastaba] 〖아라비아〗*n.m.* (고대 이집트의)석실분묘(石室墳墓).

mastectomie [mastɛktɔmi] *n.f.* 〖외과〗유방절제수술.

mastic [mastik] *n.m.* ①유향수지(乳香樹脂). ② (접합·충전용의)시멘트;(창유리용의)퍼티; 접합제;〖치과〗충전물. ③〖속어〗진한 수프; 뒤죽박죽, 뒤범벅. crocher sur le ~ (일 따위를)모두 팽개치다. s'endormir sur le ~ 하기싫은 일을 마지막해 두다.—*a.* (불변) 담황색의.

masticage [mastika:ʒ] *n.m.* 시멘트[퍼티]로 접합하기; 〖치과〗충전(充塡).

masticateur(trice) [mastikatœ:r, -tris] *a.* 저작(咀嚼)작용을 하는. muscles ~s 저작근. —*n.m.* ① 육식동물. ② 음식물 분쇄기.

mastication [mastikasjɔ̃] *n.f.* 저작(咀嚼).

masticatoire [mastikatwa:r] *a.* 저작의. —*n.m.* 〖약〗저작제; 추잉껌.

mastiff [mastif] *n.m.* 〖동물〗마스티프종의 집 지키는 개.

mastigadour [mastigadu:r] *n.m.* 〖수의〗병든 말에게 주는 씹는 약.

mastiquer¹ [mastike] *v.t.* (시멘트[퍼티]로) 틈[구멍]을 메우다; 접합하다;(충치를)충전하다, 때우다.

mastiquer² *v.t.* 씹다; 〖동물〗저작하다.

mastite [mastit] *n.f.* 〖의학〗유선염(乳腺炎).

masto- *préf.* 「유방」의 뜻.

mastoc [mastɔk] 〖구어〗*n.m.* 우둔한 사람. —*a.* (불변) 우둔한; 육중한.

mastodonte [mastɔdɔ̃:t] *n.m.* ① 〖고대생물〗마스토돈(홍적층·제 3 기층산의 코끼리 비슷한 큰 동물). ② 거인; 거대한 기계(차량).

mastodynie [mastɔdini] *n.f.* 유방의 격한 통증.

mastoïde [mastɔid] *a.* 〖해부〗젖꼭지 모양의. apophyse ~ 유양돌기(乳樣突起).

mastoïdien(ne) [mastɔidjɛ̃, -ɛn] *a.* 〖해부〗유양돌기의. muscle ~ 유양돌기근.

mastoïdite [mastɔidit] *n.f.* 〖의학〗유양돌기염.

mastologie [mastɔlɔʒi] *n.f.* 유방의 해부학·생리학·병리학적 연구.

mastopexie [mastɔpɛksi] *n.f.* 유방성형수술.

mastoptose [mastɔpto:z] *n.f.* 유방수축(흔히 포유의 결과에 행함).

mastroquet [mastrɔkɛ] *n.m.* 〖구어〗선술집(주인).

masturbateur(trice) [mastyrbatœ:r, -tris] *a.* 수음의. activité ~trice 수음행위.

masturbation [mastyrbasjɔ̃] *n.f.* 수음, 자위.

masturbatoire [mastyrbatwa:r] *a.* 수음의. pratiques ~s 수음, 자위.

masturber [mastyrbe] *v.t.* 수음을 해주다, 손으로 성적 쾌감을 느끼게 하다. —**se ~** *v.pr.* 수음[자위] 행위를 하다.

m'as-tu-vu [matyvy] *a., n.m.* (복수불변)〖구어〗허세부리는(배우), 허영심 많은(사람).

m'as-tu-vuisme [matyvyism] *n.m.* 자기과시욕.

mastzell [mastzel] *n.f.* 〖생물〗마스트 세포, 비만세포.

masulipatam [mazylipatam] *n.m.* (인도원산)캘리코의 일종.

masure [ma[a]zy:r] *n.f.* 오막살이, 누옥; (꼬(*Caux*)지방의) 시골집.

masurium [mazyrjɔm] *n.m.* 〖화학〗마수륨.

mat¹(e) [mat] *a.* ①광택 없는(↔ brillant); 윤기 없는, 희미한, 불투명한(pâle). papier ~ 윤기 없는종이. teint ~ d'un convalescent 회복기 환자의 파리한 얼굴(빛). ② (소리가)무딘, 잘 울리지 않는 (sourd, ↔ sonore) 〖언어〗원순성의 (파열음p, b, t, d, g, k 의 음향음성학적 특징). son [bruit] ~ 둔한 소리. 〖빵 따위가〗설익은.—*ad.* sonner ~ 무딘 소리를 내다.—*n.m.* (금속면의)윤이 나지 않는 부분.

mat² 〖체스〗*a.* (불변) 외통수로 몰린, 진. —*n.m.* 외통장군, 궁이 꼼짝 못하게 몰기; 패자. faire qn (échec et) ~ …을 완전히 쳐부수다.

mat³ 〖약자〗mandat 대리 위임권.

*****mât** [ma] *n.m.* ①〖해양〗마스트, 돛대. grand ~ 메인마스트;〖속어〗선장. ② 깃대; (텐트의)버팀대; 〖항공〗지주(支柱); 〖철도〗신호주. ~ de signal [de sémaphore] 신호주.

matacher [mataʃe] *v.t.* (몸에)문신(文身)을 넣다.

matador [matadɔ:r] 〖에스파냐〗*n.m.* ①투우사. ② 〖구어〗유력자, 거물급 인사. ~s de la finance [de l'administration] 재계[정계]의 인사. ③ (에스파냐의 카드놀이에)으뜸패; 도미노의 일종.

mataf [mataf] *n.m.* 〖속어〗〖해양〗선원(matelot).

matage [mata:ʒ] *n.m.* ① (금속의)광택을 없애기; (금속의 이은짬을)망치로 두들기기. ② (도금을 보호하기 위한) 니스 칠.

mâtage [mata:ʒ] *n.m.* 〖조선〗하부 마스트의 설치 (mâtement).

matagot [matago] *n.m.* 〖해양〗활대 밧줄.

matamore¹ [matamɔ:r] *n.m.* 허세부리는 사람, 자만가. faire le ~; prendre des airs de ~ 허세를 부리다, 마구 뻐기다; (약자를)괴롭히다.

matamore² [matamɔ:r] *n.m.* ①〖역사〗옛 바르바리아 지역의 지하 감옥; ②〖농업〗규모가 큰 지하 헛간.

matamorisme [matamɔrism] *n.m.* 〖동물〗어떤 곤충들이 위협을 받을 때 아릇한 용태를 취함으로써 방어하는 것.

matasse [matas] *n.m.* 옛 에스파냐 산 생사(生絲).

matassé [matase] *n.m.* 꼰 견사(soie en ~).

matassin [matasɛ̃] *n.m.* ①〖옛〗어릿광대, 익살광대. ② (danse des) ~s 〖무용〗(16·17세기의)희극무용.

*****match** [matʃ] (*pl.* ~(*e*)*s*) 〖영〗*n.m.* 시합; (경제·정치분야의) 경쟁. ~ France-Angleterre de rugby 불영 대항 럭비시합. ~ de boxe 권투경기. disputer un ~ 시합을 하다. faire ~ nul 비기다. ~ de championnat 리그전 경기. ~ [retour] 리그전에서 동일대전 상대와) 1 차[2]전. ~ d'échecs 체스 시합. ~ industriel France-États-Unis 프랑스·미국간의 산업경쟁.

matcher [matʃe] *v.t.* (와)시합하다. ~ un adversaire terrible 강적과 시합을 하다. —*v.i.* 〖드물게〗시합을 하다.

matcheur [matʃœ:r] *n.m.* 경기 참가자.

matchiche [matʃiʃ] 〖포르투갈〗*n.f.* 탱고 비슷한 브라질 무용.

maté [mate] *n.m.* 〖식물〗파라과이 차(茶).

matefaim [matfɛ̃] *n.m.* 핫케이크의 일종.

*****matelas** [matla] *n.m.* ① (침대의)요, 매트. ~ pneumatique; ~ de camping 공기요. toile à ~ 이불잇감. toile du ~ 이불잇. ② 부드러운 층. ~ de feuilles de roseaux 수북이 깔린 갈대 낙엽. 〖구어〗두툼한 돈지갑. ~ de billets de banque〖구어〗두툼한 지폐뭉치. avoir le ~ 큰 돈을 가지고 있다, 부자이다. ④

matelassé(e) 완충물, 쿠션. ~ d'air(소음을 방지하는)이중벽 사이의 공기층. servir de ~ (protecteur)(내구성을 시험할 때, 강한 타격에 대해)완충물로 쓰이다. Ses habits firent ~ et arrêtèrent la balle. 그의 옷이 방탄 역할을 해서 탄환을 막았다.

matelassé(e) [matlase] *a.p.* ① (의자 따위에)속을 넣은. ② (견직물 따위가)문직(紋織)의. —*n.m.* 【직물】마들라세직(織)(문직의 일종).

matelasser [matlɑse] *v.t.* ① (의자 따위에)속을 넣다. ② 【직물】문직(紋織)으로 하다. ③ 두꺼운 옷을 입히다.
—**se** ~ *v.pr.* 《속어》옷을 두껍게 입다.

matelassier(ère) [matlasje, -ɛːr] *n.* 침대요 제조인; 의자 속 넣는 직공.

matelassure [matlasyːr] *n.f.* ① 침대요에 넣는 재료. ② =matelas②.

matelot [matlo] *n.m.* ① 수부, 선원; 수병. apprenti ~ 견습선원. ~ de première[de deuxième, de troisième] classe 일등[이등, 삼등]수병. ~ des compagnies d'abordage et de débarquement 해병 대원 (fusilier marin). 【해양】 동료 선원; 요함(僚艦). ~ d'avant[d'arrière] 선행[후속]함(艦). ② (아동용)수병복, 세일러복.

matelotage [matlotaːʒ] *n.m.* 선원의 일; 선원의 급료; 선원간의 우애. école de ~ 선원학교.

matelote [matlɔt] *n.f.* ① 선원의 아내. ② 【예】선원의 춤. ③ 【요리】(포도주와 마늘로 양념한)생선 스튜(~ à la marinière). *à la* ~ 선원식으로.

mâtement [matmɑ̃] *n.m.* = mâtage.

mater[1] [mate] *v.t.* ① (금속 따위의)광택(윤기)을 없애다. ~ du verre 유리를 불투명하게 하다. ② (금속의)가장자리를 두들겨 마치로 두들기다.

mater[2] *v.t.* ① 【체스】(궁을)외통수로 몰다, 외통장군을 부르다; (상대방을)지우다. ② (사람을)궁지에 몰아넣다, 복종시키다; (거만 따위를)꺾다(abattre), (폭동 따위를)진압하다, 눌러버리다(étouffer). ~ un enfant turbulent 소란을 피우는 어린애를 조용하게 만들다. ~ sa chair par des jeûnes 단식으로 육체에 고행을 가하다. ~ une révolte 폭동을 진압하다. ~ ses passions 정념을 억제하다. ~ l'incendie 화재를 진압하다.

mater[3] [matɛːr] *n.f.* 《어린이말》어머니, 엄마.

mâter [mɑte] *v.t.* (배에)돛대를 세우다; 수직으로 세우다. ~ les avirons 노를 세우다(경례). machine à ~ (부두용)중량 기중기.
—**se** ~ *v.pr.* (말이)수직으로 서다.

mater dolorosa [materdɔlɔroza] (라틴) *n.f.* ① (미술)십자가 밑에서 슬퍼하는 성모 마리아의 그림. ② 《구어》항상 우울한 여자.

mâtereau [mɑtro] (*pl.* ~x) *n.m.* 【해양】 작은 마스트, 【철도】작은 신호기둥.

matérialisation [materjalizɑsjɔ̃] *n.f.* 물질화, 구체화, 유형화; (영혼의)구현.

matérialiser [materjalize] *v.t.* 구체[물질·유형]화하다, 구상화하다, 실현하다(concrétiser, réaliser). L'art *matérialise* les idées. 예술은 사상을 구상화한다.
—**se** ~ *v.pr.* 구체화되다, 실현되다. Son projet s'est matérialisé. 그의 계획은 구체화되었다.

matérialisme [materjalism] *n.m.* 【철학】유물론; 물질주의, 실리주의. ~ historique 유물사관. ~ dialectique 변증법적 유물론.

matérialiste [materjalist] *n.* 유물론자, 물질주의자. —*a.* 유물론의, 물질주의(자)의. philosophe ~ 유물론 철학자, 유물론자. philosophie ~ 유물론 철학. esprit ~ 물질주의적 정신. civilisation ~ 물질(주의적) 문명.

matérialité [materjalite] *n.f.* 물성(物性), 물질성, 구체성(↔ spiritualité); 【법】(사실의)중요성, 실재성(réalité); 물질주의. ~ de l'âme (정신을 개개 뇌세포의 활동으로 보는 관점에서)정신의 물질성; 물질[실리]주의적 경향. ~ de notre civilisation 현대문명의 물질화경향. ~ d'un fait[d'un acte] 【법】사실(행위)의 구체성(↔ motifs).

matériau [materjo] *n.m.* 【토목·공업·건축】재료. ~ artificiel 인공자재.

*****matériaux** [materjo] *n.m.pl.* ① (집합적)(건축)재료, 자재. ~ de construction 건축재료[자재]. ~ bruts 원료. ~ travaillés 가공자재. ② (연구 따위의)자료. rassembler(recueillir, réunir) des ~ 자료를 수집하다. mettre en œuvre des ~ 자료를 활용하다.

*****matériel(le)** [materjɛl] *a.* ① 물질적인; 금전적인. être ~ 물질적 존재, 유형물. monde ~ 물질계. dégâts ~s (인적 손해에 대하여)물질적 손실. civilisation ~le 물질문명. aide ~le 재정적 지원. besoins ~s 물질적 필요. difficultés ~les 금전적인 곤란. soucis ~s 돈 걱정. ② 육체적인, 관능적인; 속된, 물욕이 많은, 상스러운(grossier). jouissances ~les 육체적 향락. confort ~ 육체적 안락. personne trop ~le 물욕이 매우 강한 사람. être ~ 속물. esprit ~ 천박한 사람. ③ 구체적인, 실제적인. preuves ~les 구체적[물적] 증거. obstacle ~ 구체적 장애. fait ~ (동기에 대하여)구체적 사실. ④ 【철학】질료적인. substance ~le 물질. cause ~le 질료인(因)(↔ cause formelle 형상인). faux ~ 【법】(문서의)변조(↔ faux intellectuel 허위기재). avantages ~s 【경영】(사원의 봉급이외에 받는, 복지시설의 이용 따위의)물질적 혜택. *être dans l'impossibilité de* ~*le* + *inf.* 실제로 … 하기가 불가능하다.
temps ~ 실제로[구체적으로] 필요한 시간. Je n'ai pas le *temps* ~ d'y aller. 나는 사실상 거기 갈 시간이 없다.
—*n.m.* ① 설비, 시설, 자재(↔ personnel). ~ agricole 농업기재, 농장시설. service du ~ 자재과(課). stock de ~ 자재의 비축. ~ de guerre (무기가 따위의)군수품. ~ fixe 【철도】(신호기·선로·역사 따위)고정시설. ~ roulant 차량. ② 용구, 용품, 【예술】 소재. ~ de bureau 사무용품. ~ de camping 캠핑용품. ~ de pêche 낚시 도구. ~ humain (기업에서)인적자재. ~ de la musique 음악의 소재(음(音)). ③ 【컴퓨터】 하드웨어. ④ 【경제】 제품, 상품.
—*n.f.* 《구어》생활필수품(vie ~le).

matériellement [materjɛlmɑ̃] *ad.* ① 물질[육체·관능]적으로. être ~ responsable (도의적 책임에 대해)물질적[금전적] 책임이 있다. s'accomplir ~ et spirituellement 육체적·정신적으로 자기를 완성하다. ② 실제적으로, 실질적으로. être ~ impossible 사실상 불가능하다.

maternage [matɛrnaːʒ] *n.m.* ① 【정신의학】 머더링요법(유아를 대하는 어머니와 같은 태도로 환자를 치료하는 것). ② 모성애적 태도.

materner [matɛrne] *v.t.* (국민학교에 유치원에서와 같은)보육중심의 교육 방식을 도입하다.

maternalisme [matɛrnalism] *n.m.* (모성적인)과(過)보호.

maternant(e) [matɛrnɑ̃, ɑ̃ːt] *a.* 모성적인; 어머니의 역할에 관한.

*****maternel(le)** [matɛrnɛl] *a.* ① 어머니의, 모친의; 어머니 쪽의; 외가의. lait ~ 모유. amour ~ 모성애. instinct ~ 모성본능. craindre les réprimandes ~les 어머니의 꾸지람을 두려워하다. parents ~s

외조부모. parenté en ligne ~*le* 외가쪽 친척. biens ~*s* 외가쪽 재산. aïeul ~ 외조부. langue ~*le* 모국어. école ~*le* 유치원. ② 어머니를 위한. maison ~*le* 미혼모의 집《미혼모의 상담·지원기관》. centre de protection ~*le* et infantile 임산부·유아 보호센터. —*n.f.*《구어》유치원.

maternellement [matɛrnɛlmɑ̃] *ad.* 어머니로서, 어머니답게.

materner [matɛrne] *v.t.* (아이들을)모성애를 갖고 대하다(기르다).

maternisation [matɛrnizasjɔ̃] *n.f.* 모유화.

materniser [matɛrnize] *v.t.* (우유를)자연모유의 성질을 띠게 하다.

maternité [matɛrnite] *n.f.* ① 어머니임, 모성; 모성다운 감정. inquiétudes(devoirs) de la ~ 어머니로서의 걱정(의무). ~ abusive 지나친 모성애. ②《생리》임신; 출산. femme fatiguée par des ~*s* répétées 여러번의 출산으로 지친 여자. assurance ~ 출산보험. allocation de ~ 출산수당. carnet de ~ 모자(母子)수첩. ③ (자선적)산과병원; 조산원 [산파] 양성소. ④《미술》모자상(母子像).

mateur [matœːr] *n.m.* 금속의 윤기를 없애는 직공.

mâteur [mɑtœːr] *n.m.*《예》선구(船具) 제조인.

mathalien(ne) [mataljɛ̃, -ɛn] *a.* 마타(Matha, 프랑스의 도시)의. —**M~** *n.* 마타 사람.

mathématicien(ne) [matematisjɛ̃, -ɛn] *n.* 수학자.

****mathématique** [matematik] *a.* ① 수학적인; 엄밀한. raisonnement ~ 수학적 추론. sciences ~*s* 수학. certitude ~ 엄밀한 정확성. ②《구어》절대로 틀림이 없는(certain). Il doit réussir, c'est ~. 그는 합격할거야, 틀림없어.
—*n.f.* (종종 *pl.*) ① 수학. ~*s* concrètes 구상수학(기하학·역학). ~*s* pures[abstraites] 순수[추상]수학. ~*s* appliquées 응용수학. ~*s* élémentaires 초등 수학반(대학입학 자격시험의 준비반). ~*s* spéciales 특수 수학반(이공과계 대학시험준비반). ~*s* supérieures 고등 수학반(초등 수학반과 특수 수학반의 중간 반). ~*s* générales 일반 수학반(이공과 대학의 1학년 수학반).

mathématiquement [matematikmɑ̃] *ad.* 수학적으로; 엄밀하게.

mathématiquer [matematike] *v.i.*《구어》수학을 공부하다.

mathématisation [matematizasjɔ̃] *n.f.* 수학적 방법으로 처리하기.

mathématiser [matematize] *v.t.* (문제를)수학적으로 처리하다.

mathématisme [matematism] *n.m.*《철학》수리주의. ~ des pythagoriciens 피타고라스 학파의 수리주의.

mathesis [matezis] *n.f.* (정밀과학의 원리로서의)보편수학.

matheux(se) [matø, -øːz] *n.*《구어》수학전공 학생; 수학을 잘하는 학생.

math(s) [mat] *n.f.pl.*《구어》수학; 수학반(classe de mathématiques). ~ élém [matelɛm]; ~ sup [matsyp]; ~ spé [matspe]; ~ géné [matʒene] = mathématiques élémentaires; mathématiques supérieures; mathématiques spéciales; mathématiques générales ⇨mathématique.

mathurin [matyrɛ̃] *n.m.* ①《속어》《해양》선원, 수부. ②《종교사》이교도에 붙잡힌 그리스도교도의 배상을 위해 일하는 3위일체의 고단수도사.
—**M~** *n.pr.m.* 미친 사람들의 수신인.

Mathusalem [matyzalem] *n.pr.m.*《성서》 므두셀라(노아의 홍수 이전의 유태족장).

mati(e) [mati] *a.* 광택을 죽인. argent ~ 뿌옇게 광택을 죽인 은.

matico [matiko] *n.m.*《식물》마티코 《후추류의 페루 명칭》.

matière [matjɛːr] *n.f.* ① 물질; 물체;《철학》질료; 육체. éternité de la ~ 물질의 불멸성. ~ solide(liquide, gazeuse) 고체(액체, 기체). structure de la ~ 물질의 구조. ~ organique(inorganique) 유기물(무기물). ~ combustible 연료. ~ inflammable 가연성 물체. ~ médicale 약물. ~ vivante 생물체. ~*s* grasses 지방성 식품. ~*s* (fécales)분변, 똥.
② 재료, 소재; (작품의)제재, 제목; 분야, 교과과목, (시험의)과목; 사항. ~(*s*) première(*s*) 원료. En quelle ~ est cet imperméable? 이 레인코트는 무엇으로 되어있읍니까? fournir la ~ d'un livre 책의 소재를 제공하다. entrer en ~ (대화·연설의)본론으로 들어가다. table des ~*s* 목차. ~*s* d'examen 시험과목. ~ à option (시험의)선택과목. Il est bon dans toutes les ~*s*. 그는 전과목의 성적이 좋다. être incompétent en la ~ (sur cette ~, en pareille ~) 이 문제에 정통하지 못하다.
③ 원인, 이유, 동기. Elle s'est fâchée sans ~. 그 여자는 이유 없이 화를 냈다. [être/avoir/donner ~ à + 명사·동사+*inf*.] …할 여지(이유)가 있다. donner ~ à rire 웃음거리를 제공하다. Il n'y a plus là ~ à se fâcher. 화낼 이유가 더이상 없다. Sa conduite est(donne) ~ à (la) critique. 그의 행동은 비난받을 여지가 있다.
④《법》사실, 사항. ~ d'un crime 범죄의 구성사실(↔motif). ~ imposable 과세품.
⑤ ~ grise《해부》(뇌의)회백질;《비유적》두뇌, 지능;《컴퓨터》 소프트웨어(logiciel, ↔matériel). civilisation de la ~ *grise* 두뇌의 문명(지능과 발견·발명의 문화).

avoir la forme enfoncée (l'esprit enfoncé) dans la ~《구어》성품이 천하고 비열하다.

en ~ + 형용사 [*de* + 무관사 명사] …에 관해서(는), …의 분야에서(는). *en* ~ *littéraire* 문학에 관해서(는). Il est indifférent *en* ~ *d'art*. 그는 예술에 관해서는 무관심하다. *En* ~ *de* construction navale, le bilan est positif. 조선분야에서는 수지가 흑자이다. [~].

Matignon [matiɲɔ̃] *n.pr.m.* 프랑스 수상관저(hôtel

matin [matɛ̃] *n.m.* ① 아침(↔soir). demain ~ 내일 아침. hier (au) ~ 어제 아침. ce ~ 오늘 아침. le lendemain ~ 다음날 아침. la veille au ~ 그 전날 아침. le troisième jour, au ~ 사흘째 되는 날 아침(에). le 3 mai au ~ 5월 3일 아침. tous les ~*s*, chaque ~; chaque jour au ~ 매일 아침. lundi ~ 월요일 아침. le ~ (부사적으로)아침에. huit heures du ~ 아침 8시. tous les dimanches ~(*s*) 일요일 아침마다. en ce ~ du 10 décembre 1986, 1986년 12월 10일 아침에. par un froid ~ de décembre 12월 어느 추운날 아침에. jusqu'au ~ 새벽까지. étoile du ~ 금성(Vénus). du ~ au soir 아침부터 저녁까지.
② 오전(↔après-midi). à deux heures du ~ 오전 2시에. travailler le ~ 오전중에 일하다.
③ 시초, 초기, 초창기(aurore). ~ de la vie《시》인생의 여명기; 청춘시대.

au (petit) ~ 새벽에.

être du ~ 아침에 일찍 일어나다(être matinal).

de grand (bon) ~; *le* ~ *de bonne heure* 아침 일찍.

Il était grand ~. 이른 아침의 일이었다.

les portes du ~ 새벽; 동쪽.

un de ces ~*s*; *un beau* ~ 근일중에.

—*ad.* 아침 일찍. se lever ~ 아침 일찍 일어나다.

mâtin(e) [matɛ̃, -in] *n.* ① 《구어》불쾌한(능글맞은) 녀석; 바람둥이; 말괄량이(coquin). ② (*m.*)마스티프종의 개; 잡종개. —*int.* 저런! 에구머니! 뭐!(놀람).

matinal(ale, *pl.* aux) [matinal, -o] *a.* 아침의; 《식물》아침에 피는. brouillards ~*aux* 아침안개. fleurs ~*ales* 아침에 피는 꽃. ② 아침 일찍 일어나는. Tu es bien ~ aujourd'hui! 너 오늘은 아침 일찍 일어났구나! —*n.* 아침 일찍 일어나는 사람.

matinalement [matinalmɑ̃] *ad.* 아침 일찍.

mâtiné(e) [matine] *a.p.* ①(개·고양이가)잡종의. ②[~ de] (와)혼혈의; (이)뒤섞인. français ~ d'espagnol 스페인어가 섞인 프랑스어.

mâtineau [matino] (*pl.* ~*x*) *n.m.* 마스티프종의 강아지; 잡종개의 강아지.

*****matinée** [matine] *n.f.* ① ⓐ 아침(동안), 오전중. dans la ~ 오전중에. en(au) début de la ~ 오전 일찍. en [à la] fin de la ~ 오전 늦게. toute la ~ 오전내내. par une belle ~ de septembre 9월 어느 날 화창한 오전에. le 3 novembre dans la ~ 11월 3일 오전중에. ⓑ(matin과 달리 자립적 명사로 주어·목적보어 위치에 쓰임)La ~ se passa sans incident. 오전은 아무 일없이 지나갔다. Nous avons perdu une ~ entière. 우리는 오전 시간을 전부 허비했다. Il a passé la ~ à rédiger un rapport. 그는 보고서를 작성하느라 오전 시간을 보냈다. ②(사교 용어로 오후, 낮 공연, 마티네, 낮 모임. assister à une ~ théâtrale 낮 연극공연을 보다. jouer(donner) une pièce en ~ 극을 낮에 상영하다. ③ (여자용)아침옷, 평상복.
faire (dormir) la grasse ~ 늦잠을 자다.

mâtiner [matine] *v.t.* ①(수캐가 다른 종류의 암캐와)교미하다, 흘레하다. ②《옛·구어》야단치다.

matines [matin] *n.f.pl.* 《종교》새벽기도; 성무도의 새벽기도.

matineux(se) [matinø, -ø:z] *a., n.* 아침 일찍 일어나는(사람).

matinier(ère) [matinje, -ɛːr] *a.* 《옛》아침의. étoile ~*ère* 샛별, 금성. —*n.f.* (알프스 산록의)밤에 부는 미풍.

matir [matiːr] *v.t.* = **mater²**.

matité [matite] *n.f.* 울리지 않음; 광택(윤기)없음; 《의학》탁음(濁音).

mat. méd. (약자)matière médicale 약품, 약물.

matoir [matwaːr] *n.m.* ① 광택을 내는 도구. ② 《금속가공》죄는 정. 징 박는 망치.

matois(e) [matwa, -aːz] *a.* 교활한, 엉큼한(rusé). —*n.* 교활한(엉큼한) 사람.

matoisement [matwazmɑ̃] *ad.* 교활(엉큼)하게.

matoiserie [matwazri] *n.f.* 《옛》교활함; 교활한 짓(말), 간사한 짓.

matolin [matɔlɛ̃] *n.m.* = **mattolin**.

maton¹ [matɔ̃] *n.m.* ①(사투리)엉긴 우유; 엉긴 덩이. ② 깨묵; (밧줄의)마디.

maton²(ne) [matɔ̃, -ɔn] *n.* 《은어》간수, 옥리.

matou [matu] *n.m.* ① 수코양이. ②《구어》(용모·성질이)불쾌한 남자. fin ~ 《구어》약삭빠른 남자.

matraquage [matrakaːʒ] *n.m.* ①곤봉으로 때리기. ~ des manifestants 시위군중을 곤봉으로 두들겨 제압함. ② 격렬한(집중적)폭격(기관총 사격). ③ (라디오·텔레비전에서)같은 것을 싫증이 나도록 되풀이하기(특히 선전·광고 따위). ~ publicitaire 선전대공세.

matraque [matrak] *n.f.* (Algérie의 아랍인이 사용하는)곤봉; (경관의)고무곤봉(~ en caoutchouc). coup de ~ 곤봉으로 후려치기; 터무니없이 비싼 값을 요구하는 계산서.

matraquer [matrake] *v.t.* ① 곤봉으로 때리다. ② 바가지 요금을 받다. À l'hôtel, ils se sont fait ~. 호텔에서 그들은 바가지 요금을 내게 되었다. ③ (라디오·텔레비전에서)집요하게 선전공세를 펴다. ④ 집중 공격(포격·폭격)을 하다. ⑤ 약을 대량 투여하다.

matraqueur(se) [matrakœːr, -øːz] *n.* 집요하게 선전공세를 펴는, 곤봉으로 치는 사람; 《구어》와일드플레이어, 거친 선수.

matras¹ [matra] *n.m.* 《고고학》촉끝이 네모난(원통형의)화살.

matras² *n.m.* 《화학》목이 긴 플라스크.

matriarcal(ale, *pl.* aux) [matrijarkal, -o] *a.* 모권(母權)의, 모권제에 관한.

matriarcat [matri(j)arka] *n.m.* 모권제.

matriçage [matrisaːʒ] *n.m.* 《야금》스탬핑, 주형(鑄型)으로 찍어내기.

matricaire [matrikɛːr] *n.f.* 《식물》카밀레.

matrice [matris] *n.f.* ①모태, 모체; 《옛》《해부》자궁. ~ de l'œuvre 작품의 모태. phrase-~ 《언어》모문(母文)(내포문에 대해서; 전통문법에서의 주절). couleurs ~s 5원색(흑·백·청·황·적). ②《야금》주형; 원형; (활자의)자모(字母). ③ 《도량형》원기(原器). ④ (징세의)대장. ⑤ 《수학》행렬. ⑥(털·손톱의)뿌리.

matricer [matrise] *v.t.* 《기술》(모형으로)찍어내다, 성형(成型)하다.

matricide [matrisid] *n.* 모친 살해자. —*a.* 모친 살해의. —*n.m.* 모친 살해(범죄).

matriciel(le) [matrisjɛl] *a.* 자세 원부의; 《수학》행렬의.

matriclan [matriklɑ̃] *n.m.* 모계부족(↔ patriclan).

matriculaire [matrikylɛːr] *a.* 등록된, 명부에 기입된. feuille ~ 《군사》인사기록대장. —*n.* 등록된 사람(선원); 입대자.

matricule [matrikyl] *n.f.* ①명부, 등록 대장. ~ d'un hôpital 입원자 명부. ~s d'une faculté 대학의 학생명부. ②등록, 등기. droits de ~ 등록금(수수료). ③등록 증명서. ~a 명부의, 등록대장의. livret ~ 《군사》 근무 고과표. numéro ~ 등록번호. registre ~ 등록원부. —*n.m.* 등록번호(numéro ~).
Ça devient mauvais (Ça va barder) pour le ~ de qn. 《군대속어》…에게 곤란하게 될 것이다.

matriculer [matrikyle] *v.t.* 《드물게》①명부에 기입하다. ②《군사》(에)번호를 기입하다.

matrilinéaire [matrilineɛːr] *a.* 모계의(↔patrilinéaire). société ~ 모계사회.

matrilocal(ale, *pl.* aux) [matrilɔkal, -o] *a.* 남편이 처가에 입주해 사는 제도의(↔ patrilocal).

matrimonial(ale, *pl.* aux) [matrimɔnjal, -o] *a.* 결혼의, 부부의; 《법》부부(혼인)관계의. droits ~*aux* 혼인법. agence ~*ale* 결혼상담소. agent ~ 결혼 중매업자. tribunaux ~*aux* 이혼재판소, 가정법원. régime ~ 부부재산제.

matrimonialement [matrimɔnjalmɑ̃] *ad.* 《문어》혼인상(上); 혼인으로.

matronal(ale, *pl.* aux) [matrɔnal, -o] *a.* 《드물게》주부다운, 품위있는.

matrone [matrɔn] *n.f.* ① 나이 지긋한 품위있는 부인; (경멸) 뚱뚱하고 저속한 중년 여인. ② (비합법적인 낙태전문의)산파; (옛날의)여자 포주. ③ (고대로마의)기혼, 주부.

matronymat [matrɔnima] *n.m.* 모명(母名)계승, 어머니 성을 따르기.

matronyme [matrɔnim] *n.m.* 모계 가족명, 어머니 성(↔ patronyme).

matronymique [matrɔnimik] *a.* 모계 가족명의, 어

머니 의의. 　[리].
matte [mat] *n.f.* 〖야금〗 조쇠(粗鉎); 금속 덩어
matteau [mato] (*pl.* ~*x*) *n.m.* 〖직조〗 (생사의)한
타래.
Matthieu [matjø] *n.pr.m.* 〖성서〗 마태(복음).
Évangile selon saint ~ 마태복음.
matthiole [matjɔl] *n.f.* 〖식물〗 비단향꽃무우.
mat(t)olin [matɔlɛ̃] *n.m.* 무광(無光)니스;〖사진〗
수정용 니스.
maturatif(ve) [matyratif, -iːv] 〖옛〗〖의학〗 *a.* 화
농을 촉진시키는. —*n.m.* 화농(촉진)제(劑).
maturation [matyrasjɔ̃] *n.f.* ① 〖식물〗 성숙;〖생
물〗(생식세포의)발육. hâter la ~ des fruits 과일
의 성숙을 촉진시키다. ~ du fœtus 태아의 성숙.
② (사고·재능 따위의)성숙. ~ du talent[de l'esprit] 재능[정신]의 성숙. ③〖의학〗화농. ④ cave de ~ (치즈의)숙성실(熟成室).
mature [matyːr] *a.* poisson ~ 산란기의 물고기.
mâture [matyːr] *n.f.* 〖해양〗 ① 〖집합적〗한 배의 돛
대; 돛대 제작소; (*pl.*) 돛대 재목; 돛대 세우는 법;
돛대의 배치.
maturément [matyremɑ̃] *ad.* 〖드물게〗심사숙고하
여, 곰곰 생각하고 나서.
maturer [matyre] *v.t.* ① (담배잎을)건조시키다. ②
〖야금〗 정련하다.
maturité [matyrite] *n.f.* ① 익음, 성숙. cueillir des fruits avant ~ complète 과일을 완전히 익기 전에
따다. [venir à ~] abcès *venant à* ~ 곪을대로 곪
은 종기. projet qui *vient à* ~ 무르익은 계획. ②
(사람의)장년기. atteindre la ~ 장년기에 이르다.
③ (사람의)원숙; 분별. être en pleine ~ 원숙하
다. manquer de ~ 분별이 없다. agir avec ~ 신중
하게 행동하다. ④〖지질〗(지형발달단계의)장년
기. ⑤〖스위스〗=baccalauréat. 　〖서.
matutinaire [matytinɛːr] *n.m.* 〖가톨릭〗 아침기도
matutinal(ale, *pl. aux*) [matytinal, -o/-oː (*pl.* *aux*)] 아침의. vomissements —*aux* 〖의학〗 아침 구
토, 임신구토.
Maub [moːb] *n.pr.* la (place) —〖속어〗(파리의)모
베르(*Maubert*) 광장.
maubèche [mobɛʃ] *n.f.* 〖조류〗도요새의 일종.
maudire [modiːr] 〖부정법·과거분사 *maudit* 외는
[10] *finir* 형〗 *v.t.* 저주하다, 증오하다(haïr). —la destinée 운명을 저주하다. ~ sa maladresse 자신
의 서투름을 원망하다.
—**se** ~ *v.pr.* 자신을 저주하다; 서로 저주하다. *se* ~ *d'avoir dissipé sa fortune* 자기 재산을 탕진해버
렸다고 스스로를 저주하다.
maudissable [modisabl] *a.* 저주할 만한, 가증스러
운; 몹시 싫은.
maudissement [modismɑ̃] *n.m.* 저주.
maudit(e) [modi, -it] (*p.p.*<*maudire*) *a.p.* ① 저주받
은; 증오할; 금지된(interdit). amour ~ 금지된 사
랑. race —*e* 저주받은 가계(家系). poètes ~*s* 저주
받은 시인. ② (명사 앞에서)(악마같이)고약한
(satané); 가증한(exécrable). M— garnement! 고
약한 놈! M—*e* soit l'espérance! 이젠 다 끝장났
어! Quelle —*e* pluie! 빌어 먹을 놈의 비!
—*n.* 저주 받은 사람. M— 악마.
mauge [moːʒ], **maugère** [moʒɛːr] *n.f.* 〖해양〗호
스에 사용되는 가죽.
maugrabin(e) [mograbɛ̃, -in], **maugrebin(e)** [mogrəbɛ̃, -in] *a*, *n.* 〖옛〗=**maghrébin**.
maugrebleu [mograblø], **maugrébleu** [mogreblø] *int.* 〖옛〗〖민속〗 우라질!
maugréer [mogree] *v.i.* 투덜거리다, 욕하다. Il commença le travail *en maugréant*. 그는 투덜대며

일을 시작했다. [~ contre] ~ *contre* tout le monde
모든 사람들에 대해 불평하다. —*v.t.* 〖문어〗투덜
거리다, 저주하다. ~ quelques mots à l'adresse
de *qn* …을 향해 몇 마디 불평을 늘어놓다.
maul [mol] 〖영〗 *n.m.* 〖럭비〗몰.
mauléonais(e) [moleonɛ, -ɛːz] *a.* 몰레옹바루스[몰
레옹리샤르] (*Mauléon-Barousse*, *Mauléon-Licharre*, 프랑스의 도시)의.
—**M—** *n.* 몰레옹바루스[몰레옹리샤르]의 사람.
maupiteux(se) [mopitø, -øːz] 〖옛〗잔인한, 무자
비한; 동정할 여지가 없는. —*n.* faire le ~ 우는 소
리를 하다.
maurandie [mɔ(o)rɑ̃di] *n.f.* 〖식물〗 (멕시코 원산
의)현삼과(課)의 식물.
maure [mɔːr] (*f.* **mauresque**) *a.* 무어 사람의; 〖역
사〗고대 모리타니(*Mauretania*)의 (북아
프리카)무어식 다방(카페). bain ~ 터키탕.
—**M—** *n.m.* 무어 사람. tête(-)de(-) ~ ⓐ〖문
장〗흑인의 얼굴. ⓑ흑갈색. ⓒ 무어 말.
À laver[*blanchir*] *la tête d'un M~, on perd sa lessive.* 바보는 가르쳐도 소용이 없다, 바보를 고칠
약은 없다.
maurelle [mɔ(o)rɛl] *n.f.* 〖식물〗등대풀의 일종.
mauresque [mɔrɛsk] (*maure* 의 여성형) *a.* 무어 사
람의; (건축·장식 따위가)무어식의. —**M—** *n.f.*
무어 여자. —*n.f.* 무어식의 춤; 일종의 당초(唐草)
무늬; (동양의)얇은 천의 넓은 바지.
mauret [mɔ(o)re], **maurette** [mɔ(o)ret] *n.f.* 〖식
물〗월귤나무속(屬)의 열매.
Maurice (la) [lamɔ(o)ris] *n.pr.m.* l'île ~ 모리셔스
섬(마다가스카르 섬 동쪽의 화산섬).
mauricien(ne) [mɔ(o)risjɛ̃, -ɛn] *a.* 모리셔스 섬의.
—**M—** *n.* 모리셔스 섬 사람.
Mauritanie [moritani] *n.pr.f.* 〖지리〗 모리타니
(서아프리카의 공화국).
mauritanien(ne) [moritanjɛ̃, -ɛn] 〖지리〗 *a.* 모리
타니의. —**M—** *n.* 모리타니아 사람.
mauritia [mɔ(o)risja], **mauritie** [mɔ(o)risi] *n.f.*
〖식물〗(열대 아메리카산의)종려의 일종.
mauser [mozɛːr] *n.m.* 모제르 총(銃).
mausolée [mozɔle] *n.m.* ① 영묘(靈廟), 능(陵). ②
(M—)소아시아의 카리아(*Carie*)왕 마우솔로스
(*Mausole*)의 영묘(고대 8대 불가사의의 하나).
maussade [mosad] *a.* ①(사람·성질이)침울한, 뚱
한, 무뚝뚝한(boudeur). air ~ 무뚝뚝한 모습. ②
지루한; 흐릿한(terne); 쓸쓸한, 음산한(triste).
temps ~ 음산한 날씨. —*n.* 무뚝뚝한 사람, 침울
한 사람.
maussadement [mosadmɑ̃] *ad.* 무뚝뚝하게, 침울
하게, 퉁명스럽게.
maussaderie [mosadri] *n.f.* 무뚝뚝함, 퉁명스러
움, 침울.
:**mauvais(e)** [mo(ɔ)vɛ, -ɛːz] *a.* ①(도덕적으로)나
쁜, 옳지 못한, 품행이 나쁜, 불륜의(immoral, corrompu); 패심한. ~ conseils 나쁜 충고. ~
livres[1] 나쁜 책. ~*e* compagnie 악우(와의 교제).
~ ange 악마. ~ cœur 인정없는 사람. ~*e* vie 타락
한 생활. femme de ~*e* vie 창녀. ~ fils 불효자.
garçon ~ 시비꾼, 건달. ~ génie 악마; 나쁜 영향을
미치는 사람. ~ prêtre 파계승. ~*es* pensées 사념.
avoir une ~*e* conduite 행실이 나쁘다.
② 악의 있는, 간사한, 심술궂은(méchant); 악독
한, 신랄한(cruel, dur). ~*e* langue 독설가, 악담
가. Ce n'est pas un ~ homme[type, bougre, cheval]. 나쁜 사람이 아니다. ~*e* plaisanterie 악
담, 지나친 농담. ~*e* bête 악인. ~*e* volonté 악의.
avoir de ~ instincts (사람이)악질이다. jouer un

mauvais(e)

~ tour à qn …을 골탕먹이다. faire courir de ~ bruits sur qn …을 중상모략하다.
③ 불완전한, 결점·흠이 있는, 거칠은(défectueux, imparfait); 서투른, 졸렬한, 부족한 면이 있는 (lamentable, pauvre); (건강상으로)나쁜, 약한 (faible); 심한, 위험한. parler un ~ français 정확하지 않은 불어를 쓰다. ~e affaire 돈벌이가 잘 안되는 사업. La récolte a été ~e. 흉년이었다. ~ livres² 졸작. être en ~e santé 건강이 나쁘다. ~e digestion 소화불량. ~ élève 공부 못하는 학생. ~ écrivain 시시한 작가. ~ goût 악취미. ~ écriture 악필. ~e route 나쁜 길(도로). ~es herbes 잡초. ~e marchandise 질이 나쁜 상품. avoir (une) ~e mémoire 기억력이 나쁘다. avoir de ~ yeux 눈이 나쁘다. avoir ~e mine 안색이 나쁘다. C'est la ~e saison pour la chasse. 사냥하기에는 나쁜 계절이다. ~e période 불황기. Il est ~ en maths. 그는 수학을 잘 못한다. ~e blessure 중상. ~e grippe 심한 독감. ~ virage 위험한 모퉁이길.
④ (생각·방법 따위가)잘못된; 부적당한. ~ calcul 오산. ~e lecture d'un manuscrit 원고를 잘못 읽기. ~ raisonnement 그릇된 추리. prendre la ~ direction 길을 잘못 들다. au ~ moment 계제 나쁘게. pour de ~es raisons 부당한 이유로.
⑤ 불길한, 흉조를 띤(funeste, sinistre); 유해한 (nuisible); 불쾌한(dégoûtant, désagréable); 피로운; 거칠은(agité), ~ augure (présage) 흉조. ~ sort 불운. ~ signe 불길한 징조. ~e chance 불운. être né sous une ~e étoile 팔자를 사납게 타고나다. ~ odeur 악취. ~ air 탁한 공기. ~e nouvelle 나쁜 소식. ~ rêve 악몽. Le café est ~ pour les nerfs. 커피는 신경에 해롭다. recevoir un ~ coup 치명적인 타격을 받다. Cette viande a ~ goût. 이 고기는 맛이 없다. faire un ~ repas 맛없는 식사를 하다. ~ jours 불행한 나날. ~ moments 고생스러운. se tirer d'un ~ pas 곤경에서 벗어나다. La mer est ~e. 바다가 거칠다.
⑥ 기분이 안좋은; 까다로운, 다루기 힘든. être de ~ humeur; être de ~ poil 기분이 언짢다. faire ~ visage〔~e mine〕à qn …에게 싫은 낯을 보이다, 푸대접(냉대)하다. ~e tête; ~ esprit 반항적인 사람. être de ~ caractère 성격이 까다롭다. ~ joueur 지면 화를 내는 사람. Il est devenu ~.《구어》그는 몹시 화를 냈다.
avoir l'air ~ 엉큼한 생각을 품고 있는 것 같다.
avoir ~ air 몸이 불편한 것 같다〔아픈 것 같다〕; 초라한 모습이다.
être ~ comme une teigne〔la gale〕 몹시 심술궂은.
Il est ~ de+inf.〔que+sub.〕 …하는 것은 나쁘다.
Il serait ~ d'agir ainsi. 그렇게 행동하는 것은 좋지 않을 것이다. **Il n'est pas ~ qu'**il vienne enquêter sur place. 그가 현장으로 조사하러 나오는 것은 필요한 일이다〔Il est utile que…〕.
la trouver〔l'avoir〕 ~e《구어》(그것이)마음에 들지 않다.
trouver qc~; **trouver ~ que**+sub. …을 불만스럽게〔좋지 않게〕여기다. Ne trouvez pas ~ que je prenne〔si je prends〕la liberté de vous écrirer. 제가 선생님께 감히 편지를 쓴다고 나쁘게 생각하지 마십시오.
— ad. 나쁘게. sentir ~ 나쁜 냄새가 나다; 수상쩍다. N'entreprenez pas cette affaire, cela sent ~. 이 일은 손대지 마세요, 뭔가 수상쩍어요.
Il fait ~ (de)+inf. …하는 것은 기분이 나쁘다. Il fait ~ passer par là. 그리로 지나가는 것은 기분이 좋지 않다〔으스스하다〕.
—n. 악인. Oh! le ~! 어머나! 나쁜 분이시네(친밀한 사이에서 씀). le M~ 악마.
—n.m. 악; 단점. le bon et le ~ 선악; 좋은 점과 나쁜 점. Il y a du bon et du ~ dans cet homme. 이 사람에게는 장점도 있고 단점도 있다.

mauvaisement [mɔ(o)vɛzmɑ̃] ad.《드물게》짓궂게, 고약하게, 악의로.

mauvaiseté [mɔ(o)vɛzte] n.f.《드물게》짓궂음, 악의, 사악.

mauve¹ [mo:v] n.f.《식물》접시꽃. —a. 접시꽃 빛깔의, 엷은 보라색의. —n.m. 접시꽃 빛깔; 엷은 보라색.

mauve²《사투리》갈매기.

mauvéine [movein] n.f.《화학》아닐린.

mauviette [movjɛt] n.f. ①《구어》신체가 허약한 사람. ②《식용으로 쓰이는》종달새.
manger comme une ~ 몹시 소식(小食)을 하다.

mauvis [movi] n.m.《조류》지빠귀의 일종.

maxi [maksi] a.《불변》①《구어》최고의, 최대의 (maximal의 단수형). ②《의복》(스커트 따위가)맥시의. mode ~ 맥시의 모드. —ad.《구어》최고로, 최대로. —n.m. ①최고, 최대. ②《의복》맥시. le ~ le mini 맥시와 미니.

maxi- *préf.* 「매우 큰, 매우 긴」의 뜻.

maxillaire [maksi(l)lɛːr]《해부》a. 턱의. ~ supérieur(inférieur) 위〔아래〕턱뼈. —n.m. 턱뼈, 악골(顎骨).

maxima [maksima] n.m.pl. ⇨maximum.

maximal(ale, *pl.* **aux)** [maksimal, -o] a.《드물게》최고의, 최대의(maximum). température ~ale 최고기온. vitesse ~ale 최고속도.

maximalisation [maksimalizasjɔ̃] n.f. =**maximisation.**

maximaliser [maksimalize] v.t. 최대화〔극대화〕하다(maximiser).

maximalisme [maksimalism] n.m. =**bolchevisme.**

maximaliste [maksimalist] n. =**bolcheviste.**

maximant(e) [maksimɑ̃, -ɑ̃ːt] a.《수학》극대화하는. valeur ~e 극대치.

maxime [maksim] n.f. ① 격언, 금언; (*pl.*)잠언집 (箴言集). ~ populaire (traditionnelle) 속담, 격언. ② 행동방침, 준칙, 도덕기준; 주의(主義) (principe). ~ d'État 국시, 국책. suivre une ~ 방침(기준)에 따라 행동하다. avoir(prendre) pour ~qc(de+inf.) …을〔하는 것을〕주의로 삼다.

maximer¹ [maksime] v.t.《드물게》(을)방침〔준칙〕으로 하다.

maximer² v.t.《드물게》(의)최고가격을 정하다. ~ les marchandises de première nécessité 생활필수품의 최고가격을 정하다.

maximisation [maksimizasjɔ̃] n.f. (사실·사상을)최고로 평가하기; 극〔최〕대화.

maximiser [maksimize] v.t. 최고가 되게 하다. ~ le bénéfice 이익을 극대화하다.

***maximum** [maksimɔm] (*pl.* ~s, **maxima** [maksima] n.m. ① 최대한, 최고(점), 극한(↔ minimum). ~ de vitesse 최고속도. ~ de capacité 최대용량. thermomètre à *maxima* 최고온도계. ~ de chances 최다의 기회. atteindre un(son) ~ 최고도에 이르다. à un cheval(à un navire) 말(배)을 전속력으로 달리다. faire le ~《구어》전력을 다하다. loi du ~《역사》(1793년의)최고가격법. ②《법》최고형(~ de la peine). être condamné au ~ 최고형에 처해지다. ③ 극대(치). le ~ et le minimum《수학》극대와 극소. ④ ~ baromètrique《기상》최고기압.
au ~ 최대한으로, 극도로. cent francs *au* ~ 기껏해야 100 프랑.

—*a.* (불변, 때로는 *f.* ***maxima***, *pl.* **~s, maxima**) 최대한의. prix ~s(*maxima*) 최고가격. tarif ~ 최고요금. tension ~ (*maxima*) 최대장력(張力). pressions ~s(*maxima*) 최고압력.

maxiton [maksitɔ̃] *n.m.* 맥시톤(강심제의 일종).

maxixe [maʃiʃ] 《포르투갈》 *n.f.* =**matchiche**.

maxwell [makswɛl] *n.m.* 《물리》 맥스웰(자기 감응속(感應束)의 전자 단위).

maya¹ [maja] *a.* (불변) 마야 사람의. **— M~** *n.* 마야 사람. **—** *n.m.* 마야어(語).

maya² *n.f.* (불가리아의) 응유(凝乳)음료.

mâyâ [maja] 《산스크리트》 *n.f.* 마야(힌두교에서 환상의 세계를 만드는 신 따위의 힘, 환상의 힘); (실재에 대한) 감각적 현상세계.

maye [mɛ] *n.f.* 압착기에서 유출하는 올리브 기름을 받는 석조(石槽); 가루받이 상자.

mayençais(e) [majɑ̃sɛ, -ɛz] *a.* 마인츠의. **—M~** *n.* 마인츠 사람.

Mayence [majɑ̃:s] *n.pr.f.* 〖지리〗 마인츠 (*Mainz*, 서독의 도시).

mayeur [majœːr] *n.m.* =**maïeur**.

mayonnaise [majonɛːz] 《요리》 *n.f.* 마요네즈 소스; 마요네즈를 친 요리. — à l'ail 마늘 넣은 마요네즈 소스. —*a.* sauce — 마요네즈 소스.

mazagran [mazagrɑ̃] *n.m.* (옛) 냉커피.

mazarin [mazarɛ̃] *n.m.* 마자랭 (과일의 설탕절임을 속에 채운 케이크).

mazarinade [mazarinad] *n.f.* 〖역사〗 (프랑스의 재상 *Mazarin*에 대한)풍문시[자].

mazarine (la) [lamazarin] *n.f.* 마자랭 도서관 (프랑스 국립도서관의 하나) (Bibliothèque ~).

mazarinisme [mazarinism] *n.m.* 마자랭 (*Mazarin*)의 정책(들).

mazariniste [mazarinist] *n.* 마자랭파의 사람.

Mazas [mazaːs] *n.pr.* prison de ~ (파리의) 마자스 감옥 (1850~1900).

mazdéen(ne) [mazdeɛ̃, -ɛn] 《종교》 *a.* 조로아스터 (*Zoroastre*)교의. —*n.* 조로아스터 교도.

mazdéisme [mazdeism] *n.m.* 《종교》 마즈데이즘, 마즈다교, 배화교.

mazéage [mazeaːʒ] *n.m.* 《야금》 (선철의)정련.

mazeau [mazo] (*pl.* **~x**) *n.m.* 정련 첨판.

mazer [maze] *v.t.* 《야금》 정련하다.

mazerie [mazri] *n.f.* 《야금》 정련로, 정련로(精鍊爐), 정련장.

mazette [mazɛt] 《남프랑스》 *n.m.* 작은 농가.

mazetier [maztje] 《남프랑스》 *n.m.* 농부.

mazette [mazɛt] *n.f.* ① (구어) ① 무능력한 사람, 무기력한 사람(mauviette); (승부·내기 따위에서)서투른 사람. ② 《옛》 초라한 말, 노마(駑馬). **—***int.* 야, 저런, 이것 참 (놀람·경탄). M~! quelle voiture! 야, 굉장한 자동차군!

mazout [mazut] 《러시아》 *n.m.* (선박·기관차 따위의)중유. chauffage à ~ 중유난방.

mazouté(e) [mazute] *a.p.* 폐기(유출)된 중유로 오염된. plages ~es 폐유로 오염된 해안.

mazouter [mazute] *v.i.* 중유를 가득 채우다(보급하다). —*v.t.* 중유로 오염시키다.

mazouteur [mazutœːr] *n.m.* 유조선.

mazurka [mazyrka] *n.f.* 마주르카 (폴란드의 춤); 마주르카 곡(曲).

mb. 《약자》 millibar 〖기상〗 밀리바.

m/b. 《약자》 mon billet 《상업》 약속어음.

MC 《약자》 Monaco 모나코 (외국차의 표지).

Mc 《약자》 mégacycle 〖전기〗 메가사이클.

mc. 《약자》 mètre cube 《물리》 입방미터.

m/c. 《약자》 mon compte 자기 앞 계정.

Mcin 《약자》 médecin 의사.

Md 《약자》 mendélévium 〖화학〗 멘델레늄.

md 《약자》 marchand 상인.

M.D. 《약자》 métaux divers 잡금속.

m.d. 《약자》 main droite 〖음악〗 오른손.

m/d. 《약자》 mois de date 《상업》 (어음의)일부일후 (日附後) …불월.

mde 《약자》 marchande 상인 (여성).

M.D.N. 《약자》 Ministère de la défense nationale 국방부.

Mᵉ 《약자》 ① Maître 〖법〗 (변호사·공증인·집달리 따위에 대한 존칭). ② Madame 부인.

:me [m(ə)] (모음·무성 h 앞에서는 m') *pron. pers.* ① (직접목적보어) 나를. Elle *me* regarde. 그녀는 나를 바라본다. ② (간접목적보어) 나에게; 나를 위하여; 나에게는; 나의; 나에게서. Il *me* l'a donné. 그는 나에게 그것을 주었다. Il *me* l'a fait. 그는 나를 위하여 그것을 했다. Votre aide *m*'est nécessaire. 내겐 당신 도움이 필요하다. Il *m*'a pris le bras. 그는 나의 팔을 잡았다. Il *m*'a volé un crayon. 그는 내게서 연필을 훔쳤다. ③ (재귀대명사) Je *m*'ennuie. 심심하다, 지루하다. Je *me* lave les mains. 나는 손을 씻는다. Je *me* souviens. 생각이 난다. ④ (긍정명령문에서 뒤에 en, y가 올 때) Donnez-*m*'en. 그것을 나에게 주시오. ⑤ (사태를 강조하거나 상대편의 관심을 환기시키기 위해 허사적으로) Va *me* mettre cet homme à la porte! 이 사람을 좀 쫓아내주게. Il *m*'a l'air d'avoir faim. 그는 시장해 보인다.

me. 《약자》 mercredi 수요일.

mé- *préf.* 「잘못한, 나쁜」 따위의 부정의 뜻.

mea-culpa [meakylpa] 《라틴》 *n.m.* (복수불변) ① 죄의 고백. faire〔dire〕 son ~ 자기의 죄를 고백〔회개〕하다. ② (죄를 고백하면서)가슴을 치기.

méandre [meɑ̃:dr] *n.m.* ① (강줄기의)굽이, 굴곡 (courbe); 곡류(曲流); 꾸불꾸불한 길. ② (비유적) 우여곡절. ~s *de* la politique 정치의 우여곡절. ③ 〖건축〗 굴곡 무늬, 그리스 무늬.

méandreux(se) [meɑ̃drø, -øːz] *a.* 《문어》 꼬불꼬불한; 우여곡절의 (tortueux).

méandrine [meɑ̃drin] *n.f.* 〖동물〗 뇌산호(腦珊瑚).

méandrique [meɑ̃drik] *a.* 꾸불꾸불한.

méat [mea] *n.m.* ① 〖해부〗 관(管), 도(道). ② 〖식물〗 세포간극.

mec [mɛk] *n.m.* 《속어》 ① (매춘부의) 기둥서방 (souteneur). ② 놈(type); (애칭) 자식. Qu'est-ce que c'est que ce ~-là? 저자는 뭘하는 놈이지 ? ③ 힘센 사람. — à la redresse 악바리 같은 남자.

Méc 《약자》 mécanique 역학(力學).

***mécanicien(ne)** [mekanisjɛ̃, -ɛn] *n.m.* ① 기계기사 (ingénieur); 역학(물리학)자; (자동차·기계 따위의)조립공, 수리공, 정비사. Il est bon ~ 《구어》그는 기계를 잘 만진다. ② (버스)운전사, (기관차의)기관사, ③ (동력) 기관사 — 기계기사; 기계 설계사; officier ~ (배·비행기의)기관사. —*a.* 기계의. civilisation ~*ne* 기계문명. —*n.f.* (공장의)재봉 여직공.

mécanicien-dentiste [mekanisjɛ̃dɑ̃tist] (*pl.* **~s-~s**) *n.* 치과기공사.

mécanicité [mekanisite] *n.f.* 기계적임.

***mécanique** [mekanik] *a.* ① 기계의, 기계에 의한; 수공의; 기교적인. procédés ~s 기계공정. escalier ~ 에스컬레이터. piano ~ 자동피아노. jouet 〔train〕 ~ (전기를 이용하여)기계로 움직이는 장난감〔기차〕. industrie ~ 기계 산업. dentelle ~ 기계로 짠 레이스. composition ~ 〖인쇄〗 자동식자 (自動植字). division légère ~ 《군대》 경기갑사단. arts ~s 공예 (↔ arts libéraux). ② 역학의, 역

학적인; 기계론의. lois ~s 역학의 법칙. énergie ~ 운동에너지. réactions ~s 역학의 반응. propriétés ~s d'un métal 금속의 물리적 특성. explication ~ de l'univers 우주의 기계론적 설명. ③(행동·반사)기계적인, 무의식적인(machinal). gestes ~s 기계적[무의식적]인 몸짓. mouvements (actions) ~s 기계적인 운동[행동].
avoir des ennuis ~s 《구어》모터가 고장나다.
— *n.f.* ① 역학, 기계학, 기계공학. ~ quantique 양자역학. ~ hydraulique 유체역학(~ des fluides). ~ rationnelle 이론역학. ~ relativiste [ondulatoire] 상대론적[파동]역학. ~ céleste 천체역학. ~ automobile 자동차공학. ② 기계장치; 기계(mécanisme); 기구. ~ d'une montre 시계의 기계 구조[장치]. ~ digestive 소화기구[운동]. ③ 구조, 기구. ~ politique 정치기구. ④《구어》신체. avoir une ~ en bon état 몸의 상태가 좋다.
rouler les ~s 《구어》어깨를 으쓱대며 흔들다.
mécaniquement [mekanikmɑ̃] *ad.* 기계적으로, 무의식적으로(automatiquement); 역학적으로. réciter ~ sa leçon 학과를 기계적으로 암송하다.
mécanisation [mekanizasjɔ̃] *n.f.* 기계화.
mécaniser [mekanize] *v.t.* 기계화하다; 《군사》 기갑화하다. ~ la production(l'usine) 생산(공장)을 기계화하다. [~ *qn*] Les machines *mécanisent* l'homme. 기계는 사람을 기계로 만든다.
mécaniseur [mekanizœːr] *n.m.* 《옛·속어》괴롭히는 (못살게 구는) 사람.
*****mécanisme** [mekanism] *n.m.* ① 기계장치, 장치(machine); 기능, 기구(機構). ~ d'une serrure 자물쇠의 구조. ~ de sécurité 안전장치. démonter le ~ d'un fusil 총을 분해하다. ②(사회·인체·사상 따위의)구조, 기구; (시구의)구조. ~ du corps humain 인체의 구조. ~ administratif 행정[관리] 기구. ~ biologique 생물학적 기능. ③《음악》 (기계적) 기교. ④《철학》기계론; 《심리》기제(機制). ~ matérialiste 유물론적 기계론. ~s psychologiques 심리기제. ~s de défense 방어기제. ⑤《언어》기계주의(← mentalisme).
mécaniste [mekanist] *n.m.* 《철학》기계론자.
—*a.* 기계론적인. explication ~ 기계론적 설명. philosophie ~ 기계론적 철학.
mécanistique [mekanistik] *a.*《철학》기계론의.
mécano [mekano] *n.m.*《속어》기관사; (기계·자동차의)수리공(mécanicien).
mécano- *préf.*「기계의」의 뜻.
mécanographe [mekanɔɡraf] *n.* ① 사무기기 조작자. ②《옛》복사(등사)기사; 복사기 제조공.
mécanographie [mekanɔɡrafi] *n.f.* ①(타자기·계산기·전산기 따위의)사무기기 제조·판매·관리업. ② 사무기에 의한 처리(방법).
mécanographique [mekanɔɡrafik] *a.* 사무기기의 [에 의한]. machines ~ (각종의)사무기기.
mécanothérapie [mekanɔterapi] *n.f.*《의학》기계 치료법.
méccano [mekano] *n.m.*《상표명》메카노(금속제의 장난감 조립 부품).
mécénat [mesena] *n.* 문예학술의 옹호.
mécène [mesen] *n.m.* 문예학술 옹호자.
méchage [meʃaːʒ] *n.m.* (포도주통의)유황 훈증(燻蒸)살균.
méchamment [meʃamɑ̃] (< *méchant*) *ad.* 심술궂게, 악으로(cruellement).
méchanceté [meʃɑ̃ste] *n.f.* ① 악의, 심술궂음(dureté, ↔ bonté); 짖궂은 짓[말]; 《구어》장난. Il l'a fait sans ~. 그는 악의없이 그렇게 했다. agir par pure ~ 순전히 악의로 행동하다. dire des ~s 가시돋친 말을 하다. ②《옛》무가치.
*****méchant(e)** [meʃɑ̃, -ɑ̃ːt] *a.* ① 악의의, 심술궂은, 고약한(cruel); 냉혹한, 인정머리 없는(dur); 신랄한. homme ~; ~ homme 악인. regard ~ 악의에 찬 시선. jouer un ~ tour à *qn* …을 골리다. ~ langue 독설가. expression ~e 신랄한 표현. Ce garçon est ~ pour (avec) ses camarades. 이 소년은 친구들에게 심술궂게 군다. Tu es ~ de dire ça. 그런 말을 하다니 너 짖궂구나. ②(동물이)사나운, 공격적인. N'ayez pas peur; ce chien n'est pas ~. 겁내지 마세요, 이 개는 사납지 않아요. «Chien ~» "맹견주의." ③《옛·문어》(명사 앞에서) 가치없는, 졸렬한, 보잘것없는, 초라한; 가엾은. ~ livre 보잘것없는 책. ~ écrivain 삼류작가. habiter une ~e maison 누추하게 살다; 가난하다. ~ avocat 무능한 변호사. ~e mine 초췌한[초라한] 모습. ④(명사 앞에서)위험한; 해로운. s'attirer une ~e affaire 위험한 일을 자초(自招)하다. ⑤《속어》(명사 앞에서)굉장한, 엄청난(extraordinaire). ~e voiture de course 굉장한 경주용 자동차.
~ comme un diable [un âne rouge, la gale] 몹시 심술궂은. *pas (bien) ~* 《구어》해롭지 않은; 대수롭지 않은.
—*n.* ① 악인, 심술궂은 사람. ② faire le ~ 화내며 대들다.
mèche¹ [mɛʃ] *n.f.* ①(램프·초 따위의)심지; 도화선(~ lente). ②《옛》(총의)화승(火繩). remonter la ~ d'une lampe 램프의 심지를 돋우다. ② 채찍 끝. (바이올린 활의)털(~ de violon 3). 머리털 타래; (털실의)다발; (모자의)술. ③《직물》(실을 만들기 전의)거칠게 자아낸 실. ③《외과》(상처구멍에 넣는)가제(마개). ④(빗줄·탄소봉 따위의)심; 굴대; 송곳 끝.
découvrir (éventer) la ~ 《구어》음모를 발견하다. *et ~* 《구어》…과 그것보다 약간 더 많이. Il est midi et ~. 정오를 조금 지났다.
vendre la ~ 《구어》비밀을 누설하다.
mèche² [mɛʃ] *n.* (복수꼴로만 쓰임) (다음 표현에서만). *être de ~ avec qn* 《구어》…와 공모하고 있다, 한패가 되어 있다. *Y'a pas [Il n'y a pas] ~.* 《속어》어찌할 도리가 없다.
méchef [meʃɛf] *n.m.*《옛·문어》재난.
mécher [meʃe] ⑥ *v.t.* ①(포도주통을)유황으로 훈증(燻蒸)살균하다. ②《외과》(상처 구멍에)가제를 넣다.
mécheux(se) [meʃø, -øːz] *a.* (털실의)털오라기올의.
méchoir [meʃwaːr] ⑥1 *v.imp.*《옛》《직설법 현재·미래에만 쓰임》불행이 오다(일어나다).
méchoui [meʃwi] *n.m.* 양고기 구이.
mechta [meʃta]《아라비아》*n.f.* (알제리·튀니지의) 작은 마을.
mecklembourgeois(e) [mekləburʒwa, -aːz] *a.* 메클렘부르크(Mecklembourg, 동독 북부의 주)의.
—*M*~ *n.* 메클렘부르크 사람.
mécompte [mekɔ̃ːt] *n.m.* ① 잘못 생각하기, 착오, 실망(déception, désillusion). Cette affaire ne lui a apporté que des ~s. 이 일은 그에게 실망만 가져다 주었다. essuyer de graves ~s 심한 환멸을 느끼다. ②《옛》계산의 착오, (계산상의)부족.
mécompter [mekɔ̃te] *v.i.* (시계가)시간을 잘못 치다 (décompter의 오용). —*se* ~ *v.pr.* 《옛》① 잘못 생각하다. ② 계산을 잘못하다.
méconate [mekɔnat] *n.m.*《화학》메콘산염(酸).
méconduire (se) [səmekɔ̃dɥiːr] 32 《벨기에》*v.pr.* 행실이 나쁘다(se conduire mal).
méconduite [mekɔ̃dɥit]《벨기에》*n.f.* 부정한 행실.

drame de la ~ 치정사건(drame passionnel).
méconine [mekɔnin] *n.f.* 《화학》메코닌《아편 중에 포함된 물질》.
méconique [mekɔnik] *a.* acide ~ 《화학》메코닌산[(酸).
méconium [mekɔnjɔm] *n.m.* ① 《생리》 태변(胎便), 배내똥. ②《옛》아편.
méconnaissable [mekɔnɛsabl] *a.* 알아보기 힘든; 알아볼 수 없을 만큼 변한(changé, transformé, ↔ reconnaissable). ville qui est maintenant ~ 지금은 알아볼 수 없을 만큼 변한 도시.
méconnaissance [mekɔnɛsɑ̃:s] *n.f.* ① 인식[인지] 하지 않기, 몰이해(incompréhension), 무지. totale ~ de la situation réelle 현실적 상황의 전적인 인식부족. ②《옛》망은(忘恩).
méconnaissant(e) [mekɔnɛsɑ̃, -ɑ̃:t] *a.*《옛》은혜를 모르는, 망은의.
méconnaître [mekɔnɛtr] [41] *v.t.* ① 인정하지 않다(désavouer); 알지 못하다(ignorer); (의)가치를 인정하지 않다, 무시하다(déprécier, mésestimer); 등한시하다, 돌보지 않다(négliger). Nous ne saurions ~ l'importance de cette découverte. 우리는 이 발견의 중요성을 모르는 체할 수 없다. homme de génie qui *a été méconnu* de ses contemporains 동시대인으로부터 정당한 평가를 받지 못했던 천재. Il *méconnaît* les difficultés de la vie quotidienne. 그는 일상생활의 어려움을 모른다. ~ un ami pauvre 가난한 친구를 알고도 모르는 체하다. ~ les forces de l'adversaire 상대편의 힘을 과소평가하다. [ne pas ~ que (ne) + *sub.*] Il *ne méconnaît pas que ce* (ne) soit là une exception importante. 그는 이것이 무시못할 예외일 수 있다는 것을 모르지 않는다[인정한다]. ②《옛》(사람을)알아보지 못하다; 부인하다(renier). Je vous *ai méconnu* en ce déguisement. 그렇게 변장해서 당신을 알아보지 못했소. ~ sa sœur 누이를 누이로 인정치 않다.
—se — *v.pr.* 자기의 과거(처지)를 잊어버리다.
méconnu(e) [mekɔny] *a.p.* 진가를 인정받지 못하는, 알려지지 않은; 오해된. génie ~ 인정받지 못하는 천재. —*n.* 인정을 못받고 있는 사람. grand ~ 불우한 천재. —*n.* 〔일종.
méconopsis [mekɔnɔpsis] *n.m.* 《식물》양귀비의
mécontent(e) [mekɔ̃tɑ̃, -ɑ̃:t] *a.* [~ de + 명 / de + *inf.*](에) 불평이 있는, 불만인. Le patron est très ~ *de* vous. 사장은 당신에 대해 몹시 불만이다. Je ne serais pas ~ *d'*avoir quelques jours de congé. 나는 며칠 휴가를 얻었으면 좋겠다. ~ *de* soi-même 자기의 지위[행위]를 못마땅히 여기다. [~ que + *sub.*] Il est ~ *que* vous n'acceptiez pas sa proposition. 그는 당신이 그의 제안을 수락하지 않아 불만이다.
—*n.* 불만가, 불평분자. rassembler les ~*s* 불평분자를 규합하다.
mécontentement [mekɔ̃tɑ̃tmɑ̃] *n.m.* 불평, 불만. exprimer[manifester] son ~ à *qn* …에게 불만을 표시하다.
mécontenter [mekɔ̃tɑ̃te] *v.t.* 불만을 품게 하다.
Mecque (la) [lamɛk] *n.pr.f.* 메카《마호메트의 탄생지로 이슬람교의 성지》.
mécréance [mekreɑ̃:s] *n.f.* ① 무신앙, 무종교. ②《옛·문어》불신(méfiance).
mécréant(e) [mekreɑ̃, -ɑ̃:t] *a.* ① 신앙이 없는(infidèle); 무종교의(irréligieux). ② 이교의. —*n.* ① 신앙이 없는 자, 무종교자. ② 이교도.
mecton [mɛktɔ̃] *n.m.* 《속어》애숭이.
Méd. 《약자》médecin 의사.
*****médaille** [medaj] ① 메달, 기념패, 기장(記章); 훈장, 상패; (고대의)화폐. face[corps] de la ~ 메달의 표면[전면]. revers de la ~ 메달의 뒷면;《비유적》사물의 이면, 암흑면. ~ militaire 전공훈장. ~ d'honneur 명예상패. ~ d'or(d'argent, de bronze) Jeux Olympiques 올림픽 금[은·동]메달. cabinet des ~*s* 《파리국립도서관》메달진열실. conférer(décerner) à *qn* la ~ de sauvetage … 에게 인명구조훈장을 수여하다. ~ de la Résistance (2차 대전시 항독운동을 한 공훈에 대한)레지스탕스 훈장. ②《상업》commémoratives (1·2차 대전의) 전투기념장. ~ (직업·신분을 표시하는)표지, 휴장, 감찰. ~ d'un porteur de la S.N.C.F. 철도역 포터의 가슴패. ~ d'un chien 개패. ③《건축》(인물의)둥근 돋을새김. ④《식물》합전초(合田草)(~ de Judas).
Chaque (*Toute*) ~ *a son revers.* 《속담》만사에는 이면[어두운 면]이 있게 마련이다. *La ~ est renversée.* 형세가 역전되었다. *retourner la ~* 일의 이면을 살피다. *tête*(*profil*) *de ~* 단정한 사람.
médaillé(e) [medaje] *a.p.* ① 상패[훈장]를 받은(décoré). soldat ~ 훈장을 받은 병사. ②《행성인 따위의》표지[감찰]를 단. ~ *n.* 상패[훈장]를 받은 사람, 메달리스트. ~*s militaires* 전공훈장을 받은 사람. ~ du travail 노동훈장을 받은 사람.
médailler [medaje] *v.t.* ①(에게)상패[훈장]를 수여하다. ②(에게)감찰을 주어 영업을 허가하다.
médailleur [medajœ:r] *n.m.* 메달 조각사[제조자].
médaillier [medaje] *n.m.* ① 메달 수집 상자. ②(상자에)수집된 메달.
médailliste [medajist] *n.* ① 메달 수집가. ② = médailleur.
médaillon [medajɔ̃] *n.m.* ① 큰 메달, 큰 상패; (가구·건축물을 장식하는)원형(타원형) 초상화. ② 로켓《사진·머리카락 따위를 넣어 목걸이처럼 매다는 것》. ③《요리》메다용《고기 따위를 얇게 원형으로 자른 것》.
mède [mɛd] *a.* 메디아의 (*Médie*, 이란의 고대 왕국의).
—M ~ *n.* 메디아 사람. —*n.m.* 메디아어.
‡médecin [medsɛ̃] *n.m.* ① 의사(docteur); appeler le ~ 의사를 부르다. envoyer chercher le ~ 의사를 부르러 보내다. consulter le ~ 의사의 진찰을 받다. aller chez le ~ 병원에 가다. prendre rendezvous chez le ~ 의사의 진찰예약을 하다. femme ~ 여의사. ~ chirurgien 내과와 외과를 겸한 의사. ~ praticien 개업의. ~ exerçant 임상의. cabinet du ~ 진찰실, 진료실. ~ consultant 입회 의사. ~ traitant 주치의. ~ généraliste[de ~*e* générale] 일반[종합]의. ~ spécialiste 전문의. ~ des hôpitaux 병원근무를 할 수 있는 유자격의사. ~-chef de l'hôpital 병원장. ~ d'état-civil[des morts] 검시의(檢屍醫). ~ légiste 법의학자; 경찰의. ~ du travail(회사의) 촉탁의. ~ du bord 선의(船醫). Ordre des ~*s* 의사회. ~ militaire; ~-major 군의. ~ inspecteur général 의무총감. ~ du Service de la santé (항구의)검역관.
②《비유적》(정신적 고뇌 따위를)치료하는 사람[것]. ~ de l'âme[des âmes] 목사, 사제. Le temps est ~ des cœurs blessés. 시간은 상처받은 마음을 치유하는 의사이다.
Mieux vaut aller au boulanger qu'au ~. 《속담》의사에게 가느니 빵장수에게 가라《병원에서 치료받느니보다 영양섭취가 더 낫다》.
Après la mort, le ~. 《속담》사후약방문.
M~, guéris-toi toi-même. 《속담》의사여, 당신부터 치료하라.
Les ~s font les cimetières bossus. 《속담》의사들이 봉분을 만든다《의사가 사람을 많이 죽게한다》.
La robe ne fait pas le ~. 《속담》의사의 가운이 의

사를 만들지는 않는다 《칭호가 반드시 사람의 진가를 나타내 주지는 않는다》.

médecine [medsin] *n.f.* ① 의학, 의술; 의사업. docteur en ~ 의학박사. faculté de ~ 의과대학. pratiquer[exercer] la ~ 의술을 업으로 삼다; 의료행위를 하다. faire sa ~; faire des études de ~ 의학을 공부하다. étudiant en ~ 의과대학생. ~ du travail 노동의학. ~ sociale 사회의학. ~ préventive[curative] 예방[치료]의학. ~ générale 일반[종합]의학. ~ interne[opératoire] 내과[외과]학. ~ clinique[expérimentale] 임상[실험]의학. ~ des accidents 외상(外傷)의학(traumatologie). ~ de la femme enceinte 산부인과학(obstétrique). ~ des maladies de la femme 부인병학(gynécologie). ~ mentale 정신의학(psychiatrie). ~ infantile 소아과학(pédiatrie). ~ légale 법의학. ~ vétérinaire 수의학.
② 요법. ~ agissante[expectante] 적극[자연]요법. ~ homéopathique 유사요법.
③ 《옛》의약, 약제; 하제(下劑). ~ universelle 만병통치약. ~ de cheval 극약. prendre (une) ~ 하제를 먹다.
avaler la (sa) ~ 《예》 (고통스러운 일을)체념하고하다 《현재는 avaler la pilule》. *Il ne faut pas prendre la ~ en plusieurs verres.* 《속담》싫은 일은 당장에 해치워야만 한다.
médecine-ball [medsinbol] (*pl.* ~-~*s*) 《영》 *n.m.* 메디신볼 《가죽으로 만든 훈련용의 대형볼》.
médeciner [medsine] 《옛》 *v.t.* (에게)약을 먹이다. —**se** ~ *v.pr.* 복약하다.
médéen(ne) [medeɛ̃, -ɛn] *a.* 메데아 《*Médéa*, 알제리의 도시》의. —**M**~ *n.* 메데아 사람.
médersa, medersa [medɛrsa] 《아라비아》 *n.f.* 회교도의 종교학교.
média, médias [medja] *n.m.pl.* 매스미디어, 대중매체(mass-media).
médiaire [medjɛːr] *a.* 《식물》 중앙의. —*n.f.* 《통계》=médiale.
médial(ale, *pl.* **aux)** [medjal, -o] *a.* (자음·문자가) 낱말 중앙에 있는. lettres ~*ales* 중간글자 《어두·어미의 글자를 제외한 것》. consonne ~*ale* 어중자음. —*n.f.* 낱말의 중앙의 문자[자음]. 《통계》 중위수(中位數), 중앙치(中央値).
médialement [medjalmɑ̃] *ad.* 중앙에.
médian(e) [medjɑ̃, -an] *a.* 가운데의, 중앙의. voyelle ~*e* 중 [中] 모음. ligne ~*e* 《물리》 정중선(正中線); 《수학》 (삼각형의)중선; 《스포츠》 하프라인, (테니스의)센터라인. —*n.f.* 《기하》 중선(中線); 《해부》 정중선(正中線); 《학생어》 평균점수.
médianique [medjanik] *a.* 《심령술》 영매(靈媒)의, 영매같은.
médianito [medjanito] 《에스파냐》 *n.m.* 작은 여송연
médianoche [medjanɔʃ] 《에스파냐》 *n.m.* ①《옛》(금육일의 밤 자정이 지나서 먹는)고기가 든 식사. ②(심야의)잔치.
médiante [medjɑ̃ːt] *n.f.* 《음악》 제 3 음부, 중화현(中和絃).
médiastin(e) [medjastɛ̃, -in] *n.m.a.* 《해부》 종격막(縱隔膜)(의).
médiat(e) [medja] *a.* ① 간접의. héritier ~ 간접상속인. juridiction ~*e* 간접재판권. cause ~*e* 간접원인. auscultation ~*e* 《의학》 간접청진. dérivation ~*e* 《언어》 간접파생. inférence ~ 《논리》 간접추리. ② prince ~ 《역사》 (고대게르만제국의)배신(陪臣)
médiatement [medjatmɑ̃] *ad.* 간접으로.

médiateur(trice[1]**)** [medjatœːr, -tris] *n.* 조정자, 중재인; 《철학》 매개자; 《신학》 그리스도. ~ de la paix (평화)조정자. se faire ~ entre les deux partis 쌍방간의 조정자가 되다. s'offrir pour ~ 조정역을 맡다, 중재자로 나서다.
—*n.m.* ~ chimique 《생물》 화학적 전도물질.
—*n.f.* 《수학》 (선분의)수직이등분선.
—*a.* 조정[중재]의. puissance ~*trice* 조정국. commission ~*trice* 조정 (중재)위원회.
médiathèque [medjatɛk] *n.f.* 매스미디어 자료관
médiation [medjasjɔ̃] *n.f.* ①조정, 중재(arbitrage); 《국제법》거중조정. ②매개물; 매개. ③《점성술》정중(正中), 남중(南中); 《천문》(별의)남중; 《논리》(간접추리의)중간항; 《음악》중간휴지.
médiatisation [medjatizasjɔ̃] *n.f.* 《역사》 직신(直臣)을 배신(陪臣)격으로 낮추기; 직신령(直臣領)을 다른 나라에 병합시키기.
médiatiser [medjatize] *v.t.* 《역사》 (직신을)배신격으로 낮추다; (직신령)을 다른 나라에 병합시키다. (간접추리의 두 판단을)결합시키다.
médiator [medjatɔːr] *n.m.* (만돌린·벤조 따위의 연주용)피크.
médiatrice[2] [medjatris] *n.f.* 《기하》 수직 2 등분선.
médical(ale, *pl.* **aux)** [medikal, -o] *a.* ① 의학적, 의술의; 의사의. examen ~ 신체검사, 건강진단. soins ~*aux* 의료, 진료. profession ~*ale* 의사의 직업. ordonnance[prescription] ~*ale* 약방문, 처방. visite ~*ale* 왕진. certificat ~ 진단서, 의견서. (총칭) 의사. assistance ~*ale* gratuite 무료진료. acte ~ 의료행위. ② 약의. matière ~*ale* 《의학》 약물(학). propriétés ~*ales* 약효.
médicalement [medikalmɑ̃] *ad.* 의학상으로.
médicalisation [medikalizasjɔ̃] *n.f.* 의료의 보급.
~ durable des zones rurales 농촌지역에 대한 항구적 의술보급.
médicaliser [medikalize] *v.t.* 의료시설을 보급시키다[정비하다].
médicament [medikamɑ̃] *n.m.* 의약(품), 약제(remède). ~ contre la toux 기침약. ~ interne (externe) 내복(외용)약. ordonner un ~ à un malade 환자에게 약처방을 해주다. acheter des ~*s* à la pharmacie 약국에서 약을 사다. ~*s* de synthèse 합성의약품. ~*s* officinaux 약국제조약. ~*s* magistraux (의사의)처방약.
médicamentaire [medikamɑ̃tɛːr] *a.* 약제의, 조제의. méthode ~ 조제법.
médicamentation [medikamɑ̃tasjɔ̃] *n.f.* 요법, 투약(médication).
médicamenter [medikamɑ̃te] 《옛》 *v.t.* (에게)(함부로)약을 먹이다. —**se** ~ *v.pr.* 약을 먹다.
médicamenteux(se) [medikamɑ̃tø, -øːz] *a.* 약에의한; 약효가 있는. substance ~*se* 약용물질. traitement ~ 약물요법. plante ~*se* 약초.
médicastre [medikastr] *n.m.* 《경멸》 돌팔이 의사.
médicat [medika] *n.m.* 병원의 공모[자격]시험; (집합적) 병원의 의사.
médicateur(trice) [medikatœːr, -tris] *a.* 치료의. action ~*trice* du quinquina 기나피 치료 작용.
médication [medikasjɔ̃] *n.f.* 약물치료, 투약(投藥), 의료행위.
médicéen(ne) [medise ɛ̃, -ɛn] *a.* 《역사》 메디치가(家)(*Médicis*, 이탈리아의 명문)의.
médicinal(ale, *pl.* **aux)** [medisinal, -o] *a.* 약용의. plante ~*ale* 약초, 약용식물.
médicine-ball [medisinbol] 《영》 *n.m.* 《스포츠》 =médecine-ball.

médicinier [medisinje] *n.m.* 〖식물〗 야트로파 《대극과(科)의 식물》.

Médicis [medisi(s)] *n.pr.m.pl.* 〖역사〗 메디치가(家).

médico- *préf.* 「의학의」의 뜻.

médico-chirurgical(ale, *pl.* **aux)** [medikɔʃiryrʒikal, -o] *a.* 내외과를 겸한. clinique ~ale 사립내외과병원.

médico-légal(ale, *pl.* **aux)** [medikɔlegal, -o] *a.* 법의학의. expertise ~ale 법의학적 감정. Institut ~ 법의학적 연구소.

médico-social(ale, *pl.* **aux)** [medikɔsɔsjal, -o] *a.* 사회의료의, 의료보험의.

médico-vétérinaire [medikɔveterinɛːr] *a.* 동물치료에 효과가 있는.

Médie [medi] *n.pr.f.* 〖고대지리〗 메디아《페르시아의 옛 왕국》.

médiéval(ale, *pl.* **aux)** [medjeval, -o] *a.* 중세의. archéologie ~ale 중세 고고학. histoire ~ale 중세사. château ~ 중세의 성.

médiévisme [medjevism] *n.m.* 중세 애호(숭배·취미); 중세 연구.

médiéviste [medjevist] *n.* 중세 연구가.

médimne [medimn] *n.m.* (고대 아테네의)용적의 단위(52.8리터).

médina [medina] 〖아라비아〗 *n.f.* 구(舊)시가지.

Médine [medin] *n.pr.* 〖지리〗 메디나《아라비아 서부의 도시로서 마호메트의 무덤이 있음》.

médio- *préf.* 「중간·중앙」의 뜻.

médiocratie [medjokrasi] *n.f.* 〖구어〗 중산계급에 의한 정치; 범속(凡俗)의 지배.

***médiocre** [medjokr] *a.* ① 보잘것 없는, 하찮은(insignifiant); 무능한, 열등의; 빈약한, 초라한. vie ~ 보잘것 없는 생활. homme ~ 범인. film ~ 대단치 않은 영화. ouvrage ~ 평범한 작품. élève ~ en français 프랑스어가 약한 학생. Je suis très ~ au tennis. 나는 테니스를 잘 못한다. salaire ~ 하찮은 월급. Ce livre a un ~ intérêt. 이 책은 별 재미가 없다. ②〖옛〗중간 정도의, 보통의(moyen). taille ~ 중간 정도의 키.

—*n.m.* 중위(中位), 평범; 평균. C'est au-dessous du ~. 중간도 못된다, 형편없다.

—*n.* 범인(凡人), 시시한 사람.

médiocrement [medjokrəmã] *ad.* 중이하로, 별로 ⋯하지 못한(peu). être ~ riche 별로 부자가 아니다. ~ intelligent 과히 영리하지 못한.

médiocrité [medjokrite] *n.f.* ① 보잘것 없음, 하찮음, 범속, 무능. ~ d'un film 영화의 졸렬함. ~ des gens 사람들의 옹졸함. ②〖집합적〗범인(凡人), 옹졸한 사람. l'institut, livré aux ~s 옹졸한 자들의 손에 넘어간 협회. ③〖옛〗중위(中位); (재산·지위 따위가)중정도. vivre dans la ~ 그럭저럭 살아가다.

médiodorsal(ale, *pl.* **aux)** [medjodɔrsal, -o] *a.* 〖해부〗척정중선상(脊正中線上)의. ②〖언어〗중설배음(中舌背音)의.

—*n.f.* 중설배자음(consonne ~ale).

médiopalatal(ale, *pl.* **aux)** [medjopalatal, -o] *a.* 〖음성〗중경구개음(中硬口蓋音)의. —*n.f.* 중경구개자음(consonne ~ale).

médiopassif(ve) [medjopasif, -iːv] *a.* 〖언어〗중간 수동(태)의, 중간태의(déponent, moyen).

médique [medik] *a.* 〖역사〗 메디아의. guerres ~s 페르시아 전쟁.

médire [mediːr] [29] *v.t.ind.*《직설법 현재 2인칭 현재는 médisez》[~ de] ⋯의 결점을 찾아내다; (옛) ⋯의 욕을 하다(calomnier); ⋯을 헐뜯(비방)하다(critiquer). ~ de ses voisins 이웃을 욕하다.

médi-s, -t [medi] ⇨médire.

médisance [medizãːs] *n.f.* 비방〖중상〗하기; 비방, 욕설, 중상(calomnie, diffamation). être victime de la ~ 중상모략에 희생되다. prêter aux ~s (어떤 일이)욕을 들을만하게.

médisant(e) [medizã, -ãːt] *a.* 욕하는, 중상적인, 헐뜯는, 중상 ~es 입이 험한 여자. propos ~s 남을 헐뜯는 이야기. —*n.* 협구자.

méditatif(ve) [meditatif, -iːv] *a.* 명상〖묵상〗적인, 생각에 잠긴(pensif, rêveur). air ~ 깊이 생각에 잠긴 듯한 모습. verbes ~s 〖라틴문법〗 희구(希求)동사. —*n.* 명상가.

méditation [meditasjɔ̃] *n.f.* ① 명상, 묵상, 심사숙고; 〖종교〗묵상; 사색(pensée). s'absorber[se plonger] dans la ~ 명상에 잠기다. entrer en ~ 〖종교〗 묵상하다. chambre des ~s 묵상실. ② (*pl.*)(*M*~*s*) 명상록.

***méditer** [medite] *v.i.* [~ sur](에 관하여)명상〖심사숙고〗하다(réfléchir). ~ sur l'inconstance de la vie 인생의 무상함에 대해 깊이 생각하다. passer sa vie entière à ~ 평생을 묵상하면서 보내다.

—*v.t.* ① 깊이 생각하다, 숙고하다(approfondir). ~ une pensée 어떤 생각을 깊이 파고 들어가다. ~ Platon 플라톤 철학을 연구하다. ② 계획하다, 꾀하다(projeter). ~ un voyage 여행갈 생각을 하다. ~ un projet 계획을 세우다. ~ une vengeance 복수를 기도하다. [~ de+*inf.*] ~ de participer au congrès 회의에 참석할 생각을 하다.

méditerrané(e) [mediterane] *a.* 육지로 둘러싸인. mers ~es 내해. —*n.f.* 내해(內海). la (mer) *M*~*e* 지중해.

méditerranéen(ne) [mediteraneɛ̃, -ɛn] *a.* 지중해의. climat ~ 지중해성 기후. fièvre ~*ne* 〖의학〗 지중해 열.

médium¹ [medjɔm] (*pl.* ~*s*) *n.m.* ①〖음악〗중음(中音), 중성(中聲). ②〖심령술〗(靈媒), 〖논리〗매개념(媒概念); 〖회화〗용제(溶劑). ③〖옛〗조종, 중재, 타협책.

médium² (*pl.* **a**) [medjɔm, -a] *n.m.* 매체, 전달수단《이 뜻으로는 복수형 média가 더 많이 쓰임》. ~ de masse 매스미디어.

médiumnique [medjɔmnik] *a.* 〖심령술〗영매의.

médiumnité [medjɔmnite] *n.f.* 〖심령술〗(영매의)신통력.

médius [medjys] *n.m.* 가운뎃손가락(majeur).

médoc [medɔk] *n.m.* 메도크(*Médoc*, 프랑스의 지방)산 포도주(vin de *M*~).

médoquin(e) [medɔkɛ̃, -in] *a.* 메도크의.

—*M*~ *n.* 메도크 사람.

médulla [medy(l)la] 〖라틴〗 *n.f.* 〖생물〗수(髓), 수질(髓質).

médullaire [medy(l)lɛːr] *a.* 〖해부〗골수(骨髓)의, 수질(髓質)의; 〖식물〗목수(木髓)의. canal ~ 수강. substance ~ 수질.

médulle [medyl] *n.f.* 〖식물〗목수.

médulleux(se) [medy(l)lø, -ɸːz] *a.* 〖해부〗골수가 있는; 〖식물〗목수가 있는.

médullite [medy(l)lit] *n.f.* 〖의학〗골수염(炎).

médullo-surrénale [medy(l)lɔsyrenal] *n.f.* 〖해부〗 부신수질(副腎髓質).

méduse [medyːz] *n.f.* ①(*M*~) 〖그리스신화〗 메두사《두 눈은 뱀, 치아는 멧돼지의 이빨을 한 마녀; 보는 자는 돌로 변함》. ②〖동물〗 해파리.
C'est une tête de M~.〖구어〗소름이 끼칠 정도로 보기 흉하다.

méduséen(ne) [medyzeɛ̃, -ɛn] *a.* 메두사처럼 보기 흉한, 추악한, 미운(abominable, horrible).

méduser [medyze] *v.t.* 《구어》대경실색하게 하다 (stupéfier); 소름끼치게 하다(pétrifier, terrifier). Il a été médusé par cette nouvelle. 그는 이 소식을

mée [me] *n.f.* =**maie**.

meeting [mitiŋ] 《영》*n.m.* 집회, 집합, 토론회, 《스포츠》시합. ~ en plein air 야외집회. ~ d'athlétisme 운동회.

méfaire [mefɛːr] [28] *v.i.* (부정법 이외로는 거의 안 씀) 나쁜 짓을 하다.

méfait [mefɛ] *n.m.* ① 피해, 손해. ~s de l'alcoolisme 알코올중독의 폐해. ② 나쁜 짓; 비행; 범죄. commettre de nombreux ~s 수없이 나쁜 짓을 저지르다.

méfiance [mefjɑ̃ːs] *n.f.* 불신, 불신임, 의혹, 경계심 (↔ confiance). avoir(éprouver) de la ~ à l'égard de qn …에 대하여 불신감을 갖다. regarder avec ~ 의심스러운(경계하는) 눈으로 바라보다. sans ~ 경계하지 않고. éveiller la ~ de qn …의 경계심을 일깨우다.
La ~ est mère de la sûreté. 의심은 안전의 어머니이다 (La Fontaine의 *Fables* Ⅲ 18).

méfiant(e) [mefjɑ̃, -ɑ̃ːt] *a.* 신용하지 않는, 의심(의혹)을 품은, 경계하는(↔ confiant). d'un air ~ 의혹을 품고, 경계하기라도 하듯. —*n.* 의심(경계심) 많은 사람.

méfier (se) [s(ə)mefje] *v.pr.* [se ~ de] (을)신용하지 않다, 믿지 않다(↔ se fier à); 경계하다, (…을) 조심하다(se garder de). *Méfiez-vous de ce qu'il dit.* 그가 말하는 것을 믿지 마시오. *se ~ des maladies contagieuses* 전염병을 조심하다. *Méfiez-vous des voleurs!* 도난 조심! (목적보어 없이) Voilà le carrefour, *méfie-toi.* 네거리가 나왔다, 조심하라.

méforme [mefɔrm] *n.f.* 《스포츠》(선수의 신체상태의)부조(不調), 악조건. période de ~ (운동선수의)침체기, 슬럼프.

még(a)- *préf.* 「큰, 100 만배(倍)」의 뜻.

mégacaryocyte [megakarjɔsit] *n.m.* 《생물》거대핵세포.

mégacéphale [megasefal] *a., n.* =**mégalocéphale**.

mégacéros [megaseros] *n.m.* 《고대생물》메가세로스 (홍적세의 큰물사슴).

mégacôlon [megakolɔ̃] *n.m.* 《의학》거대결장(結腸)(증).

mégacycle [megasikl] *n.m.* 《무전》메가사이클.

mégadyne [megadin] *n.f.* 《물리》100 만 다인(힘의 단위).

mégafarad [megafarad] *n.m.* 《전기》100 만 패럿 (정전(靜電)용량의 단위).

mégagraphe [megagraf] *n.m.* 대형 제도기.

mégahertz [megaɛrts] *n.m.* 《무전》메가헤르츠 (mégacycle).

mégajoule [megaʒul] *n.m.* 《전기》100 만 줄.

mégalérythème [megaleritɛm] *n.m.* 《의학》거대홍반(紅斑).

-mégalie *suff.* 「큰」의 뜻.

mégalithe [megalit] *n.m.* 《고고학》(유사이전의) 거석(巨石).

mégalithique [megalitik] *a.* 거석의. monuments ~s 거석건조물. civilisation ~ 거석문화.

mégal(o)- *préf.* 「큰」의 뜻.

mégalocéphale [megalɔsefal] *a.* 거대두개(巨大頭蓋)의. —*n.* 거대 두개증 환자.

mégalocéphalie [megalɔsefali] *n.f.* 거대두개(구.

mégalocyte [megalɔsit] *n.m.* 《생물》거대 적혈.

mégalomane [megalɔman] *a.* 과대망상의. —*n.* 과대망상증 환자.

mégalomanie [megalɔmani] *n.f.* 과대망상증.

mégalophtalmie [megalɔftalmi] *n.f.* 《의학》거대안구(眼球).

mégalopole [megalɔpol], **mégalopolis** [megalɔpolis] *n.f.* 《학술》메갈로폴리스, 매머드 도시 (여러 개의 위성도시를 포함하는 집합도시) (conurbation).

mégalopolitain(e) [megalɔpolitɛ̃, -ɛn] *a.* 메갈로폴리스의.

mégalopsie [megalɔpsi] *n.f.* 거시증(巨視症).

mégalosaure [megalɔsoːr] *n.m.* 《고대생물》공룡 (恐龍)의 일종.

mégaphone [megafon] *n.m.* 메가폰(porte-voix); (라디오의)확성기.

mégapode [megapɔd] *n.m.* 《조류》무덤새.

mégaptère [megaptɛːr] *n.f.* 《동물》흑고래.

mégarde [megard] *n.f.* ① (옛)부주의. ② par ~ 부주의로, 무심코, 깜박 잘못하여.

Mégare [megaːr] *n.pr.f.* 《고대지리》메가라(메가리스의 수도).

Mégaride [megarid] *n.pr.f.* 《고대지리》메가리스 (고대그리스의 도시국가).

mégarien(ne) [megarjɛ̃, -ɛn] *a.* 메가라의. —**M**~ *n.* 메가라 사람.

mégarique [megarik] *a.* 메가라에 관한. école ~ 《철학》메가라 학파 (Euclide가 창립한).

mégathérium [megaterjɔm] *n.m.* 《고대생물》메가테륨.

mégatonne [megaton] *n.f.* 《도량형》메가톤(100만 톤).

mégatonnique [megatonik] *a.* 메가톤 급의.

mégavolt [megavɔlt] *n.m.* 《전기》100 만 볼트.

mégawatt [megawat] *n.m.* 《전기》메가와트(100만 와트).

Mégère [meʒɛːr] *n.pr.f.* 《그리스신화》메가이라 (복수의 여신들 Erinyes의 하나).

mégère [meʒɛːr] *n.f.* 성마른(성미 고약한) 여자.

mégerg [megɛrg] *n.m.* 《기계》100 만 에르그(에너지의 단위).

mégie [meʒi] *n.f.* (옛) (가죽의)무두질 (mégissage).

mégir [meʒiːr] *v.t.* (잿물을 써서) 하얗게 무두질하다 (mégisser).

mégis [meʒi] *n.m.* (무두질용의)잿물. —*a.m.* 잿물에 담가 표백한.

mégissage [meʒisaːʒ] *n.m.* =**mégie**.

mégisser [meʒise] *v.t.* =**mégir**.

mégisserie [meʒisri] *n.f.* ① (주로 장갑용의)가죽 무두질. ② 무두질 피혁공업(판매).

mégissier [meʒisje] *n.m.* 무두질 직공; 피혁업자.

mégohm [megoːm] *n.m.* 《전기》메그옴, 100 만 옴(전기 저항의 단위).

mégohmmètre [megommɛtr] *n.m.* 《물리》절연 (絶緣)저항계.

mégot [mego] *n.m.* 《구어》담배 꽁초. ramasseur de ~s (꽁초를 줍는)부랑자.

mégotage [megotaːʒ] *n.m.* 인색하게 굴기.

mégoter [megote] *v.i.* 인색하게 굴다(lésiner). patron qui *mégote* sur les salaires 월급에 대해 인색한 업주.

mégotier [megotje] *n.m.* 《속어》꽁초 줍는 사람.

méhalla [meala] *n.f.* (북아프리카의)원정부대.

méharée [meare] *n.f.* 메하리로 하는 원정[여행].

méhari(*pl.* **is, a**) [meari, -ra] *n.m.* 메하리(진주용 단봉(單峰)낙타).

méhariste [mearist] *a.* 메하리를 탄. —*n.m.* 메하리 기병(騎兵). 《동격》compagnie(officier) ~ 메하리 기병대(장교).

:meilleur(e) [mɛjœːr] *a.* ①(bon의 비교급) 더 (보

다] 좋은, 더 나은, 더 선량한(↔ pire). Cet homme est ~ que je ne pensais. 이 사람은 내가 생각했던 것보다 더 좋은 사람이다(ne는 허사). Le thé est bien ~ avec du lait. 홍차에 우유를 타면 훨씬 더 좋다. Plus il vieillit, ~ il est. 그는 나이가 들수록 더 선량해진다. Je vous souhaite une ~e santé. (아픈 사람에게)건강이 회복되기를 기원합니다. Il est ~ acteur que chanteur. 그는 가수로서보다는 배우로서 더 낫다. de ~e heure 더 일찍. de ~e grâce 더 자발적으로.

② (정관사·소유형용사와 함께; bon의 최상급) 가장 좋은(나은); (둘 중에서) 더 좋은(나은). le ~ vin 가장 좋은 포도주. mon ~ ami 나의 가장 좋은 친구. Pierre est le ~ élève de sa classe. 피에르는 반에서 가장 공부를 잘 하는 학생이다. *Il est ~ de+inf.* …하는 것이 더 좋다. *Il est ~ pour la santé de ne pas fumer.* 건강을 위해서는 담배를 피우지 않는 것이 더 좋다.

la ~e part 대부분.

—*ad.* 더 낫게. Cette fleur sent ~ que celle-là. 이 꽃이 저것보다 더 향기가 좋다. Il fait ~ aujourd'hui. 오늘 날씨가 더 좋다.

Il fait ~ +inf. …하는 것이 더 좋다. *Il fait ~ espérer que se souvenir.* (문어)과거를 회상하는 것보다는 미래를 기대하는 것이 더 좋다.

—*n.* (정관사와 함께) 가장 좋은 사람(것). C'est le ~ des dictionnaires. 이것이 가장 좋은 사전이다. Même les ~s renoncent. 가장 우수한 사람들도 포기한다.

J'en passe et des ~ (e)s. 더 기막힌 것들이 있으나 이 정도로 하지요.(열거하는 것을 피하면서).

—*n.m.* ① 가장 좋은 부분; 최선. boire du ~ 최고급 술을 마시다. [le ~ de 〕 le ~ de ses pensées 그의 사상의 정수. *du ~ de mon cœur* 진심으로. Cet écrivain a mis dans son dernier livre *le ~ de lui-même*. 이 작가는 최신작에서 자신의 역량을 유감없이 발휘했다. [Le ~ est de+inf.] Le ~ est d'attendre. 기다리는 것이 상책이다. ② 가장 재미있는(별난) 일.

être unis pour le ~ et pour le pire 고락(苦樂)을 같이 하다.

prendre le ~ (sur qn) 우위에 서다, 능가하다; (구어) (스포츠) (…에게)이기다.

—*n.f.* 가장 놀라운 이야기. Ça alors, c'est la ~*e*! 거참! 놀랄 일이군!

méiose [mejɔːz] *n.f.* (생물) 감수분열.

méiotique [mejɔtik] *a.* réduction ~ (생물) (감수분열에서)염색체수의 반감(半減).

meistre [mɛstr] *n.m.* = **mestre**.

méjanage [meʒanaːʒ] *n.m.* 양털의 품질·길이에 따른 선별.

méjuger [meʒyʒe] ③ *v.t.* (구어)잘못 판단하다. —*v.t.ind.* (문어) [~ de] …을 낮게 평가하다. *~ de son talent* 그의 재능을 과소 평가하다.

—*se* ~ *v.pr.* (겸손하여)자기를 과소 평가하다.

mékhithariste [mekitarist] *n.m.* 메키타르(*Mékhithar*)수도회원 (아르메니아의 전통문화 부활을 주장함).

mektoub [mɛktub] *int.* 이제 결판난(별 수 없는) 일이다! (C'est écrit).

méla-, mélan(o)- *préf.* 「검은」의 뜻.

méléna [melena] *n.m.* (의학) 메레나, 흑토병(黑吐病).

mélampyre [melɑ̃piːr] *n.m.* (식물) 며느리밥풀.

*****mélancolie** [melɑ̃kɔli] *n.f.* ① 우울, 침울. 우수, 서글픔. tomber dans la ~ 우울해지다. ne pas engendrer la ~ (구어)쾌활하다; 흥겹다. ② (정신의학) 우울증. accès de ~ 우울증의 발작.

mélancolieux(se) [melɑ̃kɔljø, -øːz] *a.* (구어)울적하는, 침울해 있는.

*****mélancolique** [melɑ̃kɔlik] *a.* ① 우울한, 침울한 (sombre); 서글픈, 울적한; 애조를 띤. tempérament ~ 우울한 기질. visage ~ 우울한 얼굴. paysage ~ 서글픈 풍경. chanson ~ 애조를 띤 노래. ② (의학) 우울증에 걸린. —*n.* 우울증 환자.

mélancoliquement [melɑ̃kɔlikmɑ̃] *ad.* 우울하게, 서글프게.

mélancoliser [melɑ̃kɔlize] *v.t.* (문어·드물게)우울하게 만들다. —*v.i.* (드물게)우울해지다.

mélanémie [melanemi] *n.f.* (의학) 흑혈증.

Mélanésie [melanezi] *n.pr.f.* (지리) 멜라네시아.

mélanésien(ne) [melanezjɛ̃, -ɛn] *a.* 멜라네시아의.
—*n.m.* 멜라네시아어(語). —**M**~ *n.* 멜라네시아 사람.

*****mélange** [melɑ̃ːʒ] *n.m.* ① 섞음, 혼합(mixture); 잡혼(雜婚)(brassage). La couleur verte s'obtient par un ~ de jaune et de bleu. 녹색은 노란색과 파란색을 섞어서 만든다. opérer(effectuer) le ~ de divers éléments 여러 요소를 혼합하다. faire le ~ de A et de B; faire le ~ de A avec B, A와 B를 섞다. ~ de races (다른 종족 사이의)잡혼; (동물의)교잡(交雜). ② 혼합물, 잡종; 잡다한 집단. ~ de farine et d'œufs 밀가루와 달걀을 섞은 것. ~ réfrigérant (화학) 한제(寒劑). éviter(se méfier) des ~s 여러가지 술을 섞어 마시는 것을 피하다. ③ (pl.)논총, (기념)논문집, 수필집, 잡록(雜錄)(miscellanées). M~s littéraires(historiques) 문학[역사] 논문집.

sans ~ 순수한. bonheur *sans ~* 순수한 행복.

mélangé(e) [melɑ̃ʒe] *a.p.* 섞어진, 혼합된(mixte); 잡종의; (직물) 교직(交織)의, 혼방된. race ~ 혼혈인종. vin ~ 혼성주. animal ~ 잡종(동물). assistance assez ~e 꽤나 잡다한 청중. drap ~; étoffe ~e 교직천.

mélanger [melɑ̃ʒe] ③ *v.t.* ① 섞다, 혼합하다(mêler); 뒤섞다(brouiller). ~ des vins 포도주를 섞다. ~ des couleurs 색을 혼합하다. Qui *a mélangé mes papiers?* 누가 내 서류를 뒤섞어 놓았는가. [~ *qc* et/avec/à *qc*] ~ *de l'eau à(avec) du vin* 포도주에 물을 타다. *~ de l'huile et du vinaigre* 기름과 식초를 섞다. ② (구어) (비유적) 뒤죽박죽이 되게 하다, 혼동시키다. *Mais non, tu mélanges tout!* 아니야, 너는 모든 것을 뒤죽박죽으로 만들고 있어!

—*se* ~ *v.pr.* 서로 섞이다. L'eau et l'huile ne *se mélangent pas.* 물과 기름은 섞이지 않는다.

mélangeur(se) [melɑ̃ʒœːr, -øːz] *n.m.* ① (각종)혼합기계(기구), 믹서. ~ de cocktail 칵테일 셰이커. ~ (par gravitation) 콘크리트 믹서. ② (라디오·텔레비전의)혼합관, 믹서(mixeur). ③ (냉온수)혼합수도꼭지(robinet ~).
—*n.f.* 혼합기. *~se de farine* 밀가루 혼합기.

mélanien(ne) [melanjɛ̃, -ɛn] *a.* 검은색의, 검은 반점이 있는.

mélanine [melanin] *n.f.* (화학) 멜라닌, 흑색소(黑色素).

mélanique [melanik] *a.* (의학) (육종·암이)흑색의. tumeur ~ 흑(색)종(腫)(mélanome).

mélanisme [melanism] *n.m.* (의학) 흑색소 과다, 흑색증(黑色症); (동물) 흑화현상.

mélanite [melanit] *n.f.* (광물) 흑석류석.

mélano- *préf.* 「검은」의 뜻.

mélanoderme [melanɔdɛrm] *a.* race ~ (인류) 흑인종.

mélanodermie [melanɔdɛrmi] *n.f.* 〖의학〗흑색증(mélanisme).

mélanome [melanom] *n.m.* 〖의학〗흑색종(腫).

mélanophore [melanɔfɔr] *n.f.* 〖생물〗멜라닌 색소 세포.

mélanose [melano:z] *n.f.* 〖의학〗흑색소 침착증, 흑색증; 〖식물〗(포도의)갈반병(褐斑病).

mélantéri(t)e [melɑ̃teri(t)] *n.f.* 녹반(綠礬), 황산제일철.

mélasse [melas] *n.f.* ① 당밀(糖蜜). ②〖구어〗짙은 안개, 농무; 진흙. ③〖속어〗불운, 곤궁, 빈곤. être dans la ~ 어려운 처지에 빠져 있다.

mélastome [melastɔm] *n.m.* 〖식물〗들모란.

Melba [mɛlba] (< *Nellie Melba*, 성악가) *a.*〖불변〗 pêches ~ 피치멜바(아이스크림 위에 복숭아를 얹고 그 위에 chantilly 크림을 덮은 것).

melchior [mɛlʃjɔ:r] *n.m.* = maillechort.

melchite [mɛlkit] *n.m.* 〖종교사〗그리스 정교도.

meldien(ne) [mɛldjɛ̃, -ɛn], **meldois(e)** [mɛldwa, -a:z] *a.* 모(*Meaux*, 프랑스의 도시)의. —**M**~ *n.* 모 사람.

mêlé(e') [mɛ(e)le] *a.p.* ① 섞인, 혼합된, 혼성의. couleurs ~*es* 혼합색. races ~*es* 잡종. sang ~ 혼혈아, 트기(métis). assemblée(société) ~*e* 각층의 사람들이 모인 집단. [~ de] compliment ~ *d'ironie* 야유가 섞인 칭찬의 말. ②얽힌, 엉클어진. cheveux ~*s* 헝클어진 머리카락. ③[~ à/ dans] (와)관계한, 연루된.

avoir la langue ~*e* (*les dents* ~*es*)〖구어〗(취해 서)가 잘 돌지 않다.

méléagrine [meleagrin] *n.f.* (홍해·인도양산의)진주조개(huître perlière).

mêlé-cass, **mêlé(-)casse** [melekɑ:s] *n.m.* 〖속어〗 =mêlé-cassis. voix de ~ (술꾼의)쉰 목소리.

mêlé-cassis [melekɑsis] *n.m.* 베르무트 또는 코냑과 머루주와의 혼성주.

mêlée² [me(e)le] *n.f.* ① 혼전, 접전(bataille); 난투(rixe); 논쟁; (이해관계의)충돌. ~ sanglante 피비린내나는 접전. se placer(rester) au-dessus de la ~ 싸움[논쟁]에 초연하다, 중립적 입장을 지키다. ②(사람·사물의)뒤얽힘, 혼잡(confusion). ~ de la neige et du vent 눈보라. ③〖스포츠〗(럭비의)스크럼.

mélena [melena] *n.m.* = **mélœna**.

:**mêler** [mɛ(e)le] *v.t.* ① 섞다, 혼합하다(mélanger). [~ *qc* à/avec *qc*] ~ la réalité *et* la fiction 현실과 허구를 혼합하다. ~ la danse *avec* la musique 춤에 음악을 곁들이다. ~ des substances 여러 물질을 섞다. ~ deux races de chiens 두 종류의 개를 교배시키다.

② [~ *qc* à/de *qc*] (을)(에)덧붙이다, 보태다(ajouter). ~ du miel à la sauce 소스에 꿀을 치다. ~ de l'eau *au* vin 포도주에 물을 타다. Il *mêle* la douceur à la fermeté. 그는 강한 의지와 유순함을 겸비하고 있다. ~ ses larmes *à* celles de *qn* …와 슬픔을 같이 하다.

③ 얽히게 하다(embrouiller), 뒤섞다. ~ des fils 실을 헝클다. ~ les dates 날짜를 혼동하다. Il *a mêlé* tous mes dossiers. 그는 내 서류를 모두 뒤섞어 놓았다. ~ les cartes 카드를 (나누기 전에) 섞다; (비유적)문제를 혼란시키다.

④ 끼어넣다, 연루시키다(associer, impliquer). [~ *qn* à/dans *qc*] ~ *qn* dans un complot …을 음모에 끌어 넣다. Il *a été mêlé* à une drôle d'aventure. 그는 야릇한 사건에 끼게 되었다.

—**se** ~ *v.pr.* ① 섞이다, 혼합되다(fusionner). odeurs qui *se mêlent* 한데 섞인 (여러) 냄새. Les laines *se sont mêlées*. 털실이 서로 얽혔다.

② 가담하다, 합세[합류]하다(se joindre). [se ~ à/dans/avec *qc*] *se* ~ à une rixe 싸움판에 끼어들다. *se* ~ à la foule 군중들 틈에 끼어들다. 《비인칭》Il *se mêle* de la jalousie *à* son admiration. 그녀의 경탄에는 질투심이 섞여있다.

③ [se ~ de] (에) 참견하다, 개입하다(s'immiscer, intervenir). *se* ~ *des* affaires des autres 남의 일에 참견하다. Ce n'est pas à moi de m'*en* ~. 내가 나설 제세가 아니다. Le diable *s'en mêle*.《구어》(뜻하지 않은 실패·성공에 대하여)귀신이 붙었다! *Mêlez-vous* de vos affaires(*de* ce qui vous regarde)! 당신 걱정이나 하시오, 남의 일에 참견 마시오. *De quoi je me mêle*!《속어》참견마라! 귀찮게 굴지 마! *Mêle-toi* de tes oignons!《속어》네 걱정이나 해 (남의 일에 참견 말고)! 《주어는 사물》La pluie *s'en mêle* maintenant. 이제는 비까지 쏟아지는군!

④ [se ~ de + *inf*.] 하려고 들다(s'aviser de). Lorsqu'il *se mêle* de travailler, il réussit mieux qu'un autre. 그는 한 번 일을 하려고 들면 누구보다도 잘한다.

mêle-tout [mɛltu] 〖벨기에〗*n.m.* 무슨 일에나 끼어드는[참견하는] 사람(touche-à-tout).

mélèze [melɛ:z] *n.m.* 〖식물〗낙엽송.

mélia [melja] *n.m.* 〖식물〗멀구슬나무속(屬).〖과.

méliacées [meljase] *n.f.pl.* 〖식물〗멀구슬나무과.

mélianthe [meljɑ̃:t] *n.m.* 〖식물〗멜리안투스(남아메리카산 무환자나무과).

mélica [melika] *n.m.* = **mélique²**.

mélicoque [melikɔk] *n.m.* 〖식물〗멜리코카(열대아메리카산의 무환자나무과의 식물).

mélie [meli] *n.f.* = **mélia**.

mélien(ne) [meljɛ̃, -ɛn] *a.* 밀로(*Milo*,〖옛〗*Mêlos*)섬의. —**M**~ *n.* 밀로 사람.

mélilot [melilo] *n.m.* 〖식물〗전동싸리.

méli-mélo [melimelo] (*pl.* ~**s**~**s**) *n.m.* 〖구어〗뒤범벅, 뒤죽박죽, 혼란(confusion).

mélinet [melinɛ] *n.m.* 〖식물〗멜리네(유럽산 지치과(科)의 식물) (cérinthe).

mélinite [melinit] *n.f.* 멜리나이트(피크린산을 질화시켜 만든) (강력한 폭약).

méliorati(ve) [meljɔratif, -i:v] 〖언어〗 *a.* 호의적인, 미칭(美稱)의(↔ péjoratif). adjectif ~ 호의 형용사. —*n.m.* 호의어(예:domestiques에 대해 gens de maison).

méliorisme [meljɔrism] *n.m.* 개선설(改善說)(인간의 노력에 의해 세계가 개선될 수 있다는 이론).

mélioriste [meljɔrist] *a.* 개선설의. —*n.* 개선주의자(改善主義者).

mélique¹ [melik] *a.* 〖그리스문학〗(시가)가창에 적합한. poésie ~ 가창시.

mélique² [melik] *n.m.* 〖식물〗반쭉쌀새, 왕쌀새.

mélisse [melis] *n.f.* 〖식물〗멜리사풀, 향수박하. ~ sauvage = mélitte. ②eau de ~ 〖약〗멜리사수(水)(강심제).

mélitée [melite] *n.f.* 〖곤충〗표범나비.

mélitte [melit] *n.f.* 〖식물〗멜리티스풀(꿀풀과(科), 관상용).

méliturie [melityri] *n.f.* 〖드물게〗〖의학〗당뇨병(glycosurie).

melkite [mɛlkit] *n.* = **melchite**.

mellâh [mɛ(l)la] *n.m.* (모로코의)유태인 거리.

mellifère [mɛ(ɛl)lifɛ:r] *a.* 꿀을 내는. plantes ~*s* 밀원(蜜源)식물. —*n.m.*〖옛〗〖곤충〗꿀벌과.

mellification [mɛ(ɛl)lifikasjɔ̃] *n.f.* 〖곤충〗(꿀벌이) 꿀을 만들기.

mellifique [mɛ(ɛl)lifik] *a.* 꿀을 만드는. abeilles

~s 꿀벌.

melliflue [me(εl)lifly] *a.* 《문어》(말·문체 따위가) 꿀처럼 단, 달콤한(doucereux); 《옛》꿀을 내는.

mellifluité [me(εl)lifluite] *n.f.* 달콤함, 감미로움.

mellite[1] [me(εl)lit] *n.m.* 《약》 밀제(蜜劑).

mellite[2] *n.f.* 《광물》 밀랍석(蜜蠟石).

mellivore [me(εl)livɔːr] *a.* 《동물》 꿀을 먹는.
—*n.m.* (아메리카·인도산의)꿀먹는 곰(ratel).

mélo [melo] *n.m.* 《구어》 =**mélodrame**.

mélo- *préf.* 「노래·음악」의 뜻.

mélocacte [melɔkakt], **mélocactus** [melɔkaktys] *n.m.* 《식물》 선인장의 일종.

mélode [melɔd] *n.m.* 《음악사》 그리스정교 초기의 성가 작곡가.

mélodie [melɔdi] *n.f.* 멜로디, 선율; 아름다운 곡조(air), 가곡; (시에 곡을 붙인)근대가곡. chanter une ~ 한 곡조 노래하다. ~s de Debussy sur des vers de Verlaine 베를렌의 시에 드뷔시가 곡을 붙인 가곡.

mélodieusement [melɔdjøzmɑ̃] *ad.* 음악적으로, 듣기좋게, 유려하게.

mélodieux(se) [melɔdjø, -øːz] *a.* 선율적인; 곡조〔선율〕가 아름다운; 듣기좋은(harmonieux). chant ~ 선율이 풍부한 노래. instrument ~ 선율 악기. voix ~*se* 듣기에 아름다운 목소리로. vers ~ 유려한 시구.

mélodion [melɔdjɔ̃] *n.m.* 《옛》 《음악》 (하모니카와 같은 음을 내는)소형 피아노.

mélodique [melɔdik] *a.* 《음악》 선율적인. accent ~ 《음성》 선율[고저] 악센트. courbe ~ 《음성의》선율곡선(intonation).

mélodiquement [melɔdikmɑ̃] *ad.* 《음악》 선율적으로.

mélodiste [melɔdist] *n.* 선율 작곡가; 선율이 아름다운 작곡가.

mélodium [melɔdjɔm] *n.m.* 《옛》 《음악》 소형 풍금.

mélodramatique [melɔdramatik] *a.* 멜로드라마식의; 신파극 같은, 통속극의.

mélodramatiser [melɔdramatize] *v.t.* 멜로드라마식으로 만들다.

mélodramaturge [melɔdramatyrʒ] *n.m.* 멜로드라마 작가, 신파극(통속극) 작가.

mélodrame [melɔdram] *n.m.* 멜로드라마; 《경멸》 신파극, 통속극(mélo). film qui tourne au ~ 신파조로 기우는 영화.

melodunois(e) [melɔdynwa, -aːz] *a.* 물렝(*Melun* [məlœ̃], 프랑스의 도시)의. —**M**~ *n.* 물렝 사람.

méloé [melɔe] *n.m.* 《곤충》 남가뢰.

mélographe [melɔgraf] *n.m.* 자동 사보(寫譜)장치; 《옛》사보하는 사람.

mélographie [melɔgrafi] *n.f.* 사보술(寫譜術).

mélomane [melɔman] *n.* 음악 애호가. —*n.m.* 음악광.

mélomanie [melɔmani] *n.f.* 음악광.

melon [məlɔ̃] *n.m.* ①《식물》 멜론(의 열매). d'eau 수박. ~ de mer 성게. ②《학생어》생새꾼(*Saint-Cyr*, 사관학교)의 신입생. ③중산모자(chapeau ~). ④《속어》경멸 아랍녀.

mélongène [melɔ̃ʒɛn], **mélongine** [melɔ̃ʒin] *n.f.* 《옛》《식물》 가지.

mélonide [melɔnid] *a.* 《식물》 사과와 비슷한.

melonné(e) [melɔne] 《식물》 *a.* 멜론과 비슷한.
—*n.f.* 호박의 변종.

melonnière [melɔnjɛːr] *n.f.* 멜론 밭.

mélopée [melɔpe] *n.f.* ①《음악》(그리스 연극의)서창부(敍唱部); 단조로운 노래(가락). ②《옛》작곡법.

mélophage [melɔfaːʒ] *n.m.* 《곤충》(진드기 비슷한)양에 꾀는 파리의 일종.

mélophobe [melɔfɔb] *a.* 음악을 싫어하는. —*n.* 음악을 싫어하는 사람.

méloplaste [melɔplast] *n.m.* 음표표(音標表).

méloplastie [melɔplasti] *n.f.* 《의학》 뺨 성형술.

mélote [melɔt] *n.f.* (양·염소의)생가죽.

Melpomène [mεlpɔmεn] *n.pr.f.* 《그리스신화》 멜포메네(비극의 여신).

melting-pot [mεltiŋpɔt] 《영》 *n.m.* 서로 다른 요소들의 혼합(동화), (특히 19세기 미국의 인종·문화의)혼합.

melton [mεltɔ̃] *n.m.* 《직물》 멜톤(나사).

melunois(e) [məlynwa, -aːz], **melunais(e)** [məlynε, -εːz] *a., n.* =**melodunois**.

Mélusine [melyzin] *n.pr.f.* 《켈트신화》 멜뤼진(토요일마다 다리가 뱀으로 변한다는 선녀). pousser des cris de ~ (여자가)날카로운 목소리로 소리지르다.

mélusine [melyzin] *n.f.* ①《문장》용 꼬리의 나체여자. ②《직물》 털이 긴 펠트(모자용).

mémarchure [memarʃyːr] *n.f.* 《옛》《수의》 말 다리의 좌상(挫傷).

membrane [mɑ̃bran] *n.f.* ①《동·식물》 막(膜). ~ muqueuse 점막피, 점막. ~ du tympan 고막. ~*s* fœtales (태아를 둘러싸고 있는)양막(羊膜), 난포(卵胞). ~*s* entre les doigts du canard 오리의 물갈퀴. rupture des ~*s* (출산시의)파수(破水). ~ cellulaire(nucléaire) 세포(핵)막. ~*s* lignifiées 목질막(木質膜). ~ vaculatoire 공포막(空胞膜). fausse ~ 《의학》 (디프테리아의)의막(義膜). ② 엷은 막; (전화기·확성기·사운드복스 따위의)진동판. ~ vibrante 진동판. ~ semi-perméable 《화학》반투막.

membrané(e) [mɑ̃brane] *a.* 막 모양의; 막이 있는.

membraneux(se) [mɑ̃brano, -øːz] *a.* 막질(膜質)의, 막 모양의. tissu ~ 막질조직. ailes ~*ses* (곤충의)시막(翅膜).

membraniforme [mɑ̃braniform] *a.* 막 모양의.

membranule [mɑ̃branyl] *n.f.* 작은 막.

***membre** [mɑ̃ːbr] *n.m.* ①사지, 수족, 손발; (사람·동물의)신체의 일부. ~*s* supérieurs(inférieurs) 두 팔(다리). ~*s* antérieurs (postérieurs) 앞[뒷] 다리. avoir les ~*s* forts 팔·다리가 단단하다. s'étendre de ses quatre ~*s* 사지를 쭉 뻗고 눕다. ~ viril 음경(陰莖). ~ génital (동물의 수컷의)성기. ②(단체의)일원; (회의)구성원·사운드북스 ·구성원·사운드복스. Tous les ~*s* de la famille étaient présents. 가족 전원이 모였었다. devenir ~ d'un parti 당원이 되다. ~ de la société 사회의 일원. ~ de Jésus-Christ(de l'Église) 《옛》신자, 그리스도교도. être ~ à part entière 정회원이다. ~ du Parlement 국회의원. États(pays) ~*s* 회원국. ~ actif(honoraire) 정[명예]회원. ~ bienfaiteur(fondateur) 찬조[창립]회원. ~ perpétuel[à vie] 종신회원. ~ de l'O.N.U. UN 회원국. ③부분, 일부; 구성요소; (문장의)요소, 구절; 《수학》(방정식의)변(邊). premier[second] ~ d'une équation 방정식의 좌변(左邊)[우변]. ④《선박》 늑재(肋材).

membré(e) [mɑ̃bre] *a.* 《항상 부사를 동반》 bien[mal] ~ 사지가 균형이 잡힌[잡히지 않은]. fortement ~ 사지가 튼튼한.

membrer [mɑ̃bre] *v.i.* 《군대은어》 힘써 일하다.

membrette [mɑ̃brεt] *n.f.* 《건축》 (아치의)홍예받침대.

membrière [mɑ̃brjεːr] *n.f.* 《건축》 뼈대용 재목.

membron [mɑ̃brɔ̃] *n.m.* 《건축》 (망사르드 지붕의)꺾인 부분.

membru(e) [mɑ̃bry] *a., n.* 사지가 튼튼한(사람).

membrure [mãbry:r] *n.f.* 《집합적》(사람의) 사지; (건축의) 골조, 뼈대; 《선박》 늑재; 틀.

:**même** [mɛm] *a.* ① 《명사 앞》같은-(pareil). C'est la ~ chose. 그것은 같은 것이다. Deux bâtons de ~ longueur 같은 길이의 막대기 두개. être du ~ avis 의견이 같다. [~ ... que] Il est dans la ~ classe que moi. 그는 나와 같은 반이다. rentrer à la ~ heure que d'habitude 보통 때와 같은 시간에 돌아오다.

② 《명사·대명사의 뒤》 자신(propre); …조차; 바로, 마침; 《추상명사 뒤》 …그것 자체. Ce sont les paroles ~s du roi. 그것은 왕 자신의 말이다. C'est le livre ~ que je cherchais. 그것은 바로 내가 찾고 있던 책이다. Les étrangers ~s aiment Paris. 외국인들마저도 파리를 좋아한다. C'est cela ~. 바로 그것이다. le lendemain ~ son départ 그가 출발한 바로 그 다음날. Il est la loyauté ~. 그는 참으로 성실하다.

③ 《인칭대명사 강세형과 함께》 …자신; …자체. moi- ~ 나 자신. soi- ~ 제 자신. Il n'a pas, lui- ~, les idées claires. 그 자신도 분명한 생각을 갖고 있지 않다. Elle- ~ n'avait pas confiance en sa parole. 그녀 자신도 자기 말에 자신이 없었다. C'est un autre moi- ~. 그것은 나의 분신(分身)이다. Monsieur X, je crois? —Lui- ~. X 씨이시지요? 예, 그렇습니다. Je ne la reconnais plus, elle n'est plus elle- ~. 나는 이제 그녀를 알아볼 수 없다. 그녀는 이전의 그녀가 아니다. Les choses en elles- ~s ne sont ni bonnes ni mauvaises. 사태가 그 자체로서 나쁘지도 좋지도 않다.

par soi- ~ 자기 혼자서, 자기 힘으로. Vous finirez par vous- ~. 혼자서(혼자 힘으로) 끝내시오.

—*pron. ind.* ① 《le, la, les와 함께》La nature humaine est toujours la ~. 인간의 본성은 예나 지금이나 마찬가지이다. Il est toujours le ~, il n'a pas changé. 그는 여전히 그대로이다. 변하지 않았다. Vous nous avez servi de bon vin l'autre fois, donnez-nous du ~. 요전에 우리에게 좋은 포도주를 내놓았지요. 같은 것으로 주세요.

② 《중성; le 와 함께》같은 것.

Cela revient au ~. 그것은 결국 마찬가지 이야기가 된다. *C'est du pareil au* ~. 《속어》그것은 완전히 꼭 같은 것이다.

—*ad.* ① …조차; …까지도, …마저도. M~ ses parents(Ses parents) ~ n'étaient pas au courant. 그의 부모조차 모르고 있었다. M~ lui est parti. 그이마저 떠나버렸다. Ça ne coûte ~ pas(pas ~) 10 francs. 그것은 10프랑도 안된다. M~ loin, je pense toujours à mon pays. 멀리서도 나는 늘 조국을 생각한다. Elle serait allée danser ~ avec Henri. 그녀는 앙리하고라도 춤추러 갔을 것이다. Je ne me rappelle ~ plus son nom. 나는 이제 그의 이름조차 생각나지 않는다. [et/ou ~] Il a congé le dimanche et ~ le samedi. 그는 일요일은 물론 토요일마저도 쉰다. Pierre pourrait y aller ou ~ Charles. 피에르, 어쩌면 샤를까지도 그곳에 갈 수 있을지 모르겠다.

② 바로(précisément). Je vais aller le voir aujourd'hui ~. 오늘 당장에 그를 만나러 가려고 한다. C'est ici ~ que l'accident s'est produit. 사고가 발생한 곳은 바로 이곳이다.

à ~ …에서 직접…, boire *à* ~ la bouteille 병째 마시다. coucher *à* ~ le sol 땅바닥에 그대로 눕다.

à ~ *de* + *inf.* …할 수 있게, …의 상태에(en mesure de). Je ne suis pas *à* ~ *d'*en juger. 나는 그것에 대해 뭐라고 판단할 수 없다. mettre *qn à* ~ *de* faire *qc* …가 …을 할 수 있도록 하다.

de ~ 마찬가지로. Jean a ri et Pierre a fait *de* ~. 장이 웃자 피에르도 웃었다. Bon dimanche. —À vous *de* ~. 일요일을 잘 보내세요. 당신도.

de ~ *que* …와 같이, …와 마찬가지로(ainsi que). Le voleur a été arrêté *de* ~ *que* ses complices. 그 도둑은 공범과 함께 체포되었다. J'ai planté des arbres, *de* ~ *que* mon père l'avait fait il y a vingt ans. 아버지가 20년전에 그렇게 하신 것처럼 나는 나무를 심었다.

Il en est de ~ *de* (*pour*) *qc*. …에 관해서도 마찬가지이다.

~ *que* 《속어》그 증거로서(à preuve que). Il était sûrement là, ~ *que* je lui ai parlé il n'y a pas dix minutes. 그는 틀림없이 여기 있었다. 10분도 안되기 전에 난 그 사람과 이야기를 했었단 말이야.

~ *si*; *si* ~ 가령 …이라 해도. M~ *s*'il le savait, il ne le dirait pas. 설사 그가 안다고 하더라도 말하지 않을 것이다.

quand (*bien*) ~ + *cond*. 설사 …라 할지라도. *Quand bien* ~ ce métier serait lucratif, je n'en voudrais pas. 설사 이 직업이 돈벌이가 잘 된다 해도 마음에 내키지 않을 것이다.

quand- ~; *tout de* ~ 그렇지만, 그래도, 역시(néanmoins). Il pleut, mais je partirai *quand* - ~. 비가 오지만 그래도 떠나겠다. C'est un peu fort, *tout de* ~! 아무리 그렇다 해도 그건 좀 지나치다.

mémé [meme] *n.f.* 《어린애말》할머니(mémère).
mêmement [mɛmmã] *ad.* 《옛》마찬가지로; 특히.
mémento [memɛ̃to] *n.m.* ① 비망록, 메모; 메모장(agenda). ② 요점을 간추린 책, 편람(résumé, aide-mémoire) 《현재는 책의 표제로만 쓰임》. ③ 《가톨릭》(산 자·죽은 자의)기억 《미사의 기도》 (고인을 기념하는)기념화(畫).
mémento-mori [memɛ̃tomori] *n.m.* 《복수불변》(해골 따위의)죽음의 상징 《라틴어의 Souviens-toi que tu es mortel. 에서》.
mémère [memɛ:r] *n.f.* ① 《어린애말》할머니; 노파, 할멈. ② 《구어》뚱뚱하고 풍둥한 아줌마.
mémo [memo] *n.m.* 《구어》 = **mémorandum**.

:**mémoire¹** [memwa:r] *n.f.* ① 기억(력). avoir (une) bonne (mauvaise) ~ 기억력이 좋다(나쁘다). si j'ai bonne ~ 내 기억이 정확하다면. avoir la ~ courte 잘 잊어버리다. lacune(trou) de ~ 기억의 공백. Cela m'est sorti (échappé) de la ~. 나는 그것을 기억하지 못한다. avoir(garder, conserver) la ~ *de qc* …을 기억하고 있다. des lieux; ~ locale 장소에 대한 기억. Je n'ai pas la ~ des dates(des noms). 나는 날짜(이름)를 기억하지 못한다. souvenir qui remonte à la ~ [à fleur de ~] 기억에 떠오르는 추억. consulter sa ~ 기억을 더듬다. rappeler *qc* à la ~ *de qn* …에게 …을 생각나게 하다. repasser *qc* en ~ …을 회상하다. être gravé dans la ~ (어떤 일이)기억에 새겨져 있다. être vivant(rester) dans les ~s 사람들 기억속에 살아있다 《비인칭》 Il n'en est plus (de) ~. 그 기억은 이제 잊혀졌다.

② (죽은 후의)명성, 평판. laisser une ~ honorée 죽은 후에 사람들의 존경을 받다. venger la ~ de son père 죽은 아버지의 오명을 씻다. roi de glorieuse ~ 후대에도 계속 숭앙받는 왕. réhabiliter la ~ *de qn* 죽은 자의 명예를 회복시키다 《생전에 받은 판결을 공소하여 취소시키는 일》. curateur à (la) ~ 《법》사망자에 대한 재심청구인.

③ (*M*~) 《그리스신화》 뮤즈의 어머니(Mnémosyne). Filles de *M*~ 뮤즈 여신.

④ (전자계산기의)기억장치. capacité de ~ 기억

용량. mise en ~ d'une information 정보의 입력. ⑤ faire ~ d'un saint 《가톨릭》 성자를 기억하여 미사를 올리다.
avoir une ~ de lièvre 《구어》 기억력이 나쁘다.
de ~ 외어서. réciter *qc* de ~ …을 암송하다.
de ~ *d'homme* 사람의 기억에 남아 있는 한《부정과 함께 씀》. *De* ~ *d'homme* on n'avait pas vu de pareilles inondations. 이런 홍수는 일찍이 본 적이 없었다.
en 〔*à la*〕 ~ *de* …의 기념으로.
pour ~ 참고삼아. Signalons *pour* ~. 참고로 다음의 사항을 지적해둡시다.

*mémoire² *n.m.* ① 각서, 의견서; 진정서, 청원서; 《법》(소송의) 취의서(趣意書). ② 학술논문, 연구보고. ~ de maîtrise 석사논문. ③ 견적서, 계산서. ④ (*pl.*)(역사상의) 기록; (*M~s*) 회상기, 수기; (학회의) 연구논문집.

mémorable [memɔrabl] *a.* 기억해야 할, 잊을 수 없는(inoubliable); 기념해야 할. événement ~ 기억할 만한 사건. les (Entretiens) *M~s* 《그리스철학》 소크라테스 추상록(*Xénophon* 작).

mémorablement [memɔrabləmɑ̃] *ad.* 기억에 남도록, 잊을 수 없을 만큼.

mémorandum [memɔrɑ̃dɔm] *n.m.* ① (외교) 각서; 《상업》 주문서. ② 메모, 비망록, 수첩(agenda). consulter son ~ 자기 수첩을 찾아보다.

mémoratif(*ve*) [memɔratif, -i:v] *a.* 《옛》 기억하고 있는.

mémoration [memɔrasjɔ̃] *n.f.* 《심리》 기억의 환기.

mémorial(*pl. aux*) [memɔrjal, -o] *n.m.* ① 외교 각서; 비망록, 비망록(mémoires). *M~* de Sainte-Hélène 세인트헬레나 기록(나폴레옹의 생활을 담은 *Las Cases*의 기록). ② 《상업》 회계장부. ③ 기념관, 기념비, 기념물(영어에서).

mémorialiste [memɔrjalist] *n.* 회상록 작자, 기록 작가.

mémorisation [memɔrizasjɔ̃] *n.f.* 기억화, 기억작용; (컴퓨터의) 정보기억.

mémoriser [memɔrize] *v.t.* (기억법에 의해) 기억하다; (컴퓨터가 정보를) 기억하다. ~ les connaissances 지식을 기억속에 새기다.

memphite [mɛfit] *a.* 멤피스(*Memphis*, 고대이집트의 도시)의. —**M**~ *n.* 멤피스 사람.

menable [mənabl] *a.* 《드물게》 다루기 쉬운.

menaçant(*e*) [mənasɑ̃, -ɑ̃:t] *a.* ① 위협적이고, 위협적인(comminatoire). voix ~*e* 협박조의 목소리. lettre ~*e* 협박장. ② (위험 따위가) 절박한, 불길한. temps ~ 험악한 날씨. avenir ~ 불안한 미래.

***menace** [mənas] *n.f.* ① 위협, 협박; 《법》 협박(intimidation). obtenir *qc* par la ~ (*des* ~*s*) 협박하여 얻어내다. proférer des ~ de mort 죽이겠다고 위협하다. obéir sous la ~ 협박에 굴복하다. ~ d'incendie 방화 협박행위. ~*s* en l'air 공갈. ② 흉조(凶兆); 위협(danger). ~ de guerre 전쟁의 위험. ~ d'orage 소나기가 쏟아질 듯한 날씨.

menacé¹(*e*) [mənase] *a.p.* 위협받은. région ~*e* par une inondation 홍수위협지역.

menacé² *n.m.* 《펜싱》 (상대방으로 하여금 틈을 만들게 하기 위하여) 유인하기.

***menacer** [mənase] *v.t.* ① 위협(협박)하다. Il alla jusqu'à ~ sa propre famille. 그는 자기 가족을 위협하기까지 했다. ~ *qn* de (avec) sa canne 지팡이로 ~ *qn* 을 위협하다. Il m'a *menacé* de mort. 그는 나를 죽이겠다고 협박했다. [~ *qn* de+*inf.*] Le patron *a menacé* cet ouvrier de le renvoyer sur-le-champ. 주인은 그 직공에게 당장 해고해 버리겠다고 위협했다. (목적보어 없이) Il *menaça* de démissionner. 그는 사직해 버리겠다고 위협했다. [~ *qn* que+*ind.*] Il *menaça* son patron *que* tout se saura. 그는 모든 일이 다 알려지게 될 거라고 주인을 협박했다. ② (주어는 사물) (위험 따위가) (에게) 닥쳐 올지도 모르다; (할) 징조를 나타내다. Des dangers nous menacent. 우리에게 위험이 닥칠 지 모른다. La course aux armements *menace* la paix. 군비경쟁은 평화를 위협한다. L'empire *menace* ruine. 제국이 곧 패망할 것 같다. [~ *de*+*inf.*] Le chômage *menace* de s'étendre. 실업사태가 확대될 지 모르겠다. (목적보어 없이) La pluie *menace*. 비가 막 쏟아질 것 같다.

ménade [menad] *n.f.* ①《그리스신화》 바커스신의 무녀(巫女). ② 광란적인 여자; 타락한 여자.

‡**ménage** [mena:ʒ] *n.m.* ① 가정(家政), 가사, 살림. ~ de garçon 총각 살림. s'occuper du ~; vaquer aux soins du ~ 가사에 종사하다. tenir son ~ 살림을 맡아하다. faire le ~ (집안을) 청소하다, 집 안일을 보다. faire des ~*s* (가정부로서) 남의 집에서 일을 해주다. femme de ~ 가정부. ustensiles de ~ 청소도구. ② 세간, 살림도구. ~ complet 살림도구 일습. ~ de poupée 소꿉장난 도구. ③ 부부(couple); 부부생활; 세대(世帶);《드물게》가족. faux ~ 내연의 부부. jeune(vieux) ~ 젊은(늙은) 부부. le ~ X 《법》 X 와 그의 처. être en ~ avec *qn* …와 부부생활을 하다. se mettre en ~ 결혼하다; 동서생활하다. ~ à trois 3 각관계 《남편과 아내와 애인》. querelles (scènes) de ~ 부부싸움. rentrer en ~ 재혼하다. ~ de cinq personnes 5인 가족. revenu moyen des ~*s* 각세대 평균수입. ④《옛》절약. vivre de ~ 검소하게 살다. ~ de bouts de chandelle 인색하게 굴기, 노랑이짓.
de ~ 집에서 만든. pain *de* ~ 집에서 만든 빵.
faire bon (*mauvais*) ~ *avec qn* …와 사이가 좋다 (나쁘다), …와 뜻이 맞(안) 맞다.

ménageable [menaʒabl] *a.*《드물게》(건강 따위를) 돌보아야 할; 신중히 다루어야 할.

ménagement [menaʒmɑ̃] *n.m.* ① (주로 *pl.*) 조심, 주의, 신중(circonspection, précaution). traiter avec ~ 조심해서 다루다. parler sans ~ 거침없이 이야기하다. avoir des ~ *pour qn* …을 조심스럽게 대하다, …에 대해 특별히 배려하다. ②《옛》관리, 처리.

***ménager¹** [menaʒe] [3] *v.t.* ① 절약하다, 아끼다 (économiser). ~ son argent (son temps) 돈 (시간)을 아끼다. Elle n'a pas *ménagé* le sel dans la soupe. 그녀는 국에 소금을 너무 많이 쳤다. ne pas ~ ses efforts 노력을 아끼지 않다. ~ l'eau 절수 (節水)하다. ~ son foie 폭음폭식을 피하다. ~ ses forces 힘을 낭비하지 않다. ~ ses paroles 쓸데없는 말을 하지 않다, 말을 삼가다. ② 유의하다, 주의하다. ~ ses expressions 말씨에 주의하다. ~ sa santé 건강에 주의하다. ~ la susceptibilité de *qn* …의 감정을 상하지 않도록 하다. ne pas ~ ses critiques 가차없이 비판하다. ③ [~ *qn*] (의) 가 위를 맞추다, (에게) 배려를 하다. ~ les deux partis 양쪽 체면을 다 세워주다. ~ le ministre 장관의 비위를 맞추다. ④ 마련해 주다; 주선하다, (신중하게) 준비하다(arranger). ~ un entretien 회담을 주선하다. ~ l'occasion 좋은 기회를 만들다. ~ l'avenir 미래를 신중히 준비하다. ~ une surprise à *qn* …에게 뜻밖의 기쁨을 주다. ⑤ (적당한 곳에) 설치하다(installer); (장소를) 마련하다. ~ une fenêtre dans le mur 벽에 창문을 하나 내다. ~ de la place pour *qc* …을 놓을 장소를 만들다.
Qui veut aller loin ménage sa monture.《속담》멀리 여행하려는 자는 자기 말을 아낀다, 오래 쓸 물

건은 소중히 해야 한다.
— se ~ v.pr. ① 몸을 아끼다, 자중자애하다; 신중히 행동하다. Le médecin lui a dit de se ~. 의사는 그에게 무리하지 말라고 말했다. ~ avec qn …에 대하여 신중하게 […의 기분이 상하지 않도록] 행동하다. ② (se is 간접목적보어)(을)만들다, (을)남겨두다, 준비하다. se ~ une porte de sortie 미리 도피구를 만들어 놓다. Il s'est ménagé quelques jours de voyage. 여행을 하기 위해 며칠을 남겨 놓았다. ③ 서로 아끼다, 서로 사이좋게 지내다. Ils ne se sont pas ménagés. 그들은 서로 용서하지 않았다.

*ménager²(ère) [menaʒe, -ɛːr] a. ① 가사에 관한; 살림 잘하는, 주부다운. travaux ~s 가사(家事). appareils ~s 가정용 기구. salon des arts ~s 가정용기구 전시회. école ~ère 가정학교, 주부교실. eaux ~ères (부엌의)허드렛물. enlèvement des ordures ~ères 집안 쓰레기 수거. ② [엣] ~ de] (을)절약하는. être ~ du temps 시간을 절약하다. ~ de ses éloges 찬사를 아끼는.
— n. 절약가; [엣]관리자. être bon ~ du temps 시간을 절약하다.
— n.f. ① 주부; [속어]집사람, 내자. bonne ~ère 살림 잘하는 주부. ② 양념병 대(臺); 은그릇장.

ménagerie [menaʒri] n.f. ① [구경거리로서의]동물; 동물원(zoo). ~ d'un cirque 서커스단의 동물들. ② [엣]가축 우리, 가축 사육장.

ménageur(se) [menaʒœr, -øːz] n.[드물게]남의 기분을 상하게 하지 않으려고 애쓰는 사람.

ménagiste [menaʒist] n. 가정용구전시자.

menaisien(ne) [mənɛzjɛ̃, -ɛn] a. 라므네(Lamennais, 프랑스의 철학자)의. n. 라므네주의자.

menant(e) [mənɑ̃, -ɑ̃ːt] a. [기계] 추진의, 구동(驅動)의. brin ~ 벨트의 구동축.

menchevik [mɛnʃə(ə)vik] n.m. 멘세비키(러시아의 온건사회주의자).

mendaite [mɑ̃dait], **mendéen** [mɑ̃deɛ̃] n.m. [종교사]요한교도(아라비아·페르시아만 연안의 고대 그리스도교도).

mendélévium [mɛdelevjɔm] n.m. [화학]멘델레붐(원자번호 101).

mendélien(ne) [mɛdeljɛ̃, -ɛn] a. 멘델(Mendel)의. hérédité ~ne 멘델법칙에 의한 유전.

mendélisme [mɛdelism] n.m. 멘델의 유전설, 멘델법칙.

*mendiant(e) [mɑ̃djɑ̃, -ɑ̃ːt] a. 구걸하는, 빌어먹는. ordres ~s 탁발(托鉢)수도회. n. 비렁뱅이, 걸인(gueux). quatre ~s [종교사]4 탁발수도회(프란시스코회·도미니크회·카르멜회·아우구스티누스회); [구어] [요리] (개암·편도·포도·무화과를 섞어 만든)디저트의 일종.

mendicité [mɑ̃disite] n.f. 구걸하기, 빌어먹기; 거지 생활; [집합적] 거지들. dépôt de ~ 빈민 수용소.

mendier [mɑ̃dje] v.i. 구걸하다, 동냥하다, 빌어먹다(mendigoter). — v.t. [돈이나 음식을]구걸하다; [비유적] 간청하다(solliciter); 애원하다(implorer). ~ sa vie 구걸로 살아가다. ~ des voix 표를 구걸하다.

mendigot(e) [mɑ̃digo, -ɔt] n. [속어]거지, 비렁뱅이.

mendigoter [mɑ̃digɔte] v.t. [속어] (돈이나 음식을)구걸하다(mendier).

mendole [mɑ̃dɔl] n.f. [어류]작은 도미(지중해연안산).

meneau [məno] (pl. ~x) n.m. [건축] [창의]창살 대.

ménechme [menɛkm] n.m. [구어]쌍둥이처럼 닮은 사람(Plaute작 희극의 쌍둥이 주인공에서).

menée [məne] n.f. ① (pl.)음모, 술책(intrigue, machination). ~s subversives (정부에 대한)전복 음모. ② [사냥]사슴이 도망가는 길.

ménehildien(ne) [menildjɛ̃, -ɛn], **menehouldien(ne)** [mənuldjɛ̃, -ɛn] a. 생트므누(Sainte-Menehould[sɛtmənu], 프랑스의 도시)의. — M-n. 생트므누 사람.

Ménélas [menelɑːs] n.pr.m. [그리스신화] 메넬라오스 (스파르타의 왕 아가멤논의 동생이자 헬렌의 남편).

*mener [məne] 4 v.t. ① (주어는 사람·사물)데리고 가다(emmener, conduire). ~ qn à la gare …을 역으로 데리고 가다. ~ des troupes au combat 군대를 싸우러 데리고 가다. Il m'a mené chez moi dans sa voiture. 그는 차로 나를 집에 데려다 주었다. L'autocar vous *mènera* au village. 시외버스가 당신을 그 마을로 데려다 줄거요. [~ qn/qc+inf.] ~ promener son chien; ~ son chien promener 개를 데리고 산책하러 가다. ~ paître des moutons 양을 풀 먹이러 데리고 가다.
② (주어는 사람) [~ qn/qc] (의)앞에 서다, 앞장서다; 인도하다, [운동] 앞서다, 리드하다. ~ le deuil 장례식 행렬의 선두에 서다; 상주(喪主)가 되다. ~ les débats 토론을 주재하다. L'intérêt *mène* le monde. 이해관계가 세상을 주도한다. Ce coureur *mène* le peloton. 그 주자가 그룹의 선두로 달리고 있다. (목적보어 없이) La France *mène* par deux buts à zéro. 프랑스 팀이 2대 0으로 리드하고 있다. se laisser ~ 리드당하다, 지다. se laisser ~ (par qn) (남에게)부려먹히다, (남의)종이 되다.
③ [~ qn] 부리다, 조정하다, 다루다. personne difficile à ~ 다루기 힘든 사람. se laisser ~ (par qn) (남에게)부려먹히다, (남의)종이 되다.
④ (주어는 사물) [~ qn/qc à qc] (에)이르게 하다, (으로)이끌다, (의)결과가 되게 하다. Où tout cela peut-il nous ~? 도대체 이 모든 사태의 결과가 어떻게 될 것인가? (목적보어 없이) Où *mène* ce chemin? 이 길은 어디로 가는 길인가? L'ambition *mène* souvent à la ruine. 야심은 파멸을 초래할 때가 많다. Cela ne *mènera* à rien. 그건 결국 아무 것도 안될 것이다, 그렇게 해보았자 아무 소용도 없을 것이다. ~ à bien 잘 해내다.
⑤ (주어는 사람, 주어는 차·배 따위의 교통수단)[~ qc (à qc)] 조정(운전)하다, 몰다, 끌어서 …으로 가다. ~ un véhicule(un navire) 차(배)를 몰다. ~ un cheval 말을 몰다. ~ sa voiture *au* garage 차를 차고에 넣다.
⑥ ~ une vie(une existence) difficile(dure, heureuse) 어려운(고달픈, 행복한) 생활을 하다.
⑦ [~ qc] (어떤 일을)처리하다, 운영하다. ~ une enquête 조사(앙케트)를 하다. bien ~ une affaire 일을 잘 처리하다.
⑧ (수학) (선을)긋다(tracer). ~ une parallèle à une droite 일직선에 대한 평행선을 긋다.

~ *grand bruit (tapage)* 야단법석하다.
~ *grand deuil de qc* …을 몹시 슬퍼하다.
~ *loin* ⓐ 멀리 데리고 가다. ⓑ 달갑지 않은 결과로 이끌고 가다. Cette affaire peut vous ~ *loin*. 이 일은 당신에게 달갑지 않은 결과를 가져올지 몰라요. ⓒ (일을)크게 만들다. ⓓ [ne pas ~ loin] 오래가지 못하다, 실패하고 말다. C'est une somme qui *ne* vous *mènera pas loin*. 이 돈으로는 오래가지 못할거요.

~ *qn par le bout du nez* …을 마음대로 부리다.

ménesse [menɛs] n.f. [속어]여자.

ménestrel [menɛstrɛl] n.m. (중세의)음유시인.

ménétrier [menetrije] n.m. ① (시골의 결혼식이나 마을잔치에서)바이올린을 켜는 사람. ② [엣]편력(음유) 악사.

menette [mɛnɛt] *a.f., n.f.* (sœur) 《구어》신앙이 독실한 여자.

meneur(se) [mənœːr, -ɸːz] *n.* ① 지도자; 주모[선동]자. ② (연장·기계를)다루는 사람. ③ 유모 · 양선인(~ de nourrices). ④《옛》인도자; 몰이꾼. ~ de chèvres 염소 몰이꾼. ~ de loups (늑대가 따른다는)시골의 마법사. ~ d'ours 곰을 다루는 사람; 거친 사람. ⑤ ~ de jeu (방송·쇼 따위의)사회자; 게임리더. —*n.m.* 《무용》(여자의)파트너, 상대자, (의식에서)여자를 안내하는 사람.

menhir [meniːr] *n.m.* 《고고학》 고인돌, 선돌(pierre levée).

méniane [menjan] *n.f.* (로마·이탈리아 건축의)발코니, 베란다.

ménianthe [menjɑ̃ːt] *n.m.* =**ményanthe**.

ménil [menil] *n.m.* 《옛》집; 마을, 동리.

menin(e) [mənɛ̃, -in] *n.m.* 《프랑스·에스파냐사》(프랑스 황태자의)시종; (에스파냐 왕자의 학우 역할을 하는)귀족 자제. —*n.f.* (에스파냐 공주의 동무 역할을 하는)귀족의 딸.

méninge [menɛ̃ːʒ] *n.f.* 《해부》뇌막(腦膜). ne pas s'abîmer les ~s 《구어》머리를 쓰지 않다. se creuser les ~s 《구어》머리를 짜다.

méningé(e) [menɛ̃ʒe] *a.* 《해부》뇌막(성)의.

méningite [menɛ̃ʒit] *n.f.* 《의학》뇌막염. ~ cérébro-spinale épidémique 유행성 뇌척수막염. ne pas attraper une ~ 《구어》머리 쓰는 일은 조금도 하지 않다. [염균.

méningocoque [menɛ̃gɔkɔk] *n.m.* 《의학》뇌막

méningo-myélite [menɛ̃gɔmjelit] *n.f.* 《의학》척수막척수염.

méningorragie [menɛ̃gɔraʒi] *n.f.* 《의학》뇌척수막 출혈.

ménispermacées [menispɛrmase] *n.f.pl.* 《식물》새모래덩굴과(科). [굴.

ménisperme [menispɛrm] *n.m.* 《식물》새모래덩

ménisque [menisk] *n.m.* 《광학》요철(凹凸)렌즈; 《물리》메니스커스(원통 안의 액체 표면에 모세관 현상에 의하여 생기는 요[철]면), 《해부》관절 사이의 연골.

mennonisme [mɛ(n)nɔnism] *n.m.* 《종교사》멘노파의 교리.

mennonites [mɛ(n)nɔnit] *n.pl.* 《종교사》멘노파(네덜란드의 종교개혁자 Menno Simonis 가 일으킨 일파.

méno- *préf.* 「달의, 월경의」의 뜻.

ménologe [menɔlɔːʒ] *n.m.* 《그리스정교》순교 성자력(暦).

menon [mənɔ̃] *n.m.* (이동하는 양떼의)선두의 수양; 근동지방의 염소.

ménopause [menɔpoːz] *n.f.* 《의학》월경폐지, 갱년(폐경)기(retour d'âge). [과다.

ménorr(h)agie [menɔraʒi] *n.f.* 《의학》월경

ménorr(h)agique [menɔraʒik] *a.* 《의학》월경과다의.

ménorrhée [menɔre] *n.f.* 《의학》월경.

ménostase [menɔstaːz] *n.f.* (일시적)월경폐지.

menotte [mənɔt] *n.f.* ①《구어》(어린아이의)귀여운 손, 고사리 같은 손. ② (*pl.*)수갑. mettre les ~s à *qn* …에게 수갑을 채우다; …의 자유를 빼앗다.

menotter [mənɔte] *v.t.* (에게) 수갑을 채우다.

mens [mɑ̃] mentir 의 직설·현재·1[2]·단수; 명령·2·단수.

Mens. 《약자》mensuel 월간.

mense [mɑ̃ːs] *n.f.* ~ épiscopale 《종교》사교(司教)생계 자산; 《교회사》교회수입.

†mensonge [mɑ̃sɔ̃ːʒ] *n.m.* ① 거짓말(blague). grossier ~ 어처구니없는 거짓말. faire(dire) un ~ 거짓말을 하다. ~ innocent 죄없는 거짓말. ~ officieux; pieux ~ 선의의 거짓말. ~ blanc 악의 없는 거짓말. ② 지어낸 말(histoire); 허구(fiction); 허위, 거짓, 기만(tromperie). ③ 환각, 환상, 망상(illusion). Tout n'est que ~ 만사가 허무할 뿐이다.

mensonger(ère) [mɑ̃sɔ̃ʒe, -ɛːr] *a.* ① 거짓의, 허위의(faux, trompeur). ② 헛된, 허무한, 허망한.

mensongèrement [mɑ̃sɔ̃ʒɛrmɑ̃] *ad.* 거짓으로, 허위로.

menstruation [mɑ̃stryasjɔ̃] *n.f.* 《생리》월경(기능)(règles).

menstruée [mɑ̃strye] *a.f.* (여자가)월경이 시작된.

menstruel(le) [mɑ̃stryɛl] *a.* ① 월경의. flux ~ 월경. ②《구어》=mensuel.

menstrues [mɑ̃stry] *n.f.pl.* 《생리》월경.

mensualisation [mɑ̃sɥalizasjɔ̃] *n.f.* (시간급·일급을)월급제로 바꾸기; (시간급·일급 노무자를)월급 노무자로 돌리기.

mensualiser [mɑ̃sɥalize] *v.t.* mensualisation 하다.

mensualité [mɑ̃sɥalite] *n.f.* ① 매달의 지불금, 월부금. payable par ~s 매달 지불하는. ② 매달 한 번 하기.

*****mensuel(le)** [mɑ̃sɥɛl] *a.* 매달의, 월 1회의; 월간의. salaire ~ 월급. revue ~le 월간지. —*n.* 월급 노무자.

mensuellement [mɑ̃sɥɛlmɑ̃] *ad.* 매달 한번씩.

mensurabilité [mɑ̃syrabilite] *n.f.* 측정할 수 있음.

mensurable [mɑ̃syrabl] *a.* 측정할 수 있는.

mensurateur [mɑ̃syratœːr] *n.m.* 측량[측정]용의. —*n.m.* 측량가, 측량[측정]기.

mensuration [mɑ̃syrasjɔ̃] *n.f.* (신장·체중의)측정. prendre les ~s 신체검사를 하다.

mensurer [mɑ̃syre] *v.t.* (드물게)측정하다.

ment [mɑ̃] ⇒mentir.

-ment¹ *suff.* 형용사 여성형에 붙여서 부사를 만듦(vif➛vive*ment*).

-ment² *suff.* 동사에 붙여서 「행위·행위의 결과」를 뜻하는 남성명사를 만듦(bâtir➛bâti*ment*).

mentagre [mɑ̃tagr] *n.f.* 《의학》백선성 모창(白癬性毛瘡).

mentaille [mɑ̃taːj] *n.f.* 《컴퓨터》소프트웨어(software, ↔ hardware, quincaille, logiciel).

mental(ale, *pl.* **aux)** [mɑ̃tal, -o] *a.* ① 마음의, 정신적인. troubles ~aux 정신착란. âge ~ 정신연령. état ~ 정신상태. ② 마음(머리)으로 하는, 암기로 하는. calcul ~ 암산. oraison ~ale 묵도. restriction ~ale 《법》심중유보(心中留保). —*n.* 정신병 환자. —*n.m.* 정신, 마음; 지적 요소. [로.

mentalement [mɑ̃talmɑ̃] *ad.* 마음속으로, 정신으

mentalisme [mɑ̃talism] *n.m.* 《언어》심리주의.

mentalité [mɑ̃talite] *n.f.* 정신상태; 심성; 기질. ~ infantile 소아적 기질. ~ coréenne 한국인의 정신구조. ~ primitive 미개인의 사고양식. avoir une ~ de commerçant 장사꾼 심보이다. Quelle ~!; Jolie ~! 심보 더러운 녀석.

menterie [mɑ̃tri] *n.f.* 《구어》거짓말.

*****menteur(se)** [mɑ̃tœːr, -ɸːz] *a.* 거짓말하는; 거짓의, 허위의, 가짜의. L'homme est né ~ 인간은 태어날 때부터 거짓말장이이다. récit ~ 꾸민 이야기. apparence ~se 거짓외관. —*n.* 거짓말장이(imposteur); 위선자(hypocrite). ~ 《속어》헛바닥.

menteusement [mɑ̃tɸzmɑ̃] *ad.* 《드물게》거짓되어, 허위로, 가짜로.

menthe [mɑ̃ːt] *n.f.* 《식물》박하. bonbons à la ~

박하가 든 봉봉.
menthe-coq [mātkɔk] (*pl.* ~**s**-~**s**) *n.f.* 【식물】 balsamite의 속칭.
menthol [mɛ̃(a)tɔl] *n.m.* 【화학·약】 박하뇌(腦).
menthole(e) [mɛ̃(a)tɔle], **mentholique** [mɛ̃(a)tɔlik] *a* 【약】 박하뇌가 든.
menti(e) [mɑ̃ti] *a.p.* 거짓의, 속은; 지켜지지 않은.
mentiane [mɑ̃sjan] *n.f.* 【식물】 viorne의 속칭.
mention [mɑ̃sjɔ̃] *n.f.* ① 언급; 기술, 기재. faire ~ de ···을 기재하다, ···에 대해 언급하다. Ce roman a fait l'objet d'une ~ particulière dans les revues. 그 소설은 잡지에서 특별히 다루어졌다. être digne de ~ 특기할 만하다. Il est fait ~ de vous dans cet ouvrage. 이 저서에는 당신 이름이 나온다. Rayer(Biffer) les ~s inutiles. 해당되지 않는 난은 ×표를 하시오 (행정문서에 쓰이는 문구). ~ de réserve 《출판》; ~ d'interdiction 《신문》 저작권 소유 명시. ② 성적, 평가; 좋은 평점. être reçu avec ~ 우등으로 합격하다. ~ très bien(bien, assez bien, passable, ajourné) 수(20점 만점에서 16점 이상)(우(14점 이상), 양(12점 이상), 가(10점 이상), 낙제(10점 미만)). ~ honorable 등외가작.
mentionner [mɑ̃sjɔne] *v.t.* 진술하다, 언급하다 (citer, signaler); 기재하다; 상장을 수여하다. *mentionné ci-dessus* 상기(上記)의.
:mentir [mɑ̃ti:r] [18] *v.i.* [~ (à *qn* sur/de *qc*)] 거짓말하다, 진실을 왜곡하다. Il *m'a menti sur* ce qu'il a fait. 그는 내게 자기가 한 일에 대해서 거짓말을 했다. Il n'enrage pas pour ~. 그는 태연하게 거짓말한다. photo qui ne *ment* pas 실물대로 찍힌 사진. Il en a menti. 그는 그것에 관해 거짓말을 했다. *à (pour) ne pas* ~; *sans* ~ 정말은, 사실은. *faire* ~ qn(*le proverbe*) ···의 예언(일반 관례)과는 틀리게 행동하다. *Il ne ment jamais s'il n'ouvre la bouche.* 그는 거짓말만 한다.
~ *comme respirer* 거짓말을 밥 먹듯이 하다.
—*v.t.ind.* [~ à]···에 위배되다, 어기다. ~ à sa conscience 자기 양심에 어긋나는 행동을 하다.
~**se** ~ *v.pr.* 자신에게 거짓말하다; 서로 거짓말을 하다. *se* ~ à soi-même 자기자신을 속이다.
mentisme [mɑ̃tism] *n.m.* 【정신의학】 망티슴(심신의 피로 따위로 종작없는 생각이 연달아 일어나는 현상).
***menton** [mɑ̃tɔ̃] *n.m.* 턱. double ~; 《구어》 ~ à double étage 2 중턱. ~ de(en) galoche 주걱턱. poils du ~ 수염. ~-bleu 《옛》 희극배우.
s'en mettre jusqu'au ~ 진탕 먹다.
mentonnet [mɑ̃tɔne] *n.m.* 【자물쇠의】걸쇠; 【기계】캠; 【철도】 (기차 바퀴의)가장자리테; (접게 된 나이프의)손톱을 거는 홈.
mentonnier(ère) [mɑ̃tɔnje, -ɛ:r] *a.* 【해부】 턱의. —*n.f.* 【고고학】(투구의)턱가리개; (여자 모자의)턱끈; 【외과】 턱의 붕대; 【음악】 (바이올린의)턱받이(~ violon 그림).
mentor [mɛ̃tɔ:r] *n.m.* 좋은 지도자, 사부(師傅), 스승. —**M**~ *n.pr.m.* 【그리스문학】 멘토르(*Odysseus*의 아들의 교육을 맡은 사람).
***menu¹(e)** [məny] *a.* 가느다란, 호리호리한 (fin, fluet); 작은, 자그마한, 자질구레한 (petit). couper en ~*s* morceaux 잘게 조각내다. doigts ~*s* 가느다란 손가락. voix ~*e* 가는 목소리. tige ~*e* 호리호리한. ~*e* monnaie 잔돈. ~*s* détails 상세한 내용. ~*s* frais; ~*es* dépenses 잡비. ~*s* plaisirs 오락비. ~ peuple 서민. ~*s* propos 잡담.
—*ad.* 잘게. couper ~ 잘게 자르다. hacher ~ 잘게 썰다; 《구어》여지없이 해치우다. pleuvoir dru et ~ 실비가 내리다. trotter ~ 아장아장 달리다 (걷다). écrire ~ 잘게 쓰다.
—*n.m.* ① (정육점의)소장(小腸); (로스 캇 따위로 된)작은 다이아몬드; (염전의 수면에 뜨는)미한 소금; 가루석탄. ② 자세(세밀)한 상황, 상세 (détail). ③ 서민층(bas peuple), gens du ~ 일반 서민.
par le ~ 상세히. raconter *par le* ~ 세밀히 이야기하다, 상세히 진술하다.
menu² *n.m.* ① 메뉴, 식단표. faire(composer) un ~ 메뉴를 작성하다. Quel est le ~ aujourd'hui? 오늘의 메뉴는 무엇입니까. ② 정식. manger au ~ 정식을 들다(↔ à la carte).
menuaille [mənyɑj] *n.f.* (집합적) 하찮은 것; 잔돈푼; 〖어업〗 잔 물고기.
menuchon [mənyʃɔ̃] *n.m.* 【식물】 별봄맞이꽃.
menuet [mənɥɛ] *n.m.* 【무용·음악】 미뉴에트; 미뉴에트 곡.
menuisage [mənɥizɑ:ʒ] *n.m.* (나무를)일정한 길이로 자르기.
menuisaille [mənɥizɑj] *n.f.* (집합적) ① 【어업】(튀김용의)잔 물고기. ② 산탄(散彈).
menuise [mənɥiz] *n.f.* ① = menuisaille. ② 작은 재목(직경 16cm 이하의 통나무).
menuiser [mənɥize] *v.t.* ① (나무를)일정한 길이로 자르다. ② (목적 없이 이것저것)소목일을 하다.
menuiserie [mənɥizri] *n.f.* 소목일(기술); 목공 세공품; 목공소.
menuisier(ère) [mənɥizje, -ɛːr] *n.* 소목장이, 가구장이; 목수, 목공. ~ de bâtiment 대목. ~ en meubles 소목. —*a.* 소목일의. abeille ~*ère* 【곤충】어리호박벌.
ménure [meny:r] *n.m.* 【조류】 금조(琴鳥).
menu-vair [mənyvɛːr] *n.m.* 《옛》 (북프랑스산의)다람쥐의 모피.
ményanthe [menjɑ̃:t] *n.m.* 【식물】 조름나물.
méontologie [meɔ̃tɔlɔʒi] *n.f.* (*Sartre* 일파의)비존재(非存在)의 이론. [les.
Méphisto [mefisto] *n.pr.m.* 《구어》 = **Méphistophélès**
Méphistophélès [mefistɔfeles] *n.pr.m.* ① 메피스토펠레스 (*Goethe* 의 *Faust* 중의 인물). ②
méphistophélique [mefistɔfelik] *a.* 메피스토펠레스같은; 악마적인.
méphitique [mefitik] *a.* 유독한; 악취가 나는.
méphitiser [mefitize] *v.t.* 독기로 채우다. ~ l'air 공기를 오염시키다.
méphitisme [mefitism] *n.m.* (가스의)유독성, 독취, 독기; (유독가스에 의한)공기의 오염.
méplat(e) [mepla, -at] *a.* (나무판 따위가)한쪽이 더 두꺼운; 표면이 비스듬한. fer ~ 평평한 쇠막대. bois ~ 두꺼운 판자. lignes ~*es* 【미술】 (면과 면이 만나는)선(線). bas-relief ~ 【조각】 전경(前景)을 얕게 새긴 돋을새김. —*n.m.* 편평한 각재(角材); 【미술】(물체 표면의)편평한 부분; (얼굴·이마 따위의 평평한 부분) (se).
mépren-ant, -ons [meprən -ɑ̃, -ɔ̃] ⇨ **méprendre**
méprendre (se) [s(ə)meprɑ̃:dr] [26] *v.pr.* ① [se ~ sur/《옛》à *qc*/de] (에 대해) 잘못 생각하다, 착각하다. *se* ~ *sur* le sens de ses paroles 그의 말뜻을 잘못 이해하다, 실수하다.
à s'y ~ 혼동하리(잘못 생각하리)만큼. Ils se ressemblent *à s'y* ~. 그들은 혼동하리만큼 꼭 닮았다.
Il n'y a pas à s'y ~. 잘못 생각할 리가 없다.
mépren-ez, -ions [mepren -e, -jɔ̃], **méprenn-e(nt)** [mepren], **mépri-s, -t** [mepri] ⇨ **méprendre (se)**.

mépris [mepri] *n.m.* ① 경멸, 멸시, 업신여김 (dédain, mésestime, ↔ estime). avoir[montrer, témoigner] du ~ pour *qn*(*qc*) …에 대해 경멸감을 갖다[보이다]. regarder avec ~ 경멸의 눈으로 바라보다. termes de ~ 경멸적인 언사. ② (*pl.*) 모욕적인 말이나 행동 (affront). souffrir des ~ 모욕을 당하다. ③ [~ de *qc*](에 대한)무관심, 경시(indifférence). ~ des honneurs 명예의 무시. ~ des convenances 예절의 무시. ~ de l'opinion publique 여론의 무시. ~ de la mort 죽음을 두려워하지 않음. ~ de la vie 목숨을 아끼지 않음.
au[*en*] ~ *de qc* …을 무시하여.
avoir*(*tenir*) *en* ~; *faire* ~ *de …을 경멸하다.
encourir le* ~ *public 세상 사람들에게 멸시당하다.
La familiarité engendre le ~. (《속담》친밀이 지나치면 멸시당한다, 친할수록 예의를 지켜라.
***tomber dans le* ~** 경멸받게 되다.
méprisable [meprizabl] *a.* 멸시[경멸]할 만한, 비열한(ignoble, vil, ↔ estimable).
méprisablement [meprizabləmɑ̃] *ad.* 멸시[경멸] 당할 만하게.
méprisamment [meprizamɑ̃] *ad.* 멸시[경멸]하는 투[태도]로.
méprisant(e) [meprizɑ̃, -ɑ̃:t] *a.* 경멸[멸시]하는, 경멸적인(dédaigneux, ↔ respectueux); 건방진(fier). sourire ~ 비웃음.
méprise [mepri:z] *n.f.* 오해, 잘못 생각하기, 착각 (confusion, malentendu). commettre une lourde ~ 큰 착각을 하다. par ~ 잘못하여.
*****mépriser** [meprize] *v.t.* ① 경멸[멸시]하다, 깔보다, 업신여기다(dédaigner, ↔ estimer). ~ les flatteurs 아첨꾼들을 깔보다. ~ les subordonnés 부하를 깔보다. ② 경시하다, 무시하다, 등한시하다(négliger, ↔ apprécier). ~ le danger 위험을 무시하다. *au* ~ *de*+*inf.* …이 ···하든지 깔보다. ~ *de*+*inf.* ···하는 것을 떳떳치 않게 여기다.
―*se* ~ *v.pr.* 서로 경멸[멸시]하다.
méprise-e, -ions [mepris, -jɔ̃] ⇨**méprendre** (se).
‡mer [mɛːr] *n.f.* ① 바다, bord de la ~ 해안, 해변가. gens[homme] de ~ 선원, 뱃사람, 사공. voyage par ~ 해상여행. Ce ~ n'a pas de ~ 갑자기 사나와지다. la ~ est houleuse 파도가 높다. haute[pleine] ~ 외양(外洋), 난바다, 큰 풍랑. chercher par ~ et par terre 《구어》사방을 찾아다니다. loup de ~ 《속·불》 뱃사람, 노련한 수부. mal de ~ 뱃멀미. mettre un vaisseau[un canot] à la ~ 배를 진수시키다[보트를 바다에 내리다]. par ~ 해로로. se mettre à la ~ 출범하다. combat sur ~ 해전. bras de ~ 해협.
② (특정지역의)바다. ~ du Nord 북해. ~ Rouge 홍해. ~ Noire 흑해.
③ 조수(marée). basse ~ 간조(干潮). La ~ monte(descend); La ~ est pleine(basse). 밀물 [썰물]이다.
④ (비유적) (바다처럼)넓은[광대한] 것. ~ de sable 《구어》사막. ~ de sang(de feu) 피[불] 바다. ~ de tribulations 극심한 고생. ~ des passions 용솟음치는 정열.
⑤ (*pl.*)《문어》대양.
Ce n'est pas la* ~ *à boire. 그건 그리 힘든 일은 아니다.
C'est tout une goutte d'eau dans la ~. (그것은 바다에 물 한방울이다)→ 소용없는 노력이다.
homme à la ~ ⓐ 바다에 빠진 사람; 사람이 바다에 빠졌다! ⓑ 《속》지위[인기]를 잃은 사람.
Il y a de la ~. 파도가 심하다.
prendre la ~; mettre à la ~ 항해를 시작하다.

tenir la ~ (배가)대양 한가운데에 있다; 제해권을 쥐다.
mer-air, mer-mer, mer-sol [mɛrɛːr, mɛrmɛːr, mɛrsɔl] *loc.a.* 《군사》함대공, 함대함, 함대지. missile *mer-mer* 함대함 미사일.
mercadet [mɛrkadɛ] *n.m.* 《구어》교활한 사업가, 사기꾼(Balzac의 *Mercadet*에서).
mercannette [mɛrkanɛt] *n.f.* 《사투리》《조류》작은 물오리.
mercanti [mɛrkɑ̃ti] *n.m.* ① 악질 상인, 모리배. ② (근동제국·아프리카의)시장 상인; 《옛》《군사》종군 상인.
mercantile [mɛrkɑ̃til] *a.* ①《옛》상업상의. système ~ 중상주의. ② 탐욕스러운. esprit ~ 탐욕스러운 마음.
mercantilisme [mɛrkɑ̃tilism] *n.m.* 《경제》중상주의; (경멸)돈벌이주의, 장사치 기질.
mercantiliste [mɛrkɑ̃tilist] *n.m.* 중상주의자. ―*a.* 중상주의의.
mercantille [mɛrkɑ̃tij] *n.f.* 《옛》소규모의 장사.
mercaptan [mɛrkaptɑ̃] *n.m.* 《화학》메르캅탄, 티오알코올.
mercaticien(ne) [mɛrkatisjɛ̃, -jɛn] *n.* 《경제》마케팅리서치 전문가.
mercatique [mɛrkatik] *n.f.* 《경제》마케팅리서치.
mercenaire [mɛrsənɛːr] *a.* 돈으로 고용된, 돈에 팔린, 돈 때문에 움직이는; 욕심많은. écrivain ~ 매문가(賣文家). troupes ~s 용병대(傭兵隊). ―*n.* 돈만 바라고 일하는 사람; 《옛》고용인, 임금 노동자. travailler comme un(e) ~ 고용된 사람(보수로)로 된 일을 하다. ―*n.m.* 외국인 용병; 돈에 욕심많은 사람.
mercenariat [mɛrsənarja] *n.m.* 고용된 사람[용병]의 처지.
mercenarisme [mɛrsənarism] *n.m.* 돈 욕심.
mercerie [mɛrsəri] *n.f.* 잡화(점); 잡화장사; 《옛》행상인이 파는 잡화.
Il a plu sur sa ~. 《구어》장사가 잘 안된다.
mercerisage [mɛrsəriza:ʒ] *n.m.* 《직물》머서법(무명에 비단 같은 윤이 나게 하는 가성알칼리처리법).
merceriser [mɛrsərize] *v.t.* 《직물》머서 가공하다.
merceriseuse [mɛrsərizøːz] *n.f.* 《직물》머서 가공기.
merchandiser [mɛrʃɑ̃dajzœːr, -dizɛːr] *n.m.* 특설진열장; 《경제》상품화계획(판매촉진) 전문가.
merchandising [mɛrʃɑ̃dajziŋ, -diziŋ]《영》*n.m.* 머천다이징(상품화계획·판매촉진·광고선전활동).
‡merci [mɛrsi] *n.m.* 감사, 사례. Dites un grand ~ à votre père. 아버님께 대단히 감사하다고 말해주십시오.
―*n.f.* 《옛·문어》자비, 연민, 호의(grâce, pitié). demander ~ (항복하고)자비를 구하다. crier [implorer] ~ 살려달라고 애걸하다. à ~ 뜻[마음]대로. *M~ de ma vie!* 저런! 어쩌나! 제기! (초조·분노). se rendre à ~ 무조건 항복하다.
***à la* ~ *de* ...** 의 뜻[마음]대로; …에 좌우되어, …의 처분대로.
***sans* ~** 인정사정 없이, 가차 없이(없는).
―*int.* 감사합니다; 괜찮습니다, 좋습니다 (상대방 친절을 사양하여)(Non ~). *M~* bien[beaucoup, mille fois]. 대단히 감사합니다. *M~ de votre cadeau.* 당신의 선물에 대해 감사합니다. *M~ pour tout.* 여러가지로 감사합니다. *M~ de m'avoir aidé.* 나를 도와준 데 대하여 감사합니다.
mercier(ère) [mɛrsje, -ɛːr] *n.* 잡화상인.
À petit* ~ *petit panier. 《속담》사람은 자기 분수대

‡mercredi [mɛrkrədi] *n.m.* 수요일. ~ des Cendres 《종교》성회례(聖灰禮)의 날(사순절(*Carême*)의 첫날, 신자 머리위에 재를 뿌리는 식이 거행됨).

mercure [mɛrky:r] *n.m.* ① 《화학》수은. thermomètre à ~ 수은 온도계. ② (*M~*) 《천문》수성; (*M~*) 《그리스신화》메르쿠리우스(상업·웅변·도둑의 신, 사랑의 사자). ③ 《옛·구어》《사랑의》중매자.

mercureux(se) [mɛrkyrφ, -φ:z] *a.* 《화학》제1수은의. oxyde ~ 산화 제1수은.

mercuriale¹ [mɛrkyrjal] *n.f.* 《식물》산쪽나무(屬).

mercuriale² *n.f.* ① 《역사》수요회(15·16세기의 재판의 강평회); (수요회에서의) 연설; 재판의 개정(開廷)연설. ② 질책, 잔소리, 꾸지람. entre deux draps 《아내의》잠자리 속에서의 잔소리 [바가지긁기].

mercuriale³ *n.f.* (곡물 따위의) 시장 시세표.

mercurialiser [mɛrkyrjalize] *v.t.* 《의학》수은 연용(連用) 요법을 하다.

mercurialisme [mɛrkyrjalism] *n.m.* 《의학》수은 중독.

mercuriel(le) [mɛrkyrjɛl] *a.* 수은을 함유한; 수은의 작용에 의한.

mercurifère [mɛrkyrife:r] *a.* 수은을 함유한.

mercurique [mɛrkyrik] *a.* chlorure ~ 《화학》염화 제2수은.

mercurochrome [mɛrkyrɔkro:m] *n.m.* 《화학》머큐로크롬(소독제).

merdaille [mɛrda:j] *n.f.* 《비어》(집합적) ① 더러운 아이들. ② 하층민.

merdaillon [mɛrdajɔ̃] *n.m.* 《비어》더러운 아이; 몸집이 작은 사내.

merde [mɛrd] *n.f.* (때로 me...이라고 줄여 쓰기도 함) 《비어》① (사람·짐승의) 똥(excrément). . ② [une/de la ~] 너절한 것(사람), 시시한 것(사람). C'est une(de la) ~. 너절한 녀석이지. Il ne se prend pas pour une ~. 저자는 자신이 무엇이나 되는 줄로 생각한다. ③ [la ~] 난처한 지경; 나쁜 날씨. Nous sommes dans la ~. 우리는 난처하게 되었어. On est dans la ~ depuis trois jours. 사흘 전부터 날씨가 고약하군.
—*int.* 《속어》(분노·초조·경멸) 빌어먹을; (경탄) 거참. M~ alors! Ce qu'elle est belle! 참 예쁜 여자로군!
avoir de la ~ dans les yeux 잘 보이지 않다; (누구나 다 잘 아는) 명백한 사실도 이해하지 못하다.
de ~ 빌어먹을, 아무 가치없는. Cette route *de ~*! 이 망할 놈의 길!
—*a.* 《불변》~ d'oie [mɛrdwa] 누르스름한(merdoie).

merder [mɛrde] *v.i.* =**merdoyer**.

merderie [mɛrd(ə)ri] *n.f.* 《속어》불결, 더러움, 추한 것, 천한 것; 불쾌한 일.

merdeux(se) [mɛrdφ, -φ:z] *a.* 《속어》똥 묻은. bâton ~ 《구어》까다로운 인간; 불쾌한 놈. —*n.* 《속어》너절한 인간, 천한 놈.

merdicole [mɛrdikɔl] *a.* 《곤충》똥 속에 사는.

merdier [mɛrdje] *n.m.* ① 《속어》대혼란. ② 《옛》똥이 가득한 곳.

merdoie [mɛrdwa] *a.* 《불변》누르스름한(merde d'oie).

merdoyer [mɛrdwaje] [7] *v.i.* 《속어》(대답이) 갈팡질팡하다; 《학생속어》(시험에) 낙제하다(sécher, merder).

‡mère¹ [mɛːr] *n.f.* ① 어머니, 모친. ~ de famille 주부. ~ nourrice 유모. frère de ~ 이복형제. M~ de Dieu 성모(聖母). notre ~ commune 지구. devenir ~ 어머니가 되다, 아이가 생기다. Madame votre ~ est-elle chez elle? 어머님께서는 댁에 계시니? ② (짐승의) 어미. ~ poule 어미닭. ③ 《가톨릭》수녀원장(~ abbesse); 수녀의 존칭. ④ 《구어》함댁. la ~ Michel 미셸 아줌마. ⑤ 발생지, 요람, 근원(source). Méfiance est ~ de sûreté. 《속담》경계는 안전의 근원. la France, ~ des arts 예술의 어머니 프랑스. ⑥ 《미술·요업》(석고 모형 따위의) 형(型), 틀.
—*a.* 근원(중심)이 되는. idée ~ d'un ouvrage 작품의 근본 사상. langue ~ 모국어. maison ~ 수도원의 본원; 《상업》본점. ~ patrie 모국. reine ~ 황태후. perle ~; ~ perle 진주조개.

mère² *a.f.* 순수한(pur). ~ goutte 압착기에 걸기 전에 흘러 떨어지는 포도즙. ~ laine (양의 잔등이의) 양질의 양모.

-mère *suff.* 「부분, …체」의 뜻(예: iso*mère* 이성체(異性體)).

méreau [mero] (*pl.* **-x**) *n.m.* ① 출석표. ② 《고고학》돌차기놀이의 돌.

mère-célibataire [mɛrselibatɛ:r] (*pl.* **~s-~s**) *n.f.* 미혼모(未婚母).

mère-grand [mɛrgrɑ̃] (*pl.* **~s-~**) *n.f.* 《옛·구어》조모(grand-mère).

merguez [mɛrgɛz] *n.f.* 메르게즈(강한 향신료를 넣은 작은 소시지).

mergule [mɛrgyl] *n.m.* 《조류》(북극산) 바다까치.

méridien(ne) [meridjɛ̃, -ɛn] *a.* 정오(正午)의; 《천문》자오선(子午線)의. ombre ~ne (물체의) 정오의 그림자. hauteur ~ne d'un astre 천체의 자오선 고도, 남중(南中)고도. —*n.m.* 《천문》자오선 [면]; 경선. ~ origine; premier ~ 본초자오선. magnétique 《물리》자기자오선. passer le ~ 《천체가》자오선을 통과하다. ~s et parallèles 경선과 위선. —*n.f.* ① 《천문》자오선. ② 열대 지방의 낮잠; 《구어》낮잠(낮잠용의) 긴의자.

méridional(ale, *pl.* **aux)** [meridjonal, -o] *a.* ① 남방의, 남쪽의. Amérique ~ale 남아메리카. ② 프랑스 남부지방의. accent ~ 남부지방의 악센트.
—**M**—*n.* ① 남국 사람. ② 남프랑스 사람.

-mérie *suff.* 「부분, …체」의 뜻.

meringue [mərɛ̃:g] *n.f.* (설탕과 계란 흰자위로 만든) 크림과자의 일종.

meringuer [mərɛ̃ge] *v.t.* 《요리》meringue의 껍질로 싸다. pommes *meringuées* 사과가 들어 있는 푸딩.

mérinos [merinos] *n.m.* ① 메리노양(羊). ② 메리노양털, 메리노모직. *laisser pisser le* ~ 《속어》시기를 기다리다.
—*a.* 《불변》메리노종의.

merise [məri:z] *n.f.* 야생의 버찌.

merisier [mərizje] *n.m.* 《식물》야생 벚나무.

méristème [meristɛm] *n.m.* 《식물》분열조직.

méritant(e) [meritɑ̃, -ɑ̃:t] *a.* 공로 있는, 가치 있는, 착양할 만한. —*n.* 공로자.

*mérite [merit] *n.m.* ① 공적, 공로. C'est tout à votre ~. 그것은 모두 당신의 공이다. Tout le ~ lui en revient. 그 모든 공은 그에게 돌려야 한다. Il faut dire à son ~ que... 그 사람의 공적으로서 …이라는 것을 말해야 한다. s'attribuer(se donner) le ~ de qc(de+*inf.*) …을 자신의 공으로 돌리다. faire valoir ses ~s 자기 공적을 선전하다.
② (*pl.*) 《신학》(그리스도의) 공덕; (성인의) 공행. ~s de la Passion 수난의 공덕.
③ (사람의) 재능; (사람·사물의) 가치, 장점; (집합적) 유능한 사람들. avoir du ~ 재능이 있다. avoir le ~ de+*inf.* …하는 장점이 있다, 가상하게도 …하다. peintre de grand ~ 뛰어난 재능을 가진

화가. Jamais un envieux ne pardonne au ~. 질투가 많은 사람은 유능한 사람들을 결코 용서하지 않는다.
④ 훈장. Ordre national du ~ 국가공로장.
avoir du(un grand) ~ *à*+*inf.* (…이)…하는 것은 찬양받을 만하다. Il *a un grand* ~ *à* se consacrer ainsi à ses parents malades. 그가 이렇듯 병든 부모를 위해 희생하는 것은 찬양받을 만하다.
n'être pas sans ~ 아주 훌륭하다. Sa persévérance *n'est pas sans* ~. 그의 인내심은 아주 훌륭하다.
se faire un ~ *de qc*[*de*+*inf.*] …하는 것을 자랑으로 삼다.

mérité(e) [merite] *a.p.* (상벌이)당연히 받을 만한.
*mériter [merite] v.t. ① [~ *qc*/*de*+*inf.*/*que*+*sub.*] …을 받을 자격(가치)이 있다, …할 만하다, 마땅하다. Cet acte *mérite* le mépris. 그런 행동은 경멸을 받을 만하다. Il *mérite* d'être battu. 그는 맞아 싸다. Il ne *mérite* pas qu'on se fasse du souci pour lui. 그는 걱정해 줄 만한 가치가 없다. ② (목적보어 없이)공이 있다. Il *a* beaucoup *mérité* et peu reçu. 그는 공적은 많지마는 으만한 보답은 받지 못했다. ③ [~ *qc*] (주어는 사물, 목적보어는 무관사일 때가 많음) …이 필요가 있다. La nouvelle *mérite* confirmation. 그 소식은 확인할 필요가 있다. ~ réflexion 숙고할 필요가 있다. ④ (옛)(주어는 사물)[~ *qc à qn*] (당연한 결과로서) …에게 …을 가져다 주다(valoir). châtiment que lui *ont mérité* ses crimes 그가 범한 갖가지 죄악이 그에게 초래한 형벌.
—*v.t.ind.* [~ *de qc*/*qn*] …에 크게 공헌하다. Il *a* bien *mérité de* la patrie. 그는 조국에 큰 공을 세웠다. Il *a* bien *mérité des* Lettres. 그는 문학계에 큰 공헌을 했다.

méritoire [meritwa:r] *a.* 존경할 만한, 찬양할 만한.
méritoirement [meritwarmɑ̃] *ad.* 훌륭하게.
merl [mɛrl] *n.m.* =**maërl.**
merlan [mɛrlɑ̃] *n.m.* ① 『어류』 대구의 일종. ② (옛·속어)이발사; 견습 이발사.
faire des yeux de ~ *frit* (헌자위만 보이게)눈알을 위로 치켜올리다, 눈을 위로 치뜨다(둘기다).
merle [mɛrl] *n.m.* ① 『조류』 티티새. ② (비유적) ~ blanc 보기드문 사람(것); fin ~ 교활한 인간; vilain(beau) ~ 불쾌한 사람, 비열한 자.
jaser comme un ~ (구어)지껄여대다.
merleau [mɛrlo] (pl. ~**x**) *n.m.* 『조류』 새끼 티티새.
merlesse [mɛrlɛs] *n.f.* 『조류』 암 티티새.
merlette [mɛrlɛt] *n.f.* 『조류』 암 티티새; 『문장』 부리와 발이 없는 물새.
Merlin [mɛrlɛ̃] *n.pr.m.* 『문학』 아더(*Arthur*)왕 전설 중에 나오는 요술사.
merlin¹ [mɛrlɛ̃] *n.m.* ① 『해양』 세밍(細網). ② (속어)다리.
merlin² [mɛrlɛ̃] *n.m.* 도끼(장작을 패거나 도살용(用)의).
merlon [mɛrlɔ̃] *n.m.* ① (성의)총안벽(銃眼壁)의 철부(凸部). ② (꽂불 제조소의)방벽.
merluche [mɛrlyʃ] *n.f.* ① 『어류』 대구의 일종. ② 건대구.
merlus [mɛrly] *n.m.* =**merluche** ①.
méroblastique [merɔblastik] *a.* œuf ~ 『생물』 부전할란(部分割卵), 부전할란(不全割卵).
mérocrine [merɔkrin] *a.* glande ~ 『생물』 부분 분비선.
mérogonie [merɔgɔni] *n.f.* 『생물』 난편생식(卵片生殖).
mérovingien(ne) [merɔvɛ̃ʒjɛ̃, -ɛn] 『프랑스사』 *a.* 메로빙 왕조의. —**M**~*s n.m.pl.* 메로빙 왕가.
merrain [mɛrɛ̃] *n.m.* ① (통 제조용의)떡갈나무 널판. ② 『사냥』 사슴뿔의 줄기.

*merveille [mɛrvɛj] n.f. ① 불가사의, 경탄할 만함, 경이(prodige); 경탄할 만한 것(사람), 비범한 일 (사람). C'est ~ *de*+*inf.*(*que*+*sub.*) …하는 것은 놀라운 일이다. crier ~ 경탄의 소리를 내다. Ce vin est une ~. 이 포도주는 아주 훌륭하다. Il n'est pas une grande ~. 그건 별로 대단한 게 아니다. sept ~*s* du monde 세계의 7대 불가사의. une ~ d'esprit 재능이 뛰어난 사람. ② 메르베유(튀김과자의 일종).
à ~ 썩 잘, 훌륭하게, 놀랍도록. s'entendre *à* ~ 놀랍도록 뜻이 맞다.
dire des ~*s de qn*[*qc*] …을 칭찬하다. (여 주다.)
faire (*des*) ~*s* 경탄할 만한 일을 하다; 묘기를 보이다.
promettre monts et ~*s* 별의별 것을 다 약속하다, 지나친(허황된) 약속을 하다.

merveilleusement [mɛrvɛjøzmɑ̃] *ad.* 놀라우리만큼, 훌륭하게(extraordinairement).
*merveilleux(se) [mɛrvɛjø, -ø:z] a. 놀라운, 놀랄 만한, 신기한, 기묘한; 훌륭한, 굉장한, 희한한(magnifique). faire *qc* avec une facilité ~*se* 놀라울 정도로 쉽게 …하다. Ce vin est vraiment ~. 이 포도주는 정말 맛이 좋다.
—*n.m.* 불가사의, 경이; (문학작품의)초자연적 경이(세계). Le ~ (de l'histoire, c')est que+*ind.* (그 이야기의)신기한 점은…. ~ chrétien 기독교적 경이. ~ scientifique de la science-fiction 공상과학소설구의 과학적 경이.
—*n.* 『역사』 (1795년경 프랑스의)기묘한 옷차림을 한 멋장이 여자(남자는 les incroyables라 불리웠음). (症)

mérycisme [merisism] *n.m.* 『의학』 반추증(反芻).
merzlota [mɛrzlɔta] (러시아) *n.f.* 『지질』 영구 동토층.
*mes [me] a. poss. ⇨mon.
M~ (약자) 『약자』 Madame 부인.
mes [me] *a.poss.* ⇨**mon**.
més- *préf.* 「잘못된, 나쁜」의 뜻.
mesa [meza] (에스파냐) *n.f.* 『지질』 메사, 지탁(地卓)(화산으로 인한 테이블형 산정(山頂)).
mésadvenir [mezadvəni:r] [16] *v.imp.* (옛) 나쁜 일이 일어나다(mésarriver).
mésair [mezɛ:r] *n.m.* 『승마』 반자세(半姿勢).
mésaise [mezɛ:z] *n.m.* (옛)불쾌; 곤궁, 옹색.
mésalliance [mezaljɑ̃:s] *n.f.* 신분이 낮은 사람과의 결혼.
mésallier [mezalje] *v.t.* 신분 낮은 사람과 결혼시키다. —**se** ~ *v.pr.* 신분이 낮은 사람과 결혼하다; (구어)체면이 깎이다.
mésange [mezɑ̃:ʒ] *n.f.* 『조류』 깨새.
mésangette [mezɑ̃ʒɛt] *n.f.* 깨새덫. (나다.)
mésarriver [meza(r)rive] *v.imp.* (옛)불상사가 일어
mésavenant(e) [mezavnɑ̃, -ɑ̃:t] *a.* (옛)무뚝뚝한.
mésavenir [mezavni:r] [16] *v.imp.* =**mésarriver.**
mésaventure [mezavɑ̃ty:r] *n.f.* 재난; 불상사; 실패, 낭패(accident, malchance).
mescaline [mɛskalin] *n.f.* 메스칼린(선인장에서 추출하는 환각제의 일종).
mesdames [medam] *n.f.pl.* ⇨**madame.**
mesdemoiselles [medmwazɛl] *n.f.pl.* ⇨**mademoiselle.**
médifier [mezedifje] *v.t.* (옛)분개시키다.
mésel(le) [mezɛl] *n.* 나병환자, 문둥이.
mésembryanthème [mezɑ̃bri(j)atɛm] *n.m.* 『식물』 송엽국(松葉菊)(번행초(科)의 식물).
mésemploi [mezɑ̃plwa] *n.m.* (드물게)오용(誤用).
mésemployer [mezɑ̃plwaje] [7] *v.t.* 오용하다.
mésencéphale [mezɑ̃sefal] *n.m.* 『해부』 중뇌.

mésentendre [mezātā:dr] [25] v.t. 《드물게》오해하다, 불화하다.
mésentente [mezātā:t] n.f. 불화, 알력(brouille, désaccord); 오해.
mésentère [mezāte:r] n.m. 【해부】 장간막[腸間膜].
mésentérique [mezāterik] 【해부】 a. 장간막의. —n.f. 장간막동맥[정맥].
mésentérite [mezāterit] n.f. 《의학》 장간막염.
mésestimable [mezɛstimabl] a. 경멸할 만한.
mésestimation [mezɛstimasjɔ̃] n.f. 과소평가, 그릇된 평가.
mésestime [mezɛstim] n.f. 경멸(dédain, mépris). tenir qn en ~ …을 경멸하다.
mésestimer [mezɛstime] v.t. ① 낮히 평가하다, 과소평가하다; (상품 따위를)값싸게 보다. ② 경멸하다, 얕보다.
Mésie (la) [lamezi] n.pr.f. 《고대지리》 메지아(로마제국의 한 주(州)).
mésien(ne) [mezjɛ̃, -ɛn] a. 메지아(Mésie)의. —M~ n. 메지아 사람.
mésintelligence [mezɛ̃teliʒɑ̃:s] n.f. 불화, 알력(brouille), être en ~ avec qn …와 알력이 있다.
mésinterprétation [mezɛ̃terpretasjɔ̃] n.f. 《드물게》그릇된 해석.
mésinterpréter [mezɛ̃terprete] [6] v.t. 《드물게》잘못 해석하다.
meslier [melje] n.m. 《식물》 (파리 지방산의)백포도나무.
mesmérien(ne) [mɛsmerjɛ̃, -ɛn] a. 메스메르(Mesmer, 독일의 의사)의; 동물자기설(磁氣說)의. —n. 최면술사.
mesmérique [mɛsmerik] a. =**mesmérien**.
mesmérisme [mɛsmerism] n.m. 동물자기설.
mesmériste [mɛsmerist] n.m. 최면술사.
mesnil [menil] n.m. =**ménil**.
méso- préf. 「중간·중앙」의 뜻. [me.
mésoblaste [mezɔblast] n.m. 《생물》 =**mésoder-**
mésocarpe [mezɔkarp] n.m. 《식물》 중과피(中果皮)(외과피와 내과피 사이의 육질).
mésocéphale [mezɔsefal] n.m. 《해부》 중뇌(中腦), 가운뎃골.
mésocôlon [mezɔkɔlɔ̃] n.m. 《의학》 결장간막(結腸間膜).
mésoderme [mezɔdɛrm] n.m. 《생물》 중배엽(中胚葉).
mésoffrir [mezɔfri:r] [12] v.i. 《드물게》헐값을 붙이다[놓다].
mésogastre [mezɔgastr] n.m. 《해부》 중복부(中腹部).
mésogastrique [mezɔgastrik] a. 중복부의.
mésolithique [mezɔlitik] 《지질》 a. 중석기 시대의. —n.m. 중석기 시대.
mésologie [mezɔlɔʒi] n.f. 《생물》 환경학.
mésomérie [mezɔmeri] n.f. 《화학》 메소메리(유기화학에서 공역계가 반응할 때의 전자쌍의 이동).
mésomorphe [mezɔmɔrf] a. 《물리》 중간상태의.
méson [mezɔ̃] n.m. 《물리》 중간자(中間子).
mésopause [mezɔpoz] n.f. 《기상》 중간면, 반전면(反轉面)(중간권과 전리층의 경계면).
mésopotamien(ne) [mezɔpɔtamjɛ̃, -ɛn] a. 메소포타미아(la Mésopotamie)의. —M~ n. 메소포타미아 사람.
mésosphère [mezɔsfɛ:r] n.f. (성층권 위에 있는)중간권.
mésothorax [mezɔtɔraks] n.m. 《곤충·해부》 가운뎃가슴, 중흉(中胸).
mésothorium [mezɔtɔrjɔm] n.m. 《화학》 메조토륨($β$ 선 방사체).
mésotron [mezɔtrɔ̃] n.m. 《물리》 중간자(méson).
mésoyage [mezwa(zɔ)ja:ʒ] n.m. 《옛》소규모 농경.
mésozoaire [mezɔzɔɛ:r] n.m. 《동물》 중생(中生)《중간》동물.
mésozoïque [mezɔzɔik] a. 《지질》 중생대(中生代)의. —n.m. 중생대 지층.
mésozonal(ale, pl. aux) [mezɔzɔnal, -o] a. 《지질》 메조대(帶)의.
mesquin(e) [mɛskɛ̃, -in] a. ① 천한, 비속한, 비루한(sordide, ↔ noble). homme(esprit) ~ 속물. idées ~es 저속한 사상. ② 쩨쩨한, 인색한, 치사스런. calcul ~ 쩨쩨한 계산. cadeau ~ 인색한 선물. ③《옛》보잘것없는, 초라한, 빈약한(petit, médiocre). chambre ~e 초라한 방.
mesquinement [mɛskinmā] ad. ① 초라하게; 비루하게. agir ~ envers qn …에 대해서 비루하게 행동하다. ② 치사스럽게, 인색하게. économiser ~ 인색하게 절약하다.
mesquinerie [mɛskinri] n.f. ① 초라함, 빈약함; 비속함, 비루함. ②《옛》인색, 치사스러움(avarice).
mess [mɛs] 《영》 n.m. 《군사》 (장교·하사관의)식당; (식당에서 회식하는)장교[하사관]들.
***message** [mesa:ʒ] n.m. ① 전언(傳言), 전갈. être porteur(chargé) d'un ~ 전갈을 가지고 가다. laisser(transmettre) un ~ 전갈을 남기다[전하다]. ~ téléphonique 전화로 알리는 경조인사. ~ téléphoné 전갈전화(우체국에 전화하여 전언을 우편으로 전해주는 방식). ~ publicitaire 스포트 광고. ②(말을 전하는)사명. ambassadeur chargé d'un ~ 어떤 사명을 띤 대사(사절). s'acquitter d'un ~ 사명을 다하다. ③(대통령 따위의)교서. ~ annuel du Président des États-Unis 미국 대통령의 연두교서. ④(예언자 따위의)계시; (예술가 따위의)교훈, 의도. Évangile, ~ de Jésus 예수의 계시인 복음서. ~ du surréalisme 초현실주의의 계시(기여). ⑤ 《컴퓨터》정보전달, 메시지. code d'un ~ 정보신호.
messager(ère) [mesaʒe, -ɛ:r] n. ① 사자(使者), 전달자, 심부름꾼; 배달인. ~ spécial 특사. ~ de malheur[de mauvais augure] 흉보[凶報]를 전하는 사람. ~ des dieux 신의 사자(使者), 메르쿠리우스. ②《문어》예고자(avant-coureur). ~ère du jour 낮의 여명. ~ère du printemps 제비. ③ RNA ~《생물》 메신저 RNA. ④《옛》역마차의 마부; 우편마차. ⑤ 《조류》 뱀을 잡아먹는 수리. —a. pigeon ~ 문서를 전달하는 비둘기, 전서구(傳書鳩). voiture ~ère 우편마차.
messagerie [mesaʒri] n.f. (주로 pl.) ①(철도·선박에의 한)수송[운송] 업무; 《철도》 (객차에의)화물. entrepreneur de ~s 운송업자. ~s aériennes 항공운송. ~s maritimes 해운(海運); 해운 회사. ② 급행화물수송; 급행화물취급소(bureau des ~). faire enregistrer un colis aux ~s 화물을 급행편으로 발송하다. expédier qc aux ~s …을 소화물로 부치다. ③ ~ de presse 《상업》 정기간행물 취급기관. ④《옛》우편마차역, 파발; 우편마차; (역마차에의 여객·화물의)수송.
messagiste [mesaʒist] n.m. 《드물게》 운송업자.
messaliens [mesaljɛ̃] n.m.pl. 《종교사》 상시(常時)기도회(부단한 기도로써 악마를 쫓는다는 4–7세기경의 광신적 수도사의 일파).
messaline [mesalin] n.f. 음탕한 여자. —M~ n.pr.f. 《로마사》 멧살리나(로마 황제 Claude의 음란한 황후).
messe [mɛs] n.f. ① 《가톨릭》 미사; 미사료(料). livre de ~ 미사경본(經本). ~ des morts 추도 미

사. célébrer(dire) la ~ 미사를 올리다. ~ solennelle; grand-~ 대미사. ~ basse (노래가 따르지 않는)독송(讀誦) 미사. ~ noire (악마를 찬양하는)마법의 의식. dire des ~s basses《구어》낮은 소리로 수군(중얼)거리다. ② 《음악》 미사곡.
mességeance [meseɑ̃:s] *n.f.* 《옛》어울리지 않음; 무례, 추태.
messéant(e) [meseɑ̃, -ɑ̃:t] *a.* 《옛》[~ à] (에)어울리지 않는; 무례한; (복장이)단정치 못한.
messeigneurs [mesɛɲœ:r] *n.m.pl.* monseigneur 의 복수.
Messénie [meseni] *n.pr.f.* 《고대지리》 멧세니아《Péloponnèse 반도 서남부 지방》.
messénien(ne) [mesenjɛ̃, -ɛn] *a.* 멧세니아의. —**M~** *n.* 멧세니아 사람.
messeoir [meswa:r] [63] *v.i.* 《직설법 현재·미래·반과거·조건법 현재·현재분사 외는 거의 사용되지 않음》《문어》[~ à] (에)어울리지[마땅치] 않다. Cette couleur *messied* à votre âge. 이 색깔은 당신의 나이에 어울리지 않는다.
messer [meser] *n.m.* 《옛》 《의고체》 문장중에서 해학적으로 사용됨》. M~ Gaster 밥통님.
messervir [mesɛrviːr] [18] *v.t.* 《옛》 (남에게)불리한 일을 하다.
messey-ait, -e [mesɛje, -sɛj] ⇨messeoir.
messianique [mesjanik] *a.* 《종교》메시아(Messie)의, 메시아에 관한.
messianisme [mesjanism] *n.m.* 《종교》메시아 신앙, 메시아(구주주) 대망(待望)(론). ~ révolutionnaire 《문어》(혁명적》(피압박 계급의 구제자를 기다리는)혁명적 메시아 사상.
messianiste [mesjanist] *n.* 메시아의 신자.
messidor [mesidɔ:r] *n.m.* 수확의 달《프랑스 공화력의 제10월; 6월 20~7월 19일》.
Messie [mesi] *n.pr.m.* 메시아, 구세주. attendre *qn* comme le ~ 를 초조하게 기다리다.
messied [mesje] ⇨messeoir.
messier [mesje] *n.m.* 《옛》(농작물·과수의)감시인.
messieurs [mesjø] *n.m.pl.* monsieur 의 복수.
messieurs-dames [mesjødam] *n.m.pl.* monsieur-dame 의 복수.
messin(e) [mesɛ̃, -in] *a.* 메스《Metz [mɛs], 프랑스의 도시》의. —**M~** *n.* 메스 사람.
messire [mesir] *n.m.* 《옛》각하, 귀하, 나리《귀족, 후에는 사제·변호사·의사의 존칭》.
mesto [mɛsto] 《이탈리아》 *ad.* 《음악》 처량하게.
mestrance [mɛstrɑ̃:s] *n.f.* ⇨maistrance.
mestre [mɛstr] *n.m.* ① ~ de camp 《옛》《군사》(16·17세기의 기병연대의)연대장. ② 《해양》메인 마스트(arbre [mɑ̂t] de ~).
mesurable [məzyrabl] *a.* 측정(측량)할 수 있는.
mesurage [məzyra:ʒ] *n.m.* (길이·무게·양 따위의)측정, (토지의)측량; (측량기사의)측량보고서. bureau de ~ 도량검정소.
‡**mesure** [məzy:r] *n.f.* ① 측량, 측정, 계량. unité de ~ 계량단위. appareil [instrument] de ~ 계기(計器). effectuer une ~ 측량(측정)하다.
② 크기, 넓이, 치수(dimension). être de ~ 치수가 맞다. prendre les ~s d'un costume [d'une pièce] 옷의 치수[방의 넓이]를 재다.
③ 도량의 단위[표준]; 척도. poids et ~s 도량형.
④ (계량용의)되; 되의 분량. ~ à grains (곡물용)되. deux ~s d'avoine 귀리 2 되. faire (une) bonne ~ 저울[자·됫박]이 후하다. une ~ de vin 포도주 한 되.
⑤ 역량, 능력; 진가, 실력. donner (toute) sa ~ 실력을 발휘하다, 역량을 보이다. Cet homme n'est pas de ~. 그 사람은 (이 일에는) 역부족이다. prendre la ~ de *qn* …의 능력을 측정하다.
⑥ 정도, 범위; 한도. dans une certaine ~ 어느 정도(까지)는. excéder [passer, dépasser] la ~ 한도를 넘다.
⑦ 알맞은 정도; 절도. avoir beaucoup de ~ 신중하다. juste [bonne] ~ 중용(中庸). homme plein de ~ 신중한 사람. garder la ~ en tout 모든 일에 절도를 지키다.
⑧ 조처, 대책, 수단; 《법》처분. prendre des ~s contre *qc* …에 대하여 조처하다. ~s préventives 예방조치.
⑨ 《운율》 운율(韻律)(의 단위); 《음악》 소절; 박자. à quatre temps 4 박자. battre la ~ 박자를 세다. chanter en ~ 박자를 맞추어 노래부르다.
⑩ 《승마》 보조, 걸음걸이.
à la ~ de …에 따라, …에 균형을 맞추어.
à ~; au fur et à ~ ⇨fur.
à ~ que + *ind.* …에 따라.
commune ~ 공통점《부정문에서》.
dans la ~ du possible [de mes forces] 가능한 한, 힘이 닿는 한.
dans la ~ où + *ind.* …하는 데 따라.
être en ~ de + *inf.* …할 힘이 있다, …할 수 있다.
outre ~ 과도하게, 지나치게.
par ~ de qc …을 목적으로. *par ~ d'économie* 절약할 목적으로.
sans ~ 제한없이; 도를 넘어서.
sur ~ 치수에 맞추어; 형편에 맞추어. costume *sur ~* 주문복.
mesuré(e) [məzyre] *a.p.* ① 계측된; 규칙적인, (보조가)정연한; 운율이 정돈된. distance ~*e* 실측거리. marche ~*e* 일정한 보조. prose ~*e* 운율이 있는 산문. (분량이)한정된. Le temps nous est ~; dépêchons-nous. 시간이 없다, 서두르자. ③ 절도 있는, 신중한, 신중성 있는. être ~ dans ses jugements 판단이 신중하다.
mesure-étalon [məzyretalɔ̃] (*pl.* ~s-~s) *n.f.* 도량형 원기(原器).
mesurément [məzyremɑ̃] *ad.* 알맞은 정도로, 조심스럽게, 신중하게.
‡**mesurer** [məzyre] *v.t.* ① 측정하다; (길이·넓이·높이를)재다; (용량을)달다. ~ le tour de taille 허리 둘레를 재다. Il *a mesuré* son fils. 그는 아들의 키를 재었다. ~ des yeux 눈대중하다; 위아래로 훑어보다. ~ *qc* au mètre …을 (미터)자로 재다.
② (추상적인 것을)헤아려보다, 추정하다(évaluer). ~ la portée d'un acte 어떤 행동의 결과를 생각해보다. ~ ses forces avec [contre] *qn* …와 힘을 겨루다, 경쟁하다.
③ 인색하게 주다, 조금씩 내주다; 절약하다. ~ la nourriture à *qn* …에게 음식을 인색하게 주다[조금밖에 안주다]. Elle *mesure* l'argent de poche de ses enfants. 그녀는 아이들의 용돈을 주는 데 인색하다.
④ [~ à/sur/d'après] (에 따라 [맞추어])가감[조절]하다. ~ l'amende *au* délit 위반(의 경중)에 따라 벌금을 과하다. ~ ses dépenses *sur* son gain 수입에 따라 지출을 조절하다. ~ A à B, A 를 B 에 알맞게 조절하다.
⑤ (언행을)신중히 하다. *Mesurez* vos paroles. 말을 조심하시오.
~ *le sol [la terre]* 《구어》땅 위에 벌렁 나자빠지다.
—*v.i.* ① (상황보어와 함께)(길이·넓이·양 따위가) …이다; (키가)…이다. ~ deux mètres de long [de haut] 길이[높이]가 2미터이다. Il *mesure* un mètre quatre-vingts. 그의 키는 1미터 80이다.

—se ~ v.pr. ① 측정[측량]되다; 평가되다. se ~ en mètres[en litres] 미터[리터]로 측정되다. ② [~ à/avec](와·에)힘을 겨루다; 맞서다, 싸우다 (se battre). se ~ avec l'obstacle 장애물과 싸우다.

mesureur(se) [məzyrœ:r, -ø:z] n. ① (시장의)계량 검사관; (주문복 따위의)치수를 재는 사람. ②계

mésusage [mezyza:ʒ] n.m. 악용, 남용.　　ㄴ량기.

mésuser [mezyze] v.t.ind. [~ de] …을 악용하다, 남용하다.

met [mɛ] mettre 의 직설·현재·3·단수.

méta¹, meta [meta]《라틴》n.f. 《고대로마》 (경기장의)푯말.

méta² n.m. 《상표명》 메탈데히드(métaldéhyde).

mét(a)- préf. 「계속·변화·참가·포함」의 뜻.

métabiose [metabjo:z] n.f. 《생물》 변태공생(變態共生).

métabisulfite [metabisylfit] n.m. 《화학》 이성중아황산(異性重亞黃酸)소다.

métabole [metabɔl] n.f. 《수사학》 어구의 변환법(變換法); 환구법(換句法)(같은 뜻을 표현을 바꿔 반복하기). — n.m.pl. 《동물》 변태하는 곤충(insectes ~s). — a. 《곤충》 변태하는.

métabolique [metabɔlik] n.m. 《생리》 신진대사(新陳代謝)의.

métabolisme [metabɔlism] n.m. 《생리》 신진대사, 물질대사. ~ constructif 동화작용. ~ destructif 이화(異化)작용. ~ basal(de base) 기초대사량.

métabolite [metabɔlit] n.m. 《생리》 대사산물.

métaborique [metabɔrik] a. acide ~ 《화학》 메타붕산.

métacarpe [metakarp] n.m. 《해부》 장골(掌骨).

métacarpien(ne) [metakarpjɛ̃, -ɛn] 《해부》 a. 장골의. — n.m. 장골(os ~).

métacarpo-phalangien(ne) [metakarpɔfalɑ̃ʒjɛ̃, -ɛn] a. 《해부》 중수(中手)지골관절의.

métacentre [metasɑ̃:tr] n.m. 《물리》 경사의 중심, 경심(傾心), 메타센터.

métacentrique [metasɑ̃trik] a. 《물리》 경사의 중심의.

métachromatique [metakrɔmatik] a. 《생물》 ① (동물의 채색의)변색에 관한. ② 이조염색성의.

métachromatisme [metakrɔmatism] n.m. 《생물》 ① (동물의 채색의)변색. ② 메타크로머시, 이조염색성(異調染色性).

métadyne [metadin] n.f. 《전기》 메타다인(발전기·변압기 따위에 쓰이는 여자기(勵磁機)).

métagénèse [metaʒenɛ:z] n.f. 《생물》 진정 세대교번(眞正世代交番).

métagénésique [metaʒenezik] a. 《생물》 진정세대교번의.

métagramme [metagram] n.m. 《언어》 단어중의 첫자 변화.

métairie [metɛ(e)ri] n.f. ① (반타작 소작법에 의한)소작지; 전답. ② (집합적) 소작 농가.

***métal**(pl. **aux**) [metal] n.m. ① 금속. ~ blanc 화이트메탈. ~aux précieux 귀금속. ~ vierge(natif) 자연금속. industrie des ~aux 금속가공업. ②《문어》소재, 재료; (사람의)기질, 체질. ~ de la pensée 사고의 소재. ~ dont qn est fait …의 소질. ③ 《경제》 금은괴(화폐의 지금(地金)); 경화(硬貨). ④ (pl.) 《문장》 금빛과 은빛.

métalangage [metalɑ̃ga:ʒ] n.m. 《언어·컴퓨터》 초언어(超言語), 메타언어, 2차 언어, 언어 분석용 언어, 기호체계 분석용 기호체계.

métalangue [metalɑ̃:g] n.f. =**métalangage**.

métaldéhyde [metaldeid] n.m.[f.] 《화학》 메타

데히드.

métalepse [metalɛps] n.f. 《수사학》 전유법(轉喩法)(Il est mort. 대신 Il a vécu. 와 같이 나타내는 표현).

métalinguistique [metalɛ̃gɥistik] 《언어》 n.f. 메타언어학, 2차언어학. — a. 메타언어의, 2차언어의. fonction ~ 메타언어적 기능.

métaller [metale] v.t. 《화학》 (유기화합물의 수소원자를)금속원자로 치환하다.

métallescent(e) [metalesɑ̃, -ɑ̃:t] a. 《드물게》금속처럼 빛나는.

métallifère [metalifɛ:r] a. 금속을 함유한.

métalliforme [metalifɔrm] a. 《드물게》금속처럼 보이는.

métallin(e) [metalɛ̃, -in] a. 금속같은 빛깔·광택의.

métallique [metalik] a. ① 금속의, 금속으로 된. ~ 철사. meubles ~s 금속제 가구. ②(음·색·광택 따위가)금속성의. éclat(reflet) ~ 금속성 광택. bruit(son) ~ 금속음. ③ (지폐에 대한)정화(正貨)의. monnaie ~ 정화, (특히 금·은의)경화(硬貨). réserve ~ 《경제》 정화금(正貨金) 준비. ④ (수은·납 따위의)금속에 의한. colique ~ 납(수은) 중독성 복통.

métalliquement [metalikmɑ̃] ad. 정화(正貨)로.

métallisage [metaliza:ʒ], **métallisation** [metalizasjɔ̃] n.f. ① 《야금》 금속으로 씌우기, 금속피복(처리). ② 《지질》 광상(鑛床)생성. ③ 《물리》 (금속원소의)환원과정.

métallisé(e) [metalize] a.p. 금속광택이 주어진, 금속피복이 된. peinture ~e 메탈릭 도료.

métalliser [metalize] v.t. ① (어떤 물체에)금속피복을 하다; 금속 광택을 주다. ② (금속 화합물로부터)금속을 환원하다.

métallo [metalo] n.m. 《구어》정련공, 야금공(ouvrier métallurgiste).

métallo- préf. 「금속」의 뜻.

métallochimie [metalɔʃimi] n.f. 금속화학.

métallochromie [metalɔkrɔmi] n.f. 금속착색법.

métallogenèse [metalɔʒ(ə)nɛ:z] n.f. 《광물》 광상(鑛床)형성.

métallogénie [metalɔʒeni] n.f. 광상생성론.

métallographie [metalɔgrafi] n.f. ① 금속조직학. ② 《인쇄》 아연[알미늄] 제판술.

métallographique [metalɔgrafik] a. ① 금속조직학적인. ② 아연[알미늄]제판술의.

métalloïde [metalɔid] n.m. 《화학》 ① 메탈로이드, 반금속. ② 비(非)금속(non-métal).

métallophone [metalɔfɔn] n.m. 메탈로폰, 철금(鐵琴).

métalloplastique [metalɔplastik] a. 《화학》 가소성(可塑性) 금속의.

métalloprotéine [metalɔprɔtein] n.f. 《생화학》 금속단백질.

métallothérapie [metalɔterapi] n.f. 《의학》 금속요법.

***métallurgie** [metalyrʒi] n.f. ① 야금, 야금술. ~ du fer 철 야금. ~ lourde 중금속야금, 생산야금. ~ fine 물리야금, 제조야금. ~ de transformation 가공(제조)야금. ② 제련업, 야금업; 제련공장. ③ 야금업.

métallurgique [metalyrʒik] a. 야금학[술]의. industrie(usine) ~ 제련업[소].

métallurgiste [metalyrʒist] n.m. ① 야금공. ② 제련[제철]업자; 금속 가공업자. ③ 야금학자. — a. 야금[정련]의, 제련의.

métalogique [metalɔʒik] a. 초논리적, 메타논리학의. — n.f. 초논리학, 메타논리학.

métamathématique [metamatematik] n.f. 초수

학, 메타수학. —*a.* 초수학의, 메타수학의.
métamère [metamɛːr] *a.* 〖화학〗 메타메리의, 구조이성(構造異性)의. —*n.m.* 메타메리체; 〖동물〗 체절(體節), 몸마디.
métamérie [metameri] *n.f.* 〖화학〗 메타메리, 구조이성.
métamérisé(e) [metamerize] *a.* 〖동물〗 몸마디를 이룬.
métamorphique [metamɔrfik] *a.* 〖지질〗 (바위가)변성의.
métamorphiser [metamɔrfize] *v.t.* 〖지질〗 (암석을)변성시키다.
métamorphisme [metamɔrfism] *n.m.* 〖지질〗 변성(變成) 작용.
métamorphosable [metamɔrfozabl] *a.* 변형(변신)할 수 있는.
métamorphose [metamɔrfoːz] *n.f.* ① 변신(變身), 변형; (사람의 모습의)변모; (성격 따위의)일변[돌변]. Pierre a beaucoup grandi, quelle ~. 피에르는 무척 커서 아주 달라졌다. ② 〖생물〗 변형; (곤충의)변태, 탈바꿈.
métamorphoser [metamɔrfoze] *v.t.* ① [~ en] (으로)변형시키다, 변신시키다. ② (성격·모습 따위를)일변시키다(changer, transformer). La toilette *métamorphose* une femme. 화장은 여자를 달라져 보이게 한다.
—**se** ~ *v.pr.* [se ~ en] (으로)변신[변모]하다; 〖생물〗 탈바꿈하다, 변태하다.
métampicilline [metãpisilin] *n.f.* 반합성(半合成) 항생물.
métaphase [metafaːz] *n.f.* 〖생물〗 중기(中期), 유사(핵)분열 중기.
métaphonie [metafɔni] *n.f.* 〖언어〗 모음변이(母音變異).
métaphore [metafɔːr] *n.f.* 〖수사학〗 은유(隱喩).
métaphorique [metafɔrik] *a.* (표현·뜻의)은유적인; (문체가)은유에 넘친.
métaphoriquement [metafɔrikmã] *ad.* 은유적으로, 은유를 써서.
métaphoriser [metafɔrize] *v.t.* 은유로 표현하다; (목적보어 없이)은유로 쓰다[이야기하다]. [람.
métaphoriste [metafɔrist] *n.* 은유를 좋아하는 사
métaphosphate [metafɔsfat] *n.m.* 〖화학〗 메타인산염.
métaphosphorique [metafɔsfɔrik] *a.* acide ~ 〖화학〗 메타인산염(燐酸鹽).
métaphrase [metafraːz] *n.f.* 의역; 내용적 해석(↔ paraphrase). [자.
métaphraste [metafrast] *n.m.* 의역자; 내용적 해석
métaphrastique [metafrastik] *a.* 의역적인, 내용적 해석의.
métaphysaire [metafizɛːr] *a.* 〖해부〗 골간단(骨幹端)의, 메타피제의.
métaphyse [metafiːz] *n.f.* 〖해부〗 골간단.
métaphysicien(ne) [metafizisjɛ̃, -ɛn] *n.* 형이상학자; (나쁜 의미로)현실감각이 없는 사람. —*a.* 형이상학자적인, 추상적인 것을 좋아하는; (나쁜 의미로)추상론을 추구하는.
métaphysico- *préf.* 「형이상학적인」의 뜻(예: roman *métaphysico*-scientifique 형이상학적·과학적 소설).
métaphysique [metafizik] *n.f.* ① 〖철학〗 형이상학, 형이상학적 고찰; 사변철학. ~ cartésienne 데카르트의 형이상학. ~ de droit 법철학. ② 인생관, 세계관. se faire une ~ personnelle 자기 고유의 인생관을 갖다. ③ (나쁜 의미로)추상적 사고, 추상론, 관념론. se perdre dans la ~ 추상론에 빠져 헤매다. ne pas s'embarrasser de ~ 《구어》추상론에 구애되지 않다; 만사를 어렵게 생각하지 않다.
—*a.* ① 형이상학적인; 사변철학의. problèmes ~s 형이상학적인 제(諸)문제. ② (나쁜 의미로)추상적인, 관념적인; 실제성이 없는. C'est un esprit ~. 그는 현실감각이 없는 사람이다. ③ 〖옛·구어〗 순수하게 정신적인, 육체를 초월한. amour ~ 육체를 초월한 사랑.
métaphysiquement [metafizikmã] *ad.* 형이상학적으로; 추상적으로.
métaphysiquer [metafizike] *v.i.* 《구어》《경멸》형이상학을 늘어놓다; 추상적인 말[글]을 하다.
métaplasie [metaplazi] *n.f.* 〖생물〗 화생(化生), 변질형성.
métaplasme [metaplasm] *n.m.* 〖옛〗 〖언어〗 어형변이(語形變異), 어음변이. [의.
métaplastique [metaplastik] *a.* 〖언어〗 어형변이
métapsychique [metapsifik] *a.* 심령학적인, 심령현상(연구)의. —*n.f.* 심령학(心靈學), 심령현상(연구).
métapsychiste [metapsifist] *n.* 심령학자.
métapsychologie [metapsikɔlɔʒi] *n.f.* 메타심리학, 초심리학(超心理學).
métargon [metargɔ̃] *n.m.* 《옛》〖화학〗메타르곤(아르곤의 옛 이름).
métasomatose [metasomatoːz] *n.f.* 〖지질〗 (암석성분의)교대작용.
métastabilité [metastabilite] *n.f.* 〖화학〗 준(準)안정성.
métastable [metastabl] *a.* 〖화학〗 준안정(성)의. état ~ 준안정 상태.
métastase[1] [metastaːz] *n.f.* 〖의학〗 (염증·종양 특히 암의)이동, 전이(轉移).
métastase[2] *n.f.* 〖언어〗 폐쇄음의 조음에서의 이완의 단계.
métastatique [metastatik] *a.* 〖의학〗 전이성의.
métatarse [metatars] *n.m.* 〖해부〗 척부(蹠部), 중족(中足).
métatarsien(ne) [metatarsjɛ̃, -ɛn] 〖해부〗 *a.* 척부의, 중족의. —*n.m.* 척골, 중족골(os tarsien).
métathéorie [metateɔri] *n.f.* 〖논리·언어〗 메타이론, 초이론, 고차이론.
métathèse [metatɛːz] *n.f.* ① 〖언어〗 음위 전환(音位轉換). ② 〖의학〗 환부전이(轉移). ③ 〖논리〗 (논리상의)환위(換位). ④ 〖화학〗 복분해.
métathorax [metatɔraks] *n.m.* 〖곤충〗 후흉(後胸].
métatypie [metatipi] *n.f.* 〖생물〗 변이. [胸].
métatypique [metatipik] *a.* tumeur ~ 〖의학〗 변이성 종창.
métayage [metɛjaːʒ] *n.m.* 〖농업〗 반타작 소작업.
métayer(ère) [metɛje, -ɛːr] *n.m.* 〖농업〗 반타작 소작인; 《구어》소작인. —*n.f.* (반타작)소작인의 아내.
métazoaire [metazɔɛːr] 〖생물〗 *a.* 후생동물의.
—*n.m.* 후생동물(後生動物). [의.
métazoïque [metazɔik] *a.* 〖지질〗 동물발생 이후
méteil [metɛj] 〖농업〗 *n.m.* 밀과 호밀의 혼합.
—*a.* blé ~ 혼합밀.
métempirique [metãpirik] *a.* 초경험의, 선험적(先驗的)인.
métempsyc(h)ose [metãpsikoːz] *n.f.* 〖종교〗 윤회(輪廻)(轉生).
métempsyc(h)osiste [metãpsikozist] *a.* 윤회를 믿는. —*n.* 윤회론자. [腦].
météncéphale [metãsefal] *n.m.* 〖해부〗 후뇌(後
météo [meteo] *n.f.* 《구어》기상대(météorologie). bulletin de la ~ 기상통보, 일기예보. Alors, que

météogramme

dit la ~? 그래, 기상대 발표[일기예보]는 어때? —*a.*(불변)(구어)기상에 관한, 기상의(météorologique). prévisions ~ 일기예보.

météogramme [meteɔgram] *n.m.* 《항공》기상통보.

météore [meteɔr] *n.m.* ① (옛·학술)대기현상. ~s aériens 공기현상. ② 유성(流星), 별똥별. ③ (혜성같이)한동안 빛을 발하는 것 (사람).

météorique [meteɔrik] *a.* 대기현상의. influences ~s 대기의 작용. pierre ~ 운석(隕石).

météoriquement [meteɔrikmɑ̃] *ad.* 유성처럼.

météorisation [meteɔrizasjɔ̃] *n.f.* ① 《지질》풍화(風化)작용. ② 《의학·수의》고창(鼓脹)(météorisme).

météorisé(e) [meteɔrize] *a.p.* 《의학》고창한.

météoriser [meteɔrize] *v.t.* 《의학》고창시키다.

météorisme [meteɔrism] *n.m.* 《의학》고창(鼓脹)(météorisation).

météorite [meteɔrit] *n.m.(f.)* 운석(隕石).

météoritique [meteɔritik] *a.* 운석의.

météorographe [meteɔrɔgraf] *n.m.* 자기기상계(自記氣象計), 기상기록장치.

météorologie [meteɔrɔlɔʒi] *n.f.* ① 기상학. ② 기상대; 일기예보(국)(《약자》méteo).

météorologique [meteɔrɔlɔʒik] *a.* 기상의. bulletin ~ 기상통보, 일기예보. carte ~ 기상도. Office national ~ (파리의)국립기상사무국. poste[station] ~ 기상대, 기상관측소.

météorologiste [meteɔrɔlɔʒist], **météorologue** [meteɔrɔlɔg] *n.* 기상학자; 기상대원[(일기)예보관.

météoromancie [meteɔrɔmɑ̃si] *n.f.* 기상에 의한 점(占).

météoropathologie [meteɔrɔpatɔlɔʒi] *n.f.* 기상병리학(病理學).

métèque [metɛk] *n.m.* ①(구어)(경멸)(프랑스 거류의 아랍·남구계)외국인. ② 《고대그리스》거류 외국인.

méthacrylique [metakrilik] *a.* 《화학》acide ~ 메타크릴산; résine ~ 메타크릴 수지(樹脂).

méthadone [metadɔn] *n.f.* 《약》메타돈《(비)아편성 진통제》.

méthane [metan] *n.m.* 《화학》메탄; (폭발성의) 메탄가스.

méthanier [metanje] *n.m.* 액화 천연가스 수송선.

méthanique [metanik] *a.* 《화학》메탄의(계)의. hydrocarbure ~ 메탄계 탄화수소(炭化水素).

méthanoduc [metanɔdyk] *n.m.* 메탄가스수송 파이프 라인[코올.

méthanol [metanɔl] *n.m.* 《화학》메탄올, 메틸알

méthémoglobine [metemɔglɔbin] *n.f.* 《화학》메트헤모글로빈《적혈구의 산화에 의하여 생기는 결정성 화합물》.

méthionine [metjɔnin] *n.f.* 《화학》메티오닌.

***méthode** [metɔd] *n.f.* ① (학문 연구상의 조직적 사고)방법; (논리의)조리, 이로(理路); 질서, 체계. Chaque science a ses ~s. 각 학문은 저마다의 방법이 있다. ~ analytique 분석적 방법. ~ déductive (inductive) 연역 (귀납)법. Cette thèse manque de ~. 이 논문은 조리가 서 있지 않다. ~ audio-visuelle 시청각 방식. ~ de travail 작업순서. ~ de lecture 독서법. ③ (예술·기술 따위의)기초지식, 《pl.》de l'architecture 건축의 기초지식. ④ 입문서, 강의록. ~ de comptabilité 부기입문. ~ de piano 피아노 교본.
avec ~ 조직적으로, 질서있게. sans ~ 무질서하게, 일관성 없이.

méthodique [metɔdik] *a.* 조직적인, 방법적인; 질서 있는, 정연한. classement ~ 계통적 분류.

démonstration ~ 논리정연한 증명. doute ~ (데카르트의)방법적 회의. esprit ~ 조리있게 생각을 하는 사람. vérifications ~s 조직적 검증.

méthodiquement [metɔdikmɑ̃] *ad.* 방법적으로, 조직적으로; 질서 있게.

méthodisation [metɔdizasjɔ̃] *n.f.* 《드물게》(일·기업 따위의)방법화, 조직화.

méthodisme [metɔdism] *n.m.* 《종교사》감리교 《시교의 일파》.

méthodiste [metɔdist] 《종교사》 *a.* 감리교(파)의, 감리교도의. —*n.* 감리교도.

méthodologie [metɔdɔlɔʒi] *n.f.* 《철학》방법론.

méthodologique [metɔdɔlɔʒik] *a.* 방법론의, 방법론에 관한.

méthylamine [metilamin] *n.f.* 《화학》메틸아민.

méthylation [metilasjɔ̃] *n.f.* 《화학》메틸화, 메틸기 치환.

méthyle [metil] *n.m.* 《화학》메틸(기).

méthylé(e) [metile] *a.* 《화학》메틸기를 포함한.

méthylène [metilɛn] *n.m.* ① 《화학》메틸렌(기). bleu de ~ 메틸렌블루《방부작용이 있는 청색 염료》. ② 《상업》메틸알코올.

méthyler [metile] *v.t.* 《화학》메틸화(化)하다; 메틸알코올을 혼합하다.

méthylique [metilik] *a.* 《화학》메틸의. alcool ~ 메틸알코올.

méticuleusement [metikyløzmɑ̃] *ad.* 세심하게, 꼼꼼히(minutieusement).

méticuleux(se) [metikylø, -ø:z] *a.* 사소한 일에 마음을 쓰는, 세심한, 소심한; (일에)꼼꼼한. être très ~ dans son travail 자기 일에 매우 꼼꼼하다.

méticulosité [metikylozite] *n.f.* 《문어》세심, 소심, 꼼꼼함.

:métier [metje] *n.m.* ① 직업, 생업 (profession). Quel ~ faites-vous? — Je suis coiffeur. 직업이 무엇입니까? 이발사입니다. exercer un ~ 생업에 종사하다. ~ intellectuel 지적 직업. ~ de professeur(d'avocat) 교수(변호사)라는 직업. apprendre un ~ 직업을 배우다. connaître bien son ~ 일에 능숙하다.
② 뜻, 일(fonction). ~ de roi 왕의 직무. C'est son ~ de + *inf.* …하는 것이 그의 일이다.
③ 손놀리는 직업, 수공업, 공예, arts et ~s 공예. ~ manuel 수공업. ~ de tailleur 양복점업(業). homme(gens) de ~ 장인(匠人).
④ 숙련, 솜씨, 기교, 경험. manquer de ~ 미숙하다, 세련되지 못하다. avoir du ~ 솜씨가 좋다, 기교가 있다. jeune professeur qui a peu de ~ 경험이 부족한 젊은 선생. jouer un tour(servir un plat) de son ~ 여느 때나 다름없는 나쁜 짓을 하다.
⑤ 베틀, 방적기(~ à tisser); 편물기계.
⑥ (수 따위의)틀.
apprendre son ~ à qn …을 나무라다.
avoir le cœur au ~ 일에 열심이다.
avoir un ouvrage sur le ~ 어떤 일을 손대고 있다, 어떤 작품을 집필중이다.[않다.
Cela n'est pas de mon ~. 그런 일에 나는 익숙하지
Chacun son ~, et les vaches seront bien gardées. 《속담》각자 자기 일에 충실하면 만사가 순조롭다.
de (son) ~ 직업으로. Il est horloger *de son* ~. 그의 직업은 시계공이다.
être du ~ 그 방면으로 전문가이다; 동업자이다.
faire ~ de …을 직업으로 삼다; …을 상습적으로
Faites votre ~! 남의 일에 참견 마시오! 하라.
gâcher(gâter) le ~ 터무니없는 싸구려로 팔다[일하다].
Il n'est point de sot ~. 《격언》직업에 귀천이 없다.

mettre qc sur le 《구어》…을 시작하다.
métis(se) [metis] *a.* ① 혼혈의; (미국에서) 백인과 인디언과의 혼혈의. enfant ~ (특히 백인과 유색인종의) 혼혈아. ② 《동식물의》잡종의. chien ~ 잡종개. roses ~*ses* 교배종 장미). ③ 교직(交織)의; 《옛》혼합한. tissu ~ (무명과 삼의) 교직.
—*n.* 혼혈아; 《동식물의》잡종, 트기.
—*n.m.* (무명과 삼의) 교직(tissu ~).
métissage [metisaːʒ] *n.m.* 혼혈; 《생물》이종교배(異種交配).
métissé(e) [metise] *a.* 교배에 의한, 잡종의. chien ~ 잡종개.
métisser [metise] *v.t.* 이종교배하다.
M.-et-L. 《약자》Maine-et-Loire [mɛnəlwaːr] 멘에루아르 (프랑스의 도(道)).
M.-et-M. 《약자》Meurthe-et-Moselle [mœrtemozɛl] 뫼르트에모젤 (프랑스의 도(道)).
métol [metol] *n.m.* 메톨 (사진 현상약).
métonien(ne) [metɔnjɛ̃, -ɛn] *a.* 《천문》메톤의. cycle ~ 메톤 순환기.
métonomasie [metɔnɔmazi] *n.f.* 고유명사를 외국어 (특히 라틴어)식으로 바꾸기 (예:La Ramée → Ramus).
métonymie [metɔnimi] *n.f.* 《수사학》환유.
métonymique [metɔnimik] *a.* 《수사학》환유(換喩)의(적인), 환유를 사용하는.
métope [metɔp] *n.f.* 《건축》(도리아식 건축의 프리즈의) 소간벽(小間壁).
métoposcope [metɔpɔskɔp] *n.m.* 《옛》(특히 이마의 주름살로 보는) 관상.
métoposcopie [metɔpɔskɔpi] *n.f.* 《옛》관상학.
métoquinone [metɔkinɔn] *n.f.* 메토키논 (사진 현상약).
métrage [metraːʒ] *n.m.* ① 미터 측량. ② 《토목·건축》견적 작성, 예산. ③ (미터로 측량한) 길이. ④ (미터로 파는) 옷감의 길이; (어떤 길이의) 옷감. ④ 《영화》(영화의) 길이. court(long) – 단편(장편) 영화.
métralgie [metralʒi] *n.f.* 《의학》자궁통(痛).
mètre¹ [mɛtr] *n.m.* ① 《운율》운율; 시구. ② (시의) 운율구성, 격조(格調)
mètre² [mɛtr] *n.m.* ① 《도량형》미터. ~ carré 제곱미터. ~ cube 세제곱미터. ② cent ~*s* 《스포츠》100 미터 경주. ③ 미터자.
-mètre *suff.* "···측정기'의 뜻.
métré [metre] *n.m.* ① (건물·토지 따위의) 미터 측량 결과, 면적. ② 공사 견적(서).
mètre-kilogramme [mɛtrəkilɔgram] (*pl.* ~*s*-~*s*) *n.m.* 《물리》미터킬로그램 (일의 단위).
mètre-newton [mɛtrənœ(ju)tɔn] (*pl.* ~*s*-~*s*) *n.m.* 《물리》줄(joule) (전기에너지의 단위).
métrer [metre] [6] *v.t.* 미터로 측량하다.
métreur(se) [metrœːr, -øːz] *n.* 건축 측량사, 측량기사; (건축) 공사 견적사.
métricien(ne) [metrisjɛ̃, -ɛn] *n.* 운율학자.
-métrie *suff.* '측정법(도)·평가'의 뜻.
métrique¹ [metrik] *a.* 운율의. —*n.f.* 운율학; 작시법(versification).
métrique² *a.* 미터(법)의. système ~ 미터법. ② 《수학》거리의, 계량의. géométrie ~ 측량 기하법. —*n.f.* 《수학》측량 기하법; 거리, 계량.
-métrique *suff.* '측량법(도)·평가(의)'의 뜻.
métrite [metrit] *n.f.* 《의학》자궁(근층(筋層))염.
***métro** [metro] *n.m.* 지하철(chemin de fer métropolitain의 약칭). bouche de ~ 지하철의 출입구. ~, boulot, dodo 《구어》지하철, 일, 잠 (대도시 봉급생활자들의 단조로운 생활을 요약한 표현).
métro- *préf.* '측량·운율·리듬'의 뜻.
métrocyte [metrɔsit] *n.f.* 《생리》모세포, 적아구(赤芽球).
métrologie [metrɔlɔʒi] *n.f.* 도량형학(度量衡學); 계측학, 계측법.
métrologique [metrɔlɔʒik] *a.* 도량형학의, 계측학의, 계측법의.
métrologiste [metrɔlɔʒist], **métrologue** [metrɔlɔg] *n.* 도량형학자, 계측학자.
métromane [metroman] *n.* 작시광(作詩狂).
métromanie [metromani] *n.f.* 작시벽(癖).
métronome [metrɔnɔm] *n.m.* 《음악》메트로놈, 박절기(拍節器).
métronomique [metrɔnɔmik] *a.* 《음악》메트로놈의 의 뜻.
métropathie [metropati] *n.f.* 《의학》메트로파티 (기능성 부정 자궁 출혈증).
métropole [metropɔl] *n.f.* ① 수도(capitale); (지방의) 주요 도시. ~ d'équilibre 균형도시 (수도와 균형을 맞추기 위해 개발이 진행되고 있는 지방 도시). ② 《식민지·해외영토에 대한》본국, 모국. faire un voyage en ~ 본국으로 여행하다. ③ 《가톨릭》대주교가 있는 도시.
métropolitain(e) [metropɔlitɛ̃, -ɛn] *a.* ① 수도의, 주요도시의. chemin de fer ~ 지하철. ② 본국(모국)의, armée ~ 본국군대. territoire ~ 본토. ③ 《가톨릭》대주교 주재의. —*n.m.* ① 지하철(métro). ② 《가톨릭》대주교.
métropolite [metropɔlit] *n.m.* 《종교》(그리스정교의) 대주교.
métrorr(h)agie [metrɔraʒi] *n.f.* 《의학》(월경이외의) 자궁출혈.
mets¹ [mɛ] *n.m.* (접시에 담은) 요리.
mets² mettre 의 직설·현재·3·단수; 명령·2·단수.
mettable [mɛtabl] *a.* 《옷이》입을 수 있는. Ce costume est encore ~. 이 옷은 아직 입을 수 있다.
mettage [mɛtaːʒ] *n.m.* 《직조》① 실패의 일종. ② ~ en mains 비단실을 타래짓기.
*****metteur(se)** [mɛtœːr, -øːz] *n.* (다음 표현에서만 사용) ~ au point (조각의) 수정자; (기계의) 정비(조정) 공. ~ en cartes (직물의) 의장(意匠) 도안가. ~ en œuvre (기계 따위의) 조립공; 제작기사; (보석) 세공인; (비유적) 이용자. ~ en ondes (텔레비전·라디오의) 연출자. ~ en pages (인쇄) (조판하는) 식자공. ~ en scène 연출가; 《영화》감독.
mett-(i)ez, -(i)ons [mɛ(e)t-(j)e, mɛt(j)ɔ̃] ⇒mettre.
***mettre** [mɛtr] [46] *v.t.* ① 《어떤 곳에》 놓다, 넣다, 옮기다. ~ sa valise à terre 여행 가방을 땅에 놓다. ~ du vin en bouteille 포도주를 병에 담다. ~ sous clé un dossier 서류를 열쇠로 잠가놓다. ~ une idée en tête à qn …의 머리에 어떤 사상(생각)을 불어넣다. Il *met* du sel dans la soupe. 그는 수프에 소금을 친다. ~ un enfant au(dans son) lit 어린아이를 침대에 뉘다. Il *a mis* son fils en pension. 그는 아들을 하숙을 시켰다. ~ les bras en l'air 두 팔을 쳐들다. ~ ses mains derrière le dos 뒷짐을 지다.
② 붙이다, 달다, 걸다, 첨가하다, 씌우다. ~ un bouton à une veste 저고리에 단추를 달다. ~ un tableau au mur 벽에 그림을 걸다. ~ un pansement au blessé 부상자에게 붕대를 감다. ~ un timbre sur une enveloppe 봉투에 우표를 붙이다. ~ des roues à une voiture 차에 타이어를 끼우다.
③ 준비하다; 가설하다, 설치하다. ~ la table (le couvert) 식탁을 차리다. Il a fait ~ le gaz (l'électricité) chez lui. 그는 자기 집에 가스(전기)를 설치했다.

④ (옷을)입다, (몸에)걸치다, (모자·안경을)쓰다, (구두를)신다, (장갑을)끼다, (옷 따위를)입히다; (화장품을)바르다, 칠하다. Pour sortir, *mettez* votre manteau. 외출하려면 외투를 입으세요. Elle *a mis* une robe bleue à sa fille. 그 여자는 딸에게 파란 원피스를 입혔다. Vous *avez mis* trop de rouge à lèvres. 당신은 입술연지를 너무 많이 발랐어요.

⑤ 기입(기재)하다, 적(어넣)다. ~ son nom sur une pétition 진정서에 서명하다. ~ une somme (sur un compte) (장부에)어떤 금액을 기입하다.

⑥ (사람을 어떤 상태에) 놓다, 두다, 들어가게(빠지게) 하다. ~ *qn* dans l'embarras(la misère) …을 곤경(빈곤)에 빠뜨리다. ~ *qn* en colère(en danger) …을 격분케 하다(위험에 빠뜨리다. ~ *qn* en liberté …을 석방하다. ~ *qn* à la torture …을 고문하다. ~ *qn* sous la protection de *qn*(*qc*) …을 …의 보호하에 두다. ~ un élève debout 학생을 세워놓다.

⑦ (사람을 어떤 자리·지위에)앉히다. ~ *qn* à la direction de *qc* …을 …의 관리자의 지위에 앉히다. ~ *qn* à la place d'honneur …을 상좌에 앉히다.

⑧ [~ en](로)하다, (가)되게 하다; (으로)바꾸어 놓다, 번형하다. ~ un brouillon *au propre* [net] 초고를 정서하다. ~ une pierre en bague 보석으로 반지를 만들다. *Mettez* les verbes à la forme passive. 동사들을 수동태로 바꾸시오. Il *a mis* un texte latin *en français*. 그는 라틴어 원문을 프랑스어로 옮겼다. ~ des vers en musique 시를 작곡하다. Les enfants *ont mis* leur chambre en désordre. 아이들이 방을 어질러놓았다.

⑨ (변화·혼란 따위를)일으키다. ~ le désordre 혼란을 일으키다. ~ le feu à *qc* …에 불을 지르다. ~ fin à *qc* …을 끝장내다, 종결시키다.

⑩ⓐ [~ *qn* à + inf./à + inf.] (에게)(을)시키다, 하게 하다. Le professeur *met* les élèves à l'étude des mathématiques. 교사는 학생들에게 수학공부를 시킨다. ~ un jardinier à planter des fleurs 정원사에게 꽃을 심게 하다. ⓑ [~ *qc* à + inf.] (을)(하게) 하다. ~ du café à chauffer 커피를 끓이다. ~ du linge à sécher 속옷을 말리다(sécher du linge).

⑪ⓐ (기계 따위를)움직이게 하다, 작동시키다. ~ le chauffage 히터 (난방장치)를 가동시키다. ~ un disque (de la musique) 레코드판 (음악)을 틀다. ~ le verrou 빗장을 지르다. ~ la radio 라디오를 켜다. ⓑ (기계 따위를)조정하다, 맞추다. Je *mets* le réveil à six heures. 나는 자명종을 6시에 맞춘다. *Mettez* la télévision sur la deuxième chaîne. 텔레비전을 제 2채널에 맞추세요.

⑫ (에)(돈을)쓰다, 대다. Il *a mis* toutes ses économies à (dans, sur) un bibelot. 그는 저축한 돈을 골동품에 몽땅 털어넣었다. ~ des capitaux dans une affaire 사업 자금을 대다. ~ une grosse somme sur un cheval (aux courses) 거액을 말(경마)에 걸다.

⑬ⓐ (행동에 심정·감정 따위를)쏟다, 기울이다. Il *met* de la passion dans ses amitiés. 그는 우정에 정열을 쏟는다. [~ *qc* à + inf.] Il *met* tous ses soins à (faire) son travail. 그는 자기 일에 온갖 정성을 쏟고 있다. Il *a mis* son orgueil à ne pas céder. 그는 양보하지 않는 것을 자랑으로 여겼다. ⓑ (에)(희망 따위를)걸다, 두다; (행복 따위를)찾다. ~ de grands espoirs dans (en) *qn* …에 큰 희망 (기대)를 걸다. Je *mets* toute ma confiance en lui. 나는 그를 전폭적으로 신뢰하고 있다.

⑭ 간주하다, 여기다; 평가하다. Il *met* l'honneur avant l'argent. 그는 명예를 돈보다 우선으로 여긴다. La santé *est mise* au rang des biens les plus précieux. 건강은 가장 귀중한 재산의 하나로 간주되고 있다. Il *met* ce roman à son juste prix. 그는 이 소설을 정당하게 평가한다.

⑮ (시간을)쓰다, 소비하다; (시간이) 걸리다. Il *a mis* quatre heures à (pour) rédiger ce rapport. 그는 이 보고서를 작성하는데 4시간이 걸렸다. ~ du temps (longtemps) à + inf. …하는 데 시간이 (오래) 걸리다. y ~ le temps 《구어》 많은 시간이 걸리다.

⑯ 《구어》 가정하다; (로)어림잡다. (~ + 수사 + 명사) Combien cela va coûter? — *Mettons*(*Mettez*) cent francs en tout. 비용이 얼마나 들까요? 글쎄요, 전부 100프랑이면 되겠지요. On y arrivera au bout... *mettons*, deux heures. 글쎄, 2 시간이 그곳에 도착하겠지요. [~ *que* + *ind./sub.*] *Mettons que* vous ayez raison. 당신이 옳다고 가정하자. *Mettez que* vous n'en savez rien. 당신은 아무것도 모르는 것으로 해두시오.

être bien [*mal*] *mis* 옷차림이 좋다 [나쁘다].
Il s'agit de les ~*!* 《속어》 도망치는 편이 낫겠다; 서둘러야겠다.
le ~ *à qn* 《속어》 …을 속이다.
les ~*; en* ~ 《속어》 도망치다.
Qu'est-ce qu'il lui met! 《속어》 굉장한 난타로군!

— se ~ *v.pr.* ① (어떤 장소·상황에)몸을 두다; (어떤 상태에)되다. *Mettez-vous* dans ce fauteuil. 이 안락의자에 앉으십시오. *se* ~ à table 식탁에 앉다. Je ne savais où *me* ~. 몸 둘 바를 몰랐다(《구멍이라도 있으면 들어가고 싶었다》). *Mettez-vous* à ma place. 내 처지가 되어 보십시오. *se* ~ dans les affaires 사업에 손을 대다. *se* ~ dans une situation délicate 난처한 지경에 빠지다. *se* ~ de (à) la coopération 협동조합에 가입하다. *se* ~ à genoux 무릎꿇다. *se* ~ d'accord 동의하다. *se* ~ en route 출발하다.

② [*se* ~ à] (에)착수하다, (하기)시작하다. Il *se met* au travail. 그는 일에 착수한다. Il *se met* à pleuvoir. 비가 오기 시작한다. Le temps *se met* au beau. 날씨가 좋아진다.

③ (se 는 간접목적보어) (자기 몸에)걸치다; 문히다. *se* ~ un châle sur les épaules 어깨에 숄을 걸치다. n'avoir rien à *se* ~ 입을 것이 아무것도 없다. *se* ~ un sac sur le dos 자루를 등에 짊어지다. *se* ~ une idée dans la (en) tête 어떤 생각을 하다 (품다).

④ 《속어》서로 때리다. Qu'est-ce qu'ils *se mettent!* 굉장한 난타전이로군!
se ~ *au-dessus de qn* …을 멸시하다.
se ~ *avec qn* …와 동서하다; …의 편을 들다.
se ~ *bien* 옷을 잘 (멋있게)입다; 《속어》 돈을 잘 쓰다; 사치하다.
se ~ *bien avec qn* …와 사이가 좋다.
se ~ *qn à dos* …을 언짢게 하다.
s'y ~ 을 시작하다; 한몫 끼다.

meublant(e) [mœblɑ̃, ɑ̃:t] *a.* ① 실내장식용의. ② meubles ~*s* 《법》 가재(家財), 가구.

‡**meuble** [mœbl] *a.* ① 《법》 이동할 수 있는 (↔immeuble). biens ~*s* 《법》 동산. ② 《농업》(토지가) 경작하기 쉬운. terre (sol) ~ 경작하기 쉬운 땅.
—*n.m.* ① 가구; (집합적) 가구류. ~ de bureau (de rangement) 사무용 (정리용) 가구. être (s'installer, se mettre, vivre) dans ses ~*s* 자기 세간을 갖춘 집 (아파트)에 살다. mettre une femme dans les ~*s* 첩을 두다. ② 《법》 동산 (mobilier). ~ corporel 유체 (有體)동산. ~ incorporel 무체동산 (저작권·채권·주식권·영업권 따위). ③ 《문장》

(방패꼴 바탕무늬 따위의)무늬. ④《옛》《살림》도구. Ce couteau à plusieurs lames est un ~ fort commode. 칼날이 여러 개 달린 이 주머니칼은 매우 편리한 도구이다.
sauver les ~s 재난을 당했을 때 건질 수 있는대로 건져내다.

meublé(e) [mœble] *a.p.* ① 가구를 갖춘, 가구가 딸린. location ~*e* 가구를 포함한 임대. vieille dame richement ~*e* 호화로운 가구를 갖추고 사는 노부인. ② (필요한 것이)갖추어진, 다 채워진. cave bien ~*e* 잘 갖추어진 술창고. avoir la bouche bien ~*e* 아름다운 치아를 갖고 있다.
—*n.m.* 가구 딸린 아파트.
être en ~ 셋집살이를 하다. *tenir un* ~ 세놓다.

meuble-classeur [mœbləklasœːr] (*pl.* ~*s*-~*s*) *n.m.* 서류정리함.

meubler [mœble] *v.t.* ① (집·방에)가구를 갖추다; (필요한 것을)갖추다. ~ une ferme 농가에 경작용품을 갖추다. Un lit et une chaise *meublent* la chambre. 침대와 의자가 침실에 놓여 있다. ② 채우다; 풍부(풍요)롭게 하다. ~ son imagination de rêves insensés 터무니없는 꿈으로 상상을 채우다. savoir ~ ses loisirs 여가를 선용할 줄 알다. ③ 《목적보어 없이》장식이 되다. Ces rideaux *meublent* bien. 이 커튼은 훌륭한 장식이 되고 있다.
—*se* ~ *v.pr.* ① (자기 집·방에)가구를 들여놓다(갖추다). ② (실내에)가구가 갖추어지다.

meuglement [mØgləmã] *n.m.* ① (소가)우는 소리 (beuglement). ② (기적·경적·사이렌 따위가)울리는 소리.

meugler [mØgle] *v.i.* (소가)울다(beugler). —*v.t.* 《구어》(노래 따위를)시끄럽게 부르다, 고래고래 소리지르다.

meulage [mØlaːʒ] *n.m.* 회전숫돌로 갈기.
meulard [mØlaːr] *n.m.* 큰 절구; 큰 숫돌.
meule¹ [mØːl] *n.f.* ① 돌절구. ② 회전숫돌. ③ ~ de fromage 절구꼴 치즈.
meule² *n.f.* ① 《농업》(건초·짚 따위의)쌓아올린 더미. ② 숯 굽는 장작더미. mettre en ~ 쌓아올리다. ③ (버섯 찌끼의)퇴비 더미, 버섯 재배용 온상.
meuler [mØle] *v.t.* (칼날을)갈다; (렌즈를)갈다. machine à ~ 연마기.
meulerie [mØlri] *n.f.* 돌절구(회전숫돌) 제작소.
meulette [mØlɛt] *n.f.* (~ 따위의)작은 더미. mettre les gerbes en ~ 다발(단)로 쌓다.
meuleuse [mØlØːz] *n.f.* 연마바(盤), 갈음질판.
meulier(ère) [mØlje, -ɛːr] *a.* 돌절구(회전숫돌의).
—*n.m.* 돌절구(회전숫돌) 제조공(제작자). ② 절구용 규격 채굴공. —*n.f.* 절구(숫돌·건축)용 규석(pierre ~ *ère*); 절구용 규석 갱(採석장).
meulon [mØlɔ̃] *n.m.* ① (사투리)(건초 따위의)작은 더미. ② (염전에서 걷어 올린)소금 더미 (초).
méum [meɔm] *n.m.* 《식물》메움(미나리과의 약초).
meunerie [mØnri] *n.f.* 제분업; 《집합적》제분업자.
meunier(ère) [mØnje, -ɛːr] *n.* 제분업자, 방앗간 주인. échelle (escalier) de ~ 좁고 가파른 계단.
—*n.m.* (곤충) 바퀴(cafard). (어류) 황어 (chevaine). (식물) 흰곰팡이병의 일종. —*n.f.* ① 방앗간 안주인. ② 《조류》긴꼬리박새. —*a.* 제분업의. industrie ~*ère* 제분업.

meur-e, -s, -t [mœr] ⇨mourir.
meurette [mœrɛt] *n.f.* 《요리》적포도주를 사용한 소스를 친 붕계란.
meurt-de-faim [mœrdəfɛ̃] *n.* 《복수불변》끼니를 못 잇는 사람. salaire de ~ 기아 임금.
meure-de-soif [mœrdəswaf] *n.* 《복수불변》《구어》술고래.

meurtre [mœrtr] *n.m.* ① (의식적인)살인, 살해; 살인죄(homicide). être inculpé (accusé) de ~ 살인죄로 기소당하다. faire (commettre) un ~ avec préméditation 계획적인 살인을 하다. provocation [excitation] au ~ 살인교사. ②《옛》애석함, 서운함. C'est un ~ de +*inf.* …하는 것은 매우 서운한 일이다.
Au ~*!* 사람 살려! 사람 죽는다! *crier au* ~《구어》(작은 일에)크게 떠들어대다.

meurtri(e) [mœrtri] *a.p.* ① 상처입은; 타박상을 입은. ② (과일 따위가)멍든; 상심한.
meurtrier(ère) [mœrtrije, -ɛːr] *a.* ① 많은 인명을 빼앗는, 살인(용)의. climat ~ 살인적 풍토. combat ~ 살육전. coup ~ 치명상. arme ~*ère* 흉기(凶器); 대량살상무기. épidémie ~*ère* 다수의 사망자를 내는 유행병. ② 위험한; 큰 손해를 입히는. carrefour ~ (사고가 많이 발생하는)마의 십자로. ③ 살의(殺意)를 품은; 흉악한. regard ~ 위협적인 시선. ④ 《옛》사람을 살해하는; 살인을 범하는.
—*n.* 살인자, 살인범.
—*n.f.* (성벽의)총안(銃眼)(→ château 그림).

meurtrir [mœrtriːr] *v.t.* ① 상처(타박상)를 입히다. La chute l'*a* durement *meurtri*. 그는 떨어져서 심한 타박상을 입었다. ② (과일·야채 따위를)멍들게(상하게) 하다. La grêle *a meurtri* ces pêches. 우박을 맞아 이 복숭아들은 흠이 났다. ③ 초췌해지게 하다. visage *meurtri* par la fatigue 피로로 초췌해진 얼굴. ④ 상심케 하다. De tels reproches lui *meurtrissaient* le cœur. 그와 같은 비난이 그의 마음을 상심케 했다. ⑤《옛》살해하다, 죽이다(assassiner).
—*se* ~ *v.pr.* 상처 입다, 스스로를 해치다《 se는 간접목적보어》. Les poires *se meurtrissent* en tombant. 배들이 떨어지면서 상한다.
meurtrissant(e) [mœrtrisɑ̃, -ãːt] *a.* 상처를 주는, 타박상을 입히는.
meurtrissure [mœrtrisyːr] *n.f.* ① 타박상; 멍(bleu). ② (과일의)흠, 멍. ③ (마음의)상처. ④ (피로·질병·노쇠 따위의)흔적.

meu-s, -t [mØ] ⇨mouvoir.
meute [mØːt] *n.f.* ① 《사냥》사냥개의 떼. ② (채권자 따위의)한패, 일당. chef de ~ 개떼의 길잡이. la ~ des journalistes attachés à connaître sa vie privée 그의 사생활을 캐내려는 신문기자의 무리.

meuv-es, -ent [mØːv] ⇨mouvoir.
mévendre [mevɑ̃ːdr] [25] *v.t.* 《옛》손해보고 팔다, 투매하다.
mévente [mevɑ̃ːt] *n.f.* ① 매상부진, (장사의)불경기. ②《옛》투매(投賣).
mexicain(e) [mɛksikɛ̃, -ɛn] *a.* 멕시코의.
—**M**~ *n.* 멕시코 사람. —*n.m.* 멕시코어.
—*n.f.* 멕시코직(織).
Mexique (le) [ləmɛksik] *n.pr.m.* 《지리》멕시코.
mézail [mezaj] *n.m.* 《고고학》투구의 챙(눈가리개).
mézair [mezɛːr] *n.m.* =**mésair**.
mézigue, mézig [mezig] *pron.* 《속어》나 자신 (moi).
mezzanine [mɛdzanin] 《이탈리아》 *n.f.* 《건축》① 중이층(中二層)(entresol); 중이층의 작은 창. ② (때로 *m.*) 극장의 중이층석.
mezza-voce [mɛdzavɔtʃe] 《이탈리아》 *loc. ad.* ① 《음악》메자보체(중음(中音)으로 성량을 억제해서 부르라는 지시). ② 작은 소리로, confidence faite ~ 낮은 목소리로 털어놓은 속이야기.
mezzo [mɛdzo] 《이탈리아》 *n.m., n.f.* =**mezzo-soprano**.
mezzo-, mezza- *préf.* "중간·반"의 뜻.
mezzo forte [mɛdzofɔrte] 《이탈리아》 *loc. ad.* 《음

악】약간 세게.
mezzo-soprano [mɛdzosɔprano] (*pl.* ~-~**s**, ~-**soprani**) 《이탈리아》《음악》 *n.m.* 메조소프라노.
—*n.f.* 메조소프라노 가수.
mezzo-termine [mɛdzotɛrmine] 《이탈리아》 *n.m.* (복수불변) 절충안, 화해책.
mezzo-tinto [mɛdzotinto] 《이탈리아》 *n.m.* (복수불변)《미술》 메조틴토 (명암으로 나타내는 동판화의 한 기법).
MF《약자》 modulation de fréquence 주파수 변조; FM 방송.
Mg《약자》 magnésium 《화학》 마그네슘.
mg.《약자》 milligramme 밀리그램.
M.G.《약자》 médecin de médecine générale 전과의 (全科醫), 일반의.
M.G.P.《약자》 certificat de mathématiques générales et physique 일반수학·물리학 수료증서.
Mᵍʳ《약자》 Monseigneur 《종교》 각하, 예하(猊下) (대주교·주교 등에 대한 존칭).
mgr.《약자》 milligrade 직각의 십만분의 일.
M.H.D.《약자》 magnétohydrodynamique 《물리》 전자유체역학(電磁流體力學).
mho [mo] *n.m.*《전기》 모(전기전도율의 단위).
MHz, MH.《물리》 mégahertz 의 기호.
mi *n.m.* (복수불변)《음악》 미 (음계의 제 3 음); (현의) E 선; E 조.
mi- [mi] *a.* (불변)(접)반의, 중간정도의. [mi-+명사](성은 여성) *mi-temps* (운동경기의)하프타임. *à la mi-mai* 5월 중순 쯤에. [à mi-+명사]부사구를 이룸) *à mi-voix* 작은 소리로. *à mi-chemin* 도중에. *travailler à mi-temps* 반나절 일하다. *pièce mi-cuisine, mi-salle à manger* 부엌 겸 식당.
—*ad.* ① 중간정도, 반쯤. [mi-+형용사] *cheveux mi-longs* 중간정도 길이의 머리. *yeux mi-clos* 반쯤 뜬(감은) 눈. *récit mi-réaliste, mi-onirique* 현실과 몽상이 (반쯤) 뒤섞인 이야기. ②《하이폰 없이) *mi à l'ombre, mi au soleil* 《문어》 반쯤 응달 반쯤 양달.
miam-miam [mjammjam] *int.*《구어》(식사의 만족을 나타내는) 얌냠. —*n.m.* un bon ~ (유아가 무엇인가 먹고 싶을 때 하는) 맘마 맘마.
miaou [mjau] *n.m.* 야옹 (고양이의 울음소리).
miasmatique [mjasmatik] *a.* ①《문어》장기(瘴氣)를 품은, 장기(독기)를 발산하는. ② fièvre ~ 《의학》풍토병(말라리아) 열.
miasme [mjasm] *n.m.* ①《문어》장기(瘴氣) 기중에는 전염병독으로 *Pasteur* 가 세균을 발견하기 전에는 전염병의 원인으로 간주했음). ②《부패물에서 발생하는》가스, 악취.
miaulard [mjɔlaːr] *n.m.*《드물게》갈매기 (mouette, goéland).
miaulement [mjɔlmã] *n.m.* ① (고양이 따위의) 울음소리; 야옹하고 움. ② (고양이 울음소리를 닮은) 불쾌한 소리, 삐거덕거리는 소리. ③《농담》서툰 노래, 나쁜 곡조.
miauler [mjɔle] *v.i.* ① (고양이가) 야옹하고 울다; (호랑이·하이에나가) 울다. ② 고양이의 울음소리를 닮은 소리를 내다. Les balles me *miaulent* aux oreilles. 총알이 내 귓가를 핑핑 스친다.
miauleur(se) [mjɔlœːr, -ɸːz] *a.* (고양이가) 울음소리를 잘 내는.
mi-bas [miba] *n.m.* (복수불변) 반양말.
mi-bis(e) [mibi, -iːz] *a.* ① 반쯤 갈색의. *pain* ~ 반쯤 갈색의 빵 (blanc 과 bis 의 중간). ②《마포(麻布)·실 따위가》반쯤 표백된.
mi-bois (à) [amibwa(ɑ)] *loc. ad.* assemblage *à* ~ 《건축》엇턱이음(두 개의 재료를 반쯤 잘라내서 합친 이음매).
M.I.C.《약자》 modulation par impulsions codées 펄스코드 변조.
mica [mika] *n.m.* ①《광물》운모(雲母); 운모제품.
micacé(e) [mikase] *a.* ①《광물》 운모질의, 운모를 함유한. *schiste* ~ 운모편석. ②《식물》 운모 모양의 인편(鱗片)을 갖는.
mi-carême [mikarɛm] *n.f.*《종교》 사순절 제 3 주째 목요일. dimanche de la ~ 사순절 제 4 주일.
micaschiste [mikaʃist] *n.m.*《광물》 운모편암(雲母片岩).
micellaire [miselɛːr] *a.*《화학》 교질입자(膠質粒子)의(로 된).
micelle [misɛl] *n.f.*《생물》 미셀, 교질입자 (다수의 소분자가 분자간에 합쳐져 생기는 친액성(親液性) 콜로이드 입자).
micellien(ne) [misɛljɛ̃, -ɛn] *a.* 교질입자의.
miche [miʃ] *n.f.* ① (500g 이상의 대형의)둥근 빵 (~ de pain). ② (*pl.*)《은어》 영덩이, 궁둥이 (fesses); 젖가슴.
miché [miʃe] *n.m.*《속어》=**micheton**.
Michel [miʃɛl] *n.pr.m.* ① 미셸 (남자의 이름). ②《종교》미카엘 (대천사). ③《옛》 농사꾼 (독일 병사의 별명. *Ça fait la rue* ~. 《은어》(계산 따위가) 적당하다 [알맞다].
michélangelesque [mikelɑ̃ʒlɛsk] *a.* 미켈란젤로 (*Michel-Ange*)풍의.
micheline [miʃlin] *n.f.* 미슐린 카 (고무차량을 달고 달리는 레일차 또는 보통의 레일차 (autorail)).
mi-chemin (à) [amiʃmɛ̃] *loc. ad.* 도에서, s'arrêter *à* ~ 중도에서 멈추다, 중단하다. *à* ~ *de Paris* 파리로 가는 도중에.
micheton [miʃtɔ̃], **michet** [miʃɛ] *n.m.*《은어》 (매춘부의) 손님; 속이기 쉬운 상대, 봉.
mi-clos(e) [miklo, -oːz] *a.* 반쯤 감은(닫은). *fleurs* ~*es* 반쯤 핀 꽃.
micmac [mikmak] *n.m.*《구어》음모, 흉계; 대혼란 (désordre). Il y a un (du) ~ dans cette affaire. 이번 사건에는 흉계가 있다. mettre bon ordre à un ~ 혼란을 진압하다.
micocoulier [mikɔkulje] *n.m.*《식물》팽나무.
mi-corps (à) [amikɔːr] *loc. ad.* 몸 한가운데에; 허리까지, 몸의 반까지. entrer dans l'eau jusqu'*à* ~ 허리까지 물속에 들어가다. portrait *à* ~ 반신상.
mi-côte (à) [amikoːt] *loc. ad.* 산 중턱에; 중도에.
mi-course (à) [amikurs] *loc. ad.* (가는) 도중에.
mic. pan.《약자》 mica panis 《약》 빵가루.
micro [mikro] (< *microphone*) *n.m.* 마이크. parler [chanter] au(devant le) ~ 마이크로 (앞에서) 말하다 (노래하다). prendre le ~ 마이크를 잡다.
micro- *préf.* ①「작은」의 뜻. ②「100 만분의 1」의 뜻 (기호로는 μ 를 사용).
micro-ampère [mikrɔɑpɛːr] *n.m.*《전기》마이크로앙페어.
micro(-)ampèremètre [mikrɔɑpɛrmɛtr(ə)] *n.m.* 《전기》 마이크로앙페어계(計).
micro-analyse [mikrɔanaliːz] *n.f.* 미량분석.
microbalance [mikrɔbalɑ̃ːs] *n.f.* 미량(微量)저울 (미량분석에 사용되는 천칭).
microbe [mikrɔb] *n.m.* ① (병원체로서의) 미생물; 세균. ~ de la tuberculose 결핵균. ②《구어》덜된 놈, 쩨쩨한 놈, 새파란 놈, 쑥맥.
microbicide [mikrɔbisid] *a.*《예》살균의. —*n.m.* 살균제 (현재는 bactéricide).
microbien(ne) [mikrɔbjɛ̃, -ɛn] *a.* ① 미생물의; 세균의. culture ~*ne* 세균의 배양. ② (병이) 세균에 의하여 발생하는. maladies ~*nes* 세균성 질환.

toxines ~nes 세균성 독소.
microbiologie [mikrɔbjɔlɔʒi] n.f. 미생물[세균]학.
microbiologique [mikrɔbjɔlɔʒik] a. 미생물[세균]학의.
microbiologiste [mikrɔbjɔlɔʒist] n. 미생물[세균]학자.
microbique [mikrɔbik] a. =microbien.
microbisme [mikrɔbism] n.m. 《의학》 세균성 전염. ~ latent 잠재감염.
microbody [mikrɔbɔdi] 《영》 《생물》 미크로보디(카탈라제 따위:한 떼의 산화효소를 함유한 세포질 내의 소과립(小顆粒)).
microbus [mikrɔbys] n.m. 마이크로버스, 소형합승 자동차(minibus).
microcéphale [mikrɔsefal] a. ① 《학술》소두(小頭)의. ② fourmi ~ 《곤충》 일개미. —n. 소두증(小頭症)의 사람.
microcéphalie [mikrɔsefali] n.f. 《의학》 소두증(↔ macrocéphalie).
microchimie [mikrɔʃimi] n.f. 미량(微量) 화학.
microchirurgie [mikrɔʃiryrʒi] n.f. 《의학》 현미(경)수술(microdissection).
microcinéma [mikrɔsinema] n.m. 현미경 촬영 《화.
microclimat [mikrɔklima] n.m. 《생물》 미기후(微氣候)《매우 좁은 환경 내의 기후》.
microcline [mikrɔklin] n.m. 《광물》 미사장석(微斜長石).
micrococcus [mikrɔkɔkkys], **microcoque** [mikrɔkɔk] n.m. 《생물》 단구균(單球菌).
microcopie [mikrɔkɔpi] n.f. 마이크로 카피《극히 작은 축소 복사》.
microcosme [mikrɔkɔsm] n.m. ① 소우주, 소세계; 《세계·사회의》축도. ②《옛》《철학》《우주의 축소체로서의》인간, 인체.
microcosmique [mikrɔkɔsmik] a. ① 소세계의, 소우주의. ②《옛》《철학》《우주의 축소체로서의》인간의, 인체의.
microcristal(pl. **aux**) [mikrɔkristal, -o] n.m. 《학술》미세결정(結晶).
micro-cravate [mikrɔkravat] (pl. ~**s-**~**s**) n.m. (녹음할 때 옷깃에 다는)소형 마이크.
microdactyle [mikrɔdaktil] a. 손가락이 짧은.
microdissection [mikrɔdisɛksjɔ̃] n.f. 현미경 해부(microchirurgie).
microdocument [mikrɔdɔkymã] n.m. 마이크로 카피의 자료.
micro-économie [mikrɔekɔnɔmi] n.f. 미시경제학(↔ macro-économie).
micro-économique [mikrɔekɔnɔmik] a. 미시경제학의.
micro-électronique [mikrɔelɛktrɔnik] n.f., a. 마이크로 전자(의).
microfarad [mikrɔfarad] n.m. 《전기》 마이크로 패럿《정전기 용량의 단위로 100 만분의 1 패럿》.
microfiche [mikrɔfiʃ] n.f. 《기술》 마이크로피슈《다량의 정보를 기록한 마이크로필름 카드》.
microfilm [mikrɔfilm] n.m. 마이크로필름, 축소사진 필름.
microfilmage [mikrɔfilmaːʒ] n.m. 마이크로필름영.
microfilmer [mikrɔfilme] v.t. (문헌 따위를)마이크로필름으로 찍다.
microflore [mikrɔflɔːr] n.f. 세균총(細菌叢)(flore microbienne).
microglossaire [mikrɔglɔsɛːr] n.m. 《언어》 전문 용어집.
microgramme [mikrɔgram] n.m. 마이크로그램《백만분의 1 그램》.
micrographe [mikrɔgraf] n.m. 마이크로그래프《미세한 문자·도안 따위를 그리기 위한 팬터그래프의 일종》.
micrographie [mikrɔgrafi] n.f. ① 현미경학, 현미경에 의한 미세물연구. ②《야금》마이크로 조직 검사학.
micrographique [mikrɔgrafik] a. ① 《현미경에 의한》마이크로 조직 검사(법)의. ② 《야금》마이크로 조직 검사(학)의.
microgrenu(e) [mikrɔgrəny] a. roches ~es 《광물》 세립암(細粒岩)《분출암의 일종》.
microhenry [mikrɔɑ̃ri] n.m. 《물리》 마이크로헨리《백만분의 1 헨리》.
microhm [mikro:m] n.m. 《전기》 마이크로옴《백만분의 1 옴》.
micro-jupe [mikrɔʒyp] (pl. ~**s-**~**s**) n.f. 《의복》 초미니 스커트.
microlecteur [mikrɔlɛktœːr] n.m. 마이크로리더《마이크로필름·마이크로카드를 확대 투사하는 장치》.
microlit(h)e [mikrɔlit] n.m. 《광물》미정(微晶)《분출암의 일종》.
microlit(h)ique [mikrɔlitik] a. roches ~s 《광물》 미정석(微晶石), 마이크로석.
microlitre [mikrɔlitr] n.m. 《도량형》 마이크로리터《100 만분의 1 리터》.
micrologie [mikrɔlɔʒi] n.f. 《학술》미소물(微小物) 연구; 《옛》《수사학》 힘없는 화법(話法), 연약체(軟弱體).
micrologique [mikrɔlɔʒik] a. 미소물 연구의.
micrologue [mikrɔlɔg] n.m. ① 《드물게》미소물 연구자. ②《옛》《문학사》(쓸데없이 세밀한 점을 나열하는)훈고(訓詁)학자.
micromanipulateur [mikrɔmanipylatœːr] n.m. 《기술》현미조작장치.
micromanipulation [mikrɔmanipylasjɔ̃] n.f. 《기술》 현미조작(microdissection 따위). 《症》.
micromélie [mikrɔmeli] n.f. 《의학》소지증(小肢症).
micromérographe [mikrɔmerɔgraf] n.m. 마이크로메로그래프《분말의 입도(粒度) 조사 기구》.
micrométéorite [mikrɔmeteɔrit] n.f. 마이크로 유성체(流星體), 유성진(流星塵).
micromètre [mikrɔmɛtr] n.m. ① 《기술》 마이크로미터: ⓐ 극소 거리·각도를 측정하기 위한 망원경, 현미경의 부속장치. ⓑ 정밀 측정용의 자. ② 마이크로미터《100 만분의 1 미터》.
micrométrie [mikrɔmetri] n.f. 측미법(測微法).
micrométrique [mikrɔmetrik] a. 《기술》 마이크로미터의. vis ~ 마이크로미터 나사.
micromillimètre [mikrɔmilimɛtr] n.m. 《기술》 밀리미크론《100 만분의 1 밀리미터》.
microminiaturisé(e) [mikrɔminjatyrize] a. 극소형화된. calculateur ~ 극소형 계산기.
microminiaturiser [mikrɔminjatyrize] v.t. (전자 제품을)극소형화하다.
micromodule [mikrɔmɔdyl] n.m. 《전자》 마이크로모듈《극소형 전자회로의 조립법》.
micron [mikrɔ̃] n.m. 《도량형》 미크론《100 만분의 1 미터》.
micronésien(ne) [mikrɔnezjɛ̃, -ɛn] n., a. 미크로네시아(의)《Micronésie, 서태평양에 산재하는 섬들의 총칭》.
micronisation [mikrɔnizasjɔ̃] n.f. 미크론 단위로의 미립화, 미소체화.
micro-objectif [mikrɔɔbʒɛktif] n.m. ① 현미경 사진의 대물렌즈. ② 현미경의 대물렌즈.
micro-onde [mikrɔɔ̃:d] (pl. ~~**s**) n.f. 《라디오》 극초단파, 마이크로파(波).

micro-ordinateur [mikrɔɔrdinatœːr] (pl. ~-~s) n.m. 마이크로컴퓨터, 마이콘.

micro(-)organisme [mikrɔɔrganism] (pl. ~-~s) n.m. 《학술》미생물.

microphage [mikrɔfaːʒ] n.m., a. 《생물》미크로파주(의), 소식(小食)세포(의); 플랑크톤을 먹이로 하는(동물).

microphone [mikrɔfɔn] n.m. 마이크로폰(《약자》 micro).

microphonie [mikrɔfɔni] n.f. ① 《의학》약성증(弱聲症). ② 《전기》마이크로폰 공업.

microphonique [mikrɔfɔnik] a. 《생물》마이크로폰의.

microphotographie [mikrɔfɔtɔgrafi] n.f. 《기술》 ① 현미경 사진(정확히 photomicrographie). ② 마이크로사진(microfilm).

microphylle [mikrɔfil] a. 《식물》소엽(小葉)을 가진.

microphysique [mikrɔfizik] n.f. 미소체 물리학; 원자물리학(physique nucléaire).

microphyte [mikrɔfit] n.m. 미소(微小) 식물(박테리아 따위).

microporosité [mikrɔpɔrɔzite] n.f. (인쇄용지 따위의) 미소공성(微小孔性).

micropsie [mikrɔpsi] n.f. 《의학》소시증(小視症)(물체가 실제보다 작게 보이는 시각이상).

micropyle [mikrɔpil] n.m. 《식물》주공(珠孔)(종자식물의 배주(胚珠)(ovule)의 앞 끝에 있는 작은 구멍).

microradiographie [mikrɔradjɔgrafi] n.f. 미세 X선 사진.

microrobe [mikrɔrɔb] n.f. 미니 원피스(치마끝이 정장이나 또는 닿지 않는 짧은 옷).

microscope [mikrɔskɔp] n.m. 현미경. ~ électronique 전자 현미경. ~ monoculaire(binoculaire) 단안(쌍안) 현미경. ~ polarisant(à immersion) 편광(유체) 현미경. examiner(étudier) qc au ~ 현미경으로 조사하다; …을 자세히 검토하다.

microscopie [mikrɔskɔpi] n.f. 현미경 검사; 경검(鏡檢)(법).

microscopique [mikrɔskɔpik] a. ① 현미경에 의한. observation ~ 현미경에 의한 관찰. ② 극히 작은, 미소(微小)한; 미시적인. particule ~ 미립자.

microscopiste [mikrɔskɔpist] n. 《드물게》현미경 사용자.

microseconde [mikrɔsgɔ̃ːd] n.f. 마이크로 초(100 만분의 1초).

micros(é)isme [mikrɔs(e)ism] n.m. 미약한 지각진동, 무감지진(無感地震).

micros(é)ismographe [mikrɔs(e)ismɔgraf] n.m. 《기상》 미진계(微震計).

microsillon [mikrɔsijɔ̃] n.m. (LP 레코드 따위의) 극히 가는 홈; LP(장시간) 레코드(disque ~).

microsociété [mikrɔsɔsjete] n.f. 마이크로 사회, 소집단.

microsociologie [mikrɔsɔsjɔlɔʒi] n.f. 마이크로 사회학.

microsociologique [mikrɔsɔsjɔlɔʒik] a. 마이크로 사회학의.

microsomatie [mikrɔsɔmasi], **microsomie** [mikrɔsɔmi] n.f. 《의학》소인증(小人症).

microsome [mikrɔzɔm] n.m. 《생물》마이크로솜(세포 원형질(原形質) 내의 미립자).

microsporange [mikrɔspɔrɑ̃ːʒ] n.m. 《식물》소포자낭(小胞子囊).

microspore [mikrɔspɔːr] n.f. 《식물》소포자.

microstructure [mikrɔstryktyːr] n.f. 《학술》마이크로구조, 소구조, 미시구조.

microthermie [mikrɔtɛrmi] n.f. 《물리》마이크로테르미(열량 단위로 100만분의 1테르미).

microtome [mikrɔtɔm] n.m. 마이크로톰(현미경 표본용의 얇은 조각표를 만드는 기기).

microtron [mikrɔtrɔ̃] n.m. 《원자물리》전자 가속.

microvolt [mikrɔvɔlt] n.m. 《전기》마이크로볼트(100만분의 1볼트).

microzoaire [mikrɔzɔɛːr] n.m. 《생물》현미경적 소생물.

micrurgie [mikryrʒi] n.f. =microdissection.

miction [miksjɔ̃] n.f. 《의학》배뇨(排尿). ~ douloureuse 배뇨통. ~ inconsciente 유뇨증(遺尿症). ~ impossible 요폐(尿閉).

:midi[1] [midi] n.m. ① 정오, 한낮. Il est ~ juste.[《구어》pile]. 정각 정오이다. Il est venu à ~ et quart. 그는 12시 15분에 왔다. vers ~; 《구어》vers les ~s 정오경(에). repas de ~ 점심. en plein ~ 한낮에, 백주에. entre l'heure de ~ 《벨기에》점심 때에. Elle a mangé beaucoup de ~. 그녀는 점심을 많이 먹었다(정관사·지시형용사를 쓰는 것은 《사투리·구어》). ② 남(쪽), 남부(sud); (M~) 남 프랑스(le ~ de la France); maison exposée au ~ 남향집. fenêtre en plein ~ 정남향의 창. accent du M~ 남프랑스 사투리. ③ (최)정점기(전성기). ~ de la vie (인생의)장년기. démon de ~ 대낮의 악마(중년기에 닥치는 유혹). ④ 《천문》남중(南中).
C'est ~ (sonné). 《속어》이젠 늦었다(끝장이다). 방법이 없다. *chercher ~ à quatorze heures* 유별나게 더 힘들게 생각하다. *faire voir à qn des étoiles en plein ~* …에게 터무니없는 것을 믿게 하다. *nier la lumière en plein ~* 너무나 명백한 것을 부정하다.

midi[2] n.m. 미디(mini와 maxi의 중간으로 무릎 밑까지 내려가는 여성 의상).

midinette [midinɛt] n.f. ① (파리 양장점의 젊은)여점원, 재봉사. ② 《구어》경박한(들뜬) 처녀.

mi-distance (à) [amidistɑ̃ːs] loc.ad. à ~ 중도에.

mi-drisse (à) [amidris] loc.ad. pavillon à ~ 《해양》(경의를 표하기 위해)조금 내렸다가 다시 올리 것발.

midship [mid(t)ʃip] 《영》n.m. 《구어》해군 소위(후보생).

midshipman (pl. men) [mid(t)ʃipman, -men] 《영》 n.m. (영국의)해군 소위 후보생.

mie[1] [mi] n.f. ① 빵속의 무른 부분(↔croûte). pain de ~ (토스트나 샌드위치에 사용되는)껍질 없는 부드러운 빵. ② 《빵을 자를 때 생기는》빵부스러기(miette).
à la ~ de pain 《속어》쓸데없는; 하찮은.
ne... ~ 《옛》조금도(주호도) …않다. Je n'en veux ~. 나는 조금도 그것을 바라지 않는다.

mie[2] n.f. 여자 친구, 사랑하는 님, 귀여운 사람(amie). ma ~ 나의 사랑하는 님.

***miel** [mjɛl] n.m. ① 꿀, 벌꿀. mouche à ~ 꿀벌. doux comme le ~ 꿀처럼 달콤한. ② 달콤한 것, 기분 좋은 것. lune de ~ 밀월(蜜月).
être (tout sucre) tout ~ 《구어》갖은 애교를 떨다.

miel[2] n.m., int. 《구어》제기랄, 빌어먹을, 똥(merde를 완곡하게 표현).

miélaison [mjelɛzɔ̃], **miellaison** [mjɛlɛzɔ̃] n.f. 꿀벌이 꿀을 모으는 계절(꽃이 꽉 허 무렵).

miélat [mjela], **miellat** [mjɛla] n.m. (식물에 기생하는 진딧물 따위의)분비물(分泌蜜)(꿀벌이 즐겨 이것을 모음. 화밀(花蜜)(miel de nectar)과 구별해서 miel de ~ 라고도 함).

miellé(e[1]**)** [mje(l)le] a. ①《문어》꿀을 넣은; (색깔

맛·냄새가)꿀과 같은. parfum ~ 〖꿀과 같은〗달콤한 냄새. ② 〖약〗 (감미제로서)꿀을 첨가한. ③ 〖옛·문어〗 간교〖간사〗한, 위선적인(mielleux).

miellée² *n.f.* ① 〖식물〗 (단풍·보리수 따위의 싹이나 잎에서 나오는)달콤한 즙, 꿀. ② (꿀벌이 모으는)꿀꿀, 화밀(花蜜).

mielleusement [mjɛløzmɑ̃] *ad.* 달콤한 말투로.

mielleux(se) [mjɛlø, -ø:z] *a.* ① (언동 따위가)달콤한; 속마음에도 없는. paroles ~ses 달콤한 말, 감언(이설). ② 〖옛〗 꿀맛이 나는, 꿀 냄새가 나는; 검빠진, 무미건조한.

miellure [mjɛ(e)ly:r] *n.f.* 《드물게》 =miellée².

‡**mien(ne)** [mjɛ̃, -ɛn] *pron.poss.* 《선행하는 명사를 받아서》나의 그것, 나의 것《정관사 le, la, les 를 동반함》. son livre et le ~ 그의 책과 나의 책. leurs enfants et les deux ~s 그들의 아이들과 나의 두 아이들. Votre jugement sera le ~. 당신의 판단을 받아들이겠소. Votre prix sera le ~. 당신이 부르는 값을 내겠소.
—*n.m.* ① 나의 것(가진 것·재산·생각 따위); 내가 할 수 있는 것(노력·부담·양보 따위). le vôtre et le ~ 당신의 것과 나의 것. J'y ai mis du ~. 나는 내 나름대로 노력을 했다. ② (*pl.*) 나의 집안 사람들; 내편 사람들.
—*n.f.pl.* faire des ~nes 〖구어〗 노상 저지르는 실수〖멍청한 짓〗을 하다.
—*a. poss.* 〖옛·구어〗 나의; 내것의. 《부가형용사로서》 un ~ ami 나의 친구 중의 하나(보통은 un ami à moi, un de mes amis). 《속사로서》 Tout est ~. 모든게 내것이다(보통은 être à moi 를 사용》. Je fais ~ne sa critique. 그의 비평에 찬성이다.

miette [mjɛt] *n.f.* ① (빵·과자 따위의)조각, 부스러기; 파편. Donnez-m'en une ~. 그 한 조각만 주시오. donner des ~s de pain au chien 빵 부스러기를 개에게 주다. mettre〖réduire〗 un verre en ~s 유리 잔을 산산조각내다. ② 소량, 나머지, 찌꺼기. ~s de sa fortune 재산의 (약간 남은) 찌꺼기. ne pas perdre une ~ d'un exposé 이야기를 한마디도 놓치지 않다. Il ne s'en fait pas une ~. 그는 조금도 걱정하지 않는다.

‡**mieux** [mjø] *ad.* ① 더 잘(bien 의 우등비교급; 열등비교급은 moins bien). Marie chante ~ que Sophie. 마리는 소피보다 노래를 잘 부른다. Il est ~ logé que moi. 그는 나보다 더 좋은 집에 산다. Elle travaille beaucoup ~ que je ne crois. 그녀는 내가 생각하는 것보다 더 열심히 일한다(ne 는 허사). Elle est ~ que jolie, elle est ravissante. 그녀는 예쁜 정도가 아니라 무척 아름답다. ~ que jamais〖personne〗지금까지〖누구〗보다도 더 잘. ② 가장 잘《정관사를 동반해서 최상급》. C'est moi qui dessine le ~ de nous tous. 우리들 중에서 그림을 가장 잘 그린다. Dites-moi le jour qui vous conviendra le ~. 당신에게 가장 알맞은 날을 말씀하십시오. emploi des mots les ~ expressifs 가장 표현력이 풍부한 단어들의 사용. 〖REM〗「정도」를 뜻할 경우에는 정관사가 불변: les élèves le *mieux* doués 매우 재능이 있는 학생들. 다른 것과 비교할 경우에는 정관사가 명사에 일치: les élèves les *mieux* doués de la classe 학급에서 가장 재능이 있는 학생들. ③ 《절의 앞에서》 뿐만 아니라, 더구나. Il m'a consolé de mon chagrin, ~ il a pleuré pour moi. 그는 나의 슬픔을 위로해 주었을 뿐만 아니라 나를 위해 울기까지 했다.

aller ~ (병·상태가)잘 되어가다, 호전하다. Le malade va ~. 환자는 나아지고 있다. Les affaires vont ~. 사업은 나아져 간다. Ça ne va pas ~! 〖구어〗이제 글렀다, 손들었다.

à qui ~ ~ (서로)다투어. Les dames se paraient *à qui* ~ ~. 부인들은 다투어 몸치장을 했다.

de ~ *en* ~ 점점 더 잘《때로는 비꼬는 뜻으로도 사용》. Je comprends *de* ~ *en* ~ les mathématiques. 수학을 점점 더 잘 알게 되었다.
faire ~ 좀더 잘하다; 진보하다.
faire ~ *de* + *inf.* …하는 편이 낫다, 해야 한다《faire 는 주로 조건법》. Vous feriez ~ *de* bien réfléchir. 좀더 잘 생각해야겠습니다.
Il vaut ~ + *inf.*; *M*~ *vaut* + *inf.* ⇨valoir.
le〖*du*〗 ~ *qu'on peut* 가능한한 잘.
~ ..., *plus*〖*moins*〗... …하면 할수록…. *M*~ je saisis ces détails, *plus* je m'intéresse à l'œuvre. 그 세부적인 면을 파악하면 할수록 나는 그 작품에 흥미를 갖는다. *M*~ elle s'habille, *moins* elle plaît à son mari. 그녀는 옷모양을 내면 낼수록 남편의 마음에 안든다.
on ne peut ~ 더할 나위 없이, 완벽하게. Cette cravate correspond *on ne peut* ~ à mon goût. 이 넥타이는 더할 나위 없이 내 취미에 맞는다. C'est *on ne peut* ~. 완벽합니다.
pour ~ *dire*; *disons* ~ 좀더 정확하게 말하자면, …라고 하기 보다는.
valoir ~ 더 낫다, 더 가치가 있다.
—*a.* 《주로 속사로 사용》① (사물·사태가)더 나은, 더 바람직한. Parler est bien, se taire est ~ 말하는 것은 좋은 것이나, 입을 다무는 것은 더 좋은 것이다.
② (건강·기분이)더 쾌적한, 기분좋은. Je me sens ~ maintenant. 이제 겨우 기분이 나아졌다. Je vous trouve ~ ces jours-ci. 요사이 기분이 좋은 것 같은데요. Mettez-vous ici, vous serez ~ pour regarder la télévison. 이리 앉으십시오, 텔레비전을 보기에 더 나을 겁니다.
③ (용모·성격·능력 따위)더 뛰어난. Elle est ~ que sa grande sœur. 그녀는 언니보다 더 낫다(용모·재치 따위). Ce dictionnaire est ~ que celui-là. 이 사전이 저것보다 더 낫다.
④ 《부가형용사로서》 좀더 나은. J'ai acheté un stylo un peu ~ que le précédent. 나는 먼저 것보다 나은 만년필을 샀다.
de ~ 더 좋은(나은), 가장 좋은《부정대명사, ce que, qu'est-ce que 따위와 함께》. On pourra trouver quelqu'un *de* ~. 더 좋은 사람을 찾을 수 있을거요. ce qu'il y a *de* ~ 가장 좋은 것. Il n'a rien trouvé *de* ~ que de me téléphoner à minuit. 그는 밤중에 내게 전화하는 것보다 더 좋은 생각은 하지 못했다.
qui ~ *est* 더욱 좋은 것은, 더구나. Elle est jolie et, *qui* ~ *est*, intelligente. 그녀는 예쁘고, 더구나 머리가 좋다.
—*n.m.* ① 더 좋은 것〖일〗; 진보; 호전. Le blessé n'est pas si grave, il y a du ~. 부상자는 그다지 상태가 나쁘지 않다, 병세가 나아지고 있다. 《관사 없이》 Ce n'est pas mal, mais il y a ~. 그것도 나쁘진 않지만 더 좋은 게 있다. J'espérais ~ de lui. 나는 그가 좀더 나은 인간인 줄 알았다. s'attendre à ~ 좀더 나은 것을 기대한다.
② 가장 좋은 일〖것〗; 최선, 최고. Le ~ est de ne rien dire. 가장 좋은 것은 아무 말도 안하는 것이다. Le ~ est l'ennemi du bien. 《속담》 지나치게 완벽을 기하려다가는 오히려 일을 그르친다.
au ~ 가장 좋게, 최고로. Les affaires vont *au* ~. 일은 아주 순조롭다. être *au* ~ avec *qn* …와 무척 사이가 좋다. vendre *au* ~ 가장 나은(비싼) 값으로 팔다. ⓑ 최선의 경우에, 잘 되면(en mettant

les choses au ~). *Au* ~, nous arriverons à Séoul dans une heure. 잘 하면 한 시간 안에 서울에 닿을 것이다.
au ~ *de* …이 가장 나은 상태의[로]. Je vais régler cela *au* ~ *de* vos intérêts. 당신에게 가장 이익이 되도록 그것을 처리하겠소.
des ~ ⓐ(형용사·과거분사와 함께) 가장 잘 …된 것 중의(하나); 무척 잘, 훌륭하게. Cette maison est *des* ~ soignée(s). 이 집은 손질이 무척 잘되어 있다(형용사·과거분사는 일반적으로 복수형). ⓑ《옛》(동사와 함께) 가장 잘, 최고로.
de son ~; *du* ~ *possible*; *du* ~ *qu'il peut* 가능한 한 잘. Je ferai *de mon* ~. 최선을 다 하겠소.
en attendant ~ 당장에는, 지금으로서는. *En attendant* ~, je prends cela. 우선은 이것을 갖겠소.
en ~ 더 낫게. changer *en* ~ 좋은 쪽으로 바꾸다.
faute de ~ 할 수 없이, 부득이.
ne pas demander ~ (*que*+명사, *que de*+*inf*.) ⇨ demander.
pour le ~ 최고로 잘, 최선을 다 해서.
trouver ~ 더 나은 것(사람)을 찾다.

mieux-disant(*e*) [mjødizã, -ā:t] *a*.《드물게》남보다 말을 잘하는, 말재주가 있는.

mieux-être [mjøzetr] *n.m.* 《복수불변》(생활조건의) 개선; (환자의) 회복. au ~ de qn …의 회복을 위해서.

mieux-faisant(*e*) [mjøfzã, -ā:t] *a.*, *n.* 《드물게》남보다 더 잘하는(사람).

mieux-vivre [mjøvi:vr] *n.m.* 《복수불변》 생활개선; 좀더 나은 생활.

mièvre [mje:vr] *a.* ① 응석부리는; 나긋나긋한, 애틋한; 여성적인. ②《옛》장난기 있는, 장난꾸러기의 (espiègle).

mièvrement [mjɛvrəmã] *ad.* ①《드물게》응석으로; 나긋나긋하게, 애틋하게. ②《옛》장난으로.

mièvrerie [mjɛvrəri] *n.f.* ① 아양, 응석; 나긋나긋함. ② (*pl.*) 달콤한 작품(것). ③《옛》장난.

mièvreté [mjɛvrəte] *n.f.* (장난기 있는 아이의) 잔꾀 (petite ruse).

mi-fer (**à**) [amifɛ:r] *loc.ad.*, *a.* assemblage à ~ 《기술》절반 잇기, 래프조인트.

mi-fin(*e*) [mife, -in] (*pl.* ~-~s) *a.* 중간 정도의, 중간 크기의 (식료품의 분류에 쓰이는 상업용어로 gros와 fin의 중간 크기).

mi-fixe [mifiks] *a.* (기계 따위의) 임시 설치의.

mi-fort [mifɔ:r] *n.m.* 칼날의 중앙 부분.

mi-fruit [mifrɥi] *n.m.*《옛》《농업》지주와 소작인 사이에서 수익을 반씩 나누기.

migmatite [migmatit] *n.f.*《광물》혼성암(混成岩), 미그마타이트.

mignard(*e*) [minaːr, -ard] *a.* ① 새침한, 품위있는 척하는. voix ~ 어 품위있는 척하는 목소리. ②《구어》귀여운, 청초한, 애틋한.

mignardement [minardəmã] *ad.* ① 새침하게. 귀엽게, 청초하게.

mignarder [minarde] *v.t.*《옛》① 응석을 받다, 무척 귀여워하다, 애지중지하다. ② (문체 따위를) 부자연스럽게 꾸미다.

mignardise [minardi:z] *n.f.* ① 새침, 기품있는[우아한] 척함; (*pl.*) (억지로) 꾸민 태도[말]. ②《문어》청초; 섭세한 우아함. ③《식물》디안투스 플마리우스(패랭이꽃의 일종).

*****mignon**(*ne*¹) [minɔ̃, -ɔn] *a.* ① 귀여운, 사랑스러운. petite fille ~ 귀여운 소녀. bouche ~*ne* 귀여운 입매. ② 친절한, 상냥한. ③ filet ~ 《요리》필레미뇽. ④ canard ~ (물오리 사냥용의) 흰 물오리.
— *n.* ① 아가야, 애야 (아이·젊은이를 부를 때 쓰는 친근어). ②《옛》마음에 드는 아이; 애인.
— *n.m.* 동성애자. les ~s d'Henri III 《역사》앙리 3세의 총신 (여성적인 태도와 복장을 즐겼음). ③《속어》계집애, 처녀.

mignonne² [minɔn] *n.f.*《식물》미뇬:ⓐ 짙은 붉은 색 배(梨)의 일종. ⓑ 황색의 긴 자두의 일종.

mignonnement [minɔnmã] *ad.* 귀엽게, 상냥하게.

mignonnerie [minɔnri], **mignonnesse** [minɔnes] *n.f.* 애틋함; 응석. par ~ 응석으로[에].

mignonnet(*te*¹) [minɔnɛ, -ɛt] *a.*, *n.* 작고 귀여운 (아이).

mignonnette² *n.f.* ①《식물》미뇨네트 《물푸레나무·범의귀의 다른 이름. ②《의복》(신사복 소매의 안감으로 쓰는 목면의) 무늬진 새틴. ③ 굵게 같은 후추. ④ 잔자갈.

mignoter [minɔte]《구어》*v.t.* 귀여워하다, 애지중지하다. ~ un enfant 어린아이를 귀여워하다.
— *se* ~ *v.pr.* 정성들여 몸치장(화장)하다.

mignotise [minɔti:z] *n.f.*《옛》보살핌, 돌보아줌.

migraine [migrɛn] *n.f.* 편두통; (심한) 두통. avoir la ~ 머리가 아프다. Ce problème me donne la ~. 《구어》이 문제는 나의 골칫거리이다.

migraineux(*se*) [migrɛnø, -ø:z]《구어》*a.* (편) 두통의, 두통을 앓는. — *n.* (편) 두통을 앓는 사람.

migrant(*e*) [migrã, -ā:t] *a.*《학술》이동하는, 이동성의; 품팔이 하는, 먼거리를 통근하는. — *n.* ① 이주민; 이주[이민·품팔이] 노동자. ② 이동 동물 (철새 따위).

migrateur(*trice*) [migratœːr, -tris] *a.* 이동성의, 회유성(回遊性)의. oiseaux ~s 철새. poissons ~s 회유어. cellules ~*trices* 《생물》유주(遊走)세포. — *n.* 철새, 회유어; 이주자.

migration [migrasjɔ̃] *n.f.* ① (집단의) 이동, 이주; (새의 철에 따른) 이동; (어류의) 회유. ~s alternantes (quotidiennes) (도시의) 주야 인구 이동. ~s saisonnières (인구·동물의) 계절에 따른 이동. ~ des hirondelles 제비의 (철에 따른) 이동. ~s professionnelles 전업 (특히 농민의 이동현상). ~ des anguilles 장어의 이동. ②ⓐ《의학》(난자 따위의) 유주(遊走); (암 따위의) 이전 (métastase). ⓑ《지질》(지표 물질이나 침적(沈積) 토양 중 유상 (油床)의) 이동. ⓒ《물리》(이온 따위의) 이동. ⓓ《종교》(혼의) 윤회(輪廻).

migratoire [migratwaːr] *a.* 이주의, 이동의.

migrer [migre] *v.i.* (학술)이주(이민)하다; (동물이)이동하다; (공장 따위가) 이전하다.

mihrâb [mirab]《아라비아》*n.m.* 《복수불변》미랍 《이슬람교 사원에서 메카의 요배(遙拜)방향을 가리키는 벽면의 오목한 곳》.

mi-jambe (**à**) [amiʒãb] *loc.ad.* 다리 중간까지. On n'a de l'eau qu'à ~(s). 물은 무릎까지만 닿는다.

mijaurée [miʒɔ(o)re] *n.f.* 새침떼기 여자. faire la ~ (여자가) 새침떼다, 교태를 짓다.

mijoter [miʒɔte] *v.t.* ① (천천히) 약한 불로 익히다; 정성들여 요리하다 (mitonner). ~ de bons petits plats 약간의 요리를 정성들여 만들다. ②《구어》(은밀히) 준비하다, 꾸미다. Qu'est-ce qu'il *mijote*? 저 놈이 무슨 일을 꾸미는 거지?
— *v.i.* (요리가) 천천히 익다. faire ~ un potage 수프를 약한불로 끓이다. ②《구어》(음모 따위가) 꾸며지고 있다; (오랫동안) 기다리다.
— *se* ~ *v.pr.* 약한 불로 익혀지다; (음모 따위가) 꾸며지다.

mikado [mikado]《일본》*n.m.* ① (일본의) 천황; 황궁. ② 미카도호(號) 《프랑스의 1943년 제 141형 기관차의 이름》. ③《놀이》미카도《쌓아놓은 막대기를 움직이지 않게 하나씩 빼내는 놀이》.

mil¹ [mil] *n.m.*《옛》《스포츠》(체조용) 곤봉.

mil² *a.* 천(千)의 《서력기원 후의 연대에서 100 단위 이하에 수자가 있을 때 사용》(mille).

mil³ [mij] *n.m.* 《옛》 《식물》 조(millet). C'est un grain de ~ dans le bec d'un âne. 《속담》 새발의 피이다.

milady [milɛdi] (*pl.* ~s, **miladies**) 《영》 *n.f.* 《옛》 (영국의) 귀부인에 대한 경칭.

mi-laine [milɛn] *n.m., a.* 면모교직(綿毛交織)(의) 《면 50%, 모 50%의 직물》.

milan [milɑ̃] *n.m.* 《조류》 소리개(속). ~ noir 소리개.

milanais(e) [milanɛ, -ɛːz] *a.* ① 밀라노(Milan, 이탈리아의 도시)의. ② 《요리》 밀라노식의. macaroni (à la) ~e 밀라노식의 마카로니 《햄·송이버섯을 넣고 토마토소스를 친 것》. escalope (à la) ~e 밀라노식 커틀릿 《계란과 간 치즈를 섞은 빵가루를 묻혀서 구운 것》. ━*n.m.* 《제과》 애프리커트 케이크(의 일종). ━*n.f.* 《요리》 밀라노식 요리. ━**M**~ *n.* 밀라노 사람.

milandre [milɑ̃:dr] *n.m.* 《어류》 별상어류(類).

milaneau [milano] (*pl.* ~x) *n.m.* 《조류》 소리개의 새끼.

milanière [milanjɛ:r] *n.f.* 사냥용의 소리개 사육장.

mildiou [mildju] *n.m.* 《식물》 노균병(露菌病) 《기생균에 의한 식물의 병》.

mildiousé(e) [mildjuze] *a.* 《농업》 노균병에 걸린. vignes ~es 노균병에 걸린 포도나무.

mile [majl] 《영》 *n.m.* 마일《길이의 단위로 약 1,609m》(mille).

milésiaque [milezjak], **milésien(ne)** [milezjɛ̃, -ɛn] *a.* 밀레토스(Milet, 그리스의 에게해 연안의 옛도시)의. ━**M**~ *n.* 밀레토스 사람.

miliaire [miljɛ:r] 《의학》 *a.* 좁쌀 모양의. tuberculose ~ 속립(粟粒)결핵. ━*n.f.* 속립진(粟粒疹)(fièvre ~).

milice [milis] *n.f.* ① 민병, 의용병; 자경단(自警團). ~s populaires 민병. ~s provinciales (루이 14세가 창설한)지방군. ~s communales [bourgeoises, urbaines] (1789 년까지의)시민군. ~ fasciste (무솔리니의)친위대. ② 벨기에군 《벨기에의》병력. ③ (M~) (비시 정부가 대(對) 레지스탕스를 위해 조직한)친독 의용대. ④ armée de ~ 《옛》 (스위스 따위의)민방위병. ⑤ 《옛》 병력, 군대. 《종교》 하늘의 군단(악마와 싸우는 모든 성인·천사).

milicien(ne) [milisjɛ̃, -ɛn] *n.* 민병, 의용병; 친독 의용대원; (스위스·벨기에의)민방위군의 병사. ━*n.m.* (시민군·지방군의)병사.

‡**milieu** [miljø] (*pl.* ~x) *n.m.* ① 한가운데, 중간, 중앙. ~ d'un cercle 원의 중심. ~ du doigt 손가락의 중간 부분. dans le ~ du XIVᵉ siècle 14 세기 중반에. ~ de table 테이블 중앙에 놓는 꽃병(접시). lit de ~ (벽에 닿지 않는)침실 중앙 침대. ②(추상적으로) 중간, 중용; 절충. Il n'y a pas de ~ entre le «Oui» et le «Non». "네"와 "아니오"의 중간은 없다. principe du ~ exclu 《논리》 배중률(排中律), 배중(排中)원리. ③ 환경, 경우; 사회 (계층). ~ familial 가정 환경. adaptation au ~ 환경에의 적응. être dans son ~ 자기가 속한 사회 속에 있다. Il fréquente tous les ~x. 그는 온갖 계층의 사람들과 어울린다. placer un malade en ~ stérile 환자를 무균 상태에 놓다. protection du ~ naturel 자연환경 보호.
④ (*pl.*) (…)계. ~x de la banque 금융계. ~x littéraires 문단. nouvelle provenant des ~x bien informés 정통한 소식통에서 나온 뉴스.
⑤ (어떤 물체가 놓여지거나 또는 어떤 현상이 일어 나는) 매질(媒質), 배지(培地). ~ intérieur [extérieur] 《생물》 내부[외부] 환경. ~ de culture 《생물》 배지, 배양기(培養基). point-~ 《수학》 중점(中點).
⑥ 주먹계, 암흑가 《가끔 M~ 로 사용》.
⑦ Empire du M~ 중국 《옛 이름》.
au beau ~ de; au milieu de …의 한가운데(에서). Il est venu me voir *en plein ~ de la nuit.* 그는 한밤중에 나를 만나러 왔다.
au ~ de …의 한가운데(에), 한창 …중에. Il ne faut pas rouler *au ~ de la route.* 차도 한가운데로 달리면 안된다. Il était très heureux *au ~ de ses enfants.* 그는 아이들에게 둘러싸여 매우 행복했다.
juste ~ ⓐ 중용. garder le [un] *juste ~* 중용을 지키다. ⓑ 중도정치 《특히 *Louis-Philippe*의 입헌 민주정책을 말함; 이 뜻으로는 보통 *juste-~*로 씀》. ⓒ (형용사적) salons *juste-~* 중도파의 살롱.
tenir le ~ 중간 입장을 지키다; 중간에 있다. Entre les deux partis qui s'affrontent, il essaie de *tenir le ~*. 양파가 대립하는 속에서 그는 중도를 지키고자 한다.

***militaire** [militɛ:r] *a.* ① 군대의; 군인의; 전쟁의. service ~ 병역. préparation ~ (병역전의)군사 교련 《약자》P.M.). école ~ 사관학교. marine (aviation) ~ 해(공)군. justice ~ 군법회의. tenue ~ 군복. autorités ~s 군부, 군당국. attaché ~ 대사관 소속 무관. route ~ 군사도로. art ~ 전술(tactique); 전략(stratégie). région ~ (육군)군관구. ② 군대에 의한, 군사력에 의한. coup d'État ~ 군사 쿠테타. gouvernement ~ 군사정권. ③ 군대식의; 군대를 좋아하는. salut ~ 군대식 경례. arriver à l'heure ~ (군대식으로)정확한 시간에 도착하다. fibre ~ 군인 기질.
━*n.m.* ① 군인(↔ civil). ~ de carrière [de métier] 직업군인. ② 《문어》 군직.

militairement [militɛrmɑ̃] *ad.* ① 군대식으로; 신속과감하게. exécuter ~ 총살하다. ② 무력으로, 병력을 사용하여. occuper une ville ~ 도시를 무력으로 점령하다.

militant(e) [militɑ̃, -ɑ̃:t] *a.* ① 전투적인, 행동적인. esprit ~ 공격 정신. ② Église ~e 《종교》 싸우는 교회 《지상의 교회라는 뜻으로 승리(천국)의 교회 (Église triomphante), 연옥의 교회 (Église souffrante)에 대한 비유》.
━*n.* 투사, 활동가. ~ de base 하부당원[노조원]. ~ révolutionnaire 혁명투사.

militantisme [militɑ̃tism] *n.m.* (활동가의)전투적 태도, 적극적인 태도.

militariat [militarja] *n.m.* = **militarisme**.

militarisation [militarizasjɔ̃] *n.f.* 군대적 조직; 군국화, 군사화.

militariser [militarize] *v.t.* 군대화[군국화]하다; 군사정치를 하다; 군대를 주둔시키다. zone *militarisée* 무장지대.

militarisme [militarism] *n.m.* 군국주의; 호전론; 군사정권(↔ antimilitarisme, pacifisme).

militariste [militarist] *n.* 군국주의자. ━*a.* 군국주의의. nationalisme ~ 군국주의.

militaro-industriel(le) [militaroɛ̃dystrjɛl] *a.* (기업과 군대와의)산군(産軍) 공동의.

militer [milite] *v.i.* ① 싸우다, 투쟁하다, 열성적으로 행동하다. ~ dans un parti révolutionnaire 혁명당에 가담하여 열심히 투쟁하다. ② (사실·이치따위가)작용하다, 힘을 가지다, 증거가 되다 (plaider). Cet argument *milite* pour moi. 그 이론은 나에게 유리한 힘이 된다. Ces faits *militent* en faveur de l'accusé. 이 사실들은 피고에게 유리한

증거가 된다. Cette raison *militait* contre notre décision. 그 이유가 우리의 결정에 불리한 것이 되었다.

milk-bar [milkbɑ:r] *(pl.* ~-**s**) *(영) n.m.* 밀크바 (소프트 드링크만을 내놓는 카페).

milk-shake [milkʃɛk] *(미영) n.m.* 밀크셰이크.

millage [milaːʒ] *(캐나다) n.m.* 마일계산; 마일거리.

mill. 《약자》millième 천 번째.

millas *n.m.,* **millasse** [mijas] *n.f.* 《사투리》미야스 (옥수수 가루로 만든 죽이나 과자).

millavois(e) [mijavwa, -aːz] *a.* 미요 *(Millau* [mijo], 프랑스의 도시)의. **—M~** *n.* 미요 사람.

:mille¹ [mil] *a.num.* 《불변》①천의. trois ~ 3천. vingt ~ 2만. cent ~ 10만. Nous sommes en ~ neuf cent quatre-vingt-sept. 금년은 1987년이다(서력 연호인 경우는 mil 로 사용). course de dix ~ (mètres) 만미터 경주.

REM 「1001」은 *mille* 가 이 정확하지만 명사를 동반할 경우 가끔 *mille* et un(e) 로 된다: les contes des *Mille et Une Nuits* 천일야화. les *mille* et un aspects de la France 프랑스의 다양한 모습.

② (서수 대신에 쓰여서) 천번째의. à la page ~ 천페이지의(에). numéro deux ~ 2 번.

③ 다수의, 헤아릴 수 없는. Vous lui avez donné ~ soucis. 당신은 그에게 무척 심려를 끼쳤소. dire ~ fois 입이 닳도록 말하다. ~ mercis 대단히 고맙소. une (tapisserie à) ~ fleurs 《미술》 (15세기의)천화문양(千花紋樣)의 타피스리.

—n.m. ①1천; 천의 숫자; 천 개 (단추 따위의 판매 단위). compter jusqu'à ~.

② pour ~ 퍼밀(비율의 단위로 천분의 일; 기호 ‰). natalité de 20 pour ~ 20 퍼밀의 출생율.

③ 《인쇄》쇄 (인쇄 부를 한 쇄로 친 것. 초판·재판의 구별은 없음).

④ (1,000 이라고 쓰여져 있는)표적의 중심. mettre (taper) dans le ~ 표적의 한가운데에 명중하다; 들어맞다, 성공하다.

des ~ et des cents 《구어》 대액의 돈; 막대한 양.
Je vous le donne en ~. 《구어》 (천에 하나도) 맞을 턱이 없소.

REM (1) 연호를 나타낼 경우 서력은 mil, 기타는 mille 로 사용했으나 현재는 어느 경우도 mille 를 사용하는 경향이 있다. (2) 1100 년에서 1999 년까지는 mil, mille 대신 onze cent(s), douze cent(s) 따위를 사용할 수도 있다: l'an dix-neuf cent(s) quatre-vingt-sept. 1987년. (3) 일반적으로 mille cent 을 onze cent(s) 으로 쓸 수 있지만 mille 를 dix cents, deux mille 를 vingt cents 이라고는 하지 않는다.

mille² *n.m.* ① 마일, 영리(英里) (길이의 단위로 약 1,609m; 기호 mi) (~ anglais). ② 《국제》해리 (항해·항공의 거리단위로 약 1,852m) (~ marin (nautique). ~ romain 로마 마일 (고대 로마의 거리단위로 천 걸음의 길이; 약 1,479m).

mille-feuille¹ [milfœj] *n.f.* 《식물》 서양가새풀.

mille(-)feuille² *(pl.* ~-**s**) *n.m.* 《제과》 밀푀유 (얇게 구운 파이에 커스터드크림을 끼운 것).

mille(-)fleurs [milflœːr] *n.f.* 《복수불변》 밀플뢰르: ⓐ 타피스리 따위의 천화문양(千花紋樣). ⓑ (소의 오줌에서 추출하는) 백화정(百花精).

millénaire [mi(l)lenɛːr] *a.* 천 (쯤)의; 천년 (이상)의; (매우)오래된. arbre ~ 수령 천년의 나무, 노목 (老木). **—**n.m. ① 천년; 천년제. ② 《종교》 (지복 (至福))천년설 신봉자.

millénarisme [mi(l)lenarism] *n.m.* 《종교》지복 천년설 (그리스도 재림으로 지상에 천년간 신의 나라로 통치한 후 세계는 종말에 이른다는 신앙).

millénariste [mi(l)lenarist] *a.* 《종교》지복천년 설 (신봉자)의.

millénium [mi(l)lenjɔm] *n.m.* ① 《종교》 천년 왕국 (그리스도 재림의 날에 지상에 건설될 평화의 왕국). ② 《비유적》황금시대.

mille-pattes [milpat] *n.m.* 《복수불변》 《동물》 다족류(多足類) (myriapodes 의 일반적인 총칭).

mille(-)pertuis [milpɛrtyi] *n.m.* 《복수불변》 《식물》 고추나물 (herbe de Saint-Jean; herbe à mille trous).

mille-pieds [milpje] *n.m.* 《복수불변》 =**mille-pattes**.

millépore [mi(l)lepɔːr] *n.m.* 《동물》 히드로산호.

mille-raies [milrɛ] *n.m.* 《복수불변》 《직물》 가는 무늬직.

millerandage [milrɑ̃daːʒ] *n.m.* 《농업》 포도의 결실 불량.

millésime [mi(l)lezim] *n.m.* ① (연대표기의)천의 숫자. ② (화폐·메달·포도주 따위의)제조(주조) 연도. bouteille au ~ de 1947, 1947 년도 제조의 (포도주)병.

millésimé(e) [mi(l)lezime] *a.* 주조연도가 새겨진; 제조연도가 붙어 있는.

millesimo [millezimo] 《라틴》 *ad.* 천 번째로.

millet [mijɛ] *n.m.* ① 《식물》 기장 (~ commun, ~ blanc). ② 포아풀과의 식물. ~ des oiseaux 조. ③ 《의학》 속립진(粟粒疹) (특히 눈자위나 성기에 나타남).

milli- *préf.* 「천분의 1」의 뜻.

milliaire [miljɛːr] *a.* 《고대로마》 마일 (천 걸음)의 이정(里程)을 나타내는. **—**n.m. 마일 표석 (標石), 이정표 (pierre ~).

milliampère [mi(l)ljɑ̃pɛːr] *n.m.* 《전기》 밀리암페어 (천분의 1 암페어).

milliampèremètre [mi(l)ljɑ̃pɛrmɛtr] *n.m.* 《전기》 밀리암페어계.

***milliard** [miljaːr] *n.m.* ① 10 억 (mille millions 의 관용어); 10 억 프랑 (~ de francs). Il y a combien de ~s d'habitants sur la Terre? 지구상에 몇십억의 인구가 있느냐? ② 무수, 다수.

milliardaire [miljardɛːr] *a.* 10 억 (이상)의 재산을 가진; 거액의 돈을 가진. **—**《구어》억만장자, 대부호.

milliardième [miljardjɛm] *n.m., a.* 10 억 번째 (의), 10 억분의 1 (의); 극소의.

milliasse¹ [miljas] *n.f.* 《옛》거대한 수; 거액의 돈.

milliasse² *n.f.* =**millas**.

millibar [mi(l)libaːr] *n.m.* 《기상》 밀리바 (기압의 단위로 천분의 1 바; 기호 mb).

millième [miljɛm] *a.* 천 번째의; 천분의 1의. **—**n.m. 천번째. ① 천분의 1. ② 《군사》 밀 (포격의 각도 측정의 단위).

***millier** [milje] *n.m.* ① (약)천, 천 개; 천 가량. ② (주로 *pl.*) 다수. des ~s d'années 수천 년. des ~s de ~s d'animaux 무수한 짐승들. par ~s 무수히.

milligr. 《약자》milligramme 밀리그램.

milligrade [mi(l)ligrad] *n.m.* 밀리그라드 (각도의 단위, 직각의 10 만분의 1; 기호 mgr).

milligramme [mi(l)ligram] *n.m.* 밀리그램 (중량의 단위; 기호 mg).

millilitre [mi(l)lilitr] *n.m.* 밀리리터 (용적의 단위; 기호 ml).

millim. 《약자》millimètre 밀리미터 (길이의 단위; 기호 mm).

millime [mi(l)lim] *n.m.* 《돌뭄게》 천분의 1 프랑.

millimètre [mi(l)limɛtr] *n.m.* 밀리미터 (천분의 1 미터; 기호 mm).

millimétré(e) [mi(l)limetre], **millimétri-**

que [mi(l)imetrik] *a.* 밀리미터 단위의. papier ~ 1밀리 방안지(方眼紙).

millimicron [mi(l)limikrɔ̃] *n.m.* 밀리미크론(길이의 단위로 천만분의 1미크론; 기호 mμ).

‡million [miljɔ̃] *n.m.* ① 백만. deux ~s d'électeurs 200만 유권자. dix[cent] ~s 천만[1억]. un ~ et demi de francs 150만 프랑. mille ~s 10억 (milliard). ② 백만 프랑. riche à ~s 백만장자. ③ 다수, 무수. des ~s d'étoiles dans le ciel 하늘의 무수한 별들.

millionième [miljɔnjɛm] *a.* 백만번째의; 백만분의 1의. le ~ visiteur de l'exposition 박람회장의 백만번째 입장자.
—*n.* 백만번째. —*n.m.* 백만분의 1.

millionnaire [miljɔnɛːr] *a.* (수)백만의 재산을 가진; 거재(巨財)를 가진, 백만장자의. —*n.* 백만장자, 대부호.

millithermie [mi(l)litɛrmi] *n.f.* 【물리】밀리테르미(열량 단위로 천분의 1테르미, 천 칼로리, 대칼로리; 기호 mth).

millivolt [mi(l)livɔlt] *n.m.* 【전기】 밀리볼트(전위·전압·기전력의 단위로 천분의 1볼트; 기호 mV).

millivoltmètre [mi(l)livɔltmɛtr] *n.m.* 【전기】 밀리볼트계.

milord [milɔːr]《영》*n.m.* ①《옛》각하(영국의 귀족·부자에 대한 경칭); 《영국의》귀족, 부자, 권력자. ② (19세기 중기까지 사용된) 2인승 4륜 마차.

milouin [milwɛ̃], **milouinan** [milwinã] *n.m.* 【조류】검은머리흰죽지.

mi-lourd [miluːr] *a., n.m.* 【권투】라이트헤비급의 (선수) (poids ~).

milreis [milrɛjs]《옛》밀레이스(포르투갈·브라질의 옛 화폐 단위; 현재는 포르투갈은 escudo, 브라질은 cruzeiro).

miltonien(ne) [miltɔnjɛ̃, -ɛn] *a.* 밀턴(*Milton*, 영국의 시인)풍의.

mi-marée [mimare] *n.f.* 반조(半潮) (밀물과 썰물의 사이).

mi-mât (à) [amima] *loc.ad.* 마스트의 중간까지, 반기(半旗)의 위치로.

mime [mim] *n.* ①《옛》판토마임 배우(pantomime). jeu de ~ (직업을 알아맞추는)제스처 게임. ② 흉내를 잘 내는 사람. ③ (고대 그리스·로마의)무언광대극의 광대, 무언광대극의 배우.

mimer [mime] *v.t.* (말하지 않고 몸짓·표정 따위로) 표현하다, (몸짓 따위를) 흉내내다. scène *mimée* (극중의)판토마임 장면.

mimèse [mimɛːz] *n.f.* ① 【수사학】모사(模寫) (타인의 연설을 글속에 흉내내어 인용하기). ②《남의 목소리·몸짓의 》모방.

mimétique [mimetik] *a.* ①【생물】의태(擬態)의. réactions ~s 의태반응. ② 모방적인; 흉내내는.

mimétisme [mimetism] *n.m.* ① 【생물】(은폐적) 의태(擬態). ~ des couleurs 보호색에 의한 의태. ② (동작·태도 따위의) 무의식적인 모방.

mimeuse¹ [mimøːz] *n.f.* =**mimosa**.

mimeux(se²) [mimø, -øːz] *a.* 【식물】 경촉성(傾觸性)이 있는(미모사처럼 건드리면 잎을 밑으로 숙이는 성질).

mimi [mimi] *n.m.* ①《어린애말》고양이, 야옹야옹. ②《구어》입맞춤. Fais un gros ~ à ta grandmère. 자, 할머니에게 뽀뽀 좀 해라. ③《구어》여보, 아가야 (연인을 부르는 말). —*a.*《불변》《속어》귀여운(mignon).

mimïambe [mimjɑ̃ːb] *n.m., a.* 【그리스문학】(mime에서 사용된)3음단장격(音短長格)(의) (단장격의 제 2의 장격이 장장격으로 된 것) (scazon).

mimique [mimik] *n.f.* (몸짓·손짓·태도에 의한)표현; 무언의 몸짓(손짓). —*a.* 몸짓(손짓)의; (고대 그리스·로마의)무언광대극의. langage ~ 몸짓언어(言語).

mimodrame [mimɔdram] *n.m.* 무언극, 판토마임.

mimographe [mimɔgraf] *n.m.* (고대의)무언광대극 작가.

mimolette [mimɔlɛt] *n.f.* 미몰레트 치즈(네덜란드의 반소프트 치즈).

mimologie [mimɔlɔʒi] *n.f.* 몸짓(목소리)의 흉내, 성대 모사; 【언어】의음법(擬音法).

mimosa [mimoza] *n.m.* 【식물】미모사, 함수초; 《구어》노랑꽃아카시아.

mimosacées [mimozase], 《옛》 **mimosées** [mimoze] *n.f.pl.* 【식물】자귀나무과(科).

mi-moyen [mimwajɛ̃]【권투】*a.m.* 웰터급의. —*n.m.* 웰터급 선수(poids ~).

min《약자》minute 분.

Min.《약자》Ministre 장관; 공사.

min.《약자》minimum 최소한.

minable [minabl] *a.* 비참한, 초라한, 불쌍한(lamentable, piteux). avoir[mener] une existence ~ 비참한 생활을 꾸려나가다. toucher un salaire ~ 보잘것없는 월급을 받다. être ~, sans volonté, sans ambition 의지도 야망도 없는 불쌍한 인간. —*n.* 비참한(초라한) 사람.

minablement [minabləmɑ̃] *ad.* 비참하게, 초라하게, 불쌍하게.

minage¹ [minaːʒ] *n.m.*《옛》① 곡물계량(計量), 곡물을 담아서 팔기. place du ~ 곡물 시장. ②《역사》(영주에게 바치는) ~ 곡물세, 곡물로 지불하는 세.

minage² *n.m.*《드물게》 파들어가기, 폭약(지뢰) 장치 (부설).

minahouet [minawɛ] *n.m.*【해양】밧줄을 밀어넣기 위해 구멍이 뚫린 판자.

minaret [minarɛ] *n.m.* (회교 사원의)첨탑(尖塔).

minauder [minode] *v.i.* 애교를 부리다, 아양떨다, 선웃음치다.

minauderie [minodri] *n.f.* 애교(아양) 떨기(↔ affectation); (*pl.*) 애교, 아양(simagrées).

minaudier(ère) [minɔdje, -ɛːr] *a.* 애교부리는, 아양떠는. —*n.* 아양(애교)떠는 사람.

minbar [minbaːr]【아라비아】*n.m.* (회교사원의)설교단.

mince [mɛ̃ːs] *a.* ① 얇은(↔ épais); 가느다란, 날씬한. avoir la taille ~ 허리호리하다. couper de la viande en tranches ~s 고기를 얇게 자르다. ② 보잘것없는, 하찮은(insignifiant, médiocre). ~ héritage 보잘것없는 유산. bien ~ personnage 소인배. Ses connaissances sont bien ~s. 그의 지식은 깊이가 없다. revenu ~ 보잘것없는 수입. rôle ~ 시시한 역할.
—*ad.* 엷게. peindre ~ 물감을 엷게 칠하다.
—*int.*《구어》놀람·실망·감탄》 M~!; M~ alors! 저런, 제기랄, 빌어먹을. M~! je n'ai plus d'essence. 제기랄, 휘발유가 떨어졌군! ②《보어 명사와 함께; 감탄 또는 실망을 나타냄》 M~ de costard! 굉장한 옷이군! M~ de partie de plaisir! 야유회가 시시하군. Ah! tu parles!, ~ de rigolade. 아이, 그런 말은 큰 웃음거리에 대(불쾌한 농담에 대해).
—*n.* 몸이 호리호리한(마른) 사람.

mincement [mɛ̃smɑ̃] *ad.* 얇게; 보잘것없게.

mincer [mɛ̃se] [3] *v.t.* 잘게 베다(자르다).

mincet(te) [mɛ̃sɛ, -ɛt] *a.* 얄팍한.

minceur [mɛ̃sœːr] *n.f.* ① 얄팍함; 호리호리함, 날씬

mincir [mɛ̃sir] *v.i.* 가느다래[얄팍해, 날씬해]지다.

Mincopies (les) [lemɛ̃kɔpi] *n.m.pl.* 앤다만(*Andaman*) 제도의 토인.

mine¹ [min] *n.f.* ① 얼굴 모습, 용모, 생김새(figure). Il a la ~ d'un fripon. 그는 생김생김이 건달패 같다. ② 표정, 안색. avoir bonne(mauvaise) ~ 안색이 좋다[나쁘다]. ③ 외모, 외양, 겉모습[모양](dehors, extérieur). Ne jugez pas les gens sur la ~. 사람을 외모로 판단하지 마시오. ④ (*pl.*)애교, 아양(affectation). faire des ~s à qn …에게 아양[교태]을 부리다; 젠체하다.
avoir bonne ~ ⓐ 안색이 좋다. ⓑ (요리가)맛있어 보이다. ⓒ《구어》우스꽝스럽다, 푼살납다.
avoir la ~ *de*+*inf.* …하는 듯 보이다.
faire bonne ~ *à mauvais jeu* 싫은 일에도 웃는 얼굴을 하다.
faire bonne ~ *à qn* …을 상냥한 얼굴로 대하다.
faire la ~ 상을 찌푸리다, 뿌루퉁하다.
faire mauvaise(froide, grise) ~ *à qn* …을 냉대하다, 푸대접하다.
faire ~ *de*+*inf.* …할 듯이 보이다.
faire triste ~ 실망의 빛을 나타내다, 불만스러운 표정을 하다.
faire une ~ *de dix pieds de long* 몹시 언짢은 얼굴을 하다.
~ *de rien* 《구어》시치미떼고, 모르는 체하고. Demande-lui, ~ *de rien*, s'il acceptera ou non. 그가 받아들일 아닐지 모르는 체하고 한번 물어봐라.
ne pas payer de ~ (외모가)시원찮다, 볼품없다.
Le restaurant *ne paye pas de* ~, mais on y mange bien. 그 식당은 겉보기엔 신통찮지만 음식은 좋다.

mine² *n.f.* ① 광산, (특히)탄광(~ de charbon); 갱도. descendre dans la ~ 갱내에 들어가다. ~ de plomb 흑연. région des ~ 광산지대. École des M~s 광산학교. ②《비유적》보고(寶庫). ~ inépuisable de renseignements 정보의 무궁무진한 보고. ③ 발파;《군사》지뢰, 기뢰, 음모. coup de ~ 폭파. détecter les ~s 지뢰를 탐지하다. ~s antichars 대전차지뢰. champ de ~s 지뢰[기뢰]지대. mouiller des ~s 지뢰를 부설하다. ~ flottante 부유(浮遊)기뢰. Gare à la ~! 발파 주의! ④ 흑연, crayon à ~ dure(tendre) 심이 딱딱한[무른] 연필. ⑤ (옛)광물. ~ anglaise 연단(鉛丹), 적연(赤鉛). ~ douce 섬아연광(閃亞鉛鑛).

mine³ *n.f.* (고대그리스) 므나(=① 화폐 단위(100 드라크마). ⓑ 무게의 단위(124 그램).

mine⁴ *n.f.* (고대 프랑스의)부피(용적)의 단위(약78 리터).

miné(e) [mine] *a.p.* ①갱도를 판; 지뢰가 부설된. ②(병 따위로)초췌한.

minenwerfer [minɛnvɛrfəːr]《독일》*n.m.*《군사》박격포.

mine-piège [minpjɛːʒ] (*pl.* ~**s**~**s**) *n.f.* 《군사》위장지뢰.

miner [mine] *v.t.* ① 파들어가다, (의 밑에)갱도를 파다. ② (서서히)침식하다; 조금씩 소모(약화)시키다(affaiblir, consumer, user). Le chagrin l'a *miné*. 슬픔이 그를 좀먹어갔다[쇠약케 했다]. être *miné* par la passion 정열에 의해 초췌해지다. ③ (에)지뢰를 부설하다. ~ un pont(un port) 다리[항구]에 지뢰를 부설하다.
— *se*~ *v.pr.* 차츰 쇠약해지다, 소모되다.

minerai [minrɛ] *n.m.*《광산》광석. ~ de fer[d'uranium] 철광석(우라늄광).

minéral(ale, pl. aux) [mineral, -o] *a.* 광물의, 광물을 함유하는. chimie organique et chimie ~*ale* 유기화학과 무기화학. eau ~*ale* 광수. le règne ~ et le règne végétal 광물계와 식물계. —*n.m.* 광물, 무기물.

minéralier [mineralje] *n.m.* 광석 운반선(cargo ~, bateau ~). —*a.* 광석을 수송하는. navires ~*s* 광석 운반선.

minéralisable [mineralizabl] *a.* (금속이)광물화할 수 있는.

minéralisateur(trice) [mineralizatœːr, -tris] *a.* (금속을)광물화시키는. —*n.m.* 광화작용을 하는 물질.

minéralisation [mineralizasjɔ̃] *n.f.* 광화(鑛化)작용, 무기화물; 광화수(水).

minéraliser [mineralize] *v.t.* (금속을)광물화시키다; (물에)광물질을 함유시키다. eau *minéralisée* 탄산수.

minéralité [mineralite] *n.f.* 광물성, 광물질.

minéralogie [mineralɔʒi] *n.f.* 광물학.

minéralogique [mineralɔʒik] *a.* ① 광물학의. collection ~ 광물학 표본. ② 광산국 관할의.

minéralogiste [mineralɔʒist] *n.m.* 광물학자.

minerie [minri] *n.f.* 암염갱(岩塩坑).

minerval(ale, pl. aux) [minɛrval, -o] *a.* 여신 미네르바(*Minerve*)의.

minerve [minɛrv] *n.f.* ① (M~)《로마신화》미네르바(지혜·예술·기술의 여신). arbre de M~《식물》감나무. rimer malgré M~ 졸렬한 시를 쓰다. ②《구어》지혜, 두뇌. avoir de la ~ 명석한 두뇌를 가지고 있다. ③《인쇄》소형인쇄기. ④《의학》(목뼈를 고정시키는)경부(頸部)코르셋.

minervien(ne) [minɛrvjɛ̃, -jɛn] *a.* =**minerval**.

minerviste [minɛrvist] *n.*《인쇄》(소형 인쇄기의)인쇄공.

minestrone [minɛstrɔn] *n.m.* (이탈리아) (쌀과 야채로 만든)밀라노식 수프.

minet(te) [minɛ, -ɛt] *n.*《구어》① 새끼 고양이(mimi, minou). ② 귀여운 아이(사람). ③ 멋부리는 젊은이. —*n.f.*《식물》잠개자리. ② (로렌 지방의)적천광. faire des ~*tes*《구어》간지럽히다.

mineur¹(e) [minœːr] *a.* ① (보다)작은, 소형의(moindre); 덜 중요한, 부차(副次)적인(de second plan). Asie M~*e*《지리》소아시아. problème ~ 부차적인[대수롭지 않은] 문제. écrivains ~*s* 군소 작가들. terme ~《논리》소개념. ②《법》미성년의. fils ~ 미성년 아들. ③《음악》단조(短調)의(≠majeur). gamme ~*e*[단음계]. sonate en ut ~ C 단조 소나타. ton ~ 단조. ④《종교》frères ~*s* 성프랑체스코회의 수도사; ordres ~*s* 하급의 4 신품(portier, lecteur, exorciste, acolyte).
—*n.m.* ①《음악》단음계. en ~ 단음계로. ②《논리》소개념.
—*n.*《법》미성년자. Les ~*s* ne sont pas responsables en matière pénale. 미성년자는 형법상 책임이 없다.
—*n.f.*《논리》소전제.

mineur² [minœːr] *n.m.* ① 광부. ~ de fond (광산의)갱내 광부; 지뢰부설병.

mini [mini] (여성불변; *pl.* ~**s** 또는 불변) *a.* 미니 [소형]의; 아주 작은, 아주 짧은; 하찮은. mode ~ 미니[소형]. robe ~ 미니 드레스. —*n.m.* 소형; 미니스커트(~-*jupe*). —*ad.* s'habiller ~ 미니스커트를 입다.

mini- *préf.* 「작은, 짧은」의 뜻.

miniature [minjatyːr] *n.f.* ① (고사본·기도서 따위의 삽화로 그려진)세밀화; 세미화(細微畵); 세미화법. portrait en ~ 세미화초상. ② (고사본의)붉

은 장식문자. **③** 치밀한 세공물[모형], 축소물; 자그맣고 귀여운 사람[것]. ~ d'épousée 자그마한 신부(아내). un Paris en ~ 축소판 파리.
—*a.* 축소형의, 모형의; 작은. lampe ~ 꼬마 전등. automobile ~ 모형 자동차.

miniaturé(e) [minjatyre] *a.p.* 세밀화로 장식된(그려진). portrait ~ 세밀화 초상.

miniaturer [minjatyre] *v.t.* 세밀화로 그리다; 작게 그리다(나타내다). 〖화〗.

miniaturisation [minjatyrizɑsjɔ̃] *n.f.* 축소, 소형화.

miniaturiser [minjatyrize] *v.t.* 축소시키다, 소형화하다. ~ les postes de radio par les transistors 트랜지스터에 의해 라디오를 소형화하다.

miniaturiste [minjatyrist] *a.* 세밀화를 그리는. —*n.* 세밀화가.

mini-basket [minibaskɛt] *n.m.* 〖스포츠〗 미니바스켓볼, 미니 농구.

minibus [minibys] *n.m.* 소형 버스, 마이크로버스.

mini(-)cassette [minikasɛt] (*pl.* ~-(-)~-*s*) *n.f.* 〖상표명〗 미니(소형) 카세트테이프.

minier(ère) [minje, -ɛ:r] *a.* 광산의, 광업의. industrie ~ère 광산업. —*n.f.* 노출광구; 〖옛〗 광산, 광석.

mini(-)jupe [miniʒyp] *n.f.* 미니스커트.

minima[1] [minima] *n.f.* *v.f.* ⇨minimum.

minima[2] **(à)**, **minimâ (à)** [aminima] 〖라틴〗 *loc.ad.* 최소로. appel à(~) ~ 〖법〗 관대한 형벌에 대한 검사의 상소.

minimal(ale, pl. aux) [minimal, -o] *a.* 《드물게》 최소의(↔ maximal). dose ~ale 최소분량. températures ~ales 〖기상〗 최저온도(기온). art ~ 〖미술〗 미니멀아트. phrase ~ale 〖언어〗 최소문.

minimaliste [minimalist] *n.m.* 〖미술〗 미니멀아트의 작가》 (토론에서의)최소론자(少論者).

minimant(e) [minimɑ̃, -ɑ̃:t] *a.* 〖수학〗 극소의.

minime [minim] *a.* 극히 적은, 사소한(insignifiant, médiocre). faits ~s 사소한 일들. salaires ~s 박봉. —*n.* **①** 〖종교사〗 성(聖)프랑수아 드 폴(St. François de Paul)회의 수도사(수녀). **②** 〖스포츠〗 소년선수(13–15세). match de ~ 소년 팀의 시합.

minimisation [minimizɑsjɔ̃] *n.f.* 극소화(極小化). ~ du coût de production 생산가의 극소화.

minimiser [minimize] *v.t.* 작게 평가하다, 과소평가하다; 극소화하다; 〖수학〗 최소값을 주다. ~ les coûts de production 생산비를 최소로 줄이다.

*****minimum** [minimɔm] (*pl.* ~*s*, *minima* [minima]) 〖라틴〗 *n.m.* **①** 최소(한), 최저(↔ maximum); 〖수학〗 극소(값). faire un ~ de dépenses 비용을 최소한으로 줄이다. thermomètre à *minima* 최저온도계. avoir le ~ vital 최소생활비를 (월급으로)받다. **②** 〖법〗 최저형(~ de la peine).
au ~ 최소한도로; 적어도.
—*a.* 최소(최저)의. salaire ~ interprofessionnel garanti 법정 최저임금 (《약자》 S.M.I.G. [smig]). quantité ~ [*minima*] 최저량. gain ~*s*[*minima*] 최저이익.

minirobe [minirɔb] *n.f.* 미니드레스《스커트가 짧은》.

miniski [miniski] *n.m.* 소형 스키. 〖원피스〗.

*****ministère** [ministɛ:r] *n.m.* **①** 〖총칭〗 내각. réunion du ~ 국무회의. ~ de coalition 연립내각. ~ d'union des gauches[du centre, des droits] 좌파 [중도파·우파] 연합내각. entrer dans un ~ 입각 (入閣)하다. former un ~ 내각을 조직하다. **②** 장관직; 장관재임기간. accepter le ~ des Finances 재무부 장관직을 수락하다. **③** (정부의)부, 성. M~ de l'Éducation nationale 국민교육성《프랑스의 문교부》. M~ des Affaires étrangères 외무성. M~ de la Guerre[de l'Air] 육군성[공군성]. **④** 성직, 사제직(sacerdoce). **⑤** ~ public (총칭) 〖법〗 검찰관; 검사국. **⑥** 〖옛〗 원조, 협력, 주선; 임무.
par le ~ *de* 〖법〗 …의 중개에 의해.

ministériel(le) [ministerjɛl] *a.* **①** 내각의, 각료의; 성(부)의; 장관의. crise ~*le* 내각의 위기. arrêté ~ 부령(部令)의, 정부지지의. journal ~ 여당(여용)신문. parti ~ 여당. —*n.m.* 〖정치〗 여당파; 정부지지자.

ministériellement [ministerjɛlmɑ̃] *ad.* 내각의 권한으로; 장관으로서.

ministrable [ministrabl] *a.* 《속어》장관이 될 수 있는, 장관후보의. —*n.* 장관후보.

ministral(ale, pl. aux) [ministral, -o] *a.* 신교 목사의. —*n.m.* 신교 목사.

‡ministre [ministr] *n.m.* **①** 장관, 대신. Premier ~ 수상, 국무총리. ~ de la Justice 법무장관. ~ sans portefeuille 무임소장관. ~ d'État 국무장관. **②** 공사. ~ plénipotentiaire 특명전권공사. ~ par intérim 대리공사. ~ de France en poste aux États-Unis 주미프랑스공사. **③** 〖종교〗 (신의)종, 사제; (신교의)목사. ~ de Dieu 〖가톨릭〗 사제. **④** 대리자, 집행자; 수단. **⑤** 《속어》 당나귀.

ministresse [ministrɛs] *n.f.* 장관 부인; 공사 부인; 목사 부인; 《속어》여자 장관.

minium [minjɔm] *n.m.* 산화연(鉛)(Pb_3O_4), 연단(鉛丹)《녹 방지용의 도료》.

minnesang [minəzɑ̃g] 〖독일〗 *n.m.* 미네장《중세 독일의 음유시인이 읊은 연애시》.

minnesänger [minəzɛngœr], **minnesinger** [minesiŋœːr] 〖독일〗 *n.m.* (중세 독일의)음유시인.

minoen(ne) [minɔe, -ɛn] *a.* 〖고고학〗 크레타섬의; 미노스(*Minos*)시대(문명)의.

minois[1] [minwa] *n.m.* 〖문어〗 (어린이·젊은 여자의) 발랄한 얼굴; 〖옛〗 얼굴.

minois[2] *n.m.* *v.f.* **minot**[2].

minon [minɔ̃] *n.m.* 〖옛〗 고양이, 새끼고양이; 어린이(애칭).

minorant [minɔrɑ̃] *n.m.* 〖수학〗 하계(下界).

minorat [minɔra] *n.m.* 〖가톨릭〗 하급신품; 하급 신품의 직.

minoratif(ve) [minɔratif, -i:v] 〖의학〗 *a.* 완통(緩通)하는. —*n.m.* 완하제.

minoration [minɔrɑsjɔ̃] *n.f.* **①** 〖의학〗 완하, 완통. **②** 〖상업〗 과소평가.

minorer [minɔre] *v.t.* 〖상업〗 과소평가하다.

minoritaire [minɔritɛːr] *a.* **①** 소수파(당)의 (↔ majoritaire). parti ~ 소수당. **②** 미성년의. —*n.* 소수파(당); 미성년자.

*****minorité** [minɔrite] *n.f.* **①** 소수; 소수당; 소수 민족 (↔ majorité), 소수파의, 비주류파의. ~ agissante 활동적 소수파. être dans la ~ 소수당에 속하다. être en ~ 소수파이다. mettre en ~ (표결에서) 배 비키시다. **②** 〖법〗 미성년, 미성년기. ~ civile (pénale) 민법(형법)상의 미성년.
dans la ~ *des cas* 아주 드물게.
une(la) ~ *de* 극소수의. Cette thèse n'intéresse qu'*une* ~ *de* lecteurs. 이 논문에는 극소수의 독자만이 관심을 가질 뿐이다.

minorquin(e) [minɔrkɛ̃, -in] *a.* 미노르카 섬(Minorque, 지중해 서부의 섬)의. —M~ *n.* 미노르카 섬 사람.

minot[1] [mino] *n.m.* 미노《옛 용적의 단위, 약 39리터; 〖농〗》. **①** 1 미노의 종자를 뿌릴 만큼의 땅《약 10아르》. *manger un* ~ *de sel avec* qn《구어》…와 오랫동안 함께 살다.

minot[2] *n.m.* 〖해양〗 범프진《돛자락을 펼치기 위한 막대).
Minotaure [minɔtɔ:r] *n.pr.m.* 《그리스신화》 미노타우로스(우두인신(牛頭人身)의 괴물).
—**m**— *n.m.* ① 게걸스럽게 먹어치우는 것. ②《속어》오쟁이진 남편.
minoterie [minɔtri] *n.f.* 제분공장; 제분업.
minotier [minɔtje] *n.m.* 제분업자; 밀가루 상인.
minou [minu] *n.m.*《어린애말》새끼 고양이(minet).
‡**minuit** [minɥi] *n.m.*(때로《문어》에서 *f.*)자정, 한 밤중. messe de ~ 자정 미사. à ~ 자정에. sur le ~; 《구어》sur(vers) les ~s 한밤중에.
minuscule [minyskyl] *a.* 미세한, 작은; 소문자의. lettre ~ 소문자. caractère ~ 소문자의 활자.
—*n.f.* 소문자(lettre ~).
minus habens [minysabɛ:s], **minus** [minys] (라틴) *n.* (복수불변)《구어》바보, 멍청이. traiter *qn* comme un ~ ⋯을 바보취급하다.
minutage [minyta:ʒ] *n.m.* (분 단위의 세밀한)시간 배정, 타임 스케줄(작성).
minutaire [minyte:r] *a.* 《법》 정본의, 원본의. acte ~ 정본(유언)정본.
‡**minute**¹ [minyt] *n.f.* ① 분(시간의 단위; 기호 m, min, mn). Il est quatre heures dix ~s. 4시 10분 입니다(보통 minutes는 생략함). une ~ de silence 1분간의 묵념. ② 잠시, 잠깐; 순간. Dans cinq ~s, je sortirai. 잠시 후에 나가겠다. Je serai de retour dans une ~ 곧 돌아오겠다. jusqu'à la dernière ~ 최후의 순간까지. ~ de vérité 진상을 해명할 시기. ③ (각도의)분(1도의 60분의 1; 기호(′)).
à la ~《구어》(시간에)정확한; 당장에, 즉석에서; 방금, 바쁜, 분주한. être *à la* ~ 시간을 잘 지키다; 바쁘다, 서두르다. réparations *à la* ~ 즉석에서 하는 수리.
à la ~ *où* ⋯하는 순간에. *à la* ~ *où j'allais parler* 내가 막 말하고자 했던 바로 그 때에.
de ~ *à* ⋯ 시시각각으로.
de ~ *en* ~; ~ *à* ~ 매순간, 간단없이, 계속해서.
d'une ~ *à l'autre* 곧, 바야흐로.
—*a.* 1분간에 (금방) 할 수 있는. entrecôte ~ 《요리》즉석 스테이크. cocotte-~ 압력솥. «talon-~» "구두뒤축 금방 고쳐드립니다."
—*int. M—!*《구어》잠깐만! (*M—*, papillon! 이라고도).
minute² *n.f.* ① 《법》 원본, 정본(original); (판결 따위의)기록. ②《옛》작은 글자(로 쓴것), 초고.
minuter [minyte] *v.t.* ①(의)기록을 하다; 《법》(의)정본(원본)을 작성하다. ②《옛》(의)초고를 쓰다; 계획하다. —*v.i.* 작은 글자로 쓰다.
minuter² *v.t.*(행사·일 따위의 세밀한)스케줄을 세우다, 엄밀한 시간배정을 하다. emploi du temps strictement *minuté* 엄밀하게 배정된 시간할당.
minuterie [minytri] *n.f.* ①자동 타임스위치(잠시동안 불이 켜지게 하는 장치). ② (시계 따위의)분침축(分針軸).
minutie [minysi] *n.f.* ① 면밀, 세밀, 꼼꼼함. décrire avec ~ 세밀하게 묘사하다. ② (*pl.*)자질구레한 [사소한, 하찮은] 일들.
minutier [minytje] *n.m.* (공증인의)기록부, 증서 보존실[소]. ~ central des Archives 고문서 보존소의 증서 중앙보존실.
minutieusement [minysjøzmɑ̃] *ad.* 세밀하게, 면밀하게, 꼼꼼하게.
minutieux(se) [minysjø, -ø:z] *a.* 세심한, 치밀한, 상세한(détaillé); 사소한. observation *-se* 면밀한 관찰. s'attacher aux détails les plus ~ 구석구석까지 주의를 두다[주의를 기울이다]. —*n.* 세심한

[꼼꼼한] 사람.
minyanthe [minjɑ̃:t] *n.m.* 《식물》=ményanthe.
mi-occlusive [miɔklyziːv] *n.f.* 《언어》 파찰음(affriquée).
miocène [mjɔsɛn] *n.m., a.* 《지질》중신세(中新世)(신생대 제3기)(의).
mioche [mjɔʃ] *n.m.* 《구어》어린애.
miose [mjoːz] *n.f.* 《수사학》=litote.
mi-ouvert(e) [miuvɛːr, -ɛrt] *a.* 《언어》반개음(半開音)의.
mi-ouvré(e) [miuvre] *a.* 《공업》반쯤 가공한, 반제(半製)의.
mi-parti(e) [miparti] *a.* ① 2등분된. L'opinion est ~*e.* 의견이 양분되었다. ② chambres *-es* 《역사》(16세기 프랑스의)구교와 신교의 동수(同數)의 판사로 구성된 재판부.
mi-partition [mipartisjɔ̃] *n.f.* 2등분.
mi-pente (à) [amipɑ̃ːt] *loc.ad.* 언덕 중턱에(서).
miquelet [miklɛ] *n.m.* ①《옛》(피레네 산속에 살던)산적. ② 《역사》산악부대.
mir [miːr](러시아) *n.m.* 《역사》(제정 러시아 시대의)자치농촌.
mirabelle [mirabɛl] *n.f.* 자두의 일종; (그 열매로) 담근)브랜디.
mirabellier [mirabelje] *n.m.* 《식물》 mirabelle 나무; mirabelle로 만든 술.
mirabilis [mirabilis] *n.m.* 《식물》 분꽃.
*****miracle** [miraːkl] *n.m.* ① 기적(merveille); 기적적인(회한한) 일. faire un ~ 기적을 행하다; 놀라운 성과를 가져오다. (동격) remède ~ 특효약. *-s* du Christ 그리스도의 기적. ②《문학사》(중세의)기적극(奇蹟劇).
à ~ 경탄할 만큼 훌륭하게.
C'est (un) ~ *de + inf.*(*que + sub.*) ⋯하는 것은 정말 놀랍다[기적이다]. *C'est un* ~ *de* vous voir. 당신을 여기서 만나다니 정말 놀랍군요. *C'est un* ~ *qu'il soit venu si vite.* 그가 이렇게 빨리 오다니 정말 이상하다.
crier (au) ~《구어》경탄하다.
par ~ 기적적으로.
un ~ *de* + '무관사 명사' 놀랄 만큼 ⋯한 사람. Elle est *un* ~ *de* bonté. 그녀는 놀라울 만큼 친절한 사람이다.
miraculé(e) [mirakyle] *a., n.* 기적을 받은(사람).
miraculeusement [mirakyløzmɑ̃] *ad.* 기적적으로, 놀라울 만큼.
miraculeux(se) [mirakylø, -øːz] *a.* ① 기적의, 기적적인, 초자연적인. ②《구어》놀라운(merveilleux, prodigieux). remède ~ 영약. —*n.m.* 기적적인 일.
mirador [miradɔːr] *n.m.* (*pl. -es*)《에스파냐》*n.m.*(옥상의)전망대; 망루; (특히 교도소의)감시탑.
mirage¹ [miraːʒ] *n.m.* ① 신기루; 환영, 환상(chimère, illusion). ② (*M*~) 미라주 전투폭격기.
mirage² *n.m.* (불빛에 비춰서 하는)달걀검사.
miraud(e) [miro, -oːd] *a., n.* =miro.
mirbane [mirban] *n.f.* 미르반 기름. essence de ~《화학》니트로벤젠.
mire¹ [miːr] *n.f.* ① 겨냥, 조준. cran de ~ (총의)가늠구멍. ligne de ~ 조준선. prendre sa ~ 조준하다, 겨누다. ② (측량기의)표척(標尺); 《텔레비전》테스트패턴.
point de ~ 조준점; 조준(visée). avoir *qc* en *point de* ~ ⋯을 사정거리 속에 넣다; ⋯을 발견하다, ⋯이 눈에 띄다. ⓑ주목[관심]의 대상. *point de* ~ de tout le monde 만인주시의 대상.

mire² *n.m.* 《옛》의사; 약제사.
mire³ *n.f.* 《옛》멧돼지의 엄니.
miré [mire] *a.m.* sanglier ~ 옥은 엄니를 가진 멧돼지.
mire-jalon [mirʒalɔ̃] (*pl.* **~s-~s**) *n.m.* 《측량》표척(標尺). 《철도》(역구내의 조차용)표지.
mirement [mirmɑ̃] *n.m.* 《해양》신기루. être en ~ 신기루처럼 보이다; 실제보다 높이 보이다.
mire-œufs [mirɸ] *n.m.* 《복수불변》검란기(檢卵器) (광선을 통해 달걀의 신선도를 검사).
mirepoix [mirpwa(ɑ)] *n.m.*[*f.*] 《요리》미르푸아 (야채·햄 따위를 삶은 것; 소스나 요리에 진한 맛을 내는 데 씀).
mirer [mire] *v.t.* ① (달걀 따위를)불빛에 비쳐보다. 《문어》(거울 따위에)비쳐보다. ~ une étoffe 천(옷감)을 광선에 비쳐보다. ② 《옛》(총으로)겨누다; 《측량》조준하다. ③ 《옛·구어》바라보다, 주시하다(regarder).
— **se** ~ *v.pr.* 《문어》[se ~ dans] ① 자기 모습을 비춰보다, 비치다. se ~ dans une glace 거울에 자기 모습을 비춰보다. ② 스스로 만족하다, 우쭐대다. se ~ dans ses plumes 자기 맵시[옷차림]에 아주 만족하다.
mirette [miret] *n.f.* ①《속어》눈, 운동자, 눈꺼풀. belles ~s 아름다운 눈. ②《식물》잔디의 일종. ③《건축》(벽돌·돌 따위의 틈새를 메우는 데 쓰는)가는 흙손.
mireur(se) [mirœːr, -ɸːz] *n.* (계란·직물 따위를)불빛에 비춰 검사하는 사람.
mirifique [mirifik] *a.* 《익살》놀라운, 굉장한.
mirifiquement [mirifikmɑ̃] *ad.*《구어》놀랍게, 굉장하게.
mirlicoton [mirlikɔtɔ̃] *n.m.* 《식물》복숭아의 일종.
mirliflor(e) [mirliflɔːr] *n.m.* 《옛》멋장이, 한량.
mirliton [mirlitɔ̃] *n.m.* ① (아이들이 부는)갈대피리. ②속요(俗謠)의 후렴. vers de ~ 서투른 시(詩). ③《요리》슈크림의 일종. ④《철도》(커브 따위에 있는)신호예고 표지.
mirmidon [mirmidɔ̃] *n.m.* = myrmidon.
mirmillon [mirmijɔ̃] *n.m.* (고대로마의)방패·갑주·칼로 무장한 투사.
miro [miro] *a., n.* 《불변》《속어》근시의(사람), 눈이 나쁜(사람).
mirobolant(e) [mirɔbɔlɑ̃, -ɑ̃ːt] *a.* 《구어》희한한, 놀라운, 터무니없는.
mirobolé(e) [mirɔbɔle] *a.* 《속어》깜짝 놀란.
miroir [mirwaːr] (< *mirer*) *n.m.* ① 거울, 반사경. 반사면. ~ de poche 손거울. ~ mural 벽거울. ~ de courtoisie (승용차 앞좌석에 설치된)여성용 화장거울. ~ ardent 집광경(集光鏡). se regarder dans un ~ 자기모습을 거울에 비춰보다. ② 반사, 반영. Les yeux sont le ~ de l'âme. 눈은 마음의 거울이다. Un roman doit être un ~. 소설은 거울[시대의 반영]이어야 한다. ③ (새·곤충의 날개의)빛나는 반점; (매미의)경막(鏡膜). ④ 《임업》(보존 또는 벌채의 표지로 나무줄기에 찍은)각인. ⑤ œufs au ~ 《요리》계란 프라이.
faire le ~ 《속어》[카드놀이] 자기편에 보이도록 패를 자르다. ~ **à(aux) alouettes** (새를 유인해서 잡는)거울 함정; 유혹, 유인수, 유혹. **présenter le ~** 《옛》있는 그대로 말하다.
miroitant(e) [mirwatɑ̃, -ɑ̃ːt] *a.* 번쩍거리는, 눈부신. surface ~e de la mer 거울처럼 번쩍이는 해면.
miroité(e) [mirwate] *a.p.* cheval ~ (갈색 털에)흰 얼룩이 있는 말.
miroitement [mirwatmɑ̃] *n.m.* 번쩍 거림, 빛남.
miroiter [mirwate] *v.i.* 번쩍거리다, 눈부시게 빛나다(briller, scintiller).

miroiterie [mirwatri] *n.f.* 거울장사, 거울 제조업; 거울 제조소.
miroitier(ère) [mirwatje, -ɛːr] *n.* 거울장수, 거울 제조인.
mironton¹ [mirɔ̃tɔ̃] *n.m.* 《속어》녀석, 자식. drôle de ~ 괴상한 녀석.
mironton², mirontaine [mirɔ̃tɛn] *int.* 민요의 뜻 없는 후렴.
miroton [mirɔtɔ̃], 《속어》**mironton³** *n.m.* 《요리》쇠고기에 양파를 섞은 스튜.
miroutte [mirut] *a.* (검은 또는 갈색 말의 털에)바탕보다 연한 얼룩이 있는.
mirtil *n.m.*, **mirtille** [mirtil] *n.f.* 《식물》= **myrtille**.
Mⁱˢ 《약자》marquis 후작.
mis(e¹) [mi, -iːz] *a.* ① 차린. table ~e; couvert ~ 차려놓은 식탁. ② 옷차림을 한. bien[mal] ~ 옷차림이 좋은(나쁜).
mis- *préf.* 「싫어하는, 증오하는」의 뜻.
misaine [mizɛn] *n.f.* 《해양》앞돛대(mât de ~); 앞돛(voile de ~).
misaine-goélette [mizɛngɔelɛt] *n.f.* 《해양》앞돛대의 각범(斜帆).
misanthrope [mizɑ̃trɔp] *n.* 인간 혐오자; 염세가.
— *a.* 인간을 싫어하는, 염세적인.
misanthropie [mizɑ̃trɔpi] *n.f.* 인간을 싫어함, 염세적 성격, 침울함.
misanthropique [mizɑ̃trɔpik] *a.* 사람을 싫어하는, 염세적인(↔ philanthropique).
miscellanea [mise(l)lanea] *n.f.*, **miscellanées** [mise(l)lane] *n.f.pl.* 《문학》잡록(雜錄), 잡집(雜集), 수필.
Mischna (la) [lamiʃna] *n.f.* 《종교사》(2세기 말 팔레스티나에서 편찬된)유태 법령집.
miscibilité [misibilite] *n.f.* 혼합성, (액체 따위의)혼합할 수 있음.
miscible [misibl] *a.* (액체 따위가)혼합될 수 있는.
Mⁱˢᵉ 《약자》marquise 후작 부인.
*****mise²** [miːz] *n.f.* ① (어떤 장소에)놓음, 둠. ~ au lit d'un bébé 아기를 잠자리에 재움. ~ à l'eau d'un navire 배의 진수. ~ en bouteille 병에 담음. ② (어떤 상태에)둠, 되게 함. ~ à feu 불을 붙임, 점화. ~ à la raison ~ au net 정서(淨書). ~ à la voile 돛을 폄. ~ au point 초점 맞추기; 조정. ~ en ordre 정돈. ~ en vente 발매. ~ en accusation 《법》고소, 기소. ~ en liberté 석방. ~ en marche (엔진의)발동, 시동. ~ en musique (시에)곡을 붙임. ~ en retraite 퇴직시킴. ~ en scène 연출. ~ hors la loi 시민권 박탈. ③ 복장, 옷차림; 외모. ~ de bal 무도회 복장. juger *qn* à sa ~ ~을 옷차림으로 판단하다. ④ (내기 따위에) 돈을 걸기, 건 돈; 투자, 출자; 자금. ~ de fonds 투자. ~ sociale 출자(금). faire une ~ 돈을 걸다. sauver la ~ ~ 본전을 찾다.
être de ~ ⓐ (흔히 부정문에서) 통용되다; 유행하다; 적당하다. Cette raison n'*est* pas *de* ~. 그런 이유는 통하지 않는다. ⓑ《옛》(화폐가)유통되고 있다. ⓒ《옛》옷차림이 단정하다.
sauver la ~ *à qn*《구어》…의 기분을 상하지 않게 하다; ~을 곤경에서 구하다.
mise³ 《약자》marchandise 《상업》상품.
mise-bas(*pl.* **~s-~**), **mise bas** [mizbɑ] *n.f.* ① (동물이)새끼 낳음; (동물의)한배의 새끼. ② 《옛》(못쓰게 되어)버린 의복. ③《공업》연장을 내려놓기.
mise-hors, mise hors [mizɔːr] *n.f.* 《상업》출

mi-sel (à) [amisɛl] *loc.ad.* bœuf à ~ 콘비프.

Misène [mizen] *n.pr.m.* ① 미세누스(베르길리우스의 작품에 나오는 트로이 사람). ② le cap ~ 《지리》(이탈리아 남서부의 미세느 갑(岬).

miser [mize] *v.t.* (노름에서)돈을 걸다. ~ le mauvais numéro 나쁜 번호에 돈을 걸다. —*v.i.* [~ sur](에)돈을 걸다;(경매에)입찰하다. ~ sur qn …을 기대하다, …에게 기대를 걸다(compter sur ~). ~ sur les deux tableaux 양쪽에 다 걸다.

misérabilisme [mizerabilism] *n.m.* 《문예》생활참상(慘狀) 묘사주의(책이나 영화에서 사회의 비참함을 묘사하고자 하는 경향).

misérabiliste [mizerabilist] *a.* (작가·감독 따위가) 사회 밑바닥의 비참한 생활을 묘사하는. réalisme ~ 비참주의적 리얼리즘. —*n.* 비참주의자.

*****misérable** [mizerabl] *a.* ① 비참한; 불쌍한, 빈곤한, 가난한(pitoyable, indigent). mener une existence ~ 비참한 생활을 하다. homme à la fois ~ et grand 비참하면서 동시에 위대한 인간존재. jours ~s 비참한 나날. ② (명사 앞)비루한; 치사스러운, 파렴치한(mesquin). ~ acte de vengeance 치사스런 복수(행위). ③ (명사 앞)빈약한, 하찮은, 보잘것없는. ~ querelle 하찮은 싸움. ~ salaire 보잘것없는 보수.
—*n.* ① 불쌍한 사람; 가난한 사람. les ~s et les heureux 불행한 사람과 행복한 사람. ② 비열한, 악한, 하찮은 인간. ③ 《예》죄인, 악인.

misérablement [mizerabləmɑ̃] *ad.* 비참하게, 불쌍하게; 비열하게.

*****misère** [mizɛːr] *n.f.* ① 비참, 괴로움; 곤궁, 빈곤, 가난(dénuement). collier de ~ 끊임없이 피곤하고 성가신 일. ~ de l'homme sans Dieu 신이 없는 인간의 비참. ~ physiologique 《의학》영양실조. ~ du(des) temps 불경기. manger le pain de ~ 비참하게 살다. tomber dans la ~ 곤궁에 빠지다. vallée de ~ (비유적)괴로움의 골짜기(현세상). ② 근심거리, 고생거리(ennui, incommodité); 병고, 산욕. petites ~s du ménage 사소한 걱정거리. lit de ~ 병상(病床). ③ (특히 *pl.*)재난, 불행. ~s de la guerre 전쟁의 재난. ④ (인간의)미약함, 무가치함; 하찮은(시시한) 것. ⑤ 소량, 소액. Ça ne coûte que 100 francs. Une ~ ! 그 값은 고작 100프랑이다, 아무것도 아니지 ! salaire de ~ 박봉. ⑤《집합적》비참한 사람, 가난한 사람.
crier(pleurer) ~ 곤궁함을 호소하다; 보기에 딱한 정도로 초라하다. *faire des* ~*s à qn* 《구어》…을 책망하다; 놀림을 못살게 굴다.
—*int.* 아 이럴 수가 ! (절망을 나타냄).

misérer [mizere] ⑥ *v.i.* (드물게)가난하게 살다.

miséréré, miserere [mizerere] 《라틴》*n.m.* (복수 없음) ① 미제레레 (다윗왕 성시(聖詩)제 50편; (위)에서 따온 찬송가). ②《속어》하소연. chanter le ~ 하소연하다, 우는소리하다. ③ colique de ~ 《의학》장폐색(腸閉塞).

miséreux(se) [mizerø, -øːz] *a.* 가난한, 초라한.
—*n.* 가난한(초라한) 사람.

miséricorde [mizerikɔrd] *n.f.* ①《문어》(특히 종교적 의미의)긍휼, 연민, 자비; 용서, 관용. À tout péché ~. 용서받지 못할 죄는 없다. crier ~ 용서를 청하다, 자비심에 호소하다. être à la ~ de qn …의 손아귀에 쥐어 있다. être sans ~ 무자비하다. se remettre à la ~ de qn …의 자비심에 매달리다. ②(교회의 성직자석에 선 채로 약간 몸을 기댈 수 있게 붙인)돌출부. ③(중세의)기사가 지녔던 단검(적의 마지막 숨을 거두게 하는 데 쓰임).
—*int.* (놀람)아단났군 ! 하느님 맙소사 !

miséricordieusement [mizerikɔrdjøzmɑ̃] *ad.* 자비롭게, 인자하게.

miséricordieux(se) [mizerikɔrdjø, -øːz] *a.* 자비로운, 인자한. ~ pour … 자비로운 마음을. —*n.* 인자한 사람.

mis(o)- *préf.* 「싫어하는, 미워하는」의 뜻.

misogallisme [mizɔga(l)lism] *n.m.* 프랑스 혐오.

misogame [mizɔgam] *a.n.* 결혼을 싫어하는. —*n.* 결혼을 싫어하는 사람.

misogyne [mizɔʒin] *a., n.* 여자를 싫어하는(사람).

misogynie [mizɔʒini] *n.f.* 여자를 싫어함, 여성 혐오.

misologie [mizɔlɔʒi] *n.f.* 이론 혐오.

misonéisme [mizɔneism] *n.m.* 새로운 것을 싫어함, 보수주의.

misonéiste [mizɔneist] *a.* 새로운 것을 싫어하는, 보수주의의. —*n.* 보수주의자.

mi-souverain [misuvrɛ̃] *a.m.* État ~ 보호국(령).

mispickel [mispikel] *n.m.* 《광물》황비철광(黃砒鐵鑛), 독사(毒砂).

miss [mis] (*pl.* ~(es))《영》*n.f.* ① 아가씨, 양(孃) (영국·미국 사람에 대하여 씀). ② 미인대회에서 뽑힌 여자에게 주는 칭호. M~ Corée 미스 코리아.

missel [misɛl] *n.m.* 《가톨릭》미사경본.

missi dominici [misidɔminisi] *n.m.pl.* 《역사》(고대 프랑크왕의 파견한)지방 감찰사.

missile [misil] 《영》*n.m.* 《군사》미사일. ~-antimissile 미사일 요격 미사일. ~ antichar 대전차 미사일. ~ intercontinental 대륙간 미사일. ~ air-sol 지대공 미사일.

missilier [misilje] *n.m.* 《군사》탄도탄수, 미사일 병(兵); 미사일 전문가.

mission [misjɔ̃] *n.f.* ① 사명, 임무(charge, vocation); 파견. avoir ~ de+*inf.* …할 임무가 있다. envoyer qn en ~ …을 파견하다. être en ~ 파견중이다. partir en ~ au pôle Sud 남극탐험의 사명을 띠고 떠나다. remplir sa ~ 임무를 수행하다. se donner pour ~ de+*inf.* …하는 것을 사명으로 삼다. ②《종교》포교, 전도; 전도구(區); 전도관. pays de ~ 포교국. prêtre de la M~ 해외 선교사. 《집합적》사절단, 대표단(délégation); 포교단. ~ diplomatique(culturelle, économique) 외교(문화·경제) 사절단.
prêcher sans ~ 《구어》자격이 없이 부질없는 언동을 하다.

missionnaire [misjɔnɛːr] *n.* (해외)선교사, 전도사; 사절; (주의의)선전자. —*a.* 선교(전도) 사의; 선교를 목적으로 하는, 포교적인. esprit ~ 포교(전도) 정신; 사명감.

Mississipi (le) [ləmisisipi] *n.pr.m.* 《지리》미시시피강(주).

mississipien(ne) [misisipjɛ̃, -ɛn] *a.* 미시시피강(주)의. —**M~** *n.* 미시시피주의 사람.

missive [misiːv] *a.f.* 《법》(다음의 경우뿐) lettre ~ 즉시 발송해야 하는 상업 통신문. —*n.f.* ① 편지(lettre). ② =lettre ~.

missourien(ne) [misurjɛ̃, -ɛn] *a.* 미주리주(*le Missouri*)의. —**M~** *n.* 미주리 사람.

mistelle [mistɛl] *n.f.* 미스텔(포도즙에 알코올을 섞은 달콤한 포도주).

mistenflûte [mistɑ̃flyt] *n.m.* ① 아무개, 거시기(이름을 잊었거나 또는 모르는 채 말할 때 씀). ②《예》곱사등이 어린이.

mistigri [mistigri] *n.m.* ①《구어》고양이. ②《카드놀이》(어떤 게임에서의)클럽의 잭.

miston(ne) [mistɔ̃, -ɔn] *n.* 《구어·사투리》개구장이, 왈가닥.

mistoufle [mistufl] *n.f.* ①《속어》빈곤, 곤궁. être dans la ~ 곤궁하다. ②《구어》못살게 굴기, 장난.

faire des ~s à qn ⋯을 못살게 굴다.
mistoufler [mistufle] v.t.《구어》못살게 굴다.
mistral[1] [mistral] n.m. (프랑스 남부지방의)북풍, 북동풍.
mistral[2](pl. **aux**) [mistral, -o] n.m. (중세의)도시 관리의 일종.
mistress [mistrɛs]《영》n.f.《고유명사와 함께》⋯부인(약자) Mrs).
mistron [mistrɔ̃] n.m.《속어》(카드의)31(trente-et-un).
mitage [mitaːʒ] n.m. 쥐먹음.
mitaine [mitɛn] n.f. ①(옛)(엄지손가락만 갈라진)벙어리 장갑(miton). ②(손가락 둘째 마디까지 노출시키는)여자용 장갑.
dire qc sans ~ 단도직입적으로[노골적으로] 말하다. prendre des ~s pour parler 말을 조심스럽게 하다. y aller avec des ~s 조심스럽게 행동하다.
mitan [mitɑ̃] n.m.《옛·사투리》중앙, 중심.
mitard [mitaːr] n.m.《속어》(교도소의)독방.
mite [mit] n.f. ①(모직물을 좀먹는)좀. habit mangé des ~s(troué aux ~s) 좀이 쏠은 옷. ②(특히 치즈에 붙는)진드기(~ du fromage). ③《구어》고양이.
mité(e) [mite] a.p. 벌레먹은, 좀먹은. ①낡은.
mi-temps [mitɑ̃] n.f.《스포츠》①(럭비·축구 따위의)하프타임, 중간 휴식시간. ②경기시간의 절반. avoir l'avantage en seconde ~ 후반전에서 우세하다. à ~ 반일제(半日制)로(↔ à plein temps, à temps complet). être employée à ~ 반일제로 고용되다.
miter (se) [s(ə)mite] v.pr. (옷감 따위가)좀먹히다, 좀먹다.
mi-terme (à) [amitɛrm] loc.ad. 기한이 차기 전에; 도중에서. accoucher à ~ 조산하다.
miteux(se) [mitø, -ø:z] a.《구어》①눈꼽이 낀. ②초라한, 비참한(misérable). —n. 초라한 사람, 불쌍한 사람.
mithracisme [mitrasism], **mithriacisme** [mitrijasism] n.m.《종교》미트라교.
Mithra(s) [mitra, mitraːs] n.pr.m.《종교자》미트라《페르시아의 태양신》.
mithriaque [mitrijak] a. 미트라의.
mithridate [mitridat] n.m.《옛》해독제.
mithridatiser [mitridatize] v.t. 독물에 면역이 되게 하다. —**se** ~ v.pr. 면역되다.
mithridatisme [mitridatism] n.m., **mithridatisation** [mitridatizasjɔ̃] n.f.《의학》면역적 해독(법), 방독(법).
mitigatif(ve) [mitigatif, -iːv] a. (형벌 따위를)경감하는;(열·고통 따위를)완화하는.
mitigation [mitigasjɔ̃] n.m. 경감, 완화, 진정 (adoucissement, ↔ aggravation). ~ des peines《법》(건강상의 이유로 인한)감형.
mitigé(e) [mitiʒe] a.p. ①완화된, 경감된(atténué). peine ~e 감형. zèle ~ 식숙어버린 열성. ②《구어》[~ de](이)섞인. éloges ~s de critiques 비판이 섞인 칭찬.
mitigeant(e) [mitiʒɑ̃, -ɑ̃ːt] a. 완화하는, 경감하는. remèdes ~s 완화제.
mitiger [mitiʒe] [3] v.t. ①(고통·형벌·법률 따위를)완화하다, 경감하다(adoucir, tempérer). ②변질시키다, 변형시키다.
—**se** ~ v.pr. 완화[경감]되다.
mitigeur [mitiʒœːr] n.m. (물의 유출량이나 냉온수 혼합 온도를 일정하게 조절하는)수도꼭지.
mitis [mitis] n.m. ①고양이(《La Fontaine의 우화에서 고양이의 호칭》. ②가단철(可鍛鐵)《철과 알루미늄의 합금》.
mitochondrie [mitɔkɔ̃dri] n.f.《생물》사립체(絲粒質體), 미토콘드리아.
miton [mitɔ̃] n.m. ①(엄지손가락만 갈라진)벙어리장갑. ②(팔목부터 팔꿈치까지 덮는 여자용)토시. ③(도어에 넣는)빗조각. ④《구어》고양이.
explications ~ mitaine 《구어》엉터리 수작.
onguent ~ mitaine 《구어》효험 없는 약[방법].
mitonnage [mitɔnaːʒ] n.m.《요리》우유에 빵을 넣고 끓인 수프의 일종.
mitonner [mitɔne] v.t. ①《요리》약한 불에 오랫동안 끓이다. ②(계획 따위를)서서히 준비하다. ③세심히 돌보다;(어린애 따위를)지나치게 귀여워하다, 응석받다.
—v.i. (수프 따위가)약한 불에 끓다.
—**se** ~ v.pr. ①(수프 따위가)약한 불에 끓다. ②(계획 따위가)서서히 무르익어가다. Qu'est-ce qui se mitonne? 무슨 일이 일어나고 있나? ③안락하게 지내다;제 몸을 애지중지하다.
mitonnerie [mitɔnri] n.f. ①《드물게》지나치게 귀여워함, 애지중지함. ②(어떤 목적을 위해 남에게 가하는)사전 공작.
mitose [mitoːz] n.f.《생물》(세포의)유사분열(有絲分裂), 간접 핵분열.
mitoyen(ne) [mitwajɛ̃, -ɛn] a. 양쪽에 속하는, 경계(境界)의, 공유의, 공유의. mur ~ 경계벽.
mitoyenneté [mitwajɛnte] n.f. 경계를 이룸, 인접.《법》공유(권).
mitraillade [mitrajad] n.f. 기총소사, 일제사격.《비유적》일제히 쏟아지는 것.
mitraillage [mitrajaːʒ] n.m. 기총소사, 일제사격.
mitraille [mitraj] n.f. ①《옛》산탄; (마구 쏟아지는)포탄; 산탄(散彈). tirer à ~ 산탄을 발사하다. fuir sous la ~ 비처럼 쏟아지는 총포탄의 사이를 뚫고 달아나다. ②쇠(금속) 부스러기;《구어》동전, 잔돈.
mitrailler [mitraje] v.t. ①기총소사를 하다. ②《구어》퍼부어내다; (사진을 시방에서 마구)찍어대다. ~ qn de questions ⋯에게 질문공세를 퍼다. ministre mitraillé par les reporters-photographes 사진기자들로부터 사진 세례를 받는 장관. ③《옛》산탄으로 공격하다.
mitraillette [mitrajɛt] n.f. 경기관총.
mitrailleur [mitrajœːr] n.m. ①기관총 사수. ②《옛》(군중에게)총격을 가하는[명하는] 자.—a.m. fusil ~ 자동소총. pistolet ~ 단기관총.
mitrailleuse [mitrajøːz] n.f. 기관총. ~ légère [lourde] 경[중]기관총.
mitral(ale) [mitral, -o] a.《의학》승모(僧帽)형의. —n. 십장판막증 환자.
mitre [mitr] n.f. ①(뾰족하고 높은 삼각형의)승모(僧帽), 주교관(冠). ②(고대 페르시아인의)모자;《옛》(빵장수의)종이 모자. recevoir la ~ 주교로 임명되다. ②(굴뚝의)갓.

mitre ①

mitré(e) [mitre] a. 주교관을 쓸 자격을 얻은; 주교관의.
mitriforme [mitriform] a.《생물》승모형의.
mitron [mitrɔ̃] n.m. ①빵집 조수. ②(굴뚝의)갓.
mitte [mit] n.f. 변소나 하수구의 악취;(거기서 발하는 암모니아가스에 의한)안질(眼疾).
mi-vitesse (à) [amivitɛs] loc.ad. 중간 속도로.
mi-voix (à) [amivwa(ɑ)] loc.ad. 작은(낮은) 목소리로(à voix basse). chanter(parler) à ~ 작은 소리로 노래하다(말하다).
mixage [miksaːʒ] n.m.《영화》(음악·대사 따위의)동시녹음.
mixer[1] [mikse] v.t.《영화》동시녹음하다.

mixer², mixeur [miksœ:r] 〖영〗 n.m. 믹서.

mixité [miksite] n.f. 〖교육〗 남녀공학(제); (연구단체 따위에서 국적이 다른 사람들이 함께 하는)공동. ~ franco-britannique 영불 공동(연구).

mixiter [miksite] v.t. 남녀공학으로 하다; 공동으로 하다.

mixte [mikst] a. ① 혼성의, 혼합된(combiné, mélangé); 절충의. équipe ~ 혼성 팀. commission ~ 합동위원회. cargo(train) ~ 화물과 여객을 함께 나르는 선박(기차). mariage ~ 가톨릭교도와 다른 그리스도교도 간의 결혼. ② 남녀 혼합[공동]의. école ~ 남녀 공학 학교. double ~ (테니스 따위의)혼합 복식.

mixtiligne [mikstiliɲ] a. 〖수학〗 직선과 곡선으로 이루어진.

mixtion [mikstjɔ̃] n.f. ① 혼합; (약의)조제. ② 혼합물; 합제(合劑), 조제약.

mixtionner [mikstjɔne] v.t. 혼합하다; (약을)조제하다.

mixture [miksty:r] n.f. ① (여러 가지가 혼합된)맛이 고약한 음료. ② 합제(合劑)《주로 물약》(mixtion). ③ 혼합물.

M.K.S. 〖약자〗 mètre, kilogramme et seconde (système) 〖물리〗 엠케이에스 단위제.

M.K.S.A. 〖약자〗 mètre, kilogramme, seconde, ampère MKSA 단위제.

ml 〖약자〗 millilitre 밀리리터.

mle 〖약자〗 modèle 〖군사〗 …식, …형.

M.L.F. 〖약자〗 Mouvement de Libération des Femmes 여성해방운동.

Mlle 〖약자〗 Mademoiselle 양(孃).

Mlles 〖약자〗 Mesdemoiselles, M^lle의 복수.

MM. 〖약자〗 Messieurs, M. 의 복수.

Mm 〖약자〗 mégamètre 메가미터.

mm 〖약자〗 millimètre 밀리미터.

M.M. 〖약자〗 Messageries Maritimes 우선(郵船)회사; marine marchande 상선.

m/m 〖약자〗 moi-même 〖경제〗 당방(當方).

Mme 〖약자〗 Madame 부인.

Mmes 〖약자〗 Mesdames, M^me의 복수.

mmq. 〖약자〗 millimètre carré 제곱 밀리미터.

Mn 〖약자〗 manganèse 〖화학〗 망간.

mn 〖약자〗 minute 분.

M.N. 〖약자〗 Marine nationale 프랑스 해군.

mnème [mnɛm] n.m. 〖심리〗 므넴, 기억 흔적.

mnémo- préf. 「기억」의 뜻.

mnémonique [mnemɔnik] a. 기억의, 기억을 돕는. procédé ~ 기억법. —n.f. 기억술(mnémotechnique).

mnémoniquement [mnemɔnikmɑ̃] ad. 기억 법에 의해.

mnémoniser [mnemɔnize] v.t. (기억법에 의해)기억하다.

mnémotechnicien [mnemɔtɛknisjɛ̃] n.m. 기억술이 능한 사람; 기억술 교수자.

mnémotechnie [mnemɔtɛkni] n.f. 기억술.

mnémotechnique [mnemɔtɛknik] a. 기억을 돕는, 기억술을 발달시키는. méthode ~ 기억술. —n.f. 기억술(mnémotechnie).

-mnèse, -mnésie, -mnésique suff. 「기억」의 뜻.

Mo 〖약자〗 molybdène 〖화학〗 몰리브덴, 수연.

m/o. 〖약자〗 mon ordre 〖금융〗 (어음 따위의)당방지정식(當方指定式).

moabite [mɔabit] 〖성서〗 a. 모아브(Moab)의. —M~ n. 모아브 사람. —n.m. 모아브어.

mob [mɔb] n.m. ①〖영〗 군중; 난민(亂民), 폭도. ② 소형 오토바이.

*****mobile** [mɔbil] a. ① 움직이는, 이동하는; 유동성의 (mouvant). caractères d'imprimerie ~s 〖인쇄〗 분리 활자. calendrier(carnet) à feuilles ~s 한 장씩 바꿔 끼울 수 있는 달력[수첩]. escalier ~ 에스컬레이터. population ~ 유목민. ② (날짜·가격 따위가)변동하는. fête ~ 해에 따라 날짜가 변하는 축제일. ③ (표정·표면이)끊임없이 변화하는; 불안정한, 변덕스러운(changeant, inconstant). visage ~ 활기 찬 얼굴. esprit(homme) ~ 변덕스러운 사람. ④ 〖군사〗 colonne(troupe) ~ 유격대. garde ~ 순찰헌병; 〖프랑스사〗 (1870년 보불전쟁 때의)기동대.
—n.m. ① (행동의)동기(motif). avoir l'amour pour ~ 사랑이 동기가 되다. ② 〖물리〗 동체(動體); 원동력. vitesse (direction) d'un ~ 동체의 속도(방향). ③ 〖미술〗 모빌《움직이는 조각》. ④ (시계의)톱니바퀴. ⑤ le premier ~ (고대 천문학에서)최고천(最高天); 원동자, 원동도(原動圖).

-mobile suff.「움직이는」의 뜻.

mobiliaire [mɔbiljɛ:r] a. 〖옛〗〖법〗 = mobilier.

mobilier(ère) [mɔbilje, -ɛ:r] a. 〖법〗 동산(動産)의, 동산에 관한(↔immobilier). biens ~s 동산. contribution ~ère (임대가격에 의해 산출한)동산세. saisie ~ère 동산압류. vente ~ère (압류한)동산의 매각. valeurs ~ères (양도 가능한)유가증권.
—n.m. (집합적) 가구, 집기. ~ Louis XV 루이15세 시대 양식의 가구. ~ de cuisine (de bureau) 부엌(사무실)의 집기.

mobilisable [mɔbilizabl] a. ① 〖군사〗 동원할 수 있는. ② (자본 따위가)언제나 쓸 수 있는. —n. 동원 가능한 인원(병력).

mobilisation [mɔbilizasjɔ̃] n.f. ① 〖군사〗 (전시체제를 갖추기 위한)동원, 소집(appel, rappel). décréter la ~ 동원령을 내리다. ~ générale 총동원. ② 〖법〗 (부동산을)동산으로 간주함, 동산화. ③ 〖생리〗 해당(解糖)작용; 〖의학〗 (관절 따위의)수동(授動); (유착부분 따위의)분리 수술.

mobilisé(e) [mɔbilize] a.p. 동원된. —n. 동원된 사람. anciens ~s 제대군인.

mobiliser [mɔbilize] v.t. ① (군대를)동원하다; (장정·예비병을)소집하다(appeler). être mobilisé dans le génie 공병대에 소집되다. ② 불러 모으다; 불러 일으키다. ~ tous ses amis pour le déménagement 이사를 하기 위해 친구들을 모두 불러모으다. ~ son courage 있는 용기를 다 내다. ③ 〖법〗 (부동산을)동산화하다; (채권을)유통이 가능하게 하다. ④ 〖의학〗 (굳어버린 관절 따위를)움직이게 하다; (수술로 유착부분을 주위에서)분리하다. —se ~ v.pr. 동원되다.

mobilité [mɔbilite] n.f. ① 이동성, 기동성, 유동성. ~ d'une armée 군대의 기동성. ~ d'une population 인구의 이동(성). ② (표정·양상 따위의)변화; (감정 따위의)변덕스러움, 무상(caprice, instabilité). ~ des sentiments 감정의 변덕스러움. ~ des choses humaines 인간세계의 무상함.

mobilophone [mɔbilɔfɔn] n.m. 휴대용 무전기.

moblot [mɔblo] n.m. 〖구어〗 〖프랑스사〗 (1848, 1870년의)국민유격대원.

mobylette [mɔbilɛt] n.f. 〖상표명〗 오토바이.

mocassin [mɔkasɛ̃] n.m. ① (구두끈이 없는)간편한 단화; (아메리카 인디언의)가죽신. ② 〖동물〗 (북미산의)독사의 일종.

moccolo (pl. **i**) [mɔkɔlo, -i]〖이탈리아〗 n.m. (사육제에 로마 시가를 돌아다닐 때 드는)작은 촛불.

mochard(e) [mɔʃar, -ard] a. 〖구어〗 보기 흉한.

moche¹ [mɔʃ] n.f. 〖직물〗 꼬지 않은 실. soies en ~ 가공 안한 명주실.

moche² *a.* 《구어》① (모양·얼굴 따위가) 못생긴, 보기 흉한(laid). ② (행동 따위가) 나쁜, 야비한 (méprisable). C'est ce qu'il a fait là! 그가 한 짓은 정말 께씸하다.

mocheté [mɔʃte] *n.f.* 《구어》 못생긴 사람[여자]; 보기 흉한 것.

mochlique [mɔklik] 【의학】 *a.* 설사를 시키는.
—*n.m.* 《옛》 강하제(強下劑).

mock [mɔk] *n.m.* (아편을 피우고) 흥분한 상태.

moco [mɔko] *n.m.* 《해양어》 툴롱(Toulon)의 선원; 프로방스 사람.

mococo (*pl. i*) [mɔkoko, -i] *n.m.* 【동물】 (마다가스카르 섬에 사는) 원숭이의 일종.

modal(ale, *pl.* **aux)** [mɔdal, -o] *a.* ① 《언어》 동사의 법(mode)에 관한. auxiliaire ~ 준조동사(devoir, pouvoir 따위). ② 【철학】 형태상의; 【논리】 양식의. existence ~*ale* (실체적 존재에 대한)양태적 존재. ③ (조건·기한을)한정하는. ④ 【음악】 선법(旋法)의. notes ~*ales* 음계 결정음 《음계의 장단을 결정하는 3도 및 6도의 음》.
—*n.f.* 【논리】 양식명제(樣式命題). 〔여.

modalisation [mɔdalizasjɔ̃] *n.f.* 【언어】 양태부

modalité [mɔdalite] *n.f.* ① 양식, 방식. ~ de paiement 지불방식. ② 【언어】 양태, 양상 《문법적인 수단에 의해 표현되는 화자의 심적인 태도》; 양태사(辭). ③ 【철학·논리】 양상. ④ 【법】 (한정)조항. ⑤ 【음악】 선법(旋法). ⑥ 【의학】 양식.

***mode¹** [mɔd] *n.f.* ① 유행(vogue). 《특히》 의상(복장)의 유행, 패션. C'est la dernière ~. 그것은 최신 유행이다. ~ du livre de poche 포켓 북(판)의 유행. suivre la ~ 유행을 따르다. être de ~; être à la ~ 유행하고 있다. Il est de ~ [C'est devenu une ~] de *inf.* …하는 것이 유행이다[유행이 되었다]. lancer la ~ de *qc*; mettre *qc* à la ~ …을 유행시키다. mener la ~ 유행을 만들다. passer de ~ 유행이 지나다, 시대에 뒤떨어지다. ② 《종종 *pl.*》패션업계, 복식업(服飾業). travailler dans la ~ 패션업계에서 일하다. magasin de ~*s* (여성용)복식점; 여성모자 가게. articles de ~*s* (여성용)장신구. ③ 풍(風), 식(式)(façon), 기호. vivre à sa ~ 자기 멋대로 살다.
à la ~ 유행의. mot à la ~ 유행어. auteur à la ~ 인기작가.
à la ~ de 《주로 요리에》 …식(풍)으로.

***mode²** *n.m.* ① 방법, 방식(façon, manière). ~ de vie 생활 방식. ~ d'emploi 용법. ② 《옛》 【철학·논리】 양식, 양상, 양태. ③ 【언어】 동사의 법. ~ indicatif (conditionnel, subjonctif, impératif) 직설(조건·접속·명령)법. ④ 【음악】 선법, 조(調), 음계. ~ majeur (mineur) 장조(단조).

modelage [mɔdla:ʒ] *n.m.* (찰흙 따위로 만드는)원형(原型) 제작; 원형; 소상술(塑像術).

***modèle** [mɔdɛl] *n.m.* 본, 표본, 견본. ~ d'écriture 습자본. suivre (se conformer à) un ~ 본을 따르다, 견본대로 하다. ② 모범, 전형, 본보기, 귀감 (龜鑑). donner un ~ à *qn* …에게 모범을 보이다. prendre *qn* pour ~; prendre ~ sur *qn* …을 본보기로 삼다. Sa conduite est un ~ pour tous. 그의 행동은 모든 사람의 귀감이다. ③ 《작품 따위의》모델, 제재(題材); (미술가의)모델. ~ d'un personnage (소설의)등장인물의 모델. ④ 형(型), 형식(型式), 모델. nouveau ~ de voiture 차의 신형. ~ courant 표준형. ⑤ 모형 《조각 따위의》원형; 거푸집. ~ en bois 목형(木型). avion ~ réduit 모형 비행기. ⑥ 【경제·수학】 모델. ~ économique 경제모델.
—*a.* 모범적인, 전형적인. élève ~ 모범생.

modelé [mɔdle] *n.m.* ① 【미술】 돋을새김; 살집 【회화】 모사(模寫). ② 【지질】 (토지의)기복; (지도의)훈응도법(暈溷圖法).

modeler [mɔdle] [4] *v.t.* ① (흙·초 따위를 빚어)모양(형상)을 만들다(façonner). ~ une statue en terre 흙으로 상(像)을 만들다. ② (접토 따위를)반죽하다. 《목적보어 없이》만들기를 하다. ③ (에)기복(起伏)이 생기게 하다. (기복으로)돋보이게 하다. La robe *modelait* son corps. 옷이 그녀의 몸매를 돋보이게 했다. ④ [~ sur] (에)맞추다, 본뜨다. ~ sa conduite *sur* celle de son père 아버지의 행동을 본떠서 행동하다.
—*se* — *v.pr.* ① 형성되다, 성형되다. ② [~ sur] (을)본받다, 본보기로 하다, 모범으로 삼다(se conformer).

modeleur(se) [mɔdlœːr, -øːz] *n.* 모형 제작자, 소상(小像) 제작자; 거푸집 제작공. —*a.* 모형을 제작하는.

modélisme [mɔdelism] *n.m.* (비행기·배·자동차 따위의)모형 제작.

modéliste [mɔde(e)list] *n.* (비행기·배·자동차 따위의)모형 제작자; 의상 디자이너.

modem [mɔdɛm] *n.m.* 【전자】 모뎀, (신호변환용) 변복조(變復調) 장치.

modénature [mɔdenaty:r] *n.f.* 【건축】 (처마 언저리의)쇠시리장식의 윤곽(형식).

Modène [mɔdɛn] *n.pr.f.* 【지리】 모데나《이탈리아 북부의 도시》.

moder [mɔdɛːr] *n.m.* 【토양】 모데르《mor 와 mull 의 중간 정도의 부식토》.

modérantisme [mɔderɑ̃tism] *n.m.* 《프랑스사》(프랑스혁명 당시의)온건주의.

modérantiste [mɔderɑ̃tist] *n.* 《프랑스사》(프랑스혁명 당시의)온건주의자, 온건파.

modérateur(trice) [mɔderatœːr, -tris] *a.* 알맞게 하는, 조절하는, 억제하는. ~ *n.* 관리자; 지배자, 통치자, 조정인. de l'univers 신(神).
—*n.m.* 조절기(調節器)(régulateur); 【사진】 억제제(抑制劑); 【물리】 감속재(減速材).

modération [mɔderasjɔ̃] *n.f.* ① 경감, 완화(adoucissement, diminution). ~ de la vitesse 감속. ~ de droit 감세(減稅). ~ de peine 감형(減刑). ~ de prix 가격인하. ② 절제; 중용, 온건, 온당 (douceur, mesure). esprit de ~ 중용의 정신. ~ dans le boire et le manger 음식의 절제. avec ~ 적당히, 알맞게.

moderato [mɔderato] 《이탈리아》 *ad.* 【음악】 알맞은 속도로, 모데라토. —*n.m.* 모데라토로 연주되는 곡(악장).

modéré(e) [mɔdere] *a.p.* ① 절제있는; 중용의. ② 온화한; 온건한. ③ (수량이)알맞은, 적당한; (질이)보통의. ④ (값이)비싸지 않은, 싼(bas, ↔ cher). habitation à loyer ~ 서민공영(임대)주택(약자)H.L.M.). ⑤ 【음악】 모데라토의.
—*n.* 절제있는(온건한) 사람; 온건파, 보수파.

modérément [mɔderemɑ̃] *ad.* 절제하여; 온건하게; 적당히.

modérer [mɔdere] [6] *v.t.* ① 절제(억제)하다; 조정하다(apaiser, tempérer). ② 【전기】(진폭을)감쇠하다. ~ sa colère [ses passions] 분노(정열)를 참다(억제하다). ~ son impatience 초조한 마음을 달래다. ② 경감하다, 완화하다(adoucir). ~ la vitesse de la voiture 차의 속력을 늦추다.
—*se* — *v.pr.* ① 절제를 지키다, 자제하다, 진정하다(se contenir). ② (비바람 따위가)가라앉다.

:moderne [mɔdɛrn] *a.* 근대의, 현대의(actuel, contemporain) 현대적인, 최신의(nouveau, récent).

vie ~ 현대생활. époque[temps] ~ 근대, 현대. confort ~ (주택 따위의)최신설비.
à la ~ 근대[현대]식으로; 근대[현대] 양식으로.
—*n.m.* ① 근대적[현대적]인 사물; 근대식, 현대식. être meublé en ~ 현대식 가구가 비치되어 있다. ② (*pl.*)근대작가. les anciens et les ~s 고대작가와 근대작가. la querelle des anciens et des ~s 〖문학사〗신구(新舊)논쟁.

modernement [mɔdɛrnəma] *ad.* 《드물게》근대[현대]식으로.

moderner [mɔdɛrne] *v.t.* (옛)〖건축〗근대식으로 만들다, 근대식으로 개축하다.

modernizateur [mɔdɛrnizatœːr] *n.m.* 현대(근대)화 촉진자. —*a.* 현대(근대)화를 촉진하는. 「화.

modernisation [mɔdɛrnizɑsjɔ̃] *n.f.* 근대화, 현대

***moderniser** [mɔdɛrnize] *v.t.* 근대(현대)화하다; 현대식으로 고치다. ~ l'orthographe d'un texte ancien 고문의 철자를 현대식으로 고치다.
—**se** ~ *v.pr.* 현대[현대]화되다; 현대식으로 만들어지다.

modernisme [mɔdɛrnism] *n.m.* 근대[현대] 취미, 현대식; 현대[근대]주의(사상), 모더니즘.

moderniste [mɔdɛrnist] *n.* 현대[근대]주의자(찬양자). —*a.* 현대[근대]의, 현대[근대]주의의. peintre ~ 현대[근대]파 화가.

modernité [mɔdɛrnite] *n.f.* 현대[근대]적임; 현대식; 현대[근대]주의.

modern style [mɔdɛrnstil] (영)*n.m., a.* (20세기 초엽의 장식에 있어서의)근대양식(의).

***modeste** [mɔdɛst] *a.* ① 겸손한, 겸허한(effacé, humble, ↔ vaniteux). savant ~ 겸허한 학자. ② (명사 앞·뒤)검소한, 수수한, 조촐한, 적당한(modéré). ~ présent 수수한 선물. prix ~ 염가. avoir un train ~; mener un train de vie ~ 검소한 생활을 하다. ③ (명사 뒤)절제있는, 조심성 있는, 신중한; 정숙한(pudique, ↔ effronté). tenue ~ 정숙한 차림.
—*n.* 겸손한 사람. Ne faites pas le[la] ~. 어려워하지 마세요; 겸손한 체하지 마시오.

modestement [mɔdɛstəma] *ad.* ① 겸손하게. ② 검소하게, 수수하게, 조촐하게. ③ 절제있게, 조심성 있게, 정숙하게; 정숙하게.

modestie [mɔdɛsti] *n.f.* ① 겸손, 겸양(humilité). faire de la ~ 겸손하게 처신하다. ② 검소, 조촐함. ③ 절제, 온건, 온당; 정숙(décence).

modicité [mɔdisite] *n.f.* 근소; 빈약; (가격의)저렴.

modifiable [mɔdifjabl] *a.* 변경[수정]할 수 있는.

modifiant(e) [mɔdifja, -ãːt] *a.* 변경[수정]하는. facteur ~ 변화요인.

modificateur(trice) [mɔdifikatœːr, -tris] *a.* 변경[수정]하는. —*n.* 변경자[수정자]. —*n.m.* 변동[변속]장치.

modificatif(ve) [mɔdifikatif, -iːv] *a.* ① 변경[수정]된[가능한]. texte ~ 수정문. ② 〖언어〗수식하는, 한정하는. —*n.m.* 〖언어〗수식어.

modification [mɔdifikɑsjɔ̃] *n.f.* ① 변화, 변형, 변경, 수정(changement, transformation). ~ en mieux[en pire] 개선(개악). apporter(faire) une ~ à qc …을 수정하다, 변경하다. ② 〖언어〗수식. ③ 〖생물〗돌연변이.

***modifier** [mɔdifje] *v.t.* ① 바꾸다; 변경[수정]하다. ~ la route 〖해양〗항로를 바꾸다. ~ une loi 법을 수정하다. ~ son attitude 그의 태도를 바꾸다. ② 〖언어〗수식하다, 한정하다.
—**se** ~ *v.pr.* ① 변하다, 수정되다. ② 〖언어〗수식되다.

modillon¹ [mɔdijɔ̃] *n.m.* 〖건축〗(코린트 양식의) 처마 까치박공.

modillon² *n.m.* 〖구어〗여성모자 제조인의 견습공.

modique [mɔdik] *a.* (값이)싼, 저렴한, 하찮은(infime, insignifiant). salaire ~ 박봉.

modiquement [mɔdikma] *ad.* 싼 비용으로, 싸게.

modiste [mɔdist] *n.f.* 여성복[장신구·모자] 제조인[상인]. —*a.* 여성복[장신구·모자]을 제조[판매]하는.

modulaire [mɔdylɛr] *a.* 〖건축〗(그리스·로마양식에서)변조된; 〖기술〗표준 단위의. architecture ~ 변조된 양식의 건축.

modulant(e) [mɔdylã, -ãːt] *a.* 〖음악〗전조(轉調)의, 변조의; 선법(旋法)에 따라 부르는.

modulateur(trice) [mɔdylatœːr, -tris] *a.* 〖라디오〗변조기의(變調器의). —*n.m.* 변조기. —*n.f.* 변조관(lampe -*trice*).

modulation [mɔdylɑsjɔ̃] *n.f.* ① 〖음악〗조바꿈, 변조. ② (소리의)변화, 억양, 고저. ③ 〖라디오〗변조(變調). ~ de fréquence 주파수 변조, FM 방송((약자)M.F.). ④ 〖건축〗모듈(module)로 조정함.

module [mɔdyl] *n.m.* ① 모듈:ⓐ 〖건축〗재료 따위를 일정한 배수 관계로 맞추는 기준치수. ⓑ 〖측정〗기준단위. ⓒ 우주선의 구성단위. ~ lunaire 달 착륙선. ⓓ 〖컴퓨터〗프로그램의 구성요소. ② 〖물리〗(탄성률 따위의)계수(係數). ~ d'élasticité 탄성률. ③ 〖수학〗(정수론의)법(法); (벡터의)절대값. ④ (화폐 따위의)표준 직경.

moduler [mɔdyle] *v.t.* ① (에)억양을 붙이다. ~ des paroles d'amour 사랑을 속삭이다. ② 〖라디오〗변조하다; 〖음악〗조바꿈하다. ③ 조정하다. —*v.i.* 〖음악〗조바꿈하다.

modulo- [mɔdylo] *n.m.* 〖수학〗법(法)(다음에 수자와 함께 씀). 19 est congru à 1 modulo-6. 19 와 1 은 6을 법으로 하여 합동이다.

modulor [mɔdylɔr] *n.m.* 〖학술〗모빌로르(*Le Corbusier* 가 황금분할을 기초로 하여 고안한 건축용 표준 치수).

modus vivendi [mɔdysvivɛ̃di] (라틴)*n.m.* (복수불변) 타협안; 화해 수단.

moelle [mwal] *n.f.* 〖해부〗골수, 골. ~ allongée 연수(延髓). ~ épinière 척수(脊髓). os à ~ 수골, 수뼈. 기골; 정신력. discours plein de ~ 힘찬 연설. n'avoir pas de ~ dans les os 〖구어〗뼈대가 없다, 무기력하다. ③ (작품 따위의)진수, 정수. ④ 〖식물〗고갱이, 목수(木髓).
jusqu'à la ~ (des os); **jusqu'aux ~s** 골수까지. être vidé jusqu'à la ~ 〖구어〗기진맥진하다. sucer qn jusqu'à la ~ (des os) …을 골수까지 빨아먹다, 철저하게 착취하다. 「게.

moelleusement [mwalføzmã] *ad.* 부드럽게, 폭신하

moelleux(se) [mwalø, -øːz] *a.* ① 보드라운, 폭신한(doux, mou, ↔ dur); (맛·음성 따위가)달콤한, 부드러운, 연한(savoureux). vin ~ 들큼한 술. voix ~se 부드러운(달콤한) 음성. ② 골수가 많은(médullaire); 〖식물〗고갱이가 있는, 목수가 있는. —*n.m.* (음성의)부드러움, (색깔의)연함, (동작의)유연함.

moellon [mwalɔ̃] *n.m.* (건축용의)석재; (유리공장의)연마석; 돌담.

moellon(n)age [mwalɔnaːʒ] *n.m.* 석재 건축.

moère, moere, moëre [mwɛːr] 〖북프랑스〗*n.f.* (간척중인)개펄.

***mœurs** [mœːr, mœrs] *n.f.pl.* ① 품성, 품행, 소행(conduite). 덕성, 도덕관념(morale). bonnes [mauvaises] ~ 양속(良俗)[나쁜 습속]. femme

de ~ faciles(**de mauvaises ~, de ~ légères**) 행실이 나쁜 여자, 창녀. **~ austères**(**rigides, sévères**) 엄격한 사회도덕. **~ corrompues** 부패한 사회도덕. **attentats aux ~** 풍기문란죄. ②풍속, 풍습, 관습(**coutume**(**s**), **usage**(**s**)). **avoir des ~ simples** 검소한 생활을 하다. **Ce roman est une étude de ~.** 이 소설은 일종의 연구이다. **peinture de ~** 풍속화. **~ françaises**(**coréennes**) 프랑스(한국) 풍속(습). **Autres temps, autres ~.**《속담》시대가 바뀌면 풍습도 달라진다. ③(동물의)습성, 생태. **~ des abeilles** 꿀벌의 습성. ④《수사학》비결. **~ oratoires** 청중의 마음을 끈 변론의 비결. ⑤《속어》(경찰의)우범[창녀]단속계(係). ⑥좋은 품행. **avoir des ~** 품행이 좋다. **n'avoir pas de ~; être sans ~** 품행이 나쁘다. **Les mauvaises compagnies corrompent les bonnes ~.**《속담》나쁜 벗과 사귀면 좋은 사람도 나빠진다.

mofette [mɔfɛt] *n.f.* ①《지질》(탄광 따위의)탄산가스; 탄산 분출갱(坑). ②《동물》스컹크.

mogol(e) [mɔgɔl] *a.*《역사》(인도)무갈(*Moghal*)의. **dynastie ~e** 무갈왕조. **—M~** *n.* 무갈인.

moha [mɔa] *n.m.*《식물》돌피의 일종.

mohaire [mɔɛ:r] *n.m.*《직물》모헤어(앙고라 양모); 모헤어 모직.

‡**moi** [mwa] *pron. pers.*《강조형》나. ①《속사》**L'État, c'est ~.** 국가는 바로 짐이로다. **C'est ~ qui suis arrivé le premier.** 맨처음에 도착한 것은 나입니다. ②(전치사의 보어)**Il est arrivé avant ~.** 그는 나보다 먼저 도착했다. **chez ~** 나의 집에서. ③(강조)**M~, je n'irai pas.** 나는 가지 않겠다. **Je ne sais pas, ~.** 난 몰라, 나는. **On ne m'a rien donné, à ~.** 아무것도 안줬어, 나에게는. **Il m'a battu, ~.** 녀석이 때렸어, 나를. ④(비교를 나타내는 **que, ne...que**의 뒤에서)**Il chante mieux que ~.** 그는 나보다 노래를 잘 부른다. **Il n'en accuse que ~.** 그는 나만을 비난한다. ⑤(명령법 뒤에서)**Laissez-~ tranquille.** 나를 가만히 내버려 두시오. **Regardez-~ cet imbécile.** 저 악질 좀 보시오.(**regardez**를 강조하기 위한 허사). **Rends-le-~.** 그걸 내게 돌려 주게. **Regardez-~ça!** 저걸 보세요.(허사로; 명령을 강조함). ⑥(부정법·분사형의 주어)**M~, régner!** 내가 통치하다니! **M~ parti, que feriez-vous?** 내가 떠나면 당신은 어떻게 하겠소? ⑦(생략문의 주어)**Vous fumez? M~ aussi.** 담배 피우세요? 저도요. ⑧(다른 말과 나란히 써서; 주어·목적보어)**Mon père et ~ sommes de cet avis.** 아버지와 나는 그런 의견이다. **Il a invité ma femme et ~.** 그는 내 아내와 나를 초대했다. ⑨(형용사·동격어·관계사절과 함께)**M~ seul savais la vérité.** 나만이 진실을 알고 있었다. **M~, malade, je ne peux pas y aller.** 나는 아파서 거기 ***À ~*** 사람살려! 갈 수 없어. (**un ami**) ***à ~*** 나의(친구). ***À ~ seul*** (**e**) 나 혼자서. ***C'est à ~ de*** + *inf.* …하는 것은 나이다(내 차례이다). ***C'est à ~ de décider.*** 결정하는 것은 나이다. ***À ~ de jouer.*** (놀이에서)내가 할 차례이다. ***de ~*** 나의. **L'idée n'est pas *de ~*.** 그것은 내 생각이 아니다. ***de vous à ~*** 당신과 나 사이에서, 은밀히. ***pour ~*** 나를 위해; 나로서는; 내 의견으로서는. ***quant à ~*** 나〔더〕로 말하면. —*n.m.*(복수불변)나, 자아; 사욕, 이기심.《화.

moïdore [mɔidɔ:r] *n.f.* 포르투갈·브라질의 옛 금

moie [mwa] *n.f.* ①(꿀·짚의)더미, 낟가리; (모래의)퇴적. ②(채석장의)석맥(石脈) 사이의 부드러운 모래 부분.

moignon [mwaɲɔ̃, mɔɲɔ̃] *n.m.* ①(손·발·날개 따위의)잘라낸 나머지; (나무의)그루터기. ②(사지의)퇴화한 것, 퇴화한 사지.

moilleron [mɔjrɔ̃] *n.m.*(벽에 칠하는)방습 도료.

‡**moi-même** [mwamɛm] *pron. pers.* 나 자신《**moi**의 강조형》. **J'irai ~.** 내가 직접 가겠어. **autre ~** 또 하나의 나, 나의 분신. **de ~** 나 스스로, 자발적으로. **par ~** 나 혼자의 힘으로.

moinaille [mwana:j] *n.f.*《구어》《집합적·경멸》중, 승려, 수도사.

‡**moindre** [mwɛ̃:dr] *a.* ①(*petit*의 비교급)(양이)보다 작은, 보다 적은; (질이)보다 낮은, 열등한. **quantité ~** 더 적은 양. **acheter à ~ prix** 더 싼 값으로 사다. **bière de ~ qualité** 질이 떨어지는 맥주. **champ de bien ~ étendue** 이쪽보다 훨씬 작은 논밭. [**~ que**] **Son mal est ~ *que* le vôtre.** 그의 괴로움은 당신의 괴로움보다 덜하다. **La distance est ~ *que* vous ne croyez.** 거리는 당신이 생각하는 것보다 가깝다.

REM moindre는 주로 추상명사에 대해 쓰이고, 구체적으로 크기의 비교에는 **plus petit** 가 쓰인다: **Notre maison est *plus petite* que la vôtre.** 우리집은 당신집보다 더 작다.

②(정관사·소유[지시] 형용사와 함께 *petit*의 최상급)가장 작은; 극히 적은: **s'il avait eu le ~ bon sens** 그에게 양식이 조금만 있었어도. **C'est là son ~ défaut.** 그것이 그의 결점이라면 결점이다. **(부정형으로) sans le ~ doute** 털끝만한 의심도 없이. **Il n'a pas dit le ~ mot.** 그는 일언반구도 없었다. ③《옛》(신분·지위가)낮은, 신분이 낮은. ④《수학》**méthode des ~s carrés** 최소제곱법;《물리·생물》**principe de la ~ action** 최소작용의 원리.
—*n.m.* ①보다 작은 것. **choisir le ~ de**(**entre**) **deux maux** 두 가지 악(惡) 중에서 보다 덜한 것을 택하다. ②가장 작은 것, 최하급자. **C'est le ~ de mes soucis.** 그것은 내가 염려하는 것 중의 가장 작은 것이다; 그런 것은 조금도 염려하지 않는다. **Je vous remercie.—C'est la ~ des choses.** 고맙습니다. 천만에요《제가 해드린 일은 극히 사소한 일입니다》.

moindrement [mwɛ̃drəmɑ̃] *ad.*《문어》(혼히 부정에서)더 적게. **Je ne me suis pas ~ étonné que vous.** 나도 당신만큼이나 놀랐다. [**le ~**] **Je n'ai pas *le ~* du monde l'intention de vous blesser.** 나는 추호도 당신을 해칠 생각이 없다.

moine** [mwan] *n.m.* ①수도사(승)(**religieux**). **communauté des ~s** 수도회. **~s bouddhistes**(불교의)중. ②《동물》바다표범 무리. ③《조류》독수리속(屬). ④《어류》(옛날의)침대의 보온기구, 탕파. ⑤《야금》(쇠 표면의)기포(氣泡). ⑥《해양》(야간의 신호·표지를 위한)봉화. ⑦(종이가 겹쳐져)잉크가 묻어 있지 않은 인쇄의 부분. ***gras comme un ~《구어》아주 비대한. ***Le ~ chante comme l'abbé chante.***《속담》아랫사람은 윗사람 편 듣는다. ***L'habit ne fait pas le ~.***《속담》옷차림으로 사람을 판단해서는 안된다. ***Pour un ~ l'abbaye ne faut*** (*chôme*) ***pas.***《속담》한 사람 자리하다 해서 계획한 일을 그만둘 수는 없다.

moineau [mwano] (*pl. ~x*) *n.m.* ①《조류》참새. ②《구어》녀석, 놈(**type**). **vilain**(**sale**) **~** 불쾌한 녀석, 치사스러운 녀석. **drôle de ~** 괴상한 녀석. ③ **tête de ~** 두탄(豆炭).

moinerie

C'est un épouvantail à ~x. 괴상한 옷차림을 하고 있다; 추남이다. *manger comme un ~* 소식(小食). *s'habituer comme une volée de ~x* 일제히 〔앞을 다투어〕 덤벼들다. *tirer(brûler) sa poudre aux ~x* 《구어》 하찮은 일에 돈을 쓰다.

moinerie [mwanri] *n.f.* ① 《옛》 《집합적·경멸》 수도사, 승려, 중. ② 수도원.

moinesse [mwanɛs] *n.f.* 《경멸》 수녀, 비구니.

moinillon [mwanijɔ̃] *n.m.* 《구어》 어린 수도사 《중》.

:moins [mwɛ̃] *ad.* ① 《peu 의 비교급》 《보다》 적게, 덜. ⓐ 《단독적으로》 Il parle ~. 그는 말이 적다. Il fait ~ froid aujourd'hui. 오늘은 덜 춥다. Parlez ~ vite. 덜 빨리〔더 천천히〕 말하시오. ⓑ 《que 와 함께》 Il travaille ~ que son frère. 그는 형보다 일을 덜 한다. Elle est ~ grande que vous. 그녀는 당신보다 덜 크다. 〔~ que+절〕 Il est ~ bête *que* vous ne croyez. 그는 당신이 생각하는 것만큼 바보는 아니다 (ne 는 허사). 〔ne pas ~ que〕 《동등을 나타냄》 Il n'est *pas* ~ riche *que* vous. 그는 당신보다 덜 부자는 아니다 (그는 당신에 못지 않게 부자이다). 〔~ de+명사〕 Ça demandera ~ *d'*argent. 이것이 돈이 덜 들 것이다. Il n'a pas ~ *de* talent que vous. 그는 당신 만큼이나 재능이 있다. ⓓ 〔~ de+수사〕 이하의, 미만의. Il y avait ~ *de* mille personnes sur la place. 광장에는 천명도 채 안되는 사람들이 있었다. 《명사적》 film interdit aux ~ *de* 18 ans 18세미만 입장금지 영화. ② 가장 적게. ⓐ 《정관사 le 와 함께 동사를 수식; peu 의 최상급》 C'est lui qui travaille *le* ~. 일하지 않는 것은 그이다. ⓑ 《정관사·소유형용사와 함께 형용사·부사의 최상급》 outils les ~ utiles 가장 필요하지 않은 도구. Penses-y *le* ~ souvent possible, tu oublieras. 그 일은 되도록 생각하지 말게, 잊게 될거야. ⓒ 〔le ~ de+명사〕 가장 적은 ···. Il a fait *le* ~ *de* fautes d'orthographe de sa classe. 그는 반에서 제일 적게 철자가 틀렸다. ⓓ 〔ce que... de ~+형용사〕 《최상급을 나타냄》 ce qu'il y a *de* ~ cher 가장 싼 것.

encore ~ 하물며 ···은 아니다. Je ne le connais pas, *encore ~* sa femme. 나는 그를 모른다, 하물며 그의 부인은 더욱 모른다.

M~..., ~ [plus] ... ···하지 않으면 않을수록 점점 덜〔더〕 ···하다. *M~* on travaille, ~ on gagne. 일을 안하면 안할수록 벌이가 적어진다. *M~* tu fumes, (et) *plus* tu manges. 너는 담배를 피우지 않을수록 점점 더 밥맛이 좋을 것이다.

~ que jamais 그 어느때보다도 적게. *M~ que jamais* je crois à son honnêteté. 나는 전보다 더〔더욱 더〕 그의 성실성을 믿을 수 없다.

n'en... pas ~ 그래도 역시 ···이다. Je ne *l'en* estime *pas ~.* 그래도 역시 나는 그를 존경한다. 《비인칭》 Il *n'en* reste *pas ~* qu'il raison. 그래도 역시 그가 옳다.

ne... rien de ~ (que) ···이하의 아무것도 아니다, 바로 ···이다. Je *n'*attendais *rien de ~.* 내가 기대한 것은 바로 그것이다. 《생각하여》 J'ai besoin de mille francs, *rien de ~.* 내가 필요한 것은 천프랑, 그것도 에누리 없는 천프랑이다. Ce *n'*est *rien de ~ qu'*un miracle. 그것은 그야말로 기적이다.

ne... rien ~ que ⓐ ···외의 아무것도 아니다, 바로 ···이다 (ne... rien *de ~ que* 와의 혼동). ⓑ 《옛》 전혀 ···아니다. Elle *n'*est *rien ~ que* jolie. 그녀는 전혀 미인이 아니다.

non ~ que ···처럼 〔만큼〕 (이)다. Il mérite des éloges, *non ~ que* son frère. 그도 형〔아우〕 만큼 칭찬을 받을 만하다.

on ne peut ~ 조금도 ···(아니다). J'étais alors *on* *ne peut ~* sceptique. 그 당시 나는 조금도 회의적이 아니었다.

pas le ~ du monde 조금도, 추호도. Il ne s'inquiète *pas le ~ du monde.* 그는 조금도 걱정하지 않는다.

—*prép.* 마이너스의, ···을 뺀; ···을 제외한. Dix-cinq font 〔également, restent〕 cinq. 10 빼기 5 는 5 이다. Il est midi ~ dix. 12시 10분 전이다. Il fait ~ une [mwɛ̃zyn]. (기온이) 영하 1도이다. dix puissance ~ sept 10 의 마이너스 7제곱 (10⁻⁷). *M~* l'emballage, ça vous ferait mille francs. 포장을 제외하면 천프랑 값이 되겠다.

—*n.m.* ① 《정관사 le 와》 보다 적은 수 〔양〕. J'espérais ~ de lui. 그에게 그렇게까지는 기대하지 않았었다. ② 《정관사와 함께》 가장 적은 수 〔양〕, 최소한. Je lui ai envoyé ce cadeau, c'est *le ~.* 나는 그에게 이 선물을 보냈는데, (최소한의) 그만한 것은 해야지. Qui peut le plus peut *le ~.* 《속담》 큰 일을 하는 사람이 작은 일도 할 수 있다. 〔le ~ que+sub.〕 *Le ~ qu'*on en puisse dire, c'est qu'il a été bien maladroit. 적어도 말할 수 있는 것은 그가 매우 서툴었다는 것이다. ③ 마이너스 기호; 〔인쇄〕 대시 기호 (-). Il fallait un plus, vous avez mis un ~. +기호를 썼어야만 했는데 당신은 -기호를 썼군요.

à ~ de ⓐ 더 싸게. Vous n'aurez pas cet objet *à ~.* 이 물건을 더 싸게 살 수는 없습니다. ⓑ 더 작은 일로. J'étais nerveuse. -Une ~ l'aurait été *à ~.* 나는 신경이 곤두섰다. 그 보다 작은 일에도 그렇게 되었을 것이다 (누구나 그렇게 되었을 것이다).

à ~ que, à ~ que ···이하로. *à ~ de* cent francs 100프랑 이하로. ⓑ ···이 없는 한. Il n'accepterait pas *à ~ d'*une augmentation. 증액〔인상〕이 없는 한 그는 수락하지 않을 것이다.

à ~ de+inf. [que+sub.] ···하지 않는 한. *À ~ d'*être fou, on ne saurait agir ainsi. 미치지 않는 한 그렇게 행동하지는 못하리라. *À ~ ~ que* vous (ne) l'ordonniez. 당신이 명령을 내리지 않는 한 그는 아무것도 하지 않을 것이다.

au ~ 적어도; 어쨌든. Il a perdu *au ~* cent francs dans cette journée. 그는 그날 적어도 100프랑을 잃었다. Il n'est pas beau, mais, *au ~,* il est intelligent. 그는 미남은 아니지만 어쨌든 그는 똑똑하다.

de ~ en ~ 점점 적게, 점점 ···(아니다). Il a *de ~ en ~ de* patience. 그는 점점 더 참을성이 없어진다. Je l'aime *de ~ en ~.* 그에 대한 사랑이 점점 식어간다.

des ~ + '형용사·부사' 가장〔거의〕 ···하지 않은 〔하게〕. C'est un roman *des ~* connus. 가장〔거의〕 알려지지 않은 소설이다. Cela n'est pas *des ~* pénibles pour lui. 그것은 그에게 가장 고된 것이다. Il parle *des ~* correctement. 그는 가장 부정확하게 말을 한다.

du ~ 그러나, 어쨌든. S'il a reçu des menaces, *du ~* n'est-il pas en danger. 그는 위협을 받고 있으나, 위험하지는 않다 (주어의 도치는 임의적). Il a été reçu premier, *du ~* il le prétend. 그는 수석으로 합격했다, 어쨌든 그는 그렇게 주장한다.

en ~ 부족하게; 빼놓고. Il a dû se tromper en me rendant la monnaie, j'ai trois francs *en ~.* 그가 나에게 잔돈을 잘못 돌려준 것 같다, 3프랑이 모자란다. Il faut compter cette somme *en ~.* 이 금액을 빼고 계산해야 한다.

en ~ de ···이내로. achever sa besogne *en ~ d'*une heure 한 시간 이내로 일을 끝내다.

tout au ~; à tout le ~; pour le ~ 최소한, 적어도.

Donnez lui *tout au* ~ *[pour le* ~*]* de quoi vivre. 적어도 먹고 살 것은 그에게 주시오.
***tout le* ~** 적어도.
——***a.*** (속어) ① 수수한, 못된. Il est ~ qu'il (ne) paraît. 그는 겉으로 보기만 못하다.
~ *que rien* ⓐ 대수롭지 않은(négligeable). Ce malaise est ~ *que rien*, votre père sera vite rétabli. 이 병환은 별것 아니어서 당신 부친은 곧 회복될 것이오. ⓑ 《명사적》 C'est un ~ *que rien*. 쓸모없는 사람이다.
moins-perçu [mwɛ̃pɛrsy] (*pl.* ~-~**s**) *n.m.* 《경제》 미납금.
moins-value [mwɛ̃valy] (*pl.* ~-~**s**) *n.f.* 《경제》 (주가의) 하락, 감가(減價).
moirage [mwaraːʒ] *n.m.* (직물 따위에) 물결 무늬를 넣기; 물결 무늬.
moire [mwaːr] *n.f.* 《직물》 ① (천 따위의) 물결 무늬; 물결 무늬가 있는 천(의 광택). ② 《예》 소아시아산 염소의 모직물.
moiré(e) [mware] *a.p.* 《직물》 물결 무늬가 든; 《문어》 어른거리는. eau ~e 물결져 반짝거리는 물. ——*n.m.* 물결 무늬가 든 천. ② métallique 물결 무늬가 든 양철.
moirer [mware] *v.t.* (천·양철 따위에) 물결 무늬를 넣다; 어른거리게 하다.
moireur [mwarœːr] *n.m.* 물결 무늬를 넣는 직공.
moirure [mwaryːr] *n.f.* 물결 무늬, 물결 모양.
‡**mois** [mwa(ɑ)] *n.m.* ① 달, 월; 한 달, 1개월. au ~ de février 2월에. chaque ~; tous les ~ 매월. ~ solaire(lunaire) 태양(태음)월. le ~ dernier(prochain) 지난달(내달). dans le courant du ~; au cours du ~ 이 달중에. prendre un ~ de congé 한 달 휴가를 갖다. ~ payé a ~ (다달이) 월급을 받다. Elle est dans son sixième ~. 그녀는 임신 6개월이다. ② 월급; 월납금; 월세; 1개월의 용돈. toucher son ~ 월급을 받다. treizième ~; ~ double 연말 보너스. Il doit deux ~ à son propriétaire. 그는 집세가 두 달 밀렸다. ③ le ~ de Marie 성모월, 5월.
moise [mwaːz] *n.f.* 《건축》 이음목, 이음대.
Moïse [mɔiːz] *n.pr.m.* 《성서》 모세. ——**m**~ *n.m.* 요람, 어린아이의 침대.
moiser [mwaze] *v.t.* 이음목으로 맞붙이다.
moisi(e) [mwazi] *a.p.* 곰팡슨, 곰팡내나는. ——*n.m.* 곰팡이 슨 것; 곰팡내. odeur de ~ 곰팡 냄새. sentir le ~ 곰팡내가 나다.
moïsiaque [mɔizjak] *a.* 모세(Moïse)의.
moisir [mwaziːr] *v.t.* 곰팡피게 하다. La pluie persistante *moisit* les raisins. 오랜 장마로 포도에 곰팡이가 슬었다. ——*v.i.* ① 곰팡피다. ② 오래(지루하게) 머무르다(croupir). Nous n'allons pas ~ ici, partons. 여기 죽치고 있지 말고 떠나세. ③ (자본 따위가) 놀고 있다. laisser ~ ses économies 모아 둔 돈을 그대로 놀려두다.
——**se** ~ *v.pr.* 곰팡피다.
moisissure [mwazisyːr] *n.f.* ① 《농업·원예》 곰팡이. ② 곰팡슨 부분.
moissine [mwasin] *n.f.* (포도 열매가 달린) 긴 덩굴.
*****moisson** [mwasɔ̃] *n.f.* ① 수확(récolte); 수확기. La ~ approche. 수확기가 다가온다. faire la ~ 수확하다. ② 수확물; (많은 양의) 수집, 획득. rentrer(engranger) la ~ 수확한 농작물을 거두어들이다 (곳간에 넣다). [une ~ de] une ~ d'images 그림 (대량) 수집. faire une ~ de lauriers 갖가지 명예를 얻다.
jeter la faux en la ~ *d'autrui* 남의 일에 손을 대다; 남의 일에 간섭하다.

moissonnage [mwasɔnɑːʒ] *n.m.* 수확, 거두어들이기; 수확법.
*****moissonner** [mwasɔne] *v.t.* ① 수확하다, 거두어들이다. ~ du blé 보리를 거두어들이다. ~ un champ 밭의 작물을 거두어들이다. 《목적보어 없이》 Comme tu sèmeras, tu *moissonneras*. 《속담》 심는 대로 거두리라. ②《문어》 대량으로 획득(수집)하다. ~ des lauriers 수많은 성공을 거두다. ③《문어》 한꺼번에 쓰러뜨리다. La guerre *moissonne* les vies humaines. 전쟁은 인명을 대량으로 앗아간다.
moissonneur(se) [mwasɔnœːr, -ɸːz] *n.* 수확하는 사람. ——*n.f.* 수확기(機). ——*n.m.* 《속어》 《조류》 땅까마귀.
moissonneuse-batteuse [mwasɔ̃ɸzbatɸːz] (*pl.* ~**s**-~**s**) *n.f.* 수확 탈곡기, 콤바인.
moissonneuse-lieuse [mwasɔ̃ɸzljɸːz] (*pl.* ~**s**-~**s**) *n.f.* 수확 결속기, 바인더.
moite [mwat] *a.* ① 축축한, 습한(↔sec). chaleur ~ 무더위. peau ~ de sueur 땀에 젖은 살갗. ②《예》무기력한. ③ élément ~ 《예·시》 바다.
moiteur [mwatœːr] *n.f.* 습기, 축축함; 가벼운 땀. ~ du front 이마의 땀.
‡**moitié** [mwatje] *n.f.* ① 반, 절반(demi); 중간, 가운데(milieu). partager le pain en deux ~s 빵을 반으로 나누다. la première(la seconde) ~ du XIXᵉ siècle 19세기 전(후)반. La ~ des spectateurs s'est ennuyée(se sont ennuyés). 관객의 절반은 지루함을 느꼈다. parvenir à la ~ de son existence 인생의 중반에 다다르다. à la ~ d'une côte 언덕 중턱에서.
② 태반, 거의 반. Ses boules lui cachent la ~ des joues. 그녀의 귀걸이는 뺨을 거지반 가리고 있다. Ils sont dehors la ~ du temps. 그들은 대부분의 시간을 밖에서 지낸다. Il a mangé une bonne ~ du gâteau. 그는 과자의 태반을 먹었다. La musique, c'est la ~ de ma vie. 음악은 내 목숨 다음으로 소중하다.
③《구어》《익살》아내, 처. ma (chère) ~ 처. Il adore sa ~. 그는 아내를 사랑한다. ~ de ma vie [de mon âme] 《예》 사랑하는 님.
④ 불완전한 사람(것); 《구어》 작은 사람. [une ~ de] *une* ~ *de savant* 어설픈 학자. *une* ~ *d'homme* [*de femme*] 키 작은 남자(여자).
à ~ 반쯤, 절반; (배로) 거의. pomme à ~ pourrie 반쯤 썩은 사과. ⓑ [à ~ +명사] *à* ~ *chemin* 중도에서. *à* ~ *prix* 반 값으로.
À ~ *fait qui commence bien*. 《격언》 시작이 좋으면 일은 반이 된 셈이다, 시작이 반이다.
de ~ 반으로, 반만큼. impôts réduits *de* ~ 줄어든 세금. Ton discours était trop long *de* ~. 너의 연설은 반정도가 너무 길었다.
être de ~ *dans qc (avec qn)* (…와) 반반으로 …을 함께하다. Il *est de* ~ *avec* son ami dans cette entreprise. 그는 이 사업을 친구와 손익 반반으로 운영하고 있다.
être pour ~ *dans qc* …에 적지 않은 책임이 있다. Je *suis pour* ~ *dans* cette affaire. 나는 이 일에 상당한 책임이 있다.
~..., ~..., à ~..., à ~... 반은…, 반은…. groupe de touristes ~ Allemands, ~ Suisses 독일 사람, 스위스 사람 반반의 관광단. fonctions à ~ civiles, à ~ militaires 반민 반군의 직무.
~-~ 반반; 그럭저럭, 그리고 그런. Partageons les bénéfices ~-~. 이익을 반반으로 나눕시다. Es-tu content de ton voyage?—*M*~-~. 여행은 재미있었나? 그렇고 그랬어.
par (la) ~ 반으로. couper le gâteau *par* ~ 과자를

moitir [mwati:r] *v.t.* 축축하게 하다, 습하게 하다, 물에 적시다.

Moka [mɔka] *n.pr.m.* 〖지리〗모카. ━**m**━ *n.m.* ① 모카산 커피; (일반적으로) 커피. ② 〖요리〗 (커피 또는 초콜릿이 든 크림을 바른)모카 과자.

mol¹ [mɔl] *a.m.* ⇨**mou**.

mol² 〖화학〗 mole 의 기호.

mol. 〖약자〗 molécule 〖화학〗 분자(分子).

molaire¹ [mɔlɛːr] *a.* 어금니의, 어금니.

molaire² *a.* 〖물리〗 ① 질량의, 물체 전부의. ② 그램분자의.

molaire³ *a.* 〖철학〗 전체적인, 총괄적인.

môlaire [moːlɛːr] *a.* 〖의학〗 기태(奇胎)의.

molard [mɔlaːr] *n.m.* 〖속어〗 가래, 담(痰).

molarité [mɔlarite] *n.f.* 〖화학〗 몰농도(濃度).

molasse [mɔlas] *n.f.* 〖지질〗 석회질의 사암.

mole [mɔl] *n.f.* 〖물리·화학〗 몰, 그램분자.

môle¹ [moːl] *n.f.* 〖의학〗 기형적 태반, 기태(奇胎).

môle² *n.m.* 부두; 방파제(digue).

môle³ *n.m.* 〖어류〗 개복치.

moléculaire [mɔlekylɛːr] *a.* 분자의, 분자로 된. formule ~ 분자식. formule ~ développée 분자구조식. poids(masse) ~ 분자량.

molécule [mɔlekyl] *n.f.* 〖물리·화학〗 분자.

molécule-gramme [mɔlekylgram] (*pl.* ~**s**-~**s**) *n.f.* 〖물리·도량형〗 그램분자, 몰(mole).

molène [mɔlɛn] *n.f.* 〖식물〗 미역취.

molequin [mɔlkɛ̃] *n.m.* 〖직물〗 몰킨직(織)(고대의 고급 직물); 몰킨제(製) 베일(망토). ━*a.* vert 청자색(青紫色).

moleskine, molesquine [mɔleskin] *n.f.* ①(안감으로 쓰이는)능직(綾織) 면포의 일종. ②모조피혁(색의 장정·가방·의자 따위에 쓰임).

molestation [mɔlɛstasjɔ̃] *n.f.* 〖드물게〗 괴롭히기, 박해.

molester [mɔlɛste] *v.t.* ①〖옛·문어〗괴롭히다, 박해하다. ②〖에게〗폭행하다(malmener). se faire ~ par la foule 군중에게 폭행당하다.

moletage [mɔlta:ʒ] *n.m.* moleter 하기.

moleter [mɔlte] 〖5〗 *v.t.* ①〖에〗톱니 모양을 넣다. vis *moletée* (대가리가)톱니 모양으로 된 나사못. ② (대리석·유리 따위를)다듬다.

moletoir [mɔltwaːr] *n.m.* 유리닦개.

molets [mɔlɛ] *n.m.pl.* 늪, 소택지.

molette [mɔlɛt] *n.f.* ① 톱니 바퀴 모양의 장치(기구·공구). ~ de briquet 라이터용 톱니바퀴. clef à ~ 몽키스패너(나사를 돌려 스패너를 벌렸다 오무렸다 하는 기구). ~ de mise au point (des jumelles) (쌍안경의)초점을 맞추는 톱니 모양의 회전장치. ② 〖광산〗(광석을 끌어올리는)도르래; (박차 끝의)톱니바퀴; (도기 따위에 무늬를 넣는)룰렛. ③ 〖수의〗(말의)구건연종(球腱軟腫). ④ 〖문장〗 별무늬. ⑤〖옛〗(물감·약을 가는)막자, 유봉(乳棒).

moletter [mɔle(e)te] *v.t.* =**moleter**.

moliéresque [mɔljerɛsk] *a.* 몰리에르(*Molière*) 풍의; 몰리에르에 관한.

moliérisme [mɔljerism] *n.m.* 몰리에르 숭배.

moliériste [mɔljerist] *n.* 몰리에르 숭배자; 몰리에르 학자.

molinisme [mɔlinist] *n.m.* 〖종교사〗 몰리나(*Molina*, 에스파냐의 신학자)의 교리(신의 은총과 인간의 자유의지를 조화시킨 설).

moliniste [mɔlinist] *n.m.* 〖종교사〗 몰리나(교리)를 신봉하는 사람. ━*a.* 몰리나(교리)의.

molinosisme [mɔlinozism] *n.m.* 〖종교사〗 몰리노스(*Molinos*, 정적(靜寂)주의를 창시한 에스파냐 신학자)의 교리.

molinosiste [mɔlinozist] *n.* 몰리노스주의를 신봉하는 사람. ━*a.* 몰리노스(주의)의.

mollah [mɔ(l)la] 〖아라비아〗 *n.m.* 회교국의 정치가·종교사에 대한 칭호(mullah).

mollard [mɔlaːr] *n.m.* 〖속어〗침, 가래, 담.

mollarder [mɔlarde] *v.i.* 〖속어〗침(가래)을 뱉다.

mollasse¹ [mɔlas] *a.* ①〖구어〗물렁물렁한. chairs ~s 물렁물렁한 살. ②(비유적)연약한, 나약한, 무기력한(apathique, ↔actif, dur). ━*n.* 얼빠진 사람, 무기력한 사람. un grand ~ 얼간이.

mollasse² *n.f.* 〖지질〗 =molasse.

mollasserie [mɔlasri] *n.f.* 연약, 나약, 무기력.

mollasson(ne) [mɔlasɔ̃, -ɔn] *a., n.* 무기력한(사람), 나약한(사람).

molle [mɔl] *a.f.* ⇨**mou**.

mollement [mɔlmɑ̃] (<mou) *ad.* ①부드럽게; 조용히(doucement). toucher ~ des membres endoloris 아픈 팔다리를 부드럽게〔살짝〕만지다. Le fleuve coule ~. 강물이 조용히 흐르고 있다. ② 무기력하게, 연약〔나약〕하게(indolemment, faiblement); 나태하게. travailler ~ 되는 대로 일하다. vivre ~ 나태하게 생활하다.

mollesse [mɔlɛs] *n.f.* ① 부드러움, 물렁물렁함. ~ d'un coussin 쿠션의 푹신함. ② (기후의)온난함. ~ du climat 온난한 기후. ③ 무기력, 연약, 나약(langueur, ↔vivacité). ~ de caractère 성격의 유유부단함. répondre avec ~ 맥없이 대답하다. ④ (예술·문학작품에 있어서의)무기력, 박력없음; (윤곽 따위의)희미함. ⑤ (과도한)너그러움, 관대함. La ~ nuit aux enfants. 지나친 너그러움은 아이들에게 해롭다. ⑥〖옛〗방종, 안일. vivre dans la ~ 안일(나태)하게 살다.

mollet¹**(te)** [mɔlɛ, -ɛt] *a.* 부드러운, 포근한, (침대가)푹신한. lit ~ 푹신한 침대. pain ~ 부드러운 둥근 두루마리빵. œuf ~ 반숙한 계란.

mollet² [mɔlɛ] *n.m.* 〖해부〗장딴지. ~s de coq〖구어〗홀쭉한 장딴지.

molleterie [mɔletri], **molleterie** [mɔlt(ə)ri] *n.f.* 가벼운 구두창용 가죽.

molletière [mɔltjɛːr] *n.f.* 각반(脚絆). ━*a.* bandes ~s 감는 각반.

molleton [mɔltɔ̃] *n.m.* 〖직물〗부드러운 플란넬.

molletonné(e) [mɔltɔne] *a.p.* 플란넬로 안을 댄; (천이)플란넬처럼 보풀을 세운.

molletonner [mɔltɔne] *v.t.* (에)플란넬로 안을 대다; 플란넬처럼 보풀을 세우다.

molletonneux(se) [mɔltɔnø, -øːz] *a.* 플란넬의; 플란넬 비슷한.

mollification [mɔlifikasjɔ̃] *n.f.* 〖드물게〗〖의학〗 연화(軟化).

mollifier [mɔlifje] *v.t.* 〖의학〗 연화(軟化)시키다.

mollir [mɔliːr] *v.i.* ①약해지다, 누그러지다; 기운이 빠지다(faiblir). Le vent *mollit*. 〖해양〗바람이 약해진다. sentir ses jambes ~ de fatigue 피로로 다리의 힘이 빠지는 것을 느끼다. ②(비유적) (기력·의지 따위가)약해지다. courage qui *mollit* 무너지는 용기. Sa résolution *a molli*. 그의 결의가 무너졌다. ③〖구어〗가 죽다; 주춤하다(hésiter). Il voulut riposter; puis il *mollit* et céda. 그는 반격하려고 했으나 풀이 꺾여 굴복해버렸다. ④〖상업〗(물가가)하락하다. ⑤〖드물게〗부드러워지다. Le beurre *mollit*. 버터가 물렁물렁해진다.
━*v.t.* ①〖해양〗(밧줄을)늦추다. ②〖옛〗부드럽게 하다.

mollo [mɔlo] *ad.* 〖속어〗천천히, 부드럽게(doucement). Vas-y ~! 천천히 해! 덤벙대지 마!

mollusque [mɔlysk] *n.m.* ① (*pl.*)〖동물〗연체동물. ②〖구어〗얼빠진 사람, 얼간이(mollasse). —*a.* 연체동물에 속한. animal ~ 연체동물.

Moloch [mɔlɔk] *n.pr.m.* 몰로크(어린애를 제물로 바쳐 놓는 셈족의 신). —**m**— *n.m.* 〖동물〗(오스트레일리아산의) 도마뱀의 일종.

molosse [mɔlɔs] *a.* 몰로스(*Mollosse*, 고대 그리스의 종족)의. —**M**— *n.* 몰로스 사람. —*n.m.* ①몰로스 개(몰로스 사람들의 사냥·가축·집지키기용); (큰)집지키는 개의 일종. ②〖조류〗(브라질산의)박쥐의 일종.

molto [mɔlto]〖이탈리아〗*ad.* 〖음악〗매우. allegro ~ 매우 빠르게.

moluques (les) [lemɔlyk] *n.pr.f.pl.* 몰러카스 제도(동인도제도에 속한 인도네시아령).

moluquois(e) [mɔlykwa, -aːz] *a.* 〖지리〗몰러카스 제도(*les Moluques*)(사람)의. —**M**— *n.* 몰러카스 제도 사람.

molure [mɔlyːr] *n.m.* 〖동물〗(인도·말레이산의)비단구렁이.

molusson [mɔlysɔ̃] *n.m.* (프랑스 중앙 운하·베리 운하의)작은 배.

moly [mɔli] *n.m.* ①〖야생의〗마늘. ②〖그리스신화〗영초(靈草)(*Odysseus*를 *Circé*의 저주에서 구해낸 풀).

molybdate [mɔlibdat] *n.m.* 〖화학〗몰리브덴염산.

molybdène [mɔlibdɛn] *n.m.* 〖화학〗몰리브덴, 수연(水鉛).

molybdénite [mɔlibdenit] *n.f.* 〖광물〗몰리브덴광(鑛), 수연광.

molybdique [mɔlibdik] *a.* acide (anhydride) ~ 〖화학〗(무수(無水))몰리브덴산.

molysmologie [mɔlismɔlɔʒi] *n.f.* 공해 (오염)연구.

momaque [mɔmak] *n.* 〖속어〗애새끼, 조무라기.

môme [moːm] *n.* 〖속어〗어린애, 애새끼(gosse). *taper un* ~ 〖속어〗도둑질을 하다, 훔치다. —*n.f.* 〖속어〗계집애, 젊은 계집; 정부(情婦)(maîtresse). belle ~ 예쁜 계집애. —*a.* 아주 어린. Il est encore tout ~. 그는 아직도 아주 어리다.

‡**moment** [mɔmɑ̃] *n.m.* ①순간, 일각, 일순(instant). Attendez un ~. 잠깐 기다리시오. 〖생략하여〗Un ~! J'arrive. 잠깐만요, 곧 갑니다. Je n'ai pas un ~ à moi. 나는 조금도 내 시간이 없다(그만큼 바쁘다는 뜻). Il reviendra dans un ~. 그는 곧 돌아올 것이다. J'ai réfléchi un bon ~. 나는 한동안 곰곰히 생각했다.
② 시기, 시간; 때, 기회. 〖정관사와 함께〗현재, grands ~s de l'histoire 역사의 위대한 시기. lire à ses ~s perdus 틈나는 시간에 독서하다. attendre le ~ convenable 적절한 시기를 기다리다. Ce n'est pas le ~. 지금은 때가 아니다. profiter du ~ 기회를 이용한다. C'est le ~ ou jamais. 지금이 마지막 기회이다. mode du ~ 지금의 유행.
③ 〖철학〗계기, 요인. ~ dialectique 변증법적 계기. ~ psychologique (어떤 행동을 결정짓는)심리적 요인. (비유적) 결정적 순간.
④ 〖기계〗능률, 모멘트. ~ d'inertie 관성(慣性)모멘트. ~ cinétique 각(角)운동량. ~ d'un couple ~ 우력(偶力)의 모멘트.
à ce ~ *(-là)* 그때 (과거).
au bon (dans un mauvais) ~ 마침 좋은 (나쁜) 때에. arriver *dans un mauvais* ~ 마침 형편이 좋지 않을 때에 오다.
à tout ~; *à tous* ~*s* 끊임 없이. Il se plaint *à tous* ~*s*. 그는 시종 불평만 한다.
au ~ *de* qc(+*inf.*) ⓐ···의 때(···할) 때에. *au* ~ *de* l'accident 사고가 났을 때. *au* ~ *de partir* 떠나려 할 무렵. ⓑ〖être au ~ de+*inf.*〗마악으로 ···하려하다. Le complot d'évasion *était au* ~ *de* réussir. 도피 계획은 성공단계에 있었다.
au ~ *où* (〖옛〗*que*) 하는 때에. *au* ~ *où* il faut partir 떠나야만 할 그 순간에.
à un ~ *donné* 어느 때〖순간〗에, 한 때.
dans le ~ 〖옛〗곧, 즉각.
de ~*(s)* *en* ~*(s)* 간간이.
du ~ *que*+*ind.* ⓐ···인 이상〖만큼〗(puisque, dès lors que). *Du* ~ *que* vous connaissez, je ne vous présente pas. 당신들이 서로 알고 있는 만큼 당신들을 소개하지 않겠소. ⓑ〖옛〗···한 후로.
d'un ~ *à l'autre* 쉬이, 곧, 이제나 저제나. Il doit arriver *d'un* ~ *à l'autre*. 그는 곧 도착할 것이다.
en ce ~ 지금, 현재.
en un ~ 순식간에.
par ~*s* 때때로, 이따금.
pour le ~ 당장은, 지금으로서는. Cela suffira *pour le* ~. 당장은 이것으로 충분하다.
pour un ~ (지금부터) 잠시동안, 한동안. J'en ai encore *pour un* ~. (용무 따위가)아직도 잠시 시간이 걸립니다. Je n'en ai que *pour un* ~. 그저 잠깐이면 됩니다.
sur le ~ 즉석에서, 당장에(는). Il ne comprit pas *sur le* ~. 그는 그 당시에는 이해하지 못했다.

momentané(e) [mɔmɑ̃tane] *a.* ① 일시적인, 순식간의; 덧없는(bref, éphémère). absence ~ 일시적인 부재. ② consonne ~*e* 〖언어〗순간자음. —*n.f.* 〖언어〗순간음(瞬間音).

momentanément [mɔmɑ̃tanemɑ̃] *ad.* 일시적으로, 잠시(provisoirement). Il se trouve ~ sans travail. 그는 일시적으로 일자리가 없다.

momerie [mɔmri], **mômerie** [momri] *n.f.* ①〖문어〗허식, 가장(simulation). (특히) (종교상의)위선적 의식. ②〖옛〗가장무도, 소극(笑劇)(farce), 풍자극(parodie).

mômerie *n.f.* 〖속어〗〖집합적〗애새끼, 개구장이; 젊은 계집.

momie [mɔmi] *n.f.* ① 미이라. maigre comme une ~ 몹시 마른. ②〖옛〗(비유적) 마른 사람; 꼼짝도 하지 않는〖무기력한〗사람. Cet enfant est une vraie ~. 이 아이는 정말 맥없는 아이다. ③〖구어〗시대에 뒤진 사람. ④ baume ~ 〖광물〗역유(瀝油)(malthe).

momier [mɔmje] *n.m.* ①〖종교사〗스위스 신교도의 일파. ②〖드물게〗위선자, 허식을 부리는 사람.

momification [mɔmifikasjɔ̃] *n.f.* ① 미이라로 만들기, 미이라화(化). ② (비유적) 무기력해짐; 말라빠짐. ③〖의학〗(조직의)건성회저(壞疽).

momifier [mɔmifje] *v.t.* ① 미이라로 만들다. ②〖드물게〗말라빠지게 하다. ③ 무기력하게 하다.
—*se* ~ *v.pr.* ① 미이라가 되다. ②〖구어〗퇴골이 상접해지다; 무기력해지다. Avec l'âge il *se momifie*. 나이가 들면서 그는 무기력해진다.

môminette [mominɛt] *n.f.* ①〖속어〗어린 계집아이. ② 작은 잔의 압생트.

momon [mɔmɔ̃] *n.m.* 〖옛〗① 가장 무도의 일종. ② (가면의 신사가 부인을 상대로 하는)주사위놀이.

momordique [mɔmɔrdik] *n.f.* 〖식물〗(열대산)여지(荔枝)의 일종.

Momos [mɔmɔs], **Momus** [mɔmys] *n.pr.f.* 〖그리스신화〗모모스(조소빈정의 여신).

momot [mɔmo] *n.m.* 〖조류〗아메리카산의 꼬리긴 새 (연작류).

‡**mon** [mɔ̃] (*f.* **ma** [ma], *pl.* **mes** [me]) *a.poss.* (모음 또는 무음 h 로 시작되는 여성단수 앞에서는 mon

mon-

사용함: *mon* âme [mɔ̃(ɔ)nɑːm] 나의, 내. I. 《주체적 용법》① 《소유·소속·관계》~ chapeau et *mes* gants 내 모자와 장갑. Ce n'est pas *ma* faute. 이것은 내 잘못이 아니다. dans ~ enfance 나의 어린시절에. *ma* nationalité 나의[내가 ःधील] 국적. dans *ma* rue 내가 사는 동네에서. *mes* amis 나의 친구. *ma* fiancée 나의 약혼녀.

② 《습관·적합》Je gagne *mes* cent francs par jour. 나는 하루에 100 프랑을 벌곤한다. *M~* tailleur m'a fait un veston d'été. 내가 다니는 양복점 주인이 여름 웃옷을 만들어 주었다. Ce n'est pas ~ genre. 내 취미에 맞지 않는다. Je travaille à *mes* heures. 나는 적당한 때에 일한다.

③ 《동작·행위; 주어에 해당》Ils attendaient ~ retour. 그들은 내가 돌아오는 것을 기다리고 있었다. ~ voyage en Italie 나의[내가 한] 이탈리아 여행.

④ 《개인적 관심; 친근감 또는 경멸》~ Shakespeare 나의[내가 좋아하는] 셰익스피어. *M~* Pierre est reçu à l'examen. 그 피에르라 녀석이 합격했단 말이다. Alors, ~ bonhomme s'est mis à hurler. 그러자 그 (예의) 사나이는 울부짖기 시작했다.

⑤《호칭》~ Père 신부님. *ma* Sœur 수녀님. *mes* chers auditeurs 친애하는 청취자 여러분. ~ chéri [*ma* chérie] 여보. ~ vieux (친구에게) 여보게. *M~* salaud, tu m'as eu. 이 녀석아, 너한테 한방 당했구나.

II. 《객체적 용법; 목적보어에 해당》~ persécuteur 나를 박해하는 사람. Ils sont venus à *ma* rencontre. 그는 나를 만나러 왔다. en *ma* faveur 나를 위하여. A *ma* vue, le voleur s'est enfuit. 나를 보자, 도둑은 도망쳤다. Accordez-moi ~ pardon. 나를 용서해 주시오.

mon- *préf.*「하나의, 단독의, 유일한」의 뜻.

Mon. 《약자》maison 《상업》상회, 상사, 회사.

monacal(ale, *pl.* **aux)** [mɔnakal, -o] *a.* 수도사의, 승려의, 수도자 같은. vie *~ale* 수도생활.mener une vie *~ale* 수도사 같은 (금욕적인) 생활을 하다.

monacalement [mɔnakalmɑ̃] *ad.* 《드물게》수도자답게, 수도자로서.

monachisme [mɔnaʃ(k)ism] *n.m.* 수도원 제도; 수도생활; 수도자의 신분.

monaco [mɔnako] *n.m.* ① (18 세기에 모나코에서 주조한)은화; 모나코 동화. ② 《속어》돈. avoir des *~s* 돈이 많다. — **M~** *n.pr.m.* 모나코(공국).

monadaire [mɔnadɛːr] *a.* 《철학》단자(單子)의, 모나드의.

monade [mɔnad] *n.f.* ① 《철학》단자(라이프니츠 (*Leibniz*) 철학 중의 만물의 소인 (素因)). ②《생물》단세포 동물.

monadelphe [mɔnadɛlf] *a.* 《식물》단체(單體)수술의, 여러 수술이 한묶음으로 된.

monadisme [mɔnadism] *n.m.* 《철학》《라이프니츠의》단자론.

monadiste [mɔnadist] *n., a.* 《철학》단자론자(의).

monadologie [mɔnadɔlɔʒi] *n.f.* 《철학》단자론 (monadisme).

monadologique [mɔnadɔlɔʒik] *a.* 《철학》단자론의, 단자론에 관한.

monandre [mɔnɑ̃ːdr] *a.* 《식물》수술 하나의.

monanthe [mɔnɑ̃ːt] *a.* 《식물》단화(單花)의.

monarchie [mɔnarʃi] *n.f.* ① 군주정치, 군주제; (세습제의)왕정. ~ absolue 절대군주(왕)정. ~ constitutionnelle 입헌군주제. ~ élective (héréditaire) 선거[세습]군주제. ~ de Juillet 《역사》(Louis-Phillipe 에 의한)7 월 왕정. ② 군주국, 왕국. ~ d'Angleterre 잉글랜드 왕국.

monarchien [mɔnarʃjɛ̃] *n.m.* 《역사》왕정파(대혁명 당시 영국식 2 원제와 수왕의 거부권을 주장).

monarchique [mɔnarʃik] *a.* 군주정치의, 군주제의, 왕정의. État ~ 군주국, 왕국.

monarchiquement [mɔnarʃikmɑ̃] *ad.* 《드물게》군주로서, 군주국으로서.

monarchiser [mɔnarʃize] *v.t.* 군주정체로 만들다; 군주국으로 만들다.

monarchisme [mɔnarʃism] *n.m.* 《정치》군주정치주의, 왕정주의.

monarchiste [mɔnarʃist] *n., a.* 군주주의자(의), 왕정주의자(의).

monarde [mɔnard] *n.f.* 《식물》(북미산의)광대나물과 식물.

monarque [mɔnark] *n.m.* 군주. ~ absolu 절대군주. ~ héréditaire 세습군주.

monastère [mɔnastɛːr] *n.m.* 수도원, 수녀원, 승원 (cloître). église de ~ 수도원 부속 교회당. s'enfermer[se retirer] dans un ~ 수도원에 들어박히다, 수도사[수녀]가 되다. ~ de bonzes 불교사원.

monastique [mɔnastik] *a.* 수도사의; 수도사 같은. discipline ~ 수도사의 계율.

monastiquement [mɔnastikmɑ̃] *ad.* 수도사로서, 수도사와 같이.

monaural(ale, *pl.* **aux)** [mɔnɔral, -o] *a.* = **monophonique** ②.

monaut [mɔno] *a.m.* 《옛》(토끼·말·개 따위가)외귀의, 귀가 하나뿐인. —*n.m.* 외귀의 동물.

monceau [mɔ̃so] (*pl. ~x*) *n.m.* ① 무더기, 더미, 산더미, 퇴적. ② 대량, 다수. [un ~/des ~x de] *des ~x de* livres 산더미 같은 책. Il y en a des ~x 산더미만큼 있다.

mondain(e) [mɔ̃dɛ̃, -ɛn] *a.* ① 사교계의; 사교생활을 좋아하는. réunion ~e 사교계의 모임. vie ~e et brillante 화려한 사교생활. Il est très ~. 그는 사교생활을 몹시 좋아한다. ② 세속의, 현세의(profane); 세속적인; 속된. vie ~e et vie monastique 세속생활과 수도생활. ③ 《철학》물질계의. ④ police ~e 마약 단속 경찰.
—*n.* 사교계의 사람, 세속적 쾌락을 쫓는 사람; 속인(俗人). belle ~e 아름다운 사교계의 부인.

mondainement [mɔ̃dɛnmɑ̃] *ad.* 세속적으로; 사교적으로.

mondaniser [mɔ̃danize] *v.t.* 세속화하다; 사교적으로 만들다.
—**se** ~ *v.pr.* 세속적으로 되다; 사교적으로 되다.

mondanité [mɔ̃danite] *n.f.* ① (*pl.*)사교계의 행사, 사교생활; 《신문》사교계란(chronique mondaine). aimer les *~s* 사교생활을 즐기다. ② 사교생활[세속적 쾌락]에 대한 취미. ③ 《종교》세속, 현세(적임).

:monde[1] [mɔ̃ːd] *n.m.* ① 세계, 지구(전역)(globe). faire le tour du ~ 세계를 일주하다. partout dans le ~ 세계 도처에(서). aux quatre coins du ~ 세계 각처에. champion du ~ 세계 챔피언. habiter au bout du ~ 아주 먼 곳에 살다. Ancien *M~* 구세계(아시아·유럽·아프리카). Nouveau *M~* 신세계(아메리카).

② 현세; 속세(수도원 생활에 대한). ce bas ~; ce ~ 세계 도처에(서), 현세. autre ~, 저세상, 내세. mépriser les choses du ~ 속세의 일을 경멸하다.
③ (인간생활의 장으로서의)세상, 사회. Le ~ est petit. 세상은 좁다. croire en l'avènement d'un meilleur ~ 보다 좋은 세상의 도래를 믿다. Ainsi va le ~. 세상이란 이런 것이다. venir au ~ 태어나다. mettre un enfant au ~ 아이를 낳다.
④ 특정의 세계; (사회의)계층, 사회. tiers ~ 제 3 세계.

~ capitaliste 자본주의 사회. grand ~ 상류 사회. petit ~ 하류사회; 아이들. ~ politique 정계. ~ des affaires 실업계. ~ des lettres 문단. ~ du spectacle 연예계, 연예인. Il n'est pas de notre ~. 그는 우리와 같은 무리가 아니다.

⑤ …계; (추상적 의미의)세계. ~ végétal(animal, minéral) 식물[동물·광물]계. ~ sensible 감각계. ~ matériel(spirituel) 물질[정신] 세계. ~ des idées 관념계.

⑥ 사교계, 상류사회(grand(beau) ~). homme [femme] du ~ 사교계의 인사(부인). fréquenter le ~ 사교계에 드나들다. faire son entrée dans le ~ 사교계에 데뷔하다.

⑦ ⓐ 세상 사람, 사람들(foule). beaucoup de ~ 많은 사람. Il y avait du ~ dans le restaurant. 그 식당에는 많은 사람들이 있었다. Tout le ~ est content. 모두가 기뻐하고 있다. Le match a attiré un ~ fou. 경기는 엄청난 관객을 끌었다. ⓑ 손님, 내객. avoir du ~ chez soi 집에 손님이 있다. ⓒ 주위의 사람들, 관계자; 가족; 친구. Il connaît son ~. 그는 주위의 사람들을 파악하고 있다. Il était suivi de tout son ~. 그는 온 가족을 거느리고 있었다. ⓓ 〖옛〗부하, 하인. bien choisir son ~ 하인들을 잘 택하다. Son ~ lui est très dévoué. 그의 부하들은 그에게 충성을 다한다.

⑧ 다수; 막대한 것. [un ~ de] se faire un ~ d'ennemis 수많은 적을 만들다[많다]. Il y a un ~ entre A et B. A 와 B 사이에는 많은 차이가 있다.

⑨ 〖천문〗 천체, 우주. création du ~ 천지창조. système du ~ 우주계. Dieu qui fait les ~s 천체를 창조하신 신.

au ~ (tout, rien, aucun 따위의 뜻을 강조). faire tout *au ~* pour+*inf.* …하기 위해서 무슨 일이든 하다. Personne *au ~* ne le croirait. 그것을 믿을 사람은 아무도 없다. Je ne voudrais pour rien *au ~* vous causer une gêne. 당신을 괴롭힐 생각은 조금도 없읍니다.

bout du ~ ⓐ 세상 끝, (비유적) 머나먼 곳; 변두리. ⓑ 최대한. C'est (tout) le *bout du ~*. 그것이 고작이다, 그 이상은 불가능하다.

C'est le ~ renversé(à l'envers). 그것은 상식(통상 일어나는 일)과 정반대이다.

C'est un ~! 《구어》 너무나없는 일이다!

de par le ~ 세계 도처에; 세계 어디에나.

depuis que le ~ est ~ 천지개벽 이래.

De quel ~ venez-vous? (그걸 모르다니) 도대체 어 찌된 거요.

du ~ (최상급의 강조). C'est le meilleur homme *du ~*. 그는 비길 데 없는 호인이다. Ils sont le mieux *du ~* (ensemble). 그들은 지극히 사이가 좋다. Il n'est pas le moins *du ~* fâché. 그는 조금도 화내고 있지 않다.

être de ce ~ 살고 있다. Il n'*est plus de ce ~*. 그는 죽었다.

Il faut de tout pour faire un ~. 세상에는 좋은 일 나쁜 일 [이런 사람 저런 사람]이 있게 마련이다.

l'autre ~ ⓐ 저승. passer dans *l'autre ~* 세상을 떠나다, 죽다. envoyer(expédier) *qn* dans *l'autre ~* …을 저세상으로 보내다[죽이다]. ⓑ 불가사의한 세계. raconter des histoires de *l'autre ~* 알아들을 수 없는 (기괴한) 이야기를 하다. ⓒ 태고(太古), 먼 옛날.

se faire un ~ de qc …을 지나치게 중시하다. Il *se fait un ~* de cette erreur. 그는 그 실수를 너무 크게 생각하고 애태우고 있다.

tout le ~ 모든 사람들, 누구나 다. C'est l'avis de *tout le ~*. 그것은 모든 사람의 의견이다. La rue est à *tout le ~*. 도로는 모든 사람의 것이다 《혼자 차지할 수는 없다》. Ça arrive à *tout le ~*. 그것은 누구에게나 있는 일이다. Monsieur *Tout-le-M~* 누구나; 맨 처음에 온 사람.

vieux comme le ~ 아주 오래된.

monde² [mɔ̃:d] *a.* (다음 표현으로만 쓰임). animaux ~s et immondes 〖성서〗 흠없는 짐승과 부정한 짐승.

mondé(e) [mɔ̃de] *a.p.* (겨·껍질 따위를) 떨어버린, 정선(精選)된. orge ~ 보리쌀; 보리미음.

monder [mɔ̃de] *v.t.* (겨·껍질 따위를) 떨어버리다, 정선하다.

mondial(ale, *pl.* **aux)** [mɔ̃djal, -o] *a.* 세계적인. à l'échelle ~ale 세계적 규모의. Seconde Guerre ~ale 제 2 차 세계대전. marchés ~aux 세계 시장. population ~ale 세계인구. renommée ~ale 세계적 명성.

mondialement [mɔ̃djalmɑ̃] *ad.* 세계적으로(universellement).

mondialisation [mɔ̃djalizasjɔ̃] *n.f.* 세계적으로 되기(퍼지기), 세계화.

mondialiser [mɔ̃djalize] *v.t.* 세계적으로 만들다(확대하다), 세계화하다.

mondialisme [mɔ̃djalism] *n.m.* 세계주의, 세계통합사상 《전 국가를 동일한 정치적 공동체로 통합하려는 주의》.

mondialiste [mɔ̃djalist] *a., n.* (정치적) 세계주의적인 (사람).

mondialité [mɔ̃djalite] *n.f.* 세계성, 국제적 보편성.

mondifier [mɔ̃difje] *v.t.* 〖드물게〗 〖의학〗 (상처 따위를) 세척하다.

mond(i)ovision [mɔ̃d(j)ɔvizjɔ̃] *n.f.* (통신위성을 이용한) 텔레비전 우주중계, 몽도비지옹.

mondrain [mɔ̃drɛ̃] *n.m.* 작은 언덕; 모래언덕.

monégasque [mɔnegask] *a.* 모나코(Monaco)의. —M~ *n.* 모나코 사람.

monel [mɔnɛl] *n.m.* 〖상품명〗 모넬 합금 《니켈과 동(銅)의 자연합금》.

monème [mɔnɛ:m] *n.m.* 〖언어〗 기호소 《구조언어학에서 최소의 표의(表意) 단위》.

monère [mɔnɛ:r] *n.f.* (단수) 단층 (單蟲) 《생물학자 Haeckel이 가장한 무핵 단세포의 원시생물》.

monergol [mɔnɛrgɔl] *n.m.* (로켓의) 단원추진약 (單元推進藥).

moneron [mɔnrɔ̃] *n.m.* (프랑스 대혁명시대의) 동전, 동화(銅貨).

monétaire [mɔnetɛ:r] *a.* 화폐의, 통화의. presse ~ 화폐주조기. système ~ 화폐제도. unité ~ 통화단위. Atelier ~ 조폐국. Fonds M~ International 국제통화기금(《영》 I.M.F.).

monétarisme [mɔnetarism] *n.m.* 〖경제〗 통화주의.

monétiser [mɔnetize] *v.t.* 화폐로 주조하다; 통화로 정하다.

mongol(e) [mɔ̃gɔl] *a.* 몽고(la Mongolie)의. —M~ *n.* 몽고 사람. —*n.m.* 몽고어.

Mongolie (la) [mɔ̃gɔli] *n.pr.f.* 〖지리〗 몽고. —m~ *n.f.* (몽고산의) 염소가죽.

mongolien(ne) [mɔ̃gɔljɛ̃, -ɛn] *a.* ① 몽고의. ② 〖의학〗 몽고증(症)의. —*n.* 몽고증 환자.

mongolique [mɔ̃gɔlik] *a.* 몽고의, 몽고족의.

mongolisme [mɔ̃gɔlism] *n.m.* 〖의학〗 몽고증 《백치의 일종》.

mongoloïde [mɔ̃gɔlɔid] *a.* 몽고인 같은; 〖의학〗 몽고증 같은. —*n.* 몽골로이드, 몽고인; 〖의학〗 몽고증 환자.

monial(ale¹, *pl.* **aux)** [mɔnjal, -o] *a.* 〖옛〗 = **monacal.**

moniale² [mɔnjal] *n.f.* 〖종교〗수녀.
moniliforme [mɔniliform] *a.* 〖해부·의학〗염주 모양의.
monisme [mɔnism] *n.m.* 〖철학〗일원론, 일원철학. ~ spirituel〔matérialiste〕유심〔유물〕일원론.
moniste [mɔnist] *n.m.* 〖철학〗일원론자. —*a.* 일원론의.
monistique [mɔnistik] *a.* 일원론적인.
moniteur¹(trice) [mɔnitœ:r, -tris] *n.* ① (체육 따위의)지도교관〔교사〕; 〖스포츠〗코치. ~ d'éducation physique 체육보조교사. ~ d'une auto-école 운전학원 교습원. ~*trice* d'enseignement ménager 가정과 실습지도교사. ② 〖학교〗복습감독생, 조교, 조수. ③ (옛)충고자.
—*n.m.* le M~ (universel) 세계신보 (옛 프랑스 정부신문).
moniteur² *n.m.* 〖기계〗모니터(기계에 의한 감시장치). ~ séquentiel 〖컴퓨터〗프로그램 모니터. ~ cardiaque 〖의학〗심장모니터. ~ de rayonnement 〖물리〗방사선 감시기.
monition [mɔnisjɔ̃] *n.f.* ① (견책 전의) 계고(戒告); 계고장. ② 증언명령서(monitoire)의 공시.
monitorat [mɔnitɔra] *n.m.* moniteur의 양성〔직책〕.
monitoire [mɔnitwa:r] 〖가톨릭〗*n.m.* 소환장, 증언명령서(lettre ~). —*a.* (증언 따위를 위해) 소환하는, 증언 상의.
monitor [mɔnitɔ:r] *n.m.* ① 〖해양〗모니토르함(소형 군함). ② 〖동물〗도마뱀의 일종.
monitorial(ale, pl. aux) [mɔnitɔrjal, -o] *a.* 〖가톨릭〗소환장의 형식으로 한, 증언(證言)을 명한. lettre ~*ale* 소환장, 증언명령서.
monitoring [mɔnitɔriŋ]〖영〗*n.m.* 모니터링(전자자동기기(moniteur)를 이용하여 분석·조절·감시하는 장치로서, 특히 전자기기의 녹음 상태, 의학에서 병자의 병상변화를 감시하는 데 쓰임).
‡**monnaie** [mɔnɛ] *n.f.* ① 화폐, 통화; 금전. ~ d'or (d'argent) 금〔은〕화. ~ fiduciaire(de papier) 신용화폐〔지폐〕. ~ divisionnaire 보조화폐. pouvoir de la ~ 통화의 가치. fausse ~ 위조화폐. l'Hôtel de la M~ [des M~s], la M~ 조폐국. ~ de compte (실제로는 통용되지 않는)명목화폐. ~ de mise; ~ légale 통화. battre ~ 〖옛〗화폐를 주조하다; 〖구어〗돈을 마련하다. mettre une nouvelle ~ en circulation 신화폐를 유통시키다.
② 잔돈(petite〔menue〕 ~). Vous avez de la (petite) ~? 잔돈을 가지고 계세요? Je n'ai pas un sou de ~. 나는 한푼도 없다. faire de la ~ (큰돈을)잔돈으로 바꾸다. Voulez-vous me faire la ~ de cent francs? 100프랑을 잔돈으로 바꿔주시겠읍니까? passer la ~ (구어) 돈을 지불하다.
③ 거스름돈. rendre la ~ 거스름돈을 주다. Gardez la ~. 잔돈은 그냥 두시오(두시오).
C'est ~ courante. 흔한 일이다(다반사이다).
La mauvaise ~ chasse la bonne. 〖속담〗악화가 양화를 구축한다.
payer en ~ de singe (구어) 빚을 갚지 않고 말로 때우다(속이다).
rendre(donner) à qn la ~ de sa pièce; payer qn en même ~ (구어) …에게 복수하다.
servir de ~ d'échange (교섭·흥정에서)교환조건으로 사용되다.
monnaie-du-pape [mɔnedypap] (*pl.* ~*s*-~-~) *n.f.* 〖식물〗루나리아(구아니아).
monnayable [mɔnɛjabl] *a.* 화폐로 주조할 수 있는; 돈이 되는. idée ~ 돈이 되는 아이디어.
monnayage [mɔnɛja:ʒ] *n.m.* 화폐주조, 조폐. ② 화폐주조비(frais de ~). droit de ~ 화폐주조세.
monnayé(e) [mɔne(e)je] *a.p.* 주조된. argent ~ 은화. or ~ 금화.
monnayer [mɔne(e)je] [8] *v.t.* ① 화폐(돈)로 주조하다; (목적보어 없이)조폐하다. ② 돈으로 바꾸다, 현금화하다. ~ un bien 재산을 현금화하다. ~ son talent (비유적)재능으로 돈벌이하다.
monnayeur(se) [mɔnejœ:r, -ø:z] *n.m.* 조폐공. faux ~ 위폐(僞幣)제조자. —*a.* 조폐의.
mono [mɔno] (<*monophonique*) *a.* 〖불변〗단일음향의.
mon(o)- *préf.* 「단일(單一)—」의 뜻.
monoacide [mɔnɔasid] *a.* base ~ 〖화학〗일산기(一酸塩基).
monoatomique [mɔnɔatɔmik] *a.* 〖화학〗단원자(單原子)의, 단원자로 된.
monobasique [mɔnɔbazik] *a.* 〖화학〗일염기(一塩基)의. acide ~ 일염기산.
monoblaste [mɔnɔblast] *n.m.* 〖생물〗단아구(單芽球).
monobloc [mɔnɔblɔk] *a.* 〖불변〗〖야금〗(총 따위가)단일 주형으로 주조된; 이음매가 없는.
—*n.m.* (실린더의)모노블록 캐스트.
monobromé(e) [mɔnɔbrome] *a.* 일취화(一臭化)의. composé ~ 취화물(臭化物).
monocâble [mɔnɔkabl] *n.m., a.* 단선식 로프웨어.
monocaméralisme [mɔnɔkameralism], **monocamérisme** [mɔnɔkamerism] *n.m.* 〖정치〗단원(單院)주의, 단원제.
monocarpien(ne) [mɔnɔkarpjɛ̃, -ɛn] *a.* 〖식물〗한 번만 열매 맺는.
monocellulaire [mɔnɔsɛlylɛr] *a.* 〖생물〗단세포의(unicellulaire).
monochloré(e) [mɔnɔklore] *a.* 〖화학〗일염화(一塩化)의.
monochromatique [mɔnɔkrɔmatik] *a.* ① 단색의(monochrome). ② 〖물리〗동일주파(파장)의.
monochrome [mɔnɔkro:m] *a.* 단색의. —*n.m.* 단색화(畫).
monochromie [mɔnɔkromi] *n.f.* 단색.
monocinétique [mɔnɔsinetik] *a.* 〖물리〗(소립자, 특히 일정 전압으로 가속된 전자가)동일 속도를 가진.
monocle [mɔnɔkl] *n.m.* ① 외알박이(안경). ② (외눈)안대.
monoclinal(ale, pl. aux) [mɔnɔklinal, -o] *a.* 〖지질〗(지층이)단사(單斜)의. structure ~*ale* (지층의)단사구조.
monocline [mɔnɔklin] *a.* 〖식물〗자웅동화(雌雄同花)의.
monoclinique [mɔnɔklinik] *a.* 〖광물〗단사정계(單斜晶系)의.
monocoque [mɔnɔkɔk] *a.* 모노코크식의. construction ~ 모노코크 구조(항공기·자동차 따위가 샤시없이 차체로서 응력을 지탱하는 구조). voiture ~ (샤시가 없는)모노코크 자동차. —*n.m.* 모노코크식 배; (옛)모노코크 비행기.
monocorde [mɔnɔkɔrd] *a.* ① 단조로운(monotone). ② 〖음악〗일현(一絃)의. —*n.m.* (음정 측정용의)일현금(琴).
monocotylédone [mɔnɔkɔtiledɔn] 〖식물〗*a.* 외떡잎의, 단자엽(單子葉)의. —*n.f.pl.* 외떡잎〔단자엽〕식물.
monocratie [mɔnɔkrasi] *n.f.* (국가 원수에 권력이 집중되는)일인정치, 일인 독재체제.
monocratique [mɔnɔkratik] *a.* 일인 정치(독재)체제의.
monoculaire [mɔnɔkylɛ:r] *a.* 단안(單眼)의. céci-

té ~ 한눈의 실명. vision ~ 〖의학〗단안시(單眼視). microscope ~ 단안(單眼)현미경.

monoculture [mɔnɔkylty:r] *n.f.* 단작(單作), 일모작(一毛作).

monocycle [mɔnɔsikl] *a.* 외바퀴의. —*n.m.* 1 륜차.

monocyclique [mɔnɔsiklik] *a.* 〖생리〗연 1 회의 생식주기를 가진.

monocylindrique [mɔnɔsilɛ̃drik] *a.* 〖자동차〗1 실린더의, 단기통(單汽筒)의.

monocyte [mɔnɔsit] *n.m.* 〖의학〗단핵(單核) 대(大)백혈구.

monocytose [mɔnɔsito:z] *n.f.* 〖의학〗단구(單球)증가증.

monodactyle [mɔnɔdaktil] *a.* 〖동물〗외손가락(발가락)의.

monodelphe [mɔnɔdɛlf] 〖동물〗 *a.* 단자궁류(單子宮類)의. —*n.m.pl.* 단자궁류.

monodelphien(ne) [mɔnɔdɛlfjɛ̃, -ɛn] 〖동물〗 단자궁류의.

monodie [mɔnɔdi] *n.f.* ①〖그리스문학〗(비극 중의)서정적 독창부. ②〖음악〗(무반주의)단선율가곡, 단성가(單聲歌).

monodique [mɔnɔdik] *a.* 〖음악〗단성가의.

monodisque [mɔnɔdisk] *a.* 〖자동차〗(클러치가)외겹의.

monœcie [mɔnesi] *n.f.* 〖옛〗〖식물〗암수 한그루, 암수동주(同株); (*pl.*)암수 한그루 식물.

monœcique [mɔnesik] *a.* 암수 한그루의.

monogame [mɔnɔgam] *a.* 일부일처제의; 〖동물〗일웅일자(一雄一雌)의. —*n.* 일부일처주의자.

monogamie [mɔnɔgami] *n.f.* 일부일처제, 단혼제; 일웅일자.

monogamique [mɔnɔgamik] *a.* 일부일처제의.

monogamiste [mɔnɔgamist] *n.* 일부일처론자.

monogène [mɔnɔʒɛn] *a.* 〖수학〗(함수가)단생적(單生的)인.

monogénèse [mɔnɔʒenɛ:z] *n.f.* 〖생물〗단성(무성)생식.

monogénie [mɔnɔʒeni] *n.f.* 〖생물〗단성생식.

monogénique [mɔnɔʒenik] *a.* 〖생물〗단성(무성)생식의; 〖지질〗단성(單成)의, 동질의.

monogénisme [mɔnɔʒenism] *n.m.* 〖신학〗인류동조론(同祖論), 인류 일원론(一元論).

monogéniste [mɔnɔʒenist] *n.* 인류 동조론자, 인류 일원론자. —*a.* 인류 동조론을 주장하는.

monogrammatique [mɔnɔgramatik] *a.* 모노그램의, 합자(合字)의.

monogramme [mɔnɔgram] *n.m.* 모노그램, 합자(성명의 첫 글자를 합쳐서 만든 글자).

monogrammiste [mɔnɔgramist], **monogrammatiste** [mɔnɔgramatist] *n.f.* 모노그램으로서 서명하는 작자.

monogramme

monographe [mɔnɔgraf] *n.m.* 모노그래프〖전공논문·특수 문제〗집필자. —*a.* 전공논문의, 특수 연구의.

monographie [mɔnɔgrafi] *n.f.* (특수 문제의)전공논문, 전문적 저술.

monographique [mɔnɔgrafik] *a.* 전공논문의, 특수 연구의.

monogyne [mɔnɔʒin] *a.*〖옛〗〖식물〗암술 하나의.

monogynie [mɔnɔʒini] *n.f.* 〖옛〗〖식물〗암술 하나의 식물.

monohydrate [mɔnɔidrat] *n.m.* 〖화학〗일수화물(一水化物).

monohydraté(e) [mɔnɔidrate] *a.* 〖화학〗일수화물의.

monoïdéisme [mɔnɔideism] *n.m.* 〖의학〗단일관념 편집증.

monoïque [mɔnɔik] *a.* 〖식물〗암수 한그루의.

monokini [mɔnɔkini] *n.m.* (브래지어가 없는)모노키니(수영복), 톱리스수영복.

monokiniste [mɔnɔkinist] *a., n.f.* 모노키니 스타일의(여자).

monolingue [mɔnɔlɛ̃:g] *a.* 단일 언어의, 일개 국어를 말하는(↔ bilingue).

monolithe [mɔnɔlit] *a.* 한 개의 돌로 된. —*n.m.* 한 개의 돌로 된 기념비; 거석(巨石).

monolithique [mɔnɔlitik] *a.* ① 돌덩이 하나의(로 된)(monolithe). ② (비유적)(조직 따위가)일체를 이룬, 한결같은. parti ~ 하나로 뭉친 정당.

monolithisme [mɔnɔlitism] *n.m.* ①〖건축〗하나(소수)의 돌로 된 건조물. ②(비유적)일체성, 단일성.

monologue [mɔnɔlɔg] *n.m.* 독백, 혼잣말(↔ dialogue); 독백극, 일인 연극(특히 비극). ~ intérieur 〖문학〗내적 독백(한 인물의 의식의 흐름을 1 인칭으로 서술하는 형식).

monologuer [mɔnɔlɔge] *v.i.* 독백(혼잣말)하다; (남을 무시하여)혼자서 지껄이다.

monologueur [mɔnɔlɔgœ:r] *n.m.* 독백자, 혼잣말을 하는 사람.

monomane [mɔnɔman], **monomaniaque** [mɔnɔmanjak]〖옛〗〖의학〗*n.* 편집광자(偏執狂者). —*a.* 편집광의.

monomanie [mɔnɔmani] *n.f.* 〖옛〗〖의학〗편집광, 모노마니, 고정관념.

monôme [mɔno:m] *n.m.* ①〖수학〗단항식(單項式). ②〖학교〗일렬 데모(특히 바칼로레아 시험 후에 일렬 횡대로 거리를 누비는 행렬).

monomère [mɔnɔmɛ:r] *n.m., a.* 〖화학〗단량체(單量體).

monométallisme [mɔnɔmeta(l)lism] *n.m.* 〖경제〗단본위제(주의).

monométalliste [mɔnɔmeta(l)list] 〖경제〗 *a.* (화폐의)단본위제의. —*n.* 단본위주의자.

monomètre [mɔnɔmetr] 〖운율〗 *a.* 단운율의. —*n.m.* 단운율, 단각구(單脚句).

monomoteur(trice) [mɔnɔmɔtœ:r, -tris] 〖항공〗 *a.* 단발형(單發型)의. —*n.m.* 단발형 비행기.

mononucléaire [mɔnɔnykleɛ:r] 〖생물〗 *a.* 단핵의. —*n.m.* 단핵백혈구.

mononucléose [mɔnɔnykleo:z] *n.f.* 〖의학〗단핵백혈구 증가증.

monopétale [mɔnɔpetal] *a.* 〖식물〗꽃잎이 하나의.

monophage [mɔnɔfa:ʒ] *a.* 〖동물〗(동일종만 먹는)단식(單食)의.

monophasé(e) [mɔnɔfaze] 〖전기〗 *a.* (전류가)단상(單相)의. système ~ 단상식. —*n.m.* 단상교류(↔ polyphasé).

monophobie [mɔnɔfɔbi] *n.f.* 〖의학〗고독 공포증.

monophonie [mɔnɔfɔni] *n.f.* 〖음향〗모노럴(재생방식)(↔ stéréophonie).

monophonique [mɔnɔfɔnik] *a.* ①〖음악〗단성(單聲)의, 단성부의(↔ polyphonique). ②〖음향〗모노럴의(↔ stéréophonique).

monophtongaison [mɔnɔftɔ̃gɛzɔ̃] *n.f.* 〖언어〗단모음화(單母音化).

monophtongue [mɔnɔftɔ̃:g] *n.f.* 〖언어〗단모음.

monophylétique [mɔnɔfiletik] *a.* 〖생물〗(전화론에 있어서)동일형의 조상으로부터 발생한; 단일계열의, 단핵의.

monophylle [mɔnɔfil] *a.* 〖식물〗외잎(단엽)의.

monophysisme [mɔnɔfizism] n.m. 《종교사》 그리스도 단성론(單性論)《그리스도는 인성(人性)과 신성(神性)이 완전한 일체로서 복합된 단일성을 갖는다는 설》.

monophysite [mɔnɔfizit] 《종교사》 a. 그리스도 단성론의. —n.m. 그리스도 단성론자.

monoplace [mɔnɔplas] a. (차·비행기 따위가)한 사람이 타는, 단좌(單座)의. —n.m. 1인승비행기(avion ~). —n.f. 1인승자동차(automobile ~).

monoplan [mɔnɔplɑ̃] n.m. 《항공》 단엽(單葉) 비행기.

monoplastide [mɔnɔplastid] n.m. 《생물》 단세포(單細胞)조직.

monoplégie [mɔnɔpleʒi] n.f. 《의학》 국부마비.

monopode [mɔnɔpɔd] a. 《생물》 한 발의, 외발의; 《식물》 단축(單軸)의, 단축형의. —n.m. 외발기형아, (전설에 있어서의)외발의 괴물; 《식물》 단축(형).

monopolaire [mɔnɔpɔlɛːr] a. 《전기》 단극(單極)의.

monopole [mɔnɔpɔl] n.m. ① 전매(권); 독점(권). capitalisme de ~ 독점자본주의. L'État a le ~ du tabac. 국가가 담배 전매권을 갖고 있다. ②《비유적》전매특허, 전유물. L'erreur n'est pas le ~ des imbéciles. 과오는 바보들만이 범하는 것이 아니다. Ce parti attribue le ~ du patriotisme. 이 정당은 애국심을 자기의 전유물로 여기고 있다. ③ (pl.)독점기업.

monopoleur(se) [mɔnɔpɔlœːr, -øːz] a. 전매의, 독점의. —n. = **monopolisateur**.

monopolisateur(trice) [mɔnɔpɔlizatœːr, -tris] n. 전매자; 독점자.

monopolisation [mɔnɔpɔlizɑsjɔ̃] n.f. 전매; 독점.

monopoliser [mɔnɔpɔlize] v.t. ① 전매하다; 독점하다. ~ la vente des tabacs 담배를 전매하다. ②《비유적》자기의 전매특허로 삼다, 독차지하다. ~ les honneurs 영광을 독차지하다.

monopolisme [mɔnɔpɔlism] n.m. 《상업·경제》 독점주의, 독점 경향.

monopoliste [mɔnɔpɔlist] a. 전매 특권을 가진, 독점권을 가진; 독점적인. capital ~ 독점자본. —n.m. 전매권자, 독점권자; (pl.)독점계급.

monopolistique [mɔnɔpɔlistik] a. 독점주의적인, 독점적 성격의. capitalisme ~ 독점자본주의.

monoprix [mɔnɔpri] n.m. 단일 정가제의 상점, 슈퍼마켓.

monopsone [mɔnɔpsɔn] n.m. 《경제》 수요 독점.

monoptère[1] [mɔnɔptɛːr] a. 《건축》 단주식(單柱式)의. temple ~ 단주식 원형 전당(殿堂).

monoptère[2] a. 《조류》 외날개의; 《어류》 외지느러미의.

monorail [mɔnɔraːj] a. 《불편》 단궤(單軌)의. —n.m. (pl. ~s) 단궤 철도, 모노레일.

monorchide [mɔnɔrkid] a. 《생리》 단고환(單睾丸)의(남자), 외불알의(남자).

monorchidie [mɔnɔrkidi] n.f. 단고환.

monoréfringent(e) [mɔnɔrefrɛ̃ʒɑ̃, -ɑ̃ːt] a. 《물리》 단굴절(單屈折)의.

monorème [mɔnɔrɛm] a. 일지문(一肢文)의. —n.m. 일지문, 단성분(單成分)의 문장.

monorime [mɔnɔrim] 《운율》 단운(單韻)의. —n.m. 단운시(詩).

monosaccharide [mɔnɔsakarid] n.m.《옛》《화학》 단당류(單糖類).

monosémie [mɔnɔsemi] n.f. 《언어》 단의성(單義性)(↔ polysémie).

monosépale [mɔnɔsepal] a. 《식물》 단일 꽃받침의.

monositie [mɔnɔsiti] n.f. 1일 1주식의.

monoski [mɔnɔski] n.m. 모노스키, 서핑보드, 수상스키.

monosome [mɔnɔzɔːm] n.m. 《의학》 단체쌍두(單體雙頭)의 기형아.

monosperme [mɔnɔspɛrm], **monospermique** [mɔnɔspɛrmik] a. 《식물》 (과일 따위가)단종자(單種子)의.

monostique [mɔnɔstik] a. 일행시의. —n.m. 일행시(격언 따위에 많이 쓰임).

monostyle [mɔnɔstil] a. 《건축》 단주(單柱)의.

monosubstitué(e) [mɔnɔsypstitɥe] a. 《화학》 일치환의.

monosulfite [mɔnɔsylfit] n.m. 《화학》 아황산나트.

monosyllabe [mɔnɔsi(l)lab] 《언어》 n.m. 단음절어. répondre par ~ 단음절로 대답하다(oui, non, tiens 등); (비유적)퉁명스럽게 대답하다. —a. 단음절의.

monosyllabique [mɔnɔsi(l)labik] a. 단음절의; 《운율》 단음절어로 된. langue ~ 단음절언어.

monosyllabisme [mɔnɔsi(l)labism] n.m. 《언어》 단음절성(性).

monothéique [mɔnɔteik] a. 일신교(一神敎)의, 일신론의.

monothéisme [mɔnɔteism] n.m. 《종교》 일신교, 일신론(↔ polythéisme).

monothéiste [mɔnɔteist] 《종교》 a. 일신교의, 일신론의. —n.m. 일신론자, 일신교 신자.

monothélisme [mɔnɔtelism] n.m. 《종교》 그리스도 단의설(單意說).

monothélite [mɔnɔtelit] 《종교》 n. 그리스도 단의론자. —a. 그리스도 단의설의.

monotone [mɔnɔtɔn] a. ① 단조로운, 변화없는, 천편일률의(monocorde); 지루한, 따분한. chant ~ 단조로운 곡[노래]. débit ~ d'un orateur 연사의 변화없는 어조. vie ~ 단조로운[따분한] 생활. ② fonction ~ 《수학》 단조함수(單調函數).

monotonement [mɔnɔtɔnmɑ̃] ad. 단조롭게, 변화없이, 지루하게.

monotonie [mɔnɔtɔni] n.f. 단조로움, 천편일률, 무변화(↔ variété); 지루함(ennui). rompre la ~ d'une vie 생활의 따분함을 깨뜨리다.

monotrace [mɔnɔtras] a. 《항공》 (착륙용 바퀴가) 동체 중앙부에 있는.

monotrèmes [mɔnɔtrɛm] n.m.pl. 《동물》 일혈류(一穴類), 단공류(單孔類).

monotype [mɔnɔtip] a. ① 《식물》 단형(單型)의, 속(屬) 중에 종(種)이 하나뿐인. ② 《요트》 동일급별(級別)의. yacht de course ~ 동일급 레이스용 요트. —n.m. ① 동일급 요트. ② 《미술》 단쇄판화(單刷版畫). —n.f. 《인쇄》 자동 식자주조기, 모노타이프.

monovalence [mɔnɔvalɑ̃ːs] n.f. 《화학》 일가.

monovalent(e) [mɔnɔvalɑ̃, -ɑ̃ːt] a. 《화학》 일가(一價)의.

monovalve [mɔnɔvalv] a. ① 《기계》 단판(單瓣)의. ② 《전기》 진공관 하나의.

monoxyle [mɔnɔksil] a. 통나무로 된. pirogue ~ 통나무배. —n.m. 《물리》통나무배.

monozygote [mɔnɔzigɔt] a. 《쌍생아가》일란성의. —M~ n.m. 몽퐁 사람.

monponnais(e) [mɔ̃pɔnɛ, -ɛːz] a. 몽퐁(Mont-pont, 프랑스의 도시)의. —M~ n.m. 몽퐁 사람.

Monroe [mɔ̃ro], **Monroë** [mɔ̃ro(e)] n.pr.m. 먼로《미국 제5대 대통령》.

mons [mɔ̃ːs] n.m. 《옛》 = **monsieur**.

monseigneur [mɔ̃sɛɲœːr] n.m. (pl. **messeigneurs** [mesɛɲœːr], 《드물게》 **nosseigneurs** [nosɛɲœːr], 《약자》 M⁸) n.m. ① (왕족에 대해)전하; (추기경·대주

교·주교·교황청 고관에 대해)예하; (옛) (대신·원수에 대해)각하; (드물게) (아무에게나 써서) M~ le duc d'Orléans 오를레앙공 전하. M~ de Paris 파리대주교 예하. ② (루이 14세 이후 황태자에 대해)전하. ③ (pl. ~s) (도둑이 쓰는)짧은 쇠지레(pince(-) ~).

monseigneuriser [mɔ̃sɛɲœrize] *v.t.* (옛) (익살) 각하[예하·전하]의 존칭을 붙여 부르다.

‡**monsieur** [məsjø] (pl. **messieurs** [mesjø]) (《약자》 M.[Mr.], (pl. MM.[Mrs.]) *n.m.* (《약자》 앞) 씨, 귀하, 군. M~[M.] X, X 씨. M. l'Ambassadeur 대사 귀하[각하]. ~ le professeur 교수님. ~ votre père 춘부장님. (누군가 주인을 부를 때) 주인님, 나으리. M~ a sonné? 부르셨습니까? M~ est sorti. 주인은 나가셨읍니다.

② ⓐ (남성에 대한 (형식적인) 경칭) Oui. — 예. Bonjour, *messieurs*. (여러분)안녕하십니까? (ⓑ (편지의 서두) M~; Cher M~ 배계(拜啓), 근계(謹啓).

③ ⓐ 분, 어른, 신사. un ~ 어떤 분. Ce ~ vous demande. 이분이 당신을 찾습니다(뵙자고 합니다). Dis merci au ~. 아저씨께 "고맙습니다" 라고 인사해라. ⓑ (pl.) 남성, 남자. Messieurs (화장실의 표시로서)남자(용)(↔ Dames).

④ ⓐ (형용사와 함께) (grand) ~ 큰 인물, 거물. vilain ~; (반어적) beau ~ 고약한 녀석. joli ~ 수상쩍은 자. ⓑ (단독으로) 어엿한 사람, 양반. devenir un ~ 어엿한 사람이 되다. C'est un ~! 대단한 인물이다, 거물이다! ⓒ (경멸적 호칭과 함께) *messieurs* les sots 바보녀석들. Vous voilà confondu, ~ le menteur! 꼼짝 못하게 되었군, 거짓말장이! (5) (M~) (《프랑스사》) 프랑스왕의 왕제(王弟)에게 붙이던 칭호. [다].

faire le (*gros*) *~* 젠체하다, 젠체하다(주제넘게 굴 *M~ vaut bien madame*; *Madame vaut bien ~*. 남부가 다 훌륭하여 어울린다; 양쪽 다 훌륭하고 우열이 없다.

monsieur-dame [məsjødam] *n.m.* (pl. **messieurs-~s** [mesjødam]) (《구어》 신사 숙녀 (하인이나 상인들이 쓰는 존칭). Bonjour, ~. 영감님·마님 안녕하십니까.

monsignor(e) [mɔ̃siɲɔr(e)] (pl. *~s*, (드물게) *monsignori* [mɔ̃siɲɔri]) (《이탈리아》) *n.m.* 이탈리아의 성직자; 교황청의 고위 성직자.

monstrance [mɔ̃strɑ̃ːs] *n.f.* (《종교》) ① 성광; 성체 안치기, 성체합(聖體盒). ② 성유물함.

monstre [mɔ̃ːstr] *n.m.* ① (신화·전설 속의)괴물, 유령, 도깨비. ~ à moitié cheval la moitié homme 반마반인(半馬半人)의 괴물. ② 거대한[끔찍한] 생물. — ~s marins 바다의 괴물(큰 고래·문어 따위). ~s des forêts 맹수. ③ (괴물같이)몹시 추한 사람. épouser un ~ 못생긴 남자[여자]와 결혼하다. ④ ~ d'avarice (《구어》) 지독히 인색한 사람. ⑤ (가벼운) (f. (익살) ~sse) 놈, 녀석. petit ~; petite ~sse 녀석(남녀 어린이에 대한 애칭). ⑥ ~s sacrés (비유적) 명배우들 (Jean Cocteau의 동명의 희곡에서 유래). ⑦ (《음악》) (작곡가가 멜로디에 붙이는)의미없는 가사.

se faire un ~ de tout (《구어》) 무엇이든 과장해서 생각하다.

— *a.* 굉장한; 거대한(colossal, prodigieux). meeting ~ 거대한 집회. avoir un succès ~ 굉장한 성공을 거두다.

monstrueusement [mɔ̃stryøzmɑ̃] *ad.* 기괴하게, 굉장히, 엄청나게. homme ~ gros 굉장히 뚱뚱한 사람.

monstrueux(se) [mɔ̃stryø, -øːz] *a.* ① 기괴한, 괴물같은; 기형의(difforme, ↔ normal). enfant ~ 기형아. laideur ~se 괴물같은 추함. ② 잔인한, 흉악한 생각. 흉악무도한; 무서운(horrible). idée ~se 흉악한 생각. crime ~ 극악무도한 범죄. ③ 굉장한, 엄청난, 거대한(énorme, gigantesque). bruit ~ 굉장한 소음.

monstruosité [mɔ̃stryozite] *n.f.* ① 기형(奇形)(difformité), 불구; 기괴, 괴상망측, 흉측. ② 끔찍함, 잔학. — *de la guerre* 전쟁의 잔학성. ③ (pl.) 끔찍한[잔학한] 것. ~ s d'un tyran 폭군의 잔학한 행위; dire des ~s 끔찍한 말을 하다.

mont [mɔ̃] *n.m.* ① (지리적 명칭으로) 산(montagne, ↔ plaine). le ~ Blanc 몽블랑 산. le ~ Everest 에베레스트 산. ② ⓐ (주로 pl.) (옛·시) 산; 산맥. du haut des ~s 산 정상에서. les M~s rocheux 로키 산맥. ⓑ (특히) 알프스 산맥. au delà des ~s 알프스 산맥 저편의 (이탈리아를 가리킴). ③ (손금에서) 손바닥의 볼록한 부분; ~ de Vénus (《해부》) 치구(恥丘)(pénil).

par ~s et par vaux 방방곡곡으로, 사방으로.

montacutin(e) [mɔ̃takytɛ̃, -in] *a.* 몽테귀(Montaigu(t), 프랑스의 도시)의. —**M~** *n.* 몽테귀 사람.

montage [mɔ̃taːʒ] *n.m.* ① (《드물게》) 올리기; 오르기. ~ des matériaux de construction (크레인 따위에 의한)건축자재의 이양. ~ du lait (끓인)우유의 부풀어오름. ② (부분품의)조립(monture, ↔ démontage). ~ d'un moteur 엔진조립. ~ en bijouterie 보석의 조립(끼우기). ~ de précision 정밀조립. chaîne de ~ 일괄조립 작업. ③ (《사진·영화》) 몽타주; (《음향》) (테이프의)편집. ~ de photographies 사진의 합성(photo- ~). film de ~ 몽타주 영화. ~ sonore 음향합성. ④ (《전기》) 배선. ~ imprimé (전자장치 따위의)프린트배선. schéma de ~ 배선일람표. ~ en parallèle[en série] 병렬[직렬] 배선. ⑤ (《인쇄》) 정판(整版), 제판(製版). ⑥ ~ financier (《경제》) (어떤 사업의)재정적 계획[구성].

montagnard(e) [mɔ̃taɲaːr, -ard] *a.* 산골에 사는; 산의, 산골의. vie ~e 산골생활. —*n.* 산악지방의 주민. —*n.m.* (M~) (《프랑스사》) 산악당원; 과격혁명파의 사람.

‡**montagne** [mɔ̃taɲ] *n.f.* ① 산, 산악(mont). chaîne de ~s 산맥. mal des ~s 고산병. ~ de glace 빙산. pays de ~ 산악지대. flanc[pente, versant] d'une ~ 산허리. escalader une ~ 산에 오르다. faire de la ~ 등산하다. ② ⓐ (비유) à vaches (소의)방목지; 낮은 산 (등산가들 사이에는 경멸적으로 쓰임). ③ 산더미; 다량(amas). une ~ de livres 산더미 같은 책. ~s russes (유원지 따위의)오락용 활주차, 코스터(《영》 scenic railway). ⑤ (M~) (《프랑스사》) 산악당(montagnard).

faire battre des ~s 도처에 불화의 씨를 뿌리다(싸움을 붙이다). *Il n'y a que les ~s qui ne se rencontrent pas.* (서로 만나지 못하는 것은 산뿐이다) → 멀리 떨어져 있는 사람도 언젠가는 만나게 된다. *se faire une ~ de qc* …을 어렵게 생각하다, 과장해서 생각하다. *soulever[déplacer] les ~s* (산도 들어 올리다) → 어떤 어려운 일도 해내다.

montagnette [mɔ̃taɲɛt] *n.f.* (《구어》) 작은 산, 언덕.

montagneux(se) [mɔ̃taɲø, -øːz] *a.* 산이 많은. région ~se 산악 지방.

montaison [mɔ̃tɛzɔ̃] *n.f.* (산란하기 위해)연어가 강 거슬러 오르기; 연어의 산란기.

montalbanais(e) [mɔ̃talbanɛ, -ɛːz] *a.* 몽토방(Montauban, 프랑스의 도시)의. —**M~** *n.* 몽토방

사람.

montanisme [mɔ̃tanism] *n.m.* 〖종교사〗몬타누스(*Montanus*)의 교리(그리스도가 재림하여 지상천국이 실현된다는 설).

montaniste [mɔ̃tanist] *a.* 몬타누스의 교리에 관한[를 신봉하는]. —*n.* 몬타누스 교리 신봉자.

montant¹ [mɔ̃tɑ̃] *n.m.* ① (사닥다리 따위의) 기둥, 지주(支柱); (발판·침대 따위의) 다리; (창·문의) 설주(jambage, portant). ~s d'une échelle 사닥다리의 기둥. ~s d'un lit 침대의 다리. ②총액, 합계 (somme, total). ~ des frais 경비의 총액. ③ *(pl.)* 〖스포츠〗골포스트(주로 축구). ④말굴레의 옆가죽끈(~ de bride). ⑤(소스·와인 따위의) 향기, 풍미, 묘미; 〖옛〗매력. Ce vin a du ~. 이 포도주는 향긋하다. donner du ~ à une sauce 소스를 제맛 나게 하다. femme qui a du ~ 매력있는 여자. ⑥〖옛〗오르기, 상승; 만조(滿潮).

montant²(e) [mɔ̃tɑ̃, -ɑ̃:t] *a.* ①오르는. chemin ~ 오르막(길). marée ~e 밀물. mouvement ~ 상승 운동. ②(옷의) 깃이 높은. robe ~e 깃을 세운 부인복. ③ train ~ 상행열차(↔ train descendant); gamme ~e 〖음악〗상승음계; garde ~e 〖군사〗상번(上番)위병.

Mont-Blanc (le) [ləmɔ̃blɑ̃] *n.pr.m.* 〖지리〗몽블랑 산. —**m**-**b**- *(pl. ~s-~s)* *n.m.* 크림을 입힌 밤과자.

montcellien(ne) [mɔ̃sɛlje, -ɛn] *a.* 몽소레민 (*Montceau-les-Mines*, 프랑스의 도시)의. —**M**- *n.* 몽소레민 사람.

mont-de-piété [mɔ̃dpjete] *n.m. (pl. ~s-~)* 공영 전당포(crédit municipal). mettre *qc* au ~ 전당포에 물건을 잡히다. retirer *qc* du ~ 전당포에서 물건을 찾다.

mont-d'or [mɔ̃dɔːr] *(pl. ~s-~) n.m.* 몽도르(*Mont d'Or*)산 치즈.

monte [mɔ̃:t] *n.f.* ①(가축의) 교미(accouplement), 교미기. ②〖경마〗승마, 기마술. ~ à l'obstacle 장애물 뛰어넘기.

monté(e)¹ [mɔ̃te] *a.p.* ①말탄, 승마의. police ~e 기마경찰대. cheval bas(haut) ~ 다리가 짧은(긴) 말. ②필요한 것이 갖추어진, 구비된; 짜여진. boutique bien ~e 시설이 갖추어져 있는 상점. maison mal ~e 시설이 나쁜 집. pièce de théâtre bien ~e (비유적) 잘 연출된 극. ③(보석이) 박혀진, 끼어 넣은. brillant ~ sur platine 백금의 대(臺)위에 올려놓은 다이아몬드. ④(색깔이) 짙은, 생생한. ~ en couleur 빛깔이 짙은. ⑤〖구어〗[~ contre] 화가난, 흥분한. être ~ contre *qn*; avoir la tête ~e contre *qn* …에 대해 격분하다. ⑥ pièce ~e 〖제과〗데코레이션 케이크.

collet ~ 근엄한 체하는 사람.

coup ~ 〖구어〗음모, 비밀리에 조작하기.

être bien (mal) ~ 기분이 좋다(나쁘다). Il *est* aujourd'hui *bien mal* ~. 그는 오늘 기분이 매우 좋지 못하다.

être bien ~ *en* …이 풍부하다. Elle *est bien* ~e *en* vêtements. 그녀는 옷이 많다.

être ~ *sur* …에 가락을 맞추다. Il *est* ~ *sur* un ton plaisant. 그는 농담만 늘어놓고 있다.

monte-carliste [mɔ̃tekarlist] *a.* 몽테카를로(*Monte-Carlo*, 모나코의 도시)의. —**M**- *n.* 몽테카를로 사람.

monte-charge [mɔ̃tʃarʒ] *n.m.* 〖복수불변〗기중기, 화물승강기.

montée² [mɔ̃te] *n.f.* ①(에) 오르기(escalade); (의) 오름(ascension). faire la ~ à pied 걸어서 올라가다. essai de ~ (자동차·비행기 따위의) 등반[상승]력 테스트. ~ d'un avion 비행기의 상승. ~ des eaux du fleuve 강물의 증수. ②(비유적)(물가 따위의) 상승; (세력의) 증대. ~ des prix 물가앙등. ~ du nazisme 나치즘의 대두. ③언덕길, 비탈, 치받이; 〖옛〗계단. ~ abrupte 급경사의 비탈. ④〖건축〗(둥근 천장 따위의) 높이. ⑤〖언어〗상승변형.

monte-en-l'air [mɔ̃tɑ̃lɛːr] *n.m.* 〖복수불변〗〖구어〗가택침입 강도.

monténégrin(e) [mɔ̃tenegrɛ̃, -in] *a.* 몬테네그로(*Monténégro*, 유고슬라비아의 주)의. —**M**- *n.* 몬테네그로 사람.

monte-pente [mɔ̃tpɑ̃:t] *n.m.* 〖복수불변〗〖드물게〗스키 리프트(remonte-pente).

monte-plats [mɔ̃tpla] *n.m.* 〖복수불변〗(식기·요리 운반용) 승강장치.

‡**monter** [mɔ̃te] *v.i.* (조동사는 être (상태), avoir (동작)을 병용) I. (주어는 사람) ①(높은 곳으로) 오르다, 올라가다(grimper, ↔ descendre). ~ en (au) haut d'une tour 탑 꼭대기에 올라가다. ~ sur un arbre 나무에 오르다. Montez chez moi. 나의 방으로 올라오시오. ~ dans sa chambre 자기 방으로 올라가다. ~ à la tribune 연단에 오르다. [~+*inf.*] Il *est* monté me dire au revoir. 그는 나에게 작별인사를 하러 올라왔다.

②(탈것에) 타다, 타고가다(prendre). ~ à (en) bicyclette 자전거를 타다. ~ dans un train 기차를 타다. ~ en voiture 차를 타다. ~ sur un bateau (à bord) 배를 타다.

③(지위·직책 따위에) 오르다, 자리잡다. ~ sur le trône 왕위에 오르다. ~ en chaire 강단[설교단]에 서다. ~ sur les planches(sur la scène) 무대에 서다, 배우가 되다. ~ à l'assaut 공격하다. ~ à l'échafaud 사형대에 오르다, 사형되다.

④승진하다; 성장하다. ~ en grade 승진하다. générations qui *montent* 자라나는 세대. vedette qui *monte* 상승세의 스타.

⑤(지도상으로) 북상하다; (도시로) 가다, 상경하다. ~ à Paris 파리로 가다.

⑥(게임·도박 따위에서) 판돈을 올리다(surenchérir). Arrivé à 100 francs, il n'arrête pas de ~. 100 프랑이 되었는데도 그는 계속 판돈을 올린다.

⑦흥분하다, 화를 내다(s'emporter). ~ comme une soupe au lait 버럭 화를 내다.

II. (주어는 사물) (해·안개·소리·비행기 따위가) 떠오르다, 올라가다, 상승하다(s'élever, ↔ descendre sur). Le soleil *monte* au dessus de l'horizon. 해가 지평선 위로 떠오른다. L'avion *monte* dans le ciel. 비행기가 상공으로 떠오르고 있다. bruits qui *montent* de la rue 길에서 들려오는 소음. Les brouillards *montent* de la vallée. 골짜기에서 안개가 피어오른다.

②(높이·키가) 커지다, 야(닿)다. La maison en construction commence à ~. 건축중인 집이 한층 한층 오르기 시작한다. Les blés *montent*. 보리가 자란다. Cette tour *monte* à 100 mètres. 이 탑의 높이는 100 미터에 달한다. L'eau *monte* jusqu'aux genoux. 물이 무릎까지 닿는다.

③(눈물·피 따위가) 솟다, 솟아오르다. Les larmes me *sont montées* aux yeux. 눈물이 글썽거렸다. Le vin lui *est monté* à la tête. 술기운이 그의 머리로 올라왔다, 그는 얼근히 술에 취했다.

④(길 따위가) 오르막이 되다. rue qui *monte* vers l'église 교회로 올라가는 길.

⑤(수위·온도 따위가) 오르다. La rivière *monte*. 강물이 붙고 있다. La température *a monté* de deux degrés. 기온이 2도 올랐다.

⑥ (값이)오르다(augmenter); (값이)(에)달하다. Les prix *ont monté.* 물가가 올랐다. À combien *montera* la dépense? 비용이 얼마나 될까?
⑦ (명성 따위가)오르다, 커지다. Sa renommée *monte.* 그의 명성이 높아진다.
⑧ (음·가락이)높아지다. Sa voix *monte* très haut. 그는 아주 높은 소리를 낸다. Le ton *monte.* 《비유적》언성이 높아진다, 말이 험악해진다.

~ *sur ses ergots* 위압적인 태도를 취하다.
—*v.t.*《조동사는 avoir》① 오르다, 올라가다; 기슬러 오르다. ~ une côte 언덕을 올라가다. ~ un fleuve 강을 거슬러 올라가다. ~ les marches 계단을 오르다.
② (에)올라타다; (배에)타다, 승선하다. ~ un cheval 말을 타다. ~ un vaisseau 승선하다.
③ 들어올리다; (위치·수준을)높이다. ~ une valise dans la chambre d'hôtel 호텔방으로 여행가방을 올려가다. ~ un peu le tableau 그림을 약간 위로 올리다. ~ la mèche d'une lampe 등잔의 심지를 돋우다. ~ un instrument de musique 악기의 음을 높이다. ~ le «fa» '파'의 음정을 높이다.
④ (부분품을)맞추다, 조립하다; 만들어내다. ~ une machine 기계를 조립제작하다. ~ une tente 텐트를 치다. ~ une page 《인쇄》페이지를 조판하다. ~ une montre 《옛》시계 태엽을 감다. ~ un film《비유적》영화를 편집하다.
⑤ (일)꾸미다, 계획하다; 설립하다. ~ un complot 음모를 꾸미다. ~ un coup《구어》(골탕먹일)음모를 꾸미다. ~ une excursion à pied 하이킹을 계획하다. ~ une boutique 가게를 내다. ~ une entreprise 기업을 설립하다.
⑥ (필요한 것을)갖추게 하다, 설비하다. ~ (부품을)(에)끼우다, 박다. ~ son ménage 세간을 마련하다. ~ son trousseau de mariage (신부의)혼수감을 마련하다. ~ une guitare 기타에 줄을 끼우다. ~ un cavalier 기병(기수)에게 말과 장비를 마련해주다. ~ un diamant sur une bague 반지에 다이아몬드를 박다. ~ une estampe 판화를 액자에 끼우다.
⑦ (연극을)상연하다. ~ une pièce de théâtre 극을 공연하다.
⑧ [~ *qn* contre] (을)격분시키다. Ces mesures les *ont montés* contre la police. 이 조치는 경찰에 대한 그들의 분노를 끓어오르게 했다. Il *est* très *monté* contre toi. 그는 너에게 몹시 화를 내더군.
⑨ (수놈이)올라타다, 교미하다.
~ *la tête à qn* …을 화나게 하다. C'est elle qui *monte* la tête à Marcel contre moi. 마르셀이 나에 대해 화를 내도록 충동질한 것은 바로 그녀이다.
~ *le coup à qn*《구어》…에게 한 방 먹이다; …을 속이다.
—*se* ~ *v.pr.* I.《수동적》① 올라가다, 타다. escalier qui *se monte* facilement 올라가기 쉬운 계단. Ce cheval rétif *se monte* difficilement 이 다루기 힘든 말은 타기가 어렵다.
② 조립되다. Ce meuble *se monte* facilement. 이 가구는 쉽게 조립된다.
③ 흥분되다, (기분 따위가)격해지다(s'exciter). La tête *se monte.* 흥분한다, 화가 치밀어오른다.
II.《재귀적》① [se ~ en] 갖추다, 구비하다. *se* ~ *en* meubles[*en livres*] 가구(책)를 장만하다.
② [se ~ à] (에)달하다, 이르다(s'élever). 비용은 1,000 프랑 이상에 달한다.
③《구어》화를 내다(s'irriter). Elle *s'est montée* contre toi. 그녀는 너에게 화를 내고 있다.
se ~ *la tête (l'imagination)* (제멋대로 상상하여) 흥분하다; (경솔하게)열광하다(se 는 간접 목적보

어). *se* ~ *la tête* avec des idées nouvelles 새로운 사상에 무턱대고 열중하다.
se ~ *le coup* 《구어》(흥분한 나머지)스스로 속다 〔착각하다〕.

monterelais(e) [mɔ̃trəlɛ, -ɛːz] *a.* 몽트로(Montereau, 프랑스의 도시)의. **—M~** *n.* 몽트로 사람.
monte-sac(s) [mɔ̃tsak] *n.m.*《복수불변》(곡물 따위의 포대를 올리고 내리는)리프트, 크레인.
monteur(se) [mɔ̃tœːr, -ɸːz] *n.* ① (부분품 조립공; 【인쇄】 정판〔제판〕공. ~ électricien 전기배선공. ~*se* en fleurs artificielles 조화(造花)여공. ② (영화의)필름 편집인. chef ~ 편집주임. assistant ~ 편집조수. ③ 음모가, 모사꾼. ~ de coups《구어》사기꾼.
montévidéen(ne) [mɔ̃tevideɛ̃, -ɛn] *a.* 몬테비데오 (Montévidéo, 우루과이의 도시)의. **—M~** *n.* 몬테비데오 사람.
monte-voiture [mɔ̃tvwaty:r] *n.m.* (자동차의)차체를 올리고 내리는 기계; 레커차.
montgolfière [mɔ̃gɔlfjɛr] (<Montgolfier, 발명자) *n.f.* 열기구(熱氣氣球).
monticole [mɔ̃tikɔl] *a.*《드물게》【동물】산에 사는; 【식물】산에 자라는.
monticule [mɔ̃tikyl] *n.m.* ① 작은 산, 언덕, 둔덕, 구릉. ② (빙원 위의)얼음 언덕.
montilien(ne) [mɔ̃tiljɛ̃, -ɛn] *a.* 몽텔리마르(Montélimar, 프랑스의 도시)의.
—M~ *n.* 몽텔리마르 사람.
mont(-)joie [mɔ̃ʒwa] (*pl.* ~(*s*-)~) *n.f.* 석총(石塚) 《도표·기념비 따위》; 【역사】 중세 프랑스 군대의 전투시의 함성.
montmartrois(e) [mɔ̃martrwa(ɑ), -a(ɑ)ːz] *a.* 몽마르트르(Montmartre, 파리의 거리)의. **—M~** *n.* 몽마르트르 사람.
montmorencien(ne) [mɔ̃mɔrɑ̃sjɛ̃, -ɛn] *a.* 몽모랑시(Montmorency, 프랑스의 도시)의. **—M~** *n.* 몽모랑시 사람.
montmorency [mɔ̃mɔrɑ̃si] *n.f.*《복수불변》버찌의 일종.
montoir [mɔ̃twar] *n.m.* ① 승마용 발판; 말의 좌측 (côté du ~). pied du ~ (말의)왼쪽 앞발. côté hors de ~ 말의 우측. ② 승마. cheval propre au ~ comme à l'attelage 승마와 마차 겸용의 말. cheval rude (difficile) au ~ 타기 어려운 말. ③ (금속 부분품 따위의)조립 기구.
montois(e) [mɔ̃twa, -aːz] *a.* 몽스(Mons, 벨기에의 도시)의. **—M~** *n.* 몽스 사람.
Montparno [mɔ̃parno] *n.pr.m.*《속어》몽파르나스 (Montparnasse)일대.
montpelliérain(e) [mɔ̃pelje̯rɛ̃, -ɛn] *a.* 몽펠리에 (Montpellier, 프랑스의 도시)의. **—M~** *n.* 몽펠리에 사람.
montrable [mɔ̃trabl] *a.*《드물게》보일 수 있는.
montre[1] [mɔ̃:tr] *n.f.* ①《옛·문어》자랑삼아 보이기; 과시(démonstration); 겉보기, 겉모양(apparence). faire *qc* pour la ~ 자랑삼아 보이려고 …을 하다. La ~ trompe souvent. 겉을 보고 판단하면 틀리기 쉽다. ②《옛》진열; 진열품; 진열장(étalage). mettre un article en ~ 상품을 진열하다. ③ 견본. acheter *qc* sur le ~ 견본에 따라 …을 사다. ④《옛》열병; 검열. ⑤【도자기】(가마의 온도를 시험하기 위한)시험 토기.
faire ~ *de* …을 과시하다, 자랑삼아 보이다. *faire* ~ *de prudence* 용의주도함을 보이다. *passer à la* ~ 《구어》그만하면 무방하다(괜찮다). *se mettre en* ~ 스스로 사람의 시선을 끌다.
‡**montre**[2] *n.f.* 회중시계. ~-bracelet; bracelet-~ 팔

montréalais(e)

목시계. ~ de gousset(de poche) 회중시계. ~ de précision 정밀시계. remonter sa ~ 시계의 태엽을 감다. mettre sa ~ à l'heure 시각을 맞추다. dans le sens des aiguilles d'une ~ 시계바늘의 방향으로. *course contre la* ~ 《스포츠》시간을 재는 경주; (비유적) 시간 내에 수행해야 할 일, 시간에 쫓기는 일. ~ *en main* 정확히 시간을 재면서.

montréalais(e) [mɔ̃reale, -ɛːz] *a.* 몬트리올(Montréal, 캐나다의 도시)의. —**M**— *n.* 몬트리올 사람.

montre-bracelet [mɔ̃trəbraslɛ] (*pl.* ~**s**—**s**) *n.f.* 손목시계(bracelet-montre 로도 씀).

:**montrer** [mɔ̃tre] *v.t.* ① 보이다; 제시하다(présenter). [~ *qc à qn*] *Montrez* sa chambre *à* Monsieur. 이 분에게 그의 방을 보여주시오. *J'ai montré* ma carte d'identité à l'agent de police. 나는 순경에게 내 신분증을 제시했다. ~ le poing *à qn* …에게 주먹을 내보이다; 위협하다.
② 지시하다, 일러주다, 가리키다(indiquer). Il *m'a montré* le chemin de la gare. 그는 나에게 역으로 가는 길을 가리켜주었다. ~ la porte *à qn* …을 방에서 나가도록 지시하다. ~ *qn* du(au) doigt …을 사람(들) 앞에서 조롱하다, 손가락질하다.
③ 증명하다; 지적하다. On lui *a montré* qu'il avait tort. 그가 틀렸다는 것을 그에게 지적해 주었다. *Montrez*-moi que vous avez raison. 당신이 옳다는 것을 증명해 주십시오. [~+간접의문절] Cela *montre* jusqu'à quel point il est minutieux. 이 사실은 그가 어느 정도로 세심한지를 증명해 준다.
④ 나타내다, 발휘하다(marquer). ~ son amitié 우정을 나타내다. Il *a montré* du courage. 그는 용기를 발휘했다. Il *n'a* pas *montré* son émotion. 그는 자기의 흥분을 나타내지 않고 있었다.
⑤ 드러내보이다, 노출하다. Cette robe *montre* les bras. 이 원피스는 팔이 노출된다. tapis qui *montre* la corde 닳아서 바탕의 올이 보이는 양탄자.
⑥ 그려내다, 표현하다. Ce film *montre* les diverses péripéties du combat. 이 영화는 전투의 여러 결정적인 사건들을 그려내고 있다.
⑦ (옛)가르치다(apprendre). ~ le piano à une petite fille 소녀에게 피아노를 가르치다. (부정법과 함께) ~ à un enfant à écrire 아이에게 글쓰기를 가르치다.
—**se ~** *v.pr.* ① (재귀적) 모습을 나타내다, 나타나다(paraître, surgir). Le soleil *se montre* à l'horizon. 해가 수평선에 떠오르고 있다.
② (재귀적) (자기의) 태도를 보이다; 자기를 (자기의 일면을) 보이다. *se* ~ sous un jour favorable 자기의 좋은 면을 보이다. [*se* ~+형용사] *Montre-toi* digne de ton père. 너의 아버지에 부끄럽지 않게 행동해라. *se* ~ indulgent 관대한 태도를 보이다.
③ …처럼 보이다. [*se* ~+형용사] Elle *s'est montrée* vexée. 그 여자는 기분이 상한 것처럼 보였다.
④ 분명해지다, 밝혀지다. [*se* ~+형용사] Ce remède *s'est montré* très efficace. 이 약은 매우 잘 듣는 것으로 밝혀졌다.
⑤ 《구어》위엄을 보이다; 실력을 발휘하다.
⑥ (상호적)서로 보이다; 서로 가리키다.

montreur(se) [mɔ̃trœːr, -øːz] *n.* 흥행사.

montueux(se) [mɔ̃tɥø, -øːz] *a.* 산지(山地)의, 산이 많은, 기복이 심한(montagneux, ↔ plat).

monture [mɔ̃tyːr] *n.f.* ① (말·낙타 따위의) 타는 짐승; 승용 말. ② (부분품) 조립(작업). ③ (총의) 개머리; (칼의) 자루; (톱·우산 따위의) 손잡이; (안경의) 테; (보석 살감음의) 대금(臺金), 좌금(座金). lunettes sans ~ 테없는 안경. ④ 《해양》 짐싣기; 의장(艤裝).

monument [mɔnymɑ̃] *n.m.* ① 기념 건조물; (역사적·공공의) 대건축물, 기념물; 유물. les ~*s* de la Grèce 그리스의 기념물(기념 건조물). ~ classé 중요문화재. ~ *historique* 역사적 건조물. ② 묘소, 묘비(~ funéraire). entrepreneur de ~*s* funéraires 묘비 만드는 사람. ③ 불후의 저작(작품). L'Encyclopédie est un ~ qui honore la France. 백과전서는 프랑스의 자랑인 불후의 저작이다. ④ 《구어》 굉장히 큰 물건(사람). Cette armoire est un ~. 이 옷장은 굉장히 크구나.

monumental(ale, *pl.* **aux)** [mɔnymɑ̃tal, -o] *a.* ① 기념의, 기념건물(상·비)의. ② 불후의, 불멸의. ③ 거창한, 거대한, 웅장한; 《구어》터무니없는, 엄청 장한; 엄청난. sculptures ~*ales* de la façade du palais 궁전 전면의 거대한 조각들. peinture ~*ale* 웅장한 회화. erreur ~*ale* 엄청난 과오. bêtise ~*ale* 터무니없는 헛된 소리(어리석은 짓).

monumentalité [mɔnymɑ̃talite] *n.f.* (건물·예술작품 따위의) 기념비적 성격.

moquable [mɔkabl] *a.* (옛) 어리석은, 바보 같은.

moque [mɔk] *n.f.* 양철로 만든 되; 손잡이 달린 금속 (도기) 컵.

moqué(e) [mɔke] *a.p.* 멸시당한, 우롱당한.

moquer [mɔke] *v.t.* 《문어》 조롱하다(ridiculiser). (흔히 수동형으로) *être moqué* 조롱당하다.
—**se** ~ *v.pr.* [*se* ~ *de*] ① 놀리다, 비웃다, 빈정대다, 우롱하다. Elle *se moqua* de la maladresse de son voisin. 그녀는 이웃사람의 실수를 비웃었다. Ne *vous moquez* pas *de* lui. 그를 놀리지 마시오. *se faire* ~ (*de soi*) 조소(멸시)당하다. ② 아랑곳하지 않다, 무시하다. Il *se moque* de mes conseils. 그는 내 충고를 무시한다. Dites ce que vous voulez, je *m'en moque*. 당신이 하고 싶은 대로 말해 보시오. 나는 그런 것은 염두에 두지 않소. ③ 속이다(tromper). représentants du peuple qui *se moquent* de lui 국민을 속이는 국민의 대표. ④ 《구어·문어》농담하다. Vous *vous moquez*. 농담하시는군요.
se ~ *de qc comme de l'an quarante (comme de sa première chemise)* 그런 것쯤 안중에도 없다.
La pelle se moque du fourgon. 《속담》 똥묻은 개가 겨묻은 개를 나무란다.

moquerie [mɔkri] *n.f.* ① 우롱, 냉소, 조소, 놀림. Son nouveau chapeau a excité les ~*s* de son mari. 그 여자의 새 모자는 남편의 놀림감이 되었다. faire des compliments à *qn* par ~ …에게 조롱조로 인사말을 하다. ② (옛)농담, 어처구니없는 일. C'est une ~ que de parler ainsi. 그런 소리를 하다니 어처구니없는 일이야.

moquette[1] [mɔkɛt] *n.f.* 미끼로 쓰는 새(appeau).

moquette[2] *n.f.* 《직물》 모케트 (의자 따위에 쓰는 두껍고 보풀이 있는 융단), (방 전체에 까는) 융단, 양탄자.

moquetter [mɔkete] *v.t.* 모케트를 깔다. ~ une chambre 방에 모케트를 깔다.

moqueur(se) [mɔkœːr, -øːz] *a.* 조롱하는, 빈정거리는, 놀리는 (ironique); 빈정거리는 버릇이 있는 (↔ admiratif). Il *m'a regardé* d'un air ~. 그는 비웃는 투로 나를 바라보았다. Il est ~. 그는 남을 잘 놀린다.
—*n.* 남을 업신여기는 버릇이 있는 사람 (↔ flatteur). C'est un ~. 그는 남을 잘 놀린다.
—*n.m.* 《조류》 (미국 남부산의) 앵무새의 일종.

moqueusement [mɔkøzmɑ̃] *ad.* 빈정대며, 비웃으며; 빈정거리듯, 비웃듯.

moracées [mɔrase] *n.f.pl.* 《식물》 뽕나무과.

moraille [mɔraj] *n.f.* ① 《수의》 코집게 (편자박을 때 말을 고정시키는); (황소를 제어하는) 코뚜레.
② (유리 제조용의) 집게.

morailler [mɔraje] v.t. 코집게로 고정시키다.
moraillon¹ [mɔrajɔ̃] n.m. ① 《트럭 따위의》고리쇠, 걸쇠. ② 《건축》 《모르타르로 만드는》돌림띠.
moraillon² a.m. émeraude ~ 에메랄드 원석.
moraine¹ [mɔrɛn] n.f. 《지질》 《빙하에 의한》퇴석 (堆石). ~ frontale 표면퇴석. ~ latérale 측퇴석.
moraine² n.f. 병사한 양의 털 (morine).
morainique [mɔrɛ[e]nik] a. 《지질》 퇴석의.
‡**moral(ale¹**, pl. **aux)** [mɔral, -o] a. ① 도의(도덕)에 관한, 도의적인, 도덕적인(↔ immoral); 교훈적인 (édifiant). conte ~ 교훈적인 이야기. loi ~ale 도 덕률. science ~ale 윤리학. sens ~ 도의심. Cette histoire est très ~. 이 이야기는 매우 교훈적이다. engagement ~ 도의적 약속. porter un jugement ~ 도덕적 판단을 내리다. responsabilité ~ale 도 의적 책임. ② 정신상의, 심적인, 무형의(spirituel, ↔ matériel, physique). certitude ~ale 심증상(心證上)의 확신; 확실성; 《논리》 개연적(蓋然的) 확실성. état ~ 정신상태. facultés ~ales 정신기 능, 정신력. maladie ~ale 정신병. sciences ~ales 정신과학《심리학·논리학·미학·윤리학 따위의 총칭》. ③ personne ~ale 《법》법인.
— n.m. ① 정신, 마음, 정신 상태. Molière a observé profondément le ~ de l'homme. 몰리에르는 인간본성을 깊이 탐구했다. Ces deux frères se ressemblent beaucoup. 정신적으로 이 두 형제는 많이 닮았다. ② 기력(氣力), 정신력, 기백 (氣魄), 사기. exalter le ~ d'une armée 군대의 사기를 앙양하다. Il n'a pas le ~. 그는 기백이 없다. Le ~ des troupes est très élevé(bas). 부대들의 사기는 아주 높다(낮다). Jean a perdu sa situation, il a très mauvais ~. 장은 실직을 해서 아주 풀이 죽어있다.
*****morale²** [mɔral] n.f. ① 도덕, 도의, 윤리; 윤리학 (éthique). ~ de notre époque 현대의 윤리《도 덕》. traité de ~ 도덕론, 윤리학. ~ pratique(en action) 실천도덕[도의]. Vos actes ne sont pas conformes à la ~. 당신의 행동은 도의에 어긋납니다. Il a agi selon la ~. 그는 도덕적으로 행동했다. ② 훈계, 설유(說諭)(leçon). de longues et ennuyeuses ~s 길고 지루한 설교. faire la ~ à qn 《구어》…을 훈계하다. ③ 우의(寓意), 교훈. ~ de cette histoire 이 이야기의 교훈.
moralement [mɔralmã] ad. ① 도덕상, 도의상, 인도상, 도덕적으로. se conduire ~ 도덕적으로 행동하다. action ~ mauvaise 도덕적으로 나쁜 행동. ② 정신적으로. L'essence de l'homme, c'est de créer, matériellement et ~. 인간의 본질은 물질적으로나 정신적으로 창조하는데 있다.
moralisant(e) [mɔralizã, -ã:t] a. 도덕(도의)적으로 만드는, 훈계하는; 훈계하기 좋아하는.
moralisa*teur(trice*) [mɔralizatœ:r, -tris] a. 교훈적인, 교화하는; 도덕을 가르치는. récit ~ 교훈적인 이야기. — n. 도덕을 가르치는 사람; 도학자.
moralisation [mɔralizasjɔ̃] n.f. ① 교화, 선도, 도덕화. ② 정신 수양, 도덕적 반성.
moraliser [mɔralize] v.t. ① 도의로 이끌다. ~ la politique 정치윤리를 바로잡다. ② 교화하다, 훈계하다. son fils 자식을 훈계하다.
— v.i. 도덕적 고찰(반성)을 하다. ~ sur un sujet 어떤 제목에 관해서 도덕론을 전개하다.
moraliseur(se) [mɔralizœ:r, -ø:z] n. 《구어》도덕적 인 언사를 잘 쓰는 사람; 도학자.
moralisme [mɔralism] n.m. 도덕주의; 《철학》 도덕지상주의(↔ immoralisme).
moraliste [mɔralist] n. ① 《드물게》도덕학자, 윤리학자. grands ~s grecs 그리스의 대(大)도덕학자.

② 모럴리스트, 인간성 탐구자《인간의 습성·본성이나 심리를 탐구하는 사람》. André Gide est un grand ~ de notre temps. 앙드레 지드는 우리 시대의 위대한 모럴리스트이다. ③ 《구어》도학자, 도덕가 (moralisateur).
— a. 도학(자)적인. attitude ~ 도학자적 태도.
moralité [mɔralite] n.f. ① 도덕성; 품행, 소행; 도의심, 도덕관념. Il a une haute ~. 그는 매우 도덕적인 사람이다. certificat de ~ 선행증. La ~ de son fils l'inquiète beaucoup. 아들의 품행 때문에 그는 크게 걱정한다. C'est un homme sans ~. 그는 도덕심이 없는 사람이다. politicien de ~ suspecte 도덕심이 의심스러운 정치가. ② 《문어》교훈, 우의(寓意); 《문학사》 《중세의》우의극(劇), 교훈극. ~ d'une fable 우화에 들어 있는 교훈. ③ 《예》도덕적 고찰.
morasse¹ [mɔras] n.f. 《인쇄》 《신문의》마지막 교정쇄(校正刷).
morasse² n.f. 《사투리》낮은 습지, 늪지대.
moratoire [mɔratwa:r] a. 《법》 유예를 주는, 연체 (延滯)의. intérêts ~s 연체 이자. — n.m. 지불유예 (기간) 《令》(moratorium).
moratorié(e) [mɔratɔrje] a. 지불유예(정지)가 된. effets ~s 지불유예어음.
moratorium(pl. a) [mɔratɔrjɔm, -a] n.m. 《법》 모라토리엄, 지불유예(정지)령.
morave [mɔra:v] a. 모라비아의 (la Moravie, 체코슬로바키아의 중부 지방)의. Frères ~s 《종교사》 모라비아 교도《15세기의 청교도의 일파》. — M— n. 모라비아 사람.
morbac(h), morbaque [mɔrbak] n.m. 《옛·속어》 ① 이(虱)(morpion). ② 악동(惡童).
morbide [mɔrbid] a. ① 《의학》병의, 질병의 (pathologique). état ~ 병의 상태. symptômes ~s 병의 징후. ② 《정신이》병적인, 불건전한(malsain), 이상한. curiosité ~ 병적인 호기심. littérature ~ 불건전한 문학. ③ 《회화》《살집이》부드러운, 섬세한.
morbidement [mɔrbidmã] ad. 병적으로, 불건전하게.
morbidesse [mɔrbides] n.f. ① 《회화》 살집의 부드러움. ② 《문어》《자세·동작의》병적인(우아함.
morbidité [mɔrbidite] n.f. ① 병적 성질, 불건전. ② 병의 원인. ③ 이병률(罹病率). ~ tuberculeuse 결핵환자발생률.
morbier [mɔrbje] n.m. 모르비에 치즈《프랑슈콩테 지방에서 나는 원반형 반경질(半硬質) 치즈》.
morbifique [mɔrbifik] a. 《의학》병원(病原)이 되는, 병원성의.
morbilleux(se) [mɔrbijø, -ø:z] a. 《의학》 홍역 (성)의. virus ~ 홍역 바이러스.
morbilliforme [mɔrbijifɔrm] a. 《의학》 홍역 모양의.
morbleu [mɔrblø] int. = **mordieu**.
morbus [mɔrbys] n.m. choléra ~ 《의학》진성콜레라.
‡**morceau** [mɔrso] (pl. ~**x**) n.m. ① 《음식물·식료품의》한 조각, 한 입거리; 가벼운 식사. Donnez-moi un ~ de pain. 빵 한 조각만 주세요. couper un gâteau en ~x 케이크를 작은 조각으로 자르다. mettre deux ~x de sucre dans le thé 홍차에 《각》설탕을 2개 넣다. manger un ~ 간단한 식사를 하다. aimer les bons ~x 미식(美食)을 좋아하다, 식성이 사치스럽다.
② 《특히 식용육의》부분(고기). ~ de choix; fin ~ 특등육. bas ~ 하등육(下等肉). ~ gras 기름기가 낀 고기.
③ 단편(斷片), 조각, 덩어리. ~ de fer 쇳조각. ~ de terrain 《토지의》구획. mettre(réduire) en ~x

잘게 찢다(자르다), 부수다. Le vase est cassé, il faut ramasser les ~x. (꽃)병이 깨졌다, 조각들을 주워야겠다.
④ (문학·미술작품 따위의)단편(斷片), 발췌, 단장(斷章)(fragment, partie); 문학작품의 일부분; (개개의)예술 작품; 〖음악〗 작품; 소곡. ~x choisis 선집(選集). exécuter un ~ de piano 피아노곡을 한 곡 연주하다. ~ de concours 콩쿠르의 과제곡. ~ d'architecture 건축작품. ~ d'ensemble (오페라의)중창.
⑤ (연주목록의)하나, 공연물, 악보. Le dernier ~ a été fatigant. 마지막 곡목은 싫증이 났다. un tas de ~x 산더미 같은 악보.
avoir les ~x taillés 그럭저럭 먹고 살아가다.
beau ~ (de femme) 《구어》 미녀.
compter les ~x à qn …에게 겨우 살아날 정도의 식사를 주다.
emporter[enlever] le ~ (일 따위를)가로채다; 《옛》(야유가)매우 신랄하다, 가혹하다.
gros ~ (à avaler) 어려운 일.
Les premiers ~x nuisent aux derniers. 《속담》 처음에 너무 먹으면 나중에 싫증이 난다.
mâcher les ~x à qn …을 하나에서 열까지 돌보다.
manger le ~ 《속어》 자백하다, 내막을 밝히다.
M~ avalé n'a plus de goût. 《속담》 즐거움도 한번 맛보고 나면 무미하다.
~ de roi 극상품; 최고의 쾌락; 미녀.
pour un ~ de pain 하찮은 금액으로, 아주 싸게.
s'en aller[tomber] en ~x 조각조각이 되어버리다, 갈기갈기 찢어지다.
s'ôter les ~x de la bouche 남을 위해 헌신하다.
tailler les ~x à qn …의 지출을 제한하다.
un ~ de femme[d'homme] 《구어》 키가 작은 여자 [남자].

morcelable [mɔrsəlabl] a. 세분할 수 있는.
morcelé(e) [mɔrsəle] a.p. (토지 따위가)분할된, 세분된; 분단된, 조각이 난.
morceler [mɔrsəle] [5] v.t. ① 세분하다(fragmenter). ~ sa propriété 자기의 소유지를 세분하다. ~ en lots 몇 개의 구획으로 분할하다. ② 분단하다. ~ les résistances 저항을 분단하다.
—*se~* v.pr.
morcellement [mɔrsɛlmɑ̃] n.m. 세분, 세분된 상태, 분할, 분단. ~ des forces 군사력의 분산.
morcellisme [mɔrse(ɛl)lism] n.m. (토지 따위의) 세분주의, 소지주(小地主)주의.
morcelliste [mɔrse(ɛl)list] a. 세분주의의, 소지주주의의. —n. 세분주의자, 소지주주의자.
mordache [mɔrdaʃ] n.f. (바이스의)집게 나무, 집게 쇠; (부집게 따위의)끝.
mordacité [mɔrdasite] n.f. (비평 따위의)신랄함; 《옛》부식성.
mordançage [mɔrdɑ̃saːʒ] n.m. ① 〖염색〗 매염(媒染). ② 〖사진〗 부식제로 빛깔을 바꾸기.
mordancer [mɔrdɑ̃se] [2] v.t. 〖염색〗 매염제로 처리하다; 〖사진〗 부식제로 빛깔을 바꾸다.
mordant(e) [mɔrdɑ̃, -ɑ̃ːt] a. ① 물어뜯는; 쏠아버리는; (줄 따위가)잘 쓸리는. bêtes ~es 《사냥》 물어뜯는 짐승(늑대·여우처럼 방어를 위해 사람이나 다른 동물에 덤벼서 무는 동물). lime ~e 날이 굵은 [잘 쓸리는] 줄. ② 날카로운, 매서운. froid ~ 살을에는 듯한 추위. soleil ~ 타는 듯한 태양. voix ~e 날카로운(카랑카랑한) 목소리. ③ 신랄한, 쏘아붙이는. critique ~e 신랄한 비평. ironie ~e 날카로운 빈정거림. répondre d'un ton ~ 쏘아붙이는 투로 대답하다. ④ 부식성(腐蝕性)의. acide ~ 부식성의 산.

—n.m. ① 부식제; 매염제; 금박칠(金箔漆). ② 신랄함, 날카로움; 사기왕성함. troupe qui a du ~ 사기왕성한 부대. ③ 〖음악〗 모르덴트 (일종의 장식음).
mordelle [mɔrdɛl] n.f. 〖곤충〗 하늘소의 일종.
mordeur(se) [mɔrdœːr, -øːz] a. (말 따위가)물어뜯는 버릇이 있는. —n.m. 〖낚시〗미끼를 물어당기는 고기; 〖어류〗 농어(bar).
mordicant(e) [mɔrdikɑ̃, -ɑ̃ːt] a. ① 부식성의; 따끔따끔한. chaleur ~e 자극성 열감. ② 신랄한. critique ~e 신랄한 비평.
mordication [mɔrdikasjɔ̃] n.f. 《옛》 〖의학〗 찌르는 듯한 아픔.
mordicus [mɔrdikyːs] ad. 《구어》완강히, 끈덕지게, 외고집으로(obstinément). affirmer[soutenir] qc ~ 와강하게 ~을 단언하다.
mordienne [mɔrdjɛn] int. =mordieu.
—n.f. *à la grosse* ~ 버릇없이, 퉁명스럽게.
mordieu [mɔrdjø] int. 빌어먹을, 제기랄(분노·초조 따위를 나타냄).
mordillage [mɔrdijaːʒ] n.m, **mordillement** [mɔrdijmɑ̃] n.m. 조금씩 자주 깨물기[씹기].
mordiller [mɔrdije] v.t. 조금씩 자주 깨물다[씹다]. ~ son mouchoir 손수건을 씹다. —v.i. (강아지 따위가)무는 시늉을 한다.
mordillure [mɔrdijyːr] n.f. 《드물게》살짝 물기; 살짝 물린 상처.
mordoré(e) [mɔrdɔre] a.p. 금빛 띤 적갈색의. beau cuir ~ 아름다운 윤이 나는 적갈색 가죽.
—n.m. 금갈색(金褐色).
mordorer [mɔrdɔre] v.t. 금갈색으로 만들다. ~ une étoffe 천을 금갈색으로 물들이다. L'automne mordore les feuilles des bois. 가을은 나뭇잎을 금갈색으로 물들인다. —*se~* v.pr. 금갈색으로 되다.
mordorure [mɔrdɔryːr] n.f. 금갈색.
mordre [mɔrdr] [25] v.t. ① 물다, 깨물다, 물어뜯다(croquer); (모기 따위가)쏘다. ~ son frein (말이)재갈을 물다. Le chat m'a mordu la main. 고양이가 내 손을 물었다. J'ai été mordu toute la nuit par les moustiques. 나는 밤새도록 모기에 물렸다. ② (연장 따위가)죄다, 물다. L'étau *mord* une barre de fer. 바이스가 쇠막대를 물고 있다.
③ 쏠다, 쓸다(ronger). La lime *mord* le métal. 줄은 쇠를 쏜다.
④ 부식시키다, 침식하다. La rouille *mord* le fer. 녹이 쇠를 부식시킨다.
⑤ (몸·마음을)괴롭히다, 아프게 하다; 혹평하다. Le froid *mord* les mains. 추위가 손을 에는 듯하다. Je suis mordu par le soleil. 태양광선에 살이 따갑다. La jalousie le *mord.* 질투가 그를 괴롭힌다.
⑥ 비난공격하다. Ce critique *mord* n'importe quel écrivain. 이 비평가는 어느 작가라도 비난공격한다.
⑦ (경계를)넘다. ~ une bande blanche 중앙선을 넘다. ~ *à belles dents* (과일 따위를)덥석 베어 물다.
~ *la main qui nourrit* 은혜를 원수로 갚다.
—v.t.ind. [~ à] (을)물다, 물어뜯다; (매력 따위에)끌리다; (유혹 따위에)걸려들다, 말려들다. poisson qui *mord* à l'appât 미끼를 무는 물고기. ~ *aux flatteries* 치켜올리는 데에 넘어가다.
② 《구어》(에)흥미를 갖다; 이해하다; 착수하다. L'élève commence à ~ *aux* mathématiques. 학생이 수학에 재미를 붙이기 시작한다.
—v.i. ① (미끼·유혹 따위에)물다, 걸려들다. Ça y est, un poisson *mord*. 됐다, 고기 한 마리가 걸렸다. Ça *mord.* 《구어》물었다; (이쪽 책략에)걸려들었다.

② (톱니바퀴 따위가)맞물리다. Cet engrenage est usé: il ne *mord* plus. 이 톱니바퀴는 닳아서 이제는 물리지 않는다.
③ [~ dans] (을)깨물다. Il *mord dans* une pomme. 그는 사과를 깨문다. La vis *mord dans* le bois. 나사못이 나무에 파고 들어간다. L'ancre n'a pu ~ *dans* ce fond de rocher. 닻은 이 바위 밑에 걸릴 수 없었다.
④ [~ sur] (을)침식하다, 파고들다; 부식하다; (에)걸리다, (와)겹치다. L'acide *mord sur* les métaux. 산은 금속을 부식한다. concurrent qui *mord sur* la ligne 출발선을 넘은(넘어선) 선수.
⑤ [~ sur] (에)비난을 가하다; (의)마음을 사로잡다, (을)잡을[지배할] 수 있다(avoir prise sur). Il n'y a point à ~ *sur* sa conduite. 그의 행동은 나무랄 데가 없다. ~ *sur* l'auditoire 청중의 마음을 사로잡다. La politique n'arrive pas à ~ *sur* la réalité. 정치는 현실을 지배하기에는 이르지 못했다.
Ça ne mord pas. 아무리 해도 잘 되지 않는다〔흥미를 느끼지 못한다〕.
—se ~ *v.pr.* ① 〔재귀적; se 는 간접목적보어〕자기의 …을 물어뜯다〔깨물다〕. Il *se* mord légèrement le bout des doigts. 그는 자기의 손가락 끝을 가볍게 물어뜯는다. *se* ~ la langue 혀를 물다; (말하다가)입을 다물다, 말한 것을 후회하다. *se* ~ les doigts(les pouces) 손가락을 깨물다; 몹시 후회하다. *se* ~ les lèvres 웃음을 참다; 웃지[말하지] 않으려고 입술을 깨물다; 후회하다.
② 〔상호적; se 는 직접목적보어〕서로 물어 뜯다; 서로 욕하다. chiens qui cherchent à *se* ~ 서로 물려고 하는 개들.
se ~ les poings d'impatience 몹시 초조하게 기다리다.
mords [mɔːr] *n.m.* ① (염전(塩田)의)증발 가마. ② =mors ②.
mordu(e) [mɔrdy] (<*mordre*) *a.p.* ① 물린. ② 《구어》[~ de] (에)열을 올린, 열중한. Il est ~ *du* jazz. 그는 재즈에 열중하고 있다. ③ 《속어》 (보어 없이) (여자에게)홀린, 반한. Il est (bien) ~. 그는 (그 여자에게) 홀딱 반했다.
—*n.* (위)의 사람. un ~ du jazz 재즈광.
mordve [mɔrdv] *n.m., a.* 모르드바어(語)(의).
more[1] [mɔːr] *a., n. =maure.*
more[2] *n.f.* 〖언어〗 모라(운율상의 단위).
moreau(elle[1], *pl.* **eaux**) [mɔro, -ɛl] *a.* (말이)윤나는 검은 빛의. —*n.m.* ① 윤나는 검은 빛의 말. ② (말)꼴망태.
Morée (la) [lamɔre] *n.pr.f.* 〖지리〗 모레아(그리스 펠로폰네소스 반도의 현재명).
moreen [mɔrin] *n.m.* 《직조》 모린.
morelle[2] [mɔrɛl] *n.f.* 〖식물〗 가지속(屬)의 식물의 총칭. ~ noire 까마종이. ~ comestible 꽈리.
morène [mɔrɛn] *n.f.* 〖식물〗 부유성 수초(水草)의 일종.
moréote [mɔreɔt] *a.* 〖지리〗 모레아(*Morée*)의.
—M— *n.* 모레아 사람.
moresque [mɔrɛsk] *a., n. =mauresque.*
morfil[1] [mɔrfil] *n.m.* (날을 간 후에 생기는)칼날 끝의 쇠가시랭이. enlever le ~ 칼날 끝의 쇠가시랭이를 없애다.
morfil[2] *n.m.* 생상아(生象牙)(가공하지 않은 것).
morfil[3] *n.m.* (낱알을 넣어 짜기 위한)기름 거르는 자루; (기름 거르는 자루의)모직물.
morfiler [mɔrfile] *v.t.* 칼날의 쇠가시랭이를 제거하다. pierre à ~ 숫돌, (특히 면도칼용)무른 숫돌.
morfondre [mɔrfɔ̃dr] [25] *v.t.* 〖드물게〗얼게 하다. froid qui nous *morfond* 살을 에는 듯한 추위.
—se ~ *v.pr.* ① 얼다. ② 목이 빠지게 기다리다.

기다리다 못해 지치다. *se* ~ à la porte de *qn* …의 문앞에서 목이 빠지게 기다리다.
morfondu(e) [mɔrfɔ̃dy] *a.p.* 실망한, 낙심한; 《문어》얼어붙은.
morfondure [mɔrfɔ̃dyːr] *n.f.* 《수의》 (말의)비(鼻)카타르.
morganatique [mɔrganatik] *a.* 귀천상혼(貴賤相婚)의. mariage ~ 강혼(降婚), 왕족·귀족이 신분이 낮은 여자와 하는 결혼; 〔일반적으로〕내연관계. épouse ~ 귀천상혼에 의한 아내.
morganatiquement [mɔrganatikmɑ̃] *ad.* 신분의 차이로 상속권 없이.
Morgane [mɔrgan] *n.pr.f.* 〖중세문학〗 la Fée ~; ~ la Fée 모르간 요정(妖精)(켈트 전설의 *Arthur* 왕의 누이동생).
morgeline [mɔrʒəlin] *n.f.* 〖식물〗 별꽃맞이꽃.
morgue[1] [mɔrg] *n.f.* 젠체함, 교만한 태도(arrogance, insolence). montrer de la ~ 거만을 떨다, 도도하게 굴다. faire la ~ (à *qn*) (…에게)교만한 태도로 대하다.
morgue[2] *n.f.* (신원불명의)시체 공시장(公示場) (Institut médico-légal); (병원의)영안실.
morgué [mɔrge], **morguenne** [mɔrgɛn], **morguienne** [mɔrgjɛn] *int.* 《옛·사투리》제기랄(mordieu, morbleu).
morguer [mɔrge] *v.t.* 《옛》 멸시하다, 교만한 태도로 대하다.
moribond(e) [mɔribɔ̃, -ɔ̃ːd] *a.* 위독한, 빈사 상태의(agonisant). blessé ~ 다 죽어가는 부상자. civilisation ~*e* 멸망직전의 문명. —*n.* 위독한 병자, 빈사 상태의 사람.
moricaud(e) [mɔriko, -oːd] *a.* 《구어》살빛이 검은(짙은 갈색의). —*n.* 살빛이 검은 사람, 흑인; 흑백 혼혈의 사람.
morigéner [mɔriʒene] [6] *v.t.* ①《구어》훈계하다, 견책하다(réprimander). ②《옛》교육하다, (에게)행실을 가르치다(élever). bien mal *morigéné* 대단히 버릇없는, 가정교육이 아주 나쁜.
morille [mɔrij] *n.f.* 〖식물〗 곰보버섯.
morillon [mɔrijɔ̃] *n.m.* 〖식물〗 흑포도의 일종. 《사투리》삿갓버섯(morille). ②〖조류〗 검둥오리. ③ (*pl.*) 〖보석〗 깎이지 않은 작은 에메랄드 원석.
morine [mɔrin] *n.f.* 병사한 양의 털(moraine).
moringe [mɔrɛ̃ːʒ] *n.f.* 산귀나무.
morio [mɔrjo] *n.m.* 〖곤충〗 작은 멋장이속(屬)나비.
morion [mɔrjɔ̃] *n.m.* ① 〖고고학〗 (16세기 경의)투구. ②《옛》《광물》 (암갈색 또는 흑색의)연수정(quartz enfumé).
morisque [mɔrisk] *a. =mauresque.*
morlingue [mɔrlɛ̃ːg] *n.m.* 《속어》지갑.
mormon(e) [mɔrmɔ̃, -ɔn] *a.* 모르몬교의. —*n.* 모르몬교도; 일부다처주의자(者).
mormonisme [mɔrmɔnism] *n.m.* 모르몬교(의 교리); 일부다처주의.
morne[1] [mɔrn] *a.* 침울한, 음울한, 구슬픈, 기운없는, 서글픈(abattu, triste); 음침한, 우중충한, 어두운(sombre, terne). conversation ~ 활기없는 대화. Nous avons passé une ~ journée. 우리는 우울한 하루를 보냈다. Il fait un temps ~. 잔뜩 찌푸린 날씨이다. travail ~ 지루한 일. style ~ 맥빠진 문체. couleur ~ 우중충한 빛깔.
morne[2] *n.f.* (서인도의)작은 산.
morne[3] *n.f.* 〖고고학〗 (기마 창시합에서 창끝에 다는 쇠고리).
morné(e) [mɔrne] *a.* ① 쇠고리가 달린. lance ~*e* (끝에 부상방지용)쇠고리가 달린 창. ② 〖문장〗

morné(e)¹ (독수리·사자 따위가)발톱·부리·이가 없는. ③ 면갑(面甲)을 닫은. casque ~ 면갑을 닫은 투구.

morné(e)² *a.* 《속어》(고기 따위가)싱싱하지 않은. viande ~ 상한 묵은 고기.

mornement [mɔrnəmɑ̃] *ad.* 침울하게, 힘없이.

mornifle [mɔrnifl] *n.f.* ①《구어》따귀때림(gifle); 비웃음, 조롱. ②《속어》돈.

morose [mɔroːz] *a.* ① 우울한, 우중충한(morne, sombre). ciel ~ 우중충한 하늘. ② 기분이 좋지 못한, 침울한, 실쭉한. avoir un air ~ 침울한 낯을 하고 있다.

morosif(ve) [mɔrɔzif, -iːv] *a.* 《고대법》 지연한. débiteur ~ 지연채무자.

morosité [mɔrɔzite] *n.f.* 우울(함), 침울(함), 실쭉함(chagrin).

moro-sphinx [mɔrɔsfɛ̃ːks] *n.m.* 《곤충》나방의 일종.

morphe [mɔrf] *n.m.* 《언어》 형태.

Morphée [mɔrfe] *n.pr.m.* 《그리스신화》 모르페우스(꿈의 신). être dans les bras de ~ 《구어》잠자고 있다. pavots de ~ 잠.

morphée [mɔrfe] *n.f.* 《의학》 반상공피증(斑狀鞏皮症).

morphématique [mɔrfematik] *a.* 《언어》 형태소(形態素)의.

morphème [mɔrfɛm] *n.m.* 《언어》 형태소.

morphine [mɔrfin] *n.f.* 《화학》 모르핀.

morphinisme [mɔrfinism] *n.m.* 《의학》 모르핀 중독(中毒).

morphinomane [mɔrfinɔman] *a.* 모르핀 중독(상용)의. —*n.* 모르핀 중독[상용]자.

morphinomanie [mɔrfinɔmani] *n.f.* 모르핀 상용(常用)(중독), 모르핀 기호증(嗜好症).

morphique [mɔrfik] *a.* ①《화학》 모르핀의. ②《옛》지루한, 졸릴 지경의.

-morphique, -morphisme *suff.* 「형태·형」의 뜻《예: polymorphique 다형성(多形性)의》.

morphisme [mɔrfism] *n.m.* 《수학》 사(射).

morpho- *préf.* 「형태·형」의 뜻.

morphogène [mɔrfɔʒɛn] *a.* 《생물》 형태발생의. action ~ 형태발생작용.

morphogénèse [mɔrfɔʒenɛːz] *n.f.* 《생물》 형태형성, 형태발생.

morphologie [mɔrfɔlɔʒi] *n.f.* 《생물》 형태학; 《언어》 형태론, 어형론.

morphologique [mɔrfɔlɔʒik] *a.* 《생물》 형태학의; 《언어》 형태론의. types ~s 형태학(론)상의 유형.

morphologiquement [mɔrfɔlɔʒikmɑ̃] *ad.* 형태학상으로, 형태론적으로.

morpho(pho)nème [mɔrf(ɔ)nɛm] *n.m.* 《언어》형태음소.

morpho(pho)nologie [mɔrfɔ(fɔ)nɔlɔʒi] *n.f.* 《언어》형태음소론.

morphopsychologie [mɔrfɔpsikɔlɔʒi] *n.f.* 형태심리학(形態心理學).

morphose [mɔrfoːz] *n.f.* 《생물》 체세포변화, 기관형성의 과정(양식).

morphosyntaxe [mɔrfɔsɛ̃taks] *n.f.* 《언어》 형태통사론.

morpion [mɔrpjɔ̃] *n.m.* ①《비어》사면발이(pou du pubis). ②《속어》조무라기, 애새끼.

mors [mɔːr] *n.m.* ① 말굽, 구속, 억제. passer le ~ à un cheval 말에 재갈을 물리다. mettre le ~ à qn《문어》…을 억제하다. ② (바이스 따위의)집는 부분; 《제본》표지와 등 사이 이음매. hocher le ~ à qn《구어》…에게 반항하다. hocher le ~ à un cheval (말을 자극하기 위해)고삐를 당겨서 흔들다. **prendre le ~ aux dents** (말이)재갈을 물고 반항하다; 날뛰다;《비유적》(사람이)반항하다; 노발대발하다; 열심히 일하기 시작하다. ronger son ~ (말이)재갈을 물다,《구어》(사람이)조바심하다, 안달복달하다.

morse¹ [mɔrs] *n.m.* 《동물》 해마(海馬).

morse² (<*Morse*, 발명가) *n.m.* 《무전》 모르스 부호(alphabet) ~.

morsure [mɔrsyːr] *n.f.* ① 물어뜯음; 물린 상처; (동상 따위의)상처; 심한 공격; 해(害). La ~ de la vipère peut être mortelle. 독사에 물리면 치명상이 될 수도 있다. ② 《조각·인쇄》부식(腐蝕).

:mort¹ [mɔːr] *n.f.* ~ accidentelle 변사, 사고사. ~ apparente 가사(假死). ~ clinique 임상적 사망. ~ naturelle 자연사. ~ subite 급사. ~ suspecte (검사 대상이 되는)변사. ~ violente 참사. ~ aux mouches 살충제. camp de la ~ 강제수용소. commando de la ~ 결사대. pâle comme la ~ 몹시 창백한. La ~ n'épargne personne. 아무도 죽음을 면할 수 없다. se donner la ~ 자살하다. mettre *qn* à ~ …을 죽이다.
② 사형, sentence[arrêt] de ~ 사형선고. condamné à ~ 사형수; 가망이 없는 환자.
③ 죽을 지경의 고통(슬픔); 죽음 같은 정적[쓸쓸함]. silence de ~ 죽음 같은 고요. souffrir mille ~s 갖은 고통을 겪다. faire *qc* la ~ dans l'âme 애끓는 심정으로 …을 하다. avoir la ~ dans l'âme 죽도록 슬프다. souffrir ~ et passion 단말마의 고통을 받다.
④ (M~)죽음의 신.
⑤ 붕괴, 멸망, 파멸(ruine); 종말; 《비유적》죽음. ~ civil《옛》《법》공권박탈. Sans de mesures de soutien, c'est la ~ de cette industrie. 지원조치를 강구하지 않으면 이 산업은 파멸한다. La dictature, c'est la ~ de la liberté. 독재, 그것은 자유의 죽음[말살]이다. ~ de l'âme 《종교》큰 죄로 인한 성혼의 상실.
à (la) ~ …임종 때에; 죽으리 만큼, 극도로, 모질게. être malade à la ~ 위독하다. boire à ~ 마구 술을 마시다. haïr *qn* à ~ …을 죽도록 미워하다. combat à ~ 사투.
À ~...!; M~ à...! …을 죽여라.
avoir la ~ entre ses dents[sur les lèvres]; être à deux doigts de la ~ 죽어가다.
C'est ma ~; C'est la ~ du petit cheval.《구어》만사 끝장이다; 이제 볼장 다 보았다.
Dieu ne veut pas la ~ du pécheur.《속담》죄를 따지기보다 용서하라.
être à (l'article de) la ~ 죽음에 처해 있다.
faire une bonne ~ 신앙 속에서 죽다.
Il n'y a pas eu ~ d'homme. 죽은 사람은 없었다.
petite ~ ⓐ 전율, 떨림. J'ai la *petite* ~ dans le dos. 나는 등줄이 오싹했다. ⓑ (성적(性的)인)실신. petites ~s de la fin de l'amour 사랑의 행위 끝의 실신.
mourir de sa belle ~ 천명을 마치다, 수를 다하다.
ni à la ~ ni à la ~ 결코 …나다.
voir la ~ de près 죽음을 뻔하다, 구사 일생으로 살아

mort²(e) [mɔːr, mɔrt] (<*mourir*) *a.p.* ① 죽은(↔ *vivant*). 마른(↔ *animé*). arbre ~ 고목(枯木). fille ~e jeune 젊어서 죽은 여자. Les feuilles ~es tombent en automne. 가을에는 낙엽이 진다. Un chien vivant vaut mieux qu'un lion ~. 산 개가 죽은 사자보다 낫다. langue ~e 사어(死語)《라틴어와같이 현재 사용되지 않는 옛말》.
② 기능 없는, 죽은 것 같은. Ce moteur est ~. 이 엔진은 수명이 다 되었다. Elle est ~e pour moi. 그 여자는 나에게 있어 죽은 것이나 마찬가지이다.

être ~ de faim[de froid] 시장해서[추워서] 죽을 지경이다. Je suis ~ de fatigue. 나는 기진맥진했다. Il est ivre ~. 그는 취해서 곤드레만드레가 되었다. homme ~ 죽은 것이나 다름없는 남자; 곧 죽게 된 남자. saison ~*e* 《상업》한산기(閑散期), 비수기(非需期). ville ~*e* 침체한 도시. yeux ~*s* 흐리멍덩한 눈.
③ 활동하지 않는, 움직임이 없는, 활기없는, 침체한; 녹슨, 빛잃은. eau ~*e* 死水. angle ~《건축》사각(死角). ballon ~ 《스포츠》데드볼. ~ au monde 세상을 버린. nature ~*e* 정물(畫). temps ~ 《스포츠》루스타임, 공백시간.
④ œuvres ~*es* 《선박》배의 흘수선 윗부분; point ~ 《기계》 사점(死點); (자동차의)뉴트럴, 중립점; poids ~ 사중(死重)(기계 자체의 무게).
C'est ~. 《속어》만사 끝장났다; 볼장 다 보았다.
être au point ~ 정체상태에 빠져 있다.
être plus ~ que vif 겁에 질려 마치 죽은 사람같다.
~ *et bien* ~ 완전히 죽은, 완전히 쇠퇴한.
~ *et enterré* 《구어》죽어버린.
~ *ou vif* 죽거나 말거나, 어떻게 되는.
rester lettre ~*e* 실효가 없다, 사문서화 했다.
— *n.* ①죽은 사람, 고인(故人)(défunt). ensevelir un ~ 망인을 매장하다. le jour[la fête] des *M*~*s* 《가톨릭》추사이망첨례, 위령의 날(11월 2일). ~ en sursis (병 따위로)죽음을 면할 수 없는 사람. monument aux ~*s* 위령비. place du ~ 《구어》(자동차의)조수석. rivage(séjour) des ~*s* 지옥. tête de ~ 해골(머리뼈), 촉루(髑髏).
② le ~ de l'eau 《해양》 조금(조수가 가장 낮 faire le ~ 죽은 체하다; 대답[응]하지 않다; 세상 등지다. *Les* ~*s ont toujours tort.* 《속담》죽은 사람은 말이 없다(욕을 해도 대답을 못한다).
mortadelle [mɔrtadɛl] *n.f.* 《요리》 (이탈리아 볼로냐산의)대형 소시지.
mortaillable [mɔrtajabl] 《법》 *a.* (봉건시대의 농노가)상속자를 지정할 수 없는, 세습의. —*n.* (세습 상속자를 지정할 수 없는)농노.
mortaille [mɔrtaj] *n.f.* 《법》 (봉건시대에)상속자 없는 농노의 재산에 대한 영주의 몰수권.
mortaisage [mɔrtɛzaːʒ] *n.m.* 《건축》 장붓구멍을 파기.
mortaise [mɔrtɛːz] *n.f.* 《건축》 장붓구멍. assemblage à tenon et à ~ 장부이음. assemblé à ~ 장붓구멍이 파인.
mortaiser [mɔrtɛze] *v.t.* 《건축》 (에)장붓구멍을 파다. machine à ~ 장붓구멍을 파는 기계. 『제』.
mortaiseuse [mɔrtɛzøːz] *n.f.* 장붓구멍을 파는 기계.
mortalité [mɔrtalite] *n.f.* ①《옛》죽어야 할 운명(성질). ②(전쟁·질병 따위에 의한)다수의 사망, 사망자 총수(總數). ③《통계·보건》(어느 집단의)사망률(taux de ~). ~ infantile (maternelle, des nouveau-nés(néo-natale)) 유아(임산부·신생아)사망률. quotient de ~ (어떤 연령에서의)사망률. tables de ~ 《보험》사망표.
mort-aux-rats [mɔr(t)ora] *n.f.* 《복수불변》쥐약.
mort-bois [mɔrbwa] (*pl.* ~*s*~) *n.m.* 잡목숲, 총림.
mort-Dieu [mɔrdjø] *int.* =**mordieu.** L(《叢林》, 을).
morte-eau [mɔrto] (*pl.* ~*s*~*x* [mɔrt(ə)zo]) *n.f.* 조금, 소조(小潮); 조금때.
mortel(*le*) [mɔrtɛl] *a.* ①죽어야 할, 죽음을 면할 수 없는, 멸망할; 죽음의. Tous les hommes sont ~*s*. 인간에는 누구나 죽기 마련이다. dépouilles ~*les*, restes ~*s* 유해. quitter sa dépouille ~*le* 죽다. ② 사람의, 인간의. race ~*le* 인류. ③ 치명적인, 죽음을 가져오는(fatal). Il a reçu une blessure ~*le*. 그는 치명상을 입었다. ennemi ~ 숙적. maladie ~*le* 죽을 병, 불치의 병. coup ~ 치명적인 타격. L'alcool est ~ à l'homme. 알코올은 사람에게 해롭다. péché ~ 죽을 죄, 대죄. ④ 극도의, 죽을 지경의, 견딜 수 없는. Ce travail est ~. 이 일은 따분해 죽을 지경이다. Il fait une chaleur ~*le*. 더위가 견딜 수 없을 만큼 혹독하다. ⑤《명사 앞에서》몹시 지루한, 견딜 수 없는. J'ai attendu trois ~*les* heures. 나는 몹시 지루하게 세 시간을 기다렸다.
—*n.* 인간, 인간; 《구어》인속, le commun des ~*s* 대다수의 사람. heureux ~ 행복한 사람. terrible ~ 무서운 놈.
mortellement [mɔrtɛlmɑ̃] *ad.* ① 치명적으로; 죽을 지경으로. Il a été ~ blessé. 그는 치명상을 입었다. ② 극도로(extrêmement), 몹시. haïr *qn* ~ 몹시 ~을 미워하다. Ce livre est ~ ennuyeux. 이 책은 지루하게 짝이 없다. 『업』.
mortellerie [mɔrtɛlri] *n.f.* 시멘트 원료의 분쇄작.
mortellier [mɔrtɛlje] *n.m.* 시멘트 제조의 직공.
morte-paye [mɔrtapɛj] (*pl.* ~*s*~*s*) 《옛》 *n.m.* 《군사》평시에도 전시와 같은 급료를 받고 있는 상비병. ~ *n.f.* (일 안하고 거저 먹는)늙은 하인; 노병(老兵); 상이군인.
morte-saison [mɔrtəsɛzɔ̃] (*pl.* ~*s*~*s*) *n.f.* 《상업》한산기(閑散期), 비(非)철, 비성수기.
mort-flat [mɔrfla] *n.m.* 《습기 따위에 의한 누에의》연화병(軟化病)(flacherie).
mort-gage [mɔrgaːʒ] (*pl.* ~*s*~*s*) *n.m.* 《옛》《법》양도(讓渡)저당, 동산 저당.
morticole [mɔrtikɔl] *n.m.* 《경멸》돌팔이의사.
mortier [mɔrtje] *n.m.* ① 모르타르; 회반죽; 회반죽 같은 점착물(粘着物). ~ hydraulique 수경(水硬)모르타르. ~ d'asphalte (포장공사용)아스팔트 모르타르. ② 약연(藥碾), 음식물 가는 그릇. ③ 《군사》박격포(~ de tranchée). ④ 사법관의 모자. ⑤ 《역사》 《옛》 의장모(議長帽).
bâti à chaux et à ~ 《구어》견고하게 지은.
mortifère [mɔrtifɛːr] *a.* 《드물게》치명적인, 치사의. plante ~ 치사성(致死性)식물.
mortifiant(*e*) [mɔrtifjɑ̃, -ɑ̃ːt] *a.* ① 육체를 괴롭히는, 고행의; 금욕적인. pratiques ~*es* 고행. ② 굴욕적인, 사람의 감정을 상하게 하는. parole ~*e* 모욕적인 말. refus ~ 모욕적인 거절.
mortification [mɔrtifikasjɔ̃] *n.f.* ① 고행(macération); 금욕, 극기. Les maladies sont des ~*s* que Dieu nous envoie. 질병은 신이 우리에게 보내주신 시련이다. ② 굴욕, 모욕(humiliation); 원통함, 분함. ③ 《의학》 회저(壞疽). ④ 《요리》(고기 따위를 묵혀)연하게 하기.
mortifier [mɔrtifje] *v.t.* ① (고행·금욕으로 육체를)괴롭히다(châtier, macérer). ~ sa chair 육체를 괴롭히다. ② 모욕하다, 자존심을 해치다(humilier, blesser); 원통하게 하다. Le reproche injuste le *mortifie*. 이 부당한 비난을 그는 원통해 한다. être *mortifié* de l'affront 모욕에 대해 분개했다. ③ 《의학》(조직·세포를)죽게 하다, 회저(壞疽)에 걸리게 하다. ④ 《요리》(고기를)연하게 하다.
—*se* ~ *v.pr.* ① 《재귀적》 se ~ 직접적으로 ~이 고행하다(苦行). ② 《상호적》 se ~ 직접적으로 보이어) 서로 모욕하다. ③ 회저에 걸리다. ④ 《재귀적》 se ~ 는 직접적으로 보이어)(저장한 고기가)연해지다.
mortinatalité [mɔrtinatalite] *n.f.* 《의학》 사산(死産)수; 사산율.
mort-né(*e*) [mɔrne] *a.* ① 사산(死産)의. enfant ~ 사산아. ② 《구어》처음부터 실패하여, 실현되지 못한. projet ~ 유산된 계획. —*n.* 사산아(死産兒).
mortuacien(*ne*) [mɔrtyasjɛ̃, -ɛn] *a.* 모르토(Morteau, 프랑스의 도시)(사람)의. —*M*~ *n.* 모

르토 사람.
mortuaire [mɔrtɥɛːr] *a.* 죽음의; 사망자의; 매장의, 장례식의(funèbre, funéraire). acte (extrait) ~ 사망 증명서. avis ~ (신문의)부고, 사망광고. cérémonie ~ 장례식. chapelle ~ 장례식이 거행되는 예배당. chambre ~ (매장 전의)임시 시체 안치소. dépôt ~ (묘지의)시체가안치소(屍體假安置所). drap ~ 관에 덮는 검은 천. droits ~s (교회가 받는)장의료(葬儀料). fourgon ~ 영구차. lettre ~ 부고(訃告). maison(domicile) ~ 상가(喪家). masque ~ 데드마스크. registre ~ 사망 증명서 대장.
—*n.m.*《사투리》사망 증명서.
—*n.f.*《벨기에》상가(喪家)(maison ~).
mort-vivant(e) [mɔrvivã, -ãːt] (*pl.* ~s~s) *n., a.* 산송장(의).
morue [mɔry] *n.f.* ① 《어류》대구. huile de foie de ~ 간유(肝油). ~ séchée 건대구. ~ verte 소금에 절인 대구. ② habit queue de ~ 연미복. ③《비어》매춘부.
morula [mɔryla] *n.f.* 《생물》상실배(桑實胚).
morutier [mɔrytje], **moruyer** [mɔryije] *n.m.* 대구잡이배; 대구잡이 어부.
—*a.* 대구의, 대구잡이의.
Morvan [mɔrvã] *n.pr.m.* 《지리》모르방산매(프랑스 중부지방).
morvandais(e) [mɔrvãdɛ, -ɛːz], **morvandeau(elle**, *pl.* **eaux**)[mɔrvãdo, -do], **morvandiau(ale**, *pl.* **aux**)[mɔrvãdjo, -al], **morvandiot(e)**[mɔrvãdjo, -ɔt] *a.* 모르방(Morvan, 프랑스 중부의 산맥지방)의. —**M**~ *n.* 모르방 사람.
—*n.m.* 모르방 사투리.
morve [mɔrv] *n.f.* ① 콧물. avoir la ~ au nez 콧물을 흘리다. enfant avec la ~ au nez 코흘리는 어린애. Essuie ta ~ avec ton mouchoir. 손수건으로 콧물을 닦아라. ②《수의》(말의)비저병(鼻疽病). ~ cutanée 피저병(皮疽病). ③《원예》(상치 따위의)부패병.
morveau [mɔrvo] (*pl.* ~**x**) *n.m.* 《구어》코딱지. lécher le ~ 아부하다.
morver [mɔrve] *v.i.* ① 콧물을 흘리다. ②《원예》(상치 따위의)부패병에 걸리다.
morveux(se) [mɔrvø, -øːz] *a.* ①《구어》코흘리는. enfant sale ~ 더러운 코흘리개 아이. se sentir ~ 주눅들다, 어색하다, 거북하다. ②《수의》비저병(鼻疽病)에 걸린.
Qui se sent ~ (qu'il) se mouche. 《속담》남의 비판이 옳은 것을 알면 자기의 행실을 고쳐라.
—*n.* 《구어》코흘리개; 개구장이(gamin(e)); (잘난 체하는)풋나기.
mosaïque¹ [mɔzaik] *a.* 《성서》모세(Moïse)의. loi ~ 모세의 율법.
mosaïque² [mɔzaik] *n.f.* ①《미술》모자이크(모양). ~ murale 모자이크 모양의 벽. ②이것 저것 긁어모은 것; 잡문집(雜文集). Sa philosophie n'est qu'une ~ de pensées disparates. 그의 철학은 여러 잡다한 사상을 긁어 모은 것에 불과하다. ③ⓐ《원예》(담배·감자·오이 따위의 잎에 생기는)모자이크병(病). ⓑ《생물》모자이크(한 가지의 생물체에 두 개 이상의 유전적인 성질을 갖고 있는 조직이나 세포가 부분적으로 생기는 것). ⓒ《텔레비전》모자이크면; 《측량》모자이크 사진.
—*a.* 모자이크의.
mosaïqué(e) [mɔzaike] *a.* 모자이크풍의. reliure ~e 모자이크풍 장정《표지에 여러가지 색깔의 가죽을 세운 것》.
mosaïquer [mɔzaike] *v.t.* 모자이크 장식을 넣다.
mosaïsme [mɔzaism] *n.m.* 《종교》모세의 율법.

mosaïste [mɔzaist] 《미술》*a.* 모자이크 세공의; 모자이크 모양을 한. —*n.* 모자이크 세공인.
mosan(e) [mɔzã, -an] *a.* 뫼즈(la Meuse)강 유역의.
Moscou [mɔsku] *n.pr.* 《지리》모스크바.
moscouade [mɔskwad] *n.m.* 조제(粗製)설탕, 흑설탕.
moscoutaire [mɔskutɛːr] *n., a.* 《경멸》《정치》모스크바의 지령을 받는 공산당원(의).
Moscova (la) [lamɔskɔva] *n.pr.f.* 《지리》모스크바 강.
moscovade [mɔskɔvad] *n.f.* = **moscouade**.
Moscovie (la) [lamɔskɔvi] *n.pr.f.* 《역사》모스크바 대공국 (13~17세기).
moscovite [mɔskɔvit] *a.* 모스크바(Moscou)의.
—**M**~ *n.* 모스크바 사람.
mosellan(e) [mɔze(l)lã, -an] *a.* 모젤 강(Moselle, 프랑스의 강)지방의. —**M**~ *n.* 모젤 강 지방 사람.
mosette [mɔzɛt] *n.f.* 《가톨릭》성직자의 두건 달린 외투.
moslem [mɔslɛm] *n.m.* 회교도.
mosquée [mɔske] *n.f.* 회교사원.
mosquito [mɔskito] 《에스파냐》*n.m.* 모스키토 (제 2차 세계대전에서 영국의 경폭격기). 《시》.
Mossoul [mɔsul] *n.pr.* 모술(이라크의 도시).
mot [mo] *n.m.* ① 낱말, 단어. ~ courant(usuel) 상어. ~ familier 구어. ~ dérivé 파생어. ~ composé 복합어. ~ à double sens 두가지 뜻이 있는 말. groupe de ~s 어군, 구(句). chercher un ~ dans le dictionnaire 사전에서 단어를 찾다.
② ⓐ목적인 뜻에서)말, 표현; 한 마디; 짧은 편지. petit ~ 한 마디 말; 상냥한 말. grand ~ 과장된 말. gros ~ 상스러운 말. bon ~; ~ d'esprit 재치있는 말. jeu de ~s 말장난. en un ~ 한 마디로 해서, 간단히 말해서. chercher ses ~s 적절한 표현을 찾다. Il n'a pas dit un (seul) ~. 그는 한 마디도 말하지 않았다. Ce ne sont que des ~s. 그것은 말뿐이다.
③ 적절한 말; 명언, 명구. ~s historiques 역사적인 명언. ~ de Napoléon 나폴레옹의 명언. ~ de Socrate 소크라테스의 금언. Il a laissé bien des ~s qu'on répète. 그는 사람들이 자주 인용하는 명언들을 남겨 놓았다.
④ 암호; 약정된 말. ~ convenu(télégraphique) 《전신》신호, 부호. ~ de passe 암호; 《컴퓨터》패스워드. ~ de ralliement 《군사》(군호의)답호. ~ d'ordre 《군사》(군호의)문호, 《속어》구호. ~ de l'énigme 수수께끼의 해답.
à ces ~s 이렇게 말하자마자; 그 말을 듣자마자.
à ~s couverts 넌지시, 에둘러서.
au bas ~ 적어도, 최소한(으로 싸게 잡더라도).
au moindre ~ 한 마디 하자마자.
avoir[échanger] des ~s avec qn …와 말다툼하다.
avoir le ~ 《예》잘 알고 있다, 정통하다.
avoir le ~ de la fin (상황이나 논의를)멋있게 결론짓다.
avoir son ~ à dire 의견을 말할 권리가 있다[허가를 받다].
compter(peser) ses ~s 신중하게 말하다.
dire deux(quatre) ~s à qn …에게 간단히 말하다; …에게 타이르다.
en deux ~s 간단히 말해서.
en un ~ 한 마디로 해서, 간단히 말해서.
en un ~ comme en cent 한 마디로 말하자면; 결국, 요컨대.
jouer sur les ~s 재치있는 말을 하다; 남의 말의 애매성을 이용하다.
le fin ~ 진상(眞相). Tu ne connais pas *le fin*

de l'affaire. 너는 그 사건의 진상을 모른다. *le premier* ~ 초보. ignorer *le premier* ~ *de qc* …의 초보도 모르다.
manger ses ~*s* 발음이 분명하지 않다, 우물거리다.
~ *à* — [motamo] 한 마디 한 마디, 축어적(逐語的)으로. traduction ~ *à* ~ 축어적인 번역.
~ *de Cambronne*; ~ *de cinq lettres* 빌어먹을 (merde 라는 욕설의 완곡한 표현).
~ *pour* ~ 말한 그대로, 곧이 곧대로. répéter un propos ~ *pour* ~ 어떤 이야기를 한 마디도 틀리지 않고 반복하다.
ne pas entendre un ~ *à qc* …에 관해서는 전혀 모르다.
ne pas mâcher ses ~*s*; *ne pas avoir peur des* ~*s* 거침없이[노골적으로] 말하다.
ne pas souffler ~ 한 마디도 말하지 않다.
placer son (un) ~ 한 마디하다; 참견하다.
prendre qn au ~ 뜻밖에 …의 제의를 받아들이다.
Qui ne dit ~ *consent*. 《속어》침묵은 승낙의 표시.
sans ~ *dire*; *sans dire* ~ 말 한마디 없이, 잠자코.
se donner le ~ 공모하다; 서로 짜다.
trancher le ~ 분명히 말하다.
Tu as dit le ~! 그렇고 말고 ! 그 말 잘했어 ! 바로 그래 !

mot-à-mot [motamo] *n.m.* 《복수불변》축자역, 직역(直譯).

motard [mota:r] *n.m.* 《구어》(군대·경찰의)오토바이 대원(motocycliste); 오토바이 타는 사람; 오토바이 광(狂).

mot-clé [mokle] (*pl.* ~**s**—~**s**) *n.m.* (암호를 해독하는)풀이말, 열쇠, 키워드.

motel [motɛl] 《영》*n.m.* 자동차여행자숙소, 모텔.

motet [motɛ] *n.m.* 《음악》모텟《성서·시편 따위를 가사(歌詞)로 한 성악곡》.

:moteur(trice) [motœ:r, -tris] *a.* ① 움직이는, 발동의; 운동을 전하는. roues ~*trices* 동륜(動輪). force ~*trice* 원동력. appareil ~ 《공업》발동장치. 《해양》추진장치. ② 《비유적》(사람·정신 따위가)추진하는, 자극을 주는. faculté ~*trice* 《철학》기동력《신체를 움직이는 정신력》. ③ 《생리》운동의. muscles ~s 운동근. nerfs ~s 운동신경. troubles ~s 운동신경장애.
—*n.m.* ① 동력; 《기계》발동기, 엔진, 모터. ~ à combustion interne 내연기관. ~ à essence 가솔린 발동기. ~ à réaction 제트엔진. ~ de lancement 시동발동기. bloc ~ 엔진블록. ② 주도자 (instigateur); 원동력. ~ du progrès scientifique 과학발전의 원동력. Il est le véritable ~ de l'entreprise. 그는 이 일의 진정한 주동자이다. le premier ~ dans un complot 음모의 주동자. le premier M— 《옛》《철학》신(神). ③ 《해부》운동근육〔신경〕. ~ oculaire commun 동안(動眼) 신경. ~ oculaire externe (눈의)외전(外轉) 신경.
—*n.f.* 《철도》기관.

-moteur *suff*. 「움직이는, 모터」의 뜻.

moteur-fusée [motœrfyze] *n.m.* (비행기의)로켓 기관.

moteur-générateur [motœrʒeneratœ:r] *n.m.* 전동 (電動) 발전기.

motif(ve) [motif, -i:v] *a.* (행동의)동기가 되는. cause ~*ve* 동인(動因).
—*n.m.* ① 동기, 이유(raison, cause). Quel est le ~ de sa visite? 그가 찾아온 동기는 무엇일까 ? ~*s* de son opposition 그가 반대하는 이유. ~ de mécontentement 불만의 원인. sans ~ 근거〔이유〕없는. ~*s* d'un jugement 《법》판결이유. exposé des ~*s* (법안 앞머리의)이유서(理由書). ② 《예술》주제, 모티브(sujet). ~ de sculpture 조각의 모티브. ~ harmonique 화성적 모티브. ~ du paysage 풍경의 주제.
avoir ~ *à*+*inf*.; *avoir un* ~ *pour*+*inf*. …을 하는 이유〔동기〕가 있다. *pour le bon* ~ 정당한 이유로; 《구어》결혼할 목적으로.

motilité [motilite] *n.f.* ① 《생리》운동성, 능동성. ~ intestinale 장(腸)운동. troubles de la ~ 운동장애 《마비·골절 따위》. ② 움직임, 민감함.

motion [mosjɔ̃] *n.f.* ① (의회에서의)동의, 발의. faire [adopter] une ~ 동의를 제출〔채택〕하다. ~ de censure (특히 내각에 대한)불신임안. ② 《옛》움직임, 운동 (mouvement). ③ ~ pulsionnelle 《정신의학》욕동(欲動)《행위》.

motionnaire [mosjɔnɛ:r] *n.m.* (의회에 있어서의) 동의 제출자, 발의자.

motionner [mosjɔne] *v.i.* 《드물게》(의회에서)동의를 제출하다, 발의하다.

motival(ale, pl. aux) [motival, -o] *a.* 《법》판결이유의. clause ~*ale* 판결 이유서.

motivation [motivasjɔ̃] *n.f.* ① (행동·행위의)동기, 동기부여〔유발〕, 모티베이션. études des ~*s* 《경제》동기조사, 모티베이션 리서치. ~ sérieuse 《교육》(면학의)진지한 동기. ② 《언어》(언어기호의)유연성(有緣性).

motivationnel(le) [motivasjɔnɛl] *a.* 동기에 관한.

motivé(e) [motive] *a.p.* ① 《주어는 사물》정당한 이유가 있는; 근거있는 (↔ immotivé). refus non ~ 정당한 이유가 없는 거절. jugement ~ 《법》이유를 붙인 판결. ② 《주어는 사람》동기가 부여된, 관심이 큰, 의욕이 있는. élève ~ 학습의욕이 있는 학생. ③ 《언어》(언어기호가)유연적인.

motiver [motive] *v.t.* ① 《주어는 사람》정당화하다, (의)이유를 대다. Les juges *motivent* leur arrêt. 판사는 판결의 이유를 말한다. ② 《주어는 사물》(의) 동기를 부여하다, 이유〔원인〕가 되다. La méfiance *a motivé* son attitude. 의심이 그의 태도의 직접적인 원인이었다.

moto¹ [moto] 《이탈리아》*n.m.* con ~ 《음악》활기 있게, 조금 빠르게.

*moto² (< *motocyclette*) *n.f.* 오토바이《125cc 이상》. monter sur une ~ 오토바이를 타다. aller à [en] ~ 오토바이로 가다. course de ~ 오토바이 레이스.

moto-¹ *préf*. 「동력(動力)」의 뜻.

moto-² *préf*. 「오토바이」의 뜻.

moto-aviette [motoavjɛt] *n.f.* 《옛》(약한 엔진이 달린)경비행기.

motoball [motobol] *n.m.* 오토바이 축구.

motobatteuse [motobatφ:z] *n.f.* 자동 탈곡기.

motobécane [motobekan] *n.f.* 《상표명》경오토바이.

motocaméra [motokamera] *n.f.* 자동촬영기.

motocanot [motokano] *n.m.* 모터보트.

motociste [motosist(ə)] *n.m.* 《드물게》오토바이 수리〔판매〕업자.

moto-cross [motokrɔs] *n.m.* 오토바이 장애물 경주.

motoculteur [motokyltœ:r] *n.m.* 《농업》소형트랙터; 경운기.

motoculture [motokylty:r] *n.f.* 《농업》기계화 영농; 농업기계화.

motocycle [motosikl] *n.m.* 모터사이클《자동 2륜차의 총칭》.

motocyclette [motosiklɛt] *n.f.* ① 《옛》모터사이클. ② 《문어》= moto².

motocyclisme [motosiklism] *n.m.* 오토바이 타기; (특히)오토바이 경주.

motocycliste [motosiklist] *n.m.* 오토바이 타는 사람 (motard).

motoglisseur [motoglisœ:r] *n.m.* 고속 모터보트.

motogodille [mɔtɔgɔdij] *n.f.* (작은 배의 뒤에 붙이는)발동기.

motonautique ~ *a.* 모터보트를 타는. meeting ~ 모터보트 경기대회.

motonautisme [mɔtɔnotism] *n.m.* 모터보트 여행; 모터보트레이스.

moto(-)neige [mɔtɔnɛːʒ] *n.f.* 스키스쿠터.

motoneigiste [mɔtɔnɛʒist(ə)] *n.*, *a.* 스키스쿠터 운전자(의).

motoplaneur [mɔtɔplanœːr] *n.m.* 《항공》 보조엔진이 달린 글라이더.

motopompe [mɔtɔpɔ̃ːp] *n.f.* 자동 펌프, 모터 펌프.

motopropulseur [mɔtɔprɔpylsœːr] 《기술》 *a.m.* 자동발진[추진]장치의. —*n.m.* 자동발진[추진]장치(appareil ~).

motorisation [mɔtɔrizasjɔ̃] *n.f.* 동력화; 자동차화; 기계화. ~ de l'agriculture 농업의 기계화.

motorisé(e) [mɔtɔrize] *a.p.* ① 《구어》자동차(오토바이)를 갖춘, 자동차를 타는. Tu es ~? 너는 자동차를 타고 왔니? week-end ~ 주말의 자동차 여행. ② 자동차를 사용하는, 기계화된. agriculture ~e 기계화 영농. division ~e 기계화부대. troupes ~es 기계화[자동차] 부대.

motoriser [mɔtɔrize] *v.t.* ① 기계화하다, 자동차화하다. ~ l'agriculture 농업을 기계화하다. ~ une division d'infanterie 보병부대를 기계화하다. ② 《드물게》모터[엔진]를 달다.

motoriste [mɔtɔrist] *n.m.* ① (자동차·비행기 따위의)모터 제작자. ② 엔진 수리공.

motorship [mɔtɔrʃip] 《영》 *n.m.* 발동선.

motoscie [mɔtɔsi] *n.f.* 자동식 톱.

mototracteur [mɔtɔtraktœːr] *n.m.* 모터트랙터, 자동경운기.

mot-outil [mouti] (*pl.* ~s-~s) *n.m.* 《언어》 연결어, 도구어 (문법적 관계를 나타내는 관사·전치사·접속사 따위).

mot-phrase [mofrɑːz] (*pl.* ~s-~s) *n.m.* 《언어》 문장 구실을 하는 단어, 문상당어(文相當語)(Oui! Peut-être 따위).

mot-portemanteau [mopɔrtəmɑ̃to] (*pl.* ~s-~s) *n.m.* = **mot-valise**.

motrice[1] [mɔtris] *a.f.* ⇨moteur.

motrice[2] *n.f.* ① 다른 차량을 끄는 동력차. ② (중형의)기관차.

motricité [mɔtrisite] *n.f.* 《생리》 (신경세포의)수축성; 운동기능(성).

mots croisés [mokrwaze] *n.m.pl.* 크로스워드 퍼즐, 글자 맞추기.

mots-croisiste [mokrwazist] *n.* 크로스워드 퍼즐을 좋아하는 사람.

motte [mɔt] *n.f.* ① 흙덩어리; (잔디·버터 따위의)덩어리, à brûler 토탄 덩이; 연탄. ~ de beurre; du beurre en ~ 버터 덩어리. ②《옛》둔덕. ③ (봉건시대의)재판소; (영주의)회의소.

motter (se) [səmɔte] *v.pr.* 《사냥》 (동물이)흙두둑 뒤에 숨다.

mottereau [mɔtro] (*pl.* ~*x*) *n.m.* 《조류》 갈색제비 (hirondelle de rivage).

motteux [mɔtø] *n.m.* 《사투리》 《조류》 딱새의 일종.

motton [mɔtɔ̃] *n.m.* (밀가루를 물에 탈 때 풀리지 않고 생기는)가루 덩어리.

motu proprio [mɔtyproprijo] *loc.ad.* 자발적으로. —*n.m.*《복수불변》① 《가톨릭》(교황이 자발적으로 쓰는)서신, 교황친서. ② 《옛》자발적 행위.

motus [mɔtys] *int.* 《구어》조용히 할 ! 쉿!

mot-valise [mɔvaliːz] (*pl.* ~s-~s) *n.m.* 혼성어(한 단어의 첫부분과 다른 단어의 뒷부분을 합쳐서 만든 말:franglais→*français*+*anglais*).

‡**mou**[1] [mu] (**mol** [mɔl], *f.* **molle** [mɔl]) *a.* 《모음 또는 무음 h 로 시작되는 남성명사 앞에서는 mol》① 부드러운; 무른; 연한; 여린(↔dur). sol ~ 무른 땅. tige ~ 여린 나무줄기. *molle* clarté de la lune 잔잔한 달빛. L'humidité rend le pain ~. 습기는 빵을 무르게 한다. chapeau ~ 펠트 모자. oreiller ~; *mol* oreiller 폭신폭신한 베개. parties *molles* 《해부》유연부(뼈 이외의 근육과 내장). ② 약한, 연약한; 무기력한, 생기없는(inerte). vent ~ 미풍. bruit ~ 약한 소리. homme ~ 무기력한 남자. style ~ 박력이 없는 문체. visage ~ 윤곽이 늘어진 얼굴. avoir les jambes *molles* 다리에 힘이 없다. mener une vie *molle* 나태한 생활을 보내다. ③ 완만한. *molles* ondulations de terrain 지형의 완만한 기복. ④ (기후가)습하고 더운. temps ~ 후덥지근한 날씨.

être ~ comme une chiffe《구어》(낡은 천처럼)아주 무기력하다.

—*ad.* 《속어》살며시, 천천히. Vas-y ~, c'est un môme. 부드럽게 다루어라, 어린애이니까.

—*n.m.* ① 《구어》무기력한 사람. ② 물렁물렁한 것. le dur et le ~ 딱딱한 것과 물렁물렁한 것. ③ (밧줄·돛 따위의)늦추어짐, 처짐. avoir du ~ (밧줄이)느슨하다. donner du ~ à un cordage 밧줄을 느슨하게 하다.

mou[2] *n.m.* (식용의)허파. ~ de bœuf 소의 허파.
bourrer le ~ de qn《구어》…에게 거짓말하다, 되풀이 말하여 믿게 하다. *rentrer dans le ~ de qn*《속어》…을 인정사정없이 때리다.

mouchage [muʃaːʒ] *n.m.* ① 코를 풀기. ② 심지를 자르기.

moucharabieh [muʃarabje], **moucharaby** [muʃarabi] *n.m.* 《건축》 (아라비아 건축의)돌출한 격자창(格子窓).

mouchard(e) [muʃaːr, -ard] *n.* 《구어》《경멸》(경찰의)정보원, 스파이; (일반적으로)밀고자(rapporteur). faire le ~ 고자질하다, 밀고하다. —*n.m.* 감시[통제]장치. 《군사》정찰기.

mouchardage [muʃardaːʒ] *n.m.* 《구어》탐정하기, 스파이짓, 밀고, 고자질.

moucharder [muʃarde] *v.t.* 《구어》(밀고하기 위해)감시하다; 밀고하다, 고자질하다. écolier qui *moucharde* 고자질하는 아동.

mouchardise [muʃardiːz] *n.f.* = **mouchardage**.

***mouche** [muʃ] *n.f.* ① 《곤충》 파리. ~ à feu 개똥벌레. ~ à miel 꿀벌. ~ bleue 청파리. ~ dorée (verte) 동파리. ~ domestique (집안으로 날아다니는)보통의 파리. tsé-tsé 체체파리. On aurait entendu une ~ voler. (파리 나는 소리가 들릴 정도로)고요하였다. ② 제물 낚시(~ artificielle). pêche à la ~ 제물 낚시질. ③ (얼굴에 붙이는)애교점; (입술 밑의)작은 수염. ④ (과녁의)흑점. faire ~ 과녁에 맞히다; (비유적) 정통을 찌르다. ⑤ 《스포츠》 (펜싱에서 칼끝에 다는 위험을 방지하는)가죽덮개. ⓑ poids ~ 《권투》 플라이급(선수). ⑥ ~ volante 《의학》 비문증(飛蚊症)(눈앞에 얼룩이 움직이는 것처럼 보이는 병적 현상). ⑦ (센 강의)유람선(bateau ~); (19세기의)정찰정. ⑧《옛》스파이, 밀고자(mouchard).

cage à ~s 조그마한 집.

faire (être) d'une ~ un éléphant 침소봉대하다, 터무니없이 과장[강조]하다.

gober les ~s 하찮은 일에 시간을 허비하다; 무엇이든 곧이 듣다.

Il ne ferait pas de mal à une ~.《구어》파리 한 마리도 죽일 수 없는 착한 녀석이다.

mourir(**tomber**) *comme des* ~s 파리떼처럼 마구 *fine* ~ 교활한 사람. ㄴ죽다(쓰러지다).
On ne prend pas les ~s *avec du vinaigre; On prend plus de* ~s *avec du miel qu'avec du vinaigre.* 《속담》파리를 잡으려거든 식초보다는 꿀을 사용하라, 으르지 말고 달래야 효과가 있다.
pattes de ~ 조그맣게 괴발개발 쓴 글씨.
prendre la ~ 벌컥 화를 내다.
Quelle ~ *vous pique?* 왜 갑자기 화를 내오?

moucher [muʃe] *v.t.* ① 코를 풀다; 코를 풀어 주다; (구어)책망하다. *Mouche ton nez!* 코를 풀어라. ~ *un enfant* 어린애의 코를 풀어주다. ~ *du sang* 코를 풀 때 코피가 나다. ②(속어)호되게 책망하다 (구짖다) (réprimander). *se faire* ~ 호되게 책망당하다(야단맞다). ③ (양초 따위의)심지를 자르다; (밧줄 따위의)헝클어진 끝을 풀다. ~ *une lampe* (*une chandelle*) 호롱불(양초)의 심지를 자르다.
—*se* ~ *v.pr.* 코를 풀다. *Tu as le nez qui coule, mouche-toi.* 콧물이 흐르고 있다, 코를 풀어라.
n'avoir pas le temps de se ~ 눈코뜰새없이 바쁘
moucherie [muʃri] *n.f.* 《드물게》코를 풀기. ㄴ다.
moucherolle [muʃrɔl] *n.f.* 《옛》《조류》딱새.
moucheron[1] [muʃrɔ̃] *n.m.* ① 각다귀, 모기. ②《구어》꼬마, 개구장이.
moucheron[2] *n.m.* (양초의)타다 남은 심지.
moucheronner [muʃrɔne] *v.i.* (물고기가)물위의 벌레를 보고 뛰어오르다.
mouchet [muʃɛ] *n.m.* 《조류》바위종달새의 일종.
moucheté(e) [muʃte] *a.p.* ① 얼룩이 있는, 반점이 있는; (보리가)깜부기가 있는. *cheval* ~ 얼룩말. *tweed gris* ~ *de rouge* 붉은 반점이 있는 회색 트위드 복지. ② (연습용 칼끝에)가죽뭉치를 단.
moucheter [muʃte] [5] *v.t.* ① 얼룩지게 하다; (에)반점을 넣다. ② (연습용 칼끝에)가죽뭉치를 달다.
mouchetis [muʃti] *n.m.* 《건축》(벽 외면에 초벌 칠하는)회반죽; 초벽칠.
mouchette [muʃɛt] *n.f.* ① 《건축》빗물막이 돌의 바깥 가장자리. ② 개탕대패. ③ (*pl.*)(옛)심지자르는 가위. ④ 《농업》(소 따위의)코두레.
moucheture [muʃtyːr] *n.f.* ① 얼룩, 반점. ② (동물의 몸이나 털에 있는)얼룩무늬. ③ (*pl.*) 《의학》난절(亂切)한 상처 자국.
moucheur(**se**) [muʃœːr, -øːz] *n.* (옛) ① 《연극》양초의 심지를 자르는 역. ② 자꾸 코를 푸는 사람.
*****mouchoir** [muʃwaːr] *n.m.* ① 손수건 (여자용)머리수건 (~ *de tête*); 여자용 목수건, 네커치프 (~ *de cou, foulard*). ~ *de soie* 비단손수건. ~ *de papier* 티슈페이퍼, 종이 손수건. *agiter son* ~ *en signe d'adieu* 작별의 표시로 손수건을 흔들다. *faire un nœud à son* ~ (어떤 일을 잊지 않기 위해서)손수건을 동여매다. *jardin grand comme un* ~ *de poche* 손바닥만한 정원. ② 《선박》(삼각형 의)톱막이, 충전물.
arriver dans un ~ 한꺼번에 들어오다 (경주 따위에서 순번을 판정하기가 곤란한 경우에 씀). *jeter le* ~ *à une femme* (옛·구어) 한 여자를 고르다 (회교국의 군주가 하던 관례에서 유래된 표현).
mouchure [muʃyːr] *n.f.* 《드물게》① 콧물 (morve). ② 검게 탄 심지.
moudre [mudr] [50] *v.t.* ① (곡식 따위를)찧다, 빻다, 갈다, 가루로 만들다 (broyer, écraser). ~ *du poivre* 후추를 갈다. ~ *du blé* 밀을 빻다. ~ *gros* 굵게 갈다. ②《드물게》때리다, 처부수다. ~ *qn de coups* …을 마구 때리다. ③ ~ *un air* (손으로 돌리는 오르간 따위로)곡을 켜다 (연주하다). ④ *du vent* 헛일하다, 헛수고하다.
moue [mu] *n.f.* 뾰로통함, 입을 삐쭉거리기. *faire la* ~ 뾰로통해지다.
mouette [mwɛt] *n.f.* ① 《조류》갈매기. ② 구명용 고무 보트. ㄴte).
mouf(f)ette [mufɛt] *n.f.* 《동물》스컹크(mofet-**mouflard(e)** [mufla:r, -ard] *n.* (옛·구어)얼굴이 둥글둥글한 사람.
moufle[1] [mufl] *n.f.* 벙어리 장갑. ~s *de skieur* 스키용 장갑.
moufle[2] *n.m.* [*f.*] 《기계》겹도르래; 도르래 장치; 권양기 (捲揚機) (palan).
moufle[3] *n.m.* 《화학》(화학실험용의)흙접시 (직접 화염이 닿지 않게 가열하는 그릇); 도기 굽는 가마 (four à ~).
mouflé(e) [mufle] *a. poulie* ~*e* (겹도르래의)도르래의 하나.
mouflet(*te*)[1] [muflɛ, -ɛt] *n.* (구어)어린애.
mouflette[2] [muflɛt] *n.f.* 차동(差動) 도르래; 채끝의 금구 (金具).
mouflon [muflɔ̃] *n.m.* 《동물》(뿔이 둥글게 휜)야생 양.
mouillabilité [mujabilite] *n.f.* 《화학·물리》(강체(剛體)의)습성 (濕性).
mouillable [mujabl] *a.* 《화학·물리》(강체가)습성이 있는.
mouillage [muja:ʒ] *n.m.* ① 적시기; (술 따위에)물을 타기 (coupage). ~ *frauduleux du vin* 불법적으로 포도주에 물타기. ② 《해양》닻을 내리기 (ancrage), 정박; 정박지; (기뢰 따위의)부설. *droits de* ~ 정박세. *être au* ~ 닻을 내리고 있다. *poste de* ~ 정박소. *prendre son* ~ 닻을 내리다. ~ *des mines* 기뢰의 부설.
mouillant(e) [mujɑ̃, -ɑ̃ːt] *a. agent* ~ 《화학》표면 활성제. —*n.m.* 표면활성제.
mouille [muj] *n.f.* 《해양》(습기·침수에 의한)화물의 손상.
*****mouillé(e)** [muje] *a.p.* ① 젖은, 축축한 (humide, ↔ sec). *linge* ~ 젖은 속옷. *yeux* ~s 눈물이 글썽거리는 눈. *voix* ~*e* 감격한 목소리, 울음섞인 목소리. *être* ~ *comme une soupe* (*jusqu'aux os*) 흠뻑 젖어 있다. ② 《해양》닻을 내린, 정박중의. ③ 《언어》습음 (濕音)의. ④ 비의; 비가 많은. *mois* ~ 비가 많은 달. *Il fait* ~. 《옛》비가 온다. ⑤ 물을 탄. *vin* ~ 물탄 포도주.
—*n.m.* 축축한 느낌 [냄새]. *Son manteau sent le* ~. 그의 외투에서 축축한 냄새가 난다.
mouille-bouche [mujbuʃ] *n.f.* 《복수불변》《식물》(수분이 많은)배의 일종.
mouille-étiquettes [mujetikɛt] *n.m.* 《복수불변》(우표·리본 따위를)적시는 도구.
mouillement [mujmɑ̃] *n.m.* ① 적시기 (mouillure). ② 《언어》 습음화 (濕音化).
*****mouiller** [muje] *v.t.* ① 적시다, 축이다 (tremper). ~ *sa culotte* (오줌을 싸서)바지를 적시다. *être* ~ *par l'averse* 소나기에 젖다. ② (술 따위에)물을 타다 (액체를)타다. ~ *le lait*(*le vin*) 우유(포도주)에 물을 타다. ~ *un ragoût avec du vin blanc* 스튜에 흰포도주를 타다. ③ 《해양》(기뢰 따위를)부설하다; 물속에 투하하다; (닻을)내리다. ~ *l'ancre* 닻을 내리다, 정박하다. ④ 《언어》(자음을)습음 (濕音)화하다. ⑤《구어》(사람을 나쁜 일에)끌어 넣다 (compromettre).
~ *... de larmes* ⓐ …을 눈물로 적시다. *L'émotion l'a mouillé de larmes.* 감동해서 그는 눈물을 흘렸다. ~ *la terre de larmes* 무덤 앞에서 울다. ⓑ ~ *les yeux* ~ *de larmes à qn* …에게 눈물을 흘리게 하다.
—*v.i.* 《해양》닻을 내리다 (ancrer). *Ce paquebot mouille en grande rade.* 그 여객선은 항구에

서 멀리 닻을 내린다. ②《속어》(여자가 성적으로) 흥분하다. ③《속어》겁을 먹다(avoir peur). ④비가 오다.
—**se** *v.pr.* ① 젖다, 축축해지다; 자기의 …을 적시다. *se* ~ *en sortant sous la pluie* 비가 오는데 외출해서 몸이 젖다. ②《언어》습음이 되다. ③《구어》(사건 따위에)말려들다(se compromettre). *Je ne veux pas me* ~ *dans cette affaire.* 나는 그 사건에 말려들고 싶지 않다.
se jeter à l'eau de crainte de se ~ 젖을 것이 두려워서 물에 뛰어들다《어떤 위험을 피하려다가 오히려 더 나쁜 상태에 빠지다》.

mouillère [mujɛːr] *n.f.* 습한 땅, 습지; 《광산》누수가 있는 갱도.

mouillette [mujɛt] *n.f.* (계란 반죽이나 커피에 적셔 먹는)가느다란 빵조각.

mouilleur [mujœːr] *n.m.* ① (스탬프 따위를)적시는 도구. ②《해양》투묘(投錨) 장치. ③ ~ *de mines* 《군사》기뢰부설 함정.

mouilloir [mujwaːr] *n.m.* 《직조》(실을 잣거나 다리미질할 때 쓰는)작은 물그릇.

mouillure [mujyːr] *n.f.* ① 적시기, 축이기; 젖어 있음, 물기, 젖은 자국. ②《언어》습음화(濕音化) (palatalisation).

mouise [mwiːz] *n.f.* 《속어》가난, 궁색(misère). *être dans la* ~ 쩔어지게 가난하다.

moujik [muʒik] 《러시아》*n.m.* 러시아의 농민.

moujingue [muʒɛ̃ːg] *n.m.* 《속어》아이.

moukère [mukɛːr] *n.f.* 《은어》여자(femme).

moulage¹ [mulaːʒ] *n.m.* ① 주조(鑄造), 주형에 넣기; 주형을 만들기(surmoulage). *atelier de* ~ 주조공장. ② 주조물; (주조에 의한)복제.

moulage² [mulaːʒ] *n.m.* 《역사》(봉건영주에게 지불하던)방앗간 사용세(droit de ~). ②《드물게》찧기, 빻기.

moul-ant, -ez, -ons [mulɑ̃, -e, -ɔ̃] ⇒moudre.

moule¹ [mul] *n.m.* ① 거푸집, 주형(鑄型), 틀. ~ *à gelée* [*à biscuit*] 젤리[비스킷]의 틀. *jeter en* ~ 주조하다, 주형에 붓다. *verser de la crème dans le* ~ 크림을 형(型)에 부어넣다. ②(사람·작품 따위의)형, 타입. *Ces tableaux sont tous du même* ~. 이 그림들은 모두 같은 형이다. *choses jetées* [*faites*] *dans le même* ~ 같은 타입의 것들. ③《철도의 침목을 받쳐주는 자갈의)도상(道床). ④ ~ *externe*[*interne*] 《지질》《화석의》외형(내형).
Cela ne se jette pas en ~. 《옛》이것은 말하기는 쉬우나 간단히 할 수 있는 일은 아니다.
être fait au ~ (몸·다리가)균형이 잘 잡혀 있다. *jambes faites au* ~ 균형잡힌[날씬한] 다리.
Le ~ *en est perdu*[*rompu, cassé, brisé*]. 둘도 없는 귀중한 물건(사람)이다.

moule² *n.f.* ①《패류》섭조개. ②《속어》바보, 얼간이.

moulé(e) [mule] *a.p.* ① 틀에 넣어서 만든, 주조된 (fondu). *statue de bronze* ~ 청동주조동상. ② 인쇄된, 인쇄된 것 같은. *lettres* ~*es* 인쇄된 (인쇄된 것같은) 글자. *écriture* ~*e* (인쇄된 것같은)반듯한 글씨. ③ 모양이 좋은, 균형잡힌. *Elle est bien* ~*e*. 그녀는 몸매가 예쁘다. ④ *colonne* ~*e* 《건축》쇠시리(moulure)로 장식된 원주.
—*n.m.* 인쇄문자.

mouleau [mulo] *n.m.* 제빙용기, 제빙용기로 만든 얼음 덩어리.

moule-beurre [mulbœːr] *n.m.* 《복수불변》(장식용의)버터의 틀.

mouler [mule] *v.t.* ① 주조하다, 거푸집에 붓다; (의)모양을 뜨다, 틀을 만들다. ~ *des médailles* 메달을 주조하다. ~ *le visage d'un mort* 데드마스크를 뜨다. 《목적어 없이》 *en plâtre* 석고로 형을 뜨다. ②[~ *sur*]맞추어 만들다; [~ *dans*] (에)집어넣다. ~ *son style sur le modèle* 문체를 본보기에 맞추다. ~ *ses idées dans la forme d'un roman* 소설형식으로 사상을 표현하다. ③(옷이 몸에)꼭 맞다. *vêtement qui moule le corps* 몸에 꼭 맞는 옷. ④(글자를)반듯하게 쓰다. ⑤(나무를)가지런히 전지하다.
—**se** —*v.pr.* ① 주조되다. ②(옷이)몸에 꼭 맞다. ③[*se* ~ *sur*] (을)본뜨다, 본보기로 삼다.

moulerie [mulri] *n.f.* 주조공장.

mouleur [mulœːr] *n.m.* 주물공; 주형공.

moulier(*ère*¹) [mulje, -ɛːr] *a.* 《패류》섭조개 양식의. —*n.f.* 섭조개 양식장.

moulière² [muljɛːr] *n.f.* ① 늪, 소택지. ② 숫돌의 무른 부분.

moulin [mulɛ̃] *n.m.* ① 제분기(製粉機), 압착기 (pressoir); 방아. ~ *à bras* 맷돌. ~ *à café* 커피를 가는 기구. ~ *à légumes* 야채 믹서. ~ *à vent* 풍차. ~ *à eau* 물레방아. *roue de* ~ 풍차. ②제분소, 방앗간(minoterie, meunerie). ③《구어》(자동차·비행기의)엔진(moteur). ④ⓐ *M~ Rouge* 물랭루주《파리의 유명한 술집》. ⓑ ~ *banal* 《역사》(영주에게 사용료를 지불하는)마을방앗간. ⓒ ~ *à prières* (티벳 불교도가 독경에 쓰는 원통형의)경전함.
apporter[*faire venir*] *de l'eau au* ~ *de qn* ⓐ …에게 자금을 대다. ⓑ (토론에서) …에게 가세하다, …의 편을 들어 발언하다.
~ *à paroles* 《구어》수다장이; 《옛》혀.
On entre ici comme dans un ~. 이곳은 아무나 자유롭게 출입할수 있다.
se battre contre des ~*s à vent* 《구어》가상의 적과 싸우다《소설 «*Don Quichotte*»에서》.

moulinage [mulinaːʒ] *n.m.* ① 명주실을 꼬기. ②(믹서로)야채를 갈기.

mouliner [muline] *v.t.* ① (명주실을)꼬다. ②(믹서로)야채를 갈다. ③《옛》(벌레가 나무를)쏟다.

moulinet [mulinɛ] *n.m.* ① 권양기(捲揚機) (낚싯줄을 감는)얼레, 릴. ②(한사람씩 집어 넣는)회전식 나무문. ③《유속계(流速計)》. ④(칼·막대기·팔 따위를)휘두르기. *faire de grands* ~*s des deux bras* 두 팔을 크게 휘두르다. ⑤《무용》스위스 편, 물리네. ⑥ *tic de* ~ 풍차(물레방아). ⑦ ~ *gastrique* 《동물》(새우의)저작기(咀嚼器).

moulinette [mulinɛt] *n.f.* 《구어》물리네트《가정용 야채믹서》.

moulineur(*se*) [mulinœːr, -ø:z], **moulinier**(*ère*) [mulinje, -ɛːr] *n.* ①《직조》명주실 꼬는 사람. ②《광산》(석탄 따위를)끌어올리는 사람.

moulinois(e) [mulinwa, -aːz] *a.* 물랭《*Moulins*, 프랑스의 도시》의. —**M**~ *n.* 물랭 사람.

moult [mult] *ad.* 《옛》많이(beaucoup), 매우(très).

moulu(e) [muly] (*p.p.*<*moudre*) *a.p.* ① 가루로 된, 갈은, 빻은. *poivre, café* ~ 후추. *or* ~ 금분(金粉). ②《구어》기진맥진한, 녹초가 된(fatigué). *être* ~ *de fatigue* 피곤해서 녹초가 되다.

moulurage [mulyraːʒ] *n.m.* 쇠시리를 만들기.

moulure [mulyːr] *n.f.* ①《건축》쇠시리. ②크리트《실내의 전선부설에 쓰이는 누르는 도구》.

moulurer [mulyre] *v.t.* 《에》쇠시리를 만들다. *rabot à* ~ 쇠시리를 만드는데 쓰는 대패.

moulurier [mulyrje] *n.m.* 《건축》쇠시리를 만드는 사람.

moumoute [mumut] *n.f.* ①《구어》가발(perruque). ②《어린애말》고양이(chatte).

mound [mawnd, mund]《영》*n.m.* 〖고고학〗 (미시시피 강 하류 따위에 있는 선사시대의)토총(土塚).
mouquère [muke:r] *n.f.* =**moukère**.
mourant(e) [murā, -ā:t] (*p.pr.*<*mourir*) *a.* ① 죽어가는, 죽음이 임박한(agonisant, ↔ naissant). être ~ de soif 목이 말라서 죽을 지경이다. ② 꺼져가는, 사라져가는, 기운없는(languissant); (색깔 따위가)연한. d'une voix ~*e* 죽어가는 소리로. feu ~ 꺼져가는 불. yeux(regards) ~*s* 초췌한 시선. bleu ~ 연한 하늘색. ③《구어》지독히 익살맞은. ④《구어》매우 지루한; 지긋지긋한(ennuyeux).
— *n.* 죽어가는 사람, 빈사상태의 사람. premier ~ des conjoints(des père et mère) 〖법〗부부(부모) 중에서 먼저 죽는 사람.
‡**mourir** [muri:r] ⑰ *v.i.*(조동사는 être) ① (사람·생물이)죽다; (식물이)시들다. ~ jeune 젊어서 죽다. ~ pour la patrie 조국을 위해서 죽다. ~ dans un accident 사고로 죽다. ~ à la guerre 전사하다. Les fleurs *sont mortes.* 꽃이 시들었다. Son chien *est mort* enragé. 그의 개는 미쳐 죽었다. [~ de]《de 는 원인을 나타냄》~ *de* cancer[*de* vieillesse, *de* faim] 암으로[노쇠하여, 굶어서] 죽다. Cette maladie l'a fait ~. 그는 그 병으로 죽었다.
② (과장)[~ de](으로)죽을 지경이다, 죽도록 괴롭다. Je *meurs* de soif[*de* faim, *de* fatigue]. 나는 목이 말라[배고파, 고단해서] 죽겠다. Je *meurs* d'envie de le voir. 나는 그를 보고 싶어 죽겠다. ~ *de* rire 포복절도하다. ~ *d'*amour pour *qn* …을 죽도록 사랑하다.
③ (사물·감정이)소멸하다; 사라지다, 없어지다. Mon amitié pour lui *est* maintenant *morte.* 그에 대한 나의 우정이 이제는 식어버렸다. civilisation (pays) qui *meurt* 사라져가는 문명(국가). Le feu *meurt.* 불이 꺼진다. Le jour mourait. 날이 저물어 가고 있다.
④ [~ à]〖종교〗(와)결별하다; (을)버리다. Il a décidé de ~ *au* monde. 그는 세상을 버리고 출가할 것을 결심했다.
⑤ *en mourant*〖음악〗점점 사라져가듯.
à ~ 죽을 지경으로, 극도로. ennuyer *qn à* ~ …을 몹시 따분하게 하다.
à s'en faire ~ 죽도록, 몹시, 굉장히, 지나치게. boire *à s'en faire* ~ 폭음하다.
bien ~ 훌륭한 신도(기독교도)로서 죽다.
faire ~ *qn à petit feu* 남을 조금씩 말려죽이다.
Je veux bien ~ *si*… ; *Que je meure si*… …하다면 죽어도 괜찮다. *Que je meure si* je mens! 나는 절대로(죽어도) 거짓말을 하지 않는다!
~ *dans sa peau* 죽을 때까지(평생) 버릇이 달라지지 않다.
~ *tout entier* 무명인 채로(아무런 업적도 남기지 못하고) 죽다.
On n'en meurt pas. 그것은 대수로운 일이 아니다.
Vous me faites ~. 당신은 나를 못살게 구는군요.
— *se* — *v.pr.*《직설법 현재 및 반과거에만 쓰임》《문어》① 죽어 가다; 사라져가다. La lampe *se mourait.* 램프가 꺼져가고 있었다. *se* ~ *d'amour* 사랑으로 번민하다. ② *se* ~ *d'envie de*+*inf.* …하고 싶어 죽을 지경이다.
mouroir [murwa:r] *n.m.*〖경멸〗양로원(분위기가 나쁜 사람들에게「죽음의 대기실」과 같은 인상을 주기 때문).
mouron [murɔ̃] *n.m.* ①〖식물〗별봄맞이꽃. ~ des oiseaux 별꽃. ②《속어》머리카락.
se faire du ~《속어》걱정하다.
mourre [mu:r] *n.f.* (이탈리아) *n.f.*〖놀이〗상대자가 내미는 손가락 수를 알아맞히는 놀이.

mouscaille [muskaj] *n.f.*《속어》적빈, 궁핍;《은어》똥(merde). être dans la ~ 매우 난처한 처지에 빠져있다; 찢어지게 가난하다.
mousmé [musme]《일본》*n.f.* 일본처녀, 젊은 일본여자;《속어》정부(maîtresse).
mousquet [muskɛ] *n.m.* (16·17세기의)구식 보병총(화승총의 일종).
mousquetade [muskətad] *n.f.*《옛》화승총 사격; 일제 사격.
mousquetaire [muskətɛ:r] *n.m.* ① 총사(銃士); 근위기병. «Les Trois *M*~*s*»「삼총사」(*Dumas père* 의 소설). ②〖의복〗col ~ (부인복의)끝이 뾰족한 넒은 칼라; poignet ~ (와이셔츠의)더블커프스; gant à la ~ 손목까지 올라오는 장갑.
mousqueter [muskəte] ④ *v.t.*《옛》화승총(mousquet)으로 사격하다.
mousqueterie [muskə(ɛ)tri] *n.f.* =**mousquetade**.
mousqueton [muskətɔ̃] *n.m.* ①《옛》(기병·포병용)단총(短銃). ⓑ (헌병이 지니는)단총. ② (낙하산 따위의)스냅훅, 자동식 고리; 거는 고리.
moussage [musaʒ] *n.m.* 〖기술〗포밍(석유 정제 과정에서의 물이나 탄화수소에 의한 정제유의 거품일기).
moussaillon [musajɔ̃] *n.m.*《구어》소년 선원.
moussaka [musaka] (터키) *n.f.*〖요리〗무사카 (가지·고기·계란가루·토마토를 섞어 구운 요리).
moussant(e) [musā, -ā:t] *a.* 거품이 이는. savon ~ 거품이 잘 이는 비누. —*n.f.*《옛·속어》맥주.
—*n.m.*〖광산〗기포제(起泡劑).
mousse¹ [mus] *n.f.* ①이끼. branches mortes couvertes de ~ 이끼로 덮인 삭정이. ② 거품(écume). ~ de savon 비누거품. ~ de champagne 샴페인의 거품. ③〖요리〗크림과 계란 흰자로 된 디저트나 앙트르메 요리. ~ au café(au chocolat) 커피(초콜릿)무스. ④ ~ de platine 백금해면(海綿); fil ~ 가공사; ~ de nylon 나일론망사; caoutchouc ~ 고무스폰지. ⑤〖동격〗vert ~ 모스그린 색(의).
Pierre qui roule n'amasse pas ~.《속담》구르는 돌은 이끼가 안 낀다, 직업을 자주 바꾸면 부자가 못된다. *se faire de la* ~《속어》안달하다, 걱정하다.
mousse² *n.m.* (16 세 이하의)소년 선원.
mousse³ *a.*《불변》《옛》무딘, 둔한(↔ pointu). lame ~ 무딘 날. esprit ~ 둔한 머리.
mousseau [muso] (*pl.* ~*x*) *a.m.* pain ~《옛》상질(上質)의 밀가루로 만든 빵.
mousseline [muslin] *n.f.*〖직물〗모슬린. ② 모슬린 유리(verre ~). —*a.*《불변》① verre ~ 상질의 얇은 유리. ②〖요리〗gâteau ~ 카스텔라, 스폰지케이크; pomme (de terre) ~ 짓이긴 감자, 매시드포테이토; sauce ~ 생크림을 섞은 네덜란드식 소스.
mousser [muse] *v.i.* ① 거품이 일다; 부글부글 끓다. faire ~ de la crème 크림을 거품이 일게 하다. ② ⓐ faire ~ *qc*《구어》…을 자랑하다, 뽐내다. ⓑ se faire ~ 제자랑하다. ⓒ faire ~ *qn*《속어》…을 격분시키다.
mousseron [musrɔ̃] *n.m.*〖식물〗느타리(버섯).
mousseux(se) [musø, -ø:z] *a.* ① 거품이 이는 (écumeux). vagues ~*ses* 거품 이는 물결. vin ~ 거품이는 포도주. ② (천·머리 따위가)부풀은. ③ 솜털로 뒤덮인. nuque ~*se* 솜털로 뒤덮인 목덜미. rose ~*se*〖식물〗(잔털로 덮인)들장미(rose mousseuse). ④《옛》이끼낀(moussu).
—*n.m.* (샴페인처럼 거품 이는)거품이 이는 포도주.
moussoir [muswa:r] *n.m.*〖요리〗거품 일게 하는 기구.

mousson [musɔ̃] *n.f.* 〖*m.*〗계절풍; 계절풍 전환기.
moussot [muso] *n.m.* =**mousseau.**
moussu(e) [musy] *a.* ① 이끼가 낀. ② rose ~*e* 〖식물〗(잔털로 덮인)들장미(원예용 장미의 일종) (rose mousseuse).
*****moustache** [mustaʃ] *n.f.* ① 콧밑 수염; (고양이·사자 따위의)수염. porter la ~[des ~s] 콧밑 수염을 기르고 있다. retrousser la ~ 콧밑 수염을 쓸어 올리다. ~ en croc 카이제르 수염. ~ à la charlot 채플린 수염. ② 〖구어〗뱃머리의 물결. ③ (*pl.*) 〖해양〗(이물에 마련된)버팀 밧줄. 〖항공〗(초음속기의 이착륙용)보조날개. ④ vieille ~〖엣〗노병, 고참병.
 brûler la ~ *à qn* 〖엣〗…에 (권총의)총구를 들이대고 쏘다. *se brûler la* ~ 실패하다.
moustachu(e) [mustaʃy] *a.* 짙은 콧밑수염을 기르고 있는, 콧밑 수염이 있는. visage[portrait] ~ 콧밑 수염이 있는 얼굴[초상화]. — *n.* (위)의 사람.
moust(i)érien(ne) [must(j)erjɛ̃, -ɛn] *n.m.*, *a.* 〖역사〗무스테리안기(期)(의)(구석기시대 중기).
moustier [mustje] *n.m.* =**moutier.**
moustille [mustij] *n.f.* 거품이 이는 포도주의 맛.
moustiquaire [mustikɛːr] *n.f.* ① 모기장. tulle [gaze] à ~ 모기장 천. dormir sous une ~ 모기장을 치고 자다. ② (창들 따위에 마련된)방충망.
*****moustique** [mustik] *n.m.* ① 모기. piqûres de ~ 모기물린 자국. ② 〖구어〗꼬마; 작은 사람.
moût [mu] *n.m.* (발효하기 전의)포도즙; (맥주의)맥아즙(麥芽汁); (일반적으로 술을 만들기 위한) 식물의 즙.
moutard [mutaːr] *n.m.* 〖구어〗아이, 꼬마(enfant).
moutarde [mutard] *n.f.* ① 〖식물〗겨자; 겨자씨. ② (요리용의)겨자(farine de ~). mettre de la ~ 겨자를 치다. pot à ~ 겨자그릇.
 C'est de la ~ *après dîner.* 〖속담〗원님 행차 후의 나팔불기. *La* ~ *lui monte au nez.* 〖구어〗그는 골을 내기 시작한다. *s'amuser à la* ~ 〖구어〗쓸데없는 일로 시간을 낭비하다.
 — *a.* (불변), 겨자 빛깔의, 녹황색의. soldats vêtus de drap ~ 겨자빛 모직 군복을 입은 군인들. ② gaz ~ 〖군사〗이페리트(겨자냄새가 나는 독가스의 일종)(ypérite).
moutardelle [mutardɛl] *n.f.* 〖식물〗서양고추냉이의 일종.
moutardier [mutardje] *n.m.* ① 겨자 제조인[상인]. ② 겨자 그릇.
 se croire le premier ~ *du pape* 〖구어〗잘난 체하다.
moutier [mutje] *n.m.* 〖엣〗수도원(monastère)의 엣말로 오늘날에는 Saint-Pierre-le-*M*~ 와 같은 지명으로 남아 있음).
‡**mouton** [mutɔ̃] *n.m.* ① 양(수양은 bélier, 암양은 brebis); 〖농업〗거세양(去勢羊); 양고기; 양가죽. Le ~ bêle. 양이 운다. couper la laine des ~s 양털을 깎다. acheter du ~ 양고기를 사다. peau de ~ 양털가죽. doux comme un ~ 아주 온순한. être frisé comme un ~ 고수머리를 하고 있다. suivre comme des ~s 생각없이 남들의 행동을 따르다. ② 〖경멸〗유순한 사람, 잘 속아 넘어가는 사람. ~ enragé 평소 온순하다가 갑자기 성을 내는 사람. ③ 〖속어〗같은 감방에서 죄수의 비밀을 캐내는 경찰의 스파이. ④ (*pl.*)거품 이는 잔 물결; 흰 파도; 양털 같은 먼지; 양떼구름. ⑤ (말뚝을 박은)쇠망치, 드롭해머 (bélier, sonnette); 〖해양〗돛줄의 일종. ⑥ ~ du Cap 〖조류〗신천옹(信天翁).
 chercher un ~ *à cinq pattes* 매우 진기한 것을 찾다. *jouer à saute* ~ 〖놀이〗개구리뜀[말뜀]놀이를 하다. ~s *de Panurge* 부화뇌동하는 사람들(Rabelais의 *Pantagruel*에서). *Revenons à nos* ~s. 〖구어〗본론으로 돌아가자.
 — *a.* (*f.* ~*ne*[mutɔn]) 〖엣〗양의; 양같은; 온순한. figure ~*ne* 양을 닮은 얼굴. humeur ~*ne* 유순한 성질.
moutonnage [mutɔnaːʒ] *n.m.* 〖기술〗쇠망치[드롭해머]로 말뚝을 치기.
moutonnaille [mutɔnɑːj] *n.f.* 〖엣〗양떼; 군중.
moutonnant(e) [mutɔnɑ̃, -ɑ̃ːt] *a.* 흰 물결이 이는, 양과 같은.
moutonné(e) [mutɔne] *a.p.* ① 양떼 구름으로 뒤덮인; 흰 물결이 이는. ciel ~ 구름으로 덮인 하늘. nuages ~s 양떼구름. ② 곱슬곱슬한. tête ~e 고수머리. ③ 〖지질〗(바위 따위가)빙하 작용으로 둥글둥글해진.
moutonnement [mutɔnmɑ̃] *n.m.* 흰 물결이 일기. ~ de la mer 바다에서 이는 흰 물결. ~ des collines (비유적)언덕의 기복.
moutonner [mutɔne] *v.t.* ① (엣)양털처럼 곱슬곱슬하게 만들다(지지다). ② 〖은어〗(형무소에서)최수를 탐정하다. — *v.i.* ① 흰 물결이 일다, 거품이 일다(écumer). ② 양털처럼 보이다.
 — *se* ~ *v.pr.* 양떼 구름으로 덮이다.
moutonnerie [mutɔnri] *n.f.* 〖구어〗우둔함, 순종, 맹종; 무미건조한 전원시.
moutonneux(se) [mutɔnø, -øːz] *a.* 흰 물결이 이는, (하늘이) 양떼 구름으로 덮인.
moutonnier(ère) [mutɔnje, -ɛːr] *a.* 부화뇌동하는, 맹종하는. foules ~*ères* 맹목적으로 추종하는 군중.
mouton-pendule [mutɔ̃pɑ̃dyl] (*pl.* ~*s*-~*s*) *n.m.* 충격시험장치(금속의 탄성 에너지 용량을 조사하는 장치).
mouture [mutyːr] *n.f.* ① 찧기, 빻기, 제분; 찧은 가루. ② 〖경멸〗(이미 다루어진 주제의)재탕. La pièce n'est que'une ~ d'un thème trop connu. 이 희곡은 너무나도 잘 알려진 테마의 재탕에 불과하다. ③ 〖농업〗혼합맥(밀·쌀보리·보리를 3분의 1씩 섞은 것) (blé ~). ④ 〖드물게〗방아삯.
 tirer d'un[*du même*] *sac deux*[*dix*] ~*s* 〖구어〗일거양득하다.
mouvance [muvɑ̃ːs] *n.f.* 〖역사〗(봉건제도 하에서)한 영지의 종속; 종속된 영지(~ *passive*); (다른 영지를)지배하는 영지(~ *active*). ② 지배권, 세력권. être dans la ~ de …의 지배권에 있다, …에 종속되어 있다. ③ 〖철학〗(유)동성(流動性).
mouvant(e) [muvɑ̃, -ɑ̃ːt] *a.* ① (형태·장소 따위가) 항상 변화(변천)하는; 달라지는(changeant). sables ~s 유사(流沙). société ~*e* 변동하는 사회. nappe ~*e* des blés 물결치는 밀밭. ② 불안정한(instable). terrain ~ 무른 지반; (비유적)불안한 영역. bâtir sur un terrain ~ (비유적)불안정한 기초 위에 세우다. ③ 〖엣〗움직이는; 움직이게 하는. forces ~*es* 동력. ④ 〖역사〗(봉건제도 하에서)다른 영지의.
 —*n.m.* ① 움직이는 것, 변화하는 것. ② 스테이크의 기름기. ③ 〖엣〗〖사냥〗미끼로 되는 새.

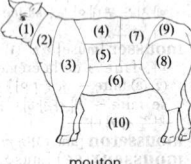

(1) tête (2) collier (3) épaule (4) carré (côtes) (5) haut de côtelettes (6) poitrine (7) filet (8) gigot (9) selle (10) pied

mouton

mouvement [muvmã] *n.m.* ① 움직임, (물체의)운동(↔ arrêt). ~ d'un pendule 시계 추의 흔들림. ~ des astres 천체의 운행. faire ~ 움직이다, 이동하다. mettre qc en ~ 을 움직이다, 활동시키다. être en ~ 움직이고 있다; 동요하고 있다. ② 이동; 왕래; 운행. ~ de capitaux 자본의 이동. ~ de marchandise 상품의 유통. faire ~ vers (군대 따위가)…을 향해 이동하다. guerre de ~ 기동전. ~ de personnel 인사이동. Cette ville est presque sans ~. 이 도시에는 사람의 왕래가 거의 없다. chef du ~ 【철도】운수부장. ③ (몸의)운동, 동작, 몸짓. ~ de jambes 다리의 운동. ~ inconscients 무의식적인 동작. avoir un ~ d'épaule 어깨를 으쓱하다. faire un ~ de la tête 고개를 끄덕이다. aimer le ~ 움직이기를 좋아하다, 활동적이다. ④ 〖문어〗(감정의)움직임, 변화, 동요, 충동. ~s de l'âme(du cœur) 심적 상태, (달라지는)감정. avoir un ~ de joie(du cœur) 기쁨[노여움]이 솟아오르다. premier ~ 최초의 충동. faire qc de son propre ~ 자발적으로 …을 하다. ⑤ 변동, 변화; 기복. ~ des prix 물가의 변동. ~ de fièvre 열의 기복. ~ du terrain 토지의 기복. ~ de la société 사회의 변화(움직임). être dans le ~ 〖구어〗시류에 편승하다. ⑥ (사회적·예술적)운동, 조직, 단체. ~ romantique 낭만주의 운동. ~ syndical 노동조합운동. ~s de jeunesse 청년단. parti du ~ 급진파; 〖역사〗(7월 왕정의)운동파. ⑦ (작품 따위의)움직임, 기세, 활기. Il y a du ~ dans ce tableau. 이 그림에는 기복이 있다. ~ de la phrase 문장의 리듬. ⑧ 〖음악〗진행; 템포; 악장. Le premier ~ de cette symphonie est un allégro. 이 교향곡의 1악장(의 템포)은 알레그로이다. ⑨ (기계 따위의)장치.
bon ~ 관대한(친절한) 마음. Un bon ~, venez avec nous. 자, 큰 맘 먹고 우리와 같이 가지.
en deux temps trois ~s 〖구어〗매우 빨리.
se donner(*prendre*) *du* ~ (몸을)움직이다; (사업 따위의)활약하다.

mouvementé(*e*) [muvmɑ̃te] *a.p.* ① 활기 있는; 변동[변화]있는; 파란 많은(agité, animé). rue ~*e* 활기찬 거리. vie ~*e* 파란만장의 일생. lutte ~*e* 아슬 아슬한 싸움. séance ~*e* 소란스럽게 된 회의. ② (땅이)기복이 있는. terrain ~ 울퉁불퉁한 땅.

mouvementer [muvmɑ̃te] *v.t.* 〖드물게〗(작품 따위에)활기를 주다; 움직임(변화)를 주다.

mouver [muve] *v.t.* 〖드물게〗(땅을)일구다; (소스 따위를)저었다.

mouvette [muvɛt] *n.f.* 〖요리〗(소스 따위를 휘젓는)나무 스푼.

mouvoir [muvwa:r] [56] *v.t.* (회화체에서는 직설법 현재·반과거·분사·복합시제로만 사용) ① 움직이다(actionner, remuer). Il ne pouvait ~ sa jambe. 그는 다리를 움직일 수 없었다. ② (주로 수동적)작동시키다, 움직이게 하다(mettre en action). Cette machine *est mue* par l'électricité. 이 기계는 전기로 작동한다. ③ (의지 따위를)자극하다(exciter). *être mû* par un intérêt sordide 더러운 이기심에 이끌리다.
　—*v.i.* ① 〖옛〗움직이다. ② 〖옛〗〖법〗[~ de] (봉건제도에서 영지가)(에)속하다.
　se ~ *v.pr.* 움직이다(bouger, remuer), 행동하다. On ne pouvait *se* ~ dans le brouillard épais. 짙은 안개 때문에 움직일 수 없었다. *se* ~ dans le mensonge 거짓말만 하고 살다.
　faire ~ *qc* …을 움직이다(se 의 생각). La volonté *fait* ~ toutes nos facultés. 의지가 우리의 모든 기능을 발동시킨다.

moviola [mɔvjɔla] *n.f.* 〖영화〗무비올라(편집용의 영사장치).
moxa [mɔksa] 〖일본〗*n.m.* 〖의학〗뜸; (뜸 뜨는데 쓰는)약쑥.
moye [mwa] *n.f.* (부드러운)돌의 결(moie).
moyé(*e*) [mwaje] *a.* (돌에)부드러운 결이 있는.

moyen¹(*ne*) [mwajɛ̃, -ɛn] *a.* ① 중간에 위치하는, 중간의; 중위(中位)의. cours ~ du Rhône 론강의 중류. homme de taille ~*ne* 중키의 남자. classe ~*ne* 중류 계급. être d'un âge ~ 중년이다. poids ~ (권투의)미들급. cours ~ de français 중급불어. le M~-Orient 중동(中東). ② 보통의, 평범한(ordinaire). le Français ~ 보통의 프랑스 사람. temps ~ 보통 날씨, 별로 좋지 않은 날씨. qualité ~*ne* 보통의 품질. ③ 평균의, 평균적인. vie ~*ne* 평균수명. espérance ~*ne* de vie 평균여명(餘命). température ~*ne* de cet hiver 올 겨울의 평균 온도. ④ ⓐ 【논리】중명사(中名辭). ⓑ 중도; 타협. Il n'y a pas de ~ terme. 타협의 여지가 없다. prendre un ~ terme 〖구어〗온건한 방법을 취하다. ⑤ ⓐ voix ~*ne* 〖그리스문법〗중간태(態). ⓑ voyelle ~*ne* 중설 모음. ⓒ oreille ~*ne* 【해부】중이(中耳).
　—*n.m.* ① 〖수학〗(수열의)중수(中數), 평균수; (*pl.*) (비례식의)중항(中項)(termes ~s). ② 【논리】중사, 매개념(~ terme). ③ écrire en ~ 〖옛〗중간 크기의 글씨로 쓰다.

moyen² [mwajɛ̃] *n.m.* ① 수단, 방법. Tous les ~s lui sont bons. 목적은 수단을 가리지 않는다. La fin justifie les ~s. 〖속담〗목적은 수단을 정당화한다. par tous les ~s 모든 수단을 써서. ~s de transport 교통 수단. ~s d'expression 표현 수단. prendre(employer, utiliser) un ~ 어떤 수단을 사용하다. trouver le ~ de faire fortune 부자가 될 방법을 찾아 내다.
② 중개(仲介), 알선(intermédiaire). Il a obtenu cet emploi par le ~ de qn. 그는 …의 알선으로 이 직업을 얻었다.
③ (*pl.*) (지적·육체적)힘, 능력, 재주(capacité, faculté). par ses propres ~s 제힘으로. C'est au-dessus de mes ~s. 그것은 내 힘에 겨운 일이다. Cet élève manque de ~s. 이 학생은 재주가 없다. Il connaît ses ~s. 그는 자신의 능력을 알고 있다.
④ (*pl.*) 자력(資力), 재산. vivre au-dessus de ses ~s 분에 넘치게 살다. Cela dépasse mes ~s. 그것은(너무 비싸서) 나로서는 엄두도 내지 못하겠다. voies et ~s 〖재정〗(정부의)세입재원(歲入財源).
⑤ (*pl.*) 【법】(변호·기소의)이유, 방법. ~s de l'accusation 기소 이유.
au ~ *de* …에 의해, …을 사용[이용]해서. monter sur le toit *au* ~ *d'*une échelle 사다리로 지붕에 올라가다.
dans la (*pleine*) *mesure de mes* ~s 나의 최선을 다하여, 내 힘이 미치는 한.
employer les grands ~s 비상수단을 쓰다.
enlever les ~s *à qn* …을 당황하게 하다.
(*Il n'y a pas* ~) *de* +*inf.*(*que*+*sub.*) …할 수가 없다. Il n'y a pas ~ *de* faire autrement. 달리 할 방도가 없다.
par le ~ *de* ⓐ …에 의해서, …을 통해서. diffuser un communiqué *par le* ~ *des* ondes 라디오를 통해서 코뮈니케를 널리 알리다. ⓑ 〖옛〗…의 중개로.
se débrouiller avec les ~s *du bord* (당장 가지고 있는)한정된 수단으로 헤쳐나가다.
trouver ~ *de*+*inf.* …하게 되다. Il *a trouvé* ~ *de* se brouiller avec le directeur. 그는 국장과 다투게

되었다.
moyen âge, moyen-âge [mwajɛna:ʒ] *n.m.* 중세.
—*a.* 중세의; 남아메리칸. costume ~ 중세의 의상.
moyenâgeux(se) [mwajɛna[a]ʒø, -ʃiz] *a.* 《멸》 ① 중세의(médiéval). ② 중세 취미의, 중세풍의. ③ 《경멸》시대에 뒤진(suranné). institutions ~ses 시대에 뒤떨어진 제도.
moyenâgiste [mwajɛna[a]ʒist] *n.m.* 《드물게》중세를 연구하는 사람; 중세 연구가.
moyen-courrier [mwajɛkurje] (*pl.* ~**s**-~**s**) *n.m., a.m.* 《항공》 중거리 수송기[여객기](의)(1,600~2,000km).
moyennant [mwajɛnɑ̃] *prép.* …에 의해, …을 사용해서(au moyen de); …의 덕택으로(grâce à); …의 조건으로(en échange de). - finance(récompense) 보수를 받고. ~ un effort soutenu 꾸준한 노력함으로써. ~ *que*+sub. 《문어》…라는 조건으로(à condition que). ~ *quoi* 그렇게 하면, 그런 조건으로.
*moyenne [mwajɛn] *n.f.* ① 평균. ~ d'âge 평균연령. ~ arithmétique(géométrique, harmonique) 산술(기하·조화)평균. calculer(faire) la ~ 평균(치)을 내다. ② 중간; 중용. Cela fait ~. 꼭 중간이 된다〔상쇄된다〕. intelligence au-dessus de la ~ 중간 수준 이상의 지능. ③ 《학교》 중간점, 급제점(20점 만점의 10점). avoir la ~ 급제점을 얻다. être dans la bonne ~ 《성적 따위에서》 충분히 중간은 된다. ④ ~ électorale; ~ de liste 《법》 (비례대표제의 선거에서)당선표준점.
en ~ 평균해서, 평균적으로. Il travaille *en* ~ huit heures par jour. 그는 하루 평균 8시간 일한다.
moyennement [mwajɛnmɑ̃] *ad.* 보통으로; 평균하여(↔ excessivement).
moyenner [mwajɛ[e]ne] *v.t.* 《옛》중개(주선)하다.
Il n'y a pas moyen de ~. 《속어》어찌할 길이 없다.
Moyen-Orient [mwajɛnɔrjɑ̃] *n.pr.m.* 《지리》 중동(中東).
moyen-oriental(ale, *pl.* **aux)** [mwajɛnɔrjɑ̃tal, -o] *a.* 중동의.
moyer [mwaje] [7] *v.t.* (돌을) 2등분으로 자르다.
moyettage [mwajɛtaːʒ] *n.m.* 낟가리하기.
moyette [mwajɛt] *n.f.* 《농업》 작은 낟가리.
moyetter [mwajɛ[e]te] *v.t.* 낟가리하다.
moyeu [mwajø] (*pl.* ~**x**) *n.m.* (수레 바퀴의 살이 모이는)바퀴통; (햇볕·바퀴 따위의)축.
mozabite [mɔzabit] *a., n.* (남 알제리의)므잡(*Mzab*)의. —**M**~ *n.* 므잡족 회교도.
mozarabe [mɔzarab] *n., a.* 《종교사》 모자랍(회교도의 지배하에 있던 에스파냐의 기독교도)(의).
mozarabique [mɔzarabik] *a.* mozarabe 의.
mozette [mɔzɛt] *n.f.* = mosette.
M.P. 《영·약자》 military police 미국의 헌병.
M.-P. 《약자》 mandat-poste 우편환.
M.P.C. 《약자》 certificat de mathématique, physique et chimie 수학·물리학·화학수료증.
Mme 《약자》 Marquis 후작.
M^qse 《약자》 Marquise 후작 부인.
Mr. 《영·약자》 mister 씨, 군(monsieur).
M.R.P. 《약자》 Mouvement Républicain Populaire 프랑스 인민 공화파.
Mrs. 《영·약자》 mistress …부인.
M.R.U. 《약자》 Ministère de la reconstruction et de l'urbanisme 부흥부[성].
ms 《약자》 moins …을 뺀, …이 모자란.
Ms., ms. 《약자》 (*pl.* MSS.) manuscrit 원고.
m/s¹ 《약자》 mètre par seconde 《물리》 미터매초.
m/s² 《약자》 mètre par seconde par seconde 《물리》

M/S, M.S. 《약자》 motorship 발동기선.
M.S.A. 《약자》 Mutualité sociale agricole 농업협동조합.
M.S.B.S. 《약자》 (missile) mer-sol-balistique-stratégique 수중대지탄도 전략미사일.
msin 《약자》 magasin 창고, 상점.
Mt 《약자》 mégatonne 메가톤.
M.T. 《약자》 Service du matériel et de la traction 《철도》 자재운수국.
M.T.B. 《약자》 motor torpedo boat 어뢰정.
M.T.C.F. 《약자》 mes très chers frères 《종교》 나의 사랑하는 형제들이여.
mth 《약자》 millithermie 《물리》 밀리테르미.
M.T.S. 《약자》 mètre-tonne-seconde 도량형 기본 3단위.
mu [my] *n.m.* ① 그리스 자모의 제 12자(*M, μ*). ② 《수학》 1,000 분의 1 밀리미터(micromillimètre의 약자). ③ 《물리》 뮤 중간자(muon).
mû(ue) [my] mouvoir 의 과거분사.
muabilité [mɥabilite] *n.f.* 《드물게》변하기 쉬움, 일정하지 않음.
muable [mɥabl] *a.* 《옛·문어》변하기 쉬운, 일정하지 않은.
muance [mɥɑ̃:s] *n.f.* ①《옛》(사춘기의) 변성(變聲). ②《옛》《음악》(고대 6음계 창법에서) 6음도약, 전조(轉調).
mucédinées [mysedine] *n.f.pl.* 《옛》= mucoracées.
muche-pot (à) [amyʃpo] *loc.ad.* 《구어·사투리》 남몰래, 숨어서(en cachette).
mucher [myʃe] *v.t.* 《구어·사투리》숨기다(cacher, musser). —**se** ~ *v.pr.* 숨다.
muciforme [mysifɔrm] *a.* 점액상(粘液狀)의.
mucilage [mysilaːʒ] *n.m.* ① 식물성 점액질; 점액. ② 고무풀.
mucilagineux(se) [mysilaʒinø, -øːz] *a.* 점액질의, 끈적끈적한.
mucinase [mysinaːz] *n.f.* 《의학》무친 분해효소(分解酵素).
mucine [mysin] *n.f.* 《화학》무친, 점소(粘素).
mucique [mysik] *a.* acide ~ 《화학》점액산.
muco- *préf.* 「점액」의 뜻.
mucoïde [mykɔid] *n.m.* 《의학·화학》 무코이드(당(糖) 단백질의 일종).
mucopolysaccharide [mykɔpɔlisakarid] *n.m.* 무코다당(多糖)(류).
mucoprotéide [mykɔprɔteid] *n.m.*, **mucoprotéin** [mykɔprɔtein] *n.f.* 무코단백질(mucoïde).
mucor [mykɔːr] *n.m.* 《식물》털곰팡이.
mucoracées [mykɔrase] *n.f.pl.*, **mucorinées** [mykɔrine] *n.f.pl.* 《식물》털곰팡이속(屬).
mucosité [mykɔzite] *n.f.* 《생리》점액(粘液).
mucron [mykrɔ̃] *n.m.* 《식물》(가시 모양의)작은 돌기(突起).
mucroné(e) [mykrɔne] *a.* 《식물》작은 돌기가 있는.
mucus [mykys] *n.m.* 《생리》점액.
mudar [mydaːr] *n.m.* 《식물·약》머다르(인도산의 관목; 발한제).
mudéjar(e) [mydeʒaːr] 《에스파냐》*n.* 무데하르(에스파냐에 사는 기독교를 믿는 아라비아 사람).
—*a.* art ~(12~16세기 에스파냐의)아라비아 예술의 영향을 받은 기독교 예술.
mue¹ [my] *n.f.* ① 털갈이, 풀갈이, 허물벗기; (누에의)잠; 탈모(탈피)기(期); 벗겨진 털(허물·피부); 발한제). serin en ~ 털갈이하는 카나리아. ~ de serpent 뱀의 벗긴 허물. ② (사춘기의)변성(變聲)(muance). ③ (닭 따위의)어리, 사육용 계사. mettre des

poules en ~ 닭을 어리에 넣다. ④《문어》변화.
mue² *a.f.* rage ~《옛》《수의》공수병(恐水病)의 일종《이 병에 걸리면 개가 짖지 않음》.
muer [mɥe] *v.i.* ① 털[뿔]갈이하다, 허물벗다. ② 변성하다. Les enfants *muent* entre onze et quatorze ans. 어린이들은 11세와 14세 사이에 음성이 변한다.
—*v.t.* ①《문어》[~ en]《으로》바꾸다, 변화시키다. ~ l'or *en* plomb 금을 납으로 바꾸다. ~ sa tête《사슴이》뿔이 빠지다.
—*se* ~ *v.pr.* [se ~ en]《으로》바뀌다(se changer). La sympathie *s'est muée en* amour. 동정이 사랑으로 바뀌었다.
***muet(te¹)** [mɥɛ, -ɛt] *a.* ① 벙어리의, 말을 못하는. ~ de naissance 날 때부터 벙어리인. ② 말이 없는, 무언의, 무성의; 무음(無音)의. ~ de terreur [d'admiration] 공포로[감탄으로] 말이 막힌. ~s reproches 무언의 비난. film ~ 무성영화. horloge ~*te* 종을 치지 않는 시계(↔ horloge sonnante). La loi est ~*te* sur ce point[cette question]. 이 점 [문제]에 관해서는 법률은 아무런 규정도 없다. ~ comme la tombe 무겁게 침묵한. ~ comme une carpe 전혀 말이 없는, 꿀먹은 벙어리같은. rester ~ 잠자코 있다. rendre ~ 아연케 하다. ③《언어》무음의, 무성의. 《e》 ~ 무음의 "e." 《h》 ~ 무성의 "h." consonne ~*te* 무음의 자음(corps [kɔr] ⓟ, s 따위). ④ 무기입(無記入)의. carte ~*te* 백지도. médaille ~*te* 무명(無銘)의 메달.
—*n.* 벙어리.
—*n.m.* ① (*pl.*)《터키의 황제를 모시는》벙어리 시종. ② 무성영화(cinéma ~).
—*n.f.* ①《옛·속어》양심. ②《옛·은어》무언의 항의. ③ la grande ~*te* 군대.
à la ~*te* 말없이, 잠자코, 손짓[몸짓]으로. *piquer une* ~*te*《군사》소리내지 않고 총을 다루다.
muette² [mɥɛt] *n.f.*《옛》사냥개의 개집; (사냥꾼의) 대기소, 사냥막.
muettement [mɥɛtmɑ̃] *ad.* 말 없이, 묵묵히.
muézin, muezzin [mɥezɛ̃] *n.m.*《회교》사원 첨탑에서 기도시간을 알리는 승려.
muffée [myfe] *n.f.*《속어》① (술이)배에 가득참, 만취. avoir[tenir] une bonne ~ 곤드레만드레 취하다. ② 대량, 다량.
muffin [myfin, mœfin]《영》 *n.m.* 머핀《껍질이 엷은 작은 고급 빵》.
mufle [myfl] *n.m.* ① (소·토끼 따위의)콧방울《털이 나지 않은 부분》. ②《구어》천한 큰 얼굴; 야비한 [상스러운] 놈(goujat, malotru, ↔ galant); 《옛》어리석은 놈. ③ ~ de veau[de bœuf]《구어》《식물》미어초. —*a.* 천한, 야비한. Il est ~ comme tout. 녀석은 천하의 쌍놈이다.
mufleau [myflo] (*pl.* ~*x*) *n.m.* = muflier.
muflée [myfle] *n.f.* = muffée.
muflerie [myfləri] *n.f.*《구어》상스러움, 야비함; 상스러운[야비한] 짓(goujaterie).
muflier [myflije] *n.m.*《식물》금어초.
mufti [myfti] *n.m.*《회교》교전(敎典)해석·계율상의 문제를 다스리는 승려.
muge [myʒ] *n.m.*《어류》숭어.
mugir [myʒir] *v.i.* (소가)울다(beugler, meugler); 소처럼 울다; (사람·바람 따위가)으르렁거리다, 노호하다. ~ de colère 노여움에 으르렁거리다.
mugissant(e) [myʒisɑ̃, -ɑ̃ːt] *a.* (소가)우는; (사람·바람 따위가)으르렁거리는.
mugissement [myʒismɑ̃] *n.m.* (소의)울음소리; 노호하는 소리.
muguet [mygɛ] *n.m.* ①《식물》은방울꽃. On offre du ~ le 1ᵉʳ mai. 5월 1일에는 은방울꽃을 선사한다. ②《옛》멋장이. ③《의학》아구창.
mugueter [mygte] [5] *v.t.*《옛》(여자에게)칭송을 사려고 굴다, 치근거리다.
muid [mɥi] *n.m.* ① (곡물·액체로 되는)옛날 용량 단위《술에 대해서는 268 리터, 곡물이나 소금의 경우에는 1,872 리터》. ② (1 muid 들이의)큰 통, 큰 말.
muire [mɥiːr] *n.f.* (증발하여 진해진)염호(塩湖)의 염수.
mulard(e) [mylar, -ard]《조류》*a.* cane ~*e* 잡종의 집오리. —*n.* 잡종의 집오리.
mulasse [mylas] *n.f.*《동물》어린 노새.
mulasserie [mylasri] *n.f.* 노새의 사육.
mulassier(ère) [mylasje, -ɛːr] *a.* 노새를 낳는; 노새 생산의. jument ~ère 노새를 낳는 암말.
mulâtre [mylɑːtr] *a.* 흑백 혼혈의(métis). —*n.*《여성은 mulâtresse》흑백 혼혈아.
mulcter [mylkte] *v.t.* ①《구어》학대[구박]하다. ②《옛》《법》처벌하다, (에게)벌금을 물리다.
mule¹ [myl] *n.f.* ① (굽이 높은)여자용 실내 슬리퍼. ~ du pape (십자가의 수를 놓은)교황의 흰 슬리퍼. baiser la ~ du pape 교황의 오른발 슬리퍼의 십자가에 입맞추다《군주 이외의 알현자의 예법》. ② 발뒤꿈치의 동상(凍傷).
mule² *n.f.*《동물》암노새. être chargé comme une ~《구어》짐을 잔뜩 싣고 있다. être têtu comme une ~; avoir une tête de ~《구어》고집불통이다.
mule³ *n.f.*《옛》위(胃).
mule-jenny [mylʒe(ɛn)ni] (*pl.* ~*s*-~*s*)《영》*n.f.*《직물》뮬 정방기(精紡機).
mulet¹ [mylɛ] *n.m.*《동물》수노새; 잡종의 동물. grand ~ (수나귀와 암말 사이에 태어난)노새. petit ~ (암나귀와 수말 사이에 태어난)버새.
être chargé comme un ~《구어》짐을 잔뜩 싣고 있다. *être têtu comme un* ~《구어》옹고집이다.
mulet² *n.m.*《어류》숭어(muge).
muleta [muleta]《에스파냐》*n.f.* 투우사가 소를 흥분시키기 데 쓰는[붉은] 헝겊[천].
muletier(ère) [myltje, -ɛːr] *a.* 노새의; 노새가 다니기에 알맞은. sentier[chemin] ~ 노새만이 다닐 수 있는 좁고 가파른 길. —*n.m.* 노새 몰이꾼.
multières [myltjɛːr] *n.f.pl.* 숭어를 잡는 그물.
muleton(ne) [mylt3] *n.m.* 어린 노새.
mulette [mylɛt] *n.f.*《패류》말조개속(屬).
mull [myl] *n.m.*《지질》흑니토(黑泥土).
mulle [myl] *n.m.*《어류》숭어(mulet²).
mull-jenny [mylʒe(ɛn)ni] *n.f.* = mule-jenny.
mulon [myl3] *n.m.* (염전의)소금 더미.
mulot [mylo] *n.m.*《동물》들쥐.
mulsion [mylsj3] *n.f.* (가축의)젖짜기.
multangulaire [myltɑ̃gylɛːr] *a.* 다각(多角)의.
multi- *préf.*《다수(多數)》의 뜻(↔ mono-).
multiarticulé(e) [myltiartikyle] *a.*《동물》마디가 많은, 다절(多節)의.
multibroche [myltibrɔʃ] *a.* tour ~《기술》다축 자동선반.
multicâble [myltikɑbl(ə)] *a.*《기술》복선의, 복수 케이블의. ascenseur ~ 복수 케이블로 올리는 엘리베이터.
multicapsulaire [myltikapsylɛːr] *a.*《식물》깍지가 많은.
multicarte [myltikart] *a.* (외교판매원이)여러 회사를 대리하는.
multicaule [myltikoːl] *a.*《식물》줄기가 많은.
multicellulaire [myltiselylɛːr] *a.* 세포가 많은, 다세포의.
multicolore [myltikɔlɔːr] *a.* 다색(多色)의. oiseau

~ 다색조(鳥).

multicopiste [myltikɔpist] a. 복사(複寫)의. carnet ~ 복사부(簿).

multicoque [myltikɔk] n.m. 〖해양〗 여러 선체를 한데 묶은 범선.

multicouche [myltikuʃ] a. 많은 층으로 된. revêtement ~ 〖건축〗 다층명면벽.

multiculturalisme [myltikyltyralism(ə)] n.m. 〖학술〗(한 나라에서) 여러 문화의 공존.

multicuspidé(e) [myltikyspide] a. 〖식물〗 첨두(尖頭)가 많은.

multidigité(e) [myltidiʒite] a. 손가락이 많은.

multidisciplinaire [myltidisipline:r] a. 다수 전공분야의(pluridisciplinaire). organisation scientifique ~ 다부문 연구조직.

multifilaire [myltifilɛ:r] a. 〖전기〗 (안테나 따위가) 선이 많은.

multiflore [myltiflɔ:r] a. 〖식물〗 꽃이 많이 달리는.

multiforme [myltifɔrm] a. 다형(多形)의; 다양한, 다방면의.

multilatéral(ale, pl. aux) [myltilateral, -o] a. ① 다수 국가간의. accord ~ 다국간 협정. ② opposition ~ale 〖음성〗 다원적 대립.

multilatère [myltilatɛ:r] a. 다변(多邊)의.

multilingue [myltilɛ̃g] a. 여러 언어를 병용하는.

multilinguisme [myltilɛ̃gyism] n.m. 〖언어〗 수개 언어의 병용.

multilobé(e) [myltilɔbe] a. 〖식물〗 다열편(多裂片)의.

multiloculaire [myltilɔkylɛ:r] a. 〖식물〗 다방성(多房性)의.

multimilliardaire [myltimiljardɛ:r] n., a. 거부(巨富)(의).

multimillionnaire [myltimiljɔnɛ:r] n., a. 부호(富豪)(의).

multimoteur(trice) [myltimɔtœ:r, -tris] 〖항공〗 a. 다(多)발동기의. —n.m. (위)의 비행기.

multinational(ale, pl. aux) [myltinasjɔnal, -o] a. 여러 나라(사이)의, 다국적의. État ~ 다민족국가. —n.m. 다국적기업.

multinationalité [myltinasjɔnalite] n.f. (기업 따위의) 다국적성.

multinervé(e) [myltinerve] a. 〖식물〗 잎맥이 많은.

multipare [myltipa:r] a. (동물이) 다산(多産)의; 한배에 새끼를 많이 낳는, (여자가) 아이를 많이 낳은. —n.f. 다산한 여자, (두 번 이상의) 경산부.

multiparité [myltiparite] n.f. (동물이) 한배에 새끼를 많이 낳기; (사람의) 다산.

multipartisme [myltipartism] n.m. 다당제(多黨制), (소당분립) (小黨分立)의.

multipédale [myltipedal] a. 다족형(多足型)의. tracteur ~ 무한궤도가 달린 견인차(牽引車).

multiplace [myltiplas] 〖항공〗 a. 좌석이 여럿있는. —n.m. 여러명이 타는 전투기(↔monoplace).

multiplan(e) [myltiplã, -an] (옛) 〖항공〗 a. 다엽식(多葉式)의. —n.m. 다엽식 비행기.

multiple [myltipl] a. ① (복수명사와 함께) ⓐ 여러가지의, 여러방면의, 다수의, 다양한. donner des raisons ~s 여러가지 이유를 들다. aspects ~s d'un phénomène 한 현상의 여러가지 양상. à de ~s reprises 여러차례 되풀이해서. ⓑ 배수의. 21 est ~ de 7. 21 은 7 의 배수이다. ② (다수명사와 함께) ⓐ 《드물게》 복잡한. question ~ 복잡한 문제. ⓑ 〖식물〗 천엽의. ⓒ écho ~ 〖물리〗 다중(多重)반향. ⓓ sujet ~ 〖언어〗 복합주어(예: Le soleil et la lune sont...).
—n.m. ① 〖수학〗 배수. le plus petit commun 최소공배수. ② 〖전화〗 복식 재크파넬, 다중 전화기.

multiplet [myltiplɛ] n.m. 〖광학〗 (스펙트럼의) 다중선(多重線).

multiplex [myltiplɛks] a. 〖기술〗 다중통신의. télégraphe ~ 다중전신(기). —n.m. ① 다중통신. ② 멀티플렉스(항공사진으로 지형을 작도하는 데에 쓰는 다등식(多燈式) 투영작도기계).

multiplexage [myltiplɛksaʒ] n.m. 〖기술〗 다중화: ⓐ 라디오·텔레비전의 다중 전송. ⓑ 컴퓨터의 단일 데이터 통로의 다수 공유에 의한 유효이용.

multiplexeur [myltiplɛksœ:r] n.m. 멀티플렉서: ⓐ 라디오·텔레비전의 다중통신장치. ⓑ 컴퓨터에서 단일 데이터 통로를 다수 공유하는 장치.

multipliable [myltipli(j)abl] a. 배가(증가)할 수 있는; 〖수학〗 곱할 수 있는.

multipliant(e) [myltipli(j)ã, -ã:t] a. ① 증가(增加)시키는; 〖수학〗 곱하는. ② verre ~ 〖물리〗 다상렌즈. ~ 다상 렌즈.

multiplicande [myltiplikã:d] n.m. 〖수학〗 피승수(被乘數).

multiplicateur(trice) [myltiplikatœ:r, -tris] a. 곱하는; 증가시키는. engrenage ~ d'un changement de vitesse 변속장치의 증속 톱니바퀴. train ~ 증속기어, 증속장치. —n.m. ① 〖수학〗 승수(乘數)(↔diviseur). ② 〖전기〗 배율기(倍率器). ③ théorie du ~ 〖경제〗 승수이론.

multiplicatif(ve) [myltiplikatif, -i:v] a. 배가(하)는; 증식시키는; 곱셈의. —n.m. 〖언어〗 배수사(倍數詞)(double, triple 따위).

multiplication [myltiplikasjɔ̃] n.f. ① 증가(accroissement); 증식, 번식(reproduction). ~ des bactéries 박테리아의 번식. ~ des supermarchés 슈퍼마켓의 증가. ~ des pains 〖성서〗 그리스도의 빵의 기적. ② 〖수학〗 곱셈. table de ~ 구구표. ③ 〖톱니바퀴의〗회전비(回轉比). grande(petite) ~ 고속(저속)연동장치.

multiplicité [myltiplisite] n.f. 다수; 다양(성). ~ des inventions 많은 발명.

multiplié(e) [myltiplije] a.p. ① 〖수학〗 곱해진. sept ~ par neuf, 7×9. ② 수가 늘어난. accidents ~s pas la négligence 부주의로 인하여 늘어난 사고. ③ 수많은, 갖가지의. difficultés ~es 갖가지의 곤란.

***multiplier** [myltiplije] v.t. ① 증가시키다(augmenter); 되풀이하다(répéter); 번식시키다(reproduire). ~ des expériences diverses 갖가지 경험을 쌓아나가다. ~ les erreurs 잘못을 많이 저지르다. ~ des plantes par bouture 꺾꽂이로 식물을 번식시키다. ② 〖수학〗 곱하다. ~ un nombre par lui-même 어떤 수를 제곱하다.
—v.i. 증가하다; 번식하다. Croissez et multipliez. 〖성서〗 생육하라; 번성하라.
—se v.pr. ① 증가(증대)하다(s'accroître). 번식하다(se reproduire). Les incidents se multiplient. 사고가 늘어난다. ② (사람이) 한꺼번에 여러가지 일을 하다; 크게 활약하다. ③ 〖연극〗 일인다역(一人多役)을 하다.

multipolaire [myltipɔlɛ:r] a. ① 〖전기〗 다극(多極)의. dynamo ~ 〖전기〗 다극 직류 발전기. ② 〖생물〗 다돌기성(多突起性)의.

multipropriétaire [myltiprɔprijetɛ:r] n. (아파트·별장 따위의) 공동 소유자.

multipropriété [myltiprɔprijete] n.f. (아파트 따위의) 공동 소유.

multiracial(ale, pl. aux) [myltirasjal, -o] a. 여러 인종이 함께 사는. nation ~ale 다민족 국가.

multirisque [myltirisk] *a.* assurances ~s 종합보.
multisoc [myltisɔk] *n.m.* =**polysoc.** 〖농〗.
multistandard [myltistɑ̃da:r] *a.* 〖불방〗(수상기 따위의)다방식(多方式)의. ~ 의 다방식 수상기.
multitraitement [myltitrɛtmɑ̃] *n.m.* 〖정보〗(컴퓨터에 의한)다중처리, 멀티프로세싱.
multitube [myltityb] *a.* 〖군사〗(로켓 포의)발사관이 여러 개의.
multitubulaire [myltitybylɛ:r] *a.* 〖기계〗 다관(多管)의. chaudière ~ 다관식 기관(汽罐).
multitude [myltityd] *n.f.* ① 다수. une ~ d'événements 수많은 사건. ~ des étudiants 수많은 학생. ②〖옛·문어〗(특히 경멸적인 뜻에서)군중, 대중; 어중이떠중이.
multivalve [myltivalv] 〖패류〗 *a., n.m.* 여러 조각으로 이루어진(조개).
multivibrateur [myltivibratœ:r] *n.m.* 〖전기〗 멀티바이브레이터, 다조파발진기(多調波發振機).
munichisme [mynikism] *n.m.* 〖정치〗 (1938년의)뮌헨 유화[양보] 정책.
munichois(e) [mynikwa, -a:z] *a.* 뮌헨(*Munich* [mynik], 독일의 도시)의. —**M~** *n.* 뮌헨 사람.
***municipal(ale, pl. aux)** [mynisipal, -o] *a.* ① 도시의, 시[읍·면]의. conseil ~ 시[읍·면]의회. théâtre[stade] ~ 시[도립 극장(경기장). garde ~ale (de Paris) 〖옛〗(19 세기의)파리의 경찰대. ②〖고대로마〗 자치시의. —*n.m.* 〖구어〗파리의 경찰대원(garde ~).
municipalement [mynisipalmɑ̃] *ad.* 시[·읍·면]제(制)상.
municipalisation [mynisipalizasjɔ̃] *n.f.* (투기를 막기 위한)토지의 시[읍·면]유화(有化).
municipaliser [mynisipalize] *v.t.* 시[읍·면]제(制)로 하다, (사유재산을)시유화[市有化]하다. ~ des terrains 토지를 시유화하다.
—**se** ~ *v.pr.* 시유로 되다.
municipalisme [mynisipalism] *n.m.* 자치도시[읍·면]제(制); 지방자치주의; (토지재산의)시[읍·면]유화(有化) 방책.
municipalité [mynisipalite] *n.f.* ① (자치의)시, 읍, 면(commune). ② 시[읍·면]장 및 보좌관의 모임, 시[읍·면] 직원들. ③ 시청, 읍[면] 사무소.
municipe [mynisip] *n.m.* 〖고대로마〗 자치도시; 자치시민.
munificence [mynifisɑ̃:s] *n.f.* 〖문어〗너그러움, 선심(largesse, ↔ avarice).
munificent(e) [mynifisɑ̃, -ɑ̃:t] *a.* 〖문어〗너그러운, 관대한, 아낌없이 주는(généreux).
munir [myni:r] *v.t.* ①[~ de] 갖추어 주다, 마련해 주다(garnir, ↔ démunir). ~ son fils d'argent de poche 아들에게 용돈을 주다. ~ le laboratoire *du* matériel nécessaire 실험실에 필요한 기재를 마련해 주다. Il est muni des diplômes nécessaires. 그는 필요한 자격증[면허증]을 갖추고 있다. ②〖옛〗(요새·성에)식량·무기 등을 공급하다. ~ une place de guerre 요새에 식량·군수품을 공급하다.
—**se** ~ *v.pr.* [se ~ de] (을)갖추다, 마련하다. *se* ~ *de* patience 인내력을 키우다, 꾹 참다.
munition [mynisjɔ̃] *n.f.* ①(*pl.*)〖군사〗, 탄약; 양식. entrepôt de ~s 탄약고. être ravitaillé en ~s 탄약[식량]을 공급받다. ~s de bouche 식량. pain de ~ 〖군대〗 빵. compagnie de ~s 탄약보급 중대. ② 군수품[양식]의 공급.
munitionnaire [mynisjɔnɛ:r] *n.m.* 〖군사〗 양식 수송계; 군수품 납품업자.
munitionner [mynisjɔne] *v.t.* (에) 군수품[식량]을 공급하다.

munster [mœ̃stɛ:r] *n.m.* (프랑스의)뮌스테르산 치즈.
muntjac [mœ̃tʒak] 〖영〗 *n.m.* 〖동물〗 (인도네시아·말레이시아의)작은 사슴.
muon [myɔ̃] *n.m.* 〖물리〗 뮤(μ)입자.
muphti [myfti] *n.m.* =**mufti.**
muqueux(se) [mykø, -ø:z] *a.* 점액(성)의; 점액을 분비하는. —*n.f.* 점막(粘膜)(membrane ~se).
‡mur [my:r] *n.m.* ① 벽; 담장, 돌담. Il a accroché un tableau au ~. 그는 벽에 그림을 걸었다. bâtir [construire, élever] un ~ 담을 쌓다. Le terrain est clos par un ~. 그 땅은 담으로 둘러싸여 있다. pan de ~ 벽면. ~ extérieur(intérieur) 외[내]벽. ~ mitoyen 공유벽(共有壁). ~ d'enceinte 위벽(圍壁). ~ de soutènement (흙이 허물어지는 것을 막는)축대. ~ de Berlin 베를린 장벽. M~ *des Lamentations* (예루살렘의)탄식의 벽.
② (*pl.*)성벽(~s d'une ville); 마을, 집. dans les ~s (비유적) 시내에. ~s d'une ville fortifiée 요새도시의 성벽. entrer dans les ~s 입성하다. Il est arrivé dans nos ~s. 그는 우리 마을에 도착했다.
③〖비유적〗벽, 장애(물), 장벽. ~ magnétique 〖물리〗자벽(磁壁). ~ de la chaleur (초음속기 따위의)열의 장벽. ~ de la vie privée 사생활의 벽. ~ d'airain 극복할 수 없는 장애. se heurter à un ~ 장애(벽)에 부닥치다. se cogner(se taper) la tête contre les ~s 벽에 머리를 부딪치다; 어려운 일에 봉착하다; 절망하다.
④(벽과 같이)완고한 사람. On parle à un ~; On tirerait plutôt de l'huile d'un ~. 벽에다 대고 말하는 것같다, 그 사람은 벽창호이다.
⑤ 〖스포츠〗 faire le ~ 밀집방어를 펴다; 〖펜싱〗 tirer au ~ 상대방에게 방어 자세를 취하게 해 놓고 공격하다; parer au ~ 완전히 방어자세를 취하다.
battre les ~s 〖구어〗갈짓자 걸음을 걷다.
coller qn au ~ …을 총살하다.
donner de [se battre] la tête contre un ~ 불가능한 일을 꾀하다, 헛수고하다.
entre quatre ~s 〖구어〗텅 빈 방속에; 감옥 속에.
être dans ses ~s 자기 집을 갖고있다. 서.
être[se mettre] le dos au ~ 배수진을 치다; 궁지에 몰리다.
mettre qn au pied du ~ …을 진퇴유곡에 빠지게 하다, 궁지를 내리게 하다.
ne laisser que les quatre ~s 집안 것을 송두리째 가져가다.
n'être pas gras de lécher les ~s 〖속어〗많이 먹어서 살이 뒤룩뒤룩 졌다. 「가다.
raser les ~s (몸을 숨기려고)벽에 몸을 바싹대고
sauter[faire] le ~ (군인·기숙생 따위가)외출하다.

‡mûr(e¹) [my:r] *a.* ① (과실 따위가)익은. Cette poire n'est pas ~e. 이 배는 익지 않았다. abcès ~ 곪아 터지게 된 종기. ② 성숙[원숙]한, 생각이 깊은; (비유적) (기회 따위가)무르익은, 충분히 준비된. adolescent très ~ pour son âge 나이에 비해 분별 있는 청년. âge ~ (35세 전후의)분별있는 중년. couple ~ 중년 부부. esprit[homme] ~ 생각이 깊은 사람, 어른. [~ pour *qc*] ~ *pour le mariage* 결혼적령기의. projet ~ 충분히 준비된 계획. Après ~e réflexion 신중히 숙고한 끝에, 심사숙고 끝에. La révolution est ~e. 혁명의 기운이 무르익어가고 있다. ③〖구어〗많이 사용한, 헐어빠진. drap ~ 헐어빠진 시트. ④〖속어〗취한(ivre, soûl). Il est complètement ~. 그는 만취했다.
Entre deux vertes, une ~e. 〖속담〗나쁜 일 가운데에도 좋은 일이 있게 마련이다. *Il faut attendre à*

cueillir en poire qu'elle soit ~e. 너무 조급하게 굴면 일을 망친다.

murage [myra:ʒ] *n.m.* 벽(담장)으로 둘러싸기(막기); 둘러친 벽(담장).

mûraie [myrɛ] *n.f.* 뽕나무 밭.

*****muraille** [myra:j] *n.f.* ① (두껍고 높은)벽, 성벽(mur, rempart). ~ de glace 빙벽(氷壁). ~ de rochers 암벽. Grande M~ de Chine 만리장성. couleur (de) ~ 회토색, 회색. enfermer *qn* entre quatre ~*s* …을 감옥에 가두다. ~ de brouillard (비유적)짙은 안개의 벽. ② 【해양】선벽(船壁); 말굽의 바깥쪽.

muraillement [myrajmɑ̃] *n.m.* 벽으로 버티기; 버팀벽.

murailler [myraje] *v.t.* (우물·갱도 따위의 안쪽을)벽으로 버티다(막다).

mural(ale, *pl.* **aux)** [myral, -o] *a.* 벽(담장)의, 성벽의; 벽에 서식하는. carte ~*ale* 벽 패도(掛圖). peinture ~*ale* 벽화. pendule ~*ale* 벽시계. plantes ~*ales* 벽면식물. couronne ~*ale* 성벽관(고대로마에서 적의 성벽에 가장 먼저 올라간 용사에게 수여하던 금관).

mûre¹ [my:r] *n.f.* 뽕나무의 열매, 오디. ~ sauvage 검은딸기.

mureau [myro] *n.m.* 낮은 벽(담).

mûrement [myrmɑ̃] *ad.* 곰곰 생각하여, 숙고하여.

murène [myrɛn] *n.f.* 【어류】곰치 무리.

murer [myre] *v.t.* 벽으로 둘러싸다(막다); 가두다, 격리하다(enfermer, isoler); 비밀에 붙이다, 감추다. ~ sa vie privée 사생활을 감추다. ~ sa fille 《구어》딸을 수도원에 넣다.

—se ~ *v.pr.* 갇히다, 격리되다. *se ~* dans le silence 사뭇 침묵을 지키다.

muret [myrɛ], **muretin** [myrtɛ̃] *n.m.*, **murette** [myrɛt] *n.f.* 낮은(작은) 벽(담장); (화단 따위의) 연석(縁石).

murex [myrɛks] *n.m.* 【패류】뿔고동.

muriate [myrjat] *n.m.* 《옛》【화학】염화물(物).

muriaté(e) [myrjate] *a.* 《옛》【화학】염산과 화합한; 염화물을 함유한.

muriatique [myrjatik] *a.* acide ~ 《옛》【화학】염산(acide chlorhydrique).

muridés [myride] *n.m.pl.* 【동물】쥐과(科).

mûrier [myrje] *n.m.* 【식물】① 뽕나무. ② 나무딸기(ronce).

murin(e) [myrɛ̃, -in] *a.* 쥐의; 쥐색의.

murinés [myrine] *n.m.pl.* 쥐과의 설치류.

*****mûrir** [myri:r] *v.t.* ① (과일을)익히다; 완전히 곰게 하다. Le soleil mûrit les fruits. 일광이 과일을 익게 한다. ② (사람을)성숙(원숙)하게 하다. La vie *l'a mûri*. 삶(의 경험)이 그를 성숙시켰다. ③ 숙고하다, 궁리하다(approfondir, méditer). ~ un projet de vengeance 복수할 계획을 곰곰이 생각하다(짜다).

—v.i. ① (과일이) 곰을대로 곰다. Les fruits *mûrissent* en été et en automne. 과일은 여름과 가을에 익는다. ② 성숙(원숙)하다. Il *a mûri* avant l'âge. 그는 나이에 비해 성숙했다. ③ (기회·계획이)무르익다. laisser ~ une affaire 일이 무르익을 때를 기다리다.

—se ~ *v.pr.* 익다; 원숙해지다. 《속어》(술에)취하다.

mûrissage [myrisa:ʒ], **mûrissement** [myrismɑ̃] *n.m.* 성숙, 무르익음.

mûrissant(e) [myrisɑ̃, -ɑ̃:t] *a.* 익어가는; 익히는; 성숙한. fruit ~ 익어가는 과일. femme ~*e* 성숙한 여인.

mûrisserie [myrisri] *n.f.* 훈증(燻蒸)창고《수입업자가 바나나 따위의 과일을 익게 하는 곳》.

murmel [myrmɛl] *n.m.* 《독일》모르모트의 털가죽《보통 밍크 비슷하게 염색됨》.

murmurant(e) [myrmyrɑ̃, -ɑ̃:t] *a.* ① 속삭이는; 중얼거리는; 투덜거리는. ② (물결·잎 따위가) 살랑살랑 소리나는.

murmurateur(trice) [myrmyratœːr, -tris] *a., n.* 《옛》걸핏하면 투덜거리는 (사람).

murmure [myrmy:r] *n.m.* ① 속삭임; 중얼거림; (보통 *pl.*) 투덜거림, 불평의 소리(plainte). Pas un ~ dans la classe. 교실에는 소곤거리는 소리조차도 들리지 않는다. ~ d'approbation 찬성의 웅성거림. Ce projet excita les ~*s* de la presse. 이 계획은 언론계의 불평을 자아냈다. obéir sans ~ 군말없이 복종하다. accepter sans ~ (sans hésitation ni ~) 두말없고 받아들이다. ② (바람·잎·물결 따위의) 살랑거림, 졸졸 흐르는 소리. ~ d'un ruisseau 시냇물이 졸졸 흐르는 소리. ~ du vent 바람이 살랑거리는 소리. ③ ~ respiratoire(vésiculaire) 【의학】호흡음.

*****murmurer** [myrmyre] *v.t.* 속삭이다(chuchoter); 중얼거리다. ~ un mot à l'oreille de *qn* …에게 살짝 속삭이다. ~ des vers 작은 소리로 시를 낭송하다. ~ des mots inintelligibles 알아들을 수 없는 말을 중얼거리다.

—v.i. ① 속삭이다; 중얼거리다; 불평하다, 수군대다. foule qui *murmure* 웅성거리는 군중. accepter sans ~ 군말없이 받아들이다. ~ de *qc/inf.*} ~ de se voir négligé 무시당했다고 불평하다. [~ que + *ind.*] On *murmure qu'il* est coupable. 사람들은 그가 범인이라고 수군댄다. ② (잎·물결 따위가) 살랑거리다, 졸졸 흐르는 소리를 내다. Les feuilles des arbres *murmuraient* dans le vent. 나뭇잎이 바람에 흔들려 살랑거렸다.

mûron [myrɔ̃] *n.m.* 【식물】검은딸기; 들딸기.

murrhe [my:r] *n.m.* 무지개빛 돌《고대 로마에서 값비싼 단지를 만들던 재료》.

murrhin(e) [myrɛ̃, -in] *a.* 무지개빛 돌의(로 만든). —*n.m.* 무지개빛 돌로 만든 단지.

mur-rideau [myrrido] (*pl.* **~s-~x**) *n.m.* 【건축】간막이 벽《건물의 무게를 지탱하지 않는》.

mus [my] mouvoir의 직설·단과거 1(2)·단수; 과거분사 남성복수.

musa [myza] *n.m.* 【식물】파초(芭蕉).

musacées [myzase] *n.f.pl.* 【식물】파초과.

musagète [myzaʒɛt] *a.m.* Apollon ~ 【그리스신화】뮤즈(Muse)를 인도하는 아폴로.

musaraigne [myzarɛɲ] *n.f.* ① 【동물】뾰족뒤쥐. ②《속어》첩, 정부.

musard(e) [myza:r, -ard] *a., n.* 《구어》빈둥거리는 (사람), 놀고 먹는 (사람), 게으름뱅이.

musarder [myzarde] *v.i.* 빈둥거리며 시간을 보내다, 무위도식하다.

musarderie [myzard(ə)ri], **musardise** [myzardiːz] *n.f.* 허송세월, 무위도식.

musc [mysk] *n.m.* ① 사향(麝香). ~ artificiel 인조사향. ~ végétal; herbe au ~ 《식물》=ambrette. ② 【동물】궁노루, 사향노루. couleur de ~ 궁노루빛깔의.

muscade [myskad] *n.f.* ① 【식물】육두구(肉豆蔲)(noix ~). fleur de ~ 육두구꽃《육두구의 껍질을 말린 향료》. ② 요술장이의 작은 공. *Passez ~!* 감쪽같이 사라져라!《요술장이가 지르는 소리》.

muscadelle [myskadɛl] *n.f.* 【식물】사향배.

muscadet [myskadɛ] *n.m.* ① 사향포도주의 일종.

② (능금술 만드는)능금의 일종.
muscadier [myskadje] *n.m.* 【식물】 육두구나무.
muscadin [myskadɛ̃] *n.m.* ① 【옛】 사향 냄새가 나는 약약. ② 멋장이; 프랑스 혁명 당시의 멋장이 왕당파. —*a.* (*f.* ~*e* [-in])멋부리는.
muscadine [myskadin] *n.f.* ① 캐나다산 포도나무의 종류. ② (위의 포도로 만든)포도주.
muscardin [myskardɛ̃] *n.m.* 【동물】 들쥐의 일종.
muscardine [myskardin] *n.f.* (누에의)백강병.
muscari [myskari] *n.m.* 【식물】 히아신스의 일종.
muscarine [myskarin] *n.f.* 【화학】 무스카린(광대버섯 따위의 유독성 알칼로이드).
muscat [myska] *n.m.* 사향포도(raisin ~); 사향포도주(vin ~); 사향배. —*a.m.* 사향냄새가 풍기는.
muscidés [myside] *n.m.pl.* 【곤충】 집파리과.【類】
muscinées [mysine] *n.f.pl.* 【식물】 선태류(蘚苔)
__muscle__ [myskl] *n.m.* 근육, 힘살. développer ses ~*s* par l'exercice 운동으로 근육을 발달시키다. se faire les ~*s* 근육을 단련하다; 운동하다. avoir des ~*s* 【구어】 힘이 세다. être tout nerfs et ~*s* 체격이 늠름하다. gonfler(contracter) un ~ 근육을 팽창시키다(수축시키다). ~*s* simples 단두근(單頭筋). ~*s* composés in (사) 두근. ~*s* volontaires (involontaires) 수(불수)의 근. ~*s* striés 횡문근. ~*s* lisses 평활근. ~*s* antagonistes 길항근. enveloppe des ~*s* 근막(筋膜).
musclé(e) [myskle] *a.* ① 근육이 발달된(튼튼한). jambes ~*es* 근육이 발달된 다리. ②【구어】 튼튼한, 힘센, 정력적인. pièce (de théâtre) bien ~ 구성이 단단한 희곡. ③【학생어】 어려운, 까다로운. ④ (비유적) 권력을 휘두르는; 독재적인, 독선적인. gouvernement ~ 경찰력에 의지하는 정부. appariteurs ~*s* 대학에 출입하는 사복경찰.
muscler [myskle] *v.t.* ① (의) 근육을 발달시키다. ②【구어】 활력을 주다. ~ l'économie 경제에 활력을 주다. —*se* ~ *v.pr.* (자신의)근육을 단련하다.
muscoïde [myskɔid] *a.* 이끼 같은.
muscologie [myskɔlɔʒi] *n.f.* 【식물】 선태학(蘚苔)
muscovite [myskɔvit] *n.f.* 【광물】 백운모, 【學】.
musculaire [myskylɛ:r] *a.* 근육의. système ~ 근육계. force ~ 근력. cellule ~ 근육세포. fibre ~ 근섬유. contraction ~ 근수축. tissu ~ 근육조직. sens ~ 【생리】 근육감각.
muscularité [myskylarite] *n.f.* 근육이 발달됨, 실팍짐.
musculation [myskylɑsjɔ̃] *n.f.* 【스포츠】 근육 발달운동.
musculature [myskylaty:r] *n.f.* 근육조직, 근육분포; 【미술】 살집.
musculeux(se) [myskylø, -ø:z] *a.* 근육이 발달된, 실팍진(musclé). partie ~*se* 근육이 발달된 부분. athlète ~ 근육이 발달된 운동선수. tissu ~ 근육조직. —*n.f.* 【해부】 근육층. ~ *se* de l'intestin 창자의 근육층.
musculo-cutané [myskylokytane] *a.m.* nerf ~ 【해부】 근피(筋皮) 신경.
musculosité [myskylozite] *n.f.* =**muscularité**.
Muse [my:z] *n.f.* ①【그리스신화】 뮤즈, 시(詩)의 여신; (*pl.*)뮤즈의 신들(문예·미술을 다스리는 9여신). nourrisson(favori, amant) de la ~ 시인. ① (*m*—)시, 시상(詩想), 시적 영감. *m*— tragique(épique) 비극시(서사시). cultiver les *m*—*s* 시를 짓다. invoquer la *m*— 시적 영감을 불러 일으키다.
muse [my:z] *n.f.* ① 【사냥】 사슴의 발정(發情)의 시초. ②【옛】 오락(amusement).
__museau__ [myzo] (*pl.* ~*x*) *n.m.* ① (고양이·개 따위의)내민 코·입 부분(mufle), 주둥이, 부리. fricassée de ~*x* 《속어》 포옹, 입맞춤. ②【구어】 낯, 얼굴. ~ de tanche 【해부】 자궁경부.
__musée__ [myze] *n.m.* ① 박물관; 미술관(~ de peinture(d'objets d'art)). ~ de la Marine 해양박물관. ~ de l'Homme 인류박물관. ~ des Arts et Métiers 공예박물관. ~ du Louvre 루브르 박물관. conservateur de ~ 박물관(미술관) 관장; 학예관. visiter le ~ 미술관에 가다. C'est une pièce (un objet) de ~ 참으로 진귀한 물건이다. ~ scolaire (학교)교재실. ~ Grévin 밀랍인형박물관. ② 진귀한(아름다운) 것으로 가득찬 곳; 같은 종류의 사물의 집합. Son appartement est un véritable ~. 그의 방은 진귀한 물건으로 가득차 있다. ~ des horreurs 【구어】 추물의 집합(덩어리). ③ 【역사】 (*M*—)(아테네의)뮤즈의 언덕; 알렉산드리아 궁전 안의 뮤즈관(館), (옛)뮤즈 여신의 전당.
musées[1] [myze] *n.f.pl.* 【식물】 파초과(科).
musées[2] *n.f.pl.* 【고대그리스】 뮤즈(*Muses*)제(祭).
museler [myzle] 5 *v.t.* ① (개 따위에)부리망을 씌우다. ②【구어】 말못하게 하다, 침묵을 지키게 하다(bâillonner). ~ la presse par la censure 검열로써 언론의 자유를 속박하다.
muselet [myzlɛ] *n.m.* (포도주 병의)쇠마개.
muselière [myzəljɛ:r] *n.f.* (짐승의)부리망.
musellement [myzɛlmɑ̃] *n.m.* 부리망을 씌우기.
muséobus [myzeɔbys] *n.m.* 순회(이동) 박물관 역할을 하는 버스.
muséographie [myzeɔgrafi] *n.f.* 박물관지(誌).
muséologie [myzeɔlɔʒi] *n.f.* 박물관학(소장미술품의 관리·분류 따위를 다루는).
muséologique [myzeɔlɔʒik] *a.* 박물관학에 관한.
muser [myze] *v.i.* ① 【사냥】 (사슴이)암내내다. ② 【옛·문어】 빈둥거리다, 허송세월하다(musarder). *Qui refuse muse.* 【격언】 주어진 것을 거절하면 영 기회를 놓친다.

muserie [myzri] *n.f.* 빈둥빈둥 놀기, 게으름 부리기, 허송세월.
muserolle [myzrɔl] *n.f.* (말의)굴레띠(→ harnais 그림).
musette[1] [myzɛt] *n.f.* (어깨에서 겨드랑이로 메는) 베낭, (학생용)가방; 【군사】 잡낭(雜囊); (말의)꼴망태기(~ mangeoire). *qui n'est pas dans une ~* 《구어》에 새롭지 않은, 굉장한. Il a reçu une raclée *qui n'était pas dans une ~*. 그는 호되게 얻어맞았다.
musette[2] *n.f.* ① 풍소; 풍소곡; (그것에 맞추어 추는)무용. ②【동격】【구어】 orchestre ~ 아코디언 악단. bal ~ (아코디언에 맞추어 추는)무도회; 땐스홀. —*n.m.* 아코디언 악단이 연주하는 일종의 음악; 땐스홀(bal ~).
musette[3] *n.f.* 【동물】 뾰족뒤쥐.
muséum [myzeɔm] (라틴) *n.m.* 박물관(musée).
museur(se) [myzœ:r, -ø:z] *n.* 게으름뱅이.
musical(ale, *pl. aux*) [myzikal, -o] *a.* 음악의; 음악적인; 음악을 아는. faire des études ~*ales* 음악공부를 하다. critique ~*ale* 음악비평. son ~ 악음(樂音). voix très ~*ale* 매우 음악적인 (아름다운) 목소리. échelle ~*ale* 음계. notation ~*ale* 음표. émission ~*ale* 음악방송. fête ~*ale* 음악회. soirée ~*ale* 음악의 밤. avoir l'oreille ~*ale* 음악에 소질이 있다. —*n.m.* 뮤지컬, 음악 희극.
musicalement [myzikalmɑ̃] *ad.* 음악적으로; 유창하게.
musicalité [myzikalite] *n.f.* 음악성. ~ d'un vers 시구가 지닌 음악성.
musicassette [myzikasɛt] *n.f.* (미리 음악을 녹음해

놓고 파는)뮤직 카세트테이프.

musicastre [myzikastr], **musicâtre** [myzikɑ:tr] *n.m.* 엉터리 음악가.

music-hall [myzikɔ:l] (*pl.* ~~-s*) 《영》*n.m.* (경음악·노래 따위의)뮤직홀, 연예장; 연예물, 쇼.

***musicien(ne)** [myzisjɛ̃, -ɛn] *a.* ① 음악가; 악사(樂士); 《군사》 군악대원. ② 음악애호가. Elle est très ~ne. 그녀는 매우 음악을 좋아한다. —*a.* 음악을 아는, 음악가의. avoir l'oreille ~ne 음악을 잘 알아듣다.

musico [myziko] *n.m.* ① (벨기에·네덜란드 지방의 음악·여흥이 있는)하급 카페. ②《구어》엉터리 음악가.

musico- *préf.* 「음악의」의 뜻.

musicographe [myzikɔgraf] *n.* 음악이론[평론]가; 음악사가.

musicographie [myzikɔgrafi] *n.f.* 음악평론, 음악해설; 음악사학자.

musicologie [myzikɔlɔʒi] *n.f.* 음악이론, 음악학.

musicologue [myzikɔlɔg] *n.* 음악이론가, 음악미학자, 음악사학자.

musicomane [myzikɔman] *n.* (드물게)음악에 미친 사람, 음악광.

musicomanie [myzikɔmani] *n.f.* (드물게) 광적인 음악 애호.

musicothérapie [myzikɔterapi] *n.f.* 《정신의학》 음악요법.

‡**musique** [myzik] *n.f.* ① 음악; 곡. instrument de ~ 악기. ~ de chambre 실내악. ~ d'ochestre[symphonique] 교향악. ~ d'église(sacrée, spirituelle) 교회음악. ~ instrumentale(vocale) 기악(성악). ~ scénique 무대 음악. ~ de film 영화음악. ~ pour piano 피아노곡. ~ atonale(polytonale) 무조[다조] 음악. ~ sérielle 뮤직세리엘. ~ concrète 구상음악. Il passe son temps à écouter de la ~ dans sa chambre. 그는 방에서 음악을 들으며 시간을 보낸다. interpréter[jouer, faire] de la ~ 연주하다; 노래하다; 악보를 읽다. travailler en ~ 음악을 들으며 일하다. composer de la ~ 작곡하다. mettre des vers en ~ 시구에 곡을 붙이다. ② 악대. ~ militaire[d'un régiment] 군악대. chef de ~ 악장.
③ 악보(partition). marchand de ~ 악보상. savoir lire la ~ 악보를 읽을 수 알다. copier de la ~ 악보를 베끼다. papier à ~ 오선지. Le pianiste joue de mémoire, sans ~. 그 피아니스트는 악보 없이 외워서 연주한다.
④ (음악같은)아름다운 소리, 하모니; 《구어》떠드는 소리; 불평의 소리. ~ du vers 시구의 음악성. Sa voix est une vraie ~. 그의 목소리는 마치 음악을 듣는 것과도 같다. En voilà une ~! 몹시도 떠들어 대는군! ⑤《옛》연주회.
C'est toujours la même ~. 언제나 똑같은 이야기이다.
changer de ~ 화제를 바꾸다, 태도를 바꾸다.
connaître la ~ 《구어》수완이 좋다, 처세술이 능숙하다.
faire de la ~ 음악을 하다; 음악의 밤을 열다;《구어》떠들어대다.
~ *de chats* (익살) 가락이 안맞는 음악.
réglé comme du papier à ~ 아주 규칙적인.

musiquer [myzike]《옛》*v.t.* 작곡하다. —*v.i.* 연주하다.

musiquette [myziket] *n.f.* 가치 없는[시시한]음악.

musoir [myzwa:r] *n.m.* 둑[방파제·부두]의 끝.

musqué(e) [myske] *a.p.* ① 사향 냄새가 나는; 《옛》사향 많이 나는. rat ~ 사향쥐. raisin ~ 사향 포도. ② (문체 따위가)부자연스럽게 꾸민, 태를 부 린(affecté, recherché).

musquer [myske] *v.t.* 사향으로 향기롭게 하다.

musse-pot (à) [amyspo] *loc. ad.* 《옛》=**muchepot (à)**.

musser (se) [s(ə)myse] *v.pr.* 《옛》숨다.

mussif(ve) [mysif, -i:v] *a.* or ~ 《기술》황화 제 2 주석.

mussipontain(e) [mysipɔ̃tɛ̃, -ɛn] *a.* 퐁타무송 (*Pont-à-Mousson*, 프랑스의 도시)의.
—M— *n.* 퐁타무송 사람.

mussitation [mysitasjɔ̃] *n.f.* 《의학》말을 못하고 입술만 어물거리는 증세.

mustang [mystɑ̃g] *n.m.* (아메리카 초원의)야생마.

mustélidés [mystelide] *n.m.pl.* 《동물》 족제비과.

musulman(e) [myzylmɑ̃, -an] *a.* 회교(도)의.
—*n.* 회교도(*mahométan*).

mutabilité [mytabilite] *n.f.* ① 변하기 쉬움, 불안정, 무상(無常). ②《법》양도 가능성.

mutable [mytabl] *a.* ① 변하기 쉬운, 불안정한, 무상한. ②《법》양도할 수 있는.

mutacisme [mytasism] *n.m.* 《언》 순자음(脣子音)([m, b, p])의 발음 부전증(發音不全症).

mutage [myta:ʒ] *n.m.* 알코올(아황산가스)로 포도액의 발효를 막기.

mutagène [mytaʒɛn] *a.* 《생물》돌연변이를 일으키는, 돌연변이 유발요인.

mutagénèse [mytaʒɛnɛ:z] *n.f.* 《생물》돌연변이 생성.

mutant(e) [mytɑ̃, -ɑ̃:t] *a.* 《생물》돌연변이의.
—*n.m.* ① 《생물》돌연변이체, 변종. ② (주로 광산에서)전직자; 이주자.

mutateur [mytatœ:r] *n.m.* 《전기》정류기.

mutation [mytasjɔ̃] *n.f.* ① 인사이동, 교체, 전임 (轉任); (운동선수의)이적. demander sa ~ pour raison de santé 건강상의 이유로 전속을 요청하다. ~ d'office 강제 인사이동. ②《법》(소유권·재산권의)이전, 양도. droits de ~; impôt sur les ~s 양도세. ~ de cote (토지·부동산대장의)명의 변경. ~ en douane 선박의 소속변경. ③ jeux de ~ 《음악》(오르간 따위의)음전(音栓). ④《생물》돌연변이. ~ génétiques(chromosomiques) 유전자(염색체) 돌연변이. ~ spontanée 자연발생적 돌연변이. ~ accidentelle (방사능 따위의 영향에 의한)우연적 돌연변이. ⑤ 급격한 변화;《옛》변화, 변동. ~s dans la mentalité des jeunes 젊은이들의 사고의 ~s sociales 사회의 변동. ⑥《음성》~ consonantique 자음변이, ~ vocalique 모음변이, 움라우트(*métaphonie*).

mutationnel(le) [mytasjɔnɛl] *a.* 《생물》돌연변이의.

mutationnisme [mytasjɔnism] *n.m.* 《생물》돌연변이설(↔ darwinisme).

mutationniste [mytasjɔnist] 《생물》*a.* 돌연변이설의. —*n.* 돌연변이설을 주장하는 사람.

muter¹ [myte] *v.t.* (포도액의 발효를 막기 위해)알코올(아황산가스)을 타다.

muter² *v.t.* 《군사》전속[전임]시키다.

mutilateur(trice) [mytilatœ:r, -tris] *n.* (예술품 따위의)훼손자. —*a.* 파괴[훼손]하는.

mutilation [mytilasjɔ̃] *n.f.* ① (팔다리의)절단. ② (예술품 따위의)훼손, 손상; (작품의)삭제.

***mutilé(e)** [mytile] *a.p.* ① 팔다리를 잘린(*amputé*). ② (예술품 따위가)훼손된; 삭제된. comédie ~e par la censure 검열로 삭제된 극. ~ *n.* 팔다리를 잃은 사람. ~ des deux bras 양팔을 잃은 사람. ~ de guerre 상이군인. pension de ~ 상이군인 연금. ~ du travail 노동재해로 인한 신체장애자.

*mutiler [mytile] *v.t.* ① (팔다리를) 자르다(amputer). Il *a été mutilé* du bras droit. (전쟁·사고로) 그는 우측팔을 잃었다. ② (예술품 따위를) 훼손(손상) 하다; 삭제하다. ~ une statue 동상의 일부를 훼손하다. ~ un arbre 나뭇가지를 자르다, 나무를 훼손하다.

mutin(e) [mytɛ̃, -in] *a.* ① 장난기 있는, 짓궂은(gamin); 패바른(astucieux); 활발한(vif). ② 《옛》 복종하지 않는, 고집 센, 반항심이 강한 (désobéissant, insoumis). —*n.m.* 반항(반란) 자. faire le ~ 반항하다.

mutiné(e) [mytine] *a.p.*, *n.m.* 반란(폭동)을 일으키는(사람).

mutiner [mytine] *v.t.* 반란으로 이끌다, (에게) 반항(반란)을 사주하다.
—**se** ~ *v.pr.* 반란(폭동)을 일으키다(se rebeller); (어린이가) 말을 듣지 않다; 《시》 (물결·바람 따위가) 거절게 일다.

mutinerie [mytinri] *n.f.* 반항, 반란, 폭동(révolte, insurrection).

mutir [myti:r] *v.i.* 투덜거리다.

mutisme [mytism] *n.m.* ① 침묵, 무언. s'en fermer dans le ~ 침묵을 지키다. ~ imposé à la presse 언론 탄압. réduire *qn* au ~ …을 침묵케 하다, …에게서 언론의 자유를 빼앗다. ② 《의학》 벙어리상.

mutité [mytite] *n.f.* 《옛》 =**mutisme**.

mutoscope [mytɔskɔp] *n.m.* (초기의) 요지경식 활동사진.

mutualisme [mytɥalism] *n.m.* ① 《경제》 상호부조론(주의). ② 《생물》 공생(共生).

mutualiste [mytɥalist] *n.* 상호부조론자, 공제조합원. —*a.* 상호부조(론·론자)의. société ~ 공제 [신용] 조합 (일종의 계). théorie ~ 상호부조론.

mutualité [mytɥalite] *n.f.* ① 상호(부조)적인, 연대 조직; 상조회, 공제 [신용] 조합(société de ~). ② 《드물게》 상호관계.

mutuel(le) [mytɥɛl] *a.* 상호의, 쌍방의, 상호관계의(réciproque). amour ~ 서로 사랑함. assurance ~*le* 상호보험. responsabilité ~*le* 상호책임. enseignement ~ (학생끼리의) 상호 교수. se faire des concessions ~*les* 서로 양보하다. aide ~*le* des nations 국가간의 상호부조. société de secours ~*s* 상조회, 공제조합.
—*n.f.* 공제조합(société mutualiste).
—*n.m.* 《구어》 경마 (노름) (pari ~).

mutuellement [mytɥɛlmɑ̃] *ad.* 서로서로, 상호간에(réciproquement). Aidons-nous ~. 서로 도웁시다. se jurer ~ fidélité 서로 정절 [충실할 것] 을 맹세하다.

mutuellisme [mytɥɛ(e)lism] *n.m.* ① 《역사》 (Proudhon이 제창한) 상호주의, 상호부조론. ② = mutualisme.

mutuelliste [mytɥɛ(e)list] *a.* 《역사》 (Proudhon 식) 상호주의의; 공제조합의. —*n.* (Proudhon 식) 상호주의자; 공제조합원 (*Lyon* 노동자들이 결성한 Société des mutualistes 의 조합원). 《식.

mutule [mytyl] *n.f.* 《건축》 (도리아식의) 처마장식.

Mv 《약자》 mendélévium 《화학》 멘델레븀 《원자기호》.

mV 《약자》 millivolt 《전기》 밀리볼트. 《호》.

m/v. 《약자》 mois de vue 《상업》 (어음 따위의) 일 람후 …월불(拂).

MW, Mw 《약자》 mégawatt 《전기》 메가와트.

mx 《약자》 au mieux 《주식》 최고가격으로.

myalgie [mjalʒi] *n.f.* 《의학》 근육통.

myasthénie [mjasteni] *n.f.* 《의학》 근(筋) 무력증, 근쇠약증.

mycélion [miseljɔ̃], **mycélium** [miseljɔm] *n.m.* 《식물》 균사(체) (菌絲 (體)).

mycénien(ne) [misenjɛ̃, -ɛn] *a.* ① 미케네 (Mycènes, 그리스의 옛 도시) 의. ② 초기 그리스 문명의.
—**M**~ *n.* 미케네 사람.

mycète [misɛt] *n.m.* 진균류의 식물; (*pl.*) 진균류.

mycét(o)- *préf.* 「균」의 뜻.

mycétologie [misetɔlɔʒi] *n.f.* = **mycologie**.

mycétologue [misetɔlɔg] *n.m.* = **mycologue**.

mycétome [misetɔm] *n.m.* 《의학》 족(足) 균종.

mycétozoaires [misetɔzɔɛ:r] *n.m.pl.* 《동물》 점액충류(粘液蟲類).

myciculture [misikyltyr] *n.f.* 《생물》 균배양.

myc(o)-, -myce *suff.* 「균」의 뜻 《예: *mycologie* 균학. sacchar*omyce* 효모균》.

mycoderme [mikɔdɛrm] *n.m.* 점액균.

mycodermique [mikɔdɛrmik] *a.* 《식물》 점액균의.

mycogénie [mikɔʒeni] *n.f.* 곰팡이 슬기. 「모양의.

mycologie [mikɔlɔʒi] *n.f.* 《식물》 균류학(菌類

mycologue [mikɔlɔg] *n.m.* 균학자. 「學).

mycoplasmes [mikɔplasm] *n.m.pl.* 《생물》 마이코플라스마류(類) 《세균과 바이러스 중간에 분류되는 미생물》. 「根).

mycor(r)hizes [mikɔri:z] *n.m.* 《식물》 균근(菌

mycose [mikoz] *n.f.* 《의학》 사상(絲狀) 균증.

mydriase [midri(j)ɑːz] *n.f.* 《의학》 동공확대(瞳孔擴大). 「(延髓).

myélencéphale [mjelɑ̃sefal] *n.m.* 《해부》 연수

myéline [mjelin] *n.f.* 《해부》 미엘린《신경초 (鞘) 의 주성분》.

myélite [mjelit] *n.f.* 《의학》 척수염(脊髓炎).

-myélite *suff.*, **myél(o)-** *préf.* 「골수」 의 뜻.

myélogramme [mjelɔgram] *n.m.* 《의학》 골수학.

myéloïde [mjelɔid] *a.* 《의학》 골수의.

myélome [mjelɔːm] *n.m.* 《의학》 골수종.

myélo-méningite [mjelɔmenɛ̃ʒit] *n.f.* 《의학》 척수막염(脊髓膜炎).

myélose [mjelɔːz] *n.f.* 《의학》 골수양(骨髓樣) 조직 증식; 척수증(症). 「(술).

myélotomie [mjelɔtɔmi] *n.f.* 《의학》 척수 절개

myg. 《약자》 myriagramme 《도량형》 미리아그램, 1 만 그램.

mygale [migal] *n.f.* 《동물》 땅거미.

mylord [milɔːr] *n.m.* = **milord**.

my(o)- *préf.* 「근육」 의 뜻.

myoblaste [mjɔblast] *n.m.* 《생물》 미오블라스트 《근육조직을 구성하는 세포》.

myocarde [mjɔkard] *n.m.* 《해부》 심근(心筋).

myocardite [mjɔkardit] *n.f.* 《의학》 심근염(炎).

myodynie [mjɔdini] *n.f.* 《의학》 근육통.

myographe [mjɔgraf] *n.m.* 근육운동 기록기(器).

myographie [mjɔgrafi] *n.f.* 근육운동 기록기에서 얻은 곡선.

myologie [mjɔlɔʒi] *n.f.* 근육학.

myome [mjɔːm] *n.m.* 《의학》 근종(筋腫).

myopathie [mjɔpati] *n.f.* 근육병; 근육 쇠약(증).

myope [mjɔp] *a.* 근시의; 근시안적인. avoir la vue ~ 근시이다. œil (regard) ~ 근시안. politiques ~*s* 근시안적인 (비전 없는) 정책. —*n.* 근시안 사람 (↔ hypermétrope). lunettes de ~ 근시안경.

myopie [mjɔpi] *n.f.* 근시. ~ intellectuelle 근시안적인 정신.

myopotame [mjɔpɔtam] *n.m.* 《동물》 남미산 해리의 일종. 「질.

myosine [mjɔzin] *n.f.* 《생리학》 근육조직의 단백

myosis [mjɔzis] *n.m.* 《의학》 동공(瞳孔) 수축.

myosite [mjɔzit] *n.f.* 《의학》 근육의 염증.

myosotis [mjɔzɔtis] *n.m.* 《식물》 물망초.

myotique [mjɔtik] *a.* 《의학》 동공(瞳孔)수축의, 수축을 일으키는.
myotomie [mjɔtɔmi] *n.f.* 《의학》 근육 해부(술).
myotonie [mjɔtɔni] *n.f.* 《의학》 근육경직증.
myotonique [mjɔtɔnik] *a.* 《의학》 근육경직의, 근육경직의. réaction ～ 근육긴장반응.
myria-, myrio- *préf.* 「1만」의 뜻.
myriade [mirjad] *n.f.* ① 무수(無數), 대단히 많은 수(양). ～s d'étoiles 무수한 별. ②《옛》1만.
myriagramme [mirjagram], **myriog.** 《옛》1만 그램.
myriam. 《약자》 myriamètre 1만 미터.
myriamètre [mirjametr] *n.m.* 1만 미터.
myriapodes [mirjapɔd], **myriopodes** [mirjɔpɔd] *n.m.pl.* 《동물》다족류(多足類)(mille-pattes).
myrica [mirika] *n.m.* 《식물》양매(楊梅).
myricacées [mirikase], **myricées** [mirise] *n.f.pl.* 《식물》양매과(科).
myriophylle [mirjɔfil] *n.m.* 《식물》물가새풀.
myristicacées [miristikase], **myristicées** [miristise] *n.f.pl.* 《식물》육두구과(科).
myristicène [miristisen] *n.m.* 《화학》(육두구의 열매에서 얻는)탄화수소의 일종.
myrmé(co)- *préf.* 「개미」의 뜻.
myrmécophage [mirmekɔfaːʒ] 《동물》 *a.* 개미를 먹는, *n.m.* 개미핥기.
myrmécophile [mirmekɔfil] *a., n.* 《생물》개미와 공생하는(생물). pucerons ～s 개미와 공생하는 진딧물.
myrmidon [mirmidɔ̃] *n.m.* 《속어》(*f.* is 농조)난장이, 보잘것 없는 사람(nain, pygmée).
myrobalan [mirɔbalɑ̃], **myrobolan** [mirɔbɔlɑ̃] *n.m.* 《옛》《약》미로볼랑(약용으로 쓰이던 가리륵(訶梨勒) 무리의 말린 열매).
myrosine [mirɔzin] *n.f.* 《생화학》미로진(겨자에 있는 효소).
myroxyle [mirɔksil], **myroxylon** [mirɔksilɔ̃] *n.m.* 《식물》(남미산의)향나무의 일종(콩과식물, 줄기에서 향료를 얻음).
myrrhe [miːr] *n.f.* 미르라, 몰약(沒藥)(열대지방에서 나는 수지(樹脂)로 향료·약제에 씀).
myrrhé(e) [mire] *a.* 미르라의 향내가 나는.
myrrhide [mirid] *n.f.*, **myrrhis** [miris] *n.m.* 《식물》미르라스(감람과(橄欖科), 그 뿌리와 줄기에 향료를 뽑음).
myrrhol [mirɔl] *n.m.* 미르라 기름.
myrtacées [mirtase] *n.f.pl.* 《식물》도금양과(桃金孃科), 정향과(丁香科).
myrtaie [mirte] *n.f.* 도금양의 재배지.
myrte [mirt] *n.m.* 《식물》도금양.
myrtiforme [mirtifɔrm] *a.* 도금양 잎 모양의.
myrtil [mirtil] *n.m.*, **myrtille** [mirtij] *n.f.* 《식물》월귤나무의 일종; (그)열매.
mysis [mizis] *n.f.* 《동물》보리새우.
mystagogie [mistagɔʒi] *n.f.* 《종교》(종교·마술 따위의)신비 해명, 비의(秘儀)의 전수.
mystagogue [mistagɔg] *n.m.* 신비 해명자, 비의(秘儀) 전수자.
*****mystère** [mistɛːr] *n.m.* ① 신비, 불가사의, 수수께끼. ～ de la nature(de la vie) 자연(인생)의 신비. Pourquoi a-t-il fait cela? C'est un ～. 왜 그가 그런 일을 했을까? 그건 불가사의이다. La musique n'a pas de ～ pour lui. 그는 음악에 정통하다. clé du ～ 불가사의를 푸는 열쇠. Je n'y vois pas de ～. 나는 그것을 이상하게 보지 않는다. On ne peut pénétrer le ～ de sa naissance. 그의 출생의 비밀을 캐낼 수가 없다. M～ qu'il ne soit pas tué. 《구어》그가 어떻게 죽지 않고 살아났는지 영문을 모르겠다. ② 비밀, 숨기기. s'entourer(s'envelopper) de ～ 비밀에 싸이다. Qu'est-ce que tu feras à la réunion?-Chut! M～. 모임에서 너는 무엇을 할거니? 쉿 그건 비밀이야. faire (un) ～ de *qc*; faire grand ～ de *qc* …을 숨기다, 비밀로 하다. se conduire avec ～; mettre du ～ dans sa conduite 비밀스럽게 행동하다. ③《종교》비의(秘儀); 비전(秘傳); 교리(敎理); 종교 의식. célébrer un ～ 비법을 행하다. ～ de la Trinité 삼위일체의 비의(義). saints ～s 미사 성제(聖祭). ～ de l'Eucharistie 성제의 비적. ～s de Dionysos 디오니소스의 비교(秘敎). ④《문학》(중세)성사극(聖史劇), M～ de la Passion 예수 수난극. ⑤ 미스테르(프랑스의 초음속 제트 전투기의 이름).
mystérieusement [misterjøzmɑ̃] *ad.* 신비롭게, 이상스럽게; 비밀히에, 은밀히, 깊은(숨은) 뜻이 있는 듯이.
*****mystérieux(se)** [misterjø, -jøːz] *a.* ① 불가해한, 알 수 없는, 수수께끼같은, 비밀의(inexplicable, secret). en un lieu ～ 비밀 장소에서. assassinat ～ 수수께끼같은 살인. monde ～ 미지의 세계. ～ personnage 수수께끼같은 인물. négociations ～ses 비밀교섭. ② 신비로운, 불가사의한. forêt ～se 신비스런 숲. forces ～ses 신통력. rites ～ 비교적(秘敎的) 의식. 숨은 뜻이 있는 듯한.
mysticisme [mistisism] *n.m.* 《종교·철학》신비설, 신비주의; 신비신학.
mysticité [mistisite] *n.f.* 신비성, 신비적 경향; 두터운 신앙심.
mystifiable [mistifjabl] *a.* 남에게 속아 넘어가는.
mystifiant(e) [mistifjɑ̃, -ɑ̃ːt] *a.* 속이는, 기만적인(↔démystifiant), propagande ～e 기만적인 선전.
mystifica*teur*(*trice*) [mistifikatœːr, -tris] *a.* (사람을)속이기 좋아하는, 기만하는. *n.* 속이기 좋아하는 사람.
mystification [mistifikasjɔ̃] *n.f.* 속임수, 기만 (tromperie); (민심 따위를 현혹하는)기만, 조작. être le jouet d'une ～ (어떤)속임수의 놀림감이 되다. considérer le patriotisme, la religion, comme des ～s 애국심·종교를 신화 같은 조작이라고 간주하다.
mystifier [mistifje] *v.t.* (장난삼아)속이다(duper, ↔démystifier). opinion *mystifiée* par quelques journalistes 몇몇 언론인들에 의해 조작된 여론.
mystique [mistik] ① 신비론(주의)의, 신비적인. expérience ～ 신비적인 영감(계시)의 경험. poète ～ 신비주의 시인. ②《종교》비유적인, 상징적인. corps ～ du Christ 그리스도의 신비체; 교회. ③ (신비주의자와 같은)절대적 신앙을 갖는, 광신적인. adoration ～ de la nature 자연의 절대적 숭배. patriotisme ～ 광신적 애국심. ―*n.* 신비론(주의)자; 열렬한 신앙심을 가진 사람. ―*n.f.* ① 영성신학, 신비신학. ② 절대적 신념(신뢰). ～ de la paix 평화에의 절대적 신앙.
mystiquement [mistikmɑ̃] *ad.* 신비주의적으로; 비유(상징)적으로. interpréter l'Ecriture ～ 복음서를 비유적으로 해석하다.
mythe [mit] *n.m.* ① 신화(mythologie); 전설(légende). ～ solaire 태양신화. ～s grecs 그리스신화. ～ de Prométhée 프로메테우스 신화. ～ de l'âge d'or 황금시대의 신화. ② 가공적인 것, 꾸민 이야기. Son oncle à héritage? C'est un ～. 그에게 유산을 남겨줄 아저씨가 있다고? 그건 꾸민 말이다. Le voyage sur la lune n'est plus un ～. 달세계의 여행은 이미 공상이 아니다. détruire les ～s du communisme 공산주의의 신화를 깨뜨리다. ③ (철

학적인)·우화(fable, parabole).
-mythie *suff.*, **mytho-** *préf.*「신화·전설」의 뜻.
mythifier [mitifje] *v.i.* 《문어·드물게》신화를 만들다. —*v.t.* 신화화하다.
mythique [mitik] *a.* 신화적인, 전설의; 사실무근의, 가공적인(fabuleux, imaginaire). héros ~ 전설상의 영웅. un être ~ 가공의 인물.
mythographe [mitɔgraf] *n.m.* 신화 학자.
mythographie [mitɔgrafi] *n.f.* 신화; 신화학; 신화지(誌); 신화 수집[편집].
mythologie [mitɔlɔʒi] *n.f.* 《집합적》신화; 신화학(學). ~ grecque 그리스신화. dictionnaire ~ 신화학 사전.
mythologique [mitɔlɔʒik] *a.* 신화의, 전설의.
mythologiquement [mitɔlɔʒikmɑ̃] *ad.* 신화학상, 신화적으로.
mythologiste [mitɔlɔʒist], **mythologue** [mitɔlɔg] *n.* 신화연구자, 신화학자; 신화론자.
mythomane [mitɔman] *a., n.* 병적으로 허황한 말을 하는(사람), 거짓말하기 좋아하는(사람).
mythomanie [mitɔmani] *n.f.* 《의학》과장증, 허구증(虛構症), 거짓말 좋아하는 버릇.
mytil(i)-, mytil(o)- *préf.*「홍합」의 뜻.

mytilicole [mitilikɔl] *a.* 섭조개〔홍합〕를 기르는. parc ~ 섭조개〔홍합〕양식장.
mytiliculteur [mitilikyltœːr] *n.m.* 섭조개〔홍합〕양식업자.
mytiliculture [mitilikyltyːr] *n.f.* 섭조개〔홍합〕양식.
mytilidés [mitilide] *n.m.pl.* 《패류》섭조개〔홍합〕과(科).
mytiloïde [mitilɔid] *a.* 홍합 모양의.
mytilotoxine [mitilɔtɔksin] *n.f.* 미틸로톡신《홍합의 독소》.
myure [mjyːr] *a.* 《화학》(맥박 따위가)차츰 약해져 가는.
myxœdémateux(se) [miksedematø, -øːz] *a., n.* 《의학》점액수종(粘液水腫)의(환자).
myxœdème [miksedɛm] *n.m.* 《의학》점액수종.
myxolydien(ne) [miksɔlidjɛ̃, -ɛn] *a.* 《옛》《음악》고대의 음조《현악기의 E 선, 미에 해당》.
myxomatose [miksɔmatoːz] *n.f.* 《수의》(토끼의)점액종증(粘液腫症).
myxome [miksoːm] *n.m.* 《의학》점액종(粘液腫).
myxomycètes [miksɔmisɛt] *n.m.pl.* 《식물》점균류(粘菌類).
myxosarcome [miksɔsarkom] *n.m.* 《의학》점액육종.
mzabite [mzabit] *n.* =**mozabite**.

N

N¹, n¹ [ɛn, 드물게 nə] *n.m.*(*f.*)(⦅nə⦆로 발음할 때는 *n.m.*) 프랑스 자모의 제 14 자.
N² ⦅약자⦆ ① ⦅수학⦆ 자연수(nombre naturel)(전체의 집합을 표시하는 경우가 많음). ② ⦅화학⦆ 질소(azote)의 원자기호. ③ ⦅물리⦆ newton의 기호; 아보가드로 수(nombre d'Avogadro). ④ ⦅생물⦆ 염색체(chromosome)의 수. ⑤ (바로 N., N*, N**) 모(某)(씨(氏)). *N arrive avec grand bruit.* 아무개가 법석을 피우며 온다.
N. ⦅약자⦆ ① Nord 북쪽. ② (route) nationale 국도.
N°, n° ⦅약자⦆ numéro 번호.
n² ① nano-의 기호. ② ⦅수학⦆ 부정정수(nombre indéterminé). *aⁿ*, *a*의 n 승. *fonction de degré n*, n 차 함수.
n. ⦅약자⦆ ① notre 우리의. ② neutre 중성(中性).
n' ⇨ne. ⌐nom 명사.
Na [na] ⦅화학⦆ Natrium ⦅화학⦆ 나트륨(sodium).
na [na] *int.* ⦅속어⦆ ① 자! (là!). ② (긍정 또는 부정을 강조함) *J'irai pas, na!* 안 가겠대도 그래!
nabab [nabab] *n.m.* ① 부호(富豪). ② ⦅역사⦆ (인도 회교국의)고관, 태수(太守). ③ ⦅옛⦆인도에서 출세했던 유럽 사람.
nababie [nababi] *n.f.* 인도 태수의 직위(영지).
nabi [nabi] ⦅헤브라이⦆ *n.m.* (헤브라이)예언자, 선지자. les ~s ⦅미술⦆ 나비파(17 세기 말 파리에서 형성된 혁신적 젊은 화가의 그룹).
nabla [nabla] *n.m.*, *a.* ⦅불변⦆ 나블라(기호 ▽)(의) (opérateur ~).
nable [nabl(ə)] *n.m.* ⦅해양⦆ (배 밑창의)물 빼는 구멍(의 마개).
nabot(e) [nabo, -ɔt] (경멸, -ɔt) *n.* 난장이, 땅딸보(nain, ↔ géant). —*a.* 난장이의.
Nabuchodonosor [nabykɔdɔnɔzɔːr] *n.pr.m.* ⦅성서⦆ 느부갓네살(바빌론의 왕).
nacaire [nakɛːr] *n.f.* (중세의)기병용 북.
nacarat [nakara] *a.* ⦅불변⦆ 연분홍빛의. —*n.m.* 연분홍빛(의 천).
nacelle [nasɛl] *n.f.* ⦅항공⦆ (기구(氣球)의)조롱(吊籠), 곤돌라; ⦅화학⦆ 플라스코; ⦅건축⦆ 반원형 쇠시리. ② ⦅예⦆ 작은 배.
nacre [nakr] *n.f.* ① 진주모(母), 나전(螺鈿). *étui de* ~ 나전 그릇. ② ⦅문어⦆진주모빛.
nacré(e) [nakre] *a.p.* 진주모빛의. *peau* ~*e* 진주모빛 살결.
nacrer [nakre] *v.t.* 진주모빛이 나게 하다; ⦅문어⦆무지개빛으로 빛나게 하다.
nadir [nadiːr] *n.m.* ⦅천문⦆ 천저(天底)(↔zénith).
nævus (*pl. i*) [nevys, -i] *n.m.* ⦅의학⦆ 모반(母斑).
nafé [nafe] *n.m.* 열대산 부용속(屬)의 열매 (식용).
naffe [naf] *n.f.* eau de ~ ⦅옛⦆등화수(橙花水) (오렌지꽃을 주성분으로 하는 향수).
nâga [nɑga] ⦅힌디⦆ *n.m.* (복수불변) 나가 (인도신화의 비·강의 정령으로 반은 사람이고 반은 뱀인 남자 신(神); 여신은 nâgî, nâgînî).
nagaika [nagaika] *n.f.* (러시아 기병의)가죽채찍.
nage [naːʒ] *n.f.* ① 해엄; 수영법(natation). ~ en grenouille 평영. ~ libre 자유영. ~ sur le dos 배영. ② 노젓기; 노젓는 법; ⦅집합적⦆(보트경기의)노젓는 사람. *banc de* ~ 노젓는 사람의 걸상. *chef de* ~ 정조수(整調手). ③ ⦅생물⦆ 유영(遊泳). ④ ⦅옛⦆항행, 항해.
à la ~ 헤엄쳐서; 헤엄치다가. *se jeter à la* ~ 물에 뛰어들다, 헤엄치기 시작하다.
être (tout) en ~ ⦅구어⦆땀에 흠뻑 젖어 있다.
nageant(e) [naʒɑ̃, -ɑ̃ːt] *a.* 떠 있는, 헤엄치고 있는. *plante* ~*e* 물위에 뜬 풀. ⌐리.
nagée [naʒe] *n.f.* 한번 헤엄쳐(저어서) 나가는 거
nageoire [naʒwaːr] *n.f.* ① 지느러미; ⦅속어⦆팔. ② 부낭(浮囊); (수상 비행기의)플로트, 부주(浮舟).
nageoter [naʒɔte] *v.i.* 서투르게 헤엄치다.
*****nager** [naʒe] ③ *v.i.* ① 헤엄치다. ~ comme un poisson 물고기처럼 잘 헤엄치다. ② (물위에)떠 있다(flotter); (액체 속에)잠겨 있다(baigner). *Le liège nage sur l'eau.* 코르크는 물위에 뜬다. ~ *dans le sang* ⦅문어⦆피투성이가 되어있다. ③ (비유적)(어떤 감정·상태에)젖어 있다, 만끽하고 있다. ~ *dans la joie* 기쁨에 넘쳐 있다. ④ ⦅구어⦆곤경에 빠져 있다, 어찌할 바를 모르다. *Je nage complètement devant ce problème.* 이 문제를 앞에 놓고 어찌할 바를 모르고 있다. ~ *dans l'encre* [*en pleine confusion*] 당황하다. ~ *en pleine obscurité* [*en pleine eau*] 오리무중이다. ⑤ 노를 젓다(ramer). *Nagez ensemble!* 일제히 저어라! ~ *en arrière* (à culer) 배를 후퇴시키다. ⑥ ⦅옛⦆항해하다(naviguer).
~ *comme un chien de plomb*(*comme une meule de moulin*) ⦅구어⦆전혀 헤엄치지 못하다.
~ *contre le courant* 흐름을 거슬러 헤엄치다; ⦅구어⦆여론에 맞서다; ⦅구어⦆시류·역경과 싸우다.
~ *dans les eaux de qn* …의 편을 들다, 추종하다, 맹종하다.
~ *dans les habits* 옷이 너무 헐렁하다.
~ *en pleine eau*[*dans les grandes eaux*] 깊은 물을 헤엄치다; (장사 따위가)번창하다; ⦅속어⦆깊이 빠지다.
~ *entre deux eaux* 잠수하다; (비유적)양자 사이를 교묘히 헤쳐나가다.
savoir ~ 헤엄칠 줄 알다; ⦅구어⦆잘 헤쳐나가다, 처세술에 능하다.
—*v.t.* (어떤 식의 헤엄을)치다; (어떤 거리를)헤엄쳐 나가다. ~ *la brasse* 평영(平泳)을 하다. ~ *un 400 mètres* 400 미터를 헤엄치다.
nageret [naʒrɛ] *n.m.* 수렵용의 작은 배.
nageur(se) [naʒœːr, -øːz] *n.* ① 수영하는 사람; 수영 선수. ~ *de brasse* 평영선수. *maître-*~ 수영교사. ② ⦅해양⦆ 노젓는 사람, 조수(漕手). ③ ⦅옛⦆항해하는 사람, 책략가. ④ ⦅옛⦆항해자, 선원.
—*n.m.pl.* ⦅동물⦆ 유영아목(遊泳亞目).
—*a.* ⦅새 따위가⦆유영성의, 유영하는. *oiseaux* ~*s* 유금류(遊禽類).
nâgî [nagi], **nagînî** [nagini] ⦅힌디⦆ *n.f.* (복수불변) 나기 (인도신화의 비·강의 정령으로 반은 사람이고 반은 뱀인 여신).
naguère, ⦅옛⦆ **naguères** [nagɛːr] *ad.* ⦅문어⦆최근에 (récemment); (오용)옛날(jadis).

naïad(ac)ées [najad(as)e] *n.f.pl.* 《식물》 마디말과(科).
naïade [najad] *n.f.* ① 《그리스신화》 내·샘의 여신, 물의 요정(nymphe). ②《俗》미역감는 여자, 헤엄치는 여자. ③ 《식물》 마디말.
***naïf(ve)** [naif, -i:v] *a.* ① 순진한, 천진난만한(candide, ingénu); 꾸밈이 없는. jeune fille ~*ve* 순진한 처녀. tenir un langage ~ 솔직한[꾸밈없는] 말씨로 말하다. ② 고지식한, 속기 잘하는, 사람좋은, 세상물정 모르는. Tu es ~ de croire qu'il viendra vraiment. 그가 정말 온다고 믿다니, 너 어리석구나. poser une question ~*ve* 바보같은 질문을 던지다. ③ 자연스러운, 소박한. art ~ (민간의)소박한 예술. description ~*ve* 있는 그대로의 묘사. 《옛》충실한. ⑤《옛·문어》본래의, 타고난.
— *n.* ① 순진[솔직]한 사람; 속기쉬운 사람, 바보. C'est un ~, souvent dupe de ses camarades de classe. 그는 너무 단순해서 곧잘 급우들의 놀림감이 되고 있다. ② les ~*s* 《미술》 소박파(派).
nain(e) [nɛ̃, -ɛn] *n.m.* 소인(증 환자); 난장이. Blanche-Neige et les sept ~*s* 백설공주와 7명의 난장이. ② N~ jaune 《카드놀이》 황색의 난장이 (황색의 옷을 입은 난장이가 그려진 카드를 이용한 놀이). ③《문어》하찮은 사람.
— *a.* ① 소인(증)의; 난장이의, (식물 따위가)왜소형의. arbres ~*s* du Japon 일본의 분재(盆栽). ② œuf ~ 노른자위가 없는 달걀.
— *n.f.* 《천문》 왜성(étoile ~*e*).
naissain [nɛsɛ̃] *n.m.* (양식용)어린 굴(홍합).
naiss-ais, -e, etc. [nɛs-ɛ, nɛs] ⇨naître.
***naissance** [nɛsɑ̃:s] *n.f.* 출생, 탄생(↔ mort); 출산(accouchement). L'anniversaire de ma ~ tombe le 19 décembre. 내 생일은 12월 19일이다. acte[extrait] de ~ 호적등본[초본]. déclaration de ~ 출생신고. jour[anniversaire] de ~ 생일. lieu de ~ 출생지. nombre de ~*s* 출생수. contrôle [limitation] des ~*s* 산아제한. ~ difficile 난산. ~ avant terme 조산. ~ double 쌍둥이의 출산. régulation des ~*s* 계획출산. ~ légitime 적출. ~ illégitime(naturelle) 서출. ~ 가문, 태생. Il se vante de sa ~. 그는 자기의 가문을 자랑하고 있다. de haute[basse] ~ 귀한[천한] 태생의. avoir de la ~ 귀족(명문)의 가문이다. homme sans ~ 천한 태생의 사람. ③ 시초, 출현. ~ du jour 새벽. ~ de l'amour 사랑의 싹틈. ~ d'un nouveau pays 신생국의 탄생. ④ 기점; 뿌리, 밑동. ~ de la colonne 원주의 밑부분. ~ d'un fleuve 강의 근원. ~ de la colonne 원주의 밑부분.
avaler son acte[son bulletin] de ~《俗》죽다.
de ~ 타고난, 태어날 때부터의. Elle est sourde de ~. 그녀는 태어날 때부터 귀가 멀었다.
devoir la ~ à qn …의 자손(자식)이다.
donner ~ à ⓐ …을 낳다. Elle a donné ~ à un garçon. 그녀는 사내아이를 낳았다. ⓑ …을 일으키다, 초래하다.
prendre ~ 시작되다; 생기다, 일어나다. L'incendie a pris ~ dans la forêt. 불은 숲에서 발생했다.
naissant(e) [nɛsɑ̃, -ɑ̃:t] (*p.pr.<naître*) *a.* 태어나기[발생하기] 시작하는, 나타나기 시작하는, 싹트기 시작하는; 《문어》(동물이) 상반신만 보이는. jour ~ 새벽. ville ~ 신생 도시. barbe ~*e* 나기 시작하는 수염. à l'aube ~*e* 새벽에. état ~ 《화》 발생기(發生基).
:**naître** [nɛtr] 42 *v.i.* (조동사는 être)① 태어나다(↔ mourir). Il *est né* poète. 그는 타고난 시인이다. Elle *est née* à Séoul le 20 juillet 1970. 그녀는 1970년 7월 20일 서울에서 태어났다. *être bien[mal] né* 좋은[천한] 집안에서 태어나다. ~ avant terme 달을 못채우고 태어나다, 조산하다. L'homme *est né* pour le bonheur. 인간은 행복해지기 위해 태어났다. (《비인칭》) Il *naît* dans cette ville cent enfants par mois. 이 도시에서는 한 달에 100명의 어린이가 태어난다.
② 생기다, 일어나다; (식물이)싹트다, 돋아나다, 꽃피다; (강이)발원하다. La colère *naît* souvent de la peur. 분노는 다분히 공포에서 생긴다. faire ~ des doutes 의혹을 불러일으키다. C'est le désir qui fait ~ la pensée.《속담》욕망은 사상의 아버지 (누구나 제 좋도록 생각하게 마련이다). Les fleurs *naissent* au printemps. 꽃은 봄에 핀다. La guerre *est née* d'un conflit d'intérêts économiques. 이 전쟁은 경제적 이해관계로 일어났다. Un sourire *naît* sur ses lèvres. 미소가 그의 입술가에 떠오른다.
③ [~ à] (에)눈이 뜨다, (을)알게 되다. ~ à la littérature(à l'amour) 문학(사랑)에 눈을 뜨다.
④ [명사+-né] 날 때부터의. aveugle-né 선천적 소경. premier-né 맏아들. dernier-né 막내.
être né de …의 출신이다, (의) 아들[딸]이다; …에서 생기다. *né* d'une famille d'ouvriers 노동자 집안에서 태어난.
être né pour qc《구어》선천적으로 …에 적합하다[적임이다].
voir ~ qn …이 태어나는 것을 알고 있다. Je l'*ai vu* ~. 나는 그를 갓난아이때부터 알고 있다.
naïvement [naivmɑ̃] *ad.* ① 순진하게, 천진난만하게, 순박하게; 고지식하게. répondre ~ 순진하게 대답하다. ② 있는 그대로, 소박하게.
naïveté [naivte] *n.f.* ① 순진, 천진난만, 순박(candeur, ingénuité, ↔ astuce). enfant plein de ~ 천진난만한 어린애. ② 고지식함, 세상물정을 모름, 속기 쉬움. Je n'ai pas la ~ de croire cette rumeur. 그런 소문을 믿을 정도로 나는 어리석지 않다. ③ (주로 *pl.*) 단순한(악의없는) 말; 바보짓. dire des ~*s* 바보같은 말을 하다. ④ 《옛》(표현의) 자연스러움; 꾸밈없는 표현.
naja [naʒa] *n.m.* 《동물》 코브라.
nana [nana] *n.f.* 《俗》 정부(情婦); 여자.
nanan [nanɑ̃] *n.m.* 《옛·구어》 맛있는 것.
C'est du ~. 《구어》 그거 맛있다; 매우 기분 좋다; 누워서 떡먹기이다.
nancéen(ne), nancéien(ne) [nɑ̃seɛ̃, -ɛn], [nɑ̃sejɛ̃, -ɛn] *a.* 낭시(Nancy, 프랑스의 도시)의. — N~ *n.* 낭시 사람.
nancelle [nɑ̃sɛl] *n.f.* 《건축》 (기둥의 받침돌의)반원형 쇠시리.
nandou [nɑ̃du] *n.m.* 《조류》 아메리카타조.
naniser [nanize] *v.t.* (식물의)성장을 억제시키다.
nanisme [nanism] *n.m.* 왜소증(矮小症); 위축.
Nankin [nɑ̃kɛ̃] *n.pr.* 《지리》 난징(南京). — n~ *n.m.* 《직물》 담황색의 난징 무명.
nano- *préf.* 「나노·10억분의 1」의 뜻.
nanoélectronique [nanoelɛktrɔnik] *n.f.* 나노일렉트로닉 (나노(10⁻⁹)를 단위로 하는 집적회로공학).
nanomèle [nanɔmɛl] *n., a.* 선천적인 왜소증(의).
nanomélie [nanɔmeli] *n.f.* 사지가 극도로 왜소한 선천적 기형.
nano(-)seconde [nanɔs(ə)gɔ̃:d] *n.f.* 나노초(秒)(10억분의 1초).
nanosomie [nanɔzɔmi] *n.f.* 극도의 왜소증.
nansouk [nɑ̃zuk] *n.m.* 《직물》 곱고 얇은 무명.
nant [nɑ̃] *n.m.* 《사투리》 (*Jura, Savoie* 지방의)급류.
nantais(e) [nɑ̃tɛ, -ɛ:z] *a.* 낭트(*Nantes*, 프랑스의 도시)의. — N~ *n.* 낭트 사람.
nanti(e) [nɑ̃ti] *a.p.* ① 부유한. ② [~ de] (을)소유

nantir [nɑ̃tiːr] *v.t.* ① 《문어》[~ qn de qc] (에게) (을)공급하다, 마련(준비)해 주다(pourvoir). ~ qn de provisions …에게 식료품을 공급해 주다. *nanti de titres universitaires* 학위를 가지고 있는. ②《옛》《법》담보(저당)잡히다. *être nanti de gages* 저당을 잡고 있다; 보증을 받고 있다 —**se~** *v.pr.* ① [~ de](을)준비하다, 갖추다. *se ~ d'un parapluie* 우산을 갖추다. ②《법》담보(저당)를 잡다.

nantissement [nɑ̃tismɑ̃] *n.m.* ① 저당(담보)설정계약; 담보, 저당; 담보(저당)물. *déposer (des titres) en ~* (유가증권을)담보잡히다. *droit de ~* 질권(質權). ②《옛》《법》(피카르디 지방 따위에서의)유산상속.

nanzouk [nɑ̃zuk] *n.m.* =**nansouk**.

naos [naos] *n.m.* (그리스 교회당의)신자석; (고대그리스 신전의)성상(聖像) 안치소.

napalm [napalm] *n.m.* 《화학》네이팜. *bombe au ~* 네이팜탄.

napée [nape] *n.f.* 《신화》초원·숲의 요정(여신).

napel [napεl] *n.m.* 《식물》바곳.

naphta [nafta] *n.m.* 중질유(重質油); 원유.

naphtalène [naftalεn] *n.m.* =**naphtaline**.

naphtaline [naftalin] *n.f.* 《화학·상업》나프탈린. *~ blanche en boules* (동그란)나프탈린 좀약.

naphte [naft] *n.m.* 《화학·상업》나프타, 석뇌유(石腦油)(석유 따위를 증류하여 얻는 기름).

naphtol [naftɔl] *n.m.* 《화학·약》나프톨.

naphtylamine [naftilamin] *n.f.* 《화학》나프틸아민(물감의 원료).

naphtyle [naftil] *n.m.* 《화학》나프틸.

naphtylique [naftilik] *a.* 나프탈린성(性)의.

napiforme [napifɔrm] *a.* (뿌리가)순무꼴을 한.

Naples [napl(ə)] *n.pr.* 나폴리(이탈리아 남부의 항구 도시).

napoléon [napɔleɔ̃] *n.m.* 나폴레옹 금화(나폴레옹의 초상을 새긴 옛날의 20프랑짜리 금화); 나폴레옹(프랑스의 고급 브랜디). *double ~* 40프랑짜리 금화.

napoléonien(ne) [napɔleɔnjε̃, -εn] *a.* 나폴레옹의(家)의. —*n.* 《정치》나폴레옹파.

napoléonisme [napɔleɔnism] *n.m.* 《정치》나폴레옹 숭배(옹호).

napolitain(e) [napɔlitε̃, -εn] *a.* 나폴리(Naples)의. *onguent ~* 《약》수은 연고. ② sixte ~ 《음악》나폴리 6도(度). —**N~** *n.* 나폴리 사람. —*n.f.* 나폴리 직물, 나폴리 모슬린. —*n.m.* ① 편상화(編上靴). ② 알 초콜릿.

nappage [napaːʒ] *n.m.* ① 식탁용 린네르(상보와 냅킨 소류). ② 《요리》(요리·과자의 표면전체에 크림·소스를)바르기; 뿌리는(바르는) 크림, 소스.

*****nappe** [nap] *n.f.* ① 상보, 식탁보. *mettre la ~* 식탁을 준비하다; 《옛》식사를 대접하다. ② 《종교》~ d'autel 제단보; ~ de communion 성체배령(대)포. ③ (액체·기체 따위의)널따란 면(층). *~ d'eau souterraine* 지하수층. *~ d'eau* 수면; 물웅덩이, 늪. *Ce ne fut plus qu'une ~ d'eau.* 온통 물바다가 되어버렸다. ④ 《수학》면; 곡면. 《직물》플리스(방적공정에 있어서 얇은 시트 모양의 섬유군). 《피혁》(가죽을 깎기 전에 적시기 위한)히전 드럼의 천. 《사냥》(사냥개에게 사냥감의 몸을 놓아서 나는)사슴가죽. 《건축》(지붕을 잇는 재료에 쓰이는)연판(鉛板). *trouver la ~ mise* 남의 집에서 잘 먹다; 《구어》부잣집 딸과 결혼하다.

napper [nape] *v.t.* ① (에)상보를 덮다. ② 《요리》(요리·과자의 표면전체에 크림·소스를)바르다. ③ (안개 따위가)지면을 덮다, 감싸다.

napperon [naprɔ̃] *n.m.* 《식기·꽃병 아래 깔개》깔개.

naquet [nakε] *n.m.* 《옛》하인, 종.

naqui-s, -t [naki] ⇨**naître**.

narbonnais(e) [narbɔnε, -εːz] *a.* 나르본느(Narbonne, 프랑스의 도시)의. —**N~** *n.* 나르본느 사람. —**N~e** *n.f.* 《역사》나르보네즈(남부 골(Gaule)의 일부).

narcéine [narseine] *n.f.* 《화학》나르세인.

Narcisse [narsis] *n.pr.m.* 《그리스신화》나르시스. —*n.m.* 《식물》수선화. ②《문어》자기 모습에 도취하는 남자; 미남자.

narcissique [narsisik] *a.* 《심리》자기 도취의; (극도로)자기중심적인. *névrose ~* 《정신의학》자기애 신경증. —*n.* 자기도취자.

narcissisme [narsisism] *n.m.* 자기도취; 《심리》나르시시즘, 자기도취증.

narco- *préf.* 「마비·마취」의 뜻.

narco-analyse [narkɔanaliːz] *n.f.* 《심리》마취 분석(마취를 이용한 심리 요법).

narcolepsie [narkɔlepsi] *n.f.* 《의학》나르콜렙시(일시적인 수면 발작).

narcomanie [narkɔmani] *n.f.* 마취제 상용(상습).

narcose [narkoːz] *n.f.* 《의학》마취(상태); 《옛》병적인 마비상태.

narcothérapie [narkɔterapi] *n.f.* 《의학》(정신병 환자의)마취요법.

narcotico-âcre [narkɔtikoaːkr] *a.* 《의학》마취시키는; 강한 마취제.

narcotine [narkɔtin] *n.f.* 《화학》나르코틴(아편 알칼로이드의 일종, 수면제).

narcotique [narkɔtik] *a.* 《의학》마취시키는; 《구어》잠이 오는. *remède ~* 마취제 요법. *réunion ~* 졸릴 정도로 따분한 모임. *style ~* 지루한 문체. —*n.m.* 마취제; 졸음을 유발하는 것.

narcotiser [narkɔtize] *v.t.* (에)마취제를 쓰다.

narcotisme [narkɔtism] *n.m.* 마취약 중독.

nard [naːr] *n.m.* 《식물》감송(甘松); 감송향(香).

narghileh [nargile] *n.m.* =**narguilé**.

nargue [narg] *n.f.* 《옛》업신여김, 경멸, 조소. *dire ~ de; faire ~ à[de]* …을 경멸하다. *Ce vin fait ~ à l'autre.* 이 술은 저것보다 훨씬 좋다. *N~ de[pour] qc!* …따위가 다 뭐냐! *N~ de toute étiquette!* 예절 따위가 무슨 소용이야!

narguer [narge] *v.t.* 《구어》경멸하다, 비웃다.

narguilé [nargile] *n.m.* 수연통(水煙筒).

narine [narin] *n.f.* 콧구멍; (펌프의)통기 구멍. *avoir les ~s bouchées* 코가 막혀 있다. *se remplir les ~s d'air frais* 신선한 공기를 가득 들여마시다.

narquois(e) [narkwa, -aːz] *a.* ① 빈정거리는, 비웃는, 조소적인(railleur). *sourire ~* 비웃는 듯한 미소. ②《옛》교활한(rusé).

narquoisement [narkwazmɑ̃] *ad.* 빈정거리며, 조소적으로; 《옛》교활하게.

narquoiserie [narkwazri] *n.f.* 《옛》비웃는 듯한 태도(행위·말투).

narrateur(trice) [naratœːr, -tris] *n.* 이야기하는 사람(conteur), 화자.

narratif(ve) [naratif, -iːv] *a.* 이야기체의, 서술적인; 《옛》이야기하는 (사실을)기술하는. *histoire ~ve* 이야기체의 역사. *analyse ~ve* 서술적인 분석. *procès-verbal ~ des faits* 사실을 서술하는 조서. *présent ~* 《언어》서술체 현재(présent de narration).

narration [narɑsjɔ̃] *n.f.* ① 이야기, 서술. *faire la*

~ d'un voyage France 프랑스 여행에 대하여 이야기하다. ② infinitif de ~ 《언어》 서술체 부정법. ③ (학교의)과제작문(rédaction). ④ 《수학》 서술부(고전적 변론형식으로 문제의 해명을 하는 제 3 단계).

narré [naɾe] n.m. 《옛》이야기, 서술. faire le ~ de qc ···을 이야기하다.

narrer [naɾe] v.t. 《문어》이야기하다, 서술하다(raconter). ~ avoir fait qc ···을 한 자초지종을 이야기하다.

narthex [naɾtɛks] n.m. 《건축》 성당 정문 안의 현관 홀.

narval [naɾval] (pl. ~s) n.m. 《동물》 일각(一角)돌고래.

N.A.S.A. [naza] 《영·약자》 National Administration for Space and Aeronautics 미국항공우주국.

nasal(ale, pl. aux) [nazal, -o] a. 코의; 《언어》 콧소리의. voix ~ale 콧소리. fosses ~ales 비강(鼻腔). indice ~《인류》 비지수(鼻指數)(정면에서 본 코의 깊이와 폭의 비례). hémorragie ~ale 코피남. consonne (voyelle) ~ale 비자음[모음]. —n.f. 《음성》 비음(鼻音).

nasalement [nazalmɑ̃] ad. 콧소리로.

nasalisation [nazalizasjɔ̃] n.f. 《음성》 코로 발음하기; 비음화.

nasalisé(e) [nazalize] a.p. 《음성》 비음화된. —n.f. 비음화음.

nasaliser [nazalize] v.t. 코로 발음하다; 《음성》 비음화하다. —se~ v.pr. 비음화되다.

nasalité [nazalite] n.f. 비음성(鼻音性). La première syllabe du mot «année» perd sa ~. "année"라는 단어의 첫음절「an」은 그 비음성을 상실한다(【a】→【a】).

nasard(e¹) [nazaɾ, -aɾd] n.m. 《음악》 (오르간의) 뮤테이션 음전(音栓). —a. 《옛》=nasillard.

nasarde² [nazaɾd] n.f. 《구어》 비웃음, 모욕. donner une ~ [des ~s] à qn ···을 비웃다. essuyer(recevoir) des ~s 비웃음[모욕]을 당하다.

nasarder [nazaɾde] v.t. ① 《구어》 비웃다, 모욕하다. ② 《옛》 콧등을 튀기다.

nase [nɑːz] n.m. 《속어》 코(nez).

naseau [nazo] (pl. ~x) n.m. (마소의)콧구멍; (pl.) 《구어》 코(nez). fendeur de ~x 자랑꾼, 허풍쟁이.

nasière [nazjɛɾ] n.f. (소의)코뚜레.

nasillant(e) [nazijɑ̃, -ɑ̃t] a. 콧소리의, 콧소리를 내는.

nasillard(e) [nazijaːɾ, -aɾd] a. 콧소리의, 코에서 나오는. parler d'une voix ~e 콧소리로 이야기하다. —n. 콧소리로 말하는 사람.

nasillement [nazijmɑ̃] n.m. 콧소리(를 냄).

nasiller [nazije] v.i. ① 콧소리를 내다; 콧소리로 이야기하다. ② (오리가) 웁다. —v.t. 콧소리를 내며 말하다(읽다, 노래하다).

nasilleur(se) [nazijœːɾ, -øːz] n. 콧소리로 이야기하는 사람.

nasillonner [nazijɔne] v.i. 《드물게》 약간 콧소리를 내다, 코먹은 소리로 이야기하다.

nasique [nazik] n.m. 《동물》 (보르네오산의)긴코원숭이.

nasitor(t) [nazitɔːɾ] n.m. 《식물》 다닥냉이속(屬)의 일종.

nasonnement [nazɔnmɑ̃] n.m. 《의학·음성》 가벼운 콧소리.

nasonner [nazɔne] v.i. 콧소리를 내다.

naso(-)pharyngien(ne) [nazofaɾɛ̃ʒjɛ̃, -ɛn] a. 《해부》 비인두(鼻咽頭)의.

nasse [nɑs] n.f. 통발; 새 잡는 그물; 덫; 곤경. être dans la ~ 《구어》 진퇴유곡이다.

nassone [nasɔn] n.f. (새우 잡는) 통발.

nastie [nasti] n.f. 《식물》 경성(傾性) (식물이 빛·접촉 따위의 자극에 대하여 굴절운동하는 성질).

nasturce [nastyɾs] n.m. 《식물》 쇠냉이속.

natal(ale, pl. als) [natal] 《남성복수는 극히 드묾》 a. 태어난. jour ~ 생일. maison ~ale 생가(生家). langue ~ale 모국어. pays ~ 고국.

nataliste [natalist] a. 출생율을 높이려고 애쓰는. politique ~ 인구 증가 정책. propagande ~ 다산장려 선전. —n. 출산장려주의자.

natalité [natalite] n.f. 출생(출산)율 (↔ mortalité). pays à forte (faible) ~ 출생율이 높은[낮은] 나라. restriction(réglementation) de la ~ 산아 제한. accroissement(régression) de la ~ 출산율의 증가[감소].

natation [natasjɔ̃] n.f. 헤엄, 수영; 수영술. bassin de ~ 수영장, 풀. école de ~ (주로 실내의)수영연습소. s'exercer à la ~ 수영연습을 하다. épreuve de ~ (sportive) 수영경기.

natatoire [natatwaːɾ] a. 《동물》 헤엄치기 위한. vessie ~ 《어류》 부레.

natice [natis] n.f. 《동물》 (껍질이 달팽이와 비슷한)연체동물의 일종.

natif(ve) [natif, -iːv] a. ① 태생의, 출신의; 타고난, 천부의 (inné, naturel). ~ de Paris 파리태생의. vertu ~ve 천부의 미덕. être ~ de... ···의 태생이다. ② 자연의, 천연의 (brut). argent ~ 자연은. —n. 《de...》 ···태생의 사람, 출신자; 본토박이, 원주민. ~ de Dijon 디종 태생의 사람. ~s du Congo 콩고 원주민.

*__nation__ [na(ɑ)sjɔ̃] n.f. ① 국민 (peuple). ~ française 프랑스 국민. caractère d'une ~ 국민성. ② 나라, 국가(État, pays). ~s alliées 동맹국. grandes ~s 대국, 강대국. ~s amies 우방. Organisation des N~s Unies 국제연합(《약자》O.N.U.). ~s commerçantes(industrielles, militaires) 상업(공업·군사) 국가. pavillon de ~ 《해양》국기. Société des N~s 국제연맹(《약자》S.D.N.). clause de la ~ la plus favorisée 《법》 최혜국 조항. ③ (문화적 공동체 의식을 가진)민족. ~ basque 바스크 민족. ④ (pl.) 《성서》 (유태인이 보아)이방인. l'Apôtre des ~s 성 바오로, 사도 바울. ⑤ 《옛》 (동일 직업 따위의)동료, 동배, 동아리.

*__national(ale, pl. aux)__ [nasjɔnal, -o] a. ① 나라의, 국가의; 국립의; 국내의. hymne(chant) ~ 국가(國歌). territoire ~ 국토. drapeau ~ 국기(國旗). intérêt ~ 국익. défense ~e 국방. parc ~ 국립공원. Société ~ale des chemins de fer français 프랑스국유철도(《약자》S.N.C.F.). production ~ale des automobiles 자동차의 국내생산. ② 국민의; 국민적인. caractère ~ 국민성. armée ~ale 국군. ③ 전국적인, 거국적인. obsèques [funérailles] ~ales 국장(國葬). congrès ~ d'un parti politique 정당의 전국대회. équipe ~ale de football 국가대표축구팀. ④ 《정치》 국민파의; 국가주의적인. ⑤ 《구어》 《비풍》 (어떤 그룹·친구를)대표하는. notre Jean ~ 우리들의 대표 장. —n.m.pl. ① 전국민; (외국에 거주하고 있는)동국인(同國人), 교포. ② 국가주의 정당. —n.f. ① 국도(route ~ale). ② la N~ale (파리의) 국립도서관(Bibliothèque ~ale).

nationalement [nasjɔnalmɑ̃] ad. 《드물게》 민족적으로, 국가적으로, 국가의 명령에 의해.

nationalisation [nasjɔnalizasjɔ̃] n.f. 국유화, 국영화(étatisation); 전국민에게 보급시킴; 자국민화.

nationaliser [nasjɔnalize] v.t. 국영[국유]화하다; 전국민에게 보급하다; 자국민화하다(↔ dénatio-

nationalisme [nasjɔnalism] *n.m.* 국가주의, 국민주의, 민족주의.

nationaliste [nasjɔnalist] *a.* 국가[국민·민족]주의의. parti ~ 민족[국가]주의적 정당. —*n.* 국가[국민·민족]주의자.

***nationalité** [nasjɔnalite] *n.f.* ① 국적. acquérir (prendre) la ~ française 프랑스 국적을 취득하다. changer de ~ 국적을 바꾸다. perdre(reprendre) la ~ 국적을 상실[포기]하다. être de deux ~s ; avoir double ~ 이중국적을 갖고 있다. acte de ~ 【해양】 선적(船籍)증서. ~ acquise 획득 국적. ~ d'origine 본래의 국적. perte de ~ 국적 상실. ② 국민성, 국민적 감정 ; (동일 선조·문화를 갖는) 민족성. principe des ~s 【역사】 민족자결주의.

national-socialisme [nasjɔnalsɔsjalism] *n.m.* 【역사】 (독일의) 국가사회주의.

national-socialiste (*f.* ~**ale-**~, *pl.* ~**aux-**~**s**) [nasjɔnalsɔsjalist, nasjɔno-] *a.* (독일의) 국가 사회주의의. —*n.* 국가사회주의자.

nativement [nativmã] *ad.* 선천적으로 ; 본래.

nativisme [nativism] *n.m.* 【철학】 생득설.

nativiste [nativist] *a.* 【철학】 생득설의.

nativité [nativite] *n.f.* ① 【종교】 (예수·성모·성인 따위의) 탄생 ; (N~) 성탄절, 크리스마스 (Noël). ② 【미술】 예수 탄생의 그림 [조각]. ③ An~ de la N~ 서력 ~년. ④ 【점성】 (사람이 태어날 때의) 천궁도.

N.A.T.O. [nato] 【영·약자】 North Atlantic Treaty Organisation 북대서양조약기구 (O.T.A.N.).

natrémie [natremi] *n.f.* 【의학】 (혈액속의) 나트륨의 함유율.

natrium [natrijɔm] *n.m.* 【화학】 나트륨.

natron [natrɔ̃], **natrum** [natrɔm] *n.m.* 【광물】 천연 탄산소다.

nattage [nataːʒ] *n.m.* (머리 따위를) 땋기, (짚 따위를) 엮음.

natte [nat] *n.f.* ① 거적, 돗자리. ~ à dessins 꽃자리. ② 땋은[엮은] 것 ; 땋아늘인 머리, 변발 (~ de cheveux). porter une ~ 머리를 땋아늘이고 있다.

natté(e) [nate] *a.p.* 엮어내린. —*n.m.* 엮어 내려는 조직의 섬유.

natter [nate] *v.t.* ① (머리·짚 따위를) 땋다, 엮다 (tresser). cheveux *nattés* 땋아늘인 머리. ~ de la paille 짚을 엮다. ② (옛) (방·벽에) 돗자리[거적]를 깔다[로 덮다].
—**se** ~ *v.pr.* 자기의 머리를 땋다.

nattier(ère) [natje, -ɛːr] *n.* 돗자리[거적] 제조(판매)인.

naturalisation [natyralizasjɔ̃] *n.f.* ① 귀화(歸化) ; (동식물을) 풍토에 길들임, 순화(馴化). lettre de ~ 【법】 귀화허가서. demande de ~ 귀화신청. ② (외국의 사상·말 따위의) 이입, 정착 ; 국어화. ~ des mots anglais en France 영어의 프랑스어로의 이입[정착]. ③ (동물을) 박제(剝製) 제작 ; (식물의) 표본제작(술).

naturalisé(e) [natyralize] *a.p.* ① 귀화한. américain ~ 귀화한 미국인. ② 이입된, 정착된 ; 국어화된. ③ 박제로 만들어진 ; 표본화된. —*n.* 귀화인. les ~s et les nationaux 귀화인과 본국인.

naturaliser [natyralize] *v.t.* ① 귀화시키다 ; (동식물을) 풍토에 길들이다, 순화(馴化)하다. se faire ~ 귀화하다. La tomate *fut naturalisée* en Europe au XVIᵉ siècle. 토마토는 16세기에 유럽에 순화되다. ② (외국의 사상·말 따위의) 이입하다, 정착시키다 ; 국어화하다. ~ un mot étranger 외국어의 단어를 국어화하다. ③ (동물을) 박제(剝製)로 만들다 ; (식물을) 표본으로 제작하다.

naturalisme [natyralism] *n.m.* 【철학·종교】 자연주의, 자연숭배 ; 【문학·미술】 자연주의. ② 자연스러움.

naturaliste [natyralist] *a.* 자연주의의. théorie ~ 자연주의 이론. peintre ~ 【미술】 자연파의.
—*n.* ① 【철학·종교】 자연주의자, 자연숭배자 ; 【문학·미술】 자연주의자. ② 자연과학자, 박물학자 ; 박물학 애호가. ③ 박제(표본) 제작자.

naturalité [natyralite] *n.f.* ① 【학술】 자연 그대로의 상태, 자연성. ② (어떤 땅에서) 태어난 것, 토착. ③ (옛) 귀화인. lettres de ~ 귀화 승인장.

naturante [natyrɑ̃ːt] *a.f.* nature ~ 【철학】 능산적 (能產的) 자연 (스피노자 따위의 용어로서 신의 창조력을 의미하는 개념).

:**nature** [natyːr] *n.f.* ① 자연(계) ; (자연의) 풍물 ; 전원, 야산. état de la ~ 자연상태. mystère de la ~ 자연의 신비. ~ végétale (animale) 식물-[동물]계. retour à la ~ 자연으로 돌아감. sciences de la ~ 자연학. vivre en pleine ~ 전원생활을 하다. L'homme détruit la ~. 인간은 자연을 파괴한다. phénomène de la ~ 자연현상.
② 본질, 본성 ; 성질, 기질 ; 체질. ~ de l'homme 인간의 본성. ~ divine 신성(神性). avoir une excessive ~ 성격이 과격하다. Mentir n'est pas dans sa ~. 거짓말을 한다는 것은 그의 성미에 맞지 않는다. entant de ~ maladive 병약한 어린애. avoir une petite ~ 허약한 체질이다. être une force de la ~ 완강하다 ; 정신력이 강하다. union de deux ~s en Jésus-Christ 【신학】 예수 그리스도에 있어서의 신성과 인성의 결합.
③ 종류(sorte, espèce). objets de même [différente] ~ 같은 [다른] 종류의 것. obstacles de toute ~ 온갖 장애.
④ (어떤 성격을 지닌) 사람 ; 인격. une ~ violente 성품이 격한 사람, 난폭한 사람. C'est une ~. 강한 개성의 소유자이다.
⑤ (육체에 대한) 성 ; (특히 성적) 본능. céder à la ~ 육욕에 지다, 본능에 따르다.
⑥ 실물 ; 【미술】 모델. peindre d'après ~ 사생하다. ~ morte 정물화.
⑦ bœuf de ~ (사역용(使役用)이 아니고) 비육에 적합한 소. diamant de ~ 【광물】 연마할 수 없는 다이아몬드.
⑧ (옛) 생식기.

contre ~ 부자연스러운, 인성에 어긋나는 ; 천리에 반하는. crime *contre* ~ 계간죄 (鷄姦罪).
corriger la ~ 【구어】 신체의 결함을 위장하다.
dans la ~ ⓐ 자연 속에서. ⓑ 어딘가 멀리로. se perdre [partir, disparaître] *dans la* ~ 어딘가 먼 곳으로 자취를 감추다.
de ~ *à* + *inf.* ···할 수 있는, ···하기에 알맞은. faits *de* ~ *à nous étonner* 우리를 놀라게 하는 사실.
de [*par*] (*sa*) ~ 타고나기를, 본디, 천성적으로. Il est timide *de* (*sa*) ~. 그는 천성이 겁장이이다.
en ~ 현물로. payer *en* ~ 현물로 지불하다.
forcer sa ~ 무리를 하다.
—*a.* (불변) ① 【요리】 (조리 또는 양념을 하지 않은) 자연 그대로의. café ~ 블랙커피. pommes [bœuf] ~ (양념 안찬) 삶은 감자 (쇠고기). ② (구어) (그림 따위가) 실물 그대로의, 자연스런, 순진한. Il est ~. 그는 솔직 (순진) 하다.
—*ad.* 있는 그대로 ; (속어) 물론이다 (naturellement). peindre ~ 있는 그대로 그리다.

naturée [natyre] *a.f.* nature ~ 【철학】 소산적(所產的) 자연.

:**naturel(le)** [natyrɛl] *a.* ① 자연의, 자연계의 ; 천연

의; 자연 그대로의. phénomènes ~s 자연현상. sciences ~les 자연과학. histoire ~le 박물학. gaz ~ 천연가스. ressources ~les 천연자원. photo en couleur ~le 천연색 사진. alimentation ~le 자연식품. vin ~ (미가공의)순수 와인. soie ~le 본견.
② 타고난, 천부적인; 본래의. bonté ~le 타고난 선량함. avoir un don ~ 누구나 자기에게 어느 부적인 재능이 있다. droits ~s de l'homme 인간 본래의 권리, 자연권.
③ 정상적인, 당연한(normal). C'est (tout) ~. 그것은(지극히)당연하다. [Il est ~ de+inf./que+sub.] Il est ~ de s'entraider entre amis. 친구끼리 서로 돕는 것은 당연한 일이다. trouver ~ de+inf. …을 당연하다고 생각하다.
④ 자연스러운, 꾸밈없는. avoir un parler ~ 말투가 자연스럽다. style ~ 꾸밈없는 문체.
⑤ 생리적인; 생식의; 자연의. besoins ~s 생리적 욕구(배설의 욕구를 말함). fonctions ~les 생식기능. mort ~le 자연사.
⑥ enfant ~ 사생아(↔enfant légitime).
⑦ ⓐ 〖수학〗 nombres ~s 자연수. ⓑ 〖음악〗 note ~le 자연음, 원음; gamme ~le 자연음계. ⓒ 〖법〗 loi ~le 자연법; 자연율. ⓓ 〖신학〗 religion ~le 자연종교(déisme 따위의); théologie ~le 자연신학.
—n.m. ① 천성, 본성; 기질(tempérament); 체질. Le ~ de l'homme est d'être sociable. 인간의 본성은 사교적이다. Il est d'un ~ bavard. 그는 천성이 수다스럽다.
② 자연스러움, 자연미; (작품 따위)진실미. le ~ d'un acteur 배우의 자연스런 연기. s'exprimer avec ~ 자연스럽게(꾸밈없이) 표현하다. peindre avec ~ 가식없이 묘사하다. ~ du style 문체의 진실미.
③ (pl.)주민; 토착민(indigène). ~s de Polynésie 폴리네시아의 주민.
④ 〖옛〗 (육친의)애정; 소질. enfant qui a beaucoup de ~ 정이 많은 아이. avoir beaucoup de ~ pour la musique 음악적 소질이 많다.
au ~ ⓐ 〖요리〗 양념[조리]하지 않은. bœuf au ~ 양념하지 않은 소고기 요리(nature). ⓑ 〖옛〗있는 그대로(d'après ~). peindre qn au ~ …의 초상화를 사실적으로 그리다.
Chassez le ~, il revient au galop. 〖속담〗타고난 성질은 어쩔 수 없다.

:**naturellement** [natyrɛlmɑ̃] ad. ① 자연히, 자연의 힘으로. sol ~ fertile 자연적으로 비옥한 땅. ② 본래, 천성적으로. cheveux ~ bouclés 타고난 고수머리. L'homme est bon ~. 인간은 천성적으로 선량하다. 자연스럽게, 저절로, 쉽게. idée qui remonte ~ 자연스럽게 떠오르는 생각. Cela s'explique ~. 그것은 쉽게 설명이 된다. ④ 〖구어〗당연히, 물론 (대답으로), 〖bien entendu, évidemment). N~, il n'est pas encore arrivé. 물론 그는 아직 도착하지 않았다. Tu la connais? —N~! 그녀를 아니? 물론!

naturisme [natyrism] n.m. ① (생활태도로서)자연주의 (야외생활·자연식품 섭취·나체생활 따위); 나체주의(nudisme). ② 〖철학〗자연숭배; 나체식 숭배설. ③ 〖문학사〗본연주의, 자연주의(상징주의에 반대하여 생활본연의 모습을 그릴 것을 주장한 Bouhélier 등의 주장). ④ 〖종교〗자연요법.

naturiste [natyrist] a. 자연주의의; (특히) 나체주의의. mouvement ~ 누디스트운동. —n. 자연주의자; 누디스트.

naucore [nokɔːr] n.f. 〖곤충〗물둥구리의 일종.
naufrage [nɔ[o]fraːʒ] n.m. ① 파선(破船), 난파; 해난(사고). faire ~ 난파하다, 침몰하다. ② (비유적)파산; 실패; 붕괴, 괴멸. ~ d'un pays 국가의 붕괴. ~ d'une fortune 파산. faire ~ au port 다 된 (듯한) 일이 하루 아침에 무너지다.
naufragé(e) [nɔ[o]fraʒe] a.p. 난파한. vaisseau ~ 난파선. —n. 난파당한 사람, (해상)조난자.
naufrager [nɔ[o]fraʒe] ③ v.i. 〖드물게〗파선(난파)하다. —v.t. 난항(難航)케 하다, 실패하게 하다. ~ des projets de réforme 개혁안을 좌절시키다.
naufrageur(se) [nɔ[o]fraʒœr, -øːz] a. ① 배를 파시켜 약탈하는. ② bateau ~ 〖해양〗(충돌 따위로 다른 배를 난파시키는)난파유도선. —n. ① 난파선 약탈자. ② 파괴자; 전복자. ~s d'un projet 계획의 파괴자. ~s de l'État 국가전복자.
naulage [nolaːʒ], **naulis** [noli] n.m. =nolage, nolis.
naumachie [nomaʃi] n.f. 〖고대로마〗모의해전(장)(模擬海戰(場)).
naupathie [nopati] n.f. 〖의학〗배멀미.
naupathique [nopatik] n. 〖의학〗배멀미 환자.
nauplius [nopli(j)ys] n.m. 〖동물〗노플리우스(갑각류의 유생(幼生)).
nauséabond(e) [nozeabɔ̃, -ɔ̃ːd] a. ① 구역질나게 하는(écœurant); 구역질나는, 메스꺼운, 역겨운. odeur ~e 메스꺼운 냄새. déchets ~s 악취나는 쓰레기. ② (비유적)혐오감을 주는(répugnant). roman ~ 혐오감을 주는 소설.
nausée [noze] n.f. ① 구역, 구토; 멀미(haut-le-cœur). avoir des ~s [la ~] 구역질나다, 메스껍다. ② 심한 불쾌감, 혐오감. J'en ai la ~. 나는 그것에 싫증이 났다. Cela donne la ~ [des ~s]. (메스꺼울 정도로)불쾌감을 준다.
nauséeux(se) [nozeø, -øːz] a. ① 구역질나게 하는; 구역질나는, 메스꺼운. odeur ~se 메스꺼운 냄새. ② (비유적) 불쾌하게 하는. cruauté ~se (메스꺼울 만큼)소름끼치는 잔학함.
naute [noːt] n.m. 〖옛·시〗항해자, 뱃사람. ~s parisiens 센 강의 뱃사공.
-naute suff. 「항해자·비행자」의 뜻〖예: aéronaute 우주비행사〗.
nautile [notil] n.m. ① 〖공예〗소라고동제(製)의 배(杯). ② =nautilus.
nautilus [notilys] n.m. 〖패류〗앵무조개.
nautique [notik] a. ① 항해(술)에 관한. almanach ~ 항해 책력. art ~ 항해술. carte ~ 해도(海圖). ② 수상(水上) 경기에 관한, 수상의. faire du ski ~ 수상스키를 타다. sports ~s 수상 스포츠.
-nautique suff. 「항해의, 비행의」의 뜻〖예: aéronautique 우주항공학〗.
nautiquement [notikmɑ̃] ad. 항해상으로.
nautisme [notism] n.m. 수상 경기(특히 요트).
nautonier(ère) [notɔnje, -ɛːr] n. 〖옛·시〗뱃사공. le ~ des enfers 〖신화〗카론(Charon) 〖삼도내의 뱃사공〗.
navaja [navax(ʒ)a] n.f. 〖에스파냐〗칼의 일종.
naval(ale, pl. als) [naval] a. ① 선박의, 항해의. construction ~ale 조선(造船). chantier ~ 조선소. ② 해군의; 해전의. armée ~ale; forces ~ales 해군. attaché ~ de l'ambassade 해군 대사관 부관. base ~ale 해군기지. combat ~ 해전. École ~ale 해군사관학교. —N~ale n.f. 해군사관학교.
navarin [navarɛ̃] n.m. 〖요리〗양고기 스튜.
navarque [navark] n.m. 〖옛〗함장, 함대장.
navarrais(e) [navarɛ, -ɛːz], **navarrin(e)** [navarɛ̃, -in] a. 나바르왕국의. race navarrine 나바르[피레네] 말(馬). —N~ n. 나바르 사람.
nave [naːv] n.m. 〖옛〗(중세의)대형 범선.

navée [nave] *n.f.* 〖옛〗뱃짐.

navet [nave] *n.m.* ① 〖식물〗순무. ②〖구어〗바보. ③〖구어〗(그림·영화·소설 따위의)실패작, 졸작. *Ce film est un ~.* 이 영화는 실패작이다. *Des ~s!* 〖속어〗싱거운[따분한] 일이다!

navette[1] [navet] *n.m.* ① (두 지점간의 왕복을 규칙적으로 왕복하는)연락 열차(자동차·전차·배). ~ spatiale 〖우주〗스페이스 셔틀(〖영〗space shuttle). ② 〖베틀의〗북. ③〖종교〗작은 향합(香盒). ④〖법〗(국회의 양원간의)법안의 왕복. ⑤ bombardement ~ 〖군사〗왕복폭격. *faire la* ~ 정기적으로 왕복하다. *Il fait la* ~ entre Paris et Londres. 그는 파리와 런던간을 정기적으로 왕래한다.

navette[2] *n.f.* 〖식물〗평지, 유채; 평지기름.

navetteur(se) [navetœːr, -øːz] *n.* 정기권 통근자.

navicelle [navisɛl] *n.f.* 〖고고학〗배 모양의 대야.

navicert [navisɛːr] 〖영〗 *n.m.* 〖해양·상업〗봉쇄해역 항행허가증.

naviculaire [navikylɛːr] *a.* 배 모양의. os ~ 〖해부〗주상골(舟狀骨)(scaphoïde). maladie ~ 〖수의〗말의 주상골(舟狀骨) 염증.

navicule [navikyl] *n.f.* 〖식물〗규조과(硅藻科)의 식물.

navigabilité [navigabilite] *n.f.* ① (하천의)항행 가능성. ② (배·비행기의)내항성(耐航性). certificat de ~ (국가가 발행하는)내항성 증명서.

navigable [navigabl] *a.* ① (하천이)항행할 수 있는. rivière ~ 항행할 수 있는 강. ② (배·비행기가) 항행(항공)에 견딜 수 있는, 내항성이 있는.

navigant(e) [navigɑ̃, -ɑ̃ːt] *a.* 〖해양·항공〗항행(항공)하는. personnel ~ 선박 승무원, 비행기 승무원, 탑승원(〖약기〗P.N.). ━ *n.* = personnel ~.

navigateur [navigatœːr] *n.* ①〖문어〗뱃사람; 항해자. ② 항해사; 항공사. le ~ et le radio 항공사와 통신사. ━ *n.m.* 〖해양·항공〗자동 위치 측정기. ━ *a.* ① 항해에 종사하는. peuple ~ 항해민족. ② 물위에 떠있는. oiseaux ~s 물새.

navigation [navigasjɔ̃] *n.f.* 항행(~ maritime); 항공(~ aérienne). ~ sous-marine 잠수항행. ~ spatiale 우주비행. canal de ~ 수운용(水運用) 운하. compagnie de ~ 선박 회사. droits de ~ 〖법〗통항세. ligne de ~ 항로. ~ au long cours(au large, hauturière) 원양항해. ~ intérieure (fluviale) 내국항행. officier de ~ 항해(항공)사. Commission internationale du ~ aérienne 국제 항공위원회(〖약기〗C.I.N.A.). ② 항해(항공)술. ~ plane (loxodromique) 평면항법. ~ sur l'arc de grand cercle; ~ orthodromique 대권(大圈) 항법. ~ terrestre 지문(地文) 항법. ~ observée(astronomique) 천문항법. ~ à vue 유시계(有視界) 비행.

naviguer [navige] *v.i.* ① (배·사람이)항해하다, 항행하다. navire en état de ~ 항행가능한 상태의 선박. *Il a beaucoup navigué.* 그는 배를 많이 탔다. ② 〖해양·항공〗배(비행기) 를 조종하다. ~ à deux mille mètres d'altitude 고도 2 천미터로 비행하다. ③〖구어〗항해를 많이 하다(bourlinguer). *Il a navigué dans le monde entier.* 그는 전세계를 두루 여행했다. ④〖구어〗(사업 따위를) 잘 이끌어가다, 일처리가 능하다. *Il réussira, car il sait* ~. 그 성공할거야, 능수능란하니까. ~ *entre les écueils* 위험[장애]을 교묘히 피하다.

naville [navij] *n.f.* 〖농업〗(관개용)도랑.

naviplane [naviplan] *n.m.* 호버크래프트 (수상에서 공기의 압력으로 떠올라 비행기처럼 나는 배의 일종)(aéroglisseur).

*****navire** [naviːr] *n.m.* (원양항해용의)선박, 배(bateau). ~ à passagers 여객선. ~ à voiles (vapeur) 범선(기선). ~ de mer(au long cours) 원양 항해선. ~ convoyé 호송함이 딸린 배. ~ de charge 화물선. ~ de guerre(de combat) 군함. ~ de plaisance 요트. ~ marchand (de commerce) 상선. ~ transbordeur 페리보트, 카 페리. ~ aérien 〖옛〗비행선.

navire-atelier [naviratəlje] (*pl.* ~s-~s) *n.m.* (수선하는)공작선.

navire-base [navirbaz] (*pl.* ~s-~s) *n.m.* (선단의 어획물의 냉동·가공 따위를 하는)모선.

navire-citerne [navirsitɛrn] (*pl.* ~s-~s) *n.m.* 탱커, 유조선(油槽船).

navire-école [navirekɔl] (*pl.* ~s-~s) *n.m.* 연습선.

navire-gigogne [navirʒigɔɲ] (*pl.* ~s-~s) *n.m.* (수상비행기)모함.

navire-hôpital [navirɔpital] (*pl.* ~s-~aux) *n.m.* 병원선.

navire-jumeau [navirʒymo] (*pl.* ~s-~x) *n.m.* 자매선(함).

navire-major [navirmaʒɔːr] (*pl.* ~s-~s) *n.m.* 기함 (旗艦).

navire-transport [navirtrɑ̃spɔːr] (*pl.* ~s-~s) *n.m.* 군수품 수송선.

navire-usine [naviryzin] *n.m.* (어획물의)가공처리 공장선(船).

navisphère [navisfɛːr] *n.f.* (천문항법용의)천측용 천구의(天球儀).

navrance [navrɑ̃ːs] *n.f.* 〖옛〗상심, 절망, 슬픔.

navrant(e) [navrɑ̃, -ɑ̃ːt] *a.* 비통한, 가슴을 아프게 한(douloureux), 아쉬운; 한심스러운 (déplorable). nouvelle ~e 비통한 소식, 비보. *Il n'écoute personne, c'est* ~. 그는 누구의 말도 듣지 않으니 한심스럽다.

navré(e) [navre] *a.p.* 가슴 아픈, 상심하고 있는, 비탄에 빠진(désolé); 유감스러운, 난처한. prendre un air ~ 딱한[난처한] 표정을 짓다.

navrement [navrəmɑ̃] *n.m.* 〖문어〗비통, 비탄.

navrer [navre] *v.t.* ① (의)마음을 몹시 아프게[슬프게] 하다(attrister, désoler); 난처하게 하다(contrarier). *Ce qui m'a profondément navré, c'est...* 나를 한없이 가슴아프게 한 것은 …이다. être navré de + *inf.*] *Je suis navré de* n'avoir pas pu venir. 올 수 없었던 것을 몹시 유감스럽게 생각합니다. ②〖옛〗상처를 입히다(blesser).

nazairien(ne) [nazɛrjɛ̃, -ɛn] *a.* 생나제르(Saint-Nazaire, 프랑스의 도시)의. ━ **N** ━ *n.* 생나제르 사람.

nazaréen(ne) [nazareɛ̃, -ɛn] 〖성서〗*a.* 나사렛 (Nazareth)의. ━ **N** ━ *n.* 나사렛 사람(유태인이 그리스도를 경멸적으로 부른 호칭); 초기 기독교도.

naz(e) [naːz] *n.m.* 〖속어〗코(nase).

nazi(e) [nazi] *n.* 〖역사·정치〗(독일의)국가사회당원, 나치당원. ━ *a.* 나치당의. barbarie ~e 나치의 만행.

nazifier [nazifje] *v.t.* 나치화하다.

nazieréen(ne) [nazirɛɛ̃, -ɛn] *a.* 〖성서〗옛 헤브라이의 수도자(修道者).

nazisme [nazism] *n.m.* 독일국가사회주의, 나치즘.

naziste [nazist] *n.* 독일 국가사회당의, 나치당의. ━ *n.* 독일 국가사회당원, 나치스트.

Nb 〖약기〗niobium 〖화학〗니오븀.

N.(B.) 〖라틴·약기〗Nota Bene 주의, 주(註).

N.B.C. 〖약기〗nucléaire, biologique, chimique 〖군사〗핵·생·화학 (무기·부대 따위).

N.C. 〖약기〗notable commerçant 거물급상인, 거상.

n/c. 〖약기〗notre compte 〖상업〗자기 계정.

Nd 〖약기〗néodyme 〖화학〗네오딤.

N.-D. 《약자》 Notre-Dame 성모 마리아.
N.D.E. 《약자》 note de l'éditeur 편집자주.
N.D.L.R. 《약자》 note de la rédaction 편집부주.
N. du T. 《약자》 note du traducteur 역자주.
Ne 《약자》 néon 《화학》 네온.

:**ne** [n(ə)] 《모음·무성 h 앞에서는 n'》 *ad* Ⅰ. 《다른 말들과 더불어》 ① 《다음의 부정사와 함께》: pas, point, plus, jamais, guère, que, personne, rien, aucun, aucunement, nul, nullement, ni 》 Ce n'est pas un livre. 그것은 책이 아니다. Je *ne* veux pas. 나는 싫다. Il *ne* fume plus. 그는 이제 담배를 피우지 않는다. Il *ne* va jamais au cinéma. 그는 영화관에 전혀 가지 않는다. Je *ne* l'ai dit à personne. 나는 아무에게도 그 말을 하지 않았다. Je n'ai rien trouvé. 나는 아무것도 발견하지 못했다. Il n'a ni parents ni amis. 그는 친척도 친구도 없다.
② 《구어·속어에서는 pas, point 앞에서 ne 가 생략되는 경우도 있음》 C'est pas vrai. 사실이 아니다 (Ce n'est pas vrai). Dérangez-vous pas. 그대로 계십시오 (*Ne* vous dérangez pas).
Ⅱ. 《단독으로, 그러나 구어적 표현에서는 흔히 pas 와 함께 쓰임》 ① 《동사적 숙어에: n'avoir crainte*, n'importe*, n'avoir garde*, qu'à cela *ne* tienne*, n'empêche*, n'avoir cure*, n'avoir de cesse*에서》 (*표의 낱말 참조). N'ayez crainte. 염려 마시오.
② (cesser*(de+*inf*.), oser*(+*inf*.), pouvoir*(+*inf*.), savoir*(+간접 의문절)의 부정형에서. 단 pouvoir 의 단독용법보다는 ne pas 를 더 자주 씀》 《*표의 각 낱말 참조》 Je n'osais (pas) lui parler. 나는 감히 그에게 말하지 못했다. On ne saurait être plus aimable. 누구라도 이보다 더 친절할 수는 없다 《이 구문에서는 반드시 pas 를 생략함》.
③ 《의문대명사·의문형용사 뒤에서 반어적으로》 Qui *ne* connaît cette œuvre célèbre? 누가 이 유명한 작품을 모르겠는가? 《pourquoi 의 뜻으로 쓰이는 que 의 의문문에서》 Que n'a-t-il commencé plus tôt? 왜 그는 더 일찍 시작하지 않았던가?
④ 《de+시간의 보어와 더불어》 Je n'ai (pas) dormi de la nuit. 나는 밤새껏 자지 않았다. Je *ne* le verrai de ma vie. 나는 그를 내평생 다시는 보지 않으리라.
⑤ (autre...que 와 함께》 Je n'ai d'autre désir que de vous plaire. 당신을 기쁘게 하는 것외에는 내게 다른 소원이란 없습니다.
⑥ 《조건절에서》 Si je *ne* me trompe... 만약 내 생각이 틀리지 않다면...
⑦ 《주절이 부정형 또는 의문형일 때 접속법의 종속절에서》 Il n'est pas de jour qu'il *ne* se lamente sur son sort. 그가 신세 한탄을 하지 않는 날은 없다. Y a-t-il un homme dont elle *ne* médise? 그녀가 욕하지 않는 남자가 있을까?
⑧ (ce n'est pas que, non (pas) que 뒤에》 non que je *ne* le plaigne 내가 그를 가엾게 여기지 않아서가 아니라.
⑨ (depuis que, voici(voilà)...que, il y a... que+복합시제에서》 Voilà cinq ans que je *ne* l'ai vu. 그를 안 만난 지가 5년이나 된다.
Ⅲ. 《허사의 ne. 구어체에서는 흔히 ne 가 생략됨》
① 《불안·두려움을 나타내는 동사나 동사적 표현: craindre, avoir peur, trembler, redouter, appréhender, de(dans la) crainte que, de peur que 따위의 긍정형 뒤》 Je crains (J'ai peur) qu'elle *ne* prenne froid. 그녀가 감기 걸리지 않을까 걱정이다.
② 《방해·경계를 나타내는 동사나 동사적 표현: empêcher, éviter, garder, prendre garde 따위의 긍정형 뒤에서》 Évitez(Prenez garde) qu'on (*ne*) vous voie. 들키지 않게 조심하시오.
③ 《의혹·부정을 나타내는 말: douter, mettre en doute, il est douteux, nier, disconvenir, désespérer, contester, méconnaître, dissimuler 따위의 부정형·의문형과 nul(point de) doute que 의 뒤에서》 On ne peut pas nier que ce (*ne*) soit là une grande question. 그것이 큰 문제임을 부정할 수 없다. Doutez-vous qu'il (*ne*) vienne? 그가 올 것을 의심하십니까?
④ 《불평등의 비교를 나타내는 말: plus, moins, mieux, meilleur, moindre, pire, pis, autre, autrement, plutôt 따위의 뒤에서》 Il agit autrement qu'il (*ne*) parle. 그는 말과 다르게 행동한다. Il est plus vigoureux qu'il (*ne*) paraît. 그는 보기보다 강하다.
⑤ 《비인칭 구문에: il s'en faut de... que, peu s'en faut que, il ne tient qu'à... que 따위의 뒤에서》 Peu s'en fallut qu'il *ne* tombât. 그는 하마터면 넘어질 뻔했다.
⑥ 《à moins que, avant que, ne... pas que 뒤에서》 L'excursion aura lieu à moins qu'il *ne* pleuve. 비가 오지 않는 한 소풍을 가게 될 것이다. Je n'irai point là que tout (*ne*) soit prêt. 모든 것이 준비되어야만 나는 거기에 갈 것이다.

N.-E. 《약자》 nord-est 북동.

*****né(e)** [ne] (<*naître*) *a.* ① 태어난, 출생한. enfants *nés* en ce jour 그 날 출생한 아이들. ② 타고난(de naissance). être *né* poète, être un poète *né* 타고난 시인이다. ③ 《연결부》 (...)로써 명사·형용사와 연결되어 》 artiste-*né* 타고난 예술가. aveugle-*né* 선천인 장님. (enfant) premier-*né* 장자. (enfant) nouveau-*né* 신생아. (enfant)mort-*né* 사산아.
bien(mal) né ⓐ 가문이 좋은(나쁜), 귀족출신의 (천민의). enfant *bien né* 훌륭한 집 아이. ⓑ 바탕(소질)이 좋은(나쁜). âme *bien née* 심성이 좋은 사람.
être né 《옛》 귀족출신이다. homme qui n'*est* pas *né* 좋은 가문의 출신이 아닌 사람.

Néandert(h)al [neɑ̃dɛrtal] *n.pr.* 《지리》 네안데르탈 (독일의 골짜기 이름). homme de ~ 《인류》 네안데르탈인(人) 《갱신세중기(更新世中期)의 원시인의 일종》.

néandert(h)alien(ne) [neɑ̃dɛrtaljɛ̃, -ɛn] *a.* 《인류》 네안데르탈인의.

*****néanmoins** [neɑ̃mwɛ̃] *ad.* ① 그러나, 그럼에도 불구하고(cependant, pourtant). La situation est grave, ~ on garde un certain espoir. 사태는 심각하기나 그럼에도 사람들은 어떤 희망을 간직하고 있다. ② ce ~ 《옛》 =néanmoins.

néant [neɑ̃] *n.m.* ① 무(無), 허무; 죽음, 소멸. l'être et le ~ 존재와 무. Dieu a tiré toutes choses du ~. 신은 무에서 만물을 창조하셨다. terreur de ce ~ inévitable, détruisant toutes les existences 모든 존재를 파괴하는 이 피할 수 없는 죽음에 대한 공포. réduire qc à ~ ...을 무로 돌아가게 하다, 소멸시키다. N~ absolu 《철학》 절대무. ② 무가치, 허망; 비천한 것(사람). ~ de la gloire 영광의 허망함. homme de ~ 《옛》 비천한 출신의 사람; 보잘것 없는 사람. tirer *qn* du ~ ...을 보잘것 없는 처지에서 높은 지위로 끌어올리다, 출세시키다. ③ 《행정》 없음, 미기입 (장부·서류에서) (aucun(e)). profession : ~ 직업: 무. état ~ 해 당자 (해당 사항) 부재증명서. ④ 《구어》 아니다 (non, rien). Qu'a-t-il fait aujourd'hui? ~ N~! 그는 오늘 무엇을 했는가? 전혀 아무것도 (안했다)! J'accepte le premier point; mais, pour le second, ~! 첫째 사항은 좋지만, 둘째 것은 안 되겠다. ⑤ mettre une appel-

lation à ~ 〖법〗상소를 기각하다.
néantisation [neɑ̃tizɑsjɔ̃] *n.f.* ① 〖철학〗무화(無化)(Sartre 등의 실존주의 용어). ② 섬멸, 박멸.
néantise [neɑ̃tiːz] *n.f.* 《옛》무능; 게으름, 나태.
néantiser [neɑ̃tize] *v.t.* ① 〖철학〗무화(無化)하다, 무(無)로 돌리다(anéantir). ~ les poissons (공해로 인해)어류를 전멸시키다.
néarctique [nearktik] *a.* 신대륙 북부의, 신북구(新北歐)의〖동물지리학 용어〗. la faune ~ 신북구 동물상(相).
néarthrose [neartroːz] *n.f.* 〖의학〗(골절 뒤의)신(新)관절.
nebka [nɛpka]《아라비아》*n.f.* 〖지질〗(사막의)모래 언덕.
nèble [nɛbl] *n.m.*《f.》 《사투리》안개. 랫더미.
nébride [nebrid] *n.f.* 〖고대그리스〗새끼사슴의 모피(디오니소스, 사티로스, 그리스 제관(祭官)들이 걸쳤던 것).
nébulaire [nebylɛːr] *a.* 《드물게》성운(星雲)의.
nébulé(e) [nebyle] *a.* 〖문장〗구름무늬의.
nébuleuse[1] [nebylǿːz] *n.f.* 〖천문〗성운(星雲). ~ galactique 은하계내 성운. ~ planétaire 혹성상(惑星狀) 성운.
nébuleusement [nebylǿzmɑ̃] *ad.* 《드물게》흐리게, 애매[모호]하게, 불분명하게. parler ~ 애매모호하게 말하다.
nébuleux(*se*[2]) [nebylǿ, -ǿːz] *a.* ① (날씨·하늘이)흐린, (액체·수정이)흐린, 탁한. ciel ~ 구름이 낀 하늘. liqueur ~*se* 탁한 술. ②〖비유적〗(얼굴이) 걱정스러운 듯한, 우수에 찬. visage ~ 우수에 찬 얼굴. ③ 애매한(obscur); 난해한. écrivain ~ 난해한 작가. idées ~*ses* 애매한 사상.
nébulisation [nebylizɑsjɔ̃] *n.f.* 〖약〗(농약 따위의)분무(噴霧); 〖의학〗분무요법.
nébuliser [nebylize] *v.t.* (분무기로)분무하다.
nébuliseur [nebylizœːr] *n.m.* (약·향수 따위의)분무기, 스프레이.
nébulosité [nebylozite] *n.f.* ① (하늘의)흐림, 안개구름, 구름; 〖기상〗운량(雲量). ②〖비유적〗애매모호함; 난해함. ~ des idées 관념의 모호함.
:nécessaire [nesesɛːr] *a.* ① 필요한, 불가결한; 유용 [소중]한(utile). homme ~ dans le service 업무에 필요한[없어는 안될] 사람. condition ~ et suffisante 필요충분조건. [~ à qc/qn] qualités ~s à cet emploi 이 일에 필요한 자질. Votre présence m'est ~. 당신은 내게 없어서는 안될 사람이오. [~ à/pour+*inf.*] Cette mesure est ~ *pour* maintenir l'ordre. 이 조치는 질서유지를 위해 필요불가결하다. (비인칭)Il est ~ de+*inf.*[que+*sub.*] …하는 것은 필요하다. mal ~ 필요악. ② 필연적인, 불가피한(inévitable, ↔ contingent). résultat ~ 필연적인 결과. rapports ~s 필연적 관계. être ~ 〖철학〗절대적. vérités ~s 〖논리〗필연적 진리(Leibniz의 용어).

—*n.m.* ① 필요한 것; (생활)필수품. ne dire que le ~ 꼭 필요한 말만 하다. Le ~, c'est de le convaincre. 필요한 것은 그를 설득하는 일이다. manquer du ~ 생필품이 모자라다; 의식(衣食)이 부족하다. Il n'a que le strict ~. 그는 최저한도의 필수품밖에 없다. [faire le ~] Vous n'aurez à vous occuper de rien; j'ai fait le ~. 당신은 아무것도 할 일이 없을겁니다, 내가 (해야 할 일을)다 했으니까요. ②(필요품을 넣는)상자, 합(boîte, étui). ~ de toilette 화장품 상자. ~ de couture 반짇고리. ~ à ouvrage 연장함. ③〖철학〗필연. ④〖연극〗필연. ⑤《옛》하인(laquais).
nécessairement [nesesɛrmɑ̃] *ad.* ① 꼭, 반드시 (absolument). Il faut ~ manger pour vivre. 살기 위해서는 반드시 먹어야 한다. pas ~ 반드시 …은 아니다. ② 필연적으로(fatalement). La cause et l'effet sont liés ~. 원인과 결과는 필연적으로 연결되어 있다. ③ 당연히, 틀림없이(infailliblement). Le soleil luit, ~ il fait jour. 태양이 빛나므로, 지금은 당연히 낮이다.
nécessarien(*ne*) [nesesarjɛ̃, -ɛn] *a.* 필연론자의, 숙명론자의. —*n.m.*《옛》〖종교가〗숙명론자, 필연론자. doctrine des ~*s* 숙명론, 필연론.
nécessitant(*e*) [nesesitɑ̃, -ɑ̃ːt] *a.* ① grâce ~*e* 〖신학〗강제적 은총(인간이 거절할 수 없다는 신의 은총). ② 빈곤한(nécessiteux).
***nécessité** [nesesite] *n.f.* ① 필요(성); 필요한 일. objets de première ~ (불가결한)필수품. La liberté de la presse est une ~ sociale. 언론의 자유는 사회적 필요이다. en cas de ~ 필요한 경우에는, 부득이할 때에는.
② 필요성, 불가피성. ~ logique 논리적 필연성. la ~ et la liberté 필연과 자유. C'est une ~ de mourir. 죽는다는 것은 불가피한 것이다. C'est une ~ absolue. 그것은 어떤 수도도 피할 수 없는 일이다. état de ~ 〖법〗긴급피난.
③ 긴급(성); 긴요(성); 급선무(besoin pressant). ne parler que pour la ~ 꼭 필요할 때에만 이야기를 하다.
④《옛》궁핍, 곤경, 적빈(indigence). être dans la ~ [dans une cruelle ~] 궁핍[그지없는 궁핍]에 빠져 있다. être réduit à la dernière ~ 극빈상태에 몰리다.
⑤(*pl.*)필수품; 식료품. ~*s* de la vie 생활필수품. ~*s* militaires 군수품. s'occuper à trouver ses ~*s* 식량을 찾기에 바쁘다.
⑥(*pl.*) 생리적 욕구, 대소변의 욕구; 화장실(lieux d'aisances). faire ses ~*s*; aller à ses ~*s* 대소변을 보러가다. chalet de ~*s* 공중변소.
⑦ monnaie de ~ 〖경제〗임시화폐.
⑧(*N~*) 〖신화〗운명의 여신.
de (*toute*) ~ 꼭 필요한도. Il est *de toute* ~ *de*+*inf.*[*que*+*sub.*] 꼭 …하지 않으면 안된다.
être [*se trouver*] *dans la* ~ *de*+*inf.* …할 필요에 처해 [빠져]있다. Je suis dans la ~ d'accepter. 나는 수락하지 않을 수 없다. (변형된 구문)*la* ~ *où* ils sont de partir 그들이 떠나지 않으면 안될 형편.
faire de ~ *vertu* 필요한 일을 자진해서 하다.
mettre qn dans la ~ *de*+*inf.* …을 …하지 않을 수 없게 만들다.
N~ est mère d'industrie[*d'invention*].《속담》필요는 발명의 어머니.
N~ n'a point (*pas*) *de loi*; *N~ fait loi.*《속담》필요 앞에는 법률도 소용없다.
par ~ 필요해서, 부득이해서. Je suis obligé de m'absenter *par* ~. 나는 부득이 결석[불참]할 수밖에 없다.
sans ~ 필요도 없이, 괜히. 에 없다.
nécessiter [nesesite] *v.t.* ① 필요하게[불가결하게]하다(exiger). Cela *nécessite* une grande dépense. 그것은 많은 돈을 필요로 한다. ②〖철학〗필연적으로 초래하다. motif qui *nécessite* une action 어떤 행위를 필연적으로 유발하는 동기. ③《옛》강요하다, 강제하다(contraindre). *être nécessité de*+*inf.* …하지 않을 수 없다.
nécessiteux(*se*) [nesesitǿ, -ǿːz] *a.* 가난한, 빈곤한 (pauvre). famille ~*se* 영세민 가족. —*n.m.pl.* 빈민, 영세민.
neck [nɛk] (*영*) *n.m.* 〖지질〗화산 암경(岩頸), 경상체(頸狀體).
nec(**-**)**plus**(**-**)**ultra** [nɛ(ɛ)kplys(z)yltra]《라틴》 *n.m.* 《복수불변》더할 나위없음, 최고로 좋음. ~

de luxe 사치의 극치.

nécr(o)- *préf.* 「죽음」의 뜻.

nécrobie [nekrɔbi] *n.f.* 《곤충》 초시류(鞘翅類)의 일종〔상태〕.

nécrobiose [nekrɔbjo:z] *n.f.* 《의학》 사생(死生).

nécrolâtrie [nekrɔlɑtri] *n.f.* 사자(死者) 숭배, 조상 숭배.

nécrologe [nekrɔlɔːʒ] *n.m.* ① (재해시의) 사망자 명부; 《가톨릭》 (교구내의) 사망자 명부. ②《옛》= nécrologie.

nécrologie [nekrɔlɔʒi] *n.f.* ① 고인(故人)의 약력; 추도문. ② (신문·잡지의) 사망자부[부고].

nécrologique [nekrɔlɔʒik] *a.* ① 사망자 명부의, 사망자란의. ② 사망자 추도의. notice ~ (신문지상따위의) 사망자 약력.

nécrologue [nekrɔlɔg] *n.m.* 추도문 필자; 사망자 명부의 작성자.

nécromancie [nekrɔmɑ̃si] *n.f.* ① 강신술(降神術), 무술(巫術). ②(일반적으로) 마술, 요술.

nécromancien(ne) [nekrɔmɑ̃sjɛ̃, -ɛn] *n.*, **nécromant** [nekrɔmɑ̃] *n.m.* 강신술사, 무당; 마술사.

nécrophage [nekrɔfaːʒ] *a.* 《동물》 송장을 먹고 사는, 썩은 것을 먹는《곤충·세균 따위》.

nécrophilie [nekrɔfili] *n.f.* 시간(屍姦).

nécrophobie [nekrɔfɔbi] *n.f.* 《의학》 시체공포증.

nécrophore [nekrɔfɔːr] *n.m.* ① 《곤충》 송장벌레. ②《익살》장의실.

nécropole [nekrɔpɔl] *n.f.* (근대도시의) 큰 묘지, 공동 묘지; 옛날의 지하묘지.

nécropsie [nekrɔpsi], **nécroscopie** [nekrɔskɔpi] *n.f.* 《옛》《의학》 시체해부, 검시(autopsie).

nécrose [nekroːz] *n.f.* ① 《의학》 회저(壞疽)(mortification). ~ osseuse 골저(骨疽), 카리에스. ② 《식물》 암종병(癌腫病).

nécroser [nekroze] *v.t.* ① 《의학》 (뼈 따위에)회저를 일으키다. ② 《식물》 암종을 일으키다.
—**se** ~ *v.pr.* 회저[암종병]에 걸리다.

nécrosique [nekrozik], **nécrotique** [nekrɔtik] *a.* 《의학》 회저(성)의.

nécrospermie [nekrɔspɛrmi] *n.f.* 《의학》 사정충증(死精蟲症).

nectaire [nɛktɛːr] *n.m.* 《식물》 꿀샘.

nectar [nɛktaːr] *n.m.* ① 《그리스신화》 신주(神酒). ②《옛·문어》 감미로운 음료, 감로(甘露). C'est du ~. (음료에 대해) 정말 진미이다. pur ~ de poésie《비유적》시의 순수한 맛. ③ 《식물》 꽃꿀, 화밀(花蜜).

nectaré(e) [nɛktare] *a.* 《식물》 꽃꿀 비슷한; 꿀을 분비하는.

nectarifère [nɛktarifɛːr] *a.* 《식물》 꿀샘이 있는, 꽃꿀을 분비하는. glandes ~s 꽃꿀 분비선.

necton [nɛktɔ̃] *n.m.* 유영(遊泳) 생물.

néerlandais(e) [neɛrlɑdɛ, -ɛːz] *a.* 네덜란드의(*Néerlande*의)(hollandais, Pays-Bas).
—**N**— *n.* 네덜란드 사람. —*n.m.* 네덜란드어(語)(hollandais).

nef [nɛf] *n.f.* ① (교회당의) 중앙 홀《신자석이 있는 곳》(~ principale (centrale))(→église 그림). ~ latérale (교회당의) 측랑(側廊). ②《옛》 (중세의) 해양항해선, 큰 돛배(범선). ③《옛·시》배(舟).

néfaste [nefast] *a.* ① 불길한, 불행한, 상서롭지 못한(sinistre). jour(année) ~ 액일(년). ②불리한, 해로운(funeste, maléfique). conditions ~s 불리한 조건. individu ~ 해로운 인물. régime ~ 위험한 제도. [~ à] Ce congé serait ~ *à* votre avancement. 이번 휴가는 당신의 승진에 해로울 텐데요. ③ Jours ~s 《고대로마》 휴일, 휴정일(休廷日).

nèfle [nɛfl] *n.f.* 《식물》 서양모과. ~ du Japon 비파(열매).
avoir qc pour des ~s《구어》…을 헐값으로 사다. Des ~s! 《속어》 그럴순 없어; 어림없는 소리.

néflier [nefli(j)e] *n.m.* 《식물》 서양모과나무. ~ du Japon 비파나무.

nég.《약자》négociable 《재정》(증권 따위가) 유통하는; négociant 《재정》(도매) 상인(商人).

négateur(trice) [negatœːr, -tris] *a., n.* 부정하는(사람), 부인하기 잘하는(사람). esprit ~ 부정적인 사람.

*****négatif(ve)** [negatif, -iːv] *a.* ① 부정의, 부인하는 (↔ affirmatif). attitude ~ve 부정적인 태도. donner une réponse ~ve (거절의) 답변을 하다. proposition ~ve 《논리》 부정명제(命題). phrase ~ve 《언어》 부정문. ② 소극적인(↔ positif). preuve ~ve 소극적인 증거, 반증《범죄가 행해지지 않았다는 증거》. critique ~ve 비생산적인 비평. qualité ~ve (결점이 없다는 것뿐이)소극적인 미점(美點). ③ 효과(결과)가 없는(nul). Leur discussion eut un résultat ~. 그들의 토론은 아무 결론도 얻지 못했다. ④ 《의학》 음성의(陰性)의. cuti-réaction ~ve 피부의 음성반응. ⑤ 《정치》 거부권의. voix ~ve 거부권. avoir voix ~ve dans une assemblée 총회에서 거부권을 갖다. ⑥ 《물리·전기》 음전기의. 《수학》 음수(陰數)의. électricité ~ve 음전기. pôle ~ 음극. nombre ~ 음수. ⑦ 《사진》 음화의, 네가의. épreuve〔image〕 ~ve 음화, 네가.
—*n.m.* 《사진》 음화, 네가(cliché ~).
—*n.f.* ① 부정; 거부. répondre par la ~ve 부정적인 대답을 하다. se tenir sur la ~ve 부정적 태도를 취하다, 끝까지 거부〔거절〕하다. dans la ~ve 반대의 경우; 거부(거절) 당한 경우. ② 《언어》 부정사 《non, ni, ne 따위》; 부정절. ③《옛》《논리》부정명제.

négation [negasjɔ̃] *n.f.* ① 부정, 부인. ~ de Dieu 신의 부정. ② 거절, 거부, 반대(↔ affirmation, assentiment). répondre par une ~ 거절하다. ③ 《언어》 부정사(ne, pas, non 따위).

négatité [negatite] *n.f.* 《철학》 순수 부정성.

négativement [negativmɑ̃] *ad.* ① 부정적으로. répondre ~ 부정적으로 대답하다, 부정하다. ②《드물게》소극적으로.

négativisme [negativism] *n.m.* ① 《철학》 부정주의; 《일반적으로》 부정적인 태도. ② 《정신의학》 거부증, 반항벽. ~ actif 능동적 거부증《시킨 일을 거꾸로 함》. ~ passif 소극적 거부증《시킨 일을 하지 않음》.

négativité [negativite] *n.f.* 《물리·전기》 음성 (↔ positivité).

négatogène [negatoʒɛn] *a.* 《물리·화학》 음전자를 발생하는.

négatoire [negatwaːr] *a.* 《법》 부인의, 거절의.

négaton [negatɔ̃] *n.m.* 《물리》 음전자(陰電子) (↔ positon).

négatonique [negatɔnik] *a.* 음전자의.

négatoscope [negatɔskɔp] *n.m.* 《의학》 뢴트겐 사진의 영사막.

nég. ch. fixe《약자》négociable au change fixe 《재정》 고정 환시세로 유통하는.

négligé(e) [negliʒe] *a.p.* 소홀〔등한〕히 한; (옷차림 따위가) 아무렇게나 된, 허술한. tenue ~*e* 칠칠치 못한 옷차림. style ~ 아무렇게나 쓴 문장. épouse ~*e* 소박맞은 아내. être ~ de sa personne 옷차림을 아무렇게나 하고 있다, 옷차림에 무관심하다.

négligeable

—*n.m.* ① (부인이) 아무렇게나 한 차림. Le ~ de sa tenue a choqué tout le monde. 그녀의 아무렇게 나 한 옷차림은 모든 사람들을 놀라게 했다. ② (부인들의) 가슴이 많이 팬) 네글리제, 네글리제복차림. être en ~ 실내복차림이다.

négligeable [negliʒabl] *a.* 대수롭지 않은, 하찮은, 사소한(dérisoire). avoir une influence non ~ 무시 못할 영향력을 갖다.
quantité ~ 소수, 소량, 무시해도 좋을 양. considérer (traiter) *qn* comme *quantité* ~ (비유적)…을 대수롭지 않게 여기다, 무시하다.

négligemment [negliʒamɑ̃] *ad.* ① 아무렇게나, 되는대로. travailler ~ 아무렇게나 일하다. ② 건성으로, 무심히. répondre ~ 건성으로 대답하다.

négligence [negliʒɑ̃s] *n.f.* ① 태만; 부주의, 무시, 무관심. ~ de la tenue 옷차림의 칠칠치 못함. avec ~ 소홀하게, 아무렇게나. ② (주로 *pl.*) (소홀·부주의에 의한) 실수, 결함. ~s de style 문체상의 결함. ③ 【법】 과실. ~ clause 【해양법】 면책조항. *par* ~ 무심코, 잘못하여.

*****négligent(e)** [negliʒɑ̃, -t] *a.* ① 태만한, 부주의한, 소홀한. élève ~ 태만한 학생. employé ~ 불성실한 직원. administration ~e 소홀한 관리. ~ en affaires 사업에 태만한. ② 무심한, 무관심하다. [~ de] être ~ de l'avenir 장래에 대해 무관심하다. —*n.* (위)의 사람.

*****négliger** [negliʒe] ③ *v.t.* ① 소홀(등한)히 하다. ~ sa santé 건강을 소홀히 하다. [~ de+*inf.*] Il a négligé de m'avertir. 그는 내게 알리는 것을 게을리 했다. ② [~ *qn*] 무시하다, 잊다. Il néglige sa femme. 그는 아내를 돌보지 않는다. ~ ses amis 친구를 버리다. ③ (기회 따위를) 놓치다, 이용하지 않다. ~ une occasion 기회를 놓치다. Pour avoir des chances de réussir, il ne faut rien ~. 성공할 기회를 갖기 위해서는 모든 것을 이용해야 한다. 【수학】 떼어버리다. ~ les décimales 소수점 이하를 떼어버리다.

—**se**~ *v.pr.* ① 자기 몸을 아끼지 않다; 옷차림에 개의치 않다. ② 일(공부)을 게을리하다. Cet écrivain *se néglige*. 이 작가는 (자기 작품에) 공을 들이지 않는다. (수동적) 자기당하다.

négoce [negɔs] *n.m.* (옛) ① 도매업; 상업, 거래(commerce). faire le ~ 장사(거래)하다. ② 일, 용무 (affaire, occupation).

négociabilité [negɔsjabilite] *n.f.* 【상업】 (증권 따위의) 유통성.

négociable [negɔsjabl] *a.* 【상업】 (증권 따위가) 유통할 수 있는. ~ en banque 은행에서 받아들이는. titre (effet) ~ 유통증권 (어음). valeur ~ 시가, 시세.

négociant(e) [negɔsjɑ̃, -ɑ̃:t] *n.* 도매상인 (↔détaillant); 상인. ~ en vins 포도주 도매상.

négociateur(trice) [negɔsjatœr, -tris] *n.* 협상(교섭) 위원; 중개인. ~s du traité de paix 평화조약 협상자. ~ d'un mariage 중매인(中媒人).

négociation [negɔsjasjɔ̃] *n.f.* ① 교섭, 협상, 담판, 절충. ~s entre les syndicats et le patronat 노사간의 교섭. le traité de paix en ~ 협상중인 강화조약. engager (entamer) des ~s 교섭을 시작하다, 협상에 들어가다. par voie de ~s 담판(교섭)에 의해. ② 【상업】 (주로 증권·어음의) 거래, 매매. ~ des effets publics 공채 증서의 매매.

négocier [negɔsje] *v.t.* ① 교섭하다, 협상하다; 담판하다; (결혼·매매·계약 따위를) 알선 (중매) 하다. ~ la libération des prisonniers 포로석방을 협상하다. ② (증권·어음 따위를) 매매하다, 양도하다. ~ valeurs *négociées* à terme 기한부 양도 유가증

권. ③ ~ un virage (자동차로) 커브를 잘 돌다.
—*v.i.* ① 협상(교섭) 하다. ~ avec une puissance étrangère 외국과 협상하다. ② (옛) 장사하다.
—**se**~ *v.pr.* 협상 [담판·교섭] 되다. Un traité secret *s'est négocié* entre les deux pays. 양국 사이에 비밀협정이 협상되다.

négondo [negɔ̃do] *n.m.* 【식물】 단풍나무의 일종.
négous [negus] *n.m.* =négus.

nègre (*f.* **négresse**) [negr, negrɛs] *n.* (옛) (경멸) 흑인, 검둥이 (지금은 보통 noir를 씀); 흑인 노예. N~s africains 아프리카흑인 (이 의미로는 대문자가 쓰임), traite des ~s 흑인노예의 매매. travailler comme un ~ 억척스럽게 일하다.
—*n.m.* ① (구어) (유명작가의) 대필자, 대작자(代作者); 잡일꾼. ② 흑갈색. ~s en chemise 【요리】 (생크림으로 걸음 덮은) 초콜릿 무스.
petit ~ 식민지의 흑인이 쓰는 엉터리 프랑스어, 서투른 프랑스어.
—*n.f.* (속어) ① 벼룩(punaise). ② 포도주 병. étouffer une ~ 포도주를 마시다.
—*a.* (*f.* **nègre**) 흑인의, race ~ 흑인종. art ~ 니그로 예술. ② (불변) 짙은 갈색의 (tête-de-~).

négrerie [negrəri] *n.f.* (옛) 흑인 노예 수용소, 노예 사역장.

négrier(ère) [negrije, -ɛr] *a.* 노예매매의. capitaine ~ 노예선의 선장. ~ 노예상인; 노예선; 고용자들을 노예처럼 부리는 기업주. —종.

négril [negril] *n.m.* 【곤충】 초시류(鞘翅類) 의 일종.
négrille [negrij] *n.m.* 【인종】 니그릴로족(남아프리카의 왜소한 흑인종) 의 흑인.

négrillon(ne) [negrijɔ̃, ɔn] *n.* 흑인 어린이; (농담으로) 피부가 검은 아이.

négritude [negrityd] *n.f.* (문어) 흑인성, 흑인 특유의 문화 (성격·사고방식) (Senghor의 용어).

négro [negro] *n.m.* (경멸) 흑인, 검둥이.
négro-africain(e) [negroafrikɛ̃, -ɛn] (*pl.* ~~s) *a.* 아프리카 흑인의. —*n.* (N~-A~) 아프리카 흑인.
négro-américain(e) [negroamerikɛ̃, -ɛn] (*pl.* ~~s) *a.* 아메리카 흑인의. —**N~A~** *n.* 아메리카 흑인.
négroïde [negrɔid] *a.* 【인종】 흑인종을 닮은. tribus ~s 준흑인 부족.
négrophile [negrɔfil] *a.* 흑인을 좋아하는. —*n.* 흑인 노예 폐지론자.
négrophobe [negrɔfɔb] *a.* 흑인을 싫어 (배척) 하는. —*n.* 흑인배척론자.
négro-spiritual [negrospirityal] (영) *n.m.* (미국의) 흑인영가.
négt(e) (약자) négociant(e) 도매상.
négundo [negɔ̃do] *n.m.* =négondo.
négus [negys] *n.m.* 에티오피아 국왕의 존칭; 에티오피아 황제.

:**neige** [nɛːʒ] *n.f.* ① 눈. amas de ~ 눈더미. boule de ~ 눈뭉치. bonhomme de ~ 눈사람. pneu (-) ~ (*pl.* ~s-~) (자동차의) 스노우 타이어. Il tombe de la ~. 눈이 온다. ~s éternelles (persistantes) 만년설. sports de la ~ 겨울스포츠. train de ~ 겨울 스포츠장으로 가는 열차. classe de ~ (산에서 실시하는 대도시 국민학교 학생들의) 동계훈련 과정. ~ fondue 진눈깨비; 녹은 눈. rafale de ~ 눈보라. ~ 눈같은 것, 눈처럼 흰 것; 얼음과자; 코카인. ~ carbonique 드라이아이스. œufs à la [en] ~ 【요리】 (달걀 흰자로 만든) 눈과자. effet de ~ 【회화】 설경.
de ~ ⓐ 눈처럼 흰. cheveux *de* ~ 백발. bras *de* ~ 눈처럼 하얀 팔. ⓑ 덧없는, 하찮은(sans valeur). chose *de* ~ 하찮은 물건.

neigé(e) [nɛ(e)ʒe] *a.p.* 눈으로 덮인. chaîne ~*e* de l'Hymalaya 눈에 덮인 히말라야 산맥.

neigeot(t)er [nɛʒɔte] *v.imp.* 《구어》눈이 소록소록〔조금씩〕내리다.

*****neiger** [nɛ(e)ʒe] ③ *v.imp.* ① 눈이 오다. ② 《꽃 따위가》눈처럼 지다. Il *neige* des fleurs de cerisier. 벚꽃이 눈처럼 지고 있다. —*v.t.* 《문어》눈처럼 내리게 하다. La lune *neige* sa lumière. 달빛이 눈처럼 내리비춘다.

neigeux(se) [nɛʒø, -øːz] *a.* ① 눈으로 덮인; 눈이 많은. cimes ~*ses* 눈에 덮인 산꼭대기. pays ~ 눈나라. ②《날씨가》눈 올 듯한. Le temps est ~. 눈이 올 것 같은 날씨이다. ③《수염 따위가》눈처럼 흰, 새하얀. barbe ~*se* 새하얀 수염.

nélombo, né[e]lumbo [nelɔbo] *n.m.*《복수불변》《식물》연(蓮) (lotus).

némale [nemal], **némalion** [nemaljɔ̃] *n.m.* 《식물》《북대서양산》홍조류(紅藻類)의 일종.

némathelminthes [nematɛlmɛ̃ːt] *n.m.pl.* 《동물》원충류(圓蟲類).

némat(o)- *préf.*「실」의 뜻.

nématocyste [nematosist] *n.m.*《동물》자포(剌胞) 《강장동물(腔腸動物)의 기관》.

nématode [nematɔd] *n.m.*《동물》선충(線蟲) (*pl.*)선충류.

nématoïde [nematɔid] *a.* 실처럼 가느다란. appendice ~ 사상돌기. —*n.m.* 《옛》=**nématode**.

néméens [nemeɛ̃] *a.m.pl.*《고대지리》네메아(*Némée*)의. 《그리스》네메아경기《한 해 걸러 네메아에서 행해지던 제우스제(祭)》.

Némésis [nemezis] *n.pr.f.*《그리스신화》네메시스《인간의 오만·부덕을 벌하는 응보의 여신》.

N.E.M.I. 《약자》 nouvelle échelle métrique de l'intelligence 신(新)지능측정척도.

némoral(ale, *aux*) [nemɔral, -o] *a.* 《식물》숲속에 사는〔자라는〕. plantes ~*ales* 산림식물.

né-mort [nemɔːr] (*f.* —*e*-~*e* [-ɔrt], *pl.* ~*s*-~*s*) *a.* 사산(死産)의.

ne-m'oubliez-pas [nɑmubli(j)epɑ] *n.m.*《복수불변》《구어》《식물》물망초 (*myosotis* 의 속칭).

néné [nene] *n.m.*《구어》유방(乳房) (nénet).

Nénette [nenɛt] *n.pr.f.* Antoinette 의 애칭. —**n**~ *n.f.*《속어》① se casser la ~ 어려운 문제로 고생하다. ② 아가씨(fille), 여자(femme).

nénie [neni] *n.f.* ① 애도. ② (*pl.*)《고대그리스·로마》조가(弔歌), 장송가.

nenni [nani, ne(ɛ̃)ni] *ad.*《옛·사투리》아니다, 그렇지 않다(non). —*n.m.*《옛》거절, 거부.

nénufar, nénuphar [nenyfaːr] *n.m.*《식물》수련(睡蓮). ~ blanc 백련(nymphéa).

néo- *préf.*「새로운」의 뜻.

néoblaste [neɔblast] *n.m.*《생물》신성(新成)세포《무척추동물의 미분화 세포로서 몸의 재생을 위해 이동증식함》.

néo-calédonien(*ne*) [neɔkaledɔnjɛ̃, -ɛn] *a.* 뉴칼레도니아의 (*Nouvelle-Calédonie*). —**N**~ *n.* 뉴칼레도니아 사람.

néo-capitalisme [neɔkapitalism] *n.m.*《경제》신자본주의《부분적으로 국가의 개입을 인정》.

néo-capitaliste [neɔkapitalist] *a.*《경제》신자본주의의. —*n.* 신자본주의자.

néocastrien(*ne*) [neɔkastri(j)ɛ̃, -ɛn] *a.* 뇌샤토 (*Neufchâteau*, 프랑스의 도시)의. —**N**~ *n.* 뇌샤토 사람.

néo-catholicisme [neɔkatɔlisism] *n.m.* 신가톨릭교《가톨릭에 새로운 사상을 도입하려고 하는 것; 특히 정치가 Buchez (1795–1865)가 주장한 가톨릭적 사회주의의 호칭》.

néo-catholique [neɔkatɔlik] *a.* 신가톨릭교의. —*n.* 신가톨릭교도〔주의자〕.

néo-celtique [neɔsɛltik] *a.* 신켈트어(語)의.

néo-chrétien(*ne*) [neɔkretjɛ̃, -ɛn] *a.* 신기독교의. —*n.* 신기독교의 신자(청학자).

néo-christianisme [neɔkristjanism] *n.m.* 신기독교《*Tolstoï* 의 영향을 받아 1890년대에 *P.Sabatier, Ed.Rod, Paul Desjardins* 등이 제창한 무교회주의》.

néo-classicisme [neɔklasisism] *n.m.* 《문학·예술》신고전주의.

néo-classique [neɔklasik] *a.* 신고전주의의. —*n.m.* 신고전주의자.

néo-colonialisme [neɔkɔlɔnjalism] *n.m.* 신식민주의《경제활동으로 인한 개발도상국의 식민지화》.

néo-colonialiste [neɔkɔlɔnjalist] *n., a.* 신식민주의(의).

néocomien(*ne*) [neɔkɔmjɛ̃, -ɛn] *a.*《지질》《중생대 백악기의》네오코미아기(期)의. étage ~ 네오코미아층. —*n.m.* 네오코미아기.

néo-cor [neɔkɔːr] *n.m.*《음악》코넷알토의 일종《취주악기》.

néo-criticisme [neɔkritisism] *n.m.* 신비판주의, 신칸트주의《칸트의 비판철학의 부흥을 주장함》(~ français).

néo-culture [neɔkylty:r] *n.f.* 《새 화학비료나 기계를 사용하는》신농작법.

néo-darwinisme [neɔdarwinism] *n.m.* (*Weismann* 에 의한)신다윈주의.

néodyme [neɔdim] *n.m.*《화학》네오딤《희토류 원소의 하나; 원소기호 Nd; 원자번호 60》.

néo-fascisme [neɔfasism] *n.m.* 신파시즘.

néo-fasciste [neɔfasist] *a.* 신파시스트의, 신파시즘적인. —*n.* 신파시스트.

néoformation [neɔfɔrmasjɔ̃] *n.f.*《생물》새 조직(구성),《의학》=néoplasme.

néo-français [neɔfrɑ̃sɛ] *n.m.* (미래의)신(新)프랑스어(語).

néogène [neɔʒɛn] *n.m.*《지질》신 제 3 기(紀).

néo-gothique [neɔɡɔtik] *a.*《건축》《19 세기말에 유행한》신고딕식의. —*n.m.* 신고딕식.

néo-grammairiens [neoɡra(m)mɛrjɛ̃] *n.m.pl.* 소장문법학파(의 학자).

néographe [neɔɡraf] *a.*《옛》새 철자를 사용하는. écrivain ~ 새 철자를 사용하는 작가. —*n.*《옛》철자 개혁론자.

néographie [neɔɡrafi] *n.f.*《옛》새 철자법.

néographique [neɔɡrafik] *a.* 새 철자법의. méthode ~ 새 철자법.

néographisme [neɔɡrafism] *n.m.*《옛》《언어》철자법 개혁론.

néo-grec(*que*) [neɔɡrɛk] *a.* ① 근대 그리스의. langue (littérature) ~que 근대 그리스어〔문학〕. ②《미술·건축》고대 그리스를 모방한. style ~ 신그리스식. —*n.m.* 근대 그리스어(語).

néo-guinéen(*ne*) [neɔɡineɛ̃, -ɛn] *a.* 뉴기니(*la Nouvelle-Guinée*)(사람)의. —**N**~-**G**~ *n.* 뉴기니 사람.

néo-hébridais(*e*) [neɔebride, -ɛːz] *n.f.* 뉴헤브리디즈 군도(*Nouvelles-Hébrides*, 남태평양의 섬)(사람)의. —**N**~-**H**~ *n.* 뉴헤브리디즈 군도 사람.

néo-hellénisme [neɔe(l)lenism] *n.m.* 신그리스주의, 신헬레니즘.

néo-impressionnisme [neɔɛ̃presjɔnism] *n.m.* 《미술》후기인상주의, 신인상주의 (*Seurat, Signac* 따위) (pointillisme).

néo-kantien(*ne*) [neɔkɑ̃tjɛ̃, -ɛn] *a.* 신칸트파의.

—*n*. 신칸트파.
néo-kantisme [neɔkɑ̃tism] *n.m.* 〖철학〗 신칸트 주의 (칸트철학을 논리학·심리학·윤리학의 영역에 보급했음(1860-1914)).
néo-latin(e) [neɔlatɛ̃, -in] *a*. 라틴말에서 파생된. langues ~*es* 로망어 (프랑스어·이탈리아어·스페인어·루마니아어 따위) (langues romanes).
néo-libéral(ale, *pl.* **aux)** [neɔliberal, -o] *a*. 신자유주의의. —*n*. 신자유주의자.
néo-libéralisme [neɔliberalism] *n.m.* 〖경제·정치〗 신자유주의.
néolithique [neɔlitik] *a*. 신석기시대의. âge ~ 신석기시대. —*n.m.* 신석기시대.
néologie [neɔlɔʒi] *n.f.* 〖옛〗새 말 만들기, 새 말 쓰기; 〖언어〗신어(新語)생성.
néologique [neɔlɔʒik] *a*. (말·표현이) 새로 만들어진. expressions ~*s* 새로운 표현. dictionnaire ~ 신어사전.
néologiser [neɔlɔʒize] *v.i.* 〖구어〗신어를 만들다, 신어를 쓰다.
néologisme [neɔlɔʒism] *n.m.* ① 신어; 신의(新義). ② 신어사용, 신어창조. ③ 〖옛〗(경멸) 새로운 말투, 신어법(新語法).
néologiste [neɔlɔʒist], **néologue** [neɔlɔg] *n*. 신어사용자(창조자).
néo-malthusianisme [neɔmaltyzjanism] *n.m.* 신맬서스주의 (산아제한에 의한 인구조절).
néoménie [neɔmeni] *n.f.* 〖천문〗초승달; 〖고대그리스〗신월제(新月祭); 〖고대로마〗삭일(朔日), 초하루.
néomycine [neɔmisin] *n.f.* 〖약〗 네오마이신.
néon [neɔ̃] *n.m.* 〖화학〗네온; 네온사인. tube [lampe] au ~ 네온관(등).
néo-natal(ale, *pl.* **als)** [neɔnatal] *a*. 〖의학〗신생아의. mortalité ~*ale* 신생아의 사망율.
néophobe [neɔfɔb] *n*. 〖드물게〗새것을 싫어하는 사람, 혁신반대파; (특히) 신어 반대(론)자.
néophobie [neɔfɔbi] *n.f.* 〖드물게〗새것을 싫어함, 혁신 반대; 신어 사용 반대.
néophyte [neɔfit] *n*. ① 〖종교사〗(특히 초기 교회의) 새 신도; 새로 입교한 사람, 개종자. ② (사상주의·당파 따위에) 새로 가입한 사람, 신봉자. ardeur[zèle, ferveur] d'un ~ 신가입자의 열의. —*a*. 신가입자의, 초심자의.
néoplasie [neɔplazi] *n.f.* 〖의학〗조직신생(新生), 새 조직 형성; 종양형성.
néoplasique [neɔplazik] *a*. 〖의학〗(병적) 신생물의, 종양의. affection ~ 종양.
néoplasme [neɔplasm] *n.m.* 〖생리·의학〗(병적) 신생물(新生物), (특히) 종양(腫瘍).
néo-platonicien(ne) [neɔplatɔnisjɛ̃, -ɛn] *a*. 신플라톤학파의. —*n*. 신플라톤 철학자.
néo-platonisme [neɔplatɔnism] *n.m.* 신플라톤 학파의 철학, 신플라톤주의.
néo-positivisme [neɔpozitivism] *n.m.* 〖철학〗신실증주의 (1920년대의 분석적·논리적 철학).
néo-positiviste [neɔpozitivist] *a*. 신실증주의의. —*n*. 신실증주의자.
néoprène [neɔprɛn] *n.m.* 합성고무의 일종.
néo-réalisme [neɔrealism] *n.m.* 〖문학·미술〗신사실주의 (19세기 기 사실주의로 되돌아갈 것을 주장); 〖영화〗(이탈리아의) 네오레아리스모.
néo-réaliste [neɔrealist] *a*. 신사실주의의. film ~ (이탈리아의) 네오레알리슴 영화.
néo-romantique [neɔrɔmɑ̃tik] *a*. 신낭만주의의. —*n*. 신낭만주의자.
néo-romantisme [neɔrɔmɑ̃tism] *n.m.* 〖문학·미술〗신낭만주의의 (특히 미술에서는 *Delacroix*의 영향을 받았음).
néoténie [neɔteni] *n.f.* 〖생물〗유형(幼形)의 성적성숙(性的成熟).
néo-thomisme [neɔtɔmism] *n.m.* 신토마스학파.
néottie [neɔti] *n.f.* 〖식물〗좀무엽란속(屬).
néo-vitalisme [neɔvitalism] *n.m.* 〖생물〗신생기론(新生氣論), 신활력론(新活力論) (20세기초에 일어난 자연철학의 입장).
néo-zélandais(e) [neɔzelɑ̃dɛ, -ɛːz] *a*. 뉴질랜드의 (*la Nouvelle-Zélande*)(사람)의. —**N~-Z~** *n*. 뉴질랜드 사람.
néozoïque [neɔzɔik] *a*. 〖지질〗신생대(新生代)의. ère ~ 신생대(ère tertiaire). —*n.m.* 신생대.
Nep, N.E.P. [ɛp] *n.f.* (1921년 소련이 채용한) 신경제정책.
Népal (le) [lənepal] *n.pr.m.* 네팔(왕국).
népalais(e) [nepalɛ, -ɛːz] *a*. 네팔(*Népal*)(사람)의. —**N~** *n*. 네팔 사람.
nèpe [nɛp] *n.f.* 〖곤충〗장구애비속(屬).
népenthès [nepɛtɛs] *n.m.* ① 〖그리스문학〗근심고통을 잊게 하는 약, 망우약(忘憂藥). ② 〖식물〗벌레잡이통풀 (népent(h)e).
néper [nepɛːr] (<*John Napier*, 스코틀랜드 수학자) *n.m.* 〖물리〗네이피어(전력따위의 감쇠비(減衰比)를 나타내는 단위).
népérien(ne) [neperjɛ̃, -ɛn] *a*. 〖수학〗네이피어의. logarithme ~ 네이피어 대수(對數).
népète [nepɛt] *n.f.* 〖식물〗개박하.
néphalisme [nefalism] *n.m.* 절대 금주주의.
néphaliste [nefalist] *n*. 절대 금주주의자.
néphél- *préf.* 「구름」의 뜻.
néphélémétrie [nefelemetri] *n.f.* 〖화학〗비탁분석(比濁分析).
néphéline [nefelin] *n.f.* 〖광물〗하석(霞石).
néphélion [nefeljɔ̃] *n.m.* 〖의학〗각막경탁(角膜輕濁)(taie).
néphéloïde [nefelɔid] *a*. 구름의, 구름 모양의.
néphoscope [nefɔskɔp] *n.m.* 〖물리〗운축계(雲測計), 운경(雲鏡) (구름의 속도·방향을 측정).
néphralgie [nefralʒi] *n.f.* 〖의학〗신장통.
néphrectomie [nefrektɔmi] *n.f.* 〖외과〗신장 절제(술).
néphrétique [nefretik] *a*. 〖의학〗신장의. colique ~ 신장통. remèdes ~*s* 신장통 치료약. —*n*. 신장병 환자. —*n.f.* 신장통 치료제. —*n.f.* 〖옛〗〖광물〗(신장통에 대한 부적으로 사용된 동양의) 연옥(軟玉).
néphridie [nefridi] *n.f.* 〖동물〗(환형동물 따위의) 신관(腎管).
néphrite [nefrit] *n.f.* ① 〖의학〗신장염. ~ aiguë [chronique] 급성[만성]신장염. ② 〖광물〗연옥(néphrétique).
néphr(o)- *préf.* 「신장」의 뜻.
néphrocèle [nefrɔsɛl] *n.f.* 〖의학〗신장헤르니아.
néphrographie [nefrɔgrafi] *n.f.* 〖의학〗신장촬영[조영]술.
néphrolithiase [nefrɔlitjɑːz] *n.f.* 〖의학〗신장 결석증 (lithiase rénale).
néphrologie [nefrɔlɔʒi] *n.f.* 〖의학〗신장병학.
néphrologue [nefrɔlɔg] *n*. 신장병 학자.
néphron [nefrɔ̃] *n.m.* 〖생리〗네프론 (신장기능의 단위).
néphropathie [nefrɔpati] *n.f.* 〖의학〗신장병, 신장질환.
néphropexie [nefrɔpɛksi] *n.f.* 〖의학〗신장고정[수술].
néphroptôse [nefrɔptoːz] *n.f.* 〖의학〗신장하수.

néphrosclérose [nefrɔskleroːz] *n.f.* 〖의학〗위축신장.

néphrose [nefroːz] *n.f.* 〖의학〗네프로제, 신장 변성병(變性病).

néphrotique [nefrɔtik] *a.* 〖의학〗네프로제의.

néphrotomie [nefrɔtɔmi] *n.f.* 〖외과〗신장절개(수술).

nephthys [nɛftis] *n.f.* 〖동물〗네프티스《바다에서 사는 다모(多毛)류》.

népotisme [nepɔtism] *n.m.* (로마교황의)친족에의 정실특혜〔인사〕; (일반적으로)친족특혜의 경향, 문벌주의.

Neptune [nɛptyn] *n.pr.m.* ① 〖로마신화〗바다의 신, 넵투누스《그리스신화의 *Poséidon*에 해당》. ② 〖천문〗해왕성. — *n.m.* ①〖시〗바다, 대양. ②〖옛〗해도집(海圖集).

neptunien(**ne**) [nɛptynjɛ̃, -ɛn] *a.* 〖지질〗지각수성(水成)의, 수성층의. terrains ~s 수성층. — *n.m.* 〖옛〗수성론자(水成論者)(neptuniste).

neptunisme [nɛptynism] *n.m.* 〖지질〗지각수성설(水成說)(↔plutonisme 화성론).

neptuniste [nɛptynist] *n.m.* 〖지질〗지각수성론자(neptunien).

neptunium [nɛptynjɔm] *n.m.* 〖화학〗넵투늄《원소기호 Np; 원자번호 93》.

Nérée [nere] *n.pr.m.* 〖그리스신화〗네레우스《바다의 신》. l'empire de ~〖시〗바다, 대양.

néréide [nereid] *n.pr.f.* (N~)〖그리스신화〗네레이데스《바다의 요정》. — *n.f.* 〖동물〗갯지렁이.

néréocyste [nereɔsist] *n.f.* 〖식물〗갈색 다시마의 일종.

***nerf** [nɛːr] *n.m.* 《비유적인 뜻으로는 보통 [nɛrf], 복수는 항상 [nɛːr]》① 신경. ~s moteurs(centrifuges) 운동-[원심]신경. ~s sensitifs(centripètes) 지각(구심)신경. ~ optique[nɛrfɔptik] 시신경. ~s blancs 백질(白質). ~s gris 회백질. avoir une attaque(une crise) de ~s 신경〔히스테리〕의 발작을 일으키다. guerre des ~s 신경전. ②〖옛〗힘줄, 건(腱)(muscle, tendon). viande plein de ~s 힘줄이 많은 고기. ~ de bœuf 쇠힘줄로 만든 채찍. ~ d'acier (강철같이)억센 힘줄. ③〖구어〗원동력, 근원; 자본, 돈. ~ des affaires (사업의)자본금. ~ [nɛr] de la guerre 군자금, 활력원(活力源). ④ 체력(force); 기력(vigueur), 힘; (기계 따위의)강도, 탄력. avoir du ~ 기력이 있다. Allons, du(un peu de) ~ [nɛrf]! 자, 힘을 내세요! style qui manque de ~ 힘이 없는 문체. caractère sans ~ 무기력한〔나약한〕성격. ~ de la voiture 자동차의 탄력. ⑤ 〖제본〗(책등의)철근; 〖건축〗(교차궁륭의)리브, (배·비행기 따위의)늑재(肋材); 〖광산〗(광맥 속의)바위, 돌.
avoir les ~s à toute épreuve 어떤 일에도 끄덕하지 않다, 신경이 두껍다.
avoir les ~s tendus(*en boule, en pelote*) 신경이 날카로와져 있다, 안절부절 못하고 있다.
avoir ses ~s〖구어〗신경이 날카로와져 있다, 신경질을 내고 〔흥분하고〕있다.
donner(*porter, taper*) *sur les ~s*〖구어〗신경을 건드리다. Son rire me *porte sur les ~s*. 그의 웃음은 내 신경에 거슬린다.
être à bout de ~s 흥분이 극도에 달하다, 화가 머리끝까지 치밀다.
être〔*vivre*〕 *sur les ~s* (지쳐빠진 나머지)악만 남아있다, 극도로 긴장되어 있다.
passer ses ~s sur qn〔*qc*〕…에게〔에〕화풀이하다.

nerférer (**se**) [s(ə)nɛrfere] **6** *v.pr.* 〖수의〗(말의)뒷발로 앞발 뒤꿈치를 차서 좌상을 내다.

nerf-férure [nɛrfery:r] (*pl.* ~*s*—~*s*) *n.f.* 〖수의〗(말의)앞발 뒤꿈치를 차서 생긴 좌상(挫傷).

nerf-foulure [nɛrfuly:r] (*pl.* ~*s*—~*s*) *n.f.* 〖수의〗아킬레스건의 타박상.

nérine [nerin] *n.f.* 〖식물〗(남아프리카산의)아마릴리스의 일종.

nérinée [nerine] *n.f.* 네리네아《화석으로 발견되는 탑 모양의 조개》.

nérite [nerit] *n.f.* 〖조개〗(계란 모양의)바다조개.

néritique [neritik] *a.* 〖지질〗(대륙붕의 퇴적장에서 볼 수 있는)유기질의. dépots ~s 유기질 퇴적물.

néroli [nerɔli] *n.m.* 등화유(橙花油), 오렌지꽃 기름 (essence de ~).

néronien(**ne**) [nerɔnjɛ̃, -ɛn] (< *Néron*, 로마황제) *a.* ① 네로(황제)의. cruautés ~*nes* 네로의 잔학행위. ② 〖일반적으로〗네로 같은, 잔인무도한.

nerprun [nɛrprœ̃] *n.m.* 〖식물〗갈매나무속.

nerval(**ale**, *pl.* **aux**) [nɛrval, -o] *a.* 〖옛〗신경의; 〖드물게〗잎맥의.

nervation [nɛrvasjɔ̃] *n.f.* 〖동·식물〗맥상(脈狀).

nervé(**e**) [nɛrve] *a.p.* 〖문장〗맥이 있는.

nerver [nɛrve] *v.t.* 〖건축〗쇠힘줄을 붙여 튼튼하게 하다; (벽의 널빤지 따위에)쇠힘줄을 씌우다; 〖제본〗책의 등을 꿰매다.

nerveusement [nɛrvøzmɑ̃] *ad.* ① 신경질적으로, 안절부절못하여. marcher ~ de long en large 안절부절 못하여 (방안을) 이리저리 왔다갔다하다. ② 신경작용으로, 신경적으로, être épuisé ~ 신경이 지칠대로 지쳐있다. ③ 정력적으로, 힘차게. phrase ~ construite 힘있게 짜여진 문장.

***nerveux**(**se**) [nɛrvø, -øːz] *a.* ① 〖해부〗신경의. cellule ~*se* 신경세포. système ~ sympathique 교감신경. système ~ central(cérébro-spinal); centres ~ 중추신경계. système ~ autonome[de la vie végétative] 자율신경계(système neuro-végétatif). tissu ~ 신경조직. voies ~*ses* 신경로. ② 〖의학〗신경에 기인한, 신경에 관한. dépression ~*se* 신경쇠약. maladies ~*ses* 신경질환. crise ~*se* 히스테리 발작. 〖신경질의, 신경질적인. tempérament ~ 신경질〔적인 성격〕. gens ~ 신경질인 사람. avoir des gestes ~ 신경질적인〔히스테릭한〕몸짓을 하다. Il est très ~ depuis la mort de sa femme. 그는 아내를 잃고나서부터 매우 신경질적이다. [rendre *qn* ~] Tu bois trop de café, ça te *rend* ~. 너는 커피를 너무 마시는데, 그러면 신경이 과민해진다. ④〖구어〗힘줄이 많은; 근육질의 (musclé). viande ~*se* 힘줄이 많은 고기. bras ~ 근육이 많은 팔. ⑤ 기운 센, 힘이 좋은, 다부진 (vigoureux). cheval ~ 힘이 좋은 말. fil(textile) ~ 질긴 실(絲). métal ~ 고강도 금속. bois ~ 수축성이 있는 목재. voiture ~*se* 가속력이 강한(탄력있는)자동차. Il n'est pas très ~ dans son travail. 그는 일을 별로 다부지게 하지 않는다. ⑥ 간결한 (concis), 강력한(vigoureux). style ~ 간결한 문체. discours ~ 힘있는 연설. ⑦ feuilles ~*ses* 〖식물〗잎맥이 드러나있는 잎.
— *n.* 신경질적인 사람.

nervi [nɛrvi] 〖이탈리아〗 *n.m.* ① 하수인(homme de main); (직업적·청부)살인자; 불한당, 깡패 (vaurien). ②〖옛·은어〗(마르세유의)하역인부.

nervin [nɛrvɛ̃] 〖약〗 *a.m.* 신경장애를 가라앉히는, 신경질환 치료의. — *n.m.* (흥분·진통·실신 치료용의)신경질환 치료제.

nervosisme [nɛrvɔzism] *n.m.* 〖의학〗신경쇠약; 신경과민.

nervosité [nɛrvozite] *n.f.* (일시적인)신경의 흥분, 신경과민. être dans un état de grande ~ 극도의 흥분상태이다.

nervure [nɛrvy:r] *n.f.* ① 【식물】 잎맥; (곤충의)시맥(翅脈). ② 【제본】 (책등의)철끈, 밴드(nerf). ③ 【건축】 (궁륭의)리브; (배·비행기 따위의)늑재(肋材); 【의복】 (웃의)파이핑.

nervuré(e) [nɛrvyre] *a.p.* nervure가 있는(부착)된. feuille ~ 잎맥이 있는 잎. ailes ~es 시맥이 있는 날개. jupe ~e 파이핑이 들어간 치마.

nervure ③

nervurer [nɛrvyre] *v.t.* (에)밴드를 붙이다; (에)늑재를 붙이다; (옷에)파이핑 장식을 하다.

nescafé [nɛskafe] *n.m.* 【상표명】 네스카페 (인스턴트 커피).

nescience [nesja:s] *n.f.* 【옛】 무식, 무지.

nescient(e) [nesja, -a:t] *a.* 【옛】 무식한, 무학의.

***n'est-ce pas** [nɛspa] *loc.ad.* ① (상대방의 동의를 구하여)안 그렇습니까? 그렇지요? Ce café est bon, ~? 이 커피 맛있지 않습니까? Vous le connaissez bien, ~? 그 분을 잘 아시죠? ② [~ que](que 이하의 의문문을 강조하여) N'~ que cette voiture est belle? 이 차가 멋있지 않습니까? ③ (특별한 뜻없이) La vérité, ~, c'est qu'il y a encore échoué. 사실을 말하자면 그는 또 실패하고 말았지요.

Nestor [nɛstɔ:r] *n.pr.m.* 【그리스문학】 네스토르(*Iliade*에 나오는 현명한 참모). —**n**— *n.m.* 현명한(그러나 나이 많은)노인, 장로.

nestorianisme [nɛstɔrjanism] *n.m.* 【종교사】 네스토리우스(Nestorius)교(파).

nestorien(ne) [nɛstɔrjɛ̃, -ɛn] 【종교사】 *a.* 네스토리우스(교파)의. —**n.** 네스토리우스교도.

***net(te)** [nɛt] *a.* ① 깨끗한, 청결한(propre, ↔sale), 말끔히 치워진; 맑은. nappe ~te 정결한 식보. avoir les dents ~tes 깨끗한 치아를 갖다. chambre ~te 말끔히 청소된 방. glace bien ~te 깨끗한 거울. linge ~ 정결한 속옷. ② 섞인 것이 없는, 순수한(pur). charbon ~ 정탄(精炭). vin ~ 순수한 포도주. poids ~ (상자 따위의 무게를 뺀 내용물만의)실중량. salaire ~ 실제로 손에 들어오는 월급. bénéfice ~ 순이익. prix ~ 정가(正價). revenu ~ 순수입. ③ 분명한, 선명한, 명료한(clair, distinct). écriture ~te 똑똑한 글씨. copie ~te 정서(淨書). dessin qui n'est pas ~ 분명치 않은 소묘. image ~te 선명한 영상. parler d'une voix ~te 또렷한 목소리로 말하다. Son refus est ~. 그의 거부는 단호하다. Il a été très ~. 그의 태도[이야기]는 명백했다. style ~ 명확한 문체. ④ 흠없는, 결백한(innocent). cœur ~ 순결한 마음. avoir la conscience ~te 양심에 거리낌없다. ⑤ [~ de](이)면제된, 없는(exempté de). article ~ d'impôt 면세품. Il est ~ de tout blâme. 《문어》 그는 전혀 비난받을 것이 없다.

avoir les mains ~tes 꿀릴 것이 아무것도 없다, 청렴결백하다(être probe).

en avoir le cœur ~ 그 점에 대해 아무런 의심도 없다, 완전히 마음을 놓다. Je voudrais *en avoir le cœur* ~. 그 점에 대해 확실히 해두고 싶군요.

faire les plats ~s 《구어》 요리에 다 먹어치우다.

faire place ~*te* 장소를 비워주다(내주다); 물필요한 물건들을 제거하다; 필요없는 하인·직원을 해고하다.

faire tapis ~ (노름에서)판돈을 다 긁어 가다.

—*n.m.* ① 청서, 정서. mettre(recopier) une lettre au ~ 서한을 정서하다. mise au ~ 정서(하기). ② 정탄(charbon ~).

—*ad.* ① 갑자기, 그 자리에서, 당장에(tout d'un coup). s'arrêter ~ 갑자기 서다, 뚝 멎다. être tué ~ 즉사하다. La lame s'est cassée ~. 칼날이 딱 부러졌다.

② 분명히; 단호하게, 딱 잘라서(crûment, carrément). parler ~ 딱 잘라서 말하다. refuser (tout) ~ 단호하게 거절하다.

③ 에누리 없이. gagner ~ mille francs par mois 한 달에 천 프랑의 순이익을 올리다.

nettement [nɛtmɑ̃] *ad.* ① 선명하게; 분명히. livre imprimé ~ 선명하게 찍은 책. Il a déclaré ~ son intention. 그는 자기의 의향을 분명하게 밝혔다. ② (주로 비교급을 강조)훨씬하, 단연. Le malade va ~ mieux. 그 환자는 훨씬 나아지고 있다. Il est ~ le plus fort. 그는 단연 최강자이다. ③ 깨끗이(하게), 깨끗이.

netteté [nɛtte] *n.f.* ① 깨끗함, 청결(propreté). ~ d'une glace[d'un diamant] 거울(다이아몬드)의 깨끗함. ~ du corps 《옛》신체의 깨끗함. ② d'un intérieur 집안의 깨끗함. ② 뚜렷함, 명료, 선명(clarté, ↔ambiguïté); 《비유적》명석. ~ de l'écriture 필적의 명료함. ~ des images 《사진》 상의 선명함. ~ du style 문체의 명료함. parler avec ~ 명확하게 말하다.

nettoie-bouteilles [nɛtwabutɛj] *n.m.* 《복수불변》 병 소제기.

nettoie-glaces [nɛtwaglas] *n.m.* 《복수불변》 유리창 소제기, 모프.

nettoiement [nɛtwamɑ̃] *n.m.* ① 소제, 청소. ~ des rues 도로청소. service du ~ (시청 따위의)청소과. ② 【농업】 잡초(잡목) 제거; (곡식 따위의) 먼지(티) 제거.

nettoie-pipes [nɛtwapip] *n.m.* 《복수불변》 담배 파이프 소제기.

***nettoyage** [nɛtwaja:ʒ] *n.m.* ① 청소, 소제; 세탁(blanchissage). faire un grand ~ dans la maison 집을 대청소하다. Je vais donner mon pantalon au ~. 내 바지를 세탁하러 보내야겠다. ~ par le vide 진공소제기에 의한 소제. ~ à sec 드라이크리닝. ② 【군사】 소탕; 《구어》해고(coup de balai). ~ des tranchées 참호 속의 잔적(殘敵)소탕. faire un ~ complet 《구어》 탐탁치 않은 직원을 모조리 내보내다. ③ 【농업】(곡물의)선별(選別)(nettoiement); (토지의)개간; 【임야】(산림의)간벌(間伐).

***nettoyer** [nɛtwaje] [7] *v.t.* ① 깨끗이하다, 청소하다; 【농업】(농토의)잡초를 제거하다; 준설하다. ~ des vêtements 의복을 세탁하다. ~ ses chaussures 구두를 닦다. ~ la maison 집안을 청소하다(faire le ménage). ~ le parquet 마루를 쓸다. ~ une chambre 방을 소제하다. ~ les meubles 가구를 닦다. donner une montre à ~ 시계를 분해청소시키다. ~ les laines 양모를 세탁하다. ~ du grain 곡물을 선별하다. ~ les allées du jardin 정원 길의 잡초를 뽑아 말끔히 하다. ~ un bassin 못을 준설하다. ~ à l'eau 물로 씻다, 세탁하다. ~ à sec 드라이클리닝 하다. ~ le sol 토지를 개간하다. ~ une plaie 상처를 세척하다. ② (적·위험분자를)(로부터)소탕하다, 일소하다; 《속어》(도둑이)깨끗이(몽땅) 쓸어가다. ~ une tranchée 【군사】참호속의 적을 소탕하다. ~ le quartier 거리에서 불량배들을 일소하다. ~ une maison 집안 것을 몽땅 가져가다. ~ le tapis 판돈을 모조리 긁어

가다. ③《구어》[~ qn] 빈털터리로 만들다, 돈[재물]을 빼았다(lessiver). se faire ~ au jeu 노름에서 몽땅 털리다. Cette série de procès l'*a nettoyé*. 이 계속된 소송으로 그는 빈털터리가 되었다. ④《속어》죽이다(tuer); 제거하다(éliminer). ⑤《구어》지치게 하다. L'ascension a été éreintante; je *suis* complètement *nettoyé*. 등반은 몹시 힘들어 나는 완전히 녹초가 되었다.
—**se** ~ *v.pr*. ① 자기 몸을 깨끗이 하다; (se는 간접목적보어) 자기의 …을 씻다[닦다]. *se* ~ la figure 세수하다. ② 깨끗해지다; 일소되다. ③ (하늘이) 맑아지다.

nettoyeur(se) [nɛtwajœːr, -ɸːz] *n*. 소제하는 사람; 소탕[일소]하는 사람. ~ de vitres 유리창 닦는 사람. ~ de tranchées 《군사》 참호속의 적을 소탕하는 군인. —*n.f.* 소제기; 탈곡기(~*se* de grains).

nettoyure [nɛtwajyːr] *n.f.* 쓰레기, 먼지.

‡**neuf**¹ [nœf] *a.num*. ① 아홉의. ~ ans [nœvɑ̃] 9년. ② 아홉째의(neuvième). le roi Louis ~ 루이 9세왕(Louis IX).
—*n.m.* 《복수불변》 아홉; 9일; 트럼프의 9; 9번지. Il habite au ~. 그는 9번지에 산다.
REM (1) 어군의 끝에서는 언제나 [nœf]로 발음됨: J'en ai ~ [nœf]. (2) 자음의 내부나 자음앞에서는 [nœ]라고도 하지만 오늘날에는 [nœf]로 한다: ~ mois [nœfmwa]. (3) 어군의 내부, 모음, 무성의 h 앞에서도 [nœf]: ~ amis [nœfami]. ~ hectares [nœfɛktaːr]. 그러나 neuf 와 함께 자주 쓰이는 다음의 4개의 단어(ans, heures, hommes, autres) 앞에서는 [nœv]가 됨: ~ heures[nœvœːr]. (5) enfants 앞에서는 [nœfɑ̃fɑ̃] 이지만 [f]음의 계속을 피하기 위해 [nœvɑ̃fɑ̃]으로 발음함.

‡**neuf**²**(ve)** [nœf, -œːv] *a*. ① 새로운, 새로 만든, 아직 사용되지 않은, 새로 생긴, 현대의(moderne, récent). maison ~ 신축한 집. costume ~ 새옷. Son costume n'est plus ~. 그의 옷은 헐었다. être à l'état ~ 새것 그대로이다. pays ~ 신생국.
② 신기한, 기발한, 독창적인(original, nouveau, ↔banal). expression[idée] ~*ve* 기발한 표현[사상]. roman très ~ 매우 독창적인 소설. Le sujet de cette pièce n'est pas ~. 이 희곡의 주제는 독창적이지 못하다. Quoi de ~? 뭐 새로운[신기한] 것이라도 있소?
③ [~ à/dans/en] (에) 미숙한, 경험이 없는, 풋내기의(inexpérimenté, novice). cœur ~ 무경험 (특히 연애에 있어서). regard ~ de l'enfant 어린이의 순진한 눈. être ~ *aux* affaires 장사에 미숙하다. Il est très ~ *dans* ce métier. 그는 그 직업에는 경험이 전혀 없다. fille ~*ve* 《비어》숫처녀.
faire peau ~*ve* (뱀이) 허물을 벗다; 면목을 일신하다.
Il n'est ~ **sur rien**. 그는 뭐든지 알고 있다, 안해본 일이 없다.
—*n.m.* 새로운 것[일], 새것; 신기한 것[일]. être habillé(vêtu) de ~ 새옷을 입다. vendre du ~ et de l'occasion 신품과 중고품을 팔다. Il y a du ~. 새로운 소식이 있다.
à ~ 새로이 보이게, 새롭게, 새로. refaire un bâtiment *à* ~ 건물을 새롭게 단장하다. remettre qc *à* ~ 을 새로 수리하다.

neufchâtel [nøʃatɛl] *n.m.* 뇌샤텔(*Neufchâtel*, 프랑스의 도시) 치즈 (원통형의 치즈) (bondon).

neuf-huit [nœfɥit] *n.m.* 《복수불변》 《음악》 8분의 9박자(의 곡).

neuf-trous [nœftru] *n.m.* 《복수불변》 《골프》 9홀의 코스.

neume [nøːm] *n.m.* 《옛》 《음악》 네우마 (중세 종교음악에서 단선(單旋)가에 쓰이던 기호).

neural(ale, *pl.* **aux)** [nøral, -o] *a*. 《해부》 신경의, 신경계통의.

neurasthénie [nørasteni] *n.f.* ① 《의학》 신경쇠약. ~ otogène 이성(耳性)신경쇠약. ~ sexuelle 성적(性的)신경쇠약(증). ② 《구어》 상심, 낙담.

neurasthénique [nørastenik] *a*. 《의학》 신경쇠약에 걸린. devenir ~ 신경쇠약에 걸리다. —*n*. 신경쇠약 환자, 우울증 환자.

neurine [nørin] *n.f.* 《화학》 노이린(neuridine).

neur(o)- *préf*. 「신경」의 뜻(névr(o)-).

neurobiologie [nørɔbjɔlɔʒi] *n.f.* (대) 뇌병리학.

neurochirurgical(ale, *pl.* **aux)** [nøroʃyryrʒikal, -o] *a*. 《의학》 신경외과의.

neurochirurgie [nøroʃyryrʒi] *n.f.* 《의학》 신경외과.

neurochirurgien(ne) [nøroʃyryrʒjɛ̃, -ɛn] *n*. 신경외과의사.

neurocrinie [nørɔkrini] *n.f.* 《생리》 신경호르몬 작용.

neurodépresseur [nørɔdepresœːr] *n.m.* 《의학》 신경억제제.

neurodermatose [nørɔdɛrmatoːz] *n.f.* 《의학》 피부신경증 [열제).

neurodine [nørɔdin] *n.f.* 《약》 노이로딘 (진통해

neuro-endocrinologie [nøroɑ̃dokrinɔlɔʒi] *n.f.* 신경내분비학.

neuro-épithélium [nøroepiteljɔm] *n.m.* 《생물》 신경상피(上皮).

neurogliome [nøroglijɔm] *n.m.* 《의학》 신경교종(膠腫).

neurographie [nørɔgrafi] *n.f.* 《의학》 신경론.

neuroleptique [nørɔlɛptik] *a*. 《의학》 신경을 진정시키는. —*n.m.* 《약》 신경진정제.

neurolinguistique [nørolɛ̃gɥistik] *n.f.* 《언어》 신경언어학.

neurologie [nørɔlɔʒi] *n.f.* 《의학》 신경학.

neurologique [nørɔlɔʒik] *a*. 《의학》 신경학의.

neurologue [nørɔlɔg], **neurologiste** [nørɔlɔʒist] *n.m.* 《의학》 신경학자, 신경과 의사.

neurolyse [nørɔliːz] *n.f.* 《의학》 신경유착박리수술(癒着剝離手術).

neurone [nørɔn] *n.m.* 《해부》 뉴런, 신경 단위; 신경세포.

neuropapillite [nørɔpapil(j)it] *n.f.* 시신경염.

neuropathie [nørɔpati] *n.f.* 《의학》 신경병.

neuropathologie [nørɔpatɔlɔʒi] *n.f.* 《의학》 신경병리학.

neurophysiologie [nørɔfizjɔlɔʒi] *n.f.* 《의학》 신경생리학.

neurophysiologiste [nørɔfizjɔlɔʒist] *n.m.* 《의학》 신경생리학자.

neuroplégique [nørɔpleʒik] *a*. 《의학》 신경충격의. —*n.m.* 《약》 신경차단제, 신경이완제.

neuropsychiatrie [nørɔpsikjatri] *n.f.* 《의학》 신경정신병학.

neuropsychiatrique [nørɔpsikjatrik] *a*. 《의학》 신경정신병학의.

neuropsychologie [nørɔpsikɔlɔʒi] *n.f.* 《의학·심리》 신경심리학.

neuropsychologue [nørɔpsikɔlɔg] *n*. 《의학·심리》 신경심리학자.

neurorraphie [nørɔrafi] *n.f.* 《외과》 신경봉합.

neurotique [nørɔtik] *a*. =**névrotique**.

neurotonie [nørɔtɔni] *n.f.* 《심리》 교감신경 불안정성(性).

neurotrope [nørɔtrɔp] *a*. 《의학》 (세균·독소 따위가) 신경조직을 침해하는. germes[virus] ~*s* 신경조직을 침해하는 세균[바이러스].

neuro-végétatif(ve) [nøroveʒetatif, -iːv] a. 《생물》식물성 신경의, 자율신경의. système ~ 식물성 신경계.

neurula [nøryla] n.f. 《생물》신경배(神経胚).

Neustrie [nøstri] n.pr.f. 《고대지리》 네우스트리 (6 세기 프랑크 3 대왕국의 하나로, Loire 강·Meuse 강·영불해협에 인접한 영토).

neustrien(ne) [nøstri(j)ɛ̃, -ɛn] a. 네우스트리의. royauté ~ne 네우스트리 왕조. —**N**— n. 네우스트리 사람.

neutralement [nøtralmɑ̃] ad. 《언어》 자동사적으로(↔activement). verbe employé ~ 자동사적으로 사용된 동사.

neutralisant(e) [nøtralizɑ̃, -ɑ̃ːt] a. ① 《화학》중화하는. substance ~e 중화성 물질. force ~e 《물리》중화력. couleur ~e 중화색. ② 무력하게 하는. —n.m. 중화물, 중화제.

neutralisation [nøtralizasjɔ̃] n.f. ① 중립(화); 중립선언. ② 무력화, 중화(中和). La ~ des forces opposées produit l'équilibre. 상반된 힘의 중화는 균형을 낳는다. tir de ~ 《군사》 (대포의)제압사격. ③ 《화학》중화; (세제의)중성화. indice de ~ 중화가(價). ④ 《언어》 (대립하는 2 음소·2 요소의)중화(中和).

neutraliser [nøtralize] v.t. ① 《정치》 (국가·지방·도시를)중립화하다. ② (효력 따위를) 약화(무력화)시키다(annihiler, paralyser); 《군사》제압사격을 가하다. ~ l'influence de qn …의 영향력을 약화시키다. ~ qn)… un adversaire dangereux 위험한 적을 무력하게 만들다. ③ 《화학》중화시키다; 《물리》중성화하다. ~ l'électricité négative 음전기를 중성화하다.
— **se** ~ v.pr. 《화학》중화되다; 《물리》중성화되다. ② (서로)상쇄되다; 약화되다, 마비되다. Ces deux forces se neutralisent. 이 두 힘[세력]은 (서로 상쇄되어)균형을 유지하고 있다.

neutralisme [nøtralism] n.m. 중립주의.

neutraliste [nøtralist] a. 중립을 제창하는, 중립주의의. —n. 중립론자.

neutralité [nøtralite] n.f. ① (국가·개인의)중립. ~ armée 무장 중립. ② d'un journal 신문의 중립성. ③ 《정신의학》 (정신분석 의사가 환자에 대하여 지켜야 할)중립성. ④ 《화학》중화(상태).

neutre [nøːtr] a. ① (전쟁·논쟁 따위에)중립(국)의; 불편부당의(impartial); 객관적인(objectif). État perpétuellement ~ 영세중립국. zone ~ 《군사》중립지대. rester ~ dans un débat 논쟁에서 중립을 지키다. ② 《언어》중성의; 《물리·화학·전기》중성의, 전기[자기]를 띠고 있지 않은. pronoms ~s 중성대명사. corps ~ 비대전체(非帯電體). sel ~ 중성염. particule ~ 중성자(neutron). fil ~ 중성선. ③ 《생물》무성(無性)의, 중성의, 불모의(stérile). abeille ~ 일벌. fleur ~ 무성화(無性花). ④ école ~ 《학교》종교교육을 하지 않는 학교. ⑤ 특징이 없는, 중간적인; 생동감이 없는, 무표정의, 평범한. visage ~ 이렇다 할 특징이 없는 얼굴. couleur ~ 중간색. style ~ 생동감이 없는 문체.
—n.m. ① 중립국. ② 《언어》중성(genre ~); 《생물》무성(無性)의 개체. adjectif au ~ 중성형용사.

neutrino [nøtrino] n.m. 《물리》 뉴트리노, 중성미립자.

neutrodyne [nøtrɔdin] n.m., a. 《전기》중화증폭기(의).

neutrophile [nøtrɔfil] a. 호중성(好中性)의. —n.m. 《의학》호중구(leucocyte ~).

neutron [nøtrɔ̃] n.m. 《물리》뉴트론, 중성자.

neutronique [nøtrɔnik] a. 뉴트론[중성자]의.

neutro(no)thérapie [nøtro(nɔ)terapi] n.f. 《의학》중성자선 요법.

neuvain [nœvɛ̃] n.m. 《운율》9행시.

neuvaine [nœvɛn] n.f. 《가톨릭》9일 기도.

*****neuvième** [nœvjɛm] a.num. 아홉째의. ~ symphonie (베토벤의)제 9 교향곡.
—n. 아홉째. arriver le ~ dans une course 경주에서 9번째로 들어오다.
—n.m. ① 9분의 1. ② 《군사》제 9연대(~ régiment); 《구어》(파리의)제 9구(區)(~ arrondissement).
—n.f. ① 《음악》제 9음정. accord de ~ 9도화음. ② 《학교》제 9학급[의 학생·교실](국민학교 3 학년에 해당).

neuvièmement [nœvjɛmmɑ̃] ad. 아홉째로.

ne varietur [nevarjetyːr] loc.a. (라틴)《불변》결정적인(définitif). édition ~ 결정판; 《법》변경무용. —loc.ad. 결정적으로.

névé [neve] n.m. 《지질》(빙하를 덮고 있는)굳어진 눈, 빙설; 만년설.

névéen(ne) [neveɛ̃, -ɛn] a. 만년설(빙설)의.

*****neveu** [nəvø] (pl. ~x) n.m. ① 조카, 생질, 이질. ~ à la mode de Bretagne 4 촌의 아들, 종질. petit ~ 조카(딸)의 아들, 종손. ② (pl.)《옛》손자; 자손. Un peu, mon ~! 《속어》물론이지!

névralgie [nevralʒi] n.f. 《의학》신경통; 두통. ~ faciale 안면신경통.

névralgique [nevralʒik] a. 신경통의. point ~ 《의학》(신경통의)압통점(壓痛點); 《구어》(협상 결렬 따위의 위기를 내포한)문제점, 상대방의 아픈 곳, 약점.

névraxe [nevraks] n.m. 《해부》중추신경계.

névrilème [nevrilɛm] n.m. 《해부》신경초(鞘).

névrite [nevrit] n.f. 《의학》신경염.

névritique [nevritik] a. 《의학》신경염(성)의.

névr(o)- préf. 「신경」의.

névrodermite [nevrodɛrmit] n.f. 《의학》신경피부염.

névroglie [nevrɔgli] n.f. 《해부》 뉴런 사이의 결체조직.

névrographie [nevrɔgrafi] n.f. 《해부》신경론 (neurographie).

névrologie [nevrɔlɔʒi] n.f. 《옛》신경학.

névrome [nevrom] n.m. 《의학》신경종(腫).

névropathe [nevrɔpat] a. 《옛》신경병의. —n. 신경병 환자(névrosé).

névropathie [nevrɔpati] n.f. 《옛》《의학》신경질환, 신경병.

névropathique [nevrɔpatik] a. 《옛》《의학》신경질환의.

névropathologie [nevrɔpatɔlɔʒi] n.f. 《의학》신경병리학(neuropathologie).

névroptère [nevrɔptɛːr] a. 《곤충》맥시류(脈翅類)의. —n.m.pl. 맥시류.

névrose [nevroːz] n.f. 《의학》신경증. ~ traumatique 외상성(外傷性)신경증.

névrosé(e) [nevroze] 《의학》 a. 신경증의, 신경쇠약의. —n. 신경쇠약(노이로제) 환자.

névrosique [nevrozik] a. =**névrotique**.

névrosthénie [nevrɔsteni] n.f. 《드물게》《의학》신경과민증.

névrotique [nevrɔtik] a. 《의학》신경증의. troubles ~s 신경장애.

névrotomie [nevrɔtɔmi] n.f. 《의학》신경해부, 신경절단(술).

new-look [njuluk]《미영》*n.m., a.* (유행·정치 따위에서의) 신식(의), 새 체제(의).
newton [njutɔn, nœtɔ̃] *n.m.* 《물리》뉴톤《힘의 MKS 단위》.
newtonianisme [njutɔnjanism] *n.m.* 《천문》(천체운동에 관한)뉴튼의 학설.
newtonien(ne) [njutɔnjɛ̃, -ɛn] *a.* 뉴톤학설의.
— *n.* 뉴톤학설신봉자.
newtonisme [nœtɔnism] *n.m.* =**newtonianisme.**
New York [nujɔrk] *n.pr.* 《지리》뉴욕《미국의 도시》.
newyorkais(e) [nujɔrkɛ, -ɛːz] *a.* 뉴욕의.
— *N* — *n.* 뉴욕 사람.
‡**nez** [ne] *n.m.* ① 코; (짐승의)코《냄새를 맡는 짐승, 특히 개에게만 사용함; 일반적으로 짐승의 코는 museau》. avoir le ~ bouché 코가 막히다. se boucher le ~ 코를 막다. parler du ~ 코먹은 소리로 말하다(nasiller). saigner du ~ 코피가 나다. avoir la morve au ~ 콧물을 흘리다. Le ~ lui coule. 그는 콧물이 흐른다.
② 얼굴(visage, face). s'envelopper le ~ dans un manteau 외투속에 얼굴을 파묻다. mettre le ~ à la fenêtre 창밖으로 얼굴을 내놓다. Il baissa le ~ de honte. 그는 부끄러워서 고개를 수그렸다.
③ 후각(odorat), 직각, 통찰력, 선견지명(flair, clairvoyance). chien de haut ~ 후각이 예민한 개. La moutarde lui monte au ~. 후추가 코를 찌른다;《구어》그는 화를 벌컥 낸다. avoir bon[du] ~; avoir le ~ creux(fin) 코가 예민하다; 눈치가 빠르다, 선견지명(통찰력)이 있다.
④ 《지리》갑(岬)(cap); 《건축·기술》돌출부(saillie). ~ de marche 계단의 끝. ~ de broche (선반의)주축의 끝.
⑤ 《해양》뱃머리, 이물(proue); 《항공》기수(機首). navire qui tombe(est) sur le ~ (짐 때문에)선수가 가라앉는 배. avion qui pique du ~ 급강하하는 비행기(→숙어申).
⑥ (향수의)조향사(調香師).
à plein ~ (냄새가)독하게, 진하게. Ça sent le gaz *à plein ~*. 가스냄새가 지독하다.
allonger (faire) le ~; avoir le ~ long; faire un (drôle de) ~ 실망한 표정을 짓다, 뽀로통해지다.
au ~ de qn 의 면전에서, …을 맞대놓고. fermer la porte *au ~ de qn* …을 문전에서 돌려보내다; 해고하다. rire *au ~ de qn* …을 면전에서 비웃다.
avoir le ~ sale 《속어》곤드레만드레 취하다.
avoir le ~ sur qc ⓐ …에 몰두하다. Il a toujours le *~ sur* son travail. 그는 늘 일에 골몰하고 있다. ⓑ …의 바로 옆에 있다, 엎어지면 코 닿을 곳에 있다.
avoir qn dans le ~ 《속어》…을 싫어하다.
avoir un verre dans le ~ 《속어》거나하게 취하다.
à vue de ~ 얼핏 보기에, 대략. *À vue de ~*, la maison a besoin de grandes réparations. 얼핏 보기에 이 집은 수리를 많이 해야할 것 같다.
Cela se voit comme le ~ au milieu de la figure [du visage]. 그것은 뻔하다, 명약관화하다.
Ce n'est pas pour ton ~. 《구어》그것은 너를 위한 것이 아니다.
donner un coup sur le ~ à qn 얼굴을 때리다; 꾸짖다. 모욕을 주다.
faire un pied de ~ à qn …을 비웃다(손가락을 짝 벌리고 엄지손가락 끝을 코 끝에 대고 조롱하는 손짓).
fourrer son ~ partout [dans les affaires d'autrui] 모든일에[남의 일에] 참견하다.
gagner les doigts dans le ~ 수월하게 돈을 벌다[이기다].
le ~ en l'air 고개를 쳐들고; 경솔하게. Quel ~ *en* *l'air!* 이런 경솔한 사람이 있나!
mettre le ~ dehors 《구어》외출하다.
montrer le bout du (de son) ~ 삐쭉 나타나다; 속셈을 드러내보이다.
ne pas voir plus loin que le bout de son ~ 선견지명이 없다; 눈앞의 일만 생각한다.
~ à ~ [neane] 서로 얼굴을 맞대고, 마주 대하여. Je me suis trouvé *~ à ~* avec Pierre. 나는 피에르와 마주치게 되었다.
passer sous le ~ de qn《구어》(금시라도 잡힐 듯하던 것이)…의 손에서 빠져나가다. L'affaire lui *est passée sous le ~*. 그의 일이 막판에 틀어졌다.
piquer du ~ (사람이)픽 쓰러지다; (졸면서)머리를 꾸벅하다.
regarder qn sous le ~ …을 거만하게 보다, 깔보다.
se bouffer [se manger] le ~ 《속어》몹시 싸우다.
se casser le ~ 《구어》헛탕치다, 실패하다. *se casser le ~* à la porte de *qn* 찾아간 사람을 못 만나다.
Ton ~ branle! 《구어》거짓말 마!
tordre le ~ sur qc …을 거들떠보지도 않다, 코방귀 뀌다.
NF《약자》① nouveau franc 신프랑. ② norme française 프랑스 규격.
N.F.C.《약자》nouvelle feuille de coupons 《재정》(공채·증서·채권 따위의)신이찰지(新利札).
Ni《약자》nickel 《화학》니켈. 　　　　　　　　　　　　　　〔紙〕.
‡**ni** [ni] *conj.* ~도(아니다)《일반적으로 ne 와 함께 사용되며 때로는 단독으로 사용되어 부정을 나타내며 긍정문의 et, ou 와 마찬가지로 문 중에서 동일 기능의 어구를 결합》. I. (ne 와 함께) ① [ne... ni... ni...] (주어 및 단순시제로 놓인 동사 이외의 어구·절을 부정) Je *ne* suis *ni* grand *ni* petit. 나는 크지도 작지도 않다. Il *ne* connaît *ni* elle *ni* sa grande sœur. 그는 그녀도 그녀의 언니도 모른다. Chez lui il *n*'y a *ni* eau courante, *ni* gaz, *ni* électricité. 그의 집에는 수도도 가스도 전기도 없다. Il *ne* viendra *ni* aujourd'hui *ni* demain. 그는 오늘도 내일도 오지 않을 것이다. Il *ne* sait *ni* chanter *ni* dessiner. 그는 노래도 못부르고 그림도 못그린다. Je *n*'ai *ni* refusé *ni* accepté. 나는 거절도 승낙도 안했다. Elle *ne* sait *ni* où je vais, *ni* quand je partirai. 그녀는 내가 어디로 가는지 또 언제 떠날 것인지도 모른다.
REM (1) 직접목적보어 앞에 붙는 부정관사·부분관사는 생략된다:Il *n*'aime *ni* sucre *ni* sel. 그는 설탕도 소금도 싫어한다. (2) 문어, 특히 시에서는 ni 의 반복을 피하여 마지막 어구 앞에만 놓는 수가 있다:Il *n*'a père, mère, *ni* frère. 그는 부모도 형제도 없다. (3) 문어체에서는 끝의 ni 앞에 et 를 놓는 경우도 있다.
② [ni... ni... ne...]《주어를 부정; 맨 앞의 ni 는 생략할 수 있음》*Ni* la musique *ni* la danse *ne* peuvent[peut] la divertir. 음악도 춤도 그녀에게 위안이 되지 못한다.
REM (1)위와 같은 구문에서 동사는 주로 복수를 사용하지만 두 개의 주어가 서로를 배제하거나 personne, aucun 따위의 부정어가 주어인 경우에는 동사를 단수로 한다:*Ni* Paul *ni* Jean *ne* sera nommé président. 폴도 장도 회장으로 뽑히지 못할 것이다. *Ni* lui *ni* personne *ne* peut violer les règles. 그도 누구도 규칙을 어길 수 없다. (2) 문중에 1·2 인칭의 주어가 포함되어 있으면 동사는 그 인칭의 복수형으로 한다:*Ni* lui *ni* moi (nous) *n*'avons tort. 그도 나도 틀리지 않는다(Ce *n*'est *ni* lui *ni* moi qui avons tort).
③ [ne... plus/jamais/rien/personne/aucun (ni...) ni...] Je *ne* veux *plus* (ni) l'argent ni la gloire. 나는

이제 돈도 명예도 탐나지 않는다. Je n'ai jamais été (*ni*) en Inde *ni* au Canada. 나는 여지껏 한번도 인도나 캐나다에 가본 적이 없다. Il n'y a là *rien* (*ni*) d'injuste *ni* de partial. 부정도 불공평도 용인되지 않는다.
④ [ne... pas/point..., ni...] Il n'avait pas d'amis, *ni* (même) de connaissances. 그는 친구도 아는 사람[지인]도 없었다. Vous *ne* devez *pas* y arriver trop tôt, *ni* trop tard (non plus). 그곳에 너무 빨리 가도 늦게 가도 안됩니다.
⑤ [ne... (pas,) ... ni ne...](주어가 동일한 등위절[단순시제의 동사]을 부정) Je *ne* me trompe (*pas,*) *ni ne* mens. 나는 틀리지도 않았고 거짓말도 하지 않는다. Il *ne* boit *ni ne* mange. 그는 마시지도 먹지도 않는다. Je *ne* veux *ni ne* peux la voir. 나는 그녀를 보고 싶지도 않고 볼 수도 없다.
REM (1) 문어에서는 맨 앞의 절에도 ni 를 붙이는 경우가 있다. (2) 종속절의 부정은 et de 결합하는 것이 보통이다.
⑥ [ni... ne... ni... ne...](주어가 다른 등위절을 부정) Je la civilisation matérielle *ne* nous satisfait, *ni* la religion *ne* nous console. 물질문명이 우리를 만족시키지도 못하고 종교가 우리의 위안이 되지도 못하다.
⑦ (옛) [ne... pas/point... ni... ni...] Le roi n'a *point ni* force *ni* vertu. 왕에게는 힘도 덕도 없다.
II. [문두에서] ① (생략문에서) Que pensez-vous de cet homme-là? — *Ni* gentil *ni* intelligent. 저 사람을 어떻게 생각하시오? 상냥하지도 똑똑하지도 않소. Je n'aime pas la boisson écumeuse. — *Ni* moi non plus. 나는 거품나는 음료는 좋아하지 않소. 나도 그렇소.(보통은 moi non plus.를 쓴다) ②(부가형용사와 함께 쓰이는 경우) C'est un homme économe, *ni* prodigue, *ni* avare. 그는 절약가이지 낭비가도 인색가도 아니다.
③ (sans (que) 및 부정의 뜻을 포함하는 표현 뒤에서) Je restais là, *sans* manger *ni* boire. 나는 그곳에서 먹지도 마시지도 않았다. Je *ne* crois pas qu'il soit imposteur, *ni* qu'il soit voleur. 나는 그가 사기꾼이라든가 도둑이라고는 생각하지 않는다.
④(불평등비교에서 et 대신에 *ni*) Marie chante mieux que Nicole *ni* (que) Chantal. 마리는 니콜이나 샹탈보다도 노래를 잘한다.

niable [njabl] *a.* 부정[부인]할 수 있는(주로 부정문에서 사용).
niais(e) [njɛ, -ɛːz] *a.* ①어리석은, 멍청한, 세상물정 모르는, 우직한; 순박한. Il est très honnête, mais ~. 그는 무척 정직하지만 세상물정을 몰라. réponse ~*e* 멍청한 대답. livre ~ 하찮은 책. ②(새가)아직 날지 못하는.
— *n.* 멍이, 물정 모르는 사람, 어리석은 자.
niaisement [njɛzmɑ̃] *ad.* 멍청하게, 어리석게, 고지식하게.
niaiser [njɛ(e)ze] *v.i.* (옛) 시시한 일에 흥겨워하다. 어리석은 놀이를 하다.
niaiserie [njɛzri] *n.f.* ①어리석음. Sa ~ est déroutante. 그의 어리석음은 기가 찰 정도이다. ②어리석은 짓(말); 하찮은 것(일).
niaouli [njauli] *n.m.* (식물) 니아울리(열대 상록수로 수피(樹皮)에서 진해제를 추출).
niaule [njol] *n.m.* =**niôle**.
nib [nib] *ad.* (옛·은어)아무것도. N~ de braise. 돈이 없다. ~ *de*~ 조금도 ...않다. J'y comprends ~ *de*~. 뭐가 뭔지 전혀 모르겠다.
niblick [niblik] (영) *n.m.* (골프) 니블리크(골프채의 일종).
nicaise [nikɛːz] *n.m.* (옛) 바보, 고지식한 남자.

nicaraguayen(ne) [nikaragwajɛ̃, -ɛn] *a.* 니카라과의 (*Nicaragua,* 중미의 공화국의. —**N**~ *n.* 니카라과 사람.
nicarde [nisard] *n.f.* 니스(*Nice*)지방의 여자 모자.
nice [nis] *a.* ①(옛)우직한. ②(옛) (법) promesse ~ 무보증 무담보(임대)계약; action ~ 계약조건이 결여된 소송(무보증 무담보 계약의 임대가 쟁점이 됐을 경우 제기되는).
nicéthamide [nisetamid] *n.m.* (약) 니케다미드(심장·혈관에 대한 중추성 흥분제).
nichan [niʃɑ̃] *n.m.* 터키의 훈장.
niche¹ [niʃ] *n.f.* ①(개집) ②(좁은)주거, 누옥. À la ~! (개에게)집에 들어가! ② 알코브:③침대를 놓은 방 내부의 구석진 작은 방. ⑤ (지리) 수류(水流) 광상이 있거나 물기는 커다란 웅덩이. ③ (건축) 벽감(壁龕). ④ (의학) 니슈(장기 내벽의 함요(陷凹). ⑤ (생물) 생태적 지위(~écologique). ⑥ (가톨릭) (성체현시용의)소천개(小天蓋). ⑦ ~ de refuge(터널 속의)대피소.
niche² [niʃ] *n.f.* (구어)장난. faire une ~ [des ~*s*] à *qn* ...에게 장난치다, ...을 희롱하다.
niche-abri [niʃabri] (*pl.* ~*s*-~*s*) *n.f.* (군사) (참호 속에 설치한)대피호.
nichée [niʃe] *n.f.* ①(함께 부화한)새끼 새끼; (작은 동물의)한배의 새끼. ②(구어)한 집의 어린이들; 식구 많은 가족.
nicher [niʃe] *v.i.* ①(새가)집을 짓다(nidifier); 깃들이다; 알을 품다. ②(구어) (사람이)살다; 거처를 정하다; 피신처를 구하다. Où *niche*-t-il? 그는 어디 사는냐? —*v.t.* (옛·구어) (안전한 장소에)놓다, 자리잡게 하다.
—**se** ~ *v.pr.* ①(새가)집을 짓다; 깃들이다. ②은거하다, 숨다. ③살다; 자리잡다. *se* ~ dans *qc* (안락의자 따위)에 깊숙이 앉다. Je ne sais où *me* ~. 몸둘 곳을 모르겠다.
nichet [niʃɛ] *n.m.* 밑알(암탉에게 부화시키기 위해 둥지 속에 넣는 인공 알).
nicheur(se) [niʃœːr, -øːz] *a.* 집(보금자리)을 짓는, 깃들이는.
nichoir [niʃwaːr] *n.m.* (농업) (알을 품는)둥우리, 어리.
nichon [niʃɔ̃] *n.m.* (속어)유방.
nichrome [nikrɔm] *n.m.* (상품명) 니크롬.
nickel [nikɛl] *n.m.* ① (화학) 니켈. ② 니켈화(貨). —*a.* (불변) (속어)깨끗한, 깨끗한.
nickelage [nikladʒ] *n.m.* 니켈 도금(鍍金).
nickelé(e) [nikle] *a.p.* 니켈 도금한. avoir les pieds ~*s* (구어)움직이려 들지 않다, 게으르다.
nickeler [nikle] [5] *v.t.* (에)니켈 도금을 하다.
nickélifère [nikelifɛːr] *a.* (광물) 니켈을 함유한.
nickéline [nikelin] *n.f.* (광물) 홍비(紅砒) 니켈광(鑛).
nickelure [niklyːr] *n.f.* 니켈 도금(nickelage).
nicodème [nikɔdɛm] *n.m.* (구어)고지식한 사나이.
niçois(e) [niswa, -aːz] *a.* ①니스(*Nice,* 프랑스의 도시)의. ② (요리) salade ~*e* 니스식 샐러드; à la ~*e* 니스식의(마늘과 토마토를 쓰는 요리법). ③ chapeau ~ (의복) (낮은 원추형의)부인용 밀짚 모자. —**N**~ *n.* 니스 사람. —*n.m.* 니스 사투리.
nicol [nikɔl] *n.m.* (광학) 니콜 프리즘(평면 편광을 만드는 장치).
Nicolaier [nikɔlɛe] *n.pr.m.* bacille de ~ (의학) 파상풍균(bacille du tétanos).
Nicolet [nikɔlɛ] *n.pr.m.* 니콜레(18세기의 배우 겸 극장주인 *Jean-Baptiste*~).
C'est de plus en plus fort, *comme chez* ~. (옛) (니콜레의 극장처럼)나날이 번창한다.

nicotiana [nikɔtjana, nikɔsjana], **nicotiane** [nikɔtjan, nikɔsjan] *n.f.* 《옛》《식물》 담배.
nicotianine [nikɔsjanin] *n.f.* 《화학》 니코티아닌《담배 잎의 증류에서 얻는 담배 향소(香素)》.
nicotine [nikɔtin] *n.f.* 《화학》 니코틴.
nicotineux(se) [nikɔtinø, -ø:z] *a.* 니코틴(nicotine)을 함유한.
nicotinique [nikɔtinik] *a.* acide ~ 《화학》 니코틴산(tabagisme).
nicoti(ni)sme [nikɔti(ni)sm] *n.m.* 《의학》 (만성) 니코틴 중독(tabagisme).
nicquer [nike] *v.t.* =niqueter.
nicter [nikte] *v.i.* (말이)눈을 깜박거리다.
nictitant(e) [niktitɑ̃, -ɑ̃:t] *a.* paupière(membrane) ~*e* 《동물》 순막(瞬膜), 제 3 안검(眼瞼)《눈꺼풀》《조류·파충류에서는 볼 수 있으나, 눈꺼풀 안쪽의 엷은 막으로 필요에 따라 안구를 보호함》.
nic(ti)tation [nik(ti)tasjɔ̃] *n.f.* ① 눈 깜박거리기. ② 《의학》 경련성 깜박거림.
*****nid** [ni] *n.m.* ① 《조류·동물》 둥지, 굴. bâtir(faire) un ~ 둥지(굴)를 짓다(만들다). ~ d'écureuil 다람쥐 굴. ~ d'hirondelle 제비 둥지; 《중국요리의》제비집. ~ d'aigle 독수리 둥지; 절벽 위의 건물, 천연의 요새. ~ de vipère(s) 살무사의 소굴; 악당의 소굴. ② 잠자리, 거처. ~ d'amoureux [d'amour] 사랑의 보금자리. ~ douillet 따뜻한 거. ~ à rats 폐가. ③ 소굴(repaire); 온상. ~ de bandits 악당의 소굴. La pauvreté est un ~ d'aliénation. 빈곤은 인간소외를 낳는 온상이다. ~ de mitrailleuse(s) 《군사》 (은폐된)기관총 진지. ④ 《같은 둥지에 사는》새끼의 무리, (한배의 작은 동물의)새끼의 무리; (대가족의)아이들. ⑤ 《광업》 광상(鑛床).
  pondre au ~ de qn 《옛·속어》…의 아내와 밀통하다
  prendre [trouver] la pie au ~ (틀림없으리라 생각한 것에서)운좋게 발견하다; 중대한 발견을 하다.
  prendre [trouver] l'oiseau au ~ (남의 집을)예고없이 방문하다.
  trouver le ~ vide (찾고 있던 사람을)놓치다; 찾아가 보니 빈 집이다.
nidation [nidasjɔ̃] *n.f.* 《생물》 난착상(卵着床).
nid d'abeilles, nid d'abeilles [nidabɛj] (*pl.* ~*s*(-)~) *n.m.* ① 《기술》 벌집 모양. radiateur à ~(*s*)-~ 《자동차》 벌집 모양의 방열기. ② 《의복》 벌집 모양 장식; 《직조》 벌집 모양의 직물.
nid-de-pie, nid de pie [nidpi] (*pl.* ~*s*(-)~(-)~) *n.m.* ① 《해양》 (앞돛의)감시대(nid-de-corbeau); (의장공의 職裝工)의)그물 모양의 공구 주머니. ② 《옛》《군사》 (성을 공격할 때 반격에 대비해서 성벽의 틈에 만드는)참호.
nid-de-poule, nid de poule [nidpul] (*pl.* ~*s*(-)~(-)~) *n.m.* 도로의 작게 패인 부분.
nidification [nidifikasjɔ̃] *n.f.* 집(보금자리)짓기.
nidifier [nidifje] *v.i.* 집(보금자리)짓다.
nidoreux(se) [nidɔrø, -ø:z] *a.* 《의학》 냄새가 고약한, 썩은 달걀 냄새가 나는.
***nièce** [njɛs] ① 조카딸, 질녀. ~ à la mode de Bretagne 종질녀, 당질녀. ②《옛》손녀.
niellage [njɛla:ʒ] *n.f.* 니엘로 상감(象嵌); 니엘로 상감세공품.
nielle[1] [njɛl] *n.f.* 《식물》 ① 선옹초, 《소맥립선충(小麥粒線蟲)으로 인한 밀의)충해, 깜부기병, 흑수병(黑穗病). ③ 《해양》 (돛의)부식, 흑변(黑變).
nielle[2] *n.m.* 《기술》 흑금(黑金), 니엘로《은·동 따위를 용해해서 얻는 흑색의 물질; 금은세공품의 상감에 쓰임》.
nieller[1] [nje(e)le] *v.t.* 《기술》 니엘로 상감(象嵌)을 하다.
nieller[2] *v.t.* 《농업》 (소맥립선충이)기생하다; 깜부기병〔흑수병〕으로 망치다.
nielleur [njɛlœ:r] *n.m.* 니엘로 상감 세공사.
niellure[1] [nje(e)ly:r] *n.f.* 니엘로 상감술.
niellure[2] [nje(e)ly:r] *n.f.* 《농업》 (밀 따위의)소맥립선충 충해; 깜부기병.
nième [njɛm] *n., a.* ① 《수학》 n 차(次)〔n 승〕(의). la ~ 〔N~〕 puissance n 승(제곱). ② 여러 차례(의). Je vous le répète pour la ~ fois. 당신에게 이 말을 여러번 되풀이합니다.
nier [nje] *v.t.* ① 부정 (부인)하다(contester, désavouer, ↔ affirmer). ⓐ 〔~ *qc*〕 ~ une théorie 이론의 정당성을 인정하지 않다. ~ ce que *qn* vient d'affirmer ~가 방금 주장한 것을 반박하다. ~ l'existence de Dieu 신의 존재를 부인한다. ⓑ〔~ + *inf.*/《옛》de + *inf.*〕Il *nie* avoir frappé la bête. 그는 동물을 때린 적이 없다고 한다. Il *nie* d'être venu. 그는 온 적이 없다고 한다. ⓒ〔~ que + *ind./sub.*〕Il *nie* qu'il est venu à quatre heures. 그는 4 시에 왔다는 사실을 부인한다(사실은 그가 왔다). Il *nie* qu'il soit venu. 그는 오지 않았다고 한다《그가 왔는지 안왔는지 모른다》. Je ne *nie* pas *que* la problème〔ne〕soit difficile. 이 문제가 어렵다는 것을 부인하지는 않겠다《주절이 부정형이나 의문형일 때 종속절에 허사의 ne 를 쓰기도 한다》. ②《옛》(받기를)거절하다.
nietzschéen(ne) [nitʃeɛ̃, -ɛn] 《철학》 *a.* 니체(Nietzsche)의; 니체철학의. ― *n.* 니체철학자.
nietzschéisme [nitʃeism] *n.m.* 《철학》 니체주의, 니체철학.
nifé [nife], **nif(e)** [nif] *n.m.* 《지질》 니페《지구의 중심부로 니켈(Ni)과 철(Fe) 따위로 이루어졌다고 생각됨》.
nigaud(e) [nigo, -o:d] *a., n.* 멍청한(사람), 어리석은(사람). physionomie ~*e* 멍청한 얼굴. Alors, mon gros ~, qu'est-ce qui t'arrive? 《아이 따위에게》자, 바보야, 왜 그러지 ? ― *n.m.* 《조류》 가마우지(류)《다리가 짧은 해조; 가마우지과》.
nigauder [nigode] *v.i.* 《옛》어리석은 짓을 하다, 쓸데없는 짓을 하며 좋아하다.
nigauderie [nigodri] *n.f.* 어리석음; 바보짓거리.
nigelle [niʒɛl] *n.f.* 《식물》 선옹초《1년생 초목으로 씨는 조미료로 쓰이는 것도 있음》.
nigérian(e) [niʒerjɑ̃, -an] *a.* 나이지리아(Nigeria)의. ― **N**~ *n.* 나이지리아 사람.
nigérien(ne) [niʒerjɛ̃, -ɛn] *a.* 니제르(*le Niger*)공화국의. ― **N**~ *n.* 니제르 사람.
night-club [najtklœb] (*pl.* ~-~*s*) 《영》 *n.m.* 나이트 클럽(boîte de nuit).
nigousse [nigus] *n.m.* 《은어》 브르타뉴 사람; (특히 브르타뉴 사람의)신병(新兵).
nigrescent(e) [nigresɑ̃, -ɑ̃:t] *a.* 거무스름한.
nigri-, nigro- *préf.* 「검은, 흑(黑)」의 뜻.
nigritique [nigritik] *a.* 《고대지리》 니그리시아(*Nigritie* [nigrisi], 아프리카 수단의 옛 이름)의; 《인류》 흑인의.
niguedouille [nigduj] *n.* 《속어》 멍청이.
nihilisme [niilism] *n.m.* 허무주의, 니힐리즘: ⓐ《철학》 객관적인 진리를 부정하는 입장. ⓑ 전통적인 질서나 가치를 부정하는 태도. ⓒ 《역사》 19 세기 후반 러시아의 허무당의 운동에 나타난 급진적인 혁명적 무정부주의.
nihiliste [niilist] *a.* 허무주의의. parti ― russe 러시아 허무당. ― *n.* 허무주의자; (러시아)허무당원.
nilgaut [nilgo] *n.m.* 《동물》 닐가이(속)《인도산의 대형 영양; 겉모습은 소와 비슷함》.

nille [nij] *n.f.* 【기술】① (닳지 않도록 크랭크의 손잡이에 씌우는) 나무통. ②〚스테인드 글라스의〛틀을 고정하는) 갈쇠못.

nilomètre [nilɔmεtr], **niloscope** [nilɔskɔp] *n.m.* 나일강의 수위표(水位標).

nilotique [nilɔtik] *a.* 나일강 유역의; 나일로트인의. **—N~** *n.* 나일로트인(나일강 상류지대 따위에 사는 흑인종)(Nilote). **—***n.m.* 나일강 제어(諸語) (langues ~s).

nimbe [nε:b] *n.m.* 배광(背光), 후광(後光) (그리스도·성인·로마 황제 따위의 상(像)의 후부에 영원한 영광의 상징으로 그려넣음) (auréole).

nimbé(e) [nε̃be] *a.p.* 후광(배광)으로 둘러싸인. souvenirs ~s de tristesse 슬픔으로 얼룩진 추억.

nimber [nε̃be] *v.t.* 후광(배광)으로 둘러싸다(장식하다)(auréoler).
—se ~ *v.pr.* 후광으로 둘러싸이다.

nimbo-stratus [nε̃bɔstratys] *n.m.* (복수불변)【기상】난층운(亂層雲), 비구름(암회색의 거의 같은 층의 구름).

nimbus [nε̃bys] *n.m.* 【기상】(복수불변) 난운(亂雲) (현재는 합성어의 일부로서만 사용:cumulo-~ 적란운(積亂雲)).

n'importe [nε̃pɔrt] ⇨importer.

ninas [ninas] 〚에스파냐〛 *n.m.* 니나스 (프랑스제 작은 시가(cigare)).

ninivite [ninivit] *a.* 니니비(Ninive, 옛 앗시리아의 수도)의. **—N~** *n.* 니니비 사람.

Ninon [ninɔ̃] *n.f.* 〚역사〛 니농드랑클로(*Ninon de Lenclos*, 17세기의 사교계의 부인). cheveux à la ~ 단발.

niobium [njɔbjɔm] *n.m.* 【화학】 니오브, 니오븀(Nb).

niôle [njol] *n.f.* ① (부르고뉴에서) 니올 (키작은 낙엽수(sureau); 열매는 안질의 약으로 쓰임). ②〚속어〛(싸구려) 브랜디, 술(gnôle).

nipa [nipa] *n.f.* 【식물】니파야자 (아시아 및 대양주에 서식).

nipper [nipe] 〚구어〛 *v.t.* 옷을 주다; 옷을 입히다 (주로 *p.p.*로 사용). femme bien *nippée* 곱게 단장한 여인. **—se ~** *v.pr.* 옷을 갖추다; 옷을 사다.

nippes [nip] *n.f.pl.* 〚구어〛 ① 초라한 (꺼칠칠한, 허름한) 옷(hardes); (총칭)옷. ②〚옛〛장신구, 의류; 잡동사니.

nippon(e, ne) [nipɔ̃, -ɔn] *a.* 일본의(japonais).
—N~ *n.* 일본 사람.

nique [nik] *n.f.* 〚구어〛멸시, 비웃음, 조소 (다음 표현으로만 쓰임). faire la ~ à qn …을 비웃다.

niquedouille [nikduj] *a, n.* 〚옛·구어〛어리석은 (사람), 미련한(사람) (niais, nigaud).

niquetage [nikta:ʒ] *n.m.* =anglaisage.

niqueter [nikte] *v.t.* =anglaiser.

nirvâna [nirvana] 〚산스크리트〛 *n.m.* 【불교】 열반(涅槃); 해탈, 망아(忘我)의 경지.

nirvanisme [nirvanism] *n.m.* 열반 사상.

nit [nit] *n.m.* 【물리】 니트(휘도(輝度)의 단위).

nitchevo [nitʃevo] 〚러시아〛 *n.m.* 아무것도 아니다(러시아인의 숙명관을 요약한 말).

nitée [nite] *n.f.* (사투리) =nichée.

nitescence [nitesɑ̃s] *n.f.* (문어) 광명, 광휘, 밝음.

nitescent(e) [nitesɑ̃, -ɑ̃:t] *a.* (문어) 밝은, 빛나는.

niton [nitɔ̃] *n.m.* 【물리】 라돈(radon의 옛이름).

nitouche [nituʃ] *n.f.* sainte-(구어) 위선자. faire la *sainte* ~ (영글한 체)탈을 쓰다.

nitratation [nitrataʃsɔ̃] *n.f.* ① 질산염의 첨가; 질산염류 화학비료의 살포; 질산염화; 질산으로 처리. ②【생화학】질산균에 의한 질화(窒化)(아(亞)질산을 산화시켜서 질산을 생성하는 작용).

nitrate [nitrat] *n.m.* 【화학】질산염; 【농업】질산염류 화학비료. ~ de sodium 질산나트륨.

nitrater [nitrate] *v.t.* ① 질산염을 첨가하다; 질산염류 화학비료를 살포하다. ② 【생화학】 질산염으로 바꾸다. ③ 질산은으로 처리하다.

nitratier(ère) [nitratje, -ε:r] *a.* 질산염의; 질산염류 화학비료의. **—***n.m.* 질산염류 운반선.

nitration [nitrasjɔ̃] *n.f.* 【화학】니트로화(化); 니트로 치환(置換) (유기화합물에 니트로기(基)를 도입하기).

nitre [nitr] *n.m.* (옛) 【화학】 니트르(salpêtre); 질산칼륨(nirate de potassium).

nitré(e) [nitre] *a.p.* ① 니트로기(基)를 함유한, 니트로화로 얻어지는. composé ~ 니트로 화합물. ②(옛) 니트로(nitre)를 함유한.

nitrer [nitre] *v.t.* 【화학】 (질산으로) 니트로화하다.

nitreux(se) [nitrø, -ø:z] *a.* 【화학】① acide ~ 아질산(acide azoteux). ② bactérie *-se* 【생화학】 아질산균. ③(옛) 니트로(nitre)를 함유한.

nitrière [nitrjε:r] *n.f.* 니트로 광산.

nitrifiant(e) [nitrifjɑ̃, -ɑ̃:t] *a.* 질화(窒化)하는. bactéries *—es* 질화균.

nitrificateur(trice) [nitrifikatœr, -tris] *a.* 질화작용을 일으키는.

nitrification [nitrifikasjɔ̃] *n.f.* 【화학】 질화 (작용)(아질산균이 암모니아를 산화시켜 아질산을 생성하는 작용(nitrosation)과, 질산균이 아질산을 산화시켜 질산을 생성하는 작용(nitratation)).

nitrifier [nitrifje] *v.t.* 【화학】 질화시켜 질산으로 바꾸다; 질화하다. **—se ~** *v.pr.* ① 질산염으로 바꾸다; 질화되다. ② (옛) 니트로로 덮이다.

nitrile [nitril] *n.m.* 【화학】 니트릴 (시안기(基)를 지닌 유기화합물의 총칭).

nitrique [nitrik] *a.* 【화학】 ~ acide ~ 질산 (acide azotique, eau-forte); ester ~ 질산 에스테르.

nitrite [nitrit] *n.m.* 【화학】 아질산염.

notro- *préf.* 니트로기를 함유한 화합물의 이름을 합성하는 작용을 하는.

nitrobacter [nitrɔbaktε:r] *n.m.*, **nitrobactérie** [nitrɔbakteri] *n.f.* 【생물】 질화 박테리아 (땅속에서 아질산을 질산으로 산화시키는 세균).

nitrobenzène [nitrɔbε̃zεn] *n.m.*, **nitrobenzine** [nitrɔbε̃zin] *n.f.* 【화학】 니트로 벤젠.

nitrocellulose [nitrɔselyloːz] *n.f.* 【화학】 질화면(窒化綿), 질산 섬유소, 니트로셀룰로오스(셀룰로오스의 질산에스테르) (nitrate de cellulose).

nitrocoton [nitrɔkɔtɔ̃] *n.m.* 면화약(綿火藥).

nitro-éthane [nitrɔetan] *n.m.* 【화학】 니트로에탄 (무색 유취의 액체) (nitréthane).

nitrogélatine [nitrɔʒelatin] *n.f.* 젤라틴다이너마이트.

nitrogène [nitrɔʒεn] *n.m.* (옛) 질소(azote).

nitroglycérine [nitrɔgliserin] *n.f.* 【화학】 니트로글리세린 (인화성 액체로 다이너마이트의 기제(基劑)).

nitrométhane [nitrɔmetan] *n.m.* 【화학】 니트로메탄 (무색의 유상(油狀) 물질로 용제로 사용).

nitrophénol [nitrɔfenɔl] *n.m.* 【화학】 니트로페놀 (페놀 핵의 수소를 니트로기로 치환한 화합물).

nitrophile [nitrɔfil] *a.* 【식물】 생장에 많은 질산염을 필요로 하는.

nitroprussiate [nitrɔprysjat] *n.m.* 【화학】 니트로프루시드.

nitrosation [nitrɔzasjɔ̃] *n.f.* 【화학】 니트로소화 (작용); 【생화학】 아질산균에 의한 질화 (암모니아를 산화시켜 아질산을 생성시키는 작용).

nitrosé(e) [nitrɔze] *a.* 【화학】 니트로소[니트로실] 기를 함유한.

nitrosomonas [nitroz(ɔc)ɔmɔnɑs] *n.m.* 〖생화학〗 니트로소모나스(속). 아질산균(속)〖암모니아를 아질산으로 산화시키는 세균〗.

nitrosyle [nitrozil] *n.m.* 〖화학〗 니트로실(NO로 표시되는 기(基)).

nitrotoluène [nitrɔtɔlųɛn] *n.m.* 〖화학〗 니트로톨루엔〖화약·염료의 제조 따위에 쓰임〗.

nitruration [nitryrasjɔ̃] *n.f.* 〖야금〗 질화(窒化)처리〖철강의 표면층을 고질소 상태로 해서 경화시키는 방법〗.

nitrure [nitry:r] *n.m.* 〖화학〗 질화물(窒化物)〖질소와 그보다 양성의 원소와의 화합물〗.

nitruré [nitryre] *a.* 〖야금〗 질화처리한. acier ~ 질화강(窒化鋼).

nitrurer [nitryre] *v.t.* 〖야금〗 (철강 따위를) 질화 처리하다.

nitryle [nitril] *n.m.* 〖화학〗 니트릴 (1가(價)의 양이온성 기 (NO₂⁺)를 말함).

nival(ale, *pl.* **aux)** [nival, -o] *a.* 〖지리〗 눈의. régime ~ 눈이 녹아 일어나는 수량변화.

nivation [nivasjɔ̃] *n.f.* 〖지질〗 눈의 침식작용.

nive [ni:v] *n.f.* 〖사투리〗 (피레네 산중의) 급류.

nivéal(ale, *pl.* **aux)** [niveal, -o] *a.* 〖식물〗 (꽃이) 겨울에 피는.

*****niveau** [nivo] (*pl.* **~x**) *n.m.* ① 수평(면), 수위; (어느 기준점으로부터의) 높이. Le ~ du fleuve monte pendant la saison des pluies. 장마철에는 강의 수위가 오른다. cinq mille mètres au-dessus du ~ de la mer 해발 5천미터. prendre le ~ d'un terrain 땅의 높이를 재다. ~ de l'eau sur un bateau 배의 흘수선. passage à ~ 〖철도〗 건널목, 평면교차. angle au ~ 〖군사〗 (포구의) 앙각(仰角). ② 수준, 정도, 레벨. Le ~ de son français est médiocre. 그의 프랑스어 실력은 그저그렇다. ~ de vie 생활수준. ~ intellectuel 지적 수준; 〖심리〗 지능정도 (~ mental). ~ des études (고등교육에 있어서의) 학력. ~ minimal des salaires 임금의 최저수준. ③ 계층, 층; (건물의) 층(étage). ~x sociaux 사회 계층. immeuble à quatre ~x 5층 건물. ④ 〖언어〗 (언어 구조를 형성하는 각각의) 레벨, 위상(位相). ~ phrastique (morphémique, phonématique) 문 (형태소·음소) 의 레벨. ~ de langue 언어의 레벨(위상). ⑤ 수준기, 수평기. ~ à lunette 수준의(儀), 레벨(수준기에 부착된 망원경). ~ à bulle (d'air) 기포(관) 수준기(nivelle). ~ d'eau 연통관(連通管)[브라운]식 수준기. ~ de maçon (석공 따위가 쓰는 수평을 재는) 흔들이 추. ⑥ 〖지리〗 courbe de ~ 등고선; 등심선; ~ de base 침식 기준면. ⑦ 〖물리·수학〗 surface de ~ 등위면; 등(等) 퍼텐셜 면, 등전위면(等電位面); 수준면; 정수면(靜水面); ~ d'énergie 에너지 준위(準位); ~ de pression (d'intensité) acoustique 음압(음의 강도)의 레벨; ~ de transmission (통신의) 전송 레벨. ⑧ (광산의) 수갱 갱도. *au~+*'형용사'*…*의 차원으로. considérer un problème *au~* universitaire 대학의 차원에서 문제를 고찰하다. *au~de* ⓐ …의 높이로. L'eau m'arrive *au~des* genoux. 물이 내 무릎까지 차다. ⓑ …의 정도(차원)로; …의 영역에서, …에 관해서. Le conférencier a essayé de se mettre *au~de* l'auditoire. 강연자는 청중의 수준에 맞추려고 노력했다. Il n'est pas *au~de* sa tâche. 그에게는 일이 벅차다. ⓒ …의 곁에서, …의 정면에서. Il a arrêté sa voiture *au~* du numéro quarante-cinq du boulevard Magenta. 그는 마장타가 45번지에 차를 세웠다. *de~* ⓐ 수평의. mettre qc *de~* …을 수평으로 (평탄하게) 하다. ⓑ 같은 높이의; 동등의. Ces deux chaises ne sont pas *de~*. 이 두 의자는 높이가 같지 않다.

nivéen(ne) [niveɛ̃, -ɛn] *a.* 눈처럼 새하얀.

nivelage [nivla:ʒ] *n.m.* 〖드물게〗 표면을 (평평하게) 고르기.

nivélateur(trice) [nivelatœ:r, -tris] *a.* 수준(水準) 측량용의.

niveler [nivle] *v.t.* 5 ① (표면을) 수평으로 하다, 고르다. ~ un terrain pour y installer un tennis 테니스장을 설치하려고 땅을 고르다. ② (수준기로) 재다, (토지의) 높이를 측량하다. ③ (비유적) (재산 따위를) 평등하게 하다, 평준화하다 (aplanir, égaliser). ~ les fortunes 재산을 균등화하다. *—se* ~ *v.pr.* 수평을 이루다; 평등해지다.

nivelette [nivlɛt] *n.f.* 〖토목〗 (도로의 구배(勾配) 따위의 측량에 쓰이는) 수준측량용 표척(標尺).

niveleur(se) [nivlœ:r, -ø:z] *n.* ① 수준 측량 기사. ② (경멸) (사회적 조건 따위를 균등화하고자 하는) 평등주의자; 〖역사〗 수평(평등)파 (영국의 청교도 혁명에 있어서의 좌익당파). *—a.* ① 수준측량을 하는; 평탄하게 하는. ② 균등화를 꾀하는; 평등주의의. *—n.m.* 〖농업〗 (땅을 고르는) 쟁기. *—n.f.* 〖기술〗 땅 고르는 기계, 그레이더.

nivelle [nivɛl] *n.f.* 〖기술〗 기포(氣泡) (관(管)) 수준기 (niveau à bulle).

nivellement [nivɛlmɑ̃] *n.m.* ① 수평으로 하기; 땅 고르기 (~ d'un terrain); 평등화, 균등화. ~ par la base (le bas) 최저수준에 맞춘 평등화. ② 수준 (고저) 측량. ~ direct (indirect) 직접 (간접) 수준 측량. ~ géométrique de précision 기하학적 정밀 수준측량. ~ trigonométrique (géodésique) 삼각법 수준측량, 고저 삼각측량. repère de ~ 〖측량〗 수준기정 (基點).

nivéo-, nivo- *préf.* '눈(雪)의'뜻.

nivéole [niveɔl] *n.f.* 〖식물〗 수선화과(科)의 일종.

nivernais(e) [nivɛrnɛ, -ɛ:z] *a.* ① 느베르 (Nevers, 프랑스의 도시)의. ② 니베르네 (Nivernais, 프랑스의 옛 주(州))의. bœuf ~ 니베르네 원산의 소 (식육종). à la *~e* 〖요리〗 니베르네식의 (당근과 작은 양파를 삶아서 곁들이는). *—N~ n.* ① 느베르 사람. ② 니베르네 사람.

nivet [nivɛ] *n.m.* 〖옛〗뇌물; (중개인이 차지하는) 미리 떼는 돈 (몫).

niviforme [niviform] *a.* 눈 모양의.

nivo-glaciaire [nivoglasjɛ:r] *a.* régime ~ 〖지리〗 눈과 얼음이 녹아서 생기는 수량변화.

nivo-pluvial(ale, *pl.* **aux)** [nivɔplyvjal, -o] *a.* régime ~ 〖지리〗 녹은 눈과 강우로 생기는 수량변화.

nivôse [nivo:z] *n.m.* 〖프랑스사〗 니보즈, 설월(雪月) (공화력의 4월로, 12월 21 (22·23)일에서 1월 19 (20·21)일까지).

nixe [niks] *n.f.* 〖게르만신화〗 물의 요정.

nizam [nizam] *n.m.* 니잠 (18세기 초 인도에 세워진 하이데라바드 왕국의 왕의 칭호).

nizeré [nizre] (페르시아) *n.m.* 백장미 향수.

N.L. (약자) ① nouvelle lune 〖천문〗 초승달. ② non liquet 〖로마법〗 명백하지 않음 (로마 재판관이 새 지시를 요구할 때 써놓은 말).

N.-N.-E. (약자) nord-nord-est 북북동.

N.-N.-O. (약자) nord-nord-ouest 북북서.

NN.SS. (약자) Nosseigneurs 각하, 예하 (Monsei-

NN.TT.CC.FF. 《약자》 nos très chers frères 〖종교〗 우리의 사랑하는 형제들이여.

N°, n° 《약자》 numéro 번호.

No 《약자》 nobélium 〖화학〗 노벨륨.

N.-O. 《약자》 nord-ouest 북서.

nô [no] 《일본》 *n.m.* 노오(能) 《일본 고유의 가면극》.

nobélium [nɔbeljɔm], **nobelium** [nɔbe(e)ljɔm] *n.m.* 〖화학〗 노벨륨.

nobiliaire [nɔbiljɛːr] *a.* 귀족의. particule ~ 귀족의 성명 앞에 붙이는 낱말(de 를 말함).
— *n.m.* 귀족 명부(almanach ~).

noblaillon(ne) [nɔblajɔ̃, -ɔn] *n.* 《경멸》 소(小)귀족; 자칭귀족.

*****noble** [nɔbl] *a.* ① 귀족의(aristocrate). être de sang [de naissance, de race] ~ 귀족 집안에서 태어나다, 귀족이다. ~ faubourg 귀족동네《파리의 Faubourg-Saint-Germain을 가르킴》. ② 고귀한, 고결한, 고상한(généreux, ↔abject). ~ caractère 고결한 성격. style ~ 고상한 문체. ③ 위엄 있는, 의젓한, 점잖은(majestueux). allure ~ 점잖은 태도. père ~ 〖연극〗 나이들고 점잖은 역(役). ④ 정교한, 완벽한; 우수한, 고급의; 귀중한. armes ~s 정교한 무기. bois ~ 고급 목재. spécialités les plus ~s 최고 수준의 전문분야. gaz ~s 〖화학〗 불활성 기체(gaz inertes). métaux ~s 귀금속. parties ~s 《지력과 감정을 대표하는》 신체의 귀중한 부분《심장·뇌 따위》.
— *n.* 귀족. — *n.m.* 노블 금화《14·15세기의 영국·프랑스 금화》.

noble-épine [nɔblepin] *n.m.* 〖식물〗 산사나무 (aubépine 의 속칭).

noblement [nɔbləmɑ̃] *ad.* ① 점잖게, 고상〖고결〗하게; 당당하게, 의젓하게, 훌륭하게. ② 《옛》 귀족답게, 귀족적으로.

noblesse [nɔbles] *n.f.* ① 귀족의 신분〖계급〗(aristocratie). la ~, le clergé et le tiers état 귀족과 성직자와 제 3 신분. être de haute ~ 명문귀족 출신이다. avoir trois quartiers de ~ 3대 계승한 귀족이다. prérogatives de la ~ 귀족의 특권. ~ d'épée 무관 귀족. ~ militaire《군대의 계급에 의한》군인 귀족. ~ de robe(d'office) 법관 귀족. ~ personnelle(au second degré) 당대로 끝나는 귀족. ~ par lettres 국왕의 칙허에 의한 귀족. ~ de finance 금권 귀족《작위를 돈으로 산》. ancienne ~ 《프랑스 혁명이전부터의》 구귀족. nouvelle ~; ~ d'Empire《프랑스 혁명 이후의》 신귀족. petite ~ 말단 귀족. ② 고귀, 기품; 숭고함; 위엄. ~ de cœur 마음의 고귀함. ~ du style 문체의 기품. ③ (*pl.*)《문어》 기품있는 감정〖행위〗.
N~ oblige. 《속담》 지위가 높으면 덕도 높아야 한다.

nobliau [nɔbljo] (*pl.* ~*x*) *n.m.*《경멸》 소귀족, 사이비 귀족.

noblifier [nɔblifje] *v.t.* 《구어》 (사람이) 귀족처럼 보이게 하다; 과장하여 말하다.
— *se* ~ *v.pr.* 귀족인 체하다.

noc [nɔk] *n.m.* (도로 따위의) 지하 배수구(排水溝), 암거《暗渠》; 홈통(nochère).

noce [nɔs] *n.f.* ① 혼례, 결혼식. Je suis invité à la ~ [aux ~s] de mon neveu. 나는 조카의 결혼식에 초대받았다. repas de ~ 결혼 피로연. robe de ~ (~s) 웨딩드레스. ② (*pl.*) 결혼, 결혼기념일. épouser *qn* en secondes ~s ...와 재혼하다. convoler en justes ~s《비꼼》 정식으로 결혼하다. nuit de ~s 초야(初夜). voyage de ~s 신혼여행. ~s d'argent(d'or) 은[금] 혼식. ③ 《집합적》 결혼식 참석자. ④ 《구어》 들떠서 떠들기, 미친듯이 소란떨기; 방탕한 생활. faire la ~ 흥청거리다, 소란을 떨다; 방탕한 생활을 하다.
n'avoir jamais été à pareille(s) ~(*s*)《구어》 이렇게 즐거워한 적이 없다《가끔 비꼬는 뜻으로 쓰임》.
n'être pas à la ~ 난처한(불쾌한) 입장에 있다.

nocer [nɔse] ② *v.i.* 《구어》 흥청거리다.

noceur(se) [nɔsœːr, -øːz] *a., n.* 《구어》 소란떨기 좋아하는(사람), 놀기 좋아하는(사람).

nocher [nɔʃe] *n.m.* 《시》 뱃사공. Charon, ~ des Enfers(du Styx, des morts) 〖그리스신화〗 삼도내의 뱃사공, 카론.

nochère [nɔʃɛːr] *n.f.* (나무) 홈통, 〖건축〗 천창.

nociceptif(ve) [nɔsisɛptif, -iːv] *a.* 〖의학〗 침해수용(侵害受容)의, 침해감수성의. excitation ~*ve* 해치구《생체에 대한 어느 강도 이상의 자극》.

nocif(ve) [nɔsif, -iːv] *a.* 해로운, 유독한(nuisible). gaz ~ 유독가스. influences ~*ves* 해로운 영향.

nocivité [nɔsivite] *n.f.* 해로움, 유해성.

noctambule [nɔktɑ̃byl] *n.* 《구어》 밤에 놀러다니는 〖야행성의〗 사람; 《옛》 몽유병자(somnambule).
—*a.* 밤에 놀러다니는, 야행성의; 《옛》 몽유병의.

noctambulisme [nɔktɑ̃bylism] *n.m.* ① 《구어》 밤에 놀러다님. ② 《옛》 몽유병(somnambulisme).

noctiflore [nɔktiflɔːr] *a.* 〖식물〗 밤에 꽃피는.

noctiluque [nɔktilyk] *a.* 〖동물〗 발광(發光)하는.
—*n.f.* 〖동물〗 야광충(속).

noctuélides [nɔktɥelid], **noctuéliens** [nɔktɥeljɛ̃] *n.m.pl.* 〖곤충〗 밤나방과(科).

noctuelle [nɔktɥɛl] *n.f.* 〖곤충〗 밤나방(류).

noctule [nɔktyl] *n.f.* 〖동물〗 유럽박쥐《유럽·아시아산의 대형 박쥐》.

nocturne [nɔktyrn] *a.* ① 밤의, 밤중의. noirceur ~ 밤의 어둠. agression(attaque) ~ 야습. apparition ~ 유령. tapage ~ 야간 소음. promeneur ~ 밤에 산책하는 사람; 밤에 놀러다니는 사람. ② 《생물》 야행성의; 〖식물〗 (꽃이) 밤에 피는. rapaces ~s 올빼미류《야행성의 맹금》.
—*n.m.* (주로 *pl.*) 야행성 동물(animaux ~s); 야금 (올빼미 따위) (oiseaux ~s); 나방류(papillons ~s). ② 〖음악〗 야상곡, 녹턴; 《19세기의 이중창》로맨스; 《18세기의 관·현의》 세레나데. ③ 〖미술〗 야경화. ④ 〖가톨릭〗 만과.
—*n.f.* [*m.*] ① (상점 따위의) 야간 영업; (전람회 따위의) 야간 개관. ② 〖스포츠〗 야간경기, 나이터.

nocturnement [nɔktyrnəmɑ̃] *ad.* 《드물게》 밤중에, 밤에.

nocuité [nɔkɥite] *n.f.* 〖의학〗 유독(성).

nodal(ale, *pl.* aux) [nɔdal, -o] *a.* ① 〖광학·물리〗 마디〖절〗의. points ~*aux* (렌즈의) 절점(節點). ② 〖해부〗 결절(結節)(성)의. 밤살 (房室) 결절의. arythmie ~*e* 결절성 부정맥. ③ point ~ (큰 역 구내의) 선로 교차점; (측량의) 교점(交點).
—*n.f.* 〖물리〗 절선(節線) (ligne ~*ale*).

noddi [nɔdi] *n.m.* 〖조류〗 《열대산의》 제비갈매기의 일종.

nodosité [nɔdozite] *n.f.* ① 〖의학〗 결절(증), 결상 응기(종창). ~s d'Heberden 헤버덴 결절《손가락 끝마디 뼈의 매듭 부분에 생기는 결절상의 응기》. ② 〖식물〗 마디가 많은 부분(상태); 마디, 혹; 군립(根粒).

nodulaire [nɔdylɛːr] *a.* 마디 모양의; 결절상의; 〖지질〗 단괴(團塊) 모양의.

nodule [nɔdyl] *n.m.* ① 〖지질〗 유괴(瘤塊), 단괴(團塊). ② 〖의학〗 작은 마디, 소결절. ③ 〖동·식물〗 작은 혹 (마디).

noduleux(se) [nɔdylø, -øːz] *a.* 작은 마디가 많은; 〖지질〗 단괴가 있는; 〖의학〗 마디 모양의.

nodus [nɔdys]《라틴》 n.m. ①《의학》(힘줄·인대의) 결절(結節), 혹; (수술할 때의) 매듭 새.

*noël [nɔεl] n.m. ① (N~) 크리스마스, 성탄절(la fête de N~,《구어》la N~). partir à N~ 크리스마스 휴가를 떠나다. arbre de N~ 크리스마스트리. Père[Bonhomme] N~ 산타클로스. croire au Père N~ 산타클로스가 있다고 믿다; 너무나도 순진하다. mettre ses souliers devant la cheminée pour N~ 크리스마스 선물을 받으려고 구두를 벽난로 앞에 놓다. Joyeux N~! 메리 크리스마스. N~ au balcon, Pâques au tison. 크리스마스에 더우면 부활절에는 춥다. ② 크리스마스 찬송가, 크리스마스 캐롤;《구어》크리스마스 선물(petit ~). ③《옛》만세《왕자의 탄생을 축하하는 환성》.

noématique [nɔematik] a.《철학》노에마의.

noème [nɔεm] n.m.《철학》노에마《현상학에 있어서 의식의 대상적 측면》.

noèse [nɔεz] n.f.《철학》노에시스《현상학에 있어서 의식의 기능적·작용적 측면》.

noétique [nɔetik] a.《철학》노에시스의.

*nœud [nø] n.m. ① 매듭, 고; (넥타이 따위의)(장식) 매듭; (매듭진)리본. réunir bout à bout deux ficelles par un ~ 두 끈의 끝과 끝을 맺다. faire (défaire) un ~ 매듭을 짓다[풀다]. faire un ~ à son mouchoir (무엇인가를 잊지 않기 위해) 손수건에 매듭을 만들다. corde à ~s《등반용의》매듭진 로프. ~ de cravate 넥타이의 매듭. ~ papillon 나비 매듭, 나비 넥타이. se mettre un ~ dans les cheveux (자신의)머리에 리본으로 묶다. demi-~ 홑매듭. ~ double 겹매듭. ~ indissoluble 결혼. ②(사건·문제 따위의)핵심, 요점; (극 따위의)절정; (교통의)요소, 분기점. Voilà le ~ de l'affaire. 이것이 사건의 핵심이다. ~ ferroviaire[de communication] 주요간선의 분기점. ~ du débat 논쟁의 초점. sac de ~s《구어》귀찮은 사건[문제]. ③ (나무·대나무의)마디, 혹;《식물》마디, (뱀 따위의)사리, 엉킴. ④《옛·문어》인연, 고삐. ~(s) de l'amour 사랑의 고삐. ~ saint ~; ~ indissoluble 결혼. ⑤《해양》ⓐ 노트(1시간에 1해리(1.852 km)를 달리는 속도). ⓑ ~ de la ligne de loch 측정선(測程線)의 매듭《해상에 드리운 줄에서 15.432 m (120분의 1해리)마다 매듭이 있음》. ⑥《천문》교점(交點)《천구(天球)에서 천체의 궤도가 황도(黃道)와 만나는 점》. ~ ascendant [descendant] 승교(昇交)〔강교(降交)〕점. ⑦《해부》결절; (손가락의)관절. ~ de Keith et Flack 키드 플래크 결절, 동(洞)(방(房))결절. ~ de Tawara 타와라 결절, 방실(房室) 결절. ~ vital 생활 결절, 연수(延髓)의 호흡중추. ⑧《수학》결절점《곡선이 자기 자신과 교차하는 점》;《물리》절(節)《정상파(定常波)의 진폭이 0, 또는 극소가 될 때》;《전기》(회로망의)분기점,《컴퓨터》절점. ⑨《지리》산맥이 교차하는 점. ⑩《언어》절[절《문장 구조를 나타내는 수형도(樹形圖)에 있어서의 가지의 분기점》. ⑪《군사》~ de cordelière (장교의)정장용 견장; ~ (군복의)어깨끈 장식; ~ d'épaule 리본 매듭의 칼장식.

avoir un ~ à [dans] la gorge (감동·공포 따위로) 목이 메이다. *filer son ~ 《*속어》출발하다, 가다; 죽다. *~ gordien* 힘든 문제.

nœud-de-vache [nødvaʃ] (pl. ~s-~~) n.m.《해양》=ajust.

‡noir(e) [nwaːr] a. ① 검은. Il a dessiné le portrait de son père à l'encre ~e. 그는 부친의 초상화를 검은 잉크로 그렸다. chien ~ 검은 개. cheveux ~s 검은 머리. film ~ et blanc 흑백영화《film ~ 는 암흑가 영화》. ~ comme de l'encre[du cirage, du charbon, de l'ébène] 잉크〔구두약·석탄·흑단〕처럼 검은, 새까만. couleur ~e 검은 색; (카드의)검은 패《스페이드와 클로버》; (룰렛의)검은 칸; (칩의)검은 색. ② 거무스름한; (커피가)블랙의; 멍이 든. blé ~ 모밀. viande ~e 브라운 미트《멧돼지나 야금류의 고기》. café ~ 블랙 커피. sols ~s《원예》흑토. avoir le visage ~ 얼굴에 멍이 들었다. ③ 어두운, 캄캄한; 흐린. Il fait ~ comme dans un four[dans la gueule d'un loup]. 화덕[늑대 입] 속처럼 캄캄하다. nuit ~e 캄캄한 밤. chambre ~e 암실; (카메라의)어둠상자. temps ~ 잔뜩 찌푸린 날씨. froid ~ 음산한 추위. ④ 더럽혀진, 더러운. Il a les ongles ~s. 그의 손톱은 더럽다. marée ~e (원유 유출에 의한)해양《연안》의 오염; (비유적)우려할만한 현상. ⑤ 음침한, 불길한; 적의에 찬. Je suis d'une humeur ~e. 나는 우울하다. avoir[se faire] des idées ~es 음울하다, 비관적이다. faire un tableau ~ de qc …을 비관적으로 생각하다. ~s pressentiments 불길한 예감. maladie ~e《속어》우울병(증). regarder qn d'un œil ~ …을 음침한 눈으로 보다. colère ~e 증오를 품은 노여움. ⑥ 기괴한; 사악한, 부정한; 불법의. ~ esprit 악마. humour ~ 블랙 유머. roman ~ 암흑 소설; (비극적 결말의)범죄[추리]소설. marché ~ 암시장; 암거래. travail ~ 불법 노동(travail au ~). liste ~e 블랙 리스트. caisse ~e (장부에 기입하지 않는)뒷돈, 기밀비. ~s desseins 간계, 흉계. C'est une âme ~e.《옛·문어》저놈은 악당이다(l'âme ~e 는 「흑인의 영혼」의 뜻). ⑦ 흑인의, 흑색 인종의. quartier ~ 흑인 거리. ⑧《속어》잔뜩 취한(ivre). ⑨ manière ~e《미술》망(網) 동판술《동판화의 한 기법》(mezzo-tinto). ⑩ ⓐ moines ~s 검은 옷의 수도자《베네딕트회의 수도자》. ⓑ Prince N~ 흑태자《잉글랜드왕 에드워드 3세의 장남의 통칭으로 검은 옷을 애용함》. —n. (N~) 흑인의; (특히) 흑인 노예, 흑인 머슴.

—n.m. ① 검정, 검은 색. Le ~ me va très bien. 내게는 검은 색이 잘 어울린다. ② 흑색 염료[안료]; 흑색털 염색제《화장품》. ~ animal 골탄(骨炭). ~ de manganèse 이산화망간. se mettre du ~ aux yeux (흑색의)아이라인을 그리다. ③ 검은 옷; (특히)상복. être habillé[être vêtu] de ~ 검은 옷〔상복〕을 입고 있다. prendre [quitter] le ~ 복상(服喪)하다〔탈상하다〕. ④ 검은 부분; (검은)얼룩;《옛》멍. tirer[pousser] au ~ (그림 따위가 오래 돼서)꺼매지다. ⑤ 암흑, 불가해(不可解). être dans le ~ 오리무중이다. Il y a du ~ dans cette théorie. 이 이론에는 이해하지 못할 점이 있다. sombrer en ~ 우울해지다, 슬퍼지다. voir tout (en) ~ 모든 것을 비관적으로 생각하다. ⑥ 음산함, 음울(한 생각). ⑦ 검은 대리석. ⑧《놀이》표적의 중심; (카드의)검은 패; (룰렛의)검은[칸]; (칩의)검은 패. ⑨ 블랙 커피(café ~, petit ~). ⑩ 암시장(marché ~); 불법노동, 숨어서 하는 일 (travail ~). acheter[vendre] au ~ 암시장에서 사다[팔다]. ⑪《농업》흑수병, 깜부기 병;《동물》(문어·

noirâtre 1356

오징어의)검은 먹물. poche du ~ 검은 먹물 집, 흑즙낭(黑汁囊).
⑫ ~ au blanc 〖인쇄〗(흑백)반전(反轉); 반전 한 판.
⑬ 〖야금〗흑제(黑劑)(목탄 가루·흑연 따위로 만드는 도형제(塗型劑)).
— *n.f.* 〖음악〗 4분음표.

noirâtre [nwara:tr] *a.* 거무스름한.

noiraud(e) [nwaro, -o:d] *a., n.* 머리털이 검고 살갗이 갈색인(사람).

noirceur [nwarsœ:r] *n.f.* ① 음흉함, 비열(한 행위). méditer(tramer) quelque ~ 무엇인가 음흉한 짓을 꾀하다. ~ de la calomnie 중상의 악랄함. ②〖속어〗검기; 검은 반점[얼룩]. avoir la ~ de l'encre 새까맣다. ③〖옛〗음울함, 우울.

noircir [nwarsi:r] *v.t.* ① 검게 하다; 더럽히다(salir). La fumée *a noirci* le plafond. 연기에 천장이 그을었다. mains *noircies* de terre 흙으로 더럽혀진 손. ~ du papier (구어)(쓸데없이 많이)써서 나열하다; 작가생활을 하다. ② 비관적으로 보다, 나쁘게 생각하다. il *noircit* la situation. 그녀는 사태를 비관적으로 생각한다. ③〖문어〗(평판 따위를)더럽히다, 해치다; (남을) 나쁘게 말하다, 깎아내리다. ~ la réputation de qn …의 평판을 떨어뜨리다.
—*v.i.* 검어지다, 햇볕에 타다. L'argent *noircit* au contact de l'air. 은은 공기와 닿으면 검어진다.
—**se ~** *v.pr.* 검어지다; 자신의 …을 검게 하다. se ~ les sourcils 눈썹을 그리다. ②〖좌를〗뒤집어 쓰다; 자신을 낮추다, 비하하다. Il trouve du plaisir à se ~. 그는 자신을 낮추는 취미가 되다. ③ 〖속어〗술취하다, 곤드레가 되다.

noircissement [nwarsismɑ̃] *n.m.* ① 검게 함[됨]; 저저분하게 더러워짐. ②〖야금〗(주형의 내부를)검게 칠함.

noircisseur [nwarsisœ:r] *n.m.* ① (염색에서)검게 물들이는 사람. ② ~ de papier (구어)(작품을)남발하는 작가.

noircissure [nwarsisy:r] *n.f.* 검은반점[얼룩]; (포도주의)검게 변하기.

noire [nwa:r] *n.f.* 〖음악〗 4분음표.

noiré [nware] *n.m.* (얼굴 따위의)더러움, 얼룩.

noirement [nwarmɑ̃] *ad.* 엉큼하게, 비열하게.

noirien [nwarjɛ̃] *n.m.* (부르고뉴산)저급 포도주.

noise [nwa:z] *n.f.* (옛)싸움 (다음 표현으로만 쓰임). chercher ~ à qn …에게 싸움을 걸다; …의 트집을 잡다.

noiseraie [nwazrɛ] *n.f.* 《드물게》호두나무[개암나무〕숲.

noisetier [nwaztje] *n.m.* 〖식물〗개암(나무).

noisette [nwazɛt] *n.f.* ① 〖식물〗개암열매, 헤이즐넛. glace à la ~ 헤이즐넛이 든 아이스크림. couleur (de) ~ 개암색, 갈색. beurre ~ (개암색으로(담갈색으로))볶은 버터. ② 개암만한 덩어리; (80g 정도의)둥글게 썬 고기. une ~ de beurre 버터 한 조각(개암 모양을 함). ③ 소피탄(小塊炭)(직경이 2~3cm의 작은 탄).

noisettine [nwazɛtin] *n.f.* 〖제과〗누아제틴(헤이즐넛이 든 아이스크림을 두른 버터케익).

noix [nwa(ɑ)] *n.f.* (복수불변)① 호두(열매). casser des ~ 호두를 까다. gauler des ~ 막대기로 대려 떨어뜨리다. ②(호두를 닮은)나무의 열매, 견과(堅果). ~ d'acajou[de cajou] 캐슈넛. ~ de coco 코코넛, 코코야자수의 열매. ~ de pistache 피스타치오. 〖요리·과자에 사용하는 얇은 녹색의 아몬드〗. ~ vomique 마전자(馬錢子)(마전(vomiquier)의 나무열매로 스토리키니에를 함유한

토제(吐劑)). ~ de galle 오배자(五倍子)(떡갈나무의 벌레로 인한 혹). ③ 〖식물〗 ~ de veau 송아지 허벅다리살의 윗부분(주로 찜·로스트용); ~ pâtissière; sous- ~ de veau 송아지 허벅다리살의 밑부분(주로 로스트용); ~ de côtelette 등심(송아지의 등근중앙부분); gîte à la ~ 소의 허벅다리 바깥부분. ④ (호두 크기의)덩어리; 중괴탄(中塊炭)(3~5cm의 석탄). une ~ de beurre 버터 한 조각. ⑤〖구어〗얼간이, 아둔패기. vieille ~ 늙다리; 아둔패기; 아저씨(친근감을 담은 호칭으로도 씀). Quelle ~! 참 멍청하군. Des ~! 〖속어〗시시해! (남의 말에 대하여). à la ~ 《속어》엉터리의. ⑥ 〖기술〗(창·문 따위 경첩쇠의 쪽의)혹; 홈 만드는 도구; (도기·유리제의)가늘고 긴 애자(碍子).
à la ~ (*de coco*) 《속어》시시한, 엉망인. installation à la ~ 엉망인[대강 해치운] 설비.

nolage [nɔlaːʒ] *n.m.* 〖상업〗용선(affrètement).

nolens volens [nɔlɛ̃svɔlɛ̃s] 〖라틴〗*loc.ad.* 어쩔 수 없이, 할 수 없이(bon gré mal gré).

noli-me-tangere, noli me tangere [nɔlimetɑ̃-ʒere] 〖라틴〗*n.m.* (복수불변) ① 〖식물〗봉선화(balsamine). ②〖옛〗〖의학〗(얼굴에 생기는)상피종(上皮腫), 표피암.

nolis [nɔli] *n.m.* 〖상업〗용선료; (옛)용선.

nolisateur [nɔlizatœːr] *n.m.* 〖상업〗용선자.

nolisement [nɔlizmɑ̃] *n.m.* 〖상업〗용선(傭船). acte de ~ 용선 계약서.

noliser [nɔlize] *v.t.* 〖상업〗(배·비행기를)세내다, 빌리다. navire(avion) *nolisé* 용선(전세(비행))기.

noliseur [nɔlizœːr] *n.m.* 〖상업〗 =**nolisateur**.

:**nom** [nɔ̃] *n.m.* ① 이름, 성명, 명칭; 성 (~ de famille). Quel est votre ~? 이름이 뭐죠? ~ de personne[de lieu, de produit] 인명[지명·제품명]. ~, prénom et domicile 성명및 주소. ~ de baptême 세례(영세)명. petit ~ (성에 대해서)이름(복수의 이름 중에서 일상적으로 쓰이는 것: Marie-Blanche의 경우의 Marie). ~ de jeune fille 구성(여자의 결혼 전의 성). ~ de théâtre 예명. ~ en littérature 필명. ~ de guerre 전시명(부대가 작전군에게 정체를 감추기 위해 임시로 쓰는 이름); 가명. ~ noble; ~ à particule 귀족명. ~ à rallonges (à tiroirs, à courants d'air, à charnière) (구어)많은 소리의 이름. (특히)귀족의 이름. ~ scientifique 학명. mettre son ~ au bas d'un contrat 계약서 하단에 서명하다. porter le ~ de …이라는 이름이다.

② (실질에 대하여)이름, 명목, 명의; 이름뿐이오, 유명무실. le ~ et la chose 명목과 그 실체. La gloire n'est qu'un ~. 영광은 명목인 것이다. comme son ~ l'indique 그 이름이 나타내는 바와 같이. prêter son ~ à qn …에게 이름을 빌려주다.

③ 명성; 명사, 인물. Ce jeune écrivain se fera un jour un ~. 이 젊은 작가는 언젠가는 이름을 날릴 것이다. grands ~s de la littérature française 프랑스 문학의 거장들.

④ 직함; 명분, 자격. le ~ de mère 어머니로서의 명분[자격].

⑤ 가문, 일족. grands ~s de France 프랑스의 명문들. Il était le premier du[de son] ~. 그는 그 가문을 세운 사람(창시자)이었다. Louis, treizième du ~ 13대 루이(왕·교황 따위에 쓰임).

⑥ 상호, 옥호, 회사명(~ commercial). société en ~ collectif 합명회사. ~ déposé 등록상표명.

⑦〖언어〗명사(substantif). ~ propre[commun] 고유(보통)명사. ~ abstrait(concret) 추상(구상)명사.

⑧《옛》귀족(의 신분)(noblesse). hommes[gens] de ~ 귀족. avoir du ~ 귀족이다.
⑨《옛》《집합적》(이라고 불리워지는)사람들. le ~ français 프랑스어라는 사람들.
appeler(***nommer***) ***les choses par leur*** ~ 확실하게 말하다, 거침없이 말하다.
au ~ ***de*** …의 이름으로; …의 대신에; …을 대표해서. Au ~ de la loi, je vous arrête. 법의 이름으로 당신을 체포하오. au ~ de ma famille 내 가족을 대표해서. au ~ du Père, du Fils et du Saint-Esprit 성부와 성자와 성신의 이름으로《성호를 그을 때 쓰는 말》.
de ~ 이름으로만, 명목뿐이. connaître qn de ~ …을 이름으로만 알다. Il est président d'une société, mais seulement de ~. 그는 회사 사장이지만 명목뿐이다.
mettre un ~ ***sur un visage*** 얼굴을 보고 즉시 이름을 생각해 내다.
N~ de Dieu!; N~ de Zeus!; N~ d'un chien!; N~ de ~; N~ d'une pipe!; N~ d'un petit bonhomme!; N~ d'un tonnerre! 《속어》제기랄! 빌어먹을! 이럴 수가 있나!
offrir(***donner***) ***son*** ~ ***à une femme*** 여자에게 결혼을 신청하다; 여자와 결혼하다.
Ou j'y perdrai mon ~. 무슨 짓을 하든 성공하고야 말겠다(Je réussirai ou j'y perdrai mon ~).
qui n'a pas de ~ 말로 표현할 수 없는, 언어도단의.
qui n'ose pas dire son ~ 창피한.
sans ~ 이름도 없는; 언어도단의, 말로 할 수 없는. impolitesse sans ~ 말할 수 없는 무례.
traiter(***accabler***) ***qn de tous les*** ~***s*** …에게 (갖은) 욕설을 퍼붓다.
nom.《약자》nominatif 《상업》기명(記名)의.
noma [nɔma] *n.f.* 《의학》수암(水癌)《전염병을 앓고난 후 어린아이의 입에 생기는 피저》.
nomade [nɔmad] *a.* 유목의; 방랑하는, 떠돌아다니는(vagabond); 《새·짐승 따위가》철따라 이주하는(↔ sédentaire). peuple (population, tribu) ~ 유목민. mener une vie ~ 방랑 생활을 하다.
—*n.* ① 방랑자; (*pl.*)유목민. ② 거처를 자주 바꾸는(옮기는) 사람. C'est un ~, il est toujours en voyage. 그는 떠돌이이다, 노상 여행만 한다. ③ 《법》(집시 따위의)방랑생활자, 부랑자.
nomaderie [nɔmadri] *n.f.* 《드물게》방랑, 유랑(vagabondage).
nomadisation [nɔmadizasjɔ̃] *n.f.* ① 유랑, 방랑; 유목생활; 빈번한 거처의 변경. ② 《군사》(계릴라의 소탕을 위해 군대가)소대로 나뉘어 이동하는.
nomadiser [nɔmadize] *v.i.* 방랑(생활)을 하다.
nomadisme [nɔmadism] *n.m.* ① 유목생활; 유랑(유목)생활, 방랑(유랑)하는 버릇. ② 《동물》유동(遊動).
no man's land [nomanslɑ̃:d] 《영》*n.m.* ① 노맨스랜드: ⓐ 서로 대치한 양군 사이의 중간(완충)지대. ⓑ 국경에 있는 두 나라 세관 사이의 중립지대. ② (소유주 불명의)황무지, 미개척의 영역.
nomarchie [nɔmarʃi] *n.f.* (고대 이집트의)군(郡)의 행정; 군수의 직위; 주지사의 직위.
nomarque [nɔmark] *n.m.* ① (고대 이집트의)군수. ② (현대 그리스의)주지사.
nombrable [nɔ̃brabl] *a.* 셀 수 있는.
nombrant [nɔ̃brɑ̃] *a.m.* 《다음 용법뿐》 nombre ~ 《수학》무명수(無名數)(nombre abstrait).
‡nombre [nɔ̃:br] *n.m.* ① 수. ~ de deux chiffres 두자리 수. ~ entier 정수(整數). ~ pair(impair) 짝수(홀수). ~ décimal 소수(小數). ~ naturel 자연수. ~ positif(négatif) 양수(음수). ~ réel [imagi-

naire] 실수(허수). ~ premier 소수(素數). ~ complexe 복소수. ~ rationnel (commensurable) 유리수. ~ irrationnel (incommensurable) 무리수. ~ cardinal 기수(基數); 《집합의》농도. ~ ordinal 서수. ~ parfait 완전수. ~*s* inverses 역수. ~*s* équimultiples 등배수. ~ transcendant 초월수. ~ carré 제곱수. ~ rond [arrondi] (0 으로 끝나는)어림수, 끝자리를 없앤 수.
② 수량(quantité). Quel est le ~ d'habitants de ce pays? 이 나라의 인구는 얼마입니까? La qualité importe plus que le ~. 양보다 질이다[질이 앞선다]. ~ de fois 회수; 여러번. un certain ~ de 여러 개의. un petit ~ de 약간의. le plus grand ~ de 대다수[과반수]의….
REM un certain *nombre* de, un petit[un grand] *nombre* de, le plus grand *nombre* de 의 표현에서 *nombre*를 집합명사로서 주어로 볼 경우 동사는 단수, де이하의 보어를 주어로 볼 경우 동사는 복수가 된다:Un grand *nombre* de maladies est causé [sont causées] par des virus. 병의 대부분은[많은 병을] 바이러스로 인한 것이다.
③ 다수, 여럿(majorité). Ils sont venus en ~. 그들은 여럿이 왔다. l'emporter[vaincre] par le ~ 수로 이기다. dans le ~ 여럿 중에서.
④ 《언어》수. s'accorder en genre et en ~ 성수가 일치되다. le ~ du nom 명사의 수명사.
⑤ 《수사학》《諧調》; 운율(韻律).
⑥ 《물리》~ de masse 질량수; ~ atomique 원자번호; ~ quantique 양자수; ~ magique 마법수《원자핵을 구성하는 양자수 Z 와 중성자수 N 에 대해 정의되는 수》; ~ de coordination 배위수(配位數)《한 개의 원자에 배위되는 배위 원자수》.
⑦ ⓐ ~ d'or 《황금분할에 의한》황금수; 《천문》(메톤 주기의)황금수. ⓑ ~*s* sacrés 성스러운수《종교·연금술 따위에서 신비적인 수자로 간주되는 7·12 따위》. ⓒ ~ de Mach (비행기 속도의)마하수. ⓓ ~ indice (통계상의)지수. ⓔ livres des N~s; les N~*s* 《구약성서의》민수기(民數記).
au ~ ***de*** ⓐ 모두(합해서), 전체로. Les candidats sont *au* ~ *de* cinq. 지원자는 모두 5명이다. ⓑ … 의 속에, …의 하나로 포함해서. Je le compte *au* ~ *de* mes amis. 나는 그를 친구 중의 하나로 생각한다[헤아린다].
(***bon***) ~ ***de*** 다수의. N~ *de* jeunes gens aiment le sport. 많은 젊은이들이 스포츠를 좋아한다[즐긴다]《동사는 복수》.
du ~ ***de*** …중의. Je suis *du* ~ *des* participants. 나도 참가자 중의 한사람이다.
faire ~ 수를 채우다, 머리수에 넣다, 머리수를 늘리다.
ne servir que de ~ 《옛》헛수고이다; 헛되다.
sans ~ 한없는, 무수한.
nombrer [nɔ̃bre] *v.t.* 《옛·문어》세다 (compter).
nombreusement [nɔ̃brøzmɑ̃] *ad.* 《드물게》수많이.
‡nombreux(se) [nɔ̃brø, -øz] *a.* ⓐ (사람이) 수많은, 다수의, 많은 수로 된《주로 집합명사와 함께 사용》. Les touristes sont ~ à Paris, en été. 파리에는 여름에 관광객이 많다. armée ~*se* 대군. ~*se* assistance 수많은 참석자. famille ~*se* 대가족, 아이가 많은 가족. ~*ses* familles 는 「많은 가족들」의 뜻. ⓑ (사물이)많은, 수많은《주로 학문에 놓임》. ~*ses* visites 여러 차례의 방문. ~*ses* expériences 수많은 경험. ③《문어》해조적(諧調的)인; 운율적인.
nombril [nɔ̃bri] *n.m.* ① 배꼽(ombilic). Elle est décolletée jusqu'au ~. 《구어》그녀는 가슴이 크게 벌어진 옷을 입고 있다. ② 중심(centre). se pren-

nome¹ [nɔm] n.m. ① (현대 그리스의)도. ② 〖역사〗 노모스(고대 이집트의 행정구분).

nome² n.m. 〖고대그리스〗(지방에 따라 특유한 격조와 법칙에 따라 만들어진)가창곡.

nôme [no:m] n.m. 〖옛〗〖수학〗 항(項)(다음과 같은 단어에 흔적을 남김: monôme 단항. binôme 2항. polynôme 다항).

-nome, -nomie suff. 「…학(의), …술(의), …법(의)」의 뜻.

nomencla*teur(trice)* [nɔmɑ̃klatœ:r, -tris] n., a. (박물학에서)학명 명명자(의). —n.m. ① 〖고대로마〗씨명고지자(氏名告知者)(선거입후보중인주인을 시종들이 만날 사람의 이름을 주인에게 알리던 노예). ② 〖옛〗(계통적으로 분류된)어휘집.

nomenclature [nɔmɑ̃klaty:r] n.f. ① 학술용어; 용어체계. ~ grammaticale 문법용어. ~ de l'astronomie 천문학 용어. ② 명명법; 용어법. ③ (사전 따위의)항목, 어휘. ④ 리스트. ~ des douanes 관세품 목록. dresser une ~ 목록을 작성하다. ⑤ 〖문어〗열거.

nomin*al(ale, pl. aux)* [nɔminal, -o] a. ① 이름의. liste ~ale 명부. faire l'appel ~ 호명(점호)하다. réunir une assemblée par convocations ~ales 개별적으로 소집해서 회의를 열다. ② 명목상의, 이름뿐인. autorité ~ale 이름뿐인(명목상의) 권력. roi ~ 명목상의 왕. salaire ~ 〖경제〗 명목임금 (↔ salaire réel). valeur ~ale 명목가격, 액면가. puissance ~ale 〖기술〗 공칭출력. échelle ~ale 〖심리〗 명의척도(수자를 이름대신 쓰는 것). ③ 〖언어〗 명사적인. emploi ~ d'un adjectif 형용사의 명사적 용법. phrase ~ale 명사문. syntagme ~ 명사구; 명사적 연사(連辭). proposition ~ale 명사절. ④ définition ~ale 〖논리〗 유명론(唯名論)정의. —n.m.pl. (스콜라 학파의)유명론자.

nominalement [nɔminalmɑ̃] ad. ① 이름으로, 지명하여. appeler ~ des amis 친구들의 이름을 하나씩 부르다. ② 명목상으로. Il n'est le chef que ~. 그는 이름뿐인 장(長)이다. ③ 〖언어〗 명사적으로. verbe employé ~ 명사적으로 사용된 동사.

nominalisa*teur(trice)* [nɔminalizatœ:r, tris] a. 〖언어〗(어떤 문장을)명사구(절)로 바꾸는, 명사화하는.

nominalisation [nɔminalizɑsjɔ̃] n.f. 〖언어〗(생성문법에 있어서)명사화.

nominaliser [nɔminalize] v.t. 〖언어〗(어떤 문을)명사구(절)로 바꾸다, 명사화하다.

nominalisme [nɔminalism] n.m. ① 〖철학〗 명목설, 유명론(唯名論). ~ scientifique 과학적 유명론. ② 〖경제〗(화폐설에 있어서의)명목설, 명목주의. ③ 〖법〗 ~ monétaire (채권결제에 있어서)명목액(액면가) 준수의 원칙.

nominaliste [nɔminalist] a. 명목(유명)론의. —n.m. 명목(유명)론자.

nominataire [nɔminatɛ:r] n.m. 〖옛〗(국왕으로부터 성직자 봉록을 받도록)지명된 자. —a. 〖옛〗(국왕으로부터 성직자 봉록을 받도록)지명된, 추천된. abbé ~ 지명 수도원장.

nominateur [nɔminatœ:r] n.m. 〖옛〗(특히 성직자 봉록의)지명자.

nominat*if(ve)*¹ [nɔminatif, -i:v] a. 이름을 기재한; 〖상업〗기명의. action ~ve 기명주. créance ~ve 기명채권. état ~ ; liste ~ve 인명록, 명부. titres ~s 기명 증권.

nominat*if(ve)*² n.m., a. 〖언어〗 명격(名格)(의), 주격(의).

nomination [nɔminɑsjɔ̃] n.f. ① 임명, 임관; (수식 따위에서의)지명, 노미네이션. ~ à un poste d'ambassadeur 대사직의 임명. ~ d'un héritier 상속인의 지정. Il a obtenu plusieurs ~s à la distribution des prix. 그는 수상식에서 여러번 지명받았다. ② 사령(장). Il vient de recevoir sa ~. 그는 사령장을 방금 받았다. ③ 〖학술〗 호칭, 명명(命名).

nominativement [nɔminativmɑ̃] ad. 지명으로; 〖상업〗 기명으로.

-nomique suff. 「…학의, …술의, …법의」의 뜻.

nomm*é(e)* [nɔme] a.p. ① …이라는 이름의. homme ~ Vincent 벵상이라는 이름의 남자. ② 지명된, 이름이 불리어진; (수상식 따위에서)지명된, 노미네이트된. témoin ~ plus haut 앞서 이름을 말한 증인, 상기(上記)의 증인. ③ 임명된. avocat ~ d'office 국선(관선) 변호인. ④ 〖옛〗약속한 날에. à point ~ 때마침, (마침) 알맞게.
—n. 〖법〗…이라는 이름의 인물, 통칭…(경멸의 뜻으로 사용).

nommément [nɔmemɑ̃] ad. 지명하여; 특히. accuser ~ qn …의 이름을 들어 비난하다.

:nommer [nɔme] v.t. ① 명명하다, 이름짓다, …이라고 부르다(appeler). On *l'a nommé* «le Sauveur de la patrie». 사람들은 그를 "조국의 구원자"라고 불렀다. ② 지정(지명)하다; 임명하다, 선정하다(dénommer, désigner). ~ qn son héritier …을 상속인으로 지정하다. ~ un jour 날을 지정하다. On *l'a nommé* à une ambassade. 그는 대사관 근무로 발령되었다. ~ d'office (변호인 따위를)관선하다. sans ~ personne (누구라고)지명하지 않고. ~ (의)이름을 대다. *Nommez-moi* les principaux fleuves d'Europe. 유럽의 주요한 강의 이름을 말해보시오.
—se ~ v.pr. 자기 이름을 말하다; …이라고 불리우다, 내 이름은 …이다(s'appeler). Je me nomme Paul. 내 이름은 폴이다.

nomo- préf. 「법(칙)·규정」의 뜻.

nomogramme [nɔmɔɡram] n.m. 〖수학〗 노모그램, 계산도표.

nomographe [nɔmɔɡraf] n.m. 법령집 편집자; 법학 저자.

nomographie [nɔmɔɡrafi] n.f. ① 법률론, 법률학. ② 〖수학〗 계산도표학.

nomographique [nɔmɔɡrafik] a. ① 법률서의. ② 계산도표(학)의.

nomologie [nɔmɔlɔʒi] n.f. 〖옛〗(사물의 법칙을 연구하는)법칙론; (한나라·한사회의)법률론.

nomothète [nɔmɔtɛt] n.m. 〖고대그리스〗 입법자; (아테네의)입법위원회 회원.

:non [nɔ̃] ad. ①(부정의 대답) ⓐ (긍정의문에 대해) 아니(오). Êtes-vous avocat? -N~, je ne suis pas avocat. 당신은 변호사인가요? 아니오, 나는 변호사가 아닙니다. Veux-tu du café? -N~, merci. 커피 줄까? 아니, 괜찮습니다. ⓑ (부정의문에 대해) 네(…이 아닙니다). Votre père n'est-il pas professeur? -N~. 네, 그는 교수가 아닙니다. 부친은 교수가 아닙니까? 네, 교수가 아닙니다. Vous ne fumez plus? -N~. 이제 담배는 안 피우십니까? 네, 안피웁니다.
REM (1) 질문의 형식에 관계없이 대답이 부정이면 non 을 사용함. 긍정의문의 경우 긍정의 대답이면 oui, 부정의문의 경우 긍정의 답이면 si를 사용.

(2) 반복이나 다른 어구와 함께 사용하여 부정의 뜻을 강조한다:Tu l'as fait? — *Non, non*(Mais *non*). 네가 그 일을 했니? 아니오〔천만에〕. 그밖에 *non et non, non pas, que non, sûrement non, certes non, ma foi non* 따위로 사용.

② 《부정의 문장을 강조함》절대 그렇지 않아, 아니고 말고. *N~*, je ne mange plus. 더 이상은 절대로 안먹겠어. Il ne cédera pas, *~*. 그는 양보를 안 할 거야, 절대로.

③ 《부가의문문에서》그렇지 않습니까? 그렇지요? 안그래요? C'est intéressant, *~*? 재미있지요? 안그래요? C'est triste, *~*, de voyager seul? 혼자 여행한다는 건 참 따분하죠?

④ 《종속절 대신에》그렇지 않다. Je pense que *~*. 그렇지 않다고 생각하다. dire[répondre] que *~*. 그렇지 않다고 말하다〔대답하다〕(dire *~*, répondre *~* 의 형태로도 사용). J'aimerais mieux *~*. 그렇지 않은 쪽이 더 나은데. probablement[bien sûr] que *~* 아마도〔분명히〕그렇지 않다.

⑤ 《생략문에서; 단 《구어》에서는 주로 pas 를 사용》Il fume, moi, *~*. 그는 담배를 피우지만 나는 안피우다. Je veux travailler seul. Avec d'autres, *~*. 나는 혼자 일하고 싶다. 함께라면 싫다.

⑥ 《뒤따르는 동일 기능의 어구를 부정함; 흔히는 *~ pas, et ~* (*pas*), mais *~* (*pas*) 의 형식을 취함》Il est paresseux, *~ pas* prudent. 그는 게으른 것이지 신중한 것이 아니다. Je ne l'ai fait pour toi *et ~* (*pas*) pour elle. 나는 너를 위해 그 일을 했지 그녀를 위해서가 아니다. Il dit qu'il est allé chez elle, *mais ~* qu'il l'a vue. 그는 그녀의 집에 갔다고는 하지만 그녀를 만났다는 말은 안한다.

⑦ 《접두사적으로 형용사·과거분사·부사를 부정; 《구어》에서는 흔히 *~ pas* 를 사용》personnage *~* négligeable 무시할 수 없는 인물. service *~* compris 봉사료는 포함되지 않음. Il habite *~* loin de Séoul. 그는 서울에서 멀지 않은 곳에 산다.

~ jamais 《옛》결코 그렇지 않다.

~ moins 그래도, 역시.

~ (*pas*)... *mais*... *~*이 아니고 *~*이다. Elle a *~ pas* une fille, *mais* un fils. 그녀에게는 딸이 아니고 아들이 있다.

~ (*pas*) *que* + *sub.* (*mais*...) *~*하는게 아니다(*~*때문이 아니고 *~*이다). J'aime ce quartier, *~ pas qu*'il soit beau, *mais* parce qu'il est tranquille. 내가 이 동네를 좋아하는 것은 아름답기 때문이 아니고 조용하기 때문이다.

~ plus *~*도 또한 (*~*이 아니다)(긍정문에서는 aussi). Il ne sait pas nager, moi *~ plus*. 그는 수영할 줄 모르는데 나도 역시 모른다.

~ plus que *~*와 마찬가지로(*~*이 아니다)(일반적으로 pas plus que 를 사용). Il ne bouge *~ plus qu*'une statue. 그는 동상처럼 꼼짝하지 않는다.

~ sans + 명사(*inf.*) 약간의 *~*을 가지고, 〔완곡한 긍정〕. Il a accepté mon invitation *~ sans* hésitation(hésiter). 그는 얼마간 주저하면서도 내 초대를 받아들였다. Il proteste *~ sans* raison. 그가 반대하는 것도 일리가 있다.

~ seulement... *mais* (*encore*(*aussi*))... ⇨seulement.

ou — ⓐ《의문문에서》*~*인가 아닌가. Il vient *ou ~*? 그가 오는거야 안오는거야? ⓑ *~*이건 아니건, 당신이 바라던 말이건. Que vous vouliez *ou ~* 당신이 원하시든 아니시든.

pourquoi *~* 어째서 안되지〔아니지〕《보통은 pourquoi pas 를 사용》.

—*n.m.* 《복수불변》① 아니(라는 말); 부정, 거부, 반대. répondre par un *~* sec 단호하게〔딱잘라서〕거절하다. dire[répondre] *~* 아니라고 말하다〔대답하다〕, 거절하다. faire *~* de la tête (거부·반대의 표시로)머리를 젓다.

② 《컴퓨터》부정《입력과 출력의 1,0 을 반전하는 会로》.

non- *préf.* 「비(非)·불(不)·무(無)」의 뜻.

non-acceptation [nɔnaksɛptasjɔ̃, nɔ̃-] *n.f.* 《상업》(어음의)인수 거부; 《매매계약한 상품의》인수 거절.

non-accompli(**e**) [nɔnakɔ̃pli] *a.p.* 《언어》미완료(상)의. aspect *~* 미완료상. —*n.m.* 미완료.

non-activité [nɔnaktivite] *n.f.* 《공무원의》휴직, 대기령, 실직, 퇴역.

nonagénaire [nɔnaʒenɛ:r] *a.* 90세(대)의, 90년이 지난. —*n.* 90세(대)의 사람.

nonagésime [nɔnaʒezim] 《천문》*a.* 상안점(象眼點)의. —*n.m.* 상안점.

nonagésimo [nɔnaʒezimo] 《라틴》*ad.* 《드물게》90번째.

non-agression [nɔnagresjɔ̃, nɔ̃-] *n.f.* 불침략. pacte de *~* 불가침조약.

non-alcoolisé(**e**) [nɔnalkɔlize, nɔ̃-] *a.* 《음료 따위가》알코올을 함유하지 않는.

non-aliénable [nɔnaliena:bl] *a.* 《언어》양도〔분리〕불가능한(inaliénable).

non-aligné(**e**) [nɔnaliɲe] (*pl. ~-~s*) *a.* 비동맹의. —*n.* 비동맹국(pays *~*).

non-alignement [nɔnaliɲmɑ̃, nɔ̃-] *n.m.* 비동맹(주의·정책).

nonane [nɔnan] *n.m.* 《화학》노난《가연성 무색의 액체》.

non-animé(**e**) [nɔnanime, nɔ̃-] *a.* 《언어》무생(無生)의.

nonante [nɔnɑ̃:t] *a. num.* 《옛》《벨기에·스위스에서》90의.

nonantième [nɔnɑ̃tjɛm] *a. num.* 《옛》《벨기에·스위스에서》90 번째의.

non-apparié(**e**) [nɔnaparje, nɔ̃-] *a.p.* 《언어》짝짓지 못한. phonème *~* 짝짓지 못한 음소.

non-arrivée [nɔnarive, nɔ̃-] *n.f.* 미도착, 불착.

non-arrondi(**e**) [nɔnarɔ̃di, nɔ̃-] *a.p.* 《음성》평순(平脣)의. voyelle *~e* 평순모음.

non-assistance [nɔnasistɑ̃:s, nɔ̃-] *n.f.* 《법》구조 의무 위반죄. délit de *~* à personne en danger 인명구조 태만죄《프랑스에서는 1945년 이후 경범죄로 됨》.

non-belligérance [nɔ̃be(ɛl)liʒerɑ̃:s] *n.f.* 비교전상태《직접 참전을 하지 않지만 교전국의 한 쪽을 지지하거나 원조를 제공하는》.

non-belligérant(**e**) [nɔ̃be(ɛl)liʒerɑ̃, -ɑ̃:t] (*pl. ~-~s*) *a.* 전쟁에 개입하지 않는. —*n.* 비교전국.

non-casse [nɔ̃kɑs] *n.f.* prime de *~* 《항공》무사고에 대한 상여(賞與).

nonce [nɔ̃:s] *n.m.* (이탈리아) 교황 대사(*~* apostolique), 교황 특사(*~* extraordinaire).

nonchalamment [nɔ̃ʃalamɑ̃] *ad.* 무기력하게, 열의 없이, 무관심하게, 데면데면하게; 안일하게, 무사태평하게(mollement, ↔ activement). assis *~* dans un fauteuil 안락의자에 시름없이 앉아서.

nonchalance [nɔ̃ʃalɑ̃:s] *n.f.* ① 무기력, 무관심, 열의없음(apathie, ↔ vivacité); 무사태평, 데면데면함. ② 데면데면한 언행.

avec ~ 데면데면하게, 시름없이.

nonchalant(**e**) [nɔ̃ʃalɑ̃, -ɑ̃:t] *a.* 나른한, 기신없는, 맥없는(languissant); 무관심한, 무사태평한, 데면데면한(insouciant). —*n.* (위의 상태의) 사람.

nonchaloir [nɔ̃ʃalwa:r] *n.m.* 《옛·문어》무관심, 무사태평(nonchalance).

nonciature [nɔ̃sjaty:r] *n.f.* ① 교황대사[특사]의 직[임기·임무]; 교황대사 관저. ② 〖역사〗(교황대사가 다스린 아비뇽 따위의)교황령.

non-collant(e) [nɔ̃kɔlɑ̃, -ɑ̃:t] *a.* (석탄이)점성이 낮은.

non-combattant(e) [nɔ̃kɔ̃batɑ̃, -ɑ̃:t] (*pl.* ~~s) *a.* 전투에 참가하지 않는. unité ~*e* 비전투부대.
—*n.* (군대속의)비전투원.

non-comparant(e) [nɔ̃kɔ̃parɑ̃, -ɑ̃:t] (*pl.* ~~s) 〖법〗 (법정에)출두하지 않은, 궐석의. partie ~*e* 궐석자. —*n.* 궐석자.

non-comparution [nɔ̃kɔ̃parysjɔ̃] *n.f.* 〖법〗(법정에의)불출두, 궐석.

non-comptable [nɔ̃kɔ̃tabl] *a.* 〖언어〗 셀 수 없는. nom ~ 불가산(不可算)명사.

non-conciliation [nɔ̃kɔ̃siljɑsjɔ̃] *n.f.* 〖법〗 화해[조정] 불성립.

non-conducteur(trice) [nɔ̃kɔ̃dyktœːr, -tris] 〖물리〗 *a.* 부도성의, 비모도체의. —*n.m.* 부도체.

non-conformisme [nɔ̃kɔ̃fɔrmism] *n.m.* ① (일반 사회규범에 대한)비순응주의, 비동조성. ② (영국의)비국교주의.

non-conformiste [nɔ̃kɔ̃fɔrmist] (*pl.* ~~s) *n.* ① (일반 사회규범에의)비순응자, 비동조자. ② (영국의)비국교도. —*a.* ① (일반 사회규범 따위에)순응하지 않는, 동조하지 않는. ② 비국교(도)의.

non-conformité [nɔ̃kɔ̃fɔrmite] *n.f.* 불일치, 어긋남; 부적합. ~ aux règles de la sécurité 안전규격 부적합.

non-conscience [nɔ̃kɔ̃sjɑ̃ːs] *n.f.* [~ de] (에 대한) 무의식.

non-consonantique [nɔ̃kɔ̃sɔnɑ̃tik] *a.* 〖음성〗(음향적 특징이)비자음성의.

non-contradiction [nɔ̃kɔ̃tradiksjɔ̃] *n.f.* ① 모순이 없음. ② principe de ~ 〖철학〗 배타(排他)의 원리, 비모순율(A 는 동시에 A 이외의 것을 될 수 없다는 원리).

non-directif(ve), non directif(ve) [nɔ̃direktif, -iːv] *a.* (*pl.* ~(-)~s) *a.* 무지도, (심리검사)지시(지)를 주지 않는. psychothérapie ~*ve* 〖심리〗무지도[무시지]요법, 환자중심 치료법.

non-directivisme [nɔ̃direktivism] *n.m.* =non-directivité.

non-directivité [nɔ̃direktivite] *n.f.* 〖심리〗(대화·심문에 있어서 아동·환자에게)심리적 압력을 피하는 태도(방법), (대화에서의)비지향성.

non-discrimination [nɔ̃diskriminɑsjɔ̃] *n.f.* (인종·정치·성별 따위의)비차별; 차별철폐. ~ entre hommes et femmes en matière de salaires 남녀간 임금격차 시정.

non-disponibilité [nɔ̃disponibilite] *n.f.* (인원·물자 따위를)자유롭게 이용할 수 없음.

non-disponible [nɔ̃disponibl] *a.* (인원·물자 따위를)자유롭게 이용할 수 없는.

non-dissémination [nɔ̃diseminɑsjɔ̃] *n.f.* (핵무기 소유 국가들의 수를 제한하는)비확산[非擴散].

non-dosé(e) [nɔ̃doze] *a.* 〖화학〗(양이)일정하지 않은.

none [nɔn] *n.f.* ① 〖가톨릭〗 9시과(時課)(오후 3 시경). ② 〖고대로마〗 제 9 시 (오후 3 시); (제 9 시 후에 시작되는)하루의 네 번째 부분; (*pl.*)데스(데스)전의 9 일째(3·5·7·10 각 월의 제 7 일, 다른 달의 제 5 일).

non-engagé(e), non engagé(e) [nɔn(nɔ̃)ɑ̃gaʒe] (*pl.* ~~s) *a.* ① 비동맹의. ② (정치 활동에)참가[참여]한, 사회참여를 하지 않는. écrivain ~ 정치적[사회적] 투쟁에 참가하지 않은 작가.
—*n.* ① 비동맹국(pays ~). ② (정치적·사회적 활동에의)비참여자 《작가·지식인 따위》.

non-engagement [nɔnɑ̃gaʒmɑ̃, nɔ̃-] *n.m.* ① 비동맹 《동서 군사 블럭의 어느 쪽에도 참가[가입]하지 않는 것을 원칙으로 하는 외교노선》. politique de ~ 비동맹 정책. ② (정치적·사회적 활동에의)비참여, 중립적 태도 견지.

non-être [nɔnɛtr, nɔ̃-] *n.m.* (복수없음) ① 〖철학〗비존재, 비유(非有), 무(néant). ② 《문어》 무아(의 경지).

nonetto [nɔnɛtto] 《이탈리아》 *n.m.* 〖음악〗 9 중주곡.

non-euclidien(ne), non euclidien(ne) [nɔn(nɔ̃)øklidjɛ̃, -ɛn] (*pl.* ~~s) 〖수학〗 비(非)유클리드(학파)의.

non-exécution [nɔnegzekysjɔ̃] *n.f.* 〖법〗불이행, 불실행. ~ d'un contrat 계약 불이행.

non-existant(e) [nɔn(nɔ̃)egzistɑ̃, -ɑ̃:t] *a.* 〖철학〗비존재의.

non-existence [nɔnegzistɑ̃ːs, nɔ̃-] *n.f.* (복수없음) 〖철학〗 비존재, 비실재.

non-ferreux(se) [nɔ̃fɛrø, -øːz] *a.* métaux ~ 비철금속.

non-figuratif(ve), non figuratif(ve) [nɔ̃figyratif, -iːv] *a.* 〖미술〗 비구상(非具象)의. —*n.* 비구상 예술가(화가).

non-humain(e) [nɔ̃ymɛ̃, -ɛn] *a.* 〖언어〗 사람 아닌 것을 나타내는. nom ~ 비인물명사.

nonidi [nɔnidi] *n.m.* 〖프랑스사〗 (프랑스 공화력의 상·중·하순(décade)의)제 9 일.

non-ingérence [nɔnɛ̃ʒerɑ̃ːs] *n.f.* =non-intervention.

non-inscrit(e), non inscrit(e) [nɔnɛ̃skri, -t] (*pl.* ~(-)~s) *a.* 〖정치〗 당적이 없는, 무소속인. —*n.* 무당적자, 무소속자.

non-intervention [nɔnɛ̃tɛrvɑ̃sjɔ̃] *n.f.* 〖정치〗(타국에 대한)내정 불간섭, 불개입.

non-interventionnisme [nɔnɛ̃tɛrvɑ̃sjɔnism] *n.m.* 〖정치〗 불간섭주의.

non-interventionniste, non interventionniste [nɔnɛ̃tɛrvɑ̃sjɔnist] (*pl.* ~(-)~s) 〖정치〗 *a.* 불간섭주의의. —*n.* 불간섭주의자.

non-isolé(e) [nɔnizɔle] *a.* 〖전기〗 절연(絶緣)되지 않은. fil ~ 나선(裸線).

nonius [nɔnjys] *n.m.* 〖수학〗 부척(副尺)《주척(主尺)의 최소단위 이하의 끝자리 수자를 읽기 위한 보조척》.

non-jouissance [nɔ̃ʒwisɑ̃ːs] *n.f.* 〖법〗 수익권[사용권]의 박탈.

non-jureurs [nɔ̃ʒyrœːr] *n.m.pl.* 〖영국사〗 신종(臣從)거부부자 《1689 년 William 3세와 Mary 2세에 대한 신종을 거부하여 성직자 봉록을 박탈당한 영국국교의 목사들》.

non-lieu [nɔ̃ljø] (*pl.* ~~x) *n.m.* 〖법〗 면소(免訴), 면소판결(arrêt[ordonnance] de ~).

non-livraison [nɔ̃livrɛzɔ̃] *n.f.* 〖상업〗 (상품의)불인도, 《우편》 배달 불능.

non-marqué(e), non marqué(e) [nɔ̃marke] *a.* 〖언어〗 무표(無標)의. terme ~ 무표항.

non-métal(*pl. aux*) [nɔ̃metal, -o] *n.m.* 〖화학〗 비금속.

non-métallique [nɔ̃metal(l)ik] *a.* 비(非)금속의.

non-moi [nɔ̃mwa] *n.m.* 〖철학〗 비아(非我).

non-nasal(ale, pl. aux) [nɔ̃nazal, -o] *a.* 〖음성〗 비(非)비음의(oral). —*n.* 비(非)비음.

nonnain [nɔnɛ̃] *n.f.* 〖옛·구어〗 수녀, 《특히》 젊은 수녀. ouvrage de ~ 《벨기에·네덜란드의》베긴회 수녀원제 레이스.

nonne [nɔn] *n.f.* 《옛》《익살》 수녀(님).
non-négociable [nɔ̃negɔsjabl] *a.* 《상업》 교섭할 수 없는; (어음 따위가)유통되지 않는.
nonnerie [nɔnri] *n.f.* 《구어》《익살》① 수도원. ② 수다스러운 여자들의 모임.
nonnette [nɔnɛt] *n.f.* ①《옛》젊은 수녀. ②《제과》노벳《둥글고 작은 향료가 든 팬케이크》(chanoinesse). ③《조류》박새의 일종.
non-observation [nɔ̃pservasjɔ̃, nɔns-] *n.f.* (법·규칙의)불이행, 어김, 위반(inobservation).
nonobstant(e) [nɔnɔpstɑ̃, -ɑ̃:t]《옛》*prép.* …에도 불구하고《현재는 법률 따위 분야에서만 사용》(malgré, en dépit de). ce ~ 그럼에도 불구하고. ~ que + *sub.* …이라고는 하지만, …이긴 하지만.
—*ad.* 그럼에도 불구하고. Tout en sachant que ce n'était pas convenable, elle l'a fait ~. 그녀는 그것이 합당하지 않다는 것을 알면서도 그 일을 했다.
non-ouvré(e) [nɔ̃uvre] *a.* 세공하지 않은.
non-paiement, non-payement [nɔ̃pɛmɑ̃] *n.m.* 《법》불지불, 미불, 체납.
non-pair [nɔ̃pɛ:r] *n.m.* 《드물게》홀수, 기수(impair). pair ou ~ 홀짝《상대방의 손에 있는 물건이 홀수인가 짝수인가를 알아맞히는 어린이 놀이》.
nonpareil(le) [nɔ̃parɛj] *a.* 《옛》비할 데 없는.
—*n.f.* ①《제과》농파레유《과자의 장식에 쓰는 여러 색깔의 사탕입자》. ②농파레유 활자《6포인트 활자의 옛 이름》. ③《옛》가늘고 긴 리본.
—*n.m.*[*f.*] ①《조류》(북미산의)꼬마새의 일종. ②《식물》패랭이꽃의 일종.
non-participant(e) [nɔ̃partisipɑ̃, -ɑ̃:t] *n.* 《상업》특별 배당을 받지 않는 사람.
non-pesanteur [nɔ̃p(ə)zɑ̃tœ:r] *n.f.* 무중력(無重力)〔무중량〕(상태).
non-phrase [nɔ̃fra:z] *n.f.* 《언어》비문(非文).
non-présentation [nɔ̃prezɑ̃tasjɔ̃] *n.f.* ~ d'enfant 《법》출생신고 불이행.
non-prolifération [nɔ̃prɔliferasjɔ̃] *n.f.* (핵무기의)증산제한; 확산방지, 비확산 (~ des armes nucléaires).
non-réception [nɔ̃resepsjɔ̃] *n.f.* 《상업》(상품의)불인도(不引渡).
non-recevable [nɔ̃rəsəvabl] *a.* 《법》승인되지 않은. ~ dans son action 소권(訴權)이 없다고 언도받은.
non-recevoir [nɔ̃rəsəvwa:r] *n.m.* fin de ~ 거절; 《법》소송불수리 사유. Il a opposé une *fin de* ~ à ma demande. 그는 내 요구를 분명하게 거절했다.
non-reconduction [nɔ̃rəkɔ̃dyksjɔ̃] *n.f.* (계약 따위를)갱신하지 않음.
non-récupérable [nɔ̃rekyperabl] *a.* 회수불능의; 회복 불능의.
non-remise [nɔ̃rmi:z] *n.f.* (우편물이)배달되지 않음, 미배달, 불착.
non-réponse [nɔ̃repɔ̃:s] *n.f.* 무회답. en cas de ~ 회답이 없을 경우에는.
non-résidence [nɔ̃rezidɑ̃:s] *n.f.* (지주·공무원·성직자 따위의 소유지·임지에서의)부재(不在).
non-résident(e) [nɔ̃rezidɑ̃, -ɑ̃:t] *n.* 부재의.
non-résistance [nɔ̃rezistɑ̃:s] *n.f.* 무저항.
non-respect [nɔ̃rɛspɛ] *n.m.* (교통신호 따위의)무시.
non-retour [nɔ̃r(ə)tu:r] *n.m.* point de ~ (항공기의)귀환 불가능 지점; 되로 물러설 수 없는 단계.
non-rétroactivité [nɔ̃retroaktivite] *n.f.* 《법》불소급. principe de la ~ des lois 법률불소급의 원칙.
non-réussite [nɔ̃reɥisit] *n.f.* 실패, =non-réussite.
non-salarié(e) [nɔ̃salarje] *a.* 비봉급생활자.
non-satisfaction [nɔ̃satisfaksjɔ̃] *n.f.* (욕구나 필요의)불충족, 불만족.
non-sens [nɔ̃sɑ̃:s] *n.m.* 《복수불변》① 비상식, 넌센스. C'est un ~ que de faire confiance à un tel escroc. 그런 사기꾼을 믿다니 참으로 어리석군. ② 무의미; 의미가 통하지 않는 문장(어구). Il a fait deux ~ dans sa version. 그는 번역에서 뜻이 통하지 않는 오역을 두 군데 저질렀다.
non-spécialiste [nɔ̃spesjalist] *n.* 비전문가, 아마추어.
non-stop [nɔ̃stɔp]《미영》 *a.* 《복수불변》논스톱의, 중단없는; 줄곧 이어지는, 도중에 멈추지 않는. vol ~ entre Séoul-Paris 서울파리간 직행편(비행기). —*n.m.*[*f.*] 《복수불변》① 논스톱《으로 가기》. en ~ 중단없이. ②《스키》논스톱 트레이닝《활강경기에 앞선 시기(試技)》(descente ~).
non-succès [nɔ̃syksɛ] *n.m.* =non-réussite.
non-syndiqué(e) [nɔ̃sɛ̃dike] *a.* 노동조합에 속하지 않는. —*n.* 비조합 노동자.
non-tarifé(e) [nɔ̃tarife] *a.* 면세(免稅)의.
non-tissé [nɔ̃tise] (*pl.* ~-~s) *n.m.* 《기술》부직포(不織布)《짜지 않고 화학 처리 따위로 시트 모양으로 만든 섬유지》.
nontronite [nɔ̃trɔnit] *n.f.* 《광물》논트로나이트《점토질의 철광》.
nontronnais(e) [nɔ̃trɔnɛ, -ɛ:z] *a.* 농트롱(Nontron, 프랑스의 도시)(사람)의. —**N~** *n.* 농트롱 사람.
nonuple [nɔnypl] *n.m.*, *a.* 《옛》9배의. au ~ 9배.
nonupler [nɔnyple] *v.t.* 《옛》9 배로 하다.
non-usage [nɔnyza:ʒ, nɔ̃-] *n.m.* 더 사용되지 않음, 불이용; 《법》권리 포기(불행사).
non-valable [nɔ̃valabl] *a.* (차료 따위가)무효의; 《법》무효의.
non-valeur [nɔ̃valœ:r] (*pl.* ~-~s) *n.f.* ① 가치없는 것(사람). ②《법》(부동산의)비생산성《이득을 가져다 주지 않는》; 비생산성 부동산. ③《재정》불량채권, 빚을 갚지않음; 미수입금, 미회수금. fonds de ~ (부족액 보충을 위한)부가세, 보전금(補塡金).
non-valide [nɔ̃valid] *a.* 《군사》군무에 견디어내지 못하는, 전투력이 없는.
non-vente [nɔ̃vɑ̃:t] *n.f.* 《상업》잘 팔리지 않음.
non-viabilité [nɔ̃vjabilite] *n.f.* 《의학》(태아의)생장불능, 생활불능.
non-viable [nɔ̃vjabl] *a.* 《의학》(태아가)생활《생장》불능의.
non-violence [nɔ̃vjɔlɑ̃:s] *n.f.* 비폭력(주의).
non-violent(e), non violent(e) [nɔ̃vjɔlɑ̃, -ɑ̃:t] *a.* 비폭력의. —*n.* 비폭력주의자.
non-vocalique [nɔ̃vɔkalik] *a.* 《음성》(음향 특징이)비모음성의.
non-voisé(e) [nɔ̃vwaze] *a.* 《음성》무성(無聲).
non-vue [nɔ̃vy] *n.f.* 《옛》《해양》(짙은 안개로 인한)관측불능.
noologie [nɔɔlɔʒi] *n.f.* 《드물게》《철학》정신론.
noologique [nɔɔlɔʒik] *a.* 《철학》정신론의.
noosphère [nɔɔsfɛ:r] *n.f.* 정신세계, 사유(思惟)의 영역.
nopage [nɔpa:ʒ] *n.m.* 《직물》(나사를)바로 잡기《제거된 나사를 구김없이 수정하기》.
nopal [nɔpal] (*pl.* ~s) *n.m.* 《식물》선인장의 일종 (oponce).
nopalerie [nɔpalri] *n.f.* 선인장의 재배장.
nope [nɔp] *n.f.* 《직물》(나사의)매듭.
noper [nɔpe] *v.t.* 《직물》(나사의)매듭 따위를 잡고 바로 잡다.
nopeuse [nɔpø:z] *n.f.* 《직물》(나사의 매듭 따위를 잡고)바로 잡는 여공.

noquet [nɔkɛ] *n.m.* 《건축》 비받이(비가 새지 못하도록 벽과 지붕 사이의 접합부에 댄 판때기).

noradrénaline [nɔradrenalin] *n.f.* 《생화학》 노라드레날린(호르몬의 일종).

‡nord [nɔːr] *n.m.* ① 북, 북쪽. L'avion se dirige vers le ~. 비행기는 북쪽으로 가고 있다. Mon cabinet de travail est exposé au ~ (en plein ~). 내 서재는 북향이다. [au ~ de] …의 북(부)에. L'Angleterre est au ~ de la France. 영국은 프랑스 북부에 있다. faire du ~ 《해양》 북진하다. ~ magnétique 북자극(北磁極)(자석이 가리키는 북극). ② 북부(지방). le ~ de l'Italie 이탈리아의 북부(지방). ③ le N~ ⓐ 북방의 나라; 북유럽. *du N~* 북미. peuples *du N~* 북방(북구)민족. le Grand ~ 북극지대, 북극지방. Amérique (France du N~). Il pleuvra dans le N~. (프랑스)북부지방에 비가 올 것이다. gare *du N~* (파리의)북부역(북프랑스 방면으로 가는 열차의 정거장). ④ 북풍(의인화될 경우는 N~) (vent du ~). ⑤ école du N~ 《회화》 플랑드르파.
perdre le ~ 《구어》방향을 잃다; 어찌할 바를 모르게 되다.
— *a.* (불변) 북(쪽)의; 북으로부터의. hémisphère N~ 북반구. pôle ~ (자석의)N극, 정극(正極) (pôle N~ 는 「북극」의 뜻).

nord-africain(e) [nɔrafrikɛ̃, -ɛn] (*pl.* ~-~*s*) *a.* 북아프리카의. — **N~A~** *n.* 북아프리카 사람.

nord-américain(e) [nɔramerikɛ̃, -ɛn] (*pl.* ~-~*s*) *a.* 북아메리카의, 북미의. — **N~A~** *n.* 북아메리카 사람.

nord-coréen(ne) [nɔrkɔreɛ̃, -ɛn] (*pl.* ~-~*s*) *a.* 북한의. — **N~C~** *n.* 북한 사람.

nord-est [nɔrɛst, *해양* nɔre] *n.m.* 북동; 북동 지방. le N~-E~ de la Corée 한국의 북동 지방. Passage du N~-E~ 북동 항로. 북동풍. être sec comme le ~ 《구어》(북동풍처럼)무척 건조하다. — *a.* (불변) 북동의.

nordester [nɔrdeste] *v.i.* 《해양》 (바람·자침이)북동쪽으로 향하다.

nordique [nɔrdik] *a.* 북유럽의; (특히)스칸디나비아의. — **N~** *n.* 북유럽의 사람. — *n.m.* 노르드어(스칸디나비아에서 쓰이는 덴마크어·스웨덴어·노르웨이어·페로어·아이슬란드어의 총칭) (langues ~*s*).

nordir [nɔrdiːr] *v.i.* 《해양》 북풍으로 바뀌다.

nordiste [nɔrdist] *n., a.* ① 《역사》 (미국의 남북전쟁 때의)북군파(의)(↔ sudiste). armée ~ 북군. ② 《구어》 (스포츠 따위에서)북프랑스 선수(의).

nord-nord-est [nɔrnɔrɛst] *n.m.* 북북동; 북북동풍. — *a.* (불변) 북북동의.

nord-nord-ouest [nɔrnɔrwest] *n.m.* 북북서; 북북서풍. — *a.* (불변) 북북서의.

nord-ouest [nɔrwest, *해양* nɔrwa] *n.m.* ① 북서; 북서부(지방). Passage du N~-O~ 북서 항로. ② 북서풍. — *a.* (불변) 북서의.

nordouester [nɔrdweste] *v.i.* 《해양》 (바람·자침이)북서쪽으로 향하다.

nord-quart-nord-est [nɔrkarnɔr(d)ɛst, nɔrkarnɔrde] *n.m.* 북미동(北微東); 북미동풍.

nord-quart-nord-ouest [nɔrkarnɔr(d)wɛst, nɔrkarnɔrwe(wa)] *n.m.* 북미서; 북미서풍.

nord-vietnamien(ne) [nɔrvjetnamjɛ̃, -ɛn] (*pl.* ~-~*s*) *a.* 북베트남(*Vietnam du Nord*)의. — **N~V~** *n.* 북베트남 사람.

noria [nɔrja] *n.f.* ① (버킷이 달린)물 푸는 수차(水車), 체인식 양수기; (군항에서 쓰이는)자동으로 감아올리는 기계, 자동 권양기(卷揚機). ② 연속적 수송 수단; 잦은 왕래.

‡normal(ale, *pl. aux*) [nɔrmal, -o] *a.* ① 정상의, 보통의, 표준의. Il n'est pas dans son état ~. (병·음주 따위)그는 정상적인 상태가 아니다. Elle est rentrée chez elle à l'heure ~*ale*. 그녀는 평상시처럼 제시간에 귀가했다. Il n'est pas ~. 그는 정상이 아니다(돌았다). 가격이 낮다. prix ~ 타당한 가격. température ~*ale* 평열(平熱); 상온(常溫). voie ~*ale* 평상시 다니는 길; 《철도》 표준궤도. en temps ~ 통상적으로(는), 평상시에(는). ② 당연한. C'est bien ~. 그건 당연하다. [Il est/C'est ~ de+*inf.*/que+*sub.*] …하는 것은 당연하다. Il est ~ d'applaudir ce pianiste. 그 피아니스트에게 박수를 보내는 것은 당연하다. Il est bien ~ qu'elle ait envie d'aller en France. 그녀가 프랑스에 가고 싶어하는 것은 아주 당연하다. ③ École ~*ale*(*primaire*) 사범학교《국민학교 교원을 양성함》; École ~*ale supérieure* 고등사범학교. ④ 《수학》 수직의(*perpendiculaire*); 정규의. ligne ~*ale* 법선. plan ~ 법평면. droite ~*ale* à un plan 면에 수직이 되는 직선. nombre ~ 정규수. ⑤ 《화학》 solution(liqueur) ~*ale* 표준용액; butane ~ 노르말 부탄; mercure ~ (고도0, 위도 45°의 지점에서의)표준 수은주. ⑥ 《지질》 érosion ~*ale* 정규침식; faille ~*ale* 정단층(正斷層).
— *n.f.* ① 정상상태, 표준. revenir à la ~*ale* 정상인 상태로 돌아오다. intelligence au-dessus(au-dessous) de la ~*ale* 평균 이상(이하)의 지능. ② (N~*ale*) 고등사범학교(관사없이 씀); École ~*ale supérieure*. entrer à N~*ale* Lettres(Sciences) 고등사범 학교의 문과(이과)에 입학하다. ③ 《수학》 수직선; 법선(法線)(ligne ~*ale*). ~*ale* à une courbe en un point 어느 한점에 있어서의 곡선의 법선. ④ 《기상》 평년치.

normalement [nɔrmalmɑ̃] *ad.* ① 보통으로; 정상적으로, 보통대로라면. ② 《수학》 수직으로.

normalien(ne) [nɔrmaljɛ̃, -ɛn] *n.* 사범학교 학생; (특히)고등사범학교 학생.

normalisation [nɔrmalizasjɔ̃] *n.f.* 표준화, 규격화 (standardisation). 정상화.

normalisé(e) [nɔrmalize] *a.p.* 규격화된; 정상화된.

normaliser [nɔrmalize] *v.t.* 《공업》 표준(규격)화하다; 정상화하다. les relations diplomatiques avec un pays étranger 외국과의 외교관계를 정상화하다. —*se~ v.pr.* 정상화되다.

normalité [nɔrmalite] *n.f.* ① 정상 상태. ② 《화학》 규정도 (용액 1리터당 용질의 그램당량수(當量數)).

normand(e) [nɔrmɑ̃, -ɑ̃ːd] *a.* ① 노르망디(*la Normandie*, 프랑스의 지방)의; 《역사》 노르만인의; 노르망디공국의. cidre ~ 노르망디산의 사과주. invasions ~*es* 노르만인의 침략. l'Angleterre ~*e* 노르만 치하의 영국. ② 교활한. sauce ~*e* 《요리》 노르망드소스(생선국물에 버섯을 넣은 크림소스).
— **N~** *n.* ① 노르망디 지방 사람; 《역사》 노르만인(8세기 이후 유럽각지를 침략한 스칸디나비아인) (viking). ② 교활한 사람.
répondre en N~ [*comme un N~*]; *faire une réponse de N~* 어정쩡한(애매한) 대답을 하다, 어물쩍 속여넘기다.
— *n.m.* ① 노르망디 사투리(*dialecte* ~). ② 노르(망디 지방의 말)(*cheval* ~).
— *n.f.* ① 《인쇄》 크랑랑드 활자(굵은 서체). ② 노르망디 지방산의 소(*race bovine* ~*e*).

normannique [nɔrmanik] *a.* 《역사·언어》 (특히

고대)노르만의. dialecte ~ 노르만 사투리《고대 스칸디나비아어》.

normatif(ve) [nɔrmatif, -iːv] *a.* 규범적인. sciences ~ves 규범학. grammaire ~ve 규범문법.

norme [nɔrm] *n.f.* ① 규범, 기준(modèle, règle). ↔ difformité. ~ de conduite 행동의 규범. qui échappe à la ~ 상규(常規)를 벗어난, 이상한. ramener les aberrants à la ~ 빗나간 사람을 올바른 길로 인도해 주다. ② 정상(적인 상태). s'écarter de la ~ 정상을 벗어나다. ③ *(pl.)* 〖공업〗 규격(standard), 표준. objet conforme aux ~s 규격에 맞는 물품. ④ 노르므《복소수의 절대값과 유사한 성질을 갖는 벡터 공간상의 스칼라(scalaire)인 (값) 함수》.

normé(e) [nɔrme] *a.* 〖수학〗 노르므가 정의된. espace ~ 노르므공간.

normoblaste [nɔrmɔblast] *n.m.* 〖생물〗 정상 적아구(赤芽球)《적혈구의 전신》.

normocyte [nɔrmɔsit] *n.m.* 〖생물〗 정상 적혈구.

norois¹, noroît [nɔrwa] *n.m.* 〖해양〗 북서풍.

norois²(e), norrois(e) [nɔrwa, -waːz] *n.m., a.* (옛 형태의) 노르드어(의). vieux (-) ~ 고 노르드어 《중세 스칸디나비아에서 사용된 언어》.

norrain [nɔrɛ̃] *a.* ① 〖언어〗 = norvégien. ② 〖옛〗 노르웨이의. —*n.m.* 노르웨이어.

norse [nɔrs] *n.m.* 고대 스칸디나비아 사투리.

nortier [nɔrtje] *n.m.* 〖사투리〗 (북프랑스의) 목동, 목자, (특히) 소의 목동.

Norvège (la) [lanɔrvɛːʒ] *n.pr.f.* 〖지리〗 노르웨이.

norvégien(ne) [nɔrveʒjɛ̃, -ɛn] *a.* 노르웨이 (*Norvège*)의. ② ⓐ 〖해양〗 arrière ~ne (앞끝이 뾰족한) 노르웨이형 선미. ⓑ 〖제과〗 omelette ~ne 노르웨이식 오믈렛 모양의 아이스크림《디저트용》. ⓒ 〖기상〗 carte ~ne 노르웨이식 천기도《기압선들을 채면 기압치로 작성한 기상도》. —**N**~, *n.* 노르웨이 사람. —*n.m.* 노르웨이어. —*n.f.* 노르웨이식의 작은 배 《뱃머리가 둥글게 솟은 배》.

nos [no] *a.poss.* ⇨ notre.

nosémose [nozemoz], **nosémiase** [nozemjaːz] *n.f.* 노제마병《꿀벌의 전염병》.

nos(o)- 〖그리스〗 *préf.* 「질병」의 뜻.

nosographe [nozɔgraf] *n.m.* 질병기술(記述)학자.

nosographie [nozɔgrafi] *n.f.* 질병학, 병리학.

nosographique [nozɔgrafik] *a.* 질병학[병리학]의.

nosologie [nozɔlɔʒi] *n.f.* 질병 분류학.

nosologiste [nozɔlɔʒist] *n.* 질병 분류학자.

nosseigneurs [nosɛɲœːr] *n.m.pl.* ⇨ monseigneur.

nostalgie [nɔstalʒi] *n.f.* ① 향수(鄕愁), 망향(mal du pays). Il a la ~ de son pays natal. 그는 고향을 그리워하고 있다. ② 회상, 회상하는 마음, 애석, 동경. ~ de l'aventure 모험에의 동경. ③ 우수, 슬픈 기분[마음].

nostalgique [nɔstalʒik] *a.* 향수에 찬[젖은], 망향의; 우수에 찬[젖은]. regrets ~s 회한의 정. regard ~ 우수에 찬 눈매. —*n.* 과거 찬미자, 회고취미의 사람.

nostalgiquement [nɔstalʒikmɑ̃] *ad.* 향수에 젖어서, 고향 그리는 마음으로; 우수에 젖어서. 「말.

nostoc [nɔstɔk] *n.m.* 〖식물〗 염주말 속(屬)의 바닷

nostomanie [nɔstɔmani] *n.f.* 〖정신의학〗 망향광.

nostras [nɔstraːs] *a.m.* choléra ~ 〖의학〗 급성토사증, 유행 콜레라.

nota [nɔta], **nota bene** [nɔtabene] (라틴) *n.m.* 주(註), 주의《보통 약자 N.B.로 쓰임》.

notabilité [nɔtabilite] *n.f.* 명사, 유력자; 〖드물게〗 저명함.

notable [nɔtabl] *a.* ① 주목할만한, 현저한, 뚜렷한

(remarquable). fait ~ 주목할만한 사건. ~s progrès 현저한 진보. ② (사람에 대해)유력한, 중요한, 저명한(considérable). gens ~s 유력자.
—*n.m.* 명사(名士), 유력자, 거물(notabilité). Assemblée des ~s 〖프랑스사〗 명사회의.

notablement [nɔtabləmɑ̃] *ad.* 현저하게, 많이(beaucoup, considérablement). La tension a diminué. 긴장은 많이 완화됐다.

notaire [nɔtɛːr] *n.m.* ① 〖법〗 공증인. Maître X, ~ 공증인 X 씨. cabinet(étude) de ~ 공증인 사무소. clerc de ~ 공증인 서기. ② ~ apostolique 〖〖종교가〗〗 주교 비서. ③ 〖고대로마〗 비서관, 공증관. *C'est comme si le ~ y avait passé.* 그것은 (공증인의 손을 거친 것처럼) 확실한 일이다.

notairesse [nɔtɛrɛs] *n.f.* 〖옛·구어〗 공증인의 아내.

*****notamment** [nɔtamɑ̃] *ad.* 특히(particulièrement). les sports, ~ le tennis et le ski 스포츠, 특히 테니스와 스키

notarial(ale, *pl.* **aux)** [nɔtarjal, -o] *a.* 공증인의. fonctions ~ales 공증인의 직무.

notariat [nɔtarja] *n.m.* 〖법〗 공증인의 직무; 공증인회. école de ~ 공증인 학교.

notarié(e) [nɔtarje] *a.* 공증인에 의해 작성된, 공증된. acte ~ 공증 증서.

notateur(trice) [nɔtatœːr, -tris] *n.* 필기자.

notation [nɔtasjɔ̃] *n.f.* ① 주(註) 붙이기, 기호로 쓰기, 표기, 기호(표기·표시)법; 기호. ~ phonétique 발성표기법. ~ sténographique 속기기호법. ~ chimique 화학기호법. ~ musicale 기보법(記譜法). ② (문학·미술 따위의)묘사. ~s psychologiques (소설 따위의)심리묘사법. ~ des ombres 음영의 묘사. ③ 성적 매기기(평가), 채점. ~ d'un fonctionnaire 공무원의 근무평가. ~ des devoirs 숙제의 채점.

:**note** [nɔt] *n.f.* ① 주(註), 주석, 주해(annotation). ~ en bas de page 각주(脚註). ~ marginale 방주(旁註). mettre des ~s à un ouvrage 책에 주석을 달다. ~ de l'auteur 저자의 주, 원주(原註). ② 노트, 메모, 적어두기. cahier de ~s 필기장. carnet de ~s 수첩. prendre des ~s pendant les cours 강의시간에 필기[노트]하다. ③ 문서, 의견서; 통첩, 각서(mémorandum). ~ diplomatique 외교각서. ~ officielle 공식문서. ~ de service 업무보고. ④ 단평(短評); 짧은 기사. ~ favorable (sur un livre) (신간서에 관한)호평. faire passer une ~ dans les journaux 신문에 짤막한 기사를 내다. ⑤ 〖학교〗 접수; (근무·품행에 관한)평가, 성적. bonne(mauvaise) ~ 좋은(나쁜) 접수. Quelle est ta ~ en anglais? 영어접수는 얼마니? ~ d'un fonctionnaire 공무원의 근무성적 평가. ⑥ 〖상업〗 고지서, 계산서 (~ de sommes dues); 전표. ~ d'hôtel 호텔계산서. payer la ~ de gaz 가스요금을 내다. ⑦ 〖음악〗 음표; 음. sept ~s de la gamme 음계의 7 음 (do, ré, mi, fa, sol, la, si). ~ basse(haute) 저음(고음). savoir lire ses ~s 악보를 읽을 줄 알다. faire une fausse ~ 틀린(엉뚱한) 짓을 내다. ⑧ (말·태도 따위의)가락; 색조; 느낌. changer de ~ 말투(태도)를 바꾸다. Les rideaux blancs mettent une ~ gaie dans la chambre. 하얀 커튼이 방안에 밝은 느낌을 주고 있다. ⑨ ~s de l'Église 〖가톨릭〗 진정한 그리스도 교회의 특징 (apostolicité, catholicité, sainteté, unité). ⑩ 〖옛〗 세평, 평판; 불명예, 치욕 (déshonneur).

chanter toujours la même ~; *ne savoir qu'une* ~ 늘 같은 말을 되풀이하다. *donner la* ~ ⓐ 《음악》 (곡의)주음을 알리다. ⓑ 모범[본]을 보이다. ⓒ [~ *de qc*] …의 분위기를 알리다. Le compte rendu vous *donnera la* ~ *de* ce qu'ont été les discussions. 보고서는 토론이 어떤 분위기였는가를 짐작케 할 것이다. *être dans la* ~ 적절하다, 어울리다. Sa robe n'était pas *dans la* ~ de cette soirée. 그녀의 옷은 그날 야회에 어울리지 않았다. *fausse* ~ 틀린[엉뚱한] 음; 조화를 깨뜨리는 것. Ce tableau met une *fausse* ~ dans son bureau. 이 그림은 그의 사무실의 조화를 깨뜨린다. *forcer la* ~ 과장하다; 지나치게 하다, 지나치게 열중하다. ~ *juste* 옳은 음; 조화를 이루는 것(↔ *fausse* ~). Cela apporte la ~ *juste* à ce costume. 이것은 옷의 조화를 이룬다(잘 어울린다). Il sacrifie tout à la ~ *juste*. (그는 모든 것을 조화에 희생시킨다)→ 그는 무엇보다도 (전체의) 조화를 존중한다. *prendre* ~ *de qc; prendre qc en* ~ …을 기억해 두다, 명심하다. Merci de votre conseil *j'en prends* ~. 충고해주셔서 고맙습니다, 명심해두겠습니다. 《 형용사 bon 과 함께 》 *J'en prends bonne* ~. 잘 기억해 두겠습니다.

noté(e) [note] *a.p.* 평판의. être bien[mal] ~ 평판이 좋다[나쁘다]. fonctionnaire bien ~ 평판이 좋은 관리. personne ~*e*《옛》요주의 인물, 블랙리스트에 오른 사람.

*****noter** [note] *v.t.* ① (예)표를 하다, 밑줄을 치다. ~ d'une croix un passage intéressant 흥미로운 대목에 십자표를 하다. ② 적어두다[넣다](marquer, inscrire). ~ un rendez-vous sur son agenda 비망록에 시간약속을 적어넣다. (remarquer). *Notez* bien! 주의하시오. Il est à ~ que…. …에 유의해야만 한다. ③ 평가하다, 점수를 매기다. ~ les devoirs sur vingt 숙제를 20점 만점으로 채점하다. 《수동형》 Il *est* très mal *noté* auprès de ses supérieurs. 그는 상사들에게 매우 잘못 보이고 있다. ⑤ 《음악》 (의)악보를 적다, 기보하다. ⓑ 《옛》악평하다, 비방하다(déshonorer). Il *est noté* à la cour. 그는 궁정에서 평이 나쁘다.

noteur(se) [notœ:r, ø:z] *n.* 《음악》 악보 베끼는 사람.

notice [nɔtis] *n.f.* ① 약술(略述), 소지(小誌). ~ biographique 약력. ~ bibliographique (간단한) 서지(書誌). ~ d'un livre 서적 소개. ~ nécrologique(신문 따위의)사망기사. ② 《상업》 주식모집요령.

notificatif(ve) [nɔtifikatif, -iːv] *a.* 통지의, 고지의. lettre ~*ve* 고시, 고지서.

notification [nɔtifikɑsjɔ̃] *n.f.* 《법》 통지, 고지, 통보, 공고. ~ d'un jugement 판결통고. ~ de réclamation 최고(催告)장. ~ publique 공고. recevoir ~ de *qc* …에 관한 통고를 받다.

notifier [nɔtifje] *v.t.* ①통고하다, 고지하다(annoncer). [~ *qc à qn*] ~ le jugement *aux* parties intéressées 당사자들을 쌍방에 판결을 통고하다. ② 《법》 (통고서를)송달하다. ~ une citation 소환장을 송달하다.

notion [nɔsjɔ̃] *n.f.* ①관념, 개념(connaissance, concept, idée). ~s de liberté, de bien et de mal 자유와 선과 악의 개념들. ~*s* morales 도덕관념. n'avoir pas la moindre ~ du temps 시간관념이 조금도 없다. ②(주로 *pl.*)기초지식, 입문. Marie parle l'allemand, et elle a quelques ~*s* d'anglais. 마리는 독어를 할 줄 알고 영어도 조금은

안다. N~*s* de géographie 지리학 입문. ~*s* de physique et de chimie 물리와 화학의 기초지식.

notionnel(le) [nɔsjɔnɛl] *a.* 관념의, 개념의(conceptuel).

notoire [nɔtwaːr] *a.* ① (사실 따위가)주지의, 알려진(connu). fait ~ 주지의 사실. Il est d'une méchanceté ~. 그는 세상이 다 아는 악질이다. Il est ~ que …. …은 누구나 다 아는 일이다. ② (사람이)유명한(célèbre). criminel ~ 이름난 흉악범. 《좋은 의미로》médecin ~ 유명한 의사.

notoirement [nɔtwarmɑ̃] *ad.* 명백히; 공공연하게 (manifestement). Il est ~ coupable. 그는 명백히 유죄이다.

notoriété [nɔtɔrjete] *n.f.* ① 주지(의 사실). être de ~ publique 천하가 다 알고 있다. Il est de ~ (publique) que …. …은 천하가 다 아는 사실이다. acte de ~ 《법》 사실증명서. ②명성, 평판, acquérir de la ~ 명성을 얻다. donner de la ~ à *qn* …을 유명하게 하다. avoir de la ~ 평판이 높다. ③ 유명인사. devenir une ~ européenne 유럽의 명사가 되다.

:notre(*pl.* **nos**) [nɔtr, no] *a.poss.* ① 우리들의; (상호간의 관심의 대상이 된)우리의. ~ patrie 우리 조국. N~ Père qui êtes aux cieux 하늘에 계신 우리 아버지. Donnons tous *nos* démissions. 우리들 모두 사표를 내자. 《드물게 목적보어로서》 Venez à ~ aide. 우리를 도우러 와주시오.

② (mon 대신》 ⓐ 짐(朕)의, 본인의, 본관의, 필자의 (군주·주교·관리·저자 따위의 강조·겸손·위엄의 표현). Tel est ~ bon plaisir. 이것이 곧 짐의 기뻐하는 바요. ~ ouvrage 필자의 저서, 졸저(拙著). ⓑ 《속어》 Oui, ~ maître; *not'*maître [nɔtmɛtr]네, 스승이시여. ~ femme 우리집 여편네.

③ 《습관적 관계·관심》예(例)의, 문제의. Voilà ~ homme. 바로 그 사람이 오는군. N~ héros est parti en voyage. 그 주인공은 여행을 떠났다.

④ 《속어》너의. Avons-nous fini ~ devoir? 숙제는 끝났니? 《친밀감·애정이 담긴 표현》.

*****nôtre** [nɔːtr] *pron.poss.* 《정관사와 함께 앞에 놓인 명사를 받음 :le ~, la ~, les ~*s*》 ① 우리들의 것. Il préfère vos tableaux aux ~*s*. 그는 우리들 그림보다도 당신의 그림을 더 좋아한다.

② 짐[본인·본관·나]의 것 (군주·주교·사법[행정]관·저자 따위가 쓰는 말).

—*a.poss.* 《옛·문어》우리들의. 《속어》Nous pouvons compter sur lui, il est ~. 그에게는 기대를 걸 수가 있다, 우리들 편이나라. Nous avons fait ~*s* ces opinions. 우리는 그 의견에 동조하기로 했다. cette idée ~ 우리들의 이러한 생각.

—*n.m.* ① 우리들의 것 《소유·의무·생각 따위》. Nous défendons le ~. 우리는 우리 것을 지킨다. ② (*pl.*)(우리들의)친척, 편, 동지, 동포. Nous devons aimer les ~*s*. 우리는 가족[동포]을 사랑해야 된다. Soyez des ~*s*. 우리와 함께 갑시다.

y mettre du ~ ⓐ 자기 생각을 가미하다; 자기 힘을 쏟다. Nous *y mettrons du* ~, l'affaire réussira. 우리가 각자 힘을 쏟으면 일은 성사될 것이다. ⓑ 양보하다. Nous arriverons à un accord en *y mettant* un peu *du* ~. 우리가 조금만 양보하면 합의에 도달할 것이다.

—*n.f.pl.* Nous avons bien fait des ~*s*. 《구어》우리 는 별의별 짓을 많이 해왔다.

Notre-Dame [nɔtradam] *n.f.* 《가톨릭》 성모 마리아; 성모당(堂); 성모상. la (fête de) ~ 성모몽소승천절(蒙召昇天節)(8월 15일). ~ de Paris 파리의 노트르담 대성당.

Notre-Seigneur [nɔtrsɛɲœːr] *n.m.* 우리의 주 (그

리스도를 말함:《약자》N.-S.》.
notule [nɔtyl] *n.f.* 《略》(略註);《옛》《법》원본.
notus [nɔtys] *n.m.* 《시》《고대로마》남풍.
nouage [nwaːʒ] *n.m.* ① 맺기, 잇기. ② 《빵》접합; 《의학》《구루병에 걸린》하지의 기형.
nouaison [nwɛzɔ̃] *n.f.* 《원예》《과수》결실.
nouba [nuba] 《아라비아》*n.f.* ① 알제리 저격 보병의 군악. ② 《구어》주연(酒宴). faire la ~ 흥청망청 떠들다.
noue[1] [nu] *n.f.* 《농업》① 본디 하상(河床)이었던 곳, 하천 부지. ② 《목장에 알맞은》초원의 습지.
noue[2] *n.f.* 《건축》지붕의 골; 골기와, 홈통 기와; 골나무(arêtier de ~).
noué(e) [nwe] *a.* ① 묶인, 매인. bouquet ~ 묶은 꽃다발. ② (비유적)(가슴이)메인. avoir la gorge ~e (감동 따위로) 목(가슴)이 메이다. ③ (비유적) 짜여진, 알찬. pièce de théâtre bien ~e 잘 짜여진 희곡. ④ 《의학》구루병의; 발육이 나쁜. enfant ~ 구루병의 아이. articulation ~e (구루병으로)경직된 관절. esprit ~ ; intelligence ~e (비유적)발달이 정지된 지능. ⑤ 《원예》fruit ~ 결실한 과일; 《수렵》chienne ~e 새끼를 밴 암캐.
nouement [numɑ̃] *n.m.* 《드물게》맺기.
nouer [nwe] *v.t.* ① (끈으로 매듭을 지어)매다, 맺다 (attacher, lier); 싸다(envelopper). ~ sa cravate [ses lacets] 넥타이[신발끈]를 매다. ~ un paquet 보따리를 묶다. ② (가슴 따위를)메게 하다; 굳어지게 하다, 경직시키다. Un sanglot lui *nouait* la gorge. 그는 오열로 가슴[목]이 메었다. L'âge lui a *noué* les membres. 그는 나이 탓으로 팔다리가 관절이 굳어졌다. ③ (교제를) 맺다. ~ des relations avec *qn* …와 교제를 맺다. ~ conversation avec *qn* …와 대화하기 시작하다. ④ (옛) (음모 따위를) 꾸미다, 꾀하다(former). ~ un complot [une conspiration] 음모를 꾸미다. ~ l'action [l'intrigue] 《연극》(사전의 줄거리를)복잡하게 짜다(꾸미다), 플롯을 짜다.
—*v.i.* 《과수》열매를 맺다.
—se~ *v.pr.* ① [se ~ à] (에)얽히다, 달라붙다; (사람이)(와)맺어지다. Les lianes se *nouent* aux grilles. 덩굴이 철책에 얽혀있다. se ~ à *qn* d'une étroite amitié …와 굳은 우정으로 맺어지다. ② 묶이다, 매이다, 감기다. corde qui *s'est nouée* autour de la jambe 발에 둘둘 감긴 밧줄. ③ (비유적)(교제가)맺어지다; (대화 따위가)시작되다; (음모 따위가)꾸며지다. amitié qui se *noue* 맺어지는 우정. ④ 《의학》구루병에 걸리다; (관절이)경직되다, 굳어지다; (부러진 뼈가)유착(癒着)하다. ⑤ 《원예》《과수》결실하다.
nouet [nwɛ] *n.m.* 《옛》(탕약 따위를 달이기 위한)헝겊 주머니.
noueur(se)[1] [nwœːr, -ʃːz] *n.* 《드물게》맺는 사람.
noueux(se)[2] [nwø, -ʃːz] *a.* ① 마디가 많은; (손 따위의)빼마디가 굵은. doigts ~ 뼈마디가 굵은 손가락. vieillard ~ 빼가 앙상한 노인. ② 《의학》관절이 굳어진. rhumatisme ~ 관절 류머티즘.
nougat [nuga] *n.m.* ① 누가《과자》. ~ de Montélimar 몽테리마산(産) 누가《명과》. ② 《농업》(가축 주는)호두기름. 찌꺼기. ③ *(pl.)* 《속어》발 (pieds). J'ai mal aux ~s à force de marcher. 너무 걸어서 발이 아프다.
avoir les jambes en ~ 《속어》다리가 몹시 지쳐있다. *C'est du ~!* ⓐ 정말 맛있군! (c'est du nanan). ⓑ 그것은 쉬운 일이다, 누워서 떡먹기다.
nougatine [nugatin] *n.f.* 누가 엿《과자원료》.
nouille [nuj] *n.f.* ① *(pl.)*국수. faire des ~s 국수를 만들다. ~ à la sauce tomate 토마토 소스 국수. ②

《구어》바보; 못난이. C'est une ~; C'est un vrai plat de ~s. 이 자는 정말 얼간이다.
—*a.* ①《구어》바보의; 못난. Ce que tu es ~! 너 정말 바보구나! ② style ~ 《익살》누이양식《1900년경에 유행한 곡선의 모티브를 특징으로 한 장식 양식》.
noulet [nulɛ] *n.m.* 《건축》(지붕의)골홈통.
nouménal(ale, *pl.* **aux)** [numenal, -o] *a.* 《철학》실체[본체]의. moi ~ 본체적 자아. volonté ~*ale* 본체적 의지.
noumène [numɛn] *n.m.* 《철학》(지적인식의 대상으로서의)본체, 실체(↔ phénomène); 《칸트철학에서》물(物) 자체《이성에 의한 개념》.
nounou [nunu] *n.f.* 《어린애 말》유모(nourrice). Viens, ~. 유모 아줌마, 이리와요.
nounours [nunurs] *n.m.* 《어린애 말》장난감곰.
nourrain [nurɛ̃] *n.m.* 《양어》새끼 물고기.
nourri(e) [nuri] *(p.p.<nourrir)* *a.p.* ① 식사[영양]가 주어진; 길러진, 키워진, 양육된. bien[mal] ~ 영양이 좋은[나쁜]. cinq cents francs par mois logé et ~ 식사 제공 방세 월 500프랑. ② 풍부한, 충실한, 알찬; (선·글자 따위가)굵은; 《페인트》두껍게 칠해진; (성량이)풍부한. applaudissements ~s 《떠나갈듯한》대갈채. conversation ~e 내용이 충실한 대화. femme ~e 풍만한 여자. fruits ~s 잘 익은 과일. caractère ~ 《인쇄》크고 굵은 활자. diriger un feu bien ~ sur [contre] l'ennemi 적에게 맹렬한 포화를 퍼붓다. ouvrage ~ de pensées 사상을 풍부하게 담은 작품. ③ 《해양》temps ~ 구름이 많은 날씨; vent ~ 강풍.
nourrice [nuris] *n.f.* ① 유모자(授乳者), (특히)유모. confier un enfant à une ~ 어린이를 유모에게 맡기다. ~ 《동격》mère ~ 모유로 키우는 어머니. (자기를)키운 어머니. ~ sèche 우유로 키우는 어머니. être (encore) en ~ 젖먹이이다, 아직 어리다. ② (비유적) 길러 [양육하는] 것. La Révolution était la ~ de Napoléon. 대혁명이 나폴레옹을 키웠다. ③ 식량공급원. ② 《공업》보조탱크, 급수탱크 (자동차의)연료탱크 (배수관 따위의)주관(主管)(영선의)농축수(池). ⑤ 《동물》어미벌, 다른 동물의 먹이가 되는 동물; (특히)살파(바다의 플랑크톤의 일종). ⑥ épingle de ~ 안전핀.
battre sa ~; mordre le sein de sa ~ 은혜를 원수로 갚다.
mois de ~ 수유(授乳) 기간; 유모의 급료. Elle a vingt ans et les *mois de ~*. 《구어》그 여자는 갓 스무 살이다. oublier [ne pas compter] les *mois de ~* 자기 나이를 잊고 부르다.
nourricerie [nurisri] *n.f.* ① 《농업》가축사육장, 목축장. ② 《옛》육아실, 보육실 (nursery).
nourricier(ère) [nurisje, -ɛːr] *a.* 기르는, 영양을 주는. mère ~*ère* 유모, 양모. père ~ 유모의 남편, 양부. suc ~ 영양(養液). terre ~*ère* de notre pensée 우리의 사상을 자라게 한 땅(토양). —*n.* 유모(의 남편), 양부[모];《옛》웅호자.
***nourrir** [nuriːr] *v.t.* ① 젖주다(allaiter); 식사[식량]를 제공하다; (에)식사를 주다(alimenter); (의)식량이 되다. ~ son bébé au sein [au biberon] 자기 아이를 모유[우유]로 키우다. ~ un malade de bouillon et de légume 병자에게 죽과 야채로 양분을 취하게 하다. Ce vignoble *nourrit* les vignobles 포도의 생산지. 《목적보어 없이》Le lait *nourrit*. 우유는 영양이 풍부하다.
② 부양하다(entretenir); 생활하게 하다. C'est lui qui *nourrit* toute la famille. 온 가족을 부양하는 것은 그이다. Ce métier ne *nourrit* pas son homme.

이 작업은 종사자의 생활을 보장해 주지 못한다. ③ [~ qc] 유지하다, 강화하다; (비유적) 풍부하게 하다. ~ une lampe 등불을 꺼지지 않게 하다. Le fourrage sec *nourrissait* l'incendie. 마른 건초더미로 불길이 더 거세어졌다. ~ un récit de détails vécus 체험담을 섞어 이야기를 풍부하게 하다. ~ son style 문체를 다양하고 풍부하게 만들다. ~ le son 《음악》음에 볼륨을 주다. ~ le trait 《미술》선에 폭을 주다, 선을 굵게 하다.
④ (마음에) 품다, (감정을) 키우다(caresser). ~ une haute ambition 큰 야심을 품다. ~ de la haine contre qn …에 대해 증오심을 품다. ~ de grande projets 커다란 계획을 품다.
⑤ 함양하다, 배양하다(former), La lecture *nourrit* l'esprit. 독서는 정신을 살찌운다. être nourri de préjugés tenaces 완고한 편견으로 자라다.
—se ~ v.pr. ① 영양을 취하다. se bien ~ 충분한 영양을 취하다; 잘 먹다.
② [se ~ de] (을) 먹다, 먹고 살다. se ~ de riz 쌀을 먹고 살다.
③ (비유적) [se ~ de] (으로) 정신을 기르다; (을) 마음의 양식으로 삼다. se ~ de lecture 독서로 정신을 함양하다.
④ (비유적) [se ~ de] (을) (마음에) 품다. se ~ d'illusions 환상을 품다.

nourrissage [nurisa:ʒ] *n.m.* 가축사육(법).
nourrissant(e) [nurisɑ̃, -ɑ̃:t] *a.* 영양 있는, 영양(자양)이 되는; (비유적) (마음의) 양식이 되는. aliment ~ 영양이 풍부한 식품.
nourrisseur [nurisœ:r] *n.m.* 《농업》젖소치는 사람; (고기를 팔기 위한) 가축 사육자.
nourrisson(ne) [nurisɔ̃, -ɔn] *n.* ① 젖먹이; (두살까지의) 유아(bébé). ② (비유적) 제자. ~ du Parnasse [des Muses] 시인.
nourriture [nurity:r] *n.f.* ① 영양(물); 식량, 먹을 것, 식사, 먹이. ~ solide [liquide] 고체(액체)식. ~ des animaux 동물의 사료. la ~ et le logement 식사제공의 하숙. se priver de ~ 음식을 끊다, 단식하다. avoir sa ~ assurée 생활환경이 보장되어 있다. ② (비유적) (정신적인) 양식. ~ de l'esprit 마음의 양식. ③ 《옛》양육; 교육; 젖주기; 사육.
N~ passe nature. 《격언》 가문보다 교육.

‡**nous** [nu] *pron.pers.* ① (비강세형) 우리들. ⓐ (주어) N~ l'avons vu. 우리는 그와 만났다. ⓑ (목적보어) Il ne ~ regarde pas. 그는 우리를 바라보지 않는다. Il ~ en a parlé. 그는 우리에게 그 이야기를 했다. Il ~ a écrit une longue lettre. 그는 우리에게 긴 편지를 썼다. ⓒ (대명동사의 보어) N~~ chauffons. 우리는 몸을 녹이고 있다. N~~ connaissons. 우리는 서로 알고 지낸다.
② (강세형) 우리들. ⓐ (주어 또는 그 동격·속사) N~ et les domestiques, ~ partons tout de suite. 우리들과 하인들은 곧 떠난다. C'est ~ qui sommes à blâmer. 탓해야 할 사람은 바로 우리이다. ⓑ (전치사+~) Il resta chez ~ toute une semaine. 그는 꼬박 1주일 동안이나 우리집에 머물렀다. Venez avec ~. 우리와 함께 갑시다. (ⓒ비교의 que+~) Ils sont plus riches que ~. 그들은 우리보다 부자이다.
③ (막연하게 사람을 나타냄) ⓐ N~ sommes lundi. 월요일이다. ⓑ (on 의 목적보어) On doit quelques égards aux gens qui ~ aiment. 사람은 자기를 사랑하는 사람에 대해서 존경할 줄 알아야 한다.
④ (군주·주교·고관·저자 따위가 씀) 짐(朕), 본관, 필자(나), (변호인·공증인의 용어로서) 의뢰인. N~ avons décrété que... 짐은 …이라고 명령했다. N~ sommes persuadé que... 필자는 …

이라고 확신합니다 (이 경우 형용사·과거분사는 단수로 쓰임).
⑤ (구어) 너 (친밀감을 표시) (tu, vous). Eh bien, ma petite fille, sommes-~ heureuse? 그런데 딸아, 너는 행복하니? Dépêchons ~. 서둘러 주게나.
Ce que c'est que de ~! (구어) 우리들(인간)은 얼마나 가련한 것이냐, 이 인생이란!
~ *autres* (당신들이 아니라) 우리들은. N~ *autres* Français ne faisons pas comme vous. 우리들 프랑스 사람은 당신들같이 하지 않는다.
—*n.m.* (불변) ① 우리 (라는 말). ② 공동체의식.
*nous-même(s) [numεm] pron.pers. ⇨même.

nouure [nuy:r] *n.f.* ① 《식물》결실. ② (어린이의) 발육 정지; 《의학》곱추, 구루병.
‡**nouveau(el)** [nuvo, -εl] (*f.* ~**elle** [nuvεl], *m.pl.* ~**eaux** [nuvo], ~**elles** [nuvεl]) (모음 또는 무성 h로 시작되는 낱말 앞에서 남성 단수형은 nouvel 을 씀) *a.* ① (주로 명사 뒤에서) 새로운, 신식(신형)의, 최근의 (neuf, moderne, ↔ vieux). modèle ~ 신형. mot ~ 신어. mode ~elle 최신 유행. livre ~ 신간서. art ~ 신예술, 아르누보 (1890년대 파리를 중심으로 유행한 미술양식). esprit ~ 새로운 사상(의 사람). idée toute ~elle 전적으로 새로운 (독창적인) 관념. C'est ~. 그것은 새로운 일이다, 처음 듣는 일이다.
② (주로 명사 앞에서) 신규의, 새로 교체한, 다른 또 하나의(autre); 전과 달라진. ~el an 새해. ~elle édition 신판. N~ monde 신대륙 (아메리카 대륙). N~ Testament 신약성서. ~el ambassadeur 신임대사. son ~ mari 그녀의 새 (현재의) 남편. mettre une ~elle robe 다른 드레스를 입다. ~eaux systèmes de l'éducation 새 교육제도. ~elle vague 새물결, 누벨바그 (문예창조의 신인군(新人群), 1958년의 조어(造語)). ~el homme 성격이 달라진 사람; 《종교》 은총으로 갱생한 사람.
③ 새로 들어온; 경험이 없는, 미숙한 (inexpérimenté, novice). ~el élève 신입생. ~eaux époux 신혼부부. ~ venu 새로온 사람, 신참자. Je suis encore fort ~ dans mon métier. 나는 아직 내 직업에 미숙하다.
Rien n'est ~ *sous le ciel.* 《속담》하늘 아래 새로운 것이란 아무것도 없다. *Tout* ~ *tout beau.* 《속담》뭐든지 새것은 아름답게 보인다. *Voilà qui est* ~! 《구어》그것은 처음 듣는 이야기겠다! 참, 놀랍군!
REM nouveau 는 ①과 ②의 풀이에서 보듯이 그 위치에 따라 의미가 달라진다. 명사 뒤에 놓일 때는 〈지금까지 없었던 새로운 것〉을 의미하고, 앞에 놓일 때는 〈지금까지 쓰던 것이 아닌 다른 것〉을 의미한다: robe *nouvelle* 새 유행의 옷. *nouvelle* robe 새로 갈아입은 옷. voiture *nouvelle* 신형차. *nouvelle* voiture 새로 산 차.
—*n.* 신입생, 신회원, 신참자.
—*n.m.* 새로운 것, 신기한 사실. chercher du ~ 신기한 것을 찾다. C'est du ~. 그것은 금시초문이다. Le ~ plaît toujours. 새것은 언제나 환영받는다. Il y a du ~ dans cette affaire. 이 사건에 새로운 사실 (변화) 이 있다 (나타났다).
à ~ 다시, 새로 (une ~elle fois); 또다시 (de ~). reprendre *à* ~ 문제를 다시 검토하다. solde *à* ~ 이월액. créditer *à* ~ 대부금을 이월하다. solde *à* ~ 이월액.
de ~ 또, 또다시 (une fois de plus). commettre *de* ~ une erreur 다시 실수를 저지르다.
nouveau-né(e) [nuvone] (*pl.* ~-~**s**) *a.* 갓난. enfants ~s 갓난아이. poussins ~s 갓난병아리. gloire ~ 막 이름난 영광.
—*n.* 갓난아이(enfant ~); (동물의) 새끼.
nouveauté [nuvote] *n.f.* ① 새로움, 신기함; 독창성

(↔ banalité). ~ du style 문체의 참신함. ~ du livre 책의 독창성. costume de haute ~ 최신유행의 옷. ② 새로운 것[일], 색다른 것, 신기한 것; 《옛》 변화, (changement, innovation). C'est une ~ pour moi. 그것은 초문이다. courir après les ~s 색다른 것을 추구하다. Les ~s l'effraient. 그는 변혁을 두려워한다. ③ 신간서; 신작[연극·영화 따위]. ~s présentées dans la vitrine de la librairie 서점 진열장에 전시된 신간 서적들. courir à toutes les ~s 신작이란 신작은 다 보러 다니다. ④ [패션의] 신작, 신제품; 《집합적》 패션업계. ~s de printemps 봄의 신작패션. haute ~; article de ~ 최신 유행품. magasin de ~ 최신 유행품점[양품점]. travailler dans la ~ 패션계에서 일하다. ⑤ 《주로 pl.》《옛》혁명, 소요(troubles).

nouvelle¹ [nuvεl] ⇨**nouveau**.

:nouvelle² n.f. ①(pl.)(사람의)소식, 근황. avoir (recevoir) des ~s de qn …으로부터 소식을 듣다. donner de ses ~s à qn …에게 소식을 보내다. demander[prendre] des ~s de qn …의 근황을 묻다. Nous sommes sans ~s de lui. 우리는 그의 소식을 모르고 있다. ②(일반적으로) 소식, 소문, 정보; (pl.)뉴스, 보도. ~ d'un accident 사고 소식. apporter[annoncer] à qn une bonne ~ …에게 좋은 소식을 전하다. tenir une ~ de bonne source 확실한 소식통에서 뉴스를 얻다. La ~ circule de bouche en bouche. 그 소문이 입에서 입으로 전달된다. dernières ~s 최근의 정보, 최신 뉴스. ~ de l'intérieur (de l'étranger) 국내[해외]뉴스. ~s à la main (17·18세기에 손으로 쓴) 비밀신문; (신문의) 고십란. ③ 중편소설. recueil de ~s 중편소설집.
aller aux ~s 정보를 얻으러 가다; 《군사》 정찰하러 가다.
Ce n'est pas une ~. 그것은 다 알고있는 일이다.
J'ai de vos ~s. 《구어》나는 당신의 소행[행적]을 듣고 있다.
Les mauvaises ~s ont des ailes.《속담》궂은 소식은 널리 퍼진다.
Point[Pas] de ~s, bonnes ~s.《속담》무소식이 희소식.
Première ~ ! 금시 초문이다!
Vous aurez de mes ~s.《구어》어디 두고 보자《상대를 위협하는 말》.
Vous m'en direz des ~s.《구어》꼭 마음에 들 겁니다; 반드시 놀랄 걸요. Goûtez-y, *vous m'en direz des ~s!* 맛 좀 보세요, 틀림없이 맛있을 겁니다.

Nouvelle-Calédonie [nuvεlkaledɔni] n.pr.f. 《지리》 뉴칼레도니아《남태평양상의 섬으로 1853년 이래 프랑스령》.

Nouvelle-Galles du Sud [nuvεlgaldysyd] n.pr.f. 《지리》 뉴사우스웨일스《오스트레일리아 주》.

Nouvelle-Guinée [nuvεlgine] n.pr.f. 《지리》 뉴기니.

nouvellement [nuvεlmɑ̃] ad. 《보통 과거분사 앞에 사용》새로; 최근에(récemment). Il est ~ arrivé. 그는 최근에 도착했다.

Nouvelles-Hébrides [nuvεlzebrid] n.pr.f.pl. 뉴헤브리데스《남서태평양 군도로서 영불 공동 통치령이었으나 1980년에 독립》; Vaunatu 공화국이 됨》.

nouvelleté [nuvεlte] n.f. 《법》 상속재산의 점유자에 대한 점유를 방해하기.

Nouvelle-Zélande [nuvεlzelɑ̃:d] n.pr.f. 《지리》 뉴질랜드.

nouvellier [nuvε(e)lje] n.m. 중편 소설가.《문학사》설화 작가.

nouvelliste [nuvε(e)list] n. ① 중편 소설가. ② 《신문》 탐방기자; 고십 기자. ~ à la main 고십란의 기자[기고가]. ③ 《옛》소문·이야기를 좋아하는 사람.

nova(pl. æ) [nɔva, -e] n.f. 《천문》 신성(新星).

novale [nɔval] n.f. ① 신 개간지. ② (pl.)(신 개간지의)10분의 1세(稅). — a.f. (땅이)새로 개간된. ② 10분의 1세의.

novateur(trice) [nɔvatœ:r, -tris] n. 개혁자, 혁신자(innovateur, ↔ conservateur). — a. 혁신적인. tendences ~trices 혁신적 경향.

novation [nɔvasjɔ̃] n.f. 《법》 (채권·계약 따위의) 갱신; 교체. ~ de créance 임대차계약의 갱신.

novatoire [nɔvatwa:r] a. 《법》 갱신에 관한.

novbre 《약자》 novembre 11월.

novelles [nɔvεl] n.f.pl. (Justinien 황제가 공포한) 동로마제국의 헌법.

:novembre [nɔvɑ̃:br] n.m. 11월. au mois de~; en ~ 11월에.

nover [nɔve] v.t. 《법》 (채무·계약 따위를) 갱신하다; 변경하다.

novice [nɔvis] n. ① 초심자, 무경험자, 풋나기 (apprenti, débutant). Il n'est ferveur que de ~. 일을 시작할 때만은 열의가 있다. faire le[la] ~ 초심자인 척하다; (특히) (여자가) 순진한 척하다. ② (가톨릭) (수련기에 있는) 수도사, 수녀.
—*n.m.* 《해양》 수습 선원.
—*a.* 경험없는, 미숙한, 서투른 (inexpérimenté, maladroit); 세상 물정 모르는, 순진한 (candide). Il n'est pas ~. 그는 경험이 많다, 노련하다.

noviciat [nɔvisja] n.m. ① 《가톨릭》 수련기(期); 수련소. ② 수련, 수업(修業), 견습. faire son ~ 수련중이다, 수업받다; 견습하다.

novocaïne [nɔvokain] n.f. 《약》 노보카인.

noyade [nwajad] n.f. ① 익사(溺死);《드물게》익사시키기. sauver qn de la ~ (물에 빠진) …을 물에서 구해내다. les ~s de Nante (1793년에 산악당원이 많은 정치범에게 행한) 낭트의 익사형. ② 《비유적》 파산, 파멸.

noyage [nwaja:ʒ] n.m. 《해양》 증수(增水), 침수.

noyal(l)e [nwajal] n.f. (돛배용) 삼베.

noyau [nwajo] (pl. ~x) n.m. ① 《식물》 (과일의) 씨, 핵, ~ de cerise 버찌의 씨. fruit à ~ 핵과(核果). eau[crème] de ~ (x) 브랜디에 복숭아씨의 인(仁)으로 맛을 곁들인 리큐르술. ② 중심, 핵심; (집단·조직 따위의) 핵심 분자[그룹], 구성분자. Le verbe est le ~ de la phrase. 동사는 문장의 핵이다. ~ ethnique d'un peuple 한 민족의 민족적 핵. parti désorganisé par des ~s d'opposants 반대분자들에 의해 붕괴된 정당. ~ communiste 공산당 세포. ~x de résistance 《군사》 (아직 항복하지 않은) 소수의 고립 부대. ~ d'équipage 《해군》기간요원. ③ ⓐ 《물리》 핵, 원자핵. physique du ~ 핵물리학. fission du ~ d'uranium 우라늄 핵분열. ⓑ 《천문》 (성운·은하의) 중심핵. ⓒ 《지질》 지각. ⓓ 《생물》 핵, 세포핵 (~ cellulaire); 《해부》 (신경계의) 핵; 《의학》 소결절(小結節)(nodule). ⓔ 《전기》 ~ d'une bobine d'induction 유도코일의 철심(鐵心). ⓕ 《건축》 (궁륭 따위의) 기초; (나선 계단의) 중심 기둥; (볼트·나사의) 몸둥이; (수레의) 바퀴통; escalier à ~ plein 나선계단.

noyautage [nwajota:ʒ] n.m. 《정치》 (조합·반대당 따위에 대한) 잠입[침투] 공작; 세포조직.

noyauter [nwajote] v.t. 《정치》 (조합·반대당 따위에 대해) 잠입[침투] 공작을 하다, (에)세포를 조직하다. ~ un syndicat ouvrier 노동조합안에 세포를 조직하다.

noyé(e) [nwaje] *a.p.* ① 물에 빠진, 익사한. marins ~s en mer 바다에서 익사한 수부. ②물에 잠긴, 침수된; [~ de] (에)흠뻑 젖은. chemins ~s 침수도로. roche ~e 암초. yeux ~ de larmes 눈물어린 눈, 눈물이 글썽거리는 눈. ③(비유적)[~ dans] (에)빠진, 쌓인. homme ~ dans la foule 군중속에 파묻힌(뒤섞인) 사람. maison ~e dans la verdure 푸른 수목들에 쌓인 집. ④(비유적)[~ de] (에)잠긴; [~ dans] (속에)탐닉한. cœur ~ de tristesse 슬픔에 잠긴 마음. Il est tout ~ de dettes. 그는 빚으로 꼼짝달싹 못한다. jeune homme ~ dans les plaisirs 쾌락에 빠진 젊은이. ⑤(구어)갈피를 잃은; (시선이)멍한. C'est un homme ~. 그 사람은 헤아릴 길이 없다. 이러지도 저러지도 못할 사람이다. regard ~ 멍한 시선. ⑥ boule ~e 《놀이》(볼링 따위에서)다른 밖으로 나간 공.
— *n.* 익사자; 물에 빠진 사람. repêcher un ~ 익사자를 건져내다.
Un ~ s'accroche à un brin de paille. 《속담》물에 빠진 사람은 지푸라기라도 잡는다.

*__noyer__¹ [nwaje] ⑦ *v.t.* ① 물에 빠뜨려 죽이다; 물에 빠뜨리다. ~ un chien 개를 물에 빠뜨려 죽게 하다. ②침수시키다, (에)잠기게 하다, 범람하다(inonder, submerger). Les pluies ont *noyé* la campagne. 비가 들판을 침수시켰다. Les larmes *noient* son visage. 그의 얼굴이 눈물로 젖는다. ~ les poudres 《해양》(폭발방지를 위해)화약을 물에 적시다. ~ le carburateur 《자동차》카뷰레터를 오버로킹키다. ③(비유적)덮다, 흐리게 하다. (슬픔 따위를)달래다. Le brouillard *noie* la vallée. 안개가 골짜기를 덮고 있다. ~ les contours 윤곽을 흐리게 하다. [~ *qc* dans] ~ un cri *noyé* dans le brouhaha 함성속에 파묻혀 버린 외침. ~ une révolte dans le sang 반란을 무자비하게 탄압하다. ~ sa pensée dans des digressions 자기 생각을 영롱한 이야기로 얼버무리다. ~ son chagrin dans l'alcool 슬픔을 술로 달래다. ④묽게 하다, (에)물을 타다. ~ son whisky (d'eau) 위스키에 물을 타다. ~ son vin (d'eau) 와인에 물을 타다. ⑤박다, 박아넣다. ~ un clou 못을 박다. ⑥갈피를 못잡게 하다, 멍하게 만들다. ~ *qn* sous les mots 너무 수다를 떨어 …을 멍하게 만들다.
— *le poisson* 낚시에 걸린 물고기의 머리를 물위로 올려 숨막히게 하다; (구어)(상대방이 저쪽)빠져 손을 들도록)문제를 걷잡을 수 없게 만들다.
— *se* ~ *v.pr.* ①물에 빠져 죽다, 익사하다; 투신자살하다. Il *s'est noyé* dans la rivière. 그는 강에 빠져 죽었다(투신자살 했다). ②(비유적)[se ~ dans] (에)빠지다; (에)갈피를 잃다. *se* ~ *dans la débauche* 방탕에 빠지다. *se* ~ *dans le vin* 술에 빠지다. *se* ~ *dans les détails* 지엽적인 것에 치우쳐 핵심을 놓치다.
se ~ dans une goutte (dans un verre) d'eau 하찮은 일로 실패하다. *se ~ l'estomac* 과식해서 소화불량이 되다.

noyer² *n.m.* 《식물》호두나무.

noyon [nwajɔ̃] *n.m.* (물림의)경계선, 라인.

noyure [nwajy:r] *n.m.* (나사의 머리를 들어앉게 하는)구멍.

Np 《약자》neptunium 《화학》넵투늄. ② néper 《물리》네퍼의 기호.

N.P.D. 《약자》Nouveau Parti Démocratique (캐나다의)신민주당) 신민주당원.

n.pl. 《약자》notre place 이곳.

N.R.F. 《약자》Nouvelle Revue Française 신프랑스 문예(지).

N.S. 《약자》nouveau style 신력(新曆), 그레고리오력(曆).

N.-S.(J.-C.) 《약자》Notre-Seigneur(Jésus-Christ) 《종교》우리의 주(예수 그리스도).

N.S.-P. 《약자》Notre Saint-Père 우리의 교황.

n/sr. 《약자》notre sieur... 《상업》…씨, 귀하.

nt 《약자》négociant 도매상.

N.T. 《약자》Nouveau Testament 신약성서.

N.T.C.F. 《약자》Notre très cher frère 《종교》우리의 사랑하는 형제여.

NTSC (<(영) *National Television Systeme Committee*) [enteesse] *n.m., a.* (미국에서 개발된 컬러 텔레비전의)NTSC 방식의.

nte 《약자》négociante (négociant의 여성)

__nu__¹(e) [ny] *a.* (명사 앞에서는 변화없이 연결부호로 그 명사에 연결되고, 명사 뒤에서는 그 명사와 성·수에 일치) ①벌거숭이의, 벌거벗은, 나체의. corps nu 나체. femme nue 나체의 여자, épaules nues 드러난 어깨. aller *nu*-jambes (les jambes *nues*) 다리를 드러내놓고 다니다. aller *nu*-pieds (les pieds *nus*) 맨발로 가다. nu comme la main (comme un ver) 벌거숭이의, 발가벗겨진. avoir la tête *nue*; être nu-tête 모자를 쓰지 않고 있다. ②알은 것이 없는; (비유적)장식이 없는. cheval *nu* 털없는 말; 안장을 달지 않은 말. arbres nus 잎이 떨어진 나무들. cellule pauvre et *nue* (가구없는)빈 감방. épée *nue* 칼집에서 뺀 칼. boxer à main *nue* 글러브를 끼지 않고 권투하다. ③(비유적)가식없는, 숨김없는. style *nu* 있는 그대로의 심정을 토로하다. vérité toute *nue* 거짓없는 진실. ④(엣문어)혼자만의; [~ de](이)없는. nation *nue* de puissance 힘없는 국가.
— *n.m.* 나체, 누드, 나체화(像); 노출된 부분, 장식 없는 부분.
à nu 벌거벗고, 나체로; 적나라하게, 드러내놓고. découvrir son cœur *à nu* 흉금을 털어놓다. monter un cheval *à nu* (안장 없는)맨 말을 타다. *se mettre à nu* 벌거벗다.

nu² *n.m.* 그리스 자모의 제13자(N, ν).

__nuage__ [nɥaʒ] *n.m.* ①구름. ~ à grain (orageux) 비(천둥)구름. ~s en balles de coton 뭉게구름. ~s en queues de chat 권운. ②구름같은것; (눈 따위의)흐림. ~ artificiel 《군사》연막. ~ de fumée 자욱한 연기, 구름같은 연기. ~ d'oiseaux 구름같은 새 떼. ~ de poussière 구름같은 먼지, 자욱한 황진. avoir un ~ devant les yeux 눈이 흐리다. [un ~ de] *un ~ de lait*(차·커피에 타는)약간의 우유. ③암영(暗影), 의혹, 염려, 불안; 불화. avenir chargé de ~s 암영이 드리운(불안한) 미래. Il y a des ~s noirs à l'horizon. 커다란 위험이 우리를 위협하고 있다. Il n'y a pas de bonheur sans ~s. 온전한 행복이란 없다. ④(보석의)흠, 결점. ⑤ⓐ《물리》~ électronique 전자운; ~ atomique 원자운. ⓑ《천문》N~s de Magellan 마젤란운 (은하계의 성운). ⓒ《통계》~ statistique(de points) (도표상의)점의 운상밀집, 통계운.
se perdre (être) dans les ~s 꿈속같이 멍해 있다, 망상에 잠겨있다.

nuagé(e) [nɥaʒe] *a.* (모피·코트 따위가)얼룩무늬가 든, 《문장》구름 무늬가 있는(nébulé). femmes ~es de gaze 얇은 사(紗)의 옷을 두른 여자들.

nuageusement [nɥaʒøzmɑ̃] *ad.* 흐리게; 흐릿하게, 흐리멍덩하게.

nuageux(se) [nɥaʒø, -ø:z] *a.* ①흐린, 구름이 낀. ciel ~ 흐린 하늘. pic ~ 구름 낀 봉우리. ②흐릿한, 흐리멍덩한(⇔clair). théorie ~se 모호한 이론. pierre ~se 흐림이 있는 보석.

nuaison [nɥɛzɔ̃] *n.f.* 《해양》날씨(바람)가 변하지

nuançage [nɥɑ̃saːʒ] n.m. 【미술】 뉘앙스를 띠게 하기, 채색.

*__nuance__ [nɥɑ̃ːs] (< nuer) n.f. ① (한 빛깔에 있어서의)명암의 차이, 색조, 농담(濃淡). mille ~s du soleil couchant 다양한 일몰의 색조. Elle s'est achetée une robe bleue dans la même ~ que le bleu de ses yeux. 그녀는 자기 눈빛과 똑같은 푸른 색의 드레스를 샀다. ② (같은 종류의 것 사이에 있어서의)미묘한 차이; (문체의)미묘한 음영(陰影). saisir des ~s 미묘한 변화[움직임]를 느끼다. Entre ces deux mots, il y a une ~ de sens. 이 두 말에는 미묘한 의미의 차이가 있다. Il y a plus qu'une ~ entre ces deux points de vue. 이 두 견해 사이에는 크나큰 차이가 있다. ne différer que par des ~s 대동소이하다. homme sans ~ 비타협적인[강경한] 사람. ③ 희미한 흔적, 기미. [une ~ de] Il y a une ~ de mépris. 경멸의 기미가 보인다. ④ 【음악】 음조, 강약. notations des ~s en musique 음악에서 강약의 기호. jouer sans ~s 무표정하게 연주하다.

nuancé(e) [nɥɑ̃se] a.p. 여러가지 뉘앙스가 있는, 명암[농담]이 있는, 음영이 있는; 여러가지 차이를 고려한. opinion ~e 모든 것을 고려한 의견.

nuancement [nɥɑ̃smɑ̃] n.m. 뉘앙스를 띠게 함.

nuancer [nɥɑ̃se] [2] v.t. ① (색깔에)명암[농담]을 넣다, 뉘앙스를 조정하다. ~ les couleurs 색채의 농담을 조정하다. ② (비유적으로)(표현에)미묘한 변화를 주다, 미묘한 차이를 고려하여 표현하다 (흔히 수동형으로 쓰임); (작품 해석에 있어서)뉘앙스를 표현하다. ~ ses expressions 표현을 완곡하게 [부드럽게]하다. ~ sa pensée 자기의 생각에 뉘앙스를 주다. ~ son acquiescement de scepticisme 동의는 하되 다소의 의문을 달다.

nuancier [nɥɑ̃sje] n.m. 【상업】 (동종의 상품에 빛깔이 여러 종류 있을 때의)색견본 카드 (입술연지·화장용 분 따위의). cinq ~s de rouge 입술연지의 색견본 5매.

nubécule [nybekyl] n.f. 【의학】 각막운예(雲翳).

Nubie (la) [lanybi] n.pr.f. 누비아 (아프리카 동북부; 수단북부에서 이집트 남부에 걸친 지역).

nubien(ne) [nybjɛ̃, -ɛn] a. 누비아의 (Nubie의).
—N~ n. 누비아 사람.

nubile [nybil] a. ① 【법】 결혼 적령의. âge ~ 혼인 적령기 (프랑스에서는 남자 18세, 여자 15세). ② 《구어》 (특히 여자가)나이 찬, 다 큰. Ce n'est plus une enfant, elle est ~. 그녀는 이제 아이가 아니라 다 컸다.

nubilité [nybilite] n.f. 결혼 적령.

nucal(ale, pl. aux) [nykal, -o] a. 【해부】 목의, 목덜미의.

nucelle [nysɛl] n.f. 【식물】 배주심(胚珠心).

nucifère [nysifɛːr] a. 【식물】 견과(堅果)를 맺는.

nuciforme [nysifɔrm] a. 【식물】 견과 모양의.

nucivore [nysivɔːr] a. 【동물】 견과를 먹는.

nuclé- préf. 「핵」의 뜻.

nucléaire [nykleɛːr] a. ① 【물리】 원자핵의. essais ~s 핵(폭탄)실험. fission [fusion] ~ 핵분열 [융합]. centrale ~ 원자력 발전소. guerre ~ 핵전쟁. arme ~ 핵무기. ogive ~ (d'un missile) 미사일의 핵탄두. puissances ~s 핵보유국. ② 【생물】 (세포의)핵의. membrane ~ 핵막. division ~ 핵분열.

nucléal(ale, pl. aux) [nykleal, -o] a. 【드물게】 【생물】 핵의; 【천문】 (성운 따위의)핵의.

nucléarisation [nyklearizasjɔ̃] n.f. (산업동력의)원자력화, 핵에너지로 대체하기.

nucléase [nykleɑːz] n.f. 【화학】 뉴클레아제 (핵산 가수분해 효소).

nucléation [nykleasjɔ̃] n.f. 【물리·화학】 핵생성.

nucléé(e) [nyklee] a. 【생물】 (세포가)핵이 있는. cellule ~e 유핵세포.

nucléine [nyklein] n.f. 【생화학】 뉴클레인.

nucléique [nykleik] a. 【생화학】 핵 의. acides ~s 핵산, 뉴클레인산.

nucléo- préf. 「핵」의 뜻.

nucléolaire [nykleɔlɛːr] a. 【생물】 핵인질(核仁質).

nucléole [nykleɔl] n.m. 【생물】 인(仁). 【質】의.

nucléolé(e) [nykleɔle] a. 인이 있는.

nucléon [nykleɔ̃] n.m. 【물리】 핵자(核子).

nucléonique [nykleɔnik] a. 【물리】 핵자의.

nucléoprotéine [nykleɔprɔtein], **nucléoprotéide** [nykleɔprɔteid] n.f. 【생화학】 핵 단백질.

nucléoside [nykleɔzid] n.m. 【생화학】 뉴클레오시드 (염기와 당이 N 글리코시드로 결합한 것).

nucléosynthèse [nycleosɛ̃tɛz] n.f. 【천문·물리】 원소합성 (우주의 전 원소의 생성을 설명하는 핵반응의 총체).

nucléotide [nykleɔtid] n.m. 【생화학】 뉴클레오티드 (뉴클레오시드의 당부분이 인산 에스테르로 변한 것).

nucléus, nucleus [nykleys] n.m. (복수불변) ① 【생물】 핵, 세포핵(noyau). ~ pulposus 【해부】 수핵(髓核). ② 【역사】 석핵(石核) (석기시대에 석기제작에 쓰이 잘라낸 돌).

nudisme [nydism] n.m. 나체주의; 육체노출.

nudiste [nydist] a. 나체주의의. —n. 나체주의자.

nudité [nydite] n.f. ① 벌거숭이, 나체; 신체의 노출부분; (특히)치부. ② (사물이)노출되어 있음, 장식이 없음. ~ d'un mur 벽의 장식없음(민짜). ~ d'une montagne 산의 벌거숭이 상태, 벌거숭이산. vices qui s'étalent dans toute leur ~ 숨김없이 그 모습을 드러낸 타락행위. ③ (주로 pl.) 【미술】 나체화 [상·사진]. ④ 빈곤, 무일푼.

nue¹ [ny] a.f. ⇨ nu¹.

nue² n.f. 《옛·문어》 구름(nuage), (pl.)하늘(ciel). porter [mettre] qn (jusqu')aux ~s ⋯을 격찬하다. se perdre dans les ~s (이야기가)너무 추상적이어서 종잡을 수가 없다. tomber des ~s 깜짝 놀라다, 어리둥절하다.

nué(e¹) [nɥe] a.p. ① 색조가 변하는. jaspe ~ 옥충색 (玉虫色) 벽옥. ② or ~ 【수예】 (견사 자수의)금사지 (金糸地).

nuée² [nɥe] n.f. ① 《문어》 큰 구름, 먹구름(nuage). ② 떼, 운집, 한무리(foule); 다수(quantité). [une ~ de] sous une ~ de balles [de flèches] 빗발치듯 날아오는 총알 [화살] 속을. une ~ d'oiseaux [de sauterelles] 새 [메뚜기] 떼. ③ 망상; 그릇된 이론. ④ (보석의)흐린 부분. ⑤ ~ ardente 【지질】 화산분화구의 연기.

nuement [nymɑ̃] ad. = nûment.

nue-propriété [nyprɔprijete] (pl. ~s-~s) n.f. 【법】 허유권(虛有權).

nuer [nɥe] v.t. ① (색을)배합하다. ② 【수예】 (다른 색깔의 실들을)배합하다.

nuire [nɥiːr] [32] v.t.ind. [~ à] ⋯을 해치다, 훼손하다. ~ à la réputation 명성을 훼손하다. ~ à qn auprès de ses amis ⋯을 (그의) 친구들에게 나쁘게 말하다 [악담하다]. ~ (목적보어 없이) volonté [intention] de ~ 사람을 해치려는 생각 [악의]. Cela ne nuira en rien. 그것은 전혀 해롭지 않을 것이다. ② ⋯을 방해하다(contrarier). Cela risque de ~ à nos projets. 이것은 우리의 계획을 방해할 우려가 있다. ne pas ~ 《구어》 도움이 되다. C'est un garçon

intelligent et, ce qui *ne nuit pas*, déjà au courant du métier. 이 애는 영리한데다가 더욱 좋은 것은 벌써 일에 훤한 것이다.
Trop gratter cuit, trop parler nuit. 《속담》입이 화근.
—**se** ~ *v.pr.* ① 자신을 해치다. *Il se nuit en insistant trop.* 그는 너무 고집부리다가 손해를 본다. ② 《상호적》 서로 해를 입히다.

nuisance [nɥizɑ̃:s] *n.f.* ① 《옛》해로움; 유해물. ② 《주로 pl.》공해. ~s industrielles 산업공해. ~s de la pollution 오염공해. ~s du bruit 소음공해. industries à hautes ~s 공해산업.

nuisant(e) [nɥizɑ̃, -ɑ̃t] *a.* 해를 끼치는; 공해를 끼치는.

nuisibilité [nɥizibilite] *n.m.* 유해성. ~ de l'alcool 알코올의 유해성.

nuisible [nɥizibl] *a.* 해로운(néfaste, ↔ bienfaisant). gaz ~s 유독가스. insectes ~s 해충. [~ à] ~ à la santé 건강에 해로운.

nuisiblement [nɥizibləmɑ̃] *ad.* 《드물게》해롭게.

‡**nuit** [nɥi] *n.f.* ① 밤; (밤의)어둠. en pleine ~; au milieu de la ~ 한밤중에. à la ~ tombante; à la tombée de la ~ 해질 무렵에. à la close 무렵에. à la ~ close 어둠이 깃들 무렵에. jusqu'à une heure avancée de la ~ 밤늦게까지. rentrer avant la ~ 어두워지기 전에 돌아오다. La ~ tombe. 밤이다. 어두워진다. Il fait ~ noire. 캄캄한 밤이다. être surpris par la ~ (길을 가다)도중에 날이 저물다. J'ai mal dormi cette ~. 나는 간밤에 잠을 잘 못 잤다. Je n'aime pas conduire la ~. 나는 밤에 운전하는 것이 싫다. Bonne ~!; Je vous souhaite une bonne ~! 안녕히 주무십시오! l'astre(la reine) des ~s; le flambeau de la ~ 《시》달. les feux de la ~ 《시》별.
② 《문어》어둠, 캄캄함(obscurité); 무지, 몽매. la ~ d'un souterrain 지하의 어둠. ~ du tombeau; ~ éternelle 《시》죽음. dans la ~ des temps 태고에. ~ de l'ignorance 무지몽매.
③ (하룻밤의)숙박료. payer sa ~ 숙박료를 물다.
④ 《해양》 ~ franche 비번의 밤; 《종교》 enfants de la ~ 밤의 자식들(기독교를 믿지않는 자들을 가리킴).
C'est le jour et la ~. 그것은 (낮과 밤만큼) 전혀 다르다.
de ~ 밤의, 야간의; 야행성의; 《부사적》밤에. travail *de* ~ 야근. être *de* ~; travailler *de* ~ 《구어》 야근(밤일)을 하다. garde(gardien, veilleur) *de* ~ 야경꾼. combat *de* ~ 야간전투. vase *de* ~ (침실용의)변기, 요강. boîte *de* ~ 나이트클럽. effet *de* ~ 《회화》야경화. oiseaux *de* ~ 밤새. papillon *de* ~ 나방.
La ~*, tous les chats sont gris.* 《속담》어둠은 모든 것을 가리워준다.
~ et jour [nɥitɛʒuːr]; *jour et* ~ 밤낮으로, 끊임없이
passer une ~ *blanche* (*sans sommeil*) 뜬눈으로 밤을 지새우다.
Tout bonnet la ~ *est bon.* 《속담》어둠 속에서는 뭐든지 아름다워 보인다.

nuitamment [nɥitamɑ̃] *ad.* 《문어》밤중에. s'enfuir ~ 밤중에 도주하다. vol commis ~, avec effraction 야간 주거침입 절도죄.

nuitard [nɥitaːr] *n.m.* 《구어》야근하는 사람, 야간노동자.

nuitée [nɥite] *n.f.* (여관에서의)하룻밤의 숙박; 하룻밤의 일. 《옛》하룻밤. à ~ 《사투리》밤새도록.

nuiteux(se) [nɥitø, -øːz] *a.* 《문어》밤의. —*n.m.* 야근하는 사람.

nuiton(ne) [nɥitɔ̃, -ɔn] *n.m.* 뉘생조르주(*Nuits-Saint-Georges,* 프랑스의 도시)(사람). —**N**~ *n.* 뉘생조르주 사람.

nuits [nɥi] *n.m.* 뉘생조르주산의 포도주.

nu-jambes [nyʒɑ̃:b] *loc.ad.* 《nu¹.

*nul(le)** [nyl] *a.* 《명사 뒤 또는 속사로서》① 무(無)의, 없는, 존재하지 않는. Les risques sont ~s. 위험은 없다. capitaux presque ~s 영세한 자본. vent ~ 무풍(無風). ② 형편없는; 무가치한, 무능한, 시들한. ~ résultat ~ 무성과(無成果). élève ~ en français 프랑스어에 무능한 학생. ③ 《법》무효의. testament ~ 효력없는 유언. rendre ~ 무효로 하다. et de ~ effet; et ~ effet; ~ et non avenu 무효의. ④ 《스포츠》무승부의. partie ~le 무승부(가 된 경기). faire match ~ (시합이)무승부가 되다. ⑤ 《수학》영(0)의. nombre ~ 영(0). ⑥ 《생물》(어떤 기관이)없는, 결여된. bractées ~les 《식(苞)》가 없는.
—*a.ind.* 《명사 앞》아무런[어떤]…도 …하지 않다. Je n'ai ~ besoin de leur aide. 그들의 도움은 조금도 필요치 않다. ~ doute qu'il ne réussisse. 그는 꼭 성공할 것이다. sans ~ doute 의심의 여지없이. en ~le façon 절대로 (…하지 않다).

<small>REM</small> 이 용법과 뜻은 **aucun**이 같음. 문어에 해당하는 것은 성구인 **nul part**의 경우를 제외하고는, 시나 격언적 표현 이외에는 요즘은 잘 쓰이지 않음(aucun으로 대용함).

—*pron.ind.* 《문어》(ne 와 함께) 어떤 사람(아무)도 …하지 않는다. N~ n'est exempt de la mort. 아무도 죽음을 면할 수는 없다. N~ autre que lui ne pourra le faire 그 사람 이외의 그 누구도 그것을 하지 못할 것이다.

<small>REM</small> 고어에서는 보어로서도 사용되었으나 오늘날은 주어로서만 사용하되 **aucun**보다 격언적인 어감을 준다.

—*n.f.* (암호의)허자(虛字), 허어(虛語).

nullard(e) [nylaːr, -ard] *a.* 《구어》《경멸》아무 쓸모 없는; 《~》에》무식한. Elle est ~e en math. 그녀는 수학에 무식하다.

*nullement** [nylmɑ̃] *ad.* ① 조금도 ~ (ne 와 함께 쓰임) (pas du tout). Il n'est ~ question. 그것은 조금도 문제가 안된다. Je *ne* le veux ~. 나는 그것을 전혀 원치 않는다. ② 《생략문에서 ne, sans 없이》 Son attitude est polie, mais ~ chaleureuse. 그의 태도는 정중하지만, 전연 따뜻한 맛이 없다.

nullification [ny(l)lifikasjɔ̃] *n.f.* 《법》무효화.

nullifier [ny(l)lifje] *v.t.* 무효로 하다; 폐기하다.

nullipare [ny(l)lipaːr] *a.* 《법》아이를 낳지 않은.
—*n.f.* 미산부(未産婦).

nullité [ny(l)lite] *n.f.* ① 《법》무효(↔ validité). action en ~ 계약무효의 소송. ~ de jugement 판결의 무효. ~ de forme(de fond) 형식상(실제상)의 무효. demande en ~ 방소 항변(妨訴抗辯). (testament) frappé de ~ 무효화(폐기)된 (유서). frapper une clause de ~ 정관(定款)을 폐기하다. ② 무가치(무능)한 사람. Cet élève est une ~. 그 학생은 아주 지능이 낮다. C'est une ~. 그는 무능하다. ③ 무가치; 무능; 무식. Cet élève est d'une ~ parfaite. 이 학생은 아무것도 모른다.

numantin(e) [nymɑ̃tɛ̃, -in] *a.* 뉴만시아(*Numance,* 에스파냐의 옛 도시)의. —**N**~ *n.* 뉴만시아 사람.

nûment [nymɑ̃] *ad.* 적나라하게, 꾸밈없이, 솔직하게. Je vous dirai ~ la vérité. 사실을 거짓없이 말씀드리겠습니다.

numéraire [nymerɛːr] *a.* ① (화폐가)법정(가격)의. valeur ~ 법정 화폐가치. ②《옛》계산용의. pierres ~s 이정석(里程石). 정금(正貨)(espèces)의. 통화(~ réel). ~ fictif 유통지폐. payer en ~ 현금으로 지불하다.

numéral(ale, *pl.* **aux)** [nymeral, -o] *a.* 수를 나타

numérateur [nymeratœːr] *n.m.* 〖수학〗 (분수의) 분자(↔ dénominateur).

numératif(ve) [nymeratif, -iːv] *a.* 계산에 사용되는, 수에 관한. mots ~s 수사. —*n.m.* 〖언어〗 수사. ~ ordinal 서수사. ~ multiple 배수사.

numération [nymerasjɔ̃] *n.f.* 〖수학〗 기수법(基數法). ~ à base 10, 십진법(~ décimale). ~ à base 12, 12진법(~ duodécimale).

numérique [nymerik] *a.* 수의, 수에 관한; 수자상의, 수적으로 본. opération ~ 운산(運算). calcul ~ 수치계산법. supériorité ~ de l'ennemi 적군의 수적 우세.

numériquement [nymerikmɑ̃] *ad.* 수자상으로, 수적으로 보아. L'ennemi était ~ supérieur. 적군은 수적으로 우세하였다.

numériser [nymerize] *v.t.* 〖컴퓨터〗 수치화(數値化)하다, 디지털화하다.

‡numéro [nymero] *n.m.* (뒤에 수사가 올 때에는 N°, n° 로 생략하여 사용할 때도 있다)① 번호. ~ de téléphone 전화번호. ~ d'une place dans un train 열차의 좌석번호. ~ d'immatriculation d'une voiture 자동차의 등록번호. ~ gagnant[sortant] de la loterie 복권당첨번호.
② 번지; 방번호; …번호의 사람. Elle habite au 30 de la rue de Vaugirard. 그녀는 보지라르가(街) 30번지에 살고있다. Mettez le petit déjeuner au ~7.7호실에 아침식사를 갖다주십시오. Appelez le ~ suivant. 다음 번호의 사람을 불러주시오.
③ (정기간행물의)호; (상품의 크기를 표시하는) 호수. dernier ~ 최신호. ~ spécial 특별호. La suite au prochain ~. 이하는 다음 호에 계속됨. ~ des verres de lunettes (도수를 표시하는)안경의 렌즈번호. vendre au ~ (그림을)호수로 팔다.
④ (홍행물의)번호. 하나하나. présenter un nouveau ~ 새로운 홍행거리를 내놓다. ~ de chant 노래 번호.
⑤ 〖구어〗 괴짜.
connaitre le ~ de qn 〖옛〗…의 됨됨이를 잘 알다. ~ *un [deux]* 〖구어〗최고의 [둘째로 좋은]. dîner ~ *un* 최고급의 식사.
tirer le bon ~ (징병에서)행운 제비를 뽑다; (병역 면제가 되다); 행운을 얻다, 재수가 좋다.

numérotage [nymerotaːʒ] *n.m.*, **numérotation** [nymerotasjɔ̃] *n.f.* 번호[번지]를 매기기. ~ des pages d'un livre 책의 페이지 매기기.

numéroté(e) [nymerote] *a.p.* 번호를 매긴[가진]. siège ~ 번호가 부착된 좌석.

numéroter [nymerote] *v.t.* (에)번호[번지]를 매기다. machine à ~ 번호 인자기(印字器), 넘버링. ~ des maisons d'une nouvelle rue 새로운 거리의 가옥 번지를 붙이다. *Numérotez-vous!* 번호! (번호 붙여 구령하기).

numéroteur [nymerotœːr] *a.m.* 번호를 매기는. —*n.m.* 번호 인자기, 넘버링.

numerus clausus [nymeryskloziys] 〖라틴〗*n.m.* (2차 대전중 프랑스 Vichy 정부가 취한 유태인 학생 따위에 대한)입학 학생수의 제한.

numide [nymid] *a.* 누미디아(la *Numidie*, 아프리카 북부의 옛 왕국)의. —**N~** *n.* 누미디아 사람.

numismate [nymismat] *n.* 고전학자, 고전학.

numismatique [nymismatik] *a.* 고전학(古錢學)의. —*n.f.* 고전학.

numismatiste [nymismatist] *n.* = **numismate**.

numismatographie [nymismatografi] *n.f.* 고전학서(書).

nummulaire [ny(m)mylɛːr] *n.f.* 〖식물〗좀가지풀 속(屬)의 덩굴풀(lysimaque ~). —*a.* 〖의학〗돈모양의, 화폐상(貨幣狀)의, 연전상(研錢狀)의. crachat ~ 폐결핵 환자의 화폐 모양의 객담.

nummuline [ny(m)mylin], **nummulite** [ny(m)mylit] *n.f.* 〖지질〗화폐석(石).

nummulitique [ny(m)mylitik] *a.* 〖지질〗화폐석을 함유한, 고제 3기(古第三紀)의. —*n.m.* 화폐석층, 고제 3기. calcaires ~s 화폐석 석회암.

nunatak [nynatak] *n.m.* 〖지리〗빙원(氷原)에 돌출된 바위.

nuncupatif(ve) [nɔ̃kypatif, -iːv] *a.* ① 〖로마법〗(유언 따위가)구두(口頭)의. testament ~ 구두 유언. ② 〖신학〗명목상의.

nuncupation [nɔ̃kypasjɔ̃] *n.f.* 〖로마법〗유언의 구두 발표.

nunnation [ny(n)nasjɔ̃] *n.f.* 〖언어〗콧소리, 비음; 콧소리 내기.

nuphar [nyfaːr] *n.m.* 〖식물〗개연꽃.

nu-pieds [nypje] *loc.ad.* ⇨nu¹.

nu(e)-propriétaire [nyproprijetɛːr] (*pl.* ~**s**-~**s**) *n.* 〖법〗허유권(虛有權) 소유자.

nuptial(ale, *pl.* **aux)** [nypsjal, -o] *a.* 〖문어〗혼례의. anneau ~ 결혼 반지. bénédiction ~*ale* 결혼축복 (교회에서의 결혼식). chambre ~*ale* 신방. marche ~*ale* 결혼행진곡. habits ~*aux* 결혼예복. robe ~*ale* 웨딩드레스

nuptialisation [nypsjalizasjɔ̃] *n.f.* 혼인율(nuptialité).

nuptialité [nypsjalite] *n.f.* 결혼·이혼에 대한 통계, 혼인율. tables de ~ (연령별)혼인율 일람표.

nuque [nyk] *n.f.* 목덜미. prendre[saisir] *qn* par la ~ …의 목덜미를 잡다.

nurembergeois(e) [nyrɛ̃bɛrʒwa, -az] *a.* 뉘른베르크(*Nuremberg*, 독일의 도시)의. —**N~** *n.* 뉘른베르크 사람.

nurse [nœrs] 〖영〗*n.f.* ① 간호부. ② 유모; 보모, 애보는 여자.

nursery [nœrsəri] (*pl.* ~*ies*) 〖영〗*n.f.* 육아실, 「실.

nutant(e) [nytɑ̃, -ɑ̃ːt] *a.* 〖식물〗(꽃이)아래로 처지는.

nutation [nytasjɔ̃] *n.f.* 〖의학〗두부진전(頭部振顫); 〖식물〗전두(轉頭)운동; 〖천문〗(지축의)장동(章動).

nu-tête [nytɛt] *loc.ad.* ⇨nu¹.

nutria [nytri(j)a] *n.m.* 뉴트리아(남아메리카산의 설치류의 일종); (그)모피.

nutricier(-ère) [nytrisje, -ɛːr] *a.* 자양의, 영양이 되는, sève ~*ère* 수액(樹液).

nutriment [nytrimɑ̃] *n.m.* (직접 체내로 흡수되는) 영양물.

nutritif(ve) [nytritif, -iːv] *a.* 자양분 있는, 영양이 되는; 영양에 관한(nourrissant). valeur ~*ve* 영양가(價). éléments ~s 영양소. mets ~ 영양요리. fonctions ~*ves* 영양섭취기능. réserves ~*ves* 저축영양, aliments ~ 영양식품.

nutrition [nytrisjɔ̃] *n.f.* 〖생물〗영양 섭취. troubles de la ~ 영양장애. mauvaise ~ 영양불량.

nutritionnel(le) [nytrisjonɛl] *a.* 영양에 관한, 영양의. composition ~*le du lait* 우유의 영양(학적)구성.

nutritionniste [nytrisjonist] *n.* 영양학자; 영양사.

nutritivité [nytritivite] *n.f.* 자양분[영양]이 있음; 영양가.

n/v. (약어)*notre ville* 〖상업〗우리 도시.

nyaka, niqua, nia qua [njaka] *n.m.* 간젂주의, 약식주의의 (※Il n'y a qu'à + *inf.*「…하기만 하면 그

만이다」의 형식을 좋아하는 데서 온 표현, 약식 발음인 yaka, yaqua, y'aqua 의 철자로도 쓰임. 또 nyaquisme 이라는 신어도 자주 쓰인다).

nyct- *préf.*「밤」의 뜻.

nyctage [nikta:ʒ] *n.m.* 〖식물〗분꽃(belle-de-nuit, mirabilis).

nyctaginacées [niktaʒinase] *n.f.pl.* 〖식물〗분꽃과(科).

nyctalgie [niktalʒi] *n.f.* 〖의학〗야간통(痛), 수면통.

nyctalope [niktalɔp] 〖의학〗*a.* 주맹증(晝盲症)의. —*n.* 주맹증 환자.

nyctalophobie [niktalɔfɔbi] *n.f.* 〖정신의학〗어둠[야간] 공포증.

nyctalopie [niktalɔpi] *n.f.* 〖의학〗주맹증.

nyctalopique [niktalɔpik] *a*, *n*. =**nyctalope**.

nycthémère [niktemɛ:r] *n.m.* 〖생물〗주야(생리적인 시간 단위: 낮과 밤을 포함하는 24 시간).

nycturie [niktyri] *n.f.* 〖생리·의학〗야간 다뇨[빈뇨](증), 야뇨(증).

***nylon** [nilɔ̃] 〖직물〗나일론. bas en ~; bas (de) ~ 나일론 스타킹.

nymphal(***ale**[1], *pl.* ***aux**) [nɛ̃fal, -o] *a.* 〖동물〗번데기의.

nymphale[2] [nɛ̃fal] *n.m.* 〖곤충〗공작나비속(屬).

nymphalidés [nɛ̃falide] *n.m.pl.* 〖곤충〗네발나비과(科).

nymphe [nɛ̃:f] *n.f.* ① 〖그리스신화〗님프, 물의 요정. avoir une taille de ~ 님프같이 아름다운 몸매를 지니다. ② 아름다운 아가씨; 애인. ③ 〖동물〗번데기. ④ 〖해부〗소음순(小陰脣).

nymphéa [nɛ̃fea] *n.m.* 〖식물〗수련.

nymphéacées [nɛ̃fease] *n.f.pl.* 〖식물〗수련과.

nymphée [nɛ̃fe] *n.m.*(*f.*) ① 〖식물〗=nymphéa. ② 〖그리스신화〗님프를 모시는 신전(神殿); 님프가 사는 굴. ③ 〖고대로마〗별장 안의 동굴.

nymphette [nɛ̃fɛt] *n.f.* (매력적인 몸매를 한) 애띤 아가씨.

nympholepsie [nɛ̃fɔlɛpsi] *n.f.* 열광, 환희; 열중.

nympholepte [nɛ̃fɔlɛpt] *a.* 열광적인, 환희의; 열중하는. —*n.* (위)의 사람.

nymphomane [nɛ̃fɔman] *n.f.*, *a.* 여자 색광(의).

nymphomanie [nɛ̃fɔmani] *n.f.* (여자의) 색(정)광증; (암컷의 소·말 따위의) 이상 발정.

nymphose [nɛ̃fo:z] *n.f.* 〖곤충〗번데기의 상태.

nyssa [nisa] *n.m.* 〖식물〗백단과(白檀科)의 일종.

nystagme [nistagm], **nystagmus** [nistagmys] *n.m.* 〖의학〗안구진탕증(眼球震盪症).

O

O¹, o [o] *n.m.* ① 프랑스 자모의 제 15 자. *O majuscule*; grand *O* 대문자 O. *o minuscule*; petit *o* 소문자 o. *O accent circonflexe* 곡음부호(^) Ô. *o ouvert* 개음 o([ɔ]). *o fermé* 폐음 o([o]). *o nasalisé* 비음 o([ɔ̃]). ② 제로. ③ 도(度)의 기호 (degré).

O²《약자》 ① oxygène 〖화학〗 산소. ② ohm 〖전기〗 옴.

O.《약자》 ouest 서쪽; officiel 공식의; officier 수훈자(受勳者); omission 〖상업〗 탈락.

o/...《약자》 à l'ordre de... 〖상업〗 …의 지명인에게.

ô [o] *int.* ① (호격(vocatif)명사를 유도) 오(아) …이여! *Ô mon souverain roi!* 오 국왕폐하시여! *Ô Seigneur!* 오 주여! ② (감정을 나타내는 추상명사·형용사와 더불어) 아 …이로구나! *Ô rage, ô désespoir, ô* vieillesse ennemie! 오 분하도다, 절망이로다, 한스러운 늙음이여! *Ô* fou que vous êtes! 당신은 제정신이 아니시군요. ③ (감탄 또는 부정의 부사의 강조) 아! ; 천만에! *Ô* combien je l'aime! 오 내가 얼마나 그를 사랑하고 있는지! *Ô* non! 천만에!

REM 이 감탄사는 문어나 비극적인 시문에서만 쓰이며 **oh!** 와는 달리 직후에 발음상의 휴지(休止)가 올 수 없는 것이 특징이다.

—*n.m.* (복수불변) Les (antiennes) Ô de Noël 〖종교〗 크리스마스 전의 이레동안 노래하는 간투사 Ô로 시작되는 일곱 가지 찬송가.

o- *préf.* 「마주보고, 대립하여」의.

O.A.《약자》 officier d'académie 교육공로훈장 수훈자(受勳者).

O.A.A.《약자》 Organisation pour l'alimentation et l'agriculture (국제연합의)국제식량농업기구.

O.A.C.I.《약자》 Organisation de l'aviation civile internationale 국제민간항공기구.

oaristys [ɔaristis] 〖그리스〗 *n.m.* 〖문학〗 연애시 (희랍시인 테오크리토스(*Théocrite*)의 시를 모방한 *Chénier*의 시에서 유래).

O.A.S.《약자》 Organisation de l'Armée secrète (1961-1963 년에 알제리의 독립을 반대한 비밀단체).

oasien(ne) [ɔazjɛ̃, -ɛn] *a.* 오아시스의. —*n.* 오아시스의 주민.

oasis [ɔazis] *n.f.* ① 오아시스. ~ *saharienne* 사하라 사막의 오아시스. ② 휴식처; 위안이 되는 일(때).

ob- *préf.* 「마주보고, 대립하여」의.

oba [ɔba] *n.m.* 〖식물〗 (아프리카산의)망고.

obcordé(e) [ɔpkɔrde], **obcordiforme** [ɔpkɔrdifɔrm] *a.* 〖식물〗 거꾸로된 심장 모양의.

obédience [ɔbedjɑ̃s] *n.f.* ① 〖가톨릭〗 (수도원장에 대한)복종; 여행 허가(장); 수도원 변경 허가(장); 수도원의 지부; 〖종교사〗 (교회분열 시대에)각각 교황에게 충성을 맹세한 나라. *cérémonie d'~* 복종선서식. *lettre d'~* 〖옛〗 (수도자에게 주던) 교회 자격증. ② 〖문어〗 복종, 순종(obéissance, soumission). ~ *absolue* 절대적인 복종. ③ (절대권력에 대한)예속. *pays d'~ communiste* 공산주의의 예속 국가들.

obédienciaire [ɔbedjɑ̃sjɛːr], **obédiencier** [ɔbedjɑ̃sje] *n.m.* 〖가톨릭〗 ① (수도원장에 복종하는) 수도사. ② 수도원장 대리.

obédientiel(le) [ɔbedjɑ̃sjɛl] *a.* 〖종교〗 복종하는.

***obéir** [ɔbeiːr] *v.t.ind.* ① (주어는 사람 또는 사물) [~ *à qn/qc*] (에)복종하다, 순종하다(se soumettre à); (에)따르다(se conformer à); (을)준수하다, (을)지키다(suivre, exécuter, observer). ~ *à ses parents* 부모님 말씀을 듣다. ~ *à sa conscience* 양심에 따르다. ~ *à qn en aveugle* …을 맹종하다. ~ *à un ordre* 명령에 따르다. ~ *aux lois* 법률을 지키다. ~ *au doigt et à l'œil à qn* …이 시키는 대로 하다. (보어 없이) Il a fallu ~. 복종하지 않을 수 없었오. *Obéissez.* 시키는 대로 하시오.
② (주어는 사물) [~ *à qc*] (어떤 법칙·원칙을) 따르다, (동물·기계 따위가)(의)말을 잘 듣다, (에)순응하다. *Les corps matériels obéissent à la loi de la gravitation.* 물체는 중력의 법칙을 따른다. *Les fauves obéissent au fouet.* 맹수들은 회초리에 따라 움직인다. *L'avion n'obéissait plus aux commandes.* 비행기가 조정이 불가능하게 되었다. ~ *à la barre* 〖해양〗 (배가)키의 조정에 따라 잘 움직이다. (보어 없이) *Le fer obéit sous le marteau.* 쇠는 불려서 망치로 치면 휘어진다.
③ (수동형) *Donnez l'ordre. Vous serez obéi.* 명령만 내리시면 (그들은) 복종할 것입니다.

obéissance [ɔbeisɑ̃ːs] *n.f.* ① 복종, 순종(subordination, ↔ commandement). *refus d'~* 〖군사〗 불복종. ~ *aux lois* 법의 준수. ~ *servile* 맹목적 복종. *devoir ~ à qn* …에게 복종할 의무가 있다. *prêter (jurer) ~ à qn* …에게 복종을 맹세하다. *retenir qn dans l'~* 자기의 권위(영향력)하에 두다. *Cet enfant est d'une grande ~.* 이 애는 아주 고분고분하다. ② 〖옛〗 지배, 동치; (*pl.*)경의; 충성. *sous l'~ de qn* …의 지배(권력)하에. ③ (금속·목재 따위의)탄력성, 유연성.

obéissant(e) [ɔbeisɑ̃, -ɑ̃ːt] *a.* ① 순종하는, 온순한(docile, soumis). *enfant ~* 말을 잘 듣는 아이. *nature ~e* 순종하는 성격. ② (동물·기계 따위가)말 잘 듣는, 마음대로 다룰 수 있는. *chien ~* 말을 잘 듣는 개. *barque ~e* 마음대로 다룰 수 있는 배. ③ 〖옛〗 (가죽 따위가)유연한, 부드러운. *Votre très ~ serviteur.* (편지의 끝맺음말).

obel, obèle [ɔbɛl] *n.m.* 〖고문서〗 (사본에서 미심쩍은 대목에 붙이던) 의문표(-).

obéliscal(ale, *pl.* **aux)** [ɔbeliskal, -o] *a.* 오벨리스크의, 방첨탑(方尖塔)(모양)의. *forme ~ale* 오벨리스크 모양의. ② 첨탑의.

obélisque [ɔbelisk] *n.m.* 〖고고학〗 오벨리스크, 방첨탑.

obéré(e) [ɔbere] *a.p.* 빚을 잔뜩 진.

obérer [ɔbere] [6] *v.t.* [~ *qn/qc*] 빚 지게 하다, 빚

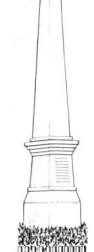

obélisque

에 시달리게 하다. *être obéré* de dettes 크게 빚을 지고 있다. **—s'~** *v.pr.* 빚더미에 앉다.

obermannisme [obɛrmanism] *n.m.* 《문학》 고독감 (Senancour 의 소설 *Obermann* 의 주인공 이름에서).

obèse [ɔbɛːz] *a.* 지나치게 살찐. **—***n.* 뚱뚱보.

obésifuge [ɔbezifyːʒ] *a.* 비만 억제[예방]의.

obésiologue [ɔbezjɔlɔɡ] *n.* 《의학》 비만증 연구가.

obésité [ɔbezite] *n.f.* 과도의 비만.

obi¹ [ɔbi] 《일본》 *n.f.* 허리띠.

obi² *n.m.* (아프리카의) 마술사.

obier [ɔbje] *n.m.* 《식물》 백당나무.

obit [ɔbit] *n.m.* 《가톨릭》 기일(忌日)의 미사; (그) 사례금 [연보].

obitoire [ɔbitwaːr] *n.m.* (매장하기까지의) 시체 안치소 (obituaire).

obituaire [ɔbityɛːr] *a.* 사망의. **—***n.m.* ① 《종교》 기일표(忌日表), 과거장(過去帳). ② =obitoire.

objectal(ale, *pl.* **aux)** [ɔbʒɛktal, -o] *a.* 《정신의학》 (외계의) 대상의. relations ~*ales* (주체의) 객체와의 관계. libido ~*ale* 대상 리비도. choix ~ (사랑의) 대상선택.

objecter [ɔbʒɛkte] *v.t.* (…을 이유로)반박하다, 반대하다 (rétorquer, ↔ approuver). [~ *qc à/contre qn/qc*] On peut ~ de bonnes raisons *à* cette hypothèse. 이 가설에 정당한 이유를 제시하며 반박할 수 있다. ~ la pollution de l'air *à(contre)* la construction d'une usine 대기오염을 이유로 공장 건설을 반대하다. Avez-vous quelque chose à ~ ? 무슨 이의가 있으십니까? [~ *que+ ind.*] On vous *objectera* que votre projet est utopique. 당신의 계획은 공상적이라고 반대를 받을 것이다.

objecteur [ɔbʒɛktœːr] *n.m.* ①(예)반대자. ② ~ de conscience 신앙 또는 양심상의 이유에 의한 병역 기피자.

objectif(ve)** [ɔbʒɛktif, -iːv] *a.* ① 객관적인(↔ subjectif), [논리적인] faire une étude ~*ve* d'un problème 어떤 문제를 객관적으로 연구하다. réalité ~*ve* 객관적인 현실. point de vue ~ 객관적 견지. connaissance ~*ve* 객관적 인식. ② 공평한; 편견없는. critique ~ 공평한 비평. information ~*ve* 공정한 보도. compte rendu ~ 공정한 보고서. ③ 《군사》목표가 된. **—ment* 동작명사의 보어 (예: désir de la *paix* 평화를 바라는 기대). ④ 《광학》 (렌즈가)대물(對物)의. ⑤ 《외과》 (증후가)타각(他覺)적인. symptômes ~*s* 타각증상(환자 이외의 사람도 알 수 있는). signes ~*s* 타각적인 증후. **—***m.* ①목적, 목표. ②《군사》목표(지점). atteindre son ~ 목표를 달성하다. avoir de nobles ~*s* 고상한 목적[포부]을 갖다. bombarder les ~*s* stratégiques 전략적인 목표지점을 폭격하다. ② 《광학》 대물렌즈; 《사진》 렌즈. ~ à grand angle 광각렌즈.

***objection** [ɔbʒɛksjɔ̃] *n.f.* 이의(異議), 이론(異論) (opposition, ↔ approbation); 비난; 《법》항변. faire(soulever) une ~ à *qn* ~에게 이의를 제기하다. n'avoir aucune ~ ~이의가 없었다. prévenir une ~ (일어날)반대에 대하여 예방책을 펴다. Je n'y voyez pas d'~ 이의가 없다면. Son père fait des ~*s* à ce mariage. 그녀의 아버지는 이 결혼에 대하여 반대를 하고 있다. faire à *qn* des ~*s* sur sa manière d'agir ~에게 그 행동을 나무라다. ~ de conscience (신앙·사상 따위로 말미암은)양심적 병역기피.

objectivation [ɔbʒɛktivasjɔ̃] *n.f.* 《철학》 객관화, 객체화. ~ du moi 감정이입.

objectivement [ɔbʒɛktivmɑ̃] *ad.* 객관적으로; 실제적으로(pratiquement); 공평하게. examiner ~ 객관적으로 검토하다. O~, je n'en sais rien. 사실대로 말해서 나는 아무것도 모른다.

objectiver [ɔbʒɛktive] *v.t.* 객관화하다, 객체화하다; 표출하다(extérioriser). Le langage *objective* la pensée. 언어는 사상을 표출한다. **—s'~** *v.pr.* 객관화되다; 표출되다.

objectivisme [ɔbʒɛktivism] *n.m.* 《철학》 객관주의; 객관적 태도.

objectiviste [ɔbʒɛktivist] *n.* 객관주의자.

objectivité [ɔbʒɛktivite] *n.f.* 객관성 (↔ subjectivité), manquer d'~ 객관성이 없다. ~ de la science 과학의 객관성. Son jugement est dénué de toute ~. 그의 판단에는 전혀 객관성이 없다.

‡**objet** [ɔbʒɛ] *n.m.* ① 물체, 사물, 물건. Quel est cet ~? 이 물건은 무엇이냐? image d'un ~ réfléchie par le miroir 거울에 비친 물체의 상. ~ volant non identifié 미확인 비행물체, UFO(《약자》 O.V.N.I. [ɔvni]).
② (일상 생활용품으로서의) 물품; 도구. expédier un ~ par colis postal 물품을 우편소포로 부치다. rassembler ses ~*s* personnels 일상사용품들을 모으다. bureau des ~*s* trouvés 분실물 취급소. ~ d'art 예술품. ~ fragile 깨어지기 쉬운 물품. ~ précieux 귀중품. ~ de toilette 화장용구.
③ (사고·감정·태도·행위의) 대상, 표적(motif); 주제, 화제, 테마(sujet, matière). Sa conduite est l'~ de leur mépris. 그의 행동은 그들에게 경멸의 대상이다. ~ de crainte 걱정거리. ~ de la conversation 회화의 화제. ~ d'un discours 연설의 주제.
④ 목적, 목표(but). Quel est l'~ de votre visite? 방문의 목적이 무엇입니까? remplir son ~ 목적을 달성하다.
⑤ 《언어》 목적어. (complément d') ~ direct (indirect) 직접 (간접) 목적어.
⑥ 《철학》 객체, 객관, 대상.
⑦ 《법》 대상, 목적물.
avoir pour ~ *qc(de+ inf.)* …을 [하는 것을] 대상[목표]으로 삼다.
faire l'~ de qc ~의 대상으로 되다. Ce problème *a fait l'~ du débat.* 이 문제는 논의의 대상이 되었다. *sans* ~ 대상 없이; 근거 없이. question *sans* ~ 부질없는 질문.

objurgateur(trice) [ɔbʒyrɡatœːr, -tris] *a.* 엄하게 꾸짖는, 힐책하는. **—***n.* (위)의 사람.

objurgation [ɔbʒyrɡasjɔ̃] *n.f.* 비난, 규탄, 힐책 (reproche); 간곡한 권고(exhortation).

objurgatoire [ɔbʒyrɡatwaːr] *a.* 비난[힐책]하는.

oblat(e) [ɔbla, -at] *n.* 《가톨릭》 전재산을 수도회에 바치고 그곳에 사는 사람; 태어나자마자 수도회에 주어진 어린이. **—***n.m.* 왕명으로 수도원에 수용된 상이군인. **—***n.f.* 수도원에 수용된 몰락한 귀부인.

oblatif(ve) [ɔblatif, -iːv] *a.* 헌신적인. amour ~ 헌신적 사랑.

oblation [ɔblasjɔ̃] *n.f.* 《가톨릭》 봉헌(奉獻), 봉납; (미사 때의) 빵과 포도주의 봉헌, 성찬식; 봉납물. faire l'~ de ses fils à la patrie 조국에 자식들을

obligataire [ɔbliɡatɛːr] *n.* 《법》 채권 소유자.

***obligation** [ɔbliɡasjɔ̃] *n.f.* ① (도덕·종교·사회적인)의무, 규정, 계율, 구속, 책임. remplir [s'acquitter de] ses ~*s* 자기 의무를 다하다. manquer à ses ~*s* 의무를 게을리하다. ~(*s*) familiale(s) 가정의 의무. ~*s* mondaines 사교상의 의

무(방문·초대 따위). fête(jeûne) d'~ 〔종교〕신자가 지켜야 할 축제일(금식). ~ alimentaire (scolaire) 부양(취학)의무. ② 〔법〕 채무; 〔상업〕 채권. contracter une ~ envers qn …에 대하여 채무를 지다. émettre des ~s 채권을 발행하다. ~ cautionnée 보증채(권). ~ convertible en actions 전환 사채. ~ à lot 할증금이 붙은 채권. ~ au porteur 무기명 채권. porteur d'~s 채권 소지인. ③ (옛)은혜, 의리. avoir beaucoup d'~ à(envers) qn pour (des services rendus) …이 (도와준)데 대해 매우 고맙게 여기다. avoir de l'~ à qn de+inf. …이 …해준 것을 은혜로 알다.
d'~ 의무적인. La modestie est d'~. 겸양은 모든 사람의 도리이다.
être dans l'~ de (démissionner) (사표를 내지)않으면 안된다.
sans ~ de+inf. …하는 의무 없이.

obligatoire [ɔbligatwa:r] a. ① (법률·도덕상)의무적인, 강제적인. enseignement ~ 의무 교육. service militaire ~ 의무적인 병역. arrêt ~ (버스 정류소의)규정된 정차. La tenue de soirée est ~ à cette représentation théâtrale. 이 연극 공연에는 야회복 착용이 의무적이다. ② 《구어》불가피한, 필연적인(inévitable, ↔facultatif, fortuit). Il a raté son examen, c'était ~! 그는 시험에 떨어졌는데 그건 당연한 일이었다.

obligatoirement [ɔbligatwarmɑ̃] *ad.* 의무적으로, 강제적으로; 《구어》필연적으로, 마땅히. On doit ~ présenter sa pièce d'identité à l'entrée. 의무적으로 입구에서 신분증을 제시해야 한다. En arrivant au centre de la ville, vous verrez ~ la cathédrale. 시내 중심가에 도착하면 틀림없이 대성당을 보게 될 것입니다.

obligé(e) [ɔbliʒe] *a.p.* ① 의무가 있는, 불가피한, 필수적인. dépense ~e 어쩔 수 없는 지출. conséquence ~e 필연적인 결과. visite ~e (예의상) 하지 않을 수 없는 방문. [~ de+inf.] Je me vois ~ de partir. 나는 출발하지 않을 수 없는 처지이다. C'est ~! 《구어》별수 없잖아! ② 〔법〕 채무(의무)를 지고 있는. être ~ envers un créancier 채권자에 대해 채무를 지고 있다. La femme est ~e d'habiter avec son mari. 부인은 남편과 동거할 의무가 있다. ③ 《문어》은혜를 입은, 감사하고 있는. [être ~ à qn de qc/+inf.] Je vous serais très ~ de bien vouloir me répondre par retour du courrier. 본 서한에 대한 회신을 주시면 대단히 감사하겠습니다《편지에 쓰는 문구》. ④ 〔음악〕 오블리가토의, 불가결한.
—*n.* ① 〔법〕 채무자. principal ~ 차용본인. ② 은혜를 입은 사람. Je suis votre ~. 친절에 대해서 감사합니다. n'être l'~ de personne 누구의 신세도 지지 않다.

obligeamment [ɔbliʒamɑ̃] *ad.* 친절하게; 정중히 (aimablement). Il nous a aidés très ~. 그는 우리들에게 무척 친절하게 도움을 주었다.

obligeance [ɔbliʒɑ̃:s] *n.f.* 친절, 호의(amabilité, ↔désobligeance). Ayez(Veuillez avoir) l'~ de +inf. (부디) ~해 주시기 바랍니다.

obligeant(e) [ɔbliʒɑ̃, -ɑ̃:t] *a.* 친절한, 싹싹한, 남을 돌봐주기 좋아하는(aimable, serviable).

‡**obliger** [ɔbliʒe] 〔3〕 *v.t.* ① [~ à] (에)의무를 지우다, 강제(강요)하다(contraindre, engager, ↔désobliger, dispenser). [~ qn à qc/+inf.] La nécessité m'a obligé à accepter ce travail. 그는 돈이 필요해서 그 일을 맡지 않을 수 없었다. La loi vous y oblige. 법률상으로 당신은 그렇게 할 의무가 있다. 《수동형에서는 전치사 de를 씀》 Je suis obligé de gagner ma vie. 나는 나의 생활비를 벌지 않을 수 없다. 《간접목적보어 없이》 Le contrat oblige les deux parties. 계약은 당사자 쌍방에게 의무를 지운다. 《직접목적보어 없이》 Noblesse oblige. 《속담》귀족은 귀족답게 처신해야 한다; 사람은 자기 신분·명성을 더럽히지 않게 행동해야 한다.
② 《문어》[~ qn] (에게)은혜(친절)를 베풀다, 돌보아주다. Vous m'obligerez beaucoup en me prêtant cet argent. 이 돈을 제게 빌려주시면 대단히 감사하겠습니다.
—*s'~ v.pr.* 의무를 지다, 책임을 맡다, 약속하다. [s'~ à+inf.] Prêtez-moi ce livre, je m'oblige à vous le rendre dans deux jours. 이 책을 빌려 주십시오, 이틀 후에 돌려드리겠습니다. *s'~* pour qn …의 보증인이 되다.

oblique [ɔblik] *a.* ① 비스듬한(biais). ligne ~ 사선. jeter un coup d'œil ~ sur …을 힐끗 곁눈질하다. marche ~ 사행진(斜行進). cône(prisme) ~ 비스듬한 원추(프리즘). regard ~ 곁눈, 사시(斜視). tracer une ligne ~ par rapport à une droite 직선에 대해 사선을 긋다. ② 간접적인(indirect); 《옛》 (행동·수단이)엉큼한; 《드물게》(비난이)에두른. parole ~ 완곡하게 둘러서 하는 말. cœur ~ 엉큼한 마음. ③ cas ~ 사격(斜格).
—*n.m.* 〔해부〕 사근(斜筋). —*n.f.* 사선(ligne ~). en ~ 비스듬히. traverser une rue en ~ 거리를 비스듬히 건너다.

obliquement [ɔblikmɑ̃] *ad.* ① 비스듬히. poser qc ~ …을 비스듬히 놓다. ② 엉큼하게, 《드물게》에둘러서.

obliquer [ɔblike] *v.i.* 〔군사〕 사행(斜行)하다, 옆길로 들어가다. À la prochaine place, obliquez à (vers l) gauche. 다음 광장에서 왼쪽으로 비스듬히 도시오.

obliquité [ɔblikɥite] *n.f.* ① (선·면의)경사; 〔천문〕(황도의)경사각. ② 《문어》(행동의)엉큼함.

oblitérateur(trice) [ɔbliterator:r, -tris] *a.* 말소하는. —*n.m.* (우표 따위의)소인기(器).

oblitération [ɔbliterasjɔ̃] *n.f.* ① 소인을 찍기; 소인. cachet d'~ 소인. ② 〔의학〕 폐색. ~ d'une artère 동맥폐색. ③ 《옛》말소, 마멸.

oblitérer [ɔblitere] 〔6〕 *v.t.* ① (에)소인을 찍다. timbre oblitéré 소인이 찍힌 우표. ② 〔의학〕 (도관(導管)을)막다, 폐색하다. ③ 《옛》말소하다, 마멸시키다. Le temps a oblitéré cette inscription. 세월이 이 비문을 마멸시켰다.
—*s'~ v.pr.* (비문 따위가)닳아 없어지다; (제도가)폐지되다.

oblong(ue) [ɔblɔ̃, -ɔ̃:g] *a.* 길쭉한 장방형의. visage ~ 길쭉한 얼굴.

obnubilation [ɔbnybilasjɔ̃] *n.f.* 〔의학〕 정신 몽롱; 혼미.

obnubilé(e) [ɔbnybile] *a.p.* (하늘·의식이)흐린. conscience ~e par le vice 악덕으로 흐려진 양심.

obnubiler [ɔbnybile] *v.t.* 〔의학〕 (의)정신을 몽롱하게 하다; (마음을)흐리멍덩하게 하다.

oboïste [ɔboist] *n.* 〔음악〕 오보에 주자.

obole [ɔbɔl] *n.f.* ① 소액의 기부금[연보금](offrande); 《옛》보잘것없는 금액. apporter son ~ (소액의) 기부금을 내다. ② 《옛》작은 동전; 〔고대 그리스〕작은 화폐; 무게의 약 0.72g). Je n'en donnerais pas une ~. 동전 한푼도 안 내겠다.

obombrer [ɔbɔ̃bre] *v.t.* 《문어·드물게》그늘로 가리다; 두둔하다, 비호하다.

obreptice [ɔbrɛptis] *a.* 〔법〕 진실을 숨기고 얻은.

obrepticement [ɔbrɛptismɑ̃] *ad.* 〔법〕 진실을 숨기고.

obreption [ɔbrɛpsjɔ̃] *n.f.* 〖법〗 진실의 은폐.
obscène [ɔpsɛn] *a.* ① 외설한, 음란한(immoral, ↔ pudique). paroles ~s 외설. auteur ~ 외설작가. ②〖문어·드물게〗불길한.
obscénité [ɔpsenite] *n.f.* 외설, 음란; 외설스러운 말[짓·그림](cochonnerie, ↔ décence); 춘화(春畵). dire[faire] des ~s 외설스러운 말을 하다.
*__obscur(e)__ [ɔpskyr] *a.* ① (장소가)어두운, 컴컴한; (날씨가)우중충한; (빛깔이)칙칙한(sombre, ↔ clair). lieu ~ 어두운 곳. salle ~e 영화관. Il fait ~ dans cet endroit. 이 곳은 어둡다. Ce quartier est ~. 이 동네는 어둡다. cravate d'un rouge ~ 암적색의 넥타이. ② (사상·사람이)이해하기 어려운, 난삽한, 애매한, 막연한(incompréhensible, vague, ↔ intelligible, net). points ~s 분명하지 않은 점. pour des raisons ~es 분명치 않은 이유로 해서. éclairer un passage ~ dans le texte 텍스트 중의 난해한 부분을 해명하다. Il traduit ses idées de façon ~e. 그는 자기의 생각을 모호하게 표현한다. ③ 눈에 잘 띄지 않는, 숨겨진, 세상에 알려지지 않은, 이름없는(inconnu, ↔ célèbre); (태생이)천한. poste ~ 보잘것없는 자리. mener une vie ~e 사람들의 눈에 띠지 않게 살다. Son origine est très ~e. 그는 태생이 미천하다. poète ~ 무명 시인.
— *n.m.* ① 어둠; 애매. ② (*pl.*) 무명인사들, 하층계급 사람들.
obscurantisme [ɔpskyrɑ̃tism] *n.m.* 반계몽(反啓蒙)주의, 몽매주의; 혼돈[암흑] 상태.
obscurantiste [ɔpskyrɑ̃tist] *a.* 몽매주의의. —*n.* 몽매주의자.
obscuration [ɔpskyrasjɔ̃] *n.f.* 〖천문〗 몽폐(蒙蔽), 엄폐.
obscurcir [ɔpskyrsiːr] *v.t.* 어둡게 하다; (구름이 달이)가리다. ~ une salle 방을 어둡게 하다. Les nuages *obscurcissent* le soleil. 구름이 해를 가리운다. (판단력·사고 따위를)흐리게[둔하게] 하다. ~ les lumières de la raison 이성의 빛을 가리우다, 판단력을 흐리게 하다. Le vin nous *obscurcit* les pensées. 술은 우리의 사고를 마비시킨다. ③ 애매하게 하다, 난해하게 하다. Cela ne fait qu'~ le problème. 그것은 단지 문제를 어렵게 만들 뿐이다. ④〖드물게〗(빛깔을)칙칙하게 하다.
—*s'~ v.pr.* 어두워지다; 흐려지다; 몽롱해지다. Le temps *s'obscurcit*. 날씨가 흐려진다. La perception du bien et du mal *s'obscurcit*. 선악의 판별이 불명확하게 된다.
obscurcissement [ɔpskyrsismɑ̃] *n.m.* ① 어둡게 하기, 어두움; 흐림. ~ du ciel 하늘의 흐림. ②(시력이)쇠약; (마음의)몽롱함, 난해, 난삽. ~ de la vue 시력의 쇠약. ~ de la raison 이성의 둔화.
obscurément [ɔpskyremɑ̃] *ad.* ① 어렴풋이, 아련히. ② 난해하게. ③ 세상에 알려지지 않고, 파묻혀서. vivre ~ 파묻혀 살다.
*__obscurité__ [ɔpskyrite] *n.f.* ① 어둠, 암흑(↔ clarté). ~ complète(profonde, totale) 칠흑같은 어둠. distinguer des objets dans l'~ 어둠 속에서 물건을 식별하다. se faire(s'habituer) à l'~ 어둠에 눈이 익숙해지다. ② 애매, 난해(↔ netteté). laisser un problème dans l'~ 문제를 해결하지 않고 내버려두다. L'avenir est dans l'~. 미래는 아직 확실치 않다. ③ 세상에 알려지지 않음; (신분·태생이)비천함(médiocrité). vivre dans l'~ 파묻혀 살다.
obsécration [ɔpsekrasjɔ̃] *n.f.* ① 〖종교〗 하느님의 도움[가호]을 빎; ② (*pl.*)〖고대로마〗신의 노여움을 가라앉히는 기도.
obsédant(e) [ɔpsedɑ̃, -ɑ̃ːt] *a.* 끊임없이 괴롭히는, 줄곧 머리에서 떠나지 않는; (부탁이)끈덕진. insistance ~e 간절한 애걸. remords ~ 줄곧 떠나지 않는 후회.
obsédé(e) [ɔpsede] *a.p., n.* 집념〖강박관념〗에 사로잡힌(사람).
obséder [ɔpsede] 6 *v.t.* [~ *qn*] 끊임없이 괴롭히다, 줄곧 머리에서 떠나지 않다(hanter); (곁을)떠나지 않다, 귀찮게 따라다니다. Le diable l'*obsède*. 그는 귀신에 홀려 있다. L'idée de la maladie l'*obsède*. 그는 병이라는 생각을 씻어버릴 수 없다. Il *est obsédé* par le remords. 그는 회한으로 괴로움에 사로잡혀 있다.
obsèques [ɔpsɛk] *n.f.pl.* 장례(식). ~ nationales 국장.
obséquieusement [ɔpsek(ɥ)jøzmɑ̃] *ad.* 아첨하여.
obséquieux(se) [ɔpsek(ɥ)jø, -jøːz] *a.* 지나치게 예의 바른(공손한), 아첨하는, 추종하는, 굽실대는(plat, servile, ↔ hautain). manières ~ses 비굴한 행동거지. politesse ~se 비굴할 정도의 예의바름.
obséquiosité [ɔpsek(ɥ)jozite] *n.f.* 지나친 예의, 아첨, 추종(servilité); (*pl.*)추종적인 태도[말].
observable [ɔpsɛrvabl] *a.* 관찰[관측]할 수 있는. étoile ~ à l'œil nu 육안으로 관찰가능한 별. Ces mœurs ne sont pas ~s qu'à Paris. 이러한 풍속은 파리에서만 볼 수 있는 것은 아니다.
observance [ɔpsɛrvɑ̃ːs] *n.f.* ① 준수(observation). ~ de la règle 규칙의 준수. ② 계율, 규칙. ③ (일정한 계율을 지키는) 수도회(ordre religieux).
observantin [ɔpsɛrvɑ̃tɛ̃] 〖옛〗〖종교〗 *n.m.* (프란체스코 교단중의)엄수회(嚴修會)의 수도사. —*a.m.* 엄수회의.
observateur(trice) [ɔpsɛrvatœːr, -tris] *a.* ① 관찰[관측]하는, 관찰력 있는; 정찰하는; 방청하는. Elle est très ~trice. 그녀는 뭐든지 세심하게 본다. avoir l'esprit ~ 주의력이 깊다. ② 〖옛〗준수하는.
—*n.* ① 관찰[관측]자. profond ~ du cœur humain 인간 심리의 심층 연구가. ② 방관자, 방청자; 〖정치〗(회의의)입회인. envoyer un ~ à une conférence internationale 국제회의에 업저버를 파견하다. 〖군사〗관측자; 정찰자. ~ en avion 항공 정찰원. ④〖옛〗준수자.
*__observation__ [ɔpsɛrvasjɔ̃] *n.f.* ① 관찰, 관측, 감시; 〖군사〗정찰. avoir l'esprit d'~ 관찰력이 뛰어나다. sciences d'~ 관찰 과학. ~ des astres 천체 관측. cycle d'~ (중등교육에서 적성을 알기 위한)관찰 기간. armée d'~ 정찰[척후]대. centre d'~ 감화원. être[se tenir] en ~ 경계하고 있다, 관찰하고 있다. mettre[tenir] en ~ 관찰[감시]하다, 지켜보다. placer *qn* en ~ 감시자를 배치하다. faire [prendre] une ~ 관찰[관측]하다. poste d'~ 감시소. bâtiment d'~ 정찰선. ~ aérienne 공중정찰. ② 의견, 고찰; 관찰기록; 비평; 비판. ~ médicale 의사의 소견. ~s sur un auteur 어떤 작가에 대한 고찰. faire des ~s sur *qc* ···에 대한 비판을 하다. Pas d'~! 〖구어〗잔소리마! faire une ~ à *qn* ···에게 잔소리하다, 타이르다. ③ (규칙·계율 따위의)준수, (약속의)엄수. ~ du dimanche 안식일의 엄수. stricte ~ du règlement 규칙의 엄수. ~ du code de la route 교통법규의 준수.
observatoire [ɔpsɛrvatwaːr] *n.m.* ①〖천문〗천문대, 관측소, 관상대(~ météorologique). ②〖군사〗관측소.
*__observer__ [ɔpsɛrve] *v.t.* ① 관찰하다, 관측하다; 감시하다, 지켜보다; 〖군사〗정찰하다. ~ un insecte au microscope 현미경으로 곤충을 관찰하다. Tout le monde *observe* le nouveau venu. 모두가 새로운 사람을 주목해서 본다. ~ ses paroles 말을 신중히 하다[조심하다]. ② (관찰한 결과로써)깨닫다; (비)평하다, 지적하다(noter, remarquer). ~ la

différence qu'il y a entre deux choses 두 가지 사이에 있는 차이점을 깨닫다. J'ai observé qu'il était absent. 나는 그가 자리에 없다는 것을 깨달았다. Il pleut, observa-t-il. "비가 온다"고 그는 말했다. ③ (규칙·약속 따위를)지키다, 준수하다. (침묵을)지키다. ~ les règles de la grammaire 문법 규칙을 지키다. ~ la limitation de vitesse 속력제한(규칙)을 지키다. ~ le silence 침묵을 지키다. **~ *les distances*** 〖군사〗 (대열 간의)거리〔간격〕를 지키다; (사람을 대하는 데 있어서)거리를 두고 사귀다, 예의 없이 함부로 굴지 않다.
—s'~ *v.pr.* ① 《재귀적》자신을 관찰하다; 말〔행동〕을 조심하다. s'~ pour ne pas faire d'erreur 과오를 범하지 않기 위해 행동을 조심하다. ② (상호적)서로 감시하다. Les deux champions s'observent. 두 선수가 서로 약점을 노리고 있다. ③ (수동적)관찰(관측)되다; 준수되다, 지켜지다.

obsession [ɔpsesjɔ̃] *n.f.* ① 편집상태, 망상, 고정관념, 〖심리〗강박관념, 강박현상. Ce voyage l'a délivré de ses ~s. 그 여행으로 그는 이 집념〔망상〕을 떨쳐버렸다. être en proie à une ~ 망상에 사로잡혀 있다. ~ de grossir 살찐다는 강박관념. ② 〖신학〗악마가 붙음. ③ 〖엣〗귀찮게 따라다님.

obsessionnel(le) [ɔpsesjɔnɛl] *a.* 고정〖강박〗관념의. idée ~*le* 강박관념. névrose ~ 강박신경증.

obsidiane [ɔpsidjan], **obsidienne** [ɔpsidjɛn] *n.f.* 〖광물〗흑요석(黑曜石).

obsidional(ale, pl. aux) [ɔpsidjɔnal, -o] *a.* (특히) 〖고대로마〗공위(攻圍)에 관한. couronne ~*ale* (적의 공위군을 물리친 장교에게 주던)풀의 관. monnaie ~*ale* (포위 기간중 발행한)임시 화폐.

obsolescence [ɔpsɔlesɑ̃:s] *n.f.* 〖경제〗낙후, (신제품의 출현으로 인한)구식화.

obsolescent(e) [ɔpsɔlesɑ̃, -ɑ̃:t] *a.* 노폐한, 폐물화한, 구식의.

obsolète [ɔpsɔlɛt] *a.* (말이)사용되지 않는, 폐지된 (désuet). mot ~ 사어.

obsonine [ɔpsɔnin] *n.f.* =**opsonine**.

obsonique [ɔpsɔnik] *a.* =**opsonique**.

***obstacle** [ɔpstakl] *n.m.* ① 장애물. course d'~s 〖경마·경기〗장애물경주. Ces arbres font ~ à la vue. 이 나무들이 시야를 가로막고 있다. ~ antichar 〖군사〗대전차 장애물. ② [~ à] (에 대한) 장애, 훼방, 난관, 반대. dresser(susciter) des ~s à; faire(mettre) ~ à …을 방해하다, …을 반대하다. Le père a mis ~ aux fiançailles de sa fille. 아버지는 딸의 약혼에 반대했다. franchir(surmonter) un ~ 장애를 뛰어넘다〔극복하다〕. Il n'a pas rencontré d'~ dans ses recherches. 그의 연구는 (아무런 장애없이) 순조롭게 잘 진행되었다.
***boire** *l'~* (말이)장애물을 힘들이지 않고 넘다.
***tourner** *l'~* 장애물〔고난〕을 피하여 우회하다.

obstétrical(ale, pl. aux) [ɔpstetrikal, -o] *a.* 〖의학〗 산과(產科)의.

obstétricien(ne) [ɔpstetrisjɛ̃, -jɛn] *n.* 산과의사.

obstétrique [ɔpstetrik] *a.* 산과의. —*n.f.* 산과학; 조산술.

obstination [ɔpstinasjɔ̃] *n.f.* 고집, 완고, 완강; 끈덕짐(entêtement, ténacité, ↔ docilité). ~ à *inf.* …하는 끈덕짐. réussir à un examen à force d'~ 끈덕지게 노력한 결과 시험에 합격하다.

obstiné(e) [ɔpstine] *a.p.* 고집센, 완고한; 끈덕진, 집요한; (병이)좀처럼 낫지 않는(entêté, opiniâtre, ↔ docile). Il garde un silence ~. 그는 끈질기게 침묵을 지키고 있다. effort ~ 끈덕진 노력. être ~ dans ses principes 주의를 완강히 고집하다(굽히지 않다). toux ~*e* 좀처럼 그치지 않는 기침.

obstinément [ɔpstinemɑ̃] *ad.* 고집세게, 완고하게, 끈덕지게 (opiniâtrement). Il soutient ~ son opinion. 그는 집요하게 자기 의견을 주장한다.

obstiner [ɔpstine] *v.t.* 《엣》고집부리게 하다.
—**s'~** *v.pr.* 고집부리다 [s'~ à + *inf.*] 끝끝내 …하려고 하다. Il s'obstinait à terminer le travail. 그는 끝내 일을 마치려고 고집했다. s'~ dans son opinion 자기 의견을 고집하다. s'~ au silence 완강히 입을 다물고 있다. pluie qui s'obstine 그칠 줄 모르는 비.

obstruant(e) [ɔpstryɑ̃, -ɑ̃:t] *a.* 방해하는, 〖의학〗 폐색하는.

obstructif(ve) [ɔpstryktif, -i:v] *a.* ① 〖정치〗의사(議事)를 방해하는. ② 〖의학〗폐색하는.

obstruction [ɔpstryksjɔ̃] *n.f.* ① 〖정치〗의사 방해. ② 〖의학〗(위장 따위의)폐색.

obstructionnisme [ɔpstryksjɔnism] *n.m.* 〖정치〗 의사 방해책(策).

obstructionniste [ɔpstryksjɔnist] 〖정치〗 *n.* 의사 방해자. —*a.* 의사를 방해하는.

obstruer [ɔpstrye] *v.t.* 막다, 가로막다, 방해하다 (boucher, ↔ déboucher). Un camion *obstrue* le passage. 화물자동차가 통로를 가로막고 있다. ~ un tuyau 파이프를 막히게 하다. ~ la vue 시야를 방해하다.
—**s'~** *v.pr.* 막히다.

obtempérer [ɔptɑ̃pere] [6] *v.t.ind.* [~ à] (에)복종하다, 따르다. ~ à un ordre 명령에 복종하다.

obtenteur(se) [ɔptɑ̃tœ:r, -ø:z] *n.* 〖수예〗[~ de](의)획득자.

***obtenir** [ɔptəni:r] [16] *v.t.* 얻다, 입수하다, 획득하다. Il a obtenu le premier prix. 그는 1 등상을 획득했다(받았다). ~ une place 지위를 얻다. ~ de son patron un congé de trois jours 고용주로부터 3 일간의 휴가를 얻어내다. ~ la main de qn …와의 결혼승낙을 얻다. Il m'a obtenu un laissez-passer. 그는 나를 위해 통행증을 얻어주었다. ② [~ de + *inf.*] (하는)허가를 받다; (하려는)목적을 달성하다. Il a obtenu de pouvoir sortir. 그는 외출해도 좋다는 허가를 받았다. ③ [~ de qn que + *sub./cond.*] (으로부터 …하는)허가(약속)을 받다, (에게서)…해받다. J'ai obtenu de lui qu'il nous prête dix mille francs. 나는 그에게서 우리에게 1 만프랑을 빌려주겠다는 약속을 얻어냈다. Tâchez d'~ de lui qu'il vienne. 그가 오겠다는 승락을 받도록 힘써보십시오. ④ 만들어내다. On *obtient* des produits divers à partir du pétrole. 석유에서 여러가지 제품을 만들어낸다.
—**s'~** *v.pr.* 얻어지다, 입수되다. Un succès ne peut s'~ facilement. 성공은 쉽게 얻어지는 것이 아니다.

obtention [ɔptɑ̃sjɔ̃] *n.f.* ① 얻기, 획득, 취득. ~ du permis de conduire 운전면허증의 취득. ~ d'un visa 비자의 취득. ② 〖시각(詩作)·연구 끝의〗생산, 획득. ~ d'une nouvelle variété de pommes 사과의 신품종의 산출.

obtenu [ɔptəny] ⇨obtenir.

obturant(e) [ɔptyrɑ̃, -ɑ̃:t] *a.* (구멍을)막는.

obturateur(trice) [ɔptyratœ:r, -tris] *a.* (구멍을)막는, 폐쇄〖폐색〗하는. —*n.m.* 폐쇄물, 밀폐 재료; 〖사진〗셔터; 〖기계〗폐색판(瓣).

obturation [ɔptyrasjɔ̃] *n.f.* 폐쇄, 폐색; (치아의)충전(充塡).

obturer [ɔptyre] *v.t.* (구멍 따위를)막다; (치아를)메우다, 충전(充塡)하다.

obtus(e) [ɔpty, -yz] *a.* ① (감각·지능이)둔한, 우둔한; 《드물게》끝이 무딘 (↔ aigu). esprit ~ 둔재

obtusangle (鈍才). ② angle ~ 【수학】 둔각.
obtusangle [ɔptyzɑ̃:gl] *a.* 【수학】 둔각의. triangle ~ 둔각 삼각형.
obtusifolié(e) [ɔptyzifɔlje] *a.* 【식물】 끝이 무딘 잎을 가진.
obus [ɔby] *n.m.* 【군사】 포탄. ~ à balles 유산탄. ~ à gaz; ~ toxique 독가스탄. ~ éclairant 조명탄. ~-fusée 로켓탄. ~ atomique 원자탄. ~ incendiaire 소이탄(燒夷彈). ~ à retardement 시한 폭탄.
obuser [ɔbyze] *v.t.* 【군사】 포격하다.
obusier [ɔbyzje] *n.m.* 【군사】 곡사포.
obusite [ɔbyzit] *n.f.* 【의학】 탄진탕(彈震盪).
obvenir [ɔbvəni:r] [16] *v.i.* 【법】 [~ à] (에) (재산이) 귀속하다 (échoir).
obvers [ɔbvɛ:r], **obverse** [ɔbvɛrs] *n.m.* (옛) (화폐·메달의)표면 (avers, ↔ revers).
obvie [ɔbvi] *a.* 말의 가장 자연스러운 뜻으로의.
obvier [ɔbvje] *v.t.ind.* [~ à] …을 예방(방지)하다 (prévenir, ↔ aggraver). ~ aux accidents 사고를 방지하다.
oc [ɔk] *ad.* 《중세 프로방스》 그렇다 (oui). langue d'*oc* 《언어》 (중세에 Loire 강 이남에서 쓰던) 남방 프랑스어.
oc- *préf.* 「정면으로 맞서서, 대립하여」의 뜻.
O.C.A.M. 《약자》Organisation commune africaine et malgache 아프리카·마다가스카르 공동기구 (U.A.M.(Union africaine et malgache)의 후계 조직).
ocarina [ɔkarina] *n.m.* 【음악】 오카리나 (오지 또는 금속제의 달걀 모양의 피리).
occase¹ [ɔka:z] *a.f.* amplitude ~ 【천문】 (별의) 서몰 편각도(西沒偏角度).
occase² *n.f.* 《속어》 기회, 호기 (occasion).
***occasion** [ɔka(ɑ)zjɔ̃] *n.f.* ① 기회, 호기, 찬스. Il profite de l'~ pour se cultiver. 그는 이 기회를 이용하여 교양을 쌓는다. C'est l'~ ou jamais de lui en parler. 그에게 그것을 말하려면 지금이 제일 좋은 기회이다. saisir (prendre) une ~ 기회를 잡다. perdre (manquer) une ~ 기회를 놓치다. si l'~ se présente 기회가 온다면. à la moindre ~ 조금이라도 기회가 있으면.
② 경우, (특정한)때. Il faut de la modestie en toute ~. 어떤 경우라도 겸손해야 한다. Elle a réuni ses amis à l'~ de son anniversaire. 그녀는 생일에 친구들을 모이게 했다. par ~ 【옛】 우연히, 뜻하지 않게. en plusieurs ~s 여러 경우에. suivant l'~ 일기응변으로.
③ 중고품, 특매품, 쌀 물건. marché de l'~ 중고시장. faire l'~ (상인이) 중고품을 취급하다. Ce magasin fait le neuf et l'~. 이 상점은 신품과 중고품을 취급한다. J'ai acheté cet appareil à moitié prix, c'est une ~. 이 카메라를 반값으로 샀어, 정말 횡재였어.
④ 동기, 원인, 계기. Cette affaire a été l'~ d'un long procès. 그 사건이 동기가 되어 오랜 재판소동이 벌어졌다. donner l'~ à une dispute 말다툼을 일으키다, 말다툼의 계기가 되다.
à l'~ 그럴 기회가 있으면; 필요할 경우에는. À l'~, venez me voir. 기회가 있으면 저희식사나 같이 하게 오세요. à la première ~ 기회가 닿는 대로. à l'~ de …에 즈음하여; …을 위해서; …에 관하여. bal donné à l'~ d'une fête 축제를 계기로 개최된 무도회. Je l'ai vu à l'~ d'un mariage. 어느 결혼식에 참석했을 때 그를 만났다.

avoir (l')~ de + *inf.* …하는 기회를 갖다. Venez si vous en avez l'~. 기회가 있으면 오십시오. Il n'a jamais eu l'~ de vivre à l'étranger. 그는 여지껏 외국에 살 기회가 없었다.
dans les grandes ~s 특별한 (경사가 있는) 경우에. Nous, on ne boit que *dans les grandes* ~s. 우리는 특별한 경사 때나 술을 마신다.
d'~ 싸구려의; 그 때만의; 낡은, 중고의. livre [meuble] *d*'~ 헌 책 [가구]. vente *d*'~ 바겐세일. amis *d*'~ 우연히 사귄 일시적인 친구들.
L'~ *est chauve*. 《속담》 좋은 기회는 잡기 어렵다.
occasion(n)alisme [ɔka(ɑ)zjɔnalism] *n.m.* 【철학】 기회 원인론, 우인론(偶因論).
occasionnel(le) [ɔka(ɑ)zjɔnɛl] *a.* ① 우연의; 임시의. rencontre ~*le* 우연한 만남. travail ~ 임시로 하는 일. visiteur ~ 우연히 들른 사람. ② cause ~*le* 유인(誘因); 【철학】 우인(偶因), 기회원인.
occasionnellement [ɔka(ɑ)zjɔnɛlmɑ̃] *ad.* 때때로, 경우에 따라서는, 우연히. Je ne le rencontre qu'~. 그는 어쩌다 만날 뿐이다.
occasionner [ɔka(ɑ)zjɔne] *v.t.* 일으키다, 야기하다, 빚어내다, 초래하다, 유발하다 (causer, provoquer, susciter). Je vous *ai occasionné* des ennuis. 제가 당신에게 폐를 끼쳤군요. Ce voyage lui *a occasionné* beaucoup de frais. 이 여행은 그에게 많은 돈을 쓰게 했다.
occident [ɔksidɑ̃] *n.m.* ① (西); 서쪽. ② (O~) 서양; 서유럽 제국; (그)나라들의 문명; 북대서양 조약 가입 제국 (l'Ouest, ↔ l'Est, l'Orient). Église d'O~ 로마 교회 (그리스 정교회에 대한). Empire d'O~ 【역사】 서로마 제국.
occidental(ale, *pl. aux*) [ɔksidɑ̃tal, -o] *a.* 서쪽의; 서양의, 서쪽에 사는; 서양의. Europe ~*ale* 서유럽. culture ~*ale* 서양문화. Indes ~*ales* (옛) 서인도제도. le bloc ~ 서방제국. —**O**~ *n.* 서양 사람.
occidentalisation [ɔksidɑ̃talizasjɔ̃] *n.f.* 서양화.
occidentaliser [ɔksidɑ̃talize] *v.t.* 서양화하다, 서구풍으로 하다. —**s'**~ *v.pr.* 서양풍이 되다.
occidentalisme [ɔksidɑ̃talism] *n.m.* 서양화 풍조, 서구주의, 서구 취미.
occipital(ale, *pl. aux*) [ɔksipital, -o] 【해부】 *a.* 후두부(後頭部)의. —*n.m.* 후두골 (os ~).
occiput [ɔksipyt] *n.m.* 【해부】 후두부, 뒤통수.
occire [ɔksi:r] [31] *v.t.* (옛) (지금은 부정법·과거분사 occis 및 복합시제로만 씀) 죽이다.
—**s'**~ *v.pr.* 자살하다.
occision [ɔksizjɔ̃] *n.f.* (옛) 살육, 도살 (屠殺).
occitan(e) [ɔksitɑ̃, -an] *a.* 오크 (oc)어 (語) 【문학】의. —*n.m.* 오크어.
occlure [ɔkly:r] [48] *v.t.* (부정법·과거분사 occlus 외에는 드묾) ① 【의학】 눈까풀을 피복하다, 폐색하다. ② 【화학】 (금속이 기체를)흡수하다.
occlusif(ve) [ɔklyzif, -i:v] *a.* ① 【의학】 눈까풀을 피복하는, 폐색하는. bandage ~ 피복 붕대. ② 【음성】 폐쇄음의. consonne ~*ve* 폐쇄자음.
—*n.f.* 폐쇄음 ([p, t, k, b, d, g]).
occlusion [ɔklyzjɔ̃] *n.f.* 【의학】 (눈까풀의) 가 장자리 봉합(수술); 장(腸) 따위의 폐색. ② 【화학】 (금속에 의한 기체의)흡수. ③ 【기계】 (증기의)폐색. ④ 【언어】 (소리의)폐쇄.
occlusionner [ɔklyzjɔne] *v.t.* = occlure.
occultation [ɔkyltasjɔ̃] *n.f.* 【천문】 엄폐 (掩蔽), 식 (蝕) (éclipse). ~ d'une étoile par la lune 달에 의한 별의 엄폐.
occulte [ɔkylt] *a.* ① 비밀의, 불가해 (불가사의)한, 신비로운 (mystérieux, secret). ② 은밀한 (clandes-

tin). forces ~s (정계의)흑막 세력. ③ sciences ~s 신비술, 비학(秘學).

occulter [ɔkylte] *v.t.* 【천문】 (별을)가리다, 엄폐하다.

occultisme [ɔkyltism] *n.m.* 신비술[학].

occultiste [ɔkyltist] *n.* 신비학자.

occupant(e) [ɔkypɑ̃, -ɑ̃:t] *a.* ① 점유하는, 차지하는; 【군사】 점령하는. armée ~e 점령군. autorité militaire ~e 점령군 당국. ②《구어》번거로운, 손이 많이 가는. enfant très ~ 손이 많이 가는 어린애. ③ avoué ~ 【법】 소송 사건 담당 변호사.
—*n.* ① 점유자; 거주자(habitant). ~s de l'immeuble 건물의 거주자. ~ d'une chambre d'hôtel 호텔방의 숙박객. ② 【군사】 점령군(의 일원). résister à l'~ 점령군에 저항하다. ③ premier ~ 【법】 선점자(先占者).

*****occupation** [ɔkypasjɔ̃] *n.f.* ① 일, 활동; 직업. Ma principale ~ en ce moment, c'est de chercher du travail. 나는 요즘 직업을 찾는 일로 대부분의 시간을 보내고 있다. être sans ~ 무직이다; 할 일이 없다. ② 점유, 점령; 거주. ~ sans titre (가옥의)점거. armée [zone] d'~ 점령군[지대]. ~ militaire 군사점령. O~ 독일군의 (프랑스)점령시대(1940 ~1944 년). grève avec ~ des locaux 농성파업.

occupationnel(le) [ɔkypasjɔnɛl] *a.* thérapeutique ~le 【정신의학】 작업요법.

*****occupé(e)** [ɔkype] *a.* ① 일에 매인; 바쁜. Je suis très ~ en ce moment. 나는 지금 몹시 바쁘다. [~ à] Il est ~ à la rédaction de [à rédiger] ses mémoires. 그는 연구논문을 작성하는 일에 바쁘다. Le docteur est ~. 의사는 지금 진찰중이십니다. Il a une vie ~e. 그는 분주한 생활을 하고 있다. Il a l'esprit ~. 그는 마음을 쉬게 한 틈이 없다. ② 점령된, 점거된; 사용중인. zone ~e 점령지대. appartement ~ 사람이 살고 있는 아파트. Cette place est ~e. 이 좌석은 사람이 있다. J'ai voulu téléphoner, mais la ligne etait ~e. 전화를 걸려고 했는데, 통화중이었다. table non ~e (식당 따위의) 빈 테이블. ③ 《옛》몰두[골몰]하고 있는 (préoccupé). air ~ 골몰하고 있는 표정.

:occuper [ɔkype] *v.t.* ① (장소를)차지하다, 점유하다; 살다; 점령하다, 점거하다. Une grande table *occupe* le centre de la pièce. 큰 테이블이 그 방의 중앙을 차지하고 있다. J'*occupe* cet appartement depuis dix ans. 나는 10 년 전부터 이 아파트에서 살고 있다. L'ennemi *a occupé* la ville frontière. 적이 국경 도시를 점령했다. Les grévistes *occupent* l'usine 파업자들이 공장을 점거하고 있다.
② (지위·직에)앉다. Il *occupe* le poste de directeur. 그는 지배인의 지위를 차지하고 있다. ~ une place importante dans le gouvernement 정부내의 중요한 지위를 차지하다.
③ (시간을)소비하다, 보내다, 메우다. Le débat *a occupé* tout l'après-midi. 토론은 오후 내내 계속되었다. Il *occupe* ses loisirs à lire. 그는 독서하면서 여가를 보낸다.
④ (사람을)고용하다; (일에)종사시키다; (일을 시켜)기분전환시키다. Cette maison *occupe* cent employés. 이 상사는 사원 100 명을 고용하고 있다. ~ une secrétaire à des classements d'archives 비서에게 고문서 정리를 시키다. Quand il pleut, c'est difficile d'~ les enfants. 비가 오는 날이면 아이들에게 무슨 일이든 시키는 것이 어렵다.
⑤ (정신을)점거하다; 전념시키다, 몰두시키다. Votre projet *occupe* tout mon esprit. 나는 당신의 계획으로 가득차 있다. Le ménage m'*occupe* beaucoup. 나는 집안일로 정신을 못차릴 지경이다.
⑥ ~ pour qn 【법】 …의 소송을 맡아 하다.
—**s'~** *v.pr.* ① (일·오락으로)시간을 보내다. Il cherche toujours à s'~. 그는 항상 일거리를 찾고 있다, 그는 일을 하지 않고는 못견긴다. pour s'~ 시간보내기 위해서.
② [s'~ à] (에)종사하다; 열심히 일하다. Il ne sait à quoi s'~ le dimanche. 그는 일요일에 무엇을 해야 좋을지 모르고 있다. Tout le jour, il s'*occupe à* l'embellissement de sa maison. 온 종일 그는 집치장으로 소일한다.
③ [s'~ de] (에)전념하다; 관심을 갖다; 걱정하다, 근심하다; 떠맡다, 인수하다. Je m'*occupe* seulement *de* ce qui me regarde. 나는 나와 관계되는 일에만 전념한다. S'~ *de* politique 정치에 손을 대다. Si le chien aboie, ne *vous en occupez* pas. 개가 짖어도 걱정하지 마십시오. *Occupe-toi de* tes jeunes sœurs. 네 어린 누이동생들의 일을 돌보아줘라. Un instant, et je m'*occupe de* vous. 잠시만 기다려 주십시오, 곧 돌봐드리겠읍니다. Je m'*occuperai de* vous trouver un emploi. 당신의 일자리를 찾는 것은 제가 맡아서 해드리겠읍니다.

occupeur [ɔkypœ:r] *n.m.* 《드물게》점유자.

occurrence [ɔkyrɑ̃:s] *n.f.* ① 경우(cas, circonstance); 우발 사건, 돌발사. en l'~ 이 경우(에는). en pareille ~ 이런[그런] 경우(에는). suivant l'~ 때에 따라서는; 경우에 따라서는. ② 【종교】 두 축제가 하루에 겹침. ③ 【언어】 (텍스트 속에서 어떤 언어 요소의)출현.

occurrent(e) [ɔkyrɑ̃, -ɑ̃:t] *a.* 우발적인, 돌발적인. ② 【종교】 (축제일이)하루에 겹치는.

O.C.D.E. [약자]》Organisation de coopération et de développement économiques 경제협력개발기구(《영》 OECD).

*****océan** [ɔseɑ̃] *n.m.* ① 대양, 대해; (O~)대서양. ~ (Glacial) Antarctique 남빙양. ~ (Glacial)Arctique 북빙양. ~ Indien 인도양. ~ Pacifique 태평양. ②《문어》망망대해; 바다같은 곳[것], 광막한 벌판; 다량. ~ de verdure 끝없이 펼쳐진 풀밭. ~ de la vie 거친 바다와 같은 인생. ~ de larmes 눈물 바다.
—**O~** *n.pr.m.* 【그리스신화】 오케아노스, 대양의 신. —*a.f.* mer ~e 대서양.

océanaute [ɔseanot] *n.* 해저탐험가; 잠수기술자.

océanide [ɔseanid] *n.f.* 【그리스신화】 오케아니스(바다의 요정으로 대양의 신 *Océan*의 딸).

Océanie [ɔseani] *n.pr.f.* 【지리】 오세아니아주, 대양주.

océanien(ne) [ɔseanjɛ̃, -ɛn] *a.* 오세아니아주의.
—**O~** *n.* 오세아니아 사람.

océanique [ɔseanik] *a.* 대양의, 대양에서 나는.

océanodrome [ɔseanɔdrɔ:m [ɔm]] *n.m.* 【조류】 바다제비 무리.

océanographe [ɔseanɔgraf] *n.* 해양학자.

océanographie [ɔseanɔgrafi] *n.f.* 해양학.

océanographique [ɔseanɔgrafik] *a.* 해양학의.

océanologie [ɔseanɔlɔʒi] *n.f.* 해양 연구; 해양학.

ocellation [ɔse(ɛl)lasjɔ̃] *n.f.* 【동물】 (공작새 깃 따위의)안상반점(眼狀斑點).

ocelle [ɔsɛl] *n.m.* 【동물】 (곤충의)홑눈, 단안(單眼); 안상반점.

ocellé(e) [ɔse(ɛl)le] *a.* 【동물】 안상반점이 있는.

ocelot [ɔslo] *n.m.* 【동물】 (표범 비슷한 반점이 있는 중·남미산의) 큰 살쾡이.

ochlocratie [ɔklɔkrasi] *n.f.* 《드물게》중우(衆愚) 정치.

ochopathie [ɔkɔpati] *n.f.* 차멸미.

ocrage [ɔkra:ʒ] *n.m.* 【사진】 (헐레이션 방지를 위해 건판에)패킹액을 칠하기.

ocre [ɔkr] *n.f.* ① 【광물】 황토 (代赭石). ~ rouge 대자석. ② 오커색, 황토색. —*a.*(불변) 황토색의, 황갈[황적]색의

ocré(e) [ɔkre] *a.* 오커색의. —*n.m.* 【직물】 실을 오커색으로 염색하기.

ocréa [ɔkrea] *n.f.* 【식물】 초상탁엽(鞘狀托葉).

ocrer [ɔkre] *v.t.* ① 황토[황갈·황적]색으로 칠하다. ② 【사진】 (건판에) 패킹액을 바르다.

ocreux(se) [ɔkrø, -ø:z] *a.* ① 황토질의. ② 황토색의, 황갈[황적]색의

oct. 《약자》 octobre 10월.

oct(a)- *préf.*「8」의 뜻.

octac(h)orde [ɔktakɔrd] 【음악】 *a.* 8현(絃)의. —*n.m.* 8현금(琴).

octaèdre [ɔktaedr] *n.m.*, *a.* 【수학】 8면체(의).

octaédrique [ɔktaedrik] *a.* 8면체의. cristaux ~s 8면 결정체.

octal(ale, pl. aux) [ɔktal, -o] *a.* 8진법(進法)의.

octandre [ɔktɑ̃:dr] *a.* 【식물】 수술 8개의.

octane [ɔktan] *a.* ① 【의학】(열이) 8일마다 오르는. ② 【화학】 옥탄의. —*n.m.* 【화학】 옥탄. indice d'~ 옥탄가(價).

octant [ɔktɑ̃] *n.m.* ① 【기하】 8분원. ② 【천문】 (천체가 태양에 대해서) 이각(離角) 45도의 위치에 있음. La lune est dans les ~s. 달은 태양에 대하여 이각 45°에 있다. ③ 【해양】 팔분의(八分儀)《배 따위의 천체고도 측정기》.

octante [ɔktɑ̃:t] *a.num.* 《옛·벨기에·스위스·프랑스 남동부》 80의.

octantième [ɔktɑ̃tjɛm] *a.num.* 《옛·사투리》 제 80의, 80번째의.

octateuque [ɔktatøk] *n.m.* 구약성서의 처음 8권.

octavaire [ɔktavɛ:r] *n.m.* 【가톨릭】 대제일(大祭日)부터 8일 동안 독송(讀誦)하는 기도문집.

octave [ɔkta:v] *n.f.* ① 【음악】 옥타브, 8도음정(音程). ② 【가톨릭】 대제일 후 8일간, 발부섬례; 대제일후 8일째. ③ 【운율】 8행시절. ④ 【펜싱】(손목을 틀어 칼끝을 숙이는)제8의 방어자세.

octavier [ɔktavje] 【음악】 *v.i.* (오보에 따위가) 우연히 한 옥타브 높은 소리를 내다. —*v.t.* (곡을)한 옥타브 높이 연주하다.

octavin [ɔktavɛ̃] *n.m.* 【음악】 피콜로, [tavo.

octavo [ɔktavo] *ad.* 여덟 번째. = **in-octavo**

octavon(ne) [ɔktavɔ̃, -ɔn] *n.* 8분의 1 혼혈아《4분 혼혈 남·녀와 백인 사이의 혼혈아》. —*a.* (위)의.

octet [ɔktɛ] *n.m.* ① 【컴퓨터】 8비트 바이트. ② 【화학】 8전자군.

octi-, octo- *préf.*「8」의 뜻.

octidi [ɔktidi] *n.m.* 【프랑스사】 (공화력의)각순(各旬)의 제 8일.

octillion [ɔktiljɔ̃] *n.m.* 【수학】① (1948년 이전에는) 1,000의 9제곱, 10^{27}. ② (1948년 이후에는) 100만의 8제곱, 10^{48}.

:octobre [ɔktɔbr] *n.m.* 10월, 시월. en[au mois d'] ~ 시월에. journées d'~ 【프랑스사】 파리 시민들이 루이 16세를 베르사유에서 파리로 데려온 날 (1789년 10월 5일과 6일). Révolution d'O~ (러시아의 1905년과 1917년의)10월 혁명.

octocoralliaires [ɔktokɔraljɛ:r] *n.m.pl.* 【동물】 8방(放) 산호충류. [사람.

octogénaire [ɔktɔʒenɛ:r] *a.* 80세의. —*n.* 80세의

octogonal(ale, pl. aux) [ɔktɔgɔnal, -o] *a.* 8각형의, 8변형(邊形)의.

octogone [ɔktɔgɔn] *a.* 【기하】 =**octogonal**. —*n.m.* ① 【8변형, 8각형. ② 【제조】 8각시렁(철봉식). ③ 【축성】 8면보(面堡).

octogyne [ɔktɔʒin] *a.* 암술 8개의.

octopétale [ɔktɔpetal] *a.* 【식물】 꽃잎 8개의, 8화판의.

octopode [ɔktɔpɔd] 【동물】 *a.* 다리 여덟의, 8각의. —*n.m.pl.* 8완류(腕類), 8각류.

octopolaire [ɔktɔpɔlɛ:r] *a.* 【전기】 8극(極)의.

octostyle [ɔktɔstil] *a.* 【건축】 8주식(柱式)의.

octosyllabe [ɔktɔsi(l)lab] *a.* 8음절의. —*n.m.* 【운율】 8음절의 시.

octosyllabique [ɔktɔsi(l)labik] *a.* =**octosyllabe**.

octovalent(e) [ɔktɔvalɑ̃, -ɑ̃:t] *a.* 【화학】 8가의.

octroi [ɔktrwa] *n.m.* ① (특권·허가 따위의)부여, 수여. faire l'~ de qc à qn ...에게 ...을 주다. ② 물품 입시세(入市稅)입시세관, 입시세 납부처. ~ de mer (해로(海路)) 반입 상품에 대한)수입세.

octroiement [ɔktrwamɑ̃] *n.m.* 《옛》 수여(授與).

octroyer [ɔktrwaje] [7] *v.t.* (특권·허가 따위를 특혜로)양여(讓與)하다, 수여하다. ~ un titre de noblesse à qn ...에게 귀족의 칭호를 수여하다. —**s'~** *v.pr.* 허가 없이 마음대로 하다(s'accorder). Il s'est octroyé huit jours de vacances supplémentaires. 그는 멋대로 여분의 휴가를 8일간 얻었다. *s'~ des plaisirs* 《속어》쾌락에 빠지다.

octuor [ɔktuɔr] *n.m.* 【음악】 8중주곡.

octuple [ɔktypl] *n.m., a.* 8배(의).

octupler [ɔktyple] *v.t.* 8배하다. —*v.i.* 8배가 되다.

ocityle [ɔktil] *n.m.* 【화학】 옥틸.

oculaire [ɔkylɛ:r] *a.* 【해부】 눈의; 눈으로 본. globe ~ 안구(眼球). nerf ~ 시신경(視神經). témoin ~ 현장 목격자, 실지 증인. —*n.m.* 【광학】 접안(接眼)렌즈.

oculairement [ɔkylɛrmɑ̃] *ad.* (드물게)(자신의)눈으로 보아서.

oculariste [ɔkylarist] *n.* 의안(義眼) 제조자.

oculé(e) [ɔkyle] *a.* 【동물】 안상반점(眼狀斑點)이 있는.

Oculi [ɔkyli] *n.m.* 【가톨릭】 사순절의 제 3요일.

oculiforme [ɔkylifɔrm] *a.* 【생물】 눈 모양의, 안상(眼狀)의.

oculiste [ɔkylist] *n.* 【의학】 안과 의사(ophtalmologiste). —*a.* 의사의.

oculistique [ɔkylistik] *a.* 안과의. —*n.f.* 안과학.

oculus(pl. i) [ɔkylys, -i] *n.m.* 【건축】 둥근창.

ocytocine [ɔsitɔsin] *n.f.* 【생화학】 옥시토신 (분만 촉진용 뇌하수체 후엽 호르몬).

ocytocique [ɔsitɔsik] *a.* 【의학】 분만 촉진성의.

odalisque [ɔdalisk] *n.f.* ① 터키 황제의 궁녀들을 섬기던 여자 노예. ② 터키 황제의 처첩(妻妾), 하렘의 여자. ③ 창녀(courtisane).

odd-trick [ɔdtrik] *n.m.* 【카드놀이】 (휘스트 (whist)놀이에서 한 게임중 쌍방이 각각 6번씩 이긴 후 승부를 판가름하는)13회째 집은 패.

ode [ɔd] *n.f.* ① 【고대그리스】 (노래 부르거나 음악 반주로 낭송하기 위한)시가(詩歌). ② 【문학】 오드, 서정단시(抒情短詩).

-ode *suff.*「극(極)」의 뜻《예: a*node* 양극(陽極)》. électro*de* 전극》.

odelette [ɔdlɛt] *n.f.* 소서정시(小抒情詩).

odéon [ɔdeɔ̃] *n.m.* ① 【고대그리스·로마】 주악당(奏樂堂), 음악당, 극장. (Théâtre de) l'O~ (파리의)오데옹 극장.

odeur [ɔdœ:r] *n.f.* ① 냄새; 향기(parfum, senteur). avoir une bonne[mauvaise] ~ 냄새가 좋다[나쁘다]. respirer l'~ des roses 장미향기를 맡다. ~ de la mer 바다냄새. ②《보통 *pl.*》향수. aimer les ~s 향수를 애호하다. flacon d'~s 향수병. *L'argent n'a pas d'~*. 돈에는 귀천이 없다《돈벌이

에는 어떤 방법을 써도 좋다). *mourir en ~ de sainteté* 훌륭한 기독교인으로서 세상을 뜨다. *ne pas être en ~ de sainteté auprès de qn*《구어》…의 신임을 받지 못하다, …에게 높이 평가받지 못하다

-odie *suff.*「노래」의 뜻《예: mél*odie* 선율》.

odieusement [ɔdjøzmã] *ad.* 가증스럽게, 밉살스럽게, 역겹게; 심하게, 극단적으로. Il s'ennuyait ~. 그는 몹시 따분해하고 있었다.

odieux(se) [ɔdjø, -ø:z] *a.* ① 가증스런, 추악한(détestable, ↔ délicieux). conduite ~*se* 가증스러운 행동. crime ~ 가증스러운 범죄. ② 불쾌감을 주는, 지긋지긋한(exécrable). Il m'est ~. 그 녀석은 보기도 싫다[지긋지긋하다]. vie ~*se* 지긋지긋한 인생. —*n.m.* 가증스러움; 지긋지긋함.

Odin [ɔdɛ̃] *n.pr.m.*《북유럽신화》오딘《용변·무용(武勇)·지혜·시가 따위를 주재하는 최고의 신》.

odjak [ɔdʒak] *n.m.*《옛 터키제국의》근위대.

odo- *préf.*「길·진로·흐름」의 뜻.

odographe [ɔdɔgraf] *n.m.* ① 행정(行程) 표시기; 보도계(步度計). ② =odomètre①.

odomètre [ɔdɔmɛtr] *n.m.* ① 보수계(步數計); 보행거리 측정기. ② (수레의)행정(行程) 기록계, 노정계(路程計).

odonates [ɔdɔnat] *n.m.pl.*《동물》청령류(蜻蛉類).

odontalgie [ɔdɔ̃talʒi] *n.f.*《의학》치통.

odontalgique [ɔdɔ̃talʒik] *a.* 치통의; 치통을 진정시키는. —*n.m.* 치통 진정제.

odont(o)- *préf.*, **-odonte**, **-odontie** *suff.*「치아」의 뜻《예: sél*odonte* 반월치. *odont*ologie 치과학》.

odontoglosse [ɔdɔ̃tɔglɔs] *n.m.*《식물》《열대 아메리카산의》난.

odontoïde [ɔdɔ̃tɔid] *a.*《해부》이 모양의, 치상(齒狀)의.

odontoïdien(ne) [ɔdɔ̃tɔidjɛ̃, -ɛn] *a.*《해부》치상 돌기의.

odontologie [ɔdɔ̃tɔlɔʒi] *n.f.* 치과학.

odontologique [ɔdɔ̃tɔlɔʒik] *a.* 치과학의.

odontostomatologie [ɔdɔ̃tɔstɔmatɔlɔʒi] *n.f.* 구강치과학.

odorant(e) [ɔdɔrɑ̃, -ɑ̃:t] *a.* 냄새나는; 향내나는. mal ~ 냄새가 고약한.

odorat [ɔdɔra] *n.m.* 후각(嗅覺). avoir l'~ fin 후각이 예민하다;《속어》(나쁜 일 따위를)금방 알아내다. Le chien a l'~ très développé. 개는 후각이 매우 발달되어 있다.

odorer [ɔdɔre] *v.t.*《옛·문어》① (의) 냄새가 나다. ~ le vin 포도주 냄새가 나다. ② 냄새맡다 (개가 사냥감을)냄새맡아 알아내다. ③ (목적보어 없이)후각(嗅覺)을 가지다

odoriférant(e) [ɔdɔriferɑ̃, -ɑ̃:t] *a.* 향기로운, 방향성(芳香性)의.

odorifique [ɔdɔrifik] *a.*《드물게》냄새를 풍기는.

Odyssée [ɔdise] *n.f.* ①《그리스문학》오디세이아. ②(o~)방랑 모험의 여행[이야기], 모험담; 불가사의한 사건의 연속, 기구한 운명.

O.E.A.《약자》Organisation des États américains 미주기구《《영》O.A.S.》.

O.E.C.E.《약자》Organisation européenne de coopération économique 유럽 경제협력기구.

écologie [ekɔlɔʒi] *n.f.*《생물》생태학.

écologique [ekɔlɔʒik] *a.* 생태학의.

œcuménicité [ekymenisite] *n.f.*《종교》세계성(世界性).

œcuménique [ekymenik] *a.*《종교》전세계의(universel). concile ~《가톨릭》(전세계)주교공의회(公議會). patriarche ~ 세계공의회 대주교《그리스정교의 최고 주교》. traduction ~ de la Bible 성서의 (신·구교) 공동역.

œcuménisme [ekymenism] *n.m.*《학문·기업분야 따위의》통합운동; 기독교 통합운동.

œdémateux(se) [edematø, -ø:z] *a.*《의학》수종(水腫)의, 수종에 걸린.

œdème [edɛm] *n.m.*《의학》수종, 부종(浮腫).

œdicnème [edikɛm] *n.m.*《조류》물떼새의 일종 (courlis de terre).

Œdipe [edip] *n.pr.m.*《그리스신화》에디푸스《스핑크스의 수수께끼를 푼 테베 왕》; 수수께끼를 푸는 사람. complexe d'~《정신분석》에디푸스 콤플렉스.

:**œil**(*pl.* **yeux**) [œj, jø] *n.m.* ① 눈; 안구; (*pl.*)《구어》안경. Elle a les *yeux* noirs. 그녀의 눈은 검다. avoir les larmes aux *yeux* 눈에 눈물이 글썽하다. avoir le soleil dans l'~ 햇빛으로 눈이 부시다. avoir de bons[mauvais] *yeux* 시력이 좋다[나쁘다]. avoir des *yeux* de chat 밤눈이 밝다. ouvrir de grands *yeux*《놀라서》눈을 동그랗게 뜨다. ne pas fermer l'~ (de la nuit)《밤새도록》한숨도 못자다. sentir ses *yeux* se fermer《졸려서》눈이 감기는 것을 느끼다. Œ~ pour ~《속담》눈에는 눈으로. ~ de verre 의안. J'ai oublié mes *yeux* chez moi.《구어》나는 집에 안경을 두고 왔다. bel ~《옛》미인. ② 시선; 눈매, 눈초리. Nos *yeux* se rencontrèrent. 우리들은 서로 시선이 마주쳤다. Ses *yeux* tombèrent sur elle. 그의 시선이 우연히 그녀에게 멈췄다. suivre *qn*[*qc*] des *yeux* …을 눈으로 쫓다. jeter les *yeux* sur …을 흘긋 보다, …에 눈독들이다. les *yeux* fixés sur *qn*[*qc*] …을 응시하고. ne pas quitter *qc* des *yeux* …에서 눈을 떼지 않다. faire un sale ~《속어》《적의를 품고》흘겨보다.

③ 관찰안; 감식안. avoir des *yeux*(de bons *yeux*) 꿰뚫어보는 눈을 갖고 있다. 속지 않다. avoir l'~ à tout 모든 일에 신경을 쓰다. être sous l'~ de *qn* …에게 감시받고 있다.

④ 견해, 견지. Je relis ce livre avec un ~ neuf. 나는 새로운 눈으로 이 책을 다시 읽고 있다. voir du même ~ que *qn* …와 같은 의견이다. voir d'un autre ~《avec d'autres *yeux*》qu'auparavant 전과 다른 눈으로 보다. voir *qn*[*qc*] d'un bon[mauvais] ~ …을 호의적[악의적]인 눈으로 보다. regarder *qn*[*qc*] d'un ~ sec …을 덤덤한 눈으로 바라보다.

⑤《옛》(진주 따위의)외관, 볼품, 광택, 빛남. ~ du ciel《시》태양.

⑥《기술》《연장의 자루를 박는》구멍; 작은 고리; (바늘의)눈;《활자의》볼록면, 자면(字面). gros [petit] ~ 굵은[가는] 글자.

⑦《빵·치즈의》기포(氣泡); (수프에 뜨는)기름기; (식물의)눈, 싹, 봉오리; (태풍의)눈, 중심부; (바람의)방향.

à l'~《구어》무료로, 거저;《옛》《덤으로》덧붙여. entrer au cinéma *à l'~* 공짜로 영화관에 들어가다. ⓑ 감시하고. avoir[tenir] *qn à l'~* …을 엄중히 감시하다. ⓒ 눈으로;《문어》얼핏보아, 일견하여. juger une distance *à l'~* 거리를 목측하다.

à l'~ nu 육안으로. étoile visible *à l'~ nu* 육안으로 볼 수 있는 별.

aux yeux de …의 면전에서; …의 견해로는. *aux yeux de* la loi 법적 견지로는. *Aux yeux de* sa mère, il n'est pas coupable. 어머니의 견해로는 그에게 죄가 없다.

avoir(n' avoir pas) froid aux yeux《속어》겁먹다《용기가 있다》.

avoir les yeux plus gros[*grands*] *que le ventre*《구어》먹는 양보다 많이 접시에 담다; 능력보다 야심이 더 크다.

avoir un ~ louche (포도주가)탁하다;《구어》(사실이)여의치 않다.
clin d'~ 윙크; 일별. faire un *clin d'~* 에 …에게 윙크하다. en(dans) un *clin d'~* 눈 깜짝할 사이에, 순식간에.
coup d'~ 일별(一瞥); 통찰력, 관찰력; 조망, 경치. au(du) premier *coup d'~* 언뜻 보고 바로, 첫눈에. d'un *coup d'~* 언뜻 보고, 단번에. avoir du *coup d'~* 눈치가 빠르다. avoir le *coup d'~ juste* 판단력이 예민하여, 관찰력이 대단하다. Le coup d'~ sur la ville est merveilleux. 도시의 조망이 훌륭하다.
crever les yeux ⓐ 눈을 멀게 하다; 눈을 피로하게 하다. une écriture fine qui *crève les yeux* 눈을 해치는 잔 글씨. ⓑ (너무 가까와서 눈에 들어오지 않을 정도로)눈앞에 있다. Ce livre, que vous cherchez, vous *crève les yeux*. 당신이 찾고 계신 책은 바로 당신 눈 앞에 있읍니다. ⓒ 명백[자명]하다. Cela crève les yeux à tout le monde. 누구에게도 그것은 명백하다. ⓓ 현혹시키다.
donner dans l'~ à qn …의 눈길을 끌다, …을 매혹하다.
du coin d'~ 은밀히, 슬그머니.
entre quatre(-z-)yeux 《구어》 quat'-z-yeux [ɑ̃trəkatzjø] 서로 마주보며; 오순도순.
être tout yeux 주시하다; 하나도 놓치지 않고 보려고 하다.
faire de l'~ à qn 《구어》 …에게 추파를 던지다; …에게 눈짓하다.
faire des yeux(les gros yeux) à qn …을 무섭게 노려보다.
fermer les yeux sur qc …을 (보고도) 못본 체하다, 눈감아주다.
les yeux fermés 두 눈 딱 감고, 전적으로 신뢰(신용)하고, 덮어놓고.
Mon ~! 《구어》설마!
n'avoir d'yeux que pour qn …밖에는 거들떠 보지 않다, …만 귀여워하다.
ouvrir les yeux de qn …을 깨우치다, 계몽하다.
ouvrir l'~; 《구어》 ouvrir *l'~ et le bon* 조심하다, 방심하지 않다.
par-dessus les yeux (엣)주체할 수 없이, 실컷.
pour les beaux yeux de qn …의 마음에 들려는 일념으로, …을 위해 봉사적으로, 무료로.
regarder qn dans le blanc des yeux …을 똑바로 쏘아보다.
se battre l'~ de qn(qc); se fourrer le doigt dans l'~ …크게 잘못 생각하다.
s'en battre l'~ 《구어》 …을 깔보다, 문제시하지 않다.
sous les yeux de qn …의 면전(눈앞)에서.
taper dans l'~ à(de) qn 《속어》(대단히)…의 마음에 들다.
tirer l'~ 이목을 끌다.
tourner[tortiller] de l'~; battre de l'~ 《속어》졸도하다; (엣)죽다.

œil-de-bœuf [œjdəbœf] (*pl.* ~s-~-~) *n.m.* ① 《건축》둥근(타원형의)창(→ maison 그림). ② 《역사》(Versailles 궁전의)대합실. ③ 《식물》데이지《국화과》.

œil-de-chat [œjdəʃa] (*pl.* ~s-~-~) *n.m.* 《광물》묘안석(猫眼石), 묘정석(猫睛石).

œil-de-faisan [œjdəfzɑ̃] (*pl.* ~s-~-~) *n.m.* 《식물》수선(화).

œil-de-perdrix [œjdəperdri] (*pl.* ~s-~-~) *n.m.* (발가락의)티눈. —*a.* 《불변》(포도주가)연붉은 빛깔의.

œil-de-pie [œjdəpi] (*pl.* ~s-~-~) *n.m.* 《삼방줄을 꿰는》돛구멍.

œil-de-serpent [œjdəserpɑ̃] (*pl.* ~s-~-~) *n.m.* (반지에 박아넣는)보석의 일종.

œil-de-tigre [œjdətigr] (*pl.* ~s-~-~) *n.m.* 《보석》호안석(虎眼石).

œillade [œjad] *n.f.* 눈짓, 추파. faire des ~s *à qn* …에게 추파를 던지다. lancer(jeter, décocher) une ~ *à qn* 의 미심장한 눈초리로 …을 훑어 보다.

œillard [œja:r] *n.m.* 맷돌의 굴대 구멍.

œillé(e) [œje] *a.* 눈알무늬가 있는.

œillère [œjɛ:r] *a.f.* ① dents ~s 위턱 송곳니. feuilles ~s 《식물》액아(腋芽)(곁눈)를 가진 잎. —*n.f.* ① (말의)눈가리개(→ harnais 그림). ② 《의학》 세안(洗眼)컵. ③ 위턱의 송곳니. ④ 투구의 차양. *avoir des ~s* 《구어》소견이 좁다, 편협한 견해를 가지고 있다.

œillet [œjɛ] *n.m.* ① (구두·코르셋·서류 따위의)끈을 꿰기 위한 구멍. ② 《식물》 패랭이꽃의 일종; 카네이션(~ des fleuristes). — d'Inde 공작국화(tagète). porter un — à la boutonnière 단추구멍에 카네이션을 꽂다. ③ (염전의)결정지(結晶池). ④ — de mer 《동물》말미잘(actinie).

œilleton [œjtɔ̃] *n.m.* ①《원예》뿌리에서 돋는 새싹; 흡지(吸枝). ②(망원경 따위의 접안렌즈의)구멍; (총의)가늠 구멍; (문의)들여다 보는 구멍.

œilletonnage [œjtɔna:ʒ] *n.m.* 《원예》(과수재배에서)휘문이.

œilletonner [œjtɔne] *v.t.* 《원예》 휘문이 하다; 휘묻이로 증식하다.

œillette [œjɛt] *n.f.* 《식물》 양귀비; 양귀비 기름 (huile d'~).

œkoumène [ekumɛn] *n.m.* 《지리》 외쿠메네(지구상의 인류가 거주하는 지역) (écoumène).

œnanthe [enɑ̃t] *n.f.* 독미나리속(屬).

œnanthique [enɑ̃tik] *a.* 《학술》포도주의 향기에 관한. acide ~ 《화학》에난틸산.

œnilisme [enilism], **œnolisme** [enɔlism] *n.m.* 포도주에 의한 알코올 중독.

œn(o)- *préf.* 「술」의 뜻.

œnoline [enɔlin] *n.f.* 《화학》 에놀린(적포도주의 적색소).

œnolique [enɔlik] *a.* (약이)포도주에 풀리는, 포도주를 용매(溶媒)로 한. acides ~s 《화학》에놀린(적포도주의 적색 색소).

œnologie [enɔlɔʒi] *n.f.* 《학술》포도주 양조학.

œnologique [enɔlɔʒik] *a.* 《학술》포도주 양조학의.

œnologiste [enɔlɔʒist], **œnologue** [enɔlɔg] *n.* 포도주(양조) 연구가.

œnomel [enɔmɛl] *n.m.* 꿀을 탄 포도주.

œnomètre [enɔmɛtr] *n.m.* (엣)(포도주의)알코올계.

œnométrie [enɔmetri] *n.f.* 《기술》(포도주의)알코올 정량측정.

œnométrique [enɔmetrik] *a.* (위)의.

œnophile [enɔfil] *a.* 포도주를 애호하는; 포도주 양조의. —*n.* 포도주 애호가.

œnotechnie [enɔtɛkni] *n.f.* 포도주 양조법.

œnotechnique [enɔtɛknik] *a.* 포도주 양조법의.

œnothera [enɔtera], **œnothère** [enɔtɛ:r] *n.m.* 《식물》달맞이꽃.

œnothéracées [enɔterase] *n.f.pl.* = onagrariacées.

œrsted [œrstɛd] *n.m.* 《전기》에르스테드(자장(磁場)의 강도의 C.G.S. 전자(電磁)단위).

œrstite [œrstit] *n.f.* 《물리》에르스타이트.

œsophage [ezɔfa:ʒ] *n.m.* 《해부》식도(食道).

œsophagien(ne) [ezɔfaʒjɛ̃, -ɛn], **œsophagique** [ezɔfaʒik] *a.* 식도의(食道의).

œsophagite [ezɔfaʒit] *n.f.* 《의학》식도염.

œsophagoscope [ezɔfagɔskɔp] *n.m.* 《의학》식도

경(鏡).
œsophagotomie [ezɔfagɔtɔmi] *n.f.* 〖의학〗식도 절개수술.
œstradiol [ɛstradjɔl] *n.m.* 〖생리〗에스트라디올(난소의 여포에서 생성되는 발정 호르몬).
œstral(ale, *pl.* **aux)** [ɛstral, -o] *a.* 발정(發情)의. cycle ~. 〖생물〗발정 주기.
œstre [ɛstr] *n.m.* ① 〖곤충〗쇠파리과(科)의 1속(屬). ②〖드물게〗(시·음악에 의한)흥분.
œstridés [ɛstride] *n.m.pl.* 〖곤충〗쇠파리과.
œstrogène [ɛstrɔʒɛn] *a.* 발정(發情) 촉진의. hormone ~. 발정 호르몬. —*n.m.* 〖생물〗발정물질, 에스트로겐.
œstrogénique [ɛstrɔʒenik] *a.* 에스트로겐의. traitement ~. 에스트로겐 치료.
œstrogénothérapie [ɛstrɔʒenɔterapi] *n.m.* 〖의학〗에스트로겐[발정 호르몬]에 의한 치료법.
œstrone [ɛstrɔn] *n.f.* 〖생리〗에스트론.
œstrus [ɛstrys] *n.m.* 〖생물〗발정기, 발정 현상.
œtite [etit] *n.f.* =**aétite**.
:**œuf** [œf] (*pl.* ~**s** [ø]) *n.m.* ① (조류의)알(특히)달걀, 계란(~ de poule). jaune[blanc] de l'~ 계란의 노른자위[흰자위]. pondre[couver] un ~ 알을 낳다[품다]. coquille d'~ 계란껍질. ~ à la coque 반숙한 계란. ~ dur 삶은 계란. ~ sur le plat 〖요리〗에그프라이;〖구어〗납작한 젖가슴. en forme d'~ 달걀 모양의.
② (일반적으로)(난생동물의)알. ~ d'insectes 벌레의 알. ~ de serpent 뱀의 알 (Gaule 사람이 마력이 있다고 생각한)알 모양의 돌.
③ 〖생물〗난(卵); 난자; 난세포. ~ clair 무정란(無精卵). ~ fécondé[vierge] 수정[미수정]란.
④ 달걀모양의 것. ~ de Pâques; ~ rouge 부활절의 계란(초콜릿·사탕으로 된 선물용 계란형 과자). ~ à thé 난형(卵形)의 홍차 주전자. ~ à repriser (양말깁을 때 받치는)계란모양의 기구.
⑤ 〖스키〗(고속활강 때의)달걀형의 자세.
casser son ~《은어》유산(流産)하다.
C'est comme l'~ de (Christophe) Colomb. 그것은 콜럼버스의 달걀이다.
coque d'~. 계란색의 천. tissu *coque d'~.* 계란색의 천.
dans l'~ 일이 터지기 전에, 초두에. écraser[tuer] une révolte *dans l'~* 반란을 초기에 진압하다.
marcher sur des ~s 대단히 조심스럽게 걷다[행동하다], 살얼음판을 걷다.
mettre tous ses ~s dans le même panier 한 사업에 외곬으로 전 재산을 털어 넣다, 한 가지 일에 모든 희망을 걸다.
plein comme un ~〖구어〗꽉 찬, 초만원인. valise *plein comme un ~* 터져나올 정도로 꽉 찬 여행 가방. Je suis *plein comme un ~*. 어찌나 많이 먹었는지 배가 터질 지경이다.
Quel ~!〖구어〗바보천치 같으니!
sortir de l'~ 너무 어려 세상물정을 모르다. 〖다. *tondre un ~; tondre sur les ~s* 지독한 구두쇠이다 *Va te faire cuire un ~!*〖속어〗(허튼 수작말고)썩 물러가 버려라.
œufrier [œfri(j)e] *n.m.* ① 달걀 삶는 기구. ② 〖축〗
œuvé(e) [œve] *a.* (물고기가)알을 밴. 〖냅.
:**œuvre** [œvr] *n.f.* ① 작업, 활동, 일(travail); 작용. se mettre à l'~ 일에 착수하다. être à l'~ 작업중이다, 일하고 있다. juger *qn* à l'~ 해놓은 일을 보고 사람을 판단하다. faire ~ utile 유익한 일을 하다. maître d'~ (지적인 일의)지도자;〖엥〗직장(職長).
② 저서, 작품(ouvrage). ~ littéraire[musicale] 문학[음악]작품. ~ de jeunesse de Flaubert 플로베르의 초기작품. ~ d'art 예술작품. ~s complètes

[choisies] 전집[선집]. ~ posthume 유작, 사후(死後) 출판. faire ~ durable 후세에 남는 작품을 만들다.
③ 사업, 과업(entreprise); 업적, 성과, 결과. L'éducation doit être l'~ de toute la nation. 교육은 전국민의 과업이어야 한다. ~ d'un savant[d'un homme d'État] 학자[정치가]의 업적. Voilà l'~ des terroristes. 폭력주의자들이 해놓은 짓이다. fils des ~s de *qn*〖법〗…가 인지한 아들. être enceinte(grosse) des ~s de *qn*《문어》…의 아이를 배고 있다.
④ (종교적·도덕적 차원에서의)행위, 행동(acte). bonnes ~. ~s de bienfaisance; ~ pie 적선, 자선사업.
⑤ 사회사업; (그)단체; 〖종교〗(교구의)재무위원회; 교회의 유지비[기금]. donner pour les ~s laïques 비종교단체에 기증하다. Centre régional des ~s universitaires et scolaires (대학구마다 있는)학생후생센타(《약자》C.R.O.U.S.) budget des ~s 복지예산. dame d'~ 여류자선사업가.
⑥ (*pl.*)〖선박〗~s mortes 건현(乾舷)(배의 물위에 나온 부분). ~s vives 흘수부(吃水部)(배의 물 밑 부분).
être le fils de ses ~s 자수성가하다.
exécuteur[maître] des hautes ~s 사형 집행인.
faire ~ de …으로 행동하다. *faire ~ d'ami* 친구로서 행동하다.
faire son ~ 작용하다; 능력을 발휘하다. Ce remède *fait son ~* lentement. 이 약의 효력은 서서히 나타난다.
mettre en ~ 사용[이용·적용]하다. *mettre en ~ certains moyens* 어떤 수단들을 사용하다.
mettre qn à l'~ …에게 일을 시키다.
mise en ~ 실행, 실시, 사용; 발효(發效); 이행. La *mise en ~* de ce plan ira sans difficulté. 이 계획은 어려움없이 이루어질 것이다.
—*n.m.*(단수뿐) ① (화가·조각가·작곡가 따위의)전 작품(전체 작품에 대해서는 보통 *n.f.*). ~ complet de Chopin 쇼팽의 전 작품.
② 〖건축〗구조물. gros ~ 기본공사(토대·벽·지붕). second ~ (기본공사에 대하여)내장공사. escalier dans[hors d'] ~ 건물내(외)의 계단. maître d'~ 건축주(主).
③ grand ~ (금속을 금으로 변하게 하는)연금(鍊金); (금속을 금으로 변하게 하는 것으로 간주된)화금석(pierre philosophale)에 대한 탐구; 가장 중요한 일.
être à pied d'~ (건축)현장에 있다; 일할 채비가 되어 있다.
œuvrer [œvre] *v.i.*《문어》일을 하다(travailler).
œuvrette [œvrɛt] *n.f.* 작은 작품, 평범한 작품.
of- *préf.*「앞을 향해서, 대립해서」의 뜻.
off [ɔf]〖영〗*ad.*〖영화〗오프로, 화면에 나오지 않게; 영상과 맞추지 않고(hors champ). —*n.m.* 오프, 무성(voix). —*a.*(연극 따위가)전위의; 프로그램외의.
off.《약자》officier 수훈자(受勲者), 장교.
offensant(e) [ɔfɑ̃sɑ̃, -ɑ̃:t] *a.* 무례한, 모욕적인(blessant). paroles ~s 모욕적인 말.《엥·문어》불쾌한.
offense [ɔfɑ̃:s] *n.f.* ① 모욕, 무례(affront, outrage). faire une ~ à *qn* …을 모욕하다. venger une ~ 모욕을 씻다. soit dit sans ~ 이런 말씀드려서 실례가 될지 모르겠지만. ~ au devoir 의무의 경시. ⓐ 〖신학〗(신에 대한)죄(péché).《Pardonnez-nous nos ~s.》「우리의 죄를 용서하소서」(기도할 때). ⓑ 〖법〗국가원수 모독죄(~ envers le chef

offensé(e) d'État).
Il n'y a pas d'~. 《구어》대수로운 일이 아니다, 괜찮다.
offensé(e) [ɔfɑ̃se] *a.p., n.* 모욕당한(사람). ~ 【삽다.
offenser [ɔfɑ̃se] *v.t.* ① (의 감정을)상하게 하다(froisser); (에게)무례한 행위를 하다; 모욕하다(outrager). Elle m'a offensé de sa conduite. 그녀의 행동은 내 기분을 상하게 했다. ~ Dieu 신을 모독하다, 종교적인 죄를 짓다. ② (규칙 따위를)어기다, 위반하다. ~ la grammaire 문법을 어기다. ~ le bon sens 양식에 어긋나다. ③《옛》불쾌감을 주다; 상처를 주다(blesser, meurtrir). La trop grande lumière offense la vue. 강한 빛은 눈을 상하게 한다.
—**s'** ~ *v.pr.* [s' ~ de] (에)화를 내다, 기분이 상하다(se fâcher). Il s'offense d'un rien. 그는 아무 것도 아닌 일에 곧잘 화를 낸다.
offenseur [ɔfɑ̃sœːr] *n.m.* 모욕자; 반칙자.
offensif(ve) [ɔfɑ̃sif, -iːv] *a.* 공격적인(↔défensif). armes ~ves 공격용 무기. guerre ~ve 공격(침략)전쟁. retour ~ 반격, 역습, 반공. retour ~ d'un froid 혹한의 재내습, 다시 추워짐. alliance ~ve et défensive. 공수동맹(攻守同盟).
—*n.f.* (대규모의)공격, 공세. mener une ~ve 공격하다. prendre l'~ve 공세를 취하다. première ~ve de l'hiver 최초의 한파 내습. ~ve de paix 평화공세. ~ve diplomatique 외교공세.
offensivement [ɔfɑ̃sivmɑ̃] *ad.* 공격적으로, 공세를 취하여.
offert(e) [ɔfɛːr, -ɛrt] *a.p.* 제공된. —*n.f.* 【가톨릭】 ①《옛》= offertoire. ② (offertoire 때에 하는)헌금(獻金).
offertoire [ɔfɛrtwaːr] *n.m.* 【가톨릭】 (미사 때의 빵과 포도주의)봉헌(奉獻); 봉헌문; 봉헌곡.
*****office** [ɔfis] *n.m.* ① 직무(fonction), 직책(charge); 구실, 역할(rôle). remplir(faire) son ~ 구실을 다하다; 효과를 내다. C'est mon ~ de + *inf.* …하는 것은 내 직무이다.
② 사무소(bureau); (관청의)청, 국; 소개소, 취급소(agence). ~ commercial 상사. ~ de publicité 광고 취급소. ~ de la main d'œuvre 직업 소개소. ~ national de la propriété industrielle 특허국. ~ du tourisme 관광협회. O~ de radiodiffusion-télévision française 프랑스 방송협회 (1964-1974년의 호칭:(약자)O.R.T.F.
③ (종신의)공직; 《옛》(프랑스 대혁명 이전의)관직. ~ ministériel 법원부속 공직(서기·공증인·소송대리인·집달리 따위). ~ public (법원에 소속되지 않은) 공직. ~ de notaire 공증인의 직책. vénalité des ~s《옛》관직의 매매.
④ 【가톨릭】 성무일과(聖務日課)(~ divin); 제식(祭式), 전례. livre d'~ 기도서. ~ des morts 죽은이의 기도. saint O~ 《옛》【종교성】성청(聖廳), 종교재판소. aller à l'~ 예배(미사)에 참예하다.
⑤《옛》알선, 보살핌, 돌봄. rendre à qn de petits ~s …을 좀 돌보아 주다.
⑥《옛》의무(devoir). ~ d'un bon père 훌륭한 아버지로서의 의무.
bons ~s ⓐ 돌봄, 보살핌. Je vous remercie de vos bons ~s. 돌보아 주셔서 감사합니다. ⓑ (외교상의)조정. La France a proposé ses bons ~s. 프랑스가 조정에 나섰다.
d'~ 직책상, 행정 조치로, 자동적으로. avocat (nommé) d'~ 관선 변호인. être mis à la retraite d'~ 자동적으로(강제로) 퇴직당하다. promu d'~ 자동적으로 승진된.
faire ~ de …의 노릇(대신)을 하다. faire ~ de secrétaire 비서노릇을 하다. papier qui fait ~ de passeport 여권구실을 하는 서류.
—*n.f.* (부엌에 달린)찬방; (총칭)요리사.
Offices [ɔfis] *n.f.pl.* Palais des ~ (플로렌스의)우피치(*Uffizi*) 미술관.
official(*pl. aux*) [ɔfisjal, -o] *n.m.* 【가톨릭】 종교재판소 판사(주교를 대리함).
officialisation [ɔfisjalizɑsjɔ̃] *n.f.* 공인; 공고. ~ des contraceptifs 피임약의 공인.
officialiser [ɔfisjalize] *v.t.* 공식화하다, 공표(공인)하다. ~ une nomination 임명사실을 공표하다.
officialité [ɔfisjalite] *n.f.* 【가톨릭】 종교재판; (주교교구의)종교재판소(소재지).
officiant(e) [ɔfisjɑ̃, -ɑ̃ːt] 【가톨릭】 *a.* 제식(성무일과)을 행하는. —*n.m.* 제식 집행자, 집전하는 성직자(célébrant). ~ *n.m.* 주우(週祐) 수녀.
officiat [ɔfisja] *n.m.* 《옛》보조의사의 자격.
*****officiel(le)** [ɔfisjɛl] *a.* ① 정부의, 관청의; 공적인, 공인된. acte ~ 공식문서. journal ~ 관보. langue ~le 공용어. prix ~ 공정가격. Cette information n'est pas encore ~le. 이 정보는 아직 공인되지 않았다. ② 공식의, 정식의; 주지의; 격식을 따지는. visite ~le 공식방문. fiançailles ~les (세간에 공표한)정식약혼. style ~ 공문서 투의 문체. ③ 관직의, 공무상의; 관(공)용의. personnage ~ (요한)공직에 있는 사람. voiture ~le 관용차. ④《구어》틀림없는, 확실한. C'est ~; O~! 그것은 절대로 틀림없다.
—*n.m.* ① 당국자, 정부관계자; 중요한 공직자; 《스포츠》(경기대회의)임원, 위원. O~ 관보(journal ~).
officiellement [ɔfisjɛlmɑ̃] *ad.* 공식으로, 정식으로. être ~ avisé 공식적인 통고를 받다, 정식통고를 받다.
officier¹ [ɔfisje] *v.i.* ① 【가톨릭】 제식을 집행하다. ②(비유적)(제식에서처럼)위엄을 차리다, 근엄하게 행동하다.
bien ~ à table《구어》진탕 먹고 마시다.
*****officier²** *n.m.* ① (소위 이상의)사관, 장교. ~ d'active (de réserve) 현역(예비역)장교. ~ de l'armée de terre (de l'aviation, de marine) 육군(공군, 해군) 사관. ~ général (순(superior, subalterne) 장성 (영관·위관). élève ~ 사관생도. ~ de l'Armée du Salut 구세군 사관 ((f.) officière). ② 공무원, 관공리. ~ de l'état civil 호적계원. ~ de justice 법무관. ~ de paix《옛》경관. ~ ministériel (public) 법원 부속 공직자(서기·공증인·소송대리인·집달리 따위). ~ de police judiciaire 사법 경찰관. ③ 수훈자(受勳者). ~ d'académie《옛》de l'Instruction publique 교육공로훈장 수훈자(palmes académiques 를 받은 사람). ~ (grand ~) de la Légion d'honneur 4〔2〕등 레지옹도뇌르 수훈자. ④ 《역사》조신(朝臣). grands ~s de la Couronne 궁정의 대신들.
officière [ɔfisjɛːr] *n.f.* 구세군 여사관.
officieusement [ɔfisjøzmɑ̃] *ad.* ① 비공식적으로. ②《예》친절하게, 호의적으로.
officieux(se) [ɔfisjø, -øːz] *a.* ① 비공식의(↔officiel). nouvelle ~se 비공식 정보. à titre ~ 비공식적으로. de sourse ~se 비공식적인 소식통에 의하면. ② (충고 따위가)호의에서 나온, 선의의. mensonge ~ 선의에서 나온 거짓말. ③《옛》[~ envers] (에게) 친절한, 돌보기 좋아하는 (obligeant).
—*n.* 쓸데없이 참견하는 사람. faire l'~ 쓸데없이 참견하다.
—*n.m.* 하인 (프랑스 대학명 시대의 호칭).
officinal(ale, *pl. aux*) [ɔfisinal, -o] *a.* 약용의; 약

용의. plante[herbe] ~ale 약용식물[약초]. préparation ~ale 약방의 조제.

officine [ɔfisin] *n.f.* ① 약국; 조제실. ②《엣》가게, 사무실; (음모 따위의)본거지. ~ de fausses nouvelles 유언비어의 출처.

officiosité [ɔfisjozite] *n.f.* 《엣》친절, 호의.

offrande [ɔfrɑ̃:d] *n.f.* ① (신·사원·교회에의)헌납, 봉헌, 봉헌물, 제물; 헌금(식). recueillir les ~s des fidèles 신자들의 헌금을 모으다. ② (자선사업 따위에의)기부금. déposer[apporter] son ~ à une souscription 기부금을 내다. faire une ~ à une œuvre de bienfaisance 자선사업에 기부하다. ③ 선물. Veuillez agréer mon ~. 나의 선물을 받아주십시오. apporter à qn son amitié en ~ ⋯에게 정신적인 우정을 보이다.
À chaque saint son ~; Chaque saint veut son ~. 《속담》성공하기 위해서는 요로마다 뇌물을 안겨주어야 한다. *À l'~ qui a dévotion; L'~ est à dévotion.* 얼마간이라도 헌금[기부]을 해합니다.

offrant [ɔfrɑ̃] *a.m., n.m.* (경매에서)값을 부르는(사람), 입찰하는(사람). vendre[adjuger] au plus ~ 최고 입찰자에게 팔다[낙찰하다].

offre [ɔfr] *n.f.* ① 신청, 제안, 제의(avance, proposition, ↔ demande). ~ d'adjudication 입찰 제의. ~ de paix 평화의 제의. ~ de service 조력 제의; 《상업》상품의 판매 권유. faire une ~ 제안하다. accepter une ~ avantageuse 유리한 제의를 받아들이다. rejeter les ~s de qn ⋯의 제의를 거절하다. rubrique des ~s d'emploi (신문의)구인란. ② 제공; 《경제》공급; 《법》(계약의)신청; (채무의)이행의 제공. ~ réelle 현물제공. l'~ et la demande 수요와 공급. faire ~ de qc ⋯을 제공하다; 바치다. faire un appel d'~s pour la construction d'un barrage 댐건설을 경쟁입찰에 부치다. ~ publique d'achat 주식공개매입(약자)O.P.A.). ~ de paiement 변제의 제공.

:**offrir** [ɔfri:r] 12 *v.t.* ① 주다, 제공하다. Je lui *offre* un cadeau. 나는 그녀에게 선물을 준다. ~ des fleurs à sa fiancée 약혼자에게 꽃을 선사하다. Je t'*offre* un déjeuner. 너에게 점심을 사겠다. ~ à boire 마실 것을 내놓다[권하다]. Ce magasin *offre* un grand choix. 이 상점은 물건이 풍부하다. ~ son aide 힘이 되어주다. ~ le[son] bras à qn ⋯에게 팔을 내밀다. ~ son nom à une femme 여자에게 구혼하다. ~ qn en otage ⋯을 인질로 내놓다. ~ (la main de) sa fille à qn ⋯에게 딸의 혼담을 제의하다, 딸을 시집보내다.
② [~ à qn de+*inf.*] (에게)(할 것을)제안[제의] 하다; 신청하다. Il m'*a offert* de m'accompagner jusqu'à la gare. 그는 내게 역까지 바래다 주겠다고 말했다.
③ (신에게)바치다, 봉헌하다. ~ des victimes aux dieux 신에게 제물을 바치다. ~ à Dieu ses douleurs (속죄를 위해)고통을 참다. ~ le saint sacrifice de la messe 미사를 봉헌하다.
④ (돈을)내다; (값을)부르다. ~ mille francs d'un objet 물건을 천프랑에 사겠다고 나서다.
⑤ (경의·조의 따위를)표하다, (축하·위로 따위의)말을 하다. ~ ses hommages 경의를 표하다. ~ ses vœux (de nouvel an) 새해 인사를 하다.
⑥ 보이다, 나타내다. Ce pays *offre* des paysages variés. 이 지방에서 여러 풍경을 보여주고 있다. Elle *offre* un visage toujours souriant. 그녀는 항상 웃는 얼굴을 보여준다. ~ des difficultés 어려운 점을 나타내다.
⑦ (위험 따위에 몸을)노출시키다, 드러내다. ~ le flanc à la critique 비난을 사다. ~ son dos au soleil 등을 햇볕에 노출시키다.
—*s'~ v.pr.* ① 몸을 바치다(내맡기다); 제의하다, 스스로 나서다. *s'~* aux coups 타격에 몸을 노출시키다. femme qui *s'offre* 몸을 내맡기는 여자. Il *s'est offert* comme guide. 그는 안내하겠다고 스스로 나섰다. Il *s'est offert* à nous aider. 그는 우리들을 도와주겠다고 나섰다.
② (se 는 간접목적보어)자기를 위하여 ⋯을 마련하다; 《구어》즐기다(se payer). Ils *se sont offert* des vacances en Égypte. 그들은 휴가를 이집트 여행으로 즐겼다.
③ (기회·사건 따위가)일어나다; (사물이)보이다 (se présenter). L'occasion *s'offre* trop belle pour ne pas la saisir. 놓칠 수 없는 절호의 기회이다. *s'~* aux yeux[aux regards] 눈에 비치다. clairière où *s'offre* un banc 벤치가 있는 숲속의 빈터.
s'~ la tête de qn ⋯을 놀림감으로 삼다; 속이다.

offset [ɔfsɛt] 《영》 *n.m.* 《인쇄》오프셋 인쇄.

off-shore, off shore [ɔfʃɔr] 《영》 *a.* 《불변》 ① (석유의)해양굴착의. ② 해외에서의. commandes ~ 현지조달(해외에 주둔한 미군부대가 현지에서 물자를 사는 것). —*n.m.* 《복수불변》(석유의)해양 굴착장치.

offuscation [ɔfyskasjɔ̃] *n.f.* ① 가로막음, 차폐. ② (이성 따위의)혼란; (감정 따위의)훼손.

offusquer [ɔfyske] *v.t.* ① (의)기분을 거스르다, 불쾌하게 하다, 화나게 하다(choquer, déplaire). Sa conduite m'*offusque*. 그의 행위는 괘씸하다. ② 《엣》(의)눈을 가로막다, 가리다(cacher, empêcher). ③ 《엣·문어》(머리를)혼란시키다, (이성·판단력을)무디게 하다. Le vin a *offusqué* sa raison. 술이 그의 이성을 흐리게 했다.
—*s'~ v.pr.* ① [*s'~ de*] (에)기분을 상하다, (을)불쾌(괘씸)하게 느끼다. Elle *s'est offusquée de* vos plaisanteries. 그녀는 당신의 농담에 화를 냈다. ② 가리워지다, 어두워지다.

oflag [ɔflag] *n.m.* (제 2 차대전때 독일의)포로장교 수용소(stalag).

O.F.M. 《약자》Ordre des Frères mineurs 《가톨릭》프란체스코회.

og(h)am [ɔgam] *n.m.* 오감 문자(고대영국·아일랜드의 20자로 된 문자). —*a.* 《불변》caractères ~ 오감 문자.

og(h)amique [ɔgamik] *a.* 오감 문자의.

ogival(ale, *pl.* **aux)** [ɔʒival, -o] *a.* 《건축》첨두 (尖頭)식의, 고딕식의.

ogive [ɔʒi:v] *n.f.* ① 《건축》첨두홍예, 첨두형의, 고딕식의. voûte d'~ [en ~] 첨두형 궁륭(穹窿). ② 《건축》첨두아치 (arc en ~, arc brisé) (→ arc 그림). ③ (포탄의)탄두 (彈頭) (tête). ~ d'un missile 미사일 탄두. ~ atomique[nucléaire] d'un missile 미사일의 핵탄두. ~ d'une fusée intercontinentale 대륙간 탄도탄두.

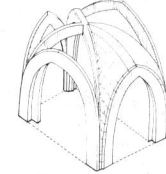
ogive ①

ogivette [ɔʒivɛt] *n.f.* 소첨두(小尖頭)홍예.

ognette [ɔɲɛt] *n.f.* (대리석공·조각사의)끌.

ognon [ɔɲɔ̃] *n.m.* =**oignon**.

ogre(sse) [ɔgr, -ɛs] *n.* ① (동화에 나오는)식인귀(食人鬼); 대식가. manger comme un ~ 게걸스럽게 먹다. l'~ de Corse 코르시카의 식인귀 (왕당파가 나폴레옹에게 붙인 별명). ②《구어》잔인한 인간, 악당.

Ogygie [ɔʒiʒi] *n.pr.f.* 【그리스신화】 칼립소(*Calypso*), 바다요정의 섬.
ogygien(ne) [ɔʒiʒjɛ̃, -ɛn] *a.* 칼립소 섬의.
-O― *n.* 칼립소 섬 사람.
*****oh** [o] *int.* ① 오오, 저런, 설마〔놀람·초조·분격·기쁨·감격〕. *Oh! là là!* 저런, 그럴 수가!〔놀람의 표현〕. *Oh! quelle chance!* 정말이지, 재수가 좋았다!〔명사적 용법〕 *pousser des oh et des ah!* 연거푸 탄성을 지르다. ②〔강조〕기어코, 꼭. *Oh! je me vengerai.* 꼭, 복수하고 말테다. ③ =*ohé*.
ohé [oe] *int.* 이이〔부름말〕. *O―! là-bas! Venez ici.* 어이 거기있는 사람, 이쪽 와요.
ohm [o:m] *n.m.* 【전기】옴〔전기 저항의 단위〕.
ohmique [omik] *a.* 【전기】옴의. *chute ~ de potentiel* 저항 강하(降下).
ohmmètre [ommɛtr] *n.m.* 【전기】옴계.
ohm-mètre [ommɛtr] (*pl.* ~*s*-~*s*) *n.m.* 옴미터〔전기 고유 저항의 MKSA 단위〕.
O.I. 〔약자〕*officier de l'Instruction publique* 〔옛〕교육공로훈장 수훈자.
O.I.C. 〔약자〕*Organisation internationale du commerce* 국제무역기구.
oïdium [ɔidjɔm] *n.m.* ① 오이듐균(菌); 오이듐균에 의한 포도나무의 병. ②【의학】(피부와 점막에 번지는)진균류.
oie [wa] *n.f.* ①【조류】기러기(~ *sauvage*); 거위(~ *domestique*; 수컷에는 *jars*). *gavage des ~s* 거위를 살찌게 하는 사육법. *plume d'~* 거위의 깃털〔옛날에 펜으로 사용한 것〕. *bête comme une ~* 아주 얼빠진. *~s du Capitole* 골굴의 야습을 자명한 로마를 구한 카피톨 신전의 거위. *contes de ma ~* = *l'oye* 〔옛날〕이야기, 동화〔*Perrault*의 동화집의 이름에서 유래〕. (*petite*) ~ *blanche* 세상물정을 모르는 아가씨, 순진한 여자. ②【요리】*pâté de foie d'~* 【요리】거위의 간으로 만든 파이(*pâté de foie gras*). ④ *jeu de l'~* 【놀이】쌍륙. ⑤ *petite ~* 〔옛〕거위의 뼈나 내장; (리본 따위의 장식; 연령을 많이 시작한 귀부인이 남자에게 주는) 호의의 정표〔키스·선물 따위〕; (일반적으로)조집, 전조. (*couleur*) *merde* (*caca*) *d'~* 황록색(의), *défiler au pas de l'~* 〔독일 군대처럼〕무릎을 굽히지 않고 행진하다.
oign-ais, -ant, -is [waɲɛ, -ɑ̃, -i] ⇒*oindre*.
oignon [ɔɲɔ̃] *n.m.* ① 양파, 둥근파. *soupe à l'~* 【요리】어니언〔양파〕수프. *chapelet d'~s* (저장줄에)엮은 양파. *une tête d'~* 둥근파 한 개. *petits ~s* 잔 양파(크지 않도록 배게 심어서 캐는 양파). ②구근(球根). ~ *de tulipe*(*de lis*) 튤립〔백합〕의 구근. ③ (발의)티눈. ④〔옛·속어〕(불룩하게 생긴)대형 회중시계.
aux petits ~s 〔구어〕아주 훌륭하게; (반어적) 지독하게. *Il a fait un travail aux petits ~s.* 그는 일을 훌륭히 해냈다. *soigner qn aux petits ~s.* …를 정성껏 보살피다; (반어적) 학대하다, 마구 다루다.
Ce n'est pas mes ~s. 〔구어〕내가 알 바 아니다.
en rang d'~s 한 줄로(늘어서서).
être vêtu comme un ~ 옷을 몇겹으로 입고 있다.
Occupe-toi de tes ~s. 네 일에 걱정이나 해라.
pelure d'~ 양파의 아주 얇은 막. *tissu pelure d'~* 얇디얇은 천. *couleur pelure d'~* 보랏빛이 도는.
pleurer sans ~s 〔구어〕(감정이 여려서) 눈물을 잘 흘리다.
regretter les ~s d'Égypte (잘 살게 되었으면서도) 옛날을 그리워하다.
se nourrir d'un ~ 구두쇠이다, 검소하게 살다.
oignonade [ɔɲɔnad] *n.f.* 〔드물게〕양파 요리.

oignonet [ɔɲɔnɛ] *n.m.* 작은 양파, 잔 양파.
oignonière [ɔɲɔnjɛ:r] *n.f.* 양파밭.
oïl [ɔil, ɔj] *ad.* ①〔옛〕 =*oui*〔중세 루아르강 이북에서〕. ② *langue d'~* 오일어(語)↔*langue d'oc*).
oille [ɔj] *n.f.* 〔옛〕채소와 고기의 에스파냐식 잡탕 요리(*olla-podrida*).
oindre [wɛ̃:dr] [27] *v.t.* ①성유(聖油)를 바르다. 〔옛〕(에)기름칠하다. ②(비유적)배게 하다(*imprégner*). *Il oignait son style de musique.* 그의 문체에는 음악이 배어 있다.
Oignez vilain, il vous poindra; poignez vilain, il vous oindra. 〔속담〕시골뜨기는 점잖게 대하면 버릇없이 굴고, 호되게 다루면 공손해진다.
―s'~ *v.pr.* 자기 몸에 기름칠하다; 자기…에 기름 칠하다.

oint¹, 〔옛〕**oing** [wɛ̃] *n.m.* (동물성의)유지(油脂). *vieux ~* (굴대에 칠하는 반 고형의)윤활유.
oint²(e) [wɛ̃, -ɛ:t] *a.p.* ① 기름을 바른. ②【종교】 성유(聖油)를 부은; 성별(聖別)된.
―*n.m.* 기름 부음을 받은 사람〔성직자·군주 따위〕. *l'~ du Seigneur* 신의 축복을 받은 사람, (특히) 그리스도.
O.I.P.C. 〔약자〕*Organisation internationale de police criminelle* 국제경찰기구, 인터폴.
O.I.R. 〔약자〕*Organisation internationale pour les réfugiés* 국제난민기구.
-oir, -oire *suff.* 「도구·사물·장소」의 뜻〔예:*fumoir* 끽연실. *observatoire* 천문대〕.
-ois, -oise *suff.* 국명·지명·도시명에 붙여서 「…의」「…사람(의)」「…어(語)(의)」의 뜻〔예:*Chine* → *Chinois*〕.
:oiseau [wazo] (*pl.* ~*x*) *n.m.* ① 새, 조류(鳥類). ~*x domestiques*(*de basse-cour*) 가금(家禽). ~ *protégés* 보호조. ~ *de passage* 철새. ~ *d'agrément* 애완용 새. ~ *de tempête* 갈매기; 수리. ~ *de paradis* 극락조. ~ *de Junon* 공작. ~ *de mauvais augure* 흉조(凶兆); (비유적) 불길한 사람. *Un ~ vole dans l'air.* 새가 하늘을 날고 있다. *élever* [*nourrir*] *un ~* 새를 키우다. *être gai comme un ~* 매우 쾌활하다.
②〔구어〕〔경멸〕놈. *un drôle d'~* 이상한 놈. ~ *rare*; *bel ~ bleu* 대단한 녀석〔혼히 비꿈〕. *Qui est cet ~ -là?* 저자는 누구지?
③ⓐ *perspective à vol d'~* (à vue) 조감도(鳥瞰圖). ⓑ *distance à vol d'~* 직선(최단)거리. ⓒ ~ *éployé* 【문장】날개를 펼친 독수리. ⓓ (벽돌 위의)양반사 ~; (지붕을 이을 때의)발판.
avoir un appétit d'~ 입이 짧다, 소식가이다.
avoir une cervelle d'~ 잘 잊어버리다; 경망스럽다, 침착하지 못하다.
baiser d'~ 가볍고 다정한 키스.
donner à qn des noms d'~x …을 모욕하다.
La belle plume fait le bel ~; C'est la plume qui fait l'~. 〔속담〕옷이 좋아야 대접을 받는다, 옷이 날개이다.
Le bon ~ se forme tout seul. 〔속담〕좋은 인품은 본성으로 타고 난다.
L'~ n'y est plus; L'~ s'est envolé. 죄수가 달아나 버렸다. (새 빠져 나가고)아무도 없다. (산.
Petit à petit l'~ fait son nid. 〔속담〕티끌 모아 태**oiseau-lyre** [wazolir] (*pl.* ~*x*-~*s*) *n.m.* 【조류】금 조(琴鳥) (*lyre*).
oiseau-moqueur [wazomɔkœ:r] (*pl.* ~*x*-~*s*) *n.m.* 【조류】(아메리카산)앵무새.
oiseau-mouche [wazomuʃ] (*pl.* ~*x*-~*s*) *n.m.* 【조류】(아메리카산)벌새.
oiseler [wazle] [5] *v.i.* 새를 잡으려고 그물〔끈끈이〕

oiselet [wazlɛ] *n.m.* 《옛·문어》작은 새.
oiseleur [wazlœːr] *n.m.* (특히 팔 목적으로)새를 생포하는 사람, 새잡이. —*a.m.* ① 새를 잡아 먹는. serpent ~ 새를 잡아먹는 뱀. ② vents ~s (새가 날아올 때 부는)봄의 계절풍.
oiselier(ère) [wazlje, -ɛːr] *n.* 《드물게》새 장수.
oiselle [wazɛl] *n.f.* ①《문어》새의 암컷. ②《구어》어리석은 처녀.
oisellerie [wazɛlri] *n.f.* ① 새 장사; 새 가게. ② 새의 사육(법). ③《옛》새기르는 곳, 조류사육장.
oiseusement [wazøzmɑ̃] *ad.* 하는 일 없이, 빈둥빈둥. vivre ~ 무위도식하다.
oiseux(se) [wazø, -øːz] *a.* ① 무익한, 쓸데없는, 공연한(inutile, vain). questions(paroles) ~ses 쓸데없는 질문(말). ②《옛》일을 하지 않는, 나태한.
oisif(ve) [wazif, -iːv] *a.* ① 아무 일도 하지 않는, 무위의, 한가로운(désœuvré, inoccupé). gens ~s 한가한 사람. rester ~ 일없이 놀다. mener une vie ~ve 무위도식하다. ②《기계가》가동되지 않는; (자본이)놓고 있는; (재능이)발휘되지 않는. argent ~ 놓고 있는 돈. capital ~ 유휴자본. —*n.* 일이 없는 사람; (자기 재산 수익만으로)놀고 먹는 사람; 게으름뱅이. de riches ~s 유한계급.
oisillon [wazijɔ̃] *n.m.* 새끼새.
oisivement [wazivmɑ̃] *ad.* 일하지 않고, 한가로이.
oisiveté [wazivte] *n.f.* 무위, 한가, dans mes heures d'~ 한가할 때에. vivre dans l'~ 무위도식하다. L'~ est (la) mère de tous les vices.《속담》무위는 모든 악행(惡行)의 근원이다.
oison [wazɔ̃] *n.m.* ① 거위 새끼. ②《구어》얼간이(~ bridé). *être bon à garder les ~s en mue* 아무런 소용도 없는 인간이다. *se laisser plumer comme un ~* 얼간이처럼 도둑 맞다.
oisonnerie [wazɔnri] *n.f.* 어리석음, 우둔.
O.I.T.《약자》Organisation internationale du travail 국제노동기구(《영》I.L.O.).
O.K. [okɛ]《미영》*int.*《구어》좋다, 잘됐다(d'accord, C'est bon.
okapi [ɔkapi] *n.m.*《동물》오카피《콩고산 기린과의 동물》.
okonite [ɔkɔnit] *n.f.*《전기》오코나이트《전선 우위의 절연재》.
okoumé [ɔkume] *n.m.* 아프리카산 목재《혼히 베니어판에 쓰임》.
ol.《약자》oleum《약》기름.
olé [ɔle]《에스파냐》*int.* 정신차려! —*a.*《불변》~ ~《구어》까부는, 무람없는. Elle est un peu ~ ~. 그녀는 좀 까분다.
olé- *préf.*「기름」의 뜻.
oléacées [ɔlease] *n.f.pl.*《식물》목서과(木犀科).
oléagineux(se) [ɔleaʒinø, -øːz] *a.* 유성(油性)의, 유질(油質)의; (식물·종자가)기름이 있는, 기름을 짤 수 있는. —*n.m.* 식물성 기름; 기름 짤 수 있는 식물.
oléandre [ɔleɑ̃ːdr] *n.m.*《식물》서양협죽도.
oléastre [ɔleastr] *n.m.*《식물》야생 올리브나무.
oléate [ɔleat] *n.m.*《화학》올레인산염(酸塩).
olécrane, olécrâne [ɔlekran] *n.m.*《해부》(척골(尺骨)의)행취 돌기(鷹嘴突起), 팔꿈머리.
oléfiant(e) [ɔlefjɑ̃, -ɑ̃ːt] *a.* 기름을 내는, 기름이 나는. gaz ~《옛》생유기 생유기(生油氣).
oléfines [ɔlefin]《영》*n.m.pl.*《화학》올레핀.
oléi- *préf.*「기름」의 뜻.
oléiculteur(trice) [ɔleikyltœːr, -tris] *n.* 올리브 재배자; 올리브유 제조자. 〔유 제조.
oléiculture [ɔleikyltyːr] *n.f.* 올리브 재배; 올리브

oléifère [ɔleifɛːr] *a.* 기름을 내는.
oléifiant(e) [ɔleifjɑ̃, -ɑ̃ːt] *a.* =**oléfiant**.
oléiforme [ɔleifɔrm] *a.* 기름모양의, 유질(油質)의.
oléine [ɔlein] *n.f.*《화학》올레인.
oléinées [ɔleine] *n.f.pl.*《식물》=**oléacées**.
oléique [ɔleik] *a.* acide ~《화학》올레인산.
oléo- *préf.*「기름」의 뜻.
oléoduc [ɔleɔdyk] *n.m.* 송유관(送油管).
oléographie [ɔleɔgrafi] *n.f.* 유화풍(油畵風)석판술[화], 크로모 석판술[화].
oléolat [ɔleɔla] *n.m.*《약》정유(精油). 〔린.
oléomargarine [ɔleɔmargarin] *n.f.* 동물성 마가
oléomètre [ɔleɔmɛtr] *n.m.*《공업》기름비중계(比重計), 유중계.
oléonaphte [ɔleɔnaft] *n.m.*《공업》(타르에서 만드는)중유(重油).
oléopneumatique [ɔleɔpnφmatik] *a.* (완충기(緩衝器)가)기름과 공기에 의한.
oléoréseau [ɔleɔrezo] (*pl.* ~x) *n.m.* 연료급유장치.
oléorésine [ɔleɔrezin] *n.f.*《화학》함유수지.
oléothorax [ɔleɔtɔraks] *n.m.*《의학》(폐부유를 함유한 파라핀유를)늑막에 주입하는 요법《인공기흉을 위하여》.
oléum [ɔleɔm] *n.m.*《화학》발연(發煙) 황산.
olfactif(ve) [ɔlfaktif, -iːv] *a.* 후각(嗅覺)의. appareil ~ 후각기(嗅覺器). organe ~ 후각기관. nerf ~ 후각신경.
olfaction [ɔlfaksjɔ̃] *n.f.*《생리》후각(작용).
oliban [ɔlibɑ̃] *n.m.*《옛》유향(乳香).
olibrius [ɔlibrijys] *n.m.* ①《구어》괴짜, 기인(寄人). ②《옛》허세부리는 사람《5세기의 로마황제의 이름에서 유래》.
olifant [ɔlifɑ̃] *n.m.*《중세문학》상아의 각적(角笛)《중세시대 기사가 전쟁·사냥 때에 사용》.
oligarchie [ɔligarʃi] *n.f.* 과두정치(寡頭政治).
oligarchique [ɔligarʃik] *a.* 과두정치의.
oligarque [ɔligark] *n.m.* (과두정치를 하는)소수의 독재자.
oligiste [ɔliʒist]《광물》*a.* 적철광의. —*n.m.* 적철광(fer ~).
olig(o)- *préf.*「소수」의 뜻.
oligocapitalisme [ɔligokapitalism] *n.m.*《경제》(소수자본가들에 의한)과점(寡占) 자본주의.
oligocarpe [ɔligɔkarp] *a.*《식물》열매가 적은.
oligocène [ɔligɔsɛn] *n.m., a.*《지질》점신세(漸新世)(의)《4500-2500 만년 전의 지질 시대》.
oligochètes [ɔligɔkɛt] *n.m.pl.*《동물》빈모류(貧毛類). 〔長石〕.
oligoclase [ɔligɔklaz] *n.f.*《광물》회조장석(灰曹
oligo-élément [ɔligɔelemɑ̃] *n.m.* (*pl.* ~~s)《생물》(신진대사에 필수적인 무기염류 중의)희유 원소《망간·아연·코발트·요드·불소》.
oligoménorrhée [ɔligɔmenɔre] *n.f.*《의학》과소월경.
oligomère [ɔligɔmɛr] *n.m., a.*《화학》올리고머(의)《중합체인 합성수지》.
oligophage [ɔligɔfaʒ] *a.*《동물》한정된 종류의 음식물을 먹는, 협식성(狹食性)의.
oligophrénie [ɔligɔfreni] *n.f.*《의학》정신박약.
oligopole [ɔligɔpɔl] *n.m.*《경제》(공급의)소수 독점, 과점(寡占).
oligopolistique [ɔligɔpɔlistik] *a.* 과점적인. 〔점.
oligopsone [ɔligɔpsɔn] *n.m.*《경제》(구매의)과
oligosialie [ɔligɔsjali] *n.f.*《의학》타액과소《감소》증.
oligurie [ɔligyri] *n.f.*《의학》요(尿) 분비 부족.
olim [ɔlim]《라틴》*n.m.*《복수불변》(1254-1318년

의)파리 최고재판소 판례집.
olinde [ɔlɛ̃d] n.f. 《옛》칼날.
olinder [ɔlɛ̃de] v.i. 《옛》칼을 뽑다, 서로 칼질하다.
oliphant [ɔlifɑ̃] n.m. =olifant.
olivacé(e) [ɔlivase] a. 올리브색의, 황록색의.
olivaie [ɔlivɛ] n.f. 올리브 재배지(oliveraie).
olivaire [ɔlivɛːr] a. 올리브 모양의.
olivaison [ɔlivɛzɔ̃] n.f. 올리브 수확(계절).
olivâtre [ɔliva:tr] a. 올리브색이 도는(verdâtre). teint ~ 윤기없는 거무죽죽한 안색.
***olive** [ɔli:v] n.f. ① 올리브의 열매;《문어》올리브나무(olivier). couleur d'~ 올리브색, 황록색. huile d'~ 올리브유. ~s vertes 푸른 올리브절임. ~s noires 흑색을 띤 익은 올리브절임. ② 《해부》(연수(延髓)의)감람체(橄欖體). ③ 올리브 모양의 것;《건축》올리브 모양의 쇠시리; 커튼 끝의 장식술;(엮은 장식끈 따위 끝의)똑닥단추;《전기》타원형의 중간 스위치. ④《어업》(낚싯줄에 다는)납으로 된 추. ⑤《동물》(껍질이 타원형인)조개의 일종. —n.m., a. 《불변》올리브색(의), 황록색(의).
oliveraie [ɔlivrɛ] n.f. =olivaie.
oliverie [ɔlivri] n.f. 올리브 압착기; 올리브유 제조소.
olivet [ɔlivɛ] n.m. 올리베 치즈.
olivétain [ɔlivetɛ̃] n.m. 《종교사》몽돌리베(Mont-Olivet)파의 수도사.
olivète [ɔlivɛt] n.f. 《식물》=œillette.
olivette [ɔlivɛt] n.f. ① 올리브 재배지. ②(pl.)《사투리》(남프랑스에서 올리브 수확 후에 추는)춤, 풍년춤. ③(열매가 올리브 모양의)포도의 일종. ④《옛》(올리브 모양의)모조진주.
***olivier** [ɔlivje] n.m. 올리브나무; 올리브가지(흔히 평화의 상징). Mont (Jardin) des O~s《성서》감람산(예루살렘 동쪽 언덕). se présenter l'~ [un rameau d'~] à la main《구어》화해하자고 제의하다. ② 올리브 목재.
oliviforme [ɔlivifɔrm] a. 올리브 모양의.
olivine [ɔlivin] n.f. 《광물》감람석(橄欖石).
ollaire [ɔ(l)lɛːr] a.f. pierre ~ 《광물》사문석(蛇紋石)의 일종(항아리 따위 제조용).
olla-podrida [ɔlapodrida] n.f. 《에스파냐》 《복수불변》《옛》《요리》살코기와 야채를 섞어서 끓인 스튜, 잡탕(pot-pourri);《옛》잡동사니.
ollé [ɔ(l)le] int. =olé.
olo- préf.「전체·완전」의 뜻.
oloffée [ɔlɔfe] n.f. =aulof(f)ée.
olographe [ɔlɔgraf] a. testament ~ 《법》자필의 유언장.
olographie [ɔlɔgrafi] n.f. 《법》자필문서.
olographier [ɔlɔgrafje] v.t. 《법》자필로 쓰다.
olonnais(e) [ɔlɔnɛ, -ɛːz] a. 레사블돌론(les Sables-d'Olonne, 프랑스의 도시)의. —O~ n. 레사블돌론 사람(Sablais).
oloronais(e) [ɔlɔrɔnɛ, -ɛːz] a. 올로롱생트마리 (Oloron-Sainte-Marie, 프랑스의 도시)의. —O~ n. 올로롱생트마리 사람.
olpette [ɔlpɛt] a. 《속어》멋진, 말쑥한, 멋장이의.
Olympe [ɔlɛ̃:p] n.pr.m. 《그리스신화》올림포스 산; 올림포스산의 신들. ②《시》하늘, 창천, 낙원. ②(정계 따위의)거물들.
olympiade [ɔlɛ̃pjad] n.f. 《고대그리스》올림피아기(紀)(한 올림픽 경기에서 다음 경기까지의 4년간). ② 올림피아 제전; (pl.) 올림픽경기(Jeux olympiques).
Olympie [ɔlɛ̃pi] n.pr.f. 《고대지리》올림피아(올림픽 경기가 거행되던 도시).
olympien(ne) [ɔlɛ̃pjɛ̃, -ɛn] a. ① 올림포스산 (Olympe)에 사는; 올림포스의 신들의. ② 기품 높은, 위엄 있는(noble, majestieux). regard ~ 품위 있는 시선, 눈초리. front ~ 넓게 튀어나온 이마;《의학》올림피아 이마(뼈의 질환에 의한 이마의 변형). ③ 올림피아의. —O~ n. ①(m.pl.) 올림포스산의 신들(dieux ~s). ② 올림피아 사람.
olympique [ɔlɛ̃pik] a. ① 올림피아(Olympie)의. ② 올림픽(경기)의. couronne ~ 《고대그리스》올림픽경기 우승자에게 수여되던 영관(榮冠). champion ~ 올림픽 우승자. stade ~ 올림픽 경기장. Jeux O~s 올림픽 경기. Comité International O~ 국제올림픽위원회((약자) CIO). —n.f. (Pindare 의)올림피아 승리가.
olympisme [ɔlɛ̃pism] n.m. 올림픽 경기의 운영〔조직·규약〕.
olynthien(ne) [ɔlɛ̃tjɛ̃, -ɛn] a. 올린토스(Olynthe, 칼키디케 반도의 그리스 식민지)의. —O~ n. 올린토스 사람. —O~nes n.f.pl. (데모스테네스의)올린토스 연설.
ombelle [ɔ̃bɛl] n.f. 《식물》산형화(繖形花). en ~ 산형의.
ombellé(e) [ɔ̃be(ɛl)le] a. 《식물》산형의.
ombelliféracées [ɔ̃be(ɛl)liferase] n.f.pl. 《식물》산형과, 미나리과(科).
ombellifère [ɔ̃be(ɛl)lifɛ:r] 《식물》 a. 산형화가 피는. —n.f. 미나리과(科) 식물; (pl.) =ombellifé-racées.
ombelliforme [ɔ̃be(ɛl)lifɔrm] a. 《식물》산형화 모양의.
ombellule [ɔ̃be(ɛl)lyl] n.f. 《식물》소산형화.
ombilic [ɔ̃bilik] n.m. ①《해부》배꼽(nombril); 중심점(centre). ②《식물》종제(臍). ③《동물》(권패류의)배꼽구멍. ③《수학》배꼽점.
ombilical(ale, pl. **aux)** [ɔ̃bilikal, -o] a. 《해부》배꼽의;《식물》종제(臍)의. cordon ~ 탯줄.
ombiliqué(e) [ɔ̃bilike] a. 배꼽이 있는; 배꼽 모양의 (오목이 있는).
omble (-chevalier) [ɔ̃:bl, ɔ̃bləʃvalje] n.m. 《어류》곤들매기.
omblière [ɔ̃:blijɛr] n.f. (곤들매기의)알 낳는 곳.
ombon [ɔ̃bɔ̃] n.m. 《고고학》(방패의)중앙의 돌기.
ombrage [ɔ̃bra:ʒ] n.m. ① 그늘을 이루는 무성한 나뭇가지와 잎사귀(feuillage); 나무그늘, 녹음(綠陰). sous les ~s des arbres 나무그늘에서. ②《옛·문어》시기심, 의심, 불안(défiance). causer de l'~ 〔donner (de l')~〕à qn; faire〔porter〕~ à qn …에게 의혹〔불안〕을 품게 하다; 시기심을 일으키다.
faire ~ 그늘지게 만들다.
prendre (de l')~ (말이) …에 놀라다; 불안해하다, 심로하다; 질투〔시기〕하다. Il a pris ~ de mon refus d'aller chez lui. 그는 내가 자기 집에 가기를 거절한 것을 고까워했다.
ombragé(e) [ɔ̃braʒe] a.p. 나무그늘진, 녹음이 우거진(ombreux).
ombrageant(e) [ɔ̃braʒɑ̃, -ɑ̃:t] a. 그늘을 던지는.
ombrager [ɔ̃braʒe] [3] v.t. ① 그늘로 덮다, 어둡게 만들다; (잎이)위에 퍼지다. ② 숨기다, 덮어가리다. —**s'~** v.pr. ①(뜰 따위가)그늘지다. ②(일광·열 따위를)피하다. ③(차일 따위로)햇볕을 가리다.
ombrageusement [ɔ̃braʒøzmɑ̃] ad. ①(말이)놀라서. ② 의심 많게; 감정이 상한 듯이.
ombrageux(se) [ɔ̃braʒø, -øːz] a. ①(말이)겁이 많아 잘 놀라는(peureux). ② 의심 많은(soupçonneux); 시기심 많은(jaloux); 잘 노하는, 까다로운, 심술궂은(farouche, malveillant). mari ~ 질투심이 강한 남편. ③ 불안해 하는, 과민한.

ombrant(e) [ɔ̃brã, -ā:t] *a.* 【미술】음영(陰影)을 넣기에 적합한.

‡**ombre¹** [ɔ̃:br] *n.f.* ① 그늘, 응달; 나무그늘, 물건에 가려진 곳(couvert, ombrage). plaine sans ~ 그늘 없는 벌판. reposer ses yeux à l'~ 그늘에서 눈의 피로를 풀다. Il fait 30 degrés à l'~. 기온이 그늘에서 30 도이다. jeter[faire, produire] de l'~ 그늘을 드리우다.
② 그림자, 투영(投影). projeter une ~ 그림자를 비추다. 【광학·수학】투영. théâtre d'~s 《속》 chinoises 그림자 놀이〔연극〕. qui n'est plus que l'~ de lui-même 알아볼 수 없으리만큼 모습이 변한(뼈만 앙상한) 늙은이. — *portée* 【광학·수학】투영.
③ 반영(反映), 환영, 외관(chimère, apparence, reflet). Nous poursuivions des songes et nous embrassons des ~s. 우리는 꿈을 쫓았지만 결국은 환영을 끌어안을 뿐이다.
④ 어렴풋한 기미, 극소량. une ~ de jalousie 약간의〔어렴풋〕 질투.
⑤ 음영, 암영, 어두움, 밤(obscurité). à l'~ de la nuit 야음(夜陰)을 타서.
⑥ 유령, 귀신(fantôme, mânes). empire〔royaume〕 des ~s《문어》황천, 저승.
⑦ 의구심, 시기심. jeter une ~ sur la gloire de qn …의 영광에 의구심을 나타내다.
⑧ 〔비유적〕모호, 불확실; 비밀(secret); 망각(oubli). rester〔vivre〕 dans l'~ 망각 속에 있다〔살다〕. préparer dans l'~ 암암리에 꾀하다. laisser une chose dans l'~ 어떤 일을 모호한 채로 내버려두다. ~ du mystère 비밀의 장막.
⑨〔시〕고독, 은거. demeurer dans l'~ 고독 속에서 살다. 사람들에게 망각되어 살다.
⑩ 허무〔허황〕한 것, 덧없는 것. courir après une ~ 허황한 꿈을 쫓다. passer[se dissiper] comme une ~ 허무하게 사라져 버리다.
⑪ 【천문】본영, 本影.
⑫ 【미술】음영, 어두운 색깔.
à l'~ de …의 그늘에서, 보호 아래; 바로 곁에. Il grandit *à l'~ de* la maison paternelle. 그는 부모의 보호 하에 성장했다.
avoir peur de son ~ 조그만 일에도 놀라다.
C'est comme l'~ et le corps. 늘 붙어 다닌다.
être l'~ de son maître 그의 스승의 판박이이다.
être l'~ de qn; suivre qn comme son ~ …의 뒤에 붙어다니다.
faire ~ *à qn* …을 능가하다; …을 불안케 하다.
Il y a une ~ *au tableau.* (대체로 좋지만) 걱정되는 일이 한가지 있다.
lâcher[*abandonner, laisser*] *la proie pour l'*~ 헛것을 잡으려 알짜를 놓치다.
mettre qn à l'~ 《구어》…을 두둔하다; 투옥하다; 죽이다.
n'avoir que l'~ *du pouvoir* 이름뿐이고 실권이 없다.
pas l'~ *de* …의 티도 없다.
sous l'~ *de qn*[*qc*] …을 가장(빙자)하여.

ombre² *n.f.* 엄버 (어두운 색채를 내는 그림물감의 재료), 갈색염료(terre d'~, terre de Sienne).

ombre³ *n.m.* 【어류】 민물송어의 일종. — chevalier =omble.

ombre⁴ *n.m.*【옛】【카드놀이】=hombre.

ombré(e) [ɔ̃bre] *a.p.* ① (그림에) 농담(濃淡)〔음영〕을 넣은; 충충한 빛깔의. ② (표범가죽 따위에) 줄무늬가 있는.

ombrelle [ɔ̃brɛl] *n.f.* ① 작은 양산. ② 【동물】(해파리의) 갓.

ombrer [ɔ̃bre] *v.t.* ① (그림에)음영〔농담〕을 넣다; (눈꺼풀에)엷게 화장을 하다. ② 그늘을 드리우다.

ombrette [ɔ̃brɛt] *n.f.* 【조류】(아프리카산)해오라기의 일종.

ombreux(se) [ɔ̃brø, -ø:z] *a.* ①《문어》그늘을 이루는, 그늘이 많은, 울창한. ② 그늘진, 어두운. vallée ~*se* 그늘진 계곡. ③【식물】음지(陰地)를 좋아하는. ④ 어둠침침한(sombre). chambre ~*se* 어둠침침한 방.

Ombrie [ɔ̃bri] *n.pr.f.*【지리】움브리아 (고대 이탈리아의 중부·북부 지방; 이탈리아 중부의 주).

ombrien(ne) [ɔ̃brijɛ̃, -ɛn] *a.* 움브리아의. —**O**~ *n.* 움브리아 사람. — *n.m.* 움브리아어(語).

ombrine [ɔ̃brin] *n.f.* 【어류】보구치 무리.

ombromanie [ɔ̃brɔmani] *n.f.* (손으로 하는) 그림자 놀이(그림).

ombromètre [ɔ̃brɔmɛtr] *n.m.* 우량계(雨量計).

ombudsman [ɔmbydsman] 《스웨덴》 *n.m.* 조정자, 중재인(médiateur).

-ome *suff.*「종양·종기」의 뜻.

oméga [ɔmega] *n.m.* 오메가《그리스 자모의 마지막 글자: Ω, ω》.

omelette [ɔmlɛt] *n.f.* 【요리】오믈렛.
Attention à l'~! 《구어》달걀을 깨지 않도록 조심해! *faire l'*~《구어》(잘못하여) 달걀을 깨뜨리다.
On ne fait pas d'~ *sans casser les œufs.* 《속담》희생을 치르지 않으면 목적을 이룰 수가 없다.

omettre [ɔmɛtr] 46 *v.t.* 빠뜨리다, 빼다(passer); 소홀히 하다(négliger); 잊다(oublier), 생략하다. ~ *qn* dans une liste …을 명단에서 빠뜨리다. ~ *de* (《옛》à) + *inf.* …하기를 게을리하다, 잊다. [*que* + *ind.*] On ne doit pas ~ *que* sa collaboration a été précieuse. 그의 협력이 소중했다는 말은 빠뜨리면 안된다. —*s*'~ *v.pr.* ① 자기 이름을 빼다. ② 누락되어 있다, 생략되다.

omicron [ɔmikrɔ̃] *n.m.* 오미크론 《그리스 자모의 제 15 자: Ο, ο》.

omis(e) [ɔmi, -iz] (*p.p.* <*omettre*) *a.p.* 빠진, 누락된, 생략된. lettre ~*e* 탈자(脫字). — *n.m.* 【군사】해당년도의 징병검사에서 누락된 장정.

omission [ɔmisjɔ̃] *n.f.* ① (일부러·쓰기를) 빠뜨림, 누락; 생략; 빠진 것, 누락〔생략〕된 것; 탈자. mensonge par ~ 말을 안함으로써 행한〔함구에 의한〕 거짓말. ~ du reste 이하생략. 【법】 fraction décimale 소수점 이하 생략. sauf erreur ou ~ 착오나 누락이 없다면. signe d'~ 【인쇄】탈자기호 (∧). 【법】부작위(不作爲). péché[faute] d'~ 〔par ~〕 【신학】태만의 죄.

Ommeyades [ɔmmejad], **Ommiades** [ɔmmjad] *n.pr.m.pl.*【역사】(아라비아의) 우마야 왕조.

omn(i)- *préf.*「전(全)·총(總)」의 뜻.

***omnibus** [ɔmnibys] *n.m.* ① 완행열차(train ~). ②《옛》합승마차; 합승자동차(autobus). —*a.*《불변》① 정거장마다 서는, 완행의; 합승의. bateau ~ 여객선. ② 모든 경우에 적합한; 《빨래터 따위가》공동의; (도구가) 아무 데나 소용되는, 만능의; (말이) 어느 말에도 대응되는 (faire, chose, cela 따위). ustensile ~ 만능의 도구. barre ~ 【전기】모선(母線).

omnicolore [ɔmnikɔlɔ:r] *a.* 온갖 빛깔을 내는.

omnidiffusé(e) [ɔmnidifyze] *a.* 방송된, 방송의.

omnidirectionnel(le) [ɔmnidirɛksjɔnɛl] *a.* 모든 방향의. antenne ~*le* 전방향성 안테나.

omniforme [ɔmnifɔrm] *a.* 온갖 형태를 지닌.

omnipotence [ɔmnipɔtɑ̃:s] *n.f.* 전능(全能); 절대적 권력, 전제권(專制權)(absolutisme). L'~ est un des attributs de Dieu. 전능성은 신의 한 속성이다. ~ militaire 군부전제.

omnipotent(e) [ɔmnipɔtɑ̃, -ā:t] *a.* 전능의; 절대적

권력이 있는, 전제적인; 전권이 위임된. monarque ~ 절대전제군주.
omnipraticien(ne) [ɔmnipratisjɛ̃, -ɛn] n. (전문의(專門醫)에 대해) 일반의(généraliste).
omniprésence [ɔmniprezɑ̃:s] n.f. 편재(遍在)(성). ~ de Dieu 신의 편재.
omniprésent(e) [ɔmniprezɑ̃, -ɑ̃:t] a. 《문어》보편적으로 존재하는; 무량한; 어디나 따라다니는.
omnirange [ɔmnirɑ̃:ʒ] n.m. 《항공》(항공기의 무선유도에 사용되는)무선등대.
omniscience [ɔmnisjɑ̃:s] n.f. 전지(全知).
omniscient(e) [ɔmnisjɑ̃, -ɑ̃:t] a. 전지의.
omnisports [ɔmnispɔ:r] a. (불변) 갖가지 운동을 할 수 있는, 갖가지 경기를 포함하는. salle ~ 종합체육관.
omnium [ɔmnjɔm] n.m. ① 《상업》(프랑스의)온갖 업무를 다루는 상사〔금융회사〕; (영국의)담보증권 총괄 가격. ② 《경마》어떤 말이나 다 참가할 수 있는 경마. ③ 자전거 다종(多種)경기.
omnivore [ɔmnivɔ:r] 《동물》a. 잡식성(雜食性)의. —n.m.pl. 잡식동물.
omnivorité [ɔmnivɔrite] n.f. 잡식성.
omophage [ɔmɔfaːʒ] a., n. 날고기를 먹는(사람).
omophagie [ɔmɔfaʒi] n.f. 생육식(生肉食).
omoplate [ɔmɔplat] n.f. 《해부》견갑골(肩甲骨).
omphal(o)- préf. 「배꼽」의 뜻.
omphalocèle [ɔ̃falɔsɛl] n.f. 《의학》배꼽헤르니아(hernie ombilicale).
omphalopage [ɔ̃falɔpa:ʒ] a. 탯줄로 연결〔결합〕된. —n.m. 탯줄로 결합된 쌍둥이.
omphalos [ɔ̃falo:s] n.m. 《고대그리스》방패의 중앙 돌기.
omphalotomie [ɔ̃falɔtɔmi] n.f. 《의학》탯줄 절제(술).
O.M.S. 《약자》Organisation mondiale de la santé (국제연합의)세계보건기구.
:on [ɔ̃] pron.ind. (《항상 주어로》 si, ou, que, et 의 뒤, 또는 고어·문어로는 문장의 첫머리에서 종종 l'on으로 됨. 동사는 단수 3인칭. 과거분사는 on이 복수 혹은 여성을 나타낼 경우에는 따라서 일치함. 단, 복수의 s는 쓰지않을 수도 있음) ① ⓐ(일반적으로) 사람, 인간. On ne saurait penser à tout. 사람은 모든 것을 다 생각할 수는 없다. On est égaux devant la loi. 인간은 법앞에서 평등하다. On a souvent besoin d'un plus petit que soi. 《격언》자기보다 못한 사람의 도움을 받아야할 때도 있다. ⓑ세상 사람들. On dit... …이라고는 말한다, …이라는 소문이다. ⓒ어떤 사람, 누구. On frappe à la porte. 누가 왔다. On vous demande au téléphone. 어떤 사람에게서 전화가 왔어요. ⓓ(그러한)사람, 사람들. On était fatigué de la guerre. 그 사람들은 전쟁에 지쳐있었다. On me l'a dit. 나는 그 말을 들었다. On apporta le dessert. 디저트가 나왔다.
② (인칭대명사주어의 대용) ⓐ 나(je). Oui, oui, on y va. 예, 예, 지금 갑니다. ⓑ너, 자네(tu); 당신(들)(vous). A-t-on été sage, mon enfant? 얌전히 있었니? Est-on prêts? 준비 다 되었소? ⓒ그(il); 그녀(elle). On suit quelquefois mes conseils. 그(그녀)는 어떤 때는 내 충고를 받아들이곤 한다. ⓓ우리(nous). Nous, on veut bien. 《속어》우리는 좋습니다. ⓔ그(그녀)들(ils); 그녀(들)(elles). On a barré la route. 그들이 길을 가로막았다.
on ne sait qui(quoi, où, comment, quel...) 누구(무엇, 어디, 어떻게, 어떤…) 모르지만.
onagraire [ɔnagrɛːr] n.f. 《식물》달맞이꽃.
onagrari(ac)ées [ɔnagrarj(as)e] n.f.pl. 《식물》바늘꽃과(科).

onagre¹ [ɔnagr] n.m. ① 《동물》(서남아시아)야생 당나귀. ② 《고고학》대투석기(大投石器).
onagre² n.f. 《식물》=onagraire.
onanisme [ɔnanism] n.m. 《문어》《의학》자위, 수음(手淫)(masturbation).
onaniste [ɔnanist] a. 수음의. —n.m. 수음벽(手淫癖)이 있는 사람.
onc [ɔ̃:k] ad. 《옛》일찍이; 한번도(jamais).
once¹ [ɔ̃:s] n.f. ① 온스(고대 로마에서는 28g, 고대 프랑스에서는 30.59g, 영국에서는 28.35g). ② 《구어》극소량. Il n'a pas une ~ de bon sens. 그는 상식이라고는 조금도 없다.
ne pas peser une ~ 굉장히 가볍다; 거치적거리지 않다. *Une ~ de bon esprit vaut mieux qu'une livre de science.* 한줌의 양식(良識)이 박식보다 낫다.
once² n.f. 《동물》표범의 일종.
oncial(ale, pl. aux) [ɔ̃sjal, -o] a. 응시알 자체(字體)의. —n.f. 응시알 자체(4-9세기의 대문자만의 사자체(寫字體)).
oncirostre [ɔ̃sirɔstr] 《조류》a. 갈고리꼴의 부리를 가진. —n.m. 곡취류(曲嘴類)의 새.
***oncle** [ɔ̃:kl] n.m. 백부, 숙부, 삼촌. ~ à héritage (유산을 남겨주는) 부유한 친척 아저씨. ~ à la mode de Bretagne 당숙, 외당숙; 《구어》아주 먼 친척. ~ d'Amérique 뜻하지 않은 유산을 남겨주는 부유한 친척. ~ par alliance 고모(이모)부. ~ paternel(maternel) 삼촌(외삼촌). O~ Sam 《구어》미국정부; 미국인.
onco- préf. 「종양·종기」의 뜻.
oncogène [ɔ̃kɔʒɛn] a. 암을 유발시키는.
oncologie [ɔ̃kɔlɔʒi] n.f. 암종양학, 암연구.
oncotique [ɔ̃kɔtik] a. pression ~ 《의학》(혈장속에서의)단백질의 삼투압.
oncques [ɔ̃:k] ad. 《옛》=onc.
onction [ɔ̃ksjɔ̃] n.f. ① 기름을 바름〔침〕. ② 《가톨릭》도유(塗油)(식). extrême ~ 종부성사. ③ 사람을 감동시키는〔경건한 마음을 일으키는〕 말투, 유달리 부드러운 몸짓(말투); 《신학》신의 은총으로 오는 마음의 평화.
onctueusement [ɔ̃ktɥøzmɑ̃] ad. 감동적 어조로.
onctueux(se) [ɔ̃ktɥø, -ø:z] a. ① 기름 모양의, 미끈거리는, 번지르르한(huileux, savonneux); (음식이)기름기 있는(gras). ② 《경멸》사람을 감동시키는(mielleux); 경건한 마음을 일으키는.
onctuosité [ɔ̃ktɥozite] n.f. ① 기름기, 유질(油質). ② 《경멸》사람을 감동시키는 힘, 열성.
ondain [ɔ̃dɛ̃] n.m. 《농업》=andain.
ondatra [ɔ̃datra] n.m. 《동물》(북미산)사향뒤쥐.
onde [ɔ̃:d] n.f. ① 《문어》물결, 파도(flot, vague); 바다; 조수; 흐름; 《시》물. voguer sur l'~ 물결 타고 노를 젓다. cet empire absolu sur la terre et sur l'~ 육지와 해상에서의 절대왕국. les ~s de la foule 인파. ~ amère 《시》바다. ② 《물리》파동(vibration), 《라디오》전파(~s électriques). longueur d'~ 파장(波長). ~s courtes; petites ~s 단파. grandes ~s 장파. ~ lumineuse 광파(光波). ~s sonores 음파. ~s liquides 파문(波紋). ~s longitudinales(transversales) 종(횡)동의〕종파(횡파). ~ électromagnétique 전자파(電磁波). ~s radioélectriques (무전)전파. ~ hertzienne 헤르츠파. prendre les ~s courtes 단파에 싣다. ~s s(é)ismiques 지진파. ~s P(S) (지진의)P(S)파. ~ P(QRS, T) (심전도의)P(QRS, T)파. ~ de choc ~s de ~ 비유석〕충격, 영향, 반향. ③ (pl.) 방송(radiodiffusion). sur les ~s 전파(라디오)로. mise en ~ 방송. mettre en ~s 전파에 싣다. ④ ~

Martenot 〖음악〗 전자 건반악기. ⑤ (옷감 따위의) 물결무늬 파도형상. ⑥ (pl.) 〖건축〗 파도형상의 장식. ⑦ 〖기후〗(기압·온도 따위의) 변동. ~ de pression 압력파, 기압파. ~ froide 한파. ⑧ (감정의 파).
être sur [avoir] la même longueur d'~ qn 〖구어〗…와 의기투합하다, 서로 이해하다; 같은 생각이다.
~ *noire* 삼도내, 황천강(le Styx, le Cocyte). passer l'~ *noire* 저승에 가다, 죽다.

ondé(e¹) [ɔ̃de] *a.* (옷감에) 물결무늬가 있는; (머리털이) 물결치는, 웨이브진.

ondée² *n.f.* ① 소나기. temps à ~s 소나기 오는 날씨. ② 돌연한 감정의 솟구침. ③ 〖생리〗(심실의 수축에 의한) 혈액의 분출.

ondemètre [ɔ̃dmɛtr] *n.m.* 〖전기〗파장계(波長計). ~ d'absorption 〖전신〗 파동 흡수기.

ondin(e) [ɔ̃dɛ̃, -in] *n.* 〖신화〗물의 요정, 물의 신.

on-dit [ɔ̃di] *n.m.* 《복수불변》 소문.

ondographe [ɔ̃dɔgraf] *n.m.* 〖전기〗 전파 측정기, 교류파형 자기기(自記器).

ondoiement [ɔ̃dwamɑ̃] *n.m.* ① 파동, 파도 모양의 굽이침(frémissement). ② 〖가톨릭〗약식세례.

ondoscope [ɔ̃dɔskɔp] *n.m.* 온도스코프 (레이다송신기 근처에서 고주파 방사를 검출하는 글로방전관).

ondoyant(e) [ɔ̃dwajɑ̃, -ɑ̃:t] *a.* ① 굽이치는, 파동하는, 물결치는, 출렁(일렁)거리는, 너울거리는 (mouvant, onduleux, souple). cheveux ~s 굽슬굽슬한 머리칼. drapeaux ~s 펄럭이는 깃발. flamme ~e 넘실거리는 화염. ② (성격 따위가) 변덕스러운, 붙잡기 쉬운(changeant, capricieux).

ondoyer [ɔ̃dwaje] [7] *v.i.* 파동하다, 굽이치다, 일렁(출렁) 거리다, 나부끼다, 펄럭이다(flotter, onduler); (길 따위가) 구불거리다. route qui *ondoie* dans la vallée 계곡 사이로 구불구불 뻗어 있는 길.
—*v.t.* 〖가톨릭〗약식세례를 주다.

ondulant(e) [ɔ̃dylɑ̃, -ɑ̃:t] *a.* 파동하는; (지표가) 기복(起伏)하는. fièvre ~*e* 〖의학〗 파상열(波狀熱). ② (걸음걸이 따위가) 건들거리다.

ondulateur [ɔ̃dylatœ:r] *n.m.* 〖통신〗 파동해저전신기, 무선전신 자동 인자기(印字機).

ondulation [ɔ̃dylasjɔ̃] *n.f.* ① 파동, 물결치기; 기복. théorie des ~ 〖빛의〗파동설. ② (머리털의) 웨이브; (pl.) 웨이브진 머리.

ondulatoire [ɔ̃dylatwa:r] *a.* 파상의, 파동의. mécanique ~ 〖물리〗파동역학. mouvement ~ 파동.

ondulé(e) [ɔ̃dyle] *a.p.* 물결 모양의, 기복이 있는; (머리털의) 웨이브진; 〖구어〗(길이) 구불구불한. cheveux ~s 웨이브진 머리. —*n.m.* 〖직물〗 털이 오글오글한 모직물의 일종.

onduler [ɔ̃dyle] *v.i.* 파동하다, 물결치다, 너울거리다; 구불거리다; 기복을 이루다. La route *ondulait* par-dessus collines et vallées. 길은 고개와 골짜기를 구불구불 이어가고 있었다.
—*v.t.* 물결 모양으로 만들다; (머리털을) 웨이브하다. ~ les cheveux au fer 머리인두로 머리털을 웨이브하다. se faire ~ 머리털을 웨이브시키다.

onduleusement [ɔ̃dyløzmɑ̃] *ad.* 파상으로.

onduleux(se) [ɔ̃dylø, -ø:z] *a.* 물결 모양의; 구불구불한(courbe, sinueux).

-one *suff.* 〖케톤기(基)(céton)〗의 뜻.

one man show [wanmanʃo] 〖영〗 *n.m.* 《복수불변》원맨쇼 (공식적으로는 spectacle solo).

O.N.E.R.A. 〖약자〗office national d'études et de recherches aéronautiques 국립항공연구소.

onéraire [ɔneɾɛ:r] *a.* 〖드물게〗〖법〗 직책에 있는, 유급(有給)의. syndic ~ 현직시장[동장]. navire ~ 〖역사〗수송선.

onéreusement [ɔneɾøzmɑ̃] *ad.* 〖드물게〗유상(有償)으로; 부담이 붙어; 번거롭게.

onéreux(se) [ɔneɾø, -ø:z] *a.* ① 부담이 무거운; 비용이 드는(cher, coûteux); 유상의(↔gratuit). acquisition ~se 유상취득. à titre ~ 〖법〗유상으로[의]. ② (예) 무거운 짐이 되는, 번거로운, 귀찮은. devoir ~ 귀찮은 의무.

onérosité [ɔneɾozite] *n.f.* 〖드물게〗부담이 무거움; 유상.

one-step [wœ(a)nstɛp] 〖미영〗 *n.m.* 《복수불변》원스텝《댄스》; 원스텝의 곡.

*****ongle** [ɔ̃:gl] *n.m.* ① 손톱, 발톱; 발굽. manger [ronger] ses ~s 손톱을 깨물다; 〖구어〗안절부절 못하다, 안달하다. se couper les ~s 손톱을 깎다. donner un coup d'~ 할퀴다. se faire les ~s; faire ses ~s 손톱 손질을 하다. ~s en deuil; ~s de velours 〖구어〗새까만[더러운] 손톱. ② 갈고리. ③ 〖의학〗각막조(角膜爪); 각막혼탁(混濁).
avoir bec et ~s; savoir dents et ~s 공격과 방어의 수단을 가지고 있다.
avoir les ~s crochus 아주 인색하다, 욕심이 많다.
donner sur les ~s à qn ~을 꾸짖다, 벌주다.
jusqu'au bout des ~s 철저하게, 완전히. être français *jusqu'au bout des ~s* 골수까지 [철두철미] 프랑스 사람이다. avoir de l'esprit [du talent] *jusqu'au bout des ~s* 재기발랄하다.
rogner [couper] les ~s à qn …의 세력을 약화시키다; …의 이익을 깎아먹다.
savoir qc sur l'~ (sur le bout des ~s) 환히 다 알고 있다, 정통하다.

onglé(e¹) [ɔ̃gle] *a.* 손톱[발톱]을 가진; 〖문장〗갈고리가 …으로 된.

onglée² *n.f.* 〖의학〗(혹한으로 인한) 손끝의 저림, 동통(凍痛).

onglet [ɔ̃glɛ] *n.m.* ① (나이프 따위의) 손톱걸이 홈. ② (사전 따위의 페이지 가장자리에 도려낸 반원형 부분의) 반달 색인. ③ 〖제본〗(페이지 갈피에 함께 철하여 지도·삽화 따위를 붙이는) 종이 오리. ④ (혀카나 근에 붙은) 바깥쪽의 부분; 비프스테이크용 살코기. ⑤ 〖목공〗연귀, 사접면(斜接面). assemblage à [en] ~ 연귀이음. boîte à ~ 귀대 《목재를 45°로 엇베는 데 쓰는 틀》. ⑥ (자수용) 골무. ⑦ 〖식물〗(꽃잎 하부의) 뾰족한 부분. ⑧ 〖의학〗결막류(結膜瘤), 익상편(翼狀片). ⑨ 〖기하〗제상체(蹄狀體) 《구·원기둥·원뿔의 축에 따라 두 번으로 메어낸 입체》. 〖조각〗 = onglette.

onglette [ɔ̃glɛt] *n.f.* 작고 납작한 조각칼.

onglier [ɔ̃glije] *n.m.* ① 매니큐어 세트. ② (pl.) 손톱칼.

onglon [ɔ̃glɔ̃] *n.m.* 〖동물〗 ~. ㄴ톱깎이.

onguent [ɔ̃gɑ̃] *n.m.* 고약, 연고(pommade). ~ napolitain 수은 연고. appliquer un ~ sur une brûlure 화상에 연고를 바르다. ② 〖예〗방향약(芳香藥), 향유(香油). *Dans les petites boites sont les bons ~s; Dans les petits pots les bons ~s.* 《속담》작은 고추가 맵다. ~ *pour la brûlure* 화상용 연고; 비상시를 대비한 수단.

onguicule [ɔ̃gɥikyl] *n.m.* 〖동물〗 작은 발톱.

onguiculé(e) [ɔ̃gɥikyle] *a.* 〖동물〗발톱을 가진; 〖식물〗onglet 가 있는.
—*n.m.pl.* 유조류(有爪類).

onguiforme [ɔ̃gɥifɔrm] *a.* 손톱[발톱] 모양의, 갈고리 모양의.

ongulé(e) [ɔ̃gyle] *a.* 〖동물〗 발굽이 있는; 〖식물〗 갈고리 모양의 꽃잎이 있는. —*n.m.pl.* 〖동물〗유제류(有蹄類).

onguligrade [ɔ̃gyligrad] *a.* 〖동물〗 발굽으로 보

행하는.
onirique [ɔnirik] *a.* 【의학】 꿈의; 꿈같은 몽환[몽상]의. délire ~ 몽상섬망(夢狀譫妄), 헛소리. état ~ 몽환상태. décor ~ 몽환적 무대.
onirisme [ɔnirism] *n.m.* 【심리】 몽환상태. ~ infectieux 전염성 몽환상태.
onir(o)- *préf.* 「꿈」의 뜻.
onirocritie [ɔnirɔkrisi] *n.f.* 꿈판단술, 해몽법.
onirocritique [ɔnirɔkritik] *a.* 해몽의, 꿈으로 점치는. —*n.* 동복자(夢卜者). —*n.f.* 해몽(夢).
onirogène [ɔnirɔʒɛn] *a.* 몽환(夢幻) 상태에 빠지게 하는; 환각을 일으키는(hallucinogène). —*n.m.* 환각제.
onirologie [ɔnirɔlɔʒi] *n.f.* 【심리】 꿈의 연구.
onirologue [ɔnirɔlɔg] *n.m.* 【심리】 꿈연구자.
oniromancie [ɔnirɔmɑ̃si] *n.f.* 꿈으로 점치기.
oniromancien(ne) [ɔnirɔmɑ̃sjɛ̃, -ɛn] *a, n.* 꿈으로 점치는(사람).
onirothérapie [ɔnirɔterapi] *n.f.* 【심리】 정신적 상상력을 이용하는 정신요법.
onkotique [ɔkɔtik] *a.* =oncotique.
onlay [ɔnlɛ] 【영】 *n.m.* 【의학】 치아를 싸는 금으로 된 가피(痂皮).
O.N.M. 〖약자〗 Office national météorologique 국립기상사무국.
O.-N.-O. 〖약자〗 ouest-nord-ouest 서북서.
onocentaure [ɔnɔsɑ̃tɔːr] *n.m.* 【그리스신화】 상체는 사람이고 하체는 당나귀인 괴물.
onoma- *préf.* 「명칭·말」의 뜻.
onomasiologie [ɔnɔmazjɔlɔʒi] *n.f.* 【언어】 명칭론(↔ sémasiologie).
onomasticon [ɔnɔmastikɔ̃] *n.m.* ① 고유명사(전문 술어) 사전. ② (성)사전.
onomastique [ɔnɔmastik] 【언어】 *a.* 고유명사의. —*n.f.* 고유명사의 연구.
onomatologie [ɔnɔmatɔlɔʒi] *n.f.* 낱말의 기원·의의·분류의 연구.
onomatopée [ɔnɔmatɔpe] *n.f.* 【언어】 의성어(擬聲語), 의태어(擬態語).
onomatopéique [ɔnɔmatɔpeik] *a.* 【언어】 의성[의태]어의.
onoporde [ɔnɔpɔrd], **onopordon** [ɔnɔpɔrdɔ̃] *n.m.* 【식물】 지느러미엉겅퀴.
onques [ɔ̃ːk] *ad.* =oncques.
ont [ɔ̃] avoir의 직설·현재·3·복수.
ontique [ɔ̃tik] *a.* 【철학】 실재의, 존재적인.
ont(o)- *préf.* 「존재」의 뜻.
ontogénèse [ɔ̃tɔʒenɛz], **ontogénie** [ɔ̃tɔʒeni] *n.f.* 【생물】 개체발생(個體發生).
ontogénique [ɔ̃tɔʒenik], **ontogénétique** [ɔ̃tɔʒenetik] *a.* 【생물】 개체발생의.
ontologie [ɔ̃tɔlɔʒi] *n.f.* 【철학】 존재론, 본체론의.
ontologique [ɔ̃tɔlɔʒik] *a.* 【철학】 존재론의, 본체론의.
ontologiquement [ɔ̃tɔlɔʒikmɑ̃] *ad.* 존재학상으로.
ontologisme [ɔ̃tɔlɔʒism] *n.m.* 【철학】 본체론[존재론](주의).
ontologiste [ɔ̃tɔlɔʒist] *n.m.* 본체론학자.
O.N.U., Onu 〖약〗 (<*Organisation des Nations Unies*) *n.f.* 국제연합.
onusien(ne) [ɔnyzjɛ̃, -ɛn] *a.* 국제연합(O.N.U.)의, 유엔의. troupes ~nes 유엔군.
onych(o)- *préf.* 「손톱」의 뜻.
onychomyscose [ɔnikɔmiskɔːz] *n.f.* 【의학】 세균에 의한 손톱질환.
onychophagie [ɔnikɔfaʒi] *n.f.* 【의학】 교조증(咬爪症).

-onyme, -onymie, -onymique *suff.* 「이름」의 뜻(예: *anonyme* 익명의).
onyx [ɔniks] 【광물】 *n.m.* 줄마노(瑪瑙). —*a.* (불변) marbre ~ 줄무늬 대리석.
onyxis [ɔniksis] *n.m.* 【의학】 조갑염(爪床炎).
onzain [ɔ̃zɛ̃] *n.m.* 【운율】 11행시(절).
onze [ɔ̃ːz] ① 열 하나의 le, la는 모음생략을 안함; 연 행어와 연음되지 않음. 예외: Il est ~ heures. [ilɛtɔ̃zœːr, (구어) ilɛzɔ̃zœːr]) *a.num.* (불변) 11의, 11 번째의. Louis O~ 루이 11세. page ~ [paʒɔ̃ːz] 11페이지. chapitre ~ 제11장.
prendre le train ~ 《구어》걸어서 오다(가다).
—*n.m.* (불변) ① 11. ② 열하루. ③ 【축구】 팀. Le ~ de France 프랑스대표축구팀.
***onzième** [ɔ̃zjɛm] (모음생략·연음은 onze 와 같음) *a.num.* 11 번째의. la ~ heure 늦게 신앙에 귀의하는 사람에 대한 천상의 자비. No. 11 번째의 것. —*n.m.* ① 11 분의 1. ② 11 일. —*n.f.* 【음악】 11 도 음정.
onzièmement [ɔ̃zjɛmmɑ̃] *ad.* 11 번째로.
oo- *préf.* 「난(卵)」의 뜻.
oocyte [ɔɔsit] *n.m.* 【생물】 난모세포(卵母細胞).
oogénèse [ɔɔʒenɛz] *n.f.* =ovogénèse.
oogone [ɔɔgɔn] *n.f.* 【식물】 생란기(生卵器).
oolit(h)e [ɔɔlit] *n.m.(f.)* 【지질】 어란상(魚卵狀) 석회암.
oolithique [ɔɔlitik] *a.* 어란상 석회암질의. —*n.m.* 【지질】 (쥐라계 상층부의)어란상 석회암층.
oologie [ɔɔlɔʒi] *n.f.* 【조류】 조란학(鳥卵學).
oomycètes [ɔɔmisɛt] *n.m.pl.* 난균류(卵菌類).
oosphère [ɔɔsfɛːr] *n.f.* 【식물】 난구(卵球), 『의).
oospore [ɔɔspɔːr] *n., a.* 【식물】 난포자(卵胞子).
oothèque [ɔɔtɛk] *n.f.* 【곤충】 (직시류(直翅類)의) 난각(卵殼).
op- *préf.* 「마주보고, 대립하여」의 뜻.
op. 〖약〗 opus 『음악』 작품. [【숙련】공.
O.P. [ɔpe] (<*ouvrier professionnel*) *n.* 기능
O.P.A. [ɔpea] (<*Offre Publique d'Achats*) *n.f.* (주식의) 공개매입.
opacification [ɔpasifikasjɔ̃] *n.f.* 【의학】 ① (수정체·각막의)혼탁. ② (X선촬영을 위한)조영제(造影劑)의 주사.
opacifier [ɔpasifje] *v.t.* 불투명하게 하다.
—*s'~ v.pr.* 불투명해지다.
opacimètre [ɔpasimɛtr] *n.m.* 불투명도계(측광기 (測光器)의 일종).
opacimétrie [ɔpasimetri] *n.f.* 불투명도 측정.
opacité [ɔpasite] *n.f.* ① 불투명(↔ transparence). ② (숲 따위의) 어둠; 암우(暗愚). ③ 【철학·언어】 불투명성.
opale [ɔpal] *n.f.* ① 【광물】 단백석(蛋白石), 오팔. ② 오팔빛. —*a.* (불변) 오팔빛의, 유백색(乳白色)의. verre ~ 젖빛유리.
opalescence [ɔpalesɑ̃ːs] *n.f.* 단백광(光), 유색산광 (乳色散光).
opalescent(e) [ɔpalesɑ̃, -ɑ̃ːt] *a.* 단백광의, 유색산광의.
opalin(e) [ɔpalɛ̃, -in] *a.* 오팔빛의, 단백광의, 유백색의(laiteux, blanchâtre). —*n.f.* 젖빛유리.
opalisation [ɔpalizasjɔ̃] *n.f.* 유백색으로 만들기; 젖빛 유리 제조.
opalisé(e) [ɔpalize] *a.p.* 젖빛의.
opaliser [ɔpalize] *v.t.* 【기술】 유백색(乳白色)으로 만들다.
opaque [ɔpak] *a.* ① 불투명한(↔ transparent, diaphane). corps ~ 불투명체. verre ~ 불투명유리. mot ~ 그 형태로 뜻을 알 수 없는 말. nuit

(비유적**)** 캄캄한 밤. ② [~ à qc] (을)투과시키지 않는, 침투할 수 없는(impénétrable). corps ~aux rayons X, X선을 통과시키지 않는 물체. repas ~ 《의학》(X선촬영의)조영제.

op'art [ɔpart] n.m. 오프아트(현대미술의 한 분야로 시각적·광학적 미술)(optical art).

op. cit. 《약자》opere citato 《라틴》전게서(前揭書).

ope [ɔp] n.m.[f.] 《건축》(들보 따위를 얹기 위해) 벽에 낸 구멍.

-ope, -opie suff. 「눈·시력」의 뜻《예: myope 근시(近視)의》.

O.P.E. 《약자》 offre publique d'échange 교환입찰.

open [ɔpɛ(ə)n] 《영》 a. 《불변》 ① 《스포츠》 (프로·아마의 구별없이)오픈의. ② billet ~ (비행기의)오픈티켓.

O.P.E.P. 《약자》 Organisation des pays exportateurs de pétrole 석유수출국기구 (《영》 OPEC).

*__opéra__ [opera] 《이탈리아》 n.m. ① 오페라, 가극. grand ~; ~ sérieux 정(正)가극. livret d' ~ 가극 각본. ~ bouffe 희가극. ~ spirituel 오라토리오, 성담곡. ~ 오페라 극장. Théâtre de l'O~ 파리 오페라 극장. ③ (의복의)적자색.

opérable [ɔperabl] a. 《외과》(환자·종기 따위가)수술할 수 있는.

opéra-comique [ɔperakɔmik] (pl. ~s-~s) n.m. 오페라 코미크, 희가극. (Théâtre de) l'O~-C~ (파리의)오페라 코미크 극장.

opérande [ɔperɑ̃:d] n.f. ① 《수학》 피작용자(被作用子). ② 《전산》 명령인자(因子).

opérant(e) [ɔperɑ̃, -ɑ̃:t] a. 효력 있는; 《신학》(은총의)영험(靈驗)이 두드러진. rendre ~ (법령을) 집행(실시)하다.

opéra*teur*(*trice*) [ɔperatœ:r, -tris] n. ① (기계의) 조작자; 기사. chef ~; ~ en chef 《영화》촬영 주임기사. ~ de prise de vue 《영화》촬영기사, 카메라맨. ~ de son 《영화》녹음기사. ~ radio [de T.S.F.] 무선기사. ~ sur une machine électrique 전기기계기사. ② 《화학》실험자. ③ 《의학》수술하는 사람; 집도자(執刀者). ④ ~ à la hausse(baisse) 《주식》사는(파는) 편. ⑤ 《언어》조작자의, 연산자의. verbe ~ 조작동사(문장을 주어나 보어 따위에 용인하는 동사).
—n.m. ① (기계의)운전부분. ② 《수학》연산 기호. '+'est l'~ de l'addition. '+'는 덧셈의 연산기호이다. ③ 《언어》조작자, 연산자.

opératif(*ve***)** [ɔperatif, -i:v] a. 활동에 관계하는, 작용하는; 《철학》행위의 원인이 되는.

:**opération** [ɔperasjɔ̃] n.f. ① 작용. ~ de l'entendement 오성의 작용. ~s de la digestion 소화작용. ~s de la nature 자연의 작용. ② 작업, 조작; 실행, 활동. ~ de sauvetage 구조작업. ~s chimiques 화학실험. ~s pharmaceutiques 《약》실험. ~s d'une fabrication 제조공정. ③ 《수》 (~ chirurgicale). faire(pratiquer) une ~ sous anesthésie générale 전신마취로 수술하다. subir une ~ de l'appendicite 맹장수술을 받다. ~ à chaud 긴급수술. ④ 《수학》 연산(演算), 운산. quatre ~s 4칙연산, 가감승제. faire une ~ de tête 암산하다. ⑤ 전략, 군사활동(~ militaire). salle d'~s 작전실. base d'~s 작전근거지(본부). ~ d'enveloppement 포위작전. ~ s de guerre 작전계획. ~ «toilette de Paris» 「파리시 미화」운동(작업). ⑥ 《상업》매매, 조작. ~ «baisse des prix» 「물가인하」조치. ~ au comptant 현금거래. ~ commerciale 상거래. ~ de bourse 주식매매, 투기. par l'~ du Saint-Esprit 《구어》그 무슨 알 수 없는 방법(수단)으로.
Vous avez fait là [Vous n'avez pas fait] une belle ~ !; Voilà une belle ~. 《구어》《비꼼》참 잘 하셨군요, 어리석은 짓을 하였구려.

opérationnel(*le***)** [ɔpera(a)sjɔnɛl] a. ① 작업상의, 조작용의. organisation ~le 집행조직. hypothèse ~le 작업 가설. ② 《군사》 작전의; 실용화할 수 있는, 실제적인. base ~le 작전기지. Cet aéroport sera ~ en 1988. 이 비행장은 1988년에 실용화될 것이다. ③ recherche ~le 《경제》작전개선, 오퍼레이션 리서치 《과학적 또는 수학적 조사연구에 의한 기업계획》.

opérationnellement [ɔpera(a)sjɔnɛlmɑ̃] ad. 작전상으로, 작업상으로, 실제적으로, 실용적으로.

opérationnisme [ɔpera(a)sjɔnism] n.m. 《심리》 조작주의.

opératoire [ɔperatwa:r] a. ① 《외과》수술의, 수술에 관한. médecine ~ 외과학. choc ~ 수술로 인한 충격. bloc ~ (병원 내의)수술설비. ② 조작의, 작업의, 작전의, 연산의. concept ~ 조작개념. définition ~ 조작적 정의.

operculaire [ɔpɛrkylɛ:r] a. 《동·식물》뚜껑(겉껍질)이 되는.

opercule [ɔpɛrkyl] n.m. ① 뚜껑; 《식물》과개(果蓋), 소개(蘇蓋), 포자개(胞子蓋). ② 《어류》아가미 뚜껑; (소라조개의)뚜껑. ③ 《조류》콧구멍 뚜껑, 비구개막(鼻口蓋膜).

operculé(*e***)** [ɔpɛrkyle] a. 《생물》뚜껑 있는.

operculiforme [ɔpɛrkylifɔrm] a. 《생물》뚜껑 모양의.

opéré(*e***)** [ɔpere] a.p. 외과 수술을 받은. —n. 외과 수술을 받은(받는) 사람.

*__opérer__ [ɔpere] [6] v.t. ① 《외과》수술하다. ~ qn d'un cancer …의 암 수술을 하다. se faire ~ du nez 코수술을 받다. se résoudre à ~ 《목적보어 없이》수술하기로 작정하다. ② (주어는 사람) 《기적 따위를》이루다, 생기게 하다; (개혁 따위를)시행하다, 실시하다(exécuter); 완수하다, 수행하다 (réaliser). une grande réforme 대개혁을 실시하다. J'ai opéré un redressement de mes finances. 나는 재정 상태를 만회하였다. ③ 조작(화학실험·군사행동·연산)을 하다. ~ une diversion 《군사》 견제공격을 하다. ~ une retraite 후퇴하다. ④ (주어는 사물) 효과를 내다, 작용하다(agir, produire), 결과를 가져오다. 《목적보어 없이》Le remède a opéré. 약이 효과를 냈다. Les vacances ont opéré sur lui un heureux changement. 휴가가 그에게 좋은 변화를 일으켰다.
—**se** ~ v.pr. (변화 따위가)일어나다, 행하여지다. 《비인칭》Il s'opère en ce moment un grand changement. 지금 커다란 변화가 일어나고 있다.

opérette [ɔperɛt] n.f. 소희가극, 오페레타.

opi-, ophi(o)- préf. 「뱀」의 뜻.

ophicléide [ɔfikleid] n.m. 《옛》《음악》 ① 관악기의 일종. ② 관악기 연주자.

ophidien(*ne***)** [ɔfidjɛ̃, -ɛn] 《동물》 a. 뱀 무리의. 뱀 비슷한. —n.m.pl. 뱀류(類).

ophioglosse [ɔfjɔɡlɔs] n.m. 《식물》나도고사리.

ophiographie [ɔfjɔɡrafi] n.f. =**ophiologie.** [속].

ophiolâtrie [ɔfjɔlɑtri] n.f. 뱀 숭배.

ophiologie [ɔfjɔlɔʒi] n.f. 사류(蛇類)학.

ophiologiste [ɔfjɔlɔʒist] n.m. 사류학자.

ophion [ɔfjɔ̃] n.m. 《곤충》 왕자루맵시벌.

ophiophage [ɔfjɔfa:ʒ] a, n. 뱀을 먹는(사람).

ophiophagie [ɔfjɔfaʒi] n.f. 사식(蛇食).

ophite[1] [ɔfit] n.m. 《광물》(피레네 산의)휘록암(輝綠岩), 사문석(蛇紋石).

ophite² *n.m.* (2세기의) 배사교(拜蛇教)교도, 교도.
ophiure [ɔfjy:r] *n.f.* 【동물】거미불가사리《극피동물》.
ophiurides [ɔfjyrid], **ophiuridés** [ɔfjyride] *n.m.pl.* 【동물】사미류(蛇尾類).
ophrys [ɔfris] *n.f.[m.]* 【식물】흑란(黑蘭).
ophtalmie [ɔftalmi] *n.f.* 【의학】안질; 안염(眼炎)(conjonctivite).
ophtalmique [ɔftalmik] *a.* 눈의. ——*n.m.* 안약.
ophtalm(o)- *préf.*, **-ophtalmie** *suff.* 「눈」의 뜻.
ophtalmographie [ɔftalmɔgrafi] *n.f.* 안과 해부학.
ophtalmologie [ɔftalmɔlɔʒi] *n.f.* 안과학.
ophtalmologique [ɔftalmɔlɔʒik] *a.* 안과의. clinique ~ 안과(眼科)병원.
ophtalmologiste [ɔftalmɔlɔʒist], **ophtalmologue** [ɔftalmɔlɔg] *n.* 안과의사(oculiste).
ophtalmomètre [ɔftalmɔmetr] *n.m.* 검안기.「術」.
ophtalmoplastie [ɔftalmɔplasti] *n.f.* 의안술(義眼術).
ophtalmoscope [ɔftalmɔskɔp] *n.m.* 【의학】검안경(檢眼鏡).
ophtalmoscopie [ɔftalmɔskɔpi] *n.f.* 【의학】검안 경검사(법).
ophtalmoscopique [ɔftalmɔskɔpik] *a.* 【의학】검안의.
ophtalmotomie [ɔftalmɔtɔmi] *n.f.* 【의학】안구 절개술(切開術).
opiacé(e) [ɔpjase] *a.p.* 아편의, 아편을 함유한. cigarettes ~es 환각제가 든 담배. ——*n.m.* 아편제(阿片劑).
opiacer [ɔpjase] *v.t.* ~에 아편 성분을 섞다.
opiat [ɔpja] *n.m.* ① 연고(軟膏); (크림 모양의)치약(~ dentifrice). ②(옛)아편제.
-opie *suff.* 「눈·시력의」의 뜻.
opilation [ɔpilasjɔ̃] *n.f.* 【의학】 폐색(閉塞); 변비.
opiler [ɔpile] *v.t.* 【의학】폐색하다.
opimes [ɔpim] *a.f.pl.* dépouilles ~ 【고대로마】 적장을 죽이고 얻은 전리품;(구어)막대한 이익.
opinant [ɔpinɑ̃] *n.m.* (옛)(토론에서)발언자.
opiner [ɔpine] *v.i.* (옛) 【法】의견을 말하다, 발언하다;[~ à](으로)결론짓다, (이라) 결론을 내리다(conclure). ~ à+*inf.* [pour que+*sub.*] à ce que+*sub.*] ...하기로 결정하다. ~ pour(contre) *qc* ...에 찬성(반대)하다. ~ que+*ind.* 이라는 의견을 말하다. ~ sur une question 어떤 문제에 대한 의견을 피력하다.
~ *de la tête* 고개를 끄덕여 찬성하다. ~ *du bonnet* 다른 사람의 의견에 전적으로 동감하다.
opiniâtre [ɔpinja:tr] *a.* ① 고집센, 고집불통의, 완고한(têtu, entêté, obstiné). ~ à+*inf.* 끝끝내 ···하려고 하는. 습관·태도·감정 따위가)끈질긴, 집요한, 끈덕진, 완강한(tenace). esprit ~ 끈질긴 정신. haine ~ 집요한 증오심. ③ (병·기침·추위 따위가)좀처럼 떨어지지 않는, 오래 계속되는(persistant). *n.* 고집 센 사람.
opiniâtrement [ɔpinja(a)trəmɑ̃], **opiniâtrément** [ɔpinja(a)tremɑ̃] *ad.* 고집세게, 완강히, 외고집으로(obstinément).
opiniâtrer (s') [sɔpinjatre] *v.pr.* 고집부리다, 생떼를 쓰다. s'~ à[de] ···에 끝끝내 (기어코) ···하려고 하다. s'~ dans un projet 계획안을 고집하다.
opiniâtreté [ɔpinja(a)trəte] *n.f.* ① 집불통, 완고. ② 완강, 집요, 불요불굴, 끈질김, 완강 끈덕.
***opinion** [ɔpinjɔ̃] *n.f.* ① (개인적)의견, 견해, 판단, 느낌, 생각(avis, idée, jugement); 【철학】사견(私見). Je suis de votre ~. 나는 당신 의견에 찬성입니다. avoir la même ~ que *qn* ···와 같은 의견이다. changer d'~ 의견을 바꾸다. ~s toutes faites 선입견, 편견. affaire[chose] d'~ 각자가 의견을 가질 수 있는 문제. ~ constante 지론(持論). donner[émettre, exprimer] son ~ sur ···에 대해 의견을 말하다. Mon ~ est que... 내 생각으로는 ···. liberté d'~ 언론[사상]의 자유.
② (*pl.* 또는 집합적)관점(point de vue); 소신, 논거[論據], 신조(credo, foi); 【법】(법정에서의) 참고 진술. journal d'~ (경향성을 띤)평론지. ~s avancées[subversives] 진보(반란)사상. ~s philosophiques[religieuses, politiques] 철학적[종교적·정치적] 사상.
③ 세론, 여론, 공론. L'~ est unanime[divisée]. 세론이 일치[분리]되다. sondages d'~ 여론조사. agir sur l'~ 여론을 조작하다. braver l'~ 여론에 도전하다. ~ commune 통설. ~ publique 여론. ④ 투표, 투표에 의한 의견(avis).
aller aux ~*s* 표결에 붙이다.
Autant de têtes autant d'~*s.* 《속담》각인각설.
avoir (une) bonne [*mauvaise*] ~ *de* ···을 좋게 [나쁘게] 생각하다. *avoir bonne* ~ *de soi-même* 자신에 대해 만족하다, 자부하다.
avoir une haute ~ *de qc* ···을 높이 평가하다.
C'est (une) affaire d'~. 그것은 각자 생각하는 나름이다, 사고방식의 문제이다.
donner bonne ~ *de sa capacité* 유능한 인물이라는 인상을 주다.
donner son ~ 의견을 말하다.
L'~ *est la reine du monde.* 세상을 지배하는 것은 여론이다.
prendre les ~*s* 의견을 구하다.
opiomane [ɔpjɔman] *a., n.* 아편 중독(상용)자(의).
opiomanie [ɔpjɔmani] *n.f.* 아편 중독증.
opiophage [ɔpjɔfa:ʒ] *a.* 아편을 상용하는. ——*n.* 아편중독자.
opiophagie [ɔpjɔfaʒi] *n.f.* 아편 상용.
opique [ɔpik] *a., n.* =osque.
opistho- *préf.* 「후부의」의 뜻.
opisthobranches [ɔpistɔbrɑ̃:ʃ] *n.m.pl.* 【동물】후새류(後鰓類).
opisthodome [ɔpistɔdom] *n.m.* 【고고학】(그리스 신전의)내진(內陣).
opisthographe [ɔpistɔgraf] *a.* 종이 안팎에 기록한.
opium [ɔpjɔm] *n.m.* 아편. fumeur[mangeur] d'~ 아편 사용자.
opo- *préf.* 「액(液)」의 뜻.
opodeldoch [ɔpɔdeldɔk] *n.m.* 【약】복방(複方)비누 도찰제(塗擦劑)《류머티즘제》.
oponce [ɔpɔ̃:s] *n.m.* 【식물】선인장(cactus).
opontiacées [ɔpɔ̃sjase] *n.f.pl.* 【식물】선인장(科)(cactées).
opopanax [ɔpɔpanaks], **opoponax** [ɔpɔpɔnaks] *n.m.* 【식물】오포파낙스 ② 오포파낙스의 방향수지(芳香樹脂); 오포파낙스의 수지로 만든 향료.
opossum [ɔpɔsɔm] *n.m.* ① 【동물】(북미산의)주머니쥐. ② 주머니쥐의 모피.
opothérapie [ɔpɔterapi] *n.f.* 【의학】장기액요법(臟器液療法).
oppidum(*pl.* ~*a*) [ɔpidɔm, -a] (라틴) *n.m.* 【고대로마】(옛 갈리아의) 도시(citadelle).
opportun(e) [ɔpɔrtœ̃, -yn] *a.* 시기에 맞은, 제때가 좋은, 때맞은, 적절한(convenable, propice, ↔ inopportun). en temps ~ 적당한 시기에.
au moment ~ 적당한 때에.
opportunément [ɔpɔrtynemɑ̃] *ad.* 때맞게, 적절하게(↔ à contretemps). arriver ~ 때맞추어 도착하다.
opportunisme [ɔpɔrtynism] *n.m.* 편의주의, 기회주의, 형세관망주의. faire de l'~ 형세를 관망하

다, 기회주의적인 태도를 취하다.

opportuniste [ɔpɔrtynist] *a.* 편의주의의, 기회주의의. politique[politicien] ~ 기회주의적 정치[정치가]. —*n.* (위)의 사람.

opportunité [ɔpɔrtynite] *n.f.* ① (시기·상황의)편이 좋음, (일 처리가)시기에 적절함. ②좋은 기회, 호기(à-propos). principe d'~ égale 기회균등주의. profiter de l'~ 호기를 틈타다.

opposabilité [ɔpozabilite] *n.f.* ①《드물게》대항(대항(對向))성. ②《법》제3자에게 대항할 권리.

opposable [ɔpozabl] *a.* ① 마주 대하게 할 수 있는. ②[~ à] (에)대항할 수 있는; 《법》항변할 수 있는. droit ~ aux tiers 제3자에 대한 항변권.

opposant(e) [ɔpozɑ̃, -ɑ̃:t] *a.* 반대의, 대립하는, 대항하는(↔ approbateur). minorité ~e 소수반대파. [~ à] Il est ~ à cette mesure. 그는 이 조치에 반대한다. se rendre ~ à qc …에 이의를 제기하다. —*n.* 반대자; 이의 신청인(adversaire, contradicteur); 야당 의원. ~s au régime 반체제파. les ~s et les gouvernants 야당과 여당. —*n.m.* 《해부》대립근(對立筋)(muscle ~).

***opposé(e)** [ɔpoze] *a.p.* ① 서로 마주 대한, 서로 반대의. en sens ~ 반대방향으로. partir dans des directions ~es 반대방향으로 가다. feuilles ~es 《식물》대생엽. ② 대조적인, 정반대의. couleurs ~es 대조적인 색채. mots de sens ~ 반대 의미를 지닌 단어들. opinions ~es 정반대의 의견. ③ [~ à](에)반대하는, (을)적대하는. intérêts ~s 대립되는 이해. être ~ à ce que+*sub.* …에 반대하다. Seriez-vous ~ au progrès? 맥은 진보에 반대합니까? ④ 《수학》서로 대하는[마주보는]. angles ~s par le sommet 정각(頂角). côtés ~s d'un rectangle 직사각형의 대변. sommets ~s 대각. —*n.m.* 반대, 역(逆). Pierre est tout à fait l'~ de son frère. 피에르는 자기 형과는 정반대이다.

à l'~ 반대로, 이에 반하여. La gare est à l'~. 역은 반대편에 있다.

à l'~ de …와는 반대로, …와 정반대의 위치에. À l'~ de son mari, elle est optimiste. 남편과는 달리 그 여자는 낙천적이다.

***opposer** [ɔpoze] *v.t.* ① 마주 대하게 하다; 대조[비교]하다. ~ deux meubles dans une pièce 방안에 두 가구를 마주놓다. ~ et comparer des synonymes 동의어들을 대조·비교하다. ~ les avantages de la mer et ceux de la montagne 바다와 산의 이점을 서로 비교하다.

② [~ qc/qn à/《드물게》 et qc/qn] (을)(에, 에게)대립[대응]시키다, 비교하다. Il est vain d'~ l'âme *au* corps. 영혼을 육신에 대립되는 것으로 보는 것은 헛된 일이다. ~ une digue *aux* flots 방파제로 파도를 막다. ~ les Anciens *aux* Modernes 구파를 신파에 대립하게 하다. Quels orateurs peut-on ~ *à* Cicéron? 어느 웅변가를 키케로와 비교할 수 있겠는가.

③ [~ qc (à qn/qc)] (에게, 에 대해) (을)반론으로 내세우다. ~ la force *à* la force 폭력에의 계략으로 응하다. ~ une vigoureuse résistance 완강히 저항하다. Je n'ai rien *à* lui ~. 나는 그에게 반대하여 내세울 만한 것이 아무것도 없다. ~ des arguments valables 이유있는[신중한] 논법으로 대항하다. ~ *à* qn que+*ind.* …에게 …을 반론으로 제기하다.

—*s'~ v.pr.* ① [s'~ à] (에)반대하다, 대항하다. *s'~ au* mariage de son fils 아들의 결혼에 반대하다. *s'~ à* tout progrès technique 모든 기술적 진보에 반대한다. [s'~ à ce que+*sub.*] Je m'oppose *à ce* qu'il le fasse. 나는 그가 그 일을 하는

것에 반대한다.

② [s'~ à] (에)장애가 되다. Qu'est-ce qui *s'oppose à* votre départ? 무엇이 당신의 출발에 장애가 되고 있읍니까?

③ 서로 마주보다(se faire face); 서로 대립하다, 서로 대조를 이루다. Nos positions *s'opposent* sur ce problème. 우리는 이 문제에 관해서 서로 대립되는 입장에 있소.

opposite [ɔpozit] *n.m.* 《옛》반대, 역(逆). *à l'~ (de)* (…의)반대측에, (…와)마주보고; 반대로.

***opposition** [ɔpozisjɔ̃] *n.f.* ① 서로 마주 대하고 있는 상태; 대립, 반대; 대항, 방해; 《법》항고; 《상업》지급정지 조치(~ à paiement). ~ d'intérêts 이해의 대립. mettre [faire] ~ à qc …에 반대하다. faire de l'~ systématique 고의적으로 방해를 놓다. frapper d'~ (어음 따위의)지불정지 조치를 취하다. ② 반정부; 반대당, 야당(partie de l'~). journal de l'~ 야당지의 신문. ③ 대조, 모순. ~ de couleurs 빛깔의 대조. personnage plein d'~s 모순 투성이의 인물. ④ 《언어》대립. ~ bilatérale 양면 대립. ~ équipollente 등가(等價)대립. ~ graduelle 단계대립. ~ isolée 고립대립. ~ multilatérale 다면대립. ~ proportionnelle 비례대립. ~ privative 유무대립. ⑤ 《천문》충(衝)(해와 달의 상반된 위치).

en ~ avec …와 반대로, …을 거슬러. *en ~ avec* un droit 권리를 침해하여. *en ~ avec* la manière de voir de qn …의 견해에 반대하여. être[se mettre] *en ~ avec* qn …에게 적대하다.

par ~ à …와 대립하여.

oppositionnel(le) [ɔpozisjɔnɛl] *a.* (정치적으로)반대의, 반대파(당)의, 야당의. —*n.* 반대파.

oppressant(e) [ɔpresɑ̃, -ɑ̃:t] *a.* 압박하는, 억누르는; 참을(견딜) 수 없는(accablant). chaleur ~e 숨막힐 듯한 더위. mélancolie ~e 견딜 수 없는 우울.

oppressé(e) [ɔprese] *a.p.* 가슴이 억눌린, 호흡이 곤란한. malade ~ 호흡이 곤란한 환자.

oppresser [ɔprese] *v.t.* ① 숨막히게 하다, (의)가슴을 압박하다[짓누르다](étouffer); 괴롭히다(accabler). souvenir qui *oppresse* 가슴을 아프게 하는 추억. ②《옛》= opprimer.

oppresseur [ɔpresœ:r] *n.m.* 압제자(壓制者). —*a.m.* 압제하는(oppressif, ↔ opprimé).

oppressif(ve) [ɔpresif, -iːv] *a.* 압제적인; 포학한(tyrannique). mesures ~ves; moyens ~s 고압적 수단.

oppression [ɔpresjɔ̃] *n.f.* ① 압박하기, 숨막힘. ~ due à la chaleur 더위에 허덕임. ② 압제, 학대(asservissement, tyrannie, ↔ liberté); 압박. gémir sous l'~ 압제하에서 신음하다.

oppressivement [ɔpresivmɑ̃] *ad.* 압제적으로.

opprimant(e) [ɔprimɑ̃, -ɑ̃:t] *a.* 《드물게》압제[압박]하는(oppressif).

opprimé(e) [ɔprime] *a.p.* 압제에 신음하는, 학대당하는. peuple ~ 압제에 시달리는 국민. —*n.* 피압제자.

opprimer [ɔprime] *v.t.* ① 압제[억압]하다, 학대하다(oppresser). ~ l'opinion 여론을 억압하다. ~ les faibles 약자를 학대하다. ②《옛》짓누르다, 괴롭히다. ③《옛》죽이다(tuer).

opprobre [ɔprɔbr] *n.m.* 치욕, 오명(honte, déshonneur); 치욕·불명예의 원인; 비천(abjection). être l'~ de sa famille 가명(家名)을 더럽히다. vivre dans l'~ 타락한 생활을 하다.

-opse, -opsie *suff.* 「시각·영상」의 뜻.

opsonine [ɔpsɔnin] *n.f.* 《의학》옵소닌.

opsonique [ɔpsɔnik] *a.* 《의학》옵소닌의.

optant(e) [ɔptɑ̃, -ɑ̃:t] *a.* 취사선택을 하는. —*n.* 선택자.

optatif(ve) [ɔptatif, -i:v] *a.* 【언어】 희구(希求)를 나타내는. —*n.m.* (그리스문법 따위의)희구법.

optation [ɔptasjɔ̃] *n.f.* 【수사학】 감탄적 희구법.

optativement [ɔptativmɑ̃] *ad.* 희구적으로.

opter [ɔpte] *v.i.* (중에서)고르다, 선택하다(choisir). ~ entre deux choses 두 가지 중에서 하나를 택하다. ~ pour …을 택하다. …으로 정하다.

opticien(ne) [ɔptisjɛ̃, -ɛn] *n., a.* 안경[광학기계] 상인[제조업자](의). ingénieur ~ 광학기계기술자.

opticité [ɔptisite] *n.f.* 보기 쉬움, 적시성(適視性).

optimal(ale, pl. aux) [ɔptimal, -o] *a.* 최적(最適)의, 최상의. dimension ~ale d'une entreprise 기업의 최적규모.

optime [ɔptime] *ad.* 《구어》 아주 잘(très bien).

optimisation [ɔptimizasjɔ̃], **optimalisation** [ɔptimalizasjɔ̃], **optimation** [ɔptimasjɔ̃] *n.f.* 【경제】 최적 규모의 계획[산출]; (특히) 【컴퓨터】 최적화.

optimiser [ɔptimize], **optimaliser** [ɔptimalize] *v.t.* 【경제】 (업체나 생산품의)최적 규모를 계획하다[산출하다].

optimisme [ɔptimism] *n.m.* ① 낙천주의(↔pessimisme). être d'un ~ béat 만족하다. ② 낙관(론). ~ à l'égard de … 에 대한 낙관. envisager une situation avec ~ 전도를 낙관하다.

optimiste [ɔptimist] *a.* 낙천적인; 낙관적인; 【철학】 낙천주의의. opinion ~ 낙관적 견해. Le pronostic du médecin est ~. 의사의 진단은 낙관적이다. —*n.* 낙천[낙관]주의자.

optimum [ɔptimɔm] (*f.s., pl. idem ou* **optima**) 《라틴》 *a.* 가장 적합한, 최적의(optimal). température ~ 최적온도. —*n.m.* 최적조건(le meilleur). ~ de la production 최적생산.

option [ɔpsjɔ̃] *n.f.* ① 선택. ~ entre deux possibilités 두가지 가능성 중에서의 선택. avoir l'~ de … 을 선택하는 권리를 갖다. donner à qn l'~ de … 에게 자유로 …을 선택시키다. n'avoir(pas) d'autre ~ que de+*inf.* …하는 것 이외에는 별도리가 없다. matières à ~ (시험의)선택 과목. ② 【상업】 선택권, 특권. ~ d'achat[de vente] 특권부(特權附) 구매[판매]. souscrire des valeurs à ~ 특권부로 주식을 사다. ③ 【법】 선택권.

optionnel(le) [ɔpsjɔnɛl] *a.* 선택할 수 있는, 선택권 있는.

optique [ɔptik] *a.* 눈의, 시각의, 광학의. angle ~ 시각(視角). nerf ~ 시신경. télégraphie ~ 시각 신호법. verres ~s 광학렌즈.
—*n.f.* ① 광학(光學); 광학론; 광학기계[제조]업. ② 원경(遠景); 관점(point de vue), 전망(perspective). instruments[appareils, matériel] d'~ 광학기계. ~ physique(physique) 기하[물리] 광학. ~ du théâtre 무대의 시각적 원근법. se placer dans l'~ des élèves 학생들의 관점에 서다. illusion d'~ 착시(錯視); 《구어》 착각. ③ 《옛》 《명절·장날 따위에서의》 요지경(瑤池鏡). ④ 《집합적》 (광학기계의)렌즈.

optiquement [ɔptikmɑ̃] *ad.* 시각상, 시각적으로.

opto- *préf.* 「눈에 보이는」의 뜻.

optomètre [ɔptɔmɛtr] *n.m.* 시력계, 굴절계.

optométrie [ɔptɔmetri] *n.f.* 시력 검정법, 검안.

optométrique [ɔptɔmetrik] *a.* 검안의, 시력검정의. procédés ~s 검안절차(방법), 시력검정법.

optométriste [ɔptɔmetrist] *n.* 시력검정기사, 검안기사.

optophone [ɔptɔfɔn] *n.m.* 청광기(聽光器)《광선을 소리로 바꿔 맹인에게 전하는 장치》.

optraken [ɔptraken] *n.m.* 【스키】 무릎을 깊이 굽히고 몸을 접는 듯한 자세.

opulemment [ɔpylamɑ̃] *ad.* 호사스럽게.

opulence [ɔpylɑ̃:s] *n.f.* ① 부유, 호사(richesse, ↔ misère, pauvreté). nager[vivre] dans l'~ 호화롭게 살다. ② 《구어》 (육체 따위의)풍만(ampleur). ~ de ses charmes 그녀의 풍만한 육체미.

opulent(e) [ɔpylɑ̃, -ɑ̃:t] *a.* ① 부유한; (살림이)풍족한, 호사스러운; (수확 따위가)남아돌 정도로 풍성한. ville ~e 부유한 도시. moisson ~e 풍성한 수확. ② 《구어》 (육체가)풍만한. poitrine ~e 풍만한 앞가슴.

opuntia [ɔpɔ̃sja] *n.m.* 【식물】 =**oponce**.

opus [ɔpys] *n.m.* 【음악】 작품. Beethoven, ~ 106 베토벤 작품 제 106 번.

opuscule [ɔpyskyl] *n.m.* 소논문, 소품; 소책자.

opus incertum [ɔpysɛsertɔm] 《라틴》 *n.m.* 모르타르 위에 뜬돌 쌓기.

‡or¹ [ɔːr] *n.m.* ① 금, 황금. mine d'or 금광; 막대한 이익을 가져오는 사물. paillette d'or 금가루. broche d'or 금 브로치. or fin[pur] 순금. or vert 금과 은의 합금. or vierge 자연금. or blanc 백금.
② (금과)금전, 금은, 금은 보화, 재산, 부(richesse). étalon d'or 금본위(金本位). soif de l'or 황금욕. affaire[marché] d'or[en or] 대단히 유리한 사업. adorer le veau d'or 황금[부]을 숭배하다. jours filés d'or et de soie 행복한 시절. or noir 석유. payer au poids de l'or 비싼 금액을 치르다. couvrir d'or 많은 돈을 주다. or vert 녹색 자원《농산물·임산물》.
③ 금처럼 아름다운(값진) 것. âge d'or 황금시대. avoir un cœur d'or 마음씨가 대단히 착하다. livre d'or 표창반은 저명인사의 서명록; 비망록; 기념출판물. parler d'or 명언을 하다. or (de) couleur 금박 밑의 니스. règle d'or 황금률. mari en or 이상적인 남편.
④노랗빛, 황금빛; 【문장】 금사분(金砂粉). chevelure d'or 금발. vieil or 고금색(古金色)《광택 없는 황적색》.
⑤ 금그릇; 금실(fil d'or). manger dans l'or 금으로 된 식기로 밥을 먹다.
à prix d'or 대단히 비싼 값으로.
ni pour or ni pour argent 이 세상의 아무리 비싼 것으로도 (…않다).
or en barre 지금(地金);《구어》틀림없이 신용할 수 있는 사람[것]; 언제든지 현금으로 바꿀 수 있는 물건; 바로 소용이 닿는 것; 대단히 유리한 거래. C'est de l'or en barre. 매우 훌륭하다.
pour tout l'or du monde 세상에 아무리 귀중한 것을 주어도.
rouler sur[nager dans] l'or 호화로운 생활을 하다, 큰 재산을 갖고 있다(être tout cousu d'or).
valoir son pesant d'or 지극히 귀중하다; 값이 엄청나게 비싸다.

‡or² *conj.* 그래서, 그런데. or ça 그래서《대답을 재촉함》. or donc 그런데, 그렇지만, or…, donc… 그런데…, 그러므로《3 단논법의 소전제를 대전제에 맺고, 결론으로 결론지음》.

or³ [ɔr] 《옛》지금, 현재.

O.R. 《약자》 officier de réserve 예비역 장교.

oracle [ɔraːkl] *n.m.* ① 【고대그리스】 신탁, 신의(神意), 탁선(託宣)(divination); 신탁을 내리는 신[신전]. consulter l'~ 신의를 물어보다. rendre un ~ 신탁을 내리다. ② 《성서중의》예언(prophétie). ③ (권위자·전문가가 내리는)결정, 판정; 권위자. parler comme un ~ 《구어》 권위있

게 말하다; 명언을 하다. ton d'~《구어》단정적인 말투. **en (style d')**~ 수수께끼같은 말투로.

***orage** [ɔra:ʒ] *n.m.* ① 천둥치는 심한 비바람, 뇌우(雷雨)(tempête). pluie d'~ (천둥치는)소나기. L'~ menace, gronde. 한바탕 쏟아질 것 같다, 천둥 친다. Il va y avoir[faire] de l'~. 비바람이 칠 것 같다. ~ magnétique 자기(磁氣)폭풍. ② 소동, 혼란상태. (감정의)격동(↔ calme); Il y a de l'~ dans l'air.《구어》한바탕 소동 일어날 것 같다; 공기가 험악하다. vie traversée d'~s 파란 만장한 생애. ③ 질책, 책망(reproches). essuyer un grand ~ 호되게 책망받다. sentir venir l'~ 호통이 떨어질 것 같다.

orageusement [ɔraʒøzmɑ̃] *ad.* 대단히 소란스럽게, 파란많게.

orageux(se) [ɔraʒø, -ø:z] *a.* ① 비바람이 몰아치는, 소나기가 쏟아질 듯한. nuit ~*se* 폭풍우의 밤. ② (토론 따위가)격렬한; (인생이)파란만장한; 격하기 쉬운. âme ~*se* 격하기 쉬운 마음[사람].

oraison [ɔrɛzɔ̃] *n.f.* ① 기도(prière). faire ses ~s 기도하다. ~ mentale 묵도. ~ dominicale 주기도문. ②《옛》연설(harangue);《옛》언어 말, 글. ~ funèbre 추도사, 조사(弔詞). parties d'~ 품사. **prononcer l'~ funèbre de** (제도·관습 따위의)종말을 고하다, 폐지를 선언하다.

***oral(ale, pl. aux)** [ɔral, -o] *a.* ① 구전(口傳)의; 구두의. déposition ~*ale* 구두진술. examen ~ 구술시험. tradition ~*ale* 구전, 구비(口碑). littérature ~*ale* 구전문학. ②《해부》입의(buccal). cavité ~*ale* 구강(口腔). voyelles ~*ales*《음성》구강모음. stade ~.《정신분석》구순기(口唇期). —*n.m.* 구술 시험. —*n.m.*《음성》구강음.

oralement [ɔralmɑ̃] *ad.* 구두로, 말로.

oralité [ɔralite] *n.f.* ① 담화의 구술적 특성. ②《정신분석》(리비도의 발전에서)구순기의 특성.

-(o)rama *suff.*「시상(視像)」의 뜻.

Orange [ɔrɑ̃:ʒ] *n.pr.*《지리》오렌지공국(公國)(옛 남프랑스에 있던 소공국); 오랑주(프랑스의 도시, 옛 오렌지공국의 수도). le prince d'~ 오렌지공(公)(네덜란드 황태자의 존칭). État libre d'~ 오렌지 자유국(남아프리카 연방의 주). ~ 오렌지 강(남아프리카 연방을 흐름).

***orange** *n.f.* 오렌지. écorce d'~ 오렌지 껍질. ~ amère 광귤.
On presse l'~ et on jette l'écorce. 사람을 이용할 대로 이용하여 먹고 이용가치가 없으니 곧 내버린다.
—*n.m.* 오렌지색. —*a.*《불변》오렌지색의.

orangé(e) [ɔrɑ̃ʒe] *a.p.* 오렌지색의. —*n.m.* 오렌지색, 오렌지색 물감.

orangeade [ɔrɑ̃ʒad] *n.f.* 오렌지수(水)(즙).

orangeat [ɔrɑ̃ʒa] *n.m.* 오렌지 껍질의 설탕절임. ② 오렌지 껍질로 만든 잼, 마말레이드.

oranger[1] [ɔrɑ̃ʒe] *n.m.*《식물》오렌지나무. couronne de fleurs d'~ 오렌지 화관(흰 꽃의 상징으로 결혼식 날 신부가 씀). eau de fleur(s) d'~ 등화수(橙花水).

oranger[2] **(ère)** [ɔrɑ̃ʒe, -ɛ:r] *a., n.* 오렌지를 파는(사람).

oranger[3] [3] *v.t.*《드물게》오렌지색으로 물들이다.

orangeraie [ɔrɑ̃ʒrɛ] *n.f.* 오렌지 밭, 밀감밭.

orangerie [ɔrɑ̃ʒri] *n.f.* ① ~orangeraie. ② 오렌지 저장용 온실. (musée de) l'O~ (*Tuileries* 공원 안에 있는)오랑주리 회화관(繪畫館).

orangette [ɔrɑ̃ʒɛt] *n.f.* (당과(糖果) 따위에 사용하려고)설익었을 때에 따는 알 작은 오렌지.

orangisme [ɔrɑ̃ʒism] *n.m.*《역사》오렌지당의 주의주장.

orangiste[1] [ɔrɑ̃ʒist] *n., a.*《역사》① 영국 오렌지공을 지지하던 신교도(의). ② 북아일랜드의 영국왕권 옹호자(의). ③ 네덜란드의 오렌지왕가 옹호자(의).

orangiste[2] *n.* 오렌지 재배자.

orang-outan(g) [ɔrɑ̃utɑ̃] *(pl. ~s-~s) n.m.*《동물》성성이, 오랑우탄.

orant(e) [ɔrɑ̃, -ɑ̃:t] *a.* 예배하는 자세의. —*n.* (예배하는 자세를 취한)예배상.

***orateur** [ɔratœ:r] *n.m.* (*f.* oratrice 는 드물고 대개 femme ~ 을 사용함) ① 연설자, 변사; 웅변가. ~ sacré 설교자; 추도연설자. ~ politique 정치연설가. ② 대변자,《정치》(영국과 캐나다 의회의)하원의장. ③ 번지르르하게 말하는 사람; 말 잘하는 사람. ④《옛》산문작가.

oratoire[1] [ɔratwa:r] *a.* 연설의, 변론의, 웅변의; 변사의. art ~ 웅변술, débit[ton] ~ 연설조. figure [joute] ~ 설전(舌戰), 언론전. morceau ~ (격식차린 정식의)연설, 식사(式辭). talent ~ 말 재주. développement ~ 장광설.

oratoire[2] *n.m.* ① 예배당, 기도실. ② (O~)《가톨릭》오라토리오회(16·17세기에 창설된 두 개의 수도회). ③《옛》오라토리오회. O~ 오라토리오.

oratoirement [ɔratwarmɑ̃] *ad.* 연설조로.

oratorien [ɔratɔrjɛ̃]《가톨릭》*a.* 오라토리오회의.
—*n.* 오라토리오회원.

oratorio [ɔratɔrjo] (이탈리아) *n.m.*《음악》오라토리오, 성담곡(聖譚曲), 성극(聖劇).

oratrice [ɔratris] *n.f.* ⇒orateur.

orbe[1] [ɔrb] *n.m.* ①《천문》궤도면; 궤도. ②《문어》구(球), 구체; 천체. ~ rouge du soleil 진홍의 일륜(日輪). le sceptre et l'~ (왕위의 상징인)홀장과 보주(寶珠). ③ ~ épineux《어류》복어.

orbe[2] *a.* 열린 곳 없는. coup ~《외과》(상처없는)타박상. mur ~ (열린 곳이 없는)온벽.

orbicole [ɔrbikɔl] *a.*《드물게》(식물 따위가)지구상의 어디에나 있는.

orbiculaire [ɔrbikylɛ:r] *a.* ① 둥근(rond); 환상(環狀)의; (운동 따위가)원을 그리는. mouvement ~ 원운동. ② 구상(球狀)의. —*n.m.*《해부》괄약근(括約筋)(muscle ~, sphincter).

orbiculairement [ɔrbikylɛrmɑ̃] *ad.* 원을 그리며, 동글게.

orbière [ɔrbjɛr] *n.f.* (짐승이 앞만 보도록 하기 위해 눈에 씌우는 가운데 뚫린)가죽안대.

orbilianisme [ɔrbiljanism] *n.m.* (교육에 있어서의) 체벌(體罰)의 사용.

orbitaire [ɔrbitɛ:r] *a.*《해부》안와(眼窩)의.

orbital(ale, pl. aux) [ɔrbital, -o] *a.*《천문》궤도의. rendez-vous ~ (우주선의)궤도랑데부.

orbite [ɔrbit] *n.f.* (보통 *pl.*)《해부》눈구멍, 안와(眼窩). ②《천문》궤도. ~ elliptique d'une planète 혹성의 타원궤도. placer[mettre] un satellite artificiel sur son ~ [en ~] 인공위성을 궤도에 진입시키다. mise en [sur] ~ 궤도진입; 《비유적》(사업 따위의)궤도에 오름. ③ ~ des élections《물리》전자궤도. ④ (활동·세력의)영역, 범위. attirer[entraîner] *qn* dans son ~ 누구를 자기 지배하 [세력권내]에 두다. vivre en ~ (autour de …) …의 세력권에서 살다.

orbitèle [ɔrbitɛl], **orbitélaire** [ɔrbitelɛ:r] *a.*《동물》(거미가)그물을 치는.

orbitèles [ɔrbitɛl] *n.m.pl.*《동물》납거미과(科).

orbiter [ɔrbite] *v.i.* (궤도를 따라)돌다, 선회하다.

Orcades (les) [lezɔrkad] *n.pr.f.pl.*《지리》오크니군도.

orcanète, orcanette [ɔrkanɛt] *n.f.*《식물》아르카나(뿌리에서 붉은 염료를 채취함).

orchésographie [ɔrkezɔgrafi] *n.f.* 무도 기보법(舞蹈記譜法).

orchestique [ɔrkɛstik], **orchestrique** [ɔrkɛstrik] *a.* 〖고대그리스〗(제조의 일부로서)무도의. —*n.f.* ① 무도법 ② 무언극.

orchestographie [ɔrkɛstɔgrafi] *n.f.* =**orchésographie**.

orchestral(ale, *pl.* **aux)** [ɔrkɛstral, -o] *a.* 오케스트라의; 오케스트라적인.

orchestrateur(trice) [ɔrkɛstratœːr, -tris] *n.m.* 관현악 편곡자.

orchestration [ɔrkɛstrasjɔ̃] *n.f.* ① 〖음악〗관현악법, 관현악(곡)편성(instrumentation). ② (선전을 위한)조직화.

*****orchestre** [ɔrkɛstr] *n.m.* ① 관현악단, 오케스트라; 〖예〗관현악 작곡[편곡]. chef d'~ 오케스트라 지휘자. ~ d'archets(à cordes) 현악단. ~ de chambre 실내 관현악단. ~ symphonique 심포니 오케스트라. concerto pour violon et ~ 바이올린과 오케스트라를 위한 협주곡. ② 〖연극〗무대와 객석 사이의 주악석(奏樂席)(fosse)(→théâtre 그림); 아래층 전면의 상등관람석(fauteuil d'~); 아래층 전면 좌석의 관객. ③ 〖고대그리스〗무대와 객석 사이의 합창단석; 〖고대로마〗무대 전면의 귀빈석. **à grand ~** 반주를 곁들여; 크게 떠들어대며.

orchestrer [ɔrkɛstre] *v.t.* ① 〖음악〗관현악으로 작곡[편곡]하다. ② (행사 따위를)대적으로 조직하다. ~ une campagne de propagande 대대적으로 선전하다.

orchestrion [ɔrkɛstri(j)ɔ̃] *n.m.* 아코디언의 일종.

orchi-, orchido- *préf.* 「고환」의 뜻.

orchialgie [ɔrkjalʒi] *n.f.* 고환(신경)통.

orchidacées [ɔrkidase] *n.f.pl.* 〖식물〗난초과.

orchidée [ɔrkide] *n.f.* ① 〖식물〗난초과(科)의 식물(의 꽃). ② (*pl.*)〖예〗난초과.

orchidopexie [ɔrkidɔpɛksi] *n.f.* 〖외과〗고환고정(술).

orchidothérapie [ɔrkidɔterapi] *n.f.* 〖의학〗고환에서 추출한)정액에 의한 치료법.

orchidotomie [ɔrkidɔtɔmi] *n.f.* 〖외과〗고환수술.

orchis [ɔrkis] *n.m.* 〖식물〗야생 난초 (주름제비란·너도제비란·구름병아리 난초 따위).

orchite [ɔrkit] *n.f.* 〖의학〗고환염(睾丸炎).

orcine [ɔrsin] *n.f.*, **orchinol** [ɔrsinɔl] *n.m.* 〖화학〗오르신.

ord. (약자) ordinaire 보통의.

ord(e) [ɔːr, ɔrd] *a.* 〖예〗더러운; 추한.

ordalie [ɔrdali] *n.f.* 〖예〗(중세기의)신명심판(神明審判)(불·열에 손을 넣어도 다치지 않는 자, 싸워서 이기는 자를 무죄로 하였음).

*****ordinaire** [ɔrdinɛːr] *a.* ① 보통의, 통상적인, 흔히 있는, 여느, 일상의(↔exceptionnel). jour ~ 평일. langage ~ 일상어어. fraction ~ 〖수학〗(보통의)분수. menu ~ 보통의 식사. vin ~ 식사 때 마시는 보통 포도주. procéder de façon ~ 흔한 방법을 쓰다. vêtements ~*s* 평상복. Ça alors, ce n'est pas ~! 〖구어〗그거 참 굉장한[희한한] 걸. ② 혼해빠진, 예사로운, 평범한, 범용한(banal). peu ~ 범상치 않은. avoir des manières ~*s* 태도가 점잖지 않다. esprit ~ 범용한 정신. homme ~ 범인(凡人). tissu de qualité ~ 투박한 옷감. des gens très ~*s* (사회적 지위·신분이)아주 평범한 인간(commun). ③ (공무원 따위가)연중 근무하는. ambassadeur ~ (상임)주재대사. évêques ~ s교구의 주교. gentilhomme(*médecin*) ~ du roi 왕의 시종[시의(侍醫)]. consul ~ (고대로마의)임기 1년의 집정관. —*n.m.* ① 보통의 식사; 〖군사〗통상 식사. caporal d'~ 급식(취사)담당 하사. commission des ~*s* 〖군사〗식량 위원. ② (O~) 〖가톨릭〗미사제식(聖祭) 통상문(미사 기도문중 언제나 변하지 않는 부분)(O~ de la messe). ③ 관례, 습관 contre son ~ 여느 때와 달리. ④ 보통 수준. au-dessus de l'~ 예사롭지 않은, sortir de l'~ 비범하다, 이례적이다. ⑤ 〖가톨릭〗교회재치권자(裁治權者)(교황·주교 따위); 교구(관할)주교. ⑥ (예) 정기우편. ⑦ 왕의 거소, 평소(habituellement). **à** 〖예〗**selons, suivant)** *son* ~ 자기의 여느때 습관에 따라서. (*comme*) **à l'~; comme d'~** 여느때와 같이, 평상시대로. **d'~; pour l'~** 보통, 일반적으로. **régler une affaire à l'~** 〖법〗사건을 형사법원에서 민사법원으로 옮기다.

ordinairement [ɔrdinɛrmɑ̃] *ad.* 일반적으로, 보통, 대개, 평소(habituellement).

ordinal(ale, *pl.* **aux)** [ɔrdinal, -o] *a.* ① 순서의. ② 〖생물〗목(目)의. nombre ~ et nombre cardinal 서수와 기수. adjectif (numéral) ~ 〖예〗서수(序數) 형용사. —*n.m.* (영국국교의)성직수임식순(順), 의식서(書).

ordinand [ɔrdinɑ̃] *n.m.* 〖종교〗(가톨릭의)수품자(受品者); (그리스정교의)성품(聖品)지원자; (신교의)성직 후보자.

ordinant [ɔrdinɑ̃] *n.m.* 〖종교〗(가톨릭의)신품권을 가진 주교, (신교의)목사 임명자(ordinateur).

ordinariat [ɔrdinarja] *n.m.* 〖가톨릭〗주교의 직(권한).

ordinateur(trice) [ɔrdinatœːr, -tris] *a.* ① 〖종교〗신품 성사를 베푸는, 목사를 임명하는. ② 〖예〗정돈하는. —*n.m.* ① =ordinant. ② 정돈자. ③ 컴퓨터, 전자계산기. mémoire (programme) d'un ~ 컴퓨터의 기억장치. ère de l'~ 컴퓨터 시대. calculer sur l'~ 전자계산기로 계산하다. [직].

ordinaticien [ɔrdinatisjɛ̃] *n.m.* 컴퓨터 관계의 일

ordination [ɔrdinasjɔ̃] *n.f.* ① 〖가톨릭〗서품식(叙品式); (목사의)취임식, 안수례(按手禮). ② 〖수학〗오름[내림]차순으로정리함. ③ 전자계산기에 의한 계산(정보처리). ④ 〖예〗정돈.

ordinatique [ɔrdinatik] *n.f.* 컴퓨터처리.

ordinogramme [ɔrdinɔgram] *n.m.* 〖컴퓨터〗플로차트.

ordo [ɔrdo] *n.m.* 교회 책력, 성무(聖務) 안내서.

ordon [ɔrdɔ̃] *n.m.* 연철용 철추(鍊鐵用鐵槌) 장치.

*****ordonnance** [ɔrdɔnɑ̃ːs] *n.f.* ① 정돈, 정리, 배치(agencement, arrangement); 질서정연한 배치[배열]; 질서, 순서(disposition). ~ d'un repas 요리가 나오는 순서. ~ d'un congrès 회의진행 순서. ~ d'un appartement 아파트의 방의 배치. ② 〖의학〗처방(전)(prescription). médicament délivré seulement sur ~ 의사의 처방전에 따라서만 내어 주는[판매되는] 약. ③ 〖역사〗(왕조시대의)칙령; 〖법·행정〗법령, 법규(règlement); (재판관의)결정; 명령; 지불명령(mandement). contraire à l'~ 칙(명령·관습)에 위반되는. ~ de non-lieu 공소기각의 결정. ~ de police 경찰법 규칙. ④ 〖군사〗(연습·복장에 관한)규칙; 〖예〗전령기병; (때로 *m.*)〖예〗(장교의)당번병. habit d'~ 제복. être à l'~ 정규제복을 착용하고 있다. officier d'~ 전속부관, 막료.

ordonnancement [ɔrdɔnɑ̃smɑ̃] *n.m.* 〖재정〗지불

명령; 〖상업〗제작에서 발송까지의 절차.
ordonnancer [ɔrdɔnɑ̃se] [2] v.t. ① 〖재정〗지불명령을 발부하다. ②〖옛〗처방하다.
ordonna*teur(trice)* [ɔrdɔnatœːr, -tris] n. (모임행사 따위의)조직자, 지휘자, 사회자. Dieu. ~ de l'univers 우주를 지배하는 신.
—n.m. ① 지불 명령자. ② 컴퓨터(ordinateur).
—a. 지시하는; 지불 명령하는. commissaire ~ 지불 명령관.
ordonné(e) [ɔrdɔne] a.p. ① 질서정연한 (↔ confus, désordonné) 꼼꼼한. maison bien ~e 정돈이 잘 된 집. traitement non ~ 〖컴퓨터〗무작위 처리. ② 〖종교〗서품(敍品)받은, 성직에 임명된.
—n.f. 〖수학〗세로 좌표.
ordonnément [ɔrdɔnemɑ̃] ad. 질서정연히.
ordonner [ɔrdɔne] v.t. ① 정돈하다, 정리하다, 질서를 바로잡다(arranger, classer); (행사를)조직하다(organiser). savoir ~ ses idées 사상을 정리할 줄 알다. ② 명하다, 지령하다, 지시하다, 지정하다(prescrire, ↔interdire); 〖행정〗포고하다. ~ l'assaut 공격을 명하다. Faites ce qu'on vous *ordonne*. 명령하는 대로 하시오. [~ à *qn* de+*inf*.] Il nous *a ordonné de* partir. 그는 우리에게 떠나라고 명령했다. [~ que+*sub*.] Le maître *a ordonné que* tout le monde soit à l'heure. 선생님은 누구나 시간을 정확히 지키라고 지시하셨다. [~ que+*ind*.] 〖행정〗…이라고 포고하다. ③ [~ *qn*]〖종교〗(에게)성품을 수여하다, ~ *qn* en prêtre …을 사제로 임명하다. ④〖수학〗(다항식을)오름[내림]차순으로 정리하다. ⑤〖의학〗(약을)처방하다.
—v.i. [~ de] (을)처리[지배]하다. ~ *du* sort *de qn* 〖옛〗…의 운명을 좌우하다.
—s'~ v.pr. 정리[정돈]되다.
:**ordre** [ɔrdr] n.m. ① 순서, 차례. numéro d'~ 일련번호. ~ alphabétique 알파벳순. procéder par ~ 순서에 따라서 행하다.
② 질서; 정돈. en bon ~ 순서에 따라서; 질서정연하게. manque d'~ 무질서. sans ~ 무질서하게. mettre (bon) ~ à *qc* …을 깨끗이 처리하다[결말짓다], 바로잡다. (악폐의)뿌리를 뽑다. mettre (de) l'~ dans *qc*; mettre *qc* en ~ …을 정리하다. ③ 정리능력, 정돈. avoir de l'~ 규율바르다. homme d'~ 차근차근한[꼼꼼한] 사람, 생활이 안정된 사람. travailler avec[sans] ~ 차근차근하게[되는 대로] 일하다.
④〖군사〗대형(隊形)(formation). armée en ~ de bataille 전투 대형의 군대. ~ serré 밀집대형.
⑤ (사회)안녕질서, 치안. ~ public 〖법〗공공질서, 공안(公安), 치안. troubler l'~ social 사회 질서를 문란케 하다. forces de l'~ (폭동 따위를 진압하는)경찰력. parti de l'~ 보수파.
⑥〖법〗~ utile 채권자의 순위; distribution par voie d'~ (선취특권이나 저당권을 갖고 있는 채권자 사이의)부동산 경매배분.
⑦ 종류, 부류, 등급; 〖법〗(법률상의 사람의)분류; 영역, 분야. de premier[troisième] ~ 1[3]등의. affaire de cet ~ 이런 부류의 일. dans cet ~ d'idées 이야기가 나왔으니 말이지만. dans l'~ de *qc* …의 영역 〔분야〕에서의.
⑧ (직업별) 협회, 회; 〖종교〗교단(敎團). ~ des médecins 의사회. ~ des avocats 변호사회. ~ religieux 수도회. ~ des bénédictins 베네딕트 수도회. ~ de la Légion d'honneur 레지옹도뇌르 훈장. ~ de la Jarretière (영국의)가터 훈장.
⑨ 훈장. ~ de la Légion d'honneur 레지옹도뇌르 훈장. ~ de la Jarretière (영국의)가터 훈장.
⑩ (구데데)계급, 신분; 〖신학〗천사의 계

급. trois ~s 귀족·성직자·평민의 3계급. neuf ~s des anges 천사의 9계급.
⑪〖종교〗품급(品級); 서품(敍品). ~s majeurs (mineurs) 상급〔하급〕품급. recevoir les ~s; entrer dans les ~s 성직에 들어가다.
⑫〖건축〗양식. ~ dorique[ionique, corinthien] 도리[이오니아·코린트]식.
⑬〖생물〗목(目), 족(族).
⑭〖언어〗서열《조음점에서 보아 같은 관여특징을 갖는 자음 음소》.
⑮ 명령, 지시. par ~ de *qn*; sur l'~ de *qn* …의 명령에 의해. donner des ~s à *qn* …에게 명령을 내리다; …을 부리다. donner ~ de+*inf*. …하라고 명령하다. être sous les ~s de *qn* …의 지배(명령)하에 있다. À vos ~s. 알겠읍니다, 분부대로 하겠읍니다. mot d'~ 〖군사〗슬로건, 행동의 지시, 지령; 암호, 군호.
⑯〖상업〗주문; (어음 따위의)이서(裏書), 지시. billet à ~ 약속어음. ~ de Bourse (중매인에 대한)주식매매 주문. feuille d'~ 주문서. mettre son ~ au dos d'un billet 약속어음에 이서하다. Payez à l'~ de M.Dupont. 뒤퐁씨의 이서인에게 지불하시오.
C'est dans l'~ (des choses). 그것은 사리에 맞는다, 당연한 이치이다; 그래야 된다.
de l'~ de 약 …의. somme *de l'~ de* dix millions 약 1천만(원)의 금액.
être*[*se mettre*] *aux*~*s de qn …의 지시하는 대로 움직이다.
Il n'est pas dans l'~ (des choses) que + *sub.* …하는 것은 사리에 맞지 않는다.
jusqu'à nouvel ~ (des choses) 따로 명령(결정)이 내릴 때까지, 새 사태가 발생할 때까지.
~ du jour 〖국회 따위의〗의사일정(議事日程); 〖군사〗일일명령; 오늘의 화제. passer l'~ *du jour* (동의를 물리치고)의사일정에 관한 의제, 화제에 오른 문제. signaler[citer, porter] *qn* à l'~ *du jour* 〖군사〗…을 수훈자라고 그 이름을 공표하다. venir à l'~ (*du jour*) 〖군사〗일일 명령을 받으러 집합하다.
rappel à l'~ (의장이)주의, 경고; 징벌.
rappeler *qn* **à l'~** (의장이)…에게 징계하다(정숙을 요구하다).
ordure [ɔrdyːr] n.f. ① 쓰레기; 먼지, 진애; 찌꺼기, 허섭쓰레기(débris); 배설물, 똥. tas d'~s 쓰레기 더미. boîte à ~s 쓰레기통. «Défense de déposer des ~s.» "쓰레기를 버리지 말 것." être jeté dans la boîte aux ~s (비유적)버려지다. chien qui fait son ~ [ses ~s] sur le tapis 양탄자에 대변을 보는 개. ②〖문어〗더러움; 추잡(boue). vivre[se vautrer] dans l'~ (악덕의)수렁 속에서 살다. ③ 외설스러운 언동(행위·저작)(obscénité). Ce livre est une ~. 이 책은 외설서적이다. ④ 망골, 망물. C'est une ~, ce type. 저 녀석은 망골이야.
ordurier(ère) [ɔrdyrje, -ɛːr] a. (사람·사물이)외설스런, 상스러운(grossier). livre[écrivain] ~ 외설서적[작가]. —n. 외설스러운 말을 하는 사람; 외설 작가. —n.m. 〖옛〗쓰레기통(poubelle).
ore [ɔːr] ad. ⇒ores.
oréade [ɔread] n.f. 〖그리스 신화〗오레이아스《산의 요정》.
orée [ɔre] n.f. (숲의) 가장자리, 끝; 〖옛〗가장자리. à l'~ d'un bois 숲가에서.
oreillar(e) [ɔrɛjaːr, -ard] a. 〖드물게〗(말·개 따위가)귀가 긴. —n.m. ①〖동물〗귀가 긴 동물《토끼·박쥐 따위》. ②〖기술〗(의자 등받이 양쪽에

솟은)귀(oreille de fauteuil).

:oreille [ɔrɛj] *n.f.* ① 귀, 귓바퀴, 속귀. rougir jusqu'aux ~s 귀밑까지 빨개지다. avoir mal à l'~ (aux ~s); avoir des douleurs d'~ 귀가 아프다. avoir des bourdonnements d'~ 귓속이 웡웡거리다. baisser l'~; avoir(marcher) l'~ basse 기가 죽어 있다. frotter(tirer) les ~s à qn …의 귀를 잡아당겨 꾸짖다, …을 때리다. dire à l'~; dire dans le creux de l'~ 귀에다 대고 소곤거리다(속삭이다). se gratter l'~ 당혹스러워 하다.
② 청각; 음감(音感); 듣는 사람. casser les ~s 잔소리를 퍼부어 못살게 굴다, 지나치게 큰소리로 말하다. avoir l'~ dure; être dur d'~ 귀가 멀다. avoir l'~ fine 귀가 밝다. avoir l'~ juste; avoir de l'~ 음감(音感)이 정확하다. dresser l'~ (les ~s); ouvrir de grandes ~s 귀를 기울여 엿듣다. Écoutez de toutes vos ~s. 명심해 들으시오, 주의해서 들으시오. faire la sourde ~ 들리지 않는 체하다. fermer l'~ à …의 말을 들으려 하지 않다. n'écouter que d'une ~ 건성으로 듣다. prêter l'~ 주의해서 듣다, 경청하다. si cela venait à ses ~s 그가 알게 되면.
③ 귀 모양의 것(물건의 손잡이·닻의 귀 따위). bergère à ~s (머리를 기대기 위한)귀달린 의자. écrou à ~ 『기계』 나비꼴 너트. ~ d'âne 『해양』 (돛의 밧줄을 매는)큰 밧줄걸이. ~ de lièvre 『식물』 시호, 『해양』 삼각돛. ~ de souris 『식물』 물망초. ~ d'homme 세넨. ~ de mer 『패류』 전복.
avoir l'~ de qn …의 신임을 얻다.
avoir toujours l'~ déchirée 늘 남과 싸우다.
Cela lui entre par une ~ et lui sort par l'autre. 한 귀로 듣고 한 귀로 흘려버리다.
choquer les ~s pudiques 얌전한 사람의 기분을 상하게 하다.
en avoir par-dessus les ~s …에 진저리나다.
être endetté jusqu'aux ~s (par-dessus les ~s) 옴 짝달싹할 수 없도록 빚에 쪼들리다.
être tout ~s 온 정신을 귀에 모으다, 경청하다.
fendre l'~ à qn (구어)(군인·관리 따위를)퇴직[퇴역]시키다.
jusqu'aux ~s 발끝에서 머리끝까지; 완전히.
Les murs ont des ~s. (속담)벽에도 귀가 있다.
Les ~s ont dû vous tinter. 당신은 귀가 가려웠을 것이오(우리는 당신의 이야기를 많이 했소).
mettre(porter) son chapeau(bonnet) sur l'~ (기세를 부려)모자를 비스듬히 쓰다.
montrer(laisser passer) le bout de l'~ 본성[진심]을 드러내다, 마각(馬脚)을 드러내다.
n'en pas croire ses ~s 곧이듣지 않다.
ne pas entendre de cette ~-là 그런 요구에는 절대 응하지 않다.
rebattre les ~s à qn avec qc 귀가 따갑도록 …에게 …을 들려주다.
se faire tirer l'~ (pour + inf.) (…하는 일을)여간해서 승낙하지 않다.
se prendre par les ~s 드잡이하다.
tendre l'~ 귀가 쏠리다.

oreiller [ɔrɛje] (< *oreille*) *n.m.* ① 베개. taie d'~ 베갯잇. prendre conseil de son ~; consulter son ~ 하룻밤 자면서 곰곰 생각하다. se battre avec son ~ 잠을 이루지 못해 잠자리에 일어나지 못해] 뒤척이다. ② 안정을 주는 것, (안심하고)의지할 수 있는 것. ③ ~ de mer 『어류』(상어·가오리 따위의) 알. baiser à l'~ de qn (au lit). confidences sur l'~ 베갯머리 송사.

oreillette [ɔrɛjɛt] *n.f.* ① 『해부』 (심장의)심이(心耳); 『의학』 귀의 붕대; (모자의 방한용)귀덮개; (조개의)귀. ② 『식물』 버섯 무리; 상처의 일종; 세신속(屬).

oreillon [ɔrɛjɔ̃] *n.m.* ① 『고고학』 투구의 귀덮개, (모자의)귀덮개; 『아교 제조용』 가죽부스러기; 『동물』 (박쥐의)귀끝. ~s d'abricots (통조림한) 반으로 쪼갠 살구. ② (*pl.*) 『의학』 유행성 이하선염(耳下腺炎)(ourlien). ③ 『축성』 (보루의)돌출부(orillon).

orémus [ɔremys] (라틴) *n.m.* 《옛》 기도; 빌지어다 (미사 때 사제가 하는 말). dire(marmonner) des ~ 기도를 올리다.

Orénoque (l') [lɔrenɔk] *n.pr.m.* 『지리』 (남미의) 오리노코 강.

oréographie [ɔreɔgrafi] *n.f.* 《옛》= **orographie**.

ores [ɔr] *ad.* 『옛』 지금. d'~ et déjà 지금부터 벌써.

Oreste [ɔrɛst] *n.pr.m.* 『그리스신화』 오레스테스(아가멤논의 아들).

orfèvre [ɔrfɛvr] *n.m.* 금은세공사; 금은세공품상. être ~ **en la matière** (대개 비꼼) 그 분야의 권위자이다.

orfèvré(e) [ɔrfɛvre] *a.* (금은세공사가)세공한.

orfèvrerie [ɔrfɛvrəri] *n.f.* ① 금은세공품[품]. ② 금은세공상; 금은세공점.

orfévri(e) [ɔrfevri] *a.* 《옛》= **orfévré**.

orfraie [ɔrfrɛ] *n.f.* 『조류』 흰꼬리수리.
pousser des cris d'~ (구어) 쇳소리를 지르다.

orfroi [ɔrfrwa] *n.m.* ① 《옛》 (금실·은실의)자수; 금란(金襴)의 천. ② 『종교』 법의(法衣)의 금란.

organdi [ɔrgɑ̃di] *n.m.* 『직물』 오간디(극히 얇은 모슬린의 일종).

***organe** [ɔrgan] *n.m.* ① 기관(器官). ~s des sens 감각기관. greffe d'~ 기관이식. ~ de la circulation [de la digestion, de la respiration] 순환(소화·호흡)기관. ~s génitaux 생식기. ② 도구, 수단. La parole est l'~ de la pensée. 언어는 사고의 표현수단이다. ③ (사람의)목소리. avoir un bel ~ 목소리가 아름답다. ④ 대변자, (의사 발표의)기관; 기관지. Ce journal est l'~ des modérés. 이 신문은 중도파의 기관지이다. ~ officiel du gouvernement 정부 대변인. ⑤ (기계의)장치. ~s de transmission 전동장치. ~ 중요[집행]기관; 중추, 주요기구. ~s directeurs de l'État 국가의 주요 행정기관. ~s essentiels de la ville 도시의 중추기관.

organeau [ɔrganɔ] (*pl.* ~**x**) *n.m.* 『해양』 밧줄을 매는 쇠고리; 닻의 상부의 고리.

organicien(ne) [ɔrganisjɛ̃, -ɛn] *n.* 유기화학자.

organiciser (s') [sɔrganisize] *v.pr.* 『의학』 기관 장애를 일으키다.

organicisme [ɔrganisism] *n.m.* 『의학』 기관장애설; 『생물』 생체론(生體論); 『철학』 생명기관설; 『사회』 유기적 사회관, 사회유기체설.

organier [ɔrganje] *n.m.* 오르간 제조자.

organigramme [ɔrganigram] *n.m.* (기업체 따위의)기구 편성표; 『컴퓨터』 플로차트.

organique [ɔrganik] *a.* ① 기관(器官)의. vie ~ fonctions ~s 영양작용. maladie(trouble) ~ 『의학』 기관질환[장애]. ② 유기적인; 『화학』 유기의. chimie ~ 유기화학. corps ~ 유기체. règne ~ 유기체(有機體)(동식물계). ③ 조직상의. groupement ~ d'associations 협회들의 조직적 집단. un tout ~ 유기적 통일체. ④ 체질적인; 근본적인. vice ~ 체질적 결함. ⑤ 국가조직의 기본에 관한. loi ~ 구성법, 헌법부속법. —*n.f.* 『고대음악』 기악곡(器樂曲部).

organiquement [ɔrganikmɑ̃] *ad.* 유기적으로.

organisable [ɔrganizabl] *a.* 조직할 수 있는.

organisa*teur*(*trice*) [ɔrganizatœːr, -tris] *a.* 조직하는, 조직에 능한. génie ~ de Napoléon 나폴레옹의 천재적인 조직력. —*n.* 조직자; 주최자. —*n.m.* 〖생물〗형성체.

organisateur-conseil [ɔrganizatœrkɔ̃sεj] (*pl.* ~*s*-~*s*) *n.m.* 경영콘설턴트.

*****organisation** [ɔrganizɑsjɔ̃] *n.f.* ① 조직(하기) (agencement), 구성, 편성. comité d'~ 조직 위원회. ~ administrative 행정기구. téformer l'~ d'une usine 공장의 조직을 개선하다. ~ de l'armée 군대의 편성. L'~ de ton travail n'est pas bonne. 너는 공부를 짜임새 있게 하지 않는다. ~ d'un voyage 여행의 계획. ②〖옛〗(생체의)조직, 구조(structure). ~ des mammifères 포유동물의 조직. ③ 조직체, 단체, 기구, 협회. O~ des Nations Unies 국제연합(〖약자〗O.N.U.). O~ internationale du travail 국제 노동기구(〖약자〗O.I.T.). ~ politique 정치단체. O~ scientifique du travail 노동과학연구소(〖약자〗O.S.T.). ④ 소질, 체질. être d'une frêle ~ 체질이 약하다.

organisationnel(*le*) [ɔrganizasjɔnεl] *a.* 조직〖기구〗의. transformation ~*le* d'une entreprise 한 기업의 조직상의 변화. rôle ~ 기구의 역할.

organisé(*e*) [ɔrganize] *a,p.* ① 〖생물〗기관〖器官〗을 가진, 유기적인(생물). ② 구성된, 조직된, 계획된; 정연한, 시종일관한. travail bien ~ 계획이 잘된 작업. cuisine bien ~*e* 잘 꾸며진 부엌. voyage ~ (일정이 미리 짜인)단체여행. tête bien ~*e* 분별있는 머리. foule ~*e* 조직된 군중. ③ (어떤 단체에)가입된. artisans ~*s* en syndicat 조합을 잘 고 있는 장인들. ④ 꼼꼼한, 살림(사업)을 잘 꾸리는. ménagère bien ~*e* 꼼꼼한 주부.

C'est du vol ~! 〖구어〗그것은 아주 계획적인 도둑질이다. *conscient et ~* 〖구어〗(경멸)의도적이며 계획적인.

*****organiser** [ɔrganize] *v.t.* ① 조직하다, 편성하다; 정비하다; 설립하다. ~ la résistance 저항운동을 조직하다. ~ le service des ventes 판매부문을 정비하다. ~ une société par actions 주식회사를 설립하다. ② 계획하다, 준비(주최)하다. ~ un voyage〖une fête〗여행〖축제〗을 계획하다. ~ la réunion 회합을 준비하다. ~ le travail 작업계획을 짜다. ③ (에)유기적 형태를 부여하다; 〖생물〗(형성체가)형성하다.

—*s'~ v.pr.* ① 유기적 구조를 갖다. ② 조직화(계획화)되다; 정리(정돈)되다(s'arranger); 설립(편성)되다. Peu à peu tout va s'~. 점차로 모두 질서가 잡히게 될 것이다. ③ 자기 활동을 유기적으로 체계화하다. Il perd beaucoup de temps, il ne sait pas s'~. 그는 일을 짜임새 있게 할 줄 몰라서 시간을 많이 허비한다.

organisme [ɔrganism] *n.m.* ① 기구, 기관, 조직체. ~ social 사회 기구. Une nation est un ~ vivant. 국가는 살아있는 한 조직체이다. ② 공인된 단체. ~ syndical 동업조합. ③ 유기체, 생물; 인체. ~ unicellulaire 단세포생물. ~ humain 인체.

organiste [ɔrganist] *n.* 오르간 연주자.

organite [ɔrganit] *n.m.* 〖생물〗세포소기관(細胞小器官).

organo- *préf.* 「기관(器官)」의 뜻.

organogénèse [ɔrganɔʒenεːz], **organogénie** [ɔrganɔʒeni] *n.f.* 〖생물〗기관(器官)형성론.

organographie [ɔrganɔgrafi] *n.f.* 〖생물〗기관학.

organologie [ɔrganɔlɔʒi] *n.f.* 〖의학〗기관학, 장기학(臟器學).

organométallique [ɔrganɔmetalik] *a.* composés ~*s* 〖화학〗유기금속 화합물. —*n.m.*〖화학〗유기금속 화합물.

organosilicié(*e*) [ɔrganɔsilisje] *n.m., a.* 〖화학〗 유기규소화합물(의).

organosol [ɔrganɔzɔl] *n.m.* 〖화학〗오르가노솔.

organothérapie [ɔrganɔterapi] *n.f.* 〖의학〗장기요법(臟器療法).

organsin [ɔrgɑ̃sε̃] *n.m.* 〖직조〗(직조용) 끈 견사(絹絲).

organsinage [ɔrgɑ̃sinaːʒ] *n.m.* 〖직조〗잠사(蠶絲)꼬기, 잠사 공정(工程).

organsiner [ɔrgɑ̃sine] *v.t.* 〖직조〗(견사를)꼬다.

organsineur [ɔrgɑ̃sinœːr] *n.m.* 〖직조〗잠사의 연사공(撚絲工).

orgasme [ɔrgasm] *n.m.* 〖생리〗오르가슴(성적 쾌감의 절정);〖옛〗〖의학〗홍분, 히스테리;〖옛〗〖생리〗발기.

orgastique [ɔrgastik], **orgasmique** [ɔrgasmik] *a.* 오르가슴의. plaisir ~ 절정에 달한 성적 쾌감.

orge [ɔrʒ] *n.f.* 보리. sucre d'~ 보리 끓인 물을 섞어 졸인 설탕, 대맥당(大麥糖). bouillie d'~ 보리죽. tisane〖eau〗d'~ (병자에게 먹이는)보리차. toile (à) grain d'~ 보리알 비슷한 반점이 있는 (올이 굵은) 타월감.

faire ses ~s 보리를 거둬 들이다;〖구어〗(부정 수단으로)큰 벌이하다. *grossier comme du pain d'~* (보리빵처럼)조잡한, 품질이 좋지 않다. —*n.m.* ~ mondé 탈곡보리; ~ perlé 정백(精白)한 보리쌀.

orgeat [ɔrʒa] *n.m.* 편도즙(扁桃汁);〖옛〗보리즙; 전도수(扁桃水). *carafe d'~* 〖구어〗냉정한 사람.

orgelet [ɔrʒəlε], **orgeolet** [ɔrʒɔlε] *n.m.* 〖의학〗맥립종(麥粒腫), 다래끼.

orgiaque [ɔrʒjak] *a.* 주신제(酒神祭)〖바커스제〗의; 〖문어〗통음난무의. fureurs ~*s* 주신제의 열광. débauches ~*s* 폭음폭식.

orgie [ɔrʒi] *n.f.* ① (*pl.*)〖옛〗주신〖바커스〗제. ② 통음난무, 고래술에 춤타령, 대향연(débauche). ③ [~ de] (~의)과용. ~ *de couleurs* 갖가지 빛깔의 난무. ~ *de fleurs* 다량의 꽃.

orgue [ɔrg] *n.m.* ① 〖음악〗파이프오르간; (교회 안의)오르간을 장치한 곳. grand(es) ~(s)(교회의) 큰 오르간(여성복수도 1개의 오르간을 가리킴). concerto pour ~ 〖음악〗오르간과 관현악을 위한 협주곡. ~ électrique〖électronique〗전기〖전자〗오르간. ~ de Barbarie 핸들을 돌려서 연주하는 오르간. ~ de salon 페달식 풍금. tenir l'~ (les ~*s*) 교회의 파이프오르간 연주자로 있다. ② point d'~ 〖음악〗늘임표(⌢). ③ 〖해양〗배수관. ④ ~ de mer 〖동물〗관(管)산호. ⑤ ~*s* basaltiques 〖지질〗각주석(角柱形) 현무암군. ⑥〖옛〗〖군사〗다통포(多筒砲). ~ de Staline (2차대전시 사용한)소련제 자동식 속사포.

*****orgueil** [ɔrgœj] *n.m.* ① 뽐내기, 우쭐대기, 잘난 체하기; 거만, 교만(↔modeste). Elle montre de l'~. 그녀는 교만한 태도를 보인다. être gonflé d'~; crever d'~ 지나치게 우쭐해 있다. 자존심, 자부심; 자랑거리. cacher ses ennuis par ~ 자존심이 허락치 않아서 걱정을 내보이지 않다. faire l'~ de qn …의 자랑거리가 되다. mettre son ~ à+*inf.* …하기를 자랑삼다. ③ (지렛대의)받침점.

orgueilleusement [ɔrgœjøzmɑ̃] *ad.* 거만하게, 자랑스럽게.

*****orgueilleux(*se*)** [ɔrgœjø, -øːz] *a.* ① 거만한, 교만한, 우쭐하는(↔modeste). ~ *de* …을 뽐내는 (fier). homme dur et ~ 냉혹하고 오만한 남자. Il est si ~ qu'il ne veut jamais reconnaître ses torts.

그는 자존심이 하도 강해서 자기의 잘못을 한사코 인정하려 들지 않는다. femme qui est ~se de sa beauté 자기의 아름다움을 뽐내는 여자. ② (사물 따위가) 당당한, 위엄있는. château ~ 위풍당당한 성. —n. 거만한 사람.

orgyie [ɔrʒii] n.f. 《곤충》독나방과(科)의 나방.

oribus [ɔribys] n.m. 《옛·사투리》(난로 옆쪽에 둔 송진으로 만든) 양초.

orichalque [ɔrikalk] n.m. ① 《고대그리스》(금은 비슷한) 상상의 귀금속. ②《옛》순동(純銅); 놋쇠; 청동.

*****orient** [ɔrjɑ̃] n.m. ① 동쪽(하늘·나라)(levant, est, ↔ ouest); 서광(曙光); 초기. Le soleil se lève à l'~. 해는 동쪽에서 뜬다. ②(O~) 동양(특히 지중해 동쪽의 근동(近東)(Proche-O~)의 뜻으로), Église d'O~ 동방교회, 그리스정교회. Empire d'O~ 《역사》동로마제국. Extrême-O~ 극동제국(한국·중국·일본·인도차이나 따위). Moyen-O~ 중동제국(아랍연맹·터키·이스라엘·이란·아프가니스탄 따위). questions d'O~ 《역사》터키를 둘러싼 동방문제. ③ (O~) 프리메이슨의 지부(支部). Grand O~ (de France) 프랑스 프리메이슨 본부. ④ 진주의 광택.

orientable [ɔrjɑ̃tabl] a. 방향을 돌릴 수 있는, 선회하는. raccord ~ 회전 연결기.

*****oriental(ale, pl. aux)** [ɔrjɑ̃tal, -o] a. ① 동쪽의. côte ~ale 동쪽 해안. ② 동양의, 근동 제국의, 동양에서 온; 동양풍의(↔ occidental). langues ~ales 동양어(아시아대륙의 사어(死語)를 포함한 모든 언어). École des langues ~ales 《파리의》 동양어 학교. musique ~ale 동양음악. plantes ~ales 동양산 식물. à l'~ 동양식[으로].
—O~ n. 동양인, 근동 제국 사람. les O~aux et les Occidentaux 동양인과 서양인.

orientalisant(e) [ɔrjɑ̃talizɑ̃, -ɑ̃ːt] a. 동양풍의, 동양의 영향을 받은. style ~ 동양풍(의 양식).

orientaliser [ɔrjɑ̃talize] v.t. 동양풍으로 만들다.
—s'~ v.pr. 동양풍으로 되다.

orientalisme [ɔrjɑ̃talism] n.m. 동양학; 동양취미; 동양풍.

orientaliste [ɔrjɑ̃talist] n. 동양(어) 학자; 동양풍의 화가. —a. 동양풍의, 동양학(자)의. peintre (écrivain) ~

orientation [ɔrjɑ̃tasjɔ̃] n.f. ① 방위[방향] 결정; (기중기·대포 따위의) 일정한 방향으로 돌리기; 《해양》(바람을 잘 받게) 돛을 돌리기. perdre [avoir] le sens de l'~ 방향감각을 잃다[갖다]. ② 방위, 방향(direction); (정치의) 동향(tendance). ~ des esprits 인심의 동향. table d'~ 방향 지시판. ③ 지도, 오리엔테이션. ~ des études 학습[연구] 지도. ~ professionnelle 직업지도.

orienté(e) [ɔrjɑ̃te] a.p. ① 방향이 주어진; [~ à] (을) 향한. chambre ~e au sud 남향 방. appartement bien[mal] ~ 방향이 좋은[나쁜] 아파트. ② 《수학》방향이 주어진(화살표로 표시). ③ (일정한) 사상의 경향이 있는. livre nettement ~ 뚜렷한 경향을 띈 책.

orientement [ɔrjɑ̃tmɑ̃] n.m. 《드물게》(건물·돛의) 방향 결정; 방향.

*****orienter** [ɔrjɑ̃te] v.t. ① (어떤 방향으로) 돌리다 (tourner), ② 일정한 방향을 부여하다; 《바람을 잘 받게 돌리다 (exposer), ③ (으로) 노력을 돌리다; 《옛》(건물을) 동향으로 앉히다. ~ un projecteur vers la droite 영사기를 오른쪽으로 돌리다. ~ une maison au sud 집을 남향으로 앉히다. ② (진로·방침 따위를) 지도하다 (diriger, guider). ~ les recherches 연구의 방향을 지도[지시]하다. Les parents ont orienté Pierre vers la médecine. 양친은 피에르의 진로를 의학쪽으로 정했다. ③ 《수학》(에) 방향을 주다. ④ 《측량》(어떤 지점의) 방위를 측정하다(; (지도에) 방위를 기입하다.
—s'~ v.pr. ① (자기 있는 곳의) 위치를 알다, 방향을 분간하다. Comment s'~ dans le noir? 어둠 속에서 어떻게 방향을 알아? ② 《옛》 동쪽으로 돌다. ③ [s'~ vers] (일정한 방향으로) 향하다; 진로를 찾아내다. La peinture s'oriente vers l'abstrait. 회화는 추상적인 방향으로 나아간다.

orienteur(se) [ɔrjɑ̃tœːr, -øːz] n. 《학교》 직업[학무] 지도자. ~ professionnel 직업 지도자. —a. officier ~ 《군사》부대의 이동을 지휘하는 장교.
—n.m. 《기술》방위 측정기.

orifice [ɔrifis] n.m. 《파이프 따위의》구멍; 도관(導管) 《기계》 배기구(排氣口).

oriflamme [ɔrifla(ɑː)m] n.f. 《역사》 프랑스 국왕기; (장식용의) 장기(旌旗), 기.

oriforme [ɔrifɔrm] a. 입 모양을 한.

origan [ɔrigɑ̃] n.m. 《식물》 마요라나; (그) 향료.

originaire [ɔriʒinɛːr] a. ① [~ de] (에서) 태어난; (을) 원산지로 하는; (에서) 유래한. une famille ~ du Poitou 푸아투 지방 출신의 가문. ~ d'Amérique 아메리카 원산의. causes ~s du conflit 분쟁을 야기시킨 원인들. ② 타고난; 최초부터의; 《문·옛》 최초의 (premier), vice ~ 타고난 약점; 원죄. sens ~ d'un mot 말의 본래의 의미.

originairement [ɔriʒinɛrmɑ̃] ad. 본시, 원래, 처음에는; 출신지[원산지]; 에서. Ce mot vient ~ du grec. 이 말은 본래 그리스어에서 온 것이다.

*****original(ale, pl. aux)** [ɔriʒinal, -o] a. ① 최초의, 근본의, 본래의. document ~ 《법》(증서의) 원본. édition ~ale 초판. tableau[texte] ~ 원화(原畫)[원문]. ② 독창적인, 참신한(nouveau, personnel). auteur ~ 참신한 작가. femme ~ale 참신한 여성. ③ 《구어》 괴팍한, 기묘한 (étrange, excentrique). habitudes ~ales 괴팍한 습관. ④ 《옛·문어》 근원의, 최초의 (primitif).
—n. 《구어》 괴짜. ~ sans copie 《옛》 유례 없는 기인(奇人).
—n.m. ① 원형; 원본(↔ copie); 원작; 원문. traduit de l'~ 원어에서 직접 옮김. en ~ 원본으로. ② (회화·사진 따위의) 본인(本人), 실물, 모델. savoir par ~ 《남에게 듣지 않고》본인이 직접 부딪쳐서 알다.
—n.f. 초판(본) (édition ~ale).

originalement [ɔriʒinalmɑ̃] ad. 《드물게》근본적으로, 독창적으로, 기발하게.

originaliser [ɔriʒinalize] v.t. 《드물게》(문학 따위에) 신기축(新機軸)을 가져오다.

originalité [ɔriʒinalite] n.f. ① 독창성, 독창력, 신기축. Son style a de l'~. 그의 문체는 독창적이다. ② 기발(奇拔)함; 기발한 점, 기행(奇行).

*****origine** [ɔriʒin] n.f. ① 시발, 시초 (commencement, genèse). histoire des peuples d'~s à nos jours 태초부터 현대까지의 인류의 역사. ~ d'étapes 《군사》 전진 병참 기지. dès l'~ 처음부터. ② 기원, 원인, 근원. rechercher l'~ d'une superstition 미신의 기원을 캐다. tenir son ~ de …에서 유래하다. tirer son ~ de qc …에서 비롯하다, …에 유래하다. mot d'~ grecque 그리스 어원의 낱

말. ③ 원인(cause). ~ d'une révolution 혁명의 원인. avoir pour ~ qc; avoir son ~ dans qc …에 기인하다. ④ 태생, 출신(naissance); 가문, 혈통(famille); 국적. être d'~ bourgeoise 부르주아 출신이다. d'~ illustre 명문 출신. d'~ française 프랑스 출신(계)의; 프랑스제의. mode d'~ française 프랑스에서 전래온 유행. livre d'~ (말 따위의)혈통 등록부. être de noble(modeste) ~ 문벌있는[비천한] 출신이다. ⑤ 근원, 원산지(provenance). bureau d'~ 《우편》발신국(局). certificat d'~ 《세관》원산지 증명. marchandises d'~ 《상업》원산지 증명이 붙은 상품. ⑥ 《수학》(좌표의)원점. ~ d'un segment 선분의 기점. méridien d'~ 《천문》본초자오선.
à l'~ 처음에는(au début). *A l'~*, il travaillait seul. 처음에 그는 혼자 일했다.
originel(le) [ɔriʒinɛl] *a.* ① 처음부터의, 본원(本源)의. grâce ~*le* (아담이 죄를 범하기 전의)무염(無染) 상태; (그 상태의)은총, 성총. péché ~ 원죄(原罪). ② 본래의, 타고난, 선천적인. valeur ~*le* (말의)본래의 의미. tache ~*le*; vice ~ 원죄; 유전[선천]적 결함.
originellement [ɔriʒinɛlmɑ̃] *ad.* 처음부터; 본래.
orignac [ɔriɲak], **orignal(***pl.* **aux)** [ɔriɲal, -o] *n.m.* 《동물》 캐나다산의)고라니.
orillon [ɔrijɔ̃] *n.m.* 《엣·사투리》 ① (그릇의)손잡이; 《축성》 (보루의)돌출부. ② (쟁기의)보습. ③ (*pl.*) 《의학》 유행성 이하선염(oreillon).
orin [ɔrɛ̃] *n.m.* 《해양》 부이 로프, 부표줄. bouée d'~ 시표부표(示錨浮標).
Orion [ɔrjɔ̃] *n.pr.m.* ① 《그리스신화》 오리온. ② 《천문》 오리온좌(座).
oripeau [ɔripo] (*pl.* ~**x**) *n.m.* ① 《엣》금색의 동판(銅板). ② (*pl.*)야하게 번쩍거리는 옷;《문어》번쩍이는 값싼 물건;《구어》누더기옷. être vêtu d'~*x* 누더기를 걸치고 있다.
O.R.L. 《약자》oto-rhino-laryngologie 《의학》 이비인후과(학).
orle [ɔrl] *n.m.* ① 《건축》 주두난형(柱頭卵形) 장식 아래의 평연(平緣). ② 《문장》 (방패무늬의)가장자리 장식. ③《엣》(의복·돛 따위의)가장자리의 꿰맴; 창문의 주위.
orlé(e) [ɔrle] *a.* 《문장》 (방패 무늬에)가장자리 장식이 있는.
orléanais(e) [ɔrleanɛ, -ɛːz] *a.* 오를레앙(Orléans, 프랑스의 도시)의. —**O~** *n.* 오를레앙 사람. —**O~** *n.m.* 오를레앙주(프랑스의 옛주).
orléanisme [ɔrleanism] *n.m.* 《역사》 오를레앙가(家) 옹립주의; (오를레앙가(家)가 주장하는)입헌군주제 지지주의.
orléaniste [ɔrleanist] *a.* 오를레앙당의. —*n.* 오를레앙당원.
orléans [ɔrleɑ̃ːs] *n.f.* 면모 교직(交織)의 얇고 광택있는 옷감.
orlon [ɔrlɔ̃] *n.m.* 《상표명》올론(아크릴계 합성섬유의 일종).
ormaie [ɔrmɛ] *n.f.* 느릅나무 숲.
orme [ɔrm] *n.m.* 《식물》 느릅나무. Attendez-moi sous l'~. 《속어》이 나무 밑에서 기다리시오 [무다려보아도 헛일일지 모른다는 뜻].
ormeau[1] [ɔrmo] (*pl.* ~**x**)*n.m.* 《식물》 어린 느릅나무.
ormeau[2], **ormet**[ɔrmɛ], **ormier** [ɔrmje] *n.m.* 《패류》 전복(haliotide).
ormille [ɔrmij] *n.f.* 《사투리》 ① 느릅나무 묘목. ② 느릅나무 묘목의 울타리.
ormin [ɔrmɛ̃] *n.m.* = hormin.
ormoie [ɔrmwa] *n.f.* = ormaie.

ornateur(trice) [ɔrnatœːr, -tris] 《드물게》 *a.* 장식하는. —*n.* 장식가.
orne[1] [ɔrn] *n.m.* 《사투리》 《식물》 만나무(서양물푸레나무의 일종).
orne[2] *n.m.* ① 《사투리》 《농업》 포도 포기 줄 사이의 얕은 도랑. ② faire ~ 《임업》 자기앞으로 똑바르게 나무를 잘라나가다.
orné(e) [ɔrne] *a.p.* (문자·문체 따위가)장식된. pièce ~*e* d'une cheminée 벽난로가 있는 방. lettres ~*es* 장식문자.
ornemaniste [ɔrnəmanist] *n.* 《건축·미술》 장식조각가(화공·장색). —*a.* 장식의. peintre ~ 장식화가.
ornement [ɔrnəmɑ̃] *n.m.* ① 장식. dessin d'~ 장식도안. arbres(plantes) d'~ 관상용 나무(식물). ② 장식문. ~ de style 문식(文飾). ~ de cheminée 벽난로 장식. La beauté n'a besoin d'aucun ~ et se suffit à elle-même. 아름다움은 어떤 장식품도 필요하지 않으며, 그것 자체로 충분하다. ③ (*pl.*) 《종교》 제복(~*s* sacerdotaux). ④ 《음악》 장식음. ⑤ 《문어》 명예.
être l'~ de son pays 자기 나라의 영광이 되다.
ornemental(ale, *pl.* **aux)** [ɔrnəmɑ̃tal, -o] *a.* 장식의; 장식용의. plante ~*ale* 관상 식물.
ornementation [ɔrnəmɑ̃tɑsjɔ̃] *n.f.* 장식; 장식법 [술]; 《집합적》 장식물.
ornementer [ɔrnəmɑ̃te] *v.t.* 장식하다(décorer).
*orner [ɔrne] *v.t.* ① 장식하다; [~ de] (로써)아름답게 하다, 윤색하다(enjoliver). ~ un discours *de* citations 연설문을 인용구로 장식하다. ~ un salon *de* tableaux 객실을 그림으로 장식하다. ② 《엣》풍부하게 하다. La lecture *orne* l'esprit. 독서는 정신을 윤택하게 해준다. ~ sa mémoire 명문구를 암기하다.
ornière [ɔrnjɛːr] *n.f.* ① 수레바퀴 자국, 차철(車轍). chemin plein d'~*s* 바퀴 자국투성이의 길. enforcer dans les ~*s* 수레바퀴 자국에 빠지다. ② 틀에 박힌 행위(생각), 상습(常習). ~ de la routine 구습(舊習). ~ des préjugés 선입견, 편견. sortir de l'~ 구습을 버리다; 곤경에서 벗어나다. ③ (레일 따위의)홈. rail à ~ 홈 있는 레일.
ornitho- *préf.* 「새」의 뜻.
ornithogale [ɔrnitɔgal] *n.m.* 《식물》 대감채속(大甘菜屬)《백합과》.
ornithologie [ɔrnitɔlɔʒi] *n.f.* 조류학(鳥類學).
ornithologique [ɔrnitɔlɔʒik] *a.* 조류학의.
ornithologiste [ɔrnitɔlɔʒist], **ornithologue** [ɔrnitɔlɔg] *n.m.* 조류학자.
ornithomancie [ɔrnitɔmɑ̃si] *n.f.* 《고대》 새점(새의 낢음과 울음 소리로 점치는 법).
ornithoptère [ɔrnitɔptɛːr] *n.m.* ① 《곤충》 큰 나비. ② 《항공》 날개치며 나는 비행기.
ornithor(h)ynque [ɔrnitɔrɛ̃ːk] *n.m.* 《동물》 오리너구리.
ornithose [ɔrnitoːz] *n.f.* 《의학》 비둘기병, 조류병.
oro- *préf.* 「산」의 뜻.
orobanche [ɔrɔbɑ̃ːʃ] *n.f.* 《식물》 사철쑥더부살이, 초종용.
orobe [ɔrɔb] *n.m.(f.)* 《식물》 활량나물속(屬).
orogenèse [ɔrɔʒɛnɛːz] *n.f.* 《지질》 조산운동(작용), 산악형성.
orogénie [ɔrɔʒeni], **orognosie** [ɔrɔgnɔzi] *n.f.* ① 《지질》 조산운동(학), 산악형성(학). ② = orogénèse.
orogénique [ɔrɔʒenik] *a.* 《지질》 조산운동의, 산악형성의. mouvements ~*s* 조산운동.
orographe [ɔrɔgraf] *n.m.* 산악학자.

orographie [ɔrɔgrafi] *n.f.* 『학술』산악학, 산악지
orographique [ɔrɔgrafik] *a.* 산악학의.
orologie [ɔrɔlɔʒi] *n.f.* 산악학.
orologique [ɔrɔlɔʒik] *a.* 산악학의.
oromètre [ɔrɔmetr] *n.m.* 산악기압계.
orométrie [ɔrɔmetri] *n.f.* 산악 측량.
oronge [ɔrɔ̃ːʒ] *n.f.* 『식물』 알버섯(amanite). fausse ~ 광대버섯(맹독이 있음).
orpaillage [ɔrpajaːʒ] *n.m.* 사금(砂金) 채집.
orpailleur [ɔrpajœːr] *n.m.* 사금 채집자.
Orphée [ɔrfe] *n.pr.m.* 『그리스신화』 오르페우스(하프의 명수로 염라대왕을 감동시켰다 함).
***orphelin(e)** [ɔrfəlɛ̃, -in] *a.* 고아의. être ~ de père 아버지가 없다. enfant ~ 고아. —*n.* 고아. ~ de guerre 전쟁고아. défendre la veuve et l'~ 〖구어〗변호사이다; 〖익살〗약자(피압박자)를 도와주다.
—O~s *n.m.pl.* 고아원. mettre un enfant aux O~s 아이를 고아원에 보내다.
orphelinage [ɔrfəlinaːʒ] *n.m.* 〖드물게〗고아의 처[지].
orphelinat [ɔrfəlina] *n.m.* 고아원; 고아원 원아.
orphéon [ɔrfeɔ̃] *n.m.* ① 브라스밴드(fanfare). ② 〖예〗남성 합창회. ③〖예〗오르페옹(현(弦)과 전반이 있는 악기의 일종).
orphéonique [ɔrfeɔnik] *a.* 남성 합창의, 아마추어 음악단의, 브라스밴드의.
orphéoniste [ɔrfeɔnist] *n.* (브라스밴드의)악단원; 합창단 회원.
orphie [ɔrfi] *n.f.* 〖어류〗동갈치.
orphique [ɔrfik] *a.* 〖고대그리스〗오르페우스(*Orphée*)의. poésies ~s 오르페우스파의 시.
—O~s *n.m.pl.* 오르페우스의 시. —O~s *n.f.pl.* 오르페우스과 신비주의자들이 행하는 디오니소스 숭배의 의식.
orphisme [ɔrfism] *n.m.* 〖고대그리스〗오르페우스파의 신비주의.
orpiment [ɔrpimɑ̃] *n.m.* 〖광물〗웅황(雄黃).
orpimenter [ɔrpimɑ̃te] *v.t.* (물감에)웅황을 섞다; 웅황으로 채색하다.
orpin [ɔrpɛ̃] *n.m.* ① 〖광물〗웅황(雄黃). ② 〖식물〗꿩의비름속(屬).
orque [ɔrk] *n.f.* 〖동물〗범고래(épaulard).
Orsay [ɔrsɛ] *n.pr.* quai d'~ 프랑스 외무성이 있는 쎈 강가 부두; 프랑스 외무성.
orseille [ɔrsɛj] *n.f.* 〖식물〗리트머스이끼; 〖기술〗오르세인 염료, 리트머스 염료(적자색).
ort [ɔːr] 〖예〗〖상업〗 *a.* 《불변》(무게가)포장을 합친 총중량의. —*ad.* (무게를 달 때)포장을 합쳐서, 총중량으로.
orteil [ɔrtɛj] *n.m.* 발가락, (특히)엄지발가락(gros ~). se dresser sur ses ~ 발끝으로 서다.
O.R.T.F. (약자) Office de la radiodiffusion-télévision française 프랑스 국영 라디오 텔레비전 방송국(1974년에 해체됨).
orthicon [ɔrtikɔ̃] *n.m.* 오르디콘〖텔레비전 촬상관(撮像管)의 일종〗.
orth(o)- *préf.* '진(眞)·정(正)'의 뜻.
orthocentre [ɔrtɔsɑ̃ːtr] *n.m.* 〖수학〗삼각형의 수심의.
orthocentrique [ɔrtɔsɑ̃trik] *a.* 〖수학〗수심(垂心)의.
orthochromatique [ɔrtɔkrɔmatik] *a.* 〖사진〗정색성(整色性)의(빨강 이외의 원색에 민감한).
orthochromatisation [ɔrtɔkrɔmatizasjɔ̃] *n.f.* 〖사진〗정색성화(整色性化).
orthochromatiser [ɔrtɔkrɔmatize] *v.t.* 〖사진〗정색성으로 되다.
orthochromatisme [ɔrtɔkrɔmatism] *n.m.* 〖사진〗정색성.
orthoclase [ɔrtɔklaːz] *n.f.* 〖광물〗정장석(正長石)(orthose).
orthodontie [ɔrtɔdɔ̃ti] *n.f.* 〖학술〗치열(齒列) 교정〖술〗.
orthodoxe [ɔrtɔdɔks] *a.* ① 한 교리·학설에 합치하는, 교조주의의, 정통(파)의. théologie ~ 정통파의 신학. doctrine ~ 가톨릭 공인 교리. ② 전통적인, 관습에 합치하는(conformiste, traditionnel); (하는 방식이)종래 하던 대로의. morale ~ 전통적인〖보수적인〗 도덕. ③ 동방 정교회(正敎會)에 관한. Église ~ grecque〖russe〗 그리스〖러시아〗정교회. ④〖구어〗(포도주가)순량(純良)한, 섞음 질하지 않은.
—*n.* 가톨릭 정통파; 그리스 정교도. les ~s et les hérétiques 정통파와 이단파.
orthodoxie [ɔrtɔdɔksi] *n.f.* ① 가톨릭 공인의 교리〖정통적 견해〗에 합치하기, 정통성; 정통신앙; (예술·학문 따위의)전통성. ② 그리스 정교회파(의 신앙, 신도).
orthodromie [ɔrtɔdrɔmi] *n.f.* 〖학술〗대권항로.
orthodromique [ɔrtɔdrɔmik] *a.* 〖학술〗대권항로의. navigation ~ 대권항법.
orthoépie [ɔrtɔepi] *n.f.* 올바르게 발음하는 법, 정음(正音)학〖법〗.
orthogénèse [ɔrtɔʒenɛːz] *n.f.* 〖생물〗정향진화(定向進化).
orthogénisme [ɔrtɔʒenism] *n.m.* 계획출산 연구〖학〗. centre d'~ 계획출산 연구소.
orthognathe [ɔrtɔgnat] 〖인류〗 *a.* 정악두개(正顎頭蓋)의. —*n.* 정악두개〖正顎人〗.
orthogonal(ale, *pl.* **aux)** [ɔrtɔgɔnal, -o] *a.* 〖수학〗직교(直交)의, 직각의. projection ~ale 정사영(正射影).
orthogonalement [ɔrtɔgɔnalmɑ̃] *ad.* 〖수학〗직각으로.
orthographe [ɔrtɔgraf] *n.f.* 정자법(正字法), 정서법, 철자법; 철자. faute d'~ 철자법의 오류. ~ correcte 정확한 철자. ~ étymologique 어원에 따른 철자.
orthographie [ɔrtɔgrafi] *n.f.* ①〖예〗〖건축〗(평면도에 대한)입면도(立面圖); (성의)종단면도(縱斷面圖). ②〖드물게〗〖수학〗정사영법(正射影法). ③〖예〗=orthographe.
orthographier [ɔrtɔgrafje] *v.t.* (말을 철자법에 따라)철자하다. mal ~ 철자를 틀리다.
orthographique [ɔrtɔgrafik] *a.* ① 철자의. réforme ~ 철자법의 개정. ② 정사영의. projection ~ 〖수학〗정사영(正射影); 〖건축〗정사도법(正射圖法).
orthographiquement [ɔrtɔgrafikmɑ̃] *ad.* 철자법에 따라서.
orthohydrogène [ɔrtɔidrɔʒɛn] *n.m.* 〖화학〗오르토수소〖보통의 수소분자 가운데 2개의 양자의 핵스핀의 방향이 같은 것〗.
orthol [ɔrtɔl] *n.m.* 〖사진〗오르톨(현상액).
orthologie [ɔrtɔlɔʒi] *n.f.* 바른 말 쓰기, 정화술(正話術).
orthonormé [ɔrtɔnɔrme] *a.* 〖수학〗(벡터 따위의)정규 직교(直交)의.
orthopédie [ɔrtɔpedi] *n.f.* ① 정형외과(학); 각부(脚部) 정형외과(학). ~ dento-faciale 치과 안모(顔貌) 교정(학)〖치열을 교정함으로써 얼굴모습을 바꿈〗. ②〖예〗소아 정형술.
orthopédique [ɔrtɔpedik] *a.* 정형외과(학)의.
orthopédiste [ɔrtɔpedist] *n.*, *a.* 정형외과(의사)(의); 인공보정(補整)기구 제조〖판매〗업자(의).
orthophonie [ɔrtɔfɔni] *n.f.* ①〖음성〗정음법(正

音法)《통상적인 올바른 발음 및 그것을 연구하는 음성학의 한 분야》. ② 〖의학〗 언어 (장애)치료.

orthophonique [ɔrtɔfɔnik] *a.* ① 〖음성〗 정음법의. ② 〖의학〗 언어(장애)치료의.

orthophoniste [ɔrtɔfɔnist] *n.* 발음교정사; 〖의학〗 언어(장애)치료사.

orthopnée [ɔrtɔpne] *n.f.* 〖의학〗 기좌호흡(起坐呼吸).

orthoptère [ɔrtɔptɛːr] *a.* 〖동물〗 직시류(直翅類)의. —*n.m.pl.* 〖곤충〗 직시류의 곤충; 직시류《곤충강(綱)의 1목(目)으로 귀뚜라미·메뚜기 따위》.

orthopticien(ne) [ɔrtɔptisjɛ̃, -ɛn] *n.* 〖의학〗 시력 교정의(矯正醫).

orthoptique [ɔrtɔptik] *a.* 〖학술〗 사시(斜視)교정의. —*n.f.* 사시교정법.

orthorhombique [ɔrtɔrɔ̃bik] *a.* 〖광물〗 사방정계(斜方晶系)의. prisme ~ 사방주(斜方柱);《드물게》사방육면체, 마름모꼴.

orthoscopique [ɔrtɔskɔpik] *a.* 〖광학〗《렌즈가》물건을 바르게 보여주는, 정시(正視)의, 정상(正像)의. objectif ~ 정상 렌즈.

orthose [ɔrtoːz] *n.m.* 〖광물〗 정장석(正長石).

orthostatique [ɔrtɔstatik] *a.* 〖학술〗 기립성(起立性)의, 직립(直立)의. albuminurie ~ 〖의학〗 직립성 단백뇨(蛋白尿).

orthosympathique [ɔrtɔsɛ̃patik] *a.* 〖해부〗《정》교감 신경의 (sympathique 로 줄여서 쓰기도 함) (↔parasympathique).

orthotonos [ɔrtɔtɔnɔs] *n.m.* 〖의학〗《파상풍에서 나타나는》직강경직(直立强直), 직립경직.

orthotrope [ɔrtɔtrɔp] *a.* 〖식물〗 직생(直生)의. ovule ~ 직생배주(胚珠).

ortiage [ɔrtjaːʒ] *n.m.* 《포도의》황엽병(黃葉病).

ortie [ɔrti] *n.f.* ① 〖식물〗 쐐기풀속(屬). ~ blanche 광대수염. ② 《수의》 환상배농관(環狀排膿管). ~ de mer 〖동물〗 말미잘.
jeter le froc aux ~s 환속하다, 성직을 떠나다.

ortier [ɔrtje] *v.t.* ①《드물게》〖의학〗《환부를》쐐기풀로 찌르다(문지르다). ②《포도주 따위가》허를 짜릿하게 자극하다.

ortive [ɔrtiːv] *a.f.* amplitude ~ 〖천문〗 천체의 출몰점과 정동(正東)과의 각, 동거리(東距離角).

ortol [ɔrtɔl] *n.m.* =**orthol**.

ortolan [ɔrtɔlɑ̃] *n.m.* 〖조류〗 멧새의 일종. manger des ~s 《구어》정성 들여 맛있는 요리를 먹다.

orvale [ɔrval] *n.f.* 〖식물〗 샐비어의 일종.

orvet [ɔrvɛ] *n.m.* 발없는 도마뱀《겉은 뱀을 닮고 꼬리가 쉽게 잘라짐》(serpent de verre).

orviétan [ɔrvjetɑ̃] *n.m.* 《17 세기에 유행한》묘약(妙藥); 가짜약. marchand d'~ 야바위꾼.

oryctérope [ɔriktɛrɔp] *n.m.* 〖동물〗 아프리카 개미핥기.

oryctographie [ɔriktɔgrafi], **oryctologie** [ɔriktɔlɔʒi] *n.f.* 화석학(化石學).

oryx [ɔriks] *n.m.* 〖동물〗《아프리카·아라비아산》 대영양(大羚羊).

oryza [ɔriza] *n.m.* 〖식물〗 벼 (riz 의 학명).

Os [ɔs] *m.* osmium 〖화학〗 오스뮴.

ǃos [ɔs] ⟨*pl.* [o], 단수는 모음으로 시작하는 말 앞에서는 [ɔs, oz]⟩ *n.m.* ① 《인간의》뼈; (*pl.*) 해골, 유골. avoir de gros ~ 뼈대가 굵다.
② 《동물·식용유의》뼈 《물고기의 뼈는 arête》. *os à moelle* [ɔsamwal] 〖요리〗 골이 든 뼈; 《속어》쓸모 없는 것; 《속어》cf. *os coronaire* (소의)발꿈치 뼈. *os de seiche* 오징어 뼈. *viande sans os* 뼈 없는 고기. poudre (cendre, terre) d'*os* 《공업》 골회(骨灰), 골토(骨土). bouton en *os* 뼈단추.

C'est un os (bien) dur à ronger.《속어》다루기 힘든 〔만만찮은〕 상대〔작자〕이다.
C'est un sac d'os [sakdos]; *C'est un paquet d'os* [pakɛdos]; *Il n'a que les os et la peau* (la peau et les os, la peau sur les os); *Il a la peau collée sur les os; On lui voit les os; Les os lui percent la peau; On compterait ses os.* 몹시 야윈 사람이다, 피골이 상접하다.
jusqu'à l'os; jusqu'aux os 뼛속까지; 완전히, 철저하게. être mouillé (percé, trempé) *jusqu'aux os* 흠뻑 젖다.
Il n'y a pas de viande sans os.《속담》무슨 일이건 득(得)이 있으면 실(失)이 있는 것이다.
Il y a un os.《구어》곤란한 문제가 있다.
jeter〔*donner*〕*un os à ronger*〔*à sucer*〕*à qn*《구어》…에게 자그마한 친절〔은혜〕을 베풀다; …에게 작은 일거리를 주다.
l'avoir dans l'os《속어》바라던 것을 얻지 못하다, 실패하다.
moelle des os 골수; 가장 좋은〔중요한〕부분. jusqu'à la *moelle des os* 뼛속까지 완전히. être jelé jusqu'à la *moelle des os* 뼛속까지 얼어들다. extraire la *moelle des os* 골수를 취하다; 가장 이로운 〔중요한〕부분을 뽑아내다.
ne pas faire de vieux os 젊어서 죽다; 명이 짧다.
rompre〔*casser, briser*〕*les os à qn*《ⓐ》…을 호되게 때리다〔갈기다〕. ⓑ *se rompre les os* 높은 곳에서 떨어져 크게 다치다.
tomber sur un os《구어》난관에 부딪치다.
valoir l'os《구어》해볼 보람이 있다.
y laisser ses os《구어》죽다.

O.S. [ɔɛs] (<*ouvrier spécialisé*) *n.* 일반공원.

osanore [ɔzanɔːr] *a.f.* dents ~s《옛》(금속을 쓰지 않은)상아제 의치(義齒).

O.S.B.《약자》Ordre de Saint-Benoît 〖가톨릭〗 베네딕트회.

oscabrion [ɔskabrijɔ̃] *n.m.* 〖패류〗 딱지조개류.

oscar [ɔskar] *n.m.* 오스카상《매년 미국에서 시상하는 아카데미영화상》; (각종의)콩쿠르 상. ~ de la chanson 가요상.

oscillaire [ɔsilɛːr] *n.f.* 〖식물〗 흔들말.

oscillant(e) [ɔsilɑ̃, -ɑ̃ːt] *a.* ① 흔들리는, 동요된; 불안정한. esprit perpétuellement ~ 한없이 흔들리는 마음. ② 〖물리〗 진동하는. circuit ~ 진동(성)회로. décharge ~*e* 진동성 방전(放電). ③ 〖식물〗《꽃가루주머니가》정(丁)자형의 (versatile). ~ *fièvre* ~*e* 〖의학〗 변동열, 부정열(不定熱).

oscilla*teur***(*trice*)** [ɔsilatœːr, -tris] *n.m.* 〖물리〗 발진기(發振器); 진동자(振動子). —*n.f.* (지속진동을 일으키는 데 쓰이는 3극 이상의)다극관.

oscillation [ɔsilasjɔ̃] *n.f.* ① 흔들림, 동요; 변동. ~ d'un avion 비행기의 요동. ~ de l'opinion publique 여론의 변동. ② 〖물리〗 진동; 〖수학〗 (함수의)진동. ~ d'un pendule 시계추의 진동. ~ amortie 감쇠(減衰)진동. ~ électrique 전기 진동. ③ 〖생물〗 율동 (기관이나 세포의 크기의 변화). ④ 〖물리〗 폭(幅). ~ de la tension artérielle 혈압의 폭. ⑤ ~*s* climatiques 〖기상〗 기후 변동 (변화).

oscillatoire [ɔsilatwaːr] *a.* 진동의. mouvement ~ simple 단(單)진동.

osciller [ɔsile] *v.i.* ① 흔들리다, 진동하다; (배 따위가)동요하다. Le balancier d'une pendule *oscille* régulièrement. 괘종의 추가 규칙적으로 흔들린다.
② (물가 따위가)변동하다; 갈피를 못잡다, 망설이다 (balancer, hésiter). ~ entre deux opinions 어

느 쪽 의견으로 할까 망설이다.
oscillogramme [ɔsilɔgram] *n.m.* 오실로그램《오실로그래프로 촬영한 궤적 도면》.
oscillographe [ɔsilɔgraf] *n.m.* 【전기】 오실로그래프《시간적으로 변화하는 신호의 파형(波形)을 관측·기록하는 장치》; 【해양】(선체의)진동 측정계.
oscillographique [ɔsilɔgrafik] *a.* 오실로그래프의.
oscillomètre [ɔsilɔmɛtr] *n.m.* ① 【의학】진동계, 파동계, 오실로미터. ② 【전기】 오실로그래프(oscillographe).
oscilloscope [ɔsilɔskɔp] *n.m.* 【전기】 음극선 오실로그래프(oscillographe cathodique).
oscula*teur*(*trice*) [ɔskylatœr, -tris] *a.* 《수학》(3점 이상을 공유(共有)하도록)접촉하는. plan ~ 접촉 평면.
osculation [ɔskylasjɔ] *n.f.* 《수학》(2개의 접촉 곡선 따위가 3점 이상을 공유하는)접촉.
oscule [ɔskyl] *n.m.* 【동물】대유출공(大流出孔), 입(해면동물에 있는 배출을 위한 개구(開口)).
ose [oz] *n.m.* 【화학】단당류(單糖類). [오스].
-ose¹ *suff.* 「탄수화물」의 뜻《예: cellulose 셀룰로스》.
-ose² *suff.* ① 【의학】「비염증성 질환」의 뜻《예:névrose 신경증》. ② 【생물】「상태·과정·상(相)」의 뜻.
O.S.E. 《약자》Œuvre de Secours aux Enfants 아동구제회.
osé(e) [oze] *a.p.* 대담한, 과감한, 노골적인(hardi, risqué, ↔ timide). tentative ~*e* 대담한 시도. Vous êtes bien ~; C'est bien ~ de votre part. 당신은 참 대담하시군요. —*n.m.* 《드물게》대담함.
oseille [ozɛj] *n.f.* ①【식물】참소리쟁이. soupe à l'~ 【요리】참소리쟁이 수프. ② sel d'~ 【화학】수산칼륨(얼룩 빼는데 사용)(oxalate de potassium). ③《속어》돈. avoir de l'~ 돈이 있다, 부자이다. *Il veut nous la faire à l'~*.《속어》놈우리를 속일 생각《작정》이다.
:oser [oze] *v.t.* ①[+*inf.*] 굳은 결심으로 …하다, 뻔뻔스럽게 …하다. Il osa dire la vérité. 그는 용기를 내서 진실을 말했다. Je n'ose en croire mes yeux. 나는 도저히 내 눈을 믿을 수 없다《부정문에서는 흔히 pas를 생략》. 《목적보어 없이》Il faut ~! 용기를 내야만. ②《문어》감행하다, 단행하다. Qui sait tout souffrir peut tout ~. 모든 것을 참을 수 있는 자는 무엇이든 할 수 있다. Il a passé toute la nuit auprès d'elle sans rien ~. 그는 그녀 곁에서 밤을 보내면서도 손목도 잡지 못했다. ③《겸손한 표현》si j'ose (le) dire; si j'ose m'exprimer ainsi 감히 말씀드리자면. J'ose croire que… 어리석은 제 생각을 말씀드리자면. J'ose espérer que… 외람되지만 ~을 바라다.
oseraie [ozrɛ] *n.f.* 버드나무 밭, 버드나무 숲.
oseur(*se*) [ozœːr, -øːz] *a, n.* 《드물게》대담한(사람), 과감한(사람).
oside [ɔzid] *n.m.* 【화학】배당체(配糖體), 글리코.
osier [ozje] *n.m.* (가지가 부드러운)버들; 버들가지《세공용》. ~ blanc(vert) 비단버들. ~ rouge 고리버들. panier d'~ 버들광주리. voiture en ~ 버들가지로 차체를 만든 마차. *être pliant (souple) comme de l'*~ 협조적이다.
osiériculture [ozjerikylty:r] *n.f.* 《학술》버드나무 재배《심기》.
osmanli [ɔsmɑli] *a.* 오스만 터키족의. —*n.m.* 터키어(語)(turc의 옛 이름).
osmique [ɔsmik] *a.* acide ~ 【화학】(4)산화오스뮴, 무수(無水) 오스뮴산.
osmium [ɔsmjɔm] *n.m.* 【화학】 오스뮴《백색 금속 원소》.
osmologie [ɔsmɔlɔʒi] *n.f.* 냄새의 연구(학).
osmomètre [ɔsmɔmɛtr] *n.m.* ① 삼투압(滲透壓) 측정기. ② 취각계, (냄새)측정계.
osmonde [ɔsmɔ̃ːd] *n.f.* 【식물】 고비속(屬). ~ royale 서양고비.
osmose [ɔsmoːz] *n.f.* ① 삼투(滲透). ②《문어》상호침투, 상호영향. ~ de deux civilisations 양 문명의 상호침투《영향》.
osmotique [ɔsmɔtik] *a.* 【물리】삼투(성)의. pression ~ 삼투압.
O.-S.-O. 《약자》ouest-sud-ouest 서남서.
osque [ɔsk] *a.* 오스크(Osque)(의). —**O—** *n.* 오스크 사람《이탈리아에 살던 고대 민족》. —*n.m.* 오스크어(語).
ossature [ɔsaty:r] *n.f.* ①《집합적》뼈, 골격. ~ humaine 사람의 골격. ②《비유적》뼈대, 골조, 구조; 구성, 구상. ~ sociale 사회구조. ~ d'un roman 소설의 구성.
ossaturé(*e*) [ɔsatyre] *a.* [~ de] (로)뼈대를 만든.
osse [ɔs] *a., n., n.m.* =**ossète**.
osséine [ɔsein] *n.f.* 【생화학】골질(骨質), 오세인《뼈의 단백질》.
osselet [ɔslɛ] *n.m.* ① 【해부】ⓐ ~ de l'oreille 이소골(耳小骨). ⓑ 【드물게】소골(小骨), 잔뼈. ② (옛부터 점치는 데에 쓰이거나 어린이들의 놀이도구로 사용된)양의 소골《잔뼈》. ③ 【수의】골질류(骨質瘤).
ossements [ɔsmɑ̃] *n.m.pl.* (사람·짐승의)해골. dépôt d'~ 유골 안치소. ~ fossiles 화석골(骨).
osseret [ɔsrɛ] *n.m.* 【드물게】 짐승의 뼈를 자르는(큰 식칼.
osserie [ɔsri] *n.f.* 뼈세공(품).
ossète [ɔsɛt] *a.* 오세트어(語)의; 오세트족의. —**O—** *n.* 오세트 사람. —*n.m.* 오세트어《인도·유럽어족인 이란어파에 속하는 오세트족의 말》.
osseux(*se*) [ɔsø, -øːz] *a.* ① 골질(骨質)의; 뼈의, 뼈에 관한. tissu ~ 골조직. tuberculose ~*se* 골결핵. greffe ~*se* 【외과】뼈 이식. carapace ~*se* 골갑피(骨甲皮). ② 뼈마디가 튀어나온《드러나 보이는》. visage ~ 울퉁불퉁한 얼굴. ③《집합적》【생물】 경골(硬骨)어류(téléostéens).
ossianesque [ɔsjanɛsk], **ossianique** [ɔsjanik] *a.* 【문학사】 오시안(Ossian, 스코틀랜드의 전설적 영웅)의, 오시안풍의. style ~ 오시안풍의 문체.
ossianisme [ɔsjanism] *n.m.* 【문학사】 오시안풍의 시 모방(숭배).
ossianiste [ɔsjanist] *n.* 【문학사】 오시안의 시의 모방자《숭배자》.
ossicule [ɔsikyl] *n.m.* ① 【동물】(성게 따위의 극피동물의 각(殼) 밑에 있는)골판(骨板). ② 【해부】잔뼈.
ossification [ɔsifikɑsjɔ̃] *n.f.* 골화(化), 골《골조직》형성.
ossifier [ɔsifje] *v.t.* ①《드물게》뼈로 변하게 하다. ②《문어》경화(硬化)시키다. (마음을)완고하게 가지다. —*s'*~ *v.pr.* ①(연골·막질부(膜質部)가) 골화(骨化)하다. ②완고해지다.
osso buco [ɔsobuko]《이탈리아》 *n.m.* (복수불변)【요리】오소부코《뼈가 붙은 송아지 정강이 고기를 토마토와 함께 찐 것》.
ossu(*e*) [ɔsy] *a.* 《드물게》뼈대 굵은.
ossuaire [ɔsɥɛːr] *n.m.* ① 뼈《해골》의 더미. ②(전사자들 따위의)납골당(納骨堂), 시체 수용소.
ost [ɔst] *n.m.* ① 【역사】 (중세의 영주를 위한 가신들의 40일간의)군역(軍役)(quarantaine de l'~). ②《옛》군대.

-oste *suff.*「뼈」의 뜻《예:*périoste* 골막》.
ostéalgie [ɔstealʒi] *n.f.* 【의학】 골통(骨痛).
ostéalgique [ɔstealʒik] *a.* 골통의.
ostéine [ɔstein] *n.f.* =**osséine**.
ostéite [ɔsteit] *n.f.* 【의학】 골염(骨炎). ~ chronique 만성골염. ~ syphilitique [tuberculeuse] 매독성[결핵성] 골염.
ostensible [ɔstɑ̃sibl] *a.* ① 보라는듯한, 꾸민듯한. attitude [charité] ~ 과시적인 태도[자선]. ② 《옛》 (남에게)보여도 무방한.
ostensiblement [ɔstɑ̃siblǝmɑ̃] *ad.* 보라는듯이, 노골적으로. regarder ~ *qn* 을 빤히 쳐다보다.
ostensif(ve) [ɔstɑ̃sif, -i:v] *a.* 《옛》공개할 수 있는. lettre ~*ve* 공개장.
ostensoir [ɔstɑ̃swa:r] *n.m.* 【가톨릭】 성체현시대(聖體顯示臺).
ostenta*teur*(*trice*) [ɔstɑ̃tatœ:r, -tris] *a.* 《옛》과시하는, 뽐내보이는 (ostentatoire).
ostentation [ɔstɑ̃tasjɔ̃] *n.f.* 드러내보이기, 과시, 뽐냄 (étalage, affectation). avec [sans] ~ 보란듯이 [사람의 눈을 끌지 않게]. faire ~ de *qc* …을 과시하다. par pure ~ 순전히 허영으로.
ostentatoire [ɔstɑ̃tatwa:r] *a.* 보란듯한, 뽐내는, 빼기는, 드러내 보이는 (d'apparat, affecté, ↔ discret). attitude ~ 보라는듯한 태도. charité ~ 과시하기 위한 자선.

ostensoir

ostéo- *préf.*「뼈」의 뜻.
ostéo-arthrite [ɔsteɔartrit] *n.f.* 【의학】 골(骨) 관절염.
ostéo-arthropathie [ɔsteɔartrɔpati] *n.f.* 【의학】 골과절증.
ostéoblaste [ɔsteɔblast] *n.m.* 【생물】 골아세포 (骨芽細胞), 조골(造骨) 세포.
ostéochondrite [ɔsteɔkɔ̃drit] *n.f.* 【의학】 골연골염(骨軟骨炎).
ostéochondromatose [ɔsteɔkɔ̃drɔmato:z] *n.f.* 【의학】 골연골증(骨軟骨腫症).
ostéoclasie [ɔsteɔklazi] *n.f.* 【외과】 골절술, 절골(切骨) 정형술.
ostéoclaste [ɔsteɔklast] *n.m.* 【생물】 용골(溶骨) 세포, 파골(破骨)세포.
ostéocope [ɔsteɔkɔp] *a.* 골통(骨痛)(성)의.
ostéogénèse [ɔsteɔʒenɛ:z], **ostéogénie** [ɔsteɔʒeni] *n.f.* ① 【생물】 뼈의 생성(生成)(학). ② 골화(骨化)(ossification).
ostéographie [ɔsteɔgrafi] *n.f.* 【의학】 골론(骨論), 골학(骨學).
ostéoïde [ɔsteɔid] *a.* 뼈를 닮은, 유골(類骨)의. tissu ~ 유골조직. productions ~*s* 골증식(증).
ostéolithe [ɔsteɔlit] *n.m.* 《옛》화석골(化石骨).
ostéologie [ɔsteɔlɔʒi] *n.f.* 【해부】 골학(骨學).
ostéologique [ɔsteɔlɔʒik] *a.* 【해부】 골학의.
ostéologue [ɔsteɔlɔg] *n.m.* 【해부】 골학자.
ostéomalacie [ɔsteɔmalasi] *n.f.* 【의학】 골연화(증)(骨軟化(症)).
ostéome [ɔsteɔm] *n.m.* 【의학】 골종(骨腫).
ostéomyélite [ɔsteɔmjelit] *n.f.* 【의학】 골수염.
ostéopathie [ɔsteɔpati] *n.f.* 【의학】 골장애.
ostéo-périostite [ɔsteɔperjɔstit] *n.f.* 【의학】 골질 골막염.
ostéophyte [ɔsteɔfit] *n.m.* 【의학】 골증식체(骨增殖體).
ostéoplastie [ɔsteɔplasti] *n.f.* 【외과】 골형성술.

ostéoporose [ɔsteɔpɔro:z] *n.m.* 【의학】 골다공증(骨多孔症).
ostéopsathyrosis [ɔsteɔpsatirozis], **ostéopsathyrose** [ɔsteɔpsatiro:z] *n.f.* 【의학】 골취약(증)(骨脆弱(症)).
ostéosarcome [ɔsteɔsarko:m] *n.m.* 【의학】 골육종(骨肉腫).
ostéosynthèse [ɔsteɔsɛ̃tɛ:z] *n.f.* 【외과】 (골절된 뼈의) 접합술.
ostéotomie [ɔsteɔtɔmi] *n.f.* 【외과】 골 절단술.
ostiak [ɔstjak] *n.m.* 오스티아크어(語)《시베리아 오브 강 유역의 피노우그리아 어족의 하나》.
ostiole [ɔstjɔl] *n.m.* 【생물】 소구(小口), 오스티올 《조류(藻類)의 생식기소(生殖器巢)에 있는 개구부(開口部)나 균유(菌類)의 피자구(被子器)의 빈 자리를 말함》.
osto [ɔsto] *n.m.* 《속어》병원(hôpital).
ostpolitik [ɔstpolitik] *n.f.* ① 《서독이 동부유럽제국에 취한》 긴장완화개방정책. ② 《정치·경제·종교 따위의》 동부유럽에의 개방개혁.
ostracé(e) [ɔstrase] *a.* 굴(huître)의, 굴 껍질 모양의. —*n.f.pl.* ① 【동물】 굴 아목(亞目)《토굴과를 포함한 1아목; 옛 분류로 지금은 사용하지 않음》. ② marne à ~*es* 【지질】 (많은 굴껍질을 함유한) 이회토(泥灰土).
ostraciser [ɔstrasize] *v.t.* 【고대그리스】 도편(陶片) 추방에 처하다. ② 추방하다, 배척하다.
ostracisme [ɔstrasism] *n.m.* ① 【고대그리스】 도편(陶片)추방《사금파리·기왓조각·조가비 따위로 백성에게 투표시켜 위험인물을 국외로 추방하는 일》. ② 추방; 배척. être frappé d'~ par le parti 당에 의해서 추방처분에 처해지다.
ostracite [ɔstrasit] *n.f.* 굴껍질의 화석.
ostréi- *préf.*「굴」의 뜻.
ostréicole [ɔstreikɔl] *a.* 【기술】 굴 양식의.
ostréicul*teur*(*trice*) [ɔstreikyltœ:r, -tris] *n.* 굴 양식업자.
ostréiculture [ɔstreikylty:r] *n.f.* 굴 양식(법).
ostréidés [ɔstreide] *n.m.pl.* 【동물】 토굴과(科) 《식용굴을 포함한 빈치목(貧齒目)의 1과》.
ostrogot(h)(e) [ɔstrɔgo, -ot] *a.* ① 【역사】 동(東)고트의. ② 《구어》 괴짜의; 야만스러운, 예절 바르지 못한 (sauvage). *n.* ① (*O*~) 동고트족. ② 야만인, 버릇없는 놈, 괴짜.
ostyak [ɔstjak] *n.m.* =**ostiak**.
ot- *préf.* 「귀」의 뜻.
otage [ɔta:ʒ] *n.m.* 인질, 볼모; 《옛》보증[저당]물 (gage). prendre *qn* comme ~ …을 인질로 잡아두다. servir d'~ 인질이 되다.
otalgie [ɔtalʒi] *n.f.* 【의학】 이통(耳痛).
otalgique [ɔtalʒik] *a.* 【의학】 이통의.
O.T.A.N. 《약자》 Organisation du Traité de l'Atlantique Nord 북대서양조약기구(《영》 N.A.T.O.)
otarie [ɔtari] *n.f.* 【동물】 강치(류)《강치과 포유동물의 총칭; 바다에 살며 육식성, 물개를 포함함》; 물개 가죽.
O.T.A.S.E. 《약자》 Organisation du Traité de l'Asie du Sud-Est 동남아시아조약기구(《영》 S.E.A.T.O.)
ôté [ote] *prép.* 《구어》…을 제외하고, …외에는. De dix, ~ quatre reste six. 10에서 4를 빼면 6이 된다. ouvrage excellent, ~ deux ou trois chapitres 2, 3장만 제외하면 훌륭한 작품.
*****ôter** [ote] *v.t.* ① 치우다, 제거하다; (몸에 있던 것을)떼다, 벗다. ~ le couvert 식기를 치우다 [걷다]. ~ tous les meubles d'une maison 집에서 모든 가구를 들어내다. ~ une tache 얼룩을 빼다. ~

une dent gâtée 충치를 뽑다. ~ ses chaussures 구두를 벗다. ② (에(게)서) (을)제거하다, 빼앗다. @[~ qc à qn] L'échec m'a ôté tout mon courage. 실패는 내게서 모든 용기를 앗아갔다. Ôtez le couteau au bandit. 강도에게서 칼을 빼앗으시오. ~ la vue à qn …을 실명시키다; …의 시야를 가리다. ~ la vie à qn …의 생명을 빼앗다. ⓑ[~ qc de/à qc] Cela n'ôte rien à votre honneur. 그것은 당신의 명예를 (조금도) 손상시키지 않습니다. Trois ôté de cinq égale deux. 5에서 3을 빼면 2이다. ⓒ [~ qn de qc] On ne m'ôtera pas de l'idée que… 누가 무슨 말을 하든 세상이 …라는 생각을 버리게 할 수는 없을 것이다. ~ qn d'un engagement 《옛》 …을 계약에서 풀어주다.
—s'~ v.pr. 떠나다; 제거되다. Ôte-toi de là que je m'y mette. 《구어》 거기 비켜, 내가 앉게 《남의 지위를 빼앗는 출세주의자에 대해서》.

othématome [otematom] n.m. 《의학》 이혈종(耳血腫).
oti-, oto- préf. 「귀」의 뜻.
otique [ɔtik] a. 《해부》 귀의.
otite [ɔtit] n.f. 《의학》 이염(耳炎). ~ moyenne 중이염.
otitique [ɔtitik] a. 《의학》 이염의.
otocyon [ɔtɔsjɔ̃] n.m. 《동물》 오토키온 《아프리카산의 귀가 긴 야생견》 (chien oreillard).
otocyste [ɔtɔsist] n.m. 《동물》 평형포(平衡胞), 이포(耳胞), 청포(聽胞) 《무척추동물에 있는 평형기관》.
otolithe [ɔtɔlit] n.m. 《해부》 이석(耳石), 평형석, 청석 《무척추동물의 평형포 속의 분비물》.
otologie [ɔtɔlɔʒi] n.f. 《의학》 이과학(耳科學).
otomi [ɔtɔmi] n.m. 오토미어(語) 《멕시코 중앙부의 오토망게어(語)의 하나》.
otomycose [ɔtɔmikoːz] n.f. 《의학》 이진균증(耳眞菌症).
otoplastie [ɔtɔplasti] n.f. 《의학》 조이술(造耳術), 외이(外耳) 정형술.
oto-rhino-laryngologie [ɔtɔrinɔlarɛ̃gɔlɔʒi] n.f. 《의학》 이비인후과(학) (《약자》 O.R.L.).
oto-rhino-laryngologiste [ɔtɔrinɔlarɛ̃gɔlɔʒist] (pl. ~-~-~s) n. 이비인후과 전문의 (《약자》 otorhino).
otorragie [ɔtɔraʒi] n.f. 《의학》 이(耳)출혈(漏).
otorr(h)ée [ɔtɔre] n.f. 《의학》 귀고름, 이루(耳漏).
otoscope [ɔtɔskɔp] n.m. 《의학》 이경(耳鏡).
otoscopie [ɔtɔskɔpi] n.f. 《의학》 이경검사법(耳鏡檢査法); 검이에 의한 체질 연구.
ottoman(e) [ɔtɔmã, -an] a. ① 오스만 왕조의; 오스만 터키 왕조의. sultan ~ 오스만 터키 제국의 황제. ② 오스만 터키족의, 터키사람의.
—O~ n. 오스만 터키족, 터키인.
—n.m. 오토만 《가로로 이랑무늬를 넣은 견직물》.
—n.f. 《18세기 말에 유행한 등이 타원형으로 된》 긴 의자.

‡**ou** [u] conj. ① 또는, 혹은 《강조해서 ou bien 의 형태를 쓰기도 함》. Voulez-vous du café ou du lait? 커피를 드릴까요? (또는) 홍차를 드릴까요? Je reviendrai demain ou bien après-demain. 내일이나 모레 다시 오겠습니다.
REM ou 로 연결된 2개의 단수 주어가 서로 배제할 경우에는 동사는 단수형을 쓴다. C'est Jean ou Pierre qui l'épousera. 장이나 피에르(중의 하나)가 그녀와 결혼할 것이다. 서로 배제하지 않을 경우에는 복수로 함: L'amour ou l'amitié renforcent le cœur. 사랑이나 우정은 마음을 든든하게 한다.
② 《동일한 것을 지칭해서》 즉, 다시 말하자면. sa belle-sœur, ou la femme de son frère 그의 형수, 즉 그의 형의 부인. deux mille kilogrammes ou deux tonnes 2천킬로그램 즉 2톤.
③ 《대강의 수량을 가리켜서》 …내지는 …. trois ou quatre heures 서너시간.
④ 《반대의 것을 2개 나열해서》 …이건 …이건. Fatigue ou non, tu continueras à marcher. 피곤하건 말건 너는 계속해서 걸어야 한다. Donne-lui à boire ou à manger. 그에게 마실 것이건 먹을 것이건 아무거나 주어라.
⑤ 《양자 택일》 …인가 아니면 …인가, …인가 그렇지 않다면. Dis lui ou non! 가부간에 말을 해라. [ou (bien) … ou (bien)] Il a exigé ou (bien) du blé ou (bien) de l'argent. 그는 밀을 내놓거나 돈을 내놓으라고 요구했다. Ou il obéira ou il sera puni. 그는 복종을 하든가 벌을 받든가 어느 쪽 하나다.
⑥ 《명령문의 뒤에서》 그렇지 않으면. Dépêche-toi, ou tu sera en retard à l'école. 서둘러라, 그렇지 않으면 학교에 늦는다.

‡**où** [u] ad. interr. 어디로, 어디에(서). ① 《직접의문》 Où vas-tu?; Où est-ce que tu vas? 어디로 가니? Où travailles-tu? 어디에서 일하니? Où est-ce que vous avez mal? 어디가 아프십니까? Où en sommes-nous? 우리 일은 어디까지 진행됐지?; 지금 어디지 [어디까지 왔지]? Tu vas où? 《구어》 너 어디 가니? [전치사+où] D'où vient-il? 그는 어디에서 오니? Par où commence-t-on? 어디에서부터 시작할까? Où diable ai-je oublié mon stylo? 《구어》 도대체 어디에서 만년필을 잃어버렸지?
② 《간접의문》 Dites-moi où vous allez. 어디 가시는지 말씀하시오. Je ne sais pas où est mon passeport. 내 여권이 어디 있는지 모르겠다. [전치사+où] Je me demande d'où lui vient ce courage. 나는 그에게 어디서 그런 용기가 솟아나는지 잘 모르겠다. Je ne sais par où passer. 어디로 통과해야 할지 모르겠다.
D'où vient que + ind. ⇨ venir.
je ne sais où; Dieu sait où 어디서, 어디에서가; 《경멸》 수상한 [그렇고 그런] 장소에서. Elle passa la nuit *je ne sais où*. 그녀는 어디에선가 밤을 지냈다. bonne odeur qui vient *on ne sait d'où*. 어디선가 풍겨오는 좋은 냄새.
n'importe où 어디든지, 어디에든지.
où que + sub. 어디서(로) …하든지. *d'où que* vienne l'ennemi 적이 어디서 오든지.
—pron., ad. rel. ①《장소를 가리키는 선행사와 함께》 …한(데) 그(로). C'est le pays où elle est née. 이 고장이 그녀가 태어난 곳이다. plage où passer l'été 여름을 보낼 바닷가. [전치사+où] maison d'où il sort 그가 나오는 집. sommet jusqu'où nous sommes montés 우리가 올라간 정상. porte par où on peut sortir 밖으로 나갈 수 있는 문.
②《때를 가리키는 선행사와 함께》 …한 때에. le jour où il était venu, je n'étais pas chez moi. 그가 오던 날 나는 집에 없었다. au moment où elle sortait 그녀가 외출하려 할 때. jusqu'au moment où …할 때까지.
REM 선행사가 부정관사를 동반할 경우에는 주로 que를 사용: un jour qu'il faisait très chaud 무척 더웠던 날.
③《상태를 나타내는 선행사와 함께》 Il ne saurait vous aider dans l'état où il est. 현상태로는 그가 당신을 돕지 못할거다. au prix où est le riz 지금의 쌀 값으로는. du train où vont les choses 사태가 이대로 진행되다가. dans la situation où vous êtes 당신이 처한 현 상황으로서는. la proposition où il consentit 《문어》 그가 동의한 제안.
④《선행사 없이》 …한(의) 곳에. Je vais où je

veux. 나는 내가 원하는 곳으로 간다. *Où* il n'y a pas d'amour, la vie est triste. 사랑이 없는 곳에는 인생이 쓸쓸하다. *D'où* je suis assis, je vois la montagne. 내가 앉는 곳에서는 산이 보인다. [*Où*... c'est quand/dans/de+*inf.*] …인 것은 …인 때[… 에 있어서, …하는 것]이다. *Où* sa joie devient extrême, *ce fut quand* il apprit que... 그의 기쁨이 절정에 달한 것은 …인 것을 알았을 때였다.
 d'où 이상의 것으로부터; 그래서, 그렇기 때문에. *D'où* je conclus que... 이상의 것으로부터 나는 …라 결론짓는다. Personne ne le lui a dit, *d'où* sa colère. 아무도 그에게 그 얘기를 안했다, 그래서 그가 화를 내고 있다.

O.U.A. 《약자》 Organisation de l'Unité Africaine 아프리카 통일기구.

ouabaïne [wabain] *n.f.* 《약》 우아바인《강심 이뇨제》.

ouadi [wadi] *n.m.pl.* oued 의 복수형.

ouaiche [wɛ:ʃ] 《옛》 *n.f.* 《해양》 항적(航跡) (sillage, houache, houaiche).

ouaille [wa:j] *n.f.* ① 《옛》 암양. ②《보통 *pl.*》(기독교의)신자, 신도.

ouais [wɛ] *int.* ① 《구어》 그래, 그럴까《비꼼·의심·당혹을 나타냄》(oui). ② 《옛》 어쩌면, 저런, 어머나《놀람을 나타냄》.

ouananiche [wananiʃ] 《캐나다》 *n.f.* 《어류》 연어.

ouanderou [wɑ̃dru] *n.m.* 《동물》 (서인도산의)사자꼬리원숭이.

ouaouaron [wawarɔ̃] 《캐나다》 *n.m.* 《동물》 황소개구리《북미산 대형 식용 개구리》.

ouate [wat] *n.f.* ① (의류·침구 따위의 속을 채우는) 솜. élever un enfant dans de la ~ 아이를 솜속에 싸서 키우다; 아이를 허약하게 키우다. ~ de cellulose 목모(木毛), 셀룰로오스면. ~ de verre 유리솜[섬유]. ~ des nuages 솜털 같은 구름. ② 탈지면. ③ 《식물》 옥첨패.
 REM 관사·전치사(le, la, de 따위)는 모음생략 (élision)을 하지 않아도 상관없다: de *l'ouate* → de *la ouate.*

ouaté(e) [wate] *a.p.* ① 솜이 든, 솜으로 감싼. couverture ~ 솜이 든 이불. journée ~*e* 《비유적》 (흰)안개에 덮인 날. ②포근한; (소리가)희미한. atmosphère ~ 포근한 분위기. pas ~ 살금살금 걷는 걸음.

ouater [wate] *v.t.* ① (옷 따위에)솜을 넣다, 솜(같은 것)으로 속을 채우다; 《구어》(사람을 솜으로 감싸듯)위하다. ~ un manteau 외투에 솜을 넣다. ② 《구어》(발자국 소리를 죽이다; (안개·구름·눈 따위가)희미하게 하다, 흐릿하게 하다. ~ ses pas 발자국 소리를 죽이다. Une brume épaisse *ouate* la vallée. 짙은 안개가 산골짜기를 뿌옇게 한다.
 —**s'~** *v.pr.* 《구어》 자기 몸을 사리다.
 REM 대명사 따위와의 모음생략은 하지 않아도 됨: Il faut *l'ouater.* → Il faut *le ouater.*

ouaterie [watri] *n.f.* 《드물게》제면업(製綿業).

ouateux(se) [watø, -ø:z] *a.* 솜 같이 부드러운, 푹신푹신한.

ouatier [watje] *n.m.* ① 옥첨매속(屬)의 식물. ② 제면기.

ouatine [watin] *n.f.* 《직물》 (안감으로 쓰이는, 한 면이 솜털로 된) 퀼팅 천.

ouatiné(e) [watine] *a.p.* 퀼팅 천으로 안을 댄. vie ~*e* 안락한 생활.

ouatiner [watine] *v.t.* (옷에)솜털이 많은 안감을 대다.

ouatte [wat] *int.* 《속어》 천만에! 그럴 리가 있나!

Oubangui [ubɑ̃gi] *n.pr.m.* 《지리》 우방기 강《아프리카의 강》. les Territoires du Haut-~; l'~-Chari 우방기샤리《적도 아프리카의 한 지방》.

oubli [ubli] *n.m.* ① 잊음, 망각. tomber dans l'~ 잊혀지다. événement enseveli(plongé) dans l'~ 잊혀진 사건. ~ éternel 영원한 망각; 죽음. ~ du monde 세상을 등짐. pratiquer l'~ des offenses [des injures] 모욕당한 것으로 하다. ② 잊어버림, 태만, 불이행. J'ai laissé mon portefeuille chez moi, c'est un ~. 지갑을 집에 놓고 왔다, 깜박 잊었다. commettre un ~ (깜박)잊다. par ~ 깜박 잊고. ~ 자기를 잊음, 자실(自失). ~ de soi 무사(無私)의 마음[경지]. dans un instant d'~ 잠시 자제심을 잃고. ④ ~ pathologique 건망증; ~ du langage 실어증; ~ des mouvements 실행증(失行症); ~ de l'usage des objets 실인식(失認識).

oubliable [ubli(j)abl] *a.* 《드물게》 잊을 수 있는.

oubliance [ubli(j)ɑ̃:s] *n.f.* 《옛》 잘 잊음, 건망증.

oublie [ubli] *n.f.* ①《옛》 《가톨릭》 (아직 축성(祝聖)하지 않은)성체용 빵. ②《옛》 《제과》 우블리《원추형의 웨이퍼》.

:oublier [ubli(j)e] *v.t.* ① 잊다, 망각하다. J'ai oublié son numéro de téléphone. 나는 그의 전화번호를 잊었다. Il a oublié tout cela. 그는 모두 잊었다. ~ l'heure 시간을 잊다; (깜박 잊고) 지각하다. ~ son âge 나이를 잊다. 《목적보어 없이》 Ah! j'oubliais, j'ai à vous dire. 잊을 뻔했습니다, 드릴 말씀이 있습니다. sans ~; 《삽입구로》 n'oublions pas …와 함께 …도(물론).
 ② [~ de/(또는) à+*inf.*] (…하는 것을)잊다. N'*oublie* pas *de* venir demain matin. 내일 아침 오는 것을 잊지 말아라.
 ③ 놔두고 오다, 가지고 오는 것을 잊다, 넣기를 잊다. ~ son parapluie à l'école 우산을 학교에 놓고 오다. ~ le sucre dans le café 커피에 설탕 넣는 것을 잊다.
 ④ 무시하다, 돌보지 않다, 소홀히 하다. père qui *oublie* sa famille 가족을 돌보지 않는 아버지. Il a été *oublié* dans le testament. 유언장에 그의 이름이 빠졌다. N'*oubliez* pas les gens de service, s'il vous plaît. 서비스 담당에게 팁주는 것을 잊지 마십시오.
 ⑤ 용서하다, 관대하게 보아주다. ~ une faute 잘못을 용서해 주다. faire ~ ses erreurs (앞으로의 모범적인 행동으로 과거의)잘못을 잊게 하다. N'en parlons plus, *c'est oublié.* 그 얘긴 그만 합시다, 지나간 얘기다.
 se faire ~ 《자신의 존재를》세상 사람들이 잊도록 하다; 남의 눈을 피하다.
 —**s'~** *v.pr.* ① 잊혀지다, 사라지다. Tout *s'oublie* au cours du temps. 시간이 지나면 모든 것은 잊혀진다.
 ② 자기를 잊다; 자기가 할일을 잊다. Je *m'oublie* ici, je devrais être à la maison. 여기서 시간 가는 줄 모르고 있군, 집에 가 있어야 하는데.
 ③ 자제심을 잃다, 실수를 범하다. s'~ jusqu'à injurier son ami 자제심을 잃고 친구를 욕하다.
 ④ 자신의 이익을 돌보지[생각지] 않다. Il ne *s'est* pas *oublié* dans le partage. 그는 분배에서 자기 몫을 잊지 않고 챙겼다.
 ⑤ 《구어》(개·고양이·어린이 따위가)오줌을 싸다, 실금(失禁)하다. L'enfant *s'est oublié* dans sa culotte. 아이는 바지속에 오줌을 싸버렸다.

oubliette [ubli(j)ɛt] *n.f.* 《보통 *pl.*》지하 감옥; 함정. jeter[mettre] *qc* aux ~*s* 을 내버려두다, 잊다. tomber dans les ~*s* (세상에서)잊혀지다.

oublieux(se¹) [ubli(j)œ:r, -ø:z] *n.* 건망증이 심한 사람.

oublieusement [ubli(j)øzmɑ̃] *ad.* 잘 잊어버리고; 소홀하게.

oublieux(se²) [ubli)ɸ, -ɸːz] a. ① 잊어버리기 잘하는, 건망증이 있는. ②[~ de](을)잊는; (을)소홀히[게을리] 하는. ~ des bienfaits 배은망덕의. ~ de ses devoirs 의무를 태만히 하는.
—n. 잊기 잘하는 사람, 건망증이 있는 사람.

oubykh [ubik] n.m. 우비크어(語)《북서아프리카에서 쓰이는 언어, 현재는 소멸되어 가고 있음》.

ouche [uʃ] n.f. ①《사투리》(집 곁에 있는)과수원. ② 비옥한 토지.

oudrir [udriːr]《사투리》v.t. (봉오리 따위를)시들게 하다; 얼룩지게 하다. linge oudri 갈색의 얼룩이 생긴 속옷. ~s'~ v.pr. (봉오리·싹이)시들다; (옷따위에)얼룩이 지다.

oued [wed] (pl. **ouadi** [wadi], ~s)《아라비아어》 n.m. (사하라 사막의 장마철 이외에는 물이 없는)강.

‡**ouest** [wɛst]《복수없음》 n.m. ① 서쪽(couchant, ↔est, levant). à l'~; dans l'~ 서쪽에. chambre exposée[orientée] à l'~ 서향 방. vent d'~ 서풍. vers l'~ 서쪽을 향하여. à l'~ de ... 의 서쪽에. passer à l'~ (해가)서쪽으로 기울다. ②(O~) 프랑스 서부지방; (유럽 또는 북아프리카의)서방국(Occident). accent de l'O~ 프랑스 서부지방의 사투리. politique de l'O~ 서방국 정책. Allemagne de l'O~ 서독. ③ 서풍.
—a. (불변) 서쪽의(occidental). côte ~ de la Corse 코르시카섬의 서부해안. par 38° de longitude ~ 서경 38°에. régions ~ 서부지방. chemin ~《해양》서항(西航).

ouest-allemand(e) [wɛstalmɑ̃, -ɑ̃ːd] (pl. ~-~s) a. 서독(allemande de l'Ouest)의. —O~-A~ n. 서독 사람.

ouest-nord-ouest [wɛstnɔrwɛst] a. 《불변》 서북서의.

ouest-sud-ouest [wɛstsydwɛst] a. 《불변》 서남서의.

ouf [uf] int. ① 아아! 에이그! (안도의 한숨). O~! enfin, on respire. 아아, 드디어 살아났다! ②《숨이 막혀서》아이고, 옥, 악. O~, on étouffe ici! 아이구, 숨막혀. sans avoir le temps de dire ~; sans faire ~ 《구어》말 한마디 할 짬도 없이.

ougandais(e) [ugɑ̃dɛ, -ɛːz] a. 우간다(l'Ouganda, l'Uganda)의. —O~ n. 우간다 사람.

ougandien(ne) [ugɑ̃djɛ, -ɛn] a. 우간다의.

ougaritique [ugaritik] n.m., a. 우가리트어(語)(의)(고대 우가리트왕국의 말).

ougrien(ne) [ugri(j)ɛ, -ɛn] n.m., a. 우고르(Ougres)어파(語派)(의)(hongrois, ostiak, vogoul 의 3개 언어를 포함).

‡**oui** [wi] 《모음 생략·연음을 하지 않음》 ad. ①《긍정의 물음에 대한 긍정의 대답》예, 그렇소(↔non). Avez-vous vu ce film? - O~. (je l'ai vu). 이 영화를 보았읍니까? 예(보았읍니다). Êtes-vous satisfait? - O~ et non. 만족하십니까! 그저 그렇습니다. mais ~; certes ~; ma foi ~; mon Dieu ~; dame ~; vraiment ~; ah ça ~; certainement ~; assurément ~; sûrement ~; eh bien ~; que ~ 그렇고 말고요. dire ~《~에"라고 말》 승낙하다. ne dire ni ~, ni non 확실한 대답을 하지 않다. ②《단정의 강조》Tu aurais peur, ~! 겁날 거야, 틀림없이 ③《승유절 대신》믿다, 생각하다. que ~ 그렇다고 생각하다. Il paraît que ~. 그럴 것 같다. Peut-être que ~. 그럴지도 모른다.
—n.m. 《복수없음》"예"라는 말, 긍정(승낙)의 말. les ~ au référendum 국민투표에서의 찬성표. Elle a dit ce ~ -là de bon cœur. 그녀는 기꺼이 승낙해주었다.
dire le grand ~ 결혼하다. *pour un ~ pour un non* 사소한 일로, 공연히, 까닭없이.

ouiche [wiʃ] int. 《속어》설마; 천만에; 흥, 그래(불신·실망을 나타냄). Croyez-vous qu'il l'a(ait) fait? - Ah ~!《구어》그가 그렇게 했다고 믿읍니까? 천만에요.

oui-da [wida] ad.《구어》그래;(놀람이나 비꼼의 뜻으로)허, 그렇까.

ouï-dire [widiːr] n.m.《복수불변》소문, 풍문. apprendre(savoir) qc par ~ 소문(풍문)으로 알다. simples ~《법》전문증거(傳聞證據).

ouïe¹ [wi] n.f. ① 청각. J'ai l'~ fine(une bonne ~). 그는 귀가 밝다. avoir l'~ juste 음감(音感)이 정확하다. Je suis tout ~(tutwi).《구어》나는 바짝 귀를 기울이고 있다. organe de l'~ 청각 기관. ② (pl.) (물고기의)아가미, (특히)아가미 구멍; (바이올린의 동체 표면의) f 자형 구멍(→violon 그림); (아가미 모양의 판을 댄)바람막이; (자동차 보닛의)공기 구멍. ③(옛) 청취. à l'~ de qc ...을 듣고. à portée de ~ 청취할 장소에(범위)에서.

ouïe², ouille [uj] int. 아야, 어마, 피, 흥!(고통·놀람·불만을 나타냄)(aïe). O~! fais attention. 야아, 조심해!

ouïg(h)our [uiguːr](터키) n.m., a. 위구르[回紇]어(語)(의).

oui-ja [wiʒa] n.m. 감령판(感靈板).

ouillage [ujaːʒ] n.m.《양조》술이 줄어든 술통에 같은 질의 술을 보충하기.

ouiller [uje] v.t.《양조》(술이 줄어든 술통에)같은 질의 술을 보충하다. ~ un tonneau 술통에 술을 보충하다.

-ouiller suff. 「반복」을 뜻하는 동사어미.

ouill(i)ère [ujɛːr] n.f.《농업》(포도나무의)나무와 나무의 간격(사이).

ouïr [wiːr] ⟨24⟩ v.t.《구어》(현재는 한정된 표현 속에서 부정법·명령법·과거분사의 형태로만 사용)(entendre). J'ai ouï dire que vous êtes marié avec elle. 당신이 그녀와 결혼했다는 이야기를 들었읍니다. ~ les témoins《법》증인을 심문하다.

ouistiti [wistiti] n.m. ①《동물》(중남미산의)명주원숭이. ②《구어》괴짜.

oukase [ukaːz] n.m. = **ukase**.

ouléma [ulema] n.m. = **uléma**.

Oulipo [ulipo] (< *Ouvroir de littérature potentielle*) n.m. 울리포, 잠재문학공동 작업실(Queneau, Lyonnais 따위가 창시한 실험적 문학운동).

oullière [u(l)jɛːr] n.f.《농업》(간작을 위한)포도나무 사이의 공터.

oumiak [umjak] n.m.《에스키모》 우미악(나무틀에 바다표범 가죽을 댄 에스키모의 배).

ounce [awns]《영》n.f. ①《도량형》온스《중량의 단위로 28.35g; 기호 oz》. ② troy ~ 트로이 온스《금의 무게단위로 31.10g》.

oupier [upje] n.m.《동물》(꿀벌·개미 따위의)일벌레.

oup [up] int. = **houp**.

Oupanichads [upaniʃad] n.f.pl. 우파니샤드(고대 힌두교의 철학서).

oupille [upij] n.f. 짚으로 만든 횃불.

oura [ura] n.m. (빵 굽는 화덕의)송풍관.

ouragan [uragɑ̃] n.m. 폭풍우; (서인도제도·미국 따위의) 허리케인. Les choux ont été dévastés par l'~. 폭풍우로 배추농사를 망쳤다. Il est arrivé comme un ~.《구어》그는 질풍처럼 달려왔다.

Oural (l') [lural] n.pr.m.《지리》우랄산맥(Monts ~); 우랄강.

ouralien(ne) [uraljɛ̃, -ɛn] a. 우랄(Oural)의, 우랄강(산맥)지방의 주민(의). langues ~nes 우랄어족(語族). —n.m. 우랄어족.

ouralite [uralit] n.f.《광물》우랄석(石).

ouralo-altaïque [uraloaltaik] (*pl.* ~-~s) *n.m., a.* 우랄알타이 어족[민족](의).

ourdir [urdiːr] *v.t.* ① 짜다, 엮다. ~ de la paille 짚을 엮다. ②《문어》(나쁜 일을)꾸미다; (소설 따위의)줄거리를 엮다. ③《직조》날실을 걸다; 《해양》(밧줄 따위를)짜다. **À toile ourdie Dieu envoie le fil.**《속담》하늘은 스스로 돕는 자를 돕는다.
—*v.i.* (돌담·벽돌담에)모르타르를 밑바르다.

ourdissage [urdisaːʒ] *n.m.* 《직조》(베틀에)날을 날기[걸기].

ourdisseur(se) [urdisœːr, -øːz] *n.* ① 《직조》날을 나는[거는] 직공. ②《구어》음모가; 흑막.

ourdissoir [urdiswaːr] *n.m.* 《직조》날틀, 도투마리.

ourdissure [urdisyːr] *n.f.* =**ourdissage**. [리.

ourdou [urdu] *n.m.* 우르두어(힌두스탄 말의 일종). —*a.* (불변) 우르두어의.

-oure *suff.* 「꼬리」의 뜻(예: anoure 꼬리없는).

ourlé(e) [urle] *a.* ① 가장자리를 접어 감친. mouchoir ~ 가두리를 접어 감친 손수건. ② 가장자리에 장식[무늬]이 있는. épais nuage ~ de blanc 흰 색으로 가두리가 진 뭉게구름. oreilles finement ~es《문어》귓바퀴가 예쁜 귀.

ourler [urle] *v.t.* ①《재봉》가장자리를 접어 감치다, 옷단을 감치다. ~ à jour 가장자리 장식으로 장식하다. L'écume *ourle* la plage.《문어》해변가에 물거품이 인다. ②《금속》(금속판의)가장자리를 포개 붙이다. ③《인쇄》날인하다.

ourlet [urlɛ] *n.m.* ①《재봉》(옷 따위의)접어 감친 가장자리, 옷단. ~ à jour 옷단. faux ~ 별도로 천을 붙여 접은 points d'~ 가장자리 장식 (구어). points de côté). ②《통·금속(관) 따위의 포개 붙인)모서리, 가장자리; 겹쳐잇기, 포개 붙이기. ③ 귓 귓바퀴 부분.

ourleur [urlœːr] *n.m.* ①《재봉》(재봉틀의)단 박는 장치. ②《금속》금속판의 가장자리를 포개붙이는 도구[직공].

ourlien(ne) [urljɛ̃, -ɛn] *a.* 《의학》유행성 이하선염(耳下腺炎)의.

ours [urs] *n.m.* ①곰. ~ polaire[blanc] 북극곰, 흰 곰. ~ brun 큰곰. ~ à collier 반달곰. ~ gris 회색곰. L'~ gronde[grogne]. 곰이 울부짖는다. tourner(remuer, marcher, passer, se dandiner] comme un ~ en cage 우리 속의 곰처럼 갔다갔다 하다. danse des ~ 뒤뚱뒤뚱하는 춤. ~ des cavernes 동굴의 곰 (선사시대의 곰으로 현재의 곰보다 대형; 풍요와 다산의 상징으로 동굴의 벽에 그려져 있음). ~ en peluche (장난감)봉제 곰. ② 사교성이 없는 사람(vieil ~); 무뚝뚝한 사람. ~ mal léché《구어》조잡한(세련되지 못한) 사람. ③ⓐ 《출판사·극장에서 따돌림 받는)작품. ⓑ (작곡가가 작사자에게 지시하는)리듬표. ⓒ 러시 (촬영이 끝난 편집용 필름). ⓓ《옛》(모두 외면하는)싫은 일. ⓔ ~ marin《동물》물개(otarie). ⓕ《군대은어》영창.
le pavé de l'~ 호의는 고맙지만 오히려 난처함.
vendre la peau de l'~ avant de l'avoir tué 떡 줄 사람은 생각도 않는데 김치국부터 마시다.

ourse [urs] *n.f.* ①《동물》암곰; 어미곰. ② Grande[Petite] O~《천문》큰곰[작은곰]자리(座).

ourserie [ursəri] *n.f.* 《동물》비사교성, 무뚝뚝함.

oursin [ursɛ̃] *n.m.* 《동물》성게(류)(성게강(綱)의 극피동물의 총칭);《특히》식용 성게.

ourson [ursɔ̃] *n.m.* ①《동물》새끼곰; 아메리카 흑곰. ② 곰의 모피; (모자에 사용하는 털이 긴)펠트. ③《옛》(척탄병 (擲彈兵))의 모피 모자.

ourvari [urvari] *n.m.* =**hourvari**.

ous'que, ousque [usk(ə)] (où est-ce que 의 축약) *ad. interr.* Ous'qu'il est?《속어》그는 어디 있소?

—*ad.rel.* C'est là ~ je suis né. 나는 바로 그곳에서 태어났다.

ousseau [uso] (*pl.* ~x) *n.m.* 《해양》배 밑바닥에 괸 물을 퍼내는 두레박이나 통(관).

oust(e) [ust] *int.* 《구어》자! 어서어서! (내쫓을 때나 재촉할 때 하는). Allons, ~! dépêche-toi. 자 빨리 서둘러라.

out [awt] 《영》 *ad.* 《테니스》아웃, 아웃되기; 《권투》아웃되어 (knock-out 의 약자). —*a.* 《불변》①(공이)라인 밖으로 나간, 아웃된. balle ~ 아웃 볼. ②《구어》시대에 뒤진.

oût [u] *n.m.* 《옛》=**août**.

outarde [utard] *n.f.* ①《조류》느시(류). ②《캐나다·속어》흑기러기(속)(bernache).

outardeau [utardo] (*pl.* ~x) *n.m.* 《드물게》어린 느시, 느시 새끼.

*** outil** [uti] *n.m.* ① 연장, 공구(工具), 도구. boîte à ~ 연장 상자. machine-~ 공작기계. ~ de jardinage 원예도구. manier des ~s 도구를 사용한다. Il prend les gens pour de simples ~s. 그는 사람들을 단순한 도구로 취급한다. ②《옛·속어》피짜; 연 씌었는 사람. drôle d'~ 괴짜.

outillage [utijaːʒ] *n.m.* 연장(공구·도구) 한벌; 설비, 시설; 공장의)설비과(課). ~ agricole 농기구. ~ mental 지적 도구. ~ moderne d'une usine 공장의 최신설비.

outillé(e) [utije] *a.p.* 연장[도구·기계시설]을 갖춘. bien[mal] ~ 시설을 잘 갖춘[못 갖춘]; 필요한 것이 갖추어져 있는[없는]. bien ~ en livres 필요한 책이 갖추어져 있음.

outiller [utije] *v.t.* (에게)연장[도구]을 갖추어 주다; (의)시설을 갖추어주다(équiper); (에게)필요한 것을 주다.
—s'~ *v.pr.* 연장[도구·기계시설]을 갖추다; 필요한 것을 놓다. s'~ en[de] livres 필요한 서적을 갖추어 놓다.

outillerie [utijri] *n.f.* 연장[도구·공구]의 제작(공장), 연장[도구·공구]의 판매.

outilleur [utijœːr] *n.m.* 공구(기구) 제작인.

outlaw [awtlo] *n.m.* 《영》 무법자(hors-la-loi).

output [awtput] *n.m.* 《영》컴퓨터》 출력, 아웃풋.

outrage [utraːʒ] *n.m.* ① (심한)모욕, 능욕. subir[essuyer] un ~ 심한 모욕을 받다. laver[venger] un ~ 치욕을 씻다, 설욕하다. faire ~ à qn 능욕하다. faire subir le(s) dernier(s) ~(s) à une femme 여자를 능욕하다. ~ à magistrat 《법》법정모욕(죄). ~ (public) à la pudeur 공공연한 외설죄(attentat à la pudeur 는 폭행(미수)·외설행위). ~ aux bonnes mœurs 외설물 진열죄. ②(원칙 따위에의)위배, 모순; (사람에게 가해지는)손해, 훼손. ~ à la raison 배리(背理). ~ à la vertu 배덕. ~ du temps《문어》(노령으로 인한)미색·건강의 쇠퇴, 노쇠(老醜).

outragé(e) [utraʒe] *a.p.* (심한)모욕을 받은; (여자가)폭행 당한.

outrageant(e) [utraʒɑ̃, -ɑ̃ːt] *a.* 모욕적인, 무례한(injurieux). propos ~s 모욕적인 언사.

outrager [utraʒe] [3] *v.t.* ① 모욕하다(insulter); 능욕하다, (여자에게)폭행하다. un supérieur 상관을 모욕하다. ~ une femme 부인을 능욕하다. ~ la Divinité 신을 모독하다. être outragé en son honneur 명예를 훼손당하다. ② 위반하다, 배반하다, 침범하다. ~ les bonnes mœurs 풍기를 문란시키다, 미풍양속을 해치다. ~ la raison 이성에 어긋나다.

outrageusement [utraʒøzmɑ̃] *ad.* ① 지나치게, 극단적으로. femme ~ fardée 지나치게 화장한 여자.

②《옛》모욕적으로.

outrageux(se) [utraʒø, -øːz] a. 《문어》모욕적인; 심한. paroles ~ses 모욕적인 말. se venger d'une manière ~se 지독하게 복수하다.

outrance [utrɑ̃ːs] n.f. 극도, 극단. Il a des ~s de jeune. 그는 젊은이의 저돌성을 지니고 있다. ~ de langage 지나친 말.
à ~ 과도하게, 극단적으로; 철저하게. poursuivre un combat à ~ 철저하게 싸우다, 사투를 벌이다.

outrancier(ère) [utrɑ̃sje, -ɛːr] a. 과격한, 극단적인. —n. 극단론자, 과격론자.

outre¹ [utr] n.f. (액체를 넣는)가죽 부대, ~ de mer 『동물』우렁쉥이속(屬)의 일종.

***outre**² prép. ① …이외에; …이상으로. ~ cette somme ce ce 금액 이외에. O~ mon vélo, j'ai une voiture. 나는 자전거 말고도 차를 한 대 가지고 있다. [~ que+ind.] …뿐 아니라(…도 또한). O~ qu'il aime la lecture, il écrit des romans. 그는 독서를 즐길뿐만 아니라 소설도 쓰고 있다. ~ le fait que +ind. …이라는 사실은 말할 것도 없이.
② …을 넘어서, …저쪽에(현재는 합성어에서만 사용됨). départements français d'~-mer 프랑스해외도(道)(《약자》D.O.M.).
—ad. 《옛·문어》더 멀리. passer[aller] ~ 더 멀리 가다, 지나치다.
d'~ 관통하여, 꿰뚫고. en ~ 게다가, 그리고 또. en ~ de qc …밖에, …에 더해서. passer ~(à qc) ⓐ (반대·규칙 따위를)무시하다. ⓑ 더 (멀리) 가다; 《옛》그대로 계속하다.

outré(e) [utre] a.p. ① 도가 지나친, 극단적인. flatterie ~e 지나친 찬사. portrait ~ 과장된 초상화. pensée ~e 과격한 생각. ② 격분한. Il est ~ de cette injustice. 그는 이 부당한 처사에 격분하고 있다.

outre-Atlantique [utratlɑ̃tik] loc. ad. 대서양 저편에(특히 미국을 가리킴). vivre ~ 미국에서 살다.

outrecuidance [utrəkɥidɑ̃ːs] n.f. 《문어》① 자만 (orgueil). parler de soi avec ~ 자신에 대해서 자신만만하게 말하다. ② 교만, 불손(effronterie). répondre à qn avec ~ …에게 불손하게 대답하다.

outrecuidant(e) [utrəkɥidɑ̃, -ɑ̃ːt] a. 자신에 넘치는, 자만심이 강한; 불손한. personne ~e 자만심이 강한 사람. réponse ~e 건방진 대답.

outrecuider(s') [sutrəkɥide] v.pr. 《옛》자부하다, 빼기다, 거드름피다.

outre-Manche [utrəmɑ̃ːʃ] ad. 영불해협 저편에(영국을 말함).

outremer [utrəmɛːr] n.m. ① 『광물』청금석(靑金石)(lapis-lazuli). ② 군청(群靑)색(色를 ~). ciel ~ 군청색 하늘. —a.(불변)《문어》군청색의.

outre-mer [utrəmɛːr] ad. (프랑스쪽에서)해외로. aller s'établir ~ 해외로 이주하다.
d'~ 해외의. commerce d'~ 해외무역. départements d'~ (프랑스의)해외도(道) (《약자》D.O.M.) T.O.M.).

outre-monts [utrəmɔ̃] ad. 산 너머, 산 저쪽으로(특히 알프스·피레네를 넘은 곳, 즉 이탈리아·에스파냐를 가리킴).

outrepassé(e) [utrəpɑse] a.p. arc ~ 『건축』반원형을 넘는(말굽 모양의) 홍예, 아치(arc en fer à cheval).

outrepasser [utrəpɑse] v.t. ①(권한이나 명령의) 범위를 벗어나다. ~ les ordres reçus 명령받은 이상의 것을 하다. ~ ses droits 월권행위를 하다. ② 《옛》한계[경계]를 넘다.
—v.i. (사냥개가)사냥감의 발자취를 벗어나다.

outrer [utre] v.t. ① 도를 지나치다, 과장하다, 과장하다(exagérer). ~ la mode 극단적으로 유행을 쫓다. ~ la vérité 사실을 과장하다. comédien qui outre son jeu 과장된 연기를 하는 배우. ② 분개하게 하다; 참을 수 없게 만들다. Vos paroles m'ont outré. 당신 말에 나는 화가 났다. ③《옛》무척 피곤하게 하다.

outre-Rhin [utrərɛ̃] ad. 라인강 저편에(서)(독일을 지칭). passer ~ 독일에 가다.

outre-tombe [utrətɔ̃ːb] ad. 사후에(공표되어).
d'~ 사후의. «Les Mémoires d'~»「무덤 저편에서의 회상」(Chateaubriand의 작품).

outrigger [awtri(g)gœːr] n.m. 『스포츠』현외부재(舷外浮材)(가 달린 경주용 보트).

outsider [utsidɛːr, awtsajdœːr] n.m. 『경마』승산이 없는 말, 인기 없는 말; 뜻밖의 유력한 후보자(경쟁자).

***ouvert(e)** [uvɛːr, -ɛrt] (<ouvrir) a.p. ① 열린, 열려진(↔fermé). fenêtre ~e 열린 창. fleur ~e 벌어진 꽃. main ~e 벌린 손. plaine ~e (차폐물이 없는) 평지, 평야. magasin ~ 영업중인 상점. ~ la nuit 밤샘 영업(의). Son porte-monnaie est toujours ~. 그의 지갑은 항상 열려 있다(마음씨가 좋다). C'est la porte ~e à qc. (비유적)그것은 …의 시작이다(특히 나쁜 뜻으로 쓰임).
② 공개된, (일반에게 넓게)열려진, 개방된; 허가된. lettre ~e 공개장. bibliothèque ~e au public 공공도서관. port ~ 자유항. tenir table ~e (오는 사람)누구나 받아들이다.
③ (생각·성격·태도 따위가)개방적인, 솔직한; 총명한. caractère ~ 개방적인 성격. esprit ~ 총명(유연)한 정신. homme ~ aux idées neuves 새로운 사상(생각)에 이해[관심]를 지닌 사람.
④ 개설된; (본격적으로)시작된. supermarché récemment ~ 최근에 문을 연 슈퍼마켓. Je déclare la discussion ~e. 지금부터 토의를 시작합니다(회의에서 의장이 선언하는 말). guerre ~e (선전포고에 의한)개전.
⑤ 무방비의, 비무장의. pays ~ 자연의 요새가 없는 나라. ville ~e 무방비[비무장] 도시.
⑥ 〖음성〗voyelle ~e 개모음; E ~ 열린 E([ɛ]를 말함); syllabe ~e 개음절(모음으로 끝나는 음절); son ~ 개음.
⑦ ⓐ 〖수학〗ensemble ~ 개집합(開集合); intervalle ~ 개구간(開區間). ⓑ 『화학』chaîne ~e 쇄(開鎖). ⓒ 『전기』circuit ~ 개(開)회로. ⓓ 『해양』rade ~e 비차폐 투묘지(投錨地). ⓔ 『외과』opération à cœur ~ (직접 눈으로 보는)심장 수술, 개심수술(開心手術). ⓕ 『경제』action ~e 공개주(株). ⓖ 『스포츠』match ~ (실력이 백중해서)결과를 예측할 수 없는 경기; jeu ~ (럭비의)루스플레이. ⓗ 『경마』cheval bien[mal] ~ 앞다리를 적당히[잘못] 벌린 말. ⓘ 『사냥』lice ~e 거세되지 않은 암사냥개; tête ~e (사슴 따위의)균형 있게 좌우로 벌어진 뿔. ⓙ 『의복』chemise à col ~ 깃이 벌어진 샤스.
à bras ~s (환영의 뜻으로)두 팔을 벌리고. recevoir qn à bras ~s …을 두 팔을 벌려 환영하다.
à bureau ~ 창구취급으로. payer à bureau ~ (은행에서 증권을)창구에서 현금해주다.
à livre ~ (책을 펼치고 그 자리서)줄줄, 술술. Il peut lire le latin à livre ~. 그는 라틴어를 줄줄 읽는다.
à main ~e 마음씨 좋게, 후하게.

ouvertement [uvɛrtəmɑ̃] ad. 숨김 없이, 공공연하게, 솔직하게, 있는 그대로(↔secrètement). dire ~ la vérité 정직하게 진실을 말하다.

***ouverture** [uvɛrtyːr] n.f. ① 열기, 개시; 개점, 개

통; 개회. heures d'~ d'un marché 시장이 열리는 시간. ~ d'un métro 지하철의 개통. ~ d'un compte bancaire 은행구좌의 개설. ~ d'une exposition 전람회의 개막. ~ d'une session 〖법정〗회의 개시; 개정. ~ de la chasse 사냥의 해금일(解禁日). faire l'~ 해금일에 사냥(낚시)하러 가다. cours d'~ (주식의)개장시세. ② 벌림, (건물 따위의)열린 부분; 입구, 도피구, 통로, 구멍; (비유적) 〖문체·문예의 해결의 머리〗, 수단. ~ d'un compas 컴퍼스의 벌림(벌린 간격). ~s de la maison 집의 창과 문. ~ d'un volcan 분화구. pratiquer une ~ dans le mur 벽에 출입구(창)를 만들다. Je n'ai pour le moment aucune ~ sur elle. 나는 지금으로서는 그녀를 이해할 길이 전혀 없다. ③ 솔직함, 이해력, 총명. ~ de cœur 흉금을 터놓기, 솔직함. ~ d'esprit 정신의 자유로움; 넓은 이해력. politique d'~ (다른 당에 대한)개방정책. ④ (pl.)교섭의 개시; 제안, 신청. faire des ~s de paix 평화교섭을 시작하다. ⑤ 〖음성〗(입의)벌림, | buccale, aperture). ⑥ 〖음악〗서곡. ~ d'un opéra de Verdi 베르디 오페라의 서곡. ⑦ 〖전기〗애퍼처 〖전자·빛·전파 따위가 통과할 수 있는 개구부〗; 〖광학〗구경(口徑); (카메라의)조리개. ~ relative (렌즈 따위의)구경비(比). ~ numérique 개구수(數). prendre une photo à 5, 6 d'~ 조리개 5.6으로 사진을 찍다. ⑧ 〖법〗 d'une succession 상속의 개시; ~ à cassation 상고의 가능성; 〖상법〗 ~ de crédit 크레디트(카드)의 개설; 〖재정법〗 ~ de crédits (감사(監査)의 개시; 〖행정법〗 ~ des droits 사회보장제도의 급부를 받는 권리의 개시; 〖민법〗 ~ de faillite (파산 선고의 의한)파산의 개시. ⑨ ⓐ (럭비에서)오픈공격의 개시. demi d'~ 스탠드 오프. ⓑ (체스의)첫수; (포커 따위의)최초의 패 바꾸기. ⓒ (총의 발포시의)하향 이동. ⑩ 〖광업〗박층(薄層)의 두께.

ouvrable [uvrabl] a. ① jour ~ 일하는 날, 평일 (↔ jour férié). ② 〖기술〗공작(가공)가능한.

*****ouvrage** [uvraʒ] n.m. ① 일, 작업; 일 솜씨. avoir de l'~ 할 일이 많다. se mettre à l'~ 일(작업)을 시작하다. ~s manuels 수공업. ne pas avoir d'~ 일거리가 없다, 실직상태에 있다(être sans ~). avoir du cœur à l'~ 일에 열심이다. mettre la main à l'~ 일을 시작하다. ② 제작물, 세공품. ~ de menuiserie 목공[소목]세공품. ~ d'orfèvrerie 금은세공품. ③ 작품, 저작물, 저서. ~ de littérature 문학작품. ~ relié 제본된 책. ④ 건설, 공사; (군사적인 방어를 위한)구축물, 보루. ~ d'art 〖토목〗(대규모의)토목공사(운하·철도·다리·터널 건설 따위). gros ~s en 本(본)공사(두꺼운 외벽 공사). ~s légers 가벼운 공사(천정·간막이 벽·(벽)난로 따위의 공사). ~ de campagne 임시보루. maître d'~ 시공주. 〖화덕 밑의〗원통형부분. 시공주. ⑤ 재봉, 바느질; 편물, 뜨개질 〖작품〗. boîte (corbeille, table) à ~ 재봉〖바느질〗상자〖바구니·대(臺)〗. ⑥ 〖문어〗행위, 짓. Le drap est déchiré: c'est sûrement l'~ de Paul. 시트가 찢어졌다, 분명히 폴의 짓이다. ⑧ louage d'~ 〖법〗노동계약. ⑨ ~ de ville 〖인쇄〗잡물〖포스터·광고전단 따위〗.
—n.f. 〖속어〗완성된 상태, 마무리. C'est de la belle ~. 썩 잘 됐다 〖비꼼의 뜻으로도 사용〗.

ouvragé(e) [uvraʒe] a.p. 정교한, 공들여 다듬은, 가공(세공)의.

ouvrager [uvraʒe] [3] v.t. (금속 따위를)세공하다.

ouvraison [uvrɛzɔ̃] n.f. (원료의)가공, (특히)생사(生絲)가공, 제사(製絲).

ouvrant(e) [uvrã, -ã:t] (<ouvrir)a. 열리는. toit ~ (자동차의)슬라이딩 루프. à jour ~ 새벽녘에; 〖법〗그날의 십분 초에. à porte(s) ~e(s) 〖옛〗성문이 열리를 따위가; 저항하지 못하는 사이에.
—n.m. ① (세폭 제단화(triptyque)의 양쪽의)덧판. ② (가구·창문 등의)가동부(可動部).

ouvré(e¹) [uvre] a.p. ① 가공된, 세공된; (자수 따위로)장식된. bague ~e 정성들여 세공한 반지. produits ~s et semi-~s 완제품과 반제품. ② jour ~ 일하는 날, 평일.

ouvreau [uvro] (pl. ~x) n.m. 〖기술〗(유리 제조용 가마의)유리 받아내는 구멍; (용광로의)쇳물 나오는 구멍.   「개.

ouvre-boîtes [uvrəbwat] n.m. 《복수불변》깡통따

ouvre-bouche [uvrəbuʃ] n.m. 〖외과〗개구기(開口器).

ouvre-bouteilles [uvrəbutɛj] n.m. 《복수불변》(맥주병 따위의)병마개 따개 《포도주병 따개는 tire-bouchon》.

ouvre-caisses [uvrəkɛs] n.m. 《복수불변》상자뚜껑

ouvrée² [uvre] n.f. 〖농업〗하루갈이.   「열개.

ouvre-gants [uvrəgã] n.m. 《복수불변》〖기술〗장갑의 손가락을 펴는 기구.

ouvre-huîtres [uvrəɥitr] n.m. 《복수불변》굴 까는 칼〖기구〗.

ouvre-jante [uvrəʒã:t] n.m. (자동차 따위의)바퀴의 테두리를 벌리는 도구.

ouvre-lettres [uvrəlɛtr] n.m. 《복수불변》편지 개봉기(開封器).

ouvrer [uvre] v.t. 〖기술〗가공하다, 세공하다; 〖직물〗(누에에서 실을)제사(製絲)하다〖복합시제·부정법으로만 쓰임〗. ~ du bois 나무를 세공하다. ~ du linge (누에 따위로)천에 장식을 넣다. ~ les bois (벌채한)나무의 일을 떨어내다.
—v.i. 〖옛·문어〗일하다(travailler).

ouvreur(se) [uvrœ:r, -ø:z] n. ① 여는 사람. ~ d'huîtres 굴 까는 사람. ② (섬유재료를 짜기 시작하는)여공, 직공. ③ 〖카드놀이〗게임을 개시하는 사람. —n.m. 〖제지〗(종이를)뜨는 사람. —n.f. ① (극장의)여자 안내원. (양모·면·생사 따위의)섬유를 하나씩 벗기는)개각기(開殼機), 오프너.

*****ouvrier(ère)** [uvrije, -ɛːr] n. ① 노동자, 직공, 일꾼. ~ d'usine 공장노동자. ① qualifié(professionnel) 숙련공. ~ hautement qualifié (경험과 자격을 갖춘)고급 숙련공. ~ spécialisé (숙련공이 아닌, 일정한 작업에 동원되는)일반 노동자(약자 O.S.). ~ à la journée 날품팔이꾼. ~ à domicile 가내(家內)노동자. ~ à façon 가공(加工)직공; 삯일꾼. embaucher des ~s 노동자를 채용하다. ② 〖옛·문어〗장인(匠人). ~ maçon 석공. ~ en bois (en fer) 목공(철공). ~ sculpteur sur ivoire 상아조각사. ~ évangélique (복음의)전도사, 사제. le grand ~; l'éternel ~ 창조주, 신. ③ 〖문어〗(을)한 사람, (의)장본인. ~ de la paix 평화의 공로자.
—a. ① 노동자의. classe ~ère 노동자계급. question ~ère 노동문제. syndicat ~ 노동조합. ② cheville ~ère 킹볼트〖차량연결용〗; (기업 따위의)중심인물, 주동력. ③ jour ~ 〖옛〗일하는 날(jour ouvrable).
—n.f. 일벌; 일개미.

ouvriérisme [uvrijerism] n.m. 〖정치〗노동자주의: ⓐ 마르크스주의·사회주의의 이론으로 노동자야말로 사회변혁의 주인공이라는 설; 노동계급주의. ⓑ 노동자를 무조건 높이 평가하여 노동자에게 아부하는 태도·생각.

ouvriériste [uvrijerist] a. 〖정치〗노동자주의의.
—n. 노동자주의자.

ouvrir [uvri:r] 12 *v.t.* ① 열다. J'ouvre la porte toute grande. 나는 문을 활짝 연다. ~ une boutique 가게를; 가게를 내다. (목적보어 없이) On *ouvre* ici le dimanche. 본 상점은 일요일에도 영업합니다. On sonne, va ~. 초인종이 울린다, 가서 문을 열어라. ~ le gaz 〔구어〕가스를 틀다. ~ la lumière 전등 스위치를 켜다.
② (길 따위를) 내다, 뚫다; (시야·전망 따위를) 트다, 넓히다. ~ une voie dans la montagne 산에 길을 뚫다 (내다). ~ la voie à la paix 평화에의 길을 열다.
③ (구멍 따위를) 뚫다, 파다; (외과의가) 절개하다. ~ une fenêtre dans le mur 벽에 창문을 내다. ~ un puits 우물을 파다. ~ l'abcès au bistouri 메스로 종기를 째다(절개하다).
④ (사업·행동 따위를) 시작하다, 개시하다; 앞장서다. ~ un compte en banque 은행구좌를 개설하다. ~ une campagne 캠페인을 시작하다. ~ le feu 포격을 개시하다; (격론의) 포문을 열다. ~ la chasse 사냥을 해금하다. Votre nom *ouvrait* la liste des candidats. 당신 이름이 지원자 명단의 첫머리에 있었다. ~ la marche 행진의 선두에 서다. ~ le bal 무도회에서 최초로 춤추다. ~ le jeu (카드놀이에서) 최초로 패를 내다 (쿨링다).
~ *l'appétit à qn* …에게 식욕(아심)을 일으키다.
~ *les lèvres*(*la bouche*); 〔구어〕*l'*~ 떠들다, 수다를 떨다.
~ *l'esprit* (*à qn*) (의) 정신을 계발하다.
~ *sa maison à qn* …을 집에 맞이하다, 초대하다.
~ *sa pensée à qn* …에게 생각을 털어놓다.
~ *son âme à qn* …에게 마음을 열다, 진심을 토로하다.
—*v.i.* ① 열리다; [~ sur] (에) 면하다, 향하다. Ma chambre *ouvre* sur le sud. 내 방은 남향이다. ② 시작되다. ③ 〔럭비〕 오픈 공격을 하다.
—*s'*~ *v.pr.* ① 열리다. Ce cinéma s'ouvre la nuit. 이 영화관은 심야 상영을 한다. Ces fleurs s'ouvrent le matin. 이 꽃은 아침에 핀다. ~ les veines 혈관을 째다; 자살하다. s'~ le ventre 배를 가르다. Un nouveau monde s'*ouvrira* devant vous. 자네들에게 새로운 세계가 열릴 것이다.
② [s'~ à] (에게) 마음을 열다, 관심을 갖다, 눈을 뜨다; 터놓다. Tout enfant qu'il est, son esprit s'ouvre déjà à la poésie. 그는 어린 나이에 벌써 시에 눈을 뜨고 있다. Elle s'ouvrit à moi de son plan. 그녀는 내게 자신의 계획을 털어놓았다.
③ 시작되다. Le concert s'ouvre par une sonate de Chopin. 연주회는 쇼팽의 소나타로 시작되다.

ouvroir [uvrwa:r] *n.m.* (여직공·수녀 따위의) 공동 작업실, 재봉실. O~ de littérature potentielle 잠재문학 작업실(Oulipo).

ouzbek [uzbek] *a.* (<*Ouzbékistan* 소련의 공화국). 우즈벡의. —O~ *n.* 우즈벡 사람 (중앙 아시아의 터키 종족). —*n.m.* 우즈벡어(語).

ov- *préf.*「알(卵)」의 뜻. 「씨방.

ovaire [ovɛ:r] *n.m.* 〖해부〗난소(卵巢); 〖식물〗

ovalaire [ovalɛ:r] *a.* 달걀 모양의, 난형(卵形)의.

ovalbumine [ovalbymin] *n.f.* 〖생물〗달걀 흰자위의 단백질, 난황 알부민 (당단백질의 하나).

ovale [oval] *a.* ① 달걀 모양의, 난형의, 타원형의. ballon ~ 〖럭비〗럭비공. centre ~ de Vieussens 뷰상 난형 (卵形) 중추; fossette [fenêtre] ~ 난원창; trou ~ 접형골 (蝶形骨) 의 난형공 (孔). —*n.m.* ① 타원형, 둥근 얼굴의 / 달걀 모양. ② 〖수학〗난형선, 볼록폐곡선 (~ à quatre centres). ~s de Descartes 데카르트의 난형선. ③ 〖건축〗(거실의) 난형 천정. ④ (여러 가닥의 꼰 실로 된) 비단의 횡사 (橫絲) (비단끈 제조에 주로 쓰임); (비단을) 꼬는 기계.

ovalisation [ovalizasjɔ̃] *n.f.* 〖기술〗(실린더 벽의) 불균등이 마멸.

ovalisé(e) [ovalize] *a.p.* 〖기술〗타원형(난형)이 된. cylindre ~ (불균등이) 마멸된 실린더.

ovaliser [ovalize] *v.t.* 난형(타원형)으로 만들다.

ovaliste [ovalist] *n.* 〖직조〗명주실 꼬는 사람.

ovariectomie [ovarjɛktɔmi] *n.f.* 〖외과〗난소 적출(술).

ovarien(ne) [ovarjɛ̃, -ɛn] *a.* ① 〖해부〗난소(卵巢)의. follicule ~ 난포(卵胞), hormones ~nes 난소 호르몬. cycle ~ 난소주기(週期). ② 〖식물〗씨방의.

ovariotomie [ovarjɔtɔmi] *n.f.* 〖의학〗난소절개.

ovarite [ovarit] *n.f.* 〖의학〗난소염(炎). 「술.

ovate [ovat] *n.m.* 〖옛〗(골 사람(*Gaulois*)의) 드뤼이드교의 2급 제관(祭官)(드뤼이드(druide)보다 아래, 바르드(barde)의 윗계급).

ovation [ovasjɔ̃] *n.f.* ① 갈채; 열렬한 환영. ② (고대로마에서 약양을 바치고 축하한) 장군의 개선축하(행사).

ovationner [ovasjɔne] *v.t.* 갈채하다, 열렬하게 환영하다.

ove [ɔ:v] *n.m.* 〖학술〗(건축·금세공품의) 난형 장식.

ové(e) [ɔve] *a.* 〖학술〗난형(달걀 모양)의. fruit ~ 달걀 모양의 과일.

over arm stroke [ovɛrarmstrok], **overarm** [ɔvɛrarm] 〔영〕 *n.m.* 〖수영〗(수영의) 오버암스트로크 (양손을 교대로 물위에 뻗어 헤엄치기).

overdrive [ovɛrdrajv] 〔영〕 *n.m.* 〖기계〗오버드라이브 (자동차 따위의 속력을 유지하면서 엔진의 출력을 줄이는 자동장치).

ovi- *préf.*「알(卵)」의 뜻.

ovibos [ovibɔs] *n.m.* 〖동물〗사향소.

ovicule [ovikyl] *n.m.* 〖건축〗(기둥머리 따위의) 소형의 난형 장식.

ovidés [ovide] *n.m.pl.* 〖동물〗양과(科)(옛 분류로 현재는 ovinés 를 사용).

oviducte [ovidykt] *n.m.* 〖해부〗(윤(輸))난관.

ovifère [ovifɛ:r] *a.* 〖생물〗알을 담고있는.

oviforme [oviform] *a.* 난형(달걀 모양)의.

ovigène [ovigɛn] *a.* 난자발생의.

ovigère [ovigɛ:r] *a.* 〖생물〗알을 담고하는. pattes ~s 부란각(負卵脚), 담(擔)란각.

ovin(e) [ovɛ̃, -in] 〖동물〗 *a.* 양(mouton)의. —*n.m.pl.* 〖동물〗양류(類).

ovinés [ovine] *n.m.pl.* 〖동물〗양아과(羊亞科).

ovipare [ovipa:r] *a.* 〖동물〗난생(卵生)의 (↔ vivipare). —*n.m.* 난생동물.

oviparisme [oviparism] *n.m.*, **oviparité** [oviparite] *n.f.* 〖동물〗난생.

ovipositeur [ovipozitœ:r] *n.m.* 〖곤충〗산란관(産卵管).

ovisac [ovisak] *n.m.* 〖해부〗난포(卵胞), 난방(卵房)(follicule de De Graaf).

oviscapte [oviskapt] *n.m.* 〖곤충〗(가시 모양의) 산란관.

OVNI [ɔvni] (<*objet volant non identifié*) *n.m.* 미확인 비행물체(〔영〕 UFO).

ovniologie [ɔvnjɔlɔʒi] *n.f.* UFO 연구.

ovo- *préf.*「알(卵)」의 뜻.

ovocentre [ɔvɔsɑ̃:tr] *n.m.* 〖생물〗난핵 중심체.

ovocyte [ɔvɔsit] *n.m.* 〖생물〗난모(卵母)세포.

ovogenèse [ɔvɔʒənɛ:z], **ovogénèse** [ɔvɔʒenɛ:z], **ovogénie** [ɔvɔʒeni] *n.f.* 〖생물〗난(卵) 형성.

ovoglobuline [ɔvɔglɔbylin] *n.f.* 〖생화학〗오보

oxytocine

글로불린《달걀 흰자위에 포함된 단순단백질》.
ovogonie [ɔvɔgɔni] *n.f.* 《생물》 2 배세(二培體).
ovoïdal(ale, *pl.* **aux)** [ɔvɔidal, -o] *a.*《학술》 난형《달걀 모양》에 가까운.
ovoïde [ɔvɔid] *a.* 난형의.
ovomucoïde [ɔvɔmykɔid] *n.m.* 《생화학》 달걀 흰자위에 포함된 당단백질의 하나.
ovotestis [ɔvɔtestis] *n.m.* 양성선(兩性腺), 양성소(兩性巢), 난정소(卵精巢)《1개의 생식선에서 난자와 정자를 만들 수 있는》.
ovovivipare [ɔvɔvivipa:r] *a.*《동물》난태생의. ━ *n.m.* 난태생 동물.
ovoviviparité [ɔvɔviviparite] *n.f.* 《동물》 난태생《난이 모체내에서 영양적으로 독립해서 부화하여 유생(幼生)의 모습으로 산출되는것》.
ovulaire [ɔvyle:r] *a.* 《생물》 난자(卵子)의 ; 《식물》 배주(胚珠)의.
ovulation [ɔvylasjɔ̃] *n.f.* 《생리》 배란.
ovulatoire [ɔvylatwa:r] *a.* 배란(排卵)의.
ovule [ɔvyl] *n.m.* ①《생물》 난자, 난세포. ②《식물》 배젖, 배주. ③《약》《질내에 삽입하는》.
ox- *préf.* 「산(酸)」의 뜻. ㄴ는》난형질소약.
oxacide [ɔksasid] *n.m.* 《화학》 옥소산, 옥시산, 산소산(酸素酸).
oxalate [ɔksalat] *n.m.*《화학》수산염(蓚酸塩)》, 수산 에스테르.
oxalide [ɔksalid] *n.f.,* **oxalis** [ɔksalis] *n.f.* 《식물》 괭이밥.
oxalidées [ɔksalide] *n.f.pl.* 《식물》 괭이밥(속).
oxalique [ɔksalik] *a.* 《화학》 수산(蓚酸)의. acide ~ 수산.
oxalurie [ɔksalyri] *n.f.* 《의학》 수산염뇨(尿)
oxford [ɔksfɔ:r] *n.m.* 《직물》 옥스퍼드직《줄무늬 또는 격자무늬의 고급 무명》. chemise de sport en ~ 옥스퍼드지로 만든 스포츠 셔츠.
oxfordien(ne) [ɔksfɔrdjɛ̃, -ɛn] *a.* 옥스퍼드《Oxford, 영국의 도시》의. ━*n.* 옥스퍼드 사람. ━*n.m.*《지질》옥스퍼드계(階)《칼로브(callovien)와 루시타니안(lusitanien)계의 중간》.
oxhydrique [ɔksidrik] *a.* 《기술》 산수소의. chalumeau ~ 산수소취관(吹管)《산소와 수소의 혼합물을 연소시켜 철강관의 절단 따위에 사용》.
oxhydryle [ɔksidril] *n.m.* 《화학》 수산기(基).
oxime [ɔksim] *n.m.* 《화학》 옥심.
oxonien(ne) [ɔksɔnjɛ̃, -ɛn] *a., n.* = **oxfordien.**
oxonium [ɔksɔnjɔm] *n.m.* 《화학》 옥소늄.
oxy- *préf.*「산소」의 뜻.
oxyacétylénique [ɔksjasetilenik] *a.* 《기술》 산소아세틸렌의. chalumeau ~ 산소아세틸렌취관.
oxyacide [ɔksjasid] *n.m.* = **oxacide.**
oxycarboné(e) [ɔksikarbɔne] *a.* hémoglobine ~e 《생리》 일산화탄소 헤모글로빈.
oxycarbonisme [ɔksikarbɔnism] *n.m.* 《의학》 일산화탄소 중독.
oxychlorure [ɔksiklɔry:r] *n.m.* 《화학》 옥시염화물, 산화염화물(酸化塩化物).
oxycoupage [ɔksikupa:ʒ] *n.m.* 《기술》 산소아세틸렌 절단.
oxycoupeur [ɔksikupœ:r] *a.m.* chalumeau ~ 《기술》 산소아세틸렌취관《금속절단용》.
oxycrat [ɔksikra] *n.m.* 《고대그리스》 옥시크라트《물에 초산을 섞은 청량수》.
oxycyanure [ɔksisjany:r] *n.m.* 《화학》 산화물과 시안화합물의 혼합물.
oxyd- *préf.*「산화」의 뜻.
oxydable [ɔksidabl] *a.* 산화할 수 있는 ; 녹슬기 쉬운.
oxydant(e) [ɔksidɑ̃, -ɑ̃:t] *a.* 《화학》 산화시키는,

산화작용을 하는. ━*n.m.* 산화제 ; 전자수용체(電子受容體). les ~s et les réducteurs 산화제와 환원
oxydase [ɔksida:z] *n.f.* 《생화학》 산화 효소. [제.
oxydation [ɔksidasjɔ̃] *n.f.* 《화학》 산화. ~ anodique 양극(陽極)산화.
oxyde [ɔksid] *n.m.* 《화학》 산화물. ~ de carbone 일산화탄소. ~ de fer 산화철, 녹. ~ de cuivre 산화동(銅) ; 녹청(綠靑)(vert-de-gris).
oxyder [ɔkside] *v.t.* 《화학》 산화시키다 ;《원소의》원자가를 늘리다. L'air *oxyde* la plupart des métaux. 공기는 대부분의 금속을 산화시킨다《녹슬게 한다》. ━*s'~ v.pr.* 산화하다 ; 녹슬다.
oxydimétrie [ɔksidimetri] *n.f.* 《화학》 산화제 측정법.
oxydoréductimétrie [ɔksidɔredyktimetri] *n.f.* 산화제《환원제》에 의한 환원제《산화제》의 용량결정.
oxydoréduction [ɔksidɔredyksjɔ̃] *n.f.* 《화학》 산화환원 반응.
oxygénable [ɔksiʒenabl] *a.* 《화학》 산화할 수 있는, 산소와 화합할 수 있는.
oxygénateur [ɔksiʒenatœ:r] *n.m.* (외과용)산소공급기.
oxygénation [ɔksiʒenasjɔ̃] *n.f.* ① 산소 처리, 산화. ②《과산화수소수로 하는》탈색, 표백, 살균. ③ 산소화, 산소첨가《헤모글로빈이 산소분자와 가역적(可逆的) 결합을 하는 반응》. ④ = oxygénothérapie.
oxygène [ɔksiʒɛn] *n.m.* 《화학》 산소《O ; 원자번호 8, 비금속원소》. tente à ~ 산소 텐트. ballon d'~ 산소 봄베 ; (비유적)활력 ; 활력제. donner de l'~ à 《나쁜 상태에 있는 사회 따위에》활력을 주다, 지렛대 역할을 한다. aller faire une cure d'~ 맑은 공기를 마시러 가다.
oxygéné(e) [ɔksiʒene] *a.p.* ① 산소를 함유한. composés ~s 산화물. eau ~e 과산화수소수, 옥시풀. ②《머리털 따위를》옥시풀로 탈색한. cheveux blonds ~s 옥시풀로 탈색한 금발.
oxygéner [ɔksiʒene] [6] *v.t.* ① 산소를 첨가하다, 산화 처리하다. ~ de l'eau 과산화수소수를 만들다. La respiration *oxygène* le sang. 호흡으로 혈액에 산소를 공급한다. ②《과산화수소수로 머리를》탈색하다.
━*s'~ v.pr.* ①《구어》맑은 공기를 마시다. aller s'~ à la campagne 맑은 공기를 마시러 시골에 가다. ②《머리를 과산화수소수로》탈색하다.
oxygénothérapie [ɔksiʒenɔterapi] *n.f.* 《의학》 산소요법.
oxygone [ɔksigɔn] *a.* 《수학》 예각(銳角)의《삼각형 따위》.
oxyhémoglobine [ɔksjemɔglɔbin] *n.f.* 《생리》 산소헤모글로빈.
oxylithe [ɔksilit] *n.f.[m.]* 《화학》 옥실리트《물과 작용해서 산소를 발생시키는》.
oxymel [ɔksimɛl] *n.m.* 《옛》《약》 옥시멜, 초밀(醋蜜)《꿀에 초산을 타서 묽게 한 것》.
oxymètre [ɔksimɛtr] *n.m.* 《옛》검산기(檢酸器) ; 산소검량기(檢量器).
oxymétrie [ɔksimetri] *n.f.* 《옛》검산법(檢酸法) ; 산소검량법(oxydimétrie).
oxymoron [ɔksimɔrɔn] *n.m.* 《수사학》 모순형용어법《양립할 수 없는 말을 서로 짝맞추어 수사적 효과를 올리려고 하는 어법 : silence éloquent 웅변적인 침묵》.
oxysel [ɔksisɛl] *n.m.* 《화학》 옥시염, 산소염.
oxysulfure [ɔksisylfy:r] *n.m.* 《화학》 산화황화물(酸黃化物).
oxytocine [ɔksitɔsin] *n.f.* 《생리》 옥시토신《분만

촉진을 위해 자궁을 수축시키는 뇌하수체 후엽 호르몬) (ocytocine).
oxyton [ɔksitɔ̃] *n.m.* 《언어》옥시통 (끝 음절에 강세 악센트가 있는 말).
oxyure [ɔksjy:r] *n.m.* 《동물》요충(蟯蟲).
oxyurose [ɔksjyroːz] *n.f.* 《의학》요충증.
oyant(e) [ɔjɑ̃, -ɑ̃:t] *n.* ~ compte [~s compte] 《회계》보고 수리자 (예컨대 피후견인이 성년에 달했을 때 후견인은 회계 보고자가 되고 피후견인은 회계보고 수리자가 됨). —*a.* 《옛》듣는.
oyat [ɔja] *n.m.* (해안의 사방(砂防)에 쓰이는) 화본(벼)과(科)의 식물.
oye [wa] *n.f.* 《옛》 =**oie**.
-oyer *suff.* 동사 어미로 어간의 행위를 표시함 (예: larme 눈물→larm*oyer* 눈물을 흘리다).
oyez [waje] *int.* 《옛》 《행정·법》정숙(靜肅)!
oz 《약자》ounce 온스.
ozène [ɔzɛn] *n.m.* 《의학》축농증(蓄膿症).
ozéneux(se) [ɔzenø, -ø:z] *a.* 《의학》축농증의.
ozobromie [ɔzɔbrɔmi] *n.f.* 《사진》오조브롬 (빛의 작용을 이용하지 않고 카본사진 인화를 제작하는 방법; 1906년 T.Manly가 발명).
ozocérite [ɔzɔserit], **ozokérite** [ɔzɔkerit] *n.f.* 《광물》지랍(地蠟) (천연의 파라핀) (cire fossile, paraffine naturelle).
ozonateur [ɔzɔnatœ:r] *n.m.* 《기술》(공기 정화용의) 오존 발생기(器).
ozone [ɔzɔn] *n.m.* 《화학》오존 (강한 산화제).
ozoné(e) [ɔzɔne] *a.p.* 《화학》오존을 함유한, 오존으로 처리한(ozonisé).
ozonide [ɔzɔnid] *n.m.* 《화학》오조니드 (오존과 불포화 화합물의 반응으로 만들어지는 유상(油狀)의 불안정 화합물).
ozoner [ɔzɔne] *v.t.* =**ozoniser**.
ozonisateur [ɔzɔnizatœ:r] *n.m.* =**ozonateur**.
ozonisation [ɔzɔnizasjɔ̃] *n.f.* 《화학》① 오존화: ⓐ 산소의 오존(ozone)화. ⓑ 유기 화합물에 오존을 가해서 오조니드(ozonide)를 만들기. ② (물의) 오존 살균 [처리].
ozoniser [ɔzɔnize] *v.t.* 《화학》① (산소를) 오존화하다 (ozoner). ② 오존 살균 [처리] 하다. ~ de l'eau 물을 오존 살균하다.
ozoniseur [ɔzɔnizœ:r] *n.m.* =**ozonateur, ozoneur, ozonisateur**.
ozonolyse [ɔzɔnɔliːz] *n.f.* 《화학》(오조니드를 물에 작용시켜 생기는) 케톤 [알데히드] 생성.
ozonomètre [ɔzɔnɔmɛtr] *n.m.* 오존측정계(計).
ozonométrie [ɔzɔnɔmetri] *n.f.* 오존측정법.
ozonométrique [ɔzɔnɔmetrik] *a.* 오존측정법의.
ozonosphère [ɔzɔnɔsfɛ:r] *n.f.* 《지구과학》오존층.
ozonothérapie [ɔzɔnɔterapi] *n.f.* 《의학》오존 요법.
ozotype [ɔzɔtip] *a.* procédé ~ 《사진》=ozotypie.
ozotypie [ɔzɔtipi] *n.f.* 《사진》오조타이프 인화법.

P

P¹, p [pe, 드물게 pə] *n.m.* 프랑스 자모의 제 16 자. P majuscule; grand P 대문자의 P. p minuscule; petit p 소문자의 p.

P² 《약자》 ① phosphore 【화학】 인(燐). ② couche P, p 각(전자각의 하나). ③ région (du type) P 【전자】 (반도체의)P형 영역. ④ peta- 페타. ⑤ poise 【물리】 힘의 단위.

P. 《약자》 ① Père 【가톨릭】 신부(인명 앞에 붙은 경우). ② 【상업】 protesté 인수(지불) 거부된; protêt 인수[지불] 거부증서.

p. 《약자》 ① page 페이지. ② pour …에 대하여. 5 p. 100 = 5%. ③ 【도량형】 pied 피트; pouce 인치. ④ 【물리】 puissance 작업량, 동력; poids 무게; pression 압력. ⑤ prenez 【약】 복용하시오. ⑥ pouls 【의학】 맥박. ⑦ piano 【음악】 약하게. ⑧ prime 【재정】 프리미엄.

Pa 《약자》 ① protactinium 【화학】 프로탁티늄. ② pascal 【물리】 파스칼 (압력의 단위).

P.A. 《약자》 ① Pour ampliation 【상업】 원본과 상위 없음을 증명함. ② poids atomique 【화학】 원자량. ③ pistolet automatique 【무기】 자동권총. ④ propriété assurée 【경제】 보험에 든 토지·가.

p.a. 《약자》 par an 1 년에. 1 ㄴ.

P.A.B. 《약자》 acide-para-amino-benzoïque 【생화학】 파라아미노 안식향산(酸).

pable 《약자》 payable 【상업】 지불되어야 할.

paca [paka] *n.m.* 【동물】 기니아피그《속칭 모르모트》.

pacage [pakaʒ] *n.m.* 목장; 목축, 목초지.

pacager [pakaʒe] ③ *v.i.* (가축이) 목장의 풀을 먹다; 가축을 방목하다. —*v.t.* (가축에게) 목장의 풀을 먹이다; 방목하다.

pacane [pakan] *n.f.* 【식물】 (북미산) 호두《열매》(noix de Pécan).

pacanier [pakanje] *n.m.* 【식물】 페칸《북미산(產) 호두나무의 일종》.

pacemaker [pasmakɛːr] 《영》 *n.m.* ① 《자전거·스포츠》(선두에서 속도를 조절해 주는) 조정자(調整者). ② 【의학】 심장고동 조정기, 페이스메이커.

pacfung [pakfɔ̃] *n.m.* 구리·니켈·아연의 합금.

pacha [paʃa] *n.m.* ① 터키 무무고관의 존칭. ⓑ 《구어》함장의 호칭. mener une vie de ~; faire le ~ (대접받으면서) 한가롭고 호화로운 생활을 하다.

pachalik [paʃalik] *n.m.* 【역사】 파샤(pacha)의 관할지구〔영지〕; 파샤의 지위.

pachomètre [pakɔmɛtr] *n.m.* (유리 따위의) 두께를 재는 기구.

pachto [paʃto] *n.m.* 파시토 어(語)《아프가니스탄 동부 바탄족의 언어; 아프간 말이라고도 함》.

pachy- *préf.* 「두꺼운, 굵은」의 뜻.

pachyderme [paki(ʃ)idɛrm] 【동물】 *a.* 가죽이 두터운, 후피(厚皮)의. —*n.m.* (코끼리·하마 따위의) 후피 동물.

pachydermie [paki(ʃ)idɛrmi] *n.f.* 【의학】 후피증(厚皮症).

pachydermique [paki(ʃ)idɛrmik] *a.* 《구어》① 가죽이 두터운. ② 거대한.

pachyméningite [pak(ʃ)imenɛʒit] *n.f.* 【의학】 경수막염(硬髓膜炎).

pacifiant(e) [pasifjɑ̃, -ɑ̃ːt] *a.* 진정시키는, 가라앉히는; 평화롭게 하는; 무마하는. atmosphère ~*e* de la famille 가정의 평화스러운 분위기.

pacificateur(trice) [pasifikatœːr, -tris] *a.* 진정시키는, 평화를 회복하는; 중재하는, 화해적인. mesures ~*trices* 강화조치. —*n.* 평정자; 중재인, 조정자, 화해자.

pacification [pasifikasjɔ̃] *n.f.* 평화회복, 평정(apaisement); 중재, 조정; 강화, 화해.

pacifier [pasifje] *v.t.* ① (의) 평화를 회복하다; 평정하다(↔révolter); 화해시키다, 조정하다, 중재하다. ② (마음 따위를) 진정시키다, 가라앉히다, 무마하다(apaiser, calmer, ↔agiter). ~ les esprits 마음을 가라앉히다.
—**se** ~*v.pr.* 평화가 회복되다, 평화롭게 되다; 진정되다, 가라앉다.

***pacifique** [pasifik] *a.* ① 평화로운, 평화를 사랑하는, 평화적인; 온화한, 유순한; 평온한(paisible) peuple ~ 평화를 애호하는 국민. coexistence ~ 평화공존. utilisation ~ de l'énergie nucléaire 핵에너지의 평화적 이용. mener une vie ~ 평화로운 생활을 하다. règne ~ 태평세대. ② possesseur ~ 【법】 이의가 인정된 점유자(占有者).
—*n.m.* le P— 태평양(l'océan P~).
—*n.* 평화를 사랑하는 사람, 온화한 사람.

pacifiquement [pasifikmɑ̃] *ad.* 평화롭게, 평화적으로, 평온하게. vivre ~ 평화롭게 살다.

pacifisme [pasifism] *n.m.* 【정치】 평화주의(정책), 평화론(↔bellicisme).

pacifiste [pasifist] 【정치】 *a.* 평화주의의, 평화론의. idéal ~ 평화주의적 이상. mouvement ~ 평화(주의)운동. —*n.* 평화주의자, 평화론자.

pacigérat [pasiʒera] *n.m.* (전쟁 중에) 교전국과 중립국 사이의 평화적 권익의 보장.

pack [pak] 《영》 *n.m.* ① (북극·남극해의) 부빙군(浮氷群), 총빙(叢氷). ② 《집합적》 【럭비】 전위.

package-deal [pakɛdʒdiːl] 《영》 *n.m.* 【경제】 일괄 거래계약.

packfond, packfong, packfung [pakfɔ̃] *n.m.* = **pacfung**.

pacotille [pakɔtij] *n.f.* ① 《집합적》 시시한 상품, 싸구려; 다량의 물품. ② 《옛》 (선원·선객이 배 안에 가지고 갈 수 있는 규정된 양의) 무임 수송(상)품. ③ 《옛》 잡화류.
de ~ 값싼, 조악한. bijou *de* ~ 모조 보석. héroïsme *de* ~ 값싼 영웅주의.

pacotilleur(se) [pakɔtijœːr, -ʃøːz] *n.* 《옛》 무임 수송(상)품(pacotille)을 취급하는 무역상; 싸구려 상품을 파는 상인.

pacquage [pakaʒ] *n.m.* (소금에 절인 생선을) 통에 재는 작업.

pacquer [pake] *v.t.* (절인 생선을) 통에 재다.

pacson, paqson, paxon [paksɔ̃] *n.m.* 《은어》소하물, 소포.

***pacte** [pakt] *n.m.* 협정, 조약(traité); 규약; 계약

pactiser 1418

(marché); 약속 문서, 협정서. signer un ~ 조약에 서명하다. ~ de non-agression 불가침조약. rompre un ~ 계약을 파기하다. ~ d'alliance 동맹조약[협정]. ~ de la Société des Nations 국제연맹규약. ~ colonial 〖역사〗식민지협정. ~ social 회사 정관. faire[conclure] un ~ (avec qn) (…와)협정[조약·계약]을 맺다.
faire un ~ avec la vérité 진실을 존중할 결심을 굳히다. *faire un ~ avec le diable* 이익을 보려고 위험한 사람과 손잡다.
pactiser [paktize] *v.i.* [~ avec] (와)계약[협정]을 체결하다; 타협하다, 공모하다(composer, transiger). ~ *avec* l'ennemi 적과 협정을 체결하다; 적과 손잡다. ~ avec sa conscience 양심을 굽히다.
Pactole [paktɔl] *n.pr.m.* 고대 리디아(*Lydie*)의 강(사금의 산지). —**p**~ *n.m.* 부(富)의 원천(源泉). C'est un vrai ~. 그것은 정말로 노다지이다.
paddock [padɔk]〖영〗*n.m.* ① 울타리로 막은 작은 목장. ② (울타리로 막은)경마장 부속 잔디발(경마 전에 말을 집합시키는 곳). ③〖속어〗침대.
paddocker (se) [səpadɔke] *v.pr.* 《은어》패덕(paddock)에 눕다.
paddy [padi]〖영〗*n.m.* 〖상업〗벼.
padine [padin] *n.f.* 〖식물〗갈조류의 일종.
padischah, padicha(h) [padiʃa] *n.m.* ① 〖역사〗(터키의)황제. ② 중요인물, 거물(manitou).
padou(e) [padu] *n.m.*[*f.*] 명주 반 무명 반의 띠(포장용).
padouan(ne) [padwɑ̃, -an] *a.* 파두아(*Padoue*, 이탈리아의 도시)의. —**P**~ *n.* 파두아 사람.
padouk [paduk] *n.m.* 암보이나(*Amboina*)목재(고급 가구용).
p.æ. (약자)*parties æquales* 〖약〗동량(同量).
pæan [peɑ̃] *n.m.* =péan.
pædagogium [pedagɔʒjɔm] 〖라틴〗*n.m.* (독일의) 학교.
paella [paeja, paela] 〖에스파냐〗*n.f.* 〖요리〗(에스파냐식의 조개·새우·고기 따위를 넣은)볶음밥.
paf [paf] *int.* 《구어》찰싹, 철썩(치는 소리)(vlan); 쾅, 쿵(물건 떨어지는 소리)(boum); 똑똑, 똑똑(구두 뒤축 소리). P~! Il a reçu une gifle en pleine figure. 찰싹! 그는 뺨을 정통으로 대 얻어맞았다. Le bouchon de champagne fit ~! 샴페인의 마개가 팡 터졌다.
—*a.* (불변)《속어》취한(soûl). Elles sont ~. 그 여자들은 술에 취해 있다.
—*n.m.* (비어)자지.
pagaie [pagɛ] *n.f.* 카누용의 짧고 넓적한 노.
pagaïe, pagaille [pagaj] *n.f.* 《구어》난잡, 혼란, 무질서(désordre; ↔ ordre); 혼돈지동하기, 법석. faire de la ~ 난잡한 짓을 하다. en ~ 뒤죽박죽, 혼란된; 대량으로. La chambre est en ~. 방 안은 뒤죽박죽이다. Il y en a en ~. 엄청나게 많다.
pagailleux(se) [pagajø, -ø:z] *a.* 《구어》어질러진, 혼잡한, 잡동사니의; 정신 없는. service ~ 엉망인 일. —*n.* 《구어》흐리멍덩한 자.
paganiser [paganize] *v.t.* 이교도로서 처신하다, 이교도 생활을 하다. —*v.t.* 이교도로 만들다, 이교도화하다.
paganisme [paganism] *n.m.* ① (그리스도교에 대하여)이교(異教)(특히 고대로마의 다신교). ② 〖집합적〗이교도; 이교도적 태도. ③ (특히 그리스·로마의)고대 이교문명.
pagaye [pagaj] *n.f.* =pagaïe.
pagayer [pageje] [8] *v.i.* 노로 저어 나아가다. —*v.t.* (카누 따위)노로 젓다.
pagayeur(se) [pagejœːr, -ø:z] *n.* (카누 따위의)노 젓는 사람.

*****page**[1]** [pa:ʒ] *n.f.* ① 페이지, (책·신문 따위의)지면. Ouvrez votre livre à la ~ 15. 책의 15페이지를 펴시오. à la[en] première ~ du journal 신문의 제 1면에. Vous le trouverez ~ 15. 15페이지에서 그것을 볼 수 있을 것입니다. belle[fausse] ~ (책의)제수[우수]의 페이지. mettre en ~ 〖인쇄〗(내리조판한 것을)페이지 단위로 조판하다. ~ blanche (vierge) (책의)아무것도 쓰여지지 않은 페이지. ② (책 따위의)한 장(feuillet). Il manque une ~ à ce livre. 이 책은 한 장이 빠져 있다. déchirer une ~ 페이지를 한 장 찢다. tourner[feuilleter] les ~*s* 페이지를 넘기다. ③ (예술 작품의)부분. les plus belles ~*s* de Hugo 위고 작품 중의 가장 좋은 부분, 위고의 걸작. recueil de ~*s* choisies 명문집, 선집. ④ (역사상의)시기; (획기적인)사건. une ~ glorieuse de l'histoire de France 프랑스 역사상 영광스러운 한 시기(사건). ⑤ 〖컴퓨터〗페이지(기억장치 용량의 표준량).
être à la ~ 《구어》사정에 정통하다, 잘 알고 있다; 시대의 첨단을 걷다. *tourner la* ~ (지난 일을 청산하고) 다른 일로 넘어가다.
page[2] [pa:ʒ] *n.m.* ① (왕·영주를 섬기는)시동(侍童), 근시(近侍). être sorti(hors) de ~ 《옛·문어》시동의 일을 끝내다; 제대로 한몫을 하게 되다. effronté(hardi) comme un ~ 《옛·문어》매우 뻔뻔스러운. ② (신랑·신부의 시중드는)시동 따위 들러리. ③ (늙은 멧돼지·사슴을 호위하는)새끼 멧돼지·사슴. ④ 《옛》(옷자락을 치켜올리는)스커트 클립.
page[3] *n.m.* 《속어》=pageot.
pagel *n.m.*, **pagelle** [paʒɛl] *n.f.* 〖어류〗도미.
pageot [paʒo] *n.m.* 《속어》침대.
pageoter (se)[(ə)paʒote], **pager** (se) [s(ə)paʒe] *v.pr.* 《속어》자리에 눕다.
pagination [paʒinɑsjɔ̃] *n.f.* 페이지를 매김(foliotage); 페이지 수.
paginer [paʒine] *v.t.* (책 따위에)페이지를 매기다.
pagne[1] [paɲ] *n.m.* 《옛 *n.f.*》(토인들의)허리에 두르는 간단한 옷.
pagne[2] *n.m.* 《속어》문병객이 병원에 몰래 가지고 들어가는 음식.
pagnon [paɲɔ̃] *n.m.* (Sedan 산의)고급 검은 나사.
pagnot [paɲo] *n.m.* 《속어》침대.
pagnoter (se) [s(ə)paɲote] *v.pr.* 《속어》눕다, 자리에 눕다.
pagode [pagɔd] *n.f.* ① (동양 사원의)탑, 파고다; (절의)우상. ② 옛 인도의 금화(후면에 탑 무늬가 찍힌). ③〖옛〗(중국의 자기로 만든)작은 입상(인형). —*a.* manche ~ 넓은 소매(→ manche 그림).
pagodon [pagɔdɔ̃] *n.m.* 〖건축〗(여러 나라의)작은 탑.
pagoscope [pagɔskɔp] *n.m.* 〖물리〗서리 예보 장치(일종의 전습계(乾濕計)).
pagre [pagr] *n.m.* 〖어류〗도미과의 식용 물고기.
pagure [pagy:r] *n.m.* 〖동물〗소라게속(屬).
paidologie [pɛdɔlɔʒi] *n.f.* =pédologie.
paie [pɛ] *n.f.* =paye.
*****paiement** [pɛmɑ̃] *n.m.* =payement.
païen(ne) [pajɛ̃, -ɛn] *a.* ① 이교(도)의. peuples ~*s* 이교민족. ② (특히 그리스·로마의)고대이교문명의. ③ 무신앙의, 우상숭배의(idolâtre).
—*n.* ① 이교도. ② 우상숭배자; 《구어》신앙이 없는 사람(impie).
paierie [pe(e)ri] *n.f.* (회계과의)지불창구.
paillage [puja:ʒ] *n.m.* 〖원예〗(초목을)짚으로 싸서 보호하기.
paillard(e) [paja:r, -ard] *a.* ①《구어》상스러운; 음탕한, 호색의(polisson, libertin). chansons ~*es* 상

스러운 노래. propos ~s 상소리. regards ~s 음탕한 눈초리. histoires ~es 음담. ② 《옛》짚 위에서 자는; 초라한. —n. 《옛》상스러운 사람, 음탕한 사람, 호색한.

paillarder [pajarde] v.i. 《옛》 방탕[음탕]한 생활을 하다. **—se ~** v.pr. 《학생속어》떼들어대며 놀다.

paillardise [pajardi:z] n.f. 음탕, 음란, 방탕, 호색; 음탕한 말[짓]. s'abandonner à la ~ 음란한 생활에 빠지다. commettre[dire] une ~ 음탕한 짓[말]을 하다. débiter des ~s 음탕한 말을 입에 담다.

paillasse [pa(a)jas] n.f. ① 짚을 넣은 매트. ② 《속어》배, 몸; 통갈보. crever la ~ à qn 《속어》아무의 배를 칼로 찌르다, ...을 죽이다. ③ (돌로 만든)작업대. —n.m. 어릿광대; 《구어》《정치》변절자, 기회주의자.

paillasserie [pa(a)jasri] n.f. 광대짓, 익살.

paillasson [pa(a)jasɔ̃] n.m. ① (현관 따위에 놓는) 신바닥 흙털개; 거적, 돗자리, 깔개, 멍석; 발. ② (각종의 복장용)밀짚 세공품, 밀짚모자. ③ 《속어》방탕아, 난봉꾼; 갈보; 바람둥이 여자. *mettre la clef sous le ~* 《구어》가출(家出)하다, 집을 비우다.

paillassonnage [pa(a)jasona:ʒ] n.m. 《원예》 거적을 씌워 보호하기.

paillassonner [pajasɔne] v.t. 《원예》 거적을 씌워 보호하다.

***paille** [pa:j] n.f. ①(집합적)짚, 밀짚, 지푸라기. *une botte de ~* 짚 한 단. *chapeau de ~* 밀짚모자. *~ répandue sur le champ* 밭에 흩어져 있는 지푸라기. ②짚으로 된 잠자리; 궁핍한 생활. *être(coucher) sur la ~* 짚을 깔고 자다; 몹시 가난하다. *mourir sur la ~* 빈곤 속에서 죽다. *mettre qn sur la ~* ...을 파산시키다. *~ humide des cachots* 감옥. ③ (음료를 마시는 데 쓰는)빨대. *boire avec une ~ en papier* 종이 빨대로 마시다. *rompre la ~ avec qn* ...와 사이가 틀어지다, 절교하다. *tirer à la courte ~* 제비뽑다, 추첨하다. ④ ~ *d'avoine*, *menue ~* (사료 대용으로 쓰는)겨. ⑤ (특히 부인용의)밀짚모자(chapeau de ~). ⑥ (유리·보석·금속 따위의)흠, 티; 금; 결점. *Ce diamant a une ~*. 이 다이아몬드는 흠이 한 군데 있다. *Il m'est entré une ~ dans l'œil*. 눈에 티가 들어갔다. ⑦하잘것 없는 것[일], 값어치 없는 것. *quelques lettres de ~* 《옛》별볼일 없는 편지들. *Une ~!* 《속어》 《비꼼》시시하군! ⑧ ~ *de fer* (마루 따위에 광을 내는)쇠수세미; 《해양》금속제의 긴 솔못(계수(繫仕)·삭구(索具) 따위에 씀).
C'est la ~ et la poutre. 《속담》똥묻은 개가 겨묻은 개 나무란다.
comme un poisson sur la ~ 육지에 올라온 물고기처럼.
être à la ~ jusqu'au ventre 대단히 유복하다.
feu de ~ 짚불; 《구어》일시적인 정열.
homme de ~ 《구어》무능한 사내; (이름만 빌려준)로보트; 앞잡이, 괴뢰.
Il a mis de la ~ dans[en] ses souliers. 《옛》그는 벼락부자가 되었다.
lever(enlever) la ~ 《옛》(호박(琥珀)이 지푸라기를 빨아들이듯이)보기좋게 성공하다.
tenir(avoir) une ~ 《속어》얼근하게 취해 있다.
voir la(une) ~ dans l'œil du prochain 남의 결점을 사소한 것도 그대로 넘겨 버리지 않다.
y trouver une ~ 《구어》큰 차이를 느끼다.
—a. 《불변》짚빛깔의, 메. *robe ~* 짚빛깔의 옷.
—n.m. 짚빛깔.

paillé [paje] n.m. 《농업》 외양간의 깃; 아직 덜 썩은 두엄(퇴비).

paillé²(e¹) [paje] a.p. ① 짚빛깔의. ② (유리·보석 따위가)흠[금·티]이 있는. ③ *vin ~* 백포도주의 일종(vin de paille).

paillée² n.f. 《농업》 (한 번에 탈곡할 수 있는 분량의) 짚 더미.

paille-en-cul [pajɑ̃ky], **paille-en-queue** [pajɑ̃kø] (pl. ~s-~-~) n.m. 《조류》열대산 해조의 일종(제비꼬리기 비슷함).

pailler¹(ère) [paje, -ɛ:r] n.m. 《농업》짚을 쌓아두는 마당(헛간); 짚가리; 두엄(퇴비)더미. *poularde de ~* 짚을 쌓아두는 장소에서 키운 암탉.
être fort (comme un coq) sur son ~ 《옛》자기가 아주 잘하는 분야에서.
—a. *poularde ~ère* = poularde de ~.

pailler² [paje] v.t. ① 《원예》 (묘포 따위의)짚으로 덮다[싸다]. ② (의자 따위에)짚을 넣다.

paillès [pajɛs] n.m.pl. (근동의 유태인이 의식 때 쓰는)머리털 감는 종이.

paillet [pajɛ] n.m. ① 《해양》 (밧줄이 맞닿아 닳지 않도록)덧대는 거적. ② 빗장의 용수철. ③ 색깔이 연한 포도주. —a. *vin ~* 색깔이 연한 적포도주.

pailletage [pajta:ʒ] n.m. (옷을)번쩍거리게 하기(금속·유리 조각 따위를 붙여서).

pailleté(e) [pajte] a.p. ①(옷이)번쩍거리는, 금박으로 장식한. ②[~ de] (을)흩뿌려 장식한. *ciel ~ d'étoiles* 별들로 수놓인 하늘.

pailleter [pajte] [5] v.t. (옷을)번쩍거리게 하다, 금박으로 장식하다. *~ d'or une étoffe* 천을 금박으로 장식하다. *~ un costume de carnaval* 사육제의 의상을 번쩍거리게 장식하다. 《에》(금·은·보석 따위가)총총 박혀 있다.

pailleteur [pajtœ:r] n.m. 사금 채집자.

paillette [pajɛt] n.f. ①(옷의 장식으로 쓰이는)번쩍이는 금속 조각. *robe à ~s d'or* 황금장식으로 번쩍이는 옷. *~ de gel* 번쩍이는 결빙. ② (강의)사금. ③ (운모·금속의)얇은 조각. ④ (보석의)티, 흠. ⑤ 《식물》 (포아풀과 식물의)화포(花苞). ⑥ 빗장의 용수철.

pailleur(se¹) [pajœ:r, -ø:z] n. ① 짚 장수. ② 《옛》의자에 짚을 넣는 사람(rempailleur). ③ *fumier ~* 《농업》짚이 덜 썩은 두엄(퇴비).

pailleux(se²) [pajø, -ø:z] a. (쇠·유리 따위가)흠이 있는, 금이 간.

paillis [pa(a)ji] n.m. ①《원예》뿌리 덮개. ②짚가리, 짚더미.

paillole [pa(a)jɔl] n.f. 《옛》사금.

paillon [pa(a)jɔ̃] n.m. ① (옷 장식용의)금속 조각(paillette보다 큰 것). ② (보석 광채를 더내기 위해)밑에 까는 박(箔). ③ (세제(洗劑)의 여과(濾過)에 쓰이는)짚의 작은 단. ④ (병에 씌우는)밀짚 싸개; 《제과》 =paneton. ⑤ 《시계·해양》(쇠사슬을 이루는)고리. ⑥ 《속어》 (남녀간의)불의(不義), 부정(不貞).

paillot [pa(a)jo] n.m. 《속어》①(현관에 놓는)흙을 터는 매트. ② (어린아이의 침대에 까는) 작은 짚방석; 요.

paillote [pa(a)jɔt] n.f. (열대지방의)초가집.

paimblotin [pɛ̃blɔte, -in] a. 팽뵈프(*Paimbœuf*, 프랑스의 도시)의. —P— n. 팽뵈프 사람.

paîment [pɛmɑ̃] n.m. = payement.

‡pain [pɛ̃] n.m. ① 빵. ~ à chanter[d'autel] 《가톨릭》(미사에 사용하는)떡. *croûte*(mie) de ~ 빵껍질, 빵속. *miettes de ~* 빵가루, 빵부스러기. *~ anglais* [de mie] 영국식의 4각형의 빵, 식빵. *~ bis* (아직 밀가루 냄새가 나는 그다지 좋지 않은)갈색 빵. *~ céleste* 《종교》성찬의 빵. *de ~ de vie* 생명의 떡, 그리스도의 가르침(《요한복음 6:35》). *petit ~*

작은 두루마리 빵. ~ sec 아무것도 안바른 빵. ② 빵과자; 빵을 사용한 요리. ~ d'épice 향료가 든 빵과자. ~ perdu 프렌치 토스트《우유에 담갔다가 프라이팬으로 구운 빵으로 계란·설탕 따위를 넣기도 함》. ~ de poisson 《요리》 물고기와 빵으로 만든 요리의 일종.
③ 양식, 식량; 생계. ~ quotidien 그날그날의 양식. ôter(retirer) à qn le ~ de la bouche …에게 생활비의 길을 빼앗다. gagner son ~ 벌다.
④ 덩어리. ~ de savon 고체 비누. ~ de sucre (원뿔꼴)설탕 덩이; (화강암의) 원뿔꼴.
⑤ 〖식물〗 arbre à ~ 빵나무《빵나무과》; ~ de concon 괭이밥속; ~ de grenouille 질경이택사; ~ de pourceau 야생 시클라멘 《원예식물》.
⑥《속어》주먹 때림. coller(flanquer) un ~ à qn …을 찰싹 갈기다.

acheter qc pour une bouchée(un morceau) de ~ 《구어》…을 아주 헐값으로 사다.
avoir du ~ sur la planche 《구어》할 일이 많다.
Il ne vaut pas le ~ qu'il mange. 그는 식충이다.
long comme un jour sans ~ 대단히 긴, 지루하게 끄는.
manger son ~ blanc le premier 즐거운〔쉬운〕 일부터 먼저하다, (일시적이)즐거운 시간을 보내다.
manger son ~ dans sa poche 욕심이 많다, 인색하다; 남과 접촉하기를 싫어하다.
mettre qn au ~ et à l'eau 《벌로서》…에게 빵과 물만을 주다.
Nul ~ sans peine. 《속어》고생이 없으면 얻는 것도 없다, 고생 끝에 낙이 온다.
ôter le goût du ~ à qn …을 죽이다.
P~ dérobé réveille l'appétit. 《속담》훔친 물건일수록 더 맛있다.
se vendre comme des petits ~s 무척 잘 팔린다.

pain² 〖약자〗 prochain 〖편지〗 다음의; 다음달의, 내달의.

*****pair¹** [pεːr] *n.m.* ① (옛) 동등한 것, 동류《지금은 주로 다음의 관용표현에서만 씀》. aller(marcher) de ~ (avec) qn(qc) …와 어깨를 나란히 하다; …에 뒤떨어지지 않다. traiter de ~ avec qn; traiter qn de ~ à compagnon …를 대동등하게〔똑같이〕 다루다. hors de ~; sans ~ 견줄 만한 것이 없는, 비할 바 없다. se tirer du〔de〕 ~ 훨씬 뛰어나다. ② (*pl.*)동료, 같은 또래. être reconnu par ses ~s 동료들에게 인정받다. ③ 〖역사〗중신(重臣), 대귀족. Chambre des ~s (영국의)상원. ~ de France (1814~1848년의)프랑스 상원의원. ④ 〖재정〗평가(平價), (증권 따위의)액면가격. ~ du change (외국환의)법정평가. valeur au(du) ~ (증권 따위의)액면 가격.
au ~ ⓐ travailler *au* ~ 침식만 제공받고 집안 일을 하다. ⓑ mettre *au* ~ 연기하다. ⓒ être *au ~ de son travail* 자기가 하는 일에 정통하다.

*****pair²(*e*¹)** *a.* ① 우수의(impair). nombre ~ 우수. jours ~s 우수일. numéro ~ 짝수, 우수. côté ~ (거리의)짝수번지 쪽(방향). ② 〖해부〗 (기관이)좌우대칭의. organe ~ 대칭기관. ③ 〖철도〗 voie ~e 상행선; train ~ 상행열차.
—*n.m.* 우수. et impair 홀짝수이.

pairage [pεraːʒ] *n.m.* 〖텔레비전〗 페어링.

*****paire²** [pεːr] *n.f.* ① (물건 따위의)켤레, 쌍, 짝. une ~ de gants 장갑 한 켤레. une ~ de souliers 구두 한 켤레. une ~ de bœufs 한 쌍의 소. une ~ de ciseaux 가위 한 개. ② (동물의)대, 조; (인간의) 한 쌍. une ~ de pigeons 한 쌍의 비둘기. une ~ d'amis 막역한 친구, 둘도 없는 친구. ③ 〖음성〗 ~ corrélative (음운론의)상관쌍; ~ minimale 최소대립쌍(pain과 bain 따위 최소의 음운론적 대립을 나타내는 한 쌍의 단어).
Ces tableaux font la ~. 이 2장의 그림은 잘 어울린다. *Les deux font la ~.* 〖구어〗둘 다〔쌍방이〕 같은 결점이 있다, 피장파장이다. *se faire la ~* 《속어》 가버리다, 도망치다.

pairement [pεrmɑ̃] *ad.* nombre ~ pair(impair) 2로 나누어서 짝수(홀수)가 되는 수자.

pairer (se) [s(ə)pε(e)re] *v.pr.* (영국의 국회의원이) 반대당과 결탁하여 투표를 기권하다.

pairesse [pεrεs] *n.f.* 귀족의 부인; (영국의) 여귀족.

pairie [pε(e)ri] *n.f.* ① 〖역사〗 귀족의 작위〔지위·신분〕. ② 〖역사〗 귀족원 의원의 신분. ~ personnelle(à vie) 귀족 개인〔종신〕의원 직. ③ (영국의)상원의원의 신분. ~ femelle (영국의)여성의원의 신분.

pairiste [pε(e)rist] *n.* (월급 없이) 숙식만으로 일하는 고용인.

pairle [pεrl] *n.m.* 〖문장〗 Y자 무늬.

*****paisible** [pε(e)zibl] *a.* ① 평화스러운, 평온한, 조용한(pacifique, tranquille, ↔ agité). visage ~ 평온스러운 얼굴. quartier ~ 조용한 동네〔구역〕. vie ~ 평온한 생활. caractère doux et ~ 온화한 성격. fleuve ~ 고요히 흐르는 강. ② ~ possesseur 〖법〗 이의(를 제기할 수 없는)점유자(占有者).

*****paisiblement** [pεziblǝmɑ̃] *ad.* 평화스럽게, 평온하게, 조용하게 (calmement, tranquillement).

paissance [pεsɑ̃ːs] *n.f.* (가축을)키우기, 풀을 먹이기, 목양(牧養), 방목.

paissant(e) [pεsɑ̃, -ɑ̃ːt] *a.* (가축의)목장의 풀을 뜯는. mouton ~ 풀을 뜯어먹는 양.

paisseau [pεso] (*pl.* ~*x*) *n.m.* (포도나무 따위의)지주(支柱).

paisseler [pεsle] ⑤ *v.t.* (포도나무 따위에)지주를 세우다.

paisson [pεsɔ̃] *n.f.* 방목; 〖법〗방목권; (방목하는 가축이 먹는)목초, 나무 열매.

paître [pεtr] ④① 〖직설법 단순과거·접속법 반과거는 없음; 복합시제는 다음의 경우에만 사용됨〗:Il a pu et repu. 그는 배불리 먹었다. faucon qui *a* pu 먹이를 먹은 매; 〖구어〗 (소나 양을)방목〔목양〕하다, 풀을 먹이다; (가축의 목초를)먹다. Les vaches paissent l'herbe. 암소들이 풀을 뜯어먹는다.
—*v.i.* 목초를 먹다; (매가)먹이를 먹다. mener ~ (가축을)목장으로 몰고 가다.
Allez ~! 〖구어〗썩 꺼져버려! *envoyer ~ qn* …을 쫓아버리다, 갑자기 해고하다.

*****paix** [pε] *n.f.* ① 평화. en temps de ~ 평화시에. à tout prix 절대평화주의. ~ boiteuse 절름발이〔불안정한〕 평화 ~ 평화주의의. «La Guerre et la P~» 『전쟁과 평화』(톨스토이의 소설). ~ mondiale(universelle) 세계평화. ② 강화, 화평; 강화조약(traité de ~) pourparlers de ~ 평화협상. conclure(ratifier) la ~ 강화조약을 체결〔비준〕하다. signer la ~ 강화조약에 서명하다. ~ honteuse 굴욕적인 화평. ~ séparée 단독강화. ~ de Dieu 〖역사〗신의 평화《교회가 공포한 적대 행위 금지령》. loi de ~ 복음서. ③ 치안, 안전. observer(troubler) la ~ 치안을 유지〔교란〕하다. juge de ~ 치안판사. gardien de la ~ 경관. ④ 화합, 화목, 화해. vivre en ~ avec qn …과 잘 지내다. faire la ~ avec qn …과 화해하다. mettre la ~ entre deux personnes 두 사람을 화해시키다. ⑤ 안녕, 평온; 안심, 안도. avoir la conscience en ~ 마음이 편안하다, 양심에 아무것도 거리낌이 없다. laisser qn en ~ …을 귀찮게 하지 않고 조용히 내버려두다. Allez en ~! 고요히 잠드소

서!(죽은 사람에게). Dieu lui fasse ~!; P~ à ses cendres; Qu'il repose en ~! 그의 영혼이 고요히 잠들기를! La ~!; P~!; Fichez-moi[Foutez-moi] la ~! 조용히! ⑥ (장소·시간이)조용함. ~ des bois(du cimetière) 숲[묘지]의 정적. ~ du soir 밤의 조용함. ⑦ 〖종교〗 (그리스도의 수난을 그린)접문패(接吻牌); baiser de ~ 미사 때 행하는)평화의 입맞춤.

pajot [paʒo] *n.m.* =pageot.

Pakistan [pakistɑ̃] *n.pr.m.* 〖지리〗 파키스탄.

pakistanais(e) [pakistanɛ, -ɛːz] *a.* 파키스탄의. —P~ *n.* 파키스탄 사람.

pal [pal] (*pl.* ~s, 《드물게》 **paux** [po]) *n.m.* ① 말뚝, 쇠꼬챙이. supplice du ~ 〖옛〗 사람을 꼬챙이에 꿰는 형벌. ② (포도묘목을 심는 데 쓰는)기구. ③ 〖문장〗 한가운데 세로 무늬가 있는 방패꼴.

palabre [palabr] *n.f.[m.]* (보통 *pl.*) ① 〖구어〗 길고 지루한 이야기; 장황한 야외 연설[토론](discours, parole). perdre son temps en ~ 길고 지루한 이야기로 시간을 낭비하다. ② 〖옛〗 (흑인 추장에게 주는) 선물; (흑인 추장과의)상담(商談), 담판.

palabrer [palabre] *v.i.* ① 〖구어〗 수다를 떨다, 장황하게 늘어놓다. ② (흑인 추장과)상담[담판]하다.

palace [palas] 〖영〗 *n.m.* (호텔·영화관 따위의)호화로운 건물. mener la vie de ~ 〖구어〗호화로운 생활을 하다. descendre dans un ~ 호화호텔에 투숙하다. —*a.* 〖속어〗훌륭한, 멋들어진.

palade [palad] *n.f.* 〖보트〗 한 번 젓기.

paladin [paladɛ̃] *n.m.* ① 〖역사〗 샤를마뉴 대왕 (*Charlemagne*) 휘하의 귀족; (중세의)세력하는 기사, 방랑기사. ② 협객(俠客).

palafitte [palafit] *n.m.* 〖고고학〗 (신석기시대의) 호상(湖上) 가옥.

*palais[1] [palɛ] *n.m.* ① 대궐, 궁전; 관저(官邸); 호화로운(호장한) 건물. ~ du roi 왕궁. ~ épiscopal 사교관(司教館). ~ des Doges 〖옛〗베니스 공화국의)총독부. le ~ des Sports (파리의)체육관. le P~-Bourbon 프랑스하원(下院). le P~ du Luxembourg 프랑스 상원(上院). le P~ de l'Élysée 엘리제궁(프랑스 대통령 관저). le P~ présidentiel 대통령관저. le P~ des Papes(*Avignon*에 남아있는)교황청. courrier du P~ de justice). courrier du P~ 〖신문〗재판 기사(란). gens du P~ 법조계 인사, 변호사. termes du P~ 사법용어. jours de P~ 개정일.

palais[2] *n.m.* ① 〖해부〗 구개(口蓋), 입천장. ~ artificiel 인공구개. voile du ~; ~ mou 연(軟)구개. voûte du ~; ~ dur 경(硬)구개. ② 미각(味覺). mets qui flatte le ~ 맛있는 요리. avoir le ~ fin 미각이 예민하다.

palan [palɑ̃] *n.m.* 〖기계·해양〗 도르래, 윈치.

palanche [palɑ̃ːʃ] *n.f.* (물지게 따위의 어깨에 메는) 작대기.

palançon [palɑ̃sɔ̃] *n.m.* 〖건축〗 (벽토를 지탱하는) 욋가지, 잡장.

palancre [palɑ̃ːkr], **palangre** [palɑ̃ːgr] *n.f.* 〖어업〗 (여러 개의 낚시가 달린)낚시찌 아랫 부분의 줄, 투럿낚싯줄.

palangrin [palɑ̃grɛ̃] *n.m.* (알제리의)연안어선.

palanguer [palɑ̃ge] *v.i.* 〖해양〗 도르래로 들어 올리다.

palanque [palɑ̃ːk] *n.f.* 〖축성〗 방책(防柵).

palanquée [palɑ̃ke] *n.f.* 〖해양〗 도르래장치로 한 번에 올려지는 화물의 양.

palanquer[1] [palɑ̃ke] *v.t.* 〖축성〗 (에)방책을 설치하다.

palanquer[2] *v.i.* =palanguer.

palanquin[1] [palɑ̃kɛ̃] *n.m.* (동양에서 쓰이는)가마.

palanquin[2] *n.m.* 〖해양〗 (돛을 말아올리는 데 쓰는)작은 복합 도르래.

Palaos (les) [lepalaoːs] *n.pr.f.pl.* 〖지리〗 팔라오.

palastre [palastr] *n.m.* (자물쇠의)몸통쇠. L자쇠.

palatal(ale, *pl.* **aux)** [plaltal, -o] *a.* 〖해부〗 구개(口蓋)의. voyelles ~*ales* 〖언어〗 경구개모음(硬口蓋母音). consonnes ~*ales* 〖언어〗 경구개자음(k, g 따위). —*n.f.* 〖언어〗 구개음, 경구개음.

palatalisation [palatalizasjɔ̃] *n.f.* 〖언어〗 구개화(口蓋音化).

palatalisée [palatalize] *a.p.* 〖언어〗 구개음화된.

palataliser [palatalize] *v.t* 〖언어〗 구개화하다.

palatial(ale, *pl.* **aux)** [palasjal, -o] *a.* ① 〖옛〗 재판소의. ② 〖구어〗 궁전 같은.

palatin(e)[1] [palatɛ̃, -in] *a.* ① 〖역사〗 궁중에서 직무를 맡아보는. comte ~ 궁중 백작, 팔라틴 백작. École ~*e* 샤를마뉴왕의 궁정안에 설치한 학술원; 학술원의 학자. Mont P~ 〖고대로마〗 팔라틴 언덕. ② 〖지리〗 팔라티나(*Palatinat*)의. électeur ~ 팔라티나 선거후(選擧侯).
—*n.m.* ① (*P*~)팔라틴 언덕. ② 〖역사〗 궁중 백작, 팔라틴 백작; 팔라틴 선거후; (폴란드의)주(州)지사; 헝가리의 부왕(副王).
—*n.f.* ① (la *P*~*e*) 궁중 백작의 부인. ② 여자용 털목도리.

palatin(e)[2] 〖해부〗 *a.* 구개의. —*n.m.pl.* 구개골 (口蓋骨)(os ~s).

palatinat [palatina] *n.m.* 〖역사〗 ① (독일·폴란드의)선거후의 벼슬; 궁중 백작의 영지(領地). ② (폴란드의) 주.

palato(-)alvéolaire [palatoalveɔlɛːr] 〖언어〗 *a.* 경구개치경음(硬口蓋齒莖音)의. —*n.f.* 경구개음.

palato-dental(ale, *pl.* **aux)** [palatodɑ̃tal, -o] 〖언어〗 *a.* 경구개치음의. —*n.f.* 경구개치음.

palatogramme [palatogram] *n.m.* 구개도.

palato-pharyngien(ne) [palatofarɛ̃ʒjɛ̃, -ɛn] *a.* 〖해부·언어〗 구개인두(口蓋咽頭)의, 구개인두 [palɑːtr] *n.m.* = palastre.

palâtre [palɑːtr] *n.m.* = palastre.

pale[1] [pal] *n.f.* 노깃 (노의 평평한 앞부분); (외륜선(外輪船)의)회전판, (프로펠러·풍차 따위의) 날개, 곁바퀴. ② 수갑(水閘), 수문. ③ 울타리 말장, 판자 말뚝.

pale[2] *n.f.* 〖가톨릭〗 성작개(聖爵蓋).

*pâle [paːl] *a.* ① (얼굴 따위가)핼쑥한, 파리한, 창백한, 핏기 없는(blafard, blême); être ~ de peur 공포로 파랗게 질리다. ~s *ombres* 〖시〗망령. ~ de colère 노여움으로 하얗게 질린. ~ comme un linge(un mort, la mort) 흰 천(죽은 사람)처럼 창백한. se faire porter ~ 〖군대속어〗병고(病故)를 신고하다; 꾀병부리다. Visages ~s 아메리카인디언측에서 본)백인. ② (빛이)연한(doux, ↔ vif). à la ~ clarté de la bougie 촛불의 희미한 빛아래서. bleu ~ 연한 청색. Le soleil est ~ en hiver. 겨울에는 햇빛이 약하다. cravate verte ~ 연한 녹색의 넥타이. ③ (미소·문체 따위가)힘[생기] 없는 (faible, ↔ éclatant). style ~ 생기없는 문체. sourire ~ 희미한 미소.

palé(e) [pale] *a.* 〖문장〗 줄무늬의.

palée [palea] *n.f.* 〖해양〗 (소금·곡식을)삽으로 퍼서 싣기.

pale-ale [pɛlɛl] 〖영〗 *n.m.* 빛이 연한 맥주.

palée[2] [pale] *n.f.* 〖토목〗 (기초 따위로서 줄지어 박은)말뚝의 열(列).

palefrenier [palfrənje] *n.m.* 마부.

palefroi [palfrwa] *n.m.* 〖중세〗 의장마(儀仗馬), 행진 말.

pâlement [palmɑ̃] *ad.* 창백하게, 핏기없이; (색이) 연하게; (문체 따위가)힘없이, 생기없이.

palémon [palemɔ̃] *n.m.* 〖동물〗참새우 무리. —**P**~ *n.pr.m.* 〖그리스신화〗바다의 신.

paléo- *préf.* 〖옛〗의 뜻.

paléobotanique [paleɔbɔtanik] *n.f.* 고대(화석)식물학.

paléocène [paleɔsɛn] *n.m., a.* 〖지질〗효신세(曉新世)〖신생대 고(古)제 3기의 최초의 시기; 약 7000-6500 만 년전〗(의).

paléochrétien(ne) [paleɔkretjɛ̃, ɛn] *a.* 〖미술〗초기 기독교(도)의. art ~ 초기 기독교 예술.

paléoclimat [paleɔklima] *n.m.* 고대지질시대 기후.

paléoclimatique [paleɔklimatik] *n.f.* 고대지질시대 기후연구.

paléocytologie [paleɔsitɔlɔʒi] *n.f.* 고생물 세포학.

paléoécologie [paleɔekɔlɔʒi] *n.f.* 고대생태학.

paléoethnologie [paleɔɛtnɔlɔʒi] *n.f.* 선사(先史)인류학, 고(古)민속학.

paléogène [paleɔʒɛn] *n.m.* 〖지질〗고제삼기(古第三紀).

paléogéographie [paleɔʒeɔgrafi] *n.f.* 고대지리학.

paléographe [paleɔgraf] *n.m.* 고문서 학자, 고문자학자. —*a.* 고문서 학자의.

paléographie [paleɔgrafi] *n.f.* 고문서학.

paléographique [paleɔgrafik] *a.* 고문서학의.

paléographiquement [paleɔgrafikmɑ̃] *ad.* 고문서학상.

paléohistologie [paleɔistɔlɔʒi] *n.f.* 고생물 조직학.

paléolithique [paleɔlitik] *n.m., a.* 구석기시대(의).

paléologue [paleɔlɔg] *n.m.* 고어학자.

paléomagnétisme [paleɔmanetism] *n.m.* 고지자기(학)(古地磁氣(學)).

paléontologie [paleɔtɔlɔʒi] *n.f.* 고대생물학.

paléontologique [paleɔtɔlɔʒik] *a.* 고대생물학의.

paléontologiste [paleɔtɔlɔʒist], **paléontologue** [paleɔtɔlɔg] *n.* 고대생물학자.

paléopathologie [paleɔpatɔlɔʒi] *n.f.* 고생물 병리학.

paléosol [paleɔsɔl] *n.m.* 〖지질〗고대토양.

paléospéléologie [paleɔspeleɔlɔʒi] *n.f.* 고대지질시대 동굴학.

paléothérium [paleɔterjɔm] *n.m.* 〖고대생물〗(제 3기 시신세(始新世)의)말과 포유동물.

paléozoïque [paleozɔik] *n.m.* 〖지질〗고생대의. ère ~ 고생대. —*n.m.* 고생대(primaire).

paléozoologie [paleozɔɔlɔʒi] *n.f.* 고대동물학.

Palerme [palɛrm] *n.pr.* 〖지리〗팔레르모 (Sicily 섬의 옛 수도).

palermitain(e) [palɛrmitɛ̃, -ɛn] *a.* 팔레르모(Palerme)의. —**P**~ *n.* 팔레르모 사람.

paleron [palrɔ̃] *n.m.* (소의)견갑골 근처의 넓적한 부분. 〖요리〗소의 어깻죽지 살(→ bœuf 그림).

palestin(e) [palɛstɛ̃, -in], **palestinien(ne)** [palɛstinjɛ̃, -ɛn] *a.* 팔레스티나(Palestine)의. —**P**~ *n.* 팔레스티나 사람.

Palestine (la) [lapalɛstin] *n.pr.f.* 〖지리〗팔레스티나. —**p**~ *n.* 〖인쇄〗22 포인트 활자.

palestinien(ne) [palɛstinjɛ̃, -ɛn] *a.* 팔레스티나(사람)의. —**P**~ *n.* 팔레스티나 사람.

palestre [palɛstr] *n.f.* 〖고대그리스〗씨름관.

palestrique [palɛstrik] *a.* 〖고대그리스〗씨름의, 씨름관의. —*n.f.* 씨름기술.

palet [palɛ] *n.m.* 〖경기〗(고리던지기의)서고리; (과녁에 던지는)돌 원반.

palethnologie [palɛtnɔlɔʒi] *n.f.* 〖민족〗선사학, 선사인류학.

paletot [palto] *n.m.* (남녀용의)짤막한 외투; 양복 저고리. ~ de sapin 〖속어〗관(棺).

sauter sur le ~ à *qn***; secouer le ~ à** *qn***; tomber sur le ~ de** *qn* 〖속어〗…에게 달려들다, 공격하다.

palette[1] [palɛt] *n.f.* ① 팔레트, (한 벌의)그림 물감; (화가의)색채, 색조(色調). faire (charger) sa ~ 팔레트 위에 여러가지 물감을 늘어놓다. avoir une riche ~ 색채가 풍부하다. ② 탁구 배트; (빨래용 따위의)방망이; (금박 적공용)주걱. ~ à pansement 〖의학〗부목(副木). ~ de marqueur 〖군사〗(사격수에게 탄착점(彈着點)을 가리켜주는)막대기. ③ 노깃, (물레바퀴 따위의)물받이판, (외륜선(外輪船) 따위의)물갈퀴, (추진기 따위의)날개회전판; 돼지·양의 견갑골(肩胛骨)부분의 고기; 슬개골; 〖속어〗손. ④〖에〗〖의학〗외과 의사가 흐르는 피를 받는 접시. ⑤ (지게차가 짐을 실어올리기 위해서 만든)짐받이판.

palettisation [palɛtizasjɔ̃] *n.f.* (지게차 따위의)짐받이판(palette)을 이용한 운반, 운송.

palettiser [palɛtize] *v.t.* 팔레트〖짐받이판〗에 싣다; (운반작업을)팔레트화하다.

palétuvier [paletyvje] *n.m.* 〖식물〗(열대지방의) 바닷가에 나는)홍수(紅樹), 맹그로브.

pâleur [pɑlœːr] *n.f.* (얼굴빛 따위의)창백함, 파리함, 핏기없음; (빛깔의)연함; 희미한 빛. La ~ de la mort paraît déjà sur son visage. 그의 얼굴에는 이미 죽음의 창백한 빛이 나타나 있었다. ~ des rayons lunaires 희미한 달빛.

pali(e) [pali] 〖언어〗 *a.* (인도의)팔리의. langue ~e (범어(梵語)의 속어인)팔리어(語). —*n.m.* 팔리어(語).

pâli(e) [pali] (*p.p.*<*pâlir*) *a.p.* 창백해진; 빛깔이 바랜.

palicare [palikaːr] *n.m.* = **palikare**.

pâlichon(ne) [pɑ(a)liʃɔ̃, -ɔn] *a.* 〖구어〗파리한.

palier [palje] *n.m.* ① 층계참. demi-~ 계단 중간의 층계참. demeurer sur la même ~ 같은 층에 살다. voisins de ~ (아파트의)같은 층에 사는 사람들. ② (철로·도로 따위의)수평부(水平部). 〖항공〗수평비행. attaquer le ~; voler en ~ 수평으로 비행하다. faire cent kilomètres à l'heure en ~ 평탄한 길에서 시속 100킬로의 속력을 내다. ③ (변화의)안정상태(기); 단계, 계급, 계층. La hausse des prix a atteint un nouveau ~. 물가상승은 새로운 안정기를 맞이했다. différents ~s de la société 사회의 각계층. taxes imposées par ~s 누진세. progresser par ~s 점차적으로 발전하다. ④ 〖기계〗축받이; 축받이대(臺). ~ à billes 볼베어링. **palière** [paljɛːr] *a.f.* 층계 위와 수평의. marche ~ 층계 맨위의 계단(단·디딤판). porte ~ 층계참으로 통하는 문. —*n.f.* = **marche** ~.

palification [palifikasjɔ̃] *n.f.* 〖건축·토목〗말뚝 박는 작업.

palifier [palifje] *v.t.* 〖건축·토목〗(땅에)말뚝을 박아 단단히 하다.

paligraphie [paligrafi] *n.m.* 〖정신의학〗동자(同字) 반복(증).

palikare [palikaːr] 〖그리스〗 *n.m.* 〖역사〗ⓐ 팔리카르.ⓑ 터키 지배하에 있었던 그리스의 산악시민병. ⓑ 독립전쟁시의 그리스·알바니아 산악 빨치산. ⓒ 옛 풍속을 지키는 그리스 농민.

palikinésie [palikinezi] *n.f.* 〖정신의학〗동작(반복(증).

palilalie [palilali] *n.f.* 〖정신의학〗동어(同語) 반복(증).

palim-, palin- *préf.* 〖「다시·재차(再次)」의 뜻〗.

palimpseste [palɛ̃psɛst] *n.m.* ① 팔랭프세스트 (쓰여 있던 글을 지우고 그 위에 다시 글자를 쓴 양피지). ② 〖문어〗(여러번의 가필·정정·삭제를 거쳐서)아주 달라진 작품; (새로운 인상에 의한 옛기

palindrome [palɛ̃dro:m] *n.m.* 〖문학〗 회문(回文). 회문체의 어구《앞에서부터 읽으나 거꾸로 뒤에서부터 읽으나 똑같은 어구: un roccornu 따위》.
―*a.* 회문체의.

palingenèse [palɛ̃ʒ(ə)nɛz] *n.f.* 〖지질〗팔랭즈네즈《화강암으로 되어가는 과정의 암석이 다시 용해되어 마그마가 생기는 퇴행현상》.

palingénésie [palɛ̃ʒenezi] *n.f.* ① 〖철학〗역사의 순환, 윤회《輪廻》. ② 〖종교〗재생《세례에 의하여 은총을 받는 일》. ③ 《사람·사회의》신생, 부흥.

palingénésique [palɛ̃ʒenezik] *a.* ① 〖철학〗역사의 순환의, 윤회의. ② 재생의; 재생을 믿는.

palinod [palino] *n.m.* 〖중세〗성모수태 찬가.

palinodie [palinodi] *n.f.* ① 〖문학〗 (먼저 썼던 시를) 취소하는 시, 개영시(改詠詩). ② 전언(前言) 취소, 취소의 말(volte-face). chanter la ― 자기가 한 말을 취소하다. ③ (*pl.*)《특히 정치적인》태도의 표변, 변절.

palinodique [palinodik] *a.* 개영시식의.

palinure [paliny:r] *n.m.* 〖동물〗=**langouste**.

*****pâlir** [pali:r] *v.i.* ① 창백해지다, 핏기가 가시다(blêmir, ↔ rougir). ~ de colère 분노로 얼굴이 창백해지다. ~ d'horreur 무서워서 새파랗게 질리다. ~ sur les livres [un travail] (건강을 손상할 만큼) 오랫동안 공부[일]에 열중하다. ② 빛깔이 바래다; 빛이 약해지다; 빛을 잃다, (빛)이 희미해지다(s'affaiblir).

faire ~ qn d'envie [de jalousie] …에게 부러움[질투심]을 느끼게 하다. Son succès a fait ~ d'envie ses amis. 친구들은 그의 성공을 몹시 부러워했다.

Son étoile pâlit.《구어》그의 운수(명성)도 다했다.
―*v.t.* (얼굴빛 따위를) 창백하게 만들다; (빛을) 엷게 하다, (빛깔을 바래게) 하다. Le froid le pâlissait. 추위로 그의 얼굴은 창백해져 있었다.

palis [pali] *n.m.* ① 《울타리로 둘러막은》말뚝; 말뚝을 둘러박은 땅. ②《구어》《끝이 뾰족한》말뚝.

palissade [palisad] *n.f.* ① 말뚝(판자)울타리; 생울타리. ② 〖군사〗방책.

palissadement [palisadmɑ̃] *n.m.* (판자·말뚝으로)울타리를 둘러치기.

palissader [palisade] *v.t.* (에)울타리를 둘러치다; 울타리로 에워싸다.

palissadique [palisadik] *a.* parenchyme ~ 〖식물〗《잎 표면의》울타리 조직.

palissage [palisa:ʒ] *n.m.* 〖원예〗《가지 따위를》말뚝에 고정시키기;《덩굴을》벽에 기어오르도록 고정시키기.

palissandre [palisɑ̃:dr] *n.m.* 〖식물〗자단(紫檀).

pâlissant(e) [pɑ(a)lisɑ̃, -ɑ̃:t] *a.* (얼굴빛이)창백해지는; (빛이)바래는; (빛이)약해지는. accusé ~ 얼굴이 창백해진 피고. ciel ~ 빛이 엷어진 하늘.

palissé(e) [palise] *a.* 〖문장〗울타리끝의 무늬가 있는.

palissement [palismɑ̃] *n.m.* =**palissage**.

pâlissement [pɑ(a)lismɑ̃] *n.m.* ① 창백해짐; (빛깔이)바램; (빛이)약해짐. ② =pâleur.

palisser [palise] *v.t.* 〖원예〗《가지 따위를》말뚝에 고정시키다;《덩굴을》벽에 기어오르게 하다.

palisse(e) [paliswa, -a:z] *a.* 라팔리스의 (*Lapalisse*, 프랑스의 도시)의. ―P~ *n.m.* 라팔리스 사람.

palisson [palisɔ̃] *n.m.* 무두질하는 기구.

palissonner [palisone] *v.t.* (가죽을)무두질하다.

palissonneur [palisɔnœ:r] *n.m.* (가죽을)무두질하는 직공.

paliure [palju:r] *n.m.* 〖식물〗(울타리로 쓰이는 갈매나무과의)가시덩불.

palla [palla] 《라틴》 *n.f.* 《고대 로마》여자용 망토.

palladium[1] [palladjɔm] *n.m.* ① 〖신화〗여신 팔라스(*Pallas*)의 나무조상(彫像). ②《구어》수호신.

palladium[2] *n.m.* 〖화학〗팔라듐.

Pallas [pallas] *n.pr.f.* 〖그리스신화〗아테네(*Athéna*, *Athéné*)《아테네의 수호신으로서 군사를 관장하는 여신》.

pallas [palla:s] *n.m.*《속어》지루한 장광설(長廣舌).

palle [pal] *n.f.* =**pale**[2].

palléal(ale, *pl.* **aux)** [paleal, -o] *a.* 〖동물〗《연체동물의》외투막(外套膜)의. cavité [chambre] ~ale 외투강.

palliateur(trice) [paljatœ:r, -tris] *a.* 변명하는, 핑계대는.

palliatif(ve) [paljatif, -i:v] *a.* 《약 따위가》일시적인 효력밖에 없는; 임시 방편의; 고식적인. traitement ~ 일시적 치료법. ―*n.m.* 일시적 완화제 (remède ~); 고식적인 수단. Cette mesure n'est qu'un ~. 이번 조치는 임시방편의 지나지 않는다.

palliation [paljasjɔ̃] *n.f.* (과오·결함에 대한)변명, 핑계, 얼버무림; (병 따위의)일시적 완화. ~ d'un faute 과실[과오]에 대한 핑계.

pallidectomie [palidɛktɔmi] *n.f.* 〖외과〗 담창구 파괴수술《주로 파킨슨 병의 치료를 위한》.

pallidum [pa(l)lidɔm] *n.m.* 〖해부〗담창구《대뇌반구의 심부(深部)에 있는 회백질로서 렌즈핵의 안쪽 부분》.

pallier [palje] *v.t.* ① (과오·잘못을)변명하다, 핑계대다, 얼버무리다《pallier à 의 형태는 잘못으로 여겨지고 있음》. Il essaie de ~ sa faute. 그는 자신의 과오를 얼버무린다. ② (병환을)일시적으로 완화하다《사태에》일시적으로 대처하다. ~ le mal 병세를 일시적으로 완화시키다. [~ qc par qc] J'ai pu ~ la douleur *par* des cachets. 나는 으로써 잠시 통증을 가라앉힐 수 있었다. ~ (à) la crise 위기에 잠정적으로 대처하다.

pallium [paljɔm]《라틴》 *n.m.* ① ⓐ (*pl.* pallia) 고대 그리스·로마의 겉옷. ⓑ (*pl.* ~s, pallia) 교황·대주교가 어깨에 거는 양털로 짠 Y형의 흰 띠. ② 〖해부〗외투《뇌의 피질과 그 하층을 포함하는 조직》. ③ 〖문장〗Y 자형의 문장.

pallotins [palɔtɛ̃] *n.m.pl.* (*Vincent Pallotti* 가 1835년에 설립한)팔로당《가톨릭 수도회의 신도》.

palma-Christi [palmakristi] *n.m.*《복수불변》〖식물〗아주까리 (ricin 의 통칭).

palmaire [palmɛ:r] *a.* 〖해부〗 ~ 손바닥의.
―*n.m.* 손바닥 근육, 장근(掌筋).

palmarès [palmarɛs] *n.m.* ① 수상자[입상자] 명부[명단]. figurer au ~ 수상자 명단에 오르다. ~ d'un lycée 고등학교의 우등생 명부. ② (레코드·가수 따위의)인기순위; 히트퍼레이드.

palmarium [palmarjɔm] *n.m.* 종려 재배용 온실.

palmas [palmas] 〖에스파냐〗 *n.m.* 팔마스《플라멩코의 3 박자》.

palmatifide [palmatifid] *a.* =**palmifide**.

palmatilobé(e) [palmatilɔbe] *a.* =**palmilobé**.

palmatiparti(te) [palmatiparti, -it] *a.* =**palmiparti**.

palmatiséqué(e) [palmatiseke] *a.* =**palmiséqué**.

palmature [palmaty:r] *n.f.* ① 〖의학〗지지유착증(趾指癒着症). ② 〖사냥〗장장각(掌狀角)《사슴뿔의 손바닥 모양의 부분》. ③ 〖동물〗《동물의 발끝의》손바닥 모양; 물갈퀴.

palme[1] [palm] *n.f.* ① 종려나무 가지[잎]. décorer qc avec des ~s …을 종려나무 잎으로 장식하다. dimanche des ~s 성지(聖枝) 주일. ⓐ 승리; (종려나무 가지 모양의)훈장. remporter la ~ 승리의 영광을 차지하다. ~ de martyre (종교화에서)

palme²

순교자가 손에 드는 종려나무 가지, 순교의 영예. ~ d'or 금상. ③ (pl.)교육공로장(~s académiques). ④〖옛〗〖식물〗종려나무(palmier); (특히) 대추야자(지금은 다음 표현으로 씀). huile [beurre] de ~ 종려유. sucre de ~ 야자당(糖). vin de ~ 야자술. ⑤〖건축·문양〗종려나무잎무늬. ⑥ (잠수용) 고무오리발; (새 따위의)물갈퀴.
À vous la ~! 당신에게는 못 당하겠소.

palme² n.m. ① 〖고대로마〗손바닥 폭으로 재는 길이의 단위(7.5 센티미터). ② 이탈리아의 옛 길이의 단위(24.7∼29.8 센티미터).

palmé(e) [palme] a. ①〖식물〗(잎이)손바닥 모양의. ②〖조류〗물갈퀴가 있다. ③〖구어〗교육공로 훈장(palmes)을 탄.
les palmer ~es〖속어〗하는 일 없이 지내다.

palmer¹ [palme] v.t. ① ~ des aiguilles〖기술〗바늘 머리를 납작하게 하다. ②〖구어〗교육공로훈장을 수여하다. ③〖해양〗손바닥 폭으로 (돛대의) 굵기를 재다.

palmer² [palmɛːr] n.m. 측미계(測微計), 마이크로미터.

palmer³ [palme] v.i. 고무오리발을 달고 헤엄치다.

palmeraie [palmərɛ] n.f., **palmérier** [palmerje] n.m. 종려나무 숲.

palmette [palmɛt] n.f. ①〖식물〗작은 종려나무의 일종. ②〖원예〗부채꼴로 가지를 펴게 하는 과수용 틀(시렁). ③〖건축〗종려잎 꼴의 장식.

palmi- préf.「종려」의 뜻.

***palmier** [palmje] n.m. 〖식물〗종려과(科)의 식물, 종려나무, 빈랑나무. huile de ~ 종려유(油).

palmifide [palmifid] a. 〖식물〗(잎이)손바닥 모양으로 갈라진.

palmilobé(e) [palmilobe] a. 〖식물〗(잎이)손바닥 모양으로 얕게 갈라진.

palmiparti(e) [palmiparti] a. 〖식물〗(잎이)손바닥 모양으로 깊게 갈라진 (f. palmipartite [-it] 라고도 씀).

palmipède [palmipɛd] 〖조류〗 a. 물갈퀴가 있는.
—n.m.pl. 물새.

palmiséqué(e) [palmiseke] a. 〖식물〗(잎이)손바닥 모양으로 갈라진 (마로니에 잎 따위).

palmiste [palmist] n.m. 〖식물〗캐비지야자(빈랑나무속). —a. chou ~ 캐비지야자의 꼭대기에 생기는 새싹(식용).

palmitate [palmitat] n.m. 〖화학〗팔미틴산염.

palmite [palmit] n.m. 종려나무의 속(목수(木髓)).

palmitine [palmitin] n.f. 〖화학〗팔미틴. 〖산〗

palmitique [palmitik] a. acide ~〖화학〗팔미틴산.

palmure [palmyːr] n.f. 〖조류〗(발의)물갈퀴;〖의학〗(화상 따위의 의한)피부의 유착.

Palmyre [palmiːr] n.pr.f. 〖고대지리〗팔미라(시리아의 옛 도시) (Tadmor).

palmyréen(ne) [palmireɛ̃, -ɛn] a. 팔미라(Palmyre)의. —P~ n. 팔미라 사람.

palois(e) [palwa, -aːz] a. 포(Pau, 프랑스의 도시)의. —P~ n. 포 사람.

palombe [palɔ̃ːb] n.f. ①〖동물〗염주비둘기 (pigeon ramier). ②〖속어〗여자. ③ 밧줄을 끌 때 쓰

palonne [palɔn] n.f. =**palombe** ③. 는 기구.

palonnier [palɔnje] n.m. ① (수레 앞쪽에 달린)가로장 (가죽끈으로 말을 매어 끌게함); 물수리 막대. ②〖항공〗방향타(舵), 조종간(桿). ③ ~ compensateur de freinage 〖자동차〗제동(브레이크) 조절장치.

palot [palo] n.m. 작은 말뚝; 삽;〖속어〗촌뜨기.

pâlot(te) [palo, -ɔt] a. (특히 어린이가)약간 창백한, 파리한. Votre fils n'est pas malade, au moins? Je le trouve un peu ~. 댁의 아드님이 병에 걸린건 아니겠지요? 안색이 조금 나쁜 듯합니다만.

palourde [palurd] n.f. 〖동물〗대합류(類).

palpabilité [palpabilite] n.f. ① 가촉성(可觸性). ② 명백함.

palpable [palpabl] a. ① 손으로 만질 수 있는(↔impalpable). Les fantômes ne sont point ~s 유령은 절대로 손으로 만질 수 없다. ② 분명한, 명백한, 확실한 (clair, évident, ↔douteux). preuves ~s 확실한 증거. avantages ~s 실제적이다.

palpablement [palpabləmɑ̃] ad. 분명히, 명백히.

palpation [palpasjɔ̃] n.f. 촉지(觸知);〖의학〗촉진(觸診).

palpe [palp] n.f.[m.]〖동물〗(절지동물의)촉수.

palpébral(ale, pl. aux) [palpebral, -o] a. 〖해부〗눈꺼풀의.

palper [palpe] v.t. ①(손으로)만져보다 (tâter);〖의학〗촉진(觸診)하다. Il palpa les murs dans l'obscurité. 그는 어둠 속에서 벽을 더듬었다. Les aveugles palpent les objets pour en reconnaître les formes. 맹인은 손으로 더듬어 사물의 형태를 안다. ②〖구어〗돈을 받다(벌다). ~ beaucoup dans une affaire 사업으로 큰 돈을 벌다. ~ une grosse somme de ~ 큰 돈을 손에 넣다. ③ ~ l'eau (속도를 늦추기 위해)노를 물속에 들어박다.
—se ~ v.pr. 자기 몸을 만져보다.
Tu peux te ~! 〖속어〗넌 안 되겠지!
—n.m.〖의학〗촉진 (palpation).

palpeur [palpœːr] n.m. 〖기계〗접촉자(接觸子).

palpitant(e) [palpitɑ̃, -ɑ̃ːt] a. ①맥이 뛰는, (심장 따위가)고동하는, 두근거리는; (시체 따위가)꿈틀거리는. avoir le cœur ~ 가슴이 뛰다. cadavre encore ~ 아직도 꿈틀거리고 있는 시체. ~ [de ~] tout ~ d'émotion 감동한 나머지 몸을 떨면서. cité ~e d'activité commerciale 약동하는 상업 도시. ②가슴을 두근거리게[설레게] 하는(émouvant). film ~ 손에 땀을 쥐게 하는 영화. question d'un intérêt ~ 매우 흥미진진한 문제.
—n.m.〖속어〗심장.

palpitation [palpitasjɔ̃] n.f. ①(심장의)고동침, 마음의 설렘. avoir des ~s 마음이 설레다. être sujet aux ~s 가슴이 두근거리기 쉽다. ②꿈틀거림, 경련; 소곤거림. ~s des paupières 눈꺼풀의 경련. ~ des étoiles 별들의 반짝거림.

palpiter [palpite] v.i. ①맥이 뛰다, 고동치다; (맥이)불규칙하게 뛰다; (시체 따위가)꿈틀거리다. Le corps du cerf *palpitait* encore. 사슴의 몸뚱이가 아직도 꿈틀거리고 있었다. ② [~ de] (로)가슴이 설레다, 두근거리다 (frémir). ~ de joie 좋아서 어쩔줄 모르다. Il a le cœur qui *palpite* de peur. 그는 무서워서 가슴이 두근거린다. ③파닥거리다. Les voiles *palpitaient* au vent. 돛이 바람에 펄럭이고 있었다. ④〖예술작품〗생동감을 주다. La chair *palpite* dans ce tableau. 그 그림에서 육체는 생동하는 듯한 느낌을 준다.

palplanche [palplɑ̃ːʃ] n.f. (갱도에 사용되는)널빤지; (물막이·모래막이용)널빤지.

palsambleu [palsɑ̃blø] int.〖옛〗제기! 젠장! 경을 칠! 빌어먹을! (palsangué, palsanguienne 도 같은 뜻이지만 더 속어적인 표현임).

paltoquet [paltɔkɛ] n.m. 〖구어〗버릇없는 놈, 보잘것없는 놈.

palu [paly] n.m.〖구어〗=**paludisme**.

paluche [palyʃ] n.f.〖속어〗손 (main).

palud(e) [palyd] n.m.〖사투리〗(프랑스 남서부의)측적토 평야;〖옛〗늪.

paludarium [palydarjɔm] n.m. 〖생물〗양서류의

사육에 적합한 소택동물 사육통〖장〗.
paludéen(ne) [palydeɛ̃, -ɛn] *a.* ① 늪의, 소택지의. ② 〖의학〗 말라리아에 걸린. fièvre ~*ne* 말라리아열, 학질. —*n.* 말라리아 환자.
paludier(ère) [palydje, -ɛːr] *n.* 염전(塩田)의 일꾼.
paludine [palydin] *n.f.* 〖패류〗 우렁이속(屬).
paludique [palydik] *a.* =**paludéen.**
paludisme [palydism] *n.m.* 〖의학〗 말라리아, 학질(瘧疾).
paludologie [palydɔlɔʒi] *n.f.* 말라리아학(學).
palus [palys] 《라틴》 *n.m.* =**palud(e).**
palustre [palystr] *a.* ① 〖동식물이〗늪에서 자라는, 늪에 사는; 늪의. ② 〖의학〗 말라리아의. fièvre ~ 말라리아열.
palynologie [palynɔlɔʒi] *n.f.* 화분학(花粉學).
pâmant(e) [pamɑ̃, ɑ̃ːt] *a.*〖문어〗기절〖실신〗시키는.
pâmé(e) [pame] *a.p.* ① [~ de] 〖으로〗멍해진, 몽롱해진, 황홀해진. admiration ~*e* 〖구어〗절찬(絶讚), 넋을 잃고 감탄함. Elle est ~*e* d'admiration devant ce spectacle. 그녀는 이 광경을 황홀하게 보고 있다. ②〖담수어·민물고기 따위가 더위나 공기 부족으로〗입을 벌리고 떠있는. dauphin ~〖문장〗입을 벌리고 있는 돌고래. faire la carpe ~*e* (비유적〖여성 따위가〗기절한 체하다. ③〖옛〗기절한, 졸도한. tomber ~ 졸도〖기절〗하다.
pamelle [pamɛl] *n.f.* 〖농업〗 보리의 일종.
pâmer [pame] *v.i.* 기절하다(s'évanouir).
　　—**se** ~ *v.pr.* ① [se ~ de/à] 〖으로〗멍해지다, 몽롱해지다, 황홀해지다. Les mélomanes *se pâmeront à ce récital.* 음악 애호가들은 그 리사이틀에서 황홀해질 것이다. *se ~ d'amour* 사랑에 빠져 황홀해하다. *se ~ de rire*; *rire à se ~* 포복절도하다. ②〖옛〗기절하다(s'évanouir).
pâmoison [pa(ɑ)mwazɔ̃] *n.f.* 기절, 실신, 인사불성(défaillance, évanouissement). tomber en ~ 기절하다. (비꼼)황홀해지다.
pampa [pɑ̃pa] (*pl.* ~*s* [pɑ̃pa(ɑːs)]) *n.f.*《보통 *pl.*》(남미의) 대초원, 팜파스.
pampe [pɑ̃ːp] *n.f.*〖구어〗(밀·벼 따위의) 잎.
pampéen(ne) [pɑ̃peɛ̃, -ɛn] *a.* 팜파스의, 남미의 대초원(pampas)의. —*n.* 대초원의 주민.
pamper [pɑ̃pe] *n.m.* =**pampero** ②.
pampéro, pampero [pɑ̃pero] *n.m.* ① 〖민족〗 남미 대초원에 사는 토인의 일족. ②(남미 대초원지대의)맹렬한 바람.
pamphile [pɑ̃fil] *n.m.*〖옛〗① 카드놀이의 일종; (그)클럽의 잭. ② 젠체하는 사람.
pamphlet [pɑ̃flɛ] *n.m.*〖영〗《보통 경멸》팜플렛, 풍자문, 풍자적 소논문〖소책자〗(diatribe, libelle).
pamphlétaire [pɑ̃fletɛːr] *n.* 풍자적 소논문〖소책자〗의 저자, 팜플렛의 작가. —*a.* 풍자〖비방〗 문(文)의.
pampille [pɑ̃pij] *n.f.* (의복·실내 장식품에 다는)작은 술장식.
pamplemousse [pɑ̃pləmus] *n.m.(f.)* 〖식물〗 왕귤나무, 왕귤(grape-fruit, poméló).
pamplemoussier [pɑ̃pləmusje] *n.m.* 〖식물〗 왕귤나무.
pampre [pɑ̃ːpr] *n.m.* ① (잎이 우거진)포도나무 가지. ② 〖건축·미술〗 포도나무 가지 무늬.
Pan [pɑ̃] *n.pr.m.* 〖그리스신화〗 목신(牧神), 숲·들의 신(머리에 뿔이 있고 발은 산양과 같으며 피리를 부는 괴물).
***pan**[1] [pɑ̃] *n.m.* ① (옷·천 따위의)늘어진 자락. s'attacher aux ~*s* de *qn* 아무 옷자락에 매달리다. ~*s* d'un habit de cérémonie 연미복의 뒷자락. ~ d'une écharpe 스카프의 끝자락.

sortir en ~*s* (de chemise) 샤쓰자락을 내놓은 채 밖에 나가다. ②〖건축〗 벽면의 일부. cloison en ~ de bois 목골(木骨)의 간막이. ~ de bois(de fer) 목골〖철골〗의 벽. ~ de ciel〖구어〗하늘의 한 모퉁이. ③ (물체의)면. ~ de comble 지붕의 사면. tour à huit ~*s* 8각의 탑. ④ 주요부분. tout un ~ d'une théorie 학설의 골자.
pan[2] *int.* ① 펑, 탕, 쾅; 자〖갑작스러운 소리·동작 따위〗. *P~! ~!* on entend deux coups de feu. 탕탕! 두 방의 총소리가 들렸다. ② 거봐〖동작이나 생각이 갑자기 떠오름을 나타냄〗.
pan- *préf.* 「전(全)·범(汎)」의 뜻.
panace [panas] *n.m.* =**panax.**
panacée [panase] *n.f.* 만병통치약.
panachage [panaʃaʒ] *n.m.* ①〖구어〗(빛깔 따위의)혼합, 혼합물. ~ de couleurs 색채의 혼합. scrutin par listes avec ~ 〖정치〗 여러 정당의 후보자를 연기(連記)하는 정당혼합 형식의 투표.
panache [panaʃ] *n.m.* ① (투구·깃 따위에 다는)깃털장식; 새의 도가머리; 깃털장식의 것. queue en ~ d'un écureuil 다람쥐의 몽실몽실한 꼬리. ~ de fumée 뭉게뭉게 피어오르는 연기. ~ des feux d'artifice 확 피어오르는 불꽃. ②(기사·군인다운)용맹성, 화려함; 과시. aimer le ~ 무용(武勇)(영광)을 좋아하다. avoir du ~ 위풍 당당하다. avoir son ~〖속어〗기분좋게 취해있다. ③ (교회의 남포의)갓. ②〖건축〗궁륭(穹窿)의 삼각형 면(面). ⑤〖원예〗(잎·꽃의)얼룩무늬, 반점.
faire ~ 〖구어〗말머리 너머로 떨어지다;〖구어〗자전거의 핸들 너머로 떨어지다; (말·오토바이 따위가)덩굴다.
panaché(e) [panaʃe] *a.p.* ①〖드물게〗(군모·새 따위가)깃털 장식을 가진. ②(꽃·새 따위가)얼룩무늬가 있는. (천 따위의)여러 빛깔이 혼합된, 잡색의. fruits ~*s* 여러 과일을 한데 모은 것. glace ~*e* 오색의 아이스크림. société ~*e* 혼합 사회.
　　—*n.m.* 맥주와 레모네이드의 혼합주(bière ~*e*).
panacher [panaʃe] *v.t.* ①(에)깃털을 달다, 깃털 장식을 하다. ②여러가지 빛깔로 장식하다, (꽃 위에)여러가지 색깔을 지니게(띠게) 하다. ③이질적인 요소로 구성하다. ~ un bulletin de vote〖구어〗〖정치〗후보자 명단에 여러 당파의 후보자명을 혼합기입하여 투표하게 하다.
　　—*v.i.* 〖원예〗얼룩무늬가 되다. ②〖정치〗 정당혼합 형식으로 연기(連記)투표하다(~ son bulletin, ~ sa liste).
　　—**se** ~ *v.pr.* 얼룩무늬가 되다, 잡색을 가지다.
panachure [panaʃyːr] *n.f.* (꽃 따위의)얼룩, 반점.
panade[1] [panad] *n.f.* 〖요리〗 버터 수프 (물에 버터를 섞어 빵을 넣어서 끓인 것).
être (*tomber*) *dans la ~* 〖속어〗곤경에 처하다〖빠지다〗; 무일푼이 되다.
panade[2] *a., n.f.* 우유부단한(사람).
panader (**se**) [s(ə)panade] *v.pr.* 〖옛〗(공작이)날개를 펴다; 뽐내며 걷다.
panafricain(e) [panafrikɛ̃, -ɛn] *a.* 범아프리카의.
panafricanisme [panafrikanism] *n.m.* 범아프리카주의.
panage [panaʒ] *n.m.* 〖옛〗〖법〗(가축 사육자가 산림 소유주에게 지불하는)양돈(養豚) 요금.
panaire [panɛːr] *a.* 빵(제조)의.
panais[1] [panɛ] *n.m.* ①〖식물〗 아메리카방풍(뿌리는 식용). ②〖속어〗음경(陰莖), 자지.
Des ~! 딱 질색이야!〖거절할 때의 말〗.
panais[2] *n.m.*〖속어〗샤쓰 자락.
Panama [panama] *n.pr.m.* 〖지리〗 파나마.
Panam(e) [panam] *n.pr.m.*〖속어〗 파리(*Paris*).

panaméen(ne) [paname̅, -ɛn] *a.* 파나마의. —P~ *n.* 파나마 사람. bois de ~ 비누나무의 내피(內皮)(비누 대용). —**p~** *n.m.* 파나마 모자.
panaméricain(e) [panameʀikɛ̃, -ɛn] *a.* 범아메리카의(북·중·남미 전체). congrès ~ 범아메리카회의. route ~*e* 남북 아메리카 횡단도로.
panaméricanisme [panameʀikanism] *n.m.* 범아메리카주의.
panaméricaniste [panameʀikanist] *a.* 범아메리카주의의. —*n.* 범아메리카주의자.
panamien(ne) [panamjɛ̃, -ɛn] *a.* 파나마(*Panama*)의. —P~ *n.* 파나마 사람.
panarabe [panaʀab] *a.* 범(汎)아랍의.
panarabisme [panaʀabism] *n.m.* 범아랍주의.
panard(e) [panaːʀ, -aʀd] *a.* (말의 앞다리가)밖으로 휜. —*n.m.* 《속어》발(pied).
panaris [panaʀi] *n.m.* 《의학》 표저(瘭疽).
panatel(l)a [panatela] (*pl.* —**s** [-s]) *n.m.* 아바나산으로 가는 여송연.
panathénaïque [panatenaik] *a.* 《고대그리스》범(汎)아테네제(祭)의.
panathénées [panatene] *n.f.pl.* 《고대그리스》 범(汎)아테네제(祭).
panathénien(ne) [panatenjɛ̃, -ɛn] *a.* 《고대그리스》아테네제의.
panax [panaks] *n.m.* 《식물》인삼.
panca [pɑ̃ka] *n.m.* (열대 지방의)천장에 매단 큰 부채. (그것을) 움직이는 하인(tireur de ~).
pancalier [pɑ̃kalje] *n.m.* 《구어》《원예》양배추의 일종.
pancalisme [pɑ̃kalism] *n.m.* 《철학》범미주의(汎美主義).
pancardite [pɑ̃kaʀdit] *n.f.* 《의학》심장 전벽염(全壁炎).
pancartage [pɑ̃kaʀtaʒ] *n.m.* 공시(公示), 공고를 붙이기.
pancarte [pɑ̃kaʀt] *n.f.* ① 게시판; 벽보; 플래카드. porter une ~ dans une manifestation 플래카드를 들고 데모행진을 하다. ②《옛》요금표, 가격표, 세액표. ③《옛》증서, 문서; 졸작, 타작. ④《옛》《문지기가 적는》주민명부, 서류철 커버(표지).
panchromatique [pɑ̃kʀɔmatik] *a.* 《사진》《감광판이》전색(全色)의, 정색(整色)의, 범색성(汎色性)의.
panchronique [pɑ̃kʀɔnik] *a.* 《언어》범시(汎時)적인, 《생물》종이 변화하지 않는.
panclastite [pɑ̃klastit] *n.f.* 폭약의 일종.
pancosmisme [pɑ̃kɔsmism] *n.m.* 《철학》물질 우주설, 범우주론.
pancrace [pɑ̃kʀas] *n.m.* 《고대그리스》(씨름과 권투를 합친)투기(鬪技). un docteur P~ 《옛·구어》사이비 학자, 논쟁을 좋아하는 사람.
pancrais [pɑ̃kʀe] *n.m.* =**pancratier**.
pancratiaste [pɑ̃kʀasjast], **pancratiste** [pɑ̃kʀatist(ə)] *n.m.* 《고대그리스》투기(pancrace)를 하는 사람.
pancratier [pɑ̃kʀasje] *n.m.* 《식물》(열대산)흰꽃 아마릴리스의 일종.
pancréas [pɑ̃kʀeɑːs] *n.m.* 《해부》췌장, 지라.
pancréatine [pɑ̃kʀeatin] *n.f.* 《화학》팡크레아틴, 췌액소(膵液素)《소화제》.
pancréatique [pɑ̃kʀeatik] *a.* 《해부·생리》췌장의, 지라의. canal ~ 《대》췌관. calcul ~ 췌(장결)석. suc ~ 췌액.
pancréatite [pɑ̃kʀeatit] *n.f.* 《의학》췌장염.
panda [pɑ̃da] *n.m.* 《동물》(히말라야 산중에 사는)작은 곰, 팬더.

pandanus [pɑ̃danys] *n.m.* 《식물》 판다누스속(屬)《열대산; 종려 비슷함》.
pandectes [pɑ̃dɛkt] *n.f.pl.* ① 《로마법》유스티니아누스(*Justinien*) 법전. ② 법규집, 법전집.
pandèmes [pɑ̃dɛm] *n.f.pl.* 《고대그리스》(큰 연회가 베풀어지는)제전(祭典).
pandémie [pɑ̃demi] *n.f.* 《의학》전국적《세계적》유행병.
pandémique [pɑ̃demik] *a.* (질병이)전국적《세계적》으로 유행하는.
pandémonium [pɑ̃demɔnjɔm] *n.m.* 지옥의 수도; 악마의 소굴; 온갖 악덕이 지배하는 곳.
pandiculation [pɑ̃dikylɑsjɔ̃] *n.f.* 《의학》(하품하면서)팔다리를 뻗기, 기지개.
pandion [pɑ̃djɔ̃] *n.m.* 《동물》물수리속(屬).
pandit [pɑ̃di(t)] *n.m.* 학식이 많은 바라문교의 학승(學僧)의 칭호.
Pandore [pɑ̃dɔːʀ] *n.pr.f.* 《그리스신화》판도라《인류 최초의 여자》. coffret《boîte》 de ~ 판도라의 상자; 제(諸)악의 근원.
pandore[1] [pɑ̃dɔːʀ] *n.f.* 《음악》비파 비슷한 현악기(pandoura [pɑ̃duʀa] 라고도 씀).
pandore[2] *n.m.* 《구어》헌병(gendarme).
pandour, 《옛》**pandoure** [pɑ̃duːʀ] *n.m.* ① 《역사》헝가리의 민병. ② 《옛》약탈자; 포악한 사람.
pané(e) [pane] *a.p.* 《요리》빵가루를 입힌. eau ~*e* 빵을 넣고 끓인 탕(湯); 토스트를 담근 탕.
panégyrique [panegiʀik] *n.m.* ① (도시·사람에 대한)칭송사, 찬사(apologie, éloge), 《경멸》지나친 칭찬; 험구. ② (그리스정교에서)성인송덕력(頌德歷) 《연간)성인전(傳). —*a.* 칭찬하는. discours ~ 칭찬하는 연설.
panégyriser [panegiʀize] *v.t.* (에게)찬사를 보내다, 칭찬하다.
panégyriste [panegiʀist] *n.m.* 찬사를 보내는 사람; (경멸)칭찬하는 사람.
panel [panɛl] 《영》*n.m.* ① 패널조사《같은 회답자에 대한 정기적·계속적인 조사를 통해 여론의 추이를 관찰함》. ② 패널토의(réunion-débat).
panenthéisme [panɑ̃teism] *n.m.* 《철학》범신론(汎神論), 만유재신론(萬有在神論).
paner [pane] *v.t.* 《요리》(에)빵가루를 입히다.
panerée [panʀe] *n.f.* ① 한 바구니의 분량. ②《비유적》다수, 다량.
panet [panɛ] *n.m.* =**panais**[2].
paneterie [pantʀi, panɛtʀi] *n.f.* ①《옛》왕실의 식품관리 사무소, 《집합적》그곳의 직원. ② (군대·학교 따위의)빵 배급소; 빵 창고.
panetier(ère)[1] [pantje, -ɛːʀ] *n.m.* ①《옛》(왕실 따위의)빵 관리부 직원. ②《해양》빵 굽는 사람. ③(군대·학교 따위의)식량 관리자.
panetière[2] [pantjɛːʀ] *n.f.* ① (목동·도보 여행자가 휴대하는)빵 부대, 망태. ② (빵을 넣어 두는)작은 찬장; (식당용의)식기장. ③ 《곤충》뻐꾸기.
paneton [pantɔ̃] *n.m.* (반죽한 밀가루를 넣어두는)틀바구니《용량은 빵 한 개분》.
paneuropéen(ne) [panɸ(œ)ʀɔpeɛ̃, -ɛn] *a.* 범(汎)유럽의.
pangenèse [pɑ̃ʒənɛːz] *n.f.* 《생물》(다윈의)범생설(汎生說).
pangermanique [pɑ̃ʒɛʀmanik] *a.* 범게르만주의의.
pangermanisme [pɑ̃ʒɛʀmanism] *n.m.* 범(汎)게르만주의.
pangermaniste [pɑ̃ʒɛʀmanist] *a.* 범게르만주의의. —*n.* 범게르만주의자.
pangolin [pɑ̃gɔlɛ̃] *n.m.* 《동물》천산갑(穿山甲).
panhellénien(ne) [pane(ɛl)lenjɛ̃, -ɛn], **pan-**

hellénique [pane(ɛl)lenik] *a.* 범그리스의, 범그리스주의의.

panhellénisme [pane(ɛl)lenism] *n.m.* 범그리스주의.

panic [panik] *n.m.* 【식물】 기장(피)류(類). ~ d'Italie 조.

panicaut [paniko] *n.m.* 【식물】 미나리과(科)의 식물.

panicule [panikyl] *n.f.* 【식물】 원추화(서)(圓錐花(序)).

paniculé(e) [panikyle] *a.* 【식물】 원추화의.

panicum [panikɔm] *n.m.* 【식물】 =panic.

*****panier** [panje] *n.m.* ① 바구니. ~ à ouvrage 반짇고리, 뜨개질 바구니. ~ à provisions (à linge) 시장 (세탁) 바구니. ~ à salade 샐러드용 (물빼는) 바구니; 【구어】죄수 호송차(voiture cellulaire). le fond du ~ 바구니 바닥에 있는 것; 찌꺼기. le dessus du ~ 바구니의 맨 위에 놓이는 것; 가장 좋은 것; 상류계급. ~ percé 구멍뚫린 바구니; 낭비가; 물 건을 잘 잃어버리는 사람. ② 쓰레기바구니, 쓰레기통. mettre [jeter] au ~ 쓰레기통에 버리다. ~ 한 바구니의 분량. un ~ de fruits 한 바구니의 과일. acheter un ~ de cerises 버찌 한 바구니를 사다. ④도시락(~-repas). indemnité de ~ 도시락 값, 외식수당. ~ de la ménagère 식비. ⑤ (농구의)바스켓. balle au ~ 농구. faire [réussir, marquer] un ~ 슛하다; 득점하다. ⑥ 【경제】바스켓. ⑦ⓐ 【의복】파니에 (스커트를 퍼지게 하기 위한 살대를 넣은 페티코트). ⓑ (사냥) 새 우게를 잡는통발. ⓒ 【사냥】 (새를 잡는)덫. ⓓ 【건축】꽃바구니 무늬장식. ⓔ (동체를 버들로 만든) 슬라이드 영사기. ⓕ (슬라이드 영사기의)슬라이드 홀더. ⓖ ~ roulant 유아보행 보조기.
Adieu ~(s), (*les*) *vendanges sont faites.* 이젠 가망이 없다, 끝장났다 (포도 수확이 끝났다는 뜻에서).
être dans le même ~ 공동의 운명에 처하다.
mettre... dans le même ~ …을 똑같이 취급하다, 한데 뒤섞다.
mettre la main au ~ 《속어》엉덩이를 만지다.

panière [panjɛːr] *n.m.* 손잡이 달린 큰 바구니; 그 속에 든 것.

panier-repas [panjerəpa] *n.m.* (여행이나 소풍 때의)바구니에 넣은 도시락.

panifiable [panifjabl] *a.* 빵이 될 수 있는.

panification [panifikasjɔ̃] *n.f.* 빵으로 만들기.

panifier [panifje] *v.t.* 빵으로 만들다.

paniquard [panikaːr] *a., n.m.* 《구어》공포심을 자아내는 (사람); (전쟁·천재 따위의)유언비어를 퍼뜨리는 (사람).

panique [panik] *a.* 까닭 모를, 이유없는, 갑작스러운. peur (terreur) ~ 까닭 모를 갑작스러운 공포, 공황(恐慌).
—*n.f.* 공황, 공포(effroi, affolement). être gagné par la ~ 공포에 사로잡히다. Pris de ~, ils s'enfuirent. 공포에 사로잡혀 그들은 도망쳤다. semeur de ~ 공포심을 자아내는 사람, 유언비어를 퍼뜨리는 사람. sujet à la ~ 《속어》겁을 집어먹은.

paniqué(e) [panike] *a.p.* 혼비백산한, 겁에 질린. être ~ 《구어》공포에 사로잡히다. foule ~e 공포에 사로잡힌 군중.

paniquer [panike] *v.t.* 겁에 질리게 하다.
—*v.i., se* — *v.pr.* 공포에 사로잡히다, 혼비백산하다. ~ à l'oral 구술시험으로 극도로 흥분하다.

panis [panis] *n.m.* =panic.

panislamique [panislamik] *a.* 범회교주의의.

panislamisme [panislamism] *n.m.* 범회교주의.

panka [pɑ̃ka] *n.m.* =panca.

panlogisme [pɑ̃lɔʒism] *n.m.* 【철학】 범논리론(汎理論).

panmixie [pɑ̃miksi] *n.f.* 【생물】 잡혼번식.

*****panne**[1] [pan] *n.f.* ① 고장; (사고에 의한)정지. ~ d'allumage 점화장치의 고장. Ma voiture a eu une ~. 내 차가 고장났다. ~ d'électricité (de courant, d'éclairage) 정전. ~ sèche (d'essence) 연료 부족으로 인한 기관의 정지. ② 【옛·구어】가난, 곤궁 (misère). être (tomber) dans la ~ 곤궁한 처지에 있다 [빠지다]. ③ 단역(端役) (지금은 주로 영화에 대해서 씀). ne jouer que des ~s 단역만 맡다.
en ~ ⓐ 고장나 있는, 오도가도 못하는. tomber *en* ~ 고장나다. rester (être) *en* ~ 고장나 있다; 오도가도 못하다. laisser *qn en* ~ 《속어》친구를 어려움에 빠진 …을 저버리다. projet *en* ~ 중지된 계획.
ⓑ 《구어》결핍돼 있다. Je suis *en* ~ d'idées. 좋은 생각이 떠오르지 않는다. ⓒ 【해양】 mettre (un bateau) *en* ~ 돛을 조정하여 배를 세우다; mettre un navire *en* ~ sèche (돛을 사용하지 않고)배를 멈추다.
rouler sur ~ 【해양】(배가)좌우로 세게 흔들리다.
se tenir en ~ 좋은 때가 오기를 기다리고 행동을 삼가다.

panne[2] *n.f.* ① 【직물】 판(양모·비단·무명의 벨벳 모양의 천). ② 【문장】 (담비·다람쥐의)털가죽무늬. ③ (돼지의)피하지방 (특히 신장과 안심부근의 양질의 지방). ④ 층운. ~ de nuages 수평선에 솟아오르는 구름.

panne[3] *n.f.* ① 【건축】 들보; S자꼴의 기와. ② (작은 배를 계류하는)작은 잔교(棧橋); (항구를 닫는)부유책(浮遊柵). ~s de barrage (de port) 둑 (항구)의 방채(防柵).

panne[4] *n.f.* 장도리 대가리의 뾰족한 끝. ~ fendue 장도리의 노루발.

panne[5] *n.f.* ~ d'initiative 항공관제탑 직원들이 하는 grève du zèle 의 일종 (이착륙 비행기가 아무리 밀려도 원래의 시간 간격에 따라서 이착륙시키기).

panné(e) [pane] *a., n.* 《속어》무일푼의 (사람).

panneau [pano] (*pl.* ~**x**) *n.m.* ① (벽·천장·가구 따위의)널빤지, 패널, 연결봉(連結棒)보드. ~ d'une cloison 간막이벽. ~ d'une portière de voiture 자동차의 도어외판(外板). ~ en faïence 타일벽. ~ chauffant 패널히터. ~ mobile (glissant) 이동식 (미닫이) 패널. ~ de distribution 【전기】배전판. ② 게시판. ~ d'affichage 포스터 게시판. ~ indicateur de signalisation 도로표지. ~ électoral 선거포스터 게시판. ~ publicitaire 광고판, 간판. ~ de signalisation (d'identification) 【군사】(비행기의 위치)지상신호판. ~ de tir 사격연습용 표적판. ③ (토끼 따위를 잡는)그물, 덫, 함정. tendre un ~ 덫을 놓다. tomber (donner) dans le ~ 함정에 빠지다, 속아넘어가다. ④ 【원예】유리 프레임; 【군사】안장 방석; 【해양】승강구, 해치; 【의복】패널 (서로 이어 옷을 만드는 천조각).

panneau-réclame [panorekla(ɑ:)m] (*pl.* ~**x**-~) *n.m.* 광고판, 게시판, 간판.

panneautage [panota:ʒ] *n.m.* ① 【집합적】널빤지, 패널. ② 【사냥】 (토끼 따위를 잡기 위해)그물을 치기; 밀렵.

panneauter [panote] *v.t.* ① (토끼 따위를)그물로 잡다; 【목적보어 없이】 밀렵하다. ② 【원예】 (모종 따위를)온실에 넣다.

panneauteur [panotœːr] *n.m.* 그물로 사냥하는 사람; 밀렵자.

pannequet [pankɛ] *n.m.* 【제과】빵케이크, 핫케이크.

panner [pane] *v.t.* 【야금】(금속 따위를)쇠망치로 두들겨 우묵하게 하다.

panneresse [panʀɛs] *n.f.* 〖건축〗 긴 면이 밖으로 나오도록 쌓은 벽돌·석재(石材).

panneton [pantɔ̃] *n.m.* 〖기술〗 ① (열쇠 구멍에 끼여 자물쇠에 작용하는)열쇠의 돌출부. ② 창문걸이의 돌출부.

pannicule [panikyl] *n.m.* ① 〖의학〗 (각막 위에 생기는 막질(膜質)의) 옹기. ② ~ adipeux (graisseux) 〖해부〗 피하지방조직, 지방층.

pannonien(ne) [panɔnjɛ̃, -ɛn] *a.* 〖고대지리〗 파노니아(*Pannonie*, 유럽 중앙부로서 현재의 유고슬라비아·헝가리를 포함)의.

pannus [pannys] *n.m.* 〖의학〗 (각막)판누스.

panonceau [panɔ̃so] (*pl.* ~**x**) *n.m.* ① 〖역사〗 (봉건시대에 문장(紋章)과 함께 영주의 권한을 적은) 팻말 방문(榜文). ② (공증인·집달리·경매원의 사무실에 붙인)방패꼴의 표지. ③ (호텔·식당의 등급을 나타내는)표지판; 간판.

panoplie [panɔpli] *n.f.* ① 한 벌의 갑주. ~ 무구(武具)장식. ② (기계·무기 따위의)한 벌, 장비 한 벌, 한 세트; (장난감의)한 세트. ~ du skieur 스키장비 한 벌. ~ nucléaire 〖군사〗 핵무기류(類). ~ de pompier 소방수놀이 세트.
une [la] ~ *de* 일련의. *la* ~ *de mesures économiques* 일련의 경제 조치.

panoptique [panɔptik] *a., n.m.* 〖건축〗 집안을 한 눈에 다 볼 수 있는 구조의 (건물). *prison* ~ (죄수들을 한 눈에 감시할 수 있는)원형 형무소.

panorama [panɔʀama] *n.m.* ① 파노라마; 파노라마관(館). ② 전경(全景); 전망(vue). *embrasser d'un seul coup d'œil tout le* ~ *de Paris* 파리의 전경을 눈에 바라보다. ③ (포괄적인)개관(概觀). ~ *de la littérature contemporaine* 현대문학 개관.

panoramique [panɔʀamik] *a.* ① 파노라마 같은; 전경이 보이는. *vue* ~ 전경(全景); 〖사진〗 파노라마 사진. *wagon* ~ 전망차. ② 개관의; 전모를 보여주는. *vue* ~ *d'une période historique* 역사적 한 시대의 전망(전체적 개관).
—*n.m.* 〖영화·텔레비전〗 (수직·수평의 축을 따라 전경을 따라가는)배경의 촬영.

panoramiquer [panɔʀamike] *v.i.* 〖영화·텔레비전〗 파노라마 촬영을 하다.

panorpe [panɔʀp] *n.f.* 〖곤충〗 밑들이벌레 (속칭: mouche-scorpion).

panoufle [panufl] *n.f.* (나막신에 붙이는)양가죽.

panpsychisme [pɑ̃psiʃism] *n.m.* 〖철학〗 전심론(全心論) (만물은 생명과 정신을 가지고 있다는).

pansage [pɑ̃saːʒ] *n.m.* (말 따위의)손질.

pansard(e) [pɑ̃saːʀ, -aʀd] *a., n.* 〖드물게〗 = **pansu**.

panse [pɑ̃s] *n.f.* ① 반추동물의 제 1 위(第一胃), 혹위(rumen). ② 〖구어〗 (풍둥한)배(ventre). *bonne* (*grosse*) ~ 배뚱뚱이. *se garnir* (*se remplir*) *la* ~; *s'en mettre plein la* ~ 배를 채우다. ③ (항아리·글자 따위의)불룩한 부분, 중배. ④ 〖옛〗선복(船腹)이 불룩한 상선.
avoir les yeux plus grands que la ~ 〖구어〗먹을 수 있는 분량보다 더 많이 접시에 담다; (비유적)능력보다 야망이 더 크다. *se faire crever la* ~ 〖속어〗(전쟁·결투에서)죽다, 살해되다.

***pansement** [pɑ̃smɑ̃] *n.m.* ① 붕대를 감기; (상처를) 치료하기. *faire un* ~ 붕대를 감다. ② 치료용품, 붕대. *boîte à* ~ 구급상자. *changer le* ~ 붕대를 갈다. ~ *adhésif* 접착붕대, 반창고. ~ *individuel* 〖군사〗구급용 붕대.

***panser** [pɑ̃se] *v.t.* ① (상처·부상자에게)붕대를 감다 (bander); (상처를)치료하다; (환자를)돌보다 〖간병〗하다. ② (가축에게)글겅이하다. ③ 〖옛〗(가축에게) 먹이를 주다.

panserbe [pɑ̃sɛʀb] *a.* 범(汎)세르비아 민족의; 범세르비아주의의. —*n.* 범세르비아주의자.

panseur(se) [pɑ̃sœːʀ, -øːz] *n.* (상처를)치료하는 사람.

panslave [pɑ̃slaːv] *a.* 범슬라브 민족의.

panslavisme [pɑ̃slavism] *n.m.* 범슬라브주의, 슬라브족 통일운동.

panslaviste [pɑ̃slavist] *a.* 범슬라브주의의.
—*n.* 범슬라브주의자.

pansu(e) [pɑ̃sy] 〖구어〗 *a.* ① 배뚱뚱이의, 배가 불룩한. ② (항아리·병 따위가)불룩한. —*n.* 배불뚝이(pansard).

pantacourt [pɑ̃takuːʀ] (< *pantalon court*) *n.m.* 짧은 바지.

Pantagruel [pɑ̃tagʀyɛl] *n.pr.m.* 팡타그뤼엘 (*Rabelais*의 작품에 나오는 조소적이고 명랑한 쾌락주의의 거인).

pantagruélesque [pɑ̃tagʀyelɛsk], **pantagruélique** [pɑ̃tagʀyelik] *a.* 팡타그뤼엘적인, 거대한. *estomac* ~ 거대한 위. *festin* ~ 우음마식(牛飮馬食)하는 향연.

pantagruéliser [pɑ̃tagʀyelize] *v.i.* 팡타그뤼엘식의 생활을 하다; 우음마식(牛飮馬食)하다; 쾌락주의적 생활을 하다.

pantagruélisme [pɑ̃tagʀyelism] *n.m.* 팡타그뤼엘적인 쾌락주의, 쾌락주의적 생활.

pantagruéliste [pɑ̃tagʀyelist] *a.* 팡타그뤼엘적 생활 태도의, 쾌락주의적.

***pantalon** [pɑ̃talɔ̃] (< *Pantal(e)one*, 이탈리아 희극에 등장하는 긴 바지를 입은 광대) *n.m.* ① 긴 바지. *enfiler* (*mettre*) *son* ~ 바지를 입다. ~ *fuseau* 스키용 바지. ~ *de golfe* 골프바지. ~ *rouge* 〖옛〗 (프랑스 사병의)빨간 바지; 〖구어〗사병. ② 〖옛〗 (여자용)속바지. ③ 〖무용〗 카드릴(quadrille)의 제 1 동작. ④ ~ *de roue* 〖항공〗 (착륙장치가 접혀 들어가지 않는 비행기의)차륜덮개. ⑤ 〖연극〗 (장이나 문 뒤의 원근감을 주기 위한)배경의 막.

pantalonnade [pɑ̃talɔnad] *n.f.* ① Pantalon이 출연하는 익살극; 저질의 익살극. ② 〖구어〗 (충성심 따위를 가장한)기만적 언동, 광대짓.

pantaloné(e) [pɑ̃talɔne] *a.* 〖옛〗바지를 입은.

pante [pɑ̃ːt] *n.m.* 〖속어〗숙맥, 바보, 봉; 녀석. *drôle de* ~ 고약한 녀석.

pantelant(e) [pɑ̃tlɑ̃, -ɑ̃ːt] *a.* ① 헐떡거리는, 숨결이 거친 (haletant); (감정으로)숨막힌. [~ *de*] *tout* ~ *de joie* 기뻐서 숨을 헐떡거리며. *être* ~ *de terreur* 공포에 질리다. ② (빈사의 동물이)꿈틀거리는 (palpitant).

pantélégraphe [pɑ̃telegʀaf] *n.m.* 복사 전신기.

panteler [pɑ̃tle] [5] *v.i.* ① 〖옛〗헐떡거리다(haleter). ② (감동으로)숨이 막힐 듯하다, 가슴이 벅차다. [~ *de*] ~ *d'émotion* 감동으로 가슴이 벅차다. ③ 〖문어〗 (빈사의 동물이)꿈틀꿈틀하다.

pantène, pantenne [pɑ̃tɛn] *n.f.* ① 〖사냥〗 새그물(pantière). ② (고기잡이용의)수직으로 친 그물. ② (과일 건조용·누에 운반용의)버들가지 광주리. ③ 〖해양〗*en pantenne* (돛과 따위로 돛가지)어지러워지, 혼란되. *mettre les vergues en pantenne* 조의(弔意)를 표하기 위해 활대를 비스듬히 하다.

panthée [pɑ̃te] *a.* 〖옛〗 (조상(彫像)이)많은 신들의 특징을 두루 갖춘. 신들의 위력을 한 몸에 지닌, 지고(至高)의.

panthéisme [pɑ̃teism] *n.m.* ① 〖철학〗 범신론(汎神論), 만유신론. ② 자연숭배.

panthéiste [pɑ̃teist] *a.* 범신론의.
—*n.* 범신론자(者).

panthéistique [pɑ̃teistik] *a.* 〖철학〗 범신론적인.

panthéon [pɑ̃teɔ̃] *n.m.* ① 〖고대그리스·로마〗팬테

온, (여러 신을 모신)만신전(萬神殿)《집합적》(한 신화에 속하는 한 종교·한 국민이 섬기는)모든 신, 제신. ②《집합적》위인들; 한 나라의 위인들의 합사묘(合祀廟). ─ littéraire 문학의 거장(巨匠)들. le P─ de Paris 파리의 팡테옹《프랑스의 위인들의 무덤이 있는 사원(寺院)》.

panthéoniser [pɑ̃teɔnize] v.t.《구어》판테온에 모시다; 숭상하다, 예찬하다.

panthère [pɑ̃tɛːr] n.f. ①《동물》표범. ~ d'Amérique 재규어(jaguar). ②표범가죽. manteau de ~ 표범가죽 외투. ③《엣》《비유적》기가 센 여자, 사나운 여자. ma ~《속어》아내, 마누라. ④《천문》늑대좌(le Loup).
faire sa ~《엣·속어》뒹굴다, 빈둥거리며 지내다.
─a.《불변》amanite ~《식물》독버섯.

panthérin(e) [pɑ̃terɛ̃, -in] a. 표범 같은 얼룩점이 있는.

panticollant [pɑ̃tikɔla] n.m. 팬티 스타킹.

pantière [pɑ̃tjɛːr] n.f.《사냥》①새 잡는 그물. ②사냥 맹태기(자루).

Pantin [pɑ̃tɛ̃] n.pr. =Paris.

pantin [pɑ̃tɛ̃] n.m.《장난감》꼭두각시. marcher comme un ~ 꼭두각시처럼 뒤뚱거리며 걷다. ②《구어》우스꽝스러운 몸짓을 하는 사람. ③줏대없는 사람, 타인에게 조종당하는 사람, 괴뢰(marionnette, fantoche). ~ politique 줏대없는 정치가. faire de qn un ~ …을 마음대로 조종하다.

pantinois(e) [pɑ̃tinwa, -aːz] a. 팡탱(Pantin)의.
─P─ n.《속어》=Parisien.

pant(o)- préf. =pan-.

pantocrator [pɑ̃tɔkratɔːr] n.m. 전능의 지배자.

pantographe [pɑ̃tɔɡraf] n.m. ①사도기(寫圖器), 축도기(縮圖器). ②《철도》(전차의)팬터그래프, 집전기(集電器). ③사도기 같이 신축성이 있는 것《엘리베이터의 그물문 따위》.

pantographie [pɑ̃tɔɡrafi] n.f. 사도기(축도기) 사용법; 사도법, 축도법.

pantographique [pɑ̃tɔɡrafik] a. 사도기(寫圖器)의, 축도기의; 사(축)도기 사용법의, 사도법의.

pantoire [pɑ̃twaːr] n.f.《해양》돛대에 달린 고리(귀)가 있는 밧줄.

pantois(e) [pɑ̃twa, -aːz] a. ①《엣》숨가쁜, 헐떡이는. ②《구어》얼빠진, 아연실색한(penaud). demeurer ~ 얼이 빠져 있다.

pantomètre [pɑ̃tɔmɛtr] n.m. ①《엣》《수학》3각형 내각(內角) 측정기. ②《측량》정각측기(程角器器), 만측기(萬測器).

pantomime [pɑ̃tɔmim] n.m.《연극》무언극 배우(mime). ─n.f. ①무언극. ②무언극 배우의 연기. ③《비유적》과장된(웃기는) 태도. ─a. 무언극. ballet ~ 무언극을 흉내낸 발레.

pantomimer [pɑ̃tɔmime] v.t.《엣》①몸짓으로 흉내내다.

pantomimique [pɑ̃tɔmimik] a. ①무언극의, 손짓 몸짓의. ②(무용 따위에)무언극을 혼합한.

pantophobie [pɑ̃tɔfɔbi] n.f.《정신의학》범(汎)공포《모든 것을 다 무서워하는 병》.

pantoscope [pɑ̃tɔskɔp] n.m. 파노라마 사진기, 초광각(超廣角) 사진기; 광각 렌즈.

pantothénique [pɑ̃tɔtenik] a. acide ~ 판토텐산《비타민 B₅의 별명》.

pantouflage [pɑ̃tufla:ʒ] n.m. 공직을 떠나 사기업으로 옮기기.

pantouflard(e) [pɑ̃tuflaːr, -ard] a., n.m.《구어》집에서 한가로이 지내기를 좋아하는(사람).

*****pantoufle** [pɑ̃tufl] n.f. ①실내화, 슬리퍼. chausser (mettre) ses ~s 슬리퍼를 신다. en ~s 슬리퍼를 신고; 한가로이, 편안히. ②《엣·속어》(환자용의)슬

리퍼형의 요강. ③《학생》이공대학 국비장학생이 공직을 떠날 때 무는 위약금(違約金). ④《속어》바보, 멍청이. Quelle ~! 이런 바보가 있나!
et cœtera, ─《구어》기타 등등. ne pas quitter ses ~s; passer sa vie dans ses ~s 집안에서 편안히 지내다. raisonner (comme une) ~《속어》궤변을 부리다, 바보 같은 소리를 하다. rêver à ses ~s 편안한 가정생활을 꿈꾸다.

pantoufler [pɑ̃tufle] v.i. ①《엣·구어》(집안에서)한가로이 잡담을 하다; 편안히(한가로이)지내다. ②궤변을 늘어놓다, 이치에 닿지 않는 말을 하다; 조르다. ③《학생》(위약금을 내고)공직을 떠나 사기업으로 옮기다. ④《엣》도주하다.

pantouflerie [pɑ̃tufləri] n.f. ①《드물게》슬리퍼 제조(판매)업. ②《엣》궤변, 이치에 닿지 않는 말. ③《엣》한담, 잡담.

pantouflier(ère) [pɑ̃tuflije, -ɛːr] n. ①슬리퍼 제조업자(판매인). ②《엣》궤변가, 억지를 쓰는 사람.

pantoum [pɑ̃tum], **pantoun** [pɑ̃tun] n.m.《운율》같은 주제가 평행해서 계속되는 4행시.

pantruchard(e) [pɑ̃tryʃaːr, -ard]《엣·속어》a. 파리의. ─P─ n. 파리 사람.

Pantruche [pɑ̃tryʃ] n.pr.《엣·속어》파리(Paris).

panty(pl. **ys, ies**) [pɑ̃ti, -iːz]《영》팬티 팬티.

panure [panyːr] n.f.《요리》빵가루(chapelure).

Panurge [panyrʒ] n.pr.n. 파뉘르주《Rabelais의 작품 Pantagruel에 나오는 인물》. moutons de ~《구어》부화뇌동하는 사람. ─p─ n.m.《말을 다루는 데 쓰는》고리로 된 가죽 고삐《→ harnais 그림》.

panus [panys] n.m.《식물》독버섯의 일종.

panzer [pɑ̃zɛːr]《독일》독일군의 전차.

panzerdivision [pɑ̃zɛrdivizjɔ̃]《독일》n.f.《제 2 차 대전중 독일의》기갑사단.

paon [pɑ̃] n.m. (f.《드물게》**paonne**) ①《조류》공작. pousser des cris de ~ 날카로운 소리를 내다. ②《비유적》허영심 많은 사람. vaniteux comme un ~ ─ (공작처럼)거드름 피는. ③《곤충》공작나비. ④《형용사적》bleu ─ 공작색의. pigeon ─ 공작비둘기. ⑤《P─》《천문》공작좌.
se parer des plumes du ~ 남의 옷을 입고 뽐내며 걷다, 남의 것으로 치장하다. se rengorger comme un ~ 뽐내며 그다, 우쭐대다.

paonne [pan] n.f.《드물게》《조류》공작의 암컷.

paonneau [pano] (pl. **~x**) n.m. 새끼 공작.

paonner [pane] v.i.《구어》뽐내며 걷다; 보라는 듯이 행동하다.

*****papa** [papa] n.m.《어린애말》아빠(↔ maman). grand-~; bon-~ 할아버지. fils à ~《경멸》(부자·권세가의)아버지를 등에 업은 아들. ②《구어》사람 좋은 중년남자.
à la ~《구어》한가로이, 천천히, 유유히. conduire à la ~ ─ 차를 천천히 몰다.
de ~《엣》《경멸》낡아빠진, 시대에 뒤진, 구식의(démodé, dépassé). cinéma de ~ ─ 옛날풍의(구식) 영화. chansons de ~ ─ 흘러간 옛 노래.

papable [papabl] a.《구어》교황(pape)에 선출될 자격이 있는.

papaïne [papain] n.f.《생화학》파파인.

papal(ale, pl. aux) [papal, -o] a. 로마 교황의, 교황에 속하는. autorité ─ale 교황권. terres ─ales 교황령. ─n.m.pl. 교황의 사람, 교황지지자.

papalin(e) [papalɛ̃, -in] a. ①교황의; 가톨릭교의. ─n.m. ①교황의 사람. ②《엣》교황청의 병사. ③교황 발행의 화폐.

papas [papaːs] n.m. (그리스정교의)성직자.

papauté [papote] n.f. ①교황의 지위(권위), 교황권; 교황의 재위기간. ②《집합적》역대의 교황.

papaver [papavɛːr] *n.m.* 〖식물〗 양귀비(속칭: pavot).

papavéracées [papaverase] *n.f.pl.* 〖식물〗 양귀비과(科).

papavérine [papaverin] *n.f.* 〖화학〗 파파베린.

papaye [papaj] *n.f.* 〖식물〗 파파이아 열매.

papayer [papaje] *n.m.* 〖식물〗 파파이아 나무.

*pape [pap] *n.m.* ① 로마 교황. ② (유파·당파의) 최고 권위자, 영수, 우두머리. ③〖군대어〗해군사관학교 교장. **comme un ~**〘속어〙몹시, 대단하게. **heureux comme un ~** 아주 행복한. **soldat du ~** ⓐ 교황청의 병사. ⓑ 싸우는 습관이 없는 부대.

papegai [papgɛ], **papegeai** [papʒɛ] *n.m.*〖옛〗① 〖조류〗앵무새. ② (궁술의)새 모양의 과녁.

papelard¹(e) [paplaːr, -ard] *a.* 독신자(篤信者)인 체하는, 위선적인(faux, doucereux). —*n.* 가짜 신자, 위선자.

papelard² [paplaːr] *n.m.* ①〖구어〗종이, 종이조각. ②〖특히〗쁘라, 광고, 포스터. ③ 편지; 문서, 서류; 신문. ~s à remplir 기입해야 할 서류가 있다. ④ (*pl.*) 신분증명서.

papelarder [paplarde] *v.i.*〖옛〗독신자(篤信者)인 체하다; 위선의 탈을 쓰다. —*v.t.*〖옛〗말재주를 부려 속이다.

papelardise [paplardiːz] *n.f.*〖옛〗거짓 신앙심; 위선(의 탈).

paperasse [papras] *n.f.* (보통 *pl.*) 쓸데없는 서류, 휴지; 관청의 사무(집합적으로 de la ~ 로도 씀).

paperasser [paprase] *v.i.* ① 쓸데없는 글을 자꾸 쓰다, 무용한 서류를 만들다. ②〖구어〗옛 서류를 정리하다, 휴지(쓸데 없는 서류)를 뒤지다.

paperasserie [paprasri] *n.f.* 쓸데없는 서류더미. ②〖구어〗관청의 (번잡한) 서류 절차.

paperassier(ère) [paprasje, -ɛːr] *a.*〖구어〗① 서류를 쓰기(보관하기) 좋아하는. bureaucrate ~ 서류를 좋아하는 관리. ② (관청식의) 번거로운 절차를 좋아하는. administration ~ère 절차가 번거로운 관청.

papesse [papɛs] *n.f.* (전설상의) 여자 교황. la ~ Jeanne (전설상의) 여자 교황 잔.

papeterie [papt(ə)ri, papetri] *n.f.* ① 제지(製紙)(업), 제지공업; 제지법〖어〗; 제지판매. usine de ~ 제지공장. ② 문방구점〖어〗; 문방구류. rayon de ~ dans un grand magasin 백화점의 문방구부.

papetier(ère) [paptje, -ɛːr] *n.* ① 제지업〖어〗자, 지물상. ② 문방구상. —*a.* 종이를 제조하는; 종이를 판매하는. ouvrier ~ 제지공.

paphien(ne) [pafjɛ̃, -ɛn] 〖고대지리〗*a.* 파포스 (Paphos, 키프러스 섬의 옛 도시)의. —**P**~ *n.* 파포스 사람.

‡papier [papje] *n.m.* ① 종이, 용지. une feuille de ~ 종이 한 장. corbeille à ~ 휴지통. pâte à ~ 제지 펄프. serviette en ~ 종이 냅킨. ~ hygiénique 화장지. ~ d'emballage 포장지. ~ à lettres 편지지. ~ à cigarettes 담배종이. ~ à dessin 제도용지. ~ à(de) musique 〖음악〗오선지. ~ bible(indien) 인디언지. ~ buvard 압지. ~ carbone 먹지, 카본페이퍼. ~ collant 스카치테이프. ~ couché 아트지. ~ d'argent 은박지. ~ de soie 매우 얇은 종이. ~ écolier (국민학교 학생이)공책용으로 쓰이는 중질의 양지. ~ journal 신문용지, 갱지. ~ kraft 크라프트지(질긴 포장지). ~ machine 타이프지. ~ peint(de tenture) 벽지, 도배지. ~ pelure 셀로판지, 얇고 부드러운 종이. ~ sensible 〖사진〗감광지(感光紙). mettre *qc* en ~ ⋯ 을 종이에 싸다. noircir du ~ 까맣게[많이] 쓰다. ② (보통 *pl.*) 서류, 문서, 기록. classer des ~s 서류를 정리하다. ~s d'affaires 〖우편〗영업용 문서(광고·교정쇄 따위). ~ de bord (소유주·국적·행선지 등이 적힌) 선박서류. ~ libre(timbré) 〖상업·법〗인지가 붙지 않은(붙은) 서류. ~ volant 철해 넣지 않은 서류. ~s publics 〖옛〗신문. ③ (*pl.*) 신분증명서(~s d'identité); 여권. Vos ~s! 신분증을 보여주시오 (순경 따위가 하는 말). ~s militaires 병역증명서〖수첩〗. **se faire faire de faux ~s** 가짜 신분증을 만들다. ④〖상업〗등본, 증권, 채권. ~ de commerce 상업어음. **bon(mauvais) ~** 유효[무효] 수표. ⑤ (신문의) 원고. **envoyer un ~ à son journal** 구독지에 투고하다. **être dans les petits ~s de *qn*** ⋯ 으로부터 존경을 받다, 호감을 사다.

~ **mâché** (상자·소반 따위를 만드는)갖풀을 먹인 딱딱한 종이, 지점토. **figure de ~ mâché**〖구어〗창백한 얼굴.

Rayez cela de vos ~s! 그것은 기대하지 마시오.

sur le ~ 이론상으로는. C'est très beau *sur le ~*, mais c'est irréalisable. 이론상으로는 매우 훌륭하지만 실현불가능하다.

papier-calque [papjekalk] (*pl.* ~**s**~) *n.m.* 트레이싱페이퍼, 투사지.

papier-cuir [papjekɥiːr] (*pl.* ~**s**~) *n.m.* 인조가죽, 합성 피혁.

papier-émeri [papjeemri] (*pl.* ~**s**~) *n.m.* 샌드페이퍼, 사포(砂布).

papier-filtre [papjefiltr] (*pl.* ~**s**~**s**) *n.m.* 여과지.

papier-journal [papjeʒurnal] (*pl.* ~**s**~**aux** [-ʒurno]) *n.m.* 〖상업〗회계장부; 〖인쇄〗신문용지.

papier-linge [papjelɛ̃ːʒ] (*pl.* ~**s**~) *n.m.* (한 번 쓰고 버리는 손수건·휴지 따위로 쓰이는)섬유소로 만든 티슈페이퍼.

papier-monnaie [papjemɔnɛ] (*pl.* ~**s**~) *n.m.* 지폐, 은행권; 법화.

papier-parchemin [papjeparʃəmɛ̃] (*pl.* ~**s**~**s**) *n.m.* 유산지(硫酸紙).

papier-pierre [papjepjɛːr] (*pl.* ~**s**~**s**) *n.m.* 풀에 이긴 종이; 종이 세공.

papiers-valeur [papjevalœːr] *n.m.pl.* 지폐.

papifier [papifje] *v.t.*〖구어·드물게〗교황으로 선출하다.

papilionacé(e) [papiljɔnase] 〖식물〗*a.* 나비꼴의(꽃부리의 꼴). —*n.f.pl.* 콩과(科).

papillaire [papi(l)lɛːr] *a.* ①〖해부〗유두상(乳頭狀)의, 젖꼭지 모양의 작은 돌기가 있는. ②〖식물〗연한 작은 돌기가 있는, 돌기모(毛)가 있는.

papille [papil, -ij] *n.f.* ①〖해부〗젖꼭지 모양의 돌기. ~ optique 시신경유두(乳頭). ~ linguale 설(舌)유두. ②〖식물〗유연(柔軟)소돌기, 돌기모.

papillé(e) [papi(l)le, papije] *a.* 유두가 있는; 돌기가 있는.

papilleux(se) [papi(l)lø, papijø, -øːz] *a.* 〖해부〗유두가 있는, 소돌기가 많은.

papillifère [papi(l)life:r] *a.* 〖해부·식물〗유두(乳頭)가 있는, 소돌기가 있는.

papilliforme [papi(l)lifɔrm] *a.* 〖해부〗젖꼭지 모양의; 소돌기 모양의.

papillite [papijit] *n.f.*〖의학〗유두염; 시신경 유두염 (~ optique).

papillome [papi(l)lom] *n.m.*〖의학〗유두종(腫).

*papillon [papijɔ̃] *n.m.* ①〖곤충〗나비; 나방. filet à ~ 포충망. faire la chasse aux ~s 나비를 채집하다. ~ nocturne (de nuit) 나방. ② 변덕장이, 경박한 사람. léger(étourdi) comme un ~ 몹시 경솔한. ③ 나비 넥타이(nœud ~); 나비 모양

의 판(瓣), 나비꼴 나사; 가스등의 화구(火口)(나비의 날개 모양의 불을 뿜어내는); 〖해양〗세째 돛대의 윗돛. nœud ~ 나비꼴 매듭. ④ (책·잡지 따위의) 삽입된 페이지; (지도의 한 구석에) 삽입된 작은 지도, 광고 삐라, 포스터. ⑤〖구어〗(자동차 앞 유리에 붙이는) 주차위반 딱지. ⑥ brasse ~ 〖수영〗접영, 버터플라이.
courir après les ~s 쓸데없는 일에 열중하다. *Minute, ~!* 잠깐만, 기다려 주시오! *voir des ~s noirs* 우수에 잠기다, 슬퍼하다.

papillon(n)age [papijɔnaːʒ], **papillonnement** [papijɔnmɑ̃] n.m. ① (이리저리로)훨훨(팔락팔락) 날아다니기; (비유적) 변덕부리기. ② 나방의 구제(驅除).

papillonnant(e) [papijɔnɑ̃, -ɑ̃ːt] a. 훨훨 날아다니기 좋아하는; (비유적) 변덕스러운, 경박한.

papillonner [papijɔne] v.i. ① 훨훨 날아다니다, 이리저리 뛰어다니다(folâtrer, voltiger). ② (비유적) (마음이) 변덕부리다; 빙빙 돌다. ~ *d'un sujet à l'autre* 이 문제 저 문제로 (변덕스럽게) 옮겨다다. ~ *autour d'une femme* 여자 주위를 맴돌다. ③ (속어) 세탁소의 세탁물을 훔치다.

papillotage [papijɔtaːʒ] n.m. ① (빛의)눈부심; 눈을 깜박거리기. ② (그림·문장 따위가)윤색이 지나침. ③〖인쇄〗겹쳐짐, 미어짐. ④ 머리털을 종이로 말아서 지지기. ⑤ (텔레비전의)어른거림.

papillotant(e) [papijɔtɑ̃, -ɑ̃ːt] a. (빛이)눈이 부신, (물체 따위가)반짝거리는, 어른거리는.

papillote [papijɔt] n.f. ① 컬페이퍼(머리를 지질 때 머리카락을 마는 종이). ② 사탕을 싸는 포장지. ③〖요리〗(볶은고기를 싸는) 버터를 먹인 포장지, 유지(油紙). *Tu peux en faire des ~s.* (서류·문서 따위가)한푼의 가치도 없다.

papillotement [papijɔtmɑ̃] n.m. 눈부신 빛, 반짝거리는[어른거리는] 빛.

papilloter [papijɔte] v.t. ① 머리털을 곱슬곱슬하게 하다. ② (고기를 굽기 위해) 버터 먹인 종이[기름 종이]에 싸다.
— v.i. ① (눈이)깜박거리다(clignoter). *Sous le soleil vif, les yeux papillotent.* 강한 햇빛에 눈이 깜박거린다. ② (빛이)깜박[반짝]거리다; (텔레비전 따위가)어른거리다. ③ (비유적) (문장·그림 따위가)지나치게 화려하다. ④〖인쇄〗미어지다, 이중쇄가 되다.

papin [papɛ̃] n.m. 〖옛·사투리〗(유아용의)죽.

papion [papjɔ̃] n.m.〖동물〗비비속(狒狒屬).

papisme [papism] n.m. ① 교황제(制), 교황주의. ② (옛) 로마 가톨릭교.

papiste [papist] n. ① 교황제 예찬자; 교황주의자. ② 가톨릭교도 (프로테스탄트의 용어). — *a.* 가톨릭교의; 가톨릭교도의.

papistique [papistik] a. (경멸) 가톨릭의; 가톨릭교도의.

papotage [papɔtaːʒ] n.m. 수다, 객설, 잡담(bavardage). ~ *des enfants* 아이들의 재잘거림.

papoter [papɔte] v.i. 〖구어〗수다를 떨다, 잡담하다, 재잘거리다(bavarder).

papou(e) [papu] a. 파푸아(뉴기니)(사람·어)의.
— **P~** n. 파푸아 사람. — n.m. 파푸아어(語).

Papouasie [papwazi] n.pr.f. 〖지리〗파푸아(뉴기니의 별명).

papouille [papuj] n.f. 〖구어〗(점잖지 못한)애무(chatouillement). *faire des ~s* 애무하다.

pappe [pap] n.m. 〖식물〗갓털, 관모.

pappeux(se) [papφ, -φːz] a. 〖식물〗갓털이 있는.

pappifère [papifɛːr] a. 〖식물〗갓털이 있는.

paprika [paprika] n.m. 〖형가리〗파프리카(고추의 일종으로, 분말은 헝가리 요리 따위에 이용하는 향신료).

papule [papyl] n.f. ①〖의학〗구진(丘疹). ②〖식물〗용기.

papuleux(se) [papylφ, -φːz] a. ①〖의학〗구진성의, 구진이 져진. *éruption ~se* 구진성 발진. ②〖식물〗 돌기성의, 소융기성의.

papyracé(e) [papirase] a. 지질(紙質)의, 종이처럼 얇은.

papyrographie [papirɔgrafi] n.f. 〖옛〗일종의 석판 인쇄술.

papyrologie [papirɔlɔʒi] n.f. (파피루스종이에 기록된) 고문서 연구, 파피루스 고문서학.

papyrologique [papirɔlɔʒik] a. 파피루스 고문서 연구의.

papyrologue [papirɔlɔg] n. 파피루스 고문서의 연구가.

papyrus [papirys] n.m. ①〖식물〗파피루스, 지초(紙草). ②〖파피루스 종이 [파피루스 종이로 만든 종이]. ③ (파피루스에 쓴) 수사본, 고문서. *déchiffrer un ~* 파피루스 문서를 해독하다. ④〖미술〗파피루스 장식.

pâque [pɑːk] n.f. (때로 P~) 〖유태교〗① 유월절 (출애굽을 기념하는). ② (유월절 제단에 바치는) 어린 양. *immoler la ~* 유월절에 어린 양을 바치다. *manger la ~* 유월절에 신에게 바친 어린 양을 먹다.
— **P~(s)** n.m.sing. (*jour de Pâques*의 생략형; 항상 무관사) 〖기독교〗부활절(의 축일). *à P~(s) prochain* 이번 부활절에. *œufs de P~* 부활절에 채색된 달걀; 부활절 선물. *quinzaine de P~s* 부활절 직전 일요일 이후 2주간. *semaine avant P~s* 부활절 전 1주간, 성주(聖周)(semaine sainte). *semaine de P~s* ; *semaine après P~s* 부활절 주간 (부활절 후의 1주간).
à P~s ou à la Trinité (기약할 수 없는)먼 훗날에, 영영 (않다). *Je te rendrai ça à P~s ou à la Trinité.* 이걸 네게 돌려주지, 언제가 될지 모르지만.
— **P~s** n.f.pl. 〖기독교〗① 부활절. *souhaiter de bonnes P~s à qn* ···에게 즐거운 부활절이 되기를 빌다. *P~s closes* 부활절 후의 제 1 일요일(dimanche de Quasimodo). *P~s aux roses* 성신강림축일 (Pentecôte). *P~s fleuries* 성지주일(聖枝主日)(*dimanche de Rameaux*). ② 부활절 기간의 성체배령. *faire ses P~s(p~s)* 부활절 전후 각 1 주일 사이에 성체를 배령하다.
[REM] 「부활절」의 뜻으로 쓰이는 *Pâques* 는 항상 무관사로서 (1) 여성 복수형 또는 (2) 남성 단수형을 취한다. 남성 단수형의 경우도 주로 ~*s* 가 붙음으로써 형태상 복수형과 같다: *Pâques est tombé tôt cette année.* 금년은 부활절이 일렀다.

*****paquebot** [pakbo] n.m. ① 대형 여객선, 정기선(定期船), 연락선. ~-*mixte* 화객선(貨客船). ~-*transatlantique* 대서양횡단 정기선. ② (옛) 중형 우편선.

paquebot-poste [pakbopɔst] (*pl. ~s-~*) n.m. 우편선(郵便船).

paquer [pake] v.t. (생선을) 상자 [통] 에 쟁이다.

pâquerette [pakrɛt] n.f. 〖식물〗데이지.

Pâques [pɑːk] *n.m.pl.* ⇨*Pâque*.

*****paquet** [pake] n.m. ① 봇짐, 꾸러미; 소포, 소화물. ② [*un ~ de*] 덩어리, 무더기; (담배 따위의) 한 갑; 통의; 다량의···. *apporter un ~ de linge à la blanchisserie* 세탁소에 한 무더기의 세탁물을 가져가다. *Il fume deux ~s (de cigarettes) par jour.* 그

는 하루에 두배 두 갑을 핀다. toucher *un ~ de* billets(un gros ~) 두툼한 지폐다발(대금)을 받다. *un ~ de* neige 눈더미. *un ~ de* mer (갑판·방파제 따위에 덜치는)큰 파도. (사람에 대해) *un ~ d'os[de* graisse] 뼈만 남은[더룩더룩 살찐] 사람. *un ~ de* nerfs《구어》신경질적인 사람.
③《구어》《경멸》성가신 사람.
④《정치》(조약 따위의)전(全)조항.
⑤《옛》편지, 우편물(courrier).
⑥《인쇄》몇 줄을 조판하여 한데 묶은 것;《스포츠》(럭비의)전위진, 포워드;《직물》견사의 20첩분(帖分);마사의 100 타래분.
avoir(recevoir) son ~《구어》타당한 벌을 받다, 꾸지람을 톡톡히 받다.
avoir un ~ sur la conscience 마음에 거리끼는 것이 있다, 마음이 무겁다.
donner(lâcher) son ~ à qn à ⋯을 호되게 꾸짖다. ⓑ《옛》훼고하다.
faire son ~《ses ~s》 ⓐ 짐을 꾸리다; 여행을 떠나다[떠날 차비를 하다]. ⓑ 죽을 준비를 하다.
hasarder(risquer) le ~《구어》(사업에서)모험을 하다.
mettre le ~《구어》가진 돈을 다 걸다; (비유적)전심전력을 다하다.
par ~s 무더기로; 떼를 지어. Entrez *par petits ~s.* 작은 무리로 나누어 들어오시오.
porter son ~ 자기의 짐을 지다.

paquetage [pakta:ʒ] *n.m.* ① 짐꾸리기, 포장. ②《군사》(병사의)장비(일습); (장비의)정돈.
paqueter [pakte] [5] *v.t.* ① (짐을)꾸리다, 싸다, 묶다, 포장하다(보통 empaqueter 를 씀). ②《옛》투옥하다.
paqueteur(se) [paktœ:r, -ø:z] *n.* 짐꾸리는[포장하는] 사람. *—a.* 포장하는. ouvrière *~se* (담배·과자 따위의)포장 여공.
paquetier [paktje] *n.m.*《인쇄》(1페이지분을 조판하여 묶는)조판공, 정판공.
pâquis [paki] *n.m.*《옛》목장.
‡**par** [par] *prép.* I. (장소·시간을 나타냄)①(장소·공간)ⓐ(통과·경유를 나타냄)⋯으로(해서). entrer ~ la porte principale 정문으로 들어가다. jeter *qc ~* la fenêtre ⋯을 창문으로 던지다. Venez ~ ici. 이 쪽으로 오시오. voyager ~ mer(~ terre, ~ air) 배(육로·공로)로 여행하다. P~ où est-il passé? 그는 어디로 해서(어느 길로) 지나갔소? passer *par* de rudes épreuves 어려운 시련을 겪다. Cette idée m'est passée ~ la tête. 이 생각이 내 머리를 스쳐갔다. ⓑ(동작이 벌어지는 장소) ⋯가운데. courir ~ les rues 거리를 이리저리 쏘다니다. La rumeur se répand ~ la ville. 소문이 온 마을에 퍼지다. voyager ~ le monde 세계 각처를 여행하다. ⓒ(방향·위치)être assis ~ terre 땅바닥에 앉아있다. vêtement serré ~ en haut[en bas] 윗(아랫)쪽이 홀쭉한 옷. Le navire est ~ 10° de latitude Nord. 배는 북위 10도에 위치하고 있다. Les voitures se sont heurtées ~ l'avant. 자동차는 정면으로 충돌했다.
②(시간·날씨) ⋯때에. ~ temps de brume 안개 낀 때에. sortir ~ le froid qu'il fait 이렇게 추운데 외출하다. ~ un jour d'hiver 어느 겨울날에. ~ le temps qui court 천재는, 현재로서는.
II. (동작주·수단 따위를 표시)①(동작주)ⓐ(수동형·대명동사와 함께) Il a été renversé ~ une voiture. 그는 차에 치었다. Toutes les grandes choses se font ~ le peuple. 모든 위대한 일은 백성들에 의해 이루어진다. ⓑ(능동형과 함께) Il a fait bâtir sa maison ~ cet architecte. 그는 자기 집을

이 건축가에게 짓게 했다. Je l'ai entendu dire ~ mon père. 나는 아버지가 그렇게 말씀하시는 것을 들었다. J'ai appris cela ~ un voisin. 나는 이웃에게서 그 이야기를 들었다. ⓒ《명사와 함께》nettoyage ~ le vide 진공 소제법. exploitation de l'homme ~ l'homme 인간에 의한 인간의 착취. «Phèdre» ~ Racine 라신의「페드르」.
②(수단·방법)ⓐ(수단·도구)⋯에 의해, ⋯로; ⋯을 사용하여. obtenir *qc ~* la force ⋯을 완력(힘)으로 얻다. réussir ~ l'intrigue 음모를 써서 성공하다. ~ la poste 우편으로. ~ avion(bateau) 항공(선)편. répondre ~ oui ou ~ non 가부(可否)로 대답하다. cours ~ correspondance 통신 강의. société ~ actions 주식회사. ⓑ(신체·물체의 일부분)(의) ⋯을. prendre *qn ~* le bras ⋯의 팔을 잡다. tenir un outil ~ le manche 도구의 손잡이를 잡다. ⓒ(맹세·기원) ⋯을 걸고, ⋯의 이름으로. ~ ma foi 진실로. jurer ~ tous les dieux 천지신명에 맹세하다.
③(원인·동기)ⓐ(원인) ⋯때문에. Il est respecté de tout le monde ~ son intelligence. 그는 지성 때문에 모든 사람의 존경을 받고있다. (형용사와 함께) femme remarquable ~ sa beauté 미모가 뛰어난 여인. (명사와 함께) mort ~ maladie 병사(病死). ⓑ(동기) ⋯에 의해. agir ~ intérêt 이해 관계에 의해 행동하다. ~ amitié pour toi 너에 대한 우정으로. P~ pitié, ne me quitte pas. 제발, 내게서 떠나지 마오.
④(행위의 기점·종점) ⋯로서 (시작하다, 끝나다). Le roman commence ~ un récit de voyage. 소설은 여행 이야기로부터 시작한다. P~ où commencer? 어디서부터 시작할까? [~ + *inf*.] Commençons ~ visiter Notre Dame. 노트르담 사원을 먼저 방문하자. Ça va finir ~ arriver. 마침내 그 일은 일어나고야 말 것이다.
III. (기타)①(배분·반복)ⓐ(단위) ⋯마다. manger deux fois ~ jour 하루 두끼 먹다. gagner mille francs ~ semaine 주당 1,000 프랑을 벌다. Ça coûte cent francs ~ tête 일인당 100 프랑이다. ⓑ(분류) aller ~ groupes de dix 열 사람씩 그룹을 지어 가다. entrer deux ~ deux 두 사람씩 들어 가다. acheter ~ douzaines 다스로 사다. ⓒ(반복) ⋯에 걸쳐. ~ moments 때때로. interroger ~ trois fois 세 번에 걸쳐 치다.
②(무관사 명사와 함께 각종의 부사구를 이룸) ~ bonheur 다행히도. ~ exemple 가령. ~ conséquent 따라서. ~ hasard 우연히; 혹시. apprendre ~ cœur 암기하다.
③[*de* ~]ⓐ⋯의 이름으로. *de* ~ la loi 법(법으로)의 이름으로. ⓑ⋯에 따라. *de* ~ ses fonctions 직무상. ⓒ⋯에 걸쳐. *de* ~ le monde 세계 전역에.
—ad.《옛·문어》[~ trop] 너무나도 (trop 의 강조). C'est ~ *trop* cruel. 그것은 너무나도 잔인하다.

para[1] [para] *n.m.* 파라(터키의 화폐단위).
para[2] [para] *n.m.* = **parachutiste**.
para-[1] *préf.*「옆에, 저편에, 반대의」의 뜻 (예:*para*graphe (문장의)단. *para*doxe 역설).
para-[2] *préf.*「⋯에 대한 보호」의 뜻 (예:*para*chute 낙하산. *para*tonnerre 피뢰침).
parabase [parabo:z] *n.f.*《그리스연극》작자가 희극중에서 자기 이름으로 관객에게 말하는 부분.
parabellum [parabelɔm] *n.m.* 군용 자동권총.
parabiose [parabjo:z] *n.f.*《생물》파라비오제, 병체결합(並體結合).
parablaste [parablast] *n.m.*《생물》배외질(胚外質).

parabole[1] [parabɔl] *n.f.* ① 〖성서〗 잠언. P-s de Salomon 솔로몬의 잠언(箴言)(le livre des Proverbes). ② 비유, 우화, 교훈담. parler par [en] ~s 수수께끼같은 말을 하다, 말을 돌려하다.

parabole[2] *n.f.* 〖수학〗 포물선.

parabolicité [parabɔlisite] *n.f.* 〖수학〗 포물선성 (抛物線性), 포물성상(抛物性狀).

parabolique[1] [parabɔlik] *a.* 비유의, 우화적인.

parabolique[2] *a.* ① 〖수학〗 포물선의, 포물선을 이루는. ② 포물선상의. miroir ~ 〖광학〗 포물(선)면경(面鏡). ③ radiateur ~ 반사경식 난로. —*n.m.* 반사경식 난로.

paraboliquement[1] [parabɔlikmɑ̃] *ad.* 우화적으로, 비유적으로.

paraboliquement[2] *ad.* 〖수학〗 포물선상으로, 포물선을 이루어.

paraboloïdal(ale, *pl.* **aux)** [parabɔlɔidal, -o] *a.* 〖수학〗 포물면상(抛物面狀)의.

paraboloïde [parabɔlɔid] *n.m.* 〖수학〗 포물면(抛物面), 포물선면.

parabuée [parabɥe] *n.f.* 렌즈가 흐려지는 것을 막는 방지제. 〖술〗.

paracentèse [parasɑ̃tɛ:z] *n.f.* 〖의학〗 고막절개.

paracentral(ale, *pl.* **aux)** [parasɑ̃tral, -o] *a.* 〖해부〗 중심 가까이의.

parachevable [paraʃvabl] *a.* 성취[완성]할 수 있는.

parachèvement [paraʃɛvmɑ̃] *n.m.* 〖문어〗 완성, 완료, 성취.

parachever [paraʃve] [4] *v.t.* 완성하다, 성취하다, 끝내다(achever, parfaire). ~ un roman 소설 쓰기를 끝내다. ~ sa tâche 임무를 완수하다.
—*se ~ v.pr.* 완성되다. œuvre d'art qui *se parachève* 점점 완성되어가는 예술품.

parachronisme [parakrɔnism] *n.m.* (연대나 월일을 실지보다 늦추어 적는)시일 기록 착오.

parachutage [paraʃyta:ʒ] *n.m.* ① 낙하산 투하[강하]. ②〖속어〗(뜻밖의 사람의)전격적 임명.

*****parachute** [paraʃyt] *n.m.* ①〖항공〗낙하산. descente en ~ 낙하산 강하. ②〖광산〗(광석 인양기의 낙하를 방지하는)안전장치. ③(소아용)보행 보조기. ④(회중시계의)충격방지장치.

parachuté(e) [paraʃyte] *a, n.* ①낙하산으로 강하한(사람). ②낯선 곳에 임무를 띠고 파견된(사람), 특파[특임·특선]된(사람).

parachuter [paraʃyte] *v.t.* ①낙하산으로 강하[낙하]시키다; 낙하산으로 투하하다. ②〖구어〗천만 뜻밖의 사람을 인선[발령]하다; 특수임무를 지워 보내다. —*se~ v.pr.* 낙하산으로 강하하다.

parachutisme [paraʃytism] *n.m.* 낙하산 강하법. 〖스포츠〗스카이 다이빙.

parachutiste [paraʃytist] *n.* ①낙하산 강하자. 〖스포츠〗스카이 다이버. ②〖군사〗낙하산부대원. —*a.* 낙하산으로 내리는. troupes ~s 낙하산부대. 〖faille〗.

paraclase [parakla:z] *n.f.* 〖옛〗〖지질〗단층균열.

Paraclet, paraclet [paraklɛ] *n.m.* 〖성서〗파라클리트, 성신, 성령. 〖ses〗.

paracloses [paraklo:z] *n.f.pl.* 〖해양〗=**parclo-**

parade[1] [parad] *n.f.* ①드러내기, 과시, 자랑하기, 겉치레. faire de ~ 을 과시하다. habit de ~ 성장(盛裝). amitié de ~ 겉치레 뿐인 우정. ②〖군사〗열병(식), 분열(식). défiler comme à la ~ 열병식 때처럼 행진하다. ③ (서커스 따위의)손님끌기 광대짓. ~ publicitaire d'un cirque 서커스의 선전 퍼레이드. ④〖동물〗과시(동물이 구애나 위협을 위해 자신의 특징을 드러내는 행위).

parade[2] *n.f.* ①〖펜싱〗퍼레이드, (칼을 쳐)받아젖힘. ②〖복싱〗펀치를 받아넘김, (주먹을)받아 빗나가게 함. ②방어, 대응책, (말)대꾸. trouver une bonne ~ contre des problèmes 문제에 대한 대응책을 찾아내다. être prompt à la ~ 말대꾸가 잽싸다; 임기응변에 능하다.

parade[3] 〖에스파냐〗 *n.f.* 〖승마〗급정지. cheval sûr à la ~ 급정지를 확실히 할 줄 아는 말.

parader [parade] *v.i.* ① 자랑삼아 보이다, 으스대다, 뽐내다; 점잔빼며 걷다(plastronner, se pavaner). ② 〖군사〗 분열 행진하다. ③〖옛〗(배가)공격하러 오다갔다 하다.

paradeur [paradœ:r] *n.m.* 뽐내기 좋아하는 사람, 으스대는 사람.

paradigmatique [paradigmatik] *a.* 〖언어〗 계열(系列)적인. rapport ~ 계열적 연관, 선택관계. axe ~ 계열축. —*n.f.* 계열축.

paradigme [paradigm] *n.m.* ①〖언어〗ⓐ계열, 파라디금〔언어연쇄 중의 한 점에 있어서 교환 가능한 제요소의 총체; 예를들면 Le restaurant est ouvert. 라는 문장에서 restaurant을 대체할 수 있는 magasin, marché 따위는 계열을 이룸〕. ⓑ(범례가 되는)어형활용(語形活用)표. ②〖철학〗모범(플라톤 학파의 용어).

*****paradis** [paradi] *n.m.* ① 천국, 극락(↔enfer). aller au[en] ~ 천당에 가다, 죽다. ②(지상의)낙원, 도원경; (고대 오리엔트 왕궁 안의) 유원지. P~ terrestre 〖성서〗지상의 낙원, 에덴 동산. Cette plage est le ~ des enfants. 이 해변은 아이들의 천국이다. ~ artificiels 인공낙원 〖아편 따위에 의한 도취상태; Baudelaire의 작품제목〗. ③〖연극〗극장의 맨 꼭대기 관람석(poulailler). ④〖식물〗파라디소스〖접목(接木)의 대목으로 이용되는 사과나무의 일종〗. ⑤ oiseau du ~ 〖조류〗풍조(風鳥), 극락조. ⑥(Calais 항 따위의)어장;〖옛〗항구내의 계선(係船) 도크.
Vous ne l'emporterez pas au[en] ~. 〖구어〗언젠가는 후회할거요, 어디 두고 봅시다 〖협박〗.

paradisiaque [paradizjak] *a.* 천국[천당] 같은, 천국의.

paradisier [paradizje] *n.m.* 〖조류〗풍조(류), 극락조 〖풍조과 새의 총칭〗 (oiseau de ~).

paradiste [paradist] *n.m.* (곡마단 따위의)손님끄는 어릿광대.

parados [parado] *n.m.* 〖군사〗배토(背土) 〖참호 따위의 뒤턱〗, 방어 성토(盛土).

paradoxal(ale, *pl.* **aux)** [paradɔksal, -o] *a.* ①역설적인, 역설을 즐기는. sentence ~ale 역설적인 격언. esprit ~ 사리나무를 즐기는 사람. ②기이한, 기묘한. ③〖의학〗pouls ~ 기맥(奇脈) 〖발열시의 느린 맥〗; contraction ~ale 기이성 수축.

paradoxalement [paradɔksalmɑ̃] *ad.* 역설적으로.

paradoxe [paradɔks] *n.m.* ①역설, 패러독스. avancer un ~ 역설을 내세우다. ②부조리, 모순; 양식에 어긋나는 말[것].

paradoxisme [paradɔksism] *n.m.* 〖수사학〗반의 연사(反意連辭)(une sage folie 따위).

paradoxure [paradɔksy:r] *n.m.* 〖동물〗(나무 위에 사는)사향고양이.

parafe [paraf] *n.m.* 서명 끝의 장식 글자; (문서의 정정·삭제 따위를 확인하기 위한)간단한 서명, 수결(手決). 〖법〗(인증을 위한) 법관의 서명.

parafé(e) [parafe] *a.p.* 수결(手決)을 한, 간략한 서명이 있는. 〖다.

parafer [parafe] *v.t.* 간략한 서명을 하다, 수결을 하

paraffènes [parafɛn] *n.m.pl.* 〖화학〗파라피켄(係), 파라피켄 탄화수소.

paraffinage [parafina:ʒ] *n.m.* 파라핀을 바르기, 파

paraffine [parafin] *n.f.* ① 파라핀, 석랍(백색 반투명의 고체로 양초나 방수지에 사용). ② 【화학】 파라핀계 탄화수소. huile de ~ 파라핀유(윤활유·완화제).

paraffiné(e) [parafine] *a.p.* 파라핀을 칠한. papier ~ 파라핀 종이.

paraffiner [parafine] *v.t.* 파라핀을 바르다, 파라핀 처리를 하다.

paraffinome [parafinom] *n.m.* 【의학】 파라피놈, 파라핀종(腫)(파라핀을 함유한 인공물을 피하에 주입해서 주사한 자리에 생기는 육아종(肉芽腫)).

parafiscal(ale, *pl.* **aux)** [parafiskal, -o] *a.* (세금 따위의)특별징수의.

parafiscalité [parafiskalite] *n.f.* 특별징수금(사회 보장 따위의 특별부담금).

parafoudre [parafudr] *n.m.* 【기술】 피뢰기(paratonnerre).

parage¹ [para:3] *n.m.* 《옛》 가계(家系), 혈통. de haut ~ 고귀한 집안의.

parage² [para:3] *n.m.* ① 쇠고기의 정형(整形)(소매용으로 뼈·심줄·맥관(脈管) 따위를 제거하는 작업). ② 겨울 전의 포도경작. ③ (금속·목재 따위의)다듬기, 광내기.

paragenèse [paraʒ(ə)nɛːz] *n.f.* ① 【생물】 (실험에 의한)배(胚)의 이상성장. ② 【지질】 공생(共生)(일정한 조건하에서 형성된 두 종류 이상의 광석의 집합).

parages [para:3] *n.m.pl.* ① 【해양】 (육지에 가까운)해역, 수역. ② 《구어》 지역, 지점, 근처(environs). Vous habitez donc dans nos ~? 우리 이웃에 사신다구요? dans[en] ces ~ 이 근처에.

paraglace [paraglas] *n.m.* 【해양】 (배의)방빙현재(防氷舷材).

paragoge [paragɔ:3] *n.f.* 【언어】 어미음 첨가(정형시 따위에서 음절수 또는 각운을 맞추기 위해서 avec를 avecque로 쓰는 따위).

paragogique [paragɔ3ik] *a.* 어미에 첨가한.

paragonite [paragonit] *n.f.* 【광물】 소다운모.

paragramme [paragram] *n.m.* 【언어】 (글자 하나가 틀리는)철자의 오류(université 대신에 université 따위).

paragraphe [paragraf] *n.m.* ① (문장의)단락, 패러그래프. ② 【법】 항(項)(법률조항(article)의 하위 구분). ③ 【인쇄】 단표(段標)(§의 기호).

paragrêle [paragrɛl] *n.m.* 우박 막는 장치. —*a.* fusée ~ 우박제거탄.

paraguante [paragwã:t] 《에스파냐》 *n.f.* 《옛》 사례금, 술값, 팁.

Paraguay (le) [laparage] *n.pr.m.* 【지리】 파라과이; 파라과이 강.

paraguayen(ne) [paragejɛ̃, -ɛn] *a.* 파라과이의, 파라과이 사람의. —**P**~ *n.* 파라과이 사람.

paraison [parezɔ̃] *n.f.* 파리종: ⓐ 유리를 균일하게 하기 위해서 취관(吹管)을 빙빙돌림. ⓑ 취관끝의 녹은 유리덩어리.

‡**paraître** [parɛtr] **41** *v.i.* **I.** ① 나타나다, 출현하다; 보이다, 눈에 띄다(apparaître, surgir, se montrer). L'acteur *paraît* sur la scène. 배우가 무대에 나타난다. Le jour vient à ~. 해가 막 떠오른다. Cette tache *paraît* à peine. 이 얼룩은 거의 눈에 띄지 않는다. 《비인칭》 Il *paraissait* des taches sur son corps. 그의 몸에 반점이 보였다. faire ~ en justice 법원에 출두하다. faire ~ 나타내다, laisser ~ un étonnement profond 심한 놀라움을 나타내다.
② 출판되다, (책이) 나오다(상태를 나타내므로 조동사는 être를 사용하는 경우가 많음). Ce livre *a paru* en 1920. 이 책은 1920년에 나왔다. Ce livre *est paru* depuis un mois. 이 책은 한 달 전부터 나와있다. faire ~ un livre 책을 출판하다(간행하다). «À ~ prochainement» "근간", «Vient de ~» "신간"
③ (남 없이)사람의 시선을 끌다. chercher à ~ 사람들의 시선을 끌려고 애쓰다. désir de ~ 자기과시욕.
④ ⓐ 《속사와 함께》…인 것 같다, …인 듯이 보이다. Cela me *paraît* beau. 그것은 아름다워 보인다. Elle *paraît* triste. 그녀는 슬퍼 보인다. Il ne *paraît* pas très intelligent. 그는 그렇게 똑똑해 보이지 않는다. ⓑ [~ + *inf.*] Vous ne *paraissez* pas y croire. 당신은 그것을 믿는 것 같지 않다. Il *paraît* être convaincu. 그는 납득한 것 같다. (연령을 표시할 경우 avoir를 사용) ~ (avoir) trente ans 30살로 보이다. ~ son âge 자기 나이로 보이다. Elle a cinquante ans mais elle ne les *paraît* pas. 그녀는 50살이지만 그렇게 보이지 않는다.
II. 《비인칭》 ⓛ [Il *paraît* que+*ind./cond.*] (주절이 부정일 경우 종속절은 *sub.*)…인 것 같다. Il *paraît que* vous avez tort. 당신이 잘못한 것 같다. Il *paraît qu*'il y a eu un accident. 사고가 났나봐요. Il ne me *paraît* pas *que* la situation soit si mauvaise. 내가 보기에는 상황이 그렇게 나쁜 것 같지는 않다. (Il을 생략하여) *Paraît qu*'elle va se marier. 《구어》 그녀가 곧 결혼할 것 같다.
② ⓐ [Il *paraît*+형용사+de+*inf.*] …인 것 같다, …으로 생각되다. Il *paraît* nécessaire d'agir ainsi. 이처럼 행동하는 것이 필요한 것 같다. Il leur *paraît* tout à fait inutile d'insister. 그들 생각으로는 고집을 부리는 것이 전적으로 무익한 것 같다. ⓑ [Il *paraît*+형용사+que+*ind.*] (주절이 부정·의혹·주관적인 판단을 나타낼 경우 종속절은 *sub.*) …인 것 같다. Il me *paraît* évident que'il a raison. 분명히 그가 옳은 것 같다. Il me *paraît* nécessaire *que* vous partiez. 당신이 떠나야만 할 것 같다.
③ 《삽입절로서 주어 도치》 Jean a rencontré, paraît-il, un vieil ami. 장은 옛 친구를 만난 것 같다. à ce qu'il *paraît* 아마도, 아무래도, 보아하니. Pierre va se marier, à ce qu'il *paraît*. 피에르는 아무래도 결혼할 것 같다.
Il y paraît. 그렇게 보인다, 그것은 역력(분명)하다. C'est une voiture d'occasion, mais *il n'y paraît* pas. 그것은 중고차이지만 그렇게 보이지 않는다. *sans qu'il y paraisse* 그럴 것 같지 않으면서도, 그렇게는 보이지 않지만. *Sans qu'il y paraisse*, c'est un grand artiste. 그렇게 보이지는 않지만, 그는 위대한 예술가이다.
—*n.m.* 외양, 외관(apparence); 【철학】 가상(假象). l'être et le ~ 실제와 외관.

parakinésie [parakinezi] *n.f.* 【정신의학】 운동실조(失調).

paralangage [paralãga:3] *n.m.* 【언어】 파라[유사]언어(말, 몸짓 같은 고유언어 이외의 전달수단).

paraldéhyde [paraldeid] *n.m.* 【화학】 파라알데히드(최면제의 일종).

Paralipomènes (les) [leparalipomɛn] *n.m.pl.* 【성서】 (구약의)연대기(상하 2권).

paralipse [paralips] *n.f.* 【수사학】 역언법(逆言法)(요점을 가볍게 취급하는 듯 가장하며 오히려 이에 주의를 끄는 표현법)(prétérition).

paralique [paralik] *a.* 【지질】 해안(특유)의.

paralittéraire [paraliterɛ:r] *a.* (학술)문학에 부수된; (대중문학·만화와 같이 순수문학으로 간주되지 않는)2차문학의.

paralittérature [paraliteraty:r] *n.f.* 2차문학, 유사문학(대중문학·만화·시나리오처럼 순수문학으로 간주되지 않는 작품).

parallactique [para(l)laktik] *a.* 【광학·천문】시차(視差)의.

parallaxe [para(l)laks] *n.f.* 【광학·천문】시차(視差). correction de ~ 시차수정.

*****parallèle** [para(l)lɛl] *a.* ① [~ à](와)평행을 이룬, 평행의. Cette rue est ~ à la rivière. 이 길은 개울과 평행을 이루고 있다. deux droites ~s 평행된 두 직선. courbes ~s 평행곡선. cercle ~ 【지리】위선(緯線). ② 같은 방향의; 유사한, 대응하는. carrières ~s 비슷한 경력. Les difficultés économiques des deux pays sont ~s. 그 두 나라의 경제적 곤란은 유사하다. ③ (정규적인 것에 대한)비합법적인, 암거래의. marché ~ 암시장(marché noir). presse ~ 지하신문. police ~ 비밀경찰. ④ ⓐ montage ~ 【영화】커트백(두 개의 사건이나 이야기를 서로 엇갈려 평행으로 묘사하는 편집방법). ⓑ 【컴퓨터】병행[동시·다중]처리할 수 있는, 병행의.
—*n.f.* ① 평행선. ② 【전기】병렬. montage en ~ 병렬접속. ③ 【군사】(옛날에는 요새에, 현재는 전선과 평행을 이루는)평행호.
—*n.m.* ① 대비, 비교검토. établir[faire] un ~ entre deux questions 두 개의 문제를 대비시키다. mettre en ~ les avantages et les inconvénients 이점과 난점을 비교검토하다. entrer en ~ avec *qn* ~와 비견하다, 필적하다. ② 【천문·지리】(지구의)위선(~ terrestre). ~ céleste 천구의 위선. les ~s et les méridiens 위선과 경선.

parallèlement [para(l)lɛlmɑ̃] *ad.* ① [~ à](와)평행으로. Le train marche ~ à la Seine. 기차는 센 강과 평행으로 달린다. ② 대응해서, 동시에, 함께 L'industrie suit ~ le progrès de la science. 산업은 과학의 진보와 더불어 발달한다. exprimer deux idées ~s 두 가지 생각을 함께 표명하다.

parallélépipède [para(l)lelepiped], **parallélipipède** [para(l)lipiped] *n.m.* 【수학】평행 6면체. ~ droit 직립 평행 6면체.

paralléliser [para(l)lelize] *v.t.* ① 【수학】평행하게 하다. ② 대조시키다, 대비하다.
—*se* ~ *v.pr.* 평행이 되다.

parallélisme [para(l)lelism] *n.m.* ① 평행관계(상태). ~ de deux plans 두 평면의 평행. vérifier le ~ des roues d'une voiture 자동차의 평행상태를 검사하다. ② 대응, 상관성, 유사성. ~s entre notre intelligence et notre caractère 우리의 지성과 성격 사이의 상관관계. ~ de deux théories 두 이론의 유사성. ③ 【철학】병행론. ④ 【수사학】(헤브라이 시 따위의)병행체, 대구법(對句法). ⑤ 【컴퓨터】병행 처리, 동시 처리, 다중 처리.

parallélogramme [para(l)lelɔgram] *n.m.* ① 【수학】평행 4변형. ② ~ des forces 【물리】힘의 평행 4변형.

paralogie [paralɔʒi] *n.f.* 【언어】잘못된 유추에 의한 어형의 변화.

paralogisme [paralɔʒism] *n.m.* 【학술】거짓추리, 반리(反理)(부주의로 생긴 추론의 착오). ~ psychologique 【철학】심리학적 거짓추리.

paralysant(e) [paralizɑ̃, -ɑ̃:t] *a.* 마비시키는, 무력하게 하는. action ~e 마비작용. émotion ~e 짜릿한 감동. —*n.m.* 마비작용을 일으키는 물질.

paralysé(e) [paralize] *a.p.* 【의학】마비된, 중풍에 걸린. bras ~ 마비된 팔. ~ des deux jambes 두 다리가 마비된. tomber ~ 마비되다, 중풍에 걸리다.
—*n.* 마비[중풍]환자.

*****paralyser** [paralize] *v.t.* 마비시키다, 불수로 만들다, 감각을 없애다; 움직이지 못하게 하다, 정체시키다. Ce froid *paralyse* les membres. 이 추위가 사지를 얼어붙게 한다. *être paralysé* par la peur 공포로 꼼짝달싹 못하다. La grève *a paralysé* la circulation. 파업이 교통을 마비시켰다.

paralysie [paralizi] *n.f.* 마비증, 불수, 중풍; 기능정지. ~ totale 전신불수. ~ générale 뇌매독, 진행성 마비. attaque de ~ 마비의 발작. être atteint [frappé] de ~ 불수[중풍]가 되다. La neige a provoqué une ~ des transports. 눈에 의해서 교통이 마비되었다. ~ de l'Administration 행정당국의 기능마비.

paralytique [paralitik] 【의학】*a.* 마비된, 중풍에 걸린; 마비성의. —*n.* 마비[중풍]환자.

paramagnétique [paramaɲetik] *a.* 【물리】상자성(常磁性)의.

paramagnétisme [paramaɲetism] *n.m.* 【물리】상자성.

paramécie [paramesi] *n.f.* 【동물】짚신벌레(류) (담수산의 원생동물).

paramédical(ale, pl. aux) [paramedikal, -o] *a.* 진료보조 부문의. —*n.* 진료보조원(물리치료사·방사선 기사 따위).

paramètre [parametr] *n.m.* ① 【수학】매개변수, 계수. ~ d'une conique 원추곡선의 매개변수. ② (문제의 이해에 중요한)요소, 요인(facteur). ③ 【통계】모수(母數); 모집단 특성치. ④ 【해부】자궁주변 결합조직.

paramétrique [parametrik] *a.* 【수학】매개변수의.

paramétrite [parametrit] *n.f.* 【의학】자궁주변 결합조직염, 자궁주변염.

paramidophénol [paramidɔfenɔl], **paraminophénol** [paraminɔfenɔl] *n.m.* 【사진】파라미노페놀(사진현상의 유도체).

paramilitaire [paramilitɛ:r] *a.* 군대를 흉내낸, 군대식의. formations ~s 군대식 편성.

paramnésie [paramnezi] *n.f.* 【정신의학】기억착오; 기시감(旣視感)(체험)(déjà vu).

paramorphine [paramɔrfin] *n.f.* 【화학】테바인(thébaïne).

paramoustique [paramustik] *n.m.* 모기향.

paraneige [paranɛ:ʒ] *n.m.* (선로 따위의)제설(除雪)장치.

parangon [parɑ̃gɔ̃] *n.m.* ① (옛·문어)모범, 전형, 견본, 양식. ~ de vertu 덕의 귀감. ② (옛)비교, 대조(comparaison). ③ ⓐ 티[흠]없는 다이아몬드[진주]. ⓑ (그리스·이집트에서 사용된 최상품)흑색대리석(marbre ~). ⓒ 시금석. ⓓ 【인쇄】파라곤(극소활자의 일종).

parangonnage [parɑ̃gɔna:ʒ] *n.m.* 【인쇄】(호수가 다른 활자를)보기 좋게 짜기, 정돈하기.

parangonner [parɑ̃gɔne] *v.t.* ① 【인쇄】(호수가 다른 활자를)보기좋게 짜다, 정돈하다. ②(옛)비교하다(comparer).

parano [parano] *n.f.* (약자)=**paranoïa**. —*a., n.* (약자)=**paranoïaque**.

paranoïa [paranɔja] *n.f.* 【의학】편집병(偏執病), 망상증.

paranoïaque [paranɔjak] 【정신의학】*a.* 편집병의, 망상증의. psychose ~ 편집[망상성]정신병. méthode [activité] ~ -critique 【문학】(Dali가 제창한)편집병적 비판적 방법.
—*n.* 편집증 환자, 편집광.

paranoïde [paranɔid] *a.* 【정신의학】편집병(paranoïa)과 같은 양상을 띤.

paranormal(ale, pl. aux) [paranɔrmal, -o] *a.* 상

paranthrope [paratrɔp] *n.m.* 파란트로푸스(원시인류의 일종).

paranymphe [paranɛ̃:f] *n.* 〖고대그리스〗 신랑 신부의 들러리.

parapet [parapɛ] *n.m.* ① 난간. ② 〖군사〗 흉토(胸土)(참호 따위의 앞부분의 성토(盛土)); 〖축성〗 흉벽(胸壁).

paraphasie [parafazi] *n.f.* 〖의학〗 착어증(錯語症).

paraphe [paraf] *v.t.* =**parafe**.

parapher [parafe] *v.t.* =**parafer**.

paraphernal(*ale, pl. aux*) [parafɛrnal, -o] 〖법〗 *a.* (기혼녀의)지참금이 아닌(↔ dotal). — *n.m.* (기혼녀의)지참금 이외의 재산.

paraphimosis [parafimozis] *n.m.* 〖의학〗 감돈포경(嵌頓包莖).

paraphrase [parafrɑ:z] *n.f.* ① 설명적인 환언〔바꿔말함〕; 부연, 주해; 번안. ~ des «Psaumes»「시편」의 주해. ② 기다란 설명, 장황한 주석. s'exprimer sans ~ 간결하게 말하다. ③ 〖음악〗 패러프레이즈(오페라의 가곡을 개편한 환상·혼성곡).

paraphraser [parafrɑze] *v.t.* 환언하다, 풀이하다, 부연하다; 길게 늘어놓다.

paraphraseur(*se*) [parafrɑzœːr, -ɸiz] *n.* 〖문어〗 말을 장황하게 늘어놓는 사람.

paraphraste [parafrast] *n.m.* 〖드물게〗주석자.

paraphrastique [parafrastik] *a.* 주석적인, 환언된. traduction ~ 부연된 번역, 의역.

paraphrénie [parafreni] *n.f.* 〖정신의학〗 파라프레니아(편집성 치녀).

paraphyse [parafiːz] *n.f.* 〖생물〗 (자낭균·곰팡이류·양치류의)측사(側絲).

paraplégie [papleʒi] *n.f.* 〖의학〗 (하지의)양쪽 마비.

paraplégique [papleʒik] *a.* 〖(하지의)대칭〔양쪽〕마비의, 하지가 모두 마비된. — *n.* 대칭〔양쪽〕 마비환자.

***parapluie** [paplɥi] *n.m.* ① 우산. ouvrir〔fermer〕son ~ 우산을 펴다〔접다〕. ~ à manche court 대가 짧은 우산. baleines de ~ 우산의 살. monter des un ~ (노점상인들이 우산을 펴놓고)잡화를 가두 판매하다. ② (서커스의)작은 천막. ③ 〖구어〗비호. prendre qn sous son ~ 을 비호하다. ④ ~ atomique 핵 우산. s'abriter sous le ~ atomique des États-Unis 미국의 핵우산하에 있다.

parapsychique [parapsiʃik] *a.* 심령현상의, 초심리적인.

parapsychisme [parapsiʃism] *n.m.* 심령현상, 정상을 넘어선 정신현상.

parapsychologie [parapsikoloʒi] *n.f.* 초심리학(염력(念力)·텔레파시와 같이 정상을 넘어선 정신현상의 연구).

parasange [parazɑ̃:ʒ] *n.f.* (고대페르시아의)거리의 단위(약 5,250 m).

parascève [parasɛːv] *n.f.* ① 〖유태교〗 안식일의 전일(前日). ② 〖옛〗 〖기독교〗 성금요일.

paraschiste [paraʃist] *n.m.* (고대이집트의)미이라 만드는 사람. 시신에 방부향료를 바르는 사람.

para(-)scolaire [paraskɔlɛːr] (*pl.* ~~-**s**) *a.* 학교 밖의. institutions éducatives ~*s* 학외 교육기관.

parasélène [paraselɛn] *n.f.* 〖기상〗 환일(幻日), 가월(假月)(달무리에 나타나는 광륜(光輪)).

parasexualité [parasɛksɥalite] *n.f.* ① 〖학술〗성적 충동에 의한 정신생리학적 현상의 총체. ② 〖생물〗 유사암수성.

parasismique [parasismik] *a.* 내진(耐震)의.

parasitaire [parazitɛːr] *a.* ① 기생하고 있는, 의존하고 있는. industrie ~ 부수산업. ② 기생생물에 의한. maladie ~ 기생생물이 원인이 되는 병, 기생충병. monstre ~ 〖생물〗 중복기형.

parasite [parazit] *n.m.* ① 기식자, 식객; 〖옛〗(고대로마에서 부잣집의 식탁을 즐겁게 해주는)반식자(伴食者). vivre en ~ chez un parent 친척집에서 식객노릇을 하다. ② 〖생물〗 기생식물〔동물〕, 기생충; (일반적으로)이, 벼룩. ③ 《사람에 대해서》 기생충 같은 존재, 기생자. ~ de la société 사회의 기생충적 존재. ④ (*pl.*)(전파의)잡음, 소음(bruits ~*s*). L'émission est brouillée par les ~*s*. 잡음 때문에 방송을 듣기가 힘들다.
— *a.* ① 기생하는. animaux〔plantes〕~*s* 기생동물〔식〕물. ver ~ 기생충. ② 필요없는, 귀찮은, 방해가 되는. ornement ~ 필요없는 장식. ③ bruits ~*s* 〖통신〗(전파의)잡음, 노이즈; son ~ 〖음성〗기생음(寄生音)(발음을 쉽게 하기 위해 생긴 음). 예: arc-bouter [ark(ə)bute]의 [ə].

parasiter [parazite] *v.t.* ① (에)기생하다. Le ténia *parasite* l'homme. 촌충은 사람에게 기생한다. individus qui *parasitent* une société(비유적) 사회에 기생하는 인간들. ② 〖통신〗 잡음으로 방해하다. ~ une émission 방송에 잡음을 넣다.

parasiticide [paraziticid] *a.* 기생충〔물〕을 죽이는. — *n.m.* 구충제(驅蟲劑).

parasitique [parazitik] *a.* ① 기생생물의. ② 불필요한, 헛된.

parasitisme [parazitism] *n.m.* ① 기식, 식객생활. ② 〖생물〗 기생; 기생상태. ③ ~ mimique 〖정신의학〗 의태적 기생(정신분열증의 장애로 동작표현의 혼란에서 오는 의태).

parasitologie [parazitɔlɔʒi] *n.f.* 기생충학.

parasitose [parazitoːz] *n.f.* 〖의학〗 기생충증.

parasol [parasɔl] *n.m.* ① (대형)파라솔; (열대지방에서 귀빈에게 받쳐주는)큰 양산; 〖옛〗(휴대용)양산(ombrelle). ~ de plage 비치파라솔. ② (동격) ⓐ tente ~ 파라솔형 텐트. ⓑ pin ~ 〖식물〗왜금송.

parasoleil [parasɔlɛj] *n.m.* (카메라·망원경 따위의)렌즈후드.

parasolerie [parasɔlri] *n.f.* 양산 제조〔판매〕; 양산가게.

parastade [parastad] *n.f.* 〖건축〗 문설주용의 목재(木材).

parastatal(*ale, pl. aux*) [parastatal, -o] 〖벨기에〗*a.* (조직 따위가)반공공(半公共)의. — *n.m.* 반공공 조직.

parasympathique [parasɛ̃patik] *n.m.*, *a.* 〖해부〗 부교감신경(의)(↔ orthosympathique).

parasympatholytique [parasɛ̃patɔlitik] 〖의학〗 *a.* 부교감신경제의. — *n.m.* 부교감신경제제.

parasympathomimétique [parasɛ̃patɔmimetik] 〖의학〗 *a.* 부교감신경 작용의. — *n.m.* 부교감신경 작용약.

parasynthétique [parasɛ̃tetik] 〖언어〗 *a.* 복접(複接)파생의, 병치결합(파생)의. — *n.m.* 복접파생어, 병치결합(파생)어(어간에 접두어·접미어를 붙여 만든 단어: incollable 따위) (mot ~).

parasyphilitique [parasifilitik] *a.* 〖의학〗 변태매독성의, 부(副)매독성의.

paratactique [parataktik] *a.* 〖언어〗 병렬의.

parataxe [parataks] *n.f.* 〖언어〗 병렬(juxtaposition, ↔ hypotaxe).

parathormone [paratɔrmɔn], **parathyrine** [paratirin] *n.f.* 〖의학〗 부갑상선(副甲狀腺)호르몬.

parathymie [paratimi] *n.f.* 〖정신의학〗 감정 도

착(倒錯).
parathyroïdes [paratirɔid] *n.f.pl.* 【해부】 부갑상선(副甲狀腺).
paratonnerre [paratɔnɛːr] *n.m.* ① 피뢰침(parafoudre). ②《구어》(위험·의혹을 자신이 떠맡아)타인을 보호하는 사람.
parâtre [parɑːtr] *n.m.*《옛》의붓아버지; 나쁜 아버지(↔ marâtre).
paratyphique [paratifik] *a.* 【의학】 파라티푸스(균)의. —*n.* 파라티푸스 환자.
paratyphoïde [paratifɔid] 【의학】 *a.* 파라티푸스의. —*n.f.* 파라티푸스(fièvre ~).
paravalanche [paravalɑ̃ːʃ] *a.* 눈사태 방지의.
—*n.m.* 눈사태 방벽.
paravane [paravan] *n.m.* 【해군】 방뢰구(防雷具), 기뢰를 제거하는 기구.
paravent [paravɑ̃] *n.m.* ① 병풍, 간막이. cacher un coin de pièce avec un ~ 간막이로 방의 구석을 감추다. ~ de cheminée (벽난로 앞에 놓는)불통막이. Chinois de ~ 괴상한 얼굴[인물]《병풍에 그려진 중국인의 얼굴에서》. ② 가려주는[숨겨주는]사람;《비유적》차폐물, 방폐. se servir du nom d'une personne influente comme ~ 유력자의 이름을 방패막이로 이용하다.
paraverse [paravɛrs] *n.m.*《옛》가벼운 비용.
parbleu [parblφ] *int.*《옛》참 그렇군! 그럼! 그렇고말고! 아무렴! 《아이러니·강한 찬동의 표현으로, par Dieu 에서 유래》(bien sur!, dame!, pardi!).
***parc** [park] *n.m.* ① 공원; (성·대저택의)큰 정원; 회장(會場). se promener dans le ~ 공원을 산책하다. ~ de Versailles 베르사유 궁전의 정원. ~ à la française (좌우대칭으로 된 기하학적인)프랑스식 정원. ~ à l'anglaise 자연풍경을 가미한)영국식 정원. ~ zoologique 동물원. ~ national 국립공원. ~ naturel 자연공원. ~ maritime 해상공원. ~ d'attraction(s) (가게 따위가 늘어선)복제광장, 유원지. ~ d'exposition 박람회장. ② 주차장(~ de stationnement, parking). garer sa voiture dans un ~ 주차장에 차를 두다. ~ de stationnement payant 유료 주차장. ~ de dissuasion 대도시 주변의 주차장(자가용의 도심진입을 억제하기 위한). ③ (차량의)총보유량; (기계설비·운송수단의)총수. ~ automobile coréen 한국의 차량 보유 총수. ~ des piscines 수영장의 총수. ④ 축사, 우리; 【군사】 차창(車廠), 창. ~ d'artillerie 포창(砲廠). ~ à munitions 탄약하치[적하]장. ⑤ ⓐ (유아가 보행을 배우는)작은 울타리, 베이비 서클(~ à bébé). ⓑ (밤에 양 따위를 넣어두는)울타리; (울타리를 친)양목장. ⓒ 【어업】 방어장(放魚場); (굴의)양식장(~ à huîtres).
parcage [parka:ʒ] *n.m.* ① ⓐ (가축을)울타리 안에 넣기. ⓑ 《경멸》(사람을)좁은 장소에 밀어넣기. ⓒ 【농업】(밤의 방목에 의한)자연비료[施肥]. ⓓ 【어업】 (조개 따위의)양식; 방어장의 설치. ② 《드물게》주차, 파킹; 주차장.
parcellaire [parsɛlɛːr] *a.* ① 세분된, 구분된, 분할된, 단편적인. ② 【법】 토지구획의. cadastre ~ (필지별로 되어 있는)토지구획대장. —*n.m.* 토지구획대장(cadastre ~).
parcelle [parsɛl] *n.f.* ① 작은 조각, 단편, 소부분. ~s d'or 금조각. ② 작은 농토, 농지의 한 구획. ③ 소량, 조금(grain, miette). [une ~ de *une* ~ de vérité 약간의 진실. une ~ de bonheur 약간의 행복. ne pas avoir la moindre ~ de qc …이라고는 조금도 없다.
parcellement [parsɛlmɑ̃] *n.m.* 【농업·경제】(토지 따위의)세분, 분할.

parceller [parse(e)le] *v.t.* 세분하다, 분할하다.
parcellisation [parse(ɛl)lizasjɔ̃], **parcellarisation** [parsɛlarizasjɔ̃] *n.f.* (조직·활동의)세분화.
parcelliser [parse(ɛl)lize], **parcellariser** [parsɛlarize] *v.t.* 세분화하다.
—*se* ~ *v.pr.* 세분화되다.
‡**parce que** [parskə] *loc. conj.* (à, il, elle, ils, elles, on, un, une 앞에서는 parce qu') ① (이유·원인·동기) 왜냐하면, ~이기 때문에(puisque, étant donné que); ~하므로, ~이므로(comme); ~이라고 해서《부정문 뒤에서》. Je le dis ~ c'est vrai. 사실이기 때문에 내가 그말을 합니다. L'enfant pleure *parce qu'*il a faim. 아이는 배가 고파서 운다. Il n'a pas pu venir, *parce qu'*il était malade. 그는 아파서 못왔다. Ce n'est pas ça ~ c'est ma mère. 그분이 우리 어머니라고 해서 그러는 것이 아니다.
② (주어와 동사의 생략) Calvin qui est logique, ~ français 프랑스적이기 때문에 논리적인 칼빈.
③ (주절의 생략, 특히 상대방이 이유를 묻는 데 대답하면서) Pourquoi ne vient-il pas plus souvent? – *Parce qu'*il n'a pas le temps. 그는 왜 더 자주 안오지? 시간이 없기 때문이지.
④ (단독으로) 그거야 뭐 (이유를 묻는 데 대해 대답을 피하여 얼버무릴 때 쓰임). Pourquoi? demanda-t-il. P~, répondit-elle lentement. 왜요? 하고 그는 물었다. 그거야 뭐, 하고 그녀는 천천히 대답했다.
REM 이유를 가리키는 흔한 표현으로서 이밖에 **puisque** 확실한 사실을 가리켜「…인 이상」, **vu que**「…이라는 점을 생각하면」, **attendu que** 「…이기 때문에」따위의「…이기 때문에」, **car** 문의 연결로「그 까닭은」, **comme** 문두에 놓여서「…이니까」따위가 있다.
***parchemin** [parʃəmɛ̃] *n.m.* ① 양피(羊皮);《특히》양피지; (양피지에 쓰인)문헌, 문서. sac en ~ 양피 핸드백. déchiffrer un vieux ~ (양피지에 쓰인)고문서를 해독하다. ~ vierge (사산된 양·염소로 만드는)고급 양피지. papier-~ (양피지 대용의)산성지(硫酸紙). visage de ~ 누렇게 마른 얼굴. ②《구어》학위; (대학의)졸업증명서;《주로 *pl.*》(귀족의)증명서. ③ 【식물】(콩과 식물의)콩껍질 속의 막. ④ bruit de ~ 【의학】(청진기에 나타나는)흉막염의 흉막·심장막의)마찰음.
parcheminé(e) [parʃəmine] *a.p.* 양피의(와 같은). peau ~e 주름투성이의 누렇게 뜬 피부.
parcheminer [parʃəmine] *v.t.* (종이를)양피지같이 되게 하다. —*se* ~ *v.pr.* ① 양피지같이 되다. ② (피부가)누렇게 쭈글쭈글해지다.
parcheminerie [parʃəminri] *n.f.* 양피지 제조(판매); 양피지 제조소.
parchemineux(se) [parʃəminφ, -φ:z] *a.*《드물게》양피지같은.
parcheminier(ère) [parʃəminje, -ɛ:r] *n.* 양피지 제조인(판매인).
parcimonie [parsimɔni] *n.f.* (극도의)절약, 아낌, 인색. distribuer des vivres avec ~ 식량을 아주 조금씩 배급하다.
parcimonieusement [parsimɔnjφzmɑ̃] *ad.* 절약해서, 인색하게, 아까운듯이.
parcimonieux(se) [parsimɔnjφ, -φ:z] *a.* 몹시 절약하는, 인색한. ~ de louanges 남을 칭찬하는 데 인색한.
par-ci par-là [parsiparla] *loc.ad.* 《구어》여기저기; 때때로.
parclose [parkloːz] *n.f.* ① (목공용)판자; (마차 따위의 앉는 부분에)판대기; (창틀 홈의)유리받침. ② (교회의 성직자석 사이의)간막이(판).

parcmètre [parkmɛtr], **parcomètre** [parkɔmɛtr] *n.m.* 주차요금 미터.

***parcourir** [parkuːr] [20] *v.t.* ① 《주어는 사람》두루 돌아다니다; 편력하다. ~ le village à la recherche d'une épicerie 반찬 가게를 찾노라 온 마을을 헤매다. ~ l'Asie 아시아를 두루 돌아다니다. ② 《주어는 사물》뚫고 지나가다, 관통하다; 퍼지다. Le Nil *parcourt* toute la longueur du pays. 나일 강은 그 나라의 전장(全長)을 가로질러 흐른다. Un frisson me *parcourut*. 전율이 전신을 스쳤다. Un murmure *parcourut* l'assistance. 웅성거림이 청중들 사이에 퍼졌다. ③ 《일정거리를》달리다, 주파(답파)하다. une distance 어떤 거리를 주파하다. Ce cheval *a parcouru* le champ de courses en vingt secondes. 그 말은 경마장 끝에서 끝까지 20초에 달렸다. ④ 《전체를》대강 훑어보다, 살펴보다, 대강 읽다. ~ un journal 신문을 대강 읽다. ~ qc des yeux(du regard) ~을 훑어보다.

***parcours** [parkuːr] *n.m.* 가는 길, 행정(行程), 노정; 경로; 《특히 운동경기의》코스. Il a gardé le silence pendant tout le ~. 그는 도중 그는 줄곧 입을 다물고 있었다. ~ d'un autobus 시내버스 노선. payer le ~ 주행거리 만큼의 요금을 내다. effectuer un ~ 코스를 잡다. libre ~ moyen 《물리》평균자유행로. ~ d'une course cycliste 자전거 경주의 코스. faire un ~ de golf 골프코스를 한 바퀴 돌다. ~ du combattant 《군사》 전투훈련 코스. ② 《옛》《봉건시대의》이주협정《다른 장원에 자유로이 이주할 수 있는 협정》; 《공용 목장에서의》방목권, 입회권. *incident*(*accident*) *de* ~ 《계획 따위의 진행을 지연시키는》우발적 사고, 생각치 못한 곤란.

pard [paːr] *n.m.* 《동물》《아프리카산의》긴다리삵괭이.

par(-)dedans [pardədɑ̃] 《옛》*prép.* …의 안에, ~속에. 안에서, 안쪽. maison belle ~ 내부가 아름다운 집(en dedans). —*n.m.* 내부; 마음속, 속마음. En mon ~ j'étais content. 내심 나는 만족하고 있었다.

par-delà [pardəla] *loc.prép.* …의 저쪽에(서). —*loc.ad.* 반대쪽에(서). Contournez la colline et attendez-moi ~. 언덕을 돌아 반대쪽에서 나를 기다리시오.

par-derrière [pardɛrjɛr] *loc.prép.* …의 뒤에서. —*loc.ad.* 뒤에서, 뒤로; 살짝, 몰래, 슬며시. attaquer *qn* ~ ~을 배후에서 습격하다. dire du mal de *qn* ~ ~안보는 데서 ~을 욕하다.

par-dessous [pardəsu] *loc.prép.* …의 아래에서. Il m'a pris ~ les bras et m'a soulevé de terre. 그는 겨드랑이 밑으로 나를 들어올렸다. ~에서, 밑에(서). La porte est mal fermée, et l'air arrive ~. 문이 잘 닫히지 않아서 그 밑으로 바람이 들어온다.

pardessus [pardəsy] *n.m.* 《의복》《남성용》외투(manteau).

***par-dessus** [pardəsy] *loc.prép.* …의 위에서, ~넘어서, ~의 위에. sauter ~ la haie 울타리를 뛰어넘다. jeter *qc* ~ bord 배에서 ~을 집어 던지다. lire le journal ~ les épaules de *qn* …의 어깨 너머로 신문을 읽다. mettre un pull-over ~ sa chemise 셔츠 위에 스웨터를 입다.
—*loc.ad.* 위에서. Il y a une barrière, passez ~. 울타리가 있소, 위로 넘으시오. Cette erreur est légère, vous pouvez passer ~. 그 잘못은 대단치 않으니 신경쓰지 마시오.
avoir ~ *la tête de qc* 《구어》…은 이제 지긋지긋하다. ~에 진저리가 나다.
~ *le marché* 《구어》게다가, 더구나. J'ai été volé et, ~ *le marché*, battu. 나는 도둑맞은 데다가 얻어맞기까지 했다.
~ *les maisons* 《옛》도를 넘은, 지나친; 불법의.
~ *tout* 특히, 무엇보다도(surtout). La reine aimait sa fille ~ *tout*. 여왕은 무엇[누구]보다도 딸을 사랑했다.

par-devant [pardəvɑ̃] *loc.prép.* …의 앞에; …의 입회하에. passer ~ une maison 집 앞을 지나간다. faire un testament ~ (le) notaire 공증인 입회하에 유언장을 작성하다.
—*loc.ad.* 앞에서, 앞으로, 정면에. heurter une automobile ~ 차를 정면으로 부딪다.

par-devers [pardəvɛr] *loc.prép.* 《드물게》① …의 수중에, …의 소유로서; …의 마음속에. garder (avoir) des documents ~ soi 서류를 수중에 가지고 있다. garder ses réflexions ~ soi 생각을 마음속에 간직해 두다. ② …의 앞에(서). se pourvoir ~ le juge 판사 앞에서 상고의 뜻을 밝히다.

pardi [pardi] *int.* 《구어》틀림없이, 물론. Elle n'est pas encore là. P~! elle aura manqué son train. 그녀가 아직 안왔군. 틀림없이 기차를 놓쳤을거야. Tu l'aimes?—P~! 그 사람 사랑하지? 물론이지.

pardieu [pardjø], **pardine** [pardin] *int.* 《옛·사투리》=**pardi**.

:**pardon** [pardɔ̃] *n.m.* ① 용서. obtenir son ~ 용서를 얻다. demander ~ à *qn* …에게 용서를 구하다. accorder son ~ à *qc* …을 용서하다. ② 《간투사적으로》ⓐ P~! 죄송합니다, 실례합니다[했읍니다]《Je vous demande ~ 의 생략형; Mille ~s 이라고도 함》. ⓑ P~, monsieur, pourriez-vous me dire l'heure? 미안합니다만, 지금 몇시나 되었지요? P~? 무어라고 말씀하셨죠?《상대의 말을 되물을 때; comment 보다 정중한 표현》. ⓒ 아니오《상대의 말을 정정할 때 예의상의 표현》. Vous n'étiez pas à la réunion?—Ah ~, j'y étais. 모임에 안가셨지요? 아니오, 갔었읍니다. Je vous demande ~, mais je ne suis pas d'accord avec vous. 실례지만 동의할 수 없는데요. ⓒ《구어》허, 굉장한데《감탄》. P~, monsieur le roman, ~! 이 소설 굉장한데. ③《종교》ⓐ《브르타뉴 지방의》순례. ⓑ Grand P~; Jour de P~《유태교의》속죄제《단식과 기도의 날》. ⓒ(*pl.*) 면죄(indulgence).

pardonnable [pardɔnabl] *a.* 《죄 또는 사람이》용서받을 수 있는《받을 만한》.

pardonné(e) [pardɔne] *a.p.* 용서된. 《주어는 사람》Ce garçon sera ~ (de sa faute). 이 소년은《잘못을》용서받을 것이다. Vous êtes tout ~. 《잘못을 사과하는 사람에게》괜찮습니다. 《주어는 사물》Cette faute est ~e depuis longtemps. 그 실수는 벌써 오래 전에 용서된 것이다.

***pardonner** [pardɔne] *v.t.* 《죄 따위를》용서하다; 관대하게[너그럽게] 보아주다; 용인하다. ⓐ[~ *qc*] ~ un péché 죄를 용서하다. *Pardonnez* ma brutalité. 거친 표현을 용서하십시오. Faute avouée est à moitié *pardonnée*. 《속담》스스로 인정한 과오는 반쯤 용서된 것이다. ⓑ[~ *qc* à *qn*] *Pardonnez*-moi ce caprice. 제멋대로인 것을 용서하십시오. Je lui *pardonne* sa faute. 나는 그의 잘못을 용서한다. Je ne *pardonnerai* jamais à mon rival ses succès. 나는 경쟁자의 성공을 두고 못본다《부정형으로 선망이나 질투를 나타냄》. ⓒ[~ à *qn* de+*inf.*] Elle me *pardonne* d'avoir menti. 그녀는 내가 거짓말한 것을 용서한다.
—*v.t.ind.* [~ à *qn*] …을 용서하다. Il *a pardonné* à sa fille. 그는 자기 딸을 용서했다. *Pardonnez*-moi, mais je crois que vous avez tort. 실례지만 당신이 틀린 것 같습니다. se faire ~ 용서를 받다.

②《문어》…을 너그럽게 보다. *Pardonnez à mon ignorance.* 저의 무지를 너그럽게 보아 주십시오.. **REM** (1) 간접목적보어인 사람을 주어로 하는 수동태도 가능⇨*pardonné*. (2) 사람을 직접목적어로 하는 능동태는 문법적으로 틀린 것으로 되어있으나 문학작품에서는 현재도 가끔 쓰임:Je le *pardonne*. 나는 그를 용서한다.

—*v.i.* (사람·사물을)용서하다. *Il pardonne facilement.* 그는 너그럽다. 《부정형으로》*Le cancer ne pardonne pas.* 암은 치명적이다. *C'est une erreur* [maladie] *qui ne pardonne pas.* 《구어》그것은 돌이킬 수 없는 잘못[병]이다.

—**se** ~ *v.pr.* ① 용서되다. *Ce genre d'insolence ne se pardonne pas.* 그러한 종류의 무례는 용서받지 못한다. ② 자신을 용서하다. *Je ne me pardonnerai jamais cette grave faute.* 이러한 커다란 실수에 대해서 나는 자책감을 씻을 수 없다. ③ 서로 용서하다. *Entre amis, on doit se* ~. 친구지간에는 서로 용서해야 한다.

pardonneur(se) [pardɔnœːr, -ɸːz] *n.* 《드물게》용서하는 사람.

pare- *préf.* 「막다, 피하다」의 뜻.

-pare *suff.* 「낳다, 분비하다」의 뜻.

paré(e) [pare] *a.p.* ① 장식된. *table* ~*e de fleurs* 꽃으로 장식된 테이블. *femme* ~*e de ses plus beaux atours* 가장 좋은 옷을 차려입은 여자. *style* ~ 지나치게 꾸민 문체. ② 《푸줏간에서 소매용으로 지방 따위를 제거하여》정형한. *viande* ~*e* 지육(枝肉). *pièce* ~*e* (쇠고기의)어깨부분의 로스. ③ 《해군·항공》《명령에 대해》준비가 된, 태세를 갖춘. *P*~! 준비완료. ④ *titre* ~ 《법》집행력을 갖는 정식증서[영장].

paré(e)² *a.p.* (위험 따위에 대해서)대비가 된, 방비를 갖춘. *Me voilà* ~ *contre le froid.* 이제는 추위도 걱정 없다[추위에 대한 대비가 되었다].

paréage [parea:ʒ] *n.m.* =**pariage**.

paréatis [pareatis] *n.m.* 《옛》《법》(외국에서 내려진 판결 따위에 대한 자국내에서의)집행인가장(exequatur).

pare-avalanches [paravalɑ̃:ʃ] *n.m.* 《복수불변》눈사태 방벽(paravalanche).

pare-balles [parbal] *n.m.* 《복수불변》《군사》탄환막이, 방패; 방탄복. —*a.* 《불변》방탄의. *gilet* ~ 방탄조끼.

pare-battage [parbata:ʒ] *n.m.* 《해양》방호재(防護材).

pare-boue [parbu] *n.m.* 《복수불변》《자동차》진흙막이, 흙받이.

pare-brise [parbri:z] *n.m.* 《복수불변》(자동차·비행기의)앞창.

pare-choc(s) [parʃɔk] *n.m.* 《복수불변》(자동차의)완충기(緩衝器), 범퍼. *rouler* ~ *contre* ~ (교통혼잡으로)자동차들이 서로 맞닿을 정도로 가까이 가다.

pare-clous [parklu] *n.m.* 《복수불변》브레이커(타이어와 튜브 사이에 끼워서 못 따위에 의한 손상을 막아주는 고무밴드).

pare-éclats [parekla] *n.m.* 《복수불변》《군사》(총·병참·참호 따위의)방탄막, 방탄벽.

pare-étincelles [paretɛ̃sɛl] *n.m.* 《복수불변》불똥[불티]막이(벽난로의 앞에 세우는 간막이나 공장의 굴뚝에 씌우는 철망); 《전기》(스위치 개폐시 나는)불똥을 끄는 장치.

pare-feu [parfɸ] *n.m.* 《복수불변》① 소화기(消火器), 소방장치. ② 삼림의 방화선(線). ~ *a.* 《불변》연소를 막는. *cloison* ~ 방화벽(防火壁).

pare-flamme [parflɑ:m] *n.m.* 《공업》화염(火炎)막이.

pare-fumée [parfyme] *a.* 《복수불변》연기를 막는; 연기를 빨아들이는.
—*n.m.* (위)의 장치(écrans ~).

parégorique [paregɔrik] *a.* 진통의. *élixir* ~ 《약》아편 캠퍼팅크.

‡**pareil(le)** [parɛj] *a.* ① 같은, 비슷한, 유사한; [~ à] (와)닮은. *Ils portent des cravates* ~*les.* 그들은 똑같은 넥타이를 하고 있다. *Ta robe est* ~*le à* 《구어》*que) la mienne.* 네 드레스는 내 것과 같다. *deux routes* ~*les en longueur* 길이가 비슷한 두 길. *Et votre santé?* —*Toujours* ~*le.* 건강은 어디입니까? 노상 그렇습니다. *Ce n'est plus* ~. 사태는 변했다, 사정은 달라졌다. *demain à* ~*le heure* 내일 같은 시각에.

② 이와 같은. *en* ~ *cas; dans un cas* ~ 이런 경우에는. *à une heure* ~*le; à* ~*le heure* 이런 시각에, 이렇게 늦게[일찍]. *Je n'ai jamais vu une chose* ~*le.* 나는 이런 것은 본적이 없다.

à nul(le) autre ~(*le*); *non* ~(*le*) 《옛·문어》비길 데 없는, 유례없는.

—*n.* ① 똑같은 사람[물건]; 비견할 수 있는 자, 어깨를 겨눌 수 있는 자. *J'ai perdu mon stylo, il faut acheter le* ~. 만년필을 잃어버렸다, 똑같은 것을 사야지. *Elle n'a pas sa* ~*le pour réussir ce plat.* 이 요리를 그녀만큼 만들어 낼 수 있는 사람은 없다.

② [*pl.* 소유형용사와 함께] (지적·사회적인)동류, 동료. *lui et ses* ~*s* 그와 그의 동료들. *Il ne préquente que ses* ~*s.* 그는 자기와 같은 부류 이외는 상종하지 않는다.

sans ~(*le*) 비길데 없는. *désordre sans* ~ 이루 말할 수 없는 혼란.

—*n.f.* 똑같은 대거리(특히 앙갚음). *rendre la* ~*le à qn* …에게 똑같은 대거리를 하다[복수하다]. *Attendez-vous à la* ~*le.* 꼭 앙갚음하리라. 어디 두고 보자. *à la* ~*le* 《옛》똑같이, 답례로.

—*ad.* 《구어》똑같이 (pareillement). *Ils sont habillés* ~. 그들은 똑같이 입고 있다.

pareillement [parɛjmɑ̃] *ad.* ① 똑같이, 마찬가지로, *deux pièces tapissées* ~ 벽지를 바른 두 방. [~ à] (와)같이. *gamins vêtus* ~ *à leurs papas* 아빠들과 똑같이 입은 아이들. ③ 역시 (aussi). *Soyez heureux!—Et vous* ~. 행복함에 요! 당신도 역시. *À vous* ~! 당신께도 같은 기원을 합니다(상대방이 한 인사와 같은 인사를 하는 대신 쓰는 말).

parélie [pareli] *n.m.* =**parhélie**.

parelle [parɛl] *n.f.* 《식물》① 지의류(地衣類)의 식물, ② 수영의 일종(patience²).

pare-lumière [parlymjɛːr] *n.m.* 《복수불변》(자동차의)빛막이.

parement [parmɑ̃] *n.m.* ① 《의복》장식천, (소매·깃 따위의)출기접음, 커프스; (군복)소매휘장. *robe avec des* ~*s de dentelle* 레이스 장식천이 달린 드레스. ② 《가톨릭》제단 장식(~ d'autel). ③ (벽 따위의)외장면; 포석(鋪石)의 표면; (석재[목재]의)마무리 면; 외장용 석재; 포도의 테두리 돌. ④ (갱내의)벽면, 암벽. ⑤ 양의 제 1위(胃)를 싸고 있는 지방. ⑥ (섬유공업에 있어서)날실에)풀칠함. ⑦《옛》*salle*[*chambre*] *de* ~ 귀빈실; *meuble de* ~ (귀빈용의)장식 가구.

parementer [parmɑ̃te] *v.t.* (벽 따위를)외장하다, 벽을 꾸미다.

pare-mines [parmin] *n.m.* 《복수불변》《해양》(기뢰를 막는)방뢰구.

parémiologie [paremjɔlɔʒi] *n.f.* 속담 연구(서); 속

담집.

parenchymal(ale, *pl.* **aux)** [parɑ̃ʃimal, -o] *a.* ① 〖해부〗 선(腺)세포조직성의. ② 〖식물〗 유(柔)조직성의.

parenchymateux(se) [parɑ̃ʃimatø, -øːz] *a.* ① 〖해부〗 선세포조직의, 실질성의. néphrite ~se 실질성 만성신장염. ② 〖식물〗 유조직의.

parenchymatose [parɑ̃ʃimatoːz] *n.f.* 〖의학〗 (내장의)실질변성(증)《감염성의 육아성 지방질의 변성증》.

parenchyme [parɑ̃ʃim] *n.m.* ① 〖해부·의학·동물〗 선(腺)세포조직, 실질, 조직실질(組織實質); (무척추동물의)유조직(柔組織). ② 〖식물〗 유조직(柔組織).

pare-neige [parnɛːʒ] *n.m.* (복수불변) 방설림(防雪林), 방설벽.

parénèse [parenɛːz] *n.f.* 〖옛〗 교훈.

parénétique [parenetik] *a.* 〖옛〗 교훈적인. théologie ~ 설교.

‡**parent(e)** [parɑ̃, -ɑ̃ːt] *n.* ① (*n.m.pl.*) 양친, 부모. association des ~ d'élèves (학교의)학부형회. Un enfant doit obéir à ses ~s. 자식은 부모에 순종해야 한다. ~s du conjoint 시부모. ~s spirituels 대(代)부모. ~s adoptifs 양부모.
② 선조, 조상(ancêtre). nos premiers ~s 아담과 이브.
③ 친척, (*pl.*)친족, 혈족. Ils sont ~s entre eux. 그들은 친척간이다. C'est mon ~[un de mes proches ~s, un ~ éloigné]. 저 사람은 내 친척[가까운 친척·먼 친척]이다. ~s en ligne directe 직계친족. ~s par alliance 인척.
④ 〖생물〗 모체.
traiter qn en ~ pauvre ···을 박대〔푸대접〕하다.
—*n.m.* 〖물리〗 (방사선 계열 핵종의)모핵. *a.* 가까운, 동류의, 닮은, 공통점이 있는(analogue, semblable). Le chat est ~ du tigre. 고양이는 호랑이와 흡사하다. langues ~es 〖언어〗 친족어, 공통기어(共通基語). ensemble ~ 〖통계〗 모집단.

parentage [parɑ̃taːʒ] *n.m.* 〖옛·문어〗 혈족〔친척〕관계; 가족; 〖집합적〗혈족.

parentaille [parɑ̃taːj] *n.f.* toute la ~ 〖구어〗(경멸) 친척 일동, 친척 멀거지, 일가권속.

parental(ale, *pl.* **aux)** [parɑ̃tal, -o] *a.* 양친의, 부모의(des parents). autorité ~ale 친권. milieu (monde) ~ (어린이 세계에 대해)부모세계. congé ~ 육아휴가.

parental(i)es [parɑ̃tal(i)] *n.f.pl.* 〖고대로마〗 (조상에 대한)연례 위령제《2월 13일에서 21일까지 고인을 공양한다》.

parenté [parɑ̃te] *n.f.* ① 혈족〔친척〕관계. être de même ~ 동족〔일가〕이다. degré de ~ 촌수. ~ par alliance 인척관계. ②〔집합적〕일족, 일가. Il a donné à dîner à toute sa ~. 그는 친척 모두를 회식에 초대했다. ③ 유연(類緣)관계, 동족성; 유사성. ~ entre deux langues 두 언어의 유연성. ~ des goûts 취미의 유사성.

parentèle, parentelle [parɑ̃tɛl] *n.f.* 〖옛〗①〔집합적〕일족(一族). avoir une nombreuse ~ 친척이 많다. ② 혈족〔친척〕관계 (parenté).

parentéral(ale, *pl.* **aux)** [parɑ̃teral, -o] *a.* 〖의학〗 장관의(腸管外)의, 비경구(非經口)적인.

parenthèse [parɑ̃tɛːz] *n.f.* ① 〖언어〗 삽입구, (구어)어법, (이야기의)탈선. ouvrir[fermer] une ~ 잠시 본론을 떠나다〔다시 본론으로 돌아오다〕. ② 〖인쇄〗 둥근 괄호( ). mettre entre ~s 괄호 안에 넣다; 〔구어〕잠시 제쳐놓다. ouvrir[fermer] la ~ 괄호를 열다〔닫다〕.
avoir les jambes en ~s 〖구어〗 다리가 휘었다. *entre* ~*s*; 〖드물게〗*par* ~ 여담이지만.

parenthétisation [parɑ̃tetizasjɔ̃] *n.f.* 〖언어〗(문의 구조)를 나타내는)괄호구분.

paréo [pareo] *n.m.* 파레오《타이티 남녀가 입는 허리 옷; 타이티 식의 비치웨어》.

pare-oreilles [parɔrɛj] *n.m.* (복수불변) 〖스포츠〗 귀 보호대.

pare-pierres [parpjɛːr] *n.m.* (복수불변) 〖자동차〗(냉각기·라이트의)돌막이.

pare-pluies [parplɥi] *n.m.* (복수불변) 레인코트.

pare-poussière [parpusjɛːr] *n.m.* (복수불변) ① 먼지막이 외투; (부인들의)먼지막이 베일. ② (자동차·기계 따위의)먼지막이 장치.

*****parer*[1]** [pare] *v.t.* ① (주어는 사람)[~ *de*] (으로)꾸미다, 장식하다; 차려입히다; 미화하다(embellir, orner); (장점 따위를)갖추게 하다, 부여시키다(attribuer). ~ sa maison pour une fête 잔치를 위해 집을 장식하다. ~ son style *de* métaphores 문체를 비유로 장식하다. ~ une femme *de* bijoux [de dentelles] 보석[레이스]을 달아 여자를 치장시키다. (주어는 사물)ruban qui *pare* ses cheveux 머리를 장식하는 리본. ② (사용하기에 알맞게)준비하다, 정비하다(préparer). ~ le pied d'un cheval 말발굽을 깎아주다. ~ la vigne (겨울이 되기 전에)포도밭을 갈아 놓다. ~ de la viande (요리하기 전에)고기의 못먹는 부분을 제거하다. ~ une ancre 〖해양〗 닻을 내릴 준비를 하다.
— *se* ~ *de* 〖se ~ de〕 차려입다; (으로)몸을 장식(치장)하다; (직함·자격 따위를)자칭하다. *se* ~ *pour* le bal 무도회에 나가기 위해 모양을 내다. *se* ~ *d'*une titre dérobé 도용한 직함을 과시하다. ~ *des* plumes du paon 빌린 나들이 옷으로 몸을 치장하다; 남의 덕으로 낯가림을 하다. ②〖문어〗[se ~ *de*] 장식(치장)되다.

parer[2] *v.t.* ① (공격·위험 따위를)피하다. ~ un[le] coup (공격을)피하다. ~ un cap 〖해양〗 갑(岬)을 돌다. ~ un grain 〖해양〗 스콜을 피하다. ~ une botte 〖펜싱〗 칼끝을 받아 젖히다. ②〖옛〗[~ *qn contre/de qc*] (으로부터)막아주다(보호하다). Cela vous *parera du* soleil. 그것이 햇빛으로부터 당신을 막아줄 것이요.
— *v.t.ind.* ① ~ *à* ···에 미리 대비하다, 방비하다. ~ *à* un inconvénient[un danger] 사고(위험)에 미리 대비하다. ~ *à* toute éventualité 어떤 일이 일어나도 괜찮은 대비를 하다. ~ *au* grain 〖해양〗 스콜에 대비하다.
— *se* ~ *v.pr.* [se ~ contre/de] (에서)몸을 지키다, (을)방비하다. *se* ~ *de* la pluie 비를 피하다.

parer[3] 〖승마〗 *v.t.* (말을)급정지시키다. — *v.i.* (말이)급정지하다.

pare-radiateur [parradjatœːr] *n.m.* 〖자동차〗(냉각기)돌막이(pare-pierres).

parère [parɛːr] *n.m.* 〖법〗(외국의 법률이나 상법상 관습의)인정서.

parésie [parezi] *n.f.* 〖의학〗 부전마비(不全痲痺).

pare-soleil [parsɔlɛj] *n.m.* (복수불변) ① =para-soleil. ② 〖자동차〗 차양.

*****paresse** [parɛs] *n.f.* ① 게으름, 나태, 태만; 무기력, 안일. s'abandonner à la ~ 나태에 젖다. Il a la ~ *d*'écrire (*de* sortir). 그는 글쓰기(외출하기)에 게으르다. solution de ~ 안이한 해결책. ~ intellectuelle; ~ *d*'esprit 머리가 아둔함, 지적 나태(안일). ② 완만함, 느릿함. La Loire coule avec ~. 루아르 강은 완만하게 흐른다. ③ 〖의학〗(기관의)기능저하. ~ intestinale 장의 기능저하.

paresser [paRε[e]se] *v.i.* 게으름피우다, 빈둥빈둥 놀며 지내다; 느긋하게 지내다. Il *a paressé* toute la matinée chez lui. 그는 아침내내 자기 집에서 빈둥거렸다.

paresseusement [paRεsøzmɑ̃] *ad.* 게으르게, 느릿하게; 완만하게, 느릿하게. s'étendre ~ sur son lit 침대에 느긋하게 누워있다. Le fleuve coule ~. 강이 완만하게 흐른다.

***paresseux(se)** [paRεsø, -ø:z] *a.* ① 나태한, 게으른. Il est ~ pour[à] sortir. 그는 외출을 싫어한다. être ~ comme une couleuvre[un lézard, un loir] 무척 게으르다. ② 무기력한, 동작이 둔한. esprit ~ 둔한 머리, 무기력한 정신. estomac ~ 기능이 저하된 위. ③ 완만한, 느릿한. ④ 〖원예〗만생(晚生)의. ―*n.* 나태한[게으른] 사람. ―*n.m.* 〖동물〗나무늘보.

paresthésie [paREstezi] *n.f.* 〖의학〗지각이상(知覺異常), 감각이상.

pare-torpilles [paRtɔRpij] *a., n.m.* 〖불변〗(filet) ~ 〖해군〗수뢰 방어망(防禦網).

pareur(se) [paRœ:R, -ø:z] *n.* 끝마무리 직공; 가죽 무두질공. ―*n.f.* (천의)풀 붙이는 기계; (가죽의)면을 다듬는 기계(뒷면을 깎아 두께를 조절함).

pare-vol [paRvɔl] *a.* 〖불변〗(자물쇠 따위가)도난 방지 장치가 된.

parfaire [paRfε:R] [28] *v.t.* (부정법 및 복합시제 이외에는 거의 쓰이지 않음) ① (부족한 것을을 메워) 완전하게 하다, 보와하다. ~ une somme 어떤 표액을 달성하다. ~ la ressemblance 아주 닮게 하다. ② 완성하다, 끝내다(perfectionner, parachever). ~ son ouvrage[son travail] 작품[일]을 완성하다.

‡**parfait(e)** [paRfε, -εt] *a.p.* ① 완전한, 완전 무결한, 완벽한, 나무랄 데 없는(excellent, impeccable, incomparable). Son travail est ~. 그의 일은 완벽하다. Elle est d'une discrétion ~e. 그녀는 비할데 없이 신중하다. être en ~e santé 극히 건강하다. crime ~ 완전범죄. Être ~ 완전한 자(신).
② (주로 명사 앞에서) 전적인, 지독한, 그 이상 없는. avec une ~e indifférence 전적인 무관심으로. filer le ~ amour (구어)열렬히 사랑하는 사이다. ~ imbécile 아주 바보.
③ (간투사적으로) 좋아, 괜찮아. Je viens chez toi ce soir? -P~. 오늘 저녁 너의 집에 갈까? 그렇게 해. Tu ne m'accompagnes pas? P~! j'irai tout seul. 〖반어적〗함께 가지 않을래? 그럼 좋아, 나 혼자 가지.
④ 〖수학〗nombre ~ 완전수; ensemble ~ 완전집합.
⑤ gaz[fluide] ~ 〖물리〗이상(理想)기체[유체(流體)].
⑥ 〖생물〗insecte ~ 성충(成蟲); fleur ~e 완전화(花); vaisseau ~ 완전도관(導管).
⑦ accord ~ 〖음악〗완전화음.
―*n.m.* ① 〖문어〗완벽(한 것).
② 〖언어〗(그리스어·라틴어 따위의)완료. (프랑스어에서는 imparfait에 대한 단순과거와 복합과거를 지칭).
③ 〖제과〗파르페(생크림을 주성분으로 하는 아이스크림). ~ au café 커피 파르페.
④ 〖종교〗(카타리파에서 계율의)완전 준수자, 덕자(完德者).

***parfaitement** [paRfεtmɑ̃] *ad.* ① 완전히, 훌륭하게; 아주, 전적으로. jouer ~ du piano 피아노를 훌륭하게 연주하다. ~ Idiot. 그는 아주 바보이다 (absolument). ② 〖구어〗아무렴(요), 그렇고 말고요(oui의 강조). Viendrez-vous? ―P~. 오시겠어요? 물론이지요(bien sûr).

parfilage [paRfila:ʒ] *n.m.* 〖옛〗① (직물류의)실뽑기 작업; (천에서 금실·은실을 뽑아내는)실뽑기(금·은을 모으는 18세기의 심심풀이). ② 푼 실; 풀어낸 금실·은실.

parfiler [paRfile] *v.t.* ① (소재나 색깔이 다른 실을) 섞어 짜다. ② (도기(陶器)를 가는 금선(金線) 따위로)장식하다. ③ 〖옛〗(금·은실을 얻기 위해 천의 올을)풀다.

parfilure [paRfily:R] *n.f.* 〖옛〗① 풀어낸 실. ② (직물류에서)풀어낸 금실·은실; (직물류에 섞어 짜는)금실·은실.

***parfois** [paRfwa] *ad.* 이따금, 때로, 가끔; 종종. P~ elle chantait de vieilles mélodies. 그녀는 가끔 옛날 노래를 부르곤했다. maladie brève mais ~ dangereuse 곧 낫는 그러나 때로는 위험한 병.

parfondre [paRfɔ̃:dR] [25] *v.t.* 〖기술〗(유리나 칠보에 산화물을)융해착색하다.

parfournir [paRfuRni:R] *v.t.* 〖상업〗(주문품을)완납하다.

***parfum** [paRfœ̃] *n.m.* ① 방향(芳香), 향기, 냄새. J'aime bien le ~ de la rose. 나는 장미향기를 무척 좋아한다. ~ de tabac français 프랑스제 담배냄새. ② 향수. se mettre du ~ (자기몸에) 향수를 뿌리다. flacon de ~ 향수병. ③ 향료. Le musc est un ~ d'origine animale. 사향은 동물성 향료의 하나이다. A quel ~ voulez-vous votre glace? 아이스크림에 어떤 향료를 넣을까요? ④ (비유적)향기, 냄새. ~ de vertu 미덕의 향기. ~ de corruption spirituelle 정신적인 타락의 냄새. être au ~ de *qc* (은어)…을 냄새맡고 있다, 감을 잡고 있다.

parfumé(e) [paRfyme] *a.p.* 향기로운; 향수를 뿌린; 향료가 든.

parfumer [paRfyme] *v.t.* ① 향기롭게 하다, (에) 향기가 풍기게 하다(embaumer). air *parfumé* du soir 저녁의 상쾌한 공기. bouquet qui *parfume* la pièce 방안을 향기롭게 하는 꽃다발. ② (에)향수를 뿌리다[묻히다], 향료를 넣다; 〖옛〗소독하다. ~ son mouchoir 손수건에 향수를 뿌리다. ~ glace au café(à l'essence de café) 아이스크림에 커피향료를 넣다. La volupté *parfumait* toutes leurs pensées. (비유적)그들의 온갖 생각에는 욕정의 냄새가 난다.

―**se** ―*v.pr.* 제 몸에 향수를 뿌리다. femme qui *se parfume* trop 향수를 지나치게 쓰는 여자. se ~ les cheveux 머리에 향수를 뿌리다.

parfumerie [paRfymRi] *n.f.* 향수 가게, 화장품 가게; 향수[향료·화장품]제조(공장); 향수[향료·화장품]판매; (집합적)향수류, 향수제품; 향수업자, 향료업자. ―~ 향수업자조합.

parfumeur(se) [paRfymœ:R, -ø:z] *n., a.* 향수장수(의), 향수제조[판매]업자(의). ouvrier ~ 향수제조공.

pargu(i)é [paRg(j)e], **pargu(i)enne** [paRg(j)en] *int.* 〖옛·사투리〗(17세기의 희극에서 자주 쓰임) = **parbleu**.

par(h)élie [paReli] *n.m.* 〖기상〗환일(幻日)(태양의 양쪽에 나타나는 태양 모양의 광(光)점) (faux-soleil).

par(h)élique [paRelik] *a.* 환일의.

pari [paRi] *n.m.* ① 내기, 도박. faire[engager] un ~ 내기를 하다. gagner[perdre] un ~ 내기에 이기다 [지다]. Je tiens le ~. 내기를 받아들이겠소. ~ de Pascal 〖철학〗파스칼의 내기(신이 존재한다는 쪽에 내기를 해서 이기면 모든 것을 얻지만 진다해도 잃을 것이 없으니 신을 믿는다는 논증). ② (내기·도박의)판돈, 건돈. toucher un ~ (내기의) 상금(판돈)을 받다. P~ Mutuel Urbain 장외마권

paria

제도((《약자》)P.M.U.). P~ Mutuel Hippodrome 장내마권제도((《약자》)P.M.H.). ~ couplé(jumelé) (중개인을 통해서 마권을 사는)중개경마. *Les ~8 sont ouverts.* 아무나 내기할 수 있다; 결과의 예측이 어렵다. *tenir son ~* 자기가 맹세한 것을 실행하다.

paria [parja] 《포르투갈》 *n.m.* ① 파리아족(인도의 카스트 제도에 못드는 최하층민). ② 따돌림받는 사람.

pariade [parjad] *n.f.* ① (새가 교미를 위해)쌍쌍이 모임. ② 교미기. ③ 암수 한 쌍의 새.

pariage [parjaʒ] *n.m.* 《법》 (둘 이상의 제후 간의)공유영주권; (공유영토를 가진 둘 이상의 제후 사이의)주종계약(우세한 쪽이 일부를 받음).

parian [parjɑ̃] 《영》 *n.m.* 파리언 자기 《파로스(*Paros*)섬에서 나는 백대리석 같은 것으로 조각의 복제 따위에 쓰임》.

paridés [paride] *n.m.pl.* 《조류》 박새과(科) 《참새목(目)의 한 과》.

paridigitidé(e) [paridiʒitide] 《동물》 *a.* 짝수의 발굽을 가진, 우제(偶蹄)류의. —*n.m.pl.* 우제류(偶蹄類)의 동물(소·돼지·하마 따위).

parien(ne) [parjɛ̃, -ɛn] *a.* 파로스 섬(*Paros*)의. —P~ *n.* 파로스 사람.

parier [parje] *v.t.* ① 내기에 걸다. *Je parie trois bouteilles de bière que Paul arrivera à l'heure.* 폴이 정각에 도착한다는 쪽에 맥주 세 병을 걸겠다. ~ 200 francs sur le favori 우승 예상마에 200 프랑 걸다. ② 단언하다, 확신하다. *Je parie qu'il neigera demain matin.* 내일 아침에 틀림없이 눈이 내릴 거야. *Je lui ai parié la chute de la société.* 나는 그 애기 자기가 망하리라는 것을 단언했다. *J'aurais parié.* 그럴 것이라고 예상했다. ③ 《옛》짝지우다, 교미시키다.
—*v.i.* 내기를 걸다; 단언(확신)하다. ~ pour (contre) la victoire du champion 챔피언의 승리(패배)에 내기를 걸다. ~ aux courses 경마에 내기를 걸다; 마권을 사다. *Vous avez faim, je parie?* 배고 프지요? 그렇죠?
Il y a gros [beaucoup] à ~ que+ind; Il y a cent à ~ contre un que+ind. ~의 일은 거의(십중팔구) 틀림없다. *Il y a gros à ~ qu'il ajourne son départ.* 그가 출발을 연기할 것은 거의 확실하다. 「《屬》).

pariétaire [parjetɛ:r] *n.f.* 《식물》 쐐기풀(속

pariétal(ale, pl. aux) [parjetal, -o] *a.* ① 《해부》 노정부(顱頂部)의. ② 《식물》 씨방벽의. ③ 《미술·고고학》 동굴벽에 그려진(새겨진). peintures ~ales 동굴벽화. —*n.m.pl.* 《해부》 노정골(os ~). —*n.f.pl.* 《식물》 내막태좌(內膜胎座)를 가진 식물(類).

parieur(se) [parjœ:r, -ø:z] *n.* 내기하는 사람; 내기를 좋아하는 사람; 경마를 즐기는 사람.

parigot(e) [parigo, -ɔt] *n., a.* 《구어》파리 토박이(의) 《주로 변화가에 사는》. accent ~ 파리 사투리(말투).

paripenné(e) [paripɛnne], **paripinné(e)** [paripinne] *a.* 《식물》 (잎이)우수우상복엽(偶數羽狀複葉)의.

Paris [pari] *n.pr.m.* 파리 《프랑스의 수도; 특별시》 (Ville de ~). articles de ~ 파리 특산물인 (고급) 장식구품. monsieur de ~ 《속어》사형 집행인. le premier (-)~ 《옛》(파리 신문의)논설.

paris-brest [paribrɛst] (*pl.* ~~s) *n.m.* 《제과》 파리브레스트 《커다란 사과모양의 슈크림》.

parisette [parizɛt] *n.f.* (à quatre feuilles) 《식물》 삿갓풀의 일종.

parisianiser [parizjanize] *v.t.* 파리식이 되게 하다.

—se ~ *v.pr.* 파리식이 되다.

parisianisme [parizjanism] *n.m.* (언어·풍습의)파리식; 파리 토박이.

*parisien(ne) [parizjɛ̃, -ɛn] *a.* 파리의, 파리식의. banlieue ~ne 파리교외. agglomération ~ne (근교를 포함한) 파리 도시권. le Bassin ~ 파리분지. chic ~ 파리풍의 멋.
—P~ *n.* 파리사람, 파리 토박이.
—*n.m.* 《제과》 파리지엥 《졸인 과일 시럽을 넣어서 멜렝게를 덮은 케이크》.
—*n.f.* 《옛》 (파리의)합승마차; 싸구려 쿠렐.
à la ~ne 《요리》 파리식(햇감자를 따위를 아채를 곁들인 것을 말함). rôti de veau *à la ~ne* 파리식 송아지 로스트.

parisis [parizi] *a.* 《불법》 파리계(系)의 《10-15 세기 파리에서 주조되 화폐에 대해서》.

parisyllabique [parisi(l)labik], 《드물게》 **parisyllabe** [parisi(l)lab] *a.* 《언어》 (그리스어·라틴어의)곡용으로 주격과 소유격 변화에 있어서) 음절수가 불변인.
—*n.m.pl.* 음절수 불변의, 동수음절어.

paritaire [paritɛ:r] *a.* (조정 위원회가) 노사(勞使) 동수의 대표로 구성된. 「여.

paritarisme [paritarism] *n.m.* (노동자의)경영참

parité [parite] *n.f.* ① 《문어》동일, 동등, 동질; (임금의)평등. ~ entre deux faits 두 사실의 동일성. ~ des salaires 임금의 평등. ② 《경제》 (두 국가간의 어음시세의)등가(等價). ~ des changes entre le won et le dollar 원화와 달러화의 어음평가(平價). ③ 《수학·컴퓨터》 패러티; 《물리》 패러티, 우기성(偶奇性).

-parité *suff.* 「낳다」의 뜻.

parjure [parʒy:r] *n.m.* 위증(죄); 《문어》거짓맹세.
—*n.* 맹세를 어기는 사람, 위증자; 믿지 못할 사람.
—*a.* 맹세를 어기는, 위증죄의; 믿을 수 없는.

parjurer (se) [səparʒyre] *v.pr.* 맹세를 어기다; 거짓 맹세하다; 위증하다.

parka [parka] 《미영》 *n.f.* 《의복》파카 《방수천으로 만든 후드가 달린 짧은 재킷》.

parkérisation [parkerizasjɔ̃] *n.f.* 《상품명·야금》 파커라이징 《철강제품의 녹 방지법의 하나로 인산 피막을 형성하는 과정》.

parkériser [parkerize] *v.t.* (철강제품에 인산피막으로)녹방지처리하다.

parking [parkiŋ] 《영》 *n.m.* 주차; 주차장.

parkinson [parkinsɔn] 《의학》 *n.m.* 파킨슨 병 (maladie de P~).

parkinsonien(ne) [parkinsɔnjɛ̃, -ɛn] *a.* 《의학》 파킨슨병의(에 걸린) —*n.* 파킨슨병 환자.

par-là [parla] *ad.* ⇨par-ci par-là.

parlage [parlaʒ] *n.m.* 객설, 수다; 감언(이설).

parlant(e) [parlɑ̃, -ɑ̃:t] *a.* ① 말하는, 이야기하는; 언어능력이 있는. *L'homme est naturellement ~.* 인간은 선천적으로 말하는 능력이 있다. sujet ~ 《언어》 말하는 주체. ② 《구어》 말이 많은, 말하기 좋아하는. *Il n'est pas très ~.* 그는 입이 무거운 편이다. ③ 《응변력이》 풍부한, 말하는 듯한. regard ~ 말을 걸 듯한 눈초리. portrait ~ 꼭 닮은(생생한) 초상화. preuve ~e 생생한(명백한) 증거. ④ ⓐ horloge ~e 전화의 시보(時報). ⓑ guide ~ 가이드 기계(동전을 넣으면 녹음기에서 음성으로 설명하는). ⓒ armes ~es 《문장》 가문의 이름을 그림으로 나타낸 문장.
—*n.m.* 유성영화, 토키(cinéma ~, film ~).

parlé(e) [parle] *a.p.* 말해지는, 음성으로 낼 수 있는. langue ~e 구어(口語). journal ~ 라디오 뉴

스. —*n.m.* 【음악】(오페라의)곡 없이 외는 대사 부분(dialogue ~).

parlement [parləmã] *n.m.* ① (*P*~)국회〔상원 (Sénat)과 국민의회〔하원〕(Assemblée nationale)로 구성된〕. membre du *P*~ 국회의원. convocation [dissolution] du *P*~ 국회의 소집〔해산〕. *P*~ européen 유럽의회. ② 【역사】(구체제하의)고등법원. ③ 《옛》말하는 행위; 대화, 토론.

parlementage [parləmãta:ʒ] *n.m.* 《드물게》(전쟁에서)교섭, 담판(négociation).

parlementaire[1] [parləmãtɛ:r] *a.* ① 의회(제)의, 국회의. régime ~ 의회제도. démocratie ~ 의회민주주의. ② 의원의. mandat ~ 국회의원의 직무. indemnité ~ 의원 세비(歲費). ③ 【역사】(구체제하의)고등법원의. ④《옛》의회의 예법〔관습〕에 맞는, 정중한. —*n.* ① 국회의원(sénateur, député); 하원의원(député). ② 【역사】(구체제하의)고등법원의 멤버; (영국의)의회파.

parlementaire[2] *n.m.* 휴전교섭사절, 군사(軍使). —*a.* 휴전교섭의. drapeau ~ 휴전기.

parlementairement [parləmãtɛrmã] *ad.* 의회제도를 좇아; 의회의 관례에 따라.

parlementarisme [parləmãtarism] *n.m.* ① 의회정치〔제도〕. ② 의회제도의 남용; 의회 편중주의.

parlementer [parləmãte] *v.i.* ① (휴전·항복 따위에 대해)교섭하다; 담판하다. Il a dû ~ avec ses créanciers. 그는 채권자들과 담판하지 않으면 안 되었다. ② 길게〔장황하게〕이야기하다.

‡**parler**[1] [parle] *v.i.* ① 말하다, 이야기하다. Il *parle* avec son fils. 그는 아들과 이야기한다. Elle *parle* beaucoup [peu]. 그녀는 말이 많다〔입이 무겁다〕. ~ haut [bas] 큰소리〔작은 소리〕로 말하다. ~ en anglais 영어로 말하다. ~ à la télévision 텔레비전에 나가다. Mon enfant a déjà *parlé*. 내 아이는 벌써 말할 줄 안다. Du temps où les bêtes *parlaient* 옛날옛적에〔호랑이 담배 피우던 시절에〕〔옛날 이야기의 서두〕. On dirait qu'il va ~. (초상화가) 금방 말할 것 같다〔생생하다〕.
② 자백하다, 털어놓다. Le complice *parle* enfin. 공범자가 드디어 털어놓기 시작하다. Je saurai le faire ~. 저 놈의 입을 열게 하겠다.
③ [~ pour/contre] (을)변호〔비난〕하다. ~ *pour* la liberté de la presse 출판〔언론〕의 자유를 위해서 말하다〔역설하다〕.
④ 표현하다; 명령하다. ~ par geste 몸짓으로 말하다〔나타내다〕. Les faits *parlent* d'eux-mêmes. 사실은 스스로 말한다〔드러난다〕. L'honneur *parle*. 명예가 명령한다, 명예에 관한 일이다. Son cœur a *parlé*. 그의 마음이 움직였다(애정을 느낌).
⑤ [부사+parlant] (-ment의 형태의 부사에 한함) généralement *parlant* 일반적으로 말할 것 같으면. franchement *parlant* 솔직하게 말하자면.
Ça, c'est ~; *Voilà qui est* ~. 전적으로 그렇다.
C'est une façon [manière] de ~. 그것을 말하기 나름이다〔이야기의 꼬리〕.
~ *d'or* 훌륭한〔멋있는〕이야기를 하다, 지당한 말을 하다.
~ *pour ne rien dire;* ~ *pour* ~ 뜻없는 말을 하다, 헛소리하다.
savoir ce qu' ~ *veut dire* 눈치가 빠르다, 납득이 빠르다.
trouver à qui ~ 강력한 반대(자)를 만나다.
Tu parles!; Vous parlez! 《구어》그럴 말이라고!; 글쎄 어떨지《강한 불신을 나타냄》.
—*v.t. ind.* ① [~ à] …에게 말하다, 말을 걸다. Allô, je peux ~ à M. Dupont, s'il vous plaît? 【전화】여보세요, 뒤퐁씨 바꿔주세요. Il m'a *parlé* sur un ton hautain. 그는 건방진 어조로 내게 말을 걸었다. Ce roman *parlera* à ton cœur. 이 소설은 네 마음을 움직일 것이다. ~ *aux* yeux 눈에 호소하다.
② [~ *de*] …에 대해서 이야기하다. Nous *parlons* *de* nos études. 우리는 공부에 대해서 이야기한다. On m'a beaucoup *parlé* *de* vous. 당신의 소문은 많이 듣고있습니다. De quoi *parlez-vous*? 무슨 말을 하십니까? Ça *parle* de quoi?《구어》무슨 일이야? Quand on *parle* du loup, on en voit la queue. 《속담》(늑대이야기를 하면 늑대꼬리가 뵌다) 호랑이도 제말하면 나타난다.《무관사 명사와 함께》 On *parle* souvent *de* démocratie. 사람들은 자주 민주주의라는 말을 쓴다. [~ de+*inf.*] Il *parle* d'aller en France cet hiver. 그는 이번 겨울에 프랑스에 간다고 말한다.
③ [en ~] (그 점에 대해서)이야기하다. N'en *parlons* plus. 그 이야기는 그만 두자. Ne m'en *parlez* pas. 내게 말할 것 까지는 없소. *Parlez-m'en!* 그거 굉장한데! ! *en* ~ à son aise 《구어》남과 관계없는 것에 대해〔편하게〕떠들어 대다. La loi *en parle*. 법률에 그렇게 되어 있다.
faire ~ *de soi* (눈에 띄는 언행으로)소문이 나다.
On en entendra ~. 그것은 (널리)알려질 것이다, 이야깃거리가 될 것이다.
~ *à un sourd[à un mur, aux rochers]* 들을 마음이 없는 사람에게 말하다, 쇠귀에 경읽기이다.
~ *bien [mal] de qn* …에 대해서 좋게 〔나쁘게〕말하다.
~ *de la pluie et du beau temps* 날씨에 관한 이야기를 하다, 그런저런 이야기를 하다.
~ *du nez* 콧소리로 말하다.
~ *en l'air* 멋대로 이야기하다.
sans ~ *de* …은 말할 것도 없이. À cause de la grève, tous les autobus sont paralysés, *sans* ~ *du* métro. 파업 때문에 지하철은 물론 버스도 운행정지이다.
Tu parles d'un imbécile!《구어》(너는 참)바보같은 놈이군.
Tu parles si...《구어》…은 물론 그렇다. *Tu parles si je la connais!* 내가 그녀를 아느냐고? 물론이지.
—*v.t.* ① (언어를)말하다. ~ français 프랑스어를 말하다. ~ *le* français (타국어를 모국어로 하는 사람이)프랑스어를 말하다.《보통 양태의 부사(구)를 동반해서》~ couramment le français 프랑스어를 유창하게 말하다. ~ hébreu [chinois] 해브라어 〔중국〕어로 말하다; 알기 힘든 이야기를 하다. ~ français comme une vache espagnole《구어》엉망으로 (엉터리로) 프랑스어를 말하다.
②《무관사 명사와 함께》(의)이야기를 하다. ~ politique [affaire] 정치[일] 이야기를 하다.
—*se* ~ *v.pr.* ① 서로 이야기하다, 말을 나누다. Ils *se sont* longuement *parlé*. 그들은 오랫동안 (서로) 이야기했다.
② (언어가)말해지다〔쓰여지다〕. Le français *se parle* aussi en Belge. 프랑스어는 벨기에에서도 쓰인다.③ *se* ~ à soi-même 혼잣말을 하다.

*‡**parler**[2] *n.m.* ① 화법. ~ doux 온건한 말투〔어조〕. avoir son franc-~ 생각하는 바를 솔직하게 말하다. ② 사투리, 방언; (지방·공동체의)특유한 어투. ~ *s* méridionaux 남부지방의 사투리. ③ 【언어】 구화(口話). ④《옛》말하는 행위〔능력〕.

parleur(se) [parlœ:r, -ø:z] *n.* 말 많은 사람, 수다장이; 아나운서; 【문어】 연설가. beau ~ 《구어》말을 잘하는 사람, (비꼼)문자만 쓰는 사람, 고상한 말만 하는 사람. —*n.m.* haut-~ 확성기, 스피커.
—*a.* 잘 지껄이는, 말하기 좋아하는.

parloir [parlwa:r] *n.m.* (수도원·기숙사·병원·형무소 따위의)면회실, 면회소; 《옛》응접실. ~ aux

bourgeois 《역사》 (중세의)파리시청.
parlot(t)e [parlɔt] *n.f.* ① 잡담, 한담. ②《구어》(재판소 변호사의)담화실; 갑담회.
parme [parm] *n.m.* 《불변》 연보라색(의).
parmélie [parmeli] *n.f.* 《식물》 엽상지의속(葉狀地衣屬).
parmentier [parmɑ̃tje] *a.* 《불변》 hachis 《요리》 으깬 감자와 같은 고기를 섞어서 익힌 것.
parmentiera [parmɑ̃tjera] *n.f.* 《식물》 (파나마산의)능소화과(科)의 나무.
parmenture [parmɑ̃ty:r] *n.f.* 《의복》 안감.
parmesan(e) [parmǝzɑ̃, -an] *a.* 파르마(*Parme*, 이탈리아의 도시·공국)의. —**P**—*n.* 파르마 사람. —*n.m.* 파르마산(產)의 치즈.
:**parmi**[1] [parmi] *prép.* ①《셋 이상의 수를 포함하는 복수 또는 집합명사와 함께》…중에(서), …가운데, …사이에(서). rôder ~ la foule 군중 사이를 방황하다. ranger *qn* ~ ses ennemis …을 적으로 간주하다. vivre ~ les livres 책 속에서 살다. C'est une solution ~ (tant) d'autres. 그것은 많은 해결책 중의 하나에 불과하다. inégalité ~ les hommes 인간의 불평등. maisons disséminées ~ les arbres 나무 사이에 산재하고 있는 집들. un homme brave ~ les braves 용사 중의 용사. 《옛·문어》《단수 명사 앞에서》…안에(서). ~ cet univers 이 세계에서.
—*ad.* 《옛》그 중에(는). Il y en a de bons ~. 그 중에는 좋은 것도 있다.
parmi[2] [parmi] 《어업》(견인망의 가장 자리에 대는) 보강용 로프.
Parnasse (le) [lǝparna:(a)s] *n.m.* ①《고대그리스》파르나스산(*Apollon* 과 *Muses* 가 살았다). les filles du ~ 시신(詩神). nourrissants du ~ 시인. ②《문어》시인의 체재지; 시인; 시; 시집. monter sur le ~ 시작(詩作)에 몰두하다. ③《문학사》고답파. Le ~ contemporain 현대고답시집.
parnassie [parnasi] *n.f.* ~ (des marais) 《식물》물매화.
parnassien(ne) [parnasjɛ̃, -ɛn] *a.* ① 파르나스산의 (에 거주하는). ②《문학사》고답파의; (옛)시의. *n.* 고답파 시인. —*n.m.* ① 고답파. ②《곤충》 (고산의)흰나비(*Apollon*).
parnelliste [parnelist] *n.m.* 《영국사》파넬(*Parnell*) 당원, 아일랜드 자치당원.
parodie [parɔdi] *n.f.* ①《문학·예술작품의》흉내, 모방, 풍자적 개작, 패러디. Ce tableau est une ~ de la Joconde. 그것은 모나리자의 모작이다. ② 우스꽝스러운(서투른) 모방; 여흥. ~ de réconciliation 여흥으로 하는 화해극, 표면적인 화해. ③《옛》 (유명 가곡의)개작노래.
parodier [parɔdje] *v.t.* ① 《문학·예술작품을》흉내내다, 모작하다, 《우스꽝스럽게》개작하다. ~ une pièce de Molière 몰리에르의 희곡을 개작하다. ~ un air 개작노래를 만들다. ②《남의 동작·말투를》 우스꽝스럽게 흉내내다. ~ son professeur 선생의 흉내를 내다.
parodique [parɔdik] *a.* 패러디의; 흉내 [여흥]의. ouvrage ~ 패로디식의 작품. geste ~ 흉내내는 몸짓. style ~ 패러디풍의 문체.
parodiste [parɔdist] *n.* 패러디 작가.
parodonte [parɔdɔ̃t] *n.m.* 《해부》 치근막(齒根膜), 치주조직(齒周組織)치조골(齒槽骨)의 내면에 있는 치근을 덮는 막).
parodontite [parɔdɔ̃tit] *n.f.* 《의학》 치주염, 치아지(齒牙支持)조직염.
parodontolyse [parɔdɔ̃tɔli:z] *n.f.* 《의학》 치육(齒肉)의 함몰(이전); 치간조직《파괴》.

paroi [parwa(ɑ)] *n.f.* ① 칸막이(벽)(cloison). ~ de bois 목재 칸막이. lit appuyé contre la ~ 벽에 붙인 침대. ②(공동(空洞)의)내벽면. ~ d'une grotte 동굴의 내벽. ~ d'un vase 꽃병의 내벽. ~ d'un avion 비행기의 내벽. ③(깎아지른)암벽, 절벽. gravir une ~ 암벽을 기어오르다. ④《해부》벽(壁). ~ de l'estomac 위벽. ~ cellulaire 세포벽. ⑤《임업》(벌채구역을 경계짓는)경계벽 (木). ⑥(말의)제벽(蹄壁)(굽의 외벽); 《사냥》 멧돼지 가죽.
paroir [parwa:r] *n.m.* (무두질의 마무리 때 가죽을 걸어놓는)대목(臺木); (제철공·蹄鐵工)이 쓰는 제철용 칼; (금속공예용의)평평하게 하는 망치.
paroisse [parwas] *n.f.* ①소교구《사제·목사가 관할하는 단위지구》. curé(pasteur) d'une ~ 소교구의 주임사제(목사). ②소교구 교회; 《집합적》소교구 소속의 신자. convoquer toute la ~ 소교구의 신자를 모으다. ③《구어》(특히)정치집단. ④《역사》 (구체제하의)지방행정구.
de toutes les ~s 온갖 종류[유례]의. *n'être pas de la ~* 딴 곳 사람이다; 의견을 달리.
paroissial(ale *pl.* **aux)** [parwasjal, -o] *a.* 소교구의. enclos ~ 교회, 경내(境內)《브르타뉴 지방에서 교회당·납골당·묘지 따위를 포함한 총칭》.
paroissien(ne) [parwasjɛ̃, -ɛn] *n.* ① 소교구의 신자. ②《옛·구어》놈, 녀석. —*n.m.* 기도서, 미사책, 미사경본. ~ 《옛》소교구 신자의.
*****parole** [parɔl] *n.f.* ①(입으로 하는)말; 발언; 발언권. adresser la ~ à *qn* …에게 말을 걸다. ne pas dire(prononcer) une seule ~ 아무 말도 하지않는다. ~s de bienvenue 환영의 말. Il est brave en ~s. 그는 말뿐은 용감하다, 입으로는 용감하다. ~s en l'air 시시때때로운[두서없는] 말. mesurer(peser) ses ~s 한마디 한마디 말을 골라가며 하다. prendre la ~ 발언하다. couper la ~ de(à) *qn* …에게 말을 못하게 막다. passer la ~ à *qn* …에게 발언을 부탁하다. Vous avez la ~. 당신이 발언할 차례입니다. ② 언어능력; 변설; 말투. La ~ distingue l'homme des animaux. 말을 한다는 것이 인간을 동물과 구별한다. trouble de la ~ 언어장애. perdre la ~ 말을 못하게 되다, 말문이 막히다. Il ne lui manque que la ~. (잘 그린 초상화·똑똑한 짐승 따위를 칭찬하는 말로)부족한 것은 말못하는 것 뿐이군. avoir la ~ facile 변설에 능하다. avoir la ~ douce 말투가 부드럽다. avoir la ~ embarrassée 말을 더듬다.
③(구두)서약, 약속; (*pl.*)언약. Il est (homme) de ~. 그는 약속을 지키는 사람이다. tenir (sa) ~ 약속을 지키다. manquer à sa ~ 약속을 어기다. donner sa ~ (d'honneur) 약속하다. rendre à *qn* sa ~ …이 약속한 것을 면해주다(풀어주다). Vous avez ma ~. 단단히 약속합니다. Il n'a qu'une ~. 그는 일구이언은 하지않는다 (약속을 꼭 지킨다). belles ~s 헛된〔거짓〕 약속, 달콤한 말. 《간투사적으로》 P— (d'honneur)! (명예를 걸고)맹세해도 좋아. Ma ~ ! (놀람·불신을 담은)허, 이런. 《해부》 ④ (*pl.*)가사; (그림·도판 따위의) 설명문. l'air et les ~s 벨로디와 가사. auteur de ~s 작사자. histoire sans ~s 이야기가 없는 그림책.
⑤《언어》(소쉬르 언어학에서)파롤, 언(言).
⑥《음성》발음기관(organe de la ~).
⑦《종교》(성서·성전(聖傳)에 나오는)신의 말씀 (la ~ de Dieu). la ~ écrite 성서. la ~ non écrite 성전(聖傳). porter la bonne ~ 복음을 전파하다; 《구어》신념을 말하다.
⑧ passer ~ 《카드놀이》(브리지·포커 따위에서) 거르다(패스하다).

La ~ est d'argent et (mais) le silence est d'or.《격언》웅변은 은이요, 침묵은 금이다.
payer qn en (de) ~s 헛(거짓) 약속을 하다.
sur ~ 말을 믿고, 언약만으로.

paroli [paroli]《이탈리아》*n.m.*《옛》《카드놀이》돈을 두 배로 걸기.

parolier(ère) [parolje, -ɛːr] *n.* (오페라의)대본 작가; 가사 작가, 작사가.

paromologie [paromolɔʒi] *n.f.* 《수사학》가양(假讓)《임시로 양보하기》.

paronomase [paronomaːz] *n.f.* 《수사학》유음중첩법(類音重疊法), 말꼬리 맞추기《Qui s'excuse, s'accuse 따위》.

paronomasie [paronomazi] *n.f.* 《언어》(서로 다른 언어에 속하는)두 어(語)사이의 유사.

paronyme [paronim] *n.m.* 《언어》유음어.

paronymie [paronimi] *n.f.* 《언어》어음유사(語音類似).

paronymique [paronimik] *a.* 《언어》유음어(類音語)의. *attraction ~* 유음견인(類音牽引)(étymologie populaire).

paronyque [paronik] *n.f.* 《식물》패랭이꽃《과의 제1속》.

paroptique [paroptik] *a.* 《학술》시각(視覺) 이외의. *Le braille est un moyen de lecture ~.* 점자(點字)는 시각에 의하지 않는 독서수단이다.

paros [paroːs] *n.m.* 파로스 대리석《그리스의 *Paros* 섬에서 나는 백색 대리석으로 조각의 석재로 씀》.

parosmie [parosmi] *n.f.* 《의학》후각착오.

parotide [parotid] *n.f., a.* 《해부》이하선(耳下腺)(의).

parotidien(ne) [parotidjɛ̃, -ɛn] *a.* 《해부》이하선(耳下腺)의.

parotidite [parotidit] *n.f.* 《의학》이하선염(耳下腺炎); 《수의》(망아지)악하선(顎下腺) 비대.

parotique [parotik] *a.* 《해부》귓가의, 이변(耳邊)의.

parousie [paruzi] *n.f.* 《종교》그리스도의 재림.

paroxysme [paroksism] *n.m.* ① 《의학》(질병・발작의)절정(accès, crise), 극도. ② 절정. *être au ~ de la colère* 격노하고 있다. ③ 《지질》~ tectonique 습곡(褶曲)의 격동기; *~ volcanique* 화산의 격동기.

paroxysmique [paroksismik], **paroxysmal(ale** *pl.* **aux)** [paroksismal, -o] *a.* 《학술》(병이)발작(성)의, 최악기의; 《지질》격동기의.

paroxystique [paroksistik] *a.* ① 《의학》(병이)발작적인, 최악기의. ② 《문어》(감각・감정이)절정에 달한.

paroxyton(e) [paroksitɔ̃, -ɔn] *a.* 《언어》파록시톤의《끝에서 두 번째 음절에 액센트가 있는 말》.

parpaillot(e) [parpajo, -ɔt] *n.* 《옛》《농담》칼빈파의 사람, 프로테스탄트, 개신교도; 신앙심이 없는 사람. —*a.* 칼빈파의, 프로테스탄트의《개신교도의》.

parpaing [parpɛ̃] *n.m.* ① 《건축》(6면체의)블록, 콘크리트 블록(plot); 이음돌, 껍돌《벽의 두께를 이루며 가로지르는 것》; (나무집으나 격자골조의 방음의 목적으로 땅에서 메어놓는)받침돌; (벽의 측면을 이루는)깎은 돌. ② 《구어》작은 돌.

parquage [parkaːʒ] *n.m.* = **parcage.**

Parque [park] *n.f.* ① (les ~s) 《로마신화》파르카들《운명의 3여신으로, 탄생을 맡아보는 클로토(*Clotho*), 수명과 운명을 결정하는 라케시스(*Lachésis*), 죽음의 신 아트로포스(*Atropos*)》; 그리스 신화의 모이라(*Moïra*)와 동일시 됨》. ② 《문어》운명, 죽음.

parquement [parkəmɑ̃] *n.m.* = **parcage.**

parquer [parke] *v.t.* ① (가축 따위를)우리에(울타리 안에) 넣다. *~ des moutons le parc* 양을 목장에 넣다. *~ des huîtres* 굴을 양식장에 넣다. ② (사람을)좁은 장소에 밀어넣다; 《문어》(어떤 상태로) 가두다. ③ (차를)주차하다, 주차시키다. ④ 《군사》(병사・식량 따위를)집결시키다.
—*v.i.* ① 울(타리)속에 들어가다. ② 《군사》(무기 따위가)집결하다.
—*se ~ v.pr.* 차를 주차장에 넣다, 주차하다(~ *sa voiture*). *se ~ dans une rue* 노상 주차하다.

*****parquet**[1] *n.m.* ① 검사국; 검사실; 《집합적》검사진, 검찰관. *~ général* 검찰총장실. *petit ~* (파리시경에 있는)상설 검사국《검찰총장 대리가 현행법을 취조함》. *saisir le ~ d'une affaire* 검사국에 사건을 제소(고소)하다. ② (주식거래소의)입회, 입회소; 중개인회. ③ 《옛》(재판소의)재판관과 변호인석 사이의 공간. ④ 《옛》(극장의)일층 앞좌석 (orchestre).

parquet[2] *n.m.* (가금용의)울타리를 친 터; (울타리에 든)가금. *~ d'élevage* 가금사육장.

parquet[3] *n.m.* ① 《건축》쪽판의 마루. *~ ciré* 왁스를 칠한 마루. ② (겨울이나 캠버스의)뒷판. ③ (조립식)텐트형의 댄스홀(~-salon). ④ 《해양》(기관실 따위의)철판을 깐 마루.

parquetage [parkətaːʒ] *n.m.* 쪽판을 끼워 맞추기; 쪽판을 끼워 맞춘 마루.

parqueter [parkəte] [5] *v.t.* ① (방 따위를)쪽판으로 깔다. ② *~ un tableau* (그림이)깨어진 판벨을 고치다; 캔버스에 나무틀을 받쳐 보강하다.

parqueterie [parkɛ(ɛ)tri] *n.f.* 《기술》(마루용의) 쪽판 제조공장; 마루판(쪽판)을 깔기.

parqueteur [parkətœːr] *n.m.* 마루판(쪽판) 까는 직.

parqueteuse [parkətøːz] *n.f.* (마루용)쪽판 제조기.

parqueur(se) [parkœːr, -øːz], **parquier(ère)** [parkje] *n.* ① 굴 양식자. ② 《농업》울 안의 가축을 돌보는 사람.

parr [paːr] 《영》*n.m.* 《어류》연어의 치어(tacon).

parrain [pa(ɑ)rɛ̃] *n.m.* ① 《세례[영세]식에 입회하는)대부(代父), (아기의)이름을 지어주는 사람. ② (종의 명명식이나 배의 진수식 따위의)주빈; 명명자. ③ (입회 따위의)소개자, 추천인, 보증인. ④ 《구어》(미국 마피아의)대부, 돈(don).

parrainage [pa(ɑ)rena:ʒ] *n.m.* ① 《세례[영세] 때의》대부[대모]의 역할. ② (입회・취직 따위의)추천, 보증; (사업 따위의)후원, 비호.

parrainer [pa(ɑ)rɛ(e)ne] *v.t.* (사업 따위를)후원하다; (모임 따위에 사람을)추천하다, 소개하다.

parricide [parisid] *n.m.* ① 부모살해, 《법》존속살해. ② 《옛》(군주에 대한)시해(죄); (국가에 대한) 반역죄. —*a., n.* 부모[존속]살해의(범인); 반역(시해)죄의(범인);집행인.

pars [paːr] *partir*의 직설・현재・1[2]・단수.

parsec [parsek] *n.m.* 《천문》파섹《천체의 거리를 나타내는 단위》, 3,259광년에 해당.

parsemé(e) [parsəme] *a.p.* [~ *de*] (이)점재(點在)하는, 점점이 흩어져 있는. *barbe ~e de gris* 흰 털이 희끗희끗한 수염. *discours ~ de citations* 페르시아이 많은 연설. *ciel ~ d'étoiles* 별이 총총한 하늘.

parsemer [parsəme] [4] *v.t.* [~ *de qc*] (에 …을)뿌리다, 알알이 뿌리다; 점재하다. *~ un chemin de fleurs* 길에 꽃을 깔다. *Les étoiles parsèment le ciel.* 별이 하늘을 수놓고 있다. *~ un récit de mots d'esprit* (비유적) 이야기에 재치있는 말을 많이 사용하다.

parsi(e) [parsi], **parse** [pars] 《페르시아》*n., a.* 파르시(의)《이슬람 교도의 박해 때문에 인도로 피한 조로아스터교도》. —*n.m.* 파르시어《사산조 페르시아 시대에 사용된 파라비어의 필기체; 이 뜻으로는 parsi만 사용》.

parsisme [parsism] *n.m.* 파르시교(인도의 조로아스터교).

part¹ [pa:r] partir의 직설·현재·3·단수.

:**part**² *n.f.* ① 몫, 할당분. Ma mère a divisé le gâteau en quatre ~s égales. 어머니는 케이크를 4등분했다. choisir la meilleure ~ 가장 좋은 부분을 고르다. Chacun a sa ~ de malheur; A chacun sa ~ de malheur. 사람은 제각기 불행을 짊어지고 있다. ~ de lion 사자의 몫; 가장 큰 몫.
② 분담; 협력, 기여. payer sa ~ 자기가 맡은 부분을 치르다. Tout le monde fournit sa ~ d'efforts. 누구나 저마다의 노력을 한다.
③ 부분(특히 추상적인 것에 대해서). Une grande ~ de sa vie a été très dure. 그의 인생의 대반은 아주 힘들었다. Vous êtes pour une bonne(large) ~ responsable de cet accident. 당신은 이 사고에 커다란 책임이 있소. pour une ~ 어느 정도, 어떤 점에서는.
④ 지분(持分); 소유주(所有株), 상속의 몫, 과세부담 비율. ~ virile (공유부분의)균등분할. posséder le quart des ~s de la société 회사주식의 4분의 1을 소유하다. ~ du fondateur 발기인 주.
⑤ (코메디 프랑세즈 따위에서 극단원들에게의)배분이익; 【해양】 (선원에의)배분이익(~ de prise). marin pêcheur payé à la ~ 어획고의 비례배분을 보수로서 받는 (어선의) 선원.
⑥ (예)장소, 방면, 쪽.

à~ ⓐ 별도로, 다른 것과 떼어놓고, 따로. Cette question doit être examinée à~. 이 문제는 별도로 검토되어야 한다. prendre *qn à~* (둘이만 이야기하기 위해서)…을 따로 부르다. mots prononcés à~ 〖연극〗 방백(傍白). ⓑ 떨어진; 예외적인, 독자적인, faire lit(chambre) à~ (부부가)따로자다. C'est un cas à~. 이것은 특수한 경우이다. ⓒ …을 제외하고, …은 별도로 치고. A~ moi, personne ne le saurait. 나말고는 아무도 그것을 모를 것이다. à~ que+ind. 〖구어〗…이라는 것을 제외하면.

à~ entière 완전한 권리(몫)를 가진; 완전하게, 평등하게. participant à~ *entière* 평등한 권리를 지닌 참여자. Français à~ *entière* (프랑스인으로서의)완전한 권리를 지닌 프랑스인.

à~ moi(toi) 마음속으로, 은밀히.

autre ~ 다른 곳에(서).

avoir~ à qc …에 관여하다, 참가하다. *avoir~ au* succès d'une entreprise 사업의 성공에 기여하다. …으로의 몫을 받다.

avoir sa~ du gâteau; avoir~ au gâteau 이익을 보다, 은혜를 입다.

d'autre~ 한편, 더구나, 게다가. D'autre~, il pleuvait. 더구나 비가 오고 있었다.

de la~ de qn …의 부탁(명령)에 따라서, …의 대리로, …의 쪽에서, …을 대신하여. téléphone *de la~ de mon père.* 아버지 대신에(부분로) 전화하는 겁니다. C'est *de la~ de qui?* (전화에서) 누구시죠?

de~ en~ [dəparapar] 통해서, 관통해서. La balle lui perça le bras *de~ en~*. 탄환이 그의 팔을 꿰뚫었다.

de~ et d'autre [dapar(t)edotr] 양쪽에서, 쌍방이 모두. *de~ et d'autre du fleuve* 강의 양쪽 기슭에. Il y a de la méfiance *de~ et d'autre*. 양쪽이 모두 경계심을 품고 있다.

de toute(s)~(s) 사방에서, 여기저기에서.

d'une~, d'autre~ [de l'~], 한편으로는… 또 다른 한편으로는…. D'une~ il est travailleur, d'autre~ il aime s'amuser. 그는 한편으로는 근면하면서도 또 한편으로는 놀기도 좋아한다.

faire la~ 나눠주다, 할당하다. *faire la~ belle à qn* …에게 많은 몫을 주다.

faire la~ de qc …을 고려(참작)하다. *faire la~ des choses* 모든 것을 고려하다, 이해심이 있다.

faire la~ du diable (인간의 행위를 판단할 때)인간의 약점에 관대하다.

faire~ à deux 절반으로 나누다. (faire를 생략하고) P~ *à deux!* [paradɸ](둘이서)똑같이 나누자.

faire~ de qc à qn …을(를)…에게 알리다. Je vous fais~ *du mariage de mon fils*. 아들의 결혼을 알립니다. lettre(billet) de *faire~* (결혼·탄생·사망 따위의)통지서(청첩장) (faire-part).

ne pas donner(jeter) sa~ aux chats(aux chiens) 〖구어〗고양이(개)에게 몫을 안주다; 억척스럽다.

nulle~ 어디에도(…에서는). A cause de la tempête, l'avion n'atterrirait nulle~. 폭풍우로 비행기는 어디에도 착륙하지 못한 것이다.

pour ma(ta...)~ …나로(…)서는.

prendre... en bonne(mauvaise)~ …을 좋게(나쁘게) 해석하다.

prendre~ à qc …에 참가(협력)하다. *prendre~ à une manifestation* 데모에 참가하다. ⓑ(남의 감정을)나눠갖다, 함께 느끼다.

quelque~ ⇨quelque part.

part³ *n.m.* ① 〖법〗신생아, 영아. confusion de ~ (재혼금지 기간을 지키지 않아서 발생하는)아이의 부친 불명화. suppression de ~ 출생인멸. substitution de ~ 신생아의 바꿈. supposition de ~ 출산위증. ② 〖예〗출산, 분(동물로서의 parturition).

*:**partage** [parta:ʒ] *n.m.* ① 나누기, 분배; 〖법〗(재산의)분할. ~ d'une fortune entre les frères 형제간의 재산분배. ~ des bénéfices 이익분배. ~ équitable 공정한 분배. ~ d'ascendant 존속재산분배. ~ amiable 합의에 의한 분할. testament ~ 유언분할. ② (투표·의견 따위의)분열. ~ des voix 표가 동수로 갈라짐. ~ d'opinions (재판의 판결에서)어떤 의견도 과반수를 얻지 못함. En cas de ~ [S'il y a ~], le vote du président est prépondérant. 동수표인 경우에는 의장의 표가 결정권을 행사한다. ③ (문어)분몫, 주어진 운명. Le malheur est son ~. 불행은 그의 숙명이다. ④ (예)상속의 몫. ⑤ ⓐ 〖수학〗~ proportionnel 비례배분; ~ en moyenne et extrême raison 내분과 외분. ⓑ coefficient de ~ 〖화학〗분배계수. ⓒ ligne de ~ des eaux 〖지리〗분수령.

en~ 몫으로. Le terrain m'est échu en ~. 토지는 내 몫이 되었다. ⓑ 천부으로, 천부적으로. Il a reçu *en~* un talent pour la peinture. 그는 천부적으로 그림에 재능을 타고났다.

sans~ 전면적으로(인), 전적으로(인). fidélité *sans~* 전적인 충성.

partagé(e) [partaʒe] *a.p.* ① (의견 따위가)갈라진. Les avis sont ~s sur ce point. 이 점에 있어서의견이 일치하지 않는다. Tu le crois coupable?—Je suis ~. 그가 유죄라고 생각하니? 그런 것 같기도 하고 아닌 것 같기도 해. ② 공유된. amitié ~e 서로 주고받는 우정. opinion généralement ~e 모두의 의견. ③ être bien(mal) ~ 천부적으로 혜택을 받고 있다(받고 있지 못하다).

partageable [partaʒabl] *a* ① 분할할 수 있는. frais ~s 서로 나누어 부담할 수 있는 비용. ② 공유할 수 있는. opinion ~ 찬동할 수 있는 의견.

partageant(e) [partaʒɑ̃, ɑ̃:t] *n.* 분배(배당)에 참여하는 사람; 〖법〗유산 상속인(héritier).

:**partager** [partaʒe] ③ *v.t.* 나누다, 분할하다 (morceler); 분배하다. ~ un domaine par moitié

[en trois] 대지를 반(셋)으로 분할하다[나누다]. ~ les bénéfices avec *qn* …와 이익을 나누다. ~ en frères 사이좋게 나누다. ~ son bien entre ses enfants 재산을 자식들에게 분배하다. (목적보어 없이) Il n'aime pas ~. 그는 혼자 갖고 싶어한다. ② 함께하다, 공유하다. Vous *partagerez* notre repas? 식사를 함께 하시죠. ~ la chambre avec *qn* …와 방을 함께 쓰다(동거하다). ~ la joie de *qn* …의 기쁨을 함께 하다. Je ne *partage* pas vos idées. 당신의 의견에 찬동할 수 없읍니다. ~ la responsabilité de *qc* …의 책임을 함께 지다. ③ (의견·표 따위를)갈라지게 하다, 분열시키다. Cette question *a partagé* la Chambre. 이 문제가 의회내의 의견을 둘로 갈라 놓았다. ④《문어》[~ *qn*(에게) 몫을 주다; 천부(天分)〔은혜〕를 주다. Dieu *l'a bien partagé*. 신은 그에게 특별한 재능을 주었다.
  ― **se** ～ *v.pr.* ① 분할[분배]되다; 나뉘다, 갈라지다. *se* ~ entre divers sentiments 만감이 엇갈리다. ② 서로 나눠갖다, 공유하다. Nous nous *partageons* nos miettes. 함께 노력합시다.

partageur(se¹**)** [paʀtaʒœːʀ, -ʃːz] *a.* (손·마음이)후한.
partageux(se²**)** [paʀtaʒø, -ʃːz] *n.* 《옛》(부(富)의)평등배분론자. ― *a.* 《구어》(손·마음이)후한, 너그러운.
partance [paʀtɑ̃ːs] *n.f.* ① [en ~ (pour)](로 향해서)출발[출범]하려는, 출발직전의 기차. avion(yoyageurs) en ~ pour Séoul 서울행 비행기[여객]. ② 《옛》출발[출범](의 시각).
partant¹**(e)** [paʀtɑ̃, -ɑ̃ːt] *n.* ① 출발하는 사람. (↔ arrivant) ② (레이스에 선)경주자; 경주마; (상 따위의)후보자. liste des ~s 출마표(出馬表).
  ― *a.* ① 출마하는. ② 《구어》[~ pour](하기)있는(disposé à). Il est toujours ~ *pour* un bon queuleton. 그는 잘 먹는 데라면 언제든지 갈 생각이다.
partant² [paʀtɑ̃] *conj.* 《옛·문어》 따라서, (그렇기)때문에(par conséquent, donc). Plus d'amour, ~ plus de joie. 사랑이 없어졌으니 기쁨도 사라진다(La Fontaine의 *Fables* VII 1).
partenaire [paʀtənɛːʀ] *n.* ① (경기·댄스·일 따위의)파트너, 짝, 편. choisir son ~ à la danse 댄스의 파트너를 고르다. ② (육체관계의)상대. ③ (무역의)상대국. ④ ~s sociaux 노사대표(노동조합과 고용자측의 대표).
parterre [paʀtɛːʀ] *n.m.* ① 화단. ~ de roses 장미화단. ②《연극》일층 뒷자리(의 손님)=théâtre 그림). (17·18세기의)일층 입석(의 손님) 《옛》연극관람료. ③《구어》(타일)바닥, (옛)지면. ④《임업》《숲의》벌채구역.
parthe [paʀt] *a.* 【고대지리】 파르티(*Parthie*, 카스피 해의 동남방에 있었던 나라)의.
  ― **P―** *n.* 파르티 사람. lancer[décocher] la flèche du P― (이야기나 싸움을 끝내면서)짓궂은 말을 던지다(도망가는 척하다가 적에게 화살을 쏜 파르티 기병의 고사에서).
  ― *n.m.* 파르티아어(語)(이란어족의 하나).
parthénocarpie [paʀtenɔkaʀpi] *n.f.* 【식물】단성결실(單性結實)(자방만 발달해서 무종자의 과실을 맺는 현상).
parthénogenèse [paʀtenɔʒənɛːz] *n.f.* 【생물】단성(單性) 생식(개체가 생식 중에서 수정하지 않고 태어나는[열매를 맺는] 것).
parthénogénétique [paʀtenɔʒenetik] *a.* 【생물】단성 생식의(에 의한).
parthique [paʀtik] *a.* 파르티아(*Parthe*)(사람)의.
***parti**¹ [paʀti] *n.m.* ① 당, 당파; 집단, 도당. ~ poli-

tique 정당. ~ démocrate 민주당. ~ travailliste[communiste] 노동당[공산당]. ~ de droite(de gauche) 우익[좌익] 정당. adhérent d'un ~ 당원. esprit de ~ 당파심. être du même ~ 같은 진영에 속해 있다, 의견을 같이 함.
② 해결책, 방책; 결심, 각오(résolution). hésiter entre deux ~s 두 방책 중에서 어느 것을 택할까 망설이다. C'est le meilleur ~. 그것이 최선의 해결책이다. prendre (un) ~ 방침을 정하다, 태도를 결정하다. Mon ~ est pris. 나의 생각[태도]은 정해졌다.
③ (사회적인 지위나 집안으로 가름하는)결혼상대. Elle cherche un riche ~. 그녀는 돈많은 결혼상대를 구한다.
④《군사》분견대(détachement).
⑤《미술》(작품의)전체구상.
⑥《옛》급료; 직업. prendre[embrasser] ~ des armes[du barreau] 군인[변호사]이 되다.
faire un mauvais ~ à *qn* …을 못살게 굴다, 학대하다(malmener).
~ - pris (~ pris) 《成》 선입관, 편견. *~ pris* de racisme 인종차별의 편견. juger sans ~ *pris* 선입관 없이 판단하다. être de ~ *pris* 사고방식이 편파적이다, 불공평하다. de ~ *pris* 단호하게. ⓑ《문어》단호한 결심, 결의.
prendre le ~ de + *inf.* …할 결심을 하다. *J'ai pris le ~ de* la quitter. 나는 그녀와 헤어질 결심을 했다.
prendre le ~ de *qc* …의 편을 들다(prendre ~ pour). Il *prend le ~ des* opprimés. 그는 피압박자의 편을 든다.
prendre ~ pour[contre] *qn* …의 편[적]이 되다.
prendre son ~ de *qc* ; **en prendre son ~** …을 피할 수 없는 것으로 받아도이다, 감수하다.
se ranger du ~ de *qn* …에 가세하다, 편들다.
tirer ~ de …을 이용하다. Il sait *tirer ~* le meilleur ~ possible *de* son talent. 그는 자신의 재능을 최대한으로 활용할 줄 안다.

parti²**(e')** [paʀti] *n.m.* (여성형은 때로 partite[partit]). *a.p.* ① 출발한, 시동된. ② 없는, 보이지 않게 된. ③《구어》얼큰하게 취한(ivre). ④《문장》(방패 모양의)가로로 갈라진.
partiaire [paʀsjɛːʀ] *a.* colon ― 【법】소작농.
partial(ale, pl. aux) [paʀsjal, -o] *a.* 불공평한, 편파적이다.
partialement [paʀsjalmɑ̃] *ad.* 《문어》불공평하게.
partialiste [paʀsjalist] *n.* 《드물게》불공평한 사람.
partialité [paʀsjalite] *n.f.* 편파성, 불공평, 편견.
participant(e) [paʀtisipɑ̃, -ɑ̃ːt] *n.* 참가자, 가입자; 가담자; 협력자; (몫을)받는 사람. liste des ~s à un concours 콩쿠르 참가자 일람표. ― *a.* 참가하는; 협력하는. pays ~s à une conférence au sommet 선진국 수뇌사회의 참가국들.
participatif(ve) [paʀtisipatif, -iːv] *a.* (종업원의)경영 참여에 의한, (회원의)운영 참가에 의한.
participation [paʀtisipasjɔ̃] *n.f.* ① 참가, 관여; 협력(concours); 가담(complicité); 출자분담(contribution). ~ à une compétition 경기 참가. ~ à un complot 음모에의 가담. payer sa ~ 자기의 부담금[참가로]을 치루다. ② (이익배분 따위에)한 몫끼기. ~ aux bénéfices 이익분배; (노사간의)이익분배제. ~ aux frais 비용의 분담. ~ aux acquêts 【법】(결혼 후의)취득재산의 분배제. société en ~ 특수조합(가입자가 이익해서 이익배분을 결정하되 경영은 한사람이 하는 비공식 회사). ③【철학】공유, 분유(分有)(개개의 사물이 이데아(idéa)를 공유한다는 플라톤의 설). ④【경

participationniste [partisipasjonist] *n.* 〖정치〗(야당의)정부참여주의자; 〖경제〗(노동자의)경영참여주의. —*a.* 〖정치·경제〗참여주의의.

participe [partisip] 〖언어〗*n.m.* 분사. ~ présent [passé] 현재[과거]분사. —*a.* 분사의(participial). proposition ~ (absolue) 〖절대〗분사절.

*****participer** [partisipe] *v.t.ind.* ① [~ à] …에 참가하다, 관여하다; 협력하다. ~ à la grève 파업에 참가하다. ~ à la réalisation d'un projet 계획의 실현에 협력하다. ② [~ à] (분배 따위에)한몫끼다; (비용·손해에)분담하다; (남의 감정을)함께 하다. ~ aux bénéfices 이익분배에 참여하다. ~ aux frais 비용을 분담하다. ~ à la joie [au chagrin] de qn …의 기쁨[슬픔]을 함께 하다. ③〖문어〗[~ de] …의 성질을 띠고 있다, 특징을 갖다. Le génie *participe* de la folie. 천재란 얼마간 광기를 띠고 있다. ④〖철학〗공유[분유]하다 ⇔participation③.

participial(**ale**, *pl.* **aux**) [partisipjal, -o] 〖언어〗*a.* 분사의. —*n.f.* 분사절(proposition ~*ale*).

particulaire [partikylɛːr] *a.* 〖물리〗입자상(粒子狀)의.

particularisation [partikylarizasjɔ̃] *n.f.* 특수화.

particulariser [partikylarize] *v.t.* ① 다른 것과 구별짓다, 특징짓다(différencier). ~ une proposition générale 일반적 명제를 특수화하다. ~ une affaire 〖법〗(많은)관련사건 중에서 한 사건을 분리심의하다. ②〖옛〗상술하다. —**se** ~ *v.pr.* 눈에 띄다, 남의 눈을 끌다, 별난 짓을 하다. chercher à *se*~ 남의 눈을 끌려고 하다.

particularisme [partikylarism] *n.m.* ① 자주독립주의, 자치독립의; 지방의 고수. ~ provincial 지방자치주의. ②〖신학〗특정주의(特定主義), 특수신총설(神寵說) (예수는 선택받은 사람들만의 구제를 위해 죽었다는 설). ③개인적 이익. Le ~ l'emporte parfois sur l'intérêt général. 개인의 이익이 때로는 전체의 이익에 우선한다.

particulariste [partikylarist] *a.* 자주독립주의의, 자치주의의; 〖신학〗특정주의의, 특수신총설의. —*n.* 자치주의자; 〖신학〗특정주의자.

particularité [partikylarite] *n.f.* ①특수성; 독자성, 특색, 특성(↔généralité). ~s d'une région 지방의 특색. [la ~ de + *inf.*] Cette montre a la *~* d'indiquer les jours. 이 시계는 날짜를 표시하는 특색이 있다. ②〖옛〗특수 사정.

particule [partikyl] *n.f.* ①미립자; 〖물리〗입자. ~ élémentaire 소립자(小粒子). ②〖언어〗소사(小辭) (접사·전치사·접속사 따위 불변화어). ~ préverbale 동사전치(前置) 소사(동사 앞에 놓이는 목적보어인칭대명사 en, y 따위). ③〖생물〗세포기관.

particule(**e**) [partikyle] *a.* 이름에 소사(프랑스어의 de, 독일어의 von 따위)가 붙은. —*n.* 이름에 소사를 가진 사람.

‡particulier(**ère**) [partikylje, -ɛːr] *a.* ①독특한, 독자적인, 특징이 있는. style ~ 독특한 양식(스타일). ②[~ à](에)특유의; 고유한. habitude qui lui est ~*ère* 그의 특유한 버릇. symptôme ~ au cancer 암 특유의 증상. ③특별한, 두드러진; 유별난, 색다른; 비정상적인. aspects ~s du problème 문제의 두드러진 양상. écouter avec une ~*ère* attention 각별히 주의깊게 듣다. C'est un peu ~. 좀 유별나다. mœurs ~*ères* 동성애. ami ~ 동성애의 상대. ④개인적인, 사적인. secrétaire ~ 개인비서. leçon ~*ère* 개인교수. entretien ~ 내적인 이야기. à titre ~ 개인자격으로. avoir un entretien ~ avec qn …와 단독 대담하다. ⑤개개의, 개별적

인. examiner tous les cas ~s 개개의 경우를 모두 검토하다. ⑥〖논리〗특칭의. proposition ~*ère* 특칭명제. ⑦〖법〗부분적인. legs ~ 특정유증(特定遺贈).
—*n.m.* ①특수성. passer du général au ~ 일반성에서 특수성으로 옮기다. ②〖옛〗사생활.
en ~ ⓐ특히. Il est très doué, *en* ~ pour la musique. 그는 재능이 풍부한데 특히 음악에 재주가 있다. ⓑ개별적으로(à part). examiner une question *en* ~ 문제를 개별적으로[전체에서 떼어서] 검토하다. ⓒ개인적으로, 마주 보고(en privé). parler à qn *en* ~ …에게 직접대면으로 이야기하다.
—*n.m.* ①(공인에 대해서)사인(私人), 일개인. en simple ~ 단순한 개인으로서. ②〖구어〗(가끔 경멸)녀석, 놈. un drôle de ~ 묘한 녀석.

*****particulièrement** [partikyljɛrmɑ̃] *ad.* ①특히; 유별나게. J'aime bien la musique, ~ les sonates de Chopin. 나는 음악을 무척 좋아하는데, 특히 쇼팽의 소나타를 좋아한다. hiver ~ froid 유별나게 추운 겨울. ②(부정문에서)별로. Ce film t'a plu? ― Pas ~. 이 영화가 마음에 들었냐? 별로. ③개인적으로, 친히. Je ne le connais pas ~. 나는 그를 개인적으로 알지 못한다.

partie[1] [parti] *a.f.* ⇔**parti**[2].

‡partie[2] *n.f.* ①일부, 부분(portion). diviser qc en deux ~s …을 둘로 나누다. passer une ~ de ses vacances à… …에서 휴가의 일부를 보내다. la première ~ du match 시합의 전반부. la ~ supérieure (inférieure) 〖신체의〗상〔하〕반신; 상〔하〕부. ~s d'une machine 기계의 부품. tout ou ~ 전부 또는 일부. les cinq ~s du monde 5대주. ~s naturelles (sexuelles, honteuses) 음부, 국부(《속어》에서는 parties 만 씀). ~s nobles 급소(심장·뇌·폐 따위).
②(일 따위의)전문(분야) (spécialité); 직업(profession). Dans quelle ~ êtes-vous? 어떤 일을 하십니까? C'est ma ~. 그것은 내 전문(분야)이다.
③승부, 시합, 경기. faire une ~ d'échecs 장기를 두다. J'ai fait trois ~s de tennis. 나는 테니스를 3 게임 했다. gagner [perdre] la ~ 시합에 이기다〔지다〕. La ~ n'est pas égale. (실력차이가 커서)시합이 되지 않는다. ~ serrée 접전(接戰). ~ nulle 무승부. avoir la ~ belle 시합에서 우위에 서다. avoir ~ gagnée 처음부터 이기고 있다; 성공을 예측하다.
④(몇 사람이 모여서 하는)놀이, 오락; 파티, 모임; 〖옛〗공동계획. ~ de canotage 뱃놀이. ~ de campagne 들놀이, 피크닉. ~ de chasse 사냥, 수렵. ~ de plaisir (소풍·피크닉·연회·무도회 따위의)오락. Ce n'est pas une ~ de plaisir. 〖구어〗(그것은 놀이가 아니다)→ 배우 고달픈 일이다. ~ carrée 남녀 두 쌍의 섹스파티(《속어》partouse). ~ fine (남녀간의)농도짙은 파티.
⑤상대방(편); 〖법〗(계약·소송 따위의)당사자. ~ plaignante 원고, 제소자, 고소인. ~ adverse 상대방, 대립하는 쪽. ~ lésée 피해자. ~ jointe [publique] 공소하는 쪽(《검사를 가리킴》). ~ civile ~ (私人); 〖형사재판상의〗손해배상 청구인. ~ prenante 계약당사자(서명인); 이해관계자. ~s contractantes 계약당사자. ~s belligérantes 교전국. avoir affaire à forte ~ ― 강적을 만나다.
⑥〖음악〗악장; (중창·합창 따위의)성부(聲部) 〖파트〗. chœur à quatre ~s 4부합창.
⑦~s du discours 〖문법〗품사.
⑧〖수학〗~ d'un ensemble 부분집합(sous-ensemble); ~ vide 공집합(ensemble vide); ~ génératrice d'un sous-espace vectoriel 부분벡터

공간의 실수의 정수부.
avoir ~ liée avec *qn* (계획 따위로) …와 굳게 맺어져 있다.
Ce n'est que ~ remise. 그것은 연기되었을 뿐이다, 가까운 시일에 다시 하자.
en ~ 부분적으로. ***en grande***[***majeure***] ***~*** 대부분.
être juge et ~ 자신의 이해가 얽힌 문제를 자신이 결정짓다.
faire ~ de *qc* …의 일부를 이루다, …에 소속되다. ***faire ~ d'un syndicat*** 노동조합에 가입하다.
prendre *qn* ***à ~*** …을 공격[비난]하다.
tenir sa ~ 자신의 역할을 다하다.
partiel(le) [parsjɛl] *a.* ① 일부분의, 부분적인; 불완전한. **paiement ~** 일부 지불, 가불. **élection ~le** (의원의 사직·사망 따위로 결원이 생겼을 경우의) 보궐선거. **éclipse ~le** 【천문】부분식. ② 《수학》**différentielle ~le** 편미분(偏微分); **dividende ~** (나눗셈의)피제수(被除數), 나머지; **produit ~** (무한승적(無限乘積)의)부분적.
—*n.m.* 【물리】부분음(son ~).
partiellement [parsjɛlmɑ̃] *ad.* 부분적으로, 일부분은. **payer ~** 분할지불하다.
partimento(*pl. i*) [partimento, -i] 《이탈리아》 *n.m.* 《음악》화성(和聲) 연습곡, 연습곡.
partinium [partinjɔm] *n.m.* 파티늄《알루미늄·텅스텐·마그네슘의 합금》.
:partir¹ [partiːr] [18] *v.i.* 《조동사는 être》① 출발하다, 외출하다, 출타하다; 떠나가다. À quelle heure *part* cet avion? 이 비행기는 몇시에 출발합니까? Il est encore là? —Non, il est déjà *parti*. 그는 아직 있습니까? 아니요, 벌써 나갔습니다. ~ pour Paris[en France] 파리[프랑스]를 향해서 출발하다 (~ à Paris, ~ en France 따위는 원래 틀린 것으로 간주했으나 지금은 많이 사용됨). ~ pour la chasse 사냥하러 가다. ~ **en vacances** 휴가를 떠나다. [~ + *inf.*] ~ **faire une promenade** 산책하러 가다. ② 《주어는 사물》움직이다, (엔진이)시동하다, 스타트하다; (탈것 따위가)출발하다. **moteur qui *part* difficilement** 시동이 잘 걸리지 않는 엔진. **La voiture ne peut pas ~.** 차가 움직이지 않는다. **faire ~ un paquet** 소포를 보내다. ③ 《주어는 사물》(기운차게) 튀어나가다, 발사되다; 떨어져 나가다(se détacher), 사라지다(disparaître). **Le bouchon *est parti* au plafond.** 마개가 천정으로 튀어올랐다. **Des cris *partaient* de toute part.** 사방에서 외침소리가 터져나왔다. **Le fusil *a*** [*est*] ***parti* tout à coup.** 소총이 갑자기 발사되었다. **faire ~ une mine** 지뢰를 터뜨리다. **Deux boutons de sa veste *sont partis* dans la bagarre.** 난투 중에 그의 웃옷 단추 두 개가 떨어져 나갔다. **Cette tache *part* au lavage.** 이 얼룩은 세탁하고 나면 없어진다. ④ 《주어는 사람·사물》시작하다, 개시되다. **Vous êtes mal *parti*.** 당신은 잘못 시작했소. **L'affaire *part* très bien.** 일의 시작이 아주 좋다. **C'est *parti*!** 《구어》자 시작됐다. [~ pour/à + *inf.*] **Il *est parti* pour faire un long discours.** 그는 긴 연설을 하기 시작했다. ~ **d'un éclat de rire** 웃음을 터뜨리다. ⑤ [~ **de**] (으로부터)나오다; (을)기점으로 하다. **Une grande route *part* du cimetière.** 큰 길이 묘지로부터 뻗어 있다. **le troisième bâtiment en *partant* de la gauche** 왼쪽에서 세 번째 건물. ~ **d'une hypothèse fausse** 잘못된 가설에서 출발하다. **Il ne *part* de rien.** 그는 무일푼으로 시작했다. **Mes vacances *partent* de lundi prochain.** 내 휴가는 내주 월요일부터다. **en *partant* de principe** 이 원리로부터 해서. ⑥ 《완곡한 표현으로》타계하다, 죽다; 사직[퇴직]하다. **On a obligé le président à ~.** 회장을 사임하도록 강요했다.
à ~ de …로(부터). **à ~ du mois prochain** 다음 달부터. **à ~ d'ici** 여기서[지금]부터. **produits chimiques obtenus à ~ du pétrole** 석유로 만든 화학제품.
~ comme des petits pains 《구어》불티나게 팔리다.
partir² *v.t.* 《옛》분할하다《현재는 다음 표현에만 사용》. **avoir maille à ~ avec** *qn* …와 분쟁[말썽]을 일으키다.
partisan(e) [partizɑ̃, -an] *n.* 《여성형은 드뭄》같은 편, 한 편, 당원, (학파·학설의)지지자(adepte, allié). ~ **de la manière forte** 강경론자. ~ **de la réforme orthographique** 철자법 개정론 지지자.
—*n.m.* ① 유격대원, 빨치산(franc-tireur). **guerre de ~s** 게릴라전. ② 《옛》징세 청부인(fermier).
—*a.* ① 《여성형은 가끔 partisante》[~ **de** *qc*/**de +** *inf.*] (에)찬성하는, 지지하는. **Il est ~ de la réforme de l'enseignement.** 그는 교육개혁을 지지한다. **Je suis ~ d'aller chez lui.** 나는 그의 집에 가는 것을 찬성한다. ② 당파싸움에 젖은; 선입관이 있는. **querelles**[**luttes**] **~es** 당쟁[당파싸움].
partita [partita] (*pl.* ~**s** 또는 **partite** [partite]《이탈리아》) *n.f.* 《음악》조곡(組曲), 파르티타.
partiteur [partitœːr] *n.m.* (관개용 수로의) 분수(分水)장치.
partitif(**ve**) [partitif, -iːv] 《언어》*a.* 부분을 나타내는. **article ~** 부분관사. —*n.m.* 부분(관)사.
partition¹ [partisjɔ̃] *n.f.* 《음악》총보(總譜), 악보, 악곡. ~ **d'un opéra** 오페라의 악보. **jouer sans ~** 악보 없이 연주하다.
partition² *n.f.* ① 분할. ~ **de la Corée en 1945**, 1945년의 한국의 분할. ~ **d'un ensemble E** 《수학》집합 E의 분할. ② 《문장》(방패의 직선에 의한)분할. ③ 《컴퓨터》파티션《필요한 부분만 추출해서 처리하기》. ④ 《식물》격벽(隔壁), 격막(隔膜).
partitionner [partisjɔne] *v.t.* 《컴퓨터》파티션하다, (주[主]기억장치를) **=partenaire**.
partner [partnɛːr] 《영》*n.* **=partenaire**.
parton [partɔ̃] *n.m.* 【물리】판톤《특이한 하전입자(荷電粒子)의 하나》.
partousard(e), partouzard(e) [partuzaːr, -ard] *a., n.* 《속어》난교파티를 하는(사람).
partouse, partouze [partuːz] *n.f.* 《속어》《섹스》난교파티.
partouser, partouzer [partuze] *v.i.* 《속어》《섹스》난교파티를 벌이다.
:partout [partu] *ad.* ① 도처에, 어디든지, 사방에. **chercher** *qc* ~ …을 사방에서 찾다. **un peu ~ en Angleterre** 영국의 도처에. 《명사적》**Il souffre de ~.** 그는 온 몸이 아프다. ② 《스포츠》쌍방 동점으로. **trente ~** (테니스에서)더티 올.
de ~ 도처에서(부터). **nouvelles de ~** 각 방면으로부터 오는 뉴스.
en tout et ~ 언제 어디서든지.
~ **où** …인 곳은 어디서나.
parturiente [partyrjɑ̃ːt] *n.f.* 《의학》산부(産婦).
—*a.f.* 출산[해산] 직전의, 아이를 낳는.
parturition [partyrisjɔ̃] *n.f.* 분만, 해산, 《비유적》(사상 따위를)만들어[창출해] 내기. **en ~** 분만 중의; 해산이 임박한.
paru(e) [pary] *a.p.* (책 따위가)나온, 출판된.
parulie [paryli] *n.f.* 《의학》치조 농양(齒槽膿瘍).
parure [paryːr] *n.f.* ① 몸치장, 화장; 의상; 장식.

~ excessive 지나친 몸치장[화장]. ~ de la mariée 신부의상. ② 장신구; 커프스 버튼과 타이핀 세트, ~ de diamants 다이아몬드 악세사리. ③ 여성 내복 세트; 식탁용 냅킨 세트; 시트와 베개 세트. ④ 〖요리〗 부스러기 고기(《정육(parage)에 의해서 생기는 살붙이·가죽·기름 따위》. ~ de graisse (로스트 고기 따위를 싸는)지피(脂皮).

parurerie [paryrri] *n.f.* (부인용)의상장식품 제조[판매]업.

parurier(ère) [paryrje, -ε:r] *n.* 의상장식품 제조[판매]업자, 부인장신구점.

parution [parysjɔ̃] *n.f.* (책 따위의)발행(출판).

*****parvenir** [parvəniːr] 16 (조동사는 être) *v.t.ind.* [~ à] ① (노력해서) …에 도달하다, 이르다 (arriver). ~ à ses fins 목적을 달성하다. ~ à la fortune 재산을 쌓다. ~ à un accord 합의에 이르다. [~ à+ *inf.*] Je *suis parvenu* à le convaincre. 나는 겨우 그를 설득할 수 있었다. ② (자연적인 과정으로) …에 이르다, …이 되다(atteindre). ~ à l'âge adulte 어른이 되다. ③ (주어는 사물) 닿다, 도착하다; (세월이 지나서)경과하다. Sa lettre m'*est parvenue* hier. 그의 편지가 어제 도착했다. Cette nouvelle *est parvenue* jusqu'à nous. 이 소식은 우리에게까지 전해졌다.

── *v.i.* 입신출세하다. faire n'importe quoi pour ~ 출세를 위해서는 무엇이든 하다.

parvenu(e) [parvəny] *a.p.* 출신에(벼락) 출세한(부자가 된). ── *n.* 벼락 출세자(부자). goûts de ~ 벼락부자의 (천박한) 취미.

parvifolié(e) [parvifɔlje] *a.* 〖식물〗 잔 잎이 있는.

parvis [parvi] *n.m.* ① (교회 앞의)광장; (옛) (주랑이나 난간으로 둘러싸인 교회의)앞뜰. ② (옛날 바실리카 성당에서 영세 지원자들이 대기하는)앞 뜰 (atrium). ③ (예루살렘 신전 지성소의)안뜰. ④ 교회의 현관 입구.

‡pas¹ [pa] *n.m.* ① 걸음, 보(步). faire un ~ en avant 한 걸음 앞으로 나아가다(전진하다). avancer (reculer) d'un ~ 한 걸음 앞으로 나아가다(뒤로 물러서다). faire ses premiers ~ (어린애가)아장아장 걷기 시작하다.
② 발소리, 발자국[자국]; 지나간 흔적(자취). J'entends des ~ dans le couloir. 낭하에서 발소리가 들린다. reconnaître le ~ de *qn* 발소리로 …이라고 알다. Elle est arrivée sur mes ~. 그녀는 내 바로 뒤에 왔다. marcher sur les ~ de *qn* …을 따르다; (비유적) …의 흉내를 내다; …을 본받다. retourner(revenir) sur ses ~ 온 곳으로 되돌아가다; 방침(의견)을 뒤집다. On voit des ~ sur la neige. 눈 위에 발자국이 보인다.
③ 보폭(步幅), 한걸음. marcher à grands(à petits) ~ 보폭을 넓게(좁게) 걷다. allonger le ~ 보폭을 넓게 빨리 하다. raccourcir le ~. marcher d'un ~ léger 경쾌한 걸음걸이로 걷다. presser(ralentir) le ~ 보조를 빨리 하다(늦추다). à ~ comptés (mesurés) 신중한 걸음걸이로. au ~ à cadencé 보조를 맞춰서. au ~ gymnastique; au ~ de course (charge) 구보로, au ~ de route(d'ordinaire) 보통 걸음(정보)으로. ~ de valse 왈츠의 스텝. ~ de deux 둘이 하는 무용, 대무(對舞).
④ (진행)단계; (목표로 향하는)한걸음. C'est un grand ~ de fait dans la lutte contre le cancer. 그것은 암에 대한 투쟁에 있어서 커다란 한걸음(더딤돌)이다. Il n'y a que le premier ~ qui coûte; C'est le premier ~ qui coûte. 무슨 일이건 첫걸음[시작]이 힘들다.
⑤ 문지방, 문앞; (옛) (계단의)단. attendre sur le ~ de la porte 문앞에서 기다리다.
⑥ 〖지리〗 (산간의)협로, 언덕; 해협(《현재는 고유명사와 함께 사용》). ~ de Calais 칼레해협 〖도버해협을 말함〗.
⑦ 〖기계〗ⓐ피치(《나사의 1회전으로 나가는 거리》); 나사의 나선. ⓑ (들보에 수직목(垂直木)을 끼우기 위한)홈. ⓒ (비행기·버스 따위의)좌석간의 거리.

à chaque ~ ; *à tous ~* 여기저기에서; 매순간마다. Le malade gémit *à chaque ~*. 환자는 끊임없이 신음하고 있다.

à ~ de …의 걸음걸이로. *à ~ de* géant 급속하게. *à ~ de* loup(de velours) 발소리를 죽이고, 살금살금. *à ~ de* tortue 느릿느릿하게.

au ~ ⓐ평보로, 보통 걸음으로. marcher *au ~* (군대 따위가)평보로 행진하다(매분 125걸음); 맹목적으로 따르다. La voiture roule *au ~*. 자동차가 서행한다. ⓑ mettre *qn* au ~ …에게 보조를 맞추게 하다, 따르게 하다; se mettre *au ~* 보조를 맞추다.

de ce ~ 이 길로, 즉시로, 당장. Je vais au marché *de ce ~*. 나는 이 길로[즉시] 시장에 가겠다.

faire les cent ~ (같은 장소를)왔다갔다 하다, 서성거리다.

faire les premiers ~ 이쪽에서 접근하다(faire les premières avances); 먼저 시작하다(prendre l'initiative). Ils se sont brouillés, mais aucun des deux ne veut *faire les premiers ~*. 그들은 다투었는데 둘 중 누구도 먼저 접근하려 들지 않는다.

faux ~ 헛디딤, 비틀거림; 실패. faire un *faux ~* 비틀거리다, 헛디디다; 과오를 범하다.

marquer le ~ 제자리걸음하다, (진보 따위가)멈추다.

mauvais ~ 난국, 곤란. se tirer(sortir) d'un *mauvais ~* 곤경을 헤쳐나가다.

~ à ~ ⓐ한 걸음 한 걸음, 조금씩, 신중하게. ⓑ 〖컴퓨터〗 단계조작, 싱글스텝 조작.

~ de clerc 실패, 실수, 바보(멍청한) 짓.

prendre le ~ sur qn …에 대해서 우위에 서다, …을 이기다.

(salle des) ~ perdus (역·재판소 따위의)홀.

‡pas² *ad.* (부정)…아니다. ① (ne 와 함께)Je *ne* parle ~. 나는 말하지 않는다. Elle n'aime ~ le lait. 그녀는 우유를 좋아하지 않는다. Il n'a ~ mangé de pain. 그는 빵을 먹지 않았다. Mon père m'a dit de ne ~ regarder la télévision le soir. 아버지는 저녁에 텔레비전을 보지 말라고 하셨다. Je regrette de ne ~ l'avoir[ne l'avoir ~] connue. 나는 그녀와 사귀지 못했던 것을 유감스럽다. [REM] ne pas 의 위치에 의해서 뜻이 바뀌는 수가 있다: Il ne sait *pas* parler. 그는 말할 줄 모른다. Il sait ne *pas* parler. 그는 입을 다물 줄 안다. Ce n'est *pas* absolument vrai. 그것이 절대로 옳은 것은 아니다(틀린 데도 있다). Ce n'est absolument *pas* vrai. 그것은 절대로 옳지 않다(완전히 틀렸다는 뜻).

② (구어) (ne 를 생략하고) Je dors ~. 나는 잠을 자지 않아. C'est ~ mal. 나쁘지 않은데. Pleure ~ ! 울지마! T'as ~ vu mon bouquin? 내 책 못봤니? Ça marche ~. 잘 안돼.

③ (구어) (ne 와 동사를 생략하고) ⓐ (부사(구)를 동반) Tu travailles bien? ─ P~ du tout. 너 공부 잘하니? 천만에. Sont-ils arrivés? ─ P~ encore. 그들이 왔읍니까? 아니, 아직. P~ beaucoup. 많지(는) 않다. Absolument ~. 절대로 아니다(틀린다). P~ tellement. 그 정도는 아니다. ⓑ (주로 부가형용사의 부정으로) Je connais un hôtel ~ cher. 나는 그리 비싸지 않은 호텔을 알고 있다. garçon ~ sérieux 진지하지 못한 아이. ⓒ (부정의문) Tu viendras me voir, ~! 나를 보러 오겠지, 아니야? 《n'est-ce pas의 생략》. ⓓ《감탄·명령》P~ possible! 설마. P~ de chance! 재수 없군. P~ d'histoires! 잔소리 그만.

ⓔ《대립》Il est très riche, moi ~ [~ moi]. 그는 무척 부자이지만 나는 아니다. Toi, tu viens, mais ~ elle. 너는 오지만 그녀는 안돼. C'est mon avis, ~ le sien. 이건 내 의견이지 그의 것은 아니다. Elle vient ou ~? 그녀는 오는 거야 안오는 거야?

ⓕ《non 의 강조》Il est ~ non ~ très intelligent, mais sincère. 그는 별로 똑똑하지는 않지만 사람이 진지하다.

ⓖ《 ~ un(e) 하나(한사람)도 …아니다. P~ une voiture dans le parking. 주차장에는 차가 한 대도 없다. P~ un d'entre nous le sait. 우리들 중 아무도 그것을 모른다.

Ce n'est ~ que + sub. …이라는 게 아니다; …이기 때문이 아니다.

comme ~ un(e)《구어》누구보다도, 무엇보다도. Il est avare *comme ~ un.* 그는 무척 인색하다.

ne... ~ que …뿐이, 단지 …의 부정》.

un ~-grand-chose 하찮은 놈, 쓸모없는 놈.

P.A.S. [peɑɛs] (< *acide para-amino-salicylique*) *n.m.*《의학》파스《결핵 치료》.

pascal¹ [paskal] (*pl.* **-s**) *n.m.*《물리》파스칼《압력의 단위》.

pascal²(*ale, pl. aux*) [paskal, -o] *a.* ① 《기독교의》 부활절(Pâques)의. vacances *-ales* 부활절 휴가. communion *-ale* 부활절 영성체. ② 《유태교의》유월절(踰月節)의. agneau ~ 유월절의 어린 양《유태인이 모세의 율법대로 유월절 때 먹은 어린 양》.

pascalien(*ne*) [paskaljɛ̃, -ɛn] *a.* 파스칼(Pascal, 프랑스의 철학자·수학자)의; 파스칼에 관한. —*n.* 파스칼 연구가.

pas-d'âne [pɑdɑːn] *n.m.*《복수불변》① 《식물》머위《민들레의 일종》(tussilage). ② 《수의》《말의 입을 벌리기 위해 입안에 들어넣는》입 벌리개. ③ 《옛》《검의》날밑《인지를 보호함》. ④ 《건축》《발판의 폭이 넓고 경사가 완만한)계단.

pas-de-géant [pɑdʒeɑ̃] *n.m.*《복수불변》회선탑(回旋塔)《기둥의 꼭대기에서 내리워진 몇 가닥의 밧줄에 매달려 회전하면서 노는 운동기구》.

pas-de-porte [pɑdpɔrt] *n.m.*《복수불변》① 《상인이 영업을 위해 지불하는》권리금, 장소값. ② 가게의 신용《명성》《영업권의 매매에 있어서 특별할증 가격의 대상이 되는 옥호·간판 따위》.

pasigraphie [pazigrafi] *n.f.*《드물게》만국표기법《표의문자 따위에 의한》.

paso doble [pɑsodɔbl] 《에스빠냐》 *n.m.*《복수불변》《음악》파소도블《1·2차 대전에 걸쳐 유행한 템포가 빠른 댄스곡》.

pasquin [paskɛ̃] 《이탈리아》 *n.m.* ① (P~)파스키노《로마에서 발굴된 고대조상(彫像)으로이 조상의 위에는 풍자시가 붙여졌음; 구두수선공 *Pasquino* 의 가게에서 유래》. ② 《옛》풍자문〔시〕; 풍자가. ③ 《옛》《이탈리아 희국에 등장하는 *Pasquino* 와 같은》익살광대, 어릿광대.

pasquinade [paskinad] *n.f.*《문어》풍자, 비꼬기; 《옛》 *Pasquin* 조상에 써붙인 풍자.

pasquiner [paskine] *v.t.*《문어》풍자하다, 비꼬다.

passable [pɑsabl] *a.* ① 그럭저럭, 나쁘지 않은, 보통의. Le vin était ~. 포도주는 그저 마실만했다. ② 《평점이》급제의(의). mention ~ 급제 성적.

passablement [pɑsabləmɑ̃] *ad.* ① 그저 그렇게, 웬만하게. Il a ~ lu. ~ du pain. 그는 피아노를 웬만큼 친다. ② 꽤, 상당히. J'ai ~ voyagé. 나는 꽤 여행을 했다. [~ de] dépenser d'argent 상당한 돈을

쓰다.

passacaille [pɑsakɑːj]《에스빠냐》 *n.f.*《무용·음악》파사칼리아《17세기에 유행한 스페인 기원의 템포가 느린 3박자의 곡》.

passade [pɑsad] *n.f.* ① 일시적인 사랑, 바람기; 변덕; 《한때의》열광. Sa passion ne sera qu'une ~. 그의 정열은 잠시뿐일 것이다. ② 《승마》파사드《말이 같은 장소를 구보로 왕복하기》. ③ 《연극》《상대의 앞을 통해서》무대를 가로지르기. ④《옛》들르기; 《지나는 길에》구호, 원조.

***passage¹** [pɑsɑːʒ] *n.m.* ① 통과, 통행. guetter le ~ de qn …이 지나가는 것을 기다리다. attendre le ~ du facteur 우편배달부가 오기를 기다리다. ~ interdit 통행금지. lieu de ~ 통과지점; 사람의 왕래가 많은 장소. Il y a beaucoup de ~ dans ce quartier. 이 지역은 오가는 사람〔차량〕이 많다.

② 《바다·산맥의》횡단; 항해; 도항〔통행〕로. ~ de l'Atlantique par un voilier 요트에 의한 대서양 횡단. prendre ~ sur un paquebot 여객선을 타다. payer son〔le〕~ 배값〔통행료〕을 지불하다.

③ 이행(移行), 바뀜. ~ de l'enfance à l'adolescence 소년기에서 청년기로의 이행. ~ de la crainte à l'espoir 두려움에서 희망으로의 변화. examen de ~ 진급 시험.

④ 통로, 지나는 길; 샛길(allée); 상점가, 아케이드(galerie). N'encombrez pas le ~. 통로를 막지 마시오. laisser le ~ 길을 내다. barrer le ~ à qn …의 가는 길을 막다. se frayer un ~ 길을 열고 나아가다. ~ souterrain 지하도. ~ clouté 횡단보도. ~ à niveau 평면교차, 건널목. ~ protégée (한 쪽의 통로가 우선권을 갖는)우선통행 교차점. ~ commerçant 상점가.

⑤ 낭하; 낭하의 긴 짧게. couloir garni d'un ~ rouge 붉은 카페트를 깐 낭하.

⑥ 《문학·음악작품의》한 구절(morceau). citer un ~ de Corneille 코르네유의 한 구절을 인용하다. jouer un ~ d'une sonate de Chopin 쇼팽의 소나타의 한 악절을 연주하다.

⑦ 《기술》가공, 처리, 끝마무리; 《야금》압연(壓延). ~ des étoffes à la teinture 천의 염색처리.

⑧ ⓐ 《법》《남의 땅의》통행권(droit de ~). ⓑ 《천문》통과《특히 천체의 금성 또는 수성의 태양면 통과》. ⓒ 《동물》이동; 철새의 한때. ⓓ 《음악》경과구, 파사주. ⓔ ~ de témoin 《스포츠》바톤 터치. ⓕ 《직조》즐實기《날실을 각각의 직조구멍에 통과시키기》. ⓖ 《미술》(2색 또는 명암의)조화, 변하는 상태. ⓗ 《군사》~ des lignes (척후·탈주병 따위의)전선통과; ~ à l'ennemi 적과의 내통〔배반〕. ⓘ ~ à l'acte 《정신의학》행위적 표출. ⓙ 《컴퓨터》《프로그램 따위의》실행. ⓚ 《자동차의》차축의 횡동유간 (橫動遊間)(~ de roue). ⓛ 《마술》파사주《(복죽을 좁게 도약하는 듯한 속보(trot)의 일종》. ⓜ ~ des sangles (말의 복대를 거는)흉부(胸部).

au ~ (de) (…이)통과할 때; 지나는 길에, 도중에. J'ai acheté un livre de poche *au ~*. 나는 지나는 길에 포켓북을 샀다.

de ~ 일시적인, 통과하는. oiseau *de ~* 철새; (비유적) 일시적인 사람.

~ à tabac《구어》《무저항자에 대한》폭력행위.

~ à vide (운전 따위의 일시적인)의식의 공백.

***passager¹**(*ère*) [pɑ(ɑ)saʒe, -ɛːr] *a.* ① 지나는 길인, 통과중의, 잠시 체류하는. hôte ~ 잠시 머무는 손님. oiseau ~ 철새. ② 일시적인, 순간적인, 짧은. La beauté est une fleur *-ère*. 아름다움이란 곧 시드는 꽃에 불과하다. ③ 《구어》통행이 잦은

(fréquenté). rue ~ère 번잡한 거리. coin peu ~ (사람이 잘 다니지 않는)한적한 곳.
— n. ① (배·비행기 따위의)승객(기차승객은 일반적으로 voyageur). équipage et ~s 승무원과 승객. ~ clandestin 밀항자. ② 〖옛·시〗여행자.

passager² [pa(a)saʒe] [3] v.t., v.i. 〖승마〗 =passéger.

passagèrement [p(a)saʒɛrmɑ̃] ad. 잠시, 일시적으로. Je ne suis ici que ~. 나는 여기 잠시만 있는 겁니다.

passageur [pa(a)saʒœ:r] n.m. 뱃사공.

*__passant(e)__ [pasɑ̃, -ɑ̃:t] a. ① 왕래(통행)가 잦은. avenue ~e 교통량이 많은 대로. ② 〖문장〗(동물이)걷는 자세의. — n.m. 통행자, 보행자. ~ en métal (혁대의 끝을 통해서 채우는 가죽 또는 금속의)고리.

passation [pa(a)sasjɔ̃] n.f. ① (계약의)체결, 조인; (문서의)작성. ~ d'un contrat 계약의 조인. ② ~ des pouvoirs 전관[권리]의 이양(특히 장관의 인계시). ③ ~ d'écriture 장부에의 기재.

passavant [pa(a)savɑ̃] n.m. ① 〖해양〗상설통로 (뱅커의 갑판실 사이를 연결하는 금속성 트랩). ② 〖상법〗(이미 과세된 상품의)운송허가증. ③ (중세의 요새 공략용의)선회탑.

passe¹ [pɑ:s] n.f. ① (통과〗(천체 따위의)도래; 사냥감이 지나는 장소, 사냥목. mot de ~ (통행시에 말하는)암호. saison de la ~ des oies sauvages 기러기가 통과하는 계절. ② 〖해양〗(통행 가능한 좁은 수로, 항로, 도랑. (도랑·기둥에의)빗줄감기. ③ 〖스포츠〗(볼의)패스 (〖펜싱〗의)찌르기 (~ d'armes 칼의 응수; 서로 치기; 〖비유적〗날카로운 말의 응수; 불꽃튀는 싸움. ④ (투우에서의)피키기, 파세 (muleta), 케이프 (cape) 따위로 소를 희롱하기) (마술사의)기술, 트릭; (최면술사의)손놀림 (~ magnétique). ⑤ 〖놀이〗@ (룰렛에서의)패스, 후반(19에서 36까지의 부분). ⓑ (1회 마다의)내기돈. ⓒ ~ anglaise 주사위 놀이의 일종. @ (〖벨멜 구기〗(mail) 따위에서 공을 통하게 하는)반원형의 쇠굴레. @ (매춘부 따위와의)단시간의 성교, 숏타임. maison [hôtel] de ~ 갈보집, 러브호텔. ⑦〖옛〗통행허가증, 무료 입장권 [부품의 사용). ⑧@ 〖기술〗(부품의)1회 처리, 끝마무리, 패스; (금속의)압연공정. ⓑ 〖인쇄〗(인쇄매량의 보충을 위한)여분쇄, 증쇄 (main de ~). livre de ~ 증쇄본. ⓒ 〖상식적〗결. @ 〖의복〗(여성용의)모자 챙. ⓔ 〖회계〗~ de caisse 출납예비금.

être dans une bonne [mauvaise] ~ 순조로운〔순조롭지 않은〕상황에 있다. être en ~ 〖옛〗(내기에서)승세에 있다. être en ~ de + inf. …할 가망이 있다; …하려고 하다. Il est en ~ de faire fortune. 그는 출세할 가망이 있다.

passe² (< passe-partout) n.m. 마스터 키.

*__passé(e¹)__ [pɑse] a.p. ① 과거의, 지나간. temps ~ 과거. événements ~s 과거사. ② (시간·연령 따위가)지난. Il est dix heures ~es. 열시가 지났다. Elle a quarante ans ~s. 그녀는 40이 넘었다. ③ 색바랜; 전성기가 지난. couleur ~e 바랜 색. orange ~ 너무 익은 오렌지. ④ 〖언어〗과거의. participe ~ 과거분사.

— n.m. ① 과거, 옛날; 과거의 일〔생활〕. remonter le ~ 과거를 되돌아 보다. avoir le culte du ~ 과거를 숭배하다; 보수적〔반동적〕이다. Tout ça, c'est du ~. 그건 모두 지난 이야기이다. se pencher sur son ~ 자신의 과거의 회상에 잠기다. [dans le~] Dans le ~, les femmes n'avaient pas le droit de vote. 과거에는 여자들은 선거권이 없었다. ② 〖언어〗과거(시제). ~ composé 복합과거. ~ simple 단순과거.

par le ~ 옛날, 이전(에). Elle est plus heureuse que par le ~. 그녀는 옛날보다 더 행복하다.

— prép. ① (시간을) …을 지나서 (après). Je l'ai attendu jusqu'à ~ midi. 나는 그를 정오가 지나도록 기다렸다. ② 〖공간적〗…을 지나서. P~ la gare, vous tournerez à gauche. 역을 지나서 왼쪽으로 도시오.

passe-balle [pasbal] n.m. 〖옛〗탄환구경검사기.

passe-bande [pɑsbɑ̃:d] a. (불변) filtre ~ 〖무전〗(어느 주파수만을 가려내는)주파수대(周波數帶) 필터〔여과기〕.

passe-bas [pɑsbɑ] a. (불변) filtre ~ 〖무전〗저역(低域)필터.

passe-bouillon [pɑsbujɔ̃] n.m. 〖복수불변〗수프 거르는 기구.

passe-boule(s) [pɑsbul] n.m. 〖복수불변〗공던지기 놀이(괴상한 인형 얼굴의 입속으로 공을 던지기). avoir une bouche en ~ 입을 크게 벌리다.

passe-carreau [pɑskaro] (pl. ~~x) n.m. (재봉사가 다림질할 때의)소매받침대.

passe-cheval (pl. ~-aux) [pɑsfəval, -o] n.m. 말을 싣는 나룻배.

passe-corde [pɑskɔrd] n.m. (바늘귀가 있는)송곳.

passe-cordon [pɑskɔrdɔ̃] n.m. = passe-lacet.

passe-coude [pɑskud] n.m. (팔꿈치까지 올라오는) 긴 장갑.

passe-crassane [pɑskrasan] (pl. ~~(s)) n.f. 겨울배의 일종.

passe-debout [pɑsdəbu] n.m. 〖복수불변〗〖옛〗(상품의)통과허가증(24시간 이내에 통과하는 상품에 주는 입세(入市稅)면세 통행증).

passe-déversoir [pɑsdeverswaːr] (pl. ~~s) n.m. (댐 따위의)여분의 물 토수구.

passe-dix [pɑsdis] n.m. 〖복수불변〗주사위 셋을 써서 하는 놀이.

passe-droit [pɑsdrwa] n.m. ① (원칙적인)특혜, 특권(privilège); 불공평. bénéficier d'un ~ 경력이 위인 남을 제치고 승진하다. faire un ~ à qn …보다 자격이 모자란 자를 먼저 승진시키다. ②〖옛〗권리가 없는 자에게 준 특권.

passée² [pɑse] n.f. 〖사냥〗① (도요새 따위가 해질 녘에 숲을 나와)들판으로 날아오다. heure de la ~ (도요새 따위의)들판으로 날아오는 시각. ② 짐승의 발자국. ~s d'un cerf 사슴의 발자국.

passefilage [pɑsfilaʒ] n.m. 꿰매어 깁기, 짜깁기.

passefiler [pɑsfile] v.t. (양말·손수건 따위를)꿰매어 깁다, 짜깁기하다.

passefilure [pɑsfilyːr] n.f. 짜깁기를 한 곳.

passe-fleur [pɑsflœːr] n.f. 〖식물〗서양할미꽃; 우단동자꽃.

passège [pɑseːʒ] n.m. 〖승마〗비스듬히 옆걸음치기 (passage).

passéger [pɑseʒe] [3-6] 〖승마〗 v.t. (말을)비스듬히 옆걸음치게 하다. — v.i. (말이)비스듬히 옆걸음치며 가다.

passe-haut(e) [pɑsˈo, -oːt] a. filtre ~ 〖무전〗고역(高域)필터.

passéisme [pɑseism] n.m. 〖경멸〗회고[복고]주의.

passéiste [pɑseist] a. 회고〔복고〕주의의. — n. 회고〔복고〕주의자.

passe-lacet [pɑslasɛ] (pl. ~~s) n.m. 송곳바늘. être raide comme un ~ 〖속어〗한 푼도 없다. 「구.

passe-lait [pɑslɛ] (pl. ~~s) n.m. 우유 거르는 기

passement [pɑsmɑ̃] n.m. 금실·은실·비단실을 섞어 짠 장식용 직물; (옷이나 의자 따위에 꿰매는 금실·은실·명주실 따위의)장식끈.

passementer [pɑ(ɑ)sm̃ɑte] *v.t.* (의복이나 의자의 가장자리에)장식끈을 꿰매다.
passementerie [pɑ(ɑ)sm̃ɑtri] *n.f.* 장식끈 제품; 트리밍용 장식류; 장식끈제조(판매)업.
passementier(ère) [pɑ(ɑ)sm̃ɑtje, -ɛːr] *n.* 장식끈 제조(판매)자. —*a.* 장식끈 제조(판매)의.
passe-montagne [pɑsmɔ̃taɲ] (*pl.* ~-~(s)) *n.m.* 방한모의 일종.
passe-parole [pɑspɑrɔl] *n.m.* 《복수불변》【군사】 암령(暗令)《종대의 선두에서 후미까지 입에서 입으로 전달되는 명령》.
passe-partout [pɑspɑrtu] *n.m.* 《복수불변》 ① (모든 종류의 자물쇠에 맞는)만능열쇠, 곁쇠; (같은 자물쇠에 맞는 같은 형의)여벌열쇠; 모든 경우에 쓰일 수 있는 것. L'argent est un bon ~. 돈으로 안 되는 일은 없다. ② (벌목용)두 사람이 맞잡는 톱; 돌을 켜는 톱; (도림질용의)실톱. ③ 바꿔끼울 수 있는 액자. —*a.* (《불변》① 어떤 경우에도 적합한. tenue ~ 어떤 경우에든지 입을 수 있는 옷. film ~ 누구에게나 맞는 영화. ② 규격화된, 표준화된(standardisé). ouvriers ~ 표준형의 노동자.
passe-passe [pɑspɑːs] *n.m.* 《복수불변》《속어》속임수, 협잡. tour de ~ 요술.
passe-pied [pɑspje] (*pl.* ~-~s) *n.m.* (17세기 파리에서 유행한)브르타뉴풍의 댄스(곡).
passe-pierre [pɑspjɛːr] (*pl.* ~-~s) *n.f.* 【식물】=perce-pierre.
passe-plat [pɑsplɑ] (*pl.* ~-~s) *n.m.* (주방과 식당 사이의)요리접시창구.
passe(-)poil [pɑspwɑl] *n.m.* (의복의)선, 선두름.
passepoiler [pɑspwɑle] *v.t.* (옷을)선두르다.
***passeport** [pɑspɔːr] *n.m.* ① 여권, 패스포트. fabrication de faux ~s 여권위조. délivrer un ~ 여권을 교부하다. demander ses ~s (대사가 주재국과의 외교관계를 끊기 위해)퇴거를 신청하다. ② 【해양】 선박통행허가증.
L'or est un ~ universel. 《속담》황금은 만능이다.
passe-purée [pɑspyre] *n.m.* 《복수불변》(감자를 가는)강판(presse-purée).
‡**passer** [pɑse] *v.i.* 《조동사는 거의 être, passer pour 의 경우는 avoir》① 지나가다, 지나치다, 통과하다; 이동하다; 지나는 길에 들르다; 가다. Il *est passé* devant la boutique. 그는 가게 앞을 지나갔다. La Seine *passe* à Paris. 센 강은 파리를 통하여 흐른다. ~ sans s'arrêter 거침없이[멈추지 않고] 지나가다 (통행하다). ne faire que ~ 잠시 들르다, 오래 머물지 않다; 영속하지 않다. Le facteur vient de ~. 우체부가 막 다녀갔어요. 《비인칭》Il *passe* beaucoup de monde dans cette rue. 이 길은 통행인이 많다.
② (연극·영화 따위가)상연[상영]되다; (라디오·텔레비전에)출연하다. Le film *passe* dans les salles d'exclusivité. 그 영화는 개봉관에서 상영되고 있다. Dimanche prochain, il *passe* à la télévision. 돌아오는 일요일에 나는 텔레비전에 출연한다.
③ (액체 가)여과되다, 걸러지다(filtrer); (속에 든 것이)밖으로 내밀다, 나오다. Le café ne veut pas ~. 커피가 잘 걸러지지 않는다. Son pantalon était déchiré, et la chemise *passait*. 그의 바지는 찢어졌고 와이샤쓰는 밖으로 나와 있었다.
④ (먹은 것이)내려가다, 소화되다(se digérer, descendre). Mon déjeuner ne *passe* pas. 점심 먹은 것이 안 내려간다.
⑤ 통과되다, 가결되다; 승인[인정]되다, 받아들여지다; 합격되다; (돈이)통용되다. La loi *a passé*. 법안이 가결됐다. Cette monnaie ne *passe* pas. 이 돈은 통용되지 않는다. Cette plaisanterie ne *passe* pas. 이런 농담은 너무하다. Il *a passé* à l'examen. 시험에 합격했다. La forme fait ~ le fond. 형식이 좋으면 내용이 돋보인다.
⑥ (시간이)흐르다, 지나다(s'écouler, fuir). Les heures *passent* vite. 시간이 빨리 지나간다.
⑦ (어떤 상태가)없어지다, 가시다, 사라지다 (disparaître). La douleur va ~. 고통은 곧 가라앉을 거야. Cela a fait ~ mon mal de tête. 그 때문에 두통이 나았다. ~ de mode 유행하지 않게 되다. faire ~ à qn l'envie de qc ⋯이 ⋯을 탐내는 것을 그만두게 하다.
⑧ 《사투리》죽다, 숨을 거두다(mourir). Le type *a passé* pendant qu'on l'opérait d'urgence. 그 사람은 응급 수술을 받는 동안 숨을 거두었다.
⑨ (빛깔이)낡다, 바래다, 퇴색하다; (맛이)가다, 변하다. Le bleu *passe* au soleil. 청색은 햇볕에 바랜다. Ce vin *a passé*. 이 포도주는 맛이 변했다.
⑩ [~ par] ⓐ 통과하다; 들르다; 스쳐가다; 겪다; 겪다. ~ *par* Calais pour se rendre en Angleterre 칼레를 거쳐서 영국에 가다. idée qui *passe* à qn) *par* la tête (⋯의)머리를 스치는 생각. Il *est passé par* l'École polytechnique. 그는 공과대학을 거쳐간 사람이다. Je *suis passé par* là. 나도 그런 고생은 겪어 봤어.
⑪ (직접 속사를 붙여) ⓐ (형용사·과거분사와 함께) ⋯인 채 지나버리다. ~ inaperçu 들키지 않고[아무도 모르게] 지나버리다. ⓑ (직업·계급·신분 상태의 명사와 함께) ⋯이 되다, ⋯으로 승진하다, ⋯로 임명되다. Il *est passé* capitaine. 그는 대위가 되었다.
⑫ [~ de… à/dans/en] (에서)(로)가다, 옮겨 가다; 되다, 변하다. ~ *de* l'amour à la haine 사랑에서 미움으로 변하다. nouvelle qui *passe de* bouche *en* bouche 입에서 입으로 옮아가는 소문. ~ *de* vie à trépas 죽다.
⑬ [~ à/dans/en/chez] (으로)넘어가다, 가버리다; 옮겨가다, 옮기다; (이)되다, (이)로)변하다; (을)받다(subir). bien[héritage] qui *passe* à qn ⋯ 에게로 넘어가는 재산(유산). ~ *à* l'action 실행에 옮기다. *Passons* à autre chose. 딴 문제로 넘어가자. ~ *au* bleu (색이)파랗게 되다. ~ *aux* aveux (지금까지 묵비권을 행사하던 사람이)자백으로 넘어가다. ~ *à* l'ennemi (자기편을 배반하고)적과 손을 잡다. ~ *à* la visite médicale 진찰을 받다. ~ à la radio X 선 검사를 받다. ~ *au* contrôle 세관의 검사를 받다. Ce mot *est passé dans* l'usage. 이 낱말은 상용어가 됐다. ~ *en* proverbe 격언이 되다. ~ *en* seconde 【자동차】 2단으로 기어를 바꾸다. ~ *en* cour d'assises (법인·사건이)중죄재판소의 심리로 옮기다.
⑭ [~ +*inf.*] (하러) 들르다[건너가다, 넘어가다, 가버리다]. Pourquoi as-tu refusé de ~ me prendre? 왜 날 데리러 오지 않았니?
⑮ ⓐ [~ pour+속사《형용사·과거분사·명사》] (라고)인정받다. Cela peut ~ *pour* vrai. 그것은 사실로 인정받을지도 몰라. Elle s'est fait ~ *pour* une étrangère. 그녀는 외국인으로 행세했다. ⓑ [~ pour+*inf.* (과거)] Il *passa pour* avoir fait une folie. 그는 어리석은 짓을 했다고 소문이 났다.
⑯ (여러 전치사와 함께 통과를 뜻함) ⓐ [~ sous/dessous] (의)아래로 지나다. ~ *sous* un pont 다리 밑을 지나다. ~ *sous* une voiture 차에 깔리다. faire ~ qc sous les yeux de qn ⋯을 ⋯에게 보여주다. ⓑ [~ sur/dessus] (의)위를 지나가다, (을)짓누르고 지나가다, (차 따위가)치다; 간과(묵과)하다; (난관을)극복하다. ~ *sur* un pont 다리 위를

지나가다. Le camion a passé sur lui(lui a passé dessus). 트럭이 그를 치었다. ~ sur les défauts de qc (les fautes de qn) …의 결점(잘못)을 눈감아 주다. ~ sur les difficultés 난관을 극복하다. ~ sur des formalités 형식에 구애받지 않다. (보어 없이) Passons! 그 점은 언급하지 말고 앞으로 나아갑시다! ⓒ [~ à travers/au travers de] 가로지르다; 관통하다, 뚫고지나가다; 면제받다. ~ à travers bois 숲을 가로질러 가다. trait de lumière qui passe à travers un prisme 프리즘을 통과하는 광선. ~ au travers d'une punition 벌을 받지 않게 되다. ⓓ[~ près/à côté/le long de/entre] …곁을[…을 따라서, …사이를] 지나가다. ~ entre deux personnes 두 사람 사이를 빠져나가다. ⓔ[~ devant/derrière] 앞서가다(뒤떠나가다). ~ devant qn pour lui montrer le chemin 앞서서 길을 안내하다. ⓕ[~ avant/après] (시간 및 순서로 보아)앞서다(뒤지다); 더 중요하다(전자의 경우만). Passez donc! Après vous! 먼저 가세요(양보 하는 인사말). Sa mère passe avant sa femme. 그에겐 모친이 아내보다 더 소중하다. ⓖ[~ outre] 멀리 가버리다; (문제) 계속하다; 개의하지 않다, 아랑곳하지 않는다. Je lui fais souvent des observations, mais il passe outre. 그에게 줄곧 잔소리하지만 그는 아랑곳하지 않는다. ⓗ(상황보어 없이) Le col est enneigé, nous ne pourrons pas ~. 고갯길이 눈으로 덮였으니 넘어가지 못해. «Défense de ~» "출입금지." On ne passe pas! 통행금지.
en passant 지나는 길에; 말나온 김에. Je suis venu te voir en passant. 지나는 길에 너를 보러 왔다. (ceci) soit dit en passant 생각(말)이 났으니 말이지만.
en ~ par qc …을 감수하다. en ~ par les exigences de qn …의 요구를 받아들이다. Il a dû en passer par là. 그는 그것을 참을 수밖에 없었다.
Il faut ~ par là ou par la porte. 《구어》 그걸 참고 하든지 아예 포기 하든지 양자택일해야 한다.
Il la fait ~ par où il veut. 그는 그녀를 제 구미대로 행동하게 한다.
Il passe pour certain que... …은 거의 확실시되고 있다.
laisser ~ ⓐ지나가게하다, s'effacer pour laisser ~ qn (계단에서 교차할 때)옆으로 비켜서서 …를 지나가게 하다. (보어 없이) Ecartez-vous, laissez ~! 옆으로 비켜서서 길을 내주세요! fenêtre qui laisse ~ le soleil 빛을 들어오게 하는 창. ⓑ용인(묵인)하다. laisser ~ une action 어떤 행동을 용인하다.
le (la) sentir ~ 《구어》몹시 피로와하다, 혼나다. On lui a ouvert son abcès, il l'a senti ~! 종기를 짰을 때 그는 몹시 괴로했다.
Passe (pour cette fois). (이번만은)그래도 괜찮 (Qu'il revienne demain) **passe encore.** (그가 내일 돌아와주기만 해도)괜찮다.
~ par-dessus …을 뛰어넘다, 극복하다; …에 관심을 기울이지 않다; (법규 따위를)무시하다.
~ plus avant 한술 더 뜨다.
une fois en passant 이따금 한 번씩.
y 겪다, 참고하다. 《구어》죽다. Tout le monde y passe. 누구나 한 번은 겪는 일이야.
—v.t. ① 건너가다, 넘다; 가로지르다, 횡단하다 (traverser); 극복하다, 뛰어넘다(franchir). ~ une rivière 내를 건너다. ~ un pont 다리를 건너다. ~ la frontière 국경을 넘다. ~ un obstacle 장애를 뛰어넘다(극복하다). ~ des marchandises en fraude 물건을 밀수하다.
② (시험을)치르다; (옛)(시험에)붙다; (감정을) 만족시키다(satisfaire). ~ un examen 시험을 치르다. ~ son envie 욕심을 채우다. ~ sa colère sur qn …에게 화풀이하다.
③ (시간을)보내다. ~ ses vacances à la mer 휴가를 바다에서 보내다. ~ le (son) temps à + inf. …하는 데 시간을 보내다. C'est pour ~ le temps. 심심풀이로 하는 일이다. ~ sa vie dans l'oisiveté 취생 몽사의 한평생을 보내다.
④ (차례를)건너뛰다, (잊고)빠뜨리다(oublier, sauter); 생략하다, 줄이다(omettre). ~ un mot en copiant un texte 텍스트를 베끼다 단어 하나를 빠뜨리다. ~ son tour (카드놀이에서)패스하다.
⑤ [~ à qn] (을)용서하다(pardonner); 눈감아 주다, 묵인하다(concéder). enfant gâté à ~ qn ses parents passent tout 무슨 짓을 해도 양친이 묵인하는 응석동이. Passez-moi le mot (l'expression). 례 말씀입니다만… (거북한 말을 쓸 때).
⑥ 넘어서다, 앞지르다(dépasser); 능가하다(surpasser). Quand vous aurez passé la gare. 역을 지나가든. jupon qui passe la jupe 치마 밑으로 내려오는 속치마. ~ les limites 한계를 넘어서다. Cela passe ma capacité. 내 능력으로 안 되는 일이다(이해할 수 없다). ~ qn en beauté (옛·문어)아름다움이 …을 능가하다. Que cela ne nous passe pas. 여기서만의 이야기로 해두자. Il ne passera pas la nuit. 그는 오늘 밤을 넘기지 못할 거야.
⑦ (손·연장 따위를)움직이다, 갖다 대다, 접촉시키다; 끼다. Je lui passai mes bras autour du cou. 나는 양팔로 그녀의 목을 껴안았다. ~ les mains dans les cheveux 손을 머리털에 넣어 쓰다듬다. [~ qc sur qc] Je passe la main sur le dos du cheval. 나는 말의 등을 쓰다듬어 준다. ~ le fer sur du linge 세탁물을 다림질하다. [~ qc/qn à qc/qn] Il passe un couteau à la meule. 그는 외짓돌로 칼을 갈다. ~ des parquets à la cire 마룻바닥을 윤내다. ~ un anneau au doigt 반지를 끼다. ~ les menottes à un prisonnier 죄수에게 수갑을 채우다. ~ qn au fil de l'épée …을 칼로 찌르다. ~ un instrument à la flamme (수술 따위의)기구를 불로 소독하다. ~ une plaie à l'alcool 상처를 알코올로 소독하다.
⑧ 받다, 거르다, 여과하다(filtrer). ~ le café 커피를 퍼컬레이터로 끓이다. ~ qc au crible …을 체에 받다; 세밀하게 검사(검토)하다.
⑨ (영화·라디오·텔레비전·음반 따위를)상연(영·방송)하다(projeter). Je vais vous ~ le film de nos vacances. 우리 휴가 영화를 돌려줄께. ~ un disque 음반을 틀다.
⑩ 【자동차】(속력을)바꾸다; 【상업】(장부에)기록하다(inscrire). ~ ses vitesses 기어를 넣다, 변속하다. ~ la seconde après avoir démarré en première 1 단으로 출발하고 나서 2 단으로 바꾸다. ~ un article en compte [sur le compte] 한 건(件)을 장부에 기입하다.
⑪ 넘겨(건네)주다, 수교(手交)하다(remettre). Passez-moi le sel. 소금을 이리 넘겨주세요. ~ la parole à qn …에게 발언권을 넘겨주다. Passez-moi Monsieur X. 【전화】 X 씨를 바꾸어 주세요. Passons la monnaie! 《구어》거스른 돈을 주세요. ~ un message à qn …에게 전언(傳言)을 전하다. ~ un coup de fil à qn …에게 전화를 걸다. ~ une maladie à qn 병을 …에게 옮기다.
⑫ 【법】(계약·조약 따위를)맺다, 체결하다(conclure); 【상업】(주문서를)보내다. ~ un accord 협정을 맺다. ~ une commande 주문하다. ~ condamnation 【법】유죄라고 인정하다.
⑬ 통과시키다, 건너게하다(faire passer). Le bateau m'a passé à l'autre rive. 배가 나를 대안(對岸)

에 건네주었다. ~ des marchandises en transit (창고에 있는)운송상품을 인도하다. ~ un faux billet 위조지폐를 쓰다.
Cela me passe. 《속어》나는 이해 못하겠군.
Je vous passe cela. 그건 눈감아 주겠소.
~ *écriture de* 《상업》…을 장부에 옮겨쓰다.
~ *la porte* (어떤 장소나 직위에)떠나다.
~ *la rampe* (연극·연기가)관객의 인기를 모으다.
~ *l'éponge sur une faute* 잘못을 탓하지 않고 없었던 것으로 돌리다.
~ *mal son temps* 혼이 나다.
~ *une jambe à qn* 《구어》…에게 다리를 걸다.
Passez votre chemin. 《예·문어》꺼져, 상관마시오.
Qu'est-ce qu'il lui a passé! 《구어》그는 그이를 얼마나 꾸짖었는지 몰라!
── *se* ~ *v.pr.* ① (se 는 직접목적보어) (시간이)지나다, 경과하다; (피로움·폭풍·유행 따위가)사라지다, 가시다, 없어지다(disparaître, cesser); (꽃따위가)시들다, 퇴색하다, 바래다. L'action se passe en un seul jour. 이 행동은 하루만에 끝난다. (비인칭) Il ne se passe pas d'année que ne+sub. …하지 않는 해는 없다. L'orage *s'est passé*. 폭풍우는 지나갔다. Cette mode *se passera*. 이 유행은 곧 사라질 것이다. Ce vin *se passera*. 포도주는 곧 맛이 갈 것이다. Son mal de gorge *se passera* bientôt. 그의 인후병은 곧 나을 거다.
② (se 는 직접목적보어) (일·사건 따위가)일어나다, 이루어지다(arriver, se produire); 행해지다(dérouler). L'histoire *se passe* à Paris. 그 이야기는 파리가 무대이다. Comment la chose *s'est-ille passée*? 그 일은 어떻게 되었니?(잘됐니?) Cela *s'est bien passé*. 일은 잘 됐어. ce qui *se passe* en qn …이 마음 속으로 생각하고 있는 일, …의 속마음. (비인칭) Que *se passe-t-il*; Qu'est-ce qu'il *se passe*? 무슨 일이야? 어떻게 됐니? (비인칭) Il ne *se passe* rien. 아무 일도 없어. Il *s'en passe* de belles quand je ne suis pas là. 내가 없으면 난장판이야.
③(재귀적) 자기에게 허용하다. *se* ~ *la fantaisie de*+*inf.* …하는 일시적 기분을 자기에게 허용하다, 일시적 기분으로 …하다.
④(상호적) 서로 주다하다; 서로 전하다. Les époux doivent *se* ~ bien des choses. 부부란 많은 것을 서로 용서하지 않으면 안된다. Ils *se sont passé* le mot. 그들은 서로 공호했다.
⑤(se 는 직접목적보어)[se ~ de](없이)해나가다(꾸려나가다), (없이)지나나다(견디다); 습관·필요로 하지 않다, (에)불필요하다, (에)으로 만족하다, (만으로)참다(se contenter de). *se* ~ *d'argent* 돈없이 꾸려가다. Je ne peux *me* ~ d'elle. 나는 그녀없이는 지낼 수 없다. Voilà qui *se passe de commentaire*. 이거야말로 설명할 필요조차 없이 뻔하군! (특히 비난하는 것은) *se*+*inf.*] Nous *nous passerons d'aller* au théâtre cette semaine. 이번 주는 극장에 가지 않고 지내보자. Il *se serait bien passé de dire cela*. 그런 말은 하지 않았으면 좋았을텐데(완곡한 표현).
Cela ne se passera pas ainsi (*comme ça*). 이대로는 있지는 않을 걸, 톡톡히 본때를 보여줘야지.
se la ~ *douce* 《구어》(일을)슬슬하다, 힘들이지 않고 하다.
passerage [pasra:ʒ] *n.f.* 《식물》 다닥냉이류(類).
passereau [pa(a)sro] (*pl.* ~*x*) *n.m.* 《조류》 ① 《옛》참새. ②(*pl.*)연작류.
passerelle [pasrɛl] *n.f.* ① 인도교, 구름다리, 육교. ② 《해양》 선교(船橋); 함교(艦橋); (~ de commandement); 《해양·항공》 트랩. ③ 《건축》 (지붕 위의)디딤판. ④ 대; (극장·영화 스튜디오 따위의)조명대; 크레인대. ⑤ (회사의 과에서 과로, 취학도중 실사회에로의)전입제도; 《학교》전(轉科)제도.
passeresse [pasrɛs] *n.f.* 《해양》 작은 밧줄, 보조 밧줄.
passerie [pasri] *n.f.* =**basserie**.
passeriformes [pasriform] *n.m.pl.* =**passereau**②.
passerillage [pa(a)srija:ʒ], **passarillage** [pa(a)sarija:ʒ] *n.m.* (당도 증가를 위한)포도의 건조.
passerille [pa(a)sri j], **passarille** [pa(a)sarij] *n.f.* 백포도 묘주의 일종(건포도 제조 원료로 쓰는 포도의 묘포).
passerine [pasrin] *n.f.* ① 《조류》 (북미산의)목에 하얀 무늬가 있는 참새. ② 서향나무과(科)의 팥꽃나무 비슷한 초본.
passerinette [pa(a)srinɛt] *n.f.* 《사투리》《조류》 뻐꼬리과(科)의 새(fauvette).
passe-rivière [pasrivjɛ:r] *n.m.* (내를 건널 때 쓰는) 긴 밧줄(나무나 기둥에 매달은 것).
passe(-)rose [pasro:z] *n.f.* 《식물》 접시꽃.
passe-temps [pastɑ̃] *n.m.* 《복수불변》 오락, 놀이, 심심파적, 소창.
passe-thé [paste] *n.m.* 《복수불변》 차 거르는 기구.
passe-tout-grain, passe-tous-grains [pa(a)stugrɛ̃] *n.m.* 《복수불변》 부르고뉴 포도주.
passette [pasɛt] *n.f.* (차·수프·부이용 따위를 거르는)소쿠리 기구.
passeur(se) [pasœ:r, -ø:z] *n.* ① 뱃사공. ② 밀입(국)자 안내인, 국경불법월경(越境) 안내인.
passe-velours [pasvəlu:r] *n.m.* 《복수불변》 《식물》 맨드라미.
passe-volant [pasvɔlɑ̃] *n.m.* 《옛》 《군사》 (점호 때 모자라는 인원을 메우기 위해 데려온)가짜 병사; 《해양》 가짜 선원.
passe-vue [pasvy] (*pl.* ~-~*s*) *n.m.* (환등기의)슬라이드 넘기는 자치.
passibilité [pasibilite] *n.f.* 《드물게》《신학》 (쾌·불쾌 따위에 대한)감수성.
passible [pasibl] *a.* ① 《신학》 감수성이 있는, 다감한. ② 《법》 (형벌을)받아야 할, (벌금을)과해야 할, (에)해당한. ~ *d'un emprisonnement* 징역을 받아야 하는, *être* ~ *d'une amende* 벌금을 내야만 하다.
passif(ve) [pasif, -i:v] *a.* ① 수동의; 소극적인, 무저항적인. *commerce* ~ 수입 무역. *dettes* ~*ves* 부채. *obéissance* ~*ve* 맹목적 복종. *résistance* ~*ve* 소극적 저항. ② 《언어》 수동의(↔*actif*), *forme* ~*ve* 수동형. ── *n.m.* 《언어》 수동형, 수동태; 《상업》 부채.
passifloracées [pasiflɔrase] *n.f.pl.* 《식물》 (쌍자엽식물류 제비꽃목)꽃시계덩굴과(科).
passiflore [pasiflɔ:r] *n.f.* 《식물》 꽃시계덩굴.
passiflorine [pasiflɔrin] *n.f.* 《화학》 파시플로린(꽃시계덩굴 뿌리에서 채취하는 알칼로이드).
passim [pasim] 《라틴》 *ad.* (인용 서적의)여기저기에, 여러 곳에. *page 21 et* ~, 21 페이지와 그밖의 여러 곳에.
passimètre [pasimɛtr] *n.m.* 실린더 내경측정기.
passing-shot [pasiŋʃɔt] (*pl.* ~-~*s*) 《영》 *n.m.* (테니스·배구 따위에서의)패싱쇼트.
***passion** [pa(a)sjɔ̃] *n.f.* ① (이성에 대한)열렬한 사랑(연정), 열애, 정열; (예술의)열정, 정열 사랑. ~ *malheureuse* 짝사랑. ~ *subite* 첫눈에 반하기. *amour*~ 정열적 연애. *déclarer* (*avouer*) *sa* ~ à *qn* …에게 뜨거운 사랑을 고백하다. *inspirer une grande* ~ à *qn* …에게 맹렬한 연정을 일으키다. *se prendre d'une belle* ~ *pour qn* …에게 아름

다운 애정을 품다. page plein de ~ 정열이 가득찬 글귀.
② 열광, 열중; 도락. ~ du jeu 도박벽(賭博癖). ~ de la pêche 낚시 도락. ~ de la liberté 자유에 대한 강한 집착, 자유애. ~ du pouvoir 권력욕. C'est ma ~. 그것이 나의 도락(취미)입니다.
③ (특히 pl.) 정열, 격정. obéir à ses ~s 격정에 내맡기다. résister à ses ~s 정열에 저항하다. vaincre(maîtriser) ses ~s 정열을 억누르다. ~s politiques(religieuses) 정치적(종교적) 정열. les ~s et les préjugés 정열과 (그에 수반하는) 편견. ~ de la foule 군중의 열정. avec ~ 정열적으로, 열심히. sans ~ 마지못해. se laisser emporter par la ~ 격노하다.
④ (la P~)(그리스도의)수난; 수난을 주제로 한 설교;【연극】(중세기의)그리스도 수난극;【음악】수난곡. semaine de la P~ 수난 주간(부활절의 전전주).
⑤ fleur de la P~ 【식물】꽃시계 덩굴.
⑥《옛》정념, (희노애락의)감정. Traité des ~s de l'âme (데카르트의)정념론.
⑦《옛》피로움, 고통, 고뇌(souffrance). ~ des chercheurs 탐구자의 고뇌. souffrir mort et ~ 지독한 고통을 받다, 혼이 나다.
⑧ ~ iliaque 【의학】 토분증(吐糞症), 장불통증(腸不通症).

passioniste [pa(ɑ)sjɔnist] n.m. =**passionniste**.
passionnaire [pa(ɑ)sjɔnɛ:r] n.m. 【종교】그리스도 수난의 기록서; 순교자 수난 기록서. —n.f. 【식물】=passiflore.
passionnant(e) [pa(ɑ)sjɔnɑ̃, -ɑ̃:t] a. 격정을 일으키는, 열광(도취)시키는(émouvant, excitant); 아주 재미있는(intéressant). lectures ~es 흥미진진한 책(읽을거리). film ~ 아주 재미있는 영화.
*****passionné(e)** [pa(ɑ)sjɔne] a.p. ① 정열적인, 열렬한 (ardent, brûlant). amant ~ 열렬히 사랑하는 사람. partisan ~ 열렬한 지지자. tempérament ~ 정열적 기질(의 사람). description ~e 정열을 쏟은 묘사. amour ~ 정열적인 사랑. jugement ~ 편견적인 판단. ② [~ de/pour] (에) 정열을 기울인. être ~ de(pour) la littérature 문학에 열중하고 있다. être ~ de gloire 명예를 갈구하다.
—n. 열광적인 사람. ~ de musique 음악광.
passionnel(le) [pa(ɑ)sjɔnɛl] a. 정욕의; 치정의. crime ~ 치정 사건. abandon ~ 정욕의 노예.
passionnellement [pa(ɑ)sjɔnɛlmɑ̃] ad. 치정에 사로잡혀.
passionnément [pa(ɑ)sjɔnemɑ̃] ad. 열중하여; 정열적으로, 열렬히. aimer ~ qn(qc) ~을 열애하다. ~ désirer ~ 열망하다.
passionner [pa(ɑ)sjɔne] v.t. 감격하게 하다, 열중하게 하다, 열광시키다; 격화시키다(échauffer). Ce roman m'a passionné. 이 소설은 아주 재미있었다. ~ un débat 논쟁을 격화시키다.
—**se ~** v.pr. [~ de/pour] (에) 열중하다, 몰두하다. ~ pour la chimie 화학에 열중하다. Ne vous passionnez pas pour une affaire sans importance. 그까짓 문제에 몰두하지 마시오.
passionnette [pa(ɑ)sjɔnɛt] n.f. 《옛》일시적인 강한 정열(사랑).
passionniste [pa(ɑ)sjɔnist] n.m. 【종교】그리스도 수난회 수도사(1720년 이탈리아에 창설).
passivation [pasivasjɔ̃] 【영】 n.f. (금속의 표면에 페인트를 칠하기 전의)인산염(燐酸鹽) 처리.
passivement [pasivmɑ̃] ad. 수동(소극)적으로;【언어】수동형(으로)(↔ activement).
passiver [pasive] v.t. 【언어】(능동문을)수동으로 고치다.
passivité [pasivite] n.f. 수동성, 수동(↔ activité); 【화학】부동태;【의학】피동성;【종교】(신에 대한)절대복종.
passoire [paswa:r] n.f. 【요리】거르는(받는) 기구, 여과기; (낙농용의)여과me. ~ à thé 차 받는 여과기.
past [pa] n.m. =**pât**.
pastel¹ [pastɛl] n.m. 【회화】파스텔; 파스텔화. peindre au ~ 파스텔화를 그리다. tableau au ~ 파스텔화. —a. crayon ~ 크레용, 파스텔 연필.
pastel² n.m. 【식물】대청; (대청 앞에서 채취하는)청색 염료.
pastellage [pastɛla:ʒ] n.m. (데코레이션케이크에 쓰는)설탕 세공.
pasteller [paste(e)le] v.t. 파스텔로 그리다.
pastelliste [paste(e)list] n. 파스텔화가.
pastenague [pastanag] n.f. 【어류】(남미산의)꽁지가오리의 일종.
pastèque [pastɛk] n.f. 수박(melon d'eau).
*****pasteur** [pastœ:r] n.m. ① 《문어》목자, 목동(berger, pâtre). le Bon P~; le P~ des âmes 그리스도. ② 【가톨릭】사제;【기독교】목사. ③ (집단의)보호자; (인솔자, 인솔자; 장(長), 수령. ~s des peuples 국민의 보호자들. —a. 양치는. peuple ~ 양치는 백성.
pasteurella [pastœrela], **pasteurelle** [pastœrɛl] n.f. 【생물】파스퇴렐라(페스트균을 포함하는 세균의 한 무리).
pasteurien(ne) [pastœrjɛ̃, -ɛn] a. 파스퇴르(Pasteur, 프랑스의 생물학자)의.
pasteurisateur [pastœrizatœ:r] n.m. (포도주·우유 따위의)파스퇴르 살균기.
pasteurisation [pastœrizasjɔ̃] n.f. 파스퇴르 살균법, 저온 살균법.
pasteuriser [pastœrize] v.t. 파스퇴르법으로 살균하다. lait pasteurisé 파스퇴르식 살균 우유.
pastichage [pastiʃa:ʒ] n.m. 《드물게》(문학·미술작품 따위의)모작.
pastiche [pastiʃ] n.m. ① 모방화(畫). ② (문학의)모작. ③ (오페라 따위의)혼성곡.
pasticher [pastiʃe] v.t. (예술가의 스타일이나 양식을)모방하다, 모작하다.
pasticheur(se) [pastiʃœ:r, -φ:z] n. 모방자, 모방자.
pastillage [pastija:ʒ] n.m. (데코레이션 케이크에 장식하는)설탕세공; (손으로 이겨 구운)점토세공.
pastille [pastij] n.f. (향료를 섞어서 만든 설탕·초콜릿 따위의)편평한 원형 드롭스, 봉봉, 트로키. ~s de chocolat 초콜릿 드롭스. ~ contre la toux (de pâte pectorale) (약) 사탕과자로 된 기침약. ② (자동차나 자전거의 튜브에 붙이는)고무 패치; (자전거의 크러치플레이트에 삽입하는)코르크마개. ③《옛》훈봉제의 훈향.
pastiller [pastije] v.t. (데코레이션 케이크를)설탕세공으로 장식하다.
pastilleur(se) [pastijœ:r, -φ:z] n.m. 봉봉(정제·훈향)제조기. —n. (설탕 반죽에 어떤 모양을 본뜨는)과자 제조인.
pastinague [pastinag] n.f. =**pastenague**.
pastis [pastis] n.m. 끈끈한 혼합물; 아니스 향료를 넣은 술;《속어》혼란, 성가심, 골치거리(ennui).
pastoral(ale, pl. **aux)** [pastɔral, -o] a. 《문어》양치기의, 목동의;《옛》전원의, vie ~ale 전원생활. ② 전원생활을 그린(bucolique, champêtre). poésie ~ale 전원시. ③ 【종교】목사의, 주교의. anneau ~ 주교의 반지. —n.f. ① 전원시, 목가극. ② 【음악】목가.

pastoralement [pastɔralmɑ̃] *ad.* ① 목가적으로. ② 목사로서.
pastoralisme [pastɔralism] *n.m.* 【학술】목농(牧農)
pastorat [pastɔra] *n.m.* 목사의 직(임)지. 【주의.
pastorien(ne) [pastɔrjɛ̃, -ɛn] *a.* =**pasteurien**.
pastoriser [pastɔrize] *v.t.* =**pasteuriser**.
pastour(e) [pastuːr] *n.m.* 〖옛〗목동, 목자.
pastoureau [pasturo] (*pl.* **~x**) *n.m.* 〖옛〗목동.
pastourelle [pasturɛl] *n.f.* ① 양치는 소녀(pastoureau의 여성형). ② 【문학】(기사·양치는 소녀·목자·목동들을 인물로 한)중세의 전원시의 일종. ③ 【무용】콩트르당스(카드릴의 일종).
pat [pat] *n.m.* (복수불변)【체스】비기기(장군으로 부른 것도 아닌데 궁이 움직이지 못하게 되는 상태). **—** *a.* 〖불변〗faire ~ son adversaire (위)가 되게 하여 비기게 만들다.
p.at. 〖약자〗poids atomique 【화학】원자량.
pât [pa] *n.m.* 〖사냥〗① 맹금(猛禽)의 먹이. ② (개에게 주는)밀가루와 밀기울과의 혼합물.
patache [pataʃ] *n.f.* ①〖옛〗【해양】잡역선(雜役船);연안 경비선;세관 감시선. ②〖옛〗역마차;〖구어〗털터리 마차.
patachon [pataʃɔ̃] *n.m.* ① (세관 감시선의)수로 안내인. ② 역마차의 마부.
mener une vie de ~ 유흥[방탕한]생활을 하다.
patafioler [patafjɔle] *v.t.* (다음 표현뿐)Que le bon Dieu[le diable] te *patafiole*!〖구어〗망할 자식! 뒈져라!
patagium [pataʒjɔm] *n.m.* (박쥐 따위의 포유 동물·파충류의)비막(飛膜), 익막(翼膜).
patagon(ne) [patagɔ̃, -ɔn] *a.* 파타고니아(la Patagonie, 남미의 지방)의. **—P—** *n.* 파타고니아 사람.
patagonique [patagɔnik] *a.* 파타고니아 지방의.
patala [patala] 〖산스크리트〗*n.m.* (복수불변)〖인도 우주론의〗지옥 밑의 7계(界).
pataphysique [patafizik] *n.f.* 복잡하고 기발한 넌센스 논의(論議)〖프랑스 작가 A. *Jarry*의 조어〗.
patapouf [patapuf] *n.m.* ①〖구어〗뚱뚱보. ② 털썩〖쿵〗하며 떨어지는 소리;요란한 소리. **—** *int.* 털썩! 쿵!
pataquès [patakɛs] (<je ne sais *pas-t-à qui est-ce*) *n.m.* ①〖구어〗잘못붙이기(예:quatre enfants [katrzɑ̃fɑ̃]) (cuir). ② 어법의 틀림. 【筆】
patarafe [pataraf] *n.f.* 〖구어〗갈겨쓰기, 난필(亂筆).
pataras [pataras] *n.m.* 【해양】보조 장삭(檣索)〖돛대를 고정시키는 밧줄〗.
patarasse [pataras] *n.f.* 【해양】뱃밥 메우는 데 쓰는 자루 달린 쐐기, 리머.
patarasser [patarase] *v.t.* 【해양】patarasse로 틈바구니를 벌리다.
patar(d) [pataːr] *n.m.* ①〖속어〗하찮은 금액. ne pas valoir un ~ 한푼의 가치도 없다. ne plus avoir un ~ 이젠 한푼도 없다. ②〖옛〗(15세기)동전.
patate [patat] *n.f.* ①【식물】고구마. ②〖구어〗감자(pomme de terre). ③〖속어〗바보, 멍텅구리, 얼간이. *en avoir gros sur la* ~ 〖속어〗가슴이 메 이다, 슬퍼서 견딜 수 없다.
patati [patati], **patata** [patata] *int.* 〖구어〗재잘재잘. et ~ et *patata* 어쩌구 저쩌구.
patatras [patatra] *int.* 털썩, 탕, 쾅(떨어지거나 넘어지는 소리). P~! Voilà le verre cassé! 쨍그랑하고 컵이 깨졌다.
pataud(e) [pato, -od] *n.* ① 다리가 굵은 강아지. ② 땅딸막한 사람;굼뜬 사람, 굼벵이;〖구어〗시골뜨기. **—** *a.* 땅딸막한;굼뜬, 느린;시골티 나는.
pataugeage [pataʒaːʒ], **pataugement** [pataʒmɑ̃] *n.m.* 〖드물게〗① 진흙·진창 속을 걸어가기. ② (일[말]이 막혀서)옴싹달싹 못하기;당황하기.
pataugeoire [patoʒwaːr] *n.f.* (어린이용의)얕은 풀〖수영〗장.
patauger [patoʒe] [3] *v.i.* ① 진흙〖진창〗속을 걸어가다. ② (이야기)조리를 잃다, (말이)막히다;어쩔 줄 모르다(se perdre). ~ dans la traduction d'un texte 원문번역에 막히다.
pataugeur(se) [patoʒœːr, -øːz] 〖드물게〗*n.* 진창〖진흙〗속을 걷는 사람;(말에)조리가 없는 사람;당황하는 사람. **—** *a.* 진흙〖진창〗속을 걷고 있는;(일[말]이 막혀서)쩔쩔매고 있는.
patch [patʃ] 〖영〗*n.m.* (타이어의 튜브 보수에 쓰는)패치(pastille).
patchouli [patʃuli] *n.m.* 【식물】인도산 꿀풀과의 일종;(그것에서 채취한)향료로(구충용).
***pâte** [pɑt] *n.f.* ① (밀가루를 반죽한)반죽면. pétrir [travailler] la ~ 반죽을 하다. à pain 빵 생반죽. ~ à frire 튀김가루. laisser reposer la ~ 반죽을 재우다. La ~ lève. 생반죽이 발효하다. ② (*pl.*) 면류(麵類), 파스타(~s alimentaires). ~s à potage 수프용 면류. ③ 치즈(의 성질)〖제조법에 의한 분류에 사용됨〗. ~ bleue 블루치즈(로크포르(roquefort) 따위). ~ cuite 경질의 치즈(그뤼에르(gruyère) 따위). ~ fraîche 프레쉬치즈. ④ 반죽 상태의 것. ~ d'amandes 【요리】아몬드페이스트. ~ de fruits 프루트 젤리. ~ dentifrice 연(練)치약. ~ à polir 광내는 크림. ~ à papier 펄프. colle de ~ (밀가루·전분으로 만든)풀. ⑤〖구어〗체질;성분. bonne ~ 호인, 성품이 곧은 사람. être d'une ~ à vivre cent ans 백 살까지 살 것 같은 성격이다. ~ molle 주체성이 없는 사람, 물렁물렁한 사람. ⑥【도기】질흙(~ céramique). ~ dure 경질반죽(자기용 재료의 백자토나 자연질 토). ⑦【미술】(팔레트로)반죽한 그림물감. (캔버스에 놓여진)그림물감. peindre dans la ~〖en pleine ~〗색을 섞어서 두텁게 칠하다. ⑧ⓐ composition[page] tombée en ~ 〖인쇄〗활자가 뒤죽박죽이 된 조판[페이지]. ⓑ 〖지질〗석기(石基). ⓒ (보석의)투명도의 결함;귀석의 조합. ⓓ 〖어업〗반죽 미끼. ⓔ 〖약〗연고(제), 피부용 연고.
être comme un coq en ~ 편안하게 살다, 따뜻한 침대 속에 있다. *mettre la main à la* ~ 스스로 일을 하다.
***pâté** [pɑte] *n.m.* ①【요리】(고기·생선의)파이;〖옛〗파이의 껍질;파테(고기나 생선 다진 것을 파이껍질로 싸서 구운 것). ~ de foie gras 푸아그라의 파테. chair à ~ 파테용 고기. ~ à la viande 고기 파이. croûte de ~ 파이 껍질. hacher menu comme chair à ~;〖구어〗잘게 썰다. ② (가옥의)집단(~ de maisons);(모래로 쌓은)작은 언덕. faire des ~s sur la plage 해변에서 모래언덕을 만들고 놀다. ~ de roches 암초. ③ (잉크의)얼룩. faire un ~ (글을 쓰다)잉크 얼룩이 지게 하다.
C'est un prix fait comme celui des petits ~s. 〖옛〗그것의 값은 정해져 있다;걱정 없다. *crier les petits* ~s 산모가 소리지르다. *Quel gros ~ que ce petit!* 이 꼬마는 몹시 뚱보이군!
***pâtée** [pɑte] *n.f.* ① 가금(家禽)의 사료;(개·고양이의)〖구어〗너무 진한 수프;맛없는 음식;음식. ②〖속어〗벌, 때리기.
patelin¹(e) [patlɛ̃, -in] *n.m.* 〖옛·문어〗번지르르한 말을 하는 남자(flatteur). **—** *a.* 말솜씨가 좋은, 번지르르한 말을 하는, 아양을 떠는(doucereux, mielleux). dire qc d'un ton ~ 아양 떠는 어조로 말하다.
patelin² [patlɛ̃] *n.m.* 〖구어〗고향;(고향 이외의)마을, 시골. Il est du même ~ que moi. 그는 내 고향

사람이다.
patelinage [patlina:ʒ] *n.m.*, **patelinerie** [patlinri] *n.f.* 《옛》입으로만 번지르르한 말을 하기; 겉으로만 번지르르한 태도.
pateliner [patline] 《옛》 *v.i.* 입으로만 번지르르하게 말하다. — *v.t.* 말로 구슬리다(amadouer). ~ une affaire 말재주로 일을 처리하다.
patelineur(se) [patlinœ:r, -ø:z] *n.* 말솜씨 좋은 사람, 구변으로 일을 잘 처리하는 사람.
patellaire [patɛllɛ:r] *a.* 《해부》슬개골(膝蓋骨)의. réflexe ~ 슬개건(腱) 반사.
patelle [patɛl] *n.f.* ① 《고대로마》 (신에게 희생물을 바칠 때 쓰는) 접시. ② 《패류》 삿갓조개.
patellé(e) [patɛlle] *a.* =**patelliforme**.
patellectomie [patɛlɛktɔmi] *n.f.* 《외과》 슬개골 절제.
patelliforme [patɛllifɔrm] *a.* 《생물》 작은 접시 (삿갓조개) 모양의.
patemment [patamã] *ad.* 《드물게》 명백히, 공공연히.
patène [patɛn] *n.f.* 《가톨릭》 성반(聖盤), 파테나 (성찬식의 빵을 담는 접시).
patenôtre [patno:tr] *n.f.* ① 《구어》 《경멸》기도. dire ses ~s 기도하다. diseur[mangeur] de ~s 위선자. ② 《구어》 뜻을 알 수 없는 소리. ③ (보통 *pl.*) 묵주알. ④ 양수용 수차(水車) 《광산》 버킷 엘리베이터. ⑤ 《옛》 주기도문.
patenôtrier [patnotri(j)e] *n.m.* ① 《식물》 염주나무. ② 묵주 제조(판매)인.
patent(e¹) [patɑ̃, -ã:t] *a.* ① 명백한 (évident, manifeste). vérité ~e 명백한 진실. ② 《옛》 열린(ouvert). acquit ~; lettres ~es 《역사》 (특권 따위를 수여하는) 국왕의 공문서. Nos portes sont ~es comme nos cœurs. 우리의 문은 우리의 마음처럼 열려 있다; 내객환영.
patentable [patɑ̃tabl] *a.* 영업세를 납부해야 하는.
patentage [patɑ̃ta:ʒ] *n.m.* 강철사의 특수 담금질.
patente² [patɑ̃:t] *n.f.* ① 영업 허가(감찰); 영업세. ~ retirée 영업허가 취소. se faire inscrire à la ~ 면허를 얻다. ② 《해양》 (출항할 때 주는 선원·선객의) 건강 증명서(~ de santé). ③ 《옛》 면허장. ~ nationale 영업면허세증.
payer ~ 정식으로 면허를 받고 있다.
patenté(e) [patɑ̃te] *a.p.* (영업세를 납부하여) 면허를 받은, 자격이 있는(attitré). commerçant ~ 영업 허가를 받은 상인. grammairien ~ 정평있는 문법학자. imbécile ~ 《구어》 소문난 바보. bleu ~ 《염색》 밝은 청색. — *n.* 면허를 받은 사람, 영업세 납부자.
patenter [patɑ̃te] *v.t.* (에게) 영업세를 과하다; 면허장을 주다. ~ un inventeur 발명가에게 영업허가증을 교부하다.
pater¹ [patɛ:r] 《라틴》 *n.m.* 《복수불변》 ① (P-) 《종교》 주기도문. dire son P- 주기도문을 외다. ② 묵주의 큰 알.
savoir qc comme son ~ …을 아주 잘 알고 있다.
pater² *n.m.* 《어린애말》 아빠.
patère [patɛ:r] *n.f.* ① 양복(모자)걸이, 커튼걸이. ② 《건축》 (난간 기둥 머리의)작은 모양 장식. ③ 《고대로마》 (신주(神酒)를 담던) 큰 잔.
pater(-)familias [patɛrfamiljas] 《라틴》 *n.m.* 《복수불변》 《고대로마》 가장(家長); 횡포한 가장.
paternalisme [patɛrnalism] 《영》 *n.m.* (정치·경영에서의) 부자(父子)주의, 가족적 경영(통솔); 온정적(溫情的) 간섭주의.
paternaliste [patɛrnalist] *a.* (기업·정치 따위의) 온정주의적인.
paterne [patɛrn] *a.* 아버지 같은, 인정이 넘치는.

***paternel(le)** [patɛrnɛl] *a.* ① 아버지의, 아버지로서의 (감정·태도 따위). amour [sentiment] ~ 부정 (父情). autorité ~*le* 아버지의 권위. ② 아버지쪽의 (↔ maternel). du côté ~ 아버지쪽의. grand-mère ~*le* 친할머니. oncle ~ 백[숙]부. ligne ~*le* 부계. ③ 아버지 같은, 부친다운, 온정이 넘치는. se montrer ~ pour qn …을 제 자식처럼 대하다. soins très ~s d'un oncle 아버지 못지 않은 백[숙]부의 알뜰한 보살핌.
— *n.m.* 《속어》 아버지(père). C'est son ~. 그의 아버지야.
paternellement [patɛrnɛlmã] *ad.* 아버지처럼 [로서]; 자애심을 갖고.
paternité [patɛrnite] *n.f.* ① 아버지다운 감정. Il ~ naquit peu à peu chez lui. 그의 마음에 아버지다운 감정이 조금씩 생겨났다. ② 《법》 아버지임, 아버지의 자격. attribuer la ~ d'un enfant à qn …을 아이의 아버지로 인정하다. ~ légitime 실부의 자격. ~ naturelle 사생아의 부친 자격. ~ civile 양부의 자격. recherche de la ~ 아버지의 수색. recherche de ~ 아버지임을 확정하는 소송. ③ 《종교》 (세례(영)식에 입회하는) 대부(parrain)의 자격. ④ (어떤 작품의) 작자로서의 자격. désavouer la ~ d'un ouvrage 어떤 작품의 작자임을 부인하다. revendiquer [reconnaître] la ~ d'un livre 어떤 책의 작자라고 주장하다.
pater-noster [patɛrnɔstɛr] *n.m.* 《복수불변》 《어업》 (많은 낚시를 단) 주낙의 일종; 《광산》 버킷엘리베이터.
pâteux(se) [pɑtø, -ø:z] *a.* ① 반죽 같은; 진득진득한, 끈적끈적한. ② 질척한, 걸쭉한. encre ~*se* 쪽한 잉크. ③ 《보석》 흐린. ④ 《문학》 (문장 따위가) 간결하지 않고 무거운, 답답하면서 서투른. style ~ 무거운 문체. discours ~ 답답한 연설. ⑤ chairs ~*ses* 《회화》 부드럽고 풍만하게 그려진 육체부분. *avoir la bouche [la langue]* ~*se* (술이 깬 뒤에) 입안이 말라 혀가 잘 안돌다.
pathétique [patetik] *a.* ① 《문학》 감동적인, 비장한 (émouvant, touchant, ↔ froid, impassible). discours ~ 비장한 연설. œuvre ~ 감동적인 작품. scène ~ (연극의) 슬픈 한탄하는 장면. Symphonie ~; la P~ (차이코프스키의) 비창교향곡. acteur ~ 비장조가 장기인 배우; 명비극배우. ② 《해부》 muscle ~ de l'œil 안구상사근(眼球上斜筋); nerf ~ 활차신경.
— *n.m.* 《문학》 비장미(美). ~ mélodramatique 멜로드라마식 비장미.
pathétiquement [patetikmã] *ad.* 비장하게.
pathétisme [patetism] *n.m.* 《문어》 감동시키는 기술; 비장미.
-pathie, -pathique, -pathe *suff.* 「병·질환」 「느낌」의 뜻.
patho- *préf.* 「병·질환」의 뜻.
pathogène [patɔʒɛn] *a.* 《의학》 병을 일으키는, 병원(病原)의. microbe ~ 병원균.
pathogénésie [patɔʒenezi] *n.f.* 《의학》 질병 발생론, 병인론.
pathogénétique [patɔʒenetik] *a.* 《의학》 발병시키는, 병원(病原)이 되는, 병원성(性)의.
pathogénie [patɔʒeni], **pathogenèse** [patɔʒənɛz] *n.f.* 《의학》 병원학(病原學), 병인론 (pathogénésie).
pathogénique [patɔʒenik] *a.* 《의학》 병원학의.
pathognomonie [patɔgnɔmɔni] *n.f.* 《의학》 질병징후학.
pathognomonique [patɔgnɔmɔnik] *a.* 《의학》 (질병에) 특유징후(特有徵候)의.

pathologie [patolɔʒi] *n.f.* 병리학.
pathologique [patolɔʒik] *a.* ① 병리학의. anatomie ~ 병리해부학. ②《구어》병적인, 비정상적인 (anormal).
pathologiquement [patolɔʒikmɑ̃] *ad.* 병리학적으로, 병적으로.
pathologiste [patolɔʒist] *n., a.* 병리학자(의).
pathomimie [patomimi] *n.f.* 가면적(假面的)(모방적(模倣的))인 질환.
pathos [patos] *n.m.*《수사학》감동적 표현, 페이소스; 애수;《구어》과장된 허튼소리.
patibulaire [patibylɛːr] *a.* ①《옛》교수대의(에 관한). fourches ~s 교수대. ②(교수대에 오를 만한) 악당의. avoir une mine ~ 악당 같은 얼굴을 하고 있다. —*n.m.*《옛》교수대.
patiemment [pasjamɑ̃] *ad.* 꾹 참고, 참을성 있게.
*****patience**¹ [pasjɑ̃ːs] *n.f.* ① 참을성, 인내, 끈기 (persévérance). avoir une ~ d'ange 참을성이 많다. prendre ~ 참다, 견디다. prendre son mal en ~ 피로움을 꾹 참다. s'armer de ~ 참을성을 가지다. travail de ~ 참을성이 필요한[끈기를 요하는] 일. perdre ~; être à bout de ~ 더 이상 참을 수 없게 되다. La ~ a des limites. 참는 데도 한이 있다. ② 혼자서 그림·나무조각 따위를 맞추거나 짜거나 연구해서 해답을 내거나 하는 일[jeu de ~]; 끈기를 요하는 꼼꼼한 일(ouvrage de ~);《카드놀이》패메기(réussite). ③《종교》(교회의 성직자석의 선 채로 기대게 된)기댈 판(miséricorde). ④《문장》화염에 싸인 도마뱀붙이(salamandre);《연극》(천장의)늘어뜨리는 막에 쓰이는 레일;《군사》단추 닦는 나무판(가운데 홈이 있음).
avec ~ 참을성 있게, 참고. souffrir *avec ~* 고통을 참고 견디다.
Le génie est une longue ~.《격언》천재란 오랜 인내이다(Buffon의 말).
—*int.* 조금만 더 참아! 조금 더 기다려 봐! (조금한 향의에 대해서 씀); 어디 두고 봐! P~! Le médecin va venir. 조금만 더 참아, 의사 선생님이 곧 오시니까. P~, j'aurai mon tour. 어디 두고 봐라, 복복하고 말테니.

patience² *n.f.*《식물》수영.
*****patient**(e) [pasjɑ̃, -ɑ̃ːt] *a.* ① 참을성 있는, 끈기있는; 인내심을 요하는. caractère ~ 참을성이 많은 성격. ~ labeur 인내심을 요하는 일. Soyez ~, il va bientôt venir. 참고 기다리세요, 그 사람은 곧 올테니까. ②《옛》수동적인(passif). L'âme est ~e. 정신은 수동적이다(외부의 자극에 의하여 여러가지 정념이 생긴다).
—*n.* ① 환자, 수술을 받는 사람. le médecin et ses ~s 의사와 그의 환자들. ②(사형집행될)수형자, 기결수.
—*n.m.*《언어》수동자(受動者);《옛》《철학》l'agent et le ~ 능동자와 수동자.
patienter [pasjɑ̃te] *v.i.* 참다, 참고 기다리다. prier un visiteur de ~ un instant 손님에게 잠깐만 기다려달라고 부탁하다.
patin [patɛ̃] *n.m.*《구어》① 스케이트(patinage); 스케이트구두(~ à glace), 펠트의 슬리퍼(~ d'appartement); (비행기의)활주용 썰매. faire du ~ 스케이트를 타다. ~ à roulettes 롤러 스케이트. ②(열차의 브레이크의)바퀴에 닿는 부분(~ d'un frein). ③《건축》주각(柱脚);(계단의)보. ④《옛》(키를 높게 하기 위해 여자용의 뒷축 높은 구두;(물·진흙길을 걷기 위해 붙이는)구두의 덧창.
prendre les ~s de qn …에게 가세하다.
patinage¹ [patinaːʒ] *n.m.* 스케이트(타기); (바퀴의)공전, 헛돌기. ~ artistique 피겨 스케이트. ~ de vitesse 스피드 스케이트. ~ à roulettes 롤러 스케이트. piste de ~ 스케이트장.
patinage² *n.m.* 녹슬게 하기, 고색을 칠하기.
patine [patin] *n.f.* 녹, 녹청(vert-de-gris); 고색(古色); (인공적으로)칠한 고색.
patiné(e) [patine] *a.p.* 녹슨, 녹청이 있는; 고색을 띤. vieille église ~e par le temps 고색 창연한 낡은 교회.
patiner¹ [patine] *v.i.* ① 스케이트를 타다; 미끄러지다. ~ à roulettes 롤러 스케이트를 타다. ②(차바퀴가)헛돌다. ③(일 따위가)실효[진전]가 없다.
patiner² *v.t.* (예)(일부러)녹슬게 하다, 고색을 띠게 하다. —*se* ~ *v.pr.* 고색을 띠다, 녹청이 표면에 생기다.
patiner³ *v.t.*《옛》①(과일 따위를)만지작거리다. ②(《구어》(여자를)애무하다; 마구 다루다.
—*se* ~ *v.pr.*《옛·속어》(시간에 늦지 않게)서두르다(se hâter); 도망하다, 달아나다(s'enfuir).
patinette [patinɛt] *n.f.*《구어》외발 스케이트(trottinette). ~ automobile《옛》스쿠터.
patineur¹(*se*) [patinœːr, -ɸːz] *n.* 스케이트 타는 사람. pas des ~s《무용》스케이트 왈츠.
patineur² *n.m.*《옛》여자를 애무하는 남자.
patinoire [patinwaːr] *n.f.* 스케이트장(링크).
patinot [patino] *n.m.* (난로 연기를 내보내는 벽 내부의)비모난 토관.
patio [patjo] *n.m.*《에스파냐》(집의)포석을 깐 안뜰.
pâtir [pɑtiːr] *v.i.* 고생하다, 손해를 입다. (~ *de qc*) Il a *pâti de l'injustice*. 그는 불공평의 희생이 되었다. Il a *pâti des excès*, sa santé *en a pâti*. 그는 무리를 해서 건강을 해쳤다. (《옛·문어》가난에 의해 살다; 괴로와하다(souffrir); (사업 따위가)중단되다. ②《종교》관조(觀照)에 잠기다(↔ agir).
pâtira(*s*) [pɑtira] *n.m.*《속어》① 놀림받는 이; 혹사당하는 이. ②병약한 자, 비쩍 마른 자.
pâtis [pɑti] *n.m.* (가꾸지 않은)방목장(放牧場).
pâtissage [pɑ(a)tisaːʒ] *n.m.*《드물게》(밀가루 반죽으로)과자만들기, 케이크 제조.
pâtisser [pɑ(a)tise] *v.i.*《드물게》(밀가루 반죽으로)과자를 만들다. —*v.t.*《드물게》밀가루 반죽을 하다. ~ de la pâte (과자를 만들기 위해)밀가루를 반죽하다.
*****pâtisserie** [pɑ(a)tisri] *n.f.* ① (밀가루로 만든)과자, 케이크(gâteau). manger de la ~ [des ~s] 과자(케이크)를 먹다. ②과자 만드는 법, 제과. ③《과자 제조[판매]업, 제과점. Il tient une ~. 그는 제과점을 경영하고 있다. ④(데코레이션 케이크의 표면처럼 보이는)천장의 회장식 석고.
pâtissier(*ère*) [pɑ(a)tisje, -ɛːr] *n.* (밀가루 반죽으로 만든)과자 제조[판매]인; 제과점. —*a.* 케이크용의. crème ~*ère* 커스터드 크림.
pâtissoire [pɑ(a)tiswaːr] *n.f.* 케이크 제조대(臺).
pâtisson [pɑ(a)tisɔ̃] *n.m.*《식물》호박의 일종 (bonnet de prêtre, artichaut d'Espagne).
patito(*pl. i*) [patito, -ti]《이탈리아》*n.m.* 여자말을 잘 듣는[여자 비위를 잘 맞추려는] 남자.
patoche [patɔʃ] *n.f.*《구어》①손, 큰 손. ②(아이들에게 주는 벌로, 나뭇조각으로)손을 때리기. recevoir une ~ (나무나 가죽으로)손을 얻어맞다.
patois [patwa] *n.m.* ① 사투리, 방언, 이언(俚言). parler ~ 사투리를 쓰다, 사투리로 말하다. ~ picard 피카르드 사투리. ②《남의 직업·기관 따위의)특수어. ~ des médecins 의사끼리 쓰는 말.
patois²(*e*) [patwa, -aːz] *a.* 사투리의, 이언의. locution ~*e* 방언(적 어법).
patoisant(*e*) [patwazɑ̃, -ɑ̃ːt] *a.* 사투리를 쓰는.
—*n.* 사투리를 쓰는 사람; 사투리가 심한 사람.

patoiser [patwaze] *v.i.* 사투리(이언)로 말하다.
patoiserie [patwazri] *n.f.* 사투리; 《연극》배역에 의한 사투리.
pâton [pɑtɔ̃] *n.m.* ① (가금을 살찌우기 위한)밀가루 반죽과 기름기의 먹이. ~ de graisse 《구어》살찐 새. ②(빵을 만들기 위한)반죽 덩어리.
patouillard [patujaːr] *n.m.* 《구어·드물게》속력이 느린 상선(商船).
patouille [patuj] *n.f.* ① 《해양》일종의 밧줄 사다리. ②《해양은어》바다. tomber à la ~ 바다에 떨어지다. ③《구어》진흙(boue). ④《속어》포옹.
patouiller [patuje] 《구어》*v.i.* ① 진창 속을 걸어가다; 흙탕물을 휘젓다. —*v.t.* (과자 따위를)마구 [함부로] 다루다; (여자의 팔 따위를)애무하다 (caresser).
patouillet [patujɛ] *n.m.* 토련기(土練機) 《광산》세광기(洗鑛機). 【工】.
patouilleur [patujœːr] *n.m.* 흙반죽하는 도공(陶).
patouilleux(se) [patujø, -øːz] *a.* 《구어》①진흙투성이의. ②《해양》lame ~se 삼각파도; mer ~se 거친 바다.
patraque [patrak] *n.f.* ①《옛·구어》①고장난[낡아빠진] 기계; 낡은 시계. ② 병약한 사람. —*a.* 상태가 나쁜. se sentir ~ 몸이 불편하다.
pâtre [pɑːtr] *n.m.* 《문어》목자, 목인, 목동(berger).
patri- *préf.* 「아버지·부」의 뜻.
patriarcal(ale, pl. aux) [patrijarkal, -o] *a.* ① 족장(族長)의, 가장(家長)의. ② (검소하기가)족장 같은. mœurs ~ales 족장적 생활태도. ③ 《사회》가부장적인, 부권의. régime ~ 가부장제. ④ 《가톨릭》총대주교의; 《그리스정교》총대주교의; (분리파의)대주교의.
patriarcalement [patrijarkalmɑ̃] *ad.* 《문어》족장으로서, 족장같이; 소박하게. vivre ~ 족장같이 검소하게 살다.
patriarcat [patrijarka] *n.m.* ① 《종교》총대주교의 지위[임기·관할 교구]. ② 《사회》가부장제, 부권제(父權制)(↔ matriarcat).
patriarche [patrijarʃ] *n.m.* ① 《구약성서의》족장, 가장. le ~ Abraham 태조 아브라함. temps des ~s 아브라함부터 모세에 이르는 시대. ②《문어》(많은 가족에 둘러싸여 검소하지만 화평스러운 생활을 보내는)노인; (지역사회·단체·가족의)고로(古老), 가장. mener une vie de ~ 족장같이 살다. le ~ de Ferney (노인 시절의)볼테르. ③ 《가톨릭·그리스정교》총대주교; (분리파의)대주교.
patrice [patris] *n.m.* 《로마사》(콘스탄티누스 황제가 창설한 이탈리아·아프리카에서의 로마제국의)총독.
patricial(ale, pl. aux) [patrisjal, -o] *a.* patrice 의.
patriciat [patrisja] *n.m.* ①《로마사》 patrice 의 지위. ② 귀족계급; (사회의)엘리트.
patricien(ne) [patrisjɛ̃, -ɛn] *n., a.* 《로마사》① 세습귀족(의). ② 귀족(특권층)(의). manières ~nes 귀족적인 태도.
patriclan [patriklɑ̃] *n.m.* 《인류》부계씨족(↔ matriclan).
*****patrie** [patri] *n.f.* ① 조국, 모국; 고국. amour de la ~ 조국애, 애국심. mère ~ (식민지의)종주국. sa seconde ~ 제 2 의 고향. ~ d'adoption 귀화한 나라. L'amour n'a pas de ~. 사랑에는 국경이 없다. mourir pour la ~ 조국을 위해 죽다. céleste ~ 천국. ② 고향, 출생지. Clermont-Ferrand est la ~ de Pascal. 클레르몽페랑은 파스칼의 출생지이다. ③ 본고장. ~ de l'art 예술의 본고장. Venezia, ~ des brumes 안개로 이름난 베네치아.

patrilinéaire [patrilineɛːr] *a.* 《인류》부계의.
patrilocal(ale, pl. aux) [patrilɔkal, -o] *a.* 《인류》(신혼부부가)남편의 가족과 동거하는(↔ matrilocal).
patrimoine [patrimwan] *n.m.* ① 세습 재산, (조상전래의)가옥. maintenir(accroître, dilapider) le ~ paternel 아버지의 유산을 지키다[늘리다, 탕진하다]. ② (공동체·인류의)상속 재산. ~ commun d'une nation 국민의 공유 재산. ~ du genre humain (문화유산 따위의)인류의 재산. ③ 《생물》유전형질(génotype). ~ héréditaire 유전형질.
patrimonial(ale, pl. aux) [patrimɔnjal, -o] *a.* (세습)재산의; 조상전래의. terre ~ale 선조에게서 물려받은 토지.
patrimonialement [patrimɔnjalmɑ̃] *ad.* 세습재산으로서. biens dont on hérite ~ 세습재산.
patrimonialiser [patrimɔnjalize] *v.t.* 세습재산이 되게 하다.
patrimonialité [patrimɔnjalite] *n.f.* 금전매매에 의한 관직의 승계.
patriotard(e) [patrijotaːr, -ard] 《구어》《경멸》*n.* 극단적인 애국자(chauvin). —*a.* 극단적 애국자인, 제 나라 자랑이 심한.
*****patriote** [patrijɔt] *a.* (사람이)애국적인. être très ~ 대단한 애국자이다. —*n.* 애국자; 우국지사. (1789-1790의)혁명당원. ~ cocardier 맹목적인 애국자.
patriotique [patrijɔtik] *a.* 애국적인, 애국의. ardeur ~ 애국열. chants ~s 애국가. sentiments ~s 애국심.
patriotiquement [patrijɔtikmɑ̃] *ad.* 애국자로서[답게].
*****patriotisme** [patrijɔtism] *n.m.* 애국심, 조국애; 애국주의. ~ chauvin 맹목적 애국심.
patristique [patristik] 《신학》*a.* 교부(教父)의. —*n.f.* 교부신학(教父神學).
patro [patro] *n.m.* 형 잔여자구자제회(刑殘餘者救濟會); 청소년의 집.
patro- *préf.* 「아버지·보호자」의 뜻.
patrociner [patrɔsine] *v.i.* 《옛》(설득하기 위해)끈질기게 설명하다.
patrologie [patrɔlɔʒi] *n.f.* 교부학, 교부 문헌사(patristique); 교부 저술 전집.
patrologique [patrɔlɔʒik] *a.* 교부학(教父學)의, 교부문헌사의.
‡patron¹(ne) [patrɔ̃, -ɔn] *n.* ① 수호성인[성녀, 주보 성인]; 《옛》보호자(protecteur). Sainte Geneviève ~ne de Paris 파리의 수호성녀 생트주느비에브 (하인에 대해)주인, 주부; (중소기업체의)고용주, 사업주, 주인, 공장주; 《해양》(작은 배의)선장(capitaine). La bonne a la confiance de ses ~s. 그 식모는 주인 부부의 신임을 받고 있다. ~ d'un café 카페의 주인. ~ d'une usine 공장주인. rapports entre ~s et employés 기업주와 직공간의 관계, 노사관계. ~ d'une barque 배의 선장. ③《고대로마》(로마의 주인으로서)보호자의 귀족; 해방노예의 옛 주인. (어떤 정신적 작업의)지도자; (병원의 인턴들의)지도교수. ~ de thèse 논문지도교수.
patron² [patrɔ̃] *n.m.* ① 본, 원형, 모형; (비유적)형, 패턴. un être un peu différent du ~ commun 보통사람과는 좀 다른 인간의 원인. ②(착색용으로 무늬를 오려낸)본, 형지(型紙)(~ ajouré) ~ taille 42, 사이즈 42 의 (옷의)본. (très) grand ~ (초)대형(샤쓰 따위). colorier au ~ (ajouré) 형지로 착색하다. *Ils sont tous taillés sur le même ~.* 그들은 모두 엇

비슷하게 생겼다.
patronage [patrɔnaːʒ] *n.m.* ① (유력자 따위의 의 한)보호; (회 따위의)후원, 찬조. apporter son ~ à une œuvre 어떤 사업을 후원하다. sous le ~ de qn …의 후원으로. représentation de gala placée sous le ~ de la Ville de Paris 파리시 후원 특별 공연. comité de ~ d'une revue 어떤 잡지의 후원회. Nous vous prions de nous honorer de votre ~. 《상업》 아무쪼록 많이 돌봐 주시기 바랍니다. ② 《종교》 성인(성녀)의 보호, 가호. ③ 청 잔여자 구호회; (청소년)후원회, 청소년의 집, (교회 따위에서의)청년회. ~ paroissial 교회 후원회. ~ municipal 시립 청소년 선도회. ~ laïque (교회에서 하지 않는)사립 선도회. enfants du ~ 후원회에 가입된 아동. ④ film [roman] de ~ (어린이 후원회 같은)재미없는 (가치없는) 영화 (소설). ⑤ 《종교》 성직수여권.

patronal(**ale**, *pl.* **aux**) [patrɔnal, -o] *a.* ① 《종교》 수호성인의. fête ~*ale* 수호성인의 축제일. les saints ~*aux* 주호성인들. ② 고용주의, 기업주의. cotisation ~*ale* aux Caisses de Sécurité sociale 사회보장기금에 대한 사용자측의 출자금. intérêts ~*aux* 기업주의 이익. syndicat ~ 고용주 조합.

patronat [patrɔna] *n.m.* ① 《집합적》 고용주; 《옛》 고용주의 지위 (권리). le ~ et le salariat 고용주와 종업원. Confédération nationale du ~ français 프랑스 경영자 전국연합회 (《약자》 C.N.P.F.). ② 《고대로마》 (해방노예의 보호자인) 귀족의 신분.

patron-jaquet [patrɔʒakɛ], **patron-minet** [patrɔ̃minɛ] *n.m.* =**potron-jaquet, potron-minet.**

patronner[1] *v.t.* ①《드물게》〖재단〗(옷 본 쓰 따위를)형지에 따라 재단하다. ~ un corsage 코르사주를 본에 맞추어 재단하다. ② patron ajouré로 착색하다.

patronner[2] *v.t.* 비호하다; 후원하다. être *patronné* par un personnage influent 권력 있는 인물의 후원을 받다. ~ un candidat 입후보자를 후원하다.

patronnesse [patrɔnɛs] *a., n.f.* (dame) ~ (자선사업 행사를)주재하는 부인.

patronnet [patrɔnɛ] *n.m.* 제과점의 소년점원.

patronyme [patrɔnim] *n.m.* 《문어》부친(父稱)《조상의 성을 바탕으로 만든 성》; 성(姓) (nom de famille).

patronymique [patrɔnimik] *a.* nom ~ 성(姓).

patrouillage [patruja:ʒ] *n.m.* 《옛·사투리》진흙투성이가 됨.

patrouille [patruj] *n.f.* ① 《군사》 척후 (정찰조체)대; 《경찰》 순찰대; 《해군》 초계함대. ~ de chasse 《공군》 정찰기 편대. ~ motorisée 기동 (경찰)순찰대. ② (헌병대·경찰의)경비순찰, 퍼트롤; 《군사》 척후, 정찰, 초계. ~ de police 경찰의 순찰대. ~ de reconnaissance 정찰 순찰대. aller en ~ 순찰 (척후)하러 가다.

patrouiller [patruje] *v.i.* (헌병·경관이)순찰하다; 《군사》 척후 (정찰)하다; 초계하다; 《옛·사투리》 진흙투성이가 되다. ~ en premières lignes [sur la ligne] 전선을 초계하다. —*v.t.* 《옛·사투리》 =**patouiller.**

patrouilleur [patrujœːr] *n.m.* 《군사》 ① 척후 (정찰·초계) 대원. ② 《공군》 정찰기; 《해군》 (잠수함에 대한)초계정.

patrouillis [patruji] *n.m.* 《옛·사투리》진흙투성이가 됨; 진흙탕.

*****patte** [pat] *n.f.* ① (동물의)발, 다리;《구어》(사람의)다리 (jambe); 손 (main). animaux à quatre ~*s* 네발짐승. ~ antérieure [moyenne, postérieure] (곤충의)앞 (가운데, 뒷)다리. ~ mâchoire [ambulatoire] (갑각류의)악각 (顎脚) 〖보각 (步脚)〗. ~ thoracique (갑각류의)흉지 (胸肢). ~ membraneuse (곤충의 유충시대의)주걱각. ~ natatoire 유영각 (遊泳脚). ~*s* de devant [de derrière] 앞 (뒷)다리. debout sur une ~ 한쪽 다리로 서서 〖서 있는〗. à ~*s* 걸어서 (à pied). marcher à quatre ~*s* (사람이)기어가다. être bas [court] sur ~*s* 다리가 짧다. se casser la ~ 발을 삐다. avoir une ~ folle 약간 (다리를) 절다. [~ de+동물명] ~*s de lapin* [*de lièvre*] 구레나룻. ~*s de mouche* 잔 글씨. pantalon à ~ d'éléphant 나팔바지. ~*s d'araignée* 가늘고 갸름한 손가락; 가느다랗고 길쭉길쭉한 글씨; 〖기계〗(오일을 스며들게 하는)조그만 홈; 《구어》 가벼운 걸음. ② 《의복》 호주머니 덮개; (단추 따위가 보이지 않게 의복의)이중으로 겹친 부분; 구두의 혀; 견장. ③ ⓐ 《해양》 닻의 (액자·거울 따위의 거는)L자꼴의 못; 〖건축〗 꺾쇠; (고기를 매다는)갈고리; (통 운반용)갈고리; (와인글라스의)굽. ~*s d'embracation* 《해양》 (보트의)높이 매단 밧줄. ⓑ 《음악》 (5선을 긋는 악보용)펜. ⓒ 《식물》 아네모네의 뿌리; 《임업》 나무의 밑동; (제지용)파지. ⓓ 《스위스》 (마른)걸레.

à toutes ~s 전속력으로.
avoir de la ~; avoir le coup de ~ (화가 따위의)솜씨가 좋다.
coup de ~ 《구어》 독설, 야유, 비판.
en avoir plein les ~s 《구어》 많이 걸어서 지치다; 식상하다.
être sous la ~ de qn …의 억압속에 있다; …의 손아귀에 휘어 잡혀 있다.
faire ~ de velours (고양이가)발톱을 감추다; 《구어》 아첨하다, 아양떨다.
graisser la ~ à qn 《구어》 뇌물 〖팁〗을 써서 …을 마음대로 조종하다.
mettre la ~ sur qn …을 잡다; …와 마주치다; 재발견하다; 학대하다.
montrer ~ blanche (들어가거나 통과하기 위해서) 자기 편이란 증거를 대다; (합의된)암호를 대다.
retomber sur ses ~s 《구어》 피해 없이 어려운 일을 헤쳐나가다.
se faire tirer aux ~s 《구어》 붙들리다.
se tirer des ~s de qn 《구어》 …의 손아귀에서 빠져 나가다.
tenir qn sous sa ~ …을 장악하다, 마음대로 할 수 있다.
tirer dans les ~s de [à] qn …의 다리를 잡아 당기다; 은밀히 …의 불이익을 도모하다.
tomber sous la ~ de qn …에게 잡혀 꼼짝 못할 처지가 되다.

patté(**e**) [pate] *a.* croix ~*e* 《문장》 끝이 넓어진 십자가.

patte-d'araignée [patdarɛ[e]ne] (*pl.* ~*s*-~) *n.f.* 《식물》 니겔라.

patte-de-griffon [patdəgrifɔ̃] (*pl.* ~*s*-~-~) *n.f.* 《식물》 미나리아재비과의 헬레보루스속(屬).

patte-de-lièvre [patdəljɛːvr] (*pl.* ~*s*-~-~) *n.f.* 《구어》 토끼풀의 토기풀의 일종.

patte-de-loup [patdəlu] (*pl.* ~*s*-~-~) *n.f.* 《식물》 쉽싸리.

patte-d'oie [patdwa] (*pl.* ~*s*-~) *n.f.* ① (도로의)분기점, 교차점. ② (눈가의)주름살. ③ (교량·구조물 따위의 보호용)피라미드형의 구조물. ④ (건축물의 뼈대에서)삼각형을 이루는 목조물. ⑤ 《식물》 명아주 (chénopode).

patte-fiche [patfiʃ] (*pl.* ~*s*-~*s*) *n.f.* 걸쇠의 일종.

patte-mâchoire [patmɑʃwaːr] (*pl.* ~*s*-~*s*) *n.f.* (갑

pattemouille [patmuj] *n.f.* (다림질할 때 쓰는)물에 적신 형겊.

patte-nageoire [patnaʒwa:r] (*pl.* **~s-~s**) *n.f.*《동물》(갑각류의)꼬리 다리 [미각(尾脚)].

patte-pelu(e) [patpəly] (*pl.* **~-~(e)s**) *n.*《옛》위선자, 기회주의자.

patter [pate] *v.t.*《음악》5선을 긋는 펜으로 줄을 긋다.

pattern [patɛrn]《영》*n.m.* 모형, 패턴.

pattinsonage [patɛsɔna:ʒ] *n.m.*《야금》패틴슨법 (영국의 화학자 *Pattinson*이 고안한 은과 납의 분리법).

pattu(e) [paty] *a.* ① (개 따위가)발이 굵은(pataud). ② (날짐승이)다리에 털이 난.

pâturable [patyrabl] *a.* (들판이)목장으로 적합한.

pâturage [patyra:ʒ] *n.m.* ① 방목; 방목권. droit de ~ (봉건제도하에서 영주가 받던)방목세. ② 목장. mener les vaches au ~ 소를 목장으로 끌고 가다. gras ~s 비옥한 목장.

pâturant(e) [patyrã, -ã:t] *a.* (가축 따위가)풀을 뜯어먹는.

pâture [paty:r] *n.f.* ① (동물의)사료, 먹이;(우마의)꼴;《구어》(사람의)음식;(정신적인)양식. L'oiseau apporte leur ~ à ses petits. 새는 새끼들에게 먹이를 날라다 준다. Ce travail m'assurera la ~. 이 일로 밥을 먹을 수 있을 것이다. livre qui donne de la ~ à l'esprit 정신의 양식이 되는 책. ② 목장(pâturage); 먹이를 먹음. mettre les vaches en ~ 소를 방목하다. vaine ~ (울타리 없는 들에서 공동 방목의)공동 방목.

pâturer [patyre] *v.i.* 풀을 뜯어먹다. —*v.t.* (풀을) 뜯어먹다; 풀을 뜯어먹게 하다. vache *pâturant* de l'herbe folle 잡초를 뜯어먹는 소. vache *pâturant* un champ 들의 풀을 뜯어먹는 소. berger *pâturant* une prairie 목장의 풀을 뜯어먹게 하는 목동.

pâtureur [patyrœ:r] *n.m.*《드물게》《군사》(전쟁중에)풀을 뜯으러 말을 몰고 가는 기병.

pâturin [patyrɛ̃] *n.m.*《식물》포아풀.

paturon, pâturon [patyrɔ̃] *n.m.* (말의)발목(발굽과 복사뼈 사이의 부분).

pauciflore [posiflɔ:r] *a.*《식물》꽃이 적은.

paucité [posite] *n.f.*《옛》(수효가) 적음.

Paul [pol] *n.pr.m.* 폴 (남자의 이름). Saint ~ 성 (사도) 바울.

paulette [polɛt] *n.f.*《역사》(Henri 4세 시대의 Charles *Paulet*가 착안한) 관직세(官職稅).

paulicien [polisjɛ̃] *n.m.* 마니교도.

paulien(ne) [poljɛ̃, -ɛn] *a.* action ~*ne*《고대법》채권자 취소권, 사해(詐取) 행위 취소권.

pauline [polin] *n.f.* 착석이 높은 4륜 마차의 일종.

paulinien(ne) [polinjɛ̃, -ɛn]《종교사》*a.* 성 바울의. —*n.* 성 바울의 교리 신봉자.

paulinisme [polinism] *n.m.*《종교사》성 바울 교리, 바울 신학.

pauliste [polist] *n.a.* ①《종교》미국의 가톨릭 수도회원(의). ② 상파울루(*São Paulo*, 브라질의 도시)사람(의).

paulo-post-futur [polopostfyty:r] *n.m.*《그리스 문법》수동태 근미래.

paulownia [polɔnja] *n.f.*《식물》오동나무.

paume [po:m] *n.f.* 손바닥. Maurice secoue la cendre de sa pipe sur la ~ de sa main. 모리스는 파이프의 재를 손바닥에 턴다. ②《농업》폼[-손바닥 폼](삼 줄기 따위의 길이를 재는 단위). ③《놀이》폼 (테니스의 전신) (jeu de ~). courte ~ (장방형의 벽 속에서의)단거리 폼. longue ~ (옥의)장거리 폼. jeu de ~ 폼 구장(球場). Serment du Jeu de P~ 《프랑스사》폼의 선서(1789년). ④《목공》(나무의)접합부.

paumé(e) [pome] *a.p.* ①《속어》돈없는, 가난한 (pauvre). ②《속어》길잃은(perdu, égaré); 당황한. Il est complètement ~. 무엇이 무엇인지(어떻 바를) 모르고 있다. —*n.* ①《속어》가난한 사람, 극빈자. ②《구어》길 잃은 자; (사회나 단체의)낙오자.

paumelle¹ [pomɛl] *n.f.* ① (숯·밧줄·마구 따위의 제조 직공의)가죽 장갑. ② 경첩. ③ 가죽을 무두질하는 작업대.

paumelle² *n.f.* = **pamelle**.

paumer [pome] *v.t.* ①《속어》잃어버리다(perdre). J'*ai paumé* mon portefeuille. 지갑을 잃어버렸다. ②《속어》잡다, 체포하다(arrêter). ~ un voleur 도둑을 잡다. ~ marron 현행범을 잡다. se faire ~ 잡히다. ③《옛·속어》때리다, 갈기다. ~ la gueule à *qn* …의 얼굴을 치다. ④《해양》(밧줄을 쓰지 않고)(배를)손으로 끌다.

—**se ~** *v.pr.*《속어》길을 잃다.

paumier¹**(ère)** [pomje, -ɛ:r] *a.* marchand ~《옛》폼 (jeu de paume) 용구 장수. —*n.* 폼 용구 제조(판매)인; 폼 코트 주인.

paumier² [pomje] *n.m.*《사냥》(뿔 꼭대기가 납작한)다섯살 난 사슴.

paumoyer [pomwaje] *v.t.* ①《농업》(삼 따위를)손바닥 폭으로)재다. ②《해양》(손으로 밧줄을)끌다. ③ (가죽을)유연하게 하다.

—**se ~** *v.pr.* 밧줄에 매달려 올라가다.

paumure [pomy:r] *n.f.*《사냥》사슴뿔 꼭대기의 편평한 부분.

paupérisation [poperizasjɔ̃] *n.f.* 빈곤화, 생활수준 저하. ~ absolue 절대적 빈곤화 (생활수준·구매력의 전체적 저하). ~ relative 상대적 빈곤화 (어떤 계층이 다른 계층에 비교해서 빈곤화함).

paupériser [poperize] *v.t.* (한 국가·사회계층을)빈곤화하다.

paupérisme [poperism] *n.m.* (한 국가·사회의)빈곤 (상태).

paupière [popjɛ:r] *n.f.* 눈꺼풀. Elle avait les ~s rouges par les larmes. 그녀는 울어서 눈이 빨갰다. ~ *inférieure* (*supérieure*) 아랫(윗) 눈꺼풀. battre des ~s 눈을 깜박거리다. fermer les ~s (《문어》la ~) 잠들다; 영면하다, 죽다; (죽은이의)눈을 감겨주다. ouvrir les ~s 잠을 깨다. ~ *nictitante* (동물의)순막, 제 3 안검(眼瞼). *s'en battre la ~*《속어》업신여기다, 비웃다.

paupiette [popjɛt] *n.f.*《요리》farce의 둘레를 싼 고기, 고기말이.

pause [po:z] *n.f.* ① 일시적 중단, 휴식, 멈춤(arrêt). ~ de midi 정오의 휴식시간. faire une (la) ~ 쉬다. cinq minutes de ~ 5분간의 휴식. ②《음악》전휴지(표), 온쉼표;《언어》휴지;《비유적》한 순간의 침묵. compter les ~s 쉼표를 세다;《구어》멍하니 기다리고 있다. marquer les ~s 온쉼표를 붙이다. ③《스포츠》하프타임(mi-temps); (라운드와 라운드 사이의)휴식시간.

pause(-)café [pozkafe] (*pl.* **~s-~**) *n.f.* 커피 마시기 위한 휴식시간, 커피 브레이크.

pauser [poze] *v.i.* ① faire ~《구어·사투리》(남을)기다리게 만들다. ②《음악》온쉼표로 쉬다.

pause-repas [pozrəpa] (*pl.* **~s-~**) *n.f.* 식사를 위한 휴식시간.

‡**pauvre** [po:vr] *a.* ①《속사 또는 명사 뒤에서》ⓐ 가난한, 빈곤한, 궁한, 돈 없는, (↔ riche, aisé). être ~ comme Job 아주 가난한다. ménage ~ 가난한 살림. homme ~ 가난한 사람. maison ~ 초래해 보이는 집. pays ~ 구차한 나라, 빈국. Il est mort

~. 그는 가난한 가운데 죽었다. ⓑ 모자란, 부족한, 궁핍한, 없는, 풍부하지 못한. langue ~ 표현력이 부족한 언어. minerai ~ (en métal) 금속 함유량이 적은 광석. ~ d'argent 《옛》 돈이 없는 (현재에는 pauvre 또는 court d'argent 이라고 함). ~ d'esprit 재기 없는 (현재에는 simple d'esprit 라고 함). ~ en esprit 마음이 가난한 (교만하지 않은). gisement ~ 매장자원이 빈약한 광상. terre ~ 메마른 땅. vie ~ en événements (변화없는) 평범한 생활. ② 《명사앞》 (사람이) 가련한, 불쌍한, 비참한 (pitoyable); (사물이) 빈약한, 초라한; 볼품 없는, 시시한, 시들한; 서투른; (애도의 기분을 섞어 고인을 뜻하는 말 앞에) 지금은 가고 없는 (안 계신); (별 뜻 없는 애정적 표현) 귀여운, 사랑스러운. ~ homme 불쌍한 사람. ~ malheureux 가엾은 사람. Ayez pitié d'un ~ aveugle! 불쌍한 장님을 동정하소서! ~ sourire 애써 지어보이는 미소. ~ discours (내용이 없는) 빈약한 연설. ~s vers 보잘것 없는 시구. ~ excuse 서투른 변명. servir un ~ repas 변변치 않은 식사를 내놓다. deux ~s mille francs 겨우 2,000 프랑. ~ papa 불쌍한 우리 아빠, 고인이 된 우리 아빠. notre ~ collègue 고인이 된 우리 동료. (자기가 불행할 때 상대방에게 자기 심정을 옮겨서) Que je suis triste, mon ~ ami! 얼마나 죽겠다네, 여보게! ~ type (경멸) 바보, 얼간이. ~ diable (경멸) (불쌍한) 거지, 떠돌이. ~ hère 《구어》 (경멸) (재산·지위 없는) 불쌍한 녀석. ~ sire (경멸) 게으름뱅이. Il ne m'a pas dit un ~ mot. 그는 나에게 단 한마디 말도 하지 않았다. *P~ de moi!* 내 신세가 불쌍하군!
—*n.* (*f.* 《옛》 *~sse*) 가난한 사람, 빈민 (indigent); 불쌍한 사람. assister les ~s 가난한 사람들을 돕다. secourir les ~s 빈민을 구제하다. Bienheureux les ~s en esprit. 《성서》 마음이 가난한 (교만하지 않은) 자는 복이 있나니. taxe retenue en faveur des ~s (빈민 구제용의) 구빈세 (救貧稅). La ~, je la plains, elle en a eu des malheurs dans sa vie! 불쌍한 여자 같으니, 참 안됐네, 살아오는 불행한 일을 어디 한두 번 당했나! *mon ~; ma ~* 가엾게도! 불쌍한 사람아!

pauvrement [povrəmɑ̃] *ad.* 가난하게, 초라하게; 《문어》 서투르게. vivre ~ 가난하게 살다. être ~ vêtu 초라한 옷차림이다. peindre ~ 서투른 솜씨로 그리다.

pauvresse [povrɛs] *n.f.* 가난한 여자; 여자 거지.

pauvret(te) [povrɛ, -ɛt] *a., n.* 가엾은 (사람), 불쌍한 (사람).

*****pauvreté** [povrəte] *n.f.* ① 가난, 빈곤; 궁핍, 부족; 빈약함, 풍부치 못함; 볼품 없음, 초라함. tomber dans une extrême ~ 찢어지게 가난해지다. tirer qn de la ~ …을 가난에서 구제하다. ~ du sol (la terre) 토지가 비옥하지 못함. ~ intérieure 속이 비어 있는 (사상이 빈약한) 증거. ~ d'une langue (어떤) 언어의 (표현력의) 빈약함. ~ d'une cabane 오두막집의 초라함. ② 《종교》 ~ évangélique 복음적 청빈; ~ d'esprit 마음의 가난함; faire vœu de ~ (수도사 따위가) 청빈의 허원을 하다. ③ 시시한 말 (행동) (banalité); 별로 중요치 않은 시시한 소리를 하다. Quelles ~s on apprend à cet enfant! 정말 시시한 걸 가르치는군! *P~ n'est pas vice.* 《속담》 가난이 죄악이 아니다 (가난함을 부끄러워서는 안 된다).

pavage [pavaʒ] *n.m.* ① 포장 공사. carreau (pierre) de ~ 포석. ~ des rues 도로 포장. ② 포장도로. ③ 《지질》 (모래가 씻겨 나간 뒤에 남은) 자갈층.

pavane [pavan] *n.f.* 파반 (16–17 세기에 유행한 장중한 궁중무용 및 그 곡).

pavaner (se) [s(ə)pavane] *v.pr.* 으스대며 걷다; 젠체하다, 멋부리다. *se ~ dans sa voiture* 차에 타보라는 듯이 자동차.

pavé [pave] *n.m.* ① (포장용) 포석; 포장 도로, 포도, 도로, 길. poser des ~s 포석을 깔다. ~ de marbre d'une église 성당의 대리석 포장길. ~ en béton 콘크리트 포도. errer sur le ~ de Paris 파리의 거리를 방황하다. ② 포석 모양의 것, 덩어리. ~ de cake 네모난 플럼케이크. ~ de viande 두툼한 고기 덩어리. ③ 《구어》 두꺼운 책; (빽빽하게 인쇄된) 긴 문장, 읽기 힘든 문장; (큼직하게 실은) 신문기사 (광고). ④ 두꺼운 구두창; (외장용) 판석 (板石). ⑤ 《수학》 (집합론의) 구간 (區間) 의 적 (積).
avoir un ~ sur l'estomac 《구어》 배가 묵직하다, 소화가 안되다.
battre le ~ 거리를 마구 쏘다니다.
brûler le ~ (사람·차가) 빨리 달리다.
C'est un ~ dans la mare. 마른 하늘에 날벼락이다.
être (se trouver) sur le ~ 거리를 방황하다; 실직자이다.
Les ~s le disent. 모두들 그렇게 말한다, 소문이 그렇다.
mettre (jeter) qn sur le ~ …을 (집 밖으로) 내쫓다; 퇴직 (파면) 시키다.
prendre le haut du ~ 《구어》 다른 사람들보다 뛰어나다, 특출하다.
recevoir un rude ~ sur la tête [le crâne] 갑자기 곤란한 처지에 빠지다.
tâter le ~ 돌다리도 두들겨보고 지나가다.
tenir le haut du ~ 훌륭한 지위를 차지하다, 남의 존경을 받는 자리에 있다.

pavé(e) [pave] *ad.* 포장된. route ~*e* 포장도로.

pavée[2] *n.f.* 《식물》 붉은 디기탈리스.

pavement [pavmɑ̃] *n.m.* 포장 (바닥) (특히 비싼 재료를 쓴 건축물의 마룻바닥); 《드물게》 (도로의) 포장면; 《옛》 포장공사. ~ de marbre 대리석 포장.

paver [pave] *v.t.* ① (도로 따위를) 포장하다, (에) 포석을 깔다. ~ un chemin 도로를 포장하다. ~ une cour 뜰을 포장하다. ② 《옛》 (비유적) 지면 (地面) 을 덮다. *La ville en est pavée; Les rues en sont pavées.* 그것은 넘고 처질 만큼 많다.

pavette [pavɛt], **pavetta** [pavɛta] *n.f.* 《식물》 꼭두서니류 (類).

paveur [pavœːr] *n.m.* 포장공.

pavie [pavi] *n.f.* 《식물》 복숭아의 일종.

pavier [pavje] *n.m.* 《식물》 상수리나무류 (類).

*****pavillon** [pavijɔ̃] *n.m.* ① 정자 (亭子); 별채, 딴채, (작은) 별장. ~ de chasse 사냥집. ~ de banlieue 교외의 조그만 별장. ~ des gardiens 감시원 (수위) 실. ~ d'un hôpital 병동. 《침대의 단집, 《가톨릭》 성합 (聖盒) 덮개; 《옛》 (야영) 막사. ③ (악기의) 나팔 모양으로 된 부분 (확성기·축음기의) 나팔; (전화기의) 수화기; 《해부》 외이 (外耳); (수단관의) 개구부 (開口部); (자동차·객차 따위의) 지붕. ④ 《군사·해양》 기, 깃발, 신호기. hisser un ~ 기를 올리다.
amener le [son] ~ 기를 내리다, 항복하다. *baisser ~ [mettre ~ bas] devant qn* …에게 굴복 (양보) 하다. *Le ~ couvre la marchandise.* 《국제법》 교전국은 중립국 깃발을 단 선박에 실린 적의 화물을 해치지 못한다; (비유적) 겉치레가 속마음을 나타낸다; 남편의 이름이 아내의 실패를 구해준다.

pavillonnaire [pavijɔnɛːr] *a.* ① 교외 주택의; 싸구려 주택이 늘어선. secteur ~, 분동식 (분棟式) 주동 (複數棟) 으로 이루어진, 분동식 (分棟式) 의. hôtel ~ 분동식 호텔. —*n.m.* 오두막집의 주인.

pavillonnerie [pavijɔnri] *n.f.* 선기 (船旗) 제조소;

(군명의)선거보관소.

pavimenteux(se) [pavimɑ̃tφ, -φ:z] *a.* ① (암석 따위가)포장에 사용되는. roche ~*se* 포장용 암석. ② épithélium 〖해부〗(다면체 세포로 이루어진)편평상피(扁平上皮).

pavlovien(ne) [pavlovjɛ̃, -ɛn] *a.* 파블로프(*Pavlov*, 러시아의 생리학자)의, 파블로프 학설의. réflexe ~ 파블로프의 조건반사.

pavois [pavwa] *n.m.* ① 〖해양〗 현장(舷牆)(양측 뱃전의 갑판 위로 내민 부분); 《집합적》(만함식(滿艦飾)에 사용하는)기(旗). grand ~ 만함식. ② (중세의)큰 방패. *élever* (*hisser*) *qn sur le ~* (프랑크족이 새로운 왕을 큰 방패에 태우고 행렬한 데서)…을 왕위[높은 지위]에 오르게 하다; 크게 칭찬하다.

pavoisement [pavwazmɑ̃] *n.m.* (배에)만함식; (건물 따위를)작은 깃발로 장식.

pavoiser [pavwaze] *v.t.* 〖해양〗 만함식을 실시하다; (건물·도로를)작은 깃발로 장식하다. —*v.i.* ① (거리 따위가)깃발로 장식되다. ② 기쁨을 나타내다. Il n'y a pas de quoi ~. 크게 기뻐할[자랑할] 만한 것도 없잖아. ③《속어》(언어 맞수다)코피를 흘리다.

pavonazzo [pavonadʒo] *n.m.* 〖광물〗 파브나쏘 대리석 (흰 바탕에 빨강과 자줏빛 무늬가 있음).

pavot [pavo] *n.m.* 〖식물〗 양귀비. ~ somnifère 양귀비. petit ~ rouge 개양귀비.

paxon [paksɔ̃] *n.m.* =**pacson**.

payable [pɛjabl] *a.* 지불되어야 할. ~ en argent[en nature] 현금으로[현물로] 지불해야 할. ~ à vue 일람불의. ~ à échéance 만기불의.

payant(e) [pɛjɑ̃, -ɑ̃:t] *a.* ① 지불하는; 유료의. spectateurs ~*s* 유료 관람객. billet ~ 유료 입장권. spectacle ~ 유료 흥행. 《*entrée ~e*》 "무료입장 사절." ② 채산성이 있는, 이익이 되는; 이로운, 좋은 결과를 가져오는. L'affaire ne fut guère ~*e*. 그 일은 별 이익이 없었다. ③ 지불하는 사람; 유료 관람객. cochons de ~*s*《구어》지정 요금을 다 지불하는 바보 (할인 요금을 내거나 무료인 사람이 요금을 다 내는 사람을 비웃는 말). les invités et les ~*s* 초대객과 일반(유료) 관람객.

***paye** [pɛj] *n.f.* ① 지불, (특히 급료의)지급. jour de ~ 봉급날. ② (군대의)급료(solde); (노동자의)임금(salaire). haute ~ 재복무하는 군인에게 적용되는 특별 가봉(加俸) 급료. faire[distribuer] la ~ 급료·임금을 지불하다. toucher sa ~ 급료를 받다. feuille de ~ 급료 명세서. ③《구어》지불인. C'est une mauvaise ~.《구어》그는 셈이 흐리다. ④《구어》오랫동안 (급료일과 급료일 사이의 기간의 뜻). Ça fait une ~. 상당히 오래 전의 일이야.

payé(e) [peje] *a.p.* 지불되는 일. congé ~ 유급 휴가. travail bien ~ 수지 맞는 일.

payement [pɛjmɑ̃] *n.m.* ① 지불; 채무의 상환; 지불 액수. faire un ~ 지불하다. délai de ~ 지불 기한. *d'avance* 기한전 지불; 예납(豫納). suspendre les ~*s* 지불 정지하다. ② 보답, 보수, 벌. *en ~ de*… ⓐ …의 대금으로. signer un chèque *en ~ de ses achats* (산) 물건값 대금으로 수표를 끊다. ⓑ …의 대가로, …의 보수로. *en ~ de ses services* 봉사의 보수로.

payen(ne) [pajɛ̃, -ɛn] *a., n.* =〖엣〗**païen**.

‡**payer** [pe[ɛ]je] [8] *v.t.* ①(돈·요금 따위를)치르다, 지불하다;(세금·집세·벌금 따위를), 납부하다;(빚 따위를)갚다. J'*ai payé* 200 francs. 나는 200프랑을 지불했다. ~ ses dettes 빚을 갚다. Chacun *paie* sa part. 각자 자기 몫을 낸다. ~ le tribut à la nature 《구어》일생의 빚을 갚다, 죽다. ②(사람에게)돈을 주다, 지불하다, 지급하다. ~ un employé 종업원에게 임금을 주다. ~ un créancier 채권자에게 빚을 갚다. être payé à la semaine 주급을 받다. ~ *qn en argent*[en nature] 현금[현물]으로 주다. se faire bien ~ (일꾼 따위가)많은 임금을 받다. ③ (돈을 주고)사다; 사주다, 한턱 내다. Combien avez-vous *payé* cette robe? 이 옷을 얼마 주고 샀읍니까? Il a *payé* une bague de diamant à sa femme. 그는 아내에게 다이아몬드 반지를 사주었다. Viens, je te *paie* un verre. 이리 오게, 한잔 내게. ~ à dîner 저녁을 사주다. ④| ~ *qn de* (qc)(에게)(에게)보답하다, 보상하다. On *l'a bien payé de* ses services. 그가 한 일에 대해서는 충분히 보상되었다. ~ *qn de belles paroles* 번지르르한 말로 매우다. ~ *qn d'ingratitude* 은혜를 원수로 갚다. ⑤(죄값 따위를)치르다, 갚다, 앙갚음하다. ~ sa faute 과실을 보상하다. Vous me *paierez* cette injure. 이 모욕의 대가는 꼭 갚고 말겠다. Il me *payera*. 이놈 어디 두고보자. ~ *qn de la même monnaie* …에게 똑같은 앙갚음을 하다. ⑥(희생을 치르고)얻다, 손에 넣다, 획득하다. victoire qu'on a *payé* très cher 비싼 희생을 치르고 얻은 승리. ~ *qc* de sa santé 건강을 희생으로 얻다. être payé pour savoir que… 쓰라린 경험을 통해 …을 알고 있다. ⑦이롭게 하다, 수지맞게 하다. Ce n'est pas *payé*. 이것은 수지가 맞지 않는다.

—*v.i.* ①돈을 치르다, 지불하다. ~ comptant 현금으로 지불하다. avoir de quoi ~ 지불 능력이 있다. ~ de sa poche[de ses deniers] 자기 돈으로 지불하다. Cela est à ~. 그것은 돈을 낼 만하다[훌륭하다]. ②이익이 되다, 수지맞다. Ce travail *paie* bien. 이 일은 아주 수지맞는다. La guerre ne *paie* pas. 전쟁이란 이로울 것이 없다. ③희생(대가)를 치르다, 벌을 받다. Il a *payé* pour tout le monde. 그는 모든 사람들을 위해 희생이 되었다. ~ pour les autres 다른 사람들 대신에 벌을 받다.

④|~ *de*| (으로)맞서다. ~ *de sa personne* (위험한 일 따위에)몸소 맞서다; 자기 몸[의무]를 다하다. ~ *d'audace* 과감하게 맞서다; 뻔뻔스럽게 밀고 나가다. ~ *d'effronterie* 뻔뻔스럽게 맞서다[밀고 나가다].

—**se ~** *v.pr.* ①《*se* 는 간접목적보어》자신에게 제…을[를]즐기다, 《반어적》…한 꼴을 당하다. *se ~ un agréable voyage* 기분 좋은 여행을 즐기다. *se ~ du bon temps* 즐겁게 지내다. *s'en ~* (une tranche) 《속어》즐겁게 지내다. *se ~ un zéro en biologie* 생물에서 빵점을 맞다. ② *se* 는 직접목적보어》돈을 받다; 보답(앙갚음)을 받다;《수동적》지불되다. Voilà 100 francs, *payez-vous*. 여기 100프랑 있으니 받으세요. Tout *se paie*. 모든 일에는, 그 대가를 치르게 마련이다, 인과응보. Cela ne *se paie* pas. 그것은 돈으로는 살 수 없다, 매우 귀중한 것이다.

se ~ de mots 빈말로만 만족하다.

payeur(se) [pɛjœ:r, -ø:z] *n.* 지불인, (관청 따위의)지불 담당자. trésorier-~ général (관청의)지불 담당관. Les conseillers ne sont pas les ~*s*.《속담》충고자가 돈까지 지불해주는 않는다.
—*a.* 지불의. bureau ~ 지불담당 부서. 〔裝〕.

payol [pajɔl] *n.m.* 〖해양〗 배의 밑바닥 내장(內

:pays¹ [pei] *n.m.* ① 나라. beau ~ de France 아름다운 나라 프랑스. ~ étrangers 외국. ~ agricole (industriel) 농업(공업)국. ~ développé(en voie de développement) 선진(개발도상)국.
② (국내의)지역, 지방, 지대. ~ du ~ 그 지방 출생(특산물)이다. ~ chaud(froid, tempéré) 열대 (한대·온대) 지방. ~ perdu 궁벽한 지방, 벽지. ~ montagneux(de montagne) 산악 지대. ~ plat 평원 지대. habitudes(traditions, langage) du ~ 그 지방의 습관(전통·언어). Il n'est pas du ~. 그는 그 지방 사람이 아니다.
③ 태어난 고장, 고향; 조국. ~ natal 고향. quitter son ~ 고향을 떠나다. avoir le mal du ~ 고향을 그리워하다, 회향병에 걸리다. dans mon ~ 내 고향에는. La Gascogne, ~ de Montaigne 몽테뉴의 고향인 가스코뉴. mourir pour son ~ 조국을 위해 죽다, 전사하다.
④ 국민; (한 지방의)주민. Tout le ~ en a parlé. 온 주민들이 그 얘기를 했다.
⑤ 작은 마을. habiter un petit ~ 작은 마을에 살다. *être bien de son* ~ 〖구어〗단순하다, 미숙하다, 세상물정을 모르다.
faire voir du ~ *à qn* …에게 시련을 겪게 하다, 호된 꼴을 당하게 하다.
voir(〖옛〗*battre*) *du* ~ (많은)여행을 하다; 세상을 보다; 고생을 하다.

pays²(e) [pei, -i:z] *n.* 〖구어〗동향 사람, 같은 고을 사람. C'est ma ~e. 그녀는 나와 동향이다.

paysage [pe(j)iza:ʒ] *n.m.* ① 경치, 풍경. admirer un ~ 넋을 잃고 아름다운 경치를 바라보다. ~ riant 아름다운 풍경. ~ champêtre(urbain) 전원(도시) 풍경. ② 풍경화; 풍경 묘사. ~ à l'huile(à l'aquarelle) 유화(수채화)의 풍경화. faire du ~ 풍경 (화)를 그리다. ③ 전경(panorama). Arrivé au sommet, on découvre un ~ magnifique. 정상에 이르면 멋진 광경을 보게 된다. ④ 상황, 생황. ~ politique(social, économique) 정치적(사회적·경제적) 상황.
Cela fait bien dans le ~. 〖구어〗그것은 좋은 결과를 낳는다(반어적으로도 씀).

paysager(ère) [pe(j)izaʒe, -ε:r] *a.* 풍경화식의, 산수화 같은. jardin ~ 산수화 같은 정원.
paysagisme [pe(j)izaʒism] *n.m.* 풍경화, 풍경화법.
paysagiste [pe(j)izaʒist] *n.* 풍경화가; 조경사. (~ jardinier ~ 조경사.

***paysan(ne)** [pe(j)izã, -an] *n.* 농부, 농민; 시골(촌) 사람; 촌스러운 사람, 버릇없는 사람. riche ~ 부농. Quel ~ ! 무례한 놈아 ! le ~ du Danube 직언으로 칭찬받은 사람(La Fontaine 의 우화에서).
à la ~ne 시골풍의(으로).
—*a.* ① 농부의(같은), 시골풍의; 촌스러운. ② (보르도 와인의)영세업자 제조의.

paysan(n)at [pe(j)izana] *n.m.* 〖집합적〗농부, 농민 계급.
paysannerie [pe(j)izanri] *n.f.* ① 〖집합적〗농민. vie de la ~ française 프랑스 농민의 생활. ② (때로 경멸)시골뜨기 티(농촌생활을 묘사하는)농촌문학, 농민소설 〖극〗. ③ 〖옛〗농민의 신분.
paysannesque [pe(j)izanεsk] *a.* 시골풍(風)의, 농부 같은.
Pays-Bas (les) [lepe(j)ibɑ] *n.pr.m.pl.* 〖지리〗네덜란드.
payse [pei:z] *n.f.* ⇨ pays².
Pb 〖약자〗plomb 〖화학〗납.
P.-B. 〖약자〗les Pays-Bas 〖지리〗네덜란드.
P.C. 〖약자〗① poste de commandement 〖군사〗사령부. ② parti communiste 공산당. ③ petite ceinture 파리 주변 순환버스.

p.c. 〖약자〗pour cent 퍼센트.
p/c 〖약자〗pour compte …의 계정으로; 지불금의 일부로서.
P.C.B. 〖약자〗certificat d'études physiques, chimiques et biologiques 〖학교〗물리·화학·생물학 수료증서(의학과정 진학시험 합격증서; 1962년에 폐지되고 C.P.E.M.으로 대체됨).
P.C.C. 〖약자〗pour copie conforme 원본(原本)과 상위 없음을 증명함.
P.C.E.M. [peseaεm] (< *premier cycle d'études médicales*) *n.m.* 의학과정의 제 1 기 (의학과정의 최초의 2 년간).
P.C.F. 〖약자〗parti communiste français 프랑스 공산당.
P.C.V. [peseve] (< *paiement contre vérification*) *n.m.* (수신인의 동의를 얻은)수신인불 통화.
Pd 〖약자〗palladium 〖화학〗팔라듐.
pd 〖약자〗pied 피트.
p.d. 〖약자〗port dû 운임 선불.
P.D.A. 〖약자〗pour dire adieu 작별 인사로.
P.-de-C. 〖약자〗Pas-de-Calais(프랑스의 도).
P.-de-D. 〖약자〗Puy-de-Dôme(프랑스의 도).
P.-D.G. [pedeʒe] (< *président-directeur général*) *n.m.* 대표이사 사장(*pédégé* 라고도 씀). restaurant pour ~ 고급 레스토랑.
pé [pe] *n.m.* P 의 호칭.
p.é. 〖약자〗parts(parties) égales 동량(同量), 등분.
péage [pea:ʒ] *n.m.* ① (도로·운하·교량 따위의)통행료. acquitter le ~ 통행료(입항세)를 지불하다. pont à ~ 유료 교량. autoroute à ~ 유료 고속도로. ② 통행료(입항세)징수소, 톨게이트.
péager(ère) [peaʒe, -ε:r] *n.* 통행료(입항세) 수납원. —*a.* 통행료의, 입항세의. taxe ~*ère* 통행료, 입항세.
péagiste [peaʒist] *n.* (고속도로의)통행료 징수원.
péan [peã] *n.m.* 〖고대그리스〗(아폴로에 대한)찬가; 군가, 승리의 노래; 축가.
***peau** [po] (*pl.* ~*x*) *n.f.* ① (사람의)피부, 살갗, 살결; (*pl.*)거스러미. ~ blanche 흰 피부. ~ lisse 매끈한 피부(살결). soins de beauté(des maladies) de la ~ 피부 미용 손질(피부병 치료). n'avoir que la ~ et(sur) les os 뼈와 가죽뿐이다, 피골이 상접해 있다. femme en ~ 몸매를 너무 많이 노출시킨 옷을 입은 여자. couper les ~*x* autour d'un ongle 손톱 거스러미를 자르다.
② (비유적)몸, 육체, 목숨, 생명. Il ne sait pas quoi faire de sa ~. 몸 둘 바를 모르다, 어쩔 줄 모르다. craindre pour sa ~ 그의 안부를 염려하다. vendre cher sa ~ 목숨을 버린 대신 더 큰 것을 얻다. jouer(risquer) sa ~ 위험을 무릅쓰다. sauver sa ~ 목숨을 건지다. faire la ~ à *qn* …을 죽이다. J'aurai ta ~. 〖속어〗어디 두고 보자.
③ (사람의)겉모양, 외모; 성미, 인품; 생활태도. Je ne voudrais pas être dans sa ~. 나는 저 녀석같이 되고 싶지는 않다. Il mourra dans sa ~. 그는 저대로 평생 변하지 않을 것이다. faire ~ neuve 탈바꿈하다; 생활(행동)양식을 일신하다; (뱀 따위가)허물을 벗다.
④ (동물의)가죽, 피혁. ~ de lapin 토끼 가죽. ~ tannée 무두질한 가죽. ~ verte 생가죽. gants en ~ d'agneau 새끼양 가죽의 장갑. ~ de tambour 북의 가죽. ~ d'âne 양피지; 졸업장(diplôme).
⑤ (과실 따위의)껍질, 껍데기; 나뭇껍질. enlever (ôter) la ~ d'un fruit 과일의 껍질을 벗기다. ~ de banane 바나나 껍질; (비유적)덫(바나나 껍질을 밟으면 미끄러지는 데서).
⑥ 껍질 같은 것; 엷은 막, 피막; (쇠고기의)건막 (腱膜); 〖야금〗(금속 제품의)표면. ~ de lait

(가열할 때 생기는)우유의 꺼풀. ~ plasmatique 세포막.
⑦《속어》ⓐ ~ de balle; ~ de zébie; 《옛》la ~ 아무것도 없음, 무(rien du tout). travailler pour la ~ 공짜로 일하다. ⓑ La ~! 말도 안돼! ⓒ 못난이, 갈보, 창녀(~ de chien); vieille ~ 빌어먹을 할망구; ~ de vache 무정한 녀석, 퉁명스런 사람. ***attraper*** qn par la ~ du cou(du dos) 《구어》(달아나려고 하는)…을 간신히 붙잡다.
avoir… dans la ~ 《구어》홀딱 반하다; (사물에)열중하고 있다, 빠져 있다.
crever dans sa ~ 《구어》몸이 터져나갈 듯이 뚱뚱하다; (분노·후회 따위로)곧 폭발할 것 같다.
dans la ~ *de* qn …의 입장에서; …대신에. Il est absolument incapable de se mettre *dans la* ~ *des autres*. 자신을 남의 입장에 놓는다는 것은 어림도 없는 일이다.
être bien dans sa ~ 느긋하게[편하게] 하고 있다.
ne pas tenir[durer] dans sa ~ (기쁨 따위로)가만히 있지 못하다.

peaucier [posje] *n.m.*, *a.* 피부·부착근(付着筋)(의). ~ du cou 활경근(闊頸筋).

peaufinage [pofina:ʒ] *n.m.* 새미가죽 가공; (정책 따위의)끝마무리.

peaufiner [pofine] *v.t.* ① 새미가죽으로 표면을 닦다. ② 공들여 (끝)손질하다.

Peau-Rouge [poru:ʒ] (*pl.* ~**x**-~**s**) *n.m.* 북미토인, 아메리카 인디언.

peausserie [posri] *n.f.* 무두질; 무두질한 가죽을 매매하는 상인, 가죽업(집합적). 피혁류(類).

peaussier [posje] *n.m.* 무두장이; 피혁상인.

pébrine [pebrin] *n.f.* (누에의)미립자병(病).

pébroc, pébroque [pebrɔk] *n.m.* 《은어》우산.

pec [pɛk] *a.m.* hareng ~ 새로 소금에 절인 청어.

pécaïre [pekaiːr] 《남프랑스》 *int.* 저런, 가엾어라(동정·감동을 나타냄).

pécari [pekari] *n.m.* 《동물》 (남미산의)멧돼지의 일종; (그)가죽.

peccable [pɛkabl] *a.* 《신학》죄짓기 쉬운, 잘못을 저지를 수 있는.

peccadille [pɛkadij] *n.f.* 《문어》가벼운 죄(罪); 작은 잘못.

peccant(e) [pɛkã, -ã:t] *a.* 《옛》결함이 있는, 불량한. humeurs ~*es* 불량한(병원성) 체액.

peccavi [pɛkkavi] 《라틴》 *int.* 내가 잘못이었다, 내가 나빴다(고백투). —*n.m.* dire son ~ 잘못했다고 말하다.

pecco [peko] *n.m.* =**péko(ë)**.

pechblende [pɛʃblɛ:d] 《독일》 *n.f.* 《광물》역청(瀝青)우라늄광(鑛)(péchurane).

pêche¹ [pɛʃ] *n.f.* ① 복숭아. avoir une peau de ~ 장미빛 도는 부드러운 피부(살결)를 갖고 있다. ② 《속어》때리기, 따귀치기. flanquer une ~ 따귀를 치다. recevoir une ~ 얼굴에 한대 얻어맞다. —*a.* 《불변》복숭아빛의, 진분홍색의.

*****pêche²** *n.f.* 《구어》낚시질, 고기잡이 ; 어업, 어획; (진주·산호·해초 따위의)채취. grande ~ 원양어업. petite ~; ~ côtière 연안어업. ~ à [de] la morue 대구잡이. ~ au filet 어망으로로 고기잡이. ~ *des perles* 진주 채취. ~ en rivière [en mer] 강[바다]낚시. ② 잡은 고기, 어획물이회. vendre sa ~ au marché 잡은 고기를 시장에 팔다. faire une heureuse ~ 고기를 많이 잡다. ③ 낚시터, 어장, 『법』어업권.
aller à la ~ 낚시질하러[고기 잡으러] 가다. 《구어》…을 찾아(구하러) 다니다;《속어》해고되어 다른 일자리를 찾아다니다. *aller à la* ~ aux renseignements 정보를 구하러 다니다.

*****péché** [peʃe] *n.m.* ① (종교·도덕상의)죄; 죄악. avouer[confesser] ses ~*s* 죄를 고해하다. faire [commettre] un ~ 죄를 짓다. les sept ~*s capitaux*(지옥에 떨어질) 7가지 큰 죄(orgueil, envie, avarice, luxure, gourmandise, colère, paresse), laid comme les sept ~*s capitaux* 매우 추하다. A tout ~ miséricorde. 남의 잘못을 용서할 줄 알아야 한다. ② 잘못, 과오; 약점. ~ de jeunesse 젊은 시절의 잘못(과오). ~ mignon 약점, 나쁜 버릇, 도락(단 것을 좋아한다든가 낚시질에 빠지는 따위).

*****pécher** [peʃe] ⑥ *v.i.* ① (종교·도덕상의)죄를 짓다, 과오를 범하다, 잘못을 저지르다; 규칙을 어기다. ~ mortellement(véniellement) 대죄(가벼운 죄)를 범하다. construction qui *pèche* contre la grammaire 문법에 맞지 않은 문장(구조). ~ contre la politesse 예절에 어긋나다. ② [~ par] (라는)결점이 있다, (의 점에서)결함이 있다. Il *pèche par* trop de timidité. 그의 결점은 지나치게 소심한 것이다. Cet ouvrage ne *pèche* que *par* trop d'esprit. 이 작품은 지나치게 재치를 부리려고 한 점이 결점이다.

*****pêcher¹** [peʃe] *v.t.* ① (고기를)낚다, 잡다; (진주 따위를)채취하다. ~ une carpe 잉어를 낚다. ~ un étang 연못의 물을 빼고 고기를 잡다. ~ *des perles* 진주를 캐다. ② 《구어》(뜻하지 않은 물건·별난 것 따위를)찾아내다, 캐내다(chercher, prendre). Où *avez-vous pêché* cela? 《구어》그것을 어디서 찾아냈읍니까? ③ (목적어 없이) 낚시질하다, 고기를 잡다. ~ à la ligne 낚시질을 하다. ~ au filet 그물로 물고기를 잡다. ~ en mer 바다낚시를 하다. ~ *au plat* 큰 접시에서 먹고 싶은 것을 덜어오다. ~ *en eau trouble* 혼란한 틈을 타서 이익을 얻다, 어부지리(漁夫之利).
—*se* ~ *v.pr.* (고기가)잡히다. L'anguille *se pêche* sous des rochers. 뱀장어는 바위 밑에서 잡힌다.

pêcher² *n.m.* 《원예》복숭아나무. couleur (de) fleur de ~ 복숭아 빛깔.

pechère [pɔʃɛːr], **péchère** [peʃɛːr] 《남프랑스》 *int.* =**pécaire**.

pécheresse [pɛ(e)ʃrɛs] *n.f.* ⇨**pécheur**.

pêcherie [pɛʃri] *n.f.* 어장(漁場); 《사투리》(항구의)생선 저장소.

pêchette [pɛʃɛt] *n.f.* (게 따위를 잡는)둥근 그물.

pécheur(eresse) [peʃœːr, -riz] *n.* (종교·도덕상의)죄인. ne pas vouloir la mort du ~ 지나친 징벌을 가하고 싶지 않다. vieux ~ 악에 젖은 사람.
—*a.* 죄의, 죄인의, 죄를 지은.

*****pêcheur(se)** [pɛʃœːr, -øːz] *n.* 어부; 낚시꾼; (진주 따위의)채취자; 해녀(海女). ~ à la ligne 낚시꾼. ~*se de perles* 진주 캐는 해녀. anneau du ~ 《가톨릭》(교황 봉인에 쓰이는)어부의 반지. ~ *de luxe* 멋쟁이 ~. ~ à la ligne 고기를 잡는. bateau ~ 어선.

péchurane [peʃyran] *n.m.* 《광물》=**pechblende**.

peck [pɛk] *n.m.* 펙(곡물 따위의 단위); 갈론;《약자》

pecnot [pɛkno] =**péquenot** [pɛk, pk].

pécoptéris [pekɔpteris] *n.m.* 《고대생물》(석탄층에서 발견되는)화석 양치류.

pécore [pɛkɔr] *n.f.* 《구어》젠체하는 여자(계집애);《옛》바보, 맹추; 짐승. —*n.* 《속어》《경멸》농사꾼.

pecque [pɛk] *n.f.* 《옛·구어》젠체하는 여자.   L군.

pectase [pɛktaːz] *n.f.* 《생화학》펙타아제.

pectate [pɛktat] *n.m.* 《화학》펙틴산염.

pecten [pɛktɛn] *n.m.* 《패류》가리비.

pectine [pɛktin] *n.f.* 《생화학》펙틴(과즙 중의 교소(膠素)).

pectiné(e) [pɛktine] *a.* 《생물》빗살 모양의. muscle ~ 【해부】 즐상근(櫛狀筋). —*n.m.* 【해부】 즐상근.

pectinibranche [pɛktinibrɑ̃:ʃ] 【동물】 *a.* 즐새목(櫛鰓目)의. —*n.m.pl.* 즐새목.

pectique [pɛktik] *a.* 【생화학】 펙틴의. acide ~ 펙틴산.

pectoral(ale, *pl.* **aux)** [pɛktɔral, -o] *a.* ① 가슴의, 흉부의. région ~*ale* 흉부. nageoires ~*ales* (물고기의) 가슴지느러미. croix ~*ale* 【가톨릭】 (주교 따위가) 패용하는 십자가. muscles ~*aux* 【해부】 흉근(胸筋). ② 호흡기 질환에 듣는; 기침을 멎게 하는. fleurs ~*ales* 호흡기 질환에 쓰이는 약초. pâte ~*ale*(sirop ~) 호흡기 질환용 연고[시럽]. —*n.m.* ① (갑옷의) 가슴받이; 가슴 장식. ② 【약】 호흡기 질환에 듣는 약(médicament ~). ③ (*pl.*) 흉근. bomber ses ~*aux* 가슴을 내밀다; 위풍당당하게 걷다.

pectoriloquie [pɛktɔrilɔki] *n.f.* (청진을 할 때) 말소리·기침소리가 직접 가슴에서 나오는 것같이 관찰되는 현상.

péculat [pekyla] *n.m.* 공금 유용[횡령].

péculateur [pekylatœ:r] *n.m.* 공금 유용자, 독직 공무원.

pécule [pekyl] *n.m.* 소액의 저축; (석방될 때 받는) 죄수의 임금; 【고대로마】 (노예가 자유를 사기 위해) 모은 돈. amasser un petit ~ 푼돈 두푼 모으다.

pécune [pekyn] *n.f.* 〖옛〗 (비꼼) 돈, 현금.

pécuniaire [pekynjɛ:r] *a.* 돈의, 금전상의, 재정상의. aide ~ 재정 원조, 재정 곤란. Il a de sérieux ennuis ~*s*. 그는 돈에 매우 곤란받고 있다. peine ~ 벌금.

pécuniairement [pekynjɛrmɑ̃] *ad.* 금전상으로.

pécunieux(se) [pekynjø, -ø:z] *a.* 〖옛〗 현금을 많이 가진.

péd-[1] *préf.* 「발」의 뜻.

péd-[2] *préf.* 「어린이·소년」의 뜻.

pédagogie [pedagɔʒi] *n.f.* (아동) 교육법; 교육학; 교육자의 자질; 교육적 감각.

pédagogique [pedagɔʒik] *a.* 교육법의; 교육학의; 교훈적인; (경멸) 현학(衒學)적인. nouvelles méthodes ~*s* 새로운 교육 방법. psychologie ~ 교육심리학. certificat d'aptitude ~ 교사 자격증.

pédagogiquement [pedagɔʒikmɑ̃] *ad.* 교육적으로; 현학적으로.

pédagogisme [pedagɔʒism] *n.m.* (경멸) 교육자연함; 현학적임.

pédagogue [pedagɔg] *n.* ① 교육자, 교사. ② (경멸) 현학자, 독선가(獨善家). ③ 【역사】 (옛날에 아동이 학교갈 때 시중드는) 노예; 가정교사. —*a.* 교육자적 소질이 있는.

pédal(ale[1], *pl.* **aux)** [pedal, -o] *a.* 【수학】 (3각형이) 수선의 발을 정점으로 하는.

*****pédale**[2] [pedal] *n.f.* ① 페달. ~*s* d'une bicyclette 자전거의 페달. appuyer sur les ~*s* 페달을 밟다. à toutes ~*s* 자전거를 전속력으로 밟아서. ~ d'une machine à coudre 재봉틀의 페달. note de ~ 【음악】 페달음. poubelle à ~ 페달식 휴지통. ② 자전거; 자전거 경기(경주). ③ 동성연애자 (남자). être de la ~ 동성연애자이다.

pédalée [pedale] *a.f.* feuille ~ 【식물】 새발처럼 생긴 잎.

pédaler [pedale] *v.i.* 페달을 밟다; 〖속어〗 자전거로 가다(달리다); 〖구어〗 빠른 걸음으로 가다.

pédaleur(se) [pedalœ:r, -ø:z] 〖구어〗 *a., n.* 자전거를 타는 (사람).

pédalier [pedalje] *n.m.* ① (자전거 따위의) 크랭크 장치. ② 【음악】 (파이프 오르간의) 페달 건반; (피아노의) 페달.

pédalo [pedalo] *n.m.* 페달보트.

pédané [pedane] *a.m.* juge ~ 【고대로마】 (기립한 채 재판하는) 하급 재판관.

pédant(e) [pedɑ̃, -ɑ̃:t] *n.* ① (경멸) 학자연하는 사람, 현학자. ② 〖옛〗 교사, 선생(pédagogue). —*a.* 현학적인, 유식한 체하는. prendre un ton ~ 유식한 체하다.

pédanterie [pedɑ̃tri] *n.f.* 학자연함, 유식한 티를 냄, 현학적인 태도.

pédantesque [pedɑ̃tɛsk] *a.* 학자연하는, 현학적인.

pédantesquement [pedɑ̃tɛskmɑ̃] *ad.* 학자연하게, 현학적으로.

pédantiser [pedɑ̃tize] *v.i.* 학자연하다, 유식한 티를 내다.

pédantisme [pedɑ̃tism] *n.m.* 학자연함, 유식한 티를 냄, 현학적인 태도.

pédard [peda:r] *n.m.* 자전거를 타는 사람(cycliste).

-pède *suff.* 「발」의 뜻.

pédé [pede] *n.m.* 〖속어〗 *n.m.* = **pédéraste.** —*n.f.* = **pédérastie.**

pédéraste [pederast] *n.m.* 남색가(sodomite).

pédérastie [pederasti] *n.f.* 남색, 계간, 비역.

pédérastique [pederastik] *a.* 남색의[에 관한], 계간의, 비역의.

pédèse [pedɛ:z] *n.f.* 【물리】 브라운 운동(미립자의 열운동).

pédestre [pedɛstr] *a.* 걸어서 가는, 도보의. randonnée ~ 하이킹. statue ~ 도보상(徒步像)(기마상에 대해서 걷고 있는 사람을 나타냄). voyage ~ 도보 여행.

pédestrement [pedɛstrəmɑ̃] *ad.* 걸어서, 도보로(à pied). voyager ~ 도보여행하다.

pédestrian [pedɛstri(j)an] *n.m.* 걷는 사람; 【스포츠】 경보자(競步者).

pédestrianisme [pedɛstri(j)anism] *n.m.* 도보주의; 【스포츠】 경보 경주.

pédestrien(ne) [pedɛstri(j)ɛ̃, -ɛn] *n.* =**pédestrian.**

pédi-[1] *préf.* 「발」의 뜻.

pédi-[2], **pédo-** *préf.* 「어린이·소아」의 뜻.

pédiatre [pedjatr] *n.* 소아과 의사.

pédiatrie [pedjatri] *n.f.* 소아과(의).

pédibus [pedibys] 〖라틴〗 *ad.* 〖구어〗 도보로.

pédicellaire [pedisɛlɛ:r] *n.m.* 【동물】 (성게의) 위가시.

pédicelle [pedisɛl] *n.m.* 【식물】 작은 꽃자루; 【곤충】 (더듬이의) 경절(梗節)(둘째 마디).

pédicellé(e) [pedisɛle] *a.* 【식물】 작은 꽃자루의.

pédiculaire [pedikylɛ:r] *a.* 【의학】 이(虱)의(에 관한). —*n.f.* 【식물】 송이풀의 일종.

pédicule [pedikyl] *n.m.* 【식물】 (양치류 따위의) 잎자루; 버섯자루, 균병(菌柄); 【동물】 육경(肉莖). ③ 【건축】 (세례반의) 받침.

pédiculé(e) [pedikyle] *a.* 잎자루가 있는; 균병이 있는, 육경이 있는.

pédiculose [pedikylo:z] *n.f.* 이(虱)로 인한 병(phtiriasis).

pédicure [pediky:r] *n.* 발(의 굳은 살·티눈 따위)를 치료하는 사람.

pédicurie [pedikyri] *n.f.* 발치료.

-pédie[1] *suff.* 「발」의 뜻(예: bipédie 두발보행성).

-pédie[2] *suff.* 「교육하다」의 뜻(예: encyclopédie 백과사전).

pédieux(se) [pedjø, -ø:z] *a.* 발의[에 관한]. muscle ~ 【해부】 단지신근(短趾伸筋).

pedigree [pedigri] 〖영〗 *n.m.* (순종 동물의) 혈통서(표); (익살) (귀족 따위의) 혈통, 가문. hobereau très fier de son ~ 가문을 무척 뽐내는 시골귀족.

pédiluve [pedily:v] *n.m.* 【수의】 (동물 따위의) 발

pédimane [pediman] *a.* 【동물】 엄지발가락이(사람의 손처럼) 분리되어 있는.

pédiment [pedimɑ̃] 《영》 *n.m.* 【지질】 얇은 충적층(沖積層)으로 덮인 암석 지질(地質).

pédimentation [pedimɑ̃tɑsjɔ̃] *n.f.* 충적층 형성으로 인한 기복의 변화.

pédipalpe [pedipalp] *n.m., a.* 【동물】 거미류의 일종 (외형은 전갈 비슷하나 독이 없음)(의).

pédiplaine [pediplɛn] *n.f.* 【지질】(충적층 암석지질의) 침식면.

pédiplanation [pediplanasjɔ̃] *n.f.* 【지질】(충적층의 형성으로 경사가 점차 완만해져) 평면해짐.

pédo-¹ *préf.*「어린이·소년」,「교육하는」의 뜻.
pédo-² *préf.*「지면·토양」의 뜻.

pédoclimax [pedoklimaks] *n.m.* 【지질】 생태적 변이 없이 자연적 항유지가 이루는 균형.

pédodontie [pedodɔ̃ti] *n.f.* 【치과】(유아의) 이 치료.

pédoge(é)nèse [pedoʒə(e)nɛz] *n.f.* ① 【생물】유생생식(幼生生殖). ② 【지질】토양생성(론).

pédogénétique [pedoʒenetik] *a.* ① 【생물】유생생식의. ② 【지질】토양생성(론)의.

pédologie¹ [pedɔlɔʒi] *n.f.* 아동학, 육아학.
pédologie² *n.f.* 토양학(土壤學).

pédologique [pedɔlɔʒik] *a.* 토양학적인.

pédologue [pedɔlɔg] *n.m.* ① 토양학자. ② 《드물게》아동학자(paidologue).

pédomètre [pedɔmɛtr] *n.m.* 보도계(步度計)(podomètre).

pédonculaire [pedɔ̃kylɛːr] *a.* 【식물】 꽃자루(꽃꼭지)의, 화경(花梗)의.

pédoncule [pedɔ̃kyl] *n.m.* 【동물】육경(肉莖), 육각(肉脚); 【해부】뇌각(腦脚); 【식물】꽃자루[꽃꼭지].

pédonculé(e) [pedɔ̃kyle] *a.* 【동물】육경이 있는; 【식물】꽃자루가 있는, 꽃자루에 생기는.

pédophile [pedofil] *a., n.* 어린이에게 성적 매력을 느끼는(사람).

pédophilie [pedofili] *n.f.* 페도필리(소년·소녀에게 성욕을 느끼는 경향).

pédotechnie [pedotɛkni] *n.f.* 육아법(育兒法).

pédum, pedum [pedɔm] *n.m.* ① 【고대로마】목자(牧者)의 지팡이. ② 【동물】판새류(瓣鰓類)에 속하는 연체 동물의 일종.

pedzouille [pɛdzuj] *n.* 《보통 *m.*》《속어》《경멸》시골뜨기.

peeling [piliŋ]《영》 *n.m.* 【의학】 피부박리수술.

pégamoïd [pegamɔid] *n.m.* 인조피혁의 일종.

Pégase [pegaːz] *n.pr.m.* ① 【그리스신화】페가수스《날개 달린 천마(天馬)》; 시적(詩的) 감흥의 상징》. ② 【천문】 페가수스자(座). *monter sur* [*enfourcher*] ~ 시를 쓰다. —*p—n.m.* 【어류】페가수스속(屬)《인도양·태평양의 날치의 일종》.

pegmatite [pɛgmatit] *n.f.* 【광물】 결정(結晶) 화강암, 페그마타이트.

pégomansie [pegomɑ̃si] *n.f.* 《우물로 점치는》우물점.

pégot [pego] *n.m.* ① 【조류】 멧새의 일종. ② 로크포르(*Roquefort*)산 치즈의 끈적한 표피층(表皮層).

pègre [pɛgr] *n.f.* 도둑의 집단. *haute*[*basse*] ~ 큰 도둑[좀도둑] 집단.

pehl(e)vi [pɛlvi] *n.m.* 【언어】중기(中期) 이란어, 펠비어(語).

peignage [pɛɲaʒ] *n.m.* 【직물】(섬유를 빗어 고르게 하는)소모공정(梳毛工程).

***peigne¹** [pɛɲ] *n.m.* ① 빗, 머리빗. ~ *de coiffure* (머리에 꽂는) 빗. ~ *fin* 참빗. *gros* ~ (빗살이 굵은) 얼레빗. *se donner un coup de* ~ 머리를 빗다. 【직물】(섬유를 빗어 고르게 하는) 얼레빗. ③ 【패류】 국자가리비속(屬). ④ 【생물】(새·파충류의 눈에 있는 빗 모양의) 돌기, 막; (전갈 등 절지동물의) 발끝에 난 속(屬).

donner un coup de ~ *à qn*《영》…을 때리다, 한 갈기다.

passer au ~ *fin* 샅샅이 조사하다[뒤지다]. *La police a passé les locaux au* ~ *fin.* 경찰은 그 구역을 샅샅이 뒤졌다.

peigne² *peindre, peigner*의 접속·현재·1[3]·단수.

peigné(e¹) [pɛ(e)ɲe] *a.p.* ① (양털이) 빗질을 한; 빗어서 고르게 된. *laine* ~*e* 빗질한 양털, 소모, 소모직물. ② (비유적) 손질이 잘 된, 공들여 다듬은; (여자 따위가) 지나치게 몸단장을 한.
 —*n.f.* *une mal* ~*e* 산발한 여자, 불결한 여자.
 —*n.m.* 【직물】 소모사(梳毛絲); 소모물.

peigne-battant [pɛɲbatɑ̃] *n.m.* 【직조】 소모기(梳毛機)와 연결된 날이 가는 틀.

peigne-cul [pɛɲky] (*pl.* ~-~*s*) *n.m.* 《속어》《경멸》 천한 사람; 교양 없는 사람.

peignée² [pɛ(e)ɲe] *n.f.* ① 【직물】 (직공이 한 번에 빗어 고르는)섬유의 양. ② 《속어》때리기, 일격(一擊). *donner*(*recevoir*) *une bonne* ~ 늘씬하게 때려주다(얻어 맞다).

***peigner** [pɛ(e)ɲe] *v.t.* ① (빗으로)빗어주다, 빗질하다; [~ *qn*] (의)머리를 빗어주다. ~ *sa perruque* 자기 가발을 빗질하다. ~ *un chien*(*la crinière d'un cheval*) 개 (말갈기)를 빗어주다. ~ *sa fille* 딸의 머리를 빗기다. ② 【직조】(양모·마 따위)를 얼레빗질하다, 소모(梳毛)하다(démêler); 【원예】(밧줄의)꼬인 끝을 풀다. ③ 《옛》《비유적》(공들여)다듬다(polir). ~ *son style* 문장을 다듬다.
 —*se* ~ *v.pr.* ① 자기 머리를 빗다. *Va te* ~. 머리나 빗어라. ② 《속어》(특히 여자들끼리) 머리털을 맞붙잡고 싸우다, 드잡이하다(*se battre*).

peignerie [pɛɲri] *n.f.* 【직조】 소모(梳毛)공업.

peigneur(se) [pɛɲœːr, -øːz] *a.* 【직조】 양모 따위를 얼레빗질하는, 소모하는. —*n.* 소모직공[여직공](*ouvrier* ~, *ouvrière* ~*se*). —*n.f.* 소모기.

peignier [pɛ(e)ɲe] *n.m.* 빗 제조공; 빗 장수.
 —*a.* 빗의.

peign-is, -it, etc. [pɛ(e)ɲi]⇨*peindre.*

peignoir [pɛɲwaːr] *n.m.* ① (타월 천의)화장복, 가운 (여자가 아침에 입는)가벼운 실내복. *recevoir en* ~ 실내복 바람으로 (방문객을) 맞이하다. ② (권투선수의)가운. ③ (이발소·미장원 따위에서 고객에게 입히는) 가운.

peignons [pɛɲɔ̃] *n.m.pl.* 【직조】(마·소모사·면사 따위의)고르게 얼레빗질을 한 섬유.

peignures [pɛ(e)ɲyːr] *n.f.pl.* 《드물게》(머리를 빗을 때 빠진)머리털.

peille [pɛj] *n.f.* (제지용(製紙用)의)넝마.

peinard(e) [pɛnaːr, -ard] *a.* 《속어》조용한, 한가로운; (일 따위가)힘들지 않는, 고되지 않는. *rester* (*se tenir*) ~ 조용히(편안히) 지내다. *emploi bien* ~ 힘들지 않는 직책. *vie* ~*e* 편안한 생활.
 père ~ 속 편안한(느긋한) 사람. *travailler en père* ~ 속 편하게 (느긋하게) 일하다.
 —*n.* 《속어》 마음편한 (태평한) 사람.

peinardement [pɛnardəmɑ̃] *ad.* 《속어》조용히, 한가롭게. *Il s'est tenu* ~ *chez lui.* 그는 조용히 자기 집에 있었다.

***peindre** [pɛ̃ːdr] [27] *v.t.* ① 칠하다, 색칠하다, 채색(착색)하다. ~ *un mur à neuf* 벽을 다시(새로) 칠하다. ~ *en gris*[*en bleu*] 회색(푸른색)으로 칠하다. ② (그림을) 그리다; (목적보어 없이) 그림을 그리다. ~ *une flèche sur une plaque* 표지판에 화

살표를 그리다. ~ à l'aquarelle[à l'huile] 수채화 [유화]를 그리다. ~ qn en beau[en laid] …을 예쁘게[밉게] 그리다. se faire ~ 자기의 초상화를 그리게 하다. ~ des paysages 풍경화를 그리다. ③ 《비유적》묘사하다, 그리다; 생생하게 표현하다. Balzac *a peint* des types variés de la société de son temps. 발자크는 그 시대의 사회의 여러 가지 타입의 사람들을 묘사했다. 《주어는 사물》Cette action *le peint* bien. 이 행동은 그를 잘 나타내고 있다. ④《옛·속어》화장하다(farder, maquiller). *être (fait) à ~* 그림 그리고 싶을 만큼[그림같이] 아름답다.
— *se* — *v.pr.* ① 자화상을 그리다; 자기(의 심정)을 표현하다. L'auteur *se peint* dans ses ouvrages. 그 작가는 작품 속에 자신을 그리고 있다. ② 《수동적》표현되다; 표시되다. Sa douleur ne saurait *se ~*. 그의 고통은 아마 글로도 말로도 표현될 수 없으리라. La stupéfaction *se peint* sur son visage. 놀라움이 얼굴에 나타나 있다. ③《옛》화장하다.

‡peine [pɛn] *n.f.* ① 고뇌, 마음의 고통(affliction, ↔joie); 슬픔, 비애(chagrin, ↔gaieté); 근심, 걱정. partager la ~ de qn …와 고통[슬픔]을 함께 나누다. consoler un ami dans la ~ 고통받고 있는 친구를 위로하다. Elle m'a raconté ses ~s de cœur toute la soirée. 그녀는 저녁내내 자기 사랑의 슬픔을 나에게 얘기해 주었다.
② 노고, 노력; 수고. Ce travail demande de la ~. 이 작업에는 꽤 노력이 필요하다. homme de ~ 육체 노동자. C'est ~ perdue. 그것은 헛수고이다. à grand-~; avec ~ 간신히, 무척 힘들게.
③ 곤란, 장애 (embarras).
④ 벌, 형벌(châtiment, pénalité). ~ sévère 중벌. ~ pécuniaire 벌금형. ~ corporelle[afflictive] 체형. ~ correctionnelle 징역형. ~ capitale [de mort] 사형. prononcer une ~ 형을 선고하다. purger sa ~ en prison 형무소에서 형을 치르다. ~s éternelles 《신학》영원한 형벌. être comme une âme en ~ 《비유적》몹시 고통스럽다[불행하다].
à ~ @ …하자마자, 이제 막. *À ~* endormi, il se mit à ronfler. 잠들자마자 그는 코를 골기 시작했다. *À ~* suis-je dans la rue, voilà un violent orage qui éclate. 내가 거리에 나서자마자 큰 소나기가 퍼붓는다. [*à ~ ... que...*] *À ~* étiez-vous parti qu'il arrivait. 당신이 떠나자마자 그가 도착했다 《문장의 첫머리에 놓이면 흔히 주어가 도치됨》. ⓑ 《부정적》거의 …않은; 《긍정적》가까스로, 겨우. viande *à ~* cuite 거의 익혀지지 않은 고기. Il sait *à ~* nager. 그는 겨우 수영할 줄 모른다. J'ai *à ~* commencé. 나는 겨우 시작했을까 말까이다. [*à ~ si...*] C'est *à ~ si* je le connais. 나는 그를 거의 모른다. ⓒ 《수사와 함께》고작. Il y a *à ~* huit jours. 기껏해야 8일 전이다. ⓓ 《옛》간신히, 가까스로, 무척 힘들게 (avec peine).
avoir (de la) ~ à + inf. …하기 힘들다, 손쉽게 …할 수가 없다. J'ai ~ à croire qu'il n'y ait pas d'autre solution. 다른 해결 방도가 없다고는 생각지 않는다. J'ai eu toutes les ~s du monde à le trouver. 내가 그것을 찾아낸 것은 참으로 쉬운 일이 아니었다. *C'est la ~ de + inf. (que + sub.)* …할 필요가 있다《주로 부정문 또는 의문문에 쓰임》. *Ce n'est pas la ~* de me le répéter. 그것을 나에게 거듭 말할 필요는 없다. Est-ce *la ~* de passer tant de temps à un travail qui n'intéresse personne? 아무도 관심을 가지지 않는 일에 그렇게 많은 시간을 소비할 필요가 있는가.
en être pour sa ~ 쓸데없이 고생만 하다, 수고가 헛되다.

être [se mettre] en ~ pour qn …을 위해 근심하다. Ne vous *mettez* pas *en ~ pour* moi, je me débrouillerai bien. 저 때문에 걱정하지 마십시오, 잘 해결해 나갈테니까.
faire de la ~ à qn …을 괴롭히다, …에게 걱정을 끼치다(affliger, peiner). Je ne voudrais pas te *faire de la ~*, mais il faut que je te dise la vérité. 너를 괴롭히고 싶지는 않지만 네게 진실을 말해 주어야만 하겠다. Ça me *fait de la ~* de te voir aussi triste. 네가 그렇게 슬퍼한 것을 보니 마음 아프다.
mourir à la ~ 일하던 중에 쓰러지다, 죽도록 일(노력)하다. J'y réussirai ou je *mourrai à la ~*. 죽는한이 있더라도 성공하고야 말겠다.
pour ta[la] @ 벌로. Tu es en retard; *pour ta ~* tu laveras la vaisselle. 너는 지각했으니까 벌로 설거지를 해야 해. ⓑ 보상으로. Merci pour tout, *pour la ~* je t'emmène au cinéma dimanche. 여러가지로 고맙네, 그 답례로 일요일에 영화관에 데려 갈께.
prendre la ~ de + inf. …하기를 잊지 않다, …하는 수고를 하다《메모를 갖추어서 권하는 형식》. *Prenez la ~* de vous asseoir. 앉으십시오.
sous ~ de 《위반하면》…의 형벌을 받는다는 조건으로. 《Défense d'afficher sous ~ d'amende》《광고 부착 금지, 위반하면 벌금에 처함》.
Toute ~ mérite salaire. 《속담》어떠한 일[봉사]에도 대가가 있어야 한다.
valoir la ~ de + inf. (que + sub.) …할 만한 가치가 있다. Cela ne *vaut pas la ~ d*'en parler. 그것은 언급할 만한 가치가 없다. Elle ne *vaut pas la ~* qu'on fasse attention à elle. 그녀는 사람들의 주목을 끌 만한 여자가 못된다.

peiné(e) [pɛ(e)ne] *a.p.* ① 걱정한, 근심한, 고생한, 슬퍼하는. ② 매우 애쓴, 공들인; 어색한.

peiner [pɛ(e)ne] *v.t.* 괴롭히다(affliger); 슬프게 하다; 불쾌감을 주다(déplaire); 피로하게 하다(fatiguer). Cette nouvelle m'*a* beaucoup *peiné*. 이 소식은 나를 대단히 슬프게 했다. [*être peiné de + inf.*] Je *suis peiné de* ne pouvoir rien faire pour vous. 당신을 위해 아무것도 할 수 없어 마음 아픕니다.
— *v.i.* 고생하다, 애쓰다(se fatiguer, s'efforcer). J'*avais peiné* comme Sisyphe. 나는 시지프스처럼 고생했다. 《주어는 사물》voiture qui *peine* dans une montée 경사진 곳을 힘겹게 올라가는 차.
— *se* — *v.pr.* 《옛》고생하다, 애쓰다.

pein-s, -t [pɛ̃] ⇨peindre.

peint(e) [pɛ̃, -ɛ̃t] (*<peindre*) *a.p.* 색칠한, 빛깔로 장식된; 짙은 화장을 한. papier ~ 벽지. femme ~*e* 짙은 화장을 한 여자.

‡peintre [pɛ̃tr] *n.m.* ① 화가. ~ figuratif [abstrait] 구상[추상] 화가. ~ de portrait 초상화가. ~ du dimanche 일요화가. artiste ~ 화가《페인트공과 구별하기 위해 쓰는 말》. femme ~ 여류화가. ② 페인트공. ~ en bâtiment(s) 페인트공, 도장공(塗装工). ~ décorateur (도장 전문의) 실내장식가. ③ 《비유적》 (을) 묘사하는 사람[작가]. Il fut un ~ fidèle de son temps. 그는 당대를 충실히 묘사한 작가였다.

peintre-graveur [pɛ̃trəgravœ:r] (*pl.* ~*s*-~*s*) *n.m.* (원화를 자기가 그리는) 판화가, 창작 판화가.

peintresse [pɛ̃trɛs] *n.f.* 《옛·구어》《익살 또는 경멸》 여류화가 (femme peintre).

peintre-vitrier [pɛ̃trəvitri(j)e] (*pl.* ~*s*-~*s*) *n.m.* 칠과 유리 끼우는 일을 겸해 하는 직공.

‡peinture [pɛ̃ty:r] *n.f.* ① 그림, 회화(tableau); 회화 작품, 화단(畫壇), 화법(畫法). ~ à l'aquarelle [à l'huile] 수채화[유화]. ~ figurative 구상화. ~

non-figurative(abstraite) 비구상[추상]화. ~ de genre 풍속화.
② (비유적)(풍속·성격 따위의 생생한)묘사; (사물의)모양. ~ de la société actuelle 현대 사회의 묘사.
③ 도장, 페인트칠, 채색; (칠해진)색채, 빛깔; 도료, 페인트, 채료, 그림물감. ~ en bâtiment(s) 건물의 칠. ~ au pistolet(au rouleau, à la brosse) 분사식(롤러식·붓으로 한) 채색. pot de ~ 페인트 통. ~ émaillée(mate) 광택(무광택) 페인트. appliquer la ~ 페인트를 칠하다. refaire les ~s d'un appartement 아파트를 새로 칠하다. Attention à la ~; P~ fraîche 칠주의.
avoir du goût pour la ~ 《구어》(비꼼)악취미를 갖다. Tu aimes cette fille? Tu *as du goût pour la ~*. 넌 이 여자를 좋아하니? 좋은 취미를 가졌군.
C'est un vrai pot de ~. 《구어》(짙은 화장을 한 여자를 가리켜)얼굴에 칠을 뒤집어 썼군.
ne pas pouvoir voir qn en ~ …은 꼴도 보기 싫다.
peinture-émail [pɛtyremaj] *(pl. ~s~)* *n.f.* 에나멜 페인트, 광택 페인트(peinture émaillée).
peinture-émulsion [pɛtyremylsjɔ̃] *(pl. ~s~s)* *n.f.* 유제(乳劑) 페인트.
peinturer [pɛtyre] *v.t.* (옛)(벽 따위를)도장하다, 칠하다; 《구어》(덕지덕지 더덕더덕 칠하다.
peintureur(se) [pɛtyrœːr, -ǿːz] *n.* 도장공, 칠장이; (드물게)엉터리 화가.
peinturlurage [pɛtyrlyraːʒ] *n.m.* 《구어》눈에 거슬리게(난하게)칠하기(칠한 것).
peinturlure [pɛtyrlyːr] *n.f.* 《구어》울긋불긋 야단스럽게 칠한 품격이 낮은 그림.
peinturlurer [pɛtyrlyre] *v.t.* 《구어》눈에 거슬리는 빛깔로 더덕더덕 칠하다, 울긋불긋 야단스러운 그림을 그리다.
—**se ~** *v.pr.* 짙게 화장하다. (se는 간접목적보어) *se ~ le visage* 얼굴에 짙은 화장을 하다.
péjoratif(ve) [peʒɔratif, -iːv] 《언어》 *a.* (말의 뜻을)나쁘게 하는, 비방적인, 경멸의 뜻을 나타내는.
—*n.m.* 경멸어(語), 비방어.
péjoration [peʒɔrasjɔ̃] *n.f.* 《언어》(말에)경멸적 의미의 부여, 비방법.
péjorativement [peʒɔrativmɑ̃] *ad.* 경멸적으로, 업신여겨. *mot employé ~* 경멸적으로 쓰이는 말.
péjorer [peʒɔre] *v.t.* 악화시키다(aggraver); 불리하게 하다(désavantager). *~ la circulation des trains* 열차의 운행을 악화시키다.
—**se ~** *v.pr.* 악화(약화)되다.
pékan [pekɑ̃] *n.m.* 《동물》물고기를 잡아먹는 노랑담비.
Pékin [pekɛ̃] *n.pr.m.* 《지리》베이징(北京)《중국의 수도》. —**p~** *n.m.* 《직물》(베이징 원산의)비단의 일종.
pékin² *n.m.* 《군대은어》(경멸)(군인 이외의)일반인, 민간(↔ militaire); 지방 사람. *se mettre (s'habiller) en ~* (군인이)사복을 입다.
pékiné(e) [pekine] *a., n.m.* 《직물》 농담(濃淡)무늬가 있는(직물).
pékinois(e) [pekinwa, -aːz] *a.* 《지리》베이징의. —**P~** *n.* 베이징 사람. —*n.m.* 《동물》발바리.
pékinologue [pekinɔlɔg] *n.* 중국 정책 전문가.
péko [peko], **pékoe, pékoé** [pekɔe] *n.m.* 페코차(茶)《인도산 고급 홍차》.
pelade [palad] *n.f.* ① 도살한 양에서 뽑아내는 양모(羊毛). ② 《의학》원형 탈모증(脫毛症).
pelage¹ [palaːʒ] *n.m.* (집합적)동물의 털(빛깔).
pelage² *n.m.* 짐승의 가죽에서 털을 뽑아내기.
pélagianisme [pelaʒjanism] *n.m.* 《종교사》펠라기우스파(派)의 교리《원죄설을 부인하고 인간의 자유의지를 강조한 *Pelagius*의 설》.
pélagien(ne)¹ [pelaʒjɛ̃, -ɛn] 《종교사》 *a.* 펠라기우스의 (에 관한). —*n.* 펠라기우스파 사람.
pélagien(ne)² *a.* =**pélagique**.
pélagique [pelaʒik] *a.* 원양의, 심해의, 바다의. *courants ~s* 원양해류. *dépôts ~s* 《지질》심해성 침전물, 심해 침전물. *île ~* 해양도(島).
pélagisme [pelaʒism] *n.m.* 심해 생활(의 조건).
pelain [palɛ̃] *n.m.* (무두질한 가죽을 만드는 데 쓰이는)석회수; 석회수를 넣은 수조(水槽).
pelainage [palɛnaːʒ] *n.m.* pelainer 하기.
pelainer [palɛne] *v.t.* (무두질하기 위해 가죽을)석회수에 넣다.
pélamide, pélamyde [pelamid] *n.f.* ① 《어류》가다랭이 무리. ② 《동물》바다뱀.
pelan [palɑ̃] *n.m.* =**pelain**.
pelanage [palanaːʒ] *n.m.* =**pelainage**.
pelaner [palane] *v.t.* =**pelainer**.
pelard [palaːr] *a.m.,a.m.* (bois) ~ (탄닌을 채취하기 위해)껍질을 벗긴 나무.
pelardeau [palardo] *(pl. ~x)* *n.m.* 《군사》에서 탄환 구멍을 틀어막는 데 쓰는)납이나 나무 토막으로 만든 마개.
pélargonium [pelargɔnjɔm] *n.m.* 《식물》양아욱, 제라늄의 일종.
pélasgien(ne) [pelasʒjɛ̃, -ɛn], **pélasgique** [pelaʒik] *a.* 펠라스기족(族) (*Pélasges*, 유사이전 그리스 등지에 살던 민족)의.
pelattage [palataːʒ] *n.m.* 동물의 가죽에서 털을 뽑아내기.
pelauder [palode] *v.t.* (옛)때리다, 두들겨주다.
—**se ~** *v.pr.* 서로 때리다(주먹질하다).
pelé(e) [pale] *a.* ① (가죽에)털이 없는, 탈모한. *crâne ~* 대머리. ② (과일·야채 가)껍질 벗겨진. *oignon ~* 껍질이 벗겨진 양파. ③ (밭·산 따위에)농작물이 없는, 초목이 없는(nu). *campagne ~e* 헐벗은 들판. *la montagne P~e* 마르티닉 섬(*la Martinique*)의 화산 이름. —*n.* 《구어》대머리장이.
Il n'y avait que quatre ~s et un tondu. (회합 따위에)모인 사람이 적었다; 시시한 사람이 두세 명 참석한 데 불과했다.
pélécypodes [pelesipɔd] *n.m.pl.* 《옛》《동물》부족(斧足類)(연체 동물).
Pélée [pele] *n.pr.m.* 《그리스신화》펠레우스.
péléen(ne) [pelɛɛ̃, -ɛn] *a.* 《지질》 (*Martinique* 섬의 *Pelée* 산과 같은 형의)화산의, 화산에 관한.
pèle-fruits [pɛlfrɥi] *n.m.* (복수불변) 과도(果刀).
pèle-mêle [pɛlmɛl] *ad.* 온통 뒤범벅이 되어, 뒤죽박죽, 매우 무질서하게. *jeter des objets ~* 물건들을 마구 내던지다. *marchandises présentées ~* 뒤죽박죽으로 진열된 상품들. —*n.m.* (복수불변) ① 혼잡, 혼란. ~ *de vieux objets* 뒤죽박죽으로 모아둔 낡은 물건들. ② (여러 사진을 넣는)사진틀.
pèle-osier [pɛlozje] *n.m.* (복수불변)버들가지 껍질 벗기는 기구.
peler¹ [pəle] [4] *v.t.* ① (과일 따위의)껍질을 벗기다. ~ *un fruit* 과일껍질을 벗기다. ② (옛)(동물 가죽의)털을 뽑는다. ~ *des peaux* 가죽의 털을 뽑다. ③ (은어)[~ *qn*] (의 것을)몽땅 훑어 가다.
—*v.i.* 껍질이 벗겨지다. *Il a pris un coup de soleil, il pèle.* 햇볕에 타서 그의 피부가 벗겨진다.
—**se ~** *v.pr.* (과일의 껍질이)벗겨지다. *Ce fruit se pèle facilement.* 이 과일은 껍질이 잘 벗겨진다.
pèlerin(e) [pɛlrɛ̃, -in] *n.* (여성형은 드뭄) ① 순례자. ~ *s d'Emmaüs* 엠마우스의 순례자들《그리스도가 부활한 후 엠마우스촌에서 함께 식사한 제자들》. ② (*n.m.*)(옛) 여행자, 나그네; 《속어》빈틈없

는 (교활한) 사람. un drôle de ~ 묘한 녀석. *Rouge au soir, blanc au matin, c'est la journée du ~.* 《속담》하늘이 저녁에 붉고 아침에 하얀 것은 (여행에 적합한) 날이다.
—*n.m.* ① 《어류》 돌묵상어(requin~). ② 《조류》(배 사냥용) 매(faucon~).
—*n.f.* 여자용 케이프; 남자용 짧은 외투.

pèlerinage [pɛlrinaːʒ] *n.m.* ① 성지순례; 《집합적》 순례자의 일행; 순례지, 성지. faire un ~; aller en ~ 성지의 길에 오르다. Lourdes est un ~ très fréquenté. 루르드는 순례자가 많이 찾는 성지이다. 《비유적》 (존경하는 인물·유서깊은 장소에의) 순례, 탐방. ~ littéraire 문학명소의 순례.

péliade [peljad] *n.f.* 《동물》 머리 부분이 둥글게 생긴 살모사.

pélican [pelikɑ̃] *n.m.* ① 《조류》 펠리컨, 사다새. ② 쇠갈고리; 증류기의 일종.

pelisse [pəlis] *n.f.* 털을 댄(솜을 넣은) 외투, 망토; (장교용) 털로 안을 댄 저고리.

pélite [pelit] *n.f.* 《지질》 침적암, 수성암.

pélitique [pelitik] *a.* 침적암의.

pellagre [pɛllagr] *n.f.* 《의학》 펠라그라, 이탈리아 문둥병, 옥수수 홍반(紅斑)(피부병의 일종).

pellagreux(se) [pɛllagrø, -øːz] 《의학》 *a.* 펠라그라의(에 걸린). —*n.* 펠라그라 환자.

****pelle** [pɛl] *n.f.* ① 삽, 부삽. ~ à charbon(à feu) 석탄 푸는 삽. ~ à vapeur (토목공사 따위에 사용되는) 증기삽. ~ mécanique 동력삽. ~ de jardinier 원예용삽, 꽃삽. ~ de boulanger(à four) (화덕에 빵을 넣는 데 사용하는) 빵삽. ~ à tarte 파이용 솥 주걱. ~ à ordures 쓰레기 삽. ② 노(櫓)의 깃. *à la ~* 풍부하게, 다량으로, 많이. remuer(ramasser) l'argent *à la ~* 비로 쓸 수 만큼 돈이 많다(돈을 벌다). On en ramasse *à la ~*. 얼마든지 있다. *ramasser une ~* 《구어》(말 따위에서) 떨어지다; (사업 따위에) 실패하다.

pelle-bêche [pɛlbɛʃ] (*pl.* ~s~s) *n.f.* 《군사》 야 전삽.

pellée [pɛ(e)le] *n.f.* =**pelletée**.

pelle-pioche [pɛlpjɔʃ] (*pl.* ~s~s) *n.f.* 《군사》 곡괭이 겸 삽(한쪽 끝은 곡괭이, 다른 쪽 끝은 괭이꼴로 된 기구).

peller [pɛ(e)le] *v.t.* =**pelleter**.

pellet [pɛle] *n.m.* 《의학》 펠렛, 이식용(移植用) 호르몬 정제. ② 《야금》 작은 철광석 덩어리.

pelletage [pɛltaːʒ] *n.m.* 《농업》(곡식 따위를) 삽으로 뒤섞기.

pelletat [pɛlta] *n.m.* (소금에 절인 대구를 하역하는) 노동자.

pelletée [pɛlte] *n.f.* ① 삽 하나 가득한 분량. une ~ de charbon 한 삽의 석탄. ② 《구어》 대량, 많은 양. recevoir des ~s d'injures 마구 욕설을 당하다.

pelleter [pɛlte] [5] *v.t.* 《농업》 삽으로 뒤섞다, 삽으로 뒤집다.

pelleterie [pɛlt(ə)ri, pɛlɛtri] *n.f.* ①《집합적》 모피(毛皮)(fourrure). ② 모피제조(판매); 모피 제조소, 모피상(商).

pelleteur [pɛltœːr] *n.m.* 《농업》 ① 삽을 가지고 일하는 사람. ② 삽 대용의 기계, 동력삽.

pelleteuse [pɛltøːz] *n.f.* (화물차의) 적재기, 로더(~-chargeur).

pelletier(ère) [pɛltje, -ɛːr] *n.* 모피 제조업자(상인). —*a.* marchand ~ 모피상.

pelletiérine [pɛltjerin] *n.f.* 《화학》 펠레티에린.

pelletisation [pɛlɛtizasjɔ̃] *n.f.* 철광을 작은 덩어리로 만들기.

pelleversage [pɛ(ɛ)lvɛrsaːʒ] *n.m.* 《농업》(고랑의 바닥을) 부드럽게 하기.

pelleversoir [pɛ(ɛ)lvɛrswaːr] *n.m.* 《농업》 pelleversage에 쓰이는 좁은 삽, 가래.

pelliculage [pɛ(ɛ)likylaːʒ] *n.m.* 《사진》 감광막(感光膜)을 건판이나 필름에서 떼어내기.

pelliculaire [pɛ(ɛ)likylɛːr] *a.* (금속 따위가) 얇은 막 모양의, 박막상(薄膜狀)의. effet ~ 《물리》 표피(表皮) 효과.

pellicule [pɛ(ɛ)likyl] *n.f.* ① (유기체의) 얇은 껍질, 얇은 막; (액체·고체의 표면의) 얇은 막. ~ du grain de raisin 포도 껍질. ②(*pl.*)(머리의) 비듬. lotion contre ~s 비듬약. ôter les ~s 비듬을 털다. ③ 《사진》 필름. ~ photographique(cinématographique) 사진(영화) 필름. acheter un rouleau de ~ 필름 한 통을 사다. gâcher de la ~ 《구어》 사진을 마구 찍어대다, 필름을 헛되이 쓰다. ④ ~ cellulosique 셀로판(cellophane).

pelliculer [pɛ(ɛ)likyle] *v.t.* 《사진》 (전판) 감광막을 벗기다.

pelliculeux(se) [pɛ(ɛ)likylø, -øːz] *a.* (머리에) 비듬이 많은, 비듬투성이의.

pellin [pɛlɛ̃] *n.m.* (칠레 원산의 철로 침목용의) 붉은 목재.

pellucide [pɛ(ɛ)lysid] *a.* 투명한; 반투명인. membrane ~ de l'œuf 계란의 반투명 막. brouillard ~ 《문어》(반투명의) 엷은 안개.

pélo- *préf.* 「진흙」의 뜻.

pélobate [pelɔbat] *n.m.* 《동물》 개구리의 일종.

pélodyte [pelɔdit] *n.m.* 《동물》 얼룩청개구리.

pélogène [pelɔʒɛn] *a.* 진흙 속에 생기는.

pélophage [pelɔfaːʒ] *a.* 《생물》 대양의 바다 진흙 속에 살며 유기물질을 먹고 사는 어류의.

péloponnésien(ne) [peloponezjɛ̃, -ɛn] *a.* 펠로폰네소스(*Le Péloponnèse*), 그리스의 반도)의. —P— *n.* 펠로폰네소스 사람.

pélorie [pelɔri] *n.f.* 《식물》 정화(正化) (다기통이스와 같이 양편 대칭으로 피는 꽃에서 축대칭을 이루는 변이현상).

pelota [pəlɔta] *n.f.* 펠로타, 하이알라이(에스파냐의 테니스 비슷한 놀이).

pelotage [pəlɔtaːʒ] *n.m.* ①《드물게》(실·털실 따위를) 감아서 공 모양으로 만들기. ②《구어》 대담한 애무.

pelotari [pəlɔtari] *n.m.* 펠로타(pelota)경기자.

pelote [pəlɔt] *n.f.* ① 실꾸리, 둥근 실뭉치(~ de laine). laine en ~ 감아놓은 털실. ②(작은) 둥근 덩어리. ~ de neige 《옛》 눈덩어리(boule de neige). ~ à épingles(à aiguilles) 바늘꽂이. ③ 《스포츠》 펠로타(~ basque) (바스크 지방의 민족경기); 펠로타의 공; 《옛》 paume 경기의 공. ④ 《동물》 (말의 앞이마의) 흰 반점; (개 따위의) 발바닥의 볼록한 살, 육지(肉趾)(~ digitale); 《의학》 패드. ~ herniaire 헤르니아 대(帶). ⑤ 《군대 은어》 범죄자 분대(分隊). faire la ~ 범죄자 분대에 속해 있다.

faire(arrondir) sa (petite) ~ 《구어》 적은 돈을 저축해서 한밑천 만들다.

peloter [pəlɔte] *v.t.* ①《옛》(실·털실 따위를) 감아서 둥글게 뭉치다. ~ du fil 실꾸리를 만들다. ② 《구어》 애무하다(caresser, lutiner). ~ la gorge d'une femme 여자의 가슴을 애무하다. ③ 《구어》 아첨하다(flatter). ~ un homme influent 세력있는 사람에게 아첨하다.

—*v.i.* ① 《옛》 paume 경기를 하다. ② (시합 전에) 공을 주고 받다(치다). ~ en attendant la partie 시합전에 컨디션을 조절하다.

peloteur(se) [pəlɔtœːr, -øːz] *n.* ① 실꾸리를 만드는

peloton [pəlɔtɔ̃] n.m. ① (작은) 실꾸리. dévider un ~ de laine 털실 꾸리를 풀다. ② 둥근 덩어리; 〖옛〗 작은 바늘꽂이. ~ de chenilles 송충이 덩어리. ③ 〖군대·경찰 따위의〗소대, 반(班); 〖옛〗전투부대. ~ de sapeurs-pompiers 소방반. ~ de punition [de discipline] 규율반. ~ d'exécution 총살집행반. feu de ~ 일제사격. ~ d'instruction 교육반. suivre le ~ 교육반에서 교육을 받다. ④ 〖스포츠〗(경마·경주 따위의)선두 그룹. être dans le ~ de tête 속하다; (비유적) (콩쿠르 따위에서)상위에 들다; (기업·산업에서)선두에 서다. ~ de queue 후미 그룹.

pelotonnement [pəlɔtɔnmɑ̃] n.m. ① (실을)감아서 둥글게 만들기. ②(몸 따위를 구부려서)둥글게 하기. ③떼, 무리.

pelotonner [pəlɔtɔne] v.t. (실 따위를)토리가 되게 둥글게 감다.
—se ~ v.pr. ① (공 모양으로)몸을 둥글게 하다, 몸을 움츠리다(se blottir, se ramasser). se ~ au fond du fauteuil 안락의자에 몸을 깊숙이 파묻다 [몸을 움츠리다]. ②메거어 모이다.

pelotonneur(se) [pəlɔtɔnœːr, -øːz] n. 실감는 공원.

pelousard(e) [pəluzaːr, -ard] n. 경마 팬. [(工員).

pelouse [pəluːz] n.f. ① 잔디밭; 잔디(gazon). tondre une ~ 잔디를 깎다. ②경마장 한가운데의 녹지; (축구·럭비 따위의)잔디를 깐 경기장. ~ d'arrivée 〖골프〗(홀 주변의)그린.

pelta [pelta] n.m.(f.) = **pelte**.

peltaste [pɛltast] n.m. 〖고대그리스〗 반달 모양의 방패로 무장한 경보병(輕歩兵).

pelte [pɛlt] n.m.(f.) 〖고대그리스〗 반달 모양의 작은 방패.

pelté(e) [pɛlte] a. 〖식물〗 (잎이)방패 모양의.

peltre [pɛltr] n.m. 브르타뉴(Bretagne)산의 올이 굵고 거친 폭모.

pelu [pəly] a. 털이 난, 털투성이의.

peluchage [pəlyʃaːʒ] n.m. (종이가)보풀이 일어남.

peluche [pəlyʃ] n.f. ① 〖직물〗 플러시천 (비로드보다 털이 길고 촘촘하게 있는 천). ours en ~ (플러시천으로 된)장난감 곰. ② (구어·사투리로는 pluche) 먼지 덩어리. (천에서)빠진 털 부스러기.

peluché(e) [pəlyʃe] a.p. ①플러시천의; (직물이)털이 긴. ②(식물 따위에)잔털이 많은.

pelucher [pəlyʃe] v.i. (낡은 직물이)보풀이 일다.

pelucheux(se) [pəlyʃø, -øːz] a. (플러시천처럼)촉감이 부드러운, 보풀이 일어나는.

pelure [pəlyːr] n.f. ① (과일·야채의)껍질. ~ d'orange 오렌지 껍질. ②양파의(각층의)얇은 막. papier ~ (d'oignon) 어니언 스킨지(타이프 용지 따위). ②〖속어〗겉옷, 웃도리, 코트. enlever sa ~ 코트를 벗다. ③ (레코드의)겉반, 마스터.

pélusiaque [pelyzjak] a. 〖지리〗 펠루즈(Péluse, 고대이집트의 도시)의. ②펠루즈시 근처를 흐르는 나일 강의 지류의.

pelvectomie [pɛlvɛktɔmi] n.f. 골반절제.

pelvien(ne) [pɛlvjɛ̃, -ɛn] a. 〖해부〗 골반의.

pelvigraphie [pɛlvigrafi] n.f. 골반 X선 사진.

pelvimètre [pɛlvimɛtr] n.m. 골반계(計).

pelvimétrie [pɛlvimetri] n.f. 골반 측정.

pelvipéritonite [pɛlviperitɔnit] n.f. 골반 복막염.

pelvis [pɛlvis] (라틴) n.m. 〖해부〗 골반; 큰 골반.

pelvisupport [pɛlvisypɔːr] n.m. (하체의 수술시)골반 받침기구.

pemmican [pe(ɛm)mikɑ̃] 〖영〗 n.m. 페미컨 (말린 쇠고기에 과일·지방을 섞어 굳힌 휴대용 식량).

pemphigoïde [pɛ̃figɔid] a. 〖의학〗천포창(天疱瘡)의.

pemphigus [pɛ̃figys] n.m. 〖의학〗천포창.

penaille [pənɑːj] n.f. 〖옛·속어〗누더기옷, 누더기 형겊; 〖집합적·경멸〗수도사들(moines).

penaillon [pənɑjɔ̃] n.m. 〖옛·드물게〗누더기 헝겊; 누더기 옷; 〖속어〗〖경멸〗수도사.

pénal(ale, pl. als, aux) [penal, -o] a. 형벌의, 벌의; 형법상의, 형사(刑事)의. clause ~ale (계약서의)과태약관(過怠約款). code ~ 형법(刑法). lois ~ales 형벌 법규.

pénalement [penalmɑ̃] ad. 형벌상; 형법상.

pénalisant(e) [penalizɑ̃, -ɑ̃ːt] a. 핸디캡이 붙은, 불리한.

pénalisation [penalizɑsjɔ̃] n.f. 〖스포츠〗(반칙자에게 부과하는)벌, 페널티, 핸디캡.

pénaliser [penalize] v.t. ① 〖스포츠〗 (규칙 위반자에게)벌칙을 주다. ②(일반적으로) (에게)벌을 가하다, 불이익을 주다. être pénalisé pour+inf. ...한 이유로 벌을 받다. être pénalisé (세금의)가산세를 물리다.

pénalité [penalite] n.f. ①형벌제도; 형벌; 벌. ② (세금의)가산세. ③ 〖축구〗 페널티킥(coup de pied de ~). surface de ~ 페널티킥 에어리어.

penalty [penalti] 〖영〗 n.m. 〖축구〗페널티, 페널티 킥. siffler le ~ 페널티의 호각을 불다. tirer un ~ 페널티킥을 하다.

pénard [penaːr, -ard] a., n. = **peinard**.

pénardement [penardəmɑ̃] ad. = **peinardement**.

pénates [penat] n.m.pl. ① 〖고대로마〗 (가정·도시의)수호신. ②(비유적) 가재(家財); 주거, 집. porter[emporter] ses ~ dans ...로 거처를 정하다. regagner[revoir] ses ~ 자기 집으로 돌아오다.
—a.pl. dieux ~ 가정의 수호신.

penaud(e) [pəno, -oːd] a. 당황해하는, 어쩔 줄 모르는, 부끄러워하는(confus, humilié).

pence [pɛns] 〖영〗 n.m.pl. 펜스(영국 화폐 penny 의 복수).

penchant(e) [pɑ̃ʃɑ̃, -ɑ̃ːt] a. ① (집 따위가) 기운, 경사진. ②(운명 따위가)쇠퇴한, 내리막의. ③〖옛〗[~ à] (의)경향이 있는.
—n.m. ①경향, 성벽(inclination, instinct); 기호(嗜好), 애호(goût, ↔ aversion); 애정(sympathie, affection, ↔ antipathie). mauvais ~s 나쁜 성향[버릇]. [~ à/pour] avoir un ~ à l'optimisme 낙관주의적인 경향이 있다. son ~ pour la musique classique 고전 음악에 대한 그의 기호[애호심]. ~ amoureux 연정. ②〖옛·문어〗경사, 경사면, 비탈(pente). ~ d'une colline 언덕의 경사면. ③〖옛〗 (비유적)쇠퇴, 내리막길. être dans[sur] le ~ de l'âge (인생의)만년(晩年)에 들어서다.

penché(e) [pɑ̃ʃe] a.p. 기울어진, 경사진; 몸을 구부린. la Tour ~e de Pise 피사의 사탑. avoir [prendre] des airs ~s (때로 비꼼)생각[근심]에 잠긴 듯한 태도를 하다.

penchement [pɑ̃ʃmɑ̃] n.m. ①몸을 구부리기, 기울이기. ~ de tête 고개를 끄덕이기, 수긍. ②기울기, 경사. ~ d'un mur 벽의 기울기.

***pencher** [pɑ̃ʃe] v.t. 기울이다(incliner, courber). ~ une bouteille 병을 기울이다. ~ la tête 고개를 기울이다.
—v.i. ①기울다, 기울어지다. Le tableau penche un peu à gauche. 그림이 약간 왼편으로 기울어져 있다. ②(비유적) ~ à/pour (으로)쏠리다, (의)경향이 있다. ~ à l'indulgence 관대한 기질을 가지

다. Pour les vacances, je penche plutôt pour le Midi. 바캉스로는 차라리 프랑스 남부지방 쪽을 택하겠다. [~ à+inf.] Je penche à croire qu'il avait raison. 아무래도 그가 옳았다는 생각이 든다. ③ 《옛》[~ vers] (에)직면하다. ~ vers sa ruine 파멸에 직면하다.
— **se** ~ v.pr. ① 몸을 구부리다. se ~ à[par] la fenêtre 창문으로 몸을 내밀다. «Défense de se ~ en dehors" "창 밖으로 몸을 내밀지 말것"(버스 등의 게시). ② (비유적)[se ~ sur] (을)연구하다, (에)관심을 가지다(étudier, examiner). se ~ sur un problème 어떤 문제를 연구하다.

P.E.N.-club [pɛnklœb] 《영》 n.m. 펜클럽.

pendable [pɑ̃dabl] a. ① 용서할 수 없는, 악질적인. cas ~ 형용할 수 없는 대단한 사건 (주로 부정문에 쓰임). jouer un tour ~ à qn …에게 용서 못할 [악질적인] 장난을 하다. ② 《옛》교수형에 처해야 할 (처할 만한).

pendage [pɑ̃daːʒ] n.m. 《지질》 지층의 경사.

pendagemètre [pɑ̃daːʒmɛtr] n.m. 지층경사 측정기.

pendagemétrie [pɑ̃daːʒmetri] n.f. 지층경사 측정법.

pendaison [pɑ̃dɛzɔ̃] n.f. ① 매달기. ~ de crémaillère (남비를 달아맬 갈고리를 달기) → 이사 축하연, 집들이. ② 교수형 ; 목 매달아 죽기.

pendant¹(e) [pɑ̃dɑ̃, -ɑ̃ːt] (p.pr.<pendre) a. ① 늘어져 있는, 드리워진. joues ~es 처진 뺨. les bras ~ le banc, les jambes ~es 다리를 늘어뜨린 채 벤치에 앉아 있다. ② 《법》 (소송 따위가)계류중의; (문제가)미해결의. question ~e 미해결 문제 [문제]. ③ fruits ~s par branches et par racines 《법》 수확 전의 과일.

pendant² n.m. ① (귀걸이·목걸이 따위의)늘어진 장식; (늘어진 장식이 달린)귀걸이. ~s d'oreilles 귀걸이; 귀걸이에 늘어뜨린 보석. ② (미술품·장식품 따위의)짝을 이룬 것, 짝 또는 비슷한 것(semblable); 대응하는 것(contrepartie). Voici le ~ de votre histoire. 당신의 이야기와 상응하는 이런 이야기가 있다.
faire ~ *à qc* …와 짝(쌍)을 이루다.
se faire ~ 서로 짝을 이루다. Ces deux tableaux se font ~. 이 두 폭의 그림은 서로 짝을 이룬다.

‡**pendant³** prép. ① …동안에(durant). ~ quelques mois 몇 달 동안. ~ ce temps 그 동안에. ~ longtemps 오랫 동안. ~ le voyage 여행중에.
② [~ que...] ⓐ …하는 동안에 (동시 (同時) 관계). Amusons-nous ~ que nous sommes jeunes. 젊을 때 즐깁시다. ⓑ 〔…인데 (대립적 관계) (alors que). Tu t'amuses, ~ que je travaille. 나는 일 (공부)하고 있는데 너는 놀고 있군. ⓒ 〔…이기에, …이니까 (원인·이유)(puisque). P~ que j'y pense, n'oubliez pas notre réunion de vendredi. 참 생각난 김에 하는 말인데 금요일 회합을 잊지 마십시오. P~ que vous y étiez, vous auriez dû ramener vos affaires. 이왕 오는 김에 당신의 소지품도 가져왔어야 했는데. P~ que vous y êtes, prenez aussi mon portefeuille. 이왕이면 내 지갑도 가져가시오.
③ 〔부사적 용법〕 그 동안에. Vous lisez le journal après le déjeuner; moi je le lis ~. 당신은 점심식사 후에 신문을 읽지만 나는 점심을 먹는 동안에 읽는다.

〔REM〕 (1) 시간을 나타내는 보어 앞에서는 **pendant**은 흔히 생략된다: Il a travaillé toute la nuit. 그는 밤새도록 일했다(이 경우 *pendant* toute la nuit 보다 자연스러다). (2) 유사한 뜻을 가진 **durant**은 pendant 보다 계속의 관념이 더 강함: *durant* l'hiver 겨울내내.

pendard(e) [pɑ̃daːr, -ard] n. 《옛·구어》악한, 깡패,

부량배.

pendeloque [pɑ̃dlɔk] n.f. ① 귀걸이에 늘어뜨린 보석. ② 상들리에의 끝에 늘어뜨리는 유리 장식.

pendentif [pɑ̃dɑ̃tif] n.m.
① 《건축》 펜덴티브, 삼각홍예. ② 목걸이 끝에 늘어뜨린 보석, 목걸이; 귀걸이, 이어링(pendeloque).

penderie [pɑ̃dri] n.f. ① 《옛》교수형(pendaison). ② 옷을 걸어두는 작은 방(장), 의상실 (garde-robe). ③ 《피혁》건조장.

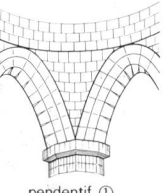

pendentif ①

pendeur(se) [pɑ̃dœːr, -øːz] n. 《드물게》 (소시지 따위를)매다는 사람. —n.m. 《옛》교수형 집행인.

pendiller [pɑ̃dije] v.i. 대롱대롱 매달리다, 늘어지다. linge qui *pendille* sur une corde 빨랫줄에 매달린 빨래.

pendillon [pɑ̃dijɔ̃] n.m. ① 시계 추에 운동을 전달하는 축(軸)(fourchette). ② 작은 귀걸이[목걸이].

pendjabi [pɛdʒabi] n.m. 《언어》 펀잡(Pendjab)어.

pendoir [pɑ̃dwaːr] n.m. (고기·의복 따위를 걸어놓는)갈고리[밧줄].

pendouiller [pɑ̃duje] v.i. 《구어》 =**pendiller**.

*****pendre** [pɑ̃ːdr] [25] v.i. ① [~ à/《구어》après] (에) 매달려 있다, 걸려 있다. Des fruits *pendent* à l'arbre. 과일이 나무에 매달려 있다. volant qui *pend après* un rideau 커튼에 달린 주름장식.
② 늘어지다, 늘어뜨려지다; (필요이상으로)처지다, 늘어지다. Elle a de longs cheveux qui lui *pendent* dans le dos. 그녀는 등에 치렁치렁한 긴 머리를 하고 있다. Votre robe *pend* d'un côté(par derrière). 당신의 드레스는 한쪽 (뒤쪽)이 처지는군요. joues qui *pendent* 늘어진 뺨.
③ 《옛》 돌출하다, 쑥 나오다. roches *pendant* au-dessus de notre tête 우리 머리 위의 돌출한 바위.
Cela lui pend sur la tête. 그에게 위험한 일이 닥쳤다. *Cela lui pend au nez* (*comme un sifflet de deux sous*). 《구어》그에게도 그런 일이 곧 닥칠거야.
—v.t. ① 걸다; 매달다, 늘어뜨리다(suspendre). ~ un pardessus au portemanteau 외투를 옷걸이에 걸다. ~ un lustre 샹들리에를 매달다.
② [~ qn] 교수형에 처하다. ~ un condamné à un gibet (à une potence) 사형수를 교수대에 매달다. ~ qn en effigie (증오감을 나타내려고) …의 허수아비를 교수형에 처하다.
dire pis(*pire*) *que ~ de qn* 《구어》 …을 매우 나쁘게 말하다.
être pendu à qc …에 매달려 떠나지 않다; …을 붙잡고 놓지 않다. *être pendu au téléphone de qn* 《구어》…에게 줄곧 전화를 걸다. *être pendu aux basques de sa mère* 어머니의 치맛자락에 매달려 졸졸 따라다니다. *être pendu aux* lèvres *[aux paroles]* de *qn* …의 말을 경청하다.
Il ne vaut pas la corde pour le ~. 아무짝에도 쓸모없는 놈이다.
Je veux être pendu (*Je veux qu'on me pende*) *si...* 만일 …이라면 내 목을 베어도 좋다. *Je veux être pendu si* j'ai compris un mot de son discours. 내가 그의 연설을 한 마디라도 알아들었더면 내 목을 베어도 좋아.
Le bruit pend l'homme. 《속담》사람은 한 번 나쁜 소문이 돌면 마지막이다.
Qu'il aille se faire ~ ailleurs; Va te faire ~ ailleurs. 《구어》다른 데 가서 실컷 혼나 보라구 《 나쁜

—se ~ *v.pr.* ① [se ~ à] (에)매달리다, 늘어지다; (옷 따위가)밀으로 처지다. *se ~ à la branche d'un arbre* 나뭇가지에 매달리다. *se ~ au cou de qn* …의 목을 껴안다.
② 목매달아 죽다, 자살하다. *se ~ par désespoir* 절망한 나머지 목매달아 죽다.

pendu(e) [pɑ̃dy] (*p.p.* <*pendre*) *a.p.* ① [~ à] (에) 매달린, 늘어진, 걸린. *fruits ~s à une branche* 가지에 달린 과일. *petit garçon ~ au bras de sa mère* 엄마 팔에 매달린 사내아이. ② 교수형에 처해진; (스스로)목을 맨. *Il est mort ~.* 그는 교수형에 처해졌다; 그는 목매달아 죽었다.

— *n.* 교수형을 받은 사람; 목매달아 죽은 사람. *être sec comme un ~* 몹시 말라 있다. *Il a de la corde de ~ dans sa poche.* 그는 행운을 쥐고 있다(교수형의 끈은 행운을 가져온다는 미신에서). *Il ne faut pas parler de corde dans la maison d'un ~.* 《속담》교수형을 당한 집에서 밧줄 이야기를 해서는 안 된다》→상대에게 거북스러운 이야기는 해서는 안 된다.

pendulaire [pɑ̃dylɛːr] *a.* 시계추의(와 같은). *mouvement ~* 시계추의[추와 같은] 운동.

*__pendule__ [pɑ̃dyl] *n.m.* (시계 따위의)추, 진자(振子) (balancier). *~ d'une horloge* 시계추. *~ composé* 실체(實體)진자, 면(複)진자. *~ simple* 단진자. *~ compensateur* 보정(補整)진자.

— *n.f.* ① (실내용의)추시계. *~ mère* 표준시계. *~ à poser de cheminée* 좌종(坐鐘), 탁상시계. *~ à répétition* 자명종. *~ murale* 괘종. *~ électrique[électronique]* 전기[전자]시계. *~ astronomique* 천문용 시계. ② 추시계 모양의 외부 장식; 《구어》저속한 미술품[장식품].

penduler [pɑ̃dyle] *v.i.* (등산에서)시계추 운동을 하다. *—v.t.* (작업·공정(工程) 따위에서 대략의 시간을)재다.

pendulette [pɑ̃dylɛt] *n.f.* 소형 추시계. *~ de voyage* 여행용 시계.

pêne [pɛn] *n.m.* 자물쇠의 빗장.

péneau [peno] (*pl.* **~x**) *n.m.* ancre en ~ 《해양》 (닻을 던질 준비로서)뱃전 밖에 매단 닻.

Pénélope [penelɔp] *n.pr.f.* ①《그리스신화》페넬로페(*Ulysse*의 아내로 20년간 정절을 지켰음). *la toile[le travail] de ~* 영원히 미완성으로 끝날 일. ②(비유적)정숙한 여성, 정녀(貞女). *C'est une ~.* 정숙한 여인이다.

pénéplaine [peneplɛn] *n.f.* 《지질》준(準)평원.

pénétrabilité [penetrabilite] *n.f.* 《문어》가입성(可入性), 침투성; 《물리》투과성(透過性).

pénétrable [penetrabl] *a.* 침투할 수 있는, 들어갈 수 있는; 《물리》가입성의(perméable). *Ce bois est si épais qu'il n'est pas ~.* 이 숲은 너무 빽빽하여 파고들어갈 수가 없다. [~ à] *substance ~ à l'eau[à la lumière]* 물[광선]이 침투할 수 있는 물질. ②(비유적)알아차릴 수 있는, 꿰뚫어 볼 수 있는(↔insondable). *mystère difficilement ~* 쉽게 꿰뚫어볼 수 없는 신비. *principe non ~ à l'esprit humain* 인간정신이 이해할 수 없는 원리.

pénétrant(e) [penetrɑ̃, -ɑ̃ːt] *a.* ①깊이 안으로 들어가는, 꿰뚫는; (물 따위가)스며드는. *pluie ~e* 스며드는 비. *rayon ~* 투과성이 큰 방사선. *projectile ~* 침투력이 강한 탄환. ②(감각에)깊이 파고드는; (마음에)스며드는. *parfum ~* 짙은 향기. *air vif ~* 살을 에는 듯한 찬 공기. *donner un charme ~ à une phrase banale* 평범한 문장에 강력한 매력을 첨가하다. ③(정신 따위가)통찰력을 가진 (clairvoyant, ↔obtus); (눈빛 따위가)날카로운 (perçant). *œil ~* 날카로운 눈빛. *esprit ~* 예리한 두뇌. *analyse ~e* 예리한 분석.

— *n.f.* ①《군사》(기지에서 전선으로의)보급로. ②(대도시 내부로 연결되는)간선진입도로.

pénétration [penetrasjɔ̃] *n.f.* ①파고 들기; 침투; 침입(invasion). *~ de l'eau dans la terre* 물이 땅속으로 스며듦. *~ de l'armée ennemie sur notre territoire* 적군의 영토침입. *~ par osmose* 《물리》침투. *force de ~ d'un projectile* 탄환의 관통력. *~ d'une radiation* 방사선의 투과. ②(추상적)(사상 따위의)침투. *~ d'une idée[d'un sentiment]* 어떤 사상[감정]의 침투. ③혜안(慧眼), 통찰력.

pénétré(e) [penetre] *a.p.* [~ de] ①(이)스며든 (imbu). *habits ~s d'eau* 물이 스며든 옷. ②(어떤 감정·신념으로)감동된, (가슴이)충만한; 자신에 찬. *être ~ de repentir* 마음에 사무치도록 뉘우치다. *~ de soi-même* 스스로 자신에 넘친, *être ~ de son importance* 마음속으로부터 우쭐해 있다. *parler d'un ton ~* 자신만만한 말투로 말하다.

*__pénétrer__ [penetre] ⑥ *v.i.* ①(물·빛 따위가)스며들다, 침투하다; (사람이)깊숙이 들어가다, 침입하다; (탄환 따위가)뚫고 들어가다, 관통하다. *La lumière pénètre dans la pièce à travers les vitres.* 빛이 유리창을 통해 방안으로 들어온다. *boucher hermétiquement un flacon pour éviter que l'air n'y pénètre* 공기가 들지 못하기 위해 플라스크를 밀폐하다. *Il a pénétré dans la forêt.* 그는 숲속을 헤쳐 들어갔다. *Il a réussi à ~ dans ce club fermé.* 그는 이 폐쇄적인 클럽에 들어가는 데 성공했다. *La balle a pénétré jusqu'à l'os.* 탄환이 뼈까지 뚫고 들어갔다.

②(비유적)(습관·사상 따위가)침투하다, 파고들다, 뿌리내리다. *conviction[sentiment] qui pénètre dans l'âme[le cœur]* 마음 속에 깊이 파고든 확신[감정]. *faire ~ une opinion* 어떤 의견을 침투시키다. *Cette habitude pénètre dans les mœurs.* 이 습관은 풍속 속에 뿌리를 내려간다.

③ [~ dans] (을)깊이 통찰[이해]하다(approfondir). *~ très avant dans le cœur humain* 인간 심리를 깊이 통찰하다.

— *v.t.* ①(물·빛 따위가)스며들다, 침투하다; (탄환 따위가)꿰뚫다, 관통하다. *La pluie a pénétré les vêtements.* 비가 옷에 스며들었다. *La fraîcheur du vent me pénétrait jusqu'aux os.* 차가운 바람이 뼛속까지 스며들었다.

②(을·를)깊이 감동시키다(toucher). *Sa douleur me pénètre le cœur.* 그의 고통은 내 마음을 몹시 아프게 한다.

③알아내다(deviner); 통찰하다, 깊이 이해하다 (approfondir, saisir). *~ les intentions de qn* …의 의도를 간파하다. *Je crois avoir pénétré son secret.* 나는 그의 비밀을 간파했다고 생각한다. [~ qn] *Cet homme est difficile à ~.* 이 사람은 속마음을 알기 힘들다. *Il ne se laisse pas facilement ~.* 그는 쉽게 속마음을 내보이지 않는다.

④유포하다, 번지다(se répandre). *L'instruction pénètre rapidement toutes les couches sociales.* 교육은 사회의 전 계층에 급속히 번져나가고 있다.

—se ~ *v.pr.* ①《수동적》[se ~ de] (이)스미다, (을)흡수하다. *La terre se pénètre d'eau.* 땅에 물이 스미다.

②《상호적》서로 침투하여 섞이다. *Ces deux civilisations se sont pénétrées mutuellement.* 이 두 문명은 서로 뒤섞였다.

③《재귀적》[se ~ de] (을)깊이 체득하다, 확신하다; (감정 따위에)젖어들다. *Il s'est pénétré de cette vérité.* 그는 이 사실을 확신했다. *se ~ de regret* 사

무치게 후회하다.
④(수동적) 간파되다, 침투되다. Ce mystère ne se pénètre pas. 이 신비(수수께끼)는 꿰뚫어 볼 수가 없다.

pénétromètre [penetrɔmɛːtr] *n.m.* 경도계(硬度計), 경도 시험기.

pénibilité [penibilite] *n.f.* 【경제】(노동 따위의) 고통도(苦痛度), 난도(難度).

***pénible** [penibl] *a.* ①(일 따위가) 힘든, 고된 (difficile); 곤란한. travail ~ 힘드는 일. respiration ~ 호흡곤란. ②(비유적) 고생스러운, 피로운, 고통스러운(douloureux, ≠agréable); 혹독한 (dur, ↔doux); 가슴 아프게 하는, 비통한(navrant), 슬픈(triste, ↔joyeux); 『구어』참기 어려운. vie ~ 고생스러운 생활. séparation ~ 괴로운 이별. dans ces circonstances ~s 이 어려운 상황 속에서. J'ai appris une ~ nouvelle. 나는 슬픈 소식을 들었다. 〔비인칭〕Il m'est ~ d'être soupçonné. 의심받는다는 것이 나에게는 괴로운 일이다. ③『구어』(사람·성격이)참기 어려운, 고약한. Il a un caractère ~. 그는 참기 어려운(고약한) 성미를 가지고 있다. Cet enfant est vraiment ~. 이 아이는 정말 골치아픈 애다. ④(문장 따위가)애쓴 흔적이 보이는. style ~ 애쓴 흔적이 보이는 문체.

***péniblement** [peniblǝmɑ̃] *ad.* ①고생해서, 애써서, 고통스럽게(avec peine). gagner sa vie ~ 힘들게(겨우) 생계를 이어가다. ② 겨우, 고작, 간신히(à peine, tout juste). journal qui tire ~ à trente mille 겨우 3만부를 찍는 신문.

péniche [peniʃ] *n.f.* ①【해양】바닥이 편편한 하천용 수송선(chaland), 큰 거룻배. ~ automotrice 자동(엔진)수송선. ~ aménagée en habitation 수상주택. ② ~ de débarquement 【군사】상륙용 주정(舟艇). ③『옛·속어』신, 신발.

pénicille [penisil] *n.m.* 『옛』=pénicillium.

pénicillé(e) [penisile], **pénicilliforme** [penisilifɔrm] *a.* 【동·식물】다발털이 있는.

pénicillinase [penisilinaːz] *n.f.* 【생화학】페니실린 분해효소.

pénicilline [penisilin] *n.f.* 【약】페니실린.

pénicillin(in)o-résistant [penisilin(in)rezistɑ̃, -ɑ̃ːt] *a.* 【의학】페니실린 내성(耐性)의.

pénicillium [penisiljɔm] *n.m.* 푸른곰팡이속(屬)의 곰팡이(그 면부인 페니실린의 원료).

pénien(ne) [penjɛ̃, -ɛn] *a.* ①【해부】음경의. ②étui ~ (아프리카 따위의 벌거벗고 사는 종족의)페니스케이스.

pénil [penil] *n.m.* 【해부】치구(恥丘)(치골(恥骨) 앞의 융기)(mont de Vénus).

péninsulaire [penɛ̃sylɛːr] *a.* 반도(半島)의, 반도에 사는, 반도 주민의.

péninsule [penɛ̃syl] *n.f.* 반도. la P~ 에스파냐·포르투갈. la ~ coréenne 한반도. la ~ ibérique 이베리아 반도.

pénis [penis] *n.m.* 『라틴』【해부】음경, 남근(男根).

pénitence [penitɑ̃ːs] *n.f.* ①【가톨릭】고해(7성사의 하나); 【기독교】회개(contrition). psaumes de la ~ 회개 시편. tribunal de la ~ 고해실. sacrement de ~ 고해 성사, 고백의 성사. faire ~ de sa faute 자신의 과오를 회개하다. ②【종교】속죄, (속죄를 위해 부과되는)고행, accomplir sa ~ 속죄의 고행을 다하다. jeûner pour faire ~ 속죄하기 위해 단식하다. ③(일반적) 벌(punition). Pour ta ~, tu copieras cent lignes. 너는 벌로 100줄을 베껴써야 한다. infliger une ~ à qn...에게 벌을 가하다. mettre un enfant en ~ 아이에게 벌을 주다. ④『구어』고통. rude ~ 심한 고통. ⑤『놀이』(지거나 반칙을 한 사람에 대한)벌.

pénitencerie [penitɑ̃sri] *n.f.* 【가톨릭】①(교황청의)내사원(內赦院). ②교황 신부의 직분.

pénitencier¹ [penitɑ̃sje] *n.m.* 【가톨릭】(한정된 사항에 관해 교황 또는 주교로부터 사면권을 위임받은)사면주교대리, 고해신부. Grand ~ (교황청의)내사원장(內赦院長).

pénitencier² *n.m.* 형무소, 감옥(prison); 감화원, 갱생원. ~ agricole (경범죄 소년들을 수용하는) 갱생농장. 〔동격〕 navire ~ 《옛》감옥선(船).

pénitent(e) [penitɑ̃, -ɑ̃ːt] *a.* (신에게 죄를)회개하는, 속죄하는. vie ~e 속죄생활. ━*n.* ①【가톨릭】고해하는 사람, 속죄자. ②(고행하며 자선사업에 종사하는)고행회원. ③『종교사』(6세기경 무거운 죄로 파문당하여 속죄의 삶을 사는 사람).

pénitentiaire [penitɑ̃sjɛːr] *a.* (죄인을)징계하는, 징벌하는. colonie ~ 감화원. régime ~ 형무소제도. établissement ~ 교도소. 〔군사】영창.

pénitential(ale, pl. aux) [penitɑ̃sjal, -o] 『라틴』*a.* 회개의, 회전(悔悛)의 (pénitentiel). psaumes ~aux 회전 시편.

pénitentiel(le) [penitɑ̃sjɛl] *a.* 회개의, 회전의, 속죄의. œuvres ~les (교회가 부과하는)속죄 행위(기도·고행·선행 따위). ━*n.m.* 회전식서식(悔俊式書), 참회규정서.

pennage [pe(ɛn)naːʒ] *n.m.* ①『사냥』(흔히 맹금류(猛禽類)의)털, 깃. ②『일반적』새의 털.

penn-baz [pɛnbaz] *n.m.* (Bretagne 지방 농민이 사용하는)막대기.

penne [pɛn] *n.f.* ①【동물】(새의)날개와 꽁지의 기다란 깃. ②【고고학】화살 깃. ③【해양】큰 삼각돛의 활대의 위쪽 끝. faire la ~ 활대를 똑바로 세우다. ④【직조】가로실의 끝부분.

penné(e) [pe(ɛn)ne] *a.* 【식물】깃 모양의. feuille ~e 깃 모양의 잎.

penniforme [pe(ɛn)nifɔrm] *a.* 【식물】깃 모양.

pennon [pe(ɛn)nɔ̃] *n.m.* ①(중세 기사가 창끝에 매달았던)삼각기. ②화살 깃. ③ ~ généalogique 계도문(系圖紋) (문장을 선으로 나누어 각각에 계보를 표시함).

pennonceau [pe(ɛn)nɔ̃so] *(pl. ~x) n.m.* 작은 삼각기(旗).

pennsylvanien(ne) [pɛnsilvanjɛ̃, -ɛn] *a, n.* = pensylvanien. ━*n.m.* 【지질】펠실베니아계(석탄기의 전반기).

penny (*pl.* **pence**) [peni(e), pɛns] *n.m.* 페니(영국의 화폐 단위).

pénombre [penɔ̃ːbr] *n.f.* ①희미한 빛, 어슴푸레한 빛(clair-obscur, demi-jour). apparaître dans la ~ 어슴푸레한 빛 속에 모습을 드러내다. ②【물리】반영(半影); 【미술】명암보닥(明暗濃淡)의 맞닿은 자리. ③(비유적)그늘. rester dans la ~ 〔구어〕눈에 띄지 않다, 두각을 나타내지 않다.

penon [pǝnɔ̃] *n.m.* ①【해양】(깃 또는 얇은 헝겊으로 만든)바람개비, 풍신기(風信旗). ②【문장】= pennon.

pensable [pɑ̃sabl] *a.* 생각할 수 있는(주로 부정형으로 쓰임). C'est à peine ~. 그것은 거의 생각할 수 없다.

pensant(e) [pɑ̃sɑ̃, -ɑ̃ːt] *a.* 생각하는; 사고력이 있는 (intelligent). être ~ 생각하는 존재〔인간〕. roseau ~ 생각하는 갈대.
bien ~ (정치·종교 따위에 대해)전통적인, 체제적인, 온건·보수파적인; (위)의 사람. revue *bien(-)* ~e 보수 경향의 잡지.
mal ~ 반체제적인, 이단적인; (위)의 사람.
━*n.* 생각하는 사람; 사고력이 있는 사람.

pense-bête [pɑ̃sbɛt] *n.m.* 《구어》잊지 않기 위한 메모나 표시, 비망록, 메모장(mémento).

:**pensée**[1] [pɑ̃se] *n.f.* ① 사고(력), 사유(작용)(intelligence, raison). ~ logique 논리적 사고.
② (개인의)생각, 마음; 견해(point de vue). deviner la ~ de *qn* …의 생각을 알아내다. Comprenez-vous ma ~? 내 마음을 이해하시겠읍니까? La ~ que je vais la perdre me désespère. 그녀를 잃게 된다는 생각이 나를 절망케 한다. Dis-moi le fond de ta ~. 너의 속마음을 말해주게. Je partage votre ~ là-dessus. 그 점에 관해 나는 당신과 같은 생각이오.
③ 관념(idée); 상상. être obsédé par la ~ de la mort 죽음의 관념에 사로잡히다. Cela n'existe que dans notre ~. 그것은 우리의 관념[머리]속에만 존재한다. [en ~] se transporter quelque part en ~ 상상속에서 어디론가 날아가다.
④ (대다수 사람들의)사상, 사조(idée); 이론, 학설(avis, doctrine). ~ contemporaine 현대사상 [사조]. ~ existentialiste 실존주의사상. ~ politique 정치사상. libre ~ (종교·정치 따위에 대한)자유비판사상.
⑤ 의도, 계획(projet); 구상. ~ d'un roman 소설의 구상. changer de ~ 생각[계획]을 바꾸다. saisir la ~ de l'auteur 저자의 의도를 이해하다.
⑥ (*pl.*)명상, 공상. se perdre dans ses ~s 허영심이 생각에 잠기다.
⑦ 금언, 격언(maxime); 수상. expliquer une ~ de la Rochefoucauld 라로슈푸코의 잠언을 설명하다. *P*-s de Pascal 파스칼의 팡세.

à la ~ de …의 생각으로; …을 생각만 해도. *à la seule ~ de* la mort 죽음을 생각하는 것만으로도. *À la ~ de* la rencontrer, je perds déjà contenance. 그녀를 만난다는 생각만으로도 나는 벌써 마음이 흐트러진다.

dans la ~ de + inf. …할 생각으로.

venir à (*dans*) *la ~* 생각[머리]에 떠오르다. Il me vient à (*dans*) la ~ que… …이라는 생각이 머리에 떠오른다.

pensée[2] *n.f.* 《식물》삼색제비꽃, 꼬까오랑캐꽃, 패지. couleur (de) ~ 암자색.

:**penser**[1] [pɑ̃se] *v.i.* 생각하다, 사고하다(juger, réfléchir). faculté de ~ 사고력. façon de ~ 사고방식. maître à ~ 사상적 지도자. Je *pense* comme vous. 나는 당신과 동감입니다. Pensez donc! 생각 좀 해보세요! Je *pense*, donc je suis. 나는 생각한다, 그러므로 나는 존재한다(Descartes 의 말). Ne disant mot, il n'en *pense* pas moins. 말은 하지 않지만 그도 자기나름대로 생각이 있다. ~ tout haut 생각하는 것을 말하다.

donner [*laisser*] *à ~* 깊이 생각하게 하다, 생각할 여지가 있다. Sa réponse *donne à ~*. 그의 대답은 뭔가 생각케 한다.

Penses-tu! ; Pensez-vous! 《구어》그럴리가! 설마! 천만의 말씀! (강한 부정·불신의 표시). Elle? Une femme intelligente? *Pensez-vous!* 여자? 영리한 여자라고? 천만의 말씀!

—*v.t. ind.* [~ à] (y 이외의 보어 대명사는 반드시 강조형을 씀; à moi, à toi, à lui 따위) ① …에 대해서 생각하다(songer). ~ à l'avenir 미래를 생각하다. Je *pense* à tous ceux qui souffrent. 나는 괴로워하는 모든 사람들을 생각한다. À quoi *pensez-vous*? 무엇을 생각하고 있읍니까? faire *qc* sans y ~ …을 무의식적으로 하다. [~ à + *inf.*] Il ne *pense* qu'à s'amuser. 그는 놀 생각만 한다.

② (잊지 않고)생각하다, 유념하다. *Pensez* bien à ma demande. 내 청을 잊지 마시오. N'y *pensons* plus. 그 일은 이제 잊어버립시다. Il *a pensé à* tout. 그는 아무것도 잊지 않았다[소홀히 하지 않았다]. [~ à + *inf.*] As-tu *pensé à* fermer le gaz avant de sortir? 외출하기 전에 가스 잠그는 것을 잊지않았겠지? Faites-moi ~ à mettre cette lettre à la poste. 이 편지를 우체통에 넣는 것을 잊지 않게 주의시켜 주시오.

③ (할)생각이다, 의도하다. [~ à + *inf.*] Je *pensais à* aller vous voir. 나는 당신을 만나러 갈 생각이었소.

faire ~ à …을 생각나게 하다; …을 연상케 하다. Il me *fait ~ à* mon frère. 그를 보면 동생 생각이 난다. Sa douce voix *fait ~ à* la plainte d'une fée. 그녀의 부드러운 음성은 선녀의 탄식을 연상케 한다.

J'y pense. 그래, 생각나는군. Mais *j'y pense*, c'est ton anniversaire aujourd'hui. 참, 생각나는군, 오늘이 네 생일이군.

rien que d'y ~ 그 일을 생각만 해도.

sans ~ à mal 악의 없이. Il a dit cela *sans ~ à mal*. 그는 악의 없이 그 말을 했다.

—*v.t.* ① [~ *qc* (de/sur *qc*)] (에 대해) (라고)생각하다. Voilà ce que je *pense*. 내가 생각하는 것은 바로 이렇소. Il ne dit pas tout ce qu'il *pense*. 그는 자기 생각을 다 말하지 않는다. Qu'est-ce qui vous *fait ~* cela? 당신은 왜 그렇게 생각합니까? Tu dis cela, mais tu ne le *penses* pas. 너는 그렇게 말하지만 생각은 그렇지 않다. Jamais je n'aurais pu ~ cela! 그러리라고는 꿈에도 생각 못했을 것이다 [생각 못했어]! Il n'est pas si désintéressé qu'on le *pense*. 그는 사람들이 생각하는 것과 같이 욕심이 없는 사람은 아니다. Que *penses*-tu *de* cette solution? 이 해결책을 어떻게 생각하니? Qu'en *pensez-vous*? — Je n'*en pense* rien. 그걸 어떻게 생각하오? 아무 의견이 없소. dire tout ce qu'on *pense sur qn* …에 대한 평을 남김없이 말하다.

② [~ *que + ind.*] (주문이 부정문·의문문일 때 + *sub.*) (라고)생각하다. J'ai *pensé que* tu avais besoin de compagnie. 너에게 동행이 필요하겠다고 생각했지. *Pensez-vous qu'*il puisse le faire? 그가 그걸 할 수 있다고 생각합니까? Je ne *pense* pas *que* ce soit difficile. 그건 어렵다고 생각하지 않는다.

③ [~ si] (인지)상상하다. Vous *pensez s'*il était furieux. 상상하겠지만 그는 몹시 화가 났었소.

④ [~ + *inf.*] ⓐ (라고)생각하다(croire). Nous *pensons* avoir résolu ces problèmes. 이 문제는 해결되었다고 생각하오. Je ne *pensais* pas vous revoir. 당신을 다시 만날 줄은 몰랐어요. ⓑ (할)생각이다 (avoir l'intention de). Je *pense* aller vous voir sous peu. 근간 찾아뵐 생각입니다. Que *pensez-vous* faire? 무얼 하실 생각이세요? ⓒ 《옛·문어》하마터면 …할 뻔하다(faillir). J'ai *pensé* me noyer. 나는 하마터면 익사할 뻔했다. Leur hôtel *pensa* brûler. 그들의 저택이 하마터면 불에 탈 뻔 했다.

⑤ 《옛》[~ + 명사 + 속사] Je le *pense* fou. 나는 그가 미쳤다고 생각한다. Je *pense* mes raisons meilleures que les vôtres. 내가 내세우는 이유가 당신 이유보다는 낫다고 생각한다.

⑥ (삽입문) Il aurait, *pensait*-il, l'appui de sa famille. 식구들이 후원하겠지, 하고 그는[그는 그렇게] 생각.

⑦ 구상하다(concevoir); 숙고하다(mûrir); 《철학》사색하다. ~ un projet 계획을 구상하다. (과거분사로) *penser* [*roman*] bien *pensé* 잘 구상된 계획 [소설]. ~ une question [un problème] 문제를 심사숙고하다.

⑧ (완곡어법) Il a marché dans ce que je *pense*. 그

는 그것〔동〕을 밟았다. Il m'a flanqué un coup de pied où vous *pensez*. 그는 나의 거기〔엉덩이〕를 걷어찼다.
Je le pensais bien. 그러리라고 생각했었다.
Je pense que oui〔*non*〕. 그럴〔그렇지 않다고〕나는 생각한다.
~ *du bien*〔*du mal*〕*de* ~을 좋게〔나쁘게〕생각하다〔.
Tu n'y penses pas; Vous n'y pensez pas! 그럴 생각은 아니겠지(요), 농담이겠지(요). Faire une telle bêtise, *tu n'y penses pas*. 그런 바보짓을 하겠다니, 설마.
—*se* ~ *v.pr*. ① 〖옛〗〔 se ~ +속사〕 자기를 …라고 생각하다(s'imaginer). Elle *se pense* belle. 그녀는 자기를 미인이라고 생각한다. ②〖사투리〗결심하다(décider). —*n.m*. ①〖옛〗사고력; 사고방식. ② 예·시〗생각, 사상.

penseur(**se**) [pãsœ:r, -ø:z] *n*. 사상가, 사색하는 사람 (여성형은 드묾). grands ~s du XVIIIᵉ siècle 18세기의 대사상가들. libres ~s 자유사상가들 (특히 종교나 교회권력을 부인하는 사람, 17·18세기에는 libertins 이라 불리었음). Le ~ de Rodin 로댕의 "생각하는 사람." —*a*. 〖옛〗사색하는, 생각에 잠긴 듯한(méditatif, pensif).

pensif(**ve**) [pãsif, -i:v] *a*. 생각에 잠긴(songeur); 생각에 잠긴 듯한(rêveur). rester ~ 생각에 잠겨 있다. regarder dans le vague d'un air ~ 깊은 생각에 잠긴듯 허공을 바라보다.

***pension** [pãsjɔ̃] *n.f*. ① 〖옛〗연금; 은급(retraite); 수당(allocation); 보조금(dotation). ~ sur l'État 국가지급연금. ~ de retraite 퇴직금, 은급. ~ viagère 종신연금. ~ d'invalidité 신체장애자연금. ~ alimentaire 〖법〗부양료; 별거수당. avoir droit à une ~ 연금을 지급받을 자격을 갖다. ② 〖식사가 제공되는〗하숙; 기숙; 하숙집; 기숙사. prendre ~ chez un particulier〔dans un hôtel〕 개인의 집〔호텔〕에 하숙〔기숙〕하다. prendre une chambre sans ~ 식사제공 없이 방만을 빌리다. ~ de famille 〔직업적이 아닌〕하숙. avec demi-~ 〔하숙에서〕한 끼만 먹는. avec ~ complète 세 끼 다 먹는. mettre un enfant en ~ dans un lycée 아이를 고등학교 기숙사에 넣다. ③ 하숙비; 기숙사비. payer sa ~ 하숙〔기숙사〕비를 내다. ④ 〖집합적〗기숙생. Presque toute la ~ est atteinte de la grippe. 거의 모든 기숙생이 독감에 걸렸다.

pensionnaire [pãsjɔnɛ:r] *n*. ① 〖옛〗연금수령자(pensionné). ② 〔어떤 시설에 들어가 연구하는〕연구생. ~ de la Villa Médicis 메디치관(館)〔로마에 있는 프랑스 미술관〕연구생. ③ 〔개인집·호텔·하숙집의〕하숙생, 기숙생; 〔학교의〕기숙생. prendre des ~s chez soi 집에 하숙인을 두다. ④ 〔형무소의〕입소자; 〔양로원 따위의〕재원자(在院者). ⑤ ~ de la Comédie-Française 〖연극〗〔일정한 고정급을 받는〕코메디프랑세즈의 준회원 《정회원은 sociétaire, 연구생은 élève 》. ⑥ Grand P~ (de Hollande)〖역사〗네덜란드의 재상(宰相).

pensionnat [pãsjɔna] *n.m*. ① 〔사립〕기숙학교. ② 〖집합적〗기숙생.

pensionné(**e**) [pãsjɔne] *a.p*. 연금〔은급·부양료〕을 받는. —*n*. 연금 수령자.

pensionner [pãsjɔne] *v.t*. 연금〔은급·부양료〕를 주다. ~ un soldat〔un employé〕 병사〔직원〕에게 연금을 지급하다.

pensivement [pãsivmã] *ad*. 생각에 잠긴 듯이.
penstémon [pɛ̃stemɔ̃] *n.m*. =**pentstémon**.
pensum [pɛ̃sɔm] *n.m*. 〖라틴〗 ① 〖학교〗벌과(罰課)〔벌로 시키는 작업·숙제〕(pénitence). ② 지루한〔지겨운〕일. Quel ~! 얼마나 지루한 일이람!

pensylvanien(**ne**) [pɛ̃silvanjɛ̃, -ɛn] 〖지리〗 *a*. 펜실베니아(*Pensylvanie*, 미국의 주)(의).
—P~ *n*. 펜실베니아 사람.

pent(a)- *préf*. 「다섯」의 뜻.
pentachlorure [pɛ̃taklɔry:r] *n.m*. 〖화학〗오염화물(五塩化物). ~ de phosphore 오염화인.
pentacle [pɛ̃takl] *n.m*. 〔신비학에서〕5각의 별 모양〔완전함의 상징〕(pentagramme, pentalpha).
pentacorde [pɛ̃takɔrd] *n.m*. 〖옛〗〖음악〗오현금 (五絃琴); 오음음계.
pentacrine [pɛ̃takrin] *n.f*. 〖동물〗〔5각의 경상부(莖狀部)를 가진〕갯나리의 일종.
pentadactyle [pɛ̃tadaktil] *a*. 〖생물〗손〔발〕가락이 다섯인, 5지(指)의; 〔손〔발〕가락 모양으로〕 다섯가닥으로 찢어진〔분열된〕.
pentade [pɛ̃tad] *n.f*. 〖기상〗연속되는 5일간〔기상관측의 단위〕.
pentadécagone [pɛ̃tadekagɔn] *n.m., a*. 〖수학〗15변형(의).
pentaèdre [pɛ̃taɛdr] 〖수학〗 *n.m. a*. 5면체(의).
pentagonal(**ale,** *pl*. **aux**) [pɛ̃tagɔnal, -o] *a*. 〖수학〗5각형의.
pentagone [pɛ̃tagɔn] *a*. 〖수학〗5각형의. —*n.m*. ① 〖수학〗5각형. ② le P~ 미국방성, 펜터건.
pentagramme [pɛ̃tagram] *n.m*. =**pentacle**.
pentagyne [pɛ̃taʒin] *a*. 〖식물〗5암술의〔화주(花柱)〕의.
pentalpha [pɛ̃talfa] *n.m*. =**pentacle.**
pentamère [pɛ̃tamɛ:r] *a*. 〖곤충〗5개의 환절(環節)로 된〔의〕; 〖식물〗꽃잎이 5개로 나뉘어진. —*n.m.pl*. 오절류(五節類).
pentamètre [pɛ̃tamɛtr] *n.m*. 〖운율〗〔고대 그리스·로마시(詩)의〕장단단(長短短) 5보격시(步格詩). —*a*. 장단단 5보격시의.
pentandre [pɛ̃tã:dr] *a*. 〖식물〗5개의 수술의.
pentane [pɛ̃tan] *n.m*. 〖화학〗펜탄.
pentapétale [pɛ̃tapetal] *a*. 〖식물〗5개 꽃잎의.
pentapole [pɛ̃tapɔl] *n.f*. 〖역사〗5개 도시동맹《기원전 7~4세기에 존재한 Cyrène, Appollonia, Ptolémaïs, Tanchira, Bérénice의 동맹》.
pentarchie [pɛ̃tarʃi] *n.f*. 〖고대사〗5두(頭)정치.
pentasulfure [pɛ̃tasylfy:r] *n.m*. 〖화학〗5황화물.
pentasyllabe [pɛ̃tasi(l)lab] *a*. 5음절의. —*n.m*. 5음절시; 5음절어(語).
Pentateuque (**le**) [lapɛ̃tatœk] *n.m*. 〖성서〗모세(*Moïse*) 5경(經) 《구약의 처음 5서: Genèse 창세기, Exode 출애급기, Lévitique 레위기, Nombres 민수기, Deutéronome 신명기》.
pentathle [pɛ̃tatl], **pentathlon** [pɛ̃tatlɔ̃] *n.m*. ① 〖고대 그리스〗5종경기 《경주·넓이뛰기·투원반·투창·레슬링》. ② 〖스포츠〗〔올림픽의〕5종경기 《마술·펜싱·사격·수영·4km 크로스컨트리》 (~ moderne).
pentathlonien [pɛ̃tatlɔnjɛ̃] *n.m*. 5종경기선수.
pentatome [pɛ̃tatɔm] *n.f*. 〖곤충〗투구풍뎅이.
pentatonique [pɛ̃tatɔnik] *a*. 〖음악〗5음의, 5음음계의. échelle (gamme) ~ 5음음계.
pentavalent(**e**) [pɛ̃tavalã, -ã:t] *a*. 〖화학〗5가(價)의.

***pente** [pã:t] *n.f*. ① 경사; 경도; 〖건축〗구배(déclivité). ~ d'un chemin 도로의 경사. 〔en ~〕 aller en ~ (?)에〕경사지다, 비탈지다. terrain en ~ 경사지. ~ de quatre pour mille 1,000 에 4 경사도. ② 언덕, 비탈(côte); 언덕길, 비탈길(montée), 내리받이(descente); 경사진 면, 비탈진 면 (penchant, versant). ~ douce〔faible〕 완만한 비탈. ~ rapide 가파른 비탈〔언덕〕. monter〔descen-

dre) une ~ 비탈길을 올라가다(내려가다). ~ de comble 지붕의 경사면. ③《비유적》(마음의)기울어짐; 성향, 경향(inclination); (특히)좋지 않은 성향. suivre sa ~ 자기의 성향을 따르다. avoir une ~ à(pour, vers) 《옛·문어》…에게로 마음이 기울어지다, …로 향한 경향이 있다. ④ⓐ《수학》~ d'une droite(d'un plan) 직선(평면)의 기울기; ligne de plus grande ~ 최속(最速)하강선. ⓑ《지질》~ limite 한계기울기 (지형학상 사면 형성이 정지되는 경사지); rupture de ~ (지형학상)기울기의 각도·방향이 변경되는 선. ⓒ《전기》상호 콘덕턴스. ⓓ (구식침대·창 윗부분에)늘어뜨린 천.
avoir la dalle(*le gosier*) *en* ~ 《구어》술을 지나치게 마시다.
être sur la bonne(*mauvaise*) ~ 좋은(나쁜) 길로 이끌려가다.
être sur la ~ *du mal* 나쁜 길로 나아가다.
être sur une ~ *glissante*(*savonneuse*) 어쩔 수 없이 더욱 나쁜 상태로 끌려 들어가다.
remonter la ~ (나쁜 길에서)갱생하다; 궁지에서 빠져나오다.
trouver sa ~ 출입구(해결책)를 발견하다.

Pentecôte [pɑ̃tkot] *n.f.* ① (기독교의)성신강림 대축일(부활절로부터 7번째의 일요일). ② (유태교의)유월절(유월절로부터 50일째).
pentédécagone [pɛ̃tedekagɔn] *n.m., a.* = **pentadécagone**.
Pentélique [pɑ̃telik] *n.pr.m.* 《고대지리》 (아테네 근처의)펜텔리커스산. —**p**~ *a.* marbre ~ 펜텔리커스 대리석.
penthiobarbital [pɛ̃tjɔbarbital] *n.m.* 《약》 펜티오바르비탈(마취제)(penthotal).
penthiophène [pɛ̃tjɔfɛn] *n.m.* 《화학》펜티오펜.
penthode [pɛ̃tɔd] *n.f.* 《전기》5극 진공관.
Penthotal [pɛ̃tɔtal] *n.m.* 《상품명·약》펜토탈 (마취제).
pentière [pɑ̃tjɛːr] *n.f.* (산의)경사지(면)(pantière).
pentlandite [pɛ̃tlɑ̃dit] *n.f.* 《광물》 황철(黃鐵)니켈광.
pentode [pɑ̃tɔd] *n.f.* = **penthode**.
pentose [pɑ̃toːz] *n.m.* 《생화학》 펜토스, 오탄당(五炭糖)(탄소원자 5개를 갖는 단당류의 총칭).
pentothal [pɑ̃tɔtal] *n.m.* = **penthotal**.
pen(t)stémon [pɛ̃(t)stemɔ̃] *n.m.* 《식물》현삼속(玄蔘屬)의 다년초.
pentu(e) [pɑ̃ty] *a.* 기울은; 급경사의.
penture [pɑ̃tyːr] *n.f.* ① 《건축》(문 따위의)경첩 달린 쇳조각(혼히 장식용). ② (*pl.*) ~s du gouvernail 《해양》키의 걸쇠.
pénultième [penyltjɛm] 《언어》 *a.* 끝에서 두번째의. —*n.f.* 끝에서 두번째의 음절(syllabe ~).
pénurie [penyri] *n.f.* (물자·자금 따위의)부족, 결핍(manque, abondance). ~ de blé(de pétrole) 밀(석유)의 부족. ~ de devises 외화부족. ~ de main-d'œuvre 인력 부족. ② 궁핍, 가난.
péon [peɔ̃] *n.m.* ① (남미의)농사꾼, 날품팔이꾼; 목동. ② 투우사 조수.
péotte [peɔt] *n.f.* (아드리아 해의)경쾌한 대형 곤돌라.
pep [pɛp] 《미영》 *n.m.* 기력, 원기(dynamisme). Elle a du ~. 그녀는 활기가 있다.
pépé [pepe] *n.m.* (어린애말) 할아버지(pépère). le ~ et la mémé 《사투리》할아버지와 할머니.
pépée [pepe] *n.f.* ① (어린애말)인형(poupée). ② 《속어》여자, (귀여운)처녀.
pépère [pepɛːr] *n.m.* ① 《어린애말》 할아버지(pépé). ② 뚱뚱한 사람(아이). —*a.* 《구어》 ① 뚱뚱한(gros); 큼직한, 엄청난(important). type ~ 덩치 큰 사람. somme ~ 엄청난 돈. ② 안락한

(confortable); 쉬운(facile). mener une vie ~ 안락하게 살아가다. travail ~ 힘들지 않는 일.
péperin [pe(e)prɛ̃], **peperino** [peperino], **pépérin** [peperɛ̃] *n.m.* (이탈리아) 《로마근처에서 나는 일종의》응회석(건축 재료).
pépètes, pépettes [pepɛt] *n.f.pl.* 《속어》돈(argent). avoir les(des) ~ 부자이다.
pépie [pepi] *n.f.* ① 새 혀의 병(먹이는 못 먹지만 물은 마심). ② 갈증(soif). avoir la ~ 《구어》 몹시 목마르다; 술을 마시고 싶다.
pépiement [pepimɑ̃] *n.m.* 새의 지저귐.
pépier [pepje] *v.i.* (새가)지저귀다, 짹짹거리다.
pépin[1] [pepɛ̃] *n.m.* ① (사과·감·포도·굴 따위의)과일의 씨, 종자(버찌·복숭아·살구 따위의 씨는 noyau). ② 까다로운 일, (뜻밖의)곤란(difficulté, ennui). avoir un ~ 곤란한 일을 당하다. tomber sur un ~ 《구어》뜻밖의 장애에 부딪치다. ③《옛》일시적 사랑(amourette). avoir un ~ pour *qn* …에게 반하다.
pépin[2] *n.m.* 《구어》우산(parapluie).
pépinière [pepinjɛːr] *n.f.* ① 《원예》묘포; 모종. semer en ~ 묘포에 씨를 뿌리다. ②《비유적》(어떤 직업·신분의 사람들의)양성소, 온상. Le Conservatoire est une ~ de jeunes talents. 국립 파리 음악학교는 뛰어난 재능을 가진 젊은이들을 양성하는 기관이다.
pépiniériste [pepinjerist] *n.* 묘포를 가꾸는 사람, 종묘업자(arboriculteur). —*a.* 묘목을 가꾸는.
pépite [pepit] *n.f.* 천연 귀금속 덩어리(특히 금). ~ d'or 천연금괴.
péplos [peplɔːs] 《그리스》, **péplum** [peplɔm] 《라틴》 *n.m.* 소매가 없는 여자용 웃옷.
pépon [pepɔ̃] *n.m.*, **péponide** [pepɔnid] *n.f.* 《식물》박과(科) 과실(호박·멜론 따위).
peppermint [pepə(ɛ)rmint] 《영》 *n.m.* 페퍼민트 술.
-pepsie *suff.* 「소화(消化)」의 뜻.
pepsine [pɛpsin] *n.f.* 《생화학》펩신(위액중의 단백질 분해효소).
peptidase [pɛptidɑːz] *n.f.* 《생화학》 펩티다아제(펩티드결합을 가수분해하는 효소).
peptide [pɛptid] *n.m.* 《화학》펩티드(아미노산 결합물).
peptique [pɛptik], **pepsique** [pɛpsik] *a.* 소화의 《에 관계되는》. troubles ~s 소화성 질환. ulcère ~ 소화성 궤양.
peptisation [pɛptizɑsjɔ̃] *n.f.* (단순 단백질을 펩톤으로 바꾸기.
peptogène [pɛptɔʒɛn] *a.* 펩신의 분비를 촉진하는.
peptone [pɛptɔn] *n.f.* 《생화학》펩톤(단백질이 펩신에 의해 가수분해되어 됨).
peptonification [pɛptɔnifikɑsjɔ̃], **peptonisation** [pɛptɔnizɑsjɔ̃] *n.f.* 《화학》펩톤화(化).
peptoniser [pɛptɔnize] *v.t.* 《화학》펩톤화하다.
peptotoxine [pɛptɔtɔksin] *n.f.* 《생리·화학》펩토톡신.
péquenaud(e) [pɛkno, -oːd], **péquenot** [pɛkno] *n.m.* 《속어》《경멸》농사꾼, 시골뜨기.
péquin [pekɛ̃] *n.m.* 《군대속어》민간인; 지방 사람
per- *préf.* 「대량의, 많음의」의 뜻《예: peroxyde 과산화물》.
pérambulation [perɑ̃bylɑsjɔ̃] *n.f.* ①《드물게》산책(promenade). ②《옛》측량(arpentage).
péramèle [peramɛl] *n.m.* 《동물》(오스트레일리아산의)주머니쥐.
perborate [pɛrbɔrat] *n.m.* 《화학》 과붕산염(塩) 《표백·소독제》.

perçage [pɛrsaːʒ] *n.m.* 구멍 뚫기; 구멍.
percale [pɛrkal] *n.f.* 〖직물〗올이 곱고 섬세한 면직물《내의·안감 따위에 쓰임》.
percaline [pɛrkalin] *n.f.* 〖직물〗《흔히 안감으로 쓰이는》윤기 있는 면직물의 일종.
perçant(e) [pɛrsɑ̃, -ɑ̃ːt] *a.* ① 구멍을 뚫는. poinçon bien ~ 잘 뚫는 송곳. ② (추위가)뼈에 스며드는; (소리·음성 따위가)날카로운(strident). froid ~ 살을 에는 듯한 추위. cris ~s 날카로운 외침. ③ (눈이)먼 곳까지 바라보는; (비유적)《속을》꿰뚫어 보는, 명철한(perspicace). vue ~e 《먼 곳까지 미치는》날카로운 시력(vue d'aigle). yeux ~s 날카로운 눈매. avoir l'esprit ~《옛》머리가 예리하다.
percarbonate [pɛrkarbɔnat] *n.m.* 〖화학〗과탄산염(過炭酸塩).
perce [pɛrs] *n.f.* ① 송곳. ② (관악기의)구멍. 《술을 따르기 위한》술통의 구멍. mettre un tonneau en ~ 술통에 구멍을 뚫다.
percé(e¹) [pɛrse] *a.p.* ① 구멍이 뚫린. chaussette ~e 구멍난 양말. habit ~ au coude 팔꿈치가 해진 의복. fruits ~s de vers 벌레먹은 과실. rue bien ~e 확 뚫린(일직선의)길. chaise ~e《옛날》의자식 실내용 변기. C'est un panier ~. 《비유적》 그는 낭비가 심하다. ② 《비유적》(고통으로)멍든. cœur ~ de douleur 고통으로 멍든 마음. — *n.m.* =percée².
perce-bois [pɛrsəbwa] *n.m.* 《복수불변》〖곤충〗나무좀, 딱정벌레류(類).
perce-bouchon [pɛrsəbuʃɔ̃] *n.m.* 병마개뽑이.
perce-carte [pɛrsəkart] *n.m.* 〖물리〗방전(放電)해서 두꺼운 종이에 구멍 뚫는 것을 실험하는 장치.
percée² *n.f.* ① 〖건축〗창구, 창문(ouverture). faire une ~ dans un toit 지붕에 채광창을 만들다. ② (교통을 위한)숲·도시 따위의)관통로, 관로; (숲속의)빈터. ouvrir(faire) une ~ dans une forêt 숲속에 통로를 내다. ③《군사·스포츠》《적진의》돌파(작전); 《비유적》《어려움을 극복하고 성취한》쾌거, 경이적 성공. opérer(réussir) une ~ 돌파를 감행하다《에 성공하다》. remarquable ~ dans la recherche bionique 생물공학연구에 있어서의 쾌거. ~ politique 정치적 난국의 돌파. ④ 〖지질〗협곡. ⑤ 〖회화〗《풍경화에서》빛이 비쳐드는 공간. ⑥ 〖항공〗레이다 착륙.
perce-feuille [pɛrsəfœj] *n.f.* 〖식물〗시호류(類).
percement [pɛrsəmɑ̃] *n.m.* 구멍 뚫기, 파기; 개착(開鑿). ~ d'une fenêtre 창문(窓口)을 뚫기. ~ d'un tunnel 터널을 파 뚫기. ~ de galeries 《광산》갱도굴진.
perce-muraille [pɛrsəmyraːj] *n.f.* 〖식물〗개물통이《pariétaire의 속칭》.
perce-neige [pɛrsəneːʒ] *n.m.[f.]* 《복수불변》〖식물〗눈꽃, 스노드롭.
percentage [pɛrsɑ̃taːʒ] 〖영〗*n.m.* 〖세무〗백분율(百分率)의 과세.
perce-oreille [pɛrsɔrɛj] *n.m.* 〖곤충〗집게벌레(forficule).
perce-pierre [pɛrsəpjɛːr] *n.f.* 미나리과(科)의 풀, 범의귀속(屬)의 풀(passe-pierre).
percept [pɛrsɛpt] *n.m.* 〖철학〗지각(知覺)의 대상(↔concept).
percep*teur(trice)* [pɛrsɛptœːr, -tris] *a.* 지각하는. facultés ~*trices* 지각력. organes ~s des sensations 감각을 지각하는 기관. — *n.* (버스·전차 따위의)차장. 《벌금 따위를 징수하는》징수관.
perceptibilité [pɛrsɛptibilite] *n.f.* ①〖드물게〗지각할 수 있음. ~ d'un son 소리를 지각할 수 있음. ②

(세금의)징수 가능성. ~ d'un impôt 세금징수 가능성.
perceptible [pɛrsɛptibl] *a.* ①[~ à] (으로)지각할 수 있는. objet ~ à la vue(à l'œil) 눈으로 볼 수 있는 물체. ~ à l'oreille 귀로 들을 수 있는. différences peu ~s 거의 식별할 수 없는 차이. ②《세금을》징수할 수 있는(percevable).
perceptiblement [pɛrsɛptibləmɑ̃] *ad.* 지각할 수 있게.
percep*tif(ve)* [pɛrsɛptif, -iːv] *a.* 〖심리〗지각의. faculté ~*ve* 지각력. structures ~*ves* 지각구조.
perception [pɛrsɛpsjɔ̃] *n.f.* ①〖철학〗지각, 이해 (intelligence) 〖심리〗깨닫기. clair et distincte ~ 명석하고 분명한 지각. ~ des couleurs 색채의 지각. verbe de ~ 《언어》지각동사. ②《세금의)징수(recouvrement); 세금(impôt); 세무공무원(의 직); 세무서(bureau de ~). Il travaille à la ~. 그는 세무서에서 일하고 있다.
perceptionnisme [pɛrsɛpsjɔnism] *n.m.* 〖철학〗지각설.
*****percer** [pɛrse] ② *v.t.* 꿰뚫다, 구멍을 뚫다(trouer, perforer); 터뜨리다, 깨뜨리다. ~ une planche 판자에 구멍을 뚫다. ~ un tonneau 술통에 구멍을 뚫다. ~ un coffre-fort 금고를 부수다《깨뜨리다》. Un clou *a percé* le pneu. 못이 타이어를 빵꾸냈다. ②《신체의 일부분에》구멍을 내다; 째다, 절개하다; ~ qn《무기로》찌르다, 베다. se faire ~ les oreilles《귀걸이를 위해》귀에 구멍을 뚫다. ~ un abcès 고름주머니를 째다(절개하다). ~ qn d'un coup de baïonnette ~을 총검으로 찌르다. ③《빛·액체·소리 따위가》관통하다, 뚫고나가다 (pénétrer). soleil qui *perce* les nuages 구름 사이로 내비치는 햇빛. La pluie *a percé* mes habits. 비가 내 옷에 스며들었다. cri qui *perce* l'air 공기를 가르는(날카로운)외침. yeux qui *percent* l'obscurité 어둠을 꿰뚫는 눈. hurlement qui *perce* les oreilles 귀를 찢는 듯한 고함소리. ④《에》통로를 내다, 길을 뚫다. ~ un bois 숲에 길을 내다. ~ un tunnel 터널을 뚫다. ⑤ 뚫고 빠져나가다, 돌파하다. ~ le front ennemi 적의 방어선을 돌파하다. ~ la foule 군중을 헤치고 나아가다. ⑥《문어》《비유적》《비밀 따위를》알아내다, 간파하다; 예견하다. ~ un complot 음모를 알아내다. ~ l'avenir 미래를 예견하다.
~ *le cœur à qn*《문어》 ···의 마음을 몹시 아프게 하다(affliger). Cela lui *perce le cœur*. 이것으로 그는 몹시 상심하고 있다.
~ *ses dents* 《어린이의》이가 나다.
— *v.i.* ① 돋아나오다, 나타나다. Les dents vont ~ à cet enfant. 이 아이의 이가 나려고 한다. L'abcès *a percé* de lui-même. 종기가 저절로 터졌다. L'aube allait ~ à l'horizon. 《문어》동이 트려고 한다. L'ironie *perce* dans ses paroles. 그의 말 속에 빈정거림이 드러나보인다. ②《주어는 추상명사》드러나다(transparaître). La vérité *perce* tôt ou tard. 진실은 조만간 드러난다. ③《주어는 사람》뚫고나가다, 돌파하다. Nos troupes ont réussi à ~. 아군은 적진돌파에 성공했다. L'avant-centre tente de ~. 센터포워드가 돌파하려고 시도한다. ④《사람》두각을 나타내다, 유명해지다 (réussir). artiste qui a mis longtemps à ~ 늦게 두각을 나타낸 예술가.
percette [pɛrsɛt], **percerette** [pɛrsərɛt] *n.f.* 도래 송곳; 작은 송곳.
perceur(se) [pɛrsœːr, -øːz] *n.* 구멍을 뚫는 사람. ~

percevable

de murailles (가택에 침입하는)강도. ~ de coffre-fort 금고털이. —*n.f.* 천공기, 드릴(machine à percer). ~ électrique 전기드릴.

percevable [pɛrsəvabl] *a.* ①징수할 수 있는 ~ 징수할 수 있는 세금. ②(드물게)지각할 수 있는(perceptible). sons à peine ~*s* 거의 들을 수 없는 소리.

percevoir [pɛrsəvwa:r] [53] *v.t.* ①(금전을)받다(recevoir); (세금을)징수하다(lever). ~ un loyer 집세를 받다. ②(지각으로)식별하다(discerner); (감각으로)포착하다, 느끼다(sentir). ~ une nuance 뉘앙스를 느끼다. ~ une lumière lointaine 먼 빛을 알아보다. L'oreille humaine ne *perçoit* pas les ultrasons. 인간의 귀는 초음파를 듣지 못한다. ③〖철학·심리〗지각하다; 인지하다. ~ l'étendue〖논리〗외연(外延)을 인지하다.

perchage [pɛrʃa:ʒ] *n.m.* ①높은 곳에 자리잡기; (새가)나뭇가지 위에 앉기. ②〖야금〗교반(攪拌)(구리의 용액을 막대기로 저어 정련하는 방식).

***perche**[1]* [pɛrʃ] *n.f.* ①장대, 막대기. conduire un bateau à la ~ 삿대로 배를 저어 가다. saut à la ~〖스포츠〗장대높이뛰기. ~ à houblon 홉의 받침 막대. ~ à son 〖영화·라디오·텔레비전〗조립식 마이크로폰의 장치봉(裝置棒). ②〖옛〗〖측량〗검지용 막대기; 길이의 단위(지방에 따라 달랐음); 면적의 단위(34 내지 52 제곱미터). ③사슴뿔의 가지. ④〖구어〗키다리. Quelle grande ~! 정말 장대처럼 키다리로군! tendre la ~ à qn …에게 구원의 손길을 뻗치다.

perche[2] *n.f.* 〖어류〗농어류(類)(~ de mer).

perché(e) [pɛrʃe] *a.* ①(새 따위가)(높은 곳에)앉아 있는. poules ~*es* 횃대에 앉은 암탉. château ~ sur une colline (비유적)언덕 위의 성(城). ②bloc ~; roche ~ 〖지질〗표석. —*n.m.* (새가)앉아있을 때. tirer les faisans au ~ 앉아있는 꿩을 쏘다.

perchée[2] *n.f.* ①(나뭇가지 따위에 앉아있는)새의 무리. ②(포도밭의)포도나무를 심는 작은 고랑.

percher [pɛrʃe] *v.i.* ①(새가 나뭇가지 따위에)앉다. Les pigeons *perchent* sur les clochers. 비둘기가 종루 위에 앉아있다. ②〖구어〗(사람이)높은 곳에 살다(demeurer, loger). Où est-ce qu'il *perche*, ce type-la? 저 친구 어디 살지? Il *perche* au quatrième. 그는 5층에 살고 있다. —*v.t.* 〖구어〗높은 곳에 두다(jucher). D'un bon coup de pied, il *a perché* le ballon sur la terrasse. 그는 공을 힘껏 걷어차서 테라스 위에 올려놓았다. —*se* ~ *v.pr.* [se ~ sur] (에) (앉다)(jucher); (비유적)(사람이)높은 곳에 올라가다.

percheron(ne) [pɛrʃərɔ̃, -ɔn] *a.* 페르슈(Perche, 북프랑스의 옛지방)의. —**P**~ *n.* 페르슈 사람. —*n.m.* 페르슈산의 말(cheval ~).

percheur(se) [pɛrʃœ:r, -ø:z] *a.* (새가)나무에 앉는 습성이 있는. oiseaux ~*s* 높은 곳에 앉는 습성이 있는 새.

perchis [pɛrʃi] *n.m.* ①막대기로 둘러친 울타리. ②식목후 10 내지 20 년의 숲.

perchiste [pɛrʃist] *n.* ①〖스포츠〗장대높이뛰기 선수(sauteur à la perche). ②(마이크를 받치는)장치봉 담당원.

perchlorate [pɛrklɔrat] *n.m.* 〖화학〗과염소산염.

perchlorique [pɛrklɔrik] *a.* acide ~ 〖화학〗과염소산.

perchlorure [pɛrklɔry:r] *n.m.* 〖화학〗과염소화물.

perchman(*pl.* **men**) [pɛrʃman, -mɛn] *n.m.* =per-chiste.

perchoir [pɛrʃwa:r] *n.m.* ①(새가)앉는 곳, 횃대(juchoir). ~ de perroquet 앵무새의 횃대. ②(비유적)높은 곳에 있는 주택.

perclus(e) [pɛrkly, -y:z] *a.* ①(팔·다리 따위가)불수의(不隨意)의, 움직이지 않는(impotent). jambe ~*e* 움직이지 않는 다리. être ~ de rhumatismes (par des rhumatismes) 류머티즘으로 몸이 놓이지 않다. être ~ du bras droit 오른쪽 팔이 움직이지 않다. (비유적) 꼼짝못하다(paralysé). être ~ de peur 공포에 질려 꼼짝못하다. Il me regardait, ~ de saisissement. 그는 충격으로 멍한 채 나를 바라보고 있었다. avoir le jugement ~ 판단력이 마비되다.

perclusion [pɛrklyzjɔ̃] *n.f.* (드물게)(신체의)불수.

percnoptère [pɛrknɔptɛ:r] *n.m.* 〖조류〗(지중해지방의)독수리의 일종.

perco [pɛrko] *n.m.* ①〖구어〗=percolateur. ②〖군대 은어〗커피 당번. ③유언비어, 소문.

perçoir [pɛrswa:r] *n.m.* 송곳, 천공기(穿孔機).

perçois-, -t, -ve(nt) [pɛrswa, -a:v] ⇨percevoir.

percolateur [pɛrkɔlatœ:r] *n.m.* (여과기가 달린)커피 끓이개(〖구어〗perco).

percolation [pɛrkɔlasjɔ̃] *n.f.* (석유의)퍼콜레이션 여과; 〖농업〗수경(水耕) 재배; 〖지질〗투수(透水).

perçu(e) [pɛrsy] *a.p.* ①지각된. mouvement à peine ~ 겨우 느껴지는 움직임. ②징수된. droits ~*s* 징수된 세. —*n.m.* 〖철학〗지각된 것(사물).

perçus-e, -s, -t [pɛrsy] ⇨percevoir.

percussion [pɛrkysjɔ̃] *n.f.* ①맞부딪침, 충돌, 충격(choc). 〖군사〗(총 따위의)격발(擊發). lois de la ~ des corps 〖물리〗물체충돌의 법칙. fusil à ~ 격발소총. 〖의학〗타진(打診)(법). marteau à ~ 타진(타진)추(槌). ③(집합적)〖음악〗타악기. instrument de ~ 〖각각의〗타악기.

percussionniste [pɛrkysjɔnist] *n.* 〖음악〗타악기 연주자.

percutant(e) [pɛrkytɑ̃, -ɑ̃:t] *a.* ①충격을 주는(일으키는); 충격에 의해서 작용하는, 격발하는. fusée ~*e* 격발신관(信管). obus à ~ 〖군사〗착발탄(着發彈). ②(비유적)충격적인; 경이적인. article ~ 충격적인 기사. choisir un cadeau ~ 깜짝놀랄 만한 선물을 고르다.

percuter [pɛrkyte] *v.t.* ①(와)충돌하다; 충격을 주다(choquer). 〖군사〗(뇌관을)격발하다. corps qui *percute* un autre corps 다른 물체와 충돌하는 물체. chien de fusil qui *percute* l'amorce 뇌관에 충격을 주는 총의 격철. ②〖의학〗타진하다. ~ la poitrine 가슴을 타진하다. —*v.i.* ①격돌하다(heurter). L'avion *percuta* contre le sol. 비행기가 땅에 격돌했다. ②(폭탄 따위가)격발하다, 착발하다. L'obus *a percuté* contre le mur. 포탄은 벽에 맞아 폭발했다.

percuteur [pɛrkytœ:r] *n.m.* ①(총의)격침(擊針), 격철(擊鐵). ②〖의학〗타진용 마치.

percuti-réaction [pɛrkytireaksjɔ̃] (*pl.* ~~*s*)*n.f.* 〖의학〗투베르쿨린 반응.

perdable [pɛrdabl] *a.* (드물게)잃기 쉬운, 잃을 가능성이 많은; 지기 쉬운, 질 가능성이 많은.

perdant(e) [pɛrdɑ̃, -ɑ̃:t] *a.* ①(노름·사업·승부 따위에)진(잃은)(battu). billet ~ (복권 따위의)낙첨권. ②(기획 따위가)실패로 끝나는. —*n.* (노름·사업·승부 따위에)진(실패한, 잃은)사람. être le gros ~ dans une affaire로 인해 크게 손해보다. —*n.m.* ~ de la marée 〖해양〗썰물.

perdeur(se) [pɛrdœ:r, -ø:z] *n.* 잃는 사람. ~ de

temps 시간을 낭비하는 사람.
perd-fluide [perflyid] *n.m.* 《복수불변》〖전기〗(피復칭 따위의)접지(接地) 회로, 어드.
perditance [perditɑ̃:s] *n.f.* 〖전기〗리칸스《전기의 누전을 표시하는 계수》(《영》leakance).
perdition [pɛrdisjɔ̃] *n.f.* ① 〖종교〗(죄에 의한 영혼의)파멸; 영벌(damnation). état de ~ 멸망상태. ② (도덕적)퇴폐, 타락. lieu de ~ 퇴폐 장소, 우범지대. ③ navire en ~ 〖해양〗조난선. ④ 〖예〗(재산 따위의)탕진, 소멸(perte).
‡**perdre** [pɛrdr] [25] *v.t.* ① (소유물·재산 따위를)상실하다, 분실하다, 잃어버리다(égarer). ~ ses biens 자기 재산을 잃다(없애다). ~ son portemonnaie 지갑을 잃어버리다. ~ sa situation 지위를 잃다. ~ son crédit 신용을 잃다. ~ ses droits 권리를 잃다.
② 손해보다. Il *a perdu* 100 francs au jeu. 그는 도박에서 100 프랑을 잃었다. n'avoir rien à ~ mais tout à gagner 잃는 것은 아무것도 없고 얻을 것뿐이다.
③ (신체의 일부 또는 전부의 기능을)잃다. ~ un doigt dans un accident 사고로 손가락 하나를 잃다. Il *perd* ses cheveux. 그는 머리가 빠진다. ~ du poids 체중이 줄다. ~ la vue 시력을 잃다. ~ la vie 생명을 잃다(mourir). ~ haleine 숨이 차다.
④ (정신적·심적 기능을)잃다, 상실하다. ~ l'esprit(la raison, la tête) 정신을 잃다, 머리가 돌다. ~ la mémoire 기억력을 상실하다. 《관사 없이》 ~ connaissance 의식을 잃다. ~ espoir 희망을 잃다. ~ patience 더이상 참지 못하다.
⑤ (기회를)놓치다; (시간 따위를)낭비하다 (dissiper, gaspiller). ~ une belle occasion 좋은 기회를 놓치다. ~ son temps 시간을 헛되이 보내다. Tu n'as pas un instant à ~. 너는 단 한순간도 지체해서는 안 된다. ~ sa peine 헛수고하다.
⑥ (시합·승부에)지다. ~ un match 시합에 지다. ~ la partie 승부에 지다. ~ un procès 패소하다.
⑦ [~ *qn*] (사람을)잃다, 여의다; 사별하다. ~ ses amis 친구를 잃다. Il *a perdu* sa femme l'année dernière. 그는 작년에 아내를 잃었다. ⓑ 《주어는 주로 사물》파멸시키다, (의)신용·평판을 잃게 하다(ruiner, discréditer). Son imprudence le *perdra*. 그는 경솔한 짓 때문에 신세를 망칠 것이다. 《주어가 사람인 경우는 다소 옛 용법》 Il cherche à ~ son rival par des calomnies. 그는 중상모략으로 경쟁자의 평판을 실추시키려 한다. ~ *qn* d'honneur 《옛》…의 명예를 실추시키다.
⑧ 《옛·문어》타락시키다; 〖종교〗지옥에 떨어뜨리다. Ses mauvaises fréquentations *l'ont perdu*. 나쁜 친구들과의 교제는 그를 타락시켰다.
⑨ (길을)잃게 하다. J'ai l'impression que le guide nous *a perdus*. 아무래도 안내인이 우리를 길을 잃게 한 것 같다.
~ *qc*(*qn*) *de vue* 잊어버리다; (와)만나지 않고 지내다. ~ *de vue* une particularité remarquable de la situation 상황의 주목할 만한 특이성을 보지 못하다. Il y a longtemps que je l'*ai perdu de vue*. 그를 만나지 못한 지 오래 됐다. Il *a perdu de vue* ce qu'il m'avait promis. 그는 내게 약속했던 것을 잊어버렸다.
Vous ne perdez rien pour attendre. 당신은 응분의 보수를 받고야 말거요, 멀지 않아 앙갚음을 해줄테니까(기다려 보시오).《위협적》.
—*v.i.* ① 손해보다. ~ *sur une marchandise* [*un article*] 상품에서 손해보다.
② (노름 따위에서)잃다; (경기 따위에서)지다 (↔gagner). Il *a perdu*. 그는 졌다.

③ 가치가 떨어지다(baisser, ↔monter); 힘이 약해지다; (지위 따위가)떨어지다. La plupart des actions *ont* encore *perdu*. 대부분의 주가(株價)가 더욱 떨어졌다. ~ dans l'opinion publique 평판이 나빠지다.
④ 내용이 줄다, 양이 줄다. Ce tonneau *perd*. 이 통은 샌다.
⑤ 〖해양〗 La marée *perd*. 썰물이 되다; Le bateau *perd*. 배의 기관이 멎다, 배가 멎다.
jouer à qui perd gagne 진 사람이 승자가 되는 규칙으로 승부하다;《비유적》작은 손해를 보고 큰 득을 얻다.
—*se* ~ *v.pr.* ① 눈에 보이지 않다, (소리가)들리지 않다, 사라지다, 자취를 감추다. parole une *se perd* dans le tumulte 소음으로 들리지 않는 말소리. L'avion *se perd* dans les nuages. 비행기는 구름 속으로 사라져간다. Les fleuves *se perdent* à la mer. 강물은 바다로 흘러 사라진다.
② (추상적)사라지다, 없어지다; 사용되지 않다; 헛되이 되다. Les traditions *se perdent* peu à peu. 전통은 조금씩 사라져가고 있다. Son autorité *s'est perdue*. 그의 권위는 떨어졌다. laisser (*se*) ~ une occasion 기회를 놓치고 말다(laisser, faire 와 함께 쓰이는 대명동사는 흔히 se 를 생략).
③ 길을 잃다;《추상적》갈피를 잡지 못하다. Il *s'est perdu* dans la forêt. 그는 숲속에서 길을 잃었다. [se ~ en/dans] *se* ~ *en* conjectures 이리저리 억측하다. *se* ~ *dans* les détails 세부적인 문제에 몰두하여 본질을 보지 못하다. Je m'y *perds*.(머리가 혼란해서)뭐가뭔지 모르겠다.
④ [se ~ en/dans] (에)몰두하다, 몰입하다. *se* ~ *dans* une rêverie 몽상에 잠기다.
⑤ (주어는 사물)못쓰게 되다, 나빠지다, 상하다 (se gâter). ressources qui *se perdent*, faute d'être exploitées 개발되지 않은 탓으로 사장되고 있는 자원들. Avec cette chaleur, les fraises vont *se* ~. 이런 더위에는 딸기가 상할 것이다.
⑥ 파멸되다, 타락하다. *se* ~ *dans* l'alcoolisme 알코올중독으로 신세를 망치다.
se ~ *de vue* 서로 만나지 않다, 멀어지다.
perdreau [pɛrdro] (*pl. ~x*) *n.m.* ① 〖조류〗자고의 새끼. ② 《은어》사복경찰.
perdrigon [pɛrdriɡɔ̃] *n.m.* 〖식물〗서양오얏의 일종(prune).
perdrix [pɛrdri] *n.f.* ① 〖조류〗자고. ② ~ des neiges 뇌조(雷鳥)(lagopède); ~ de mer 제비물떼새 무리(glaréole). ③ vin œil de ~ 빛깔이 연한 적포도주.
perdu(*e*) [pɛrdy] *a.p.* ① 잃어버린, 잃은; 없어진, 사라진. argent ~ au casino 카지노에서 잃은 돈. le Paradis ~ 실락원. objets ~s 유실물, 잃어버린 물건. ② 길을 잃은, 헤매는(errant); 빗나간. chien ~ 주인 없는 개. enfant ~ 미아. être[se sentir] ~ 길을 잃다;《비유적》어찌할 바를 모르다. regard ~ 멍한 시선. Il *est* blessé par une balle ~*e* 유탄에 맞아 부상을 입다. ③ 외진(éloigné), 고립된(isolé); 보이지 않는, 사라진, 숨은. sentinelle ~*e* 〖군사〗전초(前哨). pays(coin) ~ 외진 고장(장소). toits ~*s* dans la nuit 어둠속에 보이지 않는 지붕들. reprise ~*e* 〖의복〗눈에 띄지 않는 수선(수리). ④ 소용없는, 쓸데없는, 무익한. C'est peine ~*e*. 그건 헛수고이다. occasion ~*e* 돌이킬 수 없는 기회. temps ~ 잃어버린(낭비된) 시간. 《시간이》한가한 때. à temps ~, à ses heures ~*es* 한가한 때에. ⑤ 회복(갱생)의 가망이 없는 (désespéré); 파멸(몰락)한; 타락한(corrompu, débauché). Ce malade est ~. 이 환자는 회복할 가

망이 없다. être ~ de dettes 빚에 쪼들리다. être ~ d'honneur 명예의 치명적인 손상을 입다. âme ~e 타락한[구원받을 길 없는] 영혼. femme(fille) ~e 음락 여성, 매춘부. ⑦ (사물이) 못쓰게 된, 파손된(abîmé, endommagé). Ma robe est ~e. 내 드레스는 못쓰게 됐다. Ma tête est ~e. 내 정신이 아니다(Je perds la tête). ⑧ (승부에)진, 패배한. bataille ~e 패배한 전투. La partie est ~e. 승부에 졌다. ⑨ [~ dans] (에)몰두한, 골몰한. être ~ dans ses pensées(sa rêverie) 생각[몽상]에 잠겨있다. être ~ dans sa douleur 고통에 빠져있다.
Ce n'est pas ~ pour tout le monde. 〔구어〕그것은 모든 사람에게 다 무익한 것은 아니다〔누군가 이득을 보는 사람이 있다〕. *Pour un ~, deux (de) retrouvés.* 한 사람[한 개] 없어져도 대신할 사람[것]은 얼마든지 있었다.
—n. 미친 사람. courir[crier, rire] comme un ~ 미친 사람처럼 달리다[외치다, 웃다].

perdurable [pɛrdyrabl] a. 〔옛〕(신 따위가)영원한.
perdurer [pɛrdyre] v.i. (드물게)오래 계속하다, 영속(永續)하다.
:**père** [pɛːr] n.m. ① 아버지, 부친. devenir[être] ~ 아버지가 되다. autorité du ~ 부권(父權). ~ adoptif 양부(養父). ~ nourricier 키워준 아버지; 유모의 남편. ~ de famille 가장. ses ~ et mère; son ~ et sa mère 〔구어〕 그의 양친.
② (비유적) 아버지 같은 사람, 보호자. Ce souverain a été le ~ de son peuple. 이 왕은 백성의 아버지와 같은 존재였다. ~ des pauvres 가난한 자들의 보호자.
③ 창시자, 시조(créateur). le ~ de la tragédie 극의 창시자(그리스의 아이큐로스(Eschyle), 또는 프랑스의 코르네유(Corneille)). le ~ des humains 인류의 아버지(Adam 을 가리킴).
④ (pl.)조상, 선조. nos ~s 우리 조상. terre de nos ~s 조상의 땅, 조국.
⑤ 〔종교〕 ⓐ 하느님 아버지, (삼위일체의)성부(聖父)(dieu). la Maison du P~ 천국. Notre P~ qui êtes aux cieux 하늘에 계신 우리 아버지. ⓑ (가톨릭에서의 호칭을 표시:약자는 P., (pl.) PP.) le Saint-P~; le P~ des fidèles 로마 교황. ~ spirituel 영부(靈父), 참회청문사(懺悔聽問師). ~s conciliaires 공의회에 참여하는 주교. ⓒ 신부. le P~ A 신부님. Oui, mon P~. 네, 신부님.
⑥ 〔구어〕 (일반적인 호칭으로서)할아버지, 영감(님). 아저씨. «Le ~ Goriot» 「고리오 영감」(발자크의 작품). le ~ Noël 산타클로스 할아버지. Alors, mon petit ~, comment ça va? 아저씨 안녕하세요?, 아기야 별일 없는가?
⑦ ~s conscrits 〔고대로마〕원로원의원, (비꼼)(프랑스의)상원의원(sénateurs). 「역.
⑧ ~ noble 〔연극〕 (엄한)아버지 역, 할아버지
comme ~ et mère 〔구어〕 (아이들에 대해)어른처럼, 어른에 못지 않게.
de ~ en fils 조상대대로.
du temps de nos ~s 옛날 옛날에.
en bon ~ de famille (선량한 가장처럼)신중하게.
placement de ~ de famille 견실한 투자.
Tel ~, tel fils. 〔격언〕 그 아버지에 그 아들.
pérégrin(e) [peregrɛ̃, -in] n. 〔고대로마〕(로마시와 특별한 관계가 있는)거류(居留) 외국인. —a. 외국인 관계의. préteur ~ (고대로마의)외국인 담당 장관. 〔옛〕 나그네; 외국인.
pérégrinateur(trice) [peregrinatœːr, -tris] n. 〔드물게〕(먼 나라를)여행하는 사람.
pérégrination [peregrinasjɔ̃] n.f. ① (먼 고장·외국 따위에의)긴 여행. (pl.)연속적인 왕래, 편력.

après de nombreuses ~s dans les différents ministères 여러 부(部)를 수없이 드나들고 난 후에.
pérégriner [peregrine] v.i. 〔옛〕(먼 나라를)여행하다, 편력하다.
Père-Lachaise (le) [ləpɛrlaʃɛːz] n.pr.m. 페르라셰즈(파리의 유명한 공동묘지).
péremption [perɑ̃psjɔ̃] n.f. 〔법〕 (소정기간이 지나감으로써 생기는)소권의 소멸(시효)(3년).
péremptoire [perɑ̃ptwaːr] a. ① 〔법〕 소권상실에 관한, 소권소멸 시효의. exception ~ 무소권의 항변. ② 단호한(décisif); 결정적인, 항변의 여지가 없는(tranchant). argument ~ 결정적인 논거(論據). ton ~ 단호한 어조.
péremptoirement [perɑ̃ptwarmɑ̃] ad. 〔문어〕 단호하게, 결정적으로.
pérennant(e) [perɛn(ɛ)nɑ̃, -ɑ̃ːt] a. 〔식물〕 다년생의.
pérenne [perɛn] a. ① 〔옛〕 오래 계속하는, 영속하는. ② source ~ 〔지질〕 연중 고갈되지 않는 샘.
pérennisation [perɛn(ɛ)nizasjɔ̃] n.f. (법·습관 따위의)영속화.
pérenniser [perɛn(ɛ)nize] v.t. (드물게)영속시키다, 영존시키다.
pérennité [perɛn(ɛ)nite] n.f. 영속(성). assurer la ~ des institutions 제도의 영속성을 보장하다.
péréquation [perekwasjɔ̃] n.f. 〔행정〕 (급여·가격·세금 따위의)적정화, 조정. 〔경제〕 (각 기업간의 가격의)균등화, 가격조정.
perfectibilité [pɛrfɛktibilite] n.f. 〔문어〕 완전하게 할 가능성. ~ du genre humain 인간의 완전화의 가능성.
perfectible [pɛrfɛktibl] a. 완전하게 할 수 있는; 완성(개선)될 수 있는. projet toujours ~ 아직도 개선될 수 있는 계획.
perfectif(ve) [pɛrfɛktif, -iːv] a. 〔언어〕 완료(상)의. aspect ~ d'un verbe 동사의 완료상(相).
perfection [pɛrfɛksjɔ̃] n.f. ① 완전함, 완벽, 완성. atteindre[parvenir] à la ~ 완벽에 달하다. ~ dans le style 문체의 완벽함. ~ de Dieu 신(神)의 완전무결. ② (주로 pl.)완전한 점, 미점, 장점. découvrir des ~s chez qn …에게서 여러가지 좋은 점을 발견하다. Il a toutes les ~s. 그는 모든 점에서 완벽하다. ③ 나무랄 데 없는 사람(특히 여성); 나무랄 데 없는 물건. Cette femme est une ~. 이 여자는 나무랄 데가 없다. Cette machine est une ~. 이 기계는 완벽하다.
à la ~ 완전하게; 더할 나위 없이 훌륭하게(en ~은 〔옛〕; dans la ~은 다소 〔옛〕의 용법). parler le français *à la ~* 프랑스어를 완벽하게 구사하다.
perfectionné(e) [pɛrfɛksjɔne] a. 완벽에 가깝게 된, 나무랄 데 없는; (기계 따위가)개선(개량)된. machine ~ (기술적으로 개량된)최신기계.
perfectionnement [pɛrfɛksjɔnmɑ̃] n.m. ① 완전하게 함, 완전히 끝맺음, 완성(↔ébauche); 개선, 개량(amélioration). ~ des moyens de production 생산수단의 개선. suivre des cours de ~ 재교육을 받다. brevet de ~ 실용신안 특허장(증서). ② 개선(개량)된 점[부분]. voiture dotée de derniers ~s 최신장치가 부착된 자동차. apporter des ~s à qc 여러모로 개선하다.
perfectionner [pɛrfɛksjɔne] v.t. ① 완전[완벽]하게 하다, 완성하다; 개선하다, 개량하다(améliorer). ~ une machine 기계를 개량하다. ② 세련되게 하다(affiner); 순화(醇化)하다; (문장 따위를) 퇴고하다. ~ son goût 취미를 세련되게 하다. ~ son style 문체를 다듬다.
—se ~ v.pr. ① 완전하게 되다; 개선되다, 개량되

다. Les techniques *se perfectionnent* sans cesse. 기술은 끊임없이 개선(발전)되어 나간다. ②《주어는 사람》자신을 완성시키다. ③ [se ~ en/dans] (에) 숙달하다. *se ~ en* anglais 영어에 숙달하다.

perfectionnisme [pɛrfɛksjɔnism] *n.m.*《종종 경멸》완전(무결)주의.

perfectionniste [pɛrfɛksjɔnist] *a.* 완전주의적인. —*n.* 완전주의자.

perfectum [pɛrfɛktɔm]《라틴》*n.m.* 《언어》라틴어에서 완료를 나타내는 동사의 형태. (라틴어 동사의)완료태.

perfide [pɛrfid] *a.* ① 신의 없는, 불성실한; 배신하는. ami ~ 신의 없는 친구. femme ~ 부정(不貞)한 여자. ②《사물이》허위의, 믿을 수 없는; 위험한, 해로운(dangereux, nuisible). ~s promesses 거짓약속. vin ~ 해로운 술. arme ~ 위험한 무기. ~ comme l'onde (사람의 마음 따위가)(파도처럼) 믿을 수 없는. —*n.*《옛·문어》신의가 없는 사람, 배신자.

perfidement [pɛrfidmɑ̃] *ad.* 신의 없이, 허위로, 배신하여.

perfidie [pɛrfidi] *n.f.* ① 불성실, 배신, 배반. avoir la ~ de+*inf.* 신의없이 …을 하다. ② 배신적인 행위, 신의 없는 말. faire une ~ à qn …을 배신하다. dire des ~ 불성실한(거짓) 말을 하다. ③《사물의 뜻하지 않은》위험. ~ d'un fleuve 강물의 위험.

perfo [pɛrfo] *n.*《구어》키펀처(perforeur).

perfolié(e) [pɛrfɔlje] *a.*《식물》잎이 잎을 꿰뚫고 자라는. feuille ~*e* 관생엽(貫生葉).

perforage [pɛrfɔraːʒ] *n.m.*《기술》구멍 뚫기.

perforant(e) [pɛrfɔrɑ̃, -ɑ̃ːt] *a.* ①《기술》구멍을 뚫는, 관통하는. instrument ~ 천공기(穿孔機). balle ~*e* 관통한 총알. ②《식물》바위를 파고드는. ③《해부》근육 속을 통과하는. artères ~*es* 관통동맥.

perforateur(trice) [pɛrfɔratœːr, -tris] *a.* 구멍을 뚫는. ② 구멍을 뚫는 기계, 천공기, 드릴; 《의학》천공기(穿骨器). —*n.f.* ①《토목》굴착기(掘鑿機), 착암기. ②《컴퓨터》천공기《테이프·카드에 구멍을 뚫는 것》; 키펀처.

perforation [pɛrfɔrasjɔ̃] *n.f.* ① 구멍 뚫음; 빵꾸냄. ②《의학》천공술; 천공. ~ gastrique 위(胃) 천공. ③《컴퓨터》펀칭.

perforé(e) [pɛrfɔre] *a.p.* ① 구멍이 뚫린. intestin ~《의학》천공(腸)의. ②《컴퓨터》펀칭된. cartes ~*es* 펀치카드. bandes ~*es* 펀치 테이프.

perforer [pɛrfɔre] *v.t.* ① 구멍을 뚫다(파다), 관통하다. La balle lui *a perforé* l'intestin. 총알이 그의 창자를 꿰뚫었다. ~ un billet de métro 지하철표에 구멍을 뚫다. ②《컴퓨터》(펀치카드 따위에) 구멍을 뚫다.

perforeur(se) [pɛrfɔrœːr, -ø:z] *n.* 키펀처. —*n.f.* ①《토목》굴착기, 착암기. ②《컴퓨터》천공기, 카드뚫이, 키펀처.

performance [pɛrfɔrmɑ̃ːs] *n.f.* ①《운동경기·경마 따위에서 얻은》기록, 성적, 성과. ~*s* d'un champion 챔피언의 기록. fournir(réaliser) une belle [mauvaise] ~ 좋은[나쁜] 성적을 나타내다. ~ homologuée 《스포츠》공인기록. ②좋은 기록, 훌륭한 성과, 대성공(succès, exploit). accomplir une ~ 좋은 성적을 올리다. C'est une ~! 훌륭한 성과로군! ③(기계의)성능. indice de ~ 성능지수. analyse des ~*s* 성능분석. ④《언어》언어수행(↔ compétence).

performant(e) [pɛrfɔrmɑ̃, -ɑ̃ːt] *a.* (기계 따위가)고성능의, 고능률의; (기업 따위가)경쟁력 있는. entreprise ~*e* 경쟁력이 강한 기업.

performantif(ve) [pɛrfɔrmɑ̃tif, -iːv] *a.* 《언어》(언어)수행의. verbe ~ 수행동사.

perfusion [pɛrfyzjɔ̃] *n.f.* 《의학》(혈관내로의)지속(持續) 주입. ~ sanguine 수혈.

pergélisol [pɛrʒelizɔl] *n.m.* (북극의)영구 빙토층.

pergola [pɛrgɔla], **pergole** [pɛrgɔl] 《이탈리아》 *n.f.* (담쟁이덩굴·장미 따위로 지붕을 만든)정자, 페르골라.

perhydrol [pɛridrɔl] *n.m.* 《화학》농축 과산화수소.

péri¹ [peri] *n.* (페르시아 신화의)요정, 마귀, 귀신.

péri²(e) [peri] *a.* 《문장》작은 형체의.

péri- *préf.* 「주변·둘레」의 뜻.

périanthe [perjɑ̃ːt] *n.m.* 《식물》화피(花被), 화개(花蓋)《꽃받침과 꽃부리의 총칭》.

périarthrite [periartrit] *n.f.* 《의학》(허리·어깨·무릎 따위의)관절주위염.

péribole [peribɔl] *n.m.* 《건축》(그리스 신전의)경내(境內), 구내.

péricarde [perikard] *n.m.* 《해부》심낭(心囊), 심(외)막(心(外)膜).

péricardique [perikardik] *a.* 《해부·의학》심낭의, 심막의.

péricardite [perikardit] *n.f.* 《의학》심낭염(炎).

péricarpe [perikarp] *n.m.* 《식물》과일의 껍질, 종자의 껍질.

périchondre [perikɔ̃ːdr] *n.m.* 《해부》연골막(軟骨膜).

périchondrite [perikɔ̃drit] *n.f.* 《의학》연골막염.

périclase [periklaːz] *n.f.[m.]* 《광물》페리클레이스《산화마그네슘》.

péricline [periklin] *n.m.[f.]* 《광물》페리클린《조장석(曹長石)(feldspath)의 일종》.

périclitant(e) [periklitɑ̃, -ɑ̃ːt] *a.* (사업 따위가)위험상태에 빠져 있는, 발전하지 않는.

péricliter [periklite] *v.i.* (사업 따위가)위험상태에 빠지다, 위험으로 가다(décliner, dépérir); (건강 따위가)악화되어 가다. faire ~ une entreprise 사업을 위태롭게 하다. Sa santé *périclite.* 그의 건강이 악화되어 간다.

péricrâne [perikrɑːn] *n.m.* 《해부》두개골막(膜).

péricycle [perisikl] *n.m.* 《식물》내초(內鞘)《줄기·뿌리의 외초 세포막》.

péridot [perido] *n.m.* 《광물》감람석(橄欖石).

périgée [periʒe] *n.m.* 《천문》(천체·인공위성의)근지점(近地點)(↔ apogée). La lune est dans son ~. 달은 근지점에 있다. 지구에서 가장 가까이에 있다. —*a.* (붙번)근지점에 있는.

périglaciaire [periglasjɛːr] *a.* 내륙 빙하 주변의. zone ~ 빙하주변지대.

périgourdin(e) [perigurdɛ̃, -in] *a.* ①페리고르(*Périgord*, 프랑스의 지방)의. ②페리괴(*Périgueux*, 프랑스의 도시)의. —P~ *n.* 페리고르 사람; 페리괴 사람.

périgueux [perigø] *n.m.* 《광물》견묵석(堅墨石)《페리괴 부근에서 나는 단단한 돌로 유리를 가는 데 사용함》.

périhélie [perieli] 《천문》 *n.m.* 근일점(近日點)(↔ aphélie). —*a.* 근일점에 있는.

péri-informatique [periɛ̃fɔrmatik] *n.f.* 정보관련기구(산업).

***péril** [peril] *n.m.*《문어》(생명·안전에 대한)위험, 위기(danger, ↔ sûreté). en cas de ~ 위급한 경우에. courir un ~ [des ~*s*] 위험을 무릅쓰다. s'exposer au ~ 위험에 처하다. être hors de ~ 위험에서 벗어나다. affronter[braver] un ~ 용감히 위험에 도전하다, 위험을 무릅쓰다. le ~ communiste[rouge] 공산침략의 위험. ~*s* de mer 《옛》

해난(海難). ~ jaune 황색인종 진출의 위험. *à (ses) risques et* ~*s* 모든 책임을 (자기가)지고. *au* ~ *de sa vie(de ses jours)* 목숨을 내걸고. *en* ~ *de* 위기에. navire *en* ~ 침몰할 위험에 빠진 배. territoire *en* ~ *d'invasion* 침략의 위험에 처해 있는 영토. mettre *qc en* ~ ⋯을 위험[궁지]에 빠뜨리다.
Il y a ~ *à* + *inf.* ⋯한다면 위험하다. *Il y a* ~ *à méconnaître ces vérités.* 이런 사실을 무시하다가는 큰일난다.
Il y a ~ *en la demeure.* 조금이라도 지체하면 위험하다.

périlleusement [perijφzmɑ̃] *ad.* 위험할 정도로; 위험을 무릅쓰고.

périlleux(se) [perijφ, -φːz] *a.* ① 위험한; 험난한 (hasardeux). entreprise ~*se* 위험한 기도, 모험. route ~*se* 험난한 길. ② 미묘한(délicat). aborder un sujet ~ 미묘한 문제를 다루다.

périmé(e) [perime] *a.p.* ① 옛날의(ancien); 구식의 (caduc); 시대에 뒤진(démodé). conceptions ~*es* 케케묵은 생각. méthodes ~*es* 구식 방법. ② (표·소송·어음 따위의)기한이 지난, 무효인. passeport ~ 기한이 지난 여권.

périmer (se) [saperime] *v.pr.* ① (소송·어음·표 따위가)기한이 지나다, 무효가 되다. laisser ~ une instance 소권의 시효를 소멸시키다(laisser, faire 와 함께 쓰일 때 se 는 생략됨). ② (비유적)시대에 뒤지게 되다.

périmètre [perimɛtr] *n.m.* ①《수학》(도형 따위의)주위, 둘레. ~ du cercle 원주(圓周). ~ thoracique 가슴둘레, 흉위. ②지역, 구역(zone). ~ d'agglomération《행정》(도시계획에서)자치단체가 공공시설을 하는 지역. ~ de captage (강·지수지 따위의)집수(集水)지역. ③《의학》(안과의)시야계(視野計).

périmétrique [perimetrik] *a.* (드물게)주위의, 주변의. ligne ~ 주위.

périnatal(ale, pl. aux) [perinatal, -o] *a.*《의학》출산 전후의. mortalité ~*ale* 출산시 사망률.

périnatalité [perinatalite] *n.f.*《의학》(영아의)출산전후, 주산기(周産期).

périnatologie [perinatɔlɔʒi] *n.f.*《의학》주산기 연구, 주산기 소아학.

périnéal(ale, pl. aux) [perineal, -o] *a.*《해부》회음(會陰)의. hernie ~*ale* 회음 헤르니아.

périnée [perine] *n.m.*《해부》회음(부).

périnéorraphie [perineɔrafi] *n.f.*《의학》회음봉합술.

*****période** [perjɔd] *n.f.* ① 기간(durée); 시기, 시대 (époque). ~ révolutionnaire 혁명시대. ~ romantique 낭만주의 시대. ~ des vacances《일반적으로》방학 때. Il vient de traverser uire ~ difficile. 그는 방금 곤란한 시기를 지났다. ②《학술》기간, 주기. ⓐ《생리》~ de l'ovulation 배란기; ~ menstruelle 월경기; ~ d'incubation (질병의)잠복기. ⓑ《지질》~ du crétacé 백악기(白堊紀). ⓒ《법》~ suspecte 파산수속기간; ~ électorale 선거운동기간. ⓓ《군사》accomplir une ~ (예비역 군인이)교육을 마치다. ⓔ《물리·화학》~ d'un pendule 진동자의 주기; ~ d'une onde 주파수; ~ radioactive 방사선 물질의 반감기. ⓕ《천문》~ undécennale des taches solaires 태양흑점의 11주년 주기; ~ de Mars autour du Soleil 화성의 공전 주기. ⓖ《수학》~ d'une fonction 함수의 주기; ~ d'une fraction décimale 순환소수의 순환마디. ③《음악》악절, 악단(몇 개의 소절로 구성되어 하나의 선율을 이루는 것). ④《수사학》종합문(여러 절(proposition)로 구성되어 종지부로서 완결된 긴 문장).
—*n.m.*《옛·문어》시기, 단계(degré). être au plus haut ~ du bonheur 행복의 절정에 있다. dernier ~ 최후의 단계.

périodemètre [perjɔdmɛːtr] *n.m.* 핵반응주기(週期)측정기.

périodicité [perjɔdisite] *n.f.* 주기성(週期性), 정기성. ~ d'une publication 어떤 간행물의 정기발행. loi de ~《수학》주기율.

périodique¹ [perjɔdik] *a.* ① 주기적인, 정기적인. crises ~*s* de l'économie 경제의 주기적 위기. publication ~ 정기 간행(물). mouvement ~ d'un pendule 추의 주기(왕복)운동. ②ⓐ《의학》fièvre ~ 회귀열. ⓑ《정신의학》psychose ~ 주기성 정신병, 조울증. ⓒ《수학》fonction ~ 주기함수; fraction ~ 순환소수. ⓓ《화학》classification ~ des éléments (멘델레프의)원소주기율에 의한 분류, 주기율표. ③《수사학》종합문의; (문제가)유려한. phrase ~ 종합문. style ~ 유려한 문체.
—*n.m.* 정기간행물. ~ littéraire 문예지. 「酸」

périodique² *a.* acide ~《화학》과요도산(過沃度)

périodiquement [perjɔdikmɑ̃] *ad.* 주기적으로, 정기적으로. Ce phénomène se reproduit ~. 이 현상은 주기적으로 재발한다.

périodomorphe [perjɔdɔmɔrf] *a.* 주기를 이루는.

périodonte [perjɔdɔ̃t] *n.m.*《해부》치근막.

périodontite [perjɔdɔ̃tit] *n.f.*《의학》치근막염(齒根膜炎), 치주염.

périœciens [perjesjɛ̃] *n.m.pl.*《지리》위도는 똑같고 경도가 180° 다른 곳[지구의 정 반대되는 곳]에 살고 있는 사람들.

périoste [perjɔst] *n.m.*《해부》골막(骨膜).

périostéal(ale, pl. aux) [perjɔsteal, -o], **périostique** [perjɔstik] *a.*《해부》골막의.

périostite [perjɔstit] *n.f.*《의학》골막염(炎).

périostose [perjɔstoːz] *n.f.*《의학》골막종(腫).

péripatéticien(ne) [peripatetisjɛ̃, -ɛn] *a.* 페리파토스 학파의, 소요학파(逍遙學派)의(고대의 아리스토텔레스 학파를 이르는 말). —*n.* 소요학파의 철학자. —*n.f.*《구어》거리의 여자, 창녀.

péripatétique [peripatetik] *a.*《옛》《철학》소요[페리파토스]학파의, 아리스토텔레스 학파의.

péripatétisme [peripatetism] *n.m.*《철학》소요[페리파토스]학파의 철학, 아리스토텔레스 학파의 철학(aristotélisme).

péripétie [peripesi] *n.f.* ① (연극·소설 따위의)사건[사태]의 급변, (대단원으로 이끄는)대파란. ~ bien amenée 결말이 잘 지어진 연극의 대단원. ② (일상생활에서의)돌발사건, 우여곡절, 파란. ~ politiques 정국의 급변. expédition pleine de ~*s* 파란만장한 원정.

périphérie [periferi] *n.f.* ① (원·타원 따위의)주위, 둘레(contour). ~ d'un cercle《수학》원주. ② (물체의)바깥 둘레, 전(全)표면(surface). ~ d'un colis 소포의 표면. ③ (도시의)주변, 변두리; 근교, 교외(banlieue). loger dans la ~ 도시 변두리에 살다. à la ~ dc Séoul 서울 근교에서.

périphérique [periferik] *a.* ① (도시 따위의)주변의(↔ central). quartiers ~*s* (도시의)주변지구. boulevard ~ (파리의)외곽순환도로(고속 전용 도로). émissions des postes ~*s* (프랑스어로 하는)국경주변의 외국방송(Radio-Luxembourg,

Europe n° 1 따위). ② 【생리·심리】 말초의, 주변의. système nerveux ~ 말초신경계. théorie ~ 말초(기능)론.
　—n.m. ① (파리의) 외곽 순환도로(boulevard ~). ② 【컴퓨터】 (중앙처리장치의) 주변장치.

périphlébite [periflebit] n.f. 【의학】 정맥주위염《정맥을 둘러싼 결막조직의 염증》.

périphrase [perifra:z] n.f. 완곡한 표현법, 빙 둘러서 말하는 표현법(circonlocution); 【언어·수사학】 우언법(迂言法)《예: soleil→astre du jour; Paris→Ville-Lumière》. parler par ~ 완곡하게 말하다. ~ grammaticale 문법상의 우언법《예: Je partirai→Je vais partir》.

périphraser [perifraze] v.i. (옛) 완곡한 표현법을 쓰다; 우언법을 쓰다.

périphrastique [perifrastik] a. 완곡한, 빙 둘러서 말하는; 【언어·수사학】 우언법을 사용한. tournure ~ 완곡한 표현. temps ~ 【언어】 (우언법에 따라) 반 조동사를 쓴 시제(時制).

périple [peripl] n.m. ① (대양·대륙을 탐험하는) 주항(周航), 대항해(circumnavigation). le ~ de Magellan autour du monde 마젤란의 세계 일주. ② (일반적으로) (육상(陸上)에서의) 대여행《이 용법은 오용으로 비판되고 있음》. faire un ~ en Grèce 그리스를 두루 돌아다니다.

péripneumonique [peripnømɔnik] a., n. 【수의】 폐렴에 걸린 (동물).

périptère [peripte:r] 【건축】 a. 원주(圓柱)로 둘러싸인, 원주식의. —n.m. 원주식 건축물.

***périr** [peri:r] v.i. (문어) 《죽다(mourir); [~ de] (으로) 죽을 지경이다. ~ à la guerre 전사하다. ~ dans un incendie 불에 타 죽다. ~ d'ennui; s'ennuyer à ~ 몹시 권태롭다. ② (주어는 사물) 사라지다, 없어지다(disparaître); 멸망하다, (배가) 난파하다. La liberté ne peut ~. 자유는 소멸될 수 없다. Les plus grands empires ont péri. 가장 위대한 제국들도 멸망했다. Le cargo a péri corps et biens. 화물선은 짐과 함께 침몰해버렸다.
<small>REM</small> 18세기까지는 조동사로서 être를 사용했음.

périsciens [perisjɛ̃] n.m.pl. 【고대지리】 극지인《極地人》.

péri(-)scolaire [periskɔlɛ:r] a. 【학교】 과외의. activités ~s 과외활동.

périscope [periskɔp] n.m. 전망경(展望鏡), (잠수함의) 잠망경(潛望鏡).

périscopique [periskɔpik] a. ① 【광학】 (렌즈가) 사방을 바라볼 수 있는, 광각(廣角)의. verres ~s 어안(魚眼)렌즈. ② 잠망경의, 전망경의.

périsélénée [periselene] n.f. 【천문】 근월점《인공위성이 궤도상에서 달에 가장 가까이 가는 점》.

périsperme [perispɛrm] n.m. 【식물】 외배유(外胚乳).

périsplénite [perisplenit] n.f. 【의학】 비장(脾) 막염(膜炎).

périspomène [perispɔmɛn] a., n.m. 【그리스문법】 마지막 음절에 억양부호가 있는 (낱말).

périsprit [perispri] n.m. 【심령술】 육체와 정신을 매개하는 유동체의 외피(外被), 영체(靈體) 《죽은 후 에테르체(體)의 망령이 되어 나타난다고 함》 (corps astral).

périssable [perisabl] a. ① 소멸하게 되어 있는, 소멸(괴멸)하기 쉬운, 덧없는(éphémère, fragile). Dans ce monde, tout est ~. 이 세상에서 모든 것은 소멸되어 간다. amour ~ 덧없는 사랑. ② (구어) (음식이) 보존하기 어려운, 부패하기 쉬운. denrées ~s 저장하기 어려운 식품류《과실·생선·고기 따위》. —n.m. 소멸하는 것.

périssodactyles [perisɔdaktil] n.m.pl. 【동물】 기

제류(奇蹄類)《맥·무소·말 따위》; (sing.) 기제류의 동물.

périssoire [periswa:r] n.f. (강에서 쓰는 1인승) 카누. faire de la ~ 카누놀이를 하다.

périssologie [perisɔlɔʒi] n.f. 【수사학】 중복되는 표현법《예: une hémorragie de sang, monter en haut》.

péristaltique [peristaltik] a. 【생리】 연동성(蠕動性)의. mouvements ~s 연동운동.

péristaltisme [peristaltism] n.m. 【생리】 연동.

péristase [perista:z] n.f. 【생물】 페리스타즈《개체에 대한 외부환경의 작용》.

péristole [peristɔl] n.f. 【생리】 위의 연동(운동).

péristome [peristɔm] n.m. 【동물】 (하등 동물의) 입언저리(둘레); 【식물】 (이끼류의) 삭치(蒴齒), 치모(齒毛).

péristyle [peristil] n.m. 【건축】 (건물·안뜰 따위의) 회랑(回廊), 주랑(柱廊); (건물의 앞면의) 열주(列柱). ~ du Parthénon 파르테논의 열주.

périsystole [perisistɔl] n.f. 【생리】 심장의 수축기(期)와 확장기의 사이.

péritectique [peritɛktik] a. 【야금】 포정(包晶)의《액체상태 금속이 냉각할 때 일으키는 반응》.

péritélévision [peritelevizjɔ̃] n.f. 【텔레비전 수상기에 접속 가능한】 텔레비전(비디오) 기기.

périthèce [perites] n.m. 【식물】 지의류(地衣類)의 자기구(子器).

péritoine [peritwan] n.m. 【해부】 복막(腹膜).

péritonéal(ale, pl. aux) [peritoneal, -o] a. 【해부】 복막의. cavité ~ale 복강(腔).

péritonéoscopie [peritɔneɔskɔpi] n.f. 【의학】 복강경 검사(법).

péritonite [peritɔnit] n.f. 【의학】 복막염.

perityphlite [peritiflit] n.f. 【의학】 맹장 주위염(周圍炎).

péri(-)urbain(e) [periyrbɛ̃, -ɛn] a. 도시 주변의. développement ~ 도시주변의 발전.

perlaire [pɛrlɛ:r] a. 《드물게》 (광택·모양이) 진주와 같은.

perlasse [pɛrlas] n.f. 【화학】 진주회(眞珠灰)《조제(粗製) 탄산칼륨》.

perle [pɛrl] n.f. ① 진주. ~ naturelle(fine) 천연진주. ~ de culture 양식진주. ~ artificielle 인조진주. ~ d'imitation 모조진주. ~ de belle eau(de bel orient) 광택이 좋은 진주. collier de ~s 진주 목걸이. nacre de ~《조개껍데기 내부의》진주층(層). blanc[poudre] de ~ 백분(白粉)의 일종. ②《목주·장신구용의》구슬(grain); (물·이슬 따위의) 방울(goutte). ~ de verre 유리구슬. ~ d'un chapelet 묵주《염주》알. ~s de rosée 이슬방울. Le sang apparut en petites ~s. 피가 작게 방울져 솟구쳤다. ③ 완벽한 사람; 일품(逸品), 지보(至寶); 정화(精華). C'est la ~ des bonnes. 홈잡을 데 없는 하녀이다. Ce tableau est la ~ de ma collection. 이 그림은 내 수집품 중에서 일품이다. cette île, ~ de la Méditerranée 지중해의 보배인 이 섬. ④ 《반어적》 엉뚱한 잘못(실수). Il a laissé échapper quelques ~s dans son discours. 그는 연설도중에 엉뚱한 말을 여러 번 내뱉았다. relever des ~s dans les copies d'élèves 학생들의 숙제에서 잘못을 지적하다. ⑤ 【건축】 진주 모양의 장식; (인쇄) 피니카 장(章)의 첫머리에 쓰이는 3-6 포인트) 진주형 장식패(牌); 【약】 둥근 교갑(膠匪)(캡슐). ⑥ 【시】 획 이(dent).
enfiler des ~s (구어) 시시한 일로 시간을 보내다.
jeter des ~s aux[devant les] pourceaux[cochons] 돼지에 진주. *lâcher[laisser tomber] une ~* (속어)

perlé(e) 방귀를 뀌다.
—*a.* (불변) gris (de) ~ 엷은 회색(의), 진주빛(의). gants gris ~ 진주빛 장갑.

perlé(e) [pɛrle] *a.p.* ① 진주 같은; 진주로 장식한, 구슬로 장식한. riz ~ 정백미(精白米). dents ~es 진주 같은 이. broderie ~e 구슬[진주]로 장식한 자수. crachats ~s 《의학》 천식(해수)의 발작을 끝나게 하는 가래(담). ② (개개의 음이) 뚜렷이 드러나는, 명료한. jeu ~ 스타카토로 (분명하게) 치는 의음을 구분하는 연주. rire ~ 킥킥거리는 웃음. ③ 《구어》 공들여 만든, 완전한, 완벽한, 주옥 같은. travail ~ 공들여 해서 완벽한 일. C'est ~, bravo! 《구어》 훌륭하다, 더 말할 나위 없다. ④ grève ~e 부분 파업.

perlèche [pɛrlɛʃ] *n.f.* =**pourlèche**.

perler [pɛrle] *v.t.* ① 진주로 장식하다. ② (일 따위를) 완전(완벽)하게 하다, 닦고 다듬다. ~ ses phrases 문장을 다듬다. ~ un ouvrage 정성껏 (완벽하게) 일하다. ③ 《음악》 개개의 음을 구분하여 아름답게 연주하다. ~ une roulade 룰라드를 아름답게 끊어서 노래하다. ④ (보리 따위를) 도정(搗精)하다. ⑤ 《제과》 사탕을 알로 만들다.
—*v.i.* (액체가) 방울지다. La sueur lui *perlait* au front. 땀이 그의 이마에 방울졌다.

perlier(ère) [pɛrlje, -ɛr] *a.* 진주에 관한; 진주를 함유한(산출하는). huître ~*ère* 진주조개. industrie ~*ère* 진주업(業).
—*n.m.* 진주상인.

perlimpinpin [pɛrlɛ̃pɛ̃pɛ̃] *n.m.* (다음 숙어로만 쓰임) poudre de ~ 엉터리 약. Tout ça, c'est de la poudre de ~. 《속어》 그런 것은 모두 어리석은 것이다 (쓸데없는 것이다).

perlite [pɛrlit] *n.f.* ① 《지질》 진주암. ② 《야금》 펄라이트.

perlocutoire [pɛrlɔkytwa:r] *a.* 《언어》 발화(發話) 매개적인.

perlon [pɛrlɔ̃] *n.m.* 《상표명》 페를론(독일에서 발명된 인조섬유).

perlot¹ [pɛrlo] *n.m.* (도버(Dover)해협 연안에서 나는) 작은 굴.

perlot² *n.m.* 《속어》 담배.

perlouse, perlouze [pɛrluːz] *n.f.* 《은어》 진주.

permafrost [pɛrmafrɔst] 《영》 *n.m.* 《지리》 영구동토층.

permalloy [pɛrmalɔj, pɛrmalwa] 《영》 *n.m.* 《상표명》 퍼말로이(철과 니켈의 합금).

permanence [pɛrmanɑ̃:s] *n.f.* ① 영구성, 영속성, 영구불변; 확고부동. ~ des goûts 취미의 영속성. ~ d'une situation 지위(상태)의 확고부동. ~ rétinienne 《생리》 (망막의) 잔상(殘像). ② (공공기관의) 무휴 근무, 일직, 숙직; 무휴 근무, 숙직실; 상설창구, 상설 봉사(공개)관; 야간창구. être de ~ 일직(숙직) 근무이다. ~ d'un commissariat de police 경찰서의 야간창구. ~ électorale 입후보자 선거사무소. ③ (학교의) 자습실.
en ~ 영구적으로, 언제나. L'assemblée siège en ~. 회의는 휴식없이 계속된다.

*permanent(e)** [pɛrmanɑ̃, -ɑ̃:t] *a.* ① 영속적인, 항구적인, 항구불변; 확고부동의. paix ~e 항구적인 평화. aimant ~ 《물리》 영구자석. ② 연속적인, 계속적인; 오래 지속하는(durable, ↔passager). spectacle ~ 《영화》 연속 흥행. contrôle ~ sur les prix 물가에 대한 계속적인 통제. ③ 상설의, 상비의, 상임의. armée ~e 상비군. commission ~e 상임위원회. cour ~e 상설 재판소. ④ ondulation ~e 퍼머넌트(웨이브).
—*n.* (조합·당의) 전임 직원(조합원·당원).
—*n.m.* ① 영속하는 것, 불변의 것. ② 《철도》 당직근무자.
—*n.f.* 퍼머넌트(ondulation ~e). se faire faire une ~e 퍼머넌트를 하다.

permanenter [pɛrmanɑ̃te] *v.t.* 퍼머넌트를 해주다. se faire ~ 퍼머넌트를 하다. cheveux *permanentés* 퍼머넌트를 한 머리.

permanganate [pɛrmɑ̃ganat] *n.m.* 《화학》 과망간산염. ~ de potassium 과망간산칼륨.

permanganique [pɛrmɑ̃ganik] *a.* acide ~ 《화학》 과망간산.

perme [pɛrm] *n.f.* 《군대은어》 휴가(의 허가); 외출(허가)(permission).

perméabiliser [pɛrmeabilize] *v.t.* 《드물게》 (물체에) 투수성을 갖게 하다, (영향을) 받기 쉽게 하다.

perméabilité [pɛrmeabilite] *n.f.* ① (액체·기체의) 침투성, 투과성. ~ magnétique 《물리》 투자율(透磁率). ~ sélective 《생물》 선택투과성. ② (영향 따위를) 받기 쉬움. ~ aux idées nouvelles 새로운 사상에 대한 침투성(감응도).

perméable [pɛrmeabl] *a.* ① (액체·기체를) 투과시키는, 침투성이 있는. terrains ~s 물이 스며드는 땅. corps ~ à la lumière 빛을 투과시키는 물체. ② 영향을 받기 쉬운. être ~ aux influences 영향력을 받게 되다. ③ 《군사》 함락하기 쉬운, 공략당하기 쉬운.

perméance [pɛrmeɑ̃:s] *n.f.* 《물리》 도자도(導磁度)(↔réluctance).

‡permettre [pɛrmɛtr] [46] *v.t.* 허락(허용·허가)하다, 승인하다; 가능하게 하다, 할 수 있게 하다 (↔défendre). ⓐ [~ qc] La liberté est le droit de faire tout ce que les lois *permettent*. 자유란 법률이 허가하는 모든 것을 할 수 있는 권리이다. attitude qui *permet* tous les soupçons 온갖 의혹을 살 만한 태도. ⓑ [~ qc à qn] Mon médecin m'a *permis* le café. 의사는 내게 커피를 마셔도 좋다고 했다. Sa santé ne lui *permet* aucun excès. 건강상태로 보아서 그는 조금도 과로할 수 없다. ⓒ [~ que+*sub.*] *Permettez* que je m'absente. 제가 결석하는 것을 허락해 주십시오. Il ne *permet* pas *que* ses enfants regardent la télévision le soir. 그는 아이들이 저녁에 텔레비전을 보는 것을 허락하지 않는다. ⓓ [~ de+*inf.*] Son père lui a *permis* de sortir. 그의 아버지는 그에게 외출을 허락했다. Sa santé ne lui *permet* plus de sortir. 그의 건강상태로는 이제 더이상 외출할 수 없다. ⓔ (비인칭) [Il est permis à *qn*) de+*inf.*] Il vous *est permis* de refuser. 당신은 거절하셔도 됩니다. Il n'*est* pas *permis* de se garer ici. 이곳에 주차하는 것은 허용되지 않는다. autant qu'*il est permis* de+*inf.* 가능한 한. Il est permis à tout le monde de se tromper. 잘못 생각하는 것은 누구에게나 있을 수 있다. ⓕ [permis à *qn* de+*inf.*] Permis à vous de le penser. 그렇게 생각하는 것은 당신의 자유이다. Permis à vous de ne pas me croire. 내 말을 믿건 말건 그것은 당신의 자유이다. ⓖ (수동형) L'importation de ce produit n'*est* pas *permise*. 이 제품의 수입은 허가되어 있지 않다. Il se croit tout *permis*. 그는 무엇이든지 마음대로 해도 된다고 생각한다. ⓗ (예절·인사의 양식) *Permettez*-moi de vous présenter M. Kim. 김씨를 소개하겠습니다. Vous me *permettez*(*Permettez*-moi) de vous dire... 실례지만….

Permettez! 실례합니다(미리 양해를 구할 때); 잠깐만, 천만에요(남의 말을 가로막거나 부정할 때). *Permettez*, je ne suis pas d'accord sur ce point. 미안하지만 그 점에 대해서는 찬성할 수 없습니다.

Vous permettez? 괜찮겠습니까?(미리 양해를 구

할 때). Je passe devant vous, *vous permettez?* 앞을 지나가도 괜찮겠습니까?
—se ~ *v.pr.* ① 자신에게 허가하다. Il *s'est permis* quelques petites douceurs. 그는 작은 과자들 좀 맛 먹었다. Parfois je *me permets* le luxe de prendre un taxi. 이따금 나는 택시를 타는 사치를 부린다. ② [se ~ de+*inf.*] ⓐ (실례를 무릅쓰고) 감히 …하다, 서슴지 않고 …하다(oser). Il *se permet de* me faire des reproches. 그가 감히 나를 비난한다. ⓑ 《인사말·예절》 Je *me permets de* vous faire observer que… 실례이지만 …입니다. Puis-je *me ~ de* vous offrir une cigarette? 담배 한 대 피우지 않으시렵니까? (매우 정중히 권하는 말). Je *me permettrai de* venir vous voir demain à cinq heures. 괜찮으시다면 내일 5시에 찾아뵙겠습니다.

permien(ne) [pɛrmjɛ̃, -ɛn] *a.* 《지질》 2첩기(疊紀)의, 2첩계(系)(고생대의 최종기)의. *période ~ne* 2첩기. **—***n.m.* ① 2첩기[계](système ~). ② 페름어(語)(피노그리아 어족의 하나).

permi-s, -t [pɛrmi] ⇨permettre.

permis(e)** [pɛrmi, -i:z] (*p.p.* <*permettre*) *a.p.* 허가된, 허용된. **—n.m.* ① 허가, 면허증[장]. ~ de chasse [de pêche] 수렵[낚시] 허가증. ~ de construire [de bâtir] 건축허가증. ~ de port d'arme 무기소지허가증. ~ de séjour (외국인)체류허가증. ~ de circulation 《철도》 무임승차권, 정기권. ~ de citer (특히 외국인의 파외에서 재판관이 내는)소환장. ② 운전면허증(~ de conduire). ③ 운전면허시험. passer son ~ (de conduire) 운전면허시험을 치다. ~ reçu을 ~ 운전면허시험에 합격하다. ④ 《재정법》 (브랜디 제조업자의)증류기이동허가증.

permissif(ve) [pɛrmisif, -i:v] *a.* (규제에 대하여)관대한, 용인하는, 허용하는. attitude *~ve* 관대한[너그러운] 태도. bloc[système] ~ 《철도》 허용색색방식. société *~ve* (성)이나 도덕상의 규제에 관대한 사회. verbe ~ 《언어》 용인동사(autoriser, permettre, pouvoir 따위). voix *~ve* 《언어》 허용법.

***permission** [pɛrmisjɔ̃] *n.f.* ① 허가; 동의, 찬동. demander[donner] la ~ de+*inf.* …하는 허가를 청하다[주다]. avec votre ~ 허락해 주신다면; 실례지만. ~ de stationnement 주차허가. ~ de voirie 도로점유허가. «Défense d'entrer sans la ~» "무단출입금지." agir sans la ~ de ses supérieurs 윗사람의 동의[승인]없이 행동하다. ② 《군사》 휴가(~). feuille[titre] de ~ 휴가허가증. soldat en ~ 휴가중인 군인. partir en ~ 휴가를 떠나다. ~ de convalescence 병후(病後)휴가.

permissionnaire [pɛrmisjɔnɛ:r] *n.m.* ① 허가증[면허장] 소지자. ② 《군사》 휴가를 얻은 병사; 《해양》 상륙한 선원. **—***a.* (군인이)휴가중인.

permissionner [pɛrmisjɔne] *v.t.* 《드물게》 (주차 따위를)허가하다.

permissivité [pɛrmisivite] *n.f.* (규제에 대한)너그러움, 용인.

permittivité [pɛrmitivite] *n.f.* 《영》 《전기》 유전율(誘電率); 유전성(誘電性).

permutabilité [pɛrmytabilite] *n.f.* 《학술》 (지위·순위 따위의)교체[교환] 가능성.

permutable [pɛrmytabl] *a.* 바꿀 수 있는, 교대[교환]할 수 있는; 《수학》 치환할 수 있는; 《언어》 치환(환위)할 수 있는.

permutant(e) [pɛrmytɑ̃, -ɑ̃:t] *n.* 《행정》 (직무상)교대하는 사람; 교대병(交代兵). **—***a.* 교대하는 사람, 교대병의.

permutation [pɛrmytasjɔ̃] *n.f.* ① (일·부서 따위의)교대, 교체, (배치의)교환, 전근. ~ de deux fonctionnaires 두 공무원의 배치교환. ② 《언어》 치환(置換). ③ 《수학》 순열(順列); 치환.

permutatrice [pɛrmytatris] *n.f.* 《전기》 정류기(관)[정류환(管)].

permuter [pɛrmyte] *v.t.* 서로 바꾸다, 뒤바꾸다, 교환하다. ~ deux mots dans la phrase 문장 속의 두 낱말을 서로 바꾸다[교체하다]. ② 《전기》 (스위치로 전류를)바꾸다. ③ 《수학》 순열을 바꾸다, 치환하다. ④ 《옛》 (직무 따위를)교체하다.
—*v.i.* [~ avec] (와)교대하다, 바뀌다. Ces deux officiers voulent ~. 이 두 장교는 교대를 원한다.

permuteur [pɛrmytœ:r] *n.m.* 교환자, 교대자.

permutite [pɛrmytit] *n.f.* 《상표명》 퍼뮤타이트(알루미노규산나트륨).

pernicieusement [pɛrnisjøzmɑ̃] *ad.* 《문어》해롭게, 유해(有害)하게, 위험하게.

pernicieux(se) [pɛrnisjø, -ø:z] *a.* ① 《문어》 (몸에) 해로운, 유독한(nuisible); (정신·사회에)위험한 (dangereux, ↔ salutaire); 파괴적인(subversif). L'abus de l'alcool est ~ pour la santé. 알코올의 남용은 건강에 해롭다. doctrine ~*se* 파괴적인 교리[학설]. ② 《의학》 악성의. anémie *~se* 악성 빈혈. fièvres *~ses* 악성 말라리아.

perniciosité [pɛrnisjozite] *n.f.* 《의학》 악성.

Pernod [pɛrno] *n.m.* 《상표명》 페르노 주(酒).

pérodictique [pɛrodiktik] *n.m.* 《동물》 원숭이의.

péroné [pɛrɔne] *n.m.* 《해부》 비골(腓骨). L일종.

péronier(ère) [pɛrɔnje, -ɛ:r] 《해부》 *a.* 종아리뼈의, artères *~ères* 비골동맥. **—***n.m.* 비골, 비장근(腓腸筋).

péronnelle [pɛrɔnɛl] *n.f.* 《구어》 어리석은 여자[처녀], 수다스러운 여자[처녀].

péronospor(ac)ées [pɛrɔnɔspɔr(as)e] *n.f.pl.* 《식물》 꽃잎류에 기생하는 병균류의 한 과(科), 첨아포균과 (尖芽胞菌科).

péroraison [pɛrɔrɛzɔ̃] *n.f.* 《수사학》 (연설 따위의)결론; (이야기·노래 따위의)마지막 부분.

pérorer [pɛrɔre] *v.i.* 장광설을 늘어놓다.

péroreur(se) [pɛrɔrœ:r, -ø:z] *n.* 《드물게》 젠체하고 과장되게 말을 늘어놓는 사람.

per os [pɛrɔs] 《라틴》 *loc.ad.* 《의학》 경구(經口)로. prendre un médicament ~ 경구투약하다.

pérot [pɛro] *n.m.* 《임업》 벌채에 알맞은 나이의 두 배에 이른 큰 나무.

pérote [pɛrɔt] *a.* 페라(*Péra*, 이스탄불의 백인 거주지구)의. **—***n.* 페라 거주민.

Pérou (le) [laperu] *n.pr.m.* ① 《지리》 페루(남아메리카의 공화국). écorce du ~ 《약》 기나피(幾那皮). baume du ~ 《약》 페루 방향제. ② 《구어》 막대한 재물(財物). Ce n'est pas le ~. 그것은 대단한 것이 아니다. gagner le ~ 큰 재물을 모으다.

pérousin(e) [peruzɛ̃, -in] *a.* ⇨**pérugin**.

peroxyde [pɛrɔksid] *n.m.* 《화학》 과산화물. ~ d'hydrogène 과산화수소(eau oxygénée). ~ de manganèse 과산화망간.

peroxyder [pɛrɔkside] *v.t.* 《화학》 과산화물로 하다.

perpendiculaire [pɛrpɑ̃dikylɛ:r] *a.* ① (에 대해서)수직의, 직각으로 교차하는(vertical). ligne ~ 수직선. abaisser une droite ~ 수직선을 내리다. droites ~s 직각으로 교차하는 두 직선. mur ~ au plancher 천장과 직각을 이루는 벽. style ~ 《건축》 수직식(건축). ② 《옛·문어》세로의; 바로 위의. écriture ~ 세로쓰기. Le soleil était déjà presque ~. 태양은 벌써 거의 머리 위에 있었다.
—*n.f.* 수직선, 수선(垂線) 《측량》 지거선(支距線). abaisser une ~ 수선을 내리다.

perpendiculairement [pɛrpɑ̃dikylɛrmɑ̃] *ad.* (와) 수직으로, 직각이 되게.

perpendicularité [pɛrpɑ̃dikylarite] *n.f.* 수직, 수직인 것.

perp(ét). 《약자》 perpétuel 《주식》 무상환(無償還).

perpète (à), perpette (à) [apɛrpɛt] *loc.ad.* ①《속어》영원히, 언제까지나. condamné *à* ~ 종신징역 선고를 받은. attendre jusqu'*à* ~ 언제까지나 기다리다. ②《속어》아주 멀리. —*n.m.*《은어》종신형을 받은 사람.

perpétration [pɛrpetrɑsjɔ̃] *n.f.*《문어》《법》(범죄를)저지름, 범행(犯行).

perpétrer [pɛrpetre] [6] *v.t.*《문어》《법》(범죄 따위를)범하다, 범하다.
—**se** ~ *v.pr.*(죄가)저질러지다.

perpétuation [pɛrpetɥɑsjɔ̃] *n.f.*《문어》영속(화), 보존. ~ de l'espèce 《생물》종(種)의 보존.

perpétuel(le) [pɛrpetɥɛl] *a.* ①영속적인, 항구적인, 불멸의(éternel). printemps ~ 상춘(常春). neiges ~*les* 만년설. devenir ~ 《철학》무궁한 생성(生成). principes ~ 불멸의 원리. ②끊임없는; 끝없이 반복되는. inquiétude ~ 끊임없는 불안. Cette affaire nous a causé des ennuis ~*s*. 그 일은 우리에게 끊임없는 걱정거리를 안겨 주었다. Je suis fatigué de ses reproches ~*s*. 나는 그의 끊임없이 되풀이되는 비난에 지친다. ③종신의(à vie), secrétaire ~ de l'Académie 학술원의 종신서기. rente ~*le* 종신 연금.
mouvement ~ ⓐ 《물리》(기계의)영구운동; (비유적)실현될 수 있는 일《해결법》. ⓑ 《음악》무궁동(無窮動), 상동곡(常動曲).

perpétuellement [pɛrpetɥɛlmɑ̃] *ad.* ①영구히, 영원히(éternellement). ②끊임없이, 시종, 언제나(toujours, constamment). ③평생.

perpétuer [pɛrpetɥe] *v.t.* 영속[영존]시키다; 영원히 전하다. monument qui *perpétue* le souvenir d'un grand homme 위인의 추억을 길이 전하는 기념비. ~ sa gloire 자기의 영광을 후세에 전하다. ~ une tradition 전통을 보존하다. ②언제나…하다, 반복하다(répéter). ~ des querelles 끊임없이 언쟁을 반복하다.
—**se** ~ *v.pr.* 영속하다; 영원토록 전하다. Les abus *se sont perpétués* jusqu'à nos jours. 나쁜 습관이 오늘날까지 계속되어 왔다. ②눌러앉다. *se* ~ dans un emploi 어떤 일자리에 오래 눌러앉다.

perpétuité [pɛrpetɥite] *n.f.*《문어》영속(성), 영존; 장기화. La noblesse croyait à la ~ de ses privilèges. 귀족들은 그들의 특권이 한없이 계속될 줄 알았다. ~ d'une maladie 병의 장기화.
à ~ ⓐ 영구히. règlements faits pour être observés *à* ~ 영구히 지켜지도록 만들어진 규칙. concession *à* ~ (묘지의)영구양도. ⓑ 종신의. être condamné *à* ~ 무기징역을 선고받다. travaux forcés *à* ~ 무기징역.

perpignan [pɛrpiɲɑ̃] *n.m.* ①《식물》팽나무속(屬)의 나무. ②팽나무로 만든 채찍 손잡이.

perplexe [pɛrplɛks] *a.* 난처한, 당황한, 어쩔 줄 모르는(embarrassé, ↔ assuré). Cette demande me rend ~. 이 요청은 나를 난처하게 만든다. air ~ 난처한 표정.

perplexité [pɛrplɛksite] *n.f.* 난처함, 당황, 어쩔 줄 모름. Je suis saisi de ~. 난처함에 사로잡혔다. Cela me jette dans une cruelle ~. 그것이 나를 매우 난처한 지경으로 몰아넣는다.

perquisiteur [pɛrkizitœ:r] *n.m.* 《드물게》가택수색관.

perquisition [pɛrkizisjɔ̃] *n.f.* ①《법》가택수색(visite domiciliaire). faire une ~ chez *qn* …의 집을 가택수색하다. mandat de ~ (가택)수색영장. ②조사, 심문. ~*s* outrageantes et minutieuses 모욕적이고 세밀한 조사.

perquisitionner [pɛrkizisjɔne] *v.i.*《법》가택수색하다. ~ au domicile de *qn* …의 집을 수색하다.
—*v.t.*《드물게》수색하다, 뒤지다.《오용》~ un local 어떤 곳을 수색하다[뒤지다].

perquisitionneur [pɛrkizisjɔnœ:r] *n.m.* =perquisiteur.

perré [pɛre] *n.m.*《토목》(토사의 붕괴를 막는)돌담, 돌축대.

Perrette [pɛrɛt] *n.pr.f.* 페레트(La Fontaine의 *La Laitière et le Pot au lait*에 나오는 여주인공). *boite à* ~ ⓐ 저금통. ⓑ《구어》(단체 따위의)판공비, 비밀자금.

perreyeur [pɛrɛ(e)jœ] *v.t.*《토목》(제방 따위의)돌 축대를 쌓다.

perrier [pɛrje] *n.m.*《사투리》슬레이트 채굴 인부.

perrière [pɛrjɛ:r] *n.f.* ①《사투리》슬레이트 채석장, 채석갱(坑); (*Anjou*)《사투리》슬레이트 채취장. ②(15세기의)투석기(投石機).

perron [pɛrɔ̃] (<*pierre*) *n.m.* ①《건축》(현관 앞 따위의)낮은 층계(→maison 그림); (기념비 따위의)१단의 층계. Il nous a accueillis sur le ~. 그는 우리를 현관 앞 층계에서 맞아들였다. ②(계단 모양의)폭포. ③ ~ de chargement 《철도》화물을 싣는 플랫폼.

perroquet [pɛrɔkɛ] *n.m.* ①《조류》앵무새《암컷은 perruche》. bâton de ~ 앵무새의 홰. ②《속어》어지간히 독한 주객. échelle de ~ 앵무새용 사다리; 《구어》(공무원의)급여체계. 《동격》vert ~ 앵무새 날개같은〕초록색. être bavard comme un ~ 대단한 수다장이다. répéter comme un ~ 저도 모르는 말을 지껄이다. (뜻도 모르고)남의 한 말을 옮기는 사람. ③《해양》(아래에서)세째 돛대의 돛. ④《군대속어》저격병. étouffer(étrangler) un ~ (vert) 압생트 술을 마시다.

perruche [pɛryʃ] *n.f.* ①《조류》앵무새의 암컷; 꼬리가 긴 작은 앵무새. ②수다스럽고 경박한 여자. Faites taire ces deux ~*s*! 저 수다쟁이 두 여자의 입을 다물게 하시오. ③《해양》뒷 돛대 꼭대기의 돛.

perruque [pɛryk] *n.f.* ①가발; (여자 머리의)다리, 헤어피스; 《속어》머리털. porter une ~ 가발을 쓰다. porter ~ 항상 가발을 쓰고 있다. ②《인습에 젖은》늙은이, 고로(故老)(vieille ~; tête à ~). ③낚싯줄의 뒤엉킴. ④금은 세공에 쓰이는 연장. ⑤《은어》숨기고 하는 일. faire de la ~ 남몰래 자기 직업 아닌 다른 장사를 하다.

perruquerie [pɛrykri] *n.f.* ①《옛·구어》시대에 뒤진 사람. ②시대에 뒤진 사고, 고루한 생각. ③(*pl.*)과거의 유물.

perruquier [pɛrykje] *n.m.* ①《옛》가발 기술자; 이발사. ②가발 제조업자.

pers(e) [pɛr, -ɛrs] *a.*《문어》(눈 따위가)청록색의. déesse aux yeux ~ 《신화》청록색 눈의 여신 아테네(Athéna), 미네르바(Minerve).

persan(e) [pɛrsɑ̃, -an] *a.* 페르시아(*Perse*)의. chat ~ 페르시아 고양이. miniature ~*e* 페르시아의 세밀화. —**P**~ *n.* 페르시아 사람. ①《현대의 페르시아(어). ②페르시아 고양이.

Perse [pɛrs] *n.pr.f.* 《지리》페르시아; tapis de ~ 페르시아 융단. —**p**~ *a.* 고대 페르시아의. écriture ~ 고대 페르시아 문자. —*n.* 고대 페르시아 사람. —**p**~ *n.m.* 페르시아어. vieux ~ 고대 페르

시아어. ~ moderne 근대 페르시아어(현대 페르시아어, 今 이란어(persan) 및 그 사투리를 총칭). —p~ *n.f.* 인도 사라사.

persécutant(e) [pɛrsekytɑ̃, -ɑ̃:t] *a.*《드물게》박해하는, 학대하는;《구어》괴롭히는. —*n.* 학대하는 사람, 박해자.

persécuté(e) [pɛrsekyte] *a.p.* 박해당한, 학대를 받은;《구어》괴로움을 당한. le peuple juif longtemps *persécuté* 오랫동안 박해를 당한 유태민족. —*n.* 박해받은 사람;《정신의학》피해망상증 환자. défendre les ~s 박해받는 사람들을 보호하다.

persécuter [pɛrsekyte] *v.t.* ① 박해하다, 학대하다;(작품 따위를)공격하다. ~ les chrétiens 기독교 신자를 박해하다. Voici une comédie qui *a été* longtemps *persécutée.* 여기 오랫동안 공격을 받아온 희극이 있다. ②《구어》귀찮게 굴다, 괴롭히다(importuner). journalistes qui *persécutent* une vedette 인기스타를 귀찮게 쫓아다니는 신문기자들. Ses remords le *persécutent*. 후회로 그는 몹시 괴로워 하고 있다.

persécut*eur*(*trice*) [pɛrsekytœːr, -tris] *a.* 박해하는, 학대하는;《구어》귀찮게 구는. —*n.* 박해자, 학대하는 사람; 귀찮게 구는 사람. ~ cruel 잔인한 박해자. ② persécuté ~ 《정신의학》가해적 피해망상증.

persécution [pɛrsekysjɔ̃] *n.f.* ① 박해, 학대, 괴로힘;《구어》귀찮게 굴기. chrétiens victimes des ~s (기독교의)순교자. essuyer de cruelles ~s 잔인한 박해를 당하다. ② délire(folie, manie) de la ~ 《정신의학》피해망상.

Persée [pɛrse] *n.pr.m.* ①《그리스신화》페르세우스. ②《천문》페르세우스좌(座).

perséides [pɛrseid] *n.f.pl.* 《천문》페르세우스좌의 유성군(流星群).

persel [pɛrsɛl] *n.m.* 《화학》고염기염(高鹽基鹽), 과산염(過酸鹽)(peroxysel).

persévéramment [pɛrseveramɑ̃] *ad.*《드물게》참을성있게, 끈기있게.

persévérance [pɛrseverɑ̃ːs] *n.f.* ① 참을성, 끈기, 인내, 백절 불굴. Il faut de la ~ pour réussir. 성공하기 위하여서는 끈기가 필요하다. avec ~ 참을성있게, 끈기있게. ②《종교》확고부동, 견인(堅忍). catéchisme de ~ 《가톨릭》상급공교요리(上級公敎要理).

persévérant(e) [pɛrseverɑ̃, -ɑ̃ːt] *a.* 참을성있는, 끈기있는, 집요한, 불굴의, 끈질긴. élève ~ 끈기있는 학생. effort ~ 끈기있는 노력. ~ à+*inf.*; ~ dans *qc* …하는 데에 참을성[끈기]있는; 불굴의. maladie ~《나쁜 의미로》끈질긴 병.

persévérer [pɛrsevere] [6] *v.i.* ① 끈기있게[끈질기게] …하다, 집요하게 …하다; 고집하다(persister). ~ à faire le bien; ~ dans le bien 꾸준히 선행을 하다. ~ dans ses erreurs 자기의 잘못을 고집하다. ~ dans un dessein 계획을 끝까지 밀고나가다. ②《종교》굳게 신앙을 지키다. ③《옛》(열 따위가)계속하다(durer).

persicaire [pɛrsikɛːr] *n.f.* 《식물》여뀌속(屬)의 풀. ~ âcre 버들여뀌.

persicot [pɛrsiko] *n.m.* 《옛》도인주(桃仁酒)(복숭아씨로 향기를 낸 술).

persiennage [pɛrsjenaːʒ] *n.m.* 《건축》블라인드에 의한 창호 개폐 방식.

persienne [pɛrsjɛn] *n.f.* 《건축》(널빤지 따위로 엮은 발 모양의)차양 덧문, 블라인드, 겉창. ~s du capot《자동차》후드(엔진의 덮개) 양옆에 뚫린 방열용(放熱用) 구멍들.

persiflage [pɛrsiflɑːʒ] *n.m.* 빈정거림; 야유(raillerie). ~s insolents 무례한 야유.

persifler [pɛrsifle] *v.t.*《문어》빈정거리다; 야유하다(railler). ~ les gens sans qu'ils le sentent 눈치채지 않게 사람들을 야유하다.

persifl*eur*(*se*) [pɛrsiflœːr, -ø:z] *a.* 빈정거리는; 야유하는, 조롱하는. prendre un ton ~ 빈정거리는 말투를 쓰다. —*n.* 빈정거리는 사람, 야유꾼.

persil [pɛrsi] *n.m.* 《식물》파슬리. ~ sauvage 전호속(屬). ~ des fous; faux ~ 《식물》미나리과의 유독식물. ②《속어》머리털.
aller au ~; *faire son* ~《속어.속어》(사람의 눈을 끌려고)번화한 곳을 여봐라 듯이 거닐다;《매춘부가》행인을 잡아 끌다; (남자가)매춘부를 물색하다.

persillade [pɛrsijad] *n.f.* 《요리》(파슬리·기름·초를 바탕으로 한)페르시아드 소스; (그 소스로 양념한) 일종의 냉육(冷肉).

persillé(e) [pɛrsije] *a.p.* ① 다진 파슬리를 곁들인. ②(치즈 따위가)녹색 반점이 많은(fromage ~). ③(고기가)군데군데 기름이 섞인(viande ~).

persiller [pɛrsije] *v.t.* ①《요리》다진 파슬리를 뿌리다; 초록빛으로 얼룩지게 하다, 초록빛 반점을 돋게 하다. ②《농업》(파슬리 씨앗 따위를)기계로 둥글게 하다.

persillère [pɛrsijɛːr] *n.f.* (1년 내내 재배하는)파슬리 재배장치.

persique [pɛrsik] *a.* ① 고대 페르시아(인)의. statue ~ (페르시아 포로를 조각한)페르시아인상주 (像柱). feu ~《의학》단독(丹毒)(érysipèle). le Golfe P~《지리》페르시아 만(灣). —*n.f.pl.* 《고대그리스》페르시아 구두.

persistance [pɛrsistɑ̃ːs] *n.f.* ① 완강, 집요함, 끈질김(obstination). avec ~ 완강하게, 집요하게, 끈질기게. ~ dans l'erreur 잘못을 끝내 바로잡으려하지 않는 태도. mettre de la ~ à *qc*(à+*inf.*) 끈질기게 …하다, 끝끝내 …하다. ②계속, 지속(continuité). ~ du mauvais temps 궂은 날씨의 계속. ~ des impressions optiques 시상(視像)의 잔존, 잔상(殘像). ~ de la fièvre 여간해서 열이 내리지 않음.

persistant(e) [pɛrsistɑ̃, -ɑ̃ːt] *a.* 오래 지속[계속]하는, 잘 지워지지[없어지지] 않는, 완강한, 집요한, 끈질긴(opiniâtre). odeur ~e 언제까지나 남아있는 향내. arbre à feuillages ~es 상록수. fièvre ~e 오래 지속되는 열. neige ~e 만년설(萬年雪).

persister [pɛrsiste] *v.i.* ① 끈질기게[집요하게, 완강하게] …하다; (결심·결정을)끝끝내 굽히지 않다, 고수하다(persévérer). [~ dans *qc*] Il *persiste dans* sa résolution. 그는 결심을 끝끝내 굽히지 않는다. Il *persiste dans* ses projets. 그는 끈질기게 자기의 계획을 고수한다. [~ à+*inf.*] Il *persiste à* nier sa responsabilité. 그는 완강하게 자기의 책임을 부인한다. ②(주어는 사물)지속하다, 오래 끌다(durer). Les froids *ont persisté* jusqu'au début d'avril. 추위가 4월 초까지 계속되었다. (비인칭) Il *persiste* chez lui un restant de professeur faisant sa classe. 그에게는 아직 수업을 하던 선생님의 잔재가 남아 있다.

persona grata [pɛrsɔnagrata]《라틴》*loc. nomin., loc.a.* (être 뒤에서 속사로서 무관사로 쓰임)①《외교》(상대국에서 보아 외교상)바람직한 인물 (↔persona non grata). ②《일반적으로》환영받는 인물. être ~ 호평 받는[바람직한] 인물이다.

persona non grata [pɛrsɔnanɔ̃grata]《라틴》*loc. nomin., loc.a.* (être 뒤에서 속사로서 무관사로 쓰임)①《외교》(상대국에서 보아 외교상)기피하는 인물, 달갑지 않은 인물. ②《일반적으로》달갑지 않은 사람.

personé(e) [pɛrsɔne] 《식물》 *a.* (꽃부리가)가면(假面) 모양인. —*n.f.pl.* 《옛》가면상(狀)식물(scrofulariacées 의 옛이름).

personnage [pɛrsɔnaːʒ] *n.m.* ① 저명 인사, 요인, (중요한)인물. ~ influent 유력자. ~ connu 저명인사. ~ historique 역사적 인물. Il se croit un (grand) ~. 그는 자기가 대단한 사람이라고 생각하고 있다. ② (행동거지로 본)사람; (경멸)사나이, 놈 (者). inquiétant ~ 마음을 놓을 수 없는 자. un drôle de ~ 이상한 사나이. Je connais le ~. 나는 그 녀석을 알고 있다. C'est un triste ~.《구어》그는 보잘것 없는 녀석이다. ③ (소설·연극 따위의)작중(등장)인물; (연극) 배역, 역할(rôle). ~. principal 주역. se mettre(entrer) dans la peau de son ~ (배우가)자기 역에 일심동체가 되다. ~ réel(de légende) 실제(전설상의)인물. C'est un ~ de roman. 그는 소설에서 나올 만한 경력을 지닌 인물이다. ④ (미술작품 속의)인물. ~ placé au premier plan 그림의 전면에 묘사된 인물. tapisserie à ~s 인물상이 있는 장식 융단. ~ allégorique 우의적 인물. ⑤ (남들 앞에서 취하는)태도; 역할(rôle). composer son ~ 태도를 꾸미다. soutenir un ~ difficile 어려운 역을 끝끝내 잘 해내다. sortir de son ~ 딴사람이 된 것처럼 달라지다. *jouer un* ~ 자연스럽지 않다, 남의 의견에 따라 행동하다.

personnalisation [pɛrsɔnalizasjɔ̃] *n.f.* ① (규격품 따위를)개인의 기호에 맞추기; 개성화. ~ d'une voiture 자동차의 개성화. ② (세금 따위의)개인차의 적용. ③ (권력 따위의)개인집중; 개인공격. ~ du pouvoir 권력의 개인집중. ④ 《철학》인격화. ~ des valeurs 가치의 인격화. ⑤ 《단체 따위의》법인화(法人化). ⑥《옛》의인화.

personnalisé(e) [pɛrsɔnalize] *a.p.* 개성화된, 구매자의 기호에 맞추는, 개인차를 고려한. enseignement ~ 학생의 개성에 맞춘 교육. paiement mensuel ~ (구매자의)개인능력차에 맞춘 월별납부.

personnaliser [pɛrsɔnalize] *v.t.* ① (규격품 따위를)개인의 기호에 맞추다, 개성화하다. Il *a personnalisé* son appartement. 자기 아파트를 개성있게 꾸몄다. ② 개인차를 두다. ~ l'impôt 세금에 개인차를 두다. ③ 《법》법인화하다. ④ 《옛》(추상개념을)의인화하다(personnifier).
—*v.i.*《옛》개인공격을 하다.
—se ~ *v.pr.* 개성적으로 되다.   《주의》.

personnalisme [pɛrsɔnalism] *n.m.* 《철학》인격주의.
personnaliste [pɛrsɔnalist] *a.* 인격주의(자)의. —*n.* 인격주의자.
*****personnalité** [pɛrsɔnalite] *n.f.* ① 인격. double ~ 이중인격. ~ de base (어떤 사회구성원에 공통되는)기본인격. test de ~ 인격 테스트. troubles de la ~ 《심리》인격장애. ② 개성. Il a de la ~. 그는 개성이 있다. Elle a une forte ~. 그 여자는 개성이 강하다. manquer de ~ 개성이 없다. ③ 중요한 인물, 명사(名士). hautes ~s de la politique (de la finance) 정계(재계)의 중진들. ~ civile (morale, juridique)《법》법인격(法人格). ⑤ 《법·재정》(법 따위의 효력이)개인을 대상으로 하기. ~ de l'impôt 세금의 개인적인 고려(개별성)《부양공제 따위》. ⑥ (*pl.*)《옛》개인공격. faire [dire] des ~s au sujet de *qn* …을 인신공격하다.

‡personne [pɛrsɔn] *n.f.* ① 사람. Dans l'antichambre, trois ~s attendaient. 대기실에는 세 사람이 기다리고 있었다. grande ~ 어른, 성인. ~ âgée 고령자. ~ comme il faut 신사(숙녀). connaissance 아는 사람, 지인. passer par une tierce ~; passer par ~ interposée 제삼자를 사이에 세우다. sans acception de ~ 어느 누구의 구별없이, 공평하게. ~s qui préfèrent le cinéma au théâtre 연극보다 영화를 좋아하는 사람들. trente kilos de bagages par ~ 1인당 30킬로그램의 수화물. ② (특정 형용사와 함께)여자(femme), 소녀 (fille). belle ~ 미인. petite ~ 계집애. ③ 개인; 자아(moi); 인격(personnalité). être content de sa (petite) ~ 《비꼼》(보잘것 없는 사람인 주제에)자기만족하다. faire grand cas de sa (petite) ~ 우쭐해서 남을 깔보게 되다. respect de la ~ humaine 개개 인격의 존중. ~ de qualité 훌륭한 사람. la ~ et l'œuvre (d'un écrivain)(작가의)인간과 작품. parler à sa propre ~ 자기 자신에게 이야기하다. ④ 신체, 육체, 신병(身柄); 용모, 풍채. exposer sa ~ 자기 몸을 위험에 노출시키다. soigner sa ~ 일신의 안락을 좋아하다. Il est bien de sa ~. 그는 풍채가 좋다. s'assurer de la ~ de *qn* …의 신병을 확보하다. ⑤ 《법》사람, 인격. ~ à (la) charge 피부양자. ~ morale (juridique) 법인. ~ physique 개인. ⑥ 《언어》인칭. roman écrit à la première ~ 1인칭으로 쓴 소설. psychologie à la première (troisième) ~ 주관적(객관적) 심리학. ⑦ 《종교》위격(位格), 페르소나. trois ~s divines 삼위(三位)《성부·성자·성신》. ~ divine 신격(神格).

en ~ 자기자신이, 몸소, 변신(變身)한, (…의)화신(化身). Ils sont venus *en* ~. 그들 자신이 왔다. avarice *en* ~ 탐욕의 화신.

payer de sa ~ (일을)분담하다, 자기 몸을 다하다. b)위험을 무릅쓰다.

—*pron.ind.*《남성단수·불변》① (ne 와 함께; 이때 pas 는 쓰지 않음)아무도[누구도]…않다. P-*ne* le sait. 아무도 그것을 모른다. Il *ne* craint ~. 그는 아무도 두려워하지 않는다. Je n'y suis [Je ne suis là] pour ~. 누구에게나 내가 없다고 해라; 아무도 면회하지 않겠어. [~ de+형용사/과거분사 (남성단수형)] Je *ne* connais ~ de plus heureux que lui (qu'elle). 그(그녀) 보다 더 행복한 사람을 나는 알지 못한다. Il *n'y a* ~ de blessé. 부상자는 아무도 없다. P- (d')autre que lui *ne* me comprendra. 그 이외의 어느 누가 나를 이해해주지 못할 것이다 (문어에서는 de를 생략할 수 있음). ② (ne 를 생략) 아무도…않다. Qui vient?-P-~. 누가 옵니까? 아무도(오지 않습니다). ③ 누구, 누군가(부정의 뜻·의심을 나타내는 문장에서) (quelqu'un, quiconque). Il n'est pas question que ~ meure.《속어》누가 죽는다는 것이 문제가 아니다. Connaissez-vous ~ (quelqu'un) qui puisse m'aider? 누군가 나를 도와줄 사람을 아닙니까? (ne 가 없는 의문절 다음의 보족절에서는 오늘날 personne 보다는 오히려 quelqu'un 을 사용). Il est parti sans que ~ s'en aperçoive. 그는 누구도 알아차리지 못하게 떠났다. ④ (비교의 que 다음에)누구, 어떤 사람. Vous le savez mieux que ~. 당신은 누구보다도 그것을 잘 알고 있습니다.

comme ~ 누구 못지 않게, 누구보다도 잘. Il s'y connaît *comme* ~. 그는 누구보다도 그것을 잘 알고 있다.

personnées [pɛrsɔne] *n.f.pl.* 《옛》= **personées**.
*****personnel(le)** [pɛrsɔnɛl] *a.* ① 개인의, 개인적인, 사적(私的)인; 일신상의. Il ne pense qu'à son intérêt ~. 그는 자기의 이익밖에 생각하지 않는다. Ce sont mes affaires ~les, n'y touchez pas. 이 것은 나의 개인소지품입니다, 손대지 마세요. for-

tune ~*le* 개인자산. Il craint pour sa sécurité ~*le*. 그는 자기 일신상의 안전을 걱정한다. ② 자기 독자적인, 독특한, 남다른. appartement décoré de façon ~*le* 개성적으로 장식한 아파트. devoir riche en idées ~*les* 독창적인 견해가 풍부한 숙제. ③ 개인에 대한, 개인을 대상으로 한. attaque(critique) ~*le* 개인공격. impôt ~ 〖법〗대(對)·개인과세. lettre ~*le* 친전서장(書狀)〔서한〕. strictement ~ 본인에 한한. action ~*le* 〖법〗대인소송(對人訴訟). ④ (협동하지 않고)자기 혼자서만 하는; 〖옛〗자기본위의, 자기멋대로 하는(égoïste). homme ~ 이기적인 사람. joueur trop ~ 〖스포츠〗(단체경기에서)지나치게 개인 플레이를 하는 선수. ⑤ 〖언어〗인칭의(↔impersonnel). pronom ~ 인칭대명사. verbe ~ 인칭동사. ⑥ 〖종교〗위격(位格)의, 神 신인일체(神人一體).
—*n.m.* ① (집합적) (관청·회사·학교·따위의)직원, 사원, 종업원; 인사(人事). ~ d'un hôtel 호텔의 종업원. bureau(service) du ~ 인사과. délégué du ~ 직원대표. dépenses relatives au ~ 항공) 기상(비행) 근무자. ~ rampant 〖항공〗지상 근무자. ~ enseignant 교원, 교수진. ② (개인의)용인. ③ 동업자(의 전체). ~ littéraire 문학 종사자.

personnellement [pɛrsɔnɛlmɑ̃] *ad.* ① 자기 자신이. Je vais m'en occuper ~. 그 일을 제가 맡겠습니다. ② 개인적(사적)으로, 직접, 친히. Je le connais ~. 나는 그를 개인적으로 알고 있다. Il m'a attaqué ~. 그는 나를 개인공격했다. Cette lettre lui est adressée ~. 이 편지는 그에게 친전으로 보내진 것이다. ③ 개인적인 생각으로, P~, je ne suis pas de cet avis. 나로서는 그렇게 생각지 않는다.

personnificateur(trice) [pɛrsɔnifikatœːr, -tris] *n.* 의인화(擬人化)하는 사람.

personnification [pɛrsɔnifikasjɔ̃] *n.f.* 의인화, 의인법. ~ de la mort dans les tableaux du Moyen Age 중세의 그림에서의 죽음의 의인화. ② 화신(incarnation); 전형(화). Néron fut la ~ de la cruauté. 네로는 잔인의 화신이었다. ~ civile 〖법〗법인으로서의 자격. 〖심리〗인격화, 인간화, 의인화 (추상적인 말과 구체적인 상(像)사이에서 유연관계를 찾아내려는 심적경향).

personnifié(e) [pɛrsɔnifje] *p.p.* 의인화된, 인격화된, 전형화된. Cet élève, c'est la paresse ~*e*. 이 학생은 게으름뱅이의 전형이다.

personnifier [pɛrsɔnifje] *v.t.* ① (사물·추상적인 관념 따위를)의인화하다, 인격화하다. Mars *personnifie* la guerre. 마르스 신(神)은 전쟁을 의인화하고 있다. ② 전형화하다; 구현하다, (의)화신이 되다. Michel-Ange *personnifie* la Renaissance. 미켈란젤로는 르네상스를 구현한다. ~ le patriotisme 애국의 화신이 되다.

perspectif(ve¹) [pɛrspɛktif, -iːv] *a.* 투시도(법)의, 원근(화)법의. dessin(plan) ~ 투시도(圖).

perspective² [pɛrspɛktiːv] *n.f.* ① 원근법, 투시도(법), 〖수학〗투영도. ~ à vol d'oiseau 조감도. ~ aérienne 〖회화〗공기원근법 (색채나 음영의 변화를 이용하여, dessiner selon les lois de la ~ 원근법에 따라 그리다. ~ cavalière 평행투시도(법). ② (멀리 보이는)경치, 전망(vue). Du haut a une belle ~. 이곳에서는 전망이 좋다. Du haut de cette colline, on voit Paris en ~. 이 언덕 위에서는 파리를 한눈에 바라다 보인다. ③ (똑바로 열린)대로, 큰길(grande avenue). Pour trouver Lyon beau, il faut oublier la ~ des Champs-Élysées. 리옹이 아름답다고 생각하려면 샹젤리제 대로를 잊어버려야 한다. ④ (장래에 대한)예상, 예측, 전망; 가망(성); 시야. ~ démographique 인구 통계학적 전망. ~ d'avenir 장래의 전망. Vous m'ouvrez, ici, des ~s nouvelles. 여기에서 당신이 나에게 새로운 시야를 열어주셨습니다. ⑤ (사물을 보는)각도; 관점(point de vue). ~ historique 역사적인 관점. sous deux ~s différentes 두 가지 다른 관점에서.
à la ~ *de qc*(+*inf.*) …함을 예상하고서. Il était rempli de joie *à la* ~ *de* quitter la ville. 그는 이 도시를 떠날 것을 생각하고서 기쁨에 넘쳐있었다.
en ~ 멀리, 먼 앞날에(의), 미래에(의), 예측으로서. Il a une belle situation *en* ~. 그는 좋은 직위를 가지게 되리라고 예측하고 있다.

perspectivisme [pɛrspɛktivism] *n.m.* 〖철학〗원근법주의.

perspicace [pɛrspikas] *a.* 통찰력이 예리한〔있는〕, 혜안의(pénétrant, clairvoyant). homme lucide et ~ 명석하고도 통찰력이 있는 사람. observateur ~ 날카로운 관찰자.

perspicacité [pɛrspikasite] *n.f.* 통찰력, 혜안, 명석(lucidité, ↔aveuglement). faire preuve de ~ 날카로운 통찰력을 보이다.

perspicuité [pɛrspikɥite] *n.f.* 〖옛〗명석, 명확함(clarté). ~ du style 문체의 명확함.

perspiration [pɛrspirasjɔ̃] *n.f.* ~ cutanée 〖생리〗피부의 발한(發汗)(작용), 피부의 호흡.

persuadé(e) [pɛrsɥade] *a.p.* [~ de qc/que+ind.] 확신하는(convaincu). Elle est ~*e* de la venue prochaine de son père. 그녀는 아버지가 머지않아 오신다고 확신하고 있다. J'en suis ~. 나는 확신합니다. Je suis ~ *que* c'est un très honnête homme. 그가 아주 정직한 사람임을 나는 확신한다. Je ne suis pas ~ *qu*'il vienne. 나는 그가 오리라는 확신이 서지 않는다. (*부정문에서는* ~ est que+*sub.*).

*****persuader** [pɛrsɥade] *v.t.* ① 납득시키다, 믿게 하다, 설득하다. ⓐ [~ *qn*] Son discours n'a *persuadé* personne. 그의 연설은 아무도 납득시키지 못했다. (~ 목적보어 없이) La passion *persuade* mieux que l'éloquence. 정염은 웅변보다 더 설득력이 있다. se laisser ~ à la raison 사리에 순복하다. ⓑ [~ *qn de qc*; ~ *qn que*+*ind.*] (~ à *qn*의 형태를 지닐 때도 있음; ~ *qc* à *qn*은 〖옛·문어〗) Il a *persuadé* les juges *de* sa bonne foi. 그는 재판관들에게 자기의 성실성을 납득시켰다. Je les *ai persuadés qu*'il était inutile de se dépêcher. 나는 그들에게 서둘러도 소용없다는 것을 납득시켰다. Il tâche de ~ (à) ses collègues *qu*'il a raison. 그는 동료들에게 자신이 옳다는 것을 납득시키려 한다. ② [~ *qn de*+*inf.*; 〖드물게〗~ à *qn de*+*inf.*] (예게) (하도록)권유하다; 결심시키다(décider). Elle *a persuadé* son mari *de* prendre du repos. 그녀는 남편에게 휴식을 취하도록 설득하였다. On lui[*l*'] *a persuadé de* se marier. 사람들이 그에게 결혼할 것을 권유했다.

—*se* ~ *v.pr.* ① [*se* ~ *que*+*ind.*; 〖문어〗*se* ~ *de qc*, 〖옛〗*se* ~ *de*+*inf.*] (을) 믿다, 납득〔확신〕하다. Il s'est *persuadé*(*s*) *qu*'on les trompait. 그들은 속고 있다고 확신했다. Elle s'est *persuadé*(*e*) de la sincérité de ses amis. 그녀는 그녀 친구들의 성실성을 믿었다. (과거분사의 일치는 목적어를 직접·간접목적보어의 어느 쪽으로 간주하느냐에 따름). ② 서로 설득하다. Ils *se sont persuadés* l'un l'autre. 그들은 상대방을 서로 설득하였다. ③ 납득되다, 설득되다. La vraie religion *se persuade*, elle n'est pas forcée. 진정한 종교는 납득되는 것이지 강요되

는 것은 아니다.
persuasible [pɛrsɥazibl] *a.* 설득[납득]시킬 수 있는, 납득[설득]될 수 있는.
persuasif(ve) [pɛrsɥazif, -iːv] *a.* 설득력이 있는; 능란하게 말하는(éloquent). orateur ~ 설득력 있는 웅변가. d'un ton ~ 말솜씨 좋게, 설득력있는 어조로. argument peu ~ 설득력이 없는 이론.
persuasion [pɛrsɥa(a)zjɔ̃] *n.f.* ① 설득, 설복(↔ dissuasion). Il vaut mieux agir par la ~ que par la force. 힘에 의하는 것보다 설득에 호소하는 것이 낫다. avoir un grand pouvoir de ~ 대단한 설득력이 있다. ② 신념, 확신(assurance, conviction, ↔ doute). avoir[être dans] la ~ que... 라고 확신하다. J'ai agi dans la ~ que... 나는 …임을 확신하고 행동하였다.
persuasivement [pɛrsɥazivmɑ̃] *ad.* 설득[납득]되도록.
[酸塩].
persulfate [pɛrsylfat] *n.m.* 《화학》 과황산염(過黃
persulfure [pɛrsylfyːr] *n.m.* 《화학》 과황화물(過黃化物).
[의.
persulfuré(e) [pɛrsylfyre] *a.* 《화학》 과황화 상태
*__perte__ [pɛrt] *n.f.* ① (헤어짐·죽음 따위로 사람을)잃음, 여읨, 이별. ~ de son père 부친의 여읨, 부친상. pleurer la ~ d'une mère 어머니의 죽음을 서러워하며 울다.
② (*pl.*)(전쟁 따위로)죽은 사람들, 인적손실. ~s civiles et militaires 군민(軍民)의 인적 손실. grosses ~s en vie humaine 인명의 대손실. infliger des ~s sévères à l'ennemi 적에게 막대한 인적 손실을 입히다.
③ (기능의)상실; (사물의)분실, 유실. ~ de la vue 실명(失明). ~ de mémoire 기억상실. ~ du sommeil 불면(不眠). ~ d'appétit 식욕상실. ~ de connaissance 실신(失神). ~ des cheveux 탈모. ~ d'un document 서류의 분실.
④ (특히 금전상의)손실, 손해, 적자(↔ profit). compte de profits et ~s 손익(損益)계산. ~ de la fortune 파산. ~ sèche (보상될 길이 없는)순전한 손해. faire subir une ~ à *qn* …에게 손해를 입히다. être en ~ de 500 francs (도박에서)500 프랑을 잃고 있다. essuyer une ~ considérable 막대한 손해를 보다.
⑤ 허비, 낭비; 감손(減損). ~ de lumière[de chaleur] 빛[열]의 감소. ~ de gaz 가스의 낭비. ~ de forces et de temps 노력과 시간의 낭비.
⑥ 파멸, 멸망; 패배. courir à sa ~ 파멸을 초래하다, 스스로 무덤을 파다. ~ d'un navire 파선, 난파, 조난. ~ de l'âme 《종교》영혼의 멸망, 영벌(永罰)(damnation). ~ d'une bataille 패전. ~ d'un procès 소송의 패배.
⑦ⓐ 《의학》 유출(流出). ~s rouges 자궁 출혈(métrorragie). ~s (de sang) 월경과다. ~s blanches 백대하, 냉(leucorrhée). ~s séminales 유정(遺精), 몽정(夢精). ⓑ 《지질》(하천의 물이)지하로 스며드는 것. la ~ du Rhône 론 강물이 빠져드는 곳(*Bellegarde* 부근).
à ~ 손해를 보고. Ce marchand vend *à* ~. 이 장사꾼은 손해를 본다.
à ~ *de vue* 까마득히; 한[끝]없이. lande qui s'étend *à* ~ *de vue* 까마득히 펼쳐있는 광야. discourir[raisonner] *à* ~ *de vue* 한없이 이야기를 늘어놓다.
avec ~ *et fracas* 《구어》난폭하게, 거칠게.
en pure ~ 아무 쓸데없이, 무익하게. J'ai fait tout ce travail *en pure* ~. 쓸데없이 나는 그 모든 일을 했다.
passer qc aux profits et ~*s* …을 잃은 것으로 여기

다, 단념하다.
~ *de vitesse* ⓐ (비행기의)실속(失速). ⓑ (비유적)(생산 따위의)저하, 침체, 부진. *De vitesse* des mines de charbon 탄광 생산량의 저하. parti politique *en* ~ *de vitesse* 부진한 상태에 빠진 정당. industrie *en* ~ *de vitesse* 침체상태에 빠진 산업.
pertinacité [pɛrtinasite] *n.f.* 《드물게》옹고집, 완고함(entêtement).
pertinemment [pɛrtinamɑ̃] *ad.* 적절하게, 타당하게(raisonnablement); 정통(精通)하게. parler ~ 적절하게 말하다. savoir ~ 확실히 알고 있다.
pertinence [pɛrtinɑ̃ːs] *n.f.* ① 적절[적합]성, 타당성(bien-fondé, convenance). parler avec ~ 적절하게 말하다. ~ d'un argument 논법의 적절성. ② 《법》(문제에 대한)직접 관련성. ~ d'une preuve 증거의 직접 관련성. ③ 《언어》관여성(특히 음운론에 있어서 한 음소(phonème)가 다른 음소와의 구별에 관여하는 특성을 이르는 말).
pertinent(e) [pɛrtinɑ̃, -ɑ̃ːt] *a.* ① 적절[적합]한(approprié); 정당한(justifié); 올바르게 판단하는(judicieux). réflexion ~*e* 적절한 고찰. raisons ~*es* 정당한 이유. esprit ~ 올바르게 판단하는 정신. ② 《법》(증거가)관련성이 있는. faits ~*s* (사건에)관련성이 있는 사실. ③ 《언어》관여적인, trait ~ 관여적 특징.
pertuis [pɛrtɥi] *n.m.* ① 수문(水門). ② 《지리》(섬과 섬, 섬과 육지 사이의)수도(水道); 강둑이 좁아진 부분; 해협(海峽). ③ 《옛》구멍(trou).
pertuisane [pɛrtɥizan] *n.f.* 《고고학》(15-17세기에 사용된)일종의 미늘창(槍).
pertuisanier [pɛrtɥizanje] *n.m.* 《옛》미늘창을 가진 병사.
perturbateur(trice) [pɛrtyrbatœːr, -tris] *a.* 교란하는, 어지럽히는. éléments ~*s* 질서교란 분자(요소). fonction ~*trice* 《천체역학》섭동함수(攝動函數). causes ~*trices* (자석의) 교란원인. —*n.* 교란자. ~ de la paix 평화의 교란자. ~*s* d'une réunion 집회의 방해자.
perturbation [pɛrtyrbasjɔ̃] *n.f.* ① (일반적으로) 혼란, 교란(agitation, bouleversement, trouble); 지장. ~ d'un moteur 모터[엔진]의 이상. ~*s* politiques(sociales) 정치적(사회적) 이환. apporter [mettre] de la ~ dans une réunion 집회를 방해하다. jeter une grande ~ dans *qc* …에 큰 혼란을 가져오다. ② 《천문》(천체의)섭동. ~ d'une planète 혹성의 섭동. ③ 《기상》저기압(courant de ~). ~ venant du sud-ouest 남서쪽에서 오는 저기압. ④ 《물리》~ atmosphérique 공중교란, 교란전자파(電磁波) (parasite atmosphérique); ~ magnétique 자기교란. ⑤ 《의학》(병세의) 이상(變調). ~ de la raison 정신 착란. ~ du cœur 심장 장애. ⑥ (심적)동요.
perturber [pɛrtyrbe] *v.t.* 교란하다, 혼란케 하다, 어지럽히다(troubler); (방송·송신전파 따위를)방해하다(brouiller). courant d'air froid qui *perturbe* le temps 날씨를 혼란시키는 냉기류. Cet incident *a perturbé* la séance. 화재가 회의를 혼란에 빠뜨렸다. avoir l'air tout *perturbé* 아주 당혹한 표정을 하고 있다.
pérugin(e) [peryʒɛ̃, -in] *a.* 페루자(*Pérouse*, 이탈리아의 도시)의. —**P**—*n.* 페루자 사람.
péruvien(ne) [peryvjɛ̃, -ɛn] *a.* 페루(*le Pérou*)의. —**P**—*n.* 페루 사람.
pervenche [pɛrvɑ̃ːʃ] *n.f.* ① 《식물》협죽도과의 식물. ② (그 꽃과 같은)보랏빛을 띤 푸른색. yeux de ~ 연보랏빛 눈. —*a.* 《불변》 Elle portait une robe bleu ~. 그녀는 보랏빛이 도는 푸른색 옷을 입고 있

pervers(e) [pɛrvɛːr, -ɛrs] *a.* ① 정도(正道)를 벗어난, 비뚤어진, 사악한(malfaisant, ↔ bon). Il est un peu ~. 그는 조금 짓궂다. ~ 천성이 비뚤어져 있다. ② 타락한, 패륜의, 패덕의(corrompu, vicieux, ↔ vertueux). âme ~e 타락한 영혼. femme d'une beauté ~e 퇴폐적인 미인, 요부. ③ (특히 성적으로)변태적인(dénaturé, ↔ normal). goûts ~ 변태적인 취미.

perversement [pɛrvɛrsəma] *ad.* 《문어》악하게, 사악하게; 변태적으로.

perversion [pɛrvɛrsjɔ̃] *n.f.* ① (도덕·미풍양속의) 퇴폐, 부패(dépravation, corruption). ~ des mœurs 풍속의 퇴폐. ② 《의학·심리》(미각·청각 따위의)이상, (특히)성적도착, 변태성욕(~ sexuelle). ~ du goût par l'abus d'alcools 과음으로 인한 이상 미각.

perversité [pɛrvɛrsite] *n.f.* ① 사악(perfidie); 사악한 행위. ② (행위·성격의)패륜; 퇴폐, 타락, 부패(corruption). ~ des mœurs 풍속의 퇴폐. ③ 《심리》 병적 악의(惡意)(malveillance). ④ 《오용》 성적도착(perversion).

perverti(e) [pɛrvɛrti] *a.* 타락한, 부패된; (성적으로)도착된. —*n.* 타락한 사람; 성적도착자, 변태성욕자.

pervertir [pɛrvɛrtiːr] *v.t.* ① 타락시키다, 퇴폐시키다, 부패시키다(débaucher, ↔ édifier). livre qui *pervertit* la jeunesse 젊은이들을 타락시키는 책. ② 변질시키다, 왜곡하다(altérer, dénaturer). ~ le sens d'un passage 한 구절의 의미를 왜곡하다.
—*se* *v.pr.* 퇴폐하다, 타락하다, 부패하다 (dégénérer).

pervertissement [pɛrvɛrtismɑ̃] *n.m.* 《문어》 타락, 퇴폐; 패덕(corruption, ↔ amélioration). ~ de la jeunesse au lendemain d'une guerre 전후의 젊은이들의 퇴폐(타락).

pervertisseur(se) [pɛrvɛrtisœːr, -ɸːz] *a., n.* (드물게)퇴폐(타락)시키는(사람).

pervibrer [pɛrvibre] *v.t.* 《토목》 (콘크리트를)진동으로 굳히다.

pesade [pəzad] *n.f.* (말이)뒷발로 일어서기.

pesage [pəzaːʒ] *n.m.* ① 무게를 달아보기, 검량. ~ du vin 포도주의 알코올도의 검량. appareil de ~ 계량기, 도량형기(度量衡器). ② (경마 전후에)기수의 체중을 달아보는 장소.

pesamment [pəzamɑ̃] *ad.* 무겁게, 둔하게, 둔중하게; 서투르게. être ~ chargé 무겁게 짐이 실리다. ~ armé (병사가)중무장한. tomber ~ 둔탁하게 떨어지다(넘어지다). danser ~ 서투른 솜씨로 춤추다. marcher ~ 무거운 발걸음을 옮기다. parler ~ 더듬거리며 말하다. insister ~ 둔탁하게 강조하다.

pesant(e) [pəzɑ̃, -ɑ̃ːt] *a.* ① 무거운, 무게가 나가는 (lourd, ↔ léger). fardeau ~ 무거운 짐. rameau ~ de fruits 열매가 잔뜩 달려 무거운 나뭇가지. 무겁게 느껴지는; (비유적)짐스러운, 중압적인, 거북한, 귀찮은. joug ~ 거북스러운 속박(구속). C'est une charge ~e pour moi. 그것은 나에게 무거운 책임이다. se sentir la tête ~e 머리가 무겁다(멍하다). avoir un sommeil ~ 곤히 자다. marcher d'un pas(à pas ~s) 무거운 발걸음으로 느릿느릿 걷다. Sa présence était devenue ~e aux autres. 그는 다른 사람들의 귀찮은 존재가 되었다. ③ 육중한, 둔중한. architecture grandiose, mais un peu ~e 웅장하지만 약간 둔중한 건축물. avoir l'esprit ~ 둔재(鈍才)이다; 머리가 둔하다. style ~ 둔중한 문체. ④ (때리는 힘이)강한, avoir la main ~e 《옛》때리는 힘이 세다. mer[vague] ~e 뱃전에 세게 몰아치는 파도. ⑤ 《물리》 중력을 받는, 무게가 있다. Tous les corps sont ~s. 모든 물체는 무게가 있다.
—*ad.* 《옛》무게로(해서)(en poids). dix kilogrammes ~ 무게 10킬로그램.
—*n.m.* 무게, 중량(poids)(다음의 표현으로만 사용). valoir son ~ de moutarde (구어)(이야기가)아주 재미 있다, 유쾌하다. valoir son ~ d'or 값이 엄청나게 비싸다; 지극히 귀중하다. ② (재단사가 천을 눌러 두는데 쓰는)납덩어리.

pesanteur [pəzɑ̃tœːr] *n.f.* ① (큰)무게, 중량(↔ légèreté). ~ d'un fardeau 짐의 무거움. ② 《물리》 중력, 인력(attraction, gravitation). lois de la ~ 중력의 법칙. accélération[intensité] de la ~ 중력의 가속도. ③ 묵직함; 답답함, 억압(감). ~s de l'estomac 위의 부담스러움. ④ 둔함, 우둔함(lourdeur). ~ d'esprit 둔재. ~ d'imagination 상상력의 무딤. ⑤ (*pl.*)(사회적·문화적)발전을 가로막는?저해요소, 장애.

pesé(e) [pəze] *a.* tout bien ~ ⇨peser.

pèse [pɛːz] *n.m.* 《속어》 돈, 현금(argent). être au ~ 돈이 많다. fusiller son ~ 돈을 쓰다. Je n'ai pas de ~. 돈이 다 떨어졌다.

pèse- *préf.* 「…게(計)」의 뜻.

pèse-acide [pɛzasid] (*pl.* ~-~(**s**)) *n.m.* 《화학》 산정량기(酸定量器).

pèse-alcool [pɛzalkɔl] (*pl.* ~-~(**s**)) *n.m.* 주정계(酒精計)(alcoo(lo)mètre).

pèse-bébé [pɛzbebe] (*pl.* ~-~(**s**)) *n.m.* 유아 체중계.

pesée [pəze] *n.f.* ① 무게를 달기, 계량(計量). effectuer(exercer) une ~ à l'aide d'une balance 저울을 사용해서 무게를 달아보다. ② 한 번에 달아보는 분량, 한 저울에 오른(오르는) 분량. La première ~ fut de cinquante kilogrammes. 첫 번째 (달아본) 분량은 50킬로그램이었다. prendre un médicament par petites ~s en une 번에 조금씩 약을 복용하다. ③ (비유적) 검토(examen). ~ des opinions opposées 대립되는 의견의 음미. ~ des âmes 《종교》영혼의 계량(計量)(최후심판의 상징). ④ (손님이 요구한 분량에 맞게 보충하는)빵덩어리. ⑤ 한 번 미는 힘. exercer une ~ (avec un levier) (지레로)힘을 가하다, (지레를)힘주어 밀다. ⑥ 《기술》 (핀 대가리를 단련키 위한)납모루.

pèse-esprit [pɛzɛspri], **pèse-éther** [pɛzetɛːr] (*pl.* ~-~(**s**)) *n.m.* 《옛》《물리》 알코올 비중계.

pèse-lait [pɛzlɛ] (*pl.* ~-~(**s**)) *n.m.* 검유기(檢乳器), 우유 비중계.

pèse-lettre [pɛzlɛtr] (*pl.* ~-~(**s**)) *n.m.* 우편물 저울.

pèse-liqueur [pɛzlikœːr] (*pl.* ~-~(**s**)) *n.m.* 《옛》 주정계(酒精計)(alcoo(lo)mètre).

pèsement [pɛzmɑ̃] *n.m.* ~ des âmes ⇨pesée.

pèse-moût [pɛzmu] (*pl.* ~-~(**s**)) *n.m.* (맥주의) 당액 비중계(糖液比重計)(glucomètre).

pèse-personne [pɛzpɛrsɔn] (*pl.* ~-~(**s**)) *n.m.* 체중계.

*****peser** [pəze] **4** *v.t.* ① (무게를)달다, 계량하다. ~ de la viande [du pain] 고기[빵]을 달다. ~ qc avec une balance …을 저울에 달다. ~ dans sa main 손대중으로 무게를 헤아리다. se faire ~ 자기 체중을 달게 하다.
② (신중하게)검토하다(examiner); 평가하다, 숙고하다. Il *a longuement pesé* sa décision. 그는 자기의 결정을 오래 검토했다. *Pèse* bien tes mots. 말을 신중히 하라. ~ chaque chose à la balance 매양 심사숙고하다.
(*après*) **tout bien pesé** 심사숙고한 후에.
~ le pour et le contre 찬반 양론을 비교 검토하

다, 이해득실을 재다.
—v.i. ① 무게가 나가다. Je *pèse* 60 kilos. 내 체중은 60킬로이다. Ce paquet *pèse* peu(lourd, beaucoup). 이 소포는 무겁지 않다(무겁다). Je ne *pèse* pas lourd. 나는 체중이 가볍다; 나는 영향력이 없다(미미한 존재이다).
② 양(중량)으로 되다; (…정도의)규모이다. Cette firme *pèse* dix millions de tonnes d'acier. 이 회사는 강철 천만 톤의 생산 규모이다. Marseille *pèse* un million d'habitants. 마르세유는 인구 100만을 헤아린다.
③ [~ à qn] 괴롭게〔짐스럽게〕여겨지다(ennuyer, importuner). Son oisiveté commençait à lui ~. 한가로움이 그에게 부담이 되기 시작하였다. Le climat lui *pèse* beaucoup. 날씨가 그에게 매우 언짢다〔감당하기 힘들다〕. Un secret lui *pèse*. 어떤 비밀이 그를 갑갑하게 하고 있다. Ce travail me *pèse*. 이 일은 내게 힘겹다. Son mensonge lui *pèse*. 그는 거짓말을 한 것이 괴롭게 느껴진다.
④ [~ sur] 짓누르다(presser); 괴롭히다, 억압하다(accabler, opprimer), 부담이 되다. Le fardeau qui *pèse* sur les épaules 어깨를 짓누르는 짐. Le bifteck me *pèse* encore *sur* l'estomac. 비프스테이크가 소화되지 않고 위에 얹혀 있다. impôts qui *pèsent* sur les contribuables 납세자들을 압박하는 (무거운)세금. (비인칭)Il *pèse* une atmosphère lourde. 무거운 분위기가 짓배하고 있다. Ce remords lui *pèse* sur le cœur(*sur* la conscience). 이 후회가 그의 가슴(양심)을 짓누른다. Le sommeil *pesait* sur eux. 그들은 졸려서 죽을 지경이었다. Un soupçon *pèse* sur lui. 그에게 혐의를 두고 있다.
⑤ [~ sur/contre] 힘을 주다, 누르다, 밀다. ~ *sur* un levier 지레를 힘주어 밀다. ~ *sur*(*contre*) une porte pour l'ouvrir 문을 밀어서 열다.
⑥ 영향력을 미치다(influencer); 중요성을 갖다. Le résultat des élections *pèsera* lourdement sur la situation politique. 선거의 결과는 정국에 중요한 영향을 미칠 것이다. Cela ne *pèse* pas un grain(une once). 그것은 아무런 중요성〔가치〕도 없다.
⑦ ~ à la main 〖마술〗 (말이)재갈을 세게 물다.
—se v.pr. ① (자기의)체중을 달다. À quoi ça te sert de *te* ~ tous les jours? 매일 체중을 달아 보면 무슨 소용이 있니? ② 계량(計量)되다. Les diamants *se* *pèsent* en carats. 다이아몬드는 캐럿으로 계량된다. ③ 숙고(음미)되다.

pèse-sel [pɛzsɛl] n.m. 염량계(塩量計).
pèse-sirop [pɛzsiro] n.m. 당밀계(糖蜜計).
peseta [pes(ɛ)eta] (pl. ~s [-a(s)]) n.f. ① 페세타(에스파냐의 화폐단위). ②〖구어〗돈(argent). avoir des ~s 돈이 있다. 부자이다.
pesette [pəzɛt] n.f. (화폐를 달기 위한)작은 저울.
peseur(se) [pəzœːr, -øːz] n. 무게를 달아보는 사람, 계량인(計量人); 세밀하게 검토(계산)하는 사람. ~ public(juré) (시장에서의)계량기 검사원.
pèse-vin [pɛzvɛ̃] (pl. ~~(s)) n.m. (포도주의)주정 비중계(alcoo(lo)mètre).
peso [pez(s)o] n.m. 페소(에스파냐·중남아메리카의 화폐단위).
peson [pəzɔ̃] n.m. (수치가 표시되는 간편한)저울. ~ à ressort 용수철 저울. ~ cylindrique 원기둥 저울. ~ à contrepoids 대저울.
pessaire [pesɛːr] n.m. 〖의학〗(자궁 전위(轉位)를 바로잡는)자궁 암정기(壓整器); (피임용)페사리, 질내삽입좌약(膣內揷入坐薬).
pesse [pɛs] n.f. ①〖식물〗상나무말속(屬). ②〖사투리〗=épicéa.
pessereau [pɛsro] (pl. ~x) n.m. =**pesse**①.

pessimisme [pesimism] n.m. 비관론(주의); 〖철학〗염세주의(↔ optimisme).
pessimiste [pesimist] a. 비관적인; 비관론(주의)의, 염세주의의. Ses malheurs l'ont rendu ~. 수많은 그의 불행이 그를 비관적으로 만들었다. Il est très ~ sur l'avenir de notre société. 그는 우리 사회의 미래에 대해 매우 비관적이다. philosophie ~ 염세철학. —n. 비관론자; 염세주의자.
peste [pɛst] n.f. ① 페스트, 흑사병; 〖옛〗치명적인 전염병. ~ bubonique(noire) 선(腺)페스트, 흑사병. atteint de la ~ 흑사병에 걸린. fuir qn comme la ~ …을 역신(疫神)처럼 싫어하다. se méfier de qn comme de la ~ …을 병마처럼 경계하다. ~ bovine 우역(牛疫). ~ aviaire 가축 페스트. ③ 지겨운(지긋지긋한, 두려운) 사람(것); 유해물. La discorde est la ~ des États. 불화는 국가간의 재앙이다. une (vraie) ~ 가증스런〔지긋지긋한〕사람. une petite ~ 지긋지긋한 계집애.
La~ (**P~**) **soit de qn(qc)!**〖옛·구어〗…은 꺼져버려라(욕설). P~ soit du vieux fou!〖옛〗나가 뻗어라 늙다리야!
—int. 〖구어〗어이쿠, 저런 (놀라움·감탄을 나타냄). P~! Quel appétit! 저런, 대단한 식욕이군!
pester [pɛste] v.i. 통렬히 비난하다, 욕설을 퍼붓다, 저주하다(fulminer). ~ contre qn …을 통렬히 비난하다. ~ contre les mauvais temps 날씨가 굳다고 몹시 투덜대다. (보어 없이)Il passe sa vie à ~. 그는 투덜거리며 세월을 보낸다.
pesteux(se) [pɛstø, -øːz] a. 〖의학〗페스트의, 페스트에 걸린. rat ~ 페스트에 걸린 쥐. —n. 페스트 환자.
pesticide [pɛstisid] a. (동식물의 기생충 구제용)살충의. —n. 살충제.
pestifère [pɛstifɛːr] a. 〖구어〗해독을 끼치는.
pestiféré(e) [pɛstifere] a. 페스트에 걸린. navire ~ 페스트가 발생한 선박. —n. 페스트 환자. fuir qn comme un ~ …을 페스트 환자처럼 …을 피하다.
pestilence [pɛstilɑ̃ːs] n.f. ① 악취, 독기. ~ d'un marécage 늪지대의 독기(악취). ②〖옛〗역병(疫病), 페스트. ③ chaire de ~ 〖옛〗사교(邪敎)를 떠들어대는 연단.
pestilencieux(se) [pɛstilɑ̃sjø, -øːz] a. 〖옛〗=**pestilentiel.**
pestilent(e) [pɛstilɑ̃, -ɑ̃ːt] a. 〖드물게〗=**pestilentiel.**
pestilentiel(le) [pɛstilɑ̃sjɛl] a. ① 페스트성의; 페스트를 감염시키는. ② 악취를 풍기는(infect); 구역질나게 하는(nauséabond).
pet [pɛ] n.m. ①〖속어〗방귀. faire(lâcher) un ~ 방귀를 뀌다. ② 소동(bruit); 스캔들(scandale); 위험. Ça va faire du ~; Il y aura du ~. 소란스러워질거야, 대단한 일이 벌어질거야. Pas de ~! 별일 할 것 없어, 염려마라. P~! Attention! 야, 조심해 (감탄사적 용법).
avoir toujours un ~ de travers 늘 어딘가가 나쁘다고 말하다.
Ça ne vaut pas un ~ (**de lapin**). 아무 가치도 없다.
faire le ~ (친구가 나쁜 짓을 하는 동안)망보다.
filer comme un ~ 순식간에 사라지다(떠나다).
lâcher qn comme un ~ 재빨리 …와 헤어지다.
On tirerait plutôt un ~ d'un âne mort. 차라리 죽은 당나귀에게서 방귀를 얻는 편이 낫다(아주 지독한 구두쇠를 비꼬아서 하는 말).
porter le ~ 불평을 늘어놓는다.
péta- préf. 「페타・10¹⁵」의 뜻 (기호 P).
pétainiste [petenist] a., n. (제2차 대전 중의)페탱

(Pétain)파의 (사람).
pétale [petal] n.m. 【식물】 꽃잎, 화판(花瓣).
-pétale suff. 【식물】「…잎의」의 뜻.
pétalé(e) [petale] a. 【식물】 꽃잎이 있는.
pétalisme [petalism] n.m. 【그리스사】 목엽추방(木葉追放) 올리브 잎에 추방대상 인물의 이름을 써내는 투표방식.
pétaloïde [petalɔid] a. 【식물】 꽃잎과 비슷한.
pétanque [petɑ̃k] n.f. 【놀이】 페탱크 공굴리기(금속으로 된 공을 교대로 굴리면서 표적을 맞추는 프랑스 남부 지방의 놀이).
pétant(e) [petɑ̃, -ɑ̃:t] a. 《속어》정각 (…시)의 (exact). à neuf heures ~es 아홉시 정각에.
pétaradant(e) [petaradɑ̃, -ɑ̃:t] a. 폭음을 내는.
pétarade [petarad] n.f. ① (말 따위가 뒷발로 뛰면서 내는) 연속적인 방귀, 줄방귀. ② (내연기관 따위의) 연속적인 폭발음; (꽃불 따위의) 연속적인 폭음. ~ d'un feu d'artifice [d'une motocyclette] 꽃불놀이 [오토바이]의 연속적인 폭음.
pétarader [petarade] v.i. ① (말 따위가 뛰어오르면서) 연속적으로 방귀를 뀌다. ② (꽃불·오토바이 엔진 따위가) 연속적으로 폭음을 내다.
pétard [peta:r] n.m. ① 【광산】 발파; 【철도】 신호뇌관(信號雷管); 《옛》【군사】작은 폭약. ② 폭죽, 꽃불. tirer [faire claquer] des ~s《축제 때》폭죽을 터뜨리다. ③ 《구어》요란스런 소리; 소음(bruit), 소란, 소동. Il va y avoir du ~. 한바탕 소동이 일 것이다. être ~; faire du ~ 화가 나서 날뛰다 [소리지르다]. ④ 《속어》《비유적》 큰 뉴스. lancer un ~ 센세이셔널한 뉴스를 흘리다. ~ mouillé 떠들썩하게 했던 오보; 헛소문. ⑤ 《속어》 권총(revolver). coup de ~ 권총사격. ⑥ 《속어》 엉덩이 (derrière).
pétarder [petarde] v.t. (암석 따위를) 폭파하다. —v.i. 《옛·속어》떠들어대다, 화가 나서 날뛰다.
pétardier [petardje] n.m. ① 《군사》 폭발물 취급자. ② 《속어》 떠들어대는 사람, 화가나서 날뛰는 사람.
pétase [peta:z] n.m. 【고대그리스】챙 넓은 모자.
pétasse [petas] n.f. 《속어》① 매춘부. ② avoir la ~ 겁먹다.
Pétaud [peto] n.pr.m. (16세기 전설의 왕; 다음 표현으로만 쓰임) cour du roi ~ (페토왕의 궁전) 저마다 주인 행세를 하는 무질서한 집 [모임].
pétaudière [petodjɛ:r] n.f. 《옛·구어》질서가 없는 집단, 소란한 집회.
pétauriste [petorist] n.m. ① 【고대그리스】 밧줄타는 곡예사. ② 【동물】 (인도산 다람쥐).
P. et C. 《약자》ponts et chaussées 토목국[과].
pet-de-loup [pɛdlu] (pl. **~s-~-~**) n.m. 《옛》늙어빠진 대학교수.
pet-de-nonne [pɛdnɔn] (pl. **~s-~-~**) n.m. 【요리】 페드논 《튀김과자 beignet의 일종》.
pétéchial(ale, pl. **aux**) [petefjal, -o] a. 【의학】 자반(紫斑)모양의, 작은 혈반(血斑)의. typhus ~ 자반열(熱), 발진티푸스.
pétéchie [petefi] n.f. 【의학】점상(點狀) 피부출혈, 소자반(小紫斑). ~ du scorbut 괴혈병에 의한 점상 피부출혈.
pet-en-l'air [pɛtɑ̃lɛ:r] n.m. 《복수불변》《옛》(남자용) 짧은 실내복.
péter [pete] [6] v.i. ① 《속어》방귀뀌다. ② 탕탕 [펑펑] 소리나다; 폭발하다(exploser); 깨지다, 터지다 (éclater, se briser). La ficelle a pété net. 끈이 뚝 끊어졌다.
envoyer ~ qn 《속어》…을 쫓아버리다 (envoyer promener qn).
Il faut que ça pète. 아무튼 끝장을 내야겠다.
~ dans la main [dans les mains] 《속어》실패로 돌아가다, 좌절하다. L'affaire lui a pété dans les mains. 그는 그 사업에 실패하고 말았다.
~ dans la soie [le velours] 사치스런 옷을 입고 있다; 유복하게 살다.
~ dans sa graisse [sa peau] 팽팽하게 살이 찌다.
~ de santé 건강해서 팔팔하다.
~ plus haut que le cul [son derrière] 《속어》힘에 부치는 일을 꾀하다; 잘난 체하다.
—v.t. 깨뜨리다, 끊어뜨리다 (casser). Ne tire pas si fort, tu vas ~ la ficelle. 너무 세게 잡아당기지 마라, 끈이 끊어질라. ② (비유적) 폭발시키다.
~ le [du] feu ~ des flammes 《구어》ⓐ 정력이 넘치다, 기운이 좋다. ⓑ Ça va ~ le [du] feu, Ça va ~ des flammes. 일이 한바탕 벌어질거다.
pète(-)sec [pɛtsɛk] n. 《복수불변》《구어》권위적인 [거만한] 사람. —a. 《불변》거만한, 권위적인.
péteur(se¹) [petœ:r, -ø:z] n. 《드물게》방귀뀌는 사람.
péteux(se²) [petø, -ø:z] n. 《구어》겁장이. s'enfuir comme un ~ 겁장이처럼 달아나다.
pétillant(e) [petijɑ̃, -ɑ̃:t] a. ① (장작 따위가) 탁탁 튀는; (탄산수 따위가 소리를 내며) 거품이 이는. ② (눈 따위가) 반짝반짝 빛나는; 재기발랄한. œil [regard] ~ de joie 기쁨으로 반짝반짝 빛나는 눈.
pétillement [petijmɑ̃] n.m. ① (장작 따위가 타면서) 탁탁 튀기; (탄산수 따위의) 거품일기. ② 반짝거림; 발랄함. ~ de lumière 불빛의 반짝거림.
pétiller [petije] v.i. ① (불꽃 따위가) 탁탁 튀다, 화닥화닥 타다 (crépiter). Le feu pétille. 불이 탁탁 튄다. ② (탄산수 따위가) 거품일다. ③ 《문어》반짝반짝 빛나다 (scintiller); (재기가) 발랄하다. La joie pétille dans ses yeux. 그의 눈은 기쁨으로 반짝인다. Il pétille d'esprit. 그는 재기발랄하다. ④ 《옛》흥분하다; 안절부절 못하다 (être bouillant de). ~ d'ardeur 열의로 불타오르다. ~ d'impatience 초조함으로 안절부절 못하다.
pétiolaire [pesjɔlɛ:r] a. 【식물】 잎꼭지의.
pétiole [pesjɔl] n.m. 【식물】 잎꼭지. feuille sans ~ 꼭지 없는 잎.
pétiolé(e) [pesjɔle] a. 【식물】 잎꼭지가 있는. feuille ~e 꼭지가 있는 잎 (↔ feuille sessile).
petiot(e) [pətjo, -ɔt] 《구어》a. 아주 작은. —n. 작은 어린애, 꼬마.
‡petit(e) [pəti, -it] a. 《원칙적으로 명사 앞》① (치수가) 작은, 키가 작은 (↔ grand); 소형의. ~e maison 작은 집. Il est plus ~ que toi. 그는 너보다 작다. Cette voiture est toute ~e. 이 자동차는 아주 작다. Cette ~e femme; femme ~e 작은 여자. ~e main 작은 손; 견습 재봉공. ~ chemin 작은 길. Habite dans un ~ appartement. 그는 작은 아파트에 서 살고 있다. le P— Caporal 꼬마 하사 《나폴레옹의 별명》.
② (나이가) 어린; 연하의. mon ~ frère 내 동생. ma ~e sœur 내 누이동생. Elle est trop ~e pour aller à l'école. 그녀는 학교에 가기에는 너무 어리다. un ~ garçon et une ~e fille 소년과 소녀. quand j'étais ~ 내가 어렸을 때. traiter qn en ~ garçon …을 어린애 취급하다. ~ diable 장난꾸러기, 개구장이.
③ (수·량·정도 따위가) 작은, 낮은, 약한. ~ salaire 싼 급료. ~e entreprise 소기업. ~e lettre 짤막한 편지. ~e somme d'argent 몇 푼 안되는 돈. ~e quantité d'eau 소량의 물. Pourriez-vous attendre un ~ moment [une ~e minute] ? 조금 기다리시겠습니까? cuire à ~ feu 약한 불로 굽다. faire

petit(e)

un ~ tour 조금 산책하다, 잠깐 외출하다. couper en ~s morceaux 작은 조각으로 자르다. boire un ~ coup 조금 마시다. une ~e heure 한 시간 가까이. à un ~ kilomètre d'ici 여기서 1킬로미터 가까이 되는 곳에. ~e lumière 희미한 빛. ~ vin 싼 포도주. ~e guerre 모의전. C'est un ~ Paris. 그것은 파리를 작게 줄인 것과 같은 도시이다.
④ (가치의 중요성이) 사소한; 하찮은, 대수롭지 않은. Voilà une ~e chose pour vous. 변변치 못한 것입니다(선물을 할 때). quelques ~es difficultés 몇가지 사소한 어려움. disputer pour une bien ~e chose 아주 하찮은 일로 다투다. Tu ne vois que de ~s détails. 너는 자질구레한 점만 보고 있어. ~ personnage 대수롭지않은(평범한) 인물. ~e phrase (정치가 따위의 유명해진) 짧은 발언, 어록. ~e caisse 《상업》 잔돈. ~ esprit 소견이 좁은 사람. ~e intelligence 저능. ~ peintre 엉터리〔삼류〕화가.
⑤ (신분 따위가) 낮은. ~ commerçant〔fonctionnaire〕 소상인〔하급 공무원〕. ~ artisan 직공, 장인. ~ chef (중간)관리자. ~es gens; ~ peuple 하층민, 서민. ~ monde 하층사회.
⑥ⓐ (친밀한 감정을 나타내어) 귀여운, 정다운, 사랑스러운. Courage, mon ~ gars! 얘야, 힘내라! Embrasse ton ~ papa. 아빠에게 뽀뽀해야지. ma ~e femme 《구어》 (아내에 대해) 여보, 당신. Ma ~e dame, vous vous êtes trompée. 아주머니, 생각을 잘못 하셨어요. son ~ ami [sa ~e amie] 《구어》 연인, 애인(성적인 관계가 있는). ⓑ (경멸) 못난, 못된. Regardez ce ~ homme, qui se croit tout permis. 무엇이든 제멋대로 해도 괜찮다고 생각하는 저 작자를 보세요. un ~ fat 잘난 체하는 녀석. Quel ~ salaud! 망할 녀석.
⑦ 자상한, 친절한. ~es attentions 자상한 배려. être aux ~s soins pour ⋯를 자상하게 돌보다.
⑧ ~-déjeuner 아침식사; ~ nom (성에 대한) 이름(prénom); ~ doigt 새끼 손가락; ~ endroit(coin) 변소, 손 씻는 곳; ~e vérole 천연두; ~e banlieue 《구어》 (도회지의) 근교, 《예·구어》 전보.
Ce n'est pas une ~e affaire de+inf. ⋯하는 것은 예사(例事)가 아니다.
la P~e Ourse 《천문》 작은곰좌(座).
Le monde est ~. 세상은 좁기도 하지 (뜻하지 않은 *le ~ Jésus* 아기 예수. [사람을 만났을 때].
~ à ~ 조금씩(peu à peu). Je paye mes dettes ~ à ~. 나는 조금씩 빚을 갚아가고 있다.
se faire tout ~ 몸을 움츠리다; 자기를 낮추다.
un ~ peu (de) 《구어》 아주 조금(의)(un peu (de)의 강조).
—*n*. ① 어린이. Nous avons mis le ~ à l'école. 우리는 어린애를 학교에 넣었다. le ~ du boulanger 빵집 아이. les ~es Durand 뒤랑씨네 딸들. ② (친밀감 또는 경멸적으로)너. Bonjour, mon ~. 《구어》 안녕! Voyons, mon ~, tu n'as rien compris. 이봐, 넌 전혀 모르는구나 (여성에 대해서는 ma *petite*를 쓸 수 있으나 친한 남성형을 그대로 사용함). ③ (*pl*.) 하급생. les ~s 《학교》 저학년의 어린이들, 하급생들. cours des ~s 하급생 수업.
—*n.m*. ① 작은 것〔일〕. se complaire dans le ~ 작은 것에 만족을 하다. ② (*pl*.) 약자, 빈민, 하층민. les grands et les ~s 강자와 약자. ③ (동물의) 새끼. [faire des ~s] 새끼를 낳다〔치다〕. L'argent fait des ~s. 《구어》 (비유어) 돈이 새끼를 친다.
en ~ 소형의; 소규모로. modèle *en ~* 축소된 모형. reproduire un dessin *en ~* 그림을 축소해서 복사하다.
petit-beurre [pətibœ:r] (*pl*. ~**8**~(**s**)) *n.m*. 버터로 튀긴 네모진 과자, 버터 비스킷.

petit-bois [pətibwa] (*pl*. ~**s**~) *n.m*. 《주로 *pl*.》 (창의 유리를 고정시키는) 살.

petit-bourgeois [pətiburʒwa] (*f*. ~**e**~**e** [pətiburʒwa:z]) *a*. 소시민 계급의; (생각이) 편협한.
—*n*. 소시민, 편협한 사람.

petit-cheval (*pl*. ~**s**-~**aux**) [pətiʃval, -o] *n.m*. 《기계》 보조 엔진.

petit-déjeuner [pətideʒœne] *n.m*. 아침식사, 조반. —*v.i*. 《구어》 조반을 먹다; (특히 정치가들이) 조찬회를 갖다.

***petite-fille** [pətitfij] (*pl*. ~**s**-~**s**) *n.f*. 손녀(孫女).

petite-maîtresse [pətitmɛtrɛs] (*pl*. ~**s**-~**s**) *n.f*. 《옛》 잘난 체하는 여자; 멋쟁이 여자(*petit-maître*의 여성형).

petitement [pətitmɑ̃] *ad*. ① 옹색하게, 빈약하게, 쩨쩨하게, 초라하게(mesquinement). Il vivait ~. 그는 초라하게 살았다. être logé ~ 주거가 옹색하다. ② 비굴하게, 비열하게. se venger ~ 비열하게 복수하다.

petite-nièce [pətitnjɛs] (*pl*. ~**s**-~**s**) *n.f*. 종손녀.

petite-oie [pətitwa] *n.f*. 《옛》 ① 《요리》 새의 버리는 부분(머리·목·발·날개). ② 복장의 장식품, 액세서리(모자·손수건·리본 따위). ③ (여성이 보이는) 최초의 호의.

petites-maisons [pətitmezɔ̃] *n.f.pl*. 《옛》 (구체적에서의) 정신 병원.

petitesse [pətitɛs] *n.f*. ① 작음. ~ d'un vase 화병의 작음. ~ de la taille de qn ⋯의 작은 키. ~ des caractères employés dans cette édition 이 판(版)에 사용된 작은 활자. ② 적음, 빈약함(modestie). ~ d'un don 증여액의 빈약함. ③ 비루함(bassesse); 편협성(mesquinerie). ~ d'esprit 생각의 편협함. ~ de cœur 심정의 비루함. ~ 비루한 짓, 편협한 짓. C'est un homme plein de ~s. 쩨쩨한 짓만 해보이는 남자로군. commettre des ~s 비열한 행위를 하다.

*****petit-fils** [pətifis] (*pl*. ~**s**-~) *n.m*. 손자.

petit-gris [pətigri] (*pl*. ~**s**-~) *n.m*. 《동물》 ① (시베리아산의) 회색 다람쥐; 회색 다람쥐의 모피. ② 작은 식용 달팽이.

pétition [petisjɔ̃] *n.f*. ① 《법》 탄원, 청원(requête); 청원서. recueillir des signatures pour une ~ 청원서〔탄원서〕에 들어갈 서명들을 모으다. présenter〔adresser〕une ~ 청원서를 제출하다. ~ contre la guerre 전쟁 반대의 청원서. ~ d'hérédité 상속권 확인 청구. ~ d'employés à leur chef 종업원의 상사에 대한 건의서. ③ ~ de principe 《논리》 논점선취(의 허위)(논증해야 할 것을 도리어 전제로 삼는 일).

pétitionnaire [petisjɔnɛ:r] *n*. 《법》 청원〔탄원〕자.

pétitionnement [petisjɔnmɑ̃] *n.m*. 《드물게》 청원〔탄원〕하기, 청원행위.

pétitionner [petisjɔne] *v.i*. 《드물게》 탄원〔청원〕하다; 청원〔탄원〕서를 제출하다; 이의 신청을 내다.

petit-lait [pətilɛ] (*pl*. ~**s**-~**s**) *n.m*. 유장(乳漿).

petit-maître [pətimɛtr] (*pl*. ~**s**-~**s**) *n.m*. 《옛》 (잘난 체하는) 멋쟁이, 지나치게 모양을 내는 남자(*f*. petite-maîtresse).

petit-nègre [pətinɛgr] *n.m*. (흑인이 쓰는) 부정확한 프랑스어. parler en ~ 《구어》 엉터리 프랑스어를 하다.

petit-neveu [pətinvø] (*pl*. ~**s**-~**x**) *n.m*. ① (외)종손, 조카(딸)의 아들. ② 자손(descendants).

pétitoire [petitwa:r] *n.m*., *a*. 《법》 부동산 회복 소송(action ~).

petits-enfants [pətizɑ̃fɑ̃] *n.m.pl.* 손자들. grands-parents et leurs ~ 조부모와 손자들 (단수형에서는 petit-fils, petite-fille 를 사용함).

petits-pois [pətipwa(ɑ)] *n.m.pl.* 완두콩.

petit-suisse [pətisɥis] *n.m.* 《요리》 쁘띠스위스 (생크림치즈의 일종).

p. et m.《약자》poids et mesures 도량형.

pétochard(e) [petoʃa:r, -ard] *n., a.*《속어》겁장이.

pétoche [petoʃ] *n.f.*《속어》겁, 무서움(peur). avoir la ~ 겁내다.

pétoire [petwa:r] *n.f.* (장난감) 나무 총; 《구어》구식의 총, 싸구려 총.

peton [pətɔ̃] *n.m.*《구어》작은 발.

pétoncle [petɔ̃kl] *n.m.*《패류》국자가리비의 일종.

p. et p.《약자》profits et pertes 《부기》손익.

Pétrarque [petrark] *n.pr.m.* 페트라르카 (이탈리아의 시인 : 1304–1374).

pétrarquisant(e) [petrarkizɑ̃, -ɑ̃:t] *a.* 페트라르카풍의. —*n.* 페트라르카 숭배자.

pétrarquiser [petrarkize] *v.i.* ① (옛) 페트라르카처럼 순결하고 정신적인 사랑을 하다. ②《문학사》(시에서) 페트라르카를 모방하다.

pétrarquisme [petrarkism] *n.m.*《문학사》페트라르카풍(風), 페트라르카의 모방.

pétrarquiste [petrarkist] *n.*《문학사》페트라르카풍의 시인; 페트라르카 숭배자. —*a.*《시》페트라르카풍의 (시·시인 따위).

pétré(e) [petre] *a.*《드물게》《지리》돌과 흡사한, 석질(石質)의; 암석으로 덮인. Arabie ~*e* 중앙아라비아의 별명.

pétrel [petrel] *n.m.*《조류》바다제비.

pétreux(se) [petrø, -ø:z] *a.*《해부》추체(錐體)의. nerf ~ 추체신경.

pétri(e) [petri] *a.p.* ① 반죽된. ② 《문어》[~ de] (으로) 빚어진, 만들어진 (formé). homme ~ *du limon de la terre* 진흙으로 빚어진 인간. ③ [~ de] ~ 가득찬(plein). être ~ *d'ignorance* 무지하기 짝이 없다. âme ~ *de fange* [*de boue*] 죄의 수렁에 빠진 영혼. homme tout ~ *d'orgueil* 거만하기 짝이 없는 사람.

pétrifiant(e) [petrifjɑ̃, -ɑ̃:t] *a.* ① (동식물 따위를) 화석(化石)하게 하는, 석화(石化)하는; (물이) 석회질층을 만드는. fontaine ~*e* 석회작용을 하는 샘. ② (비유적으로) 석화하게 하는, 무감각하게 만드는. nouvelle ~*e* 아연실색할 소식.

pétrification [petrifikasjɔ̃] *n.f.* ① (동식물의) 석화(石化)작용, 화석; (석회질의 물에 의한) 석회층 형성. ② (비유적) 경화(硬化); 무감각.

pétrifié(e) [petrifje] *a.p.* ① 석화된, 화석이 된 (동식물 따위); 석회분으로 덮인. ② (놀람·무서움 따위로) 화석처럼 굳어진, 아연실색한; 경직된.

pétrifier [petrifje] *v.t.* ① (동식물을) 석화(石化)시키다, 화석이 되게 하다; 석회질로 덮다. ② eaux calcaires *pétrifient* les corps. 석질이 내포된 물은 물체의 표면을 석회로 덮는다. ② 아연케 하다, 대경실색하게 하다. La nouvelle de sa mort les *a pétrifiés*. 그가 사망했다는 소식은 그들을 넋잃게 했다. ③ 경직시키다. ~ le cœur 무정하게 하다. —**se** ~ *v.pr.* ① (동식물이) 석화되다, (물체가) 석회분으로 덮이다. ② 아연실색하다, 망연자실하다; 굳어지다.

pétrin [petrɛ̃] *n.m.* ① (밀가루) 반죽통. ~ mécanique 반죽하는 기계. ②《구어》난처한 입장, 궁지. se fourrer [se mettre] dans le ~ 궁지에 빠지다. tirer [sortir] du ~ 을 궁지에서 구출해내다. être dans le ~ jusqu'au cou 궁지에 빠져 꼼짝달싹 못하다. Quel ~ ! 이런 낭패가 있나 !

pétrinal [petrinal] *n.m.* (16세기 말에 사용된) 화포식 단총 (pierre à fusil).

pétrir [petri:r] *v.t.* ① (밀가루를) 반죽하다; (진흙 따위를) 이기다. ② 주무르다, 문지르다, 매만지다. ~ entre ses doigts la main de la jeune fille 처녀의 손을 손가락으로 문질러대다. ③ (교양·교우 따위가) 인격을 만들다, 형성하다.

pétrissable [petrisabl] *a.* 반죽할 수 있는; (마음대로) 만들 수 있는, (성격 따위가) 유연한.

pétrissage [petrisɑ:ʒ], **pétrissement** [petrismɑ̃] *n.m.* 반죽, 이기기, (성격 따위의) 형성.

pétrisseur(se) [petrisœ:r, -ø:z] *a.* 반죽하는. —*n.* 반죽하는 사람, 반죽질하는 기계. —*n.f.* 자동 반죽 기계.

pétro- *préf.*《암석의》의 뜻.

pétrochimie [petroʃimi] *n.f.* 석유화학.

pétrochimique [petroʃimik] *a.* 석유화학의.

pétrochimiste [petroʃimist] *n.* 석유화학 기술자; 석유화학 기업가.

pétrocorien(ne) [petrokɔrjɛ̃, -ɛn] *a.* 페리괴 (*Périgueux*, 프랑스의 도시) (사람) 의 (périgourdin). —P~ *n.* 페리괴 사람.

pétrodollar [petrodola:r] *n.m.* 오일달러.

pétrogale [petrogal] *n.m.* (오스트레일리아산의) 작은 캥거루 (wallabie de rochers).

pétroglyphe [petroglif] *n.f.* 암석 조각 (彫刻).

pétrogradois(e) [petrogradwa, -a:z] *a.* 페트로그라드 (*Pétrograd, Léningrad* 의 옛이름) (사람) 의. —P~ *n.* 페트로그라드 사람.

pétrographie [petrografi] *n.f.*《지질》암석학.

pétrographique [petrografik] *a.* 암석학의.

pétrolage [petrola:ʒ] *n.m.* ① 석유에 의한 점화. ② 석유의 살포.

pétrolatum [petrolatɔm] *n.m.* 페트롤라툼 (석유와 납(蠟)의 혼합물로 반고체 모양의 물질).

***pétrole** [petrol] *n.m.* 석유. ~ brut 원유. ~ raffiné (rectifié) 정유. gisement de ~ 유전 (油田). puits de ~ 유정 (油井). lampe à ~ 석유 램프. poêle à ~ 석유난로. ~ enflammé《군사》(화염방사기의)액화(液火). produits dérivés du ~ 석유에서 나오는 공산물, 석유 제품. Organisations des pays exportateurs de ~ 석유수출국기구, 오 펙(《약자》O.P.E.P.; 《영》O.P.E.C.). —*a.* (불변) (석유와 같은) 석유색의. bleu ~ 암록색을 띤 푸른색. costume *bleu* ~ 암록색을 띤 푸른색 양복.

pétrol(é)ochimie [petrol(e)oʃimi] *n.f.* = **pétrochimie.**

pétrol(é)ochimique [petrol(e)oʃimik] *a.* = **pétrochimique.**

pétroler [petrole] *v.t.* ①(옛) 석유를 뿌려서 방화하다 (특히 파리코민 때의 여성 방화자를 두고 하는 말). ② (에) 석유를 바르다; (방충하기 위해) 웅덩이에 석유를 뿌리다.

pétrolette [petrolɛt] *n.f.* ①(옛·구어) (석유로 움직이는) 오토바이 (cyclomoteur, vélomoteur). ②(옛) 소형자동차.

pétroleur [petrolœ:r] *n.m.*《인쇄》도유기 (塗油器).

pétroleuse [petrolø:z] *n.f.* ①《역사》(파리코민 때에 석유로) 방화한 여자. ② 과격파 여성.

pétrolier(ère) [petrolje, -ɛ:r] *a.* 석유의. industrie ~*ère* 석유 산업. produits ~*s* 석유 제품. pays ~ 산유국. géologue ~ 석유 전문 지질학자, 석유 탐사 기술자. navire ~ 유조선, 탱커. —*n.m.* ① 유조선 (油槽船), 탱커 (navire ~). ② 석유 재벌.

pétrolifère [petrolifɛ:r] *a.* 석유를 함유한, 석유를 산출하는. gisement ~ 유전 (油田).

pétrolochimie [petrɔlɔʃimi] *n.f.* =**pétrochimie**.
pétrolochimique [petrɔlɔʃimik] *a.* =**pétrochimique**.
pétrologie [petrɔlɔʒi] *n.f.* 암석학.
pétrosilex [petrɔsilɛks] *n.m.* 《광물》규장암.
pétrousquin(e) [petruskɛ̃, -in] *n.m.* 《옛·군대어어》민간인; 시골 사람. — *n.* 《옛·은어》농부(paysan).
P. et T. 《약자》Postes et Télécommunications 우정국, 우편 전신 전화국《종전에는 P.T.T.》.
pétulance [petylɑ̃:s] *n.f.* 《젊은이 따위의》충동적인 격정, 활기넘침; 《성격 따위의》격렬함(fougue). parler avec ~ 격렬한 어조로 말하다.
pétulant(e) [petylɑ̃, -ɑ̃:t] *a.* 기운이 넘치는, 활발한, 극성스러운(↔mou, nonchalant).
pétun [petœ̃] *n.m.* 《옛》담배(tabac).
pétuner [petyne] *v.i.* 《옛》담배를 피우다.
pétunia [petynja] *n.m.* 《식물》페튜니아, 애기담배풀.
pétunsé [petœ̃se], **pétunzé** [petœ̃ze] *n.m.* 《옛》백돈자(白墩子), 백도토(白陶土)《중국에서 나는 제도용(製陶用) 흙》.

:**peu** [pφ] *ad.* ① 조금, 조금밖에 ; 별로(거의)…않다. ⓐ《동사와 함께》Elle mange~. 그녀는 조금밖에 먹지 않는다. Je connais ~ Paris. 나는 파리를 거의 모른다. Ce livre m'a ~ coûté. 이 책은 아주 싼 값이었다. P~ importe! 상관없어. ⓑ《형용사·부사와 함께》étang ~ profond 얕은 연못. ~ nombreux 소수의. Il n'est pas ~ fier de son fils. 그는 자식을 무척 자랑스러워한다. Je sors assez ~ souvent le soir. 나는 저녁에 거의 외출하지 않는다《※단음절어 앞에서는 *peu*대신 pas très를 사용함《※dessert *pas très* bon 별로 맛이 없는 디저트》. ⓒ[~ de+명사] J'ai ~ d'amis. 나는 친구가 별로 없다. P~ de gens sont venus. 사람들이 조금밖에 오지 않았다. avoir ~ d'importance 별로 중요하지 않다. en ~ de temps 잠깐 사이에. en ~ de mots 간단하게, 한 두 마디로. ②[un ~] ⓐ조금, 약간, 다소. Attendez *un* ~. 잠깐만 기다려주세요. Il est *un* (tout) petit ~ nerveux. 그는 약간 신경질적이다. Mange *un* ~ plus. 조금 더 먹게. *Un* ~ plus... (et) 조금만 더 잘했더라면, 간발의 차이로. *Un* ~ plus, et il battait(battrait) le record. 조금만 더 잘했더라면 기록을 깰 뻔했다. ⓑ[un ~ de+명사] 소량의 ~, 약간의 ~《※〈~〉는 quelques). Voulez-vous *un* ~ *de* sucre? 설탕 좀 드릴까요? *Un* ~ de silence, les enfants! 애들아, 좀 조용히 해요. ⓒ《구어》좀, 조금; 잠깐《말투 따위의 완화용법》. Venez ici *un* ~, que je vous parle. 이리 좀 와 시오, 당신에게 이야기가 있어요. ⓓ너무(나); 물론 (반어적으로 강조해서). C'est *un* ~ fort! 그건 너무 심한데! Tu en es sûr?—*Un* ~! 확실한가? 물론! *Un* ~, mon neveu! 《속어》물론이지 《mon neveu 는 *peu* 와 운을 맞추는 것으로 별 뜻은 없다》.
—*pron.ind.* ① 약간의 것; 조금, 약소함. J'ai perdu le ~ que j'avais gagné. 내가 한 번 벌어 되는 돈을 잃었다. vivre de ~ 검소한 생활을 하다. Excusez du ~. 《가끔 반어적》약소하지만. Il aura bientôt un million de francs, excusez du ~. 그는 얼마 있으면 백만 프랑이 생긴데, 약소하지만. homme de ~ 《옛》신분이 낮은 사람; 평범한 사람. ② 극히 소수의 사람들. P~ sont heureux dans ce pays. 이 나라에는 행복한 사람이 얼마 없다. Il en est ~ qui puissent le faire. 그것을 할 수 있는 사람은 극히 적다. ③[전치사와 함께] 잠시, 짧은 시간. avant(sous, 《옛》dans) ~ 잠시 후에, 곧, 얼마 있으면(avant qu'il soit ~). d'ici ~, 얼마 후에. depuis ~; il y a ~ 최근에. ~ après 잠시 후.
④[~ de+명사] 약간의…. Le ~ *de* temps qui me reste ne suffira pas pour achever ce roman. 내게 남은 약간의 시간으로 이 소설을 끝낼 수 없다. Son ~ *de* talent m'a déçu. 그의 사소한 재능이 나를 실망시켰다.
REM le peu de+'복수명사'에 있어서 동사의 일치. (1) 「약간의 …」의 뜻일 때는 복수: *Le peu de biens qu'il avait lui permettaient de vivre en province.* 그가 가진 약간의 재산으로 그는 어떻게 든 시골에서 살 수 있었다. (2) 「적음의 뜻일 때는 peu에 일치해서 단수: *Le peu de lettres qu'il a reçu le décourage.* 그는 받은 편지가 적어서 실망하고 있다.
C'est ~ *de + inf.*(*que + sub.*) …만으로는 대단한 게 아니다. *C'est* ~ *d'avoir lu cet ouvrage, il faut le comprendre profondément.* 이 작품을 읽는 것만으로는 충분치 않고, 깊이 이해해야 한다.
C'est trop ~ *dire.* 그 말로는 충분치 않다. On a chaud; *c'est trop* ~ *dire:* on brûle. 더운 정도가 아니야, 타오르는 것 같다.
de ~ 약간의 차이로; 가까스로. Je l'ai manqué *de* ~. 나는 아깝게 그를 못만났다. éviter *de* ~ un danger. 가까스로 위험을 피하다.
être ~ *pour qn* …에게 있어서는 대단한 게 아니다.
Il s'en faut de ~ [P~ *s'en faut*] *que+sub.* 거의 ~이다; 자칫하면 …하다. P~ *s'en est fallu qu'il ne soit tué.* 그는 자칫하면 목숨을 잃을 뻔했다. 《que 이하를 생각해서》Il a fini son travail, ou ~ *s'en faut.* 그는 일을 끝냈다, 아니 끝낸것과 다름없다.
~ *à* ~ 조금씩, 차차. Le vent se calmait ~ *à* ~. 바람은 차차 가라앉고 있었다.
~ *de chose* 사소한 일(것), 대수롭지 않은 일(것). compter pour ~ *de chose* 하찮게 여기다. à ~ *de chose* près 대강(近 ~ près). Ne vous en faites pas pour si ~ (*de chose*). 그런 일을 가지고 마음쓰지 마시오.
~ *ou prou* 《문어》다소간에.
pour ~ *que+sub.* 약간이라도 …하면, …하기만 하면. *Pour* ~ *que* vous ayez lu le journal, vous devez savoir que le dollar a baissé. 신문을 조금만 읽었더라도 달러 시세가 떨어진 것을 알텐데요.
pour un ~ 자칫하면. *Pour un* ~, je tombais dans l'eau. 자칫하면 물에 빠질 뻔했다.
quelque ~ 《문어》약간, 조금(un ~). Il est *quelque* ~ bizarre. 그는 약간 이상하다.
si ~ *que+sub.* 아무리 사소한 …이라도. *Si* ~ *qu'il pleuve,* cette route sera boueuse. 비가 조금이라도 오면 이 길은 진흙탕이 된다.
si ~ (*que rien*) 아주 조금.
très ~ *pour moi* 《구어》거절하겠소, 천만의 말씀. Parler en public, *très* ~ *pour moi.* 대중 앞에서 말을 하라구요, 천만의 말씀이오.
un goût de trop ~ 《구어》(양적으로)부족한 느낌. Le dîner m'a laissé *un goût de trop* ~. 저녁은 내게 부족한 느낌이 있다.
un ~ *beaucoup; un* ~ *bien* ⇨**beaucoup**.
un ~ *partout* 사방에, 여기저기에.
(*un*) *tant soit* ~ 얼마간, 잠깐. Attendez *tant soit* ~, s'il vous plaît. 잠시 기다리시오. Il est *un tant soit* ~ excentrique. 그는 약간 괴짜이다.

peucédan [pφsedɑ̃], **peucedanum** [pφsedanɔm] *n.m.* 《식물》기름나물속(屬).
peuchère [pφʃɛ:r] *int.* =**pécaire**.
peuh [pφ] *int.* 흥, 피이, 체《무관심·경멸·의심 따위를 나타냄》.
peulven [pœlvɛn] *n.m.* 《드물게》선돌(menhir).

peuplade [pœplad] *n.f.* 토민, 토민사회, 미개인종의 집단(사회); 《옛》(어느 지방으로의)이민; 《옛》 식민(peuplement).

‡**peuple**[1] [pœpl] *n.m.* ① 민족; 국민(nation); (국가에 대한)인민; (군주에 대한)백성. droits des ~s à disposer d'eux-mêmes 민족자결권. ~ de Dieu 신의 선민《유태인, 헤브라이인을 의미》. ~ français 프랑스 국민. souveraineté du ~ 주권재민. gouvernement du ~, par le ~ et pour le ~ 인민의, 인민에 의한, 인민을 위한 정부. ② 대중, 민중, 서민, 하층계급. homme(femme) du ~ 서민. gens du ~ 일반대중, 하층민. sortir(être) du ~ 서민출신이다. petit(menu, bas) ~ 하층민. ③ ⓐ 《옛》군중(foule); 《옛》관중. Il y avait du ~ à la manifestation. 데모는 대단한 인원이었다. 《이러한 용법은 현재도 사용》. ⓑ 사람(gens). se moquer (se ficher) du ~ 남을 바보 취급하다. ④ 《옛》주민, 시민. ~ d'Athènes 아테네 시민.
ce qu'un vain ~ pense 《구어》하찮은 대중이 생각하는 것; 속설(俗說).
un ~ de 《문어》수많은···. *un ~ d'adorateurs* 참미자들의 무리. *un ~ d'oiseaux* 새떼.
—*a.* (불변) ① 대중적인, 서민적인(populaire). ② 《구어》조잡하다, 천하다. avoir l'air ~ 천해 보이다. expression ~ 야비한 표현.

REM peuple 은 어떤 정체·영토에 집단적으로 거주하는 사람들을 지칭하나 인민적 정치적 권리를 지닌 국민이라는 뜻으로는 nation 과 같은 뜻. **nation** 은 민족이 역사적으로 만들어낸 언어와 습관이 같은 집단이라는 뜻. **race** 는 인종, 종족, 혈족의 뜻.

peuple[2] *n.m.* 《옛》=**peuplier**.
peuplé(e) [pœple] *a.p.* 사람이 사는. île ~e 사람이 사는 섬. ville extrêmement ~e 인구 과밀 도시.
peuplement [pœpləmɑ̃] *n.m.* ① 식민; (출생률 증가 따위에 의한)인구 증가. colonie de ~ 식민지. ② (어느 장소에)동·식물을 증식시키기; 이식, 식림. ~ d'une forêt 숲의 조림. ③ 인구증감 상황; 《생물》 동(식)물상.

***peupler** [pœple] *v.t.* ① (어떤 지역에)사람(동물)을 살게 하다(정착시키다); 번식시키다, 이식하다. ~ une région déserte 무인 지대에 사람을 살게 하다. ~ un étang 연못에 물고기를 키우다. ~ un bois 식목(조림)하다. ~ un bois de gibier 숲에 사냥감(동물)을 정착시켜 번식시키다. ② (에)이민하다, 식민하다, 정착하다. ~ une région 지방에 식민하다. hommes qui *ont peuplé* la région 그 지역에 이민(정착)한 사람들. ③ 《문어》채우다, 가득차게 하다. Des regrets amers *ont peuplé* mon cœur. 괴로운 회한이 내 가슴을 가득 채웠다.
—*v.i.* 번식하다, 증가하다. Il n'y a point d'animaux qui *peuplent* tant que les lapins. 토끼만큼 많이 번식하는 동물은 없다.
—**se ~** *v.pr.* 주민(사람)으로 가득차다, 주민(인구)이 붙어나다.

peupleraie [pøplərɛ] *n.f.* 포플라 숲(가로수).
***peuplier** [pøpli(j)e] *n.m.* 《식물》포플라. ~ blanc (de Hollande) 은백양. ~ d'Italie (pyramidal) 양버들. ~ noir 흑양.

‡**peur** [pœːr] *n.f.* ① (위험·위협에 대한)공포, 두려움. ~ de la mort 죽음의 공포. ~ de mourir 죽는 공포. être paralysé par la ~ 공포로 마비되다. être blanc(vert) de ~ 공포로 창백해지다. avoir une ~ bleue 전전긍긍하다. Grande P~ 《역사》(프랑스 혁명 초기의)대공황(상태).
② 근심, 불안, 걱정.
à faire ~ 무서우리만큼. laid *à faire ~* 몸서리치질 정도로 못생기다. *avoir ~* 두려워하다, 겁내다; 걱정하다. N'ayez pas ~. 걱정 마시오. *avoir ~ pour qn* ···을 위해 신경을 쓰다. ~ 몹시 걱정하다, 전전긍긍하다. *avoir grand-~*《[[]]grand-~》; *avoir très ~* 몹시 걱정하다, 전전긍긍하다.
avoir ~ de + 명사(*inf.*); *avoir ~ que* (*ne*) + *sub.* ···을 겁내다, 무서워하다. Elle *a ~ du* chien. 그녀는 개를 무서워한다. *J'ai ~ d'arriver en retard.* 나는 늦게 도착할까 걱정한다. *J'ai ~ qu'il* (*ne*) *se mette à pleuvoir.* 비가 오기 시작할까봐 걱정이다.
avoir plus de ~ que de mal 겁내고 있었는데 일이 쉽사리 되다(en être quitte pour la ~).
de(*par*) ~ *de* + *qc*(*inf.*); *de*(*par*) ~ *que* (*ne*) + *sub.* ···을 두려워하여, 걱정하여. Il n'est pas venu plus tôt, *de ~ de* vous déranger. 그는 당신을 방해할까 걱정이 되어 더 일찍 오지 않았다. *J'ai pris un imperméable de ~ qu'il ne pleuve.* 나는 비가 올까봐 레인코트를 가지고 갔다.
faire ~ à qn ···을 무섭게(겁나게) 하다; ···을 맥빠지게 하다. Ne *faites* pas ~ *aux* enfants. 어린애들에게 겁을 주지 마시오.
faire plus de ~ que de mal 겉보기보다 안 무섭다.
mourir de ~ 몹시 무서워하다.
prendre ~ 섬뜩하다, 가슴이 서늘해지다.
sans ~ 두려움 없이.

peureusement [pœrøzmɑ̃] *ad.* 겁이 나서; 두려운 듯이; 소심하게.
***peureux(se)** [pœrø, -øːz] *a.* 겁많은, 소심한, 결단력 없는 (↔audacieux, brave, courageux). enfant ~ 겁많은 아이. —*n.* 겁많은(소심한) 사람.

peut [pø] ⇨**pouvoir**.
peut-être [pøtɛtr] *ad.* ① 아마, 어쩌면(↔assurément, forcément)《문장 앞에 놓이면, 대개의 경우 주어·동사의 도치》. Il viendra ~ demain. 그는 어쩌면 내일 올 것이다. *P~ a-t-il oublié le rendez-vous.* 아마도 그는 약속을 잊은 것 같다. Vous n'attendez ~ pas que··· 《구어》···라고는 설마 생각지 않으시겠죠. ② [*P~ que* + *ind./sub.*] 아마 ···일 것이다. *P~ qu'il s'est trompé de route.* 아마 그가 길을 잘못 안 모양이다.
③ 《문장 끝에서 간투사적 용법으로 반항·도전의 뜻》암, 그렇다마다, 물론(sans doute). J'ai bien le droit d'y aller, ~! 나도 틀림없이 그곳에 갈 권리가 있을걸요. Il n'est ~ pas très intelligent, mais il est consciencieux. 그는 틀림없이 영리하지는 못할 것이나, 그러나 그는 성실하다.
~ bien 아마(···일 것이다). *P~ bien que oui*, *~ bien que non.* 그렇기도 하고 그렇지 않기도 하다(얼버무리는 표현). *~ ... mais...* ···일지도 모르지만 그러나 (sans doute ... mais).
—*n.m.* 《문어》있을 수 있는 일, 불확실한 일. Il n'y a pas de ~. 일은 명백하다, 의심할 일이 아니다.

peux [pø] ⇨**pouvoir**.
p. ex. 《약자》par exemple 예를 들면.
peyotl [pɛjɔtl] *n.m.* 《식물》(멕시코산의)선인장의 일종.
pèze [pɛːz] *n.m.* = **pèse**.
pézize [peziːz] *n.f.* 《식물》식용 버섯의 일종.
P.F. 《약자》pour féliciter 축하하기 위하여.
P.F.A.T. 《약자》personnel féminin de l'armée de terre 《군사》육군 부인요원.
pfennig [pfeniɡ] 《독일》 *n.m.* 독일의 동전(1/100 마르크).
pff(t) [pf(t)], **pfut** [pfyt] *int.* 쳇, 흥《경멸·무관심》.
P.F.S.A. 《약자》pour faire ses adieux 작별인사차.
P.F.V. 《약자》pour faire visite 인사차.
P.G. 《약자》prisonnier de guerre 포로.
p.g. 《약자》① pour garder 《전보》유치(留置)전

보. ② paralysie générale 《의학》 진행마비.
p.g.c.d. 《약자》 plus grand commun diviseur 《수학》 최대공약수.
p.g.r. 《약자》 pour garder recommandée 《우편》 등기유치우편.
pH 《약자》 potentiel d'Hydrogène 《화학》 수소이온
ph 《물리》 phot 의 기호. ∟지수(指數)
phacochère [fakɔʃɛːr] n.m. 《동물》 (아프리카산의) 멧돼지의 일종.
phacomètre [fakɔmɛtr] n.m. 《광학》 렌즈미터(안경 렌즈의 초점거리를 측정하는 기기).
Phaéton [faet5] n.pr.m. 《그리스신화》 파에톤(태양신의 아들). —**p~** n.m. ① (포장이 없는)4 인승 마차; (구식의) 2-4 인승 오픈카. ②《옛》《농담》《마차·수레의》마부.
phage [faːʒ] n.m. 《생물》(박테리오)파지.
phagédénique [faʒedenik] a. chancre (ulcère) ~ 《의학》 침식성 궤양.
phagédénisme [faʒedenism] n.m. 《의학》 침식성 궤양.

phaéton ①

phag(o)- préf., **-phage, -phagie, -phagique** suff. 「먹다」의 뜻.
phagocytaire [fagɔsitɛːr] a. 《생물》 식세포의; 식세포에 의한.
phagocyte [fagɔsit] n.m. 《생물》 식세포.
phagocyter [fagɔsite] v.t. 《생물》 식세포 활동에 의해서 흡수[파괴]하다; (비유적) (식균작용처럼) 흡수하다. Le parti communiste a phagocyté M. X. 공산당은 (탐욕스럽게) X 씨를 흡수했다.
phagocytose [fagɔsitoːz] n.f. 《생리》 식세포 활동, 식균(食菌)작용; (비유적) 흡수, 파괴.
phalange [falãːʒ] n.f. 《고대그리스》《창·검으로 무장한》 보병 밀집부대, 방진. 《문어》 일반적으로) 군대. ~s célestes 《시》 천사의 군대, 천군. ③ 《문어》 결사. la P~ 팔랑헤 당 (에스파냐의 프랑코 체제하의 유일 정당, 전신은 파시스트 결사). ④ 《해부》 지골(指骨); 지절(指節); 《속어》 손.
phalanger [falãʒe] n.m. 《동물》 (오스트레일리아산의) 주머니쥐의 일종.
phalangette [falãʒɛt] n.f. 《해부》 제 3 지골.
phalangien(ne) [falãʒjɛ̃, -ɛn] a. 《해부》 지골의.
phalangine [falãʒin] n.f. 《해부》 제 2 지골.
phalangiste [falãʒist] n. (에스파냐의) 팔랑헤 당원. —a. parti — 팔랑헤 당.
phalanstère [falãstɛːr] n.m. (프랑스 사회주의자 Fourier(1772-1837)가 주창한) 사회주의적 공동생활체; 그 건물, 집단주택.
phalanstérien(ne) [falãsterjɛ̃, -ɛn] n. 무리에 공동생활 단체원; 무리에주의자. —a. 무리에의 공동생활 단체의 (에 관한).
phalaris [falaris] n.m., **phalaride** [falarid] n.f. 《식물》 갈풀, 뱀풀.
phalène [falɛn] n.f.[m.] 《곤충》 자벌레나방.
phalère [falɛːr] n.f. 《곤충》 장미하늘나방.
phalères [falɛːr] n.f.pl. 《고대로마》 (금속제의 둥근) 훈장.
phalline [fa(l)lin] n.f. 《화학》 팔린 (독버섯의 유독성분).
phallique [fa(l)lik] a. ① 음경(陰莖)의, 남근의; 남근(男根) 숭배의. symbole ~ 남근상. ② 《심리·생리》 남근의. stade ~ 남근기 (항문기 다음의 발달과정). —n.f.pl. 《고대그리스·로마》 디오니소스(바커스)제.
phallisme [fa(l)lism] n.m. 남근 숭배.

phallocentrisme [fa(l)lɔsɑ̃trism] n.m. 남근중심주의, 남성우위론.
phallocrate [fa(l)lɔkrat] n.m. 남성우위주의자(《약자》 phallo).
phallocratie [fa(l)lɔkrasi] n.f. 남성우월주의.
phalloïde [fa(l)lɔid] a. ① 음경 모양의. ② amanite ~ 《식물》 알광대버섯.
phallus [fa(l)lys] n.m. 음경, 남근; 《고대》 양물상(陽物像), 남근상; 《식물》 버섯의 일종.
phanariote [fanarjɔt] a. 《지리》 파나르(Phanar, 이스탄불의 그리스어 거리)의; 파나르 주민의. —**P~** n. 파나르 사람.
-phane, -phanie suff. 「…의 모습으로 드러나는」의 뜻〈예 : diaphane 반투명의).
phanère [fanɛːr] n.m. 《생물》 (총칭) 표피성 물질 (털·깃·비늘·발톱·손톱·이 따위).
phanérogame [fanerɔgam] 《식물》 a. 꽃식물의. —n.f. 꽃식물; (pl.) 꽃식물류.
phantasme [fɑ̃tasm] n.m. = fantasme.
pharamineu·x(se) [faraminø, -øːz] a. = faramineux.
pharaon [faraɔ̃] n.m. ① 고대 이집트 왕의 칭호. ② 카드놀이의 일종.
pharaonien(ne) [faraɔnjɛ̃, -ɛn], **pharaonique** [faraɔnik] a. 고대이집트 왕의; 파라오시대의.
***phare** [faːr] n.m. ① 등대; 등불. à éclipse 명멸등대. à feu tournant 회전등대. ~ flottant 등대(燈船). (자동차 따위의) 헤드라이트; 신호등; 항공표지. ~ hertzien 라디오비컨, 무선표지(소). ③ 길잡이가 되는 사람(것). ~ de l'avant 《해양》 앞돛. ⑤ (일종의 접미사로서 사용) match-~ de la journée 오늘의 경기. livre-~ de la jeune génération 젊은이의 필독서.
pharillon [farijɔ̃] n.m. 집어등(集魚燈).
pharisaïque [farizaik] a. 바리새인 같은, 위선적인, 형식적인. orgueil ~ 위선적인 교만.
pharisaïquement [farizaikmɑ̃] ad. 바리새인처럼, 위선적으로, 형식적으로.
pharisaïsme [farizaism] n.m. 바리새인의 기질; 위선 (hypocrisie); 형식주의; 신앙(미덕)의 과시.
pharisien(ne) [farizjɛ̃, -ɛn] n. ① 바리새인; 위선자 (hypocrite), 형식주의자. ② 유아독존의 독단가. —a. 바리새인적인. pitié — 바리새인적인 믿음(형식적·위선적인 믿음의 자세).
pharmaceutique [farmasøtik] a. 조제에 관한; 약물에 의한. —n.f. 《옛》 조제학, 제약학(pharmacologie).
***pharmacie** [farmasi] n.f. ① 약학. ~ galénique 생약학. préparateur en — 약제사. ② 약국, 약방. ~ de garde (휴일·야간에 여는) 구급약국. ③ (병원 따위의)약국, 조제실. ④ (집합적) 약품류, armoire à[de] — 약상자. acheter de la — 약품을 사다. ~ 약상자. ~ portative 구급상자.
***pharmacien(ne)** [farmasjɛ̃, -ɛn] n. 약사, 약제사. ordre des ~s 약제사 사회. ~ assistant; aide de — 조제사. —n.f. 《구어》약제사의 아내.
pharmaco- préf. 「약」의 뜻.
pharmacodynamie [farmakɔdinami] n.f. 약력학(藥力學).
pharmacodynamique [farmakɔdinamik] a. 약력학의, 약효, 약력(藥力)의; 약효학의.
pharmacognosie [farmakɔgnozi] n.f. 생약학.
pharmacologie [farmakɔlɔʒi] n.f. 약리[약물]학.
pharmacologique [farmakɔlɔʒik] a. 약리학의, 약리학적인, 약리학상의.
pharmacologiste [farmakɔlɔʒist], **pharmacologue** [farmakɔlɔg] n. 약리학자.

pharmacopée [farmakɔpe] *n.f.* 약전(藥典), 약국 방(方); 약제 일람표; 《집합적》약제. 「법.
pharmacothérapie [farmakoterapi] *n.f.* 약물요
pharyngal(ale, *pl.* **aux**) [farɛ̃gal, -o] *a.* 《언어》 인두음(咽頭音)의. —*n.f.* 《언어》 인두음.
pharyngé(e) [farɛ̃ʒe] *a.* 《생리》 인두(咽頭)의.
pharyngien(ne) [farɛ̃ʒjɛ̃, -ɛn] *a.* 《해부》 인두의.
pharyngite [farɛ̃ʒit] *n.f.* 《의학》 인두염(咽頭炎).
pharyngo-laryngite [farɛ̃goları̃ʒit] *n.f.* 《의학》 인후염(咽喉炎), 인두후두염(咽頭喉頭炎).
pharyngoscope [farɛ̃gɔskɔp] *n.m.* 《의학》 인두 검사경.
pharyngoscopie [farɛ̃gɔskɔpi] *n.f.* 《의학》 인두 검사법.
pharyngotomie [farɛ̃gotomi] *n.f.* 《외과》 인두 절개(수술).
pharynx [farɛ̃ks] *n.m.* 《해부》 인두.
phascolome [faskɔlom] *n.m.* 《동물》 주머니 곰(오스트레일리아 산의 유대(有袋)동물).
*****phase** [fa:z] *n.f.* ① ⓐ《천문》 상(相), 위상; 《물리·전기》(교류의)상. ~ de la lune 월상(月相). angle de ~ 위상각(位相角). courant de ~ 상전류 (相電流). hors de ~ 위상 밖. ⓑ《화학》 상. ~ gazeuse 기상(氣相). trois ~s de l'eau 물의 3가지 상(相)(얼음·물·수증기). ② (변화·발달의)단계; 양상, 과정, 시기 (période, stade). ~s d'une maladie 병의 진행 과정. diverses ~s de fabrication d'un livre 책 제조의 여러 과정.
phasemètre [fazmɛtr] *n.m.* 《전기》 위상계(計).
phaséole [fazeɔl] *n.f.* 《식물》 제비콩 (faséole).
phasianidés [fazjanide] *n.m.pl.* 《조류》 꿩과(科).
phasme [fasm] *n.m.* 《곤충》 대벌레.
phasmidés [fasmide] *n.m.pl.* 《곤충》 대벌레과 (科).
phatique [fatik] *a.* 《언어》 말을 거는 (기능)의.
Phébé [febe] *n.pr.f.* 《그리스신화》 달의 여신(달의 여신으로서 *Artemis* 의 호칭).
Phébus [febys] *n.pr.m.* 《그리스신화》 포이부스(태양신으로서 *Apollon* 의 호칭). —**P**~ *n.m.* ① 《옛》 난해하고 과장된 말. parler ~ 난해하고 과장된 말을 하다 (donner dans le ~). ② 난해하고 과장된 말을 하는 사람.
Phèdre[1] [fɛdr] *n.pr.m.* 《로마문학》 파이드로스(*Julius Phædrus*) (로마의 우화 작가).
Phèdre[2] *n.pr.f.* 《그리스신화》 파이드라 (*Thésée* 의 아내, 의붓아들을 사랑하다 자살).
phelloderme [fe(ɛl)lodɛrm] *n.m.* 《식물》 코르크 피층(皮層).
phellogène [fe(ɛl)lɔʒɛn] *a.* 《식물》 코르크를 형성하는.
Phémie [femi] *n.pr.f.* Euphémie 의 애칭.
phénacétine [fenasetin] *n.f.* 《약》 페나세틴(해열 진통제).
phénakistiscope [fenakistiskɔp], **phénakisticope** [fenakistikɔp] *n.m.* 《옛》 파나키스티스코프(한개의 원반에는 새를, 다른 원반에는 새장을 그려서 이것을 회전시키면 새가 새장 속에 있는 듯이 보이게 하는 장난감).
phénanthrène [fenãtrɛn] *n.m.* 《화학》 페난트렌.
phénate [fenat] *n.m.* =**phénolate**.
phène [fɛn] *n.m.* 《화학》 벤젠(의 부산물).
phénétidine [fenetidin] *n.f.* 《화학》 페네티딘(해 열제로 사용).
phénétole [fenetɔl] *n.m.* 《화학》 페네톨(냄새가 강한 무색 액체).
Phénicie [fenisi] *n.pr.f.* 《고대지리》 페니키아.
phénicien(ne) [fenisjɛ̃, -ɛn] *a.* 《고대지리》 페니 키아 (*la Phénicie*)의. —**P**~ *n.* 페니키아 사람.
—*n.m.* 페니키아어.
phénicoptère [fenikɔptɛːr] *n.m.* =**flamant**.
phénique [fenik] *a.* acide ~ 《화학》 석탄산(*phénol* 의 옛 명칭).
phéniqué(e) [fenike] *a.* 《화학》 석탄산을 함유한.
phénix [feniks] *n.m.* ①《신화》 불사조; 제 1 인자, 희대의 인물. ②《조류》(일본산의)긴꼬리닭. ③ 《식물》 ≠ phœnix.
phénobarbital [fenobarbital] *n.m.* 《약》 페노바르 비탈(수면제).
phénocopie [fenokɔpi] *n.f.* 《생물》 개별적응성(동물 따위가 기후·풍토에 유전성 없이 습득).
phénocristal [fenokristal] *n.m.* 《지질》 (화산암에 함유되)대형 크리스탈.
phénol [fenɔl] *n.m.* 《화학》 페놀, 석탄산(酸).
phénolate [fenɔlat] *n.m.* 《화학》 페놀염(塩).
phénolique [fenolik] *a.* 《화학》 페놀의, 페놀을(함 유한.
phénologie [fenolɔʒi] *n.f.* 생물 계절학, 화력학(花 曆學) (기후와 생물의 관계를 연구).
phénolphtaléine [fenolftalein] *n.f.* 《화학》 페놀 프탈레인 (알칼리성 하게).
phénoménal(ale, *pl.* **aux**) [fenomenal, -o] *a.* ① 현상의; 현상으로 나타난; 지각할 수 있는. ②《구어》놀라운, 이상(비상)한, 특이한 (étonnant, extraordinaire); 거창한; 해괴한 (monstrueux).
phénoménalement [fenomenalmɑ̃] *ad.* ① 현상적으로, 현상으로서. ②《구어》놀라우리만큼, 굉장하게.
phénoménalisme [fenomenalism] *n.m.* 《철학》 현상주의, 현상론.
phénoménaliste [fenomenalist] *n.* 《철학》 현상주의자. —*a.* 《철학》 현상주의의.
phénoménalité [fenomenalite] *n.f.* 《철학》 현상성 (現象性).
*****phénomène** [fenomɛn] *n.m.* ① 현상, 사상(事象); 자연 현상. ~s physiques 물리적 현상. ②《철학》 (칸트가 말하는)현상 (↔noumène). ③ 이상한 일 〔사건〕. C'est un ~ de vous voir ici. 당신을 여기서 뵙다니 이상하군요. ④ 비범한 사람, 귀재; 괴짜 (original). jeune ~ 신동. ⑤ 구경거리 인간(동물) (무대에 세우는 거인·난장이·진귀한 동물).
phénoménisme [fenomenism] *n.m.* 《철학》 현상론, 현상주의.
phénoméniste [fenomenist] *n.* =**phénoménaliste**.
phénoménologie [fenomenolɔʒi] *n.f.* 《철학》 현상학(現象學).
phénoménologique [fenomenolɔʒik] *a.* 《철학》 현상학적인. 「학자.
phénoménologue [fenomenolog] *n.* 《철학》 현상
phénoplaste [fenoplast] *n.m.* 《화학》 페놀수지 (베이클라이트 따위).
phénotype [fenotip] *n.m.* 《심리》 현상형; 《생물》 표현형.
phényl- *préf.* 「페닐(기)를 함유하는」의 뜻.
phénylacétique [fenilasetik] *a.* acide ~ 《화학》 페놀 초산.
phénylamine [fenilamin] *n.f.* 《화학》 (단백질에 함유된)기본 아미노산의 하나.
phénylbutazone [fenilbytazon] *n.f.* 《약》 소염 진통제.
phényle [fenil] *n.m.* 《화학》 페닐.
phénylène [fenilɛn] *n.m.* 《화학》 페닐렌.
phénylique [fenilik] *a.* éthers ~s 《화학》 페닐 에 테르.
phéophycées [feofise] *n.f.pl.* 《식물》 갈조류(類).
phérécratéen [ferekrateɛ̃], **phérécratien** [fe-

rekrasjē] *a.m., n.m.* (vers) ~ 〖운율〗페레크라테스(*Phérécrate*, 기원전 5세기 후반의 그리스 희곡시인)조의 운율.

phi [fi] *n.m.* 그리스 자모의 제 21 자 (Φ, φ).

phil- *préf.* 「벗, 사랑하는」의 뜻.

phéro-hormone [ferɔɔrmɔn] *n.f.* 〖생물〗페로몬 (동물에 따라 외계에 분비되는 물질; 다른 개체에 영향을 줌).

philadelphien(ne) [filadɛlfjɛ̃, -ɛn] *a.* 필라델피아 (*Philadelphie*, 미국의 도시)의. **—P~** *n.* 필라델피아 사람.

philanthe [filɑ̃:t] *n.m.* 〖곤충〗벌의 일종.

philanthrope [filɑ̃trɔp] *n.* 박애주의자; 자선가 (↔misanthrope, égoïste).

philanthropique [filɑ̃trɔpik] *n.f.* 박애(주의)의, 자선; 무사(無私)(désintéressement).

philanthropique [filɑ̃trɔpik] *a.* 박애(주의)의, 자선의. société ~ 박애협회.

philanthropisme [filɑ̃trɔpism] *n.m.* 박애주의.

philatélie [filateli] *n.f.*, **philatélisme** [filatelism] *n.m.* 우표 수집, 우표 연구.

philatélique [filatelik] *a.* 우표 연구[수집]의.

philatéliste [filatelist] *n.* 우표 수집가.

—*a.* 우표 수집의.

-phile, -philie *suff.* 「좋아하는 (사람)」의 뜻으로 명사·형용사를 만든다(예: francophile 프랑스를 좋아하는 (사람). coton hydrophile 탈지면).

Philémon [filemɔ̃] *n.pr.m.* ① 〖그리스신화〗필레몬. comme ~ et Baucis 늙은 부부가 아주 사이좋게. ② 필레몬(1세기의 성인). Épître à ~ 〖성서〗필레몬의 편지(성 바오로가 필레몬에게 보낸 편지).

philharmonie [filarmɔni] *n.f.* ① 〖옛〗음악 애호. ② 음악동호회(société philharmonique).

philharmonique [filarmɔnik] *a.* ① 〖옛〗음악을 좋아하는. ② orchestre ~ 필하모닉 오케스트라.
—*n.f.* 호악협회, 음악동호회(société ~).

philhellène [file(ɛl)lɛn] *n.* 〖역사〗(19세기 초의)그리스 독립 지원자; 그리스를 좋아하는 사람.
—*a.* 그리스 독립 지원의; 그리스를 좋아하는. comités ~s 그리스 독립 지원위원회.

philhellénisme [file(ɛl)lenism] *n.m.* ① 그리스 독립운동 지원(의) 풍조. ② 그리스를 좋아함.

philibeg [filibeg] *n.m.* = kilt.

philippien(ne) [filipjɛ̃, -ɛn] *a.* 〖고대지리〗필립(*Philippes*, 마케도니아의 도시)의. **—P~** *n.* 필립 사람. Épître au P~s 〖성서〗(성 바오로의)필립인에게 보낸 편지.

philippin(e¹) [filipɛ̃, -in] *a.* 필리핀(*les Philippines*) 군도의; 필리핀의. **—P~** *n.* 필리핀 사람.

philippine² [filipin] 〖독일〗*n.f.* 일종의 놀이(쌍동이 아몬드를 남녀가 하나씩 가지고 다음에 만났을 때 «Bonjour, Philippine»라고 먼저 말한 사람이 승자가 되어 선물을 받는 놀이).
—*a.f.* amandes ~s 쌍동이 아몬드.

philippique [filipik] *n.f.* ① (*P~*)데모스테네스의 필립왕 공격 연설. ② 〖문어〗격렬한 개인 공격.

philistin(e) [filistɛ̃, -in] *n.* 〖문어〗문예를 모르는 속인, 속물(béotien). **—P~s** *n.m.pl.* 〖고대〗펠리시데 사람.

philistinisme [filistinism] *n.m.* 몰취미, 속물 근성, 악취미; 범속성.

philo [filo] *n.f.* 〖학생속어〗철학(philosophie). élève de ~ 철학반 학생.

phil(o)- *préf.* 「친구」「사랑하다」의 뜻.

philocome [filɔkɔm] *a.* 〖드물게〗조발용의. huile ~ 헤어 오일.

Philoctète [filɔktɛt] *n.pr.m.* 〖그리스신화〗필록테테스.

philodendron [filɔdɛdrɔ̃] *n.m.* 〖식물〗(열대 아메리카산의)등나무의 일종.

philologie [filɔlɔʒi] *n.f.* 문헌학; 문헌 연구(문학 텍스트 연구; 사본이나 이본의 연구; 텍스트 교정; 역사 언어학).

philologique [filɔlɔʒik] *a.* 문헌학의.

philologiquement [filɔlɔʒikmɑ̃] *ad.* 문헌학적으로.

philologue [filɔlɔg] *n.* 문헌학자; 원전 연구가.

philomathique [filɔmatik] *a.* 〖옛〗학문을 애호하는. société ~ 학술진흥협회.

Philomèle [filɔmɛl] *n.pr.f.* 〖그리스신화〗필로멜레(*Pandion* 의 딸, 밤꾀꼬리로 변신된).
—p~ *n.f.* 〖시〗밤꾀꼬리.

philonthe [filɔ̃:t] *n.m.* 〖곤충〗좀반날개.

philosophailler [filɔzɔfaje] *v.i.* 〖구어〗철학을 한답시고 재다, 사이비 철학을 하다.

philosophal(e) [filɔzɔfal] *a.* ① 〖남성 복수 없음〗 〖옛〗연금술의. art ~ 연금술. ② pierre ~*e* (연금의, 현자석(化金石). ③ 〖옛〗금이 열리는 나무; 난제를 푸는 열쇠.

***philosophe** [filɔzɔf] *n.* ① 철학자. ~ idéaliste 관념론 철학자. ② (18세기 프랑스의)자유주의(계몽) 사상가. ③ 초탈한 사람, 철인(哲人). vivre en ~ 태연하게(세속에 초월해서) 살다. ④ 〖구어〗철학과 학생. ⑤ 〖옛〗연금술사; (고대의)현자.
—*a.* ① 달관한, 태연한; 〖구어〗태평한. Il est resté très ~ devant ces malheurs. 그는 이러한 불행 앞에 태연했다. ② 〖옛〗철학(자)적인.

philosopher [filɔzɔfe] *v.i.* ① 철학하다, 철리(哲理)를 탐구하다, 철학상의 문제를 사색하다. ~ sur la mort 죽음에 대해서 사색하다. ② 지나치게 세밀히 논하다; 무익한 논쟁을 하다; (복잡한)추리를 하다.

***philosophie** [filɔzɔfi] *n.f.* ① 철학, 사상(체계). ~ de Descartes 데카르트 철학. ~ orientale 동양 철학. ② (대학의)철학부(논리학·윤리학·형이상학·심리학으로 구성됨); (lycée 의)철학반(철학 baccalauréat 를 준비하는 최종학년)(〖학생속어〗 philo). faire de la ~ à la faculté de lettres 대학의 인문학부에서 철학을 공부하다. passer en ~ 철학반으로 올라가다. faire sa ~ 철학반에서 공부하다. ③ (18세기 프랑스의)계몽 사상, 자유사상. ④ 인생관, 도덕, 사고하는 방법. avoir une ~ pessimiste 비관적인 인생관을 갖고 있다. ⑤ 평정, 달관, 깨달음. accepter un malheur avec ~ 불행을 태연하게 받아들이다. ⑥ (정치·경제 따위의)기본적 개념, 기본 방침. ~ d'un projet financier 재정 계획의 기본 방침. ⑦(역사·시를 제외한)학문, 자연(인문) 과학; 연금술.

philosophique [filɔzɔfik] *a.* ① 철학적인, 철학의. école ~ 철학의 유파. ② (18세기 프랑스의 계몽적인)철학자의. ③ 달관한, 세속을 초월한 듯한. indifférence ~ 초연한 무관심의 태도. sourire ~ 깨달은 듯한 미소. ④ 〖옛〗연금술의.

philosophiquement [filɔzɔfikmɑ̃] *ad.* 철학적으로, 철학자답게; 초연하게, 냉정하게, 달관해서.

philosophisme [filɔzɔfism] *n.m.* 〖옛〗〖경멸〗 사이비 철학, 철학만능.

philotechnique [filɔtɛknik] *a.* 〖옛〗학예진흥의. société ~ 학예진흥협회.

philtre [filtr] *n.m.* 미약(媚藥).

phimosis [fimozis] *n.m.* 〖의학〗포경(包莖).

phlébite [flebit] *n.f.* 〖의학〗정맥염(靜脈炎).

phléb(o)- *préf.* 「정맥(靜脈)」의 뜻.

phlébographie [flebɔgrafi] *n.f.* 〖의학〗정맥 조영

(造影)법.
phlébologie [flebɔlɔʒi] *n.f.* 《의학》정맥학.
phléborragie [flebɔraʒi] *n.f.* 《의학》정맥 출혈.
phléboscérose [flebɔsklerɔːz] *n.f.* 정맥경화증.
phlébotome [flebɔtɔm] *n.m.* 《의학》사락도(刀).
phlébotomie [flebɔtɔmi] *n.f.* 《의학》사락(刺絡), 정맥 절개, 방혈(放血).
phlegmasie [flɛgmazi] *n.f.* 《옛》《의학》염증.
phlegmasique [flɛgmazik] *a.* 《옛》《의학》염증의.
phlegmon [flɛgmɔ̃] *n.m.* 《의학》급성 결체(結締) 조직염.
phlegmoneux(**se**) [flɛgmɔnφ, -φːz] *a.* 급성 결체 조직염의, 단독(丹毒)의.
phléole [fleɔl] *n.f.* 《식물》 =**fléole**.
phlogistique [flɔʒistik] *n.m.* 《화학》 연소(燃素), 염소(炎素)《산소 발견 전까지 가연성의 주요소로 생각된 원소》.
phlogopite [flɔgɔpit] *n.f.* 《광물》금(金)운모.
phlogose [flɔgoːz] *n.f.* 《의학》가벼운 염증.
phlox [flɔks] *n.m.* 《식물》플록스, 협죽초.
phlyctène [fliktɛn] *n.f.* 《의학》수포(水疱).
-**phobe**, -**phobie** *suff.* 「공포·두려움」의 뜻.
phobie [fɔbi] *n.f.* 《심리》공포증, 병적 공포.
phobique [fɔbik] *a.* 《심리》공포증의. —*n.* 《심리》공포증 환자.
phocéen(**ne**) [fɔseɛ̃, -ɛn] *a.* 《고대지리》 포세아에의(*Phocée*, 소아시아의 도시)의. cité -*ne* 마르세유. —P~ *n.* 포세아에 사람.
phocène [fɔsɛn] *n.m.* 《동물》돌고래.
phocidien(**ne**) [fɔsidjɛ̃, -ɛn] *a.* 포시다(*la Phocide*, 고대그리스의 국가)의. —P~ *n.* 포시다 사람.
phocomèle [fɔkɔmɛl] *a.*, *n.* 사지가 짤막한(동물) 《유전 변이》.
phœnix [feniks] *n.m.* 《식물》종려(나무)의 일종.
pholade [fɔlad] *n.f.* 《패류》갈매기조개 《바위에 구멍을 뚫고 사는 식용 조개》.
pholiote [fɔljɔt] *n.f.* 《식물》송이과(科) 버섯의 일종.
phon- *préf.*, -**phone** *suff.* 「소리·음」의 뜻.
phonateur(**trice**) [fɔnatœːr, -tris], **phonatoire** [fɔnatwaːr] *a.* 《생리》발성의, 발성을 돕는, 발성기관의. appareil ~ 발성기관.
phonation [fɔnasjɔ̃] *n.f.* 《생리·언어》발성, 발음(作用).
phonautographe [fɔnotɔgraf] *n.m.* 《옛》《유성기 발명 이전의》녹음기.
phone [fɔn] *n.m.* 《물리》폰《소리의 강도의 단위》.
phonématique [fɔnematik] *a.* 《언어》음소의.
phonème [fɔnɛm] *n.m.* ①《언어》음소(音素). ~ segmental 분절 음소. ②《의학》음성 환청.
phonémique [fɔnemik] *a.* 《언어》음소의, 음운의. —*n.f.* 《언어》음운론(phonologie).
phonéticien(**ne**) [fɔnetisjɛ̃, -ɛn] *n.* 음성학자.
phonétique [fɔnetik] *a.* 《언어》음의, 발음의, 음성상의. aspects ~*s* et graphiques de mot 단어의 음성적·표기적 양상. évolution ~ 음성변화. transcription ~ 음성 표기법, 표음전사(법).
—*n.f.* 음성학. ~ générale 일반음성학, 음성학 개론. ~ acoustique 음향음성학. ~ normative 규범음성학(《옛》orthoépie). ~ fonctionnelle 기능음성학(phonologie).
phonétiquement [fɔnetikmɑ̃] *ad.* 음성학적으로.
phonétisme [fɔnetism] *n.m.* (1개 국어를 형성하는)음성 조직.
phonétiste [fɔnetist] *n.* =**phonéticien**.
phoniatrie [fɔnjatri] *n.f.* 《의학》음성병학.
phonie[1] [fɔni] *n.f.* 무선전화(통신).
phonie[2] *n.f.* 《드물게》발음, 음상(音相).

-**phonie** *suff.* 「소리·음」의 뜻.
phonique [fɔnik] *a.* 음성의; 소리의, 음향의; 음성공해의. Ils se plaignent du manque d'isolation ~ de leurs appartements. 그들은 아파트에 방음장치가 없냐고 불평한다.
phono [fɔno] *n.m.* 《구어》전축(phonographe).
phon(**o**)- *préf.* 「소리·음」의 뜻.
phonocardiogramme [fɔnɔkardjɔgram] *n.m.* 《의학》심음도(心音圖).
phonocardiographe [fɔnɔkardjɔgraf] *n.m.* 《의학》심음계.
phonocardiographie [fɔnɔkardjɔgrafi] *n.f.* 《의학》심음 묘사법.
phono-film [fɔnofilm] *n.m.* 발성 영화.
phonogénie [fɔnɔʒeni] *n.f.* (음성·악기의)녹음 적합성, 마이크에 적합함.
phonogénique [fɔnɔʒenik] *a.* (음성·악기 따위가)녹음하기에 적합한. voix peu ~ 마이크에 적합하지 않은 음성.
phonogramme [fɔnɔgram] *n.m.* ① 표음문자. ② (영화)사운드 트랙, 녹음판.
phonographe [fɔnɔgraf] *n.m.* 축음기. ~ mécanique(électrique) 전축. ~ portatif 휴대용 축음기.
phonographie [fɔnɔgrafi] *n.f.* ① 《언어》표음식 표기법. ② 녹음기술.
phonographique [fɔnɔgrafik] *a.* 축음기의, 녹음의. œuvres ~*s* 녹음 작품《디스크·테이프 따위》.
phonolit(**h**)**e** [fɔnɔlit] *n.f.* 《광물》향석(響石).
phonolit(**h**)**ique** [fɔnɔlitik] *a.* 《광물》향석의.
phonologie [fɔnɔlɔʒi] *n.f.* 《언어》음운론.
phonologique [fɔnɔlɔʒik] *a.* 음운론의.
phonologisation [fɔnɔlɔʒizasjɔ̃] *n.f.* 《언어》음운화.
phonologue [fɔnɔlɔg] *n.* 《언어》음운학자.1.음화.
phonomètre [fɔnɔmɛtr] *n.m.* 《물리》측음기(測音器), 포노미터.
phonométrie [fɔnɔmetri] *n.f.* 《물리》음도 측정, 측음(測音).
phonométrique [fɔnɔmetrik] *a.* 음도 측정의.
phonomimie [fɔnɔmimi] *n.f.* 독순술(讀脣術).
phonon [fɔnɔ̃] *n.m.* 《물리》포논, 음향양자.
phonostylistique [fɔnɔstilistik] *n.f.* 음성 문체론.
phonothèque [fɔnɔtɛk] *n.f.* (레코드·녹음 테이프 따위의)녹음자료 보관소(discothèque).
Phonphonse [fɔ̃fɔ̃ːs] *n.pr.m.* Alphonse의 애칭.
phoque [fɔk] *n.m.* 《동물》바다표범(의 가죽).
-**phore** *suff.* 「…을 갖는(것), …을 버티는(것)」의 뜻. *cf.* métaphore 은유.
phormion [fɔrmjɔ̃], **phormium** [fɔrmjɔm] *n.m.* 《식물》뉴질랜드산의 삼(麻).
phosgène [fɔsɡɛn] *n.m.* 《화학》포스겐(독가스).
phosphatage [fɔsfataːʒ] *n.m.* 《농업》인산(비료)의 시비.
phosphatase [fɔsfataːz] *n.f.* 《생화학》인산효소.
phosphate [fɔsfat] *n.m.* 《화학·농업》인산염(燐酸鹽). ~ de chaux 인산석회.
phosphaté(**e**) [fɔsfate] *a.* 《화학》인산염의.
phosphater [fɔsfate] *v.t.* 《농업》인산비료를 주다; 인산석회를 혼입하다. ~ une terre 땅에 인산비료를 주다.
phosphatier [fɔsfatje] *n.m.* 인광(燐鑛) 광부.
phosphaturie [fɔsfatyri] *n.f.* 《의학》인산(염)뇨(尿)증.
phosphène [fɔsfɛn] *n.m.* 《의학》(눈 속의)섬광; 광시증(光視症).
phosphine [fɔsfin] *n.f.* 《화학》① 인화(燐化)수소. ② (*pl.*)포스핀《인화수소의 수소원자를 탄화수소로 치환한 화합물의 총칭》.

phosphite [fɔsfit] *n.m.* 【화학】 아(亞) 인산염.
phosphore [fɔsfɔːr] *n.m.* ① 【화학】 인(燐). ② 《옛》발광물체, 형광체. yeux de ~ 《비유적》인광처럼 빛나는 눈.
phosphoré(e) [fɔsfɔre] *a.p.* 인의, 인을 함유한. hydrogène ~ 【화학】인화수소.
phosphorer [fɔsfɔre] *v.i.* 《구어》(육체노동에 대해) 머리를 쓰는 일을 하다; 깊이 생각하다.
phosphorescence [fɔsfɔresɑ̃ːs] *n.f.* 인광(燐光). luire par ~; entrer en ~ 인광을 발하다, 인처럼 빛나다.
phosphorescent(e) [fɔsfɔresɑ̃, -ɑ̃ːt] *a.* 인광을 발하는; 인처럼 빛나는. corps ~ 인광체.
phosphoreux(se) [fɔsfɔrø, -øːz] *a.* 【화학】 acides ~s 【화학】 아인산. bronze ~ 인청동(燐青銅).
phosphorique [fɔsfɔrik] *a.* 【화학】 인처럼 빛나는; 인을 바른. acides ~s 인산. anhydride ~ 무수 인산.
phosphorisation [fɔsfɔrizasjɔ̃] *n.f.* 【생리】(인체·동물 조직에 있어)인산칼슘 생성.
phosphoriser [fɔsfɔrize] *v.t.* 【화학】 인산염으로 만들다.
phosphorisme [fɔsfɔrism] *n.m.* 【의학】 인중독.
phosphorite [fɔsfɔrit] *n.f.* 【광물】 인회토(燐灰土), 인광(燐鑛).
phosphoroscope [fɔsfɔrɔskɔp] *n.m.* 인광계.
phosphure [fɔsfyːr] *n.m.* 【화학】 인화물(燐化物).
phosphuré(e) [fɔsfyre] *a.* 【화학】 인과 화합한, 인화물을 포함한.
phot [fɔt] *n.m.* 【사진】 포트《밝기의 단위》.
*****photo** [fɔto] *n.f.* 《구어》사진(photographie).
photo- *préf*, **-phote**, **-photie** *suff*. 「빛·사진」의 뜻.
photocalque [fɔtokalk] *n.m.* 청사진.
photocellule [fɔtosɛlyl] *n.f.* 【물리】 광전지(cellule photo-électrique).
photocéramique [fɔtoseramik] *a.* 《옛》도기(陶器) 사진의. —*n.f.* 《옛》도기 사진술《도기의 그림에 사진술을 이용》.
photochimie [fɔtoʃimi] *n.f.* 광화학(光化學).
photochimique [fɔtoʃimik] *a.* 광화학적인. gravure ~ 사진제판.
photochromie [fɔtokromi] *n.f.* 천연색《컬러》사진
photocollographie [fɔtokɔ(l)lɔgrafi] *n.f.* 【인쇄】 = phototypie.
photocomposeuse [fɔtokɔ̃pozøːz] *n.f.* 사진식자기, 사식기.
photocomposition [fɔtokɔ̃pozisjɔ̃] *n.f.* 【인쇄】 사진식자, 사식.
photoconducteur(trice) [fɔtokɔ̃dyktœːr, -tris] *a.* effet ~ 【물리】 빛 전도성.
photocopie [fɔtokɔpi] *n.f.* 【사진】 인화(印畫); (자료 따위의)사진복사; 영인판(影印版).
photocopier [fɔtokɔpje] *v.t.* 사진복사하다.
photocopieur [fɔtokɔpjœːr] *n.m.* 【인쇄】 사진복사기.
photocourant [fɔtokurɑ̃] *n.m.* 【전기】광전류.
photo-élasticimétrie [fɔtoelastisimetri] *n.f.* 【물리】광탄성 측정(光彈性測定).
photo-élasticité [fɔtoelastisite] *n.f.* 【물리】광탄성, 광탄성 효과.
photo-électricité [fɔtoelɛktrisite] *n.f.* 【물리】 광전기(光電氣).
photo-électrique [fɔtoelɛktrik] *a.* 광전기의.
photo-électron [fɔtoelɛktrɔ̃] *n.m.* 【물리】 광전자(光電子).
photo-émissif(ve) [fɔtoemisif, -iːv]**, photo-émetteur(trice)** [fɔtoemetœːr, -tris] *a.* =photo-électrique.

photo(-)filmeur [fɔtofilmœːr] *n.m.* 가두 사진사 (photo-stoppeur).
photo-finish [fɔtofiniʃ] 《영》*n.f.* (주로 경마에서) 선착 사진기록(기).
photofission [fɔtofisjɔ̃] *n.f.* 【원자물리】광핵분열.
photogène [fɔtoʒɛn] *a.* 《옛》빛을 발하는.
photogénie [fɔtoʒeni] *n.f.* 촬영 효과; 《옛》발광.
photogénique [fɔtoʒenik] *a.* ① 사진 효과를 내게 하는《광선 따위》; 감광이 잘 되는. ② 사진에 잘 나타나는, 촬영 효과가 좋은. acteur ~ 사진을 잘 받는 배우.
photoglyptie [fɔtoglipti] *n.f.* 사진조각《술》.
photogramme [fɔtogram] *n.m.* ①《옛》【사진】 양화(陽畫). ② 【영화】(필름의)한 컷.
photogrammétrie [fɔtogra(m)metri] *n.f.* 사진 측량. ~ aérienne 항공사진 측량.
photographe [fɔtograf] *n.* ① 사진촬영자, 사진사. ~ de la presse 신문사 카메라맨. ~ professionnel 직업적인 사진사. atelier(studio) de ~ 스튜디오 ② 카메라점 주인.
photographie [fɔtografi] *n.f.* ① 사진촬영; 사진술. ~ en couleurs 색색 사진술. ② 사진. mettre des ~s dans un album 사진을 앨범에 붙이다. ~ aérienne 항공사진. appareil (de) ~ 카메라. développement d'une ~ 사진의 현상. faire de la ~ 사진에 취미가 많다. prendre(tirer) une ~ de *qn* ~의 사진을 찍다. ③ 정확한 재현. ~ de la vie 인생 그대로의 묘사.
*****photographier** [fɔtografje] *v.t.* ① (의)사진을 찍다. se faire ~ (자기)사진을 찍게 하다. ② 그대로 기억하다; 정확한 묘사를 하다.
*****photographique** [fɔtografik] *a.* ① 사진술의, 사진의. appareil ~ 사진기. papier ~ 인화지. art ~ 사진예술. technique ~ 사진술. pellicule ~ 필름. épreuve ~ (사진의)인화. ② (사진과 같이)정확한. description ~ 사실적인 묘사.
photographiquement [fɔtografikmɑ̃] *ad.* 사진 (술)에 의하여, 사진으로; (사진처럼)정확하게.
photograveur [fɔtogravœːr] *a.m.* 사진제판의. —*n.m.* 사진 제판공.
photogravure [fɔtogravyːr] *n.f.* 사진판, 사진제판법; (사진제판의)원판; 사진제판소. ~ sur zinc 아연판(제판술).
photo-interprétation [fɔtoɛ̃tɛrpretasjɔ̃] *n.f.* (항공사진의)사진 판독.
photolecture [fɔtolɛktyr] *n.f.* 【컴퓨터】 광학문자 해독.
photolithographie [fɔtolitografi] *n.f.* 사진석판 (石版); 사진석판술.
photoluminescence [fɔtolyminɛsɑ̃ːs] *n.f.* 【물리】 포토루미네슨스《인광·형광 따위》.
photolyse [fɔtoliːz] *n.f.* 【물리】 광(光)분해.
photolyte [fɔtolit] *n.m.* 【화학】 광해질(光解質).
photomagnétique [fɔtomaɲetik] *a.* 광자성(光磁性)의.
photomaton [fɔtomatɔ̃] *n.m.* 【상표명】 포토마톤《자동촬영용 인스턴트 카메라》; 인스턴트 사진 (*n.f.* 로도 쓰임).
photomécanique [fɔtomekanik] *a.* 사진제판의.
photomètre [fɔtomɛtr] *n.m.* 【물리】광도계, 검광기(檢光器); 【사진】노출계.
photométrie [fɔtometri] *n.f.* 측광(測光), 광도 측정; 광도 측정법, 측광학.
photomicrographie [fɔtomikrografi] *n.f.* 현미경 사진; 현미경 사진술.
photomitrailleuse [fɔtomitrajøːz] *n.f.* 【군사】 사

진총《항공기에서 사격과 때를 맞추어 성과를 기록하는 카메라》.

photomontage [fɔtɔmɔ̃taːʒ] *n.m.* 합성사진, 몽타주사진.

photomultiplica*teur*(*trice*) [fɔtɔmyltiplikatœːr, -tris] *a.* 【물리】광전자 증배(增倍)의. —*n.m.* 광전자 증배관.

photon [fɔtɔ̃] *n.m.* 【물리】광자(光子).

photonique [fɔtɔnik] *a.* 【물리】광자의.

photonucléaire [fɔtɔnykleɛːr] *a.* 【물리】광핵(光核)의. effet ~ 광핵효과.

photopériode [fɔtɔperjɔd] *n.f.* 【생물】광주기(光週期).

photopériodique [fɔtɔperjɔdik] *a.* 【생물】광주기성(光週期性)의.

photopériodisme [fɔtɔperjɔdism] *n.m.* 【생물】광주성(光週期)《광주기에 대한 생물의 반응》.

photophile [fɔtɔfil] *a.* 【생물】빛을 좋아하는, 호광성(好光性)의.

photophobie [fɔtɔfɔbi] *n.f.* 【의학】수명(羞明), 광공포증.

photophone [fɔtɔfɔn] *n.m.* 광선 전화.

photophonique [fɔtɔfɔnik] *a.* bande ~ 【영화】(필름 가장자리의)녹음대(錄音帶).

photophore [fɔtɔfɔːr] *n.m.* (현미경용의)전기 반사경; 【의학】전기 내진경(內診鏡); 【해양】표지등(燈)이 달린 부표(浮標); (광부의)헤드램프.

photopile [fɔtɔpil] *n.f.* 【물리】광전지(光電池), 태양전지.

photopique [fɔtɔpik] *a.* vision ~ 【생물】주간시(晝間視), 명소시(明所視), 추상체시(錐狀體視).

photopoudre [fɔtɔpudr] *n.f.* 【사진】촬영용 마그네슘.

photoprojecteur [fɔtɔprɔʒɛktœːr] *n.m.* 슬라이드용 프로젝터, 환등기.

photopsie [fɔtɔpsi] *n.f.* 【의학】광시(光視)(증), 안화섬발(眼華閃發).

photorécep*teur*(*trice*) [fɔtɔresɛptœːr, -tris] *a.* organe ~ 【생물】광(光)수용기(관).

photorespiration [fɔtɔrespirasjɔ̃] *n.f.* 【식물】광호흡.

photo-robot [fɔtɔrɔbɔ] (*pl.* ~**s**-~**s**) *n.m.* (여러 증언에 따라 작성된 범인 수사용)몽타주 사진.

photo(-)roman [fɔtɔrɔmɑ̃] *n.m.* 사진소설.

photosculpture [fɔtɔskylty:r] *n.f.* 사진조각술.

photosensible [fɔtɔsɑ̃sibl] *a.* 감광성(感光性)의.

photosphère [fɔtɔsfɛːr] *n.f.* 【천문】【天球】광구.

photostat [fɔtɔsta] *n.m.* 【상표명】=photocopie.

photostoppeur(se) [pɔtɔstɔpœːr, -ɸ:z] *n.* 거리의 《가두》 사진사.

photostyle [fɔtɔstil] *n.m.* 【컴퓨터】 라이트 펜(《영》 light pen).

photosynthèse [fɔtɔsɛ̃tɛːz] *n.f.* 【생물】광합성.

phototactisme [fɔtɔtaktism] *n.m.*, **phototaxie** [fɔtɔtaksi] *n.f.* 【식물】주광성(走光性).

phototélégramme [fɔtɔtelegram] *n.m.*, **phototélégraphe** [fɔtɔtelegraf] *n.m.* 전송사진.

phototélégraphie [fɔtɔtelegrafi] *n.f.* 사진전송 (술), 팩시밀리.

photothécaire [fɔtɔtekɛr] *n.* 사진자료실 담당.

photothéodolite [fɔtɔteɔdɔlit] *n.m.* 사진경위의(經緯儀)《미사일·로켓의 광학 추적장치》.

photothèque [fɔtɔtɛk] *n.f.* 사진도서관[자료실]; 《집합적》사진자료.

photothérapie [fɔtɔterapi] *n.f.* 【의학】광선 요법.

phototropisme [fɔtɔtrɔpism] *n.m.* 【식물】굴광성(屈光性).

phototype [fɔtɔtip] *n.m.* 《드물게》【사진】원판, 네거; 사진 인화; 콜로타이프(인쇄).

phototypie [fɔtɔtipi] *n.f.* 콜로타이프 인쇄술.【술】

phototypographie [fɔtɔtipɔgrafi] *n.f.* 사진활판.

photovoltaïque [fɔtɔvɔltaik] *a.* cellule ~ 【물리】광전지(光電池).

photozincographie [fɔtɔzɛ̃kɔgrafi] *n.f.* 사진아연판(술).

phragmite [fragmit] *n.m.* 【식물】갈대류(類); 【조류】개개비.

phrase [frɑːz] *n.f.* ①문장, 문. membre de ~ 구(句). ~ nominale 명사문《Silence! 따위》. ~ simple [complexe] 단(복)문. ~ de Proust 프루스트의 문체[문장]. ② 말. prononcer une ~ 한마디 하다. échanger quelques ~ s 몇 마디 말을 나누다. ~ toute faite 판에 박은 말, 상투어구. ③ (*pl.*)젠체하는[거드름피는] 말, 미사여구. faire des ~ s; faire de grandes ~ s(공허한 내용을)미사여구를 써가며 말하다, 현학적인 표현을 쓰다. sans ~ 쓸데없는 말을 하지 않고, 간단명료하게. ④【음악】악절(樂節)《= musicale》; 소악절.

phrasé, phraser¹ [frɑze] *n.m.* 【음악】분절법.

phraséologie [frazeɔlɔʒi] *n.f.* ①(고유한)문장 구조, 관용어법. ~ administrative 행정[관공서] 용어. ~ judiciaire 법률용어. ②《문어》호언장담, 미사여구.

phraséologique [frazeɔlɔʒik] *a.* ①【언어】어법(語法)에 관한. dictionnaire ~ 어법(관용구·숙어)사전. ② 호언장담의, 미사여구를 늘어놓는.

phraser² [frɑze] *v.i.* 문장을 꾸미다, (경멸)문자를 써서 말하다; 【음악】악구(樂句)를 짜다. —*v.t.* 【음악】악구(樂句)로 가르다(갈라서 연주하다, 노래하다); 《옛》멋쩍하게 표현하다.

phraseur(se) [frɑzœːr, -ɸːz], **phrasier(ère)** [frɑzje, -ɛːr] *a, n.* 《구어》멋을 내어 말하기 좋아하는(사람), 호언장담하는(사람).

phrastique [frastik] *a.* 【언어】문(장)의, 문(장)에 관한.

phratrie [fratri] *n.f.* 【고대그리스】씨족(氏族); 【사회】포족(胞族)《부족의 소구분》.

phréatique [freatik] *a.* nappe ~ 【지질】지하수층(地下水層).

phrénique [frenik] 【해부】 *a.* 횡경막의. —*n.m.* 횡격막 (diaphragme).

phrénologie [frenɔlɔʒi] *n.f.* 《옛》골상학(骨相學).

phrénologique [frenɔlɔʒik] *a.* 《옛》골상학의.

phrénologiste [frenɔlɔʒist], **phrénologue** [frenɔlɔɡ] *n.* 골상학자.

phrygane [frigan] *n.f.* 【곤충】날도래. larve de ~ 물여우.

phrygien(ne) [friʒjɛ̃, -ɛn] *a.* 【고대지리】프리지아(*la Phrygie*, 소아시아의 나라)의. bonnet ~ 프리지아 모자《프랑스 혁명당원이 쓴 붉은 모자》. —P— *n.* 프리지아 사람. —*n.m.* 프리지아어(語).

phtaléine [ftalein] *n.f.* 【화학】 프탈레인.

phtalique [ftalik] *a.* acide ~ 【화학】 프탈산.

phtiriase [ftirjɑːz] *n.f.*, **phtiriasis** [ftirjazis] *n.f.* [*m.*] 【의학】이(虱)로 인한 피부병.

phtisie [ftizi] *n.f.* 【의학】(폐)결핵.

phtisiologie [ftizjɔlɔʒi] *n.f.* 【의학】폐결핵학.

phtisiologue [ftizjɔlɔɡ] *n.* 【의학】폐결핵 전문의(醫)(학자).

phtisique [ftizik] *a.* 폐결핵에 걸린, 폐결핵성의. —*n.* 폐결핵 환자(tuberculeux).

phycoïde(e) [fikɔid(e)] *a.* 조류(藻類) 비슷한. —*n.f.pl.* 《옛》【식물】조류; 갈조류(褐藻類).

phycologie [fikɔlɔʒi] *n.f.* 조류학(藻類學).

phycomycètes [fikɔmisɛt] n.m.pl. 【식물】 조균류(藻菌類).

phylactère [filaktɛːr] n.m. ① 【고대】 부적(符籍). ② 성서의 글귀를 쓴 양피지. ③ 【미술】 (르네상스 시대의 그림에 등장하는 사람의 말을 적은) 작은 두루마리.

phylarque [filark] n.m. 【고대그리스】 족장(族長); (부족의) 기마대장.

phylétique [filetik] a. 【생물】 문(門)의; 계통상의, 계통발생적인.

phyll- préf., **-phylle** suff. 「잎」의 뜻.

phyllade [fi(l)lad] n.m. 【광물】 운모변암.

phyllanthe [fi(l)lɑ̃ːt] n.m. 【식물】 여우주머니류.

phyllie [fi(l)li] n.f. 【곤충】 가랑잎벌레.

phyllit(h)e [fi(l)lit] n.f. 【광물】 =phyllade.

phyllo- préf. 「잎」의 뜻. 「(假葉).

phyllode [fi(l)lɔd] n.f. 【식물】 위엽(僞葉), 가엽

phyllopodes [fi(l)lɔpɔd] n.m.pl. 【동물】 엽각류(葉脚類). 「序).

phyllotaxie [fi(l)lɔtaksi] n.f. 【식물】 엽서(葉

phylloxéra, phylloxera [filɔksera] n.m. 【곤충】 포도나무뿌리진디.

phylloxéré(e) [filɔksere] a. (포도나무에) 포도나무뿌리진디가 붙은.

phylloxérien(ne) [filɔkserjɛ̃, -ɛn], **phylloxérique** [filɔkserik] a. 포도나무뿌리진디의.

phylogénèse [filɔʒenɛːz], **phylogenèse** [filɔʒnɛːz], **phylogénie** [filɔʒeni] n.f. 【생물】 계통발생(진화).

phylogénique [filɔʒenik], **phylogénétique** [filɔʒenetik] a. 【생물】 계통발생의, 계통학의.

phylogéniste [filɔʒenist] n. 계통발생론자.

phylum [filɔm] n.m. 【생물】 (분류상의) 문(門).

physalie [fizali] n.f. 【동물】 고깔해파리.

physalis [fizalis] n.m. 【식물】 꽈리.

-physe suff. 「성장·발육에 관한」의 뜻.

physicalisme [fizikalism] n.m. 【철학】 물리주의(物理主義).

physicien(ne) [fizisjɛ̃, -ɛn] n. 물리학자; 【옛】 자연학자, 의사.

physico- préf. 「물리」의 뜻.

physico-chimie [fizikɔʃimi] n.f. 물리화학.

physico-chimique [fizikɔʃimik] a. 물리화학의.

physico-mathématique [fizikɔmatematik] n.f., a. 물리수학(의).

physico-théologique [fizikɔteɔlɔʒik] a. 물리신학적인. preuve ~ de l'existence de Dieu 【신학】 신의 존재에 대한 물리신학적인 증명.

physio- préf. 「자연·천연」의 뜻.

physiocrate [fizjɔkrat] n.m. 중농주의자.

physiocratie [fizjɔkrasi] n.f. 중농주의(重農主義).

physiocratique [fizjɔkratik] a. 중농주의의.

physiognomonie [fizjɔgnɔmɔni] n.f. 관상학(觀相學); 관상학 책.

physiognomonique [fizjɔgnɔmɔnik] a. 관상학의.

physiognomoniste [fizjɔgnɔmɔnist] n. 관상학자.

physiographie [fizjɔgrafi] n.f. 지문학(地文學), 자연지리학.

physiologie [fizjɔlɔʒi] n.f. 생리학. ~ pathologique 생리병리학. ~ animale (végétale, humaine) 동물(식물·인체) 생리학. ~ du goût 미각의 생리.

physiologique [fizjɔlɔʒik] a. 생리학의; 생리적인. troubles ~s 생리적 장애. solution (saline) ~ 생리적 식염수, 링겔액. état ~ du malade 환자의 생리적 상태.

physiologiquement [fizjɔlɔʒikmɑ̃] ad. 생리학적으로; 생리적으로.

physiologiste [fizjɔlɔʒist], **physiologue** [fizjɔlɔg] n. 생리학자. 《동격》 expérimentateur ~ 실험생리학자.

physionomie [fizjɔnɔmi] n.f. ① 상(相), 용모; 표정(expression), 모습, 얼굴 생김 (figure). ~ joyeuse 밝은 얼굴. ~ énergique 정력적인 용모. Sa ~ s'est tout à coup rembrunie. 그의 표정이 갑자기 어두워졌다. ② 외관(aspect), 특징. Au mois d'août, la ~ de Paris change complètement. 8월의 파리의 모습은 완전히 달라진다. Chaque région a sa ~. 각 지방에는 그 나름의 특징이 있다. ③ 【옛】 관상학.

physionomique [fizjɔnɔmik] a. 《옛》 용모의, 상(相)의; 외관상의; 개성적인.

physionomiste [fizjɔnɔmist] a. 관상을 잘 보는; 남의 얼굴을 잘 기억하고 있는. —n. 관상가; 남의 얼굴을 잘 기억하고 있는 사람; (카지노의 출입구 따위에서) 손님의 얼굴을 살피는 파수군.

physiopathologie [fizjɔpatɔlɔʒi] n.f. 생리병리학.

physiothérapie [fizjɔterapi] n.f. 【의학】 물리요법(치료).

***physique** [fizik] a. ① 물질의, 물질적인, 자연에 관한. monde ~ 물질계. géographie ~ 자연지리학, 지문학(地文學). sciences ~s 《생물학을 제외한》 자연과학. ② 물리학의, 물리학적인. lois ~s 물리학의 법칙. phénomène ~ 물리적 현상. Il n'y a pas d'empêchement ~ à cela. 그것은 의당 《자연법칙에 의해서》 가능하다. ③ 육체적인, 신체의; 육체적 본능의, 생리적인. douleur ~ 육체적 고통. culture ~ 체육. exercices ~s 체조. force (vigueur) ~ 체력. état ~ 건강상태. dégoût (horreur) ~ 본능적 혐오. ④ 구체적인, 현실적인. certitude ~ 구체적 확실성. ⑤ 성적인, 관능적인 (sexuel, charnel). amour ~ 성애(性愛), 육체적인 사랑.

—n.m. ① 육체; 건강상태. Le ~ influe beaucoup sur le moral. 육체적인 것은 정신적인 것에 많은 영향을 준다. ② 외관, 모습; 체질, 체격. avoir un beau ~ 멋진 체격 [남성적인 모습]을 갖고 있다. avoir le ~ de l'emploi 직위 [직업]에 어울리는 용모를 하고 있다.

au ~ 육체적으로, 신체면에서.

—n.f. ① 물리학. ~ expérimentale 실험물리학. ~ fondamentale (générale, pure) 기초물리학. ② 물리학 책. ③ 【옛】 자연학.

physiquement [fizikmɑ̃] ad. ① 물질적으로, 물리학적으로 (matériellement). ~ impossible 물리학상 불가능한. ② 육체적으로, 용모상으로. C'est un homme qui est très bien ~. 용모가 뛰어난 사람이다.

physisorption [fizisɔrpsjɔ̃] n.f. 【화학】 물리흡착(吸着).

physoïde [fizɔid] a. 방광상(膀胱狀)의. 「콩.

physostigma [fizɔstigma] n.m. 【식물】 칼라바르

physostigmine [fizɔstigmin] n.f. 피조스티그민 (칼라바르콩에 들어 있는 독성 알칼로이드).

physostomes [fizɔstɔm] n.m.pl. 【어류】 (부레와 장관(腸管)이 연결된) 경골류(硬骨類).

-phyte suff., **phyt(o)-** préf. 「식물」의 뜻. 「류.

phytéléphas [fitelefas] n.m. 【식물】 상아야자

phythormone [fitɔrmɔn] n.f. 【생물】 식물호르몬 (phytohormone).

phytoalexine [fitɔaleksin] n.f. 식물성 알렉신.

phytobiologie [fitɔbjɔlɔʒi] n.f. 식물생리학.

phytochimie [fitɔʃimi] n.f. 식물화학.

phytoclimogramme [fitɔklimɔgram] n.m. 【생물】 식물기후도.

phytogène [fitɔʒɛn] *a.* 〖지질〗 식물기원의.
phytogéographie [fitɔʒɔgrafi] *n.f.* 식물지리학.
phytographie [fitɔgrafi] *n.f.* 기술(記述)식물학.
phytohormone [fitɔɔrmɔn] *n.f.* = phythormone.
phytoïde [fitɔid] *a.* 식물상(狀)의.
phytologie [fitɔlɔʒi] *n.f.* 식물학, 본초학(本草學).
phytopathologie [fitɔpatɔlɔʒi] *n.f.* 식물병리학.
phytophage [fitɔfaʒ] *a.* 초식성의. — *n.m.pl.* 〖곤충〗 초식(草食)곤충류.
phytopharmacie [fitɔfarmasi] *n.f.* 식물약리학.
phytophthora [fitɔftɔra] *n.m.* 〖식물〗 피토프토라(식물에 기생하는 균류의 1속(屬)〗.
phytosociologie [fitɔsɔsjɔlɔʒi] *n.f.* 식물사회학.
phytotron [fitɔtrɔ̃] *n.m.* 〖생물〗 피토트론(식물의 실험재배 장치).
phytozoaire [fitɔzɔɛːr] *n.m.* 〖동물〗 식충류(植蟲類)의 동물; (*pl.*)식충류.
pi [pi] *n.m.* 그리스 자모의 제 16 자(*Π, π*); 〖수학〗 파이.
piaculaire [pjakylɛːr] *a.* 〖고대로마〗 속죄의. sacrifice ~ 속죄를 위해 바치는 제물.
piaf [pjaf] *n.m.* 《속어》 참새(moineau); 녀석. drôle de ~ 묘한 녀석.
piaffant(e) [pjafɑ̃, -ɑ̃ːt] *a.* (말이)안절부절못하는; 《옛》 거드름 피우는.
piaffe [pjaf] *n.f.* 《옛·구어》 허식, 허세, 겉치레. faire de la ~ 허세를 부리다.
piaffement [pjafmɑ̃] *n.m.* (말이 안달이 나서)앞발로 땅을 걸어차기.
piaffer [pjafe] *v.i.* ① (말이)앞발로 땅을 걷어차다, 뒷발로 겅충 일어서다. ② 안절부절못하다. ~ d'impatience 참지 못하여 발을 동동 구르다, 안절부절못하다. ③《옛》 거드름 피우다.
piaffeur(se) [pjafœːr, -φːz] *a.* ① (말이)앞발로 땅을 걷어차는 버릇이 있는. ②《옛》 거드름 피우는, 허세를 부리는.
piaillard(e) [pjajaːr, -ard] *a.* (새가)짹짹거리는; (아이가)빽빽거리는, 시끄럽게 우는. — *n.* 짹짹거리는 새; 시끄럽게 우는 어린애.
piaillement [pjajmɑ̃] *n.m.* (새가)짹짹거리는 소리; (아이가)빽빽거리는 소리.
piailler [pjaje] *v.i.* (새 따위가)짹짹거리다;《구어》 (어린애 따위가)빽빽거리다; 투덜대다.
piaillerie [pjajri] *n.f.* ① (새 따위가)짹짹거리는 소리; 빽빽우는 소리. ② 불평불만의 소리.
piailleur(se) [pjajœːr, -φːz] *a.* (새 따위가)짹짹거리는;《구어》 시끄럽게 우는. — *n.m.* 짹짹거리는 새(병아리);《구어》 울기 잘하는 아이; 투덜대는 사람.
pian [pjɑ̃] *n.m.* 〖의학〗 열대프람베지아.
piane-piane [pjanpjan] *ad.* 매우 조용하게.
pianino [pjanino] *n.m.* 수형(竪形)의 작은 피아노.
pianissimo [pjanisimo] 《이탈리아》 〖음악〗 *ad.* 아주 약하게. — *n.m.* 최약음(最弱音) 연주부.
pianiste [pjanist] *n.* 피아니스트. être très bon ~ 피아노를 잘 치다.
pianistique [pjanistik] *a.* 피아노의; (곡이)피아노를 위한.
piano¹ [pjano] *n.m.* 피아노. ~ à queue 그랜드피아노. ~ droit[vertical] 수형(竪形) 피아노. ~ mécanique 자동 피아노. sonate pour ~ et violon 피아노와 바이올린을 위한 소나타. se mettre[être] au ~ 피아노 앞에 앉다. jouer[toucher] du ~ 피아노를 치다. tenir le ~ (연주회·무도회에서)피아노 연주를 맡다.
piano² [pjano] 《이탈리아》 〖음악〗 *ad.* 약하게. jouer ~ et puis forte 약하게, 그리고 다음에 강하게 연주하다. Allez-y ~! 《구어》조용히 하라구! — *n.m.* 약주부(弱奏部).
piano(-)forte [pjanɔfɔrte] *n.m.* (18-19세기 초의) 피아노.
pianola [pjanɔla] 《영》 *n.m.* 〖상표명〗 피아놀라, 자동 피아노.
pianotage [pjanɔtaːʒ] *n.m.* 피아노를 서투르게 침; (피아노를 치듯이)두드림.
pianoter [pjanɔte] *v.i.*《구어》피아노를 서투르게 치다; (피아노를 치듯이)두드리다.
piassava [pjasava] *n.m.* 〖식물〗 브라질종려(棕櫚); (그)섬유.
piastre [pjastr] *n.f.* 피아스터(터키·이집트 따위의 화폐 단위); 《캐나다》달러; 1 달러 지폐.
piat [pja] *n.m.* 《구어》〖조류〗새끼 까치.
piaulard(e) [pjolaːr, -ard]《구어》*a.* (병아리가)삐약삐약 우는; 울기 잘하는. — *n.* 울보.
piaule [pjol] *n.f.* 《속어》방, 침실; 숙소.
piaulement [pjolmɑ̃] *n.m.* (병아리 따위가)삐약삐약 우는 소리; (어린애 따위의)우는 소리; 삐걱거리는 소리.
piauler [pjole] *v.i.* (병아리 따위가)삐약삐약 울다;《구어》(어린애 따위가)울다; 삐걱거리다.
piaulis [pjoli] *n.m.* 《구어》 (새·어린애의)울음소리.
P.I.B. 《약자》 production intérieure brute 국내 총
pibal(l)e [pibal] 《서프랑스》 *n.f.* 새끼뱀장어. ㄴ생산.
pible (à) [apibl] *loc.ad.* mât à ~ 〖해양〗 (이음매 없는)돛, 돛대.
pibrock, pibroc(h) [pibrɔk] *n.m.* (스코틀랜드의) 풍적(風笛); (풍적으로 연주하는)피브로흐 곡.
pic¹ [pik] *n.m.* ① 곡괭이; 부지깽이. ② 뾰족한 산봉우리. ③ (그래프 곡선의)뾰족한 정점. à ~ ⓐ 수직으로[의]; 깎아지른[질러]. couler à ~ 배가 수직으로 침몰하다. falaise qui tombe à ~ sur la mer 해안에 수직으로 솟아 있는 절벽. côte à ~ 벼랑진 해안. ⓑ《구어》 때마침. Il est arrivé à ~. 그는 때마침 도착했다.
pic² *n.m.* 〖조류〗 딱다구리.
pic³ *n.m.* 〖카드놀이〗 피크(피케(piquet)놀이에서 60점을 선언하기).
pica [pika] *n.m.* 〖의학〗 이상기호증(異常嗜好症).
picador [pikadɔːr] 《에스파냐》 *n.m.* 피카도르(말을 타고 창으로 소를 찔러 성나게 하는 투우사).
picage [pikaːʒ] *n.m.* 〖수의〗 (영양부족증의 새가 서로 털을 쪼아 뽑는)가금의 병.
picaillon [pikajɔ̃] *n.m.* (옛날 피에몬테의)동전; (*pl.*)《속어》 돈.
picard(e) [pikaːr, -ard] *a.* 피카르디의(Picardie, 프랑스의 옛 지방). — P ~ *n.* 피카르디 사람; 피카르디 사투리.
picardan(t) [pikardɑ̃] *n.m.* 랑그도크(Languedoc)의 포도농; (그 포도로 만든)백포도주.
picarel [pikarɛl] *n.m.* 〖어류〗 피카렐(mendole 비슷한 지중해산의 물고기).
picaresque [pikarɛsk] *a.* 악당(소설)의. roman ~ 〖문학〗 악당소설(17세기초 에스파냐에서 유행한 소설의 한 형식). mœurs ~s 악당풍속.
piccinniste [piksinist] *n.m.* 피치니(Piccinni, 이탈리아의 작곡가)파의 음악가.
piccolo [pikɔlo]《이탈리아》 *n.m.* ① 〖악기〗피콜로. ②《속어》 (지방산의)적포도주.
pice [pis] *n.f.* 파이스(인도의 옛 동전).
pichenette [piʃnɛt] *n.f.* 《구어》손가락으로 튕기기. donner une ~ 손가락으로 퉁기다.
pichet [piʃɛ] *n.m.* (손잡이 달린 작은)술단지.
picholine [pikɔlin] *n.f.* (자잘한)올리브 열매.
pickles [pikls] 《영》 *n.m.pl.* 피클(야채 초절임).
pickpocket [pikpɔkɛt] 《영》 *n.m.* 소매치기.

pick-up [pikœp]《영》n.m. (복수불변)(축음기의) 픽업; 전축; 픽업 소형 트럭.
pico- préf. 「1 조분(兆分)의 1」의 뜻.
picoler [pikɔle] v.i. 《속어》폭음(暴飲)하다.
picoleur(se) [pikɔlœːr, -ɸːz] a. 폭음하는. —n. 폭음하는 사람, 모주꾼.
picolo [pikɔlo] n.m. =**piccolo**.
picorée [pikɔre] n.f. 밭의 과일 도둑; (새·꿀벌 따위의)모이[꿀]를 쪼기[찾기]. aller à la ~ 모이를 구하러 가다.
picorer [pikɔre] v.i. ① 《옛》과일 도둑질을 하다; 남의 작품을 표절하다; 부당한 이익을 보다. ② (새·꿀벌 따위가)모이[꿀]를 쪼아먹다[찾아다니다]. —v.t. (과실 따위를)훔치다, 약탈하다; 모이를 쪼아먹다. poules qui viennent ~ des miettes 빵부스러기를 쪼아먹으러 온 암탉.
picoreur(se) [pikɔrœːr, -ɸːz] n. 도둑질하는 사람; 표절자.
picoseconde [pikɔs(ə)gɔ̃ːd] n.f. 《컴퓨터》 1조(兆)분의 1초.
picot [piko] n.m. ① (목재·철사 따위의)가시. ② 쐐기; (석수의)뾰족한 망치; 곡괭이. ③ 피코(레이스의 가장자리에 도드라지게 실로 만든 동그라미). ④ 《어업》그물, 저인망. ⑤ (모자 따위를 만드는)질이 좋은 밀짚. ⑥ 칠면조.
picotage [pikɔtaːʒ] n.m. picoter 하기.
picotant(e) [pikɔtɑ̃, -ɑ̃ːt] a. 찌르는 듯이 아픈, 따끔따끔한.
picote [pikɔt] n.f. 투박한 모직물; 《옛》천연두.
picoté(e) [pikɔte] a.p. 잔 구멍이 많이 뚫린, 빠끔빠끔한.
picotement [pikɔtmɑ̃] n.m. 꼭꼭 찌르는 듯함, 따끔거림. éprouver des ~s dans la gorge 목이 따끔따끔하게 아프다. avoir des ~s dans les jambes 다리가 저리다.
picoter [pikɔte] v.t. ① 꼭꼭 찌르다, 따끔따끔하게 하다, 쓰라리게 하다. La fumée *picotait* les yeux. 매운 연기로 눈이 쓰라리다. ② (새가)쪼다; (포도 알 따위를)쪼아먹다. Les oiseaux ont *picoté* tous les fruits. 새들이 과일 열매를 모두 쪼아먹었다. ~ du raisin (송이를 따지 않고)포도알을 뜯다. ③ (목재에)쐐기를 박다; (에)구멍을 뚫다; 《재봉》피코를 만들다. ④ 《구어》(신랄한 말 따위로)괴롭히다, (에게)거세게 굴다. Ne *picote* pas ta sœur. 누나를 들볶지 말아라.
picoterie [pikɔtri] n.f. 골려줌, 괴롭힘.
picoteur(se) [pikɔtœːr, -ɸːz] n. 골려주는 사람. —n.f. 《재봉》피코를 만드는 여공.
picotin [pikɔtɛ̃] n.m. 《도량형》 메커리를 되는 단위(약 2.5 리터); (서류: 약 2.5 리터).
picouture [pikɔtyːr] n.f. 찔린(쫀) 자리; 잔구멍. fruit couvert de ~s 새들이 쪼아먹은 자국으로 가득한 과일.
picpouille [pikpuj], **picpoule** [pikpul] n.m. 피크푸유, 피크풀(남프랑스의 백포도 품종; 그 포도의 술).
picr- préf. 「쓴」의 뜻.
picrate [pikrat] n.m. ① 《화학》피크린산염. ② 《속어》질 낮은 적포도주.
picridium [pikridjɔm] n.m., **picride** [pikrid] n.f. 《식물》국화과(科)의 1속(屬).
picrique [pikrik] a. acide ~ 《화학》피크린산.
picris [pikris] n.m. 《식물》쇠서나물.
picro- préf. 「쓴」의 뜻.
pictogramme [piktɔgram] n.m. 그림 기호[글자] (교통표지 따위의 시각적 기호).
pictographie [piktɔgrafi] n.f. 그림글자 쓰는 법(원시적 표기법).

pictural(ale, pl. **aux)** [piktyral, -o] a. 그림의, 그림 같은, 그림이 든, art ~ 회화예술. œuvre ~*ale* 회화작품. motif très ~ 매우 회화적인 모티브.
picturalement [piktyralmɑ̃] ad. 그림같이, 회화적으로.
pic(-)vert [pivɛːr] (pl. ~(s·)~s) n.m. 《조류》청딱다구리.
pidgin(-english) [pidʒin(ingliʃ)] 《영》 n.m. 피진영어(동양 사람의 서투른 상업영어).
Pie [pi] n.pr.m. 비오《교황의 세습 성(姓)》.
***pie**¹ [pi] n.f. ① 《조류》 까치. être bavarde comme une ~ (여자가)수다를 떨다. trouver la ~ au nid 중대한(귀중한) 발견을 하다. 《구어》수다쟁이. C'est une vraie ~. 그녀는 정말 수다쟁이이다. ③ fromage à la ~ 초록 치즈《샐비어 잎 따위가 든 크림치즈》. ④ 《보충 복수불변》(밤색과 흰색의)얼룩박이. *être voleur comme une* ~ 손버릇이 나쁘다, 도벽이 있다.
—a. 《불변》(흑색 또는 밤색과 흰색의)얼룩박이의. cheval ~ 흰 바탕에 검은색이 있는 말.
pie² a.f. œuvre(s) ~(s) 적선, 자선사업.
piéça [pjesa] ad. 《옛》오래 전부터.
‡**pièce** [pjɛs] n.f. ① 단편, 조각, 파편(fragment, morceau). se briser en mille ~s 산산조각이 나다. mettre qc en ~s …을 산산조각 내다. en ~s détachées 분해해서. vêtement en ~s 조각조각 기운옷, tailler en ~s une armée 군대를 분쇄하다. ② 낱개, 한 개. Ils coûtent trois francs (la) ~. 그것은 하나에 3프랑이다. vendre à la ~ 낱개로 팔다. travailler à la ~ (aux ~s) 삯일을 하다. On n'est pas aux ~s. 《구어》(이 일은)서두를 필요가 없다(삯일이 아니다).
③ [(une) ~ de+명사] 한 개, 한 마리, 한 권, 한 필, 한 떼기, 일정량의 것. une ~ de bétail [de gibier] 가축(사냥감) 한 마리. ~ de terre 농토. ~ de blé 밀밭. ~ d'eau (정원의)못. ~ de vin (통에 든)술; 술통; 1통의 분량(약 220 리터).
④ (전체 중의)한 부분; 부품. maillot deux-~s 두 부분으로 된 수영복. ~ de musée (박물관에 보관해 둘 만한 가치가 있는)귀한 물건. ~ accessoire 부속품. ~ de rechange 스페어 부품. ~s d'une machine 기계 부분품, 부속품. costume trois-~s (저고리·바지·조끼로 된)양복 한 벌. ~ anatomique [d'étude] 《해부 연구를 위한》시체의 부분.
⑤ 방. appartement de trois ~s 방 세 개의 아파트.
⑥ 화폐(~ de monnaie). ~ d'or (d'argent) 금(은)화. donner la ~ à 팁을 주다. ~ de dix francs 10 프랑짜리 주화(화폐).
⑦ 서류; 증거품. ~s d'un procès 《법》소송 서류. ~ justificative 증거 서류. ~ d'identité 신분증명서. ~ à conviction (형사사건의)증거물. juger [décider] sur ~s (avec ~s à l'appui) 증거에 입각하여 판결[결정]을 내리다.
⑧ 《군사》문(門), 포(砲), 포차(砲車). une ~ de canon 포 일문(一門). ~ d'artillerie (일문의)대포. ~ de campagne 야포.
⑨ 희곡, 각본; 《음악》곡, 악보. ~ en trois actes 3 막짜리 작품. ~ de théâtre 희곡, 극작품. ~ de vers시 작품. ~ vocalique (instrumentale) 성악(기악)곡. monter une ~ de Camus 카뮈의 희곡을 상연하다.
⑩ (의복·금속 따위의)이음조각; 《문장》(선이나 곡선에 의해 이루어지는)방패의 구분. mettre une ~ à (옷에)헝겊을 대어서 깁다.
⑪ (장기의 졸(卒) 이외의)말.
⑫《구어》사람, 녀석. C'est une bonne ~. 좋은 녀석이야.

C'est la meilleure ~ de son sac. 《구어》이것이 그의 장기이다.
de toutes ~s 완전히, 철저히. *faire de toutes ~s* 완전히 만들다. *il est armé de toutes ~s* 완전무장을 하고 있다. *histoire inventée de toutes ~s* 완전히 꾸민 이야기. *habiller qn de touts ~s*《옛》…을 구타하다; …의 욕을 하다.
faire ~ à qn (장기에서)장군을 부르다; 궁지에 몰아넣다; 방해하다; 반대하다.
fait de ~s et de morceaux 이것저것 주워모아 만들어진, 통일성 없는.
~ à ~ 하나씩 하나씩, 조금씩.
tout d'une ~ ⓐ 하나로 된, 한덩어리로, 통째로; 한결같이. ⓑ 딱딱한, 어색한. *marcher tout d'une ~* 걸음걸이가 아주 뻣뻣하다. ⓒ 고지식한, 융통성이 없는.

piécette [pjesɛt] n.f. 작은 주화, 잔돈; 소(小)은화.
‡**pied** [pje] n.m. ① (사람의)발. avoir mal aux ~이 아프다. se fouler[se tordre] les ~ 발을 삐다. boiter du ~ droit 오른발을 절다. sauter à ~s joints 발을 모으고 건너뛰다.
② 걸음걸이, 보조(pas). s'en aller du même ~ (올 때와)같은 걸음걸이로 돌아가다. avancer (reculer) ~ à ~ 한 걸음 한 걸음 전진[후퇴]하다. tenir ~ à qn …와 보조를 맞추다.
③ 신발, 신, 구두. s'essuyer les ~s sur le paillasson avant d'entrer 들어가기 전에 신발바닥에 신을 닦다. empreintes de ~s dans la neige 눈 위의 발자국.
④ (동물·새 따위의)발, 다리; 【사냥】(사슴 따위의)발자국. ~ de mouton 【요리】양의 발. faire le ~ 【사냥】발자국으로 사냥감을 판단하다.
⑤ (가구의)다리, 발; (침대·잠자리의 네)다리의 발치. ~ de table 테이블의 다리. verre à ~ 다리 달린 글라스. ~ de fer[de fonte] (수선용의)구두골.
⑥ 아랫도리, 하부; 밑; 밑둥; (초목의)한 그루; 【제본】(페이지의)하단; 【인쇄】(활자의)다리. ~ d'une montagne 산기슭, 산록. couper un cerisier au ~ 버찌나무의 밑둥을 자르다. un ~ de vigne 포도나무 한 그루.
⑦ ⓐ 피에(옛날 계량단위; 약 32.4cm). ⓑ 【도량형】피트, 《운율》척도, 기준.
⑧《구어》(성적)쾌락; 기쁨, 즐거움;《옛·속어》몫. prendre son ~ 오르가슴에 도달하다. C'est le ~! 그것 굉장해!
⑨ 【운율】운각(韻脚). douze ~s d'un alexandrin 알렉상드랭 시구를 형성하는 12음자.
⑩《속어》바보, 얼간이.
à ~ ⓐ 걸어서, 도보로. aller à ~ 걸어서 가다. troupes à ~ 보병(步兵). voyage à ~ 도보여행. ⓑ *à ~ d'œuvre* (공사)현장에(있는); 일에 착수할 준비가 된. ⓒ *à ~, à cheval et en voiture* 온갖 수단으로; 철저히, 철저하게.
au petit ~ 소규모로, 소형의. C'est un Napoléon *au petit ~*. 그는 소(小) 나폴레옹이다.
au ~ de; aux ~s de ⓐ …의 발밑에. se jeter [tomber] *aux ~s de qn* …의 발밑에 엎드려 애원 [간청]하다. *mettre qn au pied du mur* …을 궁지에 몰아넣다. ⓑ *au ~ de* la lettre 그대로. Il ne faut pas prendre cette phrase *au ~ de la lettre*. 이 문장은 문자 그대로 해석해서는 안 된다.
au ~ levé 준비없이, 그자리에서, 별안간에. faire qc *au ~ levé* …을 준비없이 [즉석에서] 해치우다. prendre qn au ~ levé (외출하려는 사람 따위를)불시에 습격하다; …에게 즉석에서 대답할 것을 요구하다.
avoir bon ~, bon œil (나이에 비해)건강하다; 방심하지 않다.
avoir les ~s chauds 《구어》편히 살고 있다.
avoir ~ (물속에서)발이 바닥에 닿다.
avoir toujours un ~ en l'air 한시도 가만히 있지 않다, 부산하게 돌아다니다.
avoir un ~ quelque part …에 출입할 수 있다, 얼굴이 통하다.
Cela lui fait les ~s. 좋은 경험이 되겠지, 따끔한 맛을 봤겠지.
comme un ~ 바보같이, 서투르게. jouer *comme un ~* 시시한 승부를 하다.
coup de ~ 발로 차기; 【축구】차기, 킥. *coup de ~ de pénalité* 페널티킥. donner[envoyer] *coup de ~ à* …을 발로 차다, 차버리다. Il ne se donne pas de *coup de ~*. 그는 항상 의기양양하다.
de la tête aux ~s; des ~s à la tête; 《옛·문어》 *de ~ en cap* [dapjetɑ̃kap] 머리에서 발끝까지, 철두철미. être armé *de ~ en cap* 완전무장을 하고 있다.
de ~ ferme 발을 굳게 버티고; 결연히 각오하고.
de plain ~ 같은 높이의.
donner (plus) de ~ à une échelle 사다리의 양 받침다리를 (더) 넓게 벌리다; 발을 크게 벌리다.
en ~ 온몸의; 서 있는; (어떤 임무·직위에)취임한 [하고]. portrait *en ~* 전신(全身) 초상화. amant *en ~* 공인된 애인.
faire des ~s et des mains 모든 수단을 다 쓰다.
faire du ~ à qn …의 발을 살짝 밟다 《비밀신호·유인의 표시》.
faire les ~s à qn …의 주의를 끌다.
Il y a du ~. 《속어》걱정된다, 염려된다.
lever le ~ (돈을 가지고)달아나다.
marcher sur la pointe des ~s 살금살금 걷다.
marcher sur les ~s de qn …을 짓밟고 가다; …을 밀쳐내려고 하다, …의 영역을 침범하다.
mettre à ~ qn (징계처분으로 경마의 기수에게)말을 타지 못하게 하다; 휴직 처분하다, 해고하다. *être mis à ~* 직장을 잃다.
mettre[remettre] le(s) ~(s) à[dans, chez] …에 가다[다시 가다]. Je ne remettrais jamais *les ~s chez lui*. 그의 집에는 두 번 다시 가지 않겠다.
mettre ~ à terre [pjeatɛːr] 말에서 내리다; 차[배]에서 내리다; 상륙하다.
ne (pas) pouvoir mettre un ~ devant l'autre 한 발짝도 걸을 수 없을 만큼 쇠약해 있다.
perdre ~ (물속에서)딛고 설 수 없다; 어찌할 바를 모르다, 당황하다.
~ à ~ [pjetapje] 한 걸음씩, 차츰; 필사적으로.
~s et poings liés ⇨lié.
prendre ~ 확실한 기반을 얻다; 뿌리를 내리다.
souhaiter d'être à cent ~s sous terre 몹시 부끄러워하다.
sur ce ~-là 상황이 그렇다면, 그런 실정이라면.
sur la pointe des ~s 발끝으로, 살금살금; 신중하게.
sur le(un) bon ~ 좋은 상황[지위]에 있는. 【제.
sur le même ~ (que) (와)동등하게, 같은 수준에; 마찬가지로.
sur le ~ de …을 기준으로, …의 비례[비율]로; …와 같이; …의 준비를 갖춘. armée *sur le ~ de guerre*[*de paix*] 전시[평시] 태세의 군대. payer *sur le ~ de* …의 비율로 지불하다.
sur ~ 서서, 일어서서; 준비를 갖춘; 수확 전에; 건강한. Il a été *sur ~* toute la nuit. 그는 밤새도록 서 있었다. mettre *qc sur ~* …을 조직하다. remettre *qn sur ~* …을 일으켜 세우다; (병자를)회복시키다. récolte *sur ~* 수확 전의 농작물. bétail *sur ~* 도살 전의 가축.
sur ses ~s 두발로 서서. remettre *qn sur ses ~s* (쓰

러진 사람을)일으켜 세우다.
sur un grand ~ 돈을 굉장히 써서; 대대적으로.
sur un ~ d'égalité 동등하게, 공평하게.
tenir ~ 항거하다, 버티다.

pied-à-terre [pjetatɛːr] *n.m.* (복수불변) 우거(寓居), 일시[잠시] 머무르는 곳(방값을 날짜대로 받는)셋집.

pied-bot [pjebo] (*pl.* ~s—~s) *n.m.* 안짱다리.

pied-d'alouette [pjedalwɛt] (*pl.* ~s-~) *n.m.* 【식물】참제비고깔.

pied-de-banc [pje(ɛ)dbɑ̃] (*pl.* ~s-~-~) *n.m.*《군대속어》하사관.

pied-de-biche [pje(ɛ)dbiʃ] (*pl.* ~s-~-~) *n.m.* ① 노루발 장도리; 【치과】이뽑이 집게. ②(의자 따위의)굽은 다리. ③종[초인종]의 손잡이.

pied-de-cheval [pje(ɛ)dʃəval] (*pl.* ~s-~-~) *n.m.* 【패류】왕굴의 일종.

pied-de-chèvre [pje(ɛ)dʃɛːvr] (*pl.* ~s-~-~) *n.m.* ① 기중기의 지주(支柱). ② 쇠지레. ②【식물】좁쌀풀.

pied-de-biche ②

pied-de-griffon [pje(ɛ)dgrifɔ̃] (*pl.* ~s-~-~) *n.m.* 【식물】냄새가 지독한 성탄꽃과의 풀.

pied-de-loup [pje(ɛ)dlu] (*pl.* ~s-~-~) *n.m.* 【식물】쉽싸리; 석송(石松).

pied-de-poule [pje(ɛ)dpul] (*pl.* ~s-~-~) *n.m., a.* 【직물】불규칙한 바둑판 무늬(의).

pied-de-veau [pje(ɛ)dvo] (*pl.* ~s-~-~) *n.m.* 【식물】연령초(延齡草).

pied-droit [pjedrwa(ɑ)] (*pl.* ~s-~s) *n.m.* 【건축】(아치의)받침대, 받침대의 석재(石材); 문설주; 버팀벽, 교각(橋脚).

piédestal (*pl. aux*) [pjedestal, -o] *n.m.* (흉상·원주 따위의)대(臺), 받침(→ colonne 그림). *mettre qn sur un ~* …을 과대평가하다, 우러러 받들다. *tomber(dégringoler) de son ~* 권위가 떨어지다.

pied-fort [pjefɔːr] (*pl.* ~s-~s) *n.m.* 모형화폐.

pied-livre [pjeliːvr] (*pl.* ~s-~s) *n.m.* 【도량형】피트 파운드《작업량의 단위; 1파운드의 중량의 물건을 1피트 올리는 작업량》.

pied-noir [pjenwaːr] (*pl.* ~s-~s) *n.m.* 《구어》(독립 이전의)알제리 출신의 프랑스인; (독립후)철수한 프랑스인.

piédouche [pjeduʃ] *n.m.* (흉상이나 기념패 따위의) 작은 밑받침.

pied-plat [pjepla] (*pl.* ~s-~s) *n.m.* 비열한 사내.

pied-tonne [pjetɔn] (*pl.* ~s-~s) *n.m.* 【계량】피트톤《작업량의 단위; 1톤의 중량의 물건을 1피트 올리는 작업량》.

piéfort [pjefɔːr] *n.m.* =pied-fort.

*****piège** [pjɛːʒ] *n.m.* ①(동물을 잡기위한)올가미, 덫. *~ à rat* 쥐덫. *tendre*(*dresser*) *un ~* 덫을 놓다. *faire donner un animal dans le ~* 짐승을 올가미에 걸리게 하다. *prendre un renard au ~* 여우를 덫으로 잡다. ②《비유적》함정, 계략(artifice, ruse). *Ce qu'on vous dit est un ~.* 사람들이 당신에게 하는 것이 바로 계략이다. *Il a donné*(*Il est tombé*) *dans le ~.* 그는 함정에 빠졌다. *être pris à son propre ~* 자기가 파놓은 함정에 스스로 빠지다.

piégeage [pjeʒaːʒ] *n.m.* 덫으로 잡는 사냥.

piéger [pjeʒe] [3·6] *v.t.* ①덫으로 잡다. ②(사람을) 함정에 빠뜨리다, 꼼짝 못하게 하다. ③(모르고 만지면 폭발하는 지뢰·폭탄에)특수장치를 가하다; (도로 따위에)위장폭탄을 가설하다.

piégeur [pjeʒœːr] *n.m.* 덫으로 사냥하는 사람.

pie-grièche [pigriɛʃ] (*pl.* ~s-~s) *n.f.* 【조류】때까치; 성마른(심술궂은) 사람.

pie-mère [pimɛːr] (*pl.* ~s-~s) *n.f.* 【해부】연뇌막(軟腦膜).

piémont [pjemɔ̃] *n.m.* 【지리】산록(山麓); 산록충적면. *glacier de ~* 산록 빙하.

piémontais(e) [pjemɔ̃tɛ, -ɛːz] *a.* 피에몬테(*le Piémont*, 북이탈리아 지방)의. —**P~** *n.* 피에몬테 사람. —**p~** *n.m.* 피에몬테 사투리.

piéride [pjerid] *n.f.* 【곤충】흰나비 무리.
—**P~s** *n.pr.f.pl.*【그리스신화】뮤즈의 신들, 시신(詩神)(les Muses).

pierraille [pjɛraːj] *n.f.* 자갈. *route chargée de ~* 자갈길.

Pierre [pjɛːr] *n.pr.m.* (예수의 수(首)제자)베드로. *se lier avec ~ et Paul*《구어》누구하고도 사이좋게 지내다.

‡pierre [pjɛːr] *n.f.* ① (재료로서의)돌, 석재; 암석. *pont de ~* 돌다리. *mur en ~* 돌담. *~ à bâtir* 건축용 석재. *carrière de ~s* 석재장. *bâtiment de ~* 석조건물. *tailleur de ~* 석수, 석공. *bloc de ~* 돌덩어리, 바위. *~ à plâtre* 석고. *~ à chaux* 석회암. ②돌멩이; 돌, 자갈. *lancer des ~s* 돌을 던지다. *à un jet de ~* 돌을 던져서 닿는 거리에. *casser une fenêtre à coup de ~s* 돌을 던져서 유리창을 깨다. *chemin plein de ~* 자갈길. *P~ qui roule n'amasse pas mousse.*《속담》구르는 돌에는 이끼가 끼지 않는다.
③(도구로서의)돌, 석기; 비석, 묘석. *~ à briquet* 라이터돌. *~ à aiguiser* 숫돌. *~ à feu* 부싯돌. *~* (*tombale*) 묘석. *~ d'autel* 제단석(성스러운 유물을 넣어 제단에 끼움). *~ s milliaires*《고대로마》이정표, 마일 표지석. *âge de la ~* 석기시대. *~ levée* 【고고학】거대한 입석(立石), 멘히르(menhir).
④보석. *~s précieuses* 보석. *~s fausses* (*d'imitation*) 모조 보석. *~s fines* 진짜 보석. *~s dures* 견석(堅石)《마노·수정 따위》. *~ de lune* 월장석(月長石).
⑤돌같은 것; (배 따위의 과육에 생기는)돌같은 응어리; 설탕 덩어리; 석판(石版), 석판의《~s》결석(結石).
⑥*première ~* (건조물의)초석; 《비유적》기초, 기반. *~ fondamentale* 주춧돌; 가장 중요한 것, 근본. *~ de touche* 시금석(試金石). *~ angulaire* 【건축】주춧돌, 초석; 가장 중요한 것, 토대. *~ philosophale* 현자의 돌. *~ branlante* (조그마한 힘에도 움직이는)흔들바위.
apporter sa ~ à un ouvrage 사업에 공헌하다, 일에 참가하다.
avoir une mauvaise ~ dans son sac 중병에 걸려 있다; (일 따위가)매우 어렵게 되어 있다.
de ~ 돌로 만든, 돌 같은; 목석같은, 냉정한, 냉담한. *visage de ~* 돌같이 차가운 얼굴. *cœur de ~* 냉혹한 마음(사람).
être comme une ~ (*jetée*) 돌처럼 잠자코 있다, 목석 같다.
être dur comme la (*une*) *~* 돌처럼 단단하다, 반석 같다.
être malheureux comme les ~s 매우 불행하다.
être nu comme une ~ 발가벗고 있다.
Il gèle à ~ fendre. (돌이 깨질만큼)꽁꽁 얼다.
Il ne reste pas ~ sur ~ de … 의 한가닥도 남아있지 않다.
jeter la ~ à qn …에게 돌을 던지다; …을 비난하다.
jeter une ~ dans le jardin de qn …을 간접적으로 공격하다, 음흉한 방법으로 괴롭히다.

Les ~s même crieront(parleront). 돌조차도 외칠 [말할] 것이다 (못된 행위에 대해서 씀).
maladie de ~ ⓐ (대기 오염 따위에 대한)돌의 풍화(風化). ⓑ 결석의 병. ⓒ avoir la *maladie de ~* 《구어》건축광(建築狂)이다.
marquer un jour d'une ~ blanche 어떤 날을 영구히 기념하다.
ne pas laisser ~ sur ~ (건축물·도시 따위를)완전히 파괴하다 (돌 하나도 쌓이지 않게 하다).
~ à ~ 조금씩, 차츰. démolir un édifice ~ à ~ 조금씩 건물을 헐다.
tomber comme une ~ 털썩 쓰러지다(떨어지다).
pierrée [pjere] *n.f.* 석조 하수구(石造下水溝).
pierreries [pjerri] *n.f.pl.* 보석(세공품).
pierrette¹ [pjeret] *n.f.* 잔돌.
pierrette² *n.f.* ① 《연극》 어릿광대역의 여자. ② 《조류》 암참새.
pierreux(se) [pjerø, -ø:z] *a.* 돌이 많은; 돌의, 석질(石質)의; 돌같은; 《의학》 결석병의. ─ *n.* 《의학》 결석병 환자. ─ *n.f.* 《속어》매춘부, 창녀.
pierrier [pjerje] *n.m.* ① 《농업》 (배수용의)돌을 깐 우물. ②《옛》투석기(投石器).
pierrot [pjero] *n.m.* ① 《연극》 피에로, 어릿광대; 피에로의 탈; 가면. ② 《조류》참새; 《구어》남자.
pierrure [pjery:r] *n.f.* (보통 *pl.*) 《사냥》 (사슴 따위의 뿔의 뿌리 밑동의)잔돌 모양의 것.
pietà [pjeta] 《이탈리아》 *n.f.* 《복수불변》 《미술》 피에타스 (성모마리아가 십자가에서 내려진 그리스도의 몸을 무릎 위에 안은 그림이나 조상(彫像)) (Dame de pitié).
piétage [pjeta:ʒ] *n.m.* (배의)홀수표(吃水標).
piétaille [pjeta:j] *n.f.* 《익살》보병; 어린이; 부하; 도보자.
*****piété** [pjete] *n.f.* ① 신앙심, 경건한 마음, 종교적 헌신. exercices de ~ 신앙심의 실천. livres de ~ 신앙서. images de ~ 종교화. ~ solide 굳은 신앙심. ②《문어》경애심, 효성. ~ filiale 효심, 효도.
piètement [pjetmɑ̃] *n.m.* 《집합적》 (가구의)다리와 가로채.
piéter [pjete] [6] *v.i.* ① 《사냥》 (꿩 따위가)땅위를 뛰다; (놀이 때)지정된 곳에 서다. ②《옛》걷다. ─ *v.t.* ①《옛》선동하여 대항하다. ~ *qn* contre *qc* ...으로 하여금 ...에 대한 반항심을 일으키게 하다. ② le gazon 자디를 밑동까지 깎다. ③《해양》(에)홀수표(吃水標)를 붙이다.
─ **se ~** *v.pr.* 《문어》딱 버티고 서다; 반항하다; 버티다. *se ~* contre toute opposition d'arrangement 모든 타협적인 대안을 단호히 거부하다.
piétin [pjetɛ̃] *n.m.* ① 《농업》 곡물의 세균병. ②《수의》 (소·양 따위의)발굽 썩는 병.
piétinement [pjetinmɑ̃] *n.m.* ① 짓밟기, 짓밟다 다지기; 짓밟아 뭉개기. ② 발을 구르기; 발 구르는 소리; 《사업·교섭 따위의》답보상태. Le ~ continuel de cet enfant m'agace. 계속되는 저 아이의 발 구르는 소리가 몹시 내 신경을 건드린다.
piétiner [pjetine] *v.i.* 발을 구르다(trépigner); 제자리걸음하다; 진척이 안 되다; 땅을 쿵쿵 밟으며 걷다. ~ de colère 성이 나서 발을 동동구르다. sur place 제자리걸음하다. ─ *v.t.* ① 짓밟다. ~ un cadavre 죽은 사람 욕을 하다. ② 《농업》 (땅을)밟아 다지다.
piétisme [pjetism] *n.m.* 《종교사》 경건주의.
piétiste [pjetist] *n.* 《종교사》 경건주의자, 경건파 교도. ─ *a.* 경건주의의, 경건파의.
piéton(ne) [pjetɔ̃, -ɔn] *n.* 도보자, 보행자. ─ *n.m.* 시골의 우편 집배원; 《옛》보병(步兵).
─ *a.*《문어》보행자만이 통과할 수 있는. sentier ~ 보도(步道), 인도(人道). porte ~*ne* (차가 못다니는)보행자용 입구(문).
piétonnisation [pjetɔnizasjɔ̃] *n.f.* 보행자용 도로 만들기.
piétonnier(ère) [pjetɔnje, -jɛ:r] *a.* 보행자의, 보행자를 위한. promenade ~*ère* 보행자용 산보길.
piètre [pjetr] *a.* 빈약한, 가련한, 하찮은. ~ récompense 인색한 보상. avoir une ~ santé 빈약한 건강상태이다. faire ~ figure (사람이)초라하게 보이다. ~ ouvrier 초라한(서투른) 직공.
piètrement [pjetrəmɑ̃] *ad.*《드물게》가엾게, 초라하게; 보잘것 없이, 빈약하게.
pieu¹ [pjø] (*pl.* ~*x¹*) *n.m.* 말뚝; 《토목》 (건물의 기초공사용)기초받침대. appareil à enfoncer les ~*x* 말뚝박는 기계. ~ de fondation (철근 콘크리트 건축 따위의)기초받침대. raide comme un ~ 《구어》말뚝과 같이 딱딱한.
pieu² *n.m.*《속어》잠자리, 침대. se mettre au ~ 잠자리에 들다.
pieusement [pjøzmɑ̃] *ad.* 경건하게, 독실하게; 공손하게, 지성껏; 《구어》맹목적으로. vivre ~ et mourir de même 경건하게 살고 경건하게 죽다. mourir ~ pour la patrie 오직 조국을 위해 죽다. Il croit ~ tout ce qu'on lui raconte. 그는 그에게 말하는 것을 모두 맹목적으로 믿는다.
pieuter (se) [sapjøte] *v.pr.*《속어》잠자리에 들다.
pieuvre [pjœ:vr] *n.f.* 《동물》 문어, 낙지; 《구어》 성가시게 구는 사람.
*****pieux²(se)** [pjø, -ø:z] *a.* ① 독실한, 경건한. âme ~*se* 경건한 마음. 독실한 신자. pensée ~*se* 경건한 생각. ~ établissement 종교시설. conserver un ~ souvenir des bienfaits de *qn* ...의 은혜를 경건한 마음으로 길이 간직하다. legs ~ (자선 사업 따위에 바친)유산. ② 효성스러운. Ses soins ~ ont prolongé la vie de son père. 그의 효성스러운 간호가 아버지의 명을 연장시켰다.
pièze [pjɛ:z] *n.f.*《물리》피에조 (압력의 단위).
piézo- *préf.*〈압력〉의 뜻.
piézo-électricité [pjezɔelektrisite] *n.f.* 피에조 전기, 압전기(壓電氣).
piézo-électrique [pjezɔelɛktrik] *a.* 압전기의. effet ~ 압전효과. semi-conducteur ~ 압전형 반도체. vibrateur ~ 압전 진동자.
piézographe [pjezɔgraf] *n.m.*《물리》저압(低壓) 측정 (압전기를 이용한).
piézomètre [pjezɔmɛtr] *n.m.*《물리》피에조 전기계(電氣計).
pif¹ [pif] *int.* 탁, 탕(강타·총성 따위의). ~! paf! 툭탁, 탁탁.
pif² *n.m.*《속어》코, 사자코, 너부죽한 코.
pifer [pife] *v.t.*《속어》(의)냄새를 맡다. Je ne peux pas le ~. 저 녀석의 냄새는 참을 수 없다.
piffard [pifa:r] *n.m.*《속어》너부죽한 코를 가진 사람.
piffer [pife] *v.t.*《속어》= pifer.
pifferaro (*pl.* ~*i*) [piferaro, -i]《이탈리아》*n.m.* 플룻 부는 사람.
piffre(sse) [pifr, -ɛs] *n.*《옛》뚱뚱보; 대식가.
piffrer (se) [s(ə)pifre] *v.pr.*《속어》아귀아귀 먹다; 배가 터지게 먹다.
pifomètre [pifɔmɛtr] *n.m.*《구어》눈치, 육감. En matière politique, ce qui compte, c'est seulement le pifomètre. 정치에 있어서, 중요한 것은 오직 육감 뿐이다. juger au ~ 육감(눈치)으로 판단하다. Au ~, il y a une bonne dizaine de kilomètres. 얼른 계산해서 10 킬로는 충분히 될 것 같다.
pigamon [pigamɔ̃] *n.m.*《식물》꿩의다리.
pige [pi:ʒ] *n.f.* ① 치수; 자. mesurer une porte avec

une ~ 문책을 자로 재다. ②〖(은어)〗〖인쇄〗식자공이 한 번에 받는 원고의 양; 원고 행수에 따라 신문기자가 받는 보수. travailler à la ~ 원고 1 행 단위로 계산 기고하다. ③〖속어〗해, 년(年), 살(나이); 시간. À cinquante ~s, il se porte bien. 쉰 살이 되지만 그는 건강이 좋다.
faire la ~ à qn 〖속어〗…을 앞지르다, 능가하다.

*pigeon(ne) [piʒɔ̃, -ɔn] *n.* ① 〖조류〗비둘기. ~ ramier 산비둘기. ~ voyageur 전서구(傳書鳩); 〖구어〗항상 여행하는 사람. ②〖속어〗잘 속는 사람, 얼간이. plumer un ~ 얼간이로부터 돈을 갈취하다. ③ (*n.m.*) 〖건축〗회반죽; (석회속의) 잔돌. ④ (*n.m.*) 소형의 종이. ⑤ ailes de ~ 〖무용〗뛰어오르며 두 발을 마주치는 무용스텝. ⑥ ~ vole 〖놀이〗"비둘기가 난다"(어린이 놀이의 일종). ⑦ mon(petit) ~ 〖구어〗사랑아, 자네 〖애칭〗. ⑧ cœur de ~ 〖식물〗체리의 일종. ⑨ (couleur) gorge de ~ 옥충색(玉蟲色).
loger comme [*avec*] *les* ~*s* 〖구어〗다락방에 살다.
REM pigeon 은 일상용어. colombe 는 시적표현으로 특히 흰 비둘기를 가리킨다.

pigeonnant(e) [piʒɔnɑ̃, -ɑ̃ːt] *a.* 〖구어〗새가슴 모양의, (브레지어가) 두드러지게 큰. gorge ~*e* d'une danseuse 댄서의 풍만한 가슴. soutien-gorge ~ 비둘기 가슴 모양의 불쑥나온 브레지어.

pigeonneau [piʒɔno] (*pl.* ~*x*) *n.m.* 새끼 비둘기; 〖구어〗잘 속는 젊은이, 얼간이.

pigeonner [piʒɔne] *v.t.* ① 〖구어〗속이다(duper). ② 〖건축〗(에) 회반죽을 바르다(plâtrer).

pigeonnier(ère) [piʒɔnje, -εːr] *a.* 비둘기 사육에 관한. —*n.m.* 비둘기집; 〖속어〗높은 곳에 있는 집.

piger [piʒe] ③ *v.t.* ① 〖속어〗이해하다(comprendre). *Piges*-tu ce qu'il dit? 저 녀석이 하는 말 알아들었냐? Je ne *pige* pas les maths. 나는 수학을 전혀 모른다. ②〖감기 따위에〗걸리다. ~ un rhume 감기에 걸리다; (도둑 따위를) 붙잡다. ③〖속어〗보다, 바라보다.

pigiste [piʒist] *n.m.* 〖구어〗원고 한 뭉치 단위로 보수를 받는 시자공; 원고 행수에 따라 보수를 받는 신문기자.

pigment [pigmɑ̃] *n.m.* 색소; 채료, 안료(顔料).

pigmentaire [pigmɑ̃tεːr] *a.* 색소의, cellule ~ 색소 세포. tumeurs ~*s* 색소의 종기(창).

pigmentation [pigmɑ̃tɑsjɔ̃] *n.f.* 색소의 구성; (안료에 의한) 염색, 착색(著色).

pigmenté(e) [pigmɑ̃te] *a.p.* (안료로) 염색된.

pigmenter [pigmɑ̃te] *v.t.* (안료로) 착색하다.

pignade [piɲad], **pignada** [piɲada] *n.f.* 〖사투리〗=pinède.

pigne [piɲ] *n.f.* 〖식물〗솔방울, 솔씨.

pignocher [piɲɔʃe] *v.t.* ①〖구어〗(음식물을) 맛없는 듯이 깨지럭거리다. ② (그림을) 정성을 다해서 조금씩 그리다. —*v.i.* ① 깨지럭거리다. ② 정성들여 조금씩 그리다.
—se— *v.pr.* 〖구어〗몹시 다투다(싸우다), 격론을 주고받다.

pignocheur(se) [piɲɔʃœːr, -øːz] *n.* 〖구어〗소심하게 그림을 그리는 사람.

pignon¹ [piɲɔ̃] *n.m.* ①〖건축〗박공, 합사머리. ② 작은 톱니바퀴. ~ d'une bicyclette 자전거의 톱니바퀴.
avoir ~ sur rue 좋은 자리에 번창하는 가게를 가지고 있다; (옛) 도로에 면한 집을 갖다.

pignon¹ ①

pignon² *n.m.* 〖식물〗잣.

pignoratif(ve) [piɲɔratif, -iːv] *a.* 〖법〗매매 계약을 가장한.

pignoration [piɲɔrɑsjɔ̃] *n.f.* 〖드물게〗〖법〗위장 매매 계약.

pignouf [piɲuf] *n.m.* 〖속어〗버릇없는 자식, 상스러운 놈(goujat, rustre); 구두쇠.

pil. 〖약자〗pilule 〖약〗환약.

pilaf [pilaf] *n.m.* 〖요리〗터키식의 쌀밥 요리.

pilage [pilaːʒ] *n.m.* 찧기, 빻기.

pilaire [pilεːr] *a.* 〖해부〗털의.

pilant(e) [pilɑ̃, -ɑ̃ːt] *a.* 〖속어〗배꼽을 뺄는, 포복절도(抱腹絶倒)의.

pilastre [pilastr] *n.m.* 〖건축〗벽기둥; 첨책 기둥; (계단 하부의) 난간대(→ escalier 그림).

pilchard [pilʃaːr] *n.m.* 〖어류〗청어 무리.

pile¹ [pil] *n.f.* ① 무더기, 더미. ~ d'assiettes 쌓아올린 접시의 더미. mettre en ~ 을 쌓아올리다. ② 기둥; 교각(橋脚). ③ 전지; 원자로(~ atomique). ~ sèche 건전지. poste de radio à ~*s* 전지사용 라디오 수신기. ~ photo-électrique 광전지. ④〖어업〗낚시를 매는 짧은 줄.

pile² *n.f.* ① 화폐의 이면 (금액이 새겨져 있는 면). jouer à ~ ou face (동전을 공중에 던져서 나타난 면으로) 어떤 일의 결정을 내리다. ~ ou face (옛) croix ou ~ 앞이냐 뒤냐 (놀이의 일종). ②〖문장〗쐐기꼴 역삼각형 무늬. —*ad.* 〖구어〗정각에; 급작스럽게; 우연히. à deux heures ~ 두 시 정각에. s'arrêter ~ 갑자기 정지하다. tomber ~ (어떤 일이) 꼭 좋을 때에 요행히 일어나다.

pile³ *n.f.* ① 부수는 도구, 돌 절굿공이, 큰 돌공이. ②〖구어〗때림. donner[flanquer] une ~ 〖구어〗매를 난타하다. mettre *qn* à la ~ et au ver-jus (옛·속어) …을 학대하다. ③ (전쟁·경기 따위에서의) 패배(défaite). recevoir une ~ 대패하다.

pile⁴ *n.f.* 〖기술〗(제지용 펄프의) 정세용기.

piler [pile] *v.t.* ① 찧다, 빻다, 갈다. ②〖구어〗부수다, 분쇄하다. se faire ~ dans un match 시합에서 왜패하다. —*v.i.* 〖구어〗급히 정차하다.

pilet [pile] *n.m.* 〖조류〗고방오리.

pileur(se') [pilœːr, -øːz] *n.* 가루로 만드는 사람.

pileux(se²) [pilø, -øːz] *a.* 머리털의. système ~ (동식물의)털. bulbe ~ 모근(毛根). follicule ~ 모포(毛包), 모낭.

pilier [pilje] *n.m.* ① 기둥, 지주(支柱); (마구간의) 간막이 살; 버팀. ~ de la porte 문주, être fermé sur ses ~*s* 굳건히 서 있다. ② 기둥같은 사람; 지지자, 응호자. ~ du parti socialiste 사회당의 지주. industrie devenue un ~ du pays 국가의 지주가 된 산업. ③ (술집 따위의) 단골손님. ~ de cabaret [de bistrot] 술집에서 살다시피 드나드는 사람.

pilifère [pilifεːr] *a.* 〖식물〗털이 있는.

piliforme [piliform] *a.* 〖생물〗털같은, 모상(毛狀)의.

pillage [pijaːʒ] *n.m.* ① 약탈, 강탈; 표절; 〖구어〗사취(詐取). mettre[livrer] une ville au ~ 마을을 약탈에 내맡기다. La ville fut préservée du ~. 그 마을은 수탈을 면했다. Tout y est au ~. 사취행위로 가득차 있다; 모두가 사리사욕을 채우다. ② 약탈에 의한 손해, 낭비.

pillard(e) [pijaːr, -ard] *a.* ① 약탈하기 좋아하는; 손버릇이 나쁜, 도벽이 있는; 표절하는. être d'humeur ~*e* 약탈을 일삼는 부패. abeilles ~*es* 도적벌. ② (개가) 사나운. —*n.* ① 약탈자; 도벽 있는 사람; 표절자. se protéger des ~*s* 약탈자로부터 몸을 보호하다. ② 사나운 개.

piller [pije] *v.t.* ① 약탈하다, 휩쓸다, 털다; 사취하다. ~ une ville 어느 마을을 약탈하다. magasin *pillé* 약탈당한 상점. Quelques soldats rodaient pour ~. 수명의 병사가 약탈하기 위해 배회하고 있었다. gouverneur qui *pille* la province 그 지방에서 재물을 갈취하는 지방장관. ② (공공·타인의 재산을)남용하다. ③ 표절하다. ~ l'œuvre de *qn* …의 작품을 표절하다. vers *pillés* de(dans) Racine 라신에게서 도용한 시구. ④ 덤벼들다. chien qui *pille* tous les passants 모든 통행인에 덤벼드는 개. P~! 쉿 《사냥개를 추기는 소리》.

pillerie [pijri] *n.f.* 《옛·문어》약탈, 강탈. s'enrichir par des ~s 약탈로 사욕을 채워 부자가 되다.

pilleur(se) [pijœ:r, -ø:z] *a.* 약탈하는, 갈탈하는; 표절하는; 도둑질하는. domestique ~ 주인의 돈[물건]을 훔치는 하인. —*n.* 약탈자; 도둑.

pilloter [pijɔte] *v.t.* (의)소지품을 조금 도둑질하다; (꿀벌이 꽃의)꿀을 빨아 내옷다.

pilocarpe [pilɔkarp] *n.m.* 《식물》(멕시코산)운향과(科)의 일종.

pilocarpine [pilɔkarpin] *n.f.* 《화학》필로카르핀.

pilon [pilɔ̃] *n.m.* ① 절구공이, 목메; 막자; 달구. ② 《구어》(요리한)닭의 다리; 의족(義足). homme à ~ 의족을 단 사람. *mettre un livre au* ~ 책을 절판해 버리다.

pilonnage [pilɔnaːʒ] *n.m.* ① (공이로)찧기, 찧어 다지기. ② 《군사》계속적인 포격; 《자동차》(엔진의)충격, 노크.

pilonner [pilɔne] *v.t.* ① (공이로)찧다, 빻다; (종이를)펄프로 하다, 재생하다. ② 《군사》계속적으로 포격하다. —*v.i.* 《구어》열심히 일하다; 《자동차》(엔진이)노크하다.

pilori [pilɔri] *n.m.* (죄인의)공시대(公示臺). clouer *qn* au ~ …을 죄인공시대에 매어 놓다; …의 죄를 공분(公憤)에 호소하다.

pilorier [pilɔrje] *v.t.* (죄인을)공시대에 묶어놓다; 중상하다.

pilo-sébacé(e) [pilɔsebase] *a.* 《해부》모발피지선(皮脂腺)의.

piloselle [pilɔzɛl] *n.f.* 《식물》조팝나물의 일종.

pilosisme [pilɔzism] *n.m.* 《의학》다모(多毛)(증), 다모 과다.

pilosité [pilɔzite] *n.f.* 《집합적》《해부》모(毛), 체모(體毛), 발모상태; 다모성(多毛性).

pilot [pilo] *n.m.* ① 《토목》(물속에 박은 건축물의 기초를 이루는)말뚝. ② (염전의)소금더미; (제지)넝마.

pilotage[1] [pilota:ʒ] *n.m.* 《건축》말뚝공사.

pilotage[2] *n.m.* ① 물길 안내, 도선(導線); (비행기·자동차 따위의)조종술. droits de ~ (배가 지불하는)물길 안내료. école de ~ 항공학교. ~ sans visibilité 맹목비행. ~ automatique 자동조종. ~ téléguidé 원격조작.

***pilote** [pilɔt] *n.m.* ① (배·비행기의)조종사. ~ d'essai 시험 조종사. ~ automatique 자동조정장치. d'une voiture de course 경주용 자동차 운전자. ~ de ligne 정기 항로 조종사. ② 물길 안내; (물길 안내인이 모는)수로(水路) 안내선(bateau-~). côtier[lamaneur] 연안(특정항만) 물길 안내인. ③ 《비유적》안내자, 지도자. ~ du surréalisme 초현실주의의 선도자. Que la raison soit votre ~. 이성이 당신의 길잡이가 되기를. ④ 《구어》실험적, 모델이 되는. usine (classe)-~ (새 방식을 도입한)시험 공장(학급). ⑤ ⓐ 《어류》파일럿 피시 《큰 바다에서 상어나 배를 따라다니는 물고기의 총칭》. ⓑ 《철도》출발신호계. ⓒ ~ drap (선원 외투용의)겹게 짠 나사. ⑥ 《엣》키잡이, 조타수.

piloter[1] [pilɔte] *v.t.* (에)말뚝을 박다.

piloter[2] *v.t.* ① 물길을 안내하다, 인도하다; (배·비행기 따위를)조종하다. ~ sans visibilité[à vue] 무시계[유시계] 비행을 하다. ② 《구어》안내하다, 지도하다. Je vais vous ~ dans Paris. 너에게 파리 시내를 안내하겠소.

pilotin [pilɔtɛ̃] *n.m.* (상선의)견습 선원.

pilotis [pilɔti] *n.m.* 《토목》말뚝. bâti sur ~ 기초 말뚝위에 세워진. ~ de support (수중 혹은 연약한 지면에 건축할 때 사용하는)기초말뚝.

pilou [pilu] *n.m.* 《직물》면플란넬.

pilulaire [pilylɛːr] *a.* ① 환약같은. masse ~ 환약을 빚으려고 이긴 덩어리. ② 피임약의. loi ~ 피임·경구피임약에 관한 법률. —*n.m.* 《수의》환약 투여기.

pilule [pilyl] *n.f.* ① 환약(丸藥). ② 《구어》경구 피임약(~ anticonceptionnelle). *avaler la* ~ 《구어》모욕을 참다; 마지못해 승낙하다; 남의 거짓말을 인정해주다. *dorer la* ~ *à qn* …에게 불쾌한 일을 좋게 보이도록 하다, 사탕발림하다. *prendre une (la)* ~ 혼나다; 실패하다.

piluler [pilyle] *v.i.* 《속어》=**pulluler**.

pilulier [pilylje] *n.m.* 환약 제조기.

pilum [pilɔm] *n.m.* 《고대로마》(던지기·찌르기 겸용의)창.

pilure [piłyːr] *n.f.* 《속어》=**pilule**.

pimbêche [pɛ̃bɛʃ] *n.f.* 《속어》새침하고 까다로운 (교망한) 여자. —*a.f.* 새침하고 까다로운.

pimélique [pimelik] *a.* acide ~ 《화학》피벨린산.

pimélite [pimelit] *n.f.* 《식물》(니켈을 함유한)활석(滑石).

piment [pimɑ̃] *n.m.* ① 《식물·요리》고추. ~ rouge 빨간고추. ~ vert 푸른고추. ② (담화·작품 따위에)자극을 주는 것, 짜릿한 맛.

pimentade [pimɑ̃tad] *n.f.* 《요리》고추 소스.

pimenté(e) [pimɑ̃te] *a.p.* ① 고추로 양념을 한. récit ~ 고추미를 가미한 이야기. ② 《구어》이야기 따위가)흥취가 있는, 짜릿한.

pimenter [pimɑ̃te] *v.t.* ① (에)고추를 넣다, 고추로 양념하다. ② 《구어》(에)흥취를 돋구다. ~ son récit 이야기의 흥을 돋구다.

pimpant(e) [pɛ̃pɑ̃, -ɑ̃ːt] *a.* 말쑥한, 맵시있는(élégant). Vous voilà bien ~ aujourd'hui. 오늘은 정말 말쑥한[맵시있는] 옷차림이군. toilette ~*e* 맵시 있는 화장.

pimperneau [pɛ̃pɛrno] (*pl.* ~*x*) *n.m.* 《어류》뱀장어의 일종.

pimpesouée [pɛ̃pzwe] *n.f.* 유식한 체하는 여자.

pimprenelle [pɛ̃prənɛl] *n.f.* 《식물》오이풀.

***pin** [pɛ̃] *n.m.* 《식물》소나무. ~ maritime 프랑스 해송(海松). pomme de ~ 솔방울.

pinace [pinas] *n.f.* 단정(端艇), 보트.

pinacle [pinakl] *n.m.* 첨탑, 뾰족탑; 절정. être au ~ 권력의 절정에 있다. mettre *qn* sur le ~; porter *qn* au ~ 《구어》…을 격찬(찬양)하다.

pinacothèque [pinakɔtɛk] *n.f.* (독일·이탈리아에서의)화랑(畫廊), 회화(진열)관.

***pinailler** [pinaje] *v.i.* 《속어》(자질구레한 일을 갖고) 궤변을 늘어놓다(까다롭게 따지다).

pinailleur(se) [pinajœːr, -øːz] *n.* 궤변가, 트집잡기 좋아하는 사람.

pinard [pinaːr] *n.m.* 《속어》포도주.

pinardier [pinardje] *n.m.* 《속어》포도주 수송선; 포도주 도매상인.

pinasse[1] [pinas] *n.f.* 단정(端艇), 고속 대형어선.

pinasse[2] *n.f.* 《식물》유럽 적송(赤松).

pinastre [pinastr] *n.m.* 《사투리》《식물》프랑스해송(pin maritime).

pinçade [pɛ̃sad] *n.f.* 꼬집기; 집기; 뜯기; 따기; 잡기, 붙들기, 체포. donner des ~s jusqu'au sang 피가 나올 정도로 심하게 꼬집다.

pinçage [pɛ̃sa:ʒ] *n.m.* 《원예》 순자르기, 새가지〔순〕 치기.

pinçard(e) [pɛ̃sa:r, -ard] *a., n.m.* 발부리로 걷는 「(말).

***pince** [pɛ̃:s] *n.f.* ① 집게 (펜셋·뼨찌·클립·장도리 따위). ~ à épiler 쪽집게. ~ à sucre 설탕집게. ~ universelle 만능 뺀찌. ~ à linge 빨래 집게. ~s de chirurgien 수술용 핀셋. ②《공사 따위에 쓰는》 지렛대. ③《의복》 다트《몸에 꼭 맞도록 꿰맨 부분》. faire une ~ à une jupe 치마에 다트를 잡다. ~ de poitrine 가슴의 다트. ④《속어》 ⓐ 손. serrer la main à qn …의 손을 잡다, …와 악수하다. ⓑ (pl.) 발. aller à ~ 걸어가다. ⓒ chaud de la ~ (남자가) 호색적인. ⓓ Bonne ~! 《구어》기운내!, 자! ⑤《옛》 죔, 끼움; 쥐는 힘. Cet homme a la ~ forte (rude). 이 사람은 쥐는 힘이 매우 강하다. ⑥ ⓐ (새우·게의) 집게발. ⓑ (말의) 발굽의 앞끝, 편자의 앞끝. ⓒ (거미 따위의) 가위다리. ⓓ (곤충의) 큰 턱. ⓔ (초식동물, 특히 말의) 중문치 (中門齒), 앞니.

pincé(e¹) [pɛ̃se] *a.p.* ① 새침한, 쌀쌀한, 점잔빼는; 불만스러운. avoir un air ~ 쌀쌀한 모습을 하다. répondre d'un ton ~ 새침하게 대답하다. ② 뾰족한, 꼭 다문. lèvres ~es 꼭 다문 얄팍한 입술. ③《음악》지탁곡〔指彈曲〕, 비비카토.

***pinceau** [pɛ̃so] (*pl.* **~x**) *n.m.* ① 붓, 화필, 화필치; 화가. ~ à barbe (면도용) 솔. donner le dernier coup de ~ à un tableau 그림에 마지막 손질을 하다. vivre de son ~ 화필로 생활을 해나가다. Ce peintre a le ~ hardi(délicat). 이 화가의 화필은 대담(섬세)하다. Rubens fut un ~ vigoureux. 루벤스는 활기찬 필치의 화가였다. ②《속어》(쓰는) 비; 발. ⓐ 다리 귀얄, 풀비. ③《광학》 ~ lumineux 광속 (光束); ~ électronique 전자 빔; ~ radar 무전 빔; ~ sonore 사운드 빔.

pince-cul [pɛ̃sky] (*pl.* ~-~(*s*)) *n.m.*《속어》풍기가 나쁜 무도회.

pincée² [pɛ̃se] *n.f.* 한줌. une ~ de sel 소금 한줌.

pince-fesse [pɛ̃sfɛs] *n.m.* (복수불변)《구어》풍기문란한 무도회《파티》.

pincelier [pɛ̃səlje] *n.m.* (유화용의) 붓 씻는 그릇.

pince-maille [pɛ̃smɑ:j] (*pl.* ~-~(*s*))《옛·구어》인색한 사람.

pincement [pɛ̃smɑ̃] *n.m.* ① 집기, 꼬집기; 죄기. ~ au cœur 고통스러운 (괴로운) 느낌. ②《음악》(기타 따위의 줄을) 뜯어 타기. ③《원예》 = pinçage.

pince-monseigneur [pɛ̃smɔ̃sɛɲœ:r] (*pl.* ~s-~) *n.f.* (특히 도둑이 자물쇠 열 때 쓰는) 쇠지렛대.

pince-nez [pɛ̃sne] *n.m.* (복수불변) 코안경.

pince-notes [pɛ̃snɔt] *n.m.* (복수불변) 종이 집게, 클립.

***pincer** [pɛ̃se] [2] *v.t.* ① (손가락이나 집게 따위로) 집다, 꼬집다; 죄다. Le maître lui *pinça* la joue amicalement. 선생님은 정답게 그의 볼을 꼬집었다. La porte lui *a pincé* le doigt. 그의 손가락이 문틈에 끼였다. ~ les lèvres 입술을 꼭 다물다. ② (추위 따위가 몸을)에는 듯하다. Le froid me *pince* au visage. 추위로 얼굴이 얼얼하다. 《목적보어 없이》 Ça *pince* dur, ce matin. 《구어》 오늘 아침은 매섭게 춥다. ③《원예》(새순 따위를) 따다, 뜯다. ④ (옷에) 주름을 잡아 죄다; (옷이 허리둥을) 바싹 죄다(serrer). redingote qui lui *pince* la taille 그녀의 허리를 바싹 죄는 외투. ⑤《구어》잡다, 붙들다, 체포하다(arrêter, prendre). La police l'*a pincé*. 경찰은 그를 체포했다. se faire ~ 붙잡히다. ⑥《옛》(음식을) 한입 집어 먹다〔맛보다〕.

en ~ pour qn 《구어》…을 사랑〔좋아〕하다.

—*v.t.ind.* [~ de] (기타 따위를 손끝으로) 퉁기다, 타다. ~ de la harpe 하프를 뜯다.

—**se** ~ *v.pr.* 집히다, 꼬집히다; 자기의 …을 집다. se ~ les doigts dans la porte 문에 손가락을 끼다.

pince-sans-rire [pɛ̃ssɑ̃ri:r] *n.*《복수불변》《구어》시치미를 떼고 조롱하는 사람; 엉뚱한 짓을 하는 사람; 《속어》 경찰, 경관. répondre d'un ton de ~ 뾰로통하게 조롱하듯 대답하다. 《형용사적》 ton ~ 차갑고 새침한 듯한 말투.

***pincette** [pɛ̃sɛt] *n.f.* ① 살짝 집기 (꼬집기); (보통 *pl.*) 핀셋; 부집게, 부젓가락. embrasser qn à (la) [en] ~ …의 양 볼을 살짝 잡고 키스하다. 《속어》 발. tricoter des ~s 뛰다, 달아나다. se tirer des ~s 도망치다. affûter ses ~s 뒤도 안돌아 보고 달아나다.

n'être pas à prendre avec des ~s 매우 불결하다, 매우 추하다; 몹시 기분이 상하다.

pinceur(se) [pɛ̃sœ:r, -øːz] *a.* 꼬집는, 집는.

—*n.* 꼬집기〔집기〕 좋아하는 사람.

pinchard(e) [pɛ̃ʃa:r, -ard] *a.* 암회색의.

pinchart [pɛ̃ʃa:r] *n.m.* (화가가 야외에서 이용하는) 삼각의자.

pinchina(t) [pɛ̃ʃina] *n.m.*《직물》 조잡한 나사.

pinçon [pɛ̃sɔ̃] *n.m.* ① 손톱 자국, 꼬집혀 (물린) 자국. bras couvert de ~s 꼬집힌 자국투성이의 팔. ② (편지의) 쇠테.

pinçure [pɛ̃sy:r] *n.f.* ① (드물게) 꼬집기; 집기; 뜯기, 따기. ②《직물》(축융(縮絨)때 생기는) 주름.

Pindare [pɛ̃da:r] *n.pr.m.*《그리스문학》핀다로스.

pindaresque [pɛ̃darɛsk], **pindarique** [pɛ̃darik] *a.* 핀다로스풍의.

pindariser [pɛ̃darize] *v.i.* 핀다로스를 모방하여 말하다 (쓰다).

pindarisme [pɛ̃darism] *n.m.* 핀다로스풍(風); 핀다로스풍의 수사학상의 서정시.

Pinde (le) [ləpɛ̃:d] *n.pr.m.*《고대지리》핀도스 산맥《그리스 중앙부의 산맥》. les filles du ~ 뮤즈 여신들(les Muses).

pinéal(ale, *pl.* **aux)** [pineal, -o] *a.*《해부》솔방울 모양의. glande ~ale 송과선 (松果腺).

pineau [pino] (*pl.* ~x) *n.m.* ① (부르고뉴(*Bourgogne*)산의) 알이 잔 포도. ② 아페리티프《식사 전에 마시는 술》의 일종.

pinède [pinɛd] *n.f.* 소나무숲, 솔밭.

piner [pine] 《비어》 *v.t.* (여자와) 정을 통하다.

—*v.i.* 간음하다.

pineraie [pinrɛ] *n.f.*《드물게》= **pinède**.

pingouin [pɛ̃gwɛ̃] *n.m.*《조류》펭귄.

pingouinière [pɛ̃gwinjɛ:r] *n.f.* 펭귄의 군서지.

ping-pong [piŋpɔ̃:g] *n.m.* 《복수없음》《상표명》탁구(tennis de table). joueur de ~ 탁구경기자 (pongiste). table de ~ 탁구대. raquette de ~ 탁구용 라켓. acheter un ~ 탁구용구를 사다.

pingre [pɛ̃:gr] *a.* 인색한, 가련스러운(radin).

—*n.* 인색한 사람, 노랭이.

pingrerie [pɛ̃grəri] *n.f.* 인색, 인색한 행위 (성질).

pinicole [pinikɔl] *a.*《생물》소나무에 기생하는.

pinière [pinjɛ:r] *n.f.*《드물게》= **pinède**.

pinifère [pinifɛ:r] *a.* 소나무를 산출하는.

pinite [pinit] *n.f.*《광물》피니사이트(石).

pinnatifide [pi(n)natifid], **pinnatilobé(e)** [pi(n)natilobe] *a.*《식물》(잎이) 깃 모양으로 갈라진.

pinnatiséqué(e) [pi(n)natiseke] *a.*《식물》(잎이) 깃 모양으로 갈라진.

pinne [pin] *n.f.* 【패류】 삿갓조개 (~ marine).
pinné(e) [pi(n)ne] *a.* 【식물】 (잎이) 깃 모양의, 우상(羽狀)의.
pinnipède [pi(n)nipɛd] 【동물】 *a.* 기각(鰭脚)의, 지느러미 모양의 발을 가진. —*n.m.* 기각동물; (*pl.*)기각류.
pinnothère [pi(n)nɔtɛːr] *n.m.* 【동물】 속살이.
pinnule [pi(n)nyl] *n.f.* ① 소기(小鰭); 【식물】 소우편(小羽片), 우상복엽(羽狀複葉)의 낱잎. ② 조준의 (照準儀).
pinocher [pinɔʃe] *v.t., v.i.* ①《구어》=pignocher. ②《속어》=piner.
pinot [pino] *n.m.* =**pineau.**
pinouiller [pinuje] *v.i.* (비어) (여자와) 정을 통하다; 여자의 뒤를 따라다니다.
pin-pon [pɛpɔ̃] *int.* 삥삥 (소방차의 경적 소리).
pinque [pɛ̃ːk] *n.f.* 【해양】 3 대박이 (돛단배).
pinson [pɛ̃sɔ̃] *n.m.* 【조류】 방울새 무리. gai comme un ~ 매우 명랑한.
pinsonnière [pɛ̃sɔnjɛːr] *n.f.* 방울새의 새장; 【조류】 박새의 일종.
pintade [pɛ̃tad] *n.f.* 【조류】 (서아프리카산의) 뿔닭;《구어》교만한 여자.
pintadeau [pɛ̃tado] (*pl.* ~**x**) *n.m.* 【조류】 새끼닭.
pintadine [pɛ̃tadin] *n.f.* 【패류】 진주조개. I닭.
pinte [pɛ̃ːt] *n.f.* 【옛】파인트(액체의 단위; 파리에서는 0.93 *l*); 1 파인트의 양.
se faire une ~ de bon sang《구어》무척 기뻐하다.
pinter [pɛ̃te] *v.t., v.i.*《속어》(술을)폭음하다. Il *pinte sec.* 그는 술고래이다.
pin-up, pin up [pinœp]《미영》*n.f.*《복수불변》핀업; 편업걸 (벽에다 핀으로 꽂아놓는 여배우의 사진); 성적 매력이 있는 젊은 여자.
pinx.《약자》pinxit 【미술】 …畵 (畫).
piochage [pjɔʃaːʒ] *n.m.* 곡괭이로 파기, 곡괭이질;《학생속어》기를 쓰고 공부하기.
***pioche** [pjɔʃ] *n.f.* 곡괭이. tête de ~《구어》석두(石頭), 고집이 센 사람.
piochement [pjɔʃmɑ̃] *n.m.* 곡괭이로 파기.
***piocher** [pjɔʃe] *v.t.* 곡괭이로 파다. ~ la terre 땅을 곡괭이로 파다;《학생속어》기를 쓰고 공부하다. ~ sa géométrie 기하를 열심히 공부하다. —*v.i.* (도미노에 판에) 남은 패 중에서 골라잡다;《학생속어》기를 쓰고 공부하다.
piocheur(se) [pjɔʃœːr, -ø:z] *a.* 곡괭이로 파는. —*n.* 곡괭이로 일하는 사람;《학생속어》기를 쓰고 공부하는[파는] 사람, 노력가. —*n.f.* 굴착기.
piochon [pjɔʃɔ̃] *n.m.* 작은 곡괭이; 장방구멍을 파는 까뀌.
piolet [pjɔlɛ] *n.m.* 【등산】 (아이스)피켈.
pion [pjɔ̃] *n.m.* ①【체스】졸 (→ échecs 그림). ②《옛》보병, 하인. ③《학생속어》자습 감독.
pioncer [pjɔ̃se] [2] *v.i.*《속어》자다. ~ *ferme* 한숨 푹 자다.
pionceur(se) [pjɔ̃sœːr, -ø:z]《속어》잠자는 사람.
pionne [pjɔn] *n.f.*《학생속어》여자 자습감독; 여자 조교.
pionner [pjɔne] *v.i.* ① (체스에서) 많은 졸을 잡다; (dames 놀이에서) 말을 바꾸다. ② 개척하다.
pionnier [pjɔnje] *n.m.* ① 개척자, 선구자. ~*s* de la recherche atomique 원자력연구분야에 있어서의 선구자. ~*s américains du 19ᵉ siècle* 19세기 미국의 개척자들. faire œuvre de ~ 개척 사업을 하다. ②《옛》공병(工兵).
piot [pjo] *n.m.*《옛·구어》포도주.
piotter [pjɔte] *v.i.* (새가) 지저배배 울다.
pioupiou [pjupju] *n.m.*《옛·구어》보병.

pipa [pipa] *n.m.* 【동물】 (남아메리카 열대지역의) 피파개구리.
***pipe¹** [pip] *n.f.* ① 담뱃대, 파이프; (담배·아편 따위의)파이프 한 대. Il ne fume que la ~. 그는 파이프만 피운다. fumer une ~ 파이프 한 대를 피우다. bourrer sa ~ 파이프 담배 통에 담배를 담다. ~ en terre 도제(陶製) 파이프. terre de ~ 파이프 백토(白土). ②《속어》담배, 궐련(cigarette). paquet de ~*s* 궐련갑. ③ 관(管) (옥내배선용) 전선관; (엔진의 기화연료) 흡입관, 인테브채널. ~ *d'aération* 통기관. ~ *d'alimentation* 액체 연료난로의 급유관; 급수관. ④《옛》파이프 (포도주·기름의 용량단위; 약 402 리터). ⑤ (사투리) (포도주·기름 따위의) 큰 통;《옛》목구멍(gosier). ⑥《옛》피리 (pipeau); 갈대 피리 (chalumeau).
casser sa ~《구어》죽다.
prendre une ~《속어》꾸중듣다; 실패하다.
se fendre la ~《속어》크게 웃다.
tête de ~《속어》괴상하게 생긴 사람. par *tête de ~* 일인당, 한 사람 앞에.
pipe² [pip, pajp] *n.f.*《옛》송유관 (pipe-line).
pipé(e¹) [pipe] *a.p.* (주사위가)속임수 표가 된; (말이)사기성이 있는, 남을 속이는. Les dés sont ~*s.* 그 수에 넘어가지 말아라; 그것은 속임수이다.
pipeau [pipo] (*pl.* ~**x**) *n.m.* ① 피리; 우레. ② (*pl.*) (새덫의) 끈끈이 막대기. ③ (*pl.*) 잔꾀, 책략.
pipée² *n.f.* ① 우레로 꾀어서 잡는 새사냥. ② 올가미, 속임수, 계략.
pipée³ *n.f.* 【드물게】 (담배·아편 따위의) 파이프 한 대 분량.
pipe-lait [piplɛ] *n.m.* 우유 수송 파이프 (lactoduc).
pipelet(te) [piplɛ, -ɛt]《속어》*n.* ① 문지기, (아파트) 관리인 (concierge). ② 수다장이 (bavard). —*a.* 수다스러운; 험담하기 좋아하는.
pipe(-)line [piplin, pajplajn] (*pl.* ~(**s**)~**s**)《영》 *n.m.* ① 송유관 (送油管). ② 【정보】 파이프라인 (컴퓨터에서의 여러 개의 처리 유니트).
piper [pipe] *v.t.* ① (새를) 우레로 꾀어서 잡다. ② ~ *les dés*[*les cartes*] 주사위[카드]에 몰래 표를 하여 속임수를 쓰다. ③《속어》현장을 덮치다; 속이다 (tromper). *se faire* ~ 붙잡히다.
—*v.i.*《옛》우레를 불다; (새가) 울다;《옛》(에) 뛰어나다;《옛》(…에) 뛰어나다.
ne pas ~ (mot)《속어》한 마디도[아무 말도] 하지 않다, 침묵을 지키다.
pipéracé(e) [piperase] *a.* 후추의, 후추과의 【식물】
—*n.f.pl.* 후추과(科).
piperade [piperad] *n.f.* 【요리】 피페라드 (바스크 지방 요리로 토마토·피망이 든 오믈렛에 햄을 곁들인 것).
pipérazine [piperazin] *n.f.* 【화학】 피페라진.
piper-cub [piparkœb] (*pl.* ~~**s**)《미영》*n.m.* 소형 정찰기.
piperie [pipri] *n.f.*《옛·문어》사기, 속임수, 계략.
pipérin [piperɛ̃] *n.m.*, **pipérine** [piperin] *n.f.* 【화학】 피페린.
pipéronal(*pl.* **aux**) [piperɔnal, -o] *n.m.* 【화학】 피페로날 (héliotropine).
pipette [pipɛt] *n.f.* ① 【화학】 피펫 (아주 적은 액체나 가스를 옮기는 작은 관). ② 【드물게】 작은 파이프.
pipetter [pipɛ(e)te] *v.t.* 피펫으로 (액체를) 뽑다.
pipeur(euse, 【드물게】 **eresse)** [pipœːr, -ø:z, -rɛs] *n.* 우레로 새사냥하는 사람;《옛》(노름판에서) 속임수를 쓰는 사람; 사기꾼. —*a.*《옛》속임수를 쓰는, 속이는.

pipi¹ [pipi] *n.m.* 《구어·어린애말》오줌, 쉬. faire ~ 쉬하다, 오줌누다. ~ de chat 《구어》싸구려 포도주; 김빠진 음료수.

pipi², pipit [pipit] *n.m.* 【조류】논종다리.

pipier(ère) [pipje, -ɛːr] *a.* 파이프 제조의. —*n.* 파이프 제조자.

pipistrelle [pipistrɛl] *n.f.* 【동물】(작은)박쥐의 일종.

pipo [pipo] *n.m.* 《학생속어》이공과대학(École polytechnique)(의 학생).

piquage [pikaːʒ] *n.m.* ① (재봉틀로)박기, 틀바느질. ② 【항공】급강하. ③ 【건축】돌을 뜨기(뜨는 법). ④ 천공(穿孔); 【직조】종이본에 구멍내기; 포도주통에 구멍내기. ⑤ 【요리】라딩, (고기)기름살을 끼우기(lardage). ⑥ 《파이프·전선 따위의)집합, 배관, 배선. ⑦ 【競技】체포.

***piquant(e)** [pikɑ̃, -ɑ̃ːt] *a.* ① 찌르는. tige ~*e* d'un rosier 장미의 찌르는 줄기. ② (촉감·맛·냄새에서)찌르는 듯한, 짜릿한, 쏘는; 매운. barbe ~*e* 콕콕 찌르는 수염. froid ~ 살을 에는 듯한 추위. moutarde ~*e* 매운 겨자. sauce ~*e* 【요리】소스 피캉트(겨자·식초·작은 오이로 익힌 소스). eau ~*e* 《구어》탄산수. ③ 재미(재치) 있는; 신랄한, 자극적인. mots ~*s* 신랄한 말. assemblage ~ de couleurs 색깔의 재미있는 혼합. ④ 호기심을 자극하는; (여자 따위가)자극적인. histoire ~*e* 호기심을 일으키는 이야기. beauté ~*e* 자극적인 아름다움.
—*n.m.* ① (동·식물의)가시(épine); (벌 따위의)침. ~*s* du cactus 선인장의 가시. ② 《문어》(비유적) (이야기 따위의)묘미; 짜릿한 재미 (↔ fadeur). ~ de la situation 상황의 묘미 (↔ 여자의)자극적인 매력.

pique¹ [pik] *n.f.* ① 창, 투우사의 창. bois de ~ 창자루. ② 창의 길이(옛 도량형의 단위, 약 1.6 m). être à cent ~*s* au-dessous(au-dessus) de *qn* …보다는 훨씬 못하다(낫다). ③ (도로포장공용)곡괭이. **à la ~ du jour** 동틀 무렵에, 새벽에. ④ 【놀이】(카드의)스페이드, as de ~ 스페이드의 에이스. C'est un bon as de ~. 그 놈은 바보야. jouer ~ 스페이드를 내놓다. **faire *qc* à l'as de ~** …을 멋대로 하게나(되는 대로 해버리다.

pique² *n.f.* ① 신랄한 말, 비꼼. envoyer(lancer) des ~*s* à *qn* …에게 신랄한 말을 하다, …을 비꼬다. ② 《옛》(자존심을 살짝 다쳤을 때에 오는)불쾌, 불쾌함. avoir une ~ avec *qn* …와 사이가 틀어지다. **par ~** 화가 나서.

piqué(e) [pike] *a.p.* ① 벌레 먹은, 좀이 쏜, (곰팡이가 피어)얼룩진. glace ~*e* (뒤에 입힌 박이 떨어져)얼룩진 거울. papier ~ 곰팡이 핀 종이. mains toutes ~*es* de rousseur 주근깨로 온통 얼룩진 손. ② 재봉틀로 박은; 누비질한. ③ 【요리】(고기에)기름살을 박아 넣은. veau ~ 기름살을 끼운 송아지고기. ④ (술 따위가)시어진, 시어진 포도주. ⑤ 《구어》정신이 좀 돈(이상한) ⑥ 자존심이 상한, 화가 난. ⑦ note ~*e* 【음악】스타카토음. ⑧ 【항공】급강하.
—*n.m.* ① 【재봉】누빈 천, 피케. ② 【무용】피케 (한 발을 뻗고 발부리로 서는 형으로 옮기는 동작). ③ 【항공】급강하(descente en ~). bombardement en ~ 급강하폭격. ④ 【사진】세부의 선명도. ⑦ ~ de tête 머리가 이상한 사람.

pique-assiette [pikasjɛt] *n.* 《복수불변》《구어》식객(écornifleur, parasite).

pique-bœuf [pikbœf] (*pl.* ~-~-*s*) *n.m.* ① 닭우지킴; (소들을 모는)막대기. ② 【조류】찌르레기의 일종.

pique-feu [pikfø] *n.m.* 《복수불변》부지깽이.

pique-nique [piknik] *n.m.* ① 피크닉, 소풍. faire un ~ 피크닉을 가다. ② 《옛》각자 음식을 지참하는 회식.

pique-niquer [piknike] *v.i.* 피크닉을 가다.

pique-niqueur(se) [piknikœːr, -øːz] *n.* 피크닉을 하는 사람.

pique-notes [piknɔt] *n.m.* 《복수불변》서류(전표)꽂이.

piquepouille [pikpuj] *n.m.* (남프랑스의)포도묘목; (그 포도의)포도주(picpouille).

pique-puce [pikpys] *n.m.* 《복수불변》《속어》양복짓는 사람, 재단사(tailleur).

:piquer [pike] *v.t.* ① (핀·가시 따위가)찌르다, (음식 따위를)찍다. Une épine m'*a piqué* le bras. 가시가 내 팔을 찔렀다. ~ un morceau de viande avec une fourchette 포크로 고기 토막을 찍다.
② (벌레 따위가)쏘다, (뱀이)물다; 침주다, 주사를 맞히다. Une abeille l'*a piquée*. 벌이 그를 쏘았다. Il a été *piqué* au doigt par un serpent. 그는 뱀에게 손가락을 물렸다. On l'*a piqué* contre la variole. 그는 종두를 맞았다. ~ *qn* à la morphine …에게 모르핀 주사를 놓다. faire ~ un chat 고양이에게 주사를 놓아 안락사 시키다.
③ 꽂다, (핀으로)고정시키다. ~ une photo au mur 벽에 사진을 핀으로 꽂아 두다.
④ (말에)박차를 가하다; 따갑게 하다, 찌르는 듯한 느낌을 주다; (음료수가)짜릿한 느낌을 주다. ~ un cheval 말에 박차를 가하다. La fumée *pique* les yeux. 연기로 눈이 따갑다. La gorge me *pique*. 목구멍이 따끔거린다. 《목적어 없이》froid qui *pique* fort 살을 에는 듯한 추위. 《목적어 없이》 Un poisson *pique*. 고기가 먹이에 자주 입질한다.
⑤ 【요리】(로스트용 고기에)막대기꼴 돼지 기름을 찔러 넣다. ~ de la viande (로스트용)고기에 비계를 넣다.
⑥ (점선꼴로)작은 구멍을 내다; (벌레가 목재·피륙·종이 따위를)파먹다, 쓸다; (에)얼룩(반점)을 이루다. ~ un dessin (직물의 본뜨는 종이에)점선 꼴 구멍으로 무늬를 그리다. Les vers *ont piqué* ce meuble. 이 가구에 좀이 쑤었다. L'humidité *pique* le papier. 습기가 종이에 얼룩을 만든다. ~ un moellon 끌자국이 남도록 석재를 깎다.
⑦ 꿰매다. (재봉틀로)박다, 【의복】퀼팅하다. La robe est bâtie: il reste à la ~ à la machine. 드레스의 재단이 끝났으니 재봉틀로 박으면 된다. ~ un couvre-pied 장식용 침대보를 퀼팅하다.
⑧ 세게치다. De colère, il *piquait* le sol de coups de canne. 홧김에 그는 지팡이로 바닥을 쳤었다. ~ la bille 【당구】맛세를 하다, 큐를 세우어서 치다. ~ le sable (말이)모래땅을 박차다. ~ la pointe 【무용】발부리로 서다. ~ une note 【음악】스타카토로 음을 연주하다. ~ une cloche 【해양】(신호의)종을 치다. ~ l'heure 시작을 알리는 종을 치다.
⑨ (호기심 따위를)자극하다(exciter); 주의를 끌다; 《옛》(비유적) 마음을 언짢게 하다, 감정을 상하게 하다(blesser); 몹시 화나게 하다. ~ l'attention de *qn* …의 주의를 끌다. Ce fait *a piqué* ma curiosité. 이 사실은 나의 호기심을 자극했다. Cette parole l'*a piquée* (jusqu')au vif. 이 말은 그 여자를 (몹시) 자극했다(그 여자의 자존심을 (몹시) 상하게 했다).
⑩ 《구어》(갑자기 …을 하기)시작하다. ~ une attaque (une crise) d'hystérie 갑자기 히스테리의 발작을 일으키다. ~ un fou rire 갑자기 껄껄대고 웃기 시작하다. ~ un galop 갑자기 말을 구보로 몰기 시작하다. ~ un cent mètres 100미터 경주의 스타트를 끊다. ~ un roupillon 깜빡 졸다, 한숨 자다.

~ **une rage de dents** 갑자기 심한 치통이 일어나다. ~ **un plongeon** 풍덩 물속으로 잠수하다.
⑪ (접수를)따다, 받다; 훔치다(voler); 붙잡다, 체포하다(arrêter). Il *a piqué* un zéro en maths. 그는 수학에서 0점을 받았다. On lui *a piqué* son portefeuille. 그는 지갑을 도둑 맞았다. La police l'*a piqué* après l'avoir poursuivi. 경찰은 그를 추적 끝에 체포했다.
Ça me pique. 따끔다.
~ des deux (말에)박차를 가하다; 급히 떠나다.
~ une tête 곤두박이치다.
—*v.i.* ① 돌진하다; (말을 타고)내닫다.
② 내려박히다, (비행기가)내려꽂다, 급강하하다. Du haut du ciel l'aigle *pique* sur sa proie. 독수리가 고공에서 먹이를 향해 급강하하다. ~ **du nez** 곤두박질하다, (비행기가)추락하다; 〖해양〗 배가 선수를 파도 속에 박다.
③ 따끔거리다; 짜릿하다. barbe qui *pique* 따끔따끔 찌르는 수염. eau qui *pique* 〖어린애말〗 탄산수, 소다수.
—*se* — *v.pr.* ① 자기의 …을 찌르다; 찔리다; 주사를 맞다, (특히)마약을 하다. Je me suis *piqué* à un rosier. 나는 장미가시에 찔렸다. Elle *s'est piquée* avec une épingle[un clou]. 그 여자는 핀[못]에 찔렸다. *se* — *à* la morphine 모르핀 주사를 맞다.
② [se — de *qc/inf.*] (을)자부하다, 뽐내다. Il *se pique d'esprit.* 그는 재치가 있노라고 뽐낸다. *se* — *de bien écrire* 글을 잘 쓴다고 자부하다.
③ 〖문어〗골내다, 화내다. Il *se pique* pour un rien. 그는 사소한 일에 화를 낸다.
④ (목재·피륙·종이 따위에)벌레에 쏠리다; (습기로)얼룩지다, 곰팡이 슬다.
⑤ (포도주가)시어지다.
se — *du nez* 〖구어〗술취하다.

piquet[pikɛ] *n.m.* ① 말뚝, 푯말. mettre [attacher] un cheval au ~ 말을 말뚝에 매다. ② 〖군사〗 (대기 경계임무에 임하는)기동대. ~ **d'incendie** 소방반(消防班). ③ ~ **de grève** (파업의)현장 감시반. ④ 〖학교〗직립벌 (학생을 벽을 보고 서있게 하는). mettre un enfant au ~ 아이를 벌세우다. être au ~ (교실에서)벌을 서다.

piquet² *n.m.* 〖놀이〗 카드놀이의 일종.

piquetage [pikta:ʒ] *n.m.* 말뚝(푯말)을 박기; 피켓 라인을 치기.

piqueté(e) [pikte] *a.p.* ① (용지(用地) 따위가)말뚝이 박힌. ② [~ **de**] (로)얼룩점 무늬가 된. ciel *d'étoiles* 별이 총총한 하늘.

piqueter [pikte] ⑤ *v.t.* ① (에)말뚝(푯말)을 박다, 피켓을 치다. ② (에)얼룩점을 넣다.

piqueton [pikto] *n.m.* , **piquette¹** [pikɛt] *n.f.* ① 피케트 (포도 찌꺼기에 물을 타서 만든 음료; 시큼한 포도주, 막포도주). ② 〖구어〗값싼 물건, 싸구려. Ce n'est pas de la ~. 시시한 것이 아니다.

piquette² *n.f.* 〖속어〗심한 매질; 참패(慘敗). prendre une [la] ~ 연타당하다; 참패하다.

piqueur'(se) [pikœ:r, -ø:z] *n.* ① 조마사(調馬師) (양마장(養馬場))의 마정(馬丁); 〖사냥〗 사냥개를 돌보는 말탄 하인; 〖옛〗귀족 행차시 벽제(辟除)하는 하인. ② (토목 공사의)현장 감독; 〖철도〗선로공사 감독. ③ ~ **de vin** 포도주 감정인.

piqueur² [pikœ:r] *n.m.* ① 〖광산〗곡괭이질하는 광부; 〖기계〗공기해머 공. ② 〖옛〗보일러의 물때 벗기는 청소부. ③ ~ (도박의 노름꾼) 사람(capon). ④ 〖요리〗(고기에)베이컨을 박아넣는 담당요리.
—*n.* ① 봉제공; 구두 봉제공. ② (레이스 직조기의)본뜨는 종이에 구멍뚫는 직공.

—*n.f.* (스티치용)재봉틀.
—*a.* insecte ~ 쏘는 벌레.

piqueux [pikø] *n.m.* 〖사냥〗사냥개를 돌보는 말탄 하인(piqueur).

piquier [pikje] *n.m.* 〖옛〗창병(槍兵).

piquoir [pikwa:r] *n.m.* (도안용)자루달린 바늘.

***piqûre** [pikyːr] *n.f.* ① 찔린 자국; 물린 자국; 따끔따끔한 아픔; (비유적)(마음의)상처. ~ **d'épine** 가시에 찔린 상처. ~ **d'ortie** 쐐기풀에 찔려 따끔따끔한 아픔. ~ **d'amour-propre** 자존심의 손상. ② 벌레먹은 자리; 조그만 구멍, 반점, 얼룩. ~ **de vers** (나무·종이 따위의)벌레먹은 자리. ~*s* **de mouches** 파리 벌레의 똥. souliers à ~*s* 장구멍을 뚫어 장식한 구두. ③ 박음질; 바늘(바느질)자리, 솔기. ~*s* **à la main** [à la machine] 손(재봉틀) 박음질. ④ 주사; 채혈, 바늘을 찌르기. faire une ~ **à qn** …에게 주사를 놓다. ⑤ (습기에 의한 종이 따위의)얼룩; (쇠붙이의)녹슨 얼룩. ~ **d'un livre** 책의 얼룩.

piranha [pirana] *n.m.* 〖어류〗 피라냐(남미산(産)의 탐식으로 유명한 육식 물고기)(piraya).

pirate [pirat] *n.m.* ① 해적; 해적선(bateau ~). ② ~ **de l'air** 항공기 납치범. ③ 약탈하여 부자가 된 사람; 사기꾼. ④ 〖구어〗표절자.
—*a.* 불법의. émetteur ~ 불법 〖지하〗방송국. émission ~ 불법 지하방송. édition ~ 해적판.

pirater [pirate] *v.i.* 해적질하다; 해적적인 행위를 하다. —*v.t.* 훔치다, 사취하다; 〖옛〗표절하다.

piraterie [piratri] *n.f.* ① 해적질; 해적같은 행위. ② ~ **aérienne** 항공기 납치. ③ 부정축재; 사기행위. ④ 〖옛〗표절.

piraya [piraja] *n.m.* = **piranha**.

***pire** [piːr] *a.* (mauvais의 비교급; 주로 비유적)더 나쁜; (사람에 대하여)더 고약한, 더 교활한, 더 해로운; (사물에 대하여)더 위험한, 더 심한, 더 고통스러운. éviter *qc* de ~ 더 나쁜 일을 피하다. Les femmes sont meilleures ou ~*s* que les hommes. 여자들이 남자들보다 더 훌륭하거나 아니면 더 저질이다. Le café est ~ que le thé. 커피가 홍차보다 더 해롭다. Il n'est ~ **misère que d'un souvenir heureux**. 행복했던 추억보다 더한 괴로움은 없다. ② (최상급; 정관사(소유형용사)와 함께) 가장 나쁜, 가장 위험한, 가장 해로운, 가장 고통스러운. les ~*s* **inventions de l'humanité** 인간의 가장 유해한 발명. ce qu'il y a de ~ 최악의 것 〖정관사 생략〗.
—*n.* 가장 나쁜 사람[것]. C'est le ~ **des malheurs**. 그것은 불행중 최악의 것이다. la ~ **des plaisanteries** 가장 질 나쁜 농담.
—*n.m.* 가장 나쁜 것[일], 가장 위험한 것[일]. envisager [craindre] le ~ 최악의 경우를 고려하다 [두려워하다]. Le ~, c'est que ~ 가장 나쁜 일은 …이다. pratiquer la politique du ~ 가장 위험한 정책을 시행하다.
de ~ *en* ~ 점점 더 나쁘게.

piriforme [piriform] *a.* 서양배(梨) 모양의.

pirogue [pirɔg] *n.f.* 마상이, 카누.

piroguier [pirɔgje] *n.m.* 카누의 조종자.

pirojki [piroʃki] 〖러시아〗 *n.m.pl.* 〖요리〗 피로시키(고기·생선·야채를 넣은 러시아아이). (草)

pirole [pirɔl] *n.f.* 〖식물〗 피롤라, 일엽초(一葉草)

pirouette [pirwɛt] *n.f.* ① (한 발로 하는)선회, 반회전; 〖무용〗피루에트, 한 쪽 발로 돌기; 〖마술〗뒷발을 축으로 하는 회전. ② (정치가 따위의)표변(豹變)(volte-face). Ce politicien est célèbre pour ses ~*s* 그 정치가는 그럴듯한 거짓말로 핑계를 ③ 〖구어〗얼버무리기. payer ses créanciers en.~*s* 채권자에게 그럴듯한 거짓말로 핑계를 대다. répondre par des ~s 적당히 얼버무려 버리다. ④(옛)팽이.

pirouettement [pirwɛtmɑ̃] n.m. 《드물게》연속 선회, 빙빙돌기.

pirouetter [pirwe(e)te] v.i. 발끝으로 돌다, 선회하다, 빙빙 돌다; 의견이 표변한다.

pis¹ [pi] n.m. (소·양 따위의)젖퉁이.

***pis²** ad. 《옛·문어》더 나쁘게(mal의 비교급; 보통 plus mal을 쓰며, pis는 주로 형용사·명사적으로 쓰임). Cela ne vaut ni mieux ni ~. 그것은 결국 마찬가지이다. Tant ~. 딱한 일이군, 낭패로군; 할 수 없지.

ɑ. (불변) 더 나쁜, 더 난처한. Cela serait encore ~. 그것은 더욱 나쁠 테지. Rien de ~ que cela. 그것 이상으로 나쁜 것은 없다.

qui ~ *est* [kipizɛ] 더욱 나쁘게도, 게다가.

—n.m. ①(관사 없이)더욱 나쁜 것[일]. Il a fait tout cela et ~. 그는 안할 일이 없는 데다가 더욱 나쁜 짓을 했다. Je m'attendais à ~. 나는 더욱 어려운 일을 각오하고 있었다. ②(정관사와 함께)가장 나쁜 것[일], 최악의 것. C'est le ~ qui puisse arriver. 그것은 일어날 수 있는 최악의 사태이다. Il faut mettre les choses au ~. 최악의 경우를 생각하여야 한다.

au ~ *aller* [opizale] 최악의(부득이한) 경우에는, 아무리 나빠도(잘못 되어도). *de mal en* ~; *de* ~ *en* ~ 더욱 더 나쁘게.

pisaille [pizaːj] n.f. (비둘기에게 주는)딱딱한 완두.

pis-aller [pizale] n.m. (복수불변) ①부득이한 수단(해결책). C'est un ~. 만부득이한 일이다. ②부득이해서 택하는 인물, 대역.

pisan(e) [pizɑ̃, -an] ɑ. 피사(Pise, 이탈리아의 도시)의. P~ n. 피사 사람.

piscatoire [piskatwaːr] ɑ. 《드물게》고기잡이의; 어부의.

pisci- préf. 「물고기」의 뜻. 〔부의.

piscicole [pisikɔl] ɑ. 양어의.

pisciculteur [pisikyltœːr] n.m. 양어가.

pisciculture [pisikyltyːr] n.f. 양어(법).

pisciforme [pisifɔrm] ɑ. 물고기 모양의.

piscine [pisin] n.f. ①수영장, 풀. ~ en plein air [couverte] 옥외(실내) 수영장. ~ olympique 올림픽 (규정의)수영장. ②《종교》세례반(洗禮盤); 성수반(聖水盤). ~ sacrée 성기(聖器)를 씻는 곳.

piscivore [pisivɔːr] ɑ. 물고기를 먹는. —n. 물고기를 먹는 동물.

Pise [piz] n.pr.f. 피사(이탈리아의 도시).

pisé [pize] n.m. (건축용의)이긴 흙. mur en ~ 흙벽. maison en ~ 흙집.

piser [pize] v.t. 흙으로 다져 굳히다.

piseur [pizœːr], **piseyeur** [pizejœːr] n.m. 《건축》흙이기는 인부.

pisiforme [piziform] ɑ. 완두콩 모양의. —n.m. 《해부》(손목의)두상골(豆狀骨)(os ~).

pisoir [pizwaːr] n.m. =pison.

pisolit(h)e [pizɔlit] n.f. 《지질》두석(豆石).

pisolit(h)ique [pizɔlitik] ɑ. 《지질》두석의.

pison [pizɔ̃] n.m. 《건축》흙이기는 절구공이.

pissaladière [pisaladjɛːr] n.f. 니스풍의 피자파이(토마토·멸치·검은 올리브 따위를 얹은).

***pissat** [pisa] n.m. (고양이·나귀 따위의)오줌.

pisse [pis] n.f. 오줌(urine).

pisse-froid [pisfrwa(ɑ)] n.m. (복수불변)《구어》냉정한(소심한, 우울한)남자.

pissement [pismɑ̃] n.m. ①《드물게》오줌누기, 배뇨. ② ~ de sang 혈뇨(hématurie).

pissenlit [pisɑ̃li] n.m. ① 《식물》민들레(dent-de-lion). salade de ~ 민들레 샐러드. ②《구어》오줌싸개. *manger des* ~s *par la racine* 《구어》죽어서 땅에 묻히다.

pisser [pise] v.i. ①《속어》오줌누다(uriner, 《구어》faire pipi). ②《구어》(통 따위가)새다.
C'est comme si on pissait dans un violon (dans une clarinette). 소용없다. 코의귀에다 대고 말하기다.
Il y a de quoi ~. 《속어》우스꽝스러워 오줌이 나올 지경이다.
~ *à l'anglaise* 《속어》아무에게도 인사하지 않고 모임에서 사라지다.
~ *contre le soleil* 불가능한 일을 시도하다.
~ *sur qn*(qc) …을 업신여기다, 우습게 알다.
—v.t. ①《속어》오줌과 함께 배설하다. ~ du sang 혈뇨(血尿)를 배출하다. ②(액체를)흘리다. Son nez pisse le sang. 코피가 흐른다. tonneau qui pisse 새는 통. ~ de la copie (비유적)《작가 따위가》마구 써대다.

pissette [pisɛt] n.f. 《화학》(분무식)세척병(洗滌瓶)(실험용 도구).

pisseur(se¹) [pisœːr, -øːz] n.《비어》오줌을 자주 누는 사람. ~ de copie (비유적)《남작(濫作)하는 작가. —n.f. 게집애, 말팔량이.

pisseux(se²) [pisø, -øːz] ɑ. ①《구어》오줌 묻은, 오줌냄새가 나는. ②오줌같이 누런색의, 누렇게 바랜 색의.

pisse-vinaigre [pisvinɛgr] n.m. (복수불변)《구어》구두쇠; 뱅정한(소심한, 우울한)남자.

pissoir [piswaːr] n.m. 《구어》(북프랑스에서)요강, 오줌통, 소변소.

pissoter [pisɔte] v.i. 《구어》오줌을 찔금찔금 자주 누다.

pissotière [pisɔtjɛːr] n.f. 《구어》남자용 공중변소.

pistache [pistaʃ] n.f. 《식물》피스타치오 열매. ~ de terre 땅콩. *prendre (ramasser) une* ~ 《속어》술 취하다. —ɑ. 《불변》(피스타치오 열매 같은)연초록색의.

pistachier [pistaʃje] n.m. 《식물》피스타치오(옻나무과(科))의 나무.

pistage [pistaːʒ] n.m. 뒤를 밟기, 미행.

pistard [pistaːr] n.m. 《스포츠》(경기장에서 하는)경륜(競輪) 선수(routier).

piste [pist] n.f. ①(짐승의 남긴)발자취; (범인 따위의)흔적, 종적. Ils ont trouvé la ~ d'un lion. 그들은 사자의 발자취를 찾아냈다. ②(육상·경마·경륜 따위의 경기장의)트랙, 경주로; 조마장의 트랙; (자전거의)트랙경기. courses de ~ 트랙경기. tour de ~ 트랙일주. petite(grande) ~ d'un hippodrome 경마장의 소(대)트랙. ~ d'un vélodrome [d'un stade] 경륜장(경기장)의 트랙. ~ gazonnée [cendrée] 잔디(석탄찌꺼기)를 깐 트랙. la route et la ~ 도로경기와 트랙경기. ③(일반적으로 원형의)그라운드. ~ d'un cirque 서커스의 무대. ~ de danse 무도장, 댄스코트. ~ de patinage 스케이트링크. ④(미개발 지역 따위의)비포장도로; (비행기의)활주로. La camionette allait très lentement sur la ~ cahotante. 소형트럭이 울퉁불퉁한 비포장도로에서 매우 천천히 가고 있었다. ~ pour cavaliers 숲속의 기마용 도로. ~ d'envol (d'atterrissage) 《항공》이륙용(착륙용) 활주로. ~ (레코드·영화필름 따위의)녹음대, 트랙. ~ sonore 《영화》사운드트랙.
entrer en ~ 행동으로 옮기다. *prendre (suivre) une fausse* ~ 뒤를 헛밟다, 잘못 미행하다.

pister [piste] v.t. …의 뒤를 밟다, 미행하다.

pisteur [pistœːr] n.m. ①추적자, 미행자. ②《스키장의》활주로 감시인. ③《옛·구어》여자 뒤를 쫓아다니는 남자. ④《옛》(여관의)손님 끄는 사람.
pistil [pistil] *n.m.* 〖식물〗암술.
pistillé(e) [pisti(l)le], **pistillifère** [pisti(l)life:r] *a.* 〖식물〗암술을 가진.
pistolage [pistola:ʒ] *n.m.* (스프레이건에 의한)분무 도장(塗裝).
pistole [pistɔl] *n.f.* ① 피스톨: ⓐ 구체제하의 계산화폐로 10리브르[프랑]. ⓑ (스페인·이탈리아의)금화. ②《옛》(수감된 명사들에게 허용된)자비 독방(自費獨房). être à la ~ 자비 독방에 들어 가 있다. ③ (16·17 세기의)기병소총.
*****pistolet** [pistɔlɛ] *n.m.* ① 권총, 피스톨. ~ à eau 물 딱총. ~ d'arçon 안장에 꽂아 놓는 피스톨. ~ automatique 자동권총. ~ de starter 스타트용 피스톨. ~ signaleur 신호용 피스톨. ② (도료 따위의)분무기, 스프레이건. vernissage[peinture] au ~ 분무식 니스[페인트]칠. ③ 피스톨 모양의 작은 빵; 〖제도〗운형(雲形자)(~ à dessin). ④ 〖해양〗굽은 보트걸이; 휴대용 에어 해머. ⑤《구어》소변기, 요강(urinal); 반병짜리 샴페인. ⑥《구어》괴짜. un drôle de ~ 괴상한 놈.
mettre à qn le ~ sur[sous] la gorge ⋯을 위협하여 강요하다.
pistolet-mitrailleur [pistɔlɛmitrajœ:r] (*pl.* ~s-~s) *n.m.* 기관단총(약자) P.-M. [pɛɛm]).
pistolet-pulvérisateur [pistɔlɛpylverizatœ:r] *n.m.* (피스톨식)페인트 분무기, 스프레이건.
pistoleur [pistɔlœ:r] *n.m.* (분무기를 쓰는)페인트 도장공.
piston[1] [pistɔ̃] *n.m.* ① 〖기계〗피스톤; 밸브; 누름단추. ~ tiroir 피스톤판(瓣). tête de ~ 크로스헤드. ② 〖음악〗(금관악기의)밸브, 피스톤; 코넷(cornet à ~s). ③《구어》(임명·승진 과제의)후원(appui, protection). ④ 〖학생속어〗국립고등공업학교(École centrale) 수험준비생〖학생〗; (P~)국립고등공업학교. Il est arrivé à coups de ~. 그는 연줄이 닿아 출세했다.
piston[2] *n.m.* 〖군대속어〗(육·공군의)대위; 중대장(capitaine); (해군)대령(중령·소령).
pistonnage [pistɔnaʒ] *n.m.* ①《구어》(사람을 어느 지위에 올려놓기 위한)끌어주기, 밀어 주기, 후원. ② 〖공업〗스위핑, (유정(油井)의)청소.
pistonné(e) [pistɔne] *n.m.* 《구어》 후원자가 있는. candidat très ~ 막강한 배경을 업고 있는 후보자.
—*n.* 후원된 자.
pistonner [pistɔne] *v.t.* 《구어》(어떤 지위에 어떤 사람을)끌어주다, 후원하다.
pistou [pistu] *n.m.* (사투리) 〖요리〗(남프랑스의)야채 수프. soupe au ~ (마늘과 바질(basilic)을 넣은)야채 수프.
pitaine [pitɛn] *n.m.* 〖군대속어〗대위, 중대장(capitaine); (해군)대령(중령·소령).
pitance [pitɑ̃:s] *n.f.*《옛》(수도원에서)한 사람분의 식량; 그날 그날의 양식. ②《경멸》음식.
pitancier [pitɑ̃sje] *n.m.*《옛》(수도원)급식(給食)담당자.
pitchoun(e) [pitʃun] *a.* 작은, 귀여운(petit). —*n.* 작은 사람[것], 귀여운 사람[것].
pitchpin [pitʃpɛ̃] *n.m.* 〖식물〗(송진이 많은 미국산)소나무.
pite[1] [pit] *n.f.*《옛》작은 동전(1/4 denier).
pite[2] *n.f.* 〖식물〗용설란; 용설란의 섬유.
piteusement [pitøzmɑ̃] *ad.* 가련하게, 불쌍하게.
piteux(se) [pitø, -ø:z] *a.* ① 비참한, 한심한(lamentable). résultats ~ 참담한[한심한] 결과. être en ~ état 비참한 상태에 있다. faire (une) ~*se mine*[figure] 우울해 보이다, 쓸쓸해 보이다. ②《옛》불

행한, 불쌍한, 가련한(pitoyable).
faire ~ se chère 조식(粗食)하다.
pithéc-, pithèque- *préf.*「원숭이」의 뜻.
pithécanthrope [pitekɑ̃trɔp] *n.m.* 〖인류〗원인(猿人), 피테칸트로푸스.
pithécoïde [pitekɔid] *a.* 원숭이 같은.
pithiatique [pitjatik] *a.* 〖심리〗암시증(症)의.
pithiatisme [pitjatism] *n.m.* 〖심리〗암시증(暗示症).
pithiviers [pitivje] *n.m.* 〖요리〗종다리 고기 파이. ②〖제과〗편도크림 파이.
*****pitié** [pitje] *n.f.* ① 동정, 연민. inspirer[exciter] la ~ 동정심을 일으키다. avoir[éprouver, ressentir] de la ~ envers[pour] *qn* ⋯에게 동정심을 느끼다. ②(때로 경멸)민망스러움, 딱함, 비참. C'est ~ de la voir tomber si bas. 그 여자가 그렇게 타락하는 것은 보기에도 민망스럽다. Quelle ~ ! 정말 가엾군. C'est (une) ~. 딱한 일이다, 가엾다. regarder *qn* en ~《옛》깔보다, 얕보다.
à faire ~ 불쌍한 정도로, 가엾게도.
Ce n'est pas la ~ qui l'étouffe.《구어》그 사람은 냉혹하다.
faire ~ 불쌍한 생각이 들게 하다, 가엾다. Cet enfant fait ~. 이 애는 가엾어 보인다. C'est à faire ~! 정말 가엾은 일이군 ! chanter à faire ~ 민망할 정도로 노래를 서투르게 부르다.
par ~ 불쌍히 여겨.
P~! 불쌍히 여기시오 ! 동정하시오 !
prendre qn en ~ ; prendre ~ de qn ⋯을 측은으로 여기다.
sans ~ 무자비하게.
piton [pitɔ̃] *n.m.* ① 배목(대가리가 고리진 등산용 못); 하켄. ② 험한 (뾰족한) 산봉우리. ③《속어》큰 코, 코.
pitonnage [pitɔnaʒ] *n.m.* 〖등산〗 피통 못(하켄)을 박기.
pitonner [pitɔne] *v.i.* 〖등산〗 피통 못(하켄)을 박다.
pitoyable [pitwajabl] *a.* ① 불쌍한, 가엾은, 가련한, 딱한. Il est dans une situation ~. 그는 비참한 형편에 처해 있다. spectacle ~ 불쌍한 광경. ② 보잘것 없는, 하찮은, 저열한. style ~ 저열한 문체. excuse ~ 빤히 들여다 보이는 변명. ③《옛》동정심 많은.
pitoyablement [pitwajabləmɑ̃] *ad.* ① 보잘것 없이, 서투르게. chanter ~ 노래를 형편없이 부르다. ②《문어》가엾게, 가련하게, 민망스럽게.
pitpit [pitpit] *n.m.* 〖조류〗논종다리(pipi[2]).
pitre [pitr] *n.m.* 어릿광대; 실없는 놈. faire le ~《구어》익살을 부리다.
pitrerie [pitrəri] *n.f.* 어릿광대짓; 익살, 웃음거리.
pittoresque [pitɔrɛsk] *a.* ① 그림이 될만한, (그림처럼)정취있는. vieille rue ~ 정취 그윽한 오래된 거리. ② 주의를 끄는, 특이한. personnage ~ 특이한 인물. tenue ~ 이상야릇한 옷차림. ③ (묘사·이야기·멜로디가)생생한, 생동감이 있는(vivant). détails ~s 생생한 세부묘사. style ~ 생동감이 있는 문체. ④《옛》그림의, 그림에 관한. composition ~ 구도.
—*n.m.* 그림의 소재가 될만한 아름다움; 생생함, 생채.
pittoresquement [pitɔrɛskmɑ̃] *ad.*《문어》풍취있게; 특이하게; 생생하게.
pittosporum [pitɔspɔrɔm] *n.m.* 〖식물〗섭업나무.
pituitaire [pitɥitɛ:r] *a.* 〖해부〗① 점액(粘液)(질)의. liquide ~ 점액. membrane[muqueuse] ~ 비인후(鼻咽喉)점막. ② (뇌)하수체의. glande ~ (뇌)하수체.
pituite [pitɥit] *n.f.* 〖의학〗점액, 가래, 코, 콧물.

pituiter [pityite] *v.i.* (특히 메추라기가) 울다.
pituiteux(se) [pityitø, -ø:z] *a.* 《옛》 점액을 많이 포함하는.
pituitrine [pityitrin] *n.f.* 피뷔이트린(뇌하수체후엽(腦下垂體後葉)제제).
pityriasis [pitirjazis] *n.m.* 《의학》 비강진(粃糠疹)(피부병의 일종).
piu, più [pju] 《이탈리아》 *ad.* 《음악》 더, 더욱 (plus). ~ lento 더 느리게.
pive [pi:v] *n.f.* ① 《사투리》《식물》 솔방울. ② 《속어》 포도주. [vert].
pivert [pivɛ:r] *n.m.* 《조류》 청딱다구리 (pic(-)
pivoine [pivwan] *n.f.* 《식물》 작약, 모란. rouge comme une ~ (부끄러움 따위로) 새빨개지다.
—*n.m.* 《조류》 (사부아에서) 붉은배먹장이새.
pivois [pivwa] *n.m.* 포도주(pive).
pivot [pivo] *n.m.* ① 축(軸), 주축(主軸), 피봇. grue à ~ 회전 기중기. ~ de l'aiguille d'une boussole 나침반의 바늘의 중축. ② (비유적) 중추(中樞), 주축(主軸); 중심(인물). ~ de la conspiration 음모의 주모자. L'égalité est le ~ d'une démocratie. 평등성은 민주정치의 주축이다. L'intérêt est le ~ de maintes actions. 이익은 많은 행동의 동기이다. ③ 《구어》《식물》 곧은뿌리. ④ 《의학》 치관(齒冠). ⑤ 《군사》 (방향 전환의) 기준점, 기준병, 향도. ⑥ 《스포츠》 (농구에서) 피봇플레이어, 피봇플레이어.
pivotal(ale, *pl.* **aux)** [pivɔtal, -o] *a.* 축(軸)의; 중추(中樞)적; (인물·주제 따위가) 중심적.
pivotant(e) [pivɔtɑ̃, -ɑ̃:t] *a.* ① 굴대로(처럼) 회전하는. fauteuil ~ 회전의자. ② racine ~e 《식물》 곧은뿌리.
pivotation [pivɔtasjɔ̃] *n.f.* 회전하기.
pivoter [pivɔte] *v.i.* ① 축으로 돌다, 축처럼 돌다, 회전하다. faire ~ *qc* 《구어》 …을 빙그르르 회전시키다. ② 《군사》 (대열이) 방향을 전환하다. ③ 《식물》 곧은뿌리가 생기다.
faire ~ *qn* 《구어》 …에게 많은 용무를 지시하다.
piz [pi] *n.m.* (스위스에서) (뾰족한) 산정(山頂), 봉우리.
pizza [pidza] *n.f.* 《이탈리아》《요리》 피자 (토마토·멸치·올리브 따위를 넣은 이탈리아식 파이).
pizzeria [pidzɛrja] 《이탈리아》 *n.f.* 피자(pizza) 요리를 파는 식당.
pizzicato(*pl.* *i*, *os*) [pidzikato, -i] 《이탈리아》 *n.m.* 《음악》 피치카토 (현을 손끝으로 뜯는 연주법).
P.J. 《약자》 police judiciaire 사법 경찰 (관). 「터.
Pl 《약자》 poiseuille 《물리》 뉴튼초(秒) 매 평방미
pl. 《약자》 ① planche 전(全) 페이지 그림. ② pluriel 《언어》 복수.
P.L. 《약자》 pleine lune 《천문》 만월(滿月).
placabilité [plakabilite] *n.f.* 《드물게》 누그러뜨리기 쉬움.
placable [plakabl] *a.* 《드물게》 온순한, 누그러뜨릴 수 있는, 달랠 수 있는.
placage [plaka:ʒ] *n.m.* ① (벽·가구 따위의) 화장마감, (돌·판자 따위를) 씌우기; 화장판. ~ de marbre sur un mur de brique 벽돌 담에 대리석 씌우기. feuille(feuillet) de ~ 베니어(단(單))판. ② (문학작품·음악·건축작품 따위에) 덧붙인 부분. ③ 《원예》 메일이기. ④ 《지질》 표층적. ⑤ 《직조》 낱염(捺染), 프린트. ⑥ (금·은 따위를) 도금하기.
plaçage [plasa:ʒ] *n.m.* 《드물게》 자리를 정하기, 착석시키기; (시장의) 점포 할당.
***placard** [plaka:r] *n.m.* ① 받침, 벽장. ② 플래카드, 벽보, 포스터, 격문; 게시, 고시; 게시판. Affaire des P~s 《역사》 (1534년 10월 18일의) 격문사건. ~ publicitaire 《신문·잡지의》 광고. ③ 《인쇄》 게라, 교정쇄(épreuves en ~). ④ 《구어》 (물감·분 따위의) 두꺼운 층. ⑤ 등판의 일종. ⑥ 《해양》 돛의 보포(補布).
placarder [plakarde] *v.t.* ① 벽보 (포스터)를 붙이다. ~ des affiches électorales 선거 벽보를 붙이다. ② 받침을 꾸미다. ③ 《구어》 덕지덕지 칠하다. ④ 《인쇄》 교정쇄를 내다. ⑤ (돛에) 보포(補布)를 대다. ⑥ 《옛》 (사람을) 게시문 (격문)으로 공격하다, 문서로 비방하다.
placardeur [plakardœ:r] *n.m.* 《드물게》 벽보를 붙이는 사람.
‡place [plas] *n.f.* ① 자리; 장소; 위치 (lieu, endroit). Mettez chaque chose à sa ~. 물건을 각각 제자리에 놓으시오. changer sa chaise de ~ 의자의 위치를 바꾸다.
② 여지, 공간. Ce meuble tient beaucoup de ~. 이 세간은 자리를 많이 차지한다. faire (gagner) de la ~ en se débarrassant des objets inutiles 필요없는 물건을 치워 빈 공간을 만들다. sincérité qui ne laisse ~ à aucun doute 의심할 여지가 없는 성실성. économie (gain) de ~ 장소(공간)의 절약.
③ 좌석; 좌석료, petites ~ (극장의) 싼 자리. prix des ~ 좌석료. voiture à deux ~s 2 인승 자동차. ~ vide(libre) 빈 자리. ~ occupée 임자있는 자리. louer (retenir, réserver) sa ~ 좌석을 예약하다. ~ assise (debout) 좌석 (입석). occuper (tenir) la ~ d'honneur (여주인의 오른쪽의) 손님자리에 앉다. Il a cédé sa ~ dans le métro à une personne âgée. 그는 지하철에서 자기 자리를 노인에게 양보했다.
④ 광장(~ publique). ~ de la Concorde (파리의) 콩코르드 광장. La mairie se trouve sur la ~ du village. 면사무소는 마을의 광장에 있다.
⑤ (대신의) 자리, 처지, 입장. Si j'étais à votre ~ [A votre ~], je ne répondrais pas à cette lettre. 내가 당신(의 입장)이라면 그 편지에 대답하지 않을 것입니다. [se mettre à ma/ta/sa...~] *Mettez-vous à ma ~* : je ne pouvais pas lui dire cela en face. 내 처지가 나 되어보십시오. 그에게 그런 말을 맞대고 할 수는 없었읍니다.
⑥ (일반적으로 낮은) 지위, 취직자리; (특히) 하녀의 직장; 《옛》 높은 지위. ~ d'employé de bureau 사무원의 자리. chercher (trouver) une ~ 일자리를 찾 [찾아내] 다. perdre sa ~ 실직하다. être en ~ 높은 지위에 있다 (현재도 사용). gens en ~ 지위가 높은 사람들 (현재도 사용).
⑦ 석차, 차례, 순위. Il a eu la première ~ en français. 그는 프랑스어에서 첫째를 했다. Les ~s sont chères. 경쟁이 치열하다, 좁은 문이다.
⑧ 알맞은 곳, 적소. Sa ~ est au foyer. 그 여자가 있을 곳은 가정이다. être à sa ~ (적재) 적소에 있다, 적임이다. Il sait rester à sa ~. 그는 분수를 알고 있다.
⑨ 시장(市場); 거래소; 실업계 (시장을 형성하는 금융업자·상인의 총체). avoir du crédit sur la ~ 업계에 신용이 있다. prix sur la ~ 시가, 시세.
⑩ 《군사》 요새(~ forte); 요새 사령부 소재지. commandant (d'armes) de la ~ 요새 사령관. bureau de la ~ 요새 사령부. ~ d'armes 부대 집결지; 연병장. avoir des intelligences (des complicités) dans la ~ 적진영에 내통자를 두다.
à la ~ de …대신에. Je viens à la ~ de mon père. 아버지 대신 왔읍니다.
avoir (prendre, trouver) ~ *dans l'histoire* 역사에 이름을 남기다.

à votre ~ (내가)당신 처지라면.
entrer en ~ 취직하다.
être sans ~ 무직이다.
faire la ~ (소매상에게)주문받으러 다니다.
faire ~ à qc ⋯와 대체되다.
faire ~ à qn ⋯에게 길을 내주다; 자리를 양보해 주다, 자기 곁에 자리를 마련해 주다.
(Faites)~! 잠깐 실례합니다, 지나가도 될까요?
mettre qc *en ~* ⋯을 적당한 자리에 놓다, 정리[정돈]하다.
ne pas rester [tenir] en ~ 가만히 있을 수가 없다, 끊임없이 움직이다.
obtenir une ~ 취직하다.
par ~(s); de ~ en ~ 여기저기, 군데군데.
prendre ~ 자리를 차지하다; 자리에 앉다.
quitter la ~ 주장을 철회하다; 시도를 포기하다.
sur ~ 그 자리(현장)에서, 당장에, 곧. rester *sur ~* (그 자리에서)움직이지 않다. tomber mort *sur ~* 즉사하다. 《명사적》faire du *sur ~* 그 자리에서 움직이지 않다.

placé(e) [plase] *a.p.* ① (어떤)자리에 놓인[앉은], 위치한; 자리[지위]를 차지한. bien~ 좋은 자리에 〔나쁜〕위치에 놓인. personnage haut ~ 고관. être bien ~ pour qc ⋯을 위해 유리한 처지에 있다, ⋯을 누구보다 잘할 수 있다. ② 《경마》(말이)등내의(1·2·3으로 도착한). cheval ~ 등내에 든 말. cheval bien ~ 《승마》다리힘이 좋은 말. chevaux non ~s 《경마》 등외의 말.

placebo [plasebo] 《라틴》 *n.m.* 《의학》(심리적 진정의 효과를 얻게 하기 위해서 환자에게 주는 전혀 약성이 없는) 가짜 약; 심리적 진정제.

*****placement** [plasmɑ̃] *n.m.* ① 투자(investissement); 투자한 돈. faire un bon ~ 좋은 투자를 하다. marchandise de ~ 확실한 투자품. ~ de père de famille 《구어》확실하고 안전한 투자. revenus d'un ~ 투자소득. ② 취직시키기. agence (bureau) de ~ 직업소개소. ③ 판매. article d'un ~ facile 판매가 손쉬운 상품. ④ (양호시설·고아원 따위에)맡기기, 넣기. ~ d'enfant 고아원(가정)에 맡김. ⑤ ~ de clitique 《언어》 접어(接語) 배치 변형(변환).

placenta [plasɛ̃ta] 《라틴》 *n.m.* ① 《의학》 태반(胎盤). ② 《식물》 태좌(胎座).

placentaire [plasɛ̃tɛːr] *a.* 《의학》 태반의; 《식물》 태좌의. —*n.m.pl.* 《동물》 유태반(有胎盤)동물.

placentation [plasɛ̃tɑsjɔ̃] *n.f.* 태반의 형성; 《식물》 태좌 배열법.

*****placer**[1] [plase] [2] *v.t.* ① (사람을)(에)앉히다, 안내하다. ~ qn à table ⋯을 식탁에 앉히다. ~ des sentinelles aux quatre portes d'entrée 네 입구에 보초를 세우다. personne qui *place* les spectateurs 관객을 안내하는 사람.
② (물건을)(에)놓다, 배치하다. ~ un pendule sur une cheminée 벽난로 위에 추시계를 놓다. ~ son bureau à l'entresol 사무실을 중이층에 설치하다. ~ les choses bien en ordre 물건을 정돈하다. ~ la balle 《스포츠》 (테니스에서)원하는 지점으로 보내다.
③ 놓다, 취직시키다 (시설에)넣다. ~ qn sur le trône ⋯을 왕위에 앉히다. ~ un apprenti chez un boucher 수습생을 푸줏간에 취직시키다.
④ 《비유적》두다, 위치시키다. Je *place* l'amitié au premier rang. 나는 우정을 으뜸으로 친다. ~ ses espérances en qn ⋯에게 희망을 걸다. ~ un enfant abandonné à l'Assistance 고아를 양호시설에 넣다.
⑤ (이야기·사건 따위를)설정하다. ~ le roman dans un village du Midi 소설의 무대를 남프랑스의 어느 마을에 설정하다. ~ son drame au milieu du siècle dernier 드라마의 시대를 전세기 중엽에 설정하다.
⑥ (말·이야기 따위를)삽입하다. ~ une anecdote 일화를 삽입하다.
⑦ (상품을)팔다, 판매하다. ~ un stock 재고상품을 팔다.
⑧ 투자하다, 예금하다. ~ son argent dans les banques[en banque] 돈을 은행에 예금하다.
⑨ ~ sa voix 《음악》자기에게 맞는 성역(聲域)을 고르다.
⑩ ~ un direct 《스포츠》 (권투에서)스트레이트를 치다.
fille difficile à ~ 결혼시키기 어려운 딸.
—**se** ~ *v.pr.* ① 자리에 앉다, 놓이다. Dites-moi où *me* ~. 어디 앉으면 좋을지 말해 주시오. Le fauteuil *se place* devant la cheminée. 의자는 벽난로 앞에 놓여있다.
② 몸을 두다; 위치하다. *se* ~ sous la protection de qn ⋯의 보호하에 들어가다.
③ 취직하다, 고용되다. *se* ~ comme domestique 하인으로 고용되다.

placer[2] [plasɛːr] 《에스파냐》 *n.m.* 《광물》 금광상(金鑛床).

placet [plasɛ] 《라틴》 *n.m.* ① 《법》 (원고가 제출하는)심리청구서, 청원서. ② 《옛》 (국왕·대신에게)보내는 진정서.

placette [plasɛt] *n.f.* 작은 광장(廣場).

placeur(se) [plasœːr, -ɸ:z] *n.* ① 《기술》 설비공, 시설공. ② (직업소개소의)취직 알선인. ③ 《드물게》외판원, (상품)판매인. ④ (극장 따위의)안내원(여성형은 대개 ouvreuse).

placide [plasid] *a.* 평온한, 온화한(imperturbable, serein, ↔ emporté). sourire ~ 온화한 미소.

placidement [plasidmɑ̃] *ad.* 평온하게, 온화하게.

placidité [plasidite] *n.f.* 평온, 온화(calme, sérénité, ↔ émoi).

placier(ère) [plasje, -ɛːr] *n.* ① 시장안의 자리를 전대(轉貸)하는 사람. ② 단골 상점을 순회하는 판매원. ③ 취직알선을 하는 사람.

‡**plafond** [plafɔ̃] *n.m.* ① 천장. chambre haute [basse] de ~ 천장이 높은(낮은) 방. ~ vitré 유리로 덮은 천장. ② 최대한(最大限); 《기상》구름의 높이; 《항공》상승 한도; 《자동차》최대 속력; 《상업》(화폐의)발행 한도. ③ (주거지 따위)의 밑바닥. ④ 《미술》 천정화(天井畫). ⑤ 《속어》머리. *être bas de ~* 《속어》바보이다.

plafonnage [plafɔnaːʒ] *n.m.* 천장붙이기.

plafonné(e) [plafɔne] *a.p.* 상한점이 정해진, 상한의. salaire ~ 봉급 중 사회보장기금부담 상한선.

plafonnement [plafɔnmɑ̃] *n.m.* ① 《미술》 천정화(天井畫)의 원근법(遠近法). ② 상한점(上限點)을 정하기; 상한점에 달하기.

plafonner [plafɔne] *v.t.* ① 천장을 붙이다. ~ une pièce 방에 천장을 붙이다. ② 최고한도를 정하다. ③ 《옛》 (천장화를)그리다.
—*v.i.* ① (비행기가)상승한도에 이르다; (자동차가)최고속도에 이르다. Cet avion *plafonne* à neuf mille mètres. 이 비행기의 상승한도는 9,000 미터이다. ② (가격·생산 따위가)상한점에 이르다. production industrielle qui *plafonne* 상한점에 이른 공업생산. ③ 《옛》 (천장화로서)그려지다.

plafonneur [plafɔnœːr] *n.m.* 천장을 붙이는 일꾼.

plafonnier [plafɔnje] *n.m.* 천장등; (자동차 따위)실내등.

plagal(ale, *pl.* **aux**) [plagal, -o] *a.* 〖음악〗(그레고리아 선법(旋法)에서)변격(變格)의. mode ~ 변격 선법. cadence ~ale 변격 종지.

*****plage** [plaːʒ] *n.f.* ① ⓐ 해변, 바닷가; 해수욕장. se bronzer sur la ~ 바닷가에서 몸을 태우다. ~ de sable 모래사장. parasole de ~ 비치 파라솔. ⓑ (모래사장이 있는)강가, 호수가. ~ de la Seine 센 강변. ② ⓐ ~ avant[arrière] (군함의)전[후]갑판. ⓑ ~ arrière d'une voiture (자동차의 뒷좌석과 뒷유리 사이의)평평한 부분. ③ 〖라디오·텔레비전의〗시간대. ~ musicale 음악방송 시간대. ④ 범위, 구역, 폭. ~ d'un disque 레코드의 녹음된 부분. ~ lumineuse 〖광학〗고른 빛을 받는 표면. ~ des prix 가격의 폭. ⑤ 〖옛·문어〗광야, 고장, 나라. ~ de mer 대양.

plagiaire [plaʒjɛːr] *n.* 표절자(contrefacteur). —*a.* 표절하는; écrivain ~ 표절 작가.

plagiat [plaʒja] *n.m.* 표절(copie, emprunt).

plagier [plaʒje] *v.t.* 표절하다(démarquer).

plagioclases [plaʒjɔklaːz] *n.m.pl.* 〖광물〗사장석(斜長石).

plagiste [plaʒist] *n.* 유료 해수욕장 경영자.

plaid¹ [plɛ] *n.m.* 〖옛〗① 사법회의; 재판. ② 논쟁(querelle); 변론. ③ (*pl.*)개정(開廷).

plaid² 〖영〗*n.m.* ①〖옛〗(스코틀랜드 사람의)격자무늬의 망토. ② (여행용의)넓은 망토; (여행용의)격자무늬 담요. s'envelopper les jambes dans un ~ 담요로 다리를 덮다.

plaidable [plɛdabl] *a.* 〖법〗변호할 수 있는.

plaidailler [plɛdaje] *v.i.* 〖옛〗사소한 일로 소송을 제기하다.

plaidant(e) [plɛdɑ̃, -ãːt] *a.* 〖법〗소송을 제기하는. parties ~es 소송 당사자.

*****plaider** [plɛ(e)de] *v.i.* ① 소송하다, 소송을 제기하다. ~ contre *qn* …에 대해서 소송을 제기하다. ② (법정에서)변호[변론]하다. ~ avec éloquence de *qn* 변호조로 변론하다. ③ ⓐ ~ pour; ~ en faveur de *qn* ~ pour son client 의뢰인을 위해서 변호하다. ~ pour les pauvres 가난한 사람들의 편에 서다. ~ pour son projet 자기의 제안을 옹호하다. Ses mérites passés plaident pour lui [en sa faveur]. (재판에서)그의 과거의 공적이 그에게는 유리하게 작용하고 있다. ⓑ [~ contre *qn/qc*] ~ *contre* la partie adverse 상대방에게 항변하다. ~ pour le réarmement 재군비에 반대하다. Son hypocrisie a plaidé contre lui. (재판에서)그의 위선은 그에게 불리하게 작용했다.

—*v.t.* 변호하다, 옹호하다, 지지하다; 주장하다. ~ une cause difficile 어려운 사건을 변호하다. la cause de *qn* …을 위하여 변호하다; …의 편에 서다. ~ sa propre cause 자기변호를 하다. ~ la légitime défense 정당방위를 주장하다. ~ coupable (변호사가)유죄를 인정하고 변호하다; (피고가)유죄임을 승복하다. ~ non coupable (변호사나 피고가)무죄를 주장하다. ~ l'incompétence du tribunal 법원의 관할이 틀린다고 주장하다. ~ *le faux pour savoir le vrai* …에게 진실을 실토시키기 위해 고의로 거짓말하다.

plaideur(se) [plɛdœːr, -ø̸ːz] *n.* 소송인; 〖옛〗소송벽이 있는 사람.

plaidoirie [plɛdwari] *n.f.* ① 〖법〗구두변론, 변호(↔ réquisitoire). ② 〖드물게〗변론술.

plaidoyer [plɛdwaje] *n.m.* ① 〖법〗구두 변론(plaidoirie). ② (사상·인물 따위의)변호, 옹호. ~ pour les opprimés 피압박자들의 옹호.

*****plaie** [plɛ] *n.f.* ① 상처, 헌데; 흉터(blessure). ~ profonde [superficielle] 깊은[얕은] 상처. bander [panser] une ~ 상처를 처매다. ~ qui se cicatrise [se ferme] 아물어가는 상처. ne demander (rêver) que ~s et bosses 싸우기를 좋아하다. ② 괴로움, 고뇌, 고통(affliction). 〖du cœur 마음의 상처〗. mettre le doigt sur la ~ 남의 아픈 데[결점]를 건드리다; 고통[재난]의 원인을 알아내다. retourner le fer [le couteau, le poignard] dans la ~ 남의 아픈 곳을 찔러서 괴롭히다. rouvrir une ~ 상처를 다시 헤치다; 마음의 옛 상처를 건드리다. ③ 재해, 재난, 재앙. ~s de la guerre 전화(戰禍). ~s d'Égypte 〖성서〗이집트의 재난. C'est une vraie ~!; Quelle ~!〖구어〗정말 골치거리이다(사람 또는 어떤 일에 관해서).

plaignant(e) [plɛɲɑ̃, -ãːt] 〖법〗*a.* 고소하는. partie ~*e* 원고, 고소인. —*n.* 원고(demandeur).

plaignard(e) [plɛɲaːr, -ard] *a., n.* 〖옛·구어〗투덜대는 (사람).

plain¹(e') [plɛ̃, -ɛn] *a.* 〖옛〗평탄한, 고른(uni). velours ~ 무늬 없는 비로드. —*n.m.* 만조(滿潮). aller au ~ (배가)만조로 좌초하다.

plain² [plɛ̃] *n.m.* ~ (가죽을 탈모하기 위해서 담그는) 석회수조(水槽) (pelain).

plain-chant [plɛ̃ʃɑ̃] (*pl.* ~**s**-~**s**) *n.m.* 〖음악〗평가(平歌) (가톨릭 교회의 단선율 성가).

*****plaindre** [plɛ̃ːdr] [27] *v.t.* ① 불쌍히 [측은히] 여기다, 동정하다(compatir à). Je vous plains. 매우 안됐습니다. Il est à ~. (저에는)불쌍한 사람이다. ~ le mal d'autrui 남의 불행을 동정하다. ~ *qn* de sa malchance (d'avoir de la malchance) …의 불운을 딱하게 여기다. ② (돈·수고 따위를)아끼다. ne pas ~ sa peine 수고를 아끼지 않다 (오늘날에는 부정문에서만 사용). ③ 〖옛〗한탄하다(déplorer). ~ son malheur 자기의 불행을 한탄하다.

—*se* ~ *v.pr.* ① (고통 때문에)신음하다, 괴로와 하다(gémir). souffrir sans *se* ~ 신음하지 않고 참아내다. *se* ~ de maux de tête 두통으로 괴로와하다. ② [se ~ de] (을)한탄하다; 불평하다, 투덜대다. *se* ~ de son sort 자기 운명을 개탄하다. *se* ~ de la cherté de la vie 생활비가 비싸다고 불평하다. de quoi *vous plaignez*-vous? 무엇이 불만이오? Il est allé *se* ~ au patron de son salaire. 그는 사장에게 월급에 대해서 불평(항의)하러 갔다. (de *qn*을 이)II *se plaint sans cesse*. 그는 늘 투덜대기만 한다. Il n'a pas à *se* ~. 그는 불평할 수 있는 처지가 아니다. [se ~ de + *inf.*] *se* ~ *de* ne pas avoir d'amis 친구가 없다고 투덜대다. [se ~ de ce que + *ind./* 〖옛〗 *sub.* ; se ~ que + *sub./* 〖드물게〗*ind.*] II *se plaint de ce qu'il a (ait) trop de travail*. 그는 일이 너무 많다고 불평했다. Il *se plaint qu'on ait [a] médit de lui*. 그는 남이 자기를 험구했다고 투덜댄다. ③〖시〗신음하는 듯한 소리를 내다. ④ 서로 동정하다.

‡**plaine²** [plɛn] *n.f.* ① 벌판, 평야; 평원. ~ de la Beauce 〖프랑스의〗보스 평야. pays de ~ 평야지대. ~ d'érosion 침식 평야. ~s du ciel (céleste, azurée, de l'air) 〖시〗하늘. ~ liquide 〖시〗바다. ② (la P~) 〖프랑스사〗평원당 〖프랑스혁명 때 국민의회의 온건파〗.

plain-pied [plɛ̃pje] *n.m.* (복수불변) 〖옛〗같은 층의 방; 다른 층의 숙어로만 사용. *de* ~ ⓐ 같은 평면에[의]. terrasse *de* ~ avec la chambre 방과 같은 평면에 있는 테라스. ⓑ (인간관계가)대등한, 스스럼없는(없게). Ils se sentent *de* ~ avec nous. 그들은 우리에게 스스럼없이 대한다. ⓒ 문제없이, 손쉽게; 단도직입적으로. affaire qui va *de* ~ 척척 진척되는 사업. entrer *de* ~ dans le sujet 단도직입적으로 본론을 말하다.

plain-s, -t [plɛ̃] ⇨plaindre.

*plainte [plɛ̃:t] *n.f.* ① 신음 소리, 탄식, 비명(gémissement). pousser[exhaler] des ~s 신음 소리를 내다. ~ du vent 《문어》바람의 탄식. ② 불평, 하소연, 원망(doléance, grief). adresser une ~ collective 집단어 불만을 토로하다. sujet de ~ 불평거리. ③ 《법》제소, 고소. porter[déposer une] ~ contre *qn* …을 고소하다.

plaintif(ve) [plɛ̃tif, -i:v] *a.* ① 구슬픈, 슬픈, 애처로운. voix ~ve 애처로운 목소리. musique ~ve 구슬픈 음악. ②《옛》투덜거리는, 불평하는.

plaintivement [plɛ̃tivmɑ̃] *ad.* 구슬프게, 슬프게, 애처롭게.

‡**plaire** [plɛ:r] [33] *v.t.ind.* [~ à *qn*] ① …의 마음에 들다; …의 환심을 사다. Cette robe me *plaît*. 이 드레스는 내 마음에 든다. Cet homme ne me *plaît* pas. 이 사람은 마음에 들지 않는다. Il cherche à ~ à son supérieur. 그는 상관의 환심을 사려고 애쓴다. Est-ce que ce film vous *a plu*? 그 영화가 좋았어요? Il ne fait que ce qui lui *plaît*. 그는 자기가 좋아하는 것만 한다. (목적보어 없이) désir de ~ 남의 환심을 사려는 욕망. Il *plaît*. 그는 호감이 가는 사람이다. Ce roman *a* beaucoup *plu*. 이 소설은 매우 인기를 얻었다.

② (비인칭) comme il vous *plaira* 당신 좋으실 대로. Faites ce qu'il vous *plaira*. 좋으실 대로 하시오. tant qu'il vous *plaira* 좋으실 대로 얼마든지. Venez chez moi quand il vous *plaira*. 언제든지 저의 집에 오시오. Il ne me *plaît* pas d'agir ainsi. 나는 그런 행동은 하기 싫다. Il ne me *plaît* pas que vous fassiez cela. 나는 당신이 그런 짓을 하는 것을 좋아하지 않는다.

À Dieu ne *plaise*! 설마 그럴 수가 있나, 당치도 않은 말이다!
À Dieu ne *plaise* que+sub. …하는 일이 없기를 바란다, …라니 당치도 않다. À Dieu ne *plaise que* j'y aille. 나는 결코 거기에 가지 않겠다.
Cela vous *plaît* à dire. 그럴 리가 있겠어요? 농담이시겠지요.
Plaise à Dieu [au ciel] que+sub. …라면 좋겠는데 (희망의 표현). *Plaise* à Dieu qu'il soit encore vivant! 그가 아직도 살아있으면 좋겠는데!
Plaît-il? 뭐라고 말씀하셨습니까? (되풀이 해 말해주기를 바랄 때).
Plût à Dieu [au ciel] que+sub. …하면 좋았을 걸 (과거의 일에 대한 유감의 표현). *Plût au ciel que* rien de tout cela ne fût arrivé! 그런 일이 전혀 일어나지 않았으면 좋았을 텐데!
s'il vous [te] *plaît* 《구어》부디, 제발, 미안하지만 (간청·질문·경고·주의 따위의 표현과 함께). Un café, *s'il vous plaît*. 커피 한 잔 주십시오. Réponse, *s'il vous plaît*. 회신있으시길 바랍니다 (《약자》R.S.V.P.). Le bureau de poste, *s'il vous plaît*. 미안하지만 우체국이 어디 있죠? Puis-je sortir, Monsieur, *s'il vous plaît*? 선생님, 나가도 좋을까요? Veux-tu te taire, *s'il te plaît*? 좀 잠자코 있지 못하겠니? Elle a une voiture de luxe, *s'il vous plaît*! 그녀가 호화로운 자동차를 샀다면 말이에요! (구어에서 말한 내용을 강조하는 경우).
Vous plaît-il (*plairait-il*) *de*+inf. …을 해주시겠습니까? 그것이 de venir chez moi? 저의 집으로 와주시겠습니까?

—*se* ~ *v.pr.* ① 자기만족하다; 좋아하다, 즐기다. chercher à ~ à soi-même 스스로 만족하려고 애쓰다. *se* ~ dans la solitude (à la campagne) 고독 [시골]을 좋아하다. *se* ~ avec ses amis 친구들과 어울리기를 좋아하다. Je me *plais* avec les cheveux longs. 나는 긴 머리하기를 좋아한다. [*se* ~ à+ *inf.*] *se* ~ à faire du mal 장난하기를 좋아하다.
② (동·식물이 어떤 환경에서) 잘자라다. plante qui *se plaît* dans les lieux humides 습지에서 잘 자라는 식물.
③ 서로 좋아하다. Ces deux jeunes gens *se plaisent*. 이 두 젊은이는 서로 좋아한다.

plaisamment [plɛzamɑ̃] *ad.* ① 유쾌하게, 쾌적하게. appartement ~ meublé 쾌적하게 꾸며진 아파트. ② 재미있게, 익살스럽게, 우스꽝스럽게. être ~ accoutré 웃차림이 우스꽝스럽다.

plaisance [plɛzɑ̃:s] *n.f.* 《옛》즐거움 (현재에는 de ~ 로만 사용). bateau *de* ~ 유람선. maison *de* ~ 별장. ② 해상 유람, 뱃놀이(navigation de ~).

plaisancier [plɛzɑ̃sje] *n.m.* 요트·모터보트 따위를 즐기는 사람.

plaisancier(ère) [plɛzɑ̃sje, -jɛ:r] *n.* (요트 따위를 타고) 뱃놀이하는 사람. —*a.* 뱃놀이의.

plaisant(e) [plɛzɑ̃, -ɑ̃:t] (*p.pr.*<*plaire*) *a.* ① 기분좋은, 즐거운(agréable). maison ~*e* 쾌적한 집. femme ~*e* 매력있는 여자. ~ à (pour) l'œil 눈요기가 되는. ② 재미있는, 유쾌한, 익살스런. histoire ~*e* 재미있는 이야기. ③《옛》(명사 앞에서는 나쁜 뜻이) 이상한, 별난. Voila une ~*e* excuse! 별난 변명도 다 듣게 되는군! C'est assez ~! 어지간히 야릇한 일이로군.
—*n.m.* ①《문어》재미있는 점. le ~ de l'histoire 그 이야기의 재미있는 점. ②《옛》익살꾼, 해학가. mauvais ~ 빈정거리는 사람. ③ 익살스러운 점. faire le ~ 농담을 하여 [익살을 부려] 웃기다.

***plaisanter** [plɛzɑ̃te] *v.i.* 농담하다, 희롱하다. aimer à ~ 농담하기를 좋아한다. n'être pas d'humeur à ~ 농담할 기분이 아니다. On ne *plaisante* pas avec ces choses-là. 그 일은 가볍게 넘길 것이 아니오. Vous *plaisantez*! 농담이시죠!
—*v.t.* 놀리다, 우롱하다, 빈정거리다. [~ *qn* sur *qc*; ~ de *qn*+*ind.*] …에 관해 ~을 놀리다, 빈정거리다. Il m'*a plaisanté* sur mon nouvel habit. 그는 나의 새옷에 대해 놀렸다. On la *plaisantait de ce qu*'il venait si souvent. 그가 너무 뻔질나게 찾아오기 때문에 사람들은 그녀를 놀렸다.

plaisanterie [plɛzɑ̃tri] *n.f.* ① 농담, 희롱, 놀리기. ~ fine 재치있는 농담. ~ de mauvais goût 저속한 농담. être l'objet des ~s; être en butte aux ~s 놀림감이 되다. J'ai dit cela par ~. 나는 농담삼아 그렇게 말했는 것이다. Il ne comprend pas [n'entend pas] la ~. 그는 농담을 이해하지 못한다. ② 하찮은 일; 아주 쉬운 일. Ce sera pour lui une ~ de battre ce record. 그에게 있어 그 기록을 깨는 것은 아주 쉬운 일이다.
Cela passe la ~. 농담으로서는 지나친 말이다.
C'est une ~! ⓐ 농담이시겠죠, 설마 그럴 수가! ⓑ 그것은 아주 쉬운 일이다.
tourner qc en ~ …을 농담으로 돌리다, 우습게 여기다.

plaisantin [plɛzɑ̃tɛ̃] *n.m.* 희롱하는 사람, 성실치 못한 사람(fumiste); 농담으로 돌리는 사람. —*a.* 희롱하는. ton ~ 희롱하는 말투.

plais-e,-ez [plɛ:z, plɛ(e)ze] ⇨*plaire*.

‡**plaisir** [plɛ(e)zi:r] *n.m.* ① 기쁨, 즐거움; 만족, 쾌락(agrément). ~ moral (physique) 정신적 (육체적) 쾌락. ~ d'amour 사랑의 기쁨. recherche du ~ 쾌락의 추구. ~ des dieux 《구어》더없이 큰 기쁨. éprouver (goûter) du ~ 기쁨을 느끼다 (맛보다). Ce film m'a donné beaucoup de ~. 그 영화는 퍽 재미있었다.
② (대개 *pl.*) (육체적) 쾌락; 기쁨을 주는 것, 오락; 유흥. mener une vie de ~s 방종한 생활을 하다.

방탕하다. homme de ~(s) 방탕한 사람, 탕아. lieux de ~ 환락가, 유흥가. partie de ~ 행락. menus ~s (일상적인)조촐한 오락(유흥).

③(옛) (volonté), 뜻; 다음과 같은 표현에서 사용. si c'est votre (bon) ~ 당신의 뜻이 그렇다면. le bon ~ royal 왕의 의지. Car tel est notre (bon) ~. 짐의 뜻이 그러하노라(칙령 따위에서). régime du bon ~ 전제정치.

④(옛)【제과】(아이스크림을 담는)원추형 웨이퍼(oublie).

à~ ⓐ 까닭없이, 공연히. se tourmenter à~ 까닭 없이 고민하다. ⓑ 일부러; 제멋대로. débiter une histoire faite à~ 제멋대로 꾸민 이야기를 하다. Au~ (de vous revoir). (구어)안녕히 계십시오(가십시오).

avec~ 즐겁게, 기꺼이. boire avec~ un verre de bon vin 맛있는 포도주 한 잔을 즐겁게 마시다. Pouvez-vous m'accompagner?-Avec grand~. 우리와 같이 가시겠어요? 기꺼이 그러죠.

avoir du~ à+inf.; prendre~ à qc(+inf.) ...에 (하는 것이) 즐겁다, ...하는 것을 즐겨 삼다. J'ai du~ à entendre ces artistes. 나는 그 연주가들의 음악을 듣는 것이 즐겁다. Pourquoi prenez-vous ~à la taquiner? 당신은 왜 그녀를 놀리기를 좋아합니까?

avoir le~ de+inf. ...하는 것을 기쁘게 생각하다. Quand aurais-je le~ de vous revoir? 언제 당신을 다시 만나뵈올 수 있을까요? J'ai le~ de vous annoncer votre succès à l'examen. 당신의 합격을 알려드리게 되어 기쁩니다.

faire à qn le~ de ...에게 ...의 기쁨을 안겨주다. Faites-moi le~ de passer la soirée avec moi. 저녁 나절을 저와 함께 보내주시기 바랍니다.

faire~ à qn 을 기쁘게 하다. Cette bonne nouvelle lui a fait~. 그 희소식은 그에게 기쁨을 안겨주었다.

Il y a (du)~ à(de)+inf. ...하는 것은 즐겁다. Il y a~ à travailler pour ces personnes. 그런 사람들을 위해서 일하는 것은 즐거운 일이다.

Je vous souhaite bien du~! 어디 잘해보시구려(어렵거나 불쾌한 일을 하려는 사람에게 빈정거리는 투로 하는 말).

par~; pour le(son)~ 심심풀이로, 장난삼아; 시험삼아. Cultiver un jardin par~. 나는 심심풀이로 삼아 마당에 채소를 가꾸고 있다. mentir pour le~ 장난삼아 거짓말을 하다.

se faire un~ de+inf. 기꺼이 ...하다. Je me ferai un~ de vous raccompagner en voiture. 제가 기꺼이 차로 모셔다 드리죠.

plaît [plɛ] plaire 의 직설·현재·3·단수.

plan¹(e') [plɑ̃, -an] a. 평평한, 평면의. angle~ 평면각. surface~ 평면. géométrie~e 평면기하학.

—n.m. ① (물리·수학)평면, 면. ~ horizontal (vertical) 수평(수직)면. ~ incliné 빗면, 사면(斜面). ~ d'un cristal 결정면. ~ d'eau (강물의)수위(水位), 수면. ~ de l'équateur 적도면. ~ de sustentation (비행기의)지지익(支持翼). ~ de travail (부엌의)조리대.

② (그림·사진·무대의)원근(遠近), (영화의)화면, 촬영거리. Sur cette photographie, les personnages sont au premier~, la maison au second~. 이 사진에서 인물은 전경(前景)에, 집은 후경에 보인다. ~ éloigné 원경. ~ américain 클로즈 미디엄샷(인물의 상반신을 찍는 것).

au premier~. 전면에; 가장 중요한 위치에. L'avenir de ses enfants est au premier~ de ses préoccupations. 아이들의 장래가 그의 가장 중요한 관심사이다.

au second~; à l'arrière-~ 후경에; 뒷자리에, 별로 중요하지 않은 위치에. reléguer qn au second ~ ...을 뒷자리로 물러앉게 하다.

de (tout) premier~ 전경의; 매우 중요한, 으뜸가는. artistes de premier~ 일류 예술가들.

sur le même~ 같은 수준(차원)의. Ces deux problèmes ne sont pas sur le même~. 이 두 문제는 같은 차원의 것이 아니다.

sur le~+형용사(de+명사) ...의 면에서 (볼 때). Sur le~ de la conduite, il n'y a rien à dire, mais sur le~ intellectuel, cet élève est plutôt déficient. 이 학생은 품행에 있어서 흠잡을 데 없지만 지적인 면에서는 좀 부족하다.

***plan²** n.m. ① ⓐ 계획, 플랜(projet); (정부의)정책. faire le~ d'un voyage 여행계획을 짜다. dresser (établir) un~ 계획을 세우다. exécuter un~ 계획을 실천하다. avoir son~ 자신의 복안이 있다, 스스로 결정한 바가 있다. ~ quinquennal 5개년 계획. ~ d'urbanisme 도시계획(정책). ~s d'études 연구계획. ⓑ (작품 따위의)구상. arrêter (établir) le~ d'un roman 소설을 구상하다, 소설의 줄거리를 결정하다.

② ⓐ 도면; 평면도; 설계도. lever(dresser, tracer) un~ 도면을 그리다. ~ d'un hôtel 호텔의 도면. ~ de masse (한 구역의 건물이나 경작지 전체를 보여주는)조감도. ~ à vol d'oiseau 조감도. ~ sur bleu 청사진. acheter un appartement sur~ 설계도만 보고 아파트를 사다. ⓑ (거리·노선 따위의) 지도. ~ de Séoul 서울의 지도. ~ du métro 지하철 노선도. ~ directeur 【군사】(특히 포격용의 세밀한)작전지도. ⓒ 건축양식. abbaye de~ cistercien 시토회 양식의 수도원.

en~ (구어)(중단된(포기된) 상태로, 버려둔 채로. laisser son devoir en~ pour aller jouer 나가 놀러 고 숙제를 내팽개치다. Leur guide les a laissés en~. 안내자가 그들을 내버려두고 사라졌다. Son travail est resté en~. 그의 일은 중단된 상태였다. tirer son~ (벗기의 일을)헤쳐나가다, 요령있게 처리하다(se débrouiller).

planage [plana:ʒ] n.m. 반드럽게(평명하게) 하기; 대패질.

planaire [planɛ:r] n.f. 【동물】플라나리아, 편형(扁形) 동물.

plan(-)calcul [plɑ̃kalkyl] n.m. (1960년 프랑스에서 수립된)컴퓨터 생산 계획.

planchage [plɑ̃ʃa:ʒ] n.m. (옛)판자를 대기; 판자를 만들기.

***planche** [plɑ̃:ʃ] n.f. ① ⓐ 판자, 널빤지; 금속판. raboter une~ 나무상자. maisonnette en~s 판자집. ~ de placard 벽장의 선반. ~ à pain 빵을 자르는데 쓰는 판자; (비유적)젖가슴이 빈약한 여자(~ à repasser). ~ à dessin 제도판. ~ à laver 빨래판. ~ à repasser 다림질판. ⓑ (자동차·비행기의)계기판 (~ de bord, ~ tablier). ⓒ 【학생속어】흑판, 칠판 (tableau). aller à la~ 흑판 앞으로 나오다. faire une bonne~ 흑판에서 문제를 척척 풀다. ⓓ 【스포츠】스키; 스케이트 보드(~ à roulettes); 윈드서핑의 보드(~ à voile). ⓔ 【해양】(배와 기슭 사이에 놓는)건널목. jour de~ (상선의)선적(하역)하는 날. tirer la~ (선원의)상륙을 금지하다. ⓕ (pl.)(해수욕장의 모래사장에)판자로 된 통로. ⓖ (널빤지 모양으로 썬)돼지의 비계살. ⓗ (보통 pl.)무대. monter sur les~s 무대에 서다, 배우가 되다. amour des~s 연극을 좋아함.

③ (책의)판화, 도판; (판화의)원판. ~ de papil-

lons dans un dictionnaire 사전에 있는 나비의 판화. ~ à billets 지폐인쇄에 쓰는 원판. ④ (장방형의)채소밭; 화초밭. ~ de salades 샐러드용 채소밭. ~ de tulipes 튤립화단.
brûler les ~s 열렬한 연기를 하다.
être coulé entre quatre ~s 죽어서 관속에 들어가다, 죽다.
faire la ~ 《수영》몸을 띄우다.
~ *de salut* (절망적 상황에 빠진 사람의)마지막 구원의 길, 의지할 것.
~ *pourrie* 의지할 수 없는 사람(것).

planchéiage [plɑ̃ʃejaːʒ] *n.m.* 마루(판자) 깔기.
planchéier [plɑ̃ʃeje] *v.t.* 마루(판자)를 깔다. ~ un navire 《해양》갑판을 만들다.

***plancher**[1] [plɑ̃ʃe] *n.m.* ① 마루; (건물의)바닥. mettre les ~s 마루(바닥)를 깔다. nettoyer le ~ 마루를 청소하다. couvrir le ~ d'une moquette 바닥에 양탄자를 깔다. ~ en bois 나무로 깐 바닥, 마루. ~ en ciment 시멘트 마루. ② 《해부》기저(基底). ~ buccal 구강기저. ③ 하한(下限). ~ des cotisations 갹출금의 하한선. 《동격》prix-~ 최저가격. ④ 《엣》천장(plafond).
débarrasser le ~ 《구어》밖으로 나가다, 물러가다; 쫓겨나다.
mettre le pied au ~ 《구어》《자동차》악셀(가속장치) 페달을 바닥에 닿도록 밟다.
~ *des vaches* 육지(선원이나 비행사가 쓰는 말).

plancher[2] *v.t.* 《학생어》(칠판 앞에서)질문을 받고, 문제를 풀다, 시험을 치르다.

planchette [plɑ̃ʃɛt] *n.f.* ① 작은 판자(널빤지). ② 《측량》(삼각대 위에 놓인)평판(平板)측량기, 제도파.

plançon [plɑ̃sɔ̃] *n.m.* ① 《원예》꺾꽂이용 가지(버들·포플러 따위의); 묘목. ② 판재(板材), 두꺼운 판자.

plan-concave [plɑ̃kɔ̃kaːv] *a.* 《광학》(렌즈가)평요면(平凹面)의.
plan-convexe [plɑ̃kɔ̃vɛks] *a.* 《광학》(렌즈가)평철면(平凸面)의.
plancton [plɑ̃ktɔ̃] *n.m.* 《생물》플랑크톤, 부유(浮游) 생물.
plane[1] [plan] *n.f.* (통장이 따위의)양손잡이 대패.
plane[2] *n.m.* 《식물》플라타너스.
plane[3] *n.f.* ⇨plan[1].
plané(e) [pla(ɑ)ne] *a.p. vol* ~ (새의)활상(滑翔); (비행기의)활공. faire un *vol* ~ 활상(활공)하다; (비유적)(장애물에 마주쳐서 그 너머로)뚝 떨어지다. —*n.m.* 활상, 활공.
planéité [planeite] *n.f.* 평형함, 평면성.
planer[1] [pla(ɑ)ne] *v.t.* (대패로)밀다, 반드럽게 하다; (금속을 기계 또는 망치로)평평(반듯)하게 하다. ~ les tôles 함석을 평평하게 펴다.
planer[2] *v.i.* ① (새가 날갯짓을 하지 않고)날다, 활상(滑翔)하다; (비행기가)활공하다. 매가 농장 위에서 맴돌고 있다. ② (연기 따위가)떠돌다; (위험 따위가)감돌다, 닥쳐오다. Un brouillard épais *plane* sur la vallée. 짙은 안개가 골짜기에 떠돌고 있다. Un danger mortel *plane* sur la ville. 치명적인 위험이 도시에 닥치고 있다. laisser ~ le mystère 신비감이 감돌게 하다. ③ 초연한 태도를 취하다; 공상에 빠지다. ~ au-dessus des détails de la vie quotidienne 일상생활의 범사에 대해서 초연한 태도를 취하다. ~ dans le monde imaginaire 상상세계에 빠져들다. ④ 《엣·문어》(높은 곳에서)내려다보다; (비유적)개관(概觀)하다. L'œil *plane* sur la ville entière. 온 도시가 한 눈에 내려다 보인다. ~ sur les siècles passés 지난 몇 세기를 개관하다.

⑤《구어》(마약의 힘으로)황홀경에 빠지다.
planétaire [planetɛːr] *a.* ① 《천문》유성의, 행성의. système ~ 태양계 유성군(群). mouvement ~ 유성운동. électrons ~s (원자핵을 둘러 싼)궤도전자. ② 전세계의, 세계적 규모의. expansion ~ de l'impérialisme 제국주의의 세계적 팽창.
—*n.m.* 천상의(天象儀), 플라네타륨(planétarium); (기계의)유성톱니바퀴(장치).
planétairement [planetɛrmɑ̃] *ad.* 세계적으로.
planétarisation [planetarizasjɔ̃] *n.f.* (경제·정치·문화 현상의)세계화, 세계적 파급.
planétarisé(e) [planetarize] *a.* 세계적 규모가 된, 세계화된.
planétarium [planetarjɔm] *n.m.* 플라네타륨, 천상의(天象儀).
planète [planɛt] *n.f.* ① 《천문》유성, 행성. ~ supérieure(inférieure) 외(내)유성. ② 지구, 세계(Terre, notre ~). voyager par toute la ~ 세계를 여행하다. *être né sous une heureuse(bonne)* ~ 복받고 태어나다.
planétisation [planetizasjɔ̃] *n.f.* =**planétarisation**.
planétoïde [planetɔid] *n.m.* ① 《천문》소행성. ② 인공위성 (~ artificiel).
planeur[1] [pla(ɑ)nœːr] *n.m.* 금속을 평평하게 만드는 사람, 평마공(平磨工).
planeur[2] *n.m.* 《항공》글라이더. pilotage des ~s 글라이더의 조종. lancement d'un ~ par remorquage 밧줄로 끌어서 글라이더를 날리기.
planeuse [pla(ɑ)nøːz] *n.f.* (금속의)평반(平磨盤), 평마기(機).
planèze [planɛːz] *n.f.* 《지질》(화산작용에 의한)현무암의 고원, 용암고원.
plani- *préf.* 「평평한, 평면의」뜻.
planifiable [planifjabl] *a.* 《경제》계획화할 수 있는, 계획적으로 조직할 수 있는.
planificateur(trice) [planifikatœːr, -tris] *a.* (경제·작업을)기획(계획화)하는. mesures ~*trices* 계획화 정책. —*n.* 기획자, 계획수립자.
planification [planifikasjɔ̃] *n.f.* 계획화, 계획(경제). ~ économique 경제계획.
planifier [planifje] *v.t.* 계획에 따라서 조직하다, 계획화하다. économie *planifiée* 계획경제. —*v.i.* 가족계획을 세우다.
planimètre [planimɛtr] *n.m.* 면적계, 플라니미터.
planimétrie [planimetri] *n.f.* 면적 측정법, 평면 측량.
planimétrique [planimetrik] *a.* 평면 측량의, 1량.
planisme [planism] *n.m.* ① 《경제》경제계획주의. ② ~ *familial* 가족계획(planning familial).
planisphère [planisfɛːr] *n.m.* 평면 구형도(球形圖). ~ *céleste* 평면 천체도.
planiste [planist] *n.* 《경제》계획경제주창자; 계획전문가.
plankton [plɑ̃ktɔ̃] *n.m.* =**plancton**.
planning [planiŋ] 《영》*n.m.* 기획, 생산(경영·작업)계획. ~ *familial* 가족계획.
planoir [planwaːr] *n.m.* 끝이 넓적한 끌.
planorbe [planɔrb] *n.f.* 《패류》늦놀이명주달이.
plan-plan [plɑ̃plɑ̃] *ad.* 《구어·사투리》아주 조용히, 가만가만(doucement). Il est arrivé ~. 그는 조용히 왔다.
planque [plɑ̃ːk] *n.f.* ① 《속어》숨는 곳, 피신처. faire une ~ (형사가)잠복근무를 하다. ② 편한 일자리, 벌이가 좋은 일. trouver une ~ 수월한 일자리를 구하다.
planqué [plɑ̃ke] *n.m.* 《구어》병역기피자; (전시에) 편한 자리에 앉은 사람.

planquer [plɑ̃ke] *v.t.* 《구어》(돈 따위를)은닉하다, 감추다(cacher). ~ de l'argent à l'étranger 돈을 해외로 도피시키다.
—**se** ~ *v.pr.* 숨다, 안전한 곳으로 피신하다. *se* ~ *derrière un mur pour éviter les projectiles* 총탄을 피하려고 담 뒤에 숨다.

plansichter [plɑ̃siʃter] 《독일》*n.m.* (체질하는)선별기(여러 종류의 체로 곡물의 종류를 선별하는 자동기계).

plant [plɑ̃] *n.m.* ① 새싹, 묘목. ~ de vigne 포도나무의 묘목. ②(집합적)(같은 장소에 심은 같은 종류의)식물, 작물. (같은 종류의 것을 심은)밭. ~ de rosiers 장미밭.

plantage [plɑ̃taːʒ] *n.m.* ① 《해양》 밧줄을 엮는 틀. ②《옛》심기, 식목.

plantago [plɑ̃tago], **plantain** [plɑ̃tɛ̃] 《라틴》 *n.m.* 《식물》 질경이.

plantaire [plɑ̃tɛːr] *a.* 《해부》 발바닥의. voûte ~ 발바닥의 오목하게 들어간 곳.

plantard [plɑ̃taːr] *n.m.* = **plançon**.

plantation [plɑ̃tasjɔ̃] *n.f.* ① 심기, 식목;(집합적)심은 나무. saison des ~s (나무나 작물을)심는 계절. orage qui saccage des ~s 작물을 망치는 비바람. ② 재배지; (식민지・열대지방의)대농장. ~ de légumes 채소밭. ~ de café 커피농원. ~ des cheveux 머리털이 나 있는 모양[윤곽]. ④ ~ de décors 《연극》무대에 도구를 설치하기.

‡**plante**[¹] [plɑ̃ːt] *n.f.* ① 식물(végétal); 초목(verdure); 풀(herbe). jardin des ~s 식물원. ~s annuelles 1년생 초본. ~ marine 해초. ~ médicinale 약초. ~ potagère 식용식물, 야채. ~ d'appartement; ~s vertes (사철 푸른)관엽(觀葉)식물. ~s ornementales 관상식물. ②《식물》살아 있는 것, 생물; 사람. ~ de serre 온실에서 자란 사람, 허약한 사람. belle ~ 《구어》멋있는 여자.

plante[²] *n.f.* 발바닥.

planté(e) [plɑ̃te] *a.p.* ① 심어진; [~ de] (을)심은. arbres ~s en carré 네모꼴로 심은 나무들. rue ~e de platanes 플라타너스를 심은 거리. Elle a des dents bien ~es. 그녀는 치아가 고르다. ② 꼼짝 않고 서 있다. rester ~ devant la vitrine 쇼윈도 앞에 꼼짝 않고 서 있다. ③ bien ~ 《구어》체격이 좋은, 건장한(vigoureux). C'est un garçon bien ~. 그는 건장한 소년이다.

‡**planter** [plɑ̃te] *v.t.* ① 심다(↔arracher, déraciner). ~ des arbres 나무를 심다. ~ des légumes dans le jardin 마당에 채소를 심다. aller ~ ses choux 《구어》시골로 은퇴하다.
② [~ de/en] (을)(어떤 자리에)심다. ~ ses terres en gazon 땅에 잔디를 심다. ~ une avenue d'arbres 거리에 가로수를 심다.
③ (못・말뚝 따위를)박다, 꽂다(enfoncer, ficher, ↔coucher). ~ un clou dans un mur 벽에 못을 박다. Le lion *a planté* ses griffes dans le bras du dompteur. 사자는 조련사의 팔을 발톱으로 찔렀다.
④ (똑바로)세우다(dresser). ~ une échelle 사다리를 세우다. ~ un drapeau 깃발을 세우다. ~ une tente 천막을 치다. ~ les décors 무대장치를 세우다. ~ son regard sur qn ~을 뚫어지게 쳐다보다. ~ son chapeau sur la tête 《구어》모자를 푹 [덮어] 쓰다.
⑤ ~ un baiser 느닷없이 키스하다.

~ *là qn(qc)* 《구어》…을 팽개쳐버리다. Elle l'a *planté là*. 그녀는 그를 버렸다. Ils *ont planté là* leur travail et sont partis au bistrot. 그들은 일을 내팽개치고 술집으로 달려갔다.

~ *un personnage* (작가가)등장인물을 생생하게 묘사하다.

—**se** ~ *v.pr.* ① 심어지다. Ces arbres *se plantent* en automne. 이 나무들은 가을에 심는 것이다.
② 박히다, 꽂히다. La flèche vint *se* ~ au milieu de la cible. 화살은 과녁 한가운데 꽂혔다.
③ 우뚝 서다; 막아서다(se poster, s'arrêter). *se* ~ *devant qn* …의 앞을 막아서다.

planteur(se[¹]**)** [plɑ̃tœːr, -øːz] *n.* ① (열대지방의)농장(plantation)의 주인. ②《드물게》재배자.

planteuse[²] [plɑ̃tøːz] *n.f.* 《농업》감자심는 기계.

plantier [plɑ̃tje] *n.m.* (사투리)포도의 새 묘목.

plantigrade [plɑ̃tigrad] 《동물》*a.* 발바닥으로 걷는, 척행(蹠行)의. —*n.m.* 척행 동물.

plantoir [plɑ̃twaːr] *n.m.* 《원예》(식목・모종하기 위해)땅에 구멍을 파는 연장.

planton [plɑ̃tɔ̃] *n.m.* 《군사》연락(병의 임무).
faire le ~; *rester de* ~ 《구어》줄곧 서서 기다리다.

plantule [plɑ̃tyl] *n.f.* 《식물》새싹, 맹아(萌芽).

plantureusement [plɑ̃tyrøzmɑ̃] *ad.* 《옛》유택하게, 풍족하게(abondamment).

plantureux(se) [plɑ̃tyrø, -øːz] *a.* ① (음식이)풍부한(copieux). repas ~ 푸짐한 식사. ②《구어》여자의 육체가)풍만한. poitrine ~*se* 풍만한 젖가슴. ③《드물게》(과실의)수확이 많은; (땅이)비옥한(fécond, fertile).

plaquage [plakaːʒ] *n.m.* ①《럭비》태클. ②《속어》사람(일 따위로)내팽개치기.

***plaque** [plak] *n.f.* ①(금속・나무・돌・플라스틱 따위의)판. ~ de cuivre 동판. ~ de verre 판유리. ~ photographique(sensible) 《사진》건판, 감광판. ~ de chocolat 판 초콜릿. ~ d'égout 배수구의 뚜껑. ~ de propreté (문의 손잡이 주위의 잘 더러워지는 부분에 붙인)보호판. ~ offset 오프셋판. ~ (d'accumulateur) 《축전지의》극판. ②표지판, 표찰; 명찰; 배지; 훈장. ~ d'immatriculation (자동차의)번호판. ~ d'identité 《군대》인식표. ~ de garde champêtre 산림감시원의 배지. Le nom de la rue est marqué sur la ~. 거리의 이름이 표지판에 적혀 있다. ③《의학》반(斑), 반점; (부스럼 따위의)딱지; (얼굴의)반점, 검버섯. ④《생리》판. ~ cellulaire 세포판.

être(mettre) à côté de la ~ 《구어》적중하지 않다, 틀리다. ~ *tournante* ⓐ 《철도》전차대(轉車臺). ⓑ (교통・상업 따위의)중심지, 요충지. ⓒ 연락망, 중계자(intermédiaire).

plaqué(e) [plake] *a.p.* ① 도금한. montre ~*e* or[argent] 금[은]시계. collier ~ en argent ~*e* 도금한 목걸이. ②(판자를)붙인; 달라붙은. meuble en acajou ~ 마호가니 판자를 붙인 가구. cheveux ~s 머리에 찰싹 달라붙은 머리털. 겉치레의, 겉치레적인(factice). courtoisie ~*e* 겉치레뿐인 친절.
—*n.m.* 도금; 도금한 물건. bijoux en ~ 도금한 장신구.

plaquemine [plakmin] *n.f.* 《식물》감(kaki).

plaqueminier [plakminje] *n.m.* 《식물》감나무. ~ de l'Inde 흑단(黑檀).

plaquer [plake] *v.t.* ①(금・은・동 따위의)금속을 입히다; 도금하다. ~ *des bijoux d'argent* 장신구에 은도금하다. ~ *une feuille de métal sur du bois* 나무에 금속판을 입히다. ②(유리를)끼우다; (벽토를)바르다; (베니어판 따위를)붙이다; (잔디를)깔다. ~ *du mortier* 모르타르를 바르다. ③ (사람을 벽 따위에)밀어 붙이다(adosser); 들러붙게 하다. Il *a plaqué* son agresseur contre le mur. 그는 덤벼드는 자를 벽에 밀어붙였다. Le vent *plaquait* sa robe. 바람이 그녀의 옷을 몸에 들러붙게 했다. Il *plaque* toujours ses cheveux sur sa crâne. 그는

언제나 머리털을 머리에 찰싹 들러붙게 한다. ④ 《속어》버리다, 포기하다; (애인을) 차버리다 (abandonner). Elle *a plaqué* son mari. 그는 남편을 차버렸다. Il *a* tout *plaqué* pour elle. 그는 그녀 때문에 모든 것을 포기했다. ⑤ ~ un gifle[un soufflet] à qn《속어》…의 따귀를 때리다. ⑥《럭비》태클하다. ⑦ ~ un accord《음악》(피아노로) 화음을 한 번 치다.
— *v.i.* ① 직업을 버리다. ② 갑자기 가벼리다. ③ 《드물게》달라붙다(coller). chemise qui *plaque* sur les seins 가슴에 착 달라붙는 샤쓰(슈미즈).
— **se** ~ *v.pr.* 찰싹 달라붙다; (몸을) 밀어붙이다; (머리털을) 들러붙게 하다. se ~ au sol 땅바닥에 찰싹 엎드리다.

plaquette [plakɛt] *n.f.* ① 작은 판; 《특히》(원형이 아닌) 기념메달. ~ de marbre 작은 대리석판. ② 소책자. ~ de vers 소책자로 된 시집. ③《의학》혈소판(血小板).

plaqueur(se) [plakœːr, -ʃːz] *n.* ① 금은(금속)을 씌우는 사람(~ sur métaux); 판자를 붙이는 사람(~ en ébénisterie). ②《속어》(직업·사람을) 갑자기 버리는 사람.

-plasie *suff.*「형성」의 뜻《생리학 용어를 만듦》.

plasma [plasma] *n.m.* 《생물》혈장(血漿) (~ sanguin); 원형질. ②《물리》플라스마.

plasmagène [plasmaʒɛn] *n.m.*《생물》플라스마진, 세포질 유전자. — *a.*《물리》플라스마를 발생시키는.

plasmatique [plasmatik] *a.*《생리》혈장의.

-plasme *suff.*「형성된 것」의 뜻.

plasmifier [plasmifje] *v.t.*《물리》(기체를) 플라스마로 변화시키다.

plasm(o)- *préf.*「형성된 것」의 뜻.

plasmocyte [plasmɔsit] *n.m.*《생물》형질세포, 플라스마 세포.

plasmode [plasmɔd] *n.m.*《생물》변형체.

plasmodium [plasmɔdjɔm] *n.m.*《생물》원형체, 플라스모디엄, 말라리아 원충(原蟲).

plasmolyse [plasmɔliːz] *n.f.*《생리》원형질 분리.

plasmothérapie [plasmɔterapi] *n.f.* 혈장 요법.

plast- *préf.*「형성」의 뜻.

plaste [plast] *n.m.*《식물》색소체.

-plaste *suff.*「형성」의 뜻.

plastic [plastik] 《영》*n.m.* 플라스틱 폭탄.

plasticage [plastikaːʒ] *n.m.* 플라스틱 폭탄에 의한 폭파(범죄).

plasticien(ne) [plastisjɛ̃, -ɛn] *n.* ① 조형예술가. ②플라스틱 기사. ③ 성형외과의사.

plasticité [plastisite] *n.f.* 가소성(可塑性), 조형성, 성형성(成形性).

plastie [plasti] *n.f.*《의학》성형술. ~ cutanée 피부 성형술.

-plastie *suff.*「형성」의 뜻.

plastifiant [plastifjɑ̃] *n.m.* 플라스틱 가공제(劑).

plastifier [plastifje] *v.t.* 플라스틱 가공을 하다, 플라스틱으로 피복하다. ②《화학》가소화하다.

plastigel [plastiʒɛl] *n.m.*《화학》플라스티겔.

plastiquage [plastikaːʒ] *n.m.* =**plasticage**.

*plastique [plastik] *a.* ① 조형(造形)의, 조형적인. arts ~s 조형예술《회화·조각·건축 따위》. beauté ~ d'une œuvre 작품의 조형미. ② 가소성이 있는; 유연한. L'argile est ~. 점토는 가소성이 있다. L'esprit d'un enfant est ~. 어린애의 두뇌는 유연하다. ③《의학》성형의. opération ~ 성형수술. chirurgie ~ 성형외과. ④ 몸매·몸짓 따위가 멋진, 아름다운 태도. de beaux gestes ~s 아름답고 멋진. ⑤ 플라스틱(제)의. matière ~ 플라스틱(재료). stylo en matière ~ 플라스틱으로 된 만년필. explositif ~ 플라스틱 폭약. ⑥《생물》조직형성에 유용한, 형성적인. engrais ~ 형성비료.
— *n.m.* ①플라스틱(matière ~); 《pl.》플라스틱 제품. chaussures à semelle en ~ 플라스틱 창을 댄 구두. ②플라스틱 폭약.
— *n.f.* ① 조형(술); 조각. Les élèves de l'École des beaux-arts étudient la ~. 미술학교의 학생들은 조형을 공부한다. ② 몸매, 체형(體形). La ~ de ces athelètes est admirable. 채조선수들의 몸매는 매우 아름답다.

plastiquement [plastikmɑ̃] *ad.* ① 조형적으로, 가소적으로. ② 체형적으로, 몸매로 보아서. P~, elle était merveilleuse. 그녀는 몸매가 기막히게 아름답다.

plastiquer [plastike] *v.t.* (건물 따위를) 플라스틱 폭탄으로 폭파하다.

plastiqueur [plastikœːr] *n.m.* 플라스틱 폭탄을 터뜨린 사람(범인).

plastron [plastrɔ̃] *n.m.* ① (갑옷의) 가슴받이; 《펜싱》가슴받이. ② 《의복》 와이샤쓰의 앞쪽; 《부인복의》 가슴받이, 가슴 장식. ~ de chemise 와이샤쓰의 앞쪽. ③《동물》(거북 따위의) 복갑(腹甲). ④《군사》 (연습 매의) 가상 적군. ⑤《구어》 남의 놀림감, 조롱의 대상.

plastronner [plastrɔne] *v.t.* (갑옷의) 가슴받이를 입히다; 보호하다(protéger). — *v.i.* 가슴을 내밀다; 뽐기다, 으스대다(parader).

‡plat¹(e') [pla, -at] *a.* ① 판판한, 평평한, 평탄한 (horizontal); 얕막한(mince). bateau à fond ~ 바닥이 평평한 배. chaussures à talon ~ 굽이 낮은 구두. assiette ~e 운두가 낮은 접시. terrain ~ 평지. pied ~ 편평족(扁平足); 야비한 사람, 상놈. cheveux ~s (곱슬곱슬하지 않은) 곧은 머리털. poisson ~ 납작한 물고기 《가자미 따위》. ② 단조로운(uniforme); 평범한(banal); 싱거운, 맥빠진(fade). teinte ~e 농담(濃淡)이 없는 단색. ~ personnage 평범한 사람. comédie ~e 싱거운 희극. vin ~ 맛없는 포도주. eau ~e (탄산을 함유하지 않은) 보통의 물, 맹물. rimes ~es《운율》대운 (對韻), 평운(平韻) 《aabb로 된 압운법》.
③ 굽은, 굽실거리는. être ~ devant les grands 높은 양반들에게 굽실거리다. faire de ~es excuses 비굴한 변명을 하다.

avoir la bourse ~e 지갑이 텅텅 비어 있다, 빈털터리이다.

calme ~ (바다가) 풍랑이 자고 고요함; 평온함.
— *n.m.* ① 판판한 부분; 평지. ~ de la main 손바닥. ~ d'un sabre 칼의 판판한 부분. ~ de côtes (소의) 갈비살(~ de bœuf 그림). course de ~ 《경마의》평지 달리기. ② (책의) 표지. ~ supérieur[inférieur] 앞[뒷] 표지. ③ 얇은 철판의 제품; 「철도」무개화차.

à ~ ⓐ 평평하게, 옆으로(horizontalement). poser[mettre] qc à ~ …을 뉘어놓다. ⓑ (타이어가) 바람이 깨진. pneu à ~ 바람이 빠진 타이어. rouler à ~ 타이어에 바람이 빠진 채로 달리다. ⓒ《구어》(아파서 또는 피곤해서) 기운이 없는. À la fin de la semaine, je me sens complètement à ~. 주말이 되면 나는 완전히 녹초가 된 기분이다. ⓓ tomber à ~ 아무 효과도 얻지 못하다, 완전히 실패하다.

faire du ~ *à* …에게 [특히 여자에게] 아첨하다 (flatter). Il *fait du* ~ *à* toutes les femmes. 그는 모든 여성에게 아첨한다.

‡plat² [pla] *n.m.* ① 접시(assiette 보다 크고 요리를 담는 데 쓰는 그릇). apporter les ~s sur la table 식탁에 요리접시를 가져오다. ~ creux 운두가 높은

접시. ~ à légumes 야채 접시. œuf au(sur le) ~ 계란반숙 프라이. ~ à barbe 《옛》(이발사가 사용한)면도용 접시.
② 접시에 담긴 음식; 요리. servir un ~ de poisson 생선요리를 내다. manger un ~ froid 찬음식(행 요리)으로 된 요리를 먹다. ~ garni 고기 또는 생선에 야채를 곁들인 요리. ~ de résistance 주된 요리, 메인디쉬. ~ du jour 《식당에서 권하는》오늘의 특별 요리. faire les ~s nets; nettoyer(vider) les ~s 접시를 비우다, 다 먹어버리다.
③ 저울판(plateau); 《옛》쟁반.
apporter qc à qn sur un ~ (d'argent) 바라던 것을 당장 주다.
faire tout un ~ de qc ...을 두고 야단법석을 떨다, ...을 굉장히 과장하다.
mettre les petits ~s dans les grands 진수성찬으로 차리다, 극진히 대접하다.
mettre les pieds dans le ~ 덜어놓고 제 생각을 털어놓다, 무례한 언동을 하다.

platane [platan] *n.m.* 【식물】플라타너스. *rentrer dans un ~* 《구어》(차를 타고)나무를 들이받다.

plat-bord [plabɔ:r] (*pl.* ~*s*-~*s*) *n.m.* 【해양】① 뱃전. ② (난과선의)선판(船板).

plate² [plat] *n.f.* ① 《옛》(갑옷의)강철판. ② (배를 수리하거나 청소하는 데 사용하는)너벅선, 평저선(平底船).

***plateau** [plato] (*pl.* ~*x*) *n.m.* ① ⓐ (큰)쟁반; 쟁반에 담은 음식. ~ d'argent 은쟁반. servir le déjeuner sur un ~ 점심을 쟁반에 담아 제공하다. ~ à fromages 치즈쟁반. ~ de fromages 여러 종류의 치즈. ⓑ 저울판(~ d'une balance); (레코드 플레이어의)턴테이블(~ d'une tourne-disque). ⓒ 쟁반 모양의 기구(판·받침대). ~ de chirurgien 수술기구를 놓는 쟁반. ~ de chargements 하역작업대. ~ d'engrenage (자동차의)클러치판. ② ⓐ 고원(高原), 높고 평평한 땅. ~ de l'Iran 이란 고원. ~ continental 대륙붕. ⓑ (그래프의)고평부(高平部). fièvre en ~ 【의학】계속열. ③ 《연극》무대(→théâtre 그림) 《영화》(스튜디오의)플로어; 촬영장치(요원). ④ 《철도》무개(無蓋)화차. ⑤ 《스포츠》(제조경기를 하는)마루. *apporter qc à qn sur un ~* 《바라던 것을》당장 갖다주다.

plateau-repas [plator(ə)pa] (*pl.* ~*x*-~) *n.m.* 기차·비행기에서의)식사쟁반, 식사, 기내식.

plate-bande [platbɑ̃:d] (*pl.* ~*s*-~*s*) *n.f.* ① 화단. ② 《건축》평평하고 요철 없는 쇠시리.
marcher sur les ~s-~s de qn 《구어》...의 권리(영역)를 침해하다.

platée¹ [plate] *n.f.* 《건축》(건물 전체의)토대, 기초(공사).

platée² *n.f.* 한 접시(의 분량). une ~ de choux 양배추 한 접시.

plate-forme¹ [platform] (*pl.* ~*s*-~*s*) *n.f.* ① ⓐ 돋아 놓은 편편한 곳(발코니·전망대·층계참 따위). 평평한 지붕, 옥상(toit en ~). ⓑ (건물의)기단(基壇). ⓒ (도로·철도의)노상(路床). ② (기차·버스의)승강구, 승강구; (항공모함 따위의)갑판. Ne restez pas sur le ~. 승강구에 서 있지 마시오. ③ (역의)플랫폼(~ de quai), 비행장; 공항. ④ 무개차로; 무개트럭. ⑤ 《군사》포상(砲床), 포좌(砲座). ⑥ 《지질》고원, 높은 벌판(plateau). ~ continentale 대륙붕.

plate-forme² (*pl.* ~*s*-~*s*) *n.f.* (정당·단체의)강령, 정견. ~ électorale d'un parti 선거 때에 밝히는 당의 정견.

platelage [platla:ʒ] *n.m.* ① 골조로 쓰는 판자. ② 【해양】(장갑 철판을 지탱하는)측판(側板).

plate-longe [platlɔ̃:ʒ] (*pl.* ~*s*-~*s*) *n.f.* (말이 차지 못하게 경거리끈에 다는)가죽끈; 고삐.

platement [platmɑ̃] *ad.* 평범하게; 싱겁게, 멋없게.

plateresque [platresk] *a.* (건축 양식이)에스파냐 르네상스 때와 같은, 금속세공 같은.

plathelminthes [platɛlmɛ̃t] *n.m.pl.* 편형 동물.

platière [platjɛ:r] *n.f.* 《사투리》① 길을 가로지르는 개울. ② 언덕 밑의 평지.

platinage [platina:ʒ] *n.m.* 백금 도금.

platine¹ [platin] *n.f.* ① 기계를 지탱하는 판, 받침대 (臺); 기계의 편편한 부분. ~ d'une montre(d'une pendule) 시계의 측판(側板). ~ d'une machine à coudre 재봉틀의 바늘판. ~ d'une presse à bras 수동인쇄기의 압판(壓板). ~ à silex (구식 총의)공이치기. ~ (d'un) tourne-disque (레코드 플레이어의)턴테이블. ②《옛》혓바닥; 《비유적》허풍, 같은 이설. avoir une bonne(fameuse) ~ 잘 떠들어대다, 허풍을 늘어놓다.

platine² *n.m.* 【화학】백금. bague en ~ 백금반지. mousse de ~ 백금해면(海綿). noir de ~ 백금흑(白金黑). ~ iridié 백금 이리듐.
— *a.* (불변)백금빛의.

platiné(e) [platine] *a.p.* ① (머리털이)플라티나 블론드의, 엷은 블론드의. ② vis ~es 《자동차》포인트.

platiner [platine] *v.t.* 백금을 입히다; 백금색으로 만들다; (머리털을)플라티나 블론드로 염색하다 (platiniser).

platinifère [platinifɛ:r] *a.* 백금을 함유한.

platiniridium [platiniridjɔm] *n.m.* 【야금·광물】백금 이리듐.

platiniser [platinize] *v.t.* =**platiner**.

platinite [platinit] *n.f.* 【화학】플라티나이트(백금과 팽창계수가 같은 철과 니켈의 합금).

platinoïde [platinɔid] *n.m.* ⓐ 【화학】플라티노이드. ⓑ 백금속 원소의 총칭. ⓒ 백금 비슷한 양은과 텅스텐의 합금.

platinotypie [platinotipi] *n.f.* 백금 사진술.

platitude [platityd] *n.f.* ① 평범함, 단조로움, 진부함(banalité); (술이)맛없음(fadeur). ~ du style 진부한 문체. ~ de la vie à la campagne 시골생활의 단조로움. débiter des ~s 성거운(진부한) 말을 늘어놓다. ② 비굴함, 천한 짓(bassesse). La ~ de ses excuses est écœurante. 그의 비굴한 변명을 들으면 욕지기가 난다. ③《드물게》평탄함.

platonicien(ne) [platɔnisjɛ̃, -ɛn] *a.* 플라톤(Platon)학파의(철학·주의)의.
— *n.* 플라톤 학파의 철학자.

platonique [platɔnik] *a.* ① (순수하게)정신적인. amour ~ 정신적인 연애. ② 효과없는, 형식적인. protestations ~s 효과없는 항의. ③《옛》플라톤 철학의(platonicien).

platoniquement [platɔnikmɑ̃] *ad.* ① (순전히)정신적으로, 관념적으로, 공상적으로. ② 헛되이, 효과없이.

platoniser [platɔnize] *v.i.* 플라톤 철학을 신봉하다.

platonisme [platɔnism] *n.m.* ① 플라톤 철학. ②《드물게》(애정의)이상적인 성격(플라토닉사랑).

plâtrage [platra:ʒ] *n.m.* ① 회반죽바르기; 석고비료의 시용; 포도주에 석고를 섞기. ② ~ gastrique 【의학】위복부의벽보호요법. ③《드물게》벽토로세공.

plâtras [platra] *n.m.* 회반죽(벽토의 부스러기); 나쁜 건축재료; 무거운 덩어리. avoir un ~ sur l'estomac 위가 묵직하다.

***plâtre** [plɑ:tr] *n.m.* ① 자연석고, 깁스(gypse). pierre à ~ 【광물】석고. carrière de ~ 석고채굴장.

②(가루 모양의)소석고(燒石膏), 플라스터(~cuit); 석고 세공품, 석고상(像). fleur de ~; ~ au sas 상질의 가루석고. buste en ~ 석고흉상. enduire qc au ~ 에 플라스터를 바르다. ③《pl.》 반죽 공사, 새벽질. refaire les ~s d'une maison 집의 회반죽을 다시 바르다. ④《의학》 깁스. mettre une jambe dans le ~ 다리에 깁스를 하다. mettre dans le ~ un membre fracturé 골절한 팔(다리)을 깁스로 굳히다. ⑤《구어》숙성하지 않은 치즈(특히 카망베르). ⑥《구어》《경멸》두껍게 바른 분. battre qn comme ~ …을 세게 치다. essuyer les ~s (벽이 다 마르지 않은)새집에 살다(제일 먼저 들어가다);《구어》(아직 완성되지 않은)새것을 불편을 감수하고 사용(시도)해보다.

plâtré(e) [platre] *a.p.* ① 회반죽을 바른; 석고를 섞은; (비료로)석고를 뿌린. (팔·다리가)깁스를 한. jambe ~e 깁스를 한 다리. ② 표백한, 무성의한. ③ (어릿광대 따위가)분을 두껍게 바른.

plâtre-ciment [platrəsimã] (*pl.* ~s~s) *n.m.* 석고 시멘트.

plâtrer [platre] *v.t.* ① 회반죽을 바르다. ~ un plafond 천장에 석고를 바르다. ② (발효촉진을 위해)석고를 섞다. ③ (목초지 따위에)석고를 뿌리다. ④ (팔·다리에)깁스를 하다. ⑤ 분을 더덕더덕 바르다; 겉치레하다. —se *v.pr.* 자기 얼굴에 분을 더덕더덕 바르다.

plâtrerie [pla(ɑ)trəri] *n.f.* 석고갱(坑), 석고가마, 석고업(業); 회반죽 공사, 미장이일.

plâtreux(se) [platrø, -øːz] *a.* ①《옛》석고[석회]를 함유한. eau ~se 석고를 함유한 물. ②《옛》석고질인. ③ 석고같은 빛깔의. ④ (치즈가 충분히)숙성하지 않은.

plâtrier [pla(ɑ)trije] *n.m.* 석고채굴인(판매인); 석고세공인, 미장이. [석고공장.

plâtrière [pla(ɑ)trijɛːr] *n.f.* 석고갱(坑); 석고가마,

plâtroir [platrwaːr] *n.m.* 회반죽 바르는 흙손.

plature [platyːr] *n.f.* 《어류》장어의 일종.

platy- *préf.* 「편평한」의 뜻.

platycéphale [platisefal] *a.* 편평두개(扁平頭蓋)의. —*n.* 편평두개인(人).

platypodie [platipɔdi] *n.f.* 편평족(扁平足).

platyr(r)hinien(ne) [platirinjɛ̃, -ɛn] *a.* 《인류·동물》광비(廣鼻)의. —*n.m.pl.* 《인류》광비인종; 《동물》광비류.

plausibilité [plozibilite] *n.f.* (진술 따위가)그럴 듯함, 수긍할 수 있음.

plausible [plozibl] *a.* 그럴 듯한, 수긍할 수 있는.

plausiblement [ploziblǝmã] *ad.* 그럴 듯하게; 수긍할 수 있게.

play-back [plɛbak] 《영》*n.m.* 《복수불변》《텔레비전용어》플레이백, 녹음재생.

play-boy [plɛboːj] 《영》*n.m.* 돈 많고 멋장이인 바람둥이, 플레이보이.

playon [plɛjɔ̃] *n.m.* =**pleyon.**

pléban [plebã], **plébain** [plebɛ̃] *n.m.* 《가톨릭》사목 사제(司牧司祭), 주임 사제.

plèbe [plɛb] *n.f.* (집합적)①《고대로마》평민. ②《옛》하층민, 천민, 상놈.

plébéianisme [plebejanism] *n.m.* 평민의 신분.

plébéien(ne) [plebejɛ̃, -ɛn] *a.* ①《고대로마》평민, 서민의; 서민의. —*a.* ② 평민의; 서민의, 대중의. famille ~ne 평민의 일족. ③《고대로마》평민 계급의, 하층민의. goûts ~s《고 속한 취미. [는.

plébicole [plebikɔl] *a.* 《드물게》민중에게 아부하

plébiscitaire [plebisitɛːr] *a.* 인민투표의. par voie ~ 인민투표에 의해서. doctrine ~ 인민투표이론.

plébiscite [plebisit] *n.m.* ①《국가 지도자의 신임·국제법상의 규정 따위에 관한》국민투표. ②《옛》(스위스의)주민투표. ③《고대로마》평민회의의 결의; 평민투표.

plébisciter [plebisite] *v.t.* 인민투표로 표결하다; (어떤 것을)압도적 다수로 결정하다, (어떤 사람을)다수로 선출하다.

plectognathes [plɛktɔgnat] *n.m.pl.* 《어류》고악류(固顎類).

plectre [plɛktr] *n.m.* 《옛》《음악》(칠현금의)피크 (médiator).

pléiade [plejad] *n.f.* ① (*P~s*) 《천문》묘성(昴星) 《아틀라스와 플레이오네의 7 딸이 변이 되었다고 하는》. ② 《역사》(고대그리스 알렉산드리아의) 7 시인. ③《불문학》칠성시파(七星詩派)《문예 부흥 시대의 Ronsard를 비롯한 7 시인》; (7 명으로 한정되지 않은)뛰어난 훌륭한 사람의 모임. Ce maître a formé une ~ d'élèves distingués. 그 선생은 한 떼의 우등생을 길러냈다.

pleige [plɛːʒ] *n.m.* 《옛》보증.

‡**plein(e)** [plɛ̃, -ɛn] *a.* ① 가득 찬, 충만된(↔vide). avoir l'estomac ~《구어》배가 부르다. avoir le nez ~ 코가 메였다. avoir la bouche ~e 입안 가득히 들어있다. boîte ~e 가득 찬 상자. bouteille à demi〔moitié〕~e (내용물이)반쯤 들어있는 병. Donnez m'en un verre ~〔un — verre〕. 그것을 한 컵 가득히 주세요. Les cafés étaient ~s partout. 카페는 가는 곳마다 만원이었다. verre ~ jusqu'aux bords〔à ras bord〕 넘칠 듯 말 듯 가득히 담긴 컵. sac ~ à craquer 가득히 가득 찬 주머니. ②〔~ de *qc*;《구어》tout ~ de *qc*〕 (으로)가득 찬. La plage est ~e de monde. 해변에는 해수욕객이 빽빽하다. devoir ~ de fautes d'orthographe 틀린 철자 투성이의 숙제. être ~ de santé 건강이 넘치다. forêt ~e de gibier 사냥거리가 많은 숲. homme ~ d'idées〔d'esprit〕 묘안〔기지〕이 풍부한 사람. Il est ~ de vie. 그는 활기가 넘친다. mains ~es d'encre 잉크투성이의 손. yeux ~s de larmes 눈물이 가득 고인 눈. salle ~e de monde 대만원의 홀. ③ (명사 앞) (그릇에)가득한. J'ai mangé une ~e assiette de soupe. 나는 한 접시 가득 수프를 먹었다. un ~ panier de fleurs 바구니에 가득한 꽃. ④ (생각·감정 따위로)머리가 가득 찬. être ~ de son sujet 자기가 안고 있는 문제로 머리가 가득 차 있다. être ~ de soi(-même) 자기 일만 염두에 두고 있다; 자만심이 강하다. Elle est ~e de l'avenir de son fils. 그 여자는 아들의 장래가 잠시도 머리를 떠나지 않는다. Mon cœur est ~ de vous. 내 마음은 당신의 일로 가득 차있습니다. ⑤ 완전한, 전적인, 충일한(complet, ↔incomplet, creux); 충분한. ~ e conviction 확신. ~e lune 만월, 보름달. ~e mer 만조, 난바다, 외양(外洋). ~s pouvoirs 전권(全權). ~ succès 대성공. un jour ~ 온종일. arriver à ~e maturité 원숙해지다. donner ~e satisfaction 충분히 만족시켜 주다. faire ~e confiance à *qn* …을 전폭적으로 신뢰하다. ⑥ 살찐, 둥그런; (새끼를)밴. joues ~es 포동포동한 볼. visage ~ 둥그런 얼굴. chatte ~e 새끼를 밴 암코양이. ⑦ 가득 메워진, 비지 않은. ~ comme un œuf 꽉 차 있는. porte ~e 창이 없는 도어. roue ~e 가득 메워진 바퀴, 살이 없는 바퀴. mot ~《언어》실어(實語). ⑧《구어》취한. Il est ~ comme une bourrique. 그는 곤드레만드레에 취해 있다. ⑨〔plain과의 혼용〕편평한; 단색으로 무늬 없는. tir de ~ fouet 수평사격. se heurter de ~ fouet 정

면충돌하다. écu ~ 무지(無地)무늬 방패. **à ~** qc …을 가득히. crier *à ~e gorge* 목청을 다하여 소리지르다. *à ~es mains* 두 손 가득히, 많이. respirer *à ~s poumons* 심호흡하다. *à ~es voiles* 돛을 전부 올리고. *à ~e vitesse* 전속력으로. **avoir le cœur ~** (슬픔·기쁨으로)가슴이 벅차다. **de ~ gré** 스스로, 기꺼이. **en ~** qc …의 한복판에, 한창 때에. *en ~ air* 노천에서; 야외에서. *en ~ jour* 대낮에; 공공연히. *en ~ hiver* 엄동설한에. *en ~e mer* 바다 한복판에. *être en ~ travail* 한창 일하고 있다. **mourir ~ de jours** 천명을 다하다.
—*prép.* …에 가득; …의 도처에. *légumes ~ un panier* 바구니에 가득찬 야채. *avoir de l'argent ~ les poches* 호주머니에 돈이 가득하다; 부자이다. **en avoir ~ la bouche** *de qn[qc]* 《구어》…의 일을 줄곧 (증거로) 끄집어내다[인용하다]. **s'en mettre ~ la lampe** 《구어》잔뜩 먹고 마시다.
—*n.m.* ① 가득 차 있음, 충실, 충만; 만조, 한사리. *faire le ~ d'essence* 휘발유를 가득 채우다. *de la mer[de l'eau, de la marée]* 만조. *le ~ de la lune* 달이 참. ② (속이)가득 찬 부분; (건물의 창 따위가 없는)민짜부분. ③ (필적의)굵은 부분. ④ 《보험》(보험회사가 지불하는)최고액. **à ~** 완전히, 전부. *train qui roule à ~* 만원열차. **avoir son ~** (배가)짐을 가득 싣고 있다. **battre son ~** 만조 때이다; 지금 한창이다. **en ~** 한복판에; 한창 때에. *en ~ dans le centre* 바로 한복판에.
—*ad.* 가득히. *sonner ~* (소리가)가득하게 울리다. *porter ~* 《해양》 돛에 바람을 가득 받다. **~ de** 많은. *avoir ~ d'argent* 돈이 많다. **tout ~** 《구어》아주, 완전히. *Elle est mignonne tout ~.* 그녀는 정말 귀엽다.

****pleinement** [plɛnmɑ̃] *ad.* 완전히, 전적으로, 충분히 (entièrement, parfaitement). *approuver ~ qn* …에 전적으로 찬성하다. *être ~ satisfait*(content) *de qc* …에 완전히 만족하다.

plein-emploi, plein emploi [plɛnɑ̃plwa] *n.m.* 《경제》완전고용.

plein-temps [plɛtɑ̃] *a.* 《불변》 상근(常勤)의, 전임의. *médecin ~* 상근 근무 의사. —*n.m.* 《복수불변》상근, 풀타임(↔ mi-temps).

plein-vent [plɛvɑ̃] *(pl. ~s-~s) n.m.* 바람골에 심은 나무(의 열매). 「(의).

pléistocène [pleistɔsɛn] *n.m., a.* 《지질》 홍적세

plénier(ère) [plenje, -ɛːr] *a.* 전체의, 전원이 모인; 《옛》완전한, 충분한. *cour ~ere* 《역사》(프랑스 중세의)제후(諸侯)회의. *assemblée ~ère* (전원이 참석하는)총회. *indulgence ~ère* 《가톨릭》전대사(全大赦).

plénièrement [plenjɛrmɑ̃] *ad.* 《드물게》충분히, 완전히. *être pardonné ~* 완전히 용서받다.

plénipotentiaire [plenipɔtɑ̃sjɛːr] *n.m.* 전권(全權)사절. —*a.* 전권을 가진. *ministre ~* 전권공사.

plénitude [plenityd] *n.f.* ① 《문어》충분, 풍부; 풍만함 (ampleur), 충실함, 완전함. *des formes féminines* 여체의 풍만함. *être dans la ~ de sa beauté* 아름다움의 절정에 있다. *~ d'un droit* 권리의 완전보유. *~ de jours* 장수; 노경. ② des temps 충만한 때《세상의 종말; 구세주가 올 때》. ③ 《옛》《의학》충만.

plenum, plénum [plenɔm] *n.m.* 《정치》 총회《특히 공산당의》.

pléochroïque [pleɔkrɔik] *a.* 《물리》다색성(多色性)의. *halo ~* 다색성 훈륜(暈輪).

pléochroïsme [pleɔkrɔism] *n.m.* 《물리》다색성.
pléomorphisme [pleɔmɔrfism] *n.m.* 《생물》다태성(多態性).
pléonasme [pleɔnasm] *n.m.* 《수사법》중복법, 췌사법(贅辭法).
pléonastique [pleɔnastik] *a.* 중복된, 췌사적인.
pléonastiquement [pleɔnastikmɑ̃] *ad.* 중복되게, 췌사적으로.
plérématique [pleremati k] *n.f.* 《언어》내용소론(內容素論).
plérème [plerɛm] *n.m.* 《언어》내용소.
plésiosaure [plezjɔzɔːr] *n.m.* ① 《고대생물》 사경룡(蛇頸龍). ② 《구어》시대에 뒤떨어진 사람.
plesse [plɛs] *n.f.* 생울타리 속에 넣은 가지와 줄기 《노르망디에서 울타리를 두텁게 하기 위함》.
plessimètre [plesimɛtr] *n.m.* 《옛》《의학》타진판 (打診板).
plet [plɛ] *n.m.* 《해양》(밧줄의)한 사리.
pléthore [pletɔːr] *n.f.* ① 《옛》《의학》다혈증(질), 적혈구 과다. ② 과잉, 과다. *Il y a ~ de candidats.* 입후보자가 너무 많다. *~ de capitaux* 자본의 과잉투자.
pléthorique [pletɔrik] *a.* ① 《옛》《의학》다혈질(증). ② 너무 많은, 과다한. *classes ~s* 학생수가 너무 많은 학급. —*n.* 다혈증 환자.
pleumatique [plømatik] *n.m., a.* 《구어》=**pneumatique**.
pleumonie [plømɔni] *n.f.* 《구어》=**pneumonie**.
pleu-pleu [pløplø] *n.m.* 《복수불변》《속어》딱따구리(pivert).
pleur [plœːr] *n.m.* ① 《옛·문어》 눈물《시 또는 해학적인 용법 이외는 복수》. *répandre des ~s* 눈물을 흘리다. *être tout en ~s* 눈물에 젖어 있다. *fondre en ~s* 울음을 터뜨리다. *essuyer les ~s de qn* ~을 위안하다. ② (눈물을 연상케 하는)방울(이슬 따위); 액즙, 수액(樹液).
pleurage [plœraːʒ] *n.m.* (녹음기·음반이 규정 이하의 속도로 돌 때의)느릿느릿하는 우는 듯한 소리.
pleural(ale, pl. aux) [plœral, -o] *a.* 《해부》늑막의. *épanchement ~* 늑막삼출액
pleurant(e) [plœrɑ̃, -ɑ̃ːt] *a.* 《미술》우는, 눈물을 흘리는. [(像). —*n.m.* 《미술》 상복을 입고 눈물 흘리는 상
pleurard(e) [plœraːr, -ard] 《구어》 *n.* 울보; 불평을 잘하는 사람. —*a.* 울기 잘하는; 불평하기 좋아하는. [술.
pleurectomie [plœrɛktɔmi] *n.f.* 《의학》늑막절제
pleure-misère [plœrmizɛːr] *n.* 《복수불변》(있으면서도 돈이 없다고)투덜거리는 사람.
pleure-pain [plœrpɛ̃] *n.* 《복수불변》《옛》 먹을 것도 안까는 구두쇠.

:pleurer [plœre] *v.i.* ① 눈물을 흘리다, 울다. *Cet enfant pleure toute la journée.* 이 아이는 온종일 징징 울고 있다. *s'endormir en pleurant* (어린애가)울다가 잠들다. *~ de dépit* 분해서 울다. *~ de joie* 기뻐서 울다. *faire ~ qn* …을 울리다. *Le rhume fait ~ les yeux.* 감기에 걸리면 눈에서 눈물이 난다. *~ à chaudes larmes* 눈물을 줄줄 흘리며 울다. *~ comme un veau* 엉엉 울다, 목놓아 울다. ② 슬퍼하다, 한탄하다. [*~ sur* 《옛》*de qc*] *Il pleure sur la mort de sa fille.* 그는 딸의 죽음을 슬퍼하고 있다. *Elle pleure sur son sort.* 그 여자는 자기의 운명을 한탄한다. ③ 울면서 부탁하다, 애원하다. *aller ~ auprès de qn*; *aller ~ dans le gilet de qn* 《구어》—*après qn* …에게 가서 애원하다. ④ (나무의 상처에서)진이 떨어지다;《문어》뚝뚝

방울져 떨어지다; 슬피우는 듯한 소리를 내다. Les sombres adagios *pleurent* au milieu des symphonies. 우울한 아다지오가 교향곡 한가운데서 우는 듯한 소리를 내고 있다.

à ~; à faire ~ 눈물겹도록, 몹시. C'est triste à ~. 이루 데 없이 슬프다.

n'avoir plus que les yeux pour ~ 모든 것을 잃어버렸다, 빈털터리가 되다.

~ d'un œil et rire de l'autre 기쁨 반 슬픔 반이다.

—*v.t.* ① (죽음 따위를) 슬퍼하다, 애도하다; 한탄하다. [~ (la mort de) *qn*] Je pleure (la mort de) mon père. 나는 아버지의 죽음을 슬퍼한다. On ne l'a *pleuré* que d'un œil. 아무도 그의 죽음을 진심으로 슬퍼하지 않았다. [~ *qc*] Il *a pleuré* sa jeunesse perdue. 그는 잃어버린 (헛되이 보낸) 청춘을 한탄했다. ~ ses fautes 잘못을 후회하다. ~ misère 《구어》불평하다, 투덜대다.

② 《사투리·구어》아끼다, 인색하다. Il ne *pleure* pas sa peine. 그는 수고를 아끼지 않는다. ~ le pain qu'on mange 먹는 빵도 아끼다, 구두쇠이다. ③ (눈물을) 흘리다; (식물이) 수액(액즙)을 흘리다. ~ des larmes de sang 피눈물을 흘리다. ~ des larmes de joie 기쁨의 눈물을 흘리다. ~ du lait (식물이) 유액을 내다.

pleurerie [plœrri] *n.f.* 《구어》울기, 울음; (*pl.*) 우는 소리하기.

pleurésie [plœrezi] *n.f.* 《의학》늑막염. ~ purulente 화농성 늑막염. ~ sèche 건성(乾性) 늑막염.

pleurétique [plœretik] 《의학》 *a.* 늑막염의. —*n.* 늑막염 환자.

pleureur(se¹) [plœrœːr, -øːz] *a.* ① 울기 잘하는. enfant ~ 울기 잘하는 아이. roche ~*se* 물이 스머나오는 바위. ② 가지가 늘어진. saule ~ 수양버들. —*n.* 울기 잘하는 사람, 울보. —*n.f.* 곡녀(哭女) 《장례식때 직업적으로 곡하는 여자》; (*pl.*)《옛날 대상(大喪) 초기에 붙였던》넓은 소매.

pleureux(se²) [plœrø, -øːz] *a.* 《드물게》울 듯한, 물이 글썽한. —*n.* 울보.

pleurite [plœrit] *n.f.* 《의학》건성 늑막염(pleurésie sèche). —*n.m.* 《동물》(곤충의)측편(側片).

pleurnichage [plœrniʃaːʒ], **pleurnichement** [plœrniʃmɑ̃] *n.m.* 거짓 울음, 우는 흉내내기.

pleurnichard(e) [plœrniʃaːr, -ard] *n, a.* =**pleurnicheur**.

pleurnicher [plœrniʃe] *v.i.*《구어》 겅성거리며 울다, 우는 흉내내다, 거짓 눈물 흘리다.

pleurnicherie [plœrniʃri] *n.f.* =**pleurnichement**.

pleurnicheur(se) [plœrniʃœːr, -øːz] *a, n.* 거짓 우는(사람).

pleurobranche [plœrɔbrɑ̃ːʃ] *n.m.* 《동물》복족류의 일종.

pleurocarpe [plœrɔkarp] *a.* 《식물》측과가 달린, 측과의.

pleurodynie [plœrɔdini] *n.f.* 《의학》흉막통, 늑간통, 늑간(肋間)신경통.

pleurodynique [plœrɔdinik] *a.* 《의학》흉막통의, 흉간근통의, 늑간신경통의.

pleuronecte [plœrɔnɛkt] *n.m.* 《어류》① 가자미무리. ② (*pl.*)가자미과.

pleuronectidés [plœrɔnɛktide] *n.m.pl.* 《어류》가자미과(pleuronectes).

pleuropéricardite [plœrɔperikardit] *n.f.* 《의학》심막흉막염.

pleuropneumonie [plœrɔpnømɔni] *n.f.* 《의학》늑막폐렴.

pleuropneumonique [plœrɔpnømɔnik] 《의학》 *a.* 늑막폐렴의. —*n.* 늑막폐렴 환자.

pleuroscope [plœrɔskɔp] *n.m.* 《의학》 흉곽 내시경(胸廓內視鏡).

pleuroscopie [plœrɔskɔpi] *n.f.* 《의학》흉곽 내시법.

pleurote [plœrɔt] *n.m.* 《식물》느타리군(類).

pleurotomie [plœrɔtɔmi] *n.f.* 《의학》늑막절개.

pleutre [pløːtr] *a., n.m.* 비열한(녀석). └솔.

pleutrerie [pløtrəri] *n.f.* 《문어》비열한 짓(성질).

pleuvasser [pløvase] *v.imp.* 가랑비가 오다.

pleuviner [pløvine] *v.imp.* 이슬비가 내리다.

:**pleuvoir** [pløvwaːr] [66] *v.imp.* ① 비가 오다. Il *a plu* ce matin. 오늘 아침에 비가 왔다. Il *pleut* à verse《《구어》à seaux》;《옛》des hallebardes》. 비가 억수로 쏟아진다.

② 《의미상의 주어와 함께》쏟아지다, 비오듯하다. Il *pleut* de grosses gouttes. 굵은 빗방울이 쏟아진다. Il *pleut* des obus. 폭탄이 비오듯한다. Il *pleut* des chansons contre lui. 그를 풍자한 노래가 비오듯 쏟아져 나온다.

comme s'il en pleuvait 비오듯이, 많이.

qu'il pleuve, qu'il vente 비가 오나 바람이 부나 틀림없이 [어김없이].

—*v.i.* ① 비오듯하다, 비오듯 떨어지다. Les balles *pleuvaient* autour de lui. 총알이 그의 주위에 비오듯 쏟아지고 있었다. Les honneurs *pleuvent* chez (sur) lui. 갖가지 명예가 그에게 쏟아진다.

② 《문어》비를 내리다. Le ciel *pleuvait*. 하늘은 비를 내리고 있었다.

faire ~ *des baisers sur qn* ⋯에게 키스를 퍼붓다.

pleuvoter [pløvɔte] *v.imp.* 《구어》=**pleuvasser**.

plèvre [plɛːvr] *n.f.* 《해부》늑막. inflammation de la ~ 늑막염.

plexiforme [plɛksifɔrm] *n.f.* 망상(網狀)의, 총상(叢狀)의.

plexiglas(s) [plɛksiglaːs] *n.m.* 플렉시글라스, 안전유리《유리처럼 투명한 합성수지》.

pleximètre [plɛksimɛtr] *n.m.* =**plessimètre**.

plexus [plɛksys] *n.m.* 《해부》(신경·동맥·정맥 따위의)총(叢); 《동물》집망(集網). ~ cardiaque 심장신경총.

pleyon [plɛjɔ̃] *n.m.* 《원예》활꼴로 휘게 한 가지; (버들의)가는 가지《과수를까는 데 씀》.

***pli¹** [pli] *n.m.* ① (옷 따위의)주름; 접은 자리(금); 주름살. faire des ~*s* à une robe 드레스에 주름을 잡다. faire le ~ d'un pantalon 양복바지를 다려서 줄을 세우다. faux ~ 잘못된 주름. jupe à ~*s* (d'accordéon) (아코디언) 플리츠 스커트. mise en ~*s* 머리를 세트하기. ~ du cou 목의 주름살. ~ d'un soufflet d'accordéon 아코디언의 주름상자. ~ d'une feuille de papier 종이의 접은 금. ② 《구어》《비유적》습관, 버릇(habitude). Il a pris un mauvais ~; il joue aux courses. 그는 나쁜 버릇을 들였다, 경마를 하고 있다. ③ 《옛》잘 보이지 않는 곳, (마음)속. les ~*s et les replis du cœur* 마음속 깊이 간직된 것, 마음의 비밀. ④ (팔·다리의)굴곡, 굽는 곳. ~ du bras 팔오금. ⑤ 땅의 기복; 《지질》습곡. ~ anticlinal(convex) 배사습곡. ~ déjeté 경사습곡. ⑥ 봉투, 편지. sous ce [le même] ~ 동봉하여. ~ cacheté 봉인된 편지; 《해군》봉함명령. ⑦ 《카드놀이》패를 따기(levée).

Ça ne fait [*fera*] *pas un ~.* 《구어》그것은 문제 없이 잘 될 것이다.

pli² *n.m.* (합판용의)얇게 켠 판자.

pliable [plijabl] *a.* 굽힐[접을] 수 있는 (flexible); 순진한, 유순한(souple).

pliage [plijaːʒ] *n.m.* 굽히기, 접기.

pliant(e) [plijɑ̃, -ɑ̃ːt] *a.* 휘기 쉬운, 낭긋낭긋한; 유

plicatile 순한; 접을 수 있는. pied ~ 《사진》 접게 된[조립식] 삼각(三脚). —*n.m.* 접게 된[조립식] 의자.
plicatile [plikatil] *a.*《드물게》주름잡히는.
plicature [plikaty:r] *n.f.*《드물게》주름잡기.
plic ploc [plikplok] *int.* 찰랑찰랑《물·물결의 소리》.
plie [pli] *n.f.*《어류》가자미. [리].
plié [plije] *n.m.*《무용》무릎을 오그리는 동작.
pliement [plimã] *n.m.* =pliage.
*****plier** [plije] *v.t.* ① 접다; 챙기다(ranger). *Il a plié son journal en quatre.* 그는 신문을 네쪽으로[두번] 접었다. ~ sa serviette 냅킨을 개다(접다). ~ le coin d'une feuille de 종이의 귀퉁이를 접다. ~ une tente 천막을 개다. ~ ses affaires (livres) 《구어》(학생 따위가) 학용품[책]을 정리하다; 소지품을 치우다(챙기다). ~ bagage 봇짐을 싸다, 떠나다, 달아나다. ② 구부리다. ~ une tige en arc 식물의 줄기를 활 모양으로 구부리다. ~ le cou [la nuque] 목을 굽히다. ~ son corps en deux 몸을 구부리다. ③[~ *qn à qc*] (에)복종시키다. *L'entraîneur a plié les membres de l'équipe à une discipline sévère.* 코치는 팀의 구성원들에게 엄격한 규율을 따르게 했다.
être plié en deux par l'âge 늙어서 허리가 몹시 굽어 있다. ~ *la tête* 머리를 숙이다; 복종하다.
—*v.i.* ① 굽다, 휘다, 오그라지다(se courber, fléchir). [~ *sous qc*] *L'arbre plie sous le vent.* 나무가 바람에 휜다. *L'arbre plie sous le poids des fruits.* 나무가 열매의 무게로 해서 휜다. ② 굴하다, 복종하다(céder, fléchir). ~ *devant l'autorité du maître* 스승의 권위 앞에 굴하다. *Il plie sous les lois de la nécessité.* 그는 필요에 쫓겨서 행동한다.
—*se*— *v.pr.* ① 구부러지다, 접히다, 휘다. *se*— *en deux* 허리를 굽히다. ② 복종[순종]하다, 응하다, 따르다(se soumettre). [*se*— *à qc*] *Il se plie à tout ce qu'on lui demande.* 그는 사람들이 부탁해 오는 모든 것에 응해준다. *se*— *aux circonstances* 환경에 따르다.
plieur(se) [plijœ:r, -ø:z] *a.* 접는 사람. —*n.f.* 접지기 (摺紙機).
Pline [plin] *n.pr.m.*《고대로마》 ~ *l'Ancien* 대 플리니우스; ~ *le Jeune* 소 플리니우스.
plinthe [plɛ̃:t] *n.f.*《건축》주추; 굽도리널.
plio- *préf.*「더 많은, 다수의, 방대한」의 뜻.
pliocène [pljosɛn] *n.m., a.*《지질》선신기(鮮新期)의, 제 3 기 상층(第三紀上層)(의).
plioir [plijwa:r] *n.m.* ① (제본의) 접지칼, 종이를 자르는 나이프. ②《낚시》낚싯줄을 감는(실패.
plique [plik] *n.f.*《의학》규발병(糾髮病).
plissage [plisa:ʒ] *n.m.*《의복》주름잡기;《인쇄》(인쇄 중에 생기는) 주름살.
plissé(e) [plise] *a.p.* 주름잡힌;《의복》주름잡힌, 플리츠가 있는. front ~ 주름진 이마. —*n.m.* (집합적) 주름. ~ *d'une jupe* 스커트의 주름.
plissement [plismã] *n.m.* ① 주름잡기. ~ *du front* 이마에 주름을 짓기. ②《지질》(지층의) 습곡(褶曲) (작용).
plisser [plise] *v.t.* 주름잡다; 주름살지게 하다, 구기다. ~ *une jupe* 스커트에 주름을 잡다. ~ *le front* 이마에 주름을 짓다, 이맛살을 찌푸리다. —*v.i.*《드물게》주름이 잡히다, 주름살지다(se plisser). robe qui *plisse* bien 주름이 잘 잡히는 드레스. —*se*— *v.pr.* 주름지다, 주름살지다.
plisseur(se) [plisœr, -ø:z] *a.* 주름을 잡는. —*n.* 주름잡는 사람, 플리츠를 잡는 기계.
plissure [plisy:r] *n.f.*《드물게》《집합적》주름(plissé); 주름잡기.
pliure [plijy:r] *n.f.*《제본》① 접지(摺紙)(장). ② 접은 금[자리], 접히는 곳, 구부러지는 곳. à la ~ *du bras* [*du genou*] 팔오금[오금]에.
P.L.M.《약자·옛》Paris-Lyon-Méditerranée《철도》파리 리옹 지중해선.
ploc[1] [plɔk] *n.m.* ①《직조》(소·양 따위의) 털·털(면) 부스러기. ②《해양》(선체의 틈을 막는) 말과 역청의 혼합물.
ploc[2] *int.* 툭, 풍덩 (땅위나 물속에 떨어지는 소리).
ploiement [plwamã] *n.m.* ① 굽힘, 휘어짐. ②《군사》전투대형에서 행군대형으로 바꾸기.
*****plomb** [plɔ̃] *n.m.* ① 납, 연(鉛); 추. blanc de ~ 백연. écran de ~ (X 선의) 보호판; (원자로의) 방호용 가리개. fil à ~ 연추(鉛錘). mine de ~ 흑연; 연필심. ~ *filé* 납줄, 퓨즈. ~ *rouge* 연단 (鉛丹). soldats de ~ (장난감) 납병정. tuyau de ~ 연관. ②(수렵용의) 탄환, 산탄. menu ~ (새를 쏘는) 소형탄환. ③《상업》(세관의) 봉함용 납; 납봉인. mettre un ~ *au sac postal* 우편낭에 납봉인을 하다. ④《전기》퓨즈. ~ *fusible* [*de sûreté*], 안전기. *Un* ~ *a fondu.* 퓨즈가 끊어졌다. faire sauter les ~ *s* 퓨즈를 끊다. ⑤ (조판된 전체) 활자. lire sur le ~《인쇄》(조판된) 활자를 읽다. ⑥ⓐ (스테인드글라스의 색유리를 끼우는) 살, 납 오리. ⓑ (부품의 틈을 재는) 연선, 납줄. ⓒ *(pl.)*《옛》하수반(下水盤).
à ~ 연직[수직]으로; 직접적으로;《옛》때마침.
avoir du ~ *dans l'aile* (새가) 날개를 다치다; (병·사업 따위가) 중대에 빠져 있다, 파탄에 직면하다.
avoir du ~ *dans l'estomac*《구어》소화가 안되어 속이 묵직하다.
de [*en*] ~ (납처럼) 무거운; 납빛의; 격렬한. *se sentir les jambes de* ~ 다리가 무겁다. *sommeil de* ~ 깊은 잠, 숙면. *ciel de* ~ 납빛 하늘. *soleil de* ~ 타는 듯한 태양, 쨍쨍 내리쬐는 햇빛.
être fin comme une dague de ~ 둔하다, 감각이 무디다.
jeter (*lancer*) *le* ~ *de sonde* 수심을 측정하다.
n'avoir pas de ~ *dans la tête* 매우 경솔하다.
plombage [plɔ̃ba:ʒ] *n.m.* ① 납을 입히기; 납 땜. ②(이를) 금속으로 봉하기;《구어》(이를 봉하는) 아말감. *Mon* ~ *est parti.*《구어》내 이의 봉이 빠졌다. ~ *des dents* 이를 금속으로 메우기. ③《세관》(하물을) 봉함용 납으로 봉하기.
plombaginacées [plɔ̃baʒinase], **plombaginées** [plɔ̃baʒine] *n.f.pl.*《식물》갯질경이과 (科).
plombagine [plɔ̃baʒin] *n.f.*《광물》흑연.
plombago [plɔ̃bago] *n.m.* 갯질경이(dentelaire).
plombate [plɔ̃bat] *n.m.*《화학》연산염(鉛酸塩).
plombe [plɔ̃:b] *n.f.*《은어》시각(時刻), 시간. *C'est la* ~. 시간이다. *Voilà quatre* ~ *s.* 4 시이다.
plombé(e)[1] [plɔ̃be] *a.* ① 납을 입힌. canne ~ *e* 끝에 납을 달고 가죽으로 싼 단장. dent ~ *e* 봉을 박은이. ② 납빛의. visage ~ 검푸른 얼굴. ③ (납의) 봉인을 한. wagon ~ 봉인한 화차. ④(납처럼) 무거운. *avoir la tête* ~ *e* 머리가 무겁다.
plombée[2] *n.f.* ①《고고학》납을 씌운 곤봉(투창)《중세의 무기》. ②(그물에 다는) 추; 낚싯봉.
plombémie [plɔ̃bemi] *n.f.*《의학》연혈증(鉛血症); 혈중납농도.
plomber [plɔ̃be] *v.t.* ① 납을 달다. ~ *un filet* 그물에 납을 달다. ②《요업》유약을 바르다;《치과》충전(充塡)하다. ③《세관》(하물에) 납의 봉인을 하다. ~ *un wagon* 화차에 납의 봉인을 하다. ④《건축》연추(鉛錘)의 수직 여부를 검사하다. ⑤《농업》롤러로 지면을 다지다; (식목 후에) 땅을 다지다. ⑥ 납빛이 되게 하다. *La neige plombe le ciel.* 눈이 내리면 하늘은 납빛이 된다. ⑦

《속어》총으로 쏘다《죽이다》. ⑧《속어》매듭을 옮기다. —se ~ v.pr. 납빛이 되다.
plomberie [plɔ̃bri] *n.f.* ①《집합적》《수도·가스 따위의》연관, 배관; 배관공사. ②납제품 제조업; 연가공 공장.
plombeur [plɔ̃bœːr] *n.m.* ①《세관》납으로 봉인하는 계원. ②땅을 고르는 롤러(rouleau ~).
plombeux(se) [plɔ̃bø, -øːz] *a.* =**plombifère**.
plombier(ère) [plɔ̃bje, -ɛːr] *a.* 납의; 납 세공《공사》의. —*n.m.* ①연관공(鉛管工), 배관공. ②《경찰 따위의》도청계(盜聽係).
plombières [plɔ̃bjɛːr] *n.f.* 《과일을 곁들인》아이스크림의 일종.
plombifère [plɔ̃bifɛːr] *a.* 납을 함유한.
plomboir [plɔ̃bwaːr] *n.m.* 《이》충전기(充塡器).
plombury [plɔ̃byːr] *n.f.* 《집합적》《스테인드 글라스의》납 창살.
plommée [plɔme] *n.f.* 《고고학》납 곤봉, 납 망치(~ à chaîne); 무거운 단검(短劍)《중세의 무기》.
plonge [plɔ̃ːʒ] *n.f.* 《식당 따위의》접시닦는 일《곳》; 접시닦는개수대. faire la ~ 접시닦기를 하다.
plongeant(e) [plɔ̃ʒɑ̃, -ɑ̃ːt] *a.* 잠수하는; 직하(直下)하는. tir ~ 감사(瞰射), 내리쏘기. vue ~e 굽어보는 전망.
plongée [plɔ̃ʒe] *n.f.* ①《잠수부·잠수함의》잠수, 잠항. sous-marin en ~ 잠수중인 잠수함. ~ sous-marine 스쿠버다이빙. ②《축성》《흉벽의》경사《면》. 《지질》《바다의》갑자기 깊어진 곳. 《군사》정사면(頂斜面). ③굽어보기, 굽어보는 경치; 《영화》부감촬영《俯瞰撮影》. tirer par(de) ~ 내리 쏘다, 감사(瞰射)하다.
plongement [plɔ̃ʒmɑ̃] *n.m.* ①《액체 속에》잠그기. ②《지질》《지층의》부각(俯角). ④《드물게》《해양》《배의》앞뒤로 흔들림, 키질.
plongeoir [plɔ̃ʒwaːr] *n.m.* 《수영의》다이빙대. Il a sauté du deuxième ~. 그는 두번째 발판에서 다이빙했다.
plongeon¹ [plɔ̃ʒɔ̃] *n.m.* 《조류》아비.
plongeon² *n.m.* ①다이빙. ②물에 뛰어들기; 물에 빠지기. ③《구어》공손히 절하기. ④《스포츠》《축구에서 골키퍼가 공을 잡기 위해 하는》다이빙. faire le ~ 잠수하다; 다이빙하여 지하로 숨어들어가다, 자취를 감추다;《구어》《큰 돈을 잃고》곤궁에 빠지다.
***plonger** [plɔ̃ʒe] [3] *v.t.* ①《물속에》빠뜨리다, 잠그다, 가라앉히다(immerger, noyer); 《어떤 상태에》빠뜨리다. Il *plongea* sa tête dans la cuvette. 그는 머리를 대야 속에 담갔다. être *plongé* dans le sommeil 깊은 잠에 빠져있다. ~ qn dans la misère … 을 비참한 처지에 떨어뜨리다. ②찔러넣다, 쑤셔 넣다(enfoncer). Il a *plongé* sa main dans sa poche. 그는 호주머니에 손을 찔러넣었다. ~ un poignard dans le cœur de qn …의 가슴을 단도로 찌르다; …을 몹시 괴롭히다. ③《시선을》던지다. ~ ses yeux dans qc …을 깊숙이 들여다보다.
—*v.i.* ①《물속에》뛰어들다. ~ du bord de la piscine 풀의 가장자리에서 물에 뛰어들다. ~ d'un plongeoir 도약판으로부터 다이빙하다. ②잠수하다, 자맥질하다. appareil à ~ 잠수구. Le sous-marin se met à ~. 잠수함이 잠수하기 시작한다. ③잠기다, 묻히다; 모습을 감추다, 숨어버리다《어떤 상태에》. racines qui *plongent* dans le sol 땅속에 뻗은 뿌리들. Il *plonge* dans ses pensées. 그는 깊은 생각에 잠긴다. Il *plonge* dans un sommeil profond. 그는 깊은 잠에 빠진다. L'origine de ce pays *plonge* dans la nuit des temps. 이 나라의 기원은 역사의 어둠 속에 묻혀 있다. ④《시선이》내려다보다《들여다》보다, 굽어보다. L'œil *plonge* dans l'abîme. 눈이 심연(深淵)을 내려다본다. ⑤내리박히다. Le vautour *plonge* sur sa proie. 독수리는 먹이를 향해 내리박혔다. ⑥늘어지다. Sa robe *plonge* par le côté droit. 그 여자의 원피스는 오른쪽이 늘어져 있다. ⑦《구어》공손히 절하다. ⑧《해양》《배가》앞뒤로 흔들리다, 키질하다. ⑨《스포츠》《골키퍼가》다이빙해서 막다.
—**se** ~ *v.pr.* ①《전신이》잠기다. *se* ~ dans la mer 바닷물 속에 전신이 잠기다. ②빠지다; 몰두하다(s'abîmer, s'absorber). [*se* ~ dans qc] *se* ~ dans une lecture 독서에 몰두하다. Il *s'est plongé* dans la débauche. 그는 주색에 빠졌다.
plongeur(se) [plɔ̃ʒœːr, -øːz] *a.* 잠수하는;《새 따위가》잠수를 잘하는. —*n.* 잠수하는 사람; 잠수부; 다이빙선수. cloche à ~ 《종 모양의》잠수기. —*n.m.* ①접시닦는 일꾼. ②종이 뜨는 사람, 제지공(製紙工). ③《조류》잠수조(鳥). ④《기계》플런저《펌프의 긴 피스톤》.
ploque [plɔk] *n.f.* =**ploc¹**.
ploquer [plɔke] *v.t.* 《옛》《선박》《배의》밑바닥을 뱃밥으로 메우다.
—**se** ~ *v.pr.* 《침대요의 양털이》엉클어져 뭉치다.
plosive [ploziːv] *n.f.* 《옛》《언어》파열음.
plot [plo] *n.m.* ①《전기》단자(端子), 접촉자;《전차의》집전련(集電柱). ~ mobile 플러그. ②《톱으로 켠》통나무. ③《항공》《땅에 박은》표지등.
plouc, plouk [pluk] *n., a.* 《속어》《경멸》시골뜨기《의》(pedzouille, péqueneau).
plouf [pluf] *int.* 풍덩《액체 속에 떨어지는 소리》.
pl. ou m. 《약자》plus ou moins 다소간에.
plouto- *préf.* 「부·부유」의 뜻.
ploutocrate [plutɔkrat] *n.m.* 금권정치가.
ploutocratie [plutɔkrasi] *n.f.* 금권정치《金權政治》; 금권정체《金權政體》.
ploutocratique [plutɔkratik] *a.* 금권정치의.
ploutonomie [plutɔnɔmi] *n.f.* 《옛》재정학(économie politique).
ployable [plwajabl] *a.* 《드물게》굽기《휘기》쉬운.
ployage [plwajaːʒ] *n.m.* 굽히기, 휘기.
ployer [plwaje] [7] *v.t.* ①《문어》구부러뜨리다, 휘게 하다. ~ les genoux 무릎을 구부리다. ~ une branche d'arbre 나뭇가지를 구부리다. ②《문어》굴복시키다, 순종하게 하다. ~ qn à sa volonté …을 자기 의지에 굴복시키다. ③《군사》《횡대를》종대로 하다(~ une troupe). ④《옛》《물건을》접다, 싸다. *Ployez* votre marchandise. 상품을 싸시오.
—*v.i.* ①《문어》①휘어지다, 구부러지다. La branche *ployait* sous le poids des fruits. 가지는 과일의 무게로 휘어져 있었다. ②복종하다, 굴복하다. ~ sous le joug 속박에 굴복하다.
~ ***devant l'ennemi*** 후퇴하다.
—**se** ~ *v.pr.* 휘어지다, 구부러지다; 복종하다, 굴복 분사.
plu [ply] plaire, pleuvoir의 과거분사.
plucher [plyʃe] *v.i.*, **plucheux(se)** [plyʃø, -øːz] *a.* =**pelucher, peluсheux**.
pluches [plyʃ] *n.f.pl.* 《구어·군대어》《야채의》껍질벗기기. corvée de ~ 껍질벗기기 벌. Aux ~! 껍질벗기기 개시.
‡pluie [plɥi] *n.f.* ①비. douche en ~ 관수욕(灌水浴). eau de ~ 빗물. goutte de ~ 빗방울. La tombe (à verse[à torrents]). 비가 (억수같이) 온다. ~ battante 폭우. ~ d'abat 소나기. ~ diluvienne[torrentielle] 억수로 퍼붓는 비. ~ fine 이슬비, 가랑비. saison des ~s 장마철. temps de ~

비오는 날씨, 우천. Le temps est à la ~. 비가 올 듯하다. marcher sous la ~ 빗속을[비를 맞으며] 걷다. recevoir la ~ 비를 맞다. refuge contre la ~ 비를 피하는 곳.
② [~ de qc] (비오듯)많은 것(쏟아지는 것). Les soldats avançaient sous une ~ de balles. 병정들은 빗발처럼 퍼붓는 총탄 속에서 전진하고 있었다. s'enfuir sous une ~ de projectiles 빗발치는 탄환 속을 도망치다. ~ de cadeaux 쏟아져 들어오는 선물. ~ de baisers 연속 퍼붓는 키스. ~ d'or 황금의 비, 무진장의 보물.
③ 《영화》 빗줄(낡은 영화 화면에 나타나는 줄). *Après la ~, le beau temps*. 《속담》궂은 날 다음에 좋은 날이 온다, 고생 후에 낙이 온다. *ennuyeux comme la ~* 《구어》몹시 지루한. *faire la ~ et le beau temps* 전능(全能)이다; 막대한 권력이 있다.

plum¹ [plym] *n.m.* 《속어》침대(plumard, plume).

plum² [plu(œ)m] *n.m.* 《구어》플럼푸딩.

plumage [plymaːʒ] *n.m.* ① (새의 몸 전체의)깃털. ② 깃털뽑기.

plumail (*pl. aux*) [plymaj, -o] *n.m.* ① 깃털 비. ② 《옛》(투구의)깃털 장식.

plumaison [plymɛzɔ̃] *n.f.* (드물게)깃털 뽑기.

plumard [plymaːr] *n.m.* ① 《옛》깃털 비(plumail). ② 《속어》침대(lit). *aller au* ~ 자다.

plumarder (*se*) [s(ə)plymarde] *v.pr.* 《속어》침대로 들어가다.

plumasseau [plymaso] *n.m.* (*pl.* ~*x*) *n.m.* ① 깃털 비 (plumail). ② 《외과》면살사(綿撤絲), 탈지면.

plumasserie [plymasri] *n.f.* 깃털 세공(업).

plumassier(ère) [plymasje, -ɛːr] *n.* 깃털 세공인(장수). —*a.* 깃털 세공의.

plum-cake [plu(œ)mkɛk] (*pl.* ~-~*s*) 《영》 *n.m.* 《옛》 건포도를 넣은 케이크.

‡**plume** [plym] *n.f.* ① 깃털, 깃. *arracher les* ~*s d'un poulet* 닭털을 뜯다. *chapeau à* ~*s* 깃털장식이 있는 모자. *femme de* ~ 바람둥이 여자. *matelas* [oreiller] *de* ~(*s*) 깃털을 넣은 매트리스[베개]. *soulever un fardeau comme une* ~ 짐을 가볍게 들어올리다. *ne pas peser plus qu'une* ~; *être léger comme une* ~ 털처럼 가볍다.
② 펜촉(~ métallique); 《옛》깃털펜(~ d'oie). *dessin à la* ~ 펜화(畫). *stylo à* ~ 만년필.
③ 문체, 필치; 문필; 《문어》서체. *avoir la* ~ *facile* 속필(速筆)이다. *avoir un beau brin de* ~ 아름다운 서체이다. *lire la* ~ *à la main* 메모를 하면서 읽다. *mot qui vient au bout de la* ~ 써나감에 따라 머리에 떠오르는 말. *hommes[gens] de* ~ 《옛》문인(文人). *guerre de* ~ 필전(筆戰). *vivre de sa* ~ 문필로 먹고 살다. *prendre la* ~; *mettre la main à la* ~ 집필하다. *se laisser aller[écrire] au courant de la* ~ 붓 가는 대로 쓰다.
④ 사냥감 조류(gibier à ~). *être au poil et à la* ~ (개가)짐승도 새도 잘 뒤쫓다; 어떤 일이든지 잘 해내다.
⑤ 《권투》 페더급(poids ~).
⑥ 낚시의 일종; 《동물》 (뼈오징어의)석회질 뼈; 《의학》 접종침.
arracher une ~ (*de l'aile*) *à qn* …에게 소중한 것 [이익]을 빼앗다.
avoir chaud aux ~*s*; *craindre pour ses* ~*s* 무서운 생각이 들다, 축이 들다.
jeter la ~ *au vent* 《옛》운에 맡기다.
passer une [*la*] ~ *par le bec à qn* …을 기대를 걸게 해놓고 속이다.

perdre ses ~*s* 《구어》머리가 빠지다, 대머리가 되다; 손해를 보다.
tenir la ~ *pour qn* …의 비서역을 맡다.
voler dans les ~*s à* [*de*] *qn* 《속어》…을 공격하다.
y laisser des ~*s* 《구어》손해를 보다.
—*n.m.* 《속어》침대(plum¹, plumard). *Va au* ~! 가서 자거라. *se mettre dans les* ~*s* 《속어》잠자리에 들다, 자다.

plumeau [plymo] *n.m.* (*pl.* ~*x*) *n.m.* ① 깃털 비. ② (깃털·짐승의 털의)술, 삭모. ③ 《옛》깃털 이불.

plumée [plyme] *n.f.* ① 깃털뽑기(plumaison). ② (한 마리의 새에서 뽑은 깃털). ③ 《옛》펜으로 한번 찍는 잉크. ④ 《구어》사기(詐欺).

plumer [plyme] *v.t.* ① (새의)깃털을 뜯다. ~ *un poulet* 닭털을 뜯다. ② 《구어》재물을 올리다, 등쳐먹다. *se faire* ~ *au jeu* 도박에서 돈을 털리다. ③ 《사투리》 (야채 따위의)껍질을 벗기다.
—*v.i.* 《해양》 (노를 선수 쪽으로 돌릴 때)노깃을 수평으로 움직이다.
—*se* ~ *v.pr.* 《속어》잠자리에 들다(se coucher).

plumet [plymɛ] *n.m.* ① (모자의)삭모(槊毛); 깃털 장식. ② (코르크에 깃털을 꽂은)풍향기.
avoir son ~ 《속어》얼근히 취해 있다.

plumeté(e) [plymte] *a.* 《문장》깃털 다발 무늬가 있는.

plumetis [plymti] *n.m.* 일종의 프랑스 자수.

plumeur(se¹) [plymœːr, -øːz] *n.* 《옛》새털을 뽑는 사람.

plumeux(se²) [plymø, -øːz] *a.* 깃털같은, 깃털 모양의; 《동·식물》깃털 모양의. *antennes* ~*ses* 깃털 모양의 촉각.

plumier [plymje] *n.m.* 필통.

plumitif [plymitif] *n.m.* ① 《옛》《법》 (서기의)판결 기록부. ② 《구어》(경멸) (법원의)서기(greffier). ③ 엉터리 문인(gratte-papier).

plum-pudding [plœmpudiŋ] (*pl.* ~-~*s*) 《영》 *n.m.* 플럼푸딩 (건포도·설탕조림의 과일을 넣은 연한 크리스마스용 과자).

plumule [plymyl] *n.f.* ① 《식물》 유아(幼芽) (gemmule). ② 《동물》 솜털.

*‡**plupart (la)** [laplypaːr] *n.f.* 대부분, 거의 모두 (majorité). [*la* ~ *de*+복수명사] *La* ~ *des magasins avaient leurs volets clos*. 대부분의 가게는 덧문이 닫혀 있었다. *Dans la* ~ *des cas, il n'y a pas de motif à la jalousie*. 대부분의 경우 질투심에는 뚜렷한 이유가 없다. *La* ~ *d'entre nous aiment la musique*. 우리들 대부분의 모두가 음악을 좋아한다. 《옛》[*la* ~ *de*+단수명사] *La* ~ *du monde suit ses passions*. 대부분의 사람들은 정념에 이끌리어 행동한다.
la ~ *du temps* 거의 언제나; 대개의 경우.
—*pron.ind.* 대부분의 사람(대개 동사는 3인칭복수형; 단수형을 사용한 경우는 문어). *La* ~ *s'en vont*. [〖문어〗 *s'en va*]. 대부분의 사람들은 자리를 뜬다. *La* ~ *était d'avis que*… 대부분의 사람은 …라고 생각하고 있었다.
pour la ~ 대부분, 대개는.

plural(ale, *pl.* aux) [plyral, -o] *a.* 복수의, 다수의. *vote* ~ (어떤 투표자에게는 여러번의 투표권을 주는)복수투표.

pluraliser [plyralize] *v.t.* (명사·형용사 따위를)복수로 하다. —*se* ~ *v.pr.* 복수로 되다.

pluralisme [plyralism] *n.m.* 《철학》다원론(多元論); 《정치》복수체제.

pluraliste [plyralist] *a.* 다원론의; 《정치》복수체제의. —*n.* 《철학》다원론자; 《정치》복수체제론자.

pluralité [plyralite] *n.f.* ① 다수; 다원성, 다양성, 복수성. ~ des mondes habités 생물이 사는 천체가 여러개 있는 것. ②《뻿》(투표 따위의)다수(majorité, ↔ minorité). ③《언어》복수(성).

pluri- *préf.*「복수의, 다수의」의 뜻.

pluri(-)annuel(le) [plyrianɥɛl] *a.* 수년(數年)의, 수년에 걸친; 다년생의.

pluricellulaire [plyrisel(ɛl)lyle:r] *a.* 《생물》다세포의.

pluridisciplinaire [plyridisipline:r] *a.* 다전공분야의[를 포함하는], 여러 영역에 걸치는.
—*n.* 여러 전공분야를 동시에 연구하는 학자.
—*n.m.* =**pluridisciplinarité**.

pluridisciplinarité [plyridisiplinarite] *n.f.* 다전공분야성, 다영역성.

*****pluriel(le)** [plyrjɛl] 〖언어〗 *a.* ①《드물게》복수(형)의. ②《텍스트의 읽는 법이》복잡한 구조의, 다원적인.
—*n.m.* 복수(형)(↔ singulier). mettre un nom au ~ 명사를 복수형으로 하다. ~ de majesté 위엄의 복수(군주·고관 따위가 쓰는 nous). ~ de modestie 겸양의 복수(저자·강연자 등이 쓰는 nous).

pluriflore [plyriflɔ:r] *a.*《식물》다화(多花)의.

plurilatéral(ale, *pl.* aux) [plyrilateral, -o] *a.* 많은 측면의.

plurilingue [plyrilɛ̃:g] *a.* 여러 개의 언어를 사용하는(multilingue).

pluriloculaire [plyrilɔkylɛ:r] *a.*《식물》다실(多室)의.

plurinational(ale, *pl.* aux) [plyrinasjɔnal, -o] *a.* 여러 나라에 걸친. entreprise ~*ale* 다국적 기업.

pluripartisme [plyripartism] *n.m.* 《정치》다당(多黨)공존, 소당분립.

plurivalent(e) [plyrivalɑ̃, -ɑ̃:t] *a.*《화학》다가(多價)의(polyvalent); 《철학》다가의. logique ~*e* 다치(多値)논리학.

plurivoque [plyrivɔk] *a.*《논리·수학·언어》다가의, 다의의(多義).

:**plus¹** [ply(s)] (① [ply]로 발음하는 경우 ⓐ 부정의 표현 : ne... ~. ⓑ 비교급·최상급을 나타낼 때 : ~ grand. ⓒ 연독(liaison)할 경우는 [plyz] : ~ aimable [plyzemabl]. ② [plys] 로 발음하는 경우 ⓐ 「더하기」의 뜻일 때 : deux ~ trois. ⓑ davantage 「더욱」의 뜻일 때. J'en ai ~. ⓒ 때로 文. 또는 句·節이나 문장의 끝, 또는 휴지 앞에서 : un peu ~ [ply(s)] de café. ~ [ply(s)] que jamais. de ~ [ply(s)]) *ad.* ①(beaucoup 의 비교급)ⓐ 더, 더 많이(davantage, ↔ moins). Il travaille ~ que moi. 그는 나보다 더 많이 공부한다. ⓑ [~ de+무관사 명사] 더 많은. Voulez-vous un peu ~ de café? 커피 더 드릴까요? Il a ~ d'habileté que de talent. 그는 재능보다는 솜씨가 있다. vérifier *qc* pour ~ de sûreté 확실을 기하기 위해서 ~을 확인하다. [~ de+수사] …이상의. Il y avait ~ de 50 personnes à cette réunion. 이번 모임에 50 명 이상이 참석했다. ~ d'une fois 한 번도 아니고, 여러 번. ~ *de*(que) la moitié 절반 이상. Il est ~ de minuit. 자정이 넘었다. 《명사적》les ~ *de* trente ans 30 세 이상의 사람들.

REM *plus* d'un 이 주어가 될 경우 동사는 보통 단수 : *Plus* d'un a critiqué sa conduite. 그의 행동을 비판한 것은 한두 사람이 아니다. 단 상호적인 뜻일 때는 동사가 복수 : *Plus* d'un se sont dupés. 몇 사람이 서로 속였다.

②《정관사와 함께 beaucoup 의 최상급》가장(많이). ce que je désire le ~ 내가 가장 바라는 것.

③《형용사·부사의 우등비교급》더, 더 많이. Il est ~ grand que moi. 그는 나보다 키가 더 크다. Il est ~ royaliste que le roi. 그는 왕보다 더 왕당파이다. Ils sont beaucoup ~ nombreux. 그들은 훨씬 인원수가 많다. Il n'en est pas ~ avancé. 그가 더 나아진 것은 아니다. Elle écoute ~ attentivement. 그 여자는 더욱 주의깊게 듣고 있다.

④《정관사·소유형용사와 함께》형용사·부사의 우등최상급》ⓐ 가장; 가장 많이. Il est le ~ fort de nous tous. 그는 우리들 중에서 가장 힘이 세다. C'est mon ~ beau livre[mon livre le ~ beau]. 이것은 나의 가장 좋은 책이다. C'est son ~ grand mérite. 그것이 그의 가장 훌륭한 점이다. un succès des ~ brillants(un des ~ brillants succès) 가장 빛나는 성공의 하나, 가장 찬란한 성공. C'est à 30 ans qu'elle est la ~ belle. 그 여자가 가장 아름다웠던 것은 30 살 때이다 《동일물의 성질의 차에 대해서는 관사 le 는 대개 변화하지 않음》. ⓑ [le ~ de+무관사 명사가] 가장 많은. C'est Marcel qui a commis le ~ de fautes d'orthographe. 마르셀이 가장 많은 철자를 틀렸다. ⓒ[ce que ... de ~+형용사] 가장 …한 것. ce que j'ai de ~ précieux au monde 내가 이 세상에서 가지고 있는 가장 귀한 것. C'est tout *ce qu'il y a de* ~ drôle. 그건 우스꽝스럽기 짝이 없다.

⑤《부정의 부사》ⓐ《ne 와 함께》이젠[다시는, 이미]…하지 않다. Cela *n*'existe ~. 그것은 이미 존재하지 않는다. On *ne* le trouve ~. 그것을 더 이상 찾아낼 수 없다. On *ne* le voit ~ nulle part. 어디에서도 그를 다시는 만날 수 없다. Je *n'*ai ~ d'argent. 이젠 돈이 없다. Je *ne* l'aime ~. 이미 그를 사랑하지 않는다. Je *ne* veux ~ de cela. 이젠 그런 것은 필요없다. Je *n'*ai ~ faim, merci. 이젠 많이 먹었으니 그만하겠다. [*ne* ... ~ que] 이제 ~ 밖에 없다. Je *n'*ai ~ *que* dix francs. 나는 이제 10 프랑밖에 없다. Il *ne* fume ~ *qu'*après les repas. 그는 이제 식사 후 외에는 피우지 않는다. ⓒ [~ que] …와 마찬가지로 …가 아니다. Il *n'*est *pas* ~ bavard *qu'*avant. 그는 옛날과 마찬가지로 말이 없다. ⓓ [pas ~ (...) que ...] …와 마찬가지로 […도] 아니다. *Pas* ~ le professeur *que* les élèves *n*'a su résoudre ce problème. 선생님도 학생과 마찬가지로 그 문제를 풀지 못했다. Mon père, *pas* ~ *que* moi, *ne* pourra y aller. 아버지도 나와 마찬가지로 그곳에 못갈 것이다. ⓔ [non ~] …도 아니다 (aussi 의 부정형); 《흔히 mais 와 함께》이제는 …이 아니고. Je *n'*ai *pas* encore déjeuné, lui *non* ~. 나는 아직 점심을 안먹었는데 그도 역시 안먹었다. Je porte *non* ~ des lunettes, *mais* des lentilles de contact. 나는 이제 안경을 끼지 않고 콘택트렌즈를 끼고 있다. ⓕ [sans ~] 이제는 …이 아니고; 단지 그뿐(→숙어에). *sans* ~ s'inquiéter 이젠 걱정하지 않고. ⓖ [*ne*... *pas* ~ tôt... *que*] …하자마자. Il *ne* fut *pas* ~ tôt arrivé à Paris *qu'*il tomba malade. 그는 파리에 도착하자마자 병이 들었다. ⓗ (*ne* 없이) Paris était mort, ~ d'autos, ~ de passants. 파리는 죽은 것 같았다. 이젠 자동차도 행인도 없었다. *P*~ de guerres! 다시는 전쟁이 없기를!

⑥《접속사적; 보통 [plys]》그리고 또, 게다가(et). Deux ~ trois font cinq. 2+3=5. 100 francs d'amende, ~ les frais 벌금 100 프랑에다가 또 소송비용.

de ~ 그 위에, 게다가. Il a trois ans *de* ~ que moi. 그는 나보다 더 3 살 많다. Je suis fatigué et *de* ~ j'ai faim. 나는 피곤한데다 또 배도 고프다.

de ~ en ~ 점점(더), 더욱 더. La vie augmente *de* ~ *en* ~. 생활비가 점점 더 오른다. Il a *de* ~ *en*

plus¹

~ de raisons pour se méfier. 그는 경계해야할 이유가 더욱 더 많아졌다.
des ~+'형용사' 가장 …중의(하나); 더할 나위 없는, 비상한. Cet étudiant est *des* ~ brillants. 이 학생은 더할 나위 없는 수재이다.
en ~ 게다가, 덤으로. Le vin est *en* ~. 술은 덤이다. Il est stupide et, *en* ~, il se croit intelligent. 그는 바보인데다가 자기가 똑똑하다고 믿고 있다.
en ~ de (ce qu'il me doit) (그가 나에게 빚지고 있는 것)이외에도.
et ~ 이상. après dix ans *et* ~ 십년이 지난 후에.
Il y a ~ [iljaplys]; **qui ~ est** [kiplyzɛ] 그 위에, 더. Cette chambre est confortable et *il y a* ~, elle donne sur la mer. 이 방은 쾌적할 뿐만 아니라 바다에 면하고 있다.
Il y en a tant et ~. 그것은 얼마든지 있다.
ni ~ ni moins 이상도 이하도 아닌, 더하지도 덜하지도 않은. C'est une escroquerie, *ni* ~ *ni moins*. 그것은 순전한 사기이다.
on ne peut ~ 더할 수 없이. Il est *on ne peut* ~ content. 그는 더없이 만족하고 있다.
P~ …, (et) ~ … …하면 할수록 더욱 …하다. *P~* obscure est la nuit, (*et*) ~ l'étoile y brille. 밤이 어두우면 어두울수록 별은 더 반짝인다.
~ … les uns que les autres; ~ … l'un que l'autre 무척 …하다. Ils se croient tous ~ malins *les uns que les autres*. 그들은 서로 상대방보다 무척 영리하다고 생각한다.
P~ on se presse, moins on arrive; P~ on se dépêche, moins on réussit. 《속담》서둘면 서둘수록 일이 잘 안 된다.
~ ou moins [plyzumwɛ̃] 다소, 많든 적든. Il est ~ *ou moins* riche. 그는 제법 부자이다. Tu penses avoir réussi ton examen?—*P~* ou moins. 시험을 잘 봤다고 생각하니? 그럭저럭.
~ que+'형용사' 무척 …하다. La situation est *que* grave. 상황은 극히 심각하다.
~ que+'명사' …이상의. vouloir être ~ *que* son père 아버지 이상의 인간이 되고자 하다.
~ que de coutume 평상시보다 더. dormir ~ *que de coutume* 평상시보다 더 자다.
~ que jamais 그 어느 때보다 더. Elle est ~ belle *que jamais*. 그녀는 그 어느 때보다 더 예쁘다.
pour ne pas dire ~ (흔히 [plys]) 아주 줄잡아 말하더라도.
qui ~ qui moins 《구어》어떤 사람은 많게 어떤 사람은 적게. Ils y ont contribué *qui* ~ *qui moins*. 그들은 정도의 차이는 있지만 그 일에 이바지했다.
sans ~ 단지 그뿐. C'est un roman que je lis pour passer le temps, *sans* ~. 이것은 내가 시간을 보내기 위해서 읽는 소설이다. 그저 그뿐이다.
Tant ~…, tant ~… 《옛》…하면 할수록 더욱 …하다(Plus… plus…).

—*n.m.* ① 더 많은 것. [le ~ ou moins] Tout dépend *du* ~ *ou moins* d'ardeur que tu y mets. 모든 것은 네가 거기에 쏟는 열의의 많고 적음에 달려있다. Cela ne diffère que *du* ~ *ou moins*. 그것은 양(量)의 (다과의) 차이가 있을 뿐이다(질은 같다).
② 최고, 최상, 극도. [le ~ que je puisse faire. 이것이 내가 할 수 있는 최대한의 것이다(현실성을 강조할 때는 *sub.* 대신 *ind.*가 쓰임).
③ [plys] 《수학》덧셈(플러스) 기호(+).
au ~; tout au ~ 기껏해야, 고작. dans une semaine *au* ~ 기껏해야 1주일 후에.

plus² [ply] plaire의 직설·단과거·l[2]·단수.

:plusieurs [plyzjœ(r)r] *a.ind.pl.* 몇몇의, 약간의, 여러(quelque(s), certains, maint). à ~ reprises 여러번 되풀이하여. ~ fois 여러 번. ~ personnes 여러명, 몇몇 사람. Y avait-il une ou ~ personnes? 한 사람, 아니면 여러 사람 있었읍니까?
—*pron.ind.pl.* (다음 말과 연음하여 않음) ① (사람이)몇 사람. [~ de] – d'entre nous 우리들 중 몇 사람. (de없이) P~ m'ont déjà raconté cette histoire. 벌써 몇 사람이 나에게 그 이야기를 해 주었다. Ils s'y sont mis à –. 몇 사람이 그 일에 달려들었다. ② (사물이)몇(개). – de vos ouvrages 당신 작품 중의 몇.

plus-payé [plype(e)je] *n.m.* 여분의 (초과) 지불.
plus-pétition [plyspetisjɔ̃] *n.f.* 《법》과도한 청구, 규정 외의 청구.
***plus-que-parfait** [plyskəparfɛ] *n.m.* 《언어》대과거.
pluss-e, -es [plys] ⇔**plaire.**
plus-value [plyvaly] *n.f.* ① 《경제·상업》(땅값 따위의)오름, 상승; (마르크스 경제학에서)잉여가치; (예측하지 않았던 곤란에 대해 노동자에게)품삯 더주기. ② (예측하지 않았던 곤란에 대해 노동자에게)품삯 더주기.
plut [ply] ⇔**plaire, pleuvoir.**
plût [ply] ⇔**plaire, pleuvoir.**
Plutarque [plytark] *n.pr.m.* 《그리스문학》플루타르코스.
Pluton [plytɔ̃] *n.pr.m.* ① 《그리스신화》플루톤(저승과 사자(死者)의 신). ② 《천문》명왕성(冥王星). ③ (p~) 《지질》심성암체(深成岩體).
plutonien(ne) [plytɔnjɛ̃, -ɛn] *a.* ① 《그리스신화》플루톤(Pluton)의. ②(예)=plutonique. —*n.* 지각 화성론자(↔neptunien).
plutonigène [plytɔniʒɛn] *a.* 《물리》플루토늄을 생산하는. réacteur ~ 플루토늄 원자로.
plutonique [plytɔnik] *a.* 《지질》심성(深成)의. roche ~ 심성암.
plutonisme [plytɔnism] *n.m.* 《지질》①《예》지각화성론(地殼火成論). ② 심성암의 형성.
plutoniste [plytɔnist] *n.* 《예》지각화성론자.
plutonium [plytɔnjɔm] *n.m.* 《화학》플루토늄.
:plutôt [plyto] *ad.* ① 오히려, 차라리, 그니 말해서; 그것보다는. Ce fruit n'est pas mûr, prenez ~ celui-ci. 이 과일은 익지 않았어요, 차라리 이것을 드시지요. Je suis invité à dîner, mais je vais ~ aller au cinéma. 나는 저녁 초대를 받았지만 그 보다는 영화관에 갈까 한다. (mais, ou 와 함께 앞에 말한 것을 수정) Il n'est pas méchant, mais (bien) ~ froid. 그는 짓궂다기 보다는 오히려 냉정하다. Il est arrivé quand je partais, ou ~ quand j'allais partir. 그는 내가 떠날 때, 아니 내가 막 떠나려 할 때 도착했다.
② [~ que] …보다는 오히려. Prenez le bateau *que* l'avion. 비행기 보다는 차라리 배를 타시오. Ce village est ~ petit *que* moyen. 이 마을은 중간 정도라기 보다는 오히려 작은 편이다. [~ que (de) + *inf.*] P~ mourir *que* (*de*) souffrir. 고통을 당하기 보다는 차라리 죽겠다. [~ que (ne) + *ind.*] Il sommeillait ~ *qu'il ne* dormait. 그는 자고 있다기 보다는 좋고 있었다. [~ que + *sub.*] Je préfère ne plus la voir ~ *qu'elle me fasse souffrir*. 《문어》그 녀에게 괴롭힘을 당하는 것보다는 오히려 만나지 않는 편이 낫다.
③ 그저, 비교적, 웬만큼(passablement, assez). Elle est ~ bavarde. 그녀는 꽤 수다스러운 편이다.
④ 《구어》매우(très). C'est ~ incroyable, cette histoire! 그건 정말 못믿을 이야기인데.
⑤ (예) 먼저 (plus tôt).
pluviaire [plyvjɛːr] *a.* 《예》《지질》우기(雨期)의. période ~ 강우기 (아프리카에 대해서 말함); 유럽은 빙하기 période glaciaire에 해당).

pluvial¹(ale¹, *pl.* **aux¹)** [plyvjal, -o] *a.* 비의, 비오는. eaux ~*ales* 빗물. saison ~*ale* 장마철, 우기.
pluvial²(*pl.* **aux²**) *n.m.* ① 《가톨릭》 《옛》 (성직자가 입었던) 우비. ② (미사·저녁기도 때 사제·부제·성가대원이 입는) 겉옷(pluviale²).
pluviale² [plyvjal] *n.f.* = pluvial².
pluvian [plyvjɑ̃] *n.m.* 《조류》 (아프리카산의) 섭금류(涉禽類)의 일종.
pluvier [plyvje] *n.m.* 《조류》 물떼새.
pluvieu*x*(**se**) [plyvjø, -ø:z] *a.* 비가 많은; (바람 따위가) 비를 몰고 오는, 습한(↔sec). vent ~ 비를 몰아오는 바람. pays ~ 비가 많은 나라[지방].
pluviner [plyvine] *v.i.* = **pleuviner**.
pluvio- *préf.* 「비(雨)」의 뜻.
pluviographe [plyvjɔgraf] *n.m.* = **pluviomètre**.
pluviomètre [plyvjɔmɛtr] *n.m.* 우량계. ~ enregistreur 자기(自記) 우량계.
pluviométrie [plyvjɔmetri] *n.f.* 우량 측정(법).
pluviométrique [plyvjɔmetrik] *a.* 우량계의. hauteur ~ 강우량.
pluviométrographe [plyvjɔmetrɔgraf] *n.m.* = **pluviomètre**.
pluvio-neigeu*x*(**se**) [plyvjɔnɛʒø, -ø:z] *a.* 《기상》 비 또는 눈의. Aggravation ~*se*. 비 또는 눈이 많이 오겠읍니다 《일기예보의 표현》.
pluvioscope [plyvjɔskɔp] *n.m.* 우량계.
pluviôse [plyvjo:z] *n.m.* 《프랑스사》 우월(雨月) 《공화력의 5월, 1월 20[21]일-2월 19[20]일》.
pluviosité [plyvjozite] *n.f.* 《기상》 강우; 강우량.
Pm 《약자》 prométhéum 《화학》 프로메튬.
P.M. 《약자》 pour mémoire 유념하십시오 《상대가 이미 승낙한 사항을 알리는 형식》.
P.(-)M. 《약자》 pistolet-mitrailleur 《군사》 소형기관총.
p.m. 《약자》 post meridiem 오후 《프랑스에서는 잘 사용하지 않음》; poids mort 사중(死重).
P.M.E. 《약자》 Confédération générale des petites et moyennes entreprises 중소기업 총연합회 (C.G.P.M.E.).
P.M.(E.) 《약자》 préparation militaire (élémentaire) 기초군사교육 《하사관을 지망하는 근로청년에게 주 1회씩 1년간 실시》.
P.M.F.A.A. 《약자》 personnel militaire féminin de l'armée de l'air 공군여성요원.
p.mol. 《약자》 poids moléculaire 《화학》 분자량.
P.M.S. 《약자》 préparation militaire supérieure 고등군사교육 《예비역장교 지망학생에게 주 1회 2년간 실시》.
P.M.U. 《약자》 Pari Mutuel Urbain 《시(市)공인의》장외 경마 제도(조직) 《이 간판이 있는 카페에서 마권을 살 수 있음》.
P.N. 《약자》 passage à niveau 《철도》 건널목; personnel navigant 《항공》 탑승원.
P.N.A. 《약자》 Pacte Nord-Atlantique 북대서양 동맹조약.
P.N.B. 《약자》 produit national brut 상각전(償却前)국민 총생산 《영어의 GNP와 흡사하지만 산출방식이 다름》.
pnéomètre [pneɔmɛtr] *n.m.* 《의학》 폐활량계 (pneumatomètre).
***pneu** [pnø] (*pl.* ~*s*) (<*pneumatique*) *n.m.* 《구어》 ① (자동차 따위의) 타이어. adapter un ~ à une roue 타이어를 차바퀴에 끼다. Le ~ a éclaté. 타이어가 빵구났다. gonfler un ~ 타이어에 공기를 넣다. ~ crevé 빵꾸난 타이어. ② 속달 우편.
pneu-citerne [pnøsitɛrn] (*pl.* ~*s*-*s*) *n.m.* (1960년 미군이 이용한 타이어를 끼운 2톤의) 가솔린 트레일러.
pneuma [pnøma] *n.m.* 《그리스철학》 프네우마 《공기·호흡의 둘을 우주 생명의 원리라고 생각함》.
pneumaticohydraulique [pnøfmatikɔidrɔlik] *a.* 기동(氣動)과 수력의.
pneumatique [pnømatik] *a.* 공기의, 기체의; 압축공기에 의한. machine ~ 배기펌프. tube ~ 기송관 《파리에서 속달 우편 송달용에 쓰임》. —*n.m.* ① 기송(氣送) 속달 (우편) (pneu). ② 《옛》 타이어. —*n.f.* ① 기체학(氣體學). ② 《옛》 영물학 (pneumatologie).
pneumat(o)- *préf.* 「공기·호흡」의 뜻.
pneumatocèle [pnøfmatɔsɛl] *n.m.* 《의학》 기류(氣瘤), 기종(氣腫).
pneumatochimie [pnøfmatɔʃimi] *n.f.* 기체화학.
pneumatode [pnøfmatɔd] *n.m.* 가스로 팽창한[생긴].
pneumatologie [pnøfmatɔlɔʒi] *n.f.* 《철학》 영물학(靈物學) 《17세기 철학에서는 형이상학적 심리학을 지칭하며 신학에서는 천사·악령에 관한 학문을 지칭》.
pneumatomètre [pnøfmatɔmɛtr] *n.m.* 폐활량계.
pneumatométrie [pnøfmatɔmetri] *n.f.* 폐활량 측정(측정).
pneumatophore [pnøfmatɔfɔ:r] *n.m.* 《동물》 부낭(浮嚢), 기포체(氣胞體). 《식물》 호흡근 《물속에서 자라는 나무뿌리》.
pneumatose [pnøfmato:z] *n.f.* 《의학》 기종(氣腫). ~ pulmonaire 폐기종.
pneumatothérapie [pnøfmatɔterapi] *n.f.* 공기 요법 (cure d'air).
pneumaturie [pnøfmatyri] *n.f.* 《의학》 기뇨증(氣尿症).
pneumectomie [pnøfmɛktɔmi] *n.f.* 《외과》 폐 절제(-).
pneumo [pnøfmo] *n.m.* 《구어》 《의학》 = **pneumothorax**.
pneumo- *préf.* 「폐(肺)」의 뜻.
pneumobacille [pnøfmɔbasil] *n.m.* 《의학》 폐렴간균(桿菌).
pneumococcémie [pnøfmɔkɔksemi] *n.m.* 《의학》 폐렴균혈증.
pneumoconiose [pnøfmɔkɔnjo:z] *n.f.* 《의학》 진폐증(塵肺症).
pneumocoque [pnøfmɔkɔk] *n.m.* 《의학》 폐렴구균(球菌).
pneumogastrique [pnøfmɔgastrik] 《해부》 *a.* 폐와 위의. nerf ~ 미주(迷走)신경. —*n.m.* 미주신경 (nerf vague).
pneumographe [pnøfmɔgraf] *n.m.* 《의학》 호흡운동 기록기.
pneumographie [pnøfmɔgrafi] *n.f.* ① (뇌·내장의) 기체조영(氣體造影) 촬영(법). ② 《드물게》 호흡운동 기록법.
pneumolithe [pnøfmɔlit] *n.m.* 《의학》 폐결석.
pneumologie [pnøfmɔlɔʒi] *n.f.* 호흡기병학.
pneumologue [pnøfmɔlɔg] *n.* 호흡기 전문의(-기).
pneumomètre [pnøfmɔmɛtr] *n.m.* 호흡기 압력 측정기.
pneumonectomie [pnøfmɔnɛktɔmi] *n.f.* 《의학》 = **pneumectomie**.
pneumonie [pnøfmɔni] *n.f.* 《의학》 폐렴. ~ lobulaire[lobaire] 소엽성(小葉性)[대엽성] 폐렴.
pneumonique [pnøfmɔnik] *a.* 폐렴의; 《옛》 폐질환에 대한 《치료약 따위》.
pneumopéritoine [pnøfmɔperitwan] *n.m.* 《의학》 기종증 《복강에 가스가 차는 병》; 인공기복(氣腹) 《복강내에 가스를 주입하여 치료 또는 뢴트겐 촬영을 함》.

pneumo-phtisiologie [pnɸɔftizjɔlɔʒi] *n.f.* 【의학】폐결핵학.

pneumo-phtisiologue [pnɸɔftizjɔlɔg] *n.* 폐결핵 전문의.

pneumopleurésie [pnɸɔmɔplœrezi] *n.f.* 【의학】 늑막 폐렴.

pneumorragie [pnɸɔmɔraʒi] *n.f.* 【의학】폐출혈.

pneumothérapie [pnɸɔmɔterapi] *n.f.* 【의학】 압축공기요법.

pneumothorax [pnɸɔmɔtɔraks] *n.m.* 【의학】(질환으로서)기흉(氣胸);(치료법으로서)인공 기흉법(pneumo).

pneumotomie [pnɸɔmɔtɔmi] *n.f.* 【의학】폐절개.

pneumotyphus [pnɸɔmɔtifys] *n.m.* 【의학】폐(렴성)티푸스.

P.N.N.《약자》*produit national net* 상각후(償却後) 국민 총생산.

Po 《약자》*poise* 【물리】푸아즈, 포이즈 《점성율(粘成率)의 단위》; *polonium* 【화학】폴로늄.

Po. 《약자》*pouce* 【계량】푸스 《약 1인치》.

P.O. 《약자》*par ordre* 명의 《상사 대리로서 명할 때》; *petites ondes* 【무전】중파; *chemin de fer de Paris à Orléans* 《옛》【철도】파리-오를레앙선.

P.-O. 《약자》 *Pyrénées-Orientales* 피레네조리앙탈 《프랑스의 도(道)》.

pochade [pɔʃad] *n.f.* 【회화】채색 스케치;【문학】즉흥적 희문(戱文) 《략》.

pochard(e) [pɔʃa:r, -ard] *a., n.* 술취한(사람).

pocharder (se) [səpɔʃarde] *v.pr.* 《옛》취하다.

pochardise [pɔʃardi:z] *n.f.* 《옛·구어》대취.

:**poche¹** [pɔʃ] *n.f.* ①포켓, 주머니. ~ *intérieure*[*a portefeuille*] 안주머니. ~ *de poitrine* 가슴 주머니. ~-*revolver* 바지 뒷주머니. *argent de* ~ 주머 니돈, 쌀지돈, 용돈. *avoir la* ~ *vide* 돈이 없다. *avoir cent francs en* ~ 주머니에 100프랑을 가지고 있다.

② [*de* ~] 소형의, 포켓판의. *appareil de* ~ 포켓 카메라. *carnet de* ~ 수첩. *livre de* ~; *un* ~ 《복수불변》문고판. *théâtre de* ~ 소극장.

③ (상품을 넣는) 종이백, 비닐백; 곡물 자루; 포대, 부대. *mettre des bonbons dans une* ~ *en plastique* 플라스틱 봉지에 과자를 넣다. *une* ~ *de blé* 밀 한 자루. *acheter chat en* ~ 《옛》현물을 보지 않고 사다.

④ (옷의)처짐, 주름; (눈밑의)처짐. *Ce pantalon fait des* ~*s aux genoux.* 이 바지는 무릎이 나왔다.

⑤ⓐ 【의학】주머니, 낭(囊). ~ *des eaux* (분만시의)양수 주머니. ~ *du*[*à*] *fiel* 담낭. ⓑ 【식물】유(瑜). ~ *de résine* 수지류.

⑥ 【지질】광혈, 광맥류; (고립된)광석괴(塊), 광상체(鑛床體). ~ *de pétrole*[*de gaz naturel*] 석유(천연가스)혈.

⑦ 【정치·경제】(고립된 이질적인)소집단, 분야.

⑧ⓐ 【동물】(캥거루 따위의)육아낭; (새의)모이 주머니(jabot). ⓑ 【군사】(적에게 포위된)고립지대; 전선의 돌출지대. ⓒ (가방·지갑 따위의)칸, 포켓. ~ *d'air* 《항공》에어 포켓. ⓓ (사냥)토끼 그물; (어업)자루 그물. ⓔ 【요리】(수프를 뜨는)대형 국자. ⓕ《옛》소형 바이올린.

avoir les mains dans les ~*s* 호주머니에 손을 찌르고 지내다; 아무것도 안하고 살다.

avoir qc en ~ …을 확실히 수중에 넣다. *Il a sa nomination en* ~. 그의 임명은 확실하다.

avoir toujours la main à la ~ 지출이 끊이지 않다.

C'est dans la ~. 《속어》식은 죽 먹기이다.

connaître qc comme sa ~ …을 훤히 알다.

en être de sa ~ 《구어》(거래 따위에서)손해보다.

faire les ~*s à qn* …의 주머니 속의 것을 뒤지다(훔치다).

Mettez ça dans votre ~ (*et votre mouchoir dessus*). (지금의 말을)잘 명심하시오.

mettre en[*dans sa*] ~ (공금 따위를)횡령하다.

mettre qn dans sa ~ …을 자기 뜻대로 다루다, 수중에 장악하다.

mettre sa fierté[*son amour-propre*] *dans sa* ~ 자랑[자존심]을 버리다.

n'avoir pas les yeux dans sa ~ (호기심에서)집요하게 바라보다.

n'avoir pas sa langue dans sa ~ 혀가 잘 돌아가다, 말주변이 좋다.

payer de sa ~ 자기 돈으로 지불하다.

se remplir les ~*s; s'en mettre plein les* ~*s* (부정한 방법으로)돈을 긁어 모으다.

poche² *n.f.* 《복수불변》【문학】문고판(*livre de* ~).

poché(e') [pɔʃe] *a.p.* œ*il* ~ 멍이 든 눈; *yeux* ~*s* 눈 밑의 살이 처진 눈; œ*uf* ~ 속을 열탕에 떨어뜨려 익힌》삶은 계란; *lettres* ~*es* 잉크가 번진 글씨.

pochée² *n.f.* 《옛》한 주머니의 양; 포켓의 내용물.

pocher [pɔʃe] *v.t.* ① 【요리】~ *des œufs* (뜨거운 물 또는 수프에 달걀을)깨넣다. ~ *un poisson dans un court-bouillon* 뜨거운 국물에 생선을 넣 다. ② 부풀리다; (눈언저리를)멍들게 하다. ~ *l'œil à qn* …의 눈을 때려서 멍들게 하다. ③ 급히 그리다, 재빨리 스케치하다. —*v.i.* (옷 따위에)주름이 생기다, 불룩 나오다.

pochet [pɔʃɛ] *n.m.* (말의)여물 부대.

pochetée [pɔʃte] *n.f.* ① 《속어》다량. ② 《속어》바보, 얼간이(*imbécile*). *en avoir une* ~ 아주 어리석다. ③ 《옛》=*pochée²*.

pocheter [pɔʃte] 5 *v.t.* 《옛》잠시 호주머니에 넣어 두다.

pochette [pɔʃɛt] *n.f.* ① 작은 호주머니; (특히)가슴 주머니. ② (웃옷 호주머니에 꽂는)장식 손수건. ③ 【사냥】작은 그물. ④ 《옛》(17~18세기 무용교사가 사용한)작은 바이올린. ⑤ (종이·플라스틱 따위의)주머니; (레코드의)재킷; (그림엽서·사진 따위의)봉투. ~ *de compas* 컴퍼스 케이스.

pochette-surprise [pɔʃɛtsyrpri:z] (*pl.* ~*s*~~*s*) *n.f.* 복주머니 《내용물을 모르는 채 사거나 받는》.

pocheuse [pɔʃø:z] *n.f.* 【요리】깨넣은 달걀을 요리하는 그릇 《몇 개의 간막이로 된》.

pochoir [pɔʃwa:r] *n.m.* (염색용·벽지용의)형지(型紙), (도장(塗裝) 등 따위의)형판(型板), 스텐슬 《마분지·금속판 따위에 글자·모양 따위를 그려서 오려낸》. *peindre au* ~ 스텐슬로 그리다.

pochon [pɔʃɔ̃] *n.m.* ① 《수프 뜨는》국자. ② 【기술】(증류한 알코올을)받는 용기. ③ 종이주머니.

pochouse [pɔʃu:z] *n.f.* 《사투리》민물생선의 백포도주 찜.

poco [pɔko] 《이탈리아》 *ad.* 【음악】조금. ~ *allegro* 조금 빠르게. ~ *a* ~ 조금씩.

podagre [pɔdagr] 《옛》 *n.f.* 발의 통풍(痛風) 《특히 발가락》(*goutte*). —*a.* (손 또는 발의)통풍의. —*n.* 통풍환자.

podaire [pɔdɛ:r] *n.f.* 【수학】수족(垂足)곡선.

podestat [pɔdesta] *n.m.* (중세 이탈리아 중부 이북의)행정장관; (파시슴 시대의)시장.

podium [pɔdjɔm] 《라틴》 *n.m.* ① 《옛》(경기장의)관람석 하단의 담 《그 위에 귀빈석이 차려짐》; (방 둘레에 설치된)벤치의 걸상. ② (스포츠 경기의)표창대. *monter sur le* ~ 《비유적》우승하다.

podo- *préf.* 「발·다리」의 뜻.

podobranchie [pɔdɔbrɑ̃ʃi] *n.f.* 【동물】(갑각류

podologie [pɔdɔlɔʒi] *n.f.* 《의학》 족학(足學), 족각학(足脚學).
podomètre [pɔdɔmɛtr] *n.m.* ① 《옛》 보도계(步度計). ②(발굽을 밝기 위한)발굽 측정자.
podophthalmes [pɔdɔftalm] *n.m.pl.* 《옛》 《동물》 병안류(柄眼類)《게 따위》.
podophylle [pɔdɔfil] *n.m.* 《식물》 포도필속《뿌리를 건조시켜 podophyllin을 만듦》.
podophyllin [pɔdɔfilɛ̃] *n.m.*, **podophylline** [pɔdɔfilin] *n.f.* 《약》 포도필린《하제》.
podsol [pɔdsɔl], **podzol** [pɔdzɔl] *n.m.* 《지리》 포드졸《시베리아 따위의 회색·산성 토양》.
podsolique [pɔdsɔlik], **podzolique** [pɔdzɔlik] *a.* 《지리》 포드졸의.
podure [pɔdy:r] *n.f.* 《곤충》 (작은)비충(飛蟲).
pœcile [pesil] *n.m.* (그림으로 장식한)고대 그리스의 회랑(回廊).
pœcilotherme [pesilɔtɛrm] *a.* =**poïkilotherme**.

***poêle**[^1] [pwa(ɑ:)l] *n.f.* 프라이팬(~ à frire). cuire un bifteck à la ~ 프라이팬에 비프스테이크를 굽다. ~ à marrons 밤 굽는 남비.
sauter de la ~ dans le feu(*dans la braise*) 《옛》 점점 나쁜 상태에 빠지다. *tenir la queue de la ~* 《구어》 (일 따위를)좌우지하다. *tomber de la ~ sur*(*dans*) *la braise* 설상가상으로.

poêle / poêlon / poêle à crêpes / sauteuse / poêle

poêle[^2] *n.m.* ① 《옛》 《가톨릭》 옛날 결혼식 때 신랑신부가 쓰던 베일. ② 관포(棺布).
***poêle**[^3], **poële** [pwa(ɑ:)l] *n.m.* 난로, 스토브. ~ à charbon 석탄 난로. ~ à gaz(à mazout) 가스(중유) 스토브. ②《옛》 난로로 훈훈해진 방.
poêlée [pwa(ɑ)le] *n.f.* 프라이팬 하나의 양.
poêler [pwa(ɑ)le] *v.t.* 프라이팬으로 굽다(볶다·튀기다); (당근·베이컨을 섞은 고기를)찌다.
poêlerie [pwalri] *n.f.* 난로 제조(판매)업.
poêlette [pwalɛt] *n.f.* 작은 프라이팬.
poêlier [pwalje] *n.m.* 《드물게》 난로 제조(판매)인; 난로 놓는 사람.
poêlon [pwalɔ̃] *n.m.* (금속·질그릇의)작은 남비, 작은 프라이팬(→poêle 그림).
***poème** [pɔɛm] *n.m.* ① 시(작품). faire (composer) un ~ 시를 짓다. ~ à forme fixe 정형시. ~ à forme libre 자유시(vers libre). ~ dramatique 극시《고전극 형식의 운문극》. ~ en prose 산문시. recueil de ~s 시집. ~ symphonique 《음악》 교향시《리스트 등의 관현악곡》. ②《오페라 따위의》 운문의 각본과 대응시킴》. ③《비유적》시(처럼 아름다운 것).
C'est (*tout*) *un ~.* 《구어》 (사람·사물에 관해서) (아주)대단한.
***poésie** [pɔezi] *n.f.* ① (문학 장르로서의)시. faire de la ~ 시를 짓다(공부하다). ~ lyrique 서정시. ~ satirique 풍자시. ② (어느 시인·유파 특유의)시풍. ~ de Baudelaire 보들레르의 시풍. ③ 시편, 시작품. ~s de Lamartine 라마르틴의 시. dire une ~ 시를 낭송하다. choix de ~s 시선. ④ 시취(詩趣), 시적인 미. ~ d'un roman 어느 소설이 지닌 시정. musique pleine de ~ 시정이 넘치는 음악. ~ des ruines 폐허의 시취. ⑤ 시혼. Il manque vraiment de ~. 그는 극히 산문적이다.
poétastre [pɔetastr] *n.m.* 엉터리 시인.
***poète** [pɔɛt] *n.m.* ① 시인. grand ~ 대시인. ~ mineur 소시인. ~ lyrique (épique) 서정(서사)시인. ~ dramatique 극시인《이런 종류의 시를 쓰는 작가, 프랑스에서는 *Corneille, Racine* 따위》. ~ maudit 저주받은 시인《특이한 시풍으로 인해 동시대에서 소외된 불우한 시인》. ②ⓐ(여류시인에 대해서) femme ~ 여류시인. ⓑ(다른 영역에 대해서) Ce peintre(Ce philosophe) est un grand ~. 이 화가(철학자)는 위대한 시인이다. ③ 시혼이 풍부한 사람; (경멸)(세상 형편을 모르는)몽상가.
— *a.* 시인의; 몽상가의.
poétereau [pɔe(ɛ)tro] (*pl.* ~x) *n.m.* 엉터리 시인.
poétesse [pɔetɛs] *n.f.* 여류 시인《이 단어는 비꼬는 뉘앙스가 있다. 보통은 une femme poète(une femme-poète) 또는 un poète 라고 함. une poète 는 극히 드물게 쓰임》.
poétique [pɔetik] *a.* ① 시적인, 시 특유의, 시에 관한. style ~ 시 특유의 문체. inspiration ~ 시적 영감. terme ~ 시어(eau, mer 대신에 onde 를 쓰는 따위). licence ~ 시 특유의 파격(破格)《문법·철자법 따위에서 시에 있어서만 허용되는 규칙》. ② 시와 같은, 시를 닮은; 시혼이 깃든. prose ~ 시적 산문. paysage ~ 서정 넘치는 경치.
— *n.f.* ① 시론(art ~). ~ de Boileau 부알로의 시론. ② 시법. ~ des beaux-arts 《옛》 미학. ~ de Racine 라신의 시법. ③ 시취, 시정.
poétiquement [pɔetikmɑ̃] *ad.* 시적으로, 시처럼; 시적으로 보아서. Cette expression n'a ~ aucun sens. 이 표현은 시적 견지에서 아무 뜻도 없다.
poétisation [pɔetizasjɔ̃] *n.f.* (현실 따위의)시화, 미화.
poétiser [pɔetize] *v.t.* 시화하다, 미화하다, 이상화하다. ~ son avenir 자신의 장래를 미화하다.
— *v.i.* 《옛·드물게》 작시하다(versifier).
P.O.F. 《약어》 Parti Ouvrier Français 프랑스 노동자당.
pogne [pɔɲ] *n.f.* 《속어》 손(main).
pognon [pɔɲɔ̃] *n.m.* 《속어》 돈(argent).
pogonie [pɔgɔni] *n.f.* 《식물》 난과의 일종.
pogrom(**e**) [pɔgrɔm] 《러시아》 *n.m.* (슬라브 제국의)유태인 박해.
‡**poids** [pwa(ɑ)] *n.m.* ①ⓐ 무게, 중량. mesurer le ~ d'un colis sur une balance 소포의 무게를 저울로 달다. [au ~] vendre qc au ~…을 무게로 달다. vendre à faux ~ 중량(눈금)을 속여 팔다. ~ net (물품의)정미 중량. ~ brut(total) 총중량《내용물과 포장의 무게를 합함》. ~ utile (한 차량분의)적재량. ~ mort (차량의)자체무게, 사중(死重). ⓑ 《물리·화학》질량, 양. ~ spécifique (volumique) 비중, 비중량, 단위 체적 중량. ~ atomique 원자량. ~ moléculaire 분자량.
② ⓐ 체중. surveiller son ~ 체중에 신경을 쓰다. prendre(perdre) du ~ 체중이 늘다(줄다). Quel ~ fait-il, ce bébé? 이 아이는 체중이 얼마나 됩니까? ⓑ 《스포츠》체급. ~ lourd 헤비급;(비유적) 거한(~ 숙련). ~ mi-lourd 라이트 헤비급. ~ moyen 미들급. ~ mi-moyen 웰터급. ~ léger 라이트급. ~ plume 페더급;(비유적) 말라깽이. ~ coq 밴텀급. ~ mouche 플라이급.
③ ⓐ 분동, 저울추. ~ de cent grammes 100 그램의 분동. ~ mobile (대저울의)이동추. ~ public 계량기 검정소. ~ et mesures 도량형, 계량. P~

poignamment

et Mesures 계량기 검사소. ⓑ (시계의)분동《시계추는 pendule》. ⓒ 《스포츠》포환, 중량. lancement du ~ 투포환. ~ et haltères 중량들기;《비유적》무거운 느낌.
④ⓐ(비유적) 무거운 느낌; 무거움, 중압, 무거운 짐. avoir un ~ sur l'estomac 위가 무겁다. ~ de l'impôt 세금의 중압. avoir un ~ sur la conscience 마음에 걸리다, 양심에 가책을 받다. être courbé (écrasé) sous le ~ des années 늙어버리다. ⓑ영향력, 무게, 권위, 힘(influence). homme de ~ 중진. entreprise de ~ 중요한 기업체.
au ~ de l'or 아주 비싸게.
avec ~ et mesures 신중하게.
avoir deux ~ et deux mesures (상황에 따라)다른 판정을 하다, 때에 따라 의견이 달라지다.
donner(ajouter) du ~ à qn …에게 무게[권위]를 주다. Il faut chercher les arguments qui *donneront du ~ à* votre théorie. 당신의 이론에 권위를 줄 만한 논거를 찾아야 한다.
faire bon ~ 저울질을 후하게 하다;《비유적》관대하다, 후하다.
faire le ~ ⓐ(저울의 금을 맞추려고)부족량을 보태다. ⓑ《권투》계체량에 맞다(통과하다). ⓒ(비유적)역량을 지니다, 대항할 수 있다. Devant lui, tu ne *fais* pas *le ~*. 너는 그에게 대항할 힘이 없다.
peser qc au ~ du sanctuaire …을 철저히[엄밀히] 조사하다.
~ lourd 대형 화물 자동차, 대형 트럭.
~ mort 헛수고; 밥벌레《한 집단에서 쓸모없는 자》.
porter le ~ et la chaleur du jour 대낮의 더울 때 일하다; 고생을 참다, 악착스레 일하다.
poignamment [pwaɲamā] *ad.*《드물게》날카롭게, 폐부를 찌르는 듯이.
poignant(e) [pwaɲā, -ā:t] (*p.pr<poindre*) *a.* ① 폐부를 찌르는 듯한, 비통한(déchirant). faire des adieux ~s 가슴을 에는 듯한 작별 인사를 하다. ②《드물게》(무기가)푹 찌르는.
poignard [pwaɲa:r] *n.m.* ① 단도, 단검, 비수. donner un coup de ~ 단도로 찌르다. coup de ~ dans le dos (비유적)비겁한 공격, 반역. enfoncer à qn le ~ dans le cœur (…의 가슴에 칼을 꽂다)→…에게 심한 고통을 주다. retourner le ~ dans la plaie (dans la blessure) 남의 고통에 부채질을 하다. mettre(tenir) à qn le ~ sur(sous) la gorge …의 목에 비수를 갖다대다, 폭력으로 강제하다. affiler (aiguiser) les ~s 칼을 갈다, 증오를 조장하다. ②《어류》곤들매기(brochet)의 별칭. ③ chevaliers du ~《프랑스사》대혁명 당시의 왕당파의 속명, (테르미도르 후의)남프랑스의 반혁명가.
poignarder [pwaɲarde] *v.t.* 단도로 찌르다;《비유적》몹시 괴롭히다. ~ *qn dans le dos* 등에 칼을 꽂다, 배신하다. jalousie qui la *poignarde* 그녀를 죽도록 괴롭히는 질투.
—se~ v.pr. 단도로 자살하다.
poigne [pwaɲ] *n.f.* ① 손힘, 팔심, 완력;《비유적》(명령·처벌할 때의)강력한 힘. avoir de la ~ 완력이 세다, 강력하다. ② 힘, 정력. homme à ~ 억센 사람, 정력가. gouvernement à ~ 강력한 정부.
*poignée [pwaɲe] n.f. ① 한 줌(의 분량). une ~ de riz 한 줌의 쌀. ② 소수, 약간. une ~ de spectateurs 소수의 관중. ③ 손잡이, 자루. ~ d'une épée 검 자루. ~ d'une porte 문의 손잡이.
à ~(s); par ~s 한웅큼 쥐어서. jeter de l'argent *à ~s* 돈을 뿌리다, 낭비하다.
~ de main 악수. donner une *~ de main à qn* …와 악수하다. quitter qn sur une *~ de main* …와 악수

하고 헤어지다.
***poignet** [pwaɲɛ] *n.m.* ① 손목. se casser le ~ 손목을 삐다. ② 소맷부리; 커프스(manchette); (레슬러·노동자가 손목에 감는)손목대. ~s d'une chemise 샤쓰의 소매끝.
avoir du ~ (피아니스트처럼)손목이 유연하다.
à la force du ~ (des ~s) 손으로 잡고《담을 넘는 따위》; 혼자 힘으로. Il a réussi *à la force du ~*. 혼자 힘으로 성공했다.
poïkilotherme [poikiloterm] *a.*《동물》변온(變溫)의. —*n.m.* 변온동물(animal à sang froid).
:poil [pwal] *n.m.* ① (인간의)체모(體毛)《머리카락과 눈썹 이외의 털》. Il a du ~ au menton. 그는 턱수염을 기르고 있다. ~s des aisselles 겨드랑이털. ~ du pubis 치모. ~s follets 솜털.
② (동물·붓·솔 따위의)털. chat qui a les ~s longs 털이 긴 고양이. Ce pinceau perd ses ~s. 이 붓은 털이 빠진다.
③ (집합적)(동물의)털의 결(빛), 털. chien à ~ ras(long, frisé) 털이 짧은(긴, 곱슬거리는) 개. couper le ~ 털을 깎다. gibier à ~《사냥》짐승《조류는 gibier à plume》.
④ (제품의류의)모피(fourrure 보다 하등품》. manteau en ~ de chameau 낙타 가죽의 외투.
⑤ (식물의)털. ~s absorbants 흡수모. ~ sécréteur 분비모(腺毛).
⑥《천의》털.
⑦《기술》슬레이트의 빛깔; (석재·보석 따위의)미세한 흠.
⑧《옛》머리, 턱수염.
à ~ ⓐ《속어》벌거숭이로. se mettre *à ~* 벌거숭이가 되다. cheval *à ~* (안장없는) 말. ⓑ *À ~!* (연사 따위에게)꺼져! (야유)
à un ~ près 아슬아슬하게. J'ai réussi à l'examen *à un ~ près*. 나는 간신히 합격했다.
au ~; au quart de ~ ⓐ(형용사적)훌륭한, 몹시 아름다운. Ton déjeuner est *au ~*! 점심은 아주 좋았어! fille *au ~* 멋진 아가씨. ⓑ(부사적)훌륭하게, 정확하게. Il travaille *au quart de ~*. 그는 기막히게 일한다. Le train est arrivé *au ~*. 기차는 정확하게 도착했다.
avoir du ~ au cul(au bras)(옛)강하다, 위세가 당당하다.
avoir un ~ dans la main(구어)아주 게으름뱅이이다.
brave à trois ~s 호담한, 담대한; 겁쟁이다.
de tout ~ 온갖 종류의. gens *de tout ~* 모든 종류의 사람들.
être de bon (mauvais) ~《구어》기분이 좋다[나쁘다].
être (dressé) au ~ et à la plume《사냥》(새 따위가)짐승·새 양쪽 다 사냥할 수 있게 훈련이 되어 있다; (비유적)어떤 일도 다 할 수 있다.
faire le ~ (très court) à qn《속어》…에게서 돈을 빼앗다; …을 모욕하다; …에게 이기다.
homme à ~《구어》사내다운 사내, 똑똑한 사나이.
ne pas avoir un ~ de sec《구어》땀 투성이가 되다.
ne pas avoir un ~ sur le caillou《구어》대머리다.
tomber sur le ~ à qn《구어》기습하다, …에게 덤벼들다.
un ~《구어》약간, 조금. *un ~* plus tôt 조금 더 일찍. Il s'en est fallu d'*un ~*. 간발의 차이였다.
poilant(e) [pwalā, -ā:t] *a.*《속어》우스꽝스러운.
poil-de-carotte [pwaldəkarɔt] *a.* 《불변》빨강머리의.
poile [pwal] *n.m.* = poêle³.
poiler (se) [s(ə)pwale] *v.pr.*《속어》배꼽을 빼다.
poilu(e) [pwaly] *a.* 털이 난(많은), 털투성이의. —*n.m.* 용감한 사람, 《특히》제1차 세계대전시의 프랑스 군인. les ~s de 14, 1914년의 용사들.
poinçon¹ [pwɛ̃sɔ̃] *n.m.* ① (구둣방 따위의)송곳, 펀

치; (자수용)편치; (조각사의)끌; (컴퓨터의)펀치 나이프; (승차권 구멍을 내는)편치. ~ à glace (얼음을 깨는)아이스 픽. ② (끌로 조각한)각인, 검인, 찍는 인(금은 제품에 각인을 찍는). ③ (화폐·메달·활자 따위의)모형(母型). ④ 〖건축〗지주(支柱), 왕대공.

poinçon² *n.m.* (술 담는)큰 통.

poinçonnage [pwɛ̃sɔnaːʒ]**, poinçonnement** [pwɛ̃sɔnmɑ̃] *n.m.* ① 구멍을 뚫기. ② (차표 따위를)구멍뚫기; (차표·우표 따위를 펴기)선공(線孔)뚫기. ③ (금은 세공 품질 증명의)각인을 박기, 검인을 찍기.

poinçonner [pwɛ̃sɔne] *v.t.* ① (에)송곳으로 구멍을 뚫다. ② (차표 따위를)편치로 찍다. ③ (금은 세공 품질 증명의)검인을 찍다, 각인을 박다.

poinçonneur(se) [pwɛ̃sɔnœːr, -øːz] *n.* ① (기차·지하철의)개찰원. ② (철판 따위에)구멍 뚫는 직공. —*n.f.* 구멍뚫는 기계, 천공기(穿孔器); 편치.

poindre [pwɛ̃:dr] [27] *v.t.* (현재는 부정법·현재 분사·직설법 현재·미래·반과거의 3 인칭 이외는 거의 쓰이지 않음) ① 〖문어〗괴롭히다(faire souffrir). Une grande tristesse le *poignait*. 큰 슬픔이 그를 괴롭혔다. ② 〖옛〗찌르다(piquer); 아프게 하다.
—*v.i.* (햇빛·화초의 싹 따위가 희미하게)나타나다 (apparaître). Nous partirons quand le jour *poindra*. 동이 트면 출발하겠다. plantes qui commencent à ~ 돋아나기 시작한 초목들.
Quel taon vous point? 〖옛〗어째서 그렇게 기분이 나쁘시오? (Quelle mouche vous pique?).

*****poing** [pwɛ̃] *n.m.* 주먹. donner un coup de ~ à qn …을 주먹으로 때리다. frapper du ~ 주먹으로 치다. l'épée au ~ 검을 손에 쥐고.
faire le coup de ~ 〖구어〗주먹을 휘두르다, 폭력을 쓰다.
montrer le ~ 주먹을 휘두르다; 위협하다. [쓰다.]
serrer les ~s (두 주먹을 불끈 쥐고)온 힘을 모으

:point¹ [pwɛ̃] *n.m.* ① 반점, 작은 흔적. L'avion n'était plus qu'un ~ dans le ciel. 비행기는 하늘 안의 한 점에 불과했다. Qu'est-ce que c'est, ces ~s brillants dans l'herbe? 저 풀속의 반짝이는 작은 점들은 뭐지?
② (기하학상의)점. ~ A 점A. ~ d'intersection de deux droites 두 직선의 교점. ~ de contact(de tangence) 접점.
③ (공간의)한 점, 지점, 개소; (배·비행기 따위의)현재 위치. ~ de départ 출발점. ~ d'eau 수원 (水源)(사막의 오아시스 따위도). ~ de vente 판매 목표, 표준(점). en divers(plusieurs) ~s 여러 곳에, 여기저기에. liste des ~s de vente (광고지 따위의)판매점의 리스트. ~ de non-retour 〖항공〗귀환 불능점. porter le ~ sur la carte 현재 위치를 지도에 기입하다. donner(recevoir) le ~ par radio 현재 위치를 무선으로 알리다(수신하다). faire le ~ 현재 위치를 측정하다(→숙어화).
④ (신체의)부위; 통증. ~ sensible[vulnérable] 급소, 약점. ~ de douleur 통증. ~ lacrymal 누점 (淚點)(누선의 작은 구멍). ~ de côté 〖의학〗 늑간 신경통. ~ d'articulation 〖언어〗조음점.
⑤ (전체 중에서의)항목, 요소. différents ~s d'une loi 법률의 제 조항. ~ commun 공통점. L'orthographe est son ~ faible. 철자는 그의 약점이다.
⑥ 요점, 논점, 문제점. Sur ce ~, il a raison. 그 점에 있어서는 그가 옳다. ~ capital[essentiel] 주안점, 요점. ~ acquis 결말 맺어진 논점. en tout ~; en tous ~s 모든 점에서, 전면적으로. ~ de détail 이차적인 점. C'est là le ~. 그것이 바로 요점이다 [문제점]이다. Il y a certains ~s sur lequel je ne suis pas d'accord avec vous. 당신에게 동의할 수 없는 몇 가지 문제점이 있습니다.
⑦ (사태·진전 따위의)한 점, 정도, 단계; 상황. au ~ où nous en sommes 우리들의 현재 상황에서는. La situation en est toujours au même ~. 사태는 여전히 같은 상황에 있다. au plus haut ~; au dernier ~ 더할 나위 없이; 극히. (jusqu') à un certain ~ 어느 정도까지.
⑧ (게임·스포츠 따위의) 득점; (주사위의) 눈. marquer un ~[des ~] 득점하다; (논쟁 따위에서)점수를 따다, 상대보다 우위에 서다. compter les ~s 채점하다, (경기 따위에서)심판을 보다. rendre des ~s à qn …에게 핸디캡을 주다; …보다 우세하다. victoire(vainqueur) aux ~s (복싱의)판정승(한 사람). amener trois ~s (주사위의)3점 눈을 내다.
⑨ (시험·학업의)점수. avoir douze ~s sur vingt 20점 만점에 12점 받다. bon ~ 좋은 점수; 우량증(국민학교에서 성적 및 품행상으로 주는 카드).
⑩ 구둣점, 피리어드(~ final); (각종 기호의)점. P~, à la ligne. 피리어드를 찍고 줄을 바꿔라 〖반아쓰기의 지시문〗; 〖비유적〗 그 문제는 끝났다, 화제는 바꾸자. deux(-)~s 콜론 :. ~-virgule 세미콜론(;). ~ d'exclamation 감탄부호, 느낌표(!). ~s de suspension 중단표, 정지점(…). ~ d'interrogation 의문부호, 물음표(?). ~ d'orgue 〖음악〗늘임표(⌢). ~s de reprise 〖음악〗 다카포(da capo). ~s-voyelles 〖언어〗(아라비아어 따위의)모음부호. ~s et traits du morse 모르스 부호의 점과 선.
⑪ 바늘자리; 시침자리; 스케치. bâtir à grands ~s 듬성듬성 가봉하다. couture à petits ~s 섬세한 시침질. faire un ~ à un pantalon 바지를 대강 꿰매다. ~ de jersey 메리아스 뜨게질. ~ de suture 〖의학〗 상처의 봉합.
⑫ ⓐ 〖물리·화학〗(어떤 현상을 일으키는)점, 경계온도. ~ d'ébullition 비등점. ~ de congélation 빙점, 응고점. ~ de fusion 융해점. ~ critique 임계점(臨界點). ~ de saturation 포화점. ⓑ 〖천문〗점. ~ équinoxial (춘분·추분의)분점. ~ radiant (유성군의)방사점. ~ astronomique fondamental 측지원점.
⑬ ⓐ 〖인쇄〗 포인트(활자 크기의 단위). caractère de 6 ~s 6 포인트 활자. ⓑ (보석의)포인트(중량의 단위); 100분의 1 캐럿. ⓒ 〖경제〗 포인트(물가·증권시세 따위의 변동을 부호로 나타낸 단위).
⑭ ⓐ (바둑판 따위의)돌자리. ⓑ ~ de l'or 〖경제〗금의 현물 수송점. ⓒ (컴퓨터의)검사점, 체크 포인트.

à ce ~; à tel ~ ⓐ 이만큼, 이 정도까지. Il l'avait aimée *à ce ~*. 그는 그녀를 그렇게까지 사랑했었다. ⓑ [~ que] J'étais épuisé *à tel ~ que* je ne pouvais plus continuer. 나는 너무나도 지쳐서 더이상 계속할 수가 없었다.
à ~ ⓐ 제때에 알맞게, 때마침(à ~ nommé); 적당한. steak (cuit) *à ~* 반쯤 익힌 스테이크(bien cuit와 saignant의 중간).
à quel ~ 얼마나(combien). Tu ne peux pas savoir *à quel ~* il m'énerve. 그자가 얼마나 내 비위를 거스르는지 너는 모를거야.
au ~ 좋은 상태에. Prenez ces poires, elles sont *au ~*. 이 배를 가져가세요, 물건이 좋습니다.
au ~ de + inf. …할 정도로. Il s'est surmené *au ~ de* tomber malade. 그는 병이 날 정도로 과로했다.
au ~ de vue de (l'agriculture); *au ~ de vue* (agricole) (농업)의 관점에서 보면.

***de* ~ *en* ~** [dəpwɛ̃tɑ̃pwɛ̃] 하나 하나 그대로, 한 점 한 획도 어김없이[빠뜨리지 않고].
***de tout* ~; *en tout* ~** 완전히, 모든 점에서.
***en bon* ~** 〖엣〗알맞은[좋은 상태에.
être sur le* ~ *de*+*inf. 막 …하려 하다; 하마터면 …할 뻔하다.
***faire le* ~** 현상을 명확히 하다.
***mal en* ~** (건강 따위가) 나쁜 상태에.
***mettre au* ~** 〖사진〗…의 초점을 맞추다; (요점으로)정리하다; 수정하다.
mettre le ~ final à *qc …에 종지부를 찍다; …을 완료하다.
mettre les* ~ *sur les i (i자 위에 점을 빠뜨리지 않다)→상세하고 명확히 설명하다.
***mise au* ~** 초점을 맞추기; (기계의)조정; 수정.
~ *chaud* 전투 지역; 위험 지역; 교통이 나쁜 곳, 사고다발 지역.
~ *culminant* 최고봉; 정점, 절정.
~ *d'appui* 지렛대의 받침점; 지주, 믿을 곳; 방어지, 거점, 지원기지, 해군기지; 받침돌
~ *mort* (자동차 기어의)뉴트럴; 정체상태.
~ *noir* (지평선에 나타난)먹구름; 난점, 위험한 곳, 혼잡한 곳; 오염지대.
~ *par* 빠짐없이, 정확하게.
Pour un* ~ *Martin perdit son âne. 《속담》과신(방심)은 금물.
Un* ~, *c'est tout. 이상 끝, 더이상 할 말이 없다.
Un* ~ (*fait*) *à temps en épargne cent. 《속담》시기적절한 번의 일은 백 번의 수고를 덜어준다.
***point²** [pwɛ̃] *ad.* ① 〖문어·사투리〗(보통 ne와 함께)조금도, 전혀(부정). Je n'ai ~ d'argent. 돈이 조금도 없다. ②(ne를 생략하여) 아니 조금도. Le connaissez-vous?—P~! 그를 아십니까? 아니 전혀. peu ou ~ (…을) 거의 (…않다). P~ d'affaires. 〖옛·구어〗결코 그렇지 않다, 그것은 틀렸어.
point³ poindre 의 직설·현재·3·단수; 과거분사.
pointage [pwɛ̃taːʒ] *n.m.* ①(명부 따위의)점검, 체크; 점인. ~ *du personnel d'une entreprise* 회사의 인원(출근시간)점검. ②(총 따위의)조준; (망원경의)조절, 초점맞추기. ~ *direct*(*indirect*) 직접(간접)조준. ~ *par télécommande* 원격 장치에 의한 조준(télépointage). ③ 〖해양〗(배의 위치·진행방향을)해도에 기입하기. ④ 투표의 재점검. ⑤ 빵의 1차 발효. ⑥ (샴페인 양조에서 앙금 모으기 위한)병을 거꾸로 세워 저장하기.
pointal(*pl. aux*) [pwɛ̃tal, -o] *n.m.* ①(맷돌 따위의)축(軸). ②(가건물의)버팀목, 지주.
***pointe** [pwɛ̃t] *n.f.* ① (뾰족한)끝. ~ *d'un couteau* 칼 끝. tailler[aiguiser] *un crayon en* ~ 연필 끝을 뾰족하게 깎다. donner *un coup de* ~ (펜싱에서)찌르다. ~ *de lecture* 레코드 바늘. *souliers à* ~*s* 스파이크 슈즈.
② 선두, 첨단. *être à la* ~ *de la mode* 유행의 첨단을 걷다. *technique de la* ~ 최첨단 기술.
③ 피크, 최대한. *Cette voiture fait du 200 km en* ~. 이 차는 최대 속도가 200 km이다. *vitesse de* ~ 최고 속도. *heure de* ~ 러시아워; (전기·가스의)최대 소비 시간.
④ ~ *des pieds* 발끝. *marcher sur la* ~ *des pieds* 발끝으로 걷다.
⑤ (자극물의)소량. *relever la sauce avec une* ~ *d'ail* 소스에 마늘을 조금 넣다.
⑥ 신랄한 말, 빈정거림. *lancer*[*décocher*] *des* ~*s* 비꼬다. ~ *de la douleur* 〖엣〗극 쑤시는 아픔.
⑦ 감(棘).
⑧ 〖군사〗침입; 전선; (군대의 날개대형의)선단; 첨병. ~ *de blindés* 장갑 부대에 의한 침공. *faire*[*pousser*] *une* ~ 침공하다(→숙어란).
⑨ 〖무용〗토(댄스). *chaussons à* ~*s* 토슈즈.
⑩ 3각형 스카프(숄); 삼각포; (삼각형)기저귀.
⑪ ~ *du jour* 〖문어〗여명.
⑫ ⓐ ~*s de feu* 〖의학〗소작(燒灼), 낙자법(烙刺法). ⓑ 〖해양〗(32 방위를 가리키는 나침반의)방위눈금. ⓒ 〖문장〗(귀족가문의)방패의 밑부분(→ écu 그림). ⓓ 〖건축〗(첨두형 창의)꼭지점. ⓔ 〖기계〗(선반의)중심추. ⓕ ~ *de pavé* 포석 끝 등이의 합류점.
***pousser une* ~** 들러서 가다. *pousser une* ~ *jusque chez un ami* 친구 집에 들르다.
pointé(e) [pwɛ̃te] *a.p.* 점이 찍힌. *note* ~*e* 〖음악〗점음표. *zéro* ~ 점찍힌 영점(시험의 낙제 표시).
pointeau¹ [pwɛ̃to] (*pl.* ~*x*) *n.m.* 〖기계〗중심 각인기, 센터펀치; 바늘. *cou*(*trou*) *de* ~ 〖기계〗중심표(標). ~ *de réglage d'essence* 〖항공〗가솔린 조종침(針).
pointeau² (*pl.* ~*x*) *n.m.* (공장 따위의)노동시간 기록담당.
pointement [pwɛ̃tmɑ̃] *n.m.* ①〖식물〗발아. ②(지질)(광맥의)노출.
pointer¹ [pwɛ̃te] (< *point*) *v.t.* ① 명부 따위의 이름 부분에)점을 찍다, 체크하다. ~ *sur la liste* 명부에 체크하다. ~ *les ouvriers d'une usine* 공장의 노동자의 출입을 체크하다. ②〖음악〗부점(附點)을 찍다. ~ *une noire* 4분음표에 부점을 찍다. ③~ *la carte* 〖해양〗(배의 위치·진행방향을)해도에 기입하다. ④ ~ *les feuilles* 〖인쇄〗종이를 가지런히 하다; 종이에 잠자리표시를 하다. ⑤ (손가락·총포·망원경 따위의 끝을 목표물을)향하게 하다(diriger). ~ *son index vers qn* …에게 손가락을 향하게 하다. ~ *un canon*(*une longue-vue*) 대포(망원경)를 겨냥하다.
—*v.i.* ① (출근시간을) 기록하다. *ouvrier qui pointe à huit heures* 8시 출근을 기록하는 노무자. ② (대포 따위가)겨냥하다; [~ *vers*/*sur*] (을)가리키다.
—*se* ~ *v.pr.* ①〖옛·문어〗[*se* ~ *vers*](의 방향을)향하다(se diriger). ②〖구어〗얼굴을 보이다, 나타나다. *Si le professeur se pointait!* 만약 선생님이 나타나신다면(걱정이다)! *Mon ami s'est pointé à cinq heures.* 내 친구는 다섯시에 나타났다. ③ 자기 이름에 점을 찍다, 체크하다. *employé qui se pointe à l'entrée du bureau* 사무실 입구에서 자기 이름에 체크하는 종업원.
pointer² (< *pointe*) *v.t.* ① (끝을)날카롭게 하다. ~ *des aiguilles*(*des épingles*) 바늘끝(핀)을 날카롭게 하다. ② 꼿꼿이 세우다(dresser). *cheval qui pointe les oreilles* 귀를 세울 말. ~ *le museau* (개 따위가)코를 꼿꼿이 세우다. ③ (무기끝으로)찌르다. ~ *son adversaire* (결투 따위에서)적을 찌르다. ~ *un bœuf* 소를 찔러 죽이다.
—*v.i.* ①〖엣〗무기로 찌르다. *En avant, pointez!* 앞으로, 찔러라! ~ *avec l'épée* 검으로 찌르다. ② (새 따위가)날아오르다. ③ (바람이)일다; (식물이)싹트다, 돋다, 나타나다. *jeunes pousses de pivoine qui pointent au printemps* 봄에 움트는 작약의 새싹. ⑤ (말 따위가 뒷발로)서다; (탑 따위가)솟다. *Le clocher pointe vers le ciel.* 종루가 하늘을 향해 솟아 있다.
pointer³ [pɔjntœːr, -tɛːr] *n.m.* 포인터.
pointerie [pwɛ̃tri] *n.f.* 못(송곳) 제조 공장, 나게.
pointerolle [pwɛ̃trɔl] *n.f.* (광산용)소형 곡괭이.
pointe-sèche [pwɛ̃tsɛʃ] (*pl.* ~*s*-~*s*) *n.f.* 〖미술〗드라이포인트, 공판 조각법(화).
pointeur(se) [pwɛ̃tœːr, -øːz] *n.* 점(표적)을 찍는 사람, 체크하는 사람, 점검하는 사람. —*n.m.* ①〖포

병』 조준수(照準手). ② 【사냥】 포인터종 사냥개(chein ~).

pointeur(se)² *n.* 뾰족하게 하는[가는] 사람.
pointil [pwɛ̃til] *n.m.* =**pontil**.
pointillage¹ [pwɛ̃tijaːʒ] *n.m.* ① 점찍기. ② 【미술】 점묘(點描)(법), 점각(點刻)(법). ③ 【의학】 지압(指壓)요법.
pointillage² *n.m.* 흠잡기, 헐뜯기.
pointille [pwɛ̃ti] *f.* 【미술】 다듬[싸움].
pointillé(e) [pwɛ̃tije] *a.p.* 반점이 있는, 점이 찍힌. ligne ~e 점선. ─*n.m.* 점선; 【미술】 점묘화(법), dessin au ~ 점묘화. Détachez sur le ~. 점선부분을 자르시오.
pointillement [pwɛ̃tijmɑ̃] *n.m.* =**pointillage**¹.
pointiller¹ [pwɛ̃tije] *v.t.* 점을 찍다; 【미술】 점화로 그리다. roue à ~ 룰렛, 점륜(點輪)(작은 톱니 바퀴로 점선을 긋는 기구). ─*v.i.* (펜 따위로) 점을 찍다.
pointiller² (옛) *v.t.* (의)기분이 상하는 말을 하다. ─*v.i.* 하찮은 일로 잔소리하다[다투다].
pointillerie [pwɛ̃tijri] *n.f.* 《구어》 하찮은 일로 잔소리하기; 시시한 언쟁.
pointilleusement [pwɛ̃tijøzmɑ̃] *ad.* 까다롭게, 꾀까하게.
pointilleux(se) [pwɛ̃tijø, -øːz] *a.* 하찮은 것을 캐기 좋아하는; 잔소리하는, 까다로운. critique ~ 잔소리가 많은 비평가. être ~ sur le protocole 예의범절에 매우 까다롭다.
pointillisme [pwɛ̃tijism] *n.m.* 【미술】 점묘법(點描法).
pointilliste [pwɛ̃tijist] *a., n.* 【미술】 점묘화(點描畵)의(화가). procédé ~ 점묘화법.
point noir [pwɛ̃nwaːr] *n.m.* 해결하기 어려운 문제, 골칫거리. Un ~: la grève de la General Motors. 한 가지 골칫거리는 제너럴 모터스 회사의 동맹은 업이다.
***pointu(e)** [pwɛ̃ty] (<*pointe*) *a.* ① 뾰족한, 날카로운(aigu). menton ~ 뾰족한 턱. voix ~e 새된 목소리. écriture ~e 뾰족한 필적. ② (성격이) 성마른, 까다로운(pointilleux). caractère ~ 까다로운 성격. Ne prenez pas cet air ~. 그렇게 까다롭게 굴지 마세요.
pointure [pwɛ̃tyːr] *n.f.* ① (신발·장갑 따위의)치수, 문수, 사이즈. Quelle est votre ~ des chaussures? 구두 치수는 얼마입니까? ② (*pl.*) (인쇄기의 종이를 꽂는)압지침(壓紙針); (압지침의)구멍.
point-virgule [pwɛ̃virgyl] (*pl.* ~**s**-~**s**) *n.m.* 세미콜론(;).

***poire** [pwaːr] *n.f.* ① 배(梨). à cidre 사과배. ② 배 모양 잘 익은 연한 배. tarte aux ~s 배 파이. ② 배 모양의 것《장신구·스위치의 손잡이 따위》. perle en ~ 배 모양의 진주. ─ à poudre 화약통. ③ 《구어》 머리, 얼굴(face); 바보, 얼간이(naïf, sot). Sa ~ ne me revient pas. 그 녀석의 얼굴이 마음에 안 들어. recevoir un coup en pleine ~ 얼굴 한복판에 한 대 언어맞다. Quelle ~ ! 바보같으니라구! *couper la ~ en deux* 타협하다. *faire sa ~* 자만하다, 거만하다. *garder une ~ pour la soif* 《구어》 훗날을 위하여 절약하다. *La ~ est mûre (n'est pas mûre).* 드디어 때가 무르익다(아직 때가 무르익지 않았다). ─*a.* 잘 속는. Tu es toujours ~. 《구어》자네는 늘 속기만 하는군.

poiré [pware] *n.m.* 배(로 담근) 술.
poireau [pwaro] (*pl.* ~**x**) *n.m.* ① 【식물】 파. une botte de ~x 파 한 단. blanc (vert) de ~ 파의 흰 (파란) 부분. soupe aux ~x 파로 만든 수프. ②《속어》(P─)농사 공로상 훈장. ③《속어》바보. ④《구어》《의학》 사마귀. *rester planté comme un ~; faire le ~* 《구어》지치도록 기다리다.
poireauter [pwarote] *v.i.* 《속어》지치도록 기다리다, 고대하다.
poirée [pware] *n.f.* 【식물】 근대.
poirer [pware] *v.t.* 《속어》(사람을)붙잡다.
poirier [pwarje] *n.m.* 배나무; 배나무 재목. meubles en ~ 배나무로 만든 가구.
poiroter [pwarote] *v.i.* =**poireauter**.
pois [pwa] *n.m.* ① 【식물】 완두콩. ~ carrés 콩 완두콩. ~ chiche 이집트콩. ─ chinois 콩. ─ de senteur 【식물】 스위트피. farine de ~ cassés 【요리】 완두콩 가루. petits ~; ~ verts 그린피스. purée de ~ 완두콩 죽; 콩가루 푸딩. ramer les ~ 완두콩나무에 받침대를 세워주다. ② 【직물·재봉】 물방울 무늬. cravate bleue à ~ blancs 청색 바탕에 흰 물방울 무늬가 든 넥타이. ③ fleur des ~《옛·구어》멋장이(남자); 정화. *avaler comme des ~ gris* 《옛》게걸스럽게 먹다.
poiscaille [pwaskaj] *n.m.*(*f.*) 《속어》물고기.
poise [pwaːz] *n.f.* 【물리】 포아즈《점성율(粘性率)의 C.G.S. 단위; 기호 P, Po》.
poiseuille [pwazœj] *n.m.* 【물리】 포와죄유《동점성율(動粘性率)의 M.K.S.A 단위이며 10 포아즈에 해당; 기호 Pl》.
***poison** [pwazɔ̃] *n.m.*(옛말과 사투리는 *n.f.*) ① 독, 독물; 유해물. ─ végétal 식물성 독. ~ de la calomnie 독기서린 중상. boire du ~ 독을 마시다. réglementation de la vente des ~s 독약판매의 규제. ② 독약; 독설. ─《비유》아주 성가신 일. Écrire cette lettre, c'est un vrai ~. 이런 편지를 쓰기란 정말 따분한 일이다. ④ ~ de fission 【물리】 핵분열의 독작용물질. ─*n.* 악인. C'est un(une) ~. 《구어》저 사람[여자]는 정말 악질이다.
poissant(e) [pwasɑ̃, -ɑ̃ːt] *a.*《속어》귀찮은, 끈덕진.
poissard(e) [pwasaːr, -ard] *a.* 《문학사》생선장수식분학《18세기 후반에 유행한 서민풍의 문체》. ─*n.f.* (시장의)여자 생선장수; 입이 더러운 여자. langage de ~e 거칠고 상스러운 말투.
poisse [pwas] 《속어》*n.m.* 갈보집의 주인, 포주. ─*n.f.* ① 액운; 빈곤, 가난. ② 귀찮게 구는(끈덕진) 사람.
poissement [pwasmɑ̃] *n.m.* (송진·풀 따위를)바르기; (끈적끈적한 것으로)더럽히기.
poisser [pwase] *v.t.* (송진·풀 따위를)바르다; (손 따위를)끈적끈적하게 하다. ─《속어》도둑질하다; 붙잡다(attraper); 성가시게 따라다니다.
poisseur(se)¹) [pwasœːr, -øːz] *n.* 《속어》도둑(놈).
poisseux(se)²) [pwasø, -øːz] *a.* 송진을 바른, 끈적한 것으로 더럽혀진. mains ~es 끈적끈적한 것으로 더러워진 손. pot de confitures tout ~ 잼으로 뒤범벅이 된 잼단지.
poissillon [pwasijɔ̃] *n.m.* 잔 물고기.
poisson¹ [pwasɔ̃] *n.m.*(옛) 옛날의 되《약 1/8 리터》.
***poisson**² [pwasɔ̃] *n.m.* ① 물고기, 생선; 생선살. pêcher du ~ 고기잡이하다. ~s d'eau douce; ~s de rivière 민물고기. ~s marins(de mer) 바닷고기. ~s des grands fonds 심해어. ~s tropicaux 열대어. ~ rouge 금붕어. ~ volant 날치. ~s à (sans) mâchoires 턱이 있는(없는) 생선류. ~s cartilagineux 연골어류. marchand de ~ 생선가게, 어물전. ~ salé 소금에 절인 생선. ~ séché 건어물. ~ fumé 훈제생선. soupe au ~ 생선수프. couvert à ~ 생선요리용 나이프와 포크. manger du ~ 생선

② ~ d'argent; petit ~ d'or 《곤충》좀. ③ (P~s) 《천문》쌍어궁(雙魚宮). ④ gros ~ 실업계의 큰 인물. ⑤ ~ d'avril 《구어》만우절에 속는 사람. *donner un petit ~ pour en avoir un gros* 새우로 고래를 낚다. *être comme un ~ dans l'eau* 물에 들어간 물고기 같다, 제 세상을 만나다. *être comme un ~ hors de l'eau* 물을 떠난 고기와 같다, 난처[곤란]하게 되다. *être muet comme un ~* 말없이 가만히 있다. *Il ne faut pas apprendre aux ~s à nager.* 《속담》물고기에 헤엄치기를 가르치는 격이다. *Les gros ~s mangent les petits.* 약육강식.

poisson-chat [pwasɔ̃ʃa] (*pl.* ~s-~s) *n.m.* 《어류》메기.
poissonnaille [pwasɔnɑːj] *n.f.* 잔 물고기.
poissonnerie [pwasɔnri] *n.f.* 어시장, 생선 가게.
poissonneux(**se**) [pwasɔnø, -øːz] *a.* (강·못에)물고기가 많은.
poissonnier(**ère**) [pwasɔnje, -ɛːr] *n.* 생선장수. —*n.f.* 생선 남비.
poitevin(**e**) [pwatvɛ̃, -in] 《지리》*a.* 푸아투(Poitou, 프랑스의 지방)의; 푸아티에(Poitiers, 프랑스의 도시)의. —**P**~ *n.* 푸아투[푸아티에] 사람.
poitrail [pwatraj] *n.m.* ① (말의)가슴막; (말의)가슴띠. ② 《건축》문간 대들보.
poitrinaire [pwatrinɛːr] *a.* 《옛》폐병에 걸린. —*n.* 폐병 환자.
‡**poitrine** [pwatrin] *n.f.* ① 가슴; 폐. *fluxion de* ~ 폐렴(pneumonie). *angine de* ~ 협심증. *maladie de* ~ 폐병. *partir*[*s'en aller*] *de la* ~ 《옛》폐병으로 죽다. *respirer à pleine* ~ 심호흡을 하다. *voix de* ~ 《음악》가슴소리. ② 흉부(胸部), 《때로》여자의 유방. *tour de* ~ 가슴둘레. *large* ~ 넓은 가슴. *Elle a une belle* ~. 그녀는 아름다운 유방을 갖고 있다. *étreindre*[*serrer*] *qn sur sa* ~ …을 가슴에 꼭 껴안다. ~ *plate* 납작한 가슴. *avoir de la* ~; *avoir beaucoup de* ~ 유방이 크다. *n'avoir pas de* ~ 유방이 작다, 가슴이 납작하다. ③ 《요리》(쇠고기 따위의)가슴팍 고기(→ *bœuf*, *mouton* 그림). *chanter*[*crier*] *à pleine* ~ 목청껏 노래부르다(고함지르다).
poitriner [pwatrine] *v.i.* ①《구어》가슴을 내밀다. ②《속어》뽐내다, 재다.
poitrinière [pwatrinjɛːr] *n.f.* (말의)가슴걸이; (직조공의)브레스트바임(가슴에 대는 실꾸리).
poivrade [pwavrad] *n.f., a.* (sauce) ~ 후추 소스. *à la* ~ 후추 소스를 친.
***poivre** [pwaːvr] *n.m.* ① 후추 열매(가루). *grain de* ~ 말린 후추 열매. *mettre le* ~ *et le sel sur la table* 식탁에 후추와 소금을 놓다. *steak au* ~ 페퍼스테이크. ② 후추과의 식물. ~ *long*; ~ *de Cayenne* 고추. ③ 《구어》자극성, 신랄함. *cher comme* ~ 값비싼. *moudre du* 《옛·구어》무거운 다리를 옮기다, 터벅터벅 걷다. —*a.* ~ *et sel* 《별변》(머리가)희끗희끗한.
poivré(**e**) [pwavre] *a.p.* ① 후추를 넣은. ② 신랄한 (↔ *fade*); (이야기 따위가)음탕한(*salé*). *plaisanterie* ~ 상스러운 농담. ③ 터무니없이 비싼.
poivrer [pwavre] *v.t.* ① (에)후추를 넣다. ② 《문어》(문장·말을)신랄하게 하다. ③《구어》터무니없이 바가지 씌우다. ④《속어》(에)성병을 옮기다; 술취하게 하다. —*se* ~ *v.pr.* 《구어》자극성, 신랄함.
poivrier [pwavrije] *n.m.* ① 《식물》 후추나무. ② 후추 그릇. ③《속어》술꾼, 취한(醉漢). *vol au* ~ 주정꾼에게서 훔쳐내기.
poivrière [pwavrij(j)ɛːr] *n.f.* ① 후추나무 밭. ② 후추 그릇. ③《옛》《건축》후추 그릇 모양의)망루.
poivron [pwavrɔ̃] *n.m.* 고추.
poivrot(**e**) [pwavro, -ɔt]《속어》*n.* 술꾼. —*a.* 곤드레만드레가 된.
poix [pwa(ɑ)] *n.f.* 송진, 피치. *enduire de* ~ 송진을 바르다. *noir comme* ~ 새까만. ~ *de Judée* 아스팔트. ~ *liquide* 타르.
avoir de la ~ *aux mains* 남의 돈을 압수하다.
poix-résine [pwa(ɑ)rezin] *n.f.* (종이를 붙이는)수지(樹脂).
poker [pɔkɛːr] 《미영》*n.m.* ① 《카드놀이》포커. *jouer au* ~; *faire un* ~ 포커를 하다. *partie de* ~ 포커의 승부. ② 부지깽이.
poker d'as [pɔkɛrdɑs] *n.m.* 포커다이스.
Polack [pɔlak] *n.m.*《속어》폴란드 사람.
polacre[1] [pɔlakr] *n.f.* ① (지중해의 3 돛달이의)범선. ② 폴란드의 춤.
polacre[2] *n.m.* =**polaque.**
polaire [pɔlɛːr] *a.* ① 《지리》남(북)극의, 극지(極地)의. *arc* ~ 극의 호(弧). *cercle* ~ 극권(極圈). *expédition* ~ 극지 탐험. *distance* ~ 극거리. *régions*[*zones*] ~*s* 극지방. *climat* ~ 극지의 기후. *glaces* ~*s* 극지의 얼음. *nuit* ~ 극지의 밤. *froid* ~ 극지의 추위. ② 《천문》북극의. *étoile* ~ 북극성. ③ 《전기》자극(磁極)의, 전극의. *pièce* ~ 극편(極片). ④ 《수학》극선(極線)의. *coordonnées* ~*s* 극좌표.
—*n.f.* 《수학》극선; 《천문》북극성.
polaque [pɔlak] *n.m.* 폴란드 기병(*polacre*).
polar [pɔlaːr] *n.m.* 탐정소설(roman policier).
polari- *préf.* 「편광·분극」의 뜻.
polarimètre [pɔlarimɛtr] *n.m.* 《물리》편광계(偏光計); 《화학》선광계(旋光計).
polarimétrie [pɔlarimetri] *n.f.* 《물리》편광측정.
polarisabilité [pɔlarizabilite] *n.f.* 《전기》분극률(分極率); 분극성.
polarisable [pɔlarizabl] *a.* 편광(분극)을 일으킬 수 있는.
polarisant(**e**) [pɔlarizɑ̃, -ɑ̃ːt] *a.* 편광을 일으키는, 극성(極性)을 주는. *microscope* ~ 편광 현미경.
polarisateur(**trice**) [pɔlarizatœːr, -tris] *a.* 편광을 일으키는, 편극을 주는. *prisme* ~ 편광 프리즘. —*n.m.* 편광자(偏光子).
polarisation [pɔlarizɑsjɔ̃] *n.f.* ① (힘 따위의)집중(작용). ② 《전기·자석》(유도체의)분극, (전지의)성극(成極), 성극작용. *énergie de* ~ 분극에너지. *courant de* ~ 분극전류. ~ *induite* 유발분극. ~ *magnétique* 자기분극. ~ *de grille* 《무전》그리드 바이어스. ③ 《물리》편광(偏光), 전극(偏極). *angle de* ~ 편광각. ~ *circulaire* 원편광. ~ *elliptique* 타원편광. ~ *linéaire* 직선편광. ~ *plane* 평면편광.
polariscope [pɔlariskɔp] *n.m.* 《광학》편광기.
polarisé(**e**) [pɔlarize] *a.p.* ① 《물리》치우친, 편극(偏極)의. *lumière* ~ 편광. ② 《전기·자석》성극(成極)의, 유극(有極)의. *relais* ~ 유극 계전기 (繼電器). ③ 《비유적》[~ *par*] (에)열중한. *Il est* ~ *par les mathématiques.* 그는 수학에 열중하고 있다.
polariser [pɔlarize] *v.t.* ① 집중하게 하다, 결속시키다(*concentrer*). *Son attitude polarise l'opinion publique.* 그의 태도로 여론이 그에게 집중되어 있다. *être polarisé sur qc* …에 골몰하다. ~ *l'intérêt sur un aspect particulier d'un problème* 문제의 특

이한 일면에 흥미를 집중시키다. ② 【전기·자석】 성극(成極) [분극] 시키다. ③ 【물리】 (에) 편극작용(偏極作用)을 일으키다.
—**se** ~ *v.pr.* ① 【물리】 기울다, 편극작용을 일으키다. ② 【전기·자석】 분극[성극] 하다. ③ (비유적) 집중하다.

polariseur [pɔlarizœːr] *n.m.* 【광학】 편광자(偏光子). —*a.m.* prisme ~ 【물리】 편광 프리즘.

polarité [pɔlarite] *n.f.* ① 【물리·전기·수학】 극성(極性); 【자석】 자성인력(磁性引力). ~ normale 음극성. ~ inverse 양극성. ②《비유적》극면. C'est un sujet à ~s multiples. 그것은 다각적인 [여러 면에 있어서의] 문제이다.

polaro- *préf.* = **polari-**.

polaroïd [pɔlarɔid] *n.m.* 폴라로이드, 인조편광판(人造偏光板).

polatouche [pɔlatuʃ] *n.m.* 【동물】 날다람쥐 (écureuil volant).

polder [pɔldɛːr] *n.m.* (네덜란드의) 매립지, 배수 개간지.

-pole *suff.* 「도시」의 뜻.

pôle [poːl] *n.m.* ① 【지리】 극, 극지(極地). ~ (특히) 북극, ligne des ~s 지축. ~ nord[sud] 북[남]극. ~ antarctique (austral, 《흔히》 Sud) 남극. ② 【전기·자석】 극. ~ positif [négatif] 양[음]극. ③ 【수학】 극, 극점. ④ 극단, 정반대. deux ~s de la pensée politique contemporaine 현대정치사상의 양극. ⑤ (관심·활동의) 중심. Venise est un ~ d'attraction pour les touristes. 베니스는 관광객의 메카이다.

polémarque [pɔlemark] *n.m.* 【그리스사】 군사령관; (아테네의 9인 중의) 제 3집정관.

polémique [pɔlemik] *a.* 논쟁의, attitude ~ 논전의 태도. critique ~ 논란. —*n.f.* ① 논쟁 (débat, discussion). engager [entretenir] une ~ avec *qn* 와 논쟁을 시작하다. ② 【신학】 논증법.

polémiquer [pɔlemike] *v.i.* 논쟁[논전] 하다. ~ contre *qn* …와 논쟁하다.

polémiser [pɔlemize] *v.i.* = **polémiquer**.

polémiste [pɔlemist] *n.* 논전자.

polémologie [pɔlemɔlɔʒi] *n.f.* 전술, 전쟁학.

polémoniacées [pɔlemɔnjase] *n.f.pl.* 【식물】 꽃고비과(科).

polémonie [pɔlemɔni] *n.f.* 【식물】 꽃고비.

polenta [pɔle(ɛn)ta], **polente** [pɔlɛt] 《이탈리아》 *n.f.* 【요리】 폴렌타《옥수수·조로 만든 일종의 죽을 말함》.

‡**poli(e)** [pɔli] *a.p.* ① 닦은, 반들반들한, 윤이 나는 (lisse, brillant, ↔ mat, rugueux). caillou ~ 반들 반들한 조약돌. ~ comme la glace 거울같이 윤이 나는. ② (문장 따위가) 세련된, 우아한. ③ 예의바른, 공손한. enfant ~ 예의바른 어린이. être ~ avec les dames 부인들에게 예의바르다 (공손하다). se montrer peu ~ envers *qn* …에게 결례하다. refus ~ 공손한 거절. Il est plus ~ que vous lui répondriez de suite. 그분에게 바로 회답을 드리는 것이 예의입니다. ④ (옛) 문명의, 개화한 (civilisé, cultivé). nation ~*e* 문명국.
—*n.m.* 윤, 광택. donner le ~ à une surface 표면을 윤내다. bois qui peut prendre un ~ 마그니피크 멋진 윤기가 있는 나무.

polianthe [pɔljɑ̃ːt] *n.m.* 【식물】 월하향(月下香).

poliarque [pɔljark] *n.m.* 【고대그리스】 시총독(市總督).

‡**police**¹ [pɔlis] *n.f.* ① 치안 유지, 공안; 경찰기능. pouvoirs de ~ 경찰기능, 경찰력. exercer [faire] la ~ 경찰력을 행사하다. numéro plaque de ~ (차량의) 등록번호. ② 경찰; 경찰관; 경찰서. agent de ~ 경관. officier de ~ 경감. ~ judiciaire 사법경찰(관). tribunal de (simple) ~ 경찰재판소. ③ salle de ~ 《군사》 영창. ④ (조직체로서의) 경찰. ~ administrative 행정경찰. ~ municipale (rurale) 도시[지방] 경찰. ~ secrète 비밀경찰. ~ mondaine (des mœurs) (매춘행위의 단속하는) 풍기 단속경찰. forces de ~ 경찰력. être de la ~; être dans la ~ 경찰에 종사하는 사람이다. appeler ~ secours 기동경찰을 부르다. préfecture de ~ (파리의) 경시청. préfet de ~ 경시총감. commissariat de ~ 경찰서. commissaire de ~ 경찰서장. inspecteur de ~ 형사, 형사부장. poste de ~ 파출소. policiers d'une ~ privée 사립탐정. avertir la ~ 경찰에 알리다. se faire arrêter [enlever] par la ~ 경찰에 체포[연행] 되다. ⑤ (옛) 통치, 조직. ~ sociale 사회의 통치.

police² *n.f.* ① 보험증권. ~ à terme [à forfait] 정기보험증권. ~ d'assurance 보험증권. prendre une ~ d'assurance 보험을 붙이다. ② 【상업】 증서. ~ de chargement 선적증(船積證). ~ 선하증권(船荷證券). ③ 예약, 계약. souscrire à une ~ d'assurance 보험에 들다. ④ 【인쇄】 활자품목록.

policé(e) [pɔlise] *a.p.* 문명화된, 개화된.

policeman(*pl.* **men**) [pɔlisman, -mɛn] 《영》 *n.m.* 순경, 경관.

policer [pɔlise] [2] *v.t.* ① (옛) 다스리다, (국가를) 질서있는 정부 밑에 두다; (에) 선정(善政)을 베풀다. ② (옛·문어) (문명의 힘으로) 교화하다, 개화시키다 (civiliser).

polichinelle [pɔliʃinɛl] *n.m.* ① (P~) 폴리치넬라 《이탈리아 소극(笑劇)의 어릿광대》. ② (인형극에서, 앞뒤에 혹은 옆구리에 달린) 인형. théâtre de ~ 《구어》 익살스러운 인형극. voix de ~ 《구어》 날카로운 소리. avoir un ~ dans le tiroir 《속어》 임신하다. ③ 《구어》 절개 없는 남자. ~ de la politique 정치적 변절자. ④ 《구어》 건달; 경박한 사람. vie de ~ 무절제한 생활.
faire un ~ 웃기는 짓을 하다. mener une vie de ~ 방탕한 생활을 하다. secret de ~ 《구어》 공공연한 비밀.

***policier(ère)** [pɔlisje, -ɛːr] *a.* 경찰의. état [régime] ~ 경찰국가. enquête ~*ère* 경찰의 수사. chien ~ 경찰견. film ~ 탐정영화. roman ~ 탐정소설.
—*n.m.* ① 경찰관; 탐정. ~ en civil 사복경찰관, 사복형사. ② 《구어》 추리소설.
avoir un flair de ~ (경찰관 같이) 눈치가 빠르다.

policlinique [pɔliklinik] *n.f.* 【의학】 ① 외래환자 진료소. ② 임상 강의.

polignac [pɔliɲak] *n.m.* 카드놀이의 일종; 스페이드의 잭.

poliment¹ [pɔlimɑ̃] *ad.* 공손하게, 예의바르게. parler ~ 정중하게 말하다. Il reçoit ~ tout le monde. 그는 모든 사람을 정중하게 맞이한다.

poliment² *n.m.* 닦음질; 광택.

polio [pɔljɔ] *n.f.* = **poliomyélite**. —*n.* = **poliomyélitique**.

poliomyélite [pɔljɔmjelit] *n.f.* 【의학】 척수회백질염 (소아마비).

poliomyélitique [pɔljɔmjelitik] 【의학】 *a.* 척수회백질염의 [에 걸린]. ~ *n.* 척수 회백질염 환자.

poliorcétique [pɔljɔrsetik] 《군사》 *a.* 도시의 포위공격술에 관한. —*n.f.* 도시 포위 공격술.

polir [pɔliːr] *v.t.* ① 닦다. ~ une glace 유리를 닦다. ~ le marbre 대리석을 닦다. ② (문장·말을) 다듬다, 퇴고하다 (perfectionner). ~ un ouvrage 작품을 퇴고하다. écrivains qui *ont poli* la langue française 프랑스 말을 윤기있게 갈고 닦은

polissable [polisabl] *a.* 닦을 수 있는, 윤나게 할 수 있는; 개선[세련]할 수 있는.

polissage [polisaːʒ], **polissement** [polismɑ̃] *n.m.* 닦음질, 윤내기, 연마; (문장의)퇴고.

polisseur(se) [polisœːr, -ɸːz] *n.* 닦는 사람, 윤내는 직공. —*n.f.* 닦는 기계, 광택기.

polissoire [poliswaːr] *n.f.* (구두 따위의)닦는 솔. meule—연마륜.

polisson(ne) [polisɔ̃, -ɔn] *n.* 부랑아, 악동(galopin, voyou); 장난꾸러기, 개구장이; 방탕아, 건달. Quel—vous faites! (구어)이 개구장이야! —*a.* (아이가)나쁘게 조숙한; 추잡한; 외설스러운 (égrillard); 방탕한; 유혹적인. propos—음담(패설). regards—s 유혹하는 눈, 추파. enfant qui a l'air—장난이 심한 아이.

polissonner [polisɔne] *v.i.* ① 추잡한[음란한] 짓 [말]을 하다, ② (옛) (어린애가)떠돌아 다니다; 장난치다. Mon fils *polissonne* dans les rues avec ses camarades. 내 아들은 친구들과 거리를 누비며 돌아다닌다.

polissonnerie [polisɔnri] *n.f.* ① 방탕, 방종; 음란 한 말[짓]. dire[faire] des—s 음란한 말을 입에 담 다[짓을 하다]. ② (옛) (어린애의) 장난.

polissure [polisyːr] *n.f.* ① (드물게)닦기, 윤내기. ② (옛·문어)윤, 광택.

poliste [polist] *n.f.* [m.] 《곤충》 등검은쌈말벌.

politburo [politbyro] *n.m.* (소련의)공산당정치

-polite *suff.* 「시민·도시」의 뜻.

*****politesse** [polites] *n.f.* ① 예절, 예의(바름), 공손 함(courtoisie). —orientale 동양적인 예절. devoir de—꼭 해야하는 예의. faire une visite de—예의상 방문을 하다. —du cœur (형식적이 아닌) 마음으로부터의 예의[공손함]. formules de—존 대말(s'il vous plaît 따위). ② 인사. échange de—s 서로 인사를 나눔. faire[rendre] une—à qn—에게 인사[답례]를 하다. J'ai reçu de lui beaucoup de—s. 나는 그로부터 여러가지 정중한 대접 을 받았다. ③ 「언어」 pluriel de—경어적 복 수(tu 대신에 vous를 je 대신에 nous를 사용하는 것 따위); conditionnel [imparfait] de—경어적 조 건법 [반과거] (Je veux vous voir. 대신에 Je voudrais vous voir. 를 사용하는 것 따위).

brûler la—à qn—에게 인사도 없이 가버리다; … 에게 바람맞히다.

par— 예의상. dire[faire] qc par—예의상 …이라 고 말하다[…을 하다].

politicailler [politikaje] *v.i.* (구어)정치적 책동을 하다; 정치 모의를 하다.

politicaillerie [politikajri] *n.f.* (저급한)정치적 책 동, (시시한)정치모의.

politicailleur [politikajœːr] *n.m.* (구어)=**politicard**.

politicard(e) [politikaːr, -ard] *n.m.* 정치인. —*a.* 정치적 모의를 일삼는.

politicien(ne) [politisjɛ̃, -ɛn] (보통 경멸) *n.* 정치 인, 정객. —*a.* 정치인다운.

politico- *préf.* 「정치」의 뜻 (예: *politico-social* 정치 사회적. *politico-littéraire* 정치 문학적).

politico-économique [politikoekɔnɔmik] *a.* 정치 경제학상의.

politicologie [politikɔlɔʒi] *n.f.* =**politologie**.

politicomanie [politikɔmani] *n.f.* 정치광.

:politique [politik] *a.* ① 정치적인, 정치상의; 정치 학적인. corps—정치 통일체, 국가. droits—s 공권(公權), 참정권. homme—정치가. pensée—정치(학적) 사상. économie—경제학; 국가의 경 제(↔ économie domestique 가정경제). consultation—정치적 여론청취(선거·국민투표 따위). doctrines—s 정치이론. étude—정치연구. Institut d'Études—s 정치학 연구소. milieux—s 정치 계. parti—정당. ligne—정치노선. position—정치정세. crise—정치적 위기. frontières—s et frontières naturelles 정치적 국경과 자연적 국경. ② 정략적인, 술책에 능한. ③ 능란한, 외교적인.

—*n.f.* ① 정치. rapports de l'économie et de la—경제와 정치의 관계. —prévoyante 선견지명이 있 는 정치. parler—정치를 논하다. se mêler [s'occuper] de la—정치에 관여하다. ② 정책, 정 략. —extérieure 외교. —intérieure 내정(內政). —de restriction 긴축정책. —de coexistence pacifique 평화공존정책. —de neutralité (de nonintervention) 중립(불간섭)정책. —sociale [économique, financière] 사회[경제·재정]정책. ③ 정 치학.

—*n.m.* 정치가, 정략가(homme—).

politique-fiction [politikfiksjɔ̃] *n.f.* 공상 정치소 설(SF 소설의 일종).

politiquement [politikmɑ̃] *ad.* 정치적으로, 정략적 으로; 교묘하게, 교활하게. pays divisé—정치적 으로 분열되어 있는 국가. Il agit—en toutes choses. 그는 무슨 일에서든지 교묘하게 행동한다.

politiquer [politike] *v.i.* (옛·구어)정치를 논하다.

politiqueur(se) [politikœːr, -ɸːz] *n.* (구어)시시한 정치인; 정치에 손대는 사람.

politisation [politizasjɔ̃] *n.f.* 정치성을 띠게 하기, 정치화. —d'une partie du corps enseignant 일부 교수단의 정치화.

politisé(e) [politize] *a.* 정치에 관심을 가진. littérature—*e* 정치화된 문학.

politiser [politize] *v.t.* 정치성을 띠게 하다, 정치화 하다.

politisme [politism] *n.m.* 정치만능주의.

politologie [politɔlɔʒi] *n.f.* 정치학.

politologue [politɔlɔg], **politicologue** [politikɔlɔg] *n.* 정치학자.

polka [polka] *n.f.* ① 《무용》 폴카; 《음악》 폴카 곡. ② (재봉용의)해머. —*a.* pain—마름모꼴의 줄이 있는 빵.

polker [pɔlke] *v.i.* 폴카를 추다.

polkeur(se) [pɔlkœːr, -ɸːz] *n.* 폴카를 추는 사람.

pollakiurie [pɔ(l)lakiyri] *n.f.* 《의학》 빈뇨(증).

pollen [pɔ(l)lɛn] (라틴) *n.m.* ① 《식물》 꽃가루. ② 꿀벌의 먹이(《벌들이 모아둔 꽃가루와 꿀》.

pollicitation [pɔ(l)lisitasjɔ̃] *n.f.* 《법》 아직 상대 방의 승인을 받지 않은 계약.

pollination [pɔ(l)linasjɔ̃] *n.f.* 《식물》 (꽃의 씨방 의)수분(受粉), 가루받이; 수정(受精).

pollinide [pɔ(l)linid], **pollinie** [pɔ(l)lini] *n.f.* 《식 물》 꽃가루 덩이.

pollinifère [pɔ(l)linifɛːr] *a.* 《식물》 꽃가루가 생 기는; 《동물》 꽃가루를 나르는.

pollinique [pɔ(l)linik] *a.* 《식물》 꽃가루의.

pollinisation [pɔ(l)linizasjɔ̃] *n.f.* 《식물》 (꽃의 씨방의)수분(受粉), 가루받이(pollination). —directe 직접(자가)수분. —indirecte 간접(타가) 수분. —artificielle 인공수분. —par le vent 풍매[충매]수분. —par les insectes 풍매[충매]수분.

pollinose [pɔ(l)linoːz] *n.f.* 《의학》 화분증.

pollu(e) [pɔ(l)ly] *a.* 〖옛〗 더럽혀진, 모독된.

polluant(e) [pɔ(l)lɥɑ̃, -ã:t] *a.* (환경을)더럽히는, 오염시키는. usine ~e 환경을 오염시키는 공장. —*n.m.* 오염물질.

pollué(e) [pɔ(l)lɥe] *a.p.* 더럽혀진, 더러운; 오염된, 흐려진. air ~ 오염된 대기. lac ~ par les déchets industriels 산업폐기물로 오염된 호수.

polluer [pɔ(l)lɥe] *v.t.* ① 〖옛·문어〗더럽히다, 흐려 놓다; 모독하다. ② 오염시키다(infecter). Les usines *polluent* les rivières. 공장이 강물을 오염시 킨다. gaz d'échappement qui *polluent* l'atmosphère des villes 도시의 공기를 오염시키는 배기가스. Dans cette région, l'air *est* tellement *pollué* qu'aucun oiseau n'y vit. 이 지방은 어찌나 대기가 오염되어 있는지 어떤 새도 살지 않는다.

pollueur(se) [pɔ(l)lɥœ:r, -ø:z] *a.* (환경을)오염하 는. agents ~s 오염원(源). —*n.* 환경 오염물[자].

pollution [pɔ(l)lysjɔ̃] *n.f.* ① 오염; 공해. ~ atmosphérique 대기 오염. ~ des eaux 물의 오염. ~ radioactive 방사능 오염. ② (신성한 것을)더럽힘, 모독(profanation). ③ (물 따위를)흐려놓기, 더럽 히기. ④ 유정(遺精). ~s nocturnes 몽정(夢精).

Pollux [pɔllyks] *n.pr.m.* 〖그리스신화〗 폴루데우케 스《Zeus 와 Léda의 아들, Castor 와 쌍동이》.

polo [pɔlo] 〖영〗 *n.m.* ① 〖스포츠〗 폴로(영국의 마상 구기(球技)). ② 〖의복〗 폴로샤쓰(chemise ~). ③ 테 없는 둥근 여자 모자.

polochon [pɔlɔʃɔ̃] *n.m.* 〖속어〗긴 베개.

Pologne [pɔlɔɲ] *n.pr.f.* 〖지리〗 폴란드.

polonais(e) [pɔlɔnɛ, -ɛ:z] (<*Pologne*)*a.* 폴란드의. —P~ *n.* 폴란드 사람. être soûl comme un P~ 〖구어〗만취하다. —*n.m.* 폴란드어(語). —*n.f.* ① 〖음악·무용〗 폴란드 무도(곡). ② 〖의복〗 부인 복의 일종; 가장자리 장식이 있는 프록코트.

polonisant(e) [pɔlɔnizã, -ã:t] *n.* 폴란드어 연구가.

polonium [pɔlɔnjɔm] *n.m.* 〖화학〗 폴로늄.

poltron(ne) [pɔltrɔ̃, -ɔn] *a.* 겁많은, 비겁한. —*n.* 겁장이. C'est un ~ révolté. 〖격언〗지렁이도 밟으 면 꿈틀한다.

poltronnement [pɔltrɔnmɑ̃] *ad.* 〖드물게〗벌벌 떨 며; 비겁하게.

poltronnerie [pɔltrɔnri] *n.f.* 겁, 비겁; 비겁한 짓.

poly- *préf.* 「다수」의 뜻 《예: *poly*-carburant (엔진 따 위가)다종 연료 사용의》(↔ mono-, uni-).

polyacide [pɔljasid] 〖화학〗 *n.m.* 다산염(多酸塩). —*a.* 다산염의.

polyadelphe [pɔljadɛlf] *a.* 〖식물〗 다체(多體)수 술의. plantes ~s 다체수술 식물.

polyadelphie [pɔljadɛlfi] *n.f.* 〖식물〗 다체수술.

polyadénite [pɔljadenit] *n.f.* 〖의학〗 다발선염(多發腺炎).

polyalcool [pɔljalkɔl] *n.m.* 〖화학〗 다가(多價)알 코올.

polyamide [pɔljamid] *n.f.* 〖화학〗 폴리아미드.

polyamine [pɔljamin] *n.f.* 〖화학〗 다원자가.

polyandre [pɔljã:dr] *a.* ① 〖인류〗 일처다부의. ② 〖식물〗 수술이 많은.

polyandrie [pɔljãdri] *n.f.* ① 〖인류〗 일처다부(一 妻多夫), 중혼(重婚). ② 〖식물〗 수술이 많음.

polyarchie [pɔljarʃi] *n.f.* 다두정치(多頭政治).

polyatomique [pɔljatɔmik] *a.* 〖화학〗 다원자(多 原子)의.

polybase [pɔliba:z] *n.f.* 〖화학〗 다염기(多塩基).

polybasique [pɔlibazik] *a.* acide ~ 〖화학〗 다염 기산.

polycellulaire [pɔlisɛlylɛ:r] *a.* 다세포의.

polycentrique [pɔlisɑ̃trik] *a.* 〖정치〗 다중심(주 의)의, 복수 지도부를 갖는; 〖건축〗복수의 중심 의.

polycéphale [pɔlisefal] *a.* 다두(多頭)의. 「類」

polychètes [pɔlikɛt] *n.m.pl.* 〖동물〗 다모류(多毛

polychroïque [pɔlikrɔik] *a.* (보는 각도에 따라 변 하는)다색성(多色性)의.

polychroïsme [pɔlikrɔism] *n.m.* (결정(結晶)의)다 색성(多色性).

polychrome [pɔlikro:m] *a.* 다색의, 울긋불긋한.

polychromie [pɔlikrɔmi] *n.f.* ① 다색배합(多色配 合). ② 색채 사진.

polyclinique [pɔliklinik] *n.f.* 종합 병원.

polycondensat [pɔlikɔ̃dɑ̃sa] *n.m.* 〖화학〗중합체.

polycondensation [pɔlikɔ̃dɑ̃sasjɔ̃] *n.f.* 〖화학〗 중축합(重縮合).

polycopie [pɔlikɔpi] *n.f.* 등사, 복사.

polycopié(e) [pɔlikɔpje] *a.p.* 등사된, 복사된. —*n.m.* (강의내용의)프린트, 복사물, 강의록.

polycopier [pɔlikɔpje] *v.t.* 등사하다, 복사하다. encre à ~ 등사용 잉크.

polycotylédone [pɔlikɔtiledɔn], **polycotylédoné(e)** [pɔlikɔtiledone] 〖식물〗 *a.* 다자엽(多子 葉)의. —*n.f.pl.* 다자엽 식물.

polyculture [pɔlikylty:r] *n.f.* (여러 농작물의)동시 재배.

polycyclique [pɔlisiklik] *a.* 〖전기〗 다주파의.

polydactyle [pɔlidaktil] *a.* 〖동물〗 다지(多指) 의. —*n.m.*[*f.*] 다지 동물.

polydactylie [pɔlidaktili] *n.f.* 〖의학〗 다지증(症).

polydipsie [pɔlidipsi] *n.f.* 〖의학〗 (당뇨병 환자 따위의)다갈증(多渴症).

polyèdre [pɔljɛdr] 〖수학〗 *a.* 다면(多面)의. —*n.m.* 다면체.

polyédrique [pɔljedrik] *a.* 〖수학〗 다면체의.

polyène [pɔljɛn] *n.m.* 〖화학〗 폴리엔 (이중결합을 다수 가진 유기화합물).

polyester [pɔljɛstɛ:r] *n.m.* 〖화학〗 폴리에스테르.

polyéthylène [pɔljetilɛn] *n.m.* 〖화학〗 폴리에틸 렌(polythène).

polygala [pɔligala], **polygale** [pɔligal] *n.m.* 〖식 物〗애기풀. 「과(科).

polygal(ac)ées [pɔligal(as)e] *n.f.pl.* 〖식물〗 원지

polygame [pɔligam] *a.* ① 일부다처의, 일처다부 의. ② 〖식물〗 암수혼주의. —*n.* 다처의 남자; 다부의 여자(↔ monogame).

polygamie [pɔligami] *n.f.* ① 일부다처; 일처다부. ② 〖식물〗 암수혼주.

polygénisme [pɔliʒenism] *n.m.* 〖인류〗 인류 다 원론(多元論). 「가(증).

polygéniste [pɔliʒenist] *a.* 인류 다원론의. —*n.* 인 류 다원론 주창자.

polyglobulie [pɔliglɔbyli] *n.f.* 〖의학〗 적혈구 증

polyglotte [pɔliglɔt] *a.* 몇개 국어로 쓴; 몇개 국어 에 통한. dictionnaire ~ 여러 나라 국어 대역 사 전. interprète ~ 여러 나라 국어에 능통한 통역. —*n.m.* 몇 개 국어에 능통한 사람. —*n.f.* 몇 개 국어 로 쓴 책 (성서 따위).

polygon(ac)ées [pɔligɔn(as)e] *n.f.pl.* 〖식물〗 여 뀌과(科).

polygonal(ale, *pl.* **aux)** [pɔligɔnal, -o] *a.* 〖수학〗 다각형의. terrain ~ 〖軍〗 terrain de forme ~*ale* 다각형 의 땅. pyramide ~ (저변이)다각형 피라미드.

polygonation [pɔligɔnasjɔ̃] *n.f.* 다각 측량.

polygone [pɔligɔn] *n.m.* ① 〖수학〗 다각형, 다변 형. ~ régulier 정각각형. côtés (sommets, diagonales) d'un ~ 다각형의 변(정점·대각선). centre (rayon, apothème) d'un ~ 다각형의 중 심(반경·원심거리). ② 〖군사〗 포병 사격 연습 장. ③ ~ de forces 〖물리〗 힘의 다각형.

—a. 【수학】 다각형의(polygonal).
polygraphe [poligraf] *n.* 다작가(多作家); (보통 경멸) 다방면의 작가. **—n.m.** 등사판, 복사기.
polygraphie [poligrafi] *n.f.* ① 다방면의(저술을 한) 작가의 전 작품. ② (도서관의) 잡다한 서적의 진열장.
polygraphique [poligrafik] *a.* (작가의 일이) 다방면에 걸치는; 출판업에 관한.
polygraphisme [poligrafism] *n.m.* 다방면의 주제 취급.
polylobé(e) [polilobe] *a.* 《드물게》 【건축】 다변장식의.
polymathie [polimati] *n.f.* 박식, 다재(多才).
polymathique [polimatik] *a.* 박식 (다재)의.
polymère [polimɛːr] *a.* 【화학】 중합체의. **—n.m.** 중합체.
polymérie [polimeri] *n.f.* 【화학】 중합.
polymérisable [polimerizabl] *a.* 【화학】 중합가능의.
polymérisation [polimerizɑsjɔ̃] *n.f.* 【화학】 중합.
polymériser [polimerize] *v.t.* 【화학】 중합하다.
polymorphe [polimɔrf] *a.* 【생물·화학】 다형(多形)의, 다형 물질의; (결정(結晶)의) 동질이상(同質異像)의.
polymorphique [polimɔrfi] *n.f.* 【생물·화학】 다형현상(多形現象); (결정(結晶)의) 동질이상(同質異像); 【철학】 다형.
polymorphisme [polimɔrfism] *n.m.* =**polymorphie**.
Polynésie [polinezi] *n.pr.f.* 【지리】 폴리네시아. ~ française 프랑스령 폴리네시아.
polynésien(ne) [polinezjɛ̃, -ɛn] *a.* 폴리네시아의. **—P~** *n.* 폴리네시아 사람.
polynévrite [polinevrit] *n.f.* 【의학】 다발성 신경염.
polynôme [polinoːm] *n.m.* 【수학】 다항식.
polynucléaire [polinykleɛːr] *a.* 【생물】 다핵(多核)의. leucocytes ~s 다핵 백혈구. **—n.m.** 다핵 백혈구.
polyol [poljɔl] *n.m.* =**polyalcool**.
polyoside [poliozid] *n.m.* 【화학】 다당류.
polype [polip] *n.m.* ① 【동물】 폴립(히드라충류의 무성 생식시대의 한 형태). ② 【의학】 용종(茸腫). ~ nasal 비용종(鼻茸腫).
polypeptide [polipɛptid] *n.m.* 【생화학】 폴리펩티드(아미노산의 다중 결합물).
polypétale [polipetal] *a.* 【식물】 다판(多瓣)의.
polypeux(se) [polipø, -øːz] *a.* 【동물】 폴립 비슷한; 【의학】 용종(茸腫)의.
polyphage [polifaːʒ] *a.* ① 【의학】 다식증의; 폭식의. ② 【동물】 잡식성의.
polyphagie [polifaʒi] *n.f.* ① 【의학】 다식증(多食症); 폭식. ② 【동물】 잡식성(雜食性).
polyphasé(e) [polifaze] *a.* 【전기】 다상(多相)의. moteur ~ 다상 전동기. courant ~ 다상 전류.
Polyphème [polifɛm] *n.pr.m.* 【그리스신화】 폴리페모스(식인종 큐크로페스의 추장, 외눈의 거인).
polyphone [polifɔn] *a.* ① 【언어】 다음(多音)의. ② 【물리】 같은 음을 되풀이하는. écho ~ 대중 반향(écho multiple).
polyphonie [polifɔni] *n.f.* ① 【언어】 다음(多音), 중음(重音). ② 【음악】 폴리포니, 다음 음악, 대위법.
polyphonique [polifɔnik] *a.* 다음의, 중음의; 다성(多聲)의. pièce ~ vocale 다성곡.
polypier [polipje] *n.m.* 【동물】 폴립(polype)의 군생체(群生體).
polyploïde [poliplɔid] *a.* 【생물】 다배수(多倍數) 염색체를 가진.

polyploïdie [poliplɔidi] *n.f.* 【생물】 염색체의 배수성.
polypnée [polipne] *n.f.* 【생리】 다호흡(多呼吸).
polypode [polipɔd] *n.m.* 【식물】 일엽초.
polypoïde [polipɔid] *a.* 【동물】 폴립 모양의.
polypore [polipɔːr] *n.m.* 【식물】 원숭이의자(버섯의 일종).
polyptère [poliptɛːr] *n.m.* 【동물】 (아프리카의 강물의) 경린어류(硬鱗魚類).
polyptyque [poliptik] *a.* 【고대로마】 비망록판(板)의. **—n.m.** ① 【미술】 (성단 뒤의 세폭 이상으로 된) 장식 병풍. ② 【고대로마】 비망록판; 대장(臺帳).
polysaccharide [polisakarid] *n.m.* 【화학】 다당류(多糖類).
polysarcie [polisarsi] *n.f.* 【의학】 비만증.
polysémie [polisemi] *n.f.* 【언어】 다의성(多義性) (↔ monosémie).
polysémique [polisemik] *a.* 여러 뜻이 있는, 다의의. mot ~ 다의어.
polysépale [polisepal] *a.* 【식물】 꽃받침이 많은.
polysoc [polisɔk] *n.m.* 【농업】 복식 쟁기.
polysperme [polispɛrm] *a.* 【식물】 씨 많은.
polystyle [polistil] *a.* 【건축】 (사원 따위가) 다주식(多柱式)의.
polystyrène [polistirɛn], **polystyrol** [polistirɔl], **polystyrolène** [polistirɔlɛn] *n.m.* 【화학】 폴리스틸렌, 스티로수지(냉장고 따위의 절연체로 사용되는).
polystyrolénique [polistirɔlenik] *a.* 【화학】 폴리스틸렌의, 스티로수지(樹脂)의.
polysulfure [polisylfyːr] *n.m.* 【화학】 다황화물(多黃化物).
polysyllabe [polisi(l)lab] 【언어】 *a.* 다음절의, 다철의. **—n.m.** 다음절어, 다철어.
polysyllabique [polisi(l)labik] *a.* 【언어】 다음절의, 다철의.
polysyllogisme [polisi(l)lɔʒism] *n.m.* 【논리】 연결추리, 복합적 3단논법(syllogisme combiné).
polysyndète [polisɛ̃dɛt] *n.f.* 【수사학】 접속사의 반복.
polysynodie [polisinɔdi] *n.f.* 【프랑스사】 다원합의제(合議制).
polysynthétique [polisɛ̃tetik] *a.* 【언어】 포합적(抱合的)인. langue ~ 포합어.
polysynthétisme [polisɛ̃tetism] *n.m.* 【언어】 포합, 집합(輯合).
polytechnicien(ne) [politɛknisjɛ̃, -ɛn] *n.* (파리의) 이공과대학의 학생(졸업생).
polytechnique [politɛknik] *a.* 여러 가지 기술(공예)의. ② 이공과대학의. École ~ 파리 이공과대학. **—P~** *n.f.* = École ~.
polyterpène [politɛrpɛn] *n.m.* 【화학】 폴리테르펜(탄소의 수가 20개 이상 있는 테르펜).
polythéisme [politeism] *n.m.* 【종교】 다신교(多神敎) (↔ monothéisme).
polythéiste [politeist] *a.* 다신교의. **—n.** 다신교도.
polythéistique [politeistik] *a.* 다신교의.
polythène [politɛn] *n.m.* =**polyéthylène**.
polytherme [politɛrm] *n.m.* 냉동선.
polytonal(ale, *pl.* **aux)** [politɔnal, -o] *a.* 【음악】 다조성(多調性)의.
polytraumatisé(e) [politomatize] *a., n.* 【의학】 신체 각처에 상처입은(사람). blessés ~s 온 몸에 상처입은 부상자.
polytric [politrik] *n.m.* 【식물】 솔이끼속(屬).
polytype [politip] *a.* 《옛》 연판 인쇄의.

polytyper [pɔlitipe] *v.t.* 《옛》연판으로 하다.
polytypie [pɔlitipi] *n.f.* 스테오, 연판(鉛版). 「탄.
polyuréthane [pɔliyretan] *n.m.* 《화학》 폴리우레
polyurie [pɔliyri] *n.f.* 《의학》 다뇨증(多尿症).
polyurique [pɔliyrik] *a.* 《의학》 다뇨증의.
polyvalence [pɔlivalɑ̃:s] *n.f.* ① 다면성, 다기능.
② 《화학》 다가(多價); 《논리》 다치(多値).
polyvalent(e) [pɔlivalɑ̃, -ɑ̃:t] *a.* ①《화학》 다가
의;《의학》여러 종류의 박테리아에 대해 유효한.
② 《논리》 다치의; 여러 뜻의, 다의의(polysémi-
que). mot ~ 다의어. ③여러 기능의. professeur
~ 여러 과목을 가르치는 교수(교사). brigade ~e
탈세조사반(3인으로 구성되어서 직접세·간접세·
등기세 따위의 다방면에 권한을 갖는). inspecteur
~ (여러 관청의)겸임 감독관. ④ 《컴퓨터》 다목
적의, 다용도의. calculateur ~ 다목적 컴퓨터.
programme ~ 다용도 프로그램.
—*n.m.* 《세무》 탈세조사원; 《학교》여러 과목
겸임교사.
polyvinyle [pɔlivinil] *n.m.* 《화학》 폴리비닐.
pomacé [pɔmase] *a.* 사과류(모양)의.
pomacées [pɔmase] *n.f.pl.* 《식물》사과류(類).
pomaison [pɔmɛzɔ̃] *n.f.* 《원예》양배추가 둥그렇
게 되는 계절.
pomélo, pomelo [pɔmelo] 《미영》 《식물》왕
귤나무, 왕귤(pamplemousse).
pomérium [pɔmerjɔm] *n.m.* =**pomœrium**.
pomi- *préf.* 「과일」의 뜻.
pomiculteur [pɔmikyltœ:r] *n.m.* 과수 재배자.
pomiculture [pɔmikylty:r] *n.f.* 과수 재배.
pommade [pɔmad] *n.f.* ① 포마드, (피부용)크림.
~ pour les lèvres 입술용 크림. ② 연고(軟膏).
~ à la pénicilline 페니실린 연고. ~ mercurielle 수
은 연고. ③《속어》아첨, 추종. passer de la ~ à *qn*
…에게 아부[아첨]하다.
pommader [pɔmade] *v.t.* ① (머리에)포마드를 바
르다. ~ ses cheveux 머리에 포마드를 바르다. ②
(에)연고를 바르다.
—**se**— *v.pr.* (자기 머리에)포마드를 바르다; (자
기 몸에)연고를 바르다.
pommadin [pɔmadɛ̃] *n.m.* 《속어》① 멋장이. ② 이
발소의 조수. ③ 만취한 술꾼.
pommard [pɔma:r] *n.m.* (부르고뉴산의)적포도주
의 일종.
‡**pomme** [pɔm] *n.f.* ① 사과. ~ golden 골덴사과. ~s
à cuire (잼을 만들기 위한)사과. ~ à couteau 생
으로 먹는 사과, 디저트로 먹는 사과. ~s à cidre
사과주용 사과. craquer une ~ 사과를 씹어서 먹다.
②《구어》머리, 얼굴. ma ~ 나 자신. sa ~ 그 자
신. Ce n'est pas pour ta ~. 이것은 네게 주는 것이
아니다. se sucer la ~ 서로 키스하다(s'embrasser).
③ 사과처럼 생긴것, 구형(침대·단장 따위의 둥근
대가리·꼭지 따위). canne à ~ d'or 둥근 금손잡이
가 달린 지팡이. ~ d'arrosoir 물 뿌리개의 둥근 꼭
지. ~ de chou 양배추의 결구(結球). ~ d'Adam
《해부》결후(結喉). ~ d'amour 《옛》토마토. ~
de pin 솔방울. ~ épineuse 《식물》 회독말풀.
④ 《해양》마스트의 둥근 꼭지; 다이아몬드노
트(밧줄 매듭의 일종).
⑤ 감자(~ de terre). ~s frites 프라이포테이토,
프렌치포테이토. bifteck(steak) aux ~s (frites)
(기름에 튀긴)감자가 따르는 비프스테이크(프랑스의
이 즐겨먹는 요리). ~s de terre sautées 버터로 튀
긴 감자. purée de ~s de terre 매시드포테이토(설
탕·버터·우유 따위를 넣으 으깬 감자 요리).
aux ~*s* 특숙의, 최고급의.
être aux ~*s* 《속어》편히 지내다, 즐겁다.

grand〔*haut*〕 *comme trois* ~*s* 아주 작은.
rond comme une ~ 둥그런.
tomber dans les ~*s* 《구어》실신[기절]하다.
pommé(e) [pɔme] *a.p.* ① 사과 모양의. chou ~ 속
이 찬 양배추. ②《속어》더할 나위 없는, 순전한,
완벽한(complet). sottise ~*e* 《속어》순전한 바보
짓. —*n.* ①《구어》터무니없는 녀석, 엉터리. En
voilà des ~*s*! 터무니없는 녀석들이다. ② (*n.m.*)
《요리》애플파이.
pommeau [pɔmo] (*pl.* ~***x***) *n.m.* ① (칼·지팡이·우
산 따위의)둥그스름한 끝, 두구(頭球). ② (말의)
안장머리.
*****pomme de terre** [pɔmdətɛr] (*pl.* ~**s** ~ ~) *n.f.* 감
자. éplucher 〔s~~〕 감자의 껍질을 벗기다.
champ de ~*s* ~ ~ 감자밭.
pommelé(e) [pɔmle] *a.p.* 회색과 백색이 섞인. che-
val gris(-) ~ 회색 또는 백색의 둥근 얼룩점이 있
는 말. ciel ~ 양떼구름이 낀 하늘.
pommeler (se) [s(ə)pɔmle] [5] *v.pr.* ① 양떼 구름
이 끼다. ② (말)회색·백색의 얼룩점이 있다. ③
(과일·배추 따위가)결구하다, 둥그레지다.
pomme-liane [pɔmljan] (*pl.* ~**s**-~**s**) *n.f.* 《식물》
꽃시계덩굴(그 열매).
pommelle [pɔmɛl] *n.f.* 스토레너(수도관이 막히는
것을 방지하기 위한 철망).
pommer [pɔme] *v.i.* (양배추가)결구하다.
pommeraie [pɔmrɛ] *n.f.* 《드물게》사과밭.
pommette [pɔmɛt] *n.f.* ① 광대뼈. ② (금속·목재
의)장식용 두구(頭球), 사과 모양의 장식.
*****pommier** [pɔmje] *n.m.* ① 사과나무. ~ sauvage 야
생의 사과나무. ~ commun 과일용 사과. ~ à
cidre 사과주용 사과. ~ d'amour 《식물》옥산호.
② 《요리》사과 굽는 도구.
pomo- *préf.* 「과일」의 뜻.
pomoculture [pɔmokylty:r] *n.f.* 씨 있는 과수 재배.
pomœrium [pɔmerjɔm] *n.m.* 《옛》로마의 도시 성벽
주위의 빈터.
pomologie [pɔmolɔʒi] *n.f.* 과수 재배법; 과실학.
pomologique [pɔmolɔʒik] *a.* 과수 재배법의; 과실
학의.
pomologiste [pɔmolɔʒist], **pomologue** [pɔmo-
lɔɡ] *n.* 과수 재배자; 과실학자.
Pomone [pɔmɔn] *n.pr.f.* 《로마신화》포모나(과수
의 여신).
pompadour [pɔ̃padu:r] *a.* 《불변》퐁파두르부인(루
이 15세의 애첩)이 유행시킨 양식의.
—*n.m.* ① (위)의 가구·장식. ② 나뭇잎과 꽃다발
장식이 붙은 평직(리본).
pompage [pɔ̃pa:ʒ] *n.m.* (물 따위)펌프로 퍼올리
기; 양수, 배수; (진공장치에 의한)배기.
pompe¹ [pɔ̃:p] *n.f.* 《옛·문어》① 화려, 장려(壯麗).
en grande ~ 호화 찬란하게. ~ d'un tournoi 기마
시합의 화려함. aimer l'éclat et la ~ 화려한 것을
즐기다. ② 호사, 사치. renoncer au monde et à
ses ~*s* 속세의 허영을 버리다. vaine ~ du style 내
용이 없는 장엄한 문체. ③ 성대한 예식, 화려한 행
렬. ~*s triomphales* 장려한 성대한 의식. ~*s
funèbres* 장례(식). ordonnateur des ~*s funèbres*
장의식을 주관하는 사람.
*****pompe²** *n.f.* ① 펌프. eau de ~ 펌프 물. ~ à hélice
프로펠러펌프. ~ à piston 피스톤펌프. ~ aspi-
rante 빨펌프. ~ centrifuge 원심펌프. bateau ~ 소
방정. ~ à essence 연료용 【유】펌프. ~ à
bicyclette 자전거에 바람넣는 펌프. ~ à feu, ~ à
d'〕 incendie 소방펌프. ~ à bière 생맥주 퍼
내는 펌프. bière à la ~ 생맥주. Château-la-P~
《구어》물. épuiser l'eau à la ~ 펌프로 물을 퍼내다. ~ de

pompé(e)

mer 〖기상〗(회오리바람이 바닷물을 솟구쳐 올리는)물기둥. La ~ est prise〖chargée〗. 펌프가 물을 빨아올리기 시작한다. ② (pl.)소방대. ③ 〖음악〗(트롬본의)슬라이드. ~ d'accord 정조(整調) 슬라이드. ④ (pl.)〖속어〗단화(短靴). ⑤ serrure à ~ 브라마 자물쇠.
à toute ~〖구어〗전속력으로.
avoir le coup de ~〖속어〗갑자기 피곤을 느끼다[맥이 빠지다].
pompé(e) [pɔ̃pe] a.p. 지쳐빠진, 기진맥진한.
pompéien(ne)¹ [pɔ̃pejɛ̃, -ɛn] a. 폼페이(Pompéi, 이탈리아 남부의 옛 도시)의. **—P~** n. 폼페이 사람.
pompéien(ne)² 〖로마사〗a. 폼페이우스(Pompée, 로마의 장군)파의. **—P~** n. 폼페이우스파 사람(군인).
pomper [pɔ̃pe] v.t. ① (펌프로)퍼내다, 빨아올리다〔내다〕; (목적어 보어 없이)펌프질하다. ~ l'air avec une machine pneumatique 공기펌프로 공기를 빨아내다. ~ l'eau d'une cale 배 밑바닥에 고인 물을 펌프로 빨아올리다. ~ toute la nuit pour vider les caves 지하창고의 물을 퍼내기 위해 밤새껏 펌프를 가동시키다. ② (물을)증발시키다, 고갈시키다. ③〖속어〗(남의 돈·재산을)울아내다, 빨아먹다(soutirer). ~ les économies de qn …의 저축한 돈을 울아내다. ④〖속어〗기진맥진하게 하다. Ce travail l'a pompé. 그 일로 그는 기진맥진해졌다. ⑤〖속어〗마시다(boire). ~ une bouteille de vin 포도주 한 병을 마셔버리다. ⑥ (주어는 사물)(물기 따위를)빨아들이다. Le soleil pompe les flaques. 태양이 웅덩이의 물을 말린다. Ce linge a pompé l'humidité. 이 린네르는 습기를 빨아들였다.
—v.i. ① (기계가)불규칙하게 움직이다, 덜거덕거리다. ②〖구어〗〖학교〗(시험 전에)맹렬히 공부하다.
pompette [pɔ̃pɛt] a. 〖구어〗얼근히 취한.
pompeur(se)¹ [pɔ̃pœːr, -øːz] n. (유전 따위의)펌프 담당.
pompeusement [pɔ̃pøzmɑ̃] ad. 성대하게, 화려하게; 허식만 차려, 과장해서. réciter ~ des vers de sa façon 장엄하게 자작시를 낭송하다.
pompeux(se)² [pɔ̃pø, -øːz] a. 장중한, 화려한; 성대한, 호화로운(magnifique, somptueux). **—se** cérémonie 화려〔성대〕한 식전. éloge ~ 장중한 찬사.
—n.m. ① 화려한 것, 성대한 것. ② 허식적인 것, 과장되인 것.
*pompier¹ [pɔ̃pje] n.m. ① 소방수. voiture de ~s 소방차. ~s de service (극장·영화관 따위의)출장 소방관. ② 펌프 제조업자(판매자). ③ 술고래.
pompier²(ère) [pɔ̃pje, -ɛːr] n. ①〖미술·문학〗(낡은 방법을 고수하는)공식주의자. ②〖의복〗마춤옷의 끝마무리 직공. **—a.** 진부한, 과장된, 태를 부리는.
pompiérisme [pɔ̃pjerism] n.m. 〖구어〗〖미술·문학〗
pompiste [pɔ̃pist] n. ① (가솔린 스탠드의)급유자(給油者). ② (유조선(油槽船)의)펌프 담당 선원.
pompon [pɔ̃pɔ̃] n.m. ① (군모 앞에 쓰는)깃장식. ② (명주·털실 따위의)술. béret à ~ rouge 빨간 술이 달려있는 수병모. ③ 화장용 브러시, 퍼프. ④ rose ~ 〖식물〗작은 꽃이 피는 장미의 일종.
avoir〔tenir〕le ~ (좋은 점이나 나쁜 점을 막론하고)단연 뛰어나다, 가장 심하다. On dit que c'est Jean le plus bête de la classe; mais c'est Henri qui tient le ~. 반에서 제일 바보는 장이라고 하지만 앙리까지도 더층을 부리고 있다.
avoir son ~〖속어〗얼근히 취하다, 거나하다.
À vous le ~!〖종종 비꼼〗네가 이겼다. Pour raconter des histoires, à lui le ~. 이야기를 멋지게 하는데 있어서는 그에게 당할 자가 없다.
pomponné(e) [pɔ̃pɔne] a.p. 한껏 모양을 낸.
pomponner [pɔ̃pɔne] v.t. 술로 장식하다; 〖구어〗(보통 수동형으로)야하게 꾸미다. ~ sa fille 딸을 예쁘게 꾸미다. ~ son style 문체를 장식하다.
—se v.pr. 〖구어〗(야하게)치장하다. se ~ devant le miroir 거울 앞에서 치장을 하다.
ponant [pɔnɑ̃] n.m. 〖옛·문어〗① 〖고대지리〗(levant에 대한)서쪽 여러 나라. ② (P~) (지중해에 대한)대서양. côtes du P~ 대서양연안. ③ (지중해의)서풍(西風).
ponantais(e) [pɔnɑ̃tɛ, -ɛːz] a. 〖옛·문어〗서쪽의, 서방의. **—** n. 서쪽 나라 사람, 서방인. **—** n.m. 〖옛〗대서양의 선원.
ponçage [pɔ̃saːʒ] n.m. 속돌로 닦기; 색분(色粉) 주머니로 비비기. **—** du bois〔de la pierre〕나무〔돌〕에 광택내기.
ponce [pɔ̃s] n.f. ① 속돌, 경석(輕石)(pierre ~). ② 〖도안〗색분, 색분 주머니. ③ 등사잉크.
ponceau¹ [pɔ̃so] (pl. **—x**) n.m. 〖토목·철도〗작은 다리.
ponceau² (pl. **—x**) n.m. ① 〖식물〗개양귀비. ② 분홍; 진홍색 염료. **—a.** (불변) 분홍색의; 진홍색의. rubans ~ 진홍색의 리본.
poncelet [pɔ̃slɛ] n.m. 〖물리〗일률의 단위.
poncer [pɔ̃se] ② v.t. ① 속돌로 닦다, 사포(砂布)로 닦다. ~ du marbre 속돌로 대리석을 닦다. ② (헝겊에)잉크로 마크하다. ③ 〖도안〗색분(色粉)을 묻히고 형을 뜨다; 색분 주머니로 비비다. tampon à ~ 색분 주머니.
ponceux(se) [pɔ̃sø, -øːz] a. 경석질(輕石質)의.
poncho [pɔ̃tʃo] 〖에스파냐〗n.m. 〖의복〗(남미의)간편한 망토.
poncif(ve) [pɔ̃sif, -iːv] n.m. ① 평범한〔창의성 없는〕작품; 상투어(cliché); 평범하고 시시한 말[이야기](lieux communs). ~s académiques 아카데믹한 상투적인 표현. ~s romantiques 낭만파 특유의 상투적인 표현. ② (색분 주머니를 문질러)그림을 전사(轉寫)하는 투명한 종이; (위)의 그림.
—a. 〖드물게〗〖미술·문학〗평범한, 창의성 없는. comédies ~(s) 평범한 희극.
poncire [pɔ̃siːr] n.m. 향기로운 레몬의 일종.
poncis [pɔ̃si] n.m. 〖아금〗주조물이 붙지 않게 거푸집 안쪽에 바르는 가루. ② =poncif.
ponction [pɔ̃ksjɔ̃] n.f. ① 〖의학〗천자법(穿刺法). ~ lombaire 요부천자. ② (급료 따위의)미리 뗌, 공제(prélèvement). faire une ~ importante sur le salaire 월급에서 막대한 돈을 미리 공제하다.
ponctionner [pɔ̃ksjɔne] v.t. 〖의학〗천자하다. ~ un épanchement pleural 늑막에 괸 물을 빼내다.
ponctualité [pɔ̃ktyalite] n.f. (의무 이행에) 어김없음, 시간 엄수. ~ d'un employé 고용인의 꼼꼼함.
ponctuation [pɔ̃ktɥasjɔ̃] n.f. 〖언어〗구두점, 구두법. signes de ~ 구두점(point(.), point-virgule(;) virgule(,), deux points(:), point d'interrogation(?), point d'exclamation(!), points de suspension(…) 따위). ② 〖식물〗점무늬. ③ 〖음악〗쉼표, 호흡표.
ponctué(e) [pɔ̃ktɥe] a.p. ① 구두점이 찍힌. ② 점들을 연결한. ligne ~e 점선. ③ 반점이 있는.
ponctuel(le) [pɔ̃ktɥɛl] a 〖낡〗시간을 잘 지키는, 정확한, 꼼꼼한, 어김없는; 엄수하는. Pierre est à son rendez-vous. 피에르는 약속 시간을 잘 지킨다. ~ employé〔étudiant〕 어김없는 종업원〔대학생〕. ~ en tout 모든 일에 꼼꼼하다. à remplir ses devoirs 의무를 어김없이 이행하는. ② 바늘 끝과

이 가느다란. ③ 〖언어〗 점관적(點括的)인 《동작을 발전의 일정에서 포착하는 아스펙트》. ④ 점으로 볼 수 있는. source de lumière ~le 〖물리〗 점광원. objectif ~ 〖군사〗점목표. ⑤ 한 점에 있어서의, 국한된《↔général》. observer qc de façon ~le 어느 한 점에 국한하여 관찰하다.

ponctuellement [pɔ̃ktɥɛlmɑ̃] *ad.* 어김없이, 정확하게. assister ~ à tous les cours (학생이)어김없이 이 모든 강의에 출석하다. se lever à sept heures ~ 정확하게 7시에 일어나다. payer ~ 기일 안에 어김없이 지불하다.

ponctuer [pɔ̃ktɥe] *v.t.* ① (에)구두점을 찍다. ~ une lettre 편지에 성확하게 구두점을 찍다. ② [~ de] (몸짓 따위로 말의)사이를 떼다. ~ ses phrases *de* soupirs 말끝마다 한숨을 짓다. ③ [~ de] (로)치장을 이루게 하다, 장식하다《點色》시키다. ~ *de* paillettes une robe noire 검은 드레스를 스팽글로 장식하다. ④ 〖음악〗(에)쉼표를 하다.

pondage [pɔ̃daːʒ] *n.m.* 〖옛〗(영국에서 징수하던)선세(poundage).

pondaison [pɔ̃dɛzɔ̃] *n.f.* 산란; 산란기.

pondérable [pɔ̃derabl] *a.* 무게를 달 수 있는. Les gaz sont ~s. 기체는 무게를 잴 수가 있다.

pondéral(ale, *pl.* **aux)** [pɔ̃deral, -o] *a.* 무게의. analyse ~e 중량분석.

pondérateur(trice) [pɔ̃deratœːr, -tris] *a.* 〖문어〗① 균형을 유지하게 하는. éléments ~s du marché 시장의 안정요소. ② 지나치지 않게 하는.

pondération [pɔ̃derasjɔ̃] *n.f.* ① 〖물리〗(무게·힘의)균형, 평형(équilibre). ② 〖미술·문학〗균제(均齊). ③ 침착(prudence); 온건(modération); (사회적·정치적)힘의 균형. agir avec ~ 신중하게 행동하다.

pondéré(e) [pɔ̃dere] *a.p.* ① (마음의)균형이 잡힌. avoir des vues ~es sur qc …에 관하여 균형잡힌 시각을 갖다. ② (성격이)침착한, 온건한.

pondérer [pɔ̃dere] [6] *v.t.* 균형잡히게 하다(équilibrer, balancer). ~ les masses dans une composition 어느 구도속에서 색채 따위의 주요 구성 요소를 조화시키다.

—se ~ *v.pr.* 균형이 잡히다(s'équilibrer).

pondéreux(se) [pɔ̃derø, -øːz] *a.* 〖해양〗중량이 있는 화물(의). flotte des ~ 중량의 화물을 실은 선단.

pondeur(se) [pɔ̃dœːr, -øːz] *a.* ① (새가)알을 많이 낳는. poule ~*se* 알을 많이 낳는 암탉. ② 〖구어〗다산(多産)의, 다작(多作)의.
—*n.f.* ① 알을 많이 낳는 새. bonne ~*se* 알을 많이 낳는 닭. ② 〖구어〗다산하는 여자. ~*se* d'enfants 아이를 많이 낳는 여자.
—*n.m.* ③ 〖경멸〗남작가(濫作家).

pondoir [pɔ̃dwaːr] *n.m.* ① 산란상(産卵場), 알을 낳는 둥우리〖상자〗. ② 〖곤충〗산란관(管).

pondre [pɔ̃ːdr] [25] *v.t.* ① 알(의 한 알)을 낳다《새·벌레 따위가 알을》낳다. La poule *a pondu* un œuf. 닭이 알을 낳았다, 산란하였다. ② (목적보어 없이) La tortue *pond* dans le sable. 거북이 모래 속에 알을 낳는다. ③ 〖속어〗(사람이)해산하다. ~ un enfant 아기를 낳다. ④ 〖구어〗(작품 따위를)써내다, 애써 만들어내다. Ce journaliste *pond* un article tous les jours. 이 신문기자는 매일 기사 하나씩을 만들어낸다. —*v.i.* 알을 낳다.

pondu(e) [pɔ̃dy] *a.p.* 낳아진. œuf frais ~ 갓 낳은 달걀.

ponet(te) [pɔnɛ, -ɛt] *n.* =**poney**.

poney [pɔnɛ] 〖영〗*n.m.* 조랑말.

pongé(e) [pɔ̃ʒe] *n.m.* 〖직물〗타프타의 일종.

pongiste [pɔ̃ʒist] *n.* 탁구〖핑퐁〗경기자(선수).

pongitif(ve) [pɔ̃ʒitif, -iːv] *a.* 〖의학〗(아픔이)찌르는 듯한. douleur ~*ve* 찌르는 듯한 통증.

pongo [pɔ̃go] *n.m.* 〖동물〗성성이, 오랑우탄.

ponogène [pɔnɔʒɛn] *n.m.* 〖생리〗피로소(疲勞素).

ponot(te) [pɔno, -ɔt] *a.* 르퓌(*Le Puy*, 프랑스의 도시)의. **—P~** *n.* 르퓌 사람.

†pont [pɔ̃] *n.m.* ① 다리. ~ pour piéton 보도교. ~ de bateaux 선교(船橋). ~ de chemin de fer 철교. ~ suspendu 적교(吊橋). ~ en béton[en bois, en pierre] 콘크리트[나무·돌] 다리. ~ voûte[en arc, à arches] 아치교. ~ de Varole[de Varoli]〖해부〗바롤리오시 다리. jeter[lancer] un ~ sur une rivière 강에 다리를 가설하다, 가교하다. franchir [passer, traverser] un ~ 다리를 건너다. servir de ~ entre A et B, A—B 간의 교량역할을 하다. ~ volant〖옛〗(센 강의 나룻배를 인도하는)밧줄다리; 〖해양〗(배와 배 사이의)적교(吊橋). sur ~〖상업〗(상품의)선적 인도.
② 〖해양〗갑판, 덱. faux ~ (군함 따위의)맨 아래 갑판. homme du ~ 상갑판의 선원. ~ supérieur 상갑판. ~ inférieur 하갑판. ~ principal 주갑판. navire à deux ~s 2층갑판의 배. Tout le monde sur le ~! 전원 갑판에 집합(명령).
③ (다리 모양의)대(臺), 장치; 부속물. ~ arrière〖자동차〗뒤 차축(車軸)과 그 부속물. ~ élévateur (차체를 들어올리는)자동차 정비 장치. ~ roulant 이동 기중기.
④ 〖전기〗브리지. montage en ~ 브리지 코넥션.
⑤ 〖기계〗동축(動軸).
⑥ 〖의복〗(바지의)자락. culotte à ~ 천을 앞으로 드리운 반바지.
⑦ 〖카드놀이〗카드를 끊기 전에 한 장을 활 모양으로 하여놓는 속임수.
⑧ les ~s et chaussées [pɔ̃zeʃose] 토목(과·국).
⑨ ~ aérien 공중수송(보급).

couper dans le ~ 〖속어〗속임수에 넘어가다.
couper les ~s 〖구어〗배수진을 치다; 절교하다.
faire le ~ 〖구어〗휴일과 휴일 사이의 날도 쉬어버리다.
faire le ~ *à qn*〖구어〗…을 도와주다, 편의를 봐주다.
faire un ~ *d'or à qn*…에게 어떤 특수임무를 수행케 하기 위한 돈을 주다.
Il passera encore beaucoup d'eau sous les ~s *avant que…* …까지에는 많은 세월이 흐를 것이다.
jour de ~〖구어〗일요일과 휴일 사이에 낀 휴일.
~ *aux ânes*〖구어〗피타고라스 정리의 증명, 누구나 할 수 있는 쉬운 문제. C'est le ~ *aux ânes*. 그것은 누구나 다 아는 사실이다.

pontage [pɔ̃taːʒ] *n.m.* ① 가교(架橋). matériel de ~ 가교용 자재. manœuvre de ~〖군사〗가교연습. ② 〖해양〗갑판가설. ③ 〖의학〗끊어진 혈관(동맥)을 다시 잇기.

pont-aqueduc [pɔ̃akdyk] (*pl.* ~s-~) *n.m.* 수도교(水道橋).

pont-boîte [pɔ̃bwat] (*pl.* ~s-~s) *n.m.* 〖자동차〗변속 매커니즘 상자.

ponte[1] [pɔ̃ːt] *n.f.* 산란; 산란기; 산란수(數). ~ ovarienne[ovulaire] 배란(ovulation).

ponte[2] [pɔ̃ːt] *n.m.* ① 룰렛이나 바카라에서 돈을 거는 사람. ② 〖구어〗(학문·대학 따위의)대가, 실력자.

ponté(e) [pɔ̃te] *a.p.* 〖해양〗갑판이 있는. *non* ~ 무개(無蓋)의.

pontée[2] *n.f.* ① 〖해양·상업〗갑판에 짐을 쌓기. ② 〖군사〗가교(架橋) 재료.

pontépiscopien(ne) [pɔ̃tepiskɔpjɛ̃, -ɛn] *a.* 퐁레베크(*Pont-l'Évêque*, 프랑스의 도시)의.
—P~ *n.* 퐁레베크 사람.

ponter¹ [pɔ̃te] v.t. ① 〖해양〗(배에)갑판을 대다. ② (에)배다리〖부교(浮橋)〗를 놓다. ~ un fossé 도랑에 다리를 놓아 건너다.

ponter² v.i. 룰렛이나 바카라에서 돈을 걸다. ~ une somme 어떤 금액을 걸다.

pontet [pɔ̃tɛ] n.m. 〖군사〗(총의)방아쇠울.

pont-grue [pɔ̃gry] (pl. ~s-~s) n.m. 다리 모양의 기중기.

pontier [pɔ̃tje] n.m. 선회교〖개폐교〗지기; 이동 기중기의 운전사.

pontife [pɔ̃tif] n.m. ① 〖종교〗주교, 대주교(大主教). grand ~ 〖고대로마〗주교회의 회장. souverain P~; P~ romain 로마 교황. ②〖구어〗〖문학·학계 따위의〗유아독존적인 사람, 대가연하는 사람. grand ~ de la critique〖de la politique〗비평계〖정치계〗의 대가.

pontifiant(e) [pɔ̃tifjɑ̃, -ɑ̃ːt] a., n. 대가연하는(사람). philosophe ~ et orgueilleux 대가연하는 오만한 철학자. allure〖ton〗~ 잘난 척 뽐내는 태도〖말투〗.

pontifical(ale, pl. **aux)** [pɔ̃tifikal, -o] a. 주교의; 교황의. siège ~ 교황좌. messe ~ale 교황의 미사. gardes ~aux 교황 호위대. États ~aux 〖역사〗교황령(領). chaire ~e〖주교〗예전서(禮典書).

pontificalement [pɔ̃tifikalmɑ̃] ad. ① 주교의 의식으로서; 주교복을 입고. ②장엄하게.

pontificat [pɔ̃tifika] n.m. ①〖종교〗주교의 지위; 교황의 지위. ② 주교 재위 기간.

pontifier [pɔ̃tifje] v.i. ①〖종교〗주교로서 의식을 집행하다. ②〖구어〗젠체하다, 거드름부리다.

pontil [pɔ̃til] n.m. 반쯤 용해된 유리덩이; (반쯤 용해된 유리를 취급하는 데 쓰는)쇠막대.

pontique [pɔ̃tik] a.〖고대지리〗흑해(黑海)의.

Pont-l'Évêque [pɔ̃levɛk] n.pr.m. 퐁레베크(프랑스의 도시). —p~-l'é~ n.(불변)퐁레베크산의 치즈.

pont-levis [pɔ̃lvi] (pl. ~s-~) n.m. (성문의)도개교(跳開橋)(→ château 그림); (운하·하천의)승개교(昇開橋).

Pont-Neuf [pɔ̃nœf] n.pr.m. (파리의)센 강의 다리. se porter comme le ~〖구어〗아주 건강〖건재〗하다. —p~-n~ (pl. ~s-~) n.m. 퐁네프 노래(옛날 파리의 Pont-Neuf 다리에서 퍼뜨린 민요).

Pontoise [pɔ̃twaːz] n.pr. 퐁투아즈(프랑스의 도시). avoir l'air de revenir de ~〖속어〗멍청하다, 얼빠진 듯하다.

ponton [pɔ̃tɔ̃] n.m. ① (수면에 임시로 만든)부교, 주교(舟橋). ②〖옛〗〖군사〗선교(船橋). ③ (바닥이 평평한)큰 배, 평저선(平底船); 거룻배. ④〖옛〗(병영·영창용의)폐선.

pontonage [pɔ̃tɔnaːʒ] n.m. 다리(건너는) 삯, 도교료(渡橋料).

ponton-grue [pɔ̃tɔ̃gry] (pl. ~s-~s) n.m. 〖선〗

pontonnier [pɔ̃tɔnje] n.m. ①〖군사〗가교병(架橋兵). ② 도교료(渡橋料)를 받는 사람; 선창지기.

pontuseau [pɔ̃tyzo] (pl. ~x) n.m. 제지용(製紙用)에 투명 무늬를 넣는 놋막대; (pl.)(위)의 자국.

pool [pul] 〖영〗 n.m. ① (철·석탄의)생산자 연합; 기업합동, 자금 합동. ~ du charbon et de l'acier 석탄·강철의 공동 시장. ② (한 회사에서 같은 일을 하는)팀, 그룹.

pop [pɔp] a.〖불변〗통속적인, 대중적인. musique ~ 팝 뮤직, 대중음악. art ~ 팝아트.

pop'art [pɔpart, pɔpaːr] n.m. 팝아트.

pop-corn [pɔpkɔrn] 〖미영〗n.m. 팝콘. manger du ~ 팝콘을 먹다.

pope [pɔp] n.m.(그리스정교회의)신부, 사제.

popeline [pɔplin] n.f. 〖직물〗포플린.

popisant(e) [pɔpizɑ̃, -ɑ̃ːt] a. 통속〖대중〗화하는, 통속적 경향을 띤. peinture ~e 통속적인 그림.

popiste [pɔpist] a. 팝음악을 좋아하는.
—n. 팝음악 지지자.

poplité(e) [pɔplite] a. 〖해부〗오금의. muscle ~ 오금의 근육.

popote [pɔpɔt] n.f. ① (어린애말) 수프. ②〖구어〗요리, 가사; 취사, 음식만들기. faire la ~ 요리를 만들다. ②〖부엌, 주방; 식당; 작은 음식점. ③〖군사〗(장교·하사관의)회식〖식당〗(mess). faire ensemble ~ des officiers 〖군사〗장교 식당, 을 함께 하다. ~ 회식하다.
—a. 〖불변〗① 가정적인. mari ~ 가정적인 남편. Elle est terriblement ~. 그녀는 완전히 가정주부 티를 내고 있다. ②〖구어〗속된, 평범한, 부엌드기의(pot-au-feu).

popotin [pɔpɔtɛ̃] n.m. 〖속어〗엉덩이, se manier le ~ 급히 서둘다(se dépêcher).

populace [pɔpylas] n.f. (경멸) 하층 계급, 하층민.

populacerie [pɔpylasri] n.f. 하층민의 행동〖말투〗.

populacier(ère) [pɔpylasje, -ɛːr] a. 하층민의; 상스러운(vulgaire). langage ~ 야비한 말투. allure ~ère 상스러운 태도.

populage [pɔpylaʒ] n.m. 〖식물〗산동이나물.

*****populaire** [pɔpylɛːr] a. ① 인민의, 민중의, 대중의; 서민의. émeute ~ 민중 봉기. front ~ 인민전선. places ~s (극장 따위의)대중석. gouvernement ~ 인민정부. la Chine ~ 중화인민공화국. manifestation ~ 민중대모. masses ~s 인민대중. ② 민간의; 민중적인, 통속적인; 인기있는. chanson ~ 민요, 유행가. langage ~ 속어. expression〖mot〗 ~ 속된 표현〖어〗. croyance ~ 민간신앙. tradition ~ 민간전승. étymologie ~ 민간어원설. roman ~ 대중〖통속〗소설. origine ~ 서민출신. milieux ~s 서민사회. Henri IV était un roi ~. 앙리 4세는 인기있는 왕이었다.
—n.m.〖옛〗① 민중. ② 속된 사람; 서민.

populairement [pɔpylɛrmɑ̃] ad.〖드물게〗대중적으로; 통속적으로, 속되게.

popularisation [pɔpylarizasjɔ̃] n.f. 민중화; 인기 전송.

populariser [pɔpylarize] v.t. ① 민간에 보급시키다, 통속화하다(vulgariser). ~ la science 과학을 대중화하다. ~ le mot "existentialisme" "실존주의"라는 말을 일반화시키다. ②〖드물게〗인기를 얻게 하다. —se~ v.pr. ①민간에 보급되다; 통속화되다. ②인기를 얻다.

popularité [pɔpylarite] n.f. 인기, 인망(célébrité, faveur). ~ d'un député 국회의원의 인기. acquérir une grande ~ 크게 인기를 얻다. perdre sa ~ 인기를 잃다. soigner sa ~ 인기를 잃지 않도록 애쓰다. ② 대중성, 통속성, 속됨.

*****population** [pɔpylasjɔ̃] n.f. ①〖집합적〗(일정 지역의)주민, 인구; 국민. ~ du globe 지구상의 전 인구. ~ de la Corée 한국의 인구(주민). recensement〖dénombrement〗de la ~ 인구조사. région à ~ dense〖faible〗인구 밀도가 높은〖낮은〗지방. ② (같은 종류의)구성원, 사람들. ~ active (전 사회의)산업 인구. ~ scolaire 학생. ~ agricole 농업 인구. ~ ouvrière 노동자 인구. ~ civile 비전투원 (수). ③〖생물〗(한 지역의)동〖식〗물군(群). ④〖구어〗세상사람들. épater la ~ 사람들을 놀라게 빠뜨리게 하다. ⑤〖통계〗모집단.

populationniste [pɔpylasjɔnist] a., n. 인구증가 찬성하는(사람).

populéum [pɔpyleɔm] n.m. 〖의학〗(포플라의 꽃

populeux(se) [pɔpylø, -ø:z] a. 인구가 많은[밀집한] (↔désert). villes ~ses 인구가 많은 도시들.
populisme [pɔpylism] n.m. 《문학》 민중주의(1929년에 일어난 문학).
populiste [pɔpylist] n. 《문학》 민중주의 작가. —a. 《문학》 민중주의의. —n.m. 《정치》 (독일)의 인민당원.
populo [pɔpylo] n.m. 《구어》 민중; 하층민, 천민; 많은 사람들.
poquer [pɔke] v.i. 《놀이》 (떨어진 곳에 정지하도록)공을 던져 올리다.
poquet [pɔkɛ] n.m. (씨를 뿌리는)작은 구멍.
poracé(e) [pɔrase] a. 푸르스름한 녹색의.
***porc** [pɔ:r] n.m. ① 돼지(cochon)《암돼지는 truie, 수퇘지는 verrat》. gardeur de ~s 돼지지기[기르는 사람]. ~ châtré (식용으로)거세된 수퇘지. ~ sauvage 멧돼지. être gras(sale) comme un ~ 돼지같이 살쪘다[더럽다]. manger comme un ~ 돼지같이 마구 먹어대다. ② 돼지고기; 돼지 가죽. rôti de ~ 돼지고기 구이. valise en ~ [en peau de ~] 돼지 가죽의 가방. 《구어》더러운 사람, 상스러운 사람; 대식가; 음탕한 사람.
être comme un ~ à l'auge 《구어》무엇이든 필요한 만큼 있다.

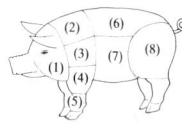
porc
(1) tête (2) épaule (3) côtes (4) jambonneau (5) pied (6) lard gras et filet (7) ventre (8) jambon

porcelaine [pɔrsəlɛn] n.f. ① 자기(磁器). ~ de Chine(de la Corée) 중국(한국)자기. ~ céladon 청자. vaisselle en(de) ~ 사기접시. ~ sanitaire 위생 도기. être comme un éléphant dans un magasin de ~《구어》미묘한 일에 마구 참견하는 우둔한 사람이다. ② 《패류》자패(紫貝).
—a. 《불변》(말이)회청색의.
porcelainier(ère) [pɔrsəlɛ[ə]nje, -lɛnjɛ:r] a. 자기에 관한. industrie ~ère 자기 제조업. —n.m. 자기제조공[화매인].
porcelanique [pɔrsəlanik] a. 자기 같은. 《玉》.
porcelanite [pɔrsəlanit] n.f. 《광물》도벽옥(陶碧).
porcelet [pɔrsəlɛ] n.m. 《동물》새끼 돼지.
porc-épic [pɔrkepik] (pl. ~s-~s) n.m. ① 《동물》고슴도치. ②《구어》성마른 사람. C'est un ~. 너석을 툭하면 화를 낸다.
porchaison [pɔrʃɛzɔ̃] n.f. 멧돼지 사냥에 좋은 철; 멧돼지가 살찐 상태.
porche [pɔrʃ] n.m. 현관, 포치(→ église, maison 그림). attendre sous un ~ 현관에서 기다린다.
porcher(ère) [pɔrʃe, -ɛ:r] n. 돼지치는 사람.
porcherie [pɔrʃəri] n.f. 돼지 우리. ②《구어》더러운 곳.
porcin(e) [pɔrsɛ̃, -in] a. 돼지의; 돼지 같은. race ~e 돼지류(類). yeux ~s 돼지 같은 눈.
pore [pɔ:r] n.m. ① 《생리》털구멍, 모공(毛孔). suer par tous les ~s 땀을 흠뻑 흘리다. ② 《식물》기공(氣孔). 《물리》(분자간의)간격.
poreau [pɔro] n.m. ⇨poireau.
poreux(se) [pɔrø, -ø:z] a. 작은 구멍[모공·기공]이 많은, 작은 구멍으로 새워 있는(perméable). vase ~ 초벌 구운 질그릇, 물이 배어나는 질그릇.
porion [pɔrjɔ̃] n.m. 《광산》갱내 감독. ~ d'abattage 채탄반장. ~ de roulage 운반반장.
porisme [pɔrism] n.m. 《수학》 부정명제(不定命題); 계론(系論), 계.
poristique [pɔristik] a. 《수학》 부정명제의; 계론(系論)의.
porno [pɔrno] a. 《여성불변》《구어》외설적인. film ~ 포르노 영화. production ~ 포르노 영화제작.
porno- préf. 「외설적인, 매춘의」의 뜻.
pornocratie [pɔrnɔkrasi] n.f. 《그리스사》 (창녀가 정치에 영향을 준)창녀 정치.
pornographe [pɔrnɔgraf] n.m. ① 호색[외설] 문학가; 춘화작가; 매춘연구가. ② 매춘연구가. —a. 호색[외설] 문학의. écrivain ~ 외설작가.
pornographie [pɔrnɔgrafi] n.f. ① 춘화, 호색[외설] 문학(표현). ② 춘화연구.
pornographique [pɔrnɔgrafik] a. ① 춘화의; 호색[외설] 문학의. roman ~ 외설소설, 포르노소설. film ~ 포르노 영화, 호색 영화. ② 춘화연구의.
porosité [pɔrozite] n.f. ① 다공성(多孔性). ② 《물리》다공도(度). (경석·모래 따위의)여쇄침윤성.
porphyre [pɔrfi:r] n.m. 《광물》반암(斑岩); 《약》(반암으로 만든)막자.
porphyrique [pɔrfirik] a. 《광물》반암성의, 반암을 함유한. roche ~ 반암.
porphyrisation [pɔrfirizasjɔ̃] n.f. 《약》 가루로 만들기.
porphyriser [pɔrfirize] v.t. 《약》(막자로)가루를 만들다, 빻다.
porphyrite [pɔrfirit] n.f. 《광물》분암(玢岩).
porphyrogénète [pɔrfirɔʒenɛt] a., n.m. 《역사》(동로마 제국의)황제 재임중에 태어난 (황태자).
porphyroïde [pɔrfirɔid] a. 반암(斑岩) 모양의.
porque [pɔrk] n.f. 《선박》늑골 보강재.
porquer [pɔrke] v.t. (배에) ~늑골 보강재를 붙이다.
porracé(e) [pɔrase] a. = poracé.
porreau [pɔro] n.m. 《옛·사투리》= poireau.
porrection [pɔrɛksjɔ̃] n.f. 《종교》신부 서품식에서 주교가 수품자에게 장차 예배에 필요한 물건을 만지게 하기 《예식》.
porrette [pɔrɛt] n.f. 배나무의 묘목.
porridge [pɔridʒ] 《영》 n.m. 오트밀.
porrigineux(se) [pɔriʒinø, -ø:z] a. 《의학》대머리의; 두창(頭瘡)의.
porrigo [pɔrigo] n.m. 《의학》대머리; 두창.
***port¹** [pɔ:r] n.m. ① 항구, 항만; 하역장, 선창. ~ artificiel(naturel) 인공(천연)항구. au ~ 입항하여서, 정박중에. capitaine de ~ 항무관. droits de ~ 입항세. ~ aérien 공항. ~ de(à) marée 고조항(高潮港)(만조 때만 이용하는). ~ fluvial 하항(河港). ~ maritime 해항(海港). arriver au ~ 항구에 도착하다. entrer dans le ~ 입항하다. quitter le ~; sortir du ~ 출항하다. relâcher(stationner) dans le ~ 정박하다. ②항도, 항구도시. ~ de mer 해항, 항구도시. ~ d'escale 기항지. habiter un ~ 항구도시에 살다. ③피난처, 안식처(refuge). ~ de salut (태풍 따위로부터의)피난처.
amener(conduire) qc à bon ~ 사전을 무사히 해결하다, 무사히 안전하게 인도하다; 목적을 달성하다. *arriver à bon ~* 무사히 귀항하다; 목적을 달성하다. *échouer en vue du ~* 공든 탑을 무너뜨리다, 성공을 눈앞에 두고 실패하다(faire naufrage au ~).
prendre le ~ 입항하다; 목적을 이루다.
port² [pɔ:r] n.m. ① 휴대, 착용, 패용(佩). ~ d'armes 무기 휴대; 무기 휴대 허가(증); 《구어》총사냥 허가. ~ du costume militaire 군복의 착용. se mettre au ~ d'armes 《군사》총을 메다. ②운임, 우편요금. en ~ dû 운임 수취인 부담으로. franc de ~ ~ 운

port³ 1554

임 지불필(의). ~ payé(reçu) 운임(우편료) 지불필(의). Cela a coûté 100 francs de(pour) frais de ~ (pour le ~). 그것은 우편료[운임]가 100 프랑 들었다. ❸ 풍채, 자세, 용모; 거동. ~ de roi(de reine) 왕(여왕)과 같은 품위. Elle a un gracieux ~ de tête. 그녀는 목을 우아하게 세우고 있다. ❹ 《해양》(선박의)최대 적재량, 톤수. ~ en lourd 최대적재량. navire du ~ de 300 tonneaux; navire qui a 300 tonneaux de ~ 적재량 300톤의 배. ❺ ~ de voix 《음악》음운(運音), 포르타멘토. ❻ 《식물》형태. être(rester) au ~ d'armes 부동자세로 움직이지 않다.

port³ n.m. 《사투리》(피레네 산중의)고개, 협로.
portabilité [portabilite] n.f. 《드물게》운반할 수 있음, 간편함.
portable [portabl] a. ① 운반(휴대)할 수 있는(portatif); 착용할 수 있는. machine à écrire — 휴대용 타이프라이터. ② 《법》(지정된 장소까지)지참하여야 할. dette — 지참채무. ③ (의복에 대하여)아직 입을 수 있는. Cette robe est encore ~. 이 옷은 아직도 입을 수 있다.
portage [pɔrtaːʒ] n.m. ❶ 휴대; 운반. 프레스비, 운임. ❷ (배의)육로 운반; (배를 육로로 운반할 수 밖에 없는)강의 항행 불능 부분. faire le ~ d'un canot 마상이(작은 배)를 육로로 운반하다. ❸ 《해양》밧줄의 접착 부분.
portail [pɔrtaj] n.m. ① (교회 따위 큰 건물의)정면 현관. ~ de la cathédrale 성당의 정면현관. ② (성·저택·농장 따위의)정문.
portance [pɔrtɑ̃ːs] n.f. 《항공》(날개 면의)양력(揚力).
portant¹(e) [pɔrtɑ̃, -ɑ̃ːt] a. ① 《기계》(바퀴·사슬 따위가)받치는. parties —es d'un édifice 건물의 받침 부분. roues —es (기관차 따위를 받치는 주행바퀴. ② être bien(mal) ~ 건강이 좋다(나쁘다).
à bout ~ ⇨bout¹.
portant² [pɔrtɑ̃] n.m. ① (트렁크 따위의)손잡이. ② (자석[전자석] 끝의)철편부(鐵片部). ③ 《연극》 (무대장치의)지주(支柱), 무대장치, 조명장치. ❹ 문설주, 창들의 기둥. ❺ 《해양》(보트의)노의 밤 춤쇠. ❻ 집열용 양복걸이.
portatif(ve) [pɔrtatif, -iːv] a. 휴대할 수 있는, 휴대용의, 운반하기 쉬운(portable). machine à écrire —ve 휴대용 타자기. poste de radio à transistors —ve 휴대용 트랜지스터 라디오. armes —ves 휴대무기.
†porte [pɔrt] n.f. ① 문, 출입구; 문짝. Il faut frapper à la ~ avant d'entrer. 들어가기 전에 문을 두드려야 한다. passer(franchir) la — 문지방을 넘다; 집안으로 들어가다. ~ cochère 대문; 마차가 출입하는 문. ~ dérobée (비밀의)쪽문. ~ d'entrée(de sortie) 입(출)구. ~ de secours 비상문구. ~ de service(de derrière) 뒷문, 상인출입문. condamner une ~ 문을 봉하다. écouter aux —s (비밀 따위를)엿듣다.

② (자동차·열차 따위의)도어(portière); (가구 따위의)문. ~ de frigidaire 냉장고의 도어. ~ d'armoire 양복장의 문. ~ d'une écluse 수문의 문. voiture à deux(quatre) ~s. 2[4]도어의 자동차.
③ (지리적인)입구; (어느 분야의)입구; 문호. Istanbul est la ~ de l'Asie. 이스탄불은 아시아의 입구(관문)이다. La phonétique est la ~ de la linguistique. 음성학은 언어학의 관문이다.
④ (도시의)문; (중세도시의)성문; (파리의)시문(市門); 시문 부근(일대). Autrefois, on fermait les —s de la ville pendant la nuit. 옛날에 시문은 밤동안 닫혀 있었다. habiter à la ~ d'Orléans 파리의 오를레앙 문 근처에 살다. P~ Saint-Denis(Saint-Martin) 생드니 문(생마르탱 문)(현재 파리에 남아 있는 루이 14세를 기념한 개선문).
⑤ (혹 단추의)고리(~d'agrafe).
⑥ (보통 pl.)《지리》협로(峽路), 협곡. P~s de Fer 철의 문(루마니아와 유고슬라비아 사이에 있는 협곡의 이름).
⑦ 《스포츠》(스키 회전경기의)기문(旗門).
⑧ 《역사》ⓐ (P~)오스만 터키(의 궁정·제국) (Sublime-P~, P~ ottomane). ⓑ P~ d'Or 아케메네스 페르시아의 궁정.

à la ~ 밖에. mettre(속어) ficher, flanquer, foutre] qn à la ~ …을 내쫓다. être à la ~ 안에 들어가지 못하고 있다. laisser qn à la ~ …을 밖에서 기다리게 하다; …을 따돌리다.
à la ~ de; aux ~s de 가까이, 근처에.
à ~ close(ouverte) 비밀히(공공연하게).
demander la ~ 문을 열어 달라고 청하다.
de ~ en ~ 집집마다, 이 집 저 집으로.
deux ~s plus loin 한 집 건너 이웃의.
entre deux ~s 《구어》지나치면서, 급히, 잠시.
entrer par la grande ~ 《구어》실력으로 출세하다(취직하다).
entrer par la petite ~ 《구어》뒷구멍으로 들어가다, 남의 덕(부정한 방법)으로 출세하다(취직하다); 말단부터 노력하여 높이 올라가다.
faire du ~ à ~ 집집마다 다니(며 선전하)다.
faire la ~ (가게 앞에서)손님을 끌다.
forcer la ~ à qn …을 억지로 면회하다.
forcer la ~ de qn …의 집에(주인의 승낙 없이)침입하다.
frapper à la bonne(mauvaise) ~ 《구어》적당한(부적당한) 사람에게 부탁하다.
frapper(heurter) à toutes les ~s 온갖 수단을 동원하다.
laisser la ~ ouverte à …을 가능하게 하다.
ouvrir la ~ à l'ennemi 항복하다; 타협하다, 협상에 응하다.
ouvrir la ~ à qc …으로의 길을 열다, …에 통하다.
ouvrir la ~ aux désordres 혼란으로의 길을 열다.
ouvrir la ~ à un visiteur 손님을 받아들이다.
ouvrir toutes les ~s à qn …에게 모든 원조를 아끼지 않다.
partir en claquant la ~ 《구어》요란하게(화를 내며) 떠나다.
~ à ~ 이웃지간. Ils habitent ~ à ~. 그들은 이웃지간이다.
~ ouverte 문호를 개방한, 일반에 공개한. régime de la ~ ouverte (무역 따위의)문호개방정책. opération —s ouvertes (시설 따위의)일반공개.
prendre(gagner) la ~ 《구어》도망하다.
refuser(fermer, défendre) sa ~ à qn …에게 면회(입장)를 거절하다.
trouver ~ close (찾아간 사람을)만나지 못하다, 면회를 거절당하다.

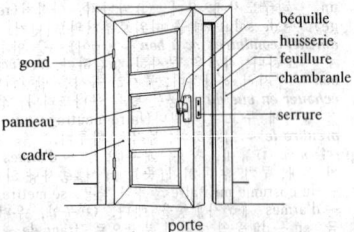
porte
béquille / huisserie / feuillure / chambranle / serrure / gond / panneau / cadre

—*a.f.* 〖해부〗 문맥(門脈)의. veine ~ 문맥.
porte- *préf.*「…을 지니는[나르는] (것)(사람)」의 뜻.
porté(e') [pɔrte] *a.p.* ① [~ à *qc*](의)경향이 있는; 마음이 끌린. Michel est ~ à la colère. 미셸은 곧 잘 화를 낸다. ② [~ sur *qc*](을)(아주)좋아하는. Il est ~ sur la bouche. 그는 식도락가이다.
Il est bien[mal] ~ de+inf. …하는 것은 적당[부당]하다. *Il est mal ~ de* le critiquer. 그를 비난하는 것은 부당하다. *Il n'est pas bien ~ de+inf.* …하는 것은 (관습상) 온당하지 못하다.
—*n.m.* (옷의)착용; 외관.
porte-aéronefs [pɔrtaerɔnɛf] *n.m.* 《복수불변》〖해군〗항공모함.
porte-à-faux [pɔrtafo] *n.m.* 《복수불변》돌출부분. *en ~* 불쑥 내민, 불안정한. mur *en ~* 불안정한[기울어진] 벽[담].
porte-affiche(s) [pɔrtafiʃ] *n.m.* 《드물게》게시판. ~s grillagés 망을 씌운 게시판.
porte-aigle [pɔrtɛgl] *n.m.* 《복수불변》〖역사〗(나폴레옹 1세 시대의)기수(旗手).
porte-aiguille [pɔrtegɥij] (*pl.* ~-~(**s**)) *n.m.* 〖의학〗지침기(持針器); 〖기술〗바늘이 부착된 부분; (상아 세공에 사용되는)핀셋.
porte-aiguilles [pɔrtegɥij] *n.m.* 《복수불변》바늘쌈, 핀 케이스.
porte-aiguillon [pɔrtegɥijɔ̃] *a.* 《불변》〖곤충〗침이 있는(개미·벌 따위).
porte-alésoir [pɔrtalezwa:r] (*pl.* ~-~(**s**)) *n.m.* 구멍 뚫는 공구의 받침대.
porte-allumettes [pɔrtalymɛt] *n.m.* 《복수불변》성냥갑.
porte-amarre [pɔrtama:r] *n.m.* 《복수불변》〖해양〗나루선에서 구명 밧줄을 던지는 장치.
—*a.* canon ~ 구명(救命)로프 발사포.
porte-amorce [pɔrtamɔrs] *n.m.* 《복수불변》뇌관(雷管)통.
porte-ampoule [pɔrtɑ̃pul] *n.m.* 《복수불변》〖전기〗소켓.
porte-à-porte [pɔrtapɔrt] *n.m.* 《복수불변》호별 방문(판매). faire du ~ 집집마다 찾아다니(면서 판매하)다.
porte-assiette [pɔrtasjɛt] (*pl.* ~-~(**s**)) *n.m.* 접시받침.
porte-auge [pɔrto:ʒ] *n.m.* 《복수불변》석수(石手)의 보조인.
porte-autos [pɔrto(ɔ)to] *n.m.* 《복수불변》자동차 전용 화차(貨車)(fourgon ~).
porte-avions [pɔrtavjɔ̃] *n.m.* 《복수불변》〖군사〗항공모함.
porte-bagages [pɔrtbagaːʒ] *n.m.* 《복수불변》(기차 따위의 짐을 얹는)선반; (자동차·자전거의)짐받이.
porte-baguette [pɔrtbagɛt] (*pl.* ~-~(**s**)) *n.m.* (소총의)꽂을대 통.
porte-baïonnette [pɔrtbajɔnɛt] (*pl.* ~-~(**s**)) *n.m.* (혁대의)총검꽂이.
porte-balais [pɔrtbalɛ] *n.m.* 《복수불변》〖전기〗(발전기의)브러시 통.
porteballe [pɔrtəbal] *n.m.* 〖옛〗행상인.
porte-balles [pɔrtbal] *n.m.* 《복수불변》〖테니스〗공 넣는 그물 주머니.
porte-bannière [pɔrtbanjɛ:r] (*pl.* ~-~(**s**)) *n.m.* 기수(旗手).
porte-bât [pɔrtbɑ] *n.m.* 《복수불변》짐 나르는 짐승; 《속어》허드렛일꾼.
porte-bijoux [pɔrtbiʒu] *n.m.* 《복수불변》보석함; 장신구받침.

porte-billets [pɔrtbijɛ] *n.m.* 《복수불변》지갑.
porte-bobèche [pɔrtbɔbɛʃ] (*pl.* ~-~(**s**)) *n.m.* (촛대 윗부분의)촛농받이.
porte-bobines [pɔrtbɔbin] *n.m.* 《복수불변》실 감는 대(臺); 실자루를 고정시키는 틀.
porte-bonheur [pɔrtbɔnœ:r] *n.m.* 《복수불변》(7겹 고리로 된)팔찌; 부적, 마스코트. —*a.* 《불변》부적의, 행복을 가져다주는.
porte-bougie [pɔrtbuʒi] (*pl.* ~-~(**s**)) *n.m.* 촛대.
porte-bouquet [pɔrtbukɛ] (*pl.* ~-~(**s**)) *n.m.* (벽 따위에 걸어 놓는)꽃병.
porte-bourdon [pɔrtburdɔ̃] *n.m.* 《복수불변》(옛)성지 순례자.
porte-bouteille [pɔrtbutɛj] (*pl.* ~-~(**s**)) *n.m.* (식탁의)병 놓는 받침.
porte-bouteilles [pɔrtbutɛj] *n.m.* 《복수불변》① (병을 뉘어서 쌓아 두는)병넣는 식기장. ② (병의)물기 빼는 대.
porte-brancard [pɔrtbrɑ̃ka:r] (*pl.* ~-~(**s**)) *n.m.* 〖옛〗(마구(馬具)의)봇줄(→ harnais 그림).
porte-bras [pɔrtbrɑ] *n.m.* 《복수불변》〖드물게〗(자동차 따위의)손잡이(가죽).
porte-broche [pɔrtbrɔʃ] *n.m.* 《복수불변》〖기계〗주축(主軸)을 돌리는 부분.
porte-cadenas [pɔrtkadna] *n.m.* 《복수불변》(트렁크 따위의)자물쇠 장치.
porte-cannes [pɔrtkan] *n.m.* 《복수불변》지팡이 걸이; 우산꽂이.
porte-carafe [pɔrtkaraf] (*pl.* ~-~(**s**)) *n.m.* ① 코스터(양주병을 식탁 위에 올려 놓고 자리에서 자리로 돌리는 받침대). ② (우유 배달부 따위가 휴대하는)우유병 걸이.
porte-carnier [pɔrtkarnje] *n.m.* 《복수불변》〖사냥〗불치 자루를 들고 다니는 사람.
porte-carte(s) [pɔrtkart] *n.m.* 《복수불변》(신분증·정기권(定期券)·명함 따위를 넣기 위한)칸이 있는 지갑; 〖항공·군사〗지도 케이스.
porte-cartons [pɔrtkartɔ̃] *n.m.* 《복수불변》서류철뭉치; 화판(畫板)꽂이.
porte-chaîne [pɔrtʃɛn] *n.m.* 《복수불변》〖측량〗측쇄(測鎖) 담당자.
porte-chaise [pɔrtʃɛ:z] (*pl.* ~-~(**s**)) *n.m.* 〖옛〗가마꾼.
porte-chape [pɔrtʃap] (*pl.* ~-~(**s**)) *n.m.* 〖종교〗(교회에서)의식용 외투를 드는 사람.
porte-chapeau [pɔrtʃapo] (*pl.* ~-~**x**) *n.m.* (모자 하나를 거는)모자걸이.
porte-chapeaux [pɔrtʃapo] *n.m.* 《복수불변》(벽 따위에 장치한, 여러 개의 모자를 걸 수 있는)모자걸이.
porte-charbon [pɔrtʃarbɔ̃] *n.m.* 《복수불변》〖전기〗(아크등 따위의)아크 홀더.
porte-chars [pɔrtʃa:r] *n.m.* 《복수불변》〖군사〗전차 운반장치.
porte-cible [pɔrtsibl] (*pl.* ~-~(**s**)) *n.m.* 표적대(標的臺).
porte-cigare [pɔrtsiga:r] *n.m.* 《복수불변》여송연 파이프(※fume-cigare를 더 흔히 사용한다; porte-cigares와 혼동하지 말 것).
porte-cigares [pɔrtsiga:r] *n.m.* 《복수불변》여송연 케이스.
porte-cigarette [pɔrtsigarɛt] *n.m.* 《복수불변》궐련용 파이프(※fume-cigarette를 더 흔히 사용한다; porte-cigarettes와 혼동하지 말 것).
porte-cigarettes [pɔrtsigarɛt] *n.m.* 《복수불변》궐련 케이스.
porte-clefs, porte-clés [pɔrtkle] *n.m.* 《복수불변》① 열쇠고리, 키 홀더; (호텔의)열쇠걸이판.

②《옛》(감옥의)열쇠 보관자.
porte-conteneurs [pɔrtəkɔ̃tnœːr] *n.m.* 《복수불변》 컨테이너(운반)선.
porte-copie [pɔrtəkɔpi] (*pl.* ~-~(*s*)) *n.m.* (타자기의)원고 받침; 원고 누르개.
porte-coupures [pɔrtəkupyːr] *n.m.* 《복수불변》 (지폐용)지갑.
porte-couteau [pɔrtəkuto] (*pl.* ~-~(*x*)) *n.m.* (식탁의)나이프 받침, 나이프 레스트.
porte-couvertures [pɔrtəkuvɛrty:r] *n.m.* 《복수불변》《드물게》담요를 묶는 가죽끈.
porte-crayon [pɔrtəkrɛjɔ̃] (*pl.* ~-~(*s*)) *n.m.* ① 연필꽂이. ②(익살)소묘가(素描家).
porte-croisée [pɔrtəkrwaze] (*pl.* ~*s*-~*s*) *n.f.* = **porte-fenêtre**.
porte-croix [pɔrtəkrwa(a)] *n.m.* 《복수불변》 《가톨릭》(교회 의식에서)십자가를 받드는 사람.
porte-crosse [pɔrtəkrɔs] (*pl.* ~-~(*s*)) *n.m.* 《드물게》 《가톨릭》주교 지팡이를 받드는 사람; 《군사》(안장에 거는)라이플총을 꽂는 가죽 주머니.
porte-cylindre [pɔrtəsilɛ̃:dr] *n.m.* 《복수불변》《직조》(천을 감아들이는)롤러축(軸).
porte-dais [pɔrtədɛ] *n.m.* 《복수불변》《가톨릭》이동식 닫집을 받드는 사람.
porte-Dieu [pɔrtədjø] *n.m.* 《복수불변》《드물게》《가톨릭》종부성사를 주는 신부.
porte-disques [pɔrtədisk] *a.* (불변)음반을 넣는.
—*n.m.* 《복수불변》음반 케이스.
porte-documents [pɔrtədɔkymã] *n.m.* 서류 가방.
porte-drapeau [pɔrtədrapo] (*pl.* ~-~(*x*)) *n.m.* ① 《군사》연대 기수(旗手). ②(사회운동 따위의)기수, 인정 받는 대표자.
porte-drapeaux [pɔrtədrapo] *n.m.* 《복수불변》(장식용의)깃대꽂이.
***portée²** [pɔrte] *n.f.* ① 사정(거리). canon à longue ~ 장거리포. ~ d'arc 활의 사정거리. ~ d'un fusil 소총의 사정거리. ~ efficace 유효 사정거리. se battre à grande[longue] ~ 원거리에서 전투를 하다. Quelle est la ~ de ce canon? 이 포의 사정거리는 얼마입니까? 《목소리·시력·손 따위가》미치는 거리(범위); 《전기》(전파의)도달범위. ~ d'une voix 목소리가 미치는[들리는] 범위. poste émetteur de grande ~ 《라디오》강력 발신 방송국. ③ 이해가 미치는 범위, 지력(知力), 지적(的) 수준. Cela dépasse la ~ d'une intelligence ordinaire. 그것은 보통 지능의 소유자로서는 이해하기 어렵다. ④영향력, 효력(force); 중요성(importance). sans ~ 대수롭지 않은. ~ d'un argument 어떤 논의가 미치는 영향력. ~ d'un (conséquence), 효과(effet). décision d'une grande ~ 중요한(결과를 내포한) 결정. Fais attention à la ~ de tes mots. 네 말이 어떤 결과를 낳게 될지 잘 생각해 보아라. ⑥ⓐ《동물》한배의 새끼. lapins d'une même ~ 한배의 토끼들. faire sa ~ (동물이)새끼를 낳다. ⓑ임신기간. La ~ de l'éléphant est de six cent vingt jours. 코끼리의 임신기간은 620 일이다. ⑦《측량》측쇄(測鎖)의 길이(측량 단위로 쓰임). ⑧《해양》(배의)적재량. ~ en lourd (배의)최대 적재량. ⑨《건축》(교각·건축 구조물의 지주 따위의)경간(經間); (건축물의 각 부분의 재료에 걸리는)하중; (지주에 받쳐지는)지부분. ~ de l'arche d'un pont 교량의 교호(橋弧)[아치]의 경간. Les ~*s* de cette poutre sont pourries. 이 대들보의 지지부분은 썩었다. ⑩《음악》오선, 보표(譜表). ⑪《기계》받치는 면; 축(굴대)받이.

à (la) ~ *de* (la main)(손)이 미치는(닿는) 거리에. *être à la* ~ *de qn* …의 능력(힘)이 미치다, 힘(능력)으로 가능하다. *hors de ma* ~ 나의 손(목소리·능력·이해)이 닿지 않는 곳에.
porte-empreinte [pɔrtɑ̃prɛ̃:t] (*pl.* ~-~(*s*)) *n.m.* 《치과》틀니의 틀을 넣어두는 접시.
porte-en-dehors [pɔrtɑ̃dəɔ:r] *n.m.* 《복수불변》(경기용 보트 뱃전에 나와 있는)클러치받이.
porte-enseigne [pɔrtɑ̃sɛɲ] *n.m.* 《복수불변》《옛》= **porte-drapeau**.
porte-épée [pɔrtepe] *n.m.* 《복수불변》칼끈꽂이.
porte-éperon [pɔrtep(e)rɔ̃] *n.m.* 《복수불변》박차(가죽)끈.
porte-épingles [pɔrtepɛ̃gl] *n.m.* 《복수불변》핀을 담는 그릇.
porte-éponge(s) [pɔrtepɔ̃:ʒ] *n.m.* 《복수불변》해면넣는 그릇.
porte-étendard [pɔrtetɑ̃da:r] *n.m.* 《복수불변》(기병의)기수; (말 안장의)군기꽂이.
porte-étiquette [pɔrtetikɛt] *n.m.* 《복수불변》(가축에 주는)짐 꼬리표, 꼬리개.
porte-étriers [pɔrtetri(j)e] *n.m.* 《복수불변》등자(鐙子)(를 매다는)가죽끈.
porte-étrivière(s) [pɔrtetrivjɛ:r] *n.m.* 《복수불변》등자끈의 고리용.
porte-fainéant [pɔrtəfɛneɑ̃] *n.m.* 《복수불변》《옛》(짐 마차의 왼쪽 채에 있는)해먹형 마부걸상.
portefaix, 《옛》**porte-faix** [pɔrtəfɛ] *n.m.* 《복수불변》《옛·문어》짐꾼, 인부; 하역인부; 《구어》깡패.
porte-fanion [pɔrtəfanjɔ̃] *n.m.* 《복수불변》《군사》(장군기의)기수.
porte-fenêtre [pɔrtəfənɛ:tr] (*pl.* ~*s*-~*s*) *n.f.* (문을 겸한)창문, 프랑스 창(발코니로 출입하는 문).
porte-fer [pɔrtəfɛ:r] *n.m.* 《복수불변》(안장에 매단 예비용)작은 주머니.
***portefeuille** [pɔrtəfœj] *n.m.* ① (지폐 넣는)지갑. avoir un ~ bien garni 돈을 많이 가지고 있다. Il ouvre son ~ et en tire un billet de cinq cents francs. 그는 지갑을 열고 거기에서 500 프랑짜리 지폐를 하나 꺼낸다. ~ *de cuir* 가죽 지갑. ② 장관의 직. ambitionner un ~ 장관 자리를 노리다. ministre sans ~ 무임소장관. ③《상업》유가증권, 수식. avoir toute sa fortune en ~ 전재산을 유가증권으로 가지고 있다. effets ~; ~ effets 소유주. ~ d'une banque 은행의 소유주(예금 보유고). ④《속어》침대. faire[mettre] un lit en ~ (잠자리를 만드는 방법에서)시트를 길이로 반 접다; 장난으로 침대의 담요를 가로로 반을 접어 다리를 펼 수 없도록 만들다. ⑤《옛》미발표 작품, 미완성 작품.
~ *a. jupe* ~. 《의복》랩어버 스커트(한 목으로 된 천을 휘감아 입게 된 스커트).
porte-filière [pɔrtəfiljɛ:r] (*pl.* ~-~(*s*)) *n.m.* 나사못의 몸통(자루), 나사틀의 돌리대.
porte-flambeau [pɔrtəflɑ̃bo] *n.m.* 《복수불변》《옛》 횃불 들고 길 밝히는 사람(안내인).
porte-fleurs [pɔrtəflœːr] *n.m.* 《복수불변》작은 병.
porte-foret [pɔrtəfɔrɛ] (*pl.* ~-~(*s*)) *n.m.* 《착공기의》드릴을 고정시키는 부분.
porte-fort [pɔrtəfɔːr] *n.m.* 《복수불변》《법》계약보증인.
porte-fouet [pɔrtəfwɛ, ~-fwa] *n.m.* 《복수불변》 (마차에 붙어 있는)채찍통.
porte-fraise [pɔrtəfrɛːz] (*pl.* ~-~(*s*)) *n.m.* 《금속》프레이즈(盤)의 굴대.
porte-fusain [pɔrtəfyzɛ̃] *n.m.* 《복수불변》《미술》(데생용의)목탄꽂이.
porte-fusil [pɔrtəfyzi] (*pl.* ~-~(*s*)) *n.m.* 총 주머니

니, 엽총 케이스.
porte-fût(s) [pɔrtəfy] *n.m.* 《복수불변》통 놓는 대.
porte-giberne [pɔrtəʒibɛrn] *n.m.* 《복수불변》《옛》《군사》(탄약통의)가죽끈.
porte-gibier [pɔrtəʒibje] *n.m.*《복수불변》= **porte-carnier**.
porte-glaive [pɔrtəɡlɛ:v] (*pl.* ~-~(*s*)) *n.m.* ① 《드물게》칼 차는 혁대. ② 《역사》(1204년 리가(*Riga*)에서 일어난)무장 교단(教團)의 단원.
porte-glissière [pɔrtəɡlisjɛ:r] *n.m.* 《복수불변》《기계》(증기기관의)미끄럼 막대받이.
porte-graine [pɔrtəɡrɛn] (*pl.* ~-~(*s*)) *a.m.* 종자를 맺는. arbre ~ 종자를 맺는 나무. —*n.m.* 종자를 얻기 위해 남겨두는 그루터기.
porte-greffe(s) [pɔrtəɡrɛf] *n.m.* 《복수불변》《원예》(접목의)대목(臺木).
porte-guidon [pɔrtəɡidɔ̃] *n.m.* 《복수불변》《군사》(보병대의)향도 기수; 《옛》(왕정시대의 헌병대·중포병대 소속)기수.
porte-habit(s) [pɔrtabi] *n.m.* 《복수불변》(양복걸이가 달려 있는)슈트 케이스, 옷가방, 코트걸이; 의복 선반.
porte-hache [pɔrtəaʃ] *n.m.* 《복수불변》(공병(工兵)의)도끼자루 케이스.
porte-hauban(s) [pɔrtəobɑ̃] *n.m.* 《복수불변》《해양》(돛줄을 거는 뱃전의)수평돌출판.
porte-hélice [pɔrtelis] *n.m.* 《복수불변》《선박》스크루받이.
porte-hélicoptères [pɔrtelikɔptɛ:r] *n.m.* 《복수불변》헬리콥터(탑재) 항공모함.
porte-isolateur [pɔrtizɔlatœ:r] *n.m.* 《전기》(절연체의)애자 비녀장.
porte-jarretelles [pɔrtəʒartɛl] *n.m.* 《복수불변》《의복》(스타킹을 고정시키는)벨트, 가터 벨트.
porte-jupe [pɔrtəʒyp] *a.* 《불변》《옛》(익살)페티코트를 입은. —*n.f.* 《복수불변》《옛》(익살)페티코트를 입은 여자. —*n.m.* (*pl.* ~-~(*s*)) (옷장 안의)치마걸이 집게.
porte-lame [pɔrtəlam] (*pl.* ~-~(*s*)) *n.m.* (수확기·풀베는 기계의)날받침, 칼날 자루.
porte-lance [pɔrtəlɑ̃:s] *n.m.* 《복수불변》《군사》(말 안장의)창꽂이.
porte-lanterne(s) [pɔrtəlɑ̃tɛrn] *n.m.* 《복수불변》(자전거 따위의)램프 받침.
porte-lettres [pɔrtəlɛtr] *n.m.* 《복수불변》편지 끼《우화》.
porte-liqueurs [pɔrtəlikœ:r] *n.m.* 《복수불변》리퀴르병을 놓는 대; 리퀴르병과 잔을 놓는 쟁반.
porte-livres [pɔrtəli:vr] *n.m.* 《복수불변》《드물게》독서대.
portelone [pɔrtəlon] *n.m.* 《해양》짐을 싣고 내리는 뱃전의 큰 문.
porte-louches [pɔrtəluʃ] *n.m.* 《복수불변》국자걸이.
porte-loupe [pɔrtəlup] *n.m.* 《복수불변》확대경의 대(臺).
porte-lyre [pɔrtəli:r] *n.m.* 《복수불변》《조류》금조(琴鳥)(ménure).
porte-malheur [pɔrtəmalœ:r] *n.m.* 《복수불변》《드물게》불길한 물건[사람](↔ porte-bonheur).
porte-manchon [pɔrtəmɑ̃ʃɔ̃] *n.m.* 《복수불변》(가스등의)맨틀 홀더.
portemanteau [pɔrtəmɑ̃to] (*pl.* ~*x*) *n.m.* ① 외투걸이. accrocher[mettre, suspendre] son pardessus (chapeau) au ~ 외투(모자)를 외투걸이에 걸다. ② 《옛》(여행용)의상가방; 《옛》《군사》(왕·귀족의)외투를 받드는 사람; (귀부인의)옷자락 받드는 시녀. ③ 《해양》보트를 매다는 선박용 크레인.
④《구어》(경장을 한)하루만 묵는 손님.
épaules en ~《구어》떡 벌어진 어깨.
porte-masse [pɔrtəmas] *n.m.* 《복수불변》(행렬 따위에서 높은 사람 앞에서서)권위 표지를 받드는 사람.
portement [pɔrtəmɑ̃] *n.m.* (등에)지기. ~ de croix 《미술》십자가를 진 예수상.
porte-menu [pɔrtəm(ə)ny] *n.m.* 《복수불변》메뉴꽂이.
porte-mine, portemine [pɔrtəmin] (*pl.* ~(-)~*s*) *n.m.* 샤프 펜슬.
porte-molette [pɔrtəmɔlɛt] *n.m.* (동전 둘레를)깔쭉쭐쭉하게 만드는 기계.
*****porte-monnaie** [pɔrtəmɔnɛ] *n.m.* 《복수불변》돈[동전]지갑. ~ de cuir 가죽지갑.
avoir le ~ *bien garni* 주머니가 두둑하다, 돈이 많다. *faire appel au* ~ *de qn* …의 너그러운 원조(회사)에 호소하다.
porte-montre [pɔrtəmɔ̃:tr] (*pl.* ~-~(*s*)) *n.m.* (침대 따위의)회중시계 놓는 곳.
porte-montres [pɔrtəmɔ̃:tr] *n.m.* 《복수불변》①《드물게》회중시계 받침[걸이·케이스]. ②《상업》회중시계 진열장.
porte-mors [pɔrtəmɔ:r] *n.m.* 《복수불변》(말의)재갈끈.
porte-mouchettes [pɔrtəmuʃɛt] *n.m.* 《복수불변》(촛불 심지를 자르는)가위 얹는 그릇.
porte-mousqueton [pɔrtəmuskətɔ̃] *n.m.* 《복수불변》① (어깨에 메는 탄띠에 달린)기병총 걸이. ② (시계줄 따위의)쥐쇠.
porte-musc [pɔrtəmysk] *n.m.* 《복수불변》《동물》사향사슴.
porte-musique [pɔrtəmyzik] *n.m.* 《복수불변》악보 끼우는 가방.
porte-objectif [pɔrtɔbʒɛktif] *n.m.* 《복수불변》《사진》렌즈홀.
porte-objectifs [pɔrtɔbʒɛktif] *n.m.* 《복수불변》《사진》렌즈 테; (현미경의)대물렌즈 홀더.
porte-objet [pɔrtɔbʒɛ] (*pl.* ~-~(*s*)) *n.m.* (현미경의)검경대(檢鏡臺); (현미경용의)받침 유리, 슬라이드 글라스.
porte-or [pɔrtɔ:r] *n.m.* 《복수불변》금화지갑.
porte-outil(s) [pɔrtuti] *n.m.* 《복수불변》《기계》(선반의)날 고정장치 (선반의)슬라이드 레스트.
porte-papier [pɔrtəpapje] *n.m.* 《복수불변》① hygiénique (화장실의)화장지꽂이. —*a.* (panneau) ~《사진》(확대용)인화지 틀. rouleau ~ (타자기의)심진이.
porte-paquet(s) [pɔrtəpakɛ] *n.m.* 《복수불변》《철도》짐 시렁, 짐 얹는 그물 선반.
porte-parapluies [pɔrtəparaplɥi] *n.m.* 《복수불변》우산(지팡이) 세우개.
porte-parole [pɔrtəpɑrɔl] *n.m.* 《복수불변》① 대변인. ~ d'un groupe politique à l'Assemblée nationale 국회의 정당 대변인. ~ officiel du gouvernement 정부의 공식 대변인. ② 기관지(機關紙). Ce journal est le ~ de l'opposition. 이 신문은 반대당의 기관지이다.
porte-pelle [pɔrtəpɛl] *n.m.* 《복수불변》난로용 부삽 세우개.
porte-phare [pɔrtəfa:r] *n.m.* 《복수불변》《자동차》헤드라이트 부착 부분.
porte-pieds [pɔrtəpje] *n.m.* 《복수불변》(이발대·치과 진료대 따위의)발 올려 놓는 곳.
porte-pipes [pɔrtəpip] *n.m.* 《복수불변》파이프 걸치개.
porte-plaque [pɔrtəplak] (*pl.* ~-~(*s*)) *n.m.* ① 《사

진》 원기통. ② 〖자동차〗 차체 번호판걸이.

porte-plat [pɔrtəpla] (*pl* ~·~(*s*)) *n.m.* (식탁에서 뜨거운 그릇 밑에 까는)접시받침; (뜨거운 요리의) 접시받용 철사소쿠리.

porte-plume [pɔrtəplym] *n.m.* 《복수불변》펜대.

porte-pneu [pɔrtəpnø] *n.m.* 《복수불변》(자동차 수리장의)타이어걸이.

porte-queue [pɔrtəkø] *n.m.* 《복수불변》① (의식 때 왕후·귀족의)옷자락을 받드는 사람. ② 〖곤충〗제비나비(machaon).

porte-queues [pɔrtəkø] *n.m.* 《복수불변》〖당구〗 큐걸이.

‡**porter**¹ [pɔrte] *v.t.* Ⅰ. ① (짐 따위를)들다; 가지고 있다; 지다, 짊어지다. Il *porte* une valise à la main. 그는 가방을 손에 들고 있다. La mère *porte* son bébé dans ses bras. 어머니는 팔에 아기를 안고 있다. *Portez* armes! 《군대속어》받들어 총! ② (무거운 것을)받치다, 감당하다, 지탱하다. Ces colonnes *portent* tout le poids de l'édifice. 이 기둥들이 건물의 전중량을 받치고 있다. 《목적보어 없이》La glace *porte* comme de la roche. 얼음은 바위처럼 단단하다. pont qui peut ~ des camions 트럭들이 지나갈 수 있는 다리.
③ (책임 따위를)지다, (죄·벌 따위를)받다; (고통 따위를)견디다(supporter). Mon père *porte* une lourde responsabilité dans cette affaire. 아버지는 이 일에 대해 무거운 책임을 지고 계시다. ~ tout le poids d'une affaire 일의 전책임을 지다. ~ nous *portons* la peine de nos fautes. 우리는 저지른 잘못의 벌을 받는다. Chacun *porte* sa croix. 누구나 십자가를 지고 있다; 저마다 고통을 견디고 있다.
④ (옷·모자·신 따위를)입고〈쓰고·신고〉있다; 착용하다, (안경·반지·장갑 따위를)끼고 있다; 휴대〈소지〉하다(avoir). En hiver, nous *portons* des vêtements chauds. 겨울에 우리는 따뜻한 옷을 입는다. Tu *portes* des lunettes maintenant? 너 지금 안경을 쓰고 있니? Elle ne *porte* plus la montre que son mari lui avait offerte. 그 여자는 남편이 선물로 준 시계를 더 이상 차지 않는다. ~ les armes [la robe, la soutane] 군인〔법관·성직자〕이다.
⑤ (수염 따위를)기르고 있다; (상처 따위를)입고〔지니고〕있다. Marc *porte* la barbe. 마르크는 턱수염을 기르고 있다.
⑥ (토지가 곡식을)생산하다, (나무가 열매를)맺다(produire); (돈이 이자를)낳다, 가져다 주다 (rapporter); arbre qui *porte* beaucoup de fruits 많은 열매를 맺는 나무.
⑦ (아이를)배고 있다; (목적보어 없이)임신하고 있다; (애정을)품고 있다. Les juments *portent* onze mois. 말의 임신기간은 11 개월이다.
⑧ (이름을)갖다, (의)기재되어 있다, (의)내용을 가지고 있다; (의 흔적이)남아 있다. Ce monument *porte* une inscription. 이 기념비에는 비명이 적혀〔새겨져〕있다. Cet institut *porte* le nom de Pasteur. 이 연구소는 파스퇴르의 이름을 갖고 있다. Cette lettre *porte* la date du 24 mai. 이 편지에는 5월 24일의 일부인이 찍혀 있다. La ville *porte* encore les traces du bombardement. 도시는 아직도 폭격의 흔적을 지니고 있다.

Ⅱ. ① 가져다 주다; (소식·명령 따위를)전달하다. (편지·물건 따위를)배달하다; 제출하다; (땅에)묻다. Marie m'a *porté* mon petit déjeuner au lit. 마리는 내 조반을 침대까지 가져다 주었다. ~ le courrier en ville (우편물을)시내 배달하다. ~ le lait à domicile 우유를 가정에 배달하다. ~ *qn* en terre …을 매장하다.
② (타격을)가하다, (손해를)입히다, (충격을)주

다; (시선·발길을)향하게 하다, 돌리다(diriger). Cette affaire a *porté* un coup mortel à son crédit. 이 사건은 그의 신용에 치명상을 입혔다. ~ un coup à …에게 일격을 가하다. [~ *qc* sur/vers *qn*] Jean *porte* son regard sur[vers] Brigitte. 장은 브리지트쪽으로 시선을 돌리다. *Portez* votre effort sur ce point. 이 점에 노력을 집중하시오.
③ [~ *qn/qc* sur *qc*] (명부 따위에)기입하다, 올리다(inscrire, mettre). Je *porte* votre nom sur la liste. 제가 당신의 이름을 명단에 기입합니다. *Portez-le* sur la note. 그것을 계산서에 올리시오.
④ (행·불행을)초래하다, 가져오다. On croit que le vendredi *porte* malheur. 사람들은 금요일이 불행을 가져온다고 믿는다.
⑤ [~ *qn* à *qc*/à+*inf.*] (으로)이끌다, 인도하다, 유도하다, (의)원인이 되다, (으로) 하다(inciter, pousser). Qu'est-ce qui a pu le ~ à faire cela? 어째서 그가 그렇게 할 생각이 났을까? ~ *qn* au péché …에게 죄를 짓게 하다.
⑥ [~ *qn/qc* à *qc*] (으로, 까지)높이다, (생산량이)이르게 하다. Cela l'a *porté* au pouvoir. 이것이 그를 권좌에까지 끌어올렸다. ~ *qn* aux nues …를 마구 치켜올리다, 격찬하다.
⑦ [~ *qc* à *qc*] (으로)(금액·수량을)평가하다, 견적하다. Je *porte* à dix mille le nombre des morts. 나는 사망자가 만 명이라고 본다. ~ la somme à deux cents francs 총액을 200 프랑으로 견적하다.
⑧ (의)나타내다, (의)표시이다, (을)보이다. Il *porte* sur son visage un air de lassitude. 그는 얼굴에 피로의 빛을 보이고 있다. [의]선언하다, 표명하다. L'ordonnance *porte* que… 법령은 …이라고 선언한다.
⑨ [~ à] (직책·임무에)지명하다, 임명하다; 선발하다; 추천하다, (후보를 선거에)입후보시키다. être *porté* à la présidence 의장으로 뽑히다.
⑩ 정하다, (법률을)제정하다; (판결을)내리다.
⑪ (담 따위를)쌓고 있다, 잇다.

être porté à+*inf.* 당연히〔자연히〕…하게 되다.
être porté sur qc …에 대단한 취미를 가지고 있다.
Il ne le portera pas loin. 《구어》곧 그에게 복수해 줄테다.
le ~ *haut* 《구어》잘난 체하다, 자만하다.
l'un portant l'autre; le fort portant le faible 《옛·문어》평균해서.
ne savoir où ~ *ses pas* 어디로 가야 할지 모르다.
~ *amitié à qn* …에게 우정을 품다, 호의를 갖다.
~ *assistance à qn* …을 돕다.
~ *atteinte à qc* …을 (함부로)건드리다, (나쁘게) 변형〔변경〕시키다.
~ *bien la toile [la voile]* 〖해양〗(배가 기울지 않고)힘차게 달리다.
~ *bien l'eau* (술이)물을 타도 맛이 변하지 않다.
~ *bien le vin* 술이 세다.
~ *bien son âge* 나이에 비해 정장하다; 《반어적》 …나이들어 보이다.
~ *des fers* 죄수가 되다.
~ *haut ses prétentions* 커다란 포부를 지니다.
~ *la mort partout* 사람을 죽이는 귀신이 들리다; 가는 곳마다 사람을 죽게 하다.
~ *la tête haute* 빼기다, 재다.
~ *plainte contre qn* …을 고소〔고발〕하다.
~ *plus [moins] que son âge* 나이보다 늙어〔젊어〕 보이다.
~ *qc à la connaissance de qn* …을 …에게 알리다.
~ *qc en soi*; ~ *qc au fond de son cœur* …을 속에 간직하다.
~ *qn très haut* …을 대단히 존경하다. L직하다.
~ *ses pas en [vers]* …로 가다.
~ *sur soi* 휴대하다, 소지하다, 보이다.
~ *tout dessus* (배가)돛을 모두 올리고 있다.

—*v.i.* ① [~ *sur qc*] ⓐ (무게가)걸리다, 받쳐지고 있다(peser, appuyer). Tout le poids de l'édifice *porte sur* les quatre piliers. 건물의 모든 무게는 네 기둥에 걸려 있다. ⓑ 기인하다, 근거를 두다, 기초를 두다. *Sur quoi porte* sa plainte? 그의 불평의 근거는 뭐요? ~ à faux 근거(기초)가 약하다. ⓒ (손해 따위가)미치다, 영향이 있다. La perte *a porté sur* nous. 손해는 우리가 입었다.
② (탄환·목소리 따위가)도달하다, 미치다, 명중하다. ~ *juste* 명중하다. canon qui *porte* loin 사정거리가 먼 대포.
③ ⓐ 효력이 있다; 급소를 찌르다. Chaque mot *porte*. 말마다 폐부를 찌른다. ~ sur les nerfs[(구어)le système] 신경을 자극하다. Ce vin *porte* à la tête. 술이 머리까지 오른다. ⓑ [~ *sur*] (을)목표[목적·대상]로 하다; [~ *sur/contre*] (에)부딪치다; 자극하다. Il est tombé et sa tête *a porté contre* [*sur*] une pierre. 그는 넘어져서 돌에 머리를 부딪쳤다.
④ 〖해양〗향하다, 나아가다. laisser ~ (sur) (쪽으로)진로를 바꾸다(향하다). ~ au sud[au nord] 남(북)으로 향행하다. (조류가)남(북)으로 흐르다. ~ (bon) plein 바람을 잘 받도록 키를 잡다.
⑤ 〖문장〗[~ *de*] (의)문장을 지니다.
La voile porte. 돛이 순풍을 받고 있다.
—*se ~ v.pr.* ① 향하다, 가다. Le sang *s'est porté* à la tête. 홍분했다, 화가 났다.
② 건강이 좋다(나쁘다). ~ *se* ~ à merveille[〖구어〗comme un charme] 매우 정정하다.
③ 입을 수 있다; 유행하다. Cela ne *se porte* plus. 이것은 유행이 사라졌다, 이젠 모두 입지 않는다.
④ [se ~ sur *qn/qc*] (시선·흥미 따위가 …으로)향하다, 끌리다; (의심이)들다. Les soupçons *se* ~ *sur* lui. 혐의는 그에게 걸려 있다.
⑤ (에)나서다; 입후보하다; 《속사와 함께》보증인이 되다. *se* ~ candidat 입후보하다. *se* ~ fort pour *qn* (…의 일을)보증하다, 책임지다; …의 승낙을 얻을 것을 떠맡다. *se* ~ garant de[*que* + *ind*.] (을)보증하다, 책임지다. *se* ~ partie civile 민사소송을 일으키다.

se ~ *aux dernières extrémités contre qn* …에게 못된[심한] 짓을 하다.

porter² [pɔrtɛːr] 〖영〗 *n.m.* (영국제)흑맥주.
porte-rame [pɔrt(ə)ram] *n.m.* 《복수불변》 〖해양〗 (배의)노받침.
porte-raviers [pɔrt(ə)ravje] *n.m.* 《복수불변》 〖요리〗오르되브르 접시.
portereau [pɔrt(ə)ro] *n.m.* (pl. ~**x**) (배를 통과시키기 위해 물을 깊게 하는 하천의)물막이판.
porte-respect [pɔrt(ə)rɛspɛ] *n.m.* 《복수불변》 〖옛·구어〗 ① 호신용 무기, 기력이 곤봉. ② 〖구어〗위엄을 느끼게 하는 것; 경외심을 느끼게 하는 사람.
porte-ressort [pɔrt(ə)rəsɔːr] *n.m.* 〖기계〗용수철받이.
porterie [pɔrtri] *n.f.* (수도원의)수위실, (넓은 소유지 정문의)수위실.
porte-robe [pɔrt(ə)rɔb] *n.m.* 《복수불변》의복걸이.
porte-rôties [pɔrt(ə)roti] *n.m.* 《복수불변》토스트 세우개.
porte-roue [pɔrt(ə)ru] *n.m.* 《복수불변》(자동차의) 예비 타이어 끼우개.
porte-sabre [pɔrtasɑːbr] *n.m.* 《복수불변》〖옛〗〖군사〗(벨트·안장·자전거 따위의)칼꽂이.
porte-savon [pɔrtəsavɔ̃] *n.m.* (pl. ~-~(s)) *n.m.* 비눗갑, 비누 받침.
porte-scie [pɔrtəsi] *n.m.* 《복수불변》톱테.
porte-serviettes [pɔrtəsɛrvjɛt] *n.m.* 《복수불변》수

건걸이.
porte-skis [pɔrt(ə)ski] *n.m.* 《복수불변》(자동차 지붕의)스키 적재대.
porte-tapisserie [pɔrtatapisri] *n.m.* 《복수불변》(문·벽에 치기 위한)타피스리 테; (벽에 걸기 위한)타피스리 걸이.
porte-tartines [pɔrtatartin], **porte-toasts** [pɔrtətɔːst] *n.m.* 《복수불변》토스트 세우개.
porte-tolet [pɔrtatɔle] *n.m.* 《복수불변》〖해양〗 (보트의)침목((진수할 때 배 밑을 굄).
porte-trait [pɔrtatrɛ] (*pl.* ~-~(s)) *n.m.* (말의)봇줄을 끼우는 가죽고리.
***porteur(se)** [pɔrtœːr, -ø:z] *n.* ① 운반인, 짐꾼, (역)수하물 운반인; (등산의)짐꾼 겸 안내인, 셰르파. appeler un ~ sur le quai d'une gare 역의 플랫폼에서 수하물 운반인을 부르다. Ces valises sont trop lourdes, va chercher un ~. 이 트렁크들은 너무 무겁다, 가서 짐꾼을 불러오너라. ~ d'eau (옛날에)음료수를 가정에 운반하던 사람; 물장수. ~ de lait 배달인, 심부름꾼, 전령. ~ de dépêches[de télégrammes, de journaux] 속달[전보·신문]배달인. ~ d'ordres 〖군사〗전령. ~ de paroles 대변인 ~ de pain (가정으로)빵을 배달하는 여자. Dites au ~ qu'il n'y a pas de réponse. 심부름꾼에게 회신이 없다고 말하여라. ~ de flambeau 횃불을 든 사람. ~ de lunettes 안경을 낀 사람. ~ du ballon (럭비 따위에서)공을 갖고 있는 선수. ④ (서류 따위의)소지자; 〖상법〗소지인, 지참인. La police a arrêté un ~ de faux papiers. 경찰은 위조 신분 증명서 소지자를 체포했다. Ce chèque est payable au ~. 이 수표는 지참인에게 지불되는 것이다. ~ d'un chèque 수표의 지참인[양수인·배서인]. chèque au ~ 지참인불 수표. ~ d'actions[de titres] 주주(株主). ~ d'un titre de créance 신용장 지참인. ⑤ 〖의학〗보균자(~ de microbes[de germes]). ~ d'une maladie contagieuse 전염병의 보균자.
—*n.m.* ① 〖철도〗(현수가선(懸垂架線)에 쓰이고 있는)전기 케이블. ② 〖토목〗(준설기가 파낸 토사 운반용의)운반선. ③ (avion) gros ~ 점보기; 대형 탱크 트럭.
—*a.* 운반하는, 물건을 나르는. animal ~ (짐을) 운반하는 짐승. cheval ~ (마차의 좌우 한 쌍의 말 중에서)왼쪽 말. courant ~ 〖전기〗반송전류(搬送電流). essieu ~ 축받이 차축(車軸). fusée ~ *se* 〖물리〗기기(機器)적재 로켓. onde ~*se* 〖무전〗반송파(搬送波).
porte-valve [pɔrtavalv] *n.m.* 《복수불변》〖라디오〗진공관 홀더.
porte-véhicules [pɔrtveikyl] *n.m.* 《복수불변》차량 운반선.
porte-veine [pɔrtəvɛn] *n.m.* 《복수불변》〖구어〗= **porte-bonheur**.
porte-vent [pɔrtəvɑ̃] *n.m.* 《복수불변》① (오르간의)바람관. ② 〖야금〗풀무관.
porte-verge [pɔrtəvɛrʒ] *n.m.* 《복수불변》〖가톨릭〗권장(權杖) 받드는 사람.
porte-vêtement(s) [pɔrtəvɛtmɑ̃] *n.m.* 《복수불변》옷걸이.
porte-vis [pɔrtəvis] *n.m.* 《복수불변》(소총·권총의)격발장치 자물쇠.
porte-voix [pɔrtəvwa(o)] *n.m.* 《복수불변》① 메가폰. crier dans un ~ 메가폰으로 외치다. mettre ses mains en ~ 양손을 메가폰처럼 입에 대다. ② 〖해양〗통화호통.
portier(ère¹) [pɔrtje, -ɛːr] *n.* ① 〖가톨릭〗(수도원의)문지기 수도사. 《동격》sœur ~*ère* 문지기 수녀.

portier-consigne

② 《옛·문어》문지기, 관리인(concierge). ~ du paradis 천당의 문지기《성베드로》.
—n.m. ① (공공시설의)문지기; (호텔의)도어 맨. ② 《가톨릭》문직(門直)《하급성품의 하나》. ③ 《축구》골키퍼.

portier-consigne [pɔrtjekɔ̃siɲ] (pl. ~s~) n.m. 《군사》(요새의)위병; (병기창의)감시병.

portière² [pɔrtjɛːr] a.f. (가죽 따위가)새끼를 밴; 새끼 밸 나이가 된. brebis ~ 새끼를 밴[새끼 밸 나이가 된] 양.

portière³ n.f. ① (자동차·기차·마차 따위의)승강구(의 문). voiture à deux[quatre] ~s, 2(4) 도어의 자동차. ② (방한·방음을 위해 도어 대신으로 친)간막이 커튼, 휘장.

portière⁴ n.f. (주교의)멧목, 교각선(橋脚船).

portillon [pɔrtijɔ̃] n.m. ① 쪽문, 결문. ~ automatique (du métro) (지하철의 플랫폼으로 통하는)자동 개폐문. ② (건널목 차단기의)결문. ③ 《사투리》(피레네 산맥의)협로.
Ça se bouscule au ~. 《구어》그의 말은 너무 빠르고 요령부득이다.

*****portion** [pɔrsjɔ̃] n.f. ① (나누어진)부분; 몫; (식사의)한 끼분; 배당. Au restaurant, on m'a servi une ~ abondante de légumes. 식당에서 나에게 많은 분량의 야채를 주었다. grossir(diminuer) la ~ 식사의 양을 늘리다[줄이다]. — d'héritage 《법》분배상속분. — disponible 처분임의분, 자유분. — virile 공유재산의 균등배당. ② 일부, 부분. ~ de route 도로의 일부. — de terrain cultivé 경작지의 일부. Une ~ de la population est mécontente. 주민의 일부는 불만스러워한다. ③ ~ congrue (비꼼)《식사·돈의》빈약한 양.
par ~s égales 균등하게.

portioncule [pɔrsjɔ̃kyl] n.f. 《드물게》① 작은 부분. ②(P~)앗시시의 성 프랑체스코(Saint François d'Assise)파의 최초의 성당.

portionnaire [pɔrsjɔnɛːr] n. 《법》(유산의)공동상속자, 분배받을 권리를 가진 사람; 분할상속자.

portionner [pɔrsjɔne] v.t. 《드물게》(각자에게 그 몫을 주기 위해)나누다, 분배하다, 할당하다.

portique [pɔrtik] n.m. ① 주랑(柱廊), 회랑(回廊); 문. ② d'église 교회의 주랑현관. ② (le P~) 《그리스철학》스토아당(철학). ③ ⓐ 《스포츠》(그네·링 따위를 매다는)가로목. ⓑ 《항공》(공항의 비행기 납치 방지용)금속탐지장치. ⓒ 《해양》 밧줄을 거는 가로장. ⓓ 《철도》 신호장치 과선교(跨線橋). ⓔ — de lavage (자동차의)세차대. ⓕ — du but 《축구》골포스트. ⓖ — roulant; grue à ~ 이동식 기중기.

portland [pɔrtlɑ̃] n.m. 《영》 n.m. (결이 곱고 접착력이 강한)포틀랜드산 석재.

portlandien(ne) [pɔrtlɑ̃djɛ̃, -ɛn] 《지질》a. 쥐라계 상부의. —n.m. 쥐라계 상부, 포틀랜드층.

porto [pɔrto] n.m. 포르투갈산 포도주, 포트와인(vin de P~). —P~ n.pr.m. 《지리》 포르토(포르투갈의 도시).

portoir [pɔrtwaːr] n.m. (환자를 나르는)들것; 의자형 들것.

portor [pɔrtɔːr] n.m. 노란 결이 있는 흑색 대리석.

portoricain(e) [pɔrtɔrikɛ̃, -ɛn] 《지리》 a. 푸에르토리코(le Porto-Rico)의. —P~ n. 푸에르토리코 사람.

Porto-Rico [pɔrtɔriko] n.pr.m. 푸에르토리코《대안틸 군도에 있는 미합중국의 영토》.

portraicturer [pɔrtrɛktyre] v.t. =**portraiturer**.

portraire [pɔrtrɛːr] [44] v.i. 《현재는 부정법으로만 쓰임》《옛》(의)초상화를 그리다; 《문학》(의)인물을 묘사하다.

*****portrait** [pɔrtrɛ] n.m. ① 초상(화); 인물 사진; 조상(彫像). ~ flatté 실물보다 나은 초상화. se faire tirer le ~ 《옛·구어》자신의 사진을 찍게 하다. ② en buste 반신상. ~ en pied 전신상. ② 흡사한 모습, 판박이. ~ parlant 빼어낸 듯 닮은 초상화. Regarde Daniel, c'est tout le ~ de sa mère. 다니엘을 보아라, 어머니를 빼낸 듯이 닮았다. ③ (언어로 하는)인물묘사; 《문학사》(17세기 salon에서 유행한 문학 장르로서의)포르트레《특히 재치있는 인물묘사》. ~ physique(moral) 모습[성격] 묘사. jeu du ~ 초상놀이《인물 알아맞히기》. art du ~ 묘사법; 초상화법. ~ littéraire 성격묘사. ④《구어》얼굴. s'abîmer le ~ 얼굴에 상처를 입다. ⑤ 《회화》(사물의)묘사.

portraitiste [pɔrtrɛtist] n. 초상화가.

portrait-robot [pɔrtrɛrɔbo] (pl. ~s~s) n.m. ① (범인 따위의)몽타주 사진. ② (사람·물건의)전형적(典型的) 이미지. ~ du industriel 사업가로서의 전형적 이미지.

portraiture [pɔrtrɛtyːr] n.f. 《옛》 =**portrait**.

portraiturer [pɔrtrɛtyre] v.t. 《드물게》(의)초상을 그리다; (의)모습을 찍다;《비유적》(의)인물 묘사를 하다.

Port-Saïd [pɔrsaid] n.pr.m. 《지리》 포트사이드《이집트의 도시》.

port-salut [pɔrsaly] n.m. (복수불변) 《상표명》 《프랑스 Mayenne 산의》치즈.

portuaire [pɔrtɥɛːr] a. 항구의. installations (équipements) ~s 항만시설.

portugais(e) [pɔrtygɛ, -ɛːz] a. 포르투갈의; 포르투갈어의.
—P~ n. 포르투갈 사람. —n.m. 포르투갈어. —n.f. ① 《패류》굴의 일종(huître ~). ②《속어》귀(oreille). avoir des ~es ensablées 귀가 잘 안들리다; 남의 뜻을 받아들이지 않다.

Portugal (le) [ləpɔrtygal] n.pr.m. 《지리》 포르투갈. eau du ~ 《옛》포르투갈 화장수. —p~ n.m. =eau du ~.

portulaca [pɔrtylaka] n.m. 《식물》 쇠비름속(屬).

portula(ca)cées [pɔrtyla(ka)se] n.f.pl. 《식물》쇠비름과(科).

portulan [pɔrtylɑ̃] n.m. 《옛》《해양》(13-16세기의)해도; 항만 해안지도.

portune [pɔrtyn] n.m. 《동물》 꽃게과 새우.

porure [pɔryːr] n.f. 《드물게》(금박·금은세공에 생기는)흠, 상처.

P.O.S. 《약자》 plan d'occupation des sols 토지 이용 계획.

posada [pɔz(s)ada] n.f. 《옛》(에스파냐의)여관.

posage [pozaːʒ] n.m. 《드물게》부설(공사); 부설비.

pose [poːz] n.f. ① (기계·부품·전기 따위의)부설, 설치(mise en place). ~ des rideaux 커튼을 달기. ② 《놀이》(도미노 따위의)선수(先手). À vous la ~. 먼저 두십시오. ② 《사진》《태도》자세; 《미술》 포즈. ~ classique du joueur de golf 골퍼의 격에 맞는 자세. prendre une ~ 포즈를 취하다. séance de ~《모델의》포즈 시간. ③ 《사진》 노출(시간); 긴 노출(10분의 1초 이상). manque de ~ 노출 부족. salon de ~《사진작가의》아틀리에. ④ ~ de la voix《음악》(노래하기 전)음의 높이를 정하기.
le faire à la ~ 《구어》으스대다. sans ~ 잘난 체하지 않고.

posé(e) [poze] a.p. ① 침착한(pondéré). air très ~ 침착한 태도. ② voix bien ~e 《음악》안정되고 잘 울리는 목소리. ② (고문서)사회적 지위에 있는. ⑤ 《문장》(도형을)배열한. —n.m. ① 《사냥》(새 따위가)정지한 상

pose-cigare(s) [pozigaːr] *n.m.* 《복수불변》 엽궐련 접시[꾸러미].

posément [pozemɑ̃] *ad.* 침착하게, 착실하게, 서두르지 않고(↔ brusquement).

posemètre [pozmɛtr] *n.m.* 《사진》 노출계.

pose-mines [pozmin] *a.* 《불변》 navire ~ 기뢰[수뢰] 부설함.

pose-plumes [pozplym] *n.m.* 《복수불변》 펜접시, 펜꽂이.

:poser [poze] *v.t.* ① (어떤 장소에)놓다. ~ un colis sur la bascule 소포를 앉은뱅이저울 위에 올려놓다. ~ un avion 비행기를 착륙시키다. ~ des gardes 보초를 세우다. [~ sur] ~ un regard(les yeux) sur …을 응시하다. ②부설하다, 설치하다. ~ un décor 무대 장치를 설치하다. ~ des mines 지뢰[기뢰]를 부설하다. ③ (문제 따위를)내다, 제출하다. Elle *a posé* ses conditions. 그녀는 자기의 조건을 제시했다. ~ sa candidature 입후보하다. ④정하다; 주장하다; 상정하다. ~ un principe 원칙을 세우다. Cet écrivain *pose* que… 이 작가는 …라고 주장한다. ceci(cela) *posé* 그렇게 가정한다면. *posé* que+*sub.* 《옛》 …라고 가정한다. 《수학》가정하다; (수자를)놓다. *Posons* que A>B. A>B로 가정한다. Cinq et huit font treize, je *pose* trois et je retiens un. 5 더하기 8은 13, 3은 놓고 1을 올린다. ⑥ (사람을)훌륭하게 보이게 하다, 값어치를 높이다. Ce livre l'*a* définitivement *posé*. 그 책을 내고 그는 결정적인 지위를 획득했다. ⑦포즈를 취하게 하다. ~ le modèle 모델에게 포즈를 취하게 하다.

~ *le masque* 《문어》정체를 나타내다. ~ *les armes* 무기를 버리다, 싸움을 그치다.

— *v.i.* ① [~ sur] (위에)걸려 있다; 걸려 있다, 받쳐지다; 근거하다. La poutre *pose* sur le mur. 들보는 벽 위에 놓여 있다. Notre crainte ne *pose* sur rien de certain. 우리들의 기우는 아무런 확실한 근거가 없는 것이다. ② (모델이)포즈를 취하고 있다. ③ 거드름 피우다, 젠체하다; 짐짓 …하다. ~ pour la galerie 대중의 인기를 노리다. 《구어》[~ à] (인)체하다; (을)자처하다. ~ *à* l'intellectuel 지식인을 자처하다. ~ *au justicier* 정의의 기사인 체하다. ⑤《사진》노출하다.

— *se* ~ *v.pr.* ① (새 따위가)앉다; (비행기가)착륙하다. L'avion *s'est posé* à huit heures. 비행기는 8시에 착륙했다. ② 놓이다; (시선이)멈추다. Le regard du gardien *s'est posé* sur un visiteur. 문지기의 시선이 방문자에게 쏠렸다. ③ (문제가)발생하다; 과해지다. ~ *se* ~ une question 자신에게 문제를 과하다. ④ (다운)태도를 취하다, *se* ~ *en* victime 희생자다운 태도를 취하다. ⑤지위를 확보하다; 《구어》유명해지다. *se* ~ bien au bureau 능력조중에서 지위를 확보하다. ⑥《속어》 [se ~ là](경쟁 따위가)굉장하다. Comme avare, il *se pose là!* 인색함에 있어서는 그는 대단하다!

poseur(se) [pozœːr, -øːz] *n.* ① (장치·부설물 따위를)설치하는 사람; (특히) 돌 쌓는 인부. ~ de carrelages 타일 깔이공. ~ de rails 선로부설공. ②젠체하는 자. — *a.* 젠체하는.

positif(ve) [pozitif, -iːv] *a.* ① 확실한, ~ ves 확증. ② 의심할 나위없는 사실, ~ ves 확증. ③ 긍정의, 긍정적(affirmatif). proposition ~ *ve* 《논리》긍정명제. 《언어》긍정법. ③ 사실(경험)에 바탕을 둔. sciences ~ *ves* 실증과학. état ~ 《철학》실증적 단계(*Auguste Comte*의 철학에서 état théologique, état métaphysique에 이어지는 인간 발달의 최종 단계). esprit ~ 실증정신; 미래 지향적 정신(의 소유자). ④ 현실적인, 실제적인. politique ~ *ve* 현실적 정치. avantage ~ 실리, 실이익. ⑤ 건설적인, 적극적인. action ~ *ve* 적극적인 행동. ⑥《수학》정(正)의, 플러스의. nombres ~ *s* 정수. quantité ~ *ve* 정양. ⑦ 양(陽)의 성의. charge ~ *ve* 정전하(正電荷), 양전하. électricité ~ *ve* 양전기. cuti-réaction ~ *ve* 《의학》투베르쿨린 반응 양성. épreuve ~ *ve* 《사진》양화, 포지티브. ⑧ degré ~ 《언어》(형용사의)원급. ⑨실증적인, 사람의 정(定)한. droit ~; loi ~ *ve* 《법》실정법, 실증법(현실적으로 의회 따위에 제정된 법). théologie ~ *ve* 실증신학.

— *n.m.* ① 확실한 것; 현실적[실리적]인 것. Cet homme s'attache du ~. 이 사람은 실리적인 것에 집착한다. ②《언어》(형용사의)원급(비교급은 comparatif, 최상급은 superlatif). ③《사진》양화, 포지티브(이 뜻으로는 *n.f.* 로도 사용). ④《음악》(파이프 오르간의)부견반; 《옛》소형 파이프 오르간(orgue ~).

***position** [pozisjɔ̃] *n.f.* ①위치. ~ d'un navire 배의 위치. feux de ~ (배·비행기의)표지등; (자동차의)주차등. voyelle en ~ forte 《언어》강세 위치의 모음. syllabe longue par ~ (그리스·라틴 운율법의)위치에 의한 장음절. astronomie de ~ 《천문》위치천문학. cercle de ~ 위치권. ~ de mémoire 《컴퓨터》기억번지. ②자세. ~ assise 앉은 자세. ~ du tireur debout(couché) 서서[엎드려] 쏘아의 자세. ~ 자세를 똑바로 하시오. ③ 입장, 상황. se trouver dans une ~ délicate(difficile) 미묘한(곤란한] 입장이다. ~ fausse 이러지도 저러지도 못하는 입장. ④ (주의 주장에서의)태도, 입장, 의견, 견해. ~ politique 정치적 입장. prise de ~ 의견의 표명. prendre ~ contre[pour] *qc* …에 반대(찬성)의 태도를 보이다. rester sur ses ~ *s* 자신의 입장을 고수하다. ⑤ (특히 높은)지위; 순위; (공무원 따위의)행정상의 신분. homme dans une ~ élevée 높은 사회적 지위에 있는 인사. arriver en deuxième ~ 2등으로 도착하다. ~ *s* de l'officier 장교의 신분. ⑥《군사》진지. ~ forte 견고한 진지. ~ de repli 퇴각진지. prendre une ~ 진지를 빼앗다. ⑦ (문제 따위의)설정, 제출. ~ d'un problème 문제의 설정. ⑧ (은행구좌의)대차(貸借)상황, 잔고. feuille de ~ 대차대명서, 밸런스 시트. ⑨《세무》징세항목. ⑩ appliquer la règle de fausse ~ 《수학》(문제를 풀기위해)보간법(補間法)을 적용하다. ⑪ⓐ《무용》(발의)포지션. ⓑ《펜싱의)자세. ⓒ《음악》(화음에서)음의 배치; (현악기를 연주할 때 왼손가락의)포지션. ⓓ《성교의)체위. ⓔ《정신의학》단계(특히 *Klein*의 용어).

en ~ ! 정위치! 준비! (구령). *changer de* ~ 자세를 바꾸다; 직장을 바꾸다. *être en* ~ *de* + *inf.* …을 할 수 있다. *prendre* ~ *sur* (문제 따위의 대해)결정적인 태도를 취하다.

positionnement [pozisjɔnmɑ̃] *n.m.* ① (조립을 위해 부품을)정위치에 놓기. ② (선박 따위의)위치측정. ③ (은행구좌의)잔고(대차) 계산.

positionner [pozisjɔne] *v.t.* ① (조립을 위해 기계의 부품을)정위치에 놓다. ② (선박의)위치를 측정하다. ③ (은행구좌의)잔고를 계산하다.

positivement [pozitivmɑ̃] *ad.* ① 실제로(réellement); 확실히(exactement); 긍정[적극]적으로; 절대적으로; 바로(exactement); 참말로; 단연. ②《전기》양성으로, 양전기로.

positivisme [pozitivism] *n.m.* 《철학》실증주의; 실리주의.

positiviste [pozitivist] 【철학】 *a*. 실증[실리]주의의. école ~ 실증주의 학파.
— *n*. 실증[실리]주의자.
positivité [pozitivite] *n.f*. ① 【철학】실증성, 확실성. ② 【전기】양성(陽性); 【수학】(수·양의) 정(正).
positogène [pozitɔʒɛn] *a*. 【물리】양전자를 방사하는.
positon [pozitɔ̃] *n.m*. 【물리】양전자(positron).
positonium [pozitɔnjɔm] *n.m*. 【물리】포지트로늄 (양전자와 음전자의 일시적인 결합으로 생기는 불안정한 물질).
posit(r)on [pozit(r)ɔ̃] *n.m*. 【전기】양전자.
positronium [pozitrɔnjɔm] *n.m*. 【물리】= positonium.
posologie [pozɔlɔʒi] *n.f*. 【의학】용량학; 약의 양, 용량.
posologique [pozɔlɔʒik] *a*. 【의학】용량학상의; 용량(상)의.
possédable [pɔsedabl] *a*.《드물게》가질 수 있는, 소유할 수 있는.
possédant(e) [pɔsedɑ̃, -ɑ̃:t] *a*. 재산을 가진. classe ~*e* 부유층, 유산 계급. — *n*. (주로 *pl*.) 재산을 가진 사람, 유산자, 부자.
possédé(e) [pɔsede] *a.p*. [~ de] (에)사로잡힌, 정신을 빼앗긴, (귀신에)들린. homme ~ *du* démon 마귀들린 사람. — *n*. 마귀들린 사람. se démener comme un ~《구어》미친개처럼 날뛰다.
***posséder** [pɔsede] [6] *v.t*. ① 소유하다(avoir); 점유하다, 손아귀에 넣다. ~ des vertus 도의심을 지니다. nation qui *possède* une puissante armée 강력한 군대를 가진 나라. ~ une femme 여자를 차지하다, 여자와 육체관계를 맺다. ② 파악하다, 숙달하다, 정통하다. Il *possède* à fond sa grammaire française. 그는 불문법을 완전히 알고 있다. bien ~ son sujet 그 문제에 정통하다. ③ (감정 따위가)지배하다. Le désespoir le *possède*. 그는 절망에 빠져 있다. ④ (마귀 따위가)붙다. Le démon le *possède*. 그는 마귀에 들렸다. ⑤《옛·문어》억제하다 (maîtriser). ~ sa colère 분노를 억제하다. ⑥《속어》속이다. se faire ~ 속다.
— **se** ~ *v.pr*. 자제하다, 감정을 억제하다. ne pas *se* ~ de joie 기뻐서 어쩔 줄 모르다.
possesseur [pɔsesœːr] *n.m*. ① 소지자, 소유자. ~ d'une lettre de créance 신용장의 소지자. Elle est ~ d'une belle fortune.《드물게》그녀는 막대한 재산을 소유하고 있다. ② 【법】점유자. ~ à titre précaire 가점유자. ~ légitime 정당한 점유자. ③ 보유자. ~ d'un secret 비밀의 보유자. ~ de la vérité 진상을 파악하고 있는 사람.
***possessif(ve)** [pɔsesif, -iːv] 【어】*a*. 소유의, 소유를 나타내는. pronoms ~*s* 소유대명사. — *n.m*. 소유(를 나타내는 품)사.
***possession** [pɔsesjɔ̃] *n.f*. ① 소유. ~ de terres 토지의 소유. s'assurer la ~ de qc …을 손에 넣다. ② 파악, 장악; (자기)제어. reprendre ~ de soi-même 제정신으로 돌아오다. ③ 취득; (특히 여자와)육체관계를 맺기. La ~ physique ne réalise pas toujours l'amour. 성적 관계를 맺는다고 해서 반드시 사랑의 실현은 아니다. ④ 소유물; (특히) 속령. ~*s* britanniques 영국의 속령. ⑤ 【법】점유. envoi en ~ 점유 부여, 유산상속권(허가). ~ d'état 신분 점유. prise de ~ 점유행위. ⑥ 【종교·심리】마귀들림. ⑦ 【어】소유(관계).
entrer [*se mettre*] *en* ~ *de qc* …을 취득하다.
être en ~ *de*+*inf*.《옛》…할 권리[습관]가 있다.

être en ~ *de qc; avoir qc en sa* ~ …을 소유하고 [지니고] 있다.
mettre qn en ~ *de qc* …에게 …을 취득하게 하다.
P~ *vaut titre*.《속담》내 것이라도 남의 손에 들어가면 내 뜻대로 할 수 없다.
prendre ~ *de qc* …을 손아귀에 넣다, 점유하다, 양도받다. (권위 따위를)차지 소유로 하다.
possessionnel(le) [pɔsesjɔnɛl] *a*. 【법】소유를 나타내는; 소유자로서의.
possessivité [pɔsesivite] *n.f*. 【심리】독점욕이 강한 것(행동).
possessoire [pɔseswaːr] 【법】*a*. (부동산의)점유권을 보호하기 위한. intenter une action ~ 점유권의 반환 소송을 제기하다. — *n.m*. 점유권; 점유권 반환 소송.
possessoirement [pɔseswarmɑ̃] *ad*.《드물게》【법】점유[소유]권에 의하여.
posset [pɔse] 《영》【예】밀크 술.
possibilisme [pɔsibilism] *n.m*. 【역사】가능주의 (개혁은 가능한 것에서부터 착수해야 한다는 스페인의 전 공화당, 프랑스 사회당 일파의 주장).
possibiliste [pɔsibilist] *a., n*. 【역사】가능주의파 (의 사람).
***possibilité** [pɔsibilite] *n.f*. ① 가능성. ~ de guerres 전쟁의 가능성. ② 【논리】가능법. ③ 가능한 일, 가능한 경우. Il n'y a plus qu'une ~. 이제 가능한 경우는 한 가지밖에 없다. ④ 능력 (capacité). donner à *qn* la ~ de se défendre …에게 변명할 여지를 남겨주다. ⑤ (*pl*.) 가능한 범위. selon ses ~*s* 자신이 할 수 있는 범위에서. connaître ses ~*s* 자신의 능력 범위를 알다. ⑥ (산림의)벌채 가능량.
:**possible** [pɔsibl] *a*. ① 가능한, 있을 수 있는, 생각할 수 있는. Ce n'est pas ~ autrement. 다른 방법으로는 불가능하다. Ce que vous dites est très ~. 말씀하시는 것은 얼마든지 있을 수 있는 일입니다. C'est un ministre ~. 이 사람은 장관이 될지도 모르는 사람입니다. ② 할 수 있는 한의, 가능한 한의. Venez le plus vite ~. 가능한 한 빨리 오시오. livre aussi édifiant que ~ 더할 수 없이 유익한 책. la meilleure place ~ 가능한 한 최고의 자리. ③《구어》그저 그런, 웬만한. C'est un repas tout juste ~. 그저 그런 식사다.
Ce n'est pas ~!; *Pas* ~!; *Est-ce* ~?설마(하나)!
Il est ~ *de*+*inf*. …하는 것은 가능하다.
Il est ~ *que*+sub. …일지도 모른다.
P~ *que*+sub.《구어》아마도 …일 것이다.
— *n.m*. 가능한 일(것). le ~ et le nécessaire 가능과 필연. dans la mesure du ~ 가능한 한. ② (*pl*.) 일어날 수 있는 일, 가능성. Un enfant contient une infinité de ~*s*. 어린이는 무한한 가능성을 지니고 있다.
au ~ 무척, 극도로.
faire (*tout*) *son* ~ 능력껏 하다, 힘 자라는대로 노력하다. Je ferai tout mon ~ pour réussir. 나는 성공하기 위해서 가능한 일은 다 하겠다.
possiblement [pɔsibləmɑ̃] *ad*.《드물게》아마.
post- *préf*.「후에, 뒤에, 다음에」의 뜻.
postage [pɔstaːʒ] *n.m*. 우송(郵送), 투함(投函).
***postal(ale**, *pl*. **aux**) [pɔstal, -o] *a*. 우편의, 우편에 관한. matière ~*ale* 우편물. service ~ aérien 항공우편 사무. carte ~*ale* 우편엽서. colis ~ 우편소포. franchise ~*ale* 우편료 면제. numéro de code ~ 우편번호. convention ~*ale* 우편협정.
postaliser [pɔstalize] *v.t* 우편화[우송]하다.
postalvéolaire [pɔstalveɔlɛːr] *a*. 【음성】후부 치경음의. consonne ~ 후부 치경(자)음([ʃ], [ʒ]).
postclassique [pɔstklasik] *a*. 【학술】고전주의 이후

의(↔ préclassique). littérature ~ 고전주의 이후 문학.
postcombustion [pɔstkɔ̃bystjɔ̃] *n.f.* (터빈식 분사 추진기관의)재연소(법).
postcommunion [pɔstkɔmynjɔ̃] *n.f.* 〖가톨릭〗 (사제의)영성체 후의 기도문.
postcure [pɔstkyːr] *n.f.* (요양소 따위에서의 요양후의)보양기(保養期), 관찰기간.
postdate [pɔstdat] *n.f.* (수표・서신・계약 따위의)선 일부(先日附), 실제보다 늦은 날짜(장래에 시행될 지불・계약일을 기입)(↔ antidate).
postdater [pɔstdate] *v.t.* (의)일부(日附)를 (실제보다)늦추다; (수표・서신・계약 따위를)선일부로 하다, (작성일보다)뒤의 날짜를 적어두다.
postdent*al*(*ale, pl. aux*) [pɔstdɑ̃tal, -o] 〖언어〗 *a.* 이 안쪽~(의). ※ 치리음(齒裏音).
postdiluvien(*ne*) [pɔstdilyvjɛ̃, -ɛn] *a.* 〖역사〗노아의 홍수 이후의(에 존재한, 에 일어난).
postdors*al*(*ale, pl. aux*) [pɔstdɔrsal, -o] *a.* 〖음성〗후부 설배음(舌背音)의. — *n.f.* 후부 설배음([k], [g] 따위).
‡**poste**[1] [pɔst] *n.f.* ① 우편. bureau de ~ 우체국. ~ aux armées 군사우편. P~s et Télécommunications 우체전화국(〖약자〗P. et T., 전에는 P.T.T.: Postes, Télégraphes et Téléphones). receveur de ~ 우체국장. ② 우체국. mettre une lettre à la ~ 편지를 우체통에. adresser une lettre ~ restante 편지를 국유지로 보내다. grande ~ 중앙우체국. ③〖옛〗역참; 역참간의 거리(약 8 km); 역마차. cheval de ~ 역마. courir la ~ 〖옛・문어〗급히 가다. ~ 위치, 입장; 〖옛〗정위치. mettre l'ancre à ~ 〖해양〗닻을 정위치에 내리다.
à la ~ de qn …에 어울리는, …에 적합한. médecin à *notre* ~ 우리에게 적합한 의사.
‡**poste**[2] *n.m.* ① (주로 공무원의)직, 지위; 임지. être nommé à un ~ 어떤 직에 임명되다. obtenir un ~ élevé[subalterne] 높은[낮은] 지위를 얻다. rejoindre[quitter] son ~ 취임[이임]하다. ~ chef 요직. ~ vacant 빈 자리, 공석. ②〖군사〗부서; 부서의 부대원. garder[défendre] son ~ 부서를 지키다. ~ de commandement 지휘소(〖약자〗P.C.). ~ avancé 전초. ~ de surveillance 감시초소. ~ de combat (30 명 정도의 병사가 배속되는)전투 거점. ~ de garde 초소, 위병소. relever[doubler] les ~s 부서의 대원을 교대(배가)하다. être solide au ~ 〖구어〗끈질기다, 끈기가 있다. ③ 부서원 근무소; (특히) 경찰지서[파출소](~ de police). conduire un manifestant au ~ 시위자를 파출소로 연행하다. ~ de douaniers 세관사무실. ~ de pompiers 소방서. ④ (기계의)설치 장소; 설치 기구. ~ abaisseur de tension 변전소. ~ de conduite (열차의)운전실. ~ d'essence 주유소. ~ d'incendie 소화전[설비]. ~ d'eau 공공 수도전. ~ de pilotage (비행기의)조종실; (배・비행기의)승무원실. ~ d'aiguillage (철도의)신호 취급소, 신호탑. ~ à quai(d'amarrage) (부두의 배)정박위치. ~ de perforation 〖컴퓨터〗키펀치실. ⑤ 텔레비전(수상기)(~ de télévision); 라디오(수신기)(~ de radio); (전화의)내선, 교환번호. ouvrir [fermer] le ~ 텔레비전[라디오]을 켜다[끄다]. entrée de ~ 전화인입선(引入線). ligne à ~s groupés (전화)공동 가입선. P~ 21, s'il vous plaît. 교환 21 번을 부탁합니다. ⑥ (3 교대 따위의)근무, 근무시간. ~ de nuit 야근 근무조. travail par ~s 교대근무(조). 〖경제〗 〖장부의〗 항목; 〖재정〗 (예산)항목. ~ budgétaire.
posté(*e*) [pɔste] *a.p.* (노동・노동자가)교대 근무의.

poste-fond [pɔstəfɔ̃] *n.m.* (광산에서)표면다듬기 작업.
poster[1] [pɔste] *v.t.* (사람을)부서에 배치하다. ~ des sentinelles 보초를 배치하다.
—*se* ~ *v.pr.* (감시・습격을 위해)배치되다. *se* ~ derrière la porte 문 뒤에서 살피다.
poster[2] *v.t.* 우편으로 보내다, 우송하다; 우체통에 넣다.
poster[3] [pɔsteːr] 〖영〗 *n.m.* 포스터.
postérieur(*e*) [pɔsterjœːr] *a.* ① [~ à] (보다)후의, 뒷날의(↔ antérieur). événement ~ de cinq ans à sa mort 그의 사후 5 년 뒤에 일어난 사건. ② 뒤쪽의; 〖언어〗 후설(後舌)의. voyelle ~*e* 후설모음. — *n.m.* 후부, 뒤쪽; 〖구어〗엉덩이. tomber sur le ~ 엉덩방아를 찧다.
postérieurement [pɔsterjœrmɑ̃] *ad.* [~ à] (보다) 이후에, 뒷날에, 후에.
posteriori (a) [apɔsterjɔri] 〖라틴〗 *loc.ad.* 귀납적(歸納的)으로, 경험[지식]에 근거를 둔(↔ a priori). s'apercevoir *a* ~ de ses erreurs 나중에 자신의 잘못을 알아차리다. — *loc.a.* 〖복부〗귀납적인. raisonnement *a* ~ 귀납적 추리. constatation *a* ~ 경험[지식]에 근거를 둔 증명. — *n.m.* 〖복수불변〗귀납적 판단[추리].
postériorité [pɔsterjɔrite] *n.f.* 다음의 것[일], 뒤에 오는 것[일](↔ antériorité).
postériser [pɔsterize] *v.t.* 포스터에 나타내다; 포스터로 게시하다.
postérité [pɔsterite] *n.f.* ①〖문어〗(총칭) 후손, 후예, 자손(↔ ancêtre(s)); 후세. laisser ~ 자손을 남기다. mourir sans (laisser de) ~ 자손을 남기지 않고 죽다. ② ~ d'un écrivain (비유적)어느 작가의 후계자. ③ 후대; 후세 사람들. aux yeux de la ~ 후세 사람들의 눈에.
postes [pɔst] *n.f.pl.* 〖건축〗물결 소용돌이꼴 장식.
postface [pɔstfas] *n.f.* 발문(跋文), 후기(後記).
postglaciaire [pɔstglasjɛr] *a.* 〖지질〗후빙기의.
posthite [pɔstit] *n.f.* 〖의학〗 (음경의)포피염.
posthomérique [pɔstɔmerik] *a.* 〖그리스문학〗호메로스(*Homère*) 이후의.
posthume [pɔstym] *a.* 유복(遺腹)의; 사후(死後)의, 사후에 발표[공표]된. fils ~ 유복자. œuvres ~*s* 사후에 간행된 저작.
posthypnotique [pɔstipnɔtik] *a.* 최면상태 후의.
posthypophyse [pɔstipɔfiːz] *n.f.* 〖해부〗뇌하수체.
postiche [pɔstiʃ] *a.* ① 인위적인, 인공적인; 가짜의, 거짓의, 허위의(faux). avoir des cheveux ~*s* 가발을 쓰고 있다. barbe ~ 가짜 수염. dent ~ 의치. perle ~ 인조 진주. canon ~ 공포(空砲). douleur ~ 겉으로만 꾸며대는 비탄. ②〖옛〗덧붙인, 추가된; 불필요한, 부적절한. ③ symbole ~ 〖언어〗 (생성문법의)대역(代役)기호(△로 표시). ④〖옛〗대리의, 대역의, 임시의.
—*n.m.* 덧머리, 가발; 인공 장식품, 헤어피스.
—*n.f.* 〖옛・은어〗(방물장수 따위의)떠버리는 소리지르는 거짓 약속을 하다. faire une drôle de ~ 번덕이, 허풍장이.
posticheur [pɔstiʃœːr, -ʃøːz] *n.m.* 가발 제조공[인], 헤어피스 제조공[인](판매인);〖옛・은어〗방물장수, 떠버리, 허풍장이.
postier(*ère*) [pɔstje, -ɛːr] *n.* 우체국원. — *n.m.* 〖옛〗역마(驛馬).
postillon [pɔstijɔ̃] *n.m.* ① (역)마차의 마부(리본이 달린 모자를 썼음). ② (마부의 모자와 비슷한)부인모;〖옛〗(비공용 우편의)배달인. ③ 승합마차의 기수, 마부. ④ (연의 끈에 매는)구멍 뚫린 종이(바람을 받아 올린다). ⑤〖낚시〗보조찌.

⑥《구어》(말할 때 튀는)침. envoyer des ~s 침을 튀기면서 떠들다. 「하다.
postillonner [pɔstijɔne] v.i. 《구어》침을 튀기며 말
postillonneur(se) [pɔstijɔnœːr, -øːz]《드물게》 a.,n. 침을 튀기며 말하는(사람).
post(-)impressionnisme [pɔstɛ̃prɛsjɔnism] n.m. 후기 인상파〔주의〕.
post(-)industriel(le) [pɔstɛ̃dystrijɛl] a. 공업화 이후의, 탈공업의.
postliminie [pɔstlimini] n.f., **postliminium** [pɔstliminjɔm] n.m. 《로마법》전전 복귀권(戰前復歸權)(전쟁중 적국에 잡혔던 사람이나 물건이 자기 나라로 돌아왔을 때 이전의 권리와 의무를 회복하는 권리).
postlude [pɔstlyd] n.m. 《종교》후주(後奏)《예배가 끝날 때의 오르간 독주》.
postméridien(ne) [pɔstmeridjɛ̃, -ɛn] a. 《드물게》 오후의.
postnatal(ale, pl. als) [pɔstnatal] a. 탄생직후의, 생후에 일어나는.
postnominal(ale, pl. aux) [pɔstnɔminal, -o] a. 《언어》명사〔형용사〕에서 파생된. verbe ~ 명사〔형용사〕에서 파생된 동사(poste→poster, joli →enjoliver 따위).
postopératoire [pɔstɔperatwaːr] a. 수술후의.
postpalatal(ale, pl. aux) [pɔstpalatal, -o] a. 《해부》후구개(後口蓋)의;《언어》후부경구개의(後部硬口蓋)(음)의.
—n.f.《언어》후부경구개음([k], [g]).
postposer [pɔstpoze] v.t. ① 《언어》뒤에 놓다, 후치하다. ~ le pronom sujet dans les phrases interrogatives 의문문에서 주어대명사를 후치하다. sujet *postposé* 후치 주어. ②《엣》뒤에 놓다.
postpositif(ve) [pɔstpozitif, -iːv] a. 《언어》뒤에 놓는〔오는〕, 후치의(celui-ci 의 ci 는 mot postpositif).
postposition [pɔstpozisjɔ̃] n.f. 《언어》후치; 후치사(後置詞)(*à:trois ans après*). verbe à ~ 후치사를 가진 동사(courir *après* 따위).
postromantique [pɔstrɔmɑ̃tik] a. 《문학사》낭만주의시대 후의(↔ préromantique). 「실.
postscénium [pɔstsenjɔm] n.m.《엣》무대 뒤, 분장
postscolaire [pɔstskɔlɛːr] a. 학교 졸업 후의. enseignement ~ 청년〔성인〕교육《의무교육이 끝난 후, 주로 야간에 교육함》.
post-scriptum [pɔstskriptɔm] n.m. 《라틴》《복수불변》(편지 따위의)추신(追伸)《약자 P.-S.》.
post(-)sonorisation [pɔstsɔnɔrizasjɔ̃] n.f.=**post-synchronisation**.
post(-)sonoriser [pɔstsɔnɔrize] v.t.=**postsynchroniser**.
postsynchronisation [pɔstsɛ̃krɔnizasjɔ̃] n.f. 《영화·텔레비전》촬영 후 녹음.
postsynchroniser [pɔstsɛ̃krɔnize] v.t. 《영화·텔레비전》촬영 후 녹음하다. 「의.
post-tonique [pɔsttɔnik] a. 《언어》강세음절 뒤
postulant(e) [pɔstylɑ̃, -ɑ̃ːt] n. 지원자; 《종교》수도〔성직〕지원자. —a. 지원〔지망〕하는.
postulat [pɔstyla] n.m. ① 《철학》요청; 가정; 《수학》공준(公準), 공리. ~ d'Euclide 유클리드의 공리. admettre qc en ~ …라고 가정하다. ②《가톨릭》(수도)지원자의 수련기간.
postulateur [pɔstylatœːr] n.m. 《가톨릭》시복(諡福)·시성(諡聖)조사 청원자〔시복(béatification), 시성(canonisation)을 위해 교황청에 조사 의뢰의 수속을 하는 성직자〕.
postulation [pɔstylasjɔ̃] n.f. ① 《법》소송 대리

(이 권한은 대리 소송인 avoué에게 주어짐). ②《엣·문어》청원. ③《가톨릭》시복·시성 조사 청원. ④《공준(公準)으로서의》설정, 가정, 제기.
postulatum [pɔstylatɔm] n.m. 《수학》=**postulat**.
postuler [pɔstyle] v.t. ① (어떤 지위를)지원하다, 지망하다. ~ une place〔un emploi〕어떤 자리를 지망하다. ②《가톨릭》(어떤 사람을 어떤 지위에)천거하다. ③《논리》(전리·공준으로)가정하다. ~ la bonté naturelle de l'homme 인간의 성선을 가정하다. —v.i. 대리 소송하다.
post(-)universitaire [pɔstynivɛrsitɛːr] a. 대학교육 후의. enseignement ~ 대학 졸업 후의 교육〔직업 훈련〕.
postural(ale, pl. aux) [pɔstyral, -o] a. 자세의. réflexe ~ 《심리》자세반사《어떤 목적을 위해서 신체의 어느 부분을 움직이면 그것을 한층 더 효과적으로 하기 위해서 다른 부위도 반사적으로 움직임》. albuminurie —ale 《의학》자세적〔체위적〕단백뇨(蛋白尿).
posture [pɔstyːr] n.f. ① (특히 부자연스러운 또는 부적당한)자세. ~ incommode 불편한 자세. ② 《엣·문어》《비유적》입장, 태세, 형세《현재는 다음의 경우에만 사용》(situation). être en bonne 〔mauvaise〕 ~ 〔pour〕(…하기에)좋은〔나쁜〕입장에 있다. La chute du cabinet l'a mis en mauvaise ~ 내각(倒閣)은 그를 나쁜 처지에 빠뜨렸다.
postverbal(ale, pl. aux) [pɔstvɛrbal, -o] a. 《언어》동사형에서 파생된(demander→demande, pleurer→pleur 따위).
postvélaire [pɔstvelɛːr] n.f.,a. 《음성》후부 연구개음(의).

***pot** [po] n.m. ① ⓐ 항아리, 단지. ~ d'étain〔de porcelaine〕주석〔사기〕항아리. ⓑ [~ à] (을)넣는 항아리〔단지〕. ~ à beurre 버터 항아리. ~ à bière 맥주 조끼. ~ à eau [potao] 물병. ~ à lait 〔운반용〕우유통; 〔식탁용〕밀크 포트. ~ à tabac 살담배통; 《구어》작고 뚱뚱한 사람. ~ au noir 구두약통(~을 숙어란). ⓒ [~ de] (이)들어있는 항아리〔단지〕. ~ de fleurs 화병. manger tout un ~ de miel 꿀 한 단지를 다 먹다.
② 실내용 변기, 요강(~ de chambre). mettre un enfant sur le ~ 아이를 요강에 앉히다.
③《구어》(술)한 잔; 술 모임, 칵테일 파티. boire 〔prendre〕 un ~ 한 잔 하다. Je suis invité à un ~ d'élèves. 나는 학생들의 술 모임에 초대되었다.
④《구어》운, 행운. avoir du ~ 운이 좋다. coup de ~ 찬스, 재수. Manque de ~! 재수 없는 걸!
⑤《엣》남비《현재는 다음 경우에만 쓰임》. poule au ~ 닭찜. cuiller à ~ 주걱. en deux coups de cuiller à ~ 재빨리.
⑥《놀이》ⓐ(포커의)내것돈. ⓑ(구슬치기할 때 땅을 파내는)구멍.
⑦ⓐ《인쇄》포트판(31×40cm 크기의 인쇄용지)(format ~); papier ~ 카드놀이의 카드용지. ⓑ ~(-échappement)(자동차의)머플러, 소음기. ⓒ ~ à feu 꽃불; 조명탄. ⓓ bruit de ~ fêlé 《의학》단지 깨지는 소리《폐에 공동이 생겼을 때 나는 소리》.
⑧《학생은어》(파리의 École normale supérieure 의)회계담당.
⑨《속어》엉덩이; 항문. se manier le ~ 부리나케 걷다.
C'est dans les vieux ~s qu'on fait les bonnes soupes.《속담》낡은〔늙은〕게 오히려 쓸모가 있을 때가 있다.
C'est le ~ de terre contre le ~ de fer.《구어》바위

에 계란 치기이다, 도저히 못당하겠다.
découvrir le ~ aux roses 비밀을 캐내다.
en avoir plein le ~ 잔뜩 먹다.
être à ~ et à rôt 《옛》맛있는 것을 먹다.
être au ~ de qn …의 집에 얹혀 살다.
faire petit ~ 《옛》검소한 살림을 하다.
faire (son) ~ à part 《옛》남과 따로 행동하다.
payer les ~s cassés 손해를 배상하다; 손해보다.
~ au noir ⓐ 구투약통. ⓑ 적도지방[저압]대(대서양 적도부근의 농무〔호우〕지대). ⓒ 난처한 사태; 재난.
sourd comme un ~ 귀가 아주 먼.
tourner autour du ~ 우회적으로 이득을 노리다; 말을 넌지시 돌려 하다.
Un ~ fêlé dure longtemps. 《속담》골골 80 이라.
potabilité [pɔtabilite] *n.f.* 마실 수 있음, 음료로 적합함.
potable [pɔtabl] *a.* ① 음료로 적합한, 마실 수 있는. eau ~ 음료수. or 《옛》금의 염화물 용액. ② 《구어》꽤 잘된, 그만하면 만족할 수 있는(passable, acceptable). Son livre est ~. 그의 책은 그럭저럭 읽을 만하다.
potache [pɔtaʃ] *n.m.* 《구어》중고등학교 학생.
***potage** [pɔtaːʒ] *n.m.* 《요리》포타주(맑은 수프(consommé)와 달리 고형물을 넣어 끓인 진한 수프). prendre du ~ 포타주를 먹다. ② 식사 시작. dès le ~ 식사가 시작되자마자 즉시.
pour tout ~ 《옛·문어》양식으로라고는; 통틀어서, 몽땅 합쳐서(uniquement). Il n'a tiré de cette affaire que six mille francs *pour tout* ~. 그는 이 일에서 통틀어 6,000 프랑밖에 벌지 못했다.
***potager(ère)** [pɔtaʒe, -ɛːr] *a.* ① 《곡물 이외의 물종류에 대해서》식용의. herbes ~ères 나물. plantes ~ères 야채. ② 야채를 심는. ③ 채소에 관한. culture ~ère 채소 재배. ―*n.m.* ① 채소밭(jardin ~). ② 《옛》요리용 화덕. ③ 《노동자의》도시락.
-potame *suff.*, **potamo-** *préf.* 「강」의 뜻.
potamochère [pɔtamɔʃ(k)ɛːr] *n.m.* 《동물》멧돼지의 일종(아프리카의 늪지대에 사는). 《川學》.
potamologie [pɔtamɔlɔʒi] *n.f.* 《지질》하천학(河)
potamot [pɔtamo], **potamogéton** [pɔtamɔʒetɔ̃] *n.m.* 《식물》가래속(屬).
potard [pɔtaːr] *n.m.* 약제사; 약방; 약학생.
potasse [pɔtas] *n.f.* 《화학》가성칼륨; 《상업》잿물(나뭇재에서 얻은 불순 탄산칼륨).
potassé(e) [pɔtase] *a.* 가성칼륨을 함유한.
potasser [pɔtase] *v.t.* 《구어》기를 쓰고 공부하다.
potasseur [pɔtasœːr] *n.m.* 《옛》기를 쓰고 공부하는 사람(bûcheur).
potassier(ère) [pɔtasje, -ɛːr] *a.* 가성칼륨의.
potassique [pɔtasik] *a.* 《화학》칼륨을 함유한.
potassium [pɔtasjɔm] *n.m.* 《화학》포타슘, 칼륨.
pot-au-feu [pɔtofø] *n.m.* 《복수불변》① 《고기와 야채를 같이 끓인》스튜; 스튜용 쇠고기; 스튜 냄비. ② 난방(중심주의). Elle ne s'intéresse qu'au ~. 그녀는 가정 이외는 흥미가 없다. ―*a.* 《불변》《구어》가정적인, 살림꾼인. personne ~ 무엇보다도 조용함과 가정을 아끼는 사람.
pot-bouille [pobuj] *n.f.* (*pl.* ~s-~s) *n.m.* 《옛》가정요리, 손으로 만든 요리.
faire ~ avec qn …와 동거하다.
pot-de-vin [podvɛ̃] *n.m.* (*pl.* ~s-~-~) *n.m.* 《구어》《계약액 외의》얹어주는 돈, 뇌물, 사례금. toucher un ~ 뇌물을 받다.
pot-de-vinier [podvinje] *n.m.* (*pl.* ~s-~-~s) *n.m.* 《구어》뇌물을 요구하는[받는] 사람.
pote [pɔt] *n.m.* 《속어》단짝, 친구. ―*a.f.* 《옛》통통한; 《추위로 손이》터진; 《발이》부은.
poteau [pɔto] (*pl.* ~x) *n.m.* ① 기둥, 말뚝. ~ indicateur 도로 푯말. ~ télégraphique 전선주. ② 《스포츠》《농구·축구·럭비의》골포스트, 《경주·경마의》출발점 푯말. ~ d'arrivée 결승점. ~ de départ 출발점. être coiffé *qn* au ~ …을 골라인 직전에서 간발의 차이로 앞서다. rester au ~ 《말이》출발하지 않다. tirer entre les ~x 《축구에서》골인시키다. ③ 《구어》단짝, 짝패. ④ 처형용 기둥(~ d'exécution). mettre(envoyer) *qn* au ~ …을 총살형에 처하다. Au ~! 죽여라! ⑤ 《구어》굵은 다리. avoir de gros ~x 다리가 굵다.
dormir comme un petit ~ 《구어》정신 없이 자다.
poteau-affiches [pɔtoafiʃ] (*pl.* ~x-~) *n.m.* 《드물게》광고판을 붙일 수 있는 기둥.
poteau-frontière [pɔtofrɔ̃tjɛːr] (*pl.* ~x-~) *n.m.* 국경의 푯말.
poteau-tourillon [pɔtoturijɔ̃] (*pl.* ~x-~s) *n.m.* 《토목》《수문의 천문에 붙이는》회전축.
potée [pɔte] *n.f.* ① 《요리》포테 《돼지고기와 야채를 함께 끓인 스튜》. ② ⓐ《구어》《 une ~ de 》많음, 많은 양. manger *une* ~ d'épinards 시금치를 많이 먹다. recevoir *une* ~ d'injures 욕을 잔뜩 얻어먹다. ⓑ 《드물게》한 단지의 양. une ~ de bière 맥주 한 조끼. ③ 《기술》대차액(代赭液》; 퍼티 가루(산화아연의 분말로 유리·금속·보석 따위를 닦음). ~ d'émeri 분말 금강사; 《야금》롬 《주형의 재료로 쓰이는 붉은 흙》.
potelé(e) [pɔtle] *a.* 통통하게 살찐.
potelet [pɔtlɛ] *n.m.* 작은 말뚝; 난간 기둥.
potence [pɔtɑ̃ːs] *n.f.* ① 교수대(絞首臺); 교수형; 신장 측정기. Il sent la ~. 그는 《교수형에 처할 만한》극악인이다. gibier de ~ 극악인. mériter la ~ 죽을 죄를 짓다. échapper à la ~ 교수형을 용케 피하다. ② 《건축》T자형 지주, 직각형 지주, 횡목이 달린 지주. en ~ T자 모양의.
potencé(e) [pɔtɑ̃se] *a.* 《문장》《끝이》T자 모양의. croix ~e T자형 십자.
potentat [pɔtɑ̃ta] *n.m.* 《경멸》세력가; 전제군주, 폭군. ~ de la banque 금융계의 실력가〔거물〕. prendre des airs de ~ 뻐기다.
potentialiser [pɔtɑ̃sjalize] *v.t.* 《약효를》상승작용 (action synergétique)을 하다.
potentialité [pɔtɑ̃sjalite] *n.f.* 가능성, 가능한〔잠재적인〕능력; 잠재력; 잠재성.
potentiel(le) [pɔtɑ̃sjɛl] *a.* 《학술》잠재적인, 가능성을 지닌〔나타내는〕. qualité ~*le* 잠재적 자질. énergie ~*le* 《물리》잠재 에너지. ―*n.m.* ① 《물리·화학》퍼텐셜, 위(位). ~ électrique 전위. différence de ~ 전위차. ~ nucléaire 원자핵 퍼텐셜. ② 잠재력, 가능성. différences de ~ économique et militaire 경제력과 군사력의 차이. ~ humain 인적 자원. ③ 《언어》가능성; 가능법(mode ~). ④ 《기계》기간(期間). ⑤ (d'utilisation)《기계의》수명. moteur arrivé en fin de ~ 수명이 다 된 모터.
potentiellement [pɔtɑ̃sjɛlmɑ̃] *ad.* 잠재적으로; 가능성을 지니고.
potentille [pɔtɑ̃tij] *n.f.* 《식물》양지꽃속의 식물.
potentiomètre [pɔtɑ̃sjɔmɛtr] *n.m.* 《전기》전위차계(電位差計), 퍼텐시오미터; 분압기(分壓器).
poter [pɔte] *v.t.* 《골프》포터로 치다.
poterie [pɔtri] *n.f.* ① 《가정용의》도기(陶器) 제조(법), 도기 제조소. ② 토기(~ de terre); 《특히》적토 애벌구이; 토관(土管). ③ 《옛》가정용 금속 용기. ~ d'étain 주석 단지〔그릇〕. ~ en fonte 주

poterne [potɛrn] *n.f.* (성·요새의)암도(暗道), 샛길, 빠지는 길; 탈출구, 비밀문(→ château, fortification 그림).

potestatif(ve) [pɔtestatif, -i:v] *a.* 〖법〗(계약 당사자의)한쪽의 의견에 의한. condition ~ve 수의조건(隨意條件).

poteur [pɔtœ:r] *n.m.* 〖골프〗(공을 구멍에 살짝 밀어 넣는)타구(하는 사람).

potiche [pɔtiʃ] *n.f.* ①(중국 따위의)대형 도자기. ②〖구어〗실질적인 권한이 없는)명예적인 사람; 장식물. jouer les ~s 간판〔장식물〕 역할을 하다.

potier [pɔtje] *n.m.* ①도기 제조공; 도기장수. terre de ~ 도토. ②〖곤충〗벌의 일종(모래·진흙에 단지 모양의 집을 지음).

potin¹ [pɔtɛ̃] *n.m.* 금색동(구리·아연의 합금; 모조금으로 사용); 가짜 은. ~ jaune 놋.

potin² [pɔtɛ̃] *n.m.* (보통 *pl.*)소동; 험구; 소문, 고십. faire du ~ 떠들어대다.

potinage [pɔtinaːʒ] *n.m.* 〖구어〗소문〔고십〕을 퍼뜨리기.

potiner [pɔtine] *v.i.* 소문을 퍼뜨리다.

potinier(ère) [pɔtinje, -ɛːr] 〖엣·구어〗 *a., n.* 소문퍼뜨리기를 좋아하는 사람, 고십을 즐기는(사람).
—*n.f.* 〖엣〗고십을 즐기는 사람들이 모이는 장소.

potion [posjɔ̃] *n.f.* 〖의학〗물약. ~ magique 묘약. ~ purgative(물약의)하제.

potiron [pɔtirɔ̃] *n.m.* 〖식물〗큰 호박(citrouille 보다 커서 한 개가 수십 킬로의 무게를 지님).

potlatch [pɔtlatʃ] 〖미영〗 *n.m.* (북미 토인의)축제일에 재산의 지위 과시용 선물 분배 행사.

potomètre [pɔtometr] *n.m.* 흡수계(식물의 흡수량을 측정하는 장치).

potorou [pɔtoru] *n.m.* 〖동물〗(오스트레일리아산의)주머니쥐.

pot-pourri [popuri] (*pl.* ~s-~s) *n.m.* ①〖음악〗(여러 선율을 뒤섞은)혼성곡, 메들리, 접속곡. ②〖문학〗잡문(雜文). ③〖요리〗잡탕. ④실내향, 포푸리(향기를 즐기기 위해 각종의 꽃과 향료를 섞은 작은 병).

potron-jaquet [pɔtrɔ̃ʒakɛ], **potron-minet** [pɔtrɔ̃minɛ] *n.m.* 〖구어〗첫새벽, 꼭두새벽(patron-jaquet, patron-jacquette, patron-minet, patron-minette 등으로도 씀). dès (le) ~ 꼭두새벽에.

Pott [pɔt] *n.pr.m.* mal de ~ 〖의학〗포트(영국의 의사)씨 병〔결핵성 추골염〕.

potto [pɔto] *n.m.* 〖동물〗(서아프리카산의)여우원숭이.

pou [pu] (*pl.* ~x) *n.m.* ①이(虱); 동식물의 기생충, 해충. ~ de bois 좀벌레. ~ de mouton 양의 이(날개가 있음). ~ affamé[maigre] 욕심꾸러기. ~ de San José (아메리카의)과일 나무 해충. ②~ du ciel 〖구어〗〖항공〗(2차대전 전에 많이 사용하던)소형 비행기. ③〖구어〗보잘것 없는 사람, 하찮은 사람.
chercher des ~x dans la tête de[à] *qn* …에게 사사건건 트집을 잡다.
écorcher un ~ pour avoir la peau 매우 욕심을 부리다.
laid comme un ~ 아주 못생긴.
orgueilleux(fier) comme un ~ 매우 거만한.
se laisser manger par les ~x 매우 불결하다.

pouacre [pwakr] *a.* 〖구어〗불결한, 더러운, 치사스러운. ②불결한 사람, 더러운 사람, 치사스러운 사람.

pouacrerie [pwakrəri] *n.f.* 〖구어〗불결, 탐욕, 인색, 비천함.

pouah [pwa] *int.* 체! (혐오·반발·경멸을 나타냄).

poubelle [pubɛl] *n.f.* 휴지통, 쓰레기통. éplucheur de ~s 〖구어〗넝마주이. mettre *qc* à la ~ …을 쓰레기통에 넣다. C'est bon à jeter à la ~. 그것은 휴지통에나 들어가거나, 한푼의 값어치도 없다.

***pouce** [pus] *n.m.* ①엄지손가락; (새의)발가락; (게 따위의)집게발. compter sur le ~ 손가락으로 셈을 하다. ②〖극〗소량(un ~ de 는 지금은 주로 부정문에 사용). Je ne céderai pas *un ~ de* terrain. 나는 한치의 땅도 양보하지 않겠다. ne pas reculer d'un ~ 한 발짝도 뒤로 물러서지 않다. ③〖엣〗척도(pied 의 12 분의 1 로 12 lignes, 약 27 mm).
donner le[un] coup de ~ à *qc* …의 마무리 손질을 하다; 힘이 되어주다.
donner un coup de ~ à qc (상품의 무게를 더하기 위해 저울 따위를)슬쩍 건드리다; (사건·사실을) 왜곡하다.
donner un coup de ~ à qn …을 (손으로)밀다, 꾹 찌르다; …을 후원하다, 밀어주다; 〖속어〗…을 목졸라 죽이다.
et le ~ 〖구어〗그밖에 약간, 그 이상이다. 〔다.
filer le coup de ~ 〖속어〗(상인이)저울눈을 속이
lire un livre du ~ 책장을 넘겨 쭉 훑어보다.
manger (un morceau) sur le ~ 〖구어〗앉지도 않은 채 급히 먹다.
mettre les ~s 〖구어〗손을 들다, 항복하다.
ne pas perdre un ~ de sa taille 몸을 곧게 세우다.
P~! 그만 두자! 화해하자! 휴전이다! (아이들이 놀이를 그만두거나 쉴 때 하는 말).
P~ cassé! 다시 시작! (아이들이 놀이를 다시 시작할 때 쓰는 말).
serrer les ~s à qn 〖구어〗…에게 실토시키다.
Si on lui en donne un ~, il en prendra long comme le bras. 〔속담〕봉당을 빌려주니 안방까지 달라다.
sucer son ~ 엄지손가락을 빨다; 어린애 같은 짓을 하다.
tourner ses ~s; se tourner les ~s 무료하게 시간을 보내다, 허송세월하다. 〔**pied.**

pouce-pied [puspje] (*pl.* ~s-~s) *n.m.* =**pousse-Poucet** [pusɛ] *n.pr.m.* le Petit ~ 엄지동자(Perrault 의 동화 속의 난쟁이); 꼬마.
—*P~* *n.m.* 〖기계〗캠의 레버.

poucettes [pusɛt] *n.f.pl.* 〖엣〗죄인의 양 엄지손가락을 죄는 고문 기구. mettre les ~ à *qn* …에게 양 엄지손가락을 죄는 고문을 하다.

poucier [pusje] *n.m.* ①(직공 따위가 엄지손가락에 끼는)쇠골무. ②(문걸쇠의)엄지손가락으로 누르는 부분.

poud [pud] *n.m.* 〖도량형〗푸드(러시아의 무게 단위, 약 36 파운드).

pou-de-soie [pudswa] (*pl.* ~x-~-~) *n.m.* 〖직물〗이랑이 지게 짠 비단의 일종(poult-de-soie).

pouding [pudiŋ] 〖영〗 *n.m.* 〖요리〗푸딩.

poudingue [pudɛ̃:g] *n.m.* 〖광물〗역암(礫岩).

poudrage [pudra:ʒ] *n.m.* 〖농업〗가루 농약 뿌리기(살포).

***poudre** [pudr] *n.f.* ①가루, 분말; 가루약; (분말상태의)독약. sucre en ~ 설탕. lait[café] en ~(분말)커피. ~ à blanchir 표백분. ~ dentifrice 가루치약. ~ de savon 가루비누. ~ de diamant 금강사. ~ d'or 금분(金粉). réduire[mettre] *qn* en ~ …을 가루로 만들다, 박살내다. prendre une ~ après le repas 식사후에 소화제를 복용하다. médicament en ~ 가루약. ~ purgative 분말하제(下劑). ~ insecticide 살충제.
②분. boîte à ~ 콤팩트. se mettre de la ~ 분을 바르다.
③화약; 〖엣〗먼지. faire détoner[exploser] de la ~ 화약을 폭발시키다. ~ noire 옛날 화기의 화약.

~ à canon 대포 화약. ~ de chasse 엽총 화약. ~ blanche (수렵용) 백색 화약. ~ à feu 폭발물. Service des P~s (국방성의) 탄약국 (약칭 : les P~s 로 함). Conspiration des ~s 《역사》 화약음모사건 (1605년 카톨릭 교도들이 영국의회를 폭파하고 국왕을 암살하려고 했던 사건).
Cela sent la ~. 싸움이 터질 기미이다.
être vif comme la ~ 발끈하는 성질이다.
faire parler la ~ 《옛》 무기에 호소하다, 화기를 가지고 싸우다.
jeter de la ~ aux yeux 눈을 속이다, 연막치다.
n'avoir pas inventé la ~ (à canon) 머리가 신통치 않다.
prendre la ~ d'escampette 도망치다, 뺑소니치다.
tenir sa ~ sèche 만반의 준비를 하다.
tirer à ~ 공포를 쏘다.

poudré(e) [pudre] *a.p.* (얼굴에)분바른; (머리에)분칠한.

poudre-éclair [pudrəkle:r] (*pl.* ~s-~) *n.f.* 《사진》 섬광분(閃光粉)(poudre éclairante).

poudrement [pudrəmɑ̃] *n.m.* 분바르기.

poudrer [pudre] *v.t.* ① (에)분바르다, 분칠하다; 가루를 뿌리다. ~ sa perruque 가발에 가루를 칠하다 (18세기의 유행). ② 《농업》 가루농약을 살포하다. —*v.i.* 《사냥》 먼지를 일으키며 달아나다. —*se* ~ *v.pr.* 얼굴에 분을 바르다.

poudrerie [pudrəri] *n.f.* ① 화약 공장, 탄약 공장. ②《캐나다》(돌풍에 의해) 밀려오는 눈.

poudrette [pudrɛt] *n.f.* (비료용의) 건조 인분.
faire la ~ (새가) 모래를 뒤집어쓰다.

poudreuse¹ [pudrø:z] *n.f.* ① (구멍 뚫린 뚜껑이 달린) 가루설탕 그릇. ② 《농업》 살분기(撒粉機). ③ 《드물게》 작은 경대(鏡臺).

poudreux(se²) [pudrø, -ø:z] *a.* ① 먼지투성이인 (poussiéreux). route ~se 먼지투성이의 길. ② 가루 같은. neige ~se 분설(粉雪)(스키 타기에 알맞은). ③ boîte ~se (구멍 뚫린 뚜껑이 달린) 원추형 그릇.

poudrier [pudrije] *n.m.* ① 분갑, 콤팩트. ② 화약 제조인. ③ 모래시계.

poudrière [pudrijɛ:r] *n.f.* ① 화약고; 일촉즉발의 지역, 분쟁지대. ~ des Balkans 일촉즉발의 발칸반도. ②《옛》 (롤로 만든) 화약통.

poudrin [pudrɛ̃] *n.m.* ① (바다의) 물보라, 비말(飛沫)(embrun). ② (뉴펀들랜드 지방의) 가랑눈.

poudroiement [pudrwamɑ̃] *n.m.* 먼지가 일기; 먼지처럼 됨; 햇살이 공중의 먼지에 반사되어 빛남; 눈이 먼지처럼 공중에서 휘날리기.

poudroyant(e) [pudrwajɑ̃, -ɑ̃:t] *a.* 먼지 이는, 먼지투성이의.

poudroyer [pudrwaje] [7] *v.i.* ① 먼지가 일다. route [chemin] qui *poudroie* au passage d'une voiture 차가 지나갈 때 먼지가 이는 길. La neige *poudroie*. 눈발이 날린다. ② (빛을 받은 가루처럼) 뿌옇게 반짝이다. Le lac *poudroyait.* 호수가 반짝이고 있었다. ③ (빛이) 먼지를 뿌옇게 비추다.

pouf¹ [puf] *int.* 뻥, 쾅, 털썩《떨어지거나 터지는 소리》. P~! le voilà qui s'étale par terre. 쿵 하고 그 땅바닥에 뻗었다. faire ~ 《어린애말》 떨어지다 (tomber).

pouf² *n.m.* ① (팔걸이 없는) 쿠션 의자, (속 넣은) 걸상. ② (치마 자락을 부풀리는) 허리받이. ③ (리본이나 꽃을 다는) 여자의 머리 매무새의 한 가지. ④ 허풍, 엉터리 광고. faire une dette ~s 허풍장이. ④ 갚을 생각없는 빚. faire un ~ 셈을 떼어먹(다). 파산하다. *à* ~ ⓐ 신용으로, 외상으로. ⓑ 우연히; 운좋게. taper *à* ~ 알아맞추다.

—*a.* (둥이) 무른, 푸석푸석한.

pouffant(e) [pufɑ̃, -ɑ̃:t] *a.* 《구어》 익살맞은, 웃기는.

pouffement [pufmɑ̃] *n.m.* 《구어》 가가대소.

pouffer [pufe] *v.i.* (참지 못하고) 웃음을 터뜨리다 (~ de rire). —*se* ~ *v.pr.* 웃음을 터뜨리다.

pouf(f)iasse [pufjas] *n.f.* 《비어》 뚱뚱한 (천한) 여자; 똥같은.

pouh [pu] *int.* 훙! 피! 《경멸·무관심을 나타냄》.

pouic [pwik] 《속어》 *ad.* 전혀, 조금도.
—*pron.* 아무것도. Il n'y entrave que ~. 그는 아무 것도 모른다.

pouillard [pujaːr] *n.m.* 《사투리》 《조류》 새끼 자고 (perdreau); 새끼 꿩(faisan).

pouillé [puje] *n.m.* 《카톨릭》 교회 영토·재산 대장 (臺帳). ~ d'un diocèse 주교 관구 토지 대장.

pouiller¹ [puje] *v.t.* 《옛》 (의) 이(蝨)를 잡다.

pouiller² *v.t.* 《옛》 욕설하다, 비난하다.

pouillerie [pujri] *n.f.* 《구어》 적빈, 을씨년스러움; 누추한(더러운) 것(곳).

pouilles [puj] *n.f.pl.* 《옛》 욕설, 비난(injures, reproches). chanter ~ *à qn* 《문어》 …에게 욕설(비난)을 퍼붓다.

pouilleux(se) [pujø, -øːz] *a.* ① (사람이) 아주 가난한, 비참한(indigent, misérable). ② 더러운, 누추한(sordide); 이가 들끓는. quartier ~ 누추한 구역. mendiants ~ 이가 들끓는(지저분한) 거지떼. ③ 《지리》 불모의(stérile). Champagne ~se 샹파뉴의 황무지 (↔ Champagne humide). —*n.* 가난뱅이; 이가 들끓는 사람.

pouillot [pujo] *n.m.* 《조류》 무당새무리.

pouillousse [pujus] *n.f.* 《해양》 큰 돛대의 캥킹바줄에 다는 돛.

poujadisme [puʒadism] *n.m.* 푸자드주의 (당)《1954년 소매상 출신 정치가 *Poujade*에 의해 결성된 우익 정당》(Union de défense des commerçants et des artisans). ②《경멸》반동적이고 편협한 권리주장, 편협한 보복적 태도.

poujadiste [puʒadist] *a.* 푸자드주의(당)의. —*n.* 푸자드파.

poulaille [pulaːj] *n.f.* 《옛》 《집합적》 가금.

poulailler¹ [pulaje] *n.m.* ① 닭장, 가금 기르는 곳 (volailler); 《집합적》 계사의 닭; 가금 운반차. ② 《구어》 (극장의) 맨꼭대기 좌석 (paradis). ③ 초라한 집.

poulailler²(ère) [pulaje, -ɛːr] *n.* 가금 장수.

poulaillerie [pulajri] *n.f.* 가금 시장(가게).

poulain [pulɛ̃] *n.m.* ① (30개월 미만의) 망아지 《수컷 또는 암컷》. ②(코치·발행인·교수 따위가 밀어주는) 신진 선수, 신진 작가, 신입생(débutant); (어떤 사람의 지지를 받는) 후보자. C'est le ~ de *qn* …이 밀어주는 사람이다. ③ (트럭 따위의) 짐을 풀 때 쓰이는 사닥다리 (~ de chargement); (건조 중의 선박 옆구리를 보호하는) 받침대(~ de charge). ④《속어》《의학》가래톳.

poulaine [pulɛn] *n.f.* ①《해양》뱃머리, 이물; (뱃머리에 튀어나온) 선원용 변소. ② souliers à la ~ (중세기 말엽의) 끝이 뾰족하게 쳐들린 구두.

poulard [pulaːr] *a.m.* blé ~ 《식물》 가운데가 불룩한 밀의 일종.

poularde [pulard] *n.f.* 《요리》 살찌운 (비육한) 암평아리, 영계.

poulbot [pulbo] *n.m.* 몽마르트르의 거지《가난뱅이》[아이].

*poule [pul] *n.f.* ⓐ 암탉 (↔ coq). (bonne) pondeuse 알 잘 낳는 암탉. élever des ~s 양계를 하다. plumer la ~ 등쳐먹다, 훔치다. ~ au riz [au

pot) 《요리》 쌀 넣고 만든 닭찜. lait de ~ 에그밀크(음료). ⓑ (어떤 새들의)암컷. ~ faisane 까투리. ~ d'Inde 암칠면조. ~ d'eau 쇠물닭. ~ des bois[des coudriers] 들꿩, 뇌조(gelinotte). ~ d'Afrique(de Barbarie, de Guinée, de Numidie, de Carthage) 저어새(珠鷄)(pintade 의 속칭).
② 《구어》여보, 아가씨, 여인 (여자에 대한 애칭). Vien, ma (petite) ~. 여보, 이리 와요. jolie petite ~ 귀여운 아가씨 (애칭).
③ 《속어》논다니, 갈보; 정부, 첩(maîtresse).
④ (노름·경마의)내것돈, 판돈(전부). gagner la ~ 전 돈을 다 따다.
⑤ 《스포츠》결승리그전; (럭비 선수권 대회 제1차전)출전 팀.
⑥ 카드릴 무용의 일종.
⑦ ~ d'essai 《경마》 (3살된 말들이)최초의 1,600 미터를 달리는 시험.
chair de ~ 소름. avoir la chair de ~ 소름끼치다. être comme une ~ qui a couvé des œufs de cane (qui a trouvé un couteau) 뜻밖의 결과에 당황하다, 질겁을 하다. être empêtré comme une ~ qui n'a qu'un poussin 하찮은 일에도 마음을 쓰다, 쩨쩨하다. faire le cul de ~ 《구어》입을 내밀고 뽀로통해지다, 시무룩해지다. fils de la ~ blanche 운수좋은 사나이. La ~ ne doit pas chanter devant le coq. 《속담》 암탉이 울면 집안이 망한다. mère ~ (자식 에게)극성맞고 소심한 어머니. ~ mouillée; cœur de ~ 소심한 사람, 겁장이. quand les ~s auront des dents 《구어》해가 서쪽에서 뜰 때(결코 있을 수 없다는 잠담). se lever(se coucher) comme(avec) les ~s 아주 일찍 일어나다(자다). tuer la ~ aux œufs d'or 욕심에 눈이 어두워 큰 돈줄을 놓치다.

*poulet [pule] n.m. ① 병아리(poulette, coquelet). ~ de bois 오디새(huppe). ~ de grain 6~8 개월된 영계. ~ fermier 농가에서 기르는 닭. ② 영계, 식용닭. découper un ~ 요리한 닭을 자르다. ~ rôti 통닭, 닭구이. élevage de ~s 영계 사육, 양계. manger du ~ 닭고기를 먹다. ③ 애 (어린애에 대한 애칭). mon (petit) ~ 애야. ④ 《구어》편지; 《옛》 연애편지. ⑤ 《구어》경관, 사복형사, 탐정. ⑥ 《속어》승용 말(馬).

pouletier [pultje] n.m. 가금장수.
poulette [pulɛt] n.f. ① 《옛》암평아리, 병아리, 영계. ② 《구어》소녀, 젊은 여자; 애 (애칭). ③ sauce (à la) ~ 《요리》 (버터·달걀 노른자·식초가 든)소스, 독일 소스.
pouliage [pulja:ʒ] n.m. 《집합적》 《해양》 (배 한 척의)도르래.
pouliche [puliʃ] n.f. (poulain 보다 큰)암망아지.
poulichon [puliʃɔ̃] n.m. 망아지.
poulie [puli] n.f. 도르래, 피대걸거는 바퀴. ~ fixe 고정 도르래. ~ folle 움직 도르래.
poulier¹ [pulje] v.t. 도르래로 끌어올리다.
poulier² n.m. 개벌, 모래톱. ② 《옛》 둑길.
poulieur [puljœ:r] n.m. 도르래 장수(제조업자).
poulin(e) [pulɛ̃, -in] n. 《옛》 망아지(poulain).
poulinement [pulinmɑ̃] n.m. (암말이) 새끼를 낳기.
pouliner [puline] v.i. (암말이) 새끼를 낳다.
poulinière [pulinjɛ:r] a.f. 종마로 쓰이는. jument ~ 씨암말. —n.f. 씨암말.
pouliot¹ [puljo] n.m. 《식물》 박하의 변종 (경련 진정제·흥분제로 쓰임).
pouliot² n.m. (짐마차 뒤에 달린)작은 원치.

poulot(te) [pulo, -ɔt] n. 《구어》애야 (어린아이에 대한 애칭).
poulpe [pulp] n.m. 《동물》 낙지, 문어(pieuvre).
poulpican [pulpikɑ̃] n.m. (Bretagne 지방 전설의)작은 악마.
pouls [pu] n.m. ① 《생리》 맥박. ~ normal de 72 pulsations (1 분에)72 회 뛰는 정상맥박. ~ irrégulier 부정맥(不整脈). Le ~ me bat. 가슴이 두근거린다. prendre le ~ 맥박을 짚어 세다. ② 맥박이 짚이는 자리. ③ 《비유적》 (사물의 정상 여부를 판단하는)기준.
être sans ~ 인사불성이다. se tâter le ~ 《구어》자기 맥을 짚어보다; 자신을 살펴보다, 반성하다. tâter (prendre) le ~ de qn …의 맥을 짚다; …의 형편(의향)을 알아보다.

poult-de-soie [pudswa] (pl. ~s-~-~) n.m. =poude-soie.
*poumon [pumɔ̃] n.m. 《해부》 폐, 허파. ~ droit (gauche) 오른쪽(왼쪽) 폐. sommet(base) d'un ~ 폐첨(폐저(肺底)). enveloppe des ~s 폐융막. cavernes du ~ 폐의 공동(空洞). capacité du ~ 폐활량. maladies du ~ 폐렴, 폐결핵. ~ d'acier (호흡근 마비자를 위한)인공호흡기. ~ électronique 전자폐.
avoir des (de bons) ~s 폐가 좋다; 소리가 힘차다. cracher ses ~s 《구어》각혈하면서 기침하다. respirer (crier) à pleins ~s 심호흡하다 (소리소리 지르다). user ses ~s; s'user les ~s 고래고래 소리를 질러 기진맥진하다. [위].
pound [pawnd] 《영》 n.m. 파운드 (무게·화폐의 단위).
poupard(e) [pupa:r, -ard] a. 《드물게》포동포동한 아기의, 혈색 좋은(poupin). physionomie ~e 아기 같은 얼굴. —n. 토실토실한 아기. —n.m. 《옛》아기 인형.
poupart [pupa:r] n.m. 《동물》 게의 일종(tourteau 의 속칭).
poupe [pup] n.f. 《해양》 고물, 선미(↔ proue). feu de ~ 선미등(船尾燈). avoir le vent en ~ 순풍에 돛달다; 일이 순탄하게 잘 되어가다.
*poupée [pupe] n.f. ① 인형; 마네킹, (사격용의)모형인간. ~ de bois (de cire) 목각(밀랍) 인형. jouer à la ~ 인형놀이를 하다. avoir un visage de ~ 얼굴이 토실토실하고 혈색이 좋다. ② 《구어》 멋부린 옷차림의 여자;《속어》여자, 소녀. ③ 《구어》손가락에 감는 두툼한 붕대. ④ 물레가락에 감긴 실. ⑤ ~ de tour 《기계》 굴대받이. ⑥ ~ d'amarrage 《해양》배 닻줄을 매는 기둥.
de ~ 아주 작은. jardin de ~ 손바닥만한 뜰.
poupelin [pupl̃ɛ] n.m. 《구어》젖먹이, 갓난애.
poupin(e) [pupɛ̃, -in] a. (인형처럼)포동포동한, 토실토실한, 혈색좋은(poupard); 멋부린. figure ~e 인형 같은 얼굴. —n. (인형처럼) 하다. faire le ~ 멋부리다.
poupiner [pupine] v.t. 인형처럼 꾸미다.
poupon(ne) [pupɔ̃, -ɔn] n. 갓난애; 갓난애 크기의 인형.
pouponnage [pupɔnaʒ] n.m. 아기를 애지중지하기.
pouponner [pupɔne] v.i. ① 아기를 애지중지하다 (dorloter). ② 《구어》아이를 낳다.
pouponnière [pupɔnjɛ:r] n.f. ① 탁아소(crèche); 영아실. ② (아기의)보행기(步行器). [징.
poupouie [pupui] n.f. 《속어》여자·소녀에 대한 애
:pour [pu(:)r] prép. ① (행선지) …으로, …에, …을 향해. partir ~ la France 프랑스로 떠나다. P~ où part-elle? 그 여자는 어디로 떠나니? Les voyageurs ~ Bordeaux, en voiture, s'il vous plaît. 보

르도로 가시는 승객들은 승차하여 주시기 바랍니다. train ~ Lyon 리옹행 열차.

② ⓐ (예정 시기) Le concert est ~ demain. 연주회는 내일 있을 예정이다. C'est ~ quand? – P~ dans huit jours. 그것은 언제로 예정되어 있니? 일주일 후이다. ⓑ (예정 기간) aller à l'étranger ~ huit semaines 8 주일 예정으로 외국에 가다. Il y en a ~ trois ans avant que ce monument soit achevé. 이 기념관이 완공되려면 삼 년이 있어야 한다. ⓒ (기회) ~을 맞이하여, ~에 (à l'occasion de); …에 대비해서. Ma femme m'a offert une cravate ~ Noël. 아내는 크리스마스에 내게 넥타이를 선물했다. Félicitations ~ ton anniversaire 생일 축하하네. Tu es jeune, tu dois te préparer ~ l'avenir. 자네는 젊어, 장래를 대비해야 되네.

③ (목적·용도) ~을 위하여, ~에 쓰이는 (destiné à); …에 대비하는 (contre). l'art ~ l'art 예술지상주의. C'est un cadeau ~ vous. 당신께 드리는 선물입니다. remède ~ la fièvre 해열제. [~+무관사 명사] vêtement ~ hommes 신사복. film ~ adultes 성인용 영화. ⓑ ~을 위해 (en vue de); …의 이익을 위해 (en faveur de); 찬성 [지지]하여 (en); … 에서). ~ son intérêt 자기 이익을 위해서. ~ le cas où... …일 경우에는. mourir ~ la patrie 조국을 위해 죽다. faire la quête ~ les sinistrés 이재민을 위해 모금하다. voter ~ qn …에게 지지표를 던지다. être ~ qn[qc] …의 편이다, …에 찬성이다. ⓒ … 에 대한 (대해) (envers), son amitié ~ moi 나에 대한 그의 우정. Elle éprouve ~ moi un tendre sentiment. 그녀는 내게 애정을 느끼고 있다. être inquiet ~ les résultats 결과를 우려하다. avoir un goût vif ~ la musique 음악을 몹시 좋아하다. ⓓ [~+inf./que+sub.] …하기 위해. travailler ~ vivre 살기 위해 일하다. Partons tout de suite ~ ne pas être en retard. 지각하지 않도록 곧 떠납시다. Il fait tout ~ plaire à Marie. 그는 마리의 마음에 들려고 무슨 일이든 다 한다. Je me suis enfermé dans ma chambre ~ qu'on ne me dérange pas. 나는 방해받지 않으려고 내 방에 틀어박혀 있었다.

④ (결과) ⓐ N'ai-je donc tant vécu que ~ cette infamie? 내가 살아온 결과가 이런 수치뿐이란 말인가? ⓑ [~+inf.] Il s'en alla ~ ne jamais revenir. 그는 가서 돌아오지 않았다. Qu'avez-vous donc ~ l'injurier ainsi? 그에게 그렇게 욕을 하다니 도대체 웬일이세요? ⓒ [trop/assez+형용사/부사 ~+inf./que+sub.] L'histoire est trop belle ~ être vraie. 이야기가 너무나 아름다와 사실같지가 않다. Cet enfant est assez intelligent ~ comprendre cela. 이 애는 똑똑해서 그 말을 충분히 알아들을 수 있다. Ma voiture est assez vaste ~ que tout le monde puisse y tenir. 내 차는 커서 다 탈수 있다.

⑤ (원인·이유) ⓐ 때문에 (à cause de). être puni ~ sa paresse 태만 때문에 벌받다. restaurant réputé ~ ses fruits de mer 해산물 요리로 유명한 식당. C'est ~ cela que... 그런 까닭에…. ~ cette raison 이러한 이유로. [~+무관사 명사] Le musée est fermé ~ réparations. 박물관은 보수공사 때문에 휴관이다. être condamné ~ vol 절도죄로 형을 받다. ⓑ [~+부정법 과거/수동태] …했기 때문에 (parce que). Il a été félicité ~ avoir sauvé un enfant. 그는 어린아이를 구해내서 찬사를 받았다. Il s'est rendu malade ~ avoir trop présumé de ses forces. 그는 자기 체력을 지나치게 과신했기 때문에 병이 났다.

⑥ (양보·대립) ⓐ 비록 …지만. P~ un étranger, il parle très bien le coréen. 그는 외국인인데도 한국어를 잘한다. ⓑ [~+inf.] …이라 해서; …이지만. P~ être plus âgés, ils n'en sont pas toujours plus sages. 그들이 나이가 많다 해서 꼭 더 현명한 것은 아니다. Vous n'avez guère bruni ~ avoir passé vos vacances à la plage. 해변가에서 휴가를 보냈는데도 별로 타지 않았군요.

⑦ ⓐ (교환·대가) …와 교환으로; …을 치르고 [주고] (en échange de). acheter qc ~ cent francs ~을 100 프랑 주고 사다. acheter qc ~ une bouchée de pain (~ rien) …을 헐값으로 사다. échanger sa vieille montre ~ une neuve 헌 시계를 새것과 바꾸다. rendre le bien ~ le mal 악을 선으로 갚다. ⓑ (앞뒤에 같은 단어; 정확성·상호적 동작·선택) dix ans après, jour ~ jour 10 년 후 바로 그날에. C'est mot ~ mot la copie de son précédent article. 멋진번 것이나 마찬가지 것이다. Œil ~ œil, dent ~ dent. 눈에는 눈으로 이에는 이 (로 갚다). mourir ~ mourir 기왕 죽을바에는. ⓒ (분량) …어치, …분의. acheter ~ mille francs de livres 1,000 프랑어치 책을 사다. avoir encore ~ une heure de marche 아직 한 시간 걸어야 한다.

⑧ (대리) …대신 (à la place de). payer ~ qn 대신 치르다. Dites-lui bonjour ~ moi. 그에게 저 대신 인사말을 전해주세요. parler ~ qn ~을 대변해서 말하다.

⑨ ⓐ (비교) …에 비해서는, …치고는. Il est assez fort ~ son âge. 그는 나이에 비해 힘이 세다. P~ un débutant, il se débrouille bien. 초심자치고는 잘해나간다. ⓑ (비례) …에 비례해서, …에 비한. P~ dix candidats, trois seulement seront reçus. 열 명의 응시자 중에서 셋만 선발될 것이다. dix ~ cent, 10%.

⑩ ⓐ (자격) [~+무관사 명사] …의 자격으로, …삼아, …으로 (comme). l'amour ~ principe, l'ordre ~ base et le progrès ~ but 원리로서는 사랑을, 근본로서는 질서를, 목표로서는 진보를. prendre qc ~ but …을 목적으로 삼다. prendre qn ~ femme ~을 아내로 맞이하다. avoir ~ effet 결과로서 …하게 되다. avoir ~ principe de+inf. … 하는 것을 원칙으로 삼다. [~+tout/seul+명사] P~ toute arme, il a une canne. 그는 무기라고는 지팡이뿐이다. P~ seule toute réponse, il s'est contenté de sourire. 그는 변명 대신 빙그레 웃기만 했다. ⓑ (간주) passer ~ qc …으로 통하다, 간주되다. Il passe ~ riche [un fou]. 그는 부자 [미치광이]로 통한다. tenir ~ certain 확실하다고 보다.

⑪ (조건·제한) [~+inf.] ~ prendre un exemple 예를 하나 들자면. ~ citer Pascal 파스칼을 인용한다면. La plupart de mes amis, ~ ne pas dire tous, aiment la musique. 내 친구들은, 모두 그렇다고는 할 수 없으나, 대부분이 음악을 좋아한다.

⑫ (주어·속사·직접목적보어 따위의 강조) …으로 말하자면, …에 관해서는, …으로서는. [~+명사/대명사] P~ moi, je le pense. 나로서는 그렇게 생각한다. P~ des connaissances, il en a. 지식으로 라면 그가 갖고 있다. P~ un imbécile, c'en est un. 바보로라면, 그는 바보이다. P~ coléreux, il l'est vraiment. 발끈하기로 말하자면 그가 진짜 그렇다. P~ (être) naïf, il l'est. 순진하기로는 그가 순진하다.

en être ~ son argent [ses frais] 덕보지 않고 수고만 하다, 손해보다. J'en suis ~ mon argent. 돈만 내버리고 말았다.

en tout et ~ tout 오로지, 단지

être ~ beaucoup [peu] dans qc …에 책임이 많다 [적다]; …에 많이 관여하다 [별로 관계가 없다].

être ~+inf. 막 …하려는 참이다; …하기를 주장하

다, …할 것을 권유하다. Il *était pour* partir. 그는 막 출발하려는 참이었다.
n'être pas ~ + inf. …하기에 알맞지 않다, …할 성질의 것이 아니다. Ça *n'est pas ~ dire, mais...* 말씀드리기가 뭣합니다만.
~ cause de …때문에.
~ ce que *+ind.* 《옛》=parce que.
P~ ce que (cela te sert)! (그것이) 네게 소용)되니!
~ ce qui est de *qc*(+*inf.*) …에〔하기에〕 관해서는 (en ce qui concerne). *P~ ce qui est des repas, vous devrez les régler vous-mêmes.* 식사는 당신 혼자서 해결해야 할 것입니다. *P~ ce qui est de parler beaucoup, il parle beaucoup.* 수다스럽기로 말하자면, 그가 수다스럽다.
~ jamais 영원히.
~ le coup 지금으로서는; 이번에는.
~ si peu 하찮은 일로, 별것 아닌 것으로.
~ (si)... que *+ind.* *(subj.)* 아무리 …이더라도. *P~ pauvre que l'on soit, on peut être heureux.* 아무리 가난해도 행복할 수는 있다.
—*n.m.* 찬성 (↔ contre), entendre le ~ et le contre 찬반의견[쌍방의 주장]을 듣다.
C'est pas du ~. 《속어》거짓말이 아니다, 정말이다.
en~ 그 대신에.
—*ad.* (être 뒤에서 속사처럼) Je suis ~. 나는 찬성이다.
—*a.* 《불변》찬성의. voix ~ 찬성표.
pour- *préf.* 《철저하게》, 〈끝까지〉의 뜻.
*****pourboire** [purbwaːr] *n.m.* 팁, 수고값, 행하. donner un bon ~ 후한 팁을 주다. Quinze francs, ~ compris. 팁을 포함해서 15프랑이다.
pourceau [purso] *n.m.* (*pl.* **~x**) ①《옛·문어》《동물》돼지(porc, cochon). être sale comme un ~ 돼지처럼 더럽다. bâfrer comme un ~ 돼지처럼 먹어대다. jeter[donner] des perles aux ~x 《성서》돼지에게 진주를 던지다. ② 더러운 사람. ③ 난봉꾼, 향락에 빠진 사람(~ d'Épicure). ④ ~ de mer 《동물》돌고래; 참돌고래.
pour-cent [pursã] *n.m.* ① (100 프랑에 대한)이율, 수수료 비율. ② 퍼센트(pour cent).
*****pourcentage** [pursãtaːʒ] *n.m.* 퍼센티지, 백분율; 이율, 할율. Quel est le ~ des chômeurs?—Environ 8 pour cent. 실업률이 얼마나 됩니까? 약 8%입니다. faire le ~ des frais généraux 일반 경비의 백분율을 계산하다.
pourchas [purʃa] *n.m.*, **pourchasse** [purʃas] *n.f.* 《옛》뒤쫓기, 추격, 추구. au〔à la〕 ~ de *qc* …을 찾아서〔à la recherche de *qc*〕.
pourchasser [purʃase] *v.t.* 악착스레 뒤쫓다, 찾아다니다, 추격하다, 추구하다(poursuivre, rechercher). ~ un criminel (des fuyards) 죄인(도망자들)을 추격하다. ~ une femme 여자를 쫓아다니다. ~ l'argent [les plaisirs] 돈〔쾌락〕을 추구하다. ~ longtemps une pensée 오랫동안 한 가지 생각만을 몰두하다. ② 《비유적》 《생각이나 추억이》떠나지 않다(hanter, poursuivre). souvenir[image] qui *pourchasse qn* …의 마음〔머리〕에서 떠나지 않는 추억[영상]. —**se ~** *v.pr.* 서로 추격하다.
pourchasseur [purʃasœːr] *n.m.* 뒤쫓는 사람.
pour(-)compte [purkɔ̃ːt] *n.m.* 《복수불변》《상업》 판매 대행 계약.
pourfendeur [purfãdœːr] *n.m.* 단 칼에 잘라버리는 사람, 격렬한 비판자. ~ (de géants) 《구어》허세 부리는 사람, 허풍장이.
pourfendre [purfãːdr] [25] *v.t.* 맹렬히 치다, 단칼에 잘라버리다, 일도양단하다. ~ des préjugés 편견을 공격하다.
pourim [purim] *n.m.* (유태인의)푸리메[祭](3월 1

pourlèche [purlɛʃ] *n.f.* 《의학》입술이 닿아 옮는 전염병(perlèche).
pourlèchement [purlɛʃmã] *n.m.* 혀로 입술을 핥기, 입맛다시기.
pourlécher [purleʃe] [6] *v.t.* 《구어》공들여 완성하다(parfaire); 《옛》핥다(lécher). ~ un chef-d'œuvre 결작을 완성하다. —**se ~** *v.pr.* 《구어》혀로 입술을 핥다. *se ~ les babines* (먹고 싶어서)입술을 핥다.
pourparler [purparle] *n.m.* (보통 *pl.*)협상, 협의, 홍정, 상담(商談)(discussion, négociation). entrer en[entamer des] ~s 홍정[협상]을 시작하다. être en ~s avec *qn* …와 협상중이다.
pourpenser [purpɑ̃se] *v.t.* 《옛》곰곰 생각하다, 숙고하다.
pourpier [purpje] *n.m.* 《식물》쇠비름. ~ sauvage(des mers) 갯송장이.
pourpière [purpjɛːr] *n.f.* 《식물》여뀌바늘.
pourpoint [purpwɛ̃] *n.m.* 《옛》(몸통에 꽉 끼는)남자 웃저고리의 일종.
moule du ~ 육신, 생명. *rembourrer son ~* 《구어》배를 채우다, 실컷 먹다.
pourpre [purpr] *n.f.* ①자주(주홍)빛 물감. ②자주(주홍)빛 옷감. ③왕위(王位), 세위; 추기경의 지위(~ romaine ~ cardinalice). prendre la ~ 왕위에 오르다, 즉위하다. être né dans la ~ 왕실 태생이다. porter la ~ 왕위에, 추기경이 되다.
④《문어》자주빛, 주홍빛; 피; 홍조. ~ de ses lèvres 주홍빛 입술. une ~ de honte 창피해서 개진 얼굴.
—*a.* 자주〔주홍〕빛의. Il est devenu ~ de honte. 그는 부끄러워서 얼굴이 빨개졌다.
—*n.m.* ①자주(주홍)빛; 《문장》자주빛 대각선; 《의학》 자반병(紫斑病). ~ rétinien 《생리》망막의 자주빛 색소. *Cette fleur est d'un beau ~.* 이 꽃은 예쁜 자주빛이다. ② 《패류》자주조개(자주빛 물감의 원료).
pourpré(e) [purpre] *a.* 자주〔진홍〕빛의(purpurin). *fièvre ~e* 《의학》성홍열(urticaire).
pourprin(e) [purprɛ̃, -in] *a.* 《옛》=purpurin.
—*n.m.* 자주〔진홍〕빛.
pourpris [purpri] *n.m.* 《옛》우리, 거처. *céleste(s) ~* 천국.
:**pourquoi** [purkwa] *ad.interr., conj.* ①《직접의문》왜, 어째서, 무슨 까닭으로, 무엇 때문에. *P~ dis-tu cela?* 무슨 생각〔까닭〕에서 그런 말을 하는가? *P~ ce livre coûte-t-il si cher?* 이 책은 어째서 이렇게 비싸냐?(명사 주어인 경우 반드시 복합도치). *P~ est-ce que...?*; 《속어》*P~ que...?* 도대체 왜…?(강조). [~ + *inf.*] *P~ vivre?* 왜 살아야 하는 말인가? *P~ faire?* 뭣하러, 왜? [~ +명사] *P~ ce long discours?* 왜 그렇게 긴 말을?(동사의 생략). 《생략문에서 흔히》 *Il n'a pas été reçu à l'examen.—Mais ~?* 그는 시험에 합격하지 못했어. 그런데 왜?
②(간접의문) 왜 …인지를. *Je ne comprenais pas ~ je devais me taire.* 내가 왜 잠자코 있어야 했는지 이해할 수 없었다. *Savez-vous ~?* 왜 그런지 알겠소? *J'ignore ~ qu'il pleure.* 그가 왜 우는지 모르겠다.
③《옛》그 때문에 (pour hoq). *voilà des raisons ~ j'ai eu quelquefois du plaisir à la guerre* 내가 전쟁에서 (그 때문에) 기쁨을 느낀 이유의 하나.
c'est ~ 그 때문에. *Ce ~ n'est pas intéressant, c'est ~ vous devez refuser.* 그것은 재미 없다, 그러니 거절해야 한다.
Demandez-moi ~. 《구어》왜 그런지 나는 모른다.

Il faut que ça marche ou que ça dise ~. 《속어》꼭 그래야만 한다.
P~ pas? 왜 안됩니까, 왜 그렇지 않습니까, 물론 (이죠). Êtes-vous heureux? —Moi? ~ *pas?* 행복하세요? 저요? 행복하고말고요.
voilà[*voici*] ~ 그것(이것) 때문이다. *Voilà* ~ telle chose a eu lieu. 그런 일이 있었던 것은 바로 이 때문이다.
Vous ferez cela ou vous direz ~.《구어》그렇게 하지 않으면 재미없다(《강한 명령》.
— *n.m.* 《복수별》① 원인, 이유(cause, motif, raison). le ~ et le comment 이유와 내력. Le ~ de cela, s'il vous plaît? 그 이유를 말해주시겠어요? ② ('왜' 하고 묻는)질문, 따짐. les ~ des enfants (왜 그래요? 하고 캐고드는)아이들의 질문. les ~ et les parce que 질문과 대답.

pourri(e) [puri] *a.p.* ① 썩은, 부패한(corrompu); (음식물이)상한(avarié); 문드러진(décomposé). fruits ~*s* 썩은 과일. viande ~ 상한 고기. cadavre ~ 썩은 시체. ② 풍화된, 부스러진 (désagrégé). roche ~*e* 풍화된 바위. neige ~*e* 녹아내린 눈. ③ (기후가)눅눅한 비가 많은, 장마진, 건강에 해로운(pluvieux, malsain). temps ~ 습한 날씨. été ~ 장마진 여름. ④ (정신·도덕적으로)썩은, 부패한, 타락한(corrompu). société ~*e* 부패한 사회. bourg ~ 《역사》부패선거구. enfant ~ 버릇 없는 애. ⑤《구어》~ *de* [⋯으로)가득 찬, 많은. être ~ *de qc* ⋯이 지천으로 많다. Il est ~ *de* fric. 《속어》그는 돈방석에 앉아 있다. homme ~ *de* préjugés 편견덩어리인 사람. être ~ *de* vices 타락할 대로 완전히 타락해 있다. engueuler qn comme du poisson ~ 《속어》⋯에게 욕설을 퍼붓다.
— *n.m.* 썩은[부패한] 것(부분). odeur de ~ 썩은 냄새. sentir le ~ 썩은 냄새가 나다. ôter le ~ d'une poire 배에서 썩은 부분을 도려내다. Bande de ~*s!* 《속어》썩어빠진 것들(욕지거리).

pourridié [puridje] *n.m.* 《농업》(포도나무 따위의)뿌리에 균이 붙어 생기는 병.

*****pourrir** [puri:r] *v.i.* ① 썩다, 부패하다, 상하다(se corrompre, s'altérer). ~ dans l'eau (à l'humidité) 물속에서 [습기 때문에] 썩다. ② (사태가)악화되다, 나빠지다. La situation économique *pourrit*. 경제 사정이 악화된다. ③ (사람이)진전없는 상태에서 썩고있다(croupir); (작품 따위가 알려지지 않은 채)있다. laisser ~ une grève (경영자측에서) 파업이 내부적으로 와해되기를 기다리다. Si une fois il est en prison, il y *pourrira*. 그는 한 번 감옥에 들어가면, 거기서 썩을 것이다. ~ dans la misère 빈곤에 파묻혀 버리다. ~ dans le vice 악습에 빠져 헤어나지 못하다.
— *v.t.* ① 썩이다, 부패시키다. Les longues pluies *ont pourri* les végétaux. 오랫동안의 비로 채소가 썩었다. La gangrène *a pourri* son pied. 그는 회저병으로 발이 못쓰게 되었다. ② (사람·풍습 따위를)타락시키다, 나쁜 영향[버릇]을 주다(corrompre, gâter). La mère *pourrit* son enfant. 어머니가 자식을 버릇없게 키운다.
— *se* ~ *v.pr.* 부패하다; 타락하다; (정세가)악화되다. enfant qui *se pourrit* dans un milieu malsain 불건전한 환경에서 타락하게 가는 어린이. Le gouvernement laisse la situation *se* ~. 정부는 정세가 악화되는 것을 내버려두고 있다.

pourrissable [purisabl] *a.* 썩기 쉬운, 잘 상하는.
pourrissage [purisa:ʒ] *n.m.* ① (제지용 넝마를)물에 담그기. ② (도자기 만드는 찰흙을)이겨서 썩이기.
pourrissant(e) [purisã, -ã:t] *a.* 썩어가는; 썩히는.
pourrissement [purismã] *n.m.* (사정·상황·지위 등의

점차적인) 악화, 손상, 타락(dégradation). ~ populaire 대중의 부패. ~ d'une grève 파업의 와해. ~ rapide de la situation 급격한 사태 악화.

pourrissoir [puriswa:r] *n.m.* ① (제지용 넝마를)물에 담그는 곳. ②《문어》썩는 곳;《구어》공동묘지 (fosse commune).

pourriture [purity:r] *n.f.* ① 썩기, 부패(putréfaction); 썩은 부분, 부패물. ~ du bois 목재의 부패. odeur de ~ 썩은 냄새. tomber en ~ 썩다. ôter la ~ d'une pomme 사과의 썩은 부분을 잘라내다. Certains insectes vivent dans la ~. 어떤 곤충류는 부패물 속에서 산다. ②《식물》썩는 병. ~ d'hôpital 《의학》병원 탈저(脫疽). ③ (사회·인심의) 부패, 타락. ~ de l'Empire romain 로마제국의 부패. ~ qui règne dans un milieu social 사회에 만연한 부패. ④ 썩은(더러운) 인간(욕설). Quelle ~, ce type! 그 녀석은 썩어 빠진 놈이야!

pour-soi [purswa] *n.m.* 《철학》대자(對自)의 의식적 존재자의 상태》(↔en-soi).

*****poursuite** [pursɥit] *n.f.* ① 뒤쫓기, 추격, 추적; 《스포츠》자전거경주. ~ des fuyards 도망자 추격. être (se mettre, se lancer, se jeter) à la ~ de qn ⋯을 필사적으로 추적하다. La police est aux ~*s* du criminel. 경찰은 범인을 추적중이다. ② 추구, 탐구(recherche). ~ (여자의)꽁무니 쫓기, 구애 (求愛). ~ de la vérité 진리의 탐구. ~ des biens [des honneurs] 재산(명예)의 추구. ③《보통 *pl.*》《법》소추(訴追), 기소, 고소. engager (exercer, faire, diriger) des ~*s* contre qn ⋯을 소추(기소)하다. ~ civile (criminelle) 민사(형사) 소송. frais de ~ 소송비용. ④ (연극·서커스에서)주역을 뒤쫓는 조명기. ⑤ 계속, 수행(continuation). ~ des efforts 노력의 계속. ~ des négociations de l'enquête) 협상(수사)의 계속. fonds nécessaires à la ~ des recherches 지속적 연구에 필요한 자금.

poursuiteur [pursɥitœ:r] *n.m.*《스포츠》자전거 추발(追拔) 경기 선수.

poursuivable [pursɥivabl] *a.*《드물게》① 추구할 수(가치가) 있는. ②《법》기소 할 수 있는.

poursuivant(e) [pursɥivã, -ã:t] *n.* ①《법》기소인, 원고(demandeur). ② 추격자;(술래잡기의)술래. ③《옛》구직자, 구혼자. ~ d'armes《옛》군 사절(使節) 무관. —*a.* ① 추격하는; 추구(탐구)하는. ②《법》기소하는. partie ~*e* 원고측.

poursuiveur [pursɥivœ:r] *n.m.*《드물게》추구자, 탐구자, 탐색자, 추적자. ~ de femmes 엽색가.

*****poursuivre** [pursɥi:vr] *v.t.* ① ⓐ 뒤쫓다, 추격하다(pourchasser); 따라다니다, 성가시게 굴다 (talonner); 몰다. Le chien *poursuivit* le voleur en aboyant. 개가 짖으며 도둑을 쫓았다. *être poursuivi* par ses créanciers 빚장이들에게 쫓기다 다니다. ~ en courant (à cheval, dans une voiture) 뛰어서[말을 타고, 차를 타고] 뒤쫓아 가다. ~ un ennemi en déroute 패주하는 적을 추격하다. ⓑ 괴롭히다 (harceler, obséder). Cette idée me *poursuit*. 나는 그 생각에 시달리고 있다. ~ (*de qn*) ⋯으로 들볶다, 괴롭히다, 못살게 굴다. Elle le *poursuivait de* sa colère. 그 여자는 화를 내어 그를 들볶아 했다. ② 추구하다, 찾다, 구하다, 얻고자 힘쓰다 (rechercher). ~ l'idéal 이상을 추구하다. ~ *son* intérêt 이익을 추구하다. ~ la gloire 명예를 추구하다. ~ une femme (결혼을 목적으로 하여)여자의 환심을 사고자하다. ④《법》기소하다, 소추(하다)(accuser). ~ *qn* (en justice) ⋯을 기소(고소)하다. ~ *qn* au civil (au criminel) ⋯을 민사(형사)소송하다. Je le *poursuivrai* devant les tribunaux (un tribunal).

나는 그를 고소하겠다. *être poursuivi* pour émission de chèque sans provision 부도수표 발행 혐의로 기소되다. ⑤ 계속해 나가다, 밀고 나가다(persévérer, pousser); (말을)이어나가다(continuer). ~ ses études 연구를 계속해 나가다. ~ un récit 이야기를 이어나가다. (목적보어 없이) *Poursuivez, je vous écoute.* (말을)계속하시오.
—**se** ~ *v.pr.* ① 서로 쫓다; 계속되다. jouer à *se* ~ 술래잡기하다. enquête qui *se poursuit* 진행 중인 수사. Après cette interruption, son récit *se poursuit.* 그렇게 중단된 후에, 그의 이야기는 다시 이어졌다. ② 자기를 추구(탐구)하다, 자기를 알려고 하다. Par la philosophie l'homme *se poursuit.* 철학으로 인간은 자기를 탐구한다.

‡**pourtant** [purtɑ̃] *ad.* ① ⓐ 그러나, 그렇지만, 그런데도 불구하고(cependant, toutefois). Paul est très riche. P~ il mène une vie simple. 폴은 아주 부자이다. 하지만 그는 검소하게 산다. Il faut ~ avancer. 그러나 나아가야 한다. ⓑ (et 와 함께; 단어·절을 대립시키며 결합) note grave, douce et ~ pénétrante 장중하고 부드러우면서도 폐부를 찌르는 가락. ⓒ (mais 와 함께; 완화된 대립) caractère efféminé, mais ~ indomptable 약하면서도 제어하기 힘든 성격. ② 《옛》 그 때문에.

pourtour [purtu:r] *n.m.* ① (물건·면의)둘레(선), 주변, 가장자리, 변(邊)(circonférence, circuit). calculer le ~ d'un quadrilatère 4 변형의 둘레를 계산하다. ② 둘레(부분), 주위, 가장자리. Cet étang a un ~ de deux kilomètres. 이 연못은 둘레가 2킬로미터이다. place qui a trois cents mètres de ~ 둘레가 300미터인 광장.

pourtraire [purtrɛ:r] [44] *v.t.* 《옛》(의)초상을 그리다(portraire).

pourvoi [purvwa] *n.m.* 《법》상소, 상고(appel); 청원. ~ en cassation 파기(破棄)상고. ~ en grâce 특사 청원.

***pourvoir** [purvwa:r] [60] *v.t.* ① [~ *qn/qc* de *qc*] (에게)(을) 마련해 주다, 공급하다(donner, fournir); 임명하다, 보(補)하다; 준비하다, 갖추다. Son père le *pourvoit* d'argent de poche. 그의 아버지는 그에게 용돈을 준다. ~ son enfant d'une recommandation 자기 아이들에게 추천장을 써주다. ~ une maison *du* confort moderne 집에 현대적 시설을 갖추다. ② 《옛》(간접목적보어 없이)(결혼이나 취직으로)자리잡게 해주다. ~ son fils 아들을 장가보내다, 아들에게 재산을 주다.
—*v.t.ind.* [~ à *qc*] …에 대비하다; …을 마련해주다, 공급하다(assurer, subvenir). ~ *aux* besoins de *qn* …의 필요한 것을 마련해주다. ~ *à* une éventualité 만일에 대비하다. ~ *à* un emploi 보직 주다.
—**se** ~ *v.pr.* ① 《법》 상소(상고)하다(recourir). L'accusé *s'est pourvu* en cassation. 피고는 상고했다. ② [se ~ de *qc*] (을)마련(준비)하다, 갖추다. *se* ~ *d'aliments*(*de* vêtements chauds) 양식(따뜻한 의복)을 마련하다.

pourvoirie [purvwari] *n.f.* 《옛날의》식량 창고. droit de ~ 왕의 식량 조달권.

pourvoyant(e) [purvwajɑ̃, -ɑ̃:t] *a.* 마련(준비)하는, 공급하는.

pourvoyeur(se) [purvwajœ:r, -øːz] *n.* ① 공급(보급)자, 제공자; 단골 상인, 조달 상인(fournisseur). Ce poissonnier a plusieurs ~s. 이 생선장수에게는 몇몇의 조달상인이 있다. déjeuner dont j'étais le ~ 내가 제공한 점심 식사. La guerre est la grande ~*se* des cimetières. 전쟁은 묘지의 공급원이다. ② 《군사》 (기관총 따위의)탄약수.

pourvu(e) [purvy] *a.p.* [~ de] (을)지닌, 마련한, 갖춘(muni). animal ~ d'écailles 비늘 달린 동물. écrivain ~ d'une solide imagination 다부진 상상력을 갖춘 작가.
~ *que* + *sub.* ⓐ …하기만 한다면, …하는 조건으로. Il ne dira rien ~ *qu*'on le laisse tranquille. 가만 내버려 둔다면 그는 아무일도 하지 않을 것이다. ⓑ 《주절을 생략하여 희망을 표시》…하기만 하면 좋겠는데. P~ qu'il ne lui arrive aucun accident! 그에게 아무 일도 없었으면 좋겠는데.
—*n.* 《종교》 수임자(受任者).

poussade [pusad] *n.f.* 《드물게》밀기.

poussage [pusa:ʒ] *n.m.* (동력을 갖춘 배가 다른 배를)뒤에서 밀기.

poussa(h) [pusa] *n.m.* ① 땅딸보. ② 오뚝이.

pousse¹ [pus] *n.f.* ① (싹·치아 따위의)돋아남, 생겨남, 자라남; 발전(développement). ~ des feuilles(des dents) 잎사귀(이)의 돋아남. ~ des printemps 움트는 봄기운. ② 새싹, 움. ~*s* de bambou 죽순(竹筍). ③ 《수의》(말의)천식병. ④ (이상 발효에 의한)포도주의 변질; (발효에 의한)빵반죽.

pousse² [pus] *n.m.* = **pousse-pousse**. └의 팽창.

poussé(e¹) [puse] *a.p.* 밀린, 떠밀린. se sentir ~ par la force du destin 운명의 힘에 밀린(끌린) 듯한 느낌이다. amour ~ jusqu'à la haine 증오로까지 빼어나간 사랑. ② (성능 따위가)고도의; 정교한, 정밀한; (연구 따위가)깊은. dessin ~ 정밀한 소묘. recherches ~*es* 깊은 연구. moteur ~ 고성능 엔진. ③ 도가 지나친, 과도한. plaisanterie un peu ~*e* 다소 지나친 농담. cliché trop ~ 현상이 지나친 음화. voix ~*e* 무리하게 낸 목소리. ④ (식물 따위가)자란. herbe ~*e* entre les pierres 돌 사이에서 자란 풀. ⑤ vin ~ 변질한 포도주; peinture ~ (세월의 경과로)광택이 없어진 그림.
—*n.m.* (악기의)올린 활.

pousse-au-crime [pusokrim] *n.m.* 《속어》 알코올 성분이 강한 술.

pousse-avant [pusavɑ̃] *n.m.* 《복수불변》(개 뒷다리 모양의)밀.

pousse-café [puskafe] *n.m.* 《복수불변》《구어》(식후의 커피 다음에 마시는)작은 잔의 리퀘르(liqueur digestive).

pousse-cailloux [puskaju] *n.m.* 《복수불변》《구어·옛》보병(fantassin).

poussée² [puse] *n.f.* ① ⓐ 밀기, 떠밀기; 미는 힘, 압력. tomber sous la ~ de la foule 군중에게 떠밀려 넘어지다. résister aux ~*s* de l'ennemi 적의 공격에 저항하다. Le barrage a cédé sous la ~ des eaux. 둑은 물의 압력을 못견뎌 터졌다. ⓑ (본능 따위의)자극, 충동(impulsion). ~ de l'instinct 본능의 충동. ② 《물리》부력, 추진력; 풍압; 《건축》(아치·천장 따위의)미는 힘, 압력; (특히)풍압; 《기계》추진력; 부력. ~ du vent 풍압. ~ d'une hélice 프로펠러의 추진력. centre de ~ 부력의 중심, 부심(浮心). ③ (병 따위의)돋음, 발작(accès, crise); 발진(發疹). ~ de fièvre 갑작스런 발열. ④ (사건 따위의)밀어닥침, 격발; (정치 따위의)방향전환; (물가 따위의)폭등. ~ de nationalisme 민족주의의 격화. ~ vers la gauche 좌익으로의 방향전환. ~ de travail 일거리의 쇄도. ~ des prix 물가의 폭등. ④ 《드물게》(식물 따위의)돋아남, 발아, 성장(pousse). *donner une* ~ *à qn* 떠밀다; 귀찮게 쫓아다니다; 밀어 도와주다. ~ *irrégulière* 《축구》 파울.

pousse-peaux [puspo] *n.m.* 《복수불변》(매니큐어의)무서.

pousse-pied¹ [puspje] *n.m.* 《복수불변》(개펄 위를

pousse-pied²(s) n.m. 《복수불변》《동물》삿갓조개(pouce-pied).
pousse-pousse [puspus] n.m. 《복수불변》① (동양의)인력거. ② 유모차(poussette); 《상품 배달에 쓰는》소형 삼륜차.
‡pousser [puse] v.t. ① 밀다, 떠밀다; 밀어내다, 내몰다, 내쫓다(chasser). ~ la porte 문을 밀다. ~ une voiture devant soi 차를 앞으로 밀다. ~ son voisin 옆 사람을 떠밀다. ~ qn dehors …을 밖으로 밀어내다. ~ qc du pied …을 발로 밀어내다. ~ qn du coude(du genou)《주의시키려고》…을 팔꿈치로[무릎으로] 쿡 찌르다. Ne poussez pas! 밀지 마시오. Le vent pousse les nuages vers l'ouest. 바람이 구름을 서쪽으로 몬다.
② 몰다, 이끌다, 전진시키다, 밀고 가다. ~ un cheval 말을 몰고 가다. ~ une charrue 쟁기를 밀고 가다. ~ les troupes 부대를 전진시키다. ~ un rabot 대패질하다. ~ l'aiguille 바느질하다.
③ 추진하다, 박차를 가하다; (정도를)높이다. ~ des recherches 연구를 추진하다. ~ les travaux avant l'hiver 겨울이 오기 전에 작업에 박차를 가하다. ~ un objet aux enchères 물건의 경매 가격을 올리다. ~ un moteur 엔진을 최고도로 가동시키다. ~ un dessin 그림을 세밀히 다듬다. ~ le feu 불을 잘 타게 하다.
④ [~ à/vers/jusqu'à] (까지)밀고나가다, (으로)이르게 하다. ~ le combat jusqu'au bout 최후까지 싸우다. ~ qc à sa perfection ~을 완성시키다. ~ (les choses) au noir (사실을)나쁘게 과장하다. Il a poussé la gentillesse jusqu'à nous raccompagner en voiture. 그는 친절하게도 우리를 차로 데려다 주기까지 했다.
⑤ (소리를)내다, 지르다. ~ un cri(un soupir) 소리지르다[한숨을 내쉬다]. ~ la romance 《구어》얄궂게 노래하다. en ~ une 《속어》한 가락 뽑다, 노래하다.
⑥ 부추기다, 충동하다, 격려하다(exhorter); 밀어주다(favoriser). ~ un élève 학생을 공부하게 만들다. ~ un candidat 후보자를 밀어주다. C'est l'ambition qui le pousse. 그를 움직이는 것이 야심이다. [~ qn à qc/à+inf.] Sa famille l'a poussé à cette décision. 그의 가족이 그로 하여금 그런 결심을 하게 했다. La pauvreté l'a poussé à voler. 가난이 그로 하여금 도둑질을 하게 했다. Les arbres commencent à ~ des boutons. 나무가 싹을 내밀기 시작한다. enfant qui pousse ses premières dents 첫니가 돋아나는 아기.
(à la) va comme je te pousse 《구어》아무렇게나, 되는대로. Ce travail a été fait à la va comme je te pousse. 그 일은 아무렇게나 행해졌다.
~ du fond (배를)장대로 밀어내다.
~ qn à bout …을 노발대발하게 하다, 궁지에 몰아넣다.
~ qn en avant …을 (눈에 띄게) 내세우다.
~ qn sur un sujet 어떤 문제에 관해서 …에게 질문을 퍼붓다[…을 추궁하다].
~ sa pointe 공격을 계속하다; 끝끝내 자기 길을 나아가다.
~ son avantage 유리한 입장을 이용하다.
~ un petit laïus 《속어》두서너 마디 지껄이다.
—v.i. ① 돋아나다, 생기다, 자라다(croître, grandir). Le blé pousse au printemps. 밀은 봄에 자란다. enfant qui pousse bien 《구어》잘 자라는 아이.
② (밀거나 누르려고)힘주다, (산부가)안간힘을 쓰다, 압력을 가하다. Ce mur pousse en dehors. 이 담은 밖으로 불쑥 나와있다. ~ à la roue 바퀴를 밀다; 도와주다.
③ [~] (을)부추기다(inciter à); (로)가다(aller). ~ à la consommation 소비를 촉진시키다. Le désespoir peut ~ au pire. 절망은 최악의 행위를 유발할 수 있다. Nous avons poussé plus loin. 우리는 더 멀리까지 갔다.
④《구어》과장하다(exagérer). Faut pas ~! 그건 지나친 말이야, 허풍떨지 말아라.
⑤ (포도주가)이상발효하다.
—se ~ v.pr. ① (자리를 내주기 위해서)뜨다, 비키다(se retirer). Poussez-vous un peu pour que nous puissions nous asseoir. 우리가 앉을 수 있도록 좀 비켜 주오.
② 남을 밀치고 나아가다, 출세하다, 성공하다; 자신을 내세우다. savoir se ~ dans le monde 처신에 능하다.
③ 서로 밀다.
④《드물게》(어떤 경지까지)추진되다, 나가다. La plaisanterie ne doit pas se ~ jusqu'à l'offense. 농담이 지나쳐 모욕이 될 정도가 되어서는 안된다.
Pousse-toi! 《속어》기운을 내라.
se ~ de l'air 《속어》도망치다.
se ~ de nourriture 과식하다.
pousse-toc [pustɔk] n.m. 《기계》동력 전달장치.
poussette [pusɛt] n.f. ① 유모차(pousse-pousse), 쇼핑 카. ②《구어》(붐비는 길에서의 차량이)굼벵이 운행. ③ (카드놀이의)속임수. ④ 뛰밀기(어린이 놀이의 일종); 《스포츠》 (자전거 경기에서)자연스레 밀어주기.
pousseur¹ [pusœːr] n.m. ①《선박》(하천 수송에서)뒤에서 배를 미는 동력선(↔ remorqueur). ②《철도》(철로와 차량 사이에 끼워넣어 차량을 움직이게 하는)지레.
pousseur²(se) [pusœːr, -øːz] n.《드물게》① 미는 사람. ② 한숨쉬는 사람. ③ 변설가(饒舌家).
poussier [pusje] n.m. ① (연탄 만드는)석탄 가루. coup de ~ 《광산》탄진(炭塵)의 폭발. ② 부스러기. ~ de paille 짚부스러기. ③《구어》싸구려 여관침대. ④ 냄새 맡는 담배.
‡poussière [pusjɛːr] n.f. ① 먼지. Il fait de la ~. 먼지가 인다. enlever[ôter] la ~ avec un aspirateur 진공 소제기로 먼지를 걷어내다. livre couvert de ~ 먼지로 덮힌 책. flot(nuage, tourbillon) de ~ 뿌옇게 낀 먼지.
② 가루, 부스러기. avoir une ~ dans l'œil 눈에 가루[먼지]가 들어가다. ~ de charbon 석탄 가루. coup de ~ 《광산》탄진의 폭발. ~s volcaniques 화산재. ~s radioactives 방사진. ~ d'eau 물보라. ~ de navale 조각배.
③ ⓐ 하찮은(사소한) 것, 조금. acheter qc pour une ~ 그의 공짜로 …을 사다. trois mille francs et des ~s 《구어》3천 프랑 남짓한 돈. ⓑ [une ~ de+명사] 무수한, 숱한(un grand nombre de). La voie lactée est une ~ d'étoiles. 은하수는 무수한 별이다.
④ 비참한 상태. tirer qn de la ~ …을 궁핍한 형편에서 건져내다.
⑤《문어》종창, 유골(cendres).
baiser la ~ des pieds (des pas) de qn …의 앞에 넓죽 엎드리다, 누구에게 최대의 경의를 표하다.
faire de la ~ 먼지를 일으키다; (남의 이목을 끌기 위해서)부산을 떨다.
jeter de la ~ aux yeux de qn …의 눈을 속이다.
mordre la ~ 땅바닥에 쓰러지다; 패배를 맛보다.
réduire(mettre) en ~ qc 박살내다; 없애다, 망하게 하다.

s'en aller en ~ 박살나다, 산산이 부서지다.
tomber en ~ 가루가 되다; 아주 낡아빠지다.

poussiéreux(se) [pusjerφ, -φːz] a. ① 먼지투성이인, 먼지가 덮인(poudreux). route ~*se* 먼지투성이의 길. ② 먼지 같은, 잿빛의. teint ~ 잿빛얼굴색. ③ 낡아빠진, 시대에 뒤떨어진. œuvres ~*ses* 고색창연한 작품.

poussif(ve) [pusif, -iːv] a. ① 숨이 찬, 숨가쁜, 헐떡거리는, 천식증이 있는. personne grosse et ~*ve* 뚱뚱해서 헐떡거리는 사람. moteur ~ 낡아서 힘이 없는 엔진. ② (비유적) 영감이 없는, 활력을 잃은. poète ~ 영감이 없는 시인. ─ n. 쉬이 숨이 차는 사람, 천식증 환자; 영감(靈感) 없는 사람.

poussin [pusɛ̃] n.m. ① 햇병아리. ② (구어) 아기(특히 정답게 부를 때). mon ~ 아가야. ③ (군대속어)(공군사관학교의) 신입생.

poussinière [pusinjɛːr] n.f. ① 병아리장; 인공 육추기(育雛器), 인공부화기(couveuse). ② (P~)《고대천문》=Pléiade.

poussivement [pusivmɑ̃] ad. 숨차게, 숨가쁘게.

poussoir [puswaːr] n.m. ①《초인종 따위의》누름단추(bouton ~);《기계》압력 전달 장치;《컴퓨터》키. ~ de chargement 로드키. ②《의학》식도의 잠물 제거기.

poutargue [putarg] n.f. =boutargue.

pout-de-soie [pudswa] (pl. ~*s*~*~*~) n.m. =pou-de-soie.

poutrage [putraːʒ] n.m., **poutraison** [putrɛzɔ̃] n.f.《건축》들보 뼈대.

*****poutre** [putr] n.f.《건축》들보, 도리, 장선. ~*s* métalliques d'un pont 다리의 철근 장선. maîtresse ~ 대들보.

poutrelle [putrɛl] n.f.《건축》① 작은 들보. ② 철근 장선.

pouture [putyːr] n.f. (녹말을 사용한) 가축 비육법.

‡**pouvoir¹** [puvwaːr] [55] v.t. I. (반조동사로서, 본동사의 부정법을 동반) ①《능력》…할(일) 수 있다. Je *peux* vous aider. 나는 당신을 도울 수 있다. Il ne *peut* (pas) venir aujourd'hui. 그는 오늘 올 수 없다. Qui *peut* nier ce fait? 누가 그 사실을 부정할 수 있겠는가? Rien ne *peut* arrêter le temps. 아무 것도 시간을 멈추게 할 수는 없다. Je ne *puis* méditer qu'en marchant. 나는 걸으면서 명상할 수밖에 없다.
② ⓐ《권리·허용》…할 수 있다, …하여도 좋다. *Puis*-je entrer? 들어가도 좋습니까? Vous *pouvez* partir. 당신은 가도 좋다. Vous ne *pouvez* pas sortir. 밖으로 나가서는 안된다. *Pourrais*-je dire un mot? 한 말씀 드려도 좋을까요? On ne *peut* pas ne pas l'admirer. 그에게는 탄복하지 않을 수 없다. ⓑ (양보; 보통 bien 과 함께)…해도 좋다(상관없다)(그러나…), …하더라도. Il *peut* bien venir me voir, je ne lui parlerai pas. 그가 설사 나를 만나러 오더라도 나는 말하지 않겠다. ⓒ (의문문) 감히…하다. Comment a-t-il *pu* dire cela? 그가 어떻게 그런 말을 감히 할 수 있었을까?
③《가능성·개연성·짐작·우연성》ⓐ …할지(일지도) 모른다, …법한 일이다. Cela *peut* bien être. 그것은 있음직한 일이다. Cet enfant *pouvait* avoir tout au plus cinq ans. 그 아이는 기껏해서 5살이었을 것이다. Cela ne *peut* être vrai. 그것은 사실일 수가 없다. Il *peut* s'être trompé; Il a *pu* se tromper. 그가 틀렸을 것이다. malheurs qui *peuvent* nous arriver 우리에게 닥쳐오지도 모르는 불행. ⓑ (의문문) 도대체 …일까? Où *peut* bien être ce livre? 도대체 그 책은 어디 있단 말인가? Qu'est-ce que cela *peut* être? 그것은 도대체 무엇일까?

ⓒ (비인칭) Il *peut* être midi. 12시쯤 되었을 것이다. Il *peut* pleuvoir demain. 내일 비가 올지도 모른다. Il *peut* y avoir quelques blessés. 부상자가 몇명 있을 것 같다. Il *peut* se faire qu'elle ne vienne pas. 그녀는 안올지도 모른다.
④ (희망; 접속법에서 주어의 도치)…했으면. *Puissiez*-vous réussir! 성공하시기 바랍니다! *Puissent* tous les autres agir de même! 딴 사람들도 다 그렇게 행동해 주었으면.

II. (부정법 동사를 동반하지 않고) ①《중성 대명사 le 와 함께》할 수 있다, 가능하다. Résistez, si vous le *pouvez*. 버틸 수 있으면 버티어 보시오. ②《문맥으로 보아 부정법 동사를 생략해도 좋을 때》Je fais ce que je *peux*. 나는 내가 할 수 있는 일을 한다. Téléphonez-moi dès que vous *pourrez*. 되도록 빨리 전화해주시오. Je *peux* aller jouer un peu? ─ Non, tu ne *peux* pas. 좀 놀아가도 될까요? 아니 안돼. J'ai fait tous les efforts que j'ai *pu*. 나는 할 수 있는 모든 노력을 다 했다.
③《부정 대명사 que, quelque chose, rien, tout 따위와 함께》; faire의 생각) Qu'y *puis*-je? 난들 별수가 있겠는가? On ne *peut* rien au fait accompli. 기정 사실은 어찌할 도리가 없다. Elle *peut* beaucoup pour toi. 그녀는 너를 위하여 많은 일을 할 수 있다.

aussitôt qu'on le pourra 되도록 빨리.
autant qu'on peut 될 수 있는 한.
comme on peut 힘껏.
n'en ~ plus 기진맥진하다, 견딜 수 없다.
ne ~ qu'y faire 어쩔 도리가 없다.
ne ~ rien contre …에는 손도 못대다, …을 막을 (수 없다).
n'y ~ rien 손을 도리가 없다.
on ne peut plus (moins) +《형용사》더할 나위없이 …한(하지 않은). Elle était *on ne peut plus* contente. 그 여자는 더할 나위없이 만족해 있었다.
~ tout sur qn …에 대해 절대적인 힘이 있다.
Puissé-je + inf. 아무쪼록 …하였으면. *Puissé-je* arriver à temps! 제 시간에 닿으면 좋겠는데!
Qui peut le plus peut le moins. 《속담》어려운 일을 해내는 자는 쉬운 일은 문제없다.
si l'on peut dire; si je puis dire 《구어》 그렇게 말해도 좋다면.
Vouloir, C'est ~. 《속담》의지만 있으면 무엇이라도 할 수 있다.

─ *se* ─ v.pr. (비인칭) …일 수 있다, …일지도 모른다. Il [Cela, Ça] *se peut*. 그것은 있을 수 있는 일이다. Ça *se pourrait* bien. 그럴 수도 있겠지. si cela *se peut*; (예) si faire *se peut* 가능하다면. Il *se peut* (faire) que + sub.] Il *se peut* qu'elle soit malade. 그녀는 아플지도 모른다.

autant que faire se peut [se pourrait] 되도록이면.
REM (1) 직설법 현재 1인칭 단수형에는 je *peux*, je *puis*의 두 가지 형태가 있다. ① 도치의 경우에는 *puis*-je [pɥiːʒ] 만을 사용한다. ② 정치된 경우에는 일반적으로 je *peux*를 쓰며, je *puis*는 고풍이다. (2) *pouvoir* + inf. 에 있어서는 혼히 pas를 생략한다. 이 경우 직설법 현재 1인칭 단수형에는 je *peux*, je *puis*로 쓰는 것이 보통이다. 또한 이 형태는 inf. 가 뒤따르지 않는 때다도 단독으로 사용될 수 있다.

‡**pouvoir²** n.m. ① (사람의) 힘; 능력, 역량(faculté, possibilité); 재능(don). avoir le ~ de qc [+inf.] …의(할) 능력이 있다. (비인칭) autant qu'il est en son ~ 그의 능력이 미치는 한도로. Cela n'est pas en mon ~. 그것은 내가 할 수 있는 일이 아니다. (비인칭) Il n'est pas en mon ~ de + inf. …하는 것은 나로서는 할 수 없는 일이다. Cela dépasse son ~. 그의 능력을 넘어서는 일이다. ~ d'adaptations 적응력.

② (정치적)권력, 정권, 세력. exercer le ~ 다스리다, 통치하다. parvenir(arriver) au ~ 권좌에 오르다. prendre(saisir) le ~ 권력(정권)을 잡다, 집권을 쥐다. abus de ~ 권력남용. ~ exécutif 행정권. trois ~s 삼권. ~ spirituel 교권(敎權). parti au ~ 여당. quatrième ~ 제 4 권부, 언론계.
③ (남을)움직이는 힘; 영향력, 지배력, 권위, 세력(autorité). avoir du ~ auprès de qn …을 움직일 힘이 있다. avoir qn[qc] en son ~ …을 손아귀에 쥐고 있다, 뜻대로 움직일 수 있다. tomber au ~ de qn …의 지배하에 들어가다. ~ paternel 부권. mystérieux des nombres 수의 마력.
④ⓐ(종종 pl.)(법적인)권한, 권리, 권능. ~s d'un ambassadeur 대사관. avoir plein(s) ~(s) 전권(全權)을 맡고 있다. donner(conférer) à qn un ~; munir qn d'un ~ …에게 권한을 주다. ~ absolu 절대권. ~s publics 당국(當局), 관헌. ⓑ 대리(위임)권, 위임장(procuration, mandat). donner un ~ par-devant notaire 공증인의 입회하에 위임장을 주다.
⑤ (물질의)성능, 특성, 능력, 작용력. ~ calorifique 《화학》 열량. ~ émissif 방출(방사)력. ~ absorbant 흡수력. ~ radiant 《물리》 방사능. ~ d'achat 《경제》 구매력.

pouzzolane [puzzɔlan] *n.f.* 《지질》 (나폴리 근처 Pozzuoli 의)화산재. ~ en pierre 화산토.

poyais(e) [pwajɛ, -ɛːz] *a.* 푸아(Poix, 프랑스의 도시)의. —P~ *n.* 푸아 사람.

pp. 《약자》① pages 면, 쪽(복수). ② pianissimo 《음악》 조금 여리게.

P.P. 《약자》① profits et pertes 《상업》 손익. ② Pères 《가톨릭》 신부(복수).

p.p. 《약자》port payé 운임 지불필.

p.p.c. 《약자》pour prendre congé 작별 인사차《명함에 적음》.

p.p.c.m. 《약자》le plus petit commun multiple 《수학》 최소공배수.

P.P.L. 《약자》Priez pour lui. 《종교》 그를 위해 기도하시오.

P.P.N. 《약자》Priez pour nous. 《종교》 우리를 위해 기도하시오.

ppo. 《약자》 pouces 《도량형》 인치 (복수).

p.pon 《약자》par procuration 《상업》 대리로.

P.Q. 《약자》premier quartier 《천문》 상현(上弦).

Pr 《약자》praséodyme 《화학》 프라세오딤 《원소》.

Pr. 《약자》Prince 황자, 왕자; 왕(黃)손; 공작.

pr. 《약자》① pour …을 위하여, …에 대하여. ② prochain 《통신》 다음 번의, 다음 달의[에]. ③ prime 《상업》 프레미엄.

P.R. 《약자》poste restante 국유치 우편.

prâcrit [prakri] *n.m.* 《언어》 프라크리트어(語)(인도의 속어)(prâkrit).

pradé(ne) [pradɛ, -ɛn] *a.* 프라드(Prades, 프랑스의 도시)의. —P~ *n.* 프라드 사람.

præmunire [premyniːr] 《라틴》*n.m.* 영국 왕보다 교황을 위로 인정한 죄.

præsidium [prezidjɔm] 《라틴》*n.m.* (소련 최고회의)간부회.

pragmatique [pragmatik] *a.* ① 실제적인, 실용적인; 실효를 노린, 실제[행동]위주의. politique ~ 실용적 정책. ② 《철학》 실용주의의. doctrine ~ de W. James 제임스의 실용주의 학설. —*n.f.* ① 《역사》 국왕과 의회가 합의를 보아 공포된 칙령(~ sanction). ② 《언어》 활용론.

pragmatiquement [pragmatikmɑ̃] *ad.* 실용주의적으로, 사실 자체에 의거해서.

pragmatisme [pragmatism] *n.m.* 《철학》 실용주의.

pragmatiste [pragmatist] 《철학》 *a.* 실용주의의. philosophie ~ 실용주의 철학. —*n.* 실용주의자.

prag(u)ois(e) [pragwa, -aːz] *a.* 프라하(Prague, 체코슬로바키아의 수도)의. —P~ *n.* 프라하 사람.

praire [prɛːr] *n.f.* 《패류》 대합의 일종.

prairial (**ale**, *pl.* **aux**) [prɛrjal, -o] *a.* 목장의, 초원의. plantes ~ales 초원의 식물. —*n.m.* 프랑스 혁명력의 9 째달, 목월(牧月)(5월 20-6월 18).

*****prairie** [prɛ(e)ri] *n.f.* 풀밭, 초원, 목장 (pré, herbage). la Grande P~; les P~s 북미의 대초원 지대.

prâkrit [prakri] *n.m.* = **prâcrit**.

pralin [pralɛ̃] *n.m.* ① 《농업》 (씨앗·뿌리에 입히는)비료 섞인 흙. ② 《제과》 편도와 설탕을 섞은 것 (praline 의 재료).

pralinage [pralinaːʒ] *n.m.* ① 《농업》 씨앗·뿌리에 거름반죽을 입히기. ② 《제과》 praline 만들기.

praline [pralin] *n.f.* 《제과》 편도의 설탕 졸임 과자, 프랄린. (*cucul*) *la* ~ 《구어》어색하고 우스꽝스러운.

praliné(e) [praline] *a.p.* 《제과》 설탕에 졸인, 프랄리노로 만든. amandes ~*es* 편도 설탕 졸임. ② 편도 설탕 졸임이 든. chocolat ~ (설탕에 졸인)편도가 든 초콜릿. —*n.m.* chocolat ~.

praliner [praline] *v.t.* ① (편도 따위에)설탕을 입히다, 프랄리노로 만들다. (구어)프랄리노를 섞다. ② (씨앗·뿌리에)거름반죽을 입히다. ~ *des racines* (심기 전에)뿌리에 거름반죽을 입히다.

prame [pram] *n.f.* 《옛》《해양》 (대포를 장치한 해안 방비용)너벅선.

prao [prao] *n.m.* 《해양》 (말레이 토인의)돛단배.

prase [praːz] *n.m.* 《광물》 녹석영(綠石英).

praséodyme [prazeodim] *n.m.* 《화학》 프라세오딤(희토류 원소의 하나).

praticabilité [pratikabilite] *n.f.* 《드물게》① 실용성; 실행 가능성. ② (길 따위의)통행 가능성. ~ d'un sentier 좁은 길에 다닐 수 있음.

praticable [pratikabl] *a.* ① 실행할 수 있는, 실현성 있는, 실용성 있는(réalisable, possible), projet ~ 실현성 있는 계획. ② (길이)다닐 수 있는, 통행 가능한. chemin ~ pour les voitures 차가 다닐 수 있는 길. ③ 《건축·연극》 실물의(réel), décors ~s 실물로 된 무대장치(↔ décors figurés). ④ 《옛》 (사람이)사귐성(붙임성) 있는(sociable). —*n.m.* ① 《연극》 무대의 실물 장치. ② 《영화·텔레비전》 카메라 설치대.

praticien(ne) [pratisjɛ̃, -ɛn] *n.* ① 개업 의사. ② 실무 전문가(↔ théoricien). ③ (예술가의)제작 조수; 《조각》 (대리석)건목치는 일꾼. —*a.* 실무에 정통한. médecin ~ 개업 의사.

praticulture [pratikyltyːr] *n.f.* 목장의 개간[경작].

pratincole [pratɛ̃kɔl] *a.* (새가)목장에 사는.

pratiquant(e) [pratikɑ̃, -ɑ̃ːt] *a.* 종교상의 의무를 지키는. Il est croyant mais peu ~. 그는 믿지만 교회에 충실히 다니지는 않는다. —*n.* 교회에 충실한 신자.

*****pratique**¹ [pratik] *a.* ① 실제적인, 실리적인, 현실적인(positif). homme ~ 실리에 밝은 사람, 실제적인 사람. considérations ~s 공리적인 생각. intérêt ~ 실리(實利). vie ~ 실생활, 현실 생활. manquer de sens ~ 현실 감각이 없다. ② 편리한, 효용적인, 쓰기 쉬운, 잘 만들어진(commode). outil ~ 편리한 연장. Prenons le métro, c'est plus ~. 지하철을 타자, 그쪽이 더 편리하다. ③ 실천적인, 실용적인, 실제의(↔ spéculatif, théorique). connaissance ~ du français 프랑스 말의 실용적 지식. philosophie[morale] ~ 실천철학(도덕).

unités ~s (볼트·암페어 따위의)실용 단위. ④《옛》(예)정통한(versé). homme ~ dans les affaires 실무에 밝은 사람.

pratique² *n.f.* ① ⓐ (이론에 대해서)실천, 실행 (↔ théorie). connaissance obtenue par la ~ 실천에서 얻은 지식. mettre qc en ~ …을 실천에 옮기다, 실행하다. dans la ~ (de chaque jour) 일상 생활에서. ⓑ (기술·계획 따위의)실시, 시행, 실천, 적용(exécution). ~ d'une technique 기술의 적용[실행]. La ~ des exercices physiques fortifie le corps. 체조를 하면 몸이 튼튼해진다. ⓒ 경험, 숙련(expérience). manquer de ~ 경험이 없다. Il a une longue ~ de la chirurgie. 그는 외과의사로서의 오랜 경험을 가지고 있다. ② 처세, 행동; 버릇, 관습(conduite, usage). C'est la ~ du pays. 이것이 이 지방의 관습이다. ~s frauduleuses 사기 행위. peuplades où le troc est une ~ générale 물물교환이 상습으로 되어있는 미개인 사회. ③ (*pl.*)종교의례, 예배 행위(culte); (종교상의)규율[계율] 준수(~ religieuse). ④《법》(소송)절차, 실무. termes de ~ 소송[법원]용어. ⑤ (와)사람, 자주 만남, 거래; 내통. ~ des femmes 여자들과의 사귐. avoir des ~s avec l'ennemi 적과 내통하다. ~ des témoins 증인의 매수. ⑥《옛》ⓐ 단골삼기, 일 부탁. donner sa ~ à un marchand 어느 상인을 단골로 삼다. ⓑ 단골 손님, 고객, (의사의)환자, (변호사의)변호 의뢰인(clientèle, client). ~s d'une boutique 가게의 단골 손님들. ⑦《해양》(검역 후의)입항(허가)허가. entrer en libre ~; être admis à la libre ~ (검역 후에)자유로운 입항을 허가받다. ⑧《옛》(꼭두각시 놀리는 사람이 목소리를 바꾸기 위해 쓰는) 금속 피리. ⑨《속어》건달, 불량배(chenapan).
effectuer des calculs par ~ 대충 셈하다.
être de ~ courante 관례가 되어 있다.
peindre de ~ (모델 없이)기억으로 그리다.
perdre la ~ de qc …의 요령을 잊어먹다.

pratiqué(e) [pratike] *a.p.* [~ à](에)익숙한, 숙련된. homme ~ à la mer 바다에 익숙한 사람, 선원.

***pratiquement** [pratikmɑ̃] *ad.* ① 실제로, 실제에 있어, 실용적으로. Sa théorie semble bonne, mais que vaut-elle ~? 그의 이론은 좋은것 같지만 실제적으로는 무슨 가치가 있을까? ② 실질상, 사실상, 실제로(en fait). P~, il connaît les hommes. 사실, 그는 인간이 무엇인지 알고 있다. ③ 거의(presque). La situation est ~ inchangée. 상황은 별로 달라진 것이 없다.

***pratiquer** [pratike] *v.t.* ⓐ 실천하다, 실행하다, 시행하다(appliquer); adopter et ~ une méthode 어떤 방법을 채택하여 사용하다. ⓑ (직업·상습적인 일을)행하다, 종사하다, 영위하다(exercer). ~ le chantage 사기를 (상습적으로) 하다. ~ la médecine (의사가) 개업하다. ~ le football 축구를 하다. ⓒ (작업·수술 따위를)하다, 집행하다(exécuter). ~ une opération chirurgicale 수술을 하다. ② (규정·규율을)지키다, 준수하다(observer); (목적보어 없이)종교 의례를 지키다. ~ (une religion) 종교의례를 지키다. Il est croyant, mais il ne *pratique* plus. 그는 신자이지만 이미 교회에 나가지는 않는다. ③ 마련하다, 만들어 두다(ménager); 길을 내다. ~ une porte dans un mur 벽에 문을 내다. ~ une piste dans la forêt 숲에 길을 내다. ④《옛》자주 만나다, 사귀다, 자주 드나들다(fréquenter);《문어》(책 따위를)자주 보다, 애독하다. Pour connaître les hommes, il faut les ~. 사람들을 알려면 사귀어 보아야 한다. ~ le (grand) monde 사교계에 드나들다. ~ un livre ou

떤 책을 자주 읽다. ~ la montagne 규칙적으로 등산하다. ⑤《옛》매수하다(suborner). ~ des témoins 증인을 매수하여 위증시키다.
—*se ~ v.pr.* (널리, 습관적으로)행해지다; 흔히 쓰이다. Le ski *se pratique* partout dans ce pays. 이 고장에서는 도처에서 스키를 탄다.

praxie [praksi]《그리스》*n.f.* 《의학·심리》행위, 목적적인 운동;《철학》실천.

praxinoscope [praksinɔskɔp] *n.m.* 회전 활동 거울.

praxis [praksis]《독일》*n.f.* 실천, 활동 (마르크스주의의 용어). la théorie et la ~ 이론과 실천.

praxithérapie [praksiterapi] *n.f.* 《의학》(작업이나 직업훈련 따위를 통한)활동요법.

prayer [prɛ(e)je] *n.m.* 《옛》목장 감시관.

***pré** [pre] *n.m.* ① 작은 목장(pâturage); 풀밭, 초원. mener les vaches au ~ 소들을 목장으로 데리고 가다. ②《옛》결투장. aller sur le ~ 결투하다.

pré- *préf.* (시각적·공간적으로)「앞」의 뜻.

préachat [preaʃa] *n.m.* ① (상품을)나돌기 전에 사기. ② 선납(先納), 선불.

préacheter [preaʃte] [4] *v.t.* ① (상품을)나돌기 전에 미리 사다. ② (돈을)미리 내다.

préadamisme [preadamism] *n.m.* 아담을 유태 족의 시조로만 보고 첫인간으로 보지 않는 설.

préadamite [preadamit] *n.* ① (위)의 설의 주장자. ② 아담 이전에 창조된 인간. —*a.* ① préadamisme의. ② 아담 이전의, 태고의.

préalable [prealabl] *a.* ① [~ à](보다)먼저의, 미리 하는 (↔ postérieur, successif). accord ~ 사전 동의. sans avis ~ 예고 없이. discussion ~ *au vote* 표결에 앞선 토의. ② 앞서야 할, 미리 해야 할, 선결되어야 할. demander[réclamer] la question ~ (회의 따위에서)선결 동의를 내놓다. ~ 비적인. examen ~ 예비 시험.
—*n.m.* ① 선결[선행] 조건, 전제 조건. ~ de l'indépendance 독립의 선결 조건. ②《옛》준비. sans aucun ~ 아무런 준비도 없이, 느닷없이. au ~ 먼저, 우선, 미리.

préalablement [prealabləmɑ̃] *ad.* ① 먼저, 우선, 미리(auparavant). avertir ~ 미리 통고하다. ② [~ à](보다)먼저, 앞서. P~ à toute décision, pesez bien le pour et le contre. 결정하기에 앞서 가부를 잘 생각하시오.

préalpin(e) [prealpɛ̃, -in] *a.* 《지리》(알프스 산맥의) 평원과 산의 중간지대의.

préambulaire [preɑ̃bylɛːr] *a.* 머리말의.

préambule [preɑ̃byl] *n.m.* ① 머리말, 전문, 서두 (introduction). sans ~ 서두도 없이, 다짜고짜로. ② 전조(前兆)(prélude). ~ à une crise économique 경제 위기의 전조.

préampli [preɑ̃pli] *n.m.* 《전기·영화》 = **préamplificateur**.

préamplificateur [preɑ̃plifikatœːr] *n.m.* 《전기》 프리 앰프.

pré(-)apprentissage [preaprɑ̃tisaːʒ] *n.m.* 견습(수습) 훈련 이전의 기간.

préau [preo] (*pl.* ~**x**) *n.m.* ① (학교의)지붕덮인 운동장. ② (수도원·교도소·병원의)안마당.

préavertir [preavɛrtiːr] *v.t.* 미리 알리다, 예고하다.

préavis [preavi] *n.m.* 예고; (특히) 해약 예고, (해약)사전 통고 기간. déclencher la grève sans ~ 예고없이 파업을 시작하다. ~ de congé [de licenciement] (노사간의)계약파기 예고.

préaviser [preavize] *v.t.* 《법》사전통고하다; (해약 따위를)예고하다.

prébende [prebɑ̃ːd] *n.f.* ① 성직자(특히 chanoine)의 고정 수입, 성직록(祿); 성직록을 받는 직책. ②

수입이 좋은 명예직[한직].

prébendé(e) [prebɑ̃de] 〖종교〗 a. 성직록을 받는.
—n.m. 성직록을 받는 성직자.

prébendier [prebɑ̃dje] n.m. ① 〖종교〗 prébende ①을 받는 성직자; chanoine 밑에서 일하는 성직자. ② 지위를 이용하여 부당한 이득을 얻는 사람.
—a. 성직록을 받는. pauvres ~s 교회의 비용으로 생활하는 빈민.

pré-bois [prebwa(ɑ)] (pl. ~s-~) n.m. (공유지인)방목림(放牧林).

préc. [약어] précédent 앞의, 앞서 말한.

précaire [prekɛːr] a. ① ⓐ 불안정한, 일시적인, 덧없는(instable, éphémère). bonheur ~ 덧없는 행복. situation ~ 불안정한 지위. ⓑ 허약한, 허줄한, 엉성한(fragile). Sa santé est ~. 그의 몸은 허약하다. ② 〖법〗 임시의, 일시적인. possession ~ 가소유(假所有). détenteur ~ 임시 보유자.
—n.m. ① 불안정한 것. ② 〖법〗 일시적 소유, 가점유.

précairement [prekɛrmɑ̃] ad. 불안정하게, 덧없이, 임시로, 일시적으로.

précambrien(ne) [prekɑ̃brijɛ̃, -ɛn] n.m., a. 〖지질〗 전 캄브리아기(紀)(의).

pré-capitaliste [prekapitalist] a. 전자본주의의.

précarité [prekarite] n.f. ① 〖문어〗 불안정, 덧없음, 불확실, 허약. ② 〖법〗 가점유(假占有).

précatif(ve) [prekatif, -iːv] a. ① 〖법〗 간청적인. legs ~ 간청적 유탁(遺託). ② 〖언어〗 간청법의. —n.m. 〖언어〗 간청법.

précaution [prekosjɔ̃] n.f. ① 예비, 예방, 대비, 경계. mesure de ~ 예방책, 대비책. prendre ses [des] ~s 미리 대비하다;〖구어〗미리 용변을 보아두다. ② 조심, 신중(prudence). avec[sans] ~ 신중히[조심성 없게]. par ~ 대비책으로, 신중을 기하기 위해서. ~s oratoires 청중의 반감을 사지 않기 위한 연사의 허두말.

précautionné(e) [prekosjone] a.p. 신중한, 조심하는(prudent).

précautionner [prekosjone] v.t. 〖옛〗 [~ contre](에 대해)미리 조심하게 하다.
—se ~ v.pr. ① 〖문어〗 [se ~ contre](에 대해)조심하다, 대비하다. se ~ contre le froid 추위에 대비하다. ② [~ de](을)미리 갖추다. se ~ d'une provision de charbon 석탄을 미리 비축해 두다.

précautionneusement [prekosjɔnøzmɑ̃] ad. 조심스럽게, 용의주도하게. agir ~ 신중히 행동하다.

précautionneux(se) [prekosjɔnø, -øːz] a. 조심성 있는, 빈틈없는, 용의주도한.

précédemment [presedamɑ̃] ad. 미리, 앞서, 앞질러, 전에(auparavant, antérieurement). comme nous l'avons dit ~ 우리가 앞서 말한 바와 같이.

précédence [presedɑ̃ːs] n.f. 앞섬; 우위, 상위.

*****précédent(e)** [presedɑ̃, -ɑ̃ːt] a. 앞선, 먼저의, 이전의, 지난(d'avant, antérieur, ↔ suivant). le jour ~ 그 전날. l'année ~e 전년, 지난해. dans un ~ ouvrage 먼저 작품에서.
—n.m. 전례, 선례. invoquer un ~ (구실삼아)전례를 내세우다. créer un ~ (나쁜 의미에서)선례를 만들다, 선례가 되다.
sans ~ 전례 없는, 듣지도 보지도 못한, 전대미문의. prospérité sans ~ 일찍이 없던 번영.

*****précéder** [presede] ⑥ v.t. ① 앞서다, 앞서가다[오다], 앞장서다;(시간·순서 따위에)선행하다. La cause précède l'effet. 원인은 결과에 선행한다. ceux qui nous ont précédés 우리보다 앞서 산(온) 사람들. (보어 없이)voir la page qui précède 앞면을 볼 것. La voiture arrivait, précédée d'un bruit de ferraille. 덜그럭거리는 소리가 난 다음 차가 도착했다. ② 능가하다, 우위를 차지하다(devancer). ~ qn en âge et en mérite 나이와 재능에서 …을 능가하다.

préceinte [presɛ̃ːt] n.f. (목조 선박의)허리판(板).

précellence [preselɑ̃ːs] n.f. 〖옛〗 아주 뛰어남, 탁월함, 우수성(préexcellence). ~ du langage français 프랑스 어의 우수성.

précelles [presɛl] n.f.pl. 《복수불변》 〖치과〗 (작은)핀셋(brucelles).

précensure [presɑ̃syːr] n.f. (영화·신문의)사전검열.

précenteur [presɑ̃tœːr] n.m. =**préchantre**.

précepte [presɛpt] n.m. 교훈, 규범, 계율, 계명(leçon, commandement). suivre[observer] un ~ 규범을 좇다[지키다]. ~s de l'Évangile 복음서의 가르침.

précepteur(trice) [preseptœːr, -tris] n. ① (학교에 가지않는 부호·귀족 자제의)가정교사. ② 〖옛〗 선생, 스승.

préceptif(ve) [preseptif, -iːv] a. 교훈이 포함된.

préceptoral(ale, pl. aux) [preseptɔral, -o] a. 가정교사의; 선생의.

préceptorat [preseptɔra] n.m. 가정교사직(職), 가정교사 재직기간.

précession [presesjɔ̃] n.f. ~ des équinoxes 〖천문〗 세차(歲差).

préchable [preʃabl] a. 설교[설득]할 수 있는, 설교의 재료가 되는.

préchailler [preʃaje] v.i. 《구어》 툭하면 설교하다.

préchambre [preʃɑ̃ːbr] n.f. 〖기계〗 디젤엔진 실린더의 윗구멍, 대기실.

préchantre [preʃɑ̃ːtr] n.m. 〖가톨릭〗 성가대의 선창자.

préchauffage [preʃofaːʒ] n.m. (사용 전에)불로 녹이기(데우기), 프리히팅. ~ des goudrons 타르의 사용전 가열.

prêche [prɛʃ] n.m. 〖종교〗 ① ⓐ (목사의)설교(prédication). ⓑ (신교의)예배; 신교. abandonner le ~ pour la messe 신교에서 구교로 개종하다. ⓒ (가톨릭 신부의)강론(sermon). ② 《구어》 설교조의 따분하여 열설.

prêche-malheur [prɛʃmalœːr] n.m.[f.] 《복수불변》 〖옛·문어〗 예언자.

prêcher [pre(ɛ)ʃe] v.t. ① (복음을)전하다, 전도하다; 설교하다. ~ l'Évangile 복음을 전하다. ~ l'amour de Dieu 신의 사랑을 전하다. ~ l'avent 대림절 설교를 하다. ② (말이나 글로)권장하다, 장려하다, 강조하다; 찬양하다(exhorter, préconiser). ~ l'indulgence 관용을 권장하다. ~ à qn de + inf. …에게 …하도록 권장하다. ③ [~ qn](에게)복음을 전하다, 〖구어〗설교하다, 잔소리하다(sermonner). ~ les infidèles 이교도에게 복음을 전하다. Vous me prêchez inutilement. 내게 아무리 말해봐야 소용 없소.
—v.i. ① (설교단에서 의식으로)설교하다. ② 잔소리하다; 설교를 늘어놓다. Il est toujours à ~. 그는 늘 잔소리를 한다. ~ dans le désert 반응 없는 설교를 하다, 공연히 혼자 떠들어대다.
~ d'exemple[par l'exemple] (남에게 타이르려는 것을)몸소 시범하다. **~ un converti** 잘 아는 사람에게 타이르려고 하다, 부처님 앞에서 설법하다.

prêcherie [prɛʃri] n.f. 《구어》 설교(훈계)하기.

prêcheur(se) [prɛʃœːr, -øːz] n. ① 〖경멸〗 잔소리꾼, 설교하기 좋아하는 사람(sermonneur). ② 〖옛〗 설교자(prédicateur). —a. ① 잔소리 많은, 설교하기 좋아하는. ② 설교하는. frères ~s (도미니크파의)설교자 형제단.

prêchi'prêcha, prêchi-prêcha [prɛʃipreʃa] *n.m.*
(《복수불변》)《구어》(경멸》중언부언(重言復言), 잔
소리(rabâchage). —*n.* 지루하게 설교[잔소리]하
는 사람. —*int.* 《구어》 아이, 귀 따가와! 잔소리
그만해!

prêchot(t)er [prɛʃɔte] *v.i.* 여기저기서 설교하다,
잔소리하다.

précieusement [presjøzmɑ̃] *ad.* ① 소중히, 정성껏
(soigneusement). garder (conserver) ~ *qc* ···을
소중히 간직하다. ② 뽐내며, 겉멋부리며, 재치를
부려대며. s'exprimer ~ 겉멋부리며 이야기하다.

***précieux(se)** [presjø, -jøːz] *a.* ① 값비싼, 값진.
pierres ~ses 보석. métaux ~ 귀금속. ② 소중
한, 귀중한(valable, appréciable). droits les plus
~ de l'homme 인간의 가장 귀중한 권리. Elle a
apporté une aide ~se à son mari. 그녀는 남편에게
소중한 도움을 주었다. ⓑ 《명사 앞에서》 얻기 어려
운, 존중할 만한(estimable). ~ ami 둘도 없는 친
구. ③《문어》재치부리는, 겉멋부리는(affecté, re-
cherché). style ~ 재치부린 문체. ④ (미술품 따
위가)정교한, 잘 다듬어진. bijou d'un travail ~
정교하게 세공한 보석.
—*n.f.* ①《경멸》겉멋부리는 여자, 부자연스럽게
행동을 꾸며대는 여자. faire la ~ (여자가)맵시~
를 너무 부리다. ②《문학사》 (17세기 프랑스의)
재치있고 세련된 귀부인.
—*n.m.* =préciosité.

préciosité [presjozite] *n.f.* ① 부자연스러운 걸치
레, 겉멋, 꾸민 태도[표현](affectation, recher-
che). parler avec ~ 겉멋부리며 이야기하다. ②
《드물게》세련됨, 정묘함(raffinement). ③《문학
사》(17세기 프랑스 귀족문학의)세련된 재치.

précipice [presipis] *n.m.* ① 낭떠러지, 벼랑, 절벽
(ravin). 심연, 구렁(gouffre). ② 위험, 파멸, 궁
지(danger, abîme). tirer *qn* d'un ~ ···을 궁지에서
구해내다.

précipitabilité [presipitabilite] *n.f.* 《화학》 침전
성(沈澱性).

précipitable [presipitabl] *a.* 《화학》 침전되는.

précipitamment [presipitamɑ̃] *ad.* 급히 서둘러서,
부랴부랴, 황급히(brusquement, ↔ lentement).
s'enfuir ~ 황급히 도망치다.

précipitant [presipitɑ̃] *n.m.* 《화학》 침전제.

précipitation [presipitasjɔ̃] *n.f.* ① 급함, 다급, 시
급, 서두름(hâte). agir avec ~ 서둘러 행동하다.
② 졸속, 성급함, 조급, 경솔(irréflexion). Ne
confondez pas vitesse et ~. 급하다고 해도 성
급하게 굴지 마라. sans ~ 차근차근히. ③《화
학》침전; 《의학》침강(沈降). ④ (*pl.*)《기상》
(비·안개·눈·우박 따위를 포함한)강수(降水). ~s
liquides 비와 안개. ~s solides 눈과 우박. ⑤《드
물게》(것인을)낭떠러지에 떨어뜨리기.

précipité(e) [presipite] *a.p.* ① 급한, 빠른(rapide).
pas ~s 급한 발걸음. respiration ~e 가쁜 숨. ② 성
급한, 서둘러대는, 조급한, 조급스러운(hâtif,
↔ posé). départ ~ 서두른 출발. démarche ~e 황
급히 움직이는 거동. Il est trop ~ dans ses décisions.
그는 너무 성급하게 결정한다. ③ (높은 곳에서)내
던져진, 급강하하는. ④《화학》침전된. ⑤《옛》
절벽의, 깎아지른.
—*n.m.* 《화학》 침전물, 앙금(dépôt).

***précipiter** [presipite] *v.t.* ① ⓐ (높은 데서)집어던
지다, 떨어뜨리다(jeter). ~ *qc* par la fenêtre ···을
창문으로 집어던지다. ⓑ (나쁜 상태에) 빠뜨리다.
~ *qn* dans le désespoir ···을 절망에 빠뜨리다. ⓒ
쇠퇴시키다, 망치다(ruiner). Cette ac-
tion irréfléchie *a précipité* sa famille. 그 경솔한 행

동이 그의 가족을 파멸로 이끌었다. ② 재촉하다,
서두르다, 촉진하다(accélérer). ~ ses pas 발걸음
을 재촉하다. ③ 떠다밀다, 끌어당기다(pousser).
Il *a été précipité* contre le mur par un camion. 그는
트럭때문에 벽으로 떠밀렸다. ④ 《화학》 침전시
키다, 가라앉히다.
—*v.i.* 《화학》 침전하다.
—**se** ~ *v.pr.* ① 떨어지다, 추락하다, 뛰어내리다
(tomber). *se* ~ par la fenêtre 창문으로 뛰어내리
다. *se* ~ dans le vide 허공에 떨어지다. ② 뛰어들
다, 달려가다, 돌진하다(s'élancer, se ruer). *se* ~
sur l'ennemi 적에게로 돌진하다. *se* ~ au-devant
de *qn* ···에게 달려가다. ③ 서두르다, 허둥대다;
빨라지다. Inutile de tant *se* ~ ! 그렇게 서두를 것
없어! Les battements du cœur *se précipitent.* 심장
의 고동이 빨라진다. Les événements *se précipitent.*
사건들이 연달아 일어난다. *se* ~ de + *inf.* 《옛》서둘
러 ···하다. ④《화학》침전하다.

précipitine [presipitin] *n.f.* 《화학》 침강소(沈降
précipitueux(se) [presipitɥø, -øːz] *a.* 《드물게》낭
떨어지 같은, 가파른.

préciput [presipy] *n.m.* 《법》(유산의)선취권
(先取權). ~ conventionnel 살아남은 배우자에게
주어지는 선취권. ② (어떤 직종의 공무원에게 지
급되는)보직수당, 특별수당.

préciputaire [presipytɛːr], **préciputoire** [presi-
pytwaːr] *a.* 《법》(유산의)선취권에 관한. avan-
tage ~ 유산 선취권.

***précis(e)** [presi, iːz] *a.* ① 명확한, 분명한, 뚜렷한
(défini, clair). sens ~ 분명한 뜻. bruit ~ 도렷한
소리. sans raison ~e 분명한 이유도 없이. définir
de façon ~e 명확하게 정의하다. ② 틀림없는, 정확
실한, 적확한; 간결한. employer le mot ~ 적확한
말을 사용하다. homme ~ 어김없는 사람. style ~
간결한 문체. ③ (수량 따위가)정확한, 정밀한
(exact). calcul ~ 정확한 계산. arriver à
5 heures ~es 정각 5시에 도착하다. au moment ~
바로 그 순간에. au jour ~ 정해진 날에.
—*n.m.* ① 개요, 개략(abrégé). composer un
~ des événements 사건의 개요를 만들다. ② 개설서
(書). ~ de géographie générale 지리학 개설.

***précisément** [presizemɑ̃] *ad.* ① ⓐ 명확하게, 정확하
게(exactement, ↔ confusément). répondre ~
명확하게 대답하다. 분명하게 말해서. Il est fran-
çais, plus ~, Breton. 그는 프랑스 사람이고, 더 정
확히 말하면 브르타뉴 사람이다. ② 바로, 마침
(justement). C'est ~ pour cela que je viens vous
voir. 당신을 만나러 온 것은 바로 이 때문이오. Il
est entré ~ quand je sortais. 그는 마침 (바로) 내
가 나가려던 때에 들어왔다. ③ (단독으로 쓰여 긍
정의 의미로) 바로 그렇다(oui). Vous êtes le neveu
de M. Dupont? —P~. 당신이 뒤퐁씨의 조카요?
바로 그렇습니다. ④《부정문에서》별로(ne ...
re); 전혀(pas du tout). Il n'est pas ~ hypocrite.
그는 별로[전혀] 위선자가 아니다.

***préciser** [presize] *v.t.* 명확히 밝혀 말하다; 밝히다,
분명(명확)하게 만들다(définir). ~ une intention
의도를 밝히다. ~ une expression vague 막연한
표현을 정확하게 하다. ~ le lieu et l'heure du
rendez-vous 약속 장소와 시간을 분명하게 하다.
Précisez, monsieur! 분명하게 말하시오!
—**se** ~ *v.pr.* 밝혀지다, 분명해진다. Le danger *se
précise.* 위험이 분명히 드러나고 있다.

***précision** [presizjɔ̃] *n.f.* ① 정확성, 명확성, 정밀성
(exactitude, rigueur). ~ des réponses 답의 명확
성. ~ d'un calcul 계산의 정확성. instrument de
~ 정밀 계기. déterminer avec ~ le sens d'un mot

말의 뜻을 명확하게 규정하다. ②(행동의)적확성, 어김없음(sûreté, justesse). ~ de geste chez le chirurgien 외과의사의 동작의 적확성. ③(*pl.*)상세한 데이타[설명], 상보(詳報)(détails). demander[donner] des ~s sur un événement 사건의 자세한 내용을 묻다[알리다].

précité(e) [presite] *a*. 앞에서 인용한; 전술한.

préclassique [preklasik] *a*. 전기(前期) 고전주의. littérature ~ 전기 고전주의 문학.

précoce [prekɔs] *a*. ①(식물·과실 따위가)철이른, 빨리 익는; (동물이)빨리 자라는. légumes ~*s* 철이른 야채. races ~*s* 성장이 빠른 품종. ②(계절 따위가)너무 이른, 시기 상조의(prématuré). automne ~ 철이른 가을. des rides ~*s* 나이에 비해 이른 주름살. mariage ~ 조혼. ③(아이가)조숙한, 올된(avancé); 사춘기 이른. enfant ~ 조숙한 아이. jeune fille ~ (성적으로)조숙한 소녀.

précocement [prekɔsmɑ̃] *ad.* (문어)철이르게, 올되게, 조숙하게. fleur ~ éclose 철이른 꽃.

précocité [prekɔsite] *n.f.* 철이름, 올됨, 조숙. ~ sexuelle 성적 조숙.

précolombien(ne) [prekɔlɔ̃bjɛ̃, -ɛn] *a*. 콜럼버스 발견 이전의. l'Amérique ~*ne* 콜럼버스 발견 이전의 아메리카.

précombustion [prekɔ̃bystjɔ̃] *n.f.* 《기계》(디젤 엔진의)연소 직전 과정, 제1기 연소.

précompte [prekɔ̃:t] *n.m.* 《상업》(봉 액수를)미리 빼기, 공제(控除).

précompter [prekɔ̃te] *v.t.* 《상업》미리 빼다; (세금 따위를)공제하다.

préconceptif(ve) [prekɔ̃sɛptif, -i:v] *a*. 《철학》억단(臆斷)적인.

préconception [prekɔ̃sɛpsjɔ̃] *n.f.* 《철학》선입견, 편견(préjugé).

préconcevoir [prekɔ̃svwa:r] [53] *v.t.* 《철학》(어떤 생각을)미리 품다, 억단하다.

préconçu(e) [prekɔ̃sy] *a.p.* ①예상한, 지레짐작한, 미리 설정한(préétabli). plan ~ 미리 짠 계획. ②(경험)경험 없이 품은, 선입관에 의한; 조급한. opinion ~*e* 선입견. idée ~*e* 편견, 선입관. jugement ~ 조급한 판단. seur.

préconisateur [prekɔnizatœːr] *n.m.* =**préconiseur**.

préconisation [prekɔnizasjɔ̃] *n.f.* 《가톨릭》(교황·추기경의)주교 임명 재가식(裁可式).

préconiser [prekɔnize] *v.t.* ①권하다, 추천하다 (recommander). remèdes que le médecin *a préconisés* 의사가 좋다고 권한 약. ②《가톨릭》주교 임명을 재가하다. ③(옛)찬미하다(louer).

préconiseur [prekɔnizœːr] *n.m.* ①《가톨릭》주교 임명 재가자(교황·추기경). ②《드물게》극찬하는 사람.

préconnaissance [prekɔnɛsɑ̃:s] *n.f.* 미리알기, 예지(豫知).

préconnaître [prekɔnɛtr] [41] *v.t.* 미리 알다, 직감하다.

préconscient [prekɔ̃sjɑ̃] *n.m.* 《심리》전의식(前意識), 예각(豫覺).

préconstruction [prekɔ̃stryksjɔ̃] *n.f.* 조립식 건축.

précontraint(e) [prekɔ̃trɛ̃, -ɛ:t] *a*. 《토목》강도 증가법을 쓴((의)prestressed). béton ~ 강도 증가 콘크리트. — *n.f.* 콘크리트의 강도 증가법. — *n.m.* 강도 증가 콘크리트, 프리스트레스트 콘크리트.

précordial(ale, *pl.* **aux)** [prekɔrdjal, -o] *a*. 《해부》심장 앞 부분의, 심와부(心窩部)의.

précurseur [prekyrsœːr] *n.m.* ①선구자; 예고자. poètes qui furent les ~*s* du romantisme 낭만주의의 선구자인 시인들. Saint Jean-Baptiste, P~ du Christ 그리스도의 예고자 세례 요한. ②전조(前

兆), 조짐, 징후. Ces troubles sont les ~*s* de quelque grand événement. 그 분쟁은 어떤 큰 사건의 징조이다.
— *a.m.* ①미리 알리는, 전조가 되는(annonciateur). signes ~*s* de l'orage 뇌우(雷雨)의 전조. ②《군사》선견(先遣)된. détachement ~ (야영 준비를 위한)선견대.

prédateur(trice) [predatœːr, -tris] *a*. 《생물》포식(捕食)하는. — *n.m.* ①《생물》포식동물[식물], 포식자. ②(옛)약탈자(pillard).

prédation [predasjɔ̃] *n.f.* (학술)포식(捕食).

prédécédé(e) [predesede] *a.p.* 먼저 죽은. — *n*. 먼저 죽은 사람.

prédécéder [predesede] [6] *v.i.* 《법》먼저 죽다.

prédécès [predesɛ] *n.m.* 《법》먼저 죽음.

prédécesseur [predesɛsœːr] *n.m.* ①선임자, 선행자, 선배(↔ successeur). ②(*pl.*)선인들, 조상.

prédelle [predɛl] (이탈리아) *n.f.* 《종교》성단(단 사대) 그림의 아랫부분.

prédélinquant(e) [predelɛ̃kɑ̃, -ɑ̃:t] *n*. (장차 우범자가 될 가능성이 있는)비행 소년[소녀].

prédénommé(e) [predenɔme] *a*. (드물게)앞서 말한, 전술한. — *n*. 전술한 것.

prédestinatien(ne) [predestinasjɛ̃, -ɛn] 《신학》*a*. 구령(救靈) 예정설의. — *n.m.* 구령 예정론자.

prédestination [predestinasjɔ̃] *n.f.* ①《신학》(신이 모든 일을 정해 놓았다고 주장하는)구령 예정(설), (칼빈파 따위의)구령 예정(설). ②(문어)숙명.

prédestiné(e) [predestine] *a.p.* ①[~ à] (으로)숙명지워진, (에)바쳐진(voué). enfant qui semble ~ *au* malheur 불행한 팔자를 타고난 것 같은 아이. sort ~ 숙명. ②구령받도록 미리 선택된.
— *n.m.* 《신학》구령받도록 미리 선택된 사람.

prédestiner [predestine] *v.t.* ①예정하다, 운명짓다. [~ à *qc/*à + *inf.*] Ses dons le *prédestinent à* une brillante carrière politique. 그의 재능은 그에게 찬란한 정치적 장래를 약속해주고 있다. 《자주 수동적》être *prédestiné à* un malheur 불행한 팔자를 타고 태어나다. ②《신학》구령(지옥行)을 예정하다.

prédéterminant(e) [predetɛrminɑ̃, -ɑ̃:t] *a*. 미리 결정하는. — *n.m.* 《언어》전 한정사(前限定辭).

prédétermination [predeterminasjɔ̃] *n.f.* ①(사실이나 행위의)미리 정해짐, 예정, 선정(先定). ②《신학》(인간의 의지에 대한 하느님의)예정.

prédéterminer [predetermine] *v.t.* ①미리 결정하다. Le hasard *prédétermine* notre destin. 우연이 우리의 운명을 결정한다. Sa conduite *était prédéterminée* par l'éducation qu'il avait reçue. 그의 처신은 그가 받은 교육에 의해 이미 정해져 있었다. ②《신학》(하느님이 인간의 의지를)예정하다.

prédéterminisme [predeterminism] *n.m.* 《철학·신학》(하느님이 모든 사물이나 사건을 미리 정해 놓았다는 보는)예정설.

prédial(ale, *pl.* **aux)** [predjal, -o] *a*. 《법》토지의, 부동산의.

prédicable [predikabl] *a*. [~ de](에)적응할 수 있는; 《논리》속성(屬性)으로 돌릴[단정할] 수 있는. Le terme «vivant» est ~ de la plante comme de l'animal. '살아있다'는 말은 동물과 마찬가지로 식물에도 적용된다. — *n.m.* ①속성. ②(스콜라철학의)빈위어(賓位語).

prédicament [predikamɑ̃] *n.m.* 《논리》빈위어; 범주(範疇).

prédicant(e) [predikɑ̃, -ɑ̃:t] *a*. 설교하는, 설교조의. — *n.m.* ①《종교》신교 목사. ②《영》설교자.

prédicat [predika] *n.m.* ①《언어》술어, 용언(用言)(↔ sujet). ②《논리》빈사(賓辭), 빈개념.

prédicateur(trice) [predikatœ:r, -tris] n. ① 설교자, 설교사(prêcheur). ②《드물게》선전자.
prédicatif(ve) [predikatif, -i:v] a. 《언어》술어〔용언〕적인.
prédication [predikasjɔ] n.f. ① 선교, 포교, 전도. ~ des apôtres 사도들의 전도. ~ démesurée du marxisme 마르크스주의의 과도한 선전. ② 설교 (sermon). ③ 《언어》술어 기능, 술어적 기능.
prédiction [prediksjɔ] n.f. ① 예언; 예언된 일(prophétie). faire des ~s 예언하다. voir se réaliser〔s'accomplir〕une ~ 예언된 일이 실현됨을 보다. ② 예보. ~s météorologiques 일기예보.
prédigéré(e) [prediʒere] a. (음식이)화학적으로 미리 소화된; (책 따위를)알기 쉽게 고쳐쓴.
prédilection [predileksjɔ] n.f. 편애, 치우친 기호; 특히 좋아하는 것. avoir une ~ pour qn ...을 편애하다. suivre ses ~s particulières 자기의 개인적 기호를 따르다. par(avec) ~ 특히(좋아해서), 유달리(de préférence).
de ~ 특히 좋아하는. son livre de ~ 그가 특히 좋아하는 책.
prédiquer [predike] v.t. 《언어》술어적 서술을 하다.
prédire [predi:r] [29] v.t. (직설법 현재·명령법의 2인칭 복수는 prédisez) ① 예언하다; 점치다. ~ la venue du Messie 구세주의 도래를 예언하다. ~ la crise économique 경제적 위기를 예언하다. ② 《드물게》예보하다. ~ une éclipse 일식을 예보하다.
prédisposant(e) [predispozɑ̃, -ɑ̃:t] a. 미리 마련하는, 소인(素因)이 되는. causes ~es 《의학》소인.
prédisposé(e) [predispoze] a.p. ① (~)경향을 지닌, (을)지닌, 갖게 마련인(enclin). enfant ~ à la tuberculose 결핵에 걸리기 쉬운 체질의 아이. ② ~ en faveur de〔contre〕qn ...에게 호감〔반감〕을 가진.
prédisposer [predispoze] v.t. ① ⓐ ~ qn à qc(à+ inf.)(의)소지를 마련하다, (의)경향〔소질〕을 갖게 하다. Le milieu familial l'avait prédisposé à une vie austère. 가정환경이 그로 하여금 엄격한 생활을 하게 만들었다. ~ qn à agir ...으로 하여금 행동하게 만들다. ⓑ (어떤 감정을)갖게 하다. ~ A contre〔en faveur de〕B, A가 B에 대해 반감〔호감〕을 갖게 만들다. ② 영향을 주다, 좌우하다 (influencer). Le jugement d'autrui nous prédispose. 남의 판단이 우리에게 영향을 준다.
prédisposition [predispozisjɔ] n.f. ① [~ à/pour] (의)소질, 체질, 경향(tendance, penchant); 《의학》소인. ~ au vice 악으로 빠져들 소질. ~ à l'allergie 알레르기 체질. ~ à être malade 병에 걸리기 쉬운 체질. avoir des ~s pour la vie monastique 수도생활을 할 소질이 있다. ② ~ contre〔en faveur de〕qn ...에 대한 반감〔호감〕.
prédominance [predominɑ̃:s] n.f. 으뜸가기, 우세, 우월, 탁월(prépondérance, supériorité). ~ de l'esprit sur le corps 육체에 대한 정신의 우위. ~ des tons bleus dans un tableau 그림에서의 푸른 색조의 우세.
prédominant(e) [predominɑ̃, -ɑ̃:t] a. 으뜸가는, 주된, 우세한, 뛰어난(principal). qualité ~e 특질. tendances ~es de la peinture moderne 근대회화의 주된 경향.
prédominer [predomine] v.i. 으뜸가다, 지배〔압도〕적이다; [~ sur](보다)우세하다(dominer, prévaloir). Son avis a prédominé. 그의 의견이 지배적이었다. Chez lui, la volonté prédomine sur les autres facultés. 그 사람의 경우에는 의지력이 다른 능력보다 지배적이다.
—v.t. 《드물게》능가〔압도〕하다. Chez la plupart des hommes, l'intérêt prédomine tout. 대부분의 사람에 있어서 이해타산이 모든 것에 앞선다.
prédorsal(ale, pl. aux) [predɔrsal, -o] n.f., a. 전부 설배음(前部舌背音)의.
pré(-)électoral(ale, pl. aux) [preelektɔral, -o] a. 선거 전의. promesses ~ales 선거 전의 공약.
prééminence [preeminɑ̃:s] n.f. (지위·세력 따위의)우위, 우세, 우월(primauté, suprématie). ~ militaire〔économique〕군사적〔경제적〕우위. donner la ~ à qn(qc) ...에게〔에〕우위를 차지하게 하다. se disputer la ~ 패권을 다투다. avoir la ~ sur qn ...을 능가하다.
prééminent(e) [preeminɑ̃, -ɑ̃:t] 으뜸가는, 뛰어난, 탁월한(supérieur, ↔ inférieur). vertu ~e 첫째가는 미덕. rang ~ 상위의 계급〔자리〕.
préempter [preɑ̃pte] v.t. (공유지 따위를)선매권으로 획득하다.
préemptif(ve) [preɑ̃ptif, -i:v] a. 선매권의. droit ~ 선매권(先買權).
préemption [preɑ̃psjɔ] n.f. 《법》선매.
préétabli(e) [preetabli] a.p. 미리 설정된. plan ~ 미리 세운 계획. harmonie ~e de Leibniz 《철학》라이프니츠의 예정 조화.
préétablir [preetabli:r] v.t. 《드물게》(추상적인 것을)미리 설정하다.
préexcellence [preɛksɛlɑ̃:s] n.f. 《드물게》최고, 탁월, 우수(préeellence).
préexistant(e) [preɛgzistɑ̃, -ɑ̃:t] a. 《문어》먼저 존재하는, 이미 존재하던(antécédent). institutions ~es 기존의 제도.
préexistence [preɛgzistɑ̃:s] n.f. 《문어》먼저 있음, 전(前)존재, 선(先)존재(antériorité).
préexister [preɛgziste] v.i. [~ à](보다)먼저 있다, 선재(先在)하다. La cause préexiste à l'effet. 원인은 결과에 선행한다.
préf. (약자) ① préfecture 도; 도청. ② préférence 《상업》우선권, 특혜.
préfabrication [prefabrikasjɔ] n.f. (조립식 건축·건조의)부분품 제작.
préfabriqué(e) [prefabrike] a.p. ① 《건축》조립식의. élément ~ 조립식 자재. ② 《경멸》미리 꾸민, 날조된, 가식적인. petit sourire ~ 억지로 지은 미소. réunion ~e (모든 사항을 미리 결정해 놓고나서 여는)형식적인 모임. —n.m. 조립식 자재(élément ~).
préfabriquer [prefabrike] v.t. 《건축》조립식으로 짓다.
préface [prefas] n.f. ① 머리말, 서문(avant-propos, ↔ postface). demander une ~ à qn ...에게 서문을 써 주기를 부탁하다. ② (어떤 사건 따위를 알리는)전조, 예고, 서곡. ~ de qc ...의 서두로서. La prise de Bastille fut comme la ~ de la Révolution. 바스티유 감옥의 점령은 혁명의 서곡과 같은 것이었다. ③ 《가톨릭》감사송(誦), 서송(序誦).
préfacer [prefase] [2] v.t. (의)머리말을 쓰다. ~ le roman d'un jeune auteur 젊은 작가의 소설의 머리말을 쓰다.
préfacier [prefasje] n.m. 서문 집필자; 서문쓰기를 좋아하는 사람.
préfectoral(ale, pl. aux) [prefektɔral, -o] a. 지사(知事)의, 도(道)의. arrêté ~ 도령(道令).
préfecture [prefekty:r] n.f. ① 《프랑스행정》도(道); 도청; 도청 소재지; 도지사의 직(재직 기간). Lyon est la ~ du Rhône. 리옹은 론의 도청 소재지이다. La ~ se trouve en face de l'hôtel de ville. 도청은 시청 맞은 편에 있다. Il a occupé une ~ jusqu'à sa mort. 그는 죽을 때까지 지사로 재임했다. ② ~ de police (파리 시의)경찰국. ③ ~

maritime 해군 관구. ④ 〖고대로마〗총독의 직; 총독 관할 구역; (로마제국의)도.

préférable [preferabl] a. [~ à](보다)더 바람직한, 더 나은(mieux, meilleur). Votre projet est ~ au mien. 당신의 계획이 내 계획보다 낫다. [Il est ~ de+inf./que+sub.] Il est ~ de prendre un taxi. 택시를 타는 편이 낫다. Il est ~ de faire ceci plutôt que de faire cela. 그것을 하는 것보다 이것을 하는 것이 낫다. Il est ~ que tu partes avec ton frère. 너는 형과 같이 떠나는 것이 낫다.

préférablement [preferabləmɑ̃] ad. 《문어》[~ à](보다)오히려, 차라리(de préférence). Aimez la vertu ~ à tout. 무엇보다도 덕을 사랑하시오.

préféré(e) [prefere] a.p. 마음에 드는, 좋아하는. son disque ~ 그가 좋아하는 레코드. —n. 마음에 드는 사람, 총아, 귀염둥이(favori).

*****préférence** [preferɑ̃:s] n.f. ① (다른 것보다 더)좋아하기, 기호; 선택; (흔히 pl.)편애. avoir une ~ pour qc(qn) …을 좋아하다. accorder(donner) la ~ à A sur B, B보다 A를 택하다. avoir(obtenir) la ~ sur qn …보다 우선적으로 선택되다. témoigner une ~ aveugle à(pour) qn …에게 맹목적인 편애를 나타내다. Je n'ai pas de ~. 저는 어느 쪽이라도 좋습니다. Dites-moi votre ~. 어느 쪽이 더 좋으신가요? En matière de musique, sa ~ va au jazz. 음악에 있어서는 그는 재즈를 좋아한다. Le professeur a des ~s pour cet élève. 선생님은 이 학생을 편애하고 있다. ② 우선권, 특권, 특혜(privilège), action de ~ 우선주(株). droit de ~ 〖법〗우선권. tarif de ~ 특혜 세율.
de ~, 되도록이면, 특히. De ~, descendez à cet hôtel-là. 되도록이면 그 호텔에 드시오. **de(par)** ~ **à** …보다는 오히려, 우선. Choisissez ce tissu de ~ aux autres. 다른 천보다는 이 천을 택하시오. **par ordre de** ~ 좋아하는 차례로.

préférentiel(le) [preferɑ̃sjɛl] a. 우선적인, 특혜의; 〖법〗선취된. tarif ~ 특혜 세율. traitement ~ 특별 대우.

préférentiellement [preferɑ̃sjɛlmɑ̃] ad. 우선적으로.

:**préférer** [prefere] [6] v.t. ① 더 좋아하다, 택하다. Qui préférez-vous? 당신은 누구를 더 좋아하십니까? Il préfère cette cravate. 그는 이 넥타이를 더 좋아한다. Laquelle de ces robes préférez-vous? 당신은 이 드레스들 중에서 어느 것을 좋아하세요? [~ A à B] Je préfère la mer à la montagne. 나는 산보다도 바다를 좋아한다. [~+inf.] Je préfère rester à la maison. 나는 집에 남아있는 것이 더 좋다. [~+inf. plutôt que (de)+inf.] Ils préfèrent mourir plutôt que (de) se rendre. 그들은 항복하느니 차라리 죽는 것을 택한다. [~ que+sub.] Il préfère que tu viennes chez lui plutôt que de lui téléphoner. 그는 당신이 전화를 거는 것보다 그의 집에 오는 것을 더 좋아한다.
② (단독으로) 좋아하다, 바라다. Si tu préfères, nous irons au cinéma. 네가 좋다면 영화관에 가자. Faites comme vous préférez. 좋도록 하시오. 〖REM〗(1) 부정법동사를 비교의 대상으로 삼을 때는 위의 예문과 같이 plutôt que (de)를 사용하는 것이 일반적이다. 그러나 현대불어에서는 aimer mieux 의 경우와 같이 que (de) 를 사용하는 경향이 늘어가고 있다:Elle préférait mourir qu'être dupe. 그녀는 속느니 차라리 죽기를 바란다. Il préfère louer que de faire son choix. 그는 선택적 판단을 하기보다는 모든 것을 칭찬하기로 했다. (2) 문어에서는 명사의 경우에서와 같이 à를 사용하는 수도 있다. Il préférait souffrir à ne pas aimer. 그는 좋아하지 않느니 차라리 괴로워하는 쪽을 택한다.

—**se** ~ v.pr. [~ à](보다)자신을 더 좋아하다. L'égoïste se préfère à tout. 이기주의자는 무엇보다도 자신을 사랑한다.

***préfet** [prefɛ] n.m. ① 〖프랑스행정〗도지사. arrêté du ~ 도령(道令). cabinet du ~ 도청. ② (여러 기관의)장. ~ de police (파리 시의)경찰국장. ~ maritime 해군관구 사령관. ~ des études (교회 학교의)학생감독 신부. ~ des brefs 〖카톨릭〗교황 비서실의 문서부장. ③ 〖고대로마〗장관, 총독. ~ des Gaules 로마 제국의)골 지방 총독.

préfète [prefɛt] n.f. 도지사 부인.

préfiguration [prefigyrɑsjɔ̃] n.f. 《문어》예시(豫示), 예고.

préfigurer [prefigyre] v.t. 미리 나타내어 보이다, 예시[예고]하다(annoncer).

préfinancement [prefinɑ̃smɑ̃] n.m. (금융기관이 사업주에게 하는)사전 융자.

préfix(e¹) [prefiks] a. 《옛》미리 정해진. au jour et au lieu ~ 미리 정해진 날짜와 장소에서. douaire ~ 〖법〗결혼 계약에서 정해진 과부 재산.

préfixal(ale, pl. aux) [prefiksal, -o] a. 〖언어〗접두사의.

préfixation [prefiksɑsjɔ̃] n.f. 〖언어〗접두사를 사용한 복합어 형성.

préfixe² [prefiks] 〖언어〗 n.m. 접두사(↔ suffixe).
—a. 접두의. particule ~ 접두사.

préfixé(e) [prefikse] a.p. ① 접두사로서 덧붙여진; 접두사가 붙은. élément ~ 접두사로서 덧붙여진 요소. ② 미리 정해진, 예정된.

préfixer [prefikse] v.t. ① 〖언어〗접두사로서 덧붙이다, 접두사를 붙여 말을 만들다. ② (기한·기일 을)미리 정하다.

préfixion [prefiksjɔ̃] n.f. 〖법〗기한의 사전 결정; 예정 기한.

préfloraison [preflorɛzɔ̃], **préfleuraison** [preflœrɛzɔ̃] n.f. 〖식물〗(봉오리 속의)꽃잎이 접힌 상태(estivation).

préfoliaison [prefɔljɛzɔ̃], **préfoliation** [prefoljɑsjɔ̃] n.f. 〖식물〗(싹 속의)어린잎이 겹친 상태 (vernation).

préformation [preformɑsjɔ̃] n.f. 〖생물〗(생물 기관이 싹 속에 이미 완전히 형성된다는 17·18 세기의)기성(旣成)설, 전성(前成)설.

préformer [preforme] v.t. 미리 만들다[형성하다]. animal préformé dans le germe 배아 속에서 완전히 형성된 동물.

pré-gazon [prega(ɑ)zɔ̃] (pl. ~s-~s) n.m. 인공 목장.

préglaciaire [preglasjɛːr] a. 〖지질〗 빙하기 이전의. —n.m. 빙하기 이전의 지층.

prégnance [pregnɑ̃:s] n.f. 〖심리〗 프레그넌시(지각이나 기억에 대한 강한 호소력), 함축성. loi de ~ 프레그넌시의 법칙.

prégnant(e) [pregnɑ̃, -ɑ̃:t] a. ① 함축성 있는, 깊은 뜻이 숨은. valeur ~e 〖언어〗(간결하기 때문에)함축성이 많은 의미. ② 〖심리〗(지각이나 기억에)강하게 호소하는, 프레그넌트한. structure ~e 프레그넌트한 구조. ③ 《옛》잉태한 (수태)한. 프레그넌트한 구조.

prégnation [pregnɑsjɔ̃] n.f. 〖드물게〗(동물의)수태, 잉태.

prégrammatical(ale, pl. aux) [pregra(m)matikal, -o] a. 〖언어〗 문법 이전의.

préhellénique [preellenik] a. 〖역사〗 도리아침입 이전의, 전(前) 그리스시대의.

préhenseur [preɑ̃sœːr] a.m. 〖동물〗 잡는 데 쓰이는. organe ~ 포착 기관 (짐승·새의 다리 따위).

préhensible [preɑ̃sibl] a. 〖드물게〗 잡을 수 있는.

préhensile [preɑ̃sil] a. 〖동물〗 잡는 능력이 있는.

préhension [preɑsjɔ̃] *n.f.* ① 잡기, 포착, 파악; 잡는 기능. ②〖옛〗〖법〗징발, 차압. droit de ~ (국가의)징발권.
préhistoire [preistwa:r] *n.f.* 선사(先史)(시대); 선사 시대의 역사, 선사학.
préhistorien(ne) [preistɔrjɛ̃, -ɛn] *n.* 선사학자.
préhistorique [preistɔrik] *a.* ① 역사(유사) 이전의. période ~ 선사 시대. ②〖구어〗옛날옛적의, 구식인(antédiluvien). voiture ~ 구식 차. aux temps ~s 옛날옛적에.
préhnite [prenit] *n.f.* 〖광물〗포도석(葡萄石).
préhominiens [preɔmin̈jɛ̃] *n.m.pl.* (집합적)선행(先行)인류.
pré-industriel(le) [preɛ̃dystrijɛl] *a.* (국가나 사회가)공업화 이전의.
préjudice [preʒydis] *n.m.* (권리·이익의)침해, 손해, 폐(désavantage). porter(causer un) ~ à qn …에게 손해(폐)를 끼치다, 불이익을 주다, 폐를 입다. ~ moral(matériel) 정신적(물질적) 피해.
au ~ de qn(qc) …을 해치어, …에게 해롭게, …에 반대되게. Une injustice a été commise au ~ de cette personne. 그 사람에 대해 부당한 일이 저질러졌다.
sans ~ de qc …을 해치지(건드리지) 않고; …와는 별도로. L'auteur de l'accident s'est vu retirer son permis de conduire *sans ~ des* poursuites judiciaires. 사고를 낸 사람은 기소당하는 것과는 별도로 운전면허를 취소당했다.
préjudiciable [preʒydisjabl] *a.* (~ à)(에)해를 끼치는, 해로운, 불리한(nuisible). être ~ à la santé 건강에 해롭다.
préjudiciaux [preʒydisjo] 〖법〗*a.m.pl.* 미리 바치는, 예납하는. frais ~ 재판비용 예납금.
—*n.m.pl.* =frais ~.
préjudicié(e) [preʒydisje] *a.p.* lettre de change ~*e* 〖경제〗(지불장소에)예정기일보다 늦게 온 어음.
préjudiciel(le) [preʒydisjɛl] *a.* 〖법〗(재판 전에)선결해야 할. question ~*le* 선결 문제; 〖정치〗선결동의.
préjudicier [preʒydisje] *v.i.* (옛·문어)(~ à)(에)해를 끼치다(↔ avantager). L'excès du travail *préjudicie* à la santé. 과로는 건강에 해롭다.
préjugé [preʒyʒe] *n.m.* ① 편견, 선입관적 판단(prévention). ~ de race 인종적 편견. être plein de vieux ~s 낡아빠진 편견들을 잔뜩 품고 있다. être sans ~s 편견이 없다. avoir un ~ contre qc(qn) …에 대해 반감을 갖고 있다. ② 억측, 추측, 예측; 예측을 자아낼 만한 징조. Tous les ~s lui sont contraires (en sa faveur). 모든 징조는 그에게 불리(유리)하다. ③〖옛〗〖법〗판례, 전례.
préjuger [preʒyʒe] [3] *v.t.ind.* (~ de) …에 대하여 속단하다, 미리 판단을 내리다. Je ne peux pas ~ *de* son attitude. 나는 그의 태도를 미리 판단할 수 없다.
—*v.t.* ① (옛·문어)억측하다, 지레짐작하다, 예측하다. Je ne veux point ~ la question. 나는 그 문제를 두고 지레짐작하고 싶지는 않다. autant qu'on peut le ~; à ce qu'on en peut ~ 사람들이 예측하는 바에 의하면. ②〖법〗예판(豫判)하다, 중간판정을 내리다.
prélart [prela:r] *n.m.* (상품·구명보트·차의 짐 따위에 덮는)방수포.
prélasser (se) [s(ə)prelase] *v.pr.* ① 푹(편안하게)쉬다, 한 안락의자에 앉아 편안히 쉬다. ②〖옛〗점잔빼다.
prélat [prela(ɑ)] *n.m.* 고위 성직자(주교·대주교·추기경 따위). ~s domestiques 교황의 시종.
prélatin(e) [prelatɛ̃, -in] *a.* 라틴어(문명)이전의.
prélation [prelasjɔ̃] *n.f.* 〖옛〗〖법〗① 신하가 파는 봉토(封土)를 영주가 먼저 살 수 있는 특권. ②(직책의 승계자로서, 선임자의 자식이 갖는)우선권.
prélature [prela(ɑ)ty:r] *n.f.* 고위 성직자(prélat)의 지위; (집합적)고위 성직자.
prèle, prêle [prɛl] *n.f.* 〖식물〗속새, 쇠뜨기.
prélegs [prelɛ(g)] *n.m.* 〖드물게〗〖법〗(상속 재산의)선취유증(先取遺贈).
préléguer [prelege] [6] *v.t.* 〖법〗선취유증하다.
préler [prele] [6] *v.t.* 속새로 닦다.
prélèvement [prelɛvmɑ̃] *n.m.* ① 채취, 채취한 견본. ~ de sang 〖의학〗(검사용)혈액 채취, 채혈. ②(일정한 액수의)선취, 공제; 징수, 과세. ~ d'intérêts 이자의 공제〖선취〗. ~ d'une taxe sur le prix des billets 입장세의 징수. ~ automatique des impôts sur un compte bancaire 은행구좌로부터의 세금의 징수. ③〖경제〗(E.C. 내에서의 싼 수입농산품에 대한)과징금.
prélever [prɛ(e)lve] [4] *v.t.* ① 채취하다, 추출하다(extraire). ~ du sang au malade 환자로부터 피를 채취하다. ~ un échantillon de vin pour l'examen 검사를 위해서 포도주의 견본을 따다. ②(일정한 액수를)공제하다, 선취하다; 〖드물게〗(세금 따위를)미리 징수하다. Le notaire *a prélevé* une certaine somme sur l'héritage. 공증인은 유산에서 일정 액수를 미리 떼었다.
prélibation [prelibasjɔ̃] *n.f.* 미리 향유(享有)하기, 미리 차지하기. droit de ~ (봉건시대의)초야권(初夜權)(droit de cuissage).
préliber [prelibe] *v.t.* 〖드물게〗미리 향유하다, 미리 차지하다.
préliminaire [prelimine:r] *a.* 전제(前提)의; 예비의. entretiens ~s 예비 회담. vue ~ (영화 따위의)시사회. discours ~ 머리말, 서언.
—*n.m.* ① (*pl.*)(외교상의)사전절충, 예비교섭; (일반적으로)예비행위(교섭). ~s de paix 평화조약을 위한 예비교섭. ② (*pl.*)서두, 서언. ~s d'une tragédie 비극의 서막. perdre son temps en ~s 서두로 시간을 허비하다. ③ ~ de conciliation 〖법〗(이혼소송에서)화해 예비조정.
préliminairement [preliminɛrmɑ̃] *ad.* 〖드물게〗미리(préalablement).
prélogique [prelɔʒik] *a.* 〖사회·심리〗전(前)논리적인, 논리형성 이전의. âge ~ (어린이의 정신에 있어서의)전 논리기(期).
prélude [prelyd] *n.m.* ① 〖음악〗전주곡; (연주 전의 악기나 목소리의)사전 조정. ~s de Chopin 쇼팽의 전주곡. ② 전조(前兆), 서막, 서장. ~ des hostilités 전쟁의 서막.
préluder [prelyde] *v.t.ind.* (~ à) 〖문어〗…의 서막(시작)이 되다, 전조가 되다; 준비를 하다. De gros nuages *préludaient* à la tempête. 커다란 구름들이 폭풍을 예고하고 있었다.
—*v.i.* ① 〖음악〗(연주 전에)소리(악기)를 조정하다. ② 전주곡을 연주하다; (으로)연주를 시작하다. L'organiste *a prélude* par une fugue de Bach. 오르간 연주자는 바흐의 푸가로 연주를 시작했다.
prémachiniste [premaʃinist] *a.* 〖드물게〗기계문명 시대 이전의.
prématuré(e) [prematyre] *a.* 너무 이른, 시기 상조의; 조숙한, 올된. accouchement ~ 〖의학〗조산. mort ~*e* 요절(夭折). vieillesse ~*e* 조로(早老). Il est ~ d'annoncer la nouvelle maintenant. 지금 그 소식을 알리는 것은 시기 상조이다.
—*n.* 조산아(早產兒).

prématurément [prematyremã] *ad.* 너무 이르게, 시기 상조하게; 조숙하게, 일되게(↔ tard). mourir ~ 요절하다. fruits cueillis ~ 너무 일찍 딴 과일.

prématurité [prematyrite] *n.f.* ① 《드물게》너무 이름, 시기 상조임; 조숙. ② 《의학》조산; (조산아의) 미숙성.

prémédication [premedikasjɔ̃] *n.f.* 《의학》(마취 전의) 투약.

préméditation [premeditasjɔ̃] *n.f.* ① 미리 숙고하기. ② 《법》예모(豫謀). crime commis avec ~ 계획적인 범죄. meurtre avec ~ 모살(謀殺).

prémédité(e) [premedite] *a.p.* ① 미리 숙고한, 계획적인(↔ spontané). action ~*e* 계획적인 행동. réponse ~*e* 미리 생각해두고 하는 대답. de dessein ~ 《옛》고의로. ② 《법》예모(豫謀)한. crime ~ 계획적 범죄, 예모죄.

préméditer [premedite] *v.t.* ① 미리 숙고하다, 계획하다. ~ la guerre 전쟁을 기도하다. Il avait *prémédité* de s'enfuir. 그는 달아날 것을 계획했다. ② 《법》예모하다. ~ un crime 범죄를 예모하다.

pré-mélange [premelɑ̃:ʒ] *n.m.* (가스·공기를) 미리 혼합하기.

prémenstruel(le) [premãstryɛl] *a.* 《의학》월경 전의. syndrome ~ 월경전의 증후군.

prémentionné(e) [premãsjɔne] *a.* 앞서 말한, 전기(前記)의, 상술(上述)의.

pré-métro [premetro] *n.m.* 전차와 지하철의 중간단계의 전철.

prémices [premis] *n.f.pl.* ① 《옛》(고대그리스·로마 따위에서) 신에게 바친 과일이나 곡식(의) 만물, 신출(新出); (동물의) 무녀리. ~ du riz 햅쌀. ② 《옛·문어》시초, 발단; (문예의) 처녀작. ~ de l'hiver 겨울의 시초.

‡**premier(ère)** [prəmje, -ɛ:r] *a.* ① (시간·장소) 첫째의, 처음의. ~ amour 첫사랑. enfant du ~ lit 전처[전남편]의 아이. nourriture du ~ âge 이유식 후의 유아식. P~*ère* Guerre mondiale 제1차 세계대전. ~*ère* édition d'un livre 책의 초판. ~*ère* rue à droite 첫 번째 오른쪽 길. ~ Empire 《프랑스사》제1제정(1804-1815). ~*ères* loges《구어》간막은 좌석의 맨 앞줄. ~ discours (의회 의원의) 처녀연설. ~ étage 2층. ~ plan (풍경·그림·연극·영화 따위의) 전경(前景). ~*ère* vitesse 《자동차》1단 기어. à la ~*ère* occasion 기회있는 대로 빨리. ② 으뜸가는, 제1의, 최상의; 일류의; 중요한, 필요불가결한; 긴급한. C'est la ~*ère* des menteuses. 그녀는 대단한 거짓말장이이다. ~ prix 1등상. ~ choix 정선품(精選品), 최상품. ~*ère* danseuse 프리마 발레리나. ~ intéressé 《법》우선권이 있는 채권자. ~ ministre 수상, ~ président 재판장. ~ rôle 《연극》주역. ~ secrétaire 수석(제1) 서기. voyager en ~*ère* classe 1 등석으로 여행하다. ~ *en classe* 반의 1등. Napoléon Ier 나폴레옹 1세.

④ ~*ère* personne (du singulier) 《언어》일인칭 au ~ jour 곧, 가능한한; 기회 있는 대로. L(단수). dans les ~*s* temps 처음에는. dès le ~ jour 처음부터.

en ~ 첫째의.
en ~ (lieu) 첫째로.
Il n'y a que le ~ pas qui coûte. 《속담》시작이 반.
n'avoir que le ~ ~ sou 돈 한 푼도 없다.

—*n.* ① 첫째의 사람(것), 수석. arriver le ~ (la ~*ère*) 맨 먼저 도착하다. tomber la tête la ~*ère* 거꾸로 떨어지다. jeune ~ (~*ère*) 연인역을 맡은 배우. physique de jeune ~ 여자깨나 호릴 얼굴.

② 전자. Michel et Robert sont absents: le ~ est malade et le second est en voyage. 미셸과 로베르가 결석했다. 전자는 아프고 후자는 여행중이다.
arriver bon (beau, tout) ~ 쉽사리 1착이 되다.
être le ~ à + inf. 맨 먼저 ...하다.
le ~ venu 선착자; 아무나, 누구든지. Ce n'est pas *le ~ venu*. 그는 상당한 사람이다. *Le ~ venu* vous dira cela. 누구든지 당신에게 그렇게 말할 것이다.
Les ~s vont devant; P~ arrivé, ~ servi; P~ venu, ~ moulu. 《속담》선주자는 자가 이긴다.

—*n.m.* 초하루; 2층; 수상(~ ministre); (글자풀이의) 첫 번째 글자. ~ de l'an 정월 초하루. habiter au ~ 2층에 살다.

—*n.f.* ① 《연극》초연(初演), 초연일(日); 《영화》 개봉일. habituées des ~*ères* 초연일의 단골. ② (등산의) 첫등정; (기술분야 따위의) 첫성공; 초유(初有)의 쾌사(快事). ③ 1등석 [차·실]. Donnez-moi une ~*ère* pour Nice. 니스행 일등표를 주시오. ④ 《학교》(중등 교육 6년제에 해당하는) 제1학년. ⑤ (양장점의) 재봉주임. ⑥ 《인쇄》초교(~*ère* épreuve). ⑦ (수도의) 바닥에 까는 가죽. ⑧ (자동차의) 1단 기어. ⑨ 《의학》처녀수술. ⑩ ~*ère* de change 《상업》제1 어음.

premièrement [prəmjɛrmã] *ad.* 첫째로, 우선 (↔ ensuite). 《드물게》남보다 먼저.

premier-maître [prəmjɛmɛtr] *(pl.* ~*s*-~*s) n.m.* 《해군》1등병조.

premier-né(*f.* ~*ère*-~*e*) [prəmjene, prəmjɛrne] *(pl.* ~*s*-~*s) n., a.* 첫아이(의).

premier-Paris [prəmjepari] *(pl.* ~*s*-~*) n.m.* 《옛》 (파리 신문의) 사설, 논설.

prémilitaire [premilitɛ:r] *a.* 입대(징병) 전의.

prémisse [premis] *n.f.* ① 《논리》전제. ~ majeure (mineure) 대(소)전제. ② 《일반적으로》서문, 전제(↔ conclusion).

prémolaire [premolɛ:r] *n.f.* 《해부》앞어금니, 소구치(小臼齒).

prémonition [premonisjɔ̃] *n.f.* 전조, 예감(pressentiment).

prémonitoire [premonitwa:r] *a.* 《의학》(증세가) 전구적(前驅的)인; 전조의, 예감의. interpréter son rêve comme un signe ~ 자신의 꿈을 전조라고 해석하다.

prémontré(e) [premɔ̃tre] *n.* 《종교사》프레몽트레 수도회 수사[수녀](1120년 성 노르베르가 프랑스 *Prémontré*에 창설).

prémotion [premo(ɔ)sjɔ̃] *n.f.* 《신학》예동(豫動) (*Thomas d'Aquin* 신학에 있어서 인간의 의지 위에 미치는 신의(神意)).

prémourant [premurɑ̃] *n.m.* 먼저 죽은 사람; 《법》선사자(先死者).

prémunir [premyni:r] *v.t.* 미리 보호하다, 대비하다. ~ qn contre qc ...으로 하여금 ...을 경계하게 하다, ...으로부터 미리 보호하다.

—*se* ~ *v.pr.* 조심하다, 대비하다.

prémunition [premynisjɔ̃] *n.f.* ① 《드물게》미리 조심(경계)시키기. ② 《수사학》(청중을 화나게 하는 말을 하기 전에 미리하는) 예변법(prolepse)적

prenable [prənabl] *a.* 【드물게】① 탈취할 수 있는, 점령할 수 있는. ② (비유적) 농락할 수 있는. ③ 섭취할 수 있는. Ce café est ~, mais il n'est pas bon. 이 커피는 마실 수는 있어도 맛은 좋지 않다.

prenant(e) [prənā, -āːt] *a.* ① 【재정】 수취하는(측의). partie ~e 수취인. ②【드물게】물건을 잡는(préhensible). singe à queue ~e 잡는 능력이 있는 꼬리를 가진 원숭이. ③ 사냥감을 잘 잡는. glu bien ~e (새가) 잘 잡히는 끈끈이. ④ (비유적) 마음을 사로잡는(captivant). récit ~ 매혹적인 이야기. ⑤ 【옛】 막 시작한(commençant).
— *n.* ① (내기의) 승자. ② (경매의) 입찰자.

prénatal(ale, *pl.* **als, aux)** [prenatal, -o] *a.* 출생 전의, 해산 전의. allocations ~ales 해산전 수당, 임신중에 받는 수당.

‡prendre [prɑ̃ːdr] [26] *v.t.* ① (손으로) 잡다, 붙잡다, 쥐다(saisir), 들다; (팔로) 안다; (유 따위가) 꼭 끼다. ~ les armes 무기를 잡다. ~ qn par la main …의 손을 잡다, 악수하다. ~ son stylo pour écrire 쓰기 위해서 만년필을 쥐다. ~ un enfant dans les bras 어린애를 안다. vêtement qui *prend* (bien) la taille 허리에 꼭 끼는 옷.
② (옷 따위를) 입다, (모자를) 쓰다, (신발을) 신다; 가져가다, 휴대하다(emporter). ~ ses lunettes 안경을 쓰다. ~ le deuil 몽상(蒙喪) 하다. ~ un parapluie pour sortir 외출하려고 우산을 휴대하다.
③ (책임 따위를) 맡다, 지다; 돌보다. ~ qc à sa [en] charge …을 떠맡다. ~ qn[qc] sous sa protection …을 보호해 주다. ~ sur soi (사고 등의 책임을) 지다. ~ sur soi la faute de qn …의 과실의 책임을 지다. ~ sur soi de + *inf.* …하기를 떠맡다. (목적어 없이) ~ sur soi 참다, 전 책임을 혼자 지다. ~ des pensionnaires 하숙시키다.
④ 빼앗다(dérober, ravir, ↔ donner); 능욕하다(violer); (물건 따위를) 꺼내다(sortir, tirer); (일 따위가 시간을) 빼앗다. [~ *qc* à *qn*] La mort lui *a pris* son fils. 죽음이 그에게서 아들을 앗아갔다. ~ un baiser à *qn* …에게 강제로 키스하다. ~ une femme de force 여자를 범하다. ~ un cahier dans le tiroir 서랍에서 노트를 꺼내다. ~ de l'argent à la banque 은행에서 돈을 찾다. exemple *pris* chez Racine 라신에게서 인용한 보기. ~ sur ses réserves 예비금에서 꺼내다. Cette tâche le *prend* (pendant) deux heures chaque jour. 그는 매일 두시간 동안 이 일에 매달린다.
⑤ 받다; 얻어맞다; 받아들이다, 이해하다; 다루다, 구슬리다. *Prenez* ce que je vous offre. 제가 드리는 것을 받으십시오. ~ mille francs pour *qc* …의 대가로 1,000 프랑 받다. médecin qui *prend* cher (구어) 비싸게 받는 의사. ~ des coups trop forts 너무 강하게 얻어맞다. ~ la cause de *qn* …의 편이 되다, …을 도와주다, …을 변호하다. ~ fait et cause pour *qn* …을 지지하다, 변호하다. ~ *qc* avec bonne humeur …을 기분좋게 받아들이다. Vous *avez* mal *pris* mes paroles. 당신은 내 말을 오해했읍니다. On ne sait par où le ~. 그를 어떻게 다루어야 할지 모른다. ~ *qn* par la douceur …을 감언이설로 구슬리다. ~ *qn* par son point faible (이득을 위해) …의 비위를 맞추다. savoir ~ *qn* …을 구슬릴 줄 안다.
⑥ⓐ 빼앗다, 탈취하다; 체포하다(arrêter); 포획하다(attraper, capturer); (감정 따위가) 사로잡다(saisir); 갑자기 들이닥치다, 기습하다(surprendre); (아내나 남편으로 맞이하다(épouser). ~ d'assaut une crête 산정(山頂)을 공략하다. ~ un voleur 도둑을 체포하다. ~ *qn* en amitié …을 사랑하다. ~ *qn(qc)* en sympathie[en horreur, en pitié] …에게 호감[혐오감·연민]을 품다. ~ un animal au piège 짐승을 함정으로 잡다. L'orage nous *a pris* sur la route. 우리는 노상에서 소나비를 만났다. La fièvre l'*a pris*. 그는 고열(高熱)이 났다. *être pris* de remords 회한(悔恨)에 사로잡히다. ~ (une) femme 장가들다. ⓑ 징집하다, 소집하다(lever). Il *a été pris* pour le service militaire. 그는 징집되었다. Dieu l'*a pris*. 그는 죽었다. ⓒ 【놀이】(장기 따위에서 말을) 잡다. ⓓ (세금 따위를) 징수하다. La douane *prend* dix francs de droit sur cet objet. 세관은 이 물건에 대해 10프랑의 관세를 징수한다.
⑦ 상상하다, 가정하다(imaginer, supposer). *Prenez* que + *sub.* …라고 가정 (상상) 해 보시오.
⑧ (차 따위에) 태우다; 싣다, 데리러 가다. taxi qui *prend* un client 손님을 태우는 택시. ~ les marchandises 【상업】 상품을 싣다. J'irai vous ~ à l'aéroport. 공항으로 모시러 가겠읍니다.
⑨ 얻다; (방을) 빌다; 가지다, 입수하다; 사다(acheter), 고용하다(employer); (지위 따위를) 얻다. ~ une chambre 방을 빌리다. ~ des renseignements 문의하다, 정보를 입수하다. ~ sa leçon particulière 개인 교수를 받다. ~ des billets 표를 사다. Je *prends* mon pain dans cette boulangerie. 나는 이 제과점에서 빵을 산다. On ne *prend* plus personne à l'usine. 공장에서는 이제 아무도 고용하지 않는다. ~ *qn* comme secrétaire …을 비서로 채용하다. ~ une profession 직업을 갖다. ~ la couronne 왕관을 쓰다.
⑩ [~ pour/comme] (으로) 간주하다, 착각하다, 삼다. ~ *qn* pour un imbécile …을 바보로 여기다. ~ *qn* pour exemple …을 본보기로 삼다. ~ *qc* pour prétexte …을 핑계로 삼다. On le *prend* souvent *pour* son frère. 사람들은 가끔 그를 동생으로 착각한다.
⑪ⓐ 먹다; (약을) 복용하다. ~ ses repas 식사하다. Le malade n'*a rien pris* depuis deux jours. 환자는 이틀 전부터 아무것도 먹지 않았다. ~ des comprimés contre la migraine 편두통약을 먹다. ⓑ 목욕하다(se baigner, se doucher). ~ un bain [une douche] 목욕[샤워]하다.
⑫ (병에) 걸리다(attraper); (습관이) 붙다, 들다; 얻다(acquérir) ~ un rhume (une grippe) 감기들다. ~ des habitudes 습관이 붙다. Il *a pris* de l'expérience. 그는 경험을 얻었다.
⑬ (태도·행동 따위를) 취하다; (특색 따위를) 띠다(adopter). ~ fuite 도망치다. ~ garde 주의(조심)하다. ~ un air innocent 순진 무구한 태도를 취하다. À l'automne les feuilles *prennent* une couleur dorée. 가을에 잎사귀들은 노랗빛을 띤다. ~ l'accent du Midi 남프랑스 사투리를 쓰다. ~ des manières distinguées 점잖은 태도를 짓다.
⑭ (눈이) 먹다. ~ de l'âge 나이먹다, 늙다.
⑮ (차·배·비행기 따위에) 타다; (의자에) 앉다; (물 따위를) 빨아들이다, 흡수하다. ~ un taxi[le métro, l'autobus, le train, le bateau, l'avion] 타다 [지하철·버스·기차·배·비행기]를 타다. *Prenez* une chaise. 의자에 앉으시지요. chaussures qui *prennent* l'eau 물을 잘 흡수하는 구두. parchemin qui ne *prend* pas l'encre 잉크가 배지 않는 양피지(羊皮紙).
⑯ (길·방향을) 접어들다; (말이 …의) 보조를 취하다. ~ le chemin de[pour] Paris 파리로 가는 길을 가다. ~ un raccourci 지름길로 들다. ~ la direc-

tion du sud 남쪽으로 방향을 잡다. ~ la mer 항해를 시작하다. ~ le plus court 질러 가다. ~ les devants 앞지르다, 선수치다. ~ à travers champs 벌판을 가로지르다. ~ un virage 《자동차》방향을 틀다. Le cheval *prit* le galop. 말은 갤럽으로 보조를 바꿨다.

⑰ 재다(mesurer). ~ les mesures 치수를 재다. ~ la température 체온을 재다. ~ le pouls de *qn* …의 맥을 짚다.

⑱ 적다, 쓰다, (사진을)찍다; (지문을)채취하다 (relever). ~ des notes 필기해두다. ~ une photo 사진찍다. ~ des empreintes digitales 지문을 채취하다.

à bien ~ les choses; à le bien ~ 사리를 잘 생각해 보면.
à tout ~ 모든 걸 따져보면, 결국. [보면.
C'est à ~ ou à laisser. 그 값[조건]으로 사든지 (반아들이든지) 말든지 좋도록 하시오.
Il semble qu'il n'y ait qu'à se baisser et à ~. (비유적) 실로 쉬운 일이라고 생각한다.
Il n'est pas à ~ avec des pincettes. 그건 몹시 더럽다; 기분나쁜 놈이다.
Je n'y prends ni je n'y mets. 나는 사실 그대로 말하고 있는 것입니다.
Je sors d'en ~. 《구어》아니 괜찮습니다, 방금 들었습니다; 이젠 딱 질색이다.
le ~ bien 감정이 상하지 않다, 화내지 않다.
le ~ de haut 거만하게 굴다.
On ne m'y prendra plus! 이제는 속지 않을 걸!
On ne sait par où le ~. 몸이 아픈 사람의 어디를 주물러 줘야 할지 모르겠다; 그는 툭하면 화를 내기 때문에 어떻게 대해야 할지 모르겠다. (냉정해서) 말도 붙이지 못하겠다.
Où avez-vous pris cela? 어디서 그런 생각이 떠올랐습니까? 누구한테 들었지요?
~ qn en flagrant délit …을 현행범으로 잡다.
~ congé de qn …에게 작별인사하다, 하직하다.
Qu'est-ce que tu vas ~! 《구어》너 혼난다!
Qu'est-ce qui te prend? 도대체 어떻게 된거야?
se laisser ~ 잡히다, 자기를 잡게 하다; 속다. *se laisser ~ aux flatteries* 아첨에 걸려들다. [다.
Tel est pris qui croyait ~. 《속담》속이려다가 속는

—*v.i.* ① ⓐ 굳어지다, 엉기다(durcir). La crème *a pris*. 크림이 굳어졌다. ⓑ 얼다(geler). La rivière *a pris*. 강이 얼었다. ⓒ 《요리》눌어 붙다.
② 뿌리박다; (싹이)돋아나다(pousser); (풀에)붙다; (물이)들다; (검정 따위가 남비 밑에)엉겨붙다 (attacher, coller); 성공하다, 인기를 끌다(réussir); (열이)나다. La fièvre lui *a pris*. 그는 열이 났다. arbres qui n'ont pas *pris* 뿌리박지 않은 나무. Ce vaccin *a pris*. 이 우두가 효과있었다. Cette mode *prendra*. 이 유행은 인기를 끌 것이다. coutumes étrangères qui *prennent* en France 프랑스에 뿌리를 내리는 외국 습관들. Ça ne *prend* pas avec moi. 나는 못 속인다.
③ [~ à] (으로부터)시작되다(commencer). rue qui *prend* au numéro 8, 8 번지에서 시작되는 길.
④ [~ à] (을)사로잡다; (냄새가)자극하다, 불쾌감을 주다. L'envie lui *prend* de partir. 떠나고 싶은 생각이 그를 사로잡는다(=[비인칭]Il lui prend l'envie de partir). Le vin lui *prit* à la tête. 술기운이 그의 머리로 올라왔다. Une odeur lui *prit* au nez. 냄새가 코를 찔렀다. (비인칭) Il lui *prit* un mal de dents. 그는 치통에 걸렸다. (비인칭) Il lui *prit* un dégoût. 그는 싫증이 났다.
⑤ 《구어》(제안 따위가)받아 들여지다, 인정받다. Son histoire n'*a pas pris*. 그의 이야기는 인정받지 못했다.
⑥ 길을 고르다, (고른 길을)가다. *Prenez* à gauche. 왼쪽으로 도십시오. ~ à travers champs (길을 통하지 않고)들판을 가로질러 곧장 가다, 샛길로 가다.
⑦ (잉크·염료 따위가)스며들다, 물들다; (벌레가)갉아먹다. L'encre ne *prend* pas sur le papier huilé. 잉크는 기름먹인 종이에 쓰여지지 않는다.
Bien lui en prit[a pris] de+inf. 그가 …한 것은 다행이었다.
Qu'est-ce qui lui prend? 무슨 영문인가?

—*se v.pr.* ① 걸리다(s'accrocher); 쓰이다. Sa robe *s'est prise* dans les ronces. 그의 옷이 가시덤불에 걸렸다.
② 굳어지다, 《옛·문어》(에)매달리다. Il *se prit* à moi. 그는 내게 매달렸다.
③ 시작하다. [se ~ à+*inf.*] *se ~ à pleurer* 울기 시작하다.
④ 착수하다, 종사하다. Il aurait fallu *s'y ~* plus tôt. 그는 더 일찍 착수해야 했을 것이다.
⑤ 서로 잡다; 서로 빼앗다. *se ~ aux cheveux* 서로 싸우다. Les joueurs cherchent à *se ~* le ballon. 경기자들은 서로 공을 뺏으려고 애쓴다.
⑥ 《문어》(비유적) [se ~ à] (에)전념[열중]하다; 대단한 관심을 갖다. *se ~ au jeu* 게임에 열중하다.
⑦ [s'en ~ à *qn/qc*] …을 공격[비난]하다, …에게 책임을 덮어 씌우다, …의 탓으로 하다(attaquer); 《옛》[se ~ à *qn*] …을 공격[비난]하다(l'attaquer, le critiquer). On *s'en prend* à moi, comme si j'étais pour quelque chose dans cette affaire. 내가 그 사건에 무슨 관련이 있는 것처럼 사람들은 나를 비난한다.
⑧ [s'y ~] (어떤 목적을 달성하기 위해)행동하다 (agir). *s'y ~ bien[mal]* 솜씨있게[서툴게] 행동하다. ne savoir comment *s'y ~* 어떻게 해야할지 모르다.
⑨ [se ~ pour] 자신을 …이라고 생각하다(se regarder). Il *se prend* pour un homme d'esprit. 그는 자신을 재주꾼이라고 생각한다. *Pour qui se prend-il?* 그는 도대체 자신을 무엇이라고 생각하는가? Il ne *se prend* pas *pour* une merde. 《속어》그는 어떤 일인지 자신을 대단한 인물이라고 생각한다.
⑩ (어디에)흐려지다(se couvrir); 어두워지다. Le ciel *se prend*. 하늘이 흐려진다.
⑪ (병이)발생하다, 만연하다(se contracter). La grippe *se prend* très facilement en cette saison. 감기는 이 계절에 쉽게 만연한다.
⑫ (결혼으로)맺어지다, (성적으로)맺어지다.
⑬ (수동적)잡혀지다, 잡을 수 있다. Cela *se prend* avec les doigts. 이것은 손가락으로 잡을 수 있다.
⑭ (약이)복용되다(s'absorber). médicament qui *se prend* à jeun 공복에 복용하는 약.
⑮ (말 따위가)사용되다, 쓰이다. Ce mot *se prend* dans cette acception. 이 말은 그런 뜻으로 쓰인다.
⑯ 잡히다. poisson qui *se prend* généralement au filet 보통 그물로 잡히는 고기.
se ~ d'amitié pour …와 우의를 맺다.
se ~ de vin 술에 취하다.
se ~ par la main ⓐ(상호적)서로 손을 맞잡다. ⓑ《구어》(재귀적·비유적)마음먹고 하다.

—*n.m.*《다음과 같은 표현에만 쓰임》en venir au fait et au ~ 드디어 순서가 잡히다.

preneur(se) [prənœr, -øːz] *n.* ① 매수인(買受人); 사는 사람; (어음)수취인. J'ai trouvé ~ pour cette maison. 나는 이 집을 살 사람을 찾아냈다. avoir ~ 살 사람이 있다. Le présentateur et le preneur de commerce 어음의 발행인과 수취인. ② 임차인(貰借人). ~ d'un bail à cheptel 가축 임차인. ③ 상용

자. ~ de café 커피 애용자. ④ⓐ[~ de](을)취하는 사람[물건]. ~ de son 녹음기사. ~ de notes 필기자. ⓑ잡는자, 포획자, 점령자. ~ de forteresse 요새 점령자. grand ~ de lapins 토끼잡이의 명수. ⓒ 《경마》 (말에)거는 사람.
—a. ① [~ de] (의)포획자인. ② 매수하는; 매수인의.

*prénom [prenɔ̃] *n.m.* (성에 대한)이름, 세례명, 영세명(petit nom, nom de baptême, ↔ nom de famille, patronyme). ~ usuel 보통 부르는 이름(Victor Marie Hugo의 Victor).

prénommé(e) [prenɔme] *a.p.* ① 앞서 이름을 든; …이라는 이름의. petit garçon ~ Jean 장이라는 이름의 아이. ② 《법》 위에 적은, 앞서 말한.
—*n.* 《법》 위에 말한 사람.

prénommer [prenɔme] *v.t.* 이름을 붙이다.
—se ~ *v.pr.* 이름이 …이다. Comment se prénomme-t-il? 그의 이름은 무엇입니까?

prénotion [prenosjɔ̃] *n.f.* 《철학》 ① 선취(先取) 관념(ⓐ에피쿠로스파·스토아파의 용어로 경험이 전에 형성되는 관념. ⓑ사회학 따위에서 과학적 연구 이전에 미리 품고 있는 관념). ② 《옛·드물게》 (막연한)예지식.

prénuptial(ale, *pl.* **aux)** [prenypsjal, -o] *a.* 결혼전의. examen ~ 혼전 의각검진.

préoccupant(e) [preɔkypɑ̃, -ɑ̃:t] *a.* 전념하는, 몰두하는; 걱정스러운, 위급한(grave, critique). La situation militaire est très ~. 군사 정세는 매우 위급하다.

préoccupation [preɔkypɑsjɔ̃] *n.f.* ① 염려, 걱정, 관심(souci); 마음고생, 심려(agitation). être la ~ de *qn* ~의 관심의 표적이 되다, …에게 있어 염려스러운 존재이다. leur ~ majeure 그들의 최대의 관심사. ~s grossières(terre à terre) 비속한 관심. avoir des ~s sur la santé de *qn* …의 건강에 마음을 쓰다. ② 고정관념(idée fixe), 편집(monomanie), 집념(obsession). ~ de l'argent 금전에의 집념. ③ 전념(하는 일), 몰두. être dans la ~ 몰두하고 있다. ④ 《옛》선입관, 편견(préjugé, prévention). ⑤ 《옛》 《법》 (토지 따위를)남보다 먼저 차지함; 선취. La ~ engendre la propriété. 선점은 소유의 어머니이다. ⑥ 《옛》 《수사학》 복선 《일반적으로 예변법(prolepse) 으로 불림》.

préoccupé(e) [preɔkype] *a.p.* [~ de](에)전념한, 몰두한, 열중한(absorbé, ↔ indifférent). avoir l'esprit ~ 정신이 팔려 있다, 넋이 나가다.

préoccuper [preɔkype] *v.t.* ① 걱정(근심)시키다(inquiéter). ② 몰두시키다(absorber, obséder). ③《옛》편견[선입관]을 갖게 하다. Je ne prétends pas de ~ votre jugement. 나는 (내 의견을 가지고) 당신의 판단을 미리 좌우할 생각은 없소. ④《옛》남보다 먼저 점유하다, 선취하다.
—se ~ *v.pr.* 걱정하다, 근심하다(s'inquiéter); 몰두하다. se ~ de *qc*(+ *inf.*) …에 [하기에] 몰두하다; …을 [하는 것을] 걱정하다. ②《옛》편견[선입관]에 사로잡히다.

préopératoire [preɔperatwa:r] *a.* 《의학》 수술 전의. anesthésie ~ 수술전 마취.

préopinant(e) [preɔpinɑ̃, -ɑ̃:t] *n.* 《옛》 먼저 발언(발의·제안)하는 사람; 앞서의 발언자.

préopiner [preɔpine] *v.i.* 먼저 발언(발의·제안)하다. Je suis de l'avis de celui qui a préopiné. 나는 앞서 발언한 분의 의견에 동의합니다.

préordination [preɔrdinɑsjɔ̃] *n.f.* 《신학》 예정《신이 미리 정해놓은 운명》(prédétermination).

préoral(ale, *pl.* **aux)** [preɔral, -o] *a.* 《동물》 입의 앞쪽에 있는.

préordonné(e) [preɔrdɔne] *a.p.* 예정된; 미리 운명이 정해진.

préordonner [preɔrdɔne] *v.t.* 《신학》 예정하다; 미리 운명을 정하다.

préorganiser [preɔrganize] *v.t.* 《드물게》 미리 조직하다, 미리 형성하다.

prépa [prepa] *n.f.* 《학생은어》 grandes écoles 준비과정(classe préparatoire); grandes écoles 준비과정의 학생(préparationnaire).

prépaiement [prepɛmɑ̃] *n.m.* 선불(先拂).

prépalatal(ale, *pl.* **aux)** [prepalatal, -o] 《언어》 *a.* 전부경구개(음)(前部硬口蓋(音))의.
—*n.f.* 전부경구개음(ʃ, ʒ, tʃ, dʒ 따위).

préparateur(trice) [preparatœ:r, -tris] *n.* ①《드물게》(일반적으로)준비하는 사람. ②《시험 따위의》시식시, 시식자. ③(의학·과학의)실험조수. ④《약》배합사, 약제사.

préparatif [preparatif] *n.m.* 《보통》준비, 채비(apprêt, arrangement). ~s de guerre 전쟁 준비. faire ses ~s de départ 출발준비를 하다. sans aucun ~ 아무런 준비도 없이.

*préparation [preparɑsjɔ̃] *n.f.* ①준비, 채비(apprêt). ~ d'un voyage 여행 준비. ~ d'un coup de théâtre (극의)극적인 장면을 위한 복선. ② 《학습》; 예비조사; 시험준비. ~ des étudiants aux examens 학생들의 시험준비. ~ d'artillerie (보병의 돌격에 앞선 포의)예비포격. ③ 각오, 결심. ~ à la mort 죽음에의 각오, 죽음에 대한 마음의 준비. ④ (약품의)조제, (요리의)조리; 조제약; 요리한 식품; 표본. ~ des médicaments 약의 조제. ~ anatomique 해부표본. ~ (microscopique) 현미경 관찰용 표본, 프레파라트. ~ des mets 요리를 함. ⑤ 《음악》 (불협화음의)예비(음). ⑥ 《회화》 (파스텔화 따위의)밑그림, 소묘.

préparationnaire [preparɑsjɔnɛ:r] *n.* (특수대학(grandes écoles) 입학을 위한)입시 준비반 학생.

préparatoire [preparatwa:r] *a.* 예비의. travail ~ 예비작업. cours ~ 준비과(초등교육 첫 번째 학년). classe ~ 특수대학 예비학급. jugement ~ 《법》 예비판결.

pré(-)parc [prepark] *n.m.* (국립공원·자연공원의)주변보호구역.

préparé(e) [prepare] *a.p.* 준비된, 채비가 된; 마음의 준비가 된. élève mal ~ (시험 따위에)준비가 잘 안된 학생.

:préparer [prepare] *v.t.* ①준비하다, 채비하다; (계획 따위)세우다, 꾸미다, 기획하다. ~ un voyage 여행을 준비하다. ~ un plan 계획을 세우다. ~ un complot 음모를 꾸미다.
②(학과 따위의)조사를 하다, 예습을 하다. ~ un examen 시험 준비를 하다. ~ ses cours (교수가) 강의준비를 하다.
③갖추어 놓다, 마련하다(arranger); [~ *qc* à *qn*]에고하다. ~ les chambres avant l'arrivée des hôtes 손님들이 도착하기 전에 방을 갖추어놓다. ~ un emplacement 장소를 마련하다. Sa paresse lui *prépare* un échec irréparable. 그의 게으름은 그에게 돌이킬 수 없는 실패를 예고한다.
④ (약 따위를)조제하다, (요리를)조리하다, (식사를)차리다. ~ des médicaments 약을 조제하다. ~ le poisson 생선을 요리하다. ~ le déjeuner 점심을 차리다.
⑤[~ *qn* à *qc* à + *inf.*] 각오하게 하다, 준비시키다. ~ un élève à l'examen 학생에게 시험을 준비시키다. ~ le pays à continuer la guerre 국가가 전쟁을 계속하도록 대비시키다. ~ *qn* à la mort …에

게 죽음을 각오하게 하다, (회개하고)죽음에 대한 마음의 준비를 하도록 하다.
—se ~ *v.pr.* ① 준비하다, 채비하다; 마음의 준비를 하다. Jacques *se prépare* à sortir. 자크는 외출준비를 한다. *se* ~ à l'examen 시험준비를 하다. *se* ~ à la mort 죽음에 대해 마음의 준비를 하다.
② 준비되다; 마련되다, 발생하여 하다. Comment *se prépare* la choucroute? 슈크루트는 어떻게 요리하지요? Un orage *se prépare*. 폭풍우가 올 것 같다. 《비인칭》 Il *se prépare* une crise économique. 경제위기가 닥칠 것 같다.
③ (을)자신을 위해 채비[준비]하다. Il *se prépare* une vieillesse heureuse. 그는 행복한 노후를 설계하고 있다.

prépayer [prepeje] ⑧ *v.t.* (보통 과거분사로) 선불하다. billet d'avion *prépayé* 선불된 비행기표.

prépondérance [prepɔ̃derɑ̃ːs] *n.f.* 우월성, 주도성, 지배력, 패권. ~ de Rome dans l'Antiquité 고대 세계에 있어서의 로마의 주도성.

prépondérant(e) [prepɔ̃derɑ̃, -ɑ̃ːt] *a.* ① (지위나 역할에) 으뜸인)탁월한, 지배적인. jouer un rôle ~ 지배적인 역할을 수행하다. ② 재결권을 갖는; 압력 있는. voix ~*e* (표가 동수일 경우의)재결권, 캐스팅보드.

préposé(e) [prepoze] *n.* ① (하급의)담당자, 계원, 점원(employé). ~*s* des douanes 세관원. ~*s* des forêts 산림관리인. ~ aux billets 승차권 판매원. ~ au cordon 문지기(concierge). ② 《행정》 우체부, 우편배달부(일상어에서는 facteur). ③ commettant et ~ 《법》 주범과 공범; 본인과 대리인.

préposer [prepoze] *v.t.* ① [~ qn à qc] 맡기다, 임명하다. ~ qn à des travaux …에게 공사를 감독시키다. ~ qn à une fonction …에게 어떤 직무를 맡기다. ② (옛) [~ sur qc] 앞에 놓다.

prépositif(ve) [prepozitif, -iːv] *a.* 《언어》 전치사구의. locution ~*ve* 전치사구.

*****préposition** [prepozisjɔ̃] *n.f.* 《언어》 전치사. ~ vide (空意) 전치사 (보통 de, à를 말함). ~ pleine 충의(忠意) 전치사.

prépositionnel(le) [prepozisjɔnɛl] *a.* 《언어》 전치사의, 전치사에 인도되는. infinitif ~ 전치사에 인도되는 부정사.

prépositivement [prepozitivmɑ̃] *ad.* 전치사적으로, 전치사로서.

prépotence [prepɔtɑ̃ːs] *n.f.* ①《옛》전능, 절대권력. ②《생물》우성 유전(력).

prépotent(e) [prepɔtɑ̃, -ɑ̃ːt] *a.* 《옛》 (압도적으로)우세한.

prépsychotique [prepsikɔtik] *a., n.m.* 정신병 전증 (前症)의(사람), 전(前)정신병의(사람).

prépublication [prepyblikasjɔ̃] *n.f.* (책출판 전에 잡지따위에 소개되는)발췌, 요약.

prépuce [prepys] *n.m.* 《해부》 (음경(陰莖)의)포피(包皮).

préputial(ale, pl. aux) [prepysjal, -o] *a.* 《해부》 포피(包皮)의.

préraphaélite [preraafaelit] 《미술》 *a., n.* 라파엘(Raphaël)전파(前派)의(화가).

préraphaél(it)isme [preraafael(it)ism] *n.m.* 라파엘 전파주의의 (19세기 영국의 예술운동).

préréfrigération [prerefriʒerasjɔ̃] *n.f.* 《공업》 (수송·가공·저장에 앞선)예비냉각(냉동).

préréfrigérer [prerefriʒere] ⑥ *v.t.* 《공업》 미리 냉각[냉동]하다.

prérentrée [prerɑ̃tre] *n.f.* 《교육》 신학기 준비기간 (교사가 출근하는 것이 의무적).

préretraite [prerətret, prertret] *n.f.* 정년전 퇴직; 조기 퇴직(금).

prérogative [prerɔgatiːv] *n.f.* ① 특권, 특전(privilège). ~*s* du président 대통령의 특권. ② 대권(大權). ~ royale 군주의 대권. ③ 《고대로마》 최선(最先) 투표권; 최선 투표권이 있는 부족 (100인조). *—a.* 최선 투표권이 있는.

préromantique [prerɔmɑ̃tik] *a., n.* 《문학사》 전기낭만주의 시대의(작가).

préromantisme [prerɔmɑ̃tism] *n.m.* 《문학사》 전기(前期)낭만주의의.

‡**près** [prɛ] *ad.* ① [~ de] (의)가까이(에). Il habite ~ d'ici. 그는 여기 가까이에 살고 있다.
② (공간적·시간적으로)가까이(에), 근처에; 금방. Mon oncle habite tout ~. 아저씨는 아주 가까이에 사신다. Viens plus ~. 좀 더 가까이 오라. Les vacances sont tout ~. 조금만 있으면 방학이다. C'est trop ~, remettons à huitaine. 그건 너무 촉박해, 일주일 연기합시다.

à beaucoup ~ 아직, 상당히, 훨씬 (보통 부정문에서). Ce n'est pas, *à beaucoup* ~, la somme qu'il me faut. 그것 내가 필요한 금액과는 아직 멀다. Il n'est pas aussi intelligent que vous, *à beaucoup* ~. 그는 당신만큼 똑똑하지 못하다, 훨씬 못 미친다.
à peu de chose(s) ~ 거의(presque), 대략(à peu ~); 약간을 제외하고는(à quelque chose ~). Elle gagne 4000 francs, *à peu de chose* ~. 그녀는 대략 4천프랑을 벌고있다.
à peu ~ 약, 거의, 《*n.m.* 복수불변》개산(概算). calculer une somme par *à peu* ~ 어떤 금액을 개산하다. Il est *à peu* ~ midi. 지금은 정오쯤이다.
à … ~ ⓐ …을 제외하고. *à peu d'exceptions* ~ 약간의 예외를 제외하면. Le dossier est complet, *au plan d'études* ~. 연구계획을 제외하고는 서류는 완전하다. *à cela* ~ *que…* …인 것을 제외하면. ⓑ …차이[오차]로, …의 정확성으로. A cinq minutes ~, je le rencontrais. 5분만 틀렸어도 그를 만났을텐데. balance précise *au milligramme* ~ 1밀리그램 단위까지 정확한 저울. ⓒ [ne pas (en) être ~] [~]쯤은 개의치 않다, 는 아무래도 좋다. Il *n'est pas à cela* ~. 그는 그런 것쯤은 개의치 않는다. Il *n'en est pas à dix francs* ~. 그에게 10프랑 따위는 아무렇지도 않다.
au plus ~ *(du vent)* 바람부는 쪽으로, 바람을 타고. courir *au plus* ~ 바람을 타고 달리다.
de ~ 가까이에서, 자세히, 주의깊게. examiner la question *de plus* ~ 문제를 좀 더 자세히 검토하다. tirer *de* ~ 가까이에서 쏘다. se raser *de* ~ 정성껏 면도하다. toucher *de* ~ qn …와 혈연관계이다, …와 관계가 깊다. voir la mort *de* ~ 가까스로 살아 나다. Je ne la connais ni *de* ~ ni de loin. 나는 그녀에 대해서 전혀 모른다.
être ~ *de son argent*[*ses intérêts*, 《구어》 *ses sous*] 돈에 대해 까다롭다, 욕심많아하기다.
ne pas y regarder de si (trop) ~ 대충 넘어가다, 너무 시끄럽게 따지지 않다.
~ de ⓐ …가까이(에서). ⓑ 거의, 대강. Elle a été ~ d'éclater en sanglots. 그녀는 거의 울음을 터뜨릴 뻔했다. il y a ~ *de* vingt ans 거의 20년전에. J'ai touché ~ *de* mille francs. 나는 1,000프랑쯤 받았다. ⓒ [~ + *inf.*] …하려고 하다. Le jour est ~ *de* paraître. 곧 날이 밝으려고 한다. ⓓ (옛) …와 비교하여.
—*prép.* 《옛》 …의 가까이(에)(Saint-Denis-~-Martel 과 같은 일부 지명에 사용). ambassadeur ~ le Saint-Siège 교황청 주재 대사.

présage [prezaːʒ] *n.m.* ① 전조(前兆). mauvais ~ 불길한 전조. ② (전조에 의한)추측, 억측. tirer un

~ d'un événement 어떤 사건에서 운세를 점치다.
présager [prezaʒe] ③ *v.t.* ① (의)전조를 보이다, 예고하다. Le vent *présage* un orage. 바람이 폭풍우를 예고한다. ② 추측하다, 예상하다.
présalaire [presalɛːr] *n.m.* (연구를 계속하는 학생이 재학 중에 받는)선불급료(장학금에 해당).
pré-salé [presale] (*pl.* ~**s**-~**s**) *n.m.* 해변의 목장에서 기른 맛이 있는 양(고기)〖염분이 포함된 풀을 먹기 때문에〗.
présanctifié(e) [presɑ̃ktifje] 〖가톨릭〗 *a.* 기성(旣聖)의, 미리 축성(祝聖)된.
—*n.m.* messe des ~s (성 금요일의)예비성체미사(전날에 축성한 성체를 배령하는).
presbyte [prɛsbit] *a., n.* 노안(老眼)의(사람).
presbytéral(ale, *pl.* **aux)** [prɛsbiteral, -o] *a.* ① (가톨릭의)사제의, (기독교의)목사의. maison ~*ale* 사제관, 목사관. ② Conseil ~ 〖기독교〗 (장로교파의)장로회.
presbytère [prɛsbitɛːr] *n.m.* 사제관.
presbytérianisme [prɛsbiterjanism] *n.m.* 장로교회(의 교리); 장로제도.
presbytér(i)at [prɛsbiter(j)a] *n.m.* 〖종교〗 (장로교회의)장로직.
presbytérien(ne) [prɛsbiterjɛ̃, -ɛn] *n.* 장로파(교도). —*a.* 장로파(교회)의. synode ~ 장로교회의(會議).
presbytie [prɛsbisi] *n.f.,* **presbytisme** [prɛsbitism] *n.m.* 노안(老眼).
presbytique [prɛsbitik] *a.* 노안의.
prescience [presjɑ̃ːs] *n.f.* 〖신학〗 (신이 인간의 미래에 대해서 갖는)예지; (미래에 대한)예지 능력 (prévision); 예감(pressentiment).
prescient(e) [presjɑ̃, -ɑ̃ːt] *a.* (옛)예지 능력이 있는.
préscolaire [preskɔlɛːr] *a.* 취학 이전의.
prescriptibilité [prɛskriptibilite] *n.f.* 〖법〗 시효에 걸릴 수 있음, 시효의 가능성.
prescriptible [prɛskriptibl] *a.* 〖법〗 시효에 걸릴 수 있는, 시효의 대상이 되는. biens ~s 시효 대상이 될 수 있는 재산.
prescription [prɛskripsjɔ̃] *n.f.* ① 〖법〗 시효(時效). invoquer la ~ 시효를 끌어 원용(援用)하다. ~ acquisitive 취득시효. ~ extinctive 소멸시효. ② 〖의학〗 처방. observer les ~s du médecin 의사의 처방을 따르다. ③ (상세한)규칙, 명령, 가르침. observer les ~s de l'Eglise 교회의 가르침을 따르다. ④ (*pl.*) 〖공업〗 명세서.
prescrire [prɛskriːr] ③⑧ *v.t.* ① 명령하다, 지시하다(ordonner). Le médecin *a prescrit* un repos absolu. 의사가 절대 안정을 지시했다. [~ de + *inf.*/que + *sub.*] La morale nous *prescrit* de ne pas mentir. 도덕은 우리들에게 거짓말하지 말도록 명한다. ② (상세히)규정하다. ③ 〖의학〗 (약제를)처방하다. ④ 〖법〗 시효에 의하여 취득하다(채무를 면하다, 소멸시키다). ~ la propriété d'un meuble 시효에 의하여 부동산을 취득하다. Sa peine *est prescrite*. 그의 형벌은 시효로 소멸되었다. —*se* ~ *v.pr.* ① 명령을 받다; 처방되다. ② 〖법〗 시효에 의하여 소멸되다. Certaines dettes *se prescrivent* par cinq ans. 어떤 채무는 5년으로 시효가 끝난다.
prescrit(e) [prɛskri, -it] *a.p.* 규정된(fixé). au jour ~ 정해진 날짜에.
préséance [preseɑ̃ːs] *n.f.* (의식·회합의)우선권, 상석권(上席權). avoir la ~ sur *qn* …의 상위에 서다, …의 상석에 앉다.
présélecteur [preselɛktœːr] *n.m.* 〖전화〗 프리셀렉터 (자동교환에 있어서 1차 선택기); 〖기계〗 (자동차의)자동변속기.
présélection [preselɛksjɔ̃] *n.f.* ① (본 선발에 앞선) 예비선발, 예선. ② 〖군사〗 (정병에 앞선)적성검사. ③ 〖기술〗 (자동차의 기어·라디오의 다이얼 따위의)예비선택, 프리세트.
***présence** [prezɑ̃ːs] *n.f.* ① (어느 장소에)있음, 있는 것, 존재; 출석; 〖법〗 (신고한 주소에)실제로 있음. Votre ~ m'encourage. 당신이 계셔서 마음 든든하오. fuir(éviter) la ~ de *qn* …와 만나려 하지 않다. Vous êtes prié d'honorer de votre ~ notre réception. 우리들의 리셉션에 참석해주시면 영광이겠습니다(초대의 글귀). feuille de ~ 출근부, 출석부. droit de ~ (회의 따위의)회의(출석) 수당. jeton de ~ 출석표; 출석수당. ~ de Dieu 〖신학〗 신의 임재; 신의 능력. ~ réelle 〖가톨릭〗 (성체(Eucharistie)에 있어서)그리스도의 현존. ~ au monde; ~ dans le monde 〖철학〗 세계내 존재. ② 참가, 관련; (무대·단체의)영향력, 위신. On soupçonne la ~ du ministre dans cette affaire. 사람들은 장관이 이 사건에 관련되어 있지 않나 의심하고 있다. ~ culturelle de la France en Afrique du Nord 북아프리카에 있어서의 프랑스 문화의 영향력. ③ (작가나 작품의)현대에 미치는 영향력, 현대성, 현재. ~ de l'art baroque chez Rodin 로댕에 있어서 바로크 예술의 존속. ~ de Diderot 디드로의 현대성. ④ (배우의)연기의 실감성, 실감적 연기(력), 강렬한 개성, 박진감(感). Cet acteur a de la ~. 이 배우는 박진감이 있다.
en ~ 마주보고, 대면하여, 대치해서. deux ennemis *en* ~ 대치한 두 적. parties *en* ~ (소송에서) 대결하는 당사자들.
en ~ *de* …의 면전에서, …와 대면하여. *en* ma ~ *de* 나의 면전에서. *en* ~ *de* la mort 죽음을 앞에 두고.
faire acte *de* ~ (회의 따위에)잠깐 얼굴을 내밀다, 모습을 보이다.
~ *d'esprit* 재치; 침착, 평정; 임기응변. Il a eu la ~ *d'esprit* de se cacher derrière le rideau. 그는 재치있게 커튼 뒤에 숨었다.
‡présent'(e) [prezɑ̃, -ɑ̃ːt] *a.* I. (공간적으로)① 있는, 출석하고 있는, 참석하고 있는(↔ absent). Paul était ~ à la réunion. 폴은 회의에 참석하고 있었다. Mlle Marie? —*P*~(*e*)! 마리양? 네!(출석점호의 대답, 여성이라고 보통 남성형으로 사용). être tenu ~ à …에 출석한 것으로 간주하다. être ~ à tout [partout] 신출귀몰하다. Dieu est ~ partout. 신은 어디에나 존재한다.
② (마음에)남는, 주의하고 있는. Ce spectacle est encore ~ à mes yeux. 그 광경은 아직도 눈에 선하다. J'ai toujours ses paroles ~es à l'esprit(la mémoire). 그의 말은 아직도 내 마음(기억)에 남아 있다. souvenir ~ 주의 깊게 생생한 추억. être ~ à la conversation 주의 깊게 대화를 듣고 있다. avoir l'esprit ~ (에)재치가 있다. avoir la mémoire ~*e* (에)기억력이 좋다.
③ [~ *qn*] …의 입회하에. (소송·실무용어로)Les parties ont signé, ~s M.Dupont et M.Rolland. 뒤퐁씨와 롤랑씨의 입회하에 양 당사자는 서명했다.
Ⅱ. (시간적으로)① 현재의, 지금의(actuel, futur, passé). Dans les circonstances ~*es*, il faut renoncer à ce projet. 지금의 상황으로서는 이 계획을 단념하지 않으면 안되겠다. le temps ~; l'époque ~*e* 현대. le siècle ~ 금세기. état ~ d'une question 어떤 문제의 현황.
② (명사 앞에서)지금의, 지금 문제가 되고 있는. dans le ~ chapitre 본 장에 있어서. la loi ~*e* 본법. la ~*e* lettre 〖상업〗 이 편지, 본 장(狀).

③ 《언어》 현재의. participe ~ 현재분사.
—*n.* 출석자. Il y avait dix ~s à la réunion. 10명이 회의에 출석했다.
—*n.m.* ① 현재, 지금. Le ~ seul est important pour l'homme d'action. 행동가에게 있어서는 현재만이 중요하다. vivre dans le ~ 현재에 살다. ② 《언어》 현재(형·시제). ~ de l'indicatif(du subjonctif) 직설법(접속법) 현재.
à ~ 지금(으로서는), 현재는. Je ne fume plus *à* ~. 나는 지금은 담배를 안 피운다. jusqu'*à* ~ 현재까지, 지금까지. dès *à* ~ 지금부터, 곧.
à ~ *que* ... 지금은 …이니까, …인 지금. *À* ~ *qu*'elle va mieux, je pourrai sortir avec elle. 그녀는 좀 나아졌으니 함께 외출할 수 있을 것이다.
d'à ~ 현재의, 지금의.
pour le ~ 당장으로는, 지금으로서는.
quant à ~ 지금은 어떠가 하면.
—*n.f.* 《상업》 이 편지(la ~*e* lettre).
Faisons savoir par ces ~ *es que* ... 이 글월(공문)에 의하여 …임을 증명합니다.

présent² [prezā] *n.m.* 《문어》 선물, 프레젠트(cadeau). ~ de noces 결혼 선물. ~*s* de Bacchus 《시》 바쿠스의 선물 《포도주》. ~*s* de Cérès 케레스의 선물 《곡물》. ~*s* de Flore 플로라의 선물 《꽃》. ~*s* d'usage 《법》 관행적 선물 《상속할 때 대상이 되지 않는 생일선물 따위》. faire ~ de *qc* à *qn*; donner *qc* en ~ de *qn* …에게 …을 선사하다.

présentable [prezātabl] *a*. 떳떳이 내놓을 만한, 내보일 수 있는, 소개할 만한, 보기 흉하지 않은; 반듯한. Ce plat n'est pas ~. 이 요리는 남앞에 내놓을 수 없다.

présenta*teur*(*trice*) [prezātœːr, -tris] *n*. ① 《텔레비전·라디오 프로의》사회자, 해설자, 아나운서. ② 《신제품의》소개자, 전시 설명자. ③ 《상업》 《어음 따위의》제시인. ④ 《역사》 《교회록 수령자의》지명인. ⑤ 《드물게》 소개자, 추천인.

présentatif [prezātatif] *n.m.* 《언어》 제시어(voilà, voici, c'est, il y a를 지칭함).

présentation [prezātasjɔ̃] *n.f.* ① 소개(*pl.*은 구체적인 소개의 말·형식을 나타냄). Je vais faire les ~*s*. 소개 하겠습니다. ② 《직책에의》추천. Le ministre de l'Éducation nationale nomme les professeurs sur ~ du conseil de la faculté. 문교부 장관은 학부교수회의 추천에 의하여 교수를 임명한다. droit de ~ 《법》 《증인·대리소송인 따위 사법사의》후계자 추천권. ③ 《서류의》제시, 제출. ~ des passeports au contrôleur 담당자에게 여권의 제시. effet payable à ~ 《상업》 자기앞수표 《제시 즉시 지불의무를 지닌》. ④ 《상품 따위의》전시, 진열(방법); 전시회. ~ des modèles 견본의 전시. ~ de la collection d'été 여름철 쿨렉션 신작발표회. ~ d'un film 영화의 시사회. ⑤ 《사물의》겉모습, 체재; 《사람의》풍채, 모습, 《사람을 접하는》태도, livre d'art d'une ~ luxueuse 호화장정의 미술책. Il n'a pas une bonne ~. 그는 풍채가 좋지 못하다. Cette vendeuse a une bonne ~. 이 판매원은 손님을 대하는 태도가 좋다. avoir une ~ gauche 서투르다, 어색하다. ⑥ 《논문 따위의》전개, 설명(방법). ⑦ 《의학》 태위 《분만시 자궁구에서의 태아의 위치》. ⑧ 《가톨릭》 fête de la *P*~ de la Vierge 성모 마리아 봉헌축일 《11월 21일》; fête de la *P*~ de l'Enfant Jésus 아기 예수 봉헌축일 《2월 2일》.

présentement [prezātmā] *ad.* 《옛·사투리》지금, 현재(actuellement). Je suis ~ très occupé. 나는 지금 몹시 바쁘다.

‡**présenter** [prezāte] *v.t.* ① 소개하다. Je *présente* ma femme à mes amis. 나는 친구들에게 아내를 소개한다. ~ un conférencier(un musicien) 연사(연주자)를 소개하다. ② 《입후보자를》세우다, 내다, 추천하다. Chaque parti *présente* ses candidats. 각 당은 입후보자를 낸다(추천한다). ~ *qn* à un concours général …을 전국 콩쿠르에 내보내다. ~ *qn* à(pour) un emploi …을 어떤 일자리에 추천하다. ③ 내놓다, 권하다. ~ une chaise à un visiteur 방문객에게 의자를 권하다. ~ des rafraîchissements aux invités 손님에게 시원한 음료를 내놓다. ~ un bouquet au vainqueur 승자에게 꽃다발을 바치다. ④ 제시하다, 보이다, 나타내다. ~ son billet au contrôleur 검표원에게 표를 보이다. *Présentez* armes! 《군사》 받들어 총! ~ une troupe 《군사》 부대를 배치하다. ~ le travers au vent 《해양》 《배가》현측을 바람부는 쪽으로 향하다. ⑤ 전시하다, 진열하다. Le musée *présente* ses dernières acquisitions. 이 미술관은 새로 구입한 작품들을 전시하고 있다. Ce commerçant sait ~ ses articles. 이 상인은 상품의 진열방법을 알고 있다. vitrine mal *présentée* 서투르게 진열된 쇼윈도. ⑥ 《작품 따위를》발표하다; 상영하다, 방송《방영》하다. Yves Saint-Laurent *présente* sa collection d'hiver. 이브 생로랑이 겨울철 쿨렉션을 발표한다. ~ une émission théâtrale à la télévision 텔레비전에서 연극프로를 방영하다. ⑦ 제출하다. ~ un devis[un projet] 견적서[계획안]를 제출하다. ~ une thèse à l'Université 대학에 학위논문을 제출하다. ~ sa candidature 응모하다, 입후보하다. ⑧ 《논지를》진술하다; 《생각을》말하다, 표명하다, 피력하다, 진술하다. Il *a présenté* sa théorie d'une manière très convaincante. 그는 자기의 이론을 매우 설득력있게 전개했다. ~ une objection à *qn* …에게 반대하다. ~ ses condoléances[félicitations, excuses, remerciements] à *qn* …에게 애도[축하·변명·감사]를 표명하다. ⑨ 《양상을》보이다, 나타내다. Ce logement *présente* l'aspect d'un chalet alpin. 이 집은 알프스 산장의 모습을 띠었다. Votre plan *présente* des avantages[des inconvénients]. 당신 계획에는 좋은 점[나쁜 점]이 있다. ~ des différences avec … 와 차이점을 보이다. ⑩ 묘사하다, 표현하다. ~ les choses telles qu'elles sont 사물을 있는 그대로 묘사하다. ~ la vérité toute nue 진실을 적나라하게 표현하다. ~ une affaire sous son jour avantageux 거래를 유리한 견지에서 설명하다.
—*v.i.* 《구어》[~ bien/mal] 《용모·복장·태도 따위가》보기에 좋다[나쁘다]. Sa fille *présente* bien. 그 말은 인상이 좋다.
—*se* ~ *v.pr.* ① 자기를 소개하다. Permettez-moi de *me* ~. 제 소개를 하겠습니다. ② 모습을 나타내다, 등장하다, 나타나다. Je ne peux pas *me* ~ chez elle dans cette tenue. 이런 복장으로는 그녀 집에 갈 수 없다. *se* ~ les mains vides 빈손으로 남을 방문하다. ~ devant la justice 법정에 출두하다. 《비인칭》Il ne *s'est présenté* personne. 아무도 나타나지 않았다. ③ 지원《응모》하다; 입후보하다. *se* ~ au baccalauréat 바칼로레아 시험에 응시하다. *se* ~ aux élections 선거에 출마하다. *se* ~ pour un emploi 취직시험에 응모하다. ④ 일어나다, 생기다, 나타나다. Un obstacle *s'est présenté*; 《비인칭》Il *s'est présenté* un obstacle. 장

애가 생겼다. si l'occasion se présente 만일 기회가 있다면. se ~ à l'esprit(la mémoire) 마음(기억)에 떠오르다. se ~ sous (la) forme de …의 모습으로 나타나다.
⑤ 외관을 나타내다, 인상을 주다. Comment ça se présente? 그것은 어떤 모습이지요? [se ~ bien/mal] L'affaire se présente bien. 일이 잘 될 것 같다.
présenteur(se) [prezɑ̃tœːr, -φːz] n. 《드물게》제출자. ~ de placets 청원서의 제출자.
présentification [prezɑ̃tifikasjɔ̃] n.f. 《심리》 현전화.
présentoir [prezɑ̃twaːr] n.m. 상품 진열대. ㄴ제화.
présérie [preseri] n.f. 《상업》 (대량생산에 들어가기 전의 한정된)시험 생산, 시작; 상품견본.
préservateur(trice) [prezɛrvatœːr, -tris] a. 《옛》에방의. —n.m. 방부제.
préservatif(ve) [prezɛrvatif, -iːv] a. 《옛》예방의. remède ~ 예방약. —n.m. 피임기구; 콘돔. ~ féminin 여성용 피임기구.
préservation [prezɛrvasjɔ̃] n.f. 예방, 보호, 보존. moyen de ~ contre la grippe 감기의 예방수단. ~ des espèces animales menacées 멸종직전의 동물 보호.
préserver [prezɛrve] v.t. [~ de] (으로부터)예방하다, 보호하다; 보존하다(protéger). ~ une ville de la pollution 도시를 공해로부터 지키다. Dieu nous préserve de... 신이여 우리를 …에서 보호하소서! —se ~ v.pr. [se ~ de] (으로부터)자기를 보호하다(지키다). (을)면하다. se ~ d'une tentation [d'un péril] 유혹·[위험]으로부터 자기를 지키다.
préside [prezid] n.m. (에스카나 식민지에 설치되었던)요새(要塞) 《뒤에는 유형수들의 수용소》.
présidence [prezidɑ̃ːs] n.f. ① président의 직(재임 기간·관저). P~ du Conseil 내각총리실. ② (회의 따위의)주재. La séance s'est tenue sous la ~ de M.Bernard. 회의는 베르나르씨를 의장으로 진행되었다. ③ 《역사》 (영국 식민지시대의 인도의)행정장의 구분령.
***président** [prezidɑ̃] n.m. ① 의장, 회장, 총재, 재판장, 총장, 위원장. Il a été élu ~ d'une fédération sportive. 그는 스포츠연맹의 회장으로 선출되었다. ~directeur général (주식회사)사장(약자) P.D.G.). ~ de l'Assemblée nationale 국회[의회]의장. ~ de la Haute Cour 고등법원장. ~ du tribunal 재판장. ② 대통령. ~ de la République française 프랑스공화국 대통령. ~ du Conseil 《역사》 (프랑스 제3·4 공화국 때의)국무총리.
présidente [prezidɑ̃t] n.f. ① (여성)회장, 의장, 위원장. ② 대통령[회장·의장·재판장] 부인.
présidentialisation [prezidɑ̃sjalizasjɔ̃] n.f. 대통령 중심제로 함.
présidentialisme [prezidɑ̃sjalism] n.m. 《정치》 대통령 중심제.
présidentialiste [prezidɑ̃sjalist] a., n. 《정치》 대통령 중심제를 찬동하는(사람).
présidentiel(le) [prezidɑ̃sjɛl] a. 의장(대통령·회장)의. régime ~ 대통령 중심제. décret ~ 대통령령. —n.f.pl. 대통령 선거 (élections ~les).
***présider** [prezide] v.t. ① 의장을 맡다, 사회를 맡다. Le maire a présidé la séance. 시장이 회의의 사회를 맡았다. ~ le jury du concours 선발시험의 심사위원장이 되다. ~ les assises 중죄재판의 재판장이 되다. ② 주재하다 《주석 따위의》주인공 역할을 맡다. ~ un cercle 서클모임을 주재하다. ~ un dîner 만찬회의 주인공 역할을 하다.
—v.t.ind. ~ à 주재하다, 책임을 맡다. Léon préside aux préparatifs du banquet. 레옹은 연회준비를 책임 맡았다. Mars préside aux combats.

마르스는 전쟁을 주재하는 신이다. La confiance présidait à leur union. (비유적)그들의 모임에는 신뢰감이 충만해 있었다.
présidial(ale, pl. aux) [prezidjal, -o] n.m., a. 《프랑스사》 (혁명전의)하급 재판소(의).
présidialité [prezidjalite] n.f. 《프랑스사》 (프랑스혁명 이전의)하급 재판소 관할(권).
présidium [prezidjɔm] n.m. (소련최고회의)간부회(præsidium).
presle [prɛl] n.f. 《식물》 =**prêle**.
présomptif(ve) [prezɔ̃ptif, -iːv] a. 추정의, 가정의. héritier ~ 추정 상속인.
présomption [prezɔ̃psjɔ̃] n.f. ① 추정, 가정, 추측. ~ légale(de fait) 《법》법률상의 추정. ② 자만(심), 거만(orgueil); 뻔뻔스러움; 제멋대로의 의견. jeune homme plein de ~ 자만심에 가득 찬 젊은이. avoir la ~ de+inf. 우쭐해서 ~하다.
présomptivement [prezɔ̃ptivmɑ̃] ad. 추정(推定)에 의하여.
présomptueusement [prezɔ̃ptɥøzmɑ̃] ad. 《문어》 건방지게, 주제넘게, 뻔뻔스럽게.
présomptueux(se) [prezɔ̃ptɥø, -øːz] a. 잘난 체하는, 젠체하는, 건방진, 뻔뻔스러운, 주제넘은. —n. (위)의 사람.
présonorisation [presɔnɔrizasjɔ̃] n.f. 《영화》 =play-back.
‡**presque** [prɛsk] ad. 《presqu'île 이외는 어미 e를 생략하지 않음》 ①거의, 대부분. C'est ~ sûr. 그것은 거의 확실하다. C'est ~ de la folie. 거의 미친 짓이다. Il est ~ temps. 시간이 거의 다 되었다. ② (형용사적) la ~ totalité des électeurs 선거인의 거의 전부. ③ 《부정문에서》거의(…않다).
~ jamais 거의 종처럼 (…않다).
~ personne [rien] 거의 아무도(아무것도)(…아니다). Il n'y avait ~ personne. 거의 아무도 없었다.
~ toujours 거의 언제나.
presqu'île [prɛskil] n.f. (작은)반도(半島) 《큰 반도는 péninsule》. ~ de Malacca 말레이 반도.
pressage [presaːʒ] n.m. ① 압착(하기), 프레스(하기). ② =pressing.
pressant(e) [presɑ̃, -ɑ̃ːt] a. ① 절박한, 긴급한(urgent). affaire ~e 긴급한 일. cas ~ 긴급한 경우. ② 절실한; 집요한; 간절한, 열렬한(ardent). demandes ~es 집요한 부탁; 모처럼만의 간청. créancier ~ 끈질긴 채권자. ③ 혹독한; 엄한. douleur ~e 혹독한 아픔.
***presse** [prɛs] n.f. ① 압착기, 압축기, 프레스. ~ à levier[à vis] 지렛대 [나사]식 프레스. ~ à filer 사출기. ~ à mouler 조형기. ~ hydraulique 수압기. ~ à disques 레코드 프레스기. ② 인쇄기(~ à imprimer); 인쇄. ~ typographique(offset) 활판 [오프셋] 인쇄기. ~ mécanique à cylindre 실린더식 지형인쇄기. donner un manuscrit à la ~ 원고를 인쇄에 넘기다. mettre un livre sous ~ 책을 인쇄하다. ouvrage sous ~ 인쇄중인[근간의] 책. faire gémir la ~ 《옛》 일새없이 찍어내다. ③ 출판; 저널리즘. liberté de la ~ 출판과 보도의 자유. délits de ~ 출판법 위반 《허위보도·명예훼손 따위》. travailler dans la ~ 저널리즘 관계의 일을 하다. ④ 출판물 《특히》 정기간행물 《잡지·신문》 (~ périodique); 《집합적》 신문[잡지] 기자. Toute la ~ diffuse cette nouvelle. 온갖 신문 잡지가 이 뉴스를 다루고 있다. ~ quotidienne 일간지. ~ mensuelle 월간지. agence de ~ 통신사. ~ du cœur 연애가 주중심의 잡지[잡지]. ~ 기자회견. ⑤ (판매의)성황기. Pour des grands magasins, la fin d'année est un moment de ~. 백

화점에 있어 연말은 호황기이다. ⑥《엣·문어》붐빔, 군중, 군집. se tirer de la ~ 붐비는 곳에서 빠져나오다. il y a ~ à+inf. …할 사람이 많다. ⑦《엣》귀찮게 졸라댐; 초조; 서두름. être en ~ 초조하고 걱정스럽다. ⑧《엣》압박, 압축, 쥐어짬.
avoir bonne[*mauvaise*] ~ 신문에서 평이 좋다[나쁘다]. *Il n'y a pas de* ~. 서두를 필요 없다. *Il y a la* ~. 《구어》사람이 굉장히 많다.
pressé(e¹) [prɛ[e]se] *a.p.* ① 압착된; 압축된. orange ~e 오렌지쥬스 (병세품 따위는 jus d'orange). ② 바쁜, 급한, 다급한, 긴급한. être très ~ 대단히 바쁘다, 다급하다. ~ de partir 출발을 서두르는. besogne ~e 다급한 일거리. lettre ~e 긴급한 편지. n'avoir rien de plus ~ que de + *inf.* 성급하게 [덩벙대며] …하다. ③ 밀집한; (문장 따위가) 꽉 짜인. ④ 고통을 받고 있는, 곤란받고 있는. ~ d'argent 돈에 쪼들리고 있는. ⑤ 맹렬 공격을 받은. ~ par l'ennemi 적의 맹렬한 공격을 받은. frapper *qn* à coups ~ 마구 때리다.
—*n.m.* aller[courir] au plus ~ 우선 제일 급한 일에 착수하다.
presse-agrumes [prɛsagrym] *n.m.* 《복수불변》전기 과일 압착기.
presse-artère [prɛsartɛːr] *n.m.* 《복수불변》【외과】동맥 겸자(鉗子).
presse-bouton(s) [prɛsbutɔ̃] *a.* 《불변》누름단추식의; 《구어》자동의. guerre ~ 원격조종에 의한 전쟁. usine ~ 완전자동화 공장, 무인(無人) 공장.
presse-citron(s) [prɛsitrɔ̃] *n.m.* 《복수불변》① 레몬 압착기. ② faire le coup du ~ à *qn*《속어》(비유적)…을 최대한 이용하다 일이 끝나면 버리다.
pressée² [prɛ[e]se] *n.f.* ① (사과 따위의) 압착, 즙을 짜기. ② 한 번에 짜는 과실의 분량, (위)의 즙.
presse-étoffe [prɛsetɔf] *n.m.* 《복수불변》(재봉틀의) 노루발.
presse-étoupe [prɛsetup] *n.m.* 《복수불변》【드물게】【기계】패킹 상자; 패킹 글랜드[누르개].
presse-fruits [prɛsfrɥi] *n.m.* 《복수불변》【드물게】 과실 압착기.
pressenti(e) [prɛsɑ̃ti] *a.p.* (취임의) 사전교섭을 받은. ministre ~ 장관으로 입각교섭을 받은 사람.
pressentiment [prɛsɑ̃timɑ̃] *n.m.* 예감, 예지; 전조. avoir le ~ de *qc*(que+ *ind.*) …이 (이라는) 예감이 들다. heureux[noir] ~ 좋은[불길한] 예감.
*****pressentir** [prɛsɑ̃tiːr] [18] *v.t.* ① 예감하다, 예측하다. faire[laisser] ~ *qc* …을 예측하게 하다, 예언하다. ② 꿰뚫어보다, 직관하다. ~ la vérité 진실을 꿰뚫어보다. ② 의중을 떠보다, 탐색하다. ~ *qn* (sur *qc*)(에 관해) …의 의중을 떠보다. ~ *qn* comme ministre …에게 입각의 의향을 타진하다.
presse-papiers [prɛspapje] *n.m.* 《복수불변》서진(書鎭), 문진(文鎭).
presse-purée [prɛspyre] *n.m.* 《복수불변》매셔 (야채를 짓뭉는 기구).
‡**presser** [prɛ[e]se] *v.t.* ① 누르다, 죄다 (appuyer dessus, serrer); 꺽안다 (embrasser). ~ la main de *qn* …의 손을 죄다 [꽉 잡다]. ~ un bouton 단추를 누르다. ~ un pantalon (증기 다리미 따위로) 바지를 다리다. ~ *qn* dans les bras …을 껴안다, 포옹하다. ② 짜다, 압박 (압착)하다 (comprimer). ~ un fruit 과실을 짜다. ③ 조밀하게 하다, 좁히다 (serrer); (사상·견해 따위를) 짜임새 있게 표현하다. ~ les rangs 줄을 좁히다. ④ 서두르게 하다, 재촉하다. (속도를) 빠르게 하다, (일을) 빨리 하다 (accélérer, activer). ~ la mesure 《음악》박자를 빠르게 하다. ~ le départ de *qn* …의 출발을 빠르게 하다 [재촉하다]. ~ le pas 걸음을 빨리 하다. Rien ne nous *presse*. 아무것도 서둘 것이 없다. ⑤ 공격하다, 육박하다 (assaillir, attaquer); 《엣》괴롭히다 (harceler). ~ l'ennemi 적에 육박하다. ~ *qn* de questions …을 질문 공격하다. La faim le *pressait*. 그는 허기에 시달렸다. ~ ses débiteurs 채무자를 들볶다.
—*v.i.* 시급하다, 절박하다. affaire qui *presse* 시급한 일. Le temps *presse*. 시간이 절박하다. Rien ne *presse*. 급할 게 없다, 서두를 필요가 없다.
—**se** ~ *v.pr.* ① 《자기》 몸을 바싹 붙이다. *se* ~ contre *qn* …에게 몸을 바싹 붙이다. ② 붐비다, 밀려들다 (se bousculer); (서로) 밀려닥치다. La foule *se pressait* autour de lui. 군중이 그의 주위로 모이고 있다. ③ 서두르다. *se* ~ de partir 서둘러 출발하다. Allons, *pressons*!《구어》자, 서두르자 빨리 생각하자.
presse-raquette [prɛsrakɛt] *n.m.* 《복수불변》【테니스】라켓 프레스 (변형 방지용 틀).
pressette [prɛsɛt] *n.f.* (종이를 뜨는) 작은 압착기.
presseur(se) [prɛsœːr, -ɸːz] *a.* 압착(압축)하는.
—*n.* (천 따위의) 압착공(工).
pressier [prɛ[e]sje] *n.m.* 인쇄기 담당자, 인쇄공.
—*a.* 인쇄기 담당의.
pressing [prɛsiŋ] 《영》 *n.m.* (증기로 옷을) 다리기 (pressage). 프레스전문 세탁소.
*****pression** [prɛsjɔ̃] *n.f.* ① 누르기, 압력. clapet d'excès de ~ 안전판(瓣). ~ artérielle 혈압. ~ atmosphérique. ② 기압 (~ atmosphérique). ~ normale 1기압. hautes[basses]~s 고[저]기압. ~ (de) vapeur (증기기관내의) 증기압 (~ de vapeur). machine à haute[basse] ~ 고[저]압 기관. ④ 전압 (~ électrique). ⑤ (가압한 통에서 뽑아내는) 생맥주 (bière à la ~). un demi ~ 생맥주 한 조끼 《보통 250ml; 병맥주는 bière en bouteille》. ⑥ 누르기, 죄기. légère ~ de la main 손으로 가볍게 누르기. ~ des bras ~ 《정신적인》억압, 압박, 압력. exercer une ~ sur *qn* …에게 압박을 가하다. groupe de ~ (의회에 대한) 압력 단체 (lobby).
—*n.f.*[*m.*] 똑딱단추 (bouton- ~).
sous ~ ⓐ 압력을 높인, 가압한, 압축한. locomotive *sous* ~ (언제든지 출발할 수 있도록) 증기의 압력을 높인 기관차. gaz *sous* ~ 압축 가스. ⓑ 《비유적》(사람이) 활력이 넘치는, 활동하고 싶어 좀이 쑤시는.
faire ~ *sur qn*(*qc*) ⓐ 누르다, 압축하다. *faire* ~ *sur* le couvercle d'une malle pour la fermer 뚜껑을 눌러 트렁크를 닫다. ⓑ 《비유적》압력을 가하다, 압박하다. Il *a fait* ~ *sur* moi pour me décider à partir. 그는 내게 떠날 결심을 하도록 강요했다.
pressis [prɛ[e]si] *n.m.* 【드물게】 (고기·야채의) 즙.
pressoir [prɛswaːr] *n.m.* ① (특히 포도, 때로는 사과 따위의) 압착기. ② 압착실[장]. ③《비유적》 금전 착취법.
pressurage [prɛsyraːʒ] *n.m.* ① (포도 따위의) 압착, 짜기; (압착해서 나오는) 즙. ② (남세자에게서) 세금을 착취하기.
pressure [prɛ[e]syːr] *n.f.* 【드물게】 (바늘·핀 따위를) 뾰족하게 하기.
pressurer [prɛsyre] *v.t.* ① 짜다, 압착하다, 죄다, 쥐어짜다. ②《구어》(에게서) 세금을 짜내다; 금전을 착취하다. —*se* ~ *v.pr. se* ~ le cerveau《구어》머리를 쥐어짜다, 고심하다.
pressureur(se) [prɛsyrœːr, -ɸːz] *n.* ① (포도) 압착공. ②《구어》(금전) 착취자.
pressurisation [prɛsyrizasjɔ̃] *n.f.* pressuriser 함.
pressuriser [prɛsyrize] *v.t.* (고도비행에서 실내 따

prestance [prestɑ̃:s] *n.f.* 위엄, 늠름한 모습, 당당한 풍채, 관록. de belle ~ 관록이 있는.

prestant [prestɑ̃] *n.m.* 【음악】오르간 음전(音栓)의 하나(화음의 기본이) 됨.

prestataire [prestatɛ:r] *n.m.* 【법】① (시·읍·면의)노역(勞役)을 하는 자. ~ de services 서비스업 종사자. ② (사회보장 따위의)수당을 받는 자.

prestation [prɛstasjɔ̃] *n.f.* ① (사회보장 따위의)급부, 지급, 수당(allocation). ~s sociales 사회보장 급여. ~s familiales 가족수당(부양가족 수당·주거수당·출산수당 따위). ~ en cas de maladie 의료수당. ~ en argent(ou:espèces) (패전국이 지불하는)현물배상. ~ en nature(도로 보수를 위해 시·읍·면에서 과한)노역; (군인에게 지급되는)현물 급여. ~ en espèces (노역을 대신한)세금; (군인에게 지급되는)현금 급여. ③ ~s locatives 세든 이의 부담액. ④ (배우·운동선수 따위의)연기, 활약. bonne ~ d'ensemble d'une équipe 팀 플레이. ⑤ ⓐ 【법】(변호사·공무원의)선서(~ de serment). ⓑ ~ de foi et hommage 【역사】(봉건시대의 영주에 대한)충성과 복종의 맹세. ⑥ 【인류】(신랑이 신부댁에 바치는)준비금; 노역.

preste [prɛst] *a.* ① (동작·행위 따위가)재빠른, 민첩한, 신속한(prompt, agile). avoir la main ~ 손이 재다. ② (언어·행동이)기민한. être ~ à la réplique 응답에 기민하다, 곧 대답하다.

prestement [prɛstəmɑ̃] *ad.* 재빠르게, 민첩하게, 신속하게, 기민하게, 빨리.

prestesse [prɛstɛs] *n.f.* 《문어》민첩, 신속, 기민.

prestidigitateur(trice) [prɛstidiʒitatœ:r, -tris] *n.* 요술장이, 마법사.

prestidigitation [prɛstidiʒitasjɔ̃] *n.f.* 요술, 마법. faire des tours de ~ 요술을 부리다(보이다). C'est de la ~! (비유적)그것 참 이상한데!

prestige [prɛsti:ʒ] *n.m.* 위신, 위세; (주위에 미치는)정신적 영향력(autorité). avoir un grand ~ 위신(위력)이 대단하다. ② (옛)(요술에 의한)환각, 현혹. ③ 마력적 효과, 이상한 힘, 현혹적 매력. ~ de l'éloquence 웅변의 이상한 힘. ~ de l'uniforme 제복(군복)의 매력(위신). ④ 명성, 인기(réputation). jouir d'un grand ~ en France 프랑스에서 인기가 대단하다, 명성이 높다.
de ~ ⓐ (국가 따위의)위신을 높이기 위한. politique de ~ d'un gouvernement 정부의 국위선양 정책. installations de ~ (쓸데없이 화려한)위세 시설. ⓑ (상품이)고급스러운, 호화스러운, 사치스러운. voiture de ~ 고급차. cadeaux de ~ 사치스러운 선물.

prestigieux(se) [prɛstiʒjø, -ʒjøːz] *a.* 위신이 있는, 신망이 높은; (광고문 따위에)이름높은, 매혹적인, 화려한. monuments ~ d'Istanbul 이스탄불의 장대한 역사적 기념물. vins ~ de Beaune 본의 명성높은 포도주.

prestissimo [prestisimo] (이탈리아) *ad.* 【음악】아주(가장) 빨리, 급속하게, 프레스티시모.

presto [prɛsto] (이탈리아) *ad.* ① 【음악】매우 빠르게. ② (구어)빨리, 신속히. —*n.m.* 프레스토 곡, 매우 빠르게 연주되는 부분.

prestolet [prɛstɔlɛ] *n.m.* 《옛·구어》존경할 가치 없는(하찮은) 성직자.

présuccession [presyksesjɔ̃] *n.f.* 【법】상속개시 이전의 상속권의 행사.

présumable [prezymabl] *a.* 《옛》추정(추측)할 수 있는.

présumé(e) [prezyme] *a.p.* 추정된, 추측된. coupable ~; ~ coupable 범죄 용의자.

présumer [prezyme] *v.t.* 추정하다, 추측하다, (로)보다, 생각하다(penser(croire) que). ~ *qn* innocent ~ que *qn* est innocent ···을 무죄로 보다(추정하다). Il n'est pas ~ qu'il y consente. 그는 승낙하리라고는 생각되지 않는다.
—*v.t.ind.* [~ de] ···을 과대평가하다, 과신하다. trop ~ de soi 자기를 과신하다. ~ de+*inf.* ···하고 있는 줄로 생각하다. Il *présume de* nous égaler. 그는 우리와 같나고 자처하고 있다.

présupposé(e) [presypoze] *a.p.* 《문어》예측된, 상정(想定)된; 전제가 되는. —*n.m.* ① 예상되는 것; 전제사항. ② 【언어】전제(사항)(이미 알고 있거나 자명한 것으로 취급하여 은연중에 발화(發話)에 내포되는 제반 정보).

présupposer [presypoze] *v.t.* 《문어》미리 가정하다, 전제하다. Ce plan *présuppose* notre accord. 이 계획은 우리의 합의를 전제로 하고 있다.

présupposition [presypozisjɔ̃] *n.f.* ① 《문어》미리 상정(想定)하기, 예상; 전제. ② 【언어】전제.

présure [prezy:r] *n.f.* 응유효소(凝乳酵素).

présurer [prezyre] *v.t.* (우유를)응유효소로 굳어지게 하다.

présurier [prezyrje] *n.m.* 응유효소 제조(판매)인.

:prêt¹(e) [prɛ, -ɛt] *a.* ① 준비된. Le déjeuner est ~. 점심 준비가 되었다. À vos marques. P~s? Partez! 제 자리에, 준비, 출발! ② [~ à *qc*/à+*inf.*; ~ pour *qc*/pour+*inf.*](할)준비가 된. Nous sommes ~s à toute éventualité. 우리는 어떤 사태에도 대비가 되어 있다. Je suis ~ à faire ce voyage. 나는 그 여행을 할 준비가 되어있다. vêtement ~ à porter 기성복 (~-à-porter). Tout est ~ pour la recevoir. 그녀를 맞이할 준비는 다 되어 있다. ③ 《옛》[~ à/de+*inf.*] 방금 ···하려 하다. vieillard ~ à rendre l'âme 막 임종하는 노인. 〔변〕.
être fin ~ 완벽히 준비가 되어 있다 (fin 은 불변). être ~ à tout 성공하기 위해서는 무엇이나 하, 어떤 것이든 참고 견디다. Il était ~ à tout pour se faire élire. 그는 당선되기 위해서는 무슨 짓이라도 할 각오였다.

prêt² [prɛ] (<*prêter*) *n.m.* ① 대여(貸與), 대부, 대차(貸借); 대부금, 차입금, 대여금, 차용금. cent francs de ~ 100 프랑의 대부(금). ~ à intérêt 이자가 붙는 대부. ~ d'honneur (무이자의)장기신용대부; (특히) 대여 장학금. ~ sur gage 담보 대부. ~ consenti par l'État 국가 융자금. ~ à la construction (정부의)주택 융자금. ② (노동자의 임금의)선불, 전도; 【군사】(사병의)급료. ~ franc 식비를 가산한 급료.
de ~ 대출의. bibliothèque de ~ 대출전문 도서관.

prêtable [prɛtabl] *a.* 빌려줄 수있는, 대부 가능한.

prêt-à-construire [prɛtakɔ̃strɥi:r] (*pl.* ~s~~~) *n.m.* 조립주택.

prêt-à-jeter [prɛtaʒəte] (*pl.* ~s~~~) *n.m.* (한 번 사용하고 버리는)일회용품.

prêt-à-manger [prɛtamɑ̃ʒe] (*pl.* ~s~~~) *n.m.* 인스턴트 식품.

prêtantaine [prɛtɑ̃tɛn], **prétantaine** [pretɑ̃tɛn] *n.f.* (다음과 같은 표현에만 쓰임) courir la ~ (구어)어슬렁어슬렁 돌아다니다; 여자 뒤꽁무니를 쫓아다니다. Cette femme *court la ~*. 이 여자는 남자들과 어울려 돌아다닌다.

prêt-à-porter [prɛtapɔrte] (*pl.* ~s~~~) *n.m.* 《집합적》고급 기성복(↔vêtement sur mesure).

prêt-à-poser(des papiers) [prɛtapoze(depapje)] (*pl.* ~s~~~) *n.m.* 풀이 필요없는 벽지.

prêt-bail [prɛbaj] *n.m.* 무기대여. loi de ~ 무기대여법(1941 년에 제정된 미국법).

prêté(e) [prɛ(e)te] *a.p.* 빌려준(받은), 대여된.
—*n.m.* ① C'est un ~ pour un rendu. 《구어》눈에는 눈 이에는 이다; 가는 말이 고와야 오는 말이 곱다. ② ~ rendu 《엣》정당한 복수, 당연한 반격.

prétendant(e) [pretɑ̃dɑ̃, -ɑ̃:t] *n.* ① 왕위를 요구하는 사람. prince ~ 왕위계승을 요구하는 왕자. ② 《드물게》(어떤 지위에의)지망자, 요구자. —*n.m.* 구혼자.

*****prétendre** [pretɑ̃:dr] **25** *v.t.* ① ⓐ[~+*inf.*/que+*ind.*](라고)주장하다, 고집하다, 우기다. Jean *prétend* comprendre le grec. 장은 그리스어를 안다고 주장한다. Elle *prétend* qu'on lui a volé son porte-monnaie. 그녀는 지갑을 도난당했다고 주장하고 있다. à ce qu'il *prétend* (나는 믿지 않지만)그의 말에 의하면 그렇다고 한다. Je ne *prétends* pas qu'il le fera. 나는 그가 그렇게 한다고 말하는 게 아니다 (que 이하에 접속법을 쓰면「그가 그렇게 안했으면 좋겠다」의 뜻). ⓑ[~+명사+속사] (을)(이라고)주장하다. On *prétend* ce bijou très ancien. 이 보석은 매우 오래된 것이라고 한다. ② [~+*inf.*/que+*sub.*](함)작정이다; 바라다, 희망하다, 원하다. Je *prétends* achever ma thèse avant juin. 나는 6월까지 논문을 완성할 작정이다. Elle *prétend* que je lui obéisse. 그녀는 내가 복종하기를 바란다. Je *prétends* ne pas leur obéir. 나는 그들에게는 절대 복종할 생각이 없다. Que *prétendez*-vous faire? 당신은 무엇을 하시겠다는 겁니까? Je ne *prétends* pas être exhaustif. 나는 모든 것을 망라하고 있다고 말할 생각은 없다. ③《엣》(권리로서)요구하다; 갈망하다; 구하다.
—*v.t.ind.* [~ à]《문어》① …을 열망하다. ~ à une fonction(à une titre) 어느 직(자격)을 열망하다. ~ à la main de *qn* …와의 결혼을 간절히 바라다. ~ à+*inf.* 꼭 …하고 싶어하다. ② …을(가지고 있다고 또는)자부하다. Il *prétend* au titre de bel esprit. 그는 재치가 있다고 자부한다.
—*se* ~ *v.pr.*《속사와 함께》(이라고)주장하다. *se parent de qn* …의 친척이라고 주장하다. *se malheureux* 자신이 불행하다고 우겨대다.

prétendu(e) [pretɑ̃dy] (*p.p.*<*prétendre*) *a.p.* ①《명사 앞에서》소위; (부당하게 …라고)일컬어지는. C'est un ~ savant. 그는 자칭 학자이다. leur ~*e* intelligence 그들이 말하는 (소위) 지성. ②《엣》(인척관계를 나타내는 말과 함께)미래의. époux ~ 장래의 남편. ③《엣》요구된, 갈망된.
—*n.*《사투리》약혼자, 미래의 남편(아내).

prétendument [pretɑ̃dymɑ̃] *ad.* 자칭하여; (이라고 잘못)생각되어, homme ~ riche 자칭 부자라는 사람. homme ~ léger 경박하다고 (잘못) 생각되는 남자.

prête-nom [prɛtnɔ̃] *n.m.* (사영·계약 따위에서)이름을 빌려주는 사람, 명의인(名義人).

pretentaine [pratɑ̃ten], **prétentaine** [pretɑ̃ten] *n.f.* =**prantantaine**.

prétentieusement [pretɑ̃sjøzmɑ̃] *ad.* 거드름피우며, 아니꼽게, 우쭐해서.

prétentieux(se) [pretɑ̃sjø, -ø:z] *a.* 잘난 체하는, 거드름피우는, 아니꼬운. —*n.* 건방진 사람, 거드름피우는 사람.

*****prétention** [pretɑ̃sjɔ̃] *n.f.* ①《주로 *pl.*》(권리 따위의)요구, 주장; (임금 따위의)요구액(조건). Il faut diminuer tes ~. 네 요구조건을 줄여야 한다. démordre(rabattre) de ses ~*s* 요구를 철회하다. ~ légitime(exagérée) 정당한(무리한) 요구. ~*s* du vendeur 파는 사람의 요구 금액(조건). Quelles sont vos ~*s*? 당신의 요구액은 얼마입니까? ② 의도; 야망, 자부. Je n'ai pas la ~ de vous convaincre. 당신을 설득할 생각은 없습니다. Sa ~ à tout savoir est ridicule. 모든 것을 알려고 하는 그의 야망은 우스꽝스럽다. ~ à l'élégance 사치성(취미); 멋부림. ③우쭐함, 거드름. avoir de la ~ 우쭐해 있다. femme pleine de ~ 거드름피우는 여자.

sans ~(*s*) (사람이)겸손한; (사물이)수수한, 간소한. Il a une maison de campagne *sans* ~. 그는 검소한 별장을 가지고 있다.

prêter [pre(e)te] *v.t.* ① 빌려주다(↔ *emprunter*). ~ de l'argent à un ami 친구에게 돈을 빌려주다. Tu me *prêtes* ton stylo? 만년필을 빌려주겠니? 《목적보어 없이》~ sur gage(*s*)(à l'intérêt) 담보를 잡고(이자를 받고) 돈을 빌려주다. ~ à la petite semaine [기간을 짧게 단기간 돈을 빌려주다.

② 《비유적》빌려주다, 제공하다, 주다. ~ son nom 명의를 빌려주다. ~ l'oreille 귀를 기울이다. ~ la main(les mains) à …에게 손을 빌려주다, …을 돕다. ~ de l'importance à …을 중시하다. ~ sa voix 조언하다; (가수가)출연하다. ~ le flanc à la critique 비평하는 데 꼬 내버려두다. 《무관사 명사와 함께》~ asile à *qn* …을 숨겨두다. ~ attention à …에 주의를 기울이다. ~ main-forte à *qn* …을 지원하다. ~ serment 선서하다. si Dieu me *prête* vie 만일 오래 살 수 있으면.

③ [~ *qc* à *qn*](을)(에게)돌리다; (을)(의) 것으로 보다, 간주하다. On me *prête* des paroles que je n'ai jamais dites. 내가 결코 하지 않은 말을 내가 했다고들 생각한다.

On ne prête qu'aux riches.《속담》부자에게만 돈을 빌려준다《보답이 돌아올 자에게만 선심을 쓴다; 사람을 보는 눈은 소문에 좌우된다》.

—*v.t.ind.* [~ à] ① (이라)되다, …을 초래하다. Ce passage *prête* à confusion. 이 구절은 오해를 일으키기 쉽다. Cette interprétation *prête* à discussion. 이 해석은 토론의 여지가 있다. ~ *aux* commentaires 여러 가지 해석이 가능하다. ~ *à rire* 웃음을 불러일으키다.

—*v.i.* (천이)늘어나다. Ces bas *prêtent* bien. 이 양말은 잘 늘어난다.

—*se* ~ *v.pr.* ① [*se* ~ à](에)동의하다, 참가하다. Il ne *se prêtera* pas à une telle intrigue. 그는 그런 음모에는 끼어들지 않을 것이다.

② [*se* ~ à](에)적합하다. Ce roman *se prête* bien à une adaptation cinématographique. 이 소설은 영화로 만들기에 적합하다.

③ (천이)늘어나다.

—*n.m.* (금전 따위를)빌려주기. Ami au ~, ennemi au rendre.《속담》빌릴 때는 친구 갚을 때는 원수.

prétérit [preterit] *n.m.*《언어》과거, 《특히》단순과거.

prétérition [preterisjɔ̃] *n.f.* ①《수사학》암시적 간과법. ②《법》유언 누락《유언서 중에 상속인 명을 기입하지 않은 것》.

préterminale [preterminal] *a.f.* suite ~ 《언어》종단전 기호열(終端前記號列).

prétermission [pretermisjɔ̃] *n.f.*《수사학》=**prétérition** ①.

préteur [pretœ:r] *n.m.*《로마사》장관《처음에는 군을 통솔한 집정관; 다음은 사법관; 나중에는 지방행정관》.

prêteur(se) [prɛtœ:r, -ø:z] *n.* 빌려주는 사람, 《특히》대주(貸主). ~ sur gage(*s*)《법》질권자; 전당포. —*a.* 기꺼이 빌려주는; 돈을 빌려주는, 대금업을 하는.

*****prétexte¹** [pretɛkst] *n.m.* ① 구실, 변명. Il cherche

prétexte² 1594

toujours un ~ pour ne pas travailler. 그는 항상 공부하지 않으려는 구실을 찾는다. donner(fournir) des ~s à qn …에게 구실을 주다. prendre qc pour ~ …을 구실로 삼다. Il n'y a pas de ~ à cela; Il n'y a aucun ~ à cela. 거기엔 변명의 여지가 없다. servir de ~ à qc …의 구실이 되다. ~ plausible 그럴듯한 구실[변명]. ② 기회, 계기(occasion); (그림 따위의) 소재. Pour lui, tout est ~ à de grosses plaisanteries. 그에게 있어서는 모든 것이 저속한 농담의 소재이다.
  prendre[tirer] ~ de qc pour+inf. …을 구실로 삼아 …하다. **sous aucun ~** 어떤 사정이 있더라도[결코] (…아니다). **sous (le) ~ de+inf(que+ind.)** …이라는 구실로.

prétexte² *n.f.* ① (robe(toge)) ~ 《고대로마》 (젊은 귀족용의)자주빛 선을 두른 흰 옷. ② 《문학사》국사를 주제로 한 라틴 비극 (배우가 ①을 입고 연극하던 데서 비롯됨).

prétexter [pretɛkste] *v.t.* 핑계삼다, 구실로 하다. ~ *qc* pour+*inf.* …을 …하기 위한 구실로 삼다, …을 구실삼아 …하다.

pretintaille [prətɛtaːj] *n.f.* ① (옛날 여자 옷에 달던)일종의 장식. ②(옛)곁다리, 부속물; 하찮은 것, 헛된 것.

pretium doloris [presjɔmdɔlɔris] 《라틴》 *n.m.* 《법》보상금; 위로금.

prétoire [pretwaːr] *n.m.* ① 《고대로마》 (장군의)영사(營舍); (지방장관의)관저; (법무관이 재판한)법정; (황제의)치외법, 치위대 병사(兵舍). ② 재판소(의 구내), 법정.

prétonique [pretɔnik] *a.* 《언어》 악센트가 있는 음절의 앞에 있는.

Prétoria [pretɔrja] *n.pr.f.* 《지리》 프레토리아 (남아프리카 연방의 수도).

prétorial(ale, *pl.* aux) [pretɔrjal, -o] *a.* 《고대로마》법무관(지방장관·장군)의; 법정의.

prétorien(ne) [pretɔrjɛ̃, -ɛn] *a.* ① (독재자 따위의) 친위대의. armée ~ne 친위대. ② 《고대로마》 법무관의; 장군의. famille ~ne 법무관을 배출한 가문. garde(cohorte) ~ne (법무관·장군·황제의)친위대. ——*n.m.* 친위병; (*pl.*)친위대.

prêtraille [prɛtrɑːj] *n.f.* (옛)(경멸)《집합적》 신부놈들, 중놈들, 목사(신부)나부랭이의 족속.

*****prêtre** [prɛtr] *n.m.* ① 《가톨릭》사제, 신부. se faire ~ 사제가 되다. Le ~ est en train de dire sa messe. 신부가 미사를 올리고 있다. ~ libre (교구를 맡지 않은)무보직 신부. ~ missionnaire 선교사부. ~ au travail; ~-ouvrier(노동계급의 선교를 목적으로 하는)노동사제. ~ réfractaire 《역사》 (프랑스 혁명기의)비선서 사제(↔ assermenté). ② (다른 종교·종파의)승려, 성직자, 신관, 제관. d'Apollon 아폴로의 신관. ~ d'Egypte 이집트의 신관. grand(-)~ 《고대 유태교의》대제사장. ——*a.* 사제의(와 같은). air ~ 사제(중·목사)다운 풍채. parti ~ 《역사》 사제당(왕정복고시대의 가톨릭교회 지지파).
  Il faut que le ~ vive de l'autel. 《속담》누구나 자기의 직업으로 부양해 나가지 않으면 안된다.
  REM 신교는 pasteur, ministre; 동방교회는 pope, papas; 현대 유태교는 rabbin; 불교는 bonze 가 정확한 역어.

Prêtre-Jean [prɛtrəʒɑ̃] *n.pr.m.* 《신화》 (중세의 전설에 나오는)타타르 또는 아비시니아의 동방기리스도교 왕국의 왕.

prêtresse [prɛtrɛs] *n.f.* (이교(異敎)의) 신을 섬기는)여승(女僧), 여제관, 무녀; 《문어》 창부.

prêtrise [prɛ(e)triːz] *n.f.* 《가톨릭》성직, 사제직; 사제의 성품(聖品). [기].

préture [pretyːr] *n.f.* 《로마사》 préteur 의 직(임).

*****preuve** [prœːv] *n.f.* ① 증거, 근거, 증명. apporter (fournir) des ~s 증거를 대다. manquer de ~s 증거가 불충분하다. donner *qc* comme ~ …을 증거로 제시하다. Votre accusation ne se fonde sur aucune ~. 당신의 비난은 전혀 근거가 없다. Vous en êtes une ~ vivante. 당신이 그 산 증거이다. ② 《법》증거. ~ directe(indirecte) 직접(간접)증거. ~ matérielle 물적 증거(법원에 제출하는 구체적인 증거 물건은 pièce à conviction). ~ littérale(par écrit) (증서 따위의)서류에 의한 증거, 서증. ~ testimoniale 증언에 의한 증거, 인적증거. ③ 《수학》 검산. ~ d'une opération). ~ par l'opération inverse 역산에 의한 검산. ④ (액체의)알코올 함유량의 검사.
  affirmer[démontrer] *qc* ~ **en main** 명백한 증거를 가지고 단언[증명]하다.
  à ~...; la ~ ... 《구어》그 증거로 …. Il cache quelque chose: à ~, sa voix tremblait. 그는 무엇인가 숨기고 있다. 그 증거로 목소리가 떨리고 있었다.
  à ~ que+*ind.* 《구어》③ 그 증거로 …. Je ne suis pas malade: à ~ que je suis sorti hier soir. 나는 아프지 않다. 그 증거로 어제 저녁 외출했다. ⓑ (앞서 말한 것은)…이라는 증거이다. Léon a pu enfin épouser cette fille: à ~ qu'il ne faut jamais désespérer. 레옹은 드디어 그 아가씨와 결혼할 수 있었다. 이것은 결코 절망해선 안된다는 것을 증명하고 있다.
  croire *qc* jusqu'à ~ (du) contraire 반증이 나타날 때까지 …을 믿다.
  donner la ~ de *qc* …을 증명하다.
  faire ~ de *qc* …을 나타내다, 표시하다. *faire ~ de courage* 용기가 있음을 나타내다.
  faire ses ~s 역량(용기)을 발휘하다. [증명된다.
  la ~ en est que ... 그 증거로 …이다, 그것은 …으로서

preux [prø] *a.m.* (옛)용감한, 용맹스러운, 사나이다운, 씩씩한. ——*n.m.* 《문어》기사; 용사.

prévalence [prevalɑ̃ːs] 《영》 *n.f.* 《의학》이환율.

prévaloir [prevalwaːr] [64] *v.i.* (~ sur/contre)(보다)낫다, 우세하다, (을)능가하다, 지배하다. Rien ne *prévalut* contre ses répugnances. 아무것도 그의 혐오감을 이겨내지[없애지]는 못했다. Son opinion *a prévalu* sur la mienne. 그의 의견이 내의 견보다 나왔다. faire ~ son opinion 자기의 의견으로 상대자를 누르다. faire ~ ses droits 자신의 권리를 앞세우다.
  ——**se ~** *v.pr.* [se ~ de] ① 이용하다. *se ~ d'un droit* 권리를 행사하다. ② 자랑하다. *se ~ de sa fortune* 자기의 재산을 자랑하다.

prévaricateur(trice) [prevarikatœːr, -tris] *a.* 《문어》부정한, 독직의, 배임의. ——*n.* 독직자; 부정한 재판관; 배임자(背任者); 직무태만의 공무원.

prévarication [prevarikɑsjɔ̃] *n.f.* 《문어》부정; 배임; (공무원의)태만행위.

prévariquer [prevarike] *v.i.* 《법》의무를 태만히 하다; 독직하다; 배임행위를 하다.

prévélaire [preveleːr] *n.f., a.* 《음성》전부 연구개음(前部軟口蓋音)(의).

prévenance [prɛ(e)vnɑ̃ːs] *n.f.* 친절, 상냥스러움; 세심한 배려; (*pl.*)친절한 행위. combler *qn* de ~s …에게 친절을 다하다. avoir des ~s pour *qn* …에게 친절히 하다.

prévenant(e) [prɛ(e)vnɑ̃, -ɑ̃ːt] *a.* ① 친절한, 상냥한, 세심한 배려를 하는. ② 호감을 주는, 귀염성 있는, 매력적인. visage ~ 호감이 가는 얼굴. ③ grâce ~e 《가톨릭》 사람의 자유 의사를 속박하지

prie-Dieu

않고 미리 치개로 인도하는 신의 은총.

*prévenir [pre(e)vni:r] [16] *v.t.* ① 알리다, 기별하다, 통지하다; 예고하다; 경고하다. ~ qn de qc [que+ind.] …에게 …을 (미리)알리다. ~ la police 경찰에 신고하다. (보어없이) Pourquoi est-il parti sans ~? 그는 왜 예고없이 떠났지? ② 예방하다, (불상사가)일어나지 않도록 하다. Il a pu ~ ce malheur à temps. 그는 그 불행을 제 때에 막을 수 있었다. ~ des questions indiscrètes (기선을 제압하여)무례한 질문을 막다. ~ une objection 반대 의견이 나오지 않도록 예방선을 치다. ~ une maladie 병을 예방하다. ③ (남의 의향을 알아차려)만족시키다; (욕구를)들어주다. Elle *prévient* tous les désirs de son fils. 그녀는 아들의 바램을 미리 알고 정성껏 보살핀다. ④ [~ en faveur de] (에 대해서)호감을 갖게 하다; [~ contre] (에 대해서)반감을 품게 하다. Sa simplicité nous *prévient en sa faveur*. 우리는 그의 솔직성에 호감을 갖는다. Quelqu'un l'a *prévenue* contre moi. 누군가가 그녀로 하여금 내게 나쁜 선입관을 품게 했다. ⑤ 〖옛〗 (에) 선행하다, 앞지르다. Agissons tout de suite pour qu'il nous *prévienne* pas. 그가 앞지르기 전에 즉시 행동합시다.

—se *v.pr.* 〖옛〗선입관을 갖다. se ~ en faveur de qn …에게 미리 호감을 갖다.

préventif(ve) [prevatif, -iv] *a.* 예방의, 방지하는. médecine ~ve 예방의학. inoculation ~ve 예방접종. détention ~ve [법] 미결 구류. mesure imposée à titre ~ 예방대책. régime ~ (신문의)검열 (제도).

prévention [prevāsjɔ̃] *n.f.* ① 예방(책), 방지조치. ~ routière 교통사고 방지대책. ~ médicale 예방의료. ~ des accidents du travail 노동재해 방지책. ② 선입관, 편견(préjugé). (특히)반감. Il est difficile de juger sans ~. 선입관 없이 판단하기란 힘들다. avoir des ~s contre qn …에게 편견 (반감)을 품다. abandonner ses ~s 편견을 버리다. ③ [법] 미결 구류; 미결 구류기간(temps de ~). L'accusé fera six mois de ~. 피고는 6개월간 구류될 것이다. mise en ~ 구류. ④ 〖문어〗고소, 고발.

préventivement [prevātivmã] *ad.* ① 미리, 예방을 위하여. ② 〖법〗미결로, 형사 피고인으로서. détenu ~ 미결 구류된.

préventorium (*pl.* **ums**, 드물게 *a*) [prevātɔrjɔm, -a] *n.m.* (결핵 따위의 예방을 위한)의료원.

prévenu(e) [pre(e)vny] (*p.p.<prévenir*) *a.p.* ① 앞지름을 당한. ② 선입관을 가진; 예고를 받은. être ~ contre(en faveur de) qn(qc) …에 대하여 반감 [호감]을 가지고 있다. ③ 〖법〗고소된. être ~ de vol 절도죄로 고소되다. —*n.* 〖법〗형사 피고인, 피의자.

préverbe [preverb] *n.m.* 〖언어〗동사 접두사 (défaire 의 dé- 따위).

prévien-s,-t [prevjɛ̃], **prévin-s,-t** [prevɛ̃] ⇨ prévenir.

prévi-s, -t [previ] ⇨ prévoir.

prévisibilité [previzibilite] *n.f.* 예측(예상) 가능성.

prévisible [previzibl] *a.* 예측[예상]할 수 있는.

prévision [previzjɔ̃] *n.f.* 예측, 예상, 예견 (예상 행위는 단수, 예상 내용은 흔히 복수). justifier (dépasser) les ~s 예측대로 되다 (예측을 넘어서다). ~ météorologique (de temps) 일기 예보. contre toute ~ 모든 예상을 뒤엎고. selon toute ~ 아마도, 십중팔구.

en ~ de qc …을 예측하여, 예기하고.

prévisionnel(le) [previzjɔnɛl] *a.* 예상의, 예상 [예기]한, 예상에 의한. [예측 전문가.

prévisionniste [previzjɔnist] *n.m.* 〖경제〗경제

*prévoir [prevwa:r] [59] *v.t.* ① 예측[예지 · 예상]하다, 예기하다. La météo *prévoit* du beau temps. 일기예보는 날씨가 개인다고 한다. ~ l'avenir 미래를 예상하다. ~ le pire 최악의 사태를 예상하다. Il était facile à ~ qu'il raterait son examen. 그가 시험에 실패하리라는 것은 쉽게 예측할 수 있다. ② (미리)준비하다, 계획하다, 예정하다. Il faudra ~ un repas de 50 couverts. 50 인분의 식사를 준비해야할 것이다. ~ une attaque ennemie 적의 공격에 대비하다. ③ [~ de+inf.] (할)작정이다, 예정이다. Je *prévois* d'aller en France cet été. 나는 이번 여름에 프랑스에 갈 작정이오.

être à ~ 예측할 수 있다. Il commence à pleuvoir, c'était à ~ avec tous ces nuages. 비가 오기 시작하는군, 저렇게 구름이 끼어 있었으니 짐작할 만할 일이었지.

être prévu pour …에 예정되다, 정해지다. Ce stade *est prévu pour* 30 000 personnes. 이 운동장은 3 만명을 수용할 수 있다.

prévôt [prevo] *n.m.* ① 〖역사〗 프랑스 혁명 이전의 여러 행정관·사법관의 총칭. grand ~ de France; ~ de l'hôtel 궁정 재판관. ~ des marchands (대상인 중에서 선출된)파리 시장. ~ des maréchaux (거리의 안전을 책임진)공안장관. ② 헌병 대장. grand ~ 헌병 사령관. ③ 〖벤싱의〗보조 교사, 사범 대리. ~ d'armes (de salle) 검술 사범대리. ~ d'escrime 검술치도 하사관. ④ (수도회의)원장대리. (주교좌 성당·교회 참사회의)주무자(主務者). ⑤ (간수를 대행하는 죄수의)감방장.

prévôtal(ale, *pl.* **aux)** [prevotal, -o] *a.* prévôt 의 [에 관한]. cour ~ale 〖옛〗임시 즉결 재판소. service de ~ 〖군사〗헌병대(의 임무).

prévôtalement [prevotalmã] *ad.* 즉결 재판에 의하여, 공소가 허용되지 않고.

prévôté [prevote] *n.f.* ① 〖역사〗 prévôt 의 직 [관사]; 법원 (관할구역). ② 〖군사〗헌병대; 헌병대의 권한 [직무].

prévoyance [prevwajā:s] *n.f.* ① (미래에 대한)배려, 조심; 선견지명. Il a montré de la ~. 그는 선견지명을 내보였다. société de ~ 공제조합. ② 〖옛〗예지능력; 예측, 예상.

prévoyant(e) [prevwajā, -ā:t] (*p.pr.<prévoir*) *a.p.* 선견지명이 있는, 용의주도한. —*n.* (위)의 사람.

prévu(e) [prevy] (*p.p.<prévoir*) *a.p.* 예측 [예상]한, 대비한, 예정된. comme ~ 예상대로. —*n.m.* 예상한 [준비된] 것 [일].

priant(e) [pri(j)ā, -ā:t] *a.* 기도하는; (상(像)따위가)기도하는 모습의. —*n.m.* (묘석 위의 꿇어엎드린 상(옆으로 누운 상은 gisant)(statue ~e).

Priape [pri(j)ap] *n.pr.m.* 〖그리스신화〗 프리아포스·풍요·성욕의 상징. **—p—** *n.m.* 발기한 음경.

priapée [pri(j)ape] *n.f.* ① 〖옛〗프리아포스(*Priape*) 신을 찬송하는 노래. (*pl.*)프리아포스 제사. ② 외설스러운 시가(詩歌)[그림].

priapique [pri(j)apik] *a.* ① 프리아포스 신(숭배)의. ② 외설스러운.

priapisme [pri(j)apism] *n.m.* 〖의학〗음경 강직증(陰莖强直症), 지속발기증.

prié(e) [pri(j)e] *a.p.* ① 초대된. ② dîner ~; soirée ~e 〖옛〗정식으로 초대받은 사람만 참석하는 만찬회 [야회]. —*n.* 초대된 사람.

prie-Dieu [pridjø] *n.m.* (복수 불변) ① 기도대(臺); 〖옛〗기도 (시간). ② 〖곤충〗사마귀.

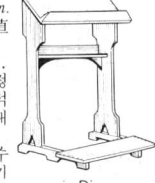

prie-Dieu

*prier [pri(j)e] *v.t.* ① 기도하다, 기원하다. Il *prie* Dieu avec ferveur. 그는 하느님께 열심히 기도한다. ~ la Vierge Marie 성모마리아에게 기도하다. ~ le ciel que+*sub.* …을 하늘에 빌다. (목적보어 없이) Ils se mettent à genoux pour ~. 그들은 기도하기 위해 무릎을 꿇는다. ~ sur la tombe de *qn* …의 무덤에 성묘하다. ② [~ *qn* de+*inf.*] (에게 …하도록)간청하다, 부탁하다. Elle *a prié* le médecin *de* tout faire pour sauver son père. 그녀는 의사에게 아버지를 구해달라고 간청했다. Je vous *prie de* vous taire. 잠자코 계세요.(강한 명령). ③《문어》초대하다(inviter). Vous êtes prié d'assister à la cérémonie. 의식에 참석해주시기를 부탁드립니다.

je vous (*en*) *prie*. ⓐ부디, 죄송하지만(s'il vous plaît). Après vous, *je vous en prie*. 어서 먼저 들어가십시오. Puis-je m'asseoir?—Mais *je vous en prie*. 앉아도 될까요?—Mais *je vous en prie*. 물론이지요. ⓑ 별말씀을 다 하십시오, 천만의 말씀입니다. Merci de votre cadeau!—Mais *je vous en prie*. 선물 감사합니다. 별말씀, 이에 됐소. C'est assez, *je vous en prie*. 그만, 이제 됐소.

se faire ~ 쉽사리 응하지 않다. consentir sans *se faire* ~ 곧 승낙하다, 쉽사리 승낙하다. Ne vous *faites* pas ~. 거북해 하시지 마세요, 사양 마세요.

*prière [pri(j)ɛːr] *n.f.* ① 기도(문), 기원. fervente ~ 열심히 드리는 기도. être en ~ 기도들 하고 있다. faire[dire] ses ~s 기도하다, 기도문을 외다. se mettre en ~ 무릎꿇고 기도하기 시작하다. ② 청, 청원, 간청, 부탁. être[rester] sourd aux ~s de *qn* …의 부탁을 전혀 들어주지 않다.

à la ~ *de qn* …에게서 부탁[청]을 받아서. «*P~ de ne pas fumer.*» "담배는 사양해 주세요."

prieur(e) [pri(j)œːr] *n.* 《종교》수도원장.
—*a.* mère ~*e* 수도원 여자 원장.

prieuré [pri(j)œre] *n.m.* 《종교》 ① 소 수도원. ② 《드물게》수도원장(prieur)의 직(관사).

prima donna(*pl. prime donne*) [primado(n)na, primedo(n)ne] (이탈리아》*n.f.* (간혹 복수불변) (가극의)주역 여배우(여가수).

primage¹ [prima:ʒ] *n.m.* 《해양》(하주(荷主)가)선장에게 보내는 사례금.

primage² (영)*n.m.* 《기술》 수분 유출(誘出) (보일러 물이 증기중에 튀어 섞이는 현상).

primaire [primɛːr] *a.* ① 초등의. Il va à l'école ~. 그는 국민학교에 다닌다. enseignement ~ 초등교육. ② 최초의, 원초의, 제 1 차의 (다음과 같은 전문어에 사용). trois couleurs ~s 3원색. élections ~s (간접선거의)예비 선거. ère ~ 《지질》고생대. grès ~s 고생대의 사암(砂岩). secteur ~ 《경제》 1차 산업. publication ~ (학술지를 기준으로 한 미발표 원고의)최초의 간행. délinquant ~ 초범자. enroulement ~ 《전기》 1차 코일. accidents ~s 《의학》 1 차성 병세. ③ 유치한, 교양이 없는, 단순한. Il a l'esprit ~. 그는 유치한 두뇌의 소유자이다. connaissances ~s 극히 초보적인 지식.

—*n.* ① 교양이 없는[단순한] 사람. C'est un ~. 저 녀석은 국민학생 수준이야. ② 《심리》(반응 따위가)1차적 경향이 강한 사람.

—*n.m.* ① 초등교육. ② 《지질》고생대. ③ 《경제》 1차 산업. ④ 《전기》 1차 회로[코일].

—*n.f.* 《천문》 1 등성(étoile de magnitude 1).

primarisation [primarizasjɔ̃] *n.f.* (중등교육의 초기 교육과정을)초등교육 수준으로 낮추기.

primariser [primarize] *v.t.* (중등교육의 초기 교육과정을)초등교육 수준으로 낮추기.

primarité [primarite] *n.f.* 1차적[초보적]인 것;

《심리》(성격학에서)1차적 기능의 성질, 1차성.

primat [prima] *n.m.* ① 《가톨릭》수석 주교, 대주교. ② 우위, 탁월(primauté).

primates [primat] *n.m.pl.* ① 《동물》영장류(靈長類)의 동물; 영장류. ② (*sing.*)《구어》배운 데 없는 (거친) 사나이.

primatial(ale, *pl. aux*) [primasjal, -o] 《가톨릭》*a.* 대주교의, 수석 주교의. —*n.f.* 수석주교좌 성당 (église ~*ale*).

primatie [primasi] *n.f.* 《가톨릭》 대주교의 자리; 대주교의 교구(관할·소재지).

primauté [primote] *n.f.* ① 수석, 수위, 상위, 우위, 우선(권). avoir la ~ sur *qn* …보다 위이다, …을 앞지르다. ~ de l'individu sur la société 사회에 대한 개인의 우선. ② 《카드놀이》선수(先手)(권). ③ ~ du pape 《가톨릭》교황의 수위권.

prime¹ [prim] *a.* ① 제 1 의, 첫째의. ma ~ jeunesse 나의 유년시대. de ~ abord 우선 첫째로, 무 ~ saut 맨 처음에(는), 단번에, 갑자기. ② 《수학》 프라임[대시] 부호가 있는. b ~ (b~, b′).

—*n.f.* ① 《가톨릭》(이른 아침의)제 1 기도, 조과 (朝課). ② 《펜싱》(방어로 시작되는)제 1 자세. ③ 최고급의 양털.

prime² [prim] *n.f.* ① 《특별》수당, 보너스, 상여금, 장려금. A obtenu une ~ de fin d'année. 그는 연말 보너스를 받았다. ~ de transport 교통비. ~ à l'exportation 수출 장려금. ~ à la construction 주택건설 조성비. Une telle indulgence, c'est une ~ à la paresse. (비유적)그러한 관대함은 나태를 조장시키는 것과 같다. ② 경품, 덤. donner une ~ à tous les clients 모든 손님에게 경품을 주다. J'ai reçu une assiette en ~. 나는 접시 하나를 덤으로 받았다. ③ 《보험의》계약금, 보험료(~ d'assurance) (공제조합의 보험료는 cotisation). Tout assuré doit payer une ~ fixée chaque année. 피보험자는 모두 당정의 보험료를 매년 지불해야 한다. ④ 《주식》프레미엄, 차액(시가와 액면가의 초과 차액). ~ de remboursement 상환시 주식 소유자에게 지불되는 할증금. marché à ~ 옵션 거래.

faire ~ (사람·물건이)대단한 인기이다; 판치다. Ce mensonge *fait* ~ dans le monde politique. 정계에는 이 거짓말이 판을 친다.

prime³ *n.f.* 《보석》(반투명의 빛깔있는)수정 (바다 부분).

primefleur [primflœːr] *n.f.* 첫꽃.

primer¹ [prime] *v.t.* ① 능가하다, 월등하다, 보다 낫다. ~ *qn* en hypothèque 《법》…에 대하여 저당(순위)의 우선권을 가지다. ② 《농업》(계절이 되어)처음 밭갈이(김매기)를 하다.

—*v.i.* 으뜸가다; 뛰어나다.

primer² *v.t.* ① (에게)상을 주다. bœuf *primé* 탄 소. ② 장려금을 주다, 특별 수당을 지급하다.

primer³ *v.i.* (증기기관이)수분 유출(水分誘出)(프라이밍)을 하다.

primerose [primroːz] *n.f.* 《식물》접시꽃(rose trémière, passe-rose).

primesaut [primso] *n.m.* 《옛·문어》제 1 의 도약(충격). de ~ 맨 처음에(는); 한꺼번에.

primesautier(ère) [primsotje, -ɛːr] *a.* 단박에 결심하는, 과감히; 직관적이, 충동적인.

primeur [primœːr] *n.f.* ① 《옛·문어》신선한 멋(맛), 새로움(nouveauté, début). avoir la ~ d'une nouvelle 제일 처음 뉴스를 듣다. ② 초기(初期); (*pl.*) 맏물, 속성 야채〔과실〕. ③《문어》(비유적)새로운 것, 신기한 것.

primeuriste [primœrist] *n.* (과실·야채 따위의)맏물을 재배하는(파는) 사람.

primevère [primvɛːr] *n.f.* 【식물】앵초의 일종. —*n.m.*《문어》봄.
primi- *préf.*「최초·첫 번째」의 뜻.
primicériat [primiserja] *n.m.* 【가톨릭】주교좌 성당의 사목회장의 직(위).
primicier [primisje] *n.m.* 【가톨릭】주교좌 성당의 사목회장.
primidi [primidi] *n.m.* (프랑스 공화력의)순일(旬日)의 제 1 일.
primine [primin] *n.f.* 【식물】배주(胚珠)의 외피, 외주피.
primigeste [primiʒɛst] *n.f., a.* 초 임 부 (初 姙 婦)(의).
primipare [primipaːr] *a.* 초산(初産)의. —*n.f.* 초산부, 초산의 암컷.
primiparité [primiparite] *n.f.* 초산(初産).
primipilaire [primipilɛːr], **primipile** [primipil] *n.m.* 【고대로마】제 1 보병대장.
*****primitif(ve)** [primitif, -iːv] *a.* ① 원시의; 원시 시대의. Église ~*ve*; ~*ve* Église 초기 그리스도교회. homme ~ 원시인. monde ~ 원시시대. art ~ 원시예술. terrains ~*s*【지질】시원암층(始原岩層) 《오늘날에는 전캄브리아기로 분류되는 가장 오래된 지층). ② 최초의, 본래의(initial). étoffe qui a perdu sa couleur ~*ve* 원래의 색깔을 잃은 옷감. texte ~ d'une loi 법률의 원안. sens ~ d'un mot 어떤 말의 원의(原義)(↔ sens figuré). ③ 근원적인, 기본의, 본원의. temps ~ d'un verbe【언어】동사의 기본시제. couleurs ~*ves* 프리즘의 7색, 7원색(原色);【미술】3 원색(bleu, jaune, rouge). ④ 원시적인, 미개의(↔ évolué). société ~*ve* 미개사회. peuple ~ 미개민족, 미개민족. mentalité ~*ve* 원시적인[원시인의] 사고(방식). ⑤《구어》단순한, 소박한, 조잡한(simple, naïf, grossier); 간단한(sommaire). paysan ~ 단순소박한 농부. installation électrique ~*ve* 간단한 전기시설.
—*n.m.* ① 원시인; 미개인, 원주민. ② 원어(mot ~). ③ (*pl.*)【미술】ⓐ (어떤 예술양식이 완성에 이르기 전의)작가. ~*s* de la sculpture grecque 그리스 조각의 초기 작가. ⓑ (14·15세기의 특히 이탈리아의)르네상스파 직전의 화가[작품]. ⓒ 소박파의 화가《의식적으로 소박한 작품을 가짐; Henri Rousseau 등》.
primitivement [primitivmã] *ad.* 최초에, 원래; 원시 시대에.
primitivisme [primitivism] *n.m.* ①【미술】프리미티프주의, 원초주의(原初主義)《르네상스파 직전의 소박한 것을 존중하여 모방하는 입장》. ②《사회》원시사회적 성격.
primitivité [primitivite] *n.f.*《드물게》(풍속 따위가)원시적임.
primo [primo]《라틴》*ad.* 첫째로 (premièrement).
primogéniture [primɔʒenityːr] *n.f.* 장자(長者)의 자격. droit de ~ 장자 상속권.
primo-infection [primɔɛ̃fɛksjɔ̃] *n.f.*【의학】(특히 결핵의)첫 감염.
primordial(ale), *pl.* **aux** [primɔrdjal, -o] *a.* ① 최초의, 기원의, 시초의, 인1초의; 원시의, 원시시대의. instincts ~*aux* 본원적 본능. cellule ~*ale*【생물】원시세포. feuille ~*ale*【식물】원시엽(原始葉). ② 가장 중요한, 기본적인(capital, essentiel). question d'une importance ~*ale* 지극히 중요한 문제. jouer un rôle ~ 대단히 중요한 역할을 하다. [Il est ~ que+*sub.*] Il est ~ que vous partiez maintenant. 당신이 지금 떠나는 것이 무엇보다도 중요하다.
primordialement [primɔrdjalmã] *ad.* 최초에, 원래, 원시적으로(primitivement).
primula [primyla] *n.f.*【식물】앵초.
primulacées [primylase] *n.f.pl.*【식물】앵초과.
*****prince** [prɛ̃ːs] *n.m.* ① 왕자, 황태자, 대군; (작은 나라의)임금, 군주; 공작; 제후(諸侯). ~ héritier 황태자(dauphin). ~ de Monaco 모나코 왕. ~ du sang 왕(황)족. ~ russe 러시아의 공작. ~ charmant 동화 속의 왕자; 매력적인 미소년. fait du ~《문어》(공권력의)전제적 행위. ② 우두머리, 장(長), 제 1 인자. ~ des apôtres 성 베드로. ~*s* de l'Église 추기경·대교주 및 주교. ~ des démons [des ténèbres] 마왕. P~【중세】(시경영회(詩競詠會)의)좌장(座長). ~ des poètes 최고의 시인. ~ du Sénat【고대로마】원로원 의장. ③ ~ de galles (가는 줄무늬가 있는)모직물의 일종.
être bon ~ 털털하고 좋은 성격이다; 성품이 너그럽다.
être habillé [vêtu] comme un ~ 화려하게 옷을 입고 있다.
jeux de ~ (왕의 변덕스러운 행위)→(남에 대한 폐를 전혀 의식하지 않는)제멋대로의 것.
princeps [prɛ̃sɛps] *a.*《불변》(다음 말에만 쓰임) édition(s) ~ (고서·희귀서의) 초판(初版).
*****princesse** [prɛ̃sɛs] *n.f.*《prince의 여성》왕녀, 황녀, 공주; 왕비; 공작부인; 《드물게》여왕. «la ~ de Clèves»「클레브 공작부인」《La Fayette 부인의 소설》.
aux frais de la ~《구어》관비(官費)로, 남의 비용으로. *faire la ~; prendre des airs de ~*《구어》잘난 체하다, 거만부리다.
—*a.*【의복】dentelle ~ 네덜란드산 레이스를 모방하여 손으로 섬세하게 짠 레이스; robe ~ (벨트 없이 몸에 달라붙는)긴 부인복.
princier(ère) [prɛ̃sje, -ɛːr] *a.* ① 임금의, 국왕의; 왕족(왕공)의; 공작의. famille ~*ère* 왕족, 왕공. ② (비유적)임금같은, 위풍있는, 화려한, 호화로운. maison ~*ère* 호화로운 저택.
princièrement [prɛ̃sjɛrmã] *ad.* 군주로서, 임금처럼, 호화롭게. Il nous a reçus ~. 그는 우리를 임금처럼 맞이했다.
*****principal(ale)**, *pl.* **aux** [prɛ̃sipal, -o] *a.* ① (사물에 관하여)주된, 주요한; 중요한(capital, essentiel). bâtiment ~ 주건물. ~*ales* puissances du monde 세계의 주요열강. jouer le rôle ~ dans le film 영화의 주역을 맡다. ~*ale* raison [préoccupation] 최대의 이유[관심사]. proposition ~*ale*【언어】주절(主節). ② (사람에 관하여) ~ personnage de l'affaire 사건의 주요인물. ~ obligé【법】주채무자, 채무 본인(보증인과 구별하여). locataire ~ (건물 전체를 빌려서 또 그것을 임대하는)대가 임차인.
—*n.m.* ① 요점, 중요한 점(essentiel). C'est le ~. 그것이 바로 중요한 점이다. [Le ~ est de+*inf.*] que+*sub.*] Le ~, c'est qu'il fasse son boulot. 중요한 것은 그가 일하는 것이다《c'est que …은 구어적 표현》. ② 주요인물. On a arrêté des conspirateurs, mais le ~ a échappé. 음모자들이 체포되었는데 주모자는 도주했다. ③【법】(소송의)주건(主件); (공증인 사무소의)제 1 서기(clerc ~). ④ (옛)(구제(舊制) 중학교의)교장. ⑤【상업】원금. le ~ et l'intérêt 원금과 이자. ⑥【음악】(오르간의)주요음반.
principalat [prɛ̃sipala] *n.m.* (구제(舊制) 중학교)교장의 직.
*****principalement** [prɛ̃sipalmã] *ad.* 주로, 특히. Cette région produit ~ du blé. 이 지방은 주로 밀을 생산한다.

principalité [prɛ̃sipalite] *n.f.* =**principalat**.
principat [prɛ̃sipa] *n.m.* ① 【고대로마】제위(帝位), 원로원 의장의 직. ② 공작의 지위.
principauté [prɛ̃sipote] *n.f.* ① 공국(公國). ~ de Monaco 모나코 공국. ② 공작의 직위; 공작령(領). ③ (P~s) 【가톨릭】 권천사(權天使)(천사 9계급의 하나).
‡**principe** [prɛ̃sip] *n.m.* ① ⓐ 근원, 제 1 원인(origine). ~ des choses(de la vie) 만물[생명]의 근원. ⓑ (일반적으로 사물·행동 따위의)원동력, 원인, 근원(cause). ~ de toute action 모든 행동의 원동력. Le travail est le ~ de la fortune. 노동은 부(富)의 근원이다. ⓒ (물질의 구성), 성분(élément). ~s constituants 구성 요소, 성분. Les atomes sont les ~s des corps. 원자는 물체의 구성 요소이다. ~ amer (식물체 중에 있는)쓴맛의 성분. ~ actif 유효(有效)성분.
② ⓐ (자연·이론 따위의)원리, 법칙(loi, règle). ~ d'identité[de non-contradiction] 동일율[율], 동일원리. ~ de causalité 인과율. ~ de relativité 상대성원리. ~ de la conservation de l'énergie 에너지 보존법칙. ⓑ (어떤 학문분야·기계 따위의)원리, 법칙, 원칙. ~ d'Archimède 아르키메데스의 원리. ⓒ (*pl.*) (학문 따위의)기초적 지식, 초보, 입문(éléments, rudiments). apprendre les (premiers) ~s d'une science 어떤 학문의 초보[기초]를 배우다. ~s de l'art dramatique 연극예술개론.
③ (행위 따위의)지침; (구체적인)방침, 주의; 도의. le ~ et l'application (행동)원칙과 적용. ~ fondamental du gouvernement démocratique 민주정치의 기본원칙. homme sans ~s 지조 없는 사람, 무정견(無定見)의 사람. homme fidèle à ses ~s 자기 주의에 충실한 사람. relâchement des ~s 도의의 이완(弛緩).
avoir pour ~ de +*inf.* ⋯을 방침[원칙]으로 하다. J'ai pour ~ de ne pas arriver en retard. 지각을 하지 않는 것이 나의 방침이다.
de ~ 원칙적인, 기본적인(a priori). accord *de ~* 원칙적 합의.
dès le ~ 처음부터(dès le commencement). Dès le ~, j'ai vu à quoi cette affaire aboutirait. 처음부터 나는 이 사건의 결말이 어떻게 될 지 알았다.
en ~ ⓐ 원칙적으로. En ~, je vais à la campagne tous les dimanches. 원칙적으로 나는 일요일마다 시골에 간다. ⓑ 이론적으로, 이론상(théoriquement, en théorie). En ~, son projet est viable. 이론적으로 그의 계획은 성공할 가망이 있다.
être à cheval sur les ~s 원칙(규범적인 습관)을 고집하다.
par ~ (미리 정해진)원칙에 따라서. 누구나.
partir du ~ que... ⋯을 인정하는 것에서 시작하다.
principicule [prɛ̃sipikyl], **principion** [prɛ̃sipjɔ̃] *n.m.* (옛)세력없는 군주(공작), 소공자, 유군(幼君).
***printanier(ère)** [prɛ̃tanje, -ɛ:r] *a.* ① 봄의, 봄같은. tenue ~*ère* (봄철에 어울리는)가볍고 밝은 빛의 복장. temps ~ 봄과 같은 날씨. ② (비유적)청춘의, 젊은. Tu est bien ~*ère*, avec cette robe! 이 드레스를 입고 있으니 퍽 젊어보이는구나! ③ 【요리】봄야채의. salade ~*ère* 봄야채 샐러드.
printanisation [prɛ̃tanizasjɔ̃] *n.f.* 《드물게》【농업】=vernalisation.
‡**printemps** [prɛ̃tɑ̃] *n.m.* ① 봄. ~ précoce 이른 봄. au ~ 봄에. ② (비유적)청춘(시대). ~ de la vie 인생의 청춘. ③ (시)나이, 연세. jeune fille de dix-huit ~ 열여덟살 아가씨. ④ (비유적)(정치적)화해의 시기. ~ entre Washington et Moscou 미·소간의 대탕트.
priodonte [pri(j)odɔ̃:t] *n.m.* 【동물】거대한 아르마딜로.
priorat [pri(j)ora] *n.m.* 【종교】수도원장(부원장)의 직위[임기].
priori (a) [apri(j)ori] (라틴) *loc.ad.* 선험적(先驗的)으로; 이유를 따지기 전에, 경험(사실의 검토)에 앞서, 우선 보기에(au premier abord). prouver *a ~* 선험적으로 증명하다. *A ~*, c'est une bonne idée. 그것은 좋은 생각이다.
—*loc.a.* 선험적인. idée *a ~* 선험적 관념, 선입견.
—*n.m.* (복수불변) 선험적 판단[추리].
prioritaire [pri(j)oritɛ:r] *a.* 우선권을 가진. —*n.* 우선권 소유자.
priorité [pri(j)orite] *n.f.* ① (시간·순번이)먼저임(antériorité). revendiquer la ~ de sa découverte 자기의 발견이 먼저임을 주장하다. ② 우선; 보다 중요함. carte de ~ (신체 장애자 따위에게 주는)우선권 카드. Cette question a eu la ~ dans le débat. 토론에서 이 문제가 우선적으로 다루어졌다. ③ 우선권. réclamer la ~ (의회 등에서)먼저 발언하는 권리를 요구하다. actions de ~ 【상업】우선주(株). ④ (통행상의)우선권. laisser la ~ à un véhicule 어떤 차에 우선권을 주다. ~ à droite (신호등이 없는 교차로에서)우측에서 오는 차량의 우선권. ⑤ 우선권카드 소지자. laisser passer les ~s 우선권카드 소지자를 먼저 통과시키다.
en ~; par ~ 우선적으로. Cette question sera discutée *en ~*. 이 문제가 다른 어떤 것보다도 우선적으로 논의될 것이다.
pris(e¹) [pri, -i:z] (*p.p.*<prendre) *a.p.* ① 차지되어 있는. Cette place est-elle ~*e*? 이 자리는 임자가 있습니까? ② 바쁜(occupé). Je suis très ~ ce matin. 오늘 아침 나는 대단히 바쁘다. ③ [~ de] (감정 따위에)휩싸인; (병 따위에)걸린(affecté). ~ de colère 몹시 화가 난. ~ *de* peur 공포에 사로잡힌. Il était toujours ~ *de* vin. 그는 항상 술에 취해 있었다. ④ (크림 따위가)군은, 응결된; (강물 따위가)언, 얼어 붙은(durci). La rivière est ~*e*. 강물이 얼었다. avoir le nez ~ [la gorge ~*e*] 감기에 걸렸다. ⑤ (말 따위가)차용된(tiré, emprunté). mot ~ du grec 그리스어에서 차용된 말. ⑥ (구어)사랑에 빠진, 홀딱 반한(épris). ⑦ (구어)임신한(enceinte). être ~*e* 임신하다.
C'est autant de ~; C'est toujours ça de ~ (sur l'ennemi). (구어)그만큼 이득을 본 셈이다, 이만만해도 감지덕지이다.
être de taille bien ~e; être bien ~ (dans sa taille); avoir la taille bien ~e 몸맵시가 좋다.
prisable [prizabl] *a.* 평가할 만한, 존중할 만한.
priscillianisme [prisi(l)ljanism] *n.m.* 프리스키아누스(Priscianus), 에스파냐의 마네스교(敎) 창도자)의 교리.
***prise²** [pri:z] *n.f.* ① 잡기, 취하기; (유도·레슬링 따위에서의)기술, 공격할 때 잡는 방법. faire une ~ à la nuque 목덜미를 휘어잡다. ~s autorisées (défendues) 허용(금지)된 기술.
② 잡는 곳(것), 붙잡는 곳; (암벽 등의)손으로 잡을 수 있는 곳. Le vase est tout rond, il n'y a point de ~ 이 꽃병은 아주 둥글어서 붙잡을 곳이 전혀 없다. trouver une bonne ~ sur une paroi 암벽면에서 마땅한 발판을 찾아내다. ~ de doigt[d'ongle] 【등산】손가락을 걸 수 있는 오목한 곳. être hors de ~ 손이 미치지 않다, 도달할 수 없다.
③ 점령, 점거, 탈취, 공략. ~ d'une ville(d'une place forte) 도시(요새)의 점령. ~ de la Bastille 바스티유 감옥의 탈취.

④ 포획(捕獲), 체포, 나포; 취득물, 노획물, 약탈품. ~ d'un voleur 도둑의 체포. ~s de guerre 전리품. ~ de corps 〖法〗 신병(身柄)구속, 체포(령). ~ de navire 나포선. part de ~ 포획상금. navire de bonne ~ 정당하게 나포한 선박.

⑤ (전기의)접속, 콘센트(~ de courant, ~ électrique); (물·공기 따위를)끌어 들이는 흡입구. brancher un séchoir sur la ~ 드라이어를 콘센트에 연결하다. ~ mâle(femelle) 플러그(소켓). ~ de terre 어스線. ~ d'eau 수도꼭지. ~ d'air 환기구. ~ de vapeur 스팀코크. faire une ~ à une rivière 개천으로부터 물을 끌어들이다.

⑥ (자동차 따위에서) 엔진의 연결, 기어를 넣기(넣은 상태)(~ directe). monter une côte en ~ 기어를 넣고 고개를 올라가다.

⑦ (약 따위의)복용; (냄새맡는 담배 따위의)한 대. Ce médicament doit être absorbé en trois ~s quotidiennes. 이 약은 하루에 세 번 복용해야 한다. ~ de tabac 한 줌의 코담배. ~ d'essai (물질의 검사 등을 위해)시험삼아 취한 소량, 샘플.

⑧ (굳기, 응고; 종두 따위의)선감(善感). ciment à ~ rapide 빨리 굳는 시멘트. faire ~ 응고하다.

⑨《무관사명사와 함께 여러 가지 연어(連語)를 만든다》ⓐ 〖~ de+구상명사〗~ d'armes 열병식. ~ d'habit (수도사가 되기 위한)착의식(着衣式). ~ de sang 채혈. ~ de son 녹음(enregistrement du son). ~ de vue(s) 촬영. ~ de vue en mouvement 이동촬영. opérateur de ~s de vue 촬영기사. ~ de terrain 〖航空〗 착륙 조작. ⓑ 〖~ de+추상명사〗~ de conscience 자각, 의식화. ~ de contact avec... …와의 최초의 접촉. ~ de position 입장의 선택, 태도의 결정. ~ de possession 취득, 획득. ⓒ〖~ en/à+명사〗~ en considération 고찰. ~ en chasse 추적. ~ en charge 기본요금, (택시의)미터를 돌리기. ~ en charge par la Sécurité sociale 사회보험에 의한 환불. ~ à partie 〖法〗 재판관을 상대로 한 소송.

avoir~ sur ~에 대해서 영향력을 갖다. Je n'ai aucune ~ sur mon fils. 나는 아들에게 전혀 영향력이 없다.

donner ~ à qc …거리가 되다, …을 초래하다. Sa conduite a donné ~ à la critique. 그의 행동은 비난의 대상이 되었다.

en venir aux ~s 맞붙어 싸우다.

être(se trouver) aux ~s avec …와 싸우고 있다. Je suis aux ~s avec mon voisin. 나는 이웃사람과 싸우고 있다. se trouver aux ~s avec un problème difficile 어려운 문제로 고투하고 있다. être aux ~ avec la mort 빈사상태이다.

être en ~ directe avec(sur) qc …와 직접 관련성이 있다, …와 직결되다 (문제)이다. problème en ~ directe avec la vie sociale 사회생활과 직결된 문제.

lâcher ~ 놓아주다; 포기(체념)하다, 양보하다.

mettre aux ~s A et B A와 B를 (서로) 대결시키다 (싸우게 하다).

~ de bec 《구어》 말다툼, 승강이. avoir une ~ de bec avec qn …와 말다툼하다.

prisée [prize] n.f. 〖法〗 (경매품의)값을 정하기(붙이기); 가격 사정〖評가〗. faire la ~ d'un mobilier 가구의 가격을 사정하다.

priser[1] [prize] v.t. 냄새맡다·마약 따위를 코로 맡다, 들이마시다. (~ 목적보어 없이) 코담배를 맡다. ~ de l'héroïne 헤로인을 맡다. tabac à ~ 코담배.

priser[2] v.t. ① (옛) …의 값을 매기다(évaluer). ②《문어》《비유적》 높이 평가하다, 존경하다 (estimer). ~ un ouvrage 어떤 작품을 높이 평가하다. qualité fort prisée (남이 높이 알아주는) 뛰어난 품질 [특질). —se ~ v.pr. ① 평가되다, 존중되다. ② 자기를 높이 평가하다.

priseur[1](*se*) [prizœr, -ø:z] n. 코담배를 맡는 사람.

priseur[2] [prizœ:r] n.m. 경매 평가인; 가격 사정관(commissaire-~).

prismatique [prismatik] a. ① 프리즘의, 프리즘으로 분광(分光)된. couleurs ~s 프리즘에 비치친 색깔(7색). jumelles ~s 프리즘 쌍안경. ② 각주(角柱)의. cristal ~ 각주형 결정.

prisme [prism] n.m. ① 〖물리〗 프리즘. ~ redresseur 정립(正立) 프리즘. ~ à réflexion totale 전반사(全反射) 프리즘. ~ de l'amour-propre 《비유적》 자존심의 색안경. regarder à travers un ~ 색안경으로 보다, 왜곡해서 보다. ② 〖수학〗 각기둥, 〖광물〗 〖결정체의〗 주(柱), 주면. ~ droit 직각기둥. ~ oblique 사(斜)각주.

prismé(e) [prisme] a. 프리즘 모양을 한; 각주 모양의.

***prison** [priz3] n.f. ① 감옥, 교도소, 유치장, 〖軍사〗 영창. être en ~ 투옥되어 있다. s'échapper (s'évader) de ~ 탈옥하다. mettre(fourrer) qn en ~ …을 투옥하다, 수감하다. sortir de ~ 출옥하다. tirer qn de ~ …을 감옥에서 구해내다; 석방하다. ② 징역, 금고(형), 구류(emprisonnement). peine de ~ 징역. ~ à vie(perpétuité) 종신형(무기징역). ~ préventive 미결구류. faire de la ~ 복역하다. ③ (구어)(비유적) 감옥같은 곳(것). Cette maison, quelle ~! 이 집은 정말 감옥같군!

aimable(gracieux) comme une porte de ~ 〖구어〗 〖반어적〗 몹시 무뚝뚝한.

***prisonnier(ère)** [prizɔnje, -ɛ:r] n. 죄수; 포로 (~ de guerre), 자유를 박탈당한 사람. camp de ~s 포로수용소. faire qn ~ …을 포로로 잡다. ~ d'État 국사범. se constituer ~ 자수하다. libérer(relâcher) un ~ 죄수를 석방하다. ~ sur parole 가(假)출소자. ~s de guerre 전쟁포로. échange de ~s 포로교환.

—n.m. 양끝 나선볼트.

—a. ① 포로가 된(↔libre). soldat ~ 포로가 된 병사. ② 〖~ de〗 (에)사로잡힌. être ~ de ses principes 자기가 세운 원칙에 자승자박되다.

prisunic [prizynik] n.m. =**prix-unique**.

priv. 《약자》 =**priv(il)**.

privat-docent [privatdɔsent], **privat-dozent** [privatdɔtsent] (pl. ~~s) 〖독일〗 n.m. (독일대학의)무급 강사.

privatif(ve) [privatif, -i:v] a. ① 〖언어〗 결성(缺性)을 나타내는, 부정(否定)의. préfixes ~s 부정 접두사(infidèle의 in-). opposition ~ve 결여적 〖탈취적〗 대립 (어떤 변별적 특징의 유무의 의한 대립). particules ~ves 부정 소사(小辭) (a-, dé-, in- 따위와 non, sans 같은 것). ② 〖法〗 배타적인, (다른 사람의 권리를) 빼앗하는, 독점적인. jouissance ~ve droit ~ 독점권. ③ 박탈하는. L'emprisonnement est une peine ~ve de liberté. 금고는 자유를 박탈하는 형이다.

—n.m. 〖언어〗 결성사; 부정 접두사.

privation [privasjɔ̃] n.f. ① 결핍, 상실 (perte, ↔jouissance). ~ de la vue 시력의 상실, 실명. ② 박탈, 스스로 끊기. ~ des droits civiques (civils) 공권 박탈. ~ de tabac 금연(禁煙). La ~ de ce voyage est pour moi un grand sacrifice. 이 여행을 포기하는 것이 내게는 큰 희생이다. ③ (보통 pl.) 절제; (절제로 인한) 부자유, 궁핍. s'imposer des ~s 절제하다. A force de ~s, il a pu acheter un appartement. 절제하여 산 덕택에 그는 아파트를 살 수 있었다. mener une vie de ~s (절제하여)궁핍하게 살다. souffrir de ~s 궁핍한 생활에 시달리다.

privatisation [privatizasjɔ̃] *n.f.* (공공사업의)사기업화(私企業化), 민영화.
privatiser [privatize] *v.t.* 【경제】(공공사업을)사기업화하다, 민영화하다.
privativement [privativmɑ̃] *ad.* (옛)[~ à](을)제쳐 놓고, (보다)우선적으로(préférablement).
privauté [privote] *n.f.*(보통 *pl.*) (특히 여성에 대하여)친밀하게 굴기. prendre[avoir] des ~s avec une femme 여자에게 지나치게 친근하게 굴다.
***privé(e)¹** [prive] *a.* ① 사적인, 개인의. voie ~e 사도(私道). propriété ~e 사유지. sacrifier l'intérêt ~ à l'intérêt public 공익을 위해 사익을 희생하다. vie ~e 사생활. correspondance ~e 사신(私信). ② 사사로운, 비공식적인. séance ~e 비공식회의. à titre ~ 개인 자격으로. nouvelle de source ~ 비공식적 출처의 소식[뉴스]. acte sous seing ~ 【법】사서증서(私署證書)(↔acte notarié). droit ~ 사권(私權), 사법(私法)(↔droit public), le Conseil ~ 【역사】추밀원(樞密院). ③ 사립의, 사영(私營)의, 민간의. entreprise ~e 사기업. école ~e 사립학교. capitaux ~s 민간자본. ④(옛) (새 따위가)길들여진(apprivoisé).
— *n.m.* ① 사생활(intimité). Il est tout différent dans le public et dans le ~. 그는 공적인 생활과 사적인 생활에서 전혀 딴 사람이 된다. en son ~ (옛・문어)자기 집에서는. ②【구어】사기업(secteur ~). ③【옛・문어】변소(lieu d'aisance). aller au ~ 변소에 가다.
en ~ 비밀히, 단둘이서. J'aimerais vous parler *en* ~. 조용히 단둘이서 말씀드리고 싶습니다.
privé(e)² *a.* [~ de] (을)잃은, (이)없는. région ~e d'eau 물이 부족한 지방. personne ~e de l'ouïe 청각을 잃은 사람.
privément [privemɑ̃] *ad.* (드물게)개인적으로, 사적으로; 남모르게, 은밀히.
***priver¹** [prive] *v.t.* [~ *qn* de *qc*] ①(에게서 …을)빼앗다, 박탈하다; (에게 …을)금하다[못하게 하다]. On l'*a privé de* sa liberté. 그는 자유를 빼앗겼다. 《수동형》[être privé de *qc*]Il *est privé de* l'usage de ses membres. 그는 수족을 못쓰게 되었다. être *privé de* sommeil 수면을 못자기 때문에, 자지 못한다. ②(사물이 주어)Cet accident *l'a privé de* mémoire. 이 사고로 그는 기억을 상실했다. ③(벌로서)박탈하다. ~ *qn de* ses droits civils[*de* ses avantages] …로부터 시민권(특권)을 박탈하다. Tu seras *privé de* dessert. (벌로서)너는 디저트를 먹지 못한다.
— *se* ~ *v.pr.* ①[se ~ de] 포기하다, 스스로 금하다(s'abstenir, renoncer), *se* ~ *de* vin 금주하다. Il n'arrive pas à *se* ~ *de* fumer. 그는 끝내 담배를 끊지 못한다. ②(목적보어 없이)내핍(절제) 생활을 하다. *se* ~ pour élever ses enfants 자녀를 키우기 위해 생활을 줄이다.
priver² *v.t.* (옛) = **apprivoiser**.
— *se* ~ *v.pr.* (옛) = **s'apprivoiser**.
priv(il). (약자) privilégié 【상업】우선(優先)의.
***privilège** [privilɛːʒ] *n.m.* ① 특권. donner[obtenir] un ~ le ~ 특권을 주다(획득하다). jouir d'un ~ le ~ 을 누리다. [avoir le ~ de] Il a eu le ~ d'être invité à cette réception. 그는 특별히 이 리셉션에 초대받았다. ~ d'émission de la Banque de France 프랑스 은행의 화폐발행권. ~ d'une créance 【법】(채권자의)선취특권. ②특전, 이점, (자연으로부터 받은)은혜. ~s de la naissance 출생의 은혜. ③특성, 특기. La raison est un ~ qui distingue l'homme des animaux. 이성은 인간을 동물로부터 구별하는 특성이다. ④ 특권인가증. dresser un ~ 특권인가증을 작성하다. ⑤(옛)(출판물에 대한)국왕의 윤허(允許).
privilégiaire [privileʒjɛːr] *a.*(드물게)특권적 성질을 가진, 특권적 성질의.
privilégié(e) [privileʒje] *ap.* ① 특권이 있는, 특전을 받은(avantagé). classes ~es 특권 계급. créancier ~ 선취특권이 있는 채권자. poissons ~s 법으로 보호하는 물고기(↔ poissons indifférents). actions ~es 우선주(優先株)(actions de priorité). ② 혜택을 입은, 운이 좋은, 행운의. Nous avons été ~s par le temps pendant nos vacances. 우리는 휴가 때 특별히 날씨의 혜택을 입었다. climat ~ 최적의 기후. ③【구어】(자연・신으로부터)특별히 은혜를 받은.
—*n.* ①특권자. ~s de l'Ancien Régime 구체도하의 특권자. ②특별한 혜택을 받은 사람; 운이 좋은 사람.
privilégier [privileʒje] *v.t.* (에게)특권[특전]을 주다, 특별한 혜택을 주다. ~ une association 어떤 협회에 특전을 부여하다.
‡prix [pri] *n.m.* (복수불변)① ⓐ (물건의)값, 가격. ~ courant 시가(市價), 시세. ~ de revient 원가. ~ fixe[fait] 정가. ~ limite 공정가격, (repas à) ~ fixe 정식(定食). ~ garanti 보증가격. ~ net 정가, 정찰. ~ de monopole 독점가격. ~ à l'unité 단가(單價). ~ réduit 할인가. ~ de soldes 할인판매가격. ~ raisonnable(abordable, modéré) 적정가. ~ d'ami 특별히 깎아준 가격, 특가. rabattre dix pour cent sur le ~ 값의 1할을 할인하다. hausser[augmenter] le ~ 값을 올리다. baisser le ~ 값을 내리다. ⓑ (*pl.*)물가(~ de denrées). hausse des ~ 물가의 상승. stabilité des ~ 물가의 안정. ⓒ 요금, 임금. ~ de la journée 일당. ~ de location 임대료.
② 값, 중요성; 대가, 희생. ~ de gloire 명예의 가치[중요성]. estimer à son (juste) ~ 진가대로 평가하다. donner du ~ à *qc* …에 가치를 부여하다, …을 높이 평가하다, 중요시하다. pour ~ de ses peines 그의 노고의 대가로. Il a reçu le ~ de ses mensonges. 그는 거짓말을 한 대가를 받았다.
③ⓐ 상, 상금, 상품. distribution des ~ 상품[상금] 수여. les ~ Nobel 노벨상. décerner le ~ 상을 수여하다. ~ d'excellence (학교의)우등상. remporter le ~ 상을 타다; 남들보다 한층 뛰어나다. ⓑ 수상자(lauréat); 수상작품(ouvrage couronné). Ce peintre est un ~ de Rome. 그는 로마상의 수상자이다. Avez-vous lu le ~ Goncourt? (금년도)공쿠르상 작품을 읽었습니까? ⓒ (상금이 걸려있는)경기, 레이스. Grand ~ automobile 그랑프리 자동차경기.
à ~ *d'argent* 돈을 지불하여.
attacher du ~ *à qc* …을 중히 여기다.
à tout ~; (*부정형*) *à aucun* ~ 어떤 값을 치르더라도, 절대로. Il faut *à tout* ~ que je sois à Paris demain. 나는 내일 무슨 일이 있어도 파리에 가야한다. Il ne faut *à aucun* ~ accepter cette proposition. 이 제안을 절대로 받아들여서는 안된다.
au ~ *de* …의 희생을 치루고(…에 의하여); …에 비하여. achever un travail *au* ~ *de* grands efforts 무진 애를 써서 일을 마치다.
de ~ 비싼, 귀중한. objets *de* ~ 귀중품.
hors de ~ 턱없이 비싼.
mettre qc à ~ (경매에서)…에 값을 매기다; …에 현상금을 걸다. *mettre* à ~ la tête de *qn* …의 목에 현상금을 걸다.
n'avoir pas de ~; *être sans* ~ 값을 정할 수 없을 만큼 가치가 있다.

prix-fixe [prifiks] *n.m.*《구어》정찰 판매점; 균일 가격의 식당〔요리〕.

prix-unique [prizynik] *n.m.* 균일 매점〔상점〕.

pro [pro] (<*professionnel*>) *n.*《스포츠》프로〔선수〕. les amateurs et les ~s 아마추어와 프로. tourner ~ 프로로 전향하다.

pro- *préf.* ① 「…대신으로, …의 대리」의 뜻《예: *pronom* 대명사》. ② 「…을 지지하는」의 뜻《예: *procommuniste* 공산주의 지지자》. ③ 「…앞에」의 뜻《예: *progrès* 전진》.

proactif(ve) [proaktif, -i:v] *a.*《심리》전진성(前進性)의, 순향성(順向性)의.

probabiliorisme [probabiljorism] *n.m.*《신학》엄밀개연설(嚴密蓋然說). 〔연설.

probabilisme [probabilism] *n.m.*《철학·신학》개

probabiliste [probabilist] *n.* ①《철학·신학》개연론자, 개연주의자. ②《수학》확률론 전문가. — *a.* ① 개연론에 관한. ② 확률의; 확률에 기초를 둔. statistique ~ 확률통계학. sondage ~ 확률에 의한 여론조사.

probabilité [probabilite] *n.f.* ① 있을 법함, 그럴듯함(vraisemblance, ↔ improbabilité); 공산(公算), 가망성, 확실성. ~ d'un événement 어떤 사건이 일어날 가능성. C'est maintenant une ~. 그것은 이제 가능성이 있는 일이다. ②《수학》확률. calcul〔théorie〕 des ~s 확률론. ③《철학》개연성(蓋然性). ~ d'une hypothèse 가설의 개연성〔doctrine de la ~〕. d'une hypothèse 가설의 개연성.
selon toute ~ 십중팔구, 대개.

*****probable** [probabl] *a.* ① 있을 법한, 그럼직한, 틀림 없는 듯한(vraisemblable, ↔ improbable). Son succès fait partie des choses ~s. 그의 성공은 가능한 일에 속한다. C'est plus que ~. 그것은 틀림없는 일이다. 〔Il est ~ que + *ind.*〕《부정의 문에서는 접속법》 *Il est* ~ *qu*'elle viendra. 그녀는 십중팔구 올 것이다. 〔《구어》P~ qu'elle viendra.〕. *Il est peu* ~ *qu*'elle vienne. 그녀는 올 것 같지 않다. ②《옛》개연성의. opinion ~《신학》개연성이 있는 견해.
— *n.m.* 있을 것 같음, 확실할 것 같음.

*****probablement** [probabləmɑ̃] *ad.* 아마, 십중팔구, 대개(vraisemblablement). Il viendra ~. 아마 틀림없이 그는 올 것이다. P~ qu'il arrivera en retard. 그는 십중팔구 늦게 올 것이다〔Il est ~ que...〕.

probant(e) [probɑ̃, -ɑ̃:t] *a.* ① 확실한, 설득력이 있는, 결정적인(décisif, convaincant). argument ~ 납득할 만한 논거〔논거〕. raison ~e 결정적인 이유. ②《법》증거가 되는, 입증하는. en forme ~e 확실한 형식의, 신용할 만한.

probation [probasjɔ̃] *n.f.* ①《종교》수련(修鍊); 수련 기간, 수습 기간. ②《법》〔청소년 범죄 따위의〕보호관찰.

probatique [probatik] *a.f.* piscine ~《고대헤브라이》〔신에게 바쳐지는 제물을 깨끗이 씻던 예루살렘 신전 근처의〕제물의 못.

probatoire [probatwa:r] *a.* ① 학력〔능력〕을 증명하는, 확인하는. acte ~《옛》〔대학 학위 청구의〕자격 증명서. examen ~ 〔학생이 희망하는 학교에 들어갈 학력이 있는가를 측정하는〕학력인정 시험. épreuve ~ 〔지망하는 직업에 대한〕적성검사. stage ~ 〔정식채용에 앞서 적성을 검사하는〕연수 기간. ②délai ~《법》보호관찰기간.

probe [prob] *a.*《문어》성실한, 청렴한(honnête).

probité [probite] *n.f.* 성실, 청렴, 정직(honnêteté, droiture). homme de ~ 성실〔정직〕한 사람. faire preuve de ~ 성실함을 나타내다.

problématique [problematik] *a.*〔문제·의견·결과 따위의〕의심스러운, 수상한, 의문의(douteux, ↔ certain);〔존재·진실성·성공 따위가〕애매한. Son succès est ~. 그의 성공은 불확실하다. jugement ~ 《논리》개연적 판단. — *n.f.*〔특정한 영역에 관한〕문제 제기, 문제성;〔총칭〕문제.

problématiquement [problematikmɑ̃] *ad.* 의심스럽게, 수상하게, 의문스레.

‡problème [problɛm] *n.m.* ①〔학문적인〕문제. ~ mathématique 수학 문제. faire un ~ de géométrie 기하 숙제를 하다. poser〔résoudre〕 un ~ 문제를 내다〔풀다〕. données d'un ~ 문제의 기지(旣知) 사항. ②〔사회적인〕문제, 과제. ~ de la circulation 교통문제. ~ du logement 주택문제. ~ de morale 도덕문제. ~s économiques 경제문제. ③ 해결하기 어려운 문제, 미해결의 문제, 곤란(difficultés). Chacun a ses ~s. 사람은 각기 자기의 문제〔고민〕를 안고 있다. Cet enfant me pose des ~s. 이 아이 때문에 나는 골머리를 앓고 있다.
Il n'y a pas de ~; *Cela ne pose pas de* ~.《구어》어려울 것 없다, 문제 없다.

probloc, probloque [problɔk] *n.m.*《속어》〔부동산의〕소유자, 소유주.

proboscide [prɔbɔsid] *n.f.*〔옛 박물학의 용어〕〔코끼리의〕긴 코;〔곤충〕입 끝, 문(吻).

proboscidien(ne) [prɔbɔsidjɛ̃, -ɛn]《동물》*a.* 긴 코의, 장비류(長鼻類)의. — *n.m.pl.* 장비류《코끼리·매머드 따위》.

*****procédé** [prosede] *n.m.* ①〔남을 대하는〕방식; 태도, 소행(comportement, conduite). ~ d'un homme honnête homme 신사로서 처신하는 방식. Je n'aime pas son ~. 나는 그의 행동방식을 좋아하지 않는다. Il use de mauvais ~s envers moi. 그는 나에게 나쁜 태도를 취한다. échange de bons〔mauvais〕 ~s 서로 돕기〔해치기〕. avoir de bons ~s 예의바르다; 친절하다. ②〔일 따위의〕방법, 조치(méthode). ~ de fabrication 제조방법. ~ mnémotechnique 기억법〔술〕. selon le ~ indiqué 절차에 따라. ③〔예술제작 따위의〕방법, 기법, 수법(moyen, technique). ~ oratoire 웅변술. Le style de cet écrivain sent le ~. 이 작가의 문체는 부자연스러운〔작위적인〕느낌을 준다. ④《옛》결투 준비 때의 격식. ⑤《당구》큐 끝의 가죽.

*****procéder¹** [prosede] [6] *v.t.ind.* 〔~ à〕…에 착수하다, 일을 행하다, 하다, 처리〔처치〕하다. ~ à l'établissement d'un dossier 일건 서류를 작성하기 시작하다. ~ à l'exécution 집행하다. ~ à l'interrogation d'un accusé《법》피고에 대한 심문을 시작하다. ~ à l'ouverture d'un testament《법》유언장을 개봉하다.《비인칭》 Il *sera procédé à une enquête*. 조사가 착수될 것이다.
Tant est procédé que...《옛》(그렇게까지 한 끝에) 결국(en fin de compte).
— *v.i.* ① 일하다, 행동하다(agir, s'y prendre). ~ par ordre 순서에 따라 처리하다. ~ avec prudence 신중하게 행동하다. ②《문어》〔착실히〕나가다, 전진하다.

*****procéder²** *v.t.ind.* 〔~ de〕…에서 나오다, 발생하다. La philosophie de Marx *procède de* celle de Hegel. 마르크스 철학은 헤겔 철학에서 나왔다.

procédure [prosedy:r] *n.f.* ①《법》소송 절차; 소송에 관한 일건 서류. ~ à suivre 밟아야 할 절차. entamer une ~ de divorce 이혼소송을 제기하다. ~ de révision constitutionnelle 헌법개정절차. code de ~ civile〔pénale〕 민사〔형사〕소송법. ②〔과학분야에서의〕실험법, 절차. ~ d'un test sociométrique 사회측정 테스트 방법. ③《컴퓨

터》 프로시저《문제를 푸는 일련의 스텝》.

procédurier(ère) [prɔsedyrje, -ɛːr] *a.* ① 소송 절차에 정통한. ②《경멸》소송하기 좋아하는; 궤변을 부리는, 엉터리로 쓰는. —*n.* (위)의 사람.

procéleusmatique [prɔseløsmatik] *a.* 《운율》《옛》사단음절격(四短音節格)의.

procéphalique [prɔsefalik] *a.* 《동물》앞머리 부분의.

***procès** [prɔsɛ] *n.m.* ①《법》소송. intenter[faire] un ~ à qn …에 대해 소송을 제기하다. gagner [perdre] son ~ 승소[패소]하다. ~ civil(criminel) 민사(형사)소송. ~ pendant[en cours] 계류[진행]중의 소송. 《해부》융기(隆起), 돌기. ③《언어》사행(事行)《동사가 나타내는 동작·추이·사태를 총괄하는 개념》. ④《옛·문어》진행, 진보, 발달(과정)《processus》. ~ de l'embryon 태아의 발육(과정).
faire le ~ de qn(qc) …을 깎아내리다, 비난하다.
faire le ~ du gouvernement 정부를 신랄하게 비난하다.
sans autre forme de ~ 정식의 절차를 밟지 않고, 간단히. On l'a renvoyé *sans autre forme de ~*. 그는 두말없이 해고당하고 말았다.

processeur [prɔsɛsœːr] *n.m.*《컴퓨터》처리장치, 프로세서. ~ *central* 중앙처리장치.

processif(ve) [prɔsesif, -iːv] *a.* ①《옛》소송을 좋아하는; 궤변의. *formes ~ves* 소송의 형식. ②《경제》발전적인, 전진적인(《영》processive 의 뜻에서) (↔ récessif).

procession [prɔsesjɔ̃] *n.f.* ①《종교의 엄숙한》행렬, 행진. ②《여객·구경꾼 따위의》열. ~ *de visiteurs* 구경꾼의 열[줄]. *écoliers qui marchent en ~* 열을 지어 걸어가는 학생들. ③《신학》발출(發出). P~ *du Saint-Esprit* 성령 발출. P~ *du Saint Sacrement* 성체 거동.

processionnaire [prɔsesjɔnɛːr]《곤충》*a.* 열을 지어서 움직이는. *chenille ~* 행렬 모충(行列毛蟲). —*n.f.* 행렬 모충《누에나방의 일종》.

processionnal(*pl. aux*) [prɔsesjɔnal, -o] *n.m.*《종교》행렬 찬송가집(集).

processionnel(*le*) [prɔsesjɔnɛl] *a.* 행렬의, 행렬에 관한. *marche ~le* 행렬(행진).

processionnellement [prɔsesjɔnɛlmɑ̃] *ad.* 열을 지어, 행렬하여.

processionner [prɔsesjɔne] *v.i.* 열을 지어가다.

processus [prɔse(e)sys] *n.m.* ①과정, 진전상황(marche); 발전, 진전(progrès); 진화(évolution). ~ *biologique de qc* …의 생물학적 진전과정. ~ *de croissance* 성장과정. ~ *économique* 경제적 진전상황. ~ *de l'évolution* 진화의 과정. ②《해부》돌기, 융기《procès》. ~ *cérébelleux* 소뇌돌기.

procès-verbal(*pl. aux*) [prɔsɛvɛrbal, -o] *n.m.* ①조서, 보고서. dresser ~ *de qc* …에 관한 조서를 꾸미다[작성하다]. ~ *du juge* 판사의 조서. ~ *d'interrogatoire* [de perquisition] 심문[수색]조서. *compromis fait par ~* 조서에 의한 중재. *pièces annexes d'un ~* 조서의 부록. ②《특히 경찰관의》조서, 보고서《속어에서는 un P.-V. 로 함》. dresser un ~ *contre qn* …에 대한 조서를 작성하다. *avoir un ~ pour excès de vitesse* 속도위반으로 딱지를 떼다. ③《의회 따위의》공식보고서, 의사록(compte rendu). ~ *de séance* 의사록. *rédiger le ~ de son expérience*《비유적》자기의 체험기록을 작성하다.

‡prochain(*e*) [prɔʃɛ, -ɛn] *a.* ①《장소》ⓐ 이웃의(voisin). *dans la chambre ~e* 옆방에서. gens du ~ *village* 이웃 마을의 사람들. ⓑ 가까운. *s'arrêter au port le plus ~* 가장 가까운 항구에 머물다. ⓒ 다음의. *descendre à la ~e station* 다음 역에서 내리다. ②《시간》ⓐ 가까운. *dans un avenir ~* 가까운 장래에. *futur ~*《언어》가까운 미래, 근접 미래. *menace d'une guerre ~e* 임박한 전쟁의 위협. ⓑ 다음의. *l'année*(la semaine) *~e* 내년(내주). *lundi ~* 돌아오는 월요일. *la ~e fois* 다음 번에. À *la ~e fois* 곧 또 만납시다《작별인사로 일상회화에서는 À *la ~e!*》(À bientôt!). *Départ, dans une heure!* 다음 발차는 한 시간후. ③직접의(immédiat, direct). *cause ~e* 《병 따위의》직접원인, 근인(近因). *éviter les occasions ~es*《종교》죄의 기회를 피하다.
—*n.m.* 이웃사람, 동포; 사람. *Tu aimeras ton ~ comme toi-même.*《성서》네 이웃을 네 몸과 같이 사랑하라《누가 10—27》. *amour du ~* 이웃에 대한 사랑, 동포애, 인류애.

prochainement [prɔʃɛnmɑ̃] *ad.* 머지 않아, 곧. *Son père arrivera ~.* 그의 아버지는 머지 않아 도착할 것이다.

prochaineté [prɔʃɛnte] *n.f.* ①《드물게》《장소》가까움, 근접. ②《시간》임박, 절박.

***proche** [prɔʃ] *a.* ①《장소》가까운, 이웃의(voisin). *La gare est ~ de la ville.* 역은 시내에서 가깝다. *Il est mon plus ~ voisin.* 그는 나의 가장 가까운 이웃이다. ②《시간》《구어》임박한, 절박한(imminent). *La nuit est ~.* 곧 밤이 된다. *être ~ de la mort* 죽음이 임박하다. ~ *avenir* 가까운 미래. ③《비유적》닮은, 근사한(approchant, voisin). *Nous avons des goûts bien ~s.* 우리는 아주 비슷한 취미를 가지고 있다. [~ *de*] *Le portugais est ~ de l'espagnol.* 포르투갈어는 에스파냐어와 비슷하다. ④《인척관계가》가까운. *ses ~s parents* 그의 가까운 친척.
de ~ en ~, 차츰, 점점. *La contagion s'étendit de ~ en ~* 전염병은 점점 번져갔다[확산되었다].
~ de …에서(près de, auprès de). ~ *de chez moi* 내 집 가까이.
—*n.m.pl.* 근친(近親)(~s *parents*); 측근.

proche-oriental(*ale, pl. aux*) [prɔʃɔrjɑ̃tal, -o] *a.* 근동(近東)의.

prochile [prɔkil] *n.m.*《동물》인도곰의 일종.

prochinois(*e*) [prɔʃinwa, -aːz] *a.* 친중국의.
—*n.* 친중국파[사람].

prochordés [prɔkɔrde] *n.m.pl.*《동물》= procorprochronisme** [prɔkrɔnism] *n.m.* (역사적인 사건을)사실보다 앞선 것으로 적은 연대기의 오류, 기시(記時) 착오.

procidence [prɔsidɑ̃ːs] *n.f.*《의학》탈수(脫垂), 탈출. ~ *du rectum* 직장탈(肛).

proclamateur(*trice*) [prɔkla(ɑ)matœːr, -tris] *n.*《드물게》선언자, 포고자.

proclamation [prɔkla(ɑ)masjɔ̃] *n.f.* 선언, 성명, 공표(déclaration). ~ *de victoire, poclamation* 포고령. ~ *de l'indépendance* 독립선언(문). *afficher une ~* 선언 [성명]서를 게시하다. ~ *du résultat d'un examen* 시험성적 발표.

proclamer [prɔkla(ɑ)me] *v.t.* ①선언하다, 공표[선포]하다. ~ *la république* 공화국을 선포하다. ~ *l'état de siège* 계엄령을 선포하다. ~ *le résultat d'un scrutin* 투표결과를 공표하다. [~ *qn*+속사] ~ *qn roi* …가 왕임을 선언하다. *candidat proclamé élu* 당선이 공표된 후보자. ②언명[공언]하다; 부르짖다. ~ *son innocence* 자신의 무죄를 주장하다. ~ *sa conviction* 자신의 확신을 공언하다.

sa victoire 자신의 승리를 단언하다. ~ que + ind. …이라고 언명하다.
— se ~ v.pr. ① 〔se ~ + 속사〕 자칭하다. se ~ réformateur 개혁자라고 자칭하다. ② 선언[선포·공표]되다.

proclise [prɔkliz] n.f. 〖언어〗후접(後接).

proclitique [prɔklitik] 〖언어〗 a. 후접적(後接的)인. — n.m. 후접어《뒤따르는 낱말과 결합되어 음성상 일체가 되는 무강세어; 관사·전치사 따위》.

proclive [prɔkli:v] a. 〖생물〗(특히 앞니가) 앞으로 기운, 비스듬한.

proclivité [prɔklivite] n.f. 〖생물〗(특히 앞니의) 전면(前面) 경사.

Procné [prɔkne] n.pr.f. = **Progné**.

procombant(e) [prɔkɔ̃bɑ̃, -ɑ̃:t] a. 〖식물〗(줄기 가지의) 뻗어가는, 기는.

proconsul [prɔkɔ̃syl] n.m. ① 〖고대로마〗 지방 총독. ② (점령지·식민지의) 총독, 독재관.

proconsulaire [prɔkɔ̃sylɛ:r] a. 지방 총독의.

proconsulat [prɔkɔ̃syla] n.m. 지방 총독의 지위[임기·직].

procordés [prɔkɔrde] n.m.pl. 〖동물〗원색 동물.

procrastination [prɔkrastinasjɔ̃] n.f. 〖드물게〗다음 날까지의 연기.

procréateur(trice) [prɔkreatœ:r, -tris] a. 생식의, 생식력이 있는. pouvoir ~ 생식력. — n. 〖옛〗아이를 낳는[낳을 수 있는] 사람, 생식자 (géniteur); (pl.) 부모.

procréation [prɔkreasjɔ̃] n.f. 〖문어〗생식, 출산 (génération).

procréer [prɔkree] v.t. 〖문어〗생식하다, 낳다(enfanter); 자손을 만들다.

Procruste [prɔkryst] n.pr.m. 〖그리스 신화〗프로크루테스《고대 앗티카의 강도, 쇠침대에 사람을 뉘어 침대보다 길면 발을 자르고 짧으면 늘였다고 함》. lit de ~ 프로크루테스의 침대《문학·예술 작품의 중대한 훼손》.

proctalgie [prɔktalʒi] n.f. 〖의학〗항문통(痛).

proctite [prɔktit] n.f. 〖의학〗항문염(肛門炎).

proct(o)- préf. 「항문·직장」의 뜻.

proctocèle [prɔktɔsɛl] n.f. 〖의학〗직장탈(直腸脫), 탈항(脫肛).

proctologie [prɔktɔlɔʒi] n.f. 〖의학〗항문 [직장]학.

proctologue [prɔktɔlɔg] n. 〖의학〗항문 [직장]병 전문의.

proctorrhée [prɔktɔre] n.f. 〖의학〗항문점액루(粘液漏).

procurable [prɔkyrabl] a. 〖드물게〗손에 넣을[얻을] 수 있는.

procuratèle [prɔkyratɛl] n.f. 〖로마사〗지방 대관(代官)의 직.

procurateur [prɔkyratœ:r] n.m. ① 〖고대로마〗지방 대관(intendant). ② 〖옛〗(베네치아·제노아 공화국의) 행정장관.

procuratie [prɔkyrasi] n.f. 〖이탈리아사〗베네치아의 행정장관의 직(관할).
— P— s n.f.pl. 행정장관의 저택.

procuration [prɔkyrasjɔ̃] n.f. 〖상업·경제·법〗대리(권), 위임장. donner sa (~) à qn …에게 위임하다. ~ en blanc 백지 위임장.
par ~ 대리로. voter par ~ 대리로 투표하다.

procuratoire [prɔkyratwa:r] a. 대리의, 대리권에 관한.

procuratrice [prɔkyratris] n.f. 〖법〗여성대리인(procureur의 여성).

procure [prɔky:r] n.f. (수도원의) 회계직, 경리직; 회계사무소.

***procurer** [prɔkyre] v.t. ① 얻게 하다, 얻어주다, 마련해주다(donner, fournir). [~ qc à qn] ~ un emploi à qn …에게 일자리를 얻어주다. ~ un cuisinier à qn …에게 요리사를 구해 주다. ② (주어는 사물) 야기하다(causer); 일으키다(occasionner). La lecture me procure un grand plaisir. 독서는 나에게 커다란 즐거움을 가져다 준다. ③ ⓐ 〖옛〗(스스로의 노력으로) 획득하다, 얻다(obtenir). ⓑ (온갖 정성을 쏟아) 어떤 간행물을 출판하다. ~ une édition 온갖 노력을 기울여 간행하다.
— se ~ v.pr. 《se 는 간접목적보어》얻다, 손에 넣다. se ~ une clientèle 단골을 만들다[얻다].

procureur [prɔkyrœ:r] n.m. ① 〖법〗검사(檢事), 검찰관; 〖옛〗(구제도하에서의) 대소인(代訴人). ~ (de la République)(현재의) 검사《왕정하에서는 ~ du roi, 제정하에서는 ~ impérial》. ~ général 검찰총장. ② 〖법〗대리인(f. procuratrice). agir par ~ 대리인을 통해 행동하다. ③ (수도회의) 경리자, 재무관.

procureuse [prɔkyrø:z] n.f. ① 〖옛〗검사 부인. ② 《속어》뚜장이 여자; 유곽의 창녀를 감독하는 여자.

Procuste [prɔkyst] n.pr.m. = **Procruste**.

Procyon [prɔsjɔ̃] n.pr.m. 〖천문〗프로키온《소견좌(小犬座)의 1등성》.

prodigalement [prɔdigalmɑ̃] ad. 〖드물게〗낭비하여, 함부로. dépenser ~ 낭비하다.

prodigalité [prɔdigalite] n.f. ① 낭비성; (pl.) 낭비. se ruiner par ses ~s 무분별한 낭비로 파산하다. ② 《비유적》풍부, 윤택(profusion); 과잉, 지나침(exagération). ~ des ornements 지나친 장식.

prodige [prɔdiʒ] n.m. ① 경탄할 만한 일[것], 경이. ~s de la science 과학의 경이. ② 비범한 사람. Son fils est un vrai petit ~. 그의 아들은 그야말로 신동(神童)이다. 《동격》enfant ~ 신동. musicien ~ 천재음악가. ③ 초자연적인 일, 기적. Cela tient du ~. 그것은 기적에 가깝다.

prodigieusement [prɔdiʒjøzmɑ̃] ad. 굉장하게, 비상하게, 놀랄 만큼. homme ~ riche 놀랄 만큼 부유한 사람.

prodigieux(se) [prɔdiʒjø, -ø:z] a. ① 놀라울 만한, 경탄할 만한, 굉장한(merveilleux); 대단히 큰(colossal); 비범한, 뛰어난, 훌륭한. artiste ~ 비범한 예술가, succès ~ 경이적인 성공. livre ~ 놀랄 만한 책, taille ~ 대단히 큰 키. ② 《드물게》불가사의한, 기적적인. — n.m. 경이로움, 비범함, 불가사의.

prodigiosité [prɔdiʒjozite] n.f. 〖드물게〗불가사의, 이상(한 것).

prodigue [prɔdig] a. 낭비하는, (돈을) 헤프게 쓰는(dépenser, ↔ avare). héritier ~ 돈을 헤프게 쓰는 상속인. enfant ~ 〖성서〗방탕아, 탕자. [~ de] être ~ de son argent 돈을 물쓰듯이 쓰다. ② 아끼지 않는(généreux, ↔ économe). être ~ de son temps 시간을 아끼지 않다. être ~ de compliments 칭찬하는 데 인색하지 않다.
— n. 낭비자; 방탕아.

prodiguer [prɔdige] v.t. ① 낭비하다(gaspiller, ↔ économiser). ~ ses biens 재산을 낭비하다. ② 아끼지 않다. ~ sa vie 목숨을 아끼지 않다. ~ son talent 재능을 유감없이 발휘하다. [~ qc à qn] ~ des soins à qn …을 정성껏 돌보다. ~ des compliments au premier venu 그 누구에게나 칭찬을 아끼지 않다.
— se ~ v.pr. ① 몸을 아끼지 않다, 헌신하다. Ce médecin se prodigue pour ses malades. 이 의사는 그의 환자들을 위해서 헌신한다. ② (자신을) 남의 눈에 띄게 하다. se ~ dans le monde 사교계에서 눈에 띄려고 애쓰다.

pro domo [prɔdomo] 《라틴》 loc.ad., a. 자신의 입장[이익]을 위해서(위한). plaider ~ (변호사가)자신을 위해서 변호하다. avocat ~ 스스로를 변호하다.

prodrome [prɔdro:(ɔ)m] n.m. ① 전조, 조짐. ~ d'une crise économique 경제위기의 조짐. ② (흔히 pl.) 《의학》 전징(前徵), 전구증(前驅症) (symptômes). ③ 《옛》 (특히 박물학의) 서언(introduction). ~ d'histoire naturelle 박물학 서론.

prodromique [prɔdrɔmik] a. 《의학》 전징의, 전구(前驅)(증상)의.

producteur(trice) [prɔdyktœːr, -tris] a. ① 생산하는. force ~trice 생산력. [~ de] pays ~s de pétrole 산유국. capital ~ d'intérêt 이자를 낳는 자본. ② 《영화》 (영화)제작의. société ~trice de films 영화제작회사. — n. ① 생산자. ~, agricole 농업생산자(agriculteur). ② 제조업자. ~s, grossistes, détaillants 제조업, 도매업, 소매업. ③ 《영화·라디오》 제작자, 프로듀서. le ~ et le metteur en scène 제작자겸 감독.

productibilité [prɔdyktibilite] n.f. ① 《제조》 가능성. ② 《전기》 가능발전력, 최대출력. ~ d'une centrale hydraulique 한 수력발전소의 최대 출력.

productible [prɔdyktibl] a. 생산[제조]할 수 있는. marchandises ~s 제조가능한 상품. substance ~ à peu de frais 저렴한 비용으로 생산할 수 있는 물품.

productif(ve) [prɔdyktif, -iːv] a. ① (물건을)만들어 내는, 생산적인. activité ~ve 생산활동. puissance ~ve 생산력. ② [~ de] (이익·수입 따위를)가져오게 하는, 생기게 하는. capital ~ d'intérêts 이윤을 낳는 자본. Le contrat est ~ d'obligations. 계약은 여러가지 의무를 낳는다. cause ~ve (d'effet)(결과를)낳는 원인. ③ 생산력이 있는, 비옥한(fécond); 산출고가 많은. sol ~ ; terre ~ve 생산력이 있는 토지.

*****production** [prɔdyksjɔ̃] n.f. ① ⓐ 생산, 제조, 산출 ; 생산고. ~ du blé 밀의 생산. indices de la ~ 생산지수. modernisation de la ~ 생산의 근대화. moyens de ~ 생산수단. ⓑ 산물, 제품(produit). ~s naturelles 천연[자연]의 산물(식물·과일 따위). ~s du sol 농산물. ~ du sous-sol 지하생산물, 지하자원. ⓒ (예술·인간정신의)작품. (영화의)제작. C'est une de plus belles ~s de l'art. 그것은 가장 훌륭한 예술작품 중의 하나이다. ~ franco-italienne 프랑스 이탈리아 합작품. ③ (어떤 현상을)생기게 하는 것, 발생, 생성, 형성(formation). ~ de neutron par fission 핵분열에 의한 중성자의 생성. ④ 《의학》 (조직 따위의)형성, 형성물. ⑤ 《법》 ⓐ ~ (서류 따위의)제출, 제시(présentation). ~ de pièces justificatives 증거서류의 제출. ~ de témoins 증인이 증언하는 것. ⓑ (제출하는)서류 ; (채권자가 채권증서와 동시에 파산관리인에게 제출하는 채권)명세서. Il a mis ~ au greffe. 그는 서류를 재판소의 서기과에 제출했다.

productivisme [prɔdyktivism] n.m. 생산제일주의, 생산성 지상주의.

productiviste [prɔdyktivist(ə)] a. (사회제도 따위가)생산제일주의의, 생산성 본위의.

productivité [prɔdyktivite] n.f. 생산력, 생산성 ; 생산(이윤). ~ du travail 노동의 생산성. ~ de l'impôt 세금의 수익효율(액).

*****produire** [prɔdyiːr] [32] v.t. ① ⓐ 산출하다, 생산하다, 낳다. La France produit beaucoup de vin chaque année. 프랑스는 매년 많은 포도주를 생산한다. Cet arbre produit de bons fruits. 이 나무는 좋은 열매를 맺는다. Ce pays produit de l'or. 이 지방에서는 금을 산출한다. Chaque animal produit son semblable. 동물은 제각기 자신과 닮은 것을 낳는다. L'Italie a produit de grands artistes. 이탈리아는 위대한 예술가들을 배출하였다. (목적보어 없이) Cette vigne commence à ~. 이 포도나무에 열매가 맺기 시작한다. ⓑ (경제활동등에 의해) 생산하다, 제조하다(fabriquer, ↔ consommer). pays qui produit dix millions de tonnes d'acier par an 연간 일천만 톤의 강철을 생산하는 나라. ⓒ (작품 따위를)창작하다, 쓰다. ~ une tragédie[un roman] 비극[소설]을 쓰다. (목적보어 없이) Zola a beaucoup produit. 졸라는 많은 작품을 썼다. ⓓ (영화 따위를)제작하다. ~ un film 영화를 제작하다. ⓔ (이익을)가져다 주다. Sa charge produit tant par an. 그의 직책은 연간 상당한 이익을 가져다 준다. faire ~ son argent 자기 돈에 이자가 붙게 하다. (목적보어 없이) Cette métairie ne produit guère. 이 소작지에서는 거의 수입이 없다.

② (결과 따위를)생기게 하다, 초래하다(causer, provoquer). La guerre ne produit que des maux. 전쟁은 재난만 초래할 따름이다. ~ d'heureux résultats 좋은 결과를 가져다 주다. Sa présence a produit sur moi une vive impression. 그의 존재는 나에게 강렬한 인상을 주었다.

③ 《법》 (서류 따위를)제출[제시]하다. ~ un document 서류를 제출하다. ~ des témoins 증인을 내세우다. ~ un certificat 증명서를 제시하다. (목적보어 없이) sommation de ~ 서류제출의 독촉.

④ 《옛》 소개하다, 세상에 알리다. ~ un homme dans le monde 어떤 사람을 사교계에 소개하다. ~ un ouvrage sur une théâtre 작품을 상연하다

—**se** ~ v.pr. ① 일어나다, 생기다(arriver). De nouveaux changements se produisent l'un après l'autre. 새로운 변화가 차례로 일어난다. (비인칭) Il s'est produit un petit accident. 조그만 사건이 일어났다.

② (사람이)나타나다, 등장하다, 모습을 보이다. se ~ sur la scène d'un théâtre 극장의 무대에 나오다. se ~ dans le monde 사교계에 나오다.

*****produit** [prɔdyi] n.m. ① 생산물, 산출 ; 제품 ; 생성물, 소산. ~ d'imagination 상상력의 산물. ~s de sécrétion du foie 간장의 분비물. ~s manufacturés [fabriqués] 가공품. ~s agricoles 농산품. ~s de luxe 사치품. ~ pour la vaisselle 식기용 세제. ~s alimentaires(d'alimentation) 식료품. ~ de nature volcanique 화산의 분출물. ~s finis 완성품. ~s pharmaceutiques 의약품. Son succès est le ~ d'un long travail. 그의 성공은 오랜 연구의 소산이다. 《화학》 생성물(生成物). ~ de fission 핵분열 생성물. ~ de réaction 반응 생성물. ~ blanc 경유(輕油). ~ noir 중유(重油). ~ volatil 휘발성 물질. ③ 수익 ; 수확고(le ~ de la récolte). ④ 매상고(le ~ des ventes). ~ brut 총수확량 (매상고). 국민총생산. ~ national brut 국민총생산. ~ net 순이익. ~ de l'impôt 세수입. vivre du ~ de la terre 토지의 수입으로 생활하다. ⑤ 《수학》 적(積), 곱하기. ~ de X par Y, X와 Y의 적(곱). ⑥ acte de ~ 《법》 서류제출 통고증서.

proèdre [prɔedr] n.m. 《고대그리스》 아테네의 500인회 및 민회(民會)의 9인 의장(9명으로 구성됨).

proème [prɔɛm] n.m. 머리말, 서문 ; 서정시, 찬가.

proéminence [prɔeminãːs] n.f. 《문어》 돌기, 돌출(saillie) ; 돌출물, 돌기물.

proéminent(e) [prɔeminã, -ãːt] a. 돌출[돌기]한, 두드러진(saillant, ↔ rentrant). front ~ 두드러지

게 튀어나온 이마.

proéminer [prɔemine] *v.i.* 《드물게》두드러지게 나오다, 돌출하다.

proenzyme [prɔɑ̃zim] *n.f.* 《생화학》효소원(酵素原)(proferment).

prof [prɔf] *n.m.* 《구어》= professeur.

profanat*eur*(*trice*) [prɔfa(ɑ)natœːr, -tris] *n.* 신을 모독하는 사람, 독신자(瀆神者). —*a.* 신을 모독하는, 불경(不敬)한.

profanation [prɔfa(ɑ)nasjɔ̃] *n.f.* ① 신을 모독하기, 독신(瀆神)(violation, ↔ respect). ~ d'une église 교회의 모독. ② 《귀중한 것의》남용, 오용 ; 가치의 전락, 속화. ~ du génie 재능의 남용. ~ des sites historiques par des campeurs 캠핑하는 사람들에 의한 역사적 고적지의 속화.

profane [prɔfa(ɑː)n] *a.* ① 미숙한, 문외한의. Je suis ~ en ce problème. 나는 그 문제에는 문외한이다. ② 《종교 외의, 세속적인》(↔ religieux) ; 신을 모독하는(↔ sacré) ; 불경한. art ~ 세속 예술. auteur ~ 종교적 색채가 없는 작가. le monde ~ et le monde sacré 속계와 성계. occupations (désirs) ~s 세속적인 걱정〔욕망〕. fête ~ 비종교적인 잔치. prénom ~ 이교기원의 이름.
—*n.* ① 미숙한 사람, 문외한(ignorant, ↔ connaisseur). ~ en musique 음악의 문외한. Ce livre de physique s'adresse aux ~s. 이 물리학 책은 문외한들을 위한 것이다. ② 《종교》미신자, 속인, 교단(敎團) 외의 사람; 불경한 사람.
—*n.m.* 속사(俗事). le sacré et le ~ 성과 속.

profaner [prɔfa(ɑ)ne] *v.t.* ① 《의》신성을 더럽히다, 모독하다. ~ une église 교회를 모독하다. ② 악용하다; 속화하다; 남용〔오용〕하다(avilir). ~ son talent 재능을 남용하다. ③ 속사(俗事)에 쓰다.

profectif(*ve*) [prɔfektif, -iːv] *a.* 《법》존속(尊屬)으로부터 이어받는.

proférer [prɔfere] [6] *v.t.* 말하다, 발언하다(prononcer). ~ des injures 욕설을 퍼붓다. sans ~ un mot 한마디도 않고.

proferment [prɔfɛrmɑ̃] *n.m.* 《생화학》효소원(酵素原)(proenzyme).

profès(*esse*) [prɔfɛ, -ɛs] 《종교》*a.* 허원(許願)을 한. religieuse ~esse 허원 수녀. —*n.* 허원 수도사〔수녀〕.

professable [prɔfesabl] *a.* 공언〔주장〕할 수 있는 ; 교수할 수 있는.

professer [prɔfe(e)se] *v.t.* ① 《개인적인 신앙·의견 따위를》공언하다, 언명〔주장〕하다. ~ une théorie 어떤 이론을 주장하다. ~ le mépris pour la femme 여성 멸시를 공언하다. ~ que + *ind.* ···라고 공언하다. ② 교수하다(enseigner). ~ l'histoire 역사를 가르치다. 《목적보어 없이》~ trois ans à l'École polytechnique 이공과대학에서 3년간 교편을 잡다. 《엣》박식한 체하다, 학자인 체하다. Certaines gens ne peuvent rien dire sans ~. 어떤 사람들은 박식한 체하지 않고는 한마디도 말을 못한다. ③ 《기술·직업 따위를》영위하다, 경영하다. ~ la médecine 의사를 직업으로 하고 있다.
—*se* — *v.pr.* 공언되다, 주장되다.

*****professeur** [prɔfesœːr] *n.m.* ① 《중학교 이상의》교원, 교수, 교사, 선생《남·여 모두 남성형》. ~ de philosophie 철학 교수. ~ de français 불어 선생. ~ de lycée 고등학교 선생. ~ émérite 명예 교수. ~ agrégé 대학교수 자격을 지닌 교원. ~ certifié 중등교육자격(C.A.P.E.S.)을 지닌 선생. chaire de ~ 교수의 자리. ~ adjoint 조교수. Il est ~ à la Sorbonne. 그는 소르본대학 교수이다. Elle est ~ de piano. 그녀는 피아노 선생이다《※여성도 un professeur 라고 하나 une femme professeur, un professeur femme 라고도 한다》. ② 주창하는 사람, 선전자. ~ de démocratie 민주주의의 창도자.

*****profession** [prɔfesjɔ̃] *n.f.* ① 직업(métier), 직장(pratiquer) la ~ de médecin 의사로서 개업하고 있다. Quelle est votre ~? 직업이 무엇입니까? ~ libérale 자유업. ~ militaire 군직. sans ~ 무직의. ② 동업자. défendre les intérêts de la ~ 동업자의 이익을 지키다. ③ 공언, 선언 ; 《종교》 신앙 고백 ; 허원(許願)(식). ~ de foi 신앙고백 ; 《정치》 정견〔정책〕발표.

de ~ 전문의, 직업적인, 상습적인. joueur *de* ~ 직업적 노름꾼 ; 《스포츠》직업 선수. menteur *de* ~ 상습적인 거짓말장이.

faire ~ *de* ~을 공공연히 주장〔공포〕하다 ; 여봐란 듯이 자랑하다 ; ···을 일거리로 삼고 있다. Il *fait* ~ *d'idées socialistes*. 그는 사회주의 사상을 공공연히 내세운다. *faire* ~ *de* mépriser l'argent 금전을 경멸한다고 공언하다. musique *dont il fait* ~ 그가 직업으로 삼고 있는 음악.

professionnalisation [prɔfɛsjɔnalizasjɔ̃] *n.f.* 직업화, 전문화.

professionnaliser (**se**) [səprɔfɛsjɔnalize] *v.pr.* 전문화되다 ; 전문가의 것이 되다.

professionnalisme [prɔfɛsjɔnalism] *n.m.* 직업적임, 전문적임 ; 직업의식, 프로 정신.

*****professionnel**(**le**) [prɔfɛsjɔnɛl] *a.* ① 직업의〔에 관한〕. enseignement ~ 직업교육. orientation ~*le* 직업지도. cours ~s 《신입사원의》실습, 연수. maladie ~*le* 직업병. secret ~ 《의사 등이 지키는》직업상의 비밀. faute ~*le* 업무상의 과실. certificat d'aptitude ~*le* 직업적성증서. conscience ~*le* 직업적 자각. ② 직업적인, 전문적인, 프로의(↔ amateur); 상습적인. écrivain ~ 직업 작가. photographe ~ 직업 카메라맨. sportif ~ 프로 운동선수. équipe ~*le* de football 프로 축구팀. voleur ~ 전문적인 도둑.
—*n.* ① 전문가, 직업인. ② 《스포츠》직업 선수. ③ 숙련공. ④ 상습자〔범〕. Il est un ~ du retard. 그는 상습적으로 지각을 한다.
—*n.f.* 《구어》매춘부.

professionnellement [prɔfɛsjɔnɛlmɑ̃] *ad.* 직업적으로 ; 직업인으로 보아.

professoral(**ale**, *pl. aux*) [prɔfɛsɔral, -o] *a.* 교수의, 교사〔교사〕 같은 ; 학자연하는, 유식한 체하는. corps ~ 교수진. ton ~ 학자연하는 말씨.

professorat [prɔfɛsɔra] *n.m.* 교수직 ; 교수의 재직기간, 교원 자격증. choisir le ~ 교직을 선택하다.

profil [prɔfil] *n.m.* ① 옆모습, 옆얼굴, 프로필 ; 《속어》얼굴(figure), 초상(portrait). avoir un beau ~ 〔un ~ régulier〕 멋진〔단정한〕옆모습을 갖고 있다. ~ grec〔romain〕그리스〔로마〕풍의 옆얼굴. lignes〔traits〕d'un ~ 어느 옆얼굴의 윤곽〔특징〕. ~ perdu〔fuyant〕《미술》비스듬히 뒤에서 본〔뒷머리에 의해 대부분이 가려진〕옆얼굴 ② 《사물의》윤곽, 외곽(silhouette) ; 형(形)(ligne). ~ d'un bâtiment 건물의 윤곽. On distingue au loin le beau ~ du mont Blanc. 멀리서 몽블랑 산의 웅장한 모습이 보인다. Cette voiture a un beau ~. 이 차는 외형이 멋있다. ③ 개관, 개요 ; 특징, 특성. Ce projet établit le ~ des villes au XXIe siècle. 이 계획은 21 세기 도시의 개관을 정한다. ~ de l'intellectuel conservateur 보수적 지식인의 특징. ~ de l'année 1986, 1986 년의 특징. ④ 《건축》 측면도, 단면도. ~ en long 종단면〔도〕. ~ en travers 횡단면〔도〕. ⑤ 《항공》익형(翼形) ; 《철도》비탈. La ligne Paris-Bordeaux est d'un ~ aisé. 파

리보르도 선은 비탈이 완만하다. ⑥ ~ longitudinal(transversal) 【지리】(하천·계곡의) 종(횡)단면(도). ⑦ 〖수학·물리〗 droite de ~ 단면정위(斷面正位)직선; plan de ~ 수직사영면(射影面), 측면(도); ~ d'équilibre 평형면. ⑧ ~ psychologique 〖심리〗 심리검사 결과표. ⑨ ~ médical 〖의학〗 의학적 적성, 의학검사 일람표; (개인의) 신체적 특징.
de~ 옆에서, 측면에서. de face, *de~*, de dos 정면으로, 측면으로, 뒷면으로. regarder(voir, dessiner, peindre) *qn de~* …을 옆에서 바라보다(보다, 그리다, 그리다). *De~*, son visage est beau. 옆에서 보면 그의 얼굴은 잘 생겼다.
profilage [prɔfilaːʒ] *n.m.* 〖기술〗윤곽잡기 작업; (차체 따위의)유선형.
profilé(e) [prɔfile] 〖건축·야금〗 *a.p.* 일정한 모양으로 만든(늘인); 일정한 단면이 주어진. acier ~ 형강(形鋼). carrosserie bien *~e* (옆에서 보아)아름다운 모양(유선형)을 갖춘 차체. *—n.m.* 일정한 모양으로 늘인 금속 막대(métal ~); 형강(形鋼) (acier~). *—n.f.* T, T 자 모양의 금속 막대.
—n.f. (건물의)측경(側景), 측면(도).
profiler [prɔfile] *v.t.* ① (의)윤곽을 나타내다(découper). Les Alpes *profilaient* leurs sommets sur le ciel. 알프스가 그 봉우리들의 윤곽을 하늘에 선명하게 드러내고 있었다. ② 측면(단면)도를 그리다; 옆얼굴을 그리다. ~ un visage 옆얼굴을 그리다. ~ un édifice 어느 건물의 측면도를 그리다. ③ 〖기술〗 윤곽을 잡다, 모양을 주다; 형강(形鋼)을 만들다. machine à ~ 형강깎는 기계. ~ la carrosserie d'un nouveau modèle d'automobile 새로운 자동차 모델의 차체 모양을 정하다.
—se~ v.pr. ① 옆모습[측면]이 나타나다(보이다); 윤곽을 나타내다. Sa main *se profila* sur le mur. 그의 손이 벽위에 그림자졌다. Les montagnes *se profilent* à l'horizon. 산이 지평선에 그 윤곽을 뚜렷이 나타내고 있다. ② (비유적)모양(윤곽)이 잡히다. Une solution commence à *se* ~. 해결책의 윤곽이 잡히기 시작한다.
profileur [prɔfilœːr] *n.m.* (도로·철도의)단면도를 종이에 그리는 기구.
profilographe [prɔfilɔgraf] *n.m.* 〖토목〗 자동 단면측정기(測定器).
***profit** [prɔfi] *n.m.* 이익, 이득, 이윤, 수익, 벌이 (avantage, ↔ dommage). Ce commerçant a fait de gros *~s* sur certains articles. 이 상인은 몇 가지 품목에서 큰 이익을 얻었다. ~ brut(net) 총이윤[순이익]. ~*s* illicites 부당이득. ~*s* usuraires 폭리. ~ d'une entreprise 기업의 이윤. ~ médiocre 저이윤. Il fait cela pour son ~, et non pour le plaisir. 그는 이것을 벌이를 위해서 하는 것이지, 즐거움을 위해 하는 것이 아니다.
② (정신적인)이익, 이득. Son voyage en Allemagne lui a été d'un grand ~. 독일여행은 그에게 있어 큰 이득이 되었다. Il a tiré beaucoup de ~ de ses lectures. 그는 독서에서 많은 이익을 얻었다. ~ intellectuel 지적 이익.
③ (*pl.*)(옛)(하인에게 주는)팁.
au ~ de qn …을 위하여, …의 이익이 되도록. Cette fête a été organisée *au ~ des* vieux du quartier. 이 잔치는 동네의 노인들을 위해 마련되었다. Les choses ont tourné *à mon ~*. 일이 내가 원하는 대로 되었다.
avec ~. Il a étudié *avec ~*. 그는 자기에게 유익하도록 공부를 했다.
avoir le ~ de qc …을 이용하다.
faire du(beaucoup de) 〖구어〗(물건이)오래 가다, 경제적이다. Ce manteau n'a pas *fait beaucoup de ~*. 이 외투는 오래가지 못했다. Cette sorte de bois à brûler *fait beaucoup de ~*. 이 종류의 장작은 꽤 경제적이다.
faire (son) ~ de qc; *tirer ~ de qc* …을 이용하다, 유익하게 사용하다. L'homme ingénieux *fait son ~ de* tout. 영리한 사람은 모든 것을 유리하게 이용한다. Elle *tire ~ de* sa beauté. 그녀는 자신의 미모를 이용한다.
Il y a (du) ~ à qc(à+inf.) …에[…하는 것에] 이익이 있다. Il y a ~ à faire sa connaissance. 그를 알아두는 것이 득이 된다.
mettre qc à ~ …을 유리하게 이용(활용)하다. *mettre son argent(son temps) à ~* 자기 돈[시간]을 유효하게 쓰다. Essaie de *mettre à ~* ce que je te dis. 내가 하는 말을 활용하도록 해라.
~ du défaut 〖법〗 소송에서 상대방의 결석으로 얻는 이익.
~s et pertes; *pertes et ~s* 〖상업〗 손익. compte de *~s et pertes* 손익계산. mettre(passer) *qc* aux *~s et pertes* 회수할 전망이 없다, 손실된 것으로 체념하다, …을 단념하다.
trouver son ~ à qc …을 이용하다.
profitable [prɔfitabl] *a.* (드물게)이익이 되는, 유익한(avantageux). source de revenu très ~ 대단히 유리한 수입원. Ce voyage lui a été ~. 이 여행은 그에게 유익했다.
profitablement [prɔfitabləmã] *ad.* 〖드물게〗유익[유리]하게.
profitant(e) [prɔfitã, -ãːt] *a.* ①(구어)이득이 되는; 경제적인(의류 따위); (속어)덕보는. vêtement ~ 오래가는 경제적인 옷. ② 자신의 이익만 생각하는, 〖구어〗(어린이가)발육이 좋은. bambin ~ 쑥쑥 자라는 아이.
***profiter** [prɔfite] *v.t.ind.* ① [~ de] …을 이용하다 (bénéficier), …의 덕을 보다. ~ d'un privilège 특권을 이용하다. ~ de qc pour + inf. (을)이용하여 …하다. ~ de l'occasion pour s'enfuir 도망치기 위해서 기회를 엿보다. ~ de ce que + ind. …이란 사실을 이용하다.
② [~ à] …에게 덕[이익]이 되다, 유익하다, 벌이가 되다(servir, ↔ gâcher). Vos conseils m'ont beaucoup *profité*. 당신의 충고는 큰 도움이 되었다. Ce commerce lui *a* bien *profité*. 이 장사로 그는 크게 벌었다.
③ [~ dans/en] …이 발전[성장]하다, 진보하다, …에 있어서 느는 바가 많다. ~ *en* sagesse et savoir 지혜와 지식이 성숙하다. (목적보어 없이) Il a beaucoup *profité* avec ce précepteur. 그는 이 가정교사와 함께 많은 진보를 했다.
—v.i. 〖구어〗 ① 발육하다, 성장하다; 열매가 많이 열리다. Son fils *a* bien *profité*. 그의 아들은 많이 컸다. Ces orangers n'ont pas *profité*. 이 오렌지나무들은 열매가 많이 열리지 않았다. ② (물건 따위가)경제적이다. étoffe qui *profite* 경제적인 천.
v.t. 〖옛〗 (이익을)얻다, 벌다.
profiterole [prɔfitrɔl] *n.f.* 초콜릿을 바른 슈크림.
profiteur(se) [prɔfitœːr, -øːz] *n.* (경멸)무엇이나 이용하려 드는 사람; (남의)약점을 착취하는 사람, 모리배. *~s de* guerre 전쟁 편승자.
‡profond(e) [prɔfɔ̃, -ɔ̃ːd] *a.* ① 깊은, 바닥이 깊은. Le fleuve est très ~ à cet endroit. 강은 이곳에 매우 깊어진다. Ce puits est ~ de dix mètres. 이 우물은 깊이가 10미터이다. blessure *~e* 깊은 상처. ride *~e* 깊은 주름살.
② 속(안)이 깊은(↔ superficiel). grotte *~e* 깊숙한 동굴. forêt *~e* 깊은 숲.

③《추상적인 것에 대하여》ⓐ《지식 따위가》깊은, 심오한. savoir ~ 깊은 학식. Il a de ~es connaissances en histoire. 그 사람 역사에 조예가 깊다. Ce que dit l'auteur est très ~. 그 저자가 말하고 있는 것은 대단히 심오한 것이다. ⓑ《정신 따위가》통찰력이 있는. C'est un esprit ~. 그는 통찰력이 있는 사람이다. ⓒ 심원한; 심층의; 난해한. Ces sciences sont trop ~es pour lui. 이 학문은 그에게 너무 난해하다. causes ~es et causes immédiates 원인(遠因)과 근인(近因). tendances ~es《심리》심층경향. ⓓ 극도의, 대단한, 정도가 깊은; 격렬한; 깊은 인상을 주는. sommeil(silence) ~ 깊은 [침묵]. Il avait un ~ amour pour elle. 그는 그 여자에게 깊은 사랑을 품고 있었다. ~ e solitude 극도의 고독. ~e ignorance 지독한 무식. regard ~ 깊은 눈초리. différence ~e 근본적인 차이. influence ~e 깊은 영향. arriéré ~ 최중증정신박약(아)《IQ 20이하》. ~ désespoir 심각한 절망.
④《색깔 따위가》짙은. bleu ~ 짙은 푸른색. d'un vert ~ 짙은 녹색의.
⑤《언어》《생성문법에서》심층의. structure ~e 심층구조.
— n.m. 속, 밑바닥. se cacher au plus ~ de la forêt 숲속 깊숙이 숨다.
— n.f.《옛·속어》호주머니.
— ad. creuser ~ 깊이 파다.

*profondément [prɔfɔ̃demɑ̃] ad. ① 깊게, 깊이. pénétrer ~ sous la peau 살갗 깊숙이 들어가다. creuser ~ la terre 땅을 깊이 파다. dormir ~ 푹 자다. ② 정중하게; 극도로, 심하게(extrêmement). ~ différent 심한 차이가 있는. Il est ~ ému. 그는 매우 감동하고 있다.

*profondeur [prɔfɔ̃dœːr] n.f. ① 깊이(↔ superficie). ~ d'un fleuve 강의 깊이. ~ d'une blessure 상처의 깊이. ~ d'une forêt 숲의 깊이. errer dans la ~ de la nuit 깊은 밤의 어둠속을 방황하다. Il a plongé à 4 mètres de ~. 그는 4미터의 깊이까지 잠수했다. piscine de faible ~ profondeur 《수영장》. ② 《흔히 pl.》 깊은 곳. ~s d'une mine 광산의 깊은 속. explorer les ~s de la mer 심해를 탐험하다. grandes ~s 해구(海溝), 심해. ~s de l'être 존재의 깊은 내면. psychologie des ~s《심리》심층심리(학). ③ (3차원 공간의)높이(hauteur), 두께. Il y a trois dimensions:longueur, largeur et ~. 길이, 넓이, 높이의 3차원이 있다. ④《일반적으로》안[세로의]길이. Ce tiroir a 40cm de ~ [une ~ de 40cm]. 이 서랍의 안 길이는 40센티이다. Ce bâtiment a plus de ~ que de largeur. 이 건물은 폭보다 세로길이가 더 길다. ⑤《비유적》깊이, 심오함. œuvre sans ~ 깊이가 없는 작품. ~ des pensées 사상의 깊이. ~ de son amour 그의 사랑의 깊이. Ces aphorismes sont d'une grande ~. 그의 금언구는 정말 깊이가 있는 것이다. Cet écrivain n'a pas de ~ dans les idées. 이 작가는 사상에 깊이가 없다. C'est un ouvrage philosophique d'une grande ~. 이것은 매우 심오한 철학서이다. ⑥ 심각함, 격렬함. ~ de la colère 격렬한 노여움. ~ d'ambition 야심의 격렬함. ⑦ roche de ~《지질》심성화성암. ⑧《사진》~ de champ 피사계 심도(被寫界深度); ~ de foyer 초점심도.
en ~ ⓐ 깊이의. ~ 깊이 파다. changement en ~ 근본적인 변화. ⓑ 표면에 나서지 않고, 남모르게. agir en ~ 남모르게 행동하[작용]하다.

pro forma [prɔfɔrma]《라틴》loc.a.《불변》《상업》견적의. facture ~ 견적 송장(送狀).

proforme [prɔfɔrm(ə)] n.f.《언어》대(용)형(代(用)形)《생성문법에서 어떤 범주의 구성원에 공통되는 특징의 집합으로 여겨지는 추상형》.

profus(e) [prɔfy, -y:z] a.《문어》《분비물·땀 따위가》많이 나는(abondant). sueurs ~es 심한 땀.

profusément [prɔfyzemɑ̃] ad. 풍부하게, 많이.

profusion [prɔfyzjɔ̃] n.f. ① 풍부, 다량(abondance, ↔ rareté). une ~ de mets délicats 많은 맛있는 음식[요리]. ② 과잉(surabondance). ~ de couleurs 색채과잉. ~ de paroles 다변. ③ 인심이 후함. donner avec ~ 아낌없이 주다.
à ~ 많이. avoir tout à ~ 무엇이고 남아돌 만큼 갖고 있다. dépenser de l'argent à ~ 아낌없이 돈을 쓰다. louer qn à ~ …을 극구칭찬하다.

progéniture [prɔʒenityːr] n.f.《구어》《익살》자녀, 자손(enfant, petit);《동물의》새끼.

progérie [prɔʒeri], progéria [prɔʒerja] n.f.《의학》조로(早老)(증).

progestatif(ve) [prɔʒɛstatif, -i:v] a. ①《생리》월경전기(상태)의, 임신 준비상태 유발의. ② corps ~《해부》황체(corps jaune). — n.m.《생화학》프로게스토겐, 황체호르몬 물질.

progestérone [prɔʒɛsterɔn] n.f. 황체(黃體)호르몬, 프로게스테론.

progiciel [prɔʒisjɛl] n.m.《컴퓨터》패키지.

proglottis [prɔglɔtis] n.m.《동물》(촌충의)마디, 편절(片節).

prognathe [prɔgnat] a.《인류》턱이 돌출된.

prognathisme [prɔgnatism] n.m., prognathie [prɔgnati] n.f. 악골돌출(顎骨突出).

Progné [prɔɲe] n.pr.f.《그리스신화》프로그네《아테네 왕 Pandion 의 딸, Philomèle 의 동생》.

prognose [prɔgnoːz] n.f.《문어》예후(豫後).

prognostique [prɔgnɔstik] a.《고대의학》예후(豫後)의.

programmateur(trice) [prɔgramatœːr, -tris] n. (영화·라디오·텔레비전의)프로 편성자. — n.m. ①《컴퓨터》프로그램 작성 장치. ② (자동세탁기·전자렌지 따위의)타이머. ~ a.프로 편성의.

programmation [prɔgramasjɔ̃] n.f. ① (영화·라디오·텔레비전 비전의)상영(방송)프로편성; (정치·경제 따위의)계획(강령)작성. ②《컴퓨터》프로그래밍. ~ d'une calculatrice 전자계산기의 프로그래밍. langage de ~ 프로그래밍 언어.

*programme [prɔgram] n.m. ① 프로그램, 차례, (진행)순서. Les ~s de l'Opéra sont affichés. 오페라의 프로그램이 게시되어 있다. ~ radiophonique [de télévision] 라디오[텔레비전] 프로그램. ~ d'une cérémonie 의식의 차례[순서]. jouer un morceau hors ~ 프로그램 외의 소품을 연주하다. ~ des réjouissances《구어》여흥 프로그램;《익살》(예정된)싫은 일. ② 수업계획, 커리큘럼, 교과, 과목. ~s scolaires 학습 커리큘럼. Le baccalauréat 대학입학자격 시험과목. L'anglais est ~ de l'examen. 영어가 시험과목에 들어가있다. œuvres inscrites au ~ [교과]지정학문. ③ 예정, 계획; 예정표. arrêter un ~ 예정표를 작성하다. C'est tout un ~. 그것은 결말이 빤한 일이다. Ce n'est pas au ~. 그것은 예정에 없는 일이다. réaliser un ~ 계획을 실현하다. ~ d'une existence 생활계획. ④ (정당의)강령;(정치적)예정, 계획(표)(plate-forme). ~ à long terme 장기(단기)기획. ~ de réformes 개혁강령. Le candidat aux élections a annoncé son ~. 입후보자가 자기의 정견을 발표했다. ⑤《경제》계획, 예정. ~ d'une entreprise 어떤 기업의 생산계획. ~s d'action régionale 지역개발계획. loi de ~ 경제계획법. ⑥《컴퓨터》~ objet 목적 프로그램; ~ sur

programmé(e)

bande perforée(magnétique) 펀치(자기)식 프로그램; ~ d'un ordinateur 컴퓨터용 프로그램.

programmé(e) [prɔgrame] *a.p.* (프로그램)짜여진; 프로 속에 있는; 계획된, 프로그래밍된. enseignement ~ 프로그래밍 교육(교사의 매개 없이 이루어지는); ordinateur ~ 프로그래밍 교육에서 사용하는)프로그래밍 교육의 자습용 교재서. l. manuel ~ (enseignement ~에서 사용하는)프로그래밍 교육의 자습용 교재서.

programmer [prɔgrame] *v.t.* ① (영화·라디오의) 프로 속에 넣다. On *a programmé* une nouvelle émission. 새로운 방송을 프로 속에 짜 넣었다. ② (의)프로그램을 짜다; 계획을 세우다; 〖컴퓨터〗프로그래밍하다. ~ un ordinateur 컴퓨터의 프로그램을 짜다. ~ qc (전자 계산기로)…의 계획을 짜다. L'acquisition de sa voiture *était programmée* depuis un an. 그의 자동차 구입은 1년 전부터 예정된 것이었다. ~ les vacances 휴가계획을 세우다. —*v.i.* 프로를 짜다; 프로그램을 짜다.

programmeur(se) [prɔgramœːr, -øːz] *n.* (컴퓨터·전자 계산기의)프로그래머.

***progrès** [prɔgrɛ] *n.m.* ① 진보, 향상, 발달; 개선 (amélioration). ~ de la science 과학의 진보. faire des ~ 향상하다. Vous avez fait un ~ sensible. 당신은 눈에 띠게 진보했습니다. Il ne fait aucun ~ dans son français. 그는 프랑스어가 전혀 늘지 않는다. ② 전진, 진행; 진전; 확대. ~ des troupes 군대의 진격. ~ de l'épidémie 전염병의 만연. ~ de l'incendie 화재가 퍼지는 것. ~ de l'inondation 불어나는 홍수. Le mal fait des ~. 병은 악화하고 있다. ③ (단독으로) 〖인류·문명의〗진보 (때로는 대문자(P~)로 쓰임). croire au ~ 진보라는 것을 믿다. nier le ~ 진보라는 것을 부정하다. parti du ~ 〖정치〗진보파(진영). être ami du ~ 진보적이다.

être en ~ 진보하게 있다. Cet élève *est en* net ~. 이 학생은 현저히 좋아지고(향상되고) 있다.

Il y a (du) ~. 《구어》좋아졌다, 잘 되어간다 (Cela va mieux). Comment va votre femme? — *Il y a du* ~, elle se rétablit petit à petit. 부인은 어떠세요? 진전이 있습니다. 조금씩 회복되어 가고 있죠?

progresser [prɔgrese] *v.i.* ① 진보하다, 향상하다, 발전하다. La science *progresse* à grands pas. 과학은 장족의 발전을 하고 있다. idée qui *progresse* 발전하는 사상. Paul *a progressé* en français. 폴은 프랑스 말이 늘었다. ② 진행하다; (군대 따위가)전진하다. Le mal *progresse* lentement chez le malade. 환자의 병세가 천천히 악화되어 가고 있다. Les troupes *progressent* en direction de la frontière. 군대가 국경을 향해 전진하고 있다.

progressible [prɔgre(e)sibl] *a.* 진보할 수 있는.

progressi(ve) [prɔgre(e)sif, -iːv] *a.* ① 전진적인, 진보적인; 점진적인 (↔dégressif); 〖의학〗 진행성의. ② mouvement ~ 전진 운동. amélioration ~*ve* 단계적 개선. diffusion ~*ve* d'une théorie 어떤 이론의 점진적 보급. paralysie générale ~*ve* 〖의학〗(매독에 의한)진행마비. ② 〖재정〗누진성의. impôt ~ 누진세.

progression [prɔgresjɔ̃] *n.f.* ① 진전, 전진, 진행, 점진 (↔ régression). ~ des glaces(des glaciers) 빙하의 전진. La production suit une ~ régulière. 생산은 규칙적인 상승선을 따르고 있다. période de ~ 발전기. ~ du mal 병의 진행(악화). Nos troupes ont fait une ~. 우리 군대는 전진했다. ② 〖수학〗급수(級數), 수열. ~ arithmétique(par différence)산술(등차) 급수. ~ géométrique(par quotient) 기하(등비) 급수.

progressionnel(le) [prɔgresjɔnɛl] *a.* 전진적인, 진행적인; 점진적인; 〖수학〗급수의.

progressisme [prɔgre(e)sism] *n.m.* 진보주의, 진보적인 경향.

progressiste [prɔgre(e)sist] 〖정치〗 *n.* 진보주의자; 〖옛〗온건공화파. —*a.* 진보주의의.

progressivement [prɔgresivmɑ̃] *ad.* 점진적으로; 점차, 차차 (graduellement, ↔ brusquement). réduire ~ sa vitesse 속도를 점차 줄이다.

progressivité [prɔgresivite] *n.f.* 전진성, 진행성; 진보성.

prohibé(e) [prɔibe] *a.p.* 금지된. port d'arme ~*e* 불법무기 소지. activités ~*es* 불법행위. marchandises ~*es* 〖금제품〗. degré ~ 금혼촌수(禁婚寸數). temps ~ 금지기간; 수렵금지기간.

prohiber [prɔibe] *v.t.* 금하다, 금지하다 (défendre, ↔ autoriser). loi qui *prohibe* le commerce des stupéfiants 마취제 거래를 금지하는 법률. ~ le tabac à *qn* …에게 담배를 금하다.

prohibiti(ve) [prɔibitif, -iːv] *a.* 금지하는; 제한적인. loi ~*ve* 금지법. mesures ~*ves* 금지 조치. tarifs (douaniers) ~*s* 수입 금지적인 높은 관세. prix ~ (구매력을 없앨 만큼)지나치게 비싼 가격.

prohibition [prɔibisjɔ̃] *n.f.* ① 금지, 금제 (défense, ↔ autorisation). la ~ (de l'alcool) 1920~1933의 미국의 금주법 시대. ~ du port d'armes 무기휴대의 금지. ~ de la chasse(de la pêche) 수렵(어업)금지. ② 〖상업〗수입금지.

prohibitionnisme [prɔibisjɔnism], **prohibitisme** [prɔibitism] *n.m.* 〖정치·상업〗(술 따위의)금제주의; 〖미국〗금주주의.

prohibitionniste [prɔibisjɔnist] *n.* (술 따위의)금제주의자; 보호무역주의자; (미국의)금주론자. —*a.* 금제주의의; 보호무역주의의. mesures ~*s* 금지 조치.

prohibitivement [prɔibitivmɑ̃] *ad.* 금제적으로.

proie [prwa(ɑ)] *n.f.* ① (육식동물·물고기 따위의)먹이. Le Tigre épiait sa ~. 호랑이가 먹이를 노리고 있었다. lâcher la ~ pour l'ombre 환영을 쫓다가 현실의 먹이를 잃다 (*La Fontaine*의 우화에서). oiseau de ~ 맹금(猛禽). ② (비유적)먹이, 이용물, 희생물 (victime). Il est une ~ facile pour des escrocs. 그는 저 사기꾼들에게는 아주 다루기 쉬운 봉이다. La forêt fut la ~ des flammes. 숲은 불길에 휩싸였다. ~ de la mort 죽을 목숨, 탈옥물.

être en ~ *à* …에 시달리다, 사로잡히다. *être en* ~ *à* une maladie 병에 시달리고 있다. Il *est en* ~ *à* l'inquiétude. 그는 불안에 사로잡혀 있다. Il *est en* ~ *à* une passion amoureuse. 그는 정열적인 사랑에 홀딱 빠졌다.

projecteur [prɔʒɛktœːr] *n.m.* ① 투광기 (投光器); 탐조등; 투사경. ② (자동차)헤드라이트. ③ 영사기; 환등기.

projecti(ve) [prɔʒɛktif, -iːv] *a.* ① 〖수학〗사영 (射影)의. coordonnées ~*ves* 사영좌표. géométrie ~*ve* 사영기하학. propriétés ~*ves* d'une figure 도형의 사영적 특질. transformation ~*ve* 사영변환. ② 〖심리〗투사(投射)의. méthode ~*ve* 투사법. identification ~ 〖정신분석〗투사에 의한 동일화. ③ (함의)사출(射出)하는.

***projectile** [prɔʒɛktil] *n.m.* ① 방사물, 발사체. vitesse initiale d'un ~ 발사물의 초속(初速). ② 〖군사〗탄환, 포탄(obus, balle). lancer des ~*s* 포탄을 발사하다. Le ~ a été extrait. 총탄은 추출되었다. ~ balistique 탄도탄. ~ explosif(fusant) 폭탄(시한폭탄). ~ intercontinental 대륙간탄도탄. ~ nucléaire(atomique) 핵탄두.

REM balle 총탄. obus 포탄. bombe 폭탄. torpille 어뢰. missile 미사일. fusée 로켓.

—a. 사출(발사)하는.

projection [prɔʒɛksjɔ̃] *n.f.* ① (광선·그림자 따위의)사출, 발사; 분출(물), 방출(물). ~ d'une ombre sur le mur 벽에다 그림자를 비춤. ~ d'obus 포탄의 발사. angle de ~ 발사각. ~ de vapeur 증기의 분출. ~ volcanique 화산의 분출. ② 투영; 영사. cabine de ~ 【영화】영사실. appareil de ~ 영사기. lanterne à ~ 환등기. ~ d'un film 영화의 상영. conférence avec ~s 슬라이드(영화) 해설과 더불어 하는 강연. ③ 【수학·지리】 사영(射影); 투영(도); (지도의)도법(圖法). ~ orthogonale 정사영(正射影). ~ centrale 중심투영(도법). ~ horizontale(verticale) 평면(정면)도. ~ externe(interne) 외도법(내도법). ~ de Mercator 메르카토르 도법. ④ 【심리·정신분석】 투사, 투영. ~ et identification (주관의)투영과 (객체와의)동일화. ⑤ ~ des lèvres 【음성】 입술의 앞쪽으로 뻗침(protraction des lèvres); règle de ~ 【언어】 투사규칙 〖생성문법에서의 의미해석을 해주는 규칙〗. ⑥ 〖야금〗(녹인 금속을 주형(鑄型)에)흘러넣기; 【건축】(칠 따위의)뿜기.

projectionniste [prɔʒɛksjɔnist] *n.* 【영화】영사기사(技師).

projecture [prɔʒɛkty:r] *n.f.* ① 【건축】돌출(부). ② 【식물】 주엽맥.

***projet** [prɔʒɛ] *n.m.* ① 계획, 기획(programme, ↔exécution). faire des ~s de vacances 방학계획을 세우다. ~ de voyage 여행계획. chimérique 꿈과 같은 계획. ~s économiques(politiques) 경제[정치]계획. caresser(mûrir) un ~ 계획을 품다. former le ~ de+*inf.* ~을 계획하다. homme à ~s 계획이 많은 사람, 기업[기획]가. ② 【건축】 설계(도). bâtiment en ~ 설계중인 건물. dresser un ~ de pont 다리의 설계도를 작성하다. étude d'un ~ 설계도의 검토. ③ (문서 따위의)초안, 초고. rédiger un ~ de thèse (학위) 논문의 초안을 쓰다. ~ de contrat 계약 초안. ~ d'ordre du jour 의사일정안. ~ de loi 법안. ~ en blanc 백지 법안. ~ primitif 원안. voter(accepter, rejeter) un ~ de loi 어떤 법안을 투표(가결·부결)하다.
 avoir des ~s sur ⓐ ...의 입수를 꾀하다. ⓑ ...을 결혼상대로 생각하다.

projeter [prɔʒte] [5] *v.t.* ① 계획하다, 기도하다, 발안하다. ~ un plan 계획을 세우다[설계하다]. Il *projette* un voyage en Corse. 그는 코르시카 섬에의 여행을 계획하고 있다. [~ de+*inf.*] Pierre *projette* d'aller en Italie. 피에르는 이탈리아에 갈 계획을 하고 있다. (*목적보어 없이*) Il *projette* sans cesse. 그는 끊임없이 기획만 하는 사람이다. ② 내던지다, 던지다; 분출하다; 휘몰다. La force de l'explosion nous *a projetés* contre un mur. 폭발의 힘이 우리를 벽에 내던졌다. pneus de voiture qui *projettent* des gravillons 자갈을 튀기는 자동차 바퀴. volcan qui *projette* des poussières noires 검은 먼지를 내뿜는 화산. Une subite colère l'*a projeté* à la tribune. 갑작스런 분노가 그를 연단으로 달려가게 했다. ③ 투영하다, 투사하다, 비추다. ~ une ombre 그림자를 비추다, 투영하다. ~ des photos 슬라이드를 비추다. ~ un film sur l'écran 필름[영사]을 영사막에 비추다. ④ 【수학】투영[사영]하다. ~ une ligne courbe sur un plan 곡선을 평면에 투영하다. ⑤ 【심리】투사하다, 투사하다. Cet écrivain *projette* ses sentiments sur ses personnages. 이 작가는 자신의 감정을 등장인물들에 투영하고 있다.
 —*se* ~ *v.pr.* 던져지다; 투영[투사]되다; 계획되다, 발안되다; 튀어나오다. L'ombre du clocher *se projette* sur la place. 종루의 그림자가 광장에 던져지고 있다. Tout ce qui *se projette* ne s'exécute pas. 계획된 모든 것이 실행되지는 않는다.

projeteur(se) [prɔʒtœ:r, -ø:z] *n.m.* 기획자, 설계자.

projo [prɔʒo] *n.m.* 〖군대속어〗탄알, 포탄.

prolactine [prɔlaktin] *n.f.* 【의학】 프롤락틴《뇌하수체 전엽의 최유(催乳) 호르몬》.

prolamine [prɔlamin] *n.f.* 【의학】 프롤라민.

prolan [prɔlɑ̃] *n.m.* 【의학】 프롤란《잉태 촉진 호르몬》.

prolapsus [prɔlapsys] *n.m.* 【의학】(자궁·직장의) 탈수(脫垂), 탈출.

prolégomènes [prɔlegɔmɛn] *n.m.pl.* 서론.

prolepse [prɔlɛps] *n.f.* 【수사학】 예변법(豫辯法); 【언어】 종속절의 말을 주절에 옮기는 통사법 〖예: Il dit que Paul est mort. → Il dit de Paul qu'il est mort.〗.

proleptique [prɔlɛptik] *a.* 【수사학】 예변법의; 【의학】 조발성(早發性)의.

proleptiquement [prɔlɛptikmɑ̃] *ad.* 미리, 앞서.

prolétaire [prɔlɛtɛ:r] *a.* 프롤레타리아의, 무산계급의(↔bourgeois). classe ~ 무산계급. —*n.m.* 프롤레타리아, 무산자; 〖고대로마〗 최하층민.

prolétariat [prɔletarja] *n.m.* ① 프롤레타리아의 신분(↔bourgeoisie). ② 〖집합적〗 무산계급.

prolétarien(ne) [prɔlɛtarjɛ̃, -ɛn] *a.* 프롤레타리아의, 무산자의; 무산계급의. classe ~ne 무산계급. révolution ~ne 프롤레타리아 혁명.

prolétarisation [prɔlɛtarizasjɔ̃] *n.f.* 프롤레타리아[무산계급]화(化).

prolétariser [prɔlɛtarize] *v.t.* 프롤레타리아[무산계급]화하다.

prolifération [prɔliferasjɔ̃] *n.f.* ① 【생물】 증식(增殖), 번식; 급증, 격증, 증가. ~ des théories sur un sujet 어떤 테마에 관한 이론의 난립. ~ des armes nucléaires 핵무기의 확산. ~ des cellules d'une tumeur maligne 악성 종창 세포의 번식. ② 【식물】 봉오리가 상 위치에 생김.

prolifère [prɔlifɛ:r] *a.* 【생물】 증식하는, 번식하는; 【식물】(과실 끝에 잎이 돋아나거나 꽃에서 잎이 나오는 따위의)이상 발육을 하는.

proliférer [prɔlifere] [6] *v.i.* 증식[번식]하다; 늘어나다, 급증하다. animaux qui *prolifèrent* 번식하는 동물. Les affiches *prolifèrent* en période électorale. 선거기간에는 벽보가 갑자기 늘어난다.

prolificité [prɔlifisite] *n.f.* 증식 능력, 번식력.

prolifique [prɔlifik] *a.* 생식력이 강한, 번식이 빠른. lapins ~s 생식력이 강한 토끼. écrivain ~ 〖구어〗다작을 내는 작가. remèdes ~s 정력강장제.

proligère [prɔliʒɛ:r] *a.* 【생물】 난자[배종·포자]를 가진.

prolixe [prɔliks] *a.* (말 따위가)장황한, 말이 많은 (bavard, ↔concis). écrivain ~ (묘사가)장황한 작가. style ~ 만연체.

prolixement [prɔliksəmɑ̃] *ad.* 장황하게, 지루하게 (↔laconiquement). écrire ~ 장황하게 쓰다.

prolixité [prɔliksite] *n.f.* 장황, 지루하게 긺.

prolo [prɔlo] *a., n.m.* 〖구어〗=**prolétaire**.

prologue [prɔlɔg] *n.m.* 머리말, 서언, 서론(↔épilogue); 서막; 서곡; 서시(序詩); 《비유적》 예고, 전조, 발단, 도입부. L'oppression de la presse est souvent le ~ de la dictature. 언론의 탄압은 흔히 독재의 전조가 되다.

prolongateur [prɔlɔ̃gatœ:r] *n.m., a.m.* 연장코드(의)(cordon ~, fil ~).

prolongation [prɔlɔ̃gasjɔ̃] *n.f.* ① (시간의)연장 (allongement, ↔cessation). obtenir une ~ de

prolonge

congé 휴가의 연장을 얻다. ~ d'une note 음을 길게 끌기. ② 《스포츠》 연장전. jouer les ~s 연장전을 하다.

prolonge [prɔlɔ̃ːʒ] *n.f.* ① 〖옛〗 〖군사〗 포가(砲架)와 탄약차(車)를 연결하는 긴 밧줄; 〖철도〗 (차량·화물 정리용의)긴 동아줄. ② 〖군사〗 공병차, 수송차.

prolongé(e) [prɔlɔ̃ʒe] *a.p.* 연장된, 오래 끄는. jeune fille ~e 노처녀. visite ~e (손님이)오래 앉아 있음. silence ~ 긴 침묵. rire ~ 그치지 않는 웃음. rue ~e 연장된 가로.

prolongement [prɔlɔ̃ʒmɑ̃] *n.m.* ① (공간적인)연장, 신장(伸長). ~ d'une autoroute 고속도로의 연장. dans le ~ de qc …의 연장선상에. ② 연장부분, 연장물; 〖해부〗 돌기부(突起部). ~ du mur 벽의 연장부분. ~ des nerfs 신경돌기. ③ 〖원예〗 (대나 가지로)뻗어 나갈 수 있게 남겨두는 잔가지. ④ (*pl.*) 결과, 귀결. ~s de la Réforme 종교개혁에서 생긴 결과.

*****prolonger** [prɔlɔ̃ʒe] ③ *v.t.* (시간을)연장하다, 끌다. ~ la soirée 야회를 예정 시간보다 오래 끌다. ~ le cessez-le-feu 정전(停戰)을 연장하다. ② (공간을)길게하다, 연장하다, 신장하다(↔raccourcir). ~ une rue 길을 연장하다. ~ une droite 〖수학〗 직선을 긋다. ③ 〖해양〗 (에 따라)항행하다. ~ une côte 해안선을 따라 항행하다.
— **se —** *v.pr.* ① 지체하다, 끌다(persister). L'effet du narcotique *se prolonge.* 마취제의 효력이 오래 간다. ② (공간을)연장되다. garnitures qui *se prolongent* jusqu'au genou 무릎까지 드리운 장식품. ③ (자신을)연장하다, 확장하다. désir de se ~ par des enfants 자식에 의해 자신의 삶이 계속되어지기를 바라는 마음.

*****promenade** [prɔmnad] *n.f.* ① 산보, 산책. ~ à la campagne 소풍. partir en ~ 산보하러 가다. ~ en voiture(à cheval) 드라이브(말타고 산책)하기. être en ~ 산책 중이다. faire une ~ (à pied) 산책하다. ~ militaire 군대 행진, 행군 연습. ② 산책길, 산책장. belle ~ plantée d'arbres 나무가 많은 훌륭한 산책장.
Ce n'est qu'une ~. 그것은 잠깐이지요.

*****promener** [prɔmne] ④ *v.t.* ① 산책시키다; 끌고[데리고] 다니다. Elle *promène* ses enfants au jardin du Luxembourg. 그녀는 아이들을 뤽상부르 공원에서 산보시킨다. Il *a promené* son ami à travers la ville. 그는 친구를 데리고 시내를 돌아다녔다. ② 가지고 다니다, 이동하다; 왕래시키다. ~ ses jours 막연히 나날을 보내다. ~ une pancarte 플래카드를 가지고 다니다. ~ partout sa tristesse 어디에 가든 슬픔이 잊혀지지 않는다. ~ sa main sur qc …을 어루만지다. ~ sa pensée sur qc …에 대해 생각해보다. ~ ses yeux sur qc …을 두루 살펴[훑어]보다.
Ça te [vous] promènera. 《구어》 (그렇게 하면)운동 [기분전환]이 될 것입니다. *Allez acheter du pain, ça vous promènera.* 빵을 사러 가세요, 기분전환이 될 것입니다.
— *v.i.* 〖옛·사투리〗 산책[산보]하다.
— **se —** *v.pr.* 산책하다, 소풍가다. Le dimanche, les gens *se promènent* dans les rues. 일요일에 사람들은 거리를 산책한다. Pierre est parti *se ~* en voiture. 피에르는 드라이브하러 나갔다. (*se* 를 생략하여)faire ~ un enfant 아이를 산보시키다. mener ~ son chien 개를 산보시키다. ② 이동하다, 옮기다. imagination qui *se promène* d'un objet à l'autre 대상에서 대상으로 옮겨가는 상상력.
Allez vous ~; Va te ~! 저리가!

envoyer ~ qc[qn] …을 던져버리다, …을 쫓아보내다(*se* 의 colère). De colère, il *a envoyé* ~ son livre. 그는 화가 나서 책을 던졌다. *envoyer* ~ un importun 귀찮은 사람을 쫓아버리다.
envoyer tout ~ 《구어》모든 것을 포기하다, 모든 것이 다 싫어지다. *J'ai tout envoyé ~.* 나는 모든 것을 포기한다.
Qu'il aille se ~! 저자를 쫓아내!

promenette [prɔmnɛt] *n.f.* (젖먹이의)보행기(chariot, trotte-bébé); 유아용 아기 의자.

promeneur(se) [prɔmnœːr, -øːz] *n.* ① 산책자, 산보하는 사람. ~ (touriste) 소풍객, 관광객. Les «Rêveries du ~ solitaire»「고독한 산책자의 몽상」(*Rousseau*의 작품). ② 안내인, 시중드는 사람. ~ de touristes 여행[관광] 안내원. ~se d'enfants 어린이를 데리고 다니는 여자(시중인).

promenoir [prɔmnwaːr] *n.m.* 산책장; 〖건축〗 (복도 따위의)좀 넓게 비워둔 곳; (극장·뮤직홀 따위의 자석 뒤의)입석.

*****promesse** [prɔmɛs] *n.f.* ① 약속(parole). faire une ~ 약속을 하다. tenir sa ~ 약속지키다. manquer à sa ~ 약속을 어기다. ~s électorales 선거공약. ~ en l'air 헛약속 ~ d'ivrogne, ~ de Gascon). dégager (délier) qn de sa ~ …에게 약속을 해제해 주다. Il m'arracha une ~. 그는 내게 억지로 약속을 하게 했다. se ruiner en ~s 약속의 남발로 스스로 무덤을 파다. ② (*pl.*) 가망성, 전망. jeune homme plein de ~s 장래가 유망한 청년. ③ 〖상업〗 계약. ~ d'achat(de vente) 매입(매매)계약. ~ de bail 임대계약. ④ 선서; (구원을 약속받은)선민. ~ à Dieu 신에의 선서. enfants de la ~ 〖종교〗 (구원을 약속받은)선민(選民).
sous la ~ de qc(de+inf.) …라는 약속하에. *~ sur parole* 신사(紳士)협정(협약).

Prométhée [prɔmete] *n.pr.m.* 〖그리스신화〗 프로메테우스.

prométhéen(ne) [prɔmeteɛ̃, -ɛn] *a.* 프로메테우스의. mythe ~ 프로메테우스 신화.

prométhéum [prɔmeteɔm], **prométhium** [prɔmetjɔm] *n.m.* 〖화학〗 프로메튬.

prometteur(se) [prɔmɛtœːr, -øːz] *n.* 《드물게》함부로 약속하는 사람. —*a.* 유망한, 가망이 많은. avenir ~ 유망한 장래. sourire ~ 믿음직한 미소. faire des débuts ~s 성공적인 출발을 하다.

:promettre [prɔmɛtr] 46 *v.t.* ① 약속하다. [~ qc à qn](에게)(을) 약속하다. On lui *a promis* une belle situation. 그에게 훌륭한 지위가 약속되어 있다. [~ à qn *de+inf.*](에게)(할 것을)약속하다. Je vous *promets* de venir vous voir. 꼭 찾아 뵙겠습니다. Il *promet* qu'il travaillera mieux. 그는 공부를 더 잘 하겠다고 약속한다.
② 예고[예보]하다, 예상하다. Le temps *promet* de la chaleur. 더워질 것 같다. La radio *promet* du beau temps pour demain. 내일 날씨가 맑겠다고 라디오에서 예고한다. Ces vignes *promettent* une belle moisson. 이 포도밭은 훌륭한 수확이 예상된다.
③ 확언하다, 보증하다. Je te *promets* qu'elle s'en repentira. 그녀는 확실히 후회할 것입니다 (과거의 것에 대하여는 Je t'assure que...).
④ (목적보어 없이) 유망하다, 장래성이 있다; 앞날이 걱정[염려]되다. ~ beaucoup 전도 유망하다. enfant qui *promet* 장래성이 있는 아이. Il neige en septembre, ça *promet* pour cet hiver! 9월달에 눈이라니, 이번 겨울이 염려되는데!
C'est promis. 그것은 확실하다(C'est dit(juré)). Je te rapporte ton disque demain, *c'est promis.* 내일 네 레코드판을 돌려줄께, 틀림없이 약속한다.

P~ et tenir sont deux; P~ est un et tenir est un autre. 《속담》 약속과 실천은 별개의 것.
~ **la lune**[**monts et merveilles**] 실행 불가능한 일을 약속하다.
~ **sa main** (여자가 남자에게) 결혼을 약속하다.
—**se** v.pr. ① 자신의 마음을 준 것을 약속하다; (…에 갈 것을) 약속하다. se ~ en mariage 약혼하다. Ne comptez pas sur moi, je *me suis promis* ailleurs. 나를 기대하지 마십시오, 나는 선약이 있읍니다.
② 결심하다; 기대하다. joies qu'il *s'était promises* 그가 기대했던 기쁨. [se ~ de+*inf*.] …하기를 결심하다[기대하다]. Je *me suis promis* de ne jamais le revoir. 나는 결코 그를 다시 보지 않으리라고 결심했다.
③ 서로 약속하다. Ils *se sont promis* de se revoir. 그들은 다시 만날 것을 서로 약속했다.

prominent(**e**) [prɔminɑ̃, -ɑ̃:t] *a*. 《옛》 돌출한.

promis(**e**) [prɔmi, -i:z] (*p.p.*<promettre) *a.p.* ① 약속된. Terre ~*e* 《성서》 언약의 땅《신이 유대 사람에게 약속한 가나안의 땅》; 풍요의 땅. ②약혼된. ③[~ à](이)약속된; (에)운명지워진 (destiné à, voué à). jeune homme ~ à un brillant avenir 화려한 장래가 약속된 젊은이.
—*n*. 《옛·사투리》 약혼자.

prom-is, -it, -îmes, -îtes, -irent [prɔm-i, -im, -it, -i:r] ⇨promettre.

promiscue [prɔmisky] *a.f.* 《드물게》 (내용이)복잡한, 혼잡한, 뒤섞인; 공동의. possession ~ 《법》 공유(共有). réunion ~ 잡다한 사람들의 모임.

promiscuité [prɔmiskɥite] *n.f.* 잡다한 집단, 잡거(雜居); 혼잡, 뒤죽박죽, 뒤섞임(mélange); vivre dans ~ 잡거하다. ce taudis 빈민굴의 잡거생활. ~s du métro 지하철의 혼잡.

promission [prɔmisjɔ̃] *n.f.* Terre de ~ 《성서》 언약의 땅.

promissoire [prɔmiswa:r] *a*. 《법》 약속(약정)의.

promo [prɔmo] *n.f.* (구어)동기 진급(입관·입학)자; (특히 Grandes Écoles 의)동기생 《promotion의 약자》. C'est un copain de ~. 그는 학교 동기동창이다.

promontoire [prɔmɔ̃twa:r] *n.m.* 《지리》 ① 갑(岬), 곶, 해각(海角)(cap). ② 《해부》 선골갑(仙骨岬).

promoteur(**trice**) [prɔmɔtœ:r, -tris] *n*. ① 발기인, 주창자, 주동자. ~ de cette réforme 그 개혁의 주동자. ~ d'un complot 음모의 주모자. ~ de vente 판매를 촉진하는 사람, 프로모터. ② 주교구 재판소의 검사. ~ de la foi 증성인(證聖人). ③ 건축사업의 자본주, 부동산 개발업자(~ de construction). —*n.m.* 《화학》 촉매.

promotion [prɔmosjɔ̃] *n.f.* 승진, 진급, 승급(avancement). fêter sa ~ 승진을 축하하다. belle ~ 영전. ② (지위)향상, 격상. ~ ouvrière 노동자의 지위향상. ~ de la femme 여성의 지위향상. ~ touristique d'un vieux quartier 구시가지의 관광화. ③ ~ des ventes 판매촉진. ~ immobilière 부동산개발. ④《집합적》 동기 진급자; (특히 Grandes Écoles 의)동기 입학생. camarade de ~ 동기생, 동창생. officiers de la même ~ 동기임관 장교들. Ils sont de la même ~ de l'École polytechnique. 그들은 이 공과대학의 동기생이다.

promotionnel(**le**) [prɔmosjɔnɛl] *a*. 판매촉진의. campagne ~*le* 판매촉진 캠페인. vente ~*le* 선전판매, 특매. tarifs ~*s* 특별봉사요금.

promouvoir [prɔmuvwa:r] [56] *v.t.* 《복합시제·수동태·부정법에만 쓰임》 ① 승진시키다, 진급시키다. Il a été promu général de division. 그는 육군 소장으로 진급됐다. ② 추진하다, 촉진하다. ~ une politique antipollution 공해대책을 추진하다. ~ une vente 판매를 촉진하다.

prompt(**e**) [prɔ̃, -ɔ̃:t] *a*. ① 재빠른, 신속한, 별안간의 (agile, brusque). ~ comme l'éclair 번개처럼 빠른, 몹시 빠른. Je vous souhaite un ~ rétablissement. 조속히 회복하시기를 빕니다. ② 예민한. esprit ~ 예민한 머리. ③ [~ à] 성급한, 성마른, 곧 …하는. ~ *à la riposte* [*à riposter*] 곧 반박하는. ~ *à la colère* 결핏하면 골내는. ④ 순식간의, 덧없는. Sa joie fut ~*e*. 그의 기쁨은 순간적이었다.
avoir la main ~*e* 손이 재빠르다. **avoir le geste** ~ 곧 실행하는, 곧 행동으로 옮기다. **avoir l'humeur** ~*e* 기분이 쉽게 상하다, 화를 잘 내다.

promptement [prɔ̃tmɑ̃] *ad*. 재빨리, 신속하게, 민첩하게 (rapidement). L'affaire a été ~ réglée. 사건은 신속하게 처리되었다.

promptitude [prɔ̃tityd] *n.f.* ① 신속, 민첩; 예민. avec ~ 재빨리. ② 성마름, 조급한 성미.

promptuaire [prɔ̃ptɥɛ:r] *n.m.* 《옛》 적요(摘要).

promu(**e**) [prɔmy] (*p.p.*<promouvoir) *a.p.* 진급한, 승진한. élèves ~*s* 진급한 학생.
—*n.* 《드물게》 진급[승진]자. nouveaux ~*s* 새 진급[승진]자.

promulgateur(**trice**) [prɔmylgatœ:r, -tris] *n*. (법률 따위의)발포자, 공포자.

promulgation [prɔmylgasjɔ̃] *n.f.* (법률 따위의)발포, 공포; 법령의 시행.

promulguer [prɔmylge] *v.t.* (법률·법령 따위를)발포(하다 (édicter, ↔ abroger)); 발포하다. ~ des édits 칙령을 공포하다. ~ une nouvelle doctrine 새로운 학설을 발표하다.

pronaos [prɔnaɔ:s] *n.m.* 《고대그리스》 신전(神殿) 입구.

pronateur(**trice**) [prɔnatœ:r, -tris] 《해부》 *a*. 회전(회내)의, 회내(回內)의. muscle ~ 회전(회내)근(筋). —*n.m.* 회전근, 회내근.

pronation [prɔnasjɔ̃] *n.f.* 《해부》 (손바닥의)회전, 회내.

prône [pro:n] *n.m.* ①《교회》 일요 설교 (prêche). faire le ~ 일요 설교를 하다. recommander *qn* au ~ (일요 설교를 시작하기 전에) …을 위해 기도하기를 권하다; 윗사람에게 …의 불평을 털어놓다. ②《옛·구어》 훈계.

prôner [prone] *v.t.* ①《구어》격찬하다 (préconiser); 권하다 (recommander). ~ la grâce d'une femme 어느 여성의 우아함을 격찬하다. ~ un remède 어떤 약을 권하다. ② 훈계하다. ③ (주일 미사 때 …에게) 설교하다.

prôneur(**se**) [prone:r, -ø:z] *n*. 《옛·구어》 《비꼼》① 찬양자, 훈계하기 좋아하는 사람. ~ du régime végétarien 채식주의 찬양자. ② 설교사.

*****pronom** [prɔnɔ̃] *n.m.* 《언어》 대명사(代名詞). ~ démonstratif [indéfini, interrogatif, personnel, possessif, relatif] 지시[부정·의문·인칭·소유·관계] 대명사.

pronominal(**ale**, *pl.* **aux**) [prɔnɔminal, -o] *a*. 《언어》대명사적인.
—*n.m.* 대명동사 (verbe ~).

pronominalement [prɔnɔminalmɑ̃] *ad*. 《언어》 대명사적으로; 대명동사적으로.

pronominalisation [prɔnɔminalizasjɔ̃] *n.f.* 《언어》 대명사화.

prononçable [prɔnɔ̃sabl] *a*. 발음할 수 있는.

prononcé(**e**) [prɔnɔ̃se] *a.p.* ① 발음된. ② 선고된

(déclaré). jugement ~ 내려진 판결. ③ 《미술》 윤곽이 강조됨. ombre peu ~e 윤곽이 확실치 않은 그림자(의 부분). ④ 두드러진; 뚜렷한(accentué, accusé, ↔ effacé); 똑똑한. nez d'une courbure ~é 몹시 굽은 코. parler avec un accent ~ 심한 사투리로 말하다. ⑤(비유적) 명백한; 강렬한. Ce gâteau a un goût ~ de rhum. 이 과자는 럼술의 강한 맛이 난다. manifester un talent ~ pour qc …에 대한 명백한 재능을 보이다. caractère ~ 강한 성격. —n.m. 《법》 선고, 판결문. ~ du jugement 판결 언도. ~ de l'arrêt 판결문.

prononcement [prɔnɔ̃smɑ̃] n.m. 《드물게》선고, 선언; (겸해) 발표.

*****prononcer** [prɔnɔ̃se] ② v.t. ① 발음하다(articuler). nom difficile à ~ 발음하기 힘든 이름. Elle *prononce* bien le français. 그녀는 불어 발음을 잘한다. ② (말·연설 따위를) 하다. ~ un discours 연설 발설하다. Il ne faut jamais ~ son nom. 그의 이름을 절대로 발설해서는 안된다. ④ 《법》 선고하다, 언도하다. ~ une condamnation 유죄 판결을 내리다. ~ une sentence 판결을 내리다.
—v.i. 《법》 판결을 내리다; (옛·문어) 결정을 내리다, 의견·느낌을 표명하다. ~ en faveur de [contre] qn …에 대하여 찬성(반대)을 표명하다.
—**se**~ v.pr. ① 발음되다. Comment cela se *prononce*-t-il? 그것은 어떻게 발음되지요? Le «s» de «pois» ne se *prononce* pas. pois의 s는 발음되지 않는다. ② 의사를 표시하다; 뚜렷이 나타나다. ~ pour la grève 파업에 찬성하다. Il *s'est* prononcé contre vous. 그는 당신에 대하여 반대의사를 표명했다. Son talent se *prononce* de jour en jour. 그의 재능은 나날이 두드러진다.

*****prononciation** [prɔnɔ̃sjasjɔ̃] n.f. ① 발음. ~ étrangère 외국식의 발음. faute de ~ 발음의 잘못. avoir une bonne[mauvaise] ~ 발음이 좋다[나쁘다]. ~ faubourienne (파리) 변두리의 발음. ② (옛) 판결, 언도. ~ du jugement 선고의 언도.

pronostic [prɔnɔstik] n.m. ① (흔히 pl.) 예상, 예측 (prévision). ~ des courses 경마의 예상. faire ~s 예상하다. donner ses ~s sur un match de boxe 권투시합에 대한 예상을 말하다. ② 전조, 징조, 조짐(présage). Ce revers fut le ~ de sa chute. 이 실패는 그의 몰락의 전조였다. ③ 《의학》 경과의 예측, 예후(豫後). Ce médecin a le ~ infaillible. 이 의사는 병에 대한 경과의 예측이 틀린 적이 없다.

pronostication [prɔnɔstikɑsjɔ̃] n.f. 《드물게》 예보, 예측; 전조.

pronostique [prɔnɔstik] a. 《의학》 예후의.

pronostiquer [prɔnɔstike] v.t. ① 예상[예측]하다. ~ le résultat des élections 선거결과를 예측하다. ~ le temps 날씨를 예보하다. la victoire d'une équipe de football 어느 축구팀의 승리를 예상하다. ② 《의학》 (예후를) 판단하다. Le médecin lui *a pronostiqué* une guérison rapide. 의사는 그의 회복이 빠를 거라고 예후를 판정해 주었다 [알려 주었다]. ③ 그 전조[징조·조짐]가 되다. Le vent d'ouest *pronostique* la pluie. 서풍이 부는 것은 비가 올 징조이다.

pronostiqueur(se) [prɔnɔstikœːr, -ø:z] n. 예측자, 예보자; 《구어》 예측을 좋아하는 사람; (스포츠 따위의) 예측자. ~s de l'économie politique 경제예측가.

pronotum [prɔnɔtɔm] n.m. 《곤충》 전흉배판(前胸背板).

pronucléus [prɔnykleys] n.m. 《생물》 (생식세포의) 전핵(前核).

pronunciamiento [prɔnunsjamjento, prɔnɔ̃sjamjɛto] n.m. 《에스파냐 군부의》 항명(抗命) 선언; 군부 쿠데타.

*****propagande** [prɔpagɑ̃:d] n.f. ① 선전(활동). faire de la ~ politique 정치운동을 하다. ~ électorale 선거운동. ~ gouvernementale 정부의 홍보활동. revue de ~ 선전용 잡지. C'est de la ~! 그건 헛소문이야. ② 선전기관; (Congrégation de la) P- 《가톨릭》 포교성성(布敎聖省).

propagandisme [prɔpagɑ̃dism] n.m. 선전중시주의, (열광적인) 선전적 기풍.

propagandiste [prɔpagɑ̃dist] n. 선전자; 전도자, 포교자. —a. 선전하는; 전도[포교] 하는. militant ~ 선전[포교] 당원.

propaga*teur*(*trice*) [prɔpagatœːr, -tris] n. 선전자, 전도자, 전파하는 사람. ~ de la civilisation occidentale 서양문명의 전파자.

propagation [prɔpagɑsjɔ̃] n.f. ① 번식, 증식(multiplication). ~ d'une espèce 종족번식. ② 보급; 전파; 《물리》 파급. ~ d'une maladie 병의 만연. vitesse de ~ d'une onde 파(波)의 전달속도. ~ de la chaleur 열의 전도.

propager [prɔpaʒe] ③ v.t. ① 번식시키다; 퍼뜨리다(répandre). ~ une nouvelle 소문을 퍼뜨리다. ~ de faux bruits 헛소문을 퍼뜨리다. ~ une nouvelle race de bœufs 소의 새로운 품종을 번식시키다. ② 선전하다; 보급시키다(populariser). ~ une mode 유행을 보급시키다.
—**se** ~ v.pr. 번식하다; 유행하다, 보급되다, 전파되다, 퍼지다. Le feu *s'est* rapidement *propagé*. 불은 순식간에 번졌다. Le son ne *se propage* pas dans le vide. 소리는 진공속에서 전달되지 않는다.

propagule [prɔpagyl] n.f. 《식물》 (이끼 따위의) 무성아(無性芽), 주아(珠芽).

propane [prɔpan] n.m. 《화학》 프로판.

propanier [prɔpanje] n.m. 액화 프로판가스 탱커.

propanoduc [prɔpanɔdyk] n.m. 액화 프로판가스의 파이프 라인.

propanol [prɔpanɔl] n.m. 《화학》 프로필 알코올 (alcool propylique).

propanone [prɔpanɔn] n.f. 《화학》 아세톤.

proparoxyton [prɔparɔksitɔ̃] 《언어》 n.m. 프로파록시톤(어미에서 세번째 음절에 악센트가 있는 낱말). —a. 프로파록시톤의.

propathie [prɔpati] n.f. 《의학》 기왕증(既往症).

propédeute [prɔpedø:t] a, n. 교양과정의 학생.

propédeutique [prɔpedøtik] n.f. (예) ① 예비교육 (과정). ② 《문학부를 위시한 몇 개의 학부에 개설된 1년간의》 교양과정(1948년 설치, 1966년 폐지) (《구어》 propé). faire (sa) ~ 교양과정을 이수하다. [lène).

propène [prɔpɛn] n.m. 《화학》 프로필렌 (propy-

propension [prɔpɑ̃sjɔ̃] n.f. [~ à] (예의) 경향, 성향(性向), 성벽(disposition, penchant). avoir une ~ à critiquer les autres 남을 비평하는 성벽이 있다. ~ *au* mal 악에 물들기 쉬운 성벽. ~ à consommer(à épargner) 《경제》 소비(저축) 성향.

propényle [prɔpenil] n.m. 《화학》 에틸렌기(基).

properdine [prɔpɛrdin] n.f. 《생리》 혈장에 존재하는 단백질(항박테리아와 자연면역에 기여한다).

propergol [prɔpɛrgɔl] n.m. (로켓의) 추진제(劑)(연료). fusée à ~ solide 고체 연료 로켓.

propérispomène [prɔperispɔmɛn] n.m. 《언어》 어미에서 둘째번 음절에 악센트가 있는 낱말.

prophage [prɔfɑːʒ] n.m. 《생리》 (박테리아와 공생하는) 세균기생 바이러스.

propharmacien(ne) [prɔfarmasjɛ̃, -ɛn] *n.* (약국이 없는 지역에서 환자에게 약을 지어주는 허가를 받은)조제의사(médecin ~).

prophase [prɔfɑːz] *n.f.* 《생물》 (유사(有絲)분열의)전기(前期).

prophète [prɔfɛt] *n.m.* ① 예언자; (P~)대예언자(마호메트를 칭함). ~s juifs de l'Ancien Testament 구약성서의 유태의 예언자들. la loi et les ~s 율법과 예언자들(구약성서를 가리킴). enfants du P~ 대예언자의 자손들, 이슬람의 백성. déployer l'étendard du P~ (대예언자의 기치아래)성전(聖戰)을 행하다. Nul n'est ~ en(dans) son pays. 《속담》사람의 진가를 가까운 사람들은 모른다. ② 점장이, 예언자. Il s'est révélé bon ~. 그의 예언이 적중했다. Je ne suis pas ~. 나는 미래의 일은 모른다. ~ de malheur 불길한 일을 예언하는 사람.

prophétesse [prɔfetɛs] *n.f.* 여자 예언자; (신탁을 전하는)무녀. ~s d'Apollon 아폴로의 무녀.

prophétie [prɔfesi] *n.f.* ① 예언, 신탁. ~s d'Isaïe 이사야의 예언. don de ~ (신의 주)예언의 선물(능력). ② 예측. Vos ~s ont été démenties. 당신의 예측은 빗나갔어요.

prophétique [prɔfetik] *a.* 예언(자)의; 예언적인; 예측적인. livres ~s 예언서. intuition ~ 예언자적인 직감.

prophétiquement [prɔfetikmɑ̃] *ad.* 《문어》예언자로서; 예언적으로.

prophétiser [prɔfetize] *v.t.* 선지하다, 예언하다; 예측하다. ~ une grave crise économique 심각한 경제 위기를 예측하다.

prophylactique [prɔfilaktik] *a.* 《의학》예방의.

prophylaxie [prɔfilaksi] *n.f.* 《의학》예방(법).

propice [prɔpis] *a.* ① 순조로운, 유리한, 좋은 (opportun, favorable). occasion ~ 유리한 기회. choisir le moment ~ pour+*inf.* …하기에 좋은 때를 고르다. temps ~ à la pêche 낚시하기 좋은 날씨. vent ~ 순풍. ② (신 따위가)인자한, 호의적인. Le sort leur fut ~. 운명은 그들에게 인자했다. Prêtez-moi une oreille ~. 《옛》제발 귀 좀 빌려주십시오(장난기로).

propiolique [prɔpjɔlik] *a.* 《화학》아세틸렌산의.

propionique [prɔpjɔnik] *a.* acide ~ 《화학》프로피온산(酸).

propitia*teur(trice)* [prɔpisjatœːr, -tris] *n.* (신의 노여움을)풀어주(달래주)는 사람; 유화(宥和)하는 사람, 중재자. —*a.* (신의)노여움을 풀어주는, 중재하는.

propitiation [prɔpisjasjɔ̃] *n.f.* 신의 자비를 빌기; 속죄; 신의 자비를 구하는 기도. jour de ~ 《유태교》속죄일. sacrifice de ~ 속죄의 제물.

propitiatoire [prɔpisjatwaːr] *a.* 신의 자비를 빌기 위한; 속죄의. sacrifice ~ 속죄의 제물. —*n.m.* 《유태교》속죄소(계약의 궤를 덮는 황금판).

propitier [prɔpisje] *v.t.* 신의 자비를 구하다, 달래다; 유리하게 하다, 순조롭게 하다.

propolis [prɔpɔlis] *n.f.* 봉랍(蜂蠟).

proportion [prɔpɔrsjɔ̃] *n.f.* ① 조화, 균형(équilibre). Son corps de belles ~s. 그의 몸은 균형이 잡혀있다. Il n'a aucun sens des ~s. 그는 균형감각이 없다. manquer de ~ avec *qc* …와 조화를 이루지 못하다. canon de ~ 《미술·건축》황금률(黃金律)(nombre d'or). élégance des ~s 균형미. échelle de ~ 균형척도. ② 비율, 비례. La ~ des reçus à l'examen est très faible. 시험의 합격률은 매우 낮다. ~ entre la hauteur et la largeur 높이와 폭의 비. ~ de décès 사망률. dans la même ~ (que) …와 같은 비율로. dans la ~ où …이라는 비례로. varier en ~ directe(inverse) 정비례(반비례)하다. ③ (*pl.*)규모(dimensions). La peste prit des ~s inquiétantes. 페스트는 심각한 규모로 퍼졌다. ramener un incident à ses ~s véritables 어떤 사건을 본래의 규모로 되돌려 생각하다. ④ 《수학》비, 비례(식). termes d'une ~ 비례식의 항. ⑤ 《화학》loi des ~s définies 정비례의 법칙; loi des ~s multiples 배수비례의 법칙. ⑥ 《옛》균형미.

à[en] ~ de …함에 따라; …에 비례하여. *à ~ que* + *ind.* …함에 따라. *hors de (toute) ~ avec* …와 어울리지 않고(않게), 비교도 안될 정도로. *toute(s) ~s gardée(s)* 모든 관계(차이점)를 감안하여.

proportionnable [prɔpɔrsjɔnabl] *a.* 《드물게》균형잡히게 할 수 있는; 어울리게 할 수 있는.

proportionnaliste [prɔpɔrsjɔnalist] *n.* 《정치》(선거에서)비례대표론자.
—*a.* 비례대표론의.

proportionnalité [prɔpɔrsjɔnalite] *n.f.* 《학술》균형; 비례; 비례배분(세). ~ des délits et des peines 범죄와 형벌의 균형. ~ de l'impôt 비례과세(법)(↔progressivité de l'impôt). ~ dans le suffrage 선거의 비례대표제.

proportionné(e) [prɔpɔrsjɔne] *a.p.* ① 조화된, 균형잡힌(bien fait, ↔mal fait). Il a des membres bien ~s. 그의 몸은 균형이 잘 잡혀 있다. ② [~ à](에)적합한, 알맞은. ~ à l'âge 나이에 어울리는.

proportionnel(*le*) [prɔpɔrsjɔnɛl] *a.* [~ à](에)비례된; 어울리는. moyenne ~*le* 《수학》비례중항. représentation ~*le* 《정치》비례대표. directement(inversement) ~ à …에 정(반)비례하다.
—*n.f.* ① 비례대표제(représentation ~*le*). ② 《수학》비례항(수). quatrième ~*le* à trois grandeurs 3√에 대한 제 4의 비례항.

proportionnellement [prɔpɔrsjɔnɛlmɑ̃] *ad.* [~ à](에)비례하여, 상응하여. réduire(agrandir) un dessin 도면을 일정한 비율로 축소(확대)하다.

proportionnément [prɔpɔrsjɔnemɑ̃] *ad.* 《드물게》어울리게, 비례하여.

proportionner [prɔpɔrsjɔne] *v.t.* [~ à/avec](에)어울리게 하다, 균형잡히게 하다. ~ sa dépense à son revenu 지출을 수입에 맞도록 하다.
—*se ~ v.pr.* 《옛》[se ~ à](에)어울리다, 균형잡히다; 순응하다. *se ~ à ses auditeurs* 청중의 비위를 맞추다.

***propos** [prɔpo] *n.m.* ① (주로 *pl.*) 말, 이야기, 화제. tenir des ~ déplacés(gais) 엉뚱한(재미있는) 이야기를 하다. ~ de table 식탁에서의 잡담. ~ licencieux 음담패설. ~ en l'air 근거없는 이야기, 풍문. changer de ~ 화제를 바꾸다.
② 《문어》목적, 의도, 결심. Il s'est offensé alors que mon ~ n'était que de lui venir en aide. 나는 그를 도와줄 셈이었는데 그는 화를 냈다. être dans le ~ de+*inf.* …할 생각(의도)이다. former le ~ de+*inf.* …할 의도를 품다. *ferme ~* (기독교에서 다시 죄를 범하지 않겠다는)굳은 결심. avoir le ferme ~ de+*inf.* …하고자 굳게 결심하다.
③ 《언어》(주제에 대한)설명.
à ce ~ ⓐ 그 점에 관해서, 그것에 대해서는. ⓑ (화제를 바꿈에)그것 그렇고, 지금 생각났는데. *à ~* ⓐ 말이 났으니 말인데, 그런데, 그것 그렇고; 때마침, 시기 적절하게.
à ~ de …에 관하여, 대하여.
À ~ de quoi?; A quel ~? 무슨 까닭으로?
à ~ de tout et de rien; à ~ de bottes 무슨 일에건, 까닭없이, 툭하면.
à tout ~ 끊임없이, 줄곧.

proposable

de ~ délibéré 고의로, 일부러.
hors de ~ ⓐ 함부로, 당치않게. ⓑ 형편이 닿지않게, 때를 못맞추어. (비인칭) Il serait *hors de ~ de* +inf. …하는 것은 형편이 나쁠 것이다.
juger à ~ de+inf. …하는 것을 정당하다고 판단 [생각]하다.
mal à ~ 까닭없이; 제게 나쁘게; 부적당하게.
tenir des ~ sur qn …의 이야기를 하다.

proposable [propozabl] *a.* 《드물게》제출[제안]할 수 있는; 추천할 수 있는.

proposant(e) [propozɑ̃, -ɑ̃ːt] (*p.pr.*<*proposer*) *a.* 제안[제의]하는, 추천하는.
— *n.m.* (기독교의) 신학 연구생.

***proposer** [propoze] *v.t.* ① ⓐ [~ *qc* à *qn*] (에게) (을)제안하다, 제출하다, 신청하다; 제공하다. ~ *sa marchandise aux clients* 고객에게 상품을 내보이다. ~ *une riche mariage à qn* …에게 부자와의 결혼을 권하다. ~ *une récompense*(un prix) 보수 (상품)를 제공하다. ~ *une loi* 법안을 제출하다. ⓑ [~ à *qn de*+inf./que+sub.] (에게) (하도록) 제안하다, 권하다. Je vous *propose d'*aller voir ce film. 그 영화를 보러 가시기를 권합니다. Marie *propose que* tu partes avec elle. 마리는 자네와 함께 떠날 것을 제안하고 있다. ② [~ *qn*] (을)추천하다. Il me *propose* sa sœur comme secrétaire. 그는 내게 자기 누이를 비서로 추천한다. ~ *qn pour un poste* …을 어느 자리에 추천하다. ③ 《문어》내보이다(montrer). ~ *qn en exemple* …을 모범으로 내보이다.
— *v.i.* 기도(企圖)하다 (현재는 다음 용법으로만 쓰임). L'homme *propose* et Dieu dispose. 《속담》 일을 꾸미는 것은 사람이고 일을 하는 것은 신이다 (계획대로 일이 진행된다는 법은 없다).
— *se ~ v.pr.* ① [*se ~ de*+inf.] (할)작정이다, 생각이다. Je *me propose de* déménager bientôt. 곧 이사할 생각이다. ② (으로) 신청하다, (을 하겠다고) 지원하다. Il *se propose* comme témoin. 그는 증인이 되겠다고 신청한다. *se ~ pour assurer la garde du magasin* 점포지기를 지원하다. ③ (자신에게) 목표 따위를), (을)목표(임무)로 삼다.

***proposition** [propozisjɔ̃] *n.f.* ① 제안, 제의(offre). accepter[repousser] une ~ 제안을 받아들이다[거부하다]. faire des ~s avantageuses 유리한 제의를 하다. faire des ~s à une femme 여자를 설득하다. ~ *de loi* (의원이 제출하는) 법안. pains de ~ 《종교》 (고대 유태에서 매주 지성소에 바친 12개의) 공물(供物)의 빵. ② 《논리·수학》 명제, 정리(axiome, postulat). ~ *catégorique* 범주명제. ~s *contradictoires* 모순명제. ~ *évidente de soi* 자명한 명제. démontrer une ~ 어떤 명제를 증명하다. ~s *d'Euclide* 유클리드의 제 명제. ③ 《언어》 절. ~ *principale* 주절. ~ *subordonnée* 종속절. ④ 《종교》 (개신교에서 목사 지원자에게 과하는) 성서 텍스트 해석; 《신학》 명제.
sur (*la*) ~ *de qn* …의 제안 [제의]에 의하여.

propositionnel(le) [propozisjɔnɛl] *a.* 《논리》 명제의. logique ~*le* 명제논리(학). fonction ~*le* 명제함수 (함수치가 명제인).

:**propre** [propr] *a.* Ⅰ. (속성·소유) ① (명사 뒤에서) 고유의, 본래의. Chacun possède ses qualités ~*s.* 누구나 자신의 고유한 성질을 가지고 있다. nom ~ 고유명사. au sens ~ *du mot* 말의 본래의 뜻으로 보아. mouvement ~ *d'une astre* 《천문》 천체의 고유 운동. biens ~*s* 《법》 고유재산.
② (명사의 앞, 소유형용사와 함께) 자기 자신의. Ce sont là ses ~*s* paroles. 그것은 그 사람 자신의 말이다. J'ai vu ça de mes ~*s* yeux. 그것을 내 눈으로 보았다. payer avec son ~ *argent* 자기 돈으로 지불하다. par ses ~*s* moyens 자기 혼자의 힘으로. dans son ~ *intérêt* 자기자신을 위해서. de son ~ *chef* 독자적인 판단으로. de son ~ *cru* 독창적인, 스스로 만든. (명사의 강조) *la ~ personne* de soi 당사자 자신.
③ [~ *à*] (에)고유한[독특한], 특유한; 적합한; (물건)(사람이)(에)적성이 맞는, 할 수 있는. maladie ~ *à l'enfance* 유년기 특유의 병. terres ~*s à l'agriculture* 농사에 적합한 땅. Ce jeune homme est ~ *à un travail de force.* 이 청년은 육체노동에 적합하다. tempérament ~ *à la solitude* 고독을 즐기는 성질. être ~ *à* remplir un emploi 어느 직업이 적성에 맞는다.
④ (명사 뒤에서) (말이)적절한, 들어맞는, 정확한. chercher le mot ~ 딱 들어맞는 말을 찾다. termes ~*s* 정확한 용어. analyse ~ 《언어》 적정분석.
Ⅱ. (명사의 뒤 또는 속사로) ① 깨끗한, 청결한; 더럽혀지지 않은. Les draps sont très ~*s.* 시트는 매우 깨끗하다. usine ~ 무공해 공장. bombe ~ 깨끗한 폭탄(방사성 낙하물이 없는 핵폭탄). Nous sommes [Nous voilà] ~*s.* 《반어적》 이제 우리는 안됐다, 진퇴유곡이다.
② 정돈된, 정결한, 반듯한. Voilà du travail ~. 그 일은 정확하게 되어있다. copie ~ 정서, 반듯한 카피. avoir un jeu ~ 정확하게 연주하다.
③ 정직한, 청렴한. homme politique ~ 청렴결백한 정치인. argent ~ 깨끗한 돈.
④ (대소변을) 스스로 가리는. Cet enfant a été ~ *de bonne heure.* 이 아이는 일찍감치 기저귀를 벗었다.
en main ~ 본인에게.
être mal ~ *à*+inf. …에 적합하지 않다.
être ~ *sur soi* 몸이 깨끗하다.
n'être pas ~ *à* …의 특징이 아니다.
~ *à rien* 아무 쓸모없는.
Qui est ~ *à tout n'est* ~ *à rien.* 재주가 메주; 다재함은 무재.
— *n.m.* ① 고유한 것, 특성, 속성, 특징. ~ *de cette nation* 그 국민의 특성.
② 본의(本義), 원의(原義). employer un mot au ~ 낱말을 본의로 사용하다.
③ 고유재산; 자기의 것. avoir *qc* en ~ …을 자기 (고유)의 것으로 가지다.
④ 정서(淨書). mettre *qc* au ~ …을 정서하다.
⑤ 청결함. séparer le ~ *du sale* 더러운 것과 깨끗한 것을 구별하다.
⑥ 《교회》고유(식)의 문(文). ~ *des Saints* 성인 고유식문. ~ *de la messe* 미사의 전문 중에서 그 미사의 특유한 부분.
C'est du ~! 《반어적》 너무하군, 말도 안돼!
en ~ 고유한 것으로; 자기 소유로. Il possède *en* ~ deux villas. 그는 자기 소유로 2개의 별장을 가지고 있다. bien *en* ~ 고유재산.

propre-à-rien [proprarjɛ̃] (*pl.* ~*s-*~~) 《복수도 동일한 발음》 쓸모 없는 자, 얼간이.

***proprement** [propremɑ̃] *ad.* ① 원래; 글자 그대로; 바로. problème ~ *politique* 원래 정치적인 문제. Une telle proposition est ~ *une injure.* 그러한 제안은 바로 모욕이오. ② 반듯하게, 올바르게, 정성들여. Tu es incapable de dessiner ~. 너는 그림을 올바르게 못 그리는구나. jouer ~ *du piano* 피아노를 정성들여 치다. ③ 청결하게, 깨끗하게. Elle tient ~ *sa maison.* 그녀는 집안을 청결하게 한다. garçon ~ *mis* 몸차림이 깨끗한 소년. ④《구어》훌륭하게, 훌륭히. se conduire ~ 훌륭하게

하다. à ~ *parler* 적절하게[엄밀하게] 말하자면; 사실을 말하자면. ~ *dit* 적절하게 말하여, 엄밀한 의미로; 이른바, 소위.

propret(te) [prɔprɛ, -ɛt] *a.* 깨끗한, 말쑥한, 깔끔한. vieillard ~ 깔끔한 노인. chambre ~*te* 깨끗한 방. ——*n.* 말쑥한; 깔끔한.

*propreté [prɔprəte] *n.f.* ① 청결, 깨끗함(↔ saleté); 청소. être d'une extrême ~ 극도로 청결하다. mettre *qc* en état de ~ 깨끗이 하다. la ~ de Paris 파리를 깨끗하게 (미화운동의 표어), plaque de ~ (문짝의)손때방지판. manie de la ~ 결벽(증). ② (도덕상의)청렴, 결백. ③ (공장 따위의) 비오염성, 무공해성. ~ d'une centrale nucléaire 원자력 발전소의 비오염성. ④ (음악·미술에 있어서)기술의 정확함, 단정함. ⑤ 〖의복〗(의복의) 완성.

propréteur [prɔprɛtœːr] *n.m.* 〖고대로마〗(집정관에서 전출하는)지방 장관(총독).

propréture [prɔprety:r] *n.f.* 〖고대로마〗지방 장관의 직[임기].

*propriétaire [prɔpri(j)etɛːr] *n.* ① 소유자, 임자. ~ d'un bien-fonds 부동산 소유주. ~ foncier 지주. ~ indivis 〖법〗공유자. ② 지주; 집주인. payer son terme au ~ 1기분 집세를 집주인에게 치르다. *se rendre ~ de qc* …을 취득하다.

*propriété [prɔpri(j)ete] *n.f.* ① 소유; 소유권. ~ foncière 부동산 소유권. ~ mobilière 동산 소유권. ~ commerciale 영업권. ~ industrielle 공업소유권(특허권·상표권·신용신안권·의장권 따위). ~ artistique et littéraire 저작권, 판권(droit d'auteur). ② 소유물, 소유지, 부동산, 대저택. avoir une ~ à la campagne 시골에 소유지(토지)가 있다. ~*s* immobilières 부동산. ~ privée(publique) 사유(공유)지. ③ 〖농업〗농지. régime de la grande(petite) ~ 대(소)농지제. ~ morcelée 영세농지. ④ 특성, 속성. L'aimant a la ~ d'attirer le fer. 자석은 쇠를 끌어당기는 특성이 있다. ~*s* physiques(chimiques) 물리적 (화학적) 특성. ~*s* vitales 〖생물〗생체기능. ~*s* d'un ensemble 〖수학〗집합의 특성. ⑤ (말의)적절함, 정확성. Ce terme est d'une ~ douteuse. 이 말은 정확한지 의심스럽다. Ces termes ont de la ~. 이 말들은 정확하다. écrire avec ~ 정확한 문장을 쓰다.

proprio [prɔprijo] *n.* 〖속어〗집주인, 안채.

proprioceptif(ve) [prɔpri(j)ɔsɛptif, -iːv] *a.* 〖생리〗고유 수용의, 자기 수용성의. sensibilité ~ 자기 수용적(受容的) 감각(자기 몸의 자세·운동·평형을 인지하는 감각).

propulser [prɔpylse] *v.t.* ① (흔히 *pl.*)(추진기로)추진시키다. Ce navire *est propulsé* par deux hélices. 이 배는 2개의 추진기로 움직인다. ② 쭉 앞으로 밀어내다(전진시키다); 〖구어〗(사람을 요직에) 앉히다. ——*se* — *v.pr.* ① 전진하다. ② 〖구어〗산책하다; 이동하다.

propulseur [prɔpylsœːr] *a.* 추진[전진]시키는 것. Le cœur est l'organe ~ du sang. 심장은 혈액의 추진기관이다. mécanisme ~ 추진장치. ——*n.m.* ① 〖기계〗추진장치. ~ à hélice 프로펠러(스크루). ~ à réaction 제트 추진기. ② (추나창의)첨목(添木)(미개인이 힘을 가르는데 사용).

propulsif(ve) [prɔpylsif, -iːv] *a.* 추진(전진)시키는.

propulsion [prɔpylsjɔ̃] *n.f.* ① 추진; 전진. ~ à réaction 역추진. ~ à hélice 프로펠러 추진. ② 〖의학〗(파킨슨 증후군에 나타나는)돌진(증상).

propyle [prɔpil] *n.m.* 〖화학〗프로필(基).

propylée [prɔpile] *n.m.* ①(흔히 *pl.*)〖고대그리스〗(신전 따위의)입구, 정문; 아테네의 아크로폴리스 입구의 성문. ② 파리의 시문(市門)(18세기 Ledoux가 건설).

propylène [prɔpilɛn] *n.m.* 〖화학〗프로필렌.

propylique [prɔpilik] *a.* alcool ~ 〖화학〗프로필 알코올.

propylite [prɔpilit] *n.f.* 〖광물〗입상안산암(粒狀安山岩).

proquesteur [prɔkɥɛstœːr] *n.m.* 〖고대로마〗지방 재무장관(퇴임 후 재임되어 지방에 파견된).

prorata [prɔrata]〖라틴〗*n.m.*(복수불변)안분비례(按分比例), 비례배분. *au* ~ *de qc* …에 비례하여; …에 따라.

prorogatif(ve) [prɔrɔgatif, -iːv] *a.* 연기의, 연장의; 정회(停會)의.

prorogation [prɔrɔgasjɔ̃] *n.f.* ①(기간의)연기, 연장. demander la ~ d'un congé 휴가의 연장을 신청하다. ~ du délai d'un paiement 지불기한의 연장. ② 정회, (의회의)휴회.

proroger [prɔrɔʒe] [3] *v.t.* ① 연장[연기]하다. ~ un traité 협정을 연장하다. ② (회의를 어느 시기까지)휴회하다. ——*se* — *v.pr.* 연장되다, 연기되다.

prosaïque [prozaik] *a.* ① 평범한, 범속한(plat, banal). vie ~ 평범한 생활. goût ~ 속된 취미. ② (옛)산문의, (시 따위가)산문에 가까운, 시성이 결여된. vers ~ 영감이 결여된 시. ——*n.* 범속한 사람, 범인(凡人).

prosaïquement [prozaikmɑ̃] *ad.* 평범(범속)하게, 〖옛〗산문체로, 산문적으로.

prosaïser [prozaize] *v.t.* 산문체로 만들다; 무미건 조하게 하다, 단조롭게 하다, 속되게 하다. ——*v.i.*〖드물게〗산문체로 쓰다.

prosaïsme [prozaism] *n.m.* ① 단조로움; 범속, 평범(banalité, platitude). ② 산문적인 성격. ~ de la vie quotidienne 일상생활의 단조로움.

prosateur(trice) [prozatœːr, -tris] *n.* 산문가.

proscenium [prɔsenjɔm] *n.m.* ①(막으로 나누어진)무대 앞부분, 전(前)무대(avant-scène)(→théâtre 그림). ② 그리스 고전극의 무대.

proscripteur [prɔskriptœːr] *n.m.* 추방[숙청] 명령자; 추방자.

proscription [prɔskripsjɔ̃] *n.f.* ① 추방; 〖고대로마〗공고숙청(재판없는 정적단죄). ~ politique(religieuse) 정치(종교)상의 추방. ② (말 따위의)사용금지. ~ d'un mot par les grammairiens 문법가들에 의한 어떤 단어의 사용금지. ③ ~ *des biens*〖법〗(실종된 채무자의)재산처분.

proscrire [prɔskriːr] [38] *v.t.* ① 금지하다; 폐지하다. ~ l'usage de *qc* …의 사용을 금지하다. ② 추방하다(bannir). ~ *qn* d'une société …을 사회에서 추방하다. ③ 〖고대로마〗사법상의 수속 없이 사형에 처하다. [crire.

proscris, -vis, -vons [prɔskri, -vi, -vɔ̃] ⇨pros-

proscrit(e) [prɔskri, -it] (*p.p.*< *proscrire*) *a.p.* ① 금지된, 폐지된. ② 추방된. ——*n.* 추방당한 사람, 피추방자(exilé). ——*n.m.* 〖옛〗추방된 표정.

prose [proːz] *n.f.* ① 산문, 산문체; 산문체의 문장, 산문된 작품(↔ vers). écrire en ~ 산문으로 쓰다. poème en ~ 산문시. ②〖구어〗(가끔 비꼼)(독특한)문체, 문장, 편지. bel échantillon de ~ administrative 관리식 문체의 표본. Je reconnais bien là sa ~. 이건 확실히 그의 문장이다. ③ 〖가톨릭〗프로자(승계창(graduel)뒤의 속창(séquence)의 일종으로 운을 맞춘 산문체 찬가).

prosécrétine [prɔsekretin] *n.f.* 〖생리〗(위장에서 생성되는 유비나로, 활성 분비액으로 바뀌는)십이지장 점액 분비물.

prosecteur [prɔsɛktœːr] *n.m.* 《의학》해부학 실습의 조수, 해부 조교.

prosectorat [prɔsɛktɔra] *n.m.* 해부 조교의 직.

prosélyte [prozelit] *n.* 개종자(改宗者), 새신자; (정당 따위의)신입자, 찬성자. ②《역사》(유태교도의)개종자.

prosélytisme [prozelitism] *n.m.* (정당·종교·사상 따위의)열렬한 권유; 선전열.

prosenchyme [prozɑ̃ʃim] *n.m.* 《식물》섬유조직, 방추조직(紡錘組織).

proser [proze] *v.t.* 《옛》산문으로 고치다, 산문체로 쓰다.

Proserpine [prozɛrpin] *n.pr.f.* 《로마신화》프로세르피나(저승의 여왕, 그리스신화의 페르세포네).

prosimiens [prɔsimjɛ̃] *n.m.pl.* 《동물》원후류(原猴類)(lémuriens).

prosobranches [prɔzɔbrɑ̃ːʃ] *n.m.pl.* 《동물》전새류(前鰓類).

prosodème [prɔzɔdɛm] *n.m.* 《언어》프로조뎀, 음률소(音律素).

prosodie [prɔzɔdi] *n.f.* ① (특히 그리스·라틴어시의)운율법; 운율론, 작시법. ② 《음성》운율소론(음소 이외의 음 특징을 연구하는 음운론의 한 부분). ③ ~ musicale 《음악》(성악의)운율법.

prosodique [prɔzɔdik] *a.* ① 운율법의. vers ~s (그리스·라틴시와 같은)음의 장단·억양의 운율법에 따른 시(프랑스시는 vers syllabiques). ②《음성》운율(론)의. trait ~ 운율(적) 특징.

prosodiquement [prɔzɔdikmɑ̃] *ad.* 운율적으로.

prosopis [prɔzɔpis] *n.m.* 《식물》함수초류(類); 《곤충》프로소치스(구대륙 북부에 살며, 화분을 채집하는 족모(足毛)가 없음).

prosopite [prɔzɔpit] *n.f.* 《광물》프로소파이트.

prosopopée [prɔzɔpɔpe] *n.f.* ①《수사학》의인법(擬人法), 활유법(活喩法). ②《드물게》열변.

prospect [prɔspɛk] *n.m.* ①《드물게》전망, 조망. ②(광고관계의 용어로)광고 획득의 고객. ③(일조권을 지키기에 필요한)건물간의 최소거리.

prospecter [prɔspɛkte] *v.t.* ①《광산》시굴하다, 답사하다. ② 《상업》(어느 지역을)조사(답사)하다; 시장조사를 하다.

prospecteur(trice) [prɔspɛktœːr, -tris] *n.* (지하자원의)탐광자; 조사원, 답사자; (학문분야에 있어서의)탐색자, 탐험자.

prospecteur-placier [prɔspɛktœːrplasje] (*pl.* ~s~s) *n.m.* 취직정보〔알선〕업자〔직원〕.

prospectif(ve) [prɔspɛktif, -iːv] *a.* ① 장래를 생각하는, 앞을 내다보는. ②《철학》미래조망적인, 전망적인(↔ rétrospectif). conception ~ve de l'existence 생활의 미래전망적 개념. ③《언어》전망적(前望的)인. ④ 미래학적인. —*n.m.*《언어》예견시칭(豫見時稱)(Benveniste의 용어로, Il va partir. 따위의 근접미래. —*n.f.* 미래연구; 미래학.

prospection [prɔspɛksjɔ̃]《영》*n.f.* ① 탐광; 탐험. ② 시장조사, 고객의 개발. faire de la ~ 시장조사를 하다.

prospectiviste [prɔspɛktivist] *n.* 미래학자.

prospectus [prɔspɛktys] *n.m.* (선전용)전단, 팜플렛, 안내서; 내용설명서〔견본〕. distribuer des ~ 광고 쪽지를 배부하다.

prospère [prɔspɛːr] *a.* ① 순조로운, 순탄한, 복된(heureux), 융성한, 번창(번영)하는(florissant). mener une vie ~ 복된(윤택한) 생활을 하다. être dans une situation ~ 경제적으로 윤택하다. ② (건강이)좋은, 활짝 핀(resplendissant). avoir une santé ~ 건강이 좋다. avoir une mine ~ 신색이 좋다.

prospérer [prɔspere] [6] *v.i.* ① 순조롭게 되다; 번창〔번영〕하다, 발전하다(se développer). Son commerce *prospère*. 그의 장사는 번창한다. technique qui *prospère* 발전하는 기술. ②《동·식물》번성하다, 잘 자라다. animaux qui *prospèrent* sur ce continent 이 대륙에서 번성하는 동물. ③《문어》행운을 누리다.

prospérité [prɔsperite] *n.f.* ① (개인의)호조(好調), 성공, 행운(succès, bonheur). ②《경제》융성, 번성, 번영, 번창. souhaiter à qn bonheur et ~ …에게 행운과 번영을 기원하다. ③ (*pl.*)《옛·문어》번영기; 요행.

prostaglandine [prɔstaglɑ̃din] *n.f.* 《의학》프로스타글란딘(전립선 따위에 함유된 호르몬 물질).

prostate [prɔstat] *n.f.* 《해부》전립선, 섭호선.

prostatectomie [prɔstatɛktɔmi] *n.f.* 《의학》전립선 절제(술).

prostatique [prɔstatik] *a.* 《해부》전립선의. —*n.* 《의학》전립선 비대증 환자.

prostatite [prɔstatit] *n.f.* 《의학》전립선염.

prostatorrhée [prɔstatɔre] *n.f.* 《의학》전립선루.

prosternation [prɔstɛrnasjɔ̃] *n.f.*, **prosternement** [prɔstɛrnəmɑ̃] *n.m.* ① 꿇어엎드림; 꿇어엎드려 절하기. ② 굴종, 비굴, 아부, 굽실거리기.

prosterner [prɔstɛrne] *v.t.* ① 꿇어엎드리게 하다; (머리를)땅에 부비다. ②《옛》쓰러〔넘어〕뜨리다, 굴복시키다, 휘게 하다. Le vent *prosterne* les arbres. 바람이 나무를 휘게 한다.
—**se** ~ *v.pr.* ① 꿇어엎드리다, 무릎꿇다. se ~ à plat ventre 넓죽 엎드리다. ② 굴종하다. se ~ devant le pouvoir 권력 앞에 굽실거리다.

prosthèse [prɔstɛːz] *n.f.* 《언어》어두음첨가(語頭音添加).

prosthétique [prɔstetik] *a.* ①《언어》어두음 첨가의. ② groupement ~《화학》보결분자단, 비단백성 배합군.

prostituée [prɔstitɥe] *n.f.* 매춘부, 창녀(putain). ~ en carte 등록된 창녀. Babylone, la grande ~《비유적》위대한 창부 바빌론(묵시록에서 이교시대 로마를 호칭). ~ de Babylone 바빌론의 창녀(개신교에서 경멸적으로 부르는 가톨릭의 로마).

prostituer [prɔstitɥe] *v.t.* ① 매음을 시키다. ②《문어》(지조·명예 따위를)돈 때문에 팔다, 더럽히다(dégrader). ~ son talent(sa plume) 자기의 재능(글)을 욕되게 하다(돈에 팔다).
—**se** ~ *v.pr.* ① 매음하다. ② (예술가·작가 따위가)재능을 더럽히다, 지조를 팔다, 타락하다.

prostitueur [prɔstitɥœːr] *n.m.* 《옛》매음시키는 자, 매음업자;《비유적》절개를 파는 자.

prostitution [prɔstitysjɔ̃] *n.f.* ① 매음, 매춘. ② (예술가 따위의)재능의 남용, 돈에 팔림, 타락.

prostration [prɔstrasjɔ̃] *n.f.* ① 의기소침, (극도의)낙담, 탈진. La mort de son fils l'a plongé dans un état de ~ totale. 그는 자식의 죽음으로 완전히 허탈상태에 빠졌다. ②《의학》허탈(탈력)상태. ③《가톨릭》(장례 후 완전히 엎드려서 하는)평복(平伏)(특히 사제의 서품식 때).

prostré(e) [prɔstre] *a.* 매우 낙담한, 의기 소침한(abattu). 극도로 쇠약한.

prostyle [prɔstil] *n.m.* 《건축》(앞면의 외부에만 기둥이 있는)전주식(前柱式) 건물. —*a.* 전주식의. temple ~ 전주식 사원.

prosyllogisme [prɔsi(l)lɔʒism] *n.m.* 《논리》전삼단논법(前三段論法)(결론이 다음에 오는 삼단논

prot- préf. 「최초의, 원시의」의 뜻.

protactinium [prɔtaktinjɔm] n.m. 『화학』 프로탁티늄.

protagon [prɔtagɔ̃] n.m. 『화학』 프로타곤《신경조직의 주요 구성물질》.

protagoniste [prɔtagɔnist] n.m. ① 중심인물, 주역 (héros). ② 『연극』(그리스 극에서)주역.

protal [prɔtal] (pl. ~s) n.m. 《학생속어》(중고등학교의)교장(proviseur).

protamine [prɔtamin] n.f. 『화학』 프로타민《물에 용해되어 열에 응결되지 않는 단백질》.

protargol [prɔtargɔl] n.m. 『약』 프로타르골《임질(淋疾)·안질에 쓰는 알부민의 은화염》.

protase [prɔta:z] n.f. ① 『언어』 전제절. ② 『논리』(삼단논법의)대전제(majeure). ③《옛》『연극』 프로타시스, 전세부《고전극에서 주제 제시가 행해지는 도입부》.

protatique [prɔtatik] a. 『연극』 주제 제시부의, 전세부의, 서막의.

prote [prɔt] n.m. 『인쇄』 인쇄소의 감독. ~ à tablier (자신도 일을 하는)인쇄소의 현장 감독.

protea [prɔtea] n.f. 『식물』 =protée.

protéase [prɔtea:z] n.f. 『화학』 프로테아세《단백질 효소》.

protecteur(trice) [prɔtɛktœ:r, -tris] n. 보호자, 옹호자(défenseur); 후원자(patron).
— n.m. ① 여자를 먹여 살리는 정부; 『구어』(창너의) 기둥서방. ② (P-)『영국사』 호민관(護民官), 섭정《특히 Cromwell과 그의 아들을 말함》. ③ P~ du citoyen(캐나다 퀘벡주의)민원조사관. ④『고대로마』(제국말기의)황제호위병. ⑤ (공작기계 따위의)안전 장치.
— a. ① 보호하는, 옹호하는(↔persécuteur). société ~trice des animaux 동물애호협회. système [régime] ~ 『경제』 보호무역제도. droits ~s보호무역관세. ② 『경멸』보호자인 체하는. ton [air] ~ 보호자인 척하는 어조[태도].

*****protection** [prɔtɛksjɔ̃] n.f. ① 보호, 옹호, 비호, 방어. Alice a demandé la ~ de la police. 알리스는 경찰의 보호를 요청했다. ~ de l'environnement [de la nature] 환경[자연]보호. accorder sa ~ à qn …을 보호하다. assurer la ~ de …의 보호를 보증하다. se placer (se mettre) sous la ~ de …의 보호하에 들어가다. prendre qn sous la ~ de …의 후원을 받다. solliciter la ~ de qn …의 후원을 요청하다. ② 방지, 방비, 보전. ~ contre l'incendie 방화(防火). ~ routière (경찰의)교통사고 방지책. ~ civile 광역재해방지대책; (전쟁시의)대공방어. rideau de ~ 방어벽(셔터). ③방어물; 안전호, 방어기. d'un char d'assaut 전차의 장갑. ④ 후원자. avoir de hautes ~s 유력한 후원자가 있다. par ~ 후원에 의하여, 후원자의 덕분으로. arriver par ~(s) 후원자의 덕으로 출세하다. sourire [air] de ~ 보호자연하는 미소[태도]. ⑤ 보호역(정책)(protectionnisme).

protectionnisme [prɔtɛksjɔnism] n.m. 『경제』 보호무역주의(제도)(↔libre-échange). ~ et prohibition 보호무역주의와 수입금지조치.

protectionniste [prɔtɛksjɔnist] a. 『경제』 보호역주의의. — n. 보호무역주의자.

protectoral(ale, pl. aux) [prɔtɛktɔral, -o] a. 보호자의; 『영국사』호민관(護民官)의.

protectorat [prɔtɛktɔra] n.m. ① 보호령 제도; 보호령. ② 『영국사』 호민관 직[정치].

Protée [prɔte] n.pr.m. 『그리스신화』 프로테우스《예언과 변신(變身)을 곧잘하는 바다의 신》.
— p~ n.m. ① 번덕장이, 변절자; 곧잘 변하는 것

[사람]; (여러 역할을 해내는)변화무쌍한 사람. ② 『동물』 촉수동물의 일종《유고슬라비아의 지하수 속에 서식하는 맹목의 양생류》. ③ 『곤충』 딱정벌레의 일종(harpale bronzé).
— p~ n.f. 『식물』 프로테아《희망봉·호주 지역에 사는 관목식물》(protea).

protéen(ne) [prɔteɛ̃, -ɛn] a. 곧잘 달라지는, 변화무쌍한.

protégé(e) [prɔteʒe] a.p. 보호된, 보호받고 있는. passage ~ (자동차의)우선통행 교차점. — n. 피보호자; 귀염받는 사람(『구어』chouchou). ~ du professeur 선생님의 귀염을 받는 학생.

protège-cahier [prɔtɛʒkaje] n.m. 공책 커버.

protège-col [prɔtɛʒkɔl] n.m. 《복수불변》(옷깃을 보호하는)옷기 커버.

protège-dents [prɔtɛʒdɑ̃] n.m. 《복수불변》(권투 선수의)이를 보호하는 마우스피스.

protège-livre [prɔtɛʒliːvr] n.m. 책 커버.

protège-mine [prɔtɛʒmin] n.m. 《복수불변》 연필 뚜껑.

protège-nuque [prɔtɛʒnyk] n.m. 《복수불변》(자동차 좌석의)베개.

protège-panneau [prɔtɛʒpano] n.m. 《복수불변》 『자동차』(짐이 차체에 부딪치지 않도록 하는)바닥 마루장.

protège-parapluie [prɔtɛʒparaplɥi] n.m. 우산집.

protège-pointe(s) [prɔtɛʒpwɛ̃ːt] n.m. 《복수불변》(덮어 씌워서)뾰족한 끝을 보호하는 뚜껑, 캡; 연필뚜껑.

*****protéger** [prɔteʒe] 3·6 v.t. ① 보호하다, 비호하다, 지키다. ~ les faibles 약자를 보호하다. Ce manteau me protège mal. 이 외투는 따뜻하지 않다. Que Dieu vous protège! 《옛》 당신에게 신의 가호가 있기를! ② (~ contre/de)에서)보호하다, 지키다. Il faut ~ le lac contre la pollution. 호수를 오염으로부터 지켜야 한다. ~ la maison du vent 집을 바람으로부터 보호하다. (~ 『목적어 없이』) Ce vaccin protège contre la contagion. 이 백신은 전염병을 막아준다. ③ (문화·사업을)응호하다, 보호하다(favoriser). François Ier protégea les arts. 프랑수아 1세는 예술을 옹호했다. ~ l'agriculture 농업을 보호육성하다. ④ 후원하다, 두둔하다, 편들다, 돌봐주다. Le maire protège son neveu. 시장은 자기의 조카를 돌봐주고 있다. ~ une femme 여자에게 살림을 차려주다, 기둥서방이 되다.
— se ~ v.pr. ① (재귀적)자신을 지키다. se ~ du froid (de la pluie) 추위(비)로부터 자신을 지키다. ② (수동적) 지켜지다, 보호되다.
REM 전치사 de는 se protéger de son bouclier「방패로 자신을 지키다」로도 쓰이기 때문에 문맥상의 혼동을 피하려면 se protéger contre le froid; se protéger avec(au moyen de) son bouclier 따위로 쓴다.

protège-radiateur [prɔtɛʒradjatœːr] n.m. 《복수불변》『자동차』 냉각기[라디에이터] 커버.

protège-réservoir [prɔtɛʒrezɛrvwaːr] n.m. 《복수불변》『자동차』 가솔린 탱크 덮개.

protège-tibia [prɔtɛʒtibja] (pl. ~~s) n.m. 《축구·럭비 선수들의》 다리를 보호하는 기구.

protéide [prɔteid] n.f. 『화학』 복합단백질《넓은 뜻으로는 단백질 전반을 지칭》.

protéiforme [prɔteifɔrm] a. 《문어》 갖가지 형태를 나타내는, 변화무쌍한 외양을 보이는.

protéine [prɔtein] n.f. 『생화학』 단백질《옛날에는 albumine이라 불렀음》. ~s conjuguées 복합단백질. ~s plasmatiques 혈장단백질.

protéinurie [prɔteinyri] n.f. 『의학』 단백뇨.

protéique¹ [prɔteik] a. =protéiforme.

protéique² a. 『화학』 단백질의.

protèle [prɔtɛl] *n.m.* 〖동물〗(아프리카에 사는)하이에나의 일종(주로 곤충을 먹음).

protéolytique [prɔteɔlitik] *a.* 〖화학〗단백질 분해의(를 일으키는).

protérandrie [prɔterãdri] *n.f.* 〖식물〗암술에 앞선 수술의 성숙; 〖생물〗웅성선숙(雄性先熟).

protéroglyphes [prɔterɔglif] *n.m.pl.* 〖동물〗(독니를 가진 뱀 중의)구아류(溝牙類)(코브라 따위).

protestable [prɔtɛstabl] *a.* 〖법〗(어음 따위의)지불[인수]을 거절할 수 있는.

***protestant(e)** [prɔtɛstã, -ã:t] *a.* 신교(新敎)의, 신교도의. — *n.* 신교도.

protestantiser [prɔtɛstãtize] *v.t.* 신교도로 만들다, 신교로 개종시키다.

protestantisme [prɔtɛstãtism] *n.m.* ① 신교; 신교의 교리. ② (전체적으로)신교도.

protestataire [prɔtɛstatɛ:r] *n.* ① 항의하는 사람. ② 〖역사〗(알자스·로렌 합병에 대한)반대자. —*a.* (문어)항의하는.

***protestation** [prɔtɛstasjɔ̃] *n.f.* ① 항의, 이의; 항의문(서). élever une ~ 항의하다. ~ collective de la foule 군중의 집단항의. ② 공언, 확언, 언명, 맹세. Ses ~s d'amitié m'ont touché. 그의 우정의 맹세는 나를 감동시켰다. ~s d'amour[de dévouement] à *qn* …에게 사랑[헌신]의 맹세를 하다. ③〖법〗거절증서의 작성. ④〖역사〗ⓐ(1529 년 루터파가 황제에의해 행한)신앙선서, 항의(서). ⓑ (1871, 1874 년 독일합병에 반대하는 알자스·로렌의 의회 의원이 선언한)항의.

protestatoire [prɔtɛstatwa:r] *a.* 항의의 형식에 의한, 항의의 성질을 띤.

***protester** [prɔtɛste] *v.i.* [~ contre](…에)항의하다, 반대하다. Il faut ~ *contre* une telle injustice. 이러한 부정에 대해서는 항의하지 않으면 안된다. ~ avec indignation 분개해서 항의하다.
—*v.t.ind.* [~ de] …을 주장하다, 확언하다, 맹세하다(~ de+*inf.*는 옛형태). L'accusé *a protesté de* son innocence. 피고는 무죄를 주장했다. ~ de sa bonne foi 성의(誠意)를 주장하다. ~ de sa loyauté auprès de *qn* …에게 충성을 맹세하다. ②〖옛〗항변하다 (…에게)이의를 제기하다. ~ *de* violence [*de* trahison] 폭력행사[배반]에 대해 항의하다. ~ *d'*incompétence 권한[관할]밖임을 선언하다.
—*v.t.* ①〖법〗(수표·어음에 대해)거절증서를 작성하다; 지불을 거절하다. ~ un billet 어음의 지불을 거절하다. ②〖옛〗확언[보증·언명]하다. Je vous *proteste* que… 당신에게, …을 확언합니다.

protêt [prɔtɛ] *n.m.* 〖상업·법〗(어음의)거절증서. ~ faute de payement[d'acceptation] 지불[인수]거절 증서. lever ~ 거절 증서를 작성하다.

prothalle [prɔtal] *n.m.* 〖식물〗전엽체(前葉體).

prothèse [prɔtɛ:z] *n.f.* 〖의학〗(인공적 기구로 인체의 일부 기관을 바꾸는)보철술(補綴術). ② (의족·의수·의안·의치 따위의)인공 보철기구. ③ dentaire 의치(義齒). ③〖드물게〗정형수술(피부이식 따위). ④ autel de la ~〖그리스정교회의 성찬식을 준비하는)성찬탁자. ⑤ 〖언어〗 = prosthèse.

prothésiste [prɔtezist] *n.* 보철치과의(醫); (의수·의족 따위의)인공 보철기구 제작기사.

prothétique [prɔtetik] *a.* 〖드물게〗〖외과〗보철(補綴)에 관한. appareil ~ (의족·의수 따위의)인공 보철기구.

prothorax [prɔtɔraks] *n.m.* 〖곤충〗앞가슴(곤충의 제 1 흉절(胸節)).

prothrombine [prɔtrɔ̃bin] *n.f.* 프로트롬빈(혈액의 응고작용에 관계되는 물질).

protide [prɔtid] *n.m.* 〖화학〗질소질 유기물(아미노산·단백질·펩티드 따위); (주로)단백질.

protidique [prɔtidik] *a.* 〖화학〗질소질 유기물의.

protistes [prɔtist] *n.m.pl.* 〖동물〗원생생물.

proto [prɔto] *n.m.* = protal.

proto- *préf.* 「원시의, 원초의」의 뜻(형용사·복합명사를 형성).

protoblaste [prɔtoblast] *n.m.* 〖생물〗원형질세포 (세포막이 없음).

protocanonique [prɔtokanɔnik] *a.* 〖종교〗최초로 성서에 포함된 책들의.

protocatéchique [prɔtokateʃik] *a.* 〖화학〗디페놀산의.

protochlorure [prɔtoklɔry:r] *n.m.* 〖옛〗제 1 염화물(염소의 함유량이 가장 낮음). ~ de chrome 염화 제 1 크롬.

protochordés [prɔtokɔrde] *n.m.pl.* 〖동물〗원삭동물(原索動物)(procordés). 　　　　　　類.

protococcales [prɔtokɔkal] *n.f.pl.* 〖식물〗녹조.

protococcus [prɔtokɔkys] *n.m.* 〖식물〗(나무줄기에 생기는)미세한 녹조류의 일종.

protocolaire [prɔtokɔlɛ:r] *a.* ① (외교상의)의전(儀典)의; 의전에 합치하는. ② 예의[예절]에 맞는. Il n'est pas ~. 그는 예절 따위는 개의치 않는다.

protocole [prɔtokɔl] *n.m.* ① 의전서; (공식)의례; (외무부의)의전과. La cérémonie se déroula selon le ~ 의식은 공식의례에 따라 진행되었다. chef du ~ 의전장. ② 예의범절; 예의관습. être à cheval sur le ~ 예의범절에. 까다롭다. ③ 외교의 정서; (국제회의의)결의서; 의정조항(각서). ④ 〖역사〗(공문서의)서식(집). ⑤〖인쇄〗교정기호표. ⑥ ~ opératoire 〖의학〗수술의 규정동작; 수술보고서.

protogine [prɔtoʒin] *n.m.* 〖광업〗프로토진 화강암(주로 알프스에서 발견됨).

protogyne [prɔtoʒin] *a.* 〖생물〗자성선숙의.

protogynie [prɔtoʒini] *n.f.* 〖생물〗자성선숙(雌性先熟)(자웅동체의 동·식물에 있어서 자성기관이 먼저 성숙하는 현상).

protohippus [prɔtoippys] *n.m.* 〖고대생물〗원시마(原始馬).

protohistoire [prɔtoistwa:r] *n.f.* 원사시대(原史時代)(선사시대(préhistoire)와 역사시대(histoire)와의 중간시대); 원사학(原史學).

protohistorique [prɔtoistɔrik] *a.* 원사(시대)의.

protomartyr [prɔtomarti:r] *n.m.* (기독교의)최초의 순교자(성 스데파노).

proton [prɔtɔ̃] *n.m.* 〖물리〗양자(陽子).

protonéma [prɔtonema] *n.m.* 〖식물〗원사체(原絲體)(선태류(蘚苔類)의 홀씨가 발아한 것).

protonique[1] [prɔtonik] *a.* 〖언어〗악센트 있는 음절 앞에 있는.

protonique[2] *a.* 〖물리〗양자의, 프로톤의.

protonotaire [prɔtonɔtɛ:r] *n.m.* ① 〖가톨릭〗사도좌(使徒座) 서기관(교황이 내리는 재정(裁定)이나 순교자의 행적을 기록). ② 〖중세사〗대법관.

protophyte [prɔtofit] *n.m.*[*f.*] 〖식물〗원생(原生)식물, 단세포 식물.

protoplasma [prɔtoplasma], **protoplasme** [prɔtoplasm] *n.m.* 〖생물〗원형질.

protoplasmique [prɔtoplasmik] *a.* 〖생물〗원형질의. prolongements ~s 원형질 돌출(위족(僞足) 따위).

protoplaste [prɔtoplast] *n.m.* 〖생물〗원형질체.

protoptère [prɔtoptɛ:r] *n.m.* 〖어류〗(아프리카산)페어(肺魚)의 일종. 　　　　　　　[화물.

protosulfure [prɔtosylfy:r] *n.m.* 〖화학〗제 1 황

prototype [prɔtɔtip] *n.m.* ① 원형(modèle); (복제할 수 있는 예술작품의)모형(original). ~ d'une œuvre d'art 어느 미술관의 모형. 《형용사적》 médaille ~ 원형메달. ② 〖공업〗(공업제품의) 원형(premier exemplaire). ~ d'avion 비행기의 원형. ~ de voiture de course 경주용 자동차의 원형. 《형용사적》 avion ~ 시작품(試作品)으로서의 비행기. ③ 《비유적》 전형, 모범(exemplaire). Dieu, ~ du vrai, du beau, du bon absolu 진·미·절대의 완전무결한 전형인 신. Le chien est le ~ de l'amitié. 개야말로 우정의 본보기이다. ④ 〖도량형〗 원기(原器), 원기(原基). ⑤ 〖인쇄〗(활자의 크기를 재고 조정하기 위한)활자주조공구.

prototypique [prɔtɔtipik] *a.* 원형(原型)의.
protoxyde [prɔtɔksid] *n.m.* 〖화학〗 제 1 산화물. ~ d'azote 아산화질소.
protozoaires [prɔtɔzɔɛːr] *n.m.pl.* 〖동물〗 원생(原生)〔단세포〕동물.
protracteur(trice) [prɔtraktœːr, -tris] *a.* 〖해부〗(근육 따위가)펴는, 뻗는. muscle ~ 신근(伸筋).
protractile [prɔtraktil] *a.* 〖해부〗(혀 따위처럼) 전방으로 펼〔뻗칠〕 수 있는.
protraction [prɔtraksjɔ̃] *n.f.* 전방으로 뻗침〔뻗음〕.
protrusion [prɔtryzjɔ̃] *n.f.* 〖의학〗 돌출, 융기. ~ du globe oculaire 안구의 돌출. ~ du maxillaire inférieur 아래턱뼈의 돌출.
protubérance [prɔtyberɑ̃ːs] *n.f.* ① 〖해부〗 돌출, 융기, 혹(excroissance, ↔ cavité). ~ du crâne 두개골의 돌기. ~s frontales 이마의 돌기. ~ annulaire(célébrale) 환상(環狀)돌기, 뇌교(pont de Varole). ②《일반적으로》융기〔돌기〕돌기. ③ 〖천문〗(태양의)홍염(紅炎).
protubérant(e) [prɔtyberɑ̃, -ɑ̃ːt] *a.* 돌출된, 융기한. pomme d'Adam ~e 튀어나온 결후(結喉).
protubérantiel(le) [prɔtyberɑ̃sjɛl] *a.* ①융기상(狀)의 ② 〖천문〗(태양의)홍염(紅炎)의.
protuteur(trice) [prɔtytœːr, -tris] *n.* 〖법〗 준(準)후견인《정식 후견인이 아닌 사람으로서 미성년자의 재산 관리인》.
prou [pru] *ad.* 《문어》많이. ni peu ni ~ 조금도···. peu ou ~ 다소간에, 얼마만큼.
proudhonien(ne) [prudɔnjɛ̃, -ɛn] *a.* 프루동(Proudhon, 프랑스의 사회주의자)(학설)의.
—*n.* 프루동 학설 신봉자.
proue [pru] *n.f.* 뱃머리. figure de ~ 선수상(船首像). s'avancer en ~ 앞으로 불쑥 나가다.
prouesse [prues] *n.f.* ① 장한 일, 영웅적인 일, 수훈(exploit). Le premier vol a été une belle ~. 최초의 공중 비행은 장거(壯擧)였다. ②《비꼼》만용(蠻勇), 재주부리기. faire des ~s pour obtenir *qc* ···을 얻으려고 재주부리다. ③ (*pl.*)《구어》(여자에 대한)성적 능력의 과시.
proustite [prustit] *n.f.* 〖광물〗 담홍은광(淡紅銀鑛).
prouvable [pruvabl] *a.* 《드물게》증명할 수 있는. assertion ~ 증명할 수 있는 주장.
***prouver** [pruve] *v.t.* ① 논증하다, 증명하다, 입증하다. ~ un fait 어떤 사실을 증명하다. ~ une chose en justice 어떤 일을 재판에서 입증하다. Cela reste à ~. 그것은 증명이 필요하다. Ce ne *prouve* rien. 그것은 아무런 증거도 되지 않는다. Qu'est-ce que ça *prouve*? 그것이 어떻다는 거냐? Ce qu'il dit ne *prouve* pas son innocence. 그의 말은 그의 무죄를 증명하지 못한다. 《비인칭》 Il est *prouvé* que... ···라는 것이 입증되다, ···은 명백한 사실이다《주어가 부정일 때는 que 이하는 접속법을 취한다》.
② (의)증거를 보이다, 나타내다(témoigner). Comment vous ~ ma reconnaissance? 감사한 말씀을 다 할 수 없습니다. Ce jeune homme *a prouvé* son courage dans l'adversité. 이 청년은 역경에 서서도 용기를 보였다. Le dévouement *prouve* l'amour. 헌신은 사랑의 표시이다.
Qui veut trop ~ ne prouve rien.《속담》너무 지나치게 증명하려들면 아무 것도 증명이 안된다.
—**se** ~ *v.pr.* 증명되다; 자신에게 증명하다; 상호간에 정체를 밝히다. C'est une chose qui ne peut *se* ~. 그것은 증명될 수 없는 일이다. Il a voulu ~ sa patience. 그는 인내력이 있다는 것을 자신에게 확인하려 했다.
prov. 《약자》 province 주(州), 지방.
provéditeur [prɔveditœːr] *n.m.* 《옛》(고대 베네치아 공화국의)감독관.
provenance [prɔvnɑ̃ːs] *n.f.* 발송지, 출발지; 근원, 본산지. pays de ~ (화물의)출발지; (이민의)원주지. J'ignore la ~ de cette lettre. 나는 이 편지가 어디서 왔는지 모른다. mot de ~ anglaise 영어 기원(起源)의 단어. ② (*pl.*)〖세관〗수입품. Les ~s des pays infectés sont soumises à une quarantaine. 전염병에 오염된 나라에서 온 수입품은 검역에 회부된다.
en ~ *de* ···에서 오는, 발송된. train *en* ~ *de* Paris 파리에서 오는 기차. marchandises *en* ~ *du* Danemark 덴마크에서 들어온 상품.
provenant(e) [prɔvnɑ̃, -ɑ̃ːt] (*p.pr.* < *provenir*) *a.* [~ de] (···에서) 나온. sommes ~*es d*'une succession 상속에 의해 생긴 금액.
provençal(ale, *pl.* **aux)** [prɔvɑ̃sal, -o] *a.* 프로방스(Provence, 프랑스의 지방)의. à la ~*ale* 프로방스식의, 프로방스풍의. —**P**— *n.* 프로방스 사람. —*n.m.* 프로방스어; 남프랑스어.
provende [prɔvɑ̃ːd] *n.f.* ① 〖농업〗(가축의)먹이, 사료. ②《옛》식량(vivres).
***provenir** [prɔvniːr] [16] *v.i.* [~ de] (···에서)유래하다, 나오다, 생기다(venir de, dériver). mot qui *provient du* latin 라틴어에서 온 말. D'où *provient* cet argent? 이 돈은 어디에서 온 것입니까? vins *provenus des* coteaux de Bourgogne 부르고뉴 포도밭산의 포도주.
provenu [prɔvny] *n.m.* 이익, 수익(profit).
***proverbe** [prɔvɛrb] *n.m.* ① 속담, 격언. comme le dit le ~ 속담에도 있듯이. ② les P~s; le Livre des P~s (구약성서의)잠언(箴言). ③〖연극〗속담을 주제로 한 소희극.
passer en ~ 누구나 다 아는 일이 되다, 속담이 되다. L'hospitalité des Arabes *est passée en* ~. 아랍인들의 환대는 정평있는 것이다. 《詞》
pro-verbe [prɔvɛrb] *n.m.* 〖언어〗 대동사(代動詞).
proverbial(ale, *pl.* **aux)** [prɔvɛrbjal, -o] *a.* 속담의, 속담이 된; 널리 알려진, 모범이 될 만한. Sa bonté *est* ~*ale* 그의 친절은 본본을 만한다. sociabilité ~*ale* des Français 천하가 다 아는 프랑스인의 사교성.
proverbialement [prɔvɛrbjalmɑ̃] *ad.* 속담처럼, 격언식으로. parler ~ 격언풍으로 말하다. On dit ~ que... 격언식으로 말하면···. fait ~ connu 속담과 같이 널리 알려진 사실.
proverbialiser [prɔvɛrbjalize] *v.t.* 속담〔격언〕으로 만들다.
providence [prɔvidɑ̃ːs] *n.f.* ① 〖신학〗신의 섭리. L'univers est réglé par la ~ de Dieu. 우주는 신의 섭리에 의해 움직이고 있다. ② (P~)하느님. 데생은 하느님의 의도. ③《비유적》가호자, 구세주(protecteur); 뜻하지 않은 행운. Vous êtes ma ~! 당신은 나의 구세주요! C'est une ~

que vous ne soyez pas encore parti. 당신이 아직 떠나지 않으셨다니 천만다행입니다.

providentialisme [prɔvidɑ̃sjalism] *n.m.* 【철학】 섭리주의.

providentialité [prɔvidɑ̃sjalite] *n.f.* 신의 섭리성(攝理性), 천우(天佑).

providentiel(le) [prɔvidɑ̃sjɛl] *a.* 신의 섭리에 의한, 하늘이 도운, 천만다행의. nouvelle ~*le* 뜻밖의 다행한 소식. hasard ~ 뜻하지 않은 행운.

providentiellement [prɔvidɑ̃sjɛlmɑ̃] *ad.* 신의 섭리에 의해서; 다행하게. âme ~ secourue 신의 섭리에 의해서 구제된 영혼. Il put ~ s'échapper. 그는 다행히도[기적적으로] 도망칠 수 있었다.

provien-drai, -ne, -s, -t etc. [prɔvjɛ̃-, -dre, -vjen, -vje] ◇ *provenir*.

provignage [prɔvina:ʒ], **provignement** [prɔviɲmɑ̃] *n.m.* 【농업】(포도덩굴의) 휘묻이.

provigner [prɔvine] *v.t.* 【농업】(포도덩굴을) 휘묻이하다. — *v.i.* 휘묻이로 번식하다.

provin [prɔvɛ̃] *n.m.* 【농업】 포도의 취목(取木); 취목을 꽂는 구멍.

*****province** [prɔvɛ̃:s] *n.f.* ①(행정 구역상의) 주(州), 도(道); 주민, 도민, 지방민. Autrefois, la France était divisée en ~*s*. 옛날에 프랑스는 주로 분할되어 있었다. ~ de Normandie 노르망디주. Plusieurs ~*s* se soulevèrent. 몇몇 주민들이 봉기를 일으켰다. ②(수도에 대해서) 시골, 지방, voyage en ~ 지방[시골] 여행. vivre en ~ 시골에서 살다. Paris et la ~ 파리와 지방. accent de ~ 시골말투. ③【종교】 관구(管區). ④【로마사】(이탈리아 이외의 로마에) 속주(屬州). ⑤〖옛〗국가, 왕국(état, royaume).
—*a.* (불변)〖구어〗시골티 나는. Il fait très ~. 그의 거동은 몹시 촌티가 난다.

Provinces-Unies (les) [leprɔvɛ̃szyni] *n.pr.f.pl.* 【역사】(1579년 네덜란드의 7주(州)가 형성한) 네덜란드 연합주.

provincial(ale, *pl. aux*) [prɔvɛ̃sjal] *a.* ①지방의, 시골의. ②〖경멸〗시골뜨기의, 투박한, 옹졸한. vie ~*ale* 지방생활, 시골생활. administration ~*ale* 지방행정. Il est d'origine ~*ale*. 그는 지방출신이다. air ~ 시골뜨기 같은 태도. ②【종교】(수도회의) 관구(管區)의.
—*n.* 지방민, 지방 사람. les ~*aux* et les Parisiens 지방 사람과 파리 사람.
—*n.m.* 【종교】 관구장(管區長).

provincialat [prɔvɛ̃sjala] *n.m.* 【종교】 관구장직; 관구장 재직 기간.

provincialement [prɔvɛ̃sjalmɑ̃] *ad.* 지방적으로, 시골풍[식]으로.

provincialisme [prɔvɛ̃sjalism] *n.m.* ①(파리 이외의)사투리, 시골 말씨. ②(경멸)촌티, 시골풍.

provincialité [prɔvɛ̃sjalite] *n.f.* 지방풍, 시골티; 지방적 특성.

proviseur [prɔvizœ:r] *n.m.* (lycée 의)교장.

*****provision** [prɔvizjɔ̃] *n.f.* ①(필요한 물품의)저장, 비축(réserve); 저장품, 비축품. ~*s* de bouche 식량, 식료. ~*s* de guerre 탄약, 군수품. ②(*pl.*)(특히) 식량(의 비축) (vivres). avoir des ~*s* pour l'hiver 겨울식량을 비축해두다. ③(*pl.*) 구매(품), 쇼핑. aller aux ~*s* 물건을 사러가다. panier à ~ 장바구니. ④【은행】 지불예비금. chèque sans ~ 은행 잔고가 없는 수표, 부도수표. ⑤〖경제〗준비금. ⑥【법】예납금, 공탁금, 전도금(avance). ⑦ 청원서 서임(聖職祿敍任). lettres de ~*s* 사령장(辭令狀).
faire ~ *de qc* …을 충분히 준비[비축]하다.

par ~ 임시로, 잠정적으로; 【법】 가처분으로. jugement exécutoire par ~ 가처분.
une ~ *de qc* 많은, 충분한. avoir *une* bonne ~ *de* courage 용기를 충분히 갖추다.

provisionnel(le) [prɔvizjɔnɛl] *a.* 【법】 가처분의, 임시적인. acompte ~ 【재정】(전년도 세금에 준한) 暫定 예산. budget ~ 暫定 예산.

provisionnellement [prɔvizjɔnɛlmɑ̃] *ad.* 잠정적으로(par provision).

provisoire [prɔvizwa:r] *a.* 잠정적인, 임시적인, 일시적인(transitoire). bonheur ~ 일시적인 행복. gouvernement ~ 임시[과도] 정부. construction ~ 가건물. domicile ~ 임시 주거. mise en liberté ~ 가석방. sentence ~ 【법】 가판결(假判決). à titre ~ 임시로, 일시로.
—*n.m.* 임시[잠정]적인 것; 【법】 가판결. s'installer dans le ~ 임시로[잠정적으로] 머물다. Il a gagné le ~. 그는 가판결에서 승소했다.

provisoirement [prɔvizwarmɑ̃] *ad.* 잠정[일시]적으로, 임시적으로. loger ~ à l'hôtel 호텔에 일시적으로 머물다. décision prise ~ 가결정.

provisorat [prɔvizɔra] *n.m.* (lycée 의)교장직[자격]; 교장의 임기.

provitamine [prɔvitamin] *n.f.* 【생화학】 프로비타민(체내에 들어가면 비타민으로 전환하는 카로틴 따위 물질).

provo [prɔvo] *a.* (불변) 반항적 신세대의; 히피[프로보]족의. —*n.m.* (히피 스타일의)반항적 젊은이, 프로보족.

provocant(e) [prɔvɔkɑ̃, -ɑ̃:t] *a.* ①도전적인, 도발적인(agressif). attitude ~*e* 도전적인 태도. ②유혹적인, 선정적인(excitant). femme ~*e* 선정적인 여자. pose ~*e* 유혹적인 자태. jeter un regard ~ 유혹하는 시선을 던지다.

provocateur(trice) [prɔvɔkatœr, -tris] *a.* 선동하는, 도발[도전]하는. agent ~ 선동자. geste ~ 도전적인 태도. paroles ~*trices* 도발적인 언사.
—*n.* 선동자, 도발[도전]자.

provocatif(ve) [prɔvɔkatif, -i:v] *a.* 〖드물게〗(언어 따위의) 도발적인, 선동적인.

provocation [prɔvɔkasjɔ̃] *n.f.* ①선동, 교사(敎唆), 사주(incitation, ↔apaisement). ~ *au* meurtre 살인 교사. complicité par ~ 【법】 교사 공범. ②도전, 도발. ~ *en* duel 결투의 도전. attitude de ~ 도전적인 태도. répondre à une ~ 도전에 응하다. ③유발; 선정(煽情). ~ *au* sommeil 최면(催眠).

*****provoquer** [prɔvɔke] *v.t.* ①도전하다, 도발하다. ~ *en* duel 결투하자고 도전하다. ~ *le* pays voisin 이웃나라를 도발하다. ②선동하다, 교사하다(inciter). ~ *qn au* crime ⋯을 교사해서 죄를 범하게 하다. Il chercha à ~ les soldats à la révolte. 그 병사들을 선동하여 반란을 일으키려 했다. ③유발하다(entraîner); (여자가 남자를) 유혹하다, 자극하다(exciter). ~ *la* colère *de qn* ⋯을 화나게 하다. ~ *les* regards 사람의 눈을 끌다. Une allumette suffit pour ~ l'incendie. 화재를 일으키는데는 성냥개비 하나로도 족하다. femme qui *provoque* les hommes 남자의 욕정을 불러일으키는 여자.
—*se* ~ *v.pr.* 서로 도전하다.

provotariat [prɔvɔtarja] *n.m.* (집합적)프로보(provo)족.

provotarien(ne) [prɔvɔtarjɛ̃, -ɛn] *a.* 프로보족의.

proxène [prɔksɛn] *n.m.* 【고대그리스】 외빈(外賓) 접대역.

proxénète [prɔksenɛt] *n.* 매음중개자, 뚜쟁이.
—*n.m.* 포주(抱主)(maquereau).

proxénétisme [prɔksenetism] *n.m.* 매음중개업; 포주업.

proximal(ale, *pl.* **aux)** [prɔksimal, -o] *a.* 〖의학〗 (몸의 중심 또는 기관에 가까운, 가까운(基部)의.

proximité [prɔksimite] *n.f.* ①〘장소〙부근, 근방 (voisinage, ↔ éloignement); 〘시간〙가까움 (approche). Grâce à la ~ de la mer, nous pouvons nous baigner tous les jours. 바다가 가까운 덕택에 우리는 매일 해수욕을 할 수 있다. ~ de la tempête 폭풍의 임박. La ~ des vacances la rend tout heureuse. 여름방학이 다가오면서 그녀는 좋아서 어쩔 줄 모른다. ~ de deux théories 두 학설의 유사함. ②〘옛〙(혈연관계 따위의)가까움. ~ du sang 근친(近親).
à ~ *(de)* (…)의근처에. Le théâtre est *à* ~. 극장은 바로 가까이에 있다. Cette villa est *à* ~ *de* la mer. 그 별장은 바다 근처에 있다.

proyer [prwaje] *n.m.* 〖동물〗(유럽의)연작류(燕雀類)의 일종.

prude [pryd] *a.* ① 청결한; 정숙(얌전)한 체하는. ② 〘옛〙 풍기에 대해서 근엄한. — *n.f.* (위)의 여자. faire la ~ 정숙(얌전)한 체하다.

prudemment [prydamɑ̃] (< *prudent*) *ad.* 신중하게, 조심스럽게. se conduire ~ 신중하게 행동하다.

***prudence** [prydɑ̃:s] *n.f.* 용의주도함, 신중, 조심성 (précaution, ménagement, ↔ imprudence). agir avec ~ 신중하게 행동하다. avoir la ~ de + *inf.* 현명하게도 …하다. manquer de ~ 신중함이 없다. Mets ton pardessus, par (mesure de) ~. 미리 조심해서 코트를 입어라.
avoir la ~ du serpent (이브를 유혹한 뱀처럼)몹시 빈틈없다. **P~** *est mère de sûreté.*《속담》신중은 안전의 어머니.

***prudent(e)** [prydɑ̃, -ɑ̃:t] *a.* (사람·행동이)신중한, 사려깊은(réfléchi, avisé). conduite ~*e* 신중한 행동. C'est un homme ~. 그는 만사에 신중한 사람이다. Il a gardé un silence ~. 그는 조심스럽게 침묵을 지켰다. automobiliste ~ 안전운전을 하는 운전사. Il serait ~ de ne pas sortir seul. 혼자서 외출하지 않는 것이 몸에 좋다.
— *n.* 신중한 사람. Le ~ évite les risques. 사려깊은 사람은 위험을 피할 수 있다.

pruderie [prydri] *n.f.* 〘문어〙 숙녀인(얌전)한 척함, 근엄한 척함.

prud'homal(ale, *pl.* **aux)** [prydɔmal, -o] *a.* 〖법〗 노사분쟁 조정위원의, 노사분쟁 조정위원회(판결)의. compétence(juridiction) —*ale* 노사분쟁 조정위원(회)의 권능(심판권).

prud'homie [prydɔmi] *n.f.* ① 노사분쟁 조정위원회의 판결권. ② 〘옛〙정렴, 정직.

prud'homme [prydɔm] *n.m.* ① 노사분쟁 조정위원, 노동쟁의 심판관. conseil des —*s* 노사분쟁 조정위원회. ② 〘옛〙 청렴한 사람.

Prudhomme (Joseph) [ʒozɛfprydɔm] *n.pr.m.* 〖문학〗프뤼돔(*Henry Monnier*가 창작한 인물, 위엄을 부리며 어리석고 웅졸한 말만 지껄여 자기만족하는 바보의 전형).

prudhommerie [prydɔmri] *n.f.* 〖문학〗(*Prudhomme*처럼)위엄을 부리며 어리석은 말을 지껄임〔지껄이는 성격〕.

prudhommesque [prydɔmɛsk] *a.* 〘구어〙가소롭게 위엄을 부리는.

pruine [prɥin] *n.f.* (과실·잎 따위의 표면에 붙은)고운 회 가루, 시설(柿雪).

pruin(e) [prɥine], **pruineux(se)** [prɥinø, -ø:z] *a.* 〖식물〗(과실·잎 따위의 표면에)흰 가루(시설)가 덮인.

***prune** [pryn] *n.f.* ① 서양오얏, 자두. ② 플럼주(酒) (eau-de-vie de ~s). ③〘속어〙총알.
aux ~*s*; *viennent les* ~*s* 오는 여름에. jeune fille qui aura seize ans *aux* ~*s* 오는 여름에 16세가 되는 소녀. *avoir sa* ~ 〘구어〙술에 취해 있다. *Des* ~*s!* 〘속어〙고작 그거야! (《지나친 요구에 부정적으로 비꼬는 대답》.
pour des ~*s* 〘속어〙쓸데없이, 헛되이, 아무 이익도 없이. Elle travaille *pour des* ~*s*. 그녀는 아무 이익도 없이 헛수고만 하고 있다.
— *a.* 〘불변〙짙은 자주빛의.

pruneau [pryno] (*pl.* ~*x*) *n.m.* ① 말린 자두〔오얏〕. noir comme un ~ 얼굴빛이 매우 검은. ②〘옛·구어〙살갗이 말린 자두처럼 검은 여자. C'est un vrai ~. 그녀는 정말이지 매우 검다. ③〘속어〙총알, 눈 (目); (맞아서 든)멍; 씹는 담배.

prunelaie [prynlɛ] *n.f.* 자두 과수원.

prunelée [prynle] *n.f.* 자두 쨈.

prunelle[1] [prynɛl] *n.f.* 〖식물〗인목(鱗木)의 열매. liqueur de ~ 인목 열매술.

prunelle[2] [prynɛl] *n.f.* ① 눈동자; 눈길, 눈짓. ~*s* étincelantes 반짝이는 눈동자. La peur dilatait ses ~*s*. 공포심으로 그의 눈동자가 커졌다. ② 매우 튼튼한 모직(견직)물의 일종.
comme (à) *la* ~ *de ses yeux* 소중히. conserver une chose *comme* (à) *la* ~ *de ses yeux* 어떤 물건을 소중하게 간직하다.
jouer de la ~ 추파를 던지다. 「나무.

prunellier [prynɛ(e)lje] *n.m.* 〖식물〗인목(鱗木)

***prunier** [prynje] *n.m.* 〖식물〗서양오얏나무, 자두나무. secouer *qn* comme un ~ 〘구어〙…을 몹시 잡아 흔들다, 호되게 야단치다.

pruniforme [pryniform] *a.* 자두 모양의.

prunus [prynys] *n.m.* 〖식물〗(잎이 주홍색인)관상용 자두나무.

prurigineux(se) [pryriʒinø, -ø:z] *a.* 〖의학〗가려운, 소양성(搔痒性)의.

prurigo [pryrigo] *n.m.* 〖의학〗양진(痒疹).

prurit [pryrit] *n.m.* ① 〖의학〗소양증(搔痒症). ② 〘문어〙억누를 수 없는 욕망. être saisi par un ~ *de gloire* 억제할 수 없는 명예욕에 사로잡히다.

Prusse [prys] *n.pr.f.* 프러시아. bleu de ~ 감청색.

prussianiser [prysjanize] *v.t.* 프러시아화하다.

prussianisme [prysjanism] *n.m.* 프러시아풍(風), 프러시아 기질.

prussiate [prysjat] *n.m.* 〖화학〗청산염(青酸塩).

prussien(ne) [prysjɛ̃, -ɛn] *a.* 프러시아의. *à la* —*ne* 프러시아(풍)으로, 기계처럼 정확하게. exercice *à la* —*ne* (규율이 엄격한)프러시아식 훈련.
— **P**~ *n.* 프러시아 사람.

prussique [prysik] *a.* 〘옛〙 〖화학〗시안화수소의 (cyanhydrique). acide ~ 청산(青酸).

prytane [pritan] *n.m.* 〖고대그리스〗시장(市長) (아테네의)원로원 의원.

prytanée [pritane] *n.m.* ① 〖고대그리스〗시장 공관; 원로원 의원들의 집회관. ② 군인 자제들의 학교. ~ militaire de La Flèche (*La Flèche*에 있는) 육군 유년학교.

Ps. 〘약자〙Psaume 〖성서〗시편(詩篇)

P.S. 〘약자〙parti socialiste 사회당.

p.s. 〘약자〙① poids spécifique 〖물리〗비중(比重). ② pur sang 순종(純種).

P.-S. 〘라틴·약자〙post-scriptum 추신(追伸)

psallette [psalɛt] *n.f.* 〘옛〙(교회에 부속된)성가대학교. 「일종.

psalliote [psaljɔt] *n.m.*[*f.*] 〖식물〗식용 버섯의

psalmique [psalmik] *a.* 시편(성시)의.

psalmiste [psalmist] *n.m.* ① 〖성서〗 시편[성시]의 작자. P~ 다윗 왕. ② 〖종교〗 성가가수(聖歌歌手); 성가대원.

psalmodie [psalmɔdi] *n.f.* ①〖문어〗(낭독·노래·말따위의) 단조로움. Le débit de cet acteur est une ennuyeuse ~. 이 배우의 대사는 단조롭고 권태롭다. ② 〖종교〗 성시 낭독(가창)방식.

psalmodier [psalmɔdje] *v.i., v.t.* ①(낭독·노래 따위를) 단조롭게 하다. ② 성시를 송독(頌讀)하다(을 조리다).

psalmodique [psalmɔdik] *a.* 성시[시편] 송독의.

psaltérion [psalterjɔ̃] *n.m.* 〖고대음악〗(헤브라이·그리스 사람들이 쓴)일종의 현악기.

psammite [psammit] *n.m.* 〖광물〗 사질암.

psammitique [psammitik] *a.* 사질암으로 된.

psaume [pso:m] *n.m.* ①(구약성서의)시편(詩篇). chanter[réciter] des ~s 시편을 노래[낭송]하다. ② 〖문학사〗 시편의 번역, 주석시편. ~s de Marot 마로의 번역시편. ③ 시편곡(詩篇曲). ~s de Lalande 라랑드의 시편곡.

psautier [psotje] *n.m.* ①〖종교〗시편집, 성가집. ②(수녀·성직자의)면사(面紗). ③(50 알의)묵주(默珠). ④(되새김 동물의)제 3위(胃).

pschent [pskɛnt] *n.m.* 〖고대이집트〗 고대 이집트왕의 쌍관(雙冠).

pschut [pʃyt] *int.* 멋있다! 잘한다!〖학생들 사이에서 공감·갈채를 나타냄〗.

pschutt [pʃyt] 〖옛·은어〗*a.* (불변) 멋있는, 상류의. homme ~ 멋진 남자. robe très ~ 멋있는 드레스. ━ *n.m.* 멋있는 사교계, 상류 사회.

pschutteux(se) [pʃytø, -øːz] 〖옛·은어〗(사람·물건이)멋있는, 멋부린.

psellion [psɛljɔ̃] *n.m.* 〖고대그리스·로마·페르시아〗(여자의)목[팔·발]에 거는 고리.

pseudarthrose [psødartro:z] *n.f.* 〖의학〗(유착되지 않은 골절(骨折) 부위가 연부(軟部)조직으로 연결된)가관절(假關節).

pseudesthésie [psødɛstezi] *n.f.* 〖의학〗 환감(幻感), (색청(色聽) 따위의)공동 감각.

pseud(o)- *préf.* 「거짓·가(假)」의 뜻.

pseudo-bulbaire [psødobylbɛ:r] *a.* paralysie ~ 〖의학〗위구마비(僞球麻痺), (果).

pseudocarpe [psødɔkarp] *n.m.* 〖식물〗 위과(僞果).

pseudo-clivage [psødɔkliva:ʒ] *n.m.* 〖광물〗위균열.

pseudo-fécondation [psødɔfekɔ̃dasjɔ̃] *n.f.* 〖식물〗(꽃가루가 배주(胚珠)조직에 자극을 주는 단성생식의)위수분(僞受粉).

pseudographie [psødɔgrafi] *n.f.* 위필술(僞筆術).

pseudo-membrane [psødɔmɑ̃bran] *n.f.* 〖의학〗위막(僞膜), 의막(擬膜).

pseudomorphe [psødɔmɔrf] *a.* 〖광물〗 가상(假像)의, 가정(假晶)의.

pseudomorphose [psødɔmɔrfo:z] *n.f.* 〖광물〗가상, 가정.

pseudo(-)névroptères [psødɔnevrɔptɛ:r] *n.m.pl.* 〖에〗〖곤충〗 의맥시류(擬脈翅類)(archiptères).

pseudonyme [psødɔnim] *n.m.* ①필명(筆名), 아호(雅號); 가명. ouvrage publié sous le ~ de X, X라는 가명으로 간행된 작품. se cacher sous un ~ 가명을 써서 몸을 숨기다. prendre un ~ 가명을 사용하다. ② 가명의 작품 쓰기. ━ *a.* 〖옛〗가명의. article ~ 가명으로 쓴 기사[논설].

pseudonymie [psødɔnimi] *n.f.* 가명을 사용하기.

pseudopode [psødɔpɔd] *n.m.* 〖생물〗위족(僞足).

pseudo-saphir [psødɔsafi:r] *n.m.* 〖광물〗 청석영(青石英).

pseudoscope [psødɔskɔp] *n.m.* 반영경(反影鏡), 위체경(僞體鏡).

psi [psi] *n.m.* 그리스 자모의 23자(Ψ, ψ[psi]).

psilocybe [psilɔsib] *n.m.* 버섯의 일종(psilocybine을 함유하는).

psilocybine [psilɔsibin] *n.f.* 〖약〗 프실로시빈(psilocybe에서 추출하는 환각제).

psilure [psily:r] *n.m.* 〖곤충〗 독나방의 일종.

psit(t) [psit] *int.* 여봐!(사람을 부르거나 주의를 끌 때). P~! taxi. 어이, 택시.

psittacidés [psitaside] *n.m.pl.* 〖조류〗 앵무새류.

psittacinés [psitasine] *n.m.pl.* 〖조류〗 앵무새과.

psittacisme [psitasism] *n.m.* (이론·사상·말 따위를)뜻도 모르고 앵무새처럼 되뇌기.

psittacose [psitako:z] *n.f.* 〖의학〗 앵무병(앵무새의 전염병, 사람에게 전염함).

psoas [psɔas] *n.m.* 〖해부〗 요근(腰筋).

psore [psɔ:r], **psora** [psɔra] *n.f.* 〖의학〗 옴, 개선(疥癬)(gale).

psoriasis [psɔrjazis] *n.m.* 〖의학〗 건선(乾癬).

psorique [psɔrik] *a.* 〖의학〗 개선성의.

P~ 〖약자〗Princesse 공주, 왕녀, 공작 부인.

pst(t) [pst] *int.* =psit(t).

P.S.U. 〖약자〗 Parti socialiste unifié 통일 사회당.

P.S.V. 〖약자〗pilotage sans visibilité 무시계(無視界) 비행, 맹목 조종 비행.

PSY 〖약자〗psychanalyste 정신분석학자; psychanalytique 정신분석의; psychiatrique 정신의학; psychologue 심리학자.

psychanalyse [psikanali:z] *n.f.* 정신분석, 정신분석학, 프로이트(Freud) 학설; 정신분석학에 의한 치료; (작품 따위의)정신분석학적 연구. subir une ~ 정신분석요법으로 치료를 받다. ~ des textes littéraires 문학작품의 정신분석학적 해석.

psychanalyser [psikanalize] *v.t.* 정신분석을 하다, 정신분석으로 치료하다; (작품 따위를)정신분석학적으로 연구하다.

psychanalyste [psikanalist] *n.* 정신분석학자; 정신분석학적으로 치료하는 사람.

psychanalytique [psikanalitik] *a.* 정신분석의, 정신분석학적인.

psychasthénie [psikasteni] *n.f.* 〖의학〗 신경 쇠약, 노이로제, 정신 쇠약증.

psychasthénique [psikastenik] 〖의학〗 *a.* 신경쇠약의, 노이로제의. ━ *n.* 신경쇠약 환자, 노이로제 환자.

Psyché [psiʃe] *n.pr.f.* 〖그리스신화〗 프시케(사랑의 신 에로스가 사랑한 미소녀, 영혼의 운명의 상징). ━ **p~¹** ① 체경(體鏡). ② 〖곤충〗 도롱이벌레.

psyché², psychè [psiʃe(ɛ)] *n.f.* 〖철학〗(개인 인격을 형성하는 요소로서의)종합적 심리현상.

psychédélique [psikedelik] *a.* 〖정신의학〗 황홀경의, 도취의; 마약의, 마약작용의.

psychédélisme [psikedelism] *n.m.* 〖정신의학〗 환각〖황홀〗상태; 환각제 복용 취미〖습관〗.

psychiatre [psikjatr] *n.* 정신병 의사.

psychiatrie [psikjatri] *n.f.* 〖의학〗 정신병학, 정신의학, 정신병과(科).

psychiatrique [psikjatrik] *a.* 정신의학의, 정신병과(科)의. hôpital ~ 정신병원.

psychique [psiʃik] *a.* ①정신[영혼]에 관계되는(mental, ↔ physiologique). maladie ~ 정신병. ②(오용)심령학적인.

psychisme [psiʃism] *n.m.* ①〖집합적〗정신현상, 심리현상. ~ des hystériques 히스테리 환자의 심리작용. ~ animal 동물의 심리현상. ② 〖철학〗 심령론(心靈論).

psychiste [psiʃist] *n.m.* 【철학】 심령론자.
psycho [psiko] *n.f.* 《구어》심리학(psychologie 의 약자). faire de la ~ 심리학을 공부하다.
psych(o)- *préf.* 「정신·영혼」의 뜻.
psychoanaleptique [psikoanalɛptik] *a., n.m.* 정신을 자극하는(약).
psychobiologie [psikobioloʒi] *n.f.* 정신생물학.
psychochirurgie [psikoʃiryrʒi] *n.f.* 【의학】 정신외과.
psychocritique [psikokritik] *n.f.* (문학작품에 대한)심리분석적 비평. —*n.m.* 심리분석 비평가. —*a.* 심리분석 비평의.
psychodiagnostic [psikodjagnostik] *n.m.* 【의학】정신진단법.
psychodramatique [psikodramatik] *a.* 《학술》사이코드라마의, 심리극의.
psychodrame [psikodram] *n.m.* 《학술》정신 치료연극, 사이코드라마(정신 치료를 위해서 환자에게 적당한 역을 맡게 하는 요법).
psychodynamique [psikodinamik] *n.f.* 정신역학(力學).
psychodysleptique [psikodislɛptik] *a.* 《약》(약물이)환각을 일으키는. —*n.m.* 정신이상(작용)약, 이상(발동)약.
psychogenèse [psikoʒ(ə)nɛːz] *n.f.* ① 정신발생학. ② 【정신의학】 정신병〔신경증〕발생; 정신발달〔작용〕.
psychogénétique [psikoʒenetik] *a.* 정신발생에 관한. —*n.f.* 정신발생학, 발달심리학.
psychogénie [psikoʒeni] *n.f.* 《의학》 정신인(心因) (성).
psychognosie [psikognozi] *n.f.* 【철학】 정신구조학; 【의학】 정신판정 (최면술 따위로 환자의 정신상태를 판정하기).
psychogramme [psikogram] *n.m.* 심지(心誌).
psychographe [psikograf] *n.m.* 정신묘사가(家).
psychographie [psikografi] *n.f.* 정신묘사.
psycholeptique [psikolɛptik] *a.* 《약》(약물이)정신을 억제하는. —*n.m.* 정신억제〔조정〕약(신경안정제·수면제 따위).
psycholinguistique [psikolɛ̃gɥistik] *n.f.* 정신언어학. —*a.* 심리언어학의.
*psychologie [psikoloʒi] *n.f.* ① 심리학(《구어》 psycho [psiko]). ~ expérimentale 실험심리학. ~ sociale 사회심리학. ~ de réaction (de comportement) 행동심리학. ~ comparée 비교심리학. ~ clinique 임상심리학. ~ pathologique 이상심리학. ~ animale 동물심리학. ~ des profondeurs (~ abyssale, ~ en profondeur). Il fait de la ~. 그는 심리학을 공부하고 있다. ② 심리, 심리상태; 심성. ~ paysanne 농민의 심리. ~ des Français 프랑스인의 심리. ③ (타인의)심리의 파악, 독심술. avoir de la ~ 타인의 마음을 읽다. ④ (문학작품 따위의)심리분석〔묘사〕. ~ de l'amour d'un roman 소설에 있어서의 연애심리의 분석. ~ fine 섬세한 심리묘사. ⑤ 심리학(연구)서.
psychologique [psikoloʒik] *a.* 심리학의; 심리적인, 정신의. méthode ~ 심리학의 방법. point de vue ~ 심리학적인 견지. analyse ~ 심리분석. roman ~ 심리소설, 심리분석소설. guerre ~ 심리전, 신경전. état ~ 정신상태. moment(instant) ~ 심리학적 요인; 《구어》절호의 기회〔시기〕.
psychologiquement [psikoloʒikmɑ̃] *ad.* 심리학적으로; 정신적으로(mentalement). ~ physiquement). ~ parlant 심리학적으로 말하면. hommes dispersés matériellement ou ~ 물질적·정신적으로 산산조각이 난 사람.
psychologisme [psikoloʒism] *n.m.* 심리주의.

psychologue [psikolog] *n.* 심리학자, 심리분석가; 인간의 심리에 밝은 사람(경험적·문학적으로). —*a.* 인간의 심리에 밝은. Cet écrivain est plus ~ que moraliste. 이 작가는 모랄리스트라기보다는 심리분석가이다.
psychomancie [psikomɑ̃si] *n.f.* 교령술(交靈術), 무술(巫術).
psychoméchanique [psikomekanik] *n.f.* 심리역학(G. Guillaume의 언어 이론).
psychomètre [psikomɛtr] *n.m.* 정신작용 측정기.
psychométricien(ne) [psikometrisjɛ̃, -ɛn] *n.* 정신측정(학)자.
psychométrie [psikometri] *n.f.* 정신작용〔현상〕측정.
psychométrique [psikometrik] *a.* 정신작용 측정의.
psychométrologie [psikometroloʒi] *n.f.* 정신능력 측정법.
psychomoteur(trice) [psikomotœːr, -tris] *a.* 정신운동의. centres ~s 정신운동 중추.
psychomotricité [psikomotrisite] *n.f.* 정신운동성(심리작용으로 일어나는 운동반응).
psychonévrose [psikonevroːz] *n.f.* 【정신의학·심리】 정신신경증.
psychopathe [psikopat] *n.* 이상성격자; 《옛》정신병자.
psychopathie [psikopati] *n.f.* 【정신의학·심리】 정신병질(精神病質); 《옛》정신병, 정신장애.
psycho(-)pathologie [psikopatoloʒi] *n.f.* 정신병리학.
psychopédagogie [psikopedagoʒi] *n.f.* 교육심리학(실험심리학을 교육학에 응용한 것).
psychopédagogique [psikopedagoʒik] *a.* 교육심리학적인, 교육심리의.
psychopédagogue [psikopedagog] *n.* 교육심리학자.
psychopharmacologie [psikofarmakoloʒi] *n.f.* 정신 약〔약리〕학.
psychophysiologie [psikofizjoloʒi] *n.f.* 정신생리학.
psychophysiologique [psikofizjoloʒik] *a.* 정신생리학의.
psychophysiologiste [psikofizjoloʒist], **psychophysiologue** [psikofizjolog] *n.* 정신생리학(연구)자.
psychophysique [psikofizik] *n.f., a.* 정신물리학(의); 《옛》정신생리학(의). méthodes ~s 정신물리적 측정법.
psychopompe [psikopɔ̃ːp] *a.* 【신화】 망령을 인도하는 (*Apollon, Orphée* 따위에 붙는 형용사).
psychose [psikoːz] *n.f.* ① 【의학】 정신병, 정신이상; 정신장애. ② 고정〔강박〕관념. ~ de guerre 전쟁 강박관념. ~ collective 집단적 강박관념 (불경기 도래에 대한 사회적 공포감 따위).
psychosé(e) [psikoze] *a.* 정신병에 걸린; 강박관념에 사로잡힌. —*n.* 정신병자; 강박관념에 사로잡힌 사람.
psychosensoriel(le) [psikosɑ̃sorjɛl] *a.* 【심리】 감각적 정신장애의 (환각 따위).
psycho-sensori-moteur [psikosɑ̃sorimotœːr] (*pl.* ~-~-s) *a.m.* (정신장애가)정신·감각·운동성의.
psychosocial(ale, pl. aux) [psikososjal, -o] *a.* 사회심리학의.
psychosociologie [psikososjoloʒi] *n.f.* 사회심리학 (집단심리·인간관계 따위).
psychosociologique [psikososjoloʒik] *a.* 사회심리학의. structures ~s d'un pays 한 나라의 사회심리적 구조.
psychosociologue [psikososjolog] *n.* 사회심리학자.
psychosomaticien(ne) [psikosomatisjɛ̃, -ɛn] *n.* 정신신체의학 전문가〔의〕, 심신(心身)의학자.

psychosomatique [psikɔsɔmatik] a. 《의학》정신적(심리적) 원인과 관련된 병을 연구하는; (위)의 병의. médecine ~ 정신신체의학, 심신의학. —n.f. 정신신체의학, 심신의학.

psychotechnicien(ne) [psikɔteknisjɛ̃, -ɛn] n. 정신공학(工學)전문가.

psychotechnie [psikɔtekni] n.f. =**psychotechnique**.

psychotechnique [psikɔteknik] n.f. 정신공학《심리학적 이론·결과의 실제 응용》. —a. 정신공학의. examens ~s 정신공학검사.

psychothérapeute [psikɔterapøt] n. 《학술》정신요법의사, 심리요법의사.

psychothérapie [psikɔterapi] n.f. 정신(심리)요법. ~ analytique 분석적 정신요법(psychanalyse).

psychothérapique [psikɔterapik] a. 정신요법의, 심리요법의.

psychotique [psikɔtik] a. 정신병의; 정신병에 걸린. troubles ~s 정신장애. —n. 정신병 환자.

psychotonique [psikɔtɔnik] a. 정신강장(强壯)의. —n.m. 정신강장제(劑).

psychotrope [psikɔtrɔp] a. 향정신성(向精神性)의. —n.m. 향정신약(médicament ~).

psychromètre [psikrɔmɛtr] n.m. 건습구(乾濕球)습도계.

psychrométrie [psikrɔmetri] n.f. 습도 측정.

psylle¹ [psil] n.f. 《곤충》목슬(木虱).

psylle² n.m. (인도의)뱀을 놀리는 사람.

psyllium [psiljɔm] n.m. 《약》(남유럽·북아프리카산)질경이속(屬)의 열매.

Pt 《약자》platine 《화학》백금.

PTA 《약자》peseta 페세타.

ptarmigan [ptarmigɑ̃] n.m. 《조류》뇌조(雷鳥).

ptarmique [ptarmik] n.f. 《식물》가새풀의 일종.

pte 《약자》perte 《부기》손실.

ptéranodon [pteranɔdɔ̃] n.m. 《고대생물》익룡(翼龍)의 일종《백악기에 생존한 하늘을 나는 거대한 파충류》.

-ptère suff. 「날개·우근(羽根)」의 뜻.

ptéridie [pteridi] n.f. 《식물》시과(翅果).

ptérido- préf. 「양치류」의 뜻.

ptéridographie [pteridɔgrafi] n.f. 《식물》양치류학(羊齒類學).

ptéridophytes [pteridɔfit] n.f.pl. 《식물》양치물(羊齒植物).

ptéridospermales [pteridɔspermal], **ptéridospermées** [pteridɔsperme] n.f. pl. 《고대식물》(양치류 모양의)거대한 나자식물(裸子植物).

ptérion [pterjɔ̃] n.m. 《해부》프테리온《전두골(前頭骨)·두정골(頭頂骨)·측두골(側頭骨)·접형골대익(蝶形骨大翼)의 접합점》.

ptér(o)- préf. 「날개」의 뜻.

ptérocère [pterɔsɛr] n.m. 《동물》전갈고동.

ptérodactyle [pterɔdaktil] n.m. 《고대생물》익수룡(翼手龍). —a. 《동물》익수류의.

ptéropodes [pterɔpɔd] n.m.pl. 《고대생물》익족류(翼足類).

ptérosauriens [pterɔsɔrjɛ̃] n.m.pl. 《고대생물》익수룡류(翼手龍類).

-ptérygion suff. 「지느러미」의 뜻.

ptérygion [pteriʒjɔ̃] n.m. ① 《의학》(눈의)익상편(翼狀片). ② (포유동물의)비익(鼻翼).

ptérygoïdien(ne) [pterigɔidjɛ̃, -ɛn] a. 《해부》익상(翼狀)의. 익상근(muscle ~).

ptérygotes [pterigɔt] n.m.pl. 《곤충》유시류(有翅類). (↔aptérygotes).

ptéryle [pteril] n.f. 《조류》우역(羽域)《깃털이 나는 피부의 부위》.

ptérylographie [pterilɔgrafi] n.f. 우역학(羽域學), 우시론(羽翼論).

ptine [ptin] n.m. 《곤충》표본충(標本蟲).

ptolémaïque [ptɔlemaik] a. (이집트의)프톨레미(Ptolémée)왕(왕조)의.

Ptolémée [ptɔleme] n.pr.m. ① 프톨레미《이집트의 왕(왕조)》. ② 프톨레미《알렉산드리아의 천문·지리·수학자》.

ptomaïne [ptɔmain] n.f. 《생화학》프토마인, 사독(死毒)《단백질의 부패과정에서 생기는 독소》.

ptose, ptôse [ptoːz] n.f. 《의학》내장의 하수(下垂); 눈까풀 하수. ~ de l'estomac 위하수.

ptosis [ptozis] n.f. 《의학》윗눈까풀 하수증.

pts 《약자》parts 부분, 배당(配當).

P.T.T. 《약자》Postes, Télégraphes et Téléphones 우체전신전화국《현재는 P. et T. 로 개칭》.

ptyaline [ptjalin] n.f. 《생화학》프티알린, 타액소(唾液素).

ptyalisme [ptjalism] n.m. 《의학》타액 분비 과다.

-ptysie suff. 「토하다」의 뜻《예:hémoptysie 각혈》.

Pu 《약자》plutonium 《화학》플루토늄.

pu [py] paître, pouvoir 의 과거분사.

puamment [pyamɑ̃] ad. ① 《드물게》악취가 풍기게. ② 《속어》(비유적) 꼴사납게, 뻔뻔스럽게. mentir ~ 뻔뻔스럽게 거짓말을 하다.

puant(e) [pyɑ̃, -ɑ̃ːt] a. ① 고약한 냄새를 풍기는 (fétide, ↔odoriférant). bêtes ~es 악취를 풍기는 동물. caniveau ~ 악취가 나는 배수구. ② (사람이 자존심 따위가 지나쳐)꼴사나운, 뻔뻔스러운. mensonge ~ 새빨간 거짓말. ~ d'orgueil 꼴사납게 오만대석 꼴불견인 사람.

puanteur [pyɑ̃tœːr] n.f. 악취, 구린내(fétidité). ~ d'un égout 하수구의 악취.

puantise [pyɑ̃tiːz] n.f. 《옛》냄새가 고약한 것.

pub¹ [pœb] 《영》n.m. 술집, 경양식집.

pub² [pyb] (<*publicité*)n.f. 광고; 상업선전용 필름.

pubère [pybɛːr] a. 《문어》사춘기에 이른, 사춘기의, 발정기(發情期)의, 묘령의. fille ~ 사춘기의 소녀. —n. 사춘기 소년(소녀).

pubertaire [pybɛrtɛːr] a. 사춘기의. enfant ~ 사춘기의 아이.

puberté [pybɛrte] n.f. 사춘기, 묘령; 성인. âge de la ~ 《법》법률상 결혼이 허가되는 최저 연령《프랑스에서 남자는 18세, 여자는 15세》.

pubescence [pybesɑ̃ːs] n.f. 《식물》(잎·줄기 따위에)솜털이 있음.

pubescent(e) [pybesɑ̃, -ɑ̃ːt] a. ① 《식물》(잎·줄기 따위가)솜털로 덮여 있는. ② (미성년자가 어른처럼)털이 나기 시작하는; 사춘기의.

pubien(ne) [pybjɛ̃, -ɛn] a. 《해부》치골의. région ~e 치골부, 외음부.

pubis [pybis] n.m. 《해부》치골(恥骨)(pénil, mont de Vénus). poils du ~ 음모.

publi- préf. 「광고·선전」의 뜻《예:*publi*-information 선전용 정보》.

publiable [pyblijabl] a. 공개할 수 있는, 공표할 수 있는; 출판할 수 있는(↔impubliable). Ses mémoires seront ~s vingt ans après sa mort. 그의 수기는 사후 20년 뒤에 공개될 것이다.

‡**public(que)** [pyblik] a. ① 공공(公共)의, 공중의(↔privé). intérêt ~ 공익. bien ~ 공공의 복지. biens ~s 공공재산. opinion ~que 여론. enseignement ~ 공립교육(기관). ennemi ~ 공중의 적, 공적(公敵). santé ~que 공중위생. la vie ~que et la vie privée 공적인 생활과 사생활. assistance ~que

빈민구제《지금은 aide sociale》. ② 공개의, 일반을 위한. jardin ~ 공원. cours ~ 공개강좌. séance ~*que* 공개회의. scrutin ~ 기명 [공개]투표. vente ~*que* 경매. écrivain ~ 사법서사, 대서인. fille[femme] ~*que* 창녀.
③ 공무의, 관공의, 국사(國事)의. pouvoir ~ 공권력. pouvoirs ~s 공적[국가]기관, 관공서. fonction ~*que* (총칭) 공무원. charge ~*que* 공직, 정부요직; (*pl.*)조세, 공과(公課), 국세. droit ~ 공법. Trésor ~ 국고(의 세입). dette ~*que* 국채. services ~s 공공기업체. force ~*que* 경찰력. ministère ~ 《총칭》검찰관. action ~*que* (검찰관에 의한)기소, 공소. chose ~*que*《문어》국민의 이익; 국가.
④ 주지의, 공공연한. Il est de notoriété ~*que* que... …는 주지의 사실이다. rendre *qc* ~ 을 공표하다. bruit ~ 공공연한 소문.

—*n.m.* ① 공중, 대중. informer le ~ 일반에게 알리다. entrée interdite au ~ 일반인의 통행이 금지된 출입문. «Avis au ~» "국민[시민]에게 알림", "통고"(게시물의 표제).
② 독자; 청중; 관객. applaudissements du ~ 관객의 박수. conquérir un vaste ~ 넓은 층의 독자(관객)를 확보하다. être bon ~ 청중(관객)의 반응이 좋다. [grand ~] écrire pour le *grand* ~ 일반대중의 독자를 위해 쓰다.《형용사적》 film *grand* ~ 대중의 영화.

en ~ 대중 앞에서, 공공연하게. parler *en* ~ 대중 앞에서 말하다. se montrer *en* ~ 대중앞에 모습을 나타내다.

publicain [pyblikɛ̃] *n.m.* ① 【고대로마】 징세 청부인(徵稅請負人). ②《옛》(구체제하의)징세 청부인(fermier général).

publication [pyblikasjɔ̃] *n.f.* ① 출판, 간행, 발행. ~ de documents 자료의 출판. ouvrage en cours de ~ 간행중의 작품[저서]. ② 출판물, 간행물. ~ périodique 정기 간행물. ~s nouvelles 신간도서[잡지]. ③ 공표, 발표, 공고. ~ d'une loi 법률의 공포. ~ de mariage 결혼예고의 공시.

publicisation [pyblisizasjɔ̃] *n.f.* (어떤 사업의)공공사업화, 공립화.

publiciser [pyblisize] *v.t.* 공표[공개]하다; 공적 성격을 띠게 하다, 공공사업화하다.

publicisme [pyblisism] *n.m.*《옛》정론가(政論家)의 직업, 저술가의 직업.

publiciste [pyblisist] *n.* ① 광고업자(publicitaire). ②《옛》정치·경제 평론가, 정론가.

publicitaire [pyblisitɛ:r] *a.* ~ 광고[선전]의. émission ~ 광고 방송. agence ~ 광고대리점. vente ~ 선전판매. échantillon ~ 광고[선전]용 견본.
—*n.* 광고업자, 광고 종사원.

***publicité** [pyblisite] *n.f.* ① 광고, 선전(réclame); 선전문. agence de ~ 광고대리점. service de ~ (기업체 따위의)선전부. ~ lumineuse 네온사인. faire de la ~ 광고[선전]하다. mettre(faire passer) une ~ dans un journal 신문에 광고를 싣다. ② 공개; 주지(周知). donner une regrettable ~ à une affaire privée 사적인 일을 유감스럽게도 공개하다[표면화하다]. ~ des débats parlementaires 국회토론의 공개성.

public-relations [pœblikrilɛ̃ʃəns] 《영》*n.f.pl.* 홍보활동, 섭외사무; 선전원.

***publier** [pybli(j)e] *v.t.* ① 출판하다, 간행[발행]하다(éditer). ~ un livre à ses frais 책을 자비로 출판하다. ~ un article dans une revue 잡지에 논문을 싣다. ② 공표하다, 공포하다(proclamer). ~ une loi 법률을 공포하다. ~ les secrets 비밀을 누설[폭로]하다. ~ les bans d'un mariage 결혼예고의 공시를 하다.

—*se* ~ *v.pr.* 출판되다; 발표되다, 알려지다.

publipostage [pybliposta:ʒ] *n.m.* 우편광고, 다이렉트메일(방식).

publique [pyblik] *a.f.* ⇨public.

publiquement [pyblikmɑ̃] *ad.* 공공연하게, 공개적으로.(↔secrètement). professer ~ une doctrine dangereuse 위험한 학설을 공공연하게 주장하다.

puccinia [pyksinja] *n.m.*, **puccinie** [pyksini] *n.f.* 【식물】수균(銹菌).

puce [pys] *n.f.* ①【곤충】벼룩. être piqué[mordu] par une ~ 벼룩에 물리다. ôter les ~s 벼룩을 잡다. ②《속어》매춘부; 여자. ③《구어》키가 매우 작은 사람. ④ marché aux ~s (특히 파리의)벼룩시장, 중고품 만물시장.

avoir la ~ *à l'oreille*《구어》이상한 껌새를 느끼다; 경계하다.
chercher les ~*s à*《구어》…의 결점을 자세히 들추다.
mettre la ~ *à l'oreille de*[*à*] *qn* …로 하여금 의심을 품게 하다.
secouer les[*ses*] ~*s*《구어》활동하기 시작하다.
secouer les ~*s à qn*《구어》…을 혼내주다; 꾸짖다.

—*n.m.* 짙은 다갈색.
—*a.*《불변》벼룩빛의, 짙은 다갈색의.

puceau(elle) [pyso, -ɛl] (*m.pl.*~*x*) *a.*《구어》① 동정(童貞)의, 처녀의. garçon ~ 동정. fille ~*elle* 처녀. Il est resté ~. 그는 동정을 지켰다. ②《비유적》아직 쓰이지 않은, 신품의; 경험이 없는. épée encore ~*elle* 아직 한 번도 사용하지 않은 칼.
—*n.m.* (여자를 모르는)숫총각. —*n.f.* 동정녀, 숫처녀; 《구어》노처녀, 올드미스. la P-*elle* d'Orléans 오를레앙의 처녀 (Jeanne d'Arc).

pucelage [pysla:ʒ] *n.m.*《구어》동정, 처녀성;《비유적》경험이 없음. perdre[conserver] son ~ 처녀성[동정]을 잃다[지키다].

pucer [pyse] [2] *v.t.*《속어》(의)벼룩을 잡다.

puceron [pysrɔ̃] *n.m.* ①【곤충】진디. ②《구어》꼬마.

puceronnière [pysrɔnjɛ:r] *n.f.* 【원예】(유황 가루 따위를 뿌리는)살분기(撒粉器).

puche [pyʃ] *n.f.* (사투리, 잔 새우 따위를 잡는)일종의 사내끼.

pucher [pyʃe] *v.t.* (사투리)국자로 퍼내다.

puchet [pyʃɛ] *n.m.* 국자; (흙 따위를 퍼내는)삽.

puchette [pyʃɛt] *n.f.* 이탄(泥炭)을 채취하는 연장.

pucheux [pyʃø] *n.m.* 설탕 정제용의 큰 국자.

pucier [pysje] *n.m.*《속어》벼룩투성이 이불; 침대.

puçot(e) [pyso, -ɔt] *a, n.*《속어》=puceau.

pudding [pudiŋ]《영》*n.m.* 푸딩(puding).

puddlage [pydla:ʒ] *n.m.* 【야금】 용철정련법(熔鐵精鍊法).

puddler [pydle] *v.t.* 【야금】용철을 정련하다.

puddleur [pydlœ:r] 【야금】*n.m.* 정련공. ~ mécanique 정련기(機). —*a.* 정련하는.

pudeur [pydœ:r] *n.f.* ① (특히 성(性) 문제에 대해서)수치심, 수줍음(discrétion, ↔indécence); 정숙함(chasteté). ~ virginale 처녀의 수줍음. attentat à la ~ 【법】(미성년자에 대한)강제외설죄, 성적폭행. outrage à la ~ 【법】공연외설죄(대중 앞에서의 외설적 행위). ② 조심, 삼가함(réserve, délicatesse), avoir sans la ~ 무례하게 행동하다. [avoir la ~ de+inf.] Il *a eu la* ~ *de* se taire. 그는 다소곳이 침묵을 지켰다.

pudibarderie [pydibard(ə)ri] *n.f.*《속어》몹시 수줍어함.

pudibard [pydibaːr, -ard] *n.*《속어》=**pudibond**.

pudibond(e) [pydibɔ̃, ɔ̃:d] *a.* 지나치게 수줍어하는, 몹시 정숙한(prude, ↔ effronté). —*n.* 몹시 수줍어하는 사람.

pudibonderie [pydibɔ̃dri] *n.f.* 몹시 수줍어함.

pudicité [pydisite] *n.f.* 《문어》수줍어함, 정숙함.

pudique [pydik] *a.* ① 정숙한, 얌전한(chaste). femme ~ 정숙한 여자. ② 조심성 있는, 다소곳한(discret). expression ~ 점잖은 표현.

pudiquement [pydikmɑ̃] *ad.* 정숙하게; 점잖게.

puer [pɥe] *v.i.* 악취가 풍기다. fromage qui *pue* 고약한 냄새가 나는 치즈.《비인칭》Il *pue* bien fort dans cette chambre. 이 방에서는 지독한 악취가 풍긴다. ②《속어》냄새가 나다. Ça *pue* bon ici. 여기는 좋은 냄새가 난다.
—*v.t.* (의)악취를 풍기다. ~ l'ail(le vin) 마늘(술) 냄새를 풍기다. Cet article *pue* la haine. (비유적)이 기사는 증오를 풍기고 있다. Il *pue* le bourgeois. 그에게서는 부르주아 냄새가 난다.

puériculteur [pɥerikyltœ:r] *n.m.* 육아가(育兒家), 육아학자.

puéricultrice [pɥerikyltris] *n.f.* 육아 면허를 가진 보모〔전문가〕.

puériculture [pɥerikylty:r] *n.f.* 육아법, 육아학. ~ sociale 아동 복지. ~ anté-natale 태내육아법. ~ du premier âge 유아육아법.

puéril(e) [pɥeril] *a.* ① 유치한, (어린애같이)순진한(naïf); 실없는(frivole). idée ~*e* 어린애 같은 유치한 생각. curiosité ~*e* 어린애다운 호기심. amusements ~*s* 실없는 흥겨. [être ~ de + *inf.*] Tu *es* ~ *de* le croire. 그의 말을 믿다니 넌 순진하구나. ②《옛》어린애의, 어린 시절의. maladies ~*s* 소아병. âge ~ 유년기. instruction ~ 유아교육.

puérilement [pɥerilmɑ̃] *ad.*《문어》유치하게, 어린애처럼; 경박하게.

puérilisme [pɥerilism] *n.m.*《의학》정신 유아증(幼兒症).

puérilité [pɥerilite] *n.f.* ① 유치함, 어린애같음(enfantillage); 경박함. Il y a de la ~ à + *inf.* ...는 것은 유치하다. ②《문어》유치한 언행, 경박한 언행. dire(faire) des ~*s* 유치한 말〔짓〕을 하다.

puerpéral(ale, pl. aux) [pɥɛrperal, -o] *a.*《의학》산욕(産褥)의. fièvre ~*ale* 산욕열.

puerpéralité [pɥɛrperalite] *n.f.* 산욕(産褥), 산후의 상태.

puff [pu(œ)f] *n.m.*《영》과대 광고〔선전〕(pouf).

puffin [pyfɛ̃] *n.m.*《조류》섬새속(屬).

puffisme [pyfism] *n.m.* 과장된 엉터리 광고, 허풍을 떠는 선전술.

puffiste [pyfist] *n.m.* 과장된 광고〔선전〕를 하는 사람; 허풍선이(charlatan).

pugilat [pyʒila] *n.m.* ① 주먹질; 난투, ② (고대의)권투(pancrace); (지금의)권투(boxe).

pugiliste [pyʒilist] *n.m.* ①《스포츠》권투 선수(boxeur). ②《옛》권투 경기자.

pugilistique [pyʒilistik] *a.*《문어》권투의.

pugilomètre [pyʒilɔmɛtr] *n.m.* 권력계(拳力計).

pugnace [pygnas] *a.*《문어》호전적인, 싸움을 좋아하는(combatif); (도몬적으로)논쟁을 좋아하는.

pugnacité [pygnasite] *n.f.*《문어》싸움〔논쟁〕을 좋아함.

puine [pɥin] *n.m.* 잡목류(雜木類).

puîné(e) [pɥine] *a.*《옛》(형제자매 중에서)다음에 출생한(cadet, ↔ aîné). frère ~ 아우. —*n.* 동생. ma ~*e* 내 누이동생.

puis¹ [pɥi] pouvoir 의 직설·현재·1·단수.

‡puis² [pɥi] *ad.* ①《시간적인 연속》그리고, 그 후에(ensuite). douleur d'abord faible, ~ aiguë 처음에는 가벼웠다가 다음에는 심해진 고통. J'ai pris le bus et ~ le métro. 나는 버스를 탄 다음에 지하철을 탔다. ②《장소》그 다음에. En tête venait le ministre, ~ le préfet. 선두에 장관이, 그 뒤로 도지사가 왔다. À droite, la forêt, ~ les champs de blé. 오른쪽에는 숲, 그리고 보리밭이 보인다. ③《열거》그리고, 또 거기에다. Il élève des poulets, des chèvres, ~ des porcs. 그는 닭, 염소, 그리고 돼지도 기르고 있다. ④《et 와 함께 2차적인 이유를 도입》게다가 또, 그런데다가(d'ailleurs). Je n'ai pas fini ce roman, car j'étais très occupé, et ~ il était fort ennuyeux. 나는 이 소설을 다 못 읽었으며, 매우 바쁜데다가 몹시 지루한 소설이었기 때문이다. *Et ~ après (quoi)?* 그래서 어떻다는 거야? Il n'est pas riche, *et ~ après?* 그는 부자가 아니야, 그래서 어떻다는 거야? *et ~ et ~* 그리고 뒤에 뒤를 이어서.

puisage [pɥizaʒ], **puisement** [pɥizmɑ̃] *n.m.* (물 따위를)푸기, 긷기. droit de ~ (타인의 토지 안에 있는 샘물에서)물을 퍼쓰는 권리.

puisard [pɥiza:r] *n.m.* ① (빗물·하수 따위의)유수조(溜水槽), 하수구. ②《해양》(선창의 물을 괴게 하는)집수조(集水槽).

puisatier [pɥizatje] *n.m.* 우물파는 인부.

puiser [pɥize] (< *puits*) *v.t.* ① (물 따위를)푸다, 긷다; 꺼내다. ~ de l'eau dans (à) la rivière 시내에서 물을 긷다. ~ (목적보어 없이) ~ au puits 우물물을 푸다. ~ dans son porte-monnaie 지갑에서 (돈을) 꺼내다. ② (예문 따위를)끌어오다, 인용하다(emprunter, extraire); 얻어내다. ~ des exemples dans les meilleurs auteurs 가장 훌륭한 작가들 가운데서 예문을 끌어오다. ~ des renseignements dans la lecture 독서에서 정보를 얻다.《목적보어 없이》~ à la source (aux sources) 원작(原作)에서 힌트를 얻다, 원작에 의존하다.

puisette [pɥizɛt] *n.f.*《옛》(부엌에서 쓰는)작은 물바가지.

puiseur(se) [pɥizœ:r, -øːz] *n.* ① (물 따위를)푸는〔긷는〕사람. ②《제지》(펄프를 푸는)제지공(工).

puisoir [pɥizwa:r] *n.m.* 자루가 붙은 바가지.

‡puisque [pɥisk] *conj.* 《il(s), elle(s), on, en, un(e) 앞에서는 puisqu'》① (당연한 논리적인 이유를 제시) ...이기 때문에, ...이 이상(comme). P~ vous le voulez, je partirai. 그렇게 원하시니 나는 떠나겠습니다. Les hommes meurent, *puisqu'*ils naissent. 사람들이 죽는 것이, 왜냐하면 그들은 태어나기에. ② (주문 없이 감탄문에서) Mais ~ je vous le dis! C'est un incapable!《구어》내가 말씀드리지 않아요! 그는 무능력자란 말입니다! Mais ~ vous avez refusé! 당신이 거절했잖아요!

REM *parce que* 와 *puisque* 는 똑같이 원인절을 인도하나, 전자는 객관적이고 후자는 주관적이다. *puisque* 가 아니라 *parce que* 를 사용하는 경우는 (1) pourquoi? 에 대한 대답. (2) C'est 다음에 비교의 que, justement, précisément 등의 부사 다음. (3) 주절의 부정·의문이 원인절에 미치는 경우: Je n'ai pas fait cela *parce qu'*on me l'a demandé. 부탁을 받고 그 일을 한 것은 아니다.

puissamment [pɥisamɑ̃] *ad.* ① 강력하게, 세게(fortement). troupe ~ armée 강력한 장비를 갖춘 부대. épaules ~ développées 강하게 발달된 어깨. aider ~ 강력히 원조하다. ②《구어》크게, 대단히, 지극히(extrêmement). ~ riche 대단히 돈이 많은. contribuer ~ à qc (à + *inf.*) ...에 (하는 데) 크게 이바지하다.

*puissance [pɥisɑ̃:s] *n.f.* ① 힘, 강력함; 능력. pos-

séder une grande ~ d'imagination. 강한 상상력을 지니다. ~ de travail 작업능력. ~ de la parole 말이 지니는 힘. ~ de l'habitude 습관의 힘. ~ d'une nation 국력.
② 권력, 권세, 지배력. ~ souveraine 주권. absolue 절대권력. ~ législative[executive] 입법[행정]권. ~ publique 공권력; 국가. volonté de ~ 권력에의 의지, 권력욕, 야심. soumettre qc à sa ~ …을 지배하에 두다. abuser de sa ~ 권력을 남용하다.
③ 권력자, 유력자; 지배[영향]력을 가진 자. ~s politiques 정치적 권력자. Il se croit une ~. 그는 자기를 유력자라고 믿고 있다. ~s d'argent 금권가(金權家). avoir accès auprès des ~s 유력자가 까이 지내다.
④ 강국, 대국, 열강. ~ maritime 해양대국. ~s continentales 유럽대륙의 열강. ~s alliées 연합국. grandes ~s économiques 경제대국.
⑤ 출력, 동력; 작업률. La ~ d'un moteur est exprimée en chevaux. 엔진의 출력은 마력으로 표시한다. ~ au frein 브레이크 마력. ~ électrique 전력. ~ d'un haut-parleur 확성기의 출력. ~ d'un éclairage 조명도. ~ d'une source lumineuse 측광(광원의 밝기). ~ d'un microscope 현미경의 확대력.
⑥ (pl.)(P~s) 《신학》능천사. ~s célestes (suprêmes) 천상의 지배자(上·天사·성인). ~s des ténèbres[d'en bas] 명계(冥界)의 지배자, 악마.
⑦ 《법》권리. ~ paternelle 친권, 부권. ~ maritale 부권(남편의 처에 대한 권리).
⑧ 《철학》가능태, 잠재성. la ~ et l'acte 가능태와 현실태.
⑨ ⓐ 《수학》거듭제곱, 멱(冪). élever[mettre] 4 à la trois[à la troisième] 4를 3제곱하다. ⓑ 《지질》(광층의)두께.
⑩ 《옛》능력(capacité). ~ de bien juger 올바르게 판단하는 능력. Il n'est pas en ma ~ de+inf. …하는 것은 나의 능력을 넘어선다.
à la n^{ième}[la ennième [enjɛm]] ~ 《구어》극도로, 최고도로.(au plus haut degré).
en ~ 잠재적인, 잠재하는; criminel en ~ 잠재적 범죄인. L'avenir est déjà en ~ dans le présent. 미래는 현재 속에 이미 잠재해 있다.
en ~ de qn …의 지배하에. tenir qn en sa ~ …을 지배하에 두다, 마음대로 움직이다. femme en ~ de mari 《법》유부녀.
traiter de ~ à ~ 대등하게 취급하다.
REM (1) **puissance** 는 인간이 실제로 발휘할 수 있는 「힘·권력」으로, 그 정당성 여부를 묻지 않는다 : Le dictateur abuse de sa *puissance*. 독재자는 자기의 권력을 남용한다. **pouvoir** 는 인간에게 주어진 정당한 「권위·권능」으로 puissance 보다 관념적이다 : L'homme juste use de son *pouvoir* pour sauver les pauvres. 올바른 사람은 가난한 사람을 구하는 데 자기의 권능을 행사한다. (2) la *puissance* paternelle 은 아버지가 발휘하는 실제적인 「힘」으로, 법률에서 말하는 「부권」(미성년자의 보호·감독·재산의 관리 따위), le *pouvoir* paternel 은 관념적인 뜻으로 「아버지의 권위」를 말한다. (3) les *puissances* de l'âme 은 행동하기 위해 필요한 「정신의 능력」, le *pouvoir* de l'âme 은 「의지의 결정력」을 말한다.

*puissant(e) [pɥisɑ̃, -ɑ̃ːt] a. ① (사람이)유력한, 권위있는, 세력 있는. personnage ~ 유력자. ~ prince 강력한 군주. famille ~e dans la région 그 지방에서 가장 세력 있는 가문. ② (국가가)강대한, 강력한. nation ~e 강대국. ~e armée 강력한

군대. ③ (약·행위 따위가)효력 있는, 강력한(efficace, énergique). absorber un ~ somnifère 강한 수면제를 복용하다. arôme ~ 강렬한 향기. alléguer de ~es raisons. 강력한 이유를 내세우다. ④ (감동 따위가)강렬한, 깊은(profond). ~es émotions 깊은 감동. ⑤ (사람의 능력 따위가)강력한, 능숙한. intelligence ~e et supérieure 강력하고 뛰어난 지성. ~ en paroles 구변이 좋은. ⑥ (사람·동물의 신체가)힘이 강한, 커다란(fort, grand). ~e musculature 힘센 근육. ⑦ (엔진 따위가)고성능의, 강력한. moteur ~ 출력이 강한 모터. voiture ~e 마력이 강한 자동차. ⑧ 《지질》두터운. couche ~e (3미터 이상의)두터운 탄층(炭層).
— n. 유력자, 세도가. ~s du moment jour 오늘날의 세도가(유력자). le Tout-P~ 신(神), 신.

puiss-e,-ent,-iez,-ions [pɥis, -je, -jɔ̃] ⇒pouvoir.

*puits [pɥi] n.m. ① 우물. puiser[tirer] de l'eau au ~ 우물물을 긷다. creuser un ~ 우물을 파다. ~ pleureur (표면지층의 물만을 고이게 하는)얕은 우물. ~ perdu (밑바닥으로 물이 새어나가는)물이 괴지 않는 우물. ② 《광산》수갱(竪坑). ~ d'extraction 채굴공. ~ de pétrole (유전의)채유공(採油孔), 유정(油井). ③ⓐ ~ naturel 《지리》천연우물(aven). ⓑ 《건축》~ de fondation (d'attente) (콘크리트를 채워 기초를 이루는)기초 정통(井筒); ~ d'ascenceur 승강기의 정호통(井戸穴). ⓒ ~ de marée (de port) (조위(潮位) 측정용의)항만정호(井戸). ⓓ ~ d'amour 《제과》슈크림 같은 과자의 일종. ⓔ ~ de l'abîme 《성서》지옥.
C'est un vrai ~. 그는 정말 입이 무거운 사람이다.
Il faut puiser tandis que la corde est au ~. 《속담》(우물에 끈이 있을 때 물을 길어야 한다)→ 기회를 놓쳐서는 안 된다.
La vérité est au fond d'un ~. 《속담》진리는 깊이 숨겨져 있다(찾기 어렵다).
tomber dans le ~ 잊혀지다; 비밀에 붙이다. Cela ne *tombera pas dans le* ~. 그것은 (잊혀지지 않고)자주 생각날 것이다. Ce qu'on lui dit *tombe dans le* ~. 그는 들은 말은 입밖에 내지 않는다.
un ~ *de science* 박식한 사람.

pulicaire [pylikɛːr] n.f. 《식물》목향유(類).
pull [pul, pyl] 《영》n.m. 《구어》머리부터 집어넣어 입는 스웨터(pull-over).
pullman(-car) [pulman(kaːr)] n.m. 《철도》(Pullman 이 고안한)호화 열차. train ~ 특등열차.
pullorose [py(l)lɔrozː] n.f. 《수의》가금류(특히 병아리)가 걸리는 전염병의 일종.
***pull-over** [pulɔvɛːr, pylɔvɛːr] 《영》=**pull**.
pullulant(e) [pylylɑ̃, -ɑ̃ːt] a. 급속도로 번식하는.
pullulation [pylylasjɔ̃], **pullulement** [pylylmɑ̃] n.m. 급속도의 번식(증가); 《구어》군집(群集), 우글거림. ~ microbienne 세균의 증식. ~ des badauds[des curieux] 어산으로 인해 이루는 구경꾼들.
pulluler [pylyle] v.i. ① (경멸)급속도로 번식하다 [많아지다]. Les lapins *pullulent* dans cette forêt. 이 숲에서는 토끼가 급속도로 번식하고 있다. ② 불어나다, 범람하다(foisonner). Les mauvais livres *pullulent*. 악서(惡書)가 범람한다.
pullupper [pulœpe], **pulloper** [pulɔpe] v.i. 《속어》달음박질치다, 급히 가다(galoper).
pulmonaire[1] [pylmɔnɛːr] a. 폐(肺)의, 폐병의. tuberculose ~ 폐결핵. artère ~ 폐동맥.
pulmonaire[2] n.f. 《식물》지치류(類).
pulmonés [pylmɔne] n.m.pl. 《동물》(연체동물의)유폐류(有肺類).
pulmonie [pylmɔni] n.f. 《옛》《의학》폐병. 《환자.
pulmonique [pylmɔnik] 《옛》a. 폐병의. — n. 폐병

pulpaire [pylpɛːr] *a.* 치수(齒髓)의.
pulpation [pylpɑsjɔ̃] *n.f.* 【약】 과육(果肉) 또는 식물성의 것을 죽처럼 만들기.
pulpe [pylp] *n.f.* ① (복숭아·포도 따위의)과육(果肉); (동물·식물의)연한 살[조직]. ~ des pêches 복숭아의 과육. ~ des dents 치수(齒髓). ~ des doigts 손가락 끝의 연한 살. ② 【약】 과죽(果粥). ③ 펄프(pâte à papier); 걸쭉하게 죽처럼 된 것. ~ à papier 제지용 펄프.
pulper [pylpe] *v.t.* 【약】 (과육(果肉)·식물성의 것을)죽처럼 만들다; 펄프로 만들다.
pulpeux(se) [pylpφ, -φːz] *a.* 【문어】 과육(果肉狀)의; 죽처럼 걸쭉한; 펄프 상태의.
pulpite [pylpit] *n.f.* 【의학】 치수염(齒髓炎).
pulpoir [pylpwar], **pulpoire** [pylpwaːr] *n.f.* (죽처럼 걸쭉하게 만들기 위한)주걱의 일종.
pulque [pylk] *n.m.* (멕시코산의)용설란 술.
pulsar [pylsar] 【영】 *n.m.* 【천문】 전파원천체(電波源天體).
pulsateur(trice) [pylsatœːr, -tris] *a.* 맥박이 뛰는; 고동하는.
pulsatif(ve) [pylsatif, -iːv] *a.* 【의학】 박동성(搏動性)의. douleur ~ve (맥이 뜀에 따라)욱신거리는 아픔.
pulsatile [pylsatil] *a.* 【의학】 박동성(搏動性)의; 뜨끔뜨끔 쑤시는.
pulsatille [pylsatij] *n.f.* 【식물】 아네모네.
pulsation [pylsɑsjɔ̃] *n.f.* ① (심장·동맥의)박동(搏動), 고동; 맥박(pouls). avoir cent ~s à la minute 1 분에 맥박이 100이다. ~ inégale 부정맥. ② 【물리】파동, 진동, 맥동(脈動). amplitude de ~ 파동의 진폭. ~ d'un courant alternatif 교류의 맥동.
pulsatoire [pylsatwaːr] *a.* ① 【의학】 박동성(搏動性)의. ② 【물리】 맥동성(脈動性)의. courant ~ 맥동 전류.
pulse [pyls] *n.m.* 【천문】 펄스(*펄사*(pulsar)가 기적적으로 발하는 전파).
pulser [pylse] *v.t.* (송풍장치로 기체를)공급하다, 보내다. air *pulsé* 송풍.
pulsimètre [pylsimɛtr] *n.m.* =**pulsomètre**①.
pulsion [pylsjɔ̃] *n.f.* 【정신분석】 (본능적·무의식적)욕구, 충동. ~s sexuelles 성적 충동. ~ de vie [de mort] 생[죽음]의 욕구. objet de ~ 욕구대상.
pulsionnel(le) [pylsjɔnɛl] *a.* 【심리】 욕구 따위가)충동적인. motion ~le 충동적 움직임.
pulso- *préf.* 「박동」의 뜻.
pulsographe [pylsɔgraf] *n.m.* 맥파(脈波) 묘사기.
pulsomètre [pylsɔmɛtr] *n.m.* ① 【의학】 맥박계. ② 【공】 증압양수기 (蒸壓揚水機).
pulsoréacteur [pylsɔreaktœːr] *n.m.* 【항공】 불연속 연료로 움직이는 제트엔진.
pultacé(e) [pyltase] *a.* 【의학】 죽같이 걸쭉한.
pulv. (약자)pulvis 【약】분말, 가루.
pulvérateur(trice) [pylveratœːr, -tris] *a.* (새·동물이)모래더미에서 뒹구는 버릇이 있는.
pulvérin [pylverɛ̃] *n.m.* ① 가루 화약, 화약통. ② 물보라, 수연(水煙).
pulvérisable [pylverizabl] *a.* 가루로 빻을 수 있는; (액체가)잔 방울로 화할 수 있는.
pulvérisateur [pylverizatœːr] *n.m.* 분무기; 분무 도장기(塗裝器). ~ portatif 휴대용 분무기.
pulvérisation [pylverizɑsjɔ̃] *n.f.* ① 빻기, 가루로 만들기. ② 분무; 분무 도장. ③ (자금·책임 따위의)분산, 확산, 세분화. ~ des investissements publics 공공투자의 확산.
pulvériser [pylverize] *v.t.* ① 가루로 빻다, 잘게 쪼개다(broyer). charbon *pulvérisé* 분탄. La bombe *a pulvérisé* la gare. 폭탄이 정거장을 가루로 만들었다. ② (가루·액체를)뿌리다(vaporiser); (칠 따위를)뿌려서 도장하다. ~ du parfum 향수를 뿌리다. ~ un liquide insecticide 살충제를 살포하다. ③ (비유적) 분쇄하다, 전멸시키다(anéantir, écraser). ~ un adversaire 적[상대방]을 전멸시키다. ~ une objection 반대를 분쇄하다. ~ le record du 100 mètres 【구어】 100미터의 기록을 경신하다. —se *v.pr.* 가루가 되다.
pulvériseur [pylverizœːr] *n.m.* ① 【농업】 흙덩어리를 부수는 농기구. ② (약을 뿜는)분쇄공.
pulvérol [pylverɔl] *n.m.* 【영】 【약】 【약】 분무약.
pulvérulence [pylverylɑ̃ːs] *n.f.* 분말상태; 가루[먼지]로 덮혀 있음.
pulvérulent(e) [pylveryla, -ɑ̃ːt] *a.* ① 가루 모양의, 분말상의. substance ~e 분말상(狀)의 물질. réduire du charbon à l'état ~ 석탄을 분말로 만들다. ② (과실·잎의 표면이)흰 가루(pruine)로 덮인; 섬모로 덮인. ③ 먼지투성이가 된. narines ~es 【의학】 콧털에 먼지가 낀 콧구멍. arbres ~s 먼지투성이의 나무들.
pulvifère [pylvifɛːr] *a.* 가루가 포함된.
pulvillus(*pl.* **i**) [pylvilys, -i] *n.m.* 【곤충】 부착반(附着盤).
pulvinar [pylvinaːr] *n.m.* ① 【고대로마】 정식 연회석에서 제신(諸神)의 상(像)을 뉘어둔 작은 탁상. ② 【해부】 시상침(視床枕).
pulviné(e) [pylvine] *a.* 【식물】 엽침(葉枕)이 있는, 육상(褥狀)의; 쿠션상의.
puma [pyma] *n.m.* 【동물】 퓨마, 아메리카 표범.
pûmes [pym] pouvoir 의 직설·단과거·1·복수.
pumiciforme [pymisiform] *a.* 속돌 비슷한, 경석(輕石)과 닮은.
pumicite [pymisit], **pumite** [pymit] *n.f.* 【광물】 속돌, 경석(輕石)(=**pierre ponce**).
pumiqueux(se) [pymikφ, -φːz] *a.* 속돌 비슷한.
pumpernickel [pumpernikɛl] 【독일】 *n.m.* 호밀 가루로 만든 검은 빵.
puna [pyna] *n.f.* ① (Andes 산맥의)고산병(高山病). ② 【지리】 (페루와 볼리비아의)한랭고원.
punais(e¹) [pynɛ, -ɛːz] 【엣】 *a.* 취비증(臭鼻症)의; 악취를 풍기는. œufs ~ 【사투리】 썩은 계란. —*n.* 취비증의 사람.
punaise² [pynɛːz] *n.f.* ① 【곤충】 빈대. ② 압정(押釘). fixer une photo avec des ~s 사진을 압정으로 붙이다. ③ 【구어】 비굴한 사람. plat comme une ~ 몹시 비루한(천한). ~ de sacristie 【구어】 맹목적인 여신도(bigote). —*int.* 【구어】 빌어먹을! 젠장! (놀람·원망·멸시를 나타냄).
punaiser [pyneze] *v.t.* 【구어】 압정으로 고정시키다.
punca [pɔ̃ka] *n.m.* =**punka**.
punch¹ [pɔ̃ːʃ] 【영】 *n.m.* 펀치(럼주에 레몬즙·홍차·설탕·계피 따위를 섞은 음료).
punch² [pœnʃ] 【영】 *n.m.* ① (권투 선수의)주먹심, 펀치, 결정타. avoir du ~ 펀치가 세다. ② 【구어】 (경주자가 피치를 올릴 수 있는)여력(餘力). ③ 【구어】 활력, 박력, 힘; 효과. Il manque de ~. 그는 박력이 없다.
puncheur [pœnʃœːr] *n.m.* 펀치가 센 권투 선수.
punching-bag [pœnʃiŋbag] 【영】 *n.m.* (권투선수의 연습용의)매단 샌드백.
punching-ball [pœnʃiŋboːl] 【영】 *n.m.* (권투 연습용의)매단 공.
punctiforme [pɔ̃ktiform] *a.* 점상의(點狀의).
punctum [pɔ̃ktɔm] 【라틴】 *n.m.* 【생리】 점(點), 반(斑). ~ cæcum (망막의)맹점(盲點). ~ proximum[remotum] (눈의)근점(近點)[원점].

puni(e) [pyni] *a.p., n.* 벌받은(사람).
punica [pynika] *n.m.* 『식물』 석류속(石榴屬).
punique [pynik] *a.* ① 『역사』 카르타고(*Carthago*)의. guerres ~s 포에니 전쟁. ② 『문어』 신의 없는, 교활한(로마 사람이 카르타고 사람을 평한 말). foi ~ 신의 없는 맹세약속, 배신.
***punir** [pyniːr] *v.t.* ① (사람을)벌하다, 징벌하다. ~ un coupable 죄인을 벌하다. [~ *qn* de] ~ un accusé *d'une peine d'emprisonnement* 피고를 금고형에 처하다. ② (행위를)벌하다. ~ l'injustice 부정행위를 벌하다. La loi *punit* sévèrement de tels crimes. 법은 그와 같은 범죄를 엄하게 벌한다. ③ [~ *qn* de *qc*] …의 이유로 …을 벌하다(대개의 경우 수동태). Il *a été puni de* son retard. 그는 지각을 해서 벌을 받았다. Il *a été puni de* sa curiosité. 그는 호기심 때문에 벌을 받았다(곤욕을 치렀다). (비유적) 은혜를 원수로 갚다, 충분히 보답하지 못하다. temps où la bonté *est punie* 친절이 보답받지 못하는 시대.

être puni par où l'on a péché 자업자득이다.

—se ~ *v.pr.* 자기를 벌하다; 서로 벌을 주다; 벌을 받다.
punissabilité [pynisabilite] *n.f.* 벌을 줘야함.
punissable [pynisabl] *a.* 처벌해야 할. crime ~ de la peine de mort 사형에 처해야 할 죄.
punisseur(se) [pynisœːr, -ɸːz] *a., n.* 『드물게』 처벌하는(사람); 처벌받기를 좋아하는(사람). Dieu ~ des méchants 악인을 징벌하는 신. père ~ 벌을 잘 주는 아버지.
punitif(ve) [pynitif, -iːv] *a.* 『드물게』 처벌의. expédition ~ve (반란 따위의)토벌.
***punition** [pynisjɔ̃] *n.f.* ① 처벌, 징계(châtiment). donner une ~ à *qn* ~을 벌하다. ~ corporelle 체형(體刑). ~ scolaire 학교의 징계. ~ de Dieu [du ciel] 천벌. [~ pour] ~ *pour* faute contre la discipline 규율위반에 대한 징벌. [en ~ de] *en ~ de ses péchés* 죄에 대한 벌로서. ~s pécuniaires 벌금. ② (잘못의)고통스러운 결과. Sa pénurie est la ~ de sa prodigalité. 그의 가난은 낭비의 결과이다. ③ 『권투』 넉다운이 될 만한)강타.
punka [pɔ̃ka] *n.m.* 손부채, 큰 부채(panca).
puntarelle [pɔ̃tarel] *n.f.* (팔찌·목걸이 따위를 만드는)산호의 작은 덩이.
puntillero [puntijero] 《에스파냐》 *n.m.* 『투우』 (장검으로 찔러서 실패했을 때에)비수로 소를 숨지게 하는 투우사.
pupa [pypa] *n.f.* =**pupe**.
pupation [pypasjɔ̃] *n.f.* 『곤충』 번데기가 됨; 번데기로 있는 기간.
pupazzo(*pl. i*) [pupadzo, -i] 《이탈리아》 *n.m.* 꼭두각시. spectacle de ~i 인형극.
pupe [pyp] *n.f.* ① 『곤충』 번데기. ② 『패류』 고동의 일종.
pupillaire¹ [pypi(l)lɛːr] *a.* 『법』 피후견인의. gestion du patrimoine ~ 피후견인의 재산관리.
pupillaire² 『해부』 동공(瞳孔)의. réflexe ~ 동공반사.
pupillarité [pypi(l)larite] *n.f.* 『법』 피후견인의 신분(기간).
pupille¹ [pypij, pypil] *n.* 『법』 (미성년)피후견인. ~ de l'État 국가에서 후견받는 미성년 고아. ~ de la Nation 국가에서 후견받는 전쟁고아.
pupille² *n.f.* 『해부』 동공(瞳孔)(prunelle).
pupilloscopie [pypi(l)lɔskɔpi] *n.f.* 『의학』 검영법(檢影法), 동공반사검사.
pupinisation [pypinizasjɔ̃] *n.f.* 전화선에 일정한 간격으로 유도코일을 배치하는 법.
pupinisé(e) [pypinize] *a.* 『전화』 (회로·선 따위가)푸핀(*Pupin*, 미국의 물리학자)식으로 배치된.
pupipare [pypipaːr] 『곤충』 *a.* 알에서 직접 번데기가 되는. ―*n.m.pl.* (위)의 곤충류.
pupitre [pypitr] *n.m.* ① (위쪽이 앞으로 경사지게)작은 책상, 악보대. ~ d'un dessinateur 제도대. ~ de chœur 성가대의 악보대. ~ d'écoliers 국민학교용 책상. chef de ~ (기관파트의)수석주자. être au ~ 오케스트라를 지휘하다. ② 포도주병을 거꾸로 꽂아놓는 선반. ③ 『컴퓨터』 컴퓨터 조종대.
pupitreur(se) [pypitrœːr, -ɸːz] *n.m.* 『컴퓨터』 컴퓨터 조종자, 조종판(tableau de commande)감시자.
pupivore [pypivɔːr] *a.* 『곤충』 번데기에 기생하는, 번데기를 먹고 사는.
puppy(*pl. ies*) [pœpi(e)] 《영》 *n.m.* 강아지.
***pur(e)** [pyːr] *a.* ① (섞임이 없이)순수한. or ~ 순금(純金). tissu ~e laine 순모직. ~e soie 순견(純絹). cheval de ~ sang 순종의 말(de ~ race). corps ~ 『화학』 단체(單體). ② 순결한, 청순한. avoir le cœur ~ 마음이 순결하다. amour ~ 순결한 사랑. jeune fille ~e 순결한 처녀. ③ 맑은, 투명한; 정돈된, 단정한. eau ~e 맑은 물. ciel ~ (구름없는)맑은 하늘. visage aux contours très ~s 균형잡힌 윤곽의 얼굴. ④ (명사 앞에서) 순전한, 단순한. politesse de ~e forme 순전히 형식뿐인 예의. par ~e curiosité 단순한 호기심에서. C'est la ~e vérité. 그것은 전적으로 진실이다. ⑤ 순이론적인; (학문·예술이)순수한. art ~ 순수예술. science ~e 순수과학. poésie ~e 순수시. 기초연구. «La Critique de la raison ~e» 「순수성 비판」(*Kant*의 저작). ⑥ 『문어』 [~ de *qc*] (이)전혀 없는. ciel ~ *de* nuages 구름 한 점 없는 하늘. être ~ *de* toute tache 흠이 전혀 없다.

à ~ et à plein 『옛』 극도로, 완전하게.
en ~ don 무상으로, 무보수로.
~ et simple 무조건의; 순전한. acceptation ~ *et simple* 무조건의 수락.
tout ~ 전적인. sottise toute ~e 순전한 바보짓.

―*n.* 순수한(티없는) 사람; (주의·당파 따위에)충실한 사람, 비타협적인 사람, 강경파.
pureau [pyro] (*pl. ~x*) *n.m.* 기와의 노출 부분.
purée [pyre] *n.f.* ① 『요리』 퓌레(야채를 삶아서 짓이겨 거른 걸쭉한 음식). ~ de pomme de terre 감자 퓌레. ② 『구어』 국립, 곤란, 곤경. être dans la ~ 『구어』 생활이 곤란하다, 돈에 쪼들리다. ③ (감탄사적) P~! 『속어』 가련한 것(Misère!). ④ ~ de pois 『구어』 짙은 안개 《영어의 pea soup에서》. ―*a.* (불변)《속어》 가련한, 초라한.
purement [pyrmɑ̃] *ad.* ① 순전히, 전적으로; 단순히, 오로지. faire *qc* ~ par intérêt 순전히(전적으로) 이익을 위해서 …을 하다. débat ~ politique 순전히 정치적인 토론. ② 『드물게』 결백하게, 정직하게. vivre ~ 결백한 생활을 하다. aimer ~ 순결한 사랑을 하다. ③ 『옛』 정확하게. écrire ~ 정확하게 쓰다. ~ *et simplement* 무조건으로. refuser ~ *et simplement* 깨끗이 거절하다.
purent [pyːr] pouvoir의 직설·단과거·3·복수.
***pureté** [pyrte] *n.f.* ① 순수성, 깨끗함; 순도(純度). ~ de l'air 공기의 깨끗함. ~ du sang 혈통의 순수함. ② 순결성, 결백성, 청순함. conserver sa ~ 순결을 간직하다. ~ d'une jeune fille 처녀의 순결성. ③ (언어의)정확, 순정(純正); (문장 따위의)세련됨. préserver la ~ de la langue 국어의 순수성을 지키다.
purgatif(ve) [pyrgatif, -iːv] *a.* ① 『의학』 하제(下劑) 작용의. huiles ~ves 하제용 기름. ② (불순물을)깨끗이 씻어내는. eau ~ve 깨끗이 씻어내는

물. —*n.m.* 〖의학〗하제(laxatif).
purgation [pyrgasjɔ̃] *n.f.* ① 〖의학〗하제(下劑)를 써서 배출시킴; 〖옛〗하제. ②씻어냄, 정화(淨化). ~ des passions 〖문학사〗(아리스토텔레스가 말한 연극에 의한)정념(情念)의 정화(카타르시스의 번역). ③〖옛〗〖신학〗(교회 법전에 좇아서)죄를 씻음.
purgatoire [pyrgatwa:r] *n.m.* ① 〖신학〗연옥(煉獄). prier pour les âmes du ~ 연옥에 있는 영혼을 위하여 기도하다. faire son ~ sur terre 현세에서 연옥의 고초를 겪다(모진 고생을 하다). ② (비유적)시련받는 장소[시기]. Le mariage aura été pour lui un vrai ~. 〖구어〗결혼은 그에게 있어 연옥의 고통과도 같았을 것이다.
purge [pyrʒ(ə)] *n.f.* ① 〖의학〗하제(下劑)를 써서 씻어냄(purgation), 하제(purgatif);〖옛〗소독. ~ de cheval 강력한 하제. prendre une ~ 하제를 먹다. ② (정치적)숙청(épuration). ~ staliniste 스탈린에 의한 숙청. ③ (기계 따위에서)배수, 불순물의 제거; (방직 과정에서)실에 붙은 솜털의 제거. robinet de ~ 배수물 제거전(栓). ~ d'un radiateur de chauffage 난방기 라디에이터의 배수. ④ 〖법〗(저당권을 해제시키기 위한)상환(償還).
purgeage [pyrʒaːʒ] *n.m.* (방직 과정에서)실에 붙은 솜털의 제거.
purgement [pyrʒəmɑ̃] *n.m.* 〖옛〗=purge②.
purgeoir [pyrʒwaːr] *n.m.* (식수 따위의)여과조(濾過槽), 여과지(池).
purger [pyrʒe] [3] *v.t.* ① 〖의학〗(에게)하제(下劑)를 복용시켜 장(腸)을 씻어내다; (체내의 불순물을)제거하다. ~ un enfant malade 아픈 아이에게 하제를 복용시키다. ~ un poison 해독하다. ~ l'estomac 위를 세척하다. ②깨끗하게 하다; 〖기계〗(물·공기 따위의)불순물을 배출시키다; 〖직물〗불순물을 제거하다. Le vent a *purgé* le ciel de tous les nuages. 바람이 불어 하늘의 구름을 모두 깨끗이 몰고 갔다. ~ un cylindre 실린더에 괸 물을 배출시키다. ③ (불순분자를)숙청하다, 일소하다(débarrasser). ~ un pays 국내에서 위험 인물들을 숙청하다. [~ *qc* de] ~ une région *des* bandits 지역에서 강도를 소탕하다. ~ la terre *des* injustices 지상에서 부정을 일소하다. ④〖옛〗(물질을)순화하다, 정련하다(épurer, raffiner). ~ un métal 금속을 순화하다. Le sucre 설탕을 정제하다. ⑤〖옛〗(마음·정신을)깨끗이 가다듬다(purifier). ~ les passions 잡념을 정화하다. ~ la conscience 마음을 정화하다. ⑥〖법〗형벌을 치르다, 죄갚음을 하다(expier). voleur qui *purge* une peine de six mois (de) prison 6 개월의 징역형을 치르는 절도범. ⑦〖법〗(부채를 갚아서, 저당을)해제시키다. ~ ses terres de dettes 토지의 부채를 상환하다.
—**se** ~ *v.pr.* ①하제를 복용하다. ② [se ~ de] (골치거리를)쫓다, 제거하다. se ~ des hommes dangereux 위험 인물들을 쫓아내다. ③ [se ~ de] (에 대하여)무죄를 입증하다. se ~ d'un crime 자신의 죄의 혐의를 벗기다.
purgerie [pyrʒəri] *n.f.* 설탕 건조장.
purgeur [pyrʒœːr] *n.m.* 〖기계〗(물·증기 따위의)배출전(排出栓); 배출 장치.
purifiant(e) [pyrifjɑ̃, ɑ̃ːt] *a.* 〖문어〗깨끗이 하는, 정화하는.
purificateur(trice) [pyrifikatœːr, -tris] *a., n.* ①깨끗이 하는(기계). ~ d'air 공기정화기. ②〖드물게〗정화하는(사람).
purification [pyrifikasjɔ̃] *n.f.* ①깨끗이 함, 정화; 정련. ~ de l'air 공기의 정화. ~ de l'âme [des mœurs] 영혼[풍속]의 정화. ~ des métaux 금속의 정련. ②〖종교〗정결의식; 성배(聖盃)·신부의 손가락을 닦기, 성모(聖布)의 세탁. Fête de la *P~* de la Vierge 성모취결례(取潔禮).
purificatoire [pyrifikatwaːr] 〖종교〗 *a.* 정결의. cérémonie ~ 정결의식. —*n.m.* 성작(聖爵)의 세탁.
*****purifier** [pyrifje] *v.t.* ① (영혼 따위를)정화하다; (사람·풍습 따위를)깨끗하게 하다; (언어를)순화하다. Un saint repentir *purifia* son cœur. 깊은 뉘우침이 그의 마음을 정화해 줬다. [~ *qn*] La souffrance l'*a purifié*. 고통은 그를 순화시켰다. ~ les mœurs 풍속을 정화하다. travailler à ~ la langue 언어를 순화하는데 힘쓰다. ②〖옛〗(물질을)정화하다; (금속을)정련하다. ~ l'air 공기를 정화하다(공기에 관해서는 지금도 쓰임). ~ un métal 금속을 정련하다.
—**se** ~ *v.pr.* ①자신을 깨끗하게 하다. ②깨끗해지다, 정화(정련)되다. L'eau *se purifie* par le filtrage. 물은 여과에 의해 정화된다. se ~ par un remords 참회로써 마음이 깨끗해지다.
puriforme [pyriform] *a.* 〖의학〗고름 모양의.
purin¹ [pyrɛ̃] *n.m.* ① (가축의 오줌이 섞인)액체 비료, 물거름. fosse à ~ 거름웅덩이. ②〖속어〗못된 인간.
purin² *a. patois* ~ 루앙(Rouen)에서 쓰는 사투리.
purine [pyrin] *n.f.* 〖생화학〗 푸린.
purisme [pyrism] *n.m.* 언어[문체]의 순수주의(정통주의)(↔ laxisme); (예술·사상의)과도한 순수주의; (일반적으로)(과도하게 순수성을 고수하려는)결벽성.
puriste [pyrist] *n.* (언어·예술 따위에 대한)과도한 순수[정통]주의자, 결벽자. —*a.* 언어[예술]의 순수성을 고집하다.(↔ laxiste).
puritain(e) [pyritɛ̃, -ɛn] *n.* ① 〖종교〗청교도. ②(교리·주의·도덕에 대해서)엄격한 사람(rigoriste). faire le ~ 엄격한 사람인 척하다. —*a.* 청교도의; 엄격한(austère).
puritainement [pyritɛnmɑ̃] *ad.* 청교도적으로, 엄격하게.
puritanisme [pyritanism] *n.m.* ①청교, 청교주의. ②(교리·주의에 대한)엄격한 엄격주의(rigorisme).
puron [pyrɔ̃] *n.m.* 유장(乳漿)(젖 속에 섞여 있는 단백질).
purot [pyro] *n.m.* 물거름웅덩이.
purotin(e) [pyrɔtɛ̃, -in] *n.* 〖속어〗가난뱅이.
purpura [pyrpyra] *n.m.* 〖의학〗자반(紫斑)(병).
purpuracé(e) [pyrpyrase] *a.* ①자홍(紫紅)빛의. ②〖의학〗자반상(紫斑狀)의.
purpurate [pyrpyrat] *n.m.* 〖화학〗푸르푸르산염.
purpurin(e) [pyrpyrɛ̃, -in] *a.* 자홍색의. —*n.f.* 〖화학〗푸르푸린, 자홍 색소; 청동분(青銅粉).
pur-sang [pyrsɑ̃] *n.m.* 《복수불변》순종(純種)의 말[경마].
purulence [pyrylɑ̃ːs] *n.f.* 〖의학〗화농. ②〖문어〗(비유적)(정신적·도덕적인)부패.
purulent(e) [pyrylɑ̃, -ɑ̃ːt] *a.* ① 〖의학〗화농한, 화농성의. plaie ~*e* 곪은 상처. foyer ~ 고름집. ②〖문어〗(비유적)정신을 부패시키는.
pus¹ [py] *n.m.* 〖의학〗고름. Du ~ s'est formé dans la plaie. 상처에서 고름이 생겼다.
pus² *ad.* 〖속어〗=plus.
pus³ pouvoir 의 직설·단과거 1 [2]·단수.
puseyisme [pyzeism] *n.m.* 〖종교〗 퓨지주의(영국의 신학자 *Pusey* (1800-1882)의 주장, 영국교회를 가톨릭으로 복귀시키려는 운동).
push-pull [puʃpul] 〖영〗*n.m.* 〖전기〗푸시풀 방식(2개의 진공관의 하나가 미는 작용을 하면 하나는 밀리는 작용을 하는 증폭기를 말함).

pusillanime [pyzi(l)lanim] *a.* 소심한, 겁많은(peureux, ↔ courageux); 《문어》비겁한.

pusillanimement [pyzi(l)lanimmɑ̃] *ad.* 《드물게》소심하게, 겁을 먹고.

pusillanimité [pyzi(l)lanimite] *n.f.* 《문어》소심함, 겁이 많음; 비겁함(lâcheté).

puss-e, -ent [pys] ⇨pouvoir.

pustulation [pystylɑsjɔ̃] *n.f.* 《의학》농포(膿疱)의 형성〔발생〕.

pustule [pystyl] *n.f.* ① 《의학》농포(膿疱), 피부에 돋아난 작은 종기. ② 《생물》(두꺼비의 등이나 어떤 식물의 표피 따위를 덮고 있는)오툴도툴한 작은 혹.

pustulé(e) [pystyle] *a.* ① 《의학》농포(膿疱)가 생긴. ②《생물》오톨도톨한 작은 혹으로 덮인. ③《속어》여드름이 난.

pustuleux(se) [pystylø, -ø:z] *a.* ① 농포(성)의; 농포 특성이의. acné ~*se* 농포성 좌창(痤瘡). ②《속어》여드름 투성이의.

put [py] pouvoir 의 직설·단과거·3·단수.

pût [py] pouvoir 의 접속·반과거·3·단수.

putain [pytɛ̃] *n.f.* ①《비어·구어》창녀, 매춘부(prostituée); 음탕한 여자, 정조 관념이 없는 여자. faire la ~ (여자가)음란한 행동을 하다. enfant〔fils〕 de ~! 망할 자식! ②(*P~!*)《속어》빌어먹을 것! 망할 것 《놀람·경멸·실망의 표시》. ~ *de*《속어》추한! 《저주·멸시 표시》. Quel ~ *de* temps! 망할 놈의 날씨!
—*a.*《비어》(여자가)음란한; (사람이)남의 비위를 맞추는. artiste très ~ 사람들의 마음에 들고자 몹시 애쓰는 예술가.

REM putain 은 너무나 비속한 말이기 때문에 때때로 생략적으로 p...로 표시함:《La P... respectueuse》「공손한 창부」(Sartre 의 희곡명).

putaniser [pytanize] *v.i.* 《드물게》(창녀와)오입질을 하다.

putanisme [pytanism] *n.m.* 《비어》① 창녀생활; 매음(prostitution). ② 오입장이 생활; 방탕생활.

putasser [pytase] *v.i.*《비어》① 오입질하다, 방탕한 생활을 하다. ② 창녀 생활을 하다.

putasserie [pytasri] *n.f.*《비어》=**putanisme**.

putassier(ère) [pytasje, -ɛ:r]《비어》*a.* 창녀의, 창녀 같은. langage ~ 창녀 특유의 말투. —*n.m.* 오입쟁이.

putatif(ve) [pytatif, -i:v] *a.* 《법》추정(推定)한, 추정상의. père〔enfant〕 ~ 추정상의 부친〔자녀〕. mariage ~ 합법적일 것으로 추정해서 행한 결혼 《흔히 무효 판결에도 불구하고 판결시까지의 결혼 생활은 법적 효력이 있음》.

putativement [pytativmɑ̃] *ad.* 추정상, 추정적으로.

pute [pyt] *n.f.* 《속어·비어》추정적으로 =**putain**.

putéal [pyteal] *n.m.*《고대로마》(신성한 곳으로 간주된)돌로 두른 낙뢰(落雷)장소.

pûtes [pyt] pouvoir 의 직설·단과거·2·복수.

putier [pytje], **putiet** [pytjɛ] *n.m.*《사투리》《식물》야생 벗나무의 일종.

putinerie [pytinri] *n.f.*《속어·비어》=**putanisme**.

putois [pytwa] *n.m.* ①《동물》(고약한 냄새를 풍기는)족제비의 일종; 족제비의 모피. ~ d'Amérique 스컹크. crier comme un ~《구어》몹시 외치다〔고함하다〕. ② 도예용(陶藝用) 붓.

putréfactif(ve) [pytrefaktif, -i:v] *a.* 부패시키는.

putréfaction [pytrefaksjɔ̃] *n.f.* 부패. cadavre en ~ 부패한 시체. tomber en ~ 부패하다.

putréfiable [pytrefjabl] *a.* 부패하기 쉬운.

putréfié(e) [pytrefje] *a.p.* 부패한, 썩은(pourri). cadavre ~ 부패한 시체.

putréfier [pytrefje] *v.t.* 부패시키다, 썩이다(pourrir, corrompre). La chaleur *putréfie* la viande. 더위는 고기를 썩인다. —se ~ *v.pr.* 부패하다. feuilles mortes qui *se putréfient* 썩는 낙엽.

putrescence [pytresɑ̃:s] *n.f.*《학술》부패(작용), 부패상태; 《의학》패혈증(敗血症).

putrescent(e) [pytresɑ̃, -ɑ̃:t] *a.*《학술》부패하고 있는, 썩어가는.

putrescibilité [pytresibilite] *n.f.*《학술》부패성.

putrescible [pytresibl] *a.*《학술》부패하기〔썩기〕 쉬운(corruptible).

putride [pytrid] *a.* ① (물질이)썩은 냄새가 나는; 썩는 과정에 있는. eau ~ 부패해서 냄새나는 물. fermentation ~ 부패에 의한 발효. ②(비유적)《도덕적으로》부패한, 타락한.

putridité [pytridite] *n.f.*《드물게》부패하고 있음, 부패상태, 부패.

putsch [putʃ] *n.m.*《독일》*n.m.* (정권을 탈취하기 위한) 무장 폭동, 군사 쿠데타(coup d'État). ~ militaire 군사 폭동〔쿠데타〕.

putschiste [putʃist] *n.m.* 무장폭동 가담자. —*a.* 무장폭동〔쿠데타〕의. forces ~*s* 무장폭동군.

putto(*pl. **i***) [pytto]《이탈리아》*n.m.*《미술》푸토《큐피드를 나타내는 벌거벗은 소년》.

puy [pɥi] *n.m.* ①《사투리》산, 언덕(le ~ de Dôme 따위 프랑스 중부의 지명·산명으로 남음) (montagne, hauteur). ②《중세기》(중세기에 시·극의 경연을 조직하던)문학·종교단체. ~ d'Arras 아라스의 경시회.

puya [pyja] *n.m.*《식물》(칠레·페루산의)아나나스과(科)의 1 속(屬).

puzzle [pœzl]《영》*n.m.* ① 조각을 맞추어 그림이나 카드를 만드는 놀이. ②(비유적)흐트러진 잡다한 요소가 조립되어 만들어진 것; 복잡한 문제.

P.V.《약자》petite vitesse 《옛》《철도》화물편《현재의 R.O.:régime ordinaire》.

P.-V. [peve] (<*procès-verbal*) *n.m.*《구어》경범죄(輕犯罪)《교통·주차위반 따위》. attraper un ~《교통위반으로》따지를 받다.

pycnide [piknid] *n.f.*《식물》(흑수병균류(黑穗病菌類)의)분자기(粉子器).

pycno- *préf.* 「짙은, 빈번한」의 뜻.

pycnogonides [piknɔgɔnid] *n.m.pl.*《동물》바다거미과(科).

pycnolepsie [piknɔlɛpsi] *n.f.*《의학》신속소간질(迅速小癲疾)《소아기에 있어서의 간질상 발작》.

pycnomètre [piknɔmɛtr] *n.m.*《물리》비중병(比重瓶).

pycnose [piknoz] *n.f.* 핵농축(증)《세포핵이 변질·응축하여 빛깔이 짙어짐》.

pycnostyle [piknɔstil] *n.m.*《건축》기둥 사이를 원기둥 반지름의 1.5 배로 하는 양식《즉 가장 좁게 하는 양식》.

pyélite [pjelit] *n.f.*《의학》신우염(腎盂炎).

pyélonéphrite [pjelɔnefrit] *n.f.*《의학》신우신염(腎盂腎炎).

pyg- *préf.,* **-pyge, -pygie** *suff.*「엉덩이」의 뜻.

pygargue [pigarg] *n.m.*《조류》흰꼬리수리.

pygmée [pigme] *n.m.* ①《경멸》키가 몹시 작은 사람, 난장이; (비유적)무능한 사람. —P~ *n.m.* (아프리카의)소인족(小人族). —P~*s n.pr.m.pl.*《신화》나일강 지방의 소인족. *a.* =**pygméen**.

pygméen(ne) [pigmeɛ̃, -ɛn] *a.* ①《신화》소인족(小人族)의. ②(비유적)작은, 보잘것 없는.

pyjama [piʒama] *n.m.* ① 파자마《잠옷》; 실내복. ②(인도 여자들이)입는 통이 넓은 바지.

pylône [pilo:n] *n.m.* ①(전선·안테나의)시멘트〔철

기둥(탑)(poteau); 【건축】비계(飛階); (다리·가로의 입구에 세운)장식용 사각탑. ②(고대 이집트 신전 입구의)탑문(塔門).
pylore [pilɔːr] n.m. 【해부】유문(幽門).
pylorique [pilɔrik] a. 【해부】유문의.
pylorisme [pilɔrism] n.m. 【의학】유문 경련.
pylorotomie [pilɔrɔtɔmi] n.f. 유문근(筋) 절개.
pyo- préf. 「고름」의 뜻.
pyodermite [pjɔdɛrmit] n.f. 【의학】화농성 피부염.
pyogène [pjɔʒɛn] a. 【의학】화농성의. microbes ~s 화농균.
pyogenèse [pjɔʒ(ə)nɛːz], **pyogénie** [pjɔʒeni] n.f. 【의학】화농.
pyohémie [pjɔemi] n.f. 【의학】농혈증(膿血症).
pyohémique [pjɔemik] a. 【의학】농혈증의.
pyorrhée [pjɔre] n.f. 【의학】농루(膿漏). ~ alvéolaire 치조농루(齒槽膿漏).
pyothorax [pjɔtɔraks] n.m. 【의학】농흉(膿胸) (가슴안 특히 늑막강(腔)에 고름이 생김).
pyr- préf. 「불·열」의 뜻.
pyracanthe [pirakɑ̃ːt] n.f. 【식물】산사나무의 일종.
pyrale [piral] n.f. 【곤충】명충나방.
pyralé(e) [pirale] a. 명충나방의 해를 입은.
pyralidés [piralide] n.m.pl. 【곤충】명충나방과.
pyramidal(ale, pl. aux) [piramidal, -o] a. ①피라미드 모양의, 각추형(角錐形)의. ②《엣·구어》《비유적》엄청난, 놀라운(énorme).
pyramidalement [piramidalmɑ̃] ad. ①피라미드 모양으로, 각추상으로. ②《엣·구어》《비유적》엄청나게, 놀라운.
pyramide [piramid] n.f. ①(이집트의)피라미드, (콜럼버스 이전의 멕시코의)피라미드형의 건축물. ② ⓐ 【수학】각추, 각추(角錐). ⓑ 【해부】각뿔과 비슷한 기관. ⓒ 【미학】화면의 피라미드형 구성. ⓓ (인구의 연령분포를 나타내는)피라미드형 그래프(~ des âges). ⓔ (정치·사회의)피라미드형 조직. ③《비유적》피라미드형으로 쌓아올린 더미. ~ humaine 【스포츠】(어깨 위로 피라미드형을 만드는)인간 피라미드. [~ de] ~ d'oranges 피라미드형으로 쌓은 오렌지 더미. ④《비유적》거대한 더미, 금자탑.
pyramider [piramide] v.i. ①《엣》피라미드형으로 놓이다(쌓이다); 【미학】피라미드형으로 구성되다. ②빼기하여 걷다, 자랑하다.
pyramidion [piramidjɔ̃] n.m. (오벨리스크의)각추부(角錐部).
pyramidon [piramidɔ̃] n.m. 【약】피라미돈 《해열 진통제》.
pyrargyrite [pirarʒirit] n.f. 【광물】농홍은광(濃紅銀鑛).
pyrène [pirɛn] n.m. 【화학】피렌.
pyrénéen(ne) [pirenɛɛ̃, -ɛn] a. 피레네 산맥(지방)의. —P-n. 피레네 지방 사람.
Pyrénées (les) [lepirene] n.pr.f.pl. 【지리】피레네 산맥.
pyrénéite [pireneit] n.f. 【광물】(피레네 산맥에서 나는)흑석류석.
pyrénomycètes [pirenɔmisɛt] n.m.pl. 【식물】핵균과(核菌科).
pyrèthre [pirɛtr] n.m. 【식물】국화과 식물의 일종《꽃을 가루로 만들어 제충분(除蟲粉)으로 씀》. poudre de ~ 제충국화분(꽃가루).
pyrétique [piretik] a. 【의학】발열(發熱)의, 열병(熱病)의.
pyrétologie [piretɔlɔʒi] n.f. 【의학】열병학.
pyrétothérapie [piretɔterapi] n.f. 【의학】발열(發熱)요법.
pyrex [pirɛks] n.m. 【상표명】파이렉스《내열(耐熱)유리》.
pyrexie [pirɛksi] n.f. 【의학】열병; 발열(發熱).
pyrexique [pirɛksik] a. 【의학】열성(熱性)의.
pyrhéliomètre [pirɛljɔmɛtr] n.m. 【물리】일사계(日射計).
pyridine [piridin] n.f. 【화학】피리딘《휘발성 유동 알칼리》.
pyridoxine [piridɔksin] n.f. 【의학】피리독신《피부병·신경병치료용으로 씀》.
pyriforme [piriform] a. 서양배(梨) 모양의.
pyrique [pirik] a. 불의, 불에 관한; 화포(꽃불)의.
pyrite [pirit] n.f. 【광물】황철광(黃鐵鑛); 유황분이 섞인 광물. ~ de cuivre 황동광.
pyriteux(se) [piritø, -øːz] a. 【광물】황철광이 섞인. cuivre ~ 황동광(黃銅鑛).
pyritifère [piritifɛːr] a. 【광물】=pyriteux.
pyro- préf. 「불·열」의 뜻.
pyrocatéchine [pirɔkateʃin] n.f. 【사진】피로카테킨.
pyroélectricité [pirɔelɛktrisite] n.f. 【물리】파이로 전기, 초(焦)전기.
pyroélectrique [pirɔelɛktrik] a. 파이로전기의.
pyrogallate [pirɔɡa(l)lat] n.m. 【화학】초성몰식자산염(焦性沒食子酸鹽).
pyrogallique [pirɔɡa(l)lik] a. acide ~ 【화학】= pyrogallol.
pyrogallol [pirɔɡa(l)lɔl] n.m. 【화학】초성몰식자산(焦性沒食子酸)《사진 현상 약품》.
pyrogénation [pirɔʒenasjɔ̃] n.f. 【화학】고열(高熱) 반응.
pyrogène [pirɔʒɛn] a. ①【광물】화성(火成)의. ②【의학】발열성(發熱性)의.
pyrogéné(e) [pirɔʒene] a. 불에 의해서 발생한. acide ~ 피로산(酸). distillation ~e 건류(乾留)(distillation sèche).
pyrogénésique [pirɔʒenezik] a. 발열(發熱)에 관한.
pyrogénétique [pirɔʒenetik] a. 열을 발생하는.
pyrographe [pirɔɡraf] n.m. (낙화(烙畫)용의)전기인두.
pyrograver [pirɔɡrave] v.t. (목판에)불에 달군 쇠꼬치로 그림을 그리다, 낙화하다.
pyrograveur(se) [pirɔɡravœːr, -øːz] n. 낙화공(烙畫工).
pyrogravure [pirɔɡravyːr] n.f. 낙화(烙畫)(법).
pyrolacées [pirɔlase] n.f.pl. 【식물】일약초과(一藥草科).
pyrolâtre [pirɔlɑːtr] a. 불을 숭배하는. —n. 배화교도(拜火教徒).
pyrolâtrie [pirɔlɑtri] n.f. 불을 숭배함.
pyrole [pirɔl] n.f. 【식물】일약초一藥草.
pyroligneux [pirɔliɲø] a.m. acide ~ 【화학】목초산(木醋酸)《목재를 건류할 때 생김》. —n.m. 목초산을 함유한 액체.
pyrolignite [pirɔliɲit] n.m. 【화학】목초산염.
pyrolusite [pirɔlyzit] n.f. 【광물】연(軟)망간광.
pyrolyse [pirɔliːz] n.f. 【화학】열작용만에 의한 화학분해, 열분해.
pyromancie [pirɔmɑ̃si] n.f. 【고대그리스】화점술(火占術).
pyromane [pirɔman] n. 방화광(放火狂) 환자.
pyromanie [pyrɔmani] n.f. 【정신의학】방화광.
pyromètre [pirɔmɛtr] n.m. 【물리】고온계.
pyrométrie [pirɔmetri] n.f. 【물리】고온연구; 고온측정(술).
pyrométrique [pirɔmetrik] a. 고온 측정의.
pyromorphite [pirɔmɔrfit] n.f. 【광물】녹연광

(綠鉛鑛).

pyrope [pirɔp] *n.m.* 《광물》 홍류석(紅榴石).
pyrophore [pirɔfɔːr] *n.m.* ① 《화학》 자연성(自然性) 물질, 자연발화물《공기에 접촉하면 자동적으로 발화함》. ② 《곤충》 (남미 지방의) 야광성(夜光性) 방아벌레의 일종. ③ 성냥갑.
pyrophorique [pirɔfɔrik] *a.* 충격·마찰에 의해 불꽃을 발하는; 《옛》 자연성(自然性)의. alliage ~ 발화합금.
pyrophosphate [pirɔfɔsfat] *n.m.* 《화학》 초성인산염.
pyrophosphorique [pirɔfɔsfɔrik] *a.* acide ~ 《화학》 초성인산.
pyrophyllite [pirɔfi(l)lit] *n.f.* 《광물》 엽랍석(葉蠟石).
pyropneumatique [pirɔpnφmatik] *a.* 뜨거운 공기로 움직이는. moteur ~ 열기(熱氣) 엔진.
pyroscaphe [pirɔskaf] *n.m.* 《옛》 증기선《최초의 증기선에 붙인 명칭》.
pyroscope [pirɔskɔp] *n.m.* 《물리》 (일정한 온도에 달한 것을 나타내는) 온도계, 고온계(pyromètre).
pyrosis [pirɔzis] *n.m.* 《의학》 탄산증(吞酸症)《가슴이 타는 듯이 쓰릴 증세》. 「(核).
pyrosphère [pirɔsfɛːr] *n.f.* 《지질》 지구핵(地球
pyrostat [pirɔsta] *n.m.* 《물리》 고온용 온도조절기, 서모스탯(thermostat).
pyrosulfurique [pirɔsylfyrik] *a.* acide ~ 《화학》 초성(焦性) 황산.
pyrotechnicien(ne) [pirɔtɛknisjɛ̃, -ɛn] *n.* 《드물게》화포《꽃불》 제조업자 [전문가].
pyrotechnie [pirɔtɛkni] *n.f.* 꽃불[화약·화포]의 제조 [사용]술; 꽃불제조공장.
pyrotechnique [pirɔtɛknik] *a.* pyrotechnie의 제.
pyroxène [pirɔksɛn] *n.m.* 《광물》 휘석(輝石).
pyroxyle [pirɔksil] *n.m.*, **pyroxyline** [pirɔksilin] *n.f.* 《옛》 《화학》 면화약(coton-poudre).
pyroxylé(e) [pirɔksile] *a.* 《화학》 면화약(棉火藥) 이 바탕으로 쓰인.
pyroxylique [pirɔksilik] *a.* acide ~ 《화학》 목초산(木醋酸).
pyrrhique¹ [pirik] 《고대그리스》 *n.f.* 검무(劍舞). —*a.* 검무의.
pyrrhique² [pirik] 《옛》 《운율》 단단격(短短格).
pyrrhocoris [pirɔkɔris] *n.m.*, **pyrrhocore** [pirɔkɔːr] *n.m.* 《곤충》 별점박이노린재.
pyrrhonien(ne) [pirɔnjɛ̃, -ɛn] *a.* 《철학》 피론(Pyrrhon, 고대 그리스의 회의주의자)의; 회의주의의. —*n.* 피론 학파의 사람; 《옛》 회의주의자(sceptique).

pyrrhoniser [pirɔnize] *v.i.* 《옛》 만사를 의심하다.
pyrrhonisme [pirɔnism] *n.m.* 《철학》 피론(Pyrrhon)의 회의설; 회의주의(scepticisme).
pyrrhotine [pirɔtin] *n.f.* 《광물》 자황철광(磁黃鐵鑛).
Pyrrhus [pirys] *n.pr.m.* 《그리스사》 피루스(Epire의 왕). victoire à la ~ 큰 희생을 치르고 얻은 승리.
pyrrol(e) [pirɔl] *n.m.* 《화학》 피롤. 「산.
pyruvique [piryvik] *a.* acide ~ 《화학》 피루빈
Pythagore [pitagɔːr] *n.pr.m.* 피타고라스《그리스의 수학자·철학자》. table de ~ 곱셈의 구구표. théorème de ~ 피타고라스의 정리.
pythagoréen(ne) [pitagɔreɛ̃, -ɛn] *a.* 피타고라스(의 학설)의.
pythagoricien(ne) [pitagɔrisjɛ̃, -ɛn] *a.* 피타고라스(학파)의. —*n.* 피타고라스 학파(의 사람).
pythagorique [pitagɔrik] *a.* 피타고라스의; 《옛》 피타고라스 학파의. silence ~ 《피타고라스가 제자에게 부탁한 바와 같은》 오랜 침묵.
pythagoriser [pitagɔrize] *v.i.* 피타고라스의 학설을 따르다.
pythagorism [pitagɔrism] *n.m.* 《철학》 피타고라스의 학설.
pythiade [pitjad] *n.f.* 《고대그리스》 (4년마다 열리는 아폴로(Apollon)신을 위한 축제 경기의) 4년간의 세월.
Pythie [piti] 《그리스종교》 *n.pr.f.* (Delphes 신전에 있던)아폴로신의 신탁을 받은 무녀(巫女). —**p**~ *n.f.* 《문어》무녀; 여자 점장이(devineresse).
pythien(ne) [pitjɛ̃, -ɛn] *a.* 《그리스》 ① 아폴로의. jeux ~s (4년마다 Delphes에서 행한)아폴로 축제 경기. ② 델피(Delphes)의; 델피 신전의; 델피 무녀의. oracle ~ 델피 무녀의 신탁.
pythique [pitik] *a.* 《그리스종교》 델피의, 아폴로의. jeux ~s 아폴로 축제경기(jeux pythiens). —**P**~**s** *n.f.pl.* 《그리스문학》 델피의 아폴로 축제경기 축가(祝歌)《Pindare가 지음》.
python [pitɔ̃] *n.m.* ① (P~) 《그리스신화》 아폴로가 죽인 괴사(怪蛇). ② 《동물》 왕뱀속(屬).
pythonidés [pitɔnide] *n.m.pl.* 《동물》 왕뱀과.
pythonisse [pitɔnis] *n.f.* ① 《문어》 (비꼼) 여자 점장이. ② 《고대그리스》 여자 예언자.
pyurie [pjyri] *n.f.* 《의학》 농뇨(膿尿)(증).
pyxide [piksid] *n.f.* ① 《식물》 개과(蓋果). ② 《동물》 (마다가스카르산의) 거북의 일종. ③ 《가톨릭》 (성체를 병자에게 운반할 때 쓰는 금속제의) 성합(聖盒). ④ 《고고학》 보석함(coffret).
pz 《약자》 pièze 《물리》 피에즈《압력의 단위》.

Q

Q¹,q [ky, 《드물게》kə] *n.m.* 프랑스 자모의 제17자. *Q comme Quintal* 《전신》Quintal의 Q.
Q² 《약자》《물리》전하(電荷).
Q. 《약자》① quantité 양(量). ② pavillon Q 검역기(檢疫旗) (pavillon de quarantaine).
q. 《약자》① quai 부두; 강둑; 플랫폼. ② carré 평방, 제곱. ③ quintal 《도량형》100 kg.
Qatar (le) [ləkata:r] *n.pr.m.* 카타르《아라비아 반도의 수장국》. ~ Petroleum 카타르 석유회사.
qc. 《약자》quelque chose 어떤 것.
Q.D. 《약자》quotient de développement 《심리》발달지수(指數) (《영》D.Q.).
Q.E.D. 《약자》quod erat demonstrandum 《수학》이로써 증명되었음, 증명 끝《기하학의 정리·문제 끝에 붙임》.
qer 《약자》quartier 구(區); 가(街).
Q.G. 《약자》quartier général 《군사》 사령부.
Q.G.A. 《약자》quartier général d'armée 《군사》군사령부.
Q.G.C.A. 《약자》quartier général de corps d'armée 《군사》군단 사령부.
Q.I. 《약자》quotient intellectuel [d'intelligence] 지능지수(《영》I.Q.).
qn 《약자》quelqu'un 누구, 어떤 사람.
q.p. 《약자》quantum placet 《약》임의량(任意量).
qq. 《약자》① quelques 몇몇의. ② quelqu'un 누구, 어떤 사람.
qq.ch. 《약자》quelque chose 어떤 것.
qqf. 《약자》quelquefois 때때로.
qqn 《약자》quelqu'un 어떤 사람.
Q.R. 《약자》quotient respiratoire 호흡계수.
Q.S. 《약자》quantité suffisante 《약》필요량.
qt. 《약자》quintal (100 kg).
qtaux 《약자》quintaux (quintal 의 복수).
qu' =que 《모음·무성 h 앞에서》.
quadr(a)- *préf.* 「4」의 뜻.
quadragénaire [kwadraʒene:r] *a.* 40의, 40세의; 40대의. — *n.* 40세 [40대] 의 사람.
quadragésimal (ale, *pl.* **aux)** [kwadraʒezimal, -o] *a.* 《종교》사순절의. jeûne ~ 사순절의 단식. vie ~*ale* 《구어》금욕생활.
Quadragésime [kwadraʒezim] *n.f.* ① 사순절 제 1 일요일 (dimanche de la ~). ② (p~) 《옛》사순절 (carême).
quadragésimo [kwadraʒezimo] *ad.* 40 번째로.
quadrangle [kwadrɑ̃:gl] *n.m.* 《수학》4각형.
quadrangulaire [kwadrɑ̃gylɛ:r] *a.* 4 각형의.
quadrangulé(e) [kwadrɑ̃gyle] *a.* 《식물》4 각형의(quadrangulaire).
quadrant [kwadrɑ̃] *n.m.* 《수학》4분원(四分圓) 《원의 1/4》; 《천문·해양》4분의(儀) 《원의.
quadrantal(ale, *pl.* **aux)** [kwadrɑ̃tal, -o] *a.* 4 분의.
quadrat¹ [kwadra] *n.m. a.* 《천문》4분의 1 대좌(의), 《aspect》~ 구상(矩象)《2개의 천체가 4분원 즉 90°로 대좌하는 위치》.
quadrat² [kadra] *n.m.* 《인쇄》 공목 (空木) (cadrat).
quadratin [kadratɛ̃] *n.m.* =cadratin.

quadratique [kwadratik] *a.* 《수학》2차의; 《광물》(결정(結晶)이)정4각형의, 정방형의. équation ~ 2차 방정식.
quadrature [kwadraty:r] *n.f.* ① 《수학》구적법 (求積法). ② 《천문》구상(矩象); (초생달의) 현(弦). ~ orientale [occidentale] 상구(上矩) [하구]. ~*s* de la lune 달의 상현과 하현. marée de ~ 소조(小潮) (marée de mortes eaux).
~ *du cercle* 《구어》불가능한 일. chercher la ~ *du cercle* 불가능한 일을 시도하다. C'est la ~ *du cercle*. 그것은 불가능한 일이다.
quadrette [k(w)adrɛt] *n.f.* 《놀이》(jeu de boules 따위에서) 한 팀을 이루는 4명.
quadri- *préf.* 「4」의 뜻.
quadriannuel(le) [kwadrianɥɛl] *a.* 4년마다 한 번의.
quadribasique [kwadribazik] *a.* 《화학》4염기성 (四鹽基性)의.
quadriceps [kwadrisɛps] *n.m.* 《해부》넓적다리 전면의 근육, 대퇴사두근.
quadrichromie [kwadrikrɔmi] *n.f.* 《인쇄》(황·적·청·흑의)4도 인쇄.
quadricolore [kwadrikɔlɔ:r] *a.* 《생물》4색의.
quadricorne [kwadrikɔrn] *a.* 《식물》(꽃받이)4개의 뿔로 된.
quadricuspidé(e) [kwadrikyspide] *a.* 4개의 첨단이 있는.
quadricycle [kwadrisikl] *n.m.* 4 륜 자전거.
quadridenté(e) [kwadridɑ̃te] *a.* 《식물》(잎 가장자리가)4 톱니의.
quadridigité(e) [kwadridiʒite] *a.* 《식물》잎자루가 4개의 작은 잎으로 끝난, 사지상(4 枝狀)의.
quadriennal(ale, *pl.* **aux)** [kwadri(j)ennal, -o] *a.* 4년간의, 4년간 계속하는; 4년마다의. plan ~ 4개년 계획. planète à révolution ~*ale* 공전주기 4년의 혹성. Jeux Olympiques ~*aux* 4년마다 거행되는 올림픽 경기.
quadrifide [kwakrifid] *a.* 《식물》4 열(裂)의.
quadriflore [kwadriflɔ:r] *a.* 《식물》4꽃의.
quadrifolié(e) [kwadrifɔlje] *a.* 《식물》4잎 군생(群生)의, 한 자리에 잎이 넷 나는.
quadriforme [kwadrifɔrm] *a.* (결정(結晶)이)4겹꼴의. cristal ~ 4겹꼴의 결정.
quadrige [kwadri:ʒ] *n.m.* 《고대로마》4 두(頭)2 륜 전차(戰車).
quadrijumeaux [kwadriʒymo] *a.m.pl.* tubercules ~ 《해부》(대뇌의)4첩체(疊體).
— *n.m.pl.* 《동물》쌍둥이(quadruplés).
quadrilatéral(ale, *pl.* **aux)** [kwadrilateral, -o] *a.* 4 변형의.
quadrilatère [kwadrilate:r] *n.m.* 《수학》4 변형; 《군사》(네 귀가 요새인)4 변형 요새지.
REM 4 변형에는 **carré** 정방형, **rectangle** 장방형, **losange** 마름모꼴, **trapèze** 대형, **parallélogramme** 평행4변형 등이 있다.
quadrillage [kadrija:ʒ] *n.m.* ①(지도·종이 따위에)바둑판무늬로 줄을 긋기[구획을 정하기]. ② 바둑판무늬. ③ (사고지역의 관할·치안확보 따위의 위해 군대·경찰 병력을 분할 주둔시키는)분할방식. ~ policier 경찰병력의 지역분산. ~ de la ville par l'armée 군대에 의한 도시의 분할 주둔.

quadrille¹ [kadrij] *n.f.* 《옛》(마상 시합의)4 기사군. 《드물게》투우사군. —*n.m.* (4 인조로 추는)카드릴 (무용); (카드릴의)4 인조; 카드릴 무도곡.

quadrille² *n.m.* ① 바둑판무늬. ②《옛》4 사람이 40 매의 패로 노는 카드놀이.

quadrillé(e) [kadrije] *a.p.* (종이 따위가)바둑판무늬로 줄을 그은(구획을 정한); (천이)바둑판무늬의. papier ~ 그래프 용지, 모눈종이. —*n.m.* 바둑판무늬의 천(étoffe ~e).

quadriller [kadrije] *v.t.* ① (에) 바둑판무늬를 넣다, 바둑판무늬처럼 줄을 긋다(구획을 정하다). ~ une ville (une région)도시를 바둑판 모양으로 구획 정리하다. ② (사고지역에 대해 행정력을 강화하기 위해)분할 방식을 취하다.

quadrillion [kwadrijɔ̃] *n.m.* ① 100 조(兆) (10¹⁵). ② 100 만의 4 제곱(10²⁴).

quadrilobé(e) [kwadrilobe] *a.* 《식물》4 열편(裂片)의.

quadriloculaire [kwadrilɔkylɛ:r] *a.* 《식물》4 방(房)의, 씨방이 4 개인.

quadrimestre [kwadrimɛstr] *n.m.* 《상업》4 개월 단위의 분기(分期), 3 분기.

quadrimestriel(le) [k(w)adrimɛstri(j)ɛl] *a.* 4 개월마다 한 번의.

quadrimoteur(trice) [kwadrimɔtœ:r, -tris] *a.*《항공》4 발의, 발동기가 넷 달린. —*n.m.* 4 발기(機) (avion ~).

quadrinôme [kwadrino:m] *n.m.*, *a.*《수학》4 항식.

quadriparti(e, 때로 te) [kwadriparti, -it] *a.* ① 《식물》4 부분으로 나뉜, 4 열편(裂片)의. ② 《4 자의, 4 개 당(黨)의. conférence —*te* 4 자회담.

quadripartition [kwadripartisjɔ̃] *n.f.* 4 로 나눔, 4 분(四分).

quadripétale [kwadripetal] *a.*《식물》꽃잎이 넷 달린, 4 꽃잎의.

quadriphonie [kwadrifɔni] *n.f.* 4 채널 녹음(재생).

quadriphonique [kwadrifɔnik] *a.* 4 채널 방식의.

quadrique [kwadrik] *a.* 2 차의. —*n.f.* 2 차곡면(曲面).

quadriréacteur [kwadrireaktœ:r] *n.m.* 4 발제트기.

quadrirème [kwadrirɛm] *n.f.* 《옛》《해양》(고대 로마의) 4 줄로 나란히 앉아 노젓는 배; 한 노에 4 명씩 붙어 젓는 배.

quadrisyllabe [kwadrisillab] *n.m.* 《언어》4 음절어; 4 음절 시구.

quadrisyllabique [kwadrisillabik] *a.* 4 음절의.

quadrivalence [kwadrivalɑ̃:s] *n.f.* 《화학》4 가(價).

quadrivalent(e) [kwadrivalɑ̃, -ɑ̃:t] *a.* 《화학》4 가의.

quadrivalve [kwadrivalv] *a.* 《식물》4 판(瓣)의.

quadrivium [kwadrivjɔm] (라틴) *n.m.* (중세 대학의 교양 과목의) 4 과(산술·기하·천문학·음악).

quadru- *préf.*「4」의 뜻.

quadrumane [kwadryman]《동물》*a.* 네 손을 가진, 사수류(四手類)의. —*n.m.pl.*《옛》사수류(영장류에 해당).

quadrupède [kwadrypɛd]《동물》*a.* 4 발 달린, 4 족의. —*n.m.* 네발 짐승, 4 족수(四足獸).

quadruple [kwadrypl] *a.* 4 곱의. récolte ~ de la précédente 이전의 4 배의 수확. Q~ Alliance (1718년 및 1차 세계대전 때의)4 국동맹. —*n.m.* 4 곱. ~ de la production d'avant-guerre 전전(戰前)생산의 4 배. ②에스파냐 금화; (루이 13세 시대의)프랑스 금화(20 리브르).

quadruplement [kwadrypləmɑ̃] *n.m.* 4 곱함. —*ad.* 4 곱으로.

quadrupler [kwadryple] *v.t.* 4 곱하다. ~ son capital 자본을 4 배로 증가하다. —*v.i., se* ~ *v.pr.* 4 곱이 되다. La production *a quadruplé* en dix ans. 생산은 10년 동안에 4배로 증가했다.

quadruplés(ées) [kwadryple] *n.pl.* 네쌍둥이.

quadruplette [kwadryplɛt] *n.f.* 《옛》4 인승 자전(車).

quadruplex [kwadrypleks] *n.m.* (동일 회로에 의한) 4 중 전신기.

quadruplication [kwadryplikasjɔ̃] *n.f.* 4 곱함.

quadruplique [kwadryplik] *n.f.* 《고대법》원고의 제 3 소답(訴答)에 대한 피고의 소답.

****quai** [ke] *n.m.* ① 강둑; 부두; 방파제. amener à ~ (배를)부두에 대다. droit de ~ (배의)부두세(사용료). propriétaire de ~ 부두(방파제) 소유주(관리인). à prendre sur ~《상업》부두 인도(引渡). ② 강가, 강가, 강변. Q~ d'Orsay《구어》(프랑스 강 *Orsay* 기슭의) 프랑스 외무성. ③ (철도 정거장의)플랫폼. prendre un billet de ~ (역의)입장권을 사다. attendre sur le ~ l'arrivée du train 기차의 도착을 플랫폼에서 기다리다. Le train est à ~. 열차가 플랫폼에 들어와 있다. ~ de départ (d'arrivée) 발차(종착) 플랫폼. ④ 둑길; 강변도로, bouquinistes installés sur les ~s de la Seine 센 강의 강변도로에 자리잡은 서적(고본)상인들. **Les ballots au bout du ~.** 《속어》바보들아, 얼간이 나가라(귀찮게 구는 사람을 내쫓을 때의 말).

quaiche [kɛʃ] *n.f.* 《해양》쌍돛대 거룻배[범선] (caiche).

quaker(esse) [kwakœ:r, -krɛs] *n.* 퀘이커 교도(敎).

quakerisme [kwekərism] *n.m.* 퀘이커파(派) 교리.

qualifiable [kalifjabl] *a.* ① 규정지을 수 있는, 시인할 수 있는 (보통 부정문으로 쓰임). peu ~ 시인할 수 없는, 언어도단의. Sa conduite n'est pas ~. 그의 행위는 시인할 수가 없다(언어도단이다). ② 《스포츠》유자격자.

qualificateur [kalifikatœ:r] *n.m.* 《옛》(종교재판소 전속의) 고문 신학자.

qualificatif(ve) [kalifikatif, -i:v] 《언어》*a.* 품질을 나타내는. adjectif ~ 품질형용사. —*n.m.* 형용사, 형용어, 수식어.

qualification [kalifikasjɔ̃] *n.f.* ① 명칭(부여), 지칭 (appellation). Je de sage 현자라는 지칭. s'attribuer la ~ de professeur 스스로 교수라 지칭하다. ②《언어》수식, 형용. ③ 자격(부여), 자격 소유; (직업적)숙씨, 기능; 《경마·스포츠》출장 자격. ~ professionnelle 숙련공 자격. ③《법》죄과(罪科)의 결정; (법적 분쟁에 적용할) 법률적 성격의 결정.

****qualifié(e)** [kalifje] *a.p.* ① 자격이 있는. ouvrier ~ 숙련공, 기능공. personne ~*e* 유자격자. [~ pour + *inf.*] Il n'est pas ~ *pour* occuper cet emploi. 그는 이 직무를 맡을 자격이 없다. ②(경마주에)출장 자격이 있는, (예선을 통과한 선수가)결승전 출장 자격이 있는, 예선을 통과한 선수가)결승전 출장 자격이 있는. ③귀속 칭호로 가진; (인물 따위가) 중요한. ④ vol ~ 《법》가중 절도죄 (보통의 경우는 경범 délit 인데, 여러 조건에 의해 중죄 (crime)로 간주된 것). ⑤ nombres ~s 《수학》부호 (+ -) 붙은 수.

qualifier [kalifje] *v.t.* 규정짓다, 부르다, 명명하다 (appeler). [~ de + 속사], ~ A de B, A를 B라고 부르다(규정짓다). Il m'a qualifié d'imbécile. 그는 나를 바보라 불렀다. (수동형) Le fait *a été qualifié* de crime. 그 사실은 범죄로 규정지어졌다. Voilà une conduite qu'on ne saurait ~. 그것은 말도 안되는 짓이다. ②[~ *qn* pour] 자격을 주다; 《스포츠》출전 자격을 주다. Ses connaissances

qualitatif(ve)

le *qualifient pour* (entreprendre) cette recherche. 그의 지식은 그에게 이 연구를 할 자격을 준다(그만한 지식이 있으면 그는 이 연구를 할 차격이 있다). Le dernier but *a qualifié* leur équipe *pour* la finale. 마지막 골로 그들의 팀은 결승전에 진출할 자격을 얻었다. ③《언어》수식하다.
—**se** ~ *v.pr.* ① [se ~ pour] (에 대한) 자격을 얻다. Cet athlète *s'est qualifié pour* les jeux Olympiques. 이 운동가(선수)는 올림픽에 출전할 자격을 얻었다. ② 규정지어지다; (라고)지칭하다. [se ~ de] Cet escroc *s'est qualifié de* médecin. 이 사기꾼은 스스로 의사라고 칭했다.

qualitatif(ve) [kalitatif, -iv] *a.* 성질상의, 성질에 관한, 질적인. analyse ~*ve* 《화학》정성분석(定性分析).

qualitativement [kalitativmɑ̃] *ad.* 질적으로.

qualité [kalite] *n.f.* ① 질, 품질. article de bonne (première) ~ 고급(1급)품. améliorer la ~ *des* produits 생산품의 품질을 개량하다. ② 상등, 고급. marchandise de ~ 고급품. appartement de ~ 고급 아파트. ③ 특질, 특성; (사람의) 자질, 품성; 장점(mérite, don. ↔ défaut). médicament qui a des ~s du fébrifuge 해열의 특징이 있는 약품. Il réunit beaucoup de ~*s*. 그는 많은 장점(자질)을 갖고 있다. ④ 신분(fonction); 자격, 칭호(titre). sa ~ de fonctionnaire 공무원이라는 그의 신분. ès ~*s* 《법》자격(직무)상. Sa ~ d'ancien ministre lui facilite l'entrée partout. 전 장관이라는 자격 때문에 그는 아무데나 쉽게 드나들 수 있다. nom, prénom et ~ 씨, 명, 직업. ⑤ 《법》(소송 대리인이 제출하는) 소송기록. opposition à ~*s* 소송기록이 첨부되지 아니한 이의. ⑥ 《예》명문; 상류사회; 높은 지위; 귀족. homme de ~ 상류사회의 사람, 귀족.
avoir ~ pour + *inf*. …하는 권리(자격)가 있다. en (sa) ~ de …의 자격으로, …으로서. ~ de la vie (쾌적한) 삶의 조건 (각박한 문명사회 속에서 여유있고 인간다운 삶의 조건을 지향하기 위해 설정한 목표).

:**quand** [kɑ̃] *ad. interr.* ① (직접 또는 간접 의문문에) 언제, 어느 때. Q~ pourrez-vous venir? 언제 오실 수 있겠읍니까? J'ignore ~ je serai libre. 나는 언제 틈이 날지 모릅니다. [~ est-ce que] 《구어》언제. Q~ est-ce que vous l'avez vu? 언제 그를 보았읍니까? Je ne me souviens plus ~ *est-ce que* je l'ai vu pour la dernière fois. 언제 그를 마지막으로 보았는지 이미 기억이 나지 않습니다.
② (전치사와 함께) À ~ (l'arrivée)? (도착은) 언제죠? Depuis ~ (êtes-vous à Séoul)? 언제부터 (당신은 서울에 와 계십니까)? De ~ (date cet événement)? (이 사건은) 언제 일어났습니까? (Je vous demande) jusqu'à ~ (l'usine restera fermée). (공장이) 언제까지 (닫혀 있을지를 당신에게 묻는 겁니다). Pour ~ (la prochaine réunion)? (다음 회합은) 언제죠?
—*conj.* ① (시간의 대응 관계) ⓐ (동시) …할 때. Q~ tu auras lu ce roman, tu me le prêteras. 이 소설을 다 읽고 나면 내게 빌려 줘. Q~ il écrit, il tire légèrement la langue. 그는 글을 쓸 때(마다) 약간 혀를 내민다.
② (대립) …한데도(불구하고) (alors que). Tu t'es subordonné, ~ il fallait pour ordonner. 너는 명령해야 할 사람인데도 복종을 했다.
③ (조건) …한다면, …한다고 해도. Q~ la critique est juste, je me corrige. 나에 대한 비판이 옳다면, 나의 잘못을 고치겠다. On ne se trompe pas ~

on attribue tout à la prière. 모든 것을 기도의 힘으로 돌린다 해도 잘못된 생각이 아니다.
④ (판단의 기준) …임에 비추어, …인 이상 (du moment que). Pourquoi ne pas avoir la télévision ~ tout le monde l'a? 누구나 텔레비전을 가지고 있는데 (우리들) 못가질 이유가 어디 있겠는가?
⑤ (양보) ~ ((bien) même) + *cond*. 설사 …한지라도. Q~ (bien même) vous insisteriez, encore, je n'accepterais pas. 설사 당신이 간청한다 해도 나는 수락하지 않을 것이오. Q~ elle l'eût voulu, elle n'eût pas pu. 설사 그녀가 그것을 원했다 하더라도 하지 못했을 것이다 (*eût voulu, eût pu*는 조건법 과거의 제 2 형).
⑥ 《구어》(전치사와 함께 명사절을 유도) Cela date de ~ nous étions des enfants. 그것은 우리가 어렸을 때의 일이다. Cela nous servira pour ~ nous partirons en voyage. 그것은 우리가 여행을 할 때(를 위해) 유용할 것이다. 《전치사 구어》 C'est rare ~ il se grise. 그가 거나하게 취하는 경우는 드물다 (quand …은 ce 를 형식적 주어로 하는 실질 주어).
⑦ (종속절이 독립할 경우) ⓐ (금지·부인) Q~ tu me regarderais! 나를 바라본다 한들 그만해 둬! Q~ tu me verras faire de ces gaffes-là! 내가 그런 실수를 할 것 같애! ⓑ (감탄·놀라움) [Q~ je pense que…] Q~ *je pense que* Marie aura bientôt 18 ans! 마리가 곧 18세가 되다니! ⓒ Q~ je vous le disais! 내가 뭐라고 합디까! (j'avais raison). Q~ je vous le dis! 그렇다니까. 틀림없다니까요 (말할 세!) ⓓ (분개) [Q~ + 전미래형] Q~ vous aurez fini de + *inf*. …하는 것은 이제 그만두는 게 어때.
⑧ (동·사투리) [Q~ et ~] 동시에, 함께(en même temps que, avec). Il est arrivé ~ moi. 그는 나와 동시에 (함께) 도착했다.
~ même ~même.
REM ① ⓓ 의 경우 quand… 은 종속절이지만, 문맥에 따라서는 제 2 등위절 (「그때…하나」 = et alors)의 의미로 해석될 경우가 있다. 특히 불의의 사건이나 정황의 갑작스런 변화는 이 등위절적 구문으로 표현된다: Elle attendait depuis une heure, *quand* tout à coup, elle l'aperçut. 그녀는 1 시간을 기다리고 있었는데, 그때 갑자기 그의 모습을 발견했다.

quant'(e) [kɑ̃, -ɑ̃:t] *a.* (다음 숙어에만 쓰임) *toutes et ~es fois que* …할 때는 언제나, …할 때마다.

quanta [k(w)ɑ̃ta] *n.m.pl.* (quantum 의 복수) 《물리》양자(量子).

***quant² à** [kɑ̃ta] *loc. prép.* (주의를 끌고자 하는 어떤 말 앞에 놓음) …에 관해서는, …으로서는, …으로 말하자면. Il ne m'a rien dit ~ *à* ses projets. 그는 자기 계획에 관해서는 나에게 아무 말도 하지 않았다. Cette question est difficile; ~ *à moi*, je ne suis pas capable de vous répondre. 이 질문은 어려워서, 나로서는 대답할 수 없오. [~ *à* + *inf*.] Q~ à lui faire changer d'idée, je pense qu'il vaut mieux y renoncer tout de suite. 그의 생각을 바꾸게 하는 일이라면 지금 당장 포기하는 게 나을 것 같아. ~ *à présent* à présent (pour le moment).

quant-à-soi [kɑ̃taswa], **quant-à-moi** [kɑ̃tamwa] *n.m.* (복수불변) 오불관(吾不關)의 태도, 자기 분수만을 지키는 태도. ~ farouche d'un homme qui ne se livre pas 좀처럼 내색을 놓는 사람의 완강한 오불관의 태도. prendre (garder, tenir) son ~; se tenir [se mettre, rester] sur son ~ 오불관의 태도를 취하다, (멀찍이서 관망하며)정잔빼다.

quantième [kɑ̃tjɛm] *a.* 《예》몇 번째의.
—*n.m.* (공문서 용어로만) 날째, 월일((《구어》

combientième). Indiquez sur procès-verbal le ~ du mois. 조서에 날짜를 기입하시오. Cette montre marque les ~s. 이 시계에는 날짜 표시 장치가 달려 있다. Le ~ [Quel ~] sommes-nous? 오늘은 며칠 입니까? 《※ quantième 자체가 의문사이기 때문에 quel quantième는 문법적으로 잘못. 그러나 Quel est le ~ (du mois)? Quel ~ avons-nous? À quel ~ sommes-nous? 등으로 쓰임》.

quantifiable [kɑ̃tifjabl] *a.* 수량으로 표시할 수 있는, 수량화할 수 있는.

quantificateur [kɑ̃tifikɑtœːr] *n.m.* ① 《논리·수학》양기호(量記號), 한정기호; 《언어》양화사 《명사의 수·량을 나타내는 한정사》. ② 《컴퓨터》양자화장치.

quantification [kɑ̃tifikɑsjɔ̃] *n.f.* 《논리》양화(量化); 수량(수치)화; 《물리》양자화.

quantifié(e) [kɑ̃tifje] *a.* 《물리》양자화된.

quantifier [kɑ̃tifje] *v.t.* ① 《논리》양화(量化)하다; 《일반적으로》수량화하다, 수치화하다. chosifier les êtres *en quantifiant* tous les normes de la vie 생의 모든 규범을 수치화함으로써 사람을 사물화하다. ② 《물리》양자화하다.

quantique [k(w)ɑ̃tik] *a.* 《물리》양자의. physique ~ 양자물리학.

quantitatif(ve) [kɑ̃titatif, -iːv] *a.* 양(量)에 관한, 양적인. adjectif[adverbe] ~ 《언어》수량형용사(부사). analyse ~ve 《화학》정량(定量)분석.

quantitativement [kɑ̃titativmɑ̃] *ad.* 양적으로. analyser ~ 《화학》정량 분석하다.

quantité [kɑ̃tite] *n.f.* ①양; 분량; 수량. ~ de riz produite en Italie 이탈리아의 쌀 생산량. Quelle ~ de vin y a-t-il dans cette bouteille? 이 병에는 얼마만큼의 포도주가 있습니까? considérer *qn* comme une ~ négligeable …을 고려에 넣지않다, 무시하다. ② 다량, 다수(abondance). [(une)~(/(des)~s de+명사》 recevoir *une*~*de* cadeaux 많은 선물을 받다. *Q*~ *de* gens le pensent. 수많은 사람들이 그렇게 생각하고 있다. ③ 《수학·물리》양, 수; 《논리》양. ~ positive (négative) 《수학》양의 양(陽量)〔음의 양(陰量)〕, 양수(음수). ~ de chaleur 열량(calorie). ④ 《언어·운율》모음 또는 음절의 장단(長短), 음량; 《음악》음량, 음의 길이. La ~ produit le rythme. 음량이 리듬을 만들어낸다.

en grande(petite) ~ 다량(소량)으로. *en* ~ 많이, 다량으로(en abondance).

quantum(*pl.* **quanta**) [kwɑ̃tɔm, kwɑ̃ta] 《라틴》*n.m.* ① 《화학》정량; 《물리》양자. théorie des *quanta* 양자론. ② 몫(part). toucher son ~ 자기의 몫을 받다. ③ 《의결에 필요한》정족수, 출석수《오히려 quorum이 쓰임》.

quarantaine [karɑ̃tɛn] (<*quarante*) *n.f.* ① 40; 40쯤, 약 40; 약 40세. approcher de[atteindre] la ~ 마흔살이 가까워지다[되다]. sainte ~ 《가톨릭》사순절. ② 《해양》검역, 검역〔격리〕기간《예전에는 40일간》; 검역정선(檢疫停船); 격리. pavillon de ~ 〔검역 중의 배가 다는 황색의〕검역기. mettre un vaisseau, des passagers en ~ 《배·승객을》검역〔격리〕하다.

mettre qn en ~ 《비유적》…을 따돌리다. Ils *ont mis en* ~ le dénonciateur. 그들은 고자질한 자를 따돌렸다.

*****quarante** [karɑ̃ːt] *a.num.* 《불변》① 40의. ②《서수(序數) 대용》40번째의. page ~ 제 40페이지. an ~ 1840 년 《민간신앙에 따라 세계의 종말로 믿어졌던 해》.

s'en moquer[*s'en ficher*] *comme de l'an* ~ ➪se

moquer.

—*n.m.* 《복수불변》① 40; 40 번; 40번지. habiter au ~ de la rue Michelet 미슐레가(街) 40 번지에 살다. ② (*Q*~)40 명의 아카데미 프랑세즈 회원. ③《테니스》한 게임에 같은 경기자가 얻은 3 번째 득점. ④ trente et ~ 카드놀이의 일종.

quarante-cinq [karɑ̃tsɛk] *a.num.* 《불변》45 의. 《명사구》~ tours (45 회전의) 레코드판.

quarante-huitard(e) [karɑ̃tɥitaːr, -ard] *a.* 《구어》《프랑스사》1848 년 2 월 혁명의. —*n.* (위)의 혁명당원.

quarantenaire [karɑ̃tnɛːr] *a.* ① 40 년간의, 40 년간 계속(지속)되는. ② 《해양》검역의, 격리의. service ~ 검역업무; 검역과(課). —*n.m.* 격리 장소, 검역소; 검역선.

quarantenier [karɑ̃tənje] *n.m.* 《해양》 밧줄로 된 연장 수리용의 가느다란 노끈.

quarantième [karɑ̃tjɛm] *a.num.* ① 40 번째의. ② 40 분의 1의. —*n.* 40 번째 (의 것). —*n.m.* 40 분의 1(un ~).

quarderonner [kard(ə)rɔne] *v.t.* (목재·석재의 모서리를) 둥글게 깎다.

quarre [kaːr] *n.f.*, **quarré(e)** [kare] *a.*, **quarrément** [karemɑ̃] *ad.*, **quarrer** [kare] *v.t.* =**carre, carré, carrément, carrer.**

:quart¹ [kaːr] *n.m.* ① 4 분의 1. Quatre est le ~ de seize. 4 는 16 의 4 분의 1이다. Nous sommes quatre et nous prenons chacun un ~ du gâteau. 우리는 네 사람이어서 각자 케이크의 4 분의 1 을 먹는다. remise d'un ~ 《상업》2 할 5 푼 할인. ~ de soupir 《음악》16 분 쉼표.

② 15 분(-un ~ d'heure). trois heures et (un) ~ 3 시 15 분. trois heures moins le (un) ~ 3시 15 분 전. dans un petit ~ d'heure 15 분 못되어서, 약 15 분 후에, 잠시 후에. L'entretien a duré un ~ d'heure. 회담은 15 분간 계속되었다. Il est deux heures; on se retrouvera au café au ~ 지금 2 시인데, 30 분 후에 다시 만납시다.

③ 4 분의 1리터의 분량(병); 작은 통; 4 분의 1 파운드. un ~ Vichy 비시 《천연 음료수의 일종》250 그램(들이) 1 병. un ~ de beurre 4 분의 1파운드의 버터.

④ 《해양·군사》(보통 4 시간 교대의) 당직 근무반; (교대로 작업하는) 직공의 반. grand ~ (오후 6시에서 밤 12 시까지의) 6 시간 당직. petit ~ 2 시간 근무의 당직. officier de ~ 당직사관. prendre le ~ 당직근무를 하다. relever le ~ 근무원을 교대시키다.

⑤ 《해양》(나침반의) 포인트 《나침반의 32 방위의 2 점간의 각거리=11°15′ 》(rumb); 《측량》4 분의(儀), 90도, 직각; 4 분원(圓). ~ de rond 《건축》(재목 끝의) 4 분의 1원형으로 도려내기 [도려내는 대패].

⑥ 《속어》경찰; 경관(《옛》~ d'œil). aller au ~ 경찰에 불려가다.

au ~ *de tour* 《비유적》쉽게; 즉석에, 대뜸.

aux trois ~*s* 《구어》대부분, 거의 완전히. Les berges sont *aux trois* ~*s* innondées. 둑은 거의 다 (대부분이) 침수되었다.

battre son ~ 〔경관 따위가〕순찰하다; 〔매춘부가〕거리를 서성이며 손님을 끌다 (faire son ~).

descendre au ~ 〔일제 단속에서〕체포되다.

faire bon ~ 엄중히 경계하다.

faire le[*son*] ~ 《해양》당직을 맡다; 《속어》〔경관이〕순찰하다; 〔장녀가 손님을 끌려고〕거리에서 서성거리다.

le dernier ~ *d'heure* 전투(전쟁)의 마지막 고비,

quart²(e¹)

최후의 15분. *le ~ d'heure de Rabelais* (돈이 없는데) 셈을 치러야 할 때; 곤경에 빠진 때. *les trois ~s du temps* 《구어》(시간적으로)대개는(le plus souvent, la plupart du temps). *passer un mauvais ~ d'heure* 《구어》괴로운 한때를 보내는, 호되게 당하는. *portrait [photographie] de trois ~s* (얼굴이 정면으로 4분의 3쯤 보이는) 약간 비스듬히 그린 초상화 [찍은 사진]. *pour le ~ d'heure* 당장에는, 당분간, 우선은(pour le moment).

quart²(e¹) [kaːr, -art] *a.* 《옛》제 4의; 4일마다의. fièvre ~ (4일마다 하루씩 일어나는) 4일열(熱). ~ an 《사냥》(멧돼지의) 4살. —*n.m.* le tiers et [comme] le ~ 《구어》온갖 사람들, 모든 것.

quartager [kartaʒe] [3] *v.t.* 《농업》(포도밭 따위를) 4 번째 갈다.

quartaine [kartɛn] *a.f.* fièvre ~ 《의학》4 일열, 말라리아(fièvre quarte).

quartan [kartɑ̃], **quartan(n)ier** [kartanje] *n.m.* 《사냥》(멧돼지의) 4살; 4살짜리 멧돼지.

quartation [kartasjɔ̃] *n.f.* 《야금》(금은의)4분법, 4분법 분해법.

quartaut [karto] *n.m.* 《옛》말(약 70리터); 작은 통(tonneau 의 4분의 1; Bourgogne 에서는 57리.

quart-de-brie [kardəbri] *n.m.* 《속어》큰 코, 《口》.

quart-de-pouce [kardəpus] (*pl.* ~*s*~~~) *n.m.* 회중 돋보기(1센티 평방 또는 4분의 1인치 평방의 천의 올수를 세는 데 쓰임)(quart-fils).

quart-de-rond [kard(ə)rɔ̃] (*pl.* ~*s*~~~) *n.m.* 《건축》(재목 끝을) 4분의 1 원형으로 도려냄[도려내는 대패](quart de rond).

quarte² [kart] *n.f.* ① 《음악》4도 음정. intervalle de ~ 4도의 음정. ~ juste 완전 4도(전음 2와 반음 1로 된 음정). ~ augmentée 증(增) 4도(전음 3으로 된 음정). ~ diminuée 감(減) 4도(전음 1과 반음 2). ② 《펜싱》(상대방의 공격을 받아 막는 8가지 자세 중) 제 4의 대기 자세. ③ 《옛》카르트(액체의 용량 단위; 2 pintes 에 해당).

quarté [karte] *n.m.* (tiercé에 따라 quart에서 만들어 낸 말)(경마에서 4마리의 말에 거는 내기.

quartefeuille [kartəfœj] *n.f.* 《문장》네 잎의 꽃무늬. ~ double 8잎의 꽃무늬.

quartelette [kartlet] *n.f.* ① (작게 쪼갠) 슬레이트. ② 《남프랑스》비누의 4분의 1 톤.

quartenier [kartənje] *n.m.* 《옛》(시가의) 경호원.

quarteron¹ [kart(ə)rɔ̃] *n.m.* ① 《옛》4분의 1 파운드; 25개(100의 1/4). un ~ d'œufs 25개의 달걀. ② (현 종이 사이에 끼는) 25장 1 조의 금박, 은박. ③ 《비유적·때때로 경멸》소수(poignée). un ~ d'étudiants [de mécontents] 소수의 학생들 [불만분자들].

quarteron²(ne) [kart(ə)rɔ̃, -ɔn] *n.* 4분 혼혈아(대개 흑백 혼혈의 여자와 백인 남자 사이에 태어난다). —*a.* 4분 혼혈(의).

quartette [kwartet] *n.f.*, **quartetto** [kwarte(t)to] 《이탈리아》 *n.m.* 《음악》4중주곡.

quartidi [kwartidi] *n.m.* 《프랑스사》공화력 순일(旬日)의 제 4일.

:quartier [kartje] (<*quart*, 의 《옛》어느 1지대, 구역, 일대; (행정상으로 구분된 도시의)구역; 구(區), 가(街), 동(洞). ~ latin à Paris 파리의 라틴가(학생·대학가). ~ résidentiel 주택가. ~s populaires du nord-est de Paris 파리의 동북부 서민 지대들. bureau de ~ (은행 따위의) 시내의 구·가·동) 지점. le ~ 《의미를 넓혀》구역의 주민들 (gens du ~).

② ④ 4분의 1. un ~ de fromage 치즈의 4분의 1 (토막). couper une pomme en (quatre) ~s 사과를 넷으로 자르다. bois de [en] ~ 넷으로 쪼갤 장작. ⓑ 조각, 작은 부분(morceau, tranche); 《때로는》큰 덩어리(gros bloc). ~ de pain 한 토막. un ~ d'orange 오렌지 한 조각. ~ de viande 큰 덩어리의 고기. ~ de rocher [de pierre] 큰 암괴[석재]. ⓒ 《요리》(도살한 소 따위의 4발 중의 하나를 포함한) 4분의 1 덩어리(un ~ de bœuf). ⓓ (토지의) 1 구획. un ~ de terre [de vigne] 1 구획의 토지 [포도밭].

③ (달의) 현(弦) (달의 주기의 4분의 1). premier [dernier] ~ 상현 [하현]. La lune est dans son premier ~. 달은 지금 상현이다.

④ (1년을 4분한)3개월, 4분기; 3개월 [4분기]마다의 지불; 매기의 지불금; 3개월 근무. L'année est divisée en quatre ~s. 1년은 4개월의 4분기로 나뉘어져 있다. toucher un ~ de pension 4분기분의 연금을 받다.

⑤ 《보통 *pl.*》 《군사》숙영(지); 병영 (caserne); 진지; (방어 부대가 담당하는) 방위구역; (치안유지에 임하는 부대의) 담당구역. ~*s* d'hiver 동기 병사; 동기 숙영 기간.

⑥ 《교도소·감옥의》구역. ~ des condamnés à mort 사형수 수감소. ~ de sécurité renforcée (위험한 죄수들을 수감하는) 중감시 수감소(《약자》 Q.S.R.). ~ général (de division) 《사단》사령부. grand Q~ général 총사령부(《약자》 G.Q.G.).

⑦ (나침반의) 방위기점의 하나(동·서·남·북). 방위, 방위 각도. De quel ~ vient le vent? 바람은 어느 방위에서 불어오는가?

⑧ 《학생속어》(학교의)학급, 자습실; 생명의 안전; (패자의) 목숨을 살려주기; 용서, 자비 (grâce). demander ~ (패자가) 목숨을 살려 줄 것을 구하다. donner [faire] ~ 목숨을 살려주다, 특사하다. sans ~ 용서[가차]없이.

⑨ (귀족 가계의) 1대(代). compter seize ~*s* de noblesse 16대 계속된 귀족의 가문이다. La linguistique a maintenant ses ~*s* de noblesse. 《비유적》 언어학은 오늘날 영광의 빛을 보게 되었다.

⑩ (구두의)뒤축 둘레 부분의 가죽; (기마자의 다리 밑에 깔리는) 말 안장 가죽의 양쪽 부분; (말발굽 편자의) 양쪽 편.

à ~ 《옛》따로 떼어 [떨어져]. mettre *à ~* 따로 떼어 놓다. se tenir *à ~* 떨어져 있다.

avoir ~ libre (병영에서)외출 허가증을 가지다(언제나 ~).

mettre ~ à qn ...을 용서[가차]없이 다루다[해치우다].

Pas [point] de ~! 용서[가차]없이 해치워라! 죽여라!

quartier-maître [kartjemetr] (*pl.* ~*s*~*s*) *n.m.* ① 《옛》《군사》병참부 장교; 《해군》1등 수병(육군의 caporal 에 해당). ② 《해양》수부장.

quartilage [kwartilaʒ] *n.m.* 《통계》(도수분포에 있어서)4분위(位).

quartile [kwartil] *a.* aspect ~ de deux astres 《점성》4분의 1 대좌(對坐)(2개의 유성이 4분의 1원, 즉 90°의 간격으로 대좌). —*n.m.* 《통계》(도수분포에서)4분위수(分位數).

quartique [kwartik] *n.f.* 《수학》4차곡선.

quart-monde [karmɔ̃d] *n.m.* ① 부국(富國)에 사는 최하층 프롤레타리아. ② 제 4세계 (제 3세계 (tiers monde) 중의 가장 빈곤한 나라들).

quarto [kwarto] *ad.* 《드물게》4번째로.

quartz [kwarts] *n.m.* 《지질》석영(石英), 수정 (cristal de roche). ~ enfumé 연(煙)수정. montre

quartzeux(se) [kwartsø, -ø:z] *a.* 석영질의.
quartzifère [kwartsifɛ:r] *a.* 석영질을 함유한.
quartzite [kwartsit] *n.m.* 【지질】 석영암, 규암 (硅岩).
quasi¹ [kazi] *n.m.* 【요리】 송아지 살다리 부분의 고기.
quasi² *ad.* ① 거의, 이를테면(presque, pour ainsi dire). Le raisin est ~ mûr. 포도는 거의 익었다. Je suis ~ le seul. 나는 거의 혼자이다. ②(명사·형용사 앞에 연결부로 이어져 복합명사를 이룸)준 (準). élu à la ~-unanimité 거의 만장일치로 선출 됨. liaison qui est devenue un ~-mariage 거의 결혼과 같은 것이 된 (두 사람의) 관계. ignorance ~-totale des mathématiques 수학에 대한 거의 전적인 무지.
quasi-contrat [kazikɔ̃tra] *n.m.* 【법】 준계약.
quasi-délit [kazideli] *n.m.* 【법】 준범죄.
quasiment [kazimɑ̃] *ad.* 【구어】거의, 말하자면(à peu près, en quelque sorte). Il est ~ un père pour moi. 그는 나에게 거의 아버지나 다름 없다. J'ai ~ fini mon travail. 내 일은 거의 끝냈다.
Quasimodo [kazimɔdo] *n.f.* 【가톨릭】 부활제 다음 첫 일요일(dimanche de (la) ~).
quasi-possession [kazipɔsesjɔ̃] *n.f.* 【법】 준점 유(準占有).
quassia [kwasja] *n.m.* ①【식물】 콰시아(남미산의 소태나무과(科) 식물). ②【약】콰시아에서 채취한 쓴 액체(강장제).
quassier [kwasje] *n.m.* 【식물】=quassia①.
quater [kwatɛ:r] (라틴) *ad.* 4 번째로.
quaternaire [kwatɛrne:r] *a.* ① 4의, 4에 관계된; 4로 나누어지는. nombre ~ 4 번수. ②【화학】 4원소의, 4원(元)의, 4원기(基). composé ~ 4원 (元) 화합물(2분자가 서로 다른 4원소를 내포한). ③【지질】제 4기(紀)의.
— *n.m.* ①【지질】제 4기(최근 약 100 만년) (ère ~). ②(때로는 형용사적으로 쓰임)(사회·직업 활동에 있어서) 지도적 역할을 담당하는 집단(결정·명령·조직·연구 따위를 주관).
quaterne [kwatɛrn] *n.m.* 《옛》(추첨 번호의)네 수자의 결합.
quaterné(e) [kwatɛrne] *a.* 【식물】 (잎 따위가)넷씩의, 넷씩 몰려 있는.
quaternifolié(e) [kwatɛrnifɔlje] *a.* 【식물】 4조각 잎의.
quaternion [kwatɛrnjɔ̃] *n.m.* ①【수학】 4원수 [법]. ②책 4권 첩(綴帖).
quatorzaine [katɔrzɛn] *n.f.* 《옛》 14 일간.
:quatorze [katɔrz] *a. num.* ①〈불변〉 14의. ②(서수 대신으로)14 번째의. Louis Q~ 루이 14 세.
— *n.m.* 〈복수불변〉 ① 14. le ~ juillet 【프랑스사】 7월 14일 (프랑스 대혁명 기념일). ② 1914 년(전쟁)(1차 세계 대전). Encore une guerre! Mon mari a fait celle de ~. 또 전쟁이야! 내 남편은 1914년의 전쟁 (1차 대전)을 겪었는데. ③【카드놀이】 (piquet 놀이에서 A·킹·퀸·잭·10 끗 의) 4매 같은 패.
renvoyer de sept en ~ 계속 뒤로 미루기만 하다.
quatorzième [katɔrzjɛm] *a.num.* 14 번째의; 14분의 1의. — *n.* 14 번째(의 것 [사람]). — *n.m.* ① 14 분의 1; (le[un] ~ 의). ② 14 번째의 초청객(13명을 기피하여 한 명 추가로).
faire le ~ à table (13명을 피하기 위한)14 번 맞석에 되어 회식에 참가하다.
quatorzièmement [katɔrzjɛmmɑ̃] *ad.* 14 번째로.
quatrain [katrɛ̃] *n.m.* ①【운율】4행시, 4 행짜리 짧은 시. ②(시의)4행으로 된 절(節). premier

[second] ~ d'un sonnet 소네트 [14 행시]의 첫 [둘째] 4행절.
:quatre [katr] (자음 앞에서는 [katra]) *a.num.* 〈불변〉 ① 4의. ~ saisons 사철. ~ chiffres (4자리수의) 고액증권. morceau à ~ mains (피아노의) 2인 연탄곡(聯彈曲). ~ coins du monde 세계의 구석 구석. Q~ Grands 4 대 강국(미·소·영·불). ~ vents du ciel 사방에서 불어오는 바람. ②(일정치 않은 적은 수) à ~ pas d'ici 얼마더지 않은 곳에. pour les ~ jours que j'ai à vivre 얼마 남지 않은 나의 여생을 위하여. un de ces ~ jours [matins] 〈구어〉근간, 가까운 장래에. restaurant de ~ sous 너무짜리[싸구려] 식당. ménager ses ~ sous 푼돈을 절약하다. ③(서수를 대신하여) 4 번째의. Henri Q~ 앙리 4세.
les ~ fers en l'air 벌렁 나자빠져.
marcher à ~ pattes 네발로[엎드려] 기다.
— *n.m.* 〈복수불변〉① 4; 4째. ② 4사람; 4마리; 4일.
avoir la tête en ~ 머리가 깨질 듯이 아프다.
comme ~ 굉장히. Il a de l'esprit comme ~. 그는 굉장히 재치가 있다.
conduire à ~ 혼자서 4필의 말을 부리다.
monter (descendre) l'escalier ~ à ~ 계단을(4단씩) 황급히 뛰어오르다[내려가다].
par ~ 4 열씩 씩. colonne par ~ 4 열 종대. se mettre par ~ 4 사람씩 조가 되다.
se mettre en ~ 전력을 기울이다.
se tenir à ~ (말을)아끼다 하느라고 무진 애쓰다.
tenir qn à ~ (미친 사람·행패 부리는 사람 따위를) 4명이 붙어 억누르다.
Quatre-Cantons [katrəkɑ̃tɔ̃] *n.m.pl.* lac des ~ (스위스의)루체른(Lucerne) 호(湖).
quatre-cent-vingt [kat(rə)sɑ̃vɛ̃] *n.m.* 〈복수불변〉 〈군사〉 420 밀리 포(포탄).
quatre-cent-vingt-et-un [kat(rə)sɑ̃vɛ̃tœ̃], **quatre-vingt-et-un** [kat(rə)vɛ̃tœ̃] *n.f.* 〈복수불변〉주사위놀이의 일종(최강점은 4+2+1).
quatre-de-chiffre [katrədəʃifr] *n.m.* 〈복수불변〉 【사냥】(4자 꼴로 묶는 막대기로 판자나 돌을 버텨 놓은) 덫.
quatre-épices [katrepis] *n.f.(m.)* 〈복수불변〉【식물】니겔라.
quatre-feuilles [katrəfœj] *n.m.* 〈복수불변〉【건축·문장】 4 잎 무늬.
quatre-huit [katrəɥit] *n.m.* 〈복수불변〉【음악】 8 분의 4박자(의 곡).
quatre-mâts [katrəmɑ] *n.m.* 〈복수불변〉돛대 4 개의 범선.
quatre-quarts [katrəka:r] *n.m.* 〈복수불변〉 밀가루·버터·설탕·계란을 똑같은 분량으로 섞어 만든 케이크.
quatre-saisons [katrəsezɔ̃] *n.f.* 〈복수불변〉사철딸기. marchand de [des] ~ (사철 내내 손수레에 싣고 파는) 야채·과일 행상. voiture de [des] ~ (위의) 손수레.
Quatre-Temps [katrətɑ̃] *n.m.pl.* 【가톨릭】 4계 대재일(大齋日)(교회력의 4월 초에 다가오는 금요일을 지키는 수·금·토 3일). jeûner les ~ 4계 대재일에 단식하다. semaine des ~ 4계 대재 주간.
quatre-vingt-dix [katrəvɛ̃dis] *a.num.* 〈불변〉 90의; (서수를 대신하여) 90 번째의. — *n.m.* 〈복수불변〉 90.
REM 벨기에, 스위스, 프랑스의 일부 지방에서는 quatre-vingt-dix 대신 **nonante** [nɔnɑ̃t]를 사용.
quatre-vingt-dixième [katrəvɛ̃dizjɛm] *a.num.* 90 번째의; 90분의 1의. — *n.* 90 번째(의 것). — *n.m.*

90분의 1.
quatre-vingtième [katrəvɛ̃tjɛm] *a.num.* ① 80번째의. ② 80분의 1의. —*n.* 80번째(의 것). —*n.m.* 80분의 1.
Quatre-vingt-neuf [katrəvɛ̃nœf] *n.m.* 『프랑스사』 1789년 (프랑스 대혁명이 일어난 해.
quatre-vingts [katrəvɛ̃] (뒤에 다른 수가 따를 때 및 서수적으로 사용될 때는 어미의 s 탈락: *quatre-vingt*-un [onze]《불변》① 80의. ②《서수를 대신하여》80번째의. page *quatre-vingt* 제 80페이지.
—*n.m.* 80; 80분의 1; (quatrevingtième). habiter au ~ 80번지에 살다.
REM 벨기에, 프랑스의 일부 지역에서는 **quatre-vingts** 대신에 **octante** [ɔktɑ̃t]를, 스위스에서는 **huitante** [ɥitɑ̃t]를 사용함.
Quatre-vingt-treize [katrəvɛ̃trɛːz] *n.m.* 『프랑스사』 1793년 (프랑스 대혁명 후 공포시대(恐怖時代)가 시작된 해).
***quatrième** [katri(j)ɛm] (<*quatre*) *a.num.* 《불변》제 4의; 4분의 1의. ~ dimension 제4차원 (시간을 가리킴). ~ maladie 『의학』제 4병 (성홍열성 풍진(風疹); rubéole scarlatine 혹은 maladie de Dukes-Filatow).
—*n.* 4번째(의 것 [사람]).
—*n.m.* 4분의 1 (정확하게는 quart); 4일; 5층(=étage). monter au ~ 5층에 올라가다.
—*n.f.* ①〈중등교육의 제 4년에 해당하는〉제 3 학급 (classe de ~). ②〈카드놀이〉〈같은 종류의 패〉4장 뻉 (에이스·킹·퀸·잭 중의). ③〈자동차〉4단 (속도)(~ vitesse). passer en ~ 4단으로 (기어를)바꾸다. en ~ (vitesse) 제 4속력으로.
quatrièmement [katri(j)ɛmmɑ̃] *ad.* 4번째로.
quatriennal(ale, *pl.* **aux)** [katri(j)ennal, -o] *a.* =**quadriennal**.
quatrillion [katrilj5] *n.m.* =**quadrillion**.
quatrirème [kwatrirɛm] *n.f.* =**quadrirème**.
quattrocentiste [kwatrɔtʃentist, kwatrɔsɑ̃tist] *n.m.* 15세기 이탈리아의 미술가(작가).
quattrocento [kwatrɔtʃento] 《이탈리아》 *n.m.* 15세기 이탈리아의 예술 운동.
quatuor [kwatyɔːr] 《라틴》 *n.m.* 『음악』 4중창(곡), 4중주(곡);《구어》 4인조.
quayage [keja:ʒ] *n.m.* 《해양》부두세; 부두사용료.
‡**que¹** [k(ə)] *pron. rel.* (성·수 불변; 모음 또는 무성 h 앞에서는 qu') ①〈직접목적보어〉une femme ~ j'aime, et qui m'aime 내가 사랑하는, 그리고 나를 사랑하는 여인. les enfants *qu'*on voit jouer dans la cour 뒷마당에서 노는 것이 보이는 아이들〈선행사는 동사 voit의 직접목적보어〉. le sac *qu'*elle dit avoir perdu 그녀가 분실했다고 말하는 핸드백 (le sac 은 부정법절 avoir perdu 의 직접목적보어). la réponse *qu'*il savait que nous donnerions 우리가 하리라고 그가 알고 있던 대답 《관계절 안의 종속명사절의 동사 donner 의 직접목적보어》.
②《속사》l'être ~ je serai après la mort 내가 사후에 될 존재. De radical *qu'*il était, il devint socialiste. 전에 급진당원이었던 그는 사회당원이 되었다. Quelle belle chose ~ la télévision! 텔레비전이란 것은 얼마나 희한한 물건인가! 《생략적구문》.
③《상황보어》l'été *qu'*il a fait si chaud 그렇게도 더웠던 여름. les trois kilos ~ pèse ce morceau de viande 이 고깃덩어리의 무게 3킬로. les cent francs ~ m'a coûté ce livre 내가 이 책에 지불한 100프랑. (voici, il y a ~ 시간을 나타내는 상황보어》 *Voici [Il y a]* huit jours *qu'*il est parti.

그가 떠난지 1주일이 되었다. *Voilà qu'*elle se met à pleurer. 그녀가 이제 울기 시작한다.
④《앞의 문장·절·구를 받아 직접목적보어; ce 로만 사용》Il est arrivé en retard, *ce* ~ le professeur lui a reproché. 그는 지각했는데 선생님은 그에게 그것을 책망했다.
⑤《주어·엣 관용구》Faites ce ~ bon vous semble. 당신이 좋다고 여기는 것을 하시오.
⑥《속사》다른 관계대명사의 대용》le moyen *qu'* (=dont) il se sert 그가 사용하는 수단. l'endroit ~ (=où) je l'ai vu 내가 그를 본 장소. une chose ~ (=à laquelle) je n'ai pas fait attention 내가 주의하지 않은 일.
⑦《선행사 없이 숙어적 표현으로》~ je sache 내가 아는 한. advienne ~ pourra 어떤 일이 일어날지라도. coûte ~ coûte 기어코.
Ce ~ ...! 《감탄을 나타내는 구어적 표현》 *Ce qu'*elle a changé! 그 여자는 정말 변하기도 했군!
‡**que²** *pron. interr. neut.* (모음 앞에서는 qu') ①《직접목적보어》무엇을; 어느 쪽을(lequel). Q~ voyez-vous? 무엇을 봅니까? *Qu'*avez-vous vu? 무엇을 보았습니까? [~ +*inf.*] Q~ faire? 무엇을 할까? 어떡하면 좋을까? 《간접의문》Il ne savait (pas) ~ dire(faire, penser). 그는 어떻게 말해야〔해야, 생각해야〕할지를 몰랐다. Q~ voulez-vous, du café ou du thé? 커피와 홍차 중 어느 쪽을 드릴까? [~+est-ce que](이 경우 주어 도치가 풀림) *Qu'est-ce que* tu fais cet après-midi? 오늘 오후에 뭘하니? [~+fais-tu...?).
②《주어》ⓐ [~+est-ce qui] *Qu'est-ce qui* vous prend? 무슨 일이신가요. ⓑ《가주어와 함께》Q~ reste-t-il? 무엇이 남아 있는가? *Qu'*est-il arrivé? 무슨 일이 일어났는가? ⓒ《숙어적으로》Q~ vous en semble? 그것을 어떻게 생각하십니까?
③《속사》 *Qu'est-ce*? 그것은 무엇입니까? (est-ce que 와 함께: *Qu'est-ce que* c'est?). *Qu'*est-il devenu? 그 사람은 어떻게 되었습니까? (est-ce que 와 함께: *Qu'est-ce que* il est devenu?). *Qu'est-ce que* la liberté? 자유란 무엇인가? 《생략적 구문, 이 구문의 중복합형: *Qu'est-ce que c'est que* la liberté?). Q~ devenir? 어떻게 될까?
④《간접목적보어·상황보어》Q~ (à quoi) sert de s'irriter? 화를 내서 무엇하나? *Qu'importe*? 아무려면 어때! 무슨 상관 있어! *Qu'est-ce que* ça vaut? 이것은 (값이) 얼마요?
⑤《부사적용법》ⓐ 어째서 ~ (à quoi). Q~ ne le disiez-vous? 어째서 그걸 말하지 않았던가요? (말했더라면 좋았을 뻔했다. Q~ n'est-il encore vivant! 그가 아직 살아 있다면 좋으련만! ⓑ《감탄》얼마나, 어찌나 그렇게...! (comme); 얼마나 많은...! (combien). *Qu'*il est beau! 어쩌면 그이는 저렇게 미남일까! Q~ de fois elle a pleuré! 그녀는 얼마나 여러번 울었던가!
n'avoir ~ *faire de* ...은 필요없다, 소용이 없다. Je n'ai ~ *faire de* ses conseils. 그의 충고 따위는 필요가 없다. Je n'ai ~ *faire de* lui. 그 사람하고는 볼일이 없다.

‡**que³** *conj.* (모음 앞에서는 qu') ①《명사절》ⓐ《주어, 문두(文頭)에 올 때 동사는 원칙적으로 *sub*.》 *Qu'*il se taise(, cela) m'étonne. 그가 침묵을 지킨다니 이상한 일이다. Il est vrai *que* votre réussite est complète. 당신이 완전히 성공했다는 것은 사실이다 《논리적 주어》. D'où vient ~ ...? ...한 것은 어째서일까? De là vient ~ ... 그래서 ...이 된다. ⓑ《속사》La raison en est ~ ... 그 이유는 ...이다. ⓒ《직접목적보어》Je crois *qu'*il viendra. 그가 올 것이라고 생각한다. ⓓ《간접목적보어》consen-

tir (à ce) ~… …에 동의하다. ⓔ(동격) l'idée qu'il pourrait venir 그가 올지도 모른다는 생각. le fait ~… …하다는 사실. Le bruit court ~… …하다는 풍문이 전해지고 있다. ⓕ(형용사의 보어) Je suis content qu'il soit encore là. 그 사람이 아직도 거기(여기)있어서 만족스럽다.

② (que+subj.; 독립절) ⓐ (명령·소망) Qu'il entre! 그를 들여보내오! Qu'il réussisse! 그가 성공하기를! ⓑ (놀람·분개) Moi, ~ je me taise! 낼러 말을 말라고! ⓒ (협박) Q~ je vous y reprenne! 두번 다시 그런 짓을 해보시오!

③ (que+subj.; 종속절) ⓐ (가정) Q~ la machine vienne à s'arrêter et il y aura un accident. 기계가 멎기라도 하면 사고가 날거다. ⓑ (조건) Qu'il pleuve ou non, nous sortirons. 비가 오건말건 우리는 외출할 거다.

④ (cond.+que+cond.) 설사[아무리] …한다 해도 …하리라. Il l'affirmerait ~ je ne le croirais pas. 그가 아무리 그것을 단언한다 하더라도 나는 믿지 않을 것이다.

⑤ (감정·판단의 부사+que) Heureusement ~ vous êtes là. 당신이 거기 있어 다행이오. Peut-être ~ j'irai ~ 아마 …할 것이다.

⑥ (plus, moins, mieux, tel, autre, autant, aussi, si…+que; 비교 종속절) Il semble plus préoccupé ~ d'habitude. 그는 보통 때보다 더 골몰해 있는 듯 하다. J'en ai moins ~ vous n'en avez. 나는 당신(이 가지고 있는 것)보다 덜 가지고 있다. un homme tel ~ vous 당신과 같은 사람.

⑦ (si, tant, tellement…+que; 결과를 나타내는 종속절) Cela est tellement invraisemblable ~ l'on ne peut y croire. 그것은 하도 있음직한 일이 아니라서 누구도 그것을 믿을 수가 없다. (때로는 생략하여) Il fume qu'(=tellement qu')il se rendra malade. 그는 병이 날 정도로 담배를 피운다.

⑧ (접속사구 afin que, alors que, avant que, depuis que, sans que, pour que, si, tant que 따위의 해당. 이 경우 생략해서 que 만이 쓰는 법이 있음). Est-il malade, qu'(=puisque) on ne le voit plus depuis deux mois? 두달 째나 그를 볼 수 없는데 앓고 있는가요? Approchez qu'(=pour que) on vous entende. 당신의 말이 들리도록 가까이 오시오. Je n'irai point là ~ (=avant que) tout ne soit prêt. 모든 준비가 되기 전에는 거기 가지 않을 것이다. Il ne s'était pas écoulé trois secondes ~ (=alors que, lorsque) j'entendis un coup de feu. 3초 도 채 지나지 않았을 때, 총성이 울려 왔다.

⑨ (되풀이되는 접속사를 대신) bien que le temps fût orageux et qu'(=bien que)il fit très froid 비바람이 휘몰아치고 날씨가 매우 추웠는데도 불구하고. comme il avait soif et ~ le vin était bon 목이 마르고 또 포도주가 맛있었기 때문에.

⑩ (강조) [c'est… ~] C'est à vous ~ je parle. 내가 말하고 있는 것은 바로 당신에게요. C'est une belle chose ~ de tenir sa parole. 약속을 지킨다는 것은 훌륭한 일이다.

⑪ (ne…que 로 구성되는 각종 구문) Je n'ai qu'un frère. 형제가 하나밖에 없다. [ne…pas ~] L'homme ne vit pas ~ de pain. 사람은 빵만으로 사는 것은 아니다. [ne…plus ~] Il ne me reste plus ~ 100 won. 이제 내게는 100원밖에 남지 않았다. [ne faire ~+inf.] Il ne fait ~ boire et dormir. 그는 술만 마시고 잠만 잔다. [ne faire ~ de+inf.] Elle ne fait ~ de sortir. 그녀는 지금 막 밖에 나갔다(venir de).

⑫ (속어에서 의문사 뒤에 붙어 주어와 동사의 도치를 피함. 무식한 표현) Où ~ vous allez? 어디 가시죠? (Où allez-vous?). Pourquoi ~ vous n'êtes pas venu? 어째서 오지 않았습니까? (Pourquoi n'êtes-vous pas venu?).

Ah! ~ non[~ si]! (구어) 아, 천만에!
Q~ non pas! (구어) 결코 그렇지 않아!

qué [ke] pron.interr. 《사투리·속어》무엇(quoi). Q~ qu'il dit? 그자는 뭐라고 말하는거야(Qu'est-ce qu'il dit?). Q~, c'est toi? 아니, 너 아닌가.
—a. interr. =**quel(s), quelle(s)**.

Québec [kebɛk] n.pr.m. 【지리】 퀘벡(캐나다의 도시명); 퀘벡 주(州).

québécisme [kebesism] n.m. (프랑스어의 한 방언으로서)퀘벡 어법[말투].

québécois(e) [kebekwa, -wa:z] a. 퀘벡의.
—Q~ n.m. 퀘벡 사람. —n.m. (프랑스계 퀘벡 사람이 쓰는)퀘벡 방언.

quebracho [kebratʃo] (《에스파냐》) n.m. 【식물】 케브라초(남미산 옻나무과(科)의 교목, 그 껍질은 탄닌이 함유되어 무두질용).

:**quel(le)** [kɛl] a. interr. ① (être 동사 앞에 놓이며 주어의 의문사로서) ⓐ (성질·종류 의문) 어떠한, 어떤. Q~ est cet homme qui…? …한 그 사내는 어떤 사람(누구)입니까? Q~le a été la cause de cet accident? 이 사고의 원인은 무엇이었습니까? ⓑ (수량) 어느만큼의; 어느, 몇, 몇 번째 (날째). Q~le est la longueur? 길이는 어느만큼입니까? Q~ est le jour de[du] départ? 출발은 어느날입니까? ⓒ (간접의문형) J'ignore ~les sont ses intentions. 그의 의도가 무엇인지 나는 모른다.

② (명사 바로 앞에 놓인 의문형용사) ⓐ (성질·종류 의문) 어떤, 어느. Q~ film avez-vous vu? 어떤 영화를 보았습니까? ⓑ (수량) 얼마만큼의; 어느, 어떤, 몇(날째). Q~ jour sommes-nous? 오늘이 며칠이죠? Q~le heure est-il? 몇 시입니까? Q~ âge avez-vous? 당신은 몇 살입니까? ⓒ (전치사와 함께) De ~-côté allez-vous? 어느 쪽으로 가십니까? ⓓ (간접의문) Je ne sais pas ~le route il a prise. 그가 어느 길을 택했는지 모르겠다.

③ (양보절을 구성) ⓐ [~ que+être(subj.)] ~ que soit le résultat 결과는 어떻든 간에, ~ qu'il soit [(때로) ~ soit-il] 그것이 [그가] 무엇(누구)이건 간에. ⓑ (예) [~+명사+subj.] (quelque 의 대용) en ~ lieu que ce soit 어떤 장소에서 일지라도. à ~le époque que ce soit 어느 시대에서라도.

n'import ~ 그 어떤 …이건. Prête-moi n'importe ~ livre. 어떤 책이건 내게 빌려 주게.

REM quel 의 속사적 용법에 있어서 주어가 대명사일 경우에는 qui, que 가 쓰인다: Quel est cet homme-là? 「저 사람은 누구요」. 그러나 Qui est-tu? 「너는 누구냐」. Qui est-ce? 「그는 누구요」. Que sera-t-il dans dix ans? 「그는 10년 후에는 어떻게 되어 있을가」.

—pron. interr. 어느 것 (쪽)이 (lequel, laquelle). Q~ est le plus grand des deux? 어느 쪽이 둘(두 사람) 중에서 더 큽니까? De ces deux projets, ~ est le plus sûr? 이 두 계획 중에 어느 쪽이 더 확실합니까?

—a. exclam. 놀라운, 굉장한, 엄청난 큰. Q~ homme! 놀라운[굉장한] 사람이군! Q~ malheur! 얼마나 큰 불행인가!

Q~(le) ne fut pas (ma joie)! (나의 기쁨은) 얼마나 컸던 것인가!

*****quelconque** [kɛlkɔ̃:k] a.ind. (선택의 필요 없이) 그 어떤(n'importe lequel) (일반적으로 명사뒤에 위치). Apportez-moi un livre ~. 어떤 책이라도 좋으니 한 권 갖다 주시오. [un/l'un ~ de] une ~ des

îles 섬들 중의 어느 하나. *l'un ~ de* ces élèves 이 학생들 중의 누구 하나.
—*a.* 《구어》평범한, 보잘것 없는(insignifiant, ↔ remarquable). un film bien ~ 극히 평범한 영화. C'est très[tout à fait] ~. 그것은 아주 하찮은 것.

quellement [kɛlmɑ̃] *ad.* tellement ~ 그럭저럭, 겨우(tant bien que mal).

‡**quelque** [kɛlk, 《속어》kɛk] *a.ind.* ① (단수) ⓐ 어느, 어떤. Envoyez-moi ~ livre. 어떤 책을 한 권 보내 주시오. Adressez-vous à ~ autre personne. 누구 가 다른 사람에게 문의하시오. ⓑ (양적으로) 얼마큼의, 다소의. J'ai eu ~ peine à me souvenir de cela. 나는 그것을 기억해내는 데 좀 힘이 들었다. J'ai besoin de ~ argent. 나는 돈이 좀 필요하다. ~ part 《구어》어느 곳에(곳에서).
② (*pl.*) 몇몇의, 조금의, 약간의(un certain[petit] nombre de). dire ~*s* mots à *qn* …에게 몇 마디하다. ~*s* jours après 며칠 후에. […et ~ (*s*)] trois cents *et* ~*s* 《구어》 3 백여 (개·명). Ce n'est pas avec ces ~*s* employés que le travail pourra être fini. 그 몇몇 고용원을 가지고는 일이 끝날 것 같지 않다. les ~*s* articles qu'il a écrits 그가 쓴 몇 편의 기사[논설].
③ (양보절을 구성) [~ +명사+*que*+*sub.*] de ~ manière *qu'*on examine la question 그 어떤 방식으로 문제를 검토해 본다 할지라도. Nous partirons par ~ temps *que* ce soit. 우리는 어떤 날씨라도 떠나갓겠다. (흔히 대신 드물게 qui 가 쓰임) ~ chose *qui* arrive 어떤 일이 일어날지라도.
—*ad.* (불변) ① 약(environ). Il a ~ quarante ans. 그는 약 40 세이다.
② (양보절을 구성) [~ +형용사+*que*+*sub.*] ~ méchants *que* soient les hommes 인간들이 그 아무리 사악하다 할지라도. Q~ puissants *qu'*ils soient, je ne les crains point. 그들이 아무리 세력이 있다해도 그들을 두려워하지 않는다. (드물게 형용사 대신 부사가 옴) ~ adroitement *que* vous vous y preniez 당신이 아무리 교묘하게 처신한다 할지라도.

*****quelque chose** [kɛlkəʃoːz, 《구어》kɛlkʃoːz, 《속어》kɛkʃoːz] *pron. ind. m.* (복수불변) ① 어떤 것[일], 무엇인가(…한)것. Dites-moi ~. 뭔가 좀 말해보구려. Voulez-vous prendre ~? 무엇 좀 드시겠어요? [~ à+*inf.*] J'ai ~ à faire ce soir. 오늘 저녁할 일이 좀 있다. [~ de+형용사] ~ de beau 무엇인가 아름다운 것. Il y a toujours ~ de vrai dans ce qu'il dit. 그가 말하는 가운데는 항상 무엇인가 진실된 것이 있다.
② 중요한 인물, 대단한 사람. se croire ~ 자기를 대단한 인물로 생각하다. Il est ~ au Ministère de l'Information. 그는 공보부에서 무시 못할 사람이다. devenir ~ 출세하다.
③ 《속어》대단한 일[것]. Son ambition politique, c'est ~. 그의 정치적 야망, 그건 대단하다. Il n'est jamais là quand on a besoin de lui. C'est ~! 그가는 우리가 필요로 할 때는 항상 자리에 없단 말야. 이건 좀 너무한데(c'est un peu fort).
***avoir**— 《구어》(사람이) 좀 이상하다, 무엇인가 있는 듯하다. Il a ~, mais il ne parle pas. 그 사람은 좀 이상한 데가 있는데, 말을 하지 않는다.
***avoir** ~ *avec qn* …와 갈등이 있다, 옥신각신하다.
***dire** ~ 무엇인가 암시하다[생각나게 하다]. Ce visage me *dit* ~. 이 얼굴을 보니 무엇인가 생각나는 일이 있다.
***être pour** ~ *dans*(à) …에 뭔가 관계되고 있다[책임이 있다].

***faire** ~ *à qn* …에게 감명을 주다. Ce discours m'*a fait* ~. 이 연설은 내게 감명을 주었다.
***prendre** ~ 무엇 좀 먹다[마시다]; 《구어》한잔하다.
~ comme …같은 것; 약(environ). Il a ~ *comme* 50 ans. 그는 50세쯤 된다.
—*n.m.* 《속어》무엇인가 엔가한[값어치 있는] 것. un petit — 뭔가 사소한 것[점].

‡**quelquefois** [kɛlkəfwa] *ad.* ① 이따금, 간간, 때때로(parfois, des fois); 가끔(souvent). Cela arrive ~. 그런 일이 이따금 일어난다. ② 간혹, 드물게(exceptionnellement, rarement). Les cerisiers du jardin ne donnent *que* ~ des fruits. 정원의 벚나무에는 어쩌다가[아주 드물게] 버찌가 열릴 뿐이다.
③ (엣) 어쩌다가(une fois, au hasard). si vous le saluez ~ 어쩌다가 …에게 인사하기라도 하면.
~ que… 《속어》어쩌다 …하기라도 하면.

quelque part [kɛlkəpaːr] *loc. ad.* 어디엔가, 어느 곳에가. J'ai vu cet homme ~. 나는 어디선가 그 사람을 보았다. *aller* ~ 《구어》잠시 어디론가 가다[자취를 감추다]; 변소에 가다. ~ *que*+*sub.* 어디에(로) …하전. Je te suivrai ~ *que* tu ailles. 나는 네가 어디로 가던 따라가겠다.

REM quelque part 의 부정은 **nulle part**:Tu ne le trouveras *nulle part*. 너는 그것을 어디서도 찾지 못할 것이다. 반대어는 **partout**.

‡**quelqu'un(e)** (*pl.* **quelques-uns, -unes**) [kɛlkœ̃, -kyn; *pl.* kɛlkəzœ̃, -zyn] *pron. ind.* ① (불특정의 사람을 가리킴. 이 경우 quelqu'un 이 중성적으로 쓰임) 어떤 사람, 누군가, 혹자(on). Est-il venu ~? 누군가 왔습니까? Q~! (주인이나 점원을 찾으며) 계십니까! Y a ~! 《구어》(자리·변소 따위에) 사람이 있어요! *Q*~ vous demande en bas. 누군가 아래에서 당신을 찾습니다. [~ +관계대명사] On ne peut être jaloux de ~ qu'on n'aime point. 사랑하지도 않는 사람에 대해 질투할 수는 없는 법이다. [~ +de+형용사/과거분사] ~ *d'*assez âgé 상당한 연배의 사람. C'est ~ de sûr. 믿을 만한 사람이다. Il cherche ~ de bien pour l'aider. 그는 자기를 도와줄 만한 사람을 찾고 있다. ~ (*d'*)autre 누군가 다른 사람.
② (일정한 사람을 가리킴) 그이, 그 사람. ~ *que* vous aime et que vous connaissez bien 당신을 사랑하며 또 당신이 잘 아는 그 사람.
③ (남성단수로 남녀 공용) 대단한(상당한) 인물. se croire ~ 자기를 대단한 인물로 자부하다. Elle se prend pour ~. 그녀는 자기를 대단한 여자로 알고 있다.
④ 《속어》평장한[비상한] 일[사건]. Il y avait un grand incendie; c'était ~. 큰 화재가 있었다, 거 참 평장했다.
⑤ (성·수가 변화할 경우. 주로 *pl.*) 몇몇, 상당한 수; 소수; 어떤 것들(certains). ⓐ (보어와 함께 사람·사물에 관해) [quelques-uns/unes de] *quelques-uns* de ses livres 그의 작품 중의 몇 권. *quelques-uns* d'entre eux 그들 중의 몇몇 (상당한 수). Tu as vu ces tableaux de Picasso?—J'en ai vu *quelques-uns*. 피카소의 그림을 봤나? 몇 장은 봤어. ⓑ (보어 없이 사람에 관해) 몇몇 사람들. Tout le monde était content, sauf *quelques-uns*. 몇 사람을 제외하고는 모두가 만족했다. Il y en a *quelques-uns* qui ignorent l'existence de ce problème. 이런 문제가 존재한다는 것을 모르는 사람들도 있다. ⓒ (형용사를 동반하여) Parmi ces livres, j'en ai trouvé *quelques-uns* d'intéressants. 이 책들 중에서 몇 권인가 재미있는 것을 발견했다.

quémander [kemɑ̃de] *v.t.* 간청(애걸·구걸)하다. [~ *qc à qn*] ~ de l'argent *à* ses collègues 동료들

quémanderie [kemɑ̃dri] *n.f.* 《드물게》간청, 애원, 애걸.

quémandeur(se) [kemɑ̃dœːr, -ɚːz] *a., n.* 《문어》귀찮게 애걸하는 (사람), 애걸복걸하는 (자). ~ *de places* 엽관운동자.

quenaupe [k(ə)noːp] *n.f.* 《군대속어》파이프.

qu'en-dira-t-on [kɑ̃diratɔ̃] *n.m.* 《복수불변》남의 평판, 구설, 남의 쑥덕공론(cancan, commérage). *se moquer des* ~ 남의 평판 따위에 개의치 않다. *se soucier du [être sensible au]* ~ 남의 평판에 신경을 쓰다[예민하다].

quenelle [kənɛl] *n.f.* 《요리》고기 단자.

quenotte [kənɔt] *n.f.* 《구어·어린애말》이, 이빨.

quenottier [kənɔtje] *n.m.* 《구어·드물게》치과 의사.

quenouille [kənuj] *n.f.* ① (물레의)토리개, (실을 뽑기 위하여)토리개에 감은 실 원료. ② (침대 씌 등·천정을 받치는)침대 기둥. ③ 《원예》 방추형(紡錘形)으로 전지하기(전지한 과수(果樹)). ④ 《식물》부들. *tomber en* ~ 《상속 따위에 의해 남자가)하녀 손아귀에 들다. *Le Royaume de France ne tombait jamais en* ~. 프랑스 왕국은 단 한 번도 여왕의 통치하에 있던 일이 없다. *un homme qui est tombé en* ~ 여자 손아귀에 든 남자.

quenouille ①

quenouillée [kənuje] *n.f.* (토리개에 감은)한 토리분의 솜(실의 원료).

quenouillette [kənujɛt] *n.f.* ① 《선박》고물용재. ② 《옛》실 감는 작은 막대기.

quéque [kɛk] *a.* 《속어》 =**quelque**.

quéquette [kekɛt] *n.f.* 《속어》음경, 남근.

quérabilité [kerabilite] *n.f.* 《법》(임금 따위를) 받으러 가야 하기.

quérable [kerabl] (<*quérir*) *a.* 《법》받으러 가야 하는 (↔ portable). *créance* ~ (채권자가)받으러 가야 하는 돈.

quercicole [kɥɛrsikɔl] *a.* 《동물》떡갈나무 위에 사는. *insecte* ~ 떡갈나무 위에 사는 곤충.

quercine(e) [kɥɛrsine] *a.* 떡갈나무와 비슷한.

quercinois(e) [kɛrsinwa, -aːz] *a.* 케르시(*Quercy*, 프랑스의 옛 주)지방의. —*Q*~ 《구어》*n.* 케르시 사람.

quercitrine [kɛrsitrin] *n.f.* 《화학》케르시트린 (quercitron 의 껍질에 함유된 황색소).

quercitron [kɛrsitrɔ̃] *n.m.* 《식물》(북아메리카산의)떡갈나무의 일종 (껍질에서 황색 염료를 채취하는 이 나무의)껍질.

*****querelle** [kərɛl] *n.f.* ① 싸움, 다툼, 말다툼 (dispute); 불화 반목 (désaccord). *susciter* [*apaiser, éviter*] *une* ~ 싸움을 일으키다 (가라앉히다, 피하다). *De fréquentes* ~*s s'élèvent entre les deux époux.* 두 부부 사이에 빈번한 싸움이 벌어진다. *chercher* (*une*) ~ *à qn* …에게 싸움을 걸다. *en* ~ *ouverte* 공공연하게 반목하고 있는. *faire une* ~ *à qn* 《옛》…을 원망하다 (se plaindre de). *prendre* ~ *pour qn* 남을 변호하기 위해 싸움을 시작하다. *se prendre de* ~ *avec qn* …와 싸움을 시작하다. ② 논쟁. *Q*~ *d'idées* 사상 논쟁. *Q*~ *des anciens et des modernes* 《문학사》(17 세기)신구논쟁. ③ (왕후·국가간의)분쟁. ~ *de l'Angleterre avec ses colonies* 영국과 식민지 간의 분쟁. ④ 《옛》소송(procès); (분쟁 중의)이유, 입장(cause). *épouser* [*embrasser*] *la* ~ *de qn* …편을 들다.

quereller [kəre[ɛ]le] *v.t.* 책망하다, 꾸중하다 (gronder, blâmer). [~ *qn pour*+*inf.*] …한 데 대해 …을 책망하다. ② (에게)싸움을 걸다, (와)다투다. *Il est venu me* ~. 그는 내게 시비를 걸려고 왔다. ③《옛》[~ *qc/qn à qn*] (와)다투다, 경쟁하다 (disputer).
—*se* ~ *v.pr.* ① [*se* ~ *avec*] (와)싸우다, 다투다 (se disputer, se chamailler). *Il se querelle avec tout le monde.* 그는 모든 사람과 (아무하고나) 다툰다. ② 서로 다투다.

querelleur(se) [kərelœːr, -ɚːz] *n.* 싸움꾼, 싸움(다투기)좋아하는 사람. —*a.* 싸움질 좋아하는 (batailleur); 호전(도전)적인 (agressif).

quérimonie [k(ɥ)erimɔni] *n.f.* 《옛》고소 (告訴).

quérir [keriːr], **querir** [kəriːr] *v.t.* 《문어·사투리》 (aller, envoyer, faire, venir 와 함께 부정법으로만 쓰임) 찾다, 부르다 (chercher). *J'ai envoyé* ~ *le médecin.* 나는 의사를 데리러 [부르러]보냈다.

querre [kɛːr] *v.t.* 《옛》 =**quérir**.

qu'ès-aco [aquo] [kɛzako] 《남프랑스》뭐꼬? 《장난삼아 프로방스 사투리를 흉내내는 말》(Qu'est-ce que c'est?).

*****qu'est-ce que** [kɛsk(ə)] (모음 앞에서 que 는 qu' 로) *pron. interr.* ① 《직접목적어》무엇을. *Q*~ *vous voulez?* 당신은 무엇을 바라오 (4 샀습니까, 들겠습니까)? ② 《속사》무엇. *Q*~ (*c'est que*) *la littérature?* 문학이란 무엇인가? *Qu'est-ce qu'il est devenu?* 그는 어떻게 되었는가? ③《비인칭어법의 의미상의 주어》무엇이. *Qu'est-ce qu'il vous faut?* 무엇이 당신에게 필요합니까? *Qu'est-ce qu'il y a de nouveau?* 뭐 새로운 것이 있읍니까? ④《구어》어찌 얼마나 (combien); 어째서 (pourquoi). *Q*~ *vous pesez?* 당신은 몸무게가 얼마입니까? *Q*~ *vous êtes de personnes ici?* 여기 당신들은 몇 명이나 있읍니까? *Q*~ *tu avais besoin d'aller lui dire ça?* 무엇 때문에 그에게 가서 그런 말을 할 필요가 있었단 말인가? *Qu'est-ce qu'il y a* (*donc que*) *tu reviens déjà?* 어째서 벌써 돌아오는 건가? ⑤《구어》(감탄사로서) *Qu'est-ce qu'il fait beau!* 참, 좋은 날씨군! ⑥《구어》《간접의문:ce que 대신에》 *Vous savez qu'est-ce qu'elle fait?* 그녀가 뭘 하는지 아십니까?

REM **qu'est-ce que** 다음에 c'est que 가 오면 이른 바 중복합형 (forme surcomposée)을 이루는 데 의미상의 차이는 없음 : *Q*~ (*c'est que*) *vous voulez? Q*~ (*c'est que*) *la littérature?* 과 함께; *Q*~ *c'est que ça?*「그건 뭐요」(*Q*~ *c'est?*).

*****qu'est-ce qui** [kɛski] *pron. interr.* ① 《직접의문의 주어》무엇이. ②《속어》누가 (qui est-ce qui). *Q*~ *te fait rire?* 뭐가 우스워? *Q*~ *est là?* 《속어》거 누구요? 거기 누가 있소? ③《간접 의문의 주어》무엇이 (ce qui). 누가 (qui). *Je sais* ~ *t'a rendu malade.* 어째서 네가 병이 났는지[무엇이 너를 병나게 했는가를]나는 안다. *Je ne sais pas* ~ *est là.* 누가 거기 있는지 모르겠다.

questeur [k(ɥ)ɛstœːr] *n.m.* ① 《프랑스행정》(의회의)재무관. ② 《로마사》(재정·범죄 관계로 법관 중 집정관 회의에 참석하던)재무관; 검찰관. ~ *militaire* (집정관 또는 장군의)부관. ~ *provincial* (지방 총독을 보좌하는)지방 재무관. ~ *urbain* (로마의)재무 검찰관.

:question [kɛstjɔ̃] *n.f.* ① 질문 (interrogation). *faire* [*adresser, poser*] *une* ~ *à qn* …에게 질문하다. *presser* [*accabler*] *qn de* ~ *s* …에게 질문공세를 하다. ~ *absurde* [*déplacée*] 엉뚱한 질문. *Belle* ~! *Quelle* ~! 바보 같은 질문!
② 문제 (problème). ~ *d'argent* 돈 문제. *spécialiste des* ~ *s économiques* 경제 문제의 전문가.

questionnaire¹

~s d'actualité (오늘의)시사적 문제, 오늘의 화제. traiter[étudier] une ~ 문제를 다루다[검토하다]. C'est là la ~; Là est toute la ~. 문제는 바로 그 점이다. Il n'y a pas de ~. 그것은 확실하다(C'est sûr). Ce n'est pas la ~. 문제는 그런 데 있는 것이 아니다, 그 이야기가 아니다(Il ne s'agit pas de cela). C'est une ~ de vie ou de mort. 그것은 죽느냐 사느냐의 문제다.

③ 【법】계쟁점(係爭點). ~ de droit[de fait] 법률상의[사실상의] 쟁점.
④《옛》고문. appliquer la ~ à qn; appliquer qn à la ~ …을 고문에 걸다. être soumis à la ~ 고문을 당하다.

en ~ 문제의, 화제의. homme *en ~* 문제의 사람, 그 화제의 주인공. C'est ton avenir qui est *en ~*. 문제되어 있는 것은 너의 미래이다.
faire ~ 문제가 되다. Cela ne *fait* pas ~. 그것은 이론의 여지가 없다, 분명하다(Il n'y a pas de ~).
hors de ~ (de+inf.; que+sub.) (…하는 것은)문제밖의 일. Il est absolument *hors de ~ que* tu sortes ce soir. 오늘 저녁 네가 놀러 나간다는 것은 전혀 생각할 수도 없는 일이다.
*Il est ~ de+*명사*(de+inf, que+sub.)* …에 관한 일이다, 가 문제이다. *De quoi est-il ~* dans ce livre? 이 책에서는 무엇이 문제되어 있읍니까? *Il est ~ de* savoir si… …인지 어떤지가 문제이다.
mettre[remettre] qc *en ~* …을 토의에 걸다, 문제삼다, 재검토하다; 위태롭게 하다(compromettre). Ce projet *a été* remis *en ~*. 이 계획은 재검토되었다. Cette affaire *mettra* le ministère *en ~*. 이 사건은 내각을 위태롭게 할 것이다.
*~ de+*명사 …에 관해서는 (구어에서는 de 가 생략). Q~ d'argent(Q~ argent), tout est réglé. 돈에 관해서는 깨끗이 청산[해결]되었다.

questionnaire¹ [kɛstjɔnɛːr] n.m. 질문서; 문제집. remplir un ~ 질문표에 기입하다.

questionnaire² n.m. 《옛》고문자.

*****questionner** [kɛstjɔne] (<*question*) v.t. [~ qn] (에게)질문하다(interroger). Le médecin l'a *questionné* sur son emloi du temps. 의사는 그에게 일과에 대해 물었다.

questionneur(se) [kɛstjɔnœːr, -øːz] n. 캐묻기 좋아하는 사람. —*a*. 캐묻기 좋아하는.

questorien(ne) [kyɛstɔrjɛ̃, -ɛn] a. 【고대로마】재무·검찰관(questeur)의.

questure [k(ɥ)ɛstyːr] n.f. ①【고대로마】재무·검찰관(questeur)의 직[임기]. ②【프랑스행정】(의회)재무과.

quête¹ [kɛt] n.f. ① 의연[자선]금 모집, 모금(collecte); 의연금; 【가톨릭】연보금. organiser une ~ pour le sinistrés 이재민을 위해 모금운동을 하다. donner à la ~ 의연금을 내다. faire la ~ 갹출금[희사금]을 모으다; 모자를 돌려 논을 걷다. (quêter). ② 탐색, 수색, 찾음; 지적 탐구; 【사냥】짐승 몰이, (개가)짐승을 찾음. ~ du Graal 성배(聖杯)의 탐구. poursuivre sa ~ philosophique 철학탐구를 계속하다.
aller à la ~ de qc …을 찾으러 가다. *se mettre en ~ de qc* …을 찾기 시작하다.

quête² n.f. 【해양】(배의 고물 쪽으로의)경사.

quêter [kɛte] v.t. ① (의연금)걷다, 모으다 (《목적보어 없이》의연금을 모으다, 모금하다. On *a quêté* à l'église pour les pauvres. 교회에서 가난한 자를 위해 모금했다. ② 찾다, 탐색하다; 수집하다; 【사냥】(짐승을)찾다, 몰다. aller à sa nourriture 식량을 찾으러 가다. ③《비유적》(찬동 따위를)구하다, 간청하다(solliciter). ~ son approbation 그의 찬동을 구하다. ~ la pitié des passants 행인의 동정을 구걸하다.

quêteur(se) [kɛtœːr, -øːz] n. 의연금 모집자; 《혜택 따위를》구하는 사람. ~ de compliments (남의)칭찬을 바라는 사람.

quetsche [kwɛtʃ] n.f. 【식물】오얏의 일종; (그것으로 만든)술, 궤치술.

‡**queue¹** [kø] n.f. ① 꼬리. remuer la ~ 꼬리를 흔들다. la ~ entre les jambes 꼬리(속에)꼬리를 감추고, 기가 죽어서. ② 끝, 종말; (행렬의)끝, 후미; (구어)(빛의)잔예. en ~ d'un cortège 행렬의 후미에. ~ d'une armée 군대의 후위. ~ de page (장절이 끝나서 생기는)페이지의 여백. wagon de ~ (열차의)후부 차량. être à la ~ de sa classe (비유적)반에서 꼴찌를 하다. ~ de fugue 【음악】푸가의 종결부. commencer par la ~ 끝에서부터 시작하다. ~ de l'hiver (비유적) 늦추위. ~ de typhon 태풍권의 언저리. ~ (d'une dette) (구어)(빛의)잔금. ③ (차례를 기다리는)줄, 열. Il y avait to ~ au guichet de location. 매표구 앞에 줄이 늘어서 있었다. faire la ~ 줄을 짓다[서다]. Mettez-vous à la ~! 줄을 서시오. ④ (꼬리 모양의)부속물; 손잡이; 꼬리. ~ d'une comète[d'un cerf-volant] 혜성(의)의 꼬리. ~ d'une poêle 프라이팬의 손잡이. piano à ~ 그랜드 피아노. ~ de lettre (g, p, q, 따위의)아래로 처진 부분. ⑤ (연미복의)꼬리; 《옛》(부인복의)끌리는 자락. habit à ~ 연미복. ~ de la robe de la mariée 신부 드레스의 뒷자락. ~ de morue (de pie) (연미복 따위의)웃도리의 긴 꼬리. ⑥ 많은 머리, 변발. ~ de cheval 포니 테일(등 뒤로 길게 늘어뜨린 소녀의 머리형). (cheveux) ~ de vache 빨간(머리). ⑦ 【식물】잎 자루, 과실꼭지. ⑧ 【당구】큐. faire fausse ~ 헛치다, 미스하다. ⑨ vin de ~ (구어)하급 포도주. ⑩《비어》좆.

À la ~ gît le venin. 《속담》일은 뒷끝이 힘든다; 문장(말)의 끝에 신랄한 풍자가 들어 있다.
à la ~ leu leu 한 줄로 늘어서서; 순서대로.
faire ~ de poisson 《구어》용두사미로 끝나다.
faire une ~ de poisson (자동차의 운전자가)차를 추월하여 바로 앞으로 끼어들다.
pas la ~ d'un(e)《구어》단 하나도. On a dérobé tous mes crayons, il n'en reste *pas la ~ d'un*. 내연필을 몽땅 도둑맞아서 단 한 자루도 남지 않았다.
porter la ~ 뒷자락이 끌리는 옷을 입다; 많은 머리를 하다.
prendre qc *par la tête et par la ~* …을 여러 가지 각도에서 검토하다.

queue² n.f. 《옛》숫돌(queux).

queue³ n.f. 《옛》약 400 리터 들이의 큰 통. ~ à huile 기름을 담는 통.

queue-d'aronde [kødarɔ̃ːd] (pl. ~s-~~) n.f. ①【건축】열장 장부. assemblage à[en] ~ 열장이음. ②【식물】쇠귀나물속(屬)(queue d'aronde 라고도 씀).

queue-de-carpe [kødkarp] (pl. ~s-~-~) n.f. 꺽쇠, 쥠쇠.

queue-de-chat [kødʃa] (pl. ~s-~-~) n.f. ①(죄인을 치는)노끈 채찍. ②권운(卷雲), 말총구름.

queue-de-cheval [kødʃəval] (pl. ~s-~-~) n.f. ①【식물】개쇠뜨기. ②포니 테일(~ de cheval). ③【해부】척추 하단의 요부(腰部)신경.

queue-de-cochon [kødkɔʃɔ̃] (pl. ~s-~-~) n.f. 나사 송곳; 나사 송곳 모양의 장식쇠붙이.

queue-de-lion [kødəljɔ̃] (pl. ~s-~-~) n.f. 【식물】익모초속(屬).

queue-de-loup [kødəlu] (pl. ~s-~-~) n.f. 【식

물】며느리밥풀.

queue-de-morue [kødmɔry] (pl. ~s-~-~) n.f. ① 《구어》연미복의 꼬리. habit à ~ 연미복. ② 연미복(queue de pie).

queue-de-pie [kødpi] (pl. ~s-~-~) n.f. 연미복 《queue de pie 라고도 씀》.

queue-de-rat [kødra] (pl. ~s-~-~) n.f. ① 끝이 뾰족하고 둥근 줄. ② 《쥐꼬리 모양의 가죽 끈이 달린》담배 쌈지〔케이스〕. ③ 《해양》밧줄의 뾰족한 끝. ④ 《수의》서미선(鼠尾線).

queue-de-renard [kødrəna:r] (pl. ~s-~-~) n.f. ① 《식물》=queue-de-loup. ② 줄맨드라미; 독새풀. ③ 《기술》끝; 《금박·은박을 집는》피셋.

queue-de-vache [kødva:ʃ] (pl. ~s-~-~) n.f. 《건축》《건물의 정면(正面)을 보호하기 위한》지붕의 돌출부.

queue-rouge [køru:ʒ] (pl. ~s-~s) n.m. 《닭은 머리에 붉은 댕기가 달린 가발을 쓴》어릿광대.

queusot [køzo] n.m. 《전구 내부를 진공으로 하는》배기관.

queussi-queumi [køsikømi] loc.ad. 《옛·구어》마찬가지로.

queutage [køta:ʒ] n.m. 《당구》《공을》밀어치기.

queutard [køta:r] n.m. 《속어》난봉꾼, 호색가.

queuter [køte] v.i. 《당구》한 번에 2구를 치다. ②《구어》잡히다, 망치다(louper). Ça a queuté! 잘이 잡혔군!

queux¹ [kø] n.f. 《옛》숫돌.

queux² n.m. 《옛》요리인. maître ~ 솜씨있는 요리인, 요리장(長) 《지금은 이 표현으로만 쓰임》.

‡**qui**¹ [ki] pron.rel. 《성·수 불변》① 《주어; 사람 또는 사물, 명사 또는 대명사》ⓐ 《직설법; 한정적 형용사절을 선행사에 연결》la montre ~ est arrêtée 멎은 시계. toi ~ es étudiant 학생인 너. 《선행사에서 떨어져서》Je le vis ~ ramassait un bout de ficelle. 나는 그가 끄나풀을 줍고 있는 것을 보았다. un spectacle nouveau et ~ vous amusera 새롭고 또 당신의 흥미를 끌 광경. ⓑ 《접속법; 한정적 형용사절을 선행사에 연결》Il y a peu de gens ~ sachent cela. 그걸 아는 사람은 거의 없다. Il est le seul ~ sache cela. 그는 그것을 아는 유일한 사람이다. ⓒ 《보통 직설법; 설명적·첨가적 형용사절을 인도》Il s'est rendu à son bureau, ~ n'était pas loin. 그는 자기 사무실에 들렀는데, 사무실은 그리 멀지 않았다. C'est un homme charmant, et ~ a du talent. 그는 매력 있는 사내이고 또 재능도 있다. ⓓ [C'est.. ~] 《주어의 강조》*C'est vous ~ me l'avez dit.* 내게 그것을 말한 것은 바로 당신이오. *C'est l'aînée ~ sera contente.* 언니가 좋아할 거요. ② 《선행사 없이》ⓐ 《=quiconque, celui qui; 특히 격언에서》Q~ vivra verra. 《격언》두고 보면 알게 될 것이다. *Le Fasse ~ voudra.* 《격언》하고 싶은 자에게 시켜라. Q~ veut la fin veut les moyens. 《격언》목적을 이루려는 자는 수단을 구한다. ⓑ 《=ce qui》Voilà ~ est bien《certain》. 그것은 좋다〔확실하다〕. ⓒ《종종 목적격 celui que 의 대신》Je choisis ~ je veux. 나는 내가 택하고 싶은 사람을 택한다. ~ vous savez 《말하지 않아도》당신이 아는 사람. ⓓ《일종의 동격 또는 삽입절로》~ mieux est [miøze] 더욱 좋은 일은, 하물며. ~ plus est [plyze] 게다가 또, 그뿐더러(et en outre). ~ pis est [pize] 설상가상으로, 더욱 나쁘게는. Panne d'électricité, et ~ pis est, nous n'avons pas de bougies. 전기 고장인데다가 또 양초도 없다. ③《전치사+qui》ⓐ《선행사가 있는 경우》l'homme à ~ je pensais 내가 생각하던 사람. Il cherche quelqu'un avec ~ jouer. 그는 함께 놀 사람을 찾고

있다. ⓑ《선행사 없이》Adressez-vous à ~ vous voudrez. 아무에게나 당신이 원하는 사람에게 문의하시오. ⓒ《C'est qui+직설법 미래〔조건법〕; 경쟁적 운동을 표시》제각각 …하려하다. *C'est à ~ des deux trompera l'autre.* 둘은 서로 상대방을 속이려 한다. *C'était à ~ ne parlerait pas le premier.* 제각각 먼저 입을 열지 않으려고 하고 있었다. ④《=si on, si quelqu'un》만약 …하면. Q~ de 5 ôte 3, reste 2. 5에서 3을 빼면 2가 남는다. ⑤《문어》《qui…qui》어떤 자는… 또 다른 자는…(l'un(les uns), ... l'autre(les autres)). On se dispersa, ~ d'un côté, ~ de l'autre. 어떤 자는 이쪽으로 다른 자는 저쪽으로 산산이 흩어졌다. ⑥《양보절을 구성; qui que+sub.》《이 구문의 qui를 의문대명사의 항목에 포함시키는 문법학자도 있음. 《앞》① 의 *~ que* 일지라도. ~ que vous soyez 당신이 누구일지라도. ~ *que ce soit* 누구일지라도. ~ *que ce soit* vous l'ait dit 당신에게 그것을 말한 사람이 누구든 간에. Parlez-en à ~ *que ce soit.* 누구에게라도 그것을 말하시오. Je n'ai trouvé ~ *que ce soit.* 나는 어느 누구도 발견하지 못했다.

~ **de droit** 마땅히 자격이 있는 사람.

REM 전치사와 함께 쓰이는 ③ 의 경우 사람만이 선행사가 될 수 있다. 그러나 의인화된 사물이나 극히 드문 경우에 사물도 선행사가 된다: *Rochers à qui je me plains.* 《문어》내가 애소하는 바위들.

‡**qui**² pron.interr. ①《사람》누구…? ⓐ《주어》Q~ est venu? 누가 왔어요? 《간접의문》Je ne sais pas ~ est venu. 누가 왔는지 모릅니다. ⓑ《속사》Q~ êtes-vous? 당신은 누구요? 《간접의문》Dites-moi ~ vous êtes. 당신이 누구인지 말해 주시오. ⓒ《직접목적보어》Q~ regardez-vous? 당신은 누구를 보고 있소? 《간접의문》Dites-moi ~ vous regardez. 누구를 보고 있는지 말해 주시오. ⓓ《전치사+qui》De ~ parlez-vous? 누구 이야기를 하십니까? À ~ est ce livre? 이 책은 누구 것이오? Avec ~ êtes-vous venu? 누구와 함께 왔소? ⓔ《생략문》Q~ ça (donc)? 누구죠? Devinez ~. 누군지 알아맞혀요.

②[~ de]《중에》누가, 어느 쪽이(lequel). Q~ des deux a raison? 두 분 중에 어느 쪽이 옳습니까? Q~ d'entre vous oserait? 너희들 중의 누가 감히 하겠는가《다음의 인칭 대명사가 올 때에는 보통 être 과 함께 쓰임》.

③《양보절을 구성; ~ que+sub.》Q~ *que tu soit.* 네가 누구이든 간에. Q~ *que ce soit.* 그 누구든 간에(n'importe qui).

n'importe ~ 그 누구든. *N'importe* ~ pourra le faire. 누구나 다 할 수 있다.

REM (1) **qui** 의 복합형 또는 강조형으로서 qui est-ce qui 가 쓰인다 : *Qui est-ce qui est venu?* 누가 왔지? 구어체로는 qu'est-ce qui, 속어로는 qui c'est qui 의 형태로 쓰인다. (2) **qui** 는 여성 또는 복수를 나타내는 경우에도 남성 및 단수로 간주된다. 따라서 여자를 가리켜 *Qui est venue?* 라던가, 복수형으로 *Qui sont venus?* 라고는 말하지 않는다. (3) **qui** 는 사람에게만 쓰이지만 문어에 있어 간혹 사물에도 쓰인다: *Qui nous vaut cette bonne visite!* (무엇이 이 고마운 방문을 우리에게 가져다 주었는가)→우리를 찾아와 주시다니 어찌된 일인가요?

quia (à) [akyi(j)a]《라틴》*loc. ad.* 《옛》대답에 궁하여; 궁지에 몰려. être (réduit) à ~ 대답에 궁하다. mettre (réduit) qn à ~ …을 대답에 궁하도록 만들다, 궁지에 빠뜨리다.

quibus [kyibys]《라틴》n.m.《옛·속어》돈. avoir du ~ 돈이 있다, 부자이다.

quiche [kiʃ] *n.f.* (크림·계란·햄·치방 따위로 만든) 케이크의 일종.

quichenotte [kiʃnɔt] *n.f.* (서프랑스 제도에서 여성들이 쓰는) 반 원통형의 모자.

quichottisme [kiʃɔtism] *n.m.* 돈키호테(*Don Quichotte*)식의 열광적 이상주의.

quichua [ki(t)ʃya] *n.m.* 케추아 어(페루·볼리비아의 고지에 사는 인디안의 말, 잉카의 공용어).

quiconque [kikɔ̃:k] *pron.rel., ind.* ① …하는 자는 누구나(toute personne qui) (관계절의 주격; 주절의 주어 또는 보어로). Q~ n'a pas de tempérament personnel n'a pas de talent. 누구건 개성 없는 자는 재능이 없다. Il sera critiqué par ~ a un peu de connaissance en la matière. 그는 그 분야의 지식을 조금이라도 가지고 있는 사람 모두에게서 비판을 받을 것이다. ② (*pron. ind.*) 어느 누구, 누구건, 아무도(n'importe qui, personne). Ne parle pas à ~. 아무에게도 말하지 말라. Il est aussi sensible que ~. 그는 누구 못지 않게 민감하다. mieux que ~ 누구보다도 더 잘.

quidam [kɥidam] *n.* ① (속어) (이름을 모르거나, 밝히고 싶지 않은 자) 어떤 사람, 거시키; (특히 남자를 가리켜) 어떤 사람(un certain). un ~ 어떤 남자. ② 〖법〗 모(某), 모인, 아무개. lesdits ~s 상기 인물들.
REM 본래 여성형은 없으나 간혹 익살로 쓰일 때가 있음: Je l'ai vu te promener avec *une quidame*. 나는 네가 어떤 여자와 산책하고 있는 것을 봤다.

quiddité [kɥidite] *n.f.* 〖철학〗 (사물의) 본질.

quiescence [kɥi(j)esɑ̃:s] *n.f.* 〖헤브라이 문법〗 무음(無音).

quiescent(e) [kɥi(j)esɑ̃, ɑ̃:t] *a.* ① 무활동의, 정지의. ② 〖헤브라이 문법〗 무음의.

quiet(ète) [kɥi(j)ɛ, ɛt] *a.* (옛·문어) 평온한(paisible). 고요한(tranquille). âme[vie]~ète 평온한 마음[삶].

quiètement [kɥi(j)ɛtmɑ̃] *ad.* 고요히.

quiétisme [kɥi(j)etism, kje-] *n.m.* 〖종교사〗 정적주의(17세기 Molinos에서 비롯된 신비적 그리스도교의 교리. 외적 활동을 배제하고 마음의 평온을 통해 신과의 합일을 추구).

quiétiste [kɥi(j)etist, kje-] *n.* 정적주의자.
— *a.* 정적주의의.

quiétude [kɥi(j)etyd, kje-] *n.f.* ① 〖신학〗 (마음의) 평안, 〖철학〗 (현인의) 평온, 무념무상. ② (문어) 고요, 평온(tranquille). en toute ~ 아주 조용히.

quignon [kiɲɔ̃] *n.m.* (구어) (빵의) 덩어리. un gros ~ de pain 빵의 큰 덩어리.

quillage [kija:ʒ] *n.m.* (옛) 입항세의 일종.

quillaja [killaja] *n.m.* 〖식물〗 (칠레 원산의) 비누나무(장미과(科)의 일종).

quille¹ [kij] *n.f.* ① (방망이 모양의) 9주희(柱戲)용의 작은 기둥. jeu de ~s 9주희. abattre[renverser] des ~s 9주희의 핀을 쓰러뜨리다. être planté là[se tenir droit] comme une ~ 말뚝처럼 있다. ② (*pl.*) (속어) 다리. ③ (고) (2륜 마차를 세워 놓을 때 채를 받치는) 받침 막대. ④ (석공의) 큰 쐐기.
en avoir les ~s (속어) (걸어서) 녹초가 되다.
être sur ses ~s 튼튼하다, 팔팔하다.
(grand) abatteur de ~s (있지도 않은 자랑을 하는) 허풍쟁이; (옛) 유혹하는 사람.
jouer des ~s (속어) 줄행랑치다.
ne laisser à qn que le sac et les ~s (옛) (좋은 몫은) 자기가 차지하고 …에게 쓸데없는 것만 남겨놓다.
prendre[trousser] son sac et ses ~s 보따리를 싸 가지고 물러가다.
recevoir qn comme un chien dans un jeu de ~s …을 성가신 사람으로 대하다, 냉대하다.
venir[arriver] comme un chien dans un jeu de ~s 공교로운 때에 오다.

quille² *n.f.* (선박) 용골(龍骨).

quille³ *n.f.* (군대속어) 병역의 만기, 제대; (속어) 출옥. attendre la ~ avec impatience 제대를 초조하게 기다리다.

quillebois(e) [kijbwa, -a:z] *a.* 키유뵈프(*Quillebœuf*, 프랑스의 도시)의. —Q~ 키유뵈프 사람.

quiller [kije] *v.i.* (9주희에서) 기둥을 던져 선수(先手)를 정하다; 쓰러진 기둥을 세우다. —*v.t.* (을 향해) 물건을 내던지다.

quillette [kijɛt] *n.f.* 꺾꽂이의 버들가지.

quilleur(se) [kijœr, -ø:z] *n.* (볼링에서) 핀을 주어 세우는 사람. —*n.* 9주희를 하는 사람.

quillier [kij(j)e] *n.m.* ① 9주희(quille) 놀이터. ② 9주희용 기둥 한 벌.

quilloir [kijwa:r] *n.m.* (밧줄 제조용의) 실 꼬는 기계의 회전 막대.

quillon [kijɔ̃] *n.m.* (검·총검의) 십자형 날밑.

quinaire [kinɛːr] *a.* (드물게) 5로 나뉘는; 5를 기본으로 삼는. nombre ~ 5로 나뉘는 수자. numération ~ 5진법. —*n.m.* (고대로마의) 은화.

quinaud(e) [kino, -oːd] *a.* (옛) (실패·패배를 당해서) 무안한, 당황한(confus, penaud).

quinauderie [kinodri] *n.f.* 키노(*Quinault*, 프랑스의 문학가) 투의 내용 없이 기교에 치우친 문체.

quincaille [kɛ̃ka:j] *n.f.* ① (옛) 구리[쇠] 그릇; 철물(marchandise de ~). ② (구어) 동전. ③ 〖컴퓨터〗 하드웨어((영) hardware).

quincaillerie [kɛ̃kajri] *n.f.* ① 철물, 쇠붙이; 철물업(상). ② (구어) 싸구려 장신구.

quincaillier(ère) [kɛ̃kaje, -ɛːr] *n.* 철물장수(상).

quinconce [kɛ̃kɔ̃:s] *n.m.* (주사위의) 5점눈; (나무들을) 5점형으로 심기. être planté en ~ 5점형으로 심어지다.

quinconcial(ale, pl. aux) [kɛ̃kɔ̃sjal, -o] *a.* 5점형의, 5점형으로 해놓은[심어지].

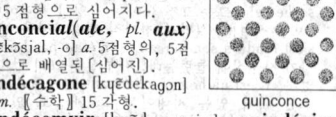
quinconce

quindécagone [kɥɛ̃dekagɔn] *n.m.* 〖수학〗 15각형.

quindécemvir [kɥɛ̃desɛmviːr], **quindécimvir** [kɥɛ̃desimviːr] *n.m.* 〖종교사〗 (고대로마의) 15 신관(神官) 중의 한 사람.

quindécennal(ale, pl. aux) [kɥɛ̃desennal, -o] *a.* 15년의; 15년간의.

quine [kin] *n.m.* ① 〖놀이〗 주사위에서 동시에 2 개의 5를 냄. ② 추첨에서 5개의 당첨번호가 잇달음 [당첨번호를 뽑음].
~ à la loterie (옛) 요행수.

quiné(e) [kine] *a.* 〖식물〗 (잎 따위가) 5개씩 배열된.

quingeois(e) [kɛ̃ʒwa, -aːz] *a.* 캥제(*Quingey*, 프랑스의 도시)의. —Q~ 캥제 사람.

quinine [kinin] *n.f.* 〖화학〗 키니네; 〖약〗 황산키니네(말라리아 특효약) (sulfate de ~). 〖독〗

quini(ni)sme [kini(ni)sm] *n.m.* 〖의학〗 키니네 중독.

quinique [kinik] *a.* 〖화학〗 키니네의.

quinoa [kinɔa] *n.m.* (드물게) 〖식물〗 (남미산의 메밀 비슷한) 명아주과(科)의 식물.

quinola [kinɔla] *n.m.* (에스파냐) 〖카드놀이〗 (reversi 게임에서) 하트의 잭.

quinoléine [kinɔlein] *n.f.* 〖화학〗 키놀린.

quinone [kinɔn] *n.f.* 〖화학〗 키논.
quinquagénaire [kɥɛ̃kwaʒenɛːr] *a., n.* (나이)50대의(사람). une ~ 50대의 여인.
Quinquagésime [kɥɛ̃kwaʒezim] *n.f.* 〖가톨릭〗 4 순절 직전의 주일(부활제 50일 전).
quinquangulaire [kɥɛ̃kwãgylɛːr] *a.* 5각의.
quinquennal(ale), *pl.* **aux**) [kɥɛ̃kɥɛnnal, -o] *a.* 〖구어〗 ① 5년 계속되는, 5년에 걸친. plan ~ 5개년 계획. assolement ~ 〖농업〗 5개년 윤작. ② 5년마다의. élection ~*ale* 5년마다의 선거.
quinquennat [kɥɛ̃kɥena, -ɛnna] *n.m.* (5개년 계획따위의)5개년.
quinquennium [kɥɛ̃kɥɛnnjɔm] *n.m.* 〖고대로마〗 5년의 수학 기간; (임기 따위의)5년간의 기간.
quinquerce [kɥɛ̃kɥɛrs] *n.m.* 〖고대로마〗 5종 경기(pentathle).
quinquérème [kɥɛ̃kɥerɛm] *n.f.* 〖고대로마〗 5단으로 노가 달린 노예선.
quinquet [kɛ̃kɛ] *n.m.* ① 아르간등(燈), 켕케식 양등(洋燈)(원통 모양의 심지가 진 등). ② (*pl.*)〖속어〗눈. allumer(ouvrir) ses ~*s* 눈을 뜨다, 자세히 보다.
quinquies [kɥɛ̃kɥi(j)ɛs] 〖라틴〗 *ad.* 다섯 번, 다섯 차례. article 3 ~ 제 3조의 제 5항.
quinquina [kɛ̃kina] *n.m.* 〖식물〗 기나나무; 〖의학〗 기나피(키니네의 원료); 기나나무 껍질로 만든 포도주.
quinquinisme [kɛ̃kinism] *n.m.* =quini(ni)sme.
quint- *préf.* 「제 5의」의 뜻.
quint(e') [kɛ̃, -ɛːt] *a.* 〖옛〗 다섯번째의, 제 5 의(cinquième). Charles Q~ 샤를 5세. fièvre ~*e* 〖의학〗 5일열(熱).
quintaine [kɛ̃tɛn] *n.f.* ① 공격(소송)의 대상. servir de ~ à qn …의 조소(공격)의 대상이 되다. ② 〖옛〗(기둥 또는 인형으로 된)창의 과녁. courir la ~ 창의 과녁을 찌르다.
quintal(*pl.* **aux**) [kɛ̃tal, -o] *n.m.* ① 퀸탈, 100 kg(~ métrique). Le blé se vend au ~. 밀은 퀸탈(100 kg)단위로 매매된다. ② 퀸탈(미국에서는 100 파운드, 영국에서는 112 파운드).
quintan [kɛ̃tɑ̃] *n.m.* =**quintaine**.
quintane [kɛ̃tan] *a.f.* fièvre ~ 〖의학〗 5일열(fièvre quinte).
quinte² [kɛ̃:t] *n.f.* ① 〖음악〗 5도 음정; 5도 간격(intervalle de ~). ~ diminuée; fausse ~ 〖음악〗 감(減)5도. ② 〖카드놀이〗 숫자가 연속된 같은 조의 패 5장, (포커의)스트레이트. ~ flush(포커의)스트레이트 플러시. ③ 〖펜싱〗 제 5자세.
avoir ~ et quatorze 〖구어〗성공의 가망이 크다, 유망하다; 〖속어〗매독(성병)에 걸리다. *renvoyer qn de ~ en quatorze* …의 요구에 대하여 질질 끌며 응하지 않다; …을 연방 궁지에 몰아넣다.
quinte³ [kɛ̃:t] *n.f.* ① 기침의 발작(~ de toux). ② 〖옛〗변덕, 변덕스런 노여움.
quintefeuille [kɛ̃tfœj] *n.f.* ① 〖식물〗풀딸. ② 〖문장〗다섯 꽃잎 무늬. —*n.m.* 〖건축〗 다섯 꽃잎 장식.
quintessence [kɛ̃tesɑ̃:s] *n.f.* ① 정수, 극치, 정화(精華). ~ de la poésie du XIXe siècle 19세기 시의 정수. ② 〖고대철학〗 제 5원소.
quintessencié(e) [kɛ̃tesɑ̃sje] *a.p.* 〖문어〗아주 세련된, 극도로 정교한(alambiqué).
quintessenciel(le) [kɛ̃tesɑ̃sjɛl] *a.* 정화(진수)의.
quintessencier [kɛ̃tesɑ̃sje] *v.t.* 〖문어〗 (의)정화(정

수)를 뽑아내다; 지나치게 순화하다(보통 수동태로 쓰임).
quintette [k(ɥ)ɛ̃tɛt] *n.m.* 〖음악〗 5중주(곡).
quinteux(se) [kɛ̃tø, -øːz] *a.* 〖옛〗변덕스런(capricieux), 화를 잘 내는. toux ~*se* 〖의학〗 발작적인 기침.
quintidi [kɥɛ̃tidi] *n.m.* (프랑스 공화력의)제 5일.
quintil [kɥɛ̃til] *n.m.* 〖운율〗 (두 개의 운을 맞춘)5 행시.
quintillion [kɥɛ̃tiljɔ̃] *n.m.* ① 〖옛〗10^{18}. ② 100만의 5승, 10^{30}.
quinto [kɥɛ̃to] 〖라틴〗 *ad.* 〖드물게〗다섯번째로.
quintuple [k(ɥ)ɛ̃typl] *n.m., a.* 5 배(의).
quintupler [k(ɥ)ɛ̃typle] *v.t.* 5배하다, 다섯곱하다. —*v.i.*, **se** ~ *v.pr.* 5배가 되다. (*se*) ~ de valeur 가치(가격)가 5배로 늘다.
quintuplés(ées) [k(ɥ)ɛ̃typle] *n.pl.* 5쌍둥이.
quintuplet [kɛ̃typlɛ] *n.m.* 5개(명) 1조.
*__quinzaine__ [kɛ̃zɛn] *n.f.* ① 15; 약 15. ~ de personnes 15명 가량의 사람들. ② 2주(간); 보름. dans une ~ 2주후에. pendant la première ~ de mai 5월의 첫 보름동안. ③ 2주일간의 임금(급료). toucher une ~ 2주일분의 임금을 타다.
‡__quinze__ [kɛ̃:z] *a.num.* (불변) ① 15의. ~ jours 15일; 2주일. Revenez dans ~ jours. 2주일 후에 다시 오시오. ② 15번째의. Louis Q~ 루이 15세. —*n.m.* (복수없음) ① 15; 15일. ~ du mois 〖상업〗 15일 지불. ② 2주간. d'aujourd'hui(de demain)en ~ 2주 후의 오늘(내일). lundi en ~ 2주후의 월요일. ③ 〖스포츠〗 (테니스의)첫 득점, 피프틴; 럭비의 한 팀. ~ à 〖테니스〗 피프틴 올. ~ de France 프랑스 럭비팀.
changer d'opinion tous les ~ *jours* 자주 의견을 바꾸다. *ne plus avoir ses jambes de* ~ *ans* (체력이)이미 젊을 때와는 다르다.
Quinze-Vingts [kɛ̃zvɛ̃] *n.m.pl.* (루이 9세가 파리에 세운 300명 수용의)맹인(盲人)병원.
—**q**~**v**~ *n.m.* 파리 맹인병원의 수용자.
*__quinzième__ [kɛ̃zjɛm] *a.* 15번째의, 제15의. —*n.* 15번째(의 것). —*n.m.* 15분의 1.
quinzièmement [kɛ̃zjɛmmɑ̃] *ad.* 15번째로.
quipo [kipo], **quipos** [kipoːs], **quipou** [kipu], **quipu** [kipy] *n.m.* (고대 잉카족·고대 페르시아 사람의)결승(結繩)문자.
quiproquo [kiprɔko] (*pl.* ~(*s*)) *n.m.* (추측·판단에 있어)잘못 짚음(봄), 오해, 착각, 오인(méprise, malentendu).
quiqui [kiki] *n.m.* ①〖속어〗결후(結喉). serrer le ~ à qn …의 목을 조르다. ②〖사투리〗병아리.
quirat [kira] *n.m.* 〖법〗 (배의)공동 소유권(의 지분).
quirataire [kiratɛːr] *n.m.* (배의)공동 소유자(1분).
quirite [kɥirit] *n.m.* 〖고대로마〗 로마 시민.
quiscale [kɥiskal] *n.m.* (중앙 아메리카산의)연작류의 새.
quittance [kitɑ̃:s] *n.f.* 영수증, 수령증, 지불증서. ~ de loyer 집세(방세)의 영수증. timbre ~ 수입인지. donner à qn …에게 영수증을 주다; …을 용서해 주다.
quittancer [kitɑ̃se] [2] *v.t.* (의)영수증을 떼다, 영수증에 서명하다.
quitte [kit] *a.* (빚·의무·근심 따위에서)면제된, 벗어난. Nous sommes ~. 우린 이제 깨끗이 청산했다. Je suis ~ envers vous. 나는 이미 당신에게 빚이(의무가)없다. [~ de] ~ *de dettes* 빚이 없는. ~ *de tous droits et de taxes* 일체 면세의. être ~ *du service militaire* 병역이 면제되다.
en être ~ *à bon marché*[*compte*] 별다른 일 없이

끝나다.
en être ~ pour la peur 겁만 났을 뿐[걱정만 했을 뿐] 별고 없이 끝나다.
être (faire) ~ à~ 주고 받을 것이 없다.
jouer (à) ~ ou double 흥망을 걸고 감행하다.
~ à+ inf. …할 것[위험]을 무릅쓰고, …해도 좋으니까, 각오할 것이다. Nous le ferons ~ à être grondées. 꾸중을 듣더라도 그것을 하겠다.
tenir [considérer, estimer] qn ~ de qc 어떤 일을 면제해 주다. Je vous tiens ~ de ce que vous me devez. 당신이 내게 진 빚이 없는 것으로 해 주겠다. Je ne l'en tiens pas ~ pour cela. 그것으로 그를 용서해주지는 않겠다.

‡**quitter** [kite] v.t. ① (장소를)떠나다, (에서)나가다, 나오다(partir de, sortir de). ~ sa maison 집에서 나오다. ~ son pays 고국을 떠나다. Le medecin lui a interdit de ~ la chambre. 의사는 그에게 방에서 나가지 않도록 했다. La voiture a dérapé et quitté la route. 차가 미끄러져서 도로에서 벗어났다. Ne quittez pas(l'écoute). 【전화】잠깐만 기다리세요. (목적보어 없이)Tout le monde quittait. 모두들 나가 버렸다. ②(행동·직업 따위를)버리다, 그만두다(abandonner). (사물을)버리다. ~ la vie 죽다. ~ son métier 직업을 그만두다. ~ la robe(la soutane) 법관[사제]을 그만두다. ~ le service 퇴역[제대]하다. ~ ses mauvaises habitudes 나쁜 습관을 버리다. ~ le monde 세상을 버리다, 수도의 길로 들어서다. ③(사람이나 사물을)떠나다, 헤어지다. ~ sa femme 아내와 헤어지다, 아내를 버리다. Je vous quitte pour l'instant. 잠깐 실례합니다(곁을 떠나면서 하는 말). Le souvenir ne me quittera pas. 그 추억은 영영 내게서 사라지지 않을 것이다. La toux ne le quitte pas. 그는 기침이 멈추지 않는다. Sa main a quitté la mienne. 그의 손이 내 손에서 빠져 나갔다. ④(옷 따위를)벗다(ôter). ~ ses gants 장갑을 벗다. ~ le deuil 상복을 벗다, 탈상하다. ~ sa peau 허물을 벗다, 딴사람이 되다. (céder). ~ sa place à qn …에게 자리를 양보하다.
ne pas ~ qn des yeux …에서 눈을 떼지 않다.
~ la partie (상대방의 승리를 인정하며)승부를 단념하다; (일을)포기하다.
—se— v.pr. 서로 헤어지다. Ils se sont quittés bons amis. 그들은 의좋게 헤어졌다.

quitus [kɥitys]《라틴》n.m. 【상업·법】 (회계 검사관의)결산 확인(증).

qui-vive [kivi:v] loc.int. 누구야! (보초가 묻는 말). —n.m.(복수불변)【군사】수하(誰何).
être (se tenir) sur le ~ 경계하다.

quoailler [kɔaje] v.i. (말이)줄곧 꼬리를 흔들다.

quoc-ngu [kɔkngy] n.m. 로마자로 쓴 월남말; 월남말의 로마자 표기.

‡**quoi** [kwa] pron. rel. neut. (사물을 가리키며, 원칙적으로 전치사+quoi) ① ⓐ(선행사 ce, rien 따위의 중성대명사 또는 chose, point 따위의 중성어) C'est ce à ~ je pensais[m'attendais]. 그것은 내가 생각[예기]하던 바다. Ce sur ~ je comptais n'est pas arrivé. 내가 기대했던 것 같이 일어나지 않았다. Je ne trouvais rien sur ~ m'appuyer. 나는 의지할 만한 것을 찾지 못했다. Ce n'est pas une chose à ~ vous pouvez trouver à redire. 그것은 당신이 결코 나무랄만한 것이 아니오. ⓑ(절을 선행사로)Travaille, sans ~ tu ne réussiras pas. 일하라[공부하라], 그렇지 않으면 성공하지 못하리라. après ~ 그리고나서, 그 다음에. faute de ~ 그렇지 않으면(sinon, autrement). Emportez le paraluie, faute de ~ vous risqueriez d'avoir des ennuis. 우산을 가지고 가요, 그렇지 않으면 곤란하게 될지도 모르니까. moyennant ~ 그렇게 하면, 그 대신에.
② (선행사 생략) C'est à ~ je pensais. 그것은 내가 생각하던 바이다. C'est en ~ vous vous trompez. 그 점에 있어서 당신은 잘못이오[틀렸소].
③(옛·문어)(=lequel, laquelle; 선행사는 명사)le sacrifice à ~ tu n'as pas consenti 네가 동의하지 않은 희생. le bonheur après ~ je soupire 내가 동경하는 행복.
comme ~ ⇨comme.
de ~ ⓐ [~ + inf.] i) (이유·원인)…할 만한 것. Il n'y a pas là de ~ se fâcher. 화낼 까닭이 없다. ii) (필요·적합)…하기에 필요한 것. Donnez-moi de ~ écrire. 필기도구를 주시오. de ~ vivre 생계, 생활에 필요한 것. iii) (목적어의 관계) ~ porter. de ~ boire (manger) 마실[먹을]것(qc à boire (à manger)). iv) (inf. 의 생략)Ne vous fâchez pas, il n'y a pas de ~. 화내지 마시오, 화낼 게 없으니까. ⓑ (Il n'y a) pas de ~ 별 말씀, 천만에요. ⓒ avoir de ~ (구어)충분한 돈이 있다. Il a de ~. 그는 살림이 넉넉하다. ⓓ (선행사 생략) Voici de ~ il s'agit. 그것이 바로 문제이며, 문제는 그런 것이다(Voici ce dont il s'agit).
—pron. interr. neut. 무엇. ①(전치사와 함께) ⓐ (직접의문) À ~ penses-tu? 무슨 생각을 하고 있니? De ~ parlez-vous? 무슨 말씀을 하시는 겁니까? En ~ puis-je vous être utile? 어떤 점에서 도와드릴 수 있을까요? ⓑ (간접의문) Dites-moi en ~ je me trompe. 제가 어떤 점에서 틀렸는지 말해 주세요. Je ne vois pas de ~ il s'agit. 무엇이 문제인지 잘 모르겠다. (※위의 두 경우에 모두 ~ + inf. 도 생략하여 쓰이는 수가 있다: Sur ~ compter? 무엇을 믿으면 될까? Je ne sais à ~ m'en tenir. 어떻게 해야 좋을지 모르겠다).
② (전치사 없이) ⓐ (~ 뒤에서 직접 목적보어) Vous désirez ~? (구어)무엇을 원하세요? (Que désirez-vous?). Qu'est-ce que tu m'as acheté? —Devine ~. 내게 사준 것이 무엇이니? 무엇인지 맞춰 봐. ⓑ (특별한 경우에 주어) Qui ou ~ vous a donné cette idée? 누가 또는 무엇이 당신에게 그런 생각을 갖게 했오? ⓒ(생략된 의문문) Il m'est arrivé quelque chose de surprenant. —Q~ (donc)? 내게 놀라운 일이 생겼다. 무슨 일인데? Q~ de neuf? 무슨 새로운 일이 있나? Q~ faire dans cette circonstance? 이 경우에는 어떻게 하면 될까? Q~? Q~ que vous dites-vous? 뭐라구요? 무슨 말씀이세요? Q~? (되물을 경우에는, Comment? 이 정규적). Montrez-moi le livre. —Le ~?(구어)그 책을 보여주시오. 어느 책 말이오? (lequel). ⓓ(구어) (설명의 요구) C'est la première fois. —Que ~? —Que je suis en retard. 이것이 처음이야. 무엇이 말이야? 지각한 것. Qu'est-ce que tu dis?—Rien.—Q~ rien? 무슨 말을 하는 거야? 아무 것도 아니야. 무엇이 아무것도 아니야?
À ~ bon? 그래 보았자 무슨 소용이 있을까? 그래 보았자 별 수 없다.
De ~? (속어)(도전적으로)뭐라구? 뭐가 어째? Tu ferais mieux de dormir à cette heure-ci.—De ~? 지금쯤은 자는 것이 좋을거야. 뭐라구?
…ou ~ (속어)…가 아닐까? …가 아니면 뭐겠어? C'est un idiot ou ~. 그 사람은 천치가 아니면 뭐겠나?
Q~ dire (faire)? 뭐라고 말해야[무엇을 해야]좋을까?
~ que + sub. (양보) 무엇이 [무엇을] 하든지, ~ qu'il arrive 무엇이 일어나더라도, ~ que l'on vous dise 남이 당신에게 무슨 말을 하더라도,
~ que ce soit ⓐ (긍정문) 무엇이건(n'importe

quoi). Montrez-lui ~ *que ce soit*. 무엇이건 그에게 보여주시오. ⓑ《부정문》아무것도(rien). Il ne réussira pas en ~ *que ce soit*. 그는 아무 일에도 성공 못할 것이다.
~ *qu'il en dit* 불가불.   「에.
~ *qu'il en soit* 그것은 어쨌든, 그것은 아뭏든간 —*int*. ① 뭐라구? 《놀라움·분노의 표시:*Q*~ donc!, Mais ~!, Eh ~! 의 형식으로 많이 쓰임》. *Q*~! vous partez? 뭐요? 떠나신다구요? Eh ~! vous n'êtes pas encore parti? 뭐야, 아직도 안 떠났단 말이오?
②《구어》(앞서 한 언급과 관련해서)결국, 요컨대, …란 말이야. Elle vous aime, ~! 그녀는 요컨대 당신을 사랑하고 있는 거야. Je n'ai pas de repos. Le dimanche seulement, ~! 나는 쉴 시간이 없어. 일요일밖에 없단 말이야.

*****quoique** [kwak] *conj.*《il(s), elle(s), un(e), en, on 앞에서는 규칙적으로, 때로는 그밖의 모음으로 시작되는 말 앞에서도 quoiqu'로 됨》…(하기는)하지만, …함에도 불구하고(bien que). ⓐ《 ~ +*sub.*》 *Quoiqu*'il fasse mauvais, je sortirai. 날씨가 나쁘긴 하지만 외출하겠다. ⓑ《동사의 생각 또는 분사화》. *Q*~ jeune, il a déjà trois enfants. 비록 젊긴 하지만 그는 벌써 세 아이를 두고 있다. ~ (étant) malade 앓기는 하지만. ~ ayant peu de temps 시간은 거의 없지만.
REM (1) 이 접속사 다음에 직설법 미래나 조건법 현재를 쓰는 일이 있지만, 그것은 각각 확실성과 가능성을 강조하기 위한 예외적인 경우이다. 그런 경우의 quoique 는 et pourtant 의 뜻에 가깝다: Je descendrai à cet hôtel, *quoique* ce sera trop loin. 나는 그 호텔에 머물겠다. 너무 멀지 하지만. *quoiqu*'il ne devrait pas venir demain 그는 내일 안 올지도 모르지만. (2) quoique 는 구어체, bien que 는 문어체, encore que 는 고어체.

—*prép*. ~ ça 《속어》그럼에도 불구하고; 그렇기는 하지만, 그렇더라도(malgré cela, pourtant).
quolibet [kɔlibɛ] *n.m*. 야유, 조롱(raillerie). jeter 〔lancer〕des ~s à *qn* …에게 야유를 던지다.
quorum [k(w)ɔrɔm]《라틴》*n.m*. (의결에 필요한)정족수(quantum). Le ~ n'a pas été atteint. 정족수에 미달이었다.
quota [k(w)ɔta]《영》*n.m*. 쿼터, 할당(수). ~ d'importation 수입 쿼터.
quote-part [kɔtpaːr] (*pl*. ~*s*-~*s*) *n.f*. ① (치르거나 받거나 할) 몫, 할당액〔량〕. ②《비유적》분담, 몫(part); 기여(contribution).
*****quotidien(ne)** [kɔtidjɛ̃, -ɛn] *a*. ① 나날의, 매일의, 일상의(journalier, habituel). pain ~ 나날의 양식. vie ~*ne* 일상 생활. ②《옛》일간의. journal ~ 일간 신문. ③《문어》평범한, 단조로운, 지루한. vie désespérément ~*ne* 못 견디게 단조로운 생활. —*n.m*. 일간 신문. ~ du matin 〔du soir〕조간〔석간〕신문. —*n.f*.《속어》(집안의 잡일을 하는)날품팔이 가정부.
quotidiennement [kɔtidjɛnmɑ̃] *ad*. 매일.
quotidienneté [kɔtidjɛnte] *n.f*. 일상성(日常性).
quotient [kɔsjɑ̃] *n.m*. ①《수학》(나눗)몫. Le ~ de 12 divisé par 4 est 3. 12를 4로 나눈 몫은 3이다. ②《심리》~ de développement 발달지수; ~ intellectuel 지능지수(《약자》Q.I.).
quotité [kɔtite] *n.f*. 분담액, 할당액. impôt de ~ 정률세(定率稅). ~ disponible 《법》(유언자가 유산중) 자유처분할 수 있는 몫.
quottement [kɔtmɑ̃] *n.m*. 《기계》(톱니바퀴의)맞물림.
quotter [kɔte] *v.i*. 《기계》(톱니바퀴가)맞물리다.
q.v. 《약자》① quantum vis 《약》임의량(任意量). ② quod vide 그 말을 참조할 것.
qx 《약자》quintaux(quintal 의 복수).

R

R, r [ɛːr] *n.m.* 프랑스 자모의 제18자. *r* uvulaire [grasseyé] (목젖의 진동으로 내는) r의 파리식 발음. *r* apical(roulé) (혀 끝을 굴러서 내는) r의 지방식 발음.
les mois en **R** *r*자가 든 달(5·6·7·8월을 뺀 8개월, 특히 굴·조개류를 안심하고 먹을 수 있는 달).
R. 《약자》 ① retarder 슬로우(시계를 느리게 가게하는 장치의 표시). ② répons 《가톨릭》 답창. ③ 《물리》 Réaumur 열씨(列氏) 온도계(현재 거의 쓰이지 않음); röntgen 뢴트겐.
r. 《약자》 ① rue 가(街). ② reçu 《상업》 영수(필). ③ résistance 《전기》 저항. ④ respiration 《의학》 호흡. ⑤ récipé 《약》 내복약. ⑥ recommandé 등기 우편.
Ra 《약자》 radium 《화학》 라듐.
Rå [ra] *n.pr.m.* 《이집트신화》 태양신.
ra [ra] *n.m.* 《복수불변》 《옛》 《음악》 잦은 북소리를 내기 위한 북장단.
rab [rab] *n.m.* = **rabiot**.
rabâchage [rabaʃaːʒ], **rabâchement** [rabaʃmɑ̃] *n.m.* 같은 말을 되풀이해서 뇌까리기; 지루하게 늘어놓는 이야기, 장광설(radotage).
rabâcher [rabaʃe] *v.i.* 되풀이하여 뇌까리다 (radoter). — *v.t.* ① 되풀이하여 뇌까리다(ressasser). ② 되풀이하여 배우다(익히다). ~ *un air* 노래를 되풀이하여 연습하다.
rabâcherie [rabaʃri] *n.f.* (보통 *pl.*) 《옛·속어》 = **rabâchage**.
rabâcheur(se) [rabaʃœːr, -øːz] *a., n.* 되풀이하여 뇌까리는 (사람); 길게 늘어놓는 (사람).
rabais [rabɛ] *n.m.* ① 《상업》 할인, 에누리, (가격)인하(décompter, remise). ② 《일반》 (화폐 가치의) 하락, 평가절하. ③ 《드물게》 (홍수 후의) 수위 감소, 감수(減水).
au ~. vendre *au ~* 할인판매하다. vente *au grand ~* 대염가판매. mettre *qc au ~* 할인하다. mettre *qc(qn) au ~* (비유적) ...을 나쁘게 말하다. ~ 쌀 값으로(의), 싸구려의; 조잡한, 저급의. travailler *au ~* 제돈을 못받고 일하다. travail *au ~* 싸구려 일. acteur *au ~* 삼류 배우.
rabaissement [rabɛsmɑ̃] *n.m.* 《드물게》 ① 끌어 내림; 가격 인하; 에누리, 할인. ② 헐뜯기, 깎아 내리기(dénigrement).
rabaisser [rabɛ(e)se] *v.t.* ① 《드물게》 내리다, 낮추다. Ce tableau est trop haut, il faut un peu le ~. 그 그림이 너무 높이 달려있다, 좀 낮춰 달아야겠다. ② (추상명사를 보어로) (가치를) 낮추다; 꺾다, 좌절시키다, 꼼짝못하게 하다. ~ l'orgueil de *qn* ...의 자만심을 꺾다. ~ (사람·사물을 보어로) (가치·효력을) 저하시키다, 약화시키다(amoindre). On cherche à ~ *son* influence. 사람들은 그의 영향력을 약화시키려 한다. ④ (주로 사람을 보어로) (진가·지위를) 격하시키다, 떨어뜨리다 (↔ élever). ~ l'homme au rang de l'animal 사람을 동물의 지위로 격하시키다. ⑤ (사람·사물을 보어로) 깎아내리다, 과소평가하다, 비방하다(dénigrer). On rabaisse trop cet homme-là. 그 사람은 지나치게 과소평가되어 있다. ⑥ 《원예》 (정원수의 가지를) 손질하다. ⑦ ~ *les cartons* 《제본》 (장정본의) 표지를 가지런히 자르다.
~ *son vol* (비행기·새 따위가) 고도를 낮추다; 《속어》 생활을 검소하게 하다; (자기의 소망이나 주장을) 낮추다.
— *se* ~ *v.pr.* 자기를 낮추다, 겸손하게 굴다(s'humilier); 스스로 품격을 떨어뜨리다.
rabaisseur [rabɛsœːr] *n.m.* 《드물게》 남을 얕보는 사람; 헐뜯는 사람, 비방자.
raban [rabɑ̃] *n.m.* 《해양》 밧줄, 로프; (해먹을) 매다는 줄(~ de hamac).
être entre la vergue et le ~ 《속어》 곤드레만드레가 되다.
rabane [raban] *n.f.* (라피아(raphia) 야자수 잎에서 뽑은 섬유로 짠) 멍석, 돗자리.
rabaner [rabane], **rabanter** [rabɑ̃te] *v.t.* 《해양》 밧줄에 매다. ~ *une voile* (활대에) 돛을 밧줄로 비끄러매다.
rabat [raba] *n.m.* ① (교수·법관·성직자 따위의 옷의) 가슴 장식. ② (옷의) 접힌 부분. poche à ~ 덮개가 달린 호주머니. ③ 《사냥》 (짐승을) 몰아내기(rabattage).
rabat-eau [rabato] *n.m.* = **rabat-l'eau**.
rabat-joie [rabaʒwa] *n.* (복수불변) 흥을 깨뜨리는 사람(trouble-fête). ~ (복수불변) 《옛》 근심거리, 파흥거리. — *a.* (불변) 흥을 깨뜨리는, 찬물을 끼얹는.
rabat-l'eau [rabalo] *n.m.* (복수불변) (회전 숫돌의) 튀는 물방울을 막는 장치.
rabattable [rabatabl] *a.* (포장 따위가) 접을 수 있는.
rabattage [rabataːʒ] *n.m.* ① 《사냥》 (짐승의) 몰이, 몰아내기, 도망치는 길목을 막기. ② 《원예》 곁가지 치기, 전지(剪枝).
rabattement [rabatmɑ̃] *n.m.* ① 접기. ② 《수학》 (다른 평면으로의) 투영, 사영(射影). angle de ~ 사영각. à ~ 접을 수 있는. camion à ~ 덤프카. ~ *de défaut* 《법》 결석재판에 의한 판결의 폐기.
rabatteur(se) [rabatœːr, -øːz] *n.m.* 《사냥》 몰이꾼. ~ 《경멸》 (여자 따위의) 손님끄는 사람, (정치·종교 단체의) 선전꾼, 권유자.
rabattoir [rabatwaːr] *n.m.* 석판(슬레이트)을 떼어내는 기구; (양철판 따위의) 가장자리를 도려내는 기구(대리석의) 연마기.
***rabattre** [rabatr] *v.t.* ① ~ *qc de/sur qc* (가격을) 깎다, 할인하다, 공제하다(décompter, déduire). ② (비유적) (존경심 따위를) 낮추다, 감하다(diminuer). Combien *en* voulez-vous ~? 얼마나 깎아 드릴까요? ~ *dix francs du(sur le)* prix marqué 정찰표시에서 10 프랑 깎다. ne rien ~ *de ses* éloges(*de son estime*) 찬사(존경심)를 조금도 감하지 않다. ~ (직접목적보어를 생략하여) ~ *de son* prix 값을 깎다. ~ *de sa* fierté 자존심을 낮추다. ② (사물을) 낮추다, 내리다(rabaisser). ~ *sa* jupe 치마자락을 끌어내리다. cheminée qui *rabat* la (fumée) 연기를 잘 빨아내지 않는 굴뚝. ~ *le* balle (테니스나 탁구에서) 공을 깎아서 치다. ~ *le*

fer de l'adversaire 《펜싱》 상대방의 칼을 내려치다. Les rafales ne cessent de ~ la pluie sur le balcon. 돌풍이 비를 발코니에 끊임없이 내려치고 있다.

③ (옷깃·종이 따위를)접다, 껶다(replier); (개폐식의 뚜껑을)닫다. ~ la capote d'une voiture 자동차의 포장을 접다. ~ le col de son manteau 외투의 깃을 접다. ~ le couvercle d'une boîte 상자의 (개폐식) 뚜껑을 닫다.

④ (두드리거나 눌러서)평평하게 하다(aplanir, aplatir). ~ le gazon (롤러로 밀어서)잔디밭을 평평하게 깎다. ~ et aplatir la pointe d'un clou 못대가리를 평평하게 때려서 박다. ~ une couture (옷의)솔기를 평평하게 매만지다.

⑤ (비유적) (자만심 따위를)껶다(rabaisser), 억누르다; 가라앉히다(réprimer); 약화시키다(atténuer). ~ la fierté(l'orgueil) de qn …의 콧대를 껶다. ~ les flammes 불길을 가라앉히다.

⑥ 《사냥》 (짐승을)몰아내다, (짐승의)퇴로를 막다; 《군대》 급선회해서 역습하다; 《원예》 걷가지를 치다, 전지하다; 《석공》 (대리석을)깎다; 《수학》 사영(射影)하다; 《법》 (궐석재판에의 한 판결을)폐기시키다.

en ~ ⓐ 깎다, 할인하다. ⓑ (야망·주장 따위를)버리다; 환상을 버리다. ⓒ 평가를 낮추다; 존경심을 버리다.

~ la chanterelle(la jactance) de qn …의 허풍을 껶어버리다.

~ la crête à qn …의 콧대를 껶다.

tout compté, tout rabattu; tout bien compté, bien rabattu 모든 것을 다 고려한 끝에.

—*v.i.* ① 방향을 바꾸다, 돌다. Le bateau *rabattit* vers la côte. 배는 해안쪽으로 방향을 바꿨다. ② 깎다, 할인하다.

se ~ *v.pr.* ① (값이)깎이다, 할인되다. somme qui *se rabat* 할인된 액수.

② 늘어지다, 처지다(pendre); 다시 떨어지다, 하향하다(retomber). cheveux qui *se rabattent* sur le front 이마로 늘어져 내린 머리칼. La fumée *se rabat* vers les toits. 연기가 지붕으로 내려깔린다.

③ 접히다, 껶이다(se replier); (열려있던 것이)다시 닫히다(se refermer). siège qui *se rabat* 접히는 의자. Le portillon de métro *se rabat*. 지하철 전동차의 문이 다시 닫힌다.

④ (원래의 곳으로)되돌아오다, 도망해오다. L'armée *se rabat* sur la ville(vers le sud). 군대가 마을로[남쪽으로] 다시 밀려온다.

⑤ [se ~ sur] (…으로)갑자기 방향을 바꾸다, 급선회하다; 《군사》 급선회해서 습격하다; 《스포츠》 급선회해서 쇄도하다. *se* ~ *sur* le flanc de l'ennemi 급선회해서 적의 측면을 공격하다.

⑥ [~ sur qc/qn] 별수없이 …으로 옮기다[참다, 만족하다]. *se* ~ *sur* un sujet 별수없이 어떤 화제로 이야기를 돌리다. Les légumes sont chers. Il faut *se* ~ *sur* quelque chose d'autre. 야채 값이 비싸니 다른 것으로 참아둘[만족할] 수 밖에 없다. À défaut d'une autre personne plus capable, je *me suis rabattu sur* lui. 더 유능한 사람을 달리 구할 수 없어서 별수없이 그 사람으로 작정했다.

rabattu(e) [rabaty] (*p.p.*<*rabattre*) *a.* ① (값이)깎인, 할인된. ② 처진, 접힌. col ~ 접힌 깃. chapeau ~ (aux bords ~s) 테두리가 처진 모자. poches ~*es* 뚜껑달린 호주머니. ③ *couture* ~*e* 《의복》 평평하게 매만진 솔기.

—*n.m.* 《의복》 솔기를 평평하게 매만진 기.

rabbaniste [rabanist] *n.* =**rabbiniste**.

rabbi [rabi] *n.m.* 《유태교》 스승, 사(師)《유태교

율법박사에 대한 존칭》.

rabbin [rabɛ̃] *n.m.* 《유태교》 랍비, 유태교 율법사; 유태교 교사. grand ~ 유태교 회장.

rabbinat [rabina] *n.m.* 랍비(rabbin)의 직.

rabbinique [rabinik] *a.* 랍비의, 율법박사의. école ~ (랍비를 양성하는)유태교 신학교. hébreu ~ 신약성서 이후의 헤브라이어(語).

rabbinisme [rabinism] *n.m.* 랍비의 교리.

rabbiniste [rabinist] *n.* 랍비교리를 받드는 사람; 랍비교리의 연구자.

rabdologie [rabdɔlɔʒi] *n.f.* 산목술(算木術).

rabdomancie [rabdɔmɑ̃si] *n.f.* (막대기로 광맥·지하수·보석 따위를 찾아내는)막대기 점.

rabdomancien(ne) [rabdɔmɑ̃sjɛ̃, -ɛn] *n.* 막대기 점술가.

rabe [rab] *n.m.* =**rab**.

rabelaiserie [rablɛzri] *n.f.* 라블레(Rabelais, 16세기 프랑스 작가)식의 호탕한 해학.

rabelaisien(ne) [rablɛzjɛ̃, -ɛn] *a.* (문체·해학·농담 따위가)라블레를 방불케 하는, 라블레풍[투]의; 라블레에 관한. —*n.* 라블레 연구가.

rabes [rab] *n.f.pl.* ~ de morue 대구알 젓.

rabêtir [rabe(ɛ)tiːr] (옛) *v.t.* 점점 더 어리석게 만들다. —*v.i.* 점점 더 어리석어지다.

rabette [rabɛt] *n.f.* 《식물》 ① =chou-rave. ② =colza.

rabiau [rabjo] *n.m.* =**rabiot**.

rabiauter [rabjote] *v.t., v.i.* =**rabioter**.

rabiauteur(se) [rabjotœːr, -øːz] *n.* =**rabioteur**.

rabibochage [rabibɔʃaːʒ] *n.m.* 《구어》 ① 간략한 수리, 대충 고치기. ② 화해시키기, 중재; 화해(réconciliation).

rabibocher [rabibɔʃe] *v.t.* 《구어》 ① 가수리하다, (임시로)대충 고치다(rafistoler) 《비유적》 (위기에 처한 일등)급한대로 바로잡다. ② 화해시키다 (réconcilier). ~ les deux anciens camarades 두 사람의 옛 동료를 화해시키다. ③ (잃은 도박꾼에게)돈을 꾸어주어 계속하게 하다.

—*se* ~ *v.pr.* 화해하다.

rabiole [rabjɔl] *n.f.* 《식물》 순무의 일종.

rabiot [rabjo] *n.m.* 《구어》 ① 《군사》 (음식·술·담배 등의)배급하고 남은 것, 여분(surplus); (배급의)가욋분, 추가 배급(supplément). demander du ~ 추가로 음식을 요구하다. ② (분배해야 할 양식 따위의 일부의)횡령, 착복. ③ (징계로 인한 병역의)초과 복무, (일반적으로)초과 근무.

rabioter [rabjɔte] *v.t.* 《구어》 《군사》 (배급할 것 또는 배급하고 남은 것을)착복하다; (남의 것의 일부를)가로채다, 《s'approprier》. couturières qui *rabiotent* du tissu à leurs clients 손님에게서 옷감을 떼어먹는 재봉사들. —*v.i.* (약간의)부정소득을 얻다. commerçants qui *rabiotent* sur tout 모든 것에서 부정한 이익을 얻어내는 상인들.

rabioteur(se) [rabjɔtœːr, -øːz] *n.* 《속어》 《군사》 (배급할 것 또는 배급하고 남은 것을)착복하는 사람; (남의 것의 일부를)가로채는 사람.

rabique [rabik] *a.* 《의학》 광견병의(에 걸린). virus ~ 광견병 바이러스.

râble¹ [rɑbl] *n.m.* (네발 달린 짐승, 특히 토끼의)등심; 《구어》 (사람의)등의 아랫부분, 허리.
sur le ~ 배후에서. tomber *sur le* ~ *de qn* …에게 (뒤에서) 덤벼들다.

râble² [rɑbl] *n.m.* ① 부지깽이. ② 《야금·염색·유리》 교반기(攪拌器).

râblé(e) [rɑble] *a.* ① (동물이)등살이 찐, 등허리가 튼튼한. ② 《구어》 (사람이)작달막하고 단단한; 딱바라진, 건장한(trapu).

râbler [rɑble] *v.t.* (불을)부지깽이로 쑤셔 일으키다.

râblure [rɑbly:r] *n.f.* 《선박》 용골(龍骨)의 홈.

rabob(e)liner [rabɔbline], **rabobiner** [rabɔbine] *v.t.* 《속어》 엉성하게 수리하다.

rabonnir [rabɔni:r] *v.t.* (술 따위의)질을 좋게 하다.
—*v.i.*, **se** ~ *v.pr.* 품질이 좋아지다.

rabot [rabo] *n.m.* ① 《목공》 대패. fer de ~ 대팻날. fût de ~ 대팻집. dresser une planche au[avec le] ~ 판자를 대패로 다듬다. Ce ~ ne mord pas. 이 대패는 잘 들지 않는다. passer le ~ sur qc ...을 대패질하다, (예)(비유적)(문장 따위를)마무리하다, 다듬다. ② 《직조》털깎이(기구), 전모기(剪毛器). ③ (다이아몬드를 박은)유리칼.

rabotage [rabɔta:ʒ] *n.m.* =rabotement.

rabote [rabɔt] *n.f.* 《사투리》《요리》사과(배)푸딩.

rabotement [rabɔtmɑ̃] *n.m.* =rabotage.

raboter [rabɔte] *v.t.* ① 대패질하다 ; (기계로)평평하게 깎다. ~ une planche 판자를 대패질하다. ② 《구어》(문장 따위를)다듬다, 퇴고하다. ③ 《구어》마구 비벼대다. ~ ses pneus contre le bord du trottoir 보도의 가장자리에 (자기 자동차의)타이어를 비벼대다. ④ 《속어》(돈을)슬쩍 훔치다, 슬쩍 가로채다, 소매치기하다.

raboteur [rabɔtœ:r] *n.m.* 대패질하는 사람, 《속어》소매치기, 《기계》.

raboteuse[1] [rabɔtø:z] *n.f.* 플레이너(평평하게 깎는

raboteux(se[2]**)** [rabɔtø, -ø:z] *a.* ① (길이)울퉁불퉁한(inégal), (나무가)옹이투성이의(noueux). ② (문장이)거친(rude, mal poli).

raboture [rabɔty:r] *n.f.* 대팻밥.

rabougri(e) [rabugri] *a.p.* (식물·사람이)발육이 나쁜, 왜소한 ; 오그라든, 위축된.

rabougrir [rabugri:r] *v.t.* (의)발육을 막다. art de ~ les arbres (큰 나무 따위에서)나무의 성장을 막는 기술. —*v.i.* (식물이)자라지 않다, 오그라들다.
—**se** ~ *v.pr.* 오그라들다, 위축하다. vieillard qui se rabougrit 쪼그라드는 노인.

rabougrissement [rabugrismɑ̃] *n.m.* (사람·식물이)발육이 나쁨, 위축.

rabouillage [rabujɑ:ʒ] *n.m.* (물고기를 잡느라고)물을 흐려놓음.

rabouiller [rabuje] *v.t.* 《사투리》(물고기를 잡느라고)물을 흐려놓다.

rabouillère [rabujɛ:r] *n.f.* 《사투리》(토끼가 새끼를 낳는)굴.

rabouilleur(se) [rabujœ:r, -ø:z] *n.* (옛·사투리)(물을 흐려놓고 낚시질하는)낚시꾼.

rabouilloir *n.m.*, **rabouilloire** [rabujwa:r] *n.f.* 물을 흐리게 하는 삿대.

rabouin [rabwɛ̃] *n.m.* 《옛·속어》집시, 부랑자 ; 악마.

rabouter [rabute], **raboutir** [rabuti:r] *v.t.* (의)끝과 끝을 잇다, 꿰매어 잇다.

raboutissage [rabutisa:ʒ] *n.m.* 끝과 끝을 잇기 ; 꿰매기.

rabrouement [rabrumɑ̃] *n.m.* 《드물게》푸대접.

rabrouer [rabrue] *v.t.* (에게)매몰차게 대하다, 딱 잘라 거절하다.

rabroueur(se) [rabruœ:r, -ø:z] *n.* (위)의 사람.

rac. (약자) racine 《약》뿌리.

raca [raka] *int.* 바보(야)! (마태복음 5 : 22에 나오는 욕설). crier ~ sur[à] qn 《옛》...에게 욕설하다(insulter).

racage [raka:ʒ] *n.m.* 《해양》활대와 돛대의 마찰을 막기 위해 돛대 주위에 감아놓은 줄.

racahout [rakau] *n.m.* 《요리》(아랍인)분식요리(쌀·녹말·설탕·코코아 따위로 만듦).

racaille [rakɑ:j] *n.f.* ① 천민, 상민(populace, canaille) ; 건달들. ② 폐물, 찌꺼기.

racambeau [rakɑ̃bo] (*pl.* **~x**) *n.m.* 《해양》(활대를 걸치는)돛대의 쇠고리.

raccastiller [rakastije] *v.t.* 《해양》(배의)건현(乾舷)을 수리하다.

raccommodable [rakɔmɔdabl] *a.* 수리할 수 있는.

raccommodage [rakɔmɔda:ʒ] *n.m.* ① (옷의)깁기, 꿰매기 ; (간단)수리. faire le ~ des chaussettes 양말을 깁다. ② 《구어》화해(raccommodement).

raccommodement [rakɔmɔdmɑ̃] *n.m.* 《구어》화해(réconciliation).

*****raccommoder** [rakɔmɔde] *v.t.* ① (옷을)꿰매다, 깁다, 고치다(rapiécer) ; (작은 물건을)수선하다, 고치다. ~ un habit déchiré 찢어진 옷을 깁다. ~ des jouets 장난감을 고치다. ② (실수 따위를)벌충하다. ~ sa fortune[ses affaires] 재산(사업)을 만회하다. ③ (넓은 의미로)고치다, 수정하다(corriger). ~ un texte 본문을 수정하다. ④ 《구어》화해시키다(réconcilier). ~ le fils avec le père 자식과 아버지를 화해시키다.
—**se** ~ *v.pr.* ① 수선(수리)되다. Cette culotte ne se raccommode plus. 이 반바지는 더 이상 고쳐입을 수 없다. ② [se ~ avec](이)화해하다 ; 서로 화해하다. Il s'est raccommodé avec son père. 그는 아버지와 서로 화해했다.

raccommodeur(se) [rakɔmɔdœ:r, -ø:z] *n.* 옷을 고치는 사람 ; 수리하는 사람. ~ de faïence et de porcelaine 도자기 수리공.

raccompagner [rakɔ̃paɲe] *v.t.* (손님을)전송하다, 배웅하다. ~ un visiteur à la porte 방문객을 대문까지 배웅하다.

raccord [rakɔ:r] *n.m.* ① 잇기, 연결, 접합, 이어맞추기(↔coupure) ; 오래된 페인트 자국과 새 페인트 자국과의 사이를 눈에 안 띄게 하기(~ de peinture). Le ~ des carreaux est invisible. 타일을 이어맞춘 자리가 눈에 띄지 않는다. ② 《영화》장면의 연결, 장면조정. ③ 《기계》(관 연결용의)부분, 중계관. bouchon de ~ 《전기》플러그.
faire un ~ 《구어》(부분적으로)화장을 다시하다.

raccordement [rakɔrdəmɑ̃] *n.m.* 접속, 연결 ; (특히 전기·전화의)연결, 가설. ~ de deux routes 두 도로의 연결. taxe de ~ (전화 따위의)가설료. boîte de ~ 《전기》접속 상자, 배전반. voie de ~ 《철도》(두 선로를 연결하는)중계선 ; (공장 따위로 통하는)측선(側線).

raccorder [rakɔrde] *v.t.* 잇다, 연결하다(rattacher, joindre, ↔ séparer). ~ deux fils électriques 두 선을 잇다. escalier[passerelle] qui raccorde deux bâtiments 두 건물을 잇는 계단(구름다리).
—**se** ~ *v.pr.* (와)이어지다, 연결되다. route qui se raccorde à l'autoroute 고속도로와 접속되는 도로. Ce chapitre se raccorde mal avec le précédent. 이 장은 전장과 연결이 잘 안된다.

raccourci(e) [rakursi] *a.p.* 짧게 한, 줄인.
à bras ~(s) 힘껏, 있는 힘을 다하여. tomber sur qn à bras ~(s) ...에게 왈칵 덤벼들다.
—*n.m.* ① 지름길, 샛길(↔détour). prendre un ~ pour aller à un village 마을로 가기 위해서 지름길을 취하다. ② 간결한 서술, 생략 ; 《회화》(원근법에 의한)단축법. ~ hardi 대담한 생각법. ③ 《예》요약, 개요(résumé).
en ~ 요약해서(en bref, en abrégé) ; 축소된(en plus petit). Voici, en ~, ce qui s'est passé. 요컨대 다음과 같은 일이 일어난 것이다. Le théâtre est la vie en ~. 연극은 인생의 축소판이다.

raccourcir [rakursi:r] *v.t.* ① 줄이다, 짧게하다, 축소하다(couper, diminuer, ↔ allonger). ~ une robe 드레스를 짧게 하다. ~ le tir 사정 거리를 좁히다. ~ son chemin 지름길로 가다. ② (이야기 따위

위를)요약하다, 단축하다(abréger); 〖미술〗 원근법으로 그리다. ③《속어》(의)목을 자르다. machine à ~ 단두대.
—v.i. 짧아지다, 줄다; 지름길로 가다. vêtement qui raccourcit au lavage 빨래하면 줄어드는 옷. Les jupes raccourcissent cette année. 《구어》금년에는 치마를 짧게 입는것이 유행이다.
—se ~ v.pr. 짧아지다, 줄다; 몸을 움츠리다.

raccourcissement [rakursismɑ̃] n.m. ① 줄이기, 줄기, 단축, 축소(↔allongement). ~ de la journée de travail 하루의 노동시간의 단축. ② 요약(abrégement). ③《드물게》〖미술〗(원근법에 의한)단축.

raccoutrage [rakutra:ʒ], **raccoutrement** [rakutrəmɑ̃] n.m. 《드물게》(의복의)수선.

raccoutrer [rakutre] v.t. 《드물게》(의복을)고치다, 수선하다(raccommoder).

raccoutreur(se) [rakutrœ:r, -ø:z] n.《드물게》(특히 헌옷을 고치는)의류의)수선공.

raccoutumer (se) [s(ə)rakutyme] v.pr. 《옛》[se ~ à](의)습관이 다시 붙다, (에)다시 익숙해지다 《※오늘날에는 이 동사 대신에 se réaccoutumer를 사용하는 것이 보통》.

raccroc [rakro] n.m. ①《옛》〖당구〗플루크, 요행으로 맞기(coup de ~). ② 행운, 요행(~). ③《드물게》(매춘부의)손님끌기(racolage). faire le ~《구어》(매춘부가)손님을 끌다. de ~ 요행수로(de hasard). visiteur de ~ 뜻밖의 손[님]. par ~ 요행수로(par hasard). Il a été reçu à cet examen par ~. 그는 요행수로 그 시험에 합격했다. gagner par ~ 요행수로 이기다.

raccrochage [rakrɔʃa:ʒ] n.m. ①(특히 매춘부의) 손님끌기. ②(위기에 처했던 일의)회복, 호전. ~ d'une affaire 상담의 재개[호전].

raccrochement [rakrɔʃmɑ̃] n.m. 매어달림, 집착. ~ au passé 과거에 대한 집착.

raccrocher [rakrɔʃe] v.t. ① 다시 걸다[걸어놓다]. ~ un tableau 그림을 다시 걸다. ~ le récepteur 수화기를 내려놓다. Ce boxeur vieillit, il devrait ~ (les gants).《구어》그 권투선수는 늙어서 글러브를 벗어야겠다[제자리에 도로 걸어놔야겠다]. ② 멈추게 하다, (사람의)발을 멈추다; 《매춘부가 손님을》 끌다. Il m'a raccroché au moment où je sortais. 막 나가려고 할 때 그가 나를 멈추게 했다. Le camelot raccrochait les passants. 행상인이 행인들을 끌었다. ③ 요행으로 얻다[되찾다]. ~ une place 요행으로 직장을 얻다. ~ une négociation (결렬상태에 있던)협상을 재개하다. ④ 결부시키다, 연결하다(rattacher). ~ une idée à une autre plus générale 한 사상을 더 일반적인 다른 사상과 결부시키다.
—v.i. ①(수화기를 제자리에 걸어서)전화를 끊다. Ne raccrochez pas. 끊지말고 기다리세요(Ne quittez pas). ②〖당구〗플루크로 맞히다.
—se ~ v.pr. ①[se ~ à](에)매달리다, 들러붙다. se ~ à une branche pour ne pas tomber 떨어지지 않으려고 나뭇가지에 매달리다. se ~ à la religion 종교에 매달리다. ②[se ~ à/avec](와)이어지다, 결부되다. chapitre qui se raccroche mal au précédent 앞의 장과 잘 결부되지 않는 장. ③《구어》손실을 회복하다.

raccrocheur(se) [rakrɔʃœ:r, -ø:z] n.《놀이》재수 좋은 사람; (특히 당구에서)플루크를 잘 하는 사람. —n.f.《속어》매춘부.

raccroupir (se) [s(ə)rakrupi:r] v.pr. 다시 웅크리다.

***race** [ras] n.f. ① 인종, 종족; 민족. ~ blanche(jaune, noire) 백[황·흑]인종. ~ humaine 인류. ②(동물의)종, 품종, 종속. ~ croisée 잡종. amélioration des ~s de chevaux 말의 품종 개량. ③ 혈통, 가계, 가문. ~ royale 왕족. de ~ noble 명문 출신의. 《형용사구》fin de ~ 명문의 후예의. ④《흔히 경멸》(같은)부류, 패거리, 동아리, 족속(espèce). ~ des hommes de loi 법률가의 족속. Je ne suis pas de la même ~ qu'eux. 나는 그들과 같은 패거리가 아니다. Quelle sale ~!《구어》정말 더러운 자식들이다! ⑤《옛》자손, 후예; 세대. ~ d'Abel〖성서〗아벨의 후예. ne point laisser de ~ 자손을 남기지 않다. ④《속어》(특히 아이들에 대하여)Méchante (petite) ~! 말썽꾸러기 녀석이군!
avoir de la ~ 순종이다. [다.
Bon chien chasse de ~.《속담》혈통은 속일 수 없
chasser de ~《구어》부모의 피를 그대로 이어받다. *de ~ (pure)* ⓐ 순종의. cheval de ~ 혈통이 좋은 말. ⓑ 1급의(de premier choix). écrivain de ~ 1급 작가.

racé(e) [rase] a. ①(말·개 따위가)순종의. ②(사람이)순수한, 기품있는.

racème [rasɛm] n.m.〖식물〗총상화(總狀花).

racémique [rasemik] a. acide ~〖화학〗라세미산(酸).

racer [rɛsœ:r]《영》n.m. 경주용 요트[자동차]; 《옛》경마용 말.

rachat [raʃa] n.m. ①〖상업〗되사기. faculté de ~〖법〗(판 사람이)되살 수 있는 권리, 재매입권. ② 보상, 상환, 상각(remboursement);〖보험〗해약. valeur de ~ 해약 상환금. ③(값을 치르고)석방, 구출;《옛》(돈으로 때우는)병역 면제. ④〖종교〗그리스도의 대속(代贖); 인류의 구제(rédemption). ⑤ 속죄(expiation). ~ d'une faute 실수에 대한 속죄.

rache [raʃ] n.f. (질이 나쁜 타르·기름의)찌꺼기.

rachetable [raʃtabl] a. ① 되살 수 있는. ② 속죄할 수 있는.

racheter [raʃte] ④ v.t. ① 도로 사다, 되사다(↔revendre); (남이 산 것을)다시 사다; (모자라는 것을)보태어 사다. Si cette robe ne te plaît pas, je te la *rachète*. 그 드레스가 싫다면 내가 네게서 다시 사지. ~ cinq mètres de tissu 옷감을 5미터 보태어 사다. ② 상환(상각)하다; 보상하다;〖보험〗(위약금을 치르고)해약하다;《옛》(의)병역을 돈으로 때우게 하다. ~ une redevance 정기적 채무를 상환하다. ③(몸값을 치르고)석방시키다《비유적》(자유를)되찾다, 회복하다. ~ un esclave 노예를 석방하다. ~ sa liberté(son honneur) 자유[명예]를 되찾다. ④ 〖종교〗(그리스도에)대속하다, 구제하다(sauver); (일반적으로)(타락한 자를)바로 잡아주다, 구해주다. ⑤(죄·과실 따위를)변상하다, 만회하다(réparer); 속죄하다(expier). ~ ses fautes 실수를 만회하다. Sa bonté *rachète* bien ses défauts. 그의 착한 행동은 그의 결점을 넉넉히 변상할 만한 것이다. ⑥〖건축〗(다른자를)교정하다, 바로잡다.
—se ~ v.pr. ① 되사지다; 보상되다. ②(몸값을 치르고)석방되다;《옛》병역이 면제되다. ③ 자신의 죄를 갚다; 자신의 명예를 회복하다. ④ 벌충하다, 상쇄되다(se compenser). Tout peut se ~ par un repentir. 모든 일은 회개를 통해서 속죄[변충]될 수 있다.

racheteur(se) [raʃtœ:r, -ø:z] n. 되사는 사람, 다시 사는 사람.

racheux(se) [raʃø, -ø:z], **râcheux(se)** [rɑʃø, -ø:z] a.《드물게》(재목이)마디가 많은(noueux).

rachever [raʃve] ④ v.t.《드물게》(일을)마무리하다.

rachi [raʃi] *n.f.* =**rachianesthésie**.
rachialgie [raʃjalʒi] *n.f.* 《의학》 척추 신경통, 척추통. 　　　　　　　　　　　　　[마비.
rachianesthésie [raʃjanestezi] *n.f.* 《의학》 척추
rachidien(ne) [raʃidjɛ̃, -ɛn] *a.* 《해부》 척추의.
rachis [raʃis] *n.m.* 《해부》 척추, 척주; 《식물》 꽃대, 잎대.
rachitique [raʃitik] *a.* 《의학》 구루병의; 《식물》 위축병의; 병약한, 발육이 나쁜. ━ *n.* 구루병환자.
rachitis [raʃitis], **rachitisme** [raʃitism] *n.m.* 《의학》 구루병; 《식물》 위축병.
racial(ale *pl.* **aux)** [rasjal, -o] *a.* 종족의, 인종의. préjugés ~*aux* 인종적 편견. discrimination ~*ale* 인종차별.
racinage [rasinaʒ] *n.m.* ① 《집합적》 뿌리채소, 근채류(根菜類). ② 《제본》 (표지의) 나무뿌리 무늬. ③ 《엽》 호두나무 뿌리에서 채취된 염료. 「보.
racinal(*pl.* **aux)** [rasinal, -o] *n.m.* 《건축》 대들
***racine** [rasin] *n.f.* ① 《식물의》 뿌리; 근채(根菜)(~ comestible). jeter[pousser] des ~s 뿌리를 내리다. ② 밑, 밑동; (종기·모발·손톱 따위의) 뿌리. ~ des dents 이뿌리. ③ 근본, 근원; 기원(origine). parti qui a de profondes ~s dans un pays 그 나라에 깊이 뿌리박고 있는 정당. ④ 《언어》 어근; 《수학》 근. ~ carrée[cubique] 제곱[세제곱] 근. ~ imaginaire(réelle) 허(실)근(虛(實)根). ⑤ 《어업》 명주(산누에고치) 낚싯줄(~ anglaise). *couper*[*attaquer*] *le mal dans sa* ~ 악을 근절하다. *jeter des* ~*s dans* [*en*] *qc* …에 깊이 빠져들다 [끼어들다]. *jusqu'à la* ~ *des cheveux* (비유적) 완전히, 철저하게(entièrement). *prendre* ~ 뿌리 박다; (사람·손님이) 한 곳에 오래 머물다. Quand cet homme vient vous voir, il est difficile de s'en débarrasser, il *prend* ~ chez vous. 그 사람이 당신을 찾아오면, 떨쳐버리기는 어렵다. 그는 당신 집에 장기간 투숙할 것이다.
raciné(e) [rasine] *a.p.* ① 《제본》 나무뿌리 무늬의. ② 《엽》 뿌리가 있는. ③ 《엽》 《식물》 호두나무 뿌리로 염색된.
racinement [rasinmɑ̃] *n.m.* 《엽》 뿌리박기.
raciner [rasine] *v.i.* 《엽》 뿌리가 내리다, 뿌리를 박다. ━ *v.t.* ① 《제본》 나무뿌리 무늬로하다. ② 《엽》 《식물》 호두나무 뿌리로 염색하다.
racineur [rasinœ:r] *n.m.* 《제본》 나무뿌리 무늬를 만드는 직공.
racing-club [rɛsiŋklœb] 《영》 *n.m.* 스포츠클럽.
racinien(ne) [rasinjɛ̃, -ɛn] *a.* 《불문학》 라신(Racine, 17세기의 비극 작가)의; (연구 따위가) 라신에 관한.
racique [rasik] *a.* 인종의, 민족의.
racisme [rasism] *n.m.* (자기 민족의 우월성을 내세우는) 민족주의; 인종적 편견, 인종차별. ~ des nazis 나치스의 민족주의.
raciste [rasist] *n.* 민족주의자; 인종적 편견을 지닌 사람, 인종차별주의자. ━ *a.* 민족주의의; 인종차별(주의)의. politique ~ 인종차별정책.
rack [rak] *n.m.* 아락 술(arack).
racket [rakɛt] 《미영》 공갈단, 공갈, 갈취.
racketter [rakete] *v.t.* 공갈하다.
racket(t)er, racketteur [raketœ:r] *n.m.* 공갈꾼.
raclage [rakla:ʒ] *n.m.* 긁기; (껍질 따위의) 벗기기.
racle [rɑ:kl] *n.f.* ① 긁는 연장. ② 노커(노크하기 위해 현관 문에 달린 고리).
raclée [rakle] *n.f.* 《구어》 연타(連打)(rossée). donner[flanquer] une ~ *à qn* …을 마구 때리다. ② 완패(défaite). prendre[recevoir] une (belle)

~ aux élections 선거에서 완패하다.
raclement [ra[a]klemɑ̃] *n.m.* 긁어내기; 깎는[긁는] 소리. ~ de gorge (목소리를 가다듬기 위한) 마른 기침.
racler [rɑkle] *v.t.* ① 긁어내다; (격렬하게) 스치다. ~ la semelle de ses souliers pour enlever la boue 진흙을 털기 위해 신발바닥을 긁다. La barque *a raclé* le fond. 배가 강바닥을 스쳤다. ② 청소하다 (curer). ~ le sable des allées avec une pelle 삽으로 길의 모래를 말끔히 청소하다. ③ 《비유적》 (경찰이 악당을) 일망타진하다. La police *a raclé* les bandits hier. 어제 경찰이 갱단을 일망타진했다. ④ (구어) (현악기를 긁는 소리가 나게) 서투르게 켜다. ~ un(du) violon 바이올린을 엉터리로 켜다. ⑤ (음료가 주어로) 톡쏘다, 자극하다. Ce vin *racle* le gosier [la gorge]. 이 포도주는 목을 톡쏜다. ~ *les fonds de tiroirs* (구어) 돈을 몽땅 끄집어내다 [털어 가다].
━ *se* ~ *v.pr.* *se* (faire) ~ 《속어》 수염을 깎다; ~ la gorge (목소리를 가다듬기 위해) 마른 기침을 하다.
raclerie [ra[a]klɑri] *n.f.* 목세공품. ② (구어) 현악기를 서투르게 켜기.
raclette [raklɛt] *n.f.* 긁는 연장. ~ de fumiste 연통 소제부의 그을음 긁는 연장. ~ de table (구어) (식탁에 떨어진) 빵가루 청소기. 　　　　　　　　　　[종).
raclette[2] *n.f.* 《요리》 라클레트 (치즈 요리의 일
racleur(se) [rɑklœ:r, -ø:z] *n.* ① 긁는 사람. ② (구어) 서투른 현악기 연주자. ━ *n.m.* (석유의) 송유관 청소 피스톤. ━ *a.* segment ~ d'huile (내연기관의) 기름긁는 링. 　　　　　　　　　　　　　[칼.
racloir [rɑklwa:r] *n.m.* ① 긁는 연장. ② 《속어》 면도
racloire [rɑklwa:r] *n.f.* 평미래.
raclons [rakl3] *n.m.pl.* ① 《농업》 두엄, 퇴비. ② 솥 밑의 그을음; 길에서 긁어모은 진흙더미.
raclure [rakly:r] *n.f.* ① 긁어낸 부스러기. ~ d'ongles 깎아낸 손톱부스러기. ② 《속어》 결레같은 인간, 인간쓰레기.
racolage [rakɔla:ʒ] *n.m.* (구어) (당원·지지자·고객 따위의) 모집; 권유; (매춘부가 노상에서) 손님 끌기. ② (옛) (정당한 수단 또는 사기에 의한) 병정 모집(업).
racoler [rakɔle] *v.t.* ① (구어) (당원·지지자·고객 따위를) 모으다; (매춘부가 손님을 끌다(raccrocher). ② (옛) (병정을) 모집하다.
racoleur(se) [rakɔlœ:r, -ø:z] *n.m.* 권유자; 손님 끄는 사람; (옛) 병정 모집자. ━ *n.f.* 손님끄는 여자, 매춘부.
racontable [rakɔ̃tabl] *a.* 이야기할 수 있는.
racontage [rakɔ̃ta:ʒ] *n.m.* =**racontar**.
racontar [rakɔ̃ta:r] *n.m.* (구어) 잡담; 객설; 험담.
‡**raconter** [rakɔ̃te] *v.t.* ① 이야기하다, 말하다(conter, rapporter). ~ bien 말솜씨가 좋다. ~ des anecdotes 일화를 이야기하다. ~ en détail ses voyages 여행담을 자세히 하다. On m'*a raconté* que vous aviez été malade. 당신이 편찮으셨다고 합니다. ② 근거없는 말을 하다, 허튼소리를 하다. ~ des blagues 실없는 말을 하다. Qu'est-ce que tu me *racontes* là? 무슨 터무니없는 말을 하느냐? *en* ~ 허풍을 떨며 길게 이야기하다. *en* ~ *de belles* 허풍을 떨다, 과장되게 말하다.
━ *se* ~ *v.pr.* ① 자기 이야기를 하다. ② 이야기되다. histoire qui ne peut *se* ~ devant des enfants 어린애들 앞에서 할 수 없는 이야기. ③ 서로 이야기하다. Ils *se racontent* leurs souvenirs de guerre. 그들은 전쟁의 추억담을 서로 이야기한다.
raconteur(se) [rakɔ̃tœ:r, -ø:z] *n.* 이야기하는 사람:

이야기를 즐기는 사람. —a. 이야기를 즐기는, 잘 떠드는.

racoon [rakɔɔ] n.m. 〖동물〗 북아메리카너구리.

racorni(e) [rakɔrni] (《구어》 (뿔처럼) 딱딱해진, 굳어진; (생각이)경화된, (감정이)메마른. idée ~e dans mon cerveau 내 머리 속에 굳어진 생각.

racornir [rakɔrniːr] v.t. (뿔처럼)굳게 하다, 딱딱하게 만들다; 메마르게 하다(dessécher); (생각·감정 따위를)경화(硬化)하다. La feu a racorni ce cuir. 불기운 때문에 가죽이 딱딱해졌다. Le toucher du violon a racorni les doigts. 바이올린을 만져서 손가락 끝이 딱딱해졌다. plante que la chaleur a racorni 더위 때문에 메마른 식물.
—**se** ~ v.pr. 굳어지다; 마르다, 메말라지다; 감수성이 둔해지다.

racornissement [rakɔrnismɑ̃] n.m. 굳어짐, 경화(硬化); 메말라짐. ~ de la pensée 사상의 경화.

racquérir [rakeriːr] [15] v.t. 《드물게》다시 입수하다, 다시 얻다.

racquit [raki] n.m. 〖놀이〗 손실의 복구.

racquitter [rakite] v.t. 《옛》〖놀이〗 손실을 복구시키다 (비유적) (잃은 것을)되찾다.
—**se** ~ v.pr. 《옛》자신의 손실을 복구하다, 잃은 것을 되찾다. 〔단위〕

rad [rad] n.m. 〖물리〗 라드《광선의 흡수량의 측정》

radar [radaːr] n.m. ①전파탐지기, 레이다. détection par ~ 레이다에 의한 탐지. ②(비유적) 직관적 탐지력(예력).

radariste [radarist] n. 레이다 기사.

rade [rad] n.f. 〖해양〗 (항구 밖의)정박지, 닻을 내리는 곳. mettre en ~ (배를)정박지에 대어 놓는다. Le navire a mouillé en(sur) ~. 배가 정박지에서 닻을 내렸다. ~ fermée 풍랑이 미치지 않는 정박지. ~ foraine(ouverte) 항구 밖에 있는(풍랑에 노출된) 정박지.
en ~ ⓐ정박중의. Notre bateau est en ~ à Marseille. 우리 배는 마르세유에 정박중이다. être en grande(petite) ~ 항구에서 먼 곳(가까운 곳)에 정박하고 있다. ⓑ(구어)방치하다, 포기하다; 고장나다. laisser en ~ ~정박중의; 《구어》(비유적)버리다, 포기하다. rester(être) ~ 계속중인 것이 불가능하다, 포기되다 (être en panne). Leur projet est en ~. 그들의 계획은 좌절되었다.

radeau [rado] (pl. ~**x**) n.m. 뗏목. ~ de fortune (파선했을 때 아무것이나 가지고)급조한 뗏목. ~ de sauvetage 〖해양〗 구명 뗏목. franchir un fleuve sur un ~ 뗏목으로 강을 건너다.

rader¹ [rade] v.t. (《구어》)평미레질하다. ② ~ un bloc de pierre 돌덩어리를 둘로 가르다.

rader² v.t. 〖해양〗 (배를)정박지에 대놓다.

radia [radja] n.m.《구어》《자동차·비행기》 냉각기, 라디에이터(radiateur).

radiaire [radjɛːr] a. 〖생물〗 방사형(放射形)의.
—n.m.pl. 방사형 동물.

radial(ale, pl. aux) [radjal, -o] a. ①방사선 모양의, 방사형의. autoroute ~ale 방사형 고속도로. voie ~ale 방사형 도로. perceuse ~ale 〖기계〗 방사형 드릴. ②〖생물〗 요골(橈骨)의.
—n.f. 방사형 도로.

radialement [radjalmɑ̃] ad. 방사선 모양으로.

radiance [radjɑ̃ːs] n.f. ①〖물리〗 사광(射光), 광속발산도(光束發散度). ②《옛》광휘, 빛남.

radian(t') [radjɑ̃] n.m. 〖수학〗 라디안호도(弧度) 《각도의 단위》.

radiant²(e) [radjɑ̃, -ɑ̃ːt] a. ①방사하는, 복사의. chaleur ~e 복사열. ②《옛》빛나는(rayonnant).
—n.m. 〖천문〗 복사점(point ~).

radiateur(trice) [radjatœːr, -tris] a. 빛·열을 방사하는. —n.m. ①라디에이터, 난방기, 방열기. ~ électrique[à gaz]전기(가스)난로. ②《자동차·비행기》 냉각기, 라디에이터.

radiatif(ve) [radjatif, -iːv] a. 〖물리〗 복사의, 방사의. équilibre ~ des étoiles 항성의 복사평형.

radiation¹ [radjɑsjɔ̃] n.f. (명부·목록·장부 따위로부터)삭제, 말소. ~ d'un condamné sur la liste électorale 선거인 명부로부터의 수형자 이름의 삭제. ~ d'inscription(hypothécaire) 〖법〗 저당권 등기의 말소.

radiation² n.f. 〖물리〗 복사, 방사(선). émettre des ~s 방사선을 내다. ~ nucléaire 핵방사선.

radical(ale, pl. aux) [radikal, -o] a. ① 근본의, 근원의; 근본적인, 철저한, 완전한(complet, total). réforme ~ale 근본적인 개혁. différence ~ale d'opinions 근본적인 의견차이. ② 〖정치〗 급진적인, 과격한. parti ~ 급진(사회)당. ③ 〖식물〗 뿌리의, 뿌리에서 나는; 〖언어〗 어근의; 〖수학〗 기(基)의; 〖수학〗 근의. signe ~ 근호(根號).
—n. 〖정치〗 급진당원.
—n.m. 〖언어〗 어간, 어근; 〖수학〗 근호(signe ~); 〖화학〗 기, 근.

radicalement [radikalmɑ̃] ad. 근본적으로, 철저하게(absolument, complètement).

radicalisation [radikalizasjɔ̃] n.f. (태도의)경화(硬化), 과격화, 급진화.

radicaliser [radikalize] v.t. (행동노선 따위를)강경화(강화)하다, 급진화하다. —**se** ~ v.pr. 강경한 태도로 나가다, 급진적이 되다.

radicalisme [radikalism] n.m. 〖정치〗 급진주의, 과격주의.

radical-socialisme [radikalsɔsjalism] n.m. 급진사회주의.

radical-socialiste [radikalsɔsjalist] (pl. ~**aux-~s**) a. 급진사회주의의.

radicant(e) [radikɑ̃, -ɑ̃ːt] a. 〖식물〗 (딸기·담쟁이 따위가)수염뿌리(숨뿌리)가 생기는.

radication [radikasjɔ̃] n.f. 《집합적》〖식물〗 뿌리, 뿌리가 생김(내림).

radicelle [radisɛl] n.f. 〖식물〗 어린뿌리, 곁뿌리.

radicivore [radisivɔːr] a. 〖동물〗 뿌리를 먹는.

radiculaire [radikylɛːr] a. 〖식물〗 뿌리의; 어린뿌리의.

radicule [radikyl] n.f. 〖식물〗 어린뿌리.

radié(e) [radje] a. 방사형의, 복사형의. fleur ~e 〖식물〗 두상화(頭狀花). —n.f.pl. 〖식물〗 두상화 식물.

radier¹ [radje] n.m. 〖토목〗 (물의 침식을 막는)보강공사, 호안(護岸); (수문 따위의)토대; (하수·터널 따위의)구배(逆勾配, 역아치).

radier² v.t. (명부 따위에서)삭제하다, 말살하다. Il a été radié des cadres. 그는 간부들 명부에서 삭제되었다. Se faire ~ de ~에서 삭제받다.

radier³ v.i. 《옛》빛나다. ~ de satisfaction 희색이 만면하다.

radiesthésie [radjɛstezi] n.f. 방사선(放射線)을 감지하는 능력《막대기 따위로 수맥이나 광맥을 찾아내는 능력》.

radiesthésiste [radjɛstezist] n. 방사선을 감지하는 능력을 지닌 사람.

radieusement [radjøzmɑ̃] ad. 빛나게, 찬란하게.

radieux(se) [radjø, -øːz] a. ①빛을 내는, 빛나는(éclatant, ↔ pâle); 밝디밝은, 햇살이 눈부신(↔ couvert, sombre). Il faisait une journée ~se. 쾌청한 날씨였다. ~se beauté de la jeune femme 그 젊은 여자의 눈부신 아름다움. ②기뻐하는, 만

radifère [radifɛːr] *a.* 《광물》 라듐을 함유한.
radin(e) [radɛ̃, -in] *a.* (종종 불변)《구어》인색한 (avare). Elle était un peu ~ (*e*). 그녀는 인색한 편이었다. —*n.* 《여성형은 드묾》구두쇠, 깍쟁이.
radiner (se) [səradine] *v.pr.*《속어》오다(venir); 도착하다(arriver).
radinerie [radinri] *n.f.*《구어》인색(avarice).
:radio [radjo] *n.f.* ① 라디오 방송(radiodiffusion); 라디오(poste de ~). écouter la ~ 라디오를 듣다. écouter de la musique à la ~ 라디오로 음악을 듣다. ouvrir(fermer) la ~ 라디오를 켜다(끄다). ~ portative 휴대용 라디오. ~ à pile 전지식 라디오. ② 무선 전신(radiotélégraphie); 무선 전화(radiotéléphonie). ③ X선 사진(술)(radiographie); X선 진찰(radioscopie). passer à la ~ X선 검사를 받다.
—*n.m.* ① 무선 전보(radiotélégramme, radiogramme). ② 무선 기사(radiotélégraphiste, radiotéléphoniste). ③ X선 검사.
radio- *préf.* ①「방사·복사」의 뜻. ②「무선·라디오」의 뜻.
radio(-)actif(ve) [radjoaktif, -iːv] *a.* 《물리》방사선의. éléments ~s 방사선 원소.「능.
radio(-)activité [radjoaktivite] *n.f.* 《물리》방사능.
radio(-)alignement [radjoalinmɑ̃] *n.m.* 《항공》무선 표식에 의한 지시, 진로.
radio(-)astronomie [radjoastrɔnɔmi] *n.f.* 전파천문학. 「lisation.
radiobalisage [radjobalizaːʒ] *n.m.* =**radiosignalisation**.
radiobalise [radjobaliːz] *n.f.* 《항공》무선표식, 라디오비콘.
radiobaliser [radjobalize] *v.t.* 전파로 항로를 지시하다, 무선유도하다.
radiocarbone [radjokarbɔn] *n.m.* 방사선 탄소.
radio-carpien(ne) [radjokarpjɛ̃, -ɛn] 《해부》*a.* 요골(橈骨)과 완골(腕骨)의. —*n.f.* 요완(橈腕)관절.
radio(-)chimie [radjoʃimi] *n.f.* 방사화학.
radiochronomètre [radjokrɔnɔmɛtr] *n.m.* 《물리》X선 강도 측정기. 「발트.
radiocobalt [radjokɔbalt] *n.m.* 《물리》방사성 코
radiocommunication [radjokɔmynikasjɔ̃] *n.f.* 무선 통신. station de ~ 무선통신국.
radiocompas [radjokɔ̃pa] *n.m.* 《항공》무선 방향 탐지기.
radio-concert [radjokɔ̃sɛːr] *n.m.* 라디오 콘서트.
radioconducteur [radjokɔ̃dyktœːr] *n.m.* 《무선》코히러(cohéreur).
radiodermite [radjodɛrmit] *n.f.* 《의학》방사선 피부염.
radiodétection [radjodetɛksjɔ̃] *n.f.* 《무전》(비행기·선박의)무선탐지.
radiodiagnostic [radjodjagnɔstik] *n.m.* 《의학》X선 진단.
radiodiffuser [radjodifyze] *v.t.* 《라디오》방송하다. ~ une conférence 강연을 방송하다. concert *radiodiffusé* 라디오 콘서트.
radiodiffusion [radjodifyzjɔ̃] *n.f.* 《라디오》방송. poste de ~ 방송국. office de ~-télévision française 프랑스 방송협회(《약자》O.R.T.F.).
radio(-)électricien [radjoelɛktrisjɛ̃] *n.m.* 무선통신기사.
radio(-)électricité [radjoelɛktrisite] *n.f.* 《물리》전파론, 전파기술.
radio(-)électrique [radjoelɛktrik] *a.* 전파학의.
radio(-)élément [radjoelemɑ̃] *n.m.* 《물리》방사성 원소.

radio(-)émission [radjoemisjɔ̃] *n.f.* =**radiodiffusion**.
radiogène [radjoʒɛn] *a.* (장치가)X선 발생의.
radiogénique [radjoʒenik] *a.* 《라디오》(목소리가)방송에 적합한.
radiogoniomètre [radjogɔnjɔmɛtr] *n.m.* 무선방위계(無線方位計), (전파)방향 탐지기.
radiogoniométrie [radjogɔnjɔmetri] *n.f.* (전파에 의한)방향 탐지.
radiogoniométrique [radjogɔnjɔmetrik] *a.* 방향 탐지의. cadre ~ 방향탐지기. relèvement ~ 방향 탐지기에 의한 위치 결정.
radiogramme [radjogram] *n.m.* ①X선 사진. ②무선 전보.
radiographe [radjograf] *n.* X선 촬영 기사.
radiographie [radjografi] *n.f.* X선 사진(술).
radiographier [radjografje] *v.t.* ①X선 촬영을 하다. ~ un malade 환자의 X선 사진을 찍다. se faire ~ X선 검사를 받다. ②세밀히 검토하다.
radiographique [radjografik] *a.* X선 사진의. examen ~ X선 검사.
radioguidage [radjogidaːʒ] *n.m.* (비행기·선박의) 무선 유도.
radioguidé(e) [radjogide] *a.* 무선으로 유도된. fusée ~ 유도탄.
radioguider [radjogide] *v.t.* 무선으로 유도하다.
radio-indicateur [radjoɛ̃dikatœːr] *n.m.* 방사선 지시약(指示藥).
radio-isotope [radjoizotɔp] *n.m.* 방사성 동위원소 (isotope radio-)actif).
radiojournal(*pl.* **aux**) [radjoʒurnal, -o] *n.m.* 라디오 뉴스(journal parlé).
radiolaire [radjolɛːr] *n.m.pl.,a.* 《동물》방산충(放散蟲)류(의).
radiolé(e) [radjole] *a.* 방사형(放射形)의.
radiolocalisation [radjolokalizasjɔ̃] *n.f.* 전파 탐지법. 「선과.
radiologie [radjolɔʒi] *n.f.* 《의학》방사선학; 방사
radiologique [radjolɔʒik] *a.* 방사선학(과)의.
radiologiste [radjolɔʒist], **radiologue** [radjolɔg] *n.* 방사선 학자, X선 전문 의사.
radiométallographie [radjometalografi] *n.f.* X선에 의한 광물 연구.
radiomètre [radjomɛtr] *n.m.* 《물리》방사계(放射計), 라디오미터. 「정.
radiométrie [radjometri] *n.f.* 《물리》방사측정.
radiomicromètre [radjomikrɔmɛtr] *n.m.* 《물리》라디오마이크로미터.
radionavigant [radjonavigɑ̃] *n.m.* (항공기의)무선기사(*약칭* : radio).
radio(-)navigation [radjonavigasjɔ̃] *n.f.* 《항공》방향 탐지기에 의한 비행.
radionécrose [radjonekroːz] *n.f.* 《의학》방사선 회저(壞疽).
radiopathie [radjopati] *n.f.* 《의학》방사선 장애.
radiopathologie [radjopatolɔʒi] *n.f.* 《의학》X선 병리학. 「선 표식.
radiophare [radjofaːr] *n.m.* 《항공》무선 등대, 무
radiophone [radjofɔn] *n.m.* 《드물게》무선 전화기.
radiophonie [radjofɔni] *n.f.* 무선 전화; 라디오 방송(radio).
radiophonique [radjofɔnik] *a.* 무선 전화의; 라디오 방송의. émission ~ 라디오 방송.
radio-phono [radjofono] *n.m.* 라디오 겸용 전축.
radiorécepteur [radjoresɛptœːr] *n.m.* 《라디오》수신기.
radio-repérage [radjorperaːʒ] *n.m.* 전파 탐지법.

radio(-)reportage [radjɔrpɔrtaːʒ] *n.m.* 《라디오》뉴스 방송; 실황방송.
radio(-)reporter [radjɔrpɔrtɛːr] *n.m.* 《라디오》시사 해설자; 실황 방송자.
radio-résistance [radjɔrezistɑːs] *n.f.* 《의학》방사선 저항성.
radioscoper [radjɔskɔpe] *v.t.* X선 투시를 하다, X선 검사를 하다.
radioscopie [radjɔskɔpi] *n.f.* X선 검사; X선 투시.
radioscopique [radjɔskɔpik] *a.* X선 진찰의. examen ~ X선 검사.
radiosignalisation [radjɔsiɲalizɑsjɔ̃] *n.f.* 전파에 의한 항로 지시.
radiosondage [radjɔsɔ̃daːʒ] *n.m.* 전파에 의한 대기상의 기상상태 측정; (방사선 탐지기에 의한)지하탐지.
radiosonde [radjɔsɔ̃ːd] *n.f.* 《기상》라디오존데(기상 탐측 기구(氣球)).
radio-taxi [radjɔtaksi] *n.m.* 무선 택시.
radiotechnique [radjɔtɛknik] *n.f., a.* 전파기술(의).
radiotélégramme [radjɔtelegram] *n.m.* 무선 전보(radio, radiogramme).
radiotélégraphie [radjɔtelegrafi] *n.f.* 무선 전신.
radiotélégraphier [radjɔtelegrafje] *v.t.* 무선 전신으로 알리다.
radiotélégraphique [radjɔtelegrafik] *a.* 무선 전신의.
radiotélégraphiste [radjɔtelegrafist] *n.* 무선 전신 기사.
radiotéléphone [radjɔtelefɔn] *n.m.* 무선 전화기.
radiotéléphoner [radjɔtelefɔne] *v.i.* 무선 전화를 걸다. —*v.t.* 무선 전화로 알리다.
radiotéléphonie [radjɔtelefɔni] *n.f.* 무선 전화.
radiotéléphonique [radjɔtelefɔnik] *a.* 무선 전화의, 라디오의. ondes ~s 전파.
radiotéléphoniste [radjɔtelefɔnist] *n.* 무선 전화수.
radiotélescope [radjɔteleskɔp] *n.m.* 전파 망원경.
radiotélévisé(e) [radjɔtelevize] *a.* 라디오와 텔레비전 동시 방송의.
radiothérapeute [radjɔterapϕːt] *n.m.* 《의학》방사선 치료 전문의.
radiothérapie [radjɔterapi] *n.f.* 《의학》방사선 치료.
radis [radi] *n.m.* ① 《식물》무우의 일종. ② 《속어》한 푼. n'avoir pas un ~ 한푼도 없다.
piquer un ~ 《속어》얼굴을 붉히다.
radium [radjɔm] *n.m.* 《화학》라듐.
radiumbiologie [radjɔmbjɔlɔʒi] *n.f.* 라듐 생물학.
radiumthérapeute [radjɔmterapϕːt] *n.m.* 《의학》라듐 치료 전문의.
radiumthérapie [radjɔmterapi] *n.f.* 라듐치료.
radius [radjys] 《라틴》*n.m.* 《생물》요골(橈骨).
radjah [radʒa] *n.m.* = **rajah**.
radoire [radwaːr] *n.f.* 평미레.
radome, radôme [radoːm] 《영》 *n.m.* 레이돔(레이다 안테나를 보호하기 위해서 만든 플라스틱제의 둥근 덮개).
radon [radɔ̃] *n.m.* 《화학》라돈(방사성 원소).
radotage [radɔtaːʒ] *n.m.* ① 지루한 허튼소리, 장광설(rabâchage). ② 《옛》노인의 망령, 노망, 망령. tomber dans le ~ 망령들다, 노망하다.
radoter [radɔte] *v.i.* ① (노인이)허튼소리하다, 노망하다. ② 같은 소리를 뇌까리다. —*v.t.* (지루하게) 되풀이하다. Ce *radote* toujours la même antienne. 그는 늘 같은 소리를 늘어놓는다.
radoterie [radɔtri] *n.f.* = **radotage**.
radoteur(se) [radɔtœːr, -ϕːz] *a., n.* 노망한(사람); 같은 소리를 뇌까리는 (사람).
radoub [radu] *n.m.* ① 《해양》(배·돛의)수리. bassin[forme] de ~ 수리 독. navire au[en] ~ 수리중에 있는 배. ② 《옛》(화약의)재생.
radoubage [rabubaːʒ] *n.m.* 《해양》배의 수리.
radouber [radube] *v.t.* ① 《해양》(배·돛을)수리하다; 《어업》(그물을)깁다; 《구어》고치다, 바로잡다(réparer, raccommoder). ~ de vieux vêtements 헌옷을 깁다. ~ ses finances 재정을 바로잡다. ② 《옛》(화약을)재생하다.
—*se* ~ *v.pr.* ① 수리되다. ② 《구어》손실을 복구하다; 건강을 되찾다; 자신의 …을 회복시키다. *se* ~ *les poumons* 폐의 건강을 회복하다.
radoubeur [radubœːr] *n.m.* 선체 수리공.
radoucir [radusiːr] *v.t.* 온화하게 하다; 부드럽게 하다, 가라앉히다, 진정시키다(adoucir). La pluie *a radouci* le temps. 비가와서 날씨가 누그러졌다. ~ le ton(l'humeur)어조(성미)를 가라앉히다.
—*se* ~ *v.pr.* 온화해지다, 부드러워지다. Le temps *s'est* radouci depuis peu. 얼마전부터 날씨가 온화해졌다.
radoucissement [radusismɑ̃] *n.m.* (날씨·성미 따위의)누그러짐; 완화; (병의)소강(小康).
radula [radyla], **radule** [radyl] *n.f.* 《동물》(연체동물의)치설(齒舌).
R.A.F., Raf [raf] (<《영》*Royal Air Force*) *n.f.* 《구어》영국 공군.
rafale [rafal] *n.f.* ① 질풍(疾風), 돌풍. ~ de pluie 갑작스런 폭우. Le vent souffle par[en] ~s. 바람이 돌풍처럼 휘몰아친다. temps à ~s 돌풍이 불어올 듯한 험악한 날씨. ② 《군사》(기관총 따위의) 일제 사격, 속사(速射), 소사(掃射). tirer par ~s 연속적으로 사격하다, 속사하다. ③ (감정 따위의) 돌발; 돌발사건, 불의의 사건. ~ de bruits 갑작스럽게 터지는 소리. ~ de passion 정열의 폭발.
rafalé(e) [rafale] *a.* ① 《해양》(배가)돌풍을 만난. ② 《옛·구어》실패한, 불운을 겪은, 파산에 직면한.
rafalement [rafalmɑ̃] *n.m.* 《옛·구어》가난.
rafaler [rafale] 《옛·구어》 *v.t.* 가난하게 만들다, 파산시키다. —*se* ~ *v.pr.* 빈털터리가 되다.
raffe [raf] *n.f.* = **rafle**¹.
raffermir [rafɛrmiːr] *v.t.* ① 단단[견고]하게 하다, 굳히다(durcir). ~ le sol avec de la caillasse 자갈을 넣어서 지면을 굳힌다. Cette pâte dentifrice *raffermit* les gencives. 이 치약은 잇몸을 단단하게 해준다. ② 강화하다, 공고[확고]하게 만들다 (affermir, renforcer). (확고한 기초위에)안정시키다. ~ le courage d'une troupe 부대의 사기를 고무하다. ~ *qn* dans sa résolution …의 결심을 공고하게 만들다. L'air de la campagne *a raffermi* sa santé. 시골공기가 그의 건강을 증진[회복]시켰다.
—*se* ~ *v.pr.* 굳어지다; 튼튼해지다, 강해지다, 단단해지다. *se* ~ *dans sa résolution* 결심을 굳히다.
raffermissement [rafɛrmismɑ̃] *n.m.* ① 굳히기; 굳어짐(↔ *amollissement*). ~ du sol 지면이 굳어짐. ② 강화, 공고화; 확립, 안정. ~ de l'autorité royale 왕의 권위의 강화. ~ des prix 물가의 안정.
raffiler [rafile] *v.t.* 《드물게》(장갑의)손가락끝을 둥글게 하다.
raffinade [rafinad] *n.f.* (최고급의)정제(精製)설탕.
raffinage [rafinaːʒ] *n.m.* 《공업》(설탕·석유 따위의)정제.
raffiné(e) [rafine] *a.p.* ① (설탕 따위가)정제된 (↔ *brut*). pétrole ~ 정유(精油). ② 《취미·몸·글 따위가》세련된, 정교한; (태도가)우아한, 고상한 (↔ *grossier*), (과자 따위가)고급의. nourriture ~*e* 고급 요리. manières ~*es* 세련된 거동. hommes peu ~ 세련되지 못한 사람, 투박한 사람. ③ (나쁜 의미로)(정책 따위가)교묘한, (기교 따위가)술

수에 능한. supplices ~s 교묘한 고문. politiques ~s 책략에 능한 정치가들. ③ (경멸) 지나치게 태를 부린. élégance (trop) ~e 지나치게 꾸민 멋.
— n. 세련된 사람.

raffinement [rafinmā] n.m. ① 세련, 정묘함, 교묘함. ~ de sa tenue 그녀의 복장의 세련미다. Il y a du ~ dans son langage. 그의 말솜씨는 세련되어 있다. ② 지나친 꾸밈새, 지나친 기교. Il faut éviter ces ~s d'expression. 그런 지나친 표현상의 기교는 피해야한다. ③ 《드물게》정제 (精製).
un ~ de 극도의, 극단적인. **un ~ de** cruauté 극도의 잔인성.

raffiner [rafine] v.t. ① 정제하다. ~ du sucre 설탕을 정제하다. ② (취미·태도·문체 따위를) 세련되게 하다, 다듬다. ~ son langage [ses manières] 말투[몸가짐]를 다듬다.
— v.i. ~ [sur] (에 대하여) 지나치게 신경을 쓰다. ~ sur le point d'honneur 명예 [체면]을 지나치게 중시하다. **—se ~** v.pr. ① 정제 [정련] 되다. ② 세련되다, 고상해지다.

raffinerie [rafinri] n.f. 정제공장; 제당소. **raffineur(se)** [rafinœːr, -ø:z] n. ① 제당 [정유] 업자; 제당 [정유] 기술자. ② 세련되게 제하는 사람.
— n.f. (제지 펄프의) 정제조 [槽], 리파이너.

rafflesia [raflezja], **rafflésie** [raflezi] n.f. 《식물》 라플레시아 《말레이 군도산의 포도나무과 뿌리에 기생하는 꽃만 큰 식물》.

raffoler [rafole] v.t. ind. 《구어》[~ de qc/qn] …에 열중하다, …을 몹시 좋아하다(adorer). ~ de la danse 춤을 몹시 좋아하다. Elle raffole de cet acteur. 그녀는 그 배우에 대해서 열광적이다.

raffut [rafy] n.m. 《구어》소란, 소동(vacarme, tapage). faire du ~ 소란피우다.

raffûtage [rafyta:ʒ] n.m. 갈음질.

raffûter [rafyte] v.t. 갈다, (의) 날을 세우다.

rafiau(pl. ~x), **rafiot** [rafjo] n.m. 《구어》낡아빠진 작은 배; 《옛》(지중해 지방의) 작은 돛단배.

rafistolage [rafistola:ʒ] n.m. 《구어》(수중에 있는 재료로) 대강 수리(수선) 하기.

rafistoler [rafistole] v.t. 《구어》대강 집다, 대강 수리 [수선] 하다.

rafle¹ [rɑ:fl] n.f. (포도의) 꽃자루; (옥수수의) 속.

rafle² n.f. ① 닥치는 대로 빼앗아 [휩쓸어] 가기, 노략질, 약탈. faire une ~ 휩쓸다, 송두리째 빼앗다. ② (유흥가·도박장 따위의) 일제 단속, 급습 (descente). effectuer une ~ dans un bar (경찰이) 술집을 급습하다. Il a été pris dans une ~. 그는 일제단속에 잡혔다. ③ 《놀이》땡《두개의 주사위로 동점을 내기》. faire [amener] ~ 땡을 잡다; 판돈을 쓸다. ④ 《농》새, 그물.

rafler [rafle] v.t. 《구어》① 닥치는대로 빼앗다, 휩쓸다, 노략질하다. Une bande de cambrioleurs a tout raflé dans cette maison. 일단의 강도들이 이 집의 전재산을 휩쓸어갔다. ~ le tout 《놀이》 판돈을 휩쓸다. ② (경찰이) 일제 단속하다, 소탕하다.
— v.i. (주사위로) 땡을 잡다; 판돈을 쓸다.

raflouage [raflua:ʒ], **raflouement** [raflumā] n.m. = renflouage, renflouement.

raflouer [raflue] v.t. = renflouer.

rafraîchi(e) [rafreʃi] a.p. 시원하게 한; 새롭게 한. fruits ~s (여러 과일을 섞은) 냉 프루츠. vin ~ à la cave 지하실에서 차갑게 한 포도주. mémoire ~e 되살아난 기억.

*****rafraîchir** [rafreʃiːr] 10 v.t. ① 서늘하게 하다, 시원하게 하다, 냉각시키다, 식히다(refroidir); (방을) 통풍시키다 (↔ réchauffer). ~ une boisson 음료수를 차게 하다. (목적보어 없이) Cette boisson rafraîchit bien. 이 음료수는 아주 시원하게 해준다. La pluie rafraîchit la température. 비가 기온을 내리게 한다. Cette nouvelle m'a rafraîchi le sang. 그 소식을 듣자 내 마음이 가라앉았다. ② 목을 축이다, 갈증을 없애다(désaltérer); 기운나게 하다. ③ 《군사》 쉬게 하다; 원기를 회복시키다. ④ 신선하게 (새롭게) 손질하다. ~ un tableau (색깔을 생생하게 하려고) 유화를 물로 닦아내고 니스칠을 하다. ~ un manteau en changeant les boutons 단추를 바꾸어 외투를 새롭게 보이게 하다. ⑤ 끝을 자르다, 깎다. ~ les cheveux 머리를 조금 자르다. ⑥ (기억을) 새롭게 하다; 복습하다. à qn la mémoire (au sujet) de qc …에게 …을 생각나게 하다. Je vais lui ~ la mémoire. (잊고 있었던 것을) 그에게 생각나게 하다.
— v.i. 시원해지다, 서늘해지다; 차가와지다. mettre le vin à ~ à la cave 포도주를 지하실에 넣어서 차게 하다.
—se ~ v.pr. ① 시원해지다, 서늘해지다. Le temps (L'air) s'est bien rafraîchi. 기후 (바람) 가 서늘해졌다. ② 시원한 것을 한 잔 마시다, 목을 축이다; 간식하다; (식사 따위를 하고) 원기를 회복하다. Venez vous ~. 시원한 것 한 잔 마시지요. (새는 생략) Faites ~ vos chevaux. 말들에게 찬 것을 마시게 하십시오.

rafraîchissant(e) [rafreʃisā, -ā:t] a. ① 시원하게 하는, 상쾌하게 하는; 원기를 회복시키는. boisson ~e 청량음료. brise ~e 시원한 바람. ② 《의학》 진정시키는, 변이 통하게 하는.
— n.m. 《의학》진정제; 변통약, 하제(下劑).

rafraîchissement [rafreʃismā] n.m. ① 시원하게 하는, 상쾌하게 하는; 냉각. brusque ~ de la température 갑작스런 기온의 저하. ~ par pulvérisation 분무식 냉각. Cette boisson vous apportera un ~. 이 음료수를 마시면 기분이 상쾌해질겁니다. ② (식사때가 아닐 때 마시는) 찬 음료. prendre un ~ dans un café 카페에서 찬 음료수를 마시다. On vous apportera un ~. 시원한 음료수를 갖다 드리죠. ③ (pl.) (아침 따위에서 내는) 다과, 음료. passer [présenter, servir] des ~s 다과류를 돌리다 [제공하다, 서비스하다]. préparer un buffet et des ~s pour un bal 무도회를 위한 뷔페와 다과를 준비하다. ④ (상하거나 상한 물건들을) 손질함으로 새롭게 만들기; 수선; 고쳐 만들기. ~ d'un immeuble 집의 수리 (손질). ~ d'un manteau 외투의 손질. ~ d'un tableau 유화의 손질. ~ d'une tenture 벽지를 새로 바르기. ~ de peinture 페인트를 다시 칠하기. ⑤ (휴식·음식물 섭취에 의한) 원기회복; (비유적) (정신적) 소생; 다시 젊어지기(rajeunissement); (기억의) 회복(recouvrement). ~ de la mémoire 기억력의 회복. ce merveilleux ~ de l'humanité 이 놀라운 인류의 소생. ⑥ (지식의) 갱신; 복습. cours de ~ 복습수업. ⑦ 《의학》(변비의) 완화(효과); 《드물게》(통증의) 진정작용, 진정제. Cela vous procurera un ~. 이것을 마시면 완화될 것입니다(변비도 나올겁니다).

rafraîchisseur [rafreʃisœːr], **rafraîchissoir** [rafreʃiswaːr] n.m. ① (술 따위의) 냉각그릇. ② 냉동기 (réfrigérant).

ragaillardir [ragajardiːr] 10 v.t. 《구어》쾌활 [명랑] 하게 하다, 원기를 되찾게 하다(réconforter). Ce vin m'a ragaillardi. 이 포도주 덕택으로 원기가 회복되었다.
—se ~ v.pr. 쾌활 [명랑] 해지다, 원기를 되찾다.

*****rage** [ra:ʒ] n.f. ① 공수병, 광견병; 심한고통(douleur). vaccin contre la ~ 광견병백신(vaccin an-

tirabique). avoir une ~ de dents 이가 몹시 아프다. ② 격노, 격분, 분노(fureur). avec ~ 격분해서. pâle de ~ 격분하여 얼굴이 파리한. pleurer de ~ 눈물이 나오도록 격분하다. exciter la ~ qn …의 격분을 사다. entrer dans une ~ folle 분노를 터뜨리다, 노발대발하다. ③ 열광, 열중(manie); 격렬, 맹렬. Il a la ~ du jeu. 그는 도박에 미쳤다. avoir la ~ d'écrire 문학열에 불타다. ~ de l'océan 대양의 맹위.
faire ~ 맹위를 떨치다, 미쳐 날뛰다;《구어》대유행하다. La tempête *fait* ~ dehors. 폭풍이 밖에서 맹위를 떨치고 있다.
(*jusqu'*) *à la* ~ 미치도록 열중하여, 맹렬히. aimer(haïr) *qn à la* ~ …을 맹렬히 사랑(증오)하다.

rageant(e) [raʒɑ̃, -ɑ̃:t] *a.*《구어》분개시키는, 약을 올리는, 남의 부아를 돋구는.

rager [raʒe] ③ *v.i.*《구어》노발대발하다, 격노하다. Ça me fait ~ de voir ça! 저걸 보면 화가 나 죽겠단 말야. [~ de+*inf.*/que+*sub.*] Il rageait d'avoir été puni injustement. 그는 부당하게 벌받은 데에 대해서 격노하고 있다.

rageur(se) [raʒœ:r, -ø:z] *a.* 성을 잘 내는, 성급한 (말투가)화가 난. être quelque peu ~ 좀 화가 나 있다. geste ~ 화가 난 몸짓. —*n.* 성급한 사람.

rageusement [raʒøzmɑ̃] *ad.* 골이 나서, 분노하여 (hargneusement). Il s'est levé ~. 그는 화가 나서 자리를 차고 일어났다.

raglan [raglɑ̃] *n.m.* ① 래글런형의 외투. ②《옛》(19세기 중엽에 유행한)소매 없는 외투.
—*a.* 낱벌 래글런 식(형)의. manches ~ 래글런 소매(→ manche 그림).　　　　　　　　　　[피.

ragondin [ragɔ̃dɛ̃] *n.m.*《동물》(남미산의)수달

ragot¹ [rago] *n.m.*《구어》험구, 험담(racontar). faire des ~s 험담을 하다. ~s d'office 직장에서의 험담. ~s qui courent sur le compte de *qn* …에 관해 널리 퍼져있는 소문.

ragot² (*e*) [rago, -ɔt] *n.m.* ①《사냥》(두 살에서 세 살사이의)멧돼지. ②(수레채에 달린)쇠고리. ③ 짧고 굵은 단장. —*a.* (사람이)땅딸막한; (말이)땅딸막하고 튼튼한. —*n.* 땅딸막한 사람(말).

ragoter [ragɔte] *v.i.*《구어》험담[험구]하다.
—*v.t.*《옛》(와)(와)하다.

ragotin [ragɔtɛ̃] *n.m.*《옛》작달막하고 우스꽝스러운 불구자(Scarron 작 *Roman comique*의 인물에서).

ragougnasse [raguɲas] *n.f.*《구어》맛없는 스튜; 형편없는 요리.

ragoût [ragu] *n.m.* ①〖요리〗(후추를 많이 친)스튜 요리의 일종;《옛》맛있는 것, 진미. mettre en ~ 스튜로 만들다. (faire) cuire en ~ 약한 불로 익히다, 스튜로 만들다. ② 풍미(風味), 욕망을 돋구는 것, 매력(attrait). ~ de la nouveauté 새로움의 매력.

ragoûtant(e) [ragutɑ̃, -ɑ̃:t] *a.* (부정·감탄·반어적으로만 쓰임) ① (요리가)식욕을 돋구는, 먹음직한, 구미가 당기는(appétissant). plat qui n'est guère ~ 별로 구미가 당기지 않는 음식. mets ~ 입맛이 보이는 요리. ② 마음을 끄는, 매력있는, 유쾌한 (plaisant, attrayant). Il n'est pas ~. 그는 매력있는 사나이다. travail qui n'est guère[pas] ~ 별로 마음이 내키지 않는 일.

ragoûter [ragute] *v.t.* ①《옛》(병자의)식욕을 돋구다. J'ai perdu l'appétit, il faut le ~. 나는 식욕을 잃었다, 식욕을 돋구어 주어야겠다. ②《드물게》(의)마음을 끌다, 욕망을 불러일으키다.
—*se* ~ *v.pr.* 도로 식욕이 돋아나다. se ~ à la vie 인생에 새로운 의욕을 갖게 되다.

ragrafer [ragrafe] *v.t.* (옷 따위의)훅을 다시 채우다. —*se* ~ *v.pr.* 옷을 단정히 고쳐 입다.

ragrandir [ragrɑ̃di:r] *v.t.* 더욱 크게 만들다. ~ un trou 구멍을 더 크게 만들다.
—*se* ~ *v.pr.* 더욱 커지다.

ragréage [ragrea:ʒ] *n.m.*〖드물게〗〖해양〗선구(船具)를 새로 갖춤.

ragré(e)ment [ragremɑ̃] *n.m.* 끝손질, 마무리.

ragréer [ragree] *v.t.* ①〖해양〗(파손된 배의)선구(船具)를 새로 갖추다. ② 마지막 손질을 하다; (벽 따위를)다시 칠하다; 닦아내다; (나무 따위를)손질하다. ~ un vieux mur 낡은 벽을 다시 칠하다.

rag(-)time [ragtajm]《영》*n.m.*〖음악〗래그타임《재즈의 일종》.

raguer [rage]〖해양〗 *v.t.* (밧줄 따위를)닳게 하다. —*v.i.*, *se* ~ *v.pr.* (밧줄 따위가)닳다.

ragusain(e) [ragyzɛ̃, -ɛn] *a.* 라구사(*Raguse*, 시칠리아의 도시)의. —**R**~ *n.* 라구사 사람.

rahat-lo(u)koum [raatlo(u)kum]《아라비아》 *n.m.* (향료를 넣은)터키 과자.

rai [rɛ] *n.m.* ① (수레바퀴 따위의)살. ②《옛》복사선(輻射線); 광선.

raïa [raja]《터키》*n.m.* 터키의 비회교도.

raid [rɛd]《영》*n.m.* ①〖군사〗(기병대·비행기 따위의)기습, 급습(coup de main). ~ aérien 공습. ~ de bombardement 공습, 폭격. ②(자동차·비행기 따위의)장거리 지속력 시험;〖자동차〗장거리 경주;〖항공〗장거리 비행.

***raide** [rɛd] *a.* ① 뻣뻣한(rigide, ↔ mou), (털 따위가)억센(↔ souple); (줄 따위가)팽팽한; (태도·동작·문장 따위가)어색한(gêné, guindé); (팔·다리가)마비된(engourdi). chemise ~ d'empois 풀을 많이 먹여 뻣뻣한 와이샤쓰. barbe ~ 뻣뻣한 수염. attitude ~ 어색한 태도. être assis ~ sur sa chaise 의자에 뻣뻣하게 앉아있다. Il marche mal, il a une jambe ~. 그는 잘 걷지못한다, 그는 한 다리가 마비되어있다. être tout ~ de froid 추위로 몸이 완전히 굳어지다. trouver *qn* ~ 《속어》…이 죽어 있는 것을 발견하다. ②(길·언덕·계단 따위가)가파른(abrupt); (호름이)세찬; 곧장 달리는[나는]; (대담이)가지돈친. Cet escalier est trop ~. 이 계단은 너무 가파르다. montée très ~ 가파른 언덕길. ~ comme une balle 격렬하게. lancer des balles très ~s《테니스》직구를 쳐보내다. ③ (사람·성질 따위가)완고한, 외고집의, 꿋꿋한, 용서없는(incroyable); (줄 따위가)독한; (글·말·연극의 장면이)노골적인, 난잡한(hardi, osé), caractère ~ 외고집 성격. histoire ~ 믿을 수 없는 이야기. Il y a dans cette pièce une scène très ~. 이 극본에는 매우 노골적인 장면이 들어있다. Ça, c'est un peu ~.《구어》그건 좀 심한걸. en raconter de ~s《구어》터무니없는 말을 하다, 나발거리다. en voir de(s) ~《구어》별난 경험을 하다, 고생하다. se tenir ~ 결심을 굽히지 않다. ④《속어》빈털터리인; 고주망태가 된;《군대속어》병이 든. être ~ comme un passe-lacet 빈털터리이다. tomber[se faire porter] ~《속어》병이 들다.
être sur la corde ~ 위험한[힘든] 처지에 있다.
—*ad.* 가파르게; 갑자기; 난폭하게; 맹렬하게. sentier qui grimpe ~ 가파른 오솔길. travailler ~ 열심히 일하다. boire ~ 폭음하다. frapper la balle ~《테니스》강타를 치다. mener une affaire ~ 일을 시원스럽게 해치우다. ~ comme balle 곧장, 주저없이(앞으로 가다). tomber ~ mort 즉사하다. tuer *qn* ~ 《속어》…을 즉살하다.
—*n.m.*《속어》브랜디; 1,000 프랑짜리 지폐.

rai-de-cœur [rɛdkœːr] (*pl.* ~**s**-~-~) *n.m.*〖건축〗

하트형과 창끝 모양을 교차시킨 장식.
raidement [rɛdmɑ̃] *ad.* 뻣뻣하게; 완강히.
raideur [rɛdœːr] *n.f.* ① (사지가) 뻣뻣함(ankylose, rigidité, ↔ souplesse); (줄이)팽팽함; (태도가)어색함. ~ des mouvements 동작의 뻣뻣함. Son accident lui avait laissé une ~ au genou droit. 사고로 오른쪽 무릎에 마비가 왔다. Son style est clair et correct, mais il a de la ~. 그의 문장은 명쾌하고 정확하지만 좀 딱딱한 면이 있다. ② (길·언덕·계단 따위가)가파름; (성질이)꼿꼿함, 완고함, 엄격함(rigueur, ↔ abandon). ~ inflexible 외고집. ~ de principes 원칙을 고수함. lancer *qc* avec ~ …을 힘껏 던지다. répondre avec ~ …날카롭게 대꾸하다; 건방지게 대꾸하다.
raidillon [rɛdijɔ̃] *n.m.* ① 가파르게 비탈진 곳. ② 완고한(꼿꼿한) 남자.
raidir [re(ɛ)diːr] 10 *v.t.* ① (사지 따위를) 뻣뻣하게 하다; (줄을)팽팽하게 하다. Le froid *a raidi* ses jambes. 추위로 그의 다리가 얼어붙었다. ② (결심·태도를)굳히다; 완강하게 하다, 고집세게 하다. ③ 긴장시키다; 견고하게 하다, 강하게 만들다.
—*v.i.* 단단해지다, 뻣뻣해지다(se raidir). Le linge mouillé *raidit* à la gelée. 젖은 세탁물이 얼어붙어서 뻣뻣하게 된다.
—*se* ~ *v.pr.* ① (몸이) 뻣뻣해지다; (줄이)팽팽해지다 (↔ s'assouplir, se détendre). Ses membres *se raidissent.* 그의 수족은 (긴장으로 인해) 굳어졌다 [마비되었다]. Ses bras *se raidissent* sur les rames. 노를 저어 팔이 뻣뻣해진다. ② [se ~ contre] (에) 저항하다; (태도가)굳어지다. *se* ~ *contre* l'adversité 재난에 꿋꿋이 대항하다. *Raidissez-vous!* 힘을 내시오.
raidissage [rɛdisaːʒ], **raidissement** [rɛdismɑ̃] *n.m.* 경화, 경직. ~ des muscles 근육의 긴장. ~ d'attitude 태도의 경화.
raidisseur [rɛdisœːr] *n.m.* 철선긴장기(鐵線緊張器), 댐퍼스크루.
raie¹ [rɛ] *n.f.* ① (동물·직물의)줄무늬, (대리석의)무늬(rayure). étoffe à ~*s* 줄무늬의 천. Ce cheval a une ~ noire sur le dos. 이 말은 등에 검은 줄무늬가 있다. marbre marqué de ~*s* jaunes 노란선[줄]이 들어있는 대리석. ~ du dos 등줄기. ② (머리의)가리마, 『테니스』 라인. faire la ~ 가리마를 타다. porter la ~ à droite 가리마가 오른쪽에 있다. balle sur la ~ 라인상에 떨어진 공. ③ (연필 따위로 그은)선, 줄. faire[tirer] une ~ 긋다. passer une ~ sur un mot 줄을 그어 단어를 지우다. ④ 『농업』 이랑.
raie² [rɛ] *n.f.* 『어류』 가오리.
raifort [rɛfɔːr] *n.m.* 『식물』 서양고추냉이.
raiguiller [regyije] *v.t.* 끈으로 생기게 깁다.
raiguiser [reg(q)ize] (*v.t.* 칼·톱따위를)갈다.
***rail** [raːj] (영) *n.m.* ① 궤도(軌道), 레일. chemin de fer à ~ unique 모노레일(monorail). sortir[s'écarter, se dévier] des ~*s* (기차가)탈선하다. ② 철도 운송. concurrence entre le ~ et la route 철도수송과 도로수송간의 경합. ③ 가드레일 (~ de sécurité). ④ 『비유적 표현』 평행선.
être mis(placé) sur les ~s (일이)궤도에 올라 있다. L'industrialisation *a été mise sur les[des] ~s.* 공업화는 이제 궤도에 올려졌다.
mettre(remettre) le train sur les ~s (비유적)일을[다시] 순조롭게 진행시키다, 일을 [다시] 궤도에 올리다. *mettre sur les ~s un train de réformes* 개혁을 궤도에 올려놓다.
se mettre sur les ~s 궤도에 오르다. Ce chanteur *se met sur les ~s.* 그 가수는 궤도에 오르고 있다.
raillard(e) [rajaːr, -ard] *a.* (구어)=railleur.
***railler** [raje] *v.t.* 비웃다, 놀리다, 야유하다. 빈정거리다(se moquer). ~ *qn* grossièrement 노골적으로 …을 비웃다. 〖목적보어 없이〗Il *raille* sans cesse. 그는 항상 빈정거리고만 있다.
—*v.i.* 농담하다(plaisanter). dire *qc* en *raillant* 농담으로 …라고 말하다. On ne sait s'il *raille* ou s'il parle sérieusement. 그가 농담을 하고 있는 건지 진담을 하고 있는건지 모르겠다.
—*se* ~ *v.pr.* 〖옛〗[se ~ de] (을) 놀리다, 비웃다, 아무렇지도 않게 여기다, 무시하다(se moquer de). 〖목적보어 없이〗Vous *vous raillez*, je crois. 농담을 하시는 게겠죠.
raillère [rajɛːr] *n.f.* (사투리) (피레네 산속의) 자갈이 많은 급경사면.
raillerie [rajri] (< *railler*) *n.f.* 비웃음, 빈정거림, 야유, 우롱(moquerie, persiflage); 농담; 놀리는 말. sans ~; à part 농담은 그만두고. La ~ a des limites. 사람을 비웃어도[무시해도] 분수가 있다. être soumis à la ~ 조소의 대상이 되다. recueillir des ~*s* 야유[놀림]를 받다. Cela passe la ~. 농담이 지나치다. C'est une ~ de + *inf.* …하다니 말도 안되는 소리이다. tourner *qc* en ~ …을 웃음거리로 만들다.
entendre la ~ 〖옛〗농을 멋지게 하다. *entendre* ~ 놀림을 받고도 화내지 않다, 농담을 받아주다.
REM **raillerie**는 농삼아 빈정거리는 가벼운 상태인데 비해, **moquerie**는 오만하게 상대를 비웃는 경우, **persiflage**는 상대에게 일부러 좋아하는 말을 하며 야유하는 것(이 명사들과 관계된 railler, se moquer de, persifler에도 같은 차이가 있음). **sarcasme**은 신랄한 조소·야유의 뜻을 나타내며 나쁜 의미로 쓰임.
railleur(se) [rajœːr, -ø:z] *a.* 농담을 즐기는, (말투가)빈정거리는, 야유하는, 비웃는. Cet homme est trop ~. 이 남자는 농담이 좀 지나치다. parler d'un ton ~ 빈정거리는 듯한 말투로 말하다.
—*n.* 빈정거리기 잘하는 사람; 농담을 즐기는 사람. agréable ~ 즐거운 익살꾼.
railleusement [rɑ(a)jøzmɑ̃] *ad.* 비웃는 투로, 농을 섞어서.
railway [rɛlwɛ] (영) *n.m.* 철도.
raine [rɛn] *n.f.* (옛·사투리) 『동물』 개구리.
raineau [rɛno] (*pl.* ~*x*) *n.m.* 『토목』 (말뚝의 윗부분을 연결하는) 연결재 (나무·쇠 따위).
rainer [re(ɛ)ne] *v.t.* 가느다란 홈을 파다, 가느다란 자국을 내다.
rainette¹ [rɛnɛt] *n.f.* ① 『동물』청개구리. ② 『원예』 (가을·겨울에 여는 상품의) 사과.
rainette² *n.f.* =rénette.
rainure [rɛnyːr] *n.f.* ① 『토목』 가느다란 홈. ② 『천문』 (달 표면의)가느다란 홈(골짜기).
rainurer [rɛnyre] *v.t.* 홈을 파다.
raiponce [rɛpɔ̃s] *n.f.* 『식물』 초롱꽃과(科)의 식물(뿌리와 잎은 식용).
raire [rɛːr] 44 *v.i.* (보통 직설법 현재 3인칭 단·복수로만 씀) 〖옛〗『사냥』(수사슴이)울다.
rais [rɛ] *n.m.* ① (수레바퀴의)살. ②〖옛〗빛(rayon). ~ *de cœur* = rai-de-cœur.
***raisin** [rɛzɛ̃] *n.m.* ① 포도(알). grain de ~ 포도알. grappe de ~ 포도 송이. manger du ~ 포도를 먹다. ~*s secs* 건포도. ~*s de Corinthe* 씨없는 작은 포도. ~*s de Smyrne* (스미르나산의)씨없는 작은 포도. ~ *de table* [de treille] 식용포도. ② 〖옛〗『군사』 포도탄. ③ (구어) 립스틱. ④ *grand* ~ 『제지』 대판(大判) 고급양지.
raisiné [rɛzine] *n.m.* ① 포도즙과 배 또는 다른 과일

을 섞어 만든 잼. ②《옛·속어》피.
‡**raison** [rɛzɔ̃] *n.f.* ① 이성, 이지, 양식, 분별, 지각, 판단력, 인식력; 추리; 상식; 오성(悟性)(sagesse, bon sens). suivre les conseils(la voix) de la ~ 이성의 소리를 따르다. en appeler à sa ~ 그의 양식에 호소하다. L'homme est doué de ~. 인간은 이성을 지니고 있다. cultiver sa ~ 이성을 키우다. avoir toute sa ~ 정신이 말짱하다. âge de ~ 철이 들 나이. ~ pure(pratique) (칸트철학의)순수(실천) 이성.
② 이유, 동기(motif); 근거(cause); 논거(argument). ~ d'être 존재 이유. pour des ~s politiques 정치적 이유로. Pour quelle ~? 무슨 까닭으로? C'est une ~ de famille qui a fait ce mariage. 이 결혼을 한 것은 가정사정 때문이다. avoir de bonnes ~s de penser que... ...라고 생각할 충분한 이유가 있다. C'est avec ~ que... ...은 당연한 일이다. ~ de fait(de droit) 《법》사실상의(법적인) 이유. ~ d'État 국시(國是).
③ 도리, 조리, 이치. avoir ~ 옳다(↔avoir tort). entendre ~ 도리에 따르다. avoir ~ de+inf. ...하는 것은 당연하다. Il ne veut pas entendre ~. 그는 아무리 타일러도 듣지 않는다(옳지 못한 제 의견을 고집한다). La ~ s'y oppose. 그것은 도리에 어긋난다. avoir toute sa ~ 도리를 잘 알고 있다. perdre la ~ 이성을 잃다, 분별심을 잃다, 바보짓을 하다. revenir à la ~ 이성을 되찾다.
④ 해명, 구실(excuse, prétexte); 보상, 갚음.
⑤ 《상업》 회사명(~ sociale). ~ commerciale 상호. livre de ~ 《옛》출납부.
⑥ 비율~; 《수학》 비(rapport). ~ arithmétique (géométrique) 공차(公差)(공비(公比)). ~ directe 정비례. ~ inverse 반비례. à ~ de deux francs le paquet 한포에 2프랑씩.
à plus forte ~ 말할 것도 없이, 하물며, 더군다나(흔히 주어는 도치).
avoir des ~s avec qn 《속어》...와 싸우다; ...와 사이가 나쁘게.
avoir ~ de(*qc*) ...을 눌러 이기다. *avoir ~ de* son adversaire(*des* difficultés) 적을 이기다(난관을 극복하다).
C'est bien la ~ que+sub. ...하는 것은 지당한 일이다.
chercher des ~s à qn 《구어》...에게 도전하다, 트집을 잡다.
comme de ~ 《법》마땅히, 당연한 일로서. Vous serez dédommagé *comme de ~*. 당신은 당연히 보상을 받으실 것이다.
demander ~ à qn ...에게 결투를 신청하다.
demander ~ de qc à qn ...에게 (모욕 따위를 받은 데 대한)보상(해명)을 요구하다.
donner ~ à qn ...이 옳다고 인정하다.
en ~ de ...을 고려해서, ...에 의하여, ...때문에; ...에 비례해서. *en ~ de* son âge(*des* circonstances) 그의 나이(상황)을 고려해서.
être en ~ directe(*inverse*) *de* ...에 정(반)비례하다. La distance parcourue *est en ~ directe de la* vitesse. 주행거리는 속도에 정비례한다.
faire ~ à qn ...이 옳다고 인정하다, ...의 권리를 인정하다; ...의 결투신청에 응하다; ...의 축배에 답배하다.
faire ~ de qc à qn ...에게 (모욕 따위를 준데 대한) 보상(해명)을 하다; ...의 결투 신청에 응하다.
faire ~ de qn 《옛》...에 대하여 복수하다.
mariage de ~ 사랑없는 정략 결혼.
mettre qn à la ~ ...을 이치로 굴복시키다.
parler ~ 이치를 따져 이야기하다.
Pas tant de ~s! 그따위 이치에 맞지 않는 이야기는 집어치워!
plus que de ~ 필요 이상으로, 지나치게.
pour ~ à moi(*vous*) *connue* 남에게 알리기 싫은 (당신이)나의 이유로.
pour ~ de ...을 이유로 해서, ...때문에. s'absenter *pour ~ de* santé 건강상의 이유로 결석하다.
pour une ~ ou une autre 어떤 이유가 있어서.
pour valoir ce que de ~ 《법》 공정을 기해서.
~ de plus(*pour*+*inf.*) 그러므로 더군다나 (...하는 것은) 당연하다.
rendre ~ à qn ...와 결투하다.
rendre ~ de qc ...의 동기(이유)를 설명하다.
se faire ~ (à) soi-même 자기 자신을 재판하다, 자가 *se faire une ~* 체념하고 받아들이다. ㄴ제판하다.
se rendre à la ~ 도리에 복종하다.
tirer ~ d'une offense(*d'un affront*) 모욕 받은 것을 보상받다.

*raisonnable [rɛzɔnabl] *a.* ① 이성 있는, 합리적인; 분별 있는, 지각 있는(↔extravagant, insensé). L'homme est un être ~. 인간은 이성적인 존재이다. homme ~ 분별있는 사람. ② 이치에 맞는, 도리에 맞는, 합당한, 당연한, 지당한(sensé, judicieux, ↔absurde); 알맞은, 온당한, 타당한(convenable, acceptable). Ce n'est pas ~ de faire un si long voyage de nuit. 그렇게 긴 밤여행을 하는 것은 온당한 짓이 못된다. prix ~ 알맞는(적당한) 값. opinion ~ 타당한 의견. ③ 상당한. appartement d'une grandeur ~ 상당한 크기의 아파트. revenu ~ 상당한 수입.

raisonnablement [rɛzɔnabləmɑ̃] *ad.* ① 분별있게. agir(penser) ~ 사리에 맞게 행동하다(생각하다). ② 온당하게, 알맞게. C'est ce qu'on peut ~ demander. 그만큼 요구해도 무리는 아니다. manger ~ 적당한 양을 먹다. ③ 《구어》상당하게, 제법. Il travaille ~. 그는 제법 (열심히) 공부하고 있다.

raisonnant(e) [rɛzɔnɑ̃, -ɑ̃ːt] *a.* 이치를 따지는, 까다로운. raison ~e 추리능력. folie ~e 《의학》 편집증, 파라노이아.

raisonné(e) [rɛzɔne] *a.p.* 이유를 설명한; 이론적으로 규명된; 추리에 바탕을 둔. discours bien(mal) ~ 논증이 확실한 (확실치 않은) 연설. catalogue ~ 설명이 붙은 카탈로그. grammaire ~e 이론 문법; 역사적인 설명을 가한 문법.

raisonnement [rɛzɔnmɑ̃] *n.m.* ① 추리, 추리력; 논증, 논리. manquer de ~ 논리가 결여되어있다. ~ a priori 선험적 논증. ~ inductif 귀납적 논법. ~ faux 그릇된 추론. ② (pl.)(반대의 뜻의) 변명. faire de ~s à perte de vue 지지리 억설을 늘어놓다. Pas de ~s! 말대꾸(잔소리) 마라.

*raisonner [rɛzɔne] *v.i.* ① 추론하다; 이치를 따지다(argumenter). ~ par analogie 유추하다. ~ par déduction(par induction) 연역(귀납)하다. ~ juste(faux) 옳게(그르게) 추론하다. ~ comme une pantoufle 《속어》 궤변을 부리다. ② 논하다. ~ politique 정치를 논하다. ~ sur des questions importantes 중요한 문제에 대하여 의논하다. ~ avant d'agir 행동하기 전에 미리 생각하다. ~ avec qn ...와 의논하다. ③《구어》이치를 따지다, 말대꾸하다. Ne ~ez pas. (말 많은 사람에게)따지고 들지 마시오. ④ 《해양》입항수속을 하다.

—*v.t. ind.* [~ de] ...을 (추리하여)판단하다. Il se mêle de ~ de tout. 그는 무슨 문제든 끼어들어 따진다.

—*v.t.* 이치를 따져 생각하다; 《구어》(사람을)이치를 따져 설득하다. [~ qc] C'est un homme qui raisonne toutes ses actions. 그는 모든 행동을 이치

로만 따지는 사람이다. [~ qn] J'ai eu beau le ~, il n'a rien voulu entendre. 아무리 그를 설득하려해도 소용없다, 그는 아무말도 들으려 하지않았다.
—**se** ~ v.pr. ① 이치를 좇다. ② 논의되다, 이론으로 따지다.

raisonneur(se) [rezonœːr, -ɸːz] a. 추론적인; 이론적인; 이론[억설]을 늘어놓기 좋아하는. petite fille ~se et désobéissante 말이 많고 순종하지 않는 소녀. —n. 추론자(推論者); 이론가; (이치를) 따지기 좋아하는 사람, 논쟁하려는 사람. ~ perpétuel 이론만 늘어놓는 사람. Ne faites pas le ~. 군소리 마시오.

raja(h) [raʒa] n.m. 《복수불변》 (인도의) 왕, 군주.

rajeunir [raʒœniːr] [10] v.t. ① 젊어지게 하다; 젊어 보이게 하다; (남을) 젊게 하다; 나이를 줄여 말하다(↔ vieillir). Cette coiffure vous rajeunit. 그 머리 모양은 당신을 젊게 한다. Vous me rajeunissez de cinq ans! 나를 다섯살이나 아래로 보아주시다니! ② (비유적) (가구·옷 따위를) 신품으로 보이게 하다 (rafraîchir); (안쓰던 말을) 다시 사용하다; (나무를) 가지치다. ~ un vêtement démodé 구식 옷을 신식으로 보이게하다. ~ une vieille institution 낡은 제도에 활력을 불어넣다. ~ un arbre en le taillant 나뭇가지를 쳐서 젊게있게 만들다. ~ les cadres d'une entreprise 회사의 간부진을 젊은 사람으로 대치하다.
Cela ne me rajeunit pas. 《구어》 이제 나도 (어쩔 수 없이) 늙었군. Déjà 20 ans que nous nous connaissons, ça ne nous rajeunit pas. 우리가 서로 알게된지 벌써 20년이나 됐어, 이젠 우리도 늙었지 뭔가.
—v.i. 젊어지다, 원기를 회복하다.
—**se** ~ v.pr. 젊은 체하다; 실제보다 나이를 젊게 말하다. essayer de se ~ par les toilettes 화장으로 젊게 보이려하다.

rajeunissant(e) [raʒœnisɑ̃, -ɑ̃ːt] a. 젊어지게 하는, 젊게(싱싱하게) 하는. crème de beauté ~e 젊음을 회복시켜주는 미용크림.

rajeunissement [raʒœnismɑ̃] n.m. 젊어지게 하기; 신품처럼 보이기; (나무의) 전지. cure de ~ 젊어지는 요법. ~ du visage par la chirurgie esthétique 성형외과 수술에 의하여 얼굴이 젊어짐. ~ de la nature (비유적) 자연의 회생. ~ d'un vieux thème 낡은 주제의 부활. ~ des arbres fruitiers 과수 가지를 쳐서 생기를 주기.

rajeunisseur(se) [raʒœnisœːr, -ɸːz] n. 젊어지게 [싱싱하게] 하는 사람.

rajout [raʒu] n.m. 《건축》 증축 부분.

rajouter [raʒute] v.t. (가외로) 덧붙이다, 부가하다. ~ du sel 소금을 더 치다. Il n'y a rien à ~, c'est parfait. 더 이상 첨가할 것이 하나도 없다, 완전하다. en ~ 《구어》 과장해서 말하다 (exagérer).

rajustement [raʒystmɑ̃] n.m. 바로잡기, 조정(調整); 조정(調停), 중재(仲裁).

rajuster [raʒyste] v.t. 바로잡다, 조정하다; 중재하다, 화해시키다. ~ les salaires 봉급을 (인상) 조정하다. ~ sa robe et ses cheveux (형클어진) 옷과 머리를 매만지다. ~ ses lunettes 안경을 고쳐 쓰다. —**se** ~ v.pr. 매무새를 고치다; 화해하다.

rajusteur(se) [raʒystœːr, -ɸːz] n. 수리 (수정) 인.

raki [raki] n.m. = arack.

rakolnik [rakolnik] n.m. = raskolnik.

râlant(e) [rɑlɑ̃, -ɑ̃ːt] a. 그르렁거리는, 헐떡거리는; 다 죽어가는. blessé ~ 다 죽어가는 부상자. respiration ~e 《의학》 나음[喘鳴], 라셀(音).

râle¹ [rɑːl] n.m. 《조류》 뜸부기속(屬) (~ d'eau).

râle² n.m. ① (빈사자의) 헐떡거리는 [그르렁거리는] 소리, 헐떡거리기. ~ d'agonie 단말마의 헐떡거림. ② 《의학》 수포음 (水泡音).

râlement [rɑlmɑ̃] n.m. 《문어》 = râle²①.

ralenti(e) [ralɑ̃ti] a.p. 느린, 속도가 떨어진. mouvement ~ 완만한 움직임. existence ~e 느긋한 생활. enfant au ~ 지능 발달이 늦은 아이.
—n.m. 기관의 저속(低速) 운전 (운동). régler le ~ d'un moteur d'automobile 자동차의 엔진을 저속으로 조정하다. film tourné au ~ 슬로모션 영화. mettre le moteur au ~ 엔진을 저속으로 하다. travailler au ~ 느릿느릿 일하다.

*****ralentir** [ralɑ̃tiːr] [10] v.t. ① (움직임·전진을) 늦추다, 지연시키다 (retarder, ↔ accélérer). ~ le pas 발걸음을 늦추다. ~ l'avance des ennemis par une contre-offensive 역습으로 적의 전진을 지연시키다. ② (활동력을) 약화시키다, 억제하다 (freiner). ~ l'expansion économique 경제의 팽창을 억제하다. ~ le mouvement 《음악》 템포를 늦추다. ~ la production 생산을 억제하다. L'age *a ralenti* son ardeur. 나이가 그의 열정을 식게 했다.
—v.i. 천천히 가다, 속도를 늦추다; 느려지다, 약화되다. Son pouls *ralentit*. 그의 맥박이 느려진다. Dans la traversée des croisements, les voitures doivent ~. 교차로를 지날 때, 차는 서행하지 않으면 안된다. R~, travaux. 공사중, 서행하시오.
—**se** ~ v.pr. 천천히 가다. 서행하다; 느려지다, 약화되다. Sa voiture *se ralentit*. 그의 차는 서행한다. L'attaque ennemie commence à *se* ~. 적의 공격이 누그러지기 시작한다.

ralentissement [ralɑ̃tismɑ̃] n.m. 속도의 감속, 지연; 약화, 감퇴, 부진. ~ de la marche d'un véhicule 차량의 감속. ~ à l'atterrissage 《항공》 착륙시의 감속. disque de ~ 《철도》 감속 신호기. ~ de la production 생산저하. pouvoir de ~ 《화학》 감속력. ~ des neutrons 《물리》 중성자의 감속.

ralentisseur [ralɑ̃tisœːr] n.m. 《기계》 감속(減速) 장치; 《화학》 부(負) 촉매.

râler [rɑle] v.i. ① 헐떡거리다, (특히 임종때에) 그르렁거리다; (사슴·범 따위가) 울다. Il est au plus mal, il commence à ~. 그는 병세가 위독하다, 그르렁거리기 시작한다. ② 《구어》 불평하다, 투덜거리다, 화내다 (grogner). ③ 《엣·속어》 끈질기게 흥정하다.

râleur(se) [rɑlœːr, -ɸːz], **râleux(se)** [rɑlɸ, -ɸːz] 《속어》 a. 걸핏하면 불평하는, 항의하는.
—n. (위의) 사람 (rouspéteur). Il n'est jamais content, c'est un ~. 그는 만족한 법이 없다, 항상 불평만 털어 놓는다.

ralingue [ralɛ̃ːg] n.f. 《해양》 돛 가에 누빈 줄. tenir les voiles en ~ 돛을 바람받는 쪽으로 돌리다.

ralinguer [ralɛ̃ge] v.t. 《해양》 ① (돛을) 바람받는 쪽으로 돌리다. ② (돛의 가장자리를) 동아줄로 누비다. —v.i. ① (돛이) 바람을 받아 펄럭거리다. ② 《구어》 (사람이) 추위에 떨다.

rallentando [ralɛntɑ̃do] 《이탈리아》 ad. 《음악》 점점 느리게.

raller [rale] v.i. 《드물게》 (사슴이) 울다.

rallidés [ralide] n.m.pl. 《조류》 뜸부기과(科).

rallié(e) [ralje] a.p. 가맹한, 가담한; 《프랑스사》 (왕당·제정파로서) 제3 공화제에 찬성한.
—n. (위의) 사람.

ralliement [ralimɑ̃] n.m. ① 《군사》 집합 (rassemblement, ↔ débandade). mot de ~ 군호, 암호. point de ~ (부대의) 집합점; (한 나라의 병력의) 집결처. signe de ~ (군기 따위와 같은) 집합 신호; 암호 표지 (標識). ② 가맹, 가담 (adhésion); 《프랑스사》 왕당파의 제3 공화국에의 가담.

rallier [ralje] *v.t.* ① 집합시키다; 재집결시키다(regrouper, ↔ disperser). ~ sa troupe en désordre (부대장이)흩어져 있는 부대를 집결시키다. ~ une flotte[ses vaisseaux] 함대를[휘하의 군함을] 집결시키다. ② (에)복귀하다(regagner). 〖해양〗 접근하다; 〖사냥〗 길잃은 사냥개를 불러 모으다; 길잃은 사냥개를 다시 제 길을 찾게 하다. Les fuyards *ont rallié* leur troupe. 도망병이 본대에 돌아왔다. (목적보어 없이)Les éclaireurs *ont rallié*. 척후병이 돌아왔다. le bord 배로 되돌아오다. navire qui *rallie* la côte 해안으로 다가오는 배. opposants qui *ont rallié* la majorité 다수파로 되돌아온 반대자. ~ le[au] vent 〖해양〗 바람에 거슬러 항해하다. ③ (사람을)가담[가맹]시키다; 동의[찬성]시키다. [~ *qn* à] L'orateur *a rallié* une partie de l'auditoire *à* sa proposition. 연사는 청중의 일부를 자기의 제안에 찬동케 했다. ~ tous les suffrages (제안이)모든 사람의 찬성을 얻다.
—**se ~** *v.pr.* ① 집합하다; 〖해양〗접근하다. troupes qui *se rallient* 재집결한 각 부대. *se ~ à* terre 해안에 접근하다. ② [se ~ à] (에)가담[찬동]하다; 찬동[동조]하다. Il quitta l'opposition et *se rallia au* ministère. 그는 반대파를 떠나 내각에 가담했다. *se ~ à* une solution proposée 제기된 해결안에 동조하다.

ralliment [ralimɑ̃] *n.m.* =**ralliement**.

rallonge [ralɔ̃:ʒ] *n.f.* ①(늘이기 위해)덧붙이는 것, 덧붙이; (식탁의)보조판(補助板). nom à ~ 〖구어〗(접두사 따위가 붙은)긴 성(姓). ②〖구어〗(정규의 보수·대우·예산에 추가되는)임시 수당(supplément). ~ de crédits 예산의 추가. obtenir une ~ de deux jours à ses vacances 이틀 간의 휴가를 더 얻다.

rallongement [ralɔ̃ʒmɑ̃] *n.m.* 덧붙이기, 늘이기(↔ raccourcissement). ~ d'une robe 드레스를 길게 늘이기. ~ des vacances 휴가의 연장.

rallonger [ralɔ̃ʒe] ③ *v.t.* (덧붙여)늘이다. ~ une jupe 스커트 길이를 늘이다. ~ les pistes d'un aérodrome 비행장의 활주로를 늘이다(확장하다).
—*v.i.* 〖구어〗 길어지다(s'allonger). Les jours *rallongent*. 해가 길어진다. —**se ~** *v.pr.* 길어지다.

rallumer [ralyme] *v.t.* ① 다시 불을 붙이다, 재연(再燃)시키다. ~ une cigarette éteinte 꺼진 궐련에 다시 불을 붙이다. ~ une lampe électrique 다시 전등을 켜다. ② (비유적)다시 북돋우다(ranimer), 되살리다, 재발시키다. ~ une guerre 전쟁을 다시 일으키다.
—**se ~** *v.pr.* 다시 불이 붙다, 재연(再燃)하다; 다시 북돋아지다, 되살아나다, 재발하다. La guerre *se rallume* dans le Sud-Est asiatique. 동남아시아에서 전쟁이 재발한다. Il sentit sa passion *se ~*. 그는 열정이 다시 불타오르는 것을 느꼈다.

rallye [ʀali] 〖영〗 *n.m.* 〖스포츠〗 (자동차·자전거 따위의)경주회.

rallye-man(*pl. men*) [raliman, -men] 〖영〗 *n.m.* 랠리(rallye)선수.

rallye-paper [ralipɛpœ:ʀ] 〖영〗 *n.m.* 〖스포츠〗 종이 뿌리기 경주(말·자전거·자동차 따위로 달아나면서 뿌린 종이 쪽지를 쫓아가는 토끼놀이를 흉내낸 스포츠).

ramad(h)an [ramada] 〖아라비아〗 *n.m.* ① 회교력 (回敎曆)의 9월(이 달 회교도는 해가 돋을 때부터 넘어갈 때까지 단식한다). ②〖구어〗=ramdam.

ramage¹ [rama:ʒ] *n.m.* ① (피륙·그림종이의)꽃(가지)무늬. ②(나무·숲 속에서의)새의 울음소리, 지저귐; 〖익살〗말소리.

ramage² *n.m.* 〖직물〗 (피륙을 건조시에)펴 널기; 건조하기.

ramager [ramaʒe] ③ *v.t.* 꽃[가지] 무늬를 넣다. étoffe *ramagée* 꽃[가지] 무늬가 든 천.
—*v.i.* 지저귀다.

ramaigrir [ʀamɛ(e)gʀi:ʀ] *v.t.* 다시 여위게 하다.
—*v.i.* 다시 여위다.

ramaigrissement [ʀamɛgʀismɑ̃] *n.m.* 다시 여윔.

ramaire [ʀamɛ:ʀ] *a.* 〖식물〗 가지의; 가지에 생기는(속하는).

ramas [ʀama] *n.m.* 〖옛〗(하찮은 것들의)무더기, 더미(ramassis); (전달 따위의)폐거리. ~ d'erreurs 수많은 잘못. ~ de vieux livres 고본들의 무더기. un ~ de voleurs 한 메거리의 도적들.

ramassage [ʀamasa:ʒ] *n.m.* ① 그러 모으기; 줍기, 주워 모으기. ~ des fruits tombés 떨어진 과일을 주워 모으기. ~ scolaire[d'écoliers] 〖학교〗 스쿨버스(운행).

ramasse [ʀama:s] *n.f.* 하산용(下山用)썰매. filer en ~ 썰매로 내리다.

ramassé(e) [ʀamase] *a.p.* ① 땅딸막한(trapu, ↔ svelte), 어깨가 딱 벌어진(~ 키가 작고 딱벌어진다). ② 〖글〗간결한(concis, ↔ prolixe). expression ~*e* 간결한 표현. style ~ 간결한 문체. ③ 한 덩어리가 된, 밀집한(massif); 웅크린. hameau ~ au milieu du plateau 고원의 중앙에 밀집되어있는 촌락.

ramasse-couverts [ʀamaskuvɛ:ʀ] *n.m.* (복수불변) 식기 바구니.

ramassement [ʀamasmɑ̃] *n.m.* 〖문어〗웅크리기, 모으기; (비유적)집약. ~ de la pensée chrétienne 기독교사상의 집약.

ramasse-miettes [ʀamasmjɛt] *n.m.* (복수불변) 빵부스러기 그릇.

ramasse-monnaie [ʀamasmɔnɛ] *n.m.* (복수불변) 잔돈 접시.

ramasse-piétons [ʀamaspjetɔ̃] *n.m.* (복수불변) 〖옛〗(전차의)구조망(救助網).

ramasse-poussière [ʀamaspusjɛ:ʀ] *n.m.* (복수불변) 쓰레받기(pelle à poussière).

‡**ramasser**¹ [ʀamase] *v.t.* ① 그러모으다, 수집하다. ~ du foin avec un râteau 꼴을 갈퀴로 긁어 모으다. ~ des soldats éparpillés 흩어져있는 병사들을 모으다. ~ les cahiers des élèves (선생이)학생들의 공책을 걷다. ~ ses forces 온 힘을 모으다. ② 줍다, 주워 모으다 (아보리에서 따다; 약아 일으키다; (가난한 사람을)수용하다. ~ des épis après la moisson 추수한 뒤에 이삭을 줍다. ~ des marrons 밤을 주워 모으다. ~ le mouchoir tombé 떨어뜨린 손수건을 줍다. ~ un enfant qui est tombé 쓰러져있는 어린애를 안아 일으키다. On *l'a ramassé* ivre-mort. 그가 정신 없이 취해 쓰러져 있는 것을 안아 일으켰다. ③〖속어〗(경찰이)연행하다, 체포하다; 때리다; 꾸짖다; (병에)걸리다. Les agents *ont ramassé* tous les clochards du quartier. 경관들이 그 거리의 건달들을 모조리 잡아갔다. Il s'est fait ~ par son maître. 그는 주인에게 꾸지람을 들었다. ④ 한 덩어리로 뭉치다; (몸을)움크리다; (문체를)간결히 하다; 〖해양〗 (돛을)접어 두다.

On ne ramasse à la pelle. 얼마든지 있다.

—**se ~** *v.pr.* ① 모이다, 수집되다. Ils *s'étaient ramassés* en grand nombre sur la place publique. 그들은 마을의 광장에 많이 모여 있었다. Toutes les espérances *s'étaient ramassées* autour de lui. (비유적)모든 기대가 그의 주변에 집중되어 있었다. ② 몸을 움츠리다, 웅크리다. chat qui *se ramasse* avant de bondir 뛰기 전에 몸을 움츠리는 고양이. ③〖속어〗(넘어졌다가)일어나다; 넘어지다.

ramasser² *v.t.* 썰매로 나르다.
ramassette [ramasɛt] *n.f.* ① 【농업】 줄기받이(자른 줄기를 모으기 위해 낫에 붙인 바구니). ②《사투리》(벨기에와 북프랑스의) 쓰레받기(ramasse-poussière).
ramasseur(se) [ramasœːr, -ø:z] *n.* 그러(주워)모으는 사람, 수집자. ~ de mégots 담배꽁초를 주워 모으는 사람. ~ de balles de tennis 테니스에서 공주는 사람. ~n.m. 채취기(採取器). ~ de fond 【해양】 해저지질의 자료채취기. ~n.f. ~se-presse 건초를 모아 단으로 만드는 기계.
ramassis [ramasi] *n.m.* 《구어》 = **ramas.**
ramazan [ramazɑ̃] *n.m.* = **ramad(h)an.**
rambarde [rɑ̃bard] *n.f.* 【해양】 (갑판·선교(船橋)의) 난간. 난간.
rambin [rɑ̃bɛ̃] *n.m.* faire du ~《속어》여자에게 잘 보이려 하다.
rambolitain(e) [rɑ̃bɔlitɛ̃, -ɛn] *a.* 랑부예(Rambouillet, 프랑스의 도시)의. —**R~** *n.* 랑부예 사람.
rambour [rɑ̃buːr], **rambures** [rɑ̃byːr] *n.m.* 【원예】 람뷔르의 사과 나무; (그) = **rames.**
rambuvelais(e) [rɑ̃byvlɛ, -ɛːz], **rambuvetais(e)** [rɑ̃byvtɛ, -ɛːz] *a.* 랑베르빌레(Rambervillers, 프랑스의 도시)의. —**R~** *n.* 람베르빌레 사람.
ramdam [ramdam] *n.m.* 《속어》 법석, 소란(ramad(h)an②).
*****rame**¹ *n.f.* (배의) 노(aviron), embarcation à six ~s, 6 인이 노젓는 보트, aller à la ~ 노를 저으며 가다. filer à toute ~ 전속력으로 노를 젓다. faire fausse ~ 배를 잘못되어 나동그러지다. faire force de ~s 힘껏 노를 젓다.
mettre qn à la ~《옛》…을 갤리배를 젓는 징역에 처하다. *tirer(être) à la ~*《옛》갤리배에서 노를 젓다, 갤리배 젓는 징역을 치르다; 《구어》고된 일을 하다.
rame² *n.f.* ① (여러 차량이 연결된 철도·지하철의) 열차; 줄 지은 배. ~ directe pour Pusan 부산행 직행 열차. La dernière ~ est partie il y a un moment. 지하철의 마지막 전차가 조금전에 떠났다. ② (종이의) 1련(連)(500 장). mettre un livre à la ~ 책을 연구외로 만든다.
rame³ *n.f.* ①【원예】(콩덩굴에 세워주는)섶. ②【직조】(피륙을 말리기 위해 펴 너는)건조기. ③《옛》나뭇가지. *ne pas en fiche(r) une*《구어》빈둥빈둥 놀다, 게으름 부리다.
ramé(e)¹ *a.p.*【원예】(콩덩굴 따위가)섶에 감긴.
ramé(e)² *a.p.* vol ~ (큰 철새 따위가)날개를 펴고 천천히 날기.
ramé(e)³ *a.p.* boulets ~s 《옛》 【군사】 연쇄탄.
ramé(e)⁴ *a.p.* cerf ~【사냥】뿔이 나기 시작하는 새끼 사슴; 【문장】(가문(家紋)에서)뿔이 몸과 다른 빛깔의 법랑(琺瑯)으로 된 사슴.
rameau [ramo] (*pl.* **-x**) *n.m.* ① (나무의)잔가지. ②【종교】종려의 가지. (사슴의 가지 돋친)뿔. le dimanche des R~x; 《구어》 les R~x 성지(聖枝)주일(부활절 직전의 일요일). ③【지연】(지선에의)분선(分線). 【해부】분맥; (산맥의)지맥(支脈); (가족의)분가(分家); (학문의)분과(分科); 【광산】광맥, 지갱도(支坑道); (*pl.*)(사슴뿔의)결가지.
ramée [rame] *n.f.* ① 잎 달린 가지. 《옛·문어》우거진 나뭇가지. *ne pas en fiche(r)[en foutre] une* ~ 빈둥빈둥 놀다, 게으름피우다.
ramenable [ramnabl] *a.* 도로 데려올 수 있는; 올바른 길로 돌아오게 할 수 있는.
ramender [ramɑ̃de] *v.t.* ① (땅을)다시 개량하다[기름지게 하다]. ② (어망을)수선하다; 금박이 벗겨진 곳을 수리하다; (천을)다시 물들이다. ③《옛》 값을 내리다. —*v.i.* (값이)떨어지다, 싸지다.
ramendeur(se) [ramɑ̃dœːr, -ø:z] *n.* (어선에서의) 어망 수선인.
ramènement [ramnəmɑ̃] *n.m.* (손발을)오므리기.
*****ramener** [ramne] [4] *v.t.* ①도로 데려오다; 다시 번 데려오다. Il ramène le malade chez le médecin. 그는 환자를 다시 한번 의사에게 데려간다. Il a ramené son fils d'Allemagne. 그는 아들을 독일로부터 도로 데려왔다. Vous ramenant dans ma voiture, je vous *ramènerai* chez vous. 제 차를 타십시오. 댁까지 모셔다 드리겠읍니다. ~ un cheval à l'écurie 말을 마구간으로 다시 데려가다. ②(주어는 사물) 돌아가게 하다. Quelle affaire vous *ramène* ici? 무슨 일로 여기에 되돌아오셨읍니까? ③(데리고, 돌아)오다, 가지고 (돌아)오다. Il a ramené d'Italie une femme charmante. 그는 이탈리아에서 예쁜 부인을 데려왔다. Ils ont ramené d'Espagne une belle guitare. 그들은 스페인에서 훌륭한 기타를 하나 가져왔다. ④《구어》(원래의 위치·장소로) 돌려보내다. Vous me *ramènerez* les disques que vous ai prêtes. 빌려드린 레코드를 돌려 주십시오. ⑤다시 (고쳐)놓다, 돌아가게 하다, 끌어당기다. ~ son chapeau sur ses yeux 모자를 눈 위까지 깊숙히 눌러쓰다. cheveux *ramenés* derrière 뒤로 빗어넘긴 머리. ~ le ballon vers le centre 공을 운동장 중앙 쪽으로 차다. ~ sur ses genoux le bord de son manteau 외투 자락을 무릎 위로 끌어당기다. ⑥돌아오(게끔)하다. ~ *qn* à la foi[au devoir] …을 신앙(의무)으로 돌아오게 하다. ~ un noyé à la vie 에 빠져 죽어가는 사람을 되살리다. ~ *qn* à la raison …을 이성(본심)으로 돌아오게 하다. ~ *qn* sur(à) lui-même …을 반성시키다. ⑦귀결(착)시키다, …이 되게 하다, 환원하다(réduire). Il *ramène* tout à soi. 그는 무엇이든지 자기중심으로 생각한다. ~ plusieurs problèmes à un seul 여러 문제를 단 하나로 귀결시키다. ~ une fraction à sa plus simple expression 【수학】 분수를 약분하다. ~ *qn* à son opinion …을 자기 의견에 따르게 하다. ⑧되살아나게 하다, 회복하다. La paix *ramène* la prospérité. 평화는 다시 번영을 가져다준다. Le gouvernement a pris des mesures pour l'ordre et la sécurité. 정부는 질서와 안전을 회복하기 위한 조치를 취했다. ~ une partie (시합의) 세력을 만회하다.
—*se* ~ *v.pr.* ①귀착하다, 환원(귀결)되다(se réduire). Ces deux questions *se ramènent* à une seule. 이 두 문제는 단 하나의 문제로 귀결된다. ②《속어》돌아오다(revenir); 오다(venir);《상호적》서로(정도(正道)로)돌아오게 하다.
rameneur(se) [ramnœːr, -ø:z] *n.* 다시 데려오는 사람; 회복[부활]시키는 사람;《속어》허풍장이, 격려자. ~ de courage 용기를 고무시켜 주는 사람, 격려자. —*a.* 되살리는. nouvelles ~*ses* d'espoir 희망을 되살려 주는 소식.
ramentevoir [ramɑ̃tvwaːr] *v.t.*《옛》《부정법으로만 쓰임》생각나게 하다, 상기시키다.
—*se* ~ *v.pr.* 상기하다, 회상하다.
*****ramequin** [ramkɛ̃] *n.m.* 【요리】치즈 넣은 과자의 일종; (그)접시.
*****ramer**¹ *v.i.* ①노를 젓다; 노를 저어 나아가다. ~ en couple 양쪽 손에 하나씩 노를 잡고 젓다. bien ~《구어》몹시 고생하다. ②(큰 철새가) 날개를 펴고 천천히 날다.
ramer² *v.t.* ① (덩굴에)손을 주다, 섶을 꽂아주다. ②【직조】(피륙을)건조기에 펴 넣다.
ramer³ *v.t.*【철도】(객차·화차를)연결하다.

ramer¹ *v.i.* (새끼 사슴이)뿔이 나다.
ramereau (*pl.* ~**x**), **ramerot** [ramro] *n.m.* 《드물게》산비둘기 새끼.
ramescence [ramesɑ̃:s] *n.f.* 《식물》잔 가지 돋기; 분지(分枝).
ramescent(e) [ramesɑ̃, -ɑ̃:t] *a.* 잔 가지가 돋는; 분지(分枝)의.
ramette¹ [ramɛt] *n.f.* 《인쇄》(1페이지 용의)판쇠.
ramette² *n.f.* 《편지지의》1련(連)(125장). 1톤.
rameur(se¹) [ramœ:r, -ø:z] *n.* ① 노젓는 사람. ② (*n.m.pl.*) 날개를 커다랗게 펴고 나는 새들(oiseaux ~s). ③ 건조기에 피륙을 펴내는 직공.
rameuter [ramøte] *v.t.* ① (폭도를)다시 모으다[선동하다]. ② 《사냥》(흩어진 사냥개를)다시 불러 모으다. ―**se ~** *v.pr.* 다시 모이다[집결하다]; 《사냥》(흩어진 사냥개가)다시 모여들다.
rameux(se²) [ramø, -ø:z] *a.* 《문어》《식물》가지가 많이 돋친; (사슴뿔이)가지를 친.
rami [rami] *n.m.* 일종의 카드놀이.
ramie [rami] *n.f.* 《식물》모시풀; 《직물》모시베(toile de ~).
ramier¹ [ramje] *a., n.m.* (pigeon) ~ 《조류》산비둘기(palombe).
ramier² *n.m.* =**ramée**①.
ramification [ramifikasjɔ̃] *n.f.* ① 《식물》잔 가지, 분지(分枝); 《해부》(신경·동맥 따위의)분맥(分脈), 초(梢); (하수·하수·철도·광맥 따위의)분선(分線), 지선, 지맥, 분맥; 분파, 분기(分岐). ~ alterne 호생지(互生枝). ~ opposée 대생지(對生枝). ~s nerveuses 신경의 분맥. ~s d'une voie ferrée 철도가 그물처럼 펴져있는 것. ② (과학의)분과/분과; (회사의)지점[부], 하부조직. ~s de la physique théorique 이론 물리학의 세분화. ~s d'une conspiration 음모의 하부조직. Cette société a des ~s dans les principales villes de province. 이 회사는 지방의 주요 도시에 지점을 가지고 있다.
ramifié(e) [ramifje] *a.p.* 여러 가닥으로 분기한.
ramifier [ramifje] *v.t.* 가지를 치게 하다. ―**se ~** *v.pr.* (나무·혈관·신경·광맥·도로·가계 따위가)가지를 치다, 분기(分岐)하다(se diviser), (학문이)분과로 나뉘다, 세분되다. Cette science *se ramifie* à l'infini. 이 학문은 무한히 세분된다.
ramille [ramij] *n.f.* 잎사귀가 붙은 잔 가지, 섶나무; (*pl.*) 맨 끝의 잔 가지.
Raminagrobis [raminagrɔbis] *n.pr.m.* ① 라블레(*Rabelais*)의 팡타그뤼엘(*Pantagruel*)에 점술가로서 우롱당하는 인물. ② 라퐁텐(*La Fontaine*)의 우화에서 족제비와 토끼 새끼가 재판관으로 삼은 고양이. ―*n.m.* 어부지리(漁夫之利)를 차지하는 사람.
ramingue [ramɛ̃:g] *a.* (말이) 박차를 가해도 나아가려고 하지 않는(rétif); 고집 센.
ramisme [ramism] *n.m.* 라뮈스(*Ramus*, 프랑스의 철학자)의 학설.
ramiste [ramist] *a.* ① 라뮈스(철학)의, 라뮈스파의. ② théorie ~ 라뮈스철학의 이론. ② 라모(*Rameau*, 프랑스의 작곡가)의, 라모파의. ―*n.m.* ① 라뮈스학설의 신봉자. ② 라모파의 사람.
ramoindrir [ramwɛ̃dri:r] *v.t.* 더 적게[작게] 하다. ―*v.i.*, **se ~** *v.pr.* 더욱 적어[작아]지다.
ramoitir [ramwati:r] *v.t.* 《옛》다시 축축하게 하다. ―**se ~** *v.pr.* 축축해지다. linge qui *se ramoitit* 축축해진 속옷류.
ramolli(e) [ramɔli] *a.p.* ① 말랑말랑한; 활기가 없는, 무기력한, 소극적인. ② 《구어》머리가 둔해진, 멍청해진. ―*n.* 《구어》멍청한 사람, 활기(반응) 없는 사람. vieux ~ 노망한 사람.
ramollir [ramɔli:r] *v.t.* ① (가죽·양초·버터 따위를) 부드럽게[말랑말랑하게]하다. ② 《문어》유약[나약]하게 하다; (용기)를 꺾다.
―**se ~** *v.pr.* ① 부드러워지다, 말랑말랑해지다. ② 연화(軟化)하다. os qui *se ramollit* 연화하는 뼈. ③ 뇌연화(腦軟化)를 일으키다. ④ 《구어》노망하다.
ramollissant(e) [ramɔlisɑ̃, -ɑ̃:t] 《의학》*a.* 완화[연화]하는. ―*n.m.* (피부의)연화약, 완화제, 진통제.
ramollissement [ramɔlismɑ̃] *n.m.* ① 부드러워지기, 연화(軟化); 《구어》우둔해지기. ~ cérébral [du cerveau] 《의학》 뇌연화증. ~ des os 《의학》 골연화증. point de ~ (석유의)연화점. ② 《의학》연화증. point de ~ (석유의)연화점.
ramollo(t) [ramɔlo] *a., n.* 《구어》=**ramolli.**
ramonage [ramɔna:ʒ] *n.m.* ① (굴뚝 따위의)소제. ② 《구어》꾸짖음.
ramoner [ramɔne] *v.t.* ① (굴뚝 따위를)소제하다, 파이프를 청소하다. ② 《옛·구어》꾸짖다. ~ de la belle façon 호되게 꾸짖다. ③ 《등산》침니[암벽의 갈라진 틈]를 기어오르다.
ramoneur [ramɔnœ:r] *n.m.* 굴뚝 소제부; 《기계》보일러관(管)의 소제기. ―*a.* 《불변》흑갈색의. manteau de couleur ~ 흑갈색의 외투.
rampant(e) [rɑ̃pɑ̃, -ɑ̃:t] *a.* ① 기는; 포복하는; 덩굴을 뻗는. animal ~ 포복동물[파충류의 동물]. plante ~ 덩굴 식물. marche ~*e* 《구어》 포복 전진. personnel ~ 《속어》《항공》지상 근무원. ② 비굴한(servile); 《문어》저속한. ③ 《건축》경사진. arc ~ 구배 아치(→ arc 그림). ④ 《문장》(사자 따위가)뒷발로 선. ⑤ bandage ~ 《의학》 (붕대의)나선감기.
―*n.m.* ① 《건축》경사부. toit à deux ~s 양면경 사지붕. ② (*pl.*)《구어》(비행장의)지상근무원.
rampe [rɑ̃:p] *n.f.* ① (뜰·길·철도 따위의) 비탈(진 길), 사면(斜面); 오르막. ~ d'accès à un pont 교량에 접어드는 비탈길. ~ pour voitures 차고 어귀의 경사면. ~ d'un échangeur 인터체인지의 램프웨이. démarrer en ~ (자동차가) 비탈길 출발을 하다. monter une ~ sinueuse 구곡양장길을 올라가다. route avec des ~s de 20%. 20%의 경사가 있는 도로. vitesse en ~ 등반속도. ② (미사일·로켓 따위의 경사진)발사대(~ de lancement); (출세·성공의)발판, 거점[據點]. Il a choisi le Sénat comme ~ de lancement de sa campagne pour l'élection à la présidence de la République. 그는 상원을 대통령선거운동의 발판으로 택했다. ③ 《건축》(층층대의)난간; 《옛》한 줄의 층계. s'accrocher à la ~ 난간에 매달리다. se pencher sur la ~ 난간에서 몸을 내밀고 내보다다. ④ 《연극》(극장 무대의)각광, 풋라이트(→ théâtre 그림); (진열장·촬영 따위의)조명장치; (비행장의)착륙용표지등. les feux de la ~ 연극. princesse de la ~ 《구어》여배우. ⑤ 《해부》 ~ tympanique 고실계(鼓室階); ~ vestibulaire 전정계(前庭階).
être sous les feux de la ~ 《구어》각광을 받다. *lâcher la ~* 죽다. *ne pas passer la~* 《구어》(극·유행가가)인기가 없다, 히트를 못 치다, 효과를 못 내다. *tenir bon la ~* 《구어》건강하게 살아있다.
rampeau [rɑ̃po] (*pl.* ~**x**) *n.m.* 《놀이》(쌍방이 동점인 경우의)결승 경기; 설욕전. faire [être] ~ (쌍방이)동점이 되다.
rampement [rɑ̃pmɑ̃] *n.m.* 기기; 포복.
***ramper** [rɑ̃pe] *v.i.* ① 기다; 포복하다; 덩굴을 뻗다; 낮게 깔려서 퍼지다. serpent qui *rampe* 기는 뱀. La voiture *rampait* le long des pentes. 차는 비탈길을 기어가듯이 오르고 있었다. lierre qui *rampe* contre

les murs 벽에 덩굴을 뻗는 송악. Une brume épaisse *rampait* dans la vallée. 짙은 안개가 계곡에 낮게 깔려 있었다. ② 굽실거리다, 비굴하게 굴다, 알랑거리다. Il *rampe* toujours devant ses supérieurs. 그는 늘 상관 앞에서 굽실거리기만 한다. ③ 《옛》기어오르다; 《건축》경사지다.
~ *dans la misère* 가난한 생활을 하다.

rampin [rɑ̃pɛ̃] *a.m.* (말이)발굽 끝으로 걷는.

rampiste [rɑ̃pist] *n.m.* 층층대의 난간 만드는 목수.

rampon(n)eau [rɑ̃pono] *(pl. ~x) n.m.* ①《속어》구타(horion, marron). donner un ~ 한대 먹이다. ② 작은 칼. ③ (도배장이가 쓰는)한쪽이 못통개로 된 장도리.

rams [rams] *n.m.* 《옛》카드놀이의 일종.

ramule [ramyl] *n.m.* 《식물》잎 모양의 가지.

ramure [ramyːr] *n.f.* (집합적)가지; (사슴의 가지

ranatre [ranatr] *n.f.* 《곤충》게아재비. (돈친)뿔.

ra(e)ncard [rɑ̃kaːr] *n.m.* 《속어》비밀 정보, 밀고, 밀회(약속).

ra(e)ncarder [rɑ̃karde] *v.t.* 《속어》① 비밀 정보를 제공하다, 밀고하다. ②《속어·드물게》만날 약속을 하다. —**se** ~ *v.pr.* 비밀 정보를 얻다.

rancart [rɑ̃kaːr] *n.m.* ① 폐물(다음 경우에만 쓰임) être au ~ 《속어》(물건이)혼기를 놓치고 있다. mettre(jeter) au ~ 폐물취급하다, 치워 없애다. (군인·공무원을)사퇴시키다. ②《속어》회합(약속)(rendez-vous). donner ~ à qn …와 만날 약속을 하다.

rance¹ [rɑ̃s] *a.* (버터·기름 따위가 오래되어서)썩은 냄새가 나는, 《옛》(여자가)늙은. —*n.m.* 기름이 썩은 냄새. sentir le ~ 기름 썩은 것 같은 고약한 냄새가 나다.

rance² [rɑ̃s] *n.f.* ① (배에 실은)통을 올려놓는 받침. ② (*pl.*) 낡은 배를 보강하는 재목.

rancescible [rɑ̃sesibl] *a.* (기름이)썩기 쉬운.

ranch [rɑ̃t(ʃ)] *n.m.* (*pl.* ~**(e)s**) 《미영》(미국의 초원·목장에 있는)농가, 오두막집; 대목장.

ranche [rɑ̃ʃ] *n.f.* (사투리)(외나무 사닥다리의)가로장, (짐수레의 짐을 받치는)받침목.

rancher [rɑ̃ʃe] *n.m.* ①《사투리》외나무 사닥다리. ②(화차·트럭에 쌓은 짐을 받치는)받침목.

ranchet [rɑ̃ʃɛ] *n.m.* =**rancher**②.

rancho [rɑ̃ʃo] 《에스파냐》*n.m.* =**ranch**.

ranci(e) [rɑ̃si] *a.p.* 썩은 냄새가 나게 된; (여자가)들은. vieille fille —*e* 시들은의 노처녀. —*n.m.* 썩은 냄새. sentir le ~ 기름 썩은 것 같은 고약한 냄새가 나다.

rancidité [rɑ̃sidite] *n.f.* (기름이 묵어서)썩은 냄새(악취)를 풍기기.

rancio [rɑ̃sjo] 《에스파냐》*n.m.* 묵은 포도주; (오래 묵어서 익은 브랜디 따위의)감칠맛.

rancir [rɑ̃siːr] *v.i.* (기름 따위가)썩은 냄새를 풍기다, 썩다; (유화·특징이)감퇴하다, (유화 물감이)노랗게 변색하다. —**se** ~ *v.pr.* (기름 따위가)썩다, 산패하다, (재능 따위가)썩다.

rancissement [rɑ̃sismɑ̃] *n.m.* (기름 따위가)썩은 냄새를 풍기게 되기, 썩기, 시큼해지기.

rancissure [rɑ̃sisyːr] *n.f.* 《옛》=**rancissement**.

rancœur [rɑ̃kœːr] *n.f.* 《문어》원한(aigreur, ressentiment). avoir de la ~ pour(contre) qn …에게 원한을 품다.

rançon [rɑ̃sɔ̃] *n.f.* ① (포로의)몸값, 석방금; (노획물의)대상금(代償金). exiger(demander, réclamer) une ~ 몸값을 요구하다. mettre à ~ …을 납치하여 몸값을 요구하다. (노상 강도가 행인으로부터)돈을 강탈하다. payer la ~ de qn …의 몸값을 치르고 …을 빼내다. grosse ~ 거액의 몸값. ② 대가, 보상(compensation)
~ *de roi* 치를 수 없을 정도의 큰 돈.

rançonnement [rɑ̃sɔnmɑ̃] *n.m.* 몸값의 강요; 강탈(brigandage);《구어》(손님으로부터)폭리를 취하기. honteux ~ *des voyageurs* 여행자에게서 파렴치한 폭리를 취하기.

rançonner [rɑ̃sɔne] *v.t.* 강탈하다; 《옛》(포로 따위의)몸값(대상금)을 강요하다;《문어》착취하다; 《구어》폭리를 취하다. voleurs qui *rançonnent* les passants 통행인들로부터 금품을 강탈하는 도둑들. ~ *les clients* 고객에게 엄청난 값으로 팔다. aubergiste qui *rançonne* les voyageurs 여행자에게 엄청난 돈을 뜯어내는 여관주인.

rançonneur(se) [rɑ̃sɔnœːr, -øːz] *n.* 강탈자, 강도, 도둑(brigand, voleur); 착취자; 폭리를 취하는 사람, 간상배; 몸값의 강요자. —*a.* 강탈하는, 협박하여 빼앗는; 폭리를 취하는.

rancune [rɑ̃kyn] *n.f.* 원한, 앙심, 악감(rancœur). vieille ~ 오래된 원한. nourrir des ~*s* 앙심을 품다. avoir de la ~ contre qn; garder à qn …에게 원한을 품다. par ~ 유감(원한)에서.
sans ~ 악의 없는;《구어》지난 감정은 깨끗이 잊고. *Sans* ~! 언짢게 생각 말게! (Point de ~!).

rancuneux(se) [rɑ̃kynø, -øːz] **rancunier(ère)** [rɑ̃kynje, -ɛːr] *a.* (사람·성격이)원한을 품는, 앙심을 먹는(vindicatif, ↔ indulgent). —*n.* (위)의 사람.

randomisation [rɑ̃dɔmizɑsjɔ̃] 《영》*n.f.* 《통계》우연적 요소의 도입.

randomiser [rɑ̃dɔmize] 《영》*v.t.* 《통계》우연이라는 요소를 도입하다.

randon [rɑ̃dɔ̃] *n.m.* 《옛》재빠름, 급격함.

randonnée [rɑ̃dɔne] *n.f.* ① 긴 산책, 드라이브; (자동차·자전거의)긴 드라이브; 짧은 여행. être en ~ 여행을 하고 있다. faire une longue ~ 멀리 드라이브하고 있다. sentier de grande ~ 산책로(약자) G.R.. ②《사냥》(몰린 짐승이)빙빙 피해 돌기; 《옛》날쌔게 뛰기.

randonneur(se) [rɑ̃dɔnœːr, -øːz] *n.* (도보·스키로)긴 산책을 하는 사람, (자전거로)장거리 산책을 하는 사람. —*n.f.* 장거리 산책용 자전거.

*****rang** [rɑ̃] *n.m.* ①(횡대의)열, 줄; 《군사》(횡대의)열. un ~ *de* colonnes 한 줄로 늘어선 기둥. compagnie hors ~ 사령부 본부중대. se mettre en (~*s*) 정렬하다. se placer au premier ~ 1열에 착석하다. arriver au premier ~ 전면에 나타나다; 유명해지다. disposer par ~*s* (횡대로)정렬시키다. former(prendre) les ~*s*, se mettre en ~ 횡대가 되다. quitter son [les ~*s*] 열에서 떠나다; 낙오하다. rompre les ~*s* 해산하다; 적의 전열(戰列)을 돌파하다. serrer les ~*s* 열을 좁히다, 밀집하다; 보다 밀접히 단결하다. Sur les deux ~*s*! 2열 횡대를 만들라! collier à quatre ~*s de* perles 4줄짜리 진주목걸이.
② (편물 코의)줄(단). ~ *de* tricot 편물 코의 줄. ~ (tricoté) à l'endroit 표면의 뜨개질 코의 줄.
③ 순서, 석차(席次), 등급. par ~ *d'*âge 연령순으로. selon le ~ *d'*ancienneté 선임(先任)순으로. classer qc par ~ *de* taille 키(크기)순으로 정리하다. parler à son ~ 자기 차례가 되어서 말하다. se placer à son ~ (지정된)자기 자리에 앉다. Il est sorti de l'école dans un bon ~. 그는 우수한 석차로 학교를 졸업했다.
④ (의견·취미·이해 관계 따위가 같은) 짝패, 한 무리, (집합적)동류. mettre qn au rang de ses amis …을 자기 친구축에 끼워두다. servir dans le ~ 병사로서 군에 복무하다. officier sorti du ~ 졸병(하사관)출신의 장교. Nous l'avons admis dans nos

~s. 우리는 그를 우리 패에 넣어주었다.
⑤ 신분, 지위(~ social); 계급. (dame) de haut ~ 상류의(귀부인). déchoir de son ~ 실추하다. tenir son ~ 지위[면목]를 보전하다. Il ne fréquente que les personnes de son ~. 그는 자기와 같은 신분의 사람들 외에는 교제하지 않는다.
⑥ (*pl.*) 부대, (부대의) 병력. ~s ennemis 적부대.
⑦ 〖옛〗 〖해군〗 (군함의) 등급. vaisseau de premier ~ 1등전함(3층갑판 전함).
avoir ~ *de* (colonel) (대령)의 계급[지위]를 가지고 있다.
être[*se mettre*] *sur les* ~*s* 〖구어〗후보자이다〖가되다). 〖옛〗(시합에)참가하고 있다[하다].
prendre ~ *avant*[*après*] *qn* …의 앞[뒤]에 자리잡다.
rentrer dans le ~ 한낱 병졸로 돌아가다; (고관이었던 사람이) 평민으로 돌아가다, 하야하다.
sortir du ~ (사관 학교를 거치지 않고) 한낱 사병에서 장교로 승진하다; 〖구어〗두각을 나타내다.
rangé(e) [rɑ̃ʒe] *a.p.* ① 견실한, 얌전한(sérieux, ↔débauché). ② 정돈된, 질서 있는. bataille ~*e* (전열을 정비한 양군의) 조직적인 싸움.
rangée² *n.f.* 열, 줄. ~ de maisons 줄지어 선 집.
rangement [rɑ̃ʒmɑ̃] *n.m.* 정돈, 정리, (물품의) 배치, 배열; 〖컴퓨터〗 기억장치.
‡**ranger** [rɑ̃ʒe] [3] *v.t.* ① 정돈하다, 정리하다(classer). ~ des papiers[dossiers] 서류를 정리하다. ~ une armoire 장 속을 정돈하다. ~ une chambre 침실을 깨끗이 치우다. faits *rangés* par ordre chronologique 연대별로 배열된 사건[사실]. ② (통로를 트기 위해) 옆으로 비켜 놓다. ~ sa voiture[une bicyclette] 차[자전거]를 길가로 비켜 놓다. 〖해양〗 옆을 (따라) 지나가다(longer). ~ la côte (la terre) 해안(육지)를 따라 항해하다. ~ le nord [le sud] (바람이) 북쪽[남쪽]으로 바뀌다. ④ 〖드물게〗복종[항복]시키다(soumettre); 거느리다. ~ *qn* à la raison[au devoir] …에게 도리를 따르게 하다[의무를 다하게 하다]. ~ *qn* à son avis …을 자기의 의견에 찬동시키다. ⑤ 〖옛〗(군대를) 정렬시키다(aligner). ⑥ 〖옛〗(의) 수효[축·중]에 넣다. ~ *qn* au nombre de …을 …축에 넣다.
—*se* ~ *v.pr.* ① 자리잡다. *se* ~ *autour d'une table* 탁자에 뺑 둘러 앉다. *Rangez-vous par trois*! 3열로 정렬! ② 옆으로 비키다, 비켜 서다; 놓이다, 정리되다. *Où ce bureau se range-t-il*? 이 사무용 책상은 어디에 놓여야 합니까? *Rangez-vous*! 비키시오, 물러나시오! ③ 〖해양〗옆에 붙여지다; 방향이 면하다. *se* ~ à quai (배가) 부두 옆에 대어지다. *se* ~ au nord (바람이) 북쪽으로 변하다. ④ 〖구어〗착실[얌전]해지다(s'assagir). C'était un joueur, mais il *s'est rangé*. 그는 노름꾼이었으나 착실해졌다. ⑤ (의)편이 되다(se rallier). *se* ~ *du côté de qn* …의 편이 되다. *se* ~ *à l'avis*[à l'opinion] *de qn* …의 의견에 따르다. *se* ~ *avec* …에 동의하다. ⑥ (군대가)정렬하다.
rangette [rɑ̃ʒet] *n.f.* 〖놀이〗돌 튀기기, 구슬치기. *à la* ~ 한줄로 서서.
rangeur(se) [rɑ̃ʒœːr, -øːz] *n.* 정돈하기 좋아하는 사람; 정돈하는 사람, (상품의)정돈계.
rani [rani] *n.f.* (인도의) 왕비.
ranidés [ranide] *n.m.pl.* 〖동물〗 개구리과(科).
ranimable [ranimabl] *a.* 되살릴 수 있는; 기운을 돋굴 수 있는.
ranimation [ranimɑsjɔ̃] *n.f.* 되살리기, 소생법 (réanimation).
ranimer [ranime] *v.t.* ① 되살리다, 소생시키다; 깨어나게 하다. ~ une personne évanouie 기절한 사람을 깨어나게 하다. Le printemps *ranime* la nature. 봄은 자연을 소생시킨다. ② 기운을 돋구다, (용기를)북돋우다, 고무하다; 재연시키다; (산업을)진흥시키다; (안색을)생기 있게 하다. ~ le courage 용기를 돋구다. ~ le zèle[l'enthousiasme]열의를 북돋우다. ~ de vieilles rancunes 오래된 원한을 되살리다. ~ le feu qui s'éteint 꺼져가는 불을 다시 타오르게 하다. ~ la conversation 대화에 활기를 불러 일으키다.
—*se* ~ *v.pr.* ① 되살아나다; 깨어나다. ② 기운이 나다, 활기[생기]를 띠다; (불이) 활활 타오르다. Leur colère *se ranima*. 그들의 노여움은 다시 타올랐다.
ranin(e) [ranɛ̃, -in] *a.* ① 개구리 같은. ② 〖해부〗(동맥·정맥이) 혀 밑에 있는. veine ~*e* 설하정맥.
rantanplan [rɑ̃tɑ̃plɑ̃] *int.* =**rataplan**.
ranule [ranyl] *n.f.* 〖의학〗 혀밑 종기.
ranz [rɑ̃, rɑ̃ːz, rɑ̃ts] *n.m.* ~ des vaches(목동의)목가, 목적곡(牧笛曲).
raonnais(e) [raɔnɛ, -ɛːz] *a.* 라옹레타프(Raon-l'Étape, 프랑스의 도시)의. —**R**~ *n.* 라옹레타프 사람.
raout [raut] *n.m.* 〖옛〗(사교상의)모임, 연회. 〖람.
R.A.P. 〖약자〗① réglementation d'administration publique 행정규칙. ② Régie autonome des pétroles 석유공사.
rapace [rapas] *a.* ① 욕심 많은, 탐욕스러운(avide). commerçant ~ 돈벌이에 급급한 상인. usurier ~ 욕심사나운 고리대금업자. ② (새가 먹이를) 아귀아귀 먹는; 먹이를 탐욕스럽게 노리는. éperviers ~ 탐욕스러운 새매.
—*n.m.pl.* 〖동물〗 육식 조류, 맹금류(猛禽類).
rapacité [rapasite] *n.f.* ① 탐욕, 욕심많음(avidité, cupidité). ~ d'un usurier 고리대금업자의 탐욕. avec ~ 욕심사납게. ② (육식 동물의)탐식, 게걸스러움. ~ du tigre(du vautour) 호랑이[독수리]의 게걸스러움.
râpage [rɑpaːʒ] *n.m.* (강판으로)갈기; (줄로)쓸기; (사탕무우를)갈기.
rapaiser [rape(ə)ze] *v.t.* 〖옛〗 달래다, 가라앉히다.
—*se* ~ *v.pr.* 누그러지다, 가라앉다.
rapapillotage [rapapijotaːʒ] *n.m.* 〖속어〗화해, 사화[私和].
rapapilloter [rapapijɔte] 〖속어〗 *v.t.* 화해시[사화]키다. —*se* ~ *v.pr.* 화해[사화]하다.
rapatelle [rapatɛl] *n.f.* 〖직물〗 말총으로 짠 천 (체의 그물 따위에 쓰임).
rapatriage [rapatri(j)aːʒ] *n.m.* 〖옛〗화해, 사화.
rapatrié(e) [rapatri(j)e] *a.p.* ① 본국에 송환된[송환되는]. ② 〖옛〗화해된. —*n.* 송환자; 귀환자, 철수자. convoi de ~s 철수단[송환단].
rapatriement [rapatrimɑ̃] *n.m.* ① 본국 송환, 본국 귀환; 〖경제〗(해외 투자의 자본·이득 따위의)본국 회수, (해외 노무자의 봉급 따위의) 본국 송금. ~ de prisonniers de guerre 전쟁포로의 본국송환. ② 〖옛〗화해, 사화(私和).
rapatrier [rapatri(j)e] *v.t.* ① 본국에 송환하다, 본국 돌려 보내다, 철수시키다(↔déporter, exiler); 〖경제〗(자금·이득·봉급 따위의)본국으로 보내다[거두어들이다]. ~ une partie de salaire 봉급의 일부분을 본국에 송금하다. ~ les prisonniers 포로들을 본국으로 송환하다. ② 〖옛·구어〗화해[사화]시키다. —*se* ~ *v.pr.* ① 본국으로 되돌아가다. ② 〖옛·구어〗화해[사화]하다.
rapatronnage [rapatrɔnaːʒ] *n.m.* 〖임업〗 벤 나무의 밑둥치와 그루터기를 맞춰 보기.
rapatronner [rapatrɔne] *v.t.* 〖임업〗 벤 나무의 줄기와 그루터기를 맞춰 보다.
râpe¹ [rɑp] *n.f.* ① 강판. ② (굵은)줄.

râpe² *n.f.* 〖농업〗 =rafle¹.
râpé(e) [rape] *a.p.* ① (옷이)해진, 헤어빠진. manteau ~ 헤어빠진 외투. ② 헤어빠진 옷을 입은, 주제가 사나운. homme ~ 초라한 꼴의 사나이. avoir l'air ~ 초라한 몰골을 하고 있다. ③ 강판으로 간. carottes ~es 채칼로 썬 당근.
C'est ~!〖구어〗실패했다! 기대에 어긋났다!
—*n.m.* ①〖속어〗가루 치즈. ② 오래된 포도주 통에 넣는 새 포도; (그)포도주. ③ 포도주를 맑게 하기 위해 넣는 나뭇조각. ④ 담배가루.
boire sur le ~ 남이 남긴 찌꺼기를 얻다.
râper [rape] *v.t.* ① 강판으로 갈다. ~ du fromage 치즈를 갈아 가루를 내다. ② 줄로 쓸다. ~ un morceau d'ivoire avant de le polir 상아를 닦기 전에 줄로 쓸다. ③ 떫게하다. vin qui *râpe* le gosier 목을 떫떫하게 하는 포도주. ④ (옷을)해지도록 입다. —*se* ~ *v.pr.* (옷이)해지다.
râperie [rapri] *n.f.* ① (사탕 제조용)사탕무우 분쇄장(場). ② (펄프 제조용)목재 분쇄장.
râpes [raːp] *n.f.pl.* 〖수의〗말 무릎의 튼 데.
rapetassage [raptasaːʒ] *n.m.* 〖구어〗(옷의)대충 깁기, (가구의)수선(raccommodage); (경멸)원고 따위의)다시 손질하기, 개작.
rapetasser [raptase] *v.t.* 〖속어〗(옷·신 따위를 대충)깁다, 수선하다, 수리하다(raccommoder, rapiécer); (원고 따위를)군데군데 다시 손질하여 개작하다(remanier).
rapetasseur(se) [raptasœːr, -øːz] *n.* 깁는 사람, 수리인, 수선인; 개작자.
rapetissant(e) [raptisã, -ãːt] *a.* 작게 하는. verre ~ 축소렌즈.
rapetissement [raptismã] *n.m.* 작게[짧게]하기, 줄이기; 작아[짧아]지기, 줄어들기(diminution, réduction, ↔ agrandissement); 가치를 떨어뜨리기; 가치하락.
rapetisser [raptise] *v.t.* ① 더욱 작게[짧게·줍게]하다, 줄이다(diminuer, réduire, ↔ agrandir, allonger). figure *rapetissée* 주름진 얼굴. ~ un manteau (물려받은)외투를 줄이다. ② 한결 작게 보이게 하다. meuble qui *rapetisse* la salle 방을 작게 보이게 하는 가구. ③ 가치를 떨어뜨리다, 비소화(卑小化)하다. Les vices *rapetissent* l'homme. 악덕은 사람의 품위를 떨어뜨린다.
—*v.i.* 작아[짧아]지다; (피륙이)오그라들다. On *rapetisse* avec l'âge. 나이와 더불어 몸이 작아진다.
—*se* ~ *v.pr.* ① 몸을 움츠리다. Il *se rapetisse* pour passer par là. 그는 몸을 움츠려서 그곳을 통과한다. ② 작아지다, 짧아지다, 오그라지다. Cette soie ne *se rapetisse* pas au lavage. 이 비단은 세탁해도 오그라지지 않는다. ③ 자기의 품위를 떨어뜨리다(s'avilir). *se* ~ par fausse modestie 거짓 겸손으로 품위를 떨어뜨리다.
râpeur(se) [rapœːr, -øːz] *n.* ① (나무·상아 따위를)줄로 쓰는 사람; (코담배 따위를)가루로 빻는 사람.
râpeux(se) [rapø, -øːz] *a.* 까칠까칠한; (술이)떫은; (소리가)거칠, 뻑뻑거리는. langue ~*se* d'un chat 고양이의 까칠까칠한 혀.
raphaëlesque [rafaelɛsk] *a.* 라파엘(*Raphaël*, 이탈리아 르네상스기의 화가)풍의.
raphanie [rafani] *n.f.* 〖의학〗라파누스 중독.
raphé [rafe] *n.m.* ① 〖해부〗봉선(縫線); 중격(中隔). ② 〖식물〗(구조의)각봉선(殼縫線).
raphia [rafja] *n.m.* 〖식물〗라피아 야자수; (그)잎에서 얻은 섬유.
raphide [rafid] *n.f.* 〖생물〗세포 속에 있는 수산(蓚酸)칼슘의 바늘 모양의 결정체.
raphigraphe [rafigraf] *n.m.* 점자타이프라이터.

raphigraphie [rafigrafi] *n.f.* 점자법(點字法).
rapiat(e) [rapja, -at]〖구어〗*a.* 인색한, 욕심많은, 탐욕스러운(avare). femme ~(*e*) 인색한 여자.
—*n.* (위)의 사람.
rapiaterie [rapjatri] *n.f.* 〖구어〗인색, 탐욕.
‡**rapide** [rapid] *a.* ① (움직임이)빠른, 빨리 달리는, 고속의(vite). marche ~ 속보(速步)행진. course ~ 급주(急走). cheval ~ 발이 빠른 말. être ~ à la course 달리는 것이 빠르다. voiture ~ 고속자동차. mouvement[rythme] ~ 〖음악〗급속한 템포[리듬]. respiration ~ 급박한[가쁜] 호흡. pouls ~ 빠른 맥. 〖스포츠〗piste ~ 〖스케트路〗. canon(fusil) à tir ~ 속사포(銃). imprimante ~ 〖컴퓨터〗고속프린터. ~ comme une flèche 화살처럼 빠른. ~ comme la pensée(le vent) 번개같은, 질풍같은. train ~ 특급열차. courant ~ 급류. torrent ~ 격류. ② 가파른(raide). pente ~ 가파른 비탈. ③ 빠른, 신속한, 재빠른, 민첩한(expéditif, vif, ↔ lent, paresseux). intelligence ~ 이해가 빠른 지력(智力). esprit ~ et brillant 머리가 트인[스포츠]급속도[도는] 사람. ~ à+*inf*. …하는 것이 빠른, 재빨리 …하는. être prompt et ~ dans l'exécution 실행이 빠르다. ④ 급속히 행해진; (문제가)간결한; (일이)급속한. guérison ~ 빠른 쾌유. décision ~ 속결. faire des progrès ~*s* 급속한[장족의] 발전을 하다. poison ~ 효과가 빠른 독. coup d'œil ~ 일별. réponse ~ 속답. moyen ~ 효과가 빠른 수단. style ~ 경쾌한 문체.
—*n.m.* ① 여울, 급류. descente d'un ~ 급류타고 내려가기. ② 특급열차(train ~). le ~ Paris-Bordeaux 파리 보르도간의 특급 열차.
*‡**rapidement** [rapidmã] *ad.* 빨리, 신속히, 급(속)히, 재빨리, 잠깐 동안에(↔ lentement). travail exécuté trop ~ 너무 서둘러서 한 일. parcourir ~ le journal 재빨리 신문을 훑어보다. Tout s'est passé ~. 만사가 눈깜짝할 사이에 지나갔다.
rapidité [rapidite] *n.f.* ① 빠름, 급속, 신속. avec ~ 급속하. avec ~ de l'éclair (la foudre, d'une flèche) 전광석화와〖쏜살〗같은 속도로. ② (일 따위의)신속함. ~ de l'élocution 말의 빠름. ~ des progrès 진보의 빠름. ③ 경쾌함. ~ de style 문체의 경쾌함. ④ 〖스포츠〗(트랙 따위가)고속주행이 가능함. ~ d'une piste 트랙이(신기록을 내게 할만큼) 질이 좋음.
rapiéçage [rapjesaːʒ], **rapièçement** [rapjesmã] *n.m.* 조각을 대어(깁기; (그렇게)기워진 것; 조각보세움.
rapiécé(e) [rapjese] *a.p.* (조각을 대어)기운; 조각보세움. pneu ~ 조각을 대고 땜질한 타이어.
rapiécer [rapjese]〖2·6〗*v.t.* (조각을 대어)깁다, (신을)수선하다, (가구를)수리하다. réparer un vieux vêtement en le *rapiéçant* 조각을 대어 헌옷을 깁다. ~ des chaussures 구두를 수선하다.
rapiécetage [rapjɛstaːʒ] *n.m.* 〖옛〗 =**rapiéçage**.
rapiéceter [rapjɛste]〖5〗*v.t.* 〖옛〗 =**rapiécer**.
rapière [rapjɛːr] *n.f.* 〖옛〗(결투용)장검(長劍); 〖(칼살)〗〖속어〗나이프. traîneur de ~ 허세를 부리는 사람; 난폭한 사람.
rapin [rapɛ̃] *n.m.* 〖옛〗화가의 제자; 서투른 그림장이.
rapinade [rapinad] *n.f.* 서투른 그림.
rapine [rapin] *n.f.* ① (직책을 이용한)횡령, 부정취득. ② 〖문어〗약탈, 강탈; 약탈품.
rapiner [rapine]〖옛〗*v.i.* ① (직책을 이용하여)횡령하다, 부정취득하다; 뇌물을 받다. ② 약탈하다.
—*v.t.* 강탈하다, 약탈하다; (직책을 이용하여)횡령하다.

rapinerie [rapinri] *n.f.* =rapine.
rapineur(se) [rapinœ:r, -ø:z] *n.* 《옛》① 부정 취득자. ② 약탈자.
rapio [rapjo] *ad.* 《구어》급히, 부랴부랴.
raplapla(t) [raplapla] *a.* 《불변》《구어》① 평범한, 흔한. ② (사람이)기운이 없는, 지쳐빠진. —*n.m.* 《속어》기운이 없는 사람.
raplatir [raplati:r] *v.t.* 다시 평평하게 하다, 다시 고르다. être tout *raplati*《구어》《비유적》전혀 기운이 없다, 완전히 지쳐있다, 기진맥진하다.
rapointir [rapwɛti:r] *v.t.* (송곳 따위의 끝을)다시 뾰족하게 하다.
rappareillement [raparɛjmɑ̃] *n.m.* 《드물게》짝을 맞추기, 모자라는 것을 보태어 갖추기.
rappareiller [rapare(e)je] *v.t.* 《드물게》짝을 맞추다, 모자라는 것을 보태어 갖추다, 짝이 맞는 …을 입수하다.
rappariement [raparimɑ̃] *n.m.* 《드물게》짝을 맞추기; 짝이 맞는 것.
rapparier [raparje] *v.t.* 《드물게》짝을 맞추다; (장갑·양말 따위의)또 한쪽을 찾아내다.
rappel [rapel] *n.m.* ① 다시[도로]부르기; 되돌아오게 하기, 소환, 소집. ~ d'un ambassadeur 대사의 소환. lettres de ~ 《외교관에 대한)소환장. ~ d'un exilé 피추방자의 환국 허가. ~ d'un acteur sur la scène 《연극》배우를 무대로 도로 불러내기. ② 정상상태로의 복귀명령. ~ à l'ordre (의장에 의한)정숙명령, 주의, 질책. ~ à la question 본론으로의 복귀명령. ③ 회상, 상기 (évocation). ~ des souvenirs《심리》기억의 환기. signal de ~ de limitation de vitesse 속도제한주의의 표지. ④ 반복, 강조. vaccination de ~ 몇번에 나눠 접종하는 백신. ~ de couleur 동색(同色)강조. ~ de lumière(회화 따위에서의)빛의 강조. ⑤ 《기계》조정(調整); 역행(장치). couple[force] de ~ 복원력. touche de ~(타자기의)후퇴 키. vis de ~ 조정 나사못. ⑥《옛》《군사》집합 나팔[북]. battre le ~ 《군사》집합의 북을치다(나팔을 불다). 《구어》(자금·친구 등을)그러모으다; 동원하다. bruit de ~ 《의학》(심장의)나팔음(音). ⑦ (급료의)추가(차액)지급. ~ de compte《상업》지불청구; 지불 통지. toucher un ~ (승급에 의한)급료차액을 타다. ⑧《등산》로프(자일)를 푸는 동시에 잡아당기기(자일. descente en ~ 자일강하(降下). ⑨《사냥》(쫓기는 짐승들이 모이기 위해서)서로 부르는 소리.
rappelable [raplabl] *a.* ① (예비군을)재소집할 수 있는. ② (판결 따위가)취소될 수 있는.
rappelé(e) [raple] *a.p.* (외교관이)소환된; (재향군인이)재소집된. —*n.m.* 재소집된 군인.
‡**rappeler** [raple] [5] *v.t.* ① 다시 부르다; (전화를)다시 걸다; 도로 부르다; 되돌아오게 하다, 소환하다; 소집하다. ~ un médecin 의사를 도로 부르다. ~ un acteur《연극》박수를 계속 쳐서 배우를 무대로 돌아오게 하다. ~ un ambassadeur 대사를 소환하다. ~ des réservistes 예비군을 소집하다. Dieu *l'a rappelé* à lui. 그는 죽었다. Il est occupé maintenant, *rappelez*-le plus tard. 그는 지금 바쁩니다, 나중에 다시 한 번 전화하시오. ② 되살아나게 하다; 되돌아오게 하다; 환기시키다. ~ ses esprits[ses sens] 제 정신을 차리다. ~ qn à lui …을 제정신으로 되돌아오게 하다. [~ qn à qc] Les médecins ont pu le ~ à la vie. 의사들은 그를 소생시킬수 있었다. Le président *a rappelé* l'assistance à l'ordre. 사회자는 참가자들에게 정숙을 명령했다. ~ qn à l'obéissance (au devoir) …을 복종[의무]으로 돌아오게 하다. ~ qn aux bien-

séances [aux convenances] …이 예의에 어긋난 것을 꾸짖다.
③ 생각나게 하다, 연상시키다. [~ qc (en qn)] La vue inattendue du lac *rappelle* (en moi) maint souvenir oublié. 뜻밖에 호수를 보게되니(마음 속에)여러가지 잊혀진 추억이 되살아난다. [~ qn/qc à qn] Cela me *rappelle* la guerre. 그것은 나에게 전쟁을 생각나게 한다. *Rappelez*-moi à son bon souvenir. 그분에게 안부전해 주십시오. Cet enfant me *rappelle* son grand-père. 그 아이는 돌아가신 그의 할아버지를 연상케 된다.
④ 끌어[잡아]당기다(tirer). ressort qui *rappelle* une pièce à une autre 연결된 부품을 잡아당기는 용수철. ~ la corde en tirant dessus 밧줄을 도로 잡아[끌어]당기다.
⑤ 《법》(판결 따위를)취소하다; 《기계》원위치로 돌아가게 하다; (마멸을)보정(補正)하다. ~ le chariot(타자기의)캐리지를 먼저 자리로[한 자 뒤로] 후퇴시키다.
⑥ (목적보어 없이) 《군사》집합 나팔을 불다, 집합의 북을 치다.
⑦ ~ à la lumière 《미술》빛을 강조하다.
—*v.i.* 《해양》~ au vent ou roulis 배가 좌우로 흔들리다, 배가 닻에 끌리다; sur son ancre (배가 닻을 내린 채)물결치는 대로[바람부는 대로] 방향을 바꾸다.
«*Prière de* ~ *ce numéro.*»《상업》"연락하실 때에는 이 번호를 사용하시오."
—**se** ~ *v.pr.* ① 상기하다, 생각해 내다, 기억하고 있다. [se ~ + 명사/*inf.*; 《옛》de + *inf.*; que + *ind.*] Je ne *me rappelle* pas son nom. 그의 이름이 생각나지 않는다. Je ne *me rappelle* plus rien. 다 잊었다. Elle *s'est rappelée* avoir pleuré en cette occasion. 그 여자는 그때 울었던 일이 생각났다. Je *me rappelle* que vous me l'avez dit. 당신이 나에게 그렇게 말씀하신 것이 생각납니다.
② 자기를 생각하게 하다. *se* ~ à *qn* 자기를 …에게 생각하게 하다. *se* ~ au bon souvenir de *qn* …에게 안부를 전하다.
③ 귀착하다. [se ~ à *qc*] Tout *se rappelle* à ceci. 모든 것은 이것으로 귀착한다.
rappliquer [raplike] *v.i.* 《속어》되돌아오다, 오다, 도착하다. —*v.t.* 《드물게》다시 붙이다[대다].
—**se** ~ *v.pr.* 《속어》돌아오다(se ramener).
rappointis [rapwɛti] *n.m.* ① 《건축》회반죽을 정착시키는 못. ② (*pl.*) 자물쇠의 부품론(나사못·갈고리 따위).
‡**rapport** [rapo:r] *n.m.* ① 보고. ~ secret 비밀보고. ~ scientifique 학술보고. au ~ de …의 보고에 의하면. faire un ~ favorable sur …에 관해 좋게 이야기하다. rédiger un ~ 보고문을 작성하다. ~ de mer 《법》(선장이 쓰는)항해보고(서).
② 관계, 관련, 유사(점) (analogie). Il n'y a aucun ~ entre ces deux phénomènes. 이 두가지 현상 사이에는 아무런 관련도 없다. Cela n'a aucun ~ avec notre affaire. 그것은 우리 일과는 아무런 관련도 없다. avoir ~ à *qn* …와 관련이 있다. étudier les ~s entre la littérature et la société 문학과 사회와의 관계를 연구하다. avoir des ~s de caractères 성질이 유사하다. être sans ~ avec …와 아무런 관계도 없다.
③ (보통, *pl.*) 인간관계; 교제; 성적관계. ~s des parents et des enfants 부모와 자식의 관계. avoir des ~s (sexuels) avec *qn* …와 성관계를 가지다.
④ 수입, 수확, 이익, 이윤. capital en ~ 사업 자본. immeuble [maison] de ~ 셋집; 고급아파트. être d'un grand [d'un bon] ~ 수입[수확]이 많다

[좋다]. être en plein ~ (토지·과수 따위가)마냥 수확을 올리고 있다. vivre du ~ d'actions 주식 배당을 받아서 살아가다.
⑤ 가져오기, 옮겨오기, 갖다 붙이기; 모자이크, 쪽모이. or de ~ 상감(象嵌)된 금. terres de ~ 《옛》돋운 땅.
⑥ 〖법〗 반환; (재산을)가지고 돌아오기.
⑦ 〖수학〗 비(比), 비례(~ géométrique), 차(差) (~ arithmétique), 비. ~ d'expansion 〖물리〗 팽창비. dans le ~ d'un à[contre] dix 1대 10의 비율로. ~ isotopique 동위원소 존재비.
⑧ 〖음악·미술〗 관계. ~s des consonances 협화음적 관계. ~ enharmonique 세분음적 관계, 이명동음적(異名同音的)관계. être en ~ de symétrie 좌우대칭의 관계이다.
⑨ 〖군사〗 일무보고회(日務報告會); 《명령전달·우편물분배 따위를 하는》집회, 미팅.
⑩ 〖옛〗밀고, 고자질; 중상. On les a brouillés par de faux ~s. 누군가 거짓 고자질로 그들의 사이를 갈라놓았다.
en ~ avec ⓐ être[se remettre] en ~ avec qc …와 관계가 있다; …에 어울리다. ⓑ mettre A en ~ avec B, A를 B에게 소개하다, 서로 교제하게 하다. en ~ de qc …와 정비례하여.
par ~ à ⓐ …에 관해서는. par ~ à cela 그것에 관해서. ⓑ …에 비하면[여]. La Terre est très petite par ~ au soleil. 지구는 태양에 비하여 매우 작다. ⓒ …을 위하여. Il a fait cela par ~ à vous. 그는 당신을 위해[당신의 환심을 사려고]그것을 한 것이다.
~ à+명사; ~ (à ce) que 《속어》…때문에; …에 관한.
sous le ~ de …의 점에서 보면. │해서는.
sous tous les ~s 어떤 점으로 보나.
rapportable [raportabl] a. ① 〖법〗 반환해야 할; 돌아가야 할. ② 덧붙여질 수 있는. pièces ~s 알맞은 부품. ③ 〖법〗 취소할(될) 수 있는. ④ 보고할 수 있는, 보고해야 할. ⑤ 관계지을 수 있는, 관계지어야 할.
rapportage [rapɔrtaːʒ] n.m. 《구어》고자질[밀고](하기) (cafardage).
rapporté(e) [raporte] a.p. ① 덧붙인, 갖다[옮겨]붙인; 끼운, 분해식의; 박아 넣은, 상감(象嵌)된. terres ~es (가산(假山) 따위를 만들기 위해 날라온)성토용 흙. pièce ~e (모자이크 따위에 쓰이는)구성 재료. 《구어》이척 《혼인관계로 생긴》. ② 보고된. ③ 취소된.
*rapporter** [raporte] v.t. ① 다시(도·도로)가져오다, 돌려주다(rendre); 가지고 돌아오다. ~ ce qu'on a emprunté 빌려간 것을 돌려주다. ~ une réponse 회답을 가지고 돌아오다. Il n'a rapporté que de la honte de cette affaire. 그는 그 사건에 관계하여 창피만 당했을 뿐이다.
② 덧붙이다, 보충하다(ajouter); (흙을)돋우다; (기계부속·공작물 따위를)끼우다. ~ de bonne terre au pied d'un arbre 나무 밑동에 좋은 흙을 모아 북돋아 주다. ~ une poche (저고리 따위에)호주머니를 덧대다.
③ 〖법〗 (법령등)폐지(폐기·취소)하다(abroger, annuler). ~ une mesure 조치를 취소하다.
④ 보고하다, 이야기하다; 알리다; 이르다, 고자질하다, 밀고하다. ~ un fait comme il s'est passé 사실 그대로 이야기[보고]하다. ~ un procès 《재판소가》소송의 현상(現狀)을(서면으로) 보고하다. Il ne faut dire devant lui que ce qu'on veut bien qui soit rapporté. 그의 앞에서는 고자질 당해도 괜찮은 것밖에 말할 수 없다. 《목적보어 없이》~ sur un projet 어떤 계획에 관해 보고하다. Ce juge rapporte nettement. 그 재판관의 보고는 명확하다. 《목적보어 없이》enfants qui rapportent 《구어》고자질하는 아이들.
⑤ 돌리다(attribuer). [~ A à B] ~ l'effet à la cause 결과를 원인에 결부하다. ~ tout à son utilité particulière 모든 것을 자기 개인의 이익에 비추어 생각하다. L'égoïste rapporte tout à lui. 이기주의자는 무엇이건 자기에게 유리하도록 한다.
⑥ 수입[이익]을 가져다주다. métier qui lui rapporte beaucoup d'argent 그에게 많은 수입을 가져다 주는 직업. arbres qui rapportent beaucoup de fruits 과일이 많이 열리는 나무. 《목적보어 없이》 champ qui rapporte 수확이 많은 밭.
⑦ 인용하다, (예를)들다; 옮겨주다. ~ un mot célèbre 유명한 말을 인용하다.
⑧ 《명에 따위를》얻다.
⑨ 〖측량·수학〗 (축도·각 따위를)그리다. ~ un angle 〖측량〗 (실측 후에 방안지 따위에)각(角)을 전사하다.
⑩ 《목적보어 없이》《사냥개가》사냥감을 물고 돌아오다. chien dressé à ~ 잡은 짐승을 물어오도록 훈련된 개.
⑪ 《목적보어 없이》 〖해양〗 (조수가)차다. Les marées rapportent. 조수가 차다.
—se ~ v.pr. ① 관계가 있다, 관계하다, 부합하다, 일치하다. La réponse ne se rapporte pas à la question. 그 대답은 질문과 관계있다, 동문서답이다. Ce pronom relatif se rapporte à ce nom. 이 관계 대명사는 이 명사에 걸린다. ② 맡기다, 따르다. [se ~ à qn/qc de qc] Je m'en rapporte à vous. 그것은 당신에게 맡깁니다. s'en ~ au jugement de qn …의 판단에 맡기다. [s'en ~ à qn/qc] Je m'en rapporte à votre témoignage. 당신[당신의 증언]을 신용합니다. ③《옛》꼭맞다; 어울리다.
rapporteur(se) [raportœːr, -ɸːz] n. 고자질하는 사람(mouchard). —n.m. ①보고자, (위원회의)보고 담당자. ② 〖수학·측량〗 분도기. ③ 〖군사〗 (군법회의의)검찰관. ~ de 고자질(밀고)하는, 보고하는. juge ~ 〖법〗 수명(受命)판사.
rapprendre [raprɑ̃ːdr], **réapprendre** [reaprɑ̃ːdr] 26 v.t.《속어》다시 배우다; 익히다, 복습하다. 《드물게》다시 가르치다. │다.
rapprêter [rapre(e)te] v.t. 〖직조〗 재차 마무리하다.
rapprivoiser [raprivwaze] v.t. (동물을)다시 길들이다; (사람을)다시 온순하게 하다.
—se ~ v.pr. 《속어》옛 버릇으로 돌아가다.
rapprochage [raprɔʃaːʒ] n.m. (생울타리 따위의)깎기, 깎아 손질하기.
rapproché(e) [raproʃe] a.p. [~ de] (에)가까운, 이웃한; 서로 닮은.
rapprochement [raproʃmɑ̃] n.m. ① 접근(시키기) (↔ éloignement). ~ de deux objets 두 물체를 접근시키기. ② 화목, 화해(시키기) (réconciliation). essayer un ~ entre deux personnes 두 사람 사이를 화해시키려고 하다. ③ 비교, 대조(rapport, comparaison). faire un ~ entre deux textes 2개의 텍스트를 대조하다. ④ 《원예》(과수의)가지 쳐내기.
*rapprocher** [raproʃe] v.t. (보통 approcher 대신으로 쓰임)①[~ qc de qc] (에)다가가게, 가깝게 하다, 접근시키다. ~ la chaise de la table 의자를 탁자에 다가가게 하다. ~ les lèvres d'une plaie 상처를 유착시키다. ②(공간·시간을)단축시키다, 접근시키다. L'avion rapproche les distances. 비행기는 거리를 단축시킨다. ~ une échéance 지불기일을 앞당기다. ③(사람과 사람을)접근시키다, 결합시키다 (lier, ↔ séparer, désunir); 화해시키다. Ils ont été

rapprochés par le malheur. 그들은 불행에 의해 결합되었다. Il y a longtemps qu'ils sont brouillés, mais on travaille à les ~. 오랫동안 서로 사이가 틀어졌으나 사람들은 화해시키려고 노력중이다. ④ 대조시키다, 비교하다(comparer). ~ les deux faits 두가지 사실을 비교하다.

—se ~ *v.pr.* ① 《재귀적》 다가오[가]다; 가까워지다(↔s'éloigner); 닮다. Le bruit *se rapprochait*. 소리가 더 뚜렷해졌다. [se ~ de *qc*] On ne peut *se ~ de* l'infini. 무한에 가까이갈 수는 없다. ②《상호적》 서로 접근하다; 친해지다, 화해하다(se réconcilier). Ils *se sont rapprochés* l'un de l'autre. 그들은 서로 접근했다. Nous *nous sommes* enfin *rapprochés*. 우리들은 마침내 화해했다. ③《수동적》 비교되다(se comparer).

rappropriement [raproprimɑ̃] *n.m.* 《옛》 다시 깨끗이 함.
rapproprier [raprɔpri(j)e] *v.t.* 《옛》 다시 깨끗하게 하다; 다시 정돈하다.
rapprovisionnement [raprɔvizjɔnmɑ̃] *n.m.* (저장품·양식의) 재보급; 《상업》 다시 사들이기(réapprovisionnement).
rapprovisionner [raprɔvizjɔne] *v.t.* 다시 식량을 보급하다; 《상업》 (상점에) 물품을 다시 사들이다(réapprovisionner).
rapsode [rapsɔd] *n.m.* 《고대그리스》 (특히 호메로스의) 시를 음송하며 다닌) 음유시인 (吟遊詩人).
rapsoder [rapsɔde] *v.t.* 《옛》 (이것저것 모아붙여서 작품·책을) 만들다; 재조정하다.
rapsodie [rapsɔdi] *n.f.* 《음악》 광상곡 (狂想曲), 광시곡 (狂詩曲); 광시 (狂詩), 광상 (狂文). ② 《고대그리스》 음송 (吟誦) 서사시; 음송.
rapsodique [rapsɔdik] *a.* 음유시(인), 음송서사시(풍)의; 이것저것 이어붙여서 만들어진; 광시곡 (풍)의.
rapsodiste [rapsɔdist] *n.m.* ①《음악》 광상[광시]곡 작가; 광시(문)의 작가. ② 음유시 작가.
rapt [rapt] *n.m.* 《법》 (미성년자의) 유괴. être accusé du ~ d'une jeune fille 소녀유괴로 기소되다.
râpure [rɑpy:r] *n.f.* (줄 따위로) 갈아낸 부스러기.
raquer [rake] 《속어》 *v.t.* (돈을) 지불하다. **—v.i.** 값을 치르다.
raquetier [raktje] *n.m.* =**raquettier**.
raquette [rakɛt] *n.f.* ① 《스포츠》 라켓; 테니스 [핑퐁] 치는 사람. ~ de ping-pong 탁구 라켓. monter une ~ 라켓에 거트를 끼우다. une de nos meilleures ~s 우리나라 정상급 테니스선수의 한사람. ②(눈 올때 신는) 눈신. ③《식물》 선인장. ④《군사》 손잡이 달린 수류탄. ⑤《사냥》 새잡는 덫의 일종. ⑥ (시계의) 조절레버. ⑦ (소의) 앞다리. ⑧ (자동차·철도의) 라켓형 인터체인지. 《속어》 객담, 수다. **casseur de ~** 《속어》 튼튼하고 힘이 센 사람. **coup de ~** (오토바이 따위의 심한) 상하 흔들림. **n'être pas en ~** 《테니스》 (경기자가) 컨디션이 나쁘다. **venir sur la ~** (복이) 저절로 굴러 들어오다.
raquettier [rakɛ(e)tje] *n.m.* 라켓 제조업자.
raquin [rakɛ̃] *n.m.* 《속어》 못생긴 여자, 추녀.
:rare [rɑ(ɑ):r] *a.* ①《명사 앞에서》 드문, 드물게 (볼 수) 있는, 흔하지 않은, 진귀한(↔banal), 좀처럼 없는[않는] (↔commun). livre ~ 진서 (珍書). timbre ~ 진귀한 우표. objets ~s 진품. La main-d'œuvre est ~. 노동력이 부족하다. ②(*pl.*) (수가) 적은(↔nombreux). Les passants sont ~s. 통행인이 드물다. à de ~s exceptions près 소수의 예외를 제외하고. ③ (보통명사 앞에서) 비범한, 뛰어난, 탁월한(exceptionnel); 놀라운, 이상한 (étonnant). femme d'une ~ beauté 절세의 미인.

poète d'un ~ talent 비범한 천재 시인. ④ 산재해 있는, 듬성듬성 난 (clairsemé, ↔dru); (공기가) 희박한; (맥박이) 느린. barbe[moustache] ~ 듬성듬성 난 수염[코밑수염]. gaz ~s 《화학》 희가스류 (아르곤, 헬륨, 네온, 크립톤, 크세논, 라돈의 여섯가지 기체원소의 총칭). lumière ~ 가느다란 불빛. pouls ~ 《의학》 느린 맥. herbe ~ 듬성듬성 난 풀. terres ~s 《화학》 희토류 (稀土類) 원소. **C'est ~ si + *ind.*; 《속어》 Ça serait ~ que + *sub.*** …은 좀처럼 없는 일이다. C'est ~ s'il ne vient pas nous voir le dimanche après-midi. 그가 일요일 오후에 우리를 보러오지 않는 일은 좀처럼 없다. **Il est ~ de + *inf.*; Il est ~ que + *sub.*** …은 드문 일이다. Il est ~ de réussir dans tout ce qu'on entreprend. 하는 일에 다 성공하는 일은 드물다.
oiseau ~ 희귀조; 희대의 인물; 희소가치.
se faire ~; devenir ~ 좀처럼 나오지[얼굴을 나타내지] 않다, 드물어지다.
raréfaction [rarefaksjɔ̃] *n.f.* 《물리》 희박하게 하기[되기]; (상품·생산물의) 감소, 적어지기, 줄기.
raréfiable [ra(ɑ)refjabl] *a.* 《물리》 희박하게 될 수 있는.
raréfiant(e) [ra(ɑ)refjɑ̃, -ɑ̃:t] *a.* 《물리》 희박하게 하는.
raréfier [ra(ɑ)refje] *v.t.* 《물리》 희박하게 하다; 수효를 줄이다《(밀도를 희박하게 하기 위해); 팽창시키다. stérilisation eugénique permettant de ~ certaines tares 어떤 결함들을 감소시키는 우생학적 단종 (斷種). **—se ~** *v.pr.* 수효가 줄어지다; 희박해지다; 팽창하다.
***rarement** [ra(ɑ)rmɑ̃] (<*rare*) *ad.* 드물게, 좀처럼 …않다(↔souvent, fréquemment). Il vient ~ nous voir. 그는 좀처럼 우리를 찾아오지 않는다.
rarescence [ra(ɑ)resɑ̃:s] *n.f.* 희박.
rarescent(e) [ra(ɑ)resɑ̃, -ɑ̃:t] *a.* 희박하게 되는.
rareté [ra(ɑ)rte] *n.f.* ① 적음; 진귀(manque, ↔abondance, fréquence). ② 진품 (珍品). ③《경제》 (수요에 비하여 공급량의) 부족, 품귀.
pour la ~ du fait 드문 일로서. *Vous êtes [devenez] d'une grande ~.* 《구어》 당신하고는 거의 만날 수 없다[만날 수 없게 되었다].
R.Arg. 《약자》 République Argentine 아르헨티나 공화국.
rarissime [ra(ɑ)risim] *a.* 지극히 드문. timbre ~ 매우 희귀한 우표.
rarranger [rarɑ̃ʒe] ③ *v.t.* 다시 정돈하다; 수리하다. **—se ~** *v.pr.* 화해하다. *se ~ avec qn* …와 화해하다.
RAS 《약자》 rien à signaler 특기할 것이 없음.
ras¹(e) [rɑ, -ɑ:z] *a.* ① 짧게 깎은, (털이) 짧은 (↔long). cheveux ~ 짧게 깎은 머리. chien à poil ~ 털이 짧은 개. velours à poil ~ 보풀이 짧은 벨벳. ② (풀의) 키가 작은. pelouse dont l'herbe est drue et ~e 짧은 풀이 빽빽한 잔디밭. ③ 평탄한; (표면이) 평평한. ~e campagne 평야, 평원, 훤히 트인 들. bâtiment ~ 높이 없는 배; 흘수 (吃水)가 얕은 배. mesure ~e 평량한 되. cuillerée ~ 깎아서 한 스푼. ~ le cou 목까지(의). navire ~ d'eau 《해양》 갑판이 수면의 높이까지 내려갈 만큼 너무 짐을 많이 실은 배.
à ~ 바로 가까이, 바짝.
à(au) ~ de …와 같은 높이로; …와의 직접관련하에, …와의 현실적 관계에서. hirondelles qui volent à ~ de terre 땅에 닿을락말락하게 나는 제비들. *au ~ de l'événement* 사건과의 직접관련하에.
en avoir ~ le bol 《구어》 넌더리나다, 지긋지긋해지다.
faire table ~e de qc (기성 관념·사상 따위를) 일소 (一掃) 하다.

table ~e 아무것도 쓰지 않은 글씨판; 백지상태. Sa mémoire est une *table* ~e. 그는 모든 것을 잊고 있다.
　—*n.m.* 보풀이 짧은(없는) 피륙.
　—*ad.* 짧게, 바싹. ongles coupés (à) ~ 바짝 깎은 손톱.

ras² [ra] *n.m.* =raz.

ras³ *n.m.* 【해양】 ~ (de carène) (선박 수리용의) 비계(飛階).

ras⁴ [ra:s] 《아라비아》 *n.m.* ① (에티오피아의)왕, 원수. ② 갑(岬), 곶.

rasade [razad] *n.f.* 잔에 가득 찬 술〔음료〕한 잔.

rasage [raza:ʒ] *n.m.* ① 털깎기, 면도질. lotion à utiliser après le ~ 면도 후에 바르는 로션. ②【직물】보풀〔잔털〕깎기.

rasance [razɑ̃:s] *n.f.* 【군사】 (탄도(彈道)의)저신〔低伸〕.

rasant(e) [razɑ̃, -ɑ̃:t] *a.* ①《구어》따분한, 싫증나게 하는(ennuyeux). discours ~ 따분한 연설. ②땅바닥에 닿을락말락하는, 지면과 같은 높이의. tir ~ 《군사》소사(掃射). [어].

rasbora [rasbɔra] *n.m.* 【어류】라스보라〔열대 어].

rascasse [raskas] *n.f.* 【어류】쏨뱅이의 일종.

ras-de-cou [radku] 【의복】 ① a. 《불변》라운드넥의. pull-over à col roulé et des ~ 터틀넥 스웨터.
　—*n.m.*《복수불변》라운드넥 스웨터.

rasé(e) [raze] *a.* ① 짧게〔가은, 면도한(↔barbu, chevelu). ~ de frais 갓 깎은. tête ~e jusqu'à la peau 파랗게 면도칼로 민 머리. ~ de près 위기 일발의. ~ de près 《옛》 《속》 빈털터리인. ② 《구어》 싫증이 나는. vaisseau ~ 돛대가 부러진 배. ③ (말이) 치관(齒冠)이 마멸된.

rasement [razmɑ̃] *n.m.* ① (요새 따위의)파괴. ~ d'un vieux quartier 구시가 지구를 헐어버리기. ② (말의 나이를 나타내는)치관(齒冠)의 마멸. ③《옛》 =rasage.

rase-mottes [razmɔt] *n.m.*《복수불변》vol en ~ 《항공》초저공 비행. faire du (voler en) ~《구어》《항공》땅에 닿을락말락하여 날다, 저공비행하다; (비유적) 발밑만 보다, 눈앞의 일에만 정신이 팔리다; (비유적) 근시안적인 견해를 갖고 말하다〔행동하다, 글을 쓰다〕.

rase-pet [razpɛ] *n.m.*《복수불변》《옛》(남자용)짧은 망토. —*a.*《불변》veston ~《옛》짧은 신사복저고리.

***raser** [raze] *v.t.* ① (면도로)깎다, 면도(질)하다. se faire ~ (남의 손을 빌어)면도하다. crème à ~ 면도크림. [~ qn] coiffeur qui *rase* un client est-il chargé de le 면도하는 이발사. ~ la tête d'un condamné 죄수의 머리를 면도로 밀다. ② 완전히 파괴하다, 무너뜨리다, 헐다(démolir). ~ une maison〔des fortifications〕집〔요새〕를 무너뜨리다; 헐어버리다. ~ un navire【해양】배의 돛대를 제거하여 편평하게 하다. ③《구어》싫증나게 하다, 지루하게 하다(ennuyer). Ça me *rase* d'aller les voir. 그들을 보러가기도 귀찮다. ④ (모직물·비로드 따위의)보풀을 짧게 깎다, 고르게 하다; 평미레질하다(rader). ~ une mesure à grains 곡물용 되를 평미레질하다. ⑤ 닿을락말락 지나가다, 스치다(effleurer). automobiliste qui *rase* les piétons 보행자를 스칠락말락하게 차를 몰고가는 운전수. ~ la côte (배가)해안을 끼고 가다. ~ les murs (숨기 위해)벽에 닿을락말락하게 가다. balle qui *rase* le filet (테니스 따위에서)네트를 스칫듯이 가는 공.
Ici l'on rasera gratis demain. 여기서는 내일 면도 무료 (이발소의 간판으로 내일까지여는 언제까지나 내일이다라는 뜻).
　—*se* ~ *v.pr.* 자기의 수염을 깎다. Pierre *se rase* tous les jours. 피에르는 날마다 면도한다. ~ la moustache 수염을 깎다. ②《구어》싫증나다, 진절머리 나다(s'ennuyer). ③《사냥》(짐승이 숨으려고)땅바닥에 엎드리다.

rasette [razɛt] *n.f.* ① 【농업】(쟁기 앞에 달린 잡초 베는)보습. ② 【음악】(리드파이프의)조율현(調律絃).

raseur(se) [razœ:r, -ø:z] *n.* ①《구어》싫증나게 하는 사람, 따분한 사람. ②【직물】보풀〔털〕깎는 사람, 전모공(剪毛工). —*n.f.* 전모기(剪毛機). ~ *a.* 싫증나게 하는(rasant). individu un peu ~ 약간 따분한 사람.

rase-vagues [razvag] *a.*《불변》해면(海面)에 닿을락말락하며 나는; 초저공비행의.

rash [raʃ] 《영》 *n.m.* 【의학】발진(發疹), 피진(皮疹), 홍진.

rasibus [ra(a)zibys] *ad.*《속어》바로 가까이, 바싹, 스치듯이; 짧게. couper ~ 짧게 깎다. Une balle lui *est passé* ~. 총알이 그를 살짝 스쳐갔다.

rasière [razjɛ:r] *n.f.* 《옛》용량의 단위 (약 70.14리터). ②《속》실크햇.

raskol [raskɔl] *n.m.* 【역사】(17세기의)러시아 정교회 이반운동.

raskolnik [raskɔlnik] *n.m.* 【종교사】(17세기의)러시아 정교회 이반자(離反者).

***rasoir** [razwa:r] *n.m.* ① 면도칼. cuir〔pierre〕à ~ 면도칼 가는 가죽〔돌〕. ~ de sûreté〔mécanique, américain〕안전 면도기. ~ électrique 전기 면도기. ~ national 《구어》단두대. coupé au ~ (면도칼로 자른 듯)윤곽이 뚜렷한. ②《구어》싫증나게 하는〔따분한〕사람. Quel ~, ce type! 귀찮은 녀석이로군, 그 녀석은!
au ~ 정확하게; 완벽하게. *sur le fil du* ~ 불안스럽기 짝이 없는 상태로.
　—*a.*《불변》싫증나게 하는, 따분한(↔intéressant). Elle est un peu ~. 그 여자는 약간 귀찮다. film ~ 따분한 영화. [(屬).

rason [razɔ̃] *n.m.* 【어류】양놀래기과(科)의 한 속

rasputitsa [rasputitsa] 《러시아》 *n.f.* 【지질】해빙기(解氷期).

rassade [rasad] *n.f.* 《옛》(흑인과의 물물교환에 쓰이던)유리 장신구.

rassasiant(e) [rasazjɑ̃, -ɑ̃:t] *a.* 포식케 하는, 배부르게 하는.

rassasié(e) [rasazje] *a.p.* 포식한(repu); 만족한; 싫증난, 물린. [싫증.

rassasiement [rasazimɑ̃] *n.m.* 포식, 포만; 만족;

rassasier [rasazje] *v.t.* ① 포식〔포만〕하게 하다. Il a un si gros appétit qu'on ne peut le ~. 그는 식욕이 하도 왕성해서 도저히 그의 배를 채울수가 없다. 〔목적보어 없이〕mets qui *rassasie* 배부르게 하는 요리. ② 만족시키다; 싫증나게〔물리게〕하다 (blaser, assouvir). ~ sa vue〔ses regards, ses yeux〕 de *qc* …을 싫증이 나도록 보다. Il aime tellement lire qu'il n'est jamais *rassasié*. 그는 독서가 어찌나 좋은지 물릴 줄을 모른다.
　—*se* ~ *v.pr.* ① 포식하다. ② [*se* ~ *de*] (에) 만족〔끽〕하다; 싫증나다, 진절머리가 나다. *se* ~ *de* beaux paysages 좋은 경치를 만끽하다.

rasse [ras] *n.f.* (철공소에서)석탄을 되는 광주리.

rassemblé(e) [rasɑ̃ble] *a.p.* 모인, 집합된.

rassemblement [rasɑ̃bləmɑ̃] *n.m.* ① (흩어진 것을)모으기. ~ des documents 문헌 자료 수집. ②(특히 군대 따위의)집합〔시키기〕. se rendre au lieu du ~ 집합지점에 가다. R~! 집합! ③집합 나팔. sonner le ~ 집합나팔을 불다. ④ 많은 사람이 모임, 군중. La police dispersa les ~s d'étudiants. 경찰은 학생들의 모임을 해산시켰다. ⑤ 결

집, 단결, 연합. ~ de la gauche 좌익연합. R~ du peuple français 〖정치〗(드골의)프랑스 인민연합(《약자》R.P.F.).

*rassembler [rasɑ̃ble] *v.t.* ① 다시 모으다. ~ des preuves pour prouver ce qu'on avance 자기의 주장을 증명하기 위해서 증거를 모으다. ~ les débris d'une armée 패잔병을 모으다. *Rassemblez vos papiers qui sont en désordre.* 어지럽게 흩어져 있는 서류를 정리하십시오. ② (구체적인 물건을)모으다, 수집하다, 집합시키다. ~ des curiosités 골동품을 수집하다. ~ des matériaux pour une œuvre 어떤 작품을 위한 재료를 모으다. ③ (정신·생각 따위를)집중하다, 한데 모으다(concentrer, combiner). ~ ses idées 생각을 정리하다. ~ ses esprits 냉정을 되찾다, 정신을 가다듬다. ~ son courage 용기를 모으다. ④ 〖건축〗다시 짜맞추다, 재조립하다(remonter). ~ une charpente 건물의 골격을 짜 세우다. ~ son cheval 〖승마〗 말에 준비자세[기본자세]를 취하게 하다.
—**se ~** *v.pr.* 모이다, 집합[집결]하다; 다시 모이다. *Toute la famille s'est rassemblée dans le salon.* 온가족이 거실에 모였다.

rassembleur [rasɑ̃blœːr] *n.m.* 집결[결합·통합]시키는 사람.

rasseoir [raswaːr] [62] *v.t.* ① 다시(고쳐) 앉히다; 고쳐 놓다. *Il faut ~ ce malade.* 이 환자를 다시 앉혀야 한다. ~ une statue sur son socle 조각을 받침대 위에 고쳐 놓다. ② 〖옛〗가라앉히다. ~ son esprit[ses esprits] 마음을 가라앉히다.
—*v.i.* (액체가)가라앉다, 맑아지다. laisser ~ un vin 포도주를 가라앉게 두다.
—**se ~** *v.pr.* ① 다시 앉다, 고쳐 앉다. *Rasseyez-vous.* 다시 앉아주십시오. 《se 를 생각하여》faire ~ *qn* …을 다시 앉혔다. ② (액체가)침전되다, 맑아지다(s'épurer). *Ce vin a besoin de se~.* 이 포도주는 침전시킬 필요가 있다. 《se 를 생각하여》*Il faut faire ~ ce liquide.* 이 액체를 침전시켜야 한다. ③ 〖옛〗(마음이)다시 가라앉다(se calmer, se remettre). *Après cette violente secousse, mes esprits eurent quelque peine à se ~.* 이런 격심한 동요를 겪고 나서 내 정신은 여간해서 냉정을 되찾을 수 없었다.

rasséréné(e) [raserene] *a.p.* 다시 맑아진, 가라앉은, 명랑해진. *son front ~* 다시 명랑해진 그녀의 얼굴.

rassérènement [raserɛnmɑ̃] *n.m.* (마음·얼굴이)다시 밝아짐[느긋이; (하늘이)다시 맑아지기.

rasséréner [raserene] [6] *v.t.* ① (마음·얼굴이)다시 밝게 하다, 명랑하게 하다(↔troubler). *Après avoir vu ses parents, l'enfant s'est rasséréné.* 그 아이는 부모를 보고 나서 다시 명랑해졌다. ② (드물게)〖하늘을〗다시 맑아지게 하다, 화창하게 하다 (↔obscurcir).
—**se ~** *v.pr.* ①〖문어〗(마음이)가라앉다, 명랑해지다(s'apaiser). ② (하늘이)다시 맑아지다.

rassi(e) [rasi] *a.p.* 《구어》약간 굳어진(rassis).

rassied(s) [rasje] ⇨rasseoir.

rassir [rasiːr] *v.i.* 〖구어〗(빵이) 굳어지다.
—**se ~** *v.pr.* (빵이) 굳어지다.

rassis(e) [rasi, -iːz] (*p.p.* < *rasseoir*) *a.p.* ① (빵이)약간 굳어진(↔frais). ② 침착한(posé), 사려깊은(réfléchi). *homme de sens ~* 침착한 사람. *esprit ~* 냉정한 사람. ③ 다시[고쳐] 앉은. ④ 〖농업〗(토지가)장기간 경작되지 않은.
à tête ~e 침착하게, 냉정하게.
—*n.m.* ① (*pl.*) 굳어진 과자(부스러기). ② 오랫동안 저장된 증류주의 맛. *prendre son ~* (증류주가)

좋은 맛을 내다. ③ 징을 갈아 박은 편자.

rassortiment [rasɔrtimɑ̃] *n.m.* ① (다시) 어울리게 하기; (다시) 갖추기. ② 〖상업〗다시 사들이기; 다시 사들인 물건; 새로 들여온 물건.

rassortir [rasɔrtiːr] [10] *v.t.* ① 다시 어울리게 하다; 다시 갖추다. ~ *un service de thé* 홍차용세트의 부족분을 사서 채우다. ② 〖상업〗다시 사들이다. *Il faut ~ ce magasin.* 이 가게의 팔린 물건을 다시 사들이지 않으면 안된다.
—**se ~** *v.pr.* 다시 사들이다.

rassoter [rasote] *v.t.* 《옛》[~ *de*](에)반하게 하다, 열중하게 하다.

rassurant(e) [rasyrɑ̃, -ɑ̃ːt] *a.* 안심시키는. *nouvelles ~es* 마음놓이게 하는 소식.

rassuré(e) [rasyre] *a.p.* 안심한. *Je n'étais pas ~.* 나는 안심이 안되었다.

*rassurer [rasyre] *v.t.* ① 안심시키다(tranquilliser, ↔inquiéter). ~ *qn au sujet de qc* …에 관해서 …을 안심하게 하다. [*que*+*sub.*+(*cela*) ~ (*qn*)] *Que je lui aie écrit (cela) l'a rassuré.* 내가 그에게 편지한 것이 그를 안심시켰다. [*cela* ~ *qn que*+*sub.*] *Cela le rassurait qu'on lui parlât de conte de fée.* 그에게 옛날 이야기를 한 것이 그를 안심시켰다. ② (現 따위를)보강하다; 〖옛〗다시 확고하게 하다. *Cette victoire a rassuré son autorité.* 그 승리는 그의 권력을 다시 굳혀 주었다.
—**se ~** *v.pr.* ① 안심하다. *Rassurez-vous.* 안심하십시오. ② (날씨가)좋아지다, 안정되다. *Il faut attendre que le temps se rassure.* 날씨가 안정되기를 기다려야 한다.

rasta(quouère) [rasta(kwɛːr)] *n.m.* 《속어》사치스런 생활을 하는 수상쩍은 사람[외국인]; 사기꾼.

rastel [rastɛl] *n.m.* 〖남프랑스〗향연, 주연(酒宴); (그)장소.

Rastignac [rastiɲak] *n.m.* 음모가 《*Balzac* 의 작품 속의 인물명에서》.

rasure [razyːr] *n.f.* 〖옛〗(수염·머리털을) 깎기, 면도 하기; 간통한 여자에게 내리는 벌.

*rat [ra] *n.m.* ① 쥐; 숫쥐. ~ *d'eau* 수서(水鼠). ~ *d'égout* 시궁쥐. ~ *des champs* 들쥐. *piège à ~s* 쥐덫. *mort aux ~s* 쥐약. ② 어린이·아내에 대한 애칭. *Viens ici, mon petit ~* 이리 오너라, 아가야; 이리 와요, 여보. ③ 쥐와 비슷한 동물. ~ *d'Amérique* 기니피그. ~ *d'Egypte (de pharaon)* 몽구스. ~ *musqué* 사향쥐. 《유추적》~ *(de mer)* 〖어류〗얼룩퉁가리 무리. ④ 노랑이, 구두쇠. *C'est un ~.* 그는 노랑이다. ⑤《비유적》*nid à ~s* 더러운 집. *petit ~ de l'Opéra* 오페라 좌의 젊은 수습무희. ~ *de bibliothèque* 〖구어〗(책만 읽는)책벌레. ~ *de cave* 징세원; 실양초. ~ *d'église* 《속어》독신자(篤信者). ~ *d'hôtel* 여관도둑.
avoir un ~ [des ~s] dans la tête 〖옛〗변덕스럽다.
être comme ~ en paille; être comme un ~ dans un fromage 안락하게 살다, 유복하게 지내다.
être(vivre) comme un ~ 가난하게 살다.
être fait comme un ~ 《구어》함정에 빠지다, 속아 넘어가다.
être gueux comme un ~ (d'église) 매우 가난하다.
face de ~ 《속어》생쥐같은 낯짝《욕설》.
Les ~s quittent le navire. 여차하면 도망한다《비겁한 자나 배·사직에 자에게 하는 말》.
payer en chats et en ~s 조금씩 지불하다.
prendre un ~ 《구어》(총이)불발로 끝나다; 《계획 따위가》실패하다.
serrure qui a un ~ 작동하지 않는 자물쇠.
—*a.* 《불변》인색한.

rata [rata] *n.m.* 《옛·군대속어》맛없는 스튜《rata-

ratafia

touille 의 축약형); 《속어》변변찮은 음식; 하루치 음식(pitance). **ne pas s'endormir sur le ~** 일을 잘 하다, 근면하다.

ratafia [ratafja] *n.m.* 과실주(酒).
ratage[1] [rata:ʒ] *n.m.* 《배·집 안의》쥐떼.
ratage[2] *n.m.* 《구어》실패(échec).
ratanhia [ratanja] *n.m.* 《식물·의학》라타니아 《남미산의 콩과(科) 식물, 뿌리를 설사와 피 멎추는 데 씀》.
rataplan [rataplɑ̃] *int.* 둥둥《북소리》.
ratapoil [ratapwal] *n.m.* 군국주의 지지자.
ratatiné(e) [ratatine] *a.p.* ① 《구어》오그라진(rabougri); 시든, 쭈글쭈글한(ridé). **pomme ~** 시든 사과. ② 파괴된(démoli), 폭파된, 《승부 따위에서》진(battu).
ratatinement [ratatinmɑ̃] *n.m.* 오그라지기, 쭈글쭈글해지기.
ratatiner [ratatine] *v.t.* ① 오그라지게 하다, 시들게 하다(rapetisser), Quel travail l'*a ratatiné* ainsi! 어떤 일이 그를 이토록 시들게 했을까? ② 《구어》《주로 수동태》파괴하다(완전히)(détruire, démolir). Les arbres *ont été ratatinés* par l'orage. 나무들이 폭풍우로 인해 쓰러졌다. ③ 《놀이·시합에서》패배시키다(battre). ④ 《속어》죽이다(tuer).
—**se ~** *v.pr.* ① 오그라지다, 시들다(se rapetisser). ② 《병·나이로 인하여》주름잡히다, 쪼그라들다; 《몸을》웅크리다. vieillard qui se ratatine 쭈글쭈글한 노파.
ratatouille [ratatuj] *n.f.* 《요리》라타투유《몇 가지 야채를 삶은 지방요리》;《구어》맛없는 스튜;《군대의》맛없는 요리. **~ niçoise** 니스풍 라타투유. ② 《속어》마구 때리기, 연타(連打).
rate[1] [rat] *n.f.* 《해부》비장(脾臓). **avoir la ~ gonflée** 비장이 부어있다.
décharger sa ~ (sur qn) 《구어》(…에게)울분을 토하다. 노발대발하다.
épanouir (dilater, désopiler) la ~ à qn 《구어》…을 마냥 웃기다, 홍겹게 하다.
se dilater la ~ 웃다, 홍겨워하다.
se fouler la ~ 《구어》노력하다.
rate[2] *n.f.* 《동물》《암살》암컷, ② 생쥐(souris). ③ 《구어》소녀에 대한 애칭.
raté(e)[1] [rate] *a.p.* 실패한. atterrissages ~s 착륙실패. Cet ouvrage est complètement ~. 이 작품은 완전히 실패작이다. coup ~ 오발; 《총의》불발.
—*n.* 《인생·직업·예술에서》낙오자, 실패자. 《형용사적》écrivain ~ 낙오한 작가.
—*n.m.* 《총의》불발;《내연기관이》불이 안 붙음, 불착화(不着火); 《일상 따위의》실패, 지장, 곤란, 위기, 《기구의》운영부실, 난관봉착. Ma moto a des ~s. 내 오토바이는 엔진의 작동이 잘 되지 않는다. ~s d'une négociation 교섭의 실패.
raté(e)[2] *a.* ① 《동물에》쥐가 쓸은(갉아먹은). ② 《속어》얼굴이 얽은.
*******râteau*** [rato] *n.m.* ① 쇠스랑, 갈퀴; 써레. donner un coup de ~ 갈퀴로 긁다. ramasser(ratisser) avec un ~ 갈퀴로 긁어모으다. passer le ~ sur une allée; passer des allées au ~ 오솔길의 작은 길을 갈퀴로 긁다. ~ **mécanique** 자동갈퀴. ② 모난 삽. ~ **de charbonnier** 석탄부의 삽. ~ **pour ramasser le sel** 소금푸는 삽. ~ **de pont** 《갑판의 물을 밀어내는》자루 달린 고무비. ③ 살이 굵은 빗. ~ **de métier à tisser** 직조기의 빗. ~ **de rasoir mécanique** 안전면도기의 빗. ~ **de montre** 시계의 조절톱니바퀴. ④ 자물쇠 속의 돌기. ⑤ 《도박대에서 딜러가 쓰는》갈퀴.
ratel [ratɛl] *n.m.* 《동물》《아프리카·인도산의》꿀 먹는 곰.

râtelage [rɑtlaʒ] *n.m.* 쇠스랑〔갈퀴〕으로 긁어모으기; 써레로 흙을 고르기.〔량.
râtelée [rɑtle] *n.f.* 쇠스랑〔갈퀴〕으로 한 번 긁는 분
râteler [rɑtle] [5] *v.t.* 쇠스랑〔갈퀴〕으로 긁어모으다; 써레로 고르다.
râteleur(se) [rɑtlœːr, øːz] *n.* 쇠스랑〔갈퀴·써레〕질 하는 사람. —*n.f.* (말이 끄는)풀깎는 기계.
râtelier [rɑtəlje] *n.m.* ① 꼴시렁. ② 연장걸이. **~ à pipes** 파이프 세우개. **~ d'armes** 총가(銃架). **~ d'établi (de menuisier)** 목수의 연장걸이. ③ 《옛》《집합적》이, 치열(歯列); 《구어》의치(義歯), 틀니. ④ 《옛》진주 목걸이.
manger à deux (plusieurs, tous les) ~s 《구어》두〔여러〕가지의 직업을 겸하다, 양다리 걸치다, 온갖 처지를 다 이용하여 이익을 얻다.
manger au ~ de qn …의 돈으로〔…에게 신세를 지고〕살아 가다.
remettre les (ses) armes au ~ 《구어》제대하다.
ratelle [ratɛl] *n.f.* 《수의》《돼지의》탄저(炭疽). ② 《식용 짐승의》비복.
râtelures [rɑtlyːr] *n.f.pl.* (드릉게) 쇠스랑〔갈퀴〕으로 긁어모은 것.
***rater** [rate] *v.i.* ① 《총이》불발하다, 총알이 나가지 않다. Son fusil *a raté*. 그의 총은 불발이었다. pièce d'artifice qui *rate* 발화하지 않는 화포(火砲). ② 《구어》실패하다(échouer). L'affaire *a raté*. 사업이 실패했다. 〔이다!
Ça n'a pas raté! 그것은 불가피했다, 예측한 대로
—*v.t.* ① 《겨눈 것을》맞히지 못하다. **~ un lièvre** 토끼를 맞히지 못하다. *Raté!* 빗맞았다! ② 《사업·시험 따위에서》한마디 쏘아가르다, 찍소리 못하게 해주다. **~ sa vie** 뜻(희망·야심)을 이루지 못하다.

ratiboiser [ratibwaze] *v.t.* 《속어》① 훔치다, 사취하다. ~ **qc à qn** …에게서 ~을 훔치다, 우려내다. ② 《구어》《도박에서 사람을》빈털터리로 만들다;《구어》파멸〔망신〕시키다; 죽이다. *Il est complètement ratibosé*. 그는 빈털터리가 되었다.
ratiche [ratiʃ] 《속어》*n.m.* 수사(修士), 신부(神父) (prêtre). —*n.f.* 교회. 〔수녀.
ratichon(ne) [ratiʃɔ̃, ɔn] *n.* 《속어》《경멸》승려;
ratichonner [ratiʃɔne] *v.i.* 《속어》신부 집에 드나들다, 신앙심이 돈독하다.
raticide [ratisid] *a.* 쥐약용의. —*n.m.* 쥐약.
ratier(ère) [ratje, ɛːr] *a.* 쥐의, 쥐에 관한. **chien ~** 쥐 잡는 개. **chat ~** 쥐 잡는 개. —*n.f.* 쥐덫.
être pris comme dans une ~ 꼼짝없이 계략에 걸려들다.
ratificatif(ve) [ratifikatif, iːv] *a.* 《법》승인하는, 비준(批准)하는.
ratification [ratifikasjɔ̃] *n.f.* 비준, 재가(↔annulation); 비준서. **~ d'un traité de paix** 평화조약의 비준.
ratifier [ratifje] *v.t.* ① 비준〔재가〕하다(entériner). ② 신임하다(approuver).
ratinage [ratinaʒ] *n.m.* 《직조》모직물의 보풀을 곱슬곱슬하게 하기.
ratine [ratin] *n.f.* 《직조》보풀이 곱슬곱슬한 나

사《외투감》.

ratiner [ratine] v.t. 〖직조〗(모직물의) 보풀을 곱슬곱슬하게 하다.

ratineuse [ratinøːz] n.f. 〖직조〗 보풀을 곱슬을 하게 하는 기계.

ratio [rasjo] 〖영〗 n.m. 〖경제〗 비율. ~ de rentabilité 수익률.

ratiocinage [rasjɔsinaːʒ] n.m. 《경멸》궤변.

ratiocinatif(ve) [rasjɔsinatif, -iːv] a. 〖철학〗 추리의, 추론의.

ratiocination [rasjɔsinasjɔ̃] n.f. 《문어》궤변; 〖철학〗 추리, 추론.

ratiociner [rasjɔsine] v.i. 《문어》궤변을 부리다; 〖옛〗추리[추론]하다(raisonner).

ratiocineur [rasjɔsinœːr] n.m. 《문어》궤변부리기 좋아하는 사람, 추론[추리]하기 좋아하는 사람.

ration [ra(ɑ)sjɔ̃] n.f. ① 한 사람(병사 1명·가축 1마리)에의 하루분의 식량의 할당량. ~ alimentaire (사람·동물의)생존에 필요한 하루분의 식량. ~ d'entretien 하루의 최저 필요식량; (칼로리의)하루의 필요량. avaler sa ~ de whisky 위스키를 평소의 분량대로 마시다. ② (운명이 베푸는)몫(lot). recevoir sa ~ d'épreuves 자기가 받을 시련을 겪다. ③ (각자에게)배당된 몫; 〖농업〗가축 한 마리의 하루의 정상적인 사료 소비량(~ alimentaire); (환자의)음식물 섭취의 제한량; 〖생리〗 (칼로리의)섭취량. ~ de tabac 담배의 배급(량). mettre qn à la ~ …에게 식량을 제한하여 주다; 식량을 배급제로 하다.

rational(pl. **aux**) [rasjɔnal, -o] n.m. (유태 제사장이 걸던), 흉패(胸牌).

rationalisation [rasjɔnalizasjɔ̃] n.f. 합리화. plan de ~ 합리화 계획.

rationalisé(e) [rasjɔnalize] a. 《수학》 유리화(有理化)된. système ~ d'unités 유리화 단위계.

rationaliser [rasjɔnalize] v.t. 〖수학〗합리화하다; 〖심리〗합리적인 동기로 정당화하다. ~ la production 생산을 합리화하다.

rationalisme [rasjɔnalism] n.m. 〖철학〗① 이성론. ~ de Descartes 데카르트의 이성론. ② 합리주의(↔ mysticisme).

rationaliste [rasjɔnalist] 〖철학〗 a. ①이성론의. ②합리주의적인. doctrine ~ 합리주의 이론.
—n.m. ①이성론자. ②합리주의자.

rationalité [rasjɔnalite] n.f. ①〖철학〗합리성, 순리성(純理性). ②〖수학〗유리성(有理性).

rationnaire [rasjɔnɛːr] a, n. 한 사람[하루] 몫의 할당 배급을 받는 사람.

rationnel(le) [rasjɔnɛl] a. ①이성적인, 이성에 의한, 이성을 갖춘, 논리에 의한; 순리적인(純理的) (↔ empirique); 합리적인(↔ irrationnel). méthode ~le 이론[합리]적인 방법. organisation ~le du travail 노동의 합리화[합리적 조직화]. pensée ~le 이성적 사고. ②《수학》 유리(有理)의. expression ~le 유리식(式). nombre ~ 유리수.

rationnellement [rasjɔnɛlmɑ̃] ad. 합리[순리]적으로. agir ~ 합리적으로 행동하다.

rationnement [rasjɔnmɑ̃] n.m. (식량 따위의)할당 [제한] (환자에의)음식물 제한. ~ de l'essence 가솔린의 할당 배급.

rationner [rasjɔne] v.t. 정량을 제한하여 배급하다; 식량을 제한하여 주다(배급제로 하다); (환자 따위의)음식물을 제한하다. ~ le pain 빵을 할당 배급 하다. ~ les habitants d'une ville assiégée 포위된 도시의 주민들에게 식량을 배급제로 하다.
—se ~ v.pr. 자기의 음식물을 제한하다. Elle se rationne pour ne pas engraisser. 그녀는 살찌지 않으려고 음식물을 제한하고 있다.

ratissage [ratisaːʒ] n.m. ① (발고무래·쇠스랑으로) 긁어 고르기. ~ d'un jardin 뜰을 고르기. ② 〖군사〗수색, 탐색. opération de ~

ratisser [ratise] v.t. ① (발고무래·쇠스랑으로) 긁어 고르다, 긁어 모으다. ②《속어》훔치다, 빈털터리가 되게 하다(voler, ratiboiser); (노름에서 판돈을)쓸다. se faire ~ au jeu 노름에서 돈을 털리다. ③ 〖군사〗수색[탐색]하다. La police a ratissé tout le quartier. 경찰은 그 구역을 샅샅이 수색했다. Nos patrouilles ratisseront au peigne fin toute la ville. 우리 순찰[경찰]대들은 시내를 이잡듯이 수색할 것이다.

~ sur tout 《구어》최대한으로 절약하여 살다.

ratissette [ratisɛt] n.f. (벽돌공의)깎는 연장; (대장장이의)불을 젓는 막대기.

ratissoire [ratiswaːr] n.f. 〖농업〗발고무래, 쇠스랑.

ratissure [ratisyːr] n.f. 긁어모은 부스러기; 긁어낸 부스러기.

ratites [ratit] n.m.pl. 〖조류〗주금류(走禽類).

raton¹ [ratɔ̃] n.m. ① 〖동물〗 쥐새끼. ② 어린애에 대한 애칭. mon (petit) ~! 아가야! ③ 북아프리카인, 아랍인《(유럽인이 아랍인을 경멸하여 부르는 말). ~ laveur 북아메리카너구리, 완웅(浣熊).

raton² n.m. 치즈가 든 과자의 일종.

raton(n)ade [ratɔnad] n.f. (유럽인에 의한 집단적) 아랍인 박해, (사회적·법적) 박해, 폭행.

ratonner [ratɔne] v.i. 아랍인을 박해하다; 데모대 (隊) 따위에 폭행하다.

R.A.T.P. 〖약자〗Régie autonome des transports parisiens 파리 교통 공사.

rattachage [rataʃaːʒ] n.m. **rattachement** [rataʃmɑ̃] n.m. 다시 매기; 결합, 병합, 연결(adjonction, annexion, ↔détachement), 관련짓기. ~ de la Savoie à la France 사부와의 프랑스에로의 병합. ~ d'un fait à un phénomène plus général 어떤 사실을 더 일반적인 현상과 관계짓기.

rattacher [rataʃe] v.t. ①다시 매다, 고쳐 매다, 다시 잇다. ~ les lacets de ses souliers 구두끈을 고쳐 매다. Rattachez ce chien. 이 개를 다시 매라. ② [~ à] 매다(attacher). ~ son voile à l'épaule par une agrafe 어깨에 베일을 폭으로 매다. ③ (에)병합[편입·합체]하다(incorporer); 연결하다, 관련〔결부〕하다(relier). liens qui vous rattachent à la famille 당신을 가정에 연결하는 유대. ~ une province à un État 한 지방을 국가에 병합하다. ~ un fait à une loi générale 하나의 사실을 일반 법칙에 결부시키다. ④ [~ à] (에)집착(애착)시키다. Cette passion seule le rattache à la vie. 이 정열만이 그를 삶에 집착시킨다.
—se ~ v.pr. ①매여 있다. ②관련[결부·연결]되다. Ces deux questions se rattachent l'une à l'autre. 이 두 문제는 서로 관련이 되어 있다.

rattacheur(se) [rataʃœːr, -ʃøːz] n. 〖직물〗실잇는 직공.

ratteindre [ratɛ̃ːdr] [27] v.t. 〖드물게〗① 다시 잡다. ② 쫓아가 …을 따르다, 따라잡다.

ratteler [ratle] [5] v.t. (말을 수레에) 다시 매다.

rattendrir [ratɑ̃driːr] v.t. 다시 부드럽게 만들다. ②다시 감동시키다. —se ~ v.pr. 다시 감동하다.

rattrapage [ratrapaːʒ] n.m. ① 다시 잡기; 따라잡기. ②회복. cours(classe) de ~ 〖학교〗열등·낙오생 등을 위한 보충수업. ② 〖경제〗 (생활비 앙등만큼의 보수·수당의) 인상, 보상; 〖인쇄〗행(行)의 여분 조정, 행맞추기; 〖기계〗보정(補整); 〖철도〗 후속 열차의 충돌 접속.

rattraper [ratrape] v.t. ① 다시 잡다(ressaisir). ~

raturage

un prisonnier qui s'est évadé 탈옥한 죄수를 다시 잡다. ~ une maille (빠뜨린)코를 다시 줍다. se laisser ~ au piège 다시 함정에 걸리다. ② (넘어지지 않게 옷깃 따위를)붙잡다(retenir). J'ai *rattrapé* un enfant qu'il allait tomber. 나는 넘어지는 아이를 붙잡았다. ③ (앞서 가는 사람·차 따위를)따라미치다(rejoindre). ~ une voiture et la doubler 어떤 차에 따라미치고 앞지르다. ④ (잃은 것을)회복하다, 되찾다. ~ le temps perdu 허비한 시간을 벌충하다. ~ l'argent qu'on a perdu 잃었던 돈을 되찾다. ~ sa santé 건강을 회복하다. ⑤ 다시 속이다. On ne m'y *rattrapera plus*! 다시는 그런 수에 넘어가지 않을줄 ! 다시는 그런 일을 안하겠어. ⑥ (바보짓·실수를)고치다, 바로잡다, 돌이키다. ~ un retard 지연을 만회하다. On ne *rattrape* jamais une sottise. 어리석은 짓은 돌이킬 수 없다. ⑦ (최종적으로 성공한 것에 대하여)겨우 마무르다. ~ une mayonnaise ratée 실패한 마요네즈를 겨우 마무르다. ⑧ 《기계》 조정[교정]하다. ~ les différences de montage 부품을 조립할 때의 오차를 조정하다.
— **se ~** *v.pr.* ① [se ~ à] (에)매어 달리다(se raccrocher). Dans sa chute, il *s'est rattrapé à* un buisson. 떨어지다가 그는 관목 덤불에 매어달렸다. ② (손실·지연 따위를)회복[만회]하다, 벌충하다. Le coureur a du retard, mais il va *se ~*. 그 주자는 늦었지만 곧 만회할 것이다.

raturage [ratyraːʒ] *n.m.* ① 삭제, 말소. ② (양피지의)표면을 깎아내기.

rature [ratyːr] *n.f.* 삭제, 말소; 삭제[말소]한 부분; (양피지의)깎아낸 부분. faire une ~ 삭제하다. manuscrit couvert de ~*s* 삭제 투성이의 원고.

raturer [ratyre] *v.t.* ① 삭제하다, 말소하다(rayer). ~ un mot 한 단어를 말소[정정]하다. ② 《목적보어 없이》écrire sans ~ 삭제 정정하지 않고 단숨에 써내려가다. ③ (옛)(양피지의)표면을 깎아내다.

R.A.U. 《약자》République Arabe Unie 통일 아랍 공화국.

raucheur [roʃœːr] *n.m.* 《광산》 동바리 인부 《갱도가 무너지지 않게 동바리를 세우는).

raucité [rosite] *n.f.* 쉰 목소리.

raugmenter [roɡmɑ̃te] *v.t.* 《속어》(봉급 따위를)다시 올리다. — *v.i.* 값이 오르다.

rauque [roːk] *a.* (목소리가)쉰(≠clair). voix ~ 쉰 목소리. ② 《문어》황량한(sauvage). ~ garrigue 황야.

rauquement [rokmɑ̃] *n.m.* (드물게)(호랑이 따위의)으르렁거리는 소리.

rauquer [roke] *v.i.* (드물게)(호랑이가)으르렁거리다.

ravage [ravaːʒ] *n.m.* 《보통 ~*s*》 ① (전쟁·폭풍우·물·불·질병 따위에 의한)참해(慘害), 큰 피해[손해]. ~*s* de la guerre 전쟁의 참화. ~*s* du feu[d'un incendie] 화재. | faire de ~ | La tempête *a fait d'affreux* ~*s* sur les côtes. 폭풍우가 해안에 끔찍스런 피해를 입혔다. épidémie qui *a fait de grands* ~*s* 다수의 사망자를 낸 유행병. ② 《비유적》(질환·격정 따위로 인한)초췌(憔悴). ~*s* du temps 노쇠. ~*s* de la superstition 미신에 의한(정신의)황폐. L'alcoolisme fait de terribles ~*s*. 알코올중독은 끔찍스런 정신적 혼란을 가져온다. faire des ~*s dans le cœur de qn*《구어》…을 사랑하로 번민하게 하다.

ravagé(e) [ravaʒe] *a.p.* 황폐한; 초췌한; 《구어》머리가 돈. visage ~ 쭈글쭈글한[초췌한] 얼굴. jardins ~*s* 황량한 정원. Il est complètement ~. 《구어》그는 완전히 머리가 돌았다.

ravageant(e) [ravaʒɑ̃, -ɑ̃ːt] *a.* 피해를 주는.

ravager [ravaʒe] ③ (< *ravage*) *v.t.* ① (전쟁·폭풍우·물·불·질병·침략자 따위가)휩쓸어 피해를 주다, 참해를 입히다, 파괴하다(dévaster, détruire). Les bombardements *ont ravagé* une partie de cette ville. 폭격이 이 도시의 일부를 쑥밭으로 만들었다. La peste *ravage* ce pays. 페스트가 이 나라에 많은 사망자를 내고 있다. ② 《비유적》(정신·사랑의)고통[고뇌·동요]을 일으키다. L'envie le *ravage*. 질투의 감정이 그를 괴롭히고 있다. Le malheur l *a ravagé*. 불행이 그를 파멸시켰다.

ravageur(se) [ravaʒœːr, -øːz] *a.* 피해를 주는, 파괴하는(destructeur). insectes ~*s* du blé 밀에 피해를 주는 곤충. passion ~*se* 《비유적》파멸을 초래하는 정열. — *n.* 가해자, 약탈자. ~*s* des cultures 《농업》농지에 피해를 주는 것《해충·해조·짐승 따위》. — *n.m.* 《엣·속어》(강에서)고현 줍는 사람. — *n.f.* 매력적인 여자; 매혹부.

ravalement [ravalmɑ̃] *n.m.* ① 《건축》 (석조물의)담금질; (벽토의)초벌 바르기; 벽토. ② 《원예》(가지 따위의)자르기. ③ 《엣》(권위 따위의)실추(失墜), 저하; (사람·공로 따위를)헐뜯기. faire un ~ 《속어》(여자가)다시 분칠하다.

ravaler [ravale] *v.t.* ① (뱉은 것을)다시 삼키다. 말하려던 것을 참다; 억제하다. ~ sa colère 노여움을 꾹 참다. ~ un reproche 비난의 말을(하려다) 꾹 참다. ② (사람을)격하하다, 경시하다, (사람·공로 따위를)헐뜯다, 깎아내리다(avilir, déprécier). ~ le mérite de *qn* …의 공로를 깎아내리다. ③ 《건축》(석조물을) 새로 페인트·벽토 따위를 칠해 내다(ragréer); (에)벽토를 초벌바르다. ④ 《원예》(가지를)쳐내다(tailler). ⑤ 《건축》(목재를)깎아 깎다; (벽·기둥 따위를)오목하게 하다. ⑥ 《엣》다시 내리다. *Je lui ferai* ~ *ses paroles.*《구어》그를 제멋대로 말하게 내버려 두지는 않겠다, 그가 한 말을 철회시키겠다. — *v.i.* 《해양》(바람이)시계 바늘과 반대 방향으로 바뀌다, 북쪽에서 서남쪽으로 불다. — *se* ~ *v.pr.* 격하되다, 자기의 품위를 떨어 뜨리다(s'avilir, s'abaisser). [se ~ à] *se* ~ *au rang de la bête* 짐승으로 타락하다. *se* ~ *à des actions honteuses* 파렴치한 행위를 할 정도로 타락하다.

ravaleur [ravalœːr] *n.m.* 《건축》 미장이; 석공.

ravaudage [ravodaːʒ] *n.m.* ① 깁기, 꿰매기, 수선(rapiéçage); 《구어》서투르게 하는 일. ② 《엣·구어》객설, 중언부언.

ravauder [ravode] *v.t.* ① (헌옷을)깁다, 꿰매다, 수선하다(rapiécer); 《문어》서투르게 수선하다. ~ des bas 양말을 깁다. 《목적보어 없이》femme qui *ravaude* au coin du feu 난로가에서 헌 옷가지를 깁고 있는 여인. ② 《구어》욕하다; 중언부언하다. — *v.i.* 《엣·구어》① (헌옷 따위를)뒤적거리다. ② 중언부언하다.

ravauderie [ravodri] *n.f.* 《엣》=ravaudage.

ravaudeur(se) [ravodœːr, -øːz] *n.* ① (헌옷 따위를) 깁는 사람(raccommodeur). ② 《엣·구어》욕하는 사람; 중언부언하는 사람.

rave [raːv] *n.f.* 순무, 무우.

ravelin [ravlɛ̃] *n.m.* 《축성》 반월 보루(半月堡壘).

ravenala [ravnala] *n.m.* 《식물》 길손나무(arbre de voyageur).

ravenelle [ravnɛl] *n.f.* 《구어》《식물》 향꽃무우; 무아재비.

ravennate [ravɛ(n)nat] *a.* 라벤나(*Ravenne*, 이탈리아의 도시)의. — **R~** *n.* 라벤나 사람.

ravi(e) [ravi] *a.p.* ① 몹시 기쁜(enchanté). [~ de qc] Je suis ~ de vos succès. 당신이 성공함에서 기쁩니다. [~ de+*inf*.] R~ *de* vous connaître. 뵙게 되어 기쁩니다. [~ que+*sub*.] Je suis ~ *qu'il* ait gagné. 그가 이겨서 기쁘다. ② 넋을 빼앗긴, 홀린. être ~ en extase 《종교》 법열 상태에 빠져 있다. ③ 겁탈(강탈·유괴) 당한.

ravier [ravje] *n.m.* 오르되브르를 담는 접시.
ravière [ravjɛːr] *n.f.* 《원예》 순무 밭.
ravigotant(e) [ravigɔtɑ̃, -ɑ̃ːt] *a.* 《구어》 원기를 돋구어주는.
ravigote [ravigɔt] *n.f.* 《요리》 소스의 일종.
ravigoter [ravigɔte] *v.t.* 《구어》(에게) 원기[식욕]를 회복시켜 주다(revigorer). un petit vin qui *ravigote* et redonne de l'appétit 기운을 나게하고 식욕을 돋구어주는 약간의 포도주. **—se** ~ *v.pr.* 원기[식욕]를 회복하다.
ravilir [raviliːr] *v.t.* 《드물게》 비열(비굴)하게 만들다. **—se** ~ *v.pr.* 비열(비굴)해지다.
ravin [ravɛ̃] *n.m.* 움푹 팬 땅(길), 협곡.
ravine [ravin] *n.f.* ① =ravin. ②《옛》(큰 비 뒤에) 산속의 급류(急流).
ravinée [ravine] *n.f.* 급류로 팬 골짜기, 협곡.
ravinement [ravinmɑ̃] *n.m.* (빗물이) 땅을 파기, 급류가 협곡을 이루다.
raviner [ravine] *v.t.* (땅바닥·길·얼굴을) 움푹 파다, 골(주름)을 파다. visage *raviné* par les soucis 근심걱정으로 주름잡힌 얼굴.
ravineux(se) [ravinø, -øːz] *a.* (빗물로 팬) 골[협곡]이 많은.
ravioli [ravjɔli] 《이탈리아》 *n.m.pl.* 《요리》 라비올리 (다진 고기 속을 넣은 네모진 만두).
*****ravir** [raviːr] [10] *v.t.* ① 강탈(약탈·겁탈)하다, 유괴하다(enlever, kidnapper). ~ le bien d'autrui 타인의 재산을 강탈하다. [~ *qn/qc* à] ~ un enfant à ses parents 부모로부터 어린아이를 유괴하다. ~ l'honneur à une jeune fille 처녀를 욕보이다. ② 황홀하게 하다, (의)넋을 빼앗다(enivrer, enchanter); 《종교》 천국으로 데려가다. Cette musique a *ravi* tous les auditeurs. 이 음악은 모든 청중을 매혹시켰다. beauté qui *ravit* tous ceux qui la voient 그녀를 바라보는 모든 사람들을 매혹시킬 정도의 미인.
à ~ 황홀하게, 황홀하게. chanter à ~ 황홀해질 만큼 노래를 잘 부르다. Elle est belle à ~. 그녀는 정말 미인이다.
ravisement [ravizmɑ̃] *n.m.* 《드물게》 생각을 다시 하기.
raviser (se) [s(ə)ravize] *v.pr.* 갑자기 잊었던 것을 생각하다; 생각[의견]을 다시하다(고치다). Il semblait décidé, mais au dernier moment il s'est *ravisé.* 그는 결심한 것 같았는데 마지막 순간에 생각을 바꾸었다.
ravissable [ravisabl] *a.* 빼앗을 수 있는.
ravissamment [ravisamɑ̃] *ad.* 황홀해질만큼, 훌륭하게.
ravissant(e) [ravisɑ̃, -ɑ̃ːt] (<*ravir*) *a.* 황홀케 하는; 매혹적인(charmant); 아름다운. site ~ 황홀한 경치. beauté ~*e* 매혹적인 미인.
ravissement [ravismɑ̃] *n.m.* ① 황홀(enchantement); 《종교》 법열. être plongé dans le ~ 황홀경에 잠겨 있다. Il l'écoutait avec ~. 그는 황홀한 마음으로 그의 말에 귀를 기울이고 있었다. ② 《옛》 강탈, 겁탈, 유괴.
ravisseur(se) [ravisœːr, -øːz] *a.* 강탈(겁탈)하는, 유괴하는. **—***n.* 강탈(약탈·유괴)자. ~s du bien d'autrui 타인의 재산의 약탈자. **—***n.m.* (여자를) 유괴(겁탈) 한 자.

ravitaille [ravitɑːj] *n.f.* 《속어》 식량의 보급(ravitaillement).
ravitaillement [ravitajmɑ̃] *n.m.* 《군사》 (식량·기타 필수품의) 보급; 《행정》 식량 통제; (연료·윤활제 따위의) 보급. gare de ~ 병참 기지. ~ en munitions 탄약 보충. ~ sur le pays 현지 보급. ~ des grandes villes 대도시에의 식량·생필품의 공급. ministère du R~ 《전시의》 식량성(省). aller au ~ 《구어》 식료품을 사러 가다.
ravitailler [ravitaje] *v.t.* [~ *qc* en] (도시 주민·군대 따위에) 식량·군수품·기타 필수품을) 보급하다 (approvisionner). ~ une armée *en* vivres et *en* munitions 군대에 식량과 탄약을 보급하다. ~ une ville *en* viande 마을에 육류를 공급하다. Il a fait des achats pour ~ sa maison de campagne. 그는 별장에 식량을 장만하기 위해 쇼핑을 했다.
—se ~ *v.pr.* 생필품을 확보하다. Les habitants de ce village *se ravitaillent* à la ville voisine. 이 마을의 주민들은 이웃 도시에서 식량보급을 한다.
ravitailleur(se) [ravitajœːr, -øːz] *n.m.* 《군사》 보급병; 《해군》 보급 모함(母艦); 《항공》 급유기 (給油機). ~ de sous-marins 잠수함 보급선. **—***a.* 보급하는. navire ~ 보급선.
ravivage [ravivaːʒ] *n.m.* (땜질·도금하려는 금속면을) 닦기; (그림 빛깔에) 광을 내기.
raviver [ravive] *v.t.* ① 더욱 활기띠게 하다, 다시 일으키다, 부활시키다, 되살아나게 하다(ranimer). ~ une flamme 불꽃을 더 활활 일게 하다. ~ une douleur ancienne (비유적) 옛날의 고통을 되살아 나게 하다. ~ une plaie 《외과》 상처를 새로 건드리다 (비유적) 옛상처를 되살아나게 하다. ② (금속면을) 닦다; (빛깔을) 선명하게 하다. ~ un tableau 화면을 선명하게 하다. ~ des couleurs [de la dorure] 색채(도금)를 깨끗하게 하다.
—se ~ *v.pr.* 다시 활기를 띠다; (옛날의 희망 따위가) 되살아나다; (화재·싸움 따위가) 다시 일다. Sa douleur s'est *ravivée* à cette vue. 이것을 보고 그의 고통이 다시 되살아 났다.
ravoir [ravwaːr] (<*avoir*) *v.t.* 《드물게》(부정법으로만 쓰임) ① 다시 가지다, 되찾다. ~ ce qu'on a donné 한 번 준 물건을 되찾다. ②《구어》(부정형으로) (그전 상태로) 회복하다. On ne peut ~ pas ces meubles. 이 가구들은 전과 같은 상태로 될 수 없다.
—se ~ *v.pr.* 《옛》 기운을 회복하다.
raya [raja] 《터키》 *n.m.* =**raïa.**
rayage [rɛjaːʒ] *n.m.* ① 줄을 긋기; 《군사》 (총포에) 강선(腔綫)을 넣기; (피륙에) 줄무늬 넣기. ② 삭제, 말소, 지우기. ~ d'un nom dans une liste 어떤 사람의 이름을 명부에서 삭제하기.
rayé(e) [rɛ(e)je] *a.p.* ① 줄(선·주름무늬)이 든. pantalons ~s 줄무늬가 든 바지. étoffe ~*e* en long 세로 줄무늬가 든 피륙. fusil ~ 라이플총. papier ~ 괘지(罫紙). ② 줄을 그어 지워진. trois mots ~s nuls 말소된 세 단어.
rayement [rɛjmɑ̃] *n.m.* 《옛》=**rayage**②.
rayer [rɛ(e)je] [8] (<*raie*) *v.t.* ① (에)줄을 긋다[치다], 줄무늬를 넣다; 《군사》 (총포에) 강선(腔綫)을 넣다; (실린더에) 골(홈)을 넣다. ~ du papier avec un crayon 연필로 종이에 줄을 긋다. ② 줄을 그어 지우다, 말소(삭제·제외)하다(annuler, effacer). ~ *qn* des contrôles …을 병적에서 삭제하다. ~ *qn* d'une liste 리스트에 …을 삭제하다, 말소하다. ~ *qc* de sa mémoire …을 기억에서 지워 버리다(완전히 잊어버리다). ~ *qn* du nombre des humains (des vivants) …을 말살하다(mettre à mort). Rayez cela de vos papiers [tablettes]! 그런

rayère [rɛjɛːr] *n.f.* ① (탑의 벽에 뚫린)채광창. ② (물레방아 바퀴 위로 물을 끄는)홈통.
rayeur [rɛjœːr] *n.m.* 【음악】 오선지의 자.
ray-grass [rɛgraːs] 【영】 *n.m.* 독보리속(屬)의 목초(牧草).
‡rayon¹ [rɛjɔ̃] *n.m.* ① 빛, 광선; 열선, 복사선. ~s chimiques 화학선, 자외선. ~s cosmiques 우주선(線). ~s X; ~s de Rœntgen [rœtgen] X선, 뢴트겐선. ~ visuel 시선; 가시광선(~ visible). ~ de soleil 태양광선. ~s réfractés 굴절광선. ~s réfléchis 반사광선. ~s atomiques 원자선. traitement par les ~s 방사선 치료. ~s de la mort; ~ qui tue 살인 광선. ② 【문어】 (비유적) 광명; 계시. un ~ d'espérance 한줄기 희망의 빛. ~ de joie 희색. ③ 반경, 반지름; (어떤 중심으로부터의)거리, 범위. ~ terrestre 지구의 반경. dans un ~ de cinq kilomètres; à cinq kilomètres de ~ 반경 5킬로 내에. avion(sous-marin) à grand ~ d'action 항속거리가 긴 항공기(잠수함). ~ d'action des forces nucléaires 핵력작용 거리. étendre son ~ d'action 활동범위를 넓히다. ~ de livraison 【상업】 배달구역. ~ 수레바퀴의 살; 【식물】 사출화(射出花); (물고기의)가시지느러미.
en filer un ~ 【구어】 힘껏 하다.
***rayon²** [rɛjɔ̃] *n.m.* ① (책상·옷장 따위의)선반, 시렁 (planche, tablette). ~s de livres 책장. mettre du linge sur un ~ 속옷 따위를 옷장 선반에 넣다. ② (백화점의)판매코너. chef de ~ 판매코너 관리인. ~ de la parfumerie(de la chaussure) 향수(구두) 판매코너. magasin à multiples ~s 백화점(grand magasin). ③ (비유적)분야, 영역. Cela n'est pas (de) mon ~. 【구어】그것은 나와 아무 관계도 없다. ④ ~ de miel 【양봉】 봉방(蜂房), 봉와 蜂窩).
rayon³ *n.m.* 【원예】 (씨 뿌리기 위한)얕은 밭고랑.
rayonnage¹ [rɛjɔnaːʒ] *n.m.* (집합적) 시렁, 선반 (étagère). 판매코너. installer un ~ dans le bureau 사무실에 선반(전열장)을 가설하다.
rayonnage² *n.m.* (집합적) 수레바퀴의 살.
rayonnage³ *n.m.* 【농업】 (줄뿌림하기 위한)얕은 밭고랑 만들기.
rayonnant(e) [rɛjɔnɑ̃, -ɑ̃ːt] *a.* 【물리】 방사(복사)하는. matière ~e 방사성 물질. énergie ~e 방사 에너지. chaleur ~e 복사열. lumière ~e 복사(輻射)광. corps ~ de lumière 발광체. pouvoir ~ (태양 따위의)송신력. ②(비유적)빛나는, (눈·얼굴 등이)환하게 빛나는. ~ de lumière 빛을 던지는, 찬란하게 빛나는. [~ de] visage ~ de joie [de satisfaction] 기쁨[만족]으로 환해진 얼굴. enfant ~ de santé 건강미 넘쳐흐르는 아이. fille ~e de bonne foi 선의로 가득차 있는 소녀. style ~ 【미술·건축】 레요낭 양식. disposition ~e du drainage 배수로의 방사상 배치.

rayonnant ③

rayonne [rɛjɔn] *n.f.* 레이온, 인조견사.
rayonné(e) [rɛjɔne] *a.p.* 후광이 비치는; 방사형(放射形)의. —*n.m.(pl.)* 【동물】 사형류(射形類)= 사형류의 동물(해면·산호 따위).
rayonnement [rɛjɔnmɑ̃] *n.m.* ① 【물리】 방사, 복사. chauffage par ~ 복사식 난방. ~ des astres 천체복사. ~ des substances radio-actives[des rayons radio-actifs] 방사성 물질(방사체)의 방사작용. constantes de ~ 방사(복사)정수(定數). ~ cosmique du ~ d'anode 양극선. ~ cathodique 음극선. ~ électromagnétique 전자(電磁)사선. ~ diffus[diffusé] par les nuages 【기상】 구름에 의한 산란방사. ~ solaire direct 직사(直射)일광. ~ thermique de la terre 지구의 열복사. ②(비유적)빛남, 반짝임, 밝은 표정. ~ de joie [de bonheur] 기쁨에 찬[행복해 보이는] 밝은 표정. ~ de la vérité 진리의 반짝임[발현]. ③ 명성 (prestige); 영향; 파급, 침투. ~ d'un pays par sa culture 문화에 의한 국위선양. ~ d'une œuvre [d'une doctrine] 어떤 작품[학설]의 파급(침투).
rayonner¹ [rɛjɔne] (<*rayon*) *v.i.* ① 빛나다; 【물리】 방사(放射)하다, 복사하다. Le jour *rayonnait* dans un azur sans bornes. 해가 끝없는 창공에 빛나고 있었다. chaleur qui *rayonne* 복사열. ②(비유적)[~ de](으로)빛나다, 넘쳐흐르다(briller de). ~ *de joie* [*de bonheur*] 기쁨[행복]으로 빛나다[가득하다]. (보어 없이) Son visage *rayonnait*. 그의 얼굴은 환하게 빛나고 있었다. ③ (추상명사를 보어로) On voit ~ sa sublime pensée. 그의 숭고한 사상이 빛을 발하는 것을 본다. ③ (길 따위가) 사방으로 뻗어 나가다; (어떤 행동 반경 내를)돌아다니다, 유람하다. avenues qui *rayonnent* autour de la place 광장 주변으로 뻗어나가는 길들. bus qui *rayonnent* dans la banlieue 교외를 순회하는 버스. Nous avons *rayonné* autour de Paris. 우리는 파리 주변을 두루 다녔다[유람했다]. ④ (고통 따위가)번지다; (명성 따위가)멀리 퍼지다, 전파되다. douleur qui *rayonne* 점점 번져가는 고통. La civilisation grecque *a rayonné* sur tout l'Occident. 그리스 문명은 서양전체에 퍼져 나갔다.
—*v.t.* ①(을)(광선과 같이)발산하다, 파급하다. ~ l'amour autour de soi 자기 주위에 사랑을 발하다. ② 【물리】(을)복사(射)하다. ~ un flux lumineux 광속(光束)을 방사하다.
rayonner² *v.t.* 【원예】(씨앗을 뿌리기 위해 밭에) 얕은 고랑을 만들다.
rayonner³ *v.t.* (방 둘레에)선반[시렁]을 만들다.
rayonneur *n.m.* 줄뿌림하는 기계.
rayure [rɛ(ɛ)jyːr] *n.f.* ① 줄, 줄무늬; (총포의)강선(腔線). à ~s 줄무늬가 든. ② 줄을 그어 지우기, 삭제, 말소.
raz [rɑ] *n.m.* (복수불변) 【해양】 (해협의)급류(急流). ~ *de marée* 밀물, 해일(海溢); (비유적)해일처럼 급습하여 큰 영향을 미치는 사회현상. ~ *de marée* de l'érotisme 에로티즘의 급격한 번창. Les élections ont donné un ~ *de marée* de la gauche. 선거는 좌익세력의 급격한 대두로 결말지어졌다.
razis [razi] *n.m.* (드루게·속어) 사제(司祭).
razon [razɔ̃] *n.f.* 긴맛, 맞조개.
razzia [razja] 【아라비아】 *n.f.* ① 약탈, 강탈. faire (une) ~ sur *qc* ...을 약탈하다. ②(옛·구어)(경찰의)검거.
razzier [razje] *v.t.* 약탈[강탈]하다. tribus *razziées* 침략당한 부족. ~ le bétail 가축을 강탈하다.
Rb 【약자】 rubidium 【화학】 루비듐.
rb. 【약자】 rouble 루블(제정 러시아·소련의 화폐).
Rd 【약자】 Révérend 【종교】 신부에 대한 경칭.
rd 【약자】 radian 【수학】 라디안(각도의 단위).
r.d. 【약자】 rive droite 우안(右岸)
R.D.A. 【약자】 la République Démocratique d'Alle-

magne 독일민주공화국(동독).
R. (du) C. 《약자》Registre du Commerce 《상업》 상업 등기부.
rd.-vs. 《약자》rendez-vous 집합소, 회장.
Re 《약자》rhénium 《화학》 레늄.
r(e)-, ré- 《라틴》préf. ① 「공간적 후퇴」나 「대향」의 뜻(예 : *re*culer 뒤로 물러서다, *re*tirer 끄집어내다, *re*pousser 밀어부치다). ② 「시간적 후퇴」즉 「원상태에로의 되돌아감」의 뜻(예 : *ra*mener 되돌아오게 하다, *r*habiller 수선하다). ③ 「반복」의 뜻(예 : *re*dire 다시 말하다, *ré*affirmer 다시 확인하다). ④ 「강조·완결」의 뉘앙스를 함축(예 : *ra*masser 긁어모으다, *ré*unir 다시 결합하다). ⑤ 「허사」(*re* explétif)로 사용되는 경우(예 : *rac*courcir 짧게 하다, *ré*curer 닦다).
[REM] 단순형(單純形)이 s로 시작되는 말에 붙이는 경우에는 원칙적으로 ss-와 같이 중복시킴(예 : *res*saisir, *res*sortir). 이때 s음에 선행하는 e는 무음(無音)임. 또 최근에 형성된 *re*saler, *re*salir, *re*situer 등에서는 s는 겹치지 않지만 발음은 [s]로 보존되며 [z]가 되지 않음.
ré [re] *n.m.* 《복수불변》 《음악》레, 다장조 음계의 제 2음; (바이올린 따위의)D선.
réa [rea] *n.m.* (도르래)줄을 거는 바퀴.
réabonnement [reabɔnmɑ̃] *n.m.* 예약(구독) 신청의 갱신.
réabonner [reabɔne] *v.t.* 예약(구독) 신청을 갱신하다. [~ *qn à qc*] *être réabonné à une revue* (잡지)구독 갱신 신청을 하여〕계속 구독하고 있다.
—**se ~** *v.pr.* 예약(구독) 신청을 갱신하다. *se ~ à un journal dont l'abonnement expire* 구독 날짜가 끝나는 신문에 구독을 갱신하다.
réaborder [reabɔrde] *v.t.* (으로)다시 접근하다; 다시 문제삼다.
réabsorber [reapsɔrbe] *v.t.* ① 다시 흡수하다; 다시 먹다(마시다); 다시 병탄하다. ②[~ *qn*] 다시 전념케 하다. ③ (돈·시간을)다시 탕진하다.
réabsorption [reapsɔrpsjɔ̃] *n.f.* ① 재흡수; 재병탄(倂呑). ② 재소모; 재전념.
réac [reak] *n.m.* 《속어》반동(분자)(réactionnaire). *Il est un ~.* 저 녀석은 반동이다. —*a.* 《여성 불변》 반동파의. *écrivain ~* 반동파 작가.
réaccoutumer [reakutyme] *v.t.* [~ *qn à*] (에)다시 길들이다, 다시 익숙케 하다.
—**se ~** *v.pr.* [se ~ à] 다시 길들이다(익숙해지다). *se ~ à son travail* 일에 다시 익숙해지다.
réactance [reaktɑ̃:s] *n.f.* 《전기》리액턴스.
réacteur(trice) [reaktœr, -tris] *a.* 《예》반동의(réactionnaire). *parti ~* 반동파 정당. *opinion ~trice* 반동적인 견해.
—*n.* 《예》반동자.
—*n.m.* 제트 엔진; 《전기》리액터; 초코일; 《물리》반응 장치; (특히) 반응로; 액체연료 로켓. ~ *à combustible liquide* 액체연료 로켓. ~ *d'avion* 항공기용 제트엔진. ~ *à fusée* 로켓 엔진. ~ *à fusion nucléaire* 핵융합 반응로. ~ *de production (de recherche)* 생산(연구)용 원자로. ~ *à uranium* 우라늄 원자로.
réacteur-piscine [reaktœrpisin] *n.m.* 《원자로리》풀형 원자로.
réactif(ve) [reaktif, -i:v] *a.* ① 반응하는; 《심리》반사적인. *inhibition* ~*ve* 반사적 억제. ② 《화학》반응성의. *papier* ~ (화학실용응)시험지. *force* ~*ve* 반응력. ③ 《전기》리액턴스를 갖는. *courant* ~ 무효전류. *puissance* ~*ve* 무효전력. —*n.m.* 반응물; 《화학》반응체, 시약(試藥). ~ *d'indicateur* 지시약. ~ *spécifique* 특수시약.
*****réaction** [reaksjɔ̃] *n.f.* ① ⓐ 《물리》반작용, 항력(抗力). *l'action et la ~* 작용과 반작용. ⓑ 《화학》(검사). ~ *nucléaire* 핵반응. ~ *en chaîne* 연쇄반응. *faire la ~ des alcaloïdes* 알칼로이드 반응을 하다. ⓒ 《기계·항공》(분사에 의한)반동작용. *moteur à ~* 제트 엔진. *avion (appareil) à ~* 제트 비행기. ⓓ 《의학》《생체》반사, ~ *biologique* 생체반응. ~ *de sédimentation* (globulaire) 적혈구 침강반응, 혈침(血沈). ~ *cutanée* 피부반응(검사). ~ *de défense* 방어반사. ⓔ 《심리》(자극에 대한)반응(réflexe). *psychologie de* ~ 심리학(behaviorisme). ~ *conditionnelle* 조건반사. ~ *motrice* 운동반사. ~ *affective* 정서적 반응. ⓕ 《전기》재생, 피드백; 환류(還流); (라디오 수신기의)원용하는 잡음. ~ *acoustique* 음향재생.
② ⓐ (비유적)(에 대한)반응, 반작용, 반발. *par* ~ (에 대한) 반발로. *avoir une* ~ *de peur (de colère)* 공포(분노)의 반응을 나타내다. [~ *contre*] *avoir une* ~ *vive contre qc* 에 대해 격렬한 반응(반발)을 보이다. *être sans* ~ 반응이 없다(rester inerte). *Tout excès provoque une* ~. 모든 극단은 반발을 불러 일으킨다. ⓑ (정치적·사상적)반동; (집합적)반동파(réactionnaires). *partis de* ~ 반동파 정당. *lutter contre la* ~ 반동파에 대항하여 싸우다.
③ 《경제》(화폐·주식의)반락, 급락. *vive ~ du franc* 프랑화의 급격한 반락.
réactionnaire [reaksjɔnɛ:r] *a.* 반동적인; 반동파의. *écrivain* ~ 반동작가. *candidat* ~ 반동파의 입후보자. —*n.* 반동(분)자(약칭 : *réac*).
réactionnel(le) [reaksjɔnɛl] *a.* 《화학·심리》반응성의, 반응현상이 있는. *corps à l'injection de pénicilline* 페니실린 주사에 반응을 일으키는 신체. *psychose* ~*le* 《심리》반응성(심인성)정신병(↔ *psychose constitutionnelle*).
réactionner [reaksjɔne] *v.t.* ① 《법》다시 고소하다. ② 《기계·항공》다시 가동하다(움직이다); (약 따위가 신체 내에서)반응을 일으키다.
—*v.i.* ① (주식시세가)반락(反落)하다. ② 《정치》(정부·정당이)반동적으로 나오다. ③ 《드물게》《라디오》(수신기가)원용 소리를 내다.
réactivation [reaktivasjɔ̃] *n.f.* 《의학》재활동; 부활; 재활성화.
réactiver [reaktive] *v.t.* 다시 활발하게(활기있게) 만들다(ranimer). ~ *le feu* 불을 다시 피우다.
réactivité [reaktivite] *n.f.* 《화학》반응성; 《물리》(원자로의)반응효율(efficacité); 《심리》(외적자극에 대한)반응성; 《의학》(면역주사 따위에 대한 체질의)반응. ~ *négative (positive)* 마이너스(플러스) 반응(성). ~ *naturelle (acquise)* 자연(감응)반응.
réactogène [reaktɔʒɛn] *n.m.* 《의학》레아긴(알레르기 반응을 일으키는 물질).
réadaptation [readaptasjɔ̃] *n.f.* 재적응. ~ *d'un soldat à la vie civile* 군인의 시민생활의 재적응. ~ *fonctionnelle* 《의학》기능장애의 회복 및 재적응. ~ *des mutilés de guerre* 상이군인의 사회(직업)복귀.
réadapter [readapte] *v.t.* [~ *qn à*] (에)다시 적응(순응)시키다(réaccoutumer). ~ *un convalescent à sa vie professionnelle* 병에서 회복한 사람을 그의 직장생활에 재적응시키다. *infirme réadapté à la vie normale* 정상적인 생활에 돌아온 신체장애인. (*p.p.* 가 명사적으로)*les réadaptés* 사회 복귀자. ② 다시 번안(각색)하다.

—se ~ *v.pr.* [se ~ à] (에) 다시 적응하다. *se ~ à son travail* 자기 일[직업]에 재적응하다.

réadjudication [readʒydikasjɔ̃] *n.f.* ① 재경매. ② 【법】 소유권의 재인정.

réadjuger [readʒyʒe] ③ *v.t.* ① 재경매에 붙이다. ② 【법】 소유권을 재인정하다.

readmettre [readmɛtr] 46 *v.t.* 다시 넣다, 다시 채용하다, 다시 입학시키다; 다시 용인하다. *~ qn dans le bureau* …을 다시 사무실에 고용하다.

readmission [readmisjɔ̃] *n.f.* 재허가; 재채용. *~ d'un sociétaire exclu à la Société* 제명된 회원의 협회에의 재입회 인가.

réadopter [readɔpte] *v.t.* 다시 채택하다; 다시 채용하다. *~ un projet de loi* 법안을 다시 채택하다.

réadoption [readɔpsjɔ̃] *n.f.* 재채택; 재채용.

réafficher [reafiʃe] *v.t.* 다시 고시[게시]하다.

réaffirmer [reafirme] *v.t.* 다시 확언[단언·공언]하다. 【법】 재확인하다. *Le ministre a réaffirmé ses intentions.* 장관은 그의 의도를 재확인했다.

réaffûtable [reafytabl] *a.* 다시 갈 수 있는.

réaffûter [reafyte] *v.t.* (칼날을)다시 갈다.

réaggrave [reagra:v] *n.f.* 【가톨릭】 (로마교황의) 최종 경고(戒告).

réagir [reaʒi:r] *v.i.* 10 ① 【물리·화학·생물·의학】 반응하다, (자극 따위에 대해)반사작용을 하다. *~ acide[alcalin]* 산[알칼리]성 반응을 일으키다. *corps inerte qui ne réagit pas* 반응을 나타내지 않는 불활성체. ② (일반적으로) 반응을 보이다, 대응하다, 반작용을 일으키다. *Tout agit et tout réagit dans la nature.* 대자연에서는 모든 것이 서로 작용하고 반작용한다. *Comment a-t-il réagi?* 그는 어떤 반응을 보였나? *~ brutalement[vivement]* 거칠게[격렬하게] 반응하다.

—v.t. ind ① [~ à] …에 반응을 보이다. *organe qui réagit à une excitation* 자극에 반응을 일으키는 기관. *~ vivement à l'annonce d'une nouvelle* 어떤 소식을 듣고서 깜짝 놀라다. ② [~ contre] …에 항거[저항]하다(résister); 반항[항쟁]하다(lutter). *organisme qui réagit contre une maladie infectueuse* 전염병에 감응하는 생체. *~ contre le despotisme d'un gouvernement* 폭정에 항거하다. (목적보어 없이) *Il faut ~!* Ne vous laissez pas abattre! 용기를 잃지 말고 분발하시오. ③ [~ sur] …에 역작용(逆作用)을 미치다, …에 반향을 일으키다(se répercuter). *La mode agit sur les hommes et les hommes réagissent sur la mode.* 유행이 사람에게 영향을 미치고 반대로 사람은 유행에 영향을 미친다.

réagissant(e) [reaʒisɑ̃, -ɑ̃:t] *a.* 반응을 나타내는(보이는). *auditoire ~* 반응을 보이는 청중.

réaimanter [reɛmɑ̃te] *v.t.* 다시 자성(磁性)을 띠게 하다.

réajournement [reaʒurnəmɑ̃] *n.m.* 【법】 재연기.

réajourner [reaʒurne] *v.t.* 【법】 다시 연기하다.

réajustement [reaʒystəmɑ̃] *n.m.* =rajustement.

réajuster [reaʒyste] *v.t.* =rajuster.

réal'(*pl.* aux) [real, -o] *n.m.* (옛)에스파냐의 소은화 (8 분의 1 페소).

réal²(ale, *pl.* aux) *a.* 왕의(다음의 표현에만 쓰임). *galère ~ale* 국왕이 타는 기함(갤리선(船)). *pavillon ~* 국왕의 국왕기. —*n.f.* 국왕이 타는 기함, 갤리선(船).

réalésage [realeza:ʒ] *n.m.* 【기술】 (실린더 따위의)니멀된 내면을 다시 깎기, 보링.

réaléser [realeze] 6 *v.t.* 【기술】 (실린더 따위의) 니멀된 내부를 다시 깎다, 보링하다.

réalgar [realga:r] *n.m.* 【광물】 계관석(鷄冠石).

réalisable [realizabl] *a.* ① 실현[실행]할 수 있는 (exécutable, ↔ impossible, irréalisable). *Ce projet est ~.* 이 계획은 실현될 수 있다. ② 현금으로 바꿀 수 있는. *fortune facilement ~* 쉽게 현금화할 수 있는 재산.

réalisateur(trice) [realizatœ:r, -tris] *n.* ① 실천가, 실행가. *montrer des qualités de ~* 실천가로서의 자질을 보이다. ② 【영화】 감독, 제작자. ③ 【라디오·텔레비전】 연출가(metteur en ondes). —*a.* 실현[실행·실천]하는. *esprit ~* 실행력이 있는 사람[정신].

réalisation [realizasjɔ̃] *n.f.* ① 실현, 실행, 이행; 실현된 것. *poursuivre la ~ d'un projet* 어떤 계획의 실현에 노력하다. *~ d'un contrat* 계약의 이행. *~s de l'industrie* 공업 생산품. ② 【영화·라디오·텔레비전】 연출, 감독. ③ (재산·주식의)현금화, (부동산·재고품의)매각. *~ du stock* 【상업】 재고정리. *~ de l'actif successoral* 상속재산의 현금화.

***réaliser** [realize] *v.t.* ① 현실화[실현·실행]하다(effectuer, exécuter). *~ un projet[un plan]* 계획을 실현하다. *~ les vœux de qn* …의 소원을 풀어주다. *nouveau produit réalisé à la demande* 주문에 의해 제작된 신제품. *~ ses promesses* 약속을 이행하다. ② (〈영어 realize에서〉) 깨닫다, 이해하다, 실감하다(saisir). *ne pas ~ que* …임을 깨닫지 못하다, 모르다. *~ le danger* 닥쳐오는 위험을 directement. ③ (영화를)감독하다. *un des chefs-d'œuvres réalisés par Chaplin* 채플린이 감독한 걸작품의 하나. ④ 【경제】 ⓐ (부동산·재고품 따위를)현금으로 바꾸다(liquider). ⓑ (이익을)올리다; (시세를)형성하다. *~ des bénéfices* 이익을 내다. *cours réalisés au marché* 시장에서 형성된 시세. ⑤ 【철학】 (추상적인 것을)현실로 간주하다. *~ sa pensée* 자기 사상을 정신적 실재로 간주하다. *~ les êtres généraux et métaphysiques* 보편적 형이상학적 존재를 현실로 간주하다.

—se ~ *v.pr.* ① 현실화되다, 실현되다. *Ses prévisions se sont réalisées.* 그의 예언은 현실화되었다. ② 자기를 실현하다(s'épanouir). *Il n'a pu se ~ que dans son travail.* 그는 오직 자신의 일에 있어서만 자기를 실현할 수 있었다. ③ (구체적으로) 표현되다, 형상화되다(se traduire). *tableau où se réalisent ses rêveries* 그의 몽상이 형상화되어 그림. ④ 【법·상업】 (계약 따위가)성립되다, 체결되다.

réalisme [realism] *n.m.* ① 현실주의; 현실(주의)적 감각(↔ idéalisme). *~ politique* 정치적으로의 현실주의. *~ opportuniste* 기회주의적 현실감각. ② 【문학·미술】 사실주의, 리얼리즘; (현실의 추악한 면만을 그리는) 사실적 경향. *~ socialiste* 사회주의의 리얼리즘. *~ de Flaubert* 플로베르의 사실주의. *Il y a un ~ brutal dans sa description.* 그의 묘사에는 가차없는 사실성이 있다. ③ 【철학】 실재론; 실념론(實念論). *~ transcendant de Platon* 플라톤의 초월적 실재론.

réaliste [realist] *a.* ① 현실주의적인. *politique ~* 현실주의적 정책. *avoir une vue ~ des choses* 사물을 현실에 입각하여 바라보다. ② 사실주의의, 사실적인, (현실의 추악한 면만을 사실적으로 그리는)노골적 경향의. *école ~* 사실파. *écrivain ~* 사실파 작가. *éléments ~s chez Rabelais* 라블레(의 작품)에 있어서의 노골적인 요소들. ③ 실재론의. —*n.* ① 현실주의자. ② 【문학·미술】 사실주의자(파). ③ 【철학】 실재론자; 실념론자.

***réalité** [realite] *n.f.* ① 현실(성), 사실(성); 현실의 세계, 현실의 삶; (보통 *pl.*)현실의 사물. *faire ~ de ses rêves une ~* 꿈을 현실화하다. *l'idéal et la ~*

이상과 현실. donner une [de la] ~ à *qc* …에 현실성을 부여하다. douter du ~ d'un fait 사실의 현실성을 의심하다. revenir à la ~ 현실로 돌아오다. Ce n'est pas ainsi dans la ~. 현실(의 삶)에 있어서는 이렇지 않다. La ~ dépasse la fiction. 현실은 소설을 능가한다. s'en tenir aux ~s 어디까지나 현실에 입각하다. ② 〖철학·신학〗 실체; 실재성. ~ de l'esprit 정신의 실재성. nier la ~ du monde extérieur 외계의 실재성을 부정하다.

en ~ 사실, 실제로(réellement, en fait). Il a l'air heureux, mais *en* ~, il a des soucis. 그는 겉으로는 행복해보이지만 사실은 걱정이 많다.

réaménagement [reamenaʒmã] *n.m.* (건물 따위의) 개장(改裝), 수리.

réaménager [reamenaʒe] ③ *v.t.* (가옥·상점 따위를) 개장(수리)하다.

réanimateur [reanimatœr] *n.m.* 〖의학〗 (교통사고자 따위에 대한) 소생수술 시술자.

réanimation [reanimasjɔ̃] *n.f.* 〖의학〗 소생술(ranimation).

réanimer [reanime] *v.t.* 소생시키다, 되살아나게 하다; 〖비유적〗 다시 활기를 띠게 하다(ranimer).

réannexer [rea(n)nɛkse] *v.t.* 다시 병합하다.

réannexion [rea(n)nɛksjɔ̃] *n.f.* (영토의) 재병합.

réapparaître [reaparɛtr] ④① *v.i.* (조동사는 보통 être) 다시 나타나다(reparaître, ↔ disparaître); 되풀이 나타나다(se répéter); (병 따위가) 재발하다.

réapparition [reaparisjɔ̃] *n.f.* 재출현(↔ disparition); (병 따위의) 재발.

réappel [reapɛl] *n.m.* 〖군사〗 재점호.

réappeler [reaple] ⑤ *v.t.* 〖군사〗 다시 점호하다. —*v.i.* ① 〖군사〗 다시 점호를 하다. ② 〖법〗 상고(上告)하다.

réappliquer [reaplike] *v.t.* [~ sur] (에) 다시 적용하다; 다시 부가하다.

réapposer [reapoze] *v.t.* (우표 따위를) 다시 붙이다, (도장 따위를) 다시 찍다.

réapposition [reapozisjɔ̃] *n.f.* 다시 붙이기, 다시 찍기, 재날인.

réapprendre [reaprã:dr] ㉖ *v.t.* = **rapprendre**.

réapprovisionnement [reaprɔvizjɔnmã] *n.m.* (저장품 따위의) 재보급; 〖상업〗 다시 사들이기.

réapprovisionner [reaprɔvizjɔne] *v.t.* [~ *qc* en] (을) 재보급하다, (가게에) 다시 사들이다. ~ une base aérienne *en* vivres 공군기지에 식량을 재보급하다. (목적보어 없이) ~ un magasin 상점에 (물건을) 재공급하다. **—se** ~ *v.pr.* [se ~ en] 재보급받다. L'armée s'est *réapprovisionée en* vivres. 군대는 식량을 재보급받았다.

réargenter [rearʒãte] *v.t.* 다시 은도금하다.

réargenture [rearʒãty:r] *n.f.* 은도금을 다시하기.

réarmement [rearməmã] *n.m.* 재무장, 재군비; 재의장(再艤裝)(↔ désarmement). ~ d'une troupe 부대의 재무장. ~ d'un pays 한 나라의 군비. ~ moral 도덕 재무장(M.R.A.)운동.

réarmer [rearme] *v.t.* (총에) 다시 총알을 재다, 재장전하다; 〖해군〗 재의장하다; (새로이 승무원을 [투수하여]) 시키다, 재군비시키다. ~ un fusil (un pistolet) 총 (권총)에 다시 재장전하다. ~ la milice 민군을 다시 무장시키다. ~ un vaisseau 배를 재무장시키다. —*v.i.* (한 나라가) 재무장(재군비)하다. nation qui *réarme* en dépit des traités 조약을 무시하고 재군비를 하는 나라.

réarrangement [rearãʒmã] *n.m.* 재배열, 재조정.

réarranger [rearãʒe] ③ *v.t.* 다시 배열(정돈)하다; (머리를) 다시 매만지다.

réarrimage [rearima:ʒ] *n.m.* (뱃짐을) 고쳐 쌓기.

réarrimer [rearime] *v.t.* (뱃짐을) 고쳐 쌓다.

réassignation [reasiɲasjɔ̃] *n.f.* 〖법〗 재소환.

réassigner [reasiɲe] *v.t.* ① 〖법〗 재소환하다. ~ le défaillant 결석자를 다시 소환하다. ② 〖재정〗 새로이 수당하다; 새로이 충당하다(투자하다한다). ~ des crédits à l'enseignement 교육부문에 보충 예산을 할당하다. ~ une ligne politique (à son parti) (자기의 정당에) 새로운 정치노선을 부여하다.

réassortiment [reasɔrtimã] *n.m.* = **rassortiment**.

réassortir [reasɔrti:r] ⑱ *v.t.* = **rassortir**.

réassumer [reasyme] *v.t.* 다시 떠맡다.

réassurance [reasyrã:s] *n.f.* 재보험.

réassurer [reasyre] *v.t.* 다시 보험에 넣다, 재보험에 붙이다.

réassureur [reasyrœr] *n.m.* 재보험자.

réatteler [reatle] ⑤ *v.t.* (말을) 다시 수레에 매다.

réavertir [reaverti:r] *v.t.* [~ *qn* de *qc*] (에 관해) (에게) 다시 경고(통고)하다.

rebab [rəbab] 〖아라비아〗 *n.m.* (이슬람 제국에서 사용하는) 두 줄 달린 바이올린.

rebaisser [rəbe(e)se] *v.i.* 다시 내리다. Les prix ont remonté puis *rebaissé*. 물가가 올라갔다가 다시 내렸다. **—***v.t.* 다시 내리게 하다.

rébalade [rebalad] *n.f.* 밤의 몰이사냥.

rébaler [rebale] *v.i.* 밤에 몰이사냥을 하다.

rebander [rəbãde] *v.t.* ① (활 따위를) 다시 매다(당기다). ② (상처에) 붕대를 고쳐 매다.

rebaptisant [r(ə)batizã] *n.m.* 〖종교사〗 (3세기의) 재세(再洗)교도.

rebaptisation [r(ə)batizasjɔ̃] *n.f.* 재세례; 재명명.

rebaptiser [r(ə)batize] *v.t.* ① (에게) 다시 세례를 주다. ② (에게) 다른 이름을 붙이다, 다시 명명하다. ~ une rue 어떤 거리를 개명하다.

rébarbatif(ve) [rebarbatif, -i:v] *a.* ① (얼굴 따위가) 험상궂은, 반감을 일으키는, 무뚝뚝한(revêche, ↔ affable). ② 멋없는, 무미건조한, 따분한(aride); 난해한. sujet ~ 멋없는 테마(주제). études ~*ves* 난해한 공부.

rebâtir [r(ə)bati:r] *v.t.* ① (집 따위를) 다시 짓다(세우다, 건축하다), 재건하다(reconstruire, ↔ démolir). Cette maison *a été rebâtie* sur les anciennes fondations. 이 집은 그 전의 토대 위에 다시 지어졌다. ~ l'édifice social détruit (비유적) 파괴된 사회조직을 다시 세우다. ② (소설 따위를) 다시 구성하다. **—se** ~ *v.pr.* 다시 세워지다, 개축되다.

rebattement [r(ə)batmã] *n.m.* 〖문장〗 방패꼴 무늬의 하나.

rebattre [r(ə)batr] ㊺ *v.t.* ① (드물게) 다시 치다 (때리다); 여러번 치다(때리다); (통의 테를) 다시 죄다. ~ les cartes 카드놀이 패를 다시 치다(섞다). ② (구어) 귀찮게 되풀이하다; (길 따위를) 몇 번이고 밟아 다지다(쏘다니다). battre et ~ la plaine 들을 몇 번이고 쏘다니다. ~ ses voies 〖사냥〗 (개가) 몇 번이고 같은 길을 뛰어 다니다; (짐승이) 발자취를 감추다.

~ les oreilles à *qn* de *qc* 귀에 못이 박히도록 …에게 …을 말하다. On m'*en a rebattu* les oreilles. 귀에 못이 박히도록 그 말을 들었다.

rebattu(e) [r(ə)baty] (*p.p.* < rebattre) *a.p.* ① (솜 따위가) 다시 타진, 다시 쳐진. ② (길 따위가) 밟혀서 다져진; 왕래가 잦은. ③ (주제·이야기 따위가) 여러 번 되풀이되고 있는, 진부한.

avoir les oreilles ~*es* (être ~) *de qc* …을 싫증 나도록 누차 듣다. J'*en ai les oreilles* ~*es*. 나는 그 이야기를 귀에 못이 박히도록 들었다.

rebaudir [r(ə)bɔdi:r] 〖사냥〗 *v.t.* (개를) 쓰다듬어

rebec 부추기다. —*v.i.* (개가 사냥감 냄새를 맡아내고) 꼬리를 세우다.

rebec [r(ə)bɛk] *n.m.* 삼현호궁(三弦胡弓)《중세기 음유시인의 악기》.

rebec(que)tage [r(ə)bɛktaːʒ] *n.m.* 《속어》① 화해, 사화(私和). ② 약; 의료.

rebec(que)tant(e) [r(ə)bɛktā, -āːt] *a.* 《속어》기운을 돋우는, 식욕을 돋우는.

rebecqueter, rebecter [r(ə)bɛkte]《속어》*v.t.* ① 기운을 돋우게 하다. ② 화해시키다. —*v.i.* 기운을 되찾다; 다시 마음이 내키다.
—**se ~** *v.pr.* ① 기운을 되찾다. ② 화해하다.

rebecteur [r(ə)bɛktœːr] *n.m.* 《속어》의사, 변호사.

rebelle [r(ə)bɛl] *a.* ① 반역(모반)하는(révolté, ↔ soumis); (법률 따위를)어기는. armée ~ 반란군. [~ à] La chair est ~ à l'esprit. 육(관능)은 영(靈)성을 거역한다. sujets ~s à la République 공화국에 반역하는 분자. esprits ~s《가톨릭》악마. ② [~ à] 소질이 없는, 안 맞는. personne ~ à la musique 음악에 소질이 없는 사람. sujet ~ à la poésie 시에 알맞지 않은 주제. fièvre ~ aux remèdes 약이 전혀 듣지 않는 열. ③ 다루기 어려운; 완고한; (마음이)뜻대로 안되는. fils ~ 아버지의 말을 안듣는 아들. viande ~ 질긴 고기.
—*n.* 반역자, (*pl.*) 반란군, 반도(叛徒).

rebeller (se) [sər(ə)be[ɛl]le] *v.pr.*《se ~ contre》(에)반역(모반)하다;《비유적》(에)거역하다. *se ~ contre* le gouvernement 정부에 반역하다. Les passions *se rebellent contre* la raison.《비유적》정념이 이성에 거역한다.

rébellion [rebeljɔ̃] *n.f.* ① 반역, 반란;《비유적》거역, 반항(révolte, insoumission, ↔ docilité). acte de ~ 반역 행위. en état de ~ 반란 상태에. dompter(réprimer) la ~ 반란을 진압하다. ~ des sens contre la raison 이성에 대한 감각의 반항. ②《집합적》폭도, 반도. négocier avec la ~ 폭도와 교섭하다. ③《법》관명(官命)항거, 공무집행방해. faire ~ à (être en ~ contre) la justice 사법당국의 명령을 거역하다.

rébellionnaire [rebeljɔnɛːr] *n.*《법》반역자; 관명항거자, 공무집행방해자.

rébellionner (se) [s(ə)rebeljɔne] *v.pr.* = rebeller

rebénir [rəbeniːr] *v.t.* 다시 축복(강복)하다. ◁er.

rebéquer [rəbeke] [6] *v.i.*, **se ~** *v.pr.*《구어》(상관에게)건방지게 말대답하다, 맞서다.

rebiffe [rəbif] *n.f.*《은어》반항; 재범(再犯). faire de la ~ 반항하다.

rebiffement [rəbifmā] *n.m.*《구어》반항; 불복종.

rebiffer [rəbife] *v.i.*《속어》① 딱 잘라 거절하다; 반항하다. ② (일 따위에) 다시 착수하다.
~ *au truc* 또 하다, 재범하다.
—**se ~** *v.pr.* [se ~ contre] (에)반항하다, 딱 잘라 거절하다(se regimber, se résister). *se ~ contre des ordres stupides* 엉뚱한 명령에 거역하다.

reblanchir [r(ə)blɑ̃ʃiːr] *v.t.* 다시 희게 하다(칠하다, 세탁하다). ~ les murs d'un corridor 낭하의 벽을 다시 희게 칠하다. —*v.i.* 다시 희어지다.
—**se ~** *v.pr.* 다시 희어지다;《구어》흰 샤쓰를 입다; 화장하다.

reblochon [rəblɔʃɔ̃], **rebléchon** [rəbleʃɔ̃] *n.m.* 사부아(*Savoie*)산의 치즈.

rebobiner [rəbɔbine] *v.t.* (보빈 코일을)고쳐감다.

reboire [rəbwaːr] [39] *v.t.* 다시 마시다; (목적보어 없이) (술을 끊었다가) 다시 술을 마시기 시작하다.

reboisement [rəbwazmɑ̃] *n.m.* ① 재식림(再植林). ② (수평 갱도에서) 다시 갱목을 버티기.

reboiser [rəbwaze] *v.t.* ① 재식림하다 (↔ déboiser). ~ une région dévastée par la guerre 전쟁으로 황폐한 지방에 다시 나무를 심다. ② (수평 갱도에)다시 갱목을 버티다.

rebond [rəbɔ̃] *n.m.* 뛰기, 튀어오르기; 리바운드, (두번째의)바운드.

rebondi(e) [rəbɔ̃di] *a.p.* 통통하게 살찐, 토실토실한(dodu, ↔ maigre); 둥글게 뻐져나온 (arrondi). avoir des joues ~es 통통하게 뺨을 갖고 있다. seins ~s 불룩하게 튀어나온 젖가슴.

rebondir [rəbɔ̃diːr] *v.i.* 튀어 되돌아오다, 튀어오르다, 바운드하다. ballon qui *rebondit* sur le sol 땅에 부딪혔다 튀어오르는 축구공. ②《비유적》(사건·연극 줄거리 따위가)갑자기 또 새로운 전개를 보이다. Cet incident pourrait faire ~ la crise internationale. 이 사건은 국제적인 위기를 재연시킬 지도 모른다. Dans cette tragédie, l'action *rebondit* au troisième acte. 이 비극에서는 줄거리가 제 3 막에서 새로운 전개를 보인다.

rebondissant(e) [rəbɔ̃disɑ̃, -ɑ̃ːt] *a.* 다시 튀어오르는, 다시 되돌아오는, (다시)바운드하는.

rebondissement [rəbɔ̃dismɑ̃] *n.m.* ① 다시 튀어오르기, (공의)리바운드. ~ d'une balle 공의 바운드. ②《비유적》(사건의)새로운 전개. ~ d'une crise politique 정치적 위기의 재연. Il y a des ~s dans ce film. 이 영화에는 사건의 변화가 많다.

rebord [rəbɔːr] *n.m.* (두드러진)가장자리, 가두리, 가, 테두리, 테; 옷의 단.

rebordé(e) [rəbɔrde] *a.p.* (귀 따위의)가장자리가 불거져 나온.

reborder [rəbɔrde] *v.t.* (의)가장자리[테]를 갈아 붙이다. ~ une jupe 스커트의 단을 갈아붙이다. ~ *qn* dans son lit 담요의 가장자리를 요 밑에 끼워서 고쳐 주다.

rebot [rəbo] *n.m.* 바스크 지방 특유의 공놀이.

rebotter [rəbɔte] *v.t.* ① (에게)장화를 다시 신기다. ②《완곡》다시 접목하다.
—**se ~** *v.pr.* 다시 장화를 신다.

rebouchage [rəbuʃaːʒ] *n.m.* (벽 따위에 페인트칠하기 전에)구멍을 메우기(막기); (병 따위에)다시 마개를 하기.

rebouchement [rəbuʃmɑ̃] *n.m.* 다시 구멍을 막기 [메우기]; 다시 마개를 하기.

reboucher [rəbuʃe] *v.t.* 다시 (구멍을) 막다(메우다); 다시 마개로 막다. ~ un trou ~es coulées. ~ une bouteille après usage 병을 사용한 다음 다시 마개로 막다.
—**se ~** *v.pr.* 다시 막히다; 다시 마개로 막히다.

rebouillir [rəbujiːr] [19] *v.i.* 다시 끓다. faire ~ de l'eau 다시 물을 끓이다.

rebouiser [rəbwize] *v.t.* 《옛》① (구두의)창을 갈아 대다. ② (모자의)광을 내다.

rebours [rəbuːr, -urs] *n.m.*《옛》(피륙의)결의 역 (반대)방향.
à ~ 반대 방향으로, 반대로; 반대의 뜻으로; 털결을 거슬러서. caresser un animal *à* ~ 짐승의 털결을 거슬러 쓰다듬다. comprendre *à* ~ 반대의 뜻으로 이해하다. *à* ~ *une rue à sens unique* 일방통행의 길을 거슬러서. compte(comptage) *à* ~ (로켓 발사 때의)초읽기《많은 수에서부터 거꾸로 0으로 읽어나가기》.
à(*au*) ~ *de* ~와는 반대로, 거꾸로. opinions *à* ~ *des nôtres* 우리 의견과는 반대의 의견. aller *à* ~ *de* la tendance générale 일반 추세에 역행하다.
faire tout à ~ 양식(이성) 없이 거슬러 행동하다.
—*a.* (성격 따위가)비뚤어진; 다루기 힘든;《옛》스스럼터럴한.

rebourser [rəburse] *v.t.* 【직조】 (에)보풀을 세우다(일으키다).
reboursoir [rəburswa:r] *n.m.* 【직조】 보풀 세우는 기계(rebroussoir).
reboutage [rəbuta:ʒ], **reboutement** [rəbutmā] *n.m.* 접골(술).
rebouter [rəbute] *v.t.* ① 《옛》(원 위치로)돌려 놓다, 갖다 놓다(remettre). ② (골절·탈구·염좌 따위를)고치다, 접골하다.
rebouteur(se) [rəbutœ:r, -ø:z], **rebouteux(se)** [rəbutø, -ø:z] *n.* 《구어》접골사.
reboutonner [rəbutɔne] *v.t.* (의)단추를 다시 채우다. —**se** — *v.pr.* 자기의 단추를 다시 채우다; 옷매무새를 바로잡다.
rebras [rəbra] *n.m.* 소맷단(retroussis, revers); 긴 장갑의 팔을 덮는 부분.
rebrasser [rabrase] 《옛》 *v.t.* (소매·모자의 챙 따위를)걷어 (말아)올리다. —**se** — *v.pr.* 팔을 걷어올리다.
rebrider [rəbride] *v.t.* (말에)재갈을 다시 물리다, 고삐를 다시 매다.
rebroder [rəbrɔde] *v.t.* (에)다시 수를 놓다.
rebrousse [rəbrus] *n.f.* =rebroussoir.
rebroussement [rəbrusmā] *n.m.* ① (머리털·깃털 따위를)거꾸로 세우기; 곤두서기, 되돌아오기. ③ 【철도】 (3각선에서의)방향 전환. ④ 【수학】 point de ~ (2 곡선의)첨점(尖點).
rebrousse-poil (à) [arbruspwal] *loc.ad.* 털결을 거슬러, 《비유적》거꾸로. prendre *qn à* ~ (…을 서투르게 대하여)역정나게 하다, 기분을 거슬리다. prendre une affaire *à* ~ 어떤 일을 (상식·사회의 통념과)반대의 의미로 해석하다.
rebrousser [rəbruse] *v.t.* ① (털을)곤두세우다, 《피혁》 주름살지게 하다. ② 《직조》 보풀을 세우다. ~ les poils du tapis 양탄자의 털을 거꾸로 곤두세우다. Le vent *rebrousse* les feuilles des arbres. 바람이 나뭇잎을 거꾸로 뒤집는다. ② ~ les peaux 가죽을(부들부들하고 연하게 만들기 위해) 기계에 문지르다. ③ ~ chemin 가던 길을 되돌아오다(revenir sur ses pas).
—*v.i.* ① 되돌아오다; 역행하다. ②《옛》(도끼 따위가)날이 들어가지 않고 튕겨지다. —**se** — *v.pr.* (털이)곤두서다.
rebroussoir [rəbruswa:r] *n.m.* =reboursoir.
rebuffade [rəbyfad] *n.f.* 매정한 거절. essuyer(recevoir) une ~ 매정하게 거절당하다.
rebuffer [rəbyfe] *v.t.* 매정하게 거절하다.
rébus [rebys] *n.m.* 그림수수께끼, 《비유적》수수께끼(énigme); 알아보기 힘든 글씨. deviner(déchiffrer) un ~ 수수께끼를 풀다. Cette phrase est obscure, c'est un vrai ~. 이 문장은 분명치가 않다, 마치 수수께끼 같다.
rebut [rəby] *n.m.* ① 폐품, 허섭쓰레기. ②《비유적》(인간·사회의)찌꺼기, 쓰레기(lie, racaille). ~ de la société(du genre humain) 사회〔인류〕의 쓰레기. mettre〔jeter〕 *qc* au ~ …을 폐기하다. ~을 불합격품으로 처리하다. 【우편】 배달 불능 우편물. service des ~s 배달 불능 우편물. détruire des ~s 배달 불능 우편물을 폐기하다.
de ~ 허섭쓰레기의, 못쓸. marchandises *de* ~ 파치, 흠있는 상품. papier *de* ~ 파지. pièces *de* ~ (공장 제품 중의)불량품.
rebutant(e) [rəbytā, -āːt] *a.* ① (일 따위가)진저리나는, 싫어지게 하는. travail ~ 싫증나는 일. ② (사람·태도가)혐오감〔반감〕을 주는, 상냥하지 못한(↔charmant). mine ~e 혐오감을 주는 얼굴. manières ~es 불쾌한 태도.

rebuter [rəbyte] *v.t.* ① (곤란·장애 따위가)마음이 안 내키게 하다, 싫증나게 하다(décourager, dégoûter). La moindre chose le *rebute*. 사소한 일에도 그는 뒷걸음질친다. *être rebuté par qc* …에 싫증을 느끼다. ② (에게)불쾌감〔반감〕을 일으키다(déplaire). Sa figure nous *rebute*. 그의 얼굴을 보면 불쾌해진다. ③《옛·문어》매정하게 거절하다(repousser). ~ une proposition 제안을 거절하다. femme qui *rebute* un soupirant 연모하는 자를 매정하게 거절하는 여자. ④《옛》(폐물로서)폐기하다. ⑤ 【법】(증거서류 따위를)각하하다.
—**se** — *v.pr.* 싫어지다, 용기가 꺾이다(se décourager). Il finira par s'en ~. 그도 끝내 진력을 내고 말거야.
récabite [rekabit] *n.m.* 금주가, 금주 회원.
recacher [rəkaʃe] *v.t.* 다시 숨기다.
—**se** — *v.pr.* 다시 숨다.
recacheter [rəkaʃte] ⑤ *v.t.* 다시 봉인(封印)하다.
recalage [rəkala:ʒ] *n.m.* 《구어》(시험에서의)불합격, 실패, 낙제. ses ~s au bachot 그의 수차에 걸친 대학입학 자격시험의 실패.
recalcification [rəkalsifikasjɔ̃] *n.f.* 칼슘의 보강.
recalcifier [rəkalsifje] *v.t.* (에)칼슘을 보강하다.
récalcitrance [rekalsitrā:s] *n.f.* 고집, 반항.
récalcitrant(e) [rekalsitrā, -ā:t] *a.* 완강하게 반항하는, 고집하는, 말을 듣지 않는(indocile); (말이)나아가려고 하지 않는(rétif). caractère ~ 말을 듣지 않는 고집스런 성격. Il est〔se montre〕 ~ contre〔à〕 *qc*. 그는 …에 완강하게 반항하다. cheval ~ 뒷다리로 차며 거부하는 말.《사물에 대하여》 boutons ~s 《구어》 채우기 어려운 단추.
—*n.* 고집장이, 반항자. ~s à l'impôt 완강히 납세를 거부하는 사람들.
récalcitrer [rekalsitre] *v.i.* (말이)나아가려고 하지 않다; (사람이)완강히 반항하다.
recalculer [rəkalkyle] *v.t.* 다시 계산하다.
recalé(e) [rəkale] 《구어》 *a.p.* 낙제한. Il est ~. 그는 낙제했다. —*n.* 낙제생. repêcher des ~s du baccalauréat 대학입학 자격시험 낙제생을 구제하다.
recaler[1] [rəkale] *v.t.* 《구어》(시험에)낙제시키다《보통 수동형으로 쓰임》(coller). *être recalé*; se faire ~ 낙제하다.
recaler[2] *v.t.* ① 다시 쐐기를 박다, 다시 쐐기로 죄다, 다시 굄목〔굄목〕으로 받치다. ②《구어》원기를 회복시키다. Un héritage vous *recale*. 유산 상속으로 당신은 다시 기운을 낼 수 있다.
—**se** — *v.pr.* 《구어》(건강·경제상태 따위가)회복되다. Il s'est bien *recalé*. 그는 완전히 회복되었다.
récalescence [rekalesā:s] *n.f.* 【물리】 재휘(再輝)(현상), 재열(再熱)(현상).
récaoutchoutage [rekautʃuta:ʒ] *n.m.* (천에)고무를 다시 입히기.
récaoutchouter [rekautʃute] *v.t.* (천에)고무를 다시 입히다.
récapitulateur(trice) [rekapitylatœ:r, -tris] *n.* 요약하여 설명하는 사람, 요약자.
récapitulatif(ve) [rekapitylatif, -i:v] *a.* 요점을 되풀이하는, 요약하는. état ~ des dépenses 지출의 요약 일람표.
récapitulation [rekapitylasjɔ̃] *n.f.* ① 요약 설명, 약술(sommaire); 요약 복습; 【수사학】(결론에서 본론의 요점을)요약 열거하는 수법. faire la ~ d'une conférence 연설을 요약하다. ② théorie de la ~ 【생물】반복설.
récapituler [rekapityle] *v.t.* 요점을 되풀이하다, 요약하다(résumer); 재검토〔회고〕하다. ~ les événements d'une année 한 해의 사건들을 요약 정리

하다. ~ les principaux points de son discours 연설의 요점을 재정리하다.

recapturer [rəkaptyre] *v.t.* (소유권 따위를)되찾고르게 하다.

recarder [rəkarde] *v.t.* (양털 따위를)다시 손질하여 고르게 하다.

recarrelage [rəka(ɑ)rla:ʒ] *n.m.* 포석[보도블록·타일]을 다시(갈아) 깔기; 구두창을 갈아 대기.

recarreler [rəka(ɑ)rle] [5] *v.t.* (에)포석[보도블록·타일]을 다시(갈아) 깔다; 구두창을 갈아 대다. ~ une cuisine 부엌의 타일을 다시 붙이다.

recarreleur [rəka(ɑ)rlœ:r] *n.m.* 구두창갈이 직공.

recasement [rəkazmɑ̃] *n.m.* 새 집을 주어 살게 하기.

recaser [rəkaze] *v.t.* 다시 취직시키다.

recasser [rəkase] *v.t.* 다시 부수다.

recauser [rəkoze] *v.i.* [~ de] (에 관해)다시 이야기하다. On *en recausera* un de ces jours. 그 이야기는 근간 다시 합시다.

recéder [rəsede] [6] *v.t.* 도로 양도하다; 다시 양도하다; 다시 팔다. Je lui *ai recédé* la maison qu'il m'avait vendue. 그가 내게 판 집을 다시 그에게 양도했다. —*v.i.* [~ à] (에게)다시 굽히다, 지다. Il *recède* à cette tentation à chaque coup. 그는 매번 그 유혹에 빠지고 한다.

recel [rəsɛl], **recélé** [rəsele], **recèlement** [rəsɛlmɑ̃] *n.m.* 【법】 은닉. ~ de bijoux 보석류의 은닉. ~ de malfaiteur 범인의 은닉. Il fut poursuivi pour ~ [comme coupable de ~]. 그는 은닉죄로 기소되었다.

receler [rəsle] [4], **recéler** [rəsele] [6] *v.t.* ① 【법】 은닉하다, 숨겨주다. ~ des objets volés 도난품을 은닉하다. ~ un déserteur 탈영병을 은닉하다. ~ un secret 비밀을 숨기고 있다. ② (비유적) 지니다, 내포하다(renfermer). ~ un mystère 신비를 내포하다. La mer *recèle* de grands trésors dans son sein. 바다는 그 품안에 크나큰 보물들을 지니고 있다.
—*v.i.* 【사냥】 몸을 숨기다, 숨다. Le cerf *recèle*. 사슴이 숨는다.
—**se** ~ *v.pr.* (드물게) 몸을 숨기다(se cacher).

receleur(se) [rəslœ:r, -ø:z], **recéleur(se)** [rəselœ:r, -ø:z] *n.* 【법】 은닉자. ~ des objets volés 도난품의 은닉자. S'il n'y avait point de ~*s*, il n'y aurait point de voleurs. 《속담》세상에 은닉자가 없다면 훔치는 자도 없을 것이다.

***récemment** [resamɑ̃] (< *récent*) *ad.* 최근, 요즈음 (dernièrement). Cela est arrivé (tout) ~. 그 일은 (아주)최근에 일어났다. phénomène ~ découvert 최근에 발견된 현상.

récence [resɑ̃:s] *n.f.* 【심리】 신근성(新近性). effet de ~ 신근성 효과 (최근에 학습한 것이 더 효과를 올리는 것).

recensement [rəsɑ̃smɑ̃] *n.m.* 【행정】 (인구 따위의)조사; (투표 따위의)검사; 【군사】 (징발을 위한 차·말 따위의)검사; (상품 따위의)대조, 검사. ~ général des ressources de pays 국내자원의 전반적 조사. procéder au ~ des voix 표의 검사를 시작하다. faire le ~ des livres d'une bibliothèque 도서관의 장서를 목록과 대조 조사하다.

recenser [rəsɑ̃se] *v.t.* (인구·투표 따위를)조사하다 (dénombrer); (상품을)대조(검사)하다(inventorier). ~ la population d'un pays 어떤 나라의 인구를 조사하다.

recenseur(se) [rəsɑ̃sœ:r, -ø:z] *n.* (인구)조사원; 상품 검사원; 투표 조사원, 개표조사원.
—*a.* agent ~ 조사원.

recension [rəsɑ̃sjɔ̃] *n.f.* ① 교정(校訂); 교정본, 비평판(édition critique). ② (문학작품의)비평, 평론. ③ (비유적) 검토, (검토후 만든) 명세표.

***récent(e)** [resɑ̃, -ɑ̃:t] *a.* 그 최근의, 요즘의; 생생한 (nouveau, frais). nouvelle toute ~*e* 갓 들은 소식, 최신 뉴스. événement ~ 최근에 생긴 사건. passé ~ (현재에)가까운 과거, 근접과거. La mémoire en est encore toute ~*e*. 그 기억은 아직도 생생하게 남아 있다. avoir la mémoire ~*e* de *qc* …의 기억이 생생하다.

recepage [rəspa:ʒ], **recépage** [rəsepa:ʒ] *n.m.* 나무의 그루를 자르기.

recepée [rəspe], **recépée** [rəsepe] *n.f.* 잘린 줄기(숲)의 일부.

receper [rəspe][4], **recéper** [rəsepe] [6] *v.t.* (포도나무 따위의 관목을)짧게 자르다; (말뚝을)일정한 높이로 가지런히 자르다. ~ la vigne tous les ans 포도나무를 매년 짧게 자르다.

récépissé [resepise] *n.m.* 인수증, 영수증(reçu); 【법】 예증권(預證券); (소장(訴狀) 따위의)수리. garder le ~ d'un colis qu'on a expédié 발송한 소하물의 인수증을 보관하다. ~ de dépôt 보관증.

réceptacle [resɛptakl] *n.m.* ① 집합소, 집적소; 소굴; (물·증기 따위의)수집 장치. ~ des voleurs 도둑의 소굴. Cette maison est le ~ des vagabonds. 이 집은 떠돌이들의 집합소이다. ② 【식물】 꽃받기, 화탁(花托); (버섯 따위의)생식기(床).

récepteur(trice) [resɛptœ:r, -tris] *a.* 수신(受信)의 (↔ émetteur). appareil ~ 수신기, 수화기. poste ~ 수신국; 수신기, 수상기(受像機). antenne ~*trice* 수신용 안테나.
—*n.m.* ① 수신기; 수화기; 수동기(受動器). décrocher(accrocher)le ~ 수화기를 들다(놓다). ~ toutes ondes 전(全) 파장 수신기. ~ de télégraphe 전신 수신기. ~ de radio 라디오 수신기. ~ de télévision 텔레비전 수상기. ~ d'ultra-sons 초음파 수신기. ~ portatif 포타블 라디오[텔레비전]. ② 【언어】 수신자(interlocuteur).
—*n.f.* 【전기】 직류 발전기.

réceptif(ve) [resɛptif, -i:v] *a.* ① 감수성이 예민한. esprit ~ 이해가 빠른 정신. Ces enfants sont ~*s* à la suggestion. 아이들은 암시에 예민하다. ② 병에 걸리기 쉬운.

***réception** [resɛpsjɔ̃] *n.f.* ① 받기, 수령, 수납; 【전기】 수신(受信). accusé(avis) de ~ 수취증(통지). appareil(poste) de ~ 수신기; 수신국. ~ des ondes dans un poste 수신기 내에서의 음파의 감수. ~ des sacrements 【가톨릭】 영성체. accuser ~ d'(une lettre) (편지를)받았음을 통지하다(상공·공용문에서). ② (공식적으로 맞아들이기), 입회(입학)(의 승인); (학설 따위를)받아들이기; 【연극】 (각본을)레파토리에 넣기. ~ à l'Académie Française 아카데미 프랑세즈에의 입회. discours de ~ 입회인사 연설. séance de ~ 입회식. ~ à un examen 시험에의 합격. ③ 리셉션, 접대, 접견, 환영; 면회일, 접견일; (호텔·관청의)접수계. Le mardi est le jour de ~ de Mme X. 화요일은 X 부인의 면회일이다. invités d'une ~ 리셉션의 초대객. ~ *s* officielles 공식 리셉션. salon(salle) de ~ 리셉션회장. faire (une) bonne(mauvaise) ~ à *qn* …을 환대(냉대)하다.

réceptionner [resɛpsjɔne] *n.* ① 【법】 (상품의)수취인; (제품·납품의)접수계원. ② 호텔 접수계의 종업원. ③ (아카데미 신입회원을 맞아 환영연설을 하는)접대회원.
—*a.* agent ~ (제품·납품의)접수계원.

réceptionner [resɛpsjɔne] *v.t.* 【상업·공업】 (제품·납품을)접수하다.

réceptionniste [resɛpsjɔnist] *n.f.* (호텔·관청 따위

의)접대원.

réceptivité [resɛptivite] *n.f.* 감수성; 《의학》 감염성; 《전신》(무선 수신기의)수신력, 감도(感度); (다른 사상·영향에 대한)수용성. ~ d'un organe 인체 기관의 감수성(민감성). On dit que la femme a plus de ~ que l'homme. 여성은 남성보다 감수성이 더 예민하다고 한다. La fatigue augmente la ~ de l'organisme. 피로는 신체의 감염성을 높인다.

recerclage [rəsɛrklaːʒ] *n.m.* (통의)테를 갈기.
recercler [rəsɛrkle] *v.t.* (통의)테를 갈다.
recès [rəsɛ] *n.m.* =**recez**.
recessif(ve) [rəsesif, -iːv] *a.* 《생물》열성(劣性)의. hérédité ~*ve* 열성 유전. gène ~ 열성 유전자. caractère ~ 열성 형질.
récession [resesjɔ̃] *n.f.* 후퇴, 쇠퇴; 《경제》경기의 후퇴.
récessivité [resesivite] *n.f.* 《생물》열성(↔dominance).
*****recette** [rəsɛt] *n.f.* ① 수입. total〔montant〕 de ~ 수입총액. ~ nette 실수입. ~ de la semaine d'un magasin 어떤 상점의 주간 매상고. La ~ est bonne. 수입이 좋다. Mes ~*s* sont toujours inférieures à mes dépenses. 내 수입은 지출보다 항상 낮다. faire ~ 《비유적》(흥행이) 크게 성공하다. ② 《법》(금전의)수납, 수령(recouvrement). faire la ~ des contributions 세금을 징수하다. garçon de ~ (은행의)수금원. ~ (상품·건물·선박 따위의)수납. commission de ~ des constructions navales (전조된 선박이 수납될 수 있는지를 시험하는)선박납입 조사위원회. ④ 요리법; 조제법. livres de ~*s* (de cuisine) 요리책. ~ pour conserver les fruits 과일 보존법. bonne ~ contre la fièvre 해열특효약 조제법. ⑤ 수단, 방법(moyen), 비결(secret). ~ du bonheur 행복하게 되는 방법. ~ pour réussir 성공법. ⑥《광산》(광산의 갱구·갱저에 설치된)석탄 하치장.

recevabilité [rəsəvabilite] *n.f.* 《법》(청원 따위의)수리(受理) 가능(성). ~ d'un appel 상소의 수리 가능성.
recevable [rəsəvabl] *a.* (제의·사과 따위가)받아들여질 수 있는, 《법》(청원 따위가)수리될 수 있는, (상품이)수납될 수 있는, 자격을 인정할 만한. demande〔appel〕 ~ 수리될 수 있는 청원〔공소〕. fournir des marchandises bonnes et ~ 수령될 수 있는 좋은 물건을 납품하다. Il a été déclaré non ~ dans sa demande. 그의 청원은 수리될 수 없다는 선고를 받았다.
receveur(se) [rəsvœːr, -øːz] *n.* ① 입금 취급자, 수납인. ~ des contributions 징세관. ~ des postes 우체국장. ~ de l'enregistrement 등기소 소장. ~ buraliste 담배상인. ②(버스·전차의)차장; (*f.*)(극장의)여자 안내원. ③ 《의학》 수혈자(↔donneur); (*m.*)《의학》(샤워에 사용되는 물을 받는)물통.
‡**recevoir** [rəsəvwaːr] [53] *v.t.* ① (구체적인 것을)받다. ~ une lettre〔un colis〕 편지〔소포〕를 받다. ~ un cadeau 선물을 받다. ~ de l'argent〔une décoration〕 돈〔훈장〕을 받다.
② (추상적인 것을)받다. ~ un ordre〔une mission〕 명령〔사명〕을 받다. ~ un conseil 충고를 받다. ~ mes félicitations 축하를 받다. *Recevez*, Monsieur, mes salutations distinguées. 경구《편지 끝에 쓰는 인사말》. ~ la communion 성체를 배령하다.
③ (원치않는 것을)받다, 당하다. ~ des coups 얻어 맞다. ~ des blessures 상처를 입다. ~ un mauvais accueil 냉대를 받다. ~ une averse 소나기를 맞다. ~ des injures 욕을 먹다. ~ un châtiment 벌을 받다. ~ un choc 충격을 받다.
④(사람을 맞이하다)이, 초대하다, 접견하다. ~ qn à dîner …을 만찬에 초대하다. *être bien*〔*mal*〕*reçu* 환대〔냉대〕를 받다. ~ qn à bras ouverts …을 환영하다. Cette nouvelle *a* été bien *reçu* dans le public. 그 소식은 민중들에게 큰 환영을 받았다. Ils *reçoivent* très peu. 그는 손님을 초대하지〔만나지〕 않는다.
⑤(특히 수동태로) 입학〔입회·입장〕을 허락하다. *être reçu* à l'École normale supérieure 고등사범에 입학을 허락받다. *être reçu* à un examen 시험에 합격되다. Il *a été reçu* docteur depuis peu. 그는 최근에 박사학위를 받았다.
⑥(무생물·추상명사가 주어)받다, 받아들이다. La lune *reçoit* sa lumière du soleil. 달은 태양으로부터 빛을 받는다. affaire qui *recevra* une heureuse solution 좋은 해결을 보게될 사건. mot qui *reçoit* une nouvelle signification 새로운 의미를 갖게 된 말. Cette ville ne pourra plus ~ de nouveaux habitants. 이 도시는 더 이상 새 주민을 받아들일 수 없을 것이다.
⑦ 인정하다(admettre). principe que tous les philosophes *ont reçu* 모든 철학자가 인정한 원리. ~ *qc* comme vrai《문어》…을 진실이라고 인정하다.
Il vaut mieux donner que ~.《속담》받는 것보다는 주는 쪽이 낫다.
—se *v.pr.* ①(상호적)서로 초대하다. Ils *se reçoivent* rarement. 그들은 서로 초대하는 일이 드물다. ②《스포츠》땅에 내리다, 착지하다. Il s'est mal *reçu* et il s'est cassé la jambe. 그는 착지를 잘못해서 다리가 부러졌다.

recez [rəsɛ] *n.m.* ①(독일 제국 의회의)의사록. ②《외교》체약목록(締約要錄).
réchabite [rekabit] *n.m.* 금주자(récabite).
réchampi [reʃɑ̃pi], **rechampi** [rəʃɑ̃pi] *n.m.* 《미술》부각 장식.
ré(e)champir [re(ə)ʃɑ̃piːr] *v.t.* 《미술》(배경에서)도드라져 보이게 하다, 부각시키다; 도드라져 보이도록 장식하다.
ré(e)champissage [re(ə)ʃɑ̃pisaːʒ] *n.m.* (장식 따위를)도드라져 보이게 하기, 부각시키기.
rechange[1] [rəʃɑ̃ːʒ] *n.m.* ① 대체(代替). ② (*pl.*)예비 부품류.
de ~ 대체용의, 대신하는. pièces *de* ~ (자동차 따위의)예비 부품류. roue *de* ~ 예비 타이어(roue de secours). solution *de* ~ 차선책. linge *de* ~ 갈아 입을 속옷.
rechange[2] *n.m.* 《상업》상환 어음.
rechanger [rəʃɑ̃ʒe] [3] *v.t.* 다시 바꾸다, 갈다. ~ de roue 타이어를 바꾸다.
—se *v.pr.* ① 다시 바꾸어지다, 갈리다. ②《구어》옷을 갈아 입다.
rechanter [rəʃɑ̃te] *v.t.* ① 다시 노래하다. ②《구어》(같은 말을)되풀이하다.
rechapage [rəʃapaːʒ] *n.m.* (헌 타이어에)거죽을 갈아 대기.
rechaper [rəʃape] *v.t.* (헌 타이어에)거죽을 갈아 대다.
réchappé [reʃape] *n.m.* 《문어》(위험을)벗어난 사람 (rescapé). ~ du bagne〔de la potence〕탈옥수; 흉악모도한 사람.
réchapper [reʃape] *v.i.* 《조동사는 avoir 또는 être》 ① [~ de/à] (을)벗어나다(s'en tirer); (병에서)낫다, 회복하다(guérir). ~ d'un danger〔d'une maladie〕위험〔병〕으로부터 벗어나다(살아남다). ~ *de* cette guerre 이번 전쟁에서 살아나다. en ~

난국을 벗어나다, 목숨을 건지다. ②[~à](아직 빠져들지 않은 위험·재앙을)면하다. si je *réchappe à cette épidémie* 내가 이 유행병에 걸리지 않을수 만있다면. —*v.t.* [~ *qn de*] 구출하다.

recharge [rəʃarʒ] *n.f.* ① 재장전(再裝塡); 재충전. mettre un accumulateur en ~ 축전지에 충전하다. ② 재공격. ③ 스페어, 여분. ~ de stylo(만년필의) 카트리지. acheter des ~s pour les crayons à bille 볼펜의 바꾸어 끼는 심을 사다.

rechargeable [r(ə)farʒabl(ə)] *a.* 재충전할 수 있는; 알을 바꾸어 낄 수 있는. accumulateur ~ 재충전할 수 있는 배터리. stylo ~ 스페어를 바꾸어 낄 수 있는 만년필.

rechargement [rəʃarʒəmɑ̃] *n.m.* 짐을 다시 싣기; 다시 충전하기; (도로에) 자갈을 다시 깔기.

recharger [rəʃarʒe] ③ *v.t.* ① (배에) 짐을 다시 싣다. ~ un camion 트럭에 짐을 다시 싣다. ② 다시 충전하다; 다시 장전하다; (다 쓴 부품을) 갈아 끼우다. ~ son fusil 총을 재장전하다. ~ un appareil photographique 사진기에 필름을 바꿔 끼우다. ~ un briquet à gaz 가스라이터에 가스를 넣다. ~ une batterie d'accumulateurs 배터리에 충전하다. ③ (적을) 다시 공격하다. ④ 〖법〗 (영장을 갱신하여 죄수를) 다시 구금하다. ⑤ (도로·철도에) 자갈을 다시 깔다.
—*se* ~ *v.pr.* 다시 짐을 지다, 다시 장전되다.

rechasser [rəʃase] *v.t.* ① 다시 내쫓다. ~ les barbares dans leur pays 야만족을 자기 나라로 쫓아보내다. ② (정구 따위에서) 공을 받아 넘기다. D'un coup de pied, il *rechassa* le ballon. 그는 공을 받아 차 보냈다.
—*v.i.* 다시 (여러 차례) 사냥하다. chasser et ~ 몇 번이고 사냥을 되풀이하다.

*__réchaud__ [reʃo] *n.m.* ① 풍로; 접시 데우는 기구. ~ à gaz (à pétrole) 가스(석유) 버너. ~ de camping 캠프용 버너. ② 〖원예〗(온상용의) 새 퇴비.

réchaud-four [reʃofu:r] (*pl.* ~**s**-~**s**) *n.m.* 가스 레인지.

réchauffage [reʃofa:ʒ] *n.m.* 다시 데우기; 《구어》 (문학작품 따위의) 재탕(réchauffé).

réchauffant(e) [reʃofɑ̃, -ɑ̃:t] *a.* 〖의학〗 열감 (熱感)을 일으키는. ② (비유적) 홍분시키는. —*n.m.* 〖약〗 인열약(引熱藥).

réchauffé(e) [reʃofe] *a.* ① 다시 데운. ② (비유적) 재탕의. plaisanterie ~*e* (자주 들어서) 김빠진 맥주 같은 농담. —*n.m.* 다시 데운 요리; 《구어》 문학작품 따위의 재탕.

réchauffement [reʃofmɑ̃] *n.m.* ① 다시 데우기; 다시 더워지기(réchauffage, ↔ refroidissement). ~ de la terre au printemps 봄이 되어 대지가 따뜻해지기. ② 〖원예〗 (온상용의) 새 퇴비(réchaud).

*__réchauffer__ [reʃofe] *v.t.* ① 다시 데우다, (사람을) 덥게 하다. ~ le potage 수프를 다시 데우다. ~ ses mains devant le feu 손을 불에 쬐다. [~ *qn*] Si tu fais une course, ça te *réchauffera*. 좀 달리면 네 몸이 녹을거야. ② 다시 북돋아 주다, 부추기다 (ranimer); (논쟁 따위를) 다시 일으키다; (빛깔·분위기를) 다시 선명하게 하다. ~ le courage [le zèle] de *qn* 아무의 용기 [열의]를 다시 북돋아 주다. ③ ~ une couche 〖원예〗 온상에 새 퇴비를 넣다.
—*se* ~ *v.pr.* ① 자기 몸을 덥게 하다, (자기의) 몸을 덥게 하다. courir pour *se* ~ 몸을 녹이기 위해 달리다 (이 경우 *se* 는 직접목적어). Viens te ~ les pieds près du feu. 난롯가에 와서 네 발을 녹여라 (이 경우 *se* 는 간접목적어). ② (수동적) 다시 데워지다; (기온이) 오르다. Mets ton riz au four, il *se réchauffera*. 네 밥을 불에 올려 놓아라, 그럼 따뜻해질 것이다. La température *se réchauffe*. 기온이 올라간다. ③ (비유적) 다시 북돋아지다. Son zèle *s'est réchauffé*. 그의 열의는 다시 불붙었다.

réchauffeur [reʃofœ:r] *n.m.* 〖기계〗 재열기(再熱器); 급수 가열기; 물 끓이는 주전자. ~ d'eau d'alimentation 급수 가열기.

réchauffoir [reʃofwa:r] *n.m.* (식당에서) 접시를 다시 데우는 풍로.

rechaussement [rəʃosmɑ̃] *n.m.* ① 다시 신을 신기기. ② (나무에) 북주기.

rechausser [rəʃose] *v.t.* ① (에게) 다시 신을 신기다. déchausser et ~ un enfant 어린애에게 구두를 벗기고 또 신겨주다. ② (나무에) 북을 주다 (butter); (벽의) 밑을 보강하다. ~ un mur (un pilier) 벽 (기둥)의 기초를 보강하다. ③ (톱니바퀴의)이를 다시 세우다; (자동차에) 새 타이어를 끼우다.
—*se* ~ *v.pr.* 다시 신을 신다.

rêche [rɛʃ] *a.* ① (포도주·과실 따위가) 시큼한, 떫은(↔ doux). poire ~ 시큼한 배. ② (피륙 따위가) 까슬까슬한, 까칠까칠한. tissu ~ 꺼칠꺼칠한 직물. peau ~ 까칠까칠한 피부. ③ 성미가 까다로운. Il a l'humeur bien ~. 그는 성미가 까다롭다.

*__recherche__ [rəʃɛrʃ] *n.f.* ① 찾기, 추구; 탐구, 탐색; 〖법〗 수색, 수사. ~ d'un objet perdu 분실물 찾기. ~ du bonheur (des plaisirs) 행복 (쾌락)의 추구. ~ de la vérité 진리의 탐구. droit de ~ (해상) 수색권. ~ d'un coupable 범인의 수색. échapper aux ~s de la police 경찰의 수사망에서 벗어나다. se mettre (être) à la ~ de …을 찾기 시작하다 [찾고 있다]. ② 멋부리기, 짐짓 꾸미기 (affectation, raffinement); ~ dans ses manières 태도의 꾸밈. ~ dans le style 문체의 기교. style naturel et sans ~ 자연스럽고 꾸밈없는 문장. avec ~ 공들여서, 짐짓 꾸며서. mettre de la ~ dans sa toilette 몸치장에 지나치게 멋을 부리다. ③ (총칭) 연구; (*pl.*) (개별적인) 연구. le Centre national de la scientifique 국립과학연구소 (약칭) C.N.R.S.). ~s sur *qc* …에 관한 연구. ④ (지붕·기와 따위의) 수리, 갈아깔기. ~ de couverture (de pavé) 기와 (포석)의 갈아 끼기.

recherché(*e*) [rəʃɛrʃe] *a.p.* ① 희귀한 (rare). édition ~*e* 진본. tableau (livre) très ~ 매우 희귀한 그림 (진서). ② 인기 있는, 어디서나 환영받는, 누구나 요구하는. acteur ~ 인기 배우. article très ~ 매우 수요가 많은 물건, 인기 품목. ③ (경멸) 멋부린, 짐짓 꾸민, 기교에 치우친 (maniéré, précieux). style ~ 너무 꾸민 문체. personne ~*e* dans sa parure 몸치장에 지나치게 신경을 쓴 사람.
—*n.m.* 멋부림, 너무 꾸밈.

rechercher [rəʃɛrʃe] *v.t.* ① 다시 찾다. chercher et ~ 찾고 또 찾다. ② (알아내려고, 발견하려고) 찾다, 추구하다, 구명 (究明) 하다; 모색하다, 연구하다 (étudier); 수색 (수사) 하다. ~ une lettre dans les tiroirs 여러 서랍 속을 뒤지며 한 장의 편지를 찾다. On *recherche* les témoins de l'accident. 사고의 목격자를 찾는다. (수동형) Il *est recherché pour meurtre*. 그는 살인 혐의로 수배를 받고 있다. ~ les causes d'un phénomène 현상의 원인을 구명하다. ③ 획득하려고 애쓰다, 추구하다. ~ l'amitié de *qn* …의 우정을 얻으려고 노력하다. ~ les tableaux du peintre X, X 화백의 그림을 입수하려고 애쓰다. ~ la perfection 완벽을 추구하다. ④ (와의) 교제를 열망하다; (여자의 환심을 사려고) 쫓아다니다; 구혼하다 (~ en mariage). homme aimable que tout le monde *recherche* 누구나가 가까이하고 싶어하는 상냥한 사람. ~ une veuve 미망인에게 구혼하다.

~ *l'esprit* 재치있는 체하다, 재치부리다.
—se *v.pr.* ① 자만하다. ② 서로 구하다. ③ (자기의 옷차림·말씨를)너무 꾸미다.
rechercheur [rəʃɛrʃœːr] *n.m.* 수색자; 연구가.
rechigné(e) [rəʃiɲe] *a.p.* 마음이 내키지 않는(기분이 좋지 않은) 얼굴을 한, 시무룩한(maussade). avoir un visage ~ 시무룩한 표정을 짓고 있다.
—*n.* (위)의 사람.
rechignement [rəʃiɲmɑ̃] *n.m.* 얼굴을 찌푸리기.
rechigner [rəʃiɲe] *v.i.* ① (구어)얼굴을 찌푸리다. faire qc en rechignant …을 마지 못해서 하다. ② [~ à qc/à+*inf.*] (을)싫어하다, 꺼리다. ~ à la besogne 일을 꺼리다.
rechigneux(se) [rəʃiɲø, -øːz] *a, n.* 곧잘 못마땅한 얼굴을 하는(사람).
rechoir [rəʃwaːr] *v.i.* (옛)《부정법 및 과거분사 rechu 로만 쓰임》다시 떨어지다; (같은 병에)다시 걸리다; (같은 잘못에)다시 저지르다.
rechoper [rəʃɔpe] *v.t.* (구어)다시 붙잡다.
rechristianiser [rəkristjanize] *v.t.* 다시 기독교화하다. tentatives pour ~ une province 어느 지방을 다시 기독교화하려는 시도.
rechute [rəʃyt] *n.f.* ① (병의)재발. On craint une ~. 재발을 두려워하고 있다. Il risque de faire (d'avoir) une ~. 그는 병이 재발할 우려가 있다. ② (잘못을)다시 저지르기, (죄의)재범(récidive). Les fréquentes ~s mènent à l'endurcissement. 자주 죄를 짓다보면 무감각해져 있다.
rechuter [rəʃyte] *v.i.* (병이)재발하다. On le croyait guéri et brusquement il *a rechuté.* 그는 병이 낫는 줄 알았는데 갑자기 재발했다.
récidivant(e) [residivɑ̃, -ɑ̃ːt] *a.* 〖의학〗(병이)재발하는. cancer ~ 재발하는 암.
récidive [residiːv] *n.f.* ① (죄의)재범, 누범; (잘못을)다시 저지르기. aggravation de la peine en cas de ~ 재범의 경우의 형의 가중. être en ~ 전과가 있다, 전과자이다. ② (병의)재발 (rechute 와는 달리 새로운 원인·감염에 의한 재발).
récidiver [residive] *v.i.* ① (같은 죄를)재범하다. ② (같은 잘못을)다시 저지르다. ③ (병이)재발하다. La maladie *a récidivé.* 병이 재발했다. cancer *récidivé* 재발한 암.
récidiviste [residivist] 〖법〗*n.* 재범자, 누범자 (criminel ~). **—***a.* 재범하는.
récidivité [residivite] *n.f.* ① 재범[누범]성. ② (병의)재발 경향.
récif [resif] *n.m.* 암초. ~ corallien 산호초(礁). faire naufrage sur un ~ 좌초하다.
récipé [resipe] *n.m.* (옛)〖의학〗처방전(箋).
récipiendaire [resipjɑ̃dɛːr] *n.m.* ① (학술단체 따위의)신입회원. ② 학위를 받은 사람.
***récipient** [resipjɑ̃] *n.m.* (기체·액체 따위를 받는)그릇; 〖화학〗종 모양의 유리 그릇. capacité(contenance) d'un ~ 용기의 용량.
réciprocité [resiprɔsite] *n.f.* 상호성. Il y a entre nous parfaite ~ de sentiments. 우리는 서로 전적으로 마음이 통하고 있다. à charge(à titre)de ~ 상호성을 조건으로. traité de ~ 〖법〗호혜조약.
réciproque [resiprɔk] *a.* ① 상호의(mutuel); 서로 같이 나누어 갖는(partagé). relations ~s 상호관계. amour ~ 서로 주고받는 사랑. confiance ~ 상호신뢰. ④ contrat(convention) ~ 〖법〗쌍무계약. 〖논리〗(명제가)환위(換位)의. propositions ~s 환위명제. ③ 〖수학〗(역수 등) 상반방정식[역수(逆數)의]. raison ~ 역 비례. ④ 〖언어〗(대명동사가)상호적. verbe ~ 상호적 대명동사.
—*n.f.* 같은 짓(태도)(pareille); 〖논리〗환위명제; 〖수학〗역수, 반수, 역(逆). une proposition et la ~ 어떤 명제와 그 환위명제[역]. La ~ est vraie. 역도 진(眞)이다. rendre la ~ à *qn* …에게 같은 짓으로 보복하다.
réciproquement [resiprɔkmɑ̃] *ad.* ① 서로, 상호간에(mutuellement). s'aimer ~ 서로 사랑하다. ② 거꾸로(vice versa). Paul aime Marie, et ~. 폴은 마리를 사랑하고 마리쪽도 또한 마찬가지다.
***récit** [resi] *n.m.* ① (어떤 사건에 관한 구두 또는 글로 된)이야기(narration, histoire). ~ d'un événement 어떤 사건의 이야기. écrire(faire) le ~ de *qc* …의 이야기를 쓰다(하다). ② (옛)〖음악〗독주, 독창; (오르간의)증감음(增減音)장치; (오페라·오라토리오의)서창(récitatif). clavier[jeux] de ~ (증감음 장치가 달린)독주 건반.
faire de grands ~s de qn(qc) …을 몹시 칭찬하여 말하다, 대단하다고 칭찬하여 말하다.
récital [resital] (*pl.* **~s**) *n.m.* 독주(독창)회, 발표회. ~ de piano(de violon) 피아노(바이올린)독주회. ~ de danse 무용 발표회. ~ poétique 시 낭독회(발표회).
récitant(e) [resitɑ̃, -ɑ̃ːt] 〖음악〗*a.* 독주(독창)의. **—***n.* 독주(독창)자; (오라토리오의)서창자; (영화·방송 따위의)나레이터.
récita*t*eur(*trice*) [resitatœːr, -tris] *n.* 암송[낭송(朗誦)·음송(吟誦)]자.
récitatif [resitatif] *n.m.* 〖음악〗서창(조)(敍唱(調)), 서창부(部), 레시타티브.
récitation [resitɑsjɔ̃] *n.f.* ① 낭송, 음송, (학과의)암송; 암송문. apprendre une ~ 암송시를 외우다. ② 〖음악〗서창(敍唱).
réciter [resite] *v.t.* ① (시 따위를)낭송[음송]하다 (déclamer); (학과를)암송하다; (옛)이야기하다. ~ des vers 시를 낭송하다. ~ des prières 기도문을 소리내어 외다. ~ un passage de Racine 라신의 한 구절을 암송하다. ② 〖음악〗서창부를 노래하다. ③ (진실성 없이 기계적으로(아무렇게나)) 뇌까리다. Les candidats aux élections *récitent* tous la même chose. 선거의 입후보자들은 한결같이 똑같은 말을 뇌까리고 있다.
réciteur(se) [resitœːr, -øːz] *n.* 암송[낭송·음송]자 (récitateur).
réclamant(e) [rekla(ɑ)mɑ̃, -ɑ̃ːt] 〖법〗*a.* 청구하는. **—***n.* 청구자.
réclamateur [rekla(ɑ)matœːr] *n.m.* 〖드물게〗청구자.
réclamation [rekla(ɑ)masjɔ̃] *n.f.* ① 〖법〗이의의 신립(제기); 청구, 요구. action en ~ d'état 〖법〗호적정정의 청구. cahier de ~ 〖해군〗청원서. déposer une ~ 이의를 제기하다, 항의하다. faire droit à une ~ 이의를 인정하다. ~ pour perte (retard) 〖철도〗(운송 중의)손실(지연)에 대한 배상청구. ~ en dommages-intérêts 손해배상의 청구. ② 이의, 항의(protestation). Ce projet de loi excita beaucoup de ~s. 이 법안은 많은 이의를 불러일으켰다. passer sans ~ 이의없이 통과되다.
***réclame** [rekla(ɑː)m] *n.f.* ① 선전 광고(삐라·기사·간판 따위). ② éclipse 절멸(點滅) 광고. ~ lumineuse 네온 광고. faire de la ~ 광고 선전하다. panneau-~ 광고 간판. vente-~ 선전 매출. (비유적) Vous m'avez fait une belle ~. 당신은 나에게 멋진 자기선전을 하셨습니다. article(spécialité) de ~ 특매품. mettre un produit en ~ 상품을 (선전을 위해)발매하다. ③ 〖연극〗대사를 넘길 때의 반복구; 〖종교〗답송(荅誦)의 반복구. ③ (옛)〖인쇄〗1대[전]분이 끝나고 다음으로 계

R

속됨을 나타내는 부호; 교정쇄 끝의 쪽수 매김 부호; 밑의 여백에 그 페이지[다음 페이지] 첫 말을 따로 삽입한 것 《페이지를 안 매긴 옛 책에서》.
—*n.m.* 《사냥》 ① 매를 불러들이는 신호. ② 새 피리, 우레.

***réclamer** [rekla(ɑ)me] *v.t.* ① 《필요한 물건·사람을》구하다(demander, solliciter). ~ l'assistance de *qn* …의 원조를 구하다. Un petit enfant pleure et *réclame* sa mère. 어린아이가 울며 엄마를 찾는다. ~ un oiseau 《사냥》 매를 부르다. ② 《당연한 것을》요구하다(exiger). ~ un objet qu'on a prêté 빌려준 것의 반환을 요구하다. Les employés *réclament* de meilleures conditions de travail. 피고용인들은 보다 좋은 노동조건(환경)을 요구한다. ③ 《옛》 빌다, 애원하다(implorer). ~ les saints 성자의 가호를 빌다. ~ l'indulgence de *qn* …의 관용을 빌다.
—*v.i.* [~ contre] (에) 항의하다(protester). ~ auprès de *qn contre qc* …에게 …에 대해 항의하다. Je *réclame contre* cette mesure. 나는 이 조치에 반대한다. Personne ne *réclame*? 아무도 이의가 없읍니까? ~ en faveur de *qn* …을 위해 항의하다.
—se ~ *v.pr.* ① [se ~ de](을) 《자기에게 유리한 증언을 해 주도록》해 주다, (을)원용[援用]하다, (에)준거(準據)하다(se prévaloir de). *se ~ de* ses ancêtres 조상을 등에 업다(내세우다). Vous avez bien fait de *vous ~ de* moi. 나를 내세우기를 잘했읍니다. ② 《옛》 《법》 상고하다.
réclameur(se) [rekla(ɑ)mœ:r, -ø:z] *n.* 항의하는 사람, 이의를 내세우는 사람. 〔람〕.
réclamiste [rekla(ɑ)mist] *a., n.* 과장선전하는 《사
reclassement [rəklasmɑ̃] *n.m.* ① 재분류; 등급[계급]을 다시 매기기. ~ des objets d'une collection 수집품의 재분류. ~ de la fonction publique 공무직의 등급을 다시 매기기. ② 복위(復位), 복직. ~ des rapatriés 귀환병의 복직.
reclasser [rəklase] *v.t.* ① 다시 분류하다; 등급[계급]을 다시 정하다. ~ des fiches 카드를 재분류하다. ~ des fonctionnaires 공무원의 등급을 다시 매기다. ② 복위[복직]시키다. ~ des ouvriers licenciés 해고되었던 직공을 복직시키다.
réclinaison [reklinezɔ̃] *n.f.* ① 《의학》 경사, 후굴(後屈) 《백내장(白內障)의 추락법, 압박법(壓下法)》. ② 《측량》 경사도.
récliné(e) [rekline] *a.* 《식물》 아래로 굽은.
reclouer [rəklue] *v.t.* 다시 못박다. ~ le panneau qui est décloué 못이 빠진 벽판에 다시 못박다.
reclure [rəkly:r] [48] *v.t.* 《옛·문어》 《부정법·과거분사 reclus 및 복합형만 쓰임》 가두다, 유폐하다. ~ un moine 수도승을 가두다.
—*se ~* *v.pr.* 《문어》 《속세를 버리고》틀어박히다, 칩거하다; 갇히다, 유폐되다. *se ~ dans* une cellule 독방에 《스스로》 갇히다.
reclus(e) [rəkly, -y:z] (*p.p.*<reclure) *a.p.* 틀어박힌, 칩거하는. Elle vit ~e en province. 그는 시골에 틀어박혀 살다. mener une existence ~ 은둔생활을 하다. —*n.* 속세를 버린 사람, 은둔자, 은자. vivre en ~ 은거자와 같은 생활을 하다.
reclusion [rəklyzjɔ̃], **réclusion** [reklyzjɔ̃] *n.f.* ① 《문어》은둔, 칩거. ② 《법》 징역. être condamné à la ~ 금고 [중노동]형을 선고 받다.
réclusionnaire [reklyzjone:r], **reclusionnaire** [rəklyzjone:r] *n.* 《법》 징역수; 《구어》죄수.
récognitif(ve) [rekɔgnitif, -i:v] *a.* 승인의. acte ~ 《법》 승인증.
récognition [rekɔgnisjɔ̃] *n.f.* ① 《철학》 재인(再認). ② 《법》 승인.

recogner [rəkɔɲe] *v.t.* 《옛》 (눈물을) 억제하다; (적을) 물리치다.
recoiffer [rəkwafe] *v.t.* ① [~ *qn*] (의) 머리를 다시 매만지다. ~ sa poupée 인형의 머리를 다시 매만져주다. ② [~ *qn*] (에게) 다시 모자를 씌우다. ③ (병에) 다시 마개를 하다.
—se ~ *v.pr.* 자기 머리를 다시 매만지다; 다시 모자를 쓰다. *se ~ devant le* miroir 거울 앞에서 머리를 매만지다. Il salua et *se recoiffa*. 그는 인사를 하고나서 다시 모자를 썼다.
recoin [rəkwɛ̃] *n.m.* 가장 구석진 곳, 깊은 구석. ~s d'un grenier[d'une salle] 다락방[넓은 방]의 구석. homme égaré dans *ce ~ de* l'univers 우주의 이 한 구석에서 길을 잃고 헤매는 인간.
reçoi-s,-t,-vent [rəswa, -a:v] ⇨recevoir.
récolement [rekɔlmɑ̃] *n.m.* (목록 내용 따위의) 조사, 대조; 《상업》 (재고품 따위의) 검사; 삼림 벌채 검사; 《법》 (진술의) 검진(檢眞). faire un ~ dans une bibliothèque 도서관의 목록과 도서를 대조하다. faire le ~ d'un inventaire 목록 기재 물건을 대조 조사하다. faire le ~ des témoins 증인 진술의 진위(眞僞)를 확인하다.
récoler [rekɔle] *v.t.* (목록의 내용 따위를) 대조 조사하다; 《상업》 (재고품 따위를) 검사 등록하다; 《법》 (진술을) 검진(檢眞)하다. ~ les manuscrits d'une bibliothèque 도서관의 사본을 목록과 대조 조사하다. ~ une coupe de bois 산림의 벌채를 검사하다. ~ des témoins 증인의 진술의 진위를 검사하다.
recollage [rəkɔla:ʒ] *n.m.* (풀·아교로) 다시 붙이기.
récollection [rekɔlɛksjɔ̃] *n.f.* 《종교》 (단기간의) 묵상, 정신 집중, (묵상·기도 에 의한) 정신 통일.
recollement [rəkɔlmɑ̃] *n.m.* ① =recollage. ② (부러진 뼈)의 접합; (상처의) 유착.
recoller [rəkɔle] *v.t.* ① 다시 붙이다. ~ l'enveloppe cassée 깨진 접시를 다시 붙이다. ~ une assiette cassée 깨진 접시를 다시 붙이다. ② 《학생속어》 다시 낙제시키다.
—*v.i.* 《스포츠》 (뒤쳐졌던)주자가 앞선 그룹과 합께하다 (↔ décoller).
—se ~ *v.pr.* ① (부러진 뼈나 상처가)아물다, 접합하다. ② 《속어》 다시 같이 살다, 화해하다. Elle s'est recollée avec lui. 그녀는 그와 다시 살림을 시작했다. ③ 《구어》 다시 시작하다. J'ai dû *me ~ à* ce travail. 나는 그 일을 다시 시작해야만 했다.
récollet(te) [rekɔlɛ, -ɛt] *n.* 《종교사》 성프란체스코파의 수도사 [수녀].
recolliger (se) [sərkɔliʒe] [3] *v.pr.* 《종교》 묵상에 잠기다.
recoloration [rəkɔlɔrasjɔ̃] *n.f.* 다시 색칠하기, 재 색칠.
recolorer [rəkɔlɔre] *v.t.* 다시 색칠하다. 색칠.
—se ~ *v.pr.* 다시 색칠되다, 색채가 선명해지다.
récoltable [rekɔltabl] *a.* 수확할 수 있는.
récoltant(e) [rekɔltɑ̃, -ɑ̃:t] *a., n.* 수확[추수]하는 (사람).
***récolte** [rekɔlt] *n.f.* ① (모든 종류의 작물을) 수확, 거두어들이기; 수확량, 생산량. ~ du blé [des pommes de terre, des fruits] 밀 [감자·과일]의 수확. rentrer la ~ 농작물을 거두어들이다. La ~ a été abondante [mauvaise] cette année. 금년에는 작황이 좋았다 [나빴다]. ② (자료 따위의) 수집, 채집; (조사·탐사의) 성과. faire une ample ~ de documents 자료를 풍부하게 수집하다.
***récolter** [rekɔlte] *v.t.* ① (모든 종류의 작물을) 수확하다, 추수하다, 거두어들이다. ~ du blé[du raisin, du miel] 밀 [포도·꿀]을 거두어들이다. ② 《비유적》(성과·결과로서)얻다, 받다, 수집하다,

거두다(recueillir). ~ une décoration 훈장을 받다. ~ des coups 얻어 맞다. Dans cette affaire, Il *n'a récolté que des ennuis.* 그 일에서 그는 귀찮게 되기만 했다. ③《구어》(형벌을)받다, 당하다. *Qui parle sème, qui écoute récolte.*《속담》말하는 자는 씨를 뿌리고 듣는 자는 거두어 들인다. ~ *ce qu'on a semé* 뿌린 씨를 거두어들이다, 자업자득 (自業自得)하다.
—**se ~** *v.pr.* 수확되다; 얻어지다, 수집되다.
[REM] **récolter**는 넓은 뜻으로 농작물만이 아니라 모든 수확물(건초, 진주, 꿀 따위도 포함)에 대해서 사용된다. 한편 **moissonner**는 곡식에 대해서, **cueillir**는 꽃이나 과일에 대해서만 쓴다.

récolteur [rekɔltœ:r] *n.m.* 생고무 채집 인부.
recombinaison [rəkɔ̃binɛzɔ̃] *n.f.* 재결합.
recommandable [rəkɔmɑ̃dabl] *a.* 추천(권장)할 만한, 존경할 만한(estimable). Il serait ~ de+*inf.* …하는 것이 좋을 것이다. individu peu ~ 추천[존경]할 수 없는 인간. personne ~ à tous égards 모든 점에서 존경할 만한 사람.
recommandataire [rəkɔmɑ̃datɛ:r] *n.m.* 《상업》 (어음의)예비 지불인.
recommandatif(ve) [rəkɔmɑ̃datif, -i:v] *a.* 추천하는. lettre -*ve* 추천장.
***recommandation** [rəkɔmɑ̃dɑsjɔ̃] *n.f.* ① 권고, 조언, 충고(exhortation, conseil). suivre les ~*s* de *qn* …의 권고를 따르다. ②추천(서), 천거. à (sur) la ~ de *qn* …의 추천으로. lettre de ~ 소개장, 추천장. ③《우편물을》등기로 부치기. ④《국제 기구의 분규 당사국에 대한》권고 결의. ~ du Conseil de sécurité de l'O.N.U. 국제연합 안전보장 이사회의 권고. ⑤ ~ de l'âme 《가톨릭》임종기도. ⑥《옛》《법》구속 연기 영장.
recommandatoire [rəkɔmɑ̃datwa:r] *a.* =**recommandatif**.
recommandé(e) [rəkɔmɑ̃de] *a.p.* ① 권고된; 바람직한. Ce n'est pas très ~. 그것은 별로 바람직하지 못하다. ②등기로 한. lettre ~*e* 등기 우편.
—*n.m.* 등기 우편. envoyer le paquet en ~ 소포를 등기로 부치다.
***recommander** [rəkɔmɑ̃de] *v.t.* ① 권고하다, 부탁 [당부]하다(prier, exhorter). ~ *qc* à *qn*; ~ à *qn* de+*inf.*]…에게《…할 것을》부탁하다, 권고[충고]하다. ~ le secret *à* un ami 친구에게 비밀을 지킬 것을 당부하다. Je vous recommande de lui faire le meilleur accueil. 나는 당신께 그를 극진히 환대해 주기를 부탁드립니다.《수동적》Il *est recommandé de* ne pas fumer. 담배를 피우지 않는 것이 좋다. ②추천[천거·소개]하다(appuyer, patronner). ~ un hôtel 호텔을 추천[소개]하다. ③《종교》맡기다, 의탁[의뢰]하다. ~ son âme à Dieu (임종의 사람이)영혼을 신에게 맡기다, 신의 가호를 빌다. ④《우편물을》등기로 부치다. ⑤《옛》《법》(에 대하여)구속 연기 신청을 하다.
—**se ~** *v.pr.* ① [se ~ à] (에)보호[호의]를 청하다, …에 자신을 맡기다. *se* ~ *aux bontés de qn* …의 호의를 청하다. ② [se ~ de](의)원조[증언]에 의지하다, (을)내세우다, 이용하다(se réclamer de). Il a obtenu cette place *en se recommandant* de son député. 그는 출신구의 국회의원의 힘을 빌어서 그 자리를 얻었다. ③ [se ~ par] (로)이름이 나다, 자기의 진가를 나타내다. Cet hôtel *se recommande par* sa cuisine. 이 호텔은 요리로 이름이 나있다.
recommandeur [rəkɔmɑ̃dœ:r] *n.m.* 추천자.
recommence [rəkɔmɑ̃:s] *n.f.* 《놀이》이미 이긴 점 (勝點)을 얻은 뒤에 다시 먼 길다.
recommencement [rəkɔmɑ̃smɑ̃] *n.m.* 다시하기,

되풀이; 재개(再開). ~ *des combats* 권투의 재개.
‡**recommencer** [rəkɔmɑ̃se] ② *v.t.* ① 다시 시작하다(reprendre). ~ la lutte 다시 싸움을 시작하다. [~ à/de+*inf.*] 다시 …하기 시작하다. Elle *recommence* à travailler. 그녀는 다시 일하기 시작한다. Voilà qu'il *recommence à* pleuvoir. 비가 또 오기 시작한다. ②처음부터 다시 하다, 되풀이하다(réitérer, répéter). ~《목적보어 없이》되풀이하다. ~ un travail mal fait 잘못된 일을 다시 하다. ~ sa vie 재출발하다, (종전과)다른 일을 하다. ~ les mêmes fautes 같은 실수를 되풀이하다. Tout est à ~. (이미 한 일이 소용없게 되어서) 전부 다시 해야겠다. Si tu *recommences,* tu seras puni. 또 그런 짓을 하면 벌받을 줄 알어.
C'est toujours à ~. 몇 번이고 다시 시작해야 한다; 아무리 해도 끝이 없다. ~ *sur nouveaux frais* 일을 완전히 다시 하다.
—*v.i.* 다시[새로] 시작되다. L'orage *recommence*. 소나기가 다시 온다.
~ *de plus belle*《구어》더 세차게 시작되다, 더욱 더 심해지다. La chaleur *a recommencé de plus belle*. 더위가 다시 더 기승을 부렸다.
—**se ~** *v.pr.* 다시 시작되다; 되풀이되다.
recommenceur(se) [rəkɔmɑ̃sœ:r, -ø:z] *n.* 다시 시작하는 사람, 다시 하는 사람, 되풀이하는 사람.
recomparaître [rəkɔ̃parɛtr] [41] *v.i.* 《법》다시 출두[출정]하다.
***récompense** [rekɔ̃pɑ̃:s] *n.f.* ① 보답, 사례(faveur, gratification); 상(prix). donner[accorder] une ~ 상을 주다. mériter une ~ 보답[상]을 받을 만하다. Mon frère a reçu de beaux livres en ~ de son travail. 내 동생은 공부를 잘한 보답(상)으로 예쁜 책들을 받았다. ②《반어적》벌. Ton impudence aura sa ~. 너의 뻔뻔한 짓은 벌을 받을 것이다. ③《법》보상(報償); 《옛》배상.
en ~ 그 대신에, On a peu mangé, on a bu *en* ~. 별로 먹지 않았지만 그 대신 술을 마셨다.
***récompenser** [rekɔ̃pɑ̃se] *v.t.* ① (에게)보답하다, 사례하다, 상주다(↔ punir, châtier). ~ *qn* selon son mérite …에게 공적에 따라 보답하다. ~ *qn* par de l'argent …에게 돈으로 보답하다. ~ le travail(le service) 일[봉사]에 대해서 보답하다. Ses efforts *sont* enfin *récompensés*. 그의 노력은 마침내 보답을 받았다. [~ *qn* de/pour *qc*] Il *récompense* son enfant *de(pour)* sa bonne conduite. 그는 착한 행동에 대해서 어린이에게 상을 준다. ②《반어적》벌주다. ~ un traître *de* ses perfidies 배반자의 불의(不義)를 벌하다. ③《옛》(손실에 대해서)보상하다.
—**se ~** *v.pr.* 보답을 받다.
recomposable [rəkɔ̃pozabl] *a.*《드물게》① 다시 꾸밀 수 있는, 다시 조직[조립]할 수 있는. ②《화학》다시 화합[합성]할 수 있는.
recomposer [rəkɔ̃poze] *v.t.* ① 다시 꾸미다[짜다], 다시 조립[조직]하다. ~ une administration 행정 조직을 재편성하다. ②《인쇄》다시 조판하다. ③《화학》(원소를)다시 화합[합성]하다.
—**se ~** *v.pr.* 다시 꾸며지다, 다시 조직되다.
recomposition [rəkɔ̃pozisjɔ̃] *n.f.* ① 다시 꾸미기, 재조직, 재편성. ②《인쇄》다시 조판하기. ③《화학》재합성.
recomptage [rəkɔ̃ta:ʒ] *n.m.* 다시 세기; 검산.
recompter [rəkɔ̃te] *v.t.* 다시 세다, 검산하다.
réconciliable [rekɔ̃siljabl] *a.* 화해[융화·조화]시킬 수 있는(↔ irréconciliable).
réconciliateur(trice) [rekɔ̃siljatœ:r, -tris] *n.* 화해시키는 사람, 조정자.
réconciliation [rekɔ̃siljɑsjɔ̃] *n.f.* ①화해, 조정

réconciliatoire [rekɔ̃siljatwa:r] *a.* 화해시키는, 조정하는.

réconcilier [rekɔ̃silje] *v.t.* ① 화해시키다; 《비유적》(서로 다른 것, 갈라졌던 것을)조화[융합·화합]시키다. ~ deux ennemis 두 적대자를 화해시키다. [~ *qn/qc* et *qn/qc*] ~ la politique et la morale 정치와 도덕을 융합시키다. ~ une personne *et* une autre 한 사람과 다른 사람을 화해시키다. [~ *qn* avec *qn/qc*] ~ un père *avec* son fils 부자간을 화해시키다. ~ un désespéré *avec* la vie 절망한 사람에게 인생의 희망을 다시 주다. Ce concert m'a *réconcilié avec* la musique classique. 그 음악회는 내게 고전음악에 대한 호감을 갖게 했다. ②《가톨릭》(이단자 따위를)교회에 복귀시키다; (더럽혀진 교회 따위를)다시 성화(聖化)하다.
—**se** ~ *v.pr.* (와)화해하다, 서로 화해하다. [se ~ avec] *se* ~ *avec* soi-même 마음의 평화를 되찾다. Pierre et Jean *se sont réconciliés*. 피에르와 장은 서로 화해했다.

recondamner [rəkɔ̃da(a)ne] *v.t.* 다시 처벌하다.

reconductible [rəkɔ̃dyktibl(ə)] *a.* (계약 따위가)갱신[연장] 가능한.

reconduction [rəkɔ̃dyksjɔ̃] *n.f.* ①《법》(임대차 계약 따위의) 갱신(renouvellement). tacite ~ (임대인의 이의 신립이 없을 경우의) 묵시적인 갱신. ② 연장, 계속(prolongation). ~ d'une exposition 전시회의 연장. ~ du budget 준예산집행.

reconduire [rəkɔ̃dɥi:r] [32] *v.t.* ① 데려다주다 (ramener); 바래다주다, 배웅하다 (raccompagner). ~ un enfant chez ses parents 어린이를 부모 집까지 데려다주다. Je vais vous ~ dans ma voiture. 제 차로 모셔다(모셔가) 드리죠. ~ son invité jusqu'à la porte 손님을 대문까지 배웅하다. ② 내쫓다, 추방하다 (expulser). ~ *qn* à coups de bâton …을 몽둥이로 때려서 내쫓다. ~ un acteur (무대에서 퇴장할 때)배우를 휘파람으로 야유하다. ③ 연장[연기]하다 (prolonger); (계약을)갱신하다 (renouveler). ~ la politique actuelle 현 정책을 연장하다.

reconduite [rəkɔ̃dɥit] *n.f.* 《드물게》① 바래다주기, 배웅. faire un bout de ~ à *qn* …을 도중까지 바래다주다. ② 추방.

réconfort [rekɔ̃fɔ:r] *n.m.* 격려, 원조, 위안 (secours, consolation). apporter du ~ à un malheureux 불행한 사람을 격려하다.

réconfortant(e) [rekɔ̃fɔrtɑ̃, -ɑ̃:t] *a.* ① 원기를 회복시키는, 튼튼하게 하는. médicament ~ 보약, 강장제. ② 용기를 돋우어주는, 위로[격려]하는. paroles ~*es* 위로의 말. —*n.m.* 강장제.

réconfortation [rekɔ̃fɔrtasjɔ̃] *n.f.* ① 튼튼하게 하기. ② 용기를 돋우어 주기, 위로[격려]하기.

réconforter [rekɔ̃fɔrte] *v.t.* ① (기)운을 회복시키다, 튼튼하게 하다 (revigorer, ↔ déprimer). Un verre de vin m'a *réconforté*. 포도주 한 잔을 마시니 기운이 났다. ②(의)용기를 돋우어 주다, 위로[격려]하다 (consoler). ~ un ami par son aide 친구를 도와서 힘을 내게 하다.
—**se** ~ *v.pr.* ① 기운을 회복하다, 튼튼해지다. ② 자기의 …을 튼튼하게 하다. *se* ~ l'estomac 자기의 위를 튼튼하게 하다. *se* ~ en prenant un bon repas 식사를 잘 해서 기운을 회복하다. ②(정신적으로) 기력을 되찾다.

reconnaissable [rəkɔnɛsabl] *a.* 알아볼 수 있는, 분간[식별]할 수 있는. Il est à peine ~, tant il a changé. 그는 거의 알아볼 수가 없다. 그 정도로 그는 달라졌다. ~ à *qc* …으로[…을 보고, …을 듣고] 알아볼[식별할] 수 있는.

***reconnaissance** [rəkɔnɛsɑ̃:s] *n.f.* ①(진리·권리·자기 소유 따위의)승인; 인정;《문어》자인(自認), 자백;《법》(서가의)인지(認知). ~ d'un droit 권리의 인정. ~ d'un nouveau gouvernement 새로운 정부에 대한 승인. ~ de ses torts 자기 잘못의 인정. ②(과거에 보았던 것의) 알아보기, 분간하기, 재인(再認); 확인. fausse ~ 잘못 알아보기;《의학》기억 착오. signe de ~ 식별신호, 확인신호. Il m'a adressé un sourire de ~. 그는 알아보았다는 뜻으로 내게 웃음지었다. ③ 감사, 사은 (gratitude). témoigner [manifester] de la ~ 사의를 표하다. avoir[éprouver] de la ~ 감사하고 있다, 고마워하다. faire *qc* par[avec] ~ 감사하는 마음에서[으로] …을 하다. Il l'a faite son héritière en ~ de son dévouement pour lui. 그는 자신에 대한 헌신에 감사하는 뜻(표시)으로 그녀를 상속자로 삼았다. avoir la ~ du ventre《구어》먹여준(부양해준) 사람의 은혜를 느끼다. ④《군사》정찰, 수색; 정찰대; 답사. aviation de ~ 정찰 비행. appareil de ~ 정찰기. partir[aller]en ~ de *qn*[*qc*] …을 정찰[수색]하러 가다, 찾으러 가다. ⑤《상업·법》증서. donner une ~ à *qn* …에게 차용증서를 써주다. ~ de dette 차용증서. ~ du mont-de-piété 전당표.

reconnaissant(e) [rəkɔnɛsɑ̃, -ɑ̃:t] *a.* 감사하게 여기는 (↔ ingrat). se montrer ~ envers un bienfaiteur 은인에게 사의를 표하다. [être ~ à *qn* de *qc*/de + *inf.*/de ce que + *ind.*] …에[한에] 관해 …에게 고맙게 여기고 있다. Je vous *suis* bien ~ *de* votre aide. 도움을 주셔서 대단히 감사합니다. Je vous *serai* ~ *de* bien vouloir me répondre au plus tôt. 가급적 속히 답장해 주시면 감사하겠습니다. Si vous pouviez aller le voir, il vous *serait* très ~. 당신이 그를 보러 가실 수 있다면 그는 매우 고마워 할 것입니다.

‡**reconnaître** [rəkɔnɛtr] [41] *v.t.* ① 알아보다; 분간하다, 식별하다 (identifier, distinguer). ~ une écriture 필적을 알아보다. ~ une voix 목소리를 알아듣다. ~ *qn* malgré son déguisement 변장하고 있음에도 불구하고 …을 알아보다. ~ *qn* comme Français …을 프랑스 사람으로 알아보다. animal qui *reconnaît* son maître 주인을 알아보는 동물. Après tant d'années je l'*ai* parfaitement *reconnu*. 오랜 세월이 지났지만 나는 그를 완전히 알아보았다. On ne le *reconnaît* plus. 그 사람을 전과는 딴판이다. jumeaux impossible à ~ 분간할 수 없는 쌍둥이. [~ *qn*/*qc* à *qc*](…는 식별의 기준이나 근거를 나타냄) ~ un écrivain à son style 문체로 어떤 작가라는 것을 알아보다. Je l'*ai reconnu* à sa voix. 목소리를 듣고 그 사람이라는 것을 알았다. On *reconnaît* l'arbre à ses fruits.《속담》열매를 보면 나무를 알 수 있다는 데 콩 난다. ② 승인[인정]하다; 자인[자백]하다 (avouer);《법》(서자를)인지(認知)하다. ~ ses erreurs 자기 잘못을 인정[자인]하다. ~ un gouvernement (다른 나라의) 정부를 승인하다. *être reconnu* coupable 범인으로 인정되다. Ce fait *est reconnu* de tout le monde. 그 사실은 만인이 인정하는 바이다. [~ *qc*/*qn* pour] Ils l'*ont reconnu pour* chef. 그들은 그를 지도자로 인정했다. Je le *reconnais pour* vrai.

나는 그것을 사실로 인정했다. [~ qc à qn] Je ne vous *reconnais* pas le droit de me réprimander en public. 나는 당신이 나를 여러 사람 앞에서 힐책하는 권리를 인정할 수 없다. [~ +*inf.*] Je *reconnais* m'être trompé. 나는 틀렸다는 것을 자인한다. [~ que +*ind.*] Je *reconnais* que vous avez raison. 당신이 옳다는 것을 인정한다.

③ (토지를)조사[답사]하다(explorer); 《군사》 정찰하다. ~ une île 섬을 답사하다. ~ les lieux 현장을 조사하다. ~ les positions ennemies 적의 진지를 정찰하다.

④《드물게》감사하다. 사의를 표하다. ~ une faveur 호의에 감사하다.

Je vous reconnais bien là!《구어》그건 정말 당신다운 일이다. ~ *la terre*(*un feu*) 《해양》육지(등불)가 보이다.

—*se* ~ *v.pr.* ① 자기 자신을 알아보다[발견하다, 인정하다]. *se* ~ dans son fils 아들에게서 자기 모습[성격]을 발견하다.

② 자기의 있는 곳·방향·할 일을 알다; 정신이 들다. Je me *reconnais* mal ici. 나는 여기가 어딘지 모르게 되었다. *se* ~ dans un raisonnement 횡설수설하지 않고 조리있게 논리를 전개하다. Donnez-moi le temps de *me* ~. (놀라거나 당황한 후에)잠깐 정신차릴 여유를 주십시오.

③ 자기가 …임을 인정하다, 자인하다; 고백하다. *se* ~ coupable(vaincu) 자기가 죄인임을[패배한 것을] 인정하다.

④ [se ~ à] (로)분간[식별]되다. Le gaz *se reconnaît* à son odeur. 가스는 냄새로 식별할 수 있다.

⑤ 서로 알아보다. Ils ne *se sont* pas *reconnus*. 그들은 서로 몰라보았다.

C'est à ne pas s'y ~. 전혀 분간할 수가 없다. *Je ne m'y reconnais plus.* 나는 어찌된 것인지 모르겠다, 뭐가 뭔지 영문을 모르겠다.

reconnu(**e**) [rəkɔny] (*p.p.*<reconnaître) *a.p.* 인정된, 인정받는.

reconquérir [rəkɔ̃keri:r] *v.t.* 다시 정복하다; (잃은 것을)되찾다, 회복하다. ~ une ville 도시를 탈환하다. ~ sa liberté 자유를 되찾다.

reconquête [rəkɔ̃kɛt] *n.f.* 재정복; 회복.

reconsidération [rəkɔ̃siderɑsjɔ̃] *n.f.* 재고; 재심, 재검토.

reconsidérer [rəkɔ̃sidere] ⑥ *v.t.* 재고하다, 재심하다, 재검토하다, 다시 심의[심사]하다.

reconsolidation [rəkɔ̃sɔlidɑsjɔ̃] *n.f.* 다시 튼튼하게 함, 다시 굳힘.

reconsolider [rəkɔ̃sɔlide] *v.t.* 다시 튼튼하게 하다, 다시 굳히다.

reconstituant(**e**) [rəkɔ̃stitɥɑ̃, -ɑ̃:t] 《의학》*a.* 건강을 회복시키는. aliment ~ 영양식.
—*n.m.* 강장제(fortifiant).

reconstituer [rəkɔ̃stitɥe] *v.t.* ① 다시[원상태로]구성[편성·제정]하다. ~ un parti 정당을 재편성하다. ~ un crime 범죄를 재현[재구성]하다. ② (황폐화된 것을)재건[복구]하다; 재현하다. ~ fidèlement un quartier ancien d'une ville détruite 파괴된 도시의 옛 동네를 원상복구하다. ~ un accident 사고를 재현하다. ~ (건강 따위)회복시키다. ~ les forces au moyen d'aliments speciaux 특별한 음식으로 체력을 회복시키다.

—*se* ~ *v.pr.* 다시 구성[편성·조직·제정]되다; 건강이 회복되다.

reconstitution [rəkɔ̃stitysjɔ̃] *n.f.* ① 재구성, 재편성, 재조직. ~ d'une ligue 연맹의 재편성. ② 복구, 재건; 재현. ~ d'un crime 범죄 과정의 재현 ③ (건강 따위의)회복.

reconstruction [rəkɔ̃stryksjɔ̃] *n.f.* ① 재건, 부흥. ~ d'un mur 담의 개축. ~ d'un parti politique 정당의 재건. ②(비유적)재구성(reconstitution).

***reconstruire** [rəkɔ̃strɥi:r] ③② *v.t.* 다시 일으키다, 재건(부흥)하다; (집 따위를)새로 짓다. ~ une église 성당을 다시 짓다. ~ une fortune 재산을 다시 모으다. La ville *a été reconstruite* après la guerre. 그 도시는 전후에 재건되었다.

reconstruit(**e**) [rəkɔ̃strɥi, -it] (*p.p.*<reconstruire) *a.p.* 재건된, 부흥된.

reconter [rəkɔ̃te] *v.t.* 다시 [되풀이하여] 이야기하다.

recontinuer [rəkɔ̃tinɥe] *v.t.* 다시 계속하다.
—*se* ~ *v.pr.* 다시 계속되다.

reconvention [rəkɔ̃vɑ̃sjɔ̃] *n.f.* 《법》반소(反訴).

reconventionnel(**le**) [rəkɔ̃vɑ̃sjɔnɛl] *a.* 《법》반소의. demande ~*le* 반소 청구.

reconventionnellement [rəkɔ̃vɑ̃sjɔnɛlmɑ̃] *ad.* 《법》반소로.

reconversion [rəkɔ̃vɛrsjɔ̃] *n.f.* ① 재개종(再改宗). ②(전시 생산 체제로부터 평화 산업으로의)재전환. ③ 직장전환; 전직. ④ (새로운 상황하에서의)적응, 방침[행동]변경. Une complète ~ culturelle est impraticable. 완전한 문화적 적응이란 실현이 불가능하다.

reconvertir [rəkɔ̃vɛrti:r] *v.t.* ① (전시 생산 체제로부터 평화 산업으로)재전환하다(시키다). ② 직장을 전환시키다, 전직시키다; 재교육하다. ③ 재개종시키다.
—*se* ~ *v.pr.* ①(체제 따위가)변경되다; 전환되다. ②전직하다. ③적응하다.

reconvoquer [rəkɔ̃vɔke] *v.t.* ① (회의를)재소집하다. ②《행정》(사람을)다시 소환하다, 다시 출두시키다.

recopier [rəkɔpje] *v.t.* 다시 베끼다, 정서하다. ~ une lettre proprement 편지를 깨끗이 옮겨쓰다.

recoquillé(**e**) [rəkɔkije] *a.p.* 조가비처럼 휘말려 젖혀진. pages ~*es* 귀가 말려든 쪽.

recoquillement [rəkɔkijmɑ̃] *n.m.* ① 조가비처럼 휘말리기. ② (책장 귀퉁이의)말려들기.

recoquiller [rəkɔkije] *v.t.*《옛》조가비처럼 휘말려 젖혀지게 하다.
—*se* ~ *v.pr.* 조가비처럼 휘말려 젖혀지다.

record [rəkɔ:r]《영》*n.m.* ①《스포츠》(최고)기록. améliorer(battre, détenir) le ~ du monde 세계기록을 갱신하다[깨뜨리다, 보유하다]. ~ du monde (du cent mètres) (100 미터)세계기록. champion détenteur d'un ~ 기록 보유자. ②(스포츠 이외의)기록. ~ de production 생산기록. Trente degrés à l'ombre, c'est un ~ ! 그늘에서 30 도라니 그것은 기록인데 ! ③《옛》회상, 기억.
battre tous les ~*s* 모든 기록을 깨다; 누구보다도 앞서다;《구어》이루 말할 수 없을 정도이다. Pour la maladresse, il *bat tous les* ~*s*. 그는 이루 말할 수 없이 서투르다.
—*a.* (불변) 기록적인. chiffre ~ 기록적인 숫자. vitesse ~ 기록적인 속력[속도]. production ~ 기록적인 생산고. faire qc en un temps ~ 극히 짧은 시간에 ~을 하다.

recordage [rəkɔrda:ʒ] *n.m.* (라켓·현악기 따위의)줄을 갈기.

recorder[1] [rəkɔrde] *v.t.* ①(잘 기억하도록)되풀이하다, 반복해서 연습하다. ~ un rôle《연극》맡은 역을 되풀이 연습하다. ~ sa leçon 학과를 되풀이해서 복습하다. ②되풀이[반복] 연습시키다. ~ les acteurs 배우를 되풀이 연습시키다.
—*se* ~ *v.pr.*《옛》① 곰곰이 생각하다. Laissez-moi *me* ~. 생각할 여유를 주십시오. ②[se ~

avec (와)협의하다, 의논하다.
recorder[2] v.t. ① 끈으로 다시 매다[묶다]; (노끈·그물을)다시 매다. ② (장작단의 크기를)다시 재다. ③ 〖테니스〗(라켓의)줄을 갈다.
recordman(pl. **men**) [rəkɔr(d)man, -mɛn] 〖영〗 n.m. 기록 보유자.
recordwoman(pl. **women**) [rəkɔr(d)wɔman, -wɔmɛn] 〖영〗 n.f. 여자 기록 보유자.
recorriger [r(ə)kɔriʒe] ③ v.t. 다시 고치다, 재개정하다. —**se** ~ v.pr. 자작(自作)을 다시 손질하다.
recors [rəkɔːr] n.m. 〖옛〗 〖법〗 집달리의 입회인(보좌역); 〖구어〗 간수(看守), 교도관, 경관(~ de la justice).
recoucher [rəkuʃe] v.t. 다시 누이다(↔relever). ~ un instrument dans son étui 《비유적》악기를 케이스에 다시 넣다.
—v.i., **se** ~ v.pr. 다시 눕다(↔ (se) relever).
recoudre [rəkudr] [34] v.t. 다시 꿰매다; 꿰매서 고치다(↔découdre). ~ un bouton 단추를 다시 달다. ~ un opéré 수술받은 환자를 꿰매다.
—**se** ~ v.pr. 다시 꿰매지다.
recouler [rəkule] v.t. 다시 쇠를 녹여 부어 만들다, 개주(改鑄)하다. —v.i. (피 따위가)다시 흐르다.
—**se** ~ v.pr. 개주되다.
recoupage [rəkupaːʒ] n.m. ① 다시 자르기. ② (카드놀이의)패를)다시 떼다. ③ 〖농업〗 다시 베기.
recoupe [rəkup] n.f. ① 〖제분〗 두번째 빻은 밀가루, 재벌 가루. ② (돌·귀금속의)부스러기. ~s de pierre 돌 부스러기. ~ s d'étoffe(피륙의)자투리. ③ 〖농업〗 (목초의)두 번째 베기; 두번째 베는 목초, 그루풀(regain).
recoupé(e) [rəkupe] a.p. (벽 따위가)층이 진, 아래가 위보다 내민.
recoupement [rəkupmɑ̃] n.m. ① 〖건축〗 (담벽 따위가 위로 올라갈수록 두께가 얇아지는)완만한 경사. ② (선·면의)교차. point de ~ 교점(交點) (point d'intersection). ③ 출처가 다른 여러 정보에 의한 사실의 검증, 음미(吟味). faire un ~ de témoignages 여러 가지 증언을 비교 검증하다.
recouper [rəkupe] v.t. ① 다시 자르다[베다]. ~ une tranche de veau 송아지 고기를 다시 한번 저미다. ~ un vêtement 옷을 다시 재단하다. ② (카드놀이)패를)다시 떼다. ③ 〖건축〗 (탑·벽 따위를)층(경사)지게 만들다. ④ (정보 따위를)검증하다; (증언 따위가)일치하다. ~ des informations 여러 가지 정보를 종합하여 진위를 확인하다. Son témoignage en *recoupe* les autres. 그의 증언은 다른 증언들과 일치한다. ⑤ (포도주를 다른 술과)다시 혼합하다. vin *recoupé* 재혼합된 포도주.
—**se** ~ v.pr. ① (점·선·원이)서로 교차하다. ② (증언 따위가)서로 일치하다.
recoupette [rəkupɛt] n.f. 〖제분〗 세번째 빻은 밀가루(전분을 제조하거나 풀을 쑤는데 이용).
recouponnement [rəkupɔnmɑ̃] n.m. (주권(株券)의)이표교환 갱신.
recouponner [rəkupɔne] v.t. (주권의)이표교환 갱신하다.
recourbé(e) [rəkurbe] a.p. 구부러진, 휜(crochu, ↔droit). nez ~ 매부리코.
recourbement [rəkurbəmɑ̃] n.m. 구부림; 굽음.
recourber [rəkurbe] v.t. (끝을)구부리다(나뭇가지 따위를)둥글게 휘다.
—**se** ~ v.pr. 구부러지다, 휘어지다.
recourbure [rəkurbyːr] n.f. 〖제분〗 둥글게 휜 상태; 휜 부분.
recourir [rəkuriːr] [20] v.i. 다시 뛰다[달리다]; 서둘러서 다시 가다. Cet athlète n'a pas *recouru* depuis son accident. 이 선수는 사고 이후 다시 뛴 일이 없다. J'ai oublié la viande, je vais ~ au marché. 쇠고기를 잊었군, 시장에 갔다 오마.
—v.t.ind. [~ à] ① …의 힘을 빌다, 도움을 청하다, …에 의지하다; (폭력 따위에)호소하다; 이용하다. ~ à la force 힘에 의지하다. ~ à la ruse 꾀를 쓰다. ~ à une autorité supérieure 상부기관에 호소하다. J'ai recouru à mon oncle pour avoir une situation. 나는 일자리를 얻기 위해 아저씨에게 매달렸다. ② (목적보어 없이) 〖법〗 상소하다. ~ contre qn …을 상대로 상소하다.
recours [rəkuːr] n.m. ① 의지, 의뢰; 의뢰(의지)하는 사람[것]. ~ à la violence 폭력에 호소하기, 폭력의 행사. Vous êtes mon unique ~. 당신은 내가 의지하는 단 한 사람이다. ② 수단, 방책. La fuite est le ~ du faible. 도주는 약자의 방책이다. en dernier ~ 최후의 수단으로서. ③ 〖법〗 청원(請願), 상소(上訴); 〖법·상업〗 상환청구(권). action en ~ 상소. ~ en cassation 항소(抗訴). ~ en grâce 특사청원(特赦請願).
avoir ~ *à qn* …에 의지하다, …의 도움을 청하다. *avoir* ~ *au médecin* 의사에게 도움을 청하다. *sans* ~ 의지(도움)할 곳이 없는, 절망적인. C'est *sans* ~. 절망적이군.
recousu(e) [rəkuzy] (p.p.<*recoudre*) a.p. (옷 따위를)다시 꿰맨[기운].
recouvert(e) [rəkuvɛːr, -ɛrt] (p.p.<*recouvrir*) a.p. ① [~ de] (으로)다시 덮인(쇠운); 잘(꼭) 덮인. ② (옷을)두텁게 충분히 입은.
recouvrable [rəkuvrabl] a. 회수할 수 있는(↔irrécouvrable). sommes ~s 회수 가능 금액.
recouvrage [rəkuvraːʒ] n.m. (우산따위 따위를)갈아 씌우기.
recouvrance [rəkuvrɑ̃ːs] n.f. 〖옛〗 회복(recouvrement[1]). Notre-Dame de R~ 건강회복을 기도드리기 위한 성모.
recouvrement[1] [rəkuvrəmɑ̃] n.m. ① 〖문어〗 회복. ~ des titres[des forces, de la santé] 작위[힘·건강]의 회복. ② (대출금·세금 따위의)회수, 징수(perception); (pl.) 회수해야 할 대출금. ~ de l'impôt direct 직접세의 징수.
recouvrement[2] n.m. 다시 덮기[쒸우기], 갈아 쒸우기. ② 덮개, 피복; 〖건축〗 겹치는 부분. 〖기계〗 (증기기관의)조절장치 커버. [à ~] 겹으로 덮인, 겹쳐진. tuiles à ~ 겹쳐 잇대는 기와(↔ tuiles à emboîtement). joint à ~ 겹쳐 잇대기, 포개 붙이기. poser des planches à ~ 〖건축〗 벽판자를 포개 붙이다.
recouvrer [rəkuvre] v.t. ① 〖문어〗 다시(도로) 찾다, 회복하다(récupérer). ~ la liberté 자유를 다시 찾다. ~ la santé 건강을 회복하다. ② (돈 따위를)받아내다, (세금을)징수하다. ~ une créance 꾸어준 돈을 받아내다.
*****recouvrir** [rəkuvriːr] [12] v.t. ① 다시 덮다, 다시 쒸우다; 갈아 쒸우다. ~ une marmite (열어 놓은) 남비를 다시 덮다. ~ un parapluie 우산천을 갈다. ② 완전히 덮다, 뒤덮다(re는 이 경우 강조의 뜻)(↔découvrir). La neige *recouvre* le sol. 눈이 지면을 덮고 있다. ~ un mur de peinture 벽 전면에 페인트칠을 하다. plaine *recouverte* de belles fleurs 아름다운 꽃으로 뒤덮인 들판. ③ 《비유적》(진상을)가리다, 은폐하다(masquer). Sa gaieté *recouvrait* une grande inquiétude. 그는 꽤 쾌활해 보였으나 그 뒤에는 큰 불안이 가려져 있었다. ④ (주제 따위를)포함하다, 커버하다, …에 걸치다(embrasser). Ce concept *recouvre* deux idées différentes. 이 개념에는 두 가지의 다른 관념이 내포

되어 있다.
— **se ~** *v.pr.* ① 다시 덮이다. Le ciel[Le temps] *se recouvre*. 하늘이 다시 흐려진다. ② 완전히 덮이다, 뒤덮이다. Le jardin *se recouvre* de neige. 뜰이 눈으로 뒤덮이다. ③ (벗었던 모자를) 다시 쓰다. ④ 서로 겹치다(뒤덮이다)(se superposer). revues qui *se recouvrent* sur le présentoir 진열대에 서로 겹쳐 놓은 잡지들.

recracher [rəkraʃe] *v.t.* 내뱉다. — *v.i.* 침을 뱉다.

récré [rekre] *n.f.* 《속어》 = **récréation** (학생들 사이에서 쓰이는 약칭).

récréance [rekreɑ̃:s] *n.f.* 〖법〗 가점유(假占有). ② lettres de ~ 대사 소환장(大使召還狀).

récréatif(ve) [rekreatif, -i:v] *a.* 유쾌한, 재미있는, 기분전환이 되는(amusant, divertissant, ↔ ennuyeux). lecture ~*ve* 재미있는 읽을거리. soirée ~*ve* 재미있는 야회(夜會).

recréation [rəkreasjɔ̃] *n.f.* 재(再)창조.

***récréation** [rekreasjɔ̃] *n.f.* ① 기분전환, 오락, 휴양, 휴식, 레크리에이션(↔ travail). prendre de la ~ 기분전환하다. ② 〖학교〗 휴식시간(heure de ~). cour de ~ 운동장. aller[être] en ~ 휴식시간에 놀러가다[놀고있다]. À quoi jouez-vous pendant la ~? 휴식시간에는 무엇을 하고 놉니까? ③ 위로(위안)거리, 위안물. ~ des yeux 눈의 위안거리. ~*s* mathématiques 수학놀이, 재미있는 수학 (책 제목 따위).

recréer [rəkree] *v.t.* 재창조하다, 다시 만들다; 재현하다. Le metteur en scène *a recréé* l'atmosphère antique. 연출가는 옛 분위기를 재현했다.

récréer [rekree] *v.t.* 《문어》 즐겁게 하다; 쉬게 하다; 힘을 북돋우다. Le vert *récrée* la vue. 푸른 빛은 눈의 피로를 가시게 한다.

—**se ~** *v.pr.* 즐기다; 휴양하다, 쉬다.

récrément [rekremɑ̃] *n.m.* 《옛》〖의학〗재귀액(再歸液)(혈액에서 분리되어 다시 혈액으로 되돌아가는 것으로 알려졌던 위액·타액 따위).

récrémenteux(se) [rekremɑ̃tø, -øːz], **récrémentitiel(le)** [rekremɑ̃tisjɛl] *a.* 《옛》〖의학〗재귀액성의.

recrépir [rəkrepiːr] *v.t.* ① (벽 따위에) 다시 벽토를 바르다, 새로 칠하다. ② (옛) (결점을 가리기 위해서) 분식(粉飾) 하다, 꾸미다. ~ son visage 얼굴을 분을 바르다.

recrépissage [rəkrepisɑːʒ] *n.m.* 벽토를 새로 바르기.

recreuser [rəkrøze] *v.t.* 다시 파다; 더욱 깊이 파다.

récrier (se) [s(ə)rekri(j)e] *v.pr.* ① 〖예〗 탄성을 지르다(s'exclamer). Il *s'est récrié* d'admiration *à* la vie de ce tableau. 그는 그 그림을 보고 탄성을 질렀다. ② [se ~ contre/sur/à] (에) 반대 [항의]하여 외치다, 이의를 부르짖다(protester). Tout le monde *s'est récrié contre* cette opinion. 그 의견에 대해 모두 반대의 소리를 질렀다. À ces mots, ils *se sont récriés*. 그 말을 듣고 그들은 항의했다. ③ 〖사냥〗 (개가 놓쳤던 짐승을 다시 쫓아가면서) 더욱 큰 소리로 짖다.

récriminateur(trice) [rekriminatœːr, -tris] *a.* (마주) 욕설 [비난·힐난] 하는. —*n.* (마주) 욕설 [비난·힐난] 하는 사람.

récrimination [rekriminɑsjɔ̃] *n.f.* ①(옛) (마주) 욕설 [비난·힐난] 하기. ② (보통 *pl.*) 항의, 비난, 불평(protestation, reproche). ~*s* contre tout le monde 모든 사람에 대한 불평.

récriminatoire [rekriminatwaːr] *a.* (마주) 욕설 [비난·힐난] 하는.

récriminer [rekrimine] *v.i.* ①(옛) [~ contre] (에 대해서) (마주) 욕설 [비난·힐난] 하다. ② 신랄하게 비판하다(reprocher). ~ *contre* le gouvernement 정부를 비난하다.

récrire [rekriːr] [38] *v.t.* ① 다시 쓰다; 고쳐 쓰다, 개작하다. Il *a récrit* son roman. 그는 그의 소설을 고쳐 썼다. ② (《목적보어 없이》 [~ à] (에게) 다시 편지를 쓰다; 답장을 쓰다.

recristallisation [rəkristalizɑsjɔ̃] *n.f.* 〖광물〗재결정(再結晶).

recroiser [rəkrwaze] *v.t.* ① 다시 엇갈리게 하다; (도로 따위가) 다시 교차하다. ② 〖동물〗 다시 교배시키다. —**se ~** *v.pr.* 다시 서로 교차하다.

recroître [rəkrwɑ(ɑ:)tr] [41] *v.i.* ① (식물이) 다시 자라다. ② 다시 커지다(많아지다, 길어지다). La rivière, qui avait diminué, *recroît*. 줄어들었던 강물이 다시 불었다.

recroquevillé(e) [rəkrɔkvije] *a.p.* (잎·종이 따위가) 말라 오그라든, 쪼그라진; 몸을 오그린. malade ~ dans son lit 침대 속에 몸을 오그리고 있는 병자. vieille femme ~*e* 쪼그라든 노파.

recroqueviller (se) [sərəkrɔkvije] *v.pr.* ① (잎·종이 따위가 가 건조해 오그라들다. 오그라들다. 쪼그라지다. ② 몸을 오그리다(se ramasser). *se ~* de peur 무서워서 몸이 오그라들다. Il *se recroqueville* sur lui-même, les genoux au menton. 그는 무릎을 턱까지 끌어대면서 몸을 웅크린다.

[REM] 이 동사는 때로는 타동사로 쓰이기도 한다. Le froid *me recroqueville*. 추위가 내 몸을 오그라들게 한다.

recrouer [rəkrue] *v.t.* 다시 감옥에 넣다.

recru(e¹) [rəkry] *a.* (예·문어) 피로에 지친, 기진맥진한(harassé, 《구어》 éreinté). être ~ de fatigue 피로해져 있다.

recrû¹ [rəkry] (<*recroître*) *n.m.* (잘라낸 잡목 덤불 밑의) 새싹; 〖사냥〗 (자고 따위의) 다시 난 꼬리.

recrû²(ue²) [rəkry] *recroître* 의 과거분사.

recrudescence [rəkrydesɑ̃:s] *n.f.* ① (화재·폭동·추위 따위의) 다시 심해짐, 재연(再燃); (병 따위의) 재발(reprise). ~ du froid 다시 심해진 추위. ~ de fièvre 열의 재발.

recrudescent(e) [rəkrydesɑ̃, -ɑ̃:t] *a.* 다시 심해진, 다시 창궐하는, 재연하는; 재발하는. épidémie ~*e* 다시 창궐하는 전염병.

recrue³ [rəkry] (<*recroître*) *n.f.* ① 〖군사〗 신병(bleu, conscrit). ② 신입 회원, 신입 당원. faire la ~ de *qn* (회·당 따위의) …을 새로 가입시키다. ③ (모임 따위에) 뛰어든 사람.

recrutement [rəkrytmɑ̃] *n.m.* 징병(徵兵), 징모(appel). âge requis pour le ~ 징병 적령. loi [système] de ~ 징병령[제도]. ② (회원 따위의) 모집(·집합적) 모집된 회원. ~ des membres d'un club 클럽의 회원모집.

recruter [rəkryte] (<*recrue³*) *v.t.* ① 〖군사〗 (신병으로) 보충(충원) 하다 ; (신병을) 모집하다, 징모하다. ~ une troupe 부대를 신병으로 충원하다. ~ des volontaires 지원병을 모집하다. soldats fraîchement *recrutés* 갓 징집된 군인. ② (회원 따위를) 모집하다. ~ de nouveaux membres 신입 회원을 모집하다.

—**se ~** *v.pr.* [se ~ de] (으로) 보충(충원) 되다; [se ~ parmi/dans] 징모(모집) 되다. Les membres *se recrutent dans[parmi]* tous les milieux. 회원은 모든 계층에서 모집된다.

recruteur [rəkrytœːr] *n.m.* 징모(징집) 관, 모집자. —*a.m.* 징모(징집) 하는; 모집하는. officier[sergent] ~ 징집 사관[하사관].

recta [rekta] (라틴) *ad.* 정확하게(ponctuellement, exactement). payer[arriver] ~ 《구어》정확하게

rectal(ale) [rɛktal, -o] *a.* 【해부】 직장 (直腸)의.

rectangle [rɛktɑ̃:gl] 【기하】 *a.* 직각(直角)의. triangle ~ 직삼각형.
—*n.m.* 장방형. ~ de service 【테니스】 서비스 코트. ~ blanc 백색 사각형 표지《프랑스 텔레비전 방송에서 어린이의 교육상 보이지 말아야 할 프로를 나타내는 표시》.

rectangulaire [rɛktɑ̃gylɛːr] *a.* 【기하】 장방형의; 직각의. figure ~ 장방형.

recteur(trice)[1] [rɛktœːr, -tris] *n.m.* ① 학구장(學區長); 〖옛〗대학 총장. ~ de l'Académie de Paris 파리대학구장《파리 지역의 모든 대학의 운영을 관장하는 사람》. ② 〖종교〗(예수회 학교의)교장, 수도원장; (브르타뉴 지방의)소(小)교구의 사제.
—*n.f.* 학구장(대학총장) 부인.

recteur(trice)[2] [rɛktœːr, -tris] *a.* plumes(pennes) ~trice 새의 꽁지깃(털). —*n.f.* 꽁지깃털.

rectif(ve) [rɛktif, -iːv] *a.* 【언어】 제사(制辭)적인.

rectifiable [rɛktifjabl] *a.* 정정[교정·개정·수정] 할 수 있는, erreur ~ 바로잡을 수 있는 잘못. 【화학】 재증류되는, 정류(精溜)할 수 있는; 【수학】 길이를 구할 수 있는. courbe ~ 【기하】 길이를 구할 수 있는 곡선.

rectifiant(e) [rɛktifjɑ̃, -ɑ̃:t] *a.* 【전기】 정류(整流)하는.

rectificateur(trice) [rɛktifikatœːr, -tris] *n.* 【언어】 정정(교정·개정·수정)자. —*n.m.* 【화학】 정류기(精溜器); 【전기】 정류기(整流器)(~ de courants). *a.* 정정[개정]하는, 정류하는.

rectificatif(ve) [rɛktifikatif, -iːv] *a.* 정정[교정·개정·수정]하는, 수정하는. budget ~*ve* 수정 예산. note ~*ve* 정정문서. état ~ 정정표, 정오표. —*n.m.* 【행정】(공식적인)정정문서, 정오[정정]표.

rectification [rɛktifikasjɔ̃] *n.f.* ① 정정, 교정, 수정, 개정, 바로잡기. ② 【기하】(곡선의)구장법(求長法): 직선으로 고치기. ~ d'un alignement 줄을 바로잡기. ~ de l'état civil 호적부의 정정. ~ dans les journaux 신문기사의 정정문. ③ 【화학】 정류(精溜); 【전기】 정류(整流)(작용).

rectifier [rɛktifje] *v.t.* ① 줄을 바로잡다, 정열하다. ~ un alignement 줄을 바로잡다(고치다). ② 고치다, 정정[교정·수정·개정]하다(corriger); 〖옛〗(태도·문법 따위를)바로잡다(réformer). ~ un compte 계산을 정정하다. Il a rectifié l'idée qu'il avait de moi. 그는 내게 대해서 품었던 생각을 고쳤다. ③ 【수학】 직선으로[의]길이를 구하다. ~ une courbe 곡선을 직선으로 고쳐서 길이를 재다. ④ 【화학】 정류(精溜)하다; 【전기】 정류(整流)하다. ⑤ 〖속어〗죽이다. Il s'est fait ~ par ses complices. 그는 공범자들에 의해서 살해당했다.
~ *le tir* 총의 조준을 바로잡다; 《비유적》방침을 바꾸다.
—*se* ~ *v.pr.* 바로잡히다; 정정[교정·수정·개정]되다; 【화학】 정류되다.

rectifieur(se) [rɛktifjœːr, -ø:z] *n.m.* 쏠림 수정공, 연마공.

rectifieuse[2] [rɛktifjø:z] *n.f.* 연마반(研磨盤), 그라인더; 【공학】 쏠림 수정기.

rectiligne [rɛktiliɲ] *a.* ① 직선의(↔courbe); 【수학】 직선으로 둘러 싸인, 직선으로 된(↔curviligne), allée ~ 직선길. mouvement ~ 직선 운동. figure(angle) ~ 직선 도형(각). ② 〖옛·드물게〗곧은, 바른, esprit ~ 바른 정신.
—*n.m.* (d'un dièdre) 【수학】 2면각을 능선에 직각이 되는 평면으로 자를 때 생기는 평면각.

rectilinéaire [rɛktilineɛːr] *a.* objectifs ~*s* 〖사진〗(가장자리의 영상이 일그러지지 않는) 직선수차(收差)교정 렌즈.

rection [rɛksjɔ̃] *n.f.* 〖언어〗 제사법(制辭法)《동사가 그 보어를 취하는 방법》.

rectite [rɛktit] *n.f.* 【의학】 직장염(直腸炎).

rectitude [rɛktityd] *n.f.* 직선적임, 곧음(↔sinuosité); (지적·도덕적으로)올바름, 엄정, 공정; 정확성. ~ d'une route 길의 곧음; 곧게 뻗은 길. ~ d'un jugement 판정의 공정성.

recto [rɛkto] 《라틴》 *n.m.* (책·원고 따위의) 겉페이지(↔verso), ~ verso 표리(表裏)의. impression ~ *verso* 양면인쇄.

rectocèle [rɛktɔsɛl] *n.f.* 【의학】 직장 헤르니아.

recto-colite [rɛktɔkɔlit] *n.f.* 【의학】 직장·결장염 (直腸·結腸炎).

rectoral(ale, pl. aux) [rɛktɔral, -o] *a.* 대학구장(大學區長)의.

rectorat [rɛktɔra] *n.m.* ① 대학구장(대학 총장)의 직(임무·재직 기간). ② 대학구본부.

rectoscope [rɛktɔskɔp] *n.m.* 【의학】 직장경(鏡).

rectoscopie [rɛktɔskɔpi] *n.f.* 【의학】 직장 내시 (內視).

rectum [rɛktɔm] *n.m.* 【해부】 직장(直腸).

reçu(e) [rəsy] (*p.p.* < *recevoir*) *a.p.* ① 관용(慣用)의; 일반적으로 인정된, 공인된. coutume ~*e* 관습. Cela est reçu. 그것은 일반적으로 인정되는 일이다. ② (시험에)합격된. ③ être bien[mal] ~ 환영[냉대]되다.
—*n.m.* 〖상업〗영수증(acquit, récépissé); 영수하기, 수리(受理). donner [remettre] un ~ 영수증을 주다.
au ~ *de votre lettre* 당신의 편지를 받고서. *payer au* ~ 현품 인수와 동시에 지불하다.

recueil [rəkœj] *n.m.* ①(시·산문·문서 따위의)집(集), 집록(集錄)(anthologie). ~ de poèmes 시선, 시집. ~ de fables 우화집. ~ de morceaux choisis 선집, 문집. ~ de lois 법령집. 〖비유적〗수집(collection). L'histoire n'est pas un simple ~ de faits. 역사는 단순한 사실의 집적이 아니다. ② poste de ~ 《군사》 행군중 쓰러진 병사를 수용하는 수용소.

recueillage [rəkœjaːʒ] *n.m.* 〖상업〗집하(集荷), 집적(集積).

recueillement [rəkœjmɑ̃] *n.m.* ① 정신의 집중, 명상, 심사숙고 (méditation, contemplation). être dans un profond ~ 깊은 명상에 잠겨 있다. ~ de l'esprit 정신의 집중. écouter avec ~ 마음을 가다듬어 경청하다. ② 〖드물게〗모으기, 수집.

recueilli(e) [rəkœji] *a.p.* 명상에 잠긴, 명상적인; 고요한. visage ~ 명상에 잠긴 얼굴.

*****recueillir** [rəkœjiːr] [14] *v.t.* 거두다, 모으다, (과일 따위를) 따다. Les abeilles recueillent le pollen. 벌들이 꽃가루를 모아들인다. ~ des fruits d'un arbre 나무에 달린 과실을 따다. ② (비유적) 얻다, 취득하다. ~ le fruit de ses efforts 노력의 열매를 얻다. ~ ce qu'on a semé 자기가 뿌린 씨를 거두다(인과응보). ③ (흩어진 것을) 모으다, 수집하다(rassembler). (그릇 안에) 모아 담다, 받아 넣다. ~ les épaves d'un naufrage 난파선의 표류물을 수합하다. ~ des articles de revue en un volume 잡지 기사들을 모아서 책으로 엮다. ~ les voix[les souffrages] 표를 모으다. ~ les eaux de pluie dans un bassin 빗물을 대야에 받다. ④ (기억에) 남기다; (기록으로) 정리하다(enregistrer). ~ les bruits 소문을 수합하여 기록하다. ~ les dépositions des témoins 증인들의 진술을 정리[기

록)하다. ⑤ (상속에 의해서) 인수하다; 전달받다; (불행한 사람 따위를) 구제하다. ~ la succession de son père 아버지의 유산을 상속받다. ~ le flambeau olympique 올림픽 성화를 전달받다. ~ les naufragés 조난자들을 구제[수용]하다. ⑥ (생각·힘 따위를) 집중하다. ~ ses forces 힘을 한 곳에 집중하다. ~ ses idées 생각을 정리하다. ⑦ (옛) 수확하다, 거두어 들이다(récolter). ⑧ (옛) 요약하다.
　—se ~ v.pr. (종교적 의미로) 명상[묵상]하다(에) 내성하다, 심사숙고하다. se ~ en soi-même 깊이 내성하다.

recuire [rəkɥiːr] [32] v.t. ① 다시 굽다[지지다], 다시 익히다. ② (강철·유리 따위를) 다시 달구다.
　—v.i., se ~ v.pr. ① 다시 구워지다. ② (강철·유리 따위가) 다시 달구어지다.

recuisson [rəkɥisɔ̃] n.f. 다시 굽기[지지기]; 다시 달구기.

recuit¹(e¹) [rəkɥi, -it] (p.p.<recuire) a.p. ① 다시 구워진[지진], 다시 익힌; 다시 달군. poulet cuit et ~ 지나치게 잘 구운 영계. ② 햇볕에 탄. peau ~e 까맣게 탄 피부.

recuit² [rəkɥi] n.m., **recuite²** [rəkɥit] n.f. 〖야금·유리〗 다시 달구기, 다시 굽기.

recul [rəkyl] n.m. ① 후퇴, 퇴각(repli, retraite); 퇴보(↔progrès). ~ d'une armée 군대의 후퇴. avoir un mouvement de ~ (에서) 뒤로 물러서다. ~ de la civilisation 문명의 퇴보. ② 반동, 반충(反衝); (포의) 후좌(後座). ③ 뒤로 물러설 만한 공간. 〖미술〗 감상 거리(距離); 올바른 평가에 필요한 시간적·공간적 거리. Ce court manque de ~. 이 코트는 뒤로 물러설 공간이 없다. [prendre du ~] prendre du ~ pour bien juger l'ensemble 전체를 잘 판단하기 위해 뒤로 물러서다[거리를 갖다]. Il faut un certain ~ pour apprécier les événements. 사건을 평가하기 위해서는 시간적 간격이 필요하다.

reculade [rəkylad] n.f. 〖구어〗 양보, 회피(abandon, dérobade); 〖옛〗 후퇴. lâche ~ 비겁한 회피.

reculé(e¹) [rəkyle] a.p. ① 먼, 멀리 떨어진, 동떨어진(écarté). village ~ 외딴 마을. ② 오래된(éloigné, ancien). dans les temps les plus ~s 아 나면 옛날에, 태고에.

reculée² n.f. ① 뒤로 물러설 만한 공간[여지] (recul). ② 〖지질〗 (Jura 산맥의) 출구가 없는 깊은 계곡.

reculement [rəkylmɑ̃] n.m. ① (말의) 엉덩이 끈(courroie de ~). ② mur en ~ 〖광산〗 갱도의 뒷벽. ③ 〖옛〗 후퇴.

‡**reculer** [rəkyle] v.i. ① 후퇴하다, 물러서다, 뒷걸음질하다(se replier, rétrograder, ↔ avancer). ~ d'un pas 한 걸음 뒤로 물러서다. ~ devant l'ennemi 적 앞에서 후퇴하다. faire ~ qn ⋯을 후퇴시키다, 뒤로 물러서게 하다. Mets le frein, la voiture recule. 브레이크를 걸어, 차가 후진한다. ② 머뭇거리다, 망설이다, 주저하다; 꽁무니 빼다, 양보하다. ~ devant les dangers 위험을 앞두고 머뭇거리다. Il ne recule devant rien. 그는 여하한 일에도 주춤거리지 않는다. Il n'y a plus moyen de ~. 지금에 와서 물러설 수는 없다. ③ (대포의 포신·총기가) 반동으로 뒤로 튕기다. ④ 멀어지다; 쇠퇴하다. L'horizon semble ~. 지평선이 멀어지는 것처럼 보인다. L'épidémie a reculé. 전염병의 기세가 꺾였다.
　~ *pour mieux sauter* 이보전진을 위해 일보후퇴하다.
　—v.t. ① 후퇴시키다, 뒤로 물러서게 하다. ~ une chaise 의자를 뒤로 물리다. ~ un mur 담을 뒤로 옮기다. ~ les frontières d'un État 나라의 국경을 확장하다. ② 연기하다(différer), 미루다(retarder). ~ une décision [une échéance] 결정[기한]을 연기하다. ③ 옛날로 거슬러 올라가게 하다. ~ la datation d'un mot 어떤 말의 기원을 더 옛날로 소급하다.
　—se ~ v.pr. 후퇴하다, 물러서다; 연기되다. *Reculez-vous* de là. 거기서 물러서시오.

reculons (à) [arkylɔ̃] loc. ad. 뒷걸음질쳐서; 거꾸로. marcher à ~ 뒤로 물러서다, 후퇴하다. mouvement à ~ (사회 사업 따위의) 퇴보, 역행.

recûmes [rəsym] ⇨recevoir.

récupérable [rekyperabl] a. 되찾을 수 있는, 회복할 수 있는. créance ~ 회수가능한 채권. ferraille ~ (회수해서) 재생 가능한 고철. heures ~s (일해서) 메울 수 있는 시간.

récupérateur¹ [rekyperatœːr] n.m. ① 〖기계〗 복열(復熱)실[장치], 열 회수기(~ de chaleur). ② 〖군사〗 (대포의) 복좌기(復座機).

récupérateur²(trice) [rekyperatœːr, -tris] a. ① (손해본 시간을) 메꾸어(보상해)주는. 〖정치〗 (특히 반체제자들을) 회유하는. —n.m. (고철·부품 따위의) 회수업자.

récupération [rekyperasjɔ̃] n.f. ① 회수, 회복; 복구, 재활용. ~ des fusées et des satellites 로켓과 인공위성의 회수. ~ d'une créance 채권의 회복. ~ des métaux[des ordures] 금속[쓰레기]의 회수. chaudière à ~ (난방·온수용) 에너지 회수형 보일러. ② (하지 못한 일·강의 따위의) 만회, 보충. ~ des heures de travail[d'un cours] 보충 근무[강의]. ③ 〖정치〗 (특히 반체제자들의) 회유, 자기편으로 끌어들이기.

récupéré [rekypere] n.m. 〖군사〗 재소집된 제대 군인.

récupérer [rekypere] [6] v.t. ① 되찾다, 회수하다(retrouver, recouvrer). ~ ses avances 빌려준 돈을 돌려받다. J'irai ~ mes disques chez toi. 너희 집으로 내 레코드판을 찾으러 가겠다. ~ de la ferraille 고철을 회수하다. ② 회복하다; (일하지 않은[결강한] 시간을) 보충하다. ~ ses forces (피로후에) 체력을 회복하다. ③ 『목적보어 없이』 athlète qui *récupère* très vite 체력회복이 빠른 운동선수. ~ des heures de travail (일하지 못한) 노동시간을 보충하다. ~ *qn* (잃어버린 표)[헤어진 친구] 찾다. Il faut que je *récupère* le petit à la sortie de l'école. 나는 학교가 파할 때 아이를 데리러 가야 한다. ④ (직장·사회에) 복귀시키다; 〖군대〗 (입대 후에) 원대에 복귀시키다. ~ et reclasser des accidentés 부상자를 재고용하여 재배치하다. ⑤ 〖정치〗 전향시키다, 회유하다.

récurage [rekyraːʒ] n.m. (금속 따위를 모래 따위로) 문질러 닦기.

recurent [rəsyːr] ⇨recevoir.

récurer [rekyre] v.t. (금속 따위를 모래 따위로) 문질러 닦다.

récureur(se) [rekyrœːr, -øːz] a. (금속 따위를) 닦는. —n. 닦는 사람.

récurrence [rekyrɑ̃ːs] n.f. ① 회귀, 반복. raisonnement par ~ 〖철학〗 회귀적 추론. ② 〖의학〗 (열의) 회귀(回歸), 재발. ③ 〖해부〗 (신경·맥관 따위의) 반회(反回). ④ 〖수학〗 순환; 〖물리〗 재귀성(再歸性).

récurrent(e) [rekyrɑ̃, -ɑ̃ːt] a. ① 회귀하는, 반복적인. image ~e 잔상. ② 〖의학〗 (cancer) ~, 재발하는. fièvre ~e 회귀열. cancer ~ 재발암. ③ nerf ~ 〖해부〗 회귀신경. ④ 〖수학〗 순환하는. série ~e 순환급수.

récursif(ve) [rekyrsif, -i:v] *a.* 【논리·언어】 되풀이 되어 나오는, 회귀적. 【수학】 귀납적. définition ~ve 회귀적 정의《어떤 정의를 되풀이함으로써 그 의미가 그 자체로써 결정되어지는 정의》. construction ~ve 〈생성문법에서〉회귀적 구성.

récursivité [rekyrsivite] *n.f.* 【논리·언어】 회귀성(回歸性); 【수학】 귀납성.

récursoire [rekyrswa:r] *a.* 【법】 상소(上訴)의; 구상(求償)의.

reçu-s, -t [rəsy] ⇨recevoir.

récusable [rekyzabl] *a.* ① 【법】 (증인·증언 따위를) 기피할 수 있는, 이의를 신청할 수 있는. ② 신용할 수 없는. témoignage ~ 신빙성없는 증언.

récusant(e) [rekyzɑ̃, -ɑ̃:t] *n.* 【법】 기피 신청자. ② 【영국사】 국교 거부자.

récusation [rekyzasjɔ̃] *n.f.* 【법】 (증인·증언 따위의) 기피, 이의신청.

récuser [rekyze] *v.t.* ① (의 권위를) 거부하다, 인정치 않다(refuser). ~ l'autorité d'un auteur 저자의 권위를 거부하다. [~ *qn*] ~ un témoin 증인을 인정치 않다. ② 【법】 (증인·재판관 따위를) 기피하다; (에 대해서) 이의를 신청하다. ~ la compétence d'un tribunal 재판소의 권위에 이의를 제기하다. ③ 《드물게》(약속 따위를) 버리다(rejeter).
—*se* ~ *v.pr.* (법정·재판관 따위의)재판권이 없다고 선언하다; 책임을 회피하다.

reçu-t, -tes [rəsy, -yt] ⇨recevoir.

recyclable [rəsiklabl] *a.* recycler 할 수 있는.

recyclage [rəsikla:ʒ] *n.m.* ① (직장인의)재교육. stage de ~ 재교육 연수. ② (학생의)학습진로의 변경《문과에서 이과로의 변경 따위》. ③ 【공학】(핵연료·냉각수 따위의)순환사용.

recycler [rəsikle] *v.t.* ① [~ *qn*](교원·기술자 따위를) 재교육하다. ② (아동·학생들을 적성에 맞게) 진로를 재조정하다, (학생들의 반을) 재편성하다. ③ (액체·기체의 독소를)재생이용[가공]하다; 순환사용하다.
—*se*~ *v.pr.* 재교육을 받다; 학습진로를 바꾸다. *se* ~ en suivant des cours du soir 야간수업으로 재교육을 받다.

recycleur [rəsiklœ:r] *n.m.* 재교육 담당자.

Rédac. (약어) ① rédacteur 편집자. ② rédaction 편집(부·국).

rédact*eur(trice)* [redaktœ:r, -tris] *n.* ① (문서의)기안자, 작성자; (사전 따위의)편찬자. ~ d'un dictionnaire 사전 편찬자. ~ publicitaire 광고문안 작성자. ② (신문·잡지의) 편집자; 기자. ~ politique 정치부 기자. ~ en chef 주필(主筆).

rédaction [redaksjɔ̃] *n.f.* ① (각종 문서의)기초, 기안, 작성; (사전 따위의) 편찬; 【학교】 작문; 작성문서. ~ d'un projet de contrat 계약서 문안의 작성. ~ de premier jet (수정·가필을 하지 않은) 초고. faire une ~ sur un sujet 어떤 주제로 작문을 쓰다. ② (신문·잡지의)편집, 편집부(국). secrétaire de (la) ~ 편집국 비서. salle[bureaux] de ~ 편집실.

rédactionnel(le) [redaksjɔnɛl] *a.* (문서) 기안의, 편집상의. faute ~*le* 편집상의 과오. publicité ~*le* (편집기사의 형태로 게재된) 선전광고.

redan [rədɑ̃] *n.m.* ① 【축성】 철각보루(凸角堡壘). ② (경사진 성벽 위의 강돌의) 층층; 【건축】 (고딕 건축의 홈에 안쪽 둘레의) 꽃잎 모양의 장식; (벽공의) 단(段). ③ (수상비행기의) 기체 밑에 달린 돌출부들.

reddition [redisjɔ̃, reddisjɔ̃] *n.f.* ① (성·선박 따위의) 항복(에 의한 명도); (군대의)항복(capitulation). ~ d'une armée 투항(投降). ~ sans conditions 무조건 항복. ~ d'une place 개성(開城). ~ de(s) comptes 【회계】 (위탁받은 제 3 자의 계산에 대한)계산서의 제시.

redécider [rədeside] *v.t.* 다시 결정하다.

redécouverte [rədekuvɛrt] *n.f.* 재발견.

redécouvrir [rədekuvri:r] [12] *v.t.* 다시 발견하다.

redéfaire [rədefɛ:r] [28] *v.t.* 다시 파괴하다.

redéfinir [rədefini:r] *v.t.* 다시(새롭게) 정의하다.

redemander [rədmɑ̃de] *v.t.* ① 다시 (되풀이) 요구하다. ② 반환을 요구하다. ~ son parapluie 우산을 돌려줄 것을 요구하다.

redémarrage [rədemara:ʒ] *n.m.* 재출발.

redémarrer [rədemare] *v.i.* ① (정지 후에)(차가) 다시 떠나다. ② 《비유적》(한동안 활동이 뜸하던 것이) 다시 일어나다, 재출발하다. L'économie n'a pas encore *redémarré.* 경제는 아직도 활기를 되찾지 못했다.

rédempt*eur(trice)* [redɑ̃ptœ:r, -tris] 【종교】 속죄하는. le signe ~ 십자가. —R~ *n.m.* 구세주《그리스도》(Sauveur). —*n.* 속죄자.

rédemption [redɑ̃psjɔ̃] *n.f.* ① 【신학】 (그리스도에 의한 인류의) 속죄, 구속(rachat, salut). ② (종교적·도덕적 의미의)속죄(rachat). ~ des péchés 속죄. ③ 【법】 (권리)의 회복.

rédemptoriste [redɑ̃ptɔrist] *n.m.* 【종교】 속죄회 회원《1732 년 이탈리아의 *Alphonse de Liguori*에 의해 창설된 수도회》.

redent [rədɑ̃] *n.m.* =**redan**.

redenté(e) [rədɑ̃te] *a.* 【건축】 (홈에 안 둘레 따위가) 꽃잎무늬로 장식된.

redéploiement [rədeplwamɑ̃] *n.m.* 【군사】 (군사적 배치를) 재편성[재구성]하기; 《비유적》개편, 재편, 재구성.

redéployer [rədeplwaje] *v.t.* 【군사】 (군대를)재배치하다, 재조직하다; 《비유적》재구성[조직, 개편]하다. —*se* ~ *v.pr.* 재구성[재조직]되다.

redescendre [rədesɑ̃:dr] [25] *v.i.* 〈조동사는 être〉 ① 다시 내려가다(오다, (올라왔다가) 다시 내려, (갔다가) 오다. monter dans sa chambre et ~ 자기 방에 올라갔다가 내려오다. ② 〈주어는 사물〉 다시 하강하다, 다시 내리막이 되다. Le chemin *redescend.* 길이 다시 내리막이 된다. La mer *redescend.* 조수가 다시 썰물이 된다. ③ 〈비유적〉 (사회적·도덕적으로)(지위·궤력이)떨어지다.
—*v.t.* 〈조동사는 avoir〉① (위에 있는 물건을) 다시 내려놓다. ~ un meuble du grenier 다락방에서 가구를 다시 내려놓다. ② (계단 따위를) 다시 내려가(오)다(↔remonter). ~ un escalier 층계를 다시 내려가다(오다).

redevable [rədvabl] *a.* 채무가 있는; 신세진; 의무가 있는. [être ~ à *qn* de *qc*] Je vous *suis* encore ~ de cinq cents francs. 당신에게 아직 500 프랑의 빚이 있다. Il vous *est* ~ de la vie. 당신은 그의 생명의 은인이오. —*n.* 신세진 사람; 채무(빚)가 있는 사람.

redevance [rədvɑ̃:s] *n.f.* ① (정기적으로 지불해야 할) 채무(빚)(dette). ~ mensuelle 월부금. ② (공공시설 따위의) 사용료; 납부금, 부과금(세). ~ téléphonique 전화 사용료. ~ pétrolière 채유권료 [로얄티]. ~ d'auteur (저자의) 인세, 저작권 사용료. 징수하다, 소작료. encaisser[percevoir] des ~ d'une métairie 소작료를 징수하다. ~*s* féodales 【역사】 (봉건시대의)부과조(賦課租).

redevancier*(ère)* [rədvɑ̃sje, -ɛ:r] *n.* 부과금[세] 납부자.

*redevenir [rədvəni:r] [16] *v.i.* 〈조동사는 être〉《속사와 함께》다시 되다; 전과 같이 되다. ~ riche

redevoir [rədəvwɑːr] [54] *v.t.* (~ à) (에게) 아직 남은 빚이 있다; 《비유적》 아직 은혜를 입고 있는 처지이다. Je *redois* cinq cents francs à M. Dupont. 나는 뒤퐁씨에게 아직 500 프랑의 빚이 있다. (*p.p.* 로) somme *redue* 아직 갚지 못한 금액.

rédhibition [redibisjɔ̃] *n.f.* 《법》 (물품에 흠이 있는 경우의) 매매(계약)의 취소.

rédhibitoire [redibitwaːr] *a.* ① 《법》 (물품의 결함이) 매매(계약)취소의 원인이 되는. ② 치명적 결함이 되는; 중대한 장애가 되는. prix ~ 터무니없는 값.

rediffusion [rədifyzjɔ̃] *n.f.* 《라디오·텔레비전》 재방송.

rédiger [rediʒe] [3] *v.t.* ① (문서를) 기안하다, 작성하다; (편지·기사 따위를) 쓰다; 《목적보어 없이》 글을 쓰다. ~ un contrat 계약서를 작성하다. ~ un procès-verbal (경찰) 조서를 꾸미다. 《목적보어 없이》 Il *rédige* bien. 그는 글을 잘 쓴다[문서 작성이 능하다]. ② (신문·잡지를) 편집하다, 편찬하다. revue remarquablement *rédigée* 훌륭하게 편집된 잡지.

rédimé(e) [redime] *a.p.* (배상금에 의하여 염세(鹽稅)따위가) 면세된; (도시나 소매인이 일정액의 지불에 의해)간접세가 면세된.

rédimer [redime] *v.t.* (옛·문어) (죄로부터) 구원하다, 죄를 씻어주다(racheter). ~ les pécheurs 죄인을 구원하다.

—se ~ *v.pr.* 속죄하다, 구원받다. se ~ par le repentir 회개로서 죄를 씻다.

redingote [rədɛ̃gɔt] *n.f.* ① (여자용의 허리 부분이 좁아진) 외투, 긴 웃옷. ② (18·19세기에 유행했던)프로코트.

redingue [rədɛ̃ːg] *n.f.* 《속어》 =redingote.

réintégration [redɛ̃tegrasjɔ̃] *n.f.* 《심리》 복원작용(復原作用)《어떤 자극에 의해서 생긴 의식 상태가 그 자극의 일부를 다시 받기만 해도 되살아나는 심리작용》.

*****redire** [rədiːr] [29] *v.t.* ① (~ *qc* à *qn*) 다시 (되풀이) 말하다, 여러 번 말하다(répéter, ressasser). dire et ~ 몇 번이고 되풀이 말하다. Vous *redites* toujours la même chose. 당신은 언제나 같은 말만 되풀이하는군요. ne pas se le faire ~ (두 번 되풀이하게 할 필요없이) 당장에 하라는 대로 하다[따르다]. ② (남의)말을 되풀이하다[옮기다], 고자질하다(rapporter).

—*v.t.ind.* 《항상 부정법으로》 [~ à] …에 대해 트집잡다, 비난하다. Il n'y a rien ~ *à* (dans) cet ouvrage. 이 작품에는 트집잡을 것이 하나도 없다. [voir/trouver à ~] Je ne *vois* rien ~ *à* cela. 나는 그 일에 탓할 것이 아무것도 없다. Il *trouve* à ~ *à* tout. 그는 모든 것에 트집을 잡는다. On ne peut rien dire devant lui, il *redit* tout. 그 사람 앞에서는 아무 말도 할 수 없다, 무엇이든 고자질하니까.

rediscuter [rədiskyte] *v.t.* 다시 논하다.

rediseur(se) [rədizœːr, -øːz] *n.* 같은 말을 되풀이하는 사람; 남의 말을 옮기는[고자질하는] 사람.

redissoudre [rədisudr] [40] *v.t.* 다시 녹이다.

redistillation [rədistilasjɔ̃] *n.f.* 재증류(再蒸溜).

redistiller [rədistile] *v.t.* 다시 증류하다.

redistribuer [rədistribye] *v.t.* 다시 분배하다.

redistribution [rədistribysjɔ̃] *n.f.* 재분배.

redit[1] [rədi] *n.m.* (보통 *pl.*) dits et ~s 《옛》 되풀이한 말.

redit[2](*e*[1]) [rədi, -it] (<*redire*) *a.p.* 되풀이 말한.

redite[2] [rədit] *n.f.* 소용없는 되풀이; 되풀이 한 말.

éviter les ~s 중언부언을 피하다.

redompter [rədɔ̃te] *v.t.* 다시 정복[제어]하다.

redondance [rədɔ̃dɑ̃ːs] *n.f.* ① 군말, 쓸데없는 말, 췌언(贅言)(verbiage). ② 《정보》 《언어》 정보 중복; 《언어》 (표현에 있어서의) 잉여《예:les journaux 에 있어서 복수는 les 로 표현되어 있으므로 journ*aux* 의 어미 *-aux* 는 잉여가 됨》. ③ 《미술》 장식과다, 과잉장식.

redondant(*e*) [rədɔ̃dɑ̃, -ɑ̃ːt] *a.* ① 군말(쓸데없는 말)이 많은; (말 따위가) 장황한(↔concis). ② 《정보》 (정보가) 중복되는; 《언어》 잉여의. épithètes ~*es* 불필요한(잉여의) 형용사. ③ 《미술》 장식과다의.

redonner [rədɔne] *v.t.* ① 다시 주다; 돌려주다; (건강 따위를) 회복시키다. donner et ~ *qc* …을 주고 또 주다. médicament qui *redonne* des forces (체력)회복시키는 약. ~ du courage à *qn* …에게 (잃었던)용기를 불어 넣어주다. ② 재연《재상영》하다.

—*v.i.* ① [~ dans](에) 다시 빠지다. ~ *dans* ses erreurs passées 범했던 오류에 다시 빠지다. ② 다시 심해지다. La pluie *redonna* de plus belle. 비가 한층 더 심해졌다. ③ 《군사》 다시 돌격하다.

—se ~ *v.pr.* [se ~ à](에)다시 뛰어들다, 다시 열중하다.

redorer [rədɔre] *v.t.* (에) 금박을 되입히다, 다시 도금하다; 다시 금빛으로 번쩍이게 하다.

—se ~ *v.pr.* 《구어》 재산을 다시 모으다.

redormir [rədɔrmiːr] [18] *v.i.* 다시 잠자다.

redoublant(*e*) [rədublɑ̃, -ɑ̃ːt] *n.* 유급(留級)학생.

redoublé(*e*) [rəduble] *a.p.* ① 두 번 되풀이 된; 2중의, 2배의. pas ~ 보통보다 갑절 빠른 행보, 속보. rimes ~*es* 《음악》 2중운(韻)《행 끝의 운이 연속해서 되풀이 된 것》. ② 계속 되풀이된. frapper à coups ~*s* 계속 두드리다.

redoublement [rədublə mɑ̃] *n.m.* ① 배가; 증가(augmentation, accroissement). ~ des douleurs 고통의 배가, 더 심한 고통. ② 《언어》 (낱말·음절의) 중복; 《음악》 동음반복.

redoubler [rəduble] *v.t.* ① 배가(증가)하다; 겹치게 [중복]되다; 되풀이하다(répéter). ~ ses efforts 노력을 배가하다, 한층 더 노력하다. ~ une syllabe 음절을 중복시키다. ② (옷의) 안을 갈아대다. ~ un manteau 외투의 안을 갈다. 《목적보어 없이》 유급(留級)하다. Il y a cinq élèves qui *redoublent* dans ma class. 내 반에서 유급하는 학생은 다섯이다. ♦ ~ le champ 《농업》 연작하다.

—*v.t. ind.* [~ de](무관사 명사를 대동함)…을 한층 더 증가하다. ~ d'amabilité 한층 더 친절을 베풀다. ~ *de* soins(d'attention) 한층 더 주의하다.

—*v.i.* ① 보다(더 한층) 심해지다(s'intensifier). Le froid *redouble*. 추위가 심해진다. ② 《펜싱》 르두블하다《공격을 하자마자 반격함》.

redoul [rədul] *n.m.* 《식물》 독말발도리.

*****redoutable** [rədutabl] *a.* 몹시 무서운(effrayant); 위험한(dangereux). ennemi ~ 가공할 적. maladie ~ 위험한 병.

redoute [rədut] *n.f.* ① 《옛》 《축성》 각면보루(角面堡壘). ② 《옛》무도회, 축제; 무도장, 무도회장. ~ masquée 가면무도회.

redouté(*e*) [rədute] *a.p.* 두려움을 주는; 황송한, 황공한. très ~ seigneur 황공스러운 군주(임금) 《중세기에 군주에 대한 존칭》.

*****redouter** [rədute] *v.t.* 몹시 두려워하다, 무서워하다(appréhender, s'effrayer); 불안하게 여기다, 걱정하다; 싫어하다, 꺼리다(craindre 보다 강함). ~ ses ennemis 적을 무서워하다. ~ l'avenir 미래를

대해 불안해하다. ~ le froid 추위를 싫어하다. [~ de+inf. / que (ne)+sub.]…하는 것을[하지나 않을까] 두려워 하다. …하지 않을까 몹시 불안해하다. Je *redoute qu'il (ne) se mette en colère.* 그가 화를 낼까 몹시 걱정이 되다.

redoux [radu] *n.m.* (겨울철에 날씨가) 한동안 풀리기, 일시적 온난 현상; 《비유적》(긴장 관계의)완화, 해빙.

redowa [rɛdɔva], **rédowa** [rɛdɔva] *n.f.* 《무용·음악》(마주르카 비슷한) 보헤미아 무용(곡).

redressage [rədrɛsaːʒ] *n.m.* =**redressement**.

redresse[1] [rədrɛs] *n.f.* palans de ~ 《해양》 옆으로 쓰러진 배를 끌어올리는 도르래 장치.

redresse[2] **(à la)** [alardrɛs] *loc.a.* 《속어》영악한, 빈틈없는. mec à la ~ 영악한 녀석.

redressé(e) [rədre[e]se] *a.p.* courant ~ 《전기》정전류(整電流).

redressement [rədrɛsmɑ̃] *n.m.* ① 다시 세우기, (굽은 것을)바로 펴기; 《광학》정립상(正立像)으로 고치기; (배 따위의)복위(復位). ~ d'une tige tordue 휘어진 나무 줄기를 바로 세우기. ~ du buste 가슴을 펴기. canot à ~ 자동 복원하는 배. ② 재건, 부흥(relèvement). ~ de l'économie 경제의 부흥. ③ 교정, 갱생 (계산 따위의)정정(correction). maison de ~ 《예》감화원(현재는 centre d'éducation surveillée). ~ de compte 계산의 정정. ④ 《전기》정류(整流). ⑤ 《드물게》(손해에 대한)보상.

redresser [rədre[e]se] *v.t.* ① 다시 세우다, (굽은 것을) 바로펴다; 《광학》정립상(正立像)으로 고쳐 세우다. ~ une statue renversée 넘어진 조상을 일으켜 세우다. ~ un arbre 나무를 다시 일으켜 세우다. ~ la tête 머리를 쳐들다; (반항적)반항적 태도를 취하다. ②《비유적》(침체된 것을)일으키다, 부흥시키다. ~ la situation économique d'un pays 국가의 경제 정세를 바로 잡다. ③《항공》(비행기의)기수를 세우다(~ l'avion); 《자동차》(꺾었던 핸들을)되돌리다. braquer et ~ ses roues 핸들을 꺾었다 다시 되돌리다. ④《문어》(잘못 따위를)바로 고치다, 교정하다(corriger); 바른 길로 되돌아가게 하다. ~ le jugement de *qn* …의 판단의 잘못을 바로 잡아주다. ~ les abus 악습을 고치다. ~ les torts 남에게 끼친 손해를 보상하다, 짓눌린 권리를 되찾아주다. ⑤《전기》정류(整流)하다. ⑥ ~ la voie 《사냥》(개가) 짐승을 쫓긴 길을 되찾다.

— se ~ *v.pr.* ① 다시 몸을 일으켜 세우다, 다시 일어서다.《해양》(기울어졌던 배가)평형 상태를 되찾다;《항공》(급강하한 비행기가) 수평상태로 되돌아가다. ③《비유적》(침체상태에서 다시 일어서다, 재기하다. pays qui se redresse après une guerre 전쟁 후 바로잡히는 나라. ④ 자세를 바로잡다;《비유적》의연한 태도를 취하다, 궐기하다. Tu te tiens mal, *redresse-toi!* 자세가 나빠, 똑바로 해! Devant cet affront, il se redresse. 이 모욕을 당하고 그는 분연히 맞선다.

redresseur(se) [rədrɛsœːr, -ø:z] *n.m.* ① 《기계》조정공. ②《전기》정류기. ③ ~ de courant électrique). ③ ~ de torts (중세이야기에 나오는)정의의 기사;《비꼼》정의파.
—a. valves ~ses 《전기》 정류관; prisme ~ 《광학》 정립(正立)프리즘; muscles ~s de poils 《해부》 입모근(立毛筋).

redû[1] [rady] *n.m.* 《드물게》남은 빛[부채], 미불금.

redû[2]**(ue)** [rady] (*p.p.<redevoir*) *a.p.* 미불(未拂)의 (→redevoir).

reductase [redyktaːz] *n.f.* 《화학》 환원 효소.

réducteur(trice) [redyktœːr, -tris] *a.* 《화학》 환원하는;《사진》축사(縮寫)하는;《기계》감속하는. engrenage ~ 감속이차(齒車). ﹘*n.m.* 《화학》 환원제; 《사진》 축사기(縮寫器);《의학》 정복기;《기계》 감속장치;《전기》조광기(調光器).

réductibilité [redyktibilite] *n.f.* ① 감소[축소·제한]할 수 있음. ② 《화학》 환원성;《외과》 정복(整復) 가능. ③ 《수학》 약분할 수 있음.

réductible [redyktibl] *a.* 감소[축소]할 수 있는; 《화학》 환원할 수 있는;《외과》 정복(整復)할 수 있는;《수학》 약분할 수 있는. fraction ~ 가약(可約) 분수.

réductif(ve) [redyktif, -iːv] *a.* 《화학》 환원성의. agent ~ 환원제.

*****réduction** [redyksjɔ̃] *n.f.* ① 감소, 삭감(diminution). ~ des heures de travail 노동시간의 단축. ~ de salaires 감봉. ~ des armements 군축(軍縮). ~ de la peine 감형(減刑). ~ chromatique 《생물》 염색체의 감수분열. ~ des tarifs douaniers 관세율의 인하. ~ de tension 《전기》 전압 저하. ~ de vitesse 감속. ② 축소, 축사(縮寫), 축도. ~ d'un tableau 그림의 축사. échelle de ~ 《지리》 축척(縮尺). compas de ~ 축도용 컴퍼스. ③ 할인(remise, rabais). faire une ~ 할인하다. obtenir une ~ 할인을 받다. billet de ~ 할인권. ④ 환원, 환산. 《수학》 약분, 통분, 배리법(背理法). 《음악》 편곡. ~ phénoménologique 《철학》 현상학적 환원. ~ à l'absurde 배리법, 귀류법. ~ d'une fraction 약분. ~ de fraction au même dénominateur 통분. ~ au piano d'une partition d'opéra 악보를 피아노곡으로 고쳐쓰기. ⑤《화학》(석유의)증류;《요리》(소스 따위를) 졸이기. ⑥《외과》정복(整復);《천문》(오차의) 수정. ⑦《예》(반란 따위의)진압. ⑧《군사》(등의)강동.

en ~ 축소된, 축소형의(en miniature); 더 적게, 축소하여. bateau *en ~* 모형 배. auto *en ~* 〔놀이터에 있는〕소형 자동차.

réductionnel(le) [redyksjɔnɛl] *a.* mitose ~le 《생물》 감수분열(méiose).

*****réduire** [redɥiːr] [32] *v.t.* ①（압력·가격·속력 따위를) 낮추다, 내리다(abaisser), 감소하다, 줄이다. ~ la hauteur d'un mur 담의 높이를 낮추다. ~ ses dépenses 비용[지출]을 줄이다(diminuer). ~ la vitesse 감속하다. ②축소하다(diminuer, ↔augmenter), 축사하다, 단축하다. ~ une photographie 사진을 축소[축사]하다. ~ une carte 지도를 축소하다. ~ un texte 문장을 단축시키다. ~ qc/qn en qc 변형시키다, 변하게 하다(transformer); 환산하다. ~ le blé en farine 밀을 가루로 만들다. ~ le bois en cendres 나무를 재가 되게 하다. ~ qc en miettes …을 산산조각나게 하다. ~ des kilomètres en mètres 킬로미터를 미터로 환산하다. 《수학》…을 가장 단순한 식으로 나타내다. ④[~ qn à/en qc](강제·설득에 의하여) 몰아 넣다, 이르게 하다(astreindre); 빠지게 하다. ~ qn à l'obéissance ~을 강제로 복종시키다. ~ qn au silence 입을 다물게 하다, 꺾소리 못하게 하다. ~ qn à la misère ~을 비참한 상태에 빠지게 하다. Sa maladie *l'a réduit* à l'inaction. 그의 병이 그를 기동 못하게 만들었다. ~ qn en esclavage …을 예속상태에 빠지게 하다. ~ qc à sa plus simple expression 《수학》…을 가장 단순한 식으로 나타내다. ⑤《화학》환원하다. 《음악》(다른 악기를 위하여) 편곡하다;《수학》약분하다, 통분하다. ~ un minerai pour en tirer le métal 금속을 빼내기 위해서 광석을 제련하다. ~ une parti-

tion d'orchestre pour piano 오케스트라의 악보를 피아노 곡으로 고쳐쓰다. ~ deux fractions au même dénominateur 2개의 분수를 통분하다. 『요리』가열하여 줄이들게 하다, 졸이다. ~ une sauce 소스를 졸이다. ⑦『외과』정복(整復)하다, 바로잡다. ~ une luxation[une fracture] 탈골[골절]을 정복하다[바로잡다]. ⑧『옛』진압[억압]하다. ~ l'opposition 반대파[야당]를 억압하다. **en être réduit à**+*inf.* …할 수밖에 없는 궁지에 몰리다. Il a fait faillite et il *en est réduit à* vendre ses biens. 그는 파산해서 재산을 처분할 수 밖에 없었다. **~ à rien** 완전히 멸망시키다. Cet échec a *réduit à rien* tous ses projets. 이 실패로 그의 모든 계획은 물거품이 되었다.
—*v.i.* 증발하여 줄어들다[졸아들다]. faire ~ une sauce 소스를 끓여 줄어들게 하다.
—**se** — *v.pr.* 《주어는 사람》생활비를 절약하다(se restreindre). Depuis sa retraite, il a dû *se* ~. 퇴직 후부터 그는 생활을 줄여야했다. ②《주어는 사물》[se — à] (으로) 되다, 귀착하다. Tout cela *se réduit à* une question d'argent. 이 모든 것은 돈 문제로 귀착되다. ③《주어는 사물》[se — en] (으로) 변하다, 변하다. Le vin *se réduit en* vinaigre. 포도주는 식초로 변한다. ④『화학』환원되다; 『수학』약분되다; 『외과』정복(整復)되다.

réduisant(e) [redyizɑ̃, -ã:t] (*p.p.* < *réduire*) *a.* 『화학』환원시키는.

réduit[1] [redɥi] *n.m.* ① 초라한 작은 집[방] (cagibi)(방 따위의) 구석, 구석진 곳(recoin); 외딴 곳, 은거처. ② 『축성』외벽(外壁)이 무너질 때 은신하는 성안의 성채(→ fortification 그림). ③ 『해군』(군함의) 포곽(砲廓), 내포탑(內砲塔).

réduit[2] **(e)** [redɥi, -it] (*p.p.* < *réduire*) *a.p.* ① 소형의, 작은; 감소된, 축소된(diminué). homme de taille ~e 키가 작은 남자. modèle ~ 축소된 모형. aller à vitesse ~e 감속운전하다. forme ~e 『언어』축약형, 생략형. ② 할인된. à prix[tarif] ~ 할인 가격(요금)으로.

réduplicatif(ve) [redyplikatif, -i:v] *a.* 『언어』반복을 뜻하는, 『식물』대생(對生)의.
—*n.m.* 『언어』반복동사 (redire, refaire 는 dire, faire 의 반복동사).

réduplication [redyplikasjɔ̃] *n.f.* ① 『언어』반복, 중복; 『수사학』반복어법. ② 『생리』심장음의 이상반복.

réduve [redy:v] *n.m.* 『곤충』침노린재과(科)의 곤충.

réécrire [reekri:r] [38] *v.t.* = **récrire**.

réécriture [reekrity:r] *n.f.* 『언어』바꿔쓰기; 고쳐쓰기, règle de ~ 바꿔쓰기 규칙.

réédification [reedifikasjɔ̃] *n.f.* 『문어』재건, 개축 (reconstruction).

réédifier [reedifje] *v.t.* 『문어』재건하다, 개축하다 (rebâtir); 다시 부흥하다, 다시 일으키다.

rééditer [reedite] *v.t.* ① 재판(再版)하다, 중(重)판하다. ~ un auteur 어떤 작가의 작품을 재판하다. ② 『구어』되풀이하다(refaire). Il a *réédité* la scène qu'il nous avait faite l'an dernier. 그는 작년에 우리에게 한 짓을 되풀이했다.

réédition [reedisjɔ̃] *n.f.* ① 재판(再版), 중판. ② 『구어』중복, 반복. La situation actuelle est une ~ de celle de l'année dernière. 현재의 상황은 작년의 재판이다.

rééducateur(trice) [reedykatœ:r, -tris] *n.* 재교육자; 운동요법을 받는 자.

rééducatif(ve) [reedykatif, -i:v] *a.* 재교육의. thérapie ~*ve* 『의학』작업[운동]요법.

rééducation [reedykasjɔ̃] *n.f.* 재교육; 재훈련; 『의학』작업요법, 운동요법. ~ de la vue 시력의 재훈련. ~ d'un blessé 부상자의 재훈련. ② (비행소년 따위의) 재교육.

rééduquer [reedyke] *v.t.* ① 재교육하다, 재훈련하다; 『의학』(불구자 따위에) 작업[운동]요법을 사용하다. ~ un paralysé 마비환자를 재훈련하다. ② (비행소년 따위의) 재교육하다.

*réel(le) [reɛl] *a.* ①《명사 뒤에서》현실의, 실재의 (↔ imaginaire). fait ~ 사실. personnage ~ 실재 인물. Cette histoire est ~*le*. 이 이야기는 현실에서 일어난 일이다. ② 실질적인, 실제의(↔ nominal). valeur ~*le* 실질 가치(↔ valeur nominale 명목 가치). salaire ~ (제반 공제액을 제한 후의) 실제 수령 급료. ③《명사 앞에서》진정한, 확실한. prendre un ~ plaisir à causer 남과 애기하는 데 진정한 기쁨을 느끼다. J'ai fait un ~ effort pour venir. 《빠져 나오려고》 무진 애를 썼어요. ④ ⓐ 『철학』실제의. monde ~ 실제계. ⓑ 『가톨릭』현실의. présence ~*le* du Christ dans l'eucharistie 성체에 있어서 그리스도의 현실적 존재. ⑤ 『법』물건의, 물건에 관한. droit ~ 물권 (物權). action ~*le* 대물(對物)소송. offre ~*le* 현물 (現物)제공. ⑥ ⓐ 『광학』image ~*le* 실상(實像) (↔ image virtuelle 허상). ⓑ 『수학』nombre ~ 실수(↔ nombre imaginaire 허수); droite ~*le* 실[수]직선. ⑦ 『인류』parenté ~*le* 혈연. ⓓ 『화학』gaz ~*s* 실제 기체(↔gaz parfaits 완전[이상] 기체).
—*n.m.* 현실, 실재 (réalité, ↔ idéal); 현실계. l'idéal et le ~ 이상과 현실. dans le ~ 실제로.

réélection [reelɛksjɔ̃] *n.f.* 재선.

rééligibilité [reeliʒibilite] *n.f.* 재선 가능성, 재선 될 수 있는 자격.

rééligible [reeliʒibl] *a.* 재선될 수 있는.

réélire [reeli:r] [30] *v.t.* 재선하다.

réellement [reɛlmɑ̃] *ad.* ① 실제로, 현실적으로(en fait, en réalité). Cela s'est passé ~. 그것은 실제로 일어난 일이다. ② 정말로, 아주. Cela est ~ incroyable. 그건 진짜 못 믿을 일이야.

réélu(e) [reely] (*p.p.* < *réélire*) *a.p.* 재선된.
—*n.* 재당선자.

réembarquer [reãbarke] *v.t., v.i.* = **rembarquer**.

réembobinage [reãbɔbina:ʒ] *n.m.* 『영화』(필름을) 다시 감기[말기].

réembobiner [reãbɔbine] *v.t.* 『영화』(필름을) 다시 감다.

réembobineuse [reãbɔbinø:z] *n.f.* 『영화』(필름을) 다시 감는 기계.

réemploi [reãplwa] *n.m.* ① 재사용(remploi). ② 재고용. ~ des chômeurs 실업자의 재고용.

réemployer [reãplwaje] [7] *v.t.* = **remployer**.

réengager [reãgaʒe] [3] *v.t.* ① (와) 재계약하다, 재고용하다(rengager); 『군사』재입대시키다.
—*se* — *v.pr.* 재계약하다; 『군사』재입대하다.

réensemencement [reãsmãsmã] *n.m.* 『농업』재파종(再播種).

réensemencer [reãsmãse] [2] *v.t.* 『농업』(에) 다시 씨뿌리다, 재파종하다.

réentendre [reãtã:dr] *v.t.* 다시 듣다.

réentoiler [reãtwale] *v.t.* 『항공』(비행기의) 날개를 갈아씌우다.

réenvahir [reãvai:r] *v.t.* 다시 침입하다.

rééquilibrage [reekilibra:ʒ], **rééquilibration** [reekilibrasjɔ̃] *n.m.* 다시 균형을 잡기, 균형 회복. ~ des roues d'une voiture 자동차 바퀴의 균형을 다시 잡기. ~ de la balance des payements (국제) 수지의 균형을 잡기.

rééquilibrer [reekilibre] *v.t.* (예산 따위의) 균형을 회복시키다. ~ le budget 예산의 균형을 잡다.
rééquipement [reekipmɑ̃] *n.m.* 재장비.
réer [ree] *v.i.* (사슴이) 울다(raire).
réescompte [reɛskɔ̃:t] *n.m.* 《상업》 재할인.
réescompter [reɛskɔ̃te] *v.t.* 《상업》 재할인(再割引)하다.
réessayage [reesɛja:ʒ] *n.m.* =ressayage.
réessayer [reese(e)je] [8] *v.t.* =ressayer.
réestimation [reɛstimasjɔ̃] *n.f.* 재평가.
réestimer [reɛstime] *v.t.* 재평가하다.
réétudier [reetydje] *v.t.* 다시 연구하다.
réévaluation [reevalɥasjɔ̃] *n.f.* 재평가. ~ d'un immeuble 부동산의 재평가. ~ des bilans (화폐가치의 저하에 따른)자산 재평가.
réévaluer [reevalɥe] *v.t.* 재평가하다.
réexamen [reɛgzamɛ̃] *n.m.* 재검사, 재검토.
réexaminer [reɛgzamine] *v.t.* 다시 검사하다, 재검토하다.
réexpédier [reɛkspedje] *v.t.* ① 재발송[재발신]하다. ② (다른 곳으로)전송하다. ~ le courrier à une nouvelle adresse 다른 주소로 우편물을 전송하다. ③반송(회송)하다(renvoyer).
réexpédition [reɛkspedisjɔ̃] *n.f.* ①재발송, 재발신. ②전송(轉送). ③반송, 회송.
réexportation [reɛksprtasjɔ̃] *n.f.* 재수출.
réexporter [reɛkspɔrte] *v.t.* (수입품을)재수출하다.
Réf. 《약자》 référence 참조.
refaçon [rəfasɔ̃] *n.f.* 다시 만들기; 재가공.
refaçonner [rəfasɔne] *v.t.* 다시 (새롭게) 만들다; 재가공하다.
réfaction [refaksjɔ̃], **refaction** [rəfaksjɔ̃] *n.f.* 《상업》 감가인도(減價引渡); 관세할인.
***refaire** [rəfɛ:r] [28] *v.t.* (faire의 용법에 준함) ① 다시 하다(recommencer); 다시 만들다. ~ un pansement 붕대를 다시 감다. ~ un paquet 포장을 다시 하다, 다시 싸다. ~ un voyage 여행을 다시 하다. Ce travail est à ~. 이 일은 다시 해야 한다. ②고쳐 만들다; 개작하다; 수선하다(réparer). ~ entièrement un ouvrage 작품을 완전 개작하다. ~ sa vie avec une autre femme 다른 여자와 새 삶을 시작하다. ~ son maquillage 화장을 고치다. donner un fauteuil à ~ 안락의자를 수선하러 보내다. ~ le toit 지붕을 수리하다. ③(기력·건강·재산 따위를) 회복하다; [~ qn] (의)체력(건강)을 회복시키다. ~ sa santé par un changement de climat 기후의 변화로 건강을 회복하다. Le repos nous refait. 휴식은 우리의 힘을 회복시켜준다. ~ un malade par un bon régime 영양식을 주어 환자를 회복시키다. ~ des troupes 군대를 휴식시켜 전투력을 회복하다. ④《구어》속이다, 사기치다 (tromper, duper); 《속어》훔치다(voler). Je suis refait! 나는 속았다, 내가 당했구나! (On m'a eu). ~ une montre 시계를 슬쩍하다. ⑤(목적보어 없이)《카드놀이》패를 다시 치다. Vous avez mal donné, c'est à ~. 당신은 패를 잘못 주었소, 다시 나누다. ⑥(주어는 동물)(이)털·뿔 따위가)다시 돋아나다. ~ ses premières dents (동물이)젖털을 갈다, 새 이가 나다. ~ ses plumes (날짐승이)깃털을 갈다. cerf qui *a refait* sa tête 새 뿔이 돋아난 수사슴.
À une femme et à une vieille maison il y a toujours à ~. 《속담》여자와 낡은 집은 즐곧 손질해야 한다.
**—se— *v.pr.* ① 기력(건강)을 회복하다 (se rétablir). Il a besoin de se ~. 그는 보양될 필요가 있다. [se — de] *se — de* ses fatigues 피로를 풀고 기력을 회복하다. ② 손해를 회복하다, (사업에서)다시 일어나다. Il est en train de *se ~*. 그는 재기(다시 일어서고 있는)중이다. [se — de] Il *s'est refait de* ses pertes. 그는 손해를 회복했다. ③《부정형으로》(성격 따위를)고치다(se transformer). Je suis comme ça, je ne peux pas *me ~*. 나는 이런 사람이야, 달라질 수 없단 말이야. ④[se ~ à] 《구어》익숙하다. *se ~ à* la vie de Paris 파리의 생활에 익숙하다. ⑤ 다시 시작되다(se recommencer). Cela ne *se refait* pas aisément. 이것을 다시 하는 것은 쉽지 않다.

refaiseur(se) [rəfəzœ:r, -ø:z] *n.* 다시 만드는 사람; 《구어》사기꾼.
refait(e) [rafe, -ɛt] (*p.p.*<*refaire*) *a.p.* ①《구어》속은. ②(재목)각재로 된; (말이)휴양하여 살찐; (밭쪽이)고쳐 꼬인.
—*n.m.* (사슴의)새로 난 뿔; 《카드놀이》다시 시작하는 수.
refass-e, -es [rəfas] ⇔refaire.
refaucher [rəfoʃe] *v.t.* (낫 따위로)다시 베다.
réfection [refɛksjɔ̃] *n.f.* ①수선, 수리, 개조, 재건. ~ d'une route 도로 수리. travaux de ~ 복구작업. ②《옛·문어》체력(기력)회복; 체력회복에 필요한 것; (특히 수도원 따위에서의) 간단한 식사. prendre sa ~ 식사를 하다. *dormir sa ~* 충분히 잠자고 원기를 회복하다.
réfectionner [refɛksjɔne] *v.t.* 수리하다, 수선하다, 개조하다. —*v.i.* 식사하다.
réfectoire [refɛktwa:r] *n.m.* (수도원·학교의)식당, 구내식당. ~ d'une école (d'un hôpital) 학교 (병원)의 식당.
refend [rəfɑ̃] *n.m.* (다음 표현으로만 쓰임) [de ~] bois de ~ (bois de brin 통나무에 대해서)세로로 쪼갠 나무(널빤지). ligne de ~ 벽돌의 이음 선. mur de ~ (건물 안의)간막이 벽. pierre de ~ 귓돌.
refendre [rəfɑ̃:dr] [25] *v.t.* ① (목재 따위를)세로로 쪼개다(가르다, 켜다). ~ l'ardoise 판암(板岩)을 얇게 자르다. ②(옛)다시 쪼개다, 다시 분할하다.
refente [rəfɑ̃:t] *n.f.* (목재 따위를)세로로 쪼개기(켜기); (옛)다시 쪼개기(가르기), 재분할.
refer-ai, -ons, etc. [rəfre, -3] ⇔refaire.
référé [refere] *n.m.* ① 《법》 (긴급 사건의)금속심리; 금속심리에 의한 판결. juger en ~ 금속심리로 판결을 내리다. plaider un ~ 금속심리를 신청하다. ② (해당 장관에게 보내는) 감사원장의 질의서.
référence [referɑ̃:s] *n.f.* ①조회, 참고; 기준. prendre *qc* comme ~ ~을 표준(기준)로 삼다. [par ~ à] indemnité fixée *par ~ au* traitement 급료에 준하여 결정한 수당. ②(서적 따위의)참조, 참고; 출전; 참고지시, 주(注). citer *qc* en ~ ~을 참고로 인용하다. faire ~ à un auteur (à un ouvrage) 어떤 저자(책)를 참조하다. ouvrage (livre) de ~ 참고서. ~*s* au bas des pages 쪽 하단의 주. ③《언어, 금》(mention); 《언어》 지시. Aucune ~ n'a été faite au dernier entretien. 요전번 대담에 대해서는 전혀 언급이 없었다. ④ (편지·문서의 화상 귀에 쓰는)조회 번호. numéro de ~ 문서(서류)번호. ⑤《보통 pl.》 (신원 조회에 있어서의) 보증서, 소개장; 《일반적으로》보증. fournir de sérieuses ~s (취직을 위한)확실한 신원 보증서(추천서)를 제출하다. ⑥《상업》상품 견본 대장(album de ~s). ⑦《언어》지시, 지향(désignation); 《수학》système de ~ 좌표계.
référencer [referɑ̃se] [2] *v.t.* (논문 따위에서)참조지시를 붙이다.
référencié(e) [referɑ̃sje] *a.* (인용·예문의)출전(出典)이 밝혀진, 주석(조회)이 붙은.
référendaire [referɑ̃dɛ:r] *n.m.* ① 회계 검사원의 주

임 검사관(conseiller ~ à la Cour des comptes). ② grand R~ 《프랑스사》제정 원로원의 상서(尚書)《문서의 발송·접수를 관장하는 벼슬》. —a *ride* (référendum)의 《에 관한》. plébiscite ~ 국민투표에 의한 국민의 의사 결정.

referendum, référendum [refeRɛ̃dɔm] (*pl.* ~s) *n.m.* ① 국민투표, 일반투표. ② 《한 집단을 대상으로 하는》여론 조사, 앙케트. ③《외교관이 본국 정부에 보내는》특별청훈(請訓).

référent [refeRɑ̃] *n.m.* 《언어》지시대상《단어가 지시하는 대상》.

référentiel(le) [refeRɑ̃sjɛl] *a.* 《언어》지시(référence)의. fonction ~*le* 지시 기능. —*n.m.* 《수학》보편집합; 좌표계(système de référence).

référer [refere] [6] *v.t.ind.* ① en ~ à ···에게 해결을 요구하다, 위임하다. 《법》···에게 넘기다, 호소하다. en ~ à un supérieur 상관에게 결정을 맡기다. en ~ à l'autorité 당국에 호소하다. en ~ au juge 판사에게 넘겨버리다. ② 《언어》···을 지시(지향)하다.
—*v.t.* [~ *qc* à] (의)탓으로 여기다; (에게)맡기다; (에)조회하다; (와)대조하다. Il vous *réfère* son succès. 그는 자기의 성공을 당신 덕분으로 여깁니다. ~ à *qn* le choix de *qc* ···의 선택을 ···에게 맡기다. ~ une copie à l'original 사본을 원본과 대조하다.
—**se** ~ *v.pr.* [se ~ à] ① (에)관계하다(se rapporter); (에)의거하다; (에)조회하다; (와)대조하다. se ~ à un texte 어떤 텍스트에 의거하다. En me référant à votre lettre du 12 février, ... 2월 12일자의 귀하의 편지에 입각하여···《상용 또는 사무적 편지 첫머리에 자주 쓰이는 상용적 표현》. ② (에게)의견을 묻다(consulter); (의)의견에 따르다, (에게)일임하다(맡기다). se(s'en) ~ à l'avis de *qn* d'une question 어떤 문제에 관하여 ···의 의견을 따르다. ③ 《언어》(을)지시(지향)하다.

refermer [RəfɛRme] *v.t.* 다시 닫다(↔rouvrir); 다시 막다. ~ la porte 문을 다시 닫다.
—**se** ~ *v.pr.* 다시 닫히다; 다시 막히다.

referrer [RəfɛRe] *v.t.* 《말의》편자를 갈아 끼우다.

refeuilleter [Rəfœjte] *v.t.* 다시 페이지를 뒤적이다; 다시 읽다.

refil [Rəfil] *n.m.* 《속어》① 반품(된 상품). ② 토한 것 (vomissure), aller au ~《속어》⑧《먹은 것을》토하다, 게우다(vomir). ⓑ 돈을 돌려주다.

refiler [Rəfile] *v.t.* ① 다시 갖다. ②《속어》(에게)《불량품·위조품 따위를 속여서》안기다; 주다, 팔다. ~ une vieille paire de chaussures 낡아빠진 신발을 팔아먹다. Il m'a *refilé* sa grippe.《비유적》그는 나에게 독감을 옮겼다. ③ 감시하다, 미행하다, 뒤를 밟다. ~ sa femme 아내의 뒤를 밟다.

refi-s,-t,etc. [Rəfi] ⇨refaire.

reflamber [Rəflɑ̃be] *v.i.* 다시 타오르다.

réfléchi(e) [Refleʃi] *a.p.* ① 생각이 깊은(raisonnable, circonspect); 《언행이》심사숙고된, 신중한. jeune homme ~ 생각이 깊은 젊은이. parole ~*e* 깊이 생각하여 한 말. décision ~*e* 신중을 기한 결정. ② 《식물》《꽃잎 따위가》휘어 젖혀진; 《물리》《광선 따위가》반사된. ③ 《언어》재귀의. rayon ~ 반사광선. verbe ~ 재귀동사.
tout (*bien*) ~ 심사숙고한 끝에. C'est tout ~, j'accepte votre offre. 생각할 만큼 생각했소, 당신의 제안을 받아들이겠소. *Tout bien* ~, je ne suivrai pas votre conseil. 깊이 생각해 보았지만 결국 당신의 충고를 따르지 않겠소.

*réfléchir [RefleʃiːR] *v.t.* ① 《물리》반사하다, 반향 (反響)하다; 《거울 따위가 상(像)을》비추다(refléter). glace (miroir) qui *réfléchit* une image 영상을 비추는 얼음(거울). ② [~ *qc* sur] (에)반영하다; 《영향 따위를》파급하다, 미치다(transmettre). La gloire d'un grand homme *réfléchit* son éclat sur ses descendants. 위인의 영광은 그 자손에게까지도 영향을 미치는 법이다. ③ [~ que+*ind.*] 《심사숙고 끝에》···라고 생각하다, 판단하다. En acceptant votre invitation, je n'*ai* pas *réfléchi que* je ne pourrai m'y rendre. 당신의 초대를 수락하면서 나는 갈 수 없다는 것을 생각지 못했었소.
—*v.i.* ① 생각하[반성·숙고]하다, 곰곰이 생각하다 (penser, méditer). *Réfléchissez* avant de parler. 말하기 전에 깊이 생각하시오. Laissez-moi le temps de ~. 생각할 시간을 주시오. ②《옛·드문제》반사되다, 되돌아오다. L'action de la femme *réfléchit* sur le mari. 아내의 행동은 남편에게 되돌아오는 법이다.
donner à ~ (à *qn*) ···에게 깊이 생각하게 하다. Les malheurs des autres *donnent à* ~. 다른 사람들의 불행은 깊이 생각할 계기를 준다.
La calomnie réfléchit sur le calomniateur.《속담》남을 중상하는 것은 자신을 중상하는 일이다,《누워서 침 뱉기》.
—*v.t.ind.* [~ à/sur *qc*]《sur는 주어진 문제에 대해서 숙고하는 경우에 씀》···에 관해 생각[반성·숙고]하다(considérer, examiner). *Réfléchissez à* ce que vous allez faire. 당신이 하려는 일에 관해 깊이 생각해 보시오. ~ *sur* une question 어떤 문제에 관해 숙고하다.
—**se** ~ *v.pr.* ① 반사[반영]되다, 반향되다; 비치다. Les arbres *se réfléchissent* dans l'eau. 나무들이 물속에 비친다. ② 《언어》재귀(再歸)하다. ③ 《식물》《꽃잎 따위가》휘어 젖혀지다, 반곡(反曲)하다.

réfléchissant(e) [Refleʃisɑ̃, -ɑ̃ːt] *a.* ① 《표면 따위가》빛·소리·열을》반사하는. pouvoir ~ d'un miroir 거울의 반사력. ②《옛》심사숙고하는, 사려깊은. homme peu ~ 경솔한 사람.

réfléchissement [Refleʃismɑ̃] *n.m.* 반사, 반향.

réflectance [Reflektɑ̃ːs] *n.f.* 《표면의》반사력.

réflecteur [RefleεktœːR] *n.m.* 반사장치, 반사기, 반사경, 《비유적》반사하는, diriger les ~*s* de l'histoire sur *qc* ···의 역사의 조명을 돌리다.
—*a.* 반사하는. miroir ~ 반사경.

réflectif(ve) [Reflektif, -iːv] *a.* ① 반사의; 《생리》반사적인. ② 반성적인, 명상적인(pensif). dispositions ~*ves* 명상적인 자질.

réflectivité [Reflektivite] *n.f.* 《생리》《신경 따위의》반사 운동성; 《물리》반사율(率).

réflectorisé(e) [RefleεktɔRize] *a.* 《자동차》《야간에 잘 보이게》반사장치가 된. plaque d'immatriculation ~*e* 야광번호판.

*reflet [Rəflɛ] *n.m.* ① 《광》 반영. ~ du soleil 햇빛의 반사. ~ des arbres dans l'eau 물속에 비친 나무들의 그림자. ② 광택, 빛깔. ~*s* dorés 황금빛 광택. ③ 《비유적》 반영, 반향, 재현. La littérature est le ~ d'une société. 문학은 사회의 반영이다.

reflétant(e) [Rəfletɑ̃, -ɑ̃ːt] *a.* 반사하는(réfléchissant). miroir ~ 반사경.

refléter [Rəflete] [6] (<*reflet*) *v.t.* ① 반사하다. miroir qui *reflète* des objets 물건들을 반사하는 거울. ② 《비유적》반영하다. Son visage *reflète* la bonté. 그의 얼굴에는 선량함이 나타나 있다.
—*v.i.*《드문제》반영[반향]하다.
—**se** ~ *v.pr.* [se ~ dans/sur] (에)비치다, 반사되다; 《비유적》반영되다, 나타나다. Le château *se reflète dans* le lac. 성이 호수에 비친다. Une joie se

reflète sur son visage. 기쁨이 그의 얼굴에 나타나 있다.

refleurir [rəflœrir] *v.i.* 다시 꽃피다; 《비유적》다시 번영하다, 부흥하다(se ranimer). voir ~ les lettres et les arts 문학과 예술이 부흥하는 것을 보다. —*v.t.* ① 다시 꽃피게 하다; 《비유적》다시 번영하게 하다, 부흥시키다. ② 꽃으로 장식하다. ~ une tombe 무덤을 다시 꽃으로 장식하다.

refleurissement [rəflœrismã] *n.m.* 《문이》《꽃이》다시 피기, 재개화; 《예술 따위의》부흥.

reflex [refleks] 《영》*a., n.m.* (appareil) ~ 리플렉스《사진》카메라. ~ à un objectif(à deux objectifs) 1안(眼)〔2안〕리플렉스 카메라.

réflexe [refleks] *a.* ① 《물리》반사로써 생긴, 반사에 의한; 《생리》《근육운동 따위가》반사적인, 반사작용의. acte〔mouvement, phénomène〕 ~ 반사 행위〔운동·현상〕. ② 《옛》심사숙고한. —*n.m.* 《생리》반사(작용·운동); 《새로운 상황에 대한》즉각적인 반응, 반사작용. ~ conditionnel〔conditionné〕조건반사. ~ (tendineux) du genou 《의학》무릎반사. avoir de bons ~s en conduisant 운전할 때 반사신경이 잘 움직이다. [avoir le ~ de+*inf.*] Heureusement, *j'ai eu le ~ de* freiner. 다행히 나는 재빨리《반사적으로》브레이크를 밟았다.

réflexibilité [refleksibilite] *n.f.* 《물리》반사성.

réflexible [refleksibl] *a.* 《물리》반사될 수 있는.

réflexif(ve) [refleksif, -i:v] *a.* ① 반성적인. 《철학·심리》반성적인. conscience ~*ve* 반성적 의식. psychologie ~*ve* 반성적 심리학.

*****réflexion** [refleksjɔ̃] *n.f.* ① 《물리》《빛·소리·열 따위의》반사, 반향, 반조(反照). angle de ~ 반사각. coefficient de ~ 반사 계수. prisme à ~ totale 전반사 프리즘. ~ et réfraction 반사와 굴절. ② 숙고, 반성; 성찰력. agir sans ~ 경솔하게 행동하다. faire ~ sur *qc* ···에 대해 숙고하다. [demander ~] Je ne peux me décider tout de suite, ça *demande ~*. 당장에 결정할 수가 없군, 심사숙고를 요하는 문제요. [donner matière à ~] Ce que vous dites *donne matière à ~*. 당신의 말은 생각해 볼 여지가 있소. ③《숙고 후에 얻은》생각, 견해(observation); 격언(adage); 금언(maxime); 《*pl.*》비평록;《구어》불쾌한 지적《주의》, 잔소리. Il m'a communiqué ses ~*s* sur cette affaire. 그는 이 문제에 대한 그의 견해를 내게 전해왔다. recueil de ~*s* 금언집. Personne ne m'a fait de ~*s*. 내게 싫은 소리를 한 사람은 아무도 없었다.

à la ~ 깊이 생각해서 보면. *À la* ~, on s'aperçoit qu'il a tort. 깊이 생각해서 보면 그가 옳지 않다는 것을 알게된다.

(*toute*) ~ *faite* (모든 것을)심사숙고한 끝에. *R~ faite*, je ne partirai pas. 깊이 생각한 끝에 나는 떠나지 않기로 했다.

réflexivisation [refleksivizasjɔ̃] *n.f.* 《언어》재귀 대명사화.

réflexivité [refleksivite] *n.f.* 《수학》반사법칙성, 반사율.

réflexogène [refleksɔʒɛn] *a.* 《의학》반사를 일으키는.

réflexogramme [refleksɔgram] *n.m.* 《의학》(아킬레스건에 의한)흥분도의 측정.

réflexologie [refleksɔlɔʒi] *n.f.* 《심리》반사학.

réflexothérapie [refleksɔterapi] *n.f.* 《의학》반사요법.

refluement [rəflymã] *n.m.* 역류(逆流); 《출발점쪽으로》되돌아가기.

refluer [rəflye] *v.i.* ① (조수가)써다; 역류하다 (↔ affluer). Le sang lui *reflua* au visage. 그의 얼굴에 피가 솟구쳤다〔얼굴이 상기되었다〕. ② 《비유적》(군중 따위가)물러가다(reculer, refouler). faire ~ les manifestants. 데모대를 물러가게 하다〔몰아붙이다〕.

reflux [rəfly] *n.m.* ① 썰물, 간조; 역류(↔ flux). le flux et le ~ 밀물과 썰물. ② (군중 따위의)후퇴, 퇴각. ③ 《화학·기계》환류(還流).

refonder [rəfɔ̃de] *v.t.* 다시 기초를 세우다; 다시 설립하다.

refondre [rəfɔ̃:dr] [25] *v.t.* ① 다시 녹이다, 다시 주조하다. ~ des monnaies 돈을 다시 주조하다. ② 《비유적》다시 만들다, 개조〔개작〕하다. édition *refondue* 개정판. ~ un navire 《해양》선체를 전면적으로 개장(改裝)하다. —*v.i.* (고체화한 것이)다시 녹다.

—*se* ~ *v.pr.* 자기의 성격이 바뀌다. On ne peut pas *se* ~ 성질은 고쳐지지 않는다.

refonte [rəfɔ̃:t] *n.f.* ① 다시 녹이기, 재주조. ② 《비유적》개작, 개조; 다시 만들기; 수선; 《해양》(배의)완전 개장(改裝).

reforcer [rəfɔrse] [2] *v.t.* 다시 강요하다.

—*se* ~ *v.pr.* 다시 노력하다.

reforger [rəfɔrʒe] [3] *v.t.* (쇠 따위를)다시 불리다.

réformable [refɔrmabl] *a.* ① 고칠 수 있는, 개정되어야 할. ② 《법》(판결이)파기될 수 있는; 《군사》퇴역〔제대〕시켜야 할.

réformateur(trice) [refɔrmatœ:r, -tris] *a.* ① 개혁하는, 개혁을 도모하는. esprit ~ 개혁 정신. ② 종교개혁의. sectes ~*trices* 종교개혁파. —*n.* ① 개혁자. ② 종교개혁가. ③ 《의학》개혁 망상증 환자.

réformation [refɔrmasjɔ̃] *n.f.* ① (상급기관의 상고에 따른) 결정·판결·법령의)변경, 수정. ② (*R* ~) 《종교》종교개혁 (현재는 la Réforme를 씀). ③《옛》개혁, 개량(réforme).

réformatoire [refɔrmatwa:r] *a.* (규율·풍속 따위의)개혁〔개선〕의.

*****réforme** [refɔrm] (< *réformer*) *n.f.* ① (제도상의)개혁, 개량, 개선(amélioration); (교단에 있어서의)기강숙정; (근본적·급진적인 혁명에 대한 점진적 개선의 뜻으로)개혁, 개선. proposer des ~ sociales〔politiques〕사회〔정치〕개혁을 제의하다. ~ de l'enseignement〔de l'orthographe〕교육〔철자법〕개혁. apporter des ~*s* dans l'administration 행정기구를 개편하다. ~ monastique 수도원의 기강확립. être partisan des ~*s* 사회의 점진적 개혁하다〔혁명주의자가 아니다〕. ② (기구·생활의 개선을 위한)인원·경비의 절감, 절약. apporter des ~*s* dans une administration〔une entreprise〕 행정기구〔기업체〕의 운영상의 정비를 하다. mettre la ~ dans son ménage 가계를 줄이다. ③ (*R* ~) 종교개혁. ④ 《군사》퇴역; 파면; (불합격에 의한)병역면제; 《부상이나 병으로 인한》제대; (병기 따위의)폐기. mettre *qn* à la ~ ···을 퇴역시키다; 파면하다, 제대시키다. congé de ~ 병가. cheval de ~ 쓸모없이 된 말(cheval réformé). fusil de ~ 폐기처분 된 총기. matériel en ~ 폐기된 자재. ⑤《옛》(풍속·규율의)쇄신, 교정. école de ~ 감화원.

réformé(e) [refɔrme] *a.p.* ①《종교사》종교개혁을 거친, 신교의. église ~*e*(루터교에 대해 특히 칼빈파의)개혁교회. religion ~*e* 개혁 종교, 신교〔구교측에서는 religion prétendue ~*e*, 줄여서 R.P.R.라 불렀음〕. ②《군사》퇴역당한; (말이)폐용된. ③《공업》(자재가)폐기된.

—*n.* ① 《옛》신교도. ② 《군사》퇴역군인, 재향군인. ~*s* de guerre avec invalidité 상이〔傷痍〕제

대 군인.

reformer [rəfɔrme] v.t. 다시 만들다; 〖군사〗 재편성하다(regrouper); (모자·신발 따위를)꼴에 넣어 다시 모양을 뜨다.

—**se ~** v.pr. 다시 만들어지다; 재편성되다.

*__réformer__ [reforme] v.t. ① 개혁[개선·개정·교정]하다. ~ les institutions[la constitution] 제도[헌법]를 바꾸다. ~ un ordre 교단의 기강을 확립하다. ②(기구·생활의 개선을 위해) 인원·경비를 절감하다, 정리축소하다, 절약하다. ~ le personnel 인원을 삭감하다. ~ sa maison[son train] 집안살림을 줄이다, 검소하게 살아가다. ~ la dépense 《옛》지출을 줄이다. ③(악폐·지나친 것을)없애다, 제거하다(supprimer). ~ les abus 악폐를 없애다. ④〖법〗 판결을까기하다, 취소하다. ~ un jugement 판결을 파기하다. ~ un procès 소송을 재심리하다. ⑤〖군사〗제대시키다; (말을)폐용하다;〖공업〗(자재를)폐기하다. ~ un soldat [un officier]군인을 제대[장교를 퇴역]시키다. ~ du materiel 자재를 폐기처분하다. ⑥《옛》(도덕적으로,)(사람의 품행·마음을)바로잡다, 감화교정하다. ~ son cœur 마음을 올바르게 하다. ⑦《옛》개정[개작]하다. ~ un édit 칙령을 개정하다. ~ un portrait 초상화를 다시 손질하다.

—**se ~** v.pr. ① 소행을 고치다, 개선(改悛)하다, 구습을 고치다. ② 개혁[개선] 되다. ③ (판결이)파기되다. ④ (생활양식 따위가)간소해지다, 축소 정리되다.

réformette [reformεt] n.f. 부분적 개혁, 지엽적(枝葉的) 개혁.

réformisme [reformism] n.m. 개량주의《혁명에 대하는 뜻으로 점진적 사회개혁 사상을 말함》.

réformiste [reformist] n. ①개량주의자, 개량적 혁신파(↔ révolutionnaire). ②(영국에서의)선거법 개정파. —a. (위)의.

refouillement [rəfujmɑ̃] n.m. 〖건축·조각〗도려내기, 파내기.

refouiller [rəfuje] v.t. ① 다시 뒤지다. ② 〖조각〗도려내다, 파내다.

refoulant(e) [rəfulɑ̃, -ɑ̃ːt] a. pompe ~e 밀펌프.

refoulé(e) [rəfule] a.p. (본능, 특히 성적 욕구가)억압[억제]된. vieille fille ~e 성적으로 억압된 노처녀. —n. (위)의 사람.

refoulement [rəfulmɑ̃] n.m. ①되밀기; 격퇴;(물의)역류; 역행, 역진(逆進). ②〖정신분석〗억압, 억제;(특히)성적 억압. ③〖직조〗(천의 올을)압축하여 촘촘하게 하기.

refouler [rəfule] v.t. ①뒤로 물러가게 하다[떼밀다], 구축하다, 추방하다, 격퇴하다(repousser, ↔attirer); ~ des envahisseurs 침략자를 격퇴하다. ②역류시키다, 역행시키다;(배가 흐름을)거슬러 올라가다; ~ un train 열차를 역진시키다. ~ la marée 조수를 거슬러 올라가다. ③억제하다, 참다(contenir, étouffer);〖정신분석〗억압하다. ~ ses larmes[sa colère, son désir] 눈물[분노·욕망]을 억제하다. ~ son agressivité 공격성을 억압하다. ④밀어넣다, 눌러넣다, 박아넣다; 압축하다;〖직조〗(올을)압축하여 촘촘하게 하다. ~ des chevilles 쐐기를 박아넣다. ~ un gaz avec une pompe 펌프로 기체를 압축하다.

—v.i. ①후퇴하다, 뒤로 물러나다;(조수가)써다. La mer[La marée] refoule. 썰물이다. ②(못 따위가)들어가지 않다. Le pieu refoule. 말뚝이 박히지 않는다.

refouleur [rəfulœːr] n.m. 〖공업〗(가스 따위의)압축기.

refouloir [rəfulwaːr] n.m. (화약·탄약을 재는)쇠꼬치, 꽂을대, 장전구(裝塡具).

réfractaire [refraktεːr] a. ①[~ à] (에)복종하지 않는, 반항[저항]하는(désobéissant, ↔ docile). ~ à la loi 법을 따르지 않는. employé ~ aux ordres de ses chefs 상사의 명령에 복종하지 않는 고용인. personne ~ à toute discipline 모든 규율에 반항하는 사람. prêtre ~ 〖프랑스사〗(대혁명 시대에)선서를 거부한 신부. conscrit ~ 징병 기피자. ②《사물에 대해서》[~ à] 내성(耐性)의, 내화성(耐火性)의; 물리 화학작용에 저항하는;〖생리〗무반응의, 불응(不應)의. métaux ~s 내열금속. ~ aux acides 내산성(耐酸性)의. organisme ~ au poison 항독성의 유기체. maladie ~ 〖의학〗(치료의 무반응의)향요법질환. periode ~ absolue(세포의)절대불응기.

—n. ①(권력·규칙 따위에)반항하는 사람;〖옛〗〖군사〗병역기피자(conscrit ~);(제2차대전의 프랑스 점령시의)독일에 대한 협력거부자(↔ collaborateur);〖구어〗고집장이. ②(1,500도 이상의 열에 견디는)내열물질.

réfractant(e) [refraktɑ̃, -ɑ̃ːt] a. 〖물리〗굴절시키는.

réfracté(e) [refrakte] a.p. ①(광선이)굴절한. ② dose ~e 〖의학〗(방사선의)반복조사.

réfracter [refrakte] v.t. 〖물리〗굴절시키다.

—**se ~** v.pr. 굴절하다.

réfracteur(trice) [refraktœːr, -tris] a. 굴절시키는. télescope ~ 굴절 망원경. —n.m. 굴절계; 굴절 망원경(télescope ~).

réfractif(ve) [refraktif, -iːv] a. 〖물리〗굴절의, 굴절력이 있는. pouvoir ~ 굴절력.

réfraction [refraksjɔ̃] n.f. (광선 따위의)굴절. angle de ~ 굴절각. indice de ~ 굴절률. ~ du son 소리의 굴절.

réfractionniste [refraksjɔnist] n. 〖의학〗안굴절판정자.

réfractomètre [refraktɔmεtr] n.m. 〖물리〗굴절계.

*__refrain__ [rəfrε̃] n.m. ①(시·노래의)반복구, 후렴; 후렴이 있는 가곡. ②(비유적)늘 되풀이하는 말[생각](rengaine). C'est son ~. 그게 그가 늘 되풀이하는 말이다. Changez de ~. (같은 말만 하지 말고)제발 화제를 바꿔주어요(Changez de disque).

réfranger [refrɑ̃ʒe] ③ v.t. = réfracter.

réfrangibilité [refrɑ̃ʒibilite] n.f. 〖물리〗굴절성.

réfrangible [refrɑ̃ʒibl] a. 〖물리〗굴절성이 있는.

refrappement [rəfrapmɑ̃] n.m. 재주(改鑄).

refrapper [rəfrape] v.t. ① 다시 치다[때리다]. ②(화폐를)재주조하다. —v.i. ~ (à la porte) (문을)다시 노크하다.

refrènement [rəfrεnmɑ̃] n.m. 《옛》(본능 따위를)억제하기.

refréner [rəfrene] ⑥ v.t. (본능 따위를)억제하다(réprimer, contenir). ~ ses désirs 욕망을 억제하다. ~ son impatience 초조함을 달래다.

réfrigérant(e) [refriʒerɑ̃, -ɑ̃ːt] a. ①냉각하는, 냉각용의; 서늘하게 하는, 시원하게 하는;〖의학〗청량[해열]의. appareil ~ 냉각기. mélange ~ 〖화학〗한제(寒劑). ②〖구어〗쌀쌀한, 냉담한(froid, glacial), 흥미를 깨는, 파흥의. accueil ~ 냉대.

—n.m. 냉동장치, 냉각기(appareil ~);〖의학〗청량[해열]제.

*__réfrigérateur(trice)__ [refriʒeratœːr, -tris] a. 냉각시키는. —n.m. 냉각기[장치], 냉동기[장치], 냉장고[실] (frigidaire). ~ ménager 가정용 냉장고. ~ électrique 전기 냉장고. dégivrer le ~ 냉장고의 서리를 제거하다.

réfrigératif(ve) [refriʒeratif, -i:v] 〖옛〗〖의학〗 a. 청량[해열]의. —n.m. 청량[해열]제.

réfrigération [refriʒerasjɔ̃] n.f. 냉각, 냉동.

réfrigérer [refriʒere] ⑥ v.t. ①냉각하다, 냉동하다(congeler, frigorifier). ②(비유적)[~ qn] 꽁꽁 얼게 하다(geler). Il est rentré complètement *réfrigéré*. 그는 꽁꽁 얼어서 돌아왔다. ⑧[~ qn](냉대 따위로) 얼어붙게 만들다(glacer). examinateur qui *réfrigèrent* les candidats 수험생을 얼어붙게 하는 시험관.

réfringence [refrɛ̃ʒɑ̃:s] n.f. 〖물리〗굴절력[성].

réfringent(e) [refrɛ̃ʒɑ̃, -ɑ̃:t] a. 〖물리〗(광선을) 굴절시키는.

refriser [rəfrize] v.t. (머리카락을)다시 곱슬곱슬하게 하다.

refrognement [rəfrɔɲmɑ̃] n.m. =**renfrognement**.

refrogner [rəfrɔɲe] v.t. =**renfrogner**.

***refroidir** [rəfrwa(ɑ)di:r] v.t. ①냉각하다, 차게 하다, 식히다(↔ chauffer, réchauffer). ~ un potage 국을 식히다. ②(비유적)(주어는 사물)(열기 따위를)식히다; [~ qn](의)열정을 식게 하다, 낙담시키다(décourager, ↔ enthousiasmer). ~ l'ardeur[le zèle] 열의[열성]를 식히다. Ces échecs l'*ont refroidi*. 이 실패로 말미암아 그는 용기를 잃었다. ⑧(속어)죽이다(assassiner).
—v.i. 식다, 차지다; (비유적)(열성·흥미 따위가)식다, 깨지다, 가라앉다. Laissez ~ le café. 커피를 식도록 두세요. Le temps *a refroidi*. 날씨가 차가워졌다. Son zèle *a refroidi*. 그의 열성이 식어 버렸다.
—**se** ~ v.pr. ①(주어는 사물)식다, 차지다; (비유적)(열성·흥미 따위가)식다, 깨지다, 가라앉다; (에 대한)열이 식다. Le repas *se refroidit*. 밥이 식는다. Le temps *se refroidit*. 날씨가 차가와 진다. Son ardeur au travail *s'est refroidie*. 그의 일에 대한 열의가 식었다. (주어는 사람) Il *s'est refroidi* sur la proposition. 그는 이 제안에 대해 열이 식었다. ②(주어는 사람)감기 들다. Il *s'est refroidi* en attendant l'autobus. 그는 버스를 기다리다 감기가 들었다.

refroidissement [rəfrwa(ɑ)dismɑ̃] n.m. ①냉각, 식히기, 식기; (기온을)내려감. ~ par eau[par air](모터의)수냉(공냉). ~ du temps 날씨가 추워짐. ②(비유적)(열성·흥미 따위의)식기, 감퇴; 냉담. ⑧ prendre un ~ 감기가 들다.

refroidisseur [rəfrwadisœ:r] n.m. 〖공업〗냉각기 (탑). —a. 냉각하는. système ~ d'un réacteur atomique 원자로의 냉각 시스템.

***refuge** [rəfyːʒ] n.m. ①피난소, 대피소, 은신처(abri, asile); (도로의)안전지대; (등산·스키 등에의)산장(gîte). chercher(trouver) ~ 피난처를 구하다, 난을 피하다. demander ~ à qn ⋯에게 보호를 청하다. lieu de ~ 피난처. maison de ~ pour les vieillards 양로원. passer la nuit dans un ~ 산장에서 밤을 지내다. ②(문어)의지되는 사람(soutien). Vous êtes mon seul ~. 당신은 내가 의지할 수 있는 단 한 사람이다. ⑧구실, 핑계, 발뺌. chercher des ~s 구실(핑계)을 찾다.

réfugié(e) [refyʒje] n. ①피난자, 피난민. ~ politique 정치 망명자. ②〖역사〗(낭트칙령 폐지의 결과로 망명한)망명 신교도. ~ 피난된, 망명된.

réfugier (se) [s(ə)refyʒje] (<**refuge**) v.pr. ①피난(피신)하다; 망명하다(s'abriter, s'expatrier). se ~ à l'étranger 외국에 망명하다. se ~ auprès de qn ⋯의 가호를 구하다. ②(비유적)[se ~ dans](속으로)도망치다, 숨다. se ~ dans le sommeil 잠속으로 도망치다. se ~ dans les mensonges 거짓말로 핑계를 꾸며대다.

refuir [rəfɥiːr] [21] v.i. 다시 도망치다. 〖사냥〗(짐승이)자취를 감추려고 되돌아 도망치다.

refuite [rəfɥit] n.f. ①다시 도망치기. 〖사냥〗(짐승이)되돌아 도망치기; 도망길. ⑧〖옛〗구실, 핑계, 발뺌. ④〖건축〗긴 장붓구멍.

***refus** [rəfy] n.m. 거절, 거부, 사절, 사양(↔ acceptation, approbation). ~ catégorique 단호한 거절. opposer un ~ 거절당하다. essuyer un ~; se heurter à un ~ 거절당하다. conduite de ~ 〖심리〗거절 행위. ~ de comparaître 〖법〗(법정에의)출두 거부. ~ d'obéissance 불복종, 반항; 법정 모욕죄.
Ce n'est pas de ~. 기꺼이 받아들이겠습니다.

refusable [rəfyzabl] a. 거절[거부]할 수 있는.

refusé(e) [rəfyze] a.p. 거절[거부]된. lettre ~e 주소 성명 불명의 편지. ~ n. (전람회 따위의)낙선자; (입학시험 따위의)불합격자. salon des ~s 〖미술〗낙선 작품 전람회.

refuser [rəfyze] v.t. ①(받기를)거절하다, 거부하다, 사절하다, 사양하다(repousser, décliner, ↔ accepter). ~ un cadeau 선물을 거절하다. ~ une invitation 초대를 사양하다. ~ le combat 〖군사〗교전을 피하다. (목적보어 없이) Tu peux le lui demander, mais il *refusera*. 그에게 그것을 부탁할 수는 있겠지만 그는 거절할 거야. ②(요구해 온 것을)거절[거부]하다, 주지 않다, 인정하지 않다. ~ son consentement 동의에 반대하다. [~ qc à qn] ~ une augmentation à un ouvrier 노동자에게 임금인상을 거부하다. ~ sa porte à qn ⋯을 자기 집에 들어오지 못하게 하다. ~ 의 면회를 사절하다. (주어는 사물) La nature lui *a refusé* la beauté. 자연은 그녀에게 미모를 허락해주지 않았다. ⑧[~ qn] 받아들이지 않다; 들어오지 못하게 하다; 낙제시키다[(구어)recaler]. ~ du monde à l'entrée du stade 사람들을 경기장 안으로 들어오지 못하게 하다. ~ un candidat 수험생을 불합격시키다. *être refusé* à un examen 시험에 낙제하다. ④[~ de+*inf.*] (하기)거부하다. Il *refuse* de reconnaître ses torts. 그는 자기 잘못을 인정하는 것을 거부한다. (주어는 사물) La valise *refuse* de se fermer. 가방이 영 닫히지 않는다. ⑧(재능·장점 따위를)인정하지 않다. On lui *refuse* toute compétence en la matière. 그는 이 문제에 있어 어떠한 능력도 인정을 못받고 있다.
—v.i. (말똥·바위가)들어가지 않다; 〖해양〗(바람이)방향을 바꿔 역풍이 되다. Le pieu *refuse*. 말뚝이 박혀지지 않는다.
—**se** ~ v.pr. ①거절[거부]당하다. Une telle offre ne *se refuse* pas. 그러한 제안은 거절[거부]당하지 않는다. ②[se ~ à qc/à+*inf.*] 거부하다, 싫어하다. ~ à l'évidence 명백한 사실에 눈을 감다. Il *s'est refusé* à nous secourir. 그는 우리를 후원하는 것을 거부했다. ⑧(여자가)몸을 허락하지 않는다. se ~ à un homme(여자가)남자에게 몸을 허용하지 않다. ④(se は 간접목적보어)자기에게 부과하다, 절약하다, 아끼다. se ~ de petits plaisirs 사소한 즐거움도 멀리하다. se ~ le nécessaire 필수품까지도 절약하다. ne rien se ~ 아무 것도 아끼지 않다.

réfutable [refytabl] a. 반박할 수 있는(↔ irréfutable). argument difficilement ~ 반박하기 어려운 논증.

réfutateur(trice) [refytatœːr, -tris] n. (드물게)반론자. ~ de cette doctrine 이 학설의 반론자.

réfutation [refytasjɔ̃] n.f. ①반박, 반론. ~ d'une calomnie 중상에 대한 반박. ②〖수사학〗논변법

réfuter [refyte] *v.t.* 논박하다, 반박하다(↔ approuver, confirmer). ~ une thèse 어떤 주장을 반박하다. ~ un auteur 어떤 저자의 의견을 반박하다.

reg [reg] 《아라비아》 *n.m.* 《지리》 돌이 많은 사막 《특히 사하라 사막의》.

rég. 《약자》 régiment 《군사》 연대.

regagner [rəgɑɲe] *v.t.* ① 되찾다, 다시 얻다; 회복하다(recouvrer); 다시 잡다(reprendre). ~ l'argent perdu 잃었던 돈을 다시 찾다. ~ le temps perdu 허비한 시간을 만회하다. ~ l'affection de *qn* …의 사랑을 다시 얻다. ② 《에》되돌아오다(revenir). ~ son pays natal 고향에 돌아오다.

~ du terrain 열세를 만회하다. *~ le dessus* 다시 우세하게 되다.

—**se ~** *v.pr.* 회복되다, 만회되다. La confiance perdue *se regagne* bien difficilement. 한 번 잃은 신용을 다시 회복하기란 매우 어렵다.

regaillardir [rəgajardiːr] *v.t.* =**ragaillardir**.

regain [rəgɛ̃] *n.m.* ① 《농업》 그루풀, 두 번째 나는 풀; 그루갈이. faucher le ~ d'un pré 풀밭의 자란 풀을 베다. ② 《비유적》 회복, 소생(renouveau). ~ de vogue 유행의 복귀. trouver un ~ de jeunesse(de vitalité) 젊음(활력)을 되찾다.

régal [regal] (*pl.* **~s**) *n.m.* ① 좋아하는[맛있는] 음식. Son grand ~ est le gratin. 그가 아주 즐기는 음식은 그라탱이다. Ce poisson était un ~. 이 생선은 참으로 맛있었다. ② 《구어》《비유적》기쁨, 즐거움(을 주는 것). Cette symphonie est pour lui un vrai ~. 이 교향곡은 그에게는 큰 즐거움이다. ③ 《옛》대향연, 큰 연회, 큰 잔치.

régalade [regalad] *n.f.* 《구어》① 진수성찬(으로 대접하기), 환대. ②《사투리》(방을 덥히기 위해 나뭇가지를 태우는)활한 불.

boire à la ~ 잔이나 병을 입술에 대지 않고 직접 입에 부어서 마시다.

régalage [regalaːʒ] *n.m.* 땅고르기.

régalant(e) [regalɑ̃, -ɑ̃ːt] *a.* 《구어》유쾌한, 재미있는 《주로 부정형에서》. Ce n'est pas ~. 그 짓은 아무 재미도 없다.

régale[1] [regal] *n.f.* 《프랑스사》 (주교・수도원장의 공석중 그 교구의 소득을 마음대로 처분하는)국왕의 특권.

régale[2] *a.f.* eau ~ 《화학》 왕수(王水) 《금・백금 따위를 녹이는》.

régales [regal] *n.m.* (보통 *pl.*) (16・17세기 프랑스・이탈리아에 유행한)휴대용 풍금.

régalement [regalmɑ̃] *n.m.* ① 땅고르기. ②《옛》(세금 따위의)균등화.

régaler[1] [regale] *v.t.* ① (땅을)고르다(niveler). ② 《옛》(세금을)균등하게 할당하다.

régaler[2] (< *régal*) *v.t.* ① 진수성찬으로 대접하다, (어떤 음식으로)대접하다; 《구어》《목적보어 없이》한턱내다. [~ *qn* de/avec *qc*] Je l'ai *régalé* de [*avec*] la choucroute. 나는 슈크르트로 그를 대접했다. C'est moi qui *régale*. 내가 한턱내지. ②《속어》(성적으로)즐겁게 해주다;《옛》(선물・음악 따위로)기쁘게 해 주다. ~ *qn* de coups de bâton 《반어적》…을 몽둥이로 두들겨주다.

—**se ~** *v.pr.* ①《구어》《좋아하는》것을 먹다. On s'est bien *régalé*. 맛있는 것을 먹으며 모두들 즐겼다. [se ~ de] se ~ *d'un plat* 요리를 맛있게 먹다. ②《비유적》[se ~ de](을)즐기다(se délecter). se ~ *de bonne musique* 좋은 음악을 즐기다. *se ~ l'esprit de lectures intéressantes* 재미있는 책을 읽으며 자기 마음을 즐겁게 하다. ③《구어》큰 벌이를 하다. Il y en a qui *se sont régalés* dans cette opération. 이 거래에서 톡톡히 재미를 본 사람들이 있다.

régalien(ne) [regaljɛ̃, -ɛn] *a.* 《역사》왕의 특권에 속하는. droit ~ (화폐주조 따위의)왕의 특권.

:**regard** [rəgaːr] *n.m.* ① 《구어》 바라보기, 눈길, 시선; 주목, 주의. ~ rapide(furtif) 재빠른(훔쳐보는 듯한) 시선. jeter(lancer) un ~ sur *qn*(*qc*) …을 힐끗 바라보다. fixer son ~ sur *qn* …을 응시하다. parcourir *qc* du ~ …을 훑어보다. dévorer *qn*(*qc*) du ~ 탐욕스럽게 바라보다. montrer(désigner) *qc* du ~ …을 눈으로 가리키다. ~ de côté(en coulisse) 곁눈질, 흘겨봄. yeux sans ~ 생기없는 눈. Elle ne pouvait détacher ses ~s de l'horizon. 그녀는 지평선에서 눈을 돌릴 수 없었다. Sa beauté attire tous les ~s. 그녀의 미모는 모든 사람의 시선을 끈다. à l'abri des ~s 사람 눈을 피하여. ②《옛》방향;《천문》(별의)시좌(視座). selon le ~ des quatre vents 바람부는 대로. ③《맨홀》(~ d'égout). ④《지질》단층(斷層)의 상변(上邊).

au ~ …에 견주어, …에 비추어보아(par rapport à). être en règle *au ~ de* la loi 법적으로 하자가 없다.

droit de ~ sur …에 대한 감독권.

en ~ 맞은편에, 마주 대하여(vis-à-vis, en face). texte latin avec une traduction *en ~* 대역(對譯)이 붙은 라틴어 원문.

en ~ de …와 비교하여(comparativement à). Ce qu'il a vu lui paraît peu *en ~ de* ce qu'il voudrait voir encore. 그가 본 것은 아직도 보고자 하는 것에 비하면 사소한 것으로 생각되었다.

pour le ~ de qn 《옛》…에 의해, …이 보기에.

regardant(e) [rəgardɑ̃, -ɑ̃ːt] *a.* ①《구어》아끼는, 인색한(parcimonieux); (에 대해)꼼꼼한, 까다로운. patron très ~ 몹시 인색한 주인. ②《문장》동물의 머리가 뒤로 돌려진.

—*n.* 바라보고 있는 사람, 구경꾼.

:**regarder** [rəgarde] *v.t.* ① 보다, 바라보다, 지켜보다, 들여다보다. ~ la télévision(une émission de la télévision) 텔레비전(방송)을 보다. ~ *qn* attentivement(fixement) …을 주시(응시)하다. ~ un livre de près 책을 자세히 들여다보다. [~ *qn*/*qc* + *inf.*] ~ la neige tomber 눈이 내리는 것을 바라보다. Si vous m'aidiez, au lieu de me ~ faire! 내가 하는 것을 보고만 있지 말고 좀 도와주면(좋으련만)! *Regardez* à la pendule quelle heure il est. 저 시계의 시간을 보시오. 《목적보어 없이》 ~ de côté(du coin de l'œil)곁눈질하다. ~ en arrière 돌아보다. ~ par derrière soi 뒤를 살펴[돌아]보다. ~ par la fenêtre 창밖을 보다. *Regardez* voir.《구어》잘 좀 봐요. se contenter de ~ (직접 참여하지 않고)잠관(구경)만 하다. ~ dans ses papiers 자기의 서류들을 조사하다.

② 《비유적》생각하다, 고려하다(considérer); 직시하다(envisager). ne ~ que son intérêt 자기의 이해밖에 생각지 않다. sans ~ que + *ind.* …임을 생각해 보지도 않고. ~ le danger en face 위험과 정면으로 맞서다.

③《주어는 사물》(쪽으로)향해 있다. Cette maison *regarde* le midi. 이 집은 남향이다. 《목적보어 없이》fenêtre qui *regarde* vers la rivière 강 쪽을 향한 창.

④《주어는 사물》(에)관계하다(concerner). en ce qui me *regarde* 나에 관한 한. Cela ne vous *regarde* pas. 그건 당신에게는 관계없다.

⑤ [~ *qn*/*qc* comme + 속사] (라고)간주하다, 생각하다. On le *regarde comme* un homme de bien. 사

람들은 그를 덕있는 사람으로 여기고 있다.
pouvoir ~ qn en face …에 대해 양심에 거리낌이 ~ **qn de haut** …을 깔보다. 없단다.
~ qn en dessous …을 치떠보다.
~ qn sous le nez …을 거만하게 보다, 깔보다.
Vous ne m'avez pas regardé! 나를 누구로(뭘로) 아는가! (위협·도전·거절할 때 쓰는 말).
—*v.t.ind.* [~ à]…에 세심한 주의를 하다; (비용을)아끼다. Quand elle achète, elle n'*y regarde* pas. 물건을 살 때 그녀는 조심하여 사지 않는다. Je ne *regarde* pas à vingt francs; Je n'y *regarde* pas pour vingt francs. 20 프랑쯤이야 아무래도 좋다. ~ *à la dépense* 돈을 아주 아껴쓰다, 인색하게 굴다.
y bien ~ ; *y* ~ *à deux fois* 곰곰(거듭) 생각하다.
y ~ *de près* 자세히 살펴보다.
—**se** ~ *v.pr.* ① 자기를 보다. *se* ~ *dans un miroir* 자기 모습을 거울에 비춰보다.
② [*se* ~ *comme+속사*] 자기를 …으로 여기다. *se* ~ *comme un héros* 자기를 영웅으로 생각하다.
③ 마주보다. deux maisons qui *se regardent* 마주보는 두 집.
Il ne s'est pas regardé. (구어)(제 잘못은 생각하지도 않고)남의 잘못만 따지려 드는군! 사돈 남 말 하는군.

regardeur(se) [rəgardœːr, -ɸːz] *n.* (옛·문어) 바라보는 사람; 방관자.

regarnir [rəɡarniːr] *v.t.* ① (에 필요한 것을)다시 갖추다, 다시 채우다. ~ *une trousse* 상자를 다시 채우다. ~ *une maison de meubles* 집에 세간을 다시 들여놓다. ② (모자·옷 따위에)장식을 바꿔달다.

regarnissage [rəɡarnisaːʒ] *n.m.* 【임업】 두 번째 재배.

régate [reɡat] *n.f.* ① (*pl.*) 레가타, 경조(競漕). ~ à *l'aviron*(à rames)보트레이스. ~ à *voiles* 요트레이스. ② (해군병사가 매는 것 같은)넥타이.

régatier [reɡatje] *n.m.* 레가타 선수, 경조선수.

regayer [rəɡɛ(e)je] [8] *v.t.* 【직물】 (삼을)삼빗으로 빗다(훑다).

regayoir [rəɡɛjwaːr] *n.m.* 【직물】 삼빗, 삼바디.

regazonnement [rəɡa(ɑ)zɔnmɑ̃] *n.m.* 잔디를 다시 심기.

regazonner [rəɡa(ɑ)zɔne] *v.t.* (에)잔디를 다시 심다.

regel [rəʒɛl] *n.m.* ① 다시 얼기. ② 【물리】 복빙(復氷).

regeler [rəʒle] [4] *v.t.* 다시 얼리다. Le froid *a regelé* la rivière. 추위가 강을 다시 얼게했다.
—*v.imp.* Il *regèle*. 다시 언다.

régence [reʒɑ̃ːs] *n.f.* ① 섭정 정치; 섭정직; 섭정기간. exercer la ~ *pendant la minorité du souverain* 군주의 미성년 기간 중 섭정 정치를 하다. ② (R~) 【프랑스사】 오를레앙공(公)필립(*Philippe d'Orléans*)의 섭정 시대(1715—1723).
—*a.* (불변, 혼히 R~) 오를레앙공 필립의 섭정시대식의. mœurs ~ [R~] (섭정 시대를 연상시키는) 퇴폐한 풍속.

régénérateur(trice) [reʒeneratœːr, -tris] *a.* 재생시키는; 쇄신하는. eau *~trice* 세례의 물.
—*n.* (드물게)재생자. —*n.m.* (드물게)재생약. 【공업】 축열기(蓄熱器).

régénératif(ve) [reʒeneratif, -iːv] *a.* 재생시키는; 쇄신하는.

régénération [reʒenerasjɔ̃] *n.f.* ① 【생물】 (기관 따위의)재생. ~ *des chairs d'une plaie* 상처를 입은 후의 살의 재생. ② (정신적인)쇄신, 혁신, 갱생. ~ *des mœurs* 풍속의 쇄신. ~ *d'un ordre religieux* 수도회의 혁신.

régénéré(e) [reʒenere] *a.p.* 재생된. caoutchouc ~ 재생 고무.

régénérer [reʒenere] [6] *v.t.* ① (정신적으로)갱생시키다, 새 사람이 되게 하다, 쇄신(개혁)하다(réformer). Le baptême *régénère* notre âme. 세례는 우리의 영혼을 재생시킨다. ~ *la société* (les mœurs) 사회를 쇄신하다. ② 【드물게】 【생물】 (피부 따위를)재생시키다.
—**se** ~ *v.pr.* 쇄신되다, 갱생하다; 재생하다.

régénérescence [reʒeneresɑ̃ːs] *n.f.* ① 갱신, 쇄신, 개혁. ② 【의학】 회춘.

régent(e) [reʒɑ̃, -ɑ̃ːt] *n.* 섭정. le R~ 【프랑스사】 오를레앙공(公) 필립(1715—1723). —*n.m.* ① 오를레앙공 필립이 산 프랑스 왕관을 장식하는 136 캐럿짜리 다이아몬드. ② (프랑스 은행의)이사. ③ (옛)【학교】 collège의 학급 담임 교사. —*a.* 섭정직을 맡은. reine ~*e* 섭정 왕비.

régenter [reʒɑ̃te] *v.t.* ① (부당하게)좌지우지하다. ~ *la vie privée d'autrui* 남의 사생활에 일일이 간섭하다. ② (옛)【학교】(학급을)담임하다; 가르치다, 지도하다(diriger).

reggien(ne) [redʒjɛ̃, -ɛn] *a.* 렉지오(*Reggio*), 이탈리아의 도시)의. —**R~** *n.* 렉지오 사람.

régicide [reʒisid] *n.m.* ① 시역(弑逆), 시역죄. ② 시역자; 【프랑스사】 루이 16세를 사형에 처한 혁명가; 【영국사】 찰스 1세를 사형에 처한 67명의 판사. —*a.* 시역의.

régie [reʒi] *n.f.* ① (국가 또는 지방자치단체에 의한)공영(公營); 공영단체, 공단(公團), 공사(公社). travaux en ~ 공영사업. R~*s* d'État avec monopole (국가에 의한)전매공사 (담배·전신 따위). cigarettes de la R~ 전매공사가 제조하는 담배. R~ *autonome des transports parisiens* 파리 교통공사(약자)R.A.T.P.). ② (극장·방송국 따위의)제작부, 관리부, 사무국. ③ 【역사】 (국왕에 의한)직접정세.

regimbement [rəʒɛ̃bmɑ̃] *n.m.* regimber 하기.

regimber [rəʒɛ̃be] *v.i.* ① (말 따위가 나아가지 않고)버티다. ② 반항(반발)하다(se rebiffer). ~ *contre son supérieur* 상사에 거역하다.
—**se** ~ *v.pr.* 버티다, 반항하다.

regimbeur(se) [rəʒɛ̃bœːr, -ɸːz] *a.* ① (말 따위가)버티는, 버티는 버릇이 있는. ② 반항하는.
—*n.* (드물게)버티는 말(사람); 반항자.

*****régime** [reʒim] *n.m.* ① 정체, 정치적제도, 체제. ~ *démocratique* (monarchique, républicain) 민주 (군주·공화)제. Ancien R~ (프랑스혁명 전의)구정체, 앙시앵레짐. ~ *économique libéral* 자유주의 경제 체제. ② (특정의)제도, 법규. ~ *fiscal* 세제. ~ *matrimonial* 부부재산제. ~ *des prisons* 형무소의 법규. ③ 【의학】 식이요법. ~ *sec* 금주(禁酒)요법. ~ *sans sel* 소금을 먹지 않는 식이요법. ~ *lacté* 우유만을 주식으로 삼는 식이요법. se mettre au ~ 식이요법을 하다, 절식하다. ordonner (imposer) un ~ à *un malade* 병자에게 식이요법을 명하다. ④ 【기계】 엔진의 회전속도; 【지리】 (하천의 유수(流水)상황(유수량). ~ *normal* 정상운전. marcher à plein ~ 전속력으로 가다; 모든 수단·방법을 사용하다. ⑤ (바나나 따위의)송이. ⑥ 【언어】 보어, 목적어. cas ~ 목적격.

*****régiment** [reʒimɑ̃] *n.m.* ① 연대. ~ *d'infanterie* 보병 연대. ② (구어)군대; (속어)병역, 군복무. partir pour le ~ ; aller au ~ 군대에 가다, 입대하다. ③ (구어)다수. un ~ *d'invités* 한 떼의 손님들. des ~*s d'arbres* 수많은 나무들.

régimentaire [reʒimɑ̃tɛːr] *a.* 연대의.

reginglard [rəʒɛ̃ɡlaːr] *n.m.* (옛·사투리)포도 찌꺼기로 만든 시큼한 포도주.

reginglette [-rəʒɛ̃glɛt] *n.f.* 작은 새를 잡는 올가미.
région [reʒjɔ̃] *n.f.* ① 지방, 지역, 지대; 군료. ~ industrielle (agricole) 공업(농업)지대. ~s tempérées 온대. dans nos ~s 우리의 지방(고장)에서는. habiter la ~ parisienne 파리의 근교에서 살다. ② 《해부》 (신체의) 국부, 부위. douleurs dans la ~ de l'estomac 위장 부위의 아픔. ~s (학문 따위의) 영역, 분야 (sphère). ~ de la philosophie 철학이라는 높은 영역. ~ supérieure où la joie et la douleur n'existent plus 기쁨도 고통도 없는 드높은 경지. ④ (군대 따위의) 관구. général commandant de la ~ 군관구 사령관. ~ ferroviaire 철도관구.
régional(ale, pl. aux) [reʒjɔnal, -o] *a.* ① 지방의, 지방특유의, 지역적인. cuisine ~ale 그 지방특유의 요리, 향토 요리. accords ~aux 지역협정. concours ~ 지방 품평회. maladie ~ale 풍토병. ②《의학》국부의. anesthésie ~ale 국부마취.
—*n.m.* 지방의 전화망(réseau téléphonique ~).
régionalisation [reʒjɔnalizasjɔ̃] *n.f.* 《정치·경제》 지방 분권.
régionaliser [reʒjɔnalize] *v.t.* (의) 지방 계획을 수립하다; 지방 분권화하다.
régionalisme [reʒjɔnalism] *n.m.* ① 《정치·경제》 지방 분권주의;《문학》 지방주의. ② 한 지방의 독특한 어법, 지방어.
régionaliste [reʒjɔnalist] *a.* 지방주의의. politique ~ 지방 분권 정책. écrivain ~ 지방(향토)주의 작가. —*n.* (위)의 사람.
régir [reʒiːr] *v.t.* ① (법칙 따위가)지배하다 (비유적) (감정 따위를)억제하다. lois qui régissent les mouvements des astres 천체의 운행을 지배하는 법칙. ~ ses passions 자기의 감정을 억누르다. ②《언어》(격·법 따위를)지배하다, 요구하다. Le verbe transitif régit l'accusatif. 타동사는 대격을 지배한다. conjonction qui régit le subjonctif 접속법을 요구하는 접속사. ③(옛)(정치적으로)지배하다, 통치하다; (재산 따위를)관리하다.
—**se**— *v.pr.* ①지배되다. ②《옛》자신을 통제하다, 자제하다.
régissant [reʒisɑ̃] *n.m.* 《언어》 지배어.
régisseur [reʒisœːr] *n.m.* ① 관리인. ②《연극》무대 감독;《영화》조감독.
registre [rəʒistr] *n.m.* ① 등록부, 장부, 명부, 대장; 기록. tenir un ~ (계속적으로)장부를 쓰다, 기장하다. ~ d'un hôtel 호텔의 장부. ~ des contributions 납세자 명부. ~ de l'état civil 호적부. ~ d'audience 공판기록. ②《음악》음역(音域), 성역. ③ (비유적) (작품이나 연설 따위의)어어적 특색; 말투, 글투. changer de ~ 말투를 바꾸다. ③ 조절기; (아궁이 따위의)통풍 조절기; (증기 기관의)조정판(調整瓣). ④ 《인쇄》 표리(表裏) 두인 쇄면의 부합(符合). ⑤ 《공예》(조각되거나 그려진)독 모양의 모티브.
avoir qn(qc) sur son ~ …을 정확하게 기억하고 있다. *être (écrit, inscrit) sur les* ~*s de qn* …의 장부에 적혀있다; 머리에 박혀 잊혀지지 않다. *tenir* ~ *de qc* …을 적어두다; 기억해 두다.
registrer [rəʒistre] *v.t.* (옛) 장부에 기입하다, 기장하다.
réglable [reglabl] *a.* ① 조절할 수 있는. fauteuil à dossier ~ 등받이를 조절할 수 있는 의자. ② 지불할 수 있는. ~ par chèque 수표로 지불할 수 있는.
réglage [reglaːʒ] *n.m.* ① (종이의)괘선 치기; 괘선. ② (기계의) 조정; (사격의) 수정; 《라디오》 동조(同調). ~ d'une montre 시계의 조정. ~ à distance 원격조정.

réglant(e) [reglɑ̃, -ɑ̃ːt] *a.* 《드물게》 조절(조정)하는.
***règle** [rɛgl] *n.f.* ① 자. tracer des lignes avec une ~ (à la ~)자를 대고 줄을 긋다. ~ de bois (de métal) 나무(쇠)자. ~ à calcul 계산척 (尺). ② 규칙, 규정, 규율; 계율, 관례, 통칙; 방식, 룰. Il n'y a pas de ~ sans exception. 예외 없는 규칙은 없다. L'exception confirme la ~. 예외 없으면 규칙도 없다. comme de (c'est la) ~ 규정대로, 규칙에 따라. s'assujettir (se plier) à une ~ 규율에 따르다. enfreindre (violer) la ~ 규정(계율)을 어기다. ~s de la politesse 예법. C'est la ~ (du jeu). 그것이 관례이다, 그러기로 되어 있다. ~s de la grammaire 문법 규칙. ~s du tennis 테니스의 룰. ~ des trois unités 《문학》(프랑스 고전 비극의) 삼일치의 법칙.
③《옛》질서, 규율; 모범. mettre la ~ dans la maison 가풍을 잡다. prendre qn pour ~ …을 모범으로 삼다.
④《수학》방식, 산법. les quatre ~s (가감승제의) 사칙 (오늘날에는 보통 les quatre opérations).
⑤ (*pl.*) 월경. avoir ses ~s 월경하다.
avoir pour ~ *de*+*inf.* ; *se faire une* ~ *de*+*inf.* …하는 것을 원칙으로 삼다. J'ai pour ~ de ne prêter mes livres à personne. 나는 원칙적으로 내 책을 아무에게도 빌려주지 않는다.
dans les ~*s*; *selon les* ~*s* 규정대로(의), 어김없는. Votre dossier n'est pas rédigé *dans les* ~*s*. 당신의 서류는 규정대로 작성되어 있지 않다. sottise (folie) *dans toutes les* ~*s* 다시 없는 어리석음.
en ~ (격식)격식에 맞는; 질서 정연한. bataille en ~ 정식의 (정정당당한) 싸움. Ses papiers n'étaient pas *en* ~. 그의 서류에는 하자가 있었다.
en ~ *générale* 일반적으로, 대개의 경우.
Il est de ~ *de*+*inf.* (*que*+*sub.*) …(하는 것)이 규정으로(관례가) 되어 있다. *Il est de* ~ *de* rendre visite (*qu'on rende visite*) à son supérieur. 상사를 찾아가 보는 것이 상례이다.
se mettre en ~ *avec qn* …와의 관계에서 (에 대해서) 규정 (관례·격식)을 따르다, …와의 관계를 깨끗이 처리하다. *se mettre en* ~ *avec ses créanciers* 어김없이 빚을 갚다. *se mettre en* ~ *avec Dieu* 죽기 전에 하나님에게 죄를 참회하다.
réglé(e) [regle] *a.p.* ① 일정한 (régulier); 조절 (조정)된; 《옛》 규율을 잘 지키는, 품행이 단정한. vie ~*e* 규칙적인 생활. pouls ~ 규칙적인 맥박. appareil bien ~ 조정이 잘 된 기구. ~ comme du papier à musique (5 선지처럼)매우 규칙적인. ② 이미 끝난, 이미 결정된. C'est une affaire ~*e* 그것은 이미 끝난 일이다. ③ 월경이 있는. femme bien (mal) ~*e* 월경이 순조로운 (불순한) 여자. ④ (종이에)괘선을 친. papier ~ 괘지.
***règlement** [rɛgləmɑ̃] (<*régler*) *n.m.* ① 규정, 규칙; 법규; 정관 (statut). ~ de police 경찰 법규. ~ d'une compagnie (d'une société) 회사의 정관. ~ d'une école 교칙. ~ intérieur 내규 (內規). observer le ~ 법규를 지키다. tourner le ~ 규칙을 교묘히 위반하다. ② (분쟁의)해결. ~ d'un différend 쟁점의 해결. ~ amiable 원만한 해결. ③《상업》결산, 결제. jour du ~ 결산(제)을. ~ d'une dette 빚의 변제. ~ de compte(s) entre truands 깡패들 사이의 결투내기.
[REM] **règle** 넓고 일반적인 의미인데 반하여 **règlement** 은 règle을 실천하고 구체화시키기 위한 세부적·개별적인 규칙을 뜻한다. **statut** 는 주로 특정한 단체나 직업의 규약을 가리킴.
réglement [rɛgləmɑ̃] *ad.* ① 규칙에 맞게. ②《드물게》=régulièrement.

réglementaire [rɛglǝmɑ̃tɛːr] *a.* 규정에 맞는; 규정에 관한(의한). tenue ~ (군인 따위의)정규복장. poids ~ (비행기 따위에 싣는 짐의)제한중량, 정규중량.

réglementairement [rɛglǝmɑ̃tɛrmɑ̃] *ad.* 규정에 따라.

réglementarisme [rɛglǝmɑ̃tarism] *n.m.* 공식주의, 규칙제일주의.

réglementariste [rɛglǝmɑ̃tarist] *a.* 통제주의의. pays ~ 통제주의 국가. —*n.* 통제주의자.

réglementation [rɛglǝmɑ̃tɑsjɔ̃] *n.f.* ①규제(規制), 통제; 규칙의 제정, 법제화. ~ des prix 가격 규제, 물가통제. ②(집합적)(특정분야의)법규. ~ du travail 노동업법.

réglementer [rɛglǝmɑ̃te] *v.t.* 규제하다, 통제하다; 법규를 제정하다. ~ la circulation 교통을 규제하다. commerce *réglementé* 통제 무역.

*__**régler**__ [regle] ⑥ (<*règle*) *v.t.* ①(기계 따위를)조절〔조정〕하다; (행동 따위를)맞추다, 부합시키다(conformer). ~ l'appareil de chauffage 난방기구를 조절하다. L'agent de police *règle* la circulation. 순경이 교통을 정리하고 있다. [~ *qc* sur *qc*] ~ sa montre *sur* le signal 시보에 따라 시계를 맞추다. ~ son pas *sur* celui du voisin 자기의 보조를 열사람에 맞추다. ~ sa conduite *sur* les circonstances 행동을 상황에 맞도록 시키다. ②결정하다, 정하다(établir). ~ le programme de la journée 그날의 일정을 세우다. ③(문제를)해결하다, 결판내다(résoudre). ~ une conflit (une question, une affaire) 분쟁(문제·일)을 해결하다. ④(돈을)치르다, 지불하다, 결산하다. ~ une dette 빚을 갚다. ~ le boulanger 빵가게의 외상값을 치르다. ~ sa note d'hôtel 숙박료를 내다. (목적어 없이) ~ par chèque 수표로 치르다. Laissez, c'est moi qui vais ~. 가만히 계세요, 제가 내겠습니다. ⑤(옛·문어)규제하다, 억제하다. ~ sa dépense 지출을 억제하다. La raison *règle* la passion. 이성은 감정을 억제한다. ⑥(종이에)괘선을 긋다. ~ du papier pour noter de la musique 악보를 적기 위해서 종이에 오선을 그리다.

avoir un compte (*des comptes*) *à* ~ *avec qn* 《구어》…와 결판을 내야겠다, 결판 낼 일이 있다.

—**se**— *v.pr.* ①조정(조절)되다; 결정(해결)되다. pendule qui *se règle* difficilement 조정하기가 힘든 괘종시계. Le différend *s'est réglé* à l'amiable. 분쟁은 원만히 해결되다. ②[se ~ sur] (을)따르다, 본받다. Je *me règle* sur lui. 나는 그 사람을 본받고 있다.

réglet [reglɛ] *n.m.* ①〖건축〗좁다란 쇠시리. ②(목공용의)자. ③〖옛〗〖인쇄〗괘선(filet).

réglette [reglɛt] *n.f.* 작은 자.

régleur(se) [reglœːr, -ǿːz] *n.* ①(기계의)조정 기술자. ~ en horlogerie 시계 조정사. ②〖옛〗괘선 치는 사람. —*n.f.* 괘선 치는 기계.

réglisse [reglis] *n.f.* 〖식물〗 감초. jus de ~ 감초. —*n.m.*〔*f.*〕감초 뿌리.

régloir [reglwaːr] *n.m.* 괘선을 치는 도구 ; (양초 제조용의)작은 자 ; (구둣방에서 쓰는)골편(骨片).

réglure [reglyːr] *n.f.* 괘선 치기 ; 괘선 치는 법 ; 〖집합적〗괘선.

régnant(e) [reɲɑ̃, -ɑ̃ːt] *a.* ①군림하는; 현재 왕위에 있는. prince ~ 군주 노릇을 하는 대군. empereur ~ 현재 왕위에 있는 황제. famille ~*e* 현재의 왕가. ②지배적인, 세력을 떨치는(dominant); 널리 유행되는. idées ~*es* 지배적인 사상.

*__**règne**__ [rɛɲ] *n.m.* ①군림; 치세; 통치, 왕조. sous le ~ de Louis XIV 루이 14세 치하에. ②지배(시대); 유행(기간). ~ de la justice 정의의 지배. ~ de la paix 평화시대. ~ de la femme 여성 상위시대. C'est le ~ des généraux. 지금은 장군들이 세상을 좌지우지한다. ③〖생물〗계(界). ~ animal (végétal) 동물(식물)계. ④《옛》왕국(royaume) ; 〖종교·철학〗세계(monde). ~ de Dieu 신국. ~ du péché 죄의 세계. ⑤〖가톨릭〗주제단(主祭壇)에 걸어 놓는 왕관; (교황의) 삼중관의 각.

*__**régner**__ [reɲe] ⑥ *v.i.* ①군림하다; 통치하다(gouverner). art de ~ 제왕학. vingt ans que ce roi a *régné* 이 왕이 통치했던 20년간. ~ en maître absolu 절대적 지배자로서 군림하다. ②세력을 떨치다, 지배하다; 유행하다. jungle où *règnent* les lions 사자가 지배하는 밀림. La grippe *règne* depuis deux mois. 유행성 감기가 두 달 전부터 유행하고 있다. ~ *sur qn/qc* ~ *sur* l'opinion 여론을 지배하다. L'angleterre *régnait sur* les mers. 영국은 바다를 지배했다. Le sage *règne sur* ses passions. 현인은 자신의 감정을 통제한다. ③계속되다, 퍼지다, 넘치다. faire ~ l'ordre et la paix 질서와 평화를 존속시키다. La tristesse *régnait sur* son visage. 그의 얼굴에는 슬픔이 가득하 있었다. (비인칭) Il *règne* partout un esprit de réforme. 도처에 개혁정신이 넘치고 있다. Vous vérifiez tous les comptes? Eh bien, la confiance *règne*! 《반어적》계산을 모두 확인해 보려구요? 나를 못믿겠단 말이군요.

régnicole [rɛɲikɔl] *a.* 내국(內國)의, 토박이의 귀화한. —*n.* (위)의 사람.

regommer [rǝgɔme] *v.t.* (타이어에)고무를 다시 입히다; 지우개를 다시 지우다.

regonflage [rǝgɔ̃flaːʒ], **regonflement** [rǝgɔ̃flǝmɑ̃] *n.m.* 다시 팽창시키기〔하기〕, 다시 부어오르기; (하천의)증수(增水) (오늘날에는 regonflage가 보통).

regonfler [rǝgɔ̃fle] *v.t.* ①다시 부풀린〔부어 오르게〕하다. 《구어》(에게)다시 용기를 주다. Il *est regonflé* à bloc. 그는 완전히 기운을 되찾았다.

—*v.i.*, **se** ~ *v.pr.* ①다시 부풀다〔붇다〕; (강물이) 붇다. 《구어》다시 용기를 얻다, 기운을 내다.

regorgeant(e) [rǝgɔrʒɑ̃, -ɑ̃ːt] *a.* [~ de](으로)넘쳐 흐르는(rempli de, plein de). prairie ~*e* d'herbes hautes et serrées 키 큰 풀들이 촘촘하 잔뜩 깔려 있는 들판.

regorgement [rǝgɔrʒǝmɑ̃] *n.m.* ①(특히 강물이)넘쳐흐름, (넘쳐흐른 물의)역류. ②(비유적)넘쳐흐름, 과잉. ~ de richesse 넘쳐흐르는 부(富). ③〖의학〗유뇨(流尿).

regorger [rǝgɔrʒe] ③ *v.i.* 가득하다, 넘칠만큼 많다(abonder, ↔ manquer). L'argent *regorge* sur le marché. 시장에는 돈이 넘쳐 흐른다. [~ de *qc*] Il *regorge* d'argent. 그는 돈을 얼마든지 가지고 있다. Le train *regorge* de gens. 기차가 사람들로 터질 듯하다. Ces jours-ci, on *regorge* de journaux. 요새는 신문이 범람하고 있다. ②(하천이)넘쳐 흐르다(déborder); 역류하다.

—*v.t.* 토하다, 게워내다(vomir). manger jusqu'à ~ 토해낼 정도로(배가 터지도록) 잔뜩 먹다. faire ~ à *qn* ce qu'il a volé (비유적)…으로 하여금 훔친 것을 게워내게 하다.

regouler [rǝgule] *v.t.* ①《속어》 거절하다, 퇴짜놓다. ②《옛》몹시 푸념〔폼을〕 시키다.

regoûter [rǝgute] *v.t.* 다시 맛보다. —*v.i.* ①다시 간식하다. ②~ à (de) *qc* …을 다시 맛보다.

regrat [rǝgra] *n.m.* (음식물에서 남은) 찌꺼기의 판매;《옛》(소금·곡물 따위의) 소매; 소금 판매소.

regrattage [rǝgrata:ʒ] *n.m.* ①〖건축〗(벽 따위

의) 더러움을 긁어내기. ②《엣》소금 소매.
regratter [rəgrate] *v.t.* 〖건축〗(벽 따위의) 더러움을 긁어내다, 때를 벗기다; 다시 긁다. ~ de vieux édifices 낡은 건물의 때를 벗기다. gratter et ~ sa tête 머리를 긁적이며 생각하다. ~ un mot douteux au jugement 《비유적》판결문의 애매한 말을 고쳐 적다. — *v.i.* 다시 긁어서 작은 이익을 얻다; 비용을 깎아 잔돈푼을 모으다.
regratterie [rəgratri] *n.f.* 소매상; 소매상품; (매매되는) 음식 찌꺼기.
regrattier(ère) [rəgratje, -ɛːr] *n.* ①〖구어〗비용을 인색하게 깎는 사람; 남의 흠을 잡는 사람. ②《엣》(소금·곡류·음식 따위의) 소매상인.
regréer [rəgree] *v.t.* (의) 선구(船具)를 갈다.
regreffer [rəgre[e]fe] *v.t.* 다시 접붙이다.
régresser [rəgre[e]se] *v.i.* 〖의학〗역행(하다)(reculer, ↔ progresser). La vente est en train de ~. 매상이 떨어지고 있다. ②〖의학〗(열이) 내리다(↔ remonter, reprendre); 〖생물〗(기관이)퇴화하다; 〖심리〗퇴행하다.
régressif(ve) [regresif, -iːv] *a.* 후퇴[역행]하는; 〖생물〗퇴화하는, 퇴행하는(↔ progressif); 〖철학·논리〗역진적(逆進的). raisonnement ~ (귀결로부터 전제로 거슬러 올라가는) 역진적 논증. formes —*ves* (기관의) 퇴화형태.
régression [rəgresjɔ̃] *n.f.* ①후퇴, 감퇴, 역행. La natalité est en ~. 출생율이 감소하고 있다. ~ du chômage 실업의 감소. ②〖생물·심리〗퇴행(현상); 〖지질〗해퇴(海退); 〖수사학〗역행체; 〖철학〗(논증 방법으로서의) 역진(逆進).
régressivement [rəgresivmɑ̃] *ad.* 후퇴적으로, 역행하여.
***regret** [rəgrɛ] (<*regretter*) *n.m.* ①(사라진 사람과 사물에 대한) 애석, 섭섭, 슬픔(chagrin); 아쉬움, 그리움, 미련. ~ du pays natal 향수. ~ du temps passé 흘러간 시간에 대한 미련. quitter une personne avec(sans) ~ 아쉬운 마음으로[미련없이] 어떤 사람과 헤어지다. Il nous a laissé bien des ~*s*. 그는 우리에게 애석한 마음을 남겨 놓았다. à ~ 싫으면서, 마지못해.
②(했거나 하지 못한 일에 대한) 한, 후회, 뉘우침 (repentir, remords). ~ d'une faute commise 잘못을 저지른 데 대한 후회. ~ d'avoir mal agi 잘못 행한 것에 대한 뉘우침. ~ de n'avoir pas visité ce musée 그 박물관을 구경하지 못한 것에 대한 아쉬움. Vraiment, vous ne voulez plus de gâteau? Sans ~? 정말 그 케이크를 더 먹지 않겠소? 후회하지 않겠소?
③(기대·희망을 어긴데 대한)섭섭함, 유감. à mon (grand) ~ (매우) 유감스럽지만. J'ai le ~ de ne pouvoir partir avec vous. 당신과 함께 떠나지 못해서 섭섭하오. Tous mes ~*s*. 유감 천만입니다. J'ai le ~ de vous dire que+*ind.* 유감스럽지만 …을 말씀드립니다. exprimer ses ~*s* 유감의 뜻을 표하다《초대를 거절할 때 쓰는 말》. avoir ~ à +*inf.* …하는 것이 가슴 아프다. avoir (du) ~ de qc(d'avoir fait; que+*sub.*) …을[한 것을, 하기를] 섭섭해하다. Je suis au (grand) ~ de vous congédier. 당신을 해고하게 된 것을 (매우) 유감으로 생각한다. Je suis au ~ 〖구어〗미안합니다. ④ abbaye de Monte-à-~ 사형대.

REM **regret** 가장 일반적인 뜻에서의 「유감」을 의미하며 따라서 반드시 도덕적인 의미를 내포하지는 않음. **repentir** 「회한」의 뜻으로 속죄의 의지가 따름. **remords** 가장 깊이 배어드는 양심의 가책을 의미함.

regrettable [rəgrɛtabl] (<*regretter*) *a.* ①유감스러운(fâcheux, déplorable, ↔ souhaitable). conséquences ~*s* 유감스러운 결과. Il est ~ (+*sub.*) Il est ~ *que* vous n'ayez pas été plus prudent. 당신이 더 신중하지 못했던 것이 유감스럽다. ②《엣·드물게》(사람에 대해서) 애석한. personne peu ~ (죽어도) 별로 애석하지 않은 사람.
regrettablement [rəgretabləmɑ̃] *ad.* 유감스럽게도, 애석하게.
regretté(e) [rəgrɛ[e]te] *a.p.* ①《명사 앞에서》작고한. notre ~ collègue 우리의 작고한 동료. ②(죽어서) 애도되는, 지금도 애석한. homme universellement ~ 지금도 널리 아쉬움을 받는 사람.
***regretter** [rəgrɛ[e]te] *v.t.* ①(없어진 사람·사물을) 아까와하다, 애석하게 여기다, 그리워하다. ~ sa jeunesse 젊은 시절을 그리워하다. ~ l'argent mal dépensé 헛되이 쓴 돈을 아까와하다. Je vous *regretterai* longtemps. 오랫동안 당신을 못잊어 할거예요. ②(무엇을 했거나 하지 못한 것을) 뉘우치다, 후회하다(se repentir). ~ son imprudence 경솔함을 뉘우치다. ③(기대 따위에 어긋나) 유감스럽게 여기다, 섭섭해 하다(déplorer, être désolé). [~ de+*inf.*] Je *regrette de* vous avoir fait attendre. 기다리게 해서 미안합니다. [~ que+*sub.*] Je *regrette que* vous ne soyez pas venu. 당신이 오지 않아서 섭섭합니다. Je *regrette*, vous vous trompez. 죄송합니다만, 당신이 잘못 생각하고 있어요. Vous ne *regretterez* pas. 그것을 후회하지 않을 겁니다, 꼭 그렇게 해보시죠.
regrèvement [rəgrɛvmɑ̃] *n.m.* 증세(增税)(↔ dégrèvement).
regrimper [rəgrɛ̃pe] *v.i.* 다시 기어 오르다.
— *v.t.* (비탈·계단을)다시 오르다.
regros [rəgro] *n.m.* 떡갈나무의 두꺼운 껍질《탠피(皮) 제조용》.
regrossir [rəgrosiːr] *v.i.* (말랐다가) 다시 뚱뚱해지다; 증대[확대]되다.
regroupement [rəgrupmɑ̃] *n.m.* 재집결, 재편성.
regrouper [rəgrupe] *v.t.* 다시 집결[규합·통합]하다, 재편성하다.
— **se ~** *v.pr.* 다시 집결[편성]되다. *se ~* autour de *qn* …을 중심으로 다시 뭉치다.
régularisation [regylarizasjɔ̃] *n.f.* ①정규화, 규격화. ~ des formules 서식의 규격화. ②(기계 따위의) 조정, 조절, 정상화; (업무 따위의) 정리. ~ d'un cours d'eau 수류의 조절. ~ du réseau de vente 판매망의 정비. ~ du mouvement d'une horloge 시계 작동의 조정. ③(내연관계에 있던 남녀의) 정식 결혼.
régulariser [regylarize] *v.t.* ①정규화[규격화]하다. ~ un acte 문서를 정규화하다. ②(기계 따위를) 조정[조절]하다, 정상화하다(기구 따위를) 정리하다. ~ le fonctionnement d'un appareil 기계의 기능을 조정하다. ~ la circulation 교통을 정상화[정리]하다. ~ un cours d'eau par des barrages 댐으로 수류를 조절하다. ~ le système d'administration 행정 기구를 정비하다. ③(내연 관계의 남녀가) 정식 결혼하다, 정식의 남편[아내]으로 삼다(~ la situation).
régularité [regylarite] *n.f.* ①규칙적임; 일정함, 정확성(exactitude). ~ de son 음의 결음결이의 규칙성. ~ des pouls 맥박의 규칙성. Cette pendule marche avec une grande ~. 이 시계는 매우 정확하게 간다. ②(언행의) 착실성, 규칙성; 규율성. ~ de sa vie 그의 생활의 규칙성. Sa ~ dans son travail est parfaite. 그의 일의 착실성은 완벽하다. Ses mœurs manquent de ~. 그의 품행에는 규율이 없다. ③(외모의) 반듯함, 정연함, 균형미

régulateur(trice)

(harmonie, proportion). ~ d'une façade 건물 정면의 균형미. ~ des traits 이목구비의 반듯함. ④ 적법성(適法性), 적합성. ~ d'une procédure 소송 절차의 적법성.

régulateur(trice) [regylatœːr, -tris] *a.* 조정[조절]하는; 규제하는. mécanisme ~ d'une horloge 시계의 조정장치. hormones ~*trices* 〖의학〗(내분비) 조절 호르몬. —*n.* 조정자. —*n.m.* 〖기계〗조정 [조절]장치; 표준시계(horloge ~*trice*). ~ automatique de température 온도 자동조절장치, 서모스탯(thermostat).

régulation [regylasjɔ̃] *n.f.* 조정, 조절; 관제, 제어. ~ des naissances 산아제한. poste de ~ (교통) 관제센터. ~ des compas 〖해양〗나침반의 편차 수정.

régule [regyl] *n.m.* ① 〖기계〗감마(減磨) 메탈 (métal antifriction). ② 〖옛·구어〗소왕(小王). 〖옛〗〖화학〗피(鈹).

***régulier(ère)** [regylje, -ɛːr] *a.* ① 규칙적인; 정확한, 고른, 일정한; 정기적인. pouls ~ 규칙적인 맥박. marcher d'un pas ~ 고른 보조로 걷다. rythme ~ 일정한 리듬. polygone ~ 정다각형. à intervalles ~*ères* 일정한 간격을 두고. service (de transport) ~ (배·버스·비행기 따위의)정기편. ② (언행이)바른, 착실한, 품행이 방정한. vie ~*ère* 규칙적인 생활. être ~ dans ses actions 행실이 바르다. employé ~ dans son travail 착실하게 일하는 직원. ③ (생김새가) 반듯한, 균형잡힌. traits ~*s* (이목구비가) 반듯한 얼굴. rue droite et ~*ère* 곧고 정연한 거리. ④ (조직·문서·수속 따위의)정규의, 정식의; 합법적인. passeport ~ 정규의 여권. troupes ~*ères* 정규군. être dans une situation ~*ère* 정규의 몸이다; (특히) 정식으로 결혼하고 있다. ⑤ (언어) 규칙에 맞는. verbe ~ 규칙동사. vers ~*s* 규칙을 따르는 시구(↔ vers libres). ⑥ 〖구어〗정정당당한, 페어플레이를 하는(↔ lâche). commerçant ~ en affaires 장사를 정직하게 하는 상인. C'est pas ~. 그건 치사하다. ⑦ 〖종교〗(수도사가) 교단의 계율을 따르는; 정식으로 교회의 관할하에 있는(↔ séculier).

à la ~*ère*; *au* ~ 정직하게(loyalement). Je travaille à ~. 나는 정직하게 장사를 하고 있다. —*n.m.* ① 〖종교〗(정식의) 수도자. ② (*pl.*) 〖군사〗정규군.
—*n.f.* (속어)(정식의) 아내; (정식의) 애인.

régulièrement [regyljɛrmɑ̃] *ad.* ① 규칙적으로, 한결같이; 정식으로; 정확하게; 착실하게; 정연하게. payer ~ son loyer 정기적으로[어김없이] 집세를 내다. Cette montre marche ~. 이 시계는 정확하게 간다. Cet enfant va ~ en classe. 이 애는 착실하게 학교에 다닌다. ② (보통 문두에서)일반적으로, 보통, 원칙상(normalement, en principe). R~, il devrait être nommé à ce poste. 원칙적으로는[제대로라면] 그가 그 자리에 임명될 터이다.

régulin(e) [regylɛ̃, -in] *a., n.f.* 〖옛〗〖화학〗피질(鈹質)(의).

régur [regyːr] *n.m.* 〖지질〗(인도의)흑토(黑土).

regurgitation [regyrʒitasjɔ̃] *n.f.* (음식을)입에 되올리기.

régurgiter [regyrʒite] *v.t.* (젖먹이 따위가 구토하지 않고 음식을)입에 되올리다.

réhabilitable [reabilitabl] *a.* 복권[복직]할 수 있는.

réhabilitant(e) [reabilitɑ̃, -ɑ̃ːt] *a.* 〖법〗(명령 복위가)복권[복직]시키는. ordre ~ 복권명령.

réhabilitation [reabilitasjɔ̃] *n.f.* ① 복권, 복직; (유죄자·파산자의) 선고 해제; 명예 회복. ② (지역·건물의)개수, 개축, 재개발.

réhabilité(e) [reabilite] *n.* 〖법〗복권자, 유죄(파산) 선고를 취소받은 사람. —*a.p.* 복권이 허가된.

réhabiliter [reabilite] *v.t.* ① 복권[복직]시키다; (의) 명예를 회복시키다(↔ condamner). ~ *qn* dans ses droits …의 권리를 회복시키다. ~ un condamné (un failli) …의 유죄(파산)선고를 취소하다. ~ *qn* dans l'opinion publique …의 세평(世評)을 회복시키다. ② (어떤 지역이나 건물을)개수하다, 개축하다, 재개발하다.
—*se* ~ *v.pr.* 신분[권리]을 회복하다, 복권되다; 누명을 씻다.

réhabituer [reabitɥe] *v.t.* (에) 다시 길들게[익숙하게] 하다; (에) 되돌아가게 하다.
—*se* ~ *v.pr.* 다시 길들여지다; 옛 습관을 다시 붙이다. Il avait de la peine à *se* ~ à la marche. 그는 걷는 습관을 되찾기가 어려웠다.

rehaussage [rəosaːʒ] *n.m.* 〖회화〗빛깔을 두드러지게 하기.

rehaussement [rəosmɑ̃] *n.m.* ① 더 높이기[올리기](↔ abaissement). ② 〖경제〗평가절상.

rehausser [rəose] *v.t.* ① 더 높이다(올리다)(surélever, remonter); (가격을) 인상하다. ~ le mur de cinquante mètres 담을 50m 더 높이다. Le prix du blé *est rehaussé*. 밀값이 올랐다. ② 두드러지게 하다, 부각시키다; (비유적) 높이다; 장식하다. ~ le prestige de *qn* …의 위신을 부각시키다. ~ de broderies une robe 드레스를 수로 장식하다.

rehaut [rəo] *n.m.* 〖예술〗(화면이나 묘사의 일부를 두드러지게 하는)가필(加筆). ② 〖재정〗(화폐의 액면 가격의)인상, 평가절상.

Reich [rajʃ] 〖독일〗 *n.m.* 독일 제국, 독일국. Troisième ~ (히틀러의) 제3제국.

Reichsbank [rajʃsbank] 〖독일〗 *n.m.* 독일 국립은행.

Reichsmark [rajʃsmark] 〖독일〗 *n.m.* 라이히스마르크(1924~1948년의 독일의 화폐 단위).

Reichstag [rajʃstag] 〖독일〗 *n.m.* 독일 연방의회의 하원.

Reichswehr [rajʃsveːr] 〖독일〗 *n.f.* (베르사유 조약에서 승인된) 독일 국방군.

réification [reifikasjɔ̃] *n.f.* 〖철학·사회학〗(물질·기계 문명에 의한 인간의)사물화(事物化), 물화.

réifier [reifje] *v.t.* (사람을) 사물로 만들다, 사물화하다(chosifier).

reillère [rɛjɛːr] *n.f.* =**rayère**②.

réimper [reɛ̃pɛːr] *n.f.* 〖구어〗=**réimperméabilisation**.

réimperméabilisation [reɛ̃pɛrmeabilizasjɔ̃] *n.f.* 다시 방수하기[고무칠하기].

réimperméabiliser [reɛ̃pɛrmeabilize] *v.t.* (레인코트 따위를) 다시 방수하다.

réimportation [reɛ̃pɔrtasjɔ̃] *n.f.* 재수입, 역수입.

réimporter [reɛ̃pɔrte] *v.t.* 재수입[역수입]하다.

réimposer [reɛ̃poze] *v.t.* ① (에게) 다시 과세하다; (세금을) 다시 과하다. On m'a *réimposé*. 나는 재과세되었다. ② 〖인쇄〗다시 정판하다.

réimposition [reɛ̃pozisjɔ̃] *n.f.* ① 재과세. ② 〖인쇄〗재정판하다.

Réimpr. (약자) réimpression 〖출판〗재판.

réimpression [reɛ̃prɛsjɔ̃] *n.f.* 재판, 재판본.

réimprimer [reɛ̃prime] *v.t.* 재판(再版)하다. ~ un livre épuisé 절판된 책을 재판하다.

Reims [rɛ̃ːs] *n.pr.m.* 랭스(프랑스의 도시).

***rein** [rɛ̃] *n.m.* 〖해부〗신장(腎臟), 콩팥. ~ artificiel 인공신장. ② (*pl.*)허리. chute de ~*s* 허리 요부(腰部). tour de ~*s* 요통. avoir mal aux ~*s* 허리가 아프다. ③ 〖건축〗홍예허리(홍예밑에서 종석까지의 곡선면).

avoir de la force dans les ~*s* 실팍지다, 튼튼하다.

***avoir les ~s solides*(*forts*)** 허리 힘이 좋다; 돈 많고 세력이 있다, 실력가이다.
casser les ~s à qn …을 파멸시키다, …의 신세를 **éprouver les ~s** 힘을 시험하다.
poursuivre*(*presser*) *qn l'épée dans les ~s 조르다, 재촉하다(mettre l'épée dans les ~s de qn).
se donner un tour de ~s 허리를 다치다.   [다.
se sentir les ~s brisés 매우 피곤하다, 기진맥진하
sonder les ~s et les cœurs 《성서》 마음 속을 떠보다(알아보다).
réincarcération [reɛ̃karserasjɔ̃] *n.f.* 재감금.
réincarcérer [reɛ̃karsere] 6 *v.t.* 다시 감금하다.
réincarnation [reɛ̃karnasjɔ̃] *n.f.* 《신학》 영혼이 다른 육체에 깃들기, 재래(再來), 재생.
réincarner [reɛ̃karne] *v.t.* 《신학》 (죽은 뒤 영혼을) 다른 육체에 깃들게 하다, 재생시키다.
—**se** ~ *v.pr.* (죽은 뒤 영혼이) 다른 육체에 깃들다, 재생하다.
réincorporer [reɛ̃kɔrpɔre] *v.t.* 다시 합동시키다; 재편입하다.
***reine** [rɛn] *n.f.* ① 왕비, 왕후; 여왕(souveraine). le roi et la ~ 왕과 왕비. la ~ Elizabeth 엘리자베스 여왕. ~ du ciel(des anges) 성모 마리아. ◆ mère 왕태후; 《구어》장모; 주부. ② 《구어》 여왕과 같은 존재. ~ du bal 무도회의 여왕. ~ de beauté 미의 여왕. ~ des nuits(des ombres)《시》 달. La rose est la ~ des fleurs. 장미는 꽃의 여왕이다. ③ 《놀이》 체스의 여왕(~ à échecs 그림); 카드놀이의 퀸. ④ (꿀벌·개미 따위의) 여왕.
à la* ~** 여왕(왕비)풍(風)의. ***avoir un port de ~ 왕비같이 의젓하고 위엄이 있다. ***dignité de ~ offensée*** (여자의) 교만스러운 모습.
reine-claude [rɛnklo:d] (*pl.* **~s**) *n.f.* 《식물》 서양자두의 일종.
reine-des-prés [rɛndepre] (*pl.* **~s-~**) *n.f.* 《식물》 죄풀조팝나무.
reine-marguerite [rɛnmargərit] (*pl.* **~s-~s**) *n.f.* 《식물》 과꽃.
renette [rənɛt] *n.f.* 사과의 한 품종.
réinfecter [reɛ̃fɛkte] *v.t.* 다시 감염시키다.
réinfection [reɛ̃fɛksjɔ̃] *n.f.* 재감염.
réinhumation [reinymasjɔ̃] *n.f.* 개장(改葬).
réinhumer [reinyme] *v.t.* 개장하다.
réinjecter [reɛ̃ʒɛkte] *v.t.* 다시 도입하다; (돈이나 자본을) 재투입하다.
réinscription [reɛ̃skripsjɔ̃] *n.f.* 재기입.
réinscrire [reɛ̃skri:r] 38 *v.t.* 재기입하다.
réinsérer [reɛ̃sere] 6 *v.t.* ① 다시 삽입하다. ② 《사회》 (전과자·신체장애자 따위를) 사회에 복귀시키다, 재활하게 하다.
réinsertion [reɛ̃sɛrsjɔ̃] *n.f.* (전과자·신체장애자 따위의) 사회복귀, 재활 수단강구.
réinstallation [reɛ̃stalasjɔ̃] *n.f.* 《드물게》 재설치; 다시 정주(定住)함; 재임(再任).
réinstaller [reɛ̃stale] *v.t.* 다시 설치하다; 다시 정주시키다; 다시 취임시키다.
—**se** ~ *v.pr.* 다시 자리잡다; 다시 취임하다.
réinstituer [reɛ̃stitɥe] *v.t.* 다시 설립하다.
réinstitution [reɛ̃stitysjɔ̃] *n.f.* 재설립.
réintégrable [reɛ̃tegrabl] *a.* 회복할 수 있는; 복직할 수 있는.
réintégrande [reɛ̃tegrɑ̃:d] *n.f.* 《법》 점유(권리)의 회복소송.
réintégration [reɛ̃tegrasjɔ̃] *n.f.* ① (공무원 따위의) 복직, 복귀. ~ dans ses droits 에 되돌아가게 되다, 복직되어지다. ② (국적·신분·권리 따위의) 회복, 복귀. ~ dans la nationalité francaise 프랑스 국적의 회복.

~ des démobilisés dans la vie civile 제대자의 서민생활로의 복귀. ③ (상품의) 회수. ④ 《수학》 재적분(再積分).
réintégrer [reɛ̃tegre] 6 *v.t.* ① 복직시키다. ~ un fonctionnaire révoqué 해임된 공무원을 복직시키다. ② (국적·신분·권리 따위를) 회복시키다, 복귀시키다. [~ *qn* dans *qc*] ~ *qn* dans la nationalité francaise …을 프랑스 국적으로 복귀시키다. ~ un joueur *dans* son ancien poste 선수를 원래의 자리로 복귀시키다. Il a été *réintégré dans* ses droits. 그는 본래의 권리를 회복했다. ③ 되돌아오다. ~ le domicile conjugal (나갔던 아내가)가정에 되돌아 오다. faire ~ des meubles 가구를 제자리에 다시 놓다. ④ (상품을) 회수하다. ⑤ 《수학》 재 적분하다.
réinterpréter [reɛ̃tɛrprete] 6 *v.t.* 다시 해석하다.
réinterroger [reɛ̃tɛrɔʒe] 3 *v.t.* 다시 심문(질문) 하다.
réintroduction [reɛ̃trɔdyksjɔ̃] *n.f.* 재도입.   [다.
réintroduire [reɛ̃trɔdɥi:r] 32 *v.t.* 다시 도입하다.
réinventer [reɛ̃vɑ̃te] *v.t.* 다시 발명하다.
réinvention [reɛ̃vɑ̃sjɔ̃] *n.f.* 재발명.
réinviter [reɛ̃vite] *v.t.* 다시 초대하다.
reis [rɛjs] 《아라비아》 *n.m.* ① 터키 제국의 고관의 칭호. ② 터키 선박의 선장.
réis [reis] *n.m.* 포르투갈·브라질의 옛 화폐의 명칭.
réitérable [reiterabl] *a.* 되풀이할 수 있는.
réitératif(**ve**) [reiteratif, -iv] *a.* 반복되는.
réitération [reiterasjɔ̃] *n.f.* 《문어》 반복.
réitéré(**e**) [reitere] *a.p.* 반복된.
réitérer [reitere] 6 *v.t.* 반복[되풀이]하다(répéter). ~ un ordre(une question) 명령(질문)을 반복하다. —**se** ~ *v.pr.* 반복(되풀이)되다.
reître [rɛtr] *n.m.* ① 《옛에》 난폭한 군인(사람). ② 《역사》 16세기 프랑스의 용병이던 독일기병.
rejaillir [rəʒaji:r] *v.i.* ① (액체가)튀다, 튀어오르다. L'eau du torrent *rejaillit* sur les rochers. 급류의 물이 바위에 튀어오른다. ② 《옛》(액체 이외의 것이) 튀다, 튀어 돌아오다. ③ [~ sur](에)(명예·수치 따위가) 미치다, 파급하다. La gloire d'un grand homme *rejaillit sur* sa patrie. 위인의 영광은 그의 조국에까지 미친다.
rejaillissant(**e**) [rəʒajisɑ̃, -ɑ̃:t] *a.* (물이) 솟는, 용솟음치는.
rejaillissement [rəʒajismɑ̃] *n.m.* ① (물이) 튀기, 솟기, 솟아 오르기. ② 《옛》 (돈 따위의 고체가) 튀기. ③ [~ sur] (명예·수치 따위가) 미침, 파급. ~ de sa gloire *sur* sa patrie 그의 영광이 조국에까지 미치는 것.
réjection [reʒɛksjɔ̃] *n.f.* 《옛》 (이물의)체외배기(體外廢棄); 《비유적》 거부.
rejet [rəʒɛ] *n.m.* ① 내던지기, 버리기, 폐기; 버린 것, 폐기물. ~ de la terre d'un fossé 도랑을 파내고 버린 흙. ~ des papiers inutiles 불필요한 서류의 폐기. ② 거절, 거부; 《법》 부결, 기각; 《의학》 (이식된 기관의)거부 반응. ~ d'une proposition 제안의 거부. ~ de l'école 등교 거부. ~ d'un pourvoi 항소 기각. ③ 《운율》 한[몇] 개의 낱말을 다음 시구(詩句)로 보내어 뜻을 완결시키기(enjambement). ④ 《원예》 새싹, 새 가지. ⑤ 《지질》 단층의 어긋남.   [는.
rejetable [rəʒətabl] *a.* 거절(거부)해야 할(할 수 있
rejeteau [rəʒəto] (*pl.* ~**x**) *n.m.* 《건축》 (창 따위의) 빗물 흘림판.
***rejeter** [rəʒte] 5 *v.t.* ① 다시 던지다, 되던지다(relancer). ~ la balle 공을 받아 되넘기다. ~ dans l'eau un poisson trop petit 너무 작은 고기를 물에 다시 던지다. ② 물리치다, 내쫓다(chasser,

repousser). ~ l'envahisseur hors des frontières 침입자를 국경 밖으로 물리치다. ③ 게우다, 토하다(vomir). Le malade *a rejeté* ses médicaments. 환자가 약을 토했다. ④ 내던지다, 버리다(jeter, abandonner); 옮기다, (딴 곳으로) 갖다놓다. La mer *a rejeté* des épaves sur le rivage. 바다가 표류물들을 해변에 쓸어다 놓았다. ~ des notes à la fin d'un volume 주(註)를 권말로 갖다놓다. ~ la tête en arrière 고개를 젖히다. Nous voilà *rejetés* bien loin. 우리는 목표로부터 멀리 벗어나버렸다. ⑤ 거절하다; 부결(기각)하다(repousser, ↔ accepter); 《의학》 (이식된 장기에 대하여) 거부반응을 일으키다. ~ un projet de loi 법안을 부결하다. ~ le pourvoi du condamné 죄수의 항소를 기각하다. Il *a été rejeté* par tous ses camarades. 그는 모든 동급생으로부터 배척받았다. ⑥ [~ sur](에게)(책임・잘못 따위를)전가하다, (의) 탓으로 돌리다. ~ *sa faute sur* un autre 제 잘못을 남에게 덮어씌우다. ⑦ (나무가 새싹이나 새 가지를) 내밀다. Cet arbre *a rejeté* beaucoup de branches. 이 나무는 많은 새 가지를 쳤다.
　—**se ~** *v.pr.* ① *se ~* en arrière 겅충 물러서다. ② [se ~ sur](에) 다시 달려들다. Les deux coqs *se sont rejetés* l'un *sur* l'autre. 두 수탉이 다시 서로 달려들었다. ③ [se ~ sur](에) 별수 없이 의지하다. La lecture m'étant interdite, je *me rejette sur* les auditions de radio. 독서가 금지되어 있어서 나는 부득이 라디오를 듣고 있다. ④ (책임을) 서로 전가하다. Ils *se rejettent* la responsabilité de l'accident. 그들은 사고의 책임을 서로 상대방에게 전가하고 있다.
rejeton [rəʒtɔ̃] *n.m.* ① 《식물》 새싹, 순, 움(rejet, drageon). pousser des ~s 새싹이 돋치다. ② (옛) (비유적) 자손, 후예(descendant). dernier ~ d'une illustre famille 명문가의 마지막 후예. ③ (구어) 아이, 아들(enfant, fils). envoyer son unique ~ au lycée 외아들을 고등학교에 보내다.
rejetonner [rəʒtɔne] *v.i.* 《식물》 새싹(순・움)이 돋다.
rejetteau [rəʒeto] *(pl. ~x) n.m.* =**rejéteau**. ┗ 돋다.
rejettement [rəʒetmɑ̃] *n.m.* ① 되던지기; 튀어 되돌아가게 하기. ② 거부, 배척, 각하.
*****rejoindre** [rəʒwɛ̃:dr] [27] *v.t.* ① 다시 맞추다, 결합하다, 접합하다(réunir). ~ les lèvres d'une plaie 상처를 봉합시키다. Sa mort *vous rejoindra* au café. 먼저 떠나시오, 다방에서 당신과 합류하겠소. ③ (에) 이르다, 도착(도달)하다; 《주어는 사물》 (길 따위가 다른 길과) 합치다, 연결되다. Nous *avons rejoint* la route nationale. 우리는 국도로 나왔다. chemin vicinal qui *rejoint* la route nationale 국도로 나가는 시골길. ④ [~ qc](어떤 장소에) 도달하다, 돌아오다(gagner, regagner). ~ Paris après une longue absence 오랫동안 파리에서 떠나 있다가 돌아오다. L'ambassadeur *rejoindra* bientôt son poste. 대사는 곧 임지로 돌아갈 것이다. ~ leur base 그들의 기지로 돌아가다. ⑤ (비유적) (와) 유사점이 많다. Votre opinion *rejoint* la sienne. 당신의 의견은 그의 의견과 똑같다.
　—**se ~** *v.pr.* ① 다시 합쳐지다, (상처가) 다시 아물다, (길 따위가) 다른 길과)합치다, 연결되다. 두 길은 조금 더 가서 합쳐진다. ② 다시 서로 만나다. Nous *nous rejoindrons* à Paris. 우리는 파리에서 다시 만납시다.
rejointoiement [rəʒwɛ̃twamɑ̃] *n.m.* 《건축》 이음매에 회반죽을 다시 바르기.

rejointoyer [rəʒwɛ̃twaje] [7] *v.t.* 이음매에 회반죽을 다시 바르다.
rejouer [rəʒwe] *v.i.* 다시 노름을 시작하다.
　—*v.t.* ① (내기 따위를) 다시 걸다. ~ son gain 딴 것을 다시 걸다. ② 다시 연주하다; 《연극》 재연하다.
réjoui(e) [reʒwi] *a.p.* 즐거운, 유쾌한, 쾌활한 (joyeux). ~ de+inf. … 하기를 기뻐하는.
　—*n.* 《속어》 쾌활한(명랑한) 사람. gros ~ (grosse ~) 명랑한 남자(여자).
*****réjouir** [reʒwi:r] *v.t.* ① [~ qn] 기쁘게 하다, 흥이 나게 하다. Cette nouvelle le *réjouit*. 이 소식은 그를 기쁘게 한다. ② [~ qc] 즐겁게 하다, 흥겹게 하다(amuser, égayer). vin qui *réjouit* le cœur de l'homme 사람의 마음을 흥겹게 하는 술. Un tel spectacle *réjouit* la vue. 이런 광경은 사람의 눈을 즐겁게 해준다(눈요기거리가 된다).
　—**se ~** *v.pr.* ① 기뻐하다, 즐기다; 흥겨워하다. [se ~ de *qc*] Je *me réjouis de* votre succès. 당신이 성공해서 기쁩니다. [se ~ de+*inf.*/que+*sub.*/de ce que+*ind.*] Je *me réjouis d*'aller à la mer. 나는 바다로 가게 되어서 기쁘다. Je *me réjouis que* vous soyez (*de ce que* vous êtes) en bonne santé. 건강하시니 반갑습니다. ② 즐겁게 놀다.
réjouissance [reʒwisɑ̃:s] *n.f.* ① (집단적) 기쁨, 환희; 기쁨의 표시; (*pl.*) 잔치, 축제, 축연(fête). feux d'artifice en signe de ~ 축하의 불꽃. programme des ~s 여흥프로. ~s officielles (familiales) 공식적인 축하행사(가족잔치). ② 《상업》 푸줏간에서 무게로 달리려고 보내는 뼈.
réjouissant(e) [reʒwisɑ̃, -ɑ̃:t] *a.* 기쁜, 즐거운, 기쁘게 하는, 재미있는, 유쾌한. Cette nouvelle n'est pas ~e. 이 소식은 유쾌한 소식이 아니다. Je trouve cet homme très ~. 이 남자는 아주 재미있는 사람이야.
rejuger [rəʒyʒe] [3] *v.t.* 다시 판단(판결)하다; 다시 재판하다, 재심하다.
rel. 《약자》 relié 《출판》 장정(裝幀)된.
relâchant(e) [rəlaʃɑ̃, -ɑ̃:t] *a.* (긴장을) 풀리게 하는; 《의학》 (보계에 배를)편하게 하는, 변이 통하게 하는. —*n.m.* 완하제.
relâche [rəlɑːʃ] (<*relâcher*) *n.m.* ① 쉬기, 휴식, 중단(repos). prendre un peu de ~ 일을 잠시 멈추다. un moment de ~ 휴식의 한순간. travailler sans ~ 쉬지 않고 일하다. ② 《연극》 휴연(休演). «R~» "휴관" (극장의 게시). Le théâtre fait ~ au mois d'août. 8월달에는 극장이 쉰다.
　—*n.f.* 《해양》 기항(寄港); 기항지. faire ~ à un port; faire une ~ 기항하다.
relâché(e) [rəlɑʃe] *a.p.* ① 느슨한, 늘어진(détendu). jarretières ~es 느슨해진 양말 대님. avoir le ventre ~ 배가 늘어져 있다. ② (비유적) (행실 따위가) 단정치 못한; (문체가) 기운이 없는. morale (discipline) ~e 해이해진 도덕(규율). style ~ 무기력한 문장. —*a.* 《언어》 이완음의.
relâchement [rəlɑʃmɑ̃] *n.m.* ① 늘어짐, 느슨함 (relaxation). ~ des cordes d'une guitare 기타줄의 늘어짐. ② (활동력 따위의) 감퇴; 소홀, 태만; (규율의) 해이; (행실・풍속 따위의) 문란함; (기후의) 완화. ~ de l'attention 주의력의 산만. ③ 휴식, 휴양. ④ (죄수 따위의) 석방. ⑤ 《의학》 (근육의) 이완; 변이 잘 통하기.
relâcher [rəlɑʃe] *v.t.* 늦추다, 느슨하게 하다 (détendre). ~ les cordes d'un violon 바이올린의 현을 느슨하게 풀다. ~ l'étreinte 포옹을 풀다. ~ les muscles 근육을 풀다. ② (비유적) (규율 따위를) 완화하다; 해이하게 하다, (풍기를) 문란

게 하다; 힘[기력]을 잃게 하다; (열의 따위를)식히다. ~ la surveillance 감시를 완화하다. ~ la discipline 규율을 완화하다. ~ de sa sévérité 엄격함을 완화하다. ③ 놓아주다, 석방하다(libérer). Le prisonnier *a été relâché*. 죄수는 석방되었다. ④ ~ l'intestin(le ventre) 【의학】 변이 잘 통하게 하다. —*v.i.* 【해양】 기항하다.
—**se** ~ *v.pr.* ① 늘어지다, 풀어지다, 풀리다. Les cordes de cet instrument *se sont relâchées*. 이 악기의 줄이 느슨해졌다. ② 해이해지다, 완화되다; 약해지다, (열의가)식다; 태만해지다, 소홀해지다. La discipline *se relâche*. 기강이 해이해진다. Cet élève *se relâche*. 이 학생은 게을러진다. *se* ~ dans son travail 일에 소홀해지다. *se* ~ dans ses mœurs 풍기가 문란해지다. *se* ~ de sa première ardeur 최초의 열의가 식다.

relais¹, relai [rəlɛ] *n.m.* ① 【스포츠】 계주, 역전경주(course de[par] ~). ~ 4 fois cent mètres; quatre cents mètres ~ 400미터 계주. ② (라디오·텔레비전의)중계; 중계국; 계전기(繼電器). ~ hertzien 무선 중계. ~ de radio-diffusion 라디오 중계소. ~ de télévision 텔레비전 중계소. machine à ~ 【컴퓨터】 중계 계산기. ③ 교대제 작업. ouvriers de ~ 교대 노동자. équipes de ~ 교체 반원. travail par ~ 교대제 작업, travail sans ~ 무교대 작업. ④ 역마, 파발마; 역참(驛站)用). ~ routier (고속도로변에 차량이 쉴 수 있는)휴게소. ⑤ (비유적)중개자(intermédiaire). ⑥ (동격)avion-~ (우주와 지구 사이의)중계 비행기. ville-~ (두 도시 사이의 교통로에 있는)중계 도시.
de ~ 예비의. habits *de* ~ 갈아 입을 옷.
être de ~ 하는 일이 없다, 대기중이다.
prendre le ~ (앞 사람에게서) 바톤을 이어 받다; 교체하다, 계승하다. Rentrez chez vous, je *prendrai le* ~. 집으로 돌아가세요, 내가 교대할테니까.

relais² *n.m.* 【지질】 (강물·조수가 썬 뒤에)드러난 개펄.

relaisser (se) [sər(ə)lɛ[e]se] *v.pr.* 【사냥】 (쫓기던 짐승이)지쳐서 쉬다.

relance [rəlɑ̃s] *n.f.* ① 【카드놀이】 (포커에서)상대방이 건 돈에 덧붙우기. ② (정치·경제 따위의 중단된 계획·활동의)재개, 재활성화, 재활성화 조치. ~ de l'activité économique 경기 활성화(회복) 조치. ~ du terrorisme 테러의 재연(再燃).

relancement [rəlɑ̃smɑ̃] *n.m.* ① 되던지기. ② 【사냥】 (짐승을)다시몰기. ③ 따라다니기[조르기], 꾸짖기.

relancer [rəlɑ̃se] ② *v.t.* ① 다시 던지다, 되던지다. ~ une balle 공을 받아 되던지다. ② (에)새로운 활기를 주다; 재개하다. ~ l'économie du pays 국가의 경제를 다시 활성화시키다. ~ les négociations 교섭을 재개하다. ③ 【사냥】 (사냥감을)다시 몰아대다. ④ 【구어】 [~ *qn*] (을 위해)귀찮하게 따라 다니다[조르다], 성가시게 굴다. ~ le débiteur 채무자를 귀찮게 따라 다니다. S'il oublie sa promesse, j'irai le ~. 그가 약속을 잊으면 내가 귀찮게 굴기라도 해서 기억하게 하겠다.

relanceur(se) [rəlɑ̃sœːr, -ø:z] *n.* 【테니스】 서브 공을 받아치는 사람.

relancis [rəlɑ̃si] *n.m.* 건물의 낡은 재료를 바꾸기.

relaps(e) [rəlaps] *a.* 【신학】 다시 이교에 빠진; 다시 최(罪)에 빠진. —*n.* (위)의 사람.

rélargir [relarʒiːr] *v.t.* (드릅게) 더 넓히다(↔ rétrécir). On va ~ cette rue. 이 길을 확장시킬 것이다.

rélargissement [relarʒismɑ̃] *n.m.* 더 넓히기.

relater [rəlate] *v.t.* ① 【문어】 상세히 이야기[기재] 하다(rapporter). Les journaux *relatent* ce désastre. 신문들은 그 참사를 상세히 보도하고 있다. ② 【법】 기재하다, 언급하다. pièce *relatée* dans un procès-verbal 조서에 기재된 증거 물건.

relateur [rəlatœːr] *n.m.* 상술하는 사람; 여행 모험담을 이야기하는 사람.

***relatif(ve)** [rəlatif, -iːv] *a.* ① [~ à] (에)관한. études ~*ves à* l'histoire 역사에 관한 연구. ② 상대적인(↔ absolu). valeur ~*ve* 상대적 가치. majorité ~*ve* 상대적 다수. Les goûts sont ~*s*. 취미는 사람 나름이다(《그 자체 절대적으로 좋고 나쁘고가 없다》). mouvement ~ 【물리】 상대운동. ③ 비교적인; 그저 웬만한(approximatif). vivre dans une aisance ~*ve* 비교적 여유있게 살다. Mes connaissances en anglais sont ~*ves*. 나의 영어 지식은 그리 대단하지 않다[그저 그만하다]. résultat ~ 그저 웬만한 성적. ④ 상관 관계가 있는, 상관적인. termes ~*s* 【논리】 상관명사(名辭). pronom ~ 【언어】 관계대명사. proposition ~*ve* 관계절. tons ~*s* 【음악】 관계조(調).
—*n.m.* 상대적인 것; 【철학】 상대; 【언어】 관계사; 【음악】 관계조.
—*n.f.* 【언어】 관계절(proposition ~*ve*). ~*ve* déterminative 한정 관계절.

***relation** [rəlɑsjɔ̃] *n.f.* ① (사물·개념간의)관계, 연관(rapport). 연락(connexion). langue de ~ 【언어】 연락어. ~ entre Paris et Lille 【철도】 파리와 릴 사이의 연락. ~ de cause à effet; ~ entre la cause et l'effet 인과 관계. ~ étroite entre deux faits 두 사실 사이의 밀접한 관계. ② (종종 *pl.*)(인간·국가·단체간의)교섭, 교류, 교제. ~*s* commerciales entre deux nations 양국간의 교역. ~*s* extérieures 대외관계. ~*s* publiques 홍보활동, 섭외사우(略)P.R.). rompre toutes ~*s* avec *qn*[*qc*] …와 모든 관계를 끊다. avoir[entamer, nouer, entretenir] des ~*s* avec *qn* …와 관계[교제]가 있다, 유지하다. entrer[se mettre] en ~*s* avec *qn* …와 관계를 맺다. ③ 친척관계; 사귀고 지내는 사람, 연고 관계. avoir de belles ~*s* 훌륭한 사람과 관계있음. ~*s* humaines 인간관계. Il a beaucoup de ~*s* à Paris(dans les milieux politiques). 그는 파리[정계]에 아는 사람이 많다. obtenir un emploi par ~*s* 아는 사람을 통해 일자리를 얻다. ④ 【구어】 (남녀간의)성관계. avoir des ~*s* avec une femme 여자와 (성적)관계를 가지다. ⑤ 이야기(récit); 여행[탐험]의 견문담; 상술, 진술(témoignage). ~ d'un témoin 증인의 진술. ~ d'un voyage en Sibérie 시베리아 여행기. faire la(une) ~ des événements 사건의 경과를 진술하다. ouvrage de ~ 【옛】 여행기. ⑥ 【음악】 (두 소리의)관계, 음정; 【해부】 (두 기관의) 상호 위치. fausse ~ 불협화음.
être en ~ (*sans* ~) *avec qn* …와 관계가 있다[없다]. Ce que je dis *est sans* ~ *avec* ce qui précède. 내가 말하는 것은 앞서 말한 것과 상관이 없다.

relationné(e) [rəlɑsjɔne] *a.* être bien ~ 좋은 연줄[단골]을 갖고 있다.

relationnel(le) [rəlɑsjɔnɛl] *a.* ① 관계[관련·연관]의. adjectif ~ 【언어】 (명사에서 파생된)관련형 용사(예:universitaire ← université). ② 인간관계의. troubles ~*s* 인간관계에 있어서의 불화.

relativement [rəlativmɑ̃] *ad.* ① 비교적으로(comparativement), 어느정도, 그만저만(passablement, ↔ absolument). problème ~ facile 비교적 쉬운 문제. Les prix sont ~ stables cette année. 금년의 물가는 비교적 안정되어 있다. ② 상대적으로. On n'en peut juger que ~. 그것은 상대적으로밖에 판단 못한다.

relativisation

③ [~ à] (와)비교해서(par rapport à); (와)관련하여. La viande est trop chère, ~ au prix du poisson. 고기는 생선값에 비해 너무 비싸다. entendre un témoin ~ à une affaire 어떤 사건과 관련해서 증인의 말을 듣다.

relativisation [rəlativizasjɔ̃] *n.f.* 비절대화; 〖언어〗관계절화.

relativiser [rəlativize] *v.t.* (의)상대적 가치밖에 인정하지 않다, (의)절대성을 부인하다. ~ la révolution 혁명을 비절대적인 것으로 생각하다.

relativisme [rəlativism] *n.m.* 〖철학〗상대론, 상대주의.

relativiste [rəlativist] *a.* 상대론의. ―*n.* 상대론자.

relativité [rəlativite] *n.f.* ① 〖철학〗 (인식 따위의) 상대성; 관계성; 〖물리〗상대성. ~ de la connaissance 인식의 상대성. théorie de la ~ 상대성 이론. ② (두 명제 따위의) 관련성, 상관성. ~ du fait historique 역사적 사실의 관련성.

relaver [rəlave] *v.t.* 다시 씻다.

relax, relaxe [r(ə)laks] 〖영〗 *a.* 〖구어〗긴장을 푼; 긴장을 풀게하는(décontracté). Soyez ~. 긴장을 푸시오. Il posait, ~, pour les photographes. 그는 편안한 자세로 사진 기자들에게 포즈를 취했다.
―*n.m.* (*f.*) 휴식, 긴장풀기. fauteuil (de) ~ 안락의자. coin-~ 휴식장소. cure de ~ 릴랙스 요법(심신 휴식 치료요법).

relaxant(e) [rəlaksɑ̃, -ɑ̃:t] *a.* 〖의학〗근육으로 푸는(듬쑤케 하는), 긴장을 풀게 하는. atmosphère ~e 긴장을 풀게 하는 (아늑한) 분위기.
―*n.m.* 정신 안정제(médicament ~).

relaxation [rəlaksasjɔ̃] *n.f.* 〖영〗〖의학〗(근육 따위의)이완; 릴랙스 요법(심신 휴식 치료요법). ~ des muscles 근육의 이완. ② 〖법〗(죄수의) 석방, 방면. ~ d'un prisonnier 죄수의 석방.

relaxe [rəlaks] *n.f.* 〖법〗석방, 방면(relaxation); 면소(免訴).

relaxer [rəlakse] *v.t.* ① (근육 따위를) 풀다, 이완시키다. ~ les muscles 근육을 이완시키다. ② 〖법〗(죄수를)석방하다(libérer, relâcher).
―*v.i.* (사람이) 쉬다. 릴랙스하다.
―*se ~ v.pr.* (심신이) 풀리다, 휴식하다. Après une tension, il faut *se ~*. 긴장뒤에는 휴식을 취해야 한다.

relaxothérapie [rəlaksɔterapi] *n.f.* 릴랙스요법(relaxation).

relayer [rəlɛ(e)je] 〖8〗*v.t.* (와)교대하다; (라디오·텔레비전을)중계하다. ~ un camarade fatigué 피로한 동료와 교대하다. radiodiffusion *relayée* par satellite 위성에 의한 중계 방송. ―*v.i.* 〖엣〗역마를 갈다.
―*se ~ v.pr.* 서로 교대하다, 교대로 일하다(달리다). coureurs qui *se relaient* 릴레이하는 경주자들. Nous *nous sommes relayés* pour porter la valise. 우리는 교대해 가며 이 가방을 들었다.

relayeur(se) [rəlɛjœr, -ɾz] *n.* 릴레이 경주자.
―*n.m.* 〖엣〗역마를 책임자.

relecture [rəlɛktyr] *n.f.* ① 다시 읽기, 재독. ② 교정. première (deuxième) ~ 초교(재교).

relégation [rəlegasjɔ̃] *n.f.* ① 〖법〗(누범자의)보안처분; (식민지에의)종신 유형(流刑). ② 〖고대 로마〗귀양, 유형, 추방.

relégué(e) [rəlege] *a.p.* ① 유형에 처해진, 유배된. ② 외딴, 격리된. ―*n.* 유형수.

reléguer [rəlege] 〖6〗*v.t.* ① (외딴 곳으로) 쫓아 보내다; (물건을 다락 따위에) 치워놓다. (비유적) 멀리하다, 좌천시키다. Il a *relégué* sa femme en province. 그는 자기 부인을 시골에 쫓아 보냈다. ~ des chaises au grenier 의자들을 다락방에 치워놓다. ~ qn au second plan ···을 퇴진시키다, 물러나게 하다. ② 〖법〗(식민지로)귀양보내다, 유배하다(exiler). ③ 〖고대로마〗추방하다, 유형에 처하다.
―*se ~ v.pr.* 물러나다, 은퇴하다. *se ~* à la campagne 시골로 은퇴하다.

relent [rəlɑ̃] *n.m.* ① 악취; 상한 냄새. ~ des égouts 하수의 악취. ② (비유적)기미, 흔적(trace). flairer un ~ de crime 범죄의 냄새를 맡다.

relevable [rəlvabl] *a.* 올릴[켜들] 수 있는; 울려지는. siège ~ 높이의 조절이 가능한 의자.

relevage [rəlva:ʒ] *n.m.* ① 일으키기, 들기, 처들기. barre de ~ 〖기계〗역전축(逆轉軸). ② 〖우편〗(우편물의)거두기, 수집(levée가 더 많이 사용되고 있음).

relevailles [rəlva:j] *n.f.pl.* 〖가톨릭〗산후 산부의 감사식(그)후의 잔치.

relevant(e) [rəlvɑ̃, -ɑ̃:t] *a.* [~ de] 〖법〗(의)소관에 속하는, 소속의. terres ~*es de* la couronne 왕실영지. ―*n.f.* 〖속어〗겨자.

relève [rəlɛ:v] *n.f.* 교대; 교대병(군). sentinelle (troupes) de ~ 교대 보초(군). La ~ a lieu à six heures. 교대는 6시에 있다.
prendre la ~ 교대하다; (비유적)바톤을 이어받다. La jeunesse *prendra la* ~. 젊은이들이 바톤을 이어받을 것이다. Qu'est-ce qui *prendra la* ~ *des* vieilles idéologies? (비유적)무엇이 낡은 이데올로기를 대체할 것인가?

relevé(*e¹*) [rəlve] (<*relever*) *a.p.* ① (머리·발 따위가)쳐들어진; (옷깃이)선; (소매가)걷어 올려진(retroussé). marcher la tête ~*e* 고개를 들고 걷다. virage ~ 바깥쪽이 안쪽보다 더 높은 커브. chapeau à bords ~*s* 테를 밖으로 꺾어 올린 모자. pantalon à bas ~*s* 단이 이중으로 된 바지. ② (지위 따위가) 높은; 드높은, 고상한, 고결한(élevé, noble, ↔ vulgaire, ignoble). conversation ~*e* 고상한 회화. style ~ 고상한 문체. ③양념이 진한, 짠, 매운(épicé, ↔ fade). sauce ~*e* 진한 소스.
―*n.m.* 발췌, 명세서; 계산서, 일람표; 요약서. ~ des dépenses 지출표. ~ d'un compteur de gaz 가스미터의 검침. jour de ~ 검침일(檢針日). ~ de compte (은행 따위의)예금명세(통장에 해당 됨). faire un ~ des notes (학생의)성적표를 작성하다. ~ des condamnations 죄과 일람. ④〖요리〗(특히)수프 다음에 나오는 요리. ⑤ (소맷부리·바지 끝의)걷어올린[접친] 부분, 주름. ⑥〖컴퓨터〗차트.

relevé² *n.f.* 〖엣·사투리〗오후. à trois heures de ~ 오후 3시에.

relève-jupe [rəlɛvʒyp] *n.m.* (복수불변)스커트 매다는 집게.

relèvement [rəlɛvmɑ̃] *n.m.* ① 다시 일으키기(세우기·높이기)(redressement), 재건, 부흥. ~ d'un mur(넘어진, 기울어진)벽을 세우다. ~ d'un navire échoué 좌초선의 인양(작업). ~ des industries 산업 부흥. ~ d'une économie 경제 재건, 경제 부흥. ② 인상, 상승. ~ du salaire minimum 최저임금 인상. ~ de température 기온 상승. ~ d'un sol 지면을 높이기. ③ 〖상업〗명세서, 계산서, 일람표; (위)의 작성. travailler au ~ de toute la dépense 전 지출의 명세서 작성에 종사하다. ④ 〖군사〗(부상자의)수용, (보초 따위의)교대. 〖해양·측량〗방위 측정; 방위(각); (측량에서의)위치측정. faire (prendre) un ~ 방위를 측정하다. porter un ~ (sur la carte) (지도에)위치를 표시하다. ⑤ 〖선박〗현호(舷弧). ⑦〖문어〗갱생(시키는 것).

~ d'une prostituée 매춘부의 갱생.
*relever [rəlve] [4] v.t. ① (넘어진 사람·물건을 다시)일으키다, 일으켜 세우다. ~ une colonne tombée 넘어진 기둥을 다시 세우다. ~ un enfant qui est tombé 넘어진 아이를 일으키다. ~ un navire 좌초선을 인양하다.
② 재건하다, 부흥하다; (활기를)불어 넣다, 북돋아주다(ranimer). ~ un pays vaincu 패전국을 부흥시키다. ~ les finances de l'État 국가 재정을 재건하다. ~ le courage de qn …의 용기를 북돋아주다. ~ une conversation 대화에 활기를 불어 넣다.
③ (신체·의복 따위의 일부를)들다, 올리다, 더 높이다(remonter). ~ son col par grand froid 모진 추위로 옷깃을 세우다.
④ 인상하다, 높이다(hausser, élever). ~ le mur 벽을 높이다. Le prix du tabac sera relevé. 담배 가격이 인상될 것이다. ~ le niveau de vie des travailleurs 노동자의 생활수준을 향상시키다.
⑤ 돋보이게 하다, 강조하다(souligner). mouche qui relève la blancheur de la peau 하얀 살결을 더욱 두드러지게 나타내는 점[얼룩]. Sa modestie relève toutes ses autres qualités. 그의 겸손은 다른 모든 장점을 돋보이게 한다.
⑥ 교대하다, 인계하다. ~ une sentinelle 보초를 교대하다. Une autre équipe doit ~ la nôtre. 다른 작업조가 우리조를 인계해야 한다.
⑦ [~qn de] (임무·의무 따위에서)풀어주다, 해제[면제]하다. On l'a relevé[Il a été relevé] de ses fonctions. 그는 해임되었다. Il est relevé de ce contrat. 그는 이 계약에서 풀렸다.
⑧ 들추어내다, 지적하다. J'ai relevé dix fautes de grammaire dans ce devoir. 나는 이 숙제에서 10개의 문법적 오류를 지적했다.
⑨ 응수하다, 대꾸하다(répliquer). ~ une parole offensante 모욕적인 언사에 가치없이 응수하다.
⑩ (날짜·주소 따위를)적다(noter), (계산서를)작성하다. ~ une adresse[une date] 주소[날짜]를 적다.
⑪ 〖해양〗 (어떤 지점의 방위를)측정하다; 검침하다. ~ un compteur de gaz[d'électricité]; 〖구어〗 le gaz[l'électricité] 가스[전기] 계량기를 검침하다.
⑫ 줍다, 집어들다, 걷다(ramasser). professeur qui relève les cahiers des élèves 학생들의 공책을 거두어들이는 선생님. ~ le gant[le défi] 도전에 응하다.
⑬ 〖요리〗 맛을 진하게 [맵게, 짜게] 하다; (향료로)요리의 맛을 돋우다(assaisonner). ~ le goût d'un mets avec des aromates 향료로써 요리의 맛을 돋우다.
⑭ 〖문어〗 (가치를)높이다; 〖옛〗 흥[흥취]을 돋우다·자아내다(agrémenter). ~ un récit de détails licencieux 외설스러운 객담을 곁들여 이야기에 흥을 돋우다.
—v.t.ind. [~ de] ① …에서 회복하다, (병이)낫다. Il relève de 산욕에서 일어나다. ~ de couches 산욕에서 일어나다.
② …에 종속하다; …의 소관[영지·영역]에 속하다(appartenir). C'est un problème qui relève du ministre. 그것은 장관의 관할에 속하는 문제이다.
—se — v.pr. ① 일어나다 (병에서)회복되다; (파멸·난국 따위에서)다시 일어서다; (사업 따위가)다시 일어나다; (용기 따위가)되살아나다; 신용[명성·세력을 되찾다. enfant qui se relève tout seul 혼자 일어서는 아이. La France se relève rapidement. 프랑스가 급속히 부흥한다. [~ de]se
~ de ses cendres 잿더미를 딛고 다시 일어서다. se ~ d'un malheur 불행을 이기고 다시 일어서다.
② (위로)올라가다. La porte de garage se relève automatiquement. 차고의 문은 자동으로 위로 올라간다.
③ 서로 교대하다(se relayer).
④ 〖해양〗 (배가)물 위에 뜨다. se ~ de la côte 배가 이초(離礁)하다.
releveur(se) [rəlvœːr, -ø:z] a. 올리는. muscle ~ 〖해부〗 거근(擧筋).
—n. 수집원; 기록원. ~ de compteurs (가정용 수도·전기·가스의)계량기의 검침원.
—n.m.① 〖해부〗 거근. ② 〖해양〗 인양선. ~ de mines 기뢰 인양선.
reliage [rəljaːʒ] n.m. (통 따위의)테를 메우기.
*relief [rəljɛf] (< relever) n.m. ① 표면의 볼거림, 돋아나옴; (토지의)기복; 울퉁불퉁함, 요철(凹凸). ~ d'une médaille 메달 표면의 부조. ~ accidenté 심한 기복. ② 〖조각·건축〗 부각, 돋을새김. ③ 대조적으로 두드러짐, 뚜렷함; 입체감. donner du ~ à qc ~을 돋보이게 하다. ~ d'une peinture 그림의 입체감. ~ acoustique 입체 음향. ④ (pl.) 먹다 남은 음식; 허접쓰레기; 〖비유적〗 유물. ~s d'une splendeur passée 화려한 과거의 유물. ⑤ (봉건제하의)봉토 상속세.
en ~ 부각된, 두드러진. carte en ~ 입체 지도. télévision en ~ 입체 텔레비전. cinéma en ~ 입체영화. plan en ~ 입체 모형도. photographie en ~ 입체사진. mettre qc en ~ …을 두드러지게 하다, 강조하다. mise en ~ 강조.
relien [rəljɛ̃] n.m. (꽃불놀이용의)알이 굵은 화약.
*relier [rəlje] v.t. ① 연결[연락·결부]하다. voie ferrée qui relie deux villes 두 도시를 연락하는 철도. [~ qc à qc] couloir qui relie cette pièce aux deux autres 이 방을 다른 두 방과 연결시키는 복도. Ces deux villages sont reliés par une ligne d'autobus. 그 두 마을사이에는 버스가 왕래하고 있다. ② 연관시키다, 관계를 맺어주다(unir, enchaîner). ~ le présent au passé 현재를 과거에 결부시키다. ③ 제본하다; 표지를 붙이다, 장정하다. livre relié en basane 양가죽으로 제본된 책. ④ (통에)테를 메우다. ⑤ 〖드물게〗 다시 묶다, 고쳐 매다
relieur(se) [rəljœːr, -ø:z] n. 제본공(工). —n.f. 제본기. —a. 제본하는.
religieusement [rəliʒjøzmɑ̃] ad. ① 종교적으로, 경건하게(pieusement). élever un enfant ~ 아이에게 종교교육을 시키다. vivre ~ 신앙심 깊은 생활을 하다. ② 양심적으로, 세심[착실]하게(scrupuleusement, exactement). tenir ~ ses promesses 꼼꼼하게 약속을 지키다. ③ 조심스럽게, 주의깊게. écouter ~ une conférence[de la musique] 주의깊게 강연[음악]을 듣다.
*religieux(se) [rəliʒjø, -ø:z] a. ① 종교의, 종교에 관한. musique ~se 종교 음악. chant ~ 성가. propagande ~se 전도. école ~se 미션스쿨. ② 종교적인(↔ profane), 신앙심이 두터운, 경건한. 종교 의식을 따라하는. homme ~ 신앙심이 깊은 사람. mariage ~ 종교 의식에 의한 결혼. mener une vie ~ 신앙 생활을 하다. ③ 수도회에 속하는, 수도원의. porter l'habit ~ 법의(法衣)를 입다; 수도원에 들어가다. ④ 양심적인; 세심한, 꼼꼼한(scrupuleux). ~ observateur sa parole ~을 지키는 사람. soin ~ 세심한 마음씨. ⑤ 관조[명상]적인, 경건한. silence ~ 관조[명상]적인 정적.
—n.m. 수도사, (기독교 외의)성직자.
—n.f. ① 수녀. ② 〖제과〗 초콜릿 에클레르.
‡religion [rəliʒjɔ̃] n.f. ① 종교. guerres de ~ (특히

16세기의)종교 전쟁. ~ naturelle 자연 종교. ~ d'État 국교. R~ (réformée) 【종교사】 (특히 칼빈파의)신교. embrasser[professer] une ~ chrétienne 기독교로 개종하다. ② 신앙. ~ formaliste 형식주의적 신앙. avoir de la ~ 신앙을 갖다; 신자이다. ③ 수도(생활). entrer en ~ 신앙 생활에 들어가다; 수도사가 되다. ④ (어떤 가치에 대한)숭배, 신성시, 예찬(culte); 신성한 의무. ~ de la science 과학에 대한 숭배. ~ du progrès 진보 예찬. *éclairer la ~ de qn* 《예》(어떤 점에 관해서) …에게 확실히 알려주다(renseigner qn). *se faire une ~ de qc* 《예》…을 의무로 여기다. *surprendre la ~ de qn* …의 호의(성의)를 저버리다, …을 속이다. *violer la ~ du serment* 자신의 서약을 어기다.

religionnaire [rəliʒjɔnɛːr] n. 《예》(특히 칼뱅파의)신교도.

religiosité [rəliʒjozite] n.f. 종교적 감정; 종교심.

relimer [rəlime] v.t. 줄로 다시 쓸다; 《비유적》(문장을)다시 다듬다, 되고치다.

reliquaire [rəlikɛːr] n.m. 성(聖)유물함.

reliquat [rəlika] n.m. 잔금, 잔고, 차월고(借越高); 《속어》남은 것. payer le ~ 잔금을 지불하다. ~s d'un festin 잔치의 찌꺼기. ~ d'une maladie 《예》병의 후유증.

reliquataire [rəlikatɛːr] n. 차월인(借越人).

relique [rəlik] n.f. 《종교》① (성자·순교자의)성유물, 성유물. ②《비유적》(소중한)기념물, 유물, 비장물. garder qc comme une ~; 《구어》faire des ~s de qc …을 고이고이 간직하다.

***relire** [rəliːr] [30] v.t. ① (이미 읽은 것을)다시 읽다, 재독하다. Je ne *relirai* jamais cet ouvrage. 이 책은 다시는 읽지 않겠다. ② (쓴 것을)검토, 교정하기 위해)다시 읽다. ③《비유적》마음속에 그리다. sa vie 생애를 회상하다. —*se* ~ *v.pr.* ① 다시 읽히다. ② (검토·교정을 위해)자신이 쓴 것을 다시 읽다. écrivain qui *relit* son manuscrit 자신의 원고를 다시 읽는 작가.

reliure [rəljyːr] n.f. (<relier) 제본(술), 장정. ~ en cuir 가죽 장정.

relocation [rəlɔkasjɔ̃] n.f. 다시 세주기; 전대(轉貸).

relogement [rələʒmɑ̃] n.m. 새 숙소를 마련해 주기.

reloger [rələʒe] [3] v.t. (예게) 새 숙소를 마련해 주다, 새로 수용하다. ~ des sinistrés 이재민에게 숙소를 마련해 주다.

relouage [rəlwaːʒ] n.m. (12월 말의)청어의 산란.

relouer [rəlwe] v.t. 다시 세주다; 전대(轉貸)하다. ~ un appartement qu'on a loué 세얻은 아파트를 다시 세놓다.

réluctance [relyktɑ̃ːs] n.f. 《전기》자기(磁氣)저항.

reluire [rəlɥiːr] [32] v.i. (빛을 반사하여)빛나다, 반짝이다(briller); (닦아서)윤이 나다. étoiles qui *reluisent* au ciel 하늘에 반짝이는 별. faire ~ les meubles 가구를 닦아 윤을 내다. *Tout ce qui reluit n'est pas or.* 《속담》반짝이는 것이 모두 금은 아니다.

reluisant(e) [rəlɥizɑ̃, -ɑ̃ːt] a. ① 빛나는, 반짝이는. voiture ~e 번쩍거리는 자동차. parquet ~ 번쩍거리는 마루바닥. ②화려한, 훌륭한(특히 부정적 문맥) ~e(brillant). situation peu[pas très] ~e 별로 대단치 않은 지위. Il n'est pas ~, son avenir. 그의 장래는 신통치[밝지] 않다.

reluquer [rəlyke] v.t. ①《구어》곁눈질하다. Les femmes 여자들은 탐난 눈으로 곁눈질하다. ②《비유적》탐내어 보다(lorgner); 노리다. ~ une dot 지참금을 노리다.

reluqueur(se) [rəlykœːr, -ø:z] n. 《구어》곁눈으로

[탐난 듯)보는 사람; 노리는 사람.

relustrer [rəlystre] v.t. (에)다시 윤을 내다; 《비유적》(신분 따위에)새로운 빛을 덧붙이다.

rem [rɛm] (<《영》*röntgen equivalent man*) n.m.《물리·생물》렘(방사능의 생물학적 작용을 측정하는 단위).

Rem. 《약자》*remarque* 주(註), 비고(備考).

remâchement [rəmɑʃmɑ̃] n.m. ① 되씹기, 되새기기. ② 곰곰 생각하기.

remâcher [rəmɑʃe] v.t. ① (음식을)되씹다, 되새기다, 반추하다. ②《비유적》마음속으로 되새기다, 곰곰히 생각하다. ~ le passé 지나간 일을 되새기다. ~ sa rancune 원한을 되씹다.

remaçonner [rəmas(ɑ)sɔne] v.t. (벽 따위를)다시 쌓다, 수리하다.

remaillage [rəmajaːʒ] n.m. ①(그물·양말 따위의)짜깁기. ②(무두질한 가죽의)겉껍질을 벗기기.

remailler [rəmaje] v.t. ①(그물·양말 따위를)짜깁다(remmailler). ②(무두질한 가죽의)겉껍질을 벗기다.   [《기계》.

remailleuse [rəmajøːz] n.f. 양말 짜깁기하는 여자.

remake [rimɛk] 《영》n.m. 《영화》(옛 명작의)개조작, 신작; (같은 테마의)신작.

rémanence [remanɑ̃ːs] n.f. 《전기》보자성(保磁性); 잔류자기(殘留磁氣).

rémanent(e) [remanɑ̃, -ɑ̃:t] a. 《전기》잔류하는. courant (magnétisme) ~ 잔류 전류(자기). image ~e 잔상(殘像).

remanger [rəmɑ̃ʒe] [3] v.t. 다시 먹다.

remaniable [rəmanjabl] a. 다시 손질할 수 있는, 다시 만들 수 있는, 개작할 수 있는.

remaniement [rəmanimɑ̃] n.m. 다시 손질하여 고치기; 수정, 개작, 개조, 개정. ~ d'un toit 지붕을 다시 잇기. ~ d'un dictionnaire 사전의 개정. ~ ministériel 개각(改閣). ~ d'un projet de loi 법안의 수정.

remanier [rəmanje] v.t. ① 다시 손질하여 고치다, 수정·개작·개조하다(modifier, retoucher). ~ un roman 소설을 개작[번안]하다. ~ un ministère 내각을 개편하다, 개각하다. Pierre *remanie* ce qu'il a écrit. 피에르는 자기가 쓴 것을 다시 손질한다. ②(지붕을)다시 잇다; (포장길을)다시 포장하다. ③(인쇄》(페이지를)다시 짜다; (천을)다시 손으로 만져보다. ~ la couverture d'une maison 지붕을 다시 잇다. ~ à bout 《건축》(기와를 완전히 벗기고)지붕을 다시 잇다.

remanieur(se) [rəmanjœːr, -ø:z] n. 다시 손질하여 고치는 사람, 개작자, 번안자.

remaniment [rəmanimɑ̃] n.m. =remaniement.

remaquiller [rəmakije] v.t. (얼굴에)다시 화장하다. —*se* ~ *v.pr.* 다시 화장하다.

remariage [rəmarjaːʒ] n.m. 재혼, 개가.

remarier [rəmarje] v.t. 재혼시키다, 개가시키다. —*se* ~ *v.pr.* [se ~ à/avec] (와)재혼하다. *se ~ avec une veuve* 과부와 재혼하다.

***remarquable** [rəmarkabl] a. ①주목(괄목)할 만한, 현저한, 놀랄 만한(marquant, notable). événement ~ 주목할 만한 사건. femme ~ par sa beauté 아름다움으로 눈을 끄는 여자. Ce qu'il y a de ~, c'est que… 주목할 만한 것은 …이다. Chose ~, elle était à l'heure. 놀랍게도 그녀는 시간에 맞추어 왔다. Il est ~ que+ sub. …임은 놀랄만한 일이다. ②(사람이)저명한, 뛰어난(distingué, éminent), (작품·일 따위가)훌륭한. médecin ~ 명의. ouvrage ~ 훌륭한 작품.

remarquablement [rəmarkabləmɑ̃] ad. 주목(괄목)할 만큼, 놀라울 만큼, 매우(très); 훌륭하게,

Elle est ~ belle. 그녀는 매우 아름답다. pianiste qui joue ~ 훌륭하게 연주하는 피아니스트.

remarque [rəmark] *n.f.* ① 주목. chose digne de ~ 주목할 만한 것. ② 주의; 지적; 의견. Votre ~ concernant cet ouvrage est juste. 이 작품에 관한 당신의 지적[고찰]은 정당하다. [faire la ~ de qc] Je l'ai trouvé changé et j'en ai fait la ~ à sa mère. 나는 그가 달라진 것을 알고 그 사실을 그의 어머니에게 일러 주었다. [faire des ~s à qn] Sa mère lui fait des ~s sur sa façon de s'habiller. 그녀의 어머니는 그녀의 옷차림에 대해 이러쿵 저러쿵 말한다. ③ 비고(備考), 주(註)(note). texte accompagné de ~s 주석이 달린 원문. Voir la ~ en bas de la page suivante. 다음 페이지 하단의 주를 참조할것. ④ 【해양】 육표(陸標), 항로 표지.

remarqué(e) [rəmarke] *a.p.* 주목을 끄는, 주목되는. discours très ~ 주목을 끄는 연설.

‡**remarquer** [rəmarke] *v.t.* ① (에)주의[주목]하다 (observer, constater); 알아차리다, 눈치채다. ~ les défauts des autres 다른 사람의 결점을 알아차리다. On a remarqué son absence. 그의 결석이 눈에 띄었다. Sa nouvelle robe a été très remarquée. 그녀의 새 옷은 몹시 주목을 끌었다. [~ que] Remarquez bien que... ...라는 것을 주목하시오[명심하시오] (상대방의 주의를 환기시키기 위해). Je n'ai pas remarqué qu'il était malade. 그가 아프다는 것을 알지[눈치채지] 못했다. 《목적보어 없이》 Il est timide? Je n'avais pas remarqué. 그 사람이 소심한가요? 난 몰랐었다. ② 지적하다, 말하다. Tiens, il neige, remarqua-t-il. 어, 눈이 오는군, 하고 그는 말했다. ③ 식별하다, 식별하다(reconnaître, distinguer). ~ qn dans une foule ...을 군중 속에서 알아보다. sans être remarqué 들키지 않고, 남의 눈에 띄지 않고. ④ (에)다시 표를 하다. faire ~ ⓐ [~ à qn] 지적하다(signaler). Je lui ai fait ~ son erreur. 나는 그에게 그의 잘못을 지적해 주었다. Je vous ferai ~ que...; Permettez-moi de vous faire ~ que... ...라는 것을 지적해 드리고 싶습니다. ⓑ [~ qn] ...을 눈에 띄게 하다, 돋보이게 하다. Sa beauté la fait ~ partout. 그녀는 미모 때문에 어디에 가도 눈에 띈다(주목을 끈다).

se faire ~ 남의 시선을 끌다. Il cherche à se faire ~. 그는 남의 시선을 끌려고 애쓴다. Cette femme se fait ~. 《나쁜 뜻으로》 저 여자는 품행이 나쁘다.

—**se**— *v.pr.* 눈에 띄다. faute qui se remarque difficilement 눈에 잘 띄지 않는 실수.

remasticage [rəmastika:ʒ] *n.m.* 퍼티에 다시 메우기.

remastiquer [rəmastike] *v.t.* 퍼티로 다시 메우다.

remb. 《약자》 ① 《상업》 remboursable 상환할 수 있는[해야 할]. ② remboursement 상환.

remballage [rɑ̃bala:ʒ] *n.m.* 다시 짐꾸리기.

remballer [rɑ̃bale] (<emballer) *v.t.* ① (물건)다시 꾸리다, 포장을 새로 하다. ② ~ ses marchandises 《구어》 팔려다 상품을(포기하고) 거둬들이다. ~ ses compliments《구어》찬사를 거둬들이다. ③《구어》쫓아내다(renvoyer). ~ un gêneur 귀찮은 사람을 쫓아내다.

rembarquement [rɑ̃barkəmɑ̃] *n.m.* 다시 배에 태우기[배를 타기]; (물건을)다시 배에 싣기.

rembarquer [rɑ̃barke] *v.t.* 다시 배에 태우다, 다시 승선시키다(물건을) 다시 배에 싣다 (↔débarquer). —*v.i.* 다시 배를 타다.

—**se**— *v.pr.* ① 다시 배를 타다. ② [se ~ à] 《구어》 (에)다시 착수하다, 손을 대다. se ~ au jeu 다시 도박에 손을 대다.

rembarrer [rɑ̃ba(ɑ)re] *v.t.* 《구어》 (따끔하게)꾸짖다, 혼내주다; 따끔하게 쏘아 붙이다; 퉁명스럽게 쫓아 버리다; 거절하다; 《드물게》격퇴하다, 물리치다.

remblai [rɑ̃blɛ] *n.m.* 【토목·광산】 흙으로 돋우기[메우기]; 성토(盛土), 축제(築堤), 매립; (성토용의)토산(土山). route en ~ 돋우어진 길.

remblaver [rɑ̃blave] *v.t.* (에)씨를 다시 뿌리다.

remblayage [rɑ̃blɛja:ʒ] *n.m.* =**remblai**.

remblayer [rɑ̃blɛ[e]je] [8] *v.t.* ① 【토목】 흙으로 메우다[돋우다], 매립하다, 성토하다. ~ un fossé 도랑을 메우다. ~ une route 흙으로 길을 돋우다. ② 【광산】 (폐갱을)메우다.

remblayeur [rɑ̃blɛjœːr] *n.m.* 【토목·광산】 매립[성토]하는 사람.

remblayeuse [rɑ̃blɛjøːz] *n.f.* 【기계】 매립[성토] 기계. ~ pneumatique 압착공기 충전기.

rembobinage [rɑ̃bɔbina:ʒ] *n.m.* rembobiner 하기.

rembobiner [rɑ̃bɔbine] *v.t.* (필름·타자기의 리본·테이프 따위를)되감다.

remboîtage [rɑ̃bwata:ʒ] *n.m.* 고본(古本)을 다시 장정하기; (가구 따위의 일부를)다시 끼워 맞추기.

remboîtement [rɑ̃bwatmɑ̃] *n.m.* ① 【외과】 (뼈의)복구(復舊). ~ d'une articulation 관절의 복구. ② (가구 따위의 일부를)다시 끼워 맞추기.

remboîter [rɑ̃bwate] *v.t.* ① 【외과】 (뺀 뼈를)다시 맞추다. ~ un os démis 뺀 뼈를 복구하다. ② (가구 따위의 일부를) 다시 끼워 맞추다; (책을)다시 장정하다. ~ un livre 책을 다시 장정하다. ~ un pied de table 책상다리를 다시 끼워 맞추다.

—**se**— *v.pr.* 복구(復舊)되다. L'os s'est remboîté de lui-même. 뼈가 저절로 다시 맞추어졌다(복구되었다).

rembouger [rɑ̃buʒe] [3] *v.t.* (통 따위를 같은 액체로)가득 채워 두다.

rembourrage [rɑ̃bura:ʒ] *n.m.* (의자·요 따위에)속을 넣기.

rembourrement [rɑ̃burmɑ̃] *n.m.* =**rembourrage**.

rembourré(e) [rɑ̃bure] *a.p.* ① 속을 넣은. coussin bien ~ (속을 잘 넣어서)불룩한[푹신푹신한] 쿠션. lit ~ avec des noyaux de pêche 딱딱한(울퉁불퉁해서 배기는) 침대. ②《속어》《비유적》(사람이)통통한, 살찐. Elle est bien ~e. 그녀는 살이 통통하게 쪘다.

rembourrer [rɑ̃bure] *v.t.* (의자·방석 따위에)속을 넣다. ~ un siège[les épaules d'un veston] 의자[웃옷의 어깨]에 속을 넣다.

—**se**— *v.pr.* 속이 채워지다; 《속어》배를 채우다, 양껏 먹다.

rembourrure [rɑ̃bury:r] *n.f.* 속(솜·털 따위).

remboursable [rɑ̃bursabl] *a.* 《상업》 상환할 수 있는[해야 할].

remboursement [rɑ̃bursəmɑ̃] *n.m.* 《상업·재정》 상환(償還), 반환, 대금 상환.

***rembourser** [rɑ̃burse] *v.t.* 환불하다, 상환하다; 갚다, 지불하다(rendre). ~ un emprunt[une dette] 빌린 돈[빚]을 갚다. Le spectacle n'ayant pas eu lieu, les places seront remboursées. 공연이 없었기 때문에 입장료는 환불될 것이다. [~ qc à qn] ~ une somme d'argent à un prêteur 일정한 돈을 빌린 사람에게 갚다. [~ qn de qc] ~ qn de ses dépenses ...의 비용을 상환해주다. 《목적보어 없이》 Je vous ~erai demain. 내일 갚아 주겠다.

—**se**— *v.pr.* 상환[환불]해 받다, 회수하다.

rembranesque [rɑ̃branɛsk] *a.* 【회화】 램브란트 (Rembrandt)풍의.

rembrayer [rɑ̃brɛ[e]je] [8] *v.t.* ① 《자동차》다시 클러치를 밟다. ②《구어》(파업 후에)다시 일을 시작하다.

rembruni(e) [rɑ̃bryni] *a.p.* ① (더욱) 갈색으로 된.

②《비유적》침울한.
rembrunir [rɑ̃brynir] v.t. ①(옛)(더욱)갈색으로 만들다. ②《비유적》침울하게 하다, 시글프게 하다. Cette nouvelle *a rembruni* son front. 이 소식이 그의 얼굴을 어둡게 했다.
— *se* ~ v.pr. ①침울해지다, 서글퍼지다(↔ s'épanouir); 갈색으로 되다. Son visage *s'est rembruni*. 그의 얼굴이 침울해졌다. ②(하늘·날씨가)흐려지다. Le temps *se rembrunit*. 날씨가 흐려진다.
rembrunissement [rɑ̃brynismɑ̃] n.m. 《문어》① (더욱)갈색으로 됨(만듦). ②침울해짐.
rembuchement [rɑ̃byʃmɑ̃] n.m. 《사냥》짐승이 숲속으로 돌아감.
rembucher [rɑ̃byʃe] 《사냥》v.t. (짐승의)뒤를 쫓아 숲속으로 돌아가게 하다.
— *se* ~ v.pr. (짐승이)숲속으로 돌아가다.
— n.m. = rembuchement.
***remède** [rəmɛd] n.m. ①약, 의약(médicament); 관장제. administrer un ~ à qn …에게 약을 쓰다. ~ de bonne femme 민간요법, 민간약. prescrire un ~ 약을 처방하다. ~ efficace(spécifique) 특효약. [~ à/pour/contre | ~ à tous maux; ~ pour tous sortes de maux 만병통치약. prendre un ~ *contre* le rhume 감기약을 들다. ②《비유적》구제책, 교정법. sans ~ 고칠[손쓸]도리가 없는. [~ contre] chercher un ~ *contre* l'inflation 인플레에 대한 해결책을 찾다. Le travail est le meilleur ~ *contre* l'ennui. 일은 권태를 이기는 최선의 수단이다. ③ (화폐 따위의)공차(公差)(tolérence).
À chose faite point de ~. 《속담》엎지른 물은 그릇에 다시 담을 수 없다.
Aux grands maux, les grands ~s. 《속담》병이 중하면 약도 되게 써야 한다.
être[*se mettre*] *dans les ~s; faire des ~s* 약을 계속 먹고 있다[먹기 시작하다].
Il y a ~ à tout, hors à la mort. 《격언》무엇에나 약이 있지만 죽음만은 그렇지 않다.
Le ~ est pire que le mal. 《속담》약이 병보다도 더 고약하다 (문제보다도 해결 수단이 더 위험하다).
porter(*apporter*) ~ à qc …을 고치다; 구제하다.
~ contre l'amour; ~ d'amour 《구어》매우 못생긴 여자; 늙은 여자.
remédiable [rəmedjabl] a. 고칠 수 있는, 치료[구제·교정]할 수 있는(↔ irrémédiable).
remédiement [rəmedimɑ̃] n.m. 《드물게》[~ à] (에 대한)치료; 구제, 교정.
remédier [rəmedje] v.t.ind. [~ à] ①(병을)치료하다, 고치다. ~ *au* mal de reins 요통을 치료하다. ②…을 고치다, 막다, …에 대한 대책을 세우다(parer, pallier). ~ *aux* abus 남용을 막다; 폐해를 고치다. ~ *à* une situation vilaine 좋지 못한 사태를 수습하다.
remeil [rəmɛj] n.m. 《사냥》물새가 겨울을 보내는 얼지 않는 하천.
remêler [rəmɛ(e)le] v.t. 다시 섞다. ~ les cartes 카드를 다시 치다.
remembrance [rəmɑ̃brɑ̃ːs] n.f. 《옛·문어》추억 (souvenir); (어떤 것을 생각나게 하는)닮음, 유사점(ressemblance).
remembrement [rəmɑ̃brəmɑ̃] n.m. 《행정》(토지 의)재통합.
remembrer [rəmɑ̃bre] v.t. ①《행정》(분할된 토지를 한 지주의 손 안에)재통합하다. ②《옛》회상 하다(remémorer).
remémora*teur*(*trice*) [rəmemɔratœːr, -tris] a. 《드물게》기념의, 추억이 되는.
remémorati*f*(*ve*) [rəmemɔratif, -iːv] a. 《드물게》 (축제·메달 따위의)기념의, 추억이 되는.

remémoration [rəmemɔrasjɔ̃] n.f. 《옛》회상하게 하기; 회상.
remémorer [rəmemɔre] v.t. 《문어》회상시키다, 상기시키다(rappeler). — *se* ~ v.pr. 회상하다.
remenée [rəmne] n.f. 《건축》창(출입구의 천장) 위의 작은 홍예.
remener [rəmne] ④ v.t. 다시 데려가다[데려오다] (「다시 데려오다」의 뜻에서는 ramener를 쓰는 것 이 보통).
***remerciement** [rəmɛrsimɑ̃] (< remercier) n.m. (보통 pl.) 감사, 치사, 사례; 감사의 말. faire des ~s 감사하다. lettre de ~ 감사장, 사례 편지. Je vous renouvelle mes ~s. 거듭 감사의 말씀을 드립니다. Acceptez mes ~s pour votre aide. 당신의 도움에 대한 저의 감사의 뜻을 받아주시기 바랍니다. ◆아카데미 프랑세즈 신입회원의 입회연설.
***remercier** [rəmɛrsje] v.t. ①(에게)감사하다, 사의를 표명하다. ~ Dieu 신에게 감사하다. Il a remercié son ami. 그는 친구에게 고맙다고 했다. Je ne sais pas comment vous ~. 어떻게 감사의 말씀을 드려야할지 모르겠습니다. [~ qn de/pour qc] Je vous *remercie de*(*pour*) votre lettre. 편지를 주셔서 감사합니다. Ma mère vous *remercie de*[*pour*] votre hospitalité. 나의 어머니는 당신이 환대해주셔서 고맙다고 하십니다. [~ qn + inf.] Il *a remercié d'être venu*. 나는 그가 와준 것에 대해 사의를 표명했다. C'est ainsi qu'il me *remercie*!《비꼼》이것이 그자가 나에게 감사하는 방식이다. ②《정중하게》 사양하다. Prendrez-vous du café? — Non. Je vous *remercie*. 커피를 드시겠소? 아뇨, 괜찮습니다. On lui a offert à dîner, il *a remercié*. 그는 저녁 초대를 받았으나 사양했다. ③《완곡한 표현》해고하다 (renvoyer, congédier). ~ un employé 고용인을 내보내다. Il *a été remercié*. 그는 해고당했다.
REM (1) 현대 불어에서는, 「…에 대해서 감사하다」 고 할 때 pour가 자주 쓰여진다. 특히 구체적인 사물을 두고 말할 때는 더욱 그러하며, de 보다는 pour가 더 강한 뉘앙스를 가진다. 그러나 de + inf. 의 경우에는 아직도 pour로 대치하는 것은 예외적이다. (2) *remercier que* + sub. 는 거의 쓰이지 않는다. 그럴 경우에는 *remercier de ce que* + ind. 가 정규적 표현이다.
— *se* ~ v.pr. 스스로 기뻐하다; 서로 사례하다.
remercîment [rəmɛrsimɑ̃] n.m. 《옛》= remerciement.
réméré [remere] n.m. 《상업·법》환매약관(還買約款). faculté de ~ 환매권. vente à ~ 환매권부(還買權附) 매각.
rémérer [remere] ⑥ v.t. 《드물게》(환매 약관에 의해)도로 사다.
remesurer [rəmzyre] v.t. 다시 재다.
remettan*t*(*e*) [rəmɛtɑ̃, -ãːt] n. 《법·상업》송금인.
remetteu*r*(*se*) [rəmɛtœːr, -øːz] n.m. 《옛》《상업》송금인; 환어음을 발행하는 은행업자.
— n.f. ~se de chaînes 《직조》 날실의 배열을 정리하는 여공.
‡**remettre** [rəmɛtr] ⑥ v.t. ①(먼저 있던 곳에)다시 놓다(넣다, 꽂다, 붙이다)(rapporter, replacer). ~ un livre à sa place[en place] 책을 제자리에 다시 갖다 놓다. ~ le sabre 칼을 칼집에 꽂다. ~ un enfant en pension 어린애를 다시 기숙사에 넣다. ~ (le navire) à la voile (배를)출범시키다.
②원래의 상태로 만들다, 되돌려놓다, 바로 잡다, 회복시키다. ~ qc debout[d'aplomb] …을 다시 세우다. ~ sa montre à l'heure 시계를 맞추다. ~ l'epaule du blessé 부상자의 어깨(뼈)를 바로 잡다. ~ qn sur la bonne voie[dans le droit chemin]

…을 옳은 길로 다시 들어서게 하다. ~ de l'ordre 질서를 바로 잡다. Le bon air l'*a* tout à fait *remis*. 좋은 공기가 그를 완전히 회복시켰다. *être remis des fatigues du voyage* 여행의 피곤에서 회복되다. ~ bien ensemble des personnes qui étaient brouillées 의가 갈렸던 사람들을 화해시키다. ③ 첨가하다, 보태다(ajouter), 보충하다. ~ du sel dans un plat 요리에 소금을 더 치다. ~ du carburant dans le réservoir (연료)탱크에 연료를 보충하다.
④ (의복·장신구를)다시 갖추다, 다시 입다[신다, 쓰다, 끼다]. ~ ses gants 장갑을 다시 끼다. *Remettez* votre manteau. 외투를 다시 입어요.
⑤ [~ à] (에게)건네주다, 넘기다, 제출하다. ~ une lettre à son destinataire 편지를 수취인에게 배달하다. ~ un criminel à la justice 범인을 재판에 넘기다. ~ ses pouvoirs à son successeur 후임자에게 권한을 인계하다. ~ sa démission 사표를 제출하다, 사직하다.
⑥위탁하다, 맡기다. Il m'*a remis* le soin de son chien. 그는 나에게 자기 개의 보호를 위탁했다. Il *remet* son sort entre les mains de Dieu. 그는 자기 의 운명을 하늘에 맡긴다.
⑦용서하다, 면제해주다, 사면하다; 감면[감형] 하다. ~ à un condamné une partie de sa peine 죄수에게 형의 일부를 사면해주다. Je te *remets* ta dette. 네 빚은 받지 않기로 하겠다.
⑧미루다, 연기하다(ajourner, différer). ~ une affaire au lendemain 일을 다음 날로 미루다. ~ à plus tard de+*inf.* …하는 것을 뒤로 미루다.
⑨ (있었던 것을) 생각해내다, 기억하다. ~ qc dans l'esprit[en esprit, en mémoire] …을 기억해 내다. J'ai peine à vous ~. 당신 생각이 잘 안나오.
⑩다시 시작하다(recommencer). La partie (놀이)판을 다시 벌리다, 승부를 다시 가리다. On *remet* ça! (속어)다시 한잔 벌리자; 한잔 또 하자. Ce n'est que partie *remise*. 다음 번에 다시하자; 이 다음의 즐거움으로 남겨두자.
⑪ [à, en과 같이 쓰이는 표현에서] ⓐ [~ à] ~ à sa place 원래의 장소로 돌려놓다; 꾸짖다, 나무라다. ~ *au* hasard 일이 되어 가는대로 내버려 두다[맡기다]. ~ *au* pas 의무를 완수하게 하다. ~ à neuf 새롭게하다, 개수(改修)하다, (양복)을 개조하다. ⓑ [~ en] ~ *en* cause[en question] 다시 문제시하다. ~ *en* état 원래대로 하다; 수리하다. ~ en ordre 다시 정돈하다[정리하다]. ~ *en* place 적당한(알맞은)장소에 옮겨놓다.
en ~ (구어)과장하다, 한 술 더 뜨다; 더욱 더 열심 히(하다).
ne plus ~ *les pieds* 다시 안가다.
~ *qn sur pied(debout)* 다시 일어서게 하다; 건강 (기운)을 회복시키다.
—*se* ~ *v.pr.* ① (먼저 자리나 상태로)다시 돌아가 다. *se* ~ à table 다시 식탁에 앉다. ~ debout 다 시 일어서다. *se* ~ en route[en voiture] 다시 길을 떠나다(차에 오르다).
② (se ~ à qc/à+*inf.*) …을 (하기를) 다시 하다. *se* ~ *au* latin 라틴어 공부를 다시 시작하다. *se* ~ *au* travail 일을 다시 시작하다. *se* ~ à fumer 담배를 다시 피우기 시작하다.
③ (날씨·건강 따위가)회복되다, 기력을 되찾다, 마음이 진정되다. Le temps *s'est remis* (au beau). 날씨가 다시 좋아지다. *se* ~ d'une maladie [de fatigue] 병(피로)에서 회복하다. *Remettez-vous!* 정신 차리시오; 힘을 내시오.
④화해하다. *se* ~ avec *qn* …와 화해하다. *se* ~ ensemble 서로 화해하다.

⑤ (이)생각나다, 알아보다, 기억나다(se rappe-ler). Je ne *me remis* pas son visage. 나는 그의 얼 굴이 잘 생각나지 않았다.
⑥ (드물게)연기되다. devoir qui ne peut *se* ~ 뒤 로 미룰 수 없는 과업.
⑦자신을 맡기다. *se* ~ aux[entre les] mains de Dieu 신의 뜻에 자신을 맡기다, 무슨 일이고 체념 하고 받아들이다, 하라는 대로 하다. *se* ~ entre les mains de *qn* …이 하라는 대로 하다.
⑧인도되다. ~ *se* ~ aux mains de la police 경찰의 손에 인도되다.
Je ne m'en remets pas. 어이가 없어서[놀라와서] 말이 안나온다.
s'en ~ à *qn* (de *qc*); (옛) *se* ~ *à*(sur) *qn* (de *qc*) (…에 관한 일을) …에게 맡기다, 일임하다. *s'en* ~ *à* la décision de *qn* …의 결정에 맡기다. *Je m'en remets à vous* (*du* soin de tous ces détails). (그 모 든 세부적인 사항의 처리)당신에게 일임하겠습 니다.

remeubler [rəmœble] *v.t.* (에)가구를 새로 갖추다. ~ son appartement 아파트에 가구를 새로 갖춰 놓다. —*se* ~ *v.pr.* 가구가 새로 마련되다.

rémige [remi:3] *n.f.* 【동물】(새의)큰 날개깃.

remilitarisation [rəmilitarizasjɔ̃] *n.f.* 재군사화 (再軍事化), 재군비, 재무장(réarmement).

remilitariser [rəmilitarize] *v.t.* (어떤 지역을)재군 사화하다, 재군비하다(↔démilitariser).

reminéralisation [ramineralizasjɔ̃] *n.f.* 【병리】 광물성분(미네랄)의 재보급.

réminiscence [reminisɑ̃:s] *n.f.* 어렴풋한 기억(추 억), 【심리】 레미니선스, 무의식적인 추억(과거 체험)의 재현; 【문학】 무의식적 차용. Ce vers est une ~ de V. Hugo. 이 시구는 위고의 (시구의) 무의식적 차용이다.

remis(e¹) [rəmi, -iz] (<*remettre*) *a.p.* ① 원래의 상 태로 된, 회복된. Il est tout à fait ~. 그는 완전히 회복됐다. ② 연기된. jugement ~ à huitaine 구주 일간 연기된 판결. ③ (수표 따위)양도된, 위탁 된. ④ (형벌·부채·세금이)감면된, 면제된. ⑤ (옛)떨어져 있는.

remisage [rəmiza:ʒ] *n.m.* (드물게)(차 따위를)차고 에 넣기.

remise² [rəmi:z] (<*remettre*) *n.f.* ① 제자리에 갖다 놓기, 원상태로 되돌리기, 다시 설치하기; (포석·양탄자 따위를)고쳐 깔기. ~ en place d'un meu-ble 가구의 (제자리로의) 재배치. ~ en état 수리, 수선. ~ en marche 재출발. ~ en jeu 【스포츠】 경기의 재개. ~ 【축구】 스로인. ~ en question 재 검토. ② 인도, 전달, 배달, (돈의)송달. ~ d'un colis 소포의 배달. ~ d'otages 인질의 인도. ~ des prix aux lauréats 수상자에 대한 상의 수여. ③ (상품 가격의)할인(réduction). faire une forte ~ sur un article 어떤 상품값을 크게 할인하다. ④ (형벌·부채·세금 따위의)감면, 면제. faire ~ d'une dette 부채를 면제하다. ~ de peine 특사; 감 형. demande de ~ 면세청구. ⑤연기, 지연. sans délai ni ~ (옛)지체없이. partir sans ~ 지체없이 떠나다. ⑥ (시설이 갖추어져있지 않은)차고, (농 가의)창고, 헛간. ⑦ (옛)『사냥』(새나 짐승이 숨 는)잡목림. ⑧ 수수료, 커미션.
être sous la ~ (구어)(병·정년으로 인해)실직중에 있다.
faire une ~ à *qn* 『상업』 …에게 송금하다; 환어 음 따위를 배서하다.
mettre qn sous la ~ (구어)…을 해고하다.
voiture de (*grande*) ~ (운전사까지 붙은)전세 자동 —*n.m.* (옛)전세 마차(voiture de ~). ㄴ차.

remiser¹ [rəmize] *v.t.* ① 차고에 넣다. ~ une car-

remiser

riole(un camion) 마차(트럭)를 차고에 넣다. ② (사용하지 않는 것을)치우다. ~ une valise n'importe où 트럭크를 아무데나 치우다. ③ (비유적) 따끔하게 꾸짖다, (에게)따끔한 맛을 보여주다, 막잘라 거절하다(rembarrer). ~ un insolent 건방진 녀석을 혼내주다.
—*v.i.* (동면을 위해)굴속으로 들어가다;〖구어〗(사람이)활동을 정지하다, 쉬다.
—*se ~ v.pr.* ① 차고(농기구 창고)에 넣어지다. ② 〖사냥〗(몰린 새나 짐승이)잡목림에 숨다.

remiser² *v.t.* (도박에서)다시 돈을 걸다.
remiseur [rəmizœ:r] *n.m.* 전세마차집 주인 「인.
remisier [rəmizje] *n.m.* 〖주식〗증권시장의 중매
rémissibilite [remisibilite] *n.f.* (죄를)용서할 수 있음.
rémissible [remisibl] *a.* 용서할 수 있는(pardonnable, ↔ irrémissible).
rémission [remisjɔ̃] *n.f.* ① 용서, (죄의)사면;〖종교〗면죄, (부채 따위의)면제. lettres de ~ 〖옛〗(국왕의)특사장. ② 〖의학〗(일시적인)병세의 후퇴〔완화〕, 소강상태(accalmie); (비유적) 잠시 동안의 (일시적) 진정. ~ matinale de la fièvre 오전 중의 일시적 하열.
sans ~ ⓐ 가차없이. Ils ont été condamnés *sans* ~. 그들은 가차없이 단죄되었다. ⓑ 쉴새없이. Il travaille *sans* ~. 그는 쉴새없이 일한다. ⓒ (지불 따위가)지체없이. Il faudra payer demain, *sans* ~. 지체없이 당장 내일 지불해야 한다.
rémissionnaire [remisjɔnɛ:r] *n.* 〖옛〗〖법〗특사장을 받은 사람.
rémittence [remitɑ̃:s] *n.f.* =rémission②.
rémittent(e) [remitɑ̃, -ɑ̃:t] *a.* 〖의학〗 간헐성(間歇性)의, 기복이 있는. fièvre ~*e* 오르내리는 열.
rémiz [remi] *n.m.* 〖조류〗박새의 일종.
remmaillage [rɑ̃mɑjɑ:ʒ] *n.m.* =remaillage.
remmailler [rɑ̃mɑje] *v.t.* =remailler.
remmailleuse [rɑ̃mɑjøːz] *n.f.* =remailleuse. 「다.
remmailloter [rɑ̃mɑjɔte] *v.t.* 다시 배내옷으로 싸
remmancher [rɑ̃mɑ̃ʃe] *v.t.* ① (의)손잡이(자루)를 갈다. ② 〖구어〗(비유적)(결렬된 것을)조정(調停)하다. ~ une négociation 교섭을 다시 궤도에 올리다.
remmener [rɑ̃mne] ④ *v.t.* (~ à/en) (으로)다시 데리고〔끌고〕돌아가다.
remmouler [rɑ̃mule] *v.t.* (거푸집을)준비하다.
remodelage [rəmɔdlɑ:ʒ] *n.m.* ①〖조각〗원형을 고치기;〖의학〗성형;〖건축〗개수, (한 지역의)재정비. ②(비유적)재편, 개혁.
remodeler [rəmɔdle] ④ *v.t.* ①〖조각〗원형을 고치다;〖의학〗성형하다;〖건축〗개수하다. ②(도시 따위를)재정비하다. ②(비유적)(의)면모를 일신하다;(조직을)개편하다, 개혁하다. L'ensemble des études universitaires 대학교육 전체를 개편하다.
rémois(e) [remwa, -az] *a.* 랭스(Reims, 프랑스의 도시)의. **—R~** 랭스 사람.
rémolade [remolad] *n.f.* =rémoulade.
remole [rəmɔl] *n.f.* 〖해양〗소용돌이.
remontage [rəmɔ̃tɑ:ʒ] *n.m.* ① 더 높이기;〖상업〗알코올의 도수를 높이기. ②(태엽을)감기. montre à ~ automatique 태엽이 자동으로 감기는 시계. ③ (해체한 것을)다시 맞추기, 재조립;(구두의)창과 굽을 갈기. ④(을)거슬러 오르기;(갖추어 놓기).
remontant(e) [rəmɔ̃tɑ̃, -ɑ̃:t] *a.* ① 기운을 돋우는, 강장제가 되는(fortifiant). ②〖원예〗(일·꽃·열매가)철늦게 다시 피는〔여는〕, 두번 피는. ③위로

의, 거슬러 올라가는. érosion ~*e* (계곡을 상류로 거슬러 올라가게 하는)두부침식, 후퇴침식(érosion régressive). **—*n.m.*** 강장제.
remonte [rəmɔ̃:t] *n.f.* ① (흐름을)거슬러 올라가기 (↔ descente); (산란기에)강을 거슬러 올라가는 물고기 떼. ② 〖군사〗 군마(軍馬)의 보충; (그)떼. chevaux de ~ 보충마. Service des ~*s* 군마 충부. ③ 종마(種馬) (étalon).
remontée [rəmɔ̃te] *n.f.* ① 다시 오르기; (길 따위가 내려갔다 다시)오르기;〖항공〗(급강하 후의)상승. ~ des mineurs 광부들이 갱에서 지상으로 다시 올라오기. ~ du fleuve 강 수위의 상승. ② (강을)거슬러 오르기, (언덕을)올라가기. ③〖집합적〗~ mécanique (스키장의)등반장치 (케이블카, télébenne, téléski, monte-pente, téléphérique 등). ④〖광산〗위로 뚫음. ~ d'aérage 통기갱.
faire une belle ~〖스포츠〗(뒤처진 선수가)멋있게 따라잡다.
remonte-pente [rəmɔ̃tpɑ̃:t] (*pl.* ~-~*s*) *n.m.* (스키장의)리프트(téléski).
‡**remonter** [rəmɔ̃te] *v.i.* (조동사는 être, 때로 avoir) ① 다시 오르다 (↔ descendre). ~ à [dans] sa chambre 다시 자기 방으로 올라가다. ~ sur son cheval(dans sa voiture) 자기 말(차)에 다시 올라타다. ~ sur le trône 다시 왕위에 오르다. ~ sur la scène 다시 무대에 서다. La route *remonte*. 길이 다시 오르막이다. Le sous-marin *remonte* en surface. 잠수함이 다시 물위로 떠오른다. Il *remonte* dans mon estime. (비유적) 그는 다시 나의 존경의 대상이 되었다. Les souvenirs *remontent* à la mémoire. 추억이 다시 떠오른다.
② 다시 높아지다, 다시 증가하다; (값 따위가) 다시 오르다(augmenter, ↔ baisser). Le niveau de la rivière *remonte*. 강 수위가 다시 높아진다. La fièvre *remonte*. 열이 다시 오른다. La rente *remonte*. 금리가 다시 오르고 있다.
③ (원천·근원·과거로)거슬러 올라가다. ~ contre le courant 흐름을 거슬러 오르다. ~ le long d'une rivière jusqu'à sa source 강을 따라 수원(水源)까지 올라가다. ~ dans l'histoire (le passé) 역사(과거)를 거슬러 올라가다. ~ à l'origine de l'affaire 문제의 기원으로 소급해서 살피다. Cette chanson *remonte* aux années 60. 이 노래는 1960년대에 생긴 것이다.
④ (바람·군대·기차 따위가)북상(北上)하다. Le vent *remonte*. 바람이 남쪽에서 북쪽으로 분다. Le régiment *remonte* vers Strasbourg. 연대가 스트라스부르를 향해서 북진하고 있다. train *remontant* à Paris 파리에 올라가는 기차.
⑤〖원예〗(꽃 따위가)철늦게 다시 피다.
faire ~ *qn* dans le passé …에게 과거를 회상시키다. ~ *sur l'eau(à la surface)* 물위로 떠오르다;〖구어〗신용〔세력〕을 회복하다. *Ses actions remontent.* (비유적) 그의 주가(株價)가 다시 오른다.
—*v.t.* ① 다시 오르다. ~ un escalier 계단을 다시 오르다.
② (하천·시간의 흐름을)거슬러 올라가다. ~ le cours des ans 세월(의 흐름)을 거슬러 올라가다. ~ un fleuve 강을 거슬러 올라가다.
③ 다시 올리다, 더 높이 올리다(걸다)(hausser, relever); (램프의 심지를)돋우다. ~ une valise au grenier 가방을 다락방으로 올리다. ~ un tableau sur un mur 그림을 벽에 더 높이 걸다. ~ un mur 담을 더 높이다. ~ son pantalon 바지를 추켜올리다.
④ (사람의)기운(사기)을 다시 북돋우다(réconforter); 알코올의 도수를 높이다. Ce médicament va

vous ~. 이 약은 당신의 기력을 회복시켜 줄 것이다. ~ le courage(le moral) de(à) qn …의 용기(사기)를 다시 북돋아 주다. ~ le vin 포도주의 도수를 높이다.
⑤ (해체된 것을)다시 맞추다, 조립하다. ~ le moteur 엔진을 다시 조립하다.
⑥ (에)(필요품을)다시 갖추다, 보충하다. ~ une ferme 농장에 필요품을 다시 갖추어주다. ~ sa garde-robe 옷차림을 다시 장만하다. ~ un magasin de marchandises 가게에 상품을 보충하다. ~ un violon 바이올린에 줄을 갈아 매다. ~ le stock 재고를 보충하다. ~ un cavalier 기병에게 새 말을 공급해주다.
⑦ (시계 태엽을)감다. Je remonte le réveil chaque soir. 나는 매일 저녁 자명종의 태엽을 다시 감는다.
⑧ 〖연극〗재상연하다. ~ une pièce de théâtre 어떤 작품을 다시 상연하다.
⑨ 〖스포츠〗(출발이 늦은 선수가)따라잡다.
⑩ ~ une côte 〖해양〗(배가)연안을 따라서 항해하다.
~ *le courant* 난관을 극복하다; 시류에 역행하다.
——*se* ~ *v.pr.* ① 원기(건강)를 회복하다. prendre des fortifiants pour *se* ~ 기운을 회복하기 위해서 강장제를 들다.
② 필요품을 다시 갖추다. Les sinistrés ont dû *se* ~ en mobilier. 이재민들은 세간을 다시 장만해야 했다.
③ (시계의 태엽이)감기다. Cette montre *se remonte* automatiquement. 이 시계는 자동적으로 태엽이 감긴다.
④ 다시 조립되다.

remonteur(se) [rəmɔ̃tœ:r, -ø:z] *a.* 강물을 거슬러 오르는. poissons ~s du fleuve (산란을 위해)강물을 거슬러 오르는 물고기. —*n.* (시계·병기 따위의)조립공.

remontoir [rəmɔ̃twa:r] *n.m.* ① (시계의)용두; 〖옛〗 용두 달린 시계(montre à ~). ② 태엽감는 나사.

remontrance [rəmɔ̃trɑ̃:s] *n.f.* (보통 *pl.*) 권고, 훈계, 충고 (réprimande, observation). faire (adresser) des ~s à *qn* …에게 훈계(충고)하다. ② 〖역사〗(국왕에 대한 의회 따위의)건의(建議), 상소, 직언. droit de ~s 건의권.

remontrant [rəmɔ̃trɑ̃] *n.m.* 〖종교사〗(1610 년, 네덜란드의)간쟁파(諫爭派)의 사람 (아르미니우스파 신도).

remontrer [rəmɔ̃tre] *v.t.* ① 다시(한번)보이다. Voudriez-vous me ~ ce plan? 그 도면을 다시 한 번 보여주시겠어요? ② 〖옛·문어〗(잘못을)훈계하다, 타이르다. ~ à *qn* ses torts(son devoir) …에게 잘못(의무)을 타이르다. ~ à *qn* que+ind. …에게 …임을 타이르다. ③ 〖목적보어 없이〗충고(건의)하다.
en ~ *à qn* …보다 자기가 낫다는 것을 보이다.
——*se* ~ *v.pr.* 다시 나타나다. Depuis qu'on lui a fait honte, il ne *s'est* plus *remontré*. 창피를 당하고 나서부터는 그는 다시 나타나지 않았다.

remontreur(se) [rəmɔ̃trœ:r, -ø:z] *n.* 충고자.

rémora [remɔra] *n.m.* 〖어류〗빨판상어. ② 〖옛〗장해, 방해.

remordre [rəmɔrdr] [25] *v.t.* 다시 물다(깨물다). chien qui *a remordu* son maître 주인을 다시 문 개. Sa conscience le *remord* sans cesse. 그는 늘 양심의 가책을 받고 있다.
—*v.t.ind.* [~ à] …을 다시 물다; 다시 시작하다. Il ne veut plus ~ *au* travail. 그는 일(공부)에 다시 손을 대려고 하지 않는다.
~ *à l'hameçon* 다시 미끼를 물다; 〖구어〗같은 수작에 또 걸리다(넘어가다). *y* ~ 〖구어〗(일이나 공부를)다시 해보다.

*****remords** [rəmɔ:r] (<*remordre*) *n.m.* 양심의 가책, 뉘우침, 회한. ~ cuisants 격심한 뉘우침. avoir des ~ 양심의 가책을 받다. éprouver le ~ d'avoir fait *qc* …한 것을 뉘우치다. être bourrelé(atteint, pris) de ~; être la proie des ~; être en proie aux ~ 양심의 가책을 받고 있다. mourir sans ~ 여한 없이 죽다.

remorquage [rəmɔrka:ʒ] *n.m.* (배·수레 따위를)끌기; (고장난 차의)견인, 예선(曳船)작업; 예선[견인]료(frais de ~, droit de ~). ~ suspendu 레카 차에 의한 견인. indemnité de ~ 〖해양〗해난 구조료.

remorque [rəmɔrk] *n.f.* ① (수레·배 따위를)끌기, 견인, 예선(曳船). ② 끄는 밧줄, 케이블(câble (corde)de ~). ③ (엔진 없는)부속차, 트레일러; 끌려가는 배.
être(se mettre) à la ~ de qn 〖구어〗…에게 끌려다니다, 맹종하다. *prendre* (un bateau) *à la(en) ~*; *donner* ~ *à* (un bateau) (배)를 끌다.

remorquer [rəmɔrke] *v.t.* ① (배·자동차 따위를)끌다, 견인(예인)하다. dépanneuse qui *remorque* une voiture en panne 고장난 차를 끌고 가는 수리차. ② (비유적) 자기 뒤에 거느리다, 끌고 가다. Il faut ~ toute la famille! 온 가족을 이끌고 가야만 한다니!

remorqueur(se) [rəmɔrkœ:r, -ø:z] *a.* (배 따위를)끄는. —*n.m.* ① 예선(曳船) (bateau ~). ② 견인차, 트랙터. —*n.f.* 〖철도〗견인차.

remoucher [rəmuʃe] *v.t.* ① 다시 코를 풀어주다. ② [속어] 〖속어〗바라보다.

remoudre [rəmudr] [50] *v.t.* 다시 빻다(찧다).

rémoudre [remudr] [50] *v.t.* 칼 따위를 다시 갈다.

remouillage [rəmuja:ʒ] *n.m.* 다시 적시기.

remouiller [rəmuje] *v.t.* ① 다시 적시다. ② 〖해양〗다시 닻을 내리다(~ l'ancre).

rémoulade [remulad] *n.f.* 레물라드 소스 (냉육·생선에 치는 매운 소스).

remoulage¹ [rəmula:ʒ] *n.m.* ① 다시 빻기(찧기); 다시 빻은 것. ② 밀기울.

remoulage² *n.m.* 재주조, 다시 거푸집에 부어넣기.

remouler [rəmule] *v.t.* 다시 주조하다, 다시 거푸집에 부어넣다.

rémouleur [remulœ:r] *n.m.* 〖옛〗(칼 따위)가는 사람.

remous [rəmu] *n.m.* ① 소용돌이; 역류. être pris dans le ~ du fleuve 강의 소용돌이에 휘말리다. être entraîné par le ~ de la foule 군중의 혼란에 휩쓸리다. ~ de l'atmosphère(d'air) 난기류(亂氣流). ② 동요, 소란(agitation). grands ~ sociaux 사회의 큰 동요.

rempaillage [rɑ̃paja:ʒ] *n.m.* (의자의)짚을 갈아넣기; 짚으로 다시 싸기.

rempailler [rɑ̃paje] *v.t.* (의자의)짚을 갈아넣다; 짚으로 다시 싸다.

rempailleur(se) [rɑ̃pajœ:r, -ø:z] *n.* (의자의)짚을 갈아넣는 사람.

rempaqueter [rɑ̃pakte] [5] *v.t.* 다시 싸다(포장하다).

remparer [rɑ̃pare] *v.t.* (에)성벽을 둘러치다.
——*se* ~ *v.pr.* ① 〖옛〗성벽을 둘러치다. ② 〖드물게〗[~ de] (을)도로 빼앗다, 탈환하다.

rempart [rɑ̃pa:r](<*remparer*) *n.m.* ① 성벽. protéger une ville par des ~s 성벽을 쌓아 도시를 지키다. ② (*pl.*) 성벽 지대, 성벽 변두리. ③ 〖문어〗방어물, 방패. ~ contre la tyrannie 학정에 대한 방패. ~ de la loi 법의 방패.

rempiètement [rɑ̃pjetmɑ̃] *n.m.* 《건물 따위의》기초의 개수.

rempiéter [rɑ̃pjete] [6] *v.t.* 《의》기초를 개수하다. ~ un mur 담의 기초를 다시 쌓다.

rempilé [rɑ̃pile] *n.m.* 《군대은어》재복무 하사관 (sous-officier ~).

rempiler [rɑ̃pile] *v.i.* 《군대은어》《병역종료후》재복무하다(rengager). —*v.t.* 다시 쌓다.

remplaçable [rɑ̃plasabl] *a.* 바꿀(대체할) 수 있는.

remplaçant(e) [rɑ̃plɑsɑ̃, ɑ̃:t] *n.* 대신하는 사람; 대리인, 보결; 후임자; 《연극》대역(doublure). —*n.m.*《군사》대리 복무자.

remplacement [rɑ̃plasmɑ̃] *n.m.* 갈기, 바꾸기, 대체; 대신, 대리; 《옛》《군사》대리 복무. faire un ~ 대신(대리)하다. produit de ~ 대용품. ~ d'un pneu usé 닳은 타이어의 교체.
de ~ 보충(예비·보결)의. personnel de ~ 보충원. en ~ de …대신으로. …의 대리(후임)자로서.

:remplacer [rɑ̃plase] [2] *v.t.* ① [~ par](로)갈다, 바꾸다, 대체하다; 《사람을》경질하다. ~ une ampoule grillée 끊어진 전구를 갈다. ~ un ouvrier 노무자를 갈다. ~ son mobilier ancien *par* du neuf 헌 가구를 새 것으로 갈다. On l'*a remplacé par* son fils. 그 사람의 대신으로 아들을 내세웠다. ② 《의》후임자가 되다, 계승하다; 대신(대리)하다; 《옛》《군사》《의》대신으로 복무하다. ~ un professeur absent 결근한 선생을 대신하다. Il *a remplacé* son père au poste de directeur. 그는 아버지의 후임자로서 사장 자리에 앉았다. ③ 《의》구실을 하다, 대용이 되다. Le miel *remplace* le sucre. 꿀은 설탕의 대용이 된다.
—**se ~** *v.pr.* 다른 것(사람)으로 메꾸어지다(대체되다). Ces piles peuvent *se ~*. 이 전지는 바꾸어 낄 수 있다. Un homme comme vous ne *se remplace* pas aisément. 당신과 같은 사람은 달리 구하기가 쉽지 않다.

remplage [rɑ̃plɑ:ʒ] *n.m.* 《토목·건축》돌벽틈을 메우는 자갈; 야반죽.

rempli¹ [rɑ̃pli] *n.m.* 《의복》《옷의》단, (줄이기 위한)주름. ~ d'une jupe(d'un rideau) 치마(커튼)의 단. faire un ~ 단을 넣다(줄이기 위하여), 단을 박다(가장자리를 꿰맬 때).

rempli²(e) [rɑ̃pli] *a.p.* ① [~ de](으로)가득 찬, 《의》많은. parc ~ d'oiseaux 새들이 많은 공원. texte ~ de citations 인용문으로 가득찬 작품. Il est tout ~ de joie. 그는 기쁨으로 가득차 있다. ② 《속의》꽉찬, 충실한. journée bien ~*e* 사뭇 바빴던 하루. visage ~ 오동통한 얼굴. être ~ de soi-même 자부심이 강하다. ③ 《약속·의무 따위가》이행된. engagement ~ 지켜진 약속. Ma mission est ~*e*. 내 임무는 완수되었다.

remplier [rɑ̃pli(j)e] *v.t.* 《드물게》《의복》(에)주름을 잡다, 꿰매어 넣다; 책의 표지(겉질)을 안으로 접어넣다.

:remplir [rɑ̃pli:r] *v.t.* ① 채우다; 메우다(↔vider). ~ un verre à moitié(jusqu'au bord) 잔을 반쯤(가득) 채우다. ~ un sac à le crever 터지도록 자루를 채우다. ~ un vide 빈 곳을 채우다. La colère *a rempli* son cœur. 그의 마음에 분노가 가득 찼다. [~ *qc* de *qc*] ~ la bouteille *d'eau* 병에 물을 채우다. ~ un discours *de citations* 연설에 인용구를 잔뜩 끼워 넣다. ~ l'air *de ses cris* 절규하다. ~ *qn de* joie(*de* chagrin)…을 아주 기쁘게(슬프게) 하다. devoir rempli *de* fautes 틀린 곳 투성이인 숙제.
② 《시간을》유용하게 보내다. ~ son temps 시간을 유용하게 사용하다. La le*c*ture *remplit* ses soirées. 그는 매일 독서로 저녁시간을 보낸다.
③ 《서류·서식에》써넣다, 기재하다; 《피룩에》자수를 놓다. ~ un canevas 바탕천에 수를 놓다. ~ un questionnaire(une fiche) 질문서(카드)에 필요사항을 써넣다.
④ 《약속·의무를》다하다, 수행(이행)하다; 《필요한 조건을》충족시키다, 《목적을》달성하다. 《의》《극》《훌륭히 배역의 의무를 다하다. ~ son devoir 의무를 다하다. ~ un rôle(une fonction) 《맡은 바》역할을 다하다. Ce candidat n'*a* pas *rempli* les conditions du concours. 이 지원자는 경쟁의 조건들을 충족시키지 못했다.
⑤ 《예》《재능·명성 따위에》부끄럽지 않은 행동을 하다.
~ *qn de soi* …의 자부심을 돋우다. ~ *ses poches* 《구어》많은 돈을 벌다. *Remplissez vos verres!* 잔을 채우시오!《건배하기 위해》.
—**se ~** *v.pr.* ① [~ de](으로)가득차다. La salle commençait à *se ~* (*de* spectateurs). 장내는 관객으로 가득차기 시작했다.
② 《구어》[~ de](을)양껏 먹다(마시다). *se ~ de* vin 포도주를 잔뜩 마시다.
③ 자기의 …을 가득 채우다. *se ~ les* poches 《구어》많은 돈을 벌다.

remplissage [rɑ̃plisa:ʒ] *n.m.* ① 가득 채우기. ~ d'un tonneau 《술 따위로》통을 가득 채우기. ② 《작품 따위를》길게 하기 위해서 쓸데없이 늘어 놓은》장황한 글. faire du ~ 장황한 구절을 늘어 놓다. scène du ~ 《연극·영화》《중요하지 않은》에피소드. ③ 《토목·건축》=remplage. ④ 《음악》중음부(parties de ~).

remplisseur(se) [rɑ̃plisœ:r, -ø:z] *n.* ① 채우는 사람. ② 《도자기류의》채색공(彩色工). —*n.f.* ① 병 채우는 기계. ② 레이스 수선 여공.

remplissure [rɑ̃plisy:r] *n.f.* 채우는(메우는) 작업.

remploi [rɑ̃plwa] *n.m.* ① 《건축자재 따위의》《재》사용. ② 《법》《매매 또는 화재로 생긴 금액에 의한》부동산의 취득; 《배상금을 전재(戰災) 복구에》충당하기. ③ 재고용(réemploi).

remployable [rɑ̃plwajabl] *a.* 다시 사용할 수 있는.

remployer [rɑ̃plwaje] [7] *v.t.* ① 다시 고용(사용)하다. ~ de matériaux de construction 건축자재를 재사용하다. ② 《부동산 취득 또는 전재 복구에》재투자하다.

remplumer (se) [sərɑ̃plyme] *v.pr.* ① 《구어》《경제적으로》다시 일어서다, 재산을 회복하다. ② 《구어》기력을 회복하다, 다시 살지다. ③ 《새가》다시 것털이 자라다.

rempocher [rɑ̃pɔʃe] *v.t.* 다시 호주머니에 넣다.

rempoigner [rɑ̃pwaɲe] *v.t.* 다시 붙잡다.

rempoissonnement [rɑ̃pwasɔnmɑ̃] *n.m.* 《못 따위에》다시 고기를 놓아주기, 방생.

rempoissonner [rɑ̃pwasɔne] *v.t.* 《못 따위에》다시 고기를 놓아주다, 방생하다.

remporter [rɑ̃pɔrte] *v.t.* ① 《가져왔던 것을》가져가다(reprendre). ~ la marchandise refusée 거절당한 상품을 도로 가져가다. ② 획득하다, 쟁취하다 (obtenir). ~ un match 시합에 이기다. ~ une victoire(un succès) 승리(성공)을 거두다. ~ un prix 상을 타다. ~ la Coupe Davis 데이비스 컵을 획득하다. ~ du ridicule(du mépris) 웃음거리(비웃음거리)가 되다. ~ un avantage sur …보다 우수하다, …에 대해 우위에 있다.

rempotage [rɑ̃pɔta:ʒ] *n.m.* 《원예》큰 화분에 옮겨심기.

rempoter [rɑ̃pɔte] *v.t.* 《원예》큰 화분에 옮겨 심

rénal(ale)

다(transplanter).
remprisonner [rɑ̃prizɔne] *v.t.* 다시 투옥하다.
remprunter [rɑ̃prœ̃te] *v.t.* 다시 빌리다〔차용하다〕.
remuable [rəmyabl] *a.* 《드물게》움직일 수 있는.
remuage [rəmyaːʒ] *n.m.* ① (통출음받이)뒤척거리기. ② (백포도주의)침전물의 제거. ③ 옮기기, 움직이기.
remuant(e) [rəmyɑ̃, -ɑ̃ːt] *a.* ① 수선스런, 차분하지 못한(agité, turbulent). enfant ~ 수선떠는 아이. ② 활동적인, 정력적인; (활동이)너무 야단스러운. politicien ~ 야단스럽게 뛰어다니는 정객.
remue [rəmy] *n.f.* (산악 지방에서의 계절적인)방목 가축의 이동; (방목 가축의)목장.
remue-ménage [rəmymenaːʒ] *n.m.* (복수불변) (가구 따위의)소란스런 이동; 야단법석, 소란, 소동(branle-bas). faire du ~ (이사할 때처럼)소란을 피우다.
remue-méninges [rəmymenɛ̃ːʒ] *n.m.* 창조적 집단 사고법, 브레인스토밍(brainstorming).
remuement [rəmymɑ̃] *n.m.* ①움직임, 이동; 움직이기, 운반. ~ des lèvres 입술의 움직임. ~ des chaises 의자를 움직이는 소리. ~ de foule 군중의 소란. Il y a eu de grands ~s dans ce pays. 이 나라에는 큰 소란이 있었다.
⁚remuer [rəmye] *v.t.* ① (물건을)움직이다, 옮기다, 밀다, 당기다, 들어올리다(bouger, déplacer); (몸의 일부분을)움직이다. sac trop lourd pour ~ 너무 무거워 들어올릴 수 〔움직일 수〕 없는 자루. ~ la tête[les bras] 고개〔팔〕를 움직이다. ~ la queue 꼬리를 흔들다.
② 젓다, 휘젓다, 뒤적거리다(retourner); (흙・땅을)파다, 갈다, 파옮기다. ~ du grain pour l'éventer[l'aérer] 바람을 쏘이기 위해 곡식알을 뒤적거리다. ~ son café avec une cuillère 스푼으로 커피를 젓다. ~ la salade 샐러드를 버무리다. ~ de la terre 흙을 파옮기다. ~ la terre 땅을 갈다〔파다〕.
③ 감동시키다(émouvoir, toucher). Le talent de l'actrice *a remué* les spectateurs. 그 여배우의 재능이 관객을 감동시켰다. Il semble très *remué*. 그는 매우 감동한 것 같다.
④ (감정 따위를)불러일으키다; (사람을)동요시키다. ~ de vieux souvenirs 예 추억을 불러 일으키다. ~ le peuple 민중을 동요시키다.
ne pas ~ le petit doigt (남을 돕기 위해)손가락 하나 까딱하지 않다.
ne ~ ni pied ni patte 손발 하나 까딱하지 않다.
~ ciel et terre; ~ toutes choses (목적 달성을 위해)온갖 수단을 다 쓰다.
~ de l'argent[des millions] 큰 돈을 움직이다, 큰 사업을 하다.
l'or à la pelle 《구어》큰 부자이다.
~ l'ordure[la boue] 추문을 들추어내다.
~ les cendres des morts 고인을 두고 왈가왈부하다. — *v.i.* 움직이다, 몸을 움직이다, 흔들리다. Ne *remuez* pas! 움직이지 마시오. avoir une dent qui *remue* 이 하나가 흔들리다. feuilles qui *remuent* au vent 바람에 살랑거리는 나뭇잎.
② 동요하다(s'agiter), 반란(소요)을 일으키다(se soulever). Le peuple commence à ~. 민중이 움직이기〔동요하기〕 시작했다.
ne pas ~ plus qu'une souche 《구어》 꼼짝달싹하지 않다. *Ton nez remue!* 거짓말 마라!(거짓말할 때 코가 벌름거리기 때문).
—*se ~ v.pr.* ① 움직이다; 몸을 움직이다, 운신하다. Elle a de la peine à *se ~*. 그녀는 운신하기가 어렵다.
② (비유적)(어떤 목적을 위해서)뛰어다니다, 활동하다, 진력하다. Il *s'est* beaucoup *remué* pour cette affaire. 그는 이 일을 위해 매우 바쁘게 뛰어다녔다.
Remuez-vous un peu! 빨리 서두르시오!
remueur(se) [rəmyœːr, -ɸːz] *n.* 《예》 활동적인; 동요하는(시키는). —*n.* 《예》움직이는 사람; 선동자; 활동가. ~ d'idées 사상의 변혁자. ~ *s d'affaires* (d'argent) 활동적인 사업가. —*n.m.* 샴페인 병을 흔드는 기술자. —*n.f.* 《예》보모(保姆).
remugle [rəmygl] *n.m.* 《예》곰팡내, 고리타분한 냄새. sentir le ~ 곰팡내가 나다.
remûment [rəmymɑ̃] *n.m.* =**remuement**.
rémunérateur(trice) [remyneratœːr, -tris] *a.* ① 보수를 주는; 돈벌이가 되는, 수지맞는, 이익을 주는. commerce ~ 수지맞는 장사. peu ~ 수지가 맞지 않는. ② (추상적인 의미에서)보답〔보상〕을 주는. —*n.* 보수를 주는 사람. Dieu est le souverain ~. 신은 최고의 보상자이다.
rémunération [remynerɑsjɔ̃] *n.f.* ① 보수, 수당, 급료, 사례금(rétribution). en ~ de vos services 당신의 수고에 대한 사례로. ~ annuelle 연봉. ~ d'assistance 《해양》해난구조보험금. ②《예》보답, 보상(récompense).
rémunératoire [remyneratwaːr] *a.* 《법》보수〔사례〕로서의.
rémunérer [remynere] ⑥ *v.t.* ① (일에 대한)보수〔사례금・급료〕를 지불하다(rétribuer). ~ un travail(ses employés) 일에 대해서〔직원들에게〕 보수를 주다. ②《예》보상〔보답〕하다(récompenser).
renâcler [rənɑkle] *v.i.* ① (말・소 따위가 소리를 내어)거칠게 콧숨을 내뿜다. (돼지가)꿀꿀거리다(불만의 표시). ②《구어》[~ à] 싫어하다 (rechigner), 불평을 늘어놓다. ~ à la besogne 일을 싫어하다. Il a accepté *en renâclant*. 그는 투덜거리면서 동의했다.
renâcleur [rənɑklœːr] *a., n.m.* 투덜거리는(사람).
renaissance [rənɛsɑ̃ːs] (<*renaître*) *n.f.* ① (문예・사회・제도 따위의)부흥, 재현, 재래(再來). ~ des arts(des lettres) 예술〔문학〕의 부흥. ~ du printemps 봄의 재래. ②《종교》재생, 전생(轉生), 신생. ~ de l'homme en Jésus-Christ 예수 그리스도 안에서의 인간의 영적(靈的)재생. ~ *s* successives des êtres 《인도종교》생물의 윤회(輪廻). ③ (R~)《미술・문학》문예부흥, 르네상스. —*a.* (R~)《미술・문학》르네상스식의, 문예부흥기의. architecture R~ 르네상스 양식의 건축. ② 재생의. laine ~ 재생 양모.
renaissant(e) [rənɛsɑ̃, -ɑ̃ːt] (*p.pr.*<*renaître*) *a.* ① 재생하는, 되살아나는, 소생하는; (원기가)회복하는; (식물이)다시 자라나는. nature ~*e* 다시 살아나는 자연. forces ~*es* d'un convalescent 회복기 환자의 소생하는 활력. discussion sans cesse ~*e* 끊임없이 반복되는 토론. ②《문어》르네상스 시대에 속하는. art ~ 문예부흥기의 예술.
renaître [rənɛtr] 42 *v.i.* ① 다시 태어나다, 되살아나다, 재생(再生)하다. ~ en Jésus-Christ 그리스도 안에서 다시 태어난 듯이 느끼다. faire ~ le passé 과거를 되살리다. La nature *renaît* au printemps. 봄이 오면 자연이 되살아난다. ②《문어》[~ à] (으로)다시 돌아가다. ~ à la vie 소생하다, 원기를 회복하다. ~ à l'espoir (au bonheur) 희망(행복)을 되찾다. mourir au péché ~ à la grâce 죄로 죽고 은총으로 되살아나다. ③《신학》은총의 상태로 돌아가다, 영적인 생활로 변하다. ~ par le baptême 세례를 받아서 생활이 변하다.
rénal(ale, *pl.* **aux)** [renal, -o] *a.*《해부》신장〔콩

renaqu-is, -it, etc. [rənaki] =renaître.

*renard [rəna:r] *n.m.* ① 《동물》여우; 여우의 털가죽. ~ commun 황갈색의 여우. ~ bleu(polaire) 흰 여우. porter un ~ argenté 은빛 여우 모피를 두르고 있다. ② 《비유적》교활한 사람. agir en ~ 교활하게 행동하다. fin(vieux) ~ 늙은 여우(같은 사람). ③ 《도관·탱크·선체 따위의》누수공(漏水孔); 긴 쇠집게; 《옛》《선박》(키 잡이의)일종의 나침반; 《건축》창문없는 벽, 온벽. ④파업 거부 노동자; 《옛》배반자, 스파이.
coudre la peau du ~ à celle du lion 지혜와 힘을 아울러 갖다.
En sa peau mourra le ~. 《구어》악인은 죽을 때까지 악인이다.
piquer[écorcher] un ~. 토하다, 게우다.
tirer au ~ 《속어》(소·말 따위가)앞으로 나아가기를 거부하다; (사람이 의무 따위에서)빠져 나가려고 하다.
Un bon ~ ne mange point les poules de son voisin. 《속담》진짜 교활한 사람은 이웃에서는 나쁜 짓을 하지 않는다.

renarde [rənard] *n.f.* 《동물》암여우.
renardeau [rənardo] (*pl.* ~x) *n.m.* 새끼 여우.
renarder [rənarde] *v.i.* ①《드물게》교활하게 굴다. ②《옛·속어》토하다, 게우다.
renardier(ère) [rənardje, -ε:r] *a.* 여우의, 여우에 관한. ―*n.m.* 여우 잡는 사람. ―*n.f.* 여우굴.
renarrer [rənare] *v.t.* 다시 이야기 하다.
renaud [r(ə)no] *n.m.* 《속어》소송 사건. être en ~ contre *qn* ~을 심하게 공격(비난)하다. faire du ~ =renauder.
renaude [rəno:d] *n.f.* faire de la ~ 《속어》=renauder.
renauder [rənode] *v.i.* 《속어》불평하다, 투덜거리다(grogner).
renaudeur(se) [rənodœ:r, -ø:z] *a., n.* 《속어》불평하는(사람).
renaudin(e) [rənodɛ̃, -in] *a.* 샤토르노(Château renault, 프랑스의 도시)의. ―**R**~ *n.* 샤토르노 사람.
rencaissage [rãkεsa:ʒ] *n.m.* 《원예》상자 화분에 옮겨 심기.
rencaissement [rãkεsmã] *n.m.* 다시 금고에 넣기(수납하기).
rencaisser [rãkε(e)se] *v.t.* ①다시 금고에 넣다. ②《원예》상자 화분에 옮겨 심다. ~ des orangers 오렌지 나무를 상자 화분에 옮겨 심다.
rencard, rencart [rãka:r] *n.m.* 《속어》=rancard.
rencarder [rãkarde] *v.t.* 《속어》=rancarder.
renchaîner [rãʃε(e)ne] *v.t.* 다시 사슬에 묶다.
renchéri(e) [rãʃeri] *a.p.* 《옛·문어》(성미가)까다로운, 괴팍한(difficile); 뽐내는, 잘난 체하는(dédaigneux). ―*n.* (위)의 사람. faire le ~[la ~*e*]《구어》까다롭게 굴다; 거만떨다, 잘난 체하다.
renchérir [rãʃerir] *v.t.* (의)값을 올리다, 비싸게 하다. ~ des marchandises 상품의 값을 올리다. Le blé *est* fort renchéri. 밀값이 앙등했다.
―*v.i.* ①값이 오르다. La vie ne cesse de ~. 생활비가 계속 오른다. ②《비유적》[~ sur *qn/qc*] (보다)한술 더 뜨다, 더하다, 더 말하다. ~ *sur tous* 그누구보다 더 뜨다. Il renchérit *sur* ce que je lui ai enseigné. 그는 내가 가르쳐 준 것보다 한술 더 뜬다.
renchérissement [rãʃerismã] *n.m.* 등귀(騰貴)(↔baisse). ~ de la vie 생활비의 앙등.
renchérisseur(se) [rãʃerisœ:r, -ø:z] *n.* ①보다 비

싼 값을 매기는 사람; 값을 올리는 사람. ②남보다 더하는(말하는) 사람, 한술 더 뜨는 사람.
rencogner [rãkɔɲe]《구어》*v.t.* 구석으로 몰다(밀다)(coincer). ~ *qn* dans une croisée ...을 창틀 쪽으로 밀고 가다.
―*se* ~ *v.pr.* 몸을 웅크리다(se blottir); (집 안에)들어박다. Il s'est rencogné contre sa mère. 그는 어머니에게 딱 달라 붙었다. rencogné dans un fauteuil 안락의자에 깊숙히 앉아서.

*rencontre¹ [rãkɔ̃tr] *n.f.* ①(우연한)만남, 상봉, 해후; 회합(entrevue); 회의(congrès, réunion). ~ inattendue 뜻밖의 상봉. faire (la) ~ de *qn* ...와 만나다. ~ entre deux chefs d'État 양국 원수의 회담. ~ internationale d'étudiants 국제 학생 회의. arranger[ménager] une ~ entre deux personnes 쌍방의 만남을 주선하다. faire[avoir] une bonne [heureuse] ~ 마침 잘 만나다, 좋은 데서[때에]만나다. faire une mauvaise ~ 나쁜[싫은] 사람을 만나다. ②(사물끼리의)만남, 마주치; (흐름의)합류(jonction); 우연의 일치(부합); (자동차 따위의)충돌(choc, collision); 《언어》(모음의)충돌, 충복(hiatus); 《스포츠》시합; 결투; 《군사》회전, 조우전(遭遇戰)(bataille de ~). ~ de deux fleuves 두 강의 합류. ~ brutale (차 따위의)충돌. ~ d'avant-gardes 전위부대간의 교전. ~ de voyelles 모음의 충돌(예:aé, ao) (hiatus). ~ de deux équipes de football 두 축구 팀의 시합. point de ~ 합류점. 《수학》(두 곡선의)교점(交點). roue de ~ (시계의)평형륜(平衡輪). ③(우연한)기회, 사정, 경우, 우연(conjoncture); 새로 발견된 진품. selon la ~ 경우에 따라서. en(dans) une ~ 어떤 경우에는. en toute ~ 모든 경우에. en pareille ~ 이러한 경우에. ④경구(警句).
à la ~ *de qn* ...을 마중하러, 만나러. aller [courir] *à la* ~ *de qn*(à son ~) ...을[그를] 맞이하러 가다(달려 가다).
de ~ 우연의, 우연히 생긴(만난). connaissance *de* ~ 우연히 알게된 사람. objet *de* ~ 발굴물, 우연히 발견된 진품; 점포에 내놓은 진품. style *de* ~ 조잡한(소홀한) 문체. gouvernement *de* ~ 임시 정부.
par ~ 우연히(par hasard).

rencontre² *n.m.* 《문장》마주된 동물의 머리(수사슴을 제외한).

:rencontrer [rãkɔ̃tre] *v.t.* ①(우연히)만나다, 마주치다, 조우하다. ~ un ancien camarade 옛 친구와 만나다. Je *l'ai* rencontré sur mon chemin. 길을 가다 우연히 그와 만나게 되었다. ~ les yeux[le regard] de *qn* ...의 시선과 마주치다. ②접촉[회견]하다(contacter). Je serais heureux de vous ~ avant peu. 근간 만나 뵙게 될 기회가 있었으면 좋겠는데요. Les dirigeants du syndicat *ont rencontré* le ministre du Travail. 노조조합장은 노동성 장관과 회견했다. ③(처음으로)알게 되다; (필요한 사람·사물을)만나게, 발견하다. Je *l'ai rencontrée* dans un bal. 나는 그녀를 무도회에서 알게 됐다. serviteur comme on *en rencontre* peu 좀체로 만나기가 어려운 그런 하인. idée bien *rencontrée* 용케 발견해 낸 좋은 생각. mot bien *rencontré* 꼭 들어 맞는 말. ④(에)부딪치다, (와)충돌하다(heurter); (장애물을)만나다. La sonde *a rencontré* le fond. 측량기가 바닥에 닿았다. Ce projet *a rencontré* une violente opposition. 이 계획[안]은 맹렬한 반대에 부딪혔다. ⑤《스포츠》(와 맞서)싸우다, 시합하다. L'équipe de France *a rencontré* l'équipe de Belgique. 프랑스 팀은 벨기에 팀과 맞서 싸웠다.
bien[mal] ~ 짐작[예상]이 들어맞다[어긋나다].

Il *a bien rencontré* en se mariant. 그는 좋은 상대와 결혼했다. ~ *juste* 잘 알아맞히다.
—se ~ *v.pr.* ① 서로 만나다, 상봉하다; 서로 알게 되다; 집축(회견)하다. Ils *se sont rencontrés* dans la rue. 그들은 길에서 만났다. Nous *nous sommes déjà rencontrés*. 우리는 이미 만난 일이 있다. ② 부딪치다, 마주치다, 충돌하다(se heurter); 합류하다(confluer); 리에르 *se rencontrent* 서로 합류하는 강. Les deux camions *se sont rencontrés*. 두 대의 트럭이 충돌했다. ③ 같은 의견이다, (사상·감정이) 일치하다. Les grands esprits *se rencontrent*. 훌륭한 사람들은 서로 의기가 상통한다(우연히 의견이 일치했을 때 익살스럽게 하는 말). Nos goûts *se rencontrent*. 우리의 취미는 일치한다. *se* ~ avec *qn* …와 의견을 같이 하다. ④ 존재하다(exister); (비인칭) 나타나다. Cela peut *se* ~. 그것은 있을 수 있는 일이다. s'il *se rencontrait* des obstacles imprévus 예기치 않은 장애가 생긴다면.
Comme cela se rencontre! 정말 운이 좋군!
rencourager [rɑ̃kuraʒe] ③ *v.t.* (의)용기를 다시 북돋아주다(되찾게 하다).
rendant(e) [rɑ̃dɑ̃, -ɑ̃:t] 【법】 *a.* 청산하는. parties 청산 당사자. *n.* 청산인.
*****rendement** [rɑ̃dmɑ̃] (<*rendre*) *n.m.* ① (농작물의)수확고, (공장·광산의)생산고, (토지 면적·시설·기계 따위에 비례되는)생산율(성). ~ d'une terre à l'hectare 헥타르당의 토지의 생산고. loi du non-proportionnel 【경제】수확 체감의 법칙. augmenter le ~ d'une entreprise 기업의 생산성을 높이다. ② (거래의)수익, 이윤. action à gros ~ 이윤이 많은 주식. ③ 【기계】 효율; (직공의)작업 능률, (일반적으로)능률(efficacité). ouvrier qui a un mauvais ~ 능률이 오르지 않는 직공. Il s'applique, mais le ~ est faible. 그는 열심히 일하지만, 능률은 올라가지 않는다. machine à bon ~ 고성능의 기계. travailler à plein ~ (공장이)완전 가동하다, (직공이)전력을 다해 일하다. ④ 【스포츠】(우세한 자에게 부과하는)핸디캡(handicap). ~ de temps 시간의 핸디캡.
rendetter (se) [sərɑ̃dete] *v.pr.* 다시 빚지다.
rendeur(se) [rɑ̃dœ:r, -ø:z] *n.* 돌려주는 사람; 주는 사람.
rendez-moi [rɑ̃dəmwa] *n.m.* 《복수불변》vol au ~ 《속어》거스름돈 도둑.
*****rendez-vous** [rɑ̃devu] *n.m.* 《복수불변》① 회합(의 약속), 데이트. donner (un) ~[fixer un ~] à *qn*; avoir (un) ~[prendre ~] avec *qn* …와 만날 약속을 하다. médecin qui reçoit sur ~ 예약 진찰하는 의사. ~ d'affaires 상담. ② 회합 장소, 집합소, 회의소; 데이트 장소; (함대의)집합점. Ce café est le ~ des étudiants. 이 다방은 학생들의 집합소이다. être(arriver) le premier au ~ 약속 장소에 먼저 오다. ~ de chasse 사냥꾼들이 만나는 장소. ③ ~ social (임금 조정 따위를 위한)노사 회담; ~ spatial 우주선의 랑데부.
rendormir [rɑ̃dɔrmi:r] ⑱ *v.t.* 다시 재우다. ~ un enfant 어린애를 다시 재우다.
—se ~ *v.pr.* 다시 자기 시작하다(redormir).
rendosser [rɑ̃dose] *v.t.* (옷을)다시 입다. ~ son manteau 다시 외투를 입다. ~ l'uniforme 《비유적》군복에 복직하다.
~ *le vieil homme* 옛 습관으로 되돌아가다.
rendoubler [rɑ̃duble] *v.t.* **=remplier**.
‡**rendre** [rɑ̃:dr] ㉕ *v.t.* ① (임자에게)돌려주다, 반환하다(redonner, rembourser), (요금 따위의)돌려주다, 환불하다. ~ de l'argent emprunté 꾼

돈을 갚다. ~ des livres prêtés 빌린 책을 돌려 주다. *Rends*-moi mon stylo. 내 만년필을 돌려다오. ② (의무·임무를)이행하다 (판결 따위를)내리다 (prononcer); (경의를)표하다, (도움을)주다. ~ un arrêt[un jugement] 판결을 내리다. ~ un culte à la divinité 신에게 예배를 드리다. ~ hommage à *qn* …에게 경의를 표하다. ~ service à *qn* …을 위해 도와주다. ③ 받지 않고 돌려보내다, 반환하다(renvoyer); 도로 가져오다(rapporter). ~ sa bague de fiançailles 약혼 반지를 돌려보내다. ~ à un commerçant une marchandise défectueuse 하자있는 상품을 상인에게 도로 가져가다. article qui ne peut *être* ni *rendu* ni échangé 반품도 교환도 안되는 물건. ④ (잃은 것을)되찾게 하다, 회복시키다; 보답하다; 해제[면제]하다. ~ la liberté à un prisonnier 죄수를 석방하다. Ce remède lui *a rendu* la santé. 이 약은 그에게 건강을 회복시켜 주었다. Cette nouvelle lui *a rendu* l'espoir. 이 소식은 그에게 희망을 되살려 주었다. ⑤ (받은 것 대신으로)주다(retourner). ~ à *qn* son salut …에게 답례하다. ~ à *qn* sa visite …에게 답례의 방문을 하다. ~ la monnaie 거스름돈[잔돈]을 내어주다. ~ vingt francs sur cent francs 100프랑 짜리를 받고 20프랑을 거슬러 주다. ⑥ 토하다(vomir), 배출하다. ~ son déjeuner 점심 먹은 것을 토하다. ~ du sang par le nez 코피를 흘리다. L'abcès *a rendu* du pus. 종기에서 고름이 나왔다. ⑦ 산출[생산]하다; (농작물이 수입을)가져오다; (꽃이 향기를)풍기다, (악기가 소리를)내다. Ce blé *rend* beaucoup de farine. 이 밀은 가루가 많이 난다. Ce violon *rend* de très beaux sons. 이 바이올린은 매우 아름다운 소리를 낸다. ⑧《목적보어의 속사와 더불어》[~ *qn/qc*+속사] (…을)되게 하다, 하게 만들다. ~ *qn* célèbre …을 유명하게 만들다. ~ *qn* une terre meilleure 토지를 개량하다. Le malheur les *a rendus* forts. 불행이 그들을 강하게 만들었다. ⑨ 표현하다(exprimer); 번역하다; (그림·사진으로)재현하다, 그리다(représenter). Il est difficile de ~ en français cette tournure. 이 표현을 프랑스 말로 번역하기는 어렵다. mot qui *rend* le mieux ma pensée 나의 생각을 가장 잘 나타내 주고 있는 말. Ce portrait *rend* assez bien l'expression de votre visage. 이 초상화는 당신의 얼굴 표정을 제법 잘 나타내 주고 있다.

~ *à qn sa parole* …을 약속으로부터 풀어주다.
~ *de la distance* 【경마】(말이 다른 말보다도)더 멀리서 출발하다.
~ *du poids* 【경마】무게의 핸디캡을 받다, 몸을 더 무겁게 하다.
~ *la bride(la main)* 말고삐를 늦추다.
~ *l'âme (l'esprit, le dernier soupir)* 숨을 거두다, 죽다.
~ *la pareille à qn* …에게 복수하다, 복수하다.
~ *la vie à qn* 【문장】[사정]에서 구해주다.
~ *le bien pour le mal* 악에 대해 선으로 보답하다.
~ *le combat* 적의 공격을 저지하다.
~ *les armes* 항복하다.
~ *les derniers devoirs à qn* …의 장례식을 치르다[에 참석하다].
~ *les honneurs à qn* …에게 경의를 표하다.
~ *qn à la vie(à la liberté)* …을 되살리다[해방시켜주다].
~ *un dîner* 답례로 식사에 초대하다.
— *v.i.* ① 토하다, 구역질하다. Arrête la voiture, j'ai envie de

~. 차를 멈춰, 토할 것만 같아.
② (토지·농작물을)수확[수익]을 가져오다(rapporter). Cette terre ne *rend* guère. 이 토지에는 별로 수확이 나지 않는다. Ça n'a pas *rendu*. 예상했던 결과는 얻지 못했다.
③ 탄력성이 있다. billard qui *rend* mal 쿠션이 나쁜 당구대. Cette raquette *rend* bien. 이 라켓은 공을 잘 튕긴다.
④ (기계가)능률이 좋다.
~ à la main (말이)고삐대로 움직이다.
—se ~ *v.pr.* ① 가다. *se ~* à l'étranger 외국에 가다. *se ~* à une réunion 회합에 가다.
② 끝이 닿다, 이르다. Les fleuves *se rendent* à la mer. 강물은 바다로 흘러든다.
③ 항복[굴복]하다; (이성·의견 따위에)복종하다, 양보하다; (을) 인정하다; 응하다; 되돌아가다. *se ~ sans conditions* 무조건 항복하다. *Rendez-vous!* 항복하라! *se ~* à l'évidence 증거 앞에서 굴복하다, 명백한 것을 인정하다. *se ~* à une invitation 초대에 응하다. *se ~* à son devoir 자기 의무를 따르다; 자기 본분에 되돌아가다.
④ (속사와 함께)…하게 되다, …하게 보이다. *se ~ malade* 병이 나다. *se ~ ridicule* 우스꽝스러워 보이다, 웃음거리가 되다. Venez à la cuisine si vous voulez vous *~* utile. 도와주고 싶으시면 부엌으로 오세요.
⑤ 번역[표현]되다. expression qui ne peut *se ~* en français 프랑스어로 번역될 수 없는 표현.
⑥ (판결 따위가)내려지다, 언도되다.

rendu(e) [rɑ̃dy] (<rendre) *a.p.* ① 도착한, 배달된, 운반된. Enfin, nous voilà ~s. 드디어 우리는 도착했다. La barrique de vin coûte tant *~e* à domicile. 이 술통은 집에까지 배달해 준다는 조건의 가격으로 판다. ② 지쳐빠진, 기진맥진한(exténué, harassé). Je me sens ~. 나는 지쳤다.
—*n.m.* ① 《구어》 대갚음. ② 《상업》 반품(返品). faire un ~ 반품하다. ③ 《미술》 (인상의 충실한)표현, 묘사. ~ exact des couleurs 색채의 충실한 표현. ④《옛》탈주병; 수도사.
C'est un prêté pour un ~. 이것은 정당한 보복이다.

renduire [rɑ̃dɥir] [32] *v.t.* [~ *qc* de] (으로)다시 칠하다.

rendurcir [rɑ̃dyrsir] *v.t.* 더 굳게 하다; 완고하게 하다. **—se ~** *v.pr.* 더 굳어지다; 완고해지다.

rendurcissement [rɑ̃dyrsismɑ̃] *n.m.* 더 굳게 하기[되기], 경화.

rendzine [rɛdzin] 《폴란드》 *n.f.* 《토양》 렌지나, 부식 탄산염토.

rêne [rɛn] *n.f.* (보통 *pl.*)① 고삐(bride). à bout de ~s 고삐를 늦추고. lâcher les ~s 고삐를 늦추다; 《비유적》모든 것을 포기하다. ② 《비유적》관리, 지배(direction). tenir[prendre] les ~s de l'État[du gouvernement]; prendre en main les ~s de l'État 정권을 장악하다. quitter les ~s du gouvernement et les remettre en d'autres mains 정권을 떠나 다른 사람의 손에 맡기다.

renégat(e) [rənega, -at] *n.* ① 배교자(背教者)② 변절자, 배반자(traître). On le traite de ~ depuis qu'il a quitté le parti. 그는 당을 떠난 후로 변절자로 낙인이 찍혀 있다.
—*a.* 배교의, 변절[배반]한.(↔ fidèle).

renégociation [rənegɔsjasjɔ̃] *n.f.* 《정치》 재교섭, 재협상.

reneiger [rəne(e)ʒe] [3] *v.imp.* 다시 눈이 오다.

rêner [re(e)ne] *v.t.* (말에)고삐를 달다; (말을)고삐로 부리다.

rénette [rɛnɛt] *n.f.* 말굽 깎는 칼; (목수·마구상 따위의)줄 긋는 연장[칼].

rénetter [rɛne(e)te] *v.t.* (말굽을)깎다.

renettoyer [rənetwaje] [7] *v.t.* 다시 청소하다.

renfaîtage [rɑ̃fɛtaʒ] *n.m.* 《건축》용마루의 수리.

renfaîter [rɑ̃fɛ(e)te] *v.t.* (지붕의)용마루를 수리하다(~ un toit).

renfermé(e) [rɑ̃fɛrme] *a.* 음흉[감정]을 털어 놓지 않는, 비개방적인(↔ ouvert). homme ~ (자기 안에 갇혀 있는)폐쇄적인 사람. amour ~ 가슴 속에 간직한 사랑.
—*n.m.* (공기 유통이 나쁜 방 따위에서 나는)곰팡이 냄새, 고리타분한 냄새. Cet appartement sent le ~. 이 아파트에서는 곰팡내가 난다. 〔태.

renfermement [rɑ̃fɛrməmɑ̃] *n.m.* 가두기; 갇힌 상

*****renfermer** [rɑ̃fɛrme] *v.t.* ① (사람을)다시 가두다, 유폐하다, 감금하다; (물건을)다시 넣다. ~ ses pierreries 자기의 보석들을 챙겨넣다. ② 포함하다, 지니다, 함축하다. tiroir qui *renferme* des papiers 서류가 들어 있는 서랍. maxime qui *renferme* un sens profond 깊은 뜻을 지닌 잠언. ③ (감정을 마음 속에)감추다(dissimuler). Il *renferme* son chagrin. 그는 자기의 슬픔을 숨기고 있다. ④ 《옛》제한하다(borner, limiter). ⑤ (말을)능란하게 다루다.
—se ~ *v.pr.* ① 들어박히다; 잠기다. *se ~ dans le silence* 침묵에 잠기다. *se ~ en soi-même* 자기 자신 속에 갇히다. ② 국한되다. *se ~ dans son sujet* 논제[주제]를 벗어나지 않다.

renfiler [rɑ̃file] *v.t.* (진주 따위를)다시 실에 꿰다.

renflammer [rɑ̃fla(a)me] *v.t.* 다시 불태우다. ~ le courage de *qn* …의 용기를 다시 북돋우다.
—se ~ *v.pr.* 다시 타오르다. Son cœur *se renflamme*. 《비유적》그의 애정이 다시 불붙는다.

renflé(e) [rɑ̃fle] *a.p.* (가운데가)불룩한 기둥.

renflement [rɑ̃fləmɑ̃] *n.m.* 불룩함, 부풀음; 불룩 나온 부분, 부푼 부분; 《건축》엔타시스. ~ de la panse d'une vase 항아리 중간 부분의 불룩함. La plaine était une suite de ~s et de creux. 평원은 기복의 연속이었다.

renfler [rɑ̃fle] *v.t.* 부풀게 하다, 팽창시키다. ~ les joues 볼을 불룩하게 만들다.
—*v.i.* 《드물게》부풀다, 팽창하다.
—se ~ *v.pr.* 부풀다, 팽창하다. Les haricots *se renflent* dans l'eau. 강남콩을 물에 담구어 놓으면 불어서 커진다.

renflouage [rɑ̃flwaʒ] *n.m.*, **renflouement** [rɑ̃fluəmɑ̃] *n.m.* ① (배를)이초[재부상] 시키기. ② (기업 따위의 구제를 위한)자금 융자, 구제.

renflouer [rɑ̃flue] *v.t.* ① 《해양》(좌초한 배를)다시 뜨게 하다. ~ un bateau échoué (coulé) 좌초한 [침몰한] 배를 끌어올리게 하다. ② 《비유적》(자금을 끌어와)재정난을 구해주다, 재건시키다; 한 entreprise 사업을 위기에서 건지다. ③ 《상승후 기구(氣球)》에 가스를 보충하다.

renfoncé(e) [rɑ̃fɔ̃se] *a.p.* 깊이 들어간. yeux ~s 움푹 들어간 눈.

renfoncement [rɑ̃fɔ̃smɑ̃] *n.m.* ① (벽·건축물의)움푹 들어간 곳(retrait); 쑥 들어간 구석[부분]; 움푹 들어가게 하기; 더욱 깊이 박기; (모자를)깊이 눌러쓰기. ② 《배경의 일부가 들어가 보이게 하는)원근법(의 효과). ③ 《인쇄》첫 행의 글자를 들어가게 짜기. ④《옛》(모자가 움푹 들어갈 정도의)일격(一擊); (정신적인)타격.

renfoncer [rɑ̃fɔ̃se] [2] *v.t.* ① 다시 박다, 들어넣다; 더 움푹 들어가게 하다. ~ son chapeau 모자를 푹 눌러쓰다. ~ le bouchon d'une bouteille 병마개를 더욱 막다. ~ *qn* dans le désespoir …을 절망에 빠

뜨리다. ② (눈물 따위를)억누르다, 억제하다. ~ ses larmes[son chagrin] 눈물[슬픔]을 참다. ③ 〖건축〗(현관 따위를)더 안으로 들어가게 하다. 〖인쇄〗(첫 행의 글자를)들어가게 짜다. ④ (통의)밑바닥을 갈아대다.

renforçage [rɑ̃fɔrsaːʒ] *n.m.* ① 보강하기, 강화, 증강. ② 〖사진〗 보력(補力).

renforçateur [rɑ̃fɔrsatœːr] *n.m.* 〖물리〗(소리의)확대기, 〖사진〗 보력제(補力劑).

renforcé(e) [rɑ̃fɔrse] *a.p.* ① (천 따위가)튼튼한, 보강된; (양말 따위가)안으로 댄, 겹으로 된. ② 〖비유적〗전형적인, 견본과 같은. paysan[sot] ~ 시골 농부[바보]의 전형. âne ~ 지독한 바보. ③ 〖사진〗 보력(補力)된.

renforcement [rɑ̃fɔrsəmɑ̃] *n.m.* ① 보강, 강화, 증강; (소리의)확대. ~ d'un mur 벽의 보강. ~ d'une troupe 부대의 보강. ~ du son 음의 확대. ② 〖사진〗 보력(補力). ③ (때로) =renfort.

renforcer [rɑ̃fɔrse] [2] *v.t.* ① 보강하다, 견고히 하다(consolider). un mur 벽을 튼튼하게 보강하다. ~ un pied de chaussette 양말 바닥을(안을 대어) 깁다. ② 〖비유적〗(희망 따위를) 강하게 하다, 강화하다(fortifier); (혐의 따위를) 더 짙게 하다. ~ la paix 평화를 공고히 하다. ~ l'espoir 희망을 돋우다. Ceci *renforce* mes soupçons. 이것은 내 의혹을 더 짙게 한다. ③ 증원(증강)하다. ~ une armée[une équipe] 군대를 (팀을) 보강하다. ④ 강조하다; (목청을) 돋우다; 확대하다; (빛깔을)더 짙게 하다, 더 높이다; 〖사진〗 보력하다. mot qui sert à ~ l'expression 표현을 강하게 하는 데 쓰이는 말. ~ une couleur 색깔을 더 짙게 하다. ⑤ *en renforçant* 〖음악〗 점점 강하게(rinforzando).
—*v.i.* (바람이) 더 세어지다. Le vent *renforce*. 바람이 거세다.
—**se** ~ *v.pr.* 더 강해지다, 강화되다.

renforcir [rɑ̃fɔrsiːr] 〖속어〗 *v.t.* 더 강하게 하다.
—*v.i.* 더 강해지다.

renformer [rɑ̃fɔrme] *v.t.* (젖은 장갑을)펴다.

renformir [rɑ̃fɔrmiːr] *v.t.* (낡은 벽을)수리하다.

renformis [rɑ̃fɔrmi] *n.m.* 낡은 벽의 수리.

renfort [rɑ̃fɔːr] (<*renforcer*) *n.m.* ① 보강; 보강재. organe de ~ 보강 장치. cheval de ~ 예비마. ② 증원, 원병, 원군. arrivée du ~ 지원군의 도착. envoyer des ~s 원군을 보내다. Va chercher du ~. 《비유적》가서 증원군[도와줄 사람들]을 데려오게. ③ (돛의)보강포(布); 포신(砲身)의 가장 두 꺼운 부분.
à grand ~ de *qc* …의 대대적인 원조를 얻어. Il a développé cette thèse *à grand ~ de* citations. 그는 많은 인용구를 열거하면서 이 논제를 전개했다.
pour ~ de potage 《구어》설상가상으로(pour comble de malheur).

renfrogné(e) [rɑ̃frɔɲe] *a.p.* 찌푸려진, 얼굴을 찌푸린. visage ~ 찌푸린 얼굴. garçon ~ 얼굴을 찌푸린 소년.

renfrognement [rɑ̃frɔɲmɑ̃] *n.m.* 《드물게》상을 찌푸리기; 찌푸린 얼굴.

renfrogner (se) [sərɑ̃frɔɲe] *v.pr.* (얼굴·눈살을)찌푸리다. À cette proposition, il *s'est renfrogné* [sa mine *s'est renfrognée*]. 이 제안을 듣고 그는 얼굴을 찌푸렸다.

rengagé [rɑ̃gaʒe] *a.* 재역(再役)의. —*n.m.* 〖군사〗재역 하사관; 지원 군인.

rengagement [rɑ̃gaʒmɑ̃] *n.m.* ① 〖군사〗재역, 재복무. ② 다시 전당[저당] 잡히기.

rengager [rɑ̃gaʒe] [3] *v.t.* ① 다시 전당[저당] 잡히다. ~ un domaine 땅을 다시 저당 잡히다. ② 다시 고용하다. ~ son ancien domestique 옛 하인을 다시 고용하다. ③ 다시 시작하다(recommencer). Après quelques instants de repos, ils *ont rengagé* le combat. 잠시 휴식한 다음, 그들은 싸움을 다시 시작했다. ④ 다시 끌어들이다. ~ *qn* dans une mauvaise affaire …을 궁지로 다시 몰아 넣다. ⑤ 다시 약속하다, 맹세하다. ~ son cœur 다시 사랑을 맹세하다.
—*v.i.* 〖군사〗 다시 입대하다, 재복무하다(《속어》rempiler). Ce soldat *a rengagé*. 이 병사는 재복무했다.
—**se** ~ *v.pr.* ① 〖군사〗 다시 입대하다, 재복무하다. ~ pour cinq ans 5년간 재복무하다. ② 다시 시작되다. débat qui *se rengage* 다시 시작되는 토론. ③ 다시 고용되다. ④ 다시 끌려들다(가담하다). *se* ~ dans un parti 정당에 다시 가입하다.

rengaine [rɑ̃gɛn] *n.f.* 《구어》 ① 상투적인 언사, (한 개인의)상투어(refrain, rabâchage). C'est toujours la même ~. 늘 똑같은 얘기이다. ② 누구나 다 아는 노랫가락(곡조).

rengainer [rɑ̃gɛ[e]ne] *v.t.* ① (칼을)칼집에 넣다. ② 《비유적》(말하려던 것 따위를)그만두다, 집어 치우다. ~ son compliment 말하려던 것을 그만두다. ③ ~ toujours la même histoire《구어》늘 같은 말을 되풀이하다.

rengorgement [rɑ̃gɔrʒmɑ̃] *n.m.* ① (새가)머리를 젖히고 가슴을 앞으로 내밀기. ② 뽐내기, 거드름 피우기.

rengorger (se) [s(ə)rɑ̃gɔrʒe] [3] *v.pr.* ① (공작 따위가)머리를 뒤로 젖히고 가슴을 앞으로 내밀다. ② 《비유적》뽐내다, 고만하게 굴다, 거드름 피우다. Voyez comme elle *se rengorge*. 보십시오, 저 여자가 얼마나 거드름 피우고 있는지. Il *se rengorge* depuis qu'il est riche. 부자가 된 후로 그는 몹시 뽐낸다. *se* ~ de+*inf.* …하는 것에 의기 양양하다.

rengraisser [rɑ̃grese] *v.t.* 다시 살찌게 하다.
—*v.i.*, **se** ~ *v.pr.* 다시 살찌다.

rengrènement [rɑ̃grɛnmɑ̃] *n.m.* ① (탈곡기에)곡물을 다시 넣기, 다시 빻기. ② (톱니바퀴를)다시 물리기 ③ (화폐 따위의)재주조.

rengrener [rɑ̃grəne] [4], **rengréner** [rɑ̃grene] [6] *v.t.* ① (탈곡기에)다시 곡물을 넣다, (밀을)다시 빻다. ② 〖기계〗(톱니바퀴를)다시 물리다. ③ (화폐·메달 따위를)다시 주조하다.

renhardir [rɑ̃ardiːr] *v.t.* (다시)대담하게 만들다; 다시 원기를 북돋아주다. Cette nouvelle *renhardit* les soldats. 이 소식은 틀림없이 병사들은 다시 용기가 났다.
—**se** ~ *v.pr.* (다시)대담해지다; 새 기운이 나다.

reniable [rənjabl] *a.* 《옛》부인할 수 있는; 부인해야 할.

renié(e) [rənje] *a.p.* 신앙을 버린; 부인된. chrétien ~ 배교자. moine ~ 파계승. être ~ de Dieu et des hommes 그 누구에게서도 버림받은, 하늘도 땅도 용서하지 않는.

reniement [rənimɑ̃] *n.m.* 부인; 배반(trahison); (신앙의)포기. ~ de saint Pierre (세 번에 걸쳐 예수를 모른다고 말한)베드로의 부인. ~ de sa foi [de sa religion] 신앙[종교]의 포기. ~ d'un parti 당에 대한 배반.

renier [rənje] *v.t.* ① 거짓으로 부인하다. Saint Pierre *renia* trois fois Jésus. 성 베드로는 세 번 예수를 모른다고 했다. ② 자기 것으로 인정하지 않다(désavouer). ~ ses parents 자기의 친척임을 부인하다. ③ (신앙 따위를)버리다, 포기하다(renoncer à); (신을)모독하다; (의견을)바꾸다.

renieur(se) [rənjœːr, -øːz] n. 부인하는 사람.
reniflard [rəniflaːr] n.m. (증기기관의)공기판, 안전판, 통기관; 증기 분출관.
reniflement [rəniflmā] n.m. 코를 훌쩍거리기; 코로 냄새를 맡기.
renifler [rənifle] v.i. ① 코를 훌쩍이다; 킁킁거리며 냄새맡다. Cesse de ~ et mouche-toi. 코를 훌쩍이지 말고 풀어라. ② 악취를 풍기다.
~ sur《속어》…에 코방귀뀌다, 싫어하다. Il a reniflé sur mon offre. 그는 내 제의에 코방귀뀌었다.
—v.t. ①코로 냄새 맡다(priser). ~ du tabac (une odeur) 담배 (냄새)를 맡다. ②《구어》(수상하다고) 냄새맡다, 눈치채다(flairer). ~ le coup 위험을 눈치채다. ~ une affaire 어떤 사건을 냄새 맡다.
reniflerie [rəniflǝri] n.f.《구어》코를 훌쩍이기[훌쩍거리는 버릇].
renifleur(se) [rəniflœːr, -øːz] a, n. 코를 훌쩍이는 버릇이 있는(사람). enfants ~s 코를 훌쩍이는 아이들. —n.m.《기계》증기 분출관.
réniforme [reniform] a.《식물》신장형의, 콩팥 모양의.
reniment [rənimā] n.m. =reniement.
reniquer [rənike] v.i.《속어》투덜거리다, 불평하다.
rénitence [renitāːs] n.f.《의학》(종기가)좀 딴딴함.
rénitent(e) [renitā, -āːt] a.《의학》(종기가)좀 딴딴한.
reniveler [rənivle] [5] v.t. 다시 수평이 되게 하다, 다시 같은 수준으로 만들다.
renivellement [rənivelmā] n.m. reniveler 하기.
renjamber [rãʒābe] v.t. 다시 건너 뛰다.
rennais(e) [rɛnne, -ɛːz], **rennois(e)** [rɛnwa, -aːz] a. 렌(Rennes, 프랑스의 도시)(사람)의.
—**R~** n. 렌 사람.
renne [rɛn] n.m.《동물》순록(馴鹿); 순록의 모피. âge du ~ 순록 시대《구석기 시대에 대한 옛 칭호》. main gantée du ~ souple 부드러운 순록 가죽의 장갑을 낀 손.
renoircir [rənwarsiːr] v.t. 다시 검게(어둡게) 만들다.
renom [rənɔ̃] n.m. (<renommer) 《문어》평판(réputation); 명성, 명망(notoriété). avoir du ~ 평판이 높다. se faire un mauvais(bon) ~ 나쁜(좋은) 평판을 얻다. avoir (acquérir) du ~ 명성을 누리다(얻다). Il a un grand ~ de sévérité. 그는 엄격함에 있어서 아주 유명하다. homme de ~ 고명한 사람. industrie de grand ~ à l'étranger 외국에 이름을 떨치고 있는 공업. écrivain (café) en ~ 평판이 자자한 작가(다방).
renommé(e¹) [rənɔme] a.p. 이름난, 명성이 높은. cuisine ~e 이름난 요리. [~ pour] région ~e pour ses vins 포도주로 이름난 고장.
renommée² n.f. ①《문어》평판, 명성 (réputation). bonne (mauvaise) ~ 좋은(나쁜) 평판. jouir d'une grande ~ 평판이 높다, 명성을 떨치다. ② 소문. apprendre qc par la ~ …을 소문으로 알다. ~ (preuve par) commune ~《법》전문(傳聞) 증거. ③ (R~) 《그리스신화》폐매, 《로마신화》파마, 루모르《우의적 인격으로서의 "평판"》.
Bonne ~ vaut mieux que ceinture dorée.《격언》명성은 재산보다 낫다.
renommer [rənɔme] v.t. ①재임명하다; 재선하다. Les électeurs l'ont renommé. 선거인들은 그를 재선시켰다. ②《옛》칭찬하다. ce héros qu'on renomme en tous lieux 도처에서 칭찬을 받고 있는 이 영웅. se faire ~ 유명해지다.
—**se ~** v.pr.《옛》[se ~ de] (의)이름을 사용하다《신원보증 또는 소개를 위해》.
renonçant(e) [rənɔ̃sā, -āːt]《법》a. 권리를 포기하는. héritier ~ 권리를 포기하는 상속인.
—n. 기권자.
renonce [rənɔ̃ːs] n.f.《카드놀이》판에 있는 것과는 다른 종류의 패를 내기. avoir une ~ à cœur 하트가 수중에 없다. fausse ~ 물주가 같은 종류의 패를 내놓기(반칙). se faire une ~ à cœur (수중에)하트가 없는 것처럼 하다.
renoncement [rənɔ̃smā] n.m. 포기, 방기. [~ à] ~ aux plaisirs du monde 속세의 쾌락의 포기. ~ à(de) soi-même 자기 포기, 자기의 의지·이익의 포기. mener une vie de ~; vivre dans le ~ 속세를 버리고 살다.
*renoncer** [rənɔ̃se] [2] v.t. ind. [~ à] ① (소유를)포기하다, (직업을)내놓다, 사임하다. ~ à un portefeuille ministériel 장관직을 내놓다. ~ à un droit 권리를 포기하다. ② (애착·욕망을)버리다, 단념하다, 초탈하다, 중지하다. ~ aux plaisirs du monde 속세의 쾌락에서 초탈하다. ~ à un projet 계획을 단념하다. ~ au tabac 담배를 끊다. [~ à+inf./ à ce que+sub.] ~ à lutter 싸움을 포기하다, 항복하다(~ à la lutte). ③《카드놀이》 (요구된 것과 다른 종류의 패를)내놓다. ~ à trèfle (요구된 패가 수중에 없어서) 클로버를 내놓다.
—v.t. ①《옛·문어》부인하다; 버리다;《벨기에》(계약을)취소(해약)하다. ~ qn pour sa fille …을 자기 딸로 인정하지 않다. ~ sa foi 신앙을 버리다.
—**se ~** v.pr.《옛》자기를 버리다(희생하다).
renonciataire [rənɔ̃sjateːr] n.《법》(포기된 권리·재산의) 양수인(讓受人). ①《군사》병역 면제의 특권을 포기한 사람.
renonciateur(trice) [rənɔ̃sjatœːr, -tris] n.《법》(권리·재산의)포기자, 기권자. —a. 권리 포기의. déclaration ~trice 권리포기의 신고.
renonciation [rənɔ̃sjasjɔ̃] n.f. ① (권리 따위의)포기. ~ d'un héritier 상속인의 권리 포기. [~ à] ~ au trône 왕의 퇴위. ~ à un projet 계획의 포기. ② 자기 포기, 극기(無我).
renonculacées [rənɔ̃kylase] n.f.pl.《식물》미나리아재비과(科).
renoncule [rənɔ̃kyl] n.f.《식물》미나리아재비속(屬).
renouée [rənwe] n.f.《식물》여뀌.
renouement [rənumā] n.m.《드물게》(끊어진 관계를)다시 맺기. ~ d'amitié 우의의 부활.
renouer [rənwe] v.t. ①(풀어진 끈 따위를)다시 매다, 맺다, 비끄러매다. ~ sa cravate 넥타이를 다시 매다. ~ ses lacets de chaussures 구두끈을 다시 매다. ②(중단된 것을)다시 시작하다; (관계를)부활시키다. ~ la conversation 대화를 다시 시작하다. ~ des négociations (중단된)교섭을 재개하다. ③(목적보어 없이)[~ avec] (와)다시 관계를 갖다, (관습 따위를)다시 존중하다, 되살리다. ~ avec un ami 친구와 다시 사귀다. Cet artiste cherche à ~ avec la tradition. 이 예술가는 전통을 되살리고자 시도한다. [bouteur.
renoueur(se) [rənwœːr, -øːz] n.《옛·사투리》=
renoûment [rənumā] n.m. =renouement.
renouveau [rənuvo] n.m.(드물게 pl. ~x) ①재생, 회귀, 부활(renaissance). ~ de jeunesse 회춘. ~ d'amour 되살아난 사랑. ~ religieux 신앙 부흥. ②《옛》봄소식, 봄.
renouvelable [rənuvlabl] a. 갱신[계속]할 수 있는. passeport(permis) ~ 갱신할 수 있는 여권(면허증).
renouvelant(e) [rənuvlā, -āːt] n.《가톨릭》영세

의 신앙 선언을 다시 되풀이하는 아이).
renouvelé(e) [rənuvle] *a.* ① 새롭게 된; 《비유적》새롭게 태어난. édition ~*e* 개정판. se sentir ~ 새롭게 태어난 듯한 느낌이다. ② [~ de] 부활된, (을)모방한. invention ~*e des* Grecs 그리스인을 모방한 창조.

*****renouveler** [rənuvle] [5] *v.t.* ① (단체 구성원의 일부를)갈다, 경질하다; (가죽을)갈다; (못 쓰게 된 것을)갈다. ~ le personnel d'une entreprise 기업체의 직원을 갈다. ~ l'air d'une salle 방을 환기시키다. ~ sa maison[son service] 하인을 싹 갈다. ~ ses meubles 가구를 바꾸다. ② (의)양상을 일신하다, (나라를)변혁하다, 쇄신하다; 부활시키다. La Révolution *a renouvelé* la face de l'Europe. 프랑스 대혁명은 유럽의 양상을 일변시켰다. ~ un sujet 주제를 새로운 방식으로 다루다. ~ une mode 유행을 (새롭게)부활시키다. ~ amitié [connaissance] avec qn …와 옛 정을 새로이 하다, 다시 친교를 맺다. ③ 다시 하다, 되풀이하다(recommencer, refaire). Il *a renouvelé* sa promesse. 그는 약속을 되풀이했다. ~ des remerciements 감사를 다시 표시하다. ~ (sa première communion) (영세 1년 후에)다시 신앙선언을 하다. ~ une commande 《상업》 재주문하다. ④ (계약 여권 따위를)갱신하다(proroger). ~ son passeport 여권을 갱신하다. ~ un contrat 계약을 갱신하다.
— *v.i.* ① La lune vient de ~. 초승달이 되었다. ② = ~ sa première communion.
— *v.t. ind.* [~ de] …을 새롭게 하다. ~ d'attention 새삼 주의하다. ~ de jambes 힘차게 다시 걷기 시작하다.
— **se ~** *v.pr.* ① 교체되다; 경질되다. Cette assemblée *se renouvelle* [Les membres de cette assemblée *se renouvellent*] par moitié tous les ans. 이 회의[회의의 구성원]는 매년 반수씩 교체된다. ② (예술가가 창조활동에)변화를 가져오다, 창의를 보이다. Cet auteur *se renouvelle* sans cesse. 이 작가는 끊임없이 새로운 경지를 개척해 나간다. ③ 되풀이 되다. Le froid *se renouvelle*. 추위가 다시 시작되고 있다. ④ 새로와지다; 되살아나다. La nature *se renouvelle* au printemps. 자연은 봄에 재생한다. *se ~* dans le souvenir de qn …에게 자기를 다시 회상케 하다.

*****renouvellement** [rənuvlmã] (<*renouveler*) *n.m.* ① 갈기, 갈아치우기; 경질. ~ de l'air 환기. ~ d'un mobilier 가구를 바꾸기. ② 일신, 쇄신; 변혁; 부활; (병 따위의) 재발. ~ de l'enseignement 교육의 쇄신. Le dix-huitième siècle fut une époque de ~. 18세기는 변혁의 시대였다. ③ 갱신; (빚 따위의) 기한 연기(prorogation); (애정 따위의) 증대. ~ de passeport 여권의 갱신. ~ d'un bail 임대차 계약의 갱신. ④ 《종교》 신앙 선언·맹서를 새로이 하기. ~ de l'âme 《신학》 영혼의 거듭남.

rénovateur(trice) [renɔvatœːr, -tris] *a.* 새롭게 하는; 개혁[혁신]하는. doctrine ~*trice* 혁신적 이론.
— *n.* 개혁자(réformateur).

rénovation [renɔvasjɔ̃] *n.f.* ① 개혁, 혁신, 쇄신. ~ des études linguistiques 언어학 연구의 쇄신. ② (명의의) 갱신(renouvellement). (정신적) 소생. ~ des vœux d'un religieux 수도사의 선서를 다시 하기. désir sublime de ~ de l'homme 인간 재생의 고귀한 욕구. ③ 개수, 개축(restauration). (도시 계획 따위에 의한 시가지의) 재정비. ~ d'un théâtre 극장의 개수. ~ d'un quartier (도시) 구역의 재정비 [재개발].

rénover [renɔve] *v.t.* ① 쇄신[개혁·혁신]하다(renouveler). ~ un enseignement 교육을 개혁하다. ② 개수[개축]하다; (가구·장식 따위를)개비하다. ~ la salle du restaurant 식당 내부를 개수하다. ~ des tentures 벽지를 새로 바르다. ③ 《공업》 재생하다. ~ de la laine 양모를 재생하다.

renrouler [rɑ̃rule] *v.t.* (코일을)다시 감다.

renseigné(e) [rɑ̃sɛɲe] *a.p.* 사정에 밝은; 견문이 넓은; 정통하고 있는. journaliste ~ 소식통의 기자. — *n.* (위)의 사람. les mieux ~s 가장 정통한 사람들.

*****renseignement** [rɑ̃sɛɲmɑ̃] *n.m.* ① 정보; 조회, 문의; 자료. chercher des ~s sur qc …에 대한 정보를 조사하다. communiquer[donner, fournir] des ~s (sur) (…에 관해)정보를 제공하다. prendre des ~s sur qn …에 대해 신원조회 하다. ~s sur un sujet 어떤 주제에 관한 자료. prendre un domestique sans ~s 신원조회없이 하인을 고용하다. aller aux ~s 문의하다. ② (*pl.*) 안내소(bureau des ~s). s'adresser aux ~s 안내소에 문의하다. 《군사》 정보. aviation de ~ 정찰 비행. Service des ~s 정보국.

*****renseigner** [rɑ̃sɛɲe] *v.t.* 정보를 제공하다, 알리다, 가르쳐주다(informer, avertir, instruire). On vous *a* mal *renseigné*; Vous êtes mal *renseigné*. 당신은 잘못 알고 있다. [~ qn sur qc/qn] Je vais vous ~ sur lui[sur cette affaire]. 그에 대해서[그 사건에 대해서](정보를) 알려드리겠읍니다.
— **se ~** *v.pr.* [se ~ sur] (에 대해)조사[조회·문의]하다. se ~ avant d'acheter qc …을 사기 전에 조사하다.

rensemencement [rɑ̃smɑ̃smɑ̃] *n.m.* =**réensemencement**.

rensemencer [rɑ̃smɑ̃se] [2] *v.t.* =**réensemencer**.

rentabilisation [rɑ̃tabilizasjɔ̃] *n.f.* 수익성의 보장, 영리화.

rentabiliser [rɑ̃tabilize] *v.t.* (의)수익성이 있게 하다, 수익성을 높이다. ~ l'investissement 투자를 수익성 있게 하다. ~ les travaux de recherche (비유적) 연구활동의 수익성을 보장하다. terrain plusieurs fois *rentabilisé* 몇 배로 수익성이 높아진 땅.
— **se ~** *v.pr.* 수익성을 지니다.

rentabilité [rɑ̃tabilite] *n.f.* 충분한 수익성.

rentable [rɑ̃tabl] *a.* (충분한)이익을 가져다 주는 (payant); 《구어》유효한, 보람있는. exploitation ~ 이익 많은 경영.

rentamer [rɑ̃tame] *v.t.* ① 다시 시작하다(recommencer, reprendre). ~ son discours (중단됐던) 연설을 다시 시작하다. ② 《드물게》다시 끊다.

rentasser [rɑ̃tɑse] *v.t.* 다시 쌓다.

*****rente** [rɑ̃ːt] *n.f.* ① 《보통 *pl.*》금리, (토지·재산 따위의) 정기적인(수입, 배당금. vivre de ses ~s 금리로 살다; 놀며 살다. ~ foncière 지대 (地代). ~ de situation (사람·단체 가) 당연한 권리로서 누리는 특혜, 특권. ② 정기 급여금; 연금. toucher une ~ d'un parent riche 돈많은 친척에게서 (정기적으로) 일정액을 받다. ~ sur l'Etat 정부 연금. ~ viagère 종신 연금. ③ 국채(~(s)) sur l'Etat). acheter de la ~ 국채를 사다. ~ perpétuelle 무기한 국채. ~ amortissable 기한부 채권. titres de ~ 국채 증권. ④ 《경제》지대 (地代). théorie de la ~ 지대론 (地代論).

renté(e) [rɑ̃te] *a.p.* 《옛》 연금을 받는. né bien ~ 《구어》부자로 태어난.

renter[1] [rɑ̃te] *v.t.* (병원·학교·사람 따위에게) 연금을 주다.
renter[2] *v.t.* (긴 항로의) 바닥을 갈아대다. ㄴ주다.

renterrement [rɑ̃tɛrmɑ̃] *n.m.* 개장(改葬), 이장.

renterrer [rɑ̃tɛre] *v.t.* 개장[이장]하다.

rentier(ère) [rɑ̃tje, -ɛːr] *n.* 금리 생활자; 연금을 받는 사람; 공채 소유자; 《속어》놀고 먹는 사람, 불로 소득자. gros(petit) ~ 대(소)자산가. ~ viager 종신 연금 수혜자.
faire le ~; mener une vie de ~ 놀고 지내다.
rentoilage [rɑ̃twalaːʒ] *n.m.* rentoiler 하기.
rentoiler [rɑ̃twale] *v.t.* ① (낡은 그림 따위에)새 화포를 대다, 안을 대다(보강하다). ②(그림을)새 캔버스에 옮기다. ③ (소매 따위의)천을 갈다.
rentoileur(se) [rɑ̃twalœːr, -øːz] *n.* rentoiler 하는 사람, (특히) 그림을 새 캔버스에 옮기는 기술자.
rentrage [rɑ̃traːʒ] *n.m.* ①(장작 따위를)안으로 들여 넣음. ②(옷감)=rentraiture.
rentraîner [rɑ̃trɛ(e)ne] *v.t.* 다시 끌다(끌어 들이다), 다시 가져가다.
rentraire [rɑ̃trɛːr] [44] *v.t.* 짜깁다(rentrayer).
rentraiture [rɑ̃trɛ(e)tyːr] *n.f.* 짜깁기.
rentrant(e) [rɑ̃trɑ̃, -ɑ̃ːt] *a.* ① 움푹 들어간. angle ~ 요각(凹角). surface ~e 요면(凹入)면. ② 들여 넣을(감출) 수 있는. train d'atterrissage ~ 《항공》 (안으로 접어 넣는) 트인 다리. —*n.m.* ① 《놀이》 패자를 대신하여 다시 승부하는 사람. ② 방학 후 등교하는 학생. ③ (성(城)의) 요입부(凹入部); 《건축》 벽감.
rentrayage [rɑ̃trɛjaːʒ] *n.m.* 짜깁기.
rentrayer [rɑ̃trɛ(e)je] *v.t.* =rentraire.
rentrayeur(se) [rɑ̃trɛjœːr, -øːz] *n.* 짜깁기하는 사람 (stoppeur).
rentré(e¹) [rɑ̃tre] *a.p.* ① (눈·볼 따위가) 우묵한, 움푹 들어간(creux). avoir les yeux ~s 눈이 움푹하다. ②(비유적)억제된, 꾹 참은(refoulé). colère ~e 꾹 참고있는 분노. —*n.m.* 《직물》 천의 안쪽에 난 주름.
*rentrée² *n.f.* ① 돌아옴(감), 복귀; 귀국, 귀대(歸隊). à sa ~ en France 그가 프랑스에 돌아왔을 때. La ~ sur Paris est difficile à la fin du week-end. 주말이 끝날 무렵 파리로 되돌아오기는 어렵다. heure de ~ (작업에의)복귀시간. ② 《학교》 (신학기의)시작, 개학, (휴정 후의)개정(開廷), (의회의)재개(再開); 《연극》(여름에 쉬던 극장의)재개, (배우의)무대 복귀; 《음악》 주제의 재현(반복). ~ des classes 개학. ~ parlementaire 의회의 새 회기의 시작. faire sa ~ dans le rôle de …의 역을 맡아 무대에 복귀하다. ③ (돈의)회수, 징수(recette), (돈의)영수. ~ des contributions 세금의 수납. opérer une ~ 수금하다. commerçant qui a de bonnes ~s 수금을 잘하는 상인. ④ 《카드놀이》 내놓는 패 대신에 집는 패. ⑤ (농작물 따위의)거두어들임, 안으로 들임. ~ des foins (d'une récolte) 꼴(수확물)을 거두어들임. ~ (du ballon) en touche 《축구》 터치 라인에서의 스로인; ~ atmosphérique 《우주》 (로켓 따위의) 대기권 재돌입.
⁑rentrer [rɑ̃tre] *v.i.* 《조동사는 être》 ① (같은 장소로)다시 들어오다(가다), 되돌아오다; 집에 돌아오다(가다). ~ à Paris 파리에 돌아오다. faire ~ les enfants 어린이들을 집으로 불러들이다. Il vient de ~ de promenade. 그는 방금 산책에서 돌아왔다. ②(직무에)다시 시작하다, 《학교》(방학 후) 개학하다, (학생이 신학년에)다시 등교하다, (의회가)재개하다, (휴정 후 법정이)다시 개정(開廷) 하다; 《연극》(배우가)다시 무대로 돌아오다. ~ en charge(en fonctions)(공무원이)복직하다, 다시 집무하다. Les écoles vont ~ dans quelques jours. 학교는 며칠 후에 개학한다.
③ (반복·복귀의 의미없이) 들어가다(entrer);

(entrer의 강조적 의미)(억지로)들어가다. Comme ils ne savaient pas quoi faire, ils *sont rentrés dans un cinéma.* 그들은 무엇을 해야 할지를 몰라서 영화관으로 들어갔다. faire ~ *qn dans la tête* …을 머리속에 (억지로) 쑤셔 넣다.
④ [~ *dans*] (을)되찾다, 회복하다(retrouver); ~ *dans l'ordre* 질서를 회복하다. ~ *dans ses droits(son bien)* 권리(재산)를 되찾다. ~ *dans le crédit* 신용을 회복하다. ~ *dans le calme* 평온을 되찾다. ~ *dans son argent(ses frais)* 쓴 돈[비용]을 회수하다.
⑤ 《주어는 사물》 들어맞다, 끼워지다(s'enfoncer), tubes qui *rentrent* les uns dans les autres 서로 잘 끼워지는 대롱(관).
⑥ 《주어는 사물》 포함되다. Cela ne *rentre* pas dans mes attributions. 그것은 내 권한에 속하지 않는다.
⑦ (돈이)회수되다. faire ~ des fonds 자금을 회수하다. L'argent *rentre* difficilement en ce moment. 요즈음 돈이 잘 회수되지 않는다.
Il a les jambes qui lui rentrent dans le corps. 그는 매우 피로하다, 그는 기진맥진하고 있다.
~ *dans la danse(en danse)* 활동을 재개하다.
~ *dans la terre* (바다가)육지를 먹어 들어오다.
~ *en grâce(dans les bonnes grâces de qn)* …의 (잃었던) 호의(사랑)를 되찾다.
~ *en lice* 다시 투쟁을 시작하다.
~ *en soi-même* 자기반성을 하다.
~ *en(dans) son bon sens* 본심으로 되돌아가다.
vouloir ~ *cent pieds sous terre* 구멍이 있으면 들어가 숨고 싶다.

—*v.t.* 《조동사는 avoir》 ① (안으로)다시 들이다, 치우다; 거두어들이다. ~ *des marchandises dans un magasin* 상품을 창고에 넣다. ~ les foins(la moisson) 꼴(수확물)을 광에 들이다. ~ des bestiaux à l'étable 가축을 축사에 들이다.
② 숨기다, 감추다, (비유적)(감정을)나타내지 않다, 억제하다, 억누르다. Le chat *rentre* ses griffes. 고양이가 발톱을 숨긴다. ~ *ses larmes(sa colère)* 눈물(분노)을 참다(억누르다). ~ *le ventre* 배를 (움츠려) 들어가게 하다.
③ (faire) ~ *une ligne* 《인쇄》 문장의 첫행 글자를 들어가게 하다.
rentr'ouvrir, rentrouvrir [rɑ̃truvriːr] [12] *v.t.* (문 따위를) 다시 방긋이 열다, (눈을) 다시 방긋이 뜨다.
renuméroter [rənymerɔte] *v.t.* (에)다시 번호를 붙이다.
renvahissement [rɑ̃vaismɑ̃] *n.m.* 재침입, 【의 ㅏ다.
renvelopper [rɑ̃vlɔpe] *v.t.* 다시 싸다.
renvenimer [rɑ̃vnime] *v.t.* 다시 격화(악화)시키다, 다시 자극하다. —*se* ~ *v.pr.* 다시 격화되다, (상처 따위가)다시 악화하다.
renverguer [rɑ̃vɛrge] *v.t.* 《해양》 (돛을)다시 활대에 걸다.
renverr-ai, -as, etc. [rɑ̃vɛːr -e, -a] ⇒renvoyer.
renversable [rɑ̃vɛrsabl] *a.* 거꾸로 할 수 있는; 뒤집어 엎을 수 있는.
renversant(e) [rɑ̃vɛrsɑ̃, -ɑ̃ːt] *a.* 《구어》(소식 따위가)대경실색케 하는(stupéfiant).
renverse [rɑ̃vɛrs] *n.f.* ① 《해양》 (바람·조류가)반대 방향으로의 변경. ②《예》역(逆), 전도.
à la ~ 등을 땅바닥에 대고, couché(étendu) *à la* ~ 벌렁 뒤로 나자빠진. 《구어》깜짝 놀란.
renversé(e) [rɑ̃vɛrse] *a.p.* ① 뒤집혀진, 전복된; 거꾸로 된; 뒤로 젖힌; 《수학》 (분수의 분자와 분모가) 뒤바뀐. silhouette ~e des arbres dans l'eau 물속에 거꾸로 비친 나무들의 그림자. chaise ~e (뒤

집혀)쓰러진 의자. du vin ~ sur la table 식탁 위에 쏟아진 포도주. boire à tête ~e 머리를 뒤로 젖힌 채 마시다. écriture ~e 왼쪽으로 기울어진 필체. drapeau ~ (영국 배의)도기(倒旗)(위험 신호). C'est le monde ~. 이치에 어긋난다, 당치도 않은 일이다. ② 깜짝 놀란(stupéfait); 어리둥절한 (déconcerté). Je suis ~! 깜짝 놀랐는걸! ③ crème ~e 틀에 넣어 구운 크림; chevron ~ 〖문장〗 역산형(逆山形).

renversement [rɑ̃vɛrsəmɑ̃] n.m. ① 상하전도(上下轉倒), 전복, 뒤집어엎음; (추상적)전도, 반전. ~ des images 영상의 전도, 역(逆)영상. appareil à ~ (전도식 소화기처럼)거꾸로 하면 작동하는 기구. ~ du vent[de la marée] 풍향[조류]의 변화. ~ des valeurs 가치의 전도. ~ de la situation 상황의 반전. ② 〖논리〗 환위(換位); 〖기계〗 역전; 〖음악〗 (음정·화음 따위의)전회(轉回); 〖수학〗 (분수의)분자와 분모를 바꾸어 놓음; 〖항공〗 반전(反轉). ③ 파괴, 붕괴, 전복(chute, écroulement). ~ du gouvernement 정부의 전복. ~ de tous nos projets 우리의 모든 계획의 붕괴. ④ 뒤로 젖히기. ~ du buste 동체를 뒤로 젖힘.

***renverser** [rɑ̃vɛrse] (<envers) v.t. ① 거꾸로 하다, 엎어놓다, 뒤집다(retourner); 〖논리〗 환위(換位)하다; 〖음악〗 전회(轉回)하다; 〖수학〗 (분수의)분자와 분모를 바꾸다. ~ un récipient 그릇을 거꾸로 하다. ~ un courant (흐름을)역류시키다. ~ la vapeur 〖기계〗 (증기기관의 움직임에 제동을 걸기 위해)증기를 역류시키다. ② 뒤로 기울이다, 넘어뜨리다, 쓰러뜨리다; (술 따위를)엎지르다. ~ la tête 머리를 뒤로 젖히다. ~ qn d'un coup de poing …을 주먹으로 한 대 쳐서 쓰러뜨리다. Le vent a renversé des arbres. 바람이 나무를 쓰러뜨렸다. voiture qui a renversé un piéton 행인을 치어 쓰러뜨린 자동차. se faire ~ par une voiture 차에 치이다. ~ du café sur la table 테이블 위에 커피를 엎지르다. ③ (생각 따위를)혼란하게 하다; (학설·질서 따위를)전복하다, (천견을)타파하다; (적·장애를)타도하다(abattre, détruire). ~ l'esprit à qn …의 머리를 혼란하게 하다(돌게 하다). ~ l'ordre établi (une tradition) 기존 질서〔전통〕를 무너뜨리다. ~ une royauté 군주제를 타도하다. ~ tous les obstacles 모든 장애를 타파하다. ~ les projets de qn …의 계획을 붕괴시키다. ④ 〖구어〗 대경실색하게 하다, 놀라 넋을 잃게 하다. Cette nouvelle me renverse. 이 소식을 들으니 어안이 벙벙해진다.
— **la marche** 〖기계〗 (엔진을)역진시키다; 〖자동차〗 후진시키다. — **les rôles** 〖구어〗 주객을 전도하다.
— v.i. ① 〖구어〗 (우유 따위가)넘다(déborder). Le lait bout, il va ~. 우유가 끓어서 넘겠다. ② 〖해양〗 (조류가)바뀌다. ③ 〖엣〗 뒤집히다.
— **se** ~ v.pr. ① 몸을 뒤로 젖히다, 눕다. se ~ dans un fauteuil 안락의자에서 몸을 뒤로 잔뜩 젖히다. se ~ sur le dos[en arrière] 반듯이 드러눕다. ② 뒤집히다, 넘어지다. La voiture s'est renversée dans le fossé. 자동차가 도랑 안으로 전복됐다. ③ 반전하다, (방향이)바뀌다.

renverseur(se) [rɑ̃vɛrsœːr, -ø:z] n. 부수는 사람; 파괴자.

renvi [rɑ̃vi] n.m. 〖카드놀이〗 덧거리(노름판에서 건 돈에 덧붙이는 돈).

renvidage [rɑ̃vidaːʒ] n.m. 〖직조〗 자은 실을 실꾸리에 감음.

renvider [rɑ̃vide] v.t. 〖직조〗 (자은 실을) 실꾸리에 감다(↔dévider).

renvideur(se) [rɑ̃vidœːr, -ø:z] 〖직조〗 n. 실감는 직공. — n.m. 물 방적기(mule-jenny). ~ automatique 물 자동 방적기.

renvier [rɑ̃vje] v.i. 〖노름판에서〕돈을 덧걸다.

renvoi [rɑ̃vwa] n.m. ① 돌려보냄; 쫓아냄; 해고, 면직, 파면, 퇴학(처분); 제대. signifier à qn son ~ …에게 해고를 통고하다. décider le ~ d'un élève 어떤 학생의 퇴교를 결정하다. ~ des soldats 군대 제대. ② (상품의)반환, 반송; 〖테니스〗 반구(返球); 〖음악〗 킥아웃; 반향, 반사; (빛의)회송. ~ de marchandises 반품. ~ d'une lettre à l'expéditeur 편지의 발송자에의 반송. ③ 〖인쇄〗 참조 기호; 삽입 기호; 주(註); 〖음악〗 반복기호, 되돌이표. ④ 〖법〗 (다른 법원에의) 이송; (위원 따위에의)회부, 위탁. ordonnance de ~ (다른 재판소에의)이송 결정. ~ à l'audience du tribunal 법정 심의에 회부함. ~ d'un projet à une commission 어떤 법안을 위원회에 회부함. ⑤ 연기(ajournement, remise). ~ d'un procès à huitaine 소송의 1주일 연기. demander le ~ de la discussion au lendemain 토의를 다음 날로 미루도록 요구하다. ⑥ 〖의학〗 트림. ⑦ 〖기계〗 (운동·힘 따위의)방향전환. arbre de ~ 중간축(軸). levier de ~ 역전 지렛대.

renvoler(se) [s(ə)rɑ̃vɔle] v.pr. 다시 날아가다.

***renvoyer** [rɑ̃vwaje] [7²] v.t. ① 돌려보내다, 쫓아내다(chasser); 내보내다, 해고(면직)하다(congédier); 〖학교〗 퇴학시키다; 〖군사〗 제대시키다; 〖법〗 (피고를)석방하다. ~ une bonne 하녀를 내보내다. ~ des soldats dans leurs foyers 군인을 (제대)귀향시키다. ~ ses créanciers 빚쟁이를 쫓아내다. ~ un accusé 피고를 방면하다. ~ un plaideur de sa demande 원고의 청구를 기각하다. ② (물건을)되돌려보내다, 반환(반송)하다(faire reporte); 거절하다. ~ sa bague de fiançailles 약혼 반지를 돌려보내다. [~ qc à qn] Je vous renvoie le livre que vous m'avez prêté. 저에게 빌려준 책을 돌려드립니다. ~ un cadeau 선물을 돌려보내다 〔거절하다〕. ~ un ballon (공 따위를)받아 되던지다 (relancer); (빛·열을)반사하다, 반향하다(réfléchir); (편지를)회송하다. ~ la lumière[la chaleur] 빛〔열〕을 반사하다. ④ [~ qn] (사람을)보내다, 보내어 이야기하게 하다; 참조하게 하다. Le chef du bureau m'a renvoyé au secrétaire général. 국장은 나를 사무총장에게 보냈다〔보내어 일을 처리하게 했다〕. Je l'ai renvoyé acheter du pain. 나는 그에게 빵을 사오게 했다. ~ le lecteur à une note 독자에게 주(註)를 참조하게 하다. ⑤ 〖법〗 (다른 법원에)이송하다; (검토할 문제를)위탁〔위임·회송〕하다. ~ une affaire en cour de cassation 파기원〔대법원〕에 사건을 이송하다. ~ un projet à une commission 법안을 위원회에 회부하다. ⑥ (토의 따위를)연기하다, 미루다(ajourner, différer). ~ le jugement du procès à huitaine 판결을 1주일 후로 연기하다.
être renvoyé de Caïphe à Pilate 〖구어〗 계속 거절당하다.
— v.i. ① [~ à qc] (을)가리키다. signe qui renvoie à quelque chose d'autre 무엇인가 다른 것을 가리키는 기호. ② 참조하다. Les numéros renvoient aux notes. 숫자는 주(註)의 번호를 가리킨다. ③ 〖해양〕 (배가)기울다; 앞뒤로 흔들리다.
— **se** ~ v.pr. 주고받다. se ~ des reproches[des injures] 서로 비난〔욕〕하다.

réoccupation [reɔkypasjɔ̃] n.f. 재점령.

réoccuper [reɔkype] v.t. ① 다시 점령하다. ~ la position 진지를 재점령하다. ② (지위 따위에)재

취임하다.

réopiner [reopine] *v.i.* 다시 의견을 말하다.

réorchestration [reɔrkɛstrasjɔ̃] *n.f.* 《관현악곡으로의》재편곡.

réorchestrer [reɔrkɛstre] *v.t.* 《음악》관현악으로 재편곡하다.

réordination [reɔrdinasjɔ̃] *n.f.* 《가톨릭》신품(神品) 재수여.

réordonnancement [reɔrdɔnɑ̃smɑ̃] *n.m.* 다시 지불명령을 내림.

réordonnancer [reɔrdɔnɑ̃se] ② *v.t.* (에게)다시 지불명령을 내리다.

réordonner [reɔrdɔne] *v.t.* ① 《가톨릭》(에게)신품을 다시 수여하다. ② 다시 명령하다. ~ à qn qc [de+*inf.*] …에게 ~[할 것을] 다시 명령하다.

réorganisateur(trice) [reɔrganizatœːr, -tris] *a., n.* 재조직[재편성]하는(사람).

réorganisation [reɔrganizasjɔ̃] *n.f.* 재조직, 재편성; 개편. ~ d'une administration 행정부의 재편성[개편].

réorganiser [reɔrganize] *v.t.* 재조직[편성]하다; 개조[개편]하다.
—**se ~** *v.pr.* 재조직[편성]되다; 개조[개편]되다. Le parti *s'est* entièrement *réorganisé*. 당은 완전히 개편되었다.

réorientation [reɔrjɑ̃tasjɔ̃] *n.f.* réorienter 함.

réorienter [reɔrjɑ̃te] *v.t.* 새 방향으로 이끌다(지도하다, 유도하다); 전향시키다.

réorthe [reɔrt] *n.f.* 《사투리》(장작을 묶는)가는 버들눈가지.

réouverture [reuvɛrtyːr] *n.f.* 재개(再開). ~ d'un théâtre 극장의 재개장. ~ des débats 《법》변론(공판)의 재개.

rep. 《약자》report 《주식》이월 거래(기간); 거래 유예금.

Rép. 《약자》réponse 대답; républicain 공화당원.

rép. 《약자》répartition 《주식》할당.

repaire [rəpɛːr] *n.m.* ① (맹수의)굴, 숨는 곳(antre, tanière); (뱀 따위가 우글거리는)소굴; (악인·도둑의)소굴. ~ de brigands 도둑의 소굴. ② 《사냥》(이리·코끼리 따위의)똥. ③ =repère.

repairer [rəpe(ɛ)re] *v.i.* 《사냥》굴에 들어 있다.

repaître [rəpɛtr] 41 *v.t.* ①《문어》양육하다, 기르다(nourrir); 《문어》만족시키다. [~ *qc*/*qn* de] ~ son esprit *de* lectures 독서로 정신을 고양하다. ~ qn *d'espérance* …에게 희망을 품게 하다. ~ ses yeux *d'un* spectacle 광경을 열심히 바라보다. ②《옛》《동물에》 먹이를 주다.
—*v.i.*《옛》(짐승이) 먹이를 먹다.
—**se ~** *v.pr.* 《문어》 [se ~ de] (으로)자기를 만족시키다, (을)즐기다(s'assouvir, se délecter). *se ~ de* carnage[*de sang*] 살육[유혈]을 즐기다; 잔인하다. ~ *se ~ de* chimères 공상에 잠기다. ②《드물게》(동물이)실컷 먹다.

répandage [repɑ̃daːʒ] *n.m.* 흩림.

***répandre** [repɑ̃dr] *v.t.* ① (액체·가루 따위를)붓다, 쏟다, (피·눈물 따위를)흘리다(verser, épandre); 뿌리다(arroser); (자갈 따위를)깔다, 펴다(étendre). ~ le sang 피를 흘리다; 상처를 입히다. 죽이다. ~ des larmes 눈물을 흘리다. ~ des gravillons sur une route 길에 자갈을 깔다. ② 퍼뜨리다 (diffuser); 풍기다(exhaler); 내뿜다 (dégager). Le soleil *répand* sa lumière. 태양이 햇빛을 퍼뜨린다. une odeur délicieuse 감미로운 향기를 풍긴다. ③ 널리 퍼뜨리다, 전파하다, 유포하다, 보급시키다(propager). ~ un bruit 소문을 퍼뜨리다. ~ l'Évangile 복음을 전파하다. ④ 널리 나누어 주다, 널리 베풀다. Dieu *répand* ses bienfaits. 하느님은 은혜를 널리 베푼다. ⑤ (감정을)나타내다, 발산시키다(manifester). ~ en paroles son dédain 말로써 경멸을 발산하다, 경멸의 말을 마구 쏟다. ~ son cœur[son âme] 흉금을 털어놓다.
—**se ~** *v.pr.* ① 쏟아지다, 흐르다, 뿌려지다, 엎어지다(넘치다). Le vin *s'est répandu* sur la nappe. 포도주가 식탁보 위에 쏟아졌다. 《비인칭》Il *se répand* une bonne odeur dans le jardin. 뜰 안에 향기가 가득하다. 《비인칭》Il *s'est répandu* un bruit que……라는 소문이 퍼졌다. ②널리 퍼지다, 전파되다, 유포되다, 보급되다. L'épidémie *s'est répandue* dans le pays. 유행병이 나라에 퍼졌다. Le bruit *s'est répandu* que...; 《비인칭》Il *s'est répandu* un bruit que……라는 소문이 퍼졌다. ③ (사람이)가득 차다. La foule *se répandit* dans les rues. 군중이 거리에 넘쳐 흘렀다. ④ 사교계에서 폭넓게 활동하다(*se ~* dans le monde). Il cherche à *se ~* (dans le monde). 그는 사교계에서 날리고 싶어한다. ⑤ [se ~ en] (찬사·욕설 등을)퍼붓다. *se ~ en* compliments[*en* louanges] 장황하게 찬사를 늘어 놓다. *se ~ en* injures[*en* invectives] 마구 욕설을 퍼붓다. *se ~ en* menaces 고함을 쳐서 으르대다(공갈치다). *se ~ en paroles* 거침없이 지껄여대다.

répandu(e) [repɑ̃dy] (*p.p.* <*répandre*) *a.p.* ① 흩어져 [쏟아져, 흘려져] 있는. papiers ~*s* sur une table 책상 위에 흩어져 있는 서류. ② 퍼져 있는, 유포[보급] 되어 있는, 널리 받아들여져 있는, 알려져, 읽혀지고 있는. méthode très ~*e* 널리 알려져 있는 방법. mode très ~*e* 널리 퍼지고 있는 유행. ③ 널리 사교계에서, 교제가 넓은. être très ~ (dans une société) 매우 교제가 넓다, 사교계에 많이 알려져 있다.

repapilloter [rəpapijɔte] *v.t.* ① (머리를)다시 컬하다. ②《구어》화해시키다.
—**se ~** *v.pr.* ①《구어》 [se ~ avec] (와)화해하다. ②(사업이)다시 일어나다.

réparable [reparabl] *a.* ① 수선[수리]할 수 있는. montre ~ 수리할 수 있는 시계. ② (과실을)회복[만회]할 수 있는; (손해를)보상할 수 있는, 메울 수 있는. perte ~ 보상할 수 있는 손실. erreur ~ 만회할 수 있는 과오.

reparaître [rəparɛtr] 41 *v.i.* (조동사는 보통 avoir) ① 다시 나타나다, 다시 출현하다. L'avion *a reparu* aussitôt. 비행기가 곧 다시 나타났다. ② (병이)재발하다. Les symptômes *reparaissent*. 증후가 다시 나타난다.

réparateur(trice) [reparatœːr, -tris] *n.* 수리공(raccommodeur). ~ de meubles anciens 고가구 수리공. ~ **de torts** 악(惡)의 교정자;《구어》참견하기 좋아하는 사람.
—*a.* ① 원기를 회복시키는. sommeil ~ 원기를 회복시켜주는 수면. ② 잘못을 속죄하는.

***réparation** [reparasjɔ̃] *n.f.* ① 수리, 수선, 손질(raccommodage); 복원(restauration). atelier de ~ 수리 공장. ~ d'un navire 배의 수선. ~ d'un vêtement 옷 수선. effectuer diverses ~*s* au logement 집에 여러 가지 손질을 하다. [être en ~] L'ascenseur *est en ~*. 승강기는 수리중이다. ②(원기 따위의)회복, 재생. ~ des forces 원기의 회복. ~ des tissus après une blessure 상처 후의 조직의 재생. ③ 속죄, 사죄; 배상, 보상. ~ d'honneur (명예 훼손에 대한)사죄. ~ civile 민사상의 배상. ~ morale 위자료. demander[obtenir] ~ de qc …에 대해 보상[배상]을 요구하다(얻다). ~ par les armes 결투. ④《축구》coup de pied de ~ 페널티 킥; surfaces de ~ 페널티 에어리어; points de ~ 페널티 킥 마크.

en ~ de …에 대한 보상으로서. **en ~ du mal que je lui ai fait** 내가 그에게 입힌 잘못에 대한 보상으로.
réparatoire [reparatwa:r] *a.* 배상의. 🔳 도로나
reparcourir [rəparkuri:r] [20] *v.t.* ① 다시 돌아다니다. ② (책을)다시 훑어보다.
***réparer** [repare] *v.t.* ① 수리하다, 수선하다, 고치다(raccommoder); 복원하다(restaurer). **~ une voiture en panne** 고장난 차를 수리하다. **donner qc à ~** …을 수리하러 보내다. **~ des objets d'art** 미술품을 복원하다. ② (원기를)회복하다; 《문어》(가산 따위를)만회하다. **~ ses forces [sa santé]** 건강을 회복하다. **~ son honneur** 명예를 회복하다. **~ sa fortune [ses affaires]** 재산을 다시 일으키다. ③ (잘못을)속죄하다, 사죄하다, (치욕을)씻다; (손해 따위를)배상하다, 보상하다; (목적보어 없이) 유혹된 아가씨와 결혼하다. **~ une faute** 잘못을 속죄하다, 속죄하다. **— l'honneur de** …의 명예를 훼손한 것을 보상하다. **~ une perte** 손실을 메우다. **~ le temps perdu** 낭비한 시간을 만회하다.
—se ~ *v.pr.* ① 수리되다. ② 보상되다.
répareur(se) [reparœ:r, -ø:z] *n.* 수리공.
reparier [rəparje] *v.t.* (내기돈을)다시 걸다.
reparler [rəparle] *v.i.* ① [**~ de**] (어떤 일에 관해)이야기하다. ② [**~ à qn**] (에게)다시 말을 걸다.
—v.t. (어떤 나라 말을)다시 말하다.
—se ~ *v.pr.* (싸웠던 사람끼리) 다시 서로 말을 하다.
repartager [rəparta3e] [3] *v.t.* 다시 나누다, ㅣ다.
répartement [repartəmã] *n.m.* 《옛》세제(租稅)의 할당.
reparti [rəparti] (*p.p.< repartir*) *a.p.m.* 《문장》 4 등분된.
repartie [rəparti] *n.f.* (재빠른, 재치있는)대답, 대꾸, 즉답(réplique, riposte). **avoir de la ~; avoir la ~ facile** 재치있게 답하는 재주가 있다. **sans ~** 《옛》두말할 나위없이.
‡**repartir¹** [rəparti:r] [18] *v.i.* 《조동사는 être》 ① (섰다가)다시 출발하다(redémarrer); 다시 시작하다. **Le train s'arrête et repart.** 열차가 섰다가 다시 떠난다. 《주어는 사물》 **L'affaire repart bien.** 일이 다시 잘 시작된다. ② 되돌아가다(s'en retourner). **Après un bref séjour, il est reparti pour la France.** 잠시 체류한 후에 그는 프랑스로 되돌아갔다.
~ comme en quatorze; ~ à zéro 처음부터 다시 시작하다.
repartir² *v.t.* 《드물게 *v.i.*, 조동사는 avoir》《옛·문어》 대꾸하다, 재치있게 답하다(répliquer).
répartir [reparti:r] *v.t.* ① 나누어 주다, 분배하다(partager, distribuer). [**~ qc entre**] **~ les biens d'une succession entre les cohéritiers** 유산을 공동상속인에 분배하다. ② 배치하다(disposer), 분산시키다; (시각적으로)배분하다(échelonner). **touristes répartis en cinq groupes** 다섯 패로 나뉜 관광객. **~ ses troupes dans divers villages** 군대를 여러 마을에 분산시키다. **~ le programme d'études sur trois années** 연구과정을 3년으로 써 분하다. ③ (세금·주식 따위를)할당하다. **~ des frais par parts égales** 비용을 똑같이 할당하다. ④ 분류하다(classer). **~ les plantes en plusieurs catégories** 식물을 몇몇 범주로 분류하다.
—se ~ *v.pr.* ① (se는 간접목적보어) 서로 나누어 갖다. **Ils se sont répartis les bénéfices.** 그들은 이익을 서로 분배했다. ② 나뉘다, 분할[분류]되다. **Les dépenses se répartissent ainsi.** 비용은 이렇게 할당된다.
répartissable [repartisabl] *a.* 분할[할당]할 수 있는.
répartiteur [repartitœ:r] *n.m.* ① 분배자, 할당자. 《행정》세액 사정원(査定員). ② 《보험》 (해상 손

해의)정산인. ② 《전화》 배선반(盤). — *a.* **commissaire ~** 세액 사정관.
répartition [repartisjɔ̃] *n.f.* ① 분할, 배분; 분배. **~ des bénéfices** 이익의 분배. **~ générale des forces** 《군사》 (군대의)일반 편성. ② (조세의)할당; 《행정》 (통제품의)배급 할당. **~ des impôts** 조세의 할당. **impôt de ~** (각 지역·각 납세자간에 법에 의해 정해진)할당세. **lettre d'avis de ~** 《상업》 주식 할당 통지서. ③ 분포(disposition); 분류(classement). **~ géographique des animaux** 동물의 지리적 분포. ④ **~ des erreurs** 《수학》 오차의 빈도; **~ de charge** 《기계》 하중의 배분; **~ des pluies** 《기상》 강우량의 분포.
réparton [repartɔ̃] *n.m.* 슬레이트 블록.
répartonneur [repartɔnœ:r] *n.m.* 슬레이트 박리공 (剝離工).
‡**repas** [rəpa] *n.m.* 식사. **léger [petit] ~** 간단한 식사, 경식사. **grand ~** ; **~ de cérémonie [de fête]** 잔치, 향연. **~ de noces** 결혼 피로연. **préparer un ~** 식사를 준비하다. **quatre ~** 네 끼니 《petit déjeuner, déjeuner, goûter, dîner》.
faire un ~ de mouton 양고기 없이 식사하다. **prendre ses ~ chez qn** …의 집에 하숙하다.
REM repas 는 합성어의 제 1 또는 제 2 요소로서 다음과 같이 쓰인다: **repas-conférence de presse** 식사를 곁들인 기자회견. **repas-déception** 실망스러운 알맹이 없는 식사. **repas-plateau** (간단한)쟁반 식사. **centre-repas** 식당가. **tickets-repas** 식권. **colis-repas** (배달해 주는) 주문배달 음식. **panier-repas** 도시락.
repassage [rəpasa:3] *n.m.* ① 다림질. **table de ~** 다림질대. ② 날갈이(affûtage). ③ 복습, 반복연습. ④ 다시 지나감; (강 따위를)다시 건너감.
repasse [rəpa:s] *n.f.* ① (제분작업에서)소맥분이 섞인 밀가루. ② (증류주의)재증류(再蒸溜); 증류의 여러 단계; (증류의 재단계의 것이)혼합된 증류주.
***repasser** [rəpase] *v.i.* 《조동사는 보통 être》 ① 다시 통과하다, 다시 지나가다; 다시 건너가다. **passer et ~** 왔다 갔다하다, 오락가락하다. **Cela repassera par mes mains.** 그것은 또 내 손을 거치게 되겠지. ② 다시 돌아오다, 돌아가다(retourner); (기별을) 다시 전하러 오다(revenir). **Voulez-vous ~ lundi prochain?** 다음 월요일에 다시 들러 주시겠소? **Il peut toujours ~.** 아무리 애써도 (부탁해도)소용없소. ③ [**~ sur**] 회상하다. **Il repassait sans cesse sur les sujets d'affliction qu'il avait eus.** 그는 과거에 겪었던 슬픈 일들을 끊임없이 회상하였다.
~ derrière qn …의 일을 점검 (수정)하다.
—v.t. ① 다시 지나가다, 다시 건너다, 다시 넘다; 다시 넘겨주다, 다시 건네주다 (집어주다); (시험을) 다시 치다; 다시 거치게 하다. **~ les monts** 산을 다시 넘어가다. **Repassez-moi du pain.** 빵을 또 집어주시오. **~ un examen** 시험을 다시 치르다. **~ un film** 영화를 재상영하다. **~ un plat au four** 요리를 다시 데우다. ② 복습하다; 재조사[점검]하다(réviser). **~ une leçon** 학과를 복습하다. **~ une composition** 작문을 재검토하다. **~ son rôle** (연극 따위의)자기 역을 연습하다. ③ 회상하다(évoquer). **~ des événements dans son esprit** 사건들을 머리 속에 회상하다. ④ (칼 따위를)갈다(aiguiser); (가죽의)손질을 다시 하다. **~ des ciseaux [un couteau]** 가위[칼]을 갈다. ⑤ (천을)다림질하다. **fer à ~** 다리미. **planche à ~** 다리미판. ⑥ 《속어》 압살하다.

~ la lime sur …에 줄질하다; 마지막 손질을 하다.
—se ~ *v.pr.* 다림질되다. **Certains tissus ne se repassent pas.** 어떤 감은 다림질이 안된다.

repasseur(se) [rəpasœːr, -ˌiːz] *n.m.* ① 갈음질장이, 연사(研師). ~ de couteaux et ciseaux 칼·가위 가는 사람. ② 《기술》 마지막 손질하는 직공; 검사원. —*n.f.* 다림질하는 여자; 다림질 기계.

repatriage [rəpatri(j)aːʒ] *n.m.* =**rapatriage**.

repatriement [rəpatrimā] *n.m.* =**rapatriement**.

repatrier [rəpatri(j)e] *v.t.* =**rapatrier**.

repaumer [rəpome] *v.t.* 《속어》 ① (다시)잡다, 체포하다. se faire ~ 다시 잡히다. ② (양모·나사 따위의 털을)다시 깎다; 물로 나사를 씻다.

repavage [rəpavaːʒ], **repavement** [rəpavmā] *n.m.* 재포장, 포석을 다시 깔음.

repaver [rəpave] *v.t.* 다시 포장하다. ~ une rue 길을 재포장하다.

repayement [rəpɛjmā] *n.m.* repayer 함.

repayer [rəpe(e)je] [8] *v.t.* 다시 지불하다; 《속어》(돈을)갚다.
Tu me le repayeras! 《속어》어디 두고보자!

repêchage [rəpɛʃaːʒ] *n.m.* ① (물에서)끌어올림, 건져냄; 다시 낚음. ~ d'un noyé 물에 빠진 사람을 건져냄. ② (비유적)궁지에서 구출함; 낙제생 구제, 추가 시험. examen de ~ 추가시험. ③ 《스포츠》(실격자에 대한)선수 자격 재부여. épreuve de ~ 패자부활전.

repêcher [rəpe(e)ʃe] *v.t.* ① (물에서)건져내다; 다시 낚다. ~ un noyé 물에 빠진 사람을 건져내다. ② (비유적)궁지에서 구해주다(sauver); 낙제생을 구제하다. ~ un candidat à deux points 모자라는 2점을 주어 수험생을 다시 뽑다. ③ 《스포츠》출전 자격을 다시 주다. champion repêché 패자 부활전에서 살아난 선수.

repêcheur [rəpɛʃœːr] *n.m.* (물에 빠진 사람을)건지는 사람.

repeindre [rəpɛ̃ːdr] [27] *v.t.* ① 다시 그리다, 고쳐 그리다, (칠·물감 따위를)다시 칠하다. ~ une voiture 차를 다시 칠하다. ② (비유적)마음에 그려보다.
—**se ~** *v.pr.* [se ~ 간접목적보어] 회상하다. *se ~ un événement passé* 과거의 사건을 회상하다.

repeint(e) [rəpɛ̃, -ɛ̃ːt] (*p.p.* < *repeindre*) *a.p.* 다시 칠한. *parties ~es d'un tableau* 그림의 다시 칠한 부분. —*n.m.* (화면속에)다시 칠한(수정한) 부분.

rependre [rəpɑ̃ːdr] [25] *v.t.* 다시 매달다(걸다).

repenser [rəpɑ̃se] *v.i.* [~ à]다시 생각하다, 재고 [숙고]하다. *J'y repenserai.* 재고하겠다.
—*v.t.* 재고[재검토]하다(reconsidérer, réviser). ~ *un projet d'ouvrage* 제작 계획을 재검토하다. *Il faut le chemin de fer.* 철도 문제는 재검토할 필요가 있다.
REM *repenser qc* = penser qc처럼 본래 추상적·지적 대상을 목적보어로 택했으나 근래 구체적 활동이나 대상에 이르기까지 확대되어 사용됨.

repentance [rəpɑ̃tɑ̃ːs] *n.f.* 《옛·문어》(잘못·죄에 대한)뉘우침, 후회, 회개(repentir).

repentant(e) [rəpɑ̃tɑ̃, -ɑ̃ːt] (*p.p.* < *repentir*) *a.* 뉘우치는(pénitent, ↔ impénitent). *pêcheur ~* 참회하는 죄인. *air ~* 뉘우치는 기색.

repenti(e) [rəpɑ̃ti] (*p.p.* < *repentir*) *a.p.* 뉘우친, 회개한, 죄를 깨달은. —*n.* 뉘우친 사람. —*n.f.* 갱생한 윤락녀(淪落女)(fille ~e). *les R~es; maison des filles ~es* 《구어》 윤락여성 갱생원.

*****repentir¹(se)** [sərəpɑ̃tiːr] [18] *v.pr.* [se ~ de] ① (을)뉘우치다, 개과천선하다. *se ~ de ses fautes* 과오를 뉘우치다. *se ~ d'avoir commis une faute* 잘못을 저지른 것을 뉘우치다. ② (약한 의미로) 후회하다, 유감으로 여기다(regretter). *se ~ d'avoir été trop bavard* 너무 수다스러웠던 것을 후회하다. *faire ~ qn de qc* …에게 …을 뉘우치게[후회하게]하다(*se* 의 생략). *Il s'en repentira.* 《구어》두고 보자, 혼이 날 테니. (목적보어 없이) *Ce n'est pas un homme qui se repente.* 그는 후회같은 것은 하지 않는 사람이다.
C'est toujours après coup qu'on se repent. 《속담》(후회는 항상 일을 저지른 후에 하기 마련)→ 소 잃고 외양간 고치기.

repentir² [rəpɑ̃tiːr] *n.m.* ① 뉘우침, 참회, 회개 (remords, repentance); (약한 의미로)후회(regret). *verser des larmes de ~* 회개의 눈물을 흘리다. *avoir le ~ de ses péchés* 지은 죄를 회개하다. *en être au ~* 그것을 뉘우치고 있다. ② 《미술》 (제작 중의)재수정[제작 후의 수정은 repeint); (원고의)수정(한 흔적). *~s d'un manuscrit*. 《옛》(목 양옆에 늘어뜨린)컬(anglaises).

repérable [rəperabl] *a.* ① (안표·눈금 따위에 의해) 조절될 수 있는. ② (적 진지 따위의)위치가 측정될 수 있는; (범인 따위가)탐지될 수 있는.

repérage [rəperaːʒ] *n.m.* ① 안표(표적·눈금)찍기, 부호를 붙임; (기계를)눈금(부호)에 맞추어 조절함; 《영화》 영상과 발성을 일치시킴. ② (적진지·비행기 따위의)위치를 측정함, 목표 결정. *~ des avions par le radar* 레이다에 의한 비행기의 위치 포착[탐지].

repercer [rəperse] [2] *v.t.* ① 구멍을 다시 뚫다; (길을)다시 내다[뚫다]. ② (금은에)구멍무늬[장식]세공을 하다, 세공(細工)조각을 하다. *ouvrage d'orfèvrerie repercé* 세공 조각을 한 금은 세공품.

répercussif(ve) [repɛrkysif, -iːv] 《의학》 *a.* (옛)산(消散)시키는. —*n.m.* 산제, 소염제.

répercussion [repɛrkysjɔ̃] *n.f.* ① (소리의)반향, (빛의)반사(renvoi, réflexion); 반동(contrecoup), ~ *d'un son par l'écho* 메아리에 의한 소리의 반향. ~ *d'un choc* 충격의 반동. ② (일의)반향, 영향, 결과 (conséquence, retentissement). *Sa décision a eu des ~s inattendues.* 그의 결정은 의외의 반향을 불러 일으켰다. ~ *de la crise économique sur la politique* 정치에 미치는 경제 위기의 영향. ~ *de l'impôt* 《경제》 (납세자가)세금을 남에게 전가시킴.

répercuter [repɛrkyte] *v.t.* ① (소리)를 반향(反響)시키다, (빛을)반사시키다(réfléchir, renvoyer). *mur qui répercute le son* 음을 반향시키는 벽. ② (비유적)[~ *qc dans*/*sur*](세금·부담을)전가하다, 포함시키다. ~ *l'impôt dans son prix de revient* 세금을 원가에 반영시키다. ~ *les frais de transport sur le prix* 운반비를 가격에 반영시키다. ③ [~ *qc à*](명령을)전달하다(transmettre). ~ *les ordres à l'échelon inférieur* 명령을 하부에 전달하다.
—**se ~** *v.pr.* ① (소리가)반향하다; (빛이)반사되다. ② [se ~ sur *qc*](에)영향[결과·반향]을 가져오다. *Les effets de fatigue se répercutent sur le moral.* 피로의 결과가 사기에 영향을 미친다. ③ [se ~ sur *qn*](에)전가되다. *La taxe à la valeur ajoutée se répercutera sur les consommateurs.* 부가가치세는 소비자에 전가될 것이다.

reperdre [rəpɛrdr] [25] *v.t.* ① (얻은 것을)다시 잃다. ② 다시 길을 잃게 하다.
—**se ~** *v.pr.* 다시 길을 잃다.

repère [rəpɛːr] *n.m.* ① (조립·결합을 위해 각 부품·조각에)찍는 표시, 표적, 안표. *tracer[marquer] des ~s au crayon sur les pièces de bois* 목재에 연필로 표시를 하다. ② (기계·푯말 따위에 표시한)눈금. *tracer des ~s pour marquer le niveau des eaux* 수위(水位)를 표시하려고 눈금을 긋다. ③

(방향·위치를 가리키는 물건·장소의)지표, 기준점, 표점; 〖측량〗 수준기선(水準基線). ligne de ~ 〖측량〗 수준선. point de ~ 표점, 기준표. Ces faits sont des points de ~ pour l'étude de cette période. 이 사실들은 그 시대의 연구에 지표가 된다.

repérer [rəpere] ⑥ *v.t.* ① 표[표지]를 찍다, 안표를 표시하다(marquer, jalonner). ~ un alignement 경계선을 표시하다. ② (의)위치를 탐지하다, 표정(標定)하다. ~ un sous-marin 잠수함의 위치를 탐지하다. ③〖구어〗(여럿 중에서 어느 하나를)점찍어내다; 알아보다, 찾아내다(apercevoir). ~ *qn* dans la foule ⋯을 군중 속에서 알아내다. ~ une faute dans le texte 본문에서 오류를 찾아내다. se faire ~ (나쁜 짓 또는 숨어 있는 현장이)발각되다. Les mauvais élèves *se sont* vite *fait* ~. 불량한 학생들이 금방 드러났다.
—**se** ~ *v.pr.* 방향을 잡다, 제자리를 알아내다(s'orienter). Je *me repère* mal dans cette ville. 이 도시는 어디가 어딘지 잘 모르겠다. Je n'arrive pas à *me* ~ dans ce problème. 나는 이 문제에서 갈피를 잡을 수 없다.

répertoire [repɛrtwaːr] *n.m.* ① 목록, 일람표, 카탈로그(inventaire, index); (색인 달린)수첩, 노트. ~ d'adresses 주소록. ~ de livres 도서목록. ② 요람, 총람(recueil). ~ de droit[de jurisprudence] 법령[판례]집. ~ vivant 산 백과사전, 박식[정통]한 사람. ③ (극장·연주가 따위의)상연[연주]목록, 레파토리; (배우·음악가의)기예의 축적. ~ de la Comédie-Française 코메디 프랑세즈의 레파토리. avoir un ~ restreint 레파토리가 한정되어 있다. Elle a débité tout un ~ d'injures. 그녀는 갖은 욕설을 다 퍼부었다.

répertorier [repɛrtɔrje] *v.t.* 표[목록·색인]에 기입[하다]; 표[목록·색인]을 만들다.

repeser [rəpəze] ④ *v.t.* ① 무게를 다시 달다. ② 꼼꼼히 검토하다.

répétailler [repetaje] *v.t.* 〖구어〗(같은 짓이나 말을)진저리나게 되풀이하다, 되뇌이다.

:**répéter** [repete] ⑥ *v.t.* ① (자기의 말이나 남의 말을)되풀이하다[다시 하다](redire). ~ toujours la même chose 늘 같은 말을 되풀이하다. ~ mot pour mot 한마디 한마디(또박또박) 되풀이하다. ~ une nouvelle 소문을 퍼뜨리다. Il *répète* ce qu'il a entendu dire. 그는 들은 말을 되풀이한다[옮기다]. [~ que+*ind.*] Je te *répète que* tu as tort. 다시 말하지만 네가 틀렸다. ② (행위를)되풀이하다, 반복하다. ~ les mêmes fautes 같은 실수를 되풀이하다. ~ une expérience 실험을 되풀이하다. ③ 되비치는 사물이, 반영하다. L'eau du lac(Le miroir) *répétait* son image. 호수(거울)가 그의 모습을 비춰주고 있었다. ④ (배운 것을)복습하다; (연극의 역을)연습하다; (목적보어 없이)연극을 연습하다. ~ les leçons 배운 것을 복습하다. faire ~ (sa leçon) à *qn* ⋯에게 학과를 복습시키다. Les acteurs *ont répété* la pièce pendant un mois. 배우들은 그 극본을 한 달 동안 연습했다. comédiens qui sont en train de ~ 연습중의 연극배우들. ⑤ 〖군사〗(한 일을)복창하다. ~ les signaux 〖해군〗 기함과 같은 신호를 울리다. ⑥ 〖법〗 (예)반환을 요구하다(redemander).
—**se** ~ *v.pr.* ① 같은 말[짓]을 되풀이하다, 되뇌이다(radoter). (작가·화가가)같은 제재만 다루다. Les vieux *se répètent.* 노인들은 같은 말을 되뇌인다. Ne te *répète* pas! 같은 말[짓]을 또 하지 말아라. Cet écrivain *se répète* un peu trop. 이 작가는 좀 지나치게 같은 이야기만 한다. ② (말·일이)되풀이되다. Passe pour une fois, mais que cela ne *se répète* pas! 한번은 용서한다, 하지만 두 번 다시 그런 일이 없도록 해라! L'histoire ne *se répète* pas. 역사는 반복되지 않는다.

répéteur [repetœːr] *n.m.* 전신 중계 장치, 리피터.

répétiteur(trice) [repetitœːr, -tris] *n.* 가정교사, 보조교사, 과외선생; 〖옛〗복습교사.
—*n.m.* 전신 중계기, 리피터; 〖해군〗 기함에 따라 같은 신호를 울리는 군함.

répétitif(ve) [repetitif, -iːv] *a.* 반복되는, 되풀이하는. tâche ~*ve* et monotone 반복되고 단조로운 일.

répétition [repetisjɔ̃] *n.f.* ① (같은 말이나 행위의)되풀이, 반복; 〖미술〗 (작가 자신이 만든)복제, 복사, 사본. éviter les ~*s* 반복을 피하다. ~ d'une faute 실수의 되풀이. fusil à ~ 연발총. ② (특히 가정교사(répétiteur)를 붙인)학습, 복습; 〖연극·음악〗연습, 리허설. donner[faire prendre] des ~*s* à son enfant 아이에게(가정교사를 붙여서)공부시키다. mettre une pièce en ~ 어떤 극본의 연습을 시작하다. ~ générale (공연을 갖추고 하는)마지막 총연습. ~ d'une symphonie(d'un ballet) 교향곡(발레)의 리허설. ③ (남에게 들은 말을)그대로 옮기기[써먹기]. ④ 〖법〗 반환청구.

répétitivité [repetitivite] *n.f.* 반복성, 반복현상.

répétitorat [repetitɔra] *n.m.* 〖옛〗〖학교〗 복습교사의 직(임시).

repétrir [rəpetriːr] *v.t.* 다시 반죽하다; 고쳐만들다.

repeuplement [rəpœpləmɑ̃] *n.m.* 다시 사람을 살게 하기; (멸종되어 가는 생물의 인공적 수단에 의한)재번식.

repeupler [rəpœple] *v.t.* ① (에)다시 사람을 살게 하다, (의)인구를 다시 불리다; (에)다시 생물을 번식시키다. ~ un étang (de poissons) 못에 다시 물고기를 키우다. —**se** ~ *v.pr.* (도시 따위가)다시 인구가 늘어나다; 다시 동물[물고기]이 번식하다.

rephonologisation [rəfɔnɔlɔɔizasjɔ̃] *n.f.* 〖언어〗 재음운화.

repic [rəpik] *n.m.* 〖카드놀이〗리픽 《piquet에서 상대방에 접수가 없고 자기만 30점일 때 그것을 90점으로 치기》(〖영〗repique).
faire qn ~ (*et capot*) 〖옛〗⋯을 압도하다, ⋯에 이기다.

repiger [rəpiʒe] ③ *v.t.* 〖속어〗다시 붙잡다.

repincer [rəpɛ̃se] ② *v.t.* ① 다시 꼬집다[집다]. ② 〖속어〗=repiger. ③ 〖속어〗원수를 갚다.

repiocher [rəpjɔʃe] *v.t.* ① 다시 곡괭이로 파다. ② 〖속어〗(시험 과목 따위를)다시 열심히 공부하다, 다시 파고들다.

repiquage [rəpikaːʒ] *n.m.* ① 〖원예〗 모종내기(transplantation). ~ du riz 모내기. ② 다시 찌르기. ③ 〖토목〗 (포장도로의)수리. ④ 〖사진〗 =repique. ⑤ 〖옛〗 것을 고쳐서 녹음한 레코드.

repique [rəpik] *n.f.* 〖사진〗 얼룩의 수정, 스포팅.

repiquement [rəpikmɑ̃] *n.m.* =repiquage.

repiquer [rəpike] *v.t.* ① 〖원예〗 모종내기 하다, 모내다(replanter). ~ le riz 모내기하다. ② 다시 찌르기. ③ 〖토목〗 (도로를)수리하다, (도로의)포석을 갈다. ④ 〖사진〗 얼룩을 수정하다, 스포팅하다; 다시 녹음하다. ⑤ 〖신문〗 (묻어 두었던 기사를)다시 취급하다. ⑥〖구어〗(달아난 사람을)다시 붙잡다(repincer).
—*v.i.* 〖구어〗되돌아오다, 다시 시작하다. ~ au plat 〖구어〗요리를 다시 집다, 다시 한 접시 먹다. ~ au truc 〖속어〗다시 시작하다; 원상태로 돌아가다. ~ dans le vent 〖항해〗 뱃머리를 다시 바람 불어오는 쪽으로 돌리다.

repiqueur(se) [rəpikœːr, -ɸːz] *n.* 이식자(移植者),

모내는 사람.
répit [repi] *n.m.* ① 쉼, 휴지(interruption, pause); 휴식(repos). laisser un moment de ~ à qn ···에게 한숨 돌리게 하다. Je n'ai pas un moment de ~. 한 시도 쉴 틈이 없다. sans ~ 끊임없이, 쉬지않고 (sans arrêt, sans cesse). en (sans) délai). jours de ~ 《상업》 (어음 지불의)유예일.
replacement [rəplasmã] *n.m.* ① 제자리에 다시 놓기. ② 새로운 일자리를 주기. ③ 재투자.
replacer [rəplase] [2] *v.t.* ① 본래의 자리[제자리]에 다시 놓다(remettre). ○ verticalement 똑바로 고쳐 세워 놓다. ~ un livre dans la bibliothèque 책을 서가에 다시 꽂다. ② (에게)새로운 일자리를 주다. Le domestique que vous avez renvoyé est replacé. 당신이 해고한 하인은 다시 일자리를 얻었다. ③ 재투자하다.
—**se** ~ *v.pr.* ① (제자리에)다시 놓여지다. ② 새로운 일자리를 얻다.
replaider [rəplɛ(e)de] *v.t.* 《법》 다시 변호하다.
replanir [rəplaniːr] *v.t.* (가구를 대패 따위로)마무리하다.
replantage [rəplɑ̃taːʒ] *n.m.*, **replantation** [rəplɑ̃planismɑ̃] *n.m.* 다시 마무리.
replanisseur [rəplanisœːr] *n.m.* 가구 마무리 직공.
replantable [rəplɑ̃tabl] *a.* 옮겨 심을 수 있는.
replantage [rəplɑ̃taːʒ] *n.m.*, **replantation** [rəplɑ̃tasjɔ̃] *n.f.*, **replantement** [rəplɑ̃tmɑ̃] *n.m.* 옮겨심기, 이식.
replanter [rəplɑ̃te] *v.t.* ① 옮겨 심다, 이식하다 (transplanter, repiquer). ②[~ en](으로)재식림하다(repeupler, ◇ dépeupler). ~ une forêt en chênes 숲을 떡갈나무로 재식림하다.
ne jamais ~ les pieds chez qn 《구어》 ···의 집에 다시는 발을 들여놓지 않다.
—**se** ~ *v.pr.* 이식되다.
replaquer [rəplake] *v.t.* (동판을)다시 도금하다.
replat [rəpla] *n.m.* (알프스 산맥의 빙하 계곡 사면의)고원.
replâtrage [rəplɑtraːʒ] *n.m.* ① 다시 벽토를 바르기. ②《구어》미봉책, 눈가림, 호도(糊塗). ~ ministériel 일시적인 개각(改閣). ③《구어》일시적[표면적]인 화해.
replâtrer [rəplɑtre] *v.t.* ① (벽에)벽토를 다시 바르다. ②《구어》호도하다, 눈가림하다; 대충 손질하다. ~ un ouvrage 책을 눈에 띄는 데만 대충 개정하다.
replet(ète) [rəplɛ, -ɛt] *a.* 살찐, 포동포동한(dodu, ↔maigre). visage ~ 포동포동한 얼굴.
replétif(ve) [repletif, -iːv] *a.* 《의학》 혈액 [수분]을 증가시키는. thérapeutique —*ve* 증혈치료제.
replétion [replesjɔ̃] *n.f.* ① 만복(滿腹)상태, 포식; 《옛》다혈증. sensation de ~ 만복감. ②《옛》과도한 비대.
repleurer [rəplœːre] *v.t.* (의) 죽음을 다시 애도하다. —*v.i.* 다시 눈물을 흘리다.
repleuvoir [rəplœvwaːr] [66] *v.imp.* 다시 비가 오 [다.
*repli** [rəpli] *n.m.* ① (천·옷의)접어올린 가장자리, 단(ourlet); 주름. ~ au bas d'un pantalon 바지 아래의 단. —*s* du terrain 지면의 요철. ② 숨겨진 부분, 비밀의 부분. ~s de l'âme(du cœur, de la conscience) 마음속 깊은 곳. ③ 심한 굴곡(sinuosité); (강 따위의) 굽이침, 굽이; (뱀의) 꿈틀거림. ④ 《군사》 퇴각, 후퇴. ~ stratégique 전략적 후퇴.
repliable [rəpli(j)abl] *a.* 접을 수 있는.
repliement [rəplimɑ̃] *n.m.* ① 《군사》 후퇴, 퇴각. ②내성, 반성. ③《드물게》접기, 포개기, 구부리

기; 접어져[포개져, 휘어져] 있음.
replier [rəpli(j)e] *v.t.* ① 다시 접다; (소매 따위를) 걷어 올리다; 접다, 포개다; (몸을)구부리다. ~ un journal(une chaise, une tente) 신문(의자·천 막)을 접다. ~ le bas de son pantalon 바지 가랑이를 걷어 올리다. ~ une jambe sous l'autre 다리를 포개다. Il s'endort les jambes *repliées*. 그는 다리를 구부리고 잠든다. vêtements *repliés* et rangés 잘 개켜서 정돈한 의복. ②《드물게》(자기 내부로)마음을 향하게 하다, 내성적으로 만들다. Cette vie de convalescent le *replia* sur lui-même. 이 회복기의 생활은 그로 하여금 자신을 되돌아보게 하였다. ③《군사》 후퇴시키다. ~ des civils loin du front 민간인들을 전선에서 멀리 후퇴시키다.
—**se** ~ *v.pr.* ① 몸을 구부리다; (뱀이) 꿈틀거리다, (강이) 굽이치다. *se* ~ sur soi-même 몸을 도사리다(웅크리다); (비유적)자신을 감싸다. ② 다시 접히다. La chaise s'est *repliée* d'elle-même. 의자가 저절로 접혔다. ③ 자신을 되돌아보다(se recueillir), 내성적이 되다. *se* ~ de cent façons 백 방으로 궁리하다. ④《군사》 후퇴하다(reculer); (비유적) 물러서다.
réplique [replik] *n.f.* ① (즉각적) 응답, 응수(riposte); 말대꾸; 《법》 재항변(원고의 공격방법). ~ habile(bien envoyée) 재치있는 응답. argument sans ~ 이론의 여지 있는 논지. obéir sans ~ 두말없이 복종하다. Pas de ~! 말대꾸하지 마! avoir la ~ prompte 척척 응수하다. Le défenseur a prononcé une longue ~. 피고는 긴 항변을 진술했다. ②《연극》다른 배우의 대사를 받는 대사(臺辭); 대사의 실마리를 주는 사람, 프롬프터. manquer la ~ 대사를 잊어버리다(빠뜨리다). demander la ~ 프롬프터에게 부탁하다. donner la ~ à qn (배우에게)대사의 실마리를 주다; ~의 상대역을 하다; ~에게 척척 대답하다. se donner la ~ (비유적)토론하다. ③《미술》 복사, 복제(reproduction). ④ 되풀이 것; 《음악》 응답, (푸가의) 주제의 반복.
*****répliquer** [replike] *v.i.* 말대구하다, 말대답하다; 반격하다, 응수하다. obéir sans ~ 두말없고 복종하다. Ne *réplique* pas! 잘말 말아라! Il a *répliqué* par un direct du droit. 그는 오른쪽 스트레이트로 반격했다.
—*v.t. ind.* [~ à] ···에 응수하다. ~ à une critique (à une objection) 비판(반대)에 응수하다.
—*v.t.* ① 말대답하다, 항변하다, 반론하다. (직접 목적보어는 일반적으로 중성대명사 또는 중성적 표현) Que pouvais-je lui ~? 내가 그에게 무엇이라고 대답할 수 있었겠는가? Cet enfant a toujours quelque chose à ~. 이 아이는 노상 말대답을 한다. Votre réponse me satisfait. Je n'ai rien à y ~. 당신의 대답에 만족합니다. 그것에 대해서 아무런 말도 없습니다. Je lui *ai répliqué* qu'il avait tort. 나는 그가 틀렸다고 그에게 대꾸했다. ~ des duretés (des insolences)매정한(건방진) 말로 응수하다. ② 반격(역습)하다(riposter).
—**se** ~ *v.pr.* 서로 대꾸하다, 서로 반박하다.
répliqueur(se) [replikœːr, -øːz] *a., n.* 말대꾸하는 (사람).
replissage [rəplisaːʒ] *n.m.* 다시 주름잡기. [ment.
replisser [rəplise] *v.t.* 다시 주름잡다.
reploiement [rəplwamɑ̃] *n.m.* 《문어》=repliement.
replonger [rəplɔ̃ʒe] [3] *v.t.* [~ dans](액체에) 다시 담그다. ②(불행 따위에) 다시 빠뜨리다. ~ un pays *dans* l'anarchie 나라를 다시 무정부 상태에 빠뜨리다.
—*v.i.* (물속에) 다시 잠기다(뛰어들다).
—**se** ~ *v.pr.* [se ~ dans]① (물 속에) 다시 잠기다. ② (연구 따위에) 다시 몰두하다; (어떤 상태

에)다시 빠지다. se ~ dans la lecture 다시 독서에 몰두하다. se ~ dans l'anarchie 다시 무정부 상태에 빠지다. se ~ dans son chagrin 다시 슬픔에 잠기

reployer [rəplwaje] [7] *v.t.* 《옛》 =replier.
repolir [rəpɔliːr] *v.t.* 《드물게》다시 닦다〔갈다〕; 《옛》(문장을) 다시 다듬다, 퇴고하다.
repolissage [rəpɔlisaːʒ] *n.m.* 다시 닦기.
répondant(e) [repɔ̃dɑ̃, -ɑ̃ːt] *n.* ① 보증인(caution). Je vais te servir de ~. 내가 네 보증인이 되어주마. ② ~ d'un traité 《옛》평화교섭을 위한 인질. —*n.m.* ①《가톨릭》《미사에서》사제에 답하는 사람, 복사(服事). ②《옛》(구두 시험의) 수험자. ③《구어》(만일의 경우에 대비해서) 모은 돈. avoir du ~ 모아놓은 돈이 있다; 돈줄을 가지고 있다.
répondeur(se) [repɔ̃dœːr, -øːz] *a., n.* (꾸지람을 듣고) 말대꾸하는 (사람). Cet enfant est très ~. 이 아이는 늘 말대꿈을 한다. —*n.m.* (녹음·재생장치가 되어 있는) 자동 응답 전화기《전화를 걸면 녹음된 것을 들을 수 있는 장치》.
repondre [rəpɔ̃ːdr] [25] *v.t.* 다시 알을 낳다.
:répondre [repɔ̃ːdr] [25] *v.i.* ① 대답하다; 답장을 보내다; 말대답하다. ~ poliment [sèchement] 친절하게 [쌀쌀하게] 대답하다. ~ par écrit [par téléphone, par sourire, de la tête] 문서로 [전화로, 미소로, 고갯짓으로] 대답하다. Je lui ai écrit, mais il n'a pas répondu. 나는 그에게 편지를 보냈는데, 그는 답장이 없었다. Faites ce qu'il commande et ne *répondez* pas. 그가 하라는 대로 하고 대꾸하지는 마시오.
② (기계가) 조종자의 말을 잘 듣다, 정확하게 작동하다. freins qui ne *répondent* pas bien 말을 잘 듣지 않는 브레이크.
—*v.t.ind.* ① [~ à] ⓐ (물음·편지·부름에) 대답하다, 회답하다. ~ à une lettre 편지에 회답하다. ~ *à* une question 질문에 대답하다. Il ne m'a pas *répondu*. 그는 내게 대답하지 않았다. chien qui *répond* au nom de Médor 메도르라는 이름을 부르면 반응을 보이는 개. un drôle de garçon qui *répond* au nom de Pierre Lechamp 《비유적》피에르 르샹이라는 이름을 가진 야릇한 녀석. ⓑ 말대답하다, 응수하다, 항변하다(répliquer). ~ *à* des critiques 비난에 응수하다. enfant qui *répond* à son père 아버지에게 말대답하는 아이. ⓒ 응하다. ~ *à* un salut 답례하다. ~ *à* une attente [à des espérances] 기대 [희망]에 부응하다. ~ *à* la violence par la violence 폭력에 대해서 폭력으로 대응하다. ~ *aux* bienfaits de *qn* …의 친절에 보답하다. flûte qui *répond au* violon 바이올린에 화답하는 플루트 (소리). ⓓ (대 따위에) 응하다. ~ *à* une invitation (*à* une convocation) 초대 [소환] 에 응하다. ⓔ …와 일치하다, 어울리다. politique qui ne *répond* pas *à* la volonté du peuple 민중의 의사와 일치하지 않는 정치. Sa voix ne *répond* pas *à* sa physionomie. 그의 목소리는 그의 생김새와 어울리지 않는다. ⓕ 반응하다. organisme qui *répond à* une excitation 자극에 반응하는 생체. ⓖ …와 쌍을 이루다, 대조(균형)를 이루다. Ce bâtiment *répond à* un autre de même style. 이 건물은 같은 양식의 다른 건물과 한 쌍을 이룬다. ⓗ《구어》(통증 따위가) 퍼지다. La douleur me *répond à* la tête. 통증이 머리까지 퍼진다(번진다).

② [~ de/pour] …을 책임지다, 보증하다 (assurer, garantir). ~ *de* l'honnêteté de *qn* …의 성실성을 보증하다. Je *réponds* de lui. 나는 그 사람을 보증한다. ~ *pour* un débiteur 어떤 채무자의 보증을 서다. Je vous *en réponds*. 그것은 틀림없다 (Je vous l'assure).

—*v.t.* ① 대답하다. ⓐ《직접목적보어는 중성대명사 또는 중성적인 표현》Qu'est-ce qu'il *a répondu*? 그는 무엇이라고 대답했느냐? Je n'ai rien à ~. 나는 아무것도 대답할 것이 없다. Il *m'a répondu* que oui (non). 그는 그렇다고 [아니라고] 대답했다. *Répondez* oui ou non à ma demande. 내 요구에 가부간 대답하시오. [~ que + *ind.*] Il *m'a répondu que* cela était vrai. 그는 그것이 사실이라고 내게 대답했다. Il *m'a été répondu que*...《비인칭》나는 …라는 대답을 받았다. [~ de + *inf.*] Je lui *ai répondu de* venir me voir. 나를 보러 오라고 그에게 대답했다 (venir의 의미상의 주어는 간접목적보어인 lui). [~ + *inf.*] Je lui *ai répondu* rester à la maison. 나는 집에 있겠다고 그에게 대답했다 (rester의 의미상의 주어는 본문의 주어 je). ⓑ《예외적으로 직접목적보어가 명사》 ~ une lettre 《옛》편지에 답장을 쓰다. lettre à ~ 《구어》답장을 써 보내야 할 편지. lettre *répondue*《구어》답장을 낸 편지. ~ une requête [une pétition] 신청 [청원] 에 대해서 회답하다. ne ~ ni œuf ni bœuf 이렇다 저렇다 대답이 없다. ~ la messe 《가톨릭》(미사에서) 사제에 답창하다, 복사(服事) 하다.
② 보증하다. Je vous *réponds* qu'il viendra. 그는 틀림없이 올겁니다. Je vous *réponds* de renverser tout cet obstacle. 이 모든 장애를 제거할 것을 당신에게 보장합니다.

—**se** ~ *v.pr.* ① 서로 답하다, 응수하다. Dans un orchestre, les instruments *se répondent*. 오케스트라에서 악기가 서로 화응한다.
② 대조를 이루다, 어울리다. Ces deux bâtiments *se répondent*. 이 두 건물은 한 쌍을 이루고 있다.
REM répondre 가장 넓은 의미에서「대답하다」의 뜻. **repartir** 재치있고 즉각적인 대꾸의 의미하는 옛말 또는 문어. **riposter** 상대방의 공격에 대해 날카로운 반박을 가하는 것. **répliquer** 상대의 명령·비난에 대한 항변.

répons [repɔ̃] *n.m.*《가톨릭》답창(答唱), 답송(答誦).
:réponse [repɔ̃ːs] *n.f.* ① 대답, 회답, 답변; (편지의) 답장. faire [donner] une ~ 대답을 하다. rendre ~ *à qn* …에게 회답하다. de Normand 모호한 대답. recevoir une ~ *à* une lettre 편지에 대한 대답을 받다. Ma demande est restée sans ~. 내 요구에는 아직껏 회답이 없다. ~ d'un jury《법》배심원의 답신. bulletin-~ 《앙케트의》회답용지. carte-~ (답장할 수 있는) 왕복엽서. ② 반박(réfutation). A cette observation, il n'a fait aucune ~. 그 비판에 대해서 그는 아무런 반박이 없었다. droit de ~ 지상 답변 게재 청구권. ③ (자극에 대한) 반응, 응답 (réaction). J'ai frappé à la porte, mais pas de ~. 나는 문을 두드렸다. 그러나 아무 기척이 없었다. ~ musculaire 근육의 반응. ~ conditionnée 조건반사. ④《음악》(푸가 따위)대위법적 악곡에서의 응답.
avoir (*trouver*) ~ *à tout* 무엇에고 척척 대답하다, 무슨 일에도 척척 대처하다.
en ~ (*à*) (…의에)회답으로서. *En ~ à* votre honorée 《상업》 귀한 (貴翰) 에 대한 회답으로서.
pour toute ~ 대답하는 대신에. Elle lui a donné une gifle *pour toute* ~. 그녀는 대답하는 대신에 뺨을 때렸다.
repopulation [rəpɔpylasjɔ̃] *n.f.*《옛》=repeuplement.
report [rəpɔːr] *n.m.* ①《부기》이월(移越), 전기(轉記);《주식》이월거래;《인쇄》행 바꾸기. ② (기한의) 연기 (renvoi). ~ de la date d'ouverture d'une conférence 회의 개최일의 연기. ③《사

reportable 진·석판》 전사(轉寫). papier à ~ 전사지. ④ (도박·경마 따위에서) 딴 돈을 다시 걸기.
reportable [rəpɔrtabl] *a.* 《주식》 이월할 수 있는.
reportage [rəpɔrtaːʒ] *n.m.* ① (신문·라디오의) 현지 보고, 탐방, 르포르타주. article de ~ 탐방기사. faire un ~ 탐방하다, 탐방기사를 쓰다. ~ filmé(apaisant, délassant). musique ~e 마음의 긴장을 풀어주는 음악. ② bien ~ 근거가 확실한.
reporté [rəporte] *n.m.* 《주식》 거래 유예금의 지불
reporter¹ [rəpɔrte] *v.t.* ① 도로 가져가다(rapporter); 다시 갖다놓다. ~ un livre dans la bibliothèque 책을 서가에 다시 갖다꽂다. ~ un objet à sa place 물건을 제자리에 다시 갖다 놓다. ② 옮기다; 《부기》이월(移越)하다, 전기(轉記)하다; 《주식》이월거래를 하다. ~ des notes à la fin d'un volume 주를 권말(卷末)로 옮기다. ~ un total en haut de la page 총계를 다음 면의 상단에 옮겨 쓰다. ③[~ à/dans](생각을 과거로)거슬러 올라가게 하다, (과거를) 회상시키다. Ce souvenir nous reporte à l'hiver dernier. 그 추억은 우리에게 지난 겨울의 일을 다시 떠올리게 한다. ④ 연기하다(ajourner, différer). Le match sera peut-être reporté. 시합은 아마 연기될 것이다. ⑤[~ sur](로)향하게 하다, 옮기다; (내기 따위에)(에)새로 걸다(miser). ~ son affection sur une autre personne 애정을 다른 사람에게로 옮기다. ~ sa voix sur un autre candidat 다른 후보자에게 투표하다. ~ le tout(la moitié) sur un cheval 어떤 말에 판돈의 전부(반)을 걸다. ⑥《사진·석판》전사(轉寫)하다.
—**se** ~ *v.pr.* ①[se ~ à] 회상하다. se ~ aux jours de son enfance 소년시절을 회상하다. ②[se ~ à] 참조하다. se ~ aux notes 주를 참조하다. ③[se ~] 옮겨지다. Leur affection s'est reportée sur lui. 그들의 애정은 그에게로 옮겨갔다.
reporter² [rəpɔrteːr] *n.m.* 탐방기자, 보도원, 리포터. radio-~; ~ de la radio 라디오 뉴스해설자, 시사해설자. ~-caméraman (텔레비전의)보도 카메라맨. grand ~ 특파원.
reporteur [rəpɔrtœːr] *n.m.* ①《주식》거래 유예금의 수취인. ②《텔레비전》보도 카메라맨. ③《인쇄》전사계원(轉寫係員).
*****repos** [rəpo] *n.m.* ① 휴식, 휴게(délassement), 휴가. prendre du ~ 휴식을 갖다. Après sa maladie, il a obtenu un mois de ~. 병이 난 후에 그는 한 달의 휴가를 얻었다. jour de ~ 《종교》안식일. maison de ~ 요양소. champ de ~ 《시》묘지. Garde à vous! R~! 《군사》차렷! 쉬어! ②(마음의) 평화, 평안; (사회의) 안녕, 평온(paix, tranquillité); (병 따위의) 소강상태(accalmie). troubler le ~ de qn …의 마음을 산란하게 만들다. laisser qn en ~ …을 가만히 놔두다. avoir la conscience en ~ 양심에 거리낄 것이 없다. assurer le ~ public 공공의 안녕을 기하다. ③ 정지(immobilité). rester[demeurer, se tenir] en ~ 움직이지 않고 가만히 있다. énergie en ~ 《물리》정지 에너지. ④《문어》잠, 수면. être plongé dans un profond ~ 깊은 잠에 빠져 있다. ~ éternel (천국에서의) 영면(永眠), 안식. ~ hivernal (생물의)동면. ⑤(연설·낭독 따위의) 목소리가 끊어지는 곳; (시구·악곡의)휴지. au ~ 정지하고 있는, 활동하지 않는. terre au ~ 휴한지(休閑地). machine au ~ 작동하지 않고 있는 기계. être au ~ (기계 따위가) 멈추고 있다; 군인이 쉬어 자세로 있다.
de tout ~ (사업 따위가) 안전한; 힘들지 않은. valeur de tout ~ 안전주(株). travail de tout ~ 힘들지 않은 일.
sans ~ ni cesse 쉬지 않고.
reposant(e) [rəpozɑ̃, -ɑ̃ːt] *a* ① 휴식을 가져다주는, 아늑한(apaisant, délassant). musique ~e 마음의 긴장을 풀어주는 음악. ② bien ~ 근거가 확실한.
repose [rəpoːz] *n.f.* 다시 깔기.
reposé(e') [rəpoze] *a.p.* ① 휴식을 취한; 생기 있는, 상쾌한(frais, ↔ fatigué). visage ~ 생기 있는 얼굴. ② 조용한, 침착한.
à tête ~e 곰곰 생각하여서 침착하게.
repose-bras [rəpozbrɑ] *n.m.* 《복수불변》(자동차의)팔걸이.
reposée² *n.f.* 《사냥》(짐승이)낮에 숨는 곳.
repose-pied [rəpozpje] *n.m.* 《복수불변》(오토바이·의자 따위의) 발판.
*****reposer¹** [rəpoze] *v.t.* ①(신체의 부위를 쉬게하기 위해서)(에) 놓다. ~ sa tête sur un oreiller 베개에 머리를 편히 올려 놓다. ②(신체 부위의)피로를 풀다. ~ ses jambes fatiguées 피로한 다리를 풀다. La verdure repose la vue. 녹색의 초록을 보면 눈의 피로가 풀린다. Cette lecture repose l'esprit (des fatigués de la journée). 이 책을 읽으면(하루 종일 시달렸던) 마음의 피로가 풀린다. n'avoir pas où ~ sa tête 몸 둘 곳이 없다, 집이 없다.
—*v.i.* ①(문어)쉬다. Il n'a pas reposé de toute la nuit. 그는 밤새도록 한잠도 자지 않았다. ②(죽은 사람이) 영면하다. Ici repose qn. 여기에 …이 영면(永眠)하도다(묘비명). ③ laisser ~ du vin (부유물이 갈아 앉도록) 포도주를 가만히 놓아 두다. laisser ~ une terre 땅을 갈지 않고 놀리다. ④[~ sur](위에) 세워져 있는, 근거를 두다. La maison repose sur de solides fondations. 그 집은 견고한 기초 위에 서 있다. raisonnement qui ne repose sur rien 아무 근거도 없는 추론.
—**se** ~ *v.pr.* ① 쉬다, 휴식하다(se détendre, se délasser); 자기의 …을 쉬게 하다. n'avoir pas de temps de se ~ 쉴 여가가 없다. Je voudrais me ~ un peu. 나는 좀 쉬고 싶다. se ~ l'esprit (자기) 머리를 식히다. ②[se ~ sur] 신뢰하다, (에게) 의지하다. se ~ sur qn de[pour] qc …에 관해 …에게 의지하다[맡기다]. Il se repose sur sa femme pour l'éducation de ses enfants. 그는 아이들의 교육을 아내에게 맡기고 있다. Repose-toi sur moi. 나를 믿어라.
*****reposer²** [rəpoze] *v.t.* ① 다시 놓다; (제자리에) 놓다. ~ le verre sur la table 식탁 위에 잔을 (다시) 놓다. Reposez l'arme! 《군사》세워 총! ②(질문을) 다시 하다; (문제를) 다시 제기하다.
—**se** ~ *v.pr.* ①(새가) 다시 앉다. ②(문제가) 다시 제기되다.
reposoir [rəpozwaːr] *n.m.* 《가톨릭》(노상에 설치된) 임시 제단. ②(예)휴게소.
reposséder [rəposede] ⑥ *v.t.* 다시 소유하다.
repoussage [rəpusaːʒ] *n.m.* (금속 바탕에) 돋을무늬 압착세공을 하기.
repoussant(e) [rəpusɑ̃, -ɑ̃ːt] *a.* 혐오감을 일으키는, 불쾌한(dégoûtant, répugnant, ↔ attirant, charmant). figure ~e 불쾌한(흉한) 얼굴.
repousse [rapus] *n.f.* 《싹·머리칼 따위가》다시 자라
repoussé(e) [rapuse] *a.p.* (금속·가죽의) 돋을무늬 세공을 한. —*n.m.* 돋을무늬 압착세공(travail de ~). travailler le ~ 돋을무늬 압착세공을 하다.
repoussement [rəpusmɑ̃] *n.m.* ① 거절, 각하(却下). ②(총의) 반동(反動). ③ 혐오감.

*repousser [rəpuse] *v.t.* ① 떼밀다, 밀어내다(écarter, éloigner); (공격·적 따위를) 물리치다, 격퇴하다(refouler, rejeter). ~ la table contre le mur 책상을 벽쪽으로 밀다. La foule m'*a repoussé* vers la sortie. 군중이 나를 출구 쪽으로 밀었다. ~ un ennemi (une invasion) 적 (침략)을 물리치다. ② (제안 따위를) 거부 [거절] 하다, 물리치다 (refuser, rejeter); (사람을)배척하다, 냉대하다, 쫓아내다 (bannir, chasser). ~ les conseils (l'aide) de *qn* …의 충고 [원조]를 거절하다. ~ la tentation 유혹을 물리치다. ~ *qn* avec brusquerie …을 냉정하게 쫓아버리다. ③ 《문어》 (의) 혐오감을 일으키다 (dégoûter). Il n'y a rien en lui qui me *repousse* ou qui m'attire. 그는 아무런 혐오감도 매력도 주지 않는다. ④ 연기하다 (différer). Le mariage *a été repoussé* à plus tard. 결혼식은 후일로 연기되었다. ⑤ (금속·가죽에) 돋을무늬 압축세공을 하다. ⑥ 《드물게》 (식물이 가지·싹 따위를) 다시 내다.
— *v.i.* ① (총이) 반동하다; (용수철이) 튀다. ressort qui *repousse* trop 너무 강한 용수철. ② (식물·머리털이) 다시 자라다.
— **se ~** *v.pr.* 서로 떼밀다, 서로 반발하다.

repoussoir [rəpuswa:r] *n.m.* ① (석공·조각가 따위의) 정, 끌, 쐐기. ② 《미술》 (다른 것을 멀리 보이도록 하거나 혹은 더욱 잘 드러내기 위한) 전경 (前景)의 색채가 짙은 부분; 《구어》 다른 사람 [것]을 돋보이게 하는 사람[것]. C'est un vrai ~. 《구어》 참으로 추녀이다. Une femme laide sert de ~ à sa voisine. 못생긴 여자는 그 옆에 있는 여자를 더 예뻐 보이게 한다.

répréhenseur [repreɑ̃sœ:r] *n.m.* 비난하는 [나무라는] 사람.

répréhensible [repreɑ̃sibl] *a.* 비난할 [나무랄] 만한 (blâmable, ↔ irréprochable).

répréhensiblement [repreɑ̃siblǝmɑ̃] *ad.* 비난을 받을 만큼.

répréhension [repreɑ̃:dr] *n.f.* 《옛》 비난, 질책.

:reprendre [rǝprɑ̃:dr] 26 *v.t.* ① (놓은것·잃은것 버린것·주운것 따위를) 다시 취하다, 다시 잡다; 되찾다, 회복하다; 다시 빼앗다 [사로잡다]. ~ sa place 제자리로 돌아오다. ~ le stylo 만년필을 다시 잡다. ~ la douche 샤워를 다시 하다. ~ un ancien employé 옛 고용인을 다시 쓰다. ~ des forces 원기를 회복하다. ~ froid 다시 감기 들다. ~ haleine 숨을 돌리다. ~ un prisonnier évadé 달아난 죄수를 다시 체포하다. ~ une ville à l'ennemi 적으로부터 도시를 탈환하다. La fièvre l'*a repris.* 그는 다시 열이 났다. Les articles vendus ne *sont* ni *repris* ni échangés. 판 물건은 되사지도 바꾸어 드리지도 않읍니다.
② (모자라는 것을) 더 들다. ~ du pain [du café] 빵 [커피]을 더 들다. *Reprenez* de vin. 이 포도주를 더 드세요. Je voudrais en ~. 나는 그것을 더 먹고 [갖고] 싶다.
③ (중단한 것을) 다시 하다, 다시 시작하다; (말을) 잇다, 계속하다. ~ son travail [la lutte] 일 [투쟁]을 다시 시작하다. ~ la route 다시 길을 가다. ~ une pièce de théâtre 어떤 희곡을 재연하다. ~ la politique de *qn* …의 정책을 답습하다. Il *reprit* ainsi. 그는 다음과 같이 말을 이었다. Il *reprit* toujours les mêmes arguments. 그는 같은 논정을 되풀이 한다. ~ la mer (뱃사람들이) 휴가·육상 근무 후에) 다시 바다로 나가다. ~ le lit 다시 병상에 눕다.
④ 수정하다, 다시 손질하다(retoucher); 수선하다 (réparer). ~ un article [un tableau] 기사 [그림]를 수정하다. ~ un vêtement trop large 너무 큰 옷을 고치다.
⑤ (사람을) 나무라다, 꾸짖다, (행위 따위를) 비난하다 (réprimander, blâmer). ~ un élève 학생을 꾸짖다. ~ *qn* de ses fautes …의 잘못을 나무라다. Je ne trouve rien à ~ dans sa conduite. 나는 그의 행동에서 나무랄 점을 발견할 수 없다.
⑥ (상점 따위를) 인계받다, 계승하다.
On ne m'y reprendra plus. 다시는 그런 실수 [짓]는 않겠다, 다시는 그런 것에 속아넘어가지 않겠다.
Que je ne vous y reprenne plus! 다시는 그런 짓을 해서는 안돼!
Que je vous y reprenne! 또 그따위 짓을 해 봐 (용서 안할 테니) !
~ *le vent* 자기의 위치를 알아보다 (확인하다).
~ *qc de plus haut* …을 너무 먼 옛날로 거슬러 올라가서 이야기하다; (문제)를 근본부터 되돌아가서 다시 논하다.
~ *qc en sous-œuvre* …을 기초부터 다시 하다.
~ *sa parole* [*sa promesse*] 약속을 취소하다.
trouver à ~ *à tout* 무엇에고 트집을 잡다, 결핏하면 탓하다.
— *v.i.* ① (병자가) 다시 기운차리다, (건강이) 회복되다 (se rétablir). Il *a* bien *repris* depuis son opération. 그는 수술 후 건강이 좋아졌다.
② (옮겨심은 식물이) 뿌리를 박다; (접목이)붙다.
③ 다시 시작되다, 다시 오다 (recommencer, revenir). Le froid *a repris.* 다시 추워졌다. Les cours de la Faculté vont ~. 곧 대학의 강의가 다시 시작된다.
④ (사업이) 다시 활기를 띠게 되다, 활발해지다, (유행이) 다시 성행하다.
⑤ (상처가) 아물다. Les chairs *reprennent*. 새 살이 난다.
⑥ (냇물이) 얼다.
— **se ~** *v.pr.* ① 자기의 말을 고치다, 고쳐 말하다.
② [*se* ~ *à*] 다시 계속하다. *se* ~ *à qc* [+ *inf.*] 다시 …을 [하기] 시작하다 (se remettre). *se* ~ *à la vie* 인생을 다시 시작하다, 사는 기쁨을 다시 느끼다. Tout le monde *se reprend* à espérer. 모두들 다시 희망을 갖기 시작한다.
③ 다시 정신을 차리다, 침착해지다.
s'y ~ à plusieurs fois 몇번이고 다시 해보다.

représailles [rǝpreza:j] *n.f. pl.* 보복, 복수, 앙갚음 (vengeance). camp de ~ 보복적 포로 수용소. par ~ 보복 수단으로서. exercer des [user de] ~ à l'égard de *qn* …에게 보복하다, 원수갚다.

représentable [rǝprezɑ̃tabl] *a.* ① 제시 [표현·대표·대리·상연] 할 수 있는; 다시 제출할 수 있는. pièce qui n'est pas ~ 상연할 수 없는 희곡. ② 《학생속어》 다시 응시할 수 있는.

*représentant(e) [rǝprezɑ̃tɑ̃, -ɑ̃:t] *n.* ① 대표자. envoyer un ~ à un congrès 회의에 대표를 파견하다. ~ du peuple 국민의 대표, 국회의원. ~s d'un parti politique 정당의 대표자. Chambre des ~s (미국의) 하원. ~ en justice 《법》 소송 대리인. ~s de Dieu 사제(司祭). ~ du Saint-Siège 교황 특파사절. ② 《상업》 외무사원, 세일즈맨, 대리인 (~ de commerce). Il est le ~ d'une grande maison de papeterie. 그는 큰 문방구 회사의 세일즈맨이다. ③ 《법》 (사람·동물 따위의 한 계급·부류에 있어서의)전형, 표본 (type). ~ de la petite bourgeoisie 소시민의 전형. ④ 《법》 대습자 (代襲者), 승계상속인.

représentatif(ve) [rǝprezɑ̃tatif, -i:v] *a.* ① 대표적인, 전형적인 (typique); 대표하고 있는. garçon ~ de la jeune génération 젊은 세대의 전형적인 소년. ② (정치 따위가) 대표자에 의한; 대의제의.

gouvernement(système) ~ 대의 정체(제도). ③ 【심리】 표상(表象)의, 표상적인. ④ (사람이)풍채가 당당한.

représentation [rəprezɑ̃tasjɔ̃] n.f. ① 표현, 묘사, 구현; 상징; 【심리】 표상(表象); 재현, 그림, 상(像). ~ de scènes bibliques 성서에 나오는 장면의 표현(그림·조각 따위). ~ réaliste 사실(주의)적인 표현(묘사). ~ visuelle(auditive) 시각(청각) 표상. donner une ~ fidèle de la réalité 현실을 충실하게 재현하다. ② 【연극】 상연, 상영; 흥행. droit de ~ 흥행권. droits de ~ 상연료. troupe en ~ 순회 극단. la première ~ 초연 (생각하여 la première). donner une ~ 상연하다. ~ de gala(à bénéfice) 특별(자선) 흥행. ③ 대리, 대표; 【상업】 대리 행위, 대리업. Le parlement assure la ~ populaire. 의회가 국민을 대표한다. ~ proportionnelle 【정치】 비례대표제. ~ diplomatique (외국에서의 한 나라의) 대표부, 재외공관. ~ syndicale(du syndicat) 노동조합 대표(단). faire de la ~ 세일즈를 하다, 외무사원으로 일하다. venir par ~ à une succession 【법】 대습(代襲)상속하다. ④ (pl.)(한 정부의 다른 정부에 대한) 항의(종종 pl.)(예) 진정. faire des ~s à qn …에게 충고하다. ⑤ 지위·체면의 유지; 늠름한 풍채. homme d'une belle ~ 풍채가 좋은 사람. frais de ~ (높은 지위에 따르는) 판공비. ⑥(예)【법】(여권·서류 따위의) 제출, 제시. être en ~ 《구어》영장(체베)을 부리고 있다.

représentativité [rəprezɑ̃tativite] n.f. (개인 또는 단체의) 대표자격, 대표권.

:représenter [rəprezɑ̃te] v.t. ① 표현하다, 나타내다 (exprimer); 묘사하다(dépeindre); 구현하다(incarner); 재현하다, 상징하다(symboliser). Ce tableau représente un paysage. 이 그림은 한 풍경을 그려 보이고 있다. Cette statue représente la liberté. 이 조상은 자유를 상징한다. ~ une abstraction par un symbole 상징을 통해서 추상적인 것을 표현하다. glace qui représente fidèlement un objet 사물을 충실히 재현하는(반영하는) 거울. ②환기시키다, 연상시키다(évoquer). Cet enfant me représente parfaitement son père. 이 아이는 내게 그 아버지의 모습을 그대로 상기시킨다. Son air majestueux représente un lion. 그의 당당한 모습은 사자를 연상시킨다. ③ (의)전형(상징)이다. Voltaire représente l'esprit de son époque. 볼테르는 그 시대의 정신을 상징하고 있다. ④ 【연극】 상연하다, (의 역을) 맡아 하다, 연기하다, (으로) 분장하다. ~ une comédie(une tragédie) 희극(비극)을 상연하다. ~ un auteur 어떤 작가의 작품을 상연하다. acteur qui représente Harpagon 아르파공의 역할을 하는 배우. ⑤ 대리(대표)하다; 【상업】 (의) 대리인(점)이 되다, 대리업을 하다. L'Assemblée nationale représente le peuple. 국회는 국민을 대표한다. Il représente une grande maison de vins. 이 사람은 어느 큰 포도주 회사의 대리인(세일즈맨)이다. Il m'a prié de le ~ à la réunion. 그는 자기 대신으로 그 모임에 나가 달라고 내게 부탁했다. se faire ~ par qn …에게 위임하다. Le journal représente le parti radical. 이 신문은 급진당의 기관지이다. ⑥(옛·문어)[~ à](에게) 지적하다, 주의시키다, 경고하다(avertir); Je lui ai représenté les dangers d'un tel voyage. 나는 그에게 그런 여행이 위험하다는 것을 지적했다. ⑦ (에)상당(해당)하다, (와)같은 값어치이다 (correspondre à, équivaloir à). Cela représente plus d'un million. 그것은 백만프랑 이상에 상당한다. Avoir des enfants représente beaucoup de travail. 아이들을 갖는다는 것은 일을 많이 해야한다는 것을 의미한다.
⑧ (서류 따위를)다시 제출하다, (사람을)다시 데리고 가다, 다시 소개하다.
—v.i. 《구어》풍채가 늠름하다; (지위에 어울리는) 관록을 보이다; 체면을 유지하다. C'est un homme qui représente avec dignité. 그는 위풍이 당당한 사람이다.
—**se** ~ v.pr. ① 상상하다, 마음속에 그려보다 (s'imaginer, se figurer). Représentez-vous mon étonnement. 내가 얼마나 놀랐는지 상상해 보시오. Je me représentais ce pays comme une plaine. 나는 그 지방을 평야로 생각하고 있었다.
② (사람이) 다시 나타나다, 다시 출두(출석)하다, (기회 따위가) 다시 나타나다(오다). se ~ à des élections 선거에 다시 출마하다. se ~ à un examen 다시 응시하다. Si l'occasion se représente, ... 그런 기회가 다시 온다면….
③ 표현되다; 상연되다.

répressible [represibl] a. 억누를 수 있는.
répressif(ve) [represif, -i:v] a. 억압적(탄압적)인, 억누르는. lois ~ves 저지법(抑止法).
répression [represjɔ̃] n.f. 억압, 탄압, 진압, 저지 (étouffement); 【심리】 (욕구의) 의식적인 억압 (refoulement). ~ des crimes 범죄의 저지. ~ du soulèvement 폭동의 진압. prendre des mesures de ~ 탄압 조치를 취하다.
reprêter [rɑpre(e)te] v.t. 다시 빌려주다.
reprier [rɑpri(j)e] v.t., v.i. (에게) 다시 청하다.
réprimable [reprimabl] a. 억제(진압)할 수 있는.
réprimandable [reprimɑ̃dabl] a. 질책(징계)할 만한, 꾸지람을 받아 마땅한.
réprimande [reprimɑ̃:d] n.f. 질책, 견책(reproche, remontrance); 징계(처분). adresser une sévère ~ à un écolier 학생을 엄하게 꾸짖다. faire une ~ à qn …을 질책하다.
réprimander [reprimɑ̃de] v.t. 질책(징계)하다 (↔ féliciter). ~ un enfant de son(pour) sa conduite 어린이의 행동을 꾸짖다.
réprimandeur(se) [reprimɑ̃dœ:r, -ø:z] n. 질책(징계)하는 사람.
réprimant(e) [reprimɑ̃, -ɑ̃:t] a. 억누르는, 억압적인.
réprimer [reprime] v.t. ① (감정 따위를) 억누르다, 억제하다(contenir, refouler). ~ ses désirs 욕망을 억제하다. ~ un sanglot 눈물을 참다. ② (폭동 따위를) 진압하다(étouffer); 응징하다(châtier). ~ impitoyablement l'insurrection 반란을 무자비하게 진압하다. —**se** ~ v.pr. 자제(自制)하다.
repris(e¹) [rəpri, -i:z] (p.p. <reprendre) a.p. 다시 잡힌, 다시 걸리던. Je n'y serai plus ~. 다시는 그런 짓은 않겠다, 그런 수에는 넘어가지 않겠다. Vous y voilà ~. 또 곤란하게 됐군.
—n.m. ~ de justice 전과자.
reprisage [rəprizaʒ] n.m. 깁기, 수선(raccommodage). ~ des chaussettes 양말 깁기.
reprise² [rəpri:z] n.f. ① 다시 잡기, 되찾기, 회수, 탈환. ~ d'une ville 도시의 탈환. ~ des invendus 팔다 남은 상품의 회수(인수). ~s matrimoniales 【법】 (부부 공유재산의 해소에 따른) 재산 분할. ② (중단되었던 일의) 재개, 계속; 회복. ~ des travaux 작업의 재개시. ~ du froid 추위가 다시 닥침. ~ des hostilités 전투의 재개. ~ d'une pièce de théâtre 희곡의 재연. ~ des affaires 경기의 회복. ③ 《자동차》 속력의 증가. Ma voiture a de bonnes ~s. 내 차는 가속 성능이 좋다. ④ 【권투】

라운드(round); 〖축구〗 후반전; 〖승마〗 한바탕의 훈련; 같이 후련을 받는 한 팀의 기수(騎手). ⑤ (아파트의 전 입주자에게서 새 입주자가 사는) 가구, 시설; (그러기 위해 지불한) 금액, 양도금. ⑥ 되돌이; (시·음악의) 되풀, 반복. chanson à ~ 돌림노래, signe de ~ 반복 기호. ⑦ 〖재봉〗 깁기, 수선; 〖건축〗 수리. faire une ~ à une chemise 샤쓰를 깁다. ~ perdue 눈에 안띄는 수선 (옷의) 짜깁기. ⑧ 〖원예〗 (이식·접목된 식물의) 뿌리박기. *à deux[trois, plusieurs, maintes]* ~*s* 두 번[세 번·여러 번·몇 번이고]되풀이하여.

repriser [rəprize] *v.t.* 깁다, 수선하다, 짜깁다(raccommoder, stopper).

repriseur(se) [rəprizœːr, -øːz] *n.* 〖옛〗수리공.
—*n.f.* 짜깁기 여공.

reprit [rəpri] ⇨reprendre.

réprobateur(trice) [reprɔbatœːr, -tris] *a.* 나무라는, 비난하는(듯한)(↔ approbateur). ton ~ 나무라는 듯한 어조.

réprobation [reprɔbasjɔ̃] *n.f.* 비난, 질책; 탄핵(↔ approbation); 〖신학〗 영벌(永罰). regard chargé de ~ 비난이 가득 담긴 눈초리.

reprochable [rəprɔʃabl] *a.* ⓐ〖드물게〗비난받을 만한(blâmable). ② 〖법〗 (증인이)기피를 받을 만한(récusable).

*reproche** [rəprɔʃ] *n.m.* ① 비난, 꾸지람, 질책(blâme, réprimande, ↔ compliment). faire des ~s à *qn* …을 비난하다, 꾸짖다. mériter des ~s 비난을 살 만하다. ~ de la conscience 양심의 가책. ② ~ de témoin 〖법〗 증인의 기피. *n'être pas à l'abri des ~s* 비난을 면치 못하다. *sans ~(s)* ⓐ 나무랄 데 없는. C'est un homme *sans* ~. 그는 나무랄 데 없는 사람이다. ⓑ 비난하려는 것은 아니지만. *Sans* ~ [Soit dit *sans* ~], il aurait pu quand même nous remercier. 탓하려는 것은 아니지만 그는 우리에게 사의를 표명할 수도 있었을 텐데.

*reprocher** [rəprɔʃe] *v.t.* ①[~ à](에게)비난하다, 나무라다(blâmer). ~ sa paresse *à* un écolier 아동에게 게으르다고 나무라다. ~ à *qn* d'avoir manqué à sa parole …에게 약속을 어겼다고 비난하다. ~ à *qn* sa naissance[sa richesse] …이 명문 출신인 것을[부자인 것을] 못마땅하게 여기다. ~ la nourriture à *qn* 〖구어〗…에게 너무 먹는다고 싫은 소리를 하다. Je ne vous *reproche* rien. 내가 당신을 비난하려는 것은 아니오(완곡하게 타이를 때 쓰는 표현). ② ~ un témoin 〖법〗 증인을 기피하다.
~ *un service[un bienfait] à qn* …에게 배운망덕을 비난하다.
—*se* ~ *v.pr.* ① 자책하다, 뉘우치다(regretter, se repentir). Il *se reproche* de n'avoir pas été plus courageux. 그는 더 용기가 없었던 것을 자책하고 있다. Je n'ai rien à me ~. 나는 스스로 나무랄 일이 전혀 없다. ② 서로 …을 비난하다. Ils *se sont reprochés* mutuellement leurs vilenies. 그들은 상대방이 비열한 짓을 했다고 서로 비난했다.

reproducteur(trice) [rəprɔdyktœːr, -tris] *a.* ① 생식[번식]의. cheval ~ 종마(種馬). organes ~s 생식 기관. ② 〖음향·심리〗 재생하는. imagination —*trice* 재생 상상(기억) —*n.m.* ① 종축(種畜). ~ d'élite 순종의 종축. ② 음향 재생기, 확성기.
—*n.f.* 〖컴퓨터〗 복사천공기(複窩穿孔機).

reproductible [rəprɔdyktibl] *a.* 번식시킬 수 있는; 재생할 수 있는.

reproductif(ve) [rəprɔdyktiv, -iːv] *a.* 〖옛〗번식[생식]시키는; 〖경제〗 재생산적인.

reproduction [rəprɔdyksjɔ̃] *n.f.* ① 생식, 번식(génération). ~ par insémination artificielle 인공 수정에 의한 번식. ② 재생(régénération); 재현; 〖경제〗 재생산. ~ de la nature par l'art 예술을 통한 자연의 재현. ~ des sons par le magnétophone 녹음기에 의한 소리의 재생. taux de ~ 〖경제〗 재생산성 비율. ③ 복사(품), 모사(품), 복제(품), 복각(複刻); 전재(轉載). appareil de ~ graphique 복사기. ~ de (중간重刊)·보급·복제 따위에 대한 저자 또는 출판사의) 판권. ~ interdite 전재[복사] 금지. autoriser la ~ d'un article dans une revue 논문을 잡지에 전재하는 것을 승낙하다. acheter une ~ d'un tableau 그림의 복제품을 사다.

reproductivité [rəprɔdyktivite] *n.f.* 생식력이 있음.

reproduire [rəprɔdɥiːr] [32] *v.t.* ① 낳다, 번식시키다(engendrer, multiplier). ② 재생하다; 재현하다(représenter); 다시 나타내다. ~ la nature par la peinture 그림으로 자연을 재현하다. ~ une musique par le magnétophone 녹음기로 음악을 재생하다. ③ 복사[모사·복제]하다(copier); 전재(轉載)하다; 모방하다. ~ un article dans un journal 논설을 신문에 전재하다. ~ une œuvre d'art 예술 작품을 복제하다. machine à ~ 복사기.
—*se* ~ *v.pr.* ① 번식하다. microbes qui *se reproduisent* avec rapidité 빠른 속도로 번식하는 세균. ② 재생하다; 다시 일어나다, 다시 나타나다. Les mêmes faits *se reproduisent* souvent. 같은 사실이 자주 되풀이된다. Veillez à ce que cela ne *se reproduise* plus. 다시는 그런 일이 일어나지 않도록 주의 하시오.

reprographie [rəprɔgrafi] *n.f.* (총칭)(기계에 의한)복사. service ~ (회사 따위의)복사실.

reprographier [rəprɔgrafje] *v.t.* (기계로)복사하다.

repromettre [rəprɔmɛtr] [46] *v.t.* 다시 약속하다.

réprouvable [repruvabl] *a.* 비난받을 만한.

réprouvé(e) [repruve] *a.p.* ① 비난받는, 부인된, 세상에서 버림받은. ② 〖신학〗 신으로부터 버림받은. —*n.* 〖신학〗 신으로부터 버림받은 사람(damné). ② 세상에서 버림받은 사람; 악인. visage(face, figure) de ~ 〖옛〗음험한 얼굴.

reprouver [rəpruve] *v.t.* 다시 증명하다.

réprouver [repruve] *v.t.* ① 비난[배척]하다(blâmer, ↔ approuver). l'attitude de *qn* …의 태도를 비난하다. ~ un projet 계획에 반대하다. ② 〖신학〗 (신이)버리다, 영벌을 주다(damner).

reps [rɛps] *n.m.* 〖직물〗 이랑지게 짠 질긴 천(가구포장·커튼 따위로 사용).

reptation [rɛptasjɔ̃] *n.f.* 〖동물〗 기기, 파행(爬行); (사람의) 포복. exercices de ~ 포복 연습.

reptatoire [rɛptatwaːr] *a.* 기는, 파행하는.

reptile [rɛptil] *n.* 〖동물〗 파충류의 동물; (특히) 뱀; (*pl.*) 파충류. ② 비열한 사람; 〖역사〗 비스마르크(*Bismark*)에 매수된 독일의 신문 기자.

reptilien(ne) [rɛptiljɛ̃, -ɛn] *a.* 〖동물〗 파충류의; 파충류처럼 기는. ② 매수된. journaux ~s 매수된 신문.

repu(e¹) [rəpy] (*p.p.* < *repaître*) *a.p.* 포식(飽食)한(rassasié). Certains convives ~s se mirent à chanter. 포식한 몇몇 회식자들이 노래하기 시작했다. moustique ~ 피를 잔뜩 빨아 먹은 모기. [~ de] (에) 포만한, 싫증이 난. être ~ *de* films 영화에 싫증이 나 있다. ~ *de chimères* 공상에 부푼.
포식한 사람; (*pl.*) 〖구어〗부자들.

*républicain(e)** [repyblikɛ̃, -ɛn] *a.* 공화국의, 공화제(정체)의, 공화주의의; (미국)공화당의. constitution ~*e* 공화제 헌법. Garde ~*e* 공화국 근위대(대통령 관저의 경비와 의장을 담당). calendri-

er ~ (프랑스 대혁명 때의)공화국력. —n. 공화주의자; 공화당원. —n.m. 〖조류〗(아프리카산) 멋장이새의 일종.
républicaniser [repyblikanize] v.t. 공화국〔공화제〕으로 만들다.
républicanisme [repyblikanism] n.m. 공화주의.
republier [rəpybli(j)e] v.t. 재출판하다.
***république** [repybliːk] n.f. ① 공화국, 공화정체, 공화제. ~ fédérale[socialiste] 연방〔사회주의〕 공화국. ② (옛·문어)(동업자의) 단체; (벌·개미 따위의) 사회. ~ des lettres 문단, 문인들. ③ 〘옛〙(어원적 의미) 국사(國事), 공사(公事); 국가. On est en ~〔R~〕! 〘구어〙 여기는 공화국〔자유의 나라〕이다! (부당한 금지나 구속에 대한 항의).
répudiable [repydjabl] a. 이혼할 수 있는; 포기할 수 있는.
répudiation [repydjɑsjɔ̃] n.f. ① 이혼. ② (의견·원칙 따위의) 거부, 포기; 〘법〙(상속 따위의) 포기. Sa conduite parut la ~ de ses principes. 그의 행동은 자신의 원칙의 포기와 같아 보였다.
répudier [repydje] v.t. ① (아내를) 버리다; 이혼하다. ~ son mari 남편과 이혼하다. ② (의견·학설·신앙 따위를) 버리다, 거부하다 (rejeter); 〘법〙(상속·유증(遺贈)을) 포기하다 (renoncer). J'ai répudié toute opinion personnelle. 나는 일체의 개인적 의견을 버렸다.
repue² [rəpy] n.f. 〘옛〙 먹기; 식사. franche ~ 공짜 식사, 무전 식사.
***répugnance** [repynɑ̃ːs] n.f. ① 불쾌감, 비위에 거슬림, 혐오 (dégoût). avoir〔éprouver〕 de la ~ pour [à] qn[qc] …에 대해 혐오를 느끼다, …이 질색이다. Il a une grande ~ pour le mensonge. 그는 거짓말을 아주 싫어한다. ② (자기가 하거나 겪어야 할 일에 대한) 내키지 않는 마음, 싫증, 반감. faire ses devoirs avec ~ 마지못해 숙제를 하다. Elle a une extrême ~ à se laisser voir par le médecin. 그녀는 의사의 진찰을 받는 것을 아주 못 마땅해 한다. ③ 〘옛〙 모순, 상반. être en ~ à qc …와 모순되다, …에 어긋나다.
répugnant(e) [repynɑ̃, -ɑ̃ːt] a. ① 메스꺼운, 불쾌한 (écœurant). odeur ~e 역한 냄새, 악취. ② (정신적으로)싫은, 혐오감을 주는, 불쾌한 (dégoûtant). être obligé de faire un travail ~ 하기 싫은 일을 마지못해 하다. ③ 〘옛〙[~ à](에)반대되는, 모순되는. ~ à la raison 사리에 어긋나는.
répugner [repyne] v.t.ind. [~ à] ① …에 마음이 안 내키다, …을 싫어하다. Elle répugne à ce mariage. 그녀는 이 결혼을 싫어한다. [~ à+inf.] Je répugne à faire ce genre de travail. 나는 그런 종류의 일을 하는 것을 싫어한다. ② …에게 혐오감〔불쾌감·구역질〕을 일으키다 (dégoûter, déplaire, écœurer). Cette nourriture lui répugne. 이 음식을 보면 그는 질색을 한다. (비인칭)[Il répugne à qn de+inf.] Il me répugne d'en parler. 나는 그 이야기를 하기 싫다. ③ …에 반대되다, 모순되다. Cela répugne à la raison. 그것은 사리에 어긋난다.
—v.i. 〘구어〙(에게) 불쾌감을 일으키다. Ça le répugne de manger des escargots. 그는 달팽이를 먹는 것을 질색한다.
repulluler [rəpylyle], **répulluler** [repylyle] v.i. (벌레·잡초 따위가) 무수히 〔맹렬하게〕 번식하다, 숱하게 퍼지다.
répulsif(ve) [repylsif, -iːv] a. ① 물리치는, 반발하는. forces ~ves 반발력. ② 〘문어〙 혐오감을 주는, 불쾌한, 메스꺼운 (repoussant, répugnant).
répulsion [repylsjɔ̃] n.f. ① 혐오, 증오, 불쾌감, 반감 (antipathie, dégoût, aversion). éprouver de la ~ pour qn …에 대한 혐오감〔반감〕을 갖다. Les serpents m'inspirent une grande ~. 나는 뱀이 아주 질색이다. ② 〘물리〙 반발력, 반발 작용.
repurger [rəpyrʒe] ③ v.t. (에게) 다시 하제를 먹이다.
repu-s, -t [rəpy] ⇨repaître.
***réputation** [repytɑsjɔ̃] n.f. ① (일반적으로 부가형용사와 함께) 평판 (renom). bonne〔mauvaise〕 ~ 좋은〔나쁜〕 평판. jouir d'une bonne ~ 호평을 받다〔누리다〕. connaître qn[qc] de ~ …을 남의 이야기를 듣고 알고 있다. La ~ d'une personne dépend de ses fréquentations. 한 사람의 평판은 그의 교우 관계에 달려 있다. ② [~ de] (이라는) 평판. Il a la ~ d'être avare. 그는 구두쇠로 소문나 있다. Il a laissé la ~ d'un homme honnête et travailleur. 그는 정직하고 근면한 사람이라는 평판을 남겼다. ③ (부가형용사 없이)호평, 명성, 인기 (célébrité, renommée). acquérir de la ~ 명성이 높아지다. 호평을 얻다. compromettre〔perdre〕 sa ~ 자기의 평판을 떨어뜨리다, 인기를 잃다. être en ~ 평판이 높다, 인기가 있다. nuire à la ~ de qn; perdre qn de ~ 의 평판〔명예〕을 손상시키다. individu sans ~ 평판이 나쁜 작자.
réputé(e) [repyte] a.p. ① 평판이 높은, 유명한 (célèbre, renommé). médecin ~ 고명한 의사. [~ pour qc] Il était ~ pour ses connaissances. 그는 아는 것이 많기로 유명했다. ② (으로) 간주〔인정〕된. doctrine ~e hérétique 이단으로 인정된 교리.
réputer [repyte] v.t. 〘드물게〙(이라고) 간주하다, 여기다. On le répute riche. 그는 부자로 알려져 있다. On le répute pour un homme de bien. 사람들은 그를 착한 사람이라고 생각하고 있다. Il est réputé (pour être) intelligent. 그는 똑똑하다고 알려져 있다.
—**se**— v.pr. 자기 …이라고 생각하다.
requérable [rəkerabl] a. 〘법〙 채권자가 채무자에게 청구하러 가야 할 (↔ portable).
requérant(e) [rəkerɑ̃, -ɑ̃ːt] a. 〘법〙 (법의 이름으로)청구하는, 신청하는. partie ~e (재판의)신청자, 원고. —n. 신청인.
requérir [rəkeriːr] ⑮ v.t. ① (법에 의해) 요구〔청원·요청〕하다. ~ la troupe 군대의 출동을 요구하다. Le préfet a requis l'intervention de la police pour disperser la manifestation. 도지사는 데모를 해산시키기 위해서 경찰의 개입을 요청했다. ② 〘법〙 구형하다. (~ : 목적보어 없이) 논고하다. Le procureur requiert contre l'accusé. 검사가 피고에 대해서 논고하고 있다. ~ la peine de mort 사형을 구형하다. ③ (…주어는 사물) 필요로 하다 (nécessiter, exiger). Ce travail requiert la plus grande attention. 이 일은 가장 세심한 주의를 필요로 한다. ④ 〘문어〙청하다, 원하다 (solliciter). [~ à de qn …의 원조를 청하다. [~ de+inf.] Je requiers d'être mis en liberté. 나는 석방될 것을 요청한다. [~ que+sub.] Je requiers qu'on me prévienne. 내게 사전에 알려주기를 부탁한다. ⑤ 징발(용)하다 (réquisitionner). ~ des civils 민간인을 징용하다. ~ des voitures 차를 징발하다.
requestionner [rəkɛstjone] v.t. (에게)다시 질문하다.
requête [rəkɛt] n.f. ① 〘법〙 청원(서), 신청(서). adresser〔présenter〕 une ~ au président d'un tribunal 재판장에게 청원서를 제출하다. chambre des ~s (대법원의)심리부〔審理部〕 ~ civile 재심의 제소(提訴). ② 〘문어〙(당국에 내는)청원(서), 요청(서); 청탁, 부탁 (sollicitation). à[sur] la ~ de …의 청구〔신청〕에 의해. présenter une ~ à un ministre pour obtenir une faveur 특혜를 얻기 위해서 장관에게 청원서를 내다. ③ 〘사냥〙 (짐승을)

다시 찾아다니기.
de~ 진저한, 구하기 어려운.
requeté [re(ə)kete], **requêté** [re(ə)kɛte] *n.m.* (에스파냐의)돈카를로스 당원(carliste).
requêter [rəkɛ(e)te] *v.t.* 《사냥》 (짐승을)다시 찾아다니다.
requiem [rekɥ(w)ijɛm]《라틴》 *n.m.* 《복수불변》 ① 《가톨릭》 죽은 사람을 위한 기도. messe de ~ 연미사, 추도 미사. ② 진혼곡(鎭魂曲).
requin [rəkɛ̃] *n.m.* ① 《어류》 상어. ② (사업 따위에서)탐욕스런 사람, 욕심장이. ~s de la finance 피도 눈물도 없는 고리대금업자들.
requinquage [rəkɛ̃kaːʒ] *n.m.* ① 《구어》건강의 회복. ②(상점 따위의)신장, 개장(改裝), 맵시를 내기, 성장(盛裝).
requinquer [rəkɛ̃ke] *v.t.* ①《구어》(의)원기〔건강〕를 회복시켜주다(ragaillardir). Prends donc un peu de cognac, ça va te ~. 코냑을 조금 마시라니까, 그러면 기운이 날거야. ②(상점 따위를)개장〔신장〕하다, (에게)새 옷을 입히다.
—**se ~** *v.pr.* ①《구어》건강을 회복하다, 다시 기분이 좋아지다. ② 새 옷을 입다; 맵시를 내다.
requis(e) [rəki, -iːz] (*p.p.* < *requérir*) *a.p.* ① [~ pour] (을 위해)필요한, 요구되는(nécessaire, convenable). satisfaire aux conditions ~*es* 요구한 조건을 만족시키다. avoir des diplômes ~*s pour* occuper un poste 어떤 자리에 취직하기에 필요한 자격증을 가지고 있다. ② 징용된. travailleur ~ 징용된 노동자. —*n.m.* 징용된 사람.
réquisition [rekizisjɔ̃] *n.f.* ① 징발, 징용, 징집. ~ militaire (civile) 군사(민간)징발. ~ des denrées 식료품의 징발. ~ permanente 《프랑스사》 영구 징집령(1793년 국민의회가 18~25세의 미혼 남자에 대하여 발포한 법령). ② 《법》 청구; (검사의)구형, 논고. à (sur) la ~ de *qn* …의 청구에 의하여. ~ de la partie civile (형사 소송에서의)손해배상청구.
mettre qc en ~ 징발하다. *prendre des ~s* 《법》(검사가)서증(書證)·인증(人證)을 청구하다.
réquisitionnaire [rekizisjɔnɛːr] *n.m.* 《프랑스사》 1793년에 국민의회의 명령으로 징집된 군인.
réquisitionnement [rekizisjɔnmɑ̃] *n.m.* 《드물게》 징발, 징용, 징집.
réquisitionner [rekizisjɔne] *v.t.* ① 징발〔징집·징용〕하다, ~ des voitures (des marchandises) 차량 〔물품〕을 징발하다. ②《구어》(원조·봉사를 위해) 동원하다. ~ ses amis pour faire un déménagement 이사를 하기 위해서 친구들을 동원하다.
réquisitoire [rekizitwaːr] *n.m.* ① 《법》 (검사의)논고; 구형. ② [~ contre] (에 대한)비난, 공격 (↔ plaidoirie). Il a prononcé un violent ~ *contre* la politique gouvernementale. 그는 정부의 정책에 대하여 맹렬한 비난을 퍼부었다.
réquisitorial(ale, *pl.* **aux)** [rekizitɔrjal, -o] *a.* 《법》 검사의 논고와 관련된. plaidoyer ~ 검사의 논고.
requitter [rəkite] *v.t.* 다시 떠나다.
R.É.R.《약자》Réseau Express Régional 수도권 고속 전철(파리의 급행 교외선).
resaler [rəsale] *v.t.* (에)다시 소금을 뿌리다, 다시 소금을 치다.
resalir [rəsaliːr] *v.t.* 다시 더럽히다.
resaluer [rəsalɥe] *v.t.* (에게)다시 인사하다; (에게)답하다.
resarcelé(e) [rəsarsəle] *a.* 《문장》 끈 모양의 테두리 장식을 한.
resarcler [rəsarkle] *v.t.* 잡초를 다시 뽑다.
resbacien(ne) [rɛsbasjɛ̃, -ɛn] *a.* 르베(*Rebais*, 프랑스의 도시)의. —**R~** *n.* 르베 사람.
rescapé(e) [rɛskape] *a.* (재난·위험에서)살아남은, 구조된(sauvé). —*n.* (위)의 사람. ~ *d'une collision* 충돌 사고의 생존자.
rescellement [rəsɛlmɑ̃] *n.m.* 다시 봉하기, 재봉인.
resceller [rəse(e)le] *v.t.* (의)봉인을 다시 하다, 다시 봉하다.
rescindable [rɛsɛ̃dabl] *a.* 《법》 (계약 따위가)해제〔취소〕될 수 있는(annulable).
rescindant(e) [rɛsɛ̃dɑ̃, -ɑ̃ːt] *a.* 해제〔취소〕를 요구하는. —*n.m.* 취소의 신청.
rescinder [rɛsɛ̃de] *v.t.* 《법》 (계약 따위를)취소〔해제〕하다(annuler).
rescision [rɛsizjɔ̃] *n.f.* ① 《법》 (계약 따위의)취소, 해제. ② 《외과》 절제(切除).
rescisoire [rɛsizwaːr] *a.* 《법》 취소를 목적으로 하는. action ~ 증서 무효의 확인 소송.
—*n.m.* (판결 취소 후의)재심 청구.
rescousse [rɛskus] *n.f.* ① 《옛》 (무력에 의해서 빼앗긴 것의)탈환, 구조. ② 《해양》 (약탈당한 선박·재산의)탈환. *aller*[*venir*] *à la ~ de qn* …을 구조하러 가다〔오다〕.
rescription [rɛskripsjɔ̃] *n.f.* 《옛》 지불 명령서.
rescrit [rɛskri] *n.m.* (로마 황제·교황의)답서(答書), 교서(敎書), 치서(勅書); 명령서.
***réseau** [rezo] (*pl.* **~x**) *n.m.* ① 그물, 망; 그물처럼 복잡한 것. ~ *de toiles d'araignées* 거미줄. ~ *de* (*fils de fer*) *barbelés* 철조망. *inextricable* ~ *de sentiers* 거미줄처럼 빠져 나오지 못하게 얽힌 골목길. ~ *d'intrigues* 《비유적》 음모의 그물. ② (도로·철도·방송 따위의)망(網), 망상조직, 계통. ~ *aérien* 항공망. ~ *ferroviaire*(ferré, de chemin de fer)철도망. ~ *télégraphique* 전신망. ~ *radiophonique*(*de télévision*) 라디오〔텔레비전〕방송망. *R~ Express Régional* (→ *R.É.R.*) ③ 비밀조직, 지하조직. ~ *d'espionnage* 첩보망. ~ *de résistance* 저항운동조직(민간인들이 자발적으로 첩보·대첩보 활동을 하는). ④ 《해부》 (혈관·신경 따위의)망(網), 망(叢). ~ *artériel*(*veineux*) 동맥〔정맥〕총. ⑤ 그물처럼 짜여진 레이스 천; 《옛》 그물세공; 헤어네트; 《건축》 창 위의 곡선 장식.
resécher [rəseʃe] [6] *v.t.* 다시 말리다.
résection [resɛksjɔ̃] *n.f.* 《외과》 절제(수술).
réséda [rezeda] *n.m.* ① 《식물》 목서〔물푸레나무〕 (~ *odorant*). ② 《불변》 회록색의.   〔(科).
résédacées [rezedase] *n.f.pl.* 목서〔물푸레나무〕과
réséquer [reseke] [6] *v.t.* 《외과》 절제하다.
réservataire [rezɛrvatɛːr] *a., n.* (héritier) ~ 《법》 유류분(遺留分) 권리자.
réservation [rezɛrvasjɔ̃] *n.f.* ① (비행기·배 따위의)자리의 예약, (여관 따위의)방 예약. bureau de ~ 예약 신청소. ~ *des places* 좌석의 예약. ② 《법》(권리의)유보(留保); 유보된 권리.
***réserve** [rezɛrv] *n.f.* ① 따로 남겨두기〔둔 것〕, 비축(품), 예비(품), 저장(량); 《법》 유류분(遺留分). *avoir une bonne ~ d'argent* 상당한 저금이 있다. *avoir une grande ~ d'énergie* 많은 정력을 간직하고 있다. *disposer d'importantes ~s de vivres* 식료품을 다량 비축하고 있다. *Elle fait des ~s de sucre.* 그녀는 설탕을 사쟁는다. *Ses ~s sont épuisées.* 그의 저금이 떨어졌다. *~s* (*nutritives*) 《생리》 저장 양분. *~s mondiales de pétrole* 세계의 석유 매장량. ② 유보, 보류, 제한; 유보조건. Il a accepté ma proposition, mais avec quelques *~s.* 그는 나의 제안을 받아 들였다, 단 가지 유보조건을 붙이기로 해서다. ③ 사양; 겸허〔겸손〕한 태도, (태도의)조심성. *montrer*(*affecter*) *une grande ~*

réservé(e)

극히 삼가는 태도를 보이다. avec ~ 조심성 있게. parler avec beaucoup de ~ 매우 조심성 있게 이야기하다. ④『상·공업』 저장고, 창고(entrepôt, magasin). ⑤예비군(armée de ~); (보통 *pl.*)예비대(corps de ~). officier de ~예비역 장교. être versé dans la ~예비역으로 편입되다. ⑥(보호·보전을 위한)특정지역. ~ botanique[zoologique] 식물[동물] 보호지구. ~ de chasse[pêche]금렵[금어(禁漁)]구. ~s indiennes du Canada 캐나다의 인디언 거주 지정 지역.

à la ~ *de qn[de qc, que+ind.]*…을 제외하고.
de ~ 예비의. fonds *de* ~ 『재정』 예비[준비]금. vivres *de* ~ 비상 식량. pièces *de* ~ 『기계』 예비 부품.
en ~ 따로, 별도로. mettre[avoir, tenir] *qc en* ~ …을 따로[예비로] 가지고 있다.
être(demeurer, se tenir) sur la ~ 신중한 태도를 취하다, 조심하다.
faire des ~*s sur* ~에 관해 전적인 동의의 표명을 않다, 조건부로 받아들이다(승인하다, 찬동하다).
sans ~ 무제한으로, 전적으로, 거리낌[기탄]없이.
sous (la) ~ *de qc(que+sub.)* …을 조건으로 하고, …을 보류하고. J'ai accepté *sous* ~ qu'on attende quelques jours. 몇일 기다려준다는 조건으로 수락하였다.
sous toute(s) ~*(s)* 진위에 관한 언질을 주지 않고; 앞으로의 일을 보류하고[보장하지 않고]. Cette visite officielle est annoncée *sous toute* ~. 그 공식 방문은 미확인 정보로 알려졌다.

réservé(e) [rezεrve] *a.p.* ①조심성 있는, 신중한, 나태지 않는, être ~ dans ses jugements 판단에 있어서 신중하다. ②따로 잡아[남겨]둔; 보류된; 예약된. ~ à(pour) …전용의. places ~s aux mutilés 상이군인석. cas(péché) ~ 『가톨릭』 보류사항 (교황·주교만이 사면할 수 있는 중죄). chasse(pêche) ~ 금렵[금어(禁漁)]구. quartier ~ 홍등가, 적선 구역. table ~e (식당의)예약석.

Tous droits ~*s* 저작권 소유 (판권 표시).
— *n*. *faire la* ~ *[la* ~*e]* 신중한 체하다.

*****réserver** [rezεrve] *v.t.* ①[~ à](에게, 을 위해서) 남겨 두다; 마련해 두다; 충당하다. Il a réservé la moitié de cette somme pour acheter des livres. 그는 책을 사려고 그 돈의 반을 떼어 두었다. Elle vous *a réservé* une part de gâteau. 그녀는 당신을 위해서 케이크의 일부분을 남겨 두었다. Je lui *réserve* une surprise à son retour. 그가 돌아오면 놀라게 해주겠다(뜻밖의 선물 따위로). Il m'a *réservé* un accueil glacial. 그는 나를 쌀쌀하게 대했다(미리 그렇게 작정한 것처럼). Ils *ont réservé* ces caves *au* classement des archives. 그들은 옛 문서를 분류해 두기 위해서 지하실을 남겨 두었다. ②(결정 따위를)보류하다; 『법』 유보하다. ~ sa réponse(son jugement) 대답[판단]을 보류하다. L'avocat a prié les juges de lui ~ la réplique. 변호사는 반론의 권리를 유보해 줄 것을 판사들에게 청했다. ③(자리 따위를)미리 잡아두다, 예약하다. ~ sa place dans le train 기차의 좌석을 예약하다. ④(《주어는 사물》)(운명 따위가)미리 결정해 놓다, 예정해 두다. Personne ne sait ce que l'avenir lui *réserve*. 미래에 무슨 일이 일어날지 아무도 모른다. (비인칭)Il lui *était réservé* de réussir. 그는 성공하도록 (마련)되어 있었다.

— *se* ~ *v.pr.* ①자기를 위해 잡아[남겨] 두다, 확보해 두다. L'égoïste *se réserve* la meilleure part. 이기주의자는 가장 좋은 몫을 자기를 위해 확보해 둔다. ②[se ~ de+*inf.*]…하는 권리를 유보하다, …하는 것을 보류하다. Je *me réserve* de lui donner mon opinion. 후일 그에게 내 생각을 이야기해 주겠다. ③[se ~ pour]…(기)다리다, 대기하다. *se* ~ *pour* une autre occasion 다른 기회을 기다리다. Je *me réserve*.『구어』좀 더 두고 보렵니다. *se* ~ *pour* le dîner 저녁 식사를 위해 조금만 먹다〔굶다〕. ④[se ~ pour](을 위하여) (금전·물건 따위가)남겨[잡아] 두어지다. Cet argent doit ~ *pour* les vacances. 이 돈은 휴가를 위해 남겨 두어야 한다.

reserver [rəzεrvi:r] [18] *v.i., v.t.* =**resservir**.
réserviste [rezεrvist] *n.m.* 『군사』 예비병.
réservoir [rezεrvwa:r] *n.m.* ①저수지; 물(기름·가스) 탱크. ~ pour les eaux de pluie 빗물을 받아 놓는 통. ~ d'une automobile 자동차의 기름 탱크. ②양어장, 어항. ③자원의 집합소, 저장소. grand ~ d'hommes 인적 자원이 매우 풍부한 곳. ④〖해부〗 저장기. ~ des larmes 눈물주머니.
résid. (약자)résident 거주자; 거류민; 주재원.
résidant(e) [rezidɑ̃, -ɑ̃:t] *a.* 거주[주재]하는. membres ~s d'une académie (학회본부가 있는 곳에 살면서 항상 출석할 수 있는)주재(在任)회원.
résidence [rezidɑ̃:s] *n.f.* ①『행정』 거주(지), 주거, 주소(demeure). Il a établi sa ~ à Paris. 그는 파리에 와서 거주했다. certificat de ~ 거주증명서, 주민등록본. ~ principale 주된 거주지. ~ secondaire 별장. ~ tertiaire (이미 별장이 있는 사람이 또 마련한)제 2의 별장. ~ officielle 관사, 관저. ~ forcée 주거 제한. ~ surveillée 거주 연금. ②(관공리의)주재(지), 임지; 주재 기간. charge (emploi) qui demande ~ 임지에 거주해야 하는 직업. ③호화저택 (고급의)관저, 공관. ~ du Président de la République 대통령 관저. ~ d'un ambassadeur 대사의 공관. ④(고급의)주택단지.
résident(e) [rezidɑ̃, -ɑ̃:t] *a.* 거주[재류]하는, 주재의. —*n.* 거류민. ~s coréens en France 프랑스에 거주하는 한국인. —*n.m.* 주재관; 변리 공사. ~ supérieur 고등 판무관.
résidentiel(le) [rezidɑ̃sjεl] *a.* 주택의. quartiers ~s (고급의)주택가.
résider [rezide] *v.i.* ①[~ à/dans/en](에)거주하다(demeurer, habiter); (상황보아 없이)임지에 주재하다. Il *réside* actuellement *en* Italie. 그는 현재 이탈리아에 거주하고 있다. ②[~ dans/en](에)있다, 존재하다(consister en). La difficulté *réside dans* la solution de ce problème. 곤란은 이 문제의 해결에 있다.
résidu [rezidy] *n.m.* ①『화학·공업』 잔류물, 찌꺼기(lie). Les cendres sont le ~ de la combustion du bois. 재는 나무가 타고 남은 찌꺼기이다. ②나머지, 잔재(殘滓), 폐물; 『수학』(나눗셈의)나머지(reste). méthodes des ~s 『철학』 잉여법. ~ sans valeur 가치없는 잔재. ③(옛)『상업』 = reliquat.
résiduaire [rezidɥεːr] *a.* 찌꺼기[폐물]의. eaux ~s 버림 물, 폐수.
résiduel(le) [rezidɥεl] *a.* 나머지의, 잔류하는. air ~ 『생리』 축기(蓄氣) (숨을 내쉬었을 때 폐에 남는 공기).
résignant [reziɲɑ̃] *n.m.* (공직의)사퇴자, (연금 따위의)사퇴자.
résignataire [reziɲatεːr] *n.m.* 공직·성직록의 양수인(讓受人). 〔자〕.
résignateur [reziɲatœːr] *n.m.* (연금 따위의)사퇴
résignation [reziɲasjɔ̃] *n.f.* ①체념, 복종, 인종(忍從)(renoncement). ~ à l'injustice 불의에 대한 체념. subir la douleur avec ~ 고통을 체념하고 견디다. ②(옛)사직, 사퇴, 포기(abandon).

résigné(e) [rezine] *a.p.* 체념한; 인종하는, 고통을 참아내는. malade calme et ~ 고통을 참아내는 담담한 병자. Il a accepté avec un air ~. 그는 체념한 듯이 승낙했다. Il est ~ à tous les coups de bâton. 그는 몽둥이로 맞는 아픔을 참고 있다.
—*n.* (위)의 사람.

resigner [rəsiɲe] *v.t.* 다시 서명하다.

résigner [rezine] *v.t.* 《문어》 사직(사임)하다, 물러나다; (이득 따위를)포기하다. ~ ses fonctions (sa charge)자기의 직책에서 물러나다. ~ son âme à Dieu 《엥》 영혼을 신에게 맡기다, 속을 버리다. **—se ~** *v.pr.* [se ~ à] (에)인종하다, (을)감수하다; (목적보어 없이)체념하다. *se ~ à* son sort (à l'inévitable) 운명(불가피한 것)을 감수하다. [se ~ à +inf.] *se ~* à quitter sa famille 가족과 헤어지기로 체념하다. En vieillissant, on *se résigne*. 사람은 늙어가면 체념하는 법이다.

résiliable [rezijabl] *a.* 해약할 수 있는.

résiliation [rezijasjɔ̃] *n.f.*, **résiliement, résiliment** [rezilimã] *n.m.* 《법》 해약, 취소(annulation).

résilience [reziljɑ̃ːs] *n.f.* 《물리》 탄성(彈性) 에너지.

résilient(e) [reziljɑ̃, -ɑ̃ːt] *a.* 《물리》 충격에 견디어 내는, 탄성이 있는.

résilier [rezilje] *v.t.* (계약을)해약하다, 취소하다.

résille [rezij] *n.f.* ① 헤어네트(filet à cheveux); 그물과 같은 장식끈. ② 창살(새시).

résinage [rezinaːʒ] *n.m.* (수지의)채취.

résinate [rezinat] *n.m.* 수지 산염(樹脂酸塩).

résine [rezin] *n.f.* 수지(樹脂), 진; 송진(~ du pin). ~ synthétique 합성 수지.

résiné(e) [rezine] *a., n.m.* (vin) ~ 수지로 풍미를 곁들인 포도주.

résiner [rezine] *v.t.* (소나무 따위에서)진을 따다; (에)진을 바르다.

résineux(se) [rezinø, -øːz] *a.* 진이 나는; 수지 같은. bois ~ 진이 나는 나무. odeur ~*se* 진 냄새. emplâtre ~ 《의학》 반창고. —*n.m.pl.* 수지류 식물(구과(毬果) 식물의 통칭)(arbres ~).

résingle [resɛ̃ːgl] *n.f.* 《기술》(금은 세공사의)금속의 요철(凹凸)을 다루는 도구.

résinier(ère) [rezinje, -ɛːr] *n.* 수지 채취인.
—*a.* 수지(제품)의.

résinifère [rezinifɛːr] *a.* 진이 나는(résineux).

résinification [rezinifikasjɔ̃] *n.f.* 수지(樹脂)제조; 수지화(化); 수지를 바르기.

résinifier [rezinifje] *v.t.* 수지화하다; 수지를 바르다.

résinite [rezinit] *n.m.* 《광물》 단백석의 일종.

résinoïde [rezinɔid] *a.* 수지 같은. —*n.m.* 수지 모양의 물질.

résipiscence [resipisɑ̃ːs] *n.f.* 《종교》 개전(改悛), 회개, 뉘우침. recevoir qn à ~ …의 회개를 받아들여 죄를 용서하다. venir à ~ 죄를 깨닫고 뉘우치다.

*****résistance** [rezistɑ̃ːs] *n.f.* ① 저항, 항쟁; 반대, 장애. se heurter à une ~ 저항에 부딪치다. faire (de la) ~ 저항하다. céder sans ~ 저항 없이 굴복하다. Le projet se heurta à des ~*s*. 그 계획은 반대(저항)에 부딪쳤다. [*R*~] 《프랑스사》 (제2차 세계대전의)항독(抗獨) 운동. ② (피로 따위에 대한)지구력(endurance). manquer de ~ 견딜 힘(지구력)이 부족하다. avoir de la ~ 오래 견디다. jeunes gens qui ont de la ~ 지구력이 있는 젊은이들. ④ (외부의 힘에 대한)저항, 지탱력, 저항력. 《전기》 저항(선); 《기계》 강도. ~ d'un corps au choc 충격에 대한 물체의 저항. ~ au froid 추위에 대한 저항. ~ à la traction (천

따위의)인장(引張) 강도. changer la ~ d'un réchaud 전기 풍로의 저항선(니크롬선)을 갈다.
morceau de~ 주요 부분.
plat (pièce) de~ (식사중의)주된 요리.
prendre la ligne de moindre ~ 가장 손쉬운 방법을 취하다.

résistant(e) [rezistɑ̃, -ɑ̃ːt] *a.* ① (생물이 피로·병 따위에)잘 견디어내는, 지탱하는, 강건한(fort, robuste, ↔ faible). santé ~*e* 강인한 건강. plante ~*e* 생명력이 강한 식물. microbe ~*e* 《생물》 저항균. Il est très ~. 그는 (체력이)강인하다. ② (사물이)내구력(耐久力)이 있는, 질긴, 단단한 (↔ fragile). vêtement très ~ 매우 질긴 의복. ③ (드골에게)반항적인, 복종하지 않는(rebelle).
—*n.* 저항자; 《프랑스사》 항독 운동자.

*****résister** [reziste] *v.t.ind.* [~ à] ① (공격)에 저항하다, 맞서다(se défendre). ~ à un assaut 공격에 저항하다(버티다). (목적보어 없이)Ils *ont résisté* plus de deux mois. 그들은 두 달 이상이나 항전했다. ② [~ à *qn*] (남의 뜻·계획)에 반대(반항)하다, ~를 거역하다. Ses enfants lui *résistent*. 그의 아이들은 그의 말을 안 듣는다. Il *a résisté aux agents* qui tentaient de l'empoigner. 그는 자기를 체포하려는 경관에 맞서 저항했다. ③ (고통 따위)를 견디어 내다(supporter); (목적보어 없이)지탱하다, 참고 견디다(tenir le coup). ~ à toutes les fatigues 온갖 고된 일을 견디어 내다. plante qui *résiste à la gelée* 추위에 강한 식물. ~ *aux vives douleurs* 심한 고통을 견디어 내다. On n'y peut plus ~. 이젠 더 견딜(참을) 수 없다. Il *a bien résisté*. 그는 잘 견디어 냈다. ④ (주어는 추상명사)지탱하다, 살아남다(se maintenir, survivre). L'amour ne *résiste* pas à l'absence. 사랑은 부재에 견디어내지 못한다(서로 떨어져 있으면 사랑도 식어간다). preuve qui ne *résiste* pas *à une analyse sérieuse* 진지한 검토에 견디어 내지 못하는(그 허구성이 드러나는) 증거. ⑤ (유혹 따위)를 물리치다, (정열 따위)를 억제하다(repousser). ~ à une tentation 유혹을 물리치다. ~ à ses passions 자기의 감정을 억제하다. Je n'ai pas *résisté à l'envie de faire...* 나는 …하고 싶은 욕망에 지고 말았다. ~ à+*inf.*《엥·문어》쉽사리 …하려 하지 않다. ⑥ 《주어는 사물》(물·불 따위)에 침해되지 않다, 빛깔이 바래지 않다. tissu qui *résiste à l'eau* 물이 스며들지 않는 자료. porcelaine qui *résiste au feu* 불에 강한 (내화성의) 자기.

résisteur [rezistœːr] *n.m.* 《전기》 저항기.

résistibilité [rezistibilite] *n.f.* 《생물》 저항성.

résistible [rezistibl] *a.* 저항(억제)할 수 있는.

résistivité [rezistivite] *n.f.* 《전기》 고유 저항.

résolu(e) [rezɔly] (< résoudre) *a.p.* ① 결심한, 각오한. [~ à+*inf.*] Il est bien ~ à reprendre son activité. 그는 활동을 재개할 결심을 굳혔다. J'y suis ~. 나는 그렇게 하기로 굳게 결심했다. ② 과감한, 확고한(ferme, décidé). homme ~ 결단력있는 남자. répondre d'un air ~ 확고한 태도로 대답하다. ③ (문제가)해결된.

résolubilité [rezɔlybilite] *n.f.* ① 해결 가능성. ② (계약 따위의)해제 가능성.

résoluble [rezɔlybl] *a.* ① (문제가)해결될 수 있는. problème aisément ~ 쉽게 풀 수 있는 문제. ② (계약이)해제될 수 있는. ③ 분해할 수 있는.

résolument [rezɔlymɑ̃] *ad.* ① 단호하게, 결연(決然)히. Nous sommes ~ contre cette décision. 우리는 그 결정에 단호하게 반대한다. ② 용감하게, 과감하게(courageusement). marcher ~ au danger 과감하게 위험을 향해 나아가다.

résolu-s, -t [rézoly] ⇨résoudre.
résolutif(ve) [rezolytif, -i:v] 〖의학〗 a. 소산(消散)시키는. —n.m. (염증의)소산약.
***résolution** [rezolysjɔ̃] n.f. ① 결심, 결의, 각오; 결단력, 과감성, 용단(fermeté). homme de ~ 과감한 사람. prendre sa ~ (굳게)결심하다. prendre la ~ de+inf. …할 결심을(굳게)하다. Ma ~ était prise. 나는 굳게 결심했다. avoir de la(manquer de)~ 결단력이 있다(없다). avec ~ 단호하게. ② (의회의)결의; 결의문. proposition de ~ 결의안. prendre(adopter) une ~ 결의를 하다, 결의안을 채택하다. ③분해, 용해, 변화. ~ de la neige en eau 눈이 물로 용해되기. ~ des corps en leurs principes 물질을 그 성분으로 분해하기. ④ (문제의)해결, 해명. ~ d'un problème 문제의 해결. ⑤ 〖의학〗 용해, 소산(消散). ⑥ 〖음악〗 (불협화음을)협화음으로 옮기기. ⑦ 〖수학〗 (방정식을)풀기. ~ des équations 방정식의 풀기. ⑧ 〖법〗 (계약의)해제, 취소. ~ d'un bail(d'une vente) 임대차(매매) 계약의 취소. action en ~ 계약 해제의 소송.
résolutoire [rezolytwa:r] a. 〖법〗 해제의. condition ~ 해제 조건.
résolvant(e) [rezolvɑ̃, -ɑ̃:t] a. 용해하는; 〖의학〗 (염증을)소산시키는(résolutif). —n.m. 용해제; 소산제. —n.f. 〖수학〗 분해식.
résonance [rezonɑ̃:s] n.f. ① 〖음성·음악·물리〗 공명(共鳴); 〖무전〗 공진(共振). caisse de ~ 공명 상자. ~ de son âme 혼의 공명. nucléaire 원자핵 공명. ~ circuit de ~ 공진 회로. ~ en parallèle(en série) 병렬(직렬)공진. mettre le poste en ~ 라디오의 수신기를 파장에 맞추다. ②(비유적)울림, 반향(retentissement). le poème éveille en nous des ~s profondes. 이 시는 우리들에게 깊은 반향을 일으킨다.
résonant(e) [rezonɑ̃, -ɑ̃:t] a. =**résonnant**.
résonateur(trice) [rezonatœ:r, -tris] a. 공명시키는. —n.m. 〖물리〗 공명기(共鳴器); 〖전기〗 공진기(共振器).
resonger [rəsɔ̃ʒe] [3] v.i. 다시 생각하다; 재고하다. Je n'ai pas eu le temps d'y ~. 나는 그것을 재고해볼 여유가 없었다.
résonnance [rezonɑ̃:s] n.f. =résonance.
résonnant(e) [rezonɑ̃, -ɑ̃:t] a. 〖예〗 잘 울리는; 반향(공명)하는. voix claire et ~e 맑고 낭랑한 목소리. Cette voûte est bien ~e. 이 둥근 천장은 잘 울린다. circuit ~ 공진 회로. cavité ~e 공동(空洞)공진기.
résonnement [rezonmɑ̃] n.m. 〖예〗 반향(résonance).
resonner [rəsone] v.t. ~ qn 다시 초인종을 울려 부르다. ~ un domestique 초인종을 눌러 하인을 다시 부르다. —v.i. 다시 초인종을 울리다.
résonner [rezone] v.i. (소리가)울리다; 반향하다, 메아리치다(retentir). faire ~ 울리게 하다. Cette cloche résonne faiblement. 이 종은 울림이 약하다. faire insonoriser une salle qui résonne trop 지나치게 울리는 방에 방음 장치를 하다. [~ de] ~ de cris d'oiseaux 새들의 울음소리로 메아리치다.
résorbant(e) [rezɔrbɑ̃, -ɑ̃:t] a. 흡수하는. —n.m. 흡수제.
résorber [rezorbe] v.t. ① 〖의학〗 다시 흡수되다. ②(비유적)소멸시키다; (결손을)메우다; (위기를)해소시키다. ~ un déficit 적자를 메우다. ~ le chômage 실업을 해소시키다.
—se~ v.pr. ① 〖의학〗 다시 흡수되다. ② 사라지다, 소멸하다. Le mouvement de révolte s'est résorbé de lui-même. 폭동은 저절로 가라 앉았다. ③ 〖속어〗 살짝 꺼지다[사라지다].
résorcine [rezɔrsin] n.f. 〖화학〗 레조르신.
résorcinol [rezɔrsinɔl] n.m. 〖화학〗 레조르시놀(résorcine).
résorption [rezɔrpsjɔ̃] n.f. 〖의학〗 재흡수; (비유적)제거, 해소(suppression). ~ de l'inflation 인플레의 해소.
***résoudre** [rezudr] [40] v.t. ① (문제를)해결하다, 풀다(trancher). ~ une énigme 수수께끼를 풀다. ~ un conflit par la négociation 교섭에 의해 분쟁을 해결하다. ② 〖수학〗 (방정식을)풀다; 〖음악〗 (불협화음을)협화음으로 옮기다. ~ une équation 방정식을 풀다. ~ une dissonance 불협화음을 협화음으로 옮기다. ③ 결정하다; 결심시키다(décider). [~ qc] Ils ont résolu sa perte. 그들은 그를 없애버리기로 결정했다. [~ de+inf./que+ind.] J'ai résolu de visiter ce pays. 나는 그 나라를 방문하기로 결정했다. Il a résolu qu'il irait demain. 그는 내일 가기로 결정했다. [~ qn à+inf.] Nous l'avons résolu à accepter. 우리는 그에게 승낙하게끔 결심시켰다. ~ qn à partir tout de suite …을 즉시 떠날 것을 결심시키다. Sa perte est résolu. 그를 없애버리기로[죽이기로] 결정되었다. (비인칭·수동태) Il a été résolu que…. …라고 결정됐다. ④ [~ qc en qc] (으로)분해하다, 용해시키다; 변화시키다(이 경우 과거분사는 일반형 résolu, 또는 옛날꼴 m. résous, f. résoute). ~ un corps en ses éléments 물체를 그 요소로 분해하다. vapeur résoute en gouttes d'eau 물방울로 변한 증기. ⑤ 〖의학〗 (종기를)소산시키다. ~ un engorgement 충혈을 가라 앉히다. ⑥ 〖법〗 (계약을)해제하다, 취소하다(annuler).
—se ~ v.pr. ① [se ~ à qc/à+inf.] (하려고)결심하다, 각오하다. Il s'est résolu à la retraite. 그는 은퇴하기로 결심했다. Je me suis résolu à plaider sa cause. 나는 그의 입장을 변호하기로 결심했다. ② [se ~ en]분해되다; 변화되다. Le brouillard s'est résolu en pluie. 안개가 비로 되었다. La vapeur se résout en eau. 수증기는 물로 변한다. ③ [se ~ à/en]귀착하다. La question se résout en deux points. 문제는 결국 두 점으로 귀착된다. Tout cela se résout à rien. 그렇게 해도 결국은 아무런 결과(소용)도 없다. ④ (종기 따위가)소산되다.[다.
resouffler [rəsufle] v.t. v.i. 다시 불다. —v.i. 다시 숨쉬
resouffrir [rəsufri:r] [12] v.t. 다시 참다(견디다), 다시 겪다.
***respect** [rɛspɛ] n.m. ① 존경, 경의(déférence); (성자·신에 대한)숭배, 경건한 마음; (pl.)경의의 표시, 인사. commander(imposer, inspirer) le ~ 존경심을 일으키다(자아내다). ~ de soi 자중(自重), 자존(自尊). Veuillez agréer, Monsieur, l'expression de mon profond ~. 소생의 심심한 경의의 표시를 가납하여 주소서 (편지의 끝 인사말). ~ pour Dieu 신에 대한 경건한 마음. présenter ses ~s à qn …에게 경의를 표하다. manquer de ~ à (une femme) (여자)에게 버릇없이 굴다. parlant par ~ 실례입니다만(sauf votre ~). ② 존중, 중시. ~ de la vérité 진리(진실)의 존중. avoir le ~ des lois 법을 존중하다. ~ de la tradition 예법을 존중하기. J'ai du ~ pour ses opinions. 나는 그의 의견을 존중한다. ③ 고려.
~ *humain* [respekymɛ̃] (자기에 대한)세상의 평판을 염려하기; 체면 존중, 자존심. Par ~ *humain*, il s'est gardé de parler. 체면지키기 위해서(사양해서) 그는 말하는 것을 삼가했다.
sauf (*votre*) ~ ; *sauf* (*avec*) *le ~ que je vous dois* 실례입니다만, 당돌한 말씀인지는 모르지만. Sauf

votre ~, quel âge avez-vous? 실례입니다마는, 나이가 어떻게 되시죠?
***tenir*(*garder*)** *qn* **en ~** …에게 버릇없이 굴지 못하게 하다; …에게 경외심을 갖게 하다. Le malfaiteur l'*a tenu* en ~ avec un revolver. 악한은 권총으로 위협하며 그를 꼼짝 못하게 했다.

respectabilité [respɛktabilite] *n.f.* 존엄성, 불가침성; 관록, 체면. ~ de la loi 법의 존엄성. avoir le souci de sa ~ 체면을 유지하려고 마음 쓰다.

respectable [respɛktabl] *a.* ① 존경(존중)할 만한 (estimable). homme ~ 존경할 만한 남자. Toute opinion sincère est ~. 어떤 의견도 참된 것이라면 존중해야 한다. allure ~ 당당한 태도. ② (수량이) 상당한, 막대한(↔ insignifiant). un nombre ~ de spectateurs 상당수의 관객. somme(quantité) ~ 막대한 금액(양).

respectablement [respɛktabləmɑ̃] *ad.* 존경을 받을 만큼, 훌륭하게; 상당히.

***respecter** [rɛspɛkte] *v.t.* ① 존경하다. ~ ses parents 부모를 존경하다. ~ la vieillesse 경로의 마음을 갖다. se faire ~ de *qn* …로부터 존경받다. ~ une femme 여자에게 버릇없이 굴지 않다. ② [~ *qc*] 존중하다, (법률·약속을) 지키다, 준수하다; (일·잠 따위를) 방해하지 않다; 고이 간직하다, 파손하지 않다. ~ la tradition 전통을 소중히 여기다. rouler *en respectant* la limitation de vitesse 속도제한을 준수하면서 운전하다. ~ le sommeil [le travail] de ses voisins 이웃사람의 잠[일]을 방해하지 않다. Le temps *a respecté* ces anciens monuments. 세월이 지나도 이 옛 기념물은 손상되지 않았다.
—se *v.pr.* ① 자기의 체면을 지키다, 자중하다. Cette femme *se respecte* et se fait ~. 이 여자는 자신을 존중하고 또한 사람들로부터 존경을 받는다. ② 서로 존경하다.

qui se respecte 《구어》그 이름에 부끄럽지 않은. Tout homme *qui se respecte* doit être contre le racisme. 인간의 탈을 쓴 사람이라면 누구나 인종 차별을 반대해야 한다.

respectif(***ve***) [respɛktif, -iːv] *a.* 각자의, 각기의; 《단수로 집합적》 상호간의(réciproque). droits ~*s* des époux 부부의 권리. position ~*ve* des astres 별들 상호간의 위치

respectivement [rɛspɛktivmɑ̃] *ad.* 각자, 각기, 제각기. Ils ont présenté ~ leur demande. 그들은 각자 청원서를 제출했다. Il a deux fils âgés de ~ dix-huit et de quinze ans. 그는 두 아들이 있는데, 각기 18세와 15세이다.

respectueusement [rɛspɛktɥøzmɑ̃] *ad.* 경의를 표하여, 경건하게, 공손히. Il m'a répondu ~. 그는 공손히(정중하게) 나에게 대답했다. s'approcher ~ de l'autel 경건하게 제단으로 다가가다.

respectueux(***se***) [rɛspɛktɥø, -øːz] *a.* ① 경의를 표하는, 공손한(↔ impertinent, insolent). [~ envers/pour *qn*] enfant ~ envers ses parents 부모에게 공손한 아이. 《사물에 대해서》 écrire[parler] en termes ~ 정중한 말로 편지를 쓰다[말하다]. Veuillez agréer mes sentiments ~. 경구《편지 말미에 쓰는 인사말》. [~ de *qc*] 존중하는, 해치지 않는. être[se montrer] ~ *du bien d'autrui* 남의 재산을 존중하다.

à distance ~se(높은 어른에게 경의를 표하거나 두려움에서) 조금 떨어져서. Il s'est tenu *à une distance ~se* de son professeur. 그는 (공손하게) 선님으로부터 몇걸음 떨어져서 있었다. Je marchais *à une distance ~se* de mon guide. 나는 안내인과 멀찍이 떨어져서 걸었다.

—*n.f.* 《구어》 매춘부《Sartre 의 희곡 *La Putain Respectueuse*에서 유래한 것》(prostituée).

respirabilité [respirabilite] *n.f.* 호흡에 알맞음.
respirable [respirabl] *a.* 호흡할 수 있는, 호흡에 알맞은. air peu ~ 호흡할 수 없는 공기. ②(비유적) 견딜만한(supportable). L'atmosphère n'est pas ~, ici. 여기 분위기는 참을 수가 없다.
respirant(***e***) [respirɑ̃, -ɑ̃ːt] *a.* 숨쉬는; 호흡 작용의.
respira*teur*(*trice***) [respiratœːr, -tris] *a.* 《해부》 호흡의. muscles ~*s* 호흡근(筋).
—*n.m.* 호흡 기구, 방독 마스크.

respiration [respirasjɔ̃] *n.f.* 숨, 호흡; (피부·식물의) 호흡 작용. perdre la ~ 숨이 끊어지다. retenir sa ~ 숨을 죽이다. ~ artificielle 인공 호흡. ~ cutanée 피부 호흡. avoir la ~ coupée de peur 겁이 나려 깜짝 놀라다. couper la ~ à *qn* …의 숨이 끊어지게 하다; 《구어》 …을 깜짝 놀라게 하다.
respiratoire [respiratwaːr] *a.* 호흡의. appareil ~ 《생리》호흡기. voies ~*s* 호흡관. casque ~ (소방수의) 방연모(防煙帽). mesurer la capacité ~ 폐활량을 재다.

***respirer** [respire] *v.i.* ① 숨쉬다, 호흡하다. Respirez…Soufflez. 숨을 들이 마시고… 숨을 내쉬시오《진찰할 때》. ~ par le nez[par la bouche] 코로[입으로] 숨을 쉬다. Il est asthmatique, il a de la peine à ~. 그는 천식이라 호흡이 곤란하다. Il fait une chaleur à ne pas ~. 그는 막힐 정도로 덥다. Les végétaux *respirent* aussi bien que les animaux. 식물도 동물과 마찬가지로 숨쉰다. Il ment comme il *respire*. 그는 거짓말을 식은 죽먹듯한다. ② 한숨 돌리다, 쉬다; 안도의 숨을 내쉬다. Laissez-moi ~ un moment. 잠깐 숨을 돌리게 해 주시오. Enfin je *respire*. 이제야 안심이 된다. ③《비유적》생생하게 나타나다(se manifester). La santé *respire* sur les joues de cet enfant. 이 어린애의 볼은 무척 건강해 보인다. yeux où *respire* l'orgueil 오만함이 나타나 있는 눈. ④《옛》[~ après *qc*] 열망하다. Le prisonnier *respire après* la liberté. 죄수는 자유를 갈망하고 있다.

—*v.t.* ① (공기 따위를) 호흡하다, 들이마시다. ~ le grand air 한데(야외) 바람을 쐬다. aller ~ l'air natal 고향으로 돌아가다. ~ un gaz 가스를 들이마시다. ~ une odeur 냄새를 맡다. ~ une fleur 꽃냄새를 맡다. ②나타내다(manifester); 《드물게》 발산하다, 풍기다. Cette jeune fille *respire* la santé. 이 소녀에게서는 건강미가 넘쳐 흐르고 있다. terre qui *respire* mille parfums 갖가지 향기를 풍기는 땅. ③《옛》열망(갈망)하다. C'est ma mort qu'ils *respirent*. 그들이 염원하는 것은 바로 나의 죽음이다.

resplendir [rɛsplɑ̃diːr] *v.i.* 반짝이다, 빛나다. métal qui *resplendit* au soleil 햇빛에 반짝이는 금속. [~ de] Les cieux *resplendissaient* d'étoiles. 하늘에는 별들이 반짝이고 있었다. Son visage *resplendissait de joie*. 《비유적》그의 얼굴은 기쁨으로 빛나고 있었다.

resplendissant(***e***) [rɛsplɑ̃disɑ̃, -ɑ̃ːt] *a.* 반짝이는, 빛나는. yeux ~*s* 반짝이는 눈. 《비유》visage ~ de santé (de bonheur) 아주 건강해 (행복해) 보이는 얼굴.

resplendissement [rɛsplɑ̃dismɑ̃] *n.m.* 《문어》 반짝임, 빛남, 광휘. ~ de la mer sous le soleil couchant 석양으로 빛나는 바다. ~ de la gloire 《비유적》 영광의 빛남.

***responsabilité** [rɛspɔ̃sabilite] *n.f.* ① 《법》책임. ~ civile 민사 책임, 배상 의무. ~ pénale 형사 책임. ~ collective 연대 책임(solidarité). société à

~ limitée 유한(책임)회사((약자)) S.A.R.L.). ~ ministérielle 내각의 책임성(의회의 신임, 불신임에 따라 진퇴를 정할 의무). ② (일반적으로) 책임; (책임있는)직무, 요직. ~ morale 도의적 책임. lourdes ~s 중책. prendre sous sa ~ de+inf. 자기의 책임으로 …하다. assumer la ~ de qc …의 책임을 떠맡다. prendre ses ~s 책임을 다하다. rejeter sur qn la ~ de sa faute 자기 잘못의 책임을 …에게 전가하다. décliner toute ~ 어떤 책임도 지지 않는다. avoir la ~ de qc(qn) …에 대한 책임을 지다, …을 지도할 책임을 지다. haute ~ 요직.

***responsable** [rɛspɔ̃sabl] a. (~ de) ① (행위에 대해)책임이 있는. personne ~ 책임자. être civilement[pénalement] ~ 민사상(형사상) 책임이 있다. Il n'est pas ~ de cet accident. 그는 이 사고에 책임이 없다. rendre qn ~ de qc …의 책임으로 돌리다. (보어 없이) Le député est ~ devant ses électeurs. 국회의원은 선거민에 대하여 책임이 있다. ② (도의적으로)책임이 있는. Vous êtes ~ de ces enfants. 당신은 이 아이들에 대해 책임이 있다. (보어 없이) être ~ devant la postérité 후세에 대해 책임이 있다. ③ (주관하는 사람으로서)책임지는, 책임자인. Il est ~ de la gestion de cette société. 그는 그 회사의 운영책임자이다. ④ 책임감이 있는 ((영)responsible 의 영향). les plus ~s des étudiants 가장 책임감이 강한 학생들. agir de façon ~ 책임있게 행동하다. (특히 부정형으로 비인칭 구문) Il n'est pas ~ de+inf. …하는 것은 무책임한 일이다. Ce n'est pas ~. 그것은 무책임한 짓이다.
—n. 책임자(dirigeant). ~s d'un parti 정당의 지도자. ~ syndical 노조의 책임자(대표). La police cherche le ~ de l'accident. 경찰은 사고의 책임자를 찾고 있다.

responsif(ve) [rɛspɔ̃sif, -i:v] a. 《법》 회답의, 답변의.

resquillage [rɛskija:ʒ] n.m., **resquille** [rɛskij] n.f. 《구어》 (극장·교통수단 따위에)표 없이 들어감, 무임승차.

resquiller [rɛskije] v.i. (극장·교통수단 따위에)공짜로 슬쩍 들어가다. —v.t. 공짜로 얻다. ~ un repas 공짜로 식사를 하다.

resquilleur(se) [rɛskijœ:r, -ø:z] n. 공짜 손님, 무료 (표없이)입장자; 불청객, 열치기꾼. —a. 교활하고 뻔뻔스러운.

ressac [rəsak] n.m. 《해양》 ① (해안이나 암초에 부딪쳐)되밀려 오는 파도, 해안파. ②《구어》부서지는 큰 파도, 파랑(破浪).

ressaigner [rəseɲe] v.i. (병자로부터)다시 피를 뽑다. ~ un malade 다시 병자의 피를 뽑다. —v.i. 다시 출혈하다. plaie qui ressaigne 또 피가 나오는 상처.

***ressaisir** [rəsezi:r] v.t. ① 다시 잡다(reprendre); 다시 붙잡다(체포하다) (rattraper); (잃었던 것을)되찾다. ~ un fuyard 도망자를 체포하다. ~ le pouvoir 권력을 되찾다. ② (주어는 사물) (감정·욕구 따위가)다시 사로잡다. La peur le ressaisit. 그는 다시 공포에 사로잡혔다.
—se ~ v.pr. ① 다시 침착해지다, 다시 제 정신을 차리다(se remettre); (비틀거리다가)몸의 균형을 되찾다. Il faillit éclater en sanglots; mais il s'est ressaisi. 그는 울음을 터뜨릴 뻔했으나 자제할 수 있었다. Il a subi des échecs, mais chaque fois il s'est ressaisi aussitôt. 그는 실패를 거듭했으나, 그때마다 곧 재기했다. ② (옛) 《법》 [se ~ de] (을)되찾다. se ~ de ses biens [de ses droits] 재산(권리)을 되찾다.

ressaisissement [rəsezismɑ̃] n.m. 《문어》 자신으로 돌아오기, 침착(평정)을 되찾기.

ressassage [rəsasa:ʒ] n.m. ① 체로 다시 치기. ② (비유적) (추억·감정 따위를)되씹기; (같은 말·생각·일을)풀이하기. ③(옛) 재검사, 재검토.

ressasser [rəsase] v.t. ① 체로 다시 치다. ② (비유적) (과거의 추억·감정·생각 따위를)되씹다(remâcher); (같은 말·일을)되풀이하다. ~ des regrets 회한을 되씹다. ~ les mêmes plaisanteries 같은 농담을 몇 번이고 되풀이 하다. ③ (옛) 면밀하게 조사하다; 상세히 음미하다.

ressasseur(se) [rəsasœ:r, -ø:z] n. 같은 말을 자꾸 되풀이하는 사람.

ressaut [rəso] n.m. ① 《건축》 돌출(한 부분). ② (지면의)융기, 높낮이, 기복; 《지리》 면, 갸쿠면의 단층; 지진에 의한 단층. chemin plein ~s 울퉁불퉁한 길. ~ de faille 단층애(崖). ③ (냇 상류의 돌발적)수위(水位)급상승.

ressauter¹ [rəsote] v.i. ① 다시 뛰다. sauter et ~ 깡충깡충 뛰다. acrobate qui ressaute sans filet 그물없이 두 번째 공중 그네타기를 하는 곡예사. ② 《구어》 펄쩍 뛰다, 움찔하다. ③《속어》성내다.
—v.t. 다시 뛰어넘다. ~ le fossé 다시 도랑을 뛰어 넘다.

ressauter² v.i. 《건축》 돌출하다.

ressayage [rɛseja:ʒ] n.m. 가봉·수정후의 재가봉 (réessayage).

ressayer [rɛse(e)je] [8] v.t. ① 다시 시험(시도)하다. ② (가봉한 것을) 다시 입어 보다, 재가봉 하다 (réessayer).

ressécher [rəseʃe] [6] v.t. =reséche.

ressellement [rəsɛlmɑ̃] n.m. 다시 안장을 놓기.

resseller [rəs(ə)le] v.t. (말 따위에) 다시 안장을 놓다.

***ressemblance** [rəsɑ̃blɑ̃:s] n.f. ① 닮음, 유사함 (similitude). (pl.) 공통점(analogie). ~ entre deux choses 양자간의 유사함. ~ d'un objet avec un autre 어떤 것과 다른 것과의 유사함. Il y a une grande ~ entre eux. 그들은 많이 닮았다. Il y a une ~ frappante entre cet enfant et son père. 이 애는 자기 아버지와 꼭 닮았다. saisir les ~s entre deux choses 두 개 사이의 공통[유사]점을 찾아내다. Ce portrait est beau, mais la ~ n'y est pas. 이 초상화는 훌륭하지만, 그러나 닮은 데는 없다. ②(옛)모습, 상(像) (image). Dieu créa l'homme à sa ~. 신은 자기를 본떠서 인간을 창조했다.

ressemblant(e) [rəsɑ̃blɑ̃, -ɑ̃:t] a. 닮은, 비슷한, 유사한; 《구어》 (보어 없이) 실물[모델]과 흡사한. deux frères très ~s 매우 닮은 두 형제. [~ à] Cette fleur est ~e à la rose. 이 꽃은 장미를 닮았다. portrait très ~ 실물과 꼭 닮은 초상화.

‡**ressembler** [rəsɑ̃ble] v.t. ind. [~ à] ① (형상 또는 성질이) 닮다, 비슷하다. Elle ressemble à sa mère d'une manière frappante. 그녀는 어머니를 꼭 닮았다. Sa robe ressemble à la mienne. 그녀의 옷은 내 것과 비슷하다. L'amour ressemble à la haine. 사랑은 증오와 비슷하다. A quoi ressemble-t-il? 《구어》 그 사람은 어떻게 생겼어요? (용모·몸매 따위를 물을 때). Ce buste ne ressemble guère au modèle. 그 흉상은 본인과 별로 닮지 않았다. Cela ressemble à tout. 그것은 흔한 (명범한) 일이다. ② [~ à qn] (언행이)(그 사람)답다. Cela lui ressemble tout à fait. 전적으로 그 사람답다. Cela ne vous ressemble pas. 그것은 당신답지 않다. ne ~ à rien ② 독창적이다, 유례가 없다. film nouvelle vague qui ne ressemble à rien 독창적인 누벨바그의 영화. ⓑ (나쁜 의미로)괴상하다, 망칙

하다. costume qui *ne ressemble à rien* 기묘한 의상.
—se ~ *v.pr.* ① 《상호적》 서로 닮다, 비슷하다. Ils *se ressemblent* l'un à l'autre. 두 사람은 서로 닮았다. *se* ~ *comme deux gouttes d'eau*[*deux jumeaux, deux œufs*] 꼭 닮다. 《부정대명사 또는 부정형용사로 된 주어와 함께》 Dans les sociétés modernes, tout le monde tend à *se* ~. 현대사회에서는, 모든 사람들이 서로 닮아가는 경향이 있다. Aucune maison ne *se ressemble* dans cette rue. 이 거리의 집은 어떤 것도 서로 닮지 않았다.
② 《재귀적》(그 전의 자기를 닮아서) 지금도 변함이 없다, 항상 같다. Ce peintre *se ressemble*. 이 화가는 똑같은 그림만 그리고 있다. Elle ne *se ressemble* plus: elle est amoureuse. 그녀는 사랑에 빠지니까 사람이 변했다.

ressemelage [rəsəmlɑːʒ] *n.m.* 구두창 갈기. faire un ~ 구두창을 갈다.

*ressemeler [rəsəmle] [5] *v.t.* (구두의)창을 갈다. Il a fait ~ ses souliers. 그는 구두창을 갈았다.

ressemer [rəsme] [4] *v.t.* (보리 따위의 씨를) 다시 뿌리다; (밭에) 움씨를 뿌리다.
—se ~ *v.pr.* 다시 뿌려지다.

ressenti(e) [rəsɑ̃ti] (< *ressentir*) *a.p.* 깊이 느껴진; 《미술》 (선·터치 따위가) 힘찬, 뚜렷한.

ressentiment [rəsɑ̃timɑ̃] *n.m.* ① 원한, 한(恨), 유감(rancune, rancœur). ~ à l'égard de *qn* ···에 대한 원한. garder le ~ *d'une injure* 모욕에 대한 원한을 품다. s'attirer le ~ *de qn* ···의 원한을 사다. ②《옛》 감사한 생각. témoigner son ~ à *qn* ···에게 감사의 뜻을 표시하다. ③《옛》(슬픔·고통을)느끼기. ~ *de la perte de son ami* 친구의 죽음을 슬퍼하는 마음.

ressentir [rəsɑ̃tiːr] [18] *v.t.* ① (감정을 강하게) 느끼다(éprouver). ~ *de l'amitié[de la sympathie] pour qn* ···에 대해 우정[공감]을 가슴아파하다. ~ *le malheur des autres* 타인의 불행을 가슴아파하다. ② (단순히 육체적인 쾌감·불쾌감·고통을)느끼다(sentir). ~ *des douleurs* [*la soif*] 고통[갈증]을 느끼다. *Ce bien-être après un bon repos se fait sentir dans tout le corps* 다시 느끼다, (의)결과[영향·여파]를 느끼다; 회상하다. ~ *une chute* 낙상의 후유증을 (지금도) 느끼다. ~ *une insulte*[*un bienfait*] 모욕당한 일[은혜입은 일]을 회상하다.
—se ~ *v.pr.* [se ~ *de qc*] ① (일이 끝난 뒤에도 계속해서)(의)영향을 받다. Je *me ressens de* mon ancienne blessure. 나는 옛 상처가 지금도 아프다. Le pays *se ressentira* longtemps *de* la guerre. 이 나라는 오래도록 전쟁의 상처가 남을 것이다. Ces pages *se ressentent de* l'effort. 이 문장은 힘들여 쓴 흔적을 남기고 있다[느낄 수 있다]. ②《오래도록》 (을)잊지 못하다, 느끼다. *se ~ d'une injure* 모욕 당한 것을 잊지 못하다. ③《속어》[s'en ~ pour *qc*/pour+*inf.*] (에 대한)생각이 있다, (할)기분이 되다. Il ne *s'en ressentait* pas *pour* (faire) ce travail. 그는 그 일을 할 기분이 아니었다.

resserrant(e) [rəsɛrɑ̃, -ɑ̃ːt] *a.* ① 죄는; 가슴을 죄는 듯한. tristesse ~*e* 가슴을 죄는 듯한 슬픔. ②《의학》변비가 되게 하는.

resserre [rəsɛːr] *n.f.* 헛간, 저장소, 창고. mettre des fruits[des outils] dans une ~ 과일[연장]을 창고에 넣다.

resserré(e) [rəsɛre] *a.p.* ① 사방이 둘러싸인, 좁은 (encaissé). vallée ~*e* 좁은 계곡. ②《의학》변비가 된(constipé).

resserrement [rəsɛrmɑ̃] *n.m.* ① 죄기, 좁히기, 수축, 긴축. ~ *d'un nœud* 매듭을 꼭 죄기. ~ *de cœur* 《비유적》 가슴이 죄어드는 듯한 느낌. ~ *d'une amitié*(*de la fraternité*) 《비유적》 우정(우애)을 두텁게 하기. ② (정신의)편협. ~ *de l'esprit* 편협한 정신. ③ (금융의)핍박. ~ *de l'argent* 금융 핍박. ④《의학》변비.

resserrer [rəsɛre] *v.t.* ① 다시 죄다, 좁히다, 수축시키다. ~ *les cordons*[*un nœud*] 끈[매듭]을 다시 죄다. Le froid *resserre* les pores. 추위는 모공(毛孔)을 수축시킨다. ~ *les cordons de la bourse* 주머니 끈을 죄다, 지출을 억제하다. ~ *la surveillance* 감시를 강화하다. ②《비유적》 (관계를) 긴밀히 하다. ~ *des liens d'amitié* 우정의 유대를 공고히 하다. ③《비유적》 압축하다, 축소하다 (comprimer, contracter); 제한하다(borner). Les travaux *ont resserré* la route à cet endroit. 공사 때문에 이 곳의 길은 좁아졌다. ~ *un récit* en quelques pages 《추상적》 이야기를 몇 페이지로 압축[요약]하다. ~ *le pouvoir* 권력을 제한하다. ⓑ(지출·비용을)억제하다. ~ *le crédit* 자금을 긴축하다. ⓒ《문어》(정신적으로)억압하다(comprimer). ~ *le cœur* 마음을 억누르다. lectures qui *resserrent* l'esprit 정신을 억압하는[활짝 피어나지 못하게 하는] 독서. ~ *les sentiments* 감정을 억제하다[억누르다]. ④《의학》(음식물이) 변비가 되게 하는 (~ le ventre).
—se ~ *v.pr.* 줄어들다, 수축하다, 죄어지다, 좁혀지다. nœuds qui *se resserrent* 단단히 죄어지는 매듭. La rue *se resserre* ici. 길은 여기서 좁아진다. ② (관계가) 긴밀하게 되다, 두터워지다. relations qui *se resserrent* 긴밀해지는 관계. ③ 핍박히다; 절약하다. L'argent *se resserre*. 금융이 핍박해진다. ④《비유적》(마음이) 죄어들다, 억압되다. Le cœur *se resserre*. 마음이 죄어든다[답답해진다]. ⑤ (주어는 사람) 서로 좁혀 앉다, 모여 앉다. Ils *sont resserrés* sous l'abat-jour. 그들은 램프의 갓아래 촘촘히 모여 앉았다.

resservir [rəsɛrviːr] [18] *v.i.* ① 다시 사용되다. Cet instrument ne peut ~. 이 도구는 더 이상 쓸 수 없다. ② 다시 근무하다, (군인이) 다시 복무하다. **—***v.t.* (음식물을) 다시 차리다. ~ *du thé* 다시 차를 내다.

ressonder [rəsɔ̃de] *v.t.* ① 다시 측량하다. ②《비유적》(의)마음을 떠보다.

ressort¹ [rəsɔːr] *n.m.* ① 용수철, 스프링, 태엽. ~ *à boudin* 나선형 용수철. ~ *de suspension d'une auto* 자동차의 스프링. ~ *de montre* 시계의 태엽. ~ *de sommier* 침대의 스프링. bander[tendre] un ~ 태엽을 감다. ~ *détendu* 풀린 태엽. ②《옛》탄성(彈性); 탄력. faire ~ (용수철처럼) 튀어오르다. ③《문어》동인(動因), 원동력; 동기. Quels sont les ~*s* qui l'ont perdu? 그를 파멸시킨 원인이 무엇인가? L'argent est le ~ *de tous les conflits*. 돈은 모든 분쟁의 원인이다. ④《옛》생기, 기력, 기백(énergie). avoir du[manquer de] ~ 기력이 있다[없다]. se sentir sans ~ 기력이 없다. ⑤《옛》수단, 책략(machination). faire jouer tous ses ~*s* 《구어》 온갖 수단을 쓰다.

ressort² *n.m.* ①《법》 재판 관할구, 관할; 영역, 권한(domaine). ~ *de la cour d'appel de Paris* 파리 고등 재판소의 관할구. ②심급, 급심(審級). jugement en premier ~ 일심판결.
en dernier ~ 종심(終審)에(서); 《구어》 최종적으로(finalement). *En dernier* ~, il a décidé de partir. 끝내 그는 떠나기로 결정했다.
être du ~ de ~ (재판소의) 관할에 속하다; ···의 권한에 속하다. Cette affaire *est du ~ de* la cour d'appel. 이 사건은 고등법원의 관할이다. Cela n'est

pas de mon ~. 그건 내 영역이 아니다, 내가 나설 일이 아니다.

ressort³ ressortir 의 직설·현재·3·단수.

ressortir¹ [rəsɔrtiːr] [18] v.i. 《조동사는 être》 ① (들어갔다가) 나가다(나오다). ~ par la porte opposée (들어간 사람이) 반대편 문으로 나가다. ② 드러나다, 두드러져 보이다(trancher). qualité qui ressort par le contraste 대조로써 두드러져 보이는 특성. [~ sur] Cette broderie rouge ressort bien sur le fond vert. 이 빨간 자수는 녹색 바탕에 두드러져 보인다. faire ~ qc …을 눈에 띄게하다, 강조하다. ③ [~ de] (에서) 생기다, (의 결과로) 나타나다. (비인칭) Il ressort de là que… 그 결과 …하게 된다. Il ressort de cet examen que la situation est mauvaise. 이 검토의 결과, 상황이 나쁘다는 것이 분명해졌다.
— v.t. ① 다시 꺼내다. ② 《부기》 (총계·금액을 붉은 잉크 따위로) 명시하다.

ressortir² [rəsɔrtiːr] [10] v.t. ind. 《법》 …의 관할에 속하다;《문어》…의 영역에 속하다 (dépendre de). affaire (procès) qui ressortit au tribunal de commerce 상업 재판소의 관할에 속하는 사건[소송]. problème qui ressortit à la chimie 화학에 속하는 문제.

ressortissant(e) [rəsɔrtisɑ̃, -ɑ̃ːt] a. [~ à] (의) 관할에 속하는; (나라에) 속하는. —n. (어떤 나라의) 소속민, 재외 자국민, 거류민. ~s français en Corée 한국의 프랑스인 거류민.

ressouder [rəsude] v.t. 다시 납땜하다;《비유적》다시 결합하다, 더 굳게 하다. ~ des tuyaux 관을 다시 납땜하여 잇다. ~ une alliance entre les gouvernements 정부간의 동맹을 다시 굳게 하다.
—se ~ v.pr. 다시 접합[결합]되다; (뼈 따위가) 다시 유착하다.

ressoudure [rəsudyːr] n.f. 《드물게》 다시 납땜하기.

ressouffrir [rəsufriːr] [12] v.t. =**resouffrir**.

ressource [rəsurs] n.f. ① (곤란을 타개하는) 수단, 방편, 방책(recours); 의지할 수 있는 사람[물건]. Sa seule ~ était de se donner la mort. 그에게 남은 단 하나의 수단은 자살하는 일이었다. en dernière ~ 마지막 수단으로서. être à bout de ~s 어찌할 도리가 없다. faire ~ de tout pour+inf. …하기 위해 모든 수단을 다 쓰다. Il n'avait d'autre ~ que de mendier pour vivre. 그가 살기 위해서는 구걸하는 길밖에 없었다. C'est vous qui êtes ma dernière ~. 내가 마지막으로 의지할 수 있는 사람은 당신이오. ② (pl.) 돈, 자력, 재력; 자원, 재원. Il n'a que de faibles ~s. 그에게는 약간의 자금[자재]밖에 없다. ~s du Trésor 국고. exploitation des ~s 자원 개발. [~ en] ~s en hommes et en matériel d'un pays 한 나라의 인적·물적 자원. ③ (대개 pl.) 《비유적》 (지능적인) 수단, 방법; 능력. homme de ~s 수완가. ~s d'une langue 언어의 표현 능력. ~s de l'artiste 예술가의 능력. avoir des ~s variées 다재다능하다. Il a de la ~; Avec lui, il y a de la ~. 그에게는 아직도 믿을 만한 위치가 있다. ④ 《항공》 (급강하 후에) 수평 비행의 위치로 되돌아가기.

ressourcement [rəsursəmɑ̃] n.m. 《문어》 원천(근원)으로 되돌아가기.

ressouvenance [rəsuvnɑ̃ːs] n.f. 《옛·문어》 회상, 추억.

ressouvenir [rəsuvniːr] [16] v.imp. 《옛》《조동사는 être》 (다시) 생각나다, 회상되다. Il me ressouvient de+inf.(que+ind.) 옛일·잊었던 일이 (다시) 생각난다.
—se ~ v.pr. [se ~ de qc] ① 《문어》 (다시) 생각나다, 회상되다. Je me ressouviens de mes jeunes amours. 나는 젊었을 때의 사랑을 회상한다. 《se 생략하여》 [se ~ qn de qc]…에게 …을 회상하게 하다. [se ~ de+inf./que+ind.] Je me ressouviens d'être tombé en panne à cet endroit. 이 자리에서 자동차 고장이 났던 일이 생각난다. ② 《구어》 (원한·복수를) 잊지 않다; (원망·보복을) 받다. Il s'est joué de moi, je m'en ressouviendrai. 그가 나를 농락했는데, 언제까지나 잊지 않을테다 《언제쯤 복수하고 말겠지》. Vous vous en ressouviendrez tôt ou tard. 당신은 조만간 복수를 당할거요.

ressuage [rəsɥaːʒ] n.m. ① (벽 따위에서) 습기가 배어 나오기; (석고 따위가) 수분을 증발하기. ② 《야금》 (구리의) 용해 분리; 쇳덩어리의 불순물 제거.

ressuer [rəsɥe] v.i. ① (벽 따위에서) 습기가 배어 나오다. laisser ~ les plâtres 새로 바른 벽을 (수분을 증발시켜) 말리다. ② 《야금》 달군 쇳덩어리를 망치로 두드려 불순물을 제거하다. faire ~ (구리 따위에서) 은을 분리하다; (도가니의) 벽에 묻은 은을 제거하다.

ressui [rəsɥi] n.m. ① 《사냥》 비·이슬에 젖은 짐승이 몸을 말리러 가는 곳. ② 《요업》 오지 그릇이 잘못 구워져 습기가 나지 않음.

ressuiement [rəsɥimɑ̃] n.m. 《드물게》 (토지·곡물의) 건조.

ressuivre [rəsɥiːvr] [36] v.t. (의) 뒤를 다시 쫓다.

ressurgir [rəsyrʒiːr] v.i. =**resurgir**.

ressuscitable [resysitabl] a. 되살릴 수 있는, 소생시킬 수 있는.

ressuscitation [resysitasjɔ̃] n.f. 되살아남, 소생.

ressuscité(e) [resysite] a.p. 되살아난, 부활한, (병자가) 목숨을 건진. —n. (위)의 사람. R~ 예수그리스도.

ressuscitement [resysitmɑ̃] n.m. 《드물게》 되살아남, 소생, 부활.

ressusciter [resysite] v.t. ① 되살리다, 소생시키다. Jésus ressuscita Lazare. 예수가 나사로를 다시 살리셨다. ② (에게) 원기를 회복시키다; (중병에서) 낫게 하다; 생기를 주다. Cette nouvelle l'a ressuscité. 이 소식이 그의 생기를 북돋아 주었다. Ce médicament l'a ressuscité. 이 약의 덕택으로 그는 목숨을 건졌다. ③ 부활시키다, 부흥[재흥] 시키다 (renouveler). ~ une mode en passant 유행을 다시 퍼뜨리다. ④ 머리 속에 되살리다, 회상하다. ~ des souvenirs 추억을 되살리다.
— v.i. 되살아나다, 부활하다. Jésus est ressuscité le troisième jour après sa mort. 예수는 사후 3일만에 부활했다. ② 《비유적》 생기를 되찾다; (중병에서) 목숨을 건지다. La nature ressuscite avec le printemps. 자연은 봄과 더불어 소생한다. pays qui ressuscite (파멸 상태에서) 다시 일어서는 나라.

ressusciteur [resysitœr] a.m. 되살리는, 소생시키는. historien ~ du passé 과거를 되살리는 역사가.
—n.m. (위)의 사람.

ressuyage [rəsɥijaːʒ] n.m. 말리기; 닦기.

ressuyer [rəsɥije] [7] v.t. 건조시키다, 말리다 (faire sécher); 《옛》 다시 닦다. Le vent a ressuyé la terre. 바람에 지면이 말랐다. ~ ses yeux 눈을 몇번이고 닦다. —v.i. 마르다. Il faut laisser ~ ce mur. 이 벽을 말려야 한다.
—se ~ v.pr. 마르다, 몸을 말리다.

restant(e) [rɛstɑ̃, -ɑ̃ːt] a. ① 남는, 살아남은. cent francs ~s 나머지 100 프랑. Elle est le seul membre ~ de cette famille. 그녀가 그 가족의 단 하나의 생존자[잔류자]이다. ② 국유치(局留置)의. poste ~e 국유치 우편. adresser une lettre poste ~e [bureau ~] 국유치 우편으로 편지를 부치다.
—n. 살아남은 사람, 생존자. —n.m. 나머지, 잔액

(reste). ~ d'un compte 〖상업〗 계정 잔고. payer le ~ avec les intérêts 이자를 붙여 잔금을 지불하다. dépenser tout le ~ de sa fortune 재산의 나머지를 전부 탕진하다. souffrir d'un ~ de grippe 다 낫지 않은 감기로 고생하다.

restau [rɛsto] (<restaurant) n.m.《구어》식당, 레스토랑(resto).

‡restaurant(e) [rɛstɔrɑ̃, -ɑ̃:t] n.m. ①음식점, 식당, 레스토랑. ~ populaire[à bon marché] 대중[싸구려] 식당. ~ libre-service 셀프 서비스 식당. ~ universitaire 대학 학생 식당. wagon-~ 열차 식당. Il tient un ~ dans cette rue. 그는 이 거리에서 식당을 경영하고 있다. ②〖옛〗영양식; 보약, 강장제. C'est un bon ~ que le vin. 기운을 회복하는 데는 술이 제일 좋다.
— a. (음식물이)원기를 회복시키는, 자양의.

restaurant-pont [rɛstɔrɑ̃pɔ̃] n.m. 〈고속도로 위에 육교 형태로 세워진〉육교 식당.

restaurateur(trice) [rɛstɔratœːr, -tris] n. (그림 따위의) 복원자; 《구어》부흥자, 재건자. ~ d'une ville 도시의 재건자. ~s de la culture antique 고대문화를 부흥시킨 사람들. —n.m. 음식점 주인.
— a. 복원하는. artiste ~ 복원 기술자.

restauratif(ve) [rɛstɔratif, -iːv] a. 《드물게》부흥하는; (약이) 원기를 회복시키는.

restauration [rɛstɔrasjɔ̃] n.f. ① (기념 건조물·미술품의) 복원, 보수; 재건. ~ d'un monument historique 낡은 기념물의 복원[보수]. ~ d'un tableau[d'une statue] 회화(조각)의 복원. ~ des finances de l'État 국가 재정의 재건. ②〈종교·왕정·왕조의〉복고, 부흥; (R~)〖보어 없이〗프랑스 부르봉왕조의 왕정복고(시대). ~ de la religion catholique 가톨릭의 부흥. 《형용사로》style [meuble] R~ 왕정복고 양식〈왕정복고풍의 가구〉. ③ 식당 경영업. ④《사투리》식당《독일어의 영향에 의한》.

restauré(e) [rɛstore] a.p. 복원된; 원기를 회복한. statue ~e 복원된 동상. Ils partirent bien ~s. 그들은 완전히 기운을 회복하고 출발했다.

***restaurer** [rɛstore] v.t. ①〈고건축·미술품 따위를〉복원하다, 보수[복구]하다. Après la guerre, on a restauré la cathédrale. 전후 그 대성당은 복구되었다. tableau bien restauré 훌륭하게 복원된 그림. ②〈기능·원기 따위를〉회복시키다, 부흥시키다, 〈정체를〉복구[복권]시키다. ~ la santé 건강을 회복시키다. ~ l'ordre 질서를 회복시키다. La paix n'était pas restaurée dans cette région. 그 지방에는 평화는 회복되어 있지 않았다. ~ les lettres 문예를 부흥시키다. ~ un régime[une dynastie] 정체[왕조]를 복고하다. ③ (음식물이) 기운을 내게 하다; 식사를 하게 하다, 식사를 제공하다《20 세기에 와서 부활된 옛말》.
— **se** ~ v.pr. 배를 채우다; (음식물·휴식으로) 원기를 회복하다.

restauroute, restoroute [rɛstɔrut] n.m. 도시 밖의 고속도로변에 위치한 식당.

restau-u, resto-u [rɛstoy] n.m.《구어》대학식당《restaurant-universitaire 의 약자》.

‡reste [rɛst] n.m. ①[~ de qc](의)나머지. le ~ d'une dette 빌린 돈의 나머지[잔액](restant). Elle a mis le ~ du beurre dans le réfrigérateur. 그녀는 남은 버터를 냉장고에 넣었다. le ~ de sa vie 여생.《한정보어 없이》(암시되는 경우》Payez-moi une partie de votre dette, je vous donnerai un délai pour le ~. 차용금의 일부를 갚아준다면 나머지 잔금은 시일의 여유를 주겠다.
②〖수학〗(뺄셈·나눗셈의) 나머지. 18 soustrait de 60 laisse pour ~ 42. 60에서 18을 빼면 42가 남는다. ~ de division 나눗셈의 나머지.
③ 그 밖의 것(일·사람), 기타의 것(일). Je vous laisse deviner le ~. 그 밖의 일은 상상에 맡기겠다. Le ~ des hommes n'osait[n'osaient] parler au duc. 다른 사람들은 공작에게 감히 이야기하지 못했다《동사는 단수·복수 다같이 쓰임》. Il vit séparé du ~ du monde. 그는 다른 사람들과 떨어져서 산다. pour le ~; quant au ~ 그 외의 것에 관해서는.
④ (pl.) (구체적으로) 남은 것. ~s d'un bâtiment détruit 파괴된 건물의 잔해[폐허](débris). (sing.) Ce portique est le seul ~ conservé de l'ancien temple. 이 회랑은 옛 사원 가운데서 보존된 유일한 유물이다. Finissez ces pommes de terre, j'ai horreur des ~s. 이 감자를 다 먹어치워요, 난 먹다 남는게 딱 질색이란 말이오.
⑤ 유해, 시체(cadavre). ~s de qn …의 유해. ~s mortels 유해.
⑥ 살아 남은 사람들(survivant). ~s d'une armée vaincue 패잔병들.
⑦ (여성의) 자취(흔적), 남아있는 것. La marquise avait encore de beaux ~s(des ~s de beauté). 후작 부인은 아직도 왕년의 아름다움의 흔적을 간직하고 있다.
⑧ [un ~ de qc](의)소량[약간]의 나머지. Il encore un ~ d'espoir. 그는 일말의 희망을 품고 있다. un ~ de fromage 치즈의 나머지.
de ~ 여분으로, 필요 이상으로. Vous avez de l'argent[du temps] de ~. 당신에게는 돈이[시간적인 여유가] 넘칠 정도로 있다.
du ~; au ~ ⓐ 게다가, 뿐만 아니라(au surplus). Au ~, je vous dirai que... 또한[뿐만 아니라] 말씀 드리고 싶은 것은…. ⓑ 그런데, 그러나. Il est capricieux, du ~ il est honnête homme. 그는 변덕 쟁이이지만 성품은 좋은 사람이다.
et le ~ 등등, 기타 여러 가지로. Il l'a appelé voleur, patricide, incestueux, et le ~. 그는 상대를 도적놈, 살인마, 근친상간자 등등이라고 불렀다. Il est beau, grand, courageux et le ~. 그는 미남이고, 키가 크고, 용기 등등이 있다.
être[demeurer] en ~ (avec qn) (비유적) 빚이 있다, 의리를 지키지 않고 있다. Je n'aime pas être en ~ avec mes amis. 나는 친구들에게 빚지고 사는 것을 싫어한다.
le ~ du temps 《부사》다른 때에는, 그 외에는.
ne pas demander[attendre] son ~ 〈잔돈도 받지 않고〉얼른 물러가다, 뒤돌아 보지도 않고 총총히 사라지다.

‡rester [rɛste] v.i.《조동사는 être》① ⓐ 〈같은 장소에〉있다(demeurer). Restez là, jusqu'à ce que je vous appelle. 내가 부를 때까지 거기에 있어 주시오. ~ au lit 침대에 계속 남아 있다. ⓑ (가지[나가]) 않고) 있다(↔ sortir, partir). Il aime ~ chez lui(à la maison). 그는 집에 있기를 좋아한다. Restez encore un peu, j'ai quelque chose à vous dire. 조금만 더 계세요, 할말이 있으니까. Restez (là) à dîner avec nous. 집에서 같이 저녁 식사를 하고 가시죠. ⓒ 《주어는 사물》(같은 곳에) 그대로 있다, 남다. On a beau frotter, la tache reste. 아무리 비벼도 소용없다, 얼룩은 남는다. Cela m'est resté dans la mémoire. 그것은 나의 기억에 남았다. Cette critique lui est restée sur le cœur. 그 비평이 그의 마음에 상처를 남겼다(앙금처럼 남아 있다). ~ sur une impression 아직도 인상에 남아 있다.
② ⓐ [~+속사 또는 상황보어] (같은 상태·자세로) ⓐ. ~ tranquille 안심하고 있다. Elle reste jeune. 그녀는 여전히 젊다. ~ debout 선 채 있

다(debout 는 부사). ~ tout un jour sans sortir de sa chambre 꼭 하루를 밖으로 나가지 않고 있다. voiture qui *reste* en panne 고장난 채로 있는 자동차. ⓑ〔~ à+*inf*.〕(계속하여)하고 있다. Ils *restaient* à table à bavarder. 그들은 식사 후에도 계속 떠들어 대고 있었다.
③ 존속(영속)하다(durer). C'est une œuvre(un artiste) qui *restera*. 그것은〔그는〕 후세에 길이 남을 작품〔예술가〕이다.
④ ⓐ〔~ de〕 아직도 남아 있다. C'est là tout ce qui *reste de* sa fortune. 그의 재산에 남아 있는 것은 이것이 전부이다. (도치) *Reste* ceux qui... ...하는 사람들만이 남았다(문두에서는 항상 단수). 〔비인칭〕Il lui *restait* cinq francs. 그에게는 5 프랑이 남아 있다. le seul ami qu'il me *reste* 나에게 남아 있는 유일한 친구. ce qu'il te *reste de*... ...에 남지. ⓒ〔~ à+*inf*.〕…해야할 …이 남아 있다, 또는 …을 하지 않으면 안된다. Dix mille francs lui *restaient* à payer. 그는 아직도 만프랑을 지불하지 않으면 안된다. 〔비인칭〕Il me *reste* beaucoup à faire. 나에게는 (아직도)해야할 일이 많이 있다. Il ne me *reste* plus qu'à partir. 이제 남은 것은 출발하는 일뿐이다. ⓓ〔Il reste que+*ind*.; Il n'en reste pas moins que+*ind*.; (생략하여) Reste que +*ind*. 그렇다해도〔역시〕 …이다; 아뭏든 …임에는 변함이 없다(Toujours est-il que). *Il n'en reste pas moins qu'*elle est une brave femme. 역시 그녀는 장한 여자임에는 틀림없다.

en ~ à (일 따위의)도중에서 멈추다; … 이상은 나가지 않다. Je ne suis pas très avancé en français, j'en suis resté au livre I. 프랑스어 공부가 진전이 없어서 이제 겨우 I권에 머물러 있다.
en ~ là 그 이상은 진척이 없다, 거기서 멈춰 있다. Restons-en là pour aujourd'hui. 오늘은 이런 정도로 해두자.
faillir y 〔구어〕 자칫 죽을 뻔하다. L해두자.
Reste à savoir si... …할지 어떨지 아직 모르다.
~ sur le champ de bataille 전사하다.

restiforme [rɛstifɔrm] *a*. 《해부》 삭상(索狀)의.
restituable [rɛstitɥabl] *a*. ① 반환해야 할. ②《법》 회복시킬 수 있는.
restituant(e) [rɛstitɥɑ̃, -ɑ̃:t] *a*,*n*. 반환하는(사람).
restituer [rɛstitɥe] *v.t.* ① (부정 취득한 것을)되돌려주다, 반환하다(redonner, rendre). Il m'*a restitué* ce qu'il me devait. 그는 나에게 빚진 것을 돌려 주었다. ② 복구하다, (건물·원본 등을) 복원(復元)하다; 《법》 복권(復權)시키다; (명예를) 회복시키다(rétablir). ~ à *qn* son honneur …에게 명예를 회복시켜 주다. ~ un monument 기념물을 복원하다. ③ 〔측량〕(사진을 기준으로하여)도면을 작성하다. ④ (축적(흡수)한 에너지를) 방출하다, (저장한 물을)방수하다. ⑤ (녹음한 것을)재생하다(reproduire). ~ un son enregistré 녹음된 음을 재생하다. ⑥ 〔구어〕토하다, 누다(vomir). ~ son déjeuner 점심에 먹은 것을 게우다.
restituteur [rɛstitɥtœːr] *n.m.* ① 복원자(復元者). ② 〔측량〕 도면 제작자. —*a*. 〔측량〕 도면을 작성하는.
restitution [rɛstitysjɔ̃] *n.f.* ① (부정 취득물의) 되돌려주기, 반환하기; 반제, 반제(반환)된 것; 《법》 손해 배상(금). ② (건물·원본 따위의) 복원, 복구; 《법》 원상회복, 복권.
restitutoire [rɛstitɥtwaːr] *a*. 복원〔복권〕에 관한; 반환을 명령하는.
restoroute [rɛstɔrut] *n.m.* 《상표명》 자동차 여행자를 위한 대로변의 음식점.
restraint [rɛstrɛ̃] *n.m.* 《의학》 (정신병 치료를 위한) 구속 도구의 사용, 억제. ~ *moral* 정신적 억제; 금욕.
restreignant(e) [rɛstrɛɲɑ̃, -ɑ̃:t] (*p.pr.*<restreindre) *a*. 제한하는.
restreindre [rɛstrɛ̃:dr] [27] *v.t.* 제한(국한·한정)하다(limiter, réduire); 절약하다; 억제하다; 구속하다. ~ *la liberté de qn* …의 자유를 제한하다.
—**se ~** *v.pr.* ① 지출을 줄이다, 절약하다. *se ~ dans ses dépenses* 지출(비용)을 절약하다. ② 제한(축소)되다. *se ~ à qc*〔à+*inf*.〕…에〔하는 것으로〕그치다, 다만 …만 하다. Le champs de nos recherches s'est restreint. 우리의 연구 분야가 축소되었다.
restreint(e) [rɛstrɛ̃, -ɛ̃:t] (*p.p.*<restreindre) *a.p.* 제한〔국한〕된(limité); (뜻·장소 따위가)좁은. édition à tirage ~ 한정(출)판.
restrictif(ve) [rɛstriktif, -iːv] *a*. 한정하는; 제한하는; 구속하는. propositions ~*ves* 제한절(excepté que, hormis que, sauf que 따위로 시작되는 종속절). épithète ~*ve* 한정형용사. interprétation ~*ve* 엄밀한 해석. mesures ~*ves* 억압 수단.
restriction [rɛstriksjɔ̃] *n.f.* ① 제한(감축·삭감)하기(limitation, compression). 〔~ *de qc*〕 des naissances 〔de la reproduction〕 산아(생산) 제한. ~ *des armements* 군비제한. ② (*pl*.) 드물게 *sing*.) 제한(사항); 조건(condition). ② 예외(exception). apporter〔mettre〕 des ~*s* à un principe 원칙에 제한〔예외 규정〕을 두다. Cette mesure a été adoptée avec ~(s). 이 조치는 조건부로 채택되었다. ③ (*pl*.) 식량제한(배급)(rationnement); 물자제한. Nous étions dans une période de ~*s*(dans les ~*s*). 당시는 식량제한의 시기였다. ④ 고의로 말을 생략하기(réticence). ~ *mentale* 심적제한, 심중유보. *faire des* ~*s* 유보하다; 의심스러운 뜻을 함축시키다. *sans* ~ 무조건으로, 전면적으로(sans condition, entièrement).
restringent(e) [rɛstrɛ̃ʒɑ̃, -ɑ̃:t] 《의학》 *a*. 수렴성 (收斂性)의. —*n.m.* 수렴제(劑).
restructuration [rəstryktyrasjɔ̃] *n.f.* (어떤 지역의) 용도 변경, 계획 수정, 재구성(rénovation); (단체 조직의) 기구 개편, 재편성. ~ *de l'industrie textile* 섬유공업의 재편성. ~ *d'un quartier* 어떤 지구의 재구성.
restructurer [rəstryktyre] *v.t.* (지역의) 계획〔용도〕를 변경하다, 재구성하다; (기업·제도·당파 따위를) 재편성하다, 기구를 개편하다.
—**se ~** *v.pr.* 재구성〔재편성〕되다.
resucée [rəsyse] *n.f.* 〔구어〕 ① (연설·책 따위의) 재탕, 개작(改作). ② (마시는 것의)새로운 양. ③ 번, 회. à la deuxième ~ 두 번째로.
résultant(e) [rezyltɑ̃, -ɑ̃:t] *a*. 〔【에】 …에(…에)유래(기인)하는, 생기는. ②: *son* ~ 《음악》 결합음. —*n.f.* ① 결과(conséquence). ② 《기계》 합력.
‡résultat [rezylta] *n.m.* ① 결과, 성과; (*pl*.)구체적인 성과. ~ *d'une expérience* 실험결과. Ce livre est le ~ *de dix ans d'efforts*. 이 책은 10 년간의 노고의 결과이다. aboutir à un ~ *favorable* 좋은 성과를 올리다. arriver à un bon ~ 성공하다. Le ~ *est que+ind*. 그 결과 …이다. ② (시험·경기·경쟁 따위의)성적, 성패, 승부. affichage des ~*s* 합격발표. proclamer les ~*s du scrutin* 투표결과를 발표하다. match de football sans ~ 무승부로 끝난 축구시합. ③ (계산·추론 따위의)해답, 결론. ~ *d'une addition* 덧셈의 답.
résultatif(ve) [rezyltatif, -iːv] *a*. 〔언어〕 행위의 결과를 표현하는.
***résulter** [rezylte] *v.i.* 《부정법·현재분사·3 인칭으로

만 쓰임, 조동사는 상태를 나타낼 경우 être, 동작을 나타낼 경우 avoir) [~ de](의)결과이다, 결과로서 생기다, 기인(起因)하다(découler, naître). ma conviction résulte d'une série de déductions. 나의 확신은 일련의 추론의 결과이다. (비인칭) [Il résulte de qc que+ind. (부정형에서는 que+sub.)] Il résulte de ses aveux qu'il n'a pu agir seul. 그의 자백에서 나타난 것은 그가 혼자 행동할 수 없었다는 것이다. Qu'en résultera-t-il? 그 결과 어떻게 되는가? (비인칭) [Il résulte qc de qc] Il est résulté de grandes pertes de sa mauvaise gestion. 그의 부실한 경영 때문에 막대한 손해가 생겼다.

résumé(e) [rezyme] a.p. 요약된, 축소된. récit ~ 간추린 이야기.

*__résumé__² n.m. ① 요약, 개요, 적요, 골자, 개략 (sommaire). faire un ~ (de) (…)요약하다. ② 개론, 개설(서)(abrégé, précis). ~ d'histoire 역사개론. 축소된 모습, 축도. ~ des débats 〖법〗(배심원에게 이야기하는 사건 요점의)브리핑. **en[au] ~** 요컨대, 일언이폐로하여.

*__résumer__ [rezyme] v.t. 요약(개괄)하다(abréger); 축도이다. ~ la pensée d'un auteur 어떤 작가의 사상을 요약하다.
—**se ~** v.pr. ① (자기의 말(생각)을)요약하다. Résume-toi en quelques mots. 자네가 말한 것을 몇 마디로 요약해 보게. ② 요약되다. Son discours se résume difficilement. 그의 말은 요약되기 어렵다. [se ~ à/dans qc] Sa vie se résume à son travail. 그의 인생은 요컨대 일 외에 아무것도 아니다.

résupiné(e) [rezypine] a. 〖식물〗위아래가 거꾸로 된.

RESURCA 《약자》régime de retraite supplémentaire des cadres 간부퇴직 추가연금제도.

résure [rezy:r] n.f. 〖어업〗=**rogue²**.

résurgence [rezyrʒɑ̃:s] n.f. (지하를 흐르던)강물이 다시 나타남.

résurgent(e) [rezyrʒɑ̃, -ɑ̃:t] a. résurgence의. eaux ~es (지하로 스며 흐르다가)다시 나타난 강물.

resurgir [rəsyrʒi:r] v.i. 다시 나타나다.

résurrecteur [rezyrɛktœ:r] n.m. 소생시키는 사람; (문예의)부흥자.

résurrectif(ve) [rezyrɛktif, -i:v] a. 되살리는, 소생시키는.

résurrection [rezyrɛksjɔ̃] n.f. ① (죽은 사람이)되살아남, 소생, 부활. C'est une (véritable) ~. 그것은 기적적인 소생(쾌유)이다. ~ des morts au jugement dernier 〖종교〗최후의 심판 때 죽은 자의 부활(죽은 자가 모두 동시에 부활하여 하느님의 심판을 받는다는 설). ② (R~) 〖가톨릭〗 예수의 부활(〖미술〗예수 부활의 그림. ③ (예술 따위의)부흥, 재유행. ~ du passé 과거의 재현.

résurrectionnel(le) [rezyrɛksjɔnɛl] a. 〖문어〗 부활의; 부흥의.

résurrection(n)isme [rezyrɛksjɔnism] n.m. 고대 예술 모방주의.

résurrection(n)iste [rezyrɛksjɔnist] n. ① 소생(부활)시키는 사람; 부흥자; 고대 예술 모방주의자. ② 〖영국사〗(외과용의)시체 발굴자. —a. 되살리는; 고대 예술 모방주의의.

retable [rətabl], **rétable** [retabl] n.m. 〖교회건축〗제단 뒤의 장식벽(병풍); (그)장식화.

rétabli(e) [retabli] a.p. ① (사물에 대하여)복원된, 회복된. texte ~ 복원된 텍스트. ② (사람에 대하여)회복된(guéri).

rétablir [retabli:r] v.t. ① (원상태·좋은 상태로)회복시키다, (건물을)수복(修復)[복원]하다, 복구하다(restituer). ~ l'ordre 질서를 회복하다. ~ les communications téléphoniques 전화선을 복구하다. ② (건강을)회복시키다(restaurer). Ce médicament l'a bien rétabli. 이 약으로 그는 빨리 회복되었다. ③ 복직시키다; 복권시키다(réhabiliter). [~ qn en/dans/à qc] On l'a bientôt rétabli à sa place. 그는 곧 복직되었다. ④ (사실 따위를)밝히다, 확정(정정)하다. ~ un fait 일의 진상을 밝히다. ⑤ 개선하다(améliorer)
—**se ~** v.pr. ① (건강을)회복하다(se remettre, guérir). Après son opération, Sylvie s'est rétablie très vite. 수술을 받은 후 실비는 아주 빨리 회복되었다. ② (질서·날씨·신용 따위가)회복되다, 되돌아오다. Le calme se rétablit peu à peu dans l'université. 대학 내에 평온이 차츰 회복되어 가고 있다. se ~ dans les bonnes grâces de qn 다시 …의 호감을 사다.

rétablissement [retablismɑ̃] n.m. ① 회복, 수복, 복구, 재건; 복직, (가세·명예의)만회, (신용의)부흥. ~ de l'ordre par la police 경찰에 의한 질서의 회복. ②(보어 없이)건강의 회복. Je vous souhaite un rapide ~. 당신이 빨리 완쾌하시기 바랍니다. ③ (사실 따위의)규명, 확정. exiger le ~ de la vérité 진실의 규명을 요구하다. ④ 〖체조〗(반듯이 누워 있던 사람·철봉에 매달려 있던 사람이)상반신을 일으키기.

retablisseur [retablisœ:r] n.m. 재건자, 부흥자.

retaille [rətɑj] n.f. (보통 pl.)(피륙·가죽 따위가) 윗밥, 동가리.

retaillement [rətɑjmɑ̃] n.m. 다시 깎기(자르기).

retailler [rətɑje] v.t. ① (정원수·옷감 따위를)다시 자르다; (연필 따위를)다시 깎다; (맷돌·줄 따위의)이를 다시 세우다. ② 〖카드놀이〗카드패를 다시 치다.

retaillure [rətɑjy:r] n.f. 다시 깎기(자르기).

rétamage [retama:ʒ] n.m. ① 주석 도금을 다시 함. ②(거울에)주석과 수은의 합금을 다시 입힘.

rétamé(e) [retame] a.p. ① (물건이)망가진, 못쓰게 된. ②〖구어〗술에 취한(ivre). se faire ~ 곤드레만드레 취하다. ③〖구어〗녹초가 된(épuisé); 무너진(démoli).

rétamer [retame] v.t. ① (남비 따위에)주석 도금을 다시 하다. ②(거울에)주석과 수은의 합금을 다시 입히다. ③〖구어〗취해 곯아 떨어지게 하다; 무너뜨리다(démolir), 망가뜨리다; (노름에서)빈털터리가 되게 하다.

rétameur [retamœ:r] n.m. 주석 도금공.

retapage [rətapa:ʒ] n.m. 손질, 수선; 정돈. ~ rapide d'un lit 침대의 간단한 정돈.

retape [rətap] n.f. 〖구어〗(창녀의)손님끌기. faire la ~ 손님을 끌다. Il fait la ~ pour son parti. (비유적)그는 자기 당의 입당을 권유한다.

retaper [rətape] v.t. ①〖구어〗(모양을 정돈하기 위해)두드리다; 두드려서 주름을 펴다, 두드려 모양을 갖추다; 〖구어〗손보다, 손질하다; 수선하다 (réparer). ~ une vieille maison 낡은 집을 손질하다. ②〖구어〗건강하게 하다, 원기를 회복시키다. Prenez ça, ça vous retapera. 이걸 드세요, 기운이 날거요. ③ 다시 두드리다, 다시 치다. ~ une lettre à la machine 편지를 타자기로 다시 치다. ④ 〖은어〗(시험에서)낙제시키다.
—**se ~** v.pr. ①〖구어〗원기를 회복하다, 건강해지다. Il s'est bien retapé. 그는 훨씬 건강해졌다.
se ~ le moral 기운을 내다. 〖보.

retapeuse [rətapøːz] n.f. 〖속어〗밤거리의 여자, 갈보.

retapisser [rətapise] v.t. 벽지를 새로 바르다.

*__retard__ [rəta:r] n.m. ①(정각 또는 약속 시간에)늦기, 지각, 연착. C'est vous qui êtes la cause de ce

~. 이렇게 늦은 건 당신 탓이오. ~ d'un train (d'un avion, du courrier) 열차 (비행기·우편물)의 지각 (연착). billet de ~ 연착증명. être (arriver, se mettre) en ~ 지각하다, 늦다. être en ~ d'une heure 1시간 늦다. être en ~ sur qn …보다 늦다. ② (진행·행동이)늦기, 느림; 체불, 연체. Il est en ~ pour son loyer. 그는 집세를 연체하고 있다. être en ~ dans son travail 일이 더디다. ③ 늦어 있는 시간(간격·거리). Ma montre a du ~. 내 시계는 늦다. Le train a une heure de ~. 열차가 1시간 늦다. combler (rattraper) son ~ 늦은 시간을 되찾다; (학력의)뒤짐을 만회하다. ④ (진보·발전이)늦음, 뒤짐, 후진. pays en ~ au point de vue économique 경제적인 후진국 (pays sous-développé). élève en ~ dans ses études 공부에 뒤진 생도. être en ~ sur les idées de son temps 시대의 사상에 뒤지다. Vous avez du ~. 《구어》아직 소식을 모르시는 군요. ~ mental 《의학》지능 발달의 지연. ⑤ 지연 장치; 《음악》계류음. ~ d'une montre 시계를 늦게 가게 하는 장치. ligne de ~ 《공업》지연 회로. sans ~ 즉시.

retardataire [rətardatɛ:r] a. ① 늦은, 지각한. élève ~ 지각생. ② 지불이 연체된, 체납된. contribuable ~ 납세 체납자. ③ 뒤떨어진, 진보가 늦은. enfants ~s 지진아. —n. ① 지각자, 지참자. ② 체납자; 공부가 뒤떨어진 학생.

retardateur(trice) [rətardatœr, -tris] a. 느리게 하는, (마찰이)운동을 저지하는; 《군사》적의 진출 속도를 늦추는. force ~*trice* 저지하는 힘. —n.m. (화학 반응 따위의)억제제; 《사진》현상 억제제 (劑).

retardation [rətardɑsjɔ̃] n.f. 《물리》감속 (減速).

retardé(e) [rətarde] a.p. ① (공부가)뒤떨어진. ② 연기된; (예)늦어진. —n. 공부(발육·성장)가 뒤떨어진 아이.

retardement [rətardəmɑ̃] n.m. 《옛》지연, 연기. à ~ ⓐ 시한 (時限)의. bombe à ~ 시한폭탄. ⓑ 《구어》너무 늦어서야, 오랜 뒤에. comprendre à ~ 뒤늦게 깨닫다.

*****retarder** [rətarde] v.t. ① (정해진 시간·날짜에)늦어지게 하다, 지연시키다 (attarder). [~ qn] Un bouchon l'a retardé. 그는 교통 체증 때문에 늦었다. [~ qc] Un petit accident a retardé l'arrivée du train. 작은 사고로 열차가 연착했다. ② (정해진 시간·날짜를)늦추다, 연기하다; (자신의)출발을 늦추다. La date des examens 시험 날짜를 늦추다. ③ (일 따위를 하는 것을)늦어지게 하다. [~ qn/qc dans] Des visiteurs importuns me retardent dans mon travail. 번거로운 손님들이 나의 일을 지연시키고 있다. ④ (시계를)늦추다. ~ une montre 시계를 늦추다.
—v.i. ① (시계가)늦다, 늦게 가다(↔ avancer). Cette pendule retarde chaque jour de cinq minutes. 이 시계는 매일 5분씩 늦는다. Ma montre retarde de dix minutes. 《구어》나의 시계는 10분 늦는다 (Je retarde de dix minutes). ② 《구어》남보다 뒤늦게 알다, 세상 소문에 더디다. ~ sur son temps (sur son siècle) 시대 (시세)에 뒤떨어지다. Vous ne savez pas leur divorce? Vous retardez! 그들의 이혼을 모르십니까? 소문에 더디시군요.
—se ~ v.pr. 늦다, 지각하다.

retassure [rətasy:r] n.f. 《야금》수축소 (收縮巢).

retâter [rətɑte] v.t. ① 다시 손을 대다, 다시 짚어보다. ~ le pouls d'un malade 병자의 맥을 다시 집다. ② 다시 탐색 (타진)하다. ~ qn sur une affaire 어떤 문제에 관해 …의 생각을 다시 타진하다.
—v.t. ind. [~ de] …을 다시 맛보다; 다시 체험하

다. ~ d'un vin 포도주를 다시 맛보다. Il a retâté de la prison. 《구어》그는 다시 감옥에 들어갔다.

reteindre [rətɛ̃:dr] [27] v.t. 다시 물들이다, 다른 색 깔로 염색하다.

réteindre [retɛ̃:dr] [27] v.t. 다시 끄다.

retéléphoner [rətelefone] v.t. 다시 전화로 알리다.
—v.i. 다시 전화를 걸다.

retenable [rətənabl] a. 보전 (유지)할 수 있는.

retendoir [rətɑ̃dwa:r] n.m. (피아노의)현 (絃)을 죄는 연장.

retendre [rətɑ̃:dr] [25] v.t. ① 다시 죄다 (당기다, 팽팽하게 하다); (올가미·덫 따위를)다시 놓다 (다시 치다, 파다); (옷을)다시 펴다 (rendre). ② (손 따위를)다시 내밀다.

rétendre [retɑ̃:dr] [25] v.t. 다시 펼치다.

*****retenir** [rətni:r, rətəni:r] [16] v.t. ① [~ qn] 붙들다, 만류하다; 유치하다 (garder). Nous avons retenu notre ami à dîner. 우리는 저녁 식사를 하고 가라고 친구를 붙들었다. Je ne vous retiens pas. 붙잡지 않 겠습니다. ~ qn comme otage …을 인질로 잡아두다. (주어는 사물) Le mauvais temps nous a retenus ici toute la journée. 날씨가 나빠 우리는 하루 종일 여기 붙잡혀 있었다.
② (넘어지려는 사람, 무엇인가 하려는 사람을)붙잡다, 막다, 제지하다 (arrêter, empêcher); (웃음·눈물 따위를)억제하다, 참다, 억누르다. Il serait tombé dans le précipice, si je ne l'avais retenu. 내가 붙잡지 않았더라면 그는 벼랑에 떨어졌을 것이다. Il l'aurait tuée, si je ne l'avais retenu. 내가 막지 않았더라면 그는 그녀를 죽였을지도 모른다. [~ qn de + inf.] La crainte d'une punition l'a retenu d'agir ainsi. 벌을 받을까 두려워서 그는 감히 그렇게 행동하지 못했다. ~ un cheval qui s'emporte 날뛰는 말을 제압하다.
③ (주어는 사물) 《비유적》제지하다. si la crainte de Dieu me retenait. 신을 두려워하는 마음이 나를 억제하지 않는다면…. Cette considération me retient. 그러한 생각으로 나는 참았다. ~ son haleine (son souffle) (잠시)숨을 죽이다 (멈추다). ~ ses larmes 눈물을 억제하다.
④ (물건을)붙들다, 고정시키다 (attacher, fixer), (물·흐름을)막다; 고이게 하다 (conserver); (시선 따위를)끌다. ~ les cheveux par un ruban 리본으로 묶다. construire un barrage pour ~ les eaux de la rivière 강물을 고이게 하여 댐을 건설하다. ~ le regard (l'attention, l'intérêt) de qn …의 주의 (관심)을 끌다, …의 주목을 받다 (관심을 갖게 하다).
⑤ (마음에)두다, 기억하다 (se souvenir). ~ un numéro de téléphone 전화 번호를 기억하다. Retenez bien ce que je vous ai dit. 내 말을 잘 기억해두시오. Je vous retiens. 《구어》당신이 한 것을 잊지 않겠소.
⑥ (남의 물건이나 돈을 내주지 않고)압류하다, 차압하다. Le prêteur a fait ~ les meubles de son débiteur. 채권자가 채무자의 가구를 차압했다.
⑦ 선취하다, 공제하다 (prélever), 예약하다 (louer, faire réserver). ~ une somme sur le salaire pour la Sécurité sociale 사회보장을 위해 급료에서 어느 액수를 공제하다. ~ une chambre dans un hôtel (une table du restaurant) 호텔의 방 (식당의 좌석)을 예약하다.
⑧ 《수학》(덧셈에서는 윗 단위로, 나눗셈에서는 아랫 단위로)보내다. Huit et neuf font dix-sept; je pose 7 et je retiens 1. 8 더하기 9는 17, 7을 두고 1을 올린다.
⑨ (일반적으로)(검토·고려할 만한 것을)취하다 (adopter). ~ une cause 《법》(법원이)소송을 받

아들이다. ~ une proposition(un projet) 제안[계획]을 취하다.
⑩《옛·문어》보유하다. ~ le pouvoir(l'autorité) 권력[권위]을 보유하다.
—v.i. (가축이) 새끼를 배다.
—se ~ v.pr. ① (떨어지지 않으려고, 넘어지지 않으려고) 붙잡다, 잡다, 매달리다, 의지하다(s'accrocher, se rattraper); (자신의) 속도를 줄이다; (급히) 멈추다; 제동을 걸다. [se ~ à qc] Sophie a failli tomber, heureusement elle *s'est retenue à* mon bras. 소피는 넘어질 뻔 했는데 다행히 내 팔에 매달렸다. Ce skieur avait du mal à *se* ~ dans la descente. 그 스키어는 하강할 때 제동을 거는데 힘들었다.
② 참다(se contenir, se contraindre); 《목적보어 없이》 (대)변을 참다. Elle *se retient* pour ne pas pleurer. 그 여자는 울지 않으려고 참고 있다. [se ~ de+inf.] Je n'ai pas pu *me ~* de rire. 나는 웃음을 참을 수가 없었다.
③ 기억에 남다. Son nom *se retient* facilement. 그의 이름은 기억하기 쉽다.

retenter [rətɑ̃te] v.t. 다시 시도하다.

retenteur(trice) [rətɑ̃tœːr, -tris], **rétenteur(trice)** [retɑ̃tœːr, -tris] a. 억제하는.

rétention [retɑ̃sjɔ̃] n.f. ① 《법》 유치(留置). droit de ~ 유치권. ② 《의학》 정체(停滞). ~ d'urine 요폐(尿閉). ③ 《수학》 (한 자리) 올림. ④ 《심리》 과거지향 역사적 용어).

rétentionnaire [retɑ̃sjɔnɛːr] n. 《법》 유치권자.

*****retentir** [rətɑ̃tiːr] v.i. ① (소리가) 울리다(résonner), 반향(反響)하다, 울려퍼지다. Le timbre de la porte *retentit*. 문의 초인종이 울렸다. Un coup de tonnerre *a retenti* dans toutes les vallées des environs. 천둥소리가 온 골짜기에 울려퍼졌다. Ses louanges *ont retenti* dans tout l'univers.《비유적》 그에 대한 칭송이 전세계에 울려퍼졌다. ②《옛·문어》 (동굴·건축물 따위의 내부가) 잘 울리다. [~ de qc] Toute la caserne *a retenti* du coup de fusil qu'on vient de tirer. 방금 쏜 총소리가 막사 속에 울려 퍼져 왔다. La salle *retentissait* des applaudissements des spectateurs. 장내는 관객들의 박수 갈채로 떠나갈 듯했다. ③ 울리다, 영향을 주다. Chaque pas *retentit* dans mes reins. 걸음마다 허리에 울린다. Ses paroles *ont retenti* en moi.《비유적》 그의 말이 내게 자극을 주었다. Une infirmité peut ~ sur le caractère. 신체적인 결함이 성격에 영향을 줄 수 있다.

retentissant(e) [rətɑ̃tisɑ̃, -ɑ̃ːt] a. ① 평판이 높은, 빛나는, 떠들썩한(bruyant, éclatant), succès ~ 빛나는 대성공. scandale ~ 세상이 떠들썩한 스캔들. ②《옛·문어》반향하는; (소리가) 잘 울리는(sonore), voûte ~*e* 반향이 잘되는 돔. choc ~ 잘 울리는 충격음. voix ~*e* 잘 울려퍼지는 목소리.

retentissement [rətɑ̃tismɑ̃] n.m. ① 울림(메아리 치는) 소리; 울림, 메아리. ②(작품 따위의) 평판, 반향; 여파, 영향(contrecoup, répercussion). avoir un grand ~ 대단한 호평을 받다. Ces mesures auront un ~ sur la situation économique. 이 조치들은 경제 정세에 여파를 미칠 것이다.

rétentivité [retɑ̃tivite] n.f. (인상의)보유력; 《물리》보자력(保磁力).

retentum [rətɛ̃tɔm] n.m. ①《고대법》 암의(暗意).《판결문에 명시되지 않은 조문》. ②《구어》(말하지 않고) 숨기기.

retenu(e¹) [rətny] (p.p.<retenir) a.p. ① 조심성 있는, 신중한(discret). ② 예약된, 잡아둔(réserve). place ~*e* 잡아둔[예약된] 자리. ③ 억제된. larmes

~*es* 꾹 참는 눈물.

retenue² n.f. ① 신중함, 다소곳함; 자제, 절도(mesure, réserve). Il a beaucoup de ~. 그는 무척 신중하다. ②《옛》유보(留保); (세관에서, 상품의) 보류, 유치(留置). ~ de marchandise à la douane 세관에서의 상품의 유치. ③ (적립을 위한, 봉급에서의) 공제(控除). ~ pour la retraite 퇴직적립금공제. ④《수학》(덧셈 따위에서의) 한 단위 올리는 숫자. ⑤《교육》(학생에 대한 벌로) 방과후 남게 함; 유치, 금족. ⑥《건축》(대들보·가장자리·벽에의) 고정; 《해양》지삭(支索). câble de ~《옛》《해양》 닻줄. ⑦《공업》(세정(洗淨)이나 공업용의) 저수; 저수 탱크; 댐. barrage à faible ~ d'eau 저수량이 적은 댐. clapet [soupape] de ~《기계》 배압밸브. ⑧ ~ à la source 《세무》원천과세(징수).

reterçage, retersage [rətɛrsaːʒ] n.m. 《농업》(포도밭의 제초를 위한)네 번째의 가래질.

retercer [2], reterser [rətɛrse] v.t. 《농업》포도밭을 네 번째 가래질하다.

rethélois(e) [rətelwa, -aːz] a. 르텔(Rethel, 프랑스의 도시)의. —R~ n. 르텔 사람.

rétiaire [resjɛːr] n.m. 《고대로마》 망투사(網開士).《투망을 사용하는 투기자(鬪技者)》.

réticence [retisɑ̃ːs] n.f. ① 말할 것을 일부러 안하기; 《수사학》묵설법(默說法), parler sans ~ 숨김없이 이야기하다. ② 망설임, 주저(hésitation).

réticent(e) [retisɑ̃, -ɑ̃ːt] a. ① (사람이) 터놓고 말하는, 마음 속을 감추는; 과묵한(discret, silencieux). ②《구어》(사람·태도가)망설이는, 주저하는(hésitant, indécis), se montrer ~ 주저하는 빛을 보이다.

réticulaire [retikylɛːr] a. 그물 모양의.

réticulation [retikylasjɔ̃] n.f. 그물 모양.

réticule [retikyl] n.m. ①《광학》(망원경 렌즈의) 십자선, 측경망(測徑網). ② 작은 핸드백, 지갑. ③《옛》(여자용) 머리망.

réticulé(e) [retikyle] a. 그물 모양의. appareil ~ 《건축》《고대로마에서》네모진 돌·벽돌을 그물 모양(바둑판 모양)으로 쌓기. porcelaine ~*e* (이중으로 구워서) 그물 모양으로 비쳐 보이는 자기(磁器).

réticulocyte [retikylɔsit] n.m. 《생리》세망(細網)적혈구.

réticulo-endothélial(ale, pl. aux) [retikyloɑ̃doteljal, -o] a. 《의학》세망 내피(內皮)의.

réticulo-endothéliose [retikyloɑ̃doteljoːz] n.f. 《의학》세망 내피증(細網內皮症).

réticulum [retikylɔm] n.m. 망상(網狀) 조직.

retien -s, -t, etc. [rɔtjɛ̃] ⇨retenir

rétif(ve) [retif, -iːv] a. ① (말이) 나아가지 않는, 뒷걸음치는. ② (사람이) 고집센, 말 안 듣는.

rétiforme [retifɔrm] a. 그물 모양의.

rétinacle [retinakl] n.m. 《식물》화분괴(花粉塊)가 부착하는 선(腺); 《곤충》뒷 날개가 앞날개에 대는 보대(保帶).

rétine [retin] n.f. 《해부》망막(網膜), 그물막.

rétinerve [retinɛrv] a. 《식물》망상엽맥(網狀葉脈)의.

rétinien(ne) [retinjɛ̃, -ɛn] a. 망막의 (l 脈)의.

rétinite [retinit] n.f. ①《의학》 망막염(網膜炎). ②《광물》수지석(樹脂石).

retin -s, -t, etc. [rɔtɛ̃] ⇨retenir

rétique [retik] a. =**rhétique**.

retirable [rətirabl] a. 철수[철회]할 수 있는, 되찾을 수 있는.

retirade [rətirad] n.f. 《옛》《축성》(보루의)후진(後陣), 퇴각 보루.

retirage [rətiraːʒ] n.m. ① (판화·그림책의)재판,

retiration [ratirasjɔ̃] *n.f.* 〖인쇄〗 이면(裏面) 인쇄. machine(presse) à ~ 양면 인쇄기.

retiré(e) [ratire] *a.p.* ① 은퇴한. être ~ des affaires 사업을 그만두고 있다; 은거하고 있다. vivre ~; mener une vie ~e 은둔 생활을 하다. ② 구석진, 외 딴, 호젓한(écarté, isolé). quartier ~, loin des rues bruyantes 떠들썩한 시가에서 멀리 떨어진 외 딴 구역.

retirement [ratirmɑ̃] *n.m.* ① 〖요업〗 (유약의)채, 고르지 못함. ② (근육의)경축(痙縮)(contracture). ③ 드릴, 은퇴 생활. ④《드물게》(물건을)빼 앗기, (옷 따위를)벗기기; (물건을)꺼내기.

***retirer** [r(ə)tire] *v.t.* ① 《 ~ qn/qc de qc》(에서)꺼내 다, 끌어내다, 끄집어내다; 건져내다, 빼내다. Il retire le mouchoir *de* sa poche. 그는 주머니에서 손수건을 꺼낸다. Il retire un noyé *de* l'eau. 그는 물에 빠진 사람을 구해낸다. ~ une plante *de* terre 나무를 뽑다. ~ *de* l'argent *de* la banque 은행에서 돈을 찾다. ~ *du* sucre *de* la betterave 사탕무우에 서 설탕을 추출하다.
② 뒤로 당기다(젖히다), 끌어당기다, 오므라뜨리다. Il *a retiré* sa main pour éviter la flamme. 그는 불꽃을 피하기 위해 손을 뒤로 당겼다.
③《간접목적보어 없이》벗다, 벗기다(ôter). ~ son chapeau(ses gants, son pardessus) 모자(장갑·외투)를 벗다. ~ l'emballage d'un colis 짐의 포장을 벗기다.
④《~ qc à qn》도로 빼앗다, 박탈하다, 몰수하다(enlever). On lui *a retiré* son emploi. 그는 직업을 박탈당했다. ~ une autorisation *à qn* …의 면허를 취소하다. ~ son amitié(sa confiance) *à qn* …에게 우정(신뢰)을 갖지 않게 되다. ~ un pistolet *à qn* …에게서 권총을 몰수하다.
⑤《간접목적보어 없이》(약속 따위를)취소하다, (법안을)철회하다, (고소를)취하하다, (통화를) 회수하다. ~ sa candidature 입후보를 사퇴하다. ~ une plainte 고소를 취하하다. Je retire ce que j'ai dit. 내 말을 취소합니다.
⑥《~ qc de qc》얻다, 받다, 획득하다(obtenir, gagner). J'ai retiré un grand profit *de* cette lecture. 나는 이 책을 읽음으로써 얻는 바가 크다. ~ *de* grands avantages *de* sa situation 자신의 지위를 크게 활용하다.
⑦ (피륙·가죽 따위를)오그라뜨리다.
⑧ (제비를)다시 뽑다; 〖인쇄〗 재판(重版(增刷))하다; (총을)다시 쏘다. ~ une lotterie 복권을 다시 뽑다. ~ *au* pistolet 권총을 다시 쏘다.
⑨《옛》(사람을)숨기다. Il *retira* chez lui les conjurés. 그는 자기 집에 공모자들을 숨겨 주었다.
On me retirera difficilement l'idée que…《구어》누가 뭐라고 하든 나는 …이라는 생각을 버리지 않을 것이다.
~ *à qn le pain de la bouche* …에게 생활수단(호구책)을 빼앗다.

—**se** ~ *v.pr.* ① 물러가다, 자리를 뜨다(évacuer); 집에 돌아가다; 물러나다, 은퇴하다, 퇴직하다; 은둔하다; 멀어지다; 절교하다. Je me retire à la campagne. 나는 시골로 은퇴한다. [se ~ de qc] Il *s'est retiré du* commerce. 그는 장사를 그만두었다. *se* ~ *des* affaires 사업에서 손을 떼다, 은퇴하다.
②《se ~ dans/en+장소명》(…에)피신하다(se réfugier). Elle s'est retirée dans un couvent. 그녀는 수녀원에 몸을 숨겼다.
③ 〖군사〗 후퇴하다. Les ennemis *se retirèrent* en désordre. 적은 지리멸렬하게 퇴각했다.

④ (홍수·조수가)빠지다, 나가다. La mer *se retire*. 바닷물이 썬다.
⑤ (피륙 따위가)오그라지다. Cette étoffe *se retire* au lavage. 이 천은 빨면 줄어든다.

se ~ *dans sa tour d'ivoire* 상아탑에 들어박히다.
se ~ *sur la bonne bouche* (대회·노름에서)좋은 기회를 보아 그만두다.

retiro [ratiro] *n.m.*《구어》별장; 변소(buen-retiro).

retirons [ratirɔ̃] *n.m.pl.* 빗질한 후 빗에 남은 양털.

retissage [ratisaːʒ] *n.m.* (직물 따위의)다시 짜기.

retisser [ratise] *v.t.* 다시 짜다.

rétiveté [retivte], **rétivité** [retivite] *n.f.*《드물게》(말이)부리기 힘듦, (사람이)다루기 힘듦.

retombant(e) [rətɔ̃bɑ̃, -ɑ̃ːt] *a.* (입술·머리칼·옷자락 따위가)처진; 늘어진.

retombe [rətɔ̃b] *n.f.* ①《행정》(서류에 첨부하여 주의 사항을 써 놓은)부전(feuilles de ~). ②〖건축〗=retombée.

retombé [rətɔ̃be] *n.m.* 〖무용〗 뛰어올랐다가 살며시 내려서기.

retombée [rətɔ̃be] *n.f.* ① (머리카락·옷자락 따위의)처짐; 늘어짐. ② 〖건축〗 홍예점, 홍예의 기점 《기둥에서 아치가 시작되는 부위》. ③《주로 *pl.*》낙하물. ~*s de* fleurs 낙하물; 떨어진 꽃잎. ~*s radioactives* 〖군사〗 방사성 낙하물; 죽음의 재. ④ (비유적) (핵 연구가 끼치는)결과(영향); (*pl.*) (다른 목적에서 오는)뜻밖의 발견; (우연한 발견) 따위의 응용도.

retombement [rətɔ̃bmɑ̃] *n.m.* 다시 떨어지기; 다시 넘어지기; 〖문어〗실패, 좌절.

***retomber** [r(ə)tɔ̃be] *v.i.*《조동사는 보통 être》① (사람·동물이)다시 떨어지다, 다시 넘어지다, (땅에) 다시 발을 붙이다; 다시 눕다; (불행 따위에) 다시 빠지다; (병이)재발하다(rechuter). Le chat *est retombé* sur ses quatre pattes avec aisance. 고양이는 네발로 쉽게 내려 앉았다. bien[mal] ~ 능숙하게[서툴게] 착지하다. se laisser ~ dans son fauteuil 의자에 털썩 쓰러지다. Le jet d'eau *retombe* droit dans le bassin. 분수가 수직으로 수반위에 떨어진다. laisser ~ les bras(son regard) 팔[시선]을 다시 내리다. ~ malade 병이 재발하다. ~ dans *de* mauvaises habitudes 다시 나쁜 습관에 빠지다. ② (머리카락·옷자락 따위가)늘어지다. 처지다(tomber). Ses longs cheveux lui *retombent* sur les épaules. 그의 긴 머리가 어깨까지 늘어져 있다. (어떤 상황으로)다시 돌아가다, 되돌아가다. Le pays *est retombé* dans la barbarie. 그 나라는 미개상태로 되돌아갔다. La conversation *retombe* sur le même terrain. 이야기는 똑같은 화제로 되돌아갔다. ④ (상황보아 없이)쇠퇴하다, 악화되다. Son excitation *est retombée*. 그는 흥분에서 깨어났다. L'intérêt *retombe* au dénouement. 결말에 가서 흥미가 식다. ⑤ 《~ *sur qn/qc*》(에)귀착하다; 속하다(rejaillir, incomber). Toute la responsabilité *retombe* sur moi. 모든 책임은 나에게 있다.

Ça lui retombera sur le nez. 녀석은 그만한 벌을 받을 것이다. *Le sang qu'il a versé retombera sur sa tête.* 남에게 못된 짓을 했으면 똑같은 보복을 받을 것이다. ~ *sur ses pieds* 《구어》난관을 잘 타개하다, 회복하다. ~ *sur soi-même* 자성(自省)하다.

retondre [rətɔ̃ːdr] [25] *v.t.* ① (양털 따위를)다시 깎다, ② 석조물로부터 소용없는 것을 깎아내다.

retoquade [rətɔkad] *n.f.* 〖학생속어〗 낙제.

retoquer [rətɔke] *v.t.* 〖학생속어〗 낙제시키다.

retordage [rətɔrdaːʒ], **retordement** [rətɔrdəmɑ̃] *n.m.* 실을 드리기; 꼰 실.

retorderie [rətɔrd(ə)ri] *n.f.* 실 드리는 공장.

retordeur(se) [rətɔrdœːr, -ɸːz] n. 실 드리는 직공.
retordoir [rətɔrdwaːr] n.m. 실 드리는 기계.
retordre [rətɔrdr] [25] v.t. ① 〖직조〗(실을)드리다, 꼬다. ② (빨랫감을)다시 짜다.
avoir du fil à ~ 애를 먹다. *ne faire que tordre et* ~ 끄의 모두가 우선 많이 먹다.
retordu(e) [rətɔrdy] (*p.p.<retordre*) a.p. (실을)꼰, 드린.
rétorquable [retɔrkabl] a. 〖문어〗반박할 수 있는.
rétorquer [retɔrke] v.t. (상대방의 논법을)둘러대다, 역습하다, 반박하다, 응수하다(objecter, répliquer). On lui *a rétorqué* toutes les raisons qu'il avait alléguées. 그가 거론한 온갖 이유가 그대로 그를 반박하는데 쓰였다.
― **se** ― v.pr. (스스로의 논법으로)반박받다, 서로 반박하다. Cet objection peut *se* ~. 이 반론은 스스로의 이론으로 반박받을 수 있다.
retors(e) [rətɔr, -ɔrs] (*p.p.<retordre*) a.p. ① 교활한, 영큼한(rusé, malin). ② 〖직조〗꼬인, 꼰. ③ 〖옛〗(부리가)굽은. ― n.m. ① 교활한 사람, 악당. ② 〖직조〗꼬인(쓴) 실.
rétorsif(ve) [retɔrsif, -iːv] a. 반박적인.
rétorsion [retɔrsjɔ̃] n.f. ① 〖국제법〗(상대방과 같은 방법에 의한)보복. user de ~ 보복조치를 나가다. mesures de ~ 보복 수단. ② (상대방의 논법을 이용하여)역습, 둘러치기, 반박.
retorsoir [rətɔrswaːr] n.m. = **retordoir**.
retortiller [rətɔrtije] v.t. 다시 비틀다.
― v.i. 〖옛〗같은 이야기를 돌풀이하다.
retouchable [rətuʃabl] a. 수정(가필)할 수 있는, 치수를 맞출 수 있는.
retouche [rətuʃ] n.f. ① (문학·예술작품의)정정, 가필, 〖사진〗수정; 정정(수정)부분. ② (기성복의 부분적인)수정.
retoucher [rətuʃe] v.t. (문학·예술작품·사진을)정정(수정)하다, 가필하다. ~ un vêtement 완성된 의복(특히 기성복)을 손보다. ― v.t.ind. [~ à] 〖드물게〗 ~에 다시 손대다, 〖옛〗가필하다. ~ *à* un livre 책에 가필하다.
retoucheur(se) [rətuʃœːr, -ɸːz] n. 정정자, 수정자.
retouchoir [rətuʃwaːr] n.m. 수정용구.
retouper [rətupe] v.t. (도기 따위를)다시 굽다.
‡**retour** [rətuːr] n.m. ① 돌아감(옴), 귀환, 귀가, 귀국; 귀로. moment du ~ 돌아갈 시간. sans esprit de ~ 다시 돌아갈 듯없음. être sur le ~ 돌아가는 길이다. être sur le chemin de ~ 돌아가는 길이다. prendre un (billet d') aller et ~ 왕복표를 사다. J'irai vous voir à votre ~. 당신이 돌아오시면 찾아 뵈겠습니다.
② 반송(renvoi), 되돌려보냄, (책 따위의)반품. 〖법〗(부도수표를 본인에게)반송함, 되돌려보냄. ~ d'une lettre à l'envoyeur 편지를 발신자에게 되돌려 보냄. ~ sans frais 무비용 상환.
③ [~ à](어떤 상태·활동으로의)복귀. ~ *à* la nature 자연으로 되돌아감. ~ *à* la terre 대지〖농경생활〗로의 복귀. ~ *à* Dieu 승천, 죽음.
④ 귀래; 재발, 재래; 반복. ~ du printemps (de la belle saison) 봄(아름다운 계절)의 돌아옴. ~ d'un leitmotiv 〖음악〗라이트모티브의 반복. ~ éternel 〖철학〗(스토아학파 및 니체의)영겁회귀. ~ de la paix 평화의 회복.
⑤ 역운동(逆運動). ~ de marée 조수의 역류. ~ offensif (d'une armée)(군대의)반격. ~ de manivelle 〖기술〗(내연기관의)크랭크의 역운동.
⑥ 회고, 반성. faire un ~ sur soi-même 자성하다. ~ en arrière 과거의 추억, 회고.
⑦ (의견·결의의)변경, 〖옛〗(운명의)급격한 변동, 부침. 기복. ~s de l'opinion publique 여론의 역전. ~s de la fortune 〖옛〗운명의 급격한 변동.
⑧ 〖옛〗굴곡(détour). tours et ~s 굴곡; 우여곡절.
⑨ 〖건축〗돌출부분; 모퉁이. bâtiment en ~ 삐져나온 건물. ~ d'équerre 직각을 이룬 돌출부분.
⑩ 〖전기〗 ~ du courant 전선의 말단에서 발전기의 제 2 단자까지의 회로; ~ à la terre 접지회로; fil de ~ 전선의 말단에서 발전기의 제 2 단자를 맺는 선.
⑪ 〖스포츠〗설욕전, 리턴매치.
⑫〖옛〗상호성, 서로 즐김; 보복. L'amitié demande du ~. 우정은 서로 즐거워야 한다. payer qn de ~ (애정 따위에)같은 감정으로 보답하다.
à son ~ 돌아올 때, 돌아와서
au ― *de* …에 돌아올 때
cheval de ~ ⓐ 〖옛〗빌려준 곳으로 되돌려주는 말. ⓑ (비유적)누범자, 상습범.
de ― …에 돌아와서, 돌아와 보니. *De* ~ chez moi, j'ai trouvé votre lettre. 집에 돌아와 보니 당신 편지가 있더군요.
en ― 그 대신에(en échange, en récompense). Quel service pourrai-je lui rendre *en* ~? 그분에게 대신 무엇을 해드리면 좋겠소? effet *en* ~ 반동.
être de ~ 돌아와 있다. Il *est de* ~ depuis trois jours. 그는 사흘전에 돌아와 있다.
être sur le ~ (*de l'âge*) 늙어가다, 초로에 접어들다.
faire ― *à* (권리의 소유자에게)복귀하다, 환부되다.
faire ― *de* qc …을 반송하다.
par ― (*de courrier*) 편지 받는 즉시.
par un juste ― *des choses* 당연한 귀결로.
~ *d'âge* (주로 여자의)갱년기; 초로기.
~ *de* …에서 돌아와서, …에서 돌아온. R― *d'Amérique*, j'ai changé de situation. 미국에서 돌아와 직업을 바꿨다. diplomate ~ *de* France 프랑스에서 돌아온 외교관.
~ *de bâton* 부당 이득.
~ *de flamme* ⓐ 〖기술〗(내연기관에서 일어나는)역화(逆火), 백파이어. ⓑ (비유적)자업자득.
sans ― 영구히, 영원히(à jamais, pour toujours).
retournage [rəturnaːʒ] n.m. ① (옷을 다시 만들기 위해)뒤집기. ② (내부의 잡물을 제거하기 위해 동물의 내장을) 뒤집기.
retourne [rəturn] n.f. ① 〖카드놀이〗패를 다 눈 뒤에 상수패를 정하기 위해 까놓은 패. ② (신문 제 1 면의 기사가 딴 면으로 건너뛰)계속(보통은 la tourne 를 씀). *les avoir à la* ~ 벌벌 떨다.
retournement [rəturnəmɑ̃] n.m. ① 뒤집기; 뒤집히기. ② (의견·태도·사태의)격변, 급변. ③ 〖사진〗반전, 리버설. ④ 〖항공〗선회.
‡**retourner** [rəturne] v.t. ① (의)상하·안팎을 뒤집다(뒤집어 놓다), 엎어 놓다(renverser); 뒤집어 엎다. (재창을)갈다. ~ un seau 물통을 뒤집어 놓다. ~ un mot (une phrase) 낱말의 글자 (문장의 말마디)의 앞뒤를 바꾸어 놓다. ~ un vêtement 천을 뒤집어 다시 옷을 짓다. ~ la viande (l'omelette) dans la poêle 프라이팬 속의 고기(오믈렛)를 뒤집다. ~ une carte (카드를 나누어 준 다음 상수패(atout)를 정하기 위해)패를 뒤집어 카드를 벌리다.
② (땅을)파다, 갈다(labourer). ~ la terre avec une charrue 쟁기로 땅을 갈다. ~ le poignard dans la plaie de qn 〖구어〗 아픈 상처를 건드리다, …의 슬픔을 더하게 하다.
③ 〖구어〗[~ qn](의)마음을 흔들어놓다, (에게)충격을 주다(bouleverser). Cette nouvelle l'*a retourné*. 그 소식은 그에게 큰 충격을 주었다.
④ 뒤적거리다, 휘젓다; 잘 검토하다. ~ un appartement (une chambre) 〖구어〗집안(방안)을 뒤죽박

죽 어질러 놓다. ~ la salade 샐러드를 휘젓다. J'ai beau ~ le problème dans tous les sens, je ne trouve pas de solution. 그 문제를 아무리 검토해 보아도 별수 없다, 해결방도가 나오지 않는다.
⑤ⓐ (의)방향을 바꾸다, 돌리다. ~ la tête 돌아 보다. Il a retourné sa colère contre sa femme. 그는 아내에게 자신의 화를 돌렸다 (화풀이를 했다). ⓑ (의)의견을 바꾸게 하다; 상황을 변화시키다. Il était de notre avis mais ils l'ont retourné. 그는 우리 와 의견이 같았는데 그들이 그의 의견을 바꾸게 했다. ~ qn (comme une crêpe) 《구어》…의 의견을 쉽게 바꾸어 놓다. ~ une situation 정세를 역전시 키다.
⑥ (편지 따위를)돌려보내다, 반송하다. ~ une lettre 편지를 반송하다. ~ une marchandise 상품 을 돌려보내다.
~ à qn son compliment …에게 답례하다; (반어 적)…에게 똑같이 쏘아 주다.
~ les sangs à qn …의 마음을 뒤흔들어 놓다.
—v.i. (조동사는 보통 être) ① [~ à/dans/chez] (이미 갔던 곳에)다시 가다, (떠나왔던 곳에)돌아 가다, 집에 돌아가다. J'en ai assez d'être ici, je retourne à Paris. 이제 이곳은 지긋지긋하다, 파리 로 돌아가겠다. Je ne retournerai jamais chez lui. 그의 집에 다시는 가지 않겠다. ~ dans son pays natal 고향에 돌아가다. [~+inf.] ~ déjeuner chez soi 점심먹으러 집으로 돌아가다.
② [~ à] (전의 상태로)되돌아가다; (중단했던 일 을)다시 시작하다, 다시 이야기하다; [~ sur] (에 관하여) 다시 생각하다. ~ au néant 무로 돌아가 다. ~ à son ancien métier 이전의 직업으로 되돌 아가다. Les ouvriers sont retournés à leur travail. 노동자들은 작업에 복귀했다. Retournons à notre propos (nos moutons). 본론으로 돌아가자. ~sur le passé 과거를 돌이켜보다.
③ [~ sur] (과실 따위를 범한 자에게)그 결과가 되돌아오다.
④ (주어는 사물) [~ à] (에게)반환되다. La maison est retournée à son propriétaire. 그 집은 주 인에게 반환되었다.
De quoi retourne-t-il? 《구어》무슨 일인가, 무엇이 문제인가(De quoi est-il question?). Savez-vous de quoi il retourne? 도대체 어찌된 일입니까?
N'y retournez plus! 《구어》다시는 그런 짓을 마시 ~ à Dieu 종교에 다시 귀의하다; 죽다.   [오.
~ en arrière (sur ses pas) 길을 되돌아오다.
—se ~ v.pr. ① 몸의 방향을 바꾸다, 몸을 돌리다, 돌아서다(앉다), 돌아눕다; 돌아보다. se tourner et se ~ dans son lit 잠자리에서 이리저리 뒤척이다. Tout le monde se retourne quand elle passe. 그 녀가 지나가면 모두가 뒤돌아 본다.
② 뒤집히다; 뒤바뀌다. La voiture s'est retournée. 그 자동차는 뒤집혔다. La situation s'est brutale-ment retournée. 상황은 여지없이 뒤바뀌었다.
③ [~ vers] (에게)의뢰(호소)하다, (의)힘을 빌 리다 (avoir recours à). Dans son désarroi, il ne savait vers qui se ~. 그는 당황한 가운데서 누구에 게 의지해야 할지를 몰랐다.
④ [주어는 사물] [~ contre] (에게)불리해지다, 해롭다; (자기편을)적대하다, 배반하다. Ses faux temoignages se sont retournés contre lui. 그의 위증 은 그에게 불리한 결과를 가져왔다. se ~ contre ses camarades 동료들을 적으로 돌리다.
⑤ (상황보아 없이) 책략을 쓰다, 대책을 강구하 다, 행동(노선)을 바꾸다, 임기응변의 대책을 취하 다. homme qui sait se ~ 임기응변의 요령이 있는 사람.

⑥ 반성하다. se ~ sur soi-même 자신을 반성하다.
laisser à qn le temps de se ~ …할 여유를 주다, … 에게 처지를 깨닫고 조치를 취할 여유를 주다.
s'en ~ 돌아가다(revenir). s'en ~ chez soi 집으로 돌아가다. s'en ~ comme on est (était) venu 아무 것도 못하고 (아무 소득도 없이) 돌아가다.
retracement [rətrasmɑ̃] n.m.
retracer [rətrase] 2 v.t. ① (설계도 따위를)다시 그리다, 다시 긋다. ⓑ (비유적)(지난일을 되살 려)이야기하다, 서술하다; 회상시키다. ~ les ex-ploits d'un héros 영웅의 무용담을 생생하게 이야 기하다. Tout ici me retrace ma jeunesse. 여기서는 모든 것이 내 청춘시절을 회상시켜 준다.
rétractable [retraktabl] a. 《법》취소할 수 있는.
rétractation [retraktɑsjɔ̃] n.f. (의견 따위의)취소, 철회(désaveu).
rétracter¹ [retrakte] v.t. 취소하다, 철회하다(reti-rer, désavouer). Je rétracte ce que j'ai dit. 나는 내 가 한 말을 취소한다.
—se ~ v.pr. 전언(前言)을 취소하다(se dédire). Il m'avait promis son aide, puis il s'est rétracté. 그 는 도와주겠다고 내게 약속해 놓고는 취소했다.
rétracter² v.t. 오므리다, 움츠리다(contracter); 수 축시키다(retirer). Le chat rétracte ses griffes. 고 양이가 발톱을 오므린다. ~ un organe 어떤 기관 을 수축시키다.
—se ~ v.pr. 움츠리다, 오므라들다; 《의학》 (근육 따위가) 수축하다. Jusqu'à midi, les ombres se rétractent. 정오까지는 그림자가 줄어든다.
rétractif(ve) [retraktif, -iv] a. 수축시키는.
rétractile [retraktil] a. 수축성의; 신축자재의, (고 양이 따위의 발톱이)움츠러지는.
rétractilité [retraktilite] n.f. 수축성; 신축자재성, 움츠릴 수 있음.
rétraction [retraksjɔ̃] n.f. 《의학》 수축; 단축, 축 소. ~ musculaire 근육 수축.
retraduction [rətradyksjɔ̃] n.f. 중역, 이중 번역.
retraduire [rətradɥiːr] 32 v.t. 다시 번역하다, 개 역하다; 중역(重譯)하다.
retraire¹ [rətrɛːr] 44 v.t. 《법》되찾다, 되사다, 회수하다; 철회하다.
retraire² 44 v.t. 다시 젖을 짜다.
retrait¹ (e¹) [rətrɛ, -ɛt] a.p. ①《농업》(보리 따위 가)축성의. ②《법》회수한. ③ (줄기나 뿌리 가)축소된, 짧아진. ④ (건조한 목재가)뒤틀린.
retrait² [rətrɛ] n.m. ① (군대의)철병, 철거, 철수 (évacuation). ~ des troupes d'occupation 점령군 의 철수. ② (물결 따위의)물러감, 빠짐. ~ des eaux (홍수 따위의 뒤에)물의 빠짐. ~ de la mer 썰물. ③ (예금의)인출; (자본·통화의)회수. ~ d'une somme d'argent d'un compte bancaire 은행 구좌로부터 얼마간의 돈을 인출하기. ④ (허가의) 취소; (법안의)철회, 박탈; 사퇴. ~ du permis de conduire 운전 면허의 취소. ~ d'emploi 직장의 박 탈. lettre de ~ 《상업》지불 청구서. ~ d'un projet de loi 법률안의 철회. ~ d'une candidature 입후보의 사퇴. annoncer son ~ de la compétition 경연(시합)에서 사퇴함을 밝히다. ⑤《기술》 (콘크리트·금속 따위가 굳어서)체적이 줄기, 수 축, 축소 (↔ dilatation). prendre du ~ 축소되다.
⑥ 쉬는 곳, 구석 방 (침실에 딸린 작은 방).
en ~ 쑥 들어가 있는. maison en ~ 다른 집들의 줄 에서 쑥 들어가 세워진 집. être (rester) en ~ (비유 적)후퇴하다. Il est en ~ par rapport à ses affir-mations antérieures. 그는 이전의 주장에 비하면 뒷 걸음질 치고 있다.
mettre qn en ~ d'emploi …을 퇴직시키다.

retraitant(e) [rətrɛtɑ̃, -ɑ̃:t] *n.* 묵회회에 참가하는 사람, 심령수행자(心靈修行者).

*retraite² [rətrɛt] *n.f.* ① 물러감, 퇴각; 〖군사〗 후퇴, 퇴각. armée en ~ 퇴각 중의 군대. manœuvre en ~ 후퇴 작전. battre en ~ 후퇴하다; 《비유적》일시적으로 양보하다. ② 〖군사〗 귀영(歸營); 귀영 나팔[북]. ③ (물이)빠짐, 감수(減水); 수축; 감퇴; 〖펜싱〗몸을 뒤로 뺌. ④ⓐ퇴직, 제대, 퇴역; 은퇴, 은둔, 은거. maison de ~ 양로원. prendre sa ~ 퇴직[퇴역]하다. avoir l'âge de la mise à la ~ 정년 퇴직의 나이가 되다. ⓑ퇴직 연금, 연금(pension de ~). caisse de ~ 퇴직 기금. ~ de vieillesse 양로 연금. Elle touche une petite ~. 그녀는 얼마 안되는 연금을 받는다. ⑤ 〖가톨릭〗 묵상회 (避靜)묵상회. être en ~ 피정 묵상 중이다. ⑥ⓐ《문어》은거처; 피난[피신]처(asile, refuge). donner ~ à qn …을 숨겨주다. Il cherche à la campagne une ~ agréable. 그는 시골에서 쾌적한 안식처를 찾고 있다. ⓑ(짐승 따위의)굴, 소굴(repaire). ~ de voleurs 도둑의 소굴. ⑦ 〖건축〗(위층으로 올라갈수록 벽이)들어가 있음. ⑧ 〖해군〗함미(艦尾). pièce de ~ 함미포. tirer en ~ 함미포를 사격하다.

battre (*sonner*) *la* ~ 귀영(후퇴)의 북을 치다 [나팔을 불다].

couper la ~ à …의 퇴로를 차단하다.

être à la ~; *être en* ~ 퇴직[퇴역·은퇴]하고 있다.

mettre qn à la ~ (연금을 주어)…을 퇴직시키다.

~ aux flambeaux (축제 때의)약단 [합창단]의 야간 횃불 행렬.

retraite³ *n.f.* 〖상업〗역환(逆換)어음. *faire* ~ *sur qn* …에게 역환어음을 발행하다.

retraité(e) [rətrɛ(e)te] *a.p.* 퇴직[퇴역]한, 퇴직 연금을 받고 있는. officier ~ 퇴역 장교. —*n.* (위)의 사람. —*n.m.* 퇴역 장교.

retraitement [r(ə)trɛtmɑ̃] *n.m.* 〖기술〗(핵연료를)재처리하기.

retraiter¹ [rətrɛ(e)te] *v.t.* (연금을 주어)퇴직[퇴역]시키다. ~ un officier 장교를 퇴역시키다.

retraiter² *v.t.* ①(제재를)다시 다루다. ②〖기술〗(원자로에 쓰고난 다음 핵연료를)재처리하다.

retranché(e) [rətrɑ̃ʃe] *a.p.* camp ~ 참호를 둘러친 야영 진지; 요새(지대).

retranchement [rətrɑ̃ʃmɑ̃] *n.m.* ①〖군사〗(인공·자연적)방어 진지, 참호, 성채. ②떼어[잘라]버리기, 제거, 삭제, 생략; (연금 따위의)정지; (비용의)절약. ~ d'une scène (d'un chapitre)1장(章)의 삭제. ③〖법〗제한(이혼한 두 사람 중 이들을 부양하는 쪽이, 다른 쪽이 재혼을 했을 때 그 새로운 배우자의 재산상의 이익을 제한하는 것). ④《비유적》(자신을 보호하거나 방어하기 위한)방편, 수단.

attaquer (*forcer, poursuivre*) *qn dans ses* (*derniers*) ~*s* 《구어》…을 심하게 공격하다 [꺽소리 못하게 만들다].

retrancher [rətrɑ̃ʃe] *v.t.* ①(일부·한 요소를)떼내다, 삭제하다, 생략하다. ~ un organe malade 병든 기관을 잘라내다. ~ une somme sur un salaire 월급에서 얼마간의 돈을 공제하다. *qc de qc*; ~ *une partie d'un texte* 원문에서 일부를 삭제하다. ~ *un nombre d'un autre* 다른 수에서 어떤 수를 빼다. ②〖옛〗[~ *qc* à *qn*] (에게서) 걸어가다, 빼앗다 (enlever). ~ *à qn sa pension* …의 연금을 정지하다. ~ *le café à un nerveux* 신경이 날카로운 사람에게 커피를 못마시게 하다. ③〖옛〗(진지를 참호 따위로)방어하다, (에)방어 진지를 구축하다, (진지를)튼튼히 하다. ④(사람을)배제하다. ~ *qn de* la communion des fidèles …을 파문하다.

~ *qn du nombre des vivants* 《비꼼》…을 죽여 없애다.

—*se* ~ *v.pr.* ①몸을 감추다[기하다], 방어물로 몸을 지키다; 《비유적》방패로 삼다. [*se* ~ *derrière/dans*] *se* ~ *derrière* le secret professionnel 직업상의 비밀을 방패로 삼다. *se* ~ *dans* un silence complet 완전한 침묵속에 갇히다(s'enfermer), 굳게 입을 다물다. *se* ~ *derrière* l'autorité *de qn* …의 권위를 방패삼다. *se* ~ *derrière* un prétexte 핑계를 내세우다. ②[*se* ~ *de*] (에서)떨어져 나오다, (을)버리다. *se* ~ *du* monde 세상과 인연을 끊다. ③(*se* 는 간접목적보어)(비용을)절약하다; 《목적보어 없이》절약하다. *se* ~ *toute dépense inutile* 불필요한 지출을 억제하다.

retranscription [rətrɑ̃skripsjɔ̃] *n.f.* 〖법〗새 등기, 재 등기.

retranscrire [rətrɑ̃skri:r] [38] *v.t.* 다시 등사하다, 다시 베끼다(recopier).

retransmetteur [rətrɑ̃smɛtœ:r] *n.m.* 〖무전〗자동 중계기, 자동 중계장치.

retransmettre [rətrɑ̃smetr] [46] *v.t.* 〖라디오·텔레비전〗재방송하다, 중계방송하다. ~ en direct (en différé) un concert 음악회를 직접[녹음 ·녹화해서] 중계방송하다.

retransmission [rətrɑ̃smisjɔ̃] *n.f.* 〖라디오·텔레비전〗재방송, 중계방송. ~ en direct(en différé, par satellite) 직접[녹음·녹화·위성] 중계.

retravailler [rətravaje] *v.t.* 다시 손질하다, (작품을)다듬다, 수정하다. ~ *un discours* 연설문을 다듬다.

—*v.t.ind.* [~ à] …에 다시 손을 대다, 다시 착수하다. Il va ~ à cet ouvrage qu'il avait délaissé. 그는 내버려 두었던 작품에 다시 착수할 참이다. ~ à l'usine 공장을 다시 가동하다.

—*v.i.* 다시 일하다.

retraverser [rətraverse] *v.t.* 다시 건너다, 다시 가로지르다.

retrayant(e) [rətrɛjɑ̃, -ɑ̃:t] *n.* 〖법〗회수인(回收人).

rêtre [rɛ(:)tr] *n.m.* = reître.

rétréci(e) [retresi] *a.p.* 좁아진, (목폭 따위가)좁은; 《비유적》편협한, 옹졸한(borné). chemin ~ 좁아진 길. avoir l'esprit ~ 마음이 옹졸하다.

rétrécir [retresi:r] *v.t.* ①좁히다, 줄이다, 오므리들게 하다, 작게 하다(↔élargir). Elle *a rétréci* sa jupe. 그녀는 치마폭을 줄였다. Le lavage *rétrécit* les vêtements de laine. 세탁은 털옷을 줄어들게 한다. ②《비유적》편협하게 하다. ~ l'esprit à *qn* …의 정신을 옹졸하게 하다. éducation qui *rétrécit* les esprits 정신을 편협하게 만드는 교육.

—*v.i.*, *se* ~ *v.pr.* 좁아[좁혀]지다, 줄다, (옷 따위가)줄어들다. Les lainages *rétrécissent* au lavage. 모직물은 빨면 줄어든다. La rue va *se rétrécissant*. 길이 갈수록 좁아진다. Ses idées *se sont rétrécies*. 그는 생각이 편협해졌다.

rétrécissement [retresismɑ̃] *n.m.* ①좁아짐, 줄어들; 줄힘, 줄임; 좁음; 좁은 목; (눈동자·피륙의)수축. ②〖의학〗(요도(尿道) 따위의)협착(狹窄). ③《비유적》(정신 따위의)편협함.

retreigneur [rətrɛɲœ:r] *n.m.* 망치로 동판에 돈을 무늬를 내는 직공.

retreindre [rətrɛ̃:dr], **rétreindre** [retrɛ̃:dr] [27] *v.t.* (동판에 돈을무늬를 내거나 금속관의 직경을 줄이기 위해)망치로 치다.

retreint [rətrɛ̃] *n.m.*, **retreinte** [rətrɛ̃:t], **rétreinte** [retrɛ̃:t] *n.f.* 망치로 두드리기.

retrempe [rətrɑ̃:p] *n.f.* (강철을)다시 단련하기.

retremper [rətrɑ̃pe] *v.t.* ① 다시 담그다(replonger). ~ qn dans les souvenirs …을 추억에 잠기게 하다. ②(강철을)다시 단련하다; (비유적)(신체·정신을)단련하다; 튼튼하게 [강하게] 하다(fortifier). Le malheur *a retrempé* son âme. 불행은 그의 마음을 단련시켜 주었다.
—**se** ~ *v.pr.* ①[se ~ dans](와)다시 접축하다; (속에)다시 잠기다; 다시 힘을 얻다. se ~ *dans* le milieu familial 가족적 분위기에 다시 잠기다. se ~ *dans* l'adversité 역경을 통해 강해지다. ②(비유적)[se ~ à](에 의해)단련되다, 다시 기운을 얻다. L'art se rajeunit *en se retrempant* à ses sources. 예술은 그 원천에서 힘을 얻음으로써 젊어진다(새로와진다).

rétribuer [retribɥe] *v.t.* ①[~ qn](에게)보수[급료]를 주다. ~ largement un employé 고용인을 후하게 대우하다. ②[~ qc](의 댓가로)돈[보수]을 주다. ~ un travail au mois(à la journée)노동에 대해 월급(일당)으로 보수를 주다. travail bien [mal] *rétribué* 보수가 좋은[나쁜] 일.

rétributaire [retribytɛːr] *a.* 보수의.

rétributeur [retribytœːr] *n.m.* 보수(급료) 지불인.

rétribution [retribysjɔ̃] *n.f.* 보수, 급료(appointements, salaire). recevoir une ~ 보수를 받다. fonctions sans ~ 무급직, 명예직.

retrier [rətri(j)e] *v.t.* 다시 고르다[추리다], 다시 분류하다.

retriever [rətrivœːr] 〖영〗 *n.m.* 〖사냥〗 리트리버(사냥감을 찾아오도록 훈련된 사냥개).

rétro [retro] *n.m.* ①〖당구〗(뒤로)끌기(effet rétrograde). faire un ~ 공을 뒤로 끌다. ②〖구어〗(자동차 따위의)백미러(rétroviseur). ③〖자전거〗=rétropédalage. frein ~ 역전(逆轉)브레이크. pédalage ~ 페달을 거꾸로 밟기. ④ 회고 취미, 복고조(풍).
—*a.*(불변)복고주의, 옛날풍의. mode ~ 복고조의 유행.
—*ad.* 복고조로. s'habiller ~ 복고조로 옷을 입다.

rétro- *préf.*「뒤로, 역으로, 과거로 거슬러서」의 뜻.

rétroactes [retroakt] 〖벨기에〗 *n.m.pl.* 전력(前歷), 행적, 이력(antécédents).

rétroactif(ve) [retroaktif, -iːv] *a.* (법령이)소급력이 있는. Les lois ne doivent pas avoir d'effet ~. 법률은 소급 효력을 가져서는 안된다.

rétroaction [retroaksjɔ̃] *n.f.* ①〖법〗소급 효력. ②〖전기〗피드백, 재생(再生). ③반작용, 역작용, 반응, 반동(réaction). provoquer une ~ 반작용을 일으키다.

rétroactivement [retroaktivmɑ̃] *ad.* 소급하여.

rétroactivité [retroaktivite] *n.f.* (법률의)소급성.

rétroagir [retroaʒiːr] *v.i.*〖문어〗과거로 거슬러 올라가다, 소급력을 가지다.

rétrocédant(e) [retrosedɑ̃, -ɑ̃ːt] *n.*〖법〗(권리 따위의)반환자.

rétrocéder [retrosede] 6 *v.t.* ①(받은 것을)다시 물려[돌려]주다(recéder, rendre); 〖법〗(받은 권리 따위를)반환하다. ②(갓 산 것을)다시 팔다, 전매(轉賣)하다(revendre). ③〖의학〗내공(內攻)하다(병 따위가 몸 안으로 퍼지는 것).

rétrocessif(ve) [retrosesif, -iːv] *a.* 〖법〗반환의. acte ~ 반환 증서.

rétrocession [retrosesjɔ̃] *n.f.* ①〖법〗반환, 환부, 전매(轉賣). ②〖의학〗내공(內攻).

rétrocessionnaire [retrosesjɔnɛːr] 〖법〗 *a.* 반환[환부]받은. —*n.* 반환[환부]받은 사람.

rétrodéviation [retrodevjasjɔ̃] *n.f.* 〖의학〗(기관, 특히 자궁의)후방 전위(轉位).

rétrofléchi(e) [retrofleʃi] *a.*〖생물〗뒤로 젖혀진, 후굴(後屈)한.

rétroflexe [retrofleks] *a.*〖언어〗(소리가)반전적(反轉的)인(혀끝을 입천장 쪽으로 구부려 발음).

rétroflexion [retrofleksjɔ̃] *n.f.* 〖의학〗(자궁의)후굴(後屈).

rétro(-)fusée [retrofyze] *n.f.* 역추진 로켓(속력을 줄이거나 정지하기 위한).

rétrogradation [retrogradasjɔ̃] *n.f.* ①(관리·군인의)강등(降等). ②〖문어〗후퇴, 퇴보(régression). ~ morale 도덕적 퇴보. ③〖천문〗(혹성의)역행(운동). ④(경마나 경주에서)도착 등급을 낮추는 벌칙.

rétrograde [retrograd] *a.* ①역행의, 후퇴의. effet ~ 〖당구〗공을 뒤로 끌기(rétro). sens ~ (시계 바늘의 방향에 대하여)역방향. ②(비유적)반동적인, 퇴보적인(réactionnaire). idées ~s 반동적인 사상. politique ~ 반동적인 정치. ③〖시구〗거꾸로 읽어도 같은. vers ~s 회문시(回文詩)(그리스·라틴시로서, 위에서 읽거나 아래에서 읽거나 음이 같은 시). rimes ~s〖프랑스 시구에서〗거꾸로 단어를 읽어가도 뜻이 이루는 시구. ④ amnésie ~ 〖의학〗소급기억상실(어떤 사건 이전의 기억을 상실하는 것).
—*n.* 보수주의자, 진보를 적대시하는 사람, 회고(懷古)취미의 소유자.

rétrograder [retrograde] *v.i.* ①되돌아오다[가다], 후퇴하다(reculer); 〖군사〗후퇴[퇴각]하다; (혹성이)역행하다. faire ~ l'économie du pays 국가의 경제를 퇴보시키다. Cet élève a fait quelque progrès, maintenant il *rétrograde*. 이 학생은 학업에 발전이 있었는데 다시 퇴보하고 있다. ②〖자동차〗속도를 떨어뜨리다. ~ de troisième en deuxième 3단에서 2단으로 기어를 바꾸다. ~ avant le virage 커브길 앞에서 기어를 바꾸다.
—*v.t.*(하사관·관리를)강등시키다.

rétrogressif(ve) [retrogresif, -iːv] *a.* 후퇴[역행]하는.

rétrogression [retrogresjɔ̃] *n.f.* 후퇴, 역행, 퇴화(recul, ↔ progression).

rétropédalage [retropedalaːʒ] *n.m.* 〖자전거〗페달을 거꾸로 밟기. frein à ~ 역전브레이크.

rétropédaler [retropedale] *v.i.* 자전거의 페달을 거꾸로 밟다.

rétroposition [retropozisjɔ̃] *n.f.* 〖의학〗(자궁의)후방 전위(轉位).

rétropulsion [retropylsjɔ̃] *n.f.* 〖의학〗(진전(震顫)마비환자의)후방돌진(뒤쪽으로 비틀거림).

rétrospectif(ve) [retrospektif, -iːv] *a.* 회고적인, 회상의; 과거(사)에 대한. revue ~ve 회고. faire un examen ~ de sa conduite 자신의 행위를 돌이켜 보고 검토하다. avoir une peur ~ve 되돌아 생각해 보고 공포를 느끼다.
—*n.f.* 회고 전람회(exposition ~ve). (감독·배우의)작품회고 상영. R~ve des toiles surréalistes 초현실주의 회화 회고전.

rétrospection [retrospeksjɔ̃] *n.f.* 회고, 회구, 추상(追想).

rétrospectivement [retrospektivmɑ̃] *ad.* 과거를 돌이켜 보아, 회고적으로. Il a eu peur ~. 그는 사후에(돌이켜 생각하고)무서웠다.

retroussage [rətrusaːʒ] *n.m.* ①(포도의)네 번째 손질(수확전에 열매를 충실하게 하기 위하여 잎을 따주는 과정). ②동판화의 부식면에 솜뭉치로 잉크를 가볍게 바르는.

retroussé(e) [rətruse] *a.p.*(코가)위로 들린; (입술이)젖혀진; (소매·옷자락이)걷어 올려진. nez ~

réunir

들창코. avoir les bras ~s(les manches ~es) 팔(소매)을 걷어 올리고 있다.
retroussement [rətrusmã] *n.m.* 걷어올리기, 위로 젖히기. ~ des lèvres 입술을 위로 말아 올리기《빈정거림을 의미》.
retrousser [rətruse] *v.t.* 걷어 올리다, (콧수염·머리카락을)쓸어 올리다, (윗입술·모자테들)위로 젖히다, (것 따위를)꺾어 젖히다(접다). ~ sa jupe pour marcher dans l'eau 물속을 걷기 위해 치맛자락을 걷어 올리다. ~ sa moustache 수염을 말아 올리다. ~ ses manches 소맷자락을 걷어 올리다; 일할 준비를 하다.
— **se** ~ *v.pr.* 치맛자락(옷자락)을 걷어 올리다(꺾어 접다). se ~ jusqu'aux genoux 무릎까지 치마(바지)를 걷어 올리다.
retroussis [rətrusi] *n.m.* ① 커프스 (옷자락의 접혀진 부분), (군복 저고리 자락의)접혀진 곳, (모자 테두리의)접혀진 곳, (장화 위의)접혀진 가죽. ② 《식물》(잎의)뒷면.
retrouvable [rətruvabl] *a.* 다시 찾아낼 수 있는; 회복할 수 있는. classeur où les dossiers sont aisément ~s 서류를 쉽게 찾아낼 수 있는 서류 정리함.
retrouvaille [rətruvɑ:j] *n.f.* ① (*pl.*)《구어》(사람들의)재회. Nous avons fêté nos ~s miraculeuses. 우리들은 기적적인 재회를 축하했다. ② (관계의)회복, 재개. R~s de deux pays, après une crise 위기를 겪은 뒤 양국간의 관계 회복. ③《드물게》재발견, 되찾음.
:**retrouver** [rətruve] *v.t.* ① (달아난 사람·동물을)찾아내다, 다시 붙들다. La police *a retrouvé* le voleur au bout de deux jours de recherches. 경찰은 이틀 동안 수색을 한 끝에 도둑을 찾아냈다. Nous le *retrouverons* vivant. 우리는 그를 산채로 잡을 것이다.
② (잃어버린, 잊어버린 것을)되찾다, 다시 생각해내다; 이름이다. Il n'arrive pas à ~ son nom. 그의 이름이 도무지 생각나지 않는다. ~ la santé 건강을 되찾다(회복하다). ~ ses esprits 의식을 회복하다. Jean *a retrouvé* du travail. 장은 직장을 다시 얻었다.
③ (헤어진 사람을)다시 만나다, 재회하다, 다시 보다. Il *a retrouvé* sa famille qu'il avait quittée. 그는 헤어져 있던 가족을 다시 만났다.
④ (~의 모습(면모)을 알아보다(알아내다). ~ *qn* dans son fils ~의 모습을 그의 아들에게서 찾아내다(알아보다). On ne *retrouve* plus Corneille dans les ouvrages de sa vieillesse. 만년의 작품에서는 (왕년의) 코르네유의 모습을 볼 수 없다.
⑤ (속사와 함께)(헤어진 사람과 어떤 상태에서) 다시 만나다. Je *l'ai retrouvé* changé. 그를 다시 만나 보니 변했다.
Je saurai vous ~. 두고 보자, 복수하고 말 테다.
— **se** ~ *v.pr.* (사물이)다시 발견되다, (구어》(다시)(어떤 상태에)빠지다, 놓이다. Cette occasion ne *se retrouvera* pas. 그와 같은 기회는 다시 나타나지 않을 것이다. Une voiture volée *se retrouve* difficilement. 도난 당한 차는 쉽게 찾아지지 않는다. [se ~+속사] À la mort de ses parents, il *s'est retrouvé* seul. 양친이 돌아가시자 그는 다시 혼자 몸이 되었다. se ~ devant les mêmes difficultés 똑같은 난관에 다시 부딪치다.
② (상호적)(서로)다시 만나다, 재회하다(se rencontrer). Ça fait plaisir de se ~ après si longtemps. 그처럼 오래간만에 서로 만나는 것은 기쁜 일이다.
③ 갈피를 잡다; 갈길을 알다(찾아내다). Il n'arrive pas à se ~ dans ses calculs. 그는 계산이 복잡해

서 도무지 갈피를 잡지 못한다. Je ne *me retrouve* pas dans cette ville. 나는 이 도시에서 어디가 어딘지 알 수가 없다.
④ 자신(정신)을 되찾다. Après cet incident elle avait de la peine à *se* ~. 이 사건이 있은 후 그녀는 쉽게 정신을 차리지 못했다.
Comme on se retrouve! 세상은 참으로 좁구나!
s'y ~《구어》손해보지 않다; 빌려준 돈을 받다; 지출한 돈을 만회하다. Lui, il *s'y retrouve* toujours. 그는 언제나 손해보는 경우가 없다.
rétrovaccin [retrovaksɛ̃] *n.m.* 《의학》역두묘(逆痘苗)《인두(人痘)를 접종한 소에게 얻은 두묘》.
rétrovaccination [retrovaksinasjɔ̃] *n.f.* 《의학》역종두(逆種痘)를 얻기.
rétroversion [retrovɛrsjɔ̃] *n.f.* 《의학》후경(後傾). ~ de l'utérus (de la matrice) 자궁 후경.
rétroviseur [retrovizœ:r] *n.m.* 《자동차》백미러 (miroir ~,《구어》rétro).
rets [rɛ] *n.m.* 《어엽·사냥》그물, 올가미. tendre des ~ 그물을 치다. jeter le ~ dans la mer 바다에 그물을 던지다.
prendre qn dans ses ~. ~에게 올가미를 씌우다.
retuber [ratybe] *v.t.* (보일러의)관을 갈다.
rétudier [retydje] *v.t.* 다시 공부(연구)하다.
reuchlinien(ne) [rø(œj)klinjɛ̃, -ɛn] *a.* 로이힐린식의《독일 고전학자 *Reuchlin*의 발음법에 의거》.
réuni(e) [reyni] *a.p.* 결합된, 연합된; 모인(rassemblé). éléments ~s 결합된 요소. droits ~s《제 1 제정 시대의》간접세. les Magasins ~s 합동상점. les Déménageurs ~s 합동운송회사.
— *n.m.* 《종교사》낭트 칙령의 폐지 후 가톨릭교로 개종한 신교도.
réunificateur [reynifikatœ:r] *n.m.* 통일(통합)추진자.
réunification [reynifikasjɔ̃] *n.f.* (정당·나라·조합 따위의)(재)통합, (재)통일. politique de ~ 재통일 정책.
réunifier [reynifje] *v.t.* (분단된 나라·분열된 정당 따위를)(재)통합하다, (재)통일하다.
*****réunion** [reynjɔ̃] *n.f.* ① 결합(접합·연결)(하기); (영토의)합병; 모으기, 수집(assemblage, rassemblement). ~ des différentes pièces 여러 부품의 결합. ~ de documents 자료집. [~ *de qc* à *qc*] ~ *de la Normandie à la couronne* 노르망디의 프랑스 왕국에로의 합병. ② 모임, 집합, 집회, 회합, 회의 (assemblée, congrès); 회의의 시간. liberté de ~ 집회의 자유. salle de ~ 집회소, 회의실. ~ publique 공개 회의(의 토론회). tenir une ~ 회의를 열다. ~ générale (plénière) 총회. M. Durand est en ~. 뒤랑씨는 회의중이다. Il faut faire une ~ pour parler de ce problème. 이 문제를 논의하기 위해서 모임을 가져야 한다. ③ 《의학》(상처의)봉합(縫合), 유합(癒合). ~ des lèvres d'une plaie 상처의 양쪽 가장자리의 봉합. ④《수학》합집합(~ de deux ensembles). ⑤ ~ logique OR《컴퓨터》연산, 논리연산.
Réunion [reynjɔ̃] *n.pr.f.* 《지리》레위니옹 섬 《아프리카 동쪽의 인도양 상의 프랑스 령》.
réunionnais(e) [reynjɔnɛ, -ɛz] *a.* 레위니옹 섬의.
— **R**— *n.* 레위니옹 섬인.
*****réunir** [reyni:r] *v.t.* ① 결합(연결·접합)하다, 합병하다, 맺다(joindre, raccorder). ~ les deux bouts d'un cordage 밧줄의 양쪽 끝을 잇다. Une passerelle *réunit* les deux bords de la rivière. 인도교가 강의 양 기슭을 연결하고 있다. [~ *qc* à *qc*] ~ une province *à* un État 어떤 지방을 어떤 국가에 합병하다. ② (증거 따위를)수집하다, 모으다; (사람)을 집합시키다; (회의·군대를)소집하다; 규합

하다. ~ des fonds 자금을 모으다. ~ des amis chez soi 자기 집에 친구들을 초대하다. ~ tous les bons conseils 중지(衆知)를 모으다. intérêt commun qui les ~ 그들을 규합하는 공동의 이익. ③ 〖의학〗 봉합(縫合)하다, (상처를)아물게 하다. ④ 아울러 갖다, 겸비하다. ~ la prudence et la hardiesse 신중성과 대담성을 겸비하다. ⑤ 〖옛·문어〗화합시키다. travailler à ~ les esprits 인화를 도모하다.
— **se** ~ v.pr. ① (사람이)모이다, 집합(집회)하다; (회의가)열리다; 합동[결합]하다; (길·강 따위가 한 점에)교차하다, 합류하다. Ils se réunissaient tous les soirs chez André. 그들은 매일 저녁 앙드레의 집에서 모이곤 했다. Deux rivières se réunissent ici. 두 강이 여기서 합류한다. L'assemblée va se ~. 회의가 곧 열린다. ② 화합(일치)하다, 일치 단결하다. se ~ contre qn 단결하여 …에 대항하다. se ~ pour + inf. 협력하여 …하다, …하기 위해 모이다. ③ (은행·회사가)합동하다, 통합되다.
réunissage [reynisa:ʒ] n.m. 〖직물〗 합사(合絲).
réunisseuse [reynisø:z] n.f. 〖직조〗 합사기.
réussi(e) [reysi] a.p. ① 성공적으로 이루어진, 성공한, 잘된; 훌륭한. œuvre tout à fait ~e 잘된 작품. Ton dîner était très réussi. 너의 만찬은 아주 훌륭했어. bien[mal] ~ 잘[잘못]된. ② 〖구어〗 (비꼼〗 훌륭한. Eh bien, c'est ~! 그것 참 훌륭하군!
des mieux ~ 〖구어〗훌륭한. ouvrage des mieux ~s 더 없이 훌륭한 작품.
‡**réussir** [reysi:r] v.i. ① (주어는 사람)(bien, mal과 함께) (어떤 일을)해내다, (사회적으로)성공하다, 인정받다. Il a bien[mal] réussi. 그는 성공[실패]하였다. Ce jeune écrivain commence à ~. 이 젊은 작가는 (작가로서)인정받기 시작했다.
② (주어는 사물) 잘 되다, 좋은 성과를 올리다. projet qui réussit 잘 이루어지는 계획. Ce film a réussi. 이 영화는 성공을 거두었다. Son affaire réussit. 그의 사업이 잘 되고 있다. Ce discours a fort réussi. 그의 연설은 꽤 반응이 좋았다.
③ (식물이)잘 자라다. La vigne ne réussit pas dans toutes les régions. 포도는 어느 지방에서나 다 잘 자라는 것이 아니다.
④ (에)성공하다, 좋은 결과를 얻다; 합격하다 (↔ échouer). [~ à/en/dans qc] ~ à un examen 시험에 합격하다. ~ en tout 모든 일에 성공하다. ~ mieux dans la prose que dans les vers 시보다는 산문에 뛰어나다. Ce médicament ne réussit que sur les enfants. 이 약은 어린아이에게만 효과가 있다. [~ à + inf.] Je n'ai pas réussi à le convaincre. 나는 그를 설득하는 데 실패했다.
⑤ [~ à qn] (에게) 좋은 결과를 가져다 주다, 도움이 되다. L'air de la mer lui réussit. 바다 공기는 그에게 좋다. Tu as bonne mine, les vacances t'ont réussi! 혈색이 좋구나, 휴가가 너에게 유익했나보다! Tout lui réussit. 모든 것이 그에게는 좋은 결과가 된다, 그는 무슨 일을 해도 잘 된다.
— v.t. 잘(훌륭하게) 해내다, (목적을)달성하다. ~ un tableau 그림을 훌륭히 그려내다. ~ un plat 요리를 솜씨좋게 만들어내다. ~ un examen 시험에 합격하다. ~ un but[un essai] (축구 따위에서)골인시키다. ~ son coup[son effet] 〖구어〗훌륭히 해내다.
réussite [reysit] n.f. ① 성공(succès, ↔ échec); 〖구어〗성공작. Votre soirée était une ~. 당신의 저녁파티는 썩 훌륭했습니다. Son film est une ~. 그의 영화는 성공작이다. ② 〖카드놀이〗 점치기의 일종. ③ 결과, 성과. bonne[mauvaise] ~ 좋은[나쁜]결과.

revaccination [rəvaksinasjɔ̃] n.f. 재종두.
revacciner [rəvaksine] v.t. (에게)재종두하다.
revalidation [rəvalidasjɔ̃] n.f. 〖법〗 다시 유효하게 하다.
revalider [rəvalide] v.t. 〖법〗 다시 유효하게 하다.
revaloir [rəvalwa:r] [64] v.t. (부정법·미래·조건법으로 주로 쓰임)(…)은혜를 갚다; 〖구어〗[~ qc à qn] (에게)대갚음[앙갚음]을 하다, 보복하다. Vous m'avez rendu service, je vous revaudrai cela un jour. 당신은 나를 도와주셨는데, 언젠가 그 은공을 갚겠읍니다. Il m'a injuré, je le lui revaudrai. 그는 나를 모욕했다, 그 복수를 하겠다.
revalorisation [rəvalərizasjɔ̃] n.f. 〖재정〗 화폐가치의 회복, 가치(가격·액수)의 인상(↔ dépréciation, dévalorisation); 재평가, 새로운 가치를 부여하기. ~ des salaires 봉급의 인상. ~ d'une doctrine 어떤 학설의 재평가.
revaloriser [rəvalərize] v.t. ① 〖재정〗 (의)화폐가치를 회복시키다. ~ le franc 프랑화의 가치를 회복시키다. ② (의)가격·액수를 인상하다(relever). ~ les indemnités 수당을 인상하다. ③ (비유적) (학설 따위에)새 가치를 부여하다, 재평가하다. ~ le travail manuel 육체 노동을 재평가하다.
revanchard(e) [rəvɑ̃ʃa:r, -ard] a. 복수심이 강한, 보복적인. — n. (위)의 사람(나라).
*revanche** [rəvɑ̃:ʃ] n.f. ① 앙갚음, 복수, 설욕(vengeance). On m'avait maltraité, mais j'aurai ma ~ un jour. 나는 푸대접을 받았는데, 언젠가 복수하고 말겠다. ② 〖놀이〗 설욕전, 복수전. Marie a perdu une partie et a gagné la ~. 마리는 한 판은 졌지만 둘째 판에서는 이겼다. jouer la ~ 설욕전을 하다. ③ 대갚음, 보답.
à charge de ~ 교환 (조건)으로. admirer qn à charge de ~ 자기도 칭찬받을 것을 기대하면서 …을 칭찬하다. Je veux bien t'aider, mais à charge de ~. 너를 도와줄테니까 나도 도와주어야 돼.
donner sa ~ *à qn* …의 설욕전에 응하다.
en ~ 그 대신, 그 반면. Jean est petit, en ~ il court vite. 장은 키가 작지만, 그대신 빨리 뛴다.
prendre sa ~ [*une éclatante* ~] (*sur qn*) (…에게) 복수하다.
revancher (se) [s(ə)rəvɑ̃ʃe] v.pr. 〖옛·문어〗 [se ~ de] (의)복수를 하다, 대갚음을 하다. se ~ d'un affront 모욕에 대한 복수를 하다.
revanchisme [rəvɑ̃ʃism] n.m. (정당·단체의)보복적 태도, 보복행위.
rêvasser [revase] v.i. ① [~ à] (에 관해)부질없는 공상에 잠기다, 몽상에 잠기다. perdre son temps à ~ 헛된 공상에 시간을 낭비하다. ② 여러 가지 꿈을 꾸다. ~ toute la nuit 밤새도록 꿈만 꾸다.
rêvasserie [revasri] n.f. ① 꿈을 꾸기. ② 공상, 몽상(chimère).
rêvasseur(se) [revasœ:r, -ø:z] n. 몽상가, 공상가, 망상가.
Révd 〖약자〗révérend 〖성직자에 대한 경칭〗.
‡**rêve** [rɛːv] n.m. ① 꿈. faire des ~s agréables 좋은 꿈을 꾸다. mauvais ~ 악몽. mon ~ familier 내가 자주 꾸는 꿈. ② 명상, 공상, 몽상; 꿈같은 생각(이상), 희망, 동경. faire un ~ 한날 공상을 하다. réaliser son ~ 꿈을 실현하다. ~ de gloire 명예에의 동경. Son ~, c'est de partir à l'étranger. 그의 희망은 외국으로 떠나는 것이다. ③ 소원(희망·동경)의 대상. maison de ses ~s 꿈에 그리던 집. ④ 〖구어〗근사한(멋진) 것, 꿈과 같은 것. C'est un ~. 그것은 꿈과 같은 것이다. C'est un ~ que de vous voir ici! 여기서 당신을 만나니 꿈만 같군요.
caresser un ~ 즐거운 꿈을 마음에 품다.

de ~ 비현실적인, 환영같은. **diamant** de ~ 환영같은 다이아몬드. **beauté de** ~ 이 세상 것 같지 않은 아름다움.
Il a fait un beau ~. 그는 일순간의 행복을 맛보았다; 뜻하지 않은 이득을 보았다; 그의 희망은 백일몽에 불과했다.

rêvé(e) [reve] *a.p.* 이상적인, 더할 나위없는. endroit ~ pour passer des vacances 휴가를 보내기에 이상적인 곳.

revêche [rəvɛʃ] *a.* ① (사람·성격이)까다로운, 다루기 힘든, 무뚝뚝한(acariâtre, dur); 고집센. femme ~ (성미가)까다로운 여자. être d'humeur ~ 기분이 나쁘다. ② (천 따위가)거치, 꺼칠꺼칠한; (포도주가)떫떨한; 가공하기 힘든.
—*n.* 까다로운 사람. —*n.f.* 영국산의 나사(羅紗).

*****réveil** [revɛj] *n.m.* ① 잠을 깨기. à son ~ 잠을 깼을 [깰]때. ② 【군사】 기상 나팔[북]. sonner le ~ 기상 나팔을 불다. ③ (빅뵈적)(자연의)깨어남; (국민의)각성; 미몽(迷夢)에서 깨어나기. ~ de la nature (겨울잠에서)깨어나는 자연. N'ayez pas trop d'illusions, le ~ serait pénible. 너무 환상을 갖지 마시오, 거기서 깨어나면 고통스러울 것이오. ④ 자명종(réveille-matin). mettre le ~ sur six heures 자명종을 여섯 시에 맞추어 놓다. ⑤ 【종교】 (신교의)신앙 부흥(운동).

réveillée [revɛ(e)je] *n.f.* (유리 공장의)무휴(無休) 취업 시간.

réveille-matin [revɛjmatɛ̃] *n.m.* 《복수불변》 ① 자명종; 잠을 깨게 하는 아침의 소음. ② 【식물】 등.

*****réveiller** [revɛ(e)je] *v.t.* ① 깨우다, (의)잠을 깨우다. *Réveille-le, c'est l'heure.* 그를 깨워라, 시간이 됐다. ② (실신한 사람을)깨어나게 하다; (혼수상태에서)소생시키다; 각성시키다; 고무시키다. ~ une personne évanouie 실신한 사람을 깨어나게 하다. bruit à ~ les morts (죽은 사람을 깨어나게 할 정도의)시끄러운 소음. ③ [~ qc] 되살아나게 하다, 다시 생각나게 하다, 환기시키다. ~ une douleur[des souvenirs pénibles] 고통[고통스러운 추억]을 다시 불러 일으키다. ~ l'appétit 식욕을 다시 돋구다.
—**se** ~ *v.pr.* ① 잠을 깨다. *Je me suis réveillé à six heures.* 나는 여섯 시에 잠이 깼다. ② [se ~ de] (에서)깨어나다; 분기하다(se secouer). ~ de son assoupissement 무기력 상태에서 깨어나다[분발하다]. ③ 《주어는 사물》 되살아나다(renaître). *De vieilles rancunes se réveillent.* 옛날의 원한이 되살아난다.

réveilleur [revɛjœːr] *n.m.* 잠깨우는 직분을 맡은 수도사; 《옛》 밤에 시간을 알리며 다니는 사람.

réveillon [revɛjɔ̃] *n.m.* ① (크리스마스 전날밤·섣달 그믐날 밤에 먹는)밤참. faire (un) ~ = réveillonner. ② 【미술】 밝은 채색의 의부.

réveillonner [revɛjɔne] *v.i.* (크리스마스 전날 밤·섣달 그믐날 밤에)밤참을 먹다.

réveillonneur(se) [revɛjɔnœːr, -øːz] *n.* 밤참을 먹는 사람.

révélateur(trice) [revelatœːr, -tris] *a.* ① 나타내는, 누설[폭로]하는. symptôme ~ de quelque maladie 어떤 병을 나타내는 징후. 《보어 없이》 *Son attitude est ~trice.* 그의 태도는 무엇인가 시사하는 것이 있다(의미심장하다). ② 【사진】 현상하는.
—*n.* (숨은 진실의)계시자; 누설자, 폭로자.
—*n.m.* ① 【사진】 드러내는[알려·나타내] 주는 것; 《사진》 현상액; (가스·전기의 새는 것의)검출제.

révélation [revelasjɔ̃] *n.f.* ① 폭로, 누설(divul- gation); (애매한 사건을 해명하는, 새 사실을 알리는)정보; (뜻밖의)새 사실; 폭로된 사실. ~ d'un complot 음모의 폭로. Son journal intime contient des ~s étonnantes. 그의 일기는 놀라운 새 사실을 지니고 있다. ② (갑자기 두각을 나타낸 사람. dernière ~ du cinéma français 프랑스 영화의 새로운 별. ③ 【신학】 천계(天啓), 계시, 묵시(默示); (R~) 천계 종교(기독교). R~ de saint Jean 요한 계시록(Apocalypse). ④ 【사진】 현상.

révélé(e) [revele] *a.p.* 【신학】 천계의. religion ~e 천계 종교.

*****révéler** [revele] ⑥ *v.t.* ① (모르고 있던 것을)알리다, 드러내 보이다; (비밀을)드러내다, 누설하다, 폭로하다(dévoiler, divulguer). Il veut ~ le complot à la police. 그는 음모를 경찰에 알리려고 한다. *Jean n'a pas voulu ~ ses projets.* 장은 자기의 계획을 밝히려 하지 않았다. ② 《주어는 사물》(재능 따위를)알아보게 해주다[보여주다], 나타내다(montrer). *Ce silence révèle son mécontentement.* 이 침묵은 그의 불만을 나타내고 있다. *Son regard révèle la douceur.* 그의 눈초리는 그의 온순함을 나타내 보인다. ③ 【신학】 계시(啓示)하다. ④ 【사진】 현상하다.
—**se** ~ *v.pr.* ① (재능 따위가)나타나다, 밝혀지다, (결점 따위가)드러내다, 폭로되다. *Son génie se révéla tout à coup.* 그의 천재적 재질이 갑자기 나타났다. ② [se ~ + 속사] 자기가(사물이) …임을 보여주다. *se* ~ (comme) *excellent chef* 뛰어난 지도자적 자질을 발휘하다. *Ce travail s'est révélé plus facile qu'on ne pensait.* 이 일은 생각했던 것보다 수월했다.

revenant(e) [rəvnɑ̃, -ɑ̃ːt] *n.m.* 유령, 귀신; (오래간만에)다시 나타난 사람. —*a.* 《옛》 ① (얼굴·태도가)호감을 주는. ② 다시 돌아오는. esprit ~ 유령. expressions les plus ~es 가장 많이 사용되는 표현.

revenant-bon [rəvnɑ̃bɔ̃] (*pl.* ~s-~s) *n.m.* 【상업】 임시수익; 《옛》 뜻하지 않은 이익.

revendage [rəvɑ̃daːʒ] *n.m.* 《드물게》 전매(轉賣); 중매(仲買), 중매업.

revendeur(se) [rəvɑ̃dœːr, -øːz] *n.* 전매인(轉賣人), 중매인; 고물상; 소매 상인(détaillant). ~ de meubles 고가구점(brocanteur). ~ de livres 헌책방(bouquiniste).

revendicable [rəvɑ̃dikabl] *a.* (권리로서) 요구[청구]할 수 있는.

revendicateur(trice) [rəvɑ̃dikatœːr, -tris] *n.* ① 요구자, 청구자. ② 【심리】 소송광(訴訟狂).
—*a.* 요구[청구]하는; 권리주장의. lettre ~trice 요구서, 청구서.

revendicatif(ve) [rəvɑ̃dikatif, -iːv] *a.* (사회적 권리를)요구하는. mouvement ~ 사회적 권리 요구 운동. programme ~ (노동조합 따위의)요구 항목.

*****revendication** [rəvɑ̃dikasjɔ̃] *n.f.* ① (정치적·사회적 권리의)요구, (demande, réclamation); (노동자·조합의)요구, (*pl.*) 요구 사항; (추상적으로) ~ d'un liberté 자유의 요구. ~s sociales 사회적 제 권리의 요구. ~ profonde du cœur humain 인간의 마음 속 깊은 데 있는 요구. ② 【법】 소유권 회복의 소송(action en ~); 요구 사항. actionner *qn* en ~ …을 상대하여 소유권 회복의 소송을 하다. ③ délire de ~ 【심리】 호소 망상(好訴忘想). ④ (테러 따위의)범행성명.

revendiquer [rəvɑ̃dike] *v.t.* ① (당연한 권리로서) 요구[청구]하다, (자기 권리를)주장하다(réclamer). ~ une augmentation de salaire 봉급 인상을 요구하다. ~ sa part d'héritage 유산의 자기몫을

요구하다. ② 《책임을》전적으로 지다, 맡다; 《자신이 장본인이라고》이름대며 나오다. ~ la responsabilité de ses actes 자신이 한 짓에 대한 책임을 지다. Cet attentat n'a pas encore été revendiqué. 이 범행을 저지른 범인은 아직도 나타나지 않는다.

revendre [r(ə)vɑ̃:dr] [25] v.t. 《산 것을》도로[다시] 팔다, 전매(轉賣)하다. acheter un appartement pour le ~ 전매하기 위해 아파트를 사다. J'ai revendu ma voiture. 나는 그 차를 다시 팔았다.

avoir qc à ~ …을 남아돌아갈 만큼 가지고 있다. Il a de l'esprit à ~. 그는 재치가 넘쳐 흐른다.

en ~ *à qn* …보다 한 수 위이다. Il vous en revendrait. 당신은 그를 당해내지 못할 것입니다.

revenez-y [ravnezi] n.m. 《복수불변》① 《옛 것의》재현, (어떤 감정·감각의)되살아남. ② 행위의 반복, 되풀이. attendre qn au ~ 《꾸짖어 주기 위해》…가도 같은 짓을 할 때를 기다리다. ③ 《구어》《맛따위로》다시 먹고 싶어지게 하는 것. plat qui a un goût de ~ 다시 먹고 싶어지는 맛좋은 요리.

revenger (se) [s(ə)ravɑ̃ʒe] [3] v.pr. 《속어》복수하다.

:revenir [rəvni:r] [16] v.i. 《조동사는 être》① 《또》되돌아오다. Le médecin revient demain. 의사는 내일 또 온다. ~ chez soi 자기집으로 돌아오다. Revenez nous voir. 또 만나러 와 주시오. [~de+inf.] …하고 돌아오다. 《속어》방금 ~하다. ~ de travailler 일하러 돌아오다. Je reviens de le voir. 지금 막 그를 보고 오는 길이다. ②《주어는 사물》다시 일어나다[찾아오다]. 《병이》재발하다. Un tel événement ne revient pas tous les ans. 그런 사건은 해마다 일어나지는 않는다. L'été revint avec ses longues pluies. 여름이 그 길고 지루한 비와 함께 또 찾아왔다. La jeunesse ne revient pas. 청춘은 두 번 다시 오지 않는다. ③ [~ à qc] (그쳤던 것을)다시 계속하다, 다시 착수하다, (어떤 습관·상태에)되돌아가다. ~ à ses études 연구를 다시 시작하다. ~ à soi(기절 후에)의식을 회복하다, 깨어나다. ~ à une vieille habitude 옛 습관으로 돌아오다. Revenons à notre conversation de l'autre jour. 전날의 이야기를 다시 시작하자. Revenons à nos moutons. 본론으로 되돌아가자. ④ [~ à qn] (에게)전해지다, 귀에 들어가다, 보고되다. Tout ce qui me revient de votre pays, m'inquiète. 당신 나라에서 전해오는 모든 것[보도·풍문]이 나를 불안하게 만든다. 《비인칭》[Il me revient que…] Il me revient que vous dites du mal de moi. 당신이 나의 험담을 하고 있다는 것이 내 귀에 들려오고 있다. ⑤ [~ de qc] (어떤 상태에서)떠나다, 벗어나다; (기절 후에)제정신을 차리다; (병·상처가)낫다; (잘못을)깨닫다, (미몽에서)깨어나다. ~ d'une maladie 병에서 회복되다. ~ d'une évanouissement 기절에서 깨어나다. ~ d'une illusion 환상에서 깨어나다. ~ d'une idée fausse[de ses prétentions] 그릇된 생각(자기 주장)을 버리다. ⑥ [~ sur qc] 재론[재검토]하다, (을)취소[변경]하다. [~ contre qc] (에 대해)반대하다. ~ sur une matière 어떤 문제를 재검토[재론]하다. ~ sur ce qu'on a dit(promis) (전에)한 말[약속]을 취소하다. ~ par opposition contre un jugement 《법》판결에 대해 항고하다. ⑦ [~ à qn] (의 머리에)다시 떠오르다, 생각나다. 《주어는 사물》(기능·상태가)회복되다. Son nom me revient maintenant. 그의 이름이 이제야 생각난다. La vue lui est revenue. 그는 시력이 회복되었다. Le courage lui reviendra. 그는 다시 용기를 얻으리라. ⑧ [~ à qn] (에게)법적으로 귀속되다, 당연히 주어지다; (의)소관이다. Cet honneur lui revient. 이 명예는 마땅히 그가 받아야 할 것이다. le profit que m'en revient 거기서 내가 얻는[내게 돌아오는] 이익. 《비인칭》[Il revient à qn de+inf.] …하는 것은 …의 소관[책임]이다. C'est à vous qu'il revient de diriger cette affaire. 이 사업을 관리하는 것은 당신 책임[소관]이오.

⑨ [~ à qn] (의)마음에 들다, (에게)신뢰감을 주다(주로 부정형으로 쓰임); 《옛》[~ à qc] (와)어울리다(convenir). Il a une tête qui ne me revient pas. 그는 내 맘에 안드는 얼굴을 하고 있다. Cette tapisserie revient bien à ce meuble. 이 벽지는 가구와 잘 어울린다.

⑩ [~ à qc/à+inf.] (에)귀착하다, 결국 …이 되다(…과 같다). Cela revient au même. 그것은 결국 똑같은 일이 된다. Cela revient à dire que vous acceptez ma proposition. 그것은 결국 내 제의를 받아들인다는 말이 된다.

⑪ 《주어는 사물》(비용·값이)들다, 먹히다. Le dîner m'est revenu à quinze francs. 이 저녁 식사에 나는 15프랑을 썼다. Ces vacances nous sont revenues très cher. 그 휴가는 우리에게 매우 많은 비용이 들게 했다.

⑫ 《유령이》나타나다. esprit qui revient 유령. 《비인칭》Il revient (des esprits) dans cette maison. 이 집에는 귀신(유령)이 나온다.

⑬ 《요리》(버터·기름으로)누르스름하게 구워지다. faire ~ de la viande 고기의 표면을 살짝 굽다.

en ~ *à qc* ⓐ …에 되돌아오다. On en revient aux jupes longues. 또 다시 긴 스커트가 유행하게 되었다. ⓑ …에 관해 다시 이야기하다. pour en ~ à notre sujet 본론으로 돌아가자면.

Il est revenu de tout. 그는 만사에 무관심하다[초탈해 있다], 만사에 환멸을 느낀다.

Il n'y a pas à ~. 그것은 재론할 게 없다, 다 정해진 일이다.

n'en pas ~ 대경실색하다, 어리둥절하다. Je n'en suis pas encore revenu. 정말 놀랐다. Je n'en reviens pas qu'il ait osé cela. 그가 감히 그런 짓을 하다니 놀랄나위 하군.

N'y revenez pas; Il ne faut pas y ~. 다시는 그런 짓 마시오, 다시는 그런 실수를 저지르지 마시오.

~ *à la charge* 다시 공격을 가하다, 다시 비난을 퍼붓다; 끈덕지게 시도하다.

~ *à la vie* 건강을 회복하다.

~ *de loin*/*en* ~ 중병(난죽)에서 살아나다. Il n'en reviendra pas. 그 사람은 살아나지 못할 것이다.

~ *là-dessus* 그 점에 대해 다시 검토[설명]하다. Je reviendrai là-dessus. 그 점에 관해서는 후에 다시 말하겠습니다. A quoi bon ~ là-dessus? 그것을 다시 거론해서 무엇한단 말인가?

~ *sur ses pas* 왔던 길을 돌아가다; 감정·계획을 포기하다, 처음 의견으로 되돌아가다.

—*s'en* ~ v.pr.《문어》돌아오다. s'en ~ du marché 시장에서 돌아오다.

revenoir [rəvnwa:r] n.m. 《시계》강철을 버리는 연장.

revente [rəvɑ̃:t] n.f. 전매(轉賣). ~ des fonds de commerce 영업권의 전매.

de ~ 《옛》고물의. meuble de ~ 고가구.

***revenu** [rəvny] n.m. ① (개인의)연수입, 소득; (국가의)세입; 《상업》수입. impôt sur le ~ 소득세. ~ national 연간 국민 소득. ~ (individuel) par taxe sur le ~ net 순익에 대한 세금. Il a de gros ~. 그는 막대한 소득(수입)이 있다. terre qui produit(rapporte) un ~ considérable 상당한 수익을 내는 토지. ② (새의)털바꿈 후에 새로 나는 꼬

리지; 새로 나는 사슴뿔.
revenue [rəvny] *n.f.* 〖임업〗 (그루터기의)새순.
revenure [rəvnyːr] *n.f.* 포도의 새순〔싹〕. 〖농〗.
***rêver** [rɛ(e)ve] *v.i.* ① 꿈꾸다. J'ai rêvé cette nuit. 나는 간밤에 꿈을 꾸었다. ② [~ de qc/de+inf.] (…을)열망하다, 동경하다; [~ de qn/qc] (의)꿈을 꾸다, (을)꿈에 보다. ~ de voyages 여행하기를 열망하다. Il rêve d'être milliardaire. 그는 억만장자가 되기를 꿈꾸고 있다. J'ai rêvé de vous toute la nuit. 나는 밤새도록 당신 꿈을 꾸었다. ~ d'un incendie 화재가 난 꿈을 꾸다. ③ 공상(몽상)에 잠기다(rêvasser). Il rêve au lieu de réfléchir. 그는 깊은 생각에 잠겨 있는 것이 아니라 공상에 잠겨 있다. ④ 허튼 소리를 하다, 잠꼬대하다; (고열로)헛소리를 하다, 정신이 혼미해지다. Tu as vu des revenants? Tu rêves? 유령을 보았다고? 꿈이라도 꾸고 있는거야(그런 잠꼬대는 그만 하지)! Vous avez rêvé cela; Vous l'avez rêvé.〖구어〗어떻게 그런 일을 생각할 수 있는가. ⑤ [~ à qc] (에 관하여)숙고하다, 곰곰이 생각하다, 생각에 잠기다. ~ à son avenir 미래를 생각하다. À quoi rêvez-vous? 무슨 생각에 잠겨 있소?
On croit ~; Il me semble que je rêve. 꼭 꿈만 같다(놀라움을 나타냄). ~ *tout éveillé* 불가능한 계획을 세우다.
— *v.t.* ① 꿈에 보다, (의)꿈을 꾸다. Qu'avez-vous rêvé cette nuit? 어젯밤 무슨 꿈을 꾸었소? [~ que+ind.] J'ai rêvé que je mourais. 내가 죽어 가고 있는 꿈을 꾸었다. ② 열망[갈망]하다, 꿈꾸다. la gloire[le pouvoir] 명예[권력]을 갈구하다. (관사 없이) ~ mariage[fortune]〖구어〗결혼[재산]을 갈구하다. ③ 몽상하다, 상상하다.
— **se** ~ *v.pr.* [se ~+속사] Il *se rêvait* clergé (héros). 그는 성직자[영웅]가 되는 자기 자신을 꿈꾸고 있었다, 그는 성직자[영웅]가 되는 것을 갈망하고 있었다.
réverbérant(e) [rɛvɛrbɛrɑ̃, -ɑ̃ːt] *a.* 반사하는.
réverbération [reverberasjɔ̃] *n.f.* (빛·열의) (소리의)반향. ~ du soleil 태양빛의 반사. ~ du cri dans les vallons 계곡에 반향하는 외침.
réverbère [revɛrbɛːr] *n.m.* ① 가로등. ~ à gaz 가스 가로등. allumeur de ~s 가로등의 불을 켜는 사람. ② (램프 따위의)반사경; (열의)반사면. four à ~ 반사로(爐).
réverbérer [reverbere] ⑥ *v.t.* (빛·열을)반사하다. Les plaques de cheminée *réverbèrent* la chaleur du foyer. 벽난로의 금속판은 난로 안의 열을 반사한다.
— *v.i.* (빛·열이)반사하다. Les rayons du soleil *réverbèrent* contre cette muraille. 태양 광선이 이 벽에 부딪치어 반사한다.
— **se** ~ *v.pr.* (빛·열·음이)반사하다, 반향하다. Le soleil *se réverbère* sur l'eau. 태양이 수면에 반사하고 있다.
revercher [rəvɛrʃe] *v.t.* 수리하다; (주석 그릇의)구멍을 땜질하다.
reverdir [rəvɛrdiːr] *v.i.* 다시 초록빛으로 되다, 다시 푸르러지다; (비유적) 회춘하다; 다시 기운을 얻다. Les arbres *reverdissent* au printemps. 나무들이 봄에 다시 푸르러진다. Il *reverdit*. 그는 다시 젊어지고 있다. Les douleurs présentes font ~ les anciennes douleurs. 현재의 고통이 옛 고통을 생각게 한다.
planter là qn pour ~ 〖구어〗…을 두고 가버리다.
— *v.t.* ① 다시 초록으로 하다[칠하다]; (비유적) (사람을)젊게 하다. Le printemps a *reverdi* les bois. 봄이 다시 숲을 푸르게 했다. ~ des contrevents 덧문을 초록색으로 다시 칠하다. Le bonheur *reverdit* l'homme. 행복이 사람을 젊게 만든다. ② (가죽을)물에 담그다.
reverdissage [rəvɛrdisaːʒ] *n.m.* 〖피혁〗 가죽을 물에 담그기.
reverdissant(e) [rəvɛrdisɑ̃, -ɑ̃ːt] *a.* 다시 초록빛으로 되는, 신록의. plaines ~es 신록의 들판.
reverdissement [rəvɛrdismɑ̃] *n.m.* 〖문어〗 ① 다시 초록빛이 되기. ~ des bois 신록이 된 숲. ② 부활. ~ du moyen âge chez les romantiques 낭만파 작가에게서 볼 수 있는 중세의 부활.
reverdoir [rəvɛrdwaːr] *n.m.* 맥주 공장에서 원료통 밑에 놓는)맥아즙(麥芽汁)의 작은 통.
révéremment [reveramɑ̃] *ad.* 공손히.
révérence [reverɑ̃ːs] *n.f.* ① [~ pour/envers] (에 대한)존경, 숭배(respect, vénération). avoir de la ~ pour[envers] qn …을 숭배하다. ~ des lois 〖옛〗법의 존중. ② (정식·무릎을 구부리고 하는)절, 경례. Elle fit une gracieuse ~ devant la reine. 그녀는 여왕 앞에서 우아하게 절을 했다.
~ parler; sauf (votre) ~; *en parlant (par)* ~ 실례입니다만. *tirer sa* ~ *à qn[qc]* …에게 인사하다, 인사하고 가다; 〖구어〗사절하다. Je vous *tire ma* ~, ne comptez pas sur moi. 사양하겠읍니다, 기대하지 말아 주십시오. *tirer sa* ~ *au prix Nobel* 노벨상을 사양하다.
révérenciel(le) [reverɑ̃sjɛl] *a.* 〖옛〗공손한, 정중한. crainte ~*le* 〖문어〗경외심(敬畏心).
révérencieusement [reverɑ̃sjøzmɑ̃] *ad.* 공손히, 정중하게.
révérencieux(se) [reverɑ̃sjø, -øːz] *a.* ① 공손한, 정중한, 예의 바른(poli, respectueux, ↔ impoli). paroles (manières) ~ses 공손하고 예의 바른 말씨(태도). ② 지나치게 격식을 차린.
révérend(e) [reverɑ̃, -ɑ̃ːd] *a.* 존귀하신 (사제·수녀 (원장)에 대한 존칭). le R~ père 신부님(〖약자〗 R.P.). la R~e mère 수녀님, 수녀원장님 (〖약자〗 R.M.).
— *n.* mon ~ 신부님. ma ~*e* 수녀(원장)님.
révérendissime [reverɑ̃disim] *a.* 지극히 존귀하신 (주교·대주교에 대한 존칭).
révérer [revere] ⑥ *v.t.* 존경하다, 공경하다, 숭배하다. ~ Dieu 신을 공경하다. ~ la vertu(les lois) 덕을 숭상하다(법을 존중하다.
rêverie [rɛvri] *n.f.* ① 공상, 몽상, 명상(songerie); (그)대상. s'abandonner à la ~ 몽상에 잠기다. Il est perdu dans de continuelles ~s. 그는 끊임 없이 명상에 빠져 있다. ② 황당무계한 생각, 망상(chimère, illusion). Ce que vous dites là est une ~. 당신이 말하고 있는 것은 망상이다.
revernir [rəvɛrniːr] *v.t.* (에)와니스칠(옻칠)을 다시 하다.
revernissage [rəvɛrnisaːʒ] *n.m.* 와니스칠(옻칠)을 다시 하기.
reverquier [rəvɛrkje] *n.m.* =**revertier**.
reverr-ai, -as [rəvɛre, -a] <revoir.
revers [rəvɛːr] *n.m.* ① 뒷면, 안, 이면, 후면(envers, ↔ endroit). ~ d'une feuille 나뭇잎의 뒷면. ~ d'une feuille imprimée 인쇄지의 이면. ~ d'une étoffe 직물의 안. ~ d'une pièce 화폐의 뒷면. Toute médaille a son ~. 모든 일에는 한두 가지 나쁜 점이 따르게 마련이다. ② ⓐ (손의)등. essuyer d'un ~ de main les gouttes de sueur 손등으로 땀방울을 닦다. frapper qn d'un ~ de main 손등으로 …을 때리다. ⓑ 〖스포츠〗(테니스·탁구에서)백핸드(↔ coup droit, 포핸드). jouer en ~ 백핸드로 치다. volée de ~ 백(핸드)발리. reprendre la bal-

le en ~ 볼을 백핸드로 받아치다. ⓒ 《군사》배후(↔front). prendre de[à] ~ 배후[측면]에서 공격하다. bottes à ~ (위쪽이 접힌)승마 구두, pantalon à ~ 아랫단이 있는 바지. ~ d'un veston 웃도리의 깃. ③ 《비유적》(운명의)역전, 불운, 역경(~ de fortune); 실패, 패배. ~ militaires 패전. essuyer un ~ 실패[패배]하다.
— *de la médaille* 메달의 이면; 《구어》사물의 이면, 암쪽면.

réversal(ale, *pl.* **aux)** [reversal, -o] *a.* 상호 양보의, 반환의. —*n.f.pl.* (상호 양보를 다짐하는)양해 각서 (lettres ~ales).

reverseau [rəvɛrso] (*pl.* **~x**) *n.m.* 《건축》(문·창 따위의)물막이 판자.

reversement [rəvɛrsəmɑ̃] *n.m.* ① 《상업》이월. ② 《해양》(조류·계절풍의)방향 변화; 역류. ③ 《해양》(엣)(짐을)옮겨 싣기.

reverser [rəvɛrse] *v.t.* ① 다시 붓다; (부은 술을 다른 잔·본래의 병에)옮겨 붓다, 도로 붓다. ~ à boire 음료를 다시 한 잔 붓다. ~ du vin dans la bouteille 포도주를 병에 다시 붓다. ② 《비유적》[~ sur](에)(책임·죄 따위를)뒤집어 씌우다, 전가하다(rejeter); 《상업》이월하다. 《해양》(엣) (다른 배에)옮겨 싣다. La honte en *fut reversée sur lui.* 그 치욕을 그가 도리어 뒤집어 쐬었다.
—*se*— *v.pr.* (술 따위를 자기 컵에)다시 한 번 붓다. *se* ~ *de l'eau-de-vie* 다시 한 잔 (자기 컵에)브랜디를 붓다.

reversi [rəvɛrsi] *n.m.* (최소 득점자가 이기는)카드 놀이의 일종.

réversibilité [reversibilite] *n.f.* ① 반환성, 전환성, 역전성(逆轉性). ~ *des fiefs* 《중세법》농지의 반환성(상속자가 없을 때 농지가 영주에게 반환됨). ② 《물리·화학》가역성. ③ 《역학》(어떤 운동의 어떤 운동의 가역성. ③ 《신학》선행의 전환성, 공덕(功德)(~ des mérites)(성자·순교자의 공덕이 죄인을 구해낸다는 원리).

réversible [reversibl] *a.* ① 역전[역행]할 수 있는; (피륙이)뒤집을 수 있는, 양면의; 《물리·화학》가역(可逆)의, manteau ~ 뒤집어 입을 수 있는 외투. L'histoire *n'est pas* ~. 역사는 역행할 수 없다. réaction (transformation) ~ 《물리》가역반응[변화]. électrode ~ 가역전극. 《재산 따위가 본래의 소유자에게》복귀할 수 있는; (연금이 권리자의 사후 그 미망인·아들에게)복귀할 수 있는. terre ~ *après la fin du bail* 대차계약의 종료 후에 (소유주에)복귀해야 할 토지. [~ sur] Sa pension est ~ *sur sa femme.* 그의 연금은(그가 사망하면) 처가 받게 된다.

réversion [reversjɔ̃] *n.f.* ① 《법》복귀권. pension de ~ 남편의 사망 후 미망인에게 주어지는 연금. ② 《생물》격세 유전.

reversis [rəvɛrsi] *n.m.* =reversi.

reversoir [rəvɛrswaːr] *n.m.* (물이 그 위로 흐르게 된)둑, 댐.

revêtement [rəvɛtmɑ̃] *n.m.* ① 《건축》(특히 벽면의)표면 처리, 겉바르기; 피복(被覆)(재료). ~ extérieur(intérieur) 외장(내장). ② 《토목》(하천의)호안(護岸) 공사, 보강 공사, 돌담; (도로의)포장 (선박·항공 따위의 외판).

revêtir [rəv(ə)tiːr] [22] *v.t.* ① [~ qn de qc] ⓐ (에게 …을)입히다(habiller). ~ *un prêtre des ornements sacerdotaux* 사제에게 제복을 입히다. ⓑ (에게)부여하다(investir). ~ *qn d'une autorité* …에게 어떤 권한을 부여하다. ~ [~ qc de qc] ⓐ (으로)감싸다(장식하다)(parer). ~ *le mensonge des* apparences de la vérité 거짓말을 진실처럼 보이게 하다. ⓑ (보호·보강·장식 등을 위해) (으로)쒸우다. ~ *un mur de carreaux* 벽에 타일을 입히다. ~ une terrasse *de gazon* 테라스를 잔디로 입히다. ③ ⓐ (옷이 직접목적보어)(특수한 의복을)입다(mettre). ~ l'uniforme(des vêtements de deuil) 제복[상복]을 입다. ⓑ 《비유적》(의)형태를 갖다, (의)모습을 띠다. ~ une importance particulière (어떤 사건 따위가)특별한 중요성을 띠다. ~ le caractère de …의 양상을 띠다. ④ (옷이 주어) [~ qn] (의)복장이 되다. uniforme qui le *revêt* 그가 착용한 의복. ⓑ [~ qn] 다시 입히다. vêtir et l'enfant 어린애에게 옷을 입혔다 벗겼다 하다.
—*se*— *v.pr.* [se ~ de] ① (특별한 옷을)입다. ② (비유적)(으로) ~ *d'un uniforme* 제복을 입다. ② (비유적)(으로) 외관을 장식하다, (같이)보이게 하다.

revêtissement [rəvɛtismɑ̃] *n.m.* 《엣》=revêtement.

revêtu(e) [rəv(ə)ty] *a.p.* ① [~ de] (을)입은, 걸친. Le président du tribunal était ~ *de sa robe de magistrat.* 재판장은 정식의 법복을 입고 있었다. ② [~ de] (으로)꾸며진, 덮인; (특히) 포장된. route ~ *de* 포장도로. ③ (서명이)되어 있는, (관직 따위가)주어진.

rêveur(se) [rɛvœːr, -øːz] *a.* ① 꿈꾸는, 몽상하는 (songeur); 생각에 잠긴, 명상적인. caractère ~ 명상적인 성격. jeune fille *~se* 꿈꾸는 소녀. Elle a les yeux ~*s.* 그녀는 꿈꾸는 듯한 눈매를 하고 있다. ② 《엣》(perplexe). Cela me laisse ~. 그것은 나를 당황하게 만든다, 일이 곤란하게 되었다.
—*n.* 《구어》몽상가; 명상가.

rêveusement [rɛvøzmɑ̃] *ad.* 꿈꾸듯이, 몽상적으로.

reviendr-ai, -as, etc. [rəvjɛ̃dr-e, -a] ⇨revenir.

revien-s, -t, etc. [rəvjɛ̃] ⇨revenir.

revient [rəvjɛ̃] *n.m.* 《상업》원가(原價) (prix de ~). calculer un prix de ~ 원가를 계산하다.

revif [rəvif] *n.m.* ① 소생, 재생(regain). ~ *de jeunesse* 젊음의 소생, 되살아나는 젊음. ② 《해양》밀물.

revigorer [rəvigɔre] *v.t.* [~ qn] (에게)새로운 힘을 주다, 원기를 회복시키다. Cette bonne nouvelle *l'a tout revigoré.* 이 기쁜 소식이 그에게 다시 큰 힘을 주었다. 《목적보어 생략》vent frais qui *revigore* 원기를 회복시켜 주는 선선한 바람.

revin-s, -t, etc. [rəvɛ̃] ⇨revenir.

revirade [rəvirad] *n.f.* 다시 휘돌기, 재선회(再旋回).

revirement [rəvirmɑ̃] *n.m.* ① (배가)침로(針路)를 바꾸기, 방향 전환. ~ *d'un vaisseau* 배의 침로 변경. ② 《비유적》(운명·의견 따위의)급변, 돌변 (retournement, volte-face). ~ *d'un homme politique* 어떤 정치가의 변절. ~ *d'opinion publique* 여론의 역전. ③ 《상업》(부채 따위의)상쇄결제 (相殺決濟), 대체(對替).

revirer [rəvire] *v.i.* ① 《엣》《해양》다시 침로를 바꾸다(~ de bord). ② 《비유적》당하[의견]를 바꾸다, 변절하다.

revi-s, -t [rəvi] ⇨revivre, revoir.

révisable [revizabl] *a.* 수정(정정)할 수 있는, 개정할 수 있는; 《법》재심할 수 있는. procès ~ 재심할 수 있는 소송.

réviser [revize] *v.t.* ① (필요한 개정을 위해)재검토하다; (재검토하여)수정하다, 개정하다, 정정하다 (modifier, corriger); 《인쇄》교정하다. ~ *un projet* 계획을 재검토하다. ~ *un compte* 검산하다. ~ *la constitution* 헌법을 개정하다. ~ *une épreuve* 교정쇄를 재교하다. ② 《법》재심하다; 《기계》(재)점검하다, (자동차 따위를)수리하

다. ~ un procès 〖법〗 소송을 재심하다. ~ une montre[un moteur]시계[엔진]를 검사[점검]하다. ③ (배운 것을)복습하다(repasser). ~ un sujet (l'histoire) 어떤 과목[역사]을 공부[복습]하다. 《목적보어 없이》L'examen est proche, il faut commencer à ~. 시험이 가까와졌으니 공부를 시작해야 한다.

réviseur [revizœːr] n.m. 검열자, 검사인; 〖상업〗 회계 검사관[인]; 〖인쇄〗 교정자(校正者). ~ de traductions 개역(改譯)자.

révision [revizjɔ̃] n.f. ① (개정을 위한)재검토; 정정, 개정, 수정; 교정, 교열. ~ des listes électorales(매년 실시하는)선거인명부 정정. ~ de la constitution 헌법 개정. projet de ~ constitutionnelle 헌법 개정안. ~s du manuscrit par l'auteur 작가에 의한 원고의 정정. ② 〖법〗 재심; 〖기계〗 검사, 점검; 〖의학〗 검진; 〖군사〗 징병검사. pourvoi en ~ 재심 청구. ~ d'un moteur 엔진의 점검. ~ utérine (분만후의)자궁내 검진. Conseil de ~ 《옛》군사최고재판소. conseil de ~ 징병검사 위원회. passer la ~ 《구어》징병검사를 받다. ③ 복습. faire une ~ de[en] géographie 지리를 복습하다. faire des ~s 복습하다.

~ *déchirante* (1954년 미국 국무장관 Dulles 가 말한)미국의 대유럽정책의 철저한 재검토; (태도·사상·상황 따위의)급격한[근본적] 수정[변화·전환].

révisionnisme [revizjɔnism] n.m. 〖정치〗 헌법 개정론; (정강 따위의 대한)수정주의.

révisionniste [revizjɔnist] a. (특히 헌법의)개정을 주장하는. —n. 헌법 개정론자; (관절 따위에 대한)수정론자[파]; (완고한 정치적 교조주의에 대한)수정주의자[파].

revisiter [rəvizite] v.t. 다시 방문하다; 다시 왕진하다.

revisser [rəvise] v.t. 나사로 다시 죄다.

revitalisant(e) [rəvitalizɑ̃, -ɑ̃ːt] a. (머리카락·피부에)생기를 주는. —n. 생기를 촉진하는 화장품.

revitalisation [rəvitalizɑsjɔ̃] n.f. 원기를 회복시키기, 활성화; (화장품 따위가)생기를 촉진하기.

revitaliser [rəvitalize] v.t. ① 생기를 북돋아주다. ~ les cheveux anémiés 생기잃은 머리카락을 생생 시키다. ② 활성화하다, 소생시키다. ~ une alliance 동맹관계를 활성화하다. ~ l'arrière-pays 벽촌지역에 활기를 불어넣다[되살아나게 하다].

revival [rəvival] n.m. 〖종교〗 (신교의)신앙부흥.

revivification [rəvivifikɑsjɔ̃] n.f. 《문어》 원기를 회복시키기; 갱생, 부활; 〖화학〗 환원(還元).

revivifier [rəvivifje] v.t. 《문어》원기(기운)를 회복시키다; (정신적으로)새출발시키다, 갱생시키다, 소생시키다; 〖화학〗 환원시키다. La grâce *revivifie* le pécheur. 은총이 죄인을 갱생시킨다.

reviviscence [rəvivisɑ̃ːs], **réviviscence** [revivisɑ̃ːs] n.f. 소생, 부활; 〖생물〗 재생력. ~ d'un souvenir 기억의 되살아남.

reviviscent(e) [rəvivisɑ̃, -ɑ̃ːt] a. 소생하는; 〖생물〗 재생력이 있는.

revivre [ravi:vr] 37 v.i. ① 소생하다(ressusciter). faire ~ 소생시키다. ② (사람이 자손·기억 속에) 다시 살다, 살아남다. Les parents *revivent* dans leurs enfants. 부모란 자식들 속에 다시 사는[살아 남는] 것이다. ③ 원기를 회복하다, 힘을 되찾다. se sentir ~ 되살아나는 것 같은 느낌이 들다. Le malade *revit* dans la montagne. 병자는 산 속에서 원기를 되찾고 있다. [faire ~ qn] Cette nouvelle l'*a fait* ~. 이 소식을 듣고 그는 원기를 되찾았다. ④ 《주어는 사물》재흥하다, 부활하다. [faire ~ qc] *faire* ~ une mode 어떤 유행을 부활시키다. *faire* ~ les couleurs d'un tableau 그림의 빛깔을 생생하게 만들다.

—v.t. ① 다시 살다, 다시 체험하다. Je ne voudrais pas ~ ce que j'ai vécu. 내가 겪은 것을 다시 체험하고 싶지 않다. ② 회상하다, 추억하다. ~ son passé 과거를 생생하게 회상하다. ③ 새롭게 하다. ~ une impression 인상을 새롭게 하다.

révocabilité [revɔkabilite] n.f. ① 취소[폐지] 가능성. ~ d'un contrat 계약의 취소 가능성. ② 면직[해임]의 가능.

révocable [revɔkabl] a. ① 취소[폐지]할 수 있는. contrat ~ 폐기할 수 있는 계약. à titre ~ 일시적인. ② 해임할 수 있는.

révocation [revɔkɑsjɔ̃] n.f. ① 취소; 폐지, 철회 (annulation). ~ d'un testament 유언의 취소. ~ de l'Édit de Nantes 〖역사〗 낭트칙령의 폐지 (1685년). ② 파면, 면직, 해임. ~ d'un fonctionnaire 관리의 면직.

révocatoire [revɔkatwaːr] a. 취소의, 폐지의, 철회의; 면직의.

revoici [rəvwasi] ad. 《구어》다시 왔다(voici de nouveau); 다시 …이다. Me ~! 다시[또] 왔네. Me ~ riche. 나는 다시 부자가 되었다. Nous ~ à Noël. 다시 크리스마스가 되었군.

revoilà [rəvwala] ad. 《구어》다시 거기에 왔다(voilà de nouveau). Le ~! 그가 다시 거기에 왔네. R~ le soleil. 저기 봐, 또 태양이 나타났다.

‡**revoir** [rəvwaːr] 59 v.t. ① 다시 보다, 다시 만나다. On ne l'a jamais *revu*. 그를 다시는 만나지 못했다. Au plaisir de vous ~! 《구어》안녕, 또 만납시다. J'aimerais ~ ces photos. 그 사진을 다시 한번 보고 싶다. ② (떠났던 곳으로)돌아오다. ~ sa patrie 고국에 돌아오다. Il n'a pas *revu* son pays natal. 그는 고향으로 돌아오지 않았다. ③ 교정(校訂)하다; 재검토[검사]하다(réviser); 〖법〗 재심하다. ~ un manuscrit 원고를 교정[재검토]하다. édition *revue* et corrigée 개정판. ④ 다시 생각나다. Je la *revois* en train de jouer dans le jardin. 뜰 안에서 놀고 있는 그녀의 모습이 떠오른다.

«À ~» "재조사할 것".

—se ~ v.pr. ① (상호적) (서로)다시 만나다. On *se reverra*! 다시 만나자. Ils *se sont revus* après une longue séparation. 그들은 오랜만에 서로 만났다. ② (장소에)되돌아가다, (상황에)다시 빠지다. ③ 자기의 모습을 생각하다, 회상하다. Je *me revois* encore à ses côtés. 나는 그(그녀)와 함께 있던 내가 생각난다.

—n.m. 《복수불변》재회(再會). *Au* ~. 다시 만납시다, 안녕. dire *au* ~ à qn …에게 작별인사를 하다. faire *au* ~ de la main 손을 흔들며 작별하다.

revoler[1] [rəvɔle] v.t. 다시 훔치다.

revoler[2] v.i. ① 다시 날다. Ce pilote n'a plus *revolé* depuis son accident. 이 조종사는 사고 이후로 다시는 비행하지 않았다. ② 날아 돌아오다; 《비유적》서둘러[빨리] 돌아오다. Mes affaires terminées, je *revolerai* vers toi. 일이 끝나면 네게로 달려가겠다.

revolin [rəvɔlɛ̃] n.m. 〖해양〗 (장애물에 부딪쳐 생기는)회오리 바람, 선풍; 소용돌이, 역류(逆流).

révoltant(e) [revɔltɑ̃, -ɑ̃ːt] a. 불쾌하기 짝이 없는, 차마 볼 수 없는. injustice ~*e* 언어도단의 부정.

révolte [revɔlt] n.f. ① 폭동, 반란(émeute, insurrection, rébellion). ~ d'une armée 군의 반란. exciter[pousser] à la ~ 반란을 선동하다. apaiser [calmer] une ~ 반란을 가라앉히다. étouffer [réprimer] une ~ 반란을 진압하다. être en ~ 반

révolté(e) 란(폭동)을 일으키고 있다. ② 반항, 저항, 항거; 〖군사〗(상관에 대한)항명. esprit de ~ 반항 정신. ~ des sens contre la raison 이성에 대한 관능의 반항. ③ (감정 따위의)격분, 분개(indignation). cri de ~ 격분의 고함.

révolter [revɔlte] v.t. ① 반란을 일으킨. masse ~e 폭도. ② 반항적인. «L'Homme ~」「반항적 인간」(Camus 의 저서, 1951 년). ③ 격분한(outré). être ~ contre la conduite de qn …의 행동에 대해 분개하다. ── n. 폭도; 반도(叛徒), (pl.)반란군; (기성제도·권위에 대한)반항자.

*****révolter** [revɔlte] v.t. ① 격분시키다, 반감을 갖게 하다. Une telle injustice me *révolte*. 그러한 부당함은 나를 격분시킨다. Ses propos me *révoltent*. 그의 말에 화가 치밀어 오른다. ② [~ qc] (에)반하다, 어긋나다. Cela *révolte* le bon sens. 그것은 양식에 어긋난다. ③ 〖드물게〗반항하게 하다, 반란을 일으키게 하다, 선동하다. ~ une province 어떤 지방에서 반란을 일어나게 하다. ~ des troupes contre leur général 부대를 그들의 장군에 대해 반란하게 하다.
── **se ~** v.pr. [se ~ contre] ① (에)거역하다, 반항하다; 폭동을 일으키다. se ~ contre un gouvernement 정부에 반항하다. enfants qui se révoltent contre ses parents 부모에 거역하는 어린애들. ② 분개하다, 반감을 가지다(s'indigner). Qui ne se révolterait contre pareille injustice? 이런 부정 행위에 그 누가 분개하지 않겠는가? (주어는 사물) Le bon sens se révolte contre une telle absurdité. 이런 부조리에 양식은 반발한다.

révolu(e) [revɔly] a. ① 경과된, 만기가 된. avoir quinze ans ~s 만 15살이 되다. jours (moments) ~s 지나가 버린 나날들(순간들). ② 〖천문〗(별이) 1 회전을 끝마친, 1 공전 한.

révoluté(e) [revɔlyte] a. 〖식물〗외선성(外旋性).

révolutif(ve) [revɔlytif, -iv] a. ① 회전에 관한; 공전(公轉)의. mouvement ~ 회전 운동. ② 〖식물〗외선성(外旋性)의.

*****révolution** [revɔlysjɔ̃] n.f. ① 〖정치·경제〗혁명; 혁명정권(세력). la R~ (française) (1789 년의) 프랑스 대혁명. ~ industrielle 산업혁명. ~ culturelle (중국의) 문화혁명. La ~ vaincra. 혁명세력은 승리할 것이다. ② (사상·관습 따위의)급변, 변동, 혁신. ~ dans les arts 예술에서의 혁신. faire ~ dans …에 일대 혁신을 가져오다. ③ 〖구어〗소동, 난리. Tout le quartier est en ~. 온 거리가 떠들썩하다. ④ 〖지질〗지각(地殼)의 변동(~s de la terre [du globe]). ⑤ 회전, 순환; 〖기계〗(바퀴의) 1 회전; 〖천문〗공전(公轉), 주기적 회전, 운행(運行). ~ des siècles 세기의 변천. ~ des saisons 계절의 변동(·순환). axe de ~ 회전축. corps de ~ 회전체.

*****révolutionnaire** [revɔlysjɔnɛːr] a. 혁명의, 혁명적인; 혁신적인. mouvement ~ 혁명운동. comité ~ 혁명위원회. tribunal ~ 혁명재판소. chants ~ 혁명가(歌). technique ~ 혁명적 기술. théorie scientifique ~ 혁명적인 학설. ── n. 혁명가; 혁명단원, 혁명론자.

révolutionnairement [revɔlysjɔnɛrmɑ̃] ad. 〖문어〗혁명적 수단으로, 혁명적으로.

révolutionnarisation [revɔlysjɔnarizɑsjɔ̃] n.f. 〖정치〗(중국 문화혁명의 과정에서의)혁명화.

révolutionnarisme [revɔlysjɔnarism] n.m. 혁명지상주의, 혁명절대주의.

révolutionnariste [revɔlysjɔnarist] a. 혁명지상주의적인. ── n. 혁명지상주의자.

révolutionner [revɔlysjɔne] v.t. ① 변혁하다, 혁신하다; 〖드물게〗혁명을 일으키다. La machine à vapeur a *révolutionné* l'industrie. 증기기관은 산업에 혁명을 일으켰다. ② 〖구어〗놀라게 하다, 얼떨떨하지게 하다, 동요시키다(bouleverser). Cette nouvelle m'a *révolutionné*. 그 소식은 나의 마음을 심히 놀라게 했다. ── v.i. 회전하다.

revolver [revɔlvɛːr] 〖영〗n.m. ① 연발 권총. ~ à six coups 6연발 권총. ② 〖기계〗회전식기계장치. microscope à ~ 회전식 현미경.

revolvériser [revɔlverize] v.t. 〖구어〗(연발 권총으로)죽이다, 살상하다.
── **se ~** v.pr. 권총으로 자살하다.

revomir [rəvɔmiːr] v.t. ① 다시 토하다, 뱉아 내다. ~ un médicament 약을 토하다. ② (바닷물이 시체 따위를 바닷가로)밀어 [던져] 올리다.

révoquer [revɔke] v.t. 면직하다, 해임하다(destituer); (대사를)소환하다. ~ un fonctionnaire pour trafic d'influence 관리를 수회(收賄)로 면직하다. (법적 행위를)취소하다 〖옛〗(법령 따위를)폐지하다(annuler). ~ une donation [un contrat] 증여 [계약]를 취소하다. ~ une loi 법령을 폐지하다.
~ qc en doute 〖문어〗…을 의심하다; …에 이의를 제기하다.

revoter [rəvɔte] v.t., v.i. 재투표하다.

revouloir [rəvulwɑːr] [58] v.t. 〖구어〗다시 [더] 바라다. En reveux-tu? 더 줄까? J'en reveux. 좀 더 필요하다.

revoy-ant, -ons, etc. [rəvwaj-ɑ̃, -ɔ̃] ⇨ revoir.

revoyeur [rəvwajœːr] n.m. 준설선(浚渫船).

revoyure [rəvwajyːr] n.f. 〖사투리·속어〗A la ~. 안녕(히 계세요) (Au revoir).

revu(e¹) [rəvy] a.p. [revoir] 재검토된; 다시 본. édition ~ et corrigée 개정판.

*****revue²** [rəvy] n.f. ① 조사, 검사, 검열, 점검, 음미. faire une ~ de ses fautes 과오를 검토하다. ~ de casernement 막사의 점검. ~ d'armement 무기의 점검. ② 〖군사〗열병(閱兵). ~ du 14-juillet 혁명기념일(7월 14 일)의 열병식. ③ 〖잡지〗〖연극〗시사희극(時事喜劇); 레뷔. ~ hebdomadaire 주간지. ~ mensuelle 월간지. ~ trimestrielle 계간지. ~ d'une société savante 학술지. R~ des Deux Mondes 양(兩)세계 평론. R~ de Paris 파리 평론. Nouvelle R~ Française 신프랑스 평론 (약자) N.R.F.) 〖옛〗(헤어졌다가)다시 만남.
être de la ~ 〖구어〗기대가 어긋나다.
Nous sommes gens de ~. 〖구어〗다시 또 만나게 되겠죠, 만날 기회가 있겠죠.
passer en ~ (부대를)열병하다; 검토[점검]하다. Il a passé tout le mécanisme en ~. 그는 모든 기계 장치[기구]를 하나하나 점검했다.

revue-féerie [rəvyfe(e)ri] (pl. ~s-~s) n.f. 몽상적 대(大)레뷔.

revuette [rəvyɛt] n.f. 〖연극〗소(小)레뷔.

revuiste [rəvyist] n. 레뷔 작가.

révulsé(e) [revylse] a. (흥분·분노 따위로)뒤집힌; 놀란, 당황한(bouleversé). yeux ~s (경악·흥분 따위로)뒤집힌 두 눈. traits ~s 일그러진 얼굴 모습.

révulser [revylse] v.t. 〖의학〗(유도법으로 병으)위치를 옮기다, 유도하다.
── **se ~** v.pr. 〖구어〗혼란에 빠지다, 놀라 자빠지다. Ses prunelles se *révulsèrent*. 그의 눈동자가 뒤집혀 흰자위가 드러났다.

révulseur [revylsœːr] n.m. 〖의학〗유도기 [器], 유도재.

révulsif(ve) [revylsif, -iv] 〖의학〗a. 유도하는, 유도법의. remède ~ 유도제. ── n.m. 유도제(誘導劑).

révulsion [revylsjɔ̃] n.f. 〖의학〗유도법. [劑].

rev. var. 《약자》revenu variable 《상업》 잡수입.

rewriter [rərajtœːr]《영》*n.m.* 리라이터《출판사·잡지사에서 원고를 고쳐 쓰는 사람》.

rewriting [rərajtiŋ]《영》*n.m.* (리라이터가)원고를 고쳐 쓰기, 가필정정, 리라이팅.

rez [re] *prép.* 《옛》*à ~ de* …와 수평으로, …에 닿을락말락하게. **~** (*de*) *terre; à ~ de terre* 지면에 닿을락말락하게. couper un arbre ~ (*de*) *terre* 지면과 가지런히(바싹) 나무를 자르다. *sur le ~ de la nuit* 해가 질 무렵.

***rez-de-chaussée** [redʃose] *n.m.* 《복수불변》(건물의)1층, 아래층;《옛》지면과 같은 높이. habiter au ~ 1층에 살다. Cette maison a un ~, un étage et un grenier. 이 집은 1층과 2층 그리고 다락방이 있다.

rez-de-jardin [redʒardɛ̃] *n.m.* 《복수불변》1층(rez-de-chaussée)《부동산 회사의 광고에서 집에 정원이 있다는 것을 강조해서 쓰는 표현》.

rezzou [rezu]《아라비아》*n.m.* ① (아프리카에서의) 아라비아 사람의 습격 부대《식민지 시대의 사막의》비적. ② 습격, 침략.

R.F. 《약자》République Française 프랑스 공화국.

R.F.A. 《약자》République Fédérale Allemande (d'Allemagne) 독일 연방 공화국《서독》.

RFP 《약자》Régie française de publicité 프랑스 광고 공사.

RFT 《약자》Régie française des tabacs 프랑스 연초 전매 공사.

R.G. ① 《약자》Renseignements généraux 안내소. ② régiment de génie 공병 연대.

r.g. ① 《약자》rive gauche 좌안(左岸). ② révision générale 전반 수리(修理).

R.G.R. 《약자》Rassemblement des gauches républicaines 공화 좌파 연합(共和左派連合).

Rh 《약자》① facteur Rhésus 《의학》레서스 인자 (因子). ② rhodium 《화학》로듐.

r(h)abdologie [rabdɔlɔʒi] *n.f.* 산목(算木)계산법.

r(h)abdomancie [rabdɔmɑ̃si] *n.f.* 막대기점(占).

rhabdomancien(ne) [rabdɔmɑ̃sjɛ̃, -ɛn] *n.* 막대기 점을 치는 사람.

rhabillage [rabija:ʒ], **rhabillement** [rabijmɑ̃] *n.m.* ① (시계 따위의)수선, 수리. ~ d'une montre 시계 수리. ② (의복의)바꿔 입히기. ~ d'une poupée 인형의 옷 바꿔 입히기. Ce n'est qu'un ~.《비유적》그것은 재탕에 불과하다.

rhabiller [rabije] *v.t.* ① [~ *qn*](에게)다시 옷을 입히다, 새 옷을 입히다. ~ un enfant 어린애에게 옷을 바꿔 입히다. ② [~ *qc*](건물 따위의)겉 모양을 바꾸다;《비유적》(에)새로운(현대적인) 양상을 띠게 하다(renouveler). ~ l'autel d'une église 교회의 제단의 모양을 바꾸다. ~ une vieille idée d'une présentation nouvelle 낡은 사상을 새로운 형태로 제시하다. ③ 《옛》수선(수리)하다.
—se ~ *v.pr.* 다시 옷을 입다, 새 옷을 사다(입다). *Nous nous rhabillons après le bain.* 우리는 목욕 후에 옷을 다시 입는다.
Il peut aller se ~. 《구어》(서투른 배우·운동 선수에 대해)그만두고 옷이나 갈아입도록 하지. *Va te ~!* 《연극(운동)에》그만두고 나가! 그만두고 나가!

rhabilleur(se) [rabijœːr, -ø:z] *n.* ① 수리하는 사람; 시계 수리공. ② 《구어》접골의(接骨醫).

rhabituer [rabitɥe] *v.t.* 다시 습관을 붙이다. ~ *qn* à *qc* …으로 하여금 …에 다시 익숙하게 하다, 어린애에게 …의 습관을 다시 붙이다.
—se ~ *v.pr.* (에) 다시 익숙해지다.

Rhadamant(h)e [radamɑ̃:t] *n.pr.m.* 《그리스신화》라다만투스《저승의 재판관의 한 사람》. juge-ment de ~ 인정사정없는(엄정한) 재판.

rhagade [ragad] *n.f.* 《의학》살갗이 튼 데, 군열 (皸裂) 《무 과(科)》.

rhamn(ac)ées [ramn(as)e] *n.f.pl.* 《식물》갈매나무과.

rhapsode [rapsɔd] *n.m.*, **rhapsoder** [rapsɔde] *v.t.*, **rhapsodie** [rapsɔdi] *n.f.* =**rapsode, rapsoder, rapsodie.**

rhapsodique [rapsɔdik] *a.* =**rapsodique.**

rhénan(e) [renɑ̃, -an] *a.* 라인강(*le Rhin*)의, 라인강 연안지방의.
—R— *n.* 라인강 연안지방 사람.

Rhénanie [renani] *n.pr.f.* 《지리》라인란트《독일의 라인강 서부 지방》(Prusse-Rhénane).

rhénium [renjɔm] *n.m.* 《화학》레늄.

rhénois(e) [renwa, -a:z] *a.* 라인란트(*Rhénanie*)의.
—R— *n.* 라인란트 사람.

rhéo- *préf.*「흐름·유(流)」의 뜻.

rhéobase [reɔba:z] *n.f.* 《생리》기(基)《근(筋)신경을 흥분시키는데 필요한 최소의 전류》.

rhéologie [reɔlɔʒi] *n.f.* 《물리》유동학(流動學), 점탄성(粘彈性).

rhéomètre [reɔmɛtr] *n.m.* ① 《전기》검류계(檢流計);《옛》전류계, 유동계; 《의학》혈액 속도 측정계. ② 유량(流量) 조절 장치. 《器》.

rhéoscope [reɔskɔp] *n.m.* 《전기》검전기(檢電器).

rhéostat [reɔsta] *n.m.* 《전기》가변저항기(可變抵抗器). ~ de démarrage(de champ) 기동(起動) (계자(界磁))저항기. ~ automatique 자동 전압 조정기.

rhéostatique [reɔstatik] *a.* 《전기》가변저항기의.

rhéotaxie [reɔtaksi] *n.f.* 《생물》추류성(趨流性), 주류성(走流性).

rhéotropisme [reɔtrɔpism] *n.m.* 《생물》굴류성(屈流性).

rhésus [rezys] *n.m.* ① 《동물》붉은원숭이. ② facteur *R~* 《의학》레서스(Rh)인자(인자)《《약자》Rh》. ~ positif(négatif) Rh⁺(Rh⁻).

rhéteur [retœːr] *n.m.* ① (고대의)웅변술 교사; 수사학자. ② 《구어》《경멸》(내용이 없는)연설가, 미사여구를 늘어놓는 사람. Ce n'est qu'un orateur, ce n'est qu'un ~. 그는 웅변가가 아니고 단순한 떠벌이 연설꾼에 불과하다.

rhétien(ne) [resjɛ̃, -ɛn] *a.* 《지질》레틱 지층(地層)의.
**—*n.m.* 《지질》레틱 지층.

rhétique [retki] *a.* 레티아(*Rhétie*, 고대 로마의 지방)의. les Alpes ~*s* 레티안 알프스 산맥.
**—*n.m.* 레티어(語) 《이탈로·셀틱어파에 속하는 것으로 생각되는 고대어》; 레토·로망어(rhéto-roman)《현대 로망어의 한 방언》.

rhétoricien [retɔrisjɛ̃] *n.m.* ① 수사학자;《경멸》미사여구를 늘어놓는 사람(rhéteur). ② 《옛》수사학급의 학생.

rhétorique [retɔrik] *n.f.* ① 수사학, 웅변술. figures de ~ 수사기법. la «*R~*» d'Aristote 아리스토텔레스의 「수사학」. (classe de) ~ 《옛》수사학급 (lycée의 최고학급). être en ~; faire sa ~ 《옛》수사학급에 들어 있다. 《옛》(개인의)수사, 표현수단. employer toute sa ~ pour persuader *qn* 온갖 말재주를 다하여 설득하다. Vous y perdrez votre ~. 아무리 좋은 말로 설득해도 소용이 없을 겁니다. ③《경멸》미사여구, 공허한 과장적 문체(grandiloquence). Tout cela n'est que de la ~. 그것은 모두 미사여구(호언장담)에 불과하다. **—***a.* 수사(학)의. procédés ~*s* 수사법.

rhétoriquement [retɔrikmɑ̃] *ad.* 수사학적으로.

rhétoriqueur [retɔrikœːr] *n.m.* 15세기 프랑스 부르고뉴(*Bourgogne*)의 궁정시인(宮廷詩人), 대압

운파(大押韻派) 시인(grands ~s).
rhéto-roman(e) [retɔrɔmɑ̃, -an] 【언어】 a. 레토로망어(語)의. —n.m. 레토로망어.
rhexistasie [reksistazi] n.f. 【지질】(지표에 식물이 없기 때문에 일어나는)침식기(浸蝕期); 침식.
Rhin (le) [lə rɛ̃] n.pr.m. 라인 강. caillou du — 색수정(色水晶). vin du — 라인 포도주.
rhinalgie [rinalʒi] n.f. 【의학】 비통(鼻痛).
rhinanthe [rinɑ̃:t] n.m. 【식물】 맨드라미속(屬).
rhinencéphale [rinɑ̃sefal] n.m. 【의학】 후뇌(嗅腦) (후각 중추를 포함한 대뇌의 일부분).
rhingrave [rɛ̃gra:v] 【독일】 n.m. 【역사】 라인백(伯) (옛날 라인 강 연안을 다스리던 백작).
—n.f. (17세기의)짧은 바지의 일종.
rhingraviat [rɛ̃gravja] n.m. 라인 백(伯)의 지위.
rhinite [rinit] n.f. 【의학】 비염(鼻炎). [염].
rhin(o)- préf. 「코」의 뜻 (예: rhinolaryngite 비인후
rhinocéros [rinɔseros] n.m. 【동물】 코뿔소.
rhinolaryngite [rinɔlarɛ̃ʒit] n.f. 【의학】 비인후염(鼻咽喉炎). [學].
rhinologie [rinɔlɔʒi] n.f. 【의학】 비과학(鼻科
rhinologique [rinɔlɔʒik] a. 【의학】 비과학의.
rhinolophe [rinɔlɔf] n.m. 【동물】 박쥐의 일종.
rhino-pharyngien(ne) [rinɔfarɛ̃ʒjɛ̃, -ɛn], **rhinopharyngé(e)** [rinɔfarɛ̃ʒe] a. 【해부】 비인두의. [두염.
rhinopharyngite [rinɔfarɛ̃ʒit] n.f. 【의학】 비인
rhinopharynx [rinɔfarɛ̃:ks] n.m. 【해부】 비인두(鼻咽頭). [술.
rhinoplastie [rinɔplasti] n.f. 【의학】 코 성형수
rhinoplastique [rinɔplastik] a. 【의학】 코 성형수술의.
rhinopome [rinɔpɔm] n.m. 【동물】 이집트산의 [박쥐.
rhinorragie [rinɔraʒi] n.f. 【의학】 코피. [法.
rhinorrhée [rinɔre] n.f. 【의학】 콧물 흐림, 콧물, 비루(鼻淚).
rhinoscopie [rinɔskɔpi] n.f. 【의학】 검비법(檢鼻
rhizine [rizin] n.m. 【식물】 가근균사(假根菌絲).
rhiz(o)- préf. 「뿌리」의 뜻.
rhizobium [rizɔbjɔm] n.m. 【세균】 근류(根瘤)박테리아. [性의.
rhizocarpé(e) [rizɔkarpe] a. 【식물】 숙근성 (宿根
rhizoctone [rizɔktɔn] n.m., **rhizoctonie** [rizɔktɔni] n.f. 【식물】 핵균족(核菌族). [根.
rhizoïdes [rizɔid] n.m.pl. 【식물】 헛뿌리, 가근 (假
rhizome [rizo:m] n.m. 【식물】 뿌리줄기, 근경(根莖), 지하경(莖). [는.
rhizophage [rizɔfa:ʒ] a. (동물이)뿌리를 먹고 사
rhizophora [rizɔfɔra], **rhizophore** [rizɔfɔ:r] n.m. 【식물】 홍수(紅樹).
rhizophor(ac)ées [rizɔfɔr(as)e] n.f.pl. 【식물】 홍수과(紅樹科).
rhizopodes [rizɔpɔd] n.m.pl. 【동물】 근족충류 (根足蟲類).
rhizopogon [rizɔpɔgɔ̃] n.m. 【식물】 송로 (松露).
rhizostome [rizɔstɔm] n.m. 【동물】 해파리 무리.
rhizotome [rizɔtɔm] n.m. 뿌리를 자르는 도구.
rho, rhô [ro] n.m. 그리스 자모의 제 17자 (P, ρ).
rhodamine [rɔdamin] n.f. 【화학】 로다민(홍색색소(色素)).
rhodanien(ne) [rɔdanjɛ̃, -ɛn], **rhodanique** [rɔdanik] a. 론 (le Rhône)강의.
Rhodes [rɔd] n.pr.f. 【지리】 로도스 섬 (터키 남서안의 그리스 령 섬); 로도스 (섬 남단의 도시). la Colosse de — 로도스의 거상 (로도스 섬의 거상; 헬리오스의 거상; 세계 7대 불가사의 중의 하나로, BC 223년의 지진으로 파괴되었음). ~-inté-

rieures (extérieures) 인테르 (아우스레르)레덴 (스위스 연방 Appenzell 주의 지구명).
Rhodésia (la) [larɔdezja], **Rhodésie (la)** [larɔdezi] n.pr.f. 【지리】 로디지아 (아프리카 남부의 공화국). ~ au Nord 【옛】북로디지아 (현재의 잠비아 (Zambie)의 옛 이름).
rhodésien(ne) [rɔdezjɛ̃, -ɛn] a. 로디지아 (Rhodésia)의. —R~ n. 로디지아 사람.
rhodia [rɔdja] n.m. 합성 섬유의 일종.
rhodié(e) [rɔdje] a. 로듐이 섞인.
rhodinol [rɔdinɔl] n.m. 로디놀 (장미나 제라늄에서 추출되는 액체로서 향수에 쓰임).
rhodite [rɔdit] n.f. 【광석】 로다이트 (로듐이 섞인
rhodium [rɔdjɔm] n.m. 【화학】 로듐. [광석).
rhododendron [rɔdɔdɛ̃drɔ̃] n.m. 【식물】 만병초속(屬).
rhodoïd [rɔdɔid] n.m. (셀룰로오스 아세테이트기(基)의)플라스틱의 일종. [石.
rhodonite [rɔdɔnit] n.f. 【광석】 장미휘석(薔薇輝
rhodophycées [rɔdɔfise] n.f.pl. 【식물】 홍조류 (紅藻類).
rhodopsine [rɔdɔpsin] n.f. 망막의 자주빛 색소 (pourpre rétinien). [색인.
rhodosperme [rɔdɔspɛrm] a. 【식물】 씨가 장미
rhombe [rɔ̃:b] n.m. 【기하】 마름모꼴, 능형; 사방체 (斜方體) 결정 (結晶) (losange).
—a. 마름모꼴의; 사방체의.
rhombique [rɔ̃bik] a. 【기하】 마름모꼴의; 사방 (斜方)의.
rhomb(o)- préf. 「능형·사방형」의 뜻.
rhomboèdre [rɔ̃bɔɛdr] n.m. 능면체 (菱面體).
rhomboédrique [rɔ̃bɔedrik] a. 능면체 (菱面體)의.
rhomboïdal(ale, pl. **aux)** [rɔ̃bɔidal, -o] a. 장사방형 (長斜方形)의.
rhomboïde [rɔ̃bɔid] n.m. ① 장사방형 (長斜方形). ② 【해부】 능형근 (菱形筋).
—a. 【해부】 능형의.
rhonchus [rɔkyːs] n.m. 【의학】 라셀, 나음 (囉音), 수포음 (水泡音).
Rhône (le) [ləroːn] n.pr.m. 【지리】 론 강 (프랑스의 강).
rhotacisme [rɔtasism] n.m. ① 【언어】 다른 소리, 특히 라틴어의 s 를 r 와 바꾸어 발음하기; 문장을 힘차게 하기 위하여 r 를 되풀이 하기. ② 【의학】 r 소리의 발음 불능 (부전).
rhovyl [rɔvil] n.m. 합성 섬유의 일종.
rhubarbe [rybarb] n.f. 【식물·약】 대황 (大黃).
Passez-moi la —, et je vous passerai le séné. 《속담》 가는 정이 있어야 오는 정이 있다.
rhum [rɔm] 《영》 n.m. 럼 (술 이름).
rhumatisant(e) [rymatizɑ̃, -ɑ̃:t] 【의학】 a. 류마티스에 걸린. —n. 류마티스 환자. [린.
rhumatisé(e) [rymatize] a. 《드물게》류마티스에 걸
rhumatismal(ale, pl. **aux)** [rymatismal, -o] a. 【의학】 류마티스성 (性)의.
rhumatisme [rymatism] n.m. 【의학】 류마티스. être perclus de —s 류마티스로 몸을 움직이지 못하다. ~ articulaire 관절 류마티스. [의.
rhumatoïde [rymatɔid] a. 【의학】 류마티스 모양
rhumatologie [rymatɔlɔʒi] n.f. 류마티스학 (學)
rhumatologue [rymatɔlɔg] n. 【의학】 류마티스 [학자.
rhumb [rɔ̃b] n.m. = **rumb**.
rhumbatron [rɔ̃batrɔ̃] n.m. 【물리】 럼바트론, 고주파 발진기 (高周波發振器).
*****rhume** [rym] n.m. 감기. attraper un ~ 감기에 걸리다. avoir un gros ~ 독감에 걸리다. ~ de cerveau 코감기. ~ des foins 고초열 (枯草熱).

prendre quelque chose (*en prendre*) *pour son* ~ 《속어》몹시 야단맞다.
rhumer [rɔme] *v.t.* (에)럼주를 섞다[넣다]. eau-de-vie *rhumée* 럼을 섞은 브랜디.
rhumerie [rɔmri] *n.f.* 럼주 제조소.
rhus [rys] *n.m.* 〖식물〗 거망옻나무. 〖일종.
rhynchée [rɛ̃ke] *n.f.* 〖조류〗 열대산 호사도요의
rhynchite [rɛ̃kit] *n.m.* 〖곤충〗 바구미 무리.
r(h)ynch(o)- *préf.*「주둥이·부리」의 뜻.
rhynchonelle [rɛ̃kɔnɛl] *n.f.* 〖동물〗 완족류(腕足類)의 일종.
rhynchophores [rɛ̃kɔfɔːr] *n.m.pl.* 〖곤충〗 바구미과(科).
rhynchotes [rɛ̃kɔt] *n.m.pl.* 〖곤충〗 유문류(有吻類)(hémiptères).
rhyolit(h)e [rjɔlit] *n.f.* 〖지질〗 유문암(流紋岩)(화산암의 일종).
rhythme [ritm] *n.m.* 〖옛〗=**rhythme**.
rhytidome [ritidɔm] *n.m.* 〖식물〗 나무껍질, 수피.
rhyton [ritɔ̃] *n.m.* 〖고대그리스〗 뿔 모양의 술잔, 각배(角盃).
ri [ri] rire 의 과거분사.
R.I. 〖약자〗 Républicains indépendants 〖정치〗 프랑스의 독립공화파.
ria [rja] 〖에스파냐〗 *n.f.* côte à ~s 리아스식(式) 해안.
riai-s, -t [rjɛ] ⇨rire.
riant(e) [rjɑ̃, -ɑ̃ːt] *a.* (*p.pr.*<*rire*) *a.* ① 웃는, 웃음 띤; 즐거워 하는, 유쾌한(gai). visage ~ 웃음 띤 [기뻐하는] 얼굴. ② (경치가) 아름다운, 즐거운. campagne ~e 아름다운 시골. ③ (생각이) 낙관적인. faire une image ~e de l'avenir 미래를 낙관적으로 그려보다.
ribambelle [ribɑ̃bɛl] *n.f.* 《구어》 ① (사람·동물 따위의) 긴 열, 무리. une ~ d'enfants 많은 아이들. ② (욕설 따위의) 연발.
ribaud(e) [ribo, -oːd] *a.* 〖옛〗 방탕한. —*n.* 방탕자. —*n.f.* 매춘부. —*n.m.* 〖역사〗 (필립 오귀스트 시대의) 민병(民兵), 용병. Roi des ~s 민병 대장.
ribaudaille [ribodɑːj] *n.f.* 〖역사〗 (위)의 민병대.
ribaudequin [ribɔdkɛ̃] *n.m.* (중세의) 포차(砲車).
ribauder [ribode] *v.i.* 〖옛〗 방탕한 생활을 하다.
ribauderie [ribodri] *n.f.* 〖옛〗 방탕한 짓[행위].
ribes [ribɛs] *n.m.* 〖식물〗 까치밥나무.
ribési(ac)ées [ribezj(as)e] *n.f.pl.* 〖식물〗 까치밥나무(과).
riblage [riblɑːʒ] *n.m.* 맷돌의 표면을 판판하게 하기 [고르기].
ribler [rible] *v.t.* 〖제분〗 맷돌을 판판하게 하다[고르다]. —*v.i.* 〖옛〗 방탕한 생활을 하다. 〖각.
riblette [riblɛt] *n.f.* 〖요리〗 구운 고기의 얇은 조
ribleur [riblœːr] *n.m.* 〖옛〗 밤에 돌아다니는 사람, 방탕자.
riblon [riblɔ̃] *n.m.* (흔히 *pl.*) 쇠부스러기, 파쇠.
ribo- *préf.*「리보스의, 리보스를 함유한」의 뜻.
ribonucléique [ribɔnykleik] *a.* acide ~ 〖생화학〗 리보핵산(核酸).
ribord [ribɔːr] *n.m.* 〖선박〗 (용골익판(龍骨翼板) 위의) 바닥 판자대기.
ribordage [ribɔrdaːʒ] *n.m.* 〖해양〗 다른 배와 충돌하여 입은 손해. (위)의 배상.
ribose [riboːz] *n.m.* 〖생화학〗 리보스.
ribosome [ribozɔm] *n.m.* 리보솜.
ribote [ribɔt] *n.f.* 《속어》 술의 향연, 폭음폭식, 먹자판(orgie); 술에 취함. être en ~ 곤드레만드레 취해 있다. faire (la) ~ 폭음폭식하다.
riboter [ribɔte] *v.i.* 《속어》 폭음폭식하다, 진탕 먹다.
riboteur(se) [ribɔtœːr, -ø:z] *a.* 술을 잘 마시는.
—*n.* 술꾼.

ribouis [ribwi] *n.m.* 《옛·속어》 헌 신; 헌 신을 고치는 사람.
riboulant(e) [ribulɑ̃, -ɑ̃ːt] *a.* yeux ~s 《구어》 휘둥그래진 눈.
ribouldingue [ribuldɛ̃ːg] *n.f.* 《속어》 주연(酒宴), 먹자판. faire la ~ 술 마시며 떠들다.
ribouler [ribule] *v.i.* 《옛·속어》 굴리다, 돌리다. ~ des yeux (de ces quinquets) (놀란 듯이) 눈을 휘둥그렇게 뜨다[굴리다].
ricain(ne) [rikɛ̃, -ɛn] 《속어》 *a.* 미국의(américain). —*n.* 미국 사람.
ricanement [rikanmɑ̃] *n.m.* 냉소(冷笑), 비웃음.
ricaner [rikane] *v.i.* ① (바보처럼) 히죽히죽 웃다. ~ tout seul 혼자 히죽히죽 웃다. ② 냉소하다, 비웃다. Il *ricane* quand on exprime une opinion différente de la sienne. 그는 남이 자기와 다른 의견을 표명하면 비웃는다.
ricanerie [rikanri] *n.f.* =**ricanement**.
ricaneur(se) [rikanœːr, -ø:z] *a.* 냉소하는, 비웃는.
—*n.* 냉소하는 사람, 비웃는 사람.
ric-à-rac [rikarak], **ric-à-ric** [rikarik] *ad.* 《구어》 정확하게, 꼬박꼬박. payer ~ 꼬박꼬박 치르다.
riccia [riksja], **riccie** [riksi] *n.f.* 〖식물〗 이끼의 일종.
richard(e) [riʃaːr, -ard] *n.* 《구어》《경멸》 (특히 시골의) 부자, 벼락부자.
‡**riche** [riʃ] *a.* ① 부유한(fortuné). être ~ à millions 백만장자이다. ~ *parti* 돈 많은 결혼 상대자. ② [~ en] (을)많이 지니는 (산출하는) (특히 구체적인 듯); [~ de] (이)많은, 풍부한 (특히 추상적인 듯). pays ~ *en* blés 밀을 많이 생산하는 나라. musée ~ *en* peintures 그림이 많은 미술관. livre ~ *d'enseignements* 교훈이 풍부한 책. Il est ~ *de* cent mille francs. 그는 10만 프랑을 가지고 있다. Elle est *d'un grand talent*. 그녀는 재주가 비상하다. ③ 비옥한, 풍요한(fertile). pays ~ 비옥한(풍요한) 나라 (지방). ④ 내용이 풍부한, 훌륭한. rime ~ 〖운율〗 완전 압운(押韻). langue ~ 어휘가 풍부한 언어. aliment ~ 영양가 많은 음식. ⑤ 호화로운, 화려한, 현란한(luxueux, magnifique). (색깔이) 선명한. ~s étoffes 화려한 옷감. ~s parures de diamant 값진 다이아몬드 장신구. ⑥ 《구어》 적은, 흔하지 않은, 희한한. Ce n'est pas ~. 별것 아니다. ~ type 희한한 놈(것). C'est une ~ nature. 《구어》 그 사람은 상당한 인물이다.
Cela fait ~. 《구어》 호화롭게 [으리으리하게] 보인다. *être* ~ *comme Crésus* 크로이소스(기원전 6세기의 리디아의 왕)처럼 부자이다, 억만장자이다.
—*n.* 부자, 부호. le mauvais ~ 부자이면서 인색한 사람. nouveau ~ 벼락부자, 신흥 재벌.
richelieu [riʃljø] *n.m.* ① 단화의 일종. ② 리슐리외(살구의 잼을 넣은 과자의 일종).
richement [riʃmɑ̃] *ad.* ① 부자답게; 훌륭하게, 화려하게; 풍부하게. femme ~ vêtue 호화롭게 차려입은 부인. ② 부자가 되게. marier ~ sa fille 딸을 부자와 결혼시키다. ③ 《구어》 아주, 굉장히. Elle était, d'abord, ~ laide. 그녀는 처음에는 끔찍하게 못생겼다.
*‡**richesse** [riʃɛs] *n.f.* ① 부(富); 재산, 자원. arriver à la ~ 부자가 되다. amasser de grandes ~s 막대한 재산을 모으다. distribution des ~s 부의 분배 (국가나 사회와의 관련에서는 흔히 *pl.*). ~s naturelles de ce pays 이 나라의 천연자원. Son talent est sa seule ~. (비유적) 재능이 그의 유일한 재산이다. ② 풍부함, 풍요성. ~ du sous-sol

지하자원의 풍부함. ~ de l'imagination 상상력의 풍부함. ~ d'un aliment en vitamines 음식의 비타민 함유량이 풍부함. ③ 화려함, 호화로움. ~ d'une décoration 화려한 장식. ④ (흔히 *pl.*) 귀중품, 보물. Il y a des ~*s* dans cette bibliothèque. 이 도서관에는 귀중한 장서가 있다.

richi, rishi [riʃi] *n.m.* 〖인도신화〗 선인(仙人).

richissime [riʃisim] 《구어》 *a.* 지극히〔아주〕 부유한. —*n.m.* 백만장자.

ricin [risɛ̃] *n.m.* ① 〖식물〗 아주까리. huile de ~ 아주까리 기름. ② 〖동물〗 (개·말·소·양 따위의) 진드기.

riciné(*e*) [risine] *a.* 아주까리 기름에 담근.

rickettsie [riketsi] *n.f.* 〖의학〗 리케치아 (발진티푸스 따위의 병원체).

rickettsiose [riketsjo:z] *n.f.* 〖의학〗 리케치아증 (症).

ricocher [rikɔʃe] *v.i.* ① (돌이) 물 위로 튀며 날다. faire ~ des cailloux sur l'eau 물 위로 돌이 튀어 날게 하다, 물수제비 뜨다. ② (총알이) 튀다, 튀며 날다. La balle *a ricoché* sur le mur. 총알이 벽에 맞아 튀었다.

ricochet [rikɔʃɛ] *n.m.* ① 물수제비뜨기; (돌·총알 따위가) 튀며 날기. faire des ~*s* 물수제비뜨기를 하다. La balle a fait un ~ sur le mur. 총알이 벽에 맞아 튀었다. tir à ~ 도탄사격(跳彈射擊). ② 사건의 파급, 여파. Cette querelle eut des ~*s* sans nombres. 그 논쟁은 한없이 파급되었다.

***par* ~** 간접적으로(indirectement). Quand on juge autrui, on fait *par* ~ son propre éloge. 남을 비판할 때는 간접적으로 자신을 칭찬하는 것이 된다.

ric-rac [rikrak] *ad.* 《구어》 =**ric-à-rac.**

rictus [riktys] 《라틴》 *n.m.* 입을 비죽거리기. ~ moqueur 비웃으며 입을 비죽거리기.

ridage [rida:ʒ] *n.m.* 〖해양〗 죔줄로 죄기.

ride [rid] (<*rider*[1]) *n.f.* ① (얼굴 따위의) 주름. Il a des ~*s* sous les yeux. 그는 눈 아래에 주름이 있다. ② 잔물결; 〖지질〗 (지층)의 주름, 습곡(褶曲). ③ 〖해양〗 죔줄.

ridé(*e*[1]) [ride] *a.p.* 주름이 잡힌; 물결 모양의. visage tout ~ 주름투성이의 얼굴. pomme ~*e* 시들어서 쭈글쭈글한 사과.

***rideau** [rido] (<*rider*[1]) (*pl.* ~*x*) *n.m.* ① 커튼; (침대의) 방장. ouvrir〔écarter〕 les ~*x* 커튼을 걷다. fermer les ~*x* 커튼을 치다. tirer les ~*x* 커튼을 치다〔걷다〕. mettre des ~*x* à une fenêtre 창에 커튼을 달다. ② (극장의) 막 (~ d'avant-scène) (→ théâtre 그림). lever〔baisser〕 le ~ 막을 올리다〔내리다〕. le lever du ~ 개막. un lever de ~ 본연극을 하기 전에 하는 짤막한 극. *R*~ à cinq heures précises 정각 5 시에 개막. ~ de manœuvre 막간에 무대장치를 바꾸기 위하여 내리는 막. ③ 차폐물, 장막, (생울타리·늘어선 나무 등) 시야를 가로 막는 것. ~ de peupliers 포플러나무의 장막. Un ~ de nuages s'étendait à l'horizon. 구름이 지평선에 장막처럼 깔려 있었다. ~ de feu〔de fumée〕 〖군사〗 탄막(彈幕)〔연막〕. ~ de fer 방화철막; (상점 따위의) 셔터; 〖정치〗 철의 장막. ④ (난로의) 통풍장치, 문(→cheminée 그림).

se tenir derrière le* ~** 흑막(黑幕)을 치다. ***tirer le* ~ *sur *qc* …을 감추다, …을 불문에 붙이다.

ridée[2] [ride] *n.f.* 종달새 그물.

ridelle [ridɛl] *n.f.* ① (수레의) 짐칸의 가로장. ② (수레 제조용의) 떡갈나무의 가지.

ridement [ridmɑ̃] *n.m.* 주름살이 짐〔지게 하기〕.

rider[1] [ride] *v.t.* ① (에) 주름잡히게 하다. Les années lui *ont ridé* le visage. 세월이 그의 얼굴에 주름살을 잡히게 했다. ② (에) 잔물결이 일게 하다. Le vent *ride* la surface de l'eau. 바람이 수면에 잔물결을 일게 한다. ③ (금속 따위를) 물결 모양으로 만들다. ④ 〖해양〗 (죔줄로) 죄다.

—**se ~** *v.pr.* ① 주름잡히다; 시들다. Son front *se ride* à la moindre contrariété. 그는 조금만 비위가 상하면 이맛살을 찌푸린다. ② 잔물결이 일다.

rider[2] [rajdœ:r] 《영》 *n.m.* 기수(騎手).

***ridicule** [ridikyl] *a.* ① 우스운, 우스꽝스러운(risible, grotesque). porter un chapeau ~ 우스꽝스런 모자를 쓰다. rendre *qn* ~ …을 웃음거리로 만들다. [être ~ de+*inf.*] (주어는 사람) Vous *êtes* ~ *de* vous habiller de cette façon. 그렇게 옷을 입으니까 당신은 우스꽝스럽다. (비인칭) Il *est* ~ *de* toujours parler de soi. 늘 자기 이야기를 한다는 것은 우스운 일이다. ② 《구어》 어리석은, 어처구니없는, 터무니없는(déraisonnable, absurde). vanité ~ 터무니없는 허영. Il serait ~ d'accepter cette proposition. 그 제안을 받아들인다는 것은 터무니없는 일일 것이오. ③ 터무니없이 적은(dérisoire). pourboire ~ 형편 없는 팁.

—*n.m.* ① 웃음거리, 어리석음; 조롱, 조소(dérision). braver le ~ 웃음거리가 되는 것을 두려워하지 않다. Le ~ tue. 웃음거리가 되면 회복하기 어렵다. ② (흔히 *pl.*) 우스꽝스런 짓, 괴벽; 《옛》 우스꽝스런 사람.

***couvrir* *qn* *de* ~** …을 웃음거리로 만들다, 마구 조롱하다. ***tomber dans le* ~** 웃음거리가 되다. ***tourner* *qn* *en* ~** …을 조롱하다, 놀리다.

ridiculement [ridikylmɑ̃] *ad.* ① 우습게, 우스꽝스럽게; 어리석게. chanter ~ 우스꽝스럽게 노래하다. ② 터무니없게. salaire ~ bas 터무니없이 낮은 봉급.

ridiculiser [ridikylize] *v.t.* 웃음거리로 만들다; 야유하다, 조소〔조롱〕하다. Ce chansonnier excelle à ~ les hommes politiques. 이 가수는 정치가들을 야유하는데 능란하다.

—**se ~** *v.pr.* 웃음거리가 되다. Il *se ridiculise* en s'habillant anisi. 그는 그런 식의 옷차림 때문에 웃음거리가 되고 있다.

ridiculissime [ridikylisim] *a.* 《속어》 몹시 우스운.

ridiculité [ridikylite] *n.f.* 우스움.

ridoir [ridwa:r] *n.m.* 〖해양〗 동아줄 죄는 장치.

:rien [rjɛ̃] *pron. ind.* ① (부정형에서) 아무것도. ⓐ (ne 와 더불어) Il *n'aime* ~. 그는 아무것도 좋아하지 않는다. Il *n'a* ~ mangé. 그는 아무것도 먹지 않았다. *R*~ *ne* l'amuse. 아무것도 그를 즐겁게 하지 않는다. On *ne* peut plus ~ pour lui. 그를 위해 이제 아무것도 할 수 없다, 그의 처지는 절망적이다. Ça *ne* sert à ~. 그것은 아무 소용도 없다. Ça *ne* vaut ~. 그것은 아무 가치도 없다. Je *n'ai* ~ à faire. 나는 아무 할 일도 없다. Il passe son temps à *ne* ~ faire. 그는 아무것도 안하면서 시간을 보낸다. Vous vous êtes blessé? — Ce *n'est* ~. 다치셨나요? 아무 일 없읍니다. ⓑ (동사의 생략으로 ne 없이) Qu'a-t-il répondu?—*R*~. 그가 무엇이라고 대답하던가? 아무 대답도 (없었다). À quoi penses-tu? — À ~. 뭘 생각하나? 아무것도. *R*~ vu sur la route. 길에서 아무것도 본 것이 없다. ⓒ (형용사·과거분사가 뒤따를 때는 de 와 더불어) Il n'y a ~ *de* cassé dans le coffret. 상자 속에는 아무것도 부서진 것이 없다. *R*~ *de* plus intéressant que cela. 이것보다 더 재미있는 것이라곤 아무것도 없다.

② (긍정형에서; 의미상으로는 부정) 무엇인가 (quelque chose). ⓐ (ne 없이; 그러나 부정의 뜻을 내포하는 다른 표현과 더불어) Il est trop naïf pour ~ soupçonner. 그는 무엇인가 눈치채기에는

R

너무나도 순진하다. Il se fâche sans qu'on lui dise ~. 아무 말도 안했는데도 그는 화를 낸다. ⓑ《부정의 답을 예상하는 의문문에서》A-t-on jamais ~ vu de pareil? 도대체 이런 일을 본 일이 있었던가? Y a-t-il – d'aussi stupide? 이렇게 어처구니 없는 일이 있겠는가? ⓒ《주절이 부정문일 때 종속절에서》Je ne crois pas qu'il puisse ~ prouver contre moi. 내게 불리한 그 무엇을 그가 증거로 낼 수 있으리라고는 생각하지 않는다. ⓓ《예》《접속사 si 구문에서》s'il fait ~ qui vous déplaise 그가 무엇이고 당신 비위에 거슬리는 일을 한다면.
③ 무(無); 무가치한 것; 사소한 일. vivre content de ~ 보잘것없는 것에 만족하고 살다. se fâcher de ~ 사소한 일에 성을 내다. C'est moins que ~. 아주 미소〔경미〕하다; 차라리 없느니만 못하다. C'est mieux que ~. 없는 것보다는 낫다.
Cela (Ça) ne fait ~. 아무래도 좋다, 상관없는 일이다.
Ce n'est pas ~! 무시할 일이 아니다, 상당한 것 나.
comme ~ 쉽사리.
comme si de ~ n'était 아무 일도 없었던 듯이.
compter qc pour ~ 〜을 중히 여기지 않다.
de ~ (du tout) ⓐ 천만의 말씀. Je vous remercie.– De ~. 고맙습니다. 천만에. ⓑ《구어》사소한, 보잘것없는. affaire de ~ 사소한 일. cadeau de ~ du tout 아주 보잘것없는 선물. fille de ~ 천한 계집아이.
en moins de ~ 당장에, 순식간에. Je vais vous préparer le dîner en moins de ~. 당장에 저녁 식사를 준비하죠.
en ~ 《긍정문에서》어떤 일로;《부정문에서》조금도. Je lui ai demandé si je pouvais l'aider en ~. 나는 무슨 일로 도울 수 있겠느냐고 그에게 물어 보았다. Cela ne nous intéresse en ~. 그것은 조금도 우리의 관심을 끌지 않는다.
Il n'en est ~. 그럴 리가 없다.
Il n'y a ~ à dire. 더 말할 나위없다, 완전무결하다.
Il n'y a ~ à faire. 별도리〔수〕가 없다.
n'avoir ~ contre qn …에 대해 아무런 감정〔원한〕도 없다.
n'avoir ~ de …다운 데가 전혀 없다. Elle n'a d'une ingénue. 그녀는 순진한 처녀다운 곳이 하나도 없다.
ne dire ~ à qn《구어》…의 마음〔흥미〕을 끌지 않다. Ça ne me dit ~ de sortir aujourd'hui. 오늘은 외출할 마음이 내키지 않는다.
ne faire ~ à qn ⓐ《주어가 사물》…에게 아무런 자극〔영향〕도 안주다. Tout ceci ne lui fait ~, il est insensible. 이 모든 일이 그에게는 아무렇지도 않다, 그는 무감각한 것이다. ⓑ《주어가 사람》…에게 나쁜 일〔해로운 일〕을 안하다. Je ne lui ai ~ fait, mais elle pleure. 그녀에게 아무 짓[말]도 안했는데 울고 있다.
ne... de moins que《긍정의 뜻으로》그야말로, 단연 (véritablement). Il n'est ~ de moins qu'un héros. 그는 그야말로 영웅이다.
ne tenir à ~《주어가 사람》문제삼다.《비인칭》Il ne tient à ~ que vous soyez nommé à ce poste. 당신이 그 직책에 임명되는 것은 문제가 없다. ⓑ《주어는 사람》집착하다. Il ne tient à ~ dans la vie. 그는 인생에 있어서 어떤 것에도 집착하지 않는다.
n'être pour ~ (dans une affaire) (어떤 일에) 아무 관련도 없다.
n'être ~ (가치·지위 따위가) 아무것도 아니다. Il n'est ~ comparativement à son père. 그는 아버지에 비하면 어림도 없다.
n'être ~ à qn …와 아무런 관계도 없다. Il prétend me connaître, mais il ne m'est ~. 그는 나를 안다고 하지만 나는 아무런 연분도 없다.
On ne fait ~ de ~.《속담》무에서는 아무것도 만들어 낼 수 없다.
pour ~ ⓐ 무료로, 거저; 헐값으로. C'est donné, c'est pour ~!그건 거저 주는 것이나 다름 없다(물건 값이 아주 쌀 경우). J'ai eu cette voiture pour ~. 이 차를 헐값으로 샀다. ⓑ 사소한 일로, 쓸데없이. parler pour ~ 쓸데없는 말을 하다(parler pour ne ~ dire). Beaucoup de bruit pour ~. 아무것도 아닌 일로 소리〔소문〕만 크다, 태산 명동 서일필. ⓒ Ce n'est pas pour ~. 그것은 상당한 것이다. ⓓ 이유없이. Ce n'est pas pour ~ que[si] je vous ai interdit de fumer. 당신에게 담배를 금한 것은 까닭 없는 일이 아니다.
~ de plus que 오직 …일뿐. Ce n'est ~ de plus qu'une simple erreur. 그것은 다만 단순한 과실에 불과하다.
~ de ~ 전혀, 아무것도. Il ne sait ~ de ~. 그는 전혀 아무것도 모른다.
~ moins que ⓐ《예》《부정의 뜻으로》조금도, 전혀 (…아니다). Il n'est ~ moins qu'un savant. 그가 학자라니 어림도 없다. ⓑ 그야말로 (ne... ~ de moins que). Ce n'est ~ moins que du chantage. 그것은 그야말로 공갈이다 (이 용법은 원래 잘못된 것이나 오늘날에는 널리 퍼져 있음).
~ que 오직, 단 (…으로). Arrêtez-vous, ~ que cinq minutes. 단 5분만 멈추시오. R~ que d'y penser, je frémis. 그 생각만 해도 몸이 오싹해 진다. C'est à moi, ~ qu'à moi. 그건 내 것이다, 오직 내 것이다.
R~ que ça!《반어적》고작 그것뿐이야! Il en exige le double, ~ que ça. 그는 2배를 요구한다, 고작 2배를!《부정의 요구에 대한 비꼼》.
se réduire à ~ 없어지다, 사라지다.
REM 직접목적보어로 쓰일 때 rien 의 위치는 보통 다음과 같다. (1) 단순시제로 활용된 동사의 보어가 될 때는 동사 뒤에:Il ne dit rien. (2) 복합시제로 놓인 동사의 경우에는 조동사와 과거분사 사이에:Il n'a rien dit. (3) 부정법동사와 함께 쓰이면 동사 앞에:Il est parti sans rien dire.
— n.m. ⓐ 아무것도 아닌〔사소한〕것〔일〕(bagatelle); 무용한 일, 무가치한 일. Un ~ le froisse. 그는 아무것도 아닌 일에 토라진다. perdre son temps à des ~s 쓸데없는 일에 시간을 허비하다.
② 약간, 소량; 작은 것. En reprenez-vous?– Un ~. 더 드시겠소? 조금만. [un ~ de qc] ajouter un ~ d'ail 마늘을 약간 넣다. un ~ de jalousie 약간의 질투심. un ~ de fille 자그마한 소녀.
③《문어》무(無)(néant).
④《ме. 및 f.으로 du tout 와 함께》무가치한 인간, 보잘것없는 사람. un[une] ~ du tout 보잘것없는 녀석〔계집〕(un ~-du-tout 와 같이 연결부호를 사용할 수도 있음). Ces ~s du tout, on sait comment elles gagnent l'argent. 저 하찮은 계집들이 어떻게 해서 돈을 버는지 다 알고 있다.
comme un ~ 쉽사리. Il a soulevé comme un ~ cette grosse pierre. 그는 큰 돌을 쉽사리 들어 올렸다.
en un ~ de temps 순식간에.
un ~ 다소, 약간. costume un ~ trop grand 다소 큰 옷.
— ad.《구어》《반어적》굉장히 (très). Il fait ~ froid! 무지하게 춥군.

rieur(se) [rjœʀ, -ʃiz] a. 웃는; 잘 웃는; (표정이) 웃음띤〔짓는〕, 생글거리는. jeune fille très ~se 아주 잘 웃는 처녀. yeux ~s 생글거리는 눈. — n. 웃는 사람;《드물게》잘 웃는 〔웃게 하는〕 사람.

avoir[**mettre**] **les ~s de son côté**(**avec soi**) 상대방을 웃음거리로 만들다; 많은 사람의 찬동을 얻다. —*n.f.* 〖조류〗갈매기의 일종.

rieusement [rjøzmɑ̃] *ad.* 웃으면서(en riant).

rif(e), riffe [rif], **riffle¹** [rifl(ə)] *n.m.* 《속어》① 불, 불꽃; 전쟁; 싸움(combat). monter[aller] au ~ 싸우러 가다. chercher du ~ 싸움을 걸다. ② 화기(火器), 피스톨.

Rif(f)ains [rifɛ] *n.m.pl.* 〖민족〗리프족 (모로코 북부의 부족).

riffle² [rifl] *n.m.* 〖광산〗사금(砂金) 씻는 도구.

rififi [rififi] *n.m.* 《은어》싸움, 소동, 난장판.

riflard¹ [riflaːr] *n.m.* ①《군사》(가장 길고 굵은)양털. ② 큰 대패; (미장이의)주걱, 흙손; (금속용)줄.

riflard² *n.m.* 《속어》우산.

rifle [rafl] 〖영〗*n.m.* 소총, 라이플.

rifler [rifle] *v.t.* ① 대패질하다; 줄질하다; 깎다. ② 《속어》훔치다, 슬쩍하다.

riflette [riflɛt] *n.f.* 《속어》전투; 전선, 전장 (rif 의 변형). partir pour la ~ 싸움터로 가다.

rifloir [riflwaːr] *n.m.* (금속용의) 줄.

rigaudon [rigodɔ̃] *n.m.* =**rigodon**.

rigide [riʒid] *a.* ① 휘어지지 않는, 딱딱한, 뻣뻣한 (raide, ↔ souple). barre de fer ~ 단단해서 휘지 않는 철봉. ② 강직한, 엄격한[준엄한] (rigoureux). éducation ~ 엄격한 교육. structure sociale ~ 경직된 사회 조직.

rigidement [riʒidmɑ̃] *ad.* 딱딱하게; 엄격[준엄]하게.

rigidifier [riʒidifje] *v.t.* 딱딱하게 만들다; 엄격[준엄]하게 만들다.

rigidité [riʒidite] *n.f.* ① 딱딱함, 뻣뻣함(raideur). ~ cadavérique 〖의학〗시체의 경직. ② 엄격(함), 준엄(함)(rigueur); ~ du puritain 청교도의 엄격성.

rigodon [rigodɔ̃] *n.m.* ① (17-18세기에 유행한)리고동 무용(무곡). ②〖예〗《군사》사격 연습에서 명중했을 때 울리는 나팔[북소리]; 명중탄.

rigolade [rigolad] *n.f.* 《구어》① 장난, 놀이(amusement). ② 농담, 우스갯소리(plaisanterie). C'est de la ~. 그건 농담이다. ③ 장난같은 일, 아주 쉬운 일. C'est une ~ pour lui de le faire. 그 일은 그에게는 누워서 떡먹기이다.

rigolage [rigolaːʒ] *n.m.* (묘목을 심기 위해)고랑을 파기, 고랑에 물을 흘려보내기.

rigolard(e) [rigolaːr, -ard] *a.* 《구어》① 쾌활한; 우스꽝스러운, 재미있는. —*n.* (위)의 사람.

rigolboche [rigolbɔʃ] *a.* 《속어》몹시 우스꽝스러운.

rigolbocher [rigolbɔʃe] *v.i.* 《속어》몹시 우스꽝스럽게 춤추다; 장난치다.

rigole [rigɔl] *n.f.* (묘목을 심기 위한)고랑; (관개·배수용의)도랑, 개울; 〖건축〗(벽의 기초 공사를 위한)좁은 도랑.

rigoler¹ [rigɔle] *v.i.*《구어》① 재미있게 웃다[놀다], 장난치다; (남녀가) 노닥거리다(s'amuser). On a bien *rigolé*. 한바탕 재미있게 놀았군. ② 농담하다, 우스갯소리를 하다(plaisanter). Non, mais! vous voulez ~. 아니 그럴수가! 농담이겠지. Il n'y a pas de quoi ~. 웃을 일이 아니다.

rigoler² *v.t.* (예)도랑[고랑]을 파다.

rigoleur(se¹) [rigolœːr, -øːz] *a.*《옛·구어》흥겨운 (rigolard). —*n.*《구어》웃기[놀기] 좋아하는 사람, 익살스런 사람(rigolo).

rigoleuse² [rigolØːz] *n.f.* (도랑 파는 데 쓰이는)가래.

rigollot [rigolo] *n.m.* 〖약〗리골로 종이, 겨자비탕 종이(papier ~).

rigolo(te) [rigolo, -ɔt] (사투리에서는 여성 불변) *a.* 《구어》우습다, 재미있는, 익살스런(drôle, marrant); 기묘한, 야릇한(curieux). film ~ 우스운 영화, 희극 영화. histoires ~tes 익살스런 이야기. C'est ~, ce qui m'arrive. 난 참 별난 일을 다 보았지. —*n.*《구어》익살꾼, 놀기 좋아하는 사람(plaisantin). ②《구어》권총(revolver).

rigor [rigɔːr] *n.m.* 〖의학〗경직(硬直).

rigorisme [rigɔrism] *n.m.* (특히 종교·윤리상의)엄격주의(austérité).

rigoriste [rigɔrist] *a.* 지나치게 엄격[준엄]한(austère, sévère). —*n.* (위)의 사람.

rigotte [rigɔt] *n.f.* 리옹(*Lyon*)지방에서 나는 치즈의 일종.

rigouillard(e) [riguijaːr, -ard] *a.*《속어》몹시 우스운, 재미있는; 놀기 좋아하는.

rigoureusement [rigurØzmɑ̃] *ad.* ① 정확히, 면밀히(exactement). accomplir ~ son devoir 자기의 무를 빈틈없이 수행하다. observer ~ les règles 규칙을 엄격히 지키다. ② 전적으로, 완전히(absolument). fait ~ exact 아주 정확한 사실. Il est ~ défendu de fumer. 담배 피우는 것은 전적으로 금지되어 있다. ③ 엄격히, 가혹하게. traiter *qn* ~ ⋯을 가혹하게 대하다.

rigoureux(se) [riguré, -øːz] *a.* ① 엄격한, 준엄한, 가차없는(dur, ↔ indulgent). C'est un homme ~ qui n'excuse rien. 그는 절대로 용서하지 않는 엄격한 사람이다. punition ~*se*; châtiment ~ 가혹한 벌, 엄벌. ② (기후 따위가)혹독한. Nous avons eu un hiver ~. 지난 겨울은 혹한이었다. ③ 엄밀한, 정확한, 빈틈없는(strict). ~*se* neutralité 엄정 중립. démonstration ~*se* 빈틈 없는 증명.

rigueur [rigœːr] *n.f.* ① 엄격성, 준엄함(austérité). traiter ses enfants avec ~ 아이를 엄격히 다루다. ~ d'une peine 형벌의 준엄함. ~ de la règle du couvent 수도원 계율의 엄격성. ② (기후 따위의)혹독함, 가혹함; (옛·문어)가혹한 행위. ~ du froid hivernal(de l'hiver) 겨울 추위의 극심함, 혹한. ~*s* du sort 운명의 가혹함. ③ 엄밀성, 엄격성 (exactitude), 엄정함. ~ du jugement 판단의 엄정함. exécuter l'ordre dans (toute) sa ~ 명령을 어김없이 실행하다. Votre analyse manque de ~. 당신의 분석에는 엄밀성이 없다.
à la ~ 부득이한 경우에는;(옛)엄밀히. *À la* ~, on pourrait lui confier ce travail. 부득이한 경우에는, 그에게라도 이 일을 맡길 수 있겠소.
de ~ (관습·규칙 따위에)반드시 필요한, 어길 수 없는. Pour cette cérémonie, l'habit est *de* ~. 이 의식에는 반드시 예복을 착용해야 한다. terme (délai) *de* ~ 최종적인 기한.
tenir ~ *à qn* (*de qc*) (⋯에 대해서) ⋯을 용서하지 않다. Elle me *tient* ~ *de* mon retard. 그녀는 내가 늦는 것을 용서하지 않는다.
user de ~ *avec qn* ⋯을 가혹하게 대하다.

Rig(-)Veda [rigveda] *n.pr.m.* 〖종교〗리그베다(고대 인도의 성전의 하나).

rikiki [rikiki] *n.m.* =**riquiqui**.

rillettes [rijɛt] *n.f.pl.* 잘게 다져 기름에 지진 돼지 또는 거위 고기.

rillon [rijɔ̃] *n.m.* (보통 *pl.*) 기름뺀 돼지 고기 또는 거위 고기.

rimaille [rimaːj] *n.f.*《구어》서투른 시(詩).

rimailler [rimaje] *v.i.*《옛》서투른 시를 쓰다.

rimaillerie [rimajri] *n.f.*《구어·드물게》서투른 시.

rimailleur(se) [rimajœːr, -øːz] *n.*《옛·구어》서투른 시인.

rimaye [rimaːj] *n.f.* 〖지질·등산〗베르크슈문트 (빙하 가장자리의 금·균열).

***rime** [rim] *n.f.* 운(韻), 작운(脚韻); (*pl.*) 시. ~*s* croisées 교운(交韻)(예:ABAB). ~*s plates* [suivies) 대운(對韻)(예:AABB). ~s féminines 여성운(묵음e로 끝나는 운). ~s masculines 남성운(강음절로 끝나는 운).

n'avoir ni ~ ni raison 《구어》양식(良識)이 없다, 몰상식하다.

sans ~ ni raison 《구어》터무니없이, 이렇다할 이유도 없이. parler sans ~ ni raison 횡설수설하다. Il est parti sans ~ ni raison. 그는 싱겁게 훌쩍 떠나 버렸다.

rimer [rime] v.i. ① 운이 맞다. un mot qui *rime* avec un autre 다른 말과 운이 맞는 말. ② 운을 맞추다, 시를 쓰다. Il *rime* avec adresse. 그는 능란하게 운을 맞춘다. *À quoi cela rime-t-il?* 《구어》도대체 무슨 뜻인가? 도대체 어찌된 일인가? *ne pas ~ ensemble* (두가지 일이) 아무 관련도 없다. *ne ~ à rien* 《구어》아무 뜻도 없다, 터무니없다. *~ malgré Minerve* 재주도 없으면서 시를 쓰다.
—v.t. 운문으로 쓰다, 시로 쓰다. ~ une chanson 가사를 운을 맞추어 짓다.

rimeur(se¹) [rimœːr, -ɸːz] n. 서투른 시인(rimailleur).

rimeux(se²) [rimɸ, -ɸːz] a. 틈이 벌어진.

rimmel [rimɛl] n.m. 【상표명】(속눈썹에 칠하는) 마스카라.

rimule [rimyl] n.f. 작은 틈(균열).

rinçage [rɛ̃saːʒ] n.m. (세탁물·그릇을)씻기; (물에) 헹구기, 가시기.

rinceau [rɛ̃so] (pl.~x) n.m. 【건축·조각】당초문(唐草紋).

rince-bouche [rɛ̃sbuʃ] n.m. 《복수불변》(식후의) 입 가시는 물그릇; 입 가시기.

rince-bouteilles [rɛ̃sbutɛːj] n.m. 《복수불변》병씻는 기구.

rince-doigts [rɛ̃sdwa] n.m. 《복수불변》(식사 중에)손가락 씻는 물그릇.

rincée [rɛ̃se] n.f. 《속어》난타(亂打); 패배. ②《구어》억수 같은 비.

rincer [rɛ̃se] [2] v.t. ① (세탁물·그릇을)씻다; 헹구다, 가시다. ~ des verres (des bouteilles) 잔(병)을 씻다. Après la lessive, on *rince* le linge dans plusieurs eaux. 세탁 후에는 내의를 여러 번 물에 헹군다. ②《구어》(비가)몹시 적시다. *être rincé* 비에 흠뻑 젖다. Ils sont arrivés tout *rincés* de l'orage. 그들은 소나기에 흠뻑 젖어서 돌아왔다. ③《속어》(에게)한턱내다. se faire ~ par les autres 남의 술을 얻어 마시다. ④《속어》(의)돈을 털다, 파산시키다(voler, ruiner). se faire ~ (au jeu) (도박에서)돈을 몽땅 털리다. Il est *rincé*. 그는 몽땅 털렸다(도박 따위에서). ⑤《옛·속어》때리다 (battre); 야단치다 (réprimander).
—**se ~** v.pr. se ~ la bouche 양치질을 하다. *se ~ le gosier* 《속어》목을 추기다, 한잔 마시다. *se ~ l'œil* 눈요기하다.

rincette [rɛ̃sɛt] n.f.《구어》① 다시 따라 마시는 포도주 (잔을 헹군다는 핑계로). ② 커피를 마신 후에 그 잔에 따라 마시는 브랜디; 《속어》브랜디.

rinceur(se) [rɛ̃sœːr, -ɸːz] n. 씻는(가시는) 사람.
—n.f. (병 따위의)세척기.

rinçoir [rɛ̃swaːr] n.m. 헹구는 물그릇, 개숫물그릇.

rinçure [rɛ̃syːr] n.f. ① 헹구는 물, 개숫물. ② 술통을 헹군 물로 만든 술(~ de tonneau);《구어》싸구려 술, 엉터리 술.

rinforzando [rinforzando] 《이탈리아》【음악】ad. 점점 강하게. —n.m. 점차 강음부.

ring [riŋ] n.m. ① 《권투》링; 권투. monter sur le ~ 링에 올라서다. ② (옛)(경마장의)도박상석. ③《옛》서커스의 원형무대.

ringage [rɛ̃gaːʒ] n.m. 석탄재.

ringard [rɛ̃gaːr] n.m. 쇠부지깽이; 【야금】교반봉(攪拌棒).

ringardage [rɛ̃garda:ʒ] n.m. 불길을 일으키기.

ringarder [rɛ̃garde] v.t. (쇠부지깽이로)불길을 일으키다; (녹은 금속을)젓다.

ringente [rɛ̃ʒɑ̃:t] a.f. fleur ~ 【식물】입술 모양의 꽃.

rio [rjo] 《에스파냐·포르투갈》n.m. 강.

riocher [rjoʃe] v.i. 《속어》=rioter.

riol(le) [rjɔl] n.f.《구어》얼근한 취기(醉氣);《옛·문어》환락. être en ~ 《속어》얼근하다.

rioter [rjote] v.i. 《옛·속어》가볍게 웃음짓다; 비웃다.

rioteur(se) [rjotœːr, -ɸːz] n. 잘 웃는, 《옛·속어》(위)의 사람.

R.I.P. 《라틴·약자》Requiescat in pace 고이 잠드소서.

ripage [ripaːʒ] n.m. ① (석재를) ripe 로 깎기(긁기). ② (자동차가)옆으로 미끄러지기, 슬립.

ripagérien(ne) [ripaʒerjɛ̃, -ɛn] a. 리브드지에(Rive-de-Gier, 프랑스의 도시)의. —R~ n. 리브드지에 사람.

ripaille [ripaj] n.f.《구어》푸짐한 식사, 호식(好食), 연회. faire ~ 잘 먹다, 흥청거리다.

ripailler [ripaje] v.i.《구어》호식하다, 잘 먹다.

ripailleur(se) [ripajœːr, -ɸːz] n. 호식가, 미식가.

ripaton [ripatɔ̃] n.m.《속어》다리; 구두. jouer des ~s《속어》달아나다.

ripatonner [ripatɔne] v.t.《속어》(구두를 서투르게)수선하다; 걸어가다.

ripatonneur [ripatɔnœːr] n.m.《속어》서투른 구두 수선공.

ripe [rip] n.f. (조각사·석공의)깎는(긁는) 도구.

ripement [ripmɑ̃] n.m. =ripage.

riper [ripe] v.t. ① 【조각】긁다, 깎다. ② 옆으로 미끄러지게 하다; (짐 따위를)밀어 옮기다. ~ une voiture sur le trottoir 차를 인도로 밀어 올리다.
—v.i. ① 미끄러지다(déroper, glisser). La voiture s'est mis à ~. 차가 미끄러지기 시작했다. faire ~ une pierre pour la déplacer 돌을 옮기기 위해서 미끄러뜨리다. faire ~ une somme d'un budget à un autre (비유적)돈을 한 예산 항목에서 다른 항목으로 옮기다. ②【해양】(밧줄 따위가)미끄러지다. ③《속어》달아나버리다, 달아나다(filer).

ripolin [ripɔlɛ̃] n.m. 리폴린(에나멜 도료의 일종).

ripolin(is)er [ripɔlin(iz)e] v.t. (에)리폴린을 칠하다; (얼굴을)화장하다.

ripopée [ripɔpe] n.f.《속어》① 혼합주(酒); 혼합 소스. ② 이것저것 긁어 모아서 만든 책(작품). ~ de vieilles théories 낡은 이론들의 잡탕.

riposte [ripɔst] n.f. ① 대구(repartie). ② 반격, 역습(représailles);【권투·펜싱】반격.

riposter [ripɔste] v.i. 말대꾸하다, 응수하다. ~ par une satire 풍자로 응수하다.
—v.t ind. [~ à] …에 대해서 응수하다, 반격하다. ~ à une attaque 공격에 응수하다, 반격하다. ~ à une injure par un coup de poing 욕설에 대해 주먹으로 응수하다.
—v.t. (이라고)응수하다. ~ une impertinence à un grossier personnage 무례한 자에게는 무례한 짓으로 응수하다. Il me *riposta* que n'étais pas dans une meilleure situation que lui. 그는 내가 자기보다 나은 처지에 있지 않다고 맞받았다.

ripper [ripœːr] n.m. 【기계】(토목 공사)「파토기」掘土機.

ripple-mark [riplmark] n.m. 【영】(바람이나 파도로 생긴)모래 무늬, 사문(砂紋).

ripuaire [ripɥɛːr] a. 라인프랑크(5세기경 라인강 부근에서 살던 프랑크 사람)의.
—R~s n.m.pl. 라인프랑크 사람(Francs ~s).

riquet [rikɛ] n.m. 《구어》귀뚜라미. R~ à la Houppe 《불문학》고수머리의 리케(*Perrault*의 동화 주인공).

riquiqui [rikiki] a. 《불변》《구어》초라한, 보잘것없는, 변변한. mobilier ~ 초라한 세간.
—n.m. 《복수불변》① 《구어》새끼손가락. ② 《옛》속어》술.

:**rire** [riːr] **47** v.i. ① 웃다, 웃음짓다. ~ aux éclats [à gorge déployée]웃음을 터뜨리다, 폭소하다. ~ aux larmes 눈물이 나도록 웃다. des yeux qui *rient* 웃음짓는 눈.
② 흥겨워하다, 즐기다(se divertir). Ils *ont* fait bonne chère et bien *ri*. 그들은 맛있는 음식을 먹고 한껏 즐거운 시간을 보냈다.
③ 농담하다, 장난삼아 하다(plaisanter, badiner). Je ne *ris* pas, c'est sérieux. 농담이 아니라 진정이오. C'est pour [《속어》 pour de) ~. 그건 농담이오. Vous voulez ~ ! 농담이시겠지요.
④ 비웃다, 조소하다(se moquer, railler). ~ au nez[à la barbe] de *qn* …을 맞대놓고 비웃다. prêter à ~ 《문어》밝아보이다, 즐거워 보이다. Tout *rit* dans cette maison. 이 집에서는 모든 것이 즐거워 보인다. Le paysage *riait* sous un beau soleil. 풍경은 아름다운 햇빛 아래 미소짓고 있었다.
⑥ 《구어》(옷이)해지다, (벽에)금이 가다.
avoir toujours le mot pour ~ 모든 말에 농담을 섞어 말하다, 위트가 있다.
C'est à mourir [《속어》*crever*] *de* ~. 우스워 죽겠는, 몹시 우스운다.
histoire de ~ 반(半)농담으로.
Rira bien qui rira le dernier. 《속담》마지막에 웃는 자가 진정한 승리자이다.
~ *comme un bossu* [*une baleine, un fou*] 배꼽이 빠지도록 웃다, 포복절도하다.
~ *dans sa barbe* [*sous cape*] 내심으로[회심의]미소를 짓다.
~ *du bout des dents* [*des lèvres*] 마지못해 웃다.
~ *jaune* 쓴웃음을 짓다.
—v.t.ind. ① [~ de *qc*] …을 비웃다, 일소에 붙이다(se moquer de). Ne *riez* pas *du* malheur d'autrui. 남의 불행을 비웃어서는 안됩니다. Il *rit* de toutes les remontrances qu'on lui fait. 그는 남이 그에게 해주는 모든 훈계를 일소에 붙인다.
② 《옛》[~ à *qn*] 웃음짓다, 미소짓다. La fortune lui *rit*. 행운이 그에게 미소짓는다.
Il n'y a pas de quoi ~. 웃을 일이 아니다.
—**se** ~ v.pr. ① [se ~ de *qn*/*qc*]우습게 여기다, 무시하다. Elle *s'est ri* de moi. 그 여자는 나를 우습게 여겼다. Il *se rit* de vos menaces. 그는 당신의 위협에 꿈쩍도 하지 않는다. *se* ~ *des* difficultés 어려운 사정을 우습게 여기다(걱정하지 않다).
② 《옛》조소하다.
—n.m. 웃음. éclater[《속어》pouffer] de ~ 웃음을 터뜨리다, 폭소하다. gros ~; ~ homérique 호탕한 웃음, 홍소(哄笑). ~ forcé 억지 웃음. ~ nerveux 신경질적인 웃음. exciter le(s) ~(s) 웃음을 자아내다; 야유를 불러 일으키다. avoir le fou ~ (바보처럼)깔깔거리고 웃어대다.

ri-s, -t [ri] ▷rire.

ris¹ [ri] (<*rire*) n.m. ① (R~) 《신화》웃음의 신. ② 《옛》웃음. les jeu et les ~ 《문어》기쁨과 즐거움, 열락(悅樂).

ris² n.m. 《해양》(돛의)축범부(縮帆部). prendre [larguer] un ~ 축범하다[풀다].

ris³ n.m. 《요리》(송아지·새끼양의)가슴살(요리). ~ de veau 송아지의 가슴살 요리.

risban [risbã] n.m. 《옛》(항만 방어의)포대.

risberme [risbɛrm] n.f. 《토목》(방파제·교각 위의)보호 축대.

rise [riz] n.f. 《광산》(물을 끌어 올리기 위한)작은 관; (통나무를 운반하기 위한)활송(滑送)장치.

risée¹ [rize] (<*rire*) n.f. ① (집단적인)조소, 야유; 웃음거리. s'exposer à la ~ du public 세상의 웃음거리가 되다. être la ~ de *qn* …의 웃음거리가 되다. ② 《옛》(여러 사람의)큰 웃음소리; 농담.

risée² n.f. 《해양》돌풍(rafale).

riser¹ [rize] (<*ris¹*) v.t. 《해양》(돛을)줄이다.

riser² (<*rise*) v.i. 《광산》(물을 끌어 올리기 위한)작은 관을 가설하다.

riser³ 《옛》n.m. (채유용(採油用))상승관.

risette¹ [rizɛt] (<*risée¹*) n.f. (특히 어린애의)미소; 《구어》꾸민 웃음. faire (la) ~ [des ~s] à *qn* …에게 미소짓다.

risette² (<*risée²*) n.f. 《해양》잔잔한 바람[물결].

risible [rizibl] a. 우스운, 우스꽝스러운; 웃을만한. homme ~ 우스꽝스러운 사람. ② 《옛》우스운.

risiblement [rizibləmɑ̃] ad. 우스꽝스럽게.

risorius [rizɔrjys] n.m. 《해부》소근(笑筋).

risotto [rizoto] n.m. 《이탈리아》쌀·버터·치즈로 만든 이탈리아 요리의 일종.

risquable [riskabl] a. 《옛》위험이 많은; 《드물게》감행(모험)할 만한.

*****risque** [risk] n.m. ① 위험(danger). ~s du métier 업상의 위험. entreprise pleine de ~s 위험이 많은 일[사업]. Il n'y a pas grand ~ à agir ainsi. 그렇게 행동하면 별 위험이 없다.
② 《보험》재해. s'assurer contre le ~ d'incendie 화재보험에 들다. prendre une assurance tous ~s 모든 재화보험에 가입하다.
à tout ~ 온갖 위험을 무릅쓰고.
au ~ *de qc* (+*inf.*) …의(할) 위험을 무릅쓰고. Je vous fais cette remarque, *au* ~ *de* vous déplaire. 당신을 불쾌하게 할지 모르지만(그것도 무릅쓰고) 당신에게 주의를 준다.
courir le ~ *de* …의 위험을 무릅쓰다. Vous *courez le* ~ *de* vous ruiner. 당신은 파산할 위험을 무릅쓰고 계십니다.
prendre un ~ [*des* ~s] 위험한 짓을 하다.

risqué(e) [riske] a.p. ① 위험 천만의; 대담한. tentative ~e 흉망을 건 기도(企圖). ② (농담·노래 따위가)지나친, 외설스런. plaisanteries ~es 외설스러운 농담.

*****risquer** [riske] v.t. ① 위험한 상태에 두다, 위태롭게 하다; (돈 따위를)걸다. ~ sa réputation 평판을 위태롭게 할 일을 하다. (목적보어 없이) ~ gros 큰 돈을 걸다; 큰 도박을 하다. Il *a risqué* sa vie pour sauver un enfant. 그는 어떤 아이를 구하기 위해 목숨을 걸었다.
② 위험을 범하다[무릅쓰다]; 우려가 있다. ~ la mort 죽을 위험을 무릅쓰다, 목숨을 위태롭게 하다. ~ la prison à perpétuité 종신징역을 살 우려가 있다. ~ la ruine 파산할 우려가 있다. [~ que+*sub.*] N'emportez pas trop d'argent, vous *risquez qu*'on vous le prenne. 너무 많은 돈을 가져가지 마시오, 도난당할 염려가 있으니까.
③ (위태로운 일)시도하다, 감행하다. ~ sa chance 운을 걸고 해보다. ~ le paquet 《구어》모든 것을 걸다; 위태로운 짓을 하다. ~ le tout pour le tout 성패를 걸고 해보다.
④ 감히 말하다. ~ une question 감히 질문을 하다. ~ un mot d'argot 은어를 입에 담다.
⑤ 《구어》(몸의 일부를)위험에 노출시키다; 드러내다. ~ un regard à *qn* …을 몰래 보다. ~ un œil à

la fenêtre (남의 눈에 뜨일 위험을 무릅쓰고)창에서 밖을 내다보다.
Qui ne risque rien n'a rien. 《속담》호랑이 굴에 들어가지 않고서는 호랑이 새끼를 얻을 수 없다.
~ *le coup*(*la partie*) (자신 없는 일을)한 번 마음먹고 해보다; 감행하다.
Risquons! 운에 맡깁시다.
—*v.t.ind.* [~ de+*inf.*] ① …의 위험이 있다. Fais attention! Tu *risques de* tomber par la fenêtre. 주의해라, 창에서 떨어질 위험이 있다.
② …의 우려(가능성)이 있다. Il *risque de* gagner. 그가 이길 가능성이 있다; 그가 이길 것 같다.
—**se** ~ *v.pr.* ① 자신을 위태롭게 하다, 위험을 무릅쓰다. N'allez pas *vous* ~ dans cette affaire. 이 사업에 (위태롭게) 손대지 마시오.
② 위험을 무릅쓰고 해보다, 감히 하다(se hasarder à). [se ~ à+*inf.*] Je ne *me risquerais* pas *à* lui faire d'observation sur sa conduite. 나는 위험을 무릅쓰고 그에게 그의 행실에 대해 잔소리하지는 않을 것이다.

risque-tout [riskətu] *n.m.* 《복수불변》《구어》무모한 사람, 겁없는[대담한] 사람.
risse [ris] *n.f.* 《해양》 (갑판 위의 보트를 달아매기 위한)밧줄(saisine).
risser [rise] *v.t.* 《해양》 (보트 따위를)잡아매다.
rissole¹ [risɔl] *n.f.* 《요리》 고기만두.
rissole² *n.f.* 《어업》 (지중해에서 사용되는)청어리 그물.
rissoler [risɔle] *v.t.* 《요리》 (센 불로)노릇노릇하게 하다, 노랗게 나도록 굽다; 햇빛에 피부를 태우다. avoir le visage *rissolé* 《구어》얼굴이 햇빛에 타다.
—*v.i.* 구워지다, 노랗게 나게 구워지다. faire ~ 노릇노릇하게 굽다.
—**se** ~ *v.pr.* 구워지다; (피부가)햇빛에 타다.
rissolette [risɔlɛt] *n.f.* 《요리》 저민 고기로 싸서 구운 빵.
ristourne [risturn], **ristorne** [ristɔrn] *n.f.* ① (상인이 고객에게 해주는)할인. ② 《상업》(초과 지불액의)반환. ③ 《보험》(해상보험 계약의)해제; (보험회사 따위의) 초과징수액의 환불. ④ 《부기》 전사(轉寫), 고쳐쓰기.
ristourner [risturne], **ristorner** [ristɔrne] *v.t.* ① (지불 초과액을)반환(반금)하다; 《해상보험》(회사가 보험계약을)해제하다(annuler). ② 《부기》전사하다, 고쳐 쓰다.
rit¹, **rît** [ri] ⇨rire.
rit² [rit] (*pl.* —*es*) *n.m.* 《옛》《종교》=rite.
Rital [rital] *n.m.* 《속어》《경멸》이탈리아 사람.
ritardando [ritardando] 《이탈리아》《음악》 *ad.* 점점 느리게. —*n.m.* 리타르단도 부분.
rite [rit] *n.m.* ① 제식(祭式), 예식; 의식(cérémonie). ~*s* catholiques 가톨릭 교회의 제식(의식). ~*s* funèbres 장례식. ~*s* maçonniques 프리메이슨의 의식. ~*s* initiation 입문식. ~ *de* passage 통과의식. ② 관례, 관습, 습관(coutume, usage). ~*s* de la politesse 예의범절. selon un ~ immuable 변함없는 관습에 따라서.
ritournelle [riturnɛl] *n.f.* ① 《음악》 (노래 전후에 연주하는)소악장. ② 《구어》상투적인 말. C'est toujours la même ~. 항상 똑같은 소리이다.
ritte [rit] *n.f.* 《농업》 쟁기의 일종.
ritter [rite] *v.i.* 쟁기로 갈다.
ritualisation [ritɥalizɑsjɔ̃] *n.f.* 의식화(儀式化).
ritualiser [ritɥalize] *v.t.* 《문어》의식화하다.
ritualisme [ritɥalism] *n.m.* ① (집합적) (교회의)의식, 제사, 제식. ② 의식중주의, 전례고수(典禮固守); 《종교사》 (19세기 영국국교의)의식주의.

ritualiste [ritɥalist] *n.* 《종교사》 (영국국교의)의식주의자. —*a.* 제사(의식)에 관한, 의식주의자의.
rituel(**le**) [ritɥɛl] *a.* 의식의, 의식에 관한; 의식적 (儀式的), 의례적; 《구어》관례의. pratiques ~*les* 전례. faire ses gestes ~*s* 늘 하는 몸짓을 하다.
—*n.m.* 의식(제식)서(書); 《구어》관례, 규칙.
rituellement [ritɥɛlmɑ̃] *ad.* 의식적으로.
*****rivage** [rivaːʒ] (<*rive*) *n.m.* ① 물가, 바닷가(강·호수)가, 해안, 연안(bord, côte, plage). ~ de sable 해안의 모래사장. épaves que la marée a amenées sur le ~ 조수가 바닷가에 실어온 표류물. ② 연안지방. ③ 《문어》나라, 고장(pays). le noir[sombre] ~ le ~ des morts 《옛·시》지옥.
*****rival**(**ale**, *pl.* **aux**) [rival, -o] *a.* 경쟁하는, 대항하는, 적대관계의(opposé). deux joueurs ~*aux* 좋은 경쟁상대인 두 선수. deux nations ~*ales* 적대관계에 있는 두 나라.
—*n.* 경쟁자, 대항자; (특히) 적수(敵手). vaincre tous ses ~*aux* 모든 경쟁자에게 이기다. Il n'a pas de ~ en ce domaine. 그는 이 분야에서 무적이다. Elle a une dangereuse ~*ale*. 그녀에게는 위험한 연적이 있다. sans ~ 무적의, 추종을 불허하는.
rivaliser [rivalize] *v.i.* 겨루다, 경쟁(대항)하다. [~ *avec qn*] Il n'est pas capable de ~ *avec vous*. 그는 당신과는 상대가 안된다. [~ *de qc avec qn*] Ils *ont rivalisé* entre eux *de* courage. 그들은 서로 용기를 겨루었다. —*v.t.* 《드물게》(와)경쟁하다.
rivalité [rivalite] *n.f.* 경쟁, 대항, 적대; 적대관계, 대립. ~ amoureuse 사랑의 경쟁. Il n'y a pas de ~ entre eux. 그들에게는 적대관계는 없다. des ~*s d'intérêts* 이해(利害)의 대립.
rive [riːv] *n.f.* ① 강(호수)가, 물가; 《드물게》바닷가. ~ gauche(droite) (흘러가는 방향을 향하여)좌(우)안; (특히 파리의)센 강 좌(우)안. ~*s* de la Loire 루아르 강 연안. (형용사적) mode ~ gauche (파리의)센 강 좌측의 모드(유행). ② 《옛》 (숲의)기슭; (종이·판자·난로 따위의)가장자리. ~ d'un four 난로의 가장자리. ③ 《옛·문어》(*pl.*) 고장, 나라(contrée).
rivé(**e**) [rive] *a.p.* (밀접하게)결합된, 못으로 고정된(fixé). être ~ à son travail 일에 얽매여 있다. avoir les yeux ~*s* sur *qc* …에 시선을 고정하다.
rivelaine [rivlɛn] *n.f.* 《광산》 곡괭이.
rivement [rivmɑ̃] *n.m.* =rivetage.
river [rive] *v.t.* ① (박은 못·리벳 따위의)끝을 구부리다(둥글리다); 리벳으로 고정시키다. ~ un clou 못 끝을 (빠지지 않게)구부리다. ~ des plaques de métal 금속판을 리벳으로 고정시키다. ② 《비유적》 밀착시키다(attacher), 고정시키다(fixer). L'amour *rive* l'un à l'autre les amants. 사랑은 연인들을 서로 굳게 결합시켜 준다.
riverain(**e**) [rivrɛ̃, -ɛn] *a.* 강(길)가의, 숲 기슭의; 강변의. propriétaires ~ d'une route 길가의 토지 소유자. —*n.* 강가(길가·숲 기슭)에 사는 사람. ~*s* de la Loire 루아르 강 연안의 주민.
riveraineté [rivrɛnte] *n.f.* 《법》 (항해 불가능한 하천연안에 사는 사람의)하천 부지·하상(河床)·강물의 사용권.
rivet [rivɛ] *n.m.* 리벳, 징, 대갈못.
rivetage [rivtaːʒ] *n.m.* 징을 박기, 리벳으로 죄기[고정시키기].
riveter [rivte] [5] *v.t.* 징을 박다, 리벳으로 고정시키다.
riveteur [rivtœːr] *n.m.* 리벳공(工).
riveteuse [rivtøːz] *n.f.* 리벳 죄는 기계.
rivetier [rivtje] *n.m.* 리벳 제조공.
riveur [rivœːr] *n.m.* =riveteur.

riveuse [rivø:z] *n.f.* =riveteuse.
‡**rivière** [rivjɛ:r] *n.f.* ① 강, 하천, 내. descendre (remonter) une ~ en bateau 배로 강을 내려가다(거슬러 올라가다). Cette ~ se jette dans la Seine. 이 강은 센 강으로 흘러 들어섰다. ~ flottable [navigable] 항행(航行)할 수 있는 강. poisson de ~ 민물고기. ② (비유적) 물줄기 같은) 흐름. ~ de feu 용암류. une ~ de ciel (나뭇가지 사이 따위에 보이는) 한 줄기의 푸른 하늘. des ~s de sang 괄괄 흐르는 피. ③ 《재봉》 도림질 새김. ④ 《승마》 (장애물 경기의) 물웅덩이. ⑤ 《문장》 (방패 하단의) 물결무늬 띠. ⑥ (옛) 강변(의 토지). veau de ~ (노르망디의) 센 강변에서 기른 식용 송아지. vin de ~ 마른 강 (*la Marne*) 변 산(産)의 샴페인. *fausse* ~ (하천의 굽이가 끊어져서 생긴) 초승달 모양의 호수. ~ *de diamants* 다이아몬드 목걸이.
riviérette [rivjerɛt] *n.f.* 작은 내, 시내.
rivoir *n.m.*, **rivoire** [rivwa:r] *n.f.* 리벳 해머; 리벳 죄는 기계.
rivulaire [rivylɛ:r] *a.* 《식물》 내(냇가)에 자라는.
rivure [rivy:r] *n.f.* ① 징을 박기. ② 리벳 이음매; 리벳(징)대가리.
rixdale [riksdal] *n.f.* 리크스달라(옛날 동·북 유럽에서 사용된 은화).
rixe [riks] *n.f.* 싸움, 난투; 심한 언쟁(bagarre).
riyal [rijal] *n.m.* 리얄 (사우디아라비아·예멘·카타르의 화폐단위).
‡**riz** [ri] *n.m.* ① 《식물》 벼. culture du ~ 벼농사. paille de ~ 볏짚. ② 쌀. ~ blanchi (정)백미. farine de ~ (이유식용의) 쌀가루. ③ 밥. ~ au carry 《요리》카레라이스. ~ au lait 《요리》리 오레 (쌀을 우유에 쪄서 설탕을 끼얹은 것). ~ cuit 밥. gâteau de ~ 쌀을 우유로 삶아 만든 푸딩. *poudre de* ~ (옛) (화장)분.
rizaire [rizɛ:r] *a.* 벼농사에 적합한; 벼농사가 가능한.
rizerie [rizri] *n.f.* 정미소(精米所).
rizicole [rizikɔl] *a.* 벼농사의.
riziculteur(trice) [rizikyltœ:r, -tris] *n.* 벼농사를 짓는 사람.
riziculture [rizikylty:r] *n.f.* 벼농사, 도작(稻作).
***rizier(ère)** [rizje, -ɛ:r] *n.f.* 논. —*a.* 벼에 관한, 쌀의 벼농사의.
riziforme [riziform] *a.* 쌀 비슷한, 쌀 모양의.
rizon [rizɔ̃] *n.m.* 벼 (열매).
rizot [rizo] *n.m.* 하등미 (下等米).
riz-pain-sel [ripɛsel] *n.m.* (복수불변) (군대속어) 병참부(部) 장교 (하사관).
R.M.N. (약자) résonance magnétique nucléaire 《물리》 원자핵공명.
Rn (약자) radon 《화학》 라돈 (방사성 원소).
R.N. (약자) ① route nationale 국도. ② revenu national 국민소득.
R°, Ro (약자) recto 겉 페이지 (↔ verso); (책의) 오른쪽 페이지.
rô [ro] *n.m.* 그리스 자모의 제 17자 (*P, ρ*).
roadster [rodstɛ(œ):r] (영) *n.m.* (옛) 지붕을 접을 수 있는 2인승 자동차의 일종.
roast(-)beef [rosbif] (영) *n.m.* =rosbif.
rob¹ [rɔb] *n.m.* (옛) 《약》 밀농(濃密)시럽.
rob², robbe [rɔb] *n.m.* 카드놀이의 3회 승부.
robage [rɔba:ʒ] *n.m.*, **robelage** [rɔbla:ʒ] *n.m.* (엽궐련에) 겉잎을 입히기 (감기).
‡**robe** [rɔb] *n.f.* 부인복, 드레스, 원피스; 긴 웃옷; 아동복. ~ d'été 여름 옷 (원피스). ~ de mariée 신부 드레스. ~ de chambre 실내 가운. ~ de bébé 배내옷. ~ du soir 야회복. ~ chemisier (여자용) 긴 내의의 일종. ② (박사·교수의) 가운; 법복; (성직자의) 법의, 승복. gens(homme) de ~ (옛) 법관. noblesse de ~ 법복귀족. cardinaux en ~ rouge 붉은 법의를 입은 추기경. ③ (양파·콩·소시지 따위의) 외피, 거죽, 껍질. ~ d'une fève 잠두의 외피. pomme de terre en ~ de chambre (des champs) 《요리》 껍질째 익힌 (삶은) 감자. ④ (궐련의) 거죽 빛깔 (cape). ⑤ (말·개 따위의) 털 (색깔) (pelage). ⑥ (포도주의) 빛깔. vin d'une belle ~ 빛깔이 좋은 포도주.
rober [rɔbe] *v.t.* ① (엽궐련의) 거죽잎을 감다 (말다). ② 겉껍질을 벗기다.
Robert [rɔbɛ:r] *n.pr.m.* 남자 이름. métal du prince ~ 왕금 (구리와 아연의 합금).
roberts [rɔbɛ:r] *n.m.pl.* (속어) 젖가슴.
robespierriste [rɔbɛspjɛrist] *n.* 로베스피에르(*Robespierre*, 프랑스 혁명가)의 사람.
robeuse [rɔbø:z] *n.f.* (겉잎 마는) 엽궐련 여직공.
Robin [rɔbɛ̃] *n.pr.m.* (옛) 수양·소의 별명; 양치기·농부 따위의 대표적 호칭. —**r~** *n.m.* (옛) 바보, plaisant ~ 어릿광대.
Toujours souvient à ~ de ses flûtes. 《속담》 옛날 습관은 쉬이 사라지지 않는다. *vivre ensemble comme* ~ *et Marion* 정답게 살다.
robin *n.m.* (구어) (경멸) 법관 (magistrat).
robine¹ [rɔbin] *n.f.* (남프랑스 지방의) 운하.
robine² *n.f.* (주물공이 사용하는) 나무망치.
***robinet** [rɔbinɛ] *n.m.* ① (수도·가스 따위의) 꼭지; (술통·물통 따위의) 꼭지. ~ d'incendie 소화전. ouvrir (fermer) un ~ 꼭지를 틀다 (막다). ② (구어) 수다스러운 사람. C'est un vrai ~. 그는 참으로 수다스럽다. ~ d'eau tiède (구어) 수다장이.
robinetier [rɔbinɛtje] *n.m.* (수도·통통의) 꼭지 만드는 (파는) 사람.
robinetterie [rɔbinɛtri] *n.f.* 꼭지제조업 (공장); (수도·보일러 시설에 따르는) 꼭지 일체; 수도용 기구류, 급탕 조절장치.
robinier [rɔbinje] *n.m.* 《식물》 아카시아.
robinson [rɔbɛ̃sɔ̃] *n.m.* (구어) 대형 우산.
roblochon [rɔblɔʃɔ̃] *n.m.* (프랑스 Savoie 지방의) 치즈.
roborant(e) [rɔbɔrɑ̃, -ɑ̃:t] *a.* (옛) 《의학》 강장하게 하는. potion ~*e* 강장액 (물약).
roboratif(ve) [rɔbɔratif, -i:v] (옛) 《의학》 *a.* 강장하게 하는. —*n.m.* 강장제 (強壯劑).
roboration [rɔbɔrɑsjɔ̃] *n.f.* 강장화, 강건화.
robot [rɔbo] *n.m.* ① 로봇, 인조 인간; (사람을 대신하는) 자동기계장치. avion-~ 자동조종 비행기. portrait (photo)-~ 몽타주 사진. ② (비유적) 기계적인 것.
robotisation [rɔbɔtizɑsjɔ̃] *n.f.* 로봇화, 자동기계화.
robotiser [rɔbɔtize] *v.t.* 로봇화하다, 자동기계화하다. monde *robotisé* 로봇화된 세계.
robre [rɔbr] *n.m.* =rob².
roburite [rɔbyrit] *n.f.* 로버라이트 (무연(無煙)화약의 일종).
***robuste** [rɔbyst] *a.* ① 건장한, 튼튼한. homme ~ 튼튼한 사람. corps ~ 강건한 육체. Paul a une santé ~. 폴은 매우 건강하다. ② (물체가) 견고한, (식물이) 생명력이 강한. voiture ~ 견고한 자동차. arbre ~ 튼튼한 나무. ③ (신앙 따위가) 굳건한, 확고한. (성질 따위가) 굳센, 정력적인. foi ~ 굳건한 믿음.
robustement [rɔbystəmɑ̃] *ad.* 튼튼하게.
robustesse [rɔbystɛs] *n.f.* 튼튼함; 견고함, 굳건함.
roc¹ [rɔk] *n.m.* 바위, 암석; (바위처럼) 단단한 것 (소재). dur (ferme) comme un ~ 매우 튼튼한; 확고 부동한, 완강한. bâtir sur le ~ 반석 위에 세우다.
roc² *n.m.* =rock¹.

rocade [rɔkad] *n.f.* ① 〖군사〗 전선에 평행하는 군용 도로〖철도〗(ligne〖voie〗 de ~). ② 〖교통〗 우회도로. ~ autoroutière 자동차전용 우회도로.

rocaillage [rɔkajaːʒ] *n.m.* 로카유식 벽화 장식, 돌 조각으로 벽면을 장식하기.

rocaille [rɔkaːj] *n.f.* ① 자갈덩; 자갈, 조약돌. ② (돌·조각사 따위로 만든)장식(물), 인조암. ③ 루이 15세 시대의 로카유 장식(가구).
—*a.* style〖genre〗 ~ 로카유 양식.

rocailleur [rɔkajœːr] *n.m.* 인조암 제조공.

rocailleux(se) [rɔkajø, -øːz] *a.* ① (길이)돌투성이의. chemin ~ 돌투성이의 도로. ② (문장 따위가) 거친, 투박한(dur, rude). voix ~*se* 쉰 목소리. style ~ 거친 문장.

rocambeau [rɔkɑ̃bo] (*pl.* ~*x*) *n.m.* 〖해양〗 활환(滑環)(밧줄이나 활대 따위를 따라 미끄러지는 고리쇠·도르래).

rocambole [rɔkɑ̃bɔl] *n.f.* 〖식물〗 마늘의 일종.

rocambolesque [rɔkɑ̃bɔlɛsk] *a.* 터무니없는(extravagant), 기괴한(Ponson du Terrail 의 소설 주인공 *Rocambole* 에서 따옴). aventure ~ 파란 만장한(믿어지지 않는) 모험.

roccella [rɔksela], **rocelle** [rɔsɛl] *n.f.* 〖식물〗 리트머스이끼.

rochage [rɔʃaːʒ] *n.m.* 〖야금〗 스피팅〖용해금속(특히 은)표면에 기포가 생기는 현상〗〖금속〗 융제(融劑)〖봉사〗처리.

rochassier(ère) [rɔʃasje, -ɛːr] *n.* 〖등산〗 암벽다는 사람.

roche [rɔʃ] *n.f.* ① 바위, 암석. creuser〖forcer〗la ~ 바위에 구멍을 뚫다. extraire la ~ 채석하다. ~ calcaire〖granitique, volcanique〗 석회〖화강·화산〗암. quartier de ~ 석괴. tailler la ~ 바위를 잘라내다. eau de ~ 맑은(투명한) 샘물. clair comme de l'eau de ~ 명백한, 분명한. ② (채석장의)암반; 〖건축〗(견고한) 석괴(pierre de ~). ③ 〖보석〗보석 속의 모래알. ④ 〖해양〗암초.
cœur de ~ 무정한 마음〖사람〗.
de (la) vieille ~ ; *de l'ancienne ~* (옛)오래된, 유서 깊은. ami *de la vieille* ~ 옛 친구. noblesse *de vieille* ~ 유서 깊은 귀족가문〖신분〗.
Il y a quelque chose sous ~. 〖구어〗무엇인가 수상하다, 무슨 일이 있나보다.

rochelais(e) [rɔʃlɛ, -ɛːz], **rochelois(e)** [rɔʃlwa, -aːz] *a.* 라로셸의.
—*R*~ *n.* 라로셸 사람.

***rocher**² [rɔʃe] *n.m.* ① 바위(산), 암벽. escalader un ~ 암벽을 기어오르다. ~ artificiel 인공암(人工岩). pointe d'un ~ 깎아지른 듯이 솟은 바위산의 정점. ② 〖해양〗 물에 나타난(있는) 암초(岩礁). ~ à fleur d'eau 암초(暗礁). ③ 〖해부〗관자놀이뼈; 〖패류〗뼈고둥; 〖요리〗바위 모양의 과자류. ④ 무감동한 사람. parler aux ~*s* 무슨 말을 해도 반응을 보이지 않는 사람에게 말하다.
faire du ~ 〖등산〗 암벽을 기어 오르다.

rocher² *v.i.* 〖야금〗 (용해의 〖融解銀〗 의) 표면에 기포가 생기다; 우툴두툴해지다. ② (맥주가) 거품 일다. —*v.t.* 융제(融劑)〖봉사〗로 처리하다.

rochet¹ [rɔʃɛ] *n.m.* ① 〖가톨릭〗 로셰트, 소백의(素白衣)〖주교·추기경 법복의 일종〗. ② (중세의) 짧은 웃도리, 〖영국귀족의〗짧은 망토.

rochet² *n.m.* 〖직조〗 (견사용의 굵고 짧은 원통형)실패; 리본감는 패. *roue à* ~ 미늘톱니바퀴.

rocheux(se) [rɔʃø, -øːz] *a.* 암석이 많은, 바위투성이의, 암석으로 이루어진. fond ~ d'une rivière 암석으로 된 강바닥. —*R*~*ses n.pr.pl.* les (montagnes) ~ 〖지리〗 로키 산맥.

rochier [rɔʃje] *n.m.* 〖어류〗 상어의 일종.

rock¹ [rɔk] *n.m.* (아랍 전설의)거대한 새.

rock²(**and roll**) [rɔk(ɛnrɔl)] 〖영〗*n.m., a.* 〖무용·음악〗 록앤롤(의), 록(의).

rocker [rɔkœːr] 〖영〗*n.m.* 록 가수; 록 애호자.

rock-bit [rɔkbit] 〖영〗*n.m.* (톱니 모양의 롤러가 달린) 착암기.

rocket [rɔkɛt] 〖영〗*n.m.* 로켓; 로켓 포(~ -gun).

rocking-chair [rɔkiŋ(t)ʃɛːr] 〖영〗*n.m.* 흔들의자.

rococo [rɔkɔko] *n.m., a.* ① 〖미술〗 로코코식《루이 15세 시대에 유행》. ② 〖구어〗유행에 뒤진 양식, 구식 물품. —*a.* (불변) ① 로코코식의. meubles ~*s* 로코코식 가구. ② 유행에 뒤진, 구식의. C'est bien ~. 그것은 아주 구식이다.

rocou [rɔku] 〖브라질〗 *n.m.* 〖염색〗 황적색(黃赤色)의 염료.

rocouer [rɔkwe] *v.t.* 황적색으로 물들이다.

rocouyer [rɔkuje] *n.m.* 〖식물〗(열대아메리카산) 산우자나무(과)의 빅사나무《그 열매에서 rocou 를 채취》.

rodage [rɔdaːʒ] *n.m.* ① (자동차·모터 따위의) 시운전. ② (기계 부품들을 잘 맞도록) 마찰하기. ③ 〖비유적〗시험적 실시 기간; 조정(調整). quelques jours de ~ pour bien pousser son rôle 자기가 맡아 할 역을 완전히 파악하기 위한 며칠의 연습 기간.

rôdailler [rodaje] *v.i.* 〖구어〗=**rôder**.

rodé(e) *a.p.* ① (기계 따위) 시운전기간을 경과한. technique ~*e* 조정된 기술. ② 경험을 쌓은, 숙련된. éditeur ~ 경험을 쌓은 출판업자.

rodeo, rodéo [rɔdeo] 〖영〗 *n.m.* ① (미국에서) 가축에 낙인 찍는 날의 축제. ② 야생마다루기 경기. ③ 〖구어〗싸움, 소란.

roder [rɔde] *v.t.* ① (자동차·모터를) 시운전하다. ② (기계 부품들을 맞추기위해) 갈다, 갈아서 맞추다. ③ 〖비유적〗길들이다, 훈련시키다; 훈련하다. ~ une équipe d'alpinistes 등반대를 훈련시키다. Il *est rodé* à ce travail. 〖구어〗그는 그 일에 익숙해졌다. Cette comédie *n'est pas encore rodée*. 이 희극은 아직 완전히 숙달하지 못하다〖연습·준비 따위가〗.
—*se* ~ *v.pr.* 익숙해지다, 숙달하다, 경험을 쌓다.

rôder [rode] *v.i.* ① 배회하다. 방황하다(vagabonder). Un petit voyou *rôde* dans les rues. 어떤 부랑아가 거리를 배회하고 있다. ② (염탐하듯이) 돌아다니다, (수상쩍게) 어슬렁거리다. voleurs qui *rôdent* autour de qn …의 주위를 어슬렁거리는 도둑. ③ (추억 따위가) 펼쳐지다. Un souvenir *rôde* dans ma mémoire. 어떤 추억이 내 기억 속에 펼쳐진다.

rôderie [rodri] *n.f.* 배회, 어슬렁거리기.

rôdeur(se) [rodœːr, -øːz] *a.* 배회하는; 어슬렁거리는 *n.* 배회하는 사람; (훔치려고) 어슬렁거리는 사람, 부랑자. ~ *de nuit* 밤손님, 도둑.

rodeuse [rɔdøːz] *n.f.* rodage 에 쓰이는 연장〖기계〗.

rodoir [rɔdwaːr] *n.m.* 연삭기(研削機), 연마기; (무두질하는)통; 수렵용 납탄알을 연마하는 통.

rodomont [rɔdɔmɔ̃] *n.m.* 〖문어〗 허세부리는 사람.
faire le ~ 허장성세하다, 큰 소리 치다.

rodomontade [rɔdɔmɔ̃tad] *n.f.* 허풍, 허장성세 (fanfaronnade).

rodoul [rɔdul] *n.m.* 〖식물〗=redoul.

rœntgenthérapie [rɔntgɛnterapi] *n.f.* =**röntgenthérapie**.

roffrir [rɔfriːr] [12] *v.t.* 다시 바치다〖제공하다〗.

rogation [rɔgasjɔ̃] *n.f.* ① (*R*~*s*) 〖가톨릭〗 삼천(三天)기도《그리스도 승천제 전의 3 일간》. ② 〖고대로마〗 법률안; 법안 제출.

rogatoire [rɔgatwaːr] *a.* 〖법〗의뢰의; 청구의; 수탁 사무의. commission ~ 수탁(受託)재판 사무.

rogatoirement [rɔgatwarmɑ̃] *ad.* 《법》 의뢰[청구]에 의하여.

rogaton [rɔgatɔ̃] *n.m.* ① (종종 *pl.*)(구어) 먹다 남은 음식, 찌꺼기 음식. ②《옛·구어》가치없는 것(작품); 실없는 소문(풍문).

Roger [rɔʒe] *n.pr.m.* 로제(남자이름). ~-**Bontemps** 낙천가(r~-bontemps).

rognage [rɔɲaːʒ] *n.m.* ① 가장자리를 깎기[자르기]. ② 《피혁》(동물가죽의) 불필요한 부분을 잘라버리기; 《금속》금속판의 가장자리를 오려내기; 《원예》포도나무의 잔가지를 잘라버리기.

rogne¹ [rɔɲ] *n.f.* 《구어》성, 화, 역정(colère). *chercher des ~* 싸움을 걸다. *être(se mettre) en ~* 《구어》성이 나 있다(성을 내다).

rogne² *n.f.* 옴, 피부병.

rogne³ *n.f.* ① (나막신(sabot)을 만드는)쿨(의 일종). ②《제본》재단작업.

rognement [rɔɲmɑ̃] *n.m.* =**rognage**.

rogne-pied [rɔɲpje] *n.m.* (복수불변) 말굽 깎는 칼, 삭제도(削蹄刀).

rogner¹ [rɔɲe] *v.t.* ① 가장자리를 깎다[자르다]. ~ *les pages d'un livre* 책의 가장자리를 재단한다. ~ *un baton* 막대기 끝을 잘라 짧게 하다. ② 삭감[삭제]하다, (지출을)줄이다. ~ *qc à qn* ...의 ...을 깎아내리다[삭감하다]. ~ *(sur) les appointements d'un employé* 고용인의 봉급을 삭감하다. — *les ailes à qn*《구어》...을 꼼짝못하게 만들다. ~...의 활동력을 빼앗다. ~ *les morceaux à qn*《구어》...의 수당[이익]을 줄이다.
—*v.i.* ~ [sur] (구어) 따위를)삭감하다. ~ *sur le budget de l'Éducation nationale* 문부성의 예산을 삭감하다.

rogner² *v.i.* 《구어》화를 내다.

rognerie [rɔɲri] *n.f.* 화폐의 가장자리를 불법으로 잘라내기.

rogneur(se¹) [rɔɲœːr, -øːz] *n.* (화폐의)가장자리를 자르는 사람; (종이 따위의)재단공.
—*n.f.* (종이의)재단기.

rogneux(se²) [rɔɲø, -øːz] *a., n.* 옴(피부병)에 걸린 (사람·짐승).

rognoir [rɔɲwaːr] *n.m.* (종이·금속판 따위의)재단기(칼)(couteau à rogner).

rognon [rɔɲɔ̃] *n.m.* ①《요리》(동물의)콩팥, 신장(rein); 《속》(동물의)불알. ~ *de mouton*(*porc*) 양(돼지)의 콩팥. ②《옛·캐나다》(사람의)신장. ③《지질》다른 광석 속에 묻힌 광석 덩어리.

rognonnade [rɔɲɔnad] *n.f.* 《요리》콩팥과 함께 삶은 송아지 등심.

rognonnement [rɔɲɔnmɑ̃] *n.m.* 《구어》투덜거림.

rognonner [rɔɲɔne] *v.t.* 《구어》투덜거리다, 불평하다(rogner).

rognure [rɔɲyːr] *n.f.* (종종 *pl.*)(자를 때 떨어지는) 부스러기; (금속의 가장자리를 깎아서 얻은)금부스러기. 《제본》재단작업.

rogomme [rɔgɔm] *n.m.* 《옛·속》독주, 화주(火酒). *voix de ~*《구어》(주정꾼의)쉰 목소리.

rogommeux(se) [rɔgɔmø, -øːz] *a.* 《구어》(알코올의 과용으로)목소리가 쉰.

rogue¹ *a.* (어조·태도 따위가)거만한. *d'un ton ~* 건방진 말투로.

rogue² *n.f.* (청어리 낚시에 미끼로 사용되는)소금에 절인 대구(청어)알.

rogué(e) [rɔge] *a.* (물고기가) 알이 있는, 알을 밴.

roguement [rɔgmɑ̃] *ad.* 거만하게.

rogui, rogi [rɔgi] *n.m.* 《역사》(모로코에서)왕의 축출을 꾀하는 자.

rohart [rɔaːr] *n.m.* (해마·하마의)엄니.

‡**roi** [rwa(ɑ)] *n.m.* ① 왕, 임금, 국왕(monarque, souverain). ~ *de droit divin* 신권군주. ~ *constitutionnel* 입헌군주. ~ *absolu* 절대군주. *plus heureux qu'un ~* 매우 행복한.
② (비유적)왕자, 제 1 인자. ~ *du pétrole*[*de l'acier*] 석유[강철]왕. ~ *de la création*[*de la nature, de l'univers*]만물의 영장, 인간. ~ *des animaux*[*des oiseaux, de la forêt*]《문어》백수의 왕 (사자) [조류의 왕 (독수리)·숲의 왕 (오크)]. ~ *des égoïstes* 지독한 이기주의자.
③ 최고, 극치(다음의 표현으로 쓰임). *morceau de ~* 최고의 요리; 《구어》미인. *plaisir de ~* 그지없는 즐거움.
④ 《놀이》(체스의)왕(→ échecs 그림); (카드놀이의)킹. ~ *de carreau* 다이아몬드의 킹.
⑤ ⓐ *les R~s mages* 《성서》(그리스도의 탄생을 찾아온) 동방의 3박사. ⓑ *fête*(*jour*) *des R~s* 《가톨릭》그리스도의 공현절(1월 6일). *gâteau* (*galette*) *des R~s* 그리스도의 공현절의 과자(잠두나 도자기 인형이 들어있는 과자를 받은 사람이 좌중의 왕이 됨). *tirer*(*faire*) *les ~s* 공현절 축하회식을 하다.
⑥ (동격) *bleu ~* 감청색의; *peuple ~* 주권자로서의 시민[로마시민].
⑦ *R~-Soleil*; *Grand R~* 태양왕 (루이 14세); *R~ Catholique* 에스파냐 왕; *R~ Très-Chrétien* 프랑스 왕; *R~ Très Fidèle* 포르투갈 왕.

cœur de ~ 너그러운 마음(사람).
de par le ~ 왕의 이름으로.
endroit où le ~ va à pied 《속어》변소.
être plus royaliste que le ~ 왕 자신보다 더 왕당파 이다; 본인 이상으로 ...의 이해에 집착하다, 과격 파이다.
faire le ~; jouer au ~ 왕이나 된 듯한 태도를 취하다, 왕이나 된듯이 행동하다.
heureux comme un ~ 왕처럼(매우)행복한.
Le R~ est mort, vive le R~! 국왕은 돌아가셨다, 신왕 만세! 《국왕의 서거 때 왕위 계승을 선포하는 말》.
parler en ~ 왕이나 된듯이 거만하게 말하다.
travailler pour le ~ de Prusse 헛일(수고)을 하다.
vivre en ~ 왕처럼 호사스럽게 살다.

roide [rwad] *a.* =**raide**.
roideur [rwadœːr] *n.f.* =**raideur**.
roidir [rwadiːr] *v.t.* =**raidir**.
roitelet [rwatlɛ] *n.m.* ① (경멸)소국왕. ②《조류》굴뚝새.
rôlage [rolaːʒ] *n.m.* 엽궐련말기.

‡**rôle** [roːl] *n.m.* ①《연극》역. *distribution des ~s* 배역. *premier ~* 주역. ~ *comique*(*tragique*) 희극(비극)의 역. *jouer*(*interpréter*) *un ~* 어느 역을 맡아하다. *créer un ~* 어떤 역을 처음으로 연기하다. ② 역할, 임무. *assumer*(*remplir*) *un ~ important* 중요한 역할을 수행하다. *Ce n'est pas son ~.* 이것은 그가 맡을 일이 아니다. ~ *du médecin* 의사의 ~. ③ 목록; 명부; (재판소의)사건목록. ~ *d'un équipage* 《해양》승무원 명부. ~ *des contribuables* 납세자 명부. ④ (작은 뱃줄 모양의)씹는 담배.
à tour de ~ ⓐ 차례차례로. ⓑ《법》목록[명부]에 기입한 순서대로. *avoir le beau ~* 이로운 역을 맡다. *sortir de son ~* 주제넘은 짓을 하다.

rôler [role] *v.i.* 《속어·드뽀어》명부를 만들다. — *v.t.* (담배)말다.

rôlet [rolɛ] *n.m.* 《구어》단역.
Ceci n'est point en mon ~. 그것은 내 작분[임]이 아니다. *être au bout de son ~* 궁지에 몰리다, 더

이상 어찌할 바를 모르다.
roller-catch [rɔlœrkatʃ] (*pl. ~es*)《영》*n.m.* 롤러스케이트 경기대회.
rollier [rɔlje] *n.m.* 《조류》 롤카나리아의 일종.
rollmops [rɔlmɔps] 《독일》 *n.m.* (백포도주에 절인) 오이에 감은 비웃 살코기.
roll on-roll off [rɔlɔnrɔlɔf]《영》*n.m.* (배 따위에) 짐 실은 트럭[트레일러]을 그대로 승·하선 시키는 운송방식.
rollot [rɔlo] *n.m.* (솜므·우와즈 지방에서 나는)치즈.
romagnol(e) [rɔmaɲɔl] *a.* 로마니아(*Romagne*, 이탈리아의 지방)의. **—R~** *n.* 로마니아 사람.
romaïka [rɔmaika] *n.f.* 《무용》 로마이카(현대 그리스의 국민 무용).
romain(e¹) [rɔmɛ̃, -ɛn] *a.* ① 로마의; 고대 로마의. armée ~*e* 로마군. calendrier ~ 로마력. campagne ~ 로마 평야. chiffres ~*s* 로마 수자(I, IV, X 따위). droit ~ 로마법. ②《가톨릭 총본산으로서》로마(교회)의. Église ~*e* 로마 가톨릭 교회. religion ~*e* 가톨릭교. ③ caractères ~*s* 《인쇄》 로마체 활자.
 —R~ *n.pr.* 로마 사람.
 —*n.m.*《인쇄》로맨체 활자(caractère ~). gros (petit) ~, 16[9] 포인트 로맨체 활자.
 —*n.f.*《원예》상치의 일종.
bon comme la ~e 굽도 젖도 할 수 없는; 궁지에 빠진.
romaine² [rɔmɛn] *n.f.* 대저울.
romaïque [rɔmaik] *a.* 현대 그리스 사람[어]의. langue ~ 현대 그리스어. **—***n.m.* 현대 그리스어.
roman¹ [rɔmɑ̃] *n.m.* ① 소설, 장편소설. ~-cycle 연쇄(連鎖)소설. ~ d'anticipation 공상과학소설. ~ de cape et d'épée 무협소설. ~ noir 엽기(범죄)소설. ~ policier 탐정소설. ② 믿기 어려운 일련의 사건(이야기), 지어낸 이야기, 허구(虛構), 공상; 파란만장의 생활; 연애. Cette aventure invraisemblable n'est pourtant pas du ~. 이것은 사실같지 않은 모험이지만 지어낸 이야기는 아니다. C'est un héros du ~. 그는 꿈을 쫓는 사나이이다. La vie de cet homme est un vrai ~. 이 사람의 생애는 참으로 기구한 사건의 연속이다. ③《문학》로만어로 쓴 중세기의 운문소설(이야기). le R~ de Renart 여우 이야기. ~ courtois 궁정연애 이야기. ~ de chevalier 기사도 이야기.
roman²(e) [rɔmɑ̃, -an] *a.* ①《언어》로망스어의, 로만어의. texte ~ 로만어 텍스트. langues ~*es* 로망스 제어(諸語)《라틴어에서 파생된 프랑스어·이탈리아어·에스파냐어·포르투갈어 따위》. ②《건축·미술》로마네스크 양식의, art(style) ~ 로마네스크 미술(양식). église ~*e* 로마네스크 양식의 교회. ③《문학사》신고전파의(néo-classique). école ~*e* 신고전파.
 —*n.m.* ①《언어》로만어(특히 교회건축에 사용되는)로마네스크 양식, 로마네스크 미술.
romance [rɔmɑ̃ːs] *n.f.*《문학》① 감상적인 노래; 연가(戀歌). ~ *napolitaine* 나폴리 연가. ②《음악》로맨스《감상적인 감미로운 악곡》.
piquer une ~《구어》(코를 골고)자다.
 —*n.m.*《에스파냐문학》로맨스《8음절 시구로 엮은 서사시》.
romancer [rɔmɑ̃se] [2] *v.t.* 소설화하다, 소설로 엮다. ~ *l'histoire* 역사를 소설화하다. biographie [vie] *romancée* 전기(傳記)소설.
romancero [rɔmɑ̃sero] *n.m.*《에스파냐문학》시집《8음절 시구로 엮은 서사시를 모은 것》.
romanche [rɔmɑ̃ːʃ] *n.m.*《언어》(스위스 지방의) 레토로만어(rhéto-roman) 계통의 사투리《스위스의 제 4 공용어》.

romancier(ère) [rɔmɑ̃sje, -ɛːr] *n.* ① 소설가. ②《중세문학》기사도 이야기의 작가;《비유적》황당무계한 이야기[말]를 하는 사람.
romanciser [rɔmɑ̃size] *v.t.* 소설화하다.
romand(e) [rɔmɑ̃, -ɑ̃ːd] *a.* (스위스에서) 로만어 계(系)의; 프랑스어를 사용하는. la Suisse ~*e*; les cantons ~*s* 스위스의 프랑스어 사용 지방.
romanée [rɔmane] *n.m.* (부르고뉴 *Bourgogne*) 지방산의 적포도주.
romanesque [rɔmanɛsk] *a.* 소설적인; 소설처럼 기이한, 황당무계한; (사람의 성질이) 공상적인 (rêveur); 정열적인. aventure ~ 현실에 있음직하지 않은 사건. expression ~ 소설적인 표현. histoire ~ 사실이라고 믿어지지 않는 기이한 이야기. jeune fille ~ 공상에 자주 잠기는 소녀. création ~ de Balzac 발작의 소설 창작. tempérament ~ 공상적 기질. **—***n.m.* 소설적인 사람.
 —*n.m.* 소설적임, 공상, 로마네스크. âme éprise de ~ 공상적인 것에 열중한 사람.
 —*n.f.*《무용》로마네스크 무도(곡).
romanesquement [rɔmanɛskəmɑ̃] *ad.* 소설적으로.
roman-feuilleton [rɔmɑ̃fœjtɔ̃] (*pl.* ~*s*-~*s*) *n.m.* 신문 소설; 거짓말 같은 이야기; 가치없는 소설.
roman-fleuve [rɔmɑ̃flœːv] (*pl.* ~*s*-~*s*) *n.m.* 대하(大河)소설.
romani [rɔmani], **romano** [rɔmano] *n.*《경멸》집시(bohémien, tzigane, nomade); 부랑자(vagabond)《romanichel 보다 더 경멸적》.
romanichel(le) [rɔmaniʃɛl] *n.*《경멸》집시(bohémien, tzigane); 방랑자(vagabond).
romanisant(e) [rɔmanizɑ̃] *a.* ①《언어》로망스어를 연구하는. ②《종교》로마교회의 전례(典禮)를 도입한. **—***n.* 로망스어 학자.
romanisation [rɔmanizɑsjɔ̃] *n.f.* ①《언어》(로마가)정복한 나라 말을 라틴어로 바꾸기. ②《역사》(로마가 정복한 땅을)로마화하기.
romaniser¹ [rɔmanize] *v.t.* ①《로마가 정복한 땅의 언어·풍속 따위를)로마화하다. ②《언어》로마자화하다, 로마자체(字體)로 쓰다. ③《종교》가톨릭교를 따르다. **—***v.i.*《종교》로마교회의 교리를 따르다.
romaniser² *v.t.* 소설화하다.
romanisme [rɔmanism] *n.m.*《종교》로마[가톨릭]주의《가톨릭의 교의·신앙에 대한 타종파로부터의 험담》.
romaniste [rɔmanist] *n.* ①《언어》로망스어 학자. ②《법》로마법 학자. ③《종교》가톨릭교도. ④《미술》 16 세기의 플랑드르(*Flandre*) 파 화가. ⑤《옛》소설가(romancier).
romanité [rɔmanite] *n.f.* 로마의 풍속(습관).
romano [rɔmano] *n.* = **romanichel**.
romano-gallican(e) [rɔmanɔgallikɑ̃, -an] *a.* 로마와 프랑스에 관한.
roman-photo [rɔmɑ̃fɔto] (*pl.* ~*s*-~*s*) *n.m.* 이야기 사진(photoroman).
romanticisme [rɔmɑ̃tisism] *n.m.* 로망티시슴《1823 년에 스탕달(*Stendhal*)이 제창한 말》.
romantique** [rɔmɑ̃tik] *a.* ①《문학사》낭만주의(파)의(↔ classique). poète ~ 낭만파 시인. ② (성격·태도·풍경 따위가)낭만적(공상)적인, 낭만적인. tempérament ~ 공상적 기질. ③《옛》(경치가) 소설적인; 소설의, 작중인물의. **—n.* 낭만주의(파) 작가; 낭만주의자.
romantiquement [rɔmɑ̃tikmɑ̃] *ad.* 공상[몽상]적으로, 낭만적으로.
romantisme [rɔmɑ̃tism] *n.m.* ①《문학사》낭만

주의(파). ② 【예술】 낭만주의적 요소(특징·태도·정신).
romarin [rɔmarɛ̃] n.m. 【식물】 로즈메리(향기좋은 관목, 새순은 식용).
romatière [rɔmatjɛ:r] n.f. 〖어업〗 그물에 의한 가자미 잡기; 가자미 잡는 그물.
rombière [rɔ̃bjɛ:r] n.f. 《구어》《보통 경멸》가소롭게 젠체하는 중년 부인.
Rome [rɔm] n.pr.f. 〖지리〗 (옛·지금의) 로마. À ~ il faut vivre comme à ~. 《격언》로마에서는 로마식을 따르라, 입향순속(入鄕循俗). Si jamais cela arrive, je l'irai dire à ~. 《옛·구어》그런 일이 일어날 리가 만무하다. S'il n'est pas content, qu'il aille le dire à ~. 《구어》그가 불만일지라도 참을 수밖에 없지 않나. Tout chemin mène à ~. 《격언》모든 길은 로마로 통한다 (방법은 여럿이나 모두 같은 결과에 이른다).
roméique [rɔmeik] n.m., a. =**romaïque**.
romestecq [rɔmestek] n.m. 〖옛〗 카드놀이의 일종.
romillon(ne) [rɔmijɔ̃, -ɔn] a. 로미 쉬르센(Romilly-sur-Seine [rɔmijisyrsɛn], 프랑스의 도시)의. —R~ n. 로미 쉬르센 사람.
rompement [rɔ̃pmɑ̃] n.m. 깨뜨리기, 꺾기, 부수기. ~ de tête (큰 소리·긴장 따위로) 머리가 멍해짐. ~ de visière 무례.
romper [rɔ̃pe] v.t., v.i. 《구어》《속어》=**rompre**.
rompis [rɔ̃pi] n.m. 바람에 꺾인 나무.
***rompre** [rɔ̃:pr] [25] v.t. ① 꺾다, 끊다, 부수다 (casser); 찢다, 쪼개다; 뚫다; 무너뜨리다. Le chien a rompu sa chaîne. 개가 사슬을 끊었다. Le fleuve a rompu ses digues. 강물이 둑을 무너뜨렸다.
② (침묵·약속·습관 따위를) 깨뜨리다; (계약·약혼 따위를) 취소하다; (관계·교섭 따위를) 중단하다, 결렬시키다, 단절하다; (이야기·놀이·계획 따위를) 중지하다; 방해하다. ~ l'équilibre 균형을 깨뜨리다. ~ les relations diplomatiques 국교관계를 단절하다. ~ un traité 조약을 파기하다. ~ en visière 정면으로 공격(반격)하다. ~ le fil de son discours 갑자기 말머리를 돌리다.
③ 【농업】 (밭 따위를) 갈다. ~ une luzernière 개자리밭을 갈다.
④ (구속을) 벗어나다; 【군사】 (대열을) 해산시키다; 질서를 흩뜨리다. ~ le carême 절식을 깨뜨리다. ~ sa prison 〖옛〗 파옥(破獄)하다. Rompez les rangs! 【군사】 해산! ; 《구어》 모두들 돌아가시오! ~ le pas 보조(步調)를 흩뜨리다.
⑤《문어》 [~ qn à qc] (사람·동물을) 길들이다, 훈련하다; (을 …에) 익숙하게 하다. La guerre nous a rompus à la vie dure. 전쟁은 우리들을 고생스러운 생활에 익숙해지게 했다.
⑥ 【전기】 (회로를) 끊다.
applaudir à tout ~ 장내가 떠나갈 듯이 박수를 치다. ~ la paille avec qn …와 절교하다. ~ la tête(les oreilles) à qn 소란을 떨어서(귀찮은 이야기로) ~ 를 넌더리나게 만들다. ~ le contact(le combat) 【군사】 접촉(전투)을 회피하다. ~ les chiens 【사냥】 짐승을 쫓던 개를 불러오다; (협약해진) 대화의 방향을 바꾸다. ~ les couleurs (색조를 부드럽게 하기 위하여) 다른 물감을 섞다. ~ ses fers(ses chaînes) 탈옥하다; 구속을 벗어나다.
—v.i. ① 관계를 끊다; 절교하다(se brouiller). [~ avec qn/qc] Il a rompu avec son meilleur ami. 그는 가장 친한 친구와 절교했다. Il a rompu avec de vieilles habitudes. 그는 오랜 습관들을 버렸다.
② 【펜싱·권투】 뒤로 물러서다.
③《옛》꺾이다, 끊어지다.
—se ~ v.pr. ① 꺾이다, 부서지다, 끊어지다(se briser, se casser); (광선이) 굴절하다; (계약 따위가) 파기되다. La branche s'est rompue. 가지가 부러졌다. Son cœur battait à se ~. 그의 가슴은 터질 듯이 뛰고 있었다.
②[se ~ à qc] 익숙해지다. Je me suis rompu au travail 나는 일에 익숙해졌다.
se ~ la tête 머리를 쥐어짜다.
romp -s, -t [rɔ̃] ⇒rompre.
rompu(e) [rɔ̃py] (p.p.<rompre) a.p. ① 꺾어진, 찢어진, 깨어진; 기력이 영망이 된; 몹시 지친. maille ~e 끊어진 사슬의 고리. chemin ~ 구멍투성이(어서 다닐 수 없는) 길. être ~ de fatigue(de travail) 피로(일)에 몹시 지쳐있다. ② (계약·약혼 따위가) 파기되, 취소된. fiançailles ~es 파기된 약혼. ③ 능숙한, 전문적인(expert). être ~ aux affaires 사업에 능숙하다. ④ 단속적인(interrompu), 도막도막 끊어진. ⑤ 【회화】 couleur ~e 다른 색을 혼합시킨 색; ton ~ 명암의 바림.
—n.m. 【주식】 단주(端株). ② 【기계】 (선반대(臺)의) 갈라진 틈.
romsteck [rɔmstek] n.m. 【요리】 황소의 엉덩이 고기(rumsteck, rumsteak)(→ bœuf 그림).
ronce [rɔ̃s] n.f. ① 【식물】 나무딸기; 《구어》찔레; 가시덤불. ~ artificielle 가시 철조망. ② (소용돌이꼴의) 나뭇결; 가시돋친 줄기(가지). ③ (pl.) 고난, 형극.
ronceraie [rɔ̃sre] n.f. 가시덤불이 우거진 땅.
ronceux(se) [rɔ̃sø, -ø:z] a. ① 가시덤불이 우거진. ② 나뭇결이 소용돌이꼴인.
Roncevaux [rɔ̃svo] n.pr.m. 〖역사〗 피레네 산의 마을(778년 Charlemagne 대제 휘하의 장군 Roland이 부근의 골짜기에서 전사했음).
ronchon [rɔ̃ʃɔ̃] 《여성율변》《구어》 a. 투덜거리는, 불평꾼. —n. 불평꾼.
ronchonneau [rɔ̃ʃɔno] n.m. =**ronchon(n)ot**.
ronchonnement [rɔ̃ʃɔnmɑ̃] n.m. ①《구어》불평, 잔소리. ②【무전】 잡음.
ronchonner [rɔ̃ʃɔne] v.i. ①《구어》투덜거리다. ~ après qn …에 대해서 투덜거리다. ②【무전】 잡음이 들어오다.
ronchonneur(se) [rɔ̃ʃɔnœr, -ø:z] a, n. 《구어》늘 투덜대는(사람), 잔소리가 많은(사람)(bougon).
ronchon(n)ot [rɔ̃ʃɔno] n.m. 〖옛·속어〗①불평가, 늘 툴덜대는 사람. ②성미가 까다롭고 고지식한 장교(C. Leroy 작 Colonel R~ 에서).
ronchus [rɔ̃kys] n.m. =**rhonchus**.
roncier [rɔ̃sje] n.m., **roncière** [rɔ̃sjɛ:r] n.f. 가시덤불; 가시덤불로 덮인 곳.
roncin [rɔ̃sɛ̃] n.m. 〖옛〗 노새; 말, 짐말.
ronciné(e) [rɔ̃sine] a. 【식물】 (잎이) 역향우열(逆向羽裂)의.
‡rond(e') [rɔ̃, -ɔ̃:d] a. ① 원형의, 둥근, 구형의; (신체의 부분이) 포동포동한, (몸이) 작고 뚱뚱한; (지갑이) 불룩한, table ~e 원탁(회의). femme (toute) ~e 뚱뚱하고 땅딸막한 여자. écriture ~e 둥그스름한 글씨체. corps ~ 【수학】 원동형, 원추형, 구형. yeux ~s (깜짝 놀라) 동그랗게 뜬 눈.
② (사람이) 솔직한, 원만한. être ~ en affaires 공정하게 거래하다. homme tout ~ 매우 솔직한(원만한) 사람.
③ (수자·계산에) 우수리가 없는. compte ~ 어림셈, 개산(槪算). Il me manque tout ~s 우수리가 되는 1,000 프랑. en nombre(en chiffre) ~ 어림셈으로, 우수리를 없애버리고.
④ (총량·금액 따위가) 상당한 많은. fortune(som-

me] ~e 상당한 재산〔금액〕.
⑤《속어》술에 취한(ivre). Il est complètement ~. 그는 완전히 취했다.
⑥〔목소리가〕낭랑한.
—ad. 둥글게, 순조롭게, 원활하게. les yeux tout ~ ouverts 눈을 둥그렇게 뜨고.
ne pas tourner ~《구어》정상이 아니다.
—n.m. ① 원, 동그라미, 둥근 고리. faire(tracer) un ~ 원을 그리다. faire des ~s de fumée 담배 연기로 동그라미를 그리다.
② 원형의 물건, (소시지 따위의) 둥근 조각. ~ à patiner 스케이트장. ~ de cuir 의자에 까는 원형 쿠션. ~ de serviette 냅킨을 말아서 끼는 고리. un ~ de citron 둥글게 썬 레몬 한 조각.
③《구어》잔돈(sou); 돈. Il n'a plus le ~.《속어》그는 빈털터리이다. pièce de vingt ~s, 20 수 동전.
④ ~ de jambe 〖무용〗롱 드 장브《한 발로 반원 또는 원을 그리기》.
⑤《속어》항문.
⑥ 〖건축〗원형 쇠시리.
en ~ 둥그렇게 원을 그리고. s'asseoir en ~ 둥그렇게 둘러앉다.
faire des ~s de jambe 아첨하는 태도를 취하다.
rondache [rɔ̃daʃ] *n.f.* 〖고대무기〗크고 둥근 방패.
rondad [rɔ̃dad] *n.f.* (광대의)도약.
rond-de-cuir [rɔ̃dkɥiːr] (*pl.* ~s-~~) *n.m.* (의자에 까는) 둥근 쿠션;《구어》하급 공무원;《경멸》관리, 사무원.
ronde² [rɔ̃ːd] *n.f.* ① 〖군사〗순시, 순찰, 순라; (집의 안팎을) 여기저기 살펴봄; 순찰대, 야경대. chemin de ~ (요새·성의 높은 곳에 만든) 순찰로(路). faire de ~ de nuit 야간 야경을 하다. officier de ~ 순찰 장교. ② 원무(圓舞);〖음악〗원무곡; 차례차례 부르는 후렴이 붙은 노래; 원무를 추는 사람들. danser la ~ 원무를 추다. ③ 내리그은 글자체이 둥글고 휘었으며 끝을 구부려 올린 자체(字體). ④〖음악〗온음표. Deux blanches valent une ~. 2개의 2분음표는 1개의 온음표에 해당한다.
à la ~ ⓐ 사방에. être connu à dix lieues *à la ~* 100 리 사방에 알려져 있다. ⓑ 차례로. boire *à la ~* 차례로 마시다.
rondeau [rɔ̃do] (*pl.* ~x) *n.m.* ① 〖운문학〗롱도 (16세기에 유행한 정형단시). ② 〖음악〗론도, 회선곡(回旋曲) (rondo). ③ 〖농업〗(마종 후에 흙을 고르기 위해 굴리는) 나무 롤러. ④ (빵·도자기 따위를 받쳐 놓는) 원판(圓板).
ronde-bosse, ronde bosse [rɔ̃dbɔs] (*pl.* ~s-~s) *n.f.* 〖미술〗환조(丸彫).
rondel [rɔ̃dɛl] *n.m.* 〖운문학〗롱델(rondeau의 옛 형식).
rondelet¹ [rɔ̃dlɛ] *n.m.* 마구(馬具)에 털을 쑤셔넣는 막대기.
rondelet²(te) [rɔ̃dlɛ, -ɛt] *a.* 동글동글한; 포동포동 살찐. femme ~te 포동포동한 여자. bourse ~te 돈이 들어서 불룩한 지갑. (금액이) 상당한. somme ~te 상당한 금액.
—*n.f.* ① (수건·행주 따위로 쓰는) 싸구려 명주 (soies ~tes). ②〖옛〗범포(帆布), 돛베.
rondelle [rɔ̃dɛl] *n.f.* ① (소시지 따위의) 둥글게 자른 조각; 둥근 고무 고리; (나사를 죌 때 사이에 넣는) 둥근 쇠고리, 좌철(座鐵); (맥주병 마개의) 고리모양의 마개. ②〖고고학〗둥근 방패; 날밑의 둥근 검. ③〖조각〗둥근 끌.
rondement [rɔ̃dmɑ̃] *ad.* ①〖옛〗솔직하게, 공명정대하게(↔ hypocritement). parler ~ 솔직하게 이야기하다. ② 신속하게, 효과적으로, 한결같이. mener les affaires ~ 일을 신속하게 처리하다.

rondeur [rɔ̃dœːr] *n.f.* ① 둥근 형태(선), 둥근 물건; (신체의 부분이) 포동포동함. ② 솔직함, 솔직한 태도; 문장의 조화(harmonie).
avec ~ 솔직하게, 자연스럽게.
rondie [rɔ̃di] *n.f.* 연관목형(鉛管木型)《연관제조용》 (rondin).
rondier¹ [rɔ̃dje] *n.m.* 〖식물〗(잎이 부채꼴인) 야자 수의 일종.
rondier² *n.m.* 〖해양〗순찰임무를 맡은 선원; 당직 사관보좌 잡역선원.
rondin [rɔ̃dɛ̃] *n.m.* ① (특히 전나무의) 통나무; 통나무 장작; 방망이, 곤봉. cabine en ~ 통나무집. ② 연관목형(rondie). ③《속어》똥; 돈; 젖퉁이.
rondiner [rɔ̃dine] *v.t.* 〖옛〗곤봉으로 때리다.
rondir [rɔ̃diːr] *v.t.* ① 둥기 따위를(에서) 구부리다. ② 점판암(粘板岩)을 (원하는 형태·크기로) 자르다. —*v.i.* 둥글게 되다.
rondisseur [rɔ̃disœːr] *n.m.* 점판암 절단기를 조작하는 사람.
rondisseuse [rɔ̃disøz] *n.f.* 점판암을 (돌기와용으로) 절단하는 기계.
rondo [rɔ̃do] 〖이탈리아〗*n.m.* = **rondeau**②.
rondouillard(e) [rɔ̃duja:r, -ard] *a.*《구어》① 포동포동한. ② 〖미술〗둥근 형태를 남용한.
rond-point [rɔ̃pwɛ̃] (*pl.* ~s-~s) *n.m.* ① (여러도로가 모여드는)원형 광장; 로터리(carrefour). ② 〖옛〗〖건축〗= abside.
ronéo [roneo] *n.f.* 〖상표명〗(등사용 원지를 쓰는) 윤전 등사기계.
ronéoté(e) [roneɔte] *a.p.*《구어》(윤전 등사기로)등사된(ronéotypé).
ronéoter [roneɔte] *v.t.*《구어》(윤전 등사기로)등사하다.
ronéotypé(e) [roneɔtipe] *a.p.* (로네오식 등사기로) 등사된.
ronéotyper [roneɔtipe] *v.t.* (로네오(ronéo)식 등사기로)인쇄하다.
ronflant(e) [rɔ̃flɑ̃, -ɑ̃ːt] *a.* ① 코를 고는; 윙윙 소리를 내는. poêle ~ 윙윙 소리가 나는 난로. râle ~ 〖의학〗라셀, 나음(囉音), 수포음(水泡音). ② (경멸〗장·문체 따위가) 과장된, 허풍을 떠는 (grandiloquent). voix ~e 과장된 목소리.
ronflement [rɔ̃flǝmɑ̃] *n.m.* 코고는 소리; 윙윙(붕붕) 울리는 소리; (라디오 따위의) 잡음.
***ronfler** [rɔ̃fle] *v.i.* ① 코를 골다.《구어》깊이 자다. Pierre *ronfle* si fort que je ne peux pas dormir. 피에르가 너무 코를 심하게 골아서 나는 잠을 잘 수 없다. ② (주어는 사물) 윙윙〔붕붕〕소리를 내다. Le moteur commence à ~. 모터가 윙윙 소리를 내기 시작한다. ③ 낭랑하게, 낭송하다. (문장·시구·글을)허를 말아서 발음하다. faire ~ les vers 시구를 낭랑하게 낭송하다. ④《구어》호조이다. Dans notre équipe, ça *ronfle*! 우리 팀에서는 만사 호조이다. Ça *ronfle*, les affaires. 경기가 매우 좋다.
Il faut que ça ronfle.《구어》좀더 척척 해내야 한다, 정신차려라.
ronfleur(se) [rɔ̃flœːr, -øːz] 코고는 사람. —*n.m.* 〖전기〗버저 (전기 신호기·신호음).
ronge [rɔ̃ːʒ] *n.m.* (사슴·소 따위의)되새김질, 반추(反芻). faire le ~ 되새김질하다.
rongeant(e) [rɔ̃ʒɑ̃, -ɑ̃ːt] *a.* ① (산(酸) 따위로)부식하는, (궤양이)침식성의. ② 괴롭히는.
ronge-maille [rɔ̃ʒmɑːj] *n.m.*《복수불변》〖옛〗쥐.
rongement [rɔ̃ʒmɑ̃] *n.m.* 〖드물게〗① 쏠기, 좀먹기. ② 침식, 부식.
***ronger** [rɔ̃ʒe] [3] *v.t.* ① (쥐가)쏠다, (새가)쪼다; (벌레가 잎·과일을)갉아먹다; (개가 뼈다귀 따위

rongeur(se)

를)물어뜯다; (말이 재갈을)깨물다(mordre). Les rats *rongent* des livres. 쥐들이 책을 쏟다. ~ ses ongles 손톱을 깨물다. Les vers *rongent* le bois. 벌레가 나무를 갉아 먹는다. ② 부식하다(corroder), 침식하다(miner). La rouille *ronge* les grilles. 녹이 철책을 부식한다. La mer *ronge* les falaises. 바닷물이 안벽(岸壁)을 침식한다. ③ 괴롭히다, (병이) 좀먹다; (후회 따위로) 바짝바짝 마르게 하다, 가슴을 죄이다. La jalousie *ronge* cette femme. 질투가 이 여자의 마음을 짓이기고 있다. *être rongé de chagrin* 슬픔으로 수척해지다; (귀찮게 굴지 않도록)하던 가지 양보하다.
—**se ~** *v.pr.* ① 자기의 …을 씹다. *se ~ les ongles* 자기의 손톱을 깨물다. *se ~ le cœur[les foies]* 괴로와하다. *se ~ les poings de dépit* 원망에 사무치다. *se ~ les sangs* 《속어》 걱정하다. ② 시달리다, 고민하다. *se ~ d'inquiétude* 불안에 시달리다.

rongeur(se) [rɔ̃ʒœːr, -ʃːz] *a.* ① 쏠아먹는, 씹는, 좀먹는. animaux ~s 설치동물. ② 부식하는; 침식성의. ulcère ~ 침식성 궤양. ③ 마음을 괴롭히는. ennui ~ 마음을 괴롭히는 권태. ver ~ 《옛·시》 후회, 양심의 가책; 점차적인 파멸. —*n.m.pl.* 〖동물〗 설치류(齧齒類).

rongeure [rɔ̃ʒyːr] *n.f.* 〖직물〗 전모(剪毛)가 지나친 부분; 쏠다 남은 찌꺼기.

ronron [rɔ̃rɔ̃], **ronronnement** [rɔ̃rɔnmɑ̃] *n.m.* ① 가르랑거리는 소리(고양이가 목구멍을 울리는 소리). ② (연속적으로 둔하게 울리는) 부르릉 소리; (비행기 따위의) 폭음. ~ d'un moteur 엔진의 부르릉 소리.

ronronner [rɔ̃rɔne] *v.i.* ① (고양이가) 가르랑거리다. chat qui *ronronne* 목구멍을 가르랑거리고 있는 고양이. ② (기계가) 부르릉[윙윙]거리다. avion qui *ronronne* 폭음을 내면서 비행하는 비행기 ③ (사람이 만족에서) 결열 소리를 내다. ~ de satisfaction 만족의 뜻을 표명하다.

ronsardiser [rɔ̃sardize] *v.i.* 〖불문학〗 롱사르 (Ronsard, 프랑스의 시인)식으로 시를 쓰다.

ronsardiste [rɔ̃sardist] *n.m.* 〖불문학〗 롱사르파의 시인.

röntgen [rœntgɛn] *n.m.* 〖물리〗 뢴트겐(X선 또는 γ 선의 폭사(曝射) 선량(線量)의 단위: (약자) R). rayons ~ 뢴트겐 선, X선.

röntgenthérapie [rœntgenterapi] *n.f.* 〖의학〗 X선 요법(radiothérapie).

rookerie, rookery [rukri], **roqueri** [rɔkri] 《영》 *n.f.* (새의)피한지; 펭귄의 집단.

rooter [rutœːr] 《영》 *n.m.* 〖토목〗 루터(지표 또는 포장을 파내는 기계).

roque [rɔk] *n.m.* 〖체스〗 로크(차로 장군부르기에 해당).

roquefort [rɔkfɔːr] *n.m.* 양젖으로 만든 치즈.

roquelaure [rɔklɔːr] *n.f.* (루이 14 세 시대의) 무릎까지 닿는 남자용 망토.

roquentin [rɔkɑ̃tɛ̃] *n.m.* ① 《옛·구어》 젊게 보이고 싶어하는 늙은이(vieux ~). ② 《문어》 통속 풍자가요의 가수. ③ 《옛》 퇴역한 늙은 군인.

roquer [rɔke] *v.i.* ① 〖체스〗 로크의 수를 두다. ② (크리켓에서) 자기 공과 접촉한 공을 함께 치다.

roquet [rɔkɛ] *n.m.* ① 발바리의 일종(불도과 비슷하게 생긴 작은 개); 공연히 짖어대는 작은 개. ② 잔소리가 많고 앙칼지지만 무섭지는 않은 사람.

roquet², **roquetin** [rɔkɛ], **roquette¹** [rɔkɛt] *n.f.* 〖직조〗 (명주실·은실의 실패).

roquette² *n.f.* 〖식물〗 유채과(油菜科)의 식물(잎을 샐러드에 씀).

roquette³ *n.f.* 에나멜 매용제(媒溶劑).

roquette⁴ 《영》 *n.f.* 로켓; 로켓포. ~ antichar 대전차 로켓포.

roquette⁵ *n.f.* 《옛》봉화(烽火).

roquille [rɔkij] *n.f.* ① 오렌지 껍질의 설탕졸임. ② 《옛》술을 되는 되의 눈금(1/8 리터).

rorage [rɔraːʒ] *n.m.* 포복널기(포복을 풀밭에 넣어 아침 이슬을 맞혀서 바래기).

rorqual [rɔrkwal] *n.m.* 〖동물〗 큰고래.

ros, rot¹ [ro] *n.m.* 〖직조〗 바디.

rosace [rozas] *n.f.* 〖건축〗 ① (주로 천장의)장미꽃 모양의 장식. ② (교회의)원화형(圓花形)의 큰 유리창. ③ 못대가리를 가리기 위한 장미꽃 모양의 장식.

rosace

rosacé(e) [rozase] *a.* 장미꽃 같은.
—*n.f.pl.* 장미과(科).

rosage [rozaːʒ] *n.m.* ① 〖식물〗 철쭉; 진달래(rhododendron의 옛 말). ② 자홍빛으로 염색한 무명을 다시 산뜻한 빛깔로 염색하기, (그)과정.

rosaire [rozɛːr] *n.m.* 〖가톨릭〗 ① 로자리오, 묵주. ② 묵주신공. dire le ~ 묵주신공을 드리다.

rosalbin [rozalbɛ̃] *n.m.* 〖조류〗 앵무새의 일종.

rosaniline [rozanilin] *n.f.* 〖화학〗 로자닐린.

rosarium [rozarjɔm] 《라틴》 *n.m.* 장미원(밭).

rosat [roza] *a.* (불에 장미꽃이 들어 있는(특히 붉은 장미이)); 장미와 비슷한.

rosâtre [rozaːtr] *a.* 장미빛이 도는, 바랜 분홍빛의.

rosbif [rɔsbif] *n.m.* 〖요리〗 로스트 비프. ② ~ de mouton 양의 다리고기, 허리고기. ③ 《속어》 영국 사람.

rosconne [rɔskɔn] *n.f.* 〖직조〗 (로스코프 산의)마포(麻布).

roscovite [rɔskɔvit] *a.* 로스코프(Roscoff, 프랑스의 도시)의. —**R—** *n.* 로스코프 사람.

‡**rose** [roːz] *n.f.* ① 〖식물〗 장미꽃; 장미. ~s rouges (blanches) 붉은(백)장미. confiture de ~s 장미하이 너는 잼. eau de ~ 장미 향수. essence de ~ 장미 향유(油). saison des ~s 장미의 계절, 봄. (Il n'y a) pas de ~s sans épines. 《속담》쾌락은 고통을 수반하는 법이다.
② 〖식물〗 ~ de Noël 크리스마스로즈; ~ de Notre-Dame 작약; d'Inde 공작초; ~ de Japon [de Chine] 동백꽃; ~ trémière 접시꽃.
③ 〖건축〗 원화창(圓花窓)(rosace). ~s de Notre Dame 노트르담 성당의 장미형창(원화창).
④ 장미꽃(파세트)형 다이아몬드.
⑤ 〖해양〗 (나침반·해도의)방위 표시도(~ des vents). dire la ~ 나침반의 32 방위를 순서대로 외우다.
⑥ ~ de salle 〖광물〗 석고 결정체(사하라 사막에서 볼 수 있는 장미꽃 모양의 석고 결정).
⑦ 〖음악〗 (기타·만돌린 따위의)향공(響孔).
à l'eau de ~ 달콤한, 감상적인. roman *à l'eau de ~* 감상적인 소설.
Cela ne sent pas la ~. 《구어》냄새가 나쁘다.
de ~ 장미빛의. bois *de ~* 자단(紫檀).
être (couché) sur des ~s; *être sur un lit de ~s* 안일한 생활을 하다.
être frais comme une ~ 안색이 싱싱하고 밝다.
—*n.m.* 장미빛. robe d'un ~ vif 산뜻한 장미빛 원

피스(드레스).
voir tout(la vie) en ~; voir tout couleur de ~ 모든 것을 낙관적으로[좋은 면으로]만 보다.
—*a.* ① 장미빛의. devenir ~ (사람의 얼굴이) 붉어지다. rubans ~ pâle 엷은 장미빛 리본《복합형 용사의 경우 rose는 불변》.
② 달콤한; 즐거운. roman ~ 달콤한 소설. La vie n'est pas tout ~. 인생은 즐겁지만은 않다.
rosé(e¹) [roze] *a.* 분홍빛의.
—*n.m.* 분홍빛 포도주(vin ~).
*****roseau** [rozo] (*pl.* ~**x**) *n.m.* 〖식물〗 갈대. personne frêle comme un ~ 갈대처럼 약한 사람. L'homme est un ~ pensant. 인간은 생각하는 갈대다. *C'est un ~ qui plie à tous vents.* 그는 작은 압력에도 곧 굴복해버린다. *~ peint en fer* 〖옛〗내유외강 (內柔外剛)한 사람. *s'appuyer sur un ~* 믿을 수 없는 사람[것]에 의지하다.
Rose-Croix [rozkrwa] *n.f.* 《복수불변》 장미십자회《17세기 초에 생긴 신비주의적 비밀결사》.
—**r**~**-c**~ *n.m.* ① 장미십자회의 회원. ② 프리메이슨 비밀결사의 제7계급.
rosé-des-prés [rozedepre] (*pl.* ~**s**-~-~) *n.m.* 〖휴경지 또는 들에 나는 식용버섯의 일종〗.
rosée² [roze] *n.f.* ① 이슬. ~ du matin 아침이슬. point de ~ 〖물리〗이슬점, 노점(露點). se mouiller les pieds en marchant dans la ~ 이슬을 밟고 걸어서 발이 젖다. ② (피·눈물 따위의)방울. ~ de sang 핏방울. une ~ de larmes 눈물 한 방울. ③ 〖직조〗 염색얼룩. ④ ~ de farine 〖농업〗 (포도의)밀가루병. ⑤ ~ du soleil 〖식물〗 끈끈이주걱. *tendre comme* (*la*) ~ (고기·야채 따위가) 매우 부드러운.
roselet [rozlɛ] *n.m.* 〖동물〗(여름철의)담비(hermine); 담비의 모피.
roselier(ère) [rozəlje, -ɛ:r] *a.* 갈대가 무성한 (땅).
—*n.f.* 갈대밭, 갈대가 무성하게 자라는 땅.
—*n.m.* 갈대늪(marais ~).
roséole [rozeɔl] *n.f.* 〖의학〗 장미진(薔薇疹), 홍진(紅疹).
roser [roze] *v.t.* ① 장미빛으로 물들이다《보통 수동형》. ② rosage②를 하다. —*v.i.* 장미빛이 되다.
roseraie [rozrɛ] *n.f.* 장미밭.
rosetier [roztje] *n.m.* 장미꽃 모양의 구멍을 뚫는 기구(펀치).
Rosette [rozɛt] *n.pr.* 〖지리〗로제타《나일강 어귀의 도시》. pierre de ~ 로제타석(石)《1799년 Rosette 부근에서 발견된 석편(石片)으로 고대 이집트 문자 해독의 단서가 됨》.
rosette [rozɛt] *n.f.* ① (훈장·계급장의)약장(略章). (수·금은세공·조각 따위의)장미꽃 모양의 매듭[무늬]《리본의 꽃모양 매듭. avoir la ~ (de la Légion d'honneur) (레지옹도뇌르의)훈장을 가지고 있다. ② 〖식물〗 장미매눈, 로제트, 근생엽(根生葉). ③ 빨간 잉크(분필); 순동(純銅). ④ 〖마구〗 박차의 톱니바퀴; (회중시계의)속도 지침반; (징의)좌철(座鐵).
roseur [rozœ:r] *n.f.* 〖드물게〗장미빛, 분홍빛.
rosicrucien(ne) [rozikrysjɛ̃, -jɛn] *a., n.* 장미십자회의(회원).
rosier [rozje] (<rose) *n.m.* 〖식물〗 장미나무.
rosière [rozjɛ:r] *n.f.* ① (덕망이 높은 순결한 처녀에게 주는) 장미관을 받은 처녀. ② 〖옛·구어〗덕망 높은 순결한 처녀.
rosiériste [rozjerist] *n.* 장미 재배자.
rosir [rozi:r] *v.t.* 〖문어〗 장미빛으로 물들이다. —*v.i.* 장미빛이 되다; 얼굴을 붉히다.
rosissement [rozismɑ̃] *n.m.* 장미빛 됨; 장미빛

로 물들임.
rosolique [rozolik] *a.* acide ~ 〖화학〗 로졸산 (酸).
rosomane [rozoman] *n.m.* 장미 애호가.
rossard(e) [rosa:r, -ard] *a., n.* 〖구어〗심술궂은 (사람), 악의적인(사람), 중상하는(사람); 빈둥거리는(사람). ~ 흠막 잡는 비평가.
rosse¹ [rɔs] *n.f.* ① 〖속어〗심술궂은 사람; 꾀를 피우고 게으른 사람(vache). ② 〖옛〗노마(駑馬). Jamais bon cheval ne devient ~. 준마는 노마가 되는 법이 없다.
—*a.* 심술궂은, 고약한(méchant); 저속한, 파렴치한; 〖구어〗(선생이)엄수가 박한. être ~ avec *qn* …에 대해서 ~s 저속한 방식으로[가혹하다]. chanson ~ 풍자적인 신랄한 노래.
rosse² *n.f.* =**rotengle**.
rossée [rɔse] *n.f.* 〖구어〗구타(毆打).
rosser [rɔse] *v.t.* 〖구어〗심하게 구타하다(frapper); (전투에서) 이기다.
rosserie [rɔsri] *n.f.* 〖구어〗심술궂은 언행; 파렴치한 언행 (vacherie, méchanceté); 저속한 말〔표현〕. dire des ~s 저속한 말을 하다.
rossignol [rɔsiɲɔl] *n.m.* ① 〖조류〗 나이팅게일, 밤 꾀꼬리. avoir une voix de ~ 목소리가 꾀꼬리같다(매우 높다). ② 곁쇠《여러 자물쇠를 열 수 있는 것》. ③ 〖구어〗팔리지 않는 책(옛), 유행이 지난 상품. écouler de vieux ~s en solde 팔리지 않고 쌓여 있는 상품을 싸게 팔아버리다. ④ 〖해양〗(지휘용)호각; 〖옛〗호주머니 피리. ⑤ 〖건축〗 쐐기. ⑥ 〖옛〗~ d'Arcadie 당나귀; ~ à glands 돼지.

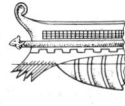
rossignol ②

rossignole [rɔsiɲɔl] *n.f.* 나이팅게일의 암컷.
rossignoler [rɔsiɲɔle] *v.i.* 〖구어·드물게〗 나이팅게일의 울음소리를 흉내내다; 나이팅게일처럼 노래하다.
rossignolet [rɔsiɲɔlɛ] *n.m.* 새끼 나이팅게일.
rossinante [rɔsinɑ̃:t] *n.f.* 〖구어〗 매우 여윈 말, 노마 (駑馬)《돈키호테가 탄 말의 이름에서》.
rossinien(ne) [rɔsinjɛ̃, -ɛn] *a.* 롯시니 (Rossini, 이탈리아의 작곡가》의.
rossinisme [rɔsinism] *n.m.* 〖음악〗 롯시니의 악풍 (樂風).
rossolis¹ [rɔsoli] *n.m.* 〖식물〗 끈끈이주걱, 끈끈이 귀개.
rossolis² *n.m.* (특히 이탈리아와 터키에서)장미꽃·오렌지꽃 따위를 넣어 만든 과실주.
rostelle [rɔstɛl] *n.f.* ① 〖식물〗취상(嘴狀)돌기. ② 작은 부리(petit bec).
rostellé(e) [rɔstelle] *a.* 〖식물〗 취상돌기가 있는.
rostral(ale, *pl.* **aux)** [rɔstral, -o] *a.* 〖고대로마〗 뱃부리(rostre)로 장식한, 뱃부리 모양의. colonne ~ale (뱃부리 장식이 달린)해전승기념주(柱). couronne ~ale 해전관(海戰冠)《적선에 첫째로 처들어간 병사에게 주는》.
rostre [rɔstr] *n.m.* ① 〖동물〗부리, 부리 모양으로 튀어나온 것; (곤충의)주둥이, 구문(口吻). ② 〖고대로마〗뱃부리《뱃머리에 부착하여 적선을 파괴하는》; (R~s)(적선에서 빼앗은 뱃부리를 장식한)연단(演壇). ③ 〖건축〗 뱃부리모양의 장식.

rostre ②

-rostre *suff.* 「부리」의 뜻.
rostré(e) [rɔstre] *a.* 〖생물〗 부리 모양으로 돌기 [돌출]한.
rostriforme [rɔstriform] *a.* 〖생물〗 부리 모양의.

rot² [ro] *n.m.* 《구어》트림(éructation, renvoi). faire (lâcher) un ~ 트림하다.

rot³ [rɔt] 《영》*n.m.* 《농업》포도알이 썩는 병.

rôt [ro] *n.m.* 《옛·문어》=**rôti**. *fumée du* ~ (실제로는 맛볼 수 없는)공상뿐인 즐거움. *manger son pain à la fumée du* ~ 남의 즐거움을 구경하다.

rotacé(e) [rɔtase] *a.* 《식물》(꽃부리가) 윤상(輪狀)의. *corolle* ~*e* 윤상화관.

rotang [rɔtɑ̃ːg] *n.m.* 《식물》등나무(rotin①).

rotangle [rɔtɑ̃gl] *n.m.* =**rotengle**.

rotarien [rɔtarjɛ̃] *n.m.* 로터리 클럽 회원.

rotary [rɔtari] (*pl.* ~*s*)《영》*n.m.* ①《전화》로터리식 자동전화장치. ②《기계》로터리식 측정기.

Rotary clubs [rɔtariklœbs] *n.m.pl.* 로터리 클럽《사회봉사를 목표로 하는 국제적 사교단체》.

rota*teur*(*trice*) [rɔtatœːr, -tris] *a.* 회전시키는. *force* ~*trice* 회전력. — *n.m.* 《해부》회선근(回旋筋)(muscle ~). — *n.m.pl.* 《옛》=**rotifères**.

rotati*f*(*ve*) [rɔtatif, -iːv] *a.* 회전하는, (발동기가)회전식의. *foreuse* ~*ve* 회전식 천공기. *moteur* ~ 로터리 엔진. — *n.f.* 《인쇄》윤전기.

rotation [rɔtasjɔ̃] *n.f.* ① 회전, 선회(旋回); 《천문》자전. *exécuter une* ~ 한 바퀴 돌다. ② 순환, 교대. ~ *du personnel* (회사 따위의)인사이동(을). ~ *du stock* 재고의 회전. *responsabilité exercée par* ~ 교대 책임제, 윤번제. ③《교통》(차량·선박·비행기 따위의)발착빈도, 왕복하는 회수, 운전회수. *La* ~ *du métro ralentit aux heures creuses.* 지하철의 운행회수는 이용객이 적은 시간에는 줄어든다. ④《농업》윤작. ⑤《수학》자전. ⑥《스포츠》(스키의)로테이션; (수영의 크롤 따위의)롤링.

rotativiste [rɔtativist] *n.* 《인쇄》윤전기 기사.

rotatoire [rɔtatwaːr] *a.* 회전하는. *mouvement* ~ 회전운동. *polarisation* ~《물리》선광성(旋光性). *pouvoir* ~《화학》선광각도.

rotavator [rɔtavatɔːr] *n.m.* 《농업》윤작말기.

rote [rɔt] *n.f.* 《카톨릭》최고법원(에스파냐의)합의 재판소.

rote² *n.f.* 《고고학》(중세기의)현악기의 일종.

rotengle [rɔtɑ̃ːgl] *n.m.* 《어류》지느러미와 눈이 붉은 잉어의 일종.

roténone [rɔtenɔn] *n.f.* 《약》로테논《식물에서 채취한 살충제》.

roter [rɔte] *v.i.* 《속어》트림을 하다. *en* ~ 《속어》고역을 참다; 학대를 참고 견디다.

rot*eur*(*se*) [rɔtœːr, -øːz] *n.* 《속어》트림하는 버릇이 있는 사람.

rothschild [rɔtʃild] *n.m.* 《옛》낮은 안락의자.

rôti(e¹) [roti] *a.p.* (고기·생선을)불에 구운. *bœuf* ~ 로스트비프. *poulet* ~ 로스트치킨. — *n.m.* ① 구운 고기; (식사 중에 나오는)구운 고기 요리; 《옛》(식사의 코스로서의)고기요리. ②《옛》(식육용)(새·양의 고기까지 포함한 의미의)구운 고기. *s'endormir sur le* ~ 《구어》일을 게을리하다; 성공에 도취해서 안일하다.

rôtie² *n.f.* 토스트. ~ *à l'anglaise* 녹인 치즈를 바른 토스트.

rôtie³ *n.f.* 경계벽을 높여 쌓기.

rotier [rɔtje] *n.m.* 《직조》바디의 조정 담당자.

rotifères [rɔtifɛːr] *n.m.pl.* 《동물》윤충류(輪蟲類).

rotiforme [rɔtifɔrm] *a.* 윤상(輪狀)의《~類》.

rotin¹ [rɔtɛ̃] *n.m.* ①《식물》등나무; 등나무의 줄기(껍질). *chaise en* ~ 등나무 의자. ②등나무 지팡이.

rotin² *n.m.* 《구어·드물게》수(sou), (돈)한품《일반적으로 부정문에 쓰임》. *n'avoir pas un* ~ 한푼도 없다.

rôtir [ro(ɔ)tiːr] *v.t.* 《옛》《요리》(고기·생선·빵을)굽다(griller), 로스트로 하다. ~ *du pain* 빵을 토스트로 만들다. ~ *un poulet* 닭고기를 로스트로 하다. ②《행볕이 풀을》시게 하다. — *v.i.* 구워지다(cuire); 《옛별 따위의》강한 열을 받다. *On rôtit ici.* 《구어》여기는 몹시 덥다. — *se* ~ *v.pr.* 구워지다; 불을 쬐다; (일광욕으로)몸을 그을리다. *se* ~ *au soleil* 햇볕에 몸을 그을리다.

rôtissage [rotisaːʒ] *n.m.* 굽기.

rôtisserie [rotisri] *n.f.* ①불고기〔통닭구이〕집. ②음식점.

rôtiss*eur*(*se*) [rotisœːr, -øːz] *n.* 불고기〔통닭구이〕장수.

rôtissoire [rotiswaːr] *n.f.* 고기〔닭·생선〕굽는 기구.

roto [rɔto] (<*rotative*) *n.f.* 《구어》《인쇄》윤전기.

rotocalcographique [rɔtɔkalkɔgrafik] *a.* *impression* ~《인쇄》오프셋 인쇄.

rotogravure [rɔtɔgravyːr] *n.f.* 《인쇄》윤전사진요판(輪轉寫眞凹版), 윤전 그라비아 인쇄(물).

rotonde [rɔtɔ̃ːd] *n.f.* ①《건축》(지붕·기둥이)원형(圓形)의 건물; 《철도》원형 기관차고(庫). ②여자 망토. ③자동차의 뒷부분; 《옛》역마차 뒤의 작은 칸.

rotondité [rɔtɔ̃dite] *n.f.* ①둥금, 원형, 구형. ②《구어》비만; 비만한 부분. *Il remplit le fauteuil de sa* ~. 그의 비만한 몸은 안락의자를 가득 채운다.

rotor [rɔtɔːr] *n.m.* ①《기계》(터빈·컴프레서의)회전자(回轉子). *navire à* ~ 원통선(圓筒船), 로터선. ②《항공》(헬리콥터의)회전날개.

rotorique [rɔtɔrik] *a.* 회전자의.

rototrol [rɔtɔtrɔl] *n.m.* (몇 개의 유도회로가 있는) 직류 발전기.

rotrouenge [rɔtruɑ̃ːʒ], **rotruenge** [rɔtryɑ̃ːʒ] *n.f.* 《문학사》(중세의)몇 개의 절(節)과 후렴으로 이루어진 시.

rotule [rɔtyl] *n.f.* ①《해부》슬개골(膝蓋骨). ②《기계》구형(球形)회전 연결장치, 볼 링크. *être sur les* ~*s* 《구어》몹시 지치다〔피곤하다〕.

rotulien(ne) [rɔtyljɛ̃, -ɛn] *a.* 《해부》슬개골의. *réflexe* ~ 슬개골 반사.

rotundifolié(e) [rɔtɔ̃difɔlje] *a.* 《식물》둥근 잎이 있는.

roture [rɔtyːr] *n.f.* ①서민 계급, 평민의 신분; (합격시)평민, 서민. *être né dans la* ~ 평민으로 태어나다. ②평민 소유지.

roturi*er*(*ère*) [rɔtyrje, -ɛːr] *a.* ①《문어》평민의, 서민의. ②《옛》품위없는, 천한. *manières* ~*ères* 천박한 행동거지. — *n.* 평민, 서민.

roturièrement [rɔtyrjɛrmɑ̃] *ad.* ①평민으로서. ②《옛》품위 없게.

rouable¹ [rwabl] *a.* 차형(車刑)에 처할.

rouable² *n.m.* ①(빵집용의) 부지깽이(perche à crochet). ②(염전에서 소금을 긁어모으는)고무래(râteau).

rouage [rwaːʒ] *n.m.* (보통 *pl.*)①(시계 따위의)톱니바퀴; 기계 장치(의 일부분); 《옛》바퀴 장치. ②(전체의 기능을 보장하는)주요한 일부분; (행정·기업의)기구. ~*s d'une administration* 행정기구.

rouan(ne¹) [rwɑ̃, -an] *n.m.* 갈기와 꼬리 끝이 검은 적부루말. ②(마)의 빛깔이, (짐승의 털빛의)흑·백·갈색의 세 가지로 되어 있는.

rouanne² [rwan] *n.f.* ①(옥수수 쓰는)칼. ②(술통 따위에 표를 하는) 각인(刻印器).

rouanner [rwane] *v.t.* ①각인기로 표를 하다. ②(목공용의) 끌로 깎다.

rouannette [rwanɛt] *n.f.* 작은 각인기.

roubaisien(ne) [rubɛziɛ̃, -ɛn] *a.* 루베(*Roubaix*, 프랑스의 도시)의. —**R~** *n.* 루베 사람.

roublard(e) [rublaʀ, -aʀd] 《구어》 *a.* 교활한, 술책에 능한(rusé). —*n.* (외) 그 사람.

roublarder [rublaʀde] *v.i.* 《속어》 교활하게 굴다.

roublarderie [rublaʀdəʀi] *n.f.* 《속어》 =**roublardise**.

roublardise [rublaʀdi:z] *n.f.* 《속어》 교활성; 교활한 술책[행동](astuce).

rouble [rubl] *n.m.* 루불《소련의 화폐 단위》.

rouc [ruk] *n.m.* (아라비아 전설에 나오는)거대한 괴조(怪鳥)(rock).

rouchi [ruʃi] *n.m.* 프랑스 북부 발렝시엔(*Valenciennes*)지방의 사투리.

roucou [ruku] *n.m.* 주황색 염료(rocou).

roucoulade [rukulad] *n.f.* =**roucoulement**.

roucoulant(e) [rukulɑ̃, -ɑ̃:t] *a.* ① (비둘기가) 구구하고 우는. ② (사랑에 도취하여서) 달콤하게 속삭이는; (노래 따위가)애조를 띤.

roucoulement [rukulmɑ̃] *n.m.* ① (비둘기가)구구하고 우는 소리. ② 달콤한 사랑의 속삭임. —*s d'amoureux* 애인들의 달콤한 밀어.

roucouler [rukule] *v.i.* ① (비둘기가)구구하고 울다. ②《구어》달콤하게 속삭이다; 달콤하게[서글프게] 노래하다. —*v.t.* (노래 따위를)달콤하게[서글프게] 하다.

roucouyer [rukuje] *n.m.* 《식물》(열대 아메리카의) 주황색 염료를 빼내는 나무(rocouyer).

roudoudou [rududu] *n.m.* 《구어》(둥근 나무 상자에 든)활아 먹는 캐러멜.

*****roue** [ru] *n.f.* ① 바퀴. (véhicule à) deux[quatre] ~*s* 2륜[4륜]차. ~*s* avant[arrière] 앞[뒷]바퀴. ~ de secours 예비 바퀴, 스페어 타이어. ~ motrice (de commande)(자동차의) 구동륜(驅動輪). ~ libre 구동 장치가 없는 바퀴. ② 도르래, 활차, 큰 톱니바퀴. ~ d'une horloge 큰 괘종시계의 톱니바퀴. ~ dentée 톱니바퀴. ~ de transmission 도르래. ~ (de gouvernail) 《해양》타륜(舵輪). ③ 바퀴 모양의 원반(圓盤), 회전원반. ~ de loterie (복권의)추첨용 원반. ④ 운명. ~ de la Fortune 운명의 변천, 인간사의 무상함. La ~ tourne. 운명의 바퀴가 돈다. mettre en haut[bas] de la ~ 행운[역경]에 처하게 하다. ⑤ 《옛》 차형(車刑)《팔·다리를 꺾어서 바퀴에 매달아 죽이는 형벌》(supplice de la ~). condamner à la ~ 차형에 처하다.
cinquième ~ du carrosse 쓸모 없는 사람[물건], 무용장물.
être à la ~《속어》사정에 밝다, 정통하다.
être en ~ libre 자유롭게[멋대로] 행동하다.
faire la ~ (공작새 따위가) 꼬리를 부채같이 펴다; 아양을 떨며 유혹하다; 《체조》(팔·다리를 번갈아 짚어가며)측전(側轉)을 하다.
pousser à la ~《구어》…의 성공을 돕다.
prendre la ~ de qn; être dans la ~ de qn (자전거로)…의 바로 뒤를 따르다.

roué(e) [rwe] *a.p.* ① 교활한(rusé). ②《옛》 차형(車刑)을 당한. ~ *de coups* 몹시 얻어 맞은. ~ *de fatigue* 몹시 지친. —*n.* ① 교활한 사람(finaud). ② 《옛》 차형을 받은 사람, 방탕아.

rouelle [rwɛl] *n.f.* 《옛》① 둥글게 썬 송아지의 허벅지 고기. ② (사투리)(야채·과실 따위의)둥글게 저민 조각.

Rouen [rwɑ̃] *n.pr.m.* 《지리》루앙《프랑스 북부의 도시》. *aller à ~*《구어》실패하다. *faire un ~*《속어》팥 속에 먹지 못하다.

rouennais(e) [rwanɛ, -ɛ:z] *a.* 루앙의. —**R~** *n.* 루앙 사람.

rouennerie [rwanʀi] *n.f.* 《직물》루앙 원산의 모직물·면직물.

rouennier(ère) [rwanje, -ɛ:r] *n.* 《옛》루앙 직물 제조[판매]업자.

rouer [rwe] *v.t.* ① (밧줄을)또아리 모양으로 사리다. ② (공작이)꼬리를 펴다. ③ 《옛》 차형(車刑)에 처하다; (사람을)차로 치다; 녹초가 되게 하다.
~ *qn de coups*《구어》…을 사정 없이 때리다.

rouergat(e) [rwɛʀga, -at], **rouergois(e)** [rwɛʀgwa, -a:z] *a.* 루에르그(*Rouergue*, 프랑스 남부의 지방)의. —**R~** *n.* 루에르그 사람.

rouerie [ruʀi] *n.f.* ① 교활한 짓; 술책. ②《옛》방탕.

rouet [rwɛ] *n.m.* ① (삼·실 따위의)물레. ② 도르래. ③ (우물 속에 넣는)원통형 나무틀. ④ 열쇠 구멍 뚜껑. ⑤ (화승총의) 발화륜(發火輪).

rouette [rwɛt] *n.f.* 장작을 묶는 가는 가지.

rouf [ruf] *n.m.* 《해양》 갑판 위의 선실.

rouffion(ne) [rufjɔ̃, -ɔn] *n.* 《속어》견습생, 견습공.

rouflaquette [ruflakɛt] *n.f.* 관자놀이 위의 애교 머리카락; 《구어》남자의 짧은 구레나룻.

‡**rouge** [ru:ʒ] *a.* ① 빨간색의. poisson ~ 금붕어. vin ~ 적포도주. feu ~ 빨강 신호. cheveux ~*s*《구어》적갈색의 머리칼(roux). corriger au crayon ~ 빨강 색연필로 고치다. chapeau ~ 추기경의 모자. mer R~ 《지리》홍해. ② (얼굴이)붉은. être ~ de honte(de colère) 부끄러움[분노]에 얼굴이 붉어지다. Elle a les joues ~*s* de froid. 그녀는 추우면 뺨이 빨개진다. être ~ comme un coq(un coquelicot, une écrevisse, une pivoine, une tomate)(수치감 따위로)얼굴이 새빨갛다. ③ 빨갛게 달아오른. fer ~ 빨갛게 단 쇠. ④《정치》좌익의, 공산주의의; 과격한. l'Armée ~ 적군(赤軍). drapeau ~ 적기(赤旗)《위험 신호·혁명기》.
—*n.m.* ① 붉은빛. teindre une étoffe en ~ 천을 붉게 염색하다. barre de fer chauffée au ~ 새빨갛게 달은 철봉. Le ~ lui monte au visage. 그는 얼굴을 붉힌다. ② (신호등의)빨강 신호. Le feu était au ~. 신호등은 빨간 색이었다. ③ 적포도주(vin ~). une bouteille de ~ 적포도주 한 병. ④ 연지(~ à joues); 입술 연지, 루즈(~ à lèvres). bâton de ~ 립스틱. se mettre du ~ 루즈[연지]를 바르다. ⑤ 《놀이》(룰렛의)빨강; (카드놀이의)빨간 패(하트와 다이아몬드). ⑥ 《수의》(개의) 습진. ⑦ 《조류》넓적부리.
C'est le ~ pour les taureaux.《구어》불난 데 부채질하는 격이다, 사태를 자극하는 것이다.
—*n.* 적색 분자, 빨갱이.
—*n.f.*《당구》빨강공.
—*ad.* se fâcher tout ~; voir ~ 화가 벌컥 치밀다.

rougeâtre [ruʒɑ:tr] *a.* 불그스름한. brun ~ 적갈색. lumière ~ 불그스름한 빛.

rougeaud(e) [ruʒo, -o:d] *a.* 얼굴빛이 붉은(rubicond). —*n.* 얼굴빛이 붉은 사람.

rouge-gorge [ruʒgɔʀʒ] (*pl.* ~*s*-~*s*) *n.m.* 《조류》(유럽산의)울새.

rougeoiement [ruʒwamɑ̃] *n.m.* 붉게 반짝이는 빛; 불그스름한 빛깔.

rougeole [ruʒɔl] *n.f.* ① 《의학》홍역. ② 《식물》수염며느리밥풀.

rougeoleux(se) [ruʒɔlø, -ø:z] *a.* 홍역에 걸린. —*n.* 홍역 환자.

rougeoyant(e) [ruʒwajɑ̃, -ɑ̃:t] *a.* 불그스름한, 붉은 빛이 도는.

rougeoyer [ruʒwaje] [7] *v.i.* 불그스름해지다, 붉은 빛을 띠다.

rouge-queue [ruʒkø] (*pl.* ~*s*-~*s*) *n.m.* 《조류》딱새.

rouget(te) [ruʒɛ, -ɛt] a. 《구어》불그스름한.
—n.m. ① 〖어류〗 노랑촉수; 성대. ② 〖식물〗 수염머느리밥풀; 식용 버섯의 일종. ③ 〖동물〗 가을 진드기. ④ 〖수의〗 돼지 콜레라.

rougeur [ruʒœːr] n.f. ① 붉은 색; (얼굴의) 홍조. ~ des joues 뺨의 붉은 빛. Sa ~ a trahi les secrets de son cœur. 그의 붉어진 얼굴이 마음 속의 비밀을 드러냈다. ② (pl.) (피부의) 붉은 반점.

rougi(e) [ruʒi] a.p. 붉어진, 붉게 물든. yeux ~s de pleurs 울어서 빨개진 눈. eau ~e 포도주를 약간 탄 물. feuilles ~es 붉게 물든 나뭇잎, 홍엽(紅葉).

***rougir** [ruʒiːr] (<rouge) v.t. 붉게 하다, 붉게 물들이다; (쇠를) 빨갛게 달구다; (얼굴을) 붉히다. L'automne rougit les feuilles des arbres. 가을은 나뭇잎을 붉게 한다. ~ une barre de fer au blanc 철봉을 백열(白熱)시키다. ~ son eau 물에 포도주를 약간 타다.
~ ses mains (de sang) 살인죄를 범하다.
—v.i. ① 붉어지다, 빨갛게 물들다. fer qui rougit au feu 불로 시뻘겋게 달군 쇠. ②(어떤 감정 때문에)낯이 붉어지다, (얼굴이) 붉어지다, (얼굴의) 열날. ~ de honte[de colère] 부끄러워서(화가 나서) 얼굴이 빨개지다. ~ jusqu'aux yeux; ~ jusqu'au blanc des yeux; ~ jusqu'aux oreilles 얼굴이 시뻘개지다, 붉어지다. ③부끄러워하다, 창피해하다. Je n'ai pas à ~ de cela. 나는 그것을 부끄러워할 까닭이 없다. faire ~ …에게 창피를 주다. ne ~ de rien 무슨 일에도 부끄러움을 모른다, 철면피다.

rougissant(e) [ruʒisɑ̃, -ɑ̃:t] a. 얼굴을 붉히는; 붉게 물드는. jeune homme timide et ~ 소심하고 얼굴을 잘 붉히는 젊은이.

rougissement [ruʒismɑ̃] n.m. 붉어짐.

rougissure [ruʒisyːr] n.f. (딸기 잎의)적수병(赤銹病).

roui [rwi] n.m. 껍질을 벗기기 위해서 삼(麻)을 물에 담그기. sentir le ~ 《구어》(조리 기구가 불결해서 때문에) 음식에서 고약한 냄새가 나다.

rouillarde [rwijard] n.f. 《속어》포도주 병.

rouille [ruːj] n.f. ① (금속의)녹; (녹. fer attaqué (rongé) par la ~ 녹슨 쇠. acier sans ~ 스테인레스 스틸. ~ de cuivre 〖화학〗녹청(綠青). ~ de plomb 〖화학〗연백(鉛白). ② 〖농업〗(잎·줄기에 녹슨 듯한 반점이 생기는) 곰팡이 병.
—a. 《불변》녹빛의, 적갈색의.

rouillé(e) [ruje] a.p. ① (금속이) 녹이 슨; (소리가 녹슨 기계에서 나듯) 삐걱거리는. sabre ~ 녹슨 검. ②《구어》(기술·재주가 연습 부족으로) 둔해진; (기억력·머리가)무디어진. Il etait un peu ~ en anglais. 그는 영어 실력이 다소 떨어졌었다. ③ 〖식물〗 곰팡이병에 걸린. ④《문어》녹빛의, 적갈색.

rouiller [ruje] v.t. ①녹슬게 하다. L'humidité rouille le fer. 습기는 쇠를 녹슬게 한다. ②《구어》둔하게 하다, 무디게, 약해지게 하다. La paresse finit par ~ l'esprit. 게으름은 마침내 정신을 둔화시킨다. ③ (식물을) 곰팡이병에 걸리게 하다.
—v.i. 녹이 슬다. Ne laisse pas ~ ton fusil. 너의 총을 녹슬게 방치하지 마라.
—se ~ v.pr. ①녹이 슬다. ②《구어》둔해지다, 무디어지다, 약해지다. sportif qui se rouille faute d'exercice. 연습을 안해서 약해진 운동선수.

rouilleux(se) [rujø, -øːz] a. 적갈색의.

rouillure [rujyːr] n.f. ① 녹이 슨 상태. ② 〖식물〗곰팡이 병에 걸려 있는 상태.

rouir [rwiːr] v.t. (삼 따위를)침적(浸漬)시키다.
—v.i. (삼 따위가)침적되다.

rouissage [rwisaːʒ] n.m. 삼 따위를 침적시키기.

rouissoir [rwiswaːr] n.m. 〖기술〗 (삼 따위를)침적시키는 곳.

roulade [rulad] n.f. ① 굴러 떨어짐. ② 〖음악〗롤라드, 선전(旋轉). ③ 〖요리〗 다진 고기를 얇은 고기조각으로 싸서 만든 요리, 미트롤; 잼을 넣은 롤빵, 크림(잼)롤.

roulage [rulaːʒ] n.m. ① (화물 자동차에 의한 상품의) 운송; (석탄의) 갱내 운반. entreprise de ~ 운송업. ② 〖농업〗 (밭에) 롤러를 굴리기. ③ (옛) (자동차의) 운행, 주행.

roulaison [rulɛzɔ̃] n.f. 〖옛〗제당(製糖).

roulant(e) [rulɑ̃, -ɑ̃:t] a. ①회전하는, 바퀴로 움직이는, 굴러가는, 이동할 수 있는. ~ 바퀴 달린 의자, escalier ~ 에스컬레이터. tapis(trottoir) ~ 자동보도(自動步道), 벨트컨베이어. matériel ~ 〖철도〗(기관차·객차·화차 따위의). ②(차가 달리기 좋도록 도로가)잘 닦여진. autoroute bien ~e 아주 잘 닦아져서 속도가 잘 나는 고속도로. ③ 〖상업〗회전자본. ④ personnel ~ [des chemins de fer] 〖철도〗승무원. ⑤ feu ~ 〖군대〗연속사격; feu ~ de questions (비유적)질문의 연발. ⑥《속어》우스꽝스러운(drôle); 배꼽을 빼는(tordant). histoire ~e 배꼽 빼는 이야기.
—n.m. 《구어》〖철도〗승무원(personnel ~).
—n.f. 《군대속어》주방차(厨房車)(cuisine ~e).

roule [rul] n.m. (무거운 짐을 옮길 때 쓰는) 굴림대.

roulé(e)¹ [rule] a.p. ① 둥글게 말린(enroulé). pull à col ~ 터틀넥 스웨터. épaule ~e 뼈를 발라내고 돌돌 만 목심살. ② (r을)혀끝으로 굴려서 발음하는. ③《구어》(여자의 몸뱀시가) 잘 다듬어진, 균형잡힌. femme bien ~e 체격이 균형잡힌 여자.

***rouleau** [rulo] (pl. ~x) n.m. ① (나무·금속으로 만든) 원통형의 물건, 롤러. ~ à pâtisserie (밀가루 반죽을 넣어서 미는) 밀대. ~ de peintre en bâtiment 페인트칠할 때 쓰는 롤러. ~ d'une machine à écrire 타자기의 롤러. ~ (compresseur) 땅을 다지는 롤러. ~ d'imprimerie, ~ encreur 인쇄기의 롤러, 인육봉(印肉棒). ② (무거운 물건을 옮길 때 쓰는)굴림대. transporter des blocs de marbre à l'aide de ~ 굴림대를 이용하여 대리석 덩어리들을 옮기다. ③ 원통형으로 말린 것; 두루마리, 권축(卷軸). ~ de papier 종이 두루마리. ~ de pièces 동전을 쌓아서 포장한 꾸러미. un ~ de pellicules photographiques 사진 필름 한 통. ~ hygiénique 둘둘 말은 휴지. ④ 말은 머리칼; 헤어 컬러(hair curler). ⑤ 말리면서 부서지는 파도. ⑥ ~ ventral 〖체조〗 (높이뛰기에서의)벨리 롤.
être au bout de son ~ (du ~) 더 이상 할 말이 없다; 더 이상 돈이 없다; 더 이상 기력이 없다; 죽다.

rouleauté(e) [rulote] a. =**roulotté**.

roulé-boulé [rulebule] (pl. ~s~~s) n.m. 높은 데서 내릴 때) 충격을 덜기 위한 재주넘기.

roulée² [rule] n.f. ①《속어》마구 매림. ②《속어》궐련(cigarette).

roulement [rulmɑ̃] (<rouler) n.m. ① (차·공 따위가)굴러감; 회전; 굴리기. ~ d'une bille de billard 당구공의 굴러감. ~ des yeux 눈을 두리번거림. ② 굴러가는 소리; 우르릉 소리. ~ des voitures 자동차의 소음. ~ du tonnerre 천둥소리. ~ de tambours 북이 둥둥 울리는 소리. ③ (자본의)유통. ~ des capitaux 자본의 유통. fonds de ~ 유통자금. ④ (작업·근무의)교대. travailler de nuit par ~ 교대제로 야간 근무를 하다. ⑤ ~ à billes 볼 베어링. ⑥ couche de ~ 도로의 표면 포장.

‡rouler [rule] v.t. ① (공 따위를)굴리다; (바퀴가 붙은 것을)밀고(끌고)가다; (사람을)차에 싣고 가

다. ~ une boule(un tonneau) 공(통)을 굴리다. ~ un meuble muni de roulettes 바퀴가 달린 가구를 밀다(끌다). ~ un bébé dans son landau 어린애를 유모차에 태워서 밀고 가다.

② (종이 따위를)말다, 감다; 둘둘 말다. ~ du papier(du tissu) 종이(천)를 말다. ~ une cigarette 궐련을 말다. ~ un parapluie 우산을 접다. ~ des poissons dans la farine 생선에 밀가루를 입히다(튀기기 위해서). ~ un enfant dans ses langes 갓난애를 기저귀로 싸다.

③ 둥글게 만들다. ~ de la semoule à la main 손으로 경단을 빚다. ~ des chaussettes pour les ranger 양말을 정돈하기 위해서 둥글게 말다.

④ (몸의 일부를)좌우로 움직이다; 흔들다. ~ les yeux 눈망울을 굴리다, 곁눈질하다. ~ les hanches en marchant 걸어가면서 엉덩이를 흔들다.

⑤ 롤러를 굴려서 평평하게 하다. ~ un court de tennis 테니스 코트에 롤러질을 하다.

⑥ (문어)(생각·계획을)머리 속에서 되새기다. ~ de tristes pensées 슬픈 생각들을 되새기다.

⑦ (r의 발음을)혀 끝을 굴려서 발음하다.

⑧ (구어)(사람을)속이다(duper); 훔치다(voler). Il a été bien roulé dans cette affaire. 그는 이 일에서 완전히 속았다.

⑨ (바람이나 눈이 나무를)휘게 하다.

—v.i. ① (공 따위가)구르다, 굴러 떨어지다(dégringoler). ~ du haut en bas de l'escalier 계단 꼭대기에서 굴러 떨어지다.

② (차가)달리다(marcher); (사람이)자동차(자전거)를 몰다. Le train roulait à 140 km à l'heure. 기차는 시속 140 km로 달렸다. Nous roulons vers Paris. 우리는 파리로 차를 타고 간다.

③ 회전하다. La porte roule sur ses gonds. 문은 돌쩌귀가 달린 데서 회전한다. faire ~ la presse 인쇄기를 돌리다; 인쇄를 시작하다.

④ (돈이) 돌다, 유통되다. L'argent roule dans cette maison. 이 집에는 돈이 많다.

⑤ 방랑생활을 하다 ((구어)=bourlinguer); 이리저리 떠돌다; (생각 따위가)떠오르다, 오락가락하다. Elle roule de patrons en patrons. 그녀는 여기서 저기로 직장을 자주 바꾼다. Mille projets roulaient dans sa tête. 그의 머리 속에서는 수많은 계획이 오락가락했다.

⑥ 배가 좌우로 흔들리다(↔tanguer). Le bateau a roulé(Nous avons roulé) toute la nuit. 배는 (우리가 타고 있던 배는) 밤새도록 흔들렸다.

⑦ (북·천둥 따위가)둥둥(우릉)대다; (묵직한 소리가)울리다.

Ça roule. (속어)일이 잘 되어 간다; 몸성히 잘 있다 (Ça va bien).

~ sur qc ⓐ …을 화제로 삼다. Tout l'entretien a roulé sur sa santé. 모든 이야기는 그의 건강에 관한 것이었다. ⓑ (옛) …에 뿌리를 두다, …이 근본이다. L'affaire roule sur lui. 그 일의 장본인은 그 사람이다.

—se — v.pr. ① (몸을)굴리다, 딩굴다. se ~ sur le gazon 잔디밭에서 딩굴다. se ~ de douleur 아파서 데굴데굴 구르다.

② (담요 따위를)몸에 감다(s'envelopper). se ~ dans les couvertures 이불을 몸에 감다.

③ (제 몸을)둥그렇게 만들다. serpent qui se roule 또아리 트는 뱀.

④ (수동적) 말리다. tente qui se roule 말아 접을 수 있는 천막.

se ~ les pouces; (구어) se les ~ 아무것도 안하고 가만히 있다; 할 일 없이 빈둥거리다(se tourner les pouces).

se ~ par terre ⓐ 땅바닥에서 딩굴다. ⓑ (우스워서)포복절도하다(se tordre). scène drôle à se ~ par terre 포복 절도할 우스운 장면.

roulet [rulɛ] n.m. (옛)모자의 골.
roule-ta-bille [rultabij] n.m. (복수불변) (구어) 직업을 자주 바꾸는 사람; 한군데 가만히 있지 못하는 사람(roule-ta-bosse).
*roulette** [rulɛt] n.f. ① (가구 다리 따위에 붙이는)작은 바퀴. table à ~s 바퀴 달린 탁자. patins à ~s 롤러 스케이트. ② (접선을 따는) 룰렛; 룰렛으로 된 점선 장식. ~ de pâtissier 제과점의 룰렛 (반죽을 자르는 톱니바퀴). ③ 줄자(卷尺)(ruban). ④ 룰렛놀이 (원반에 구슬을 굴리는 도박의 일종). ⑤ (수학) 룰렛 궤적 (사이클로이드의 옛 말). ⑥ (치과 의사의)드릴 (fraise). ⑦ (유아용)보행기; (옛) 바퀴 달린 의자. ⑧ ~ de queue 비행기의 꼬리 바퀴. ⑨ vache à ~s (속어)자전거(오토바이)를 탄 경찰관.

marcher(aller) comme sur des ~s (사업·일이)매우 순조롭게 진행되다.

rouleur(se¹) [rulœ:r, -ø:z] n.m. ① 【스포츠】 매우 빠르고 일정한 속도를 유지하는 자전거 선수. ② 술통 따위를 굴리는 인부; 손수레에 따위를 끄는 인부; 【광산】 광석운반 인부; (옛)떠돌이 품팔이꾼. ③ (떠돌이, 부랑인. ~ de nuit 밤거리로 떠도는 사람. ④ 좌우로 몹시 흔들리는 배. ⑤ 【곤충】 엽권충(葉捲蟲).
—n.f. ① 【곤충】 엽권충의 유충. ② (옛·구어)정숙치 못한 여자, 창녀.

rouleux(se²) [rulø, -ø:z] a. 【해양】 (배가)좌우로 흔들리는, 옆질하는.

roulier(ère) [rulje, -ɛːr] a. 운반하는, 운송(運送)의. industrie ~ère 운송업. —n.m. (옛) 짐마차꾼.
—n.f. 짐마차꾼의 옷옷.

roulis [ruli] n.m. (배·기차의)좌우로 흔들리는 요동, 옆질 (↔tangage).

rouloir [rulwa:r] n.m. ① 옷감의 주름을 펴는 롤러. ② 양초를 마는 기구.

roulon [rulɔ̃] n.m. (긴 의자의 다리 따위를 건너지르)횡목(橫木).

roulotte [rulɔt] n.f. ① (집시·유목민의)집을 겸한 큰 마차; (옛)캠핑용·근교 연예단 따위의 트레일러(마차). ② (속어)마차. vol à la ~ (구어)주차중인 자동차에서 물건을 훔치기.

roulotté(e) [rulɔte] a.p. (옷감 따위의)가장자리를 약간 접어 박은. ourlet ~ 접어 박은 가장자리.
—n.m. 약간 말린 가장자리.

roulotter [rulɔte] v.t. (옷감·종이 따위의)가장자리를 약간 말아서 접다; 가장자리를 약간 접어서 바느질하다.

roulottier [rulɔtje] n.m. (속어)주차중인 차를 터는 도둑.

rouloul [rulul] n.m. 【조류】 (인도차이나·말레이시아의)메추라기의 일종.

roulure [ruly:r] n.f. ① 금속판의 말린 가장자리; 돌돌 말린 상태. ② (바람이나 눈으로 지나치게 휘어서)나무의 나이테 사이가 터지는 병; 나이테 사이가 터진 상태. ③ (속어)창녀 (prostituée).

roumain(e) [rumɛ̃, -ɛn] a. 루마니아의. —R~ n. 루마니아 사람. —n.m. 루마니아어(語).

roumanche [rumɑ̃:ʃ] n.m. =**romanche**.
Roumanie [rumani] n.pr.f. 【지리】 루마니아.
roumi [rumi] n.m.(아라비아) 회교도가 지칭하는 기독교도, 유럽 사람.

round [rawnd] n.m. 【영】【권투】 라운드, 회전. match en 10 ~, 10회전 시합. [레스.

roupane [rupan] n.f. (속어)남자의 웃옷; 여자의 드

rouper [rupe] *v.t.* 《은어》훔치다.
roupes [rup] *n.f.pl.* 《비어》=**roupettes**.
roupettes [rupɛt] *n.f.pl.* 《비어》불알.
roupie¹ [rupi] *n.f.* 루피(인도·파키스탄의 화폐 단위).
roupie² [rupi] *n.f.* ① 《옛》콧물. ②《구어》가치 없는[보기 흉한] 사람[물건]. vieille ~ 보기 흉한 노파. *Ce n'est pas de la ~ de sansonnet*[《옛》*de singe*]. 《구어》그것은 중요한 일이다.
— *a.*《비어》추한, 못생긴.
roupieux(se) [rupjø, -øːz] *a.* 콧물이 나는; 콧물을 흘리는. — *n.* 코흘리개.
roupiller [rupije] *v.i.* 《구어》졸다; 잠자다.
roupilleur(se) [rupijœːr, -øːz] *n.* 《구어》조는 사람; 잠자는 사람.
roupillon [rupijɔ̃] *n.m.* 《구어》잠깐 졸기. faire (piquer) un ~《구어》잠깐 졸다; 한숨자다.
rouquin(e) [rukɛ̃, -in] *a., n.* 《구어》적갈색 머리의 (사람)(roux). — *n.m.* 《속어》적포도주.
roure [ruːr] *n.m.* = **rouvre**.
rouscailler [ruskɑje] *v.i.* ①《속어》항의하다, 투덜거리다(réclamer, protester). ②《옛·은어》말하다(parler). — *bigorne* 은어로 말하다.
rouscailleur(se) [ruskɑjœːr, -øːz] *a., n.* 《속어》항의하는 (사람).
rouspétance [ruspetɑ̃ːs] *n.f.* 《구어》항의, 반항. faire de la ~ 반항[항의]하다.
rouspéter [ruspete] 6 *v.i.* 《구어》항의하다, 투덜대다, 불평하다(grogner, se plaindre).
rouspéteur(se) [ruspetœːr, -øːz] *a.* 《구어》항의하는, 투덜대는. — *n.* 《위》의 사람.
roussable [rusabl] *n.m.* 청어 훈제소(燻製所).
roussâtre [rusɑːtr] *a.* 다갈색을 띤.
rousse¹ [rus] roux 의 여성형.
rousse² *n.f.* 《속어》경찰.
rousseau [ruso] (*pl.* ~**x**) *a.m.* 머리털이 다갈색인. — *n.m.* ① 머리털이 다갈색인 남자. ② 붉은 빛의 물고기(도미·잉어 따위에 대한 통칭).
rousselé(e) [rusle] *a.* 주근깨가 있는.
rousselet [ruslɛ] *n.m.* 《원예》(껍질이 적갈색인) 배(梨)의 일종.
rousser [ruse] *v.i.* 《속어》투덜거리다.
rousserolle [rusrɔl] *n.f.* 《조류》개개비.
rousset [rusɛ] *n.m.*, **roussette**¹ [rusɛt] *n.f.* 《식물》버섯의 일종.
roussette² *n.f.* ① 《어류》 상어의 일종《식용》. ②《동물》큰박쥐. ③《동물》작은 갈색의 개구리. ④《요리》기름에 튀긴 크래커.
rousseur [rusœːr] *n.f.* ①(머리털 따위의)적갈색. ② (*pl.*)(습기로 인해서 종이 따위에 생기는)다갈색의 얼룩. taches de ~ 주근깨.
roussi(e) [rusi] *a.p.* 다갈색이 된; 살짝 타서 눋은. — *n.m.* 살짝 타서 눋은 냄새.
sentir le ~ 눋는 내가 나다; 사태가 악화되다; 《옛》이단자 같아 보이다; (사상 따위가) 수상하다.
roussi² *n.m.* 《옛》(적색·적갈색으로 물들인)러시아 가죽.
roussiller [rusije] *v.t.* 약간 타다(그슬다).
roussin¹ [rusɛ̃] *n.m.* 《옛》(전투용·수렵용의)말 (馬). ~ *d'Arcadie* 《속어》나귀.
roussin² *n.m.* 《옛》경찰관.
roussir [rusiːr] *v.t.* (특히 약간 태워서)다갈색이 되게 하다, 눋게 하다. ~ *un mouchoir en le repassant* 손수건을 다림질하다가 눋게 하다.
— *v.i.* 다갈색이 되다; (약간 타서)눋은 빛이 되다. *Les feuilles roussissent en octobre.* 10월이 되면 나뭇잎이 누렇게 된다.
roussissage [rusisaːʒ] *n.m.* 다갈색으로 물들이기.
roussissement [rusismɑ̃] *n.m.*, **roussissure** [rusi-syːr] *n.m.* 다갈색이 됨; 다갈색으로 함; 눋게 함.
roussot(e) [ruso, -ɔt] *a., n.* 《구어》갈색 머리의 (사람).
rouste [rust] 《남프랑스》*n.f.* 때리기, 구타.
rouster [ruste] *v.t.* 《해양》(나무를 대고 밧줄로 동여서)보강하다.
rousti(e) [rusti] *a.p.* 《속어》불장 다 본, 망해버린.
roustir [rustiːr] *v.t.* 《속어》① 굽다(rôtir). ② 훔치다; 속이다.
roustisseur(se) [rustisœːr, -øːz] *n.* 《속어》사기꾼.
roustissure [rustisyːr] *n.f.* ①《구어》《연극》졸작(拙作); 단역(端役). ②《속어》쓸모없는 것.
roustons [rustɔ̃] *n.m.pl.* 《속어》불알.
rousture [rustyːr] *n.f.* 《해양》밧줄로 감기.
rousturer [rustyre] *v.t.* = **rouster**.
routage [rutaːʒ] *n.m.* (우편물을)목적지에 따라서 구분하기.
routailler [rutɑje] *v.t.* 《사냥》(사냥감을)뒤쫓다.
routard [rutaːr] *n.m.* 《구어》(먼 나라로)떠돌아 다니는 젊은이.
‡**route** [rut] *n.f.* ① 도로, 길; 육로(陸路). grande ~; grand-~ 한길. ~ nationale 국도. ~ pavée 포장도로. ~ *de Paris* 파리로 가는 도로. *accidents de la* ~ 교통사고. *Code de la* ~ 교통법. *faire fausse* ~ 길을 잘못 들다; 과오를 범하다. *arriver par la* ~ 육로[자동차]로 오다.
② (비행기·배의)항로; 진로; 《천문》(별의)궤도. ~ *aérienne* 항공로. ~ *polaire* 《비행기의》북극 항로. ~ *maritime* 항해로. ~ *commerciale* 통상로. ~ *des Indes* 인도 항로.
③ 노정(路程)(trajet); 여정(旅程)(voyage). *La* ~ *est longue.* 갈 길이 멀다. *changer de* ~ 진로를 바꾸다. *continuer sa* ~ 계속해 가다. *Bonne* ~! 좋은 여행이 되기를! *frais de* ~ 여비. *chanson de* ~ 단체 여행 때에 부르는 노래. *feuille de* ~《군사》여행 허가서. *carnet*[*journal*] *de* ~ 여행 비망 수첩.
④ (비유적)길; 방법, 수단; 행동 노선; 인생의 길. *Il est sur la bonne* ~. 그는 순탄한 길을 걷고 있다. *trouver sa* ~ 갈 길을 찾다. ~ *de la fortune* 출세의 길(방법·수단). *Nos* ~*s se sont croisées.* 우리의 길[운명]이 서로 엇갈렸다.
à moitié ~ 도중에서.
au bout de la ~ (인생·사업의)종말에서.
en (cours de) ~ 가는 도중에; 여행중에.
En ~! ⓐ 출발! ⓑ 《해양》전속력! [이다.
être en ~ *pour*; *être sur la* ~ *de* …으로 가는 중
faire de la ~ ⓐ 차로 장거리를 질주하다. ⓑ 쾌속으로 달리다.
faire la ~《구어》무전여행을 하다.
faire ~ *avec qn* …와 동행하다.
faire ~ *vers* …으로 향해서 가다.
mettre en ~ (일 따위를)시작하다; (기계 따위를) 가동시키다.
rester en ~ (일이) 중지(정체)되어 있다.
s'arrêter en ~ 중도에서 포기하다.
se mettre en ~ 출발하다.
router [rute] *v.t.* (우편물·신문 따위를 배달 구역별로)구분하다.
routier(ère) [rutje, -ɛːr] *a.* 도로의, 항로의. *carte* -*ère* 도로 지도. *locomotive* -*ère* 견인차(牽引車). *réseau* ~ 도로망. *gare* -*ère* 관광 버스 정류장. *transports* ~s 육로 수송.
— *n.m.* ① 《스포츠》도로경기 자전거선수. ② 장거리 트럭 기사; (그)기사들의 식당(*restaurant de* ~s). ③ 트럭 운송업자. ④《해양》항로축도. ⑤ 16세 이상의 보이스카우트 단원.
— *n.f.* ①(원거리용)자동차. ② 도로 지도(carte

~ère). ③《속어》값싼 매춘부.
routier² *n.m.* ① 《옛》《군사》(중세 시대의)용병(傭兵). ② vieux ~《속어》노련한 사람, 능구렁이 같은 사람.
routin [rutɛ̃] *n.m.* 《사냥》(사격에 처리하게)숲속에 만든 곧은 오솔길.
routine [rutin] *n.f.* ① 관례; 인습, 습관적 행동(habitude). suivre la ~ 관례를 따르다. être esclave de la ~ 인습의 노예이다. ②《옛》숙달, 숙련. *de* ~ 관례적인. enquête *de* ~ 관례적인 조사. *par* ~ 관례에 따라, 습관적으로.
routiner [rutine] *v.t.*《옛》익숙케 하다. ~ qn à qc [*inf.*] …을 …에〔하기에〕 숙달시키다.
—*se* ~ *v.pr.* 익숙해지다.
routinier(ère) [rutinje, -ɛːr] *a.* 관습적인, 인습을 지키는, 관습을 따르는. —*n.* 관습을 지키는 사람; 틀에 박힌 사람(↔ innovateur).
routinièrement [rutinjɛrmɑ̃] *ad.* 관례에 따라; 인습적으로.
routoir [rutwaːr] *n.m.* (삼 따위의 침체용으로 쓰이는)격자 달린 나무상자.
rouverain, rouverin [ruvrɛ̃] *a.m.* fer ~ 단련하기 어렵게 부스러지는 쇠.
rouvieux [ruvjø] 《수의》 *n.m.* (말·개의)비루.
—*a.m.* 비루먹은.
rouvraie [ruvrɛ] *n.f.* 떡갈나무 숲.
rouvre [ruːvr] *n.m.* 《식물》(유럽산의)떡갈나무(chêne ~).
rouvrir [ruvriːr] [12] *v.t.* 다시 열다(↔ refermer). ~ son magasin 상점을 다시 열다. ~ les yeux 다시 눈을 뜨다. ~ le début 토론을 재개하다.
~ *la plaie〔la blessure〕 de qn* …의 슬픔을 되살아나게 하다.
—*v.i.* (어느 기간 동안 닫혀 있다가)다시 열리다. Le théâtre *rouvre* la semaine prochaine. 그 극장은 내주부터 다시 개관한다.
—*se* ~ *v.pr.* 다시 열리다. La plaie *s'est rouverte*. (아물어 가던)상처가 다시 열렸다〔갈라졌다〕.
*****roux(sse)** [ru, rus] *a.* 다갈색의; (머리칼·수염이)적갈색의, 빨간. homme ~ 머리칼이 빨간 사람. *lune* ~*sse* (농부들이 새싹을 시들게 한다고 믿는)4월의 달. *vent* ~ (새싹을 시들게 하는)봄철의 북풍.
—*n.* 적갈색 머리의 사람.
—*n.m.* ① 다갈색; 적갈색. ②《요리》브라운 소스, 루《밀가루와 버터를 섞어 익힌 것으로 소스를 진하게 하는 데 쓰임》.
rowing [rowiŋ]《영》*n.m.* 《스포츠》조정.
roy. 《약자》royaume 왕국.
royadère [rwajadɛːr] *a.* 루아야《Royat, 프랑스의 도시》의. —R~ *n.* 루아야 사람.
*****royal(ale, pl. aux)** [rwajal, -o] *a.* ① 왕의, 왕에 관한, 왕에 속하는. famille ~*ale* 왕실, 왕가. Altesse R~*ale* 전하(殿下). palais ~ 궁전. prince ~ 황태자. musée ~ 왕립 박물관. voie ~*ale*《비유적》가장 확실한 방법, 어김없는 방법. ② 위엄있는(majestueux); 장엄한, 으리으리한(somptueux). demeure ~*ale* 으리으리한 저택. salaire ~ 아주 좋은 보수. C'est ~! 그건 기막히게 좋군! ③《구어》완전히, 완벽한(parfait), 철저한(extrême). paix ~*ale* 완전한 평화. mépris ~ 철저한 경멸. 《동·식물이 특히》큰, 아름다운. tigre ~ 큰 범, 왕범.
—*n.f.* ①《옛》(루이 13세 시대의)뾰족하게 기른 턱수염(barbe à la ~*ale*). ②《요리》(닭고기·파·마늘·적포도주를 곁들여 만든 토기 요리.
royalement [rwajalmɑ̃] *ad.* ① 왕자답게; 호화롭게. traiter ~ ses invités 손님을 극진히 대접하다. ②《구어》완전히, 철저하게. Il s'en moquait ~. 그는 그것을 완전히 무시했다.
royalisme [rwajalism] *n.m.* 왕정주의(王政主義); 왕당(王黨).
royaliste [rwajalist] *a.* 왕당(王黨)의, 왕정주의의. être plus ~ que le roi 당사자보다도 더 철저하다. —*n.* 왕정주의자, 왕당파.
royalties [rwajalti]《영》*n.f.pl.* (외국에 지불하는)특허권 사용료; 유전 채굴료(油田採掘料); 송유관(送油管)에 대한 토지 사용료.
royaume [rwajoːm] *n.m.* 왕국. ~ héréditaire 세습 왕국. le R~ de Dieu(céleste, éternel) 천국. le R~ des morts 지옥. le R~-Uni 연합 왕국(잉글랜드·스코틀랜드·북부 아일랜드를 합친 칭호 (《영》United Kingdom).
pas pour un ~ 억만금을 준다해도 …할 수 없다.
royauté [rwajote] *n.f.* ① 왕위; 왕의 존엄성; 《집합적》왕. aspirer〔renoncer〕 à la ~ 왕위를 탐내다〔버리다〕. ② 왕권, 군주제도(monarchie). luttes de la ~ et de la papauté 왕권과 교황권의 싸움. ③《문어》큰 세력, 우세(prééminence). des femmes 여성 우위.
royéraud(e) [rwajero, -oːd] *a.* 루아에르(*Royère*, 프랑스의 도시)의. —R~ *n.* 루아에르 사람.
R.P. 《약자》Révérend Père 신부(神父).
r.p. 《약자》réponse payée 《우편》반신료 기납(返信料既納).
R.P.F. 《약자》Rassemblement du Peuple Français 프랑스 인민 연합.
RR.PP. 《약자》Révérends Pères 신부(神父)(R.P. 의 복수).
rse 《약자》remise 할인(割引).
R.S.V.P. 《약자》Réponse s'il vous plaît. 회답을 바랍니다.
R.T.F. 《약자》Radiodiffusion Télévision Française 프랑스 라디오 텔레비전 방송협회.
ru [ry] *n.m.* 《옛·사투리》실개천(ruisselet); 수로, 운하.
ruade [rɥad] *n.f.* ① (말·나귀 따위가) 뒷발질하기. allonger〔détacher〕 une ~ 뒷발로 차다. ② 불의의 공격; 갑자기 사나워짐.
Ruanda (le) [lərwɑ̃da] *n.pr.m.* 루안다《중부 아프리카의 독립국》.
ruandais(e) [rɥɑ̃dɛ, -ɛːz] *a.* 루안다(*le Ruanda*)(사람)의. —R~ *n.* 루안다 사람.
rubace [rybas], **rubacelle** [rybasɛl] *n.f.* 엷은 빛깔의 루비; 인조 루비.
ruban [rybɑ̃] *n.m.* ① (장식용의)리본; 훈장의 약장. retenir ses cheveux avec un ~ 머리를 리본으로 묶다. ~ rouge 레지옹도뇌르 훈장의 약장. ~ violet 문화 훈장의 약장. ~ bleu 블루리본(《비유적》)(어떤 한 분야에서의)최고봉, 최우수. ② 리본 모양의 엷고 좁은 것, 테이프; (타자기의)리본; (*pl.*)(달리기의 결승점에 치는)테이프; 줄자(卷尺)(mètre à ~; ~-mesure). ~ adhésif 접착테이프. ~ isolant 《전기》절연테이프. fil sous ~ 《전기》피복선. ~ magnétique 녹음테이프. ~ roulant〔transporteur〕벨트 컨베이어. ~ de fer 쇠띠, 철대(鐵帶). 《건축》리본을 길게 만 모양의 장식(루이 16세 시대의); 총신(銃身) 안의 나선형 요철(凹凸). ④《비유적》가늘게 올라가는 연기;《속어》도로.
rubanaire [rybanɛːr] *a.*《드물게》리본 모양의.
rubané(e) [rybane] *a.p.* ① 리본 모양의, 띠 모양의; 리본(모양의 것)을 두른. marbre ~ 가는 줄무늬의 대리석. agate ~*e* 줄무늬 마노. algues ~*es* 잎이 길고 좁은 조류(藻類). canon ~

강선포(腔線砲). ②《옛》리본으로 장식한.
rubaner [rybane] *v.t.* ① 띠 모양으로 만들다. ~ du métal 금속을 띠 모양으로 압연해서 자르다. ②《옛》리본으로 장식하다(enrubanner).
rubanerie [rybanri] *n.f.* 리본 제조[판매]업.
rubanier(ère) [rybanje, -ɛːr] *a.* 리본 제조[판매]의. ―*n.m.* 리본 제조[판매]자. ―*n.m.*《식물》흑삼릉.
rubarbe [rybarb] *n.f.* = **rhubarbe**.
rubato [rubato]《이탈리아》《음악》 *n.m.* 루바토(악절의 연주 속도를 연주자의 재량에 맡기는 것) (tempo). ―*ad.* 루바토로. jouer ~ 루바토로 연주하다.
rubéfaction [rybefaksjɔ̃] *n.f.*《의학》피부의 발적(發赤).
rubéfiant(e) [rybefjɑ̃, -ɑ̃ːt]《의학》 *a.* 피부를 발적시키는. ―*n.m.* 발적제(劑).
rubéfier [rybefje] *v.t.*《의학》피부를 발적시키다.
rubellite [rybɛllit] *n.f.*《광물》홍전기석(紅電氣石).
rubéole [rybeɔl] *n.f.*《의학》풍진(風疹).
rubéoleux(se) [rybeɔlø, -øːz] *a.*《의학》풍진(風疹)의; 풍진에 걸린.
rubéolique [rybeɔlik] *a.*《의학》풍진의.
rubescent(e) [rybesɑ̃, -ɑ̃ːt] *a.* 빨갛게 되는. peau ~e 빨개지는 피부.
rubiacées [rybjase] *n.f.pl.*《식물》꼭두서니과.
rubican [rybikɑ̃] *a.m., n.m.* 흑색 또는 갈색 털에 흰 털이 섞인.
rubicelle [rybisɛl] *n.f.* = **rubace**.
Rubicon [rybikɔ̃] *n.pr.m.* ①《고대지리》루비콘 강. franchir le ~《구어》단호한 조치를 취하다. ②(r~)루비콘《카드놀이의 일종》.
rubicond(e) [rybikɔ̃, -ɔ̃ːd] *a.* (얼굴이)새빨간; 붉은 얼굴의.
rubidium [rybidjɔm] *n.m.*《화학》루비듐.
rubiette [rybjɛt] *n.f.*《사투리》깃털이 빨간 새(울새 따위).
rubigineux(se) [rybiʒinø, -øːz] *a.* 녹슨; 녹빛의; 녹슬기 쉬운.
rubis [rybi] *n.m.* ① 루비, 홍옥. ② 시계의 보석. (montre) 21 ~, 21 석의 시계. ③《문어》빨강, 빨간색. ④《속어》여드름. ⑤ petit ―《조류》벌새. faire ~ sur l'ongle《옛》(술잔을)깨끗이 비우다. payer ~ sur l'ongle 돈을 어김없이 치르다.
rubricaire [rybrikɛːr] *n.m.* 전례법규(典禮法規)에 통달한 사람.
rubricateur [rybrikatœːr] *n.m.* ①(책의 제목 따위를)주서(朱書)하는 사람. ②책을 장식하는 미세화가(微細畵家).
rubrique [rybrik] *n.f.* ①《신문》기사의 부문, 난(欄); 항목, 분류. ~ des faits divers 사회면, 삼면기사. ~ littéraire 문예난(文藝欄). tenir la ~ sportive 스포츠난(부문)을 담당해서 기사를 쓰다. classer plusieurs choses sous la même ~ 같은 항목에 여러 가지를 분류하다. ②《신문 기사의》발신지; (서적의)발행지(특히 허위인 경우). ③(*pl.*)《종교》전례법규(典禮法規)《옛날에 붉은 글씨로 인쇄했음》, 《옛》(법률 서적의)제목, 항목《붉은 글씨로 인쇄했음》. ④《구어》(분류의)표제, 항목, 부류(catégorie). ⑤《옛·문어》구습(舊習); 책략(ruse), 수단.
savoir toutes sortes de ~s《옛》모든 요령을 다 알고 있다.
rubriquer [rybrike] *v.t.* ①《옛》주서(朱書)하다. ② 항목[표제]을 붙이다.
****ruche** [ryʃ] *n.f.* ① (꿀벌의)벌통, 벌집; 한 통에 사는 꿀벌 떼. ②(비유적)(사람의)밀집 장소. Cette usine est une vraie ~. 이 공장은 정말 벌집과 같다. ③《의복》(레이스·깁(紗) 따위의 벌집 모양의)주름끈, 주름장식(ruché). ④(굴을 양식하는)와붕(瓦棚); 어살.
ruché [ryʃe] *n.m.*《의복》주름장식.
ruchée [ryʃe] *n.f.* 한 통에 사는 꿀벌 떼; 한 통에서 생산되는 꿀의 양.
rucher¹ [ryʃe] *n.m.* 양봉소(養蜂所); (한 양봉장의) 벌통 전체.
rucher² *v.t.* ①《의복》주름을 잡다; 주름장식을 붙이다. ② ~ le foin《농업》(건초를)작은 무더기로 지어 쌓다.
rudânier(ère) [rydanje, -ɛːr] *a.*《옛·속어》말씨가 무뚝뚝한.
rudbeckie [rydbɛki], **rudbeckia** [rydbɛkja] *n.f.*《식물》삼잎국화.
****rude** [ryd] *a.* ①(물건의 촉감이)딱딱한(dur); 뻣뻣한, 껄껄한, 거친(↔doux). barbe ~ 거친 수염. brosse ~ 뻣뻣한 솔. ②(일 따위가)고된, 견디기 힘든, 어려운(pénible); 《문어》따위가 혹독한, 격심한. Le métier de mineur est très ~. 광부 직업은 매우 고되다. être soumis à une ~ épreuve 가혹한 시련에 봉착하다. soutenir un ~ combat 격렬한 싸움을 감당하다, 악전고투하다. hiver ~ 몹시 추운 겨울. ③(귀·눈 따위에)거슬리는, 불쾌한. voix gutturale et ~ 목구멍에서 나는 듣기 거북한 음성. vin ~ 떫은 술. ④(사람이)야성적인, 거친, 투박한; (성격이)냉엄한(sévère), 엄격한. ~ paysan 투박한 농부. manières ~s 거친 태도. être ~ aux pauvres gens 불쌍한 사람에게 가혹하다. ⑤(상대자가)무서운, 만만치 않은(redoutable). avoir affaire à un ~ adversaire 만만치 않은 적수와 상대하다. ⑥《명사 앞에서만》《구어》(식욕 따위가)왕성한; 지독한(fameux). ~ appétit[estomac] 왕성한 식욕. avoir une ~ veine 억세게 운이 좋다.
Cela me paraît ~. 그것은 믿기 어렵다.
C'est ~. 그것은 참기 어렵다.
en voir de ~s 갖은 고생을 다하다.
être à ~ épreuve 시련을 겪고 있다.
Les temps sont ~s. 인정사정 없는[살기 어려운] 세상이다.
rudement [rydmɑ̃] *ad.* ①거칠게, 사납게, 호되게; 가혹하게(cruellement). frapper qn ~ …을 호되게 때리다. Elle a traité son mari ~. 그녀는 남편을 거칠게 다루었다. ②《구어》몹시, 매우(diablement). être ~ content 몹시 기뻐하다. Vous dansez ~ bien. 정말로 춤을 잘 추십니다.
rudenté(e) [rydɑ̃te] *a.p.*《건축》새끼(繩)무늬 식이 있는.
rudenter [rydɑ̃te] *v.t.*《건축》새끼무늬 장식을 넣다.
rudenture [rydɑ̃tyːr] *n.f.*《건축》(둥근 기둥의 홈의)새끼무늬 장식.
rudéral(ale, *pl.* **aux)** [ryderal, -o] *a.*《식물》폐허에서 자라는.
rudération [ryderasjɔ̃] *n.f.* (길에)자갈을 깔기; (벽 · 바닥의)포석.
rudesse [rydɛs] *n.f.* ①(감각적으로)거칢, 껄껄함, 불유쾌함. ~ de la peau 피부의 거칢. ~ des traits 얼굴 모습의 투박함. ~ de la voix 음성의 거칢. ②(행위·성격 따위의)거칢; 가혹함; (날씨의)혹독함; (일의)고됨. ~ du climat 기후의 혹독함. traiter qn avec ~ …을 가혹하게 다루다. ③(풍속·말 따위의)조악함, 거칢. ~ du langage 말투의 거칢. ~ du style 문체의 생경함.
rudiment [rydimɑ̃] *n.m.* ① (*pl.*)《학문·예술 따위의》초보, 기초(éléments); (문법 따위의)입문서. ~s de la musique 음악의 초보, 음악입문(서).

renvoyer qn aux ~s ···로 하여금 다시 기초 단계를 거치게 하다. ② 『생물』 퇴화 기관의 흔적; (pl.) 원기(原基). ~ de queue (퇴화한)꼬리의 흔적.

rudimentaire [rydimɑ̃tɛ:r] a. ① (학문·예술 따위의)초보적인, 기초적인; 발달하지 않은. civilisation~ 미개(原始)문명. avoir des connaissances ~s en littérature 문학에 관한 초보 지식을 갖추고 있다. ② 불충분한, 불완전한(insuffisant). installation ~ 불충분한 시설. ③ 『생물』 원기의, 발육이 불완전한; 퇴화한.

rudoiement, rudoyement [rydwamɑ̃] n.m. 『문어』거칠게[사정없이] 다루기, 학대, 혹사.

rudoyer [rydwaje] [7] v.t. 거칠게 다루다, 학대[혹사]하다. ~ ses enfants 애들을 혹독하게 다루다.

rue¹ [ry] n.f. ① (도시의)거리, 한길, 가(街) (가로 양쪽에 붙여서)가(街), 로(路). ~ commerçante 상가(商街). ~ passante 왕래가 많은 거리. ~ déserte 한산한 거리. grande ~; grand-~ 중심가, 메인 스트리트. ~ à sens unique 일방통행로. ~ Saint-Jacques (파리의)생자크가(街). chambre (donnée) sur la ~ 거리에 면(접)한 방. homme de la ~ 보통의 시민[일반인]; 흔히 있는 사람. enfant (gamin) des ~s 거리의 부랑아. fille des ~s 매춘부, 창녀. descendre dans la ~ (싸우기 위해서 혹은 데모를 하기 위해서)거리로 나서다. ② (집합적) 거리의 주민; 거리의 통행인. Toute la ~ commentait cette nouvelle. 이 거리의 모든 주민들이 그 소식에 대해서 이야기하고 있었다. ③ 길고 좁은 통로; 『연극』 무대 뒤의 통로; 객석의 좌석 뒤에 남은 공지.

à tous les coins de ~ (경멸)어디나, 도처에.
courir les ~s 아무에게 알려지다; 널리 퍼지다.
dans la ~; *en pleine* ~ 밖에서; 시내[거리]에서.
être à la ~ 몸담을 집이 없다; 몹시 궁색하다.
être bon à jeter dans la ~ 버려도 아깝지 않을 만큼 쓸모없다.
être vieux comme les ~s 몹시 오래된 일이다.
jeter qn à la ~ ···을 쫓아내다.

rue² n.f. 『식물』 운향(芸香).

ruée¹ [rɥe] n.f. (군중의)쇄도(殺到); 돌진. ~ des voyageurs vers les places libres 승객들의 빈자리로의 쇄도.

ruée² n.f. 『농업』 (비료에 쓸)짚더미.

ruelle [rɥɛl] n.f. ① 골목길(venelle). ② 침대와 벽 사이의 공간(~ du lit); 두 침대 사이의 공간. ③ 『문학사』 (16·17세기의 상류사회 부인들이 손님을 접견하고 사교·문학의 살롱이 되었던)규방(閨房); 규방에 모인 문학자들(의 회합).

rueller [rɥele] v.t. 포도밭에)좁은 길을 내다.

ruellois(e) [rɥelwa, -a:z] a. 회유(Rueil, 프랑스의 도시)의. —R~ n. 회유 사람.

ruement [rymɑ̃] n.m. ① (동물의)뒷발질. ② (군중의)쇄도.

ruer [rɥe] v.i. (말이)뒷발로 차다.
~ *dans les brancards* (구어)격렬하게 항의하다, 반항하다. ~ *en vache* (소처럼)뒷발을 앞으로 내밀어 차다. —v.t. (옛)내던지다, 팽개치다.
~-*se* v.pr. 뛰어 나가다; sur/vers/à/dans (에게)달려들다, (로)몰려들다; 급히가다. Les journalistes *se ruaient sur* la vedette. 신문기자들이 그 인기배우에게로 몰려들었다. *se* ~ *à* l'attaque 돌진하다. Elle *s'est ruée dans* la maison. 그녀는 집으로 달려갔다. écoliers qui *se ruent vers* la sortie 교문으로 몰려드는 아동들.

rueur(se) [rɥœ:r, -ø:z] a., n. 뒷발질하는 버릇이 있는(말).

ruf(f)ian [ryfjɑ̃], **rufien** [ryfjɛ̃] n.m. 난봉꾼; 뚜장이.

rugby [rygbi] 『영』 n.m. 『스포츠』 럭비.

rugbyman(pl. **men**) [rygbiman, -mɛn] 『영』 n.m. 럭비 선수.

rugbystique [rygbistik] a. 럭비의, 럭비에 관한.

rugination [ryʒinasjɔ̃] n.f. 『외과』 골막박리(骨膜剝離); 『치과』 치석(齒石) 제거.

rugine [ryʒin] n.f. 『외과』 골막박리기; 『치과』 치석 제거기.

ruginer [ryʒine] v.t. 『외과』 뼈를 갉아내다; 『치과』 치석을 제거하다.

rugir [ryʒi:r] v.i. (맹수 따위가)포효하다; (사람이)외치다, 부르짖다; (바람 따위가)부르짖다. ~ de colère 분노로 소리치다, 노호하다. —v.t. (분노·고함 따위로)부르짖다.

rugissant(e) [ryʒisɑ̃, -ɑ̃:t] a. 포효하는; 부르짖는; 울부짖는; (기계 따위가)윙윙 소리내는. moteur ~ 윙윙거리는 모터. lion ~ 포효하는 사자.

rugissement [ryʒismɑ̃] n.m. (맹수의)포효(소리); (사람의)외침; (바람 따위의)울부짖음; (기계 따위의)윙윙 도는 소리. le ~ de la tempête 폭풍우의 울부짖음.

rugosité [rygozite] n.f. 꺼칠꺼칠함; 울퉁불퉁함 (aspérité). ~ d'un mur 벽면의 울퉁불퉁함.

rugueux(se) [rygø, -ø:z] a. (피부 따위가)꺼칠꺼칠한 (표면 따위가)울퉁불퉁한. —n.m. 『옛』(대포 따위의)격침(擊針).

Ruhr (la) [lary:r] n.pr.f. 『지리』 『독일의』 루르 강; 루르 지방.

ruilée [rɥile] n.f. 기와와 벽 사이의 모르타르로 바른 부분.

ruiler [rɥile] v.t. 모르타르로 사이를 바르다.

***ruine** [rɥin] n.f. ① (건물 따위의)붕괴, 파괴, 와해(écroulement). château en ~ 무너진 성. maison qui s'en va en ~ 무너져가고 있는 집. ② 무너진 집, 페허; (복수 pl.)페허. peintre de ~s 페허를 그리는 화가. ~s romaines 로마의 폐허. ~s d'une ville après la guerre 전후의 도시의 폐허. ③ 파멸, 몰락, 끝장; 파멸[몰락]의 원인. la ~ de l'empire napoléonien 나폴레옹 제국의 패망. ~ de la réputation 인기[명성]의 몰락. ~ des espérances 희망의 좌절. Sa satisfaction est la ~ de l'illusion. 만족을 느끼자 그의 공상은 끝이 났다. ④ 파산(faillite); 파산의 원인, 많은 돈이 드는 일. être au bord de la ~ 파산에 직면해 있다. L'entretien de cette voiture est une ~. 이 차를 유지하려면 엄청난 돈이 든다. ⑤ 쓸모없게 된 사람, 폐인. Il n'est plus qu'une ~. 그는 폐인이나 다름 없다.

C'est la ~. 이젠 그만이다, 다 틀렸다.
courir (aller) à la ~ 파멸의 길을 걷다.
menacer ~ 금방 쓰러질 듯하다.
mettre en ~ 파괴[폭파]하다.
tomber en ~(s) 쓰러지다, 붕괴하다.

ruiné(e) [rɥine] a.p. ① (건물이)쓰러진, 무너진. château ~ 무너진 성. ② (사람이)파산[도산]한, 몰락한; 건강을 상한. Il est complètement ~. 그는 완전히 망했다.

ruine-maison [rɥinmɛzɔ̃] n. 『복수불변』 집안 망치는 사람, 난봉꾼, 낭비하는 사람.

ruiner [rɥine] v.t. ① 망치다, 해치다 (endommager, dévaster). ~ sa santé 건강을 해치다. La grêle *a ruiné* les moissons. 우박이 농작물을 망쳐 놓았다. ② 파산[도산]시키다, (특히 경제적으로)파멸시키다. La dépression *a ruiné* cette maison de commerce. 불황으로 그 회사는 파산했다. La guerre *a ruiné* ce pays. 전쟁 때문에 그 나라는 엉망이 되었다. Ce n'est pas ce voyage qui nous *ruinera*. 그런 여행을 좀 한다고 망하지는 않을 것이다(별로 큰

ruineusement

부담이 안 된다는 뜻). ③ (명예·신용 따위를)잃게 하다, 손상시키다; 실추시키다(faire perdre). ~ la réputation 명성을 잃게 하다. ~ les illusions de qn …의 환상을 무너뜨리다. ④ 〖엣〗파괴하다, 폭파하다(détruire). ⑤ 〖건축〗(목재에)홈을 파다. ⑥ ~ un cheval (잘못 다루어서)말에 상처를 입히다. *Tu me ruines!; Tu veux me ~!* 나를 망하게 할 작정이냐? (과도한 돈의 지출을 요구받았을 때). **—se ~** *v.pr.* ①파산하다; 엄청난 돈을 쓰다. *Il s'est ruiné au jeu.* 그는 노름 때문에 패가망신했다. *se ~ chez les joailliers* 보석을 사는데 막대한 돈을 쓰다. ②건강을 해치다.

ruineusement [rɥinøzmɑ̃] *ad.* 파산을 초래하도록; 막대한 비용이 들게(coûteusement).

ruineux(se) [rɥinø, -øːz] *a.* ① 파산을 초래하는; 막대한 비용이 드는, 값비싼(coûteux, ↔économique). avoir des goûts ~ 많은 돈이 드는 취미를 갖다. ② 〖엣〗쓰러지는, 파멸되는.

ruiniforme [rɥiniform] *a.* 〖지질〗(암석이 침식 작용으로)붕괴상(崩壞狀)을 띠고 있는.

ruiniste [rɥinist] *n.* 폐허를 그리는 화가(peintre de ruines)(특히 *Hubert Robert*, 1733~1808).

ruinure [rɥinyːr] *n.f.* 〖건축〗(기둥 따위에 내는)홈(entaille).

***ruisseau** [rɥiso] (*pl.* **~x**) *n.m.* ① 시냇물, 개울; (시내처럼)많이 흐르는 것(torrent). [~ de] ~x de larmes [de sang] 철철 흐르는 눈물[피]. ②(길가의)개천, 도랑; 타락한 처지(환경). rouler(tomber) dans le ~ 타락하다. tirer *qn* du ~ …을 타락에서 건져내다. *Les petits ~x font les grandes rivières.* 〖격언〗티끌 모아 태산. *pousser dans le ~* 저버리다. *ramassé dans le ~* (뉴스 따위가)하층 사회에서 나온. *traîner dans le ~* 야비하고; 비참한 생활을 하고 있다.

ruisselant(e) [rɥislɑ̃, -ɑ̃ːt] *a.* ①흐르는. eau ~e 흐르는 물. ②물이 흘러있는; 물에 젖어있는. parquet ~ 물기 있는 마루. front ~ de sueur 땀이 흐르는 이마. tout ~ de larmes 눈물로 온통 젖은. ③ 〖문어〗[~ de] (으로)찬란하게 빛나는, (에)넘치는. ~ de joie 기쁨에 넘치는.

ruisseler [rɥisle] [5] *v.i.* ①(물·피 따위가)철철 흐르다. *Des larmes ruisselèrent de mes yeux.* 내 눈에서 눈물이 철철 흘러내렸다. *La foule ruisselait de toutes les portes béantes.* (비유적)군중들이 열려있는 모든 대문에서 쏟아져나왔다. ②[~ de] (으로)흥건히 젖다; 넘쳐 흐르다. *Son visage ruisselait de sueur.* 그의 얼굴은 땀으로 흠뻑 젖어있었다. *La salle ruisselait de lumière.* 방은 불빛으로 빛나고 있었다. *Elle ruisselle de bonheur.* 그녀의 얼굴은 행복으로 가득차 있었다.

ruisselet [rɥislɛ] *n.m.* 작은 시냇물.

ruissellement [rɥislmɑ̃] *n.m.* (물·땀·피 따위의)흐름; (보석 따위의)빛남, 광택. ~ pluvial 〖지질〗(냇물을 이루는 전의)빗물의 흐름.

rumb [rɔːb] *n.m.* 〖해양〗(나침반 32 방위의 2 점간의)각거리(角距離)(11°15′) (rhumb).

rumba [rumba] *n.f.* 룸바 춤; 룸바 곡.

rumen [rymɛn] *n.m.* 〖라틴〗(복수없음)〖동물〗(반추동물의)혹위, 제 1 위.

***rumeur** [rymœːr] *n.f.* ①떠드는 소리; 웅성거리는 소리; 소음, 잡음. *Ses paroles ont provoqué une certaine ~ dans la salle.* 그의 발언은 장내에 어떤 웅성거리는 소리를 자아냈다. ②소문, 풍문. *C'est une ~.* 그것은 소문이다. ~ *publique* 여러 사람의 입에 오르내리는 말, 항간의 소문.

rumex [rymɛks] *n.m.* 〖식물〗수영속(屬).

rumilien(ne) [rymiljɛ̃, -ɛn] *a.* 뤼밀리(*Rumilly*, 프랑스의 도시)의. **—R~** *n.* 뤼밀리 사람.

ruminant(e) [ryminɑ̃, -ɑ̃ːt] 〖동물〗*a.* 반추(反芻)하는. **—***n.m.* 반추동물.

rumination [ryminasjɔ̃] *n.f.*, **ruminement** [ryminmɑ̃] *n.m.* ① 〖동물〗새김질함, 반추. ②되새겨 생각함.

ruminer [rymine] *v.t.* ① (보통 목적보어 없이)(소 따위가)새김질하다. *Les vaches ruminent l'herbe.* 소가 풀을 새김질한다. ②심사숙고하다, 두루 생각하다; (슬픔 따위를)되새기다. ~ un projet 계획을 숙고하다.

rumsteck [rɔmstɛk] *n.m.* =**romsteck**.

runabout [rœnabawt] 〖영〗 *n.m.* 소형 모터보트.

runes [ryn] *n.f.pl.* 룬 문자(고대 북유럽 문자).

runique [rynik] *a.* 룬 문자의, 룬 문자로 기록된.

ruolz [rɥols] *n.m.* 전기 도금한 금속.

rupestre [rypɛstr] *a.* ① 〖식물〗암석에서 자라는. plantes ~s 암석(바위) 식물. ② 〖미술〗암굴의 암벽에 그린〔새긴〕.

rupicole [rypikɔl] *n.m.* 〖동물〗루피콜라, 암계(岩鷄)(남미산의 미식조과(美飾鳥科)의 일종).

rupin(e) [rypɛ̃, -in] 〖속어〗 *a.* 돈이 많은(riche); 호화스러운, 풍부한. appartement ~ 호화 아파트. **—***n.* 부자.

rupiner [rypine] 〖학생어〗 *v.i.* 파열, 절단, 끊어짐, 깨짐. ~ d'un câble 케이블의 절단. obus de ~ 〖군사〗파갑탄(破甲彈), point de ~ 〖물리〗파괴점. ②(계약 따위의)해소, 파기. ~ d'un contrat 계약의 해소. ~ de fiançailles 약혼의 파기. ③(불화로 인한)결별, 절교; (관계의)단절. ~ entre un homme et une femme 한 남자와 여자의 결별. ~ des relations diplomatiques 외교관계의 단절. ④급격한 변화, 급변. ~ de rythme 리듬의 급변. ~ de ton 어조의 급변. *en ~ avec qc(qn)* …와 단절된. *Il est en ~ avec tous.* 그는 모든 사람과의 관계를 끊고 있다. *en ~ de qc* ① …이 부족한, 결품의. *éditeur qui se tourne en ~ de stock* 재고가 부족하게 된 출판사. ① …을 단념한; …에서 해방된. *Les touristes en ~ de bain de soleil ont ratissé les rives.* 일광욕을 단념한 관광객들이 해변을 청소했다.

rural(ale**, *pl.* **aux)** [ryral, -o] *a.* 시골[전원, 농촌]의. vie ~*ale* 전원 생활. mœurs ~*ales* 농촌〔농민〕의 풍속. **—n.m.* ①(*pl.*) 시골사람 (paysans). ② 〖속어〗농촌의 우체집배원(facteur ~).

ruralement [ryralmɑ̃] *ad.* 시골식으로.

rusa [ryza] *n.m.* 〖동물〗(인도산)고라니.

ruse [ryːz] *n.f.* ①(간교한)꾀, 술책, 계략, 농간, 속임수. ~ de guerre 전략. user de ~ 술책을 부리다. obtenir *qc* par ~ 꾀를 써서 …을 얻다. ② 〖사냥〗(짐승이 사냥꾼을 따돌리기 위해서)진로의 방향을 바꾸다.

~s de Sioux 매우 교묘한 술책 (*Sioux* 는 미국 서부에 살던 인디언의 종족).

***rusé(e)** [ryze] *a.p., n.* 교활한(사람), 꾀바른(사람). ~ comme un vieux renard 늙은 여우처럼 매우 교활한(사람).

ruser [ryze] *v.i.* ① 술책(계략)을 쓰다, 속임수를 쓰다. ② 〖사냥〗(짐승이 사냥꾼을 따돌리기 위해)진로를 바꾸다.

ruseur(se) [ryzœːr, -ɸːz] *n.* 술책가, 모사(謀士).

rush [rœʃ] *(pl. ~es)*〖영〗*n.m.* ① 〖스포츠〗(경주에서의)라스트 스퍼트; (축구선수 따위의)러시, 문전쇄도. ②(사람들의)쇄도, 인파. ~es des vacances 휴가 철의 인파.

rusma [rysma] *n.f.*[*m.*] 탈모약(脫毛藥).

russe [rys] *a.* 러시아(*la Russie*)의. **—R~** *n.* 러시아 사람. **—***n.m.* 러시아어(語).

Russie (la) [larysi] *n.pr.f.* 러시아. *R~* Blanche 백러시아(소련연방의 하나).

russification [rysifikasjɔ̃] *n.f.* 러시아화(化).

russifier [rysifje] *v.t.* 러시아화하다.

russo- *préf.*「러시아의」의 뜻.

russophile [rysɔfil] *a., n.* 러시아를 편드는(사람), 친소의(사람).

russophobe [rysɔfɔb] *a., n.* 러시아를 싫어하는(사람).

russule [rysyl] *n.f.*〖식물〗청버섯.

rustaud(e) [rysto, -oːd] *a.*〖구어〗촌스러운, 상스러운. avoir un air ~ 촌티가 나다. **—***n.* 촌스러운 사람. gros ~ 촌스러운 녀석.

rustauderie [rystodri] *n.f.* 촌스러움, 상스러움.

rusticage [rystikaːʒ] *n.m.*〖건축〗(벽에)막칠하는 모르타르, 막토질.

rusticité [rystisite] *n.f.* ① 촌스러움, 투박함, 상스러움; (드물게)시골풍, 전원풍. ②〖생물〗야생적임, 강인성.

rustine [rystin] *n.f.* (자전거 튜브 수선용)동글납작한 고무 조각.

rustique [rystik] *a.* ① 시골풍의; 투박한; 촌스러운, 상스러운; 거친. mobilier ~ 시골풍의 가구. manières ~s 거친 거동. ②〖기술〗〖엣·문어〗시골의, 농촌의. vie ~ 농촌[전원] 생활. ③(동·식물 따위의)야생적인, 생명력이 강한. **—***n.m.* ① 시골풍, 야취(野趣). se meubler en ~ 시골풍으로 세간을 갖추다. ②〖기술〗석공이 쓰는 망치의 일종(marteau ~).

rustiquement [rystikmɑ̃] *ad.* 시골풍으로; 소박하게, 투박하게.

rustiquer [rystike] *v.t.*〖건축〗시골풍으로 만들다; (벽·돌을)거칠게 다듬다.

rustre [rystr] *a.* 촌스러운, 상스러운, 세련되지 못한. **—***n.m.* 시골뜨기; 예모없는 사람, 상스러운 [투박한] 사람.

rustrerie [rystrəri] *n.f.* 시골뜨기 모양, 촌스러움.

rut [ryt] *n.m.* (동물의)발정기(發情期); 발정, 암내. être en ~ 암내나다, 발정하고 있다.

rutabaga [rytabaga] *n.m.*〖식물〗스웨덴 순무(뿌리가 노란 순무의 일종).

rutacées [rytase] *n.f.pl.*〖식물〗운향과(科).

Ruth [ryt] *n.pr.f.*〖성서〗룻(*Booz* 의 처). livre de ~ (구약성서의)룻기(記).

ruthène [rytɛn] *a.* 루테니아(*la Ruthénie*, 체코슬로바키아 동부 지방)의. **—R~** *n.* 루테니아 사람.

ruthénium [rytenjɔm] *n.m.*〖화학〗루테늄.

rutilance [rytilɑ̃ːs] *n.f.*(문어〗붉게 빛남; 번쩍임.

rutilant(e) [rytilɑ̃, -ɑ̃ːt] *a.* 붉게 빛나는; 번쩍거리는. Ces rubis lancent de ~es flammes. 이 루비는 번쩍거리는 광채를 낸다. Il est arrivé dans sa voiture neuve, toute ~e. 그는 번쩍번쩍하는 새 차를 타고 왔다.

rutile [rytil] *n.m.*〖광물〗금홍석(金紅石).

rutilement [rytilmɑ̃] *n.m.* =rutilance.

rutiler [rytile] *v.i.* 붉게 빛나다; 번쩍거리다. Les toits *rutilent* sous l'ardeur du soleil. 지붕이 타는듯한 햇빛에 반짝거린다.

-rynque *suff.*「코·부리」의 뜻.

ryot [rjo] *n.m.* (인도의)농부.

***rythme** [ritm] *n.m.* ① 박자, 리듬, 율동; 운율. danser sur un ~ 박자에 맞추어 춤추다. ② (규칙적인 운동의)반복; 순환. Le paysan vit au ~ des saisons. 농민은 계절의 순환에 맞추어 생활한다. ~ des battements du cœur 심장의 고동의 리듬[규칙적 반복]. ③ (일 따위의)속도, 템포. augmenter le ~ de production de l'usine 공장의 생산 속도를 증가시키다.

au ~ de qc ⓐ ···의 리듬(박자)에 맞추어 marcher *au ~ de* la musique 음악의 리듬에 맞추어 행진하다. ⓑ ···의 속도로, 비율로. produire *au ~ de* cinq à six voitures par semaine 주당 5 내지 6 대의 비율로 자동차를 생산하다.

rythmé(e) [ritme] *a.p.* 리듬이 분명한, 운율있는, 율동적인. musique ~*e* 리듬이 분명한 노래.

rythmer [ritme] *v.t.* (에)리듬을 붙이다, (을)리듬에 맞추다. ~ le pas au son du tambour 북소리에 맞추어서 걷다.

rythmicien [ritmisjɛ̃] *n.m.* 리듬을 교묘하게 붙이는 시인(작곡가); 운율의 전문가.

rythmique [ritmik] *a.* 리듬에 관한; 리듬이 좋은, 운율적인, 율동적인. gymnastique ~ 리듬체조. prose ~ 리듬이 있는 산문. **—***n.f.* ① 운율학(韻律學). ② 리듬체조(danse ~).

rythmiquement [ritmikmɑ̃] *ad.* 리듬에 맞추어, 율동적으로.

S

S¹, s [ɛs, 드물게 sə] *n.m.(f.)* ① 프랑스 자모의 제 19자. ② (길 따위의) S 자형의 커브; (도로 표지판의) S 자형 커브 표지. en S, S 자 모양의[으로]. S... 빌어먹을…(sacré 의 약자). **faire des s** S 자형을 그리다; 《구어》갈짓자로 걷다.
S²《약자》① soufre 《화학》유황. ② siemens 《전기》지멘스.
S.《약자》① sud 남(쪽). ② 《종교》saint 성자; sainteté 성하; seigneurie 각하.
s.《약자》① signé 서명한. ② soir 저녁, 밤. ③ seconde 초(秒). ④ sac 부대, 자루. ⑤ surface 《기하》면. ⑥ stère 《도량형》스테르.
s/《약자》① sur …위에; …에 대하여; (강)가의. ② son 《상업》…앞(제삼자).
s' se (*pron. pers.*), si (*conj.*)의 단축형.
sa [sa] *a.poss.f.* ⇨**son¹**.
S.A.《약자》① société anonyme 《상업》유한책임 회사, 주식회사. ② Sturmabteilung (나치의) 돌격대; (그)대원. ③ Son Altesse 전하(殿下).
saa, saâ [saa] *n.m.* (곡물을 재는) 알제리의 되(=58 litres).
Saba [saba] *n.pr.* 《지리》시바(고대 아라비아의 왕국). la reine de ~ 시바의 여왕.
sabaïsme [sabaism] *n.m.* =**sabéisme**.
Sabaoth [sabaot] *n.pr.m.* Jéhovah ~ 《성서》만군 (萬軍)의 주(主) 여호와.
sabayon [sabajɔ̃] *n.m.* 《요리》(달걀 노른자·설탕·포도주·향료를 섞어 줄여서 만든)크림의 일종.
sabbat [saba] 《헤브라이》*n.m.* ① (유태교의)안식일 (jour du ~), 사바드 (금요일의 일몰부터 토요일의 일몰까지). observer le ~ 안식일을 지키다. ② (중세 전설상의)마녀 집회. ③《구어》소란, 야단법석. C'est le ~ déchaîné; C'est un véritable ~ 난 장판이다. faire un ~ de tous les diables 야단법석하다.
sabbathien(ne) [sabatjɛ̃, -ɛn] *a, n.* 《종교》사바티우스(Sabbathius)교파의(교도).
sabbatin(e) [sabatɛ̃, -in] *a.* 안식일의, 토요일의. — *n.f.* 《옛》철학반 학생들의 상급반 편입 토론회 (보통 토요일에 있었음).
sabbatique [sabatik] *a.* 안식일의. année ~ 안식년 (安息年)(유태인이 7 년마다 많을 쉬게하는 해); 휴가년(年) (미국 대학 교수가 7 년마다 받는 일년 간의 휴가).
sabéen(ne) [sabeɛ̃, -ɛn] *a.* 시바(Saba)의. —**S**~ *n.* ① 시바 사람. ② 《종교사》시바교도(sabéisme)도.
sabéisme [sabeism] *n.m.* 《종교사》시바교, 배성(拜星敎).
sabelle [sabɛl] *n.f.* 《동물》모창충(毛槍蟲)(환형동물의 일종).
sabellianisme [sabɛljanism] *n.m.* 《종교사》사벨리우스설(說)(3 세기의 아프리카 중부의 이단자 Sabellius 의 설, 신위유일론(神位唯一論)).
Sabellien(ne) [sabɛljɛ̃, -ɛn] *n.* 사벨리(Sabelli) 사람 (고대 이탈리아 중부의 민족).
sabellique [sabɛllik] *n.m.* 사벨리어(語).
sabin(e¹) [sabɛ̃, -in] *a.* 사비나(la Sabine)의. —**S**~ *n.* 사비나 사람. —**S**~ *n.f.* 사비나지방 (이탈리아의 중부지방).
sabine² [sabin] *n.f.* 《식물》노간주나무의 일종.
sabir [sabi:r] 《에스파냐》*n.m.* ① 사비르어(語)(북아프리카·지중해 동쪽 해안 지방에서 쓰이는 아랍어·불어·이탈리아어·에스파냐어의 혼합어). ② (모국어가 다른 사람들끼리 쓰는)혼합어; 엉터리 말. ③ 횡설수설.
sablage [sabla:ʒ] *n.m.* (길·지면 따위를)모래로 덮기; 《기계·야금》(금속면 따위를)분사기(噴砂機)로 닦기(윤을 없애기).
*****sable¹** [sa:bl] *n.m.* ① 모래. plage de ~ 모래 사장. dune de ~ 사구(砂丘). vent de ~ 모래 바람. bain de ~ 모래찜, 사욕(砂浴). horloge de ~ 모래 시계. vin de ~ (서프랑스 Landes 지방의)모래 섞인 포도밭 원산의 포도주. ~ vert 생모래 (거푸집에 쓰는 마르지 않은 천연 모래). ~s mouvants (밟으면 쑥쑥들어가는)진흙같은 모래; 유사(流砂). ② (*pl.*)모래 땅; 사막(désert). ~s de Libye 리비아 사막. ③ 《야금》모래 거푸집; 모래 시계 (horloge de ~). ④ 《의학》결석(結石).
avoir du ~ dans les yeux 《구어》졸려서 눈을 비비다; 졸리다.
bâtir (fonder) sur le ~ 모래 위에 (집을) 짓다, 사상누각(砂上樓閣)을 세우다.
être sur le ~ 《속어》빈털터리이다.
grain de ~ 모래알; (비유적) 큰 일을 그르치는 사소한 일.
jeter en ~ ⓐ 녹은 금속을 모래주형에 붓다. ⓑ (술잔을)단숨에 들이키다.
Le marchand de ~ est passé. 모래장수가 지나갔다, 졸음이 오는구나(어린이에 대해서 하는 말).
semer sur le ~ 헛일없는 일을 하다, 헛수고하다.
— *a.* (불변)모래빛의, 밝은 베지색의.
sable² [sa:(a)bl] *n.m.* ① 《동물》검은 담비; (그) 모피. ② 《문장》흑색.
sablé(e) [sable] *a.p.* ① (길 따위가)모래로 덮인, 모래를 깐. allée ~e 모래를 깐 오솔길. verre ~ d'or 금빛의 가루를 뿌린듯이 장식한 잔. ② (화폐·메달 따위를) 모래 주형으로 주조한. ③ fontaine ~e 《기술》모래 여과장치. ④ 사블레 과자와 같이 부서지는.
— *n.m.* ① 사블레 (노르망디의 Sablé 지방 원산의 바삭바삭 부서지는 과자의 일종). ② (유리 속의) 기포, 기공.
sabler [sable] *v.t.* ① (길 따위에) 모래를 뿌리다, 모래로 덮다. ~ l'allée du jardin 정원의 오솔길에 모래를 깔다. ② 《구어》단숨에 꿀꺽 마시다. ~ le champagne (경사스러울 때) 샴페인을 진탕 마시다. ③ (화폐·메달·상 따위를) 모래 주형에 녹은 금속을 부어 만들다. ④ (금속면을) 분사기(噴砂機)로 닦다 (윤을 없애다, 조각하다). ⑤ 《옛·구어》(사람을) 모래 부대로 쳐서 쓰러뜨리다 (상처를 남기지 않기 위해서 강도 따위가 쓰는 방법).
sablerie [sa(a)bləri] *n.f.* (모래로 주형을 만드는) 사형(砂型) 공장.
sableur(se¹) [sablœ:r, -ǿ:z] *n* ① 사형(砂型)을 만드

는 직공. ②《구어》술고래. grand ~ de champagne 샴페인을 한없이 마시는 술고래.
—*n.f.* 《기계》 분사기.
—*n.m.* (기관차 따위의) 모래통.

sableux(**se²**) [sablø-, -φ:z] *a.* 모래가 섞인; 꺼칠꺼칠한. terrain ~ 사토(砂土). farine ~*se* 모래가 섞인 밀가루.

sablier [sɑ[a]bli(j)e] *n.m.* ① 모래 시계. ②(잉크를 말리기 위하여 뿌리던) 모래를 넣은 통. ③《옛》(센강의) 모래를 파는 인부; 모래 상인.

sablière [sɑ[a]bli(j)ε:r] *n.f.* ① 모래터, 채사장(採砂場). ②(기관차의 미끄럼 방지용) 급사(給砂) 장치. ③《건축》 들보.

sablon [sablɔ̃] *n.m.* ① 모래, 세사(細沙). ②《옛》(*pl.*) 모래산, 사구(砂丘).

sablonner [sɑ[a]blɔne] *v.t.* (남비 따위를) 모래로 닦다; (에) 모래를 뿌리다. ~ du fer (용접하기 위해 달구어진 철에) 모래를 뿌리다.

sablonneux(**se**) [sɑ[a]blɔnφ, -φ:z] *a.* 모래가 많은. terre ~*se* 모래밭.

sablonnier [sɑ[a]blɔnje] *n.m.* 모래 장수; 수마(睡魔)(졸음이 오면 속에 모래가 들어간 듯한 까칠까칠한 느낌에서 유래).

sablonnière [sɑ[a]blɔnjε:r] *n.f.* 세사 채광장, (주형용의) 모래상자.

sabord [sabɔ:r] *n.m.* 《해양》(선측의)현창(舷窓), 착창; 포문(砲門). faux ~; ~ d'aérage 큰 현창. ~ de charge 현문(舷門). ~ de chasse 선수(船首)의 끝에 달린 현창. saisir un ~ 현창을 꼭 잡그다. ② Mille ~*s!* 축생(畜生).

sabordage [sabɔrdaʒ], **sabordement** [sabɔrdəmɑ̃] *n.m.* ① (침몰시키기 위해)배 밑에 구멍을 뚫기. ② (비유적)(기업의 자발적)조업중단, 폐업.

saborder [sabɔrde] *v.t.* ①《해양》(침몰시키기 위해)배 밑에 구멍을 뚫다. ②(비유적) 고의적 조작으로 파괴하다; (기업이 영업을)자발적으로 중단하다, 폐업하다. ~ son entreprise 기업의 활동을 정지하다, 폐업하다.
—**se** ~ *v.pr.* ①침몰하다. ②(경영을)자발적으로 정지하다. Plusieurs journaux *se sont sabordés* pendant l'occupation allemande. 독일 점령하에 여러 신문이 자발적으로 정간했다.

sabot [sabo] *n.m.* ① 나막신. en ~ 나막신 모양의. paysan en ~*s* 나막신을 신은 농부. ②(나막신 모양의)발굽, (말뚝 따위의 끝에 다는)촉; (가구의) 다리 끝의 장식; 날이 휜 대패, (미장이의)형틀 테. ferrer le ~ d'un cheval 말에 편자를 박다. baignoire(-) ~ 나막신 모양의 욕조. ~ de frein (기차·자동차 따위의)제동편(片). ③ (매를 쳐서 돌리는)팽이. ④《속어》너절한 악기[자동차·연장·선박]; (속어) 솜씨 서투른 사람. Cette voiture est un vrai ~! 이 자동차는 정말 못쓰겠다. Comment pouvez-vous jouer sur un pareil ~? 그런 너절한 악기로 어떻게 연주한다는 것가? ⑤ ~ de Denver 《자동차》(불법 주차한 차량의 바퀴를 묶어놓는)차륜고정장치.
avoir du foin dans ses ~s《구어》(농부가)재산이 있다.
dormir comme un ~《구어》깊은 잠을 자다.
être venu à Paris en ~s (나막신 신고 파리로 올라 왔다)→ 한푼 없이 출세하였다.
Je vous entends[vois]*venir avec vos gros ~s.* 당신 의도를 짐작하겠소.
mettre du foin dans ses ~s 돈을 모으다(특히 부정 수단으로).
regretter ses ~s 옛날의 가난한 생활을 그리워하다.
travailler comme un ~ 일을 서둘러서 하다. 날다.

sabotage [sabɔtaʒ] *n.m.* ①ⓐ 태업, 사보타주. ⓑ 파괴; 방해. ~ d'une voie ferrée 철도의 파괴. ~ d'une négociation 협상의 방해. ⓒ 작업을 조잡하게 하기. ~ du travail (공장의 기능을 마비시키기 위한)조잡한 작업. ②《철도》(레일을 고정시키기 위해 침목에)홈을 파기. ③ 나막신 제조.
[REM] 우리나라에서 sabotage 는 주로 태업의 뜻으로 쓰이나, 원래는 설비·재료·기계류를 손상시킴으로써 생산 기능을 방해하는 것을 가리킴. saboter도 마찬가지.

saboter [sabɔte] *v.t.* ①(일을)조잡하게 하다, 엉터리로 하다(gâcher, bâcler). ~ un devoir 숙제를 적당히 하다. L'orchestre *a saboté* ce morceau. 오케스트라는 이 곡을 엉터리로 연주했다. ②(기계·시설·계획 따위를)파괴[방해]하다. Ils *ont saboté* les trains militaires. 그들은 군용열차를 파괴하여 그 운행을 방해했다. ~ un avion (비행기를 파손시켜)비행을 방해하다. ~ la collaboration 협력을 방해하다. ③《철도》(레일을 고정시키기 위해) 침목에 홈을 파다.
—*v.i.* ①《옛》나막신으로 덜거덕거리다; 나막신을 만들다. Elle descend, en sabotant, la ruelle. 그녀는 나막신을 신고 덜거덕거리며 골목길을 내려온다. ② 팽이를 돌리다. ③ 수업을 빼먹다.

saboterie [sabɔtri] *n.f.* 나막신 제조소(소·업).

saboteur(**se**) [sabɔtœ:r, -φ:z] *n.* ① 사보타주[태업]하는 사람, 파괴하는 사람. ~*s* de la paix 평화의 파괴자. ②《구어》(일을)되는 대로 해치우는 사람. ③ 나막신을 신고 덜거덕거리는 사람.

sabotier [sabɔtje] *n.m.* 나막신 제조[판매]인.

sabotière [sabɔtjε:r] *n.f.* ① 나막신 제조소. ② 나막신 춤. ③ 나막신 모양의 목욕통.

sabouladge [sabuladə], *n.f.*, **saboulage** [sabulaʒ], **saboulement** [sabulmɑ̃] *n.m.*《옛》사정없이 뒤흔들기(들볶기); 힐책(詰責), 꾸짖기, 혼내주기.

sabouler [sabule] *v.t.*《옛》① 사정없이 뒤흔들다, 마구 들볶다; (비유적) 꾸짖다, 야단치다(réprimander). ②(일을)되는 대로 하다. ~ de l'ouvrage 일을 엉터리로 하다.

sabrage [sabra:ʒ] *n.m.* (양모 처리 과정 중의)털뽑기(délainage), 불순물 제거.

sabre [sɑ:br] *n.m.* ① 사벨(군도), 군도(軍刀)《구어》면도칼. ~ japonais 일본도. ~ de cavalerie 기병군도. ~ d'infanterie 보병군도. ~ d'abattis (숲에서 나무를 치며 나아가는)벌목도. ~ d'abordage (해전에서의)근접전용칼. *S~* (à la) *main!*《군사》칼뽑아 들엇! ~ au clair 〔뽑아든〕시퍼런 칼, 칼을 뽑고서. ② 검술; 검의 기술, 군의 위력. bruit de ~ (비유적) 전쟁의 위협, 침략정책. le ~ et le goupillon《구어》군(軍)과 교회. ③《펜싱》사브르. faire du ~ 검술을 하다. ④ haricot[pois] ~ 작두콩.
S~ de bois! 이 놈! (어린이에게 말을 부드럽게 꾸짖는 말). *traineur de ~* 으스대는 군인.

sabre-baïonnette [sabrabajɔnεt] (*pl.* ~*s*·~*s*) *n.m.* 총검.

sabrer [sabre] *v.t.* ① 사벨[군도]로 베다; (비유적)[~ *qc*] (원고 따위를) 감히 삭제하다; 사정없이 비난하다. ~ une patrouille ennemie 정찰 대원을 검으로 베다. ~ un long article 긴 기사를 가차없이 삭제하다. ②《옛·구어》[~ *qc*] 날림으로 해버리다. ~ une affaire 사건을 간단히 처리하다. ③《구어》내보내다, 해고하다(renvoyer); 사정없이 물리치다; 떨어뜨리다, 불합격시키다. se faire ~ 해고당하다. ~ la moitié des candidats 지원자 반수를 사정없이 떨어뜨리다. ④(비유적)(근육이나 주름살 따위를)깊이 새기다(sillonner). front *sabré* de grandes rides 주름살이 크게진 이마. ⑤ (가죽에서)털을 뽑다(밀어내다). ⑥《구어》마구 비난하다.

sabretache [sabrətaʃ] *n.f.* (1870년 이전 기병 장교가 허리에 찬)작은 가방.

sabreur [sabrœːr] *n.m.* 사벨로 싸우는 사람; 저돌적인 무사;《구어》날림으로 일하는 사람. ~ de besogne 일을 아무렇게나 하는 사람.

sabreuse [sabrɸːz] *n.f.* 양 털 뽑는 기계.

saburral(ale, *pl.* **aux)** [sabyral, -o] *a.* 《의학》 saburre 의. langue ~*ale* 설태(舌苔)가 낀 혀.

saburre [saby:r] *n.f.*《옛》《의학》소화불량으로 인한 위 속의 잔재(殘滓).

:**sac¹** [sak] *n.m.* ① 부대, 자루, 주머니, ~ à blé 밀 담는 부대(용도). un ~ de farine 한 부대의 밀가루(분량). ~ en papier 종이부대(재료). ~ de [en] toile 마대. ~ de sable (흙을 쌓는, 권투용)모래자루. ~ de couchage (캠프용)슬리핑 백. ~ de sauvetage 구명대. course en ~ 자루 속에 몸을 담고 겅중겅중 뛰는 경주. ~ à malice(s) (마술사의)마술 보따리; ~ (à main); 배낭; 지갑; 책가방(~ d'écolier). ~ de soldat 군인의 배낭. ~ à dos (d'alpiniste) 등산 배낭. ~ à ouvrage 바느질 주머니. ~ d'écus 지갑. ~ de voyage[de nuit] (작은)여행 가방.

③(《속어》밥통, 배(estomac). remplir son ~ 배를 채우다.

④《의학》낭(囊). ~ lacrymal 누낭(淚囊).

⑤ robe ~《의복》색드레스.

⑥《종교》(참회할 때나 상중에 입는)허름한 옷. le ~ et la cendre 참회, 회개.

⑦《속어》돈, 부(富); (구화폐의)1,000 프랑 지폐. Il a le ~. 그는 부자이다. Il y a le ~《속어》돈이 많다. payer cinq ~s 5천 프랑을 내다.

avoir la tête dans le ~《옛》뭐가뭔지 전혀 모르다.
avoir son ~《속어》해고당하다.
donner à qn son ~《속어》…을 해고하다, 내보내다.
en avoir plein son ~《속어》배불리 먹다; (어떤 일에)싫증나다.
épouser un ~《속어》돈 보고 결혼하다. Il a épousé le gros ~. 그는 거부의 딸과 결혼했다.
être au ~《속어》언제든지 돈을 낼(빌려 줄)용의가 있다.
être dans le ~《구어》성공이 확실하다. L'affaire est dans le ~. 사업의 성공은 확실하다.
être ficelé (fagoté) comme un ~ 멋없는 옷차림을 하고 있다.
faire ~ (돛이)바람을 받고 부풀다.
fond du ~ 극비 서류, 핵심.
gagner son ~《구어》돈을 벌다.
homme (gens) de ~ et de corde 극악무도한 놈(놈들).
mettre dans le même ~ 동일시하다, 같이 취급하다.
mettre qn dans le ~ 을 낭패시키다. ~ 하다.
mettre ~ à terre 선원이 승선을 거부하다.
mettre ~ au dos《구어》전쟁에 가다, 소집당하다.
prendre qn la main dans le ~ …을 현장에서 체포하다.
S~ à papier [à laine]! 조용하지 못해 ! (완곡하게 ~ *de nœuds* 뒤죽박죽된 일. 하는 욕).
~ percé 낭비가.
sous le ~ et la cendre 회한에 잠기어.
vider son ~《속어》위장을 비게 하다; 마음 속을 털어놓다; 감추었던 사실을 자백하다.

sac² *n.m.* 약탈(pillage). faire le ~ d'une maison 집 안을 온통 뒤지다. mettre à ~ (une ville) (도시를)약탈하다.

sacard [sakaːr] *n.m.*《속어》큰 부자, 갑부.

saccade [sakad] *n.f.* ① 급격하고 고르지 못한 움직임; 동요, 격동(à-coup). rire par ~s 킥킥 웃다. La voiture avançait par ~s. 자동차가 덜컹거리며 앞으로 나갔다. ② 고삐를 잡아채기(~ de bride); 잡아챔. donner des ~s à un cheval 말고삐를 잡아채다. arracher une dent avec une ~ 이를 잡아채서 뽑다.

saccadé(e) [sakade] *a.p.* 급격하고 불규칙한, 발작적인, 단속적인. respiration ~*e* 헐떡거리는 숨. style ~ 짧고 단속적인 문장.

saccader [sakade] *v.t.* (말의)고삐를 급히 당기다; 불규칙하게 만들다(움직이게 하다). La joie nous *saccade* les épaules. 기쁨이 우리들의 어깨가 들썩들썩 한다.

saccage [sakaːʒ] *n.m.*《문어》황폐; (방 따위의)난잡함. Les cambrioleurs ont fait un ~ dans l'appartement. 도둑이 아파트를 엉망으로 만들어 버렸다.

saccagement [sakaʒmã] *n.m.*《옛》약탈.

saccager [sakaʒe] *v.t.* ① (도시를)약탈하다, 노략질하다(piller, ravager). L'ennemi *a saccagé* notre ville. 적은 우리의 도시를 약탈했다. ② 뒤죽박죽으로 만들다(détruire). Les enfants *ont* tout *saccagé* dans le jardin. 어린애들이 정원을 엉망으로 만들었다.

saccageur(se) [sakaʒœːr, -ɸːz] *n.* (나라·지방·도시의)약탈자; 파괴자; 침략자. ~s de la ville 도시의 약탈자들. oiseaux ~s des jardins (비유적) 정원을 침범하는 새들.

saccharase [sakaraːz] *n.f.* =sucrase.

saccharate [sakarat] *n.m.*《화학》당산염(糖酸).

sacchareux(se) [sakarɸ, -ɸːz] *a.* 사탕질의. (鹽).

racchar(i)-, sacchar(o)- *préf.*「설탕·당분」의 뜻.

saccharide [sakarid] *n.m.*《화학》당제(糖劑); (*pl.*)《화학》다당류(多糖類)의 구명칭.

saccharifère [sakarifɛːr] *a.* 설탕을 생산하는; 당화(糖化)하는. plante ~ 설탕 함유 식물.

saccharifiable [sakarifjabl] *a.*《화학》당화될 수

saccharification [sakarifikasjɔ̃] *n.f.* 당화(糖化).

saccharifier [sakarifje] *v.t.* 당화하다.

saccharigène [sakariʒɛn] *a.*《화학》당화(糖化)하는. (檢糖計).

saccharimètre [sakarimɛtr] *n.m.*《화학》검당계

saccharimétrie [sakarimetri] *n.f.* 검당법.

saccharimétrique [sakarimetrik] *a.*《화학》당분 함유량의[에 관한]. degré ~ 당분 함유도.

saccharin(e¹) [sakarɛ̃, -in] *a.* 당질(糖質)의, 설탕에 관한. industrie ~*e* 제당 공업.

saccharine² [sakarin] *n.f.*《화학》사카린.

saccharine(e) [sakarine] *a.* 사카린이 가미된.

saccharique [sakarik], **saccharinique** [sakarinik] *a.*《화학》당의, 당에서 유도된. acide ~《화학》당산(糖酸).

saccharoïde [sakarɔid] *a.* 설탕 모양의.

saccharol [sakarɔl] *n.m.*《화학》사카롤. 「劑).

saccharolé [sakarɔle] *n.m.*《약》함당제(含糖

saccharomyces [sakaromises], **saccharomicète** [sakaromisɛt] *n.m.* 효모균; (*pl.*)효모균속.

saccharose [sakaroːz] *n.f.*《화학》사카로즈, 자당(蔗糖).

saccharure [sakaryːr] *n.m.*《약》당산(糖散).

saccule [sakyl] *n.m.*《해부》(귀 속의)소낭(小囊), 포낭(胞囊).

sacculiforme [sakyliform] *a.* 소낭 모양의.

sacculine [sakylin] *n.f.*《동물》주머니벌레(게에 기생하는 갑각류).

S.A.C.D.《약자》Société des auteurs et compositeurs dramatiques 극작가·연극 음악 작곡가 협회.

S.A.C.E.M.《약자》Société des auteurs, compositeurs et éditeurs de musique 작곡가·작사가·음악출판자 협회.

sacerdoce [sasɛrdɔs] *n.m.* ① 성직자의 지위·직능; 《가톨릭》 사제(주교)직, 사제권. ② 《집합적》 성직자의 단체, 주교단. ③ 《가톨릭》 성직자의 권한, 성권(聖權). ④ 《비유적》 사욕을 버리고 헌신하는 직, 성직. ~ du professeur 교육자의 성직. ~ de l'artiste 예술가의 천직. Il voit dans son métier un ~. 그는 자기 직업을 일종의 성직으로 생각하고 있다.

sacerdotal(ale, *pl.* **aux)** [sasɛrdɔtal, -o] *a.* 성직자의; 《가톨릭》 사제(주교)의. fonction ~ale 성직자의 직무. le corps ~ 성직자 단체.

sacerdotalisme [sasɛrdɔtalism] *n.m.* 《드물게》성직자제(制); 성직자 기질; 사제의 세력; 성직제주의.

sach-e, -es, etc. [saʃ] ⇨ savoir 의 (主義).

sachée [saʃe] *n.f.* 《드물게》한 부대의 분량. une ~ de pommes 사과 한 부대.

sachem [saʃɛm] *n.m.* (북미토인의) 추장; 《비유적》 장로. ~ du romantisme 낭만주의의 장로 (*Chateaubriand* 의 별명).

sachet[1] [saʃɛ] *n.m.* 작은 주머니; 향 주머니 (~ à parfums); 약 주머니; de bonbons 작은 사탕 주머니. ~s de lavande 라벤더의 향 주머니.

sachet[2] **(te)** [saʃɛ, -ɛt] *n.* 《옛》 13세기의 고행회(苦行會)에 속하는 수도사(女).

sac-jumelle [sakʒymɛl] (*pl.* ~s-~s) *n.m.* 한복판에서 양쪽으로 열리는 여행 가방.

sacoche [sakɔʃ] *n.f.* (여행용의) 지갑; (차장·수금인 따위의) 가방; 연장 주머니; 안장 주머니. ~ de facteur 우편배달부의 가방. ~ d'encaisseur 수금 가방. ~ de cavalier 《군사》 (기수) 가방 (안장 양쪽에 내려뜨리는 것). ~ de cycliste 자전거 안장 주머니.

sacoléva [sakɔleva] *n.m.*, **sacolève** [sakɔlɛ:v] *n.f.* [*m.*]《해양》 (터키·그리스의) 소형 돛단배.

sacome [sako:m] *n.m.* 《건축》 돌을 쇠시리. [기.

sacquage [saka:ʒ] *n.m.* 《구어》 몰아내기, 해고시키

sacquebute [sakbyt] *n.f.* ① 《옛》 (끝이 갈고리 모양으로 굽은) 창 (槍). ② 《옛》 《음악》 (중세시대의) 트롬본 모양의 취주 악기.

sacquer [sake] *v.t.* 《구어》 ① 몰아내다, 해고시키다(renvoyer). se faire ~ 목이 잘리다, 내쫓기다. ② 엄하게 꾸중하다 (réprimander); (시험에) 불합격시키다. ~ un élève à l'examen 학생을 시험에서 떨어뜨리다.

sacral(ale, *pl.* **aux)** [sakral, -o] *a.* 신성화된.

sacralisation [sakralizasjɔ̃] *n.f.* 신성화, 신성성 (神聖性)의 부여.

sacraliser [sakralize] *v.t.* (에게) 신성성을 부여하다, 신성화하다. ~ les ancêtres 조상을 신성화 (신격화) 하다. ~ l'art 예술을 신성화하다. Ce film *sacralise* le sexe. 이 영화는 섹스를 신성화하고 있

sacralité [sakralite] *n.f.* 신성성.   [다.

sacramentaire [sakramɑ̃tɛ:r] *n.* 《종교사》 성찬형식론자 《성체 내에 그리스도가 현존한다는 것을 부정하는 *Calvin, Zwingle* 일파에 대해 *Luther* 파가 붙인 이름). doctrine ~ 성찬형식론자의 doctrine ~ 성체 형식론. ② 성사 (聖事)에 관한 (sacramentel). théologie ~ 성사(신)학.

sacramental(ale, *pl.* **aux)** [sakramɑ̃tal, -o] *a.* = **sacramentel.** — *n.m.* 《가톨릭》준성사 (準聖事) 《축성(祝聖)·구마(驅魔) 따위》.

sacramentalement [sakramɑ̃talmɑ̃] *ad.* = **sacramentellement.**

sacramentel(le) [sakramɑ̃tɛl] *a.* ① 《가톨릭》 성사(聖事)의, 칠성사에 관계되는. rites ~s 성사의 의식. prononcer les paroles ~les 성사 집행시에 사용되는 말을 하다. ② 《비유적》엄숙한, 장엄한. heure ~le du dîner 만찬의 엄숙한 시간.

sacramentellement [sakramɑ̃tɛlmɑ̃] *ad.* (성사와 같이) 엄숙하게.

sacrarium [sakrarjɔm] *n.m.* 《고대로마》기도실; 성기실 (聖器室).

sacre[1] [sakr] *n.m.* (국왕·주교의) 축성식 (祝聖式), 대관식 (couronnement), 서품식 (consécration). 《비유적》축성, 제전. le ~ de l'Empereur (나폴레옹 1세의) 황제 대관식. «Le ~ du printemps» (스트라빈스키의) '봄의 제전' (발레곡).

sacre[2] *n.m.* 《조류》 익더귀《매의 암컷》; 《구어》 망나니, 깡패. jurer comme un ~ 입에 담지 못할 욕을 하다.

*sacré(e)** [sakre] *a.p.* ① 《종교상으로》신성한, 성스러운 (↔ profane). art ~ 종교 예술. bœuf ~ (이집트인의) 성우 (聖牛). lieux ~s 성소 (聖所). ordres ~s 성직계급. vases ~s 성기 (聖器), 미사 성체 때에 사용되는 제구. histoire ~e 《성서》 성사 (聖史). livres ~s de l'Inde 인도의 성전. année ~e 《종교》 성년 대사 (聖年大赦) 를 베푸는 해. langue ~e (인도의) 신성을 기록한 말. ~ collège 추기경회 (collège des cardinaux). ② 거룩한, 침범할 수 없는 (inviolable). devoir ~ 거룩한 (신성한) 의무. droits naturels et ~s de l'homme 인간의 본래적이고 신성불가침의 권리. Son sommeil, c'est ~. 《구어》 그의 잠은 아무도 방해해서는 안 된다. S~e Majesté 폐하 (오스트리아 황제의 존칭). ③ 《구어》 (명사의 앞에 놓이고 그 명사를 강조함) 밉살스러운, 빌어먹을 (S- 로 줄여서도 씀). Ce ~ [S-] Dupont! 그놈의 뒤퐁녀석. S~ [S-] imbécile! 이 바보 자식 같으니라구! S~ menteur! 이 고약한 거짓말쟁이 같으니라구! S~e brume du diable! 정말 지독한 안개라나! S~ nom de Dieu[d'un chien]!; S~ bon Dieu! 빌어먹을! 제기랄! ④ 《구어》 (감탄 또는 비꼬는 투로) 대단한, 멋진. Tu as une ~e chance. 너는 정말 재수가 좋은 놈이다. Il a un ~ talent. 그는 대단한 재능의 소유자이다. ⑤ 《해부》 선골 (仙骨)의. os ~ 선골.
—*n.m.* 성스러운 것; 성사 (聖事). le ~ et le profane 성스러운 것과 세속적인 것.

[REM] *sacré* 모든 종교에 대하여 사용할 수 있음. **saint** 원칙적으로 기독교에 한하여 사용한다. huile *sainte* 성유 (聖油).

sacrebleu [sakrəblø] *int.* 제기랄! (*sacré Dieu* 의 완곡어법에 의한 변형). S~! Qui t'a dit cela? 제기랄! 누가 그런 말을 했어?

Sacré-Cœur [sakrekœ:r] *n.m.* 그리스도의 마음, 성심 (聖心); 성심회 (Congrégation du ~); 사크레쾨르 성당 (몽마르트르 언덕 위에 있음) (Basilique (Église) du ~).

sacredié [sakrədje], **sacredieu** [sakrədjø] *int.* 제기랄!

sacrement [sakrəmɑ̃] *n.m.* ① 《가톨릭》 칠성사 (七聖事); 《신교》 사크라멘트, 성례 (聖禮); 《그리스도교》 기밀 (機密). les derniers ~s (임종때에 베푸는) 종부성사, 병자의 성사. le Saint S~ 성체 (그리스도의 살과 피를 상징하는 빵과 포도주). procession du saint ~ 성체 행렬. un saint ~《구어》 성체 안치대. ② (특히) 결혼과 영성체. fréquenter les ~s 자주 고해하고 영성체하다. ③ 《구어》 결혼 (의 성사). se lier [s'unir] par le ~ 결혼으로 맺어지다.
avoir tous les ~s 《구어》 모든 게 다 갖추어져 있다, 받을 것은 다 받다. *promener qc comme le saint* ~

…을 소중히 지니고 다니다.
sacrément [sakremã] *ad.* (구어)몹시(diablement, beaucoup). avoir ~ peur 몹시 무서워하다.
sacrer [sakre] *v.t.* ①《종교》성식(聖式)에 의하여 신성하게 하다; 축성(祝聖)하다. ~ un évêque 주교를 축성하다. ②(비유적)[~ *qn*+속사](으로)받들다, 칭송하다. ~ *qn* grand écrivain …을 위대한 작가로 떠받들다(공인하다).
—*v.i.* (구어)욕하다(jurer).
sacret [sakrɛ] *n.m.* 〖조류〗 난추니(매의 수컷).
sacrifiable [sakrifjabl] *a.* 희생될 수 있는.
sacrificateur(trice) [sakrifikatœːr, -tris] *n.* 제물을 바치는 사람. grand ~ 유태교의 대제사장.
sacrificatoire [sakrifikatwaːr] *a.* 희생의, 제물의, 속죄(贖罪)의.
***sacrifice** [sakrifis] *n.m.* ①(의식과 더불어)신에 바치는 것(봉납·봉헌·인신 제물 따위)(immolation). ~s d'animaux 동물 제물. ~s humains 인신 제물. Les païens faisaient des ~s aux dieux. 이교도들은 신들에게 제물을 바쳤다. ②《가톨릭》(그리스도의)희생. ~ de la croix[~ du Christ] (인류의 속죄를 위한)십자가에서(그리스도의)희생. saint ~ (de la messe) 미사성제. ③(일반적으로)(각종의)희생, 희생적 행위; (희생의)제물. Il faut faire[consentir] des ~s pour y arriver. 그렇게 되기 위해서는 희생을 해야 한다[감수해야 한다]. Il a l'esprit de ~. 그는 희생정신이 있다. ~ des préjugés(des intérêts nationaux) 편견[국가 이익]의 제물. [faire le ~ de *qc*] Il *a fait le ~ de* sa vie à [pour] la patrie. 그는 조국을 위해 목숨을 바쳤다. ④(*pl.*) 경제적 희생. Ses parents ont fait de grands ~s pour son éducation. 양친은 그의 교육을 위해 크나큰 희생을 하였다.
sacrificiel(le) [sakrifisjɛl] *a.* 제물로 바치는. rite ~ 번제(燔祭).
sacrifié(e) [sakrifje] *a.p.* ①희생된, 자기 희생의. mission ~*e* 결사대. ②(물건이)포기된. marchandise ~*e* 헐값으로[손해 보고] 처분한 상품.
—*n.* (자기)희생자.
sacrifier [sakrifje] *v.t.* ①(짐승·사람을)제물로 바치다. ~ une victime à la divinité 신에게 제물을 바치다(번제를 드리다). ②(비유적)[~ *qc/qn* à/pour] ⓐ(에)희생시키다, (을 위해)버리다. ~ ses amis à ses intérêts 자기의 이익을 위해 친구를 버리다. ~ son goût à celui de son siècle 자기의 취미를 버리고 시대 흐름을 따르다. ~ sa fortune à l'intérêt public 사재(私財)를 공익을 위해 쓰다. Le metteur en scène *a sacrifié* ce rôle. 연출가는 그 역을 빼버렸다. ⓑ전부 제공하다, 충당하다. Il a tout *sacrifié* à son ambition. 그는 야심을 위해 모든 것을 바쳤다. ③싸게 팔아버리다; 아까와하며 내놓다. ~ des stocks de marchandises 재고품을 염가 판매하다. ~ une de ses bonnes bouteilles 자기의 좋은 술 한병을 내놓다.
—*v.t.ind.* [~ à] ①…에 제물을 바치다. ~ *à* Dieu (*aux* idoles) 신(우상)에게 제물을 바치다. ②[~ à *qc*]…을 추종하다, 따르다(obéir, se conformer). Elle *sacrifie* toujours à la mode. 그녀는 항상 유행만을 쫓고 있다. ~ aux préjugés de l'époque 시대의 편견에 따르다.
—**se ~** *v.pr.* [se ~ pour/à] (을 위해)자기를 희생하다; (에) 몸을 바치다. *se ~ pour(à)* la patrie 조국에 몸을 바치다. Les jeunes *se sacrifient* à de nobles idées. 젊은이들은 고귀한 이념을 위해 몸을 바친다. Il *s'est sacrifié pour* sauver un enfant qui se noyait. 그는 자신을 희생하고 물에 빠진 아이를 구했다.

sacrilège[1] [sakrilɛːʒ] *n.m.* 신성 모독의; 불경, 무례. commettre un ~. 신성(소중)한 것을 더럽히다. [C'est un ~ (que) de+*inf.*] *Ce serait un ~ de* retoucher à ce tableau. 그 그림에 함부로 가필한다는 것을 무례한 짓이 될 것이다.
sacrilège[2] *a.* 신성을 모독하는; 불경한. action ~ 신성을 더럽히는 행위. parole ~ 모독적인 언사. personne ~ 불경배. —*n.* 신성 모독자.
sacrilègement [sakrilɛʒmã] *ad.* 신성을 모독하여, 불경되게.
sacripant [sakripã] *n.m.* ①(옛)허세를 부리는 사람. ②무뢰한, 건달(vaurien).
sacristain [sakristɛ̃] *n.m.* ①《종교》성당지기; 성기 책임자; (경멸)우직한 신자. ②(원통형으로)말린 과자의 일종.
sacristaine [sakristɛn] *n.f.* =sacristine.
sacristi [sakristi] *int.* (분노·초조·장난기를 나타내며)제기랄! 빌어먹을! Allons, ~, dépêchez-vous! 자, 제기랄, 좀 서두르지. (형용사적)[~ de|cette ~ d'auto 이놈의 자동차.
sacristie [sakristi] *n.f.* 《종교》①제의실, 성기실(聖器室), 의식용구실(儀式用具室). ②(옛)(특별 미사 따위에 의한 교회의)임시 수입.
sacristine [sakristin] *n.f.* 제의실의 성기(聖器)를 맡아 보는 수녀.
sacro-iliaque [sakrɔiljak] *a.* 〖해부〗선골회장(仙骨回腸)의.
sacro-saint(e) [sakrosɛ̃, -ɛ̃ːt] *a.* (흔히 반어적)극히 신성한; (과장하여)불가침의. nom ~ de la Vierge 성모 마리아의 지극히 거룩한 이름. ses ~es habitudes 그의 신성 불가침의 습관.
sacro-vertébral(ale, *pl.* **aux)** [sakrovertebral, -o] 〖해부〗 *a.* 선골(仙骨)과 추골(椎骨)의. —*n.f.* (위)의 관절.
sacrum [sakrɔm] *n.m.* 〖해부〗 선골(仙骨).
S.A.D. (약자)Société des auteurs dramatiques 극작가 협회.
sad(d)ucéen(ne) [sadysɛɛ̃, -ɛn] 〖성서〗 *a.* 사두개교(教)의. ~ 사두개교도(유태인의 지도적 계급의 하나, 부활·내세를 믿지 않았음).
sad(d)ucéisme [sadyseism] *n.m.* 사두개교.
sadique [sadik] *a.* 〖심리〗 새디즘의, 학대 음란증의. (↔masochiste) 잔악한, 잔인한. —*n.* (위)의 사람.
sadiquement [sadikmã] *ad.* 새디즘적으로; 잔인하게, 잔혹하게.
sadisme [sadism] *n.m.* 〖심리〗 새디즘, 학대 음란증; 가학 취미.
sado(-)masochisme [sadomazɔʃism] *n.m.* 사도매저키즘(새디즘과 매저키즘을 합한 변태 성욕).
sado(-)masochiste [sadomazɔʃist] *a., n.* 사도매저키즘의(사람).
S.A.E. (약자) *Society of Automotive Engineers* 자동차 기술자 협회) *a.* classification 《기술》(윤활유의)SAE 규격.
S.A.É [ɛsɑe] (<(옛))Son Altesse Électorale 선거후전하(選擧侯殿下); Son Altesse Éminentissime 추기경 각하.
safari [safari] *n.m.* 〖식물〗 (아프리카의)수렵여행; 야생 동물을 촬영하기 위한 여행(~-photo).
s.-affl. (약자)sous-affluent 부지류(副支流).
safran[1] [safrã] *n.m.* 〖식물〗 사프란; 사프란 가루; 〖시〗사프란 색(아침 놀의 빛깔). —*a.* (불변) 사프란 색의. gants ~ 사프란 색의 장갑(노란색).
safran[2] *n.m.* 〖해양〗 키의 밑판.
safrané(e) [safrane] *a.p.* 사프란색의; 사프란 가루로 물들인.

safraner [safrane] *v.t.* 《요리》 사프란 가루로 물들이다; 사프란 가루로 맞히다.

safranier(ère) [safranje, -ɛːr] *n.* ① 사프란 재배자. ② 《옛》 파산자. —*n.f.* 사프란 밭.

safranine [safranin] *n.f.* 사프라닌《화학 염료》.

safre¹ [safr] *n.m.* 《화학》 산화 코발트, (산화 코발트로 착색한)청색 유리(smalt).

safre² *a.* 《옛》 걸신들린.

saga [saga] *n.f.* 《문학》 사가《중세 아이슬란드·스칸디나비아의 전설·영웅담》. ~s islandaises 아이슬란드 사가.

sagace [sagas] *a.* 예민한, 총명한(fin, perspicace). esprit ~ 총명한 정신(의 소유자).

sagacement [sagasmɑ̃] *ad.* 예민하게, 총명하게.

sagacité [sagasite] *n.f.* 예민, 총명(finesse). avec ~ 예민하게, 총명하게.

sagaie [sagɛ] *n.f.* (남미 토인의) 가느다란 투창(zagaie).

sagard [sagaːr] *n.m.* 《드물게》 (재목을)판자로 켜는 직공.

*****sage** [saːʒ] *a.* ① 슬기로운, 현명한, 총명한, 영리한(intelligent); 분별있는(sensé). agir en homme ~ 슬기로운 사람답게 행동하다. esprits ~s 분별있는 사람들. ~ décision 현명한 결정. [être ~ de+inf.] Vous avez été ~ de ne pas l'accepter. 당신이 그것을 수락하지 않은 것은 현명한 행동이었다. 《비인칭》 Il serait plus ~ d'emporter un parapluie. 우산을 가지고 가는 것이 더 현명할 것이다. ② (아이들이)온순한, 얌전한, 착한, 싹싹한(gentil) 성숙한, 정결한(chaste). être ~ en class 수업 중에 얌전히[조용히]있다. femme ~ 정숙한 여자. jeune homme ~ 품행이 단정한 젊은이. air ~ 얌전한 태도. ~ comme une image 아주 온순(얌전)한. ③ 조심성있는, 절제있는(modéré). désirs ~s 분별있는 소망. ~ conduite 절제있는 행동. ④ 《미술·문학》 고전적이며 아담한, 고담(古淡)한《옷 따위가》검소한(modeste). roman ~ 온건한 소설. Sa peinture est assez ~ et classique. 그의 그림은 아담하고 고전적이다.

—*n.m.* ① 현인(賢人), 성인(聖人). ~ stoïcien 스토아파의 현인. le S~ 솔로몬《구약성서의 인물》. les Sept S~s (de la Grèce) (그리스의) 7 현인. le S~ de Ferney 페르네의 현인《Voltaire의 별명》. ② 《정치·경제·사회의 어려운 문제를 해결하기 위한》공정한 조절자《중개인》, 조언자. ③ 《fou 의 반대 의미로》평범한 사람, 보통사람.
Un fou enseigne bien un ~. 《속담》 바보에게서도 배울 것이 있다.

sage-femme [saʒfam] (*pl.* **~s-~s**) *n.f.* 산파, 조산부.

sagement [saʒmɑ̃] *ad.* 슬기롭게, 현명하게; 온순하게, 얌전하게. Il parle ~. 그는 분별있게 말한다. agir ~ 신중하게 행동하다. Attendez ~. 얌전히 기다리시오.

sagène [saʒɛn] *n.f.* 옛 러시아의 척도(3 archines; 2.1336m).

*****sagesse** [saʒɛs] (<*sage*) *n.f.* ① 슬기로움, 지혜, 현명, 총명; 분별(bon sens). entendre la voix de la ~ 양식의 소리에 귀를 기울이다. agir avec ~ 신중하게 행동하다. Il prévoyait l'avenir pas sa profonde ~. 그는 깊은 식견으로 미래를 내다보고 있었다. [avoir la ~ de+inf.] Il a eu la ~ d'attendre le moment favorable. 그는 현명하게도 적절한 기회를 기다릴 줄 알았다. âge de la ~ 장년기. dent de ~ 사랑니. ~ humaine; ~ du monde 처세술. (Livre de) la S~ (구약성서의)잠언(箴言)《솔로몬의 지혜의 서》. ② 온순함, 얌전함, 싹싹함; 조심성; 절제; 정숙함. fille d'une grande ~ 행동이 얌전한 처녀. obtenir un prix de ~ 덕행상을 타다. ③ 절도, 온건함(mesure). ~ de cette peinture 그 그림의 온건함. ~ de la prose française 프랑스어 산문의 절도. *la ~ des nations* 속담, 격언.

sagette [saʒɛt] *n.f.* ①《옛》 작은 화살(flèche). ②《식물》 =sagittaire.

sagittaire [saʒitɛːr] *n.m.* ① (고대로마의)사수《射手》. ② (S~) 《천문》 사수자리《射手座》, 인마궁(人馬宮). —*n.f.* 《식물》 쇠귀나물.

sagittal(ale, *pl.* **aux)** [saʒital, -o] *a.* 화살 모양《방향》의, 편마·수직 평면.

sagitté(e) [saʒite] *a.* 《식물》 화살촉 모양의.

sagou [sagu] 《말레이》 *n.m.* 사고《사고야자나무의 녹말》.

sagouin(e) [sagwɛ̃, -in] *n.m.* 긴꼬리원숭이. —*n.* (구어)불결한(단정치 못한)사람. ce vieux ~ de père A 저 지저분한 A 란 늙은이.

sagou(t)ier [sagu(t)je] *n.m.* 《식물》 사고야자나무.

sagum [sagɔm] *n.m.* (고대로마의)군인용 짧은 망토.

saharien(ne) [saarjɛ̃, -ɛn] *a.* 사하라 사막《le Sahara》의. tribus ~nes 사하라 부족. chaleur ~ne 《비유적》 사하라 사막같은 (살인적인) 더위.
—*n.f.* 소매가 짧은 웃옷.
—**S**~ *n.* 사하라 지방의 주민. les ~s 사하라의 주민들.

saï [sai] *n.m.* 《구어》 《동물》 대모(戴帽)원숭이《남미산》.

S.A.I. 《약어》 Son Altesse Impériale 전하《황족에 대한 경칭》.

saie¹ [sɛ] *n.f.* ①《고대로마》 =sagum. ② 순모의 고급 안감.

saie² *n.f.* (금은세공용의)솔, 브러시.

saietter [sɛjɛ(e)te] *v.t.* 브러시로 깨끗이 하다.

saïga [saiga] *n.m.* 《동물》 사이가《중·동유럽 초원에 사는 영양의 일종》.

saignant(e) [sɛɲɑ̃, -ɑ̃ːt] (<*saigner*) *a.* ① 피가 흐르는; 《요리》(고기를)설익힌. blessure ~e 피가 흐르는 상처. bifteck ~ 설익힌 비프스테이크. ② (정신적인 상처가)쓰라린; 생생한. amour ~ (피 흘리는 듯한)쓰라린 사랑. cœur encore ~ 아직도 상처가 아물지 않은 마음. ③ 《구어》 자극적인, 선동적인(sensationnel).
—*n.m.* 피가 흐르는 것; 설익힌 고기; 《비유적》생생한 것; 임상(臨床). étudier sur le ~ 생생한 상처를 관찰 연구하다.

saignée [sɛ(e)ɲe] *n.f.* ① 《의학》 자락(刺絡), 사혈(瀉血); 자락한 혈액. pratiquer une ~ 자락《사혈》하다. ~ copieuse(abondante) (자락에 의한)대량의 혈액. ② 팔의 오금《보통 여기서 자락을 행함》. recevoir un coup sur la ~ du bras 팔의 자락 지점에 주사를 맞다. ③《구어》출혈 부담(지출); (전쟁 따위의) 의한)인명의 손실. Ce paiement a été pour lui une ~. 이 지출은 그에게 있어서 엄청난 출혈이었다. La guerre civile a entraîné pour le pays une terrible ~. 내란은 그 나라에 막대한 인명의 손실을 가져왔다. ④ 배수구(排水溝); (기름 따위를 치는)기계의 홈; (고무 따위의 수액을 채취하기 위한)나무의 칼 자국.
faire une ~ à qn …의 피를 뽑다; 《비유적》 …의 돈을 짜내다.

saignement [sɛɲmɑ̃] *n.m.* ① (상처로부터의)출혈. ~ de nez 코피. ② 물감을 증발시키기, 건조. ~ des peintures (막 바른)페인트의 건조.

*****saigner** [sɛ(e)ɲe] *v.i.* ① 출혈하다, 피가 나다. Il *saigne* du nez; Le nez lui *saigne*. Son nez *saigne*. 그는 코피를 흘리고 있다. La plaie *saigne*. 상처에서 피가 나온다. ② 피나는 듯한 정신적 고통을 느끼다. Le cœur me[m'en] *saigne*. 내 가슴이 에이는

듯하다, 피를 토할 노릇이다. La blessure *saigne* encore. 그(정신적) 상처는 아직도 아물지 않았다. Son orgueil *saignait* bien davantage. 그의 자존심은 한결 더 상처입고 있었다.
~ *comme un bœuf* 피를 많이 흘리다.
~ *du nez*(구)에 겁을 먹다.
— *v.t.* ① (의)피를 뽑다, 피흘리게 하다; 〖의학〗자락(刺絡)하다, 사혈(瀉血)하다. ~ *qn au bras* …의 팔에서 피를 뽑다. ② (가축의)목을 따서 죽이다(égorger), (사람을)찔러죽이다. un porc *saigné* 피를 도살하다. ③ [~ *qn*]…의 고혈(膏血)을 짜다(épuiser); …의 돈을 뜯어내다. ~ les contribuables 납세자의 고혈을 짜다. Il lui a fallu de l'argent, il a *saigné* ses sœurs. 그는 돈이 필요해서 누이들에게 돈을 뜯어냈다. ④ 수액(樹液)을 채취하다; (강을)배수(排水)하다, 방수(放水)하다. ~ *des plantes à caoutchouc* 고무나무에서 수액을 채취하다. un fossé 도랑을 배수하다.
~ *à(jusqu'au) blanc* 창백하게 될 때까지 피를 뽑다; (비유적)재산·국력을 탕진하다. Il s'est *saigné à blanc* pour ses enfants. 그는 자식들을 위해 막대한 희생을 치렀다(있는 돈을 다 썼다).
— *se* ~ *v.pr.* ① 계속으로 피를 뽑다[피 흘리게 하다]; 자락(사혈)을 받다. ② 피나는 듯한 희생을 하다(돈을 치르다). *se* ~ *pour donner une situation à ses enfants* 자식들을 어엿한 지위에 앉히기 위해 재산을 날리다. *se* ~ *aux quatre veines*(membres) *pour qn* …을 위하여 온갖 희생을 다하다.

saigneur(*se¹*) [sɛpœːr, -øːz] *n.* 피를 빼는 사람; (돼지 따위의)도살자, 자락(刺絡)하는 이의 의사.
saigneux(*se²*) [sɛpø, -øːz] *a.* (드물게)피묻은, 피가 흐르는, bout ~ (식육점에서 볼 수 있는 송아지·양의)피묻은 대가리.
saignoir [sɛɲwaːr] *n.m.* (돼지·양 따위의)목을 따는 칼.
saïgonnais(*e*) [saigɔnɛ, -ɛːz] *a.* 사이공(Saïgon)의.
— **S—** *n.* 사이곤 사람.
saillant(*e*) [sajɑ̃, -ɑ̃ːt] (*p.pr.*<saillir) *a.* 불쑥 내민, 돌기한. angle ~ (요새의)철각(凸角)(→fortification 그림). parties ~*es* d'un meuble 가구의 불쑥 나온 부분. pommettes ~*es* 불쑥 나온 광대뼈. (비유적)두드러진, 눈에 띄는(frappant, remarquable); 기발한, trait ~ 두드러진 특징; 기발한 표현. On ne trouve rien de ~ dans cet ouvrage. 이 작품에는 이렇다할 특징이 없다.
— *n.m.* ① 〖축성〗 철각(凸角). ② (문체 따위의)특히 두드러진 점.
sailler [saje] 〖해양〗 *v.t.* 앞으로 내밀다. — *v.i.* (배가)전진하다; 앞으로 내밀다. Le navire *saille* de l'avant. 배가 빨리 나아간다.
saillie [saji] *n.f.* ① 돌기, 돌출; 불쑥 나온 모서리; 불쑥 내민 부분; 〖미술〗(화면에서의)부각. ~*s* de la roche 바위에서 불쑥 나온 부분. creux et ~*s* 요철(凹凸). [en ~] fenêtre en ~ 밖으로 나온 창. maison en ~ sur la rue 길 앞으로 쑥 나온 집. Cette figure n'a pas assez de ~. 이 상(像)은 부각된 투가(입체감)이 모자란다. ② (옛)돌출, (비유적)(감정·사상의)용솟음, 혈기, 격발(激發)(élan). couler par ~*s* (분수 따위가)분출하다. ~*s* de la jeunesse 젊음의 혈기. fougueuses ~ de l'imagination 상상력의 거칠없는 약동. ③ 번쩍같은 기지, 재담. ouvrage plein de ~ (d'imagination) 기지가 넘치는 작품. Sa conversation abonde en ~*s*. 그의 대화는 재치가 넘쳐 흐른다. ④ (옛)도약, 약진. ~*s*)avancer par(bonds et) ~*s* (새 따위가)팔짝팔짝 뛰며 나아가다. ⑤ 동물의 수컷이 암컷에 덤벼들기, 흘레(accouplement). d'une vache par un taureau 황소와 암소와의 교미.

⑥ 〖군사〗(성·진지 안의 군대의)출격. faire ~ 돌출하다, 불쑥 내밀다. L'os de la pommette *fait* ~. 광대뼈가 나와 있다. *mettre en* ~ (비유적)어떤 특징을 부각시키다, 돋보이게 하다. *par* ~*s* 단속적으로.

saillir [sajiːr] [14] *v.i.* ① 돌출하다, 불쑥 나오다. balcon qui *saille* sur la rue 길 쪽으로 불쑥 나온 발코니. Ses yeux globuleux *saillaient*. 그의 눈알은 튀어 나와 있었다. Le boxeur faisait ~ ses muscles. 그 권투 선수는 근육을 불쑥 나오게 해 보였다. ② (비유적)눈에 띄다, 드러나다. traits qui le font ~ dans la foule 군중 속에서 두드러지게 하는 그의 생김새. ③ 〖옛〗(주로 부정법·3인칭으로만 쓰임)(물·피가)분출하다(jaillir); (밖으로) 튀어나가다(sortir, s'élancer). Le sang *saillissait de sa veine*. 피가 혈관에서 솟아나왔다.
— [10] *v.t* (주로 부정법·3인칭으로만 쓰임)수컷이 암컷에 덤벼들다.
saïmiri [saimiri] *n.m.* 〖동물〗 원숭이의 일종(열대 아메리카산).
*__sain(e)__ [sɛ̃, ɛn] *a.* ① 건강한, 튼튼한(robuste), (신체의 일부·과일 따위가)상처없는, 손상되지 않은. enfant ~ 튼튼한 어린이. avoir le corps ~ 몸이 건강하다. cheval ~ 흠없는 건강한 말. dents ~*es* 튼튼한 이. pomme(viande) ~*e* 상하지 않은 사과(고기). logement ~ 청결한 주거. ② (비유적)건전한, 정상적인. homme ~ d'esprit 정신이 건전한 사람. critique(opinion) ~*e* 공정한 비판(견해). lecture ~*e* 건전한 독서. ③ (장소·기후·음식이)건강에 좋은(salubre), 산 ~ (건강에)좋은 공기. climat ~ 건강에 좋은 기후(풍토). nourriture ~*e* 건강식. ④ 〖해양〗(해안이)안전한. côte ~*e* 항해에 안전한 해안. rade ~*e* 안전한 정박지.
~ *et sauf* 무사히. Nous sommes arrivés ~*s et saufs*. 우리는 무사히 도착했다. *Un esprit ~ dans un corps ~*. (격언)건강한 신체에 건강한 정신.
sain(-)bois [sɛ̃bwa(ɑ)] *n.m.* 〖식물〗서향나무의 일종.
saindoux [sɛ̃du] *n.m.* 돼지 기름, 라드(axonge).
sainement [sɛnmɑ̃] *ad.* ① 위생적으로, 건강에 좋게. vivre ~ 건강하게 살다. être logé ~ 건강에 좋은 집에 살고 있다. ② 건전하게, 올바르게. juger ~ 올바르게 판단하다. Cela est ~ pensé. 그것은 건전한 생각이다.
sainfoin [sɛ̃fwɛ̃] *n.m.* 〖식물〗 잠두(사료용).
*saint(e) [sɛ̃, ɛːt] *a.* ① 성스러운, 신성한, 거룩한. Lieux ~*s*; Terre ~*e* (聖地)예수가 탄생한 곳. S—*e*-alliance 신성동맹(神聖同盟). S—*e* Famille 성가족(聖家族)(예수·성모마리아·성요셉). villes ~*es* Pape S—*s* (예루살렘·em·로마·베나레스). S—*e*-Trinité 성 삼위일체. S—*e* Bible 성서. histoire ~*e* 성사(聖史).
② 결백한, 존귀한, 성인 같은. homme ~; ~ homme 성인(군자). mener une vie ~*e* 정결한 생활을 하다.
③ (이름에 붙여)성(聖)…; (성인의 이름을 딴)축일. ~ Paul 성 바오로. S—*e* Vierge 성모마리아. place(rue) S—-Jacques (파리의)생자크 광장(가). la S—-Nicolas 성 니콜라 축일(크리스마스 이브). la (fête de) S—-Jean 성 요한 축일.
— *n.* ① 성인, 성자, 성인 같은 축일. litanies des ~*s* 제성자(諸聖者)의 연도(連禱). fête de tous les ~*s* 모든 성인의 날. ~ *du jour* 그 날 이 축제일에 해당하는 성자; 오늘의 인물(人物). dernier jour 모르몬 교도. vie des ~*s* 성인전(傳).
~ *de pierre*(*de bois*) 석조[목조] 성상.
② 성인군자. C'est une ~*e*. 그녀는 마치 성녀와도

같다. [라서.
À chaque ~ sa chandelle. 영예는 그 공에 따
Ce n'est pas un petit ~. 그는 보기와는 달리 순진
한 사람은 아니다.
Ce n'est pas un ~. 그는 성인이 아니다, 그에게도
결점은 있다.
Il vaut mieux s'adresser à Dieu qu'à ses ~s. 아랫
사람보다 상사를 상대하는 편이 낫다. [하다.
lasser la patience d'un ~ 분통이 터져 못 견디게
ne savoir (pas, plus) à quel ~ se vouer 어떻게 해야
좋을지 모르다.
petit ~ (de bois) 《속어》성인인 체하는 남자, 사이
비 군자.
prêcher pour son ~ 자신의 이익만 추구하다.
—*n.m.* ① 신성불가침의 장소. ② 《비유적》극비부
분. ~ *des* ~*s* (유태교의)지성소(至聖所); 신성불
가침의 장소.
saintais(e) [sɛ̃tɛ, -ɛːz] *a.* 생트(*Saintes*, 프랑스의 도
시)의. —**S**~ *n.* 생트 사람.
saint-augustin [sɛ̃tɔgystɛ̃] (*pl.* ~**s**-~**s**) *n.m.* ①
〖인쇄〗생토귀스탱 활자(12 또는 13 포인트). ②
(11월에 먹는)배의 한 품종.
Saint-Barthélemy (la) [lasɛ̃bartɛlmi] *n.f.* ①
〖종교〗성(聖) 바르틀레메오의 축제일(8월 24
일). ② 생바르텔르미의 학살(1572년 8월 24일의
신교도의 학살); 대학살. *faire une ~ (de qc)*《구
어》(…을)몰살하다.
saint-bernard [sɛ̃bɛrnaːr] *n.m.* 《복수불변》① 세인
트버너드 종(개의 일종으로 알프스 산중의 성베르
나르 고개의 구명견에서 유래). ② 《비유적》(남을
위해)헌신·봉사하는 사람. *C'est un vrai ~.* 정말
남을 위해 몸을 아끼지 않는 사람이다.
saint-crépin [sɛ̃krepɛ̃] *n.m.*《구어》제화공(製靴工)
의 도구. *porter tout son ~ sur son dos* 세간 전부를
등에 짊어지고 가다.
Saint-Cyr [sɛ̃siːr] *n.pr.m.* 생시르 육군사관학교(보
병 및 기병).
saint-cyrien [sɛ̃sirjɛ̃] *n.m.* 생시르(*Saint-Cyr*)육군
사관학교 생도.
Saint-Domingue [sɛ̃dɔmɛ̃ːg] *n.pr.m.* 〖지리〗①
산토 도밍고(*Santo Domingo*, 도미니카의 수도). ②
아이티 섬의 옛 이름.
sainte-barbe [sɛ̃tbarb] (*pl.* ~**s**-~**s**) *n.f.* ①〖해
양〗선(船)내의 탄약고. ② 화포제(火砲祭)(12
월 4일). ③《구어》귀찮은 존재; 따분한 일. *Quel-
le S~ -B~, ce bonhomme!* 정말 귀찮은 녀석이다,
저 자는! *Cette cérémonie, c'est la S~ -B~.* 이 의
식은 따분해서 못 견디겠다.
Sainte-Croix [sɛ̃tkrwa] *n.pr.f.* 〖지리〗산타크루
즈 섬(버진 열도의 하나로 미국에 소속).
Sainte-Hélène [sɛ̃telɛn] *n.pr.* 〖지리〗세인트헬
레나 섬.
Saint-Élme [sɛ̃telm] *n.pr.m. feu de ~* 생텔모의
불(장두전광(檣頭電光)).
saintement [sɛ̃tmɑ̃] *ad.* 성인답게, 성인처럼. *mou-
rir(vivre)~* 성인처럼 죽다(정결하게 살다).
saint-empire, Saint-Empire [sɛ̃tɑ̃piːr] *n.m.* 신
성 로마 제국.
sainte-nitouche [sɛ̃tnituʃ] *n.f.* =**nitouche**.
Saint-Esprit [sɛ̃tɛspri] *n.m.* 〖종교〗① 성신, 성
령(聖靈). *ordre du ~* 성신 기사단(*Henri* 3세가
1587년에 창설함). ② *(~-e~)* (신교도의 여성이
다)비둘기 모양의 목걸이의 보석.
sainteté [sɛ̃tte] *n.f.* ① 신성(神聖). *~ de l'Évan-
gile* 복음서의 신성함. *maison de ~* 수도원. *odeur
~* 성자의 방향(芳香); 완전한 덕. *sujet de ~* 〖미
술〗종교적인 주제. ② (인물의)성덕(聖德), 경절

함; (법·서약 따위의)신성불가침. *~ d'un mariage*
결혼의 신성함(엄숙함).
Sa(Votre) S~ 로마 교황 성하(聖下).
Sainte-Touche (la) [lasɛ̃ttuʃ] *n.f.*《속어》봉급날.
saint-frusquin [sɛ̃fryskɛ̃] *n.m.* 《복수없음》《속어》
(의류품·재산)일체; (열거한 후에)기타 전부 *(et
tout le reste). tout le ~* 전재산, 소지품 전부. *les
hommes, les femmes, les enfants, les chiens et
tout le ~* 남자들, 여자들, 어린애들, 개들, 기타
모든 것들.
saint-germain [sɛ̃ʒɛrmɛ̃] (*pl.* ~(**s**)-~(**s**)) *n.m.*〖식
물〗(즙이 많은)배의 일종.
saint-glinglin [sɛ̃glɛ̃glɛ̃] *n.pr.f. à la ~* 《구어》영원
히(결코)(…이 아니다)(*jamais*). *Il te rembour-
sera à la ~.* 그는 결코 돈을 갚지 않을 것이다
(quand les poules auront des dents).
Saint-Graal(le) [ləsɛ̃grɑːl], **Saint-Gréal(le)**
[ləsɛ̃greal] *n.m.* 성배(聖杯)(*graal*).
saint-honoré [sɛ̃tɔnɔre] *n.m.* 생토노레(케이크의
일종).
saint-hubert [sɛ̃tybɛːr] *n.f.* 화려한 사냥의 나팔소
리(*saint Hubert* 의 축일에 울림).
Saint-Jean (la) [lasɛ̃ʒɑ̃] *n.f.* ① 세례 요한의 축제
일(6월 24일). ② *herbe de la ~* 쑥.
Saint-Lago [sɛ̃lago] *n.pr.*《속어》생라자르(*Saint-
Lazare*) 감옥.
Saint-Lundi(la) [lasɛ̃lɛ̃di] *n.f. faire la ~*《속어》
월요일에 휴업하다.
Saint-maixentais(e) [sɛ̃mɛksɑ̃tɛ, -ɛːz] *a.* 생멕상
(*Saint-Maixent*, 프랑스의 도시)의.
—**S**~-**M**~ *n.* ① 생멕상 사람. ② 생멕상 사관학교
생도(출신의 보병 장교).
saint-marcellin [sɛ̃marsɛlɛ̃] *n.m.* 《복수불변》사
부아(*Savoie*)산 치즈의 일종.
Saint-Marin [sɛ̃marɛ̃] *n.pr.m.* 〖지리〗산마리노
공화국.
saint-marinais(e) [sɛ̃marinɛ, -ɛːz] 〖지리〗*a.* 산
마리노(*Saint-Marin*, 이탈리아 동북 내의 소(小)공
화국)의. —**S**~-**M**~ *n.* 산마리노 사람.
Saint-Martin (la) [lasɛ̃martɛ̃] *n.f.* 성 마르탱의 축
제일(11월 11일). *été de la ~* (겨울이 들기 전)
11월 초순·중순의 마지막 좋은 날씨.
Saint-Michel (la) [lasɛ̃miʃɛl] *n.f.* 대천사 미카엘
의 축제일.
saint-nectaire [sɛ̃nɛktɛːr] *n.m.* (*Auvergne* 산의)치
즈의 일종. [하는 교황청의 국(局)], 종교재판소.
saint-office [sɛ̃tɔfis] *n.m.* 성청(聖廳)(이단을 규명
saint-paulin [sɛ̃polɛ̃] *n.m.* (생폴랭산의)치즈.
Saint-Père (le) [ləsɛ̃pɛːr] *n.m.* 성부(聖父)(로마
교황의 존칭).
saint-siège [sɛ̃sjɛːʒ] *n.m.* ①〖가톨릭〗가톨릭 교
회의 수좌의 자리; (*S*~-*S*~) 성좌(聖座); 권능; 통
치. *décision du S*~-*S*~ 성좌에 의한 결정, *états
du S*~-*S*~ 교황령(教皇領). ②(은어)변소.
saint-simonien(ne) [sɛ̃simɔnjɛ̃, -ɛn] *a.* 생시몽
(*Saint-Simon*, 공상적 사회주의자)주의의. —*n.* 생
시몽파의 사회주의자.
saint-simonisme [sɛ̃simɔnism] *n.m.* 생시몽주의.
Saint-Sylvestre (la) [lasɛ̃silvɛstr] *n.f.*〖종교〗
성 실베스트르의 축제일(12월 31일). *faire la
veillée de la ~* 제야(除夜)를 새우다.
Saint-trou-du-cul [sɛ̃trudyky] *n.f.*《속어》*à la ~*
결코. *jusqu'à la ~* 영원히.
sais [sɛ] *n.m.* 《드물게》사브르 직설·현재·1(2)·단수.
saisi(e¹) [sezi] *a.p.* ① 잡힌; [~ *de*] (감정 따위에)
사로잡힌. *Je me sentis ~ aux épaules.* 나는 어깨
가 붙잡히는 것을 느꼈다. *Il est ~ de terreur.* 그는

공포에 사로잡혔다. ② 〖법〗 (물건이)차압〔압류〕된; (사람이)차압〔압류〕을 받은; 발행정지를 당한. meubles ~s 차압된 가구. journal ~ 발행〔판매〕정지를 받은 신문. tiers ~ 가차압 명령을 받은 제 3 채무자. partie ~e 차압을 받은 채무자. ③〖옛〗〖법〗[~ de] 제소당한, 제기된. tribunal ~ d'une affaire 어떤 사건이 제소된 재판소. tribunal ~ d'un recours 상소가 제기된 재판소. ④[~ de](을)하다. voleur ~ du vol 훔친 물건을 갖고 있는 도둑. ―n. 〖법〗 차압을 받은 채무자.

saisie² n.f. ① 〖법〗 차압, 압류, 압수; 발행 금지〔정지〕. être sous le coup d'une ~ 차압을 당하고 있다. opérer une ~ 차압을 집행하다. ~ immobilière 부동산 차압. procéder à une ~ [opérer la ~] de marchandises de contrebande 밀수품을 압수하다. ~ d'une publication 출판물의 발행 금지. ②《드물게》나포(拿捕), 포획(捕獲); (비유적)파악. ~ d'un navire 선박의 나포.

saisie-arrêt [seziarɛ] (pl. ~s-~s) n.f. 〖법〗 제 3 채무자에 대한 가압류. ordonnance de ~ 지급 정지 명령.

saisie-brandon [sezibrɑ̃dɔ̃] (pl. ~s-~s) n.f. 〖법〗 미수확물의 압류.

saisie-exécution [siziɛgzekysjɔ̃] (pl. ~s-~s) n.f. 〖법〗 (경매를 위한)동산차압(saisie mobilière).

saisie-gagerie [sizigaʒri] (pl. ~s-~s) n.f. 〖법〗 임대 소작료의 담보 물건에 대한 차압.

saisie-revendication [sezirvɑ̃dikasjɔ̃] (pl. ~s-~s) n.f. 〖법〗 소유 저당권의 주장에 의하여 행하는 가압류.

saisine [sezin] n.f. ① 〖법〗 (사망에 의한)재산 소유권의 이전, 유산 점유. ② 〖해양〗 (선박 예인을 위한)밧줄.

:**saisir** [sezi:r] v.t. ① ⓐ (직접목적보어는 사물) 손에 잡다, 쥐다, 휘어잡다, 움켜쥐다; 손으로 받치다; 붙들고 늘어지다(s'accrocher). Il n'arrive pas à cet objet. 그는 그 물건을 도저히 손에 잡을 수가 없다. ~ une marmite par l'anse pour la retirer du feu 손잡이를 잡고 남비를 불에서 내려놓다. Le manche de ce marteau est trop gros, on a de la peine à le ~. 이 망치는 손잡이가 너무 굵어서 쥐기가 힘들다. ⓑ(직접목적보어는 사람 또는 동물)잡다(attraper); 움켜잡다; 체포하다(arrêter). ~ par la bride un cheval qui essaie de s'échapper 도망치려는 말의 고삐를 움켜쥐다. ~ qn aux épaules ...의 어깨를 움켜잡다. ~ qn au corps 〖법〗 체포하다.

② (기회 따위를)이용하다, 용케 잡다, 포착하다, 교묘하게 이용하다. ~ un moyen 어떤 수단을 교묘하게 이용하다. ~ une excuse [un prétexte] pour ne pas exécuter un travail 어떤 사실을 구실 삼아 일을 하지 않다.

③ 장악하다, 파악하다(embrasser), 이해하다(comprendre), 통찰하다, 꿰뚫어 보다(pénétrer). Vous n'avez pas bien saisi le sens de ses paroles. 당신은 그의 말을 잘 이해하지 못했군요. 〔직접목적보어는 사람〕~ qn ...을 이해하다. 〔직접목적보어 없이〕Vous saisissez? 《속어》아시겠읍니다? Avez-vous bien saisi son intention? 당신은 그의 의도를 꿰뚫어 보았읍니까? ~ la vérité de qc ...의 진상을 파악하다. ~ le rôle 역할을 파악하다.

④ 알아듣다〔차리다〕, 눈치를 채다(percevoir), 〖사진〗 스냅 사진을 찍다. ne pas bien ~ son nom 그의 이름을 잘 알아듣지 못하다. ~ un regard de complicité 눈짓하는 것을 알아차리다. ~ au passage un train en marche 달리는 기차를 스냅 사진으로 찍다.

⑤ 《주어는 사물·직접목적보어는 사람》(사람의 감정이나 감각을)사로잡다; 강한 충격을 주다. Cette horrible scène l'a fortement saisi. 이 무서운 광경이 그의 마음을 강하게 뒤흔들었다. 《수동태》être saisi de joie 기쁨에 사로잡히다. J'ai été saisi par le froid. 추위가 나를 엄습했다. 《수동태로 상황보어 없이》être(rester) saisi 깜짝 놀라다. Quand on lui apprit la nouvelle, elle fut tellement saisie qu'elle en perdit connaissance. 그 소식을 전하니 그녀는 슬픈 나머지 정신을 잃었다.

⑥ [~ qn de qc] ...에게 점유시키다; 제기하다. ~ qn d'un héritage ...에게 유산을 상속받게 하다. 《수동태》être saisi de qn ...을 점유하고 있다. 《상황보어 없이》Le mort saisit le vif. 죽은 사람은 산 사람에게 즉시 유산을 점유케 한다. ~ la chambre d'un projet de loi 의회에 법안을 제출하다. ~ un tribunal d'une affaire 법원에 사건을 제소하다. 《수동태》Le conseil sera saisi de cette question. 위원회는 이 문제의 해결을 위임받고 있다.

⑦ 〖법〗 차압하다, 압류〔압수〕하다. [~ qn/qc] On l'a saisi, On a saisi ses biens. 그는 재산을 압수당했다.

⑧ 〖요리〗 센 불에 얹다. ~ une côtelette 갈비를 센 불에 굽다.

⑨ 〖토목〗 (모래를 점토로)접합하다; 〖해양〗 (밧줄 따위로)묶어매다; (선박을)나포하다; (권력 따위를) 장악하다; (도시 따위를)점거하다.

― **se** ~ v.pr. ① [se ~ de] (을)잡다, 체포〔검거〕하다; (도시 따위를)탈취하다; (구실을)만들다; (문제 따위를)스스로 제기하다. Il s'est saisi d'une arme pour frapper. 그는 치려고 무기를 집어놓았다. se ~ d'un prétexte 구실을 만들다.

② (상호적) 서로 움켜잡다.

saisir-arrêter [sezirarɛ(e)te] v.t. 〖법〗 제 3 채무자에 대한 가압류를 하다.

saisir-brandonner [sezirbrɑ̃dɔne] v.t. 〖법〗 미수확물을 압류하다.

saisir-exécuter [sezirɛgzekyte] v.t. 〖법〗 동산에 대한 강제 집행을 하다.

saisir-gager [sezirgaʒe] v.t. 〖법〗 임대 소작료의 담보 물건을 압류하다.

saisir-revendiquer [sezirrəvɑ̃dike] v.t. 〖법〗 소유저당권의 주장에 의하여 가압류를 하다.

saisissabilité [sezisabilite] n.f. 〖법〗 압류가능성.

saisissable [sezisabl] a. ① 잡을 수 있는; 파악〔포착·이해〕할 수 있는. crime difficilement ~ 수사가 어려운 범죄. murmure à peine ~ 거의 알아들을 수 없는 중얼거림. explication facilement ~ 간단하게 이해할 수 있는 설명. ② 〖법〗 압류할 수 있는, 차압가능한.

saisissant(e) [sezisɑ̃, -ɑ̃t] a. ① (추위가)살을 에는 듯한, 뼈속에 스며드는(aigre). froid ~ 살을 에는 듯한 추위. ② 가슴에 파고드는, 놀라운, 매우 인상적인, 충격〔감동〕적인; 소름 끼치는. spectacle ~ 깜짝 놀랄 만한 광경. contraste ~ 놀랄만한 대조. ③ 〖법〗 압류〔차압〕하는. ―n.m. 〖법〗 압류인.

saisissement [sezismɑ̃] n.m. ① 갑작스러운 추위. ② (기쁨 따위의)급격한 감동(émotion). mourir de ~ 쇼크로 죽다. ③〖옛〗체포; 〖펜싱〗상대의 검을 손으로 잡기.

:**saison** [sɛzɔ̃] n.f. ① 계절, 철, 4 계절의 하나. nouvelle ~ 봄. belle ~ 늦봄부터 여름까지의 철. mauvaise ~ 늦가을에서 겨울까지의 철. rose des quatre ~s 사철 피는 장미. en toute(s) ~(s) 일년 중. ② (기후상의)시기, (농작물 따위의)철, 때. ~ des pluies 장마철, 우기. ~ des semailles 파종기. ~ de la moisson 수확의 시기. marchand des

quatre~s 철에 따라 나는 야채·과일을 파는 행상. fruit dans la ~ 제철의 과일. temps hors de ~ 제철답지 않은 날씨. ~ des feuilles 신록의 계절(feuillaison). ③ (일을 하는 데 적절한)시기; (명사 따위의)시즌; 《사냥》 수렵기. ~ de la pêche au hareng 청어잡이 시즌. fin de ~ 시즌 말. ~ des vacances 바캉스 시즌. ~ des perdrix 자고새의 수렵기. C'est la ~ [Il est de ~] de+inf. …할 때이다. 《생활보어 없이》(관광지의)시즌. La ~ est finie ici. 이곳의(사람이 몰려드는) 시즌은 지났다. faire une ~ (thermale) de trois semaines à Vichy 비시에서 3주일간 탕치(湯泊)를 위해 체재하다. La ~ bat son plein. 때(철)는 한창이다. ⑤《문어》(인생의)시절. en sa dernière ~ 그의 만년에. jeune ~ 젊은 시절, 청춘기. ⑥ 발정기(發情期). chat en sa ~ 발정기의 고양이. ⑦ 시대.
donner ~ 《옛》 기회를 주다.
en temps et ~ 때맞게, 적절한 시기에.
être de ~ (음식 따위가)제철이다; (창고 따위가) 시기 적절하다.
être en temps et ~ 철이 지나다; 시기가 맞지도 않다.
faire la ~ (관광철에, 관광지에서)관광객을 상대로 장사를 하다.
la ~ morte; la morte ~ 한산기, 농한기, 불경기.
saisonner [sɛzɔne] v.i. (과수가)많이 열다.
saisonnier(ère) [sɛzɔnje, -ɛːr] a. 계절의, 계절에 따른; 계절 특유의. produits ~s 계절의 산물. maladies ~ères 계절병. travail ~ 계절 노동. —n. 계절 노동자(ouvrier ~); (관광지나 휴양지의)시즌 체재자(vacancier).
sait [sɛ] savoir 직설·현재·3·단수.
saïte [sait] a. 《고대이집트》 사이스(Saïs)왕조의.
sajou [saʒu] n.m. 《동물》 (중·남미산의)긴꼬리원숭이의 일종.
saké [sake], **saki¹** [saki] n.m. 일본의 청주.
Sakhaline [sakalin] n.pr.f. 《지리》 사할린.
saki² n.m. 《동물》 (중·남미산의)털원숭이.
sakiehs, sakièh [sakjɛ] n.f. (이집트의 소가 끌어돌리는)양수차(揚水車).
salabre [sala:br] n.m. 《어업》 ① 조망(罩網), 반두 그물. ② 구망(球網). ③ 산호를 채취하는 기구.
salace [salas] a. 《문어》 호색의, 외설적의, 음탕한.
salacité [salasite] n.f. 《문어》 호색, 외설, 음탕.
***salade¹** [salad] n.f. ① 《요리》 샐러드, 또는 상치 샐러드. ② 샐러드용 야채; 《식물》 (양상치·풀상치 따위의)상치류의 식물. égoutter la ~ 씻은 샐러드용 야채의 물기를 빼다. retourner la ~ 샐러드를 버무리다. fatiguer la ~ 샐러드를 잘 뒤섞다. ③ 《구어》 뒤섞임; (pl.) 뒤숭숭한 설명, 엉터리 같은 이야기, 범벅(mélange). Ce livre est une ~ des idées et des sujets les plus disparates. 이 책은 극히 잡다한 사상과 주제의 범벅이다.
mettre en ~ 《구어》 …을 뒤죽박죽으로 만들다. ***panier à ~*** 샐러드용 야채의 물기 빼는 바구니; 《속어》죄수 호송차. ***vendre sa ~*** 《속어》(장사꾼이)손님을 부르다; 일에 열중하다; (연예인이)출연하다.
salade² n.f. 《고고학》 (15–16세기에 기병이 쓰던)투구; 투구꼴의 모자.
saladero [saladero] 《에스파냐》 n.m. (남미의)소금에 절인 쇠고기의 저장소; 《옛》 (남미의)소금에 절여 가공한 쇠가죽.
saladier [saladje] n.m. ① 샐러드용 큰 그릇. ② 샐러드용 야채의 물기 빼는 바구니 (panier à salade).
salage [sala:ʒ] n.m. ① (생선·고기 따위를)소금에 절이기, (차도의 눈·얼음을 녹이기 위해)소금을 뿌리기. ② 《사진》 (인화지를)식염수에 담그기. ③ 《옛》 염세(塩税).

***salaire** [salɛːr] n.m. ① 임금, 품삯; (정기적인)급료, 봉급. relever le niveau des ~s 임금의 수준을 올리다. ~ de base 기본 급료. ~ de famine[de misère] 저임금. ~ minimum 최저 임금. ~ social [indirect] (각종 혜택 및 수당이 첨가된)사회보장[간접] 급료. toucher[recevoir] un ~ 월급을 받다. bulletin de ~급여 지급 명세서. ~ à la tâche [au rendement] 청부임금. ~ au temps 시간급. ~ nominal[réel] 액면[실수령] 급여. ② (죄·선행 따위의)대가, 보답. ~ de la peur 공포의 대가. C'est le juste ~ de la trahison. 그것은 바로 배신에 대한 보답이다.
salaison [salɛzɔ̃] n.f. ① 소금에 절이기. ② 소금에 절인 식료품. ③ 《사진》 =salage②.
salamalec [salamalɛk] n.m. 《주로 pl.》 《구어》 지나치게 정중한 인사. faire des ~s à qn …에게 지나치게 정중한 인사를 하다.
salamandre [salamɑ̃ːdr] n.f. ① 《동물》 영원(蠑蚖); 도롱뇽, 불도마뱀 《불속에서 산다고 믿어진》. ② 《속어》 (회색 제복을 입은)독일 여군. ③ 난로의 일종.
salami [salami] n.m. 살라미 《이탈리아 소시지의 일종》. méthode(tactique) du ~ 살라미 수법[작전] 《불요불굴의 적으로 하여금 여러 번에 걸쳐 조금씩의 양보를 하게 함으로써 소기의 목적을 달성하는 술책》.
Salamine [salamin] n.pr.f. 《지리》 살라미스 섬.
salangane [salɑ̃gan] n.f. 《조류》 바다제비. nid de ~ 《요리》 바다제비 둥지 《그 둥지는 식용》.
salanque [salɑ̃ːk] n.f. (프랑스 Roussillon 지방의)저염분 또는 무염분의 충적토(沖積土).
salant [salɑ̃] a.m. 소금기가 나는. marais[puits] ~ 염전[염정]. —n.m. (프랑스 남서부의)염전.
salarial(ale, pl. **aux)** [salarjal, -o] a. 봉급[보수]에 관한, 봉급의. masse ~ale (국가 전체의 봉급 생활자들이 지급받은)지급총액.
salariat [salarja] n.m. ① 《경제》 임금 제도. ② 임금 노동자의 신분; 노동자 계급; 《집합적》 종업원 (↔ patronat).
***salarié(e)** [salarje] a.p. 봉급[임금]을 받는, (일이) 유급(有給)의. —n. 임금 노동자, 봉급생활자, 샐러리맨.
salarier [salarje] v.t. 임금[봉급]을 지불하다.
salaud [salo] 《속어》 n.m. 더러운[추잡한] 놈; 치사스러운 사람. Eh bien mon ~, tu a de la chance! 넌 참으로 운이 좋구나《욕설의 뜻 없이》. S~! 빌어먹을! —a.m. 더러운, 치사스러운. Ça, c'est un coup ~! 그건 치사한 짓이다!
salauderie [salodri] n.f. 《비어》 더러운[치사스러운] 짓(말).

‡**sale** [sal] a. ① 《명사 뒤에서》 더러운, 불결한(malpropre, crasseux); 추잡한, 추악한, 상스러운; (빛깔이)우중충한(terni); 《원자물리》 (핵폭발시) 낙진이 많은(↔ propre). 〜 figure 더러운 얼굴. mains ~s 불결한 손; (추악한 짓을 한)추잡한 손. ~s maladies 성병. raconter des histoires ~s 음담패설을 하다. ② 《구어》 《명사 앞》 나쁜, 못생긴, 보기싫은; (언행이)치사한; 귀찮은. avoir une ~ gueule 《비어》 마음에 들지 않는 모습을 하고 있다. ~ affaire 고약한[곤란한] 일. ~ individu [type] 치사한[비열한] 녀석. ~ temps 고약한 날씨. Il m'est arrivé une ~ affaire. 내게 귀찮은 일이 생겼는데. ③ 《해양》 위험한.
faire une ~ gueule 《비어》 따분한[거북스러운·겁먹은] 기색을 보이다.
~ comme un peigne[un porc] 《구어》 몹시 더러운.

salé(e)

un ~ coup pour la fanfare 《속어》싫은 사건. —n. 더러운[치사한] 사람.

*****salé(e)** [sale] *a.p.* ① 소금을 친, 소금에 절인; 염분을 함유한. conserves ~es 소금에 절인 보존 식품. 《부사적》manger ~ 소금을 쳐서 먹다. eau ~e 염수. plaine ~e(s) 《시》바다. prés ~s 염분을 함유한 목장(초원) 《식용 돼지·양의 사육에 적합한》. ② 《비유적》(값 따위가)호된, 엄청난, 터무니 없는; 엄격한, 가혹한; (형벌 따위가)지나친; (말 따위가)아슬아슬한; 신랄한, 노골적인(licencieux). condamnation ~e 지나치게 가혹한 판결. La note est ~e. 계산이 터무니 없이 비싸다. plaisanteries ~es 아슬아슬한 농담. bonnes conversations bien ~es 재치있는 대화.
avoir le bec ~ 《구어》목이 마르다.
—*n.m.* ① 짠 음식(mets ~s). aimer le ~ 짠 음식을 즐기다. ② 소금으로 간을 한 돼지고기(petit ~). ③ 《속어》《비유적》갓난 애기, 어린애, 꼬맹이. petit ~ 어린아이(petit enfant).

salègre [salɛgr] *n.m.* ① 《조·대마씨 따위를 갈아 소금간을 하여 새에게 주는》소금모이. ② 《소금물을 끓일 때 솥 둘레에 붙는》소금의 결정.

salement [salmɑ̃] *ad.* ① 더럽게, 불결하게(malproprement); 파렴치하게, 추잡하게. ② 추접하게, 비열하게. se conduire ~ 추잡하게 행동하다. ③《속어》몹시, 지독하게. travailler ~ 《학생속어》지독하게 공부하다.

salep [salɛp] *n.m.* 《요리》살렙《난초과(科) 식물 뿌리에서 뽑은 식용 분말》.

*****saler** [sale] *v.t.* ① 소금을 치다; 소금에 절이다. ~ un mets 음식에 소금을 치다. 《직접목적보어 없이》Elle sale trop. 그 여자는 음식에 소금을 너무 친다. ~ du porc 돼지고기를 소금에 절이다. ② 《구어》(손님에게)비싼 값으로 팔다, 바가지 씌우다; 엄하게 벌주다. ~ un client 손님에게 비싸게 팔다. ③ 《사진》인화지를 염화나트륨 용액에 담그다.

salernitain(e) [salɛrnitɛ, -ɛn] *a.* 살레르노의(Salerne, 이탈리아의 도시)의. —S~ *n.* 살레르노 사람.

saleron [salrɔ̃] *n.m.* 소금그릇의 오목한 부분《소금이 담기는 곳》; 작은 소금그릇.

salésien(ne) [salezjɛ̃, -ɛn] [종교] *a.* 프랑수아 드 살(François de Sales)의. —S~ *n.m.* 살레지오회(會)《프랑수아 드 살을 보호성인으로 하는 수도회》의 수도사.

*****saleté** [salte] *n.f.* ① 불결, 더러움; 더러운 것, 오물, 분뇨;《구어》잡동사니; 쓸데없는 것. ② 추잡한《외설스러운 듯》(말), 비열한 언동;《속어》하찮은 여자, 싸구려 매춘부.

saleur(se) [salœ:r, -ø:z] *n.* (고기·생선의)소금 절임업자, 소금에 절이는 일꾼. —*n.f.* 살염하차(撒鹽車)《도로에 소금을 뿌리는 차》.

salicacées [salikase] *n.f.pl.* 《식물》버드나무과.

salicaire [salikɛ:r] *n.f.* 《식물》부처꽃 속의 식물.

salicine [salisin] *n.f.* 《화학》살리신《버드나무 껍질에 함유된 배당체(配糖體)》.

salicin(e) [salisin] *a.* 버드나무의.

salicinées [salisine] *n.f.pl.* 《옛》《식물》버드나무과.

salicional [salisjɔnal] *n.m.* 《음악》오르간의 적성음관(笛聲音管)의 일종.

salicole [salikɔl] *a.* 소금의, 소금을 산출하는.

salicoque [salikɔk] *n.f.* 작은 새우의 일종.

salicorne [salikɔrn] *n.f.* 《식물》수송나물.

salicoside [salikozid] *n.m.* =**salicine**.

saliculture [salikylty:r] *n.f.* 제염(製鹽), 제염업.

salicylate [salisilat] *n.m.* 《화학》살리실산염.

salicyle [salisil] *n.m.* 《화학》살리실기.

salicylé(e) [salisile] *a.* 《화학》살리실기의.

salicylique [salisilik] *a.* acide ~ 《화학》살리실산(酸).

salien(ne) [saljɛ, -ɛn] *a.* 《역사》살리족(프랑크의 일족)의. —S~s *n.m.pl.* 살리족(族).

salien(ne)² 《고대로마》 *a.* 군신(軍神) 마르스(Mars)의 사제(司祭)의. —S~s *n.m.pl.* 군신 마르스의 사제들.

salière [saljɛ:r] *n.f.* ① 소금단지, 소금그릇. ② 말 눈위의 움푹 들어간 곳; 《구어》(여윈 사람의)빗장뼈 위의 움푹한 곳; 《식육》소의 제 1 경추(頸椎). —*a.* 소금을 넣는. argile ~ 소금단지.

salifiable [salifjabl] *a.* 《화학》염화할 수 있는.

salification [salifikasjɔ̃] *n.f.* 《화학》염화.

salifier [salifje] *v.t.* 《화학》염화(塩化)하게 하다. —se ~ *v.pr.* 염화하다.

saligaud(e) [saligo, -od] *n.* 《속어》더러운 사람; 비열한 사람《salaud 보다 약함》.

salignon [salinɔ̃] *n.m.* 《염수의 증발에 의하여 생기는》염괴(塩塊).

salin¹ [salɛ̃] *n.m.* 소금밭, 염전.

salin²(e)¹ [salɛ̃, -in] *a.* 소금기 있는; 《화학》염성(塩性)의. air ~ 소금기를 머금은 바람, 염풍.

salinage [salina:ʒ] *n.m.* ① 채염장(採鹽場). ② 염분 농축 작업; 증발 제염.

saline² [salin] *n.f.* ① 염전, 제염소. ② 암염(岩塩) 광산. ③ 《옛》소금에 절인 고기《생선》.

saliner [saline] *v.i.* 염수를 농축시키다.

salinier(ère) [salinje, -ɛ:r] *a.* 제염(製塩)에 관한. —*n.m.* 제염업자.

salinité [salinite] *n.f.* 염분 함유량, 염도(塩度).

salinomètre [salinɔmɛtr] *n.m.* 염계(塩計), 검염기(檢塩器).

salique [salik] *a.* 《역사》살리족(Saliens)의. loi ~ 살리카 법전.

*****salir** [sali:r] *v.t.* ① (물건을)더럽히다. Cet enfant a sali ses habits. 이 아이는 제 옷을 더럽혔다. ② 남의 체면(명예)을 상하게 하다, 중상하다, (깨끗한 감정·심성을 추잡한 것으로)더럽히다. ~ l'imagination d'un enfant 어린이의 깨끗한 심성을 더럽히다. [~] la réputation de qn …의 평판을 더럽히다. 《속어》On l'a sali par des mensonges. 사람들은 거짓말을 해서 그의 명예를 더럽혔다.
C'est un vilain oiseau que celui qui salit son nid. 《속담》《자기 둥지를 더럽히는 새는 못된 새이다》 자기 집안(나라)을 욕되게 하는 자는 비열한 자이다. ~ du papier 《비유적》가치도 없는 것을 함부로 써대다.
—se ~ *v.pr.* ① 더러워지다, (자기 몸을)더럽히다. Il s'est sali en tombant. 그는 넘어져서 옷을 더럽혔다. 《se는 간접목적보어》Elle s'est sali les mains en maniant de vieux livres. 그 여자는 헌책을 만져서 손을 더럽혔다. ② 체면을 잃다. 《se는 직접목적보어》Il s'est sali en agissant de cette sorte. 그는 그런 행동을 함으로써 체면을 잃었다. 《se는 간접목적보어》Elle s'est sali les mains. 그 여자는 제 손을 더럽혔다. se ~ la figure 《비유적》자신의 체면을 떨어뜨리다.

*****salissant(e)** [salisɑ̃, -ɑ̃:t] *a.* ① 더러운. travail ~ 더러워지는 일. ② 더러워지기 쉬운.

salisson [salisɔ̃] *n.f.* 《구어》더러운 계집애.

salissure [salisy:r] *n.f.* 더러움, 때.

salivaire [salivɛ:r] *a.* 《해부》침의, 타액(唾液)의. glandes ~s 타액선(腺), 침샘. —*n.f.* 《식물》국화과 해바라기류.

salivant(e) [salivɑ̃, -ɑ̃:t] *a.* 《의학》침이 나오게 하는, 타액 분비를 촉진시키는(sialagogue). remèdes ~es 타액 분비제.

salivard [saliva:r] *n.m.* 《구어》 수다스러운 사람.
salivation [salivasjɔ̃] *n.f.* 《생리》 타액 분비; 《의학》 유연증(流涎症).
salive [sali:v] *n.f.* 샤, 타액(唾液).
　avaler(ravaler) sa ~ 《속어》 (말이 막혀서) 도중에 침묵하다. **dépenser beaucoup de ~ (pour rien)** 《구어》 수다를 떨다. **perdre sa ~** 《구어》 쓸데없는 소리를 하다, 헛되이 떠들다.
saliver [salive] *v.i.* 침을 흘리다, (많은) 침이 나오다.
saliveux(se) [salivφ, -φ:z] *a.* 침 같은.
salle [sal] *n.f.* ① (주택 내의 공용의) 방. ~ à manger 식당. ~ d'eau (세탁·세수를 할 수 있는) 샤워실. ~ de bain(s) 욕실. ~ de réception 응접실. ~ commune[de séjour] 거실 (리빙룸 겸 다이닝 룸). ② (공공시설 일반의) 방, 실 (室), 홀; 교실, 석. ~ de rédaction 편집실. ~ d'armes 펜싱 도장. ~ d'attente d'une gare 역의 대합실. ~ de bal[de danse] 댄스홀. ~ des pas perdus(재판소의)대기실; (극장 따위의) 로비; (역의) 대기실. ~ de spectacle[~s obscures] 극장, 영화관. ~ d'exclusivité 개봉관. ~ de quartier 재개봉관. ~ de théâtre 극장의 객석. ~ de vente[des ventes] (법원의) 경매장. ~ de classe 교실. ~ d'études 자습실. ~ de conférences 강의 (강연) 실. ~ de concert 콘서트홀. ~ de discipline (형무소의) 징벌실; 《군사》 징계실. ~ d'expériences 실험실. ~ d'hôpital 공동 입원실. ~ de police 《군사》 영창; (군대에서의) 외출금지 처분. ~ d'honneur 《군사》 기념물 보관실. ~ des gardes (궁전이나 대저택의) 경호원 대기실. ~ du trône (궁전의) 왕좌가 있는 홀. **faire ~ comble**(연극 따위가) 대성공을 거두다. ③ (극장의) 관중. **Toute la ~ applaudit.** 모든 관중이 박수갈채를 한다.
　faire la ~ (극장이나 연설회장을) 자기편이 점유케 하다.
salleran(e) [salrã, -an], **sallerant(e)** [salrã, -ã:t] *n.* 제지(製紙) 직공.
Salluste [salyst] *n.pr.m.* 《라틴문학》 살루스티우스 (로마의 역사가).
salmigondis [salmigɔ̃di] *n.m.* ① 《요리》 (고기의) 잡탕. ② 《구어》 뒤범벅, 잡동사니.
salmis [salmi] *n.m.* 《요리》 구운 새고기 스튜.
salmoné [salmone] *n.m.* 《어류》 연어의 일종.
　—*n.m.pl.* =**salmonidés**.
salmonella [salmɔnela], **salmonelle** [salmɔnɛl] *n.f.* 살모넬라균.
salmonellose [salmɔnelo:z] *n.f.* 《수의》 살모넬라 감염증.
salmoniculteur [salmɔnikyltœ:r] *n.m.* 연어 양식자.
salmoniculture [salmɔnikylty:r] *n.f.* 연어 양식(업), (科).
salmonidés [salmɔnide] *n.m.pl.* 《어류》 연어과.
saloir [salwa:r] *n.m.* ① (고기·생선의) 소금절이 통(단지). ② 《요리》 (불고기의) 소금 치는 그릇.
salol [salɔl] *n.m.* 《화학》 살롤, 살리실산페닐.
Salomon [salɔmɔ̃] *n.pr.m.* 《성서》 솔로몬.
salomonien(ne) [salɔmɔnjɛ̃, -ɛn] *a.* 솔로몬 군도의. *(les îles Salomon)* (사람)의. ~ 솔로몬 군도 사람.
***salon** [salɔ̃] *n.m.* ① 객실, 응접실; 객실용의 가구 한 벌. **Il m'a reçu dans un ~ très élégant.** 그는 매우 우아한 응접실에서 나를 맞았다. ~ **Louis XVI** 루이 16세 양식의 응접 세트. ② (특히 상류 부인의 주재로) 사교인들이 모이는 객실; 초대회; *(pl.)* 사교계. **fréquenter les ~s** 사교계에 드나들다. ~s aristocratiques et littéraires des XVIIᵉ et XVIIIᵉ 17, 18세기의 귀족계급의 문학 살롱. **comédie de ~** 살롱 희극 《살롱에서 공연되는 아마추어 촌극》. **poète de ~** 살롱 시인. **succès de ~** 살롱 안에서만의 (한정된) 성공. **~ de jardin** (옛) (17—18세기의) 정원용 이동식 정자. **~ de verdure** (17—18세기의) 정원 휴게실. ③ (기차·기선 따위의) 휴게실, 살롱; (살롱이 있는) 1등 선실 (객차). ④ 실(室), 점(店), 관. **~ de coiffure** 이발관, 미장원. **~ d'attente d'un médecin** 의원의 대기실. **~ d'hôtel** 호텔의 로비. **~ de pose** 《사진》 스튜디오. **~ de thé** 다방, 다실. ⑤ (정기적인) 미술전; 전람회의 명칭; 신문의 미술 비평기사; (연례) 상품 견본 시장(foire). **S~ d'automne** (파리의) 추계 미술전. **Les S~s de Baudelaire** 보들레르의 미술 비평. **S~ de l'enfance** 아동용품 전시회. ⑥ (코트·스커트·블라우스의) 갖춘 한 벌.
salon(n)ard(e) [salɔna:r, -ard] *n.* 《경멸》 살롱에 모이는 사교계 인사.
salonnier(ère) [salɔnje, -ɛ:r] *n.m.* 《옛》 미술 전람회 관계자(기자·비평가). —*a.* 사교계 특유의, 살롱(식)의.
saloon [salun] *n.m.* 《미영》 (미국 서부의) 술집, 바.
salop [salo] *n.m.* =**salaud**.
salopard(e) [salɔpa:r, -ard] *n.* 《속어》 비열한 자; 《옛》 《경멸》 모로코 반란병.
salope [salɔp] *n.f.* 《속어》 더러운 년; 갈보(같은 년), 잡년; 창녀.
saloper [salɔpe] *v.t.* 《속어》 (일을) 서투르게 하다, 서투르게 손대어 망쳐 놓다; 더럽히다(souiller). ~ **ses vêtements** 옷을 더럽히다.
saloperie [salɔpri] *n.f.* 《속어》 ① 더러움, 불결(saleté). ② 더러운 것, 조제품, 저질품; 더러운 이야기, 치사한 것. **faire manger des ~s** 값싼 것만 먹이다. **dire des ~s** 음담패설을 하다. 《형용사적》 [~de] **cette ~ de voiture** 결딴이 난 형편없는 차.
salopette [salɔpɛt] *n.f.* (가슴받이가 달린) 작업복, 작업 바지; (아이들의) 가슴받이 바지; (사냥할 때 입는) 바지.
salopiat [salɔpja], **salopiau(d)** [salɔpjo], **salopin** [salɔpɛ̃] *n.m.* 《속어》 =**saligaud**.
salpes [salp] *n.m.pl.* 《동물》 살파 《바다의 플랑크톤, 원삭(原索) 동물의 일종》.
salpêtrage [salpɛtra:ʒ] *n.m.* 초석 제조; 초석 포장.
salpêtre [salpɛtr] *n.m.* ① 《화학》 초석(硝石), 질산칼륨. **~ du Chili** 칠레 초석, 질산나트륨. ② 《시》 (대포의) 화약; 《구어》 (비유적) 화잘내는 남자. **C'est un vrai ~.** 걸핏하면 화를 분출하는 사람이다.
salpêtrer [salpɛ(e)tre] *v.t.* 초석으로 포장하다; (습기가 벽 따위를) 초석으로 덮다.
　—**se** ~ *v.pr.* 초석으로 덮이다, (벽 따위가 습기로 해서) 초석이 스며나오다.
salpêtrerie [salpɛtrəri] *n.f.* 초석 (질산칼륨) 제조소 (창고).
salpêtrière [salpɛtri(j)ɛ:r] *n.f.* ① 《옛》 초석 제조소 (창고). ② **La S~ de Paris** (옛날 파리의) 부녀자 감화원; (현재 파리의) 종합병원.
salpêtrisation [salpɛtrizasjɔ̃] *n.f.* ① (드물게) 초석 포장(鋪裝). ② (벽·그림의) 초석 생성, 검게 썩기.
salpicon [salpikɔ̃] *n.m.* 《요리》 살피콘 《파이에 넣기 위해 고기·송이버섯 따위를 섞어 익힌 것》.
salpingite [salpɛ̃ʒit] *n.f.* 《의학》 나팔관염(喇叭管炎); 《구식관영》 (歐氏管炎).
salping(o)- *préf.* 「나팔관·이관(耳管)·난관」 따위의 뜻.
salpingographie [salpɛ̃gɔgrafi] *n.f.* 《의학》 난관 조영법(卵管造影法).
salse [sals] *n.f.* 《지질》 분니화산(噴泥火山).
salsepareille [salsəparɛj] *n.f.* 《식물》 살사 《나리

과); 【약】 살사 뿌리 (정혈·발한제).
salsifis [salsifi] *n.m.* 【식물】 선모(仙茅).
manger les ~ par la racine 《구어》 죽다.
salsolacées [salsɔlase] *n.f.pl.* 【식물】 명아주과(科)(chénopodiacées).
salsugineux(se) [salsyʒinø, -ø:z] *a.* 【식물】 바다의 염분이 밴(흙속에 나는); 바닷물이 스민 땅에서 자라는.
saltarelle [saltarɛl] (이탈리아) *n.f.* ① 살타렐로춤(로마의 민간 댄스). ② 【음악】 살타렐로곡.
saltation [saltasjɔ̃] *n.f.* ① (물 또는 바람에 의한 강하구·사구 따위의) 모래의 이동. ② 【고대로마】 (춤·판토마임을 중심으로 하는) 단체 체조. ~s et marches 매스게임과 행진.
saltatoire [saltatwa:r] *a.* ① 도약하는, 뛰는; 【곤충】 도약에 적합한. ② chorée ~ 【의학】 도약성 무도병(舞蹈病).
saltigrade [saltigrad] *a.* (곤충 따위가) 뛰어서 이동하는. —*n.m.pl.* 파리잡이거미속(屬).
saltimbanque [saltẽbã:k] *n.* ① (가두의) 곡예사, 예인; 어릿광대; 떠돌이 서커스 단원. ② 《옛》(비유적) 익살스러운 사람; 협잡꾼.
salubre [salybr] *a.* (공기·기후·토질 따위가) 건강에 좋은, 위생적인, (비유적) 건강한 (독서 따위가) 건전한. appartement ~ 위생적인 아파트.
salubrement [salybrəmã] *ad.* 건강에 적합하게, 위생적으로.
salubrité [salybrite] *n.f.* (기후 따위가) 건강에 적합함, (음식의) 위생적임. Conseil de S~ 위생국(局). ~ publique 공중위생.
:**saluer** [salɥe] *v.t.* ① ⓐ (에게) 인사하다, 절하다. [~ *qn*] Il *salue* son maître. 그는 선생님께 인사한다. ~ un ami de la main 친구에게 손을 흔들어 인사하다. (목적보어 없이) Il salue en ôtant son chapeau. 그는 모자를 벗고 인사한다. J'ai (bien) l'honneur de vous ~. …상서(上書), 총총(편지의 맺는 말). ⓑ (에) 경례하다; 경의를 표하다; (에게) 안부를 전하다. ~ le drapeau 국기에 경례하다. Saluez-le de ma part. 그에게 안부 전해주세요. ⓒ (호의 또는 악의를 가지고) 맞아들이다, 영접하다, 환영하다. Son arrivée *fut saluée* par un tonnerre d'applaudissements. 그가 도착하자 우뢰 같은 박수소리가 일어났다.
② 《옛》(로) 인정하다, 모시다, 받들다. [~ *qn* (comme) *qn*; ~ en *qn*/*qc*] Il *a été salué* grand maître. 그는 거장으로 인정되었다. On *a salué* en lui le précurseur du symbolisme. 그는 상징주의의 선구자로 인정되었다. L'armée le *salua* empereur. 군대는 그를 황제로 받들었다.
~ la bille 【당구】공을 미스하다.
~ un grain 【해양】 스콜 때문에 돛을 걷다.
—*se ~ v.pr.* 서로 인사하다.
salure [saly:r] *n.f.* 소금기, 염분.
***salut** [saly] *n.m.* ① 인사(의 몸짓); 인사의 말; 【무용】 무릎 꿇고 인사하는 몸짓. dispenser des ~s à droite et à gauche 사람들에게 닥치는 대로 인사하다. ébaucher un ~ 목례하다. formules de ~ 상투적인 인사말. répondre au ~ de *qn* …에게 답례하다. ~ oriental 동양식의 정중한 인사. ~ militaire 군대식 경례. ② 구원, 구제; 구제주; 구제하는 물건; 몸의 안전 (sauvegarde), chercher son ~ dans la fuite 꽁무니가 빠지게 도망치다. Comité de ~ public 【역사】 (1793년 혁명 당시의) 공안위원회. Jeanne d'Arc fut le ~ de la France. 잔다르크는 프랑스의 구세주가 되었다. ancre de ~ 마지막 기회. planche de ~ 최후 수단, 위험을 피하는 수단. ③ 【종교】구원, 구제; (불교에서의) 열반.

~ des âmes 영혼의 구제. Hors de l'Église, point de ~. 교회를 떠나서는 달리 구원의 방법이 없다 (→ 숙어란). Armée du S~. 구세군. ④ 찬미의 뜻을 나타내기 위한 작전(式典)(honneurs); 【가톨릭】 성체강복식(~ *du saint sacrement*). assister au ~ 성체강복식에 참여한다. ⑤ 【해양】 (배 사이에서 수기나 예포 등을 통한) 신호의 교환.
faire son ~ 영원한 구원을 얻다; 이상적인 경지에 이르다. Hors de~, point de ~. …이 없으면 (…을 떠나서는) 아무것도 안된다.
—*int.* ① 《속어》 (사람을 만났을 때) 안녕, (사람과 헤어질 때) 안녕. ~, les copains! 모두 안녕한가! ② 《속어》 (비꼼) 실례, 사양하오; 그럴 수는 없는데. Recommencer toujours le même travail? ~! 또 되풀이 하는가? 신통치 않을걸. ③ 건강하세요! 번영하세요! (남의 건강이나 번영을 기원하는 의례적인 말). S~ et amitié! 번영과 우정이 있으라! ④ S~, terre sacrée! 행복하여라, 성스러운 땅이여!
salutaire [salytɛ:r] *a.* (약 따위가) 건강에 이로운 (salubre), 몸에 좋은; (비유) 유용한. climat ~ 건강에 좋은 기후. [~ à *qn*] Ses vacances lui ont été ~s. 휴가는 그의 건강에 이로웠다. (영향·충고 따위가) 유익한 (utile), lecture ~ 유익한 독서.
—*n.m.* le S~ 《옛》 구세주.
salutairement [salytɛrmã] *ad.* 건강에 좋게; 유익하게; 고맙게도.
salutation [salytasjɔ̃] *n.f.* ① 과장된 (정중한) 인사, 절, 경례, faire une profonde ~ à *qn* …에게 공손히 인사한다. ② (*pl.*) 경의 (의 말). S~s à votre famille. 당신가족에게 안부 전해주세요. Agréez mes meilleures ~s (mes ~s respectueuses); Recevez mes ~s distinguées …상서, 총총(편지의 맺는 말). ③ ~ angélique 【가톨릭】 천사 축사 (천사 가브리엘의 수태 고지).
salutiste [salytist] *n.* 구세군의 사관(士官).
—*a.* 구세군의.
salvadorien(ne) [salvadɔrjɛ̃, -ɛn] *a.* 엘살바도르 공화국의. —S~ *n.* 엘살바도르 사람.
salvage [salva:ʒ] *n.m.* droit de ~ 《옛》 선박구조세 (稅).
salvarsan [salvarsã] *n.m.* 【약】 살바르산 (매독치료제).
salvateur(trice) [salvatœ:r, -tris] *a.* 【문어】 구조(구제)하는. —*n.* 구조자, 구제자.
salvation [salvasjɔ̃] *n.f.* 《옛》【신학】 구령 (救靈) 【철학】 (스콜라 학파의) 최종 반론.
salve¹ [salv] *n.f.* ① 예포(禮砲), 축포 (祝砲). lancer (tirer) une ~ 예포를 쏘다. ② 【군사】 일제사격 (feu de ~, tir par ~), 【비유적】 일제히 일어나는 박수갈채. ~ *d'applaudissements* 일제히 일어나는 박수갈채.
salvé [salve], **salve²** *n.m.* 【가톨릭】 성모에 대한 담가(唱歌) (성모찬가의 형태를 취한 기도(문)) (le S~ Regina).
salvinia [salvinja] *n.m.*, **salvinie** [salvini] *n.f.* 【식물】 생이가래.
samare [sama:r] *n.f.* 【식물】 시과 (翅果).
samaritain(e) [samaritɛ̃, -ɛn] 【성서】 *a.* 사마리아 (Samarie)의. —S~ *n.* 사마리아 사람.
faire le bon ~ 어려운 처지에 있는 사람을 도와주다.
samarium [samarjɔm] *n.m.* 【화학】 사마륨.
samba [sãba] *n.f.* 【무용】 삼바.
sambayon [sãbajɔ̃] *n.m.* =**sabayon**.
sambleu [sãblø] *int.* 《옛》 제기랄!
sambuque [sãbyk] *n.f.* ① 【고대그리스】 수금(竪琴) 비슷한 현악기의 일종. ② (중세의) 성곽 공격

:samedi [samdi] *n.m.* 토요일. S~ saint 성 토요일(부활절 전의 토요일). *être né un* ~ 게으름뱅이이다. *faire le* ~ 1 주일분의 급료를 술 마셔 버리다.

samien(ne) [samjɛ̃, -ɛn] *a.* 사모스(*Samos*) 섬의. —S~ *n.* 사모스 사람.

samit [sami] *n.m.* 〖직물〗금란(金襴)《금실·은실을 섞어 짠 비단》.

samizdat [samizdat] 《러시아》 *n.m.* 지하출판.

samoan(e) [samɔɑ̃, -an] 《지리》 *a.* 사모아(*les Samoa*)의. —S~ *n.* 사모아 사람.

samole [samɔl], **samolus** [samɔlys] *n.m.* 〖식물〗눈까치수염아재비.

samothracien(ne) [samɔtrasjɛ̃, -ɛn] *a.* 사모트라케(*Samothrace*, 에게 해의 섬)의. —S~ *n.* 사모트라케 사람.

samouraï, samurai [samuraj] *n.m.* 일본의 무사.

samovar [samɔvaːr] 《러시아》 *n.m.* 사모바르 《러시아의 주전자》.

samoyède [samɔjɛd] *a.* 사모예드(사람·어)의. —S~ *n.* 사모예드 사람. —*n.m.* 사모예드어(語).

sampan(g) [sɑ̃pɑ̃] 《중국》 *n.m.* (중국의)삼판(三板), 작은 거룻배.

sampot [sɑ̃pot] *n.m.* (타이·캄보디아에서 사용하는)허리 보호띠.

sana [sana] *n.m.* 《구어》요양원(sanatorium). *faire une cure dans un* ~ 요양원에서 요양하다.

sanas [sanɑːs] *n.m.* 〖옛〗〖직물〗인도의 무명.

sanatorial(ale, *pl.* **aux)** [sanatɔrjal, -o] *a.* 요양소의, 요양소생활의, 사나토륨 요양. *cures* ~*ales* 사나토륨 요법.

sanatorium [sanatɔrjɔm] (*pl.* ~**s**, 때로 **sanatoria** [-torja]) *n.m.* 사나토륨, 요양소.

san-bénito [sɑ̃benito] 〖에스파냐〗 *n.m.* 《복수불변》 〖종교사〗지옥의 옷《화형에 처해지는 이단자가 입는 옷》.

Sancho Pança [sɑ̃ʃopɑ̃sa] *n.pr.m.* 산초판사 《돈키호테의 종자(從者)》. ~ 하다.

sancir [sɑ̃siːr] *v.i.* 《드물게》〖해양〗이물부터 침몰하다.

sanctifiant(e) [sɑ̃ktifjɑ̃, -ɑ̃ːt] *a.* 〖종교〗성성(成聖)의, 성화(聖化)의, (사람을)성자로 만드는, 시성하는. grâce ~*e* 성성의 은총.

sanctifica*teur*(*trice*) [sɑ̃ktifikatœːr, -tris] *a.* 성성〖성화〗하는. —*n.* 성화하는 사람. **le S**~ *n.m.* 성령(聖靈).

sanctification [sɑ̃ktifikasjɔ̃] *n.f.* 〖종교〗성성, 성화; 영혼의 구제; 성일(聖日)로 제정하는 일, 축하(;경축).

sanctifier [sɑ̃ktifje] *v.t.* ① (직접목적보어는 사람)성성화(聖成化)시키다; 성자로 숭앙하다, 성인으로 하다; 성일(聖日)로 지키다. ~ le dimanche 주일을 성일로 지키다. ② (직접목적보어는 사물)(신의 뜻에 맞게 하여)청결하게 하다, 성화(聖化)하다; 축성하다;《문어》(비유적)신성화(절대화)하다; 제도(濟度)하다. La grâce *sanctifie* nos âmes. 신의 은총은 우리의 영혼을 제도한다. ③ 〖옛〗비준하다. —*se* ~ *v.pr.* 성성되다; 구제되다.

sanction [sɑ̃ksjɔ̃] *n.f.* ① 비준(批准); 인가; 승인 (approbation). projet qui a reçu la ~ du Parlement 국회의 승인을 받은 계획. mot qui a reçu la ~ de l'usage 관용어로 용인되는 단어. ~ royale 칙재(勅裁). ②《역사》조칙(詔勅). ③상벌(賞罰); 처벌, 제재(制裁), (행위에 대한)보복, 당연한 결과. ~ pénale 실형, 벌금형. ~ civile 불법행위의 정치분. ~ sociale 사회적인 제재. ~ rémunératoire 포상. La maladie est

souvent la ~ naturelle de l'intempérance. 병은 종종 무절제의 당연한 결과이다. Les ~s économiques à l'encontre de ce pays ont été levées. 이 나라에 대한 경제적인 제재는 해제되었다.

sanctionner [sɑ̃ksjɔne] *v.t.* ① 비준(시키)하다; 승인하다. *sanctionné par l'usage* 습관상 인정된. ② 확인하다, 뒷받침하다. ~ une théorie de son autorité 어떤 이론을 자기 권위로써 뒷받침하다. ③《구어》제재하다, 벌하다, 형을 과하다. ~ une faute 과실을 벌하다.

sanctionniste [sɑ̃ksjɔnist] *a.* 제재(상벌)주의의; 제재를 주장하는. —*n.* 《드물게》제재주의자, 제재를 주장하는 사람.

sanctissime [sɑ̃ktisim] *a.* 지극히 성스러운.

sanctuaire [sɑ̃ktɥɛːr] *n.m.* ① 성소(聖所); (예루살렘 성전의)지성소(至聖所). ②교회당 중앙제단의 주위, 내진(內陣). ③교회, 성전. ④《문어》(비유적)(침범할 수 없는)성역(聖域), 비밀의 장소, 은신(피난)처; 금렵구, 야생동물 보호지역; 《비유적》〖군사〗성역.

sanctuarisation [sɑ̃ktɥarizasjɔ̃] *n.f.* 성역화, 성역시(視).

sanctus [sɑ̃ktys] 〖라틴〗 *n.m.* 〖가톨릭〗삼성창(三聖唱)《'거룩하도다'라는 말로 시작되는 성가》; 〖음악〗미사곡의 제 4 부.

sandal [sɑ̃dal] *n.m.* 〖옛〗〖식물〗=santal¹.

sandale [sɑ̃dal] 〖라틴〗 *n.f.* 샌들. *secouer la poussière de ses* ~*s* 《구어》화가 나서 그 고장을 떠나다, 그 땅을 다시 밟지 않다.

sandalette [sɑ̃dalɛt] *n.f.* 가벼운 샌들.

sandalier(ère) [sɑ̃dalje, -ɛːr], **sandaliste** [sɑ̃dalist] *n.* 샌들 제조인.

sandaraque [sɑ̃darak] *n.f.* 산다라크 수지(樹脂).

sanderling [sɑ̃dɛrliŋ] *n.m.* 〖조류〗세가락도요(bécasseau des sables).

sandhi [sɑ̃di] 《산스크리트》 *n.m.* 《복수불변》〖언어〗산디, 연성(連聲).

sandix, sandyx [sɑ̃diks] 〖라틴〗 *n.m.* 〖옛〗홍석(紅石)《물감으로 쓰였음》.

sandj(i)ak [sɑ̃dʒ(i)ak] 《터키》 *n.m.* 〖옛〗터키 제국의 행정 구역.

sandow [sɑ̃do(ɔ)] *n.m.* ① 〖스포츠〗엑스팬더, 흉곽확장기(胸廓擴張器). ② 〖기계〗완충 장치. 〖항공〗(글라이더의)고무제 사출 장치.

sandre [sɑ̃ːdr] *n.f.*(*m.*) 〖어류〗민물의 농어.

*sandwich [sɑ̃dwi(t)ʃ] (*pl.* ~*-es*) 〖영〗 *n.m.* 샌드위치; 두 가지 이상의 얄팍한 물질을 포갠 것. homme-~ 샌드위치맨《가슴과 등에 광고판을 메고 다니는 사람》. en ~ 샌드위치 상태로, (사이에)꼭 끼어서. —*a.* 《불변》합판식의. cloisons (en) ~ 합판식 간막이.

sandwicher [sɑ̃dwi(t)ʃe] *v.t.* 《구어》두 개의 물건 사이에 꼭 끼워 넣다.

sanforisage [sɑ̃fɔrizaːʒ] *n.m.* 〖직물〗특허 공정에 의한 방축(防縮) 가공.

sanforiser [sɑ̃fɔrize] *v.t.* 〖직물〗특허 공정에 의한 방축 가공을 하다.

sanforiseuse [sɑ̃fɔrizøːz] *n.f.* 〖직물〗특허 공정에 의한 방축 가공을 하는 기계.

:sang [sɑ̃] (연음할 때는 [sɑ̃k]) *n.m.* ① 피, 혈액. faire une transfusion de ~ 수혈하다. donneur de ~ 급혈자(給血者). animaux à ~ chaud [froid] 온(냉)혈 동물. perte de ~ 출혈. types de ~ 혈액형. coup de ~ 《구어》뇌일혈, 졸도. ②(살인 따위의)유혈. victoire sans effusion de ~ 유혈 없는 승리. verser [faire couler] le ~ 피를 흘

리다, 살인하다. avoir du ~ sur les mains 살인을 범하다. donner son ~ pour la patrie 《문어》조국을 위해 목숨을 바치다. être tout en ~ 피투성이이다. impôt du ~ 《옛》(전시의)병역. Je donnerais (le plus pur) de mon ~ pour qn …을 위해서는 물불을 가리지 않겠다. fouetter jusqu'au ~ 피가 나도록 때리다. laver un outrage dans le ~ 모욕을 피로써 갚다. noyer une révolte dans le ~ 반란을 무자비하게 진압하다. payer une faute de son ~ 과오로 말미암아 목숨을 잃다. tremper les mains dans le ~ 많은 사람을 살육하다. sucer le ~ du peuple; s'engraisser du ~ du peuple 백성의 고혈을 빨다.
③ 혈통, 혈족, 가문, 혈연. être d'un ~ royal 왕실의 핏줄을 잇고 있다. être du même ~ 핏줄을 같이 하다. liens du ~ 혈연. avoir du ~ bleu 귀족출신이다. un cheval de pur ~; un (cheval) pur ~ 《pl. des (chevaux) pur ~》 순종말. de ~ mêlé 혼혈의. voix du ~ 본능적인 가족의 끌림.
④ 《비유적》(기질·감정 따위의)혈기, 팔팔함, 격하기 쉬움. allumer le ~ 피를 끓게 하다. avoir du ~ dans les veines 《구어》성질이 팔팔하다, 다혈질이다. avoir le ~ chaud (bouillant) 성질이 욱하다, 성마르다. Le ~ lui a monté au visage. (수치·분노 따위로); 얼굴이 붉어졌다. faire bouillir le ~ à qn …의 피를 끓게 하다. rafraîchir le ~ de qn …을 안도 시키다. fouetter(brûler) le ~ à qn …을 격려 [자극] 하다.
avoir du ~ de poulet(de navet) 《구어》용기가 없다, 겁쟁이다.
avoir qc dans le ~ 《구어》…이 핏속에 흐르고 있다, 깊이 뿌리 박혀 있다. J'ai la liberté dans le ~. 자유가 내 핏속에 흐르고 있다.
Bon ~!; Bon ~ de bon ~! 빌어먹을! (분노).
Bon ~ ne peut mentir. 《속담》핏줄은 속일 수 없다, 훌륭한 혈통은 훌륭한 자손을 낳는다.
Le ~ a beaucoup de pouvoir. 《속담》피는 물보다 진하다.
mettre (une ville) *à feu et à ~* 방화와 살육으로 (도시를) 파괴하다(황폐케 하다).
se faire du mauvais ~ 《구어》걱정하다, 근심하다, 초조해하다.
se payer(se faire) une pinte de bon ~ 《구어》기뻐하다, 즐거워하다.
se ronger les ~s 《속담》몹시 불안해 하다.
suer ~ et eau 《구어》피땀을 흘리다, 큰 고통을 겪다.
tourner les ~s à qn 《구어》…을 질겁하게 하다.
(Tout) mon ~ n'a fait qu'un tour. 《구어》《분노·공포 따위로》큰 충격을 받았다.

sang-(de-)dragon [sã(d)dragɔ̃] *n.m.* 기린혈(麒麟血)(연분홍색의 나무진, 착색제·약제로 사용).
sang-froid [sɑ̃frwɑ(a)] *n.m.* 《복수불변》냉정, 침착(impassibilité, calme). perdre(garder, conserver) son ~ 침착성을 잃다(유지하다).
faire qc de ~ …을 태연히 감행하다.
sangiac [sɑ̃ʒjak] *n.m.* =sandjak.
sanglade [sɑ̃glad] *n.f.* 《드물게》가죽채찍질.
sanglant(e) [sɑ̃glɑ̃, -ɑ̃:t] *a.* ① 피어린, 피묻은, 피로의. traitement ~ 《의학》수술. ② 《문어》핏빛의. nuages ~s 붉게 물든 구름. ③ (모욕·비판 따위가)모욕적인, 통렬한. reproches ~s 통렬한(가차 없는) 비난. ④ 유혈을 동반하는; 참혹한. combat ~ 처참한(유혈이 낭자한) 전투. ⑤ 살인 행위를 포함하는, 살인에 관한; 잔인한, 피비린내나는. *~e histoire* 피비린내나는 이야기.
sangle [sɑ̃:gl] *n.f.* 가죽띠, (말의)뱃대끈 ~ d'une selle; (의자 따위에 댄)가죽[천]띠를 걸은 것. lit de ~(s), X 형 틀에 가죽(천)을 걸어 댄 침대. livres noués par une ~ 룩 밴드로 묶은 책들.
sangler [sɑ̃gle] *v.t.* ① 가죽띠로 묶다(매다); (말에) 뱃대끈을 매다. ② (사람의 허리를)조여 매다. ~ qn …의 허리를 조여 매다; 코르셋을 조이다.
*sanglier** [sɑ̃gli(j)e] *n.m.* 《동물》멧돼지; (그)고기(cuissot de ~).
sanglon [sɑ̃glɔ̃] *n.m.* (길이 조절용 구멍이 있는)마구용 혁대; 혁대의 끝.
sanglot [sɑ̃glo] *n.m.* 흐느낌, 오열. contenir ses ~s 흐느낌을 억제하다. avoir des ~s dans la voix 오열에 목이 메다. éclater en ~s, pousser des ~s 오열을 터뜨리다.
sanglotant(e) [sɑ̃glɔtɑ̃, -ɑ̃:t] *a.* 흐느껴 우는, 오열하는.
sanglotement [sɑ̃glɔtmɑ̃] *n.m.* 《문어》흐느낌, 오열.
sangloter [sɑ̃glɔte] *v.i.* 흐느껴 울다.
sang-mêlé [sɑ̃me(e)le] *n.* 《복수불변》(특히 흑백)혼혈아, 트기.
sangria [sɑ̃gri(j)a] *n.f.* 《에스파냐》적포도주와 오렌지주스의 혼합 음료.
sangsue [sɑ̃sy] *n.f.* ① 《동물》거머리; 《옛》(거머리같이)남의 고혈을 빠는 사람; 《속어》거머리같이 달라붙는 여자; 《구어》거머리같이 달라붙어 귀찮게 하는 사람. ② 배수구, 도랑.
sanguification [sɑ̃gɥifikɑsjɔ̃] *n.f.* (음식의)혈액화, 조혈.
sanguin(e) [sɑ̃gɛ̃, -in] *a.* 혈액의; 다혈질의; 《옛》핏빛의. maladie (affection) ~e 괴혈병, groupes ~s 혈액형. plasma ~ 혈장. système ~ 혈관계. visage ~ 빨간 얼굴. homme ~ 다혈질의 사람. tempérament ~. — *n.* 다혈질의 사람.
sanguinaire [sɑ̃ginɛ:r] *a.* 《문어》유혈을 좋아하는, 살생(殺生)을 즐기는; 피비린내 나는; 잔인한(cruel). lutte ~ 피투성이 싸움. tyran ~ 폭군. — *n.f.* 《식물》(유액이 붉은) 앙귀비과(科)의 식물.
sanguine[2] [sɑ̃gin] *n.f.* ① 《회화》천단(鐵丹), 붉은 연필(분필)(로 그린 그림). ② 《광물》혈석(血石). ③ 오렌지의 일종.
sanguinelle [sɑ̃ginɛl] *n.f.* 《구어》《식물》말채나무의 일종.
sanguinole [sɑ̃ginɔl] *n.f.* 《식물》복숭아(배)의 일종.
sanguinolent(e) [sɑ̃ginɔlɑ̃, -ɑ̃:t] *a.* 《의학》출혈성의, 피섞인; 피 빛깔의. crachats ~s 혈담.
sanguisorbe [sɑ̃gɥisɔrb] *n.f.* 《식물》오이풀속(屬)의 식물.
sanhédrin [sanedrɛ̃] *n.m.* (고대유태교의)최고법원. grand ~ 예루살렘의 최고법원.
sanicle [sanikl], **sanicule** [sanikyl] *n.f.* 《식물》 참반디속(屬).
sanidine [sanidin] *n.f.* 《광물》사니딘, 칼리장석.
sanie [sani] *n.f.* 《의학》혈농(血膿).
sanieux(se) [sanjø, -ø:z] *a.* 혈농성의.
sanitaire [sanitɛ:r] *a.* ① 보건의, 위생의. cordon ~ 방역선. lois ~s 보건위생법, mesures ~s 전염병 예방 조치. ② 위생[보건] 근무의. personnel ~ 보건반. paquebot ~ 병원선. train ~ 부상자 수송 열차. ③ (가정에서의)급배수(給排水)의. installations(appareils) ~s (화장실·욕실·부엌 따위의)급배수 장치. — *n.m.* ① 《군사》위생반; 야전 병원 근무 군인. ② 위생 시설, 급배수 장치.
sannoisien(ne) [sanwazjɛ̃, -ɛn] *n.m., a.* 《지질》파리 분지의 점신세(漸新世) 하층(의).
*sans [sɑ̃] *prép.* ① 《…없이 함께》 …없는, …없이. enfant ~ frère ni(et ~) sœur 형도 누이도 없는 아이. être ~ argent《구어》(le sou) 돈이 한푼

도 없다. homme ~ caractère 의지가 박약한 사나이. homme ~ pareil 비길데 없는 사람. parler ~ la moindre gêne 조금도 거리낌 없이 말하다. ~ aucun doute 의심의 여지없이, 틀림없이. Prenez-vous votre café avec ou ~ sucre? 커피에 설탕을 타서 마십니까 안타고 마십니까? ⓑ(부정을 나타내는 형용사구·부사구) Soyez ~ crainte. 두려워 마시오. Il pleut ~ cesse. 비가 쉬지 않고 내린다. C'est ~ espoir. 절망적이다. ⓒ(조건) S~ toi, j'étais mort! 너 아니었다면 난 벌써 죽었을 거야. ② (부정법과 함께) …함이 없이(도). Il parle ~ agir. 그는 말만 하고 행동하지 않는다. Vous n'êtes pas ~ savoir que. 당신은 …을 모를 리 없다(잘 알고 있다). ~ rien dire; ~ dire un mot 아무말 없이. ~ rien faire 아무것도 하지 않고. S~ savoir comment, je suis arrivé au bord de la Seine. 어떻게 해서인지는 모르지만 나는 센 강가에 도착했다. Cela va ~ dire. 물론이다, 두말 할 것도 없다. Il parle ~ se faire comprendre. 그가 아무리 이야기해도 알아주는 사람이 없다(결과). On peut vivre heureux ~ être riche. 부자가 아니더라도 행복하게 살 수 있다(양보).

③ [~ que + sub.] Sortez ~ qu'on s'en aperçoive. 아무도 몰래 나가시오. (주절이 부정문일 때) Elle ne pouvait penser à lui ~ que son coeur défaillît de joie. 그를 생각할 때마다 그 여자의 마음은 (반드시) 기뻐서 미칠것만 같이 되는 것이었다. (드물게 허사 ne 와 더불어) On ne jette rien dans l'onde ~ que tout ne remue. 무엇인가를 물속에 던지면 (항상)수면 전체가 일렁이다(결과). Je le ferai bien ~ que vous me le disiez. 당신이 말하지 않더라도 그것을 하겠소(양보).

④ (구어)(보어없이 부사적으로) Chacun a son manteau, on ne sort pas ~. 각자 망토가 있기 때문에 망토 없이 외출하지 않는다. les jours ~ [avec] (2차대전시 배급 제한으로)술과 고기가 없는(있는) 날.

n'être pas ~ +inf. …하지 않는 것은 아니다. Nous *n'avons pas été* ~ nous en apercevoir. 우리들이 그것을 알아 차리지 못한 것은 아니었다.

non ~ *peine* 고생 안한 정도가 아니라, 상당히 고생하여.

~ *cela* (*quoi*) 그렇지 않으면. Partez, ~ *cela* (*quoi*) je me fâche. 떠나시오. 그렇지 않으면 화내겠소. ~ *pour cela* + *inf*. (*que*…) 그렇다고 해서 …이 것은 아니다. On peut être savant ~ *pour cela* être intelligent. 사람은 유식하다고 해서 총명한 것은 아니다.

sans-abri [sāzabri] *n.* 《복수불변》집 없는 사람, 무주택자(sans-logis).

sans-atout [sāzatu] *n.m.* 【카드놀이】 노게임. demander ~ 노게임을 선언하다.

sans-cœur [sākœːr] *n.*, *a.* 《복수불변》 박정한(사람); 용기 없는(사람).

sanscrit(e) [sāskri, -it] *n.m.*, *a.* 〖언어〗 범어(의), 산스크리트(의).

sanscritique [sāskritik] *a.* 산스크리트의, 범어의.

sanscritisme [sāskritism] *n.m.* 범어〖梵語〗학, 산스크리트어학.

sanscritiste [sāskritist] *n.m.* 범어 학자.

sans-culotte [sākylɔt] *n.m.*, *a.* 〖프랑스사〗(프랑스 대혁명때의)과격 공화파를 이름.

sans-culottide [sākylɔtid] *n.f.*, *a.* 〖프랑스사〗 프랑스공화력의 축제일(의) (Vertu, Génie, Travail, Récompense, Opinion 을 기념함).

sans-culottisme [sākylɔtism] *n.m.* 〖프랑스사〗 (프랑스 대혁명때의)과격 공화주의.

sans-dent [sādā] *n.* 《속어》이 빠진 노인.
sans-emploi [sāzāplwa] *n.m.* 《복수불변》무직자, 실업자(chômeur).
sansevière [sāsvjɛːr] *n.f.* 〖식물〗 산세비에리아 (북아프리카산 나리과(科)의 식물).
sans-façon [sāfasɔ̃] *n.m.* 《복수불변》무람없음, 허물없음. —*a.* 《불변》무람없는, 격식을 갖추지 않은(↔cérémonieux); 버릇없는. —*n.* 《복수불변》무람없는 사람.
sans-fil [sāfil] *n.f.* 《복수불변》무선 전신〔전화〕. —*n.m.* 무선 전보(radiogramme).
sans-filiste [sāfilist] *n.* ① 아마추어 무선가(~ amateur). ② 무선전신수.
sans-gêne [sāʒɛn] *n.m.* 《복수불변》거리낌없음 (désinvolture); 버릇없음, 뻔뻔스러움(audace). —*a.* 《불변》거리낌없는; 버릇없는, 뻔뻔스런. —*n.* 《복수불변》(위)의 사람.
sans-gîte [sāʒit] *n.m.* 《복수불변》집 없는 자, 부랑자.
sanskrit(e) [sāskri, -it] *n.m.* 〖언어〗산스크리트(고대인도의 문어) (↔ prâkrit). —*a.* 산스크리트의. grammaire ~e 산스크리트 문법.
sanskritique [sāskritik] *a.* 산스크리트의 (sanscritique). étude ~ 산스크리트 연구.
sanskritisme [sāskritism] *n.m.* 산스크리트학 (sanscritisme).
sanskritiste [sāskritist] *n.* 산스크리트 학자 (sanscritiste).
sans-le-sou [sālsu] *n.m.* 《복수불변》(구어)빈털터리, 가난뱅이.
sans-logis [sālɔʒi] *n.* 《복수불변》천재지변 따위로 사는 집을 잃은 사람(sans-abri).
sansonnet [sāsɔnɛ] *n.m.* ① 〖조류〗 찌르레기 (étourneau). ② 〖어류〗 고등어의 일종.
sans-parti [sāparti] *n.* 《복수불변》〖정치〗 어떠한 정당에도 가입하지 않은 사람; (사회주의 국가에서의) 비당원.
sans-patrie [sāpatri] *n.* 《복수불변》무국적자.
sans-soin [sāswɛ̃] *n.* 《복수불변》(구어)단정치(칠칠치) 못한 사람, 옷차림에 대범한 사람.
sans-souci [sāsusi] *n.* 《복수불변》(옛) 낙천가. —*a.* 《불변》낙천적인, 천하태평의. —*n.m.* 《복수불변》낙천적 기질.
sans-travail [sātravaj] *n.m.* 《복수불변》실직자.
santal¹ [sātal] (*pl. als, aux*) *n.m.* 〖식물〗 백단(~ blanc). essence de ~ citrin 백단유. ~ rouge (des Indes) 자단(紫檀).
santal² [sātal] 〖언어〗 산탈 말(뱅골·아샘 지방의 말).
santali [sātali] *n.f.* = **santal²**.
santalin(e) [sātalɛ̃, -in] *a.* 백단향의, 백단향과 유사한. —*n.f.* 〖화학〗 산탈린(소).
:santé [sāte] *n.f.* ① 건강; 건강 상태. ~ de fer 대단히 좋은 건강. respirer la ~ 원기가 넘치다. être en parfaite (bonne) ~ 건강 상태가 좋다. avoir de la ~ 건강하다. crever de ~ (속어)건강이 넘치다. avoir une ~ délicate (fragile); avoir une petite ~ 몸이 약하다, ménager sa ~ 양생하다, 몸 조심하다. recouvrer la ~ 건강을 회복하다. compromettre (détruire) sa ~ 건강을 해치다. s'informer de la ~ de *qn* 아무의 안부를 묻다. Bonne année, bonne ~ ! 새해에도 건강하십시오 (신년 인사). ② (건강을 축하하기 위한)건배(toast), porter une ~ (옛)건강을 위해 축배를 들다. ③ 보건 위생; 〖해양〗 검역. bureau de ~ 보건소; 검역소. corps de ~ 〖군대〗 위생반. être visité par la ~ 검역을 받다. code de la ~ publique 공중 위생법. maison de ~ 요양소(정신병원). officier de ~ 〖해양〗 검역관(agent de ~); 선의(船醫). mi-

nistère de la S~ publique 보건성. Organisation mondiale de la ~ 세계 보건 기구. service de ~ (군대·항구 따위의)위생반; 검역과. ④ 정신적 건강; (사물의)건전한 상태. ~ mentale 정신 건강. ~ de l'esprit 정신의 건전함. ~ des finances 재정 건전한 재정 상태. ⑤ (la S~) (파리의)상태 감옥.
À votre ~!; S~! "건배!"
boire à la ~ de qn …의 건강을 위해 건배하다.
S~ passe richesse. 《격언》건강은 부(富)보다 낫다.

santoche [sɑ̃tɔʃ] *n.f.* ①《속어》①건강(santé). ② la Santé 감옥.

santoline [sɑ̃tɔlin] *n.f.* 【식물】 산톨리나(국화과 의 식물).

santon[1] [sɑ̃tɔ̃] *n.m.* ① (회교의)행자(行者), 수도 승. ②(알제리의)성자의 묘.

santon[2] *n.m.* (프로방스 지방에서 성탄절때 구워 놓는)채색된 인형상.

santon[3](**ne**) [sɑ̃tɔ̃, -ɔn] *a.* 생트(Saintes, 프랑스의 도시)의. —**S**~ *n.* 생트 사람.

santonine [sɑ̃tɔnin] *n.f.* 【화학】산토닌(구충 제).

santonique [sɑ̃tɔnik] *a.* 【화학】산토닌(제).

santonnier [sɑ̃tɔnje] *n.m.* (프로방스 지방에서)채 색 인형상 제조인.

sanve [sɑ̃:v] *n.f.* 《사투리》【식물】 개구리자리.

sanza [sɑ̃za] *n.f.* 아프리카의 악기의 일종.

saoudien(ne) [saudjɛ̃, -ɛn] *a.* 사우디아라비아 (*Arabie Saoudite*) (사람의). —**S**~ *n.* 사우디아라 비아 사람.

saoudite [saudit] *a.* 사우디아라비아(사람)의.
—*n.f.* 사우디아라비아 사람.

saoul(e) [su, sul] *a.* =**soûl**.

saoulard [sula:r] *a.* =**soûlard**.

saouler [sule] *v.t.* =**soûler**.

sapa [sapa] *n.m.* 《약》 끓 상태으로 탈인 포도즙.

sapajou [sapaʒu] *n.m.* ①【동물】거미원숭이. ② 보기 흉한 작은 사람.

sape [sap] *n.f.* ①【군사】 대호(對壕); 대호파기; 《구어》(대호파는 작업에 종사하는)공병대. ②(건 축물을 무너뜨리기 위한)지하호. ③《드물게》(사 상·제도 따위를)서서히 무너뜨리기. ④《사투리》 곡괭이; 낫. ⑤ (*pl.*)옷(habits).

sapement [sapmɑ̃] *n.m.* 《드물게》① 【건축】(건축 물을)밑을 파서 무너뜨리기. ②(제도·사상 따위 를)서서히 토대부터 무너뜨리기, 좀먹어 들어가 기. ③【광산】곡괭이로 파기; 【농업】낫으로 깎기.

sapèque [sapɛk] *n.f.* 《옛》(중국·인도지나의)엽전.

saper [sape] *v.t.* ①(건물의)밑을 파서 무너뜨리다 (miner); (물이)침식해 들어가다. ~ *une muraille* (밑을 파서)담을 무너뜨리다(abattre, ébranler). ~ *les fondements de la société* (비유적) 사회기반 을 잠식하다. ②《사투리》곡괭이로 파다; 낫으로 깎다. ③《속어》《수동태》옷을 입다. *être bien* [*mal*] *sapé* 옷차림이 좋다(나쁘다).
—**se** ~ *v.pr.* 《속어》옷을 입다(s'habiller).

saperde [sapɛrd] *n.f.* 【곤충】하늘소의 일종(포플 라·버드나무의 해충).

saperlotte [sapɛrlɔt], **saperlipopette** [sapɛrlipɔpɛt] *int.* 《옛·구어》=**sacristi**.

sapes [sap] *n.f.pl.* 《은어》의복(habits).

sapeur [sapœ:r] *n.m.* ①【군사】(대호를 파는)공 병. ~ *pontonnier* 가교병(架橋兵). ② 낫질하는 사람. *fumer comme un* ~ 담배를 많이 피우다.

sapeur-mineur [sapœrminœ:r] *n.m.* 《군사》(건축·토목 기술이 없는)공병, 갱도병.

sapeur-pompier [sapœrpɔ̃pje] (*pl.* ~**s**-~**s**) *n.m.* 소방수(pompier); (*pl.*) 소방대.

sapeur-télégraphiste [sapœrtelegrafist] (*pl.* ~**s**-~**s**) *n.m.* 《군사》 통신병; (*pl.*) 통신대.

saphène [safɛn] *a.* 【해부】(하지(下肢)의)표피에 가까운. *nerf* ~. —*n.m.* 피신경(nerf ~).
—*n.f.* 【해부】 복재정맥(伏在靜脈).

saphénectomie [safenɛktɔmi] *n.f.* 【의학】대복 재정맥 절제술.

saphique [safik] *a.* 사포(*Sapho*)풍의; (여자)동성애 의. *vers* ~【그리스문학】사포 시체(詩體)(여류 시인 사포의 11음절 시구).

saphir [safi:r] *n.m.* ①【광물】사파이어, 청옥. ② (전축용의)사파이어 바늘. ③《문어》파랗게 빛나 는 것, 사파이어 빛. *ciel de* ~ 창공.

saphirin(e) [safirɛ̃, -in] *a.* 사파이어 비슷한; 사파이 어 빛의. —*n.f.* 【광물】 마카린.

saphisme [safism] *n.m.* (여자의)동성애.

Sapho [safo] *n.pr.f.* 【그리스문학】사포(기원전 6 ~7세기 레스보스 섬의 여류 시인).

sapide [sapid] *a.* 맛있는(↔*insipide*).

sapidité [sapidite] *n.f.* 맛있음; 맛(saveur).

sapience [sapjɑ̃:s] *n.f.* 《옛》지혜(sagesse). *Livre de la S*~ (솔로몬의)지서(智書) (구약 경외서(經外書)의 1편).

sapientiaux [sapjɑ̃(ɛ̃)sjo] *a.m.pl.* 《옛》지혜의.
—*n.m.pl.* 지혜의 책들(*livres* ~) (구약성서중 '잠 언' '전도서' '아가(雅歌)' 및 경외서인 '지서(智書)' '집회서' 를 말함).

***sapin** [sapɛ̃] *n.m.* ①【식물】전나무; (그)재목. *le* ~ *de Noël* 크리스마스의 전나무. *bois de* ~ 전나 무 재목. ②《옛·속어》마차(fiacre).
sentir le ~ 《구어》죽을 날이 가까워졌다. [(科).

sapindacées [sapɛ̃dase] *n.f.pl.* 【식물】무환자과

sapine [sapin] *n.f.* 전나무 재목; 전나무 들보; (사투리)(부르고뉴 지방의 포도주를 담는)전나무 통; 발판 목재; (기중기 받침용의)전나무 비계.

sapineau [sapino] (*pl.* ~**x**) *n.m.* 전나무 묘목.

sapinette [sapinɛt] *n.f.* 【식물】가문비나무; 가문비나무의 가지·잎을 넣은 당밀(糖蜜)을 발효 시켜 만든 음료. ②(전나무로 만든)거룻배.

sapinière [sapinjɛ:r] *n.f.* 전나무 숲.

sapiteur [sapitœ:r] *n.m.* 【해상법】(세관 따위에서 상품의 가격을 평가하는)사정관.

saponacé(e) [sapɔnase] *a.* 비누질의.

saponaire [sapɔnɛ:r] *n.f.* 【식물】 거품장구채.

saponase [sapɔnaz] *n.f.* 【생화학】 지방분해효소.

saponé [sapɔne] *n.m.* 《약》 비누제(劑).

sapon(i)- *préf.* 「비누 모양의」의 뜻.

saponifiable [sapɔnifjabl] *a.* 【화학】 감화할 수 있는, 비누화 할 수 있는.

saponification [sapɔnifikɑsjɔ̃] *n.f.* 【화학】 감화 (鹼化), 비누화.

saponifier [sapɔnifje] *v.t.* 【화학】 감화시키다, 비 누로 만들다.

saponine [sapɔnin] *n.f.* 【화학】 사포닌.

saponite [sapɔnit] *n.f.* 【광물】 동석(凍石).

sapotacées [sapɔtase] , **sapotées** [sapɔte] *n.f.pl.* 【식물】적철과(赤鐵科).

sapote [sapɔt] , **sapotille** [sapɔtij] *n.f.* 【식물】 사 포딜라 열매.

sapotier [sapɔtje] , **sapotillier** [sapɔtije] *n.m.* 【식물】 사포딜라(열대 아메리카·아프리카산, 껌의 원료를 뽑음).

saprelotte [saprəlɔt] *int.* 《옛·구어》쳇! 빌어먹 을! (saperlotte).

saprémie [sapremi] *n.f.* 【의학】 패혈증.

sapristi [sapristi] *int.* =**sacristi**.

sapropel , **sapropèle** [saprɔpɛl] *n.m.* 【지질】 부

니(腐泥).

saprophage [saprɔfa:ʒ] a. 【곤충】 부패물을 먹는. —n.m. 【동물】 부식성(腐触性) 동물[곤충].

saprophyte [saprɔfit] a. 부패물에 기생하는. —n.m. 【생물】 부생(腐生) 식물[균].

saprophytique [saprɔfitik] a. 부생 식물(균)의.

saqueboute [sakbut], **saquebute** [sakbyt] n.f. = sacquebute.

saquer [sake] v.t. ① 【해양】 (돛을)끌어당기다. ②《속어》해고하다, 내쫓다. être saqué (직장에서) 목이 잘리다.

sarabande [sarabɑ̃:d] n.f. 【무용·음악】 사라반드(무용·무곡);《구어》떠들썩한 춤; 법석.

saragossain(e) [saragɔsɛ, -ɛn] a. 사라고사(Saragosse, 에스파냐의 도시)의. —S~ n. 사라고사 사람.

sarancolin [sarɑ̃kɔlɛ̃] n.m. = sarrancolin.

sarbacane [sarbakan] n.f. ① 취시통(吹矢筒);【유리】 취관(吹管). ②《옛》(방 사이의)통화관.

sarcasme [sarkasm] n.m. (가시돋힌)빈정거림, 비꼬기, 야유, 풍자, 조롱. répondre par des ~s 빈정거림으로 대꾸하다.

sarcastique [sarkastik] a. 빈정대는, 비꼬는, 풍자를 구사하는. plaisanterie ~ 조롱섞인 농담. écrivain ~ 풍자작가.

sarcastiquement [sarkastikmɑ̃] ad. 빈정거리듯이, 냉소하듯이.

sarcelle [sarsɛl] n.f. 【조류】 상오리.

sarcellite [sarsɛ(e)lit] n.f.《경멸》사르셀리트증(症)(대단위 아파트 단지에 사는 사람들이 겪는 고독감 따위를 기계 문명의 병폐로 지적할 때 쓰이는 말).

sarcine [sarsin] n.f. 【세균】 사르치나, 팔련균(八連菌).

sarclage [sarkla:ʒ] n.f. 풀뽑기, 김매기.

sarcler [sarkle] v.t. ① 잡초를 뽑다; 김매다(déserber). ⓐ《목적보어는 장소》 ~ un jardin 정원의 잡초를 뽑다. ⓑ《목적보어는 재배식물》Il sarcle des pommes de terre. 그는 감자밭의 김을 맨다.《목적보어 없이》 Il sarcle au sarcloir. 그는 괭이로 김을 맨다. ②《구어》(편견 따위를)제거하다.

sarclette [sarklɛt] n.f. (제초용의)작은 괭이.

sarcleur(se) [sarklœːr, -ø:z] n. 풀 뽑는 사람. —n.f. 제초기(除草器).

sarcloir [sarklwaːr] n.m. (풀 뽑는)호미.

sarclure [sarkly:r] n.f. 뽑은 잡초.

sarcocarpe [sarkɔkarp] n.m. 【식물】 과육(果肉)(이 많은).

sarcocèle [sarkɔsɛl] n.m. 【의학·수의】 고환육종(睾丸肉腫).

sarcocolla [sarkɔkɔla] n.m., **sarcocolle** [sarkɔkɔl] n.f. 【식물】 사르코콜라(아라비아·인도에서 자라는 키가 작은 나무);《옛》【약】 사르코콜라(사르코콜라 수지로서 상처를 아물게 함).

sarcocollier [sarkɔkɔlje] n.m. 【식물】 사르코콜라나무(sarcocolla).

sarcoïde [sarkɔid] n.f. 【의학】 피부 임파선종.

sarcolactique [sarkɔlaktik] a. 【화학】 육유(肉乳)의, 우선성(右旋性) L-유산형의.

sarcolemme [sarkɔlɛm] n.m. 【해부】 근섬유막, 근초(筋鞘).

sarcologie [sarkɔlɔʒi] n.f. 【해부】 근육학.

sarcomateux(se) [sarkɔmatø, -ø:z] a. 【의학】 육종(肉腫)의.

sarcomatose [sarkɔmato:z] n.f. 【의학】 육종증.

sarcome [sarko:m] n.m. 【의학】 육종. ~ des os 골육종.

sarcophage [sarkɔfa:ʒ] n.m. (고대의)석관(石棺); 석관을 모방한 묘. —n.f. 【곤충】 쉬파리, 김파리. 【약】 살을 부식시키는;《옛》살을 먹는.

sarcoplasma [sarkɔplasma], **sarcoplasme** [sarkɔplasm] n.m. 【생물】 근형질(筋形質), 육장(肉漿), 육형질.

sarcopte [sarkɔpt] n.m. 【곤충】 옴벌레, 개선충.

sarcose [sarko:z] n.f. 【생리】 근육종; 근육 증식.

Sardanapale [sardanapal] n.pr.m. 【고대사】 사르다나팔(앗시리아제국 최후의 왕). —S~ n.m.《구어》호사방종한 왕.

sardanapalesque [sardanapalɛsk] a.《옛》사르다나팔과 같은, 방종한.

sardane [sardan] n.f. 카탈로니아의 무용(민요).

sarde [sard] a. 사르디니아(Sardaigne)의. —S~ n. 사르디니아 사람. —n.m. 사르디니아어(語).
—n.f. 【어류】 가다랭이.

sardine [sardin] n.f. ① 【어류】 정어리. ②(군대 속어)하사관의 수장(袖章).
être serré comme des ~s《구어》 빽빽하게 서(차)있다, 콩나물시루 같다.

sardinerie [sardinri] n.f. 정어리 통조림 제조 공장.

sardinier(ère) [sardinje, -ɛːr] n. ① 정어리잡이 어부. ② 정어리 통조림 제조인. —a. 정어리잡이의; 정어리 통조림 제조의. —n.m. 정어리잡이 그물(어선).

sardoine [sardwan] n.f. 【보석】 홍옥수; 붉은무늬 마노(瑪瑙).

sardonien(ne) [sardɔnjɛ̃, -ɛn] a. 【의학】 경련적으로 웃는.

sardonique [sardɔnik] a. 냉소적인, 빈정대는, 조소의; 【의학】 경련적으로 웃는.

sardoniquement [sardɔnikmɑ̃] ad. 냉소하듯이.

saree [sari] n.m. 사리(인도의 여자옷).

sargasse [sargas] n.f. 【식물】 모자반. la mer des S~ 【지리】 조해(藻海)(북대서양·서인도 제도 부근의 해역).

sargue [sarg] n.m. 【어류】 도미과(科)의 물고기.

sari [sari] n.m. = saree.

sarigue [sarig] n.f. 【동물】 주머니쥐의 일종.

sarisse [saris] n.f. 【고대그리스】(마케도니아 사람의)긴 창.

S.A.R.L.《약자》Société à responsabilité limitée 유한책임회사.

sarladais(e) [sarlade, -ɛ:z] a. 사를라(Sarlat, 프랑스의 도시)의. —S~ n. 사를라 사람.

sarmatien(ne) [sarmatjɛ̃, -ɛn], **sarmatique** [sarmatik] a. 사르마티아(Sarmatie, 동유럽의 옛 지방)의. —S~ n. 사르마티아 사람.

sarment [sarmɑ̃] n.m. ① 포도나무의 햇가지; 포도덩굴. jus de ~《속어》포도주. ② 【해양】(옛날 화선(brûlot)에서 쓰던) 도화선.

sarmenteux(se) [sarmɑ̃tø, -ø:z] a. ① 【식물】 섬복지(纖匍枝)가 생기는, 만경(蔓莖)의, 덩굴이 있는(많은), 덩굴로 덮인. plante ~se 덩굴 식물. ②《속어》구부러진, 뒤틀린.

sarong [sarɔ̃] n.m. 사롱(말레이 사람이 허리에 감는 천).

saronide [sarɔnid] n.m. 갈리아의 사제(법관).

saros [sarɔ:s] n.m. 【천문】 사로스 주기(週期)(칼데아력으로 식(蝕)순환에 소요되는 약 18년 11일)(cycle chaldéen).

sarracenia [sarasenja] n.m. 【식물】 사라세니아(sarracénie).

sarracéniacées [sarasenjase] n.f.pl. 【식물】 사라세니아(科).

sarracénie [saraseni] n.f. 【식물】 사라세니아.

sarracénique [sarasenik] a. 【역사】 사라센(사람)의. art ~ 사라센 미술.

sarrancolin [sarɑ̃kɔlɛ̃] n.m. (피레네 산의)회색 결

sarrasin(e) [sarazɛ, -in] *a.* 【역사】사라센(사람)의. style ~ 【건축】고딕양식. —**S**— *n.* 사라센 사람. —*n.m.* 【식물】메밀(blé ~); 메밀 가루.
—*n.f.* 【건축】(성문의)내리닫이 격자문.
sarrau [saro] (*pl.* ~**s**(~**x**)) *n.m.* 【의복】① 작업복. ②(옛)어린이의 놀이옷. ③ 마직포.
Sarre (la) [lasa:r] *n.pr.f.* 【지리】① 자르 강(江). ② 자르 지방.
sarrebruckois(e) [sarbrykwa, -wa:z] *a.* 자르브뤼켄(*Sarrebruck*, 독일 도시)의. —**S**— *n.* 자르브뤼켄 사람.
sarrette [sarɛt] *n.f.* 【식물】산비장이.
sarriette [sarjɛt] *n.f.* 【식물】(유럽산)꿀풀과(科)의 일종(잎은 양념으로 씀).
sarrois(e) [sarwa, -a:z] *a.* 자르 지방의. —**S**— *n.* 자르 사람.
sarrussophone [sarysɔfɔn] *n.m.* (옛)【음악】사루소폰(금관악기의 일종).
sart [sa:r] *n.m.* =meraut.
sartorius [sartɔrjys] *n.m.* 【해부】봉공근(縫工筋), 봉공근(縫工筋).
sas¹ [sɑ] *n.m.* (운하의)갑실(閘室); 【기계】감압실, 기압조절실.
sas² *n.m.* 체. passer *qc* au ~ …을 체로 치다.
S.A.S. (약자) Son Altesse Sérénissime 전하; Section administrative spécialisée 특무행정부(알제리 전쟁 중에 프랑스군이 설치한 지방행정기구).
sassafras [sasafra(s)] *n.m.* 【식물】사사프라스(나무)(북미산의 녹나무과(科)의 식물).
sassage [sasa:ʒ] *n.m.* 체로 치기; 체질.
sassanide [sasanid] *n.pr.m.* (*S*~) 【고대사】사산조(朝). —*a.* 사산조 페르시아의. art ~ 사산조 예술. civilisation ~ 사산조 문명.
sasse¹ [sɑ:(a)s] *n.f.* 【해양】(배 바닥에 괸 물을 퍼내는)자루 바가지.
sasse² *n.f.* 제분용 체.
sassement [sɑsmɑ̃] *n.m.* ① (밀가루를)체로 치기. ② (배의)갑실(閘室) 통과.
sassenage [sasna:ʒ] *n.m.* 사스나주 치즈.
sasser¹ [sɑ(a)se] *v.t.* (밀가루 따위를)체로 치다. ~ (*et ressasser*) *qc* (구어)…을 자세히 조사하다.
sasser² *v.t.* 【해양】갑실을 통과시키다.
sasseur(se) [sɑ(a)sœ:r, -ɸ:z] *n.* 체질하는 사람. —*n.m.* 체 장치.
sassure [sɑ(a)sy:r] *n.f.* (체로 거르고 남은)찌꺼기.
Satan [satɑ̃] *n.pr.m.* 사탄, 악마의 괴수. fils(sujets) de ~ 신에게 버림받은 자. orgueilleux comme ~ 오만하기 짝이 없는. royaume de ~ 지옥.
satané(e) [satane] *a.* (구어)(명사 앞에서)악마 같은, 흉악한(maudit). Quel ~ temps! 참 고약한 날씨군! un ~ menteur 흉측한 거짓말쟁이.
satang [satɑ̃] *n.m.* 사탱 (타이의 화폐 단위, 100 사탱 = 1 바트)(satangas, stang).
satanique [satanik] *a.* 악마의; 악마같은, 극악무도한(diabolique). rire ~ 악마같은 웃음.
sataniquement [satanikmɑ̃] *ad.* 악마같이.
satanisme [satanism] *n.m.* ① 【종교】악마교, 악마 숭배. ② 【철학·문학】악마주의, 악마적 경신, 악마같은 행동.
satellisation [satellizasjɔ̃] *n.f.* ① 인공 위성의 제조·발사; 인공 위성을 궤도에 올려놓기. ② (어떤 나라의)위성국화; (사물의)위성화. ~ culturelle 문화적 예속(위성국화).
satelliser [sate(ɛl)lize] *v.t.* ① 위성이 되게 하다, 위성궤도에 올리다. ② (사물을)위성화하다.
—*se* ~ *v.pr.* (로켓·어느 나라 따위가)위성화하다; 궤도에 오르다.
satellite [sat(el)lit] *n.m.* 【천문】위성. ~s de Jupiter 목성의 위성. ~ artificiel 인공 위성. ~ d'observation 관측 위성. ~ météorologique 기상 위성. ~ d'espion 첩보 위성. ~ de télécommunications(~ relais) 통신 위성. lancer un ~ 인공 위성을 발사하다. ② 위성국(pays ~). ③ (텔레비전·라디오의)위성(중계)국. ④ 추종자, 부하; 심복 부하. —*a.* 위성적인. ville ~ 위성 도시. veines ~s 【해부】병행정맥.
sati [sati] *n.m.* 【종교사】과부의 순사(殉死)(아내가 남편을 화장하는 불에 함께 타죽는 힌두교의 옛 풍습). —*n.f.* 남편을 따라 순사한 아내.
satiété [sasjete] *n.f.* 포만(飽滿); 싫증. (boire, manger) à(jusqu'à) ~ 물리도록(실컷)(마시다, 먹다). rabâcher(répéter) *qc* à ~ 싫증이 나도록 …을 되풀이 말하다.
satif(ve) [satif, -i:v] *a.* 【식물】뿌리 씨에서 자란.
satin [satɛ̃] *n.m.* ① 【직물】사틴, 수자(繻子); (사틴처럼)반드러운 천. peau de ~ 반드럽고 고운 피부. ② 【임업·식물】인도수자나무, 사틴나무. —*a.* (불변) 사틴색의.
satinade [satinad] *n.f.* 【직물】면(綿)수자.
satinage [satina:ʒ] *n.m.* 사틴(수자)처럼 반들반들하게 만들기.
satinaire [satinɛ:r] *n.f.* 【조직】수자직공.
satiné(e) [satine] *a.p.* 사틴처럼 윤나는. peau ~e 반드럽고 고운 피부. —*n.m.* 【식물】사틴같은 광택. ② 사티네 (고급가구용의 열대산 목재).
satiner [satine] *v.t.* 수자같이 반드럽게(윤나게) 하다. —*v.i.* (과일·꽃 따위가)수자같이 윤나다.
satinette [satinɛt] *n.f.* 【직물】면수자.
satineur(se) [satinœ:r, -ɸ:z] *n.* 윤을 내는 직공. —*n.f.* 윤을 내는 기계.
satire [sati:r] *n.f.* ① 풍자시; 풍자적인 글(책); 풍자 문학(장르). *S*~s de Boileau 부알로의 풍자시. pratiquer la ~ 풍자시를 쓰다. ② 풍자, 야유, 빈정거림, 희학적 비평. faire la ~ de *qc* …을 풍자하다. trait de ~ 경구.
satirique [satirik] *a.* 풍자적인, 야유하는, 비꼬는; 〖시〗풍자시의; 〖라틴문학〗풍자 문학의. poésie ~ 풍자시. propos ~s 신랄한 말, 독설. —*n.m.* 풍자 시인(작가).
satiriquement [satirikmɑ̃] *ad.* (드물게)풍자적으로, 비꼬아서.
satiriser [satirize] *v.t.* (드물게) 풍자(야유)하다.
satiriste [satirist] *n.* 풍자 시인, 풍자 문학 작가.
*****satisfaction** [satisfaksjɔ̃] *n.f.* ① 만족감(contentement, assouvissement). éprouver une ~ profonde 아주 대만족을 느끼다. à la ~ générale 모든 사람이 만족하도록. avoir la ~ de + *inf.* …하는 것을 만족스럽게 생각하다. donner ~ à *qn* …을 만족시키다(기쁘게 하다). ② (의례적인 의미)기쁨(plaisir). J'accepte avec ~ votre proposition. 귀하의 제의를 기꺼이 수락합니다. ③ (욕망·요구 따위의)충족. ~ d'un besoin 욕구 충족. recevoir ~ 만족 따위가)채워지다. Il donna ~ aux (revendications des) grévistes. 그는 파업자들의 요구를 들어주었다. ④ 변상, 보상(réparation); 【신학】속죄(pénitence). demander(déclamer) à *qn* (la) ~ de *qc* …에게 …의 변상(보상)을 요구하다. obtenir ~ 변상을 받다.
satisfactoire [satisfaktwa:r] *a.* 【신학】속죄의.
*****satisfaire** [satisfɛ:r] [28] *v.t.* ① 만족시키다(contenter). On ne peut ~ tout le monde. 모든 사람을 만족시킬 수는 없다. ② (욕망·기대 따위를)충족하다, 채워주다(combler). ~ les besoins de *qn* …의

욕구를 채워주다 (특히 생리적인 욕구를). ~ sa faim[soif] 그의 굶주림[갈증]을 채워주다[풀어주다]. ③ ses créanciers 채권자에게 빚을 갚다. ③ (마음·감각을)기분 좋게 해주다, 만족감을 주다 (plaire). musique qui *satisfait* l'oreille 귀를 즐겁게 해주는 음악. ouvrage qui *satisfait* à la fois l'imagination et la raison 상상력과 이성을 동시에 만족시키는 작품.
— v.t.ind. [~ à] …을 충족시키다, 들어 주다; …을 이행하다 (accomplir). ~ à une demande 요구를 들어 주다. ~ à une promesse [un engagement] 약속을 이행하다. ~ à un examen 시험에 합격하다. ~ au goût du public 대중의 구미에 맞추다. ~ à ses obligations 의무를 수행하다. ~ aux conditions requises 요구된 조건을 충족시키다.
—**se** ~ *v.pr.* ① 만족하다. *se* ~ *de peu* 적은 것으로 만족하다, 욕심이 적다. ②《구어》변을 보다 (se soulager); (성적인 욕구를)채우다. ③ 복수를 하다, 보복하다.

satisfaisant(e) [satisfəzɑ̃, -ɑ̃:t] (p.pr. < *satisfaire*) *a.* 만족[충족]시키는; 만족스러운, 더 할 나위 없는 (acceptable, bon). un résultat ~ 만족할 만한 결과[성적]. peu ~ 만족스럽지 못한, 불만스러운.

*****satisfait(e)** [satisfɛ, -ɛt] (p.p. < *satisfaire*) *a.p.* 만족한 (content); (욕망 따위가)채워진 (comblé). mal ~ 불만스러운. Elle vous déteste maintenant. Vous êtes ~ ?(반어적)그 여자는 당신을 싫어합니다. 만족하십니까 ? [être ~ *de qn/qc*] Ce professeur *est* ~ *de* ses élèves. 이 교수는 학생들에 대해서 만족해 하고 있다. Votre professeur *est* ~ *de* votre travail. 교수님은 당신의 공부에 만족하신다. une curiosité ~*e* 충족된 호기심.
Tenez-vous pour ~ . (그것으로)참으시오.

satisfai-t, -tes [satisfɛ, -t] ⇒satisfaire.

satisfecit [satisfesit] (라틴)*n.m.* (복수불변)《학교》상장, 상;《문어》칭찬, 동의.

satisfi-s, -t, etc. [satisfi] ⇒satisfaire.

satrape [satrap] *n.m.* ① 《고대사》 고대 페르시아 제국의 태수. ②《문어》호사탕탕한 폭군.

satrapie [satrapi] *n.f.* 《고대사》 고대 페르시아 태수(satrape)의 통치[구역];《문어》독재정치.

satrapique [satrapik] *a.* 《고대사》 고대 페르시아의 태수의. orgueil ~《경멸》페르시아 태수같은 오만.

saturabilité [satyrabilite] *n.f.* 《화학》포화성; 포화 가능성.

saturable [satyrabl] *a.* 《화학》포화될 수 있는, 포화성의.

saturant(e) [satyrɑ̃, -ɑ̃:t] *a.* 포화시키는. vapeur ~*e* 포화증기.

saturateur [satyratœ:r] *n.m.* 실내습도 조절장치;《화학·공업》포화기.

saturation [satyrasjɔ̃] *n.f.* 《화학》포화(飽和); 포화상태.《물리》포화도;《비유적》포화상태 (satiété). point de ~ 포화점. arriver à ~ 포화상태에 이르다. ~ du marché 《상업》시장의 포화. jusqu'à ~ 싫증이 날 정도로.

saturé(e) [satyre] *a.p.* ① 《화학·물리》포화된; 가득 채워진, 충만한 (plein, rempli); (비유적)포화된. marché ~ 포화시장. une éponge ~*e* d'eau 물을 가득 머금은 솜 (탈지면). ② (에)물린, 싫증이 난. [être ~ de *qc*] Nous sommes ~*s de* films policiers. 우리는 탐정 영화에 신물이 난다.

saturer [satyre] *v.t.* ① 《화학》포화시키다. ② 가득 채우다 (remplir). ~ *de* sel une solution 용액을 소금으로 포화시키다. ~ une éponge d'eau 스폰지에 물을 가득 배어들게 하다. ② (호기심 따위를)충족시키다; 물리게[싫증나게] 하다 (soûler, rassasier). ~ la curiosité du public 대중의 호기심을 충족시키다.

saturnales [satyrnal] *n.f.pl.* ① 《로마신화》사투르누스제 (祭). ②《문어》아단법석, 소란.

Saturne [satyrn] *n.pr.m.* ① 《로마신화》 사투르누스 (농경의 신). ② 《천문》토성.
—**s~** *n.m.* 《고대화학》납 (plomb); 《약》납에서 유도된 것. sel (extrait)de ~ 초산연 (醋酸鉛).

saturnie [satyrni] *n.f.* 《곤충》가죽나무누에나방무리 (paon-de-nuit).

saturnien(ne) [satyrnjɛ̃, -ɛn] *a.* ① 사투르누스 (*Saturne*)의. vers ~ 《라티시》사투르누스 시형. ②《엣·문어》음울한, 우울한《점성술에서 토성은 슬픔의 근원으로 여겨졌다》.

saturnin(e) [satyrnɛ̃, -in] *a.* 《의학》납으로 생기는. intoxication ~*e* 납중독.

saturnisme [satyrnism] *n.m.* 《의학》납중독.

satyre[1] [satir] *n.m.* ① 《그리스신화》사티로스《반인반수 (半人半獸)의 숲의 신》. ②《구어》색마, 치한 (癡漢), 호색한; 《엣》방탕한 사람. ③ 《곤충》나비의 일종.

satyre[2] *n.f.* 《그리스문학》사티로스극 (劇).

satyresse [satires] *n.f.* satyre[1]의 여성.

satyriasis [satirjazis] *n.m.* 《의학》(남자의)병적인 성욕 항진 (亢進).

satyrion [satirjɔ̃] *n.m.* 《식물》난초의 일종.

satyrique [satirik] *a.* 《고대그리스》사티로스의 (*Satyre*)의. drame (danse) ~ 사티로스극 (춤). parnasse ~ 외설시집.

*****sauce** [so:s] *n.f.* ① 《요리》소스. ~ mayonnaise (tomate) 마요네즈 (토마토) 소스. ② viande en ~ 소스로 간을 맞춘 고기. ② 고기국물 (jus de viande). ~ d'un rôti 군고기의 국물. ③ 부속물, 곁다리 (accessoire). varier(changer) la ~ 외관을 바꾸다. ④ 《제도》목탄필 (木炭筆); 일담배를 담그는 소금물. ⑤《구어》소나기. recevoir la ~ 소나기를 만나다.
allonger la ~ 《구어》(이야기를)길게 하다, 질질 끌다.
À quelle ~ *sera-t-il mangé?* 그를 어떻게 하면 요리할 수 [무찌를 수] 있을까?
donner (mettre) *toute la* ~ (자동차의)악셀을 힘껏 밟다, 전속력을 내다.
employer (mettre) *qn à toutes les* ~*s* …에게 별의별 일을 다 시키다.
faire (mettre) *une* ~ *à qc* …을 적당히 다루다 (꾸며내다).
gâter la ~ 일을 잡치다.
La ~ *fait passer* (manger) *le poisson.* (양념 덕분으로 생선을 먹을 수 있다) → 곁들여진 것이 좋으면 시시한 것도 돋보인다.
ne savoir à quelle ~ *mettre qc* …을 어떻게 다루어야 좋을지 모르다.

saucé(e[1]) [sose] *a.* 《엣》(동전 따위가)은을 입힌.

saucée[2] *n.f.* 《속어》① 소나기 (averse), 억수. recevoir une ~ 소나기를 만나다. ② 심한 꾸지람; 주먹질.

saucer [sose] [2] *v.t.* ① 빵 따위를 소스에 적시다. ② 《빵 따위로 접시의》소스를 닦아내다. ③《구어》흠뻑 젖게 하다. *être saucé; se faire* ~ 비에 흠뻑 젖다. ④《속어》호되게 꾸짖다.

saucier [sosje] *n.m.* ① 《요리》소스 전문 요리사; 소스 제조(판매)인. ② 《해양》(도르래의)축받이.

saucière [sosjɛ:r] *n.f.* 《구어》소스 (크림) 그릇.

sauciflard [sosiflaːr] *n.m.* 《구어》(대형의) 소시지.

saucisse [sosis] *n.f.* ① 소시지, 순대. ~ de Francfort[de Vienne] 푸랑크푸르트(비에나) 소시지(쇠고기와 돼지고기를 사용해서 만듦). ②《군대어》소시지 모양의 계류기구(繫留氣球); 박격포탄. ③《속어》숙맥, 얼간이. *ne pas attacher ses chiens avec des ~s*《구어》지독한 구두쇠이다.

saucisson [sosisɔ̃] *n.m.* ① 큰 소시지[순대]. ~ sec 살라미 소시지. ~ à l'ail 마늘을 넣은 소시지. tranches de ~ 소시지 슬라이스. sandwich au ~ 소시지 샌드위치. ②《갱도 폭파용의》도화낭(導火囊). ③ 원통형의 빵, 소시지형의 빵. *être ficelé comme un ~*《구어》옷차림이 엉망이다.

saucissonnage [sosisɔnaːʒ] *n.m.*《구어》기획을 여러 단계로 나누기.

saucissonné(e) [sosisɔne] *a.*《구어》꼭 끼는 옷을 입은(boudiné).

saucissonner [sosisɔne] *v.i.*《구어》(공원이나 대합실에서 선채)소시지(샌드위치)를 먹기; 바깥에 도시락을 먹다. ~ sur l'herbe 들놀이(피크닉)를 하다.

saucissonneur(se) [sosisɔnœːr] *n.* 소풍객, 들놀이 가는 사람.

sauf¹(ve) [soːf, -oːv] *a.* 위험을 면한; 무사한; (비유적) (명예 따위가)온전한. avoir la vie ~ve 목숨이 무사하다. L'honneur est ~. 그에게는 더럽혀지지 않았다. laisser la vie ~ve à qn …의 목숨을 살려주다. s'en tirer la vie ~ve 무사히《구사일생으로》모면하다《빠져 나오다》.

***sauf²** [sof] *prép.* ①…을 제외하고, …이 아니라면 (excepté, hormis), …라면 모르되. Tous les invités étaient là, ~ Jean. 장을 제외한 모든 손님이 왔었다. Venez demain, ~ avis contraire. 반대의 통지가 없는 한, 내일 오시오. Voici les chiffres, ~ erreur de notre part. 우리 편의 착오가 있을지 모르지만, 여기 숫자가 나왔다. ~ erreur et(ou) omission 오류 누락의 경우는 받아허. 부채함(계산서 사본 따위에 적는 말). Il parle de tout ~ de politique. 그는 정치에 관한 것을 제외하고는 무엇이든 화제로 삼는다. ~ que+*ind.* Le voyage s'est bien passé, ~ qu'Alice a été malade. 알리스가 아팠던 것을 제외하고는 여행은 순조로왔다. ②《…을 손상하지 않고. ~ votre honneur 당신의 체면을 손상시키지 않고.
~ à+*inf.*《문어》…할 가능성이 있을지 모르되; …할 권리를 보류하고. Je consens, ~ à revenir sur ma décision. 일단 찬성하지, (후에)나의 결정을 재고하게 될지도 모르지만. Il a pris cette décision, ~ à changer plus tard. 후일 변경할 수 있다는 조건부로 그는 그 결정을 내렸다.
~ *si*[*quand*] …이라면[…의 때라면] 다르지만. Je n'irai pas, ~ si tu viens avec moi. 난 가지 않겠어, 네가 함께 간다면 다르지만.

sauf-conduit [so(o)fkɔ̃dɥi] *n.m.* (특히 차의)통행증(laissez-passer, permis).

sauge [soːʒ] *n.f.*《식물》샐비어, 홍교두초.

saugé¹ [soʒe] *a.*《약》샐비어를 넣은.

saugé², sauget [soʒe] *n.m.*《식물》라일락의 변종.

saugrenu(e) [sogrəny] *a.* (문답·생각이)기묘한, 괴상망측한(bizarre). idée ~e 기묘한 생각.

saugrenuité [sogrənɥite] *n.f.* 기괴함, 괴상함.

Saül [sayl] *n.pr.m.*《성서》사울.

saulaie [sole] *n.f.*《식물》버드나무 숲.

saule [soːl] *n.m.*《식물》버드나무. ~ pleureur 능수버들.

saulée [sole] *n.f.* 한 줄로 심은 버드나무, 버드나무 가로수.

saumâtre [somɑːtr] *a.* ① 짭짤한, 소금기 있는. ② 불쾌한, 씁쓸한(désagréable, amer). *la trouver ~*《구어》불쾌하게 여기다.

saumier [somje] *n.m.* (연어잡이용)작살(harpon).

saumon [somɔ̃] *n.m.* ①《어류》연어. ~ fumé 훈제 연어. ②《광물》금속 덩어리. —*a.* (불변)연어 살빛[분홍빛]의.

saumoné(e) [somɔne] *a.p.* (물고기가)연어 살빛을 띤. rose ~ 오렌지빛 도는 분홍.

saumoneau [somɔno] (*pl.* ~*x*) *n.m.*《어류》연어 새끼.

saumoner [somɔne] *v.t.* 연어 살빛으로 물들이다.

saumurage [somyraːʒ] *n.m.* (식품을)소금물에 절이기.

saumure [somyːr] *n.f.* (소금절이용의)소금물, 간수; 염전의 해수; (공업용)식염수.

saumuré(e) [somyre] *a.* 소금물에 절인.

saumurois(e) [somyrwa(a), -a(ɑ)ːz] *a.* 소뮈르 (*Saumur*, 프랑스의 도시)의. —**S**~ *n.* 소뮈르 사람.

sauna [sona] *n.m.* (핀란드의)사우나(탕). l. *a.f.*

saunage [sonaːʒ] *n.m.* (바닷물에서)소금을 만들기, 제염; 소금 제조판매, faux ~《역사》(대혁명 전의)소금의 밀매(밀조).

saunaison [sonɛzɔ̃] *n.f.* =**saunage**.

sauner [sone] *v.i.* (염전이)소금을 내다; 소금을 만들다.

saunerie [sonri] *n.f.*《드물게》제염소.

saunier [sonje] *n.m.* 소금 제조인; 염전의 일꾼; 《옛》소금 판매인(장수). faux(-) ~ (대혁명 전의)소금 밀조(밀매)자.

saunière [sonjɛːr] *n.f.* ① 소금통(상자). ② 소금을 넣은 진흙 (사슴 따위의 미끼로 숲속에 놓아둠).

saupiquet [sopikɛ] *n.m.*《요리》매운 소스.

saupoudrage [sopudraːʒ] *n.m.* ① (소금·가루 따위를)뿌리기, 치기. ② (비유적) (공공산이나 설비 따위를) 여러 수혜자들에게 나누어 주기, 분산. ~ de crédits 예산의 분산. La dispersion des constructions entraîne le ~ d'équipements insuffisants. 건설사업의 분산은 불충분한 설비의 분산을 가져온다.

saupoudrer [sopudre] *v.t.* ~ *qc de* ① (에) (소금·가루 따위를)뿌리다, 치다. ~ un gâteau de sucre 과자에 설탕을 뿌리다. ②《비유적》흩뿌리다, 점박다. ciel *saupoudré* d'étoiles 별이 총총한 밤하늘. ~ un discours de citations latines 연설문에 군데군데 라틴어 인용문을 넣다. ③《비유적》(공공산이나 설비 따위를 여러 수혜자들에게) 나눠주다; (전체적인 계획임을 노력이나 혜택을 얻기 위해서). ~ la province *de* petites entreprises 지방에 소기업들을 분산시키다.

saupoudreur(se) [sopudrœːr, -ɸːz] *a.* (소금 따위를)치는(데 쓰는). —*n.f.* (소금 따위를 담은)작은 병(flacon ~).

saupoudroir [sopudrwaːr] *n.m.* 가루 뿌리개.

saurage [soraːʒ] *n.m.*《드물게》=**saurissage**.

saur-ai, -as, etc. [so(ɔ)re, -ra] ⇨**savoir**.

saure [soːr] *a.* (말이) 황갈색의; 밤색깔의; (사냥매가)털을 갈지 않은.

-saure, -saurien *suff.*「도마뱀」의 뜻(예: ichtyo*saure*어룡, dino*sauriens*공룡류).

saurel [sorɛl] *n.m.*《어류》전갱이.

saurer [sore] *v.t.* 훈제하다.

saurerie [sorri] *n.f.* 훈제공장.

sauret [sorɛ] *a.m.*《옛》=**saur**.

saurien [sorjɛ̃] 〖동물〗 *n.m.* 도마뱀; (*pl.*) 도마뱀 무리. —*a.* 도마뱀을 닮은.

saurin [sorɛ̃] *n.m.* 새 훈제 청어.

saurir [sori:r] *v.t.* =**saurer**.

sauris [sori] *n.m.* 청어를 간하기 위한 소금물.

saurissage [sɔrisa:ʒ] *n.m.* 훈제로 하기.

saurisserie [sɔrisri] *n.f.* =**saurerie**.

saurisseur [sɔrisœ:r] *n.m.* 훈제공.

saussaie [sose] *n.f.* 〘옛〙=**saulaie**.

***saut** [so] *n.m.* ① 뛰어오르기[내리기], 도약, 뛰어넘기, 점프(bond, bondissement). ~ en hauteur[en longueur] 높이[넓이]뛰기 ~ à la perche 〖스포츠〗 장대 높이뛰기. ~ périlleux 재주넘기, 공중제비. triple ~ 〖스포츠〗 삼단뛰기. se lever d'un ~ 벌떡 일어나다. ~ en parachute 〖항공〗 낙하산으로 뛰어내리기. La voiture a fait un ~ de 20 m dans un ravin. 차는 곤두박이로 20미터 굴러 떨어졌다. ③ (등산 따위에서) 뛰기, 달리기. faire un ~ chez qn …의 집으로 달려가다(달려 갔다오다). ④ 폭포, 낙수. ⑤ (비유적) (좋은 쪽으로의)비약적 진전; (상상력 따위에 의한) 비약. faire un ~ de l'obscurité à la notoriété 일약 유명해지다. Il a fait un grand ~ dans sa carrière. 그는 단번에 승진하였다. faire un ~ d'un siècle par l'imagination 상상으로 1세기를 뛰어 넘다. ⑥ (연속성이 없는)움직임, 도약. La nature ne fait pas de ~s. 자연은 비약을 하지 않는다. ⑦ 〖컴퓨터〗 점프명령 (다음에 실행할 명령을 지정된 어드레스로부터 취하도록 요구하는 명령); 〖수학〗 (함수의)불연속.

aller par ~s et par bonds 지리멸렬하게[요점 없이] 이야기하다(쓰다).

au ~ du lit 잠자리에서 일어나자(마자).

de plein ~ 단번에 뛰어, (비유적) 느닷없이, 난데 없이.

faire faire le ~ de breton à qn 〘구어〙…의 계획을 뒤엎다.

faire le (grand) ~ 〘구어〙죽다.

faire le ~ 결단을 내리다, 결정적인 행동을 취하다; (여자가)유혹에 응하다, 몸을 망치다.

Il n'y a qu'un ~ (d'ici là). 여기서 저기는 엎어지면 코닿을 곳이다.

sautage [sota:ʒ] *n.m.* ① 폭포. ② (타이핑할 때)자간(字間) 비우기.

saut-de-lit [sodli] *n.m.* (복수불변) (여자의)잠자리에 일어나면서 걸치는 까운(peignoir).

saut-de-loup [sodlu] (*pl.* ~s-~~) *n.m.* 둘러친 (넓은) 도랑; 〖교통〗 고가도, 입체교차로.

saut-de-mouton [sodmutɔ̃] (*pl.* ~s-~-~) *n.m.* 〖철도〗 고가교차교; 〖교통〗 고가도, 입체교차로.

saute [so:t] *n.f.* (풍향 따위의)급변; (기분·물가 따위의)급변. ~s de température fréquentes 빈번한 기온의 급변. ~ d'humeur 심한 변덕.

sauté(e¹) [sote] 〖요리〗 *a.p.* (기름·버터에)데친, 튀긴. —*n.m.* (기름·버터에)데친 요리.

sautée² *n.f.* 한 번에 뛰어넘는 거리.

saute-en-barque [sotãbark] *n.m.* (복수불변) 조정복(漕艇服).

sautelle [sotɛl] *n.f.* (포도나무의)휘묻이한 가지.

saute-mouton [sotmutɔ̃] *n.m.* (복수없음) 〖놀이〗 개구리뜀 (두 손으로 다른 사람의 등을 집고 뛰어 넘는 놀이).

‡**sauter** [sote] *v.i.* ① 뛰어오르[내리]다(bondir, s'élancer); 뛰어 넘다; 건너 뛰다; 〖스포츠〗 뛰다. ~ à pieds joints[à cloche-pied] 두 발을 모아(한 쪽으로) 뛰다. ~ dans l'eau du haut d'un plongeoir 다이빙대 위에서 물속으로 뛰어들다. ~ sur un cheval 말 위로 뛰어올라 타다. ~ en hauteur[en longueur, à la perche] 〖스포츠〗 높이[넓이·장대 높이] 뛰기를 하다.

② (비유적) (이야기·생각 따위가)건너 뛰다; 승급하다, 승진하다. ~ d'un sujet à un autre 한 이야기에서 다른 이야기로 건너 뛰다. élève qui *saute* de quatrième en seconde 제 4 학급에서 제 2 학급으로 월반하는 학생. ~ d'une idée à l'autre 생각으로 비약시키다.

③ 덤벼들다, 매달리다. ~ à la gorge de *qn* …의 목을 잡으려고 달려들다. ~ au cou de *qn* …의 목을 얼싸안다. Les agents *ont sauté* sur le voleur. 경관들이 도둑에게 달려들었다.

④ (~ de) (강렬한 감정의 표시로) 펄쩍 뛰다. ~ *de joie*(*de colère*) 기뻐서(화가 치밀어) 펄쩍 뛰다. ~ *au plafond* 〘구어〙 (놀람·노여움·기쁨 따위로)펄쩍 뛰다.

⑤ 폭발(하)다(exploser, éclater); (퓨즈가)끊기다; (사업 따위가)파산하다; (내각이)붕괴하다. Le plomb *a sauté*. 퓨즈가 나갔다. Mon bouton *a sauté*. 단추가 떨어져나갔다. faire ~ les ponts 교량을 폭파시키다. faire ~ une serrure 자물쇠를 비틀어 열다. faire ~ un bouchon de champagne 샴페인 마개를 펑하고 열다. banque (banquier) qui *a sauté* 도산한 은행 [은행가].

⑥ faire ~ 〖요리〗 (기름에)데치다, 튀기다.

⑦ 〘해양〙 (바람이)급변하다.

Allez, et que ça saute! 자 가시오, 그것도 빨리.

Cela saute aux yeux. 그것은 명백하다, 일목요연하다.

se faire ~ la cervelle 머리를 쏘아 자살하다, 죽다.

—*v.t.* ① (장애물을)뛰어 [넘어] 뛰다. ~ un fossé [une haie] 도랑(울타리)을 뛰어 넘다.

② (페이지·행·글자를)건너 뛰다; (학급을)월반하다, 빼먹다. ~ un paragraphe 한 절을 건너뛰다. ~ un repas 한끼 굶다. ~ une classe 월반하다.

③ (퓨즈를) 끊어지게 하다.

④ 〘옛〙 〖요리〗 (기름·버터에)데치다, 튀기다.

⑤ (동물이 암놈에게) 덤벼들다; 〘구어〙 [~ *qn*] (와)관계하다.

la ~ 〘속어〙끼니를 거르다, 몹시 배고프다. ~ *le pas*(*le fossé*) 사생결단을 내리다.

sautereau [sotro] (*pl.* ~*x*) *n.m.* 〖음악〗 (클라브생의)채머.

sauterelle [sotrɛl] *n.f.* ① 〖곤충〗 메뚜기; (비유적) 마른 사람. ② 접이자(尺); (새 잡는)망.

sauterie [sotri] *n.f.* (친한 사람끼리의) 무도회; 형식에 얽매이지 않은 춤, 즉흥춤.

sauternes [so(o)tɛrn] *n.m.* 소테른 지방산 백포도주.

saute-ruisseau [sotərɥiso] *n.m.* (복수불변) 〘옛 속어〙 (변호사·공증인 따위의)심부름꾼 서생(書生); 메신저 보이.

sauteur(se) [sotœ:r, -ø:z] *a.* 도약하는, 깡충깡충 뛰는. insectes ~s 도약하는 곤충. oiseaux ~s 주조류 (走鳥類)의 새 (타조 따위).

—*n.* ① 뜀뛰기 곡예사(acrobate); 뜀뛰기 훈련을 받은 말; 〖스포츠〗 (각종의) 도약 선수. ~ en hauteur 높이뛰기 선수. ~ à ski 스키의 점프선수. ② (f.은 드묾) 신용할 수 없는 사람, 변절자.

—*n.f.* ① (2박자의 빠른) 왈츠의 일종. ② (곡선용의)크랭크 축. ③ 바람난 여자. ④ (소테용)프라이팬(→poêle 그림).

sautillage [sotija:ʒ] *n.m.* 깡충깡충 뛰기. ~ des enfants 여기저기 뛰어다니는 아이들.

sautillant(e) [sotijɑ̃, -ɑ̃:t] *a.* 깡충깡충 뛰는; (문체 따위가)토막토막 잘린(haché), 지리멸렬의; 변덕

스러운. musique ~e 리듬이 급격하고 불규칙한 음악. pensée ~e 지리멸렬한 생각.

sautillement [sotijmɑ̃] *n.m.* ① 깡충깡충 뛰기. ② 《비유적》《생각 따위의》비약; 토막토막 잘림.

sautiller [sotije] *v.i.* ① 깡충깡충 뛰다(gambader). ~ sur un pied 외발로 깡충깡충 뛰다. ② 《비유적》 《문체가》토막토막 잘리다; 《생각·이야기 따위가》 지리멸렬하다; 비약하다.

sautoir [sotwa:r] *n.m.* ① 《가슴까지 늘어지는》긴 목걸이, 목걸이 모양의 훈장. 《옛》《마구》둥자(鐙子)의 일종. ② X형, X형의 문장(紋章). ③ 《스포츠》도약 경기장. barre d'un ~ 《높이뛰기 따위의》바. ④ 《요리》프라이팬(sauteuse).
en ~ X형으로, 엇갈려. porter une décoration *en ~* 《같이 가슴에서 교차하는》모양의 훈장을 차다. épées *en ~* X형으로 놓여진 칼.

sauvable [sovabl] *a.* 《드물게》구조할 수 있는.

***sauvage** [sova:ʒ] *a.* ① 《동식물이》야생의(↔ domestique, cultivé); 《장소·풍경이》원시의, 황량한 (désert). animaux ~s 야수. forêt ~ 원시림. plantes ~s 야생식물. site ~ 황량한 풍경. ② 《인간이》야만의, 미개의, 원시적인. peuplade ~ 미개인《족》. retourner à l'état ~ 원시 상태로 되돌아가다. ③ 비사교적이고, 교제하기 싫어하는(insociable); 겁많은. avoir un caractère ~ 성격이 비사교적이다. C'est un garçon ~. 그는 남과 잘 어울리지 않는《붙임성이 없는》소년이다. ④ 《야생 짐승 가》거칠고, 난폭한(grossier); 잔인한, 야만적인 (cruel). air ~ et brutal 거칠고 난폭한 모습. Il a quelque chose de ~ dans ses manières. 그의 태도에는 난폭한 데가 있다. répression ~ 잔인한 탄압. ⑤ 자연발생적인, 무질서한, 통제가 안되는. grève ~ 《조합의 통제를 벗어난》우발적인 파업. immigration ~ 위법입국. camping ~ 《허가지역 외의》야영 캠핑. ⑥ eaux ~s 《지질》표면유출《땅속에 들어가지 않고 지표에 흐르는 빗물》.
—*n.* (*f.*는 sauvage 또는 sauvagesse) ① 미개인, 토인, 야인. bon ~ 선량한 미개인 (Montaigne에서 Diderot에 이르기까지의 미개인 예찬사상). ② 비사교적인 사람, 교제를 싫어하는 사람. vivre en ~ 교제를 피하고 살다. ③ 거친《야만적인》사람. se conduire comme un ~ 《옛》무례하게 행동하다.

sauvagement [sovaʒmɑ̃] *ad.* 야만스럽게, 잔인스럽게. 거칠게, 난폭하게.

sauvageon(ne) [sovaʒɔ̃, -ɔn] *n.m.* ① 자연목, 야생의 나무. ② 배운것 없이 자란 어린이.

sauvagerie [sovaʒri] *n.f.* ① 비사교성. Ce garçon est d'une ~ peu commune. 이 아이는 보기 드물게 남과 어울리지 않는다. ② 잔인《성》, 거칠. traiter avec ~ 난폭하게 다루다. ③ 미개상태; 미개인의 풍습.

sauvagesse [sovaʒɛs] *n.f.* 《옛》미개인족의 여자(sauvage의 여성형); 야성적인 여자.

sauvagin(e) [sovaʒɛ̃, -in] *a.* 물새 냄새나는.
—*n.m.* 물새 냄새. sentir le ~ 물새 냄새가 나다.
—*n.f.* 《집합적》물새. ② 《모피를 만들 여우의》

sauvastika [sovastika] *n.m.* 만(卍)자. └가죽.

sauvegarde [sovgard] *n.f.* ① 보호 (protection); 보증 (garantie). se mettre [se placer] sous la ~ de la justice 법의 보호를 받다. Les lois sont la ~ de la liberté. 법은 자유를 보호한다. commission de ~ 《사법행위·경찰처조를 감시하는》보호위원회. droits de ~ 《경제》산업보호세, 수입관세. ② 《적군·피점령지구의 통행을 보증하는》통행증《군주 따위의》; 호위병. ③ 《해양》기 따위를 묶는》밧줄; 구명밧줄. ④ 《컴퓨터》《정보파일을 보호하기 위한》백업.

sauvegarder [sovgarde] *v.t.* 보호[보전]하다; 지키다(défendre, protéger). ~ son honneur 명예를 지키다. ~ les apparences 체면을 지키다. ~ les droits de l'homme 인권을 지키다.

sauve-qui-peut [sovkipø] *n.m.* 《복수불변》① 궤주(潰走), 패주(déroute). Ce fut un ~ général. 전면적인 궤멸이었다. ②「도망쳐라」하는 외침(cri de ~).

***sauver** [sove] *v.t.* ① 구출하다, 《의》생명을 구하다, 구원[구조]하다. ② 《종교》《의》영혼을 ~ 구원하다 (racheter). ~ un enfant qui se noie 물에 빠진 아이를 구하다. ~ un navire en perdition 조난선을 구조하다. ② [~ *qn* de] 《에서》구해내다, 구해내다; 면하게 하다. ~ *qn* de la misère ···을 가난에서 건져내다. Cela l'a *sauvé* de beaucoup de peines. 이것으로 그는 많은 수고를 면했다. ③ [~ *qc*] 《파손·손상에서》지키다, 살리다(sauvegarder). ~ la vie à *qn* ···의 목숨을 보전하다. ~ la situation 《위급한》상황을 수습하다. ④ 《의 결함을》보상하다, 보충하다. Ce qui *sauve* ce film, c'est la couleur. 이 영화를 살리고 있는 것은 곧 색깔이다.
~ les apparences[les dehors] 체면을 지키다[차리다].
~ le premier coup d'œil 《첫 인상이 좋지 않을 때》 그것을 나타내지 않다[감추다].
—**se ~** *v.pr.* ① 달아나다, 도망치다. *se ~* à toutes jambes 걸음아 나 살려라고 도망치다. *se ~* à l'étranger 외국으로 망명하다. ②《구어》《황급히》물러가다, 사라지다(s'en aller). Je se fait tard, je me *sauve*. 시간이 늦었으니 난 가겠소. ③《~ de》《에서》빠져나가다, 모면하다. *se ~ de prison* 탈옥하다. ④《끓는 액체가》넘쳐 흐르다 (déborder). ⑤《종교》영혼을 구제받다.
Sauve qui peut! 《대명동사 se의 생략》각자 알아서 피신하라!

sauvetage [sovta:ʒ] *n.m.* 《수난·화재 따위의》인명구조《작업》; 《비유적》《사회적·정신적》구원, 구조. bateau de ~ 구조선[정], 구명정. ceinture de ~ 구명대. échelle de ~ 《소방대의》구조 사다리. ~ d'un jeune délinquant 비행청소년의 선도.

sauveté [sovte] *n.f.* ① 《역사》《중세 남프랑스에서 개간 목적으로 세워진》취락마을. ② reine de ~ 《여왕벌의 뒤를 이을》새 여왕벌; cellule de ~ 《새 여왕벌을 키우는》벌집의 방.

sauveteur [sovtœ:r] *n.m.* 《인명》구조자. équipe de ~s 구조대. —*a.m.* bateau ~ 구명정.

sauvette (à la) [alasovɛt] *loc. ad.* 재빨리, 부랴부랴 (hâtivement); 남몰래(furtivement, clandestinement). décision prise *à la ~* 감쪽같이 한 결정. vente[marchand] *à la ~* 길거리에서 허가없이 물건을 파는 장사[장수].

sauveur [sovœ:r] *n.m.* 구제자, 구조자. le S~ 구세주《그리스도》.
—*a.m.* (*f.*는 일반적으로 salvatrice, 드물게 sauveuse) 구제하는. Dieu ~ 구세주이신 신.

sauve-vie [sovvi] *n.f.* 《복수불변》《식물》돌좀고사리《꼬리고사리과(科)》.

sauvignon [sovinjɔ̃] *n.m.* 백포도의 일종.

savamment [savamɑ̃] *ad.* ① 학자답게, 박식하게 (doctement). ② 자초지종을 잘 알고. J'en parle ~ pour l'avoir expérimenté moi-même. 나는 그것을 직접 경험한 만큼 내용을 잘 알고 이야기한다. ③ 교묘하게 (habilement).

savane [savan] 《에스파냐人》*n.f.* 대초원, 사바나.

***savant(e)** [savɑ̃, -ɑ̃:t] *a.* ① 학식이 있는, 박식한; 조예가 깊은, 정통한(versé, instruit). homme ~ 학문이 깊은 사람. [~ en/sur] être ~ *en* histoire 역

사에 조예가 깊다. être ~ *sur* ce sujet이 문제에 정통하다. ② 학술적인, 학문적인. mots(termes) ~*s* 학술용어. société ~*e* 학회; 유식층. ③ 교묘한, 재치있는, 숙련된(habile), 복잡한, 이해하기 어려운(compliqué, ardu). d'une main ~*e* 능숙한 솜씨로. ruse ~*e* 복잡한[정묘한] 술책. animal(chien) ~ 《구어》재주를 부리도록 훈련받은 동물[개]. C'est trop ~ pour moi. 그것은 내게 너무 어렵다. musique très ~*e* 아주 복잡한 음악. ④ 현학적인, 학자연하는. femme ~*e* 여류학자, 학자연하는 여자.
âne ~ 유식하지만 어리석은 사람.
— *n.m.* 학자; 《옛》박식한 사람. Elle est devenue un grand ~. 그녀는 대학자가 되었다.

savantas [savɑ̃ta], **savantasse** [savɑ̃tas] *n.m.* 《옛·구어》학자연하는 사람, 현학자.
savantissime [savɑ̃tisim] *a.* 《구어》(익살) 대학자의, 지극히 박식한.
savarin [savarɛ̃] *n.m.* 사바랭(과자의 일종).
savart [savaːr] *n.m.* 《음악》사바르(음정의 단위)
savate [savat] *n.f.* ① 헌 신발[슬리퍼]. traîner ses ~*s* 헌 신을 신고 다니다. ②《구어》둔재, 재주없는 사람. Quelle ~! 참, 미련하기도 하군! Il peint comme une ~. 그는 그림솜씨가 엉망이다. ③ 발로 차는 시합[기술](boxe française). ④《해양》(배가 진수할 때의) 굴림대.
traîner la ~ 가난하게 살다.
savaterie [savatri] *n.f.* 헌 구둣방.
saveter [savte] [5] *v.t.* 《속어》망치다, 서투르게 수선하다.
savetier [savtje] *n.m.* ① 구두 수선인; 헌 신장수. ②《속어》서투른 장색(匠色).
saveur [savœːr] *n.f.* ① 맛(goût). ~ douce(amère, piquante) 달콤한(쏩쓸한, 짜릿한) 맛. aliment qui a de la ~ 맛있는 음식. ②《비유적》풍미, 흥취, 재치. ironie pleine de ~ 재치에 넘친 풍자. style qui manque de ~ 풍취없는 문장.

:savoir¹ [savwaːr] [57] *v.t.* ① 알다, 알고 있다. ⓐ 《~ +종속절》Savez-vous qu'il s'est marié? 그가 결혼한 것을 알고 계십니까? Je ne *sais* (pas) s'il viendra. 그가 올지 모르겠다. *Sais*-tu quand ils partent? 넌 그들이 언제 출발하는지 아니? ⓑ《중성(부정)대명사를 목적어로 하여》Il est parti pour la France, le *sais*-tu? 그는 프랑스로 떠났어, 알고 있니? Il *sait* tout ce qui se passe autour de lui. 그는 자기 주변에서 일어나는 일을 다 알고 있다. Il n'en *sait* rien encore. 그는 아직 그 일에 대해 아무것도 모른다. ⓒ《목적보어 없이: 중성대명사 le를 생략한 구어적 표현》. Tu *sais* qu'elle est là?—Oui, je *sais*. 너 그녀가 여기 있는 거 아니? 응, 알아. (삽입구》C'est un garçon très gentil, tu *sais*. 상냥한 아이야, 정말이야(긍정의 의미를 강조). ⓓ《~+목적어+속사(부정법, 부사)》…이 임을[함을] 알다. Je ne le *savais* pas si méchant. 그가 그처럼 심술궂은 사람인 줄은 몰랐다. Je le *savais* à Londres. 그가 런던에 있다는 것을 알고 있었다. sujets que je *sais* l'intéresser 그의 흥미를 끌 것이라고 알고있는 주제. ⓔ《~+부정법(복합형)》Je *sais* avoir tout perdu. 나는 모든 것을 잃어 버렸음을 안다(Je *sais* que j'ai tout perdu).
② 《~+명사》ⓐ(그 내용을)알다, (에 관해)알고 있다. Je *sais* la nouvelle. 나는 그 소식을 알고있다. Il *sait* cette question sur le bout du doigt. 그는 이 문제를 속속들이 다 알고있다. Je *sais* un moyen d'y réussir. 나는 그 일이 성공할 방법을[에 관해] 알고있다. ⓑ(학습·훈련·교육에 의하여 한) 지식을 갖추다; 외다. ~ le latin[la grammaire] 라틴어[문법]을 알고 있다. ~ son métier 자기가 하는

일[직업]의 요령을 알고있다. ~ sa leçon 학과를 외다. ~ son rôle par cœur 자기 대사를 외다. ⓒ (그 의미·가치 따위를) 알다, 의식하다. Je *sais* mes obligations envers vous. 나는 당신에 대한 의무를 알고있소.
③ 《~+*inf.*》ⓐ …할 줄 알다. enfants qui *savent* déjà lire et écrire 벌써 글을 읽고 쓸 줄 아는 아이들. ~ taper (à la machine) 타이프 칠 줄 알다. Il faut ~ se contenter de peu. 적은 것으로 만족할 줄 알아야 한다. Il ne *sait* pas vivre. 그는 처세술이 서투르다. ⓑ 《조건법의 부정문에서》…할 수 없을 것이다. On ne *saurait* mieux faire. 더 잘 할 수는 없을 것이다.
④ 《문어》《접속법; 1인칭 부정문으로》Je ne *sache* rien de plus beau. 이처럼 아름다운 것이라곤 아무것도 모른다. Je ne *sache* personne qui puisse lui être comparé. 그와 견줄 만한 자를 나는 모른다. (autant) que je *sache* 내가 아는 한《일반적으로 부정문의 삽입구로 쓰임, autant는 생략 가능》. Il n'y avait personne dans la maison, que je *sache*. 내가 아는 한 집안에는 아무도 없었다.
⑤ 《~+의문사+*inf.*》ne ~ que (quoi) faire 무엇을[어떻게] 해야 할 지 모르다. ne ~ sur quel pied danser 어느 장단에 춤추어야 할 지 모르다. ne pas ~ où se mettre 몸둘 바를 모르다, 몹시 당황하다.
(à)~ 즉, 말하자면(c'est à dire). Il y a différents meubles, à ~ une armoire, un bureau, une bibliothèque… 여러 가지 가구들이 있다, 즉, 옷장, 책상, 책장….
à ~ que… 즉 …이다.
(c'est à) ~ si… …인지 아닌지 알 수가 없다; 그것이 문제이다. C'est à ~ s'il réussira à son examen. 그가 시험에 합격할지 못할지가 문제이다.
en ~ long 자세히 알다, 조예가 깊다.
en ~ plus d'une 《구어》빈틈이 없다.
faire ~ *qc* à *qn* …을 알리다, 통지하다. *Faites*-moi ~ la date de votre départ. 당신의 출발 날짜를 알려주세요.
je ne (on ne) sais quoi (qui, quel, quand) 무엇인지[누군지, 어떤 것인지, 언제인지] 모를. Il y a dans ces vers un *je ne sais quoi* qui nous charme. 이 시에는 우리를 매혹하는 그 무엇인가가 있다. Il est mort de *je ne sais quelle* maladie. 그는 정체모를 병으로 죽었다. Notre départ est remis à *je ne sais quand*. 우리의 출발이 언제일지는 모르나 연기되었다.
Je n'en sais trop rien; Je ne sais trop. 확실히는 알 수 없다, 꼭 그렇다는 것은 아니다.
Je ne veux pas le ~.《구어》당신의 이유[설명] 따위는 알고 싶지도 않다.
Je sais ce que je sais. 더 이상 설명하고 싶지 않다.
ne pas ~ ce qu'on fait, ce qu'on dit 흥분한 나머지 자기가 무슨 짓을 하는지 무슨 소리를 하고 있는지 모르다.
ne pas ~ ce qu'on veut 우유부단하다.
ne vouloir rien ~ 완강히 거부하다(받아들이려 하지 않다).
On ne sait jamais!; Sait-on jamais? 그럴 수도 있는 일이다.
Peut-on ~? 가르쳐 주십시오.
Que sais-je (encore)? (열거한 후에) 기타 등등. Il a acheté des choses: des livres, des cahiers, des crayons, *que sais-je*? 그는 많은 걸 샀어, 책, 노트, 연필 등등 말야.
qui sait? 있을 수도 있다. Il s'est peut-être égaré, *qui sait*? 그는 아마도 길을 잃은 것이 아닐까?
qui (que) vous savez (상대방은 알고 있지만 굳이 이름을 밝히기를 꺼릴 때) 그 사람[그 일]. N'en

savoir²

dites rien à *qui vous savez*. 그 사람에게 아무 말 마시오. L'affaire *que vous savez* prend mauvaise tournure. (당신도 아는)그 일이 잘 안되어 나간다.
sans le ~ 그런 줄 모르고, 모르는 사이. Il a été souvent en danger *sans le* ~. 그는 자기도 모르는 사이에 자주 위험에 빠지곤 했다.
~ *ce qu'on veut* 의지가 강하다.
S~ *c'est pouvoir*. (격언)아는 것이 힘이다.
~ *qn par cœur* …의 성격을 잘 알고있다.
~ *vivre* 처세술을 알고있다.
~ *y faire* (구어)빈틈없이 행동하다.
tout ce qu'il sait (*savait*) (행동을 강조하기 위한 수식구). Il pleurait *tout ce qu'il savait*. 그는 하염없이 눈물을 흘렸다.
tu sais; *vous savez* (구어에서 긍정을 강조하거나 상대의 주의를 끌기위해 들어가는 삽입구). Il est gentil, *tu sais*. 정말이지 그 애는 친절해.
Va (*Allez*) ~! 뭔지 모르겠는걸!
—*v.i.* ① (경험을 통해)지식을 갖추다, 사리를 알다. Si jeunesse *savait*, si vieillesse pouvait. (속담)젊은이는 경험이 없고 늙은이는 힘이 없다.
② 확실히 알다(être sûr). Si je *savais*, je partirais. 확실히 알았더라면 떠났을 텐데.
—*se* ~ *v.pr.* ① (se + 속사) 자기가 …임을 알다. Il *se savait* très malade. 그는 자신이 중병임을 알고 있었다.
② (수동적) 알려지다. Tout *se sait* à la longue; Tout finit par *se* ~. 모든 것은 알려지고 만다. Ça *se saurait*! (사실이라면)알려지겠지!

savoir² *n.m.* 지식, 학식. homme de grand ~ 박식한 사람.

savoir- *préf.* 「…하는 기술」, 「…하는 법」의 뜻 (예: ~-écrire 글쓰는 기술. ~-bâtir 건축술).

savoir-faire [savwarfɛːr] *n.m.* 《복수없음》① 수완 (adresse); 기량, 솜씨. homme d'affaires qui a beaucoup de ~ 수완이 좋은 실업가. ~ d'un artisan 장인의 솜씨. ② 《상법》 기술정보, 전문지식 《영》 know-how).

savoir-vivre [savwarvivr] *n.m.* 《복수없음》① 예절, 매너. manquer de ~ 예절을 모르다. ② 《옛》처세술.

savoisien(ne) [savwazjɛ̃, -ɛn] *a.* 사부아 (*Savoie*, 프랑스의 옛 지방)의. —**S~** *n.* 사부아 사람.

‡**savon** [savɔ̃] *n.m.* 비누. ~ en poudre 가루비누. ~ liquide 액체비누. un (pain de) ~ 비누 한 개. ~ de toilette 화장비누. bulle de ~ 비누방울. ② *des verriers* 《기술》 유리공업용비누. 《광물》 ~ blanc (minéral, de montagne) 사보나이트. ~ naturel (des soldats) 스메크타이트 《점토광물의 일종》. donner (passer, flanquer) un ~ à *qn* (구어) …을 심하게 꾸짖다. recevoir un bon ~ 꾸지람을 듣다, 욕을 먹다.

savonnage [savɔnaːʒ] *n.m.* ① 비누로 씻기. ② 《판유리》연마.

savonner [savɔne] *v.t.* ① 비누로 씻다 (빨다), (에) 비누를 바르다 (칠하다). ② 《판유리》연마하다. — *la tête de* (*à*) *qn* (구어) …을 혹독하게 꾸짖다. —*se* ~ *v.pr.* ① 몸을 비누로 씻다 (비누칠하다). ② 자기의 …을 비누로 씻다 (비누칠하다). *se* ~ les mains 손을 비누로 씻다.

savonnerie [savɔnri] *n.f.* ① 비누제조; 비누공장. ② (*la Savonnerie* 제의)양탄자, 융단.

savonnette [savɔnɛt] *n.f.* ① 《옛》; 《옛》면도용 비누. ② 《옛》이중 뚜껑의 회중시계 (montre à ~). ③ 《속어》《자동차》미끄러지는 타이어.

savonneux(se) [savɔnø, -øːz] *a.* ① 비누질의, 비누 섞인. eau ~ 비눗물. pierre ~ 《광물》 비눗돌. ② (구어)미끄러지기 쉬운. être sur une pente ~ 굴러 떨어지기 쉬운 (위험한)상황 속에 있다.

savonnier(ère) [savɔnje, -ɛːr] *a.* 비누의, 비누제(판매)의. industrie ~ère 비누제조공업. —*n.* 비누제조자. —*n.m.* 《식물》무환자나무.

*****savourer** [savure] *v.t.* ① 맛보다, 음미하다 (déguster). Il *savoure* un verre de vin. 그는 포도주 한 잔을 음미하며 마신다. ② (쾌락·명예 따위를)즐기다, 만끽하다 (se délecter de). ~ les bonheurs 행복을 만끽하다.

savouret [savurɛ] *n.m.* 《에》 《요리》맛을 돋구기 위해 스프에 넣는(소·돼지의 굵은 뼈.

savoureusement [savurøzmã] *ad.* 천천히 맛보며, 음미하며; 맛있게; 풍미있게. anecdote ~ racontée 풍취있게 이야기하는 일화. plat ~ préparé 맛있게 준비된 요리.

savoureux(se) [savurø, -øːz] *a.* 맛있는 (succulent, délicieux); 풍미 (흥취)있는, 재미있는, 재치있는. fruit ~ 맛있는 과일. histoire ~*se* 흥미진진한 이야기. plaisanterie ~*se* 신랄한 농담.

savoyard(e) [savwajaːr, -ard] *a.* 사부아의 (*Savoie*, 프랑스의 옛 지방)의 (savoisien). —**S~** *n.* 사부아 사람. —*n.m.* 굴뚝 소제부.

saxatile [saksatil] *a.* 《식물》 바위에 돋는; 《동물》바위 틈에 사는.

saxe [saks] *n.m.* 작센 자기 (porcelaine de *S*~).

saxhorn [saksɔrn] *n.m.* 《음악》색스혼.

saxicole [saksikɔl] *a.* = **saxatile**.

saxifragacées [saksifragase] *n.f.pl.* 《식물》범의귀과(科).

saxifrage [saksifraːʒ] *n.f.* 《식물》범의귀.

saxo [sakso] *n.m.* (구어)《음악》① = saxophone. ② = saxophoniste.

saxon(ne) [saksɔ̃, -ɔn] *a.* 《민족》 ① 색슨족; 작센 (독일의 지방)의. —**S~** *n.* ① 색슨족; 작센 사람. ② 《구어》《정치》 탈당자. —*n.m.* 색슨어(語).

saxophone [saksɔfɔn] *n.m.* 《음악》색소폰; 색소를 추주하.

saxophoniste [saksɔfɔnist] *n.* 색소폰 주자.

saye [sɛ] *n.f.* 《상업》 = **saie²**.

sayette [sɛjɛt] *n.f.* 《직물》 비단 세루 《무명과 비단의 교직》.

saynète [sɛnɛt] *n.f.* ① 《에스파냐》 막간의 소희극. ② 촌극, 소희극 (sketch).

sayon [sɛjɔ̃] *n.m.* 《의복》 (옛날 골·로마 병사의) 소매없는 웃옷.

Sb (약자) ① stibium 《화학》안티몬. ② stilb 《물리》 스틸브.

s/b (약자) son billet 《상업》 …씨 어음. 〔하고.

s.b.f. (약자) sauf bonne fin 《은행》 적립금을 제외

sbire [sbiːr] *n.m.* (옛)이탈리아의 경관; (구어)(경) 《악덕경관; (나쁜 일을 청부받는)깡패.

Sc (약자) scandium 《화학》스칸듐.

sc. 《약자》① Scène (연극의)장. ② Sculpsit 조각가의 서명.

s.c. (약자) seul cours 《주식》단독상장.

s/c. (약자) ① son compte 《상업》…앞 계정. ② sous le couvert 《우편》 동봉하여.

scabellon [skabelɔ̃] *n.m.* 《드물게》(흉상 따위의)걸상; (장식·촉대 따위의) 높은 받침대.

scabieux(se) [skabjø, -øːz] *a.* 《드물게》《의학》 옴 (개선 (疥癬)의 (galeux). —*n.f.* 《식물》체꽃속 (屬)의 야초.

scabre [ska(ɑ)ːbr] *a.* 《식물》 (잎·줄기 따위가)거칠은, 우툴두툴한.

scabreux(se) [ska(ɑ)brø, -øːz] *a.* ① 위험한, 험난

scabrosité [ska(ɑ)brozite] n.f. 울퉁두툴함.
scaferlati [skafɛrlati] n.m. 살담배.
scalaire[1] [skalɛːr] a. 《수학》 스칼라의.
scalaire[2], **scalare** [skalaːr] 《동물》 n.m. 엔젤피시 (관상용 열대어). —n.f. 큰실꾸리고둥.
scalariforme [skalarifɔrm] a. 《생물》 사다리꼴 모양의.
scala-santa [skalasãta] (《이탈리아》) n.f. 성(聖)층계 (예루살렘에서 로마로 옮겨진 것으로 순례자는 무릎을 꿇고 오른다).
scalde [skald] n.m. 고대 스칸디나비아의 시인.
scaldique [skaldik] a. scalde 의.
scalène [skalɛn] a. ①《기하》(삼각형이)부등변 (不等邊)의. ②《해부》(근육 따위가)사각(斜角)의, 부제(不齊)의. —n.m. 《해부》 사각근.
scalp [skalp] 《영》 n.m. ①(아메리카 인디언이 전리품으로 적의 머리에서 벗긴)머리가죽. danse du ~ (인디언이 벗긴 머리가죽을 흔들며 추는)머리가죽춤; 승리의 환희. ②머리가죽을 벗기기; (사고로)머리가죽이 벗겨지기.
scalpel [skalpɛl] n.m. 《외과》 메스, 해부도.
scalpement [skalpəmã] n.m. 머리가죽을 벗기기.
scalper [skalpe] 《영》 v.t. (인디언이 적의)머리가죽을 벗기다; (사고로)머리가죽을 벗기다.
scalpeur [skalpœːr] n.m. 머리가죽 벗기는 사람.
scammonée [ska(m)mɔne] n.f. ①《식물》 스카모니아(메꽃과(科)의 식물). ②《약》 스카모니아 수지(樹脂)(하제용으로 下劑用).
scampi [skãpi] (《이탈리아》) n.m.pl. 굵은 새우; 《요리》 이태리식 새우 프라이(튀김).
scandale [skãdal] n.m. ① 추문, 스캔들; 파렴치(부정적) 행위, 오직(汚職); (스캔들이 일으키는)빈축, 분노. causer(entraîner) un ~ 스캔들을(추문)을 일으키다, 빈축을 사다. ~ financier(judiciaire) 금융(사법)계의 오직. au grand ~ de tout le monde 만인의 빈축을 사며. crier au ~ 파렴치한 짓이라고 외치다(비난하다). C'est un ~ que[de+inf.] …은(함은) 언어도단이다. Le ~ est que+sub. …하는 것은 수치스러운[분노할 만한]일이다. ② 소란, 난동(tapage, esclandre). faire un ~ dans la rue 길에서 소란을 피우다. ③《종교》(언동·유혹 따위로 남을 끌어들이는 것의) 기회; (그)죄. pierre de ~ (고대로마에서 파산자가 앉은)넘어지는 돌; 《성서》 죄를 짓게 하는 기회.
scandaleusement [skãdalǿzmã] ad. ① 파렴치하게. ②(구어)터무니없이, 지독하게. homme ~ stupide 형편없는 바보.
***scandaleux**(*se*) [skãdalǿ, -ǿːz] a. ① 언어도단의, 분노할 만한; 파렴치한, 수치스러운(honteux). conduite ~se 파렴치한 행동. fortune ~ 부정축재. C'est ~ qu'un tel homme soit nommé directeur. 그와 같은 사람이 국장으로 임명되다니 언어도단이다. élection ~se 부정선거. ②《구어》터무니없는, 지나친. chronique ~se 추문기사. ③《구어》터무니없는, 지나친. prix ~ 터무니없는 값. ④(언어·유혹 따위의로)남을 죄에 빠뜨리는.
scandalisateur(*trice*) [skãdalizatœːr, -tris] n. 《드물게》추문을 일으키는 사람.
scandaliser [skãdalize] v.t. ①(…의)빈축을 사다, 분개시키다(choquer, blesser). Ce film *a scandalisé* tout le monde. 이 영화는 모든 사람의 빈축을 샀다. On *a été scandalisé* d'apprendre que… 라는 것을 알고 사람들은 분노하였다. ②(로 하여금 나쁜 본으로서)죄를 범하게 하다, 실족케 하다. ~ les enfants par de mauvais exemples 나쁜 본을 보여 아이들로 하여금 잘못을 저지르게 하다. ~ les âmes 영혼을 타락시키다.
　—**se** — v.pr. ① [se ~ de] (에 대해)분노하다, 눈살을 찌푸리다(s'indigner). Elle *s'est scandalisée de sa conduite.* 그녀는 그의 행동에 눈살을 찌푸렸다. *se ~ d'un rien*(pour un rien) 아무것도 아닌 일에 화를 내다. ②《옛》죄를 범하다, 실족하다.
scander [skãde] v.t. ① 박자를 맞추어 읽다[행동하다]; 또박또박 말하다. marche *scandée* 박자를 맞춘 행진. Il parlait lentement, *en scandant* les mots. 그는 한마디 한마디를 또박또박 천천히 말했다. ②《운율》 음각(韻脚)으로 나누다; 《음악》 박자를 붙여 정확히 노래[연주]하다.
scandinave [skãdinaːv] a. 스칸디나비아의 (*la Scandinavie*의). —**S**— n. 스칸디나비아 사람. —n.m. 스칸디나비아어(語).
Scandinavie (la) [laskãdinavi] n.pr.f. 스칸디나비아.
scandinavisme [skãdinavism] n.m. ① 스칸디나비아 민족[어]의 특징. ②《정치》 스칸디나비아 민족연합운동.
scandium [skãdjɔm] n.m. 《화학》 스칸듐.
scandix [skãdiks] n.m. 《식물》 미나리과의 일종.
scanner [skanɛːr] 《영》 n.m. ①《텔레비전》 주사기(走査機). ②《컴퓨터》 광전자 주사장치.
scansion [skãsjɔ] n.f. 《운율》 각운으로 나누기, 각운으로 나누어 읽기.
scape [skap] n.m. ①《식물》(직접 뿌리에서 뻗어 나오는)꽃줄기, 화경(花莖). ②《곤충》 촉각근 (觸角根).
scaphandre [skafãːdr] n.m. ① 잠수복, 잠수구. ~ autonome 아쿠아렁(산소통·호흡관·마스크 따위가 갖추어진 잠수구). ② 우주복(~ *des cosmonautes*).
scaphandrier [skafãdrije] n.m. (잠수복을 입은)잠수부.
-scaphe *suff.*, **scaph**(**o**)- *préf.* 「배(舟)」의 뜻(예: bathy*scaphe* 심해 잠수정).
scaphite [skafit] n.m. 《고대생물》 주석(舟石)(조개의 화석).
scaphoïde [skafɔid] 《해부》 a. (뼈가)주형(舟形)의. —n.m. 주상골(舟狀骨).
scaphopodes [skafɔpɔd] n.m.pl. 《동물》 굴족류 (掘足類).
Scapin [skapɛ̃] n.pr.m. 스카팽(이탈리아 희극·몰리에르 희극의 교활한 하인). ②(*s*~)모사꾼, 책략가.
scapulaire [skapylɛːr] n.m. ①《종교》(수도사의)어깨에 걸치는 옷; (수녀가 가슴에 드리우는)스카플라리오. ②《외과》 견갑(肩甲)붕대. —a. 《해부》 어깨의.
scapulo-huméral(ale, *pl. aux*) [skapylɔymeral, -o] a. 《해부》 견갑 상완골(上腕骨)의.
scarabée [skarabe] n.m. ①《곤충》 풍뎅이과(科)의 벌레. ②(고대 이집트인들이 숭상한)신성갑충 (神聖甲蟲)의 조각물(※~ *sacré*).
scarabéidés [skarabeide] n.m.pl. 풍뎅이과.
Scaramouche [skaramuʃ] n.pr.m. 옛 이탈리아 희극의 등장(겁쟁이로 뽐내는 겁쟁이).
scare [skaːr] n.m. 《어류》 파랑비늘돔과(科)의 물고기.
scarieux(*se*) [skarjǿ, -ǿːz] a. 《식물》 박막상(薄膜狀)의.
scarifiage [skarifjaːʒ] n.m. 《농업》 밭이랑의 흙을 긁어 고르기.

scarificateur [skarifikatœːr] *n.m.* ① 〖외과〗 난절도(亂切刀). ② 〖농업〗 흙을 긁어 고르는 기구.

scarification [skarifikɑsjɔ̃] *n.f.* ① 〖외과〗 난절(亂切); 난절에 의한 방혈법(放血法). ② 〖원예〗 (포도나무 따위의)환상박피(環狀剝皮).

scarifier [skarifje] *v.t.* ① 〖외과〗 (방혈을 위해)난절(亂切)하다. ② 〖농업〗 흙을 긁어 고르다. ③ 〖원예〗 환상박피하다.

scarlatine [skarlatin] 〖의학〗 *n.f.* 성홍열. —*a.* fièvre ~ 성홍열.

scarlatineux(se) [skarlatinφ, -φːz] *a*, *n*. 〖의학〗 성홍열에 걸린(환자).

scarlatiniforme [skarlatinifɔrm] *a*. 〖의학〗 성홍열 비슷한.

scarole [skarɔl] *n.f.* 〖식물〗 풀상치(escarole).

scarronesque [skarɔnɛsk] *a*. 〖불문학〗 스카롱(Scarron, 풍자 희곡 작가)(풍)의.

scason [skazɔ̃] *n.m.* =scazon.

scatologie [skatɔlɔʒi] *n.f.* 분뇨담(糞尿譚)〖똥·오줌을 주제로 삼은 뻔한 글·설화·농담〗; 분뇨취미.

scatologique [skatɔlɔʒik] *a*. 분뇨〖배설물〗에 관한; 지저분한.

scatophage [skatɔfaːʒ] *a*. 〖물고기·벌레가〗똥을 먹는. —*n.m.* 〖곤충〗 식분류(食糞類)의 벌레.

scatophile [skatɔfil] *a*. 〖생물〗 분변에 사는〖생기는〗 〖蟲〗.

scattering [skatœriŋ] 〖영〗*n.m.* 〖물리〗 산란(散亂).

scazon [skazɔ̃] *n.m.* 〖운율〗 (고대그리스·로마의)불규칙 장단격(長短格)의 시.

sceau [so] (*pl.* **~x**) *n.m.* ① (군주·국가·법정단체 따위의)인감, 관인(官印). (grand) ~ de l'État 국새(國璽). ~ de l'Université (de l'Académie française) 대학(한림원)의 공인(公印). garde des S~x 국새상서(國璽尚書)〖옛날은 대신으로, 현재는 법무장관을 지칭〗. ② 도장이 찍힌 밀랍·납의 조각; 봉인랍(封印鑞); (보증·확인의)각인(刻印). mettre(apposer) son ~ 날인하다. briser le ~ (편지 따위의)봉인을 뜯다. lecture des ~x 인장학(sigillographie). ③ 〖비유적〗 낙인(烙印), 표시(marque); 뒷받침〖증명〗해 주는 것. ouvrage qui porte le ~ du génie 천재성이 역력이 드러나 있는 작품. ④ 〖상업〗 상표 날인기〖스탬프〗. *marquer qn du ~ de* (l'infamie) …에게〖불명예에〗의 낙인을 찍다. *mettre le ~ à* (la réputation de qn) 〖문어〗 (…의 명성)에 결정적인 뒷받침을 하다. *sous le ~ du secret* 비밀을 지킨다는 조건으로.

sceau-de-Salomon [sodsalɔmɔ̃] *n.m.* ① 〖식물〗 대일둥굴레속(屬). ② (장방형 두개를 포갠) 6 각별〖대우주(macrocosme)의 상징〗.

scéen(ne) [seɛ̃, -ɛn] *a*. 소(Sceaux, 프랑스의 도시)의. —*n.* 소 사람.

scel [sɛl] *n.m.* 〖고문서〗 =sceau.

scélérat(e) [selera, -at] 〖옛·문어〗 *a*. (사람·행동이) 간악〖극악〗한, 범죄적인(criminel). homme ~ 극악무도한 위인. regard ~ 흉악한 눈매. —*n.* ① 간악〖극악〗한 인간, 범죄자. ② 악당(과장해서)(coquin). Petite ~e!요 몹쓸 계집애!

scélératement [seleratmɑ̃] *ad.* 악랄하게.

scélératesse [selerates] *n.f.* 〖옛·문어〗악랄함; 악랄한 행위, 고약한 짓(méchanceté).

scellage [sɛlaʒ] *n.m.* ① 날인, 압인, 봉인. ② (접착제 따위로)고정시키기.

scellé(e) [sɛ(e)le] *n.m.* (보통 *pl.*) 〖법〗 봉인(封印). apposer(mettre) les ~s à qc; mettre qc sous ~s …에 봉인하다. briser(lever) les ~s 봉인을 뜯다〖해제하다〗. bris de ~s 봉인파기(죄).

—*a.p.* ① 고정된(fixe). avoir les pieds ~s au sol par l'épouvante 공포에 질려 발이 땅에 붙어 떨어지지 않다. ② (입이) 다물어진. avoir la bouche ~e(les lèvres ~es) 입을 꼭 다물고 있다, 침묵을 지키다.

scellement [sɛlmɑ̃] *n.m.* ① (목재·철재의 끝을 벽〖바닥〗에) 박아서 고정시키기. ② 박아서 고정시킨 목재·철재의 끝부분.

sceller [sɛle] *v.t.* ① (조약 따위에)조인하다, 날인하다; (도장을 찍듯이)확인하다, (에 대한 성의를)맹세하다. ~ un pacte 계약의 이행을 약속하다. ~ une amitié 우정이 변치 않을 것을 맹세하다. ② 〖법〗 봉인하다; (편지를)봉하다, 밀봉하다. ~ un coffre 금고에 봉인하다. faire ~ une fenêtre 창문을 밀폐하다. ③ (목재·철재를 회반죽 따위로)고정시키다. barreaux de prison solidement *scellés* 견고하게 고정된 감옥의 철책. ~ des pavés (틈새에 모르타르를 넣어)포도를 보강하다.

scelleur [sɛlœːr] *n.m.* 봉인자; 고정시키는 기능공.

scénario [senarjo] (*pl.* **~s**) *n.m.* ① 〖이탈리아극〗 공연대본; (발레 따위의)줄거리; 〖영화〗 시나리오, 각본(~ ciné). ② (비유적) 각본, 미리 꾸며놓은 행동. ~ des négociations 협상의 (미리 꾸며진)각본.

scénariste [senarist] *n*. 〖영화〗 시나리오 작가.

scène [sɛn] *n.f.* ① (극장의)무대; 무대장치; (연극의)장면; 연극의 구분단위로서의)장(場). ~ vaste et bien éclairée 넓고 조명이 잘된 무대. ~ tournante 회전무대. entrer en(sortir de) ~ (배우가)등장(퇴장)하다. ~ qui représente un palais 궁전을 나타내는 무대장치. acte Ⅱ, ~ Ⅲ 2막 3장. porter qc à la ~ adapter qc à la ~ …을 연극으로 꾸미다. ② 연극(무대)예술(théâtre). chefs-d'œuvre de la ~ française 프랑스 연극예술의 걸작. petite ~ comique 촌극. vedette de la ~ et de l'écran 연극영화계의 스타. metteur en ~ 연출가; 영화 감독. ③ 사건; (사건이 일어난)현장, 광경. être témoin d'une ~ 사건의 현장을 목격하다. ④ 〖비유적〗 (인생의)무대; (실생활의)정경, 장면. quitter la ~ politique 정치무대에서 물러나다. écrire des ~s de la vie des champs 전원 생활의 정경을 묘사하다. ⑤ 요란한 언쟁(querelle). ~ de ménage 부부싸움. avoir une ~ avec qn …와 한바탕 싸우다. faire une ~ à qn …에게 싸움을 걸다; …에게 한바탕 퍼붓다.
mettre en ~ 희곡을 상연하다; (어떤 인물을)무대에 등장시키다.
mise en ~ 상연, 연출.
occuper le devant de la ~ (무대의 앞자리를 차지하다)→중요한 위치를 차지하다.
paraître en(sur la) ~ 무대에 서다, 배우가 되다.
quitter la ~ 무대생활을 그만두다; 〖비유적〗 은퇴하다.

scène-raccord [sɛnrakɔːr] *n.f.* 〖영화〗 삽입 장면, 인서트.

scenic railway [senikrɛlwɛ] 〖영〗*n.m.* (유원지 따위의)제트 코스트(montagnes russes).

scénique [senik] *a*. ① 무대의, 연극의 관한. décoration ~ 무대장치. art ~ 무대〖연극〗예술. jeux ~s 야외극. ② 연극적인, 극적인. effet ~ 극적효과.

scéniquement [senikmɑ̃] *ad*. 연극적인 견지에서.

scénographie [senɔgrafi] *n.f.* ① 〖미술〗 원근화법. ② 〖연극〗 무대(장식)술.

scénographique [senɔgrafik] *a*. 〖미술〗 원근화법의; 〖연극〗 무대장식술의.

scénologie [senɔlɔʒi] *n.f.* =scénographie.

scénopégies [senɔpeʒi] *n.f.pl.* 〖종교〗 장막절(帳幕節)《유태인의 3대 명절의 하나》.

scepticisme [septism] *n.m.* ①〖철학〗회의주의. ②회의적인 태도; 불신, 의심(incrédulité). accueillir une information avec ~ 보도를 반신반의하여 듣다.

sceptique [septik] *a.* ① philosophe ~ 회의주의 철학자. ②《구어》믿지 않는, 반신반의의;《특히》신을 믿지 않는(incrédule). être[rester] ~ sur qc …에 대해 회의적이다.
 ― *n.* ①〖철학〗회의주의자. ②회의적인 사람, 불신하는 사람.

sceptiquement [septikmɑ̃] *ad.*《드물게》회의적으로.

sceptre [septr] *n.m.* ①《왕권의 상징인》왕홀(王笏); 왕권. ambitionner le ~ 왕권을 넘보다. le ~ et l'encensoir 왕권과 교권. ②《비유적》지배권, 통치권. ~ de fer 폭정. tenir le ~ des arts 예술의 주도권을 쥐다.

sch.《약자》schilling 실링.

schabraque [ʃabrak]《독일》*n.f.* 〖군사〗 기병의 안장 덮개(chabraque).

schah [ʃa] *n.m.* 페르시아의 왕(chah).

schako [ʃako] *n.m.* =**shako**.

schall [ʃal] *n.m.* =**châle**.

schampooing [ʃɑ̃pwɛ̃] *n.m.* =**shampooing**.

schappe [ʃap] *n.m.*[*f.*] 〖직물〗 견방사(絹紡絲), 풀솜실.

scheidage [ʃɛ(ʃaj)daːʒ]《독일》*n.m.* 〖광산〗광석 깨기《망치로 원광을 깨어 금속을 빼는 일》; 광석을 손으로 고르기.

scheik [ʃɛk] *n.m.* =**cheik**.

schelem [ʃ(ə)lɛm] *n.m.* =**chelem**.

schelling [ʃ(ə)liŋ] *n.m.* =**schilling**.

schéma [ʃema] *n.m.* ① 도표, 도해, 도식(diagramme). faire un ~ du corps humain représente en coupe 단면으로 나타낸 인체도를 그리다. ~ du fonctionnement(d'un système électoral)(선거 제도의)운영《기능》을 보여 주는 그림. ② 개략적 기술(abrégé); 계획도, 초안(plan). Voici le ~ de l'opération. 본 작업의 골격은 다음과 같다. présenter *qc* en un ~ 약술하다. ~ directeur《한 지역의》도식 계획도. ③〖종교〗공의회(concile)에 제출되는 법령의 초안. ④ ~ corporel〖심리〗신체도식《자신의 몸에 대해 각자가 가지고 있는 상(像)》.

schématique [ʃematik] *a.* ① 도표의, 도식의. coupe ~ de l'oreille 귀의 단면도. ②간략한(simplifié);《경멸》피상적인. plan ~ 약도. exposé ~ 약술(略述). explication ~ qui ne rend pas compte de la réalité 현실을 외면한 피상적인 설명.

schématiquement [ʃematikmɑ̃] *ad.* 도식으로; 간략하게.

schématisation [ʃematizɑsjɔ̃] *n.f.* 도식화, 간추림, 간략화.

schématiser [ʃematize] *v.t.* ① 도식화(圖式化)하다, 도표로 나타내다. ~ la structure d'un organe 어떤 기관의 구조를 도표로 그리다. ②간추리다; 간략화하다, 단순화하다(simplifier). Il a trop *schématisé* son exposé. 그는 설명을 지나치게 간략하게 하였다.

schématisme [ʃematism] *n.m.* ①《종종 경멸》도식화(경향). ②〖철학〗《칸트의》도식론.

schème [ʃɛm] *n.m.* ①〖철학〗《칸트의 감각적 현상과 이해 범주를 매개하는》표상(表象). ②〖전체적〗구조;〖심리〗심적구조;〖수학〗 ~ algébrique 대수개형(槪型);〖언어〗 ~ de phrase 문장구조형(型).

schéol [ʃeɔl]《헤브라이》*n.m.* 〖구약〗 죽은 자의 영혼이 머무는 저승(enfer).

schérif [ʃerif] *n.m.* =**chérif**.

scherzando [skɛrts(dz)ando]《이탈리아》*ad.* 〖음악〗활기 있고 경쾌하게.

scherzo [skɛrts(dz)o]《이탈리아》〖음악〗 *n.m.* 스케르초. ― *ad.* 활기 있고 경쾌하게.

schibboleth [ʃibɔlɛt]《헤브라이》*n.m.* ① 시볼렛《국적 확인을 위해 sch[ʃ] 발음을 하게 하여 에프라임 사람을 식별하였음:구약사사기에서》. ②《드물게》《능력을 판단하는 결정적》시험, 시련.

schiedam [skidam] *n.m.* (네덜란드·벨기에의)진《술의 일종》.

schilling [ʃiliŋ] *n.m.* 실링《오스트리아의 화폐 단위:sch》.

schismatique [ʃismatik] *a.* 〖종교〗이교(離敎)하는. église ~ 분리교회. ― *n.* 이교자.

schisme [ʃism] *n.m.* ①〖종교〗교회 분리, 이교(離敎). ~ d'Orient 동방교회의 분립. ②(정치·예술 따위의)분열; 분파(dissidence).

schiste [ʃist] *n.m.* 〖지질〗 편암(片岩); 혈암(頁岩); 혈암유(huile de ~).

schisteux(se) [ʃistø, -øːz] *a.* 〖지질〗 편암질(片岩質)의.

schistocarpe [ʃistɔkarp] *a.* 〖식물〗 분리과(分離果)의.

schistoïde [ʃistɔid] *a.* 〖지질〗 편암 모양의.

schistose [ʃistoːz] *n.f.* 〖의학〗 규폐(硅肺).

schistosité [ʃistozite] *n.f.* 〖지질〗 편암질 구조.

schizo- *préf.*「분열의」의 뜻.

schizoïde [skizɔid] *a., n.* 〖의학〗 정신분열증 경향의(환자).

schizoïdie [skizɔidi] *n.f.* 〖의학〗 정신분열증에 걸리기 쉬운 정신 조직.

schizomycète [skizɔmisɛt] *n.m.* ①〖식물〗분열균(分裂菌). ②(*pl.*) 분열균류.

schizophasie [skizɔfazi] *n.f.* 언어분열(증).

schizophrène [skizɔfrɛn] 〖의학〗 *a.* 정신분열증에 걸린. ― *n.* (위)의 환자.

schizophrénie [skizɔfreni] *n.f.* 〖의학〗정신분열증; 조발성치매(早發性痴呆).

schizopode [skizɔpɔd] *n.m.* 〖동물〗열각류(裂脚類)의 동물.

schizothymie [skizɔtimi] *n.f.* =**schizoïdie**.

schlague [ʃlag]《독일》*n.f.* ①(독일 군대에서 행해졌던)태형(笞刑). ②《비유적》(사람을 복종시키기 위한)사나운 방법.

schlaguer [ʃlage] *v.t.* 몽둥이로 때리다.

schlamm [ʃlam]《독일》*n.m.* 〖야금〗 쇄광(碎鑛)의 매우 미세한 찌꺼기.

schlass[1] [ʃlɑs] *a.*《불변》《속어》술에 취한(soûl).

schlass[2] *n.m.*《속어》칼(couteau).

schlich [ʃlik]《독일》*n.m.* 〖야금〗 쇄광(碎鑛).

schlinguer [ʃlɛ̃ge] *v.i.*《속어》악취를 풍기다(puer).

schlittage [ʃlitaːʒ] *n.m.*《사투리》벌채한 나무를 산에서 썰매로 운반하기.

schlitte [ʃlit]《독일》*n.f.* 재목 운반용 썰매.

schlitter [ʃlite] *v.t.* (벌채한 나무를) schlitte로 운반하다.

schlitteur [ʃlitœːr] *n.m.* schlitte로 나르는 사람.

schloff [ʃlɔf] *n.m.* aller à ~《속어》잠자러 가다. faire ~《속어》잠자다.

schnaps [ʃnaps] *n.m.* (감자 또는 곡물로 만든 독일산)화주(火酒); 독주(브랜디 따위).

schnauzer [ʃnawtsɛːr]《독일》*n.m.* 〖동물〗독일종

(種)의 테리어(애완용 개).
schnick [ʃnik] 《독일》 n.m. 품질이 나쁜 화주.
schnock, schnoque [ʃnɔk] a. 《불란》《속어》어리석은, 바보의. —n. 바보.
schnorchel, schnorkel [ʃnɔrkɛl] n.m. 잠수함의 통풍 배기관(排氣管).
schnouff [ʃnuf] 《독일》 n.f. 《속어》마약.
schofar [ʃɔfar] 《헤브라이》 n.m. 쇼파(양의 뿔로 만든 호른의 일종으로 유태교 의식때 사용).
scholar [skɔlaːr] 《영》 n.m. 그리스·라틴의 고전학자; (경멸) 학자선생.
scholiaste [skɔljast] n.m. =scoliaste.
scholie [skɔli] n.m.〔f.〕=scolie.
schooner [skunɔːr] 《영》 n.m. 스쿠너 선(船)(쌍돛대의 세로돛을 가진).
schorre [ʃɔːr] n.m. 【지질】 개펄의 회색 진흙.
schottish [skɔtiʃ] 《영》 n.f. =scottish.
schproum [ʃprum] n.m. 《구어》 ① 요란한 항의 소리; 싸움(bagarre). faire du ~ 소란을 피우다. Il va y avoir du ~. 한바탕 싸움이 벌어질 거야. ② 활력(vitalité). donner du ~ 활력을 주다.
schupo [ʃypo] 《독일》 n.m. 독일의 경찰관.
schuss [ʃus] 《독일》 n.m. 〔스키〕 슈스, 직선 활강. descendre en ~ 직선 활강으로. —a. 〔불란〕 avoir l'esprit ~ (행동·생각 따위가) 저돌적이다. —ad. 〔스키〕 슈스로〔직선 활강〕로. descendre〔partir, prendre, piquer〕~ 직선 활강으로 내려가다〔떠나다, 달리다〕.
schwa [va] 《헤브라이》 n.m. 〔언어〕 중립모음 (n.m.) (불어의 e muet).
schwitzois(e) [ʃvitswa, -aːz] a. 시비츠(Schwyz, 스위스의 주·도시)의. —S— n. 시비츠 사람.
sciable [sjabl] a. 《드물게》 톱으로 켤 수 있는.
sciage [sja:ʒ] n.m. ① 톱으로 켜기. ② (다이아몬드 따위의) 사석(捨石)을 떼어내기.
scialytique [sjalitik] a. (수술실 따위의 조명이) 그림자가 없는. —n.m. 그림자가 없는 조명 장치.
sciant(e) [sjɑ̃, -ɑ̃ːt] a. 《속어》(사람을) 따분하게 하는, 귀찮게 하는(ennuyeux).
sciaphile [sjafil] a. 【동·식물】 그늘을 좋아하는, 응달에서 사는〔자라는〕.
sciat(h)ère [sjatɛːr] n.m. 해시계의 바늘.
sciat(h)érique [sjaterik] a. (해시계 바늘)바늘의 그림자로 시각을 가리키는. cadran ~ 해시계.
sciatique [sjatik] a. 【해부】 좌골(座骨)의. —n.f. 【해부】 좌골신경. —n.f. 좌골신경통.
*****scie** [si] n.f. ① 톱. ~ manuelle(mécanique) 손〔기계〕톱. ~ à main (한 손으로 톱질하는) 손톱. ~ à bois〔à métaux〕 나무〔금속〕를 쓰는 톱. ~ passepartout 2 인용 톱. ~ de boucher (식육점의) 뼈 자르는 톱. ~ à tronçonner 벌목용 기계톱. couteau-~ 톱니가 붙은 식탁 나이프. ~ à ruban 띠톱. ~ circulaire 둥근 회전톱. en dents de ~ 톱니 모양의. trait de ~ 톱질하기 전에 긋는 겨냥선. ② 《구어》 귀찮은 사람〔일〕; 상투적인 역사(rengaine). Encore lui! Quelle ~! 또 저녀석이군! 정말 지긋지긋해. Encore le même refrain, ça commence à devenir une ~. 또 같은 소리! 이젠 진절머리가 나. ③ 〔어류〕 톱상어(~ de mer; poisson ~). ④ ~ musicale 【음악】 악기 톱.
sciemment [sjamɑ̃] ad. 의식적으로, 잘 알고서, 일부러. commettre une faute ~ 빤히 알면서 잘못을 저지르다.
:science [sjɑ̃ːs] n.f. ① 학문, 과학, (pl.) (특정의) 학, 이과(理科). La ~ n'a pas de patrie. 학문〔과학〕에는 국경이 없다. progrès de la ~ 학문의 발전. le monde de la ~ 학계. ~ abstraite 형이상학. homme de ~ 과학자. ~ pure 순수과학. ~ appliquée 응용과학. ~ de l'être 존재론. ~s physiques 〔mathématiques, économiques, historiques〕 물리학〔수학·경제학·역사학〕. ~s naturelles 박물학. ~s humaines 인문과학. doctorat ès ~s 이학박사. ② (지식에서 얻은) 수완, 기술, 재능 (art, adresse). ~ du monde 처세술. ~ de la guerre 전술. ~ des couleurs 채색 기술. mener une difficile manœuvre avec une ~ consommée 이의 어려운 일을 완벽한 솜씨로 해내다. ③ 지식; 학식; 〔옛·문어〕 앎, 아는 일. demi-~ 깊이 없는 지식. un puits de ~ (지식의 보고), 박식한 사람. égaler qn en ~ 학식에 있어 누구 못지않다. arbre de la ~ (선악을 아는) 지혜의 나무 〔창세기 III〕. *Patience passe ~.* 《속담》인내는 재능을 앞선다.
science-fiction [sjɑ̃sfiksjɔ̃] n.f. 공상과학소설.
sciène [sjɛn] n.f. 〔어류〕 보구치.
sciénidés [sjenide] n.m.pl. 〔어류〕 민어과(科)의 물고기.
scientificité [sjɑ̃tifisite] n.f. 과학성(科學性); 학문〔학문〕적 성격. ~ des sciences humaines 인문과학의 과학성.
*****scientifique** [sjɑ̃tifik] a. ① 과학적인; 객관적인. méthode ~ 과학적 방법. vérité ~ 객관적 진리. ② 과학의, 학문의, 학술의. revue ~ 학술지. le nom ~ et le nom vulgaire d'une plante 어떤 식물의 학명과 속칭. milieux ~s 학계.
—n. 과학자; 이공계 학자〔학생〕.
scientifiquement [sjɑ̃tifikmɑ̃] ad. 과학적으로; 학문적으로.
scientisme [sjɑ̃tism] n.m. 과학만능주의.
scientiste [sjɑ̃tist] a. 과학만능주의의. —n. ① 과학만능주의자. ② 과학자.
*****scier** [sje] v.t. ① (목재·석재를) 톱으로 켜 다. ~ du bois〔du marbre〕 나무〔대리석〕를 톱으로 자르다. ~ une planche 나무를 켜서 판자를 만들다. ② 《속어》 놀라게 하다(étonner). Cette nouvelle m'a scié. 이 소식을 듣고 나는 아연실색했다. ③ 《옛·구어》 따분하게 하다, 지치게 하다(ennuyer). ④ 《옛》 톱으로 켜는 형벌에 처하다. ~ le dos à qn 《구어》…을 따분하게 하다, 귀찮게 하다. —v.i. 【해양】 (배를 뒤로 가게) 거꾸로 젓다.
scierie [siri] n.f. (목재·석재를 켜는) 제재소.
scieur [sjœːr] n.m. (목재·석재를) 켜는 사람; 제재업자; 석공. ~ de long 원목을 세로로 켜서 건축용 재목을 만드는 제재공.
scieuse [sjøːz] n.f. 기계톱.
scille [sil] n.f. 【식물】 무릇.
scincidés, scincoïdes [sɛ̃side], [sɛ̃kɔid] n.m.pl. 【동물】 도마뱀과(科).
scindement [sɛ̃dmɑ̃] n.m. 《드물게》 (문제 따위의) 세분; (정당 따위의) 분리.
scinder [sɛ̃de] v.t. 세분하다, (정당·집단 따위를) 분할하다. ~ une question〔un problème〕 문제를 나누어서 생각하다. ~ un groupement 어떤 집단을 분할하다.
—se ~ v.pr. 분할되다, 분열하다. se ~ en deux〔en trois〕 둘〔셋〕으로 나뉘다.
scinque [sɛ̃ːk] n.m. 〔동물〕 도마뱀.
scintillant(e) [sɛ̃tijɑ̃, -ɑ̃ːt] a. (별·보석 따위가) 반짝거리는 (비유적) (재치 따위가) 번득이는.
scintillateur [sɛ̃tijatœːr] n.m. 【물리】 신틸레이터〔방사선 검출용 형광체〕.
scintillation [sɛ̃tijasjɔ̃] n.f. ① 별빛의 반짝임; 반짝이는 빛. ② 【물리】 (이온화 현상으로 받아지는) 인광체(燐光體)의 인광. ③ (레이다의) 표적의 빠른 이동.

scintillement [sɛ̃tijmɑ̃] *n.m.* 반짝이는 빛, 섬광.

scintiller [sɛ̃tije] *v.i.* ① (별·보석 따위가)반짝이다; (수면·눈이)빛을 반사하다, 반짝이다. ②《비유적》(재치 따위가)번득이다.

sciographie [sjɔgrafi] *n.f.* ①《천문》(태양·달의 그림자에 의한)음영 제시법(陰影計示法). ②《건축》종단도(縱斷圖)(coupe). ③《옛》음영화법(陰影畫法).

sciographique [sjɔgrafik] *a.* sciographie 의.

scion [sjɔ̃] *n.m.* ①《원예》새순, 새순 가지; 접목한 새나무. ② 낚싯대 끝.

sciotte [sjɔt] *n.f.* (돌을 켜는)석공의 작은 톱.

sciotter [sjɔte] *v.t.* (돌을)작은 톱으로 켜다.

scirpe [sirp] *n.m.*《식물》큰골속(屬).

scissile [sisil] *a.*《지질》(압석 따위가)엽층(葉層)으로 갈라지는.

scission [sisjɔ̃] *n.f.* ①(정당·집단의)분열. ~ d'un syndicat 조합의 분열. désaccord provoquant une ~ 분열을 초래하는 불화. faire ~ (정당·집단 안에서)분열을 일으키다. ②《생물·물리》(핵 따위의)분열, 분리(fission).

scissionnaire [sisjɔnɛːr] *a.* 분열[분리]의; 분열에 가담[찬성]하는. crise ~ 분열의 위기. groupe ~ 분리파. — *n.* (위)의 사람.

scissionner [sisjɔne] *v.i.* 결별하다, 떠나다. Un groupe *a scissionné*. 한 그룹이 갈라졌다.

scissionnisme [sisjɔnism] *n.m.* 분열주의, 당파성.

scissionniste [sisjɔnist] *a.* (정당 따위의)분열을 일으키는, 분열주의의. activité ~ 분열을 일으키는 행동. — *n.* (위)의 사람.

scissipare [sisipaːr] *a.*《생물》분열번식하는.

scissiparité [sisiparite] *n.f.*《생물》분열번식(fissiparité).

scissure [sisyːr] *n.f.* ①《해부》(뼈가 서로 이어진)골구(骨溝). ②《지질》열구(裂溝).

scitamin(ac)ées [sitamin(as)e] *n.f.pl.*《식물》파초과(科).

sciure [sjyːr] *n.f.* 톱밥(~ de bois). [초과(科).

sciuridés [sjyride] *n.m.pl.*《동물》다람쥐과(科).

sclavon(ne) [sklavɔ̃, -ɔn] *a., n.* = esclavon.

scléranthe [sklerɑ̃:t] *n.m.*《식물》석숙과(科)의 일종. [조직.

sclérenchyme [sklerɑ̃ʃim] *n.m.*《식물》후막

scléreux(se) [sklerø, -øːz] *a.*《의학》(조직이)경화한; 경화증의.

sclérification [sklerifikɑsjɔ̃] *n.f.*《생물》(막·조직의)경화(硬化).

sclérite [sklerit] *n.f.* ①《동물》골편(骨片); 경피(硬皮). ②《의학》공막염(鞏膜炎).

sclérodermé(e) [sklerɔdɛrme] *a.*《생물》경피(硬皮)의.

sclérodermes [sklerɔdɛrm] *n.m.pl.*《어류》경피류(硬皮類).

sclérodermie [sklerɔdɛrmi] *n.f.*《의학》경피증.

sclérœdème [skleredɛm] *n.m.*《의학》부종성 경화증(浮腫性硬化症).

scléromètre [sklerɔmɛtr] *n.m.*《물리》경도계(硬度計).

sclérophtalmie [sklerɔftalmi] *n.f.*《의학》건성 안염(乾性眼炎).

scléroprotéine [sklerɔprɔtein] *n.f.*《생물》경성(硬性)복합단백질.

sclérose [skleroːz] *n.f.* ①《의학》경화증(硬化症). ~ des artères 동맥경화증. ②(제도·활동의)경직화. ~ d'un parti 정당의 경직화.

sclérosé(e) [skleroze] *a.* ①《의학》경화증에 걸린. ②(제도·활동이)정지된.

scléroser [skleroze] *v.t.*《의학》(치료하기 위해서)경화(硬化)시키다. ~ des varices 정맥류(靜脈瘤)를 경화시키다.

— *se* ~ *v.pr.* ①《의학》경화되다, 경화증에 걸리다. ②(제도·활동이)경직화되다, 융통성이 없어지다(se figer, se paralyser). *se* ~ dans ses habitudes 습관속에 굳어지다.

scléro(tico)tomie [sklerɔ(tikɔ)tɔmi] *n.f.*《외과》공막 절개술.

sclérotique [sklerɔtik] *n.f.*《해부》(눈의)공막(鞏膜)(《구어》le blanc de l'œil).

sclérotite [sklerɔtit] *n.f.*《의학》공막염.

*scolaire [skɔlɛːr] *a.* ①《학교》의, 학교 교육에 관한. année ~ 학년. bâtiments ~ 교사(校舍). frais ~*s* 수업료. livre [manuel] ~ 교과서. programmes ~*s* 교과(과정). livret ~ 통지표[성적표], fournitures ~*s* 학용품. obligation ~ (의무교육에 의한)교육의 의무. âge ~ 학령(學齡). vie ~ 학교생활. ②《경멸》(융통성·창의성 따위가 결핍된)교과서적인, 교과서[학교] 냄새가 풍기는.

scolairement [skɔlɛrmɑ̃] *ad.*《드물게》학생처럼.

scolarisable [skɔlarizabl] *a.* 취학시킬 수 있는. âge ~ 취학 연령.

scolarisation [skɔlarizɑsjɔ̃] *n.f.* ① 학교교육[설]의 정비. ~ des pays sous-développés 저개발국의 교육시설 정비. ②취학(시키기). taux de ~ 취학률(taux de scolarité).

scolariser [skɔlarize] *v.t.* ①(나라·지역에)교육시설을 정비하다. ②아동을 취학시키다. ~ les analphabètes 문맹자들[무학자들]을 취학시키다.

scolarité [skɔlarite] *n.f.* ①《법》 재학, 수학; 취학; 교육 연한(années de ~). certificat de ~ 재학 증명서. prolongation de ~ 교육 연한의 연장. ~ obligatoire 의무 교육 연한.

scolasticat [skɔlastika] *n.m.* (수도원 부속)신학교; (그)신학교의 과정(수업 연한).

scolasticisme [skɔlastisism] *n.m.* 스콜라적인 논법[성격].

scolastique [skɔlastik] *a.* ①스콜라적인, 스콜라 학파의. ②《경멸》(형식주의·전통주의 따위의)스콜라 학파풍의.
— *n.f.* ①《중세의》스콜라학[철학]. ②《비유적》형식적이고 추상적인)스콜라적 철학.
— *n.m.* ①(중세기의)스콜라 철학자[신학자]. ②《경멸》스콜라적인 정신의 소유자. ③ scolasticat 의 학생.

scolastiquement [skɔlastikmɑ̃] *ad.*《경멸》스콜라 학파풍으로, 형식적으로. discuter ~ 형식주의적인 논쟁을 벌이다.

scolex [skɔlɛks] *n.m.*《동물》촌충의 머리마디.

scoliaste [skɔljast] *n.m.* ①고전 주석자. ②《일반적으로》박식한 주해[주석]자.

scolie[1] [skɔli] *n.m.*《수학》정리(定理)·명제에 대한 주석. — *n.f.* ①(고전의)주석. ②《일반적으로》비평주석.

scolie[2] *n.m.*《고대그리스》연가(宴歌).

scolie[3] *n.f.*《곤충》배벌 무리.

scoliidés [skɔliide] *n.m.pl.*《곤충》배벌과(科).

scoliose [skɔljoːz] *n.f.*《의학》척주측곡(側曲).

scolopendre [skɔlɔpɑ̃:dr] *n.f.* ①《동물》지네(mille-pattes). ②《식물》골고사리의 일종.

scolyte [skɔlit] *n.m.*《곤충》섬나무좀. [기.

sombre [sɔ̃:br] *n.m.*《어류》고등어과의 물고

scombridés [skɔ̃bride], **scombéroïdes** [skɔ̃berɔide] *n.m.pl.*《어류》고등어과.

sconce, scons, sconse [skɔ̃:s] *n.m.* 스컹크(mouffette)의 모피.

scoop [skup]《영》*n.m.* (신문의)스쿠프(대서특필되

scooter 는 특선 뉴스)(exclusivité).
scooter [skutœːr, skuteːr] 《영》 n.m. 스쿠터.
scootériste, scooteriste [skut(e)rist] n. 스쿠터 타는 사람.
-scope, -scopie suff. 「관찰 및 검사의 도구·기술」의 뜻.
scopie [skɔpi] n.f. 《구어》 =radioscopie.
scopitone [skɔpitɔn] n.m. 주크박스의 일종(동전을 넣으면 칼라 필름이 스크린에 나타남과 동시에 선택한 곡이 연주됨).
scopolamine [skɔpɔlamin] n.f. 《화학》 스코폴라민(가지과(科) 식물의 뿌리에서 채취하는 알칼로이드의 일종.
scops [skɔps] n.m. 《조류》 소쩍새의 일종.
scorbut [skɔrbyt] n.m. 《의학》 괴혈병.
scorbutique [skɔrbytik] 《의학》 a. 괴혈병의; 괴혈병에 걸린. —n. 괴혈병 환자.
score [skɔːr] 《영》 n.m. 《스포츠》 스코어, 득점(得點); (선거의)득표수; (모든 분야에서의)수치(數値), 기록.
scoriacé(e) [skɔrjase] a. 《야금》 광재(scorie) 비슷한.
scorie [skɔri] n.f. (보통 pl.) ① 《야금》 광재(鑛滓). ② 《지질》 화산암재(岩滓). ③《문어》(비유적)찌꺼기, 잘못된 부분.
scorification [skɔrifikasjɔ̃] n.f. 《야금》 소용(燒融)(시금법).
scorificatoire [skɔrifikatwaːr] n.m. 《야금》 소용(燒融) 접시.
scorifier [skɔrifje] v.t. 《야금》 (금속중에 함유된 이질물을)광재(鑛滓)로 만들다, 소용(燒融)하다. —se v.pr. 광재가 되다.
scoriforme [skɔrifɔrm] a. (용암 등이) 광재 모양의.
scorpène [skɔrpɛn] n.f. 《어류》 쑥감뺑.
scorpioïde [skɔrpjɔid] a. 《식물》 전갈(꼬리) 모양의.
scorpion [skɔrpjɔ̃] n.m. ① 《동물》 전갈 (학명: Scorpio). ② (le S~) 《천문》 전갈좌(座), 천갈궁(天蠍宮) (황도(黃道)의 제 8궁). ③ (고대·중세기의 무기·형구(刑具)로 쓰던)전갈 채찍; 쇠뇌의 일종. ④ ~ de mer 《어류》 점감뺑. ⑤ 엉큼한 사람.
scorsonère [skɔrsɔnɛːr], **scorzonère** [skɔrzɔnɛːr] n.f. 《식물》 쇠채.
scotch [skɔtʃ] (pl. ~es) 《영》 n.m. ① 스코틀랜드산 위스키. ② 《상표명》 스카치테이프.
scotcher [skɔtʃe] v.t. 스카치테이프로 붙이다.
scotch-terrier [skɔtʃterje] n.m. 《동물》 스카치테리어(개).
scotie [skɔti] n.f. 《건축》 반원 쇠시리.
scotisme [skɔtism] n.m. 《철학》 둔즈 스코투스(Duns Scotus, 13세기의 영국인)의 신학(철학).
scotiste [skɔtist] 《철학》 a. 둔즈 스코투스(철학)의. —n. 둔즈 스코투스 학파.
scotistique [skɔtistik] a. 《철학》 둔즈 스코투스의 학설에 관한.
scotodinie [skɔtɔdini] n.f. 《의학》 (졸도하기 전의)기절증.
scotome [skɔtom] n.m. 《의학》 시야암점증(視野暗點症).
scottish [skɔtiʃ] 《영》 n.f. 스코틀랜드 무용.
scouffin [skufɛ̃] n.m. (압착할 올리브를 넣어두는) 광주리 모양의 그릇.
scout(e) [skut] n.m. 보이(걸)스카우트. —a. 보이(걸)스카우트(운동)의.
scoutisme [skutism] 《영》 n.m. 보이(걸)스카우트 운동(활동).

scramasaxe [skramasaks] n.m. 《고고학》 (프랑크 족이 무기로 사용한)칼.
scraper [skra(ɛ)pœːr] 《영》 n.m. 《토목》 스크레이퍼(땅을 고르는 기계)(décapeuse).
scratch [skratʃ] 《영》 n.m. 《스포츠》 핸디캡이 없이 지선으로 된 출발선. —a. 핸디캡이 없이 모든 경기자가 동일 출발선에서 출발하는.
scratcher [skratʃe] v.t. 《스포츠·경마》 (경기에 지각한 자를)명단에서 삭제하다.
scribe [skrib] n.m. ① (옛)필사생(筆寫生); (경멸) (주로 필경을 담당하는)서기. ② (고대 유태의)율법학사.
scriblage [skriblaːʒ] n.m. 《직물》 (양모를 기계틀에 넣기 전에)얼레빗질하기.
scribler [skrible] v.t. 《직물》 (양모를)얼레빗질하다.
scribouillard(e) [skribujaːr, -ard] n.m. 《구어》 (경멸)(군속의)서기. —n. (주로 필경을 담당하는) 관리, 서기(gratte-papier).
script[1] [skript] (<《영》 subscription receipt) n.m. 《재정》 가증권, 가(假)증권.
script[2] 《영》 n.m. ① 《방송·영화》 (인쇄체에 가까운)스크립트, 대본(臺本)(texte). ② 스크립트 서체(書體). écrire en ~ 스크립트체로 쓰다. écriture ~ 스크립트체의 필기체.
scripte [skript] 《영》 n.f. 《텔레비전·영화》 (영화감독을 돕는)기록계 여비서(script-girl).
scripteur [skriptœːr] n.m. ① 원고를 육필로 쓴 사람. ② 《종교》 교황의 교서 집필자.
script-girl [skriptgœrl] 《영》 n.f. =scripte.
scripturaire [skriptyrɛːr] a. ①성서의, 성서에 관한. ② 서경·성서 주해. ③ 서기법·서기(書記法)의. système ~ 서기(문자)체계.
scriptural(ale, pl. aux) [skriptyral, -o] a. ① 서체의, 문자의. ② monnaie ~ale 《재정》 (현금외의) 은행화폐 (수표·어음 따위).
scrobiculé(e) [skrɔbikyle] a. 《생물》 작은 구멍이 있는.
scrofulaire [skrɔfylɛːr] n.f. 《식물》 큰개현삼.
scrofulariacées [skrɔfylarjase] n.f.pl. 《식물》 현삼과 (科).
scrofule [skrɔfyl] n.f. 《의학》 선병질(腺病質); (pl.) (옛)연주창(écrouelles).
scrofuleux(se) [skrɔfylø, -øːz] a. 선병질의, 선병증(症)에 걸린; 연주창의, 연주창에 걸린. —n. (위)의 환자.
scrogneugneu [skrɔɲøɲø] int. 빌어 먹을! (노병이 불평할 때 내뱉는 말). —n.m. 늙다리 (불평 많은 늙은 군인에게 농으로 하는 말). Oh! ~! vous n'avez pas honte! 아, 늙다리 군인, 염치도 없군.
scrotal(ale, pl. aux) [skrɔtal, -o] a. 《해부》 음낭(陰囊)의.
scrotiforme [skrɔtifɔrm] a. 《식물》 음낭 모양의.
scrotocèle [skrɔtɔsɛl] n.f. 《의학》 음낭 헤르니.
scrotum [skrɔtɔm] n.m. 《해부》 음낭.
scrubber [skrœbœːr] 《영》 n.m. 가스 세정기.
scrubbing [skrœbiŋ] 《영》 n.m. 가스 세정법.
*****scrupule** [skrypyl] n.m. ①(잘못을 겁내는)불안; (양심의)가책, (도덕적·종교적)거리낌. être sans ~s, être dénué de ~s 거리낌없다. lever les ~s de qn …의 불안을 덜어주다, 거리낌을 면하게 하다. ② 세심함, 조심성; 망설임, 주저. homme de ~ 세심한 사람. avec ~ 조심스럽게. [avoir ~/ des ~s (à + inf.)/ avoir des ~s dans le choix des mots 말의 선택에 세심한 주의를 하다. J'aurais ~ à vous en parler. 그 말씀을 드리는 것이 망설여집니다. ③ maladie du ~ 《심리》 소심증. ④ 《고

대로마》 무게 단위《1/24 once》; 최소금화(最少金貨).
se faire ~ de+inf. …하기를 꺼려하다.
scrupuleusement [skrypylφzmɑ̃] *ad.* ① 양심적으로. payer ~ ses dettes 빚을 양심껏 갚다. ② 조심스럽게, 세심(면밀)하게(minutieusement). vérifier ~ un compte 계산을 세밀하게 검사하다.
scrupuleux(se) [skrypylφ, -φːz] *a.* ① 양심적인, 정직한(consciencieux). être ~ en affaires 양심적으로 장사를 하다. ② 꼼꼼한, 세심한(méticuleux), 빈틈없는. attention ~*se* 세심한 주의. ~ dans l'accomplissement des devoirs 의무를 수행하는 데 있어 빈틈없다.
scrupulosité [skrypylozite] *n.f.* 《드물게》면밀한, 꼼꼼함.
scrutateur(trice) [skrytatœːr, -tris] *a.* 《문어》탐색하는, 자세히 조사하는(inquisiteur). regarder qn d'un œil ~ …을 탐색(첩자)하는 듯한 눈으로 보다. —*n.* (선거의)개표 입회인. —*n.m.* 《컴퓨터》 주사기(走査機).
scrutation [skrytɑsjɔ̃] *n.f.* 《기술》 (감시기(scrutateur)에 의한 자동 제조 과정의)감시.
scruter [skryte] *v.t.* ① 탐색하다, 캐내다(sonder). ~ les intentions de qn …의 의도를 탐색하다. ② (눈으로)자세히 검사하다, 유심히 살피다. ~ le visage 얼굴을 유심히 살피다.
scrutin [skrytɛ̃] *n.m.* 투표; 투표 방식; (국회 따위의)표결. ~ à deux tours 2회째 투표《표수 미달의 경우에는 재투표하는 제도》. premier tour de ~ 1차투표. ~ de ballottage 재투표. ouvrir(fermer) le ~ 투표를 개시(마감)하다. dépouiller le ~ 개표하다. voter au ~ 투표하다. ~ public(secret) 기명(무기명) 투표. bureau de ~ 투표 용지 기표소. ~ de liste 연기(連記) 투표. ~ uninominal 단기투표. ~ majoritaire 다수 득표자 당선 투표. L'élection du pape se fait par voie de ~. 교황의 선출은 투표에 의한다.
scrutiner [skrytine] *v.i.* 《드물게》투표하다.
scull [sky(œ)l] 《영》 *n.m.* 《스포츠》 (두 사람이 젓는)경주용 보트.
sculptable [skyltabl] *a.* (소재·대상 따위가)조각이 될만한. 〚파기〛.
sculptage [skyltaːʒ] *n.m.* 《드물게》조각하기; 새겨 장식된 가구.
sculpté(e) [skylte] *a.p.* 조각된. armoire ~*e* 조각으로 장식된 가구.
*****sculpter** [skylte] *v.t.* ① 조각하다; 새겨 파다. ~ un buste (조각으로)흉상을 만들다. ~ un bloc de marbre [de la pierre, du bois] 대리석(돌·나무)에 조각하다. figure *sculptée* dans la masse 돌(대리석)에 새겨진 얼굴. 노예(목보어 없이) Il peint, mais il ne *sculpte* pas. 그는 그림은 그리지만 조각은 하지 않는다. ② (예)조각 장식을 하다. ~ un meuble 가구에 조각 장식을 넣다.
sculpteresse [skylt(ə)res] *n.f.* 《드물게 sculpteur의 여성형으로 씀》여류 조각가.
sculpteur [skyltœːr] *n.m.* 조각가. femme ~ 여류 조각가.
sculptural(ale, pl. aux) [skyltyral, -o] *a.* ① 조각의, 조각에 관한. art ~ 조각술. décoration ~*ale* 조각 장식. ② (용모 따위가)조각적인, 조각적으로 아름다움을 지닌. femme ~*ale* 조각처럼 아름다운(단정한) 여인.
sculpture [skylty:r] *n.f.* 조각; 조각술; 조각품. ~ sur bois 목각. petite ~ 세공물(細工物).
scurrile [skyril] 《옛》 *a.* 천하게, 익살스러운. —*n.m.* 천한 익살 광대.
scutellaire [skyte(l)lɛːr] *a.* 〚곤충〛소순판(小楯

板)의 있는. —*n.f.* 〚식물〛골무꽃.
scutelle [skytel] *n.f.* ① 〚식물〛배반(胚盤). ② 〚곤충〛소순판(小楯板).
scutiforme [skytifɔrm] *a.* 〚동물〛방패 모양의.
scutum [skytɔm] *n.m.* ① 〚동물〛〚곤충〛순판(楯板). ② 〚고대로마〛장방형의 방패.
scybales [sibal] *n.f.pl.* 〚의학〛(심한 변비증에서 오는)단단한 변(便).
Scylla [silla] *n.pr.m.* 〚그리스신화〛 스킬라《6두 12 족의 여괴(女怪)》.
scyphoméduses [sifomedyːz] *n.f.pl.*, **scyphozoaires** [sifɔzɔɛːr] *n.m.pl.* 〚동물〛진정수모류.
scytale [sital] *n.f.* ① 비밀 문자(명령). ② 〚고대그리스〛(양피에 기록한 고대 스파르타의)비밀 공문서(의 두루마리).
scythe [sit] *a.* 스키티아(Scythie)의.
—S~ *n.* 스키티아 사람. —*n.m.* 스키티아어(語).
Scythie (la) [siti] *n.pr.f.* 〚고대지리〛 스키티아《현 러시아의 남부》.
scythique [sitik] *a.* 〚고대지리〛 스키티아의.
sd 《약자》stéradian 〚수학〛스테라디안《입체각의 단위》.
s.d. 《약자》sans date 일부(日附) 없음.
S.D.E.C.E. [ɛsdəəsə, 《구어》sdes] 《약자》 Service de documentation extérieure et de contre-espionnage 국외 정보 방첩부.
S.D.N. 《약자》 Société des Nations 〚역사〛 국제연맹.
Se 《약자》sélénium 〚화학〛셀렌, 셀레늄. 〚으뜸〛.
:se [s(ə)] *pron. pers.* 《모음 앞에서는 s'》① 《대명동사의 3인칭 단·복수의 직접·간접목적보어 인칭대명사》그(들) 자신을(에게), 서로를(에게), 자기를(에게). ⓐ《재귀적》Elle *se* regarde dans la glace. 그녀는 거울 속의 자기 모습을 들여다 본다《직접목적보어》. Il s'attribua tout le mérite de la victoire. 그는 승리의 모든 공을 저 자신으로 돌렸다《간접목적보어》. ⓑ《수동적》Ce sont des choses qui ne *se* font pas. 그런 짓은 해서는 안되는 법이다. Le soleil ni la mort ne peuvent *se* regarder fixement. 태양도 죽음도 똑바로 바라볼 수 없는 법이다. ⓒ《상호적》Ils *se* cherchent(les uns les autres). 그들은 서로 찾고 있다《직접목적보어》. Ils s'écrivaient(l'un à l'autre). 그들은 서로 편지를 썼다《간접목적보어》.
② 《순수한 관용적 대명동사에서》s'en aller (떠나)가다. s'évanouir 기절하다. s'enfuir 도망치다.
③ 《비인칭의 대명동사에서 관용적으로》Il *se* peut que+*sub.* …할 수도 있는 일이다. Il s'en faut de beaucoup(que+*sub.*)(…하자면)아직도 어림없다, 아직 멀었다. Comment *se* fait-il que+*sub.*? …한 것은 어찌된 일인가?
④ 《(신체의 일부분에 대한 소유형용사 대신으로)》Il *se* lave les mains. 그는 (자기)손을 씻는다.
REM (1) faire, laisser, mener, envoyer 등 동사의 직후에 놓이는 대명동사의 부정법에서는, 의미상으로 혼동될 우려가 있는 경우를 제외하고는 원칙상 *se* 를 생략한다: faire taire les enfants 애들을 입다물게 하다《<*se* taire》, mener promener le chien 개를 산책시키러 데리고 가다《<*se* promener》. envoyer coucher les enfants 애들을 재우러 보내다《<*se* coucher》. Je les ai laissé s'écrire. '나는 그들이 서로 교신하는 것을 막지 않았다.'에서는 *se* 를 빼지 못함》. (2) 복합시제에서 과거분사는 ⓐ 재귀적 대명동사의 *se* 와 항상 성을 맞추며, ⓑ 상호적, 대명동사의 경우에는 *se* 가 간접목적보어이고 다른 직접목적보어가 과거분사 앞에 있을 때는 그 직접목적보어와 일치함: les lettres qu'ils *se sont écrites* 그들이 서로 쓴《주고받은》편지. ⓒ 본질적 대명동사의 경우에는 *se plaire*, *se complaire*, *se*

déplaire, se rire 등의 동사를 제외하고는 항상 일치한다. ⓓ 비인칭적 용법의 대명동사에서는 과거분사는 변화하지 않는다.

S.E. 《약자》① Son Eminence 《가톨릭》 각하(추기경에 대한 존칭). ② Son Excellence 각하.

S.-É. 《약자》Sud-Est 동남.

s.e. & [ou] o. 《약자》sauf erreur et[ou] omission 오기 탈락의 경우를 제외함.

sealskin [silskin] 《영》 n.m. 물개 모피.

séamment [seama] ad. 《드물게》어울리게.

***séance** [seɑ̃:s] n.f. ① 회합, 회의(réunion). ouvrir (clore, lever) une ~ 개회(폐회)하다. suspendre une ~ 회의를 중단하다, 휴회하다. être en ~ 개회 중이다. présider une ~ 회의를 주재하다. La ~ est ouverte (levée). 개회(폐회)합니다(의장의 선언). en ~ publique[de nuit] 공개 회의[야간 회의]로. assemblée qui tient ~ 개회[심의]중인 의회. ②회의 기간, 회기(session). Cette loi sera discutée à la prochaine ~ de l'Assemblée. 이 법안은 의회의 다음 회기에 토의될 것이다. ③ (흥행물의) 상연(상영) (시간). cinéma qui donne trois ~s par jour 1일 3회 상영하는 영화관. À quelle heure est la prochaine ~? 다음 상영은 몇시입니까? ④ (일·오락·식사 따위의) 1회 계속시간. d'entraînement 1회 연습(시간). faire un portrait en deux ~s (de pose) 두 번의 포즈로 초상화를 그리다. faire une longue ~ (à table) 오랫동안 회식하다. Il s'est ruiné au jeu en une seule ~. 그는 단 한번의 도박으로 파산하였다. ⑤《옛》착석; 참석. avoir(droit de) ~ 참석권을 갖다. prendre ~ 착석하다. ⑥ (불목인견의)장면, 소동(scène). ~ de cris et de larmes 울부짖는 대소동.
~ **tenante** 개회 중에; 당장에, 즉석에. régler une question ~ tenante 문제를 즉각 해결하다.

séant¹ [seɑ̃] seoir의 현재분사.

séant²(e) [seɑ̃, -ɑ̃:t] a. ①《옛·문어》[~ à] (에)어울리는, 적합한(convenable). conduite peu ~e à un homme de ce rang 그런 신분의 남자에게 어울리지 않는 행동. (비인칭) Il n'est pas ~ d'agir ainsi. 그런 행동은 점잖지 못하다. ②《옛》《법》(법정이) (에서)개정되는, (에)소재하는. la Cour d'appel ~e à Paris 파리 소재의 고등재판소.
—n.m. ① 앉은 자세(소유형용사와 함께 쓰임). être sur son ~ 자리에서 일어나 앉아 있다. se mettre(se dresser) sur son ~ (이부)자리에 일어나 앉다[일어나다]. ②《구어》엉덩이(derrière). tomber sur son ~ 엉덩방아를 찧다.

seau [so] (pl. ~x) n.m. 들통, 양동이; 한 통의 분량. ~ à glace (포도주 냉각용)얼음통. ~ d'enfant 장난감 물통. puiser de l'eau avec un ~ 물통(두레박)으로 물을 긷다. un plein ~ de charbon 한 통 가득한 석탄(炭). ~ (hygiénique)오물통.
Il pleut à ~(x). 《구어》비가 억수같이 쏟아진다.

sébacé(e) [sebase] a. 《생리》지방성의; 지방질을 분비하는. glande ~e 피지선(皮脂腺).

sébacique [sebasik] a. 《화학》지방의. acide ~ 세바신산(酸).

sébeste [sebɛst] n.m. sébestier 열매 (식용·진통).

sébestier [sebɛstje] n.m. 《식물》(열대 아시아산의)지치과(科)의 나무.

sébifère [sebifɛ:r] a. 《해부》지방이 생기는; 《식물》목랍(木蠟)이 생기는.

sébile [sebil] n.f. 나무 공기. (특히) (거지의)쪽박. ~ d'un mendiant. tendre la ~ 동냥하다, 빌어먹다. ③ 시금을 씻는 통.

sebk(h)a [sɛpka] 《아라비아》 n.f. 《지리》 (사하라의)함수호(鹹水湖).

séborr(h)ée [seborɛ] n.f. 《의학》 피지루(皮脂漏). ~ du cuir chevelu (탈모의 원인이 되는)모발 있는 부분의 피지과다증.

sébum [sebom] n.m. 《생리》 피지 (선 분비물).

***sec(f. sèche)** [sɛk, sɛʃ] a. ① 메마른, 건조한 (desséché). feuilles sèches 가랑잎. air(vent) ~ 건조한 공기(바람). climat ~ 건조한 기후. saison sèche 건조(한발)기. Il fait ~. 날씨가 건조하다. peinture qui n'est pas sèche 마르지 않은 페인트칠. peau sèche 건조한(기름기 없는) 피부. avoir la gorge sèche(le gosier ~) 목이 마르다.
② (저장하기 위해)말린. raisins ~s 건포도. poisson ~ 건어.
③ (몸이)야윈, 수척한, 마른(maigre). un grand ~ 바싹 마른 커다란 사내. ~ comme une allumette (comme un coup de trique, comme un échalas) 《구어》바싹 마른.
④ (다른 것 없이)그것만의, 간단한. manger du pain ~ 맨 빵만을 먹다. avoir un atout ~ 《카드놀이》 한 장만 있다(다른 좋은 패는 없다). dire un merci tout ~ "고맙다"라고 짧게 한마디만 하다. partie sèche (노름에서)단판 승부. perte sèche 고스란히 잃기(손해보기). consultation sèche 《구어》무료상담(진찰). argent ~ 현금.
⑤ (물·액체가)섞이지 않은. mur de pierres sèches 돌담. nettoyage ~ 드라이크리닝. pleurésie sèche 《의학》건성 늑막염. nourrice sèche(젖을 먹이지 않는) 보모. panne sèche (자동차의)휘발유 고갈. régime sèche 술을 금하고 물을 적게 마시는 식이요법. toux sèche 마른 기침.
⑥ 부드러운 데가 없는(↔ moelleux); 단맛이 없는 (↔ doux); 딱딱한; 무뚝뚝한; (소리가)여운이 없는. vin ~ 단맛이 없는 포도주. bruit ~ 둔탁한 소리. manières sèches 딱딱한 태도.
⑦ 무미건조한; 냉담한; 무뚝뚝한. cœur ~ 메마른 가슴. narration sèche 무미건조한 이야기. regarder d'un œil ~ 냉담하게 쳐다보다. répondre d'un ton ~ 퉁명스런 말투로 대답하다. être ~ avec qn …에 대해 무뚝뚝하다.
à pied ~ 발을 적시지 않고.
donner un coup ~ (재빨리)한대 먹이다(동작과 그 알림 거동이 빠름).
n'avoir pas un fil de ~ sur le dos 《구어》흠뻑 젖다.
rester ~ 대답 궁하다(못하다) 있다(sec은 출이 붙변).
—ad. ① 날쌔게. frapper ~ 날쌔게 후려치다. conduire ~ (차를)빨리 돌리다. ② 물을 타지 않고. boire ~ 물을 타지 않고 술을 마시다; 퉁명스럽게. répondre ~ 내뱉듯이 대답하다. sonner ~ (주화 따위가) 쨍그렁 소리를 내다.
aussi ~ 《속어》 대뜸, 즉석에서 (immédiatement).
—n.m. ①건조; 마른 곳. tenir des fruits au ~ 과일을 건조한 곳에 보관하다.
② (말·소에게 먹이는)여물, 건초. mettre des chevaux au ~ 말들에게 건조(여물)를 먹이다.
à ~ @ puits à ~ 물이 마른 우물; mettre un étang à ~ 연못을 말리다. ⓑ être à ~ (사람이)이야기거리가 없어지다; 벗겨 먹다; (돈을) 바닥내다, 빈털터리가 되게 하다, 벗겨 먹다. ⓒ 《해양》 courir à ~ (de toile) (배가)돛을 올리지 않고 항해하다; bateau à ~ 육지에 끌어올린 배.

sec. 《약자》① seconde 초. ② section 절, 항(項) · 과(課·科).

séc. 《약자》sécante 《수학》세칸트.

sécable [sekabl] a. 자를 (나눌) 수 있는.

SECAM [sekam] n.m. 세캄식 컬러 텔레비전 방송시스템 (프랑스·소련에서 채택하고 있음).
—a. 세캄 방송 방식의.

sécant(e) [sekā, -ā:t] *a.* 〖수학〗 가르는, 분할[절단]하는. —*n.f.* 분할선; 〖수학〗 세칸트.
sécateur [sekatœ:r] *n.m.* 전지(剪枝) 가위.
sécession [sesesjɔ̃] *n.f.* (동맹에서의)이탈, 분리, 탈퇴. faire ~ de …에서 분리하다. Guerre de S~ (미국의)남북전쟁(1861–1865).
sécessionniste [sesesjɔnist] *n.* 분리[독립]주의자. —*a.* 분리파의.
séchage [seʃaːʒ] *n.m.* 말리기, 건조(시킴), 탈수. ~ à (l')air 공기 건조.
sèche² [sɛʃ] *n.f.* ① (썰물때 나타나는)개펄, 간석지(干潟地). ②〖속어〗궐련(cigarette). griller une ~ (담배를)한 대 피우다. ③〖속어〗죽음. ④〖학생은어〗영점. piquer une ~ (시험에)영점맞다.
sèche³ *n.f.* =seiche¹.
sèche-cheveux [sɛʃʃəvø] *n.m.* (복수불변)두발 건조기, 헤어드라이어.
séchée [seʃe] *n.f.* 마르기; 마르는 동안. 〔기.
sèche-linge [sɛʃlɛ̃ʒ] *n.m.* (복수불변)(의류)건조
sèche-mains [sɛʃmɛ̃] *n.m.* (복수불변)(손을 말리는) 온풍건조기.
sèchement [sɛʃmɑ̃] *ad.* ① 무뚝뚝하게, 퉁명스레; 냉담[냉혹]하게; (글·이야기 따위가)무미건조하게. répliquer ~ 무뚝뚝하게 대꾸하다. ②〖옛〗마른 채로, 젖지 않게.
:sécher [seʃe] 6 *v.t.* ① 말리다, 건조시키다(dessécher); 고갈시키다(tarir). Le froid *sèche* la peau. 추위는 피부를 건조시킨다. ~ des raisins 포도를 건조시키다. La chaleur a *séché* les ruisseaux. 더위로 시냇물이 모두 말랐다. ~ les larmes de *qn* …의 슬픔을 위로하다. ②〖학생은어〗(강의·수업을)빼먹다, (회합·모임 따위에)참석하지 않다. ~ un cours[une classe] 강의[수업]를 빼먹다. ~ un rendez-vous 약속에 가지 않다. ③〖구어〗단숨에 마시다. ~ un verre 단숨에 술잔을 비워버리다(faire cul sec).
—*v.i.* ① 마르다, 고갈하다; (초목이)말라죽다; 시들다. faire ~ [mettre(à) ~] du linge 세탁물을 말리다. La serviette *séchera* plus vite sur le radiateur. 수건은 라디에이터 위에서 더 빨리 마를 것이다. arbre qui *sèche* sur pied 선채로 말라죽는 나무(→숙어). ②[~ de] (때문에)초췌해지다, 마르고 쇠약해지다(languir). ~ d'impatience 초조한 나머지 맥이 빠지다. ③〖구어〗대답이 궁해 몰리다, 답안을 못쓰다(rester sec). ~ en histoire 역사 시험을 망치다.
~ **sur pied** 기다리다 지치다; (특히 노처녀가 혼자를)기다리다.
—**se** ~ *v.pr.* ① 몸(옷)을 말리다. *se* ~ au soleil 햇볕에 몸을 말리다. ~ *les cheveux* 머리를 말리다(*se* ~는 간접목적보어). ② (세탁물 따위가)마르다; (우물·개천 따위가)마르다, 고갈하다.
sécheresse [sɛ(e)ʃrɛs] *n.f.* ① 건조(상태); 한발. ~ de la terre 땅의 건조함. période de ~ 한발기. ② 무뚝뚝함, 퉁명스러움(brusquerie); 냉담함, 무감동. ~ de cœur 무정. répondre avec ~ 퉁명스럽게 대답하다. ③ 무미건조함; 〖종교〗마음의 고갈. ~ du style 무미건조한 문체.
sécherie [sɛ(e)ʃri] *n.f.* ① 건조장 ② 숲속의 마른 곳. ③(세탁물 따위의)건조기.
sécheron [sɛ(e)ʃrɔ̃] *n.m.* ① (프랑스 동부의)건조 산악의 목장. ②〖속어〗말라깽이.
sécheur(se) [seʃœ:r, -ø:z] *a.* 말리는, 건조시키는. appareil ~ 건조기. —*n.m.* (잎담배 따위의)건조장, 건조실; 건조기.
séchoir [seʃwa:r] *n.m.* 건조장, 건조기. ~ à linge 빨래 너는 곳. ② 건조기; 빨래 너는 장대, 빨랫줄.

~ (à cheveux) 헤어드라이어(sèche-cheveux). ~ rotatif 회전 건조기.
:second(e) [s(ə)gɔ̃, -ɔ̃:d] *a.* (livre, tome 따위와 함께 쓰일 때를 제외하고는 항상 명사 앞에 놓임)① (공간적·시간적 순위)제 2의, 둘째의, 제 2 차의. pour la ~*e* fois 두번째로. ~*e* moitié 후반. contracter un ~ mariage 재혼하다. chapitre ~ 제 2 장(~ chapitre 라고도 함).
②(가치·우열의 서열을 갖고)두번째의, 2 위의. obtenir la ~*e* place dans un concours 경시에서 2 등을 하다. voyager en ~*e* classe 2 등석을 타고 여행하다. articles de classe ~ 2 등품(articles de premier choix 「일등품」에 대해서). personnage de ~ plan 별반 중요하지 않은 인물.
③(다른 형태로 다시 출현한다는 뜻으로)제 2의, 새로운. un ~ Napoléon 제 2 의 나폴레옹. ~*e* jeunesse 제 2 의 청춘. ~*e* vue 천리안, 투시력. La rêve est une ~*e* vie. 꿈은 제 2 의 삶이다.
④(예외적으로 명사뒤에서)이차적인, 부차적인. causes ~*es* 제 2 원인(제 1 원인이 신으로부터 유래하는 원인). état ~ 제 2 상태(몽유병자 따위의 의식분리 상태) (→숙어란).
à nulle autre ~*e*; à nul autre ~ 〖옛·문어〗비길 데 없는, 추종을 불허하는.
en ~ lieu 둘째로.
être dans un état ~ 의식분리[무의식] 상태에 있다; 비정상적이다.
—*n.* 제 2 위자, 2 등; 두번째의 것. la ~*e des* filles Barrel 바렐 씨의 둘째 딸. être le [la ~*e*] de sa classe 반에서 2 등이다. Il est arrivé le ~. 그는 2 등으로 들어왔다. finir bon ~ derrière *qn* …에 이어 약간의 차로 2 등이 되다. passer ~ 2 위를 하다.
sans ~(e) 비길 데 없는, 둘도 없는(sans pareille). intelligence *sans ~e* 비길 데 없는[최고의] 지성.
[REM] **second**와 **deuxième**는 「순위」를 나타낼 때 가치판단의 개념이 포함되지 않으면 완전히 동의어이므로 어느 것을 써도 무방하나 다만, deuxième 가 보다 대중적이다. 그러나 (1)「부차적인」의 뜻이 내포되는 경우(예:*second* rôle 부차적 역할)와, (2) 관용·성구로 굳어진 *second* violon, de *seconde* main, en *second* lieu, *seconde* nature 등 표현에서는 second 만이 쓰인다. 또 순위가 「두번째」로 끝이 나는 경우에는 second 이 쓰이나, 세번째, 네번째 등이 예상되는 경우 deuxième 가 쓰이는 경향이 있다.
—*n.m.* ① 3 층. habiter au ~ 3 층에 살다.
② 조력자; (결투의)입회자; 〖해군〗부관. brillant ~ 유능한 보좌관.
③ 〖음악〗제 2 (저음)부.
en ~ 부(副)로. capitaine *en* ~ (배의)부선장.
—*n.f.* ① 초(시간·각도); 순간, 잠깐. dans une ~*e*; en une(deux) ~*e*[~*es*] 곧, 당장에. Une ~*e*! 잠깐(기다리시오)!
① (기차 따위의)2등; 〖학교〗제 2 학급(최고학년 바로 밑); 〖인쇄〗재교. voyager en ~*e* 2 등차로 여행하다.
③ (자동차 엔진기어의)2 단. passer en ~*e* 기어를 2 단에 넣다.
à la ~*e* 순식간에, 즉각. Il veut que tout soit fait *à la ~e*. 그는 모든 것이 즉각 이루어지기를 바란다.
secondaire [s(ə)gɔ̃dɛ:r] *a.* ① 제 2 (차)의; 부차적인, 종속적인(↔principal, essentiel). personnage ~ 부차적[중요치 않은] 인물. courant ~ 2 차 전류. secteur ~ 〖경제〗2 차 산업. intrigue ~ (소설·연극의 원 줄거리에 대하여 2 차적인). question (d'intérêt) ~ 제 2 차적[부차적]인 문제. rôle ~ 조역. ② 제 2 기(期)의. enseignement ~ 중등교육. accidents ~*s* 〖의학〗제 2 기 증후. ③〖지

S

질》중세대의. ④ 《심리》 종속적 성격의.
—*n.m.* ① 중등교육(enseignement ~). ② 《전기》 2차 코일〔회로〕.
secondairement [s(ə)gɔ̃dɛrmɑ̃] *ad.* 제 2로; 부차적으로, 종속적으로.
secondarité [s(ə)gɔ̃darite] *n.f.* 《심리》 종속성《종속적 인물의 성격》.
secondement [s(ə)gɔ̃dmɑ̃] *ad.* 두번째로.
seconder [s(ə)gɔ̃de] *v.t.* ① 보좌〔지원〕하다; (에게) 도움을 주다(aider, assister). ② (남의 계획 따위를) 조성〔촉진〕하다(favoriser). ~ les desseins de *qn* …의 계획을 밀어주다.
secondine [s(ə)gɔ̃din] *n.f.* ① 《식물》 내종피(內種皮), 안쪽껍질, 배주(胚珠)의 내포피(內包皮). ② (*pl.*) 《의학》 산후(產後).
sécot(e) [seko, -ɔt] 《구어》 *a.* 바싹 마른. —*n.* 말라깽이. —*n.m.* 바싹 마름.
tourner au ~ 너무 말라 뼈와 가죽만 남다.
secouade [səkwad] *n.f.* ① 《예》 꾸짖음, 질책. ② = secouage.
secouage [s(ə)kwaːʒ] *n.m.* 《드물게》 흔들기. ~ de tête (거부·의심·동의의 표시로서) 머리를 젓기 《끄덕이기》.
secouée [s(ə)kwe] *n.f.* 《속어》 ① 꾸짖음, 질책. recevoir une ~ 호되게 야단맞다. ② [une ~ de] 많은, Il y a une ~ 엄청나게 많다.
secouement, secoûment [s(ə)kumɑ̃] *n.m.* 《드물게》 = secouage.
*****secouer** [s(ə)kwe] *v.t.* ① [~ *qn/qc*] 흔들다, 뒤흔들다(agiter, ébranler). vitres *secouées* par une explosion 폭음으로 뒤흔들리는 유리창. ~ un pommier pour en faire tomber les fruits 사과나무를 흔들어 사과를 떨어뜨리다. ~ *qn* pour le réveiller …을 흔들어서 깨우다. voiture qui *secoue* les passagers 승객을 흔들리게 하는 차. ~ la tête 머리를 젓다《끄덕이다》《거절·승낙》. ② [~ *qc*] 흔들어서 제거하다, 떨어 없애다. (비유적) (에서) 자신을 해방하다, (에) 대항하다. ~ la poussière de son manteau 외투의 먼지를 털다. ~ le joug 굴레〔속박〕에서 벗어나다, 억압에 대항하다. ~ l'autorité de *qn* …의 권위에 대항하다. ③ [~ *qn*] (심신에) 충격을 주다; (에게) 깊은 인상을 새겨 주다. Cette opération l'a bien *secoué*. 이 수술은 그에게 큰 충격을 주었다. *J'ai été secoué* par mes amours. 나는 내 사랑으로 깊은 충격을 받았다. ④ [~ *qn*] 꾸짖다, 질책하다; (의)기운을 북돋아 주다, 격려하다(bousculer, harceler). Il faut toujours le ~, autrement il ne ferait rien. 저 사람은 늘 자극을 주어야 해. 그렇지 않으면 아무 일도 안할 사람이야.
— *la poussière de ses pieds* 아주 떠나다.
—*se* ~ *v.pr.* 분발하다; 몸을 흔들다. *Secouez-vous, au travail!* 분발해서 일을 해요!
secourable [s(ə)kurabl] *a.* ① 도와주는, 기꺼이 돕는. tendre une main ~ aux pauvres 가난한 사람들에게 구원의 손길을 뻗다. ②(예) 도움《구원》을 받을 수 있는.
secoureur [s(ə)kurœːr] *n.m.* 《드물게》 돕는 사람, 구조원.
*****secourir** [s(ə)kuriːt] [20] *v.t.* ① (위험·곤란에 처해 있는 사람을) 돕다, 구조하다, 구제하다(aider, assister). (정신적으로) 구원하다. ~ *qn* contre un ennemi …을 적에서 구출하다. Mon dieu, *secourez-moi*. 하느님, 저를 구원해 주소서. ② [~ *qc*] ~ les misères 가난한 사람들을 구제하다(덜어주다).
—*se* ~ *v.pr.* ① 구조〔구원〕되다. ② 서로 돕다.
secourisme [s(ə)kurism] *n.m.* 구급법, 응급 치료.
secouriste [s(ə)kurist] *n.* 구호반원, 구조원.

*****secours** [s(ə)kuːr] *n.m.* ① 도움, 구조, 구호, 원조 (aide, appui, assistance). demander du ~ 도움을 청하다. crier au ~ 〔살려〕달라고 외치다. caisse de ~ 구호〔구제〕 기금. ② (*pl.*) 원조금, 구호물자. distribuer des ~ aux sinistrés 이재민에게 구호금을〔물자구호품을〕. ③ 원군, 증원군(renfort). Enfin arriva un ~ de cinq mille hommes. 5,000명의 원군이 도착했다. ~ 구급조치; 구조원. ~ aux noyés 물에 빠진 사람에 대한 구급조치. premiers ~; ~ d'urgence 응급처치. Patientez, les ~ arrivent. 참고 기다려요, 구조원들이 곧 올겁니다. ⑤ société de ~ mutuel 공제회.
aller (accourir, se porter) au ~ *de qn* …을 도우러 가다(도와주다).
Au ~! 사람 살려! 〔가다(도와주다).
de ~ 예비의, 비상용의. roue *de* ~ (자동차의)에비 타이어. porte(sortie) *de* ~ 비상구. terrain *de* ~ 《항공》 비상 착륙장.
prêter (porter) ~ *à qn* …에게 구원의 손길을 내밀 〔다.
secousse [s(ə)kus] *n.f.* ① 흔들림, 동요; 진동 (commotion). ~*s* de la voiture 차의 심한 진동. ~ sismique (tellurique) 지진 (tremblement de terre). ②(심리적인) 충격, 타격(choc); 동요. Ce deuil lui a été une terrible ~. 이 죽음은 그에게 큰 충격이었다. ~ politique 정치적 충격. ③ ~ musculaire 《의학》 근육수축(경련).
à la ~ 《구어》 손쉽게, 가볍게, 아무렇게나.
n'en pas ficher (faire) une ~ 《구어》 아무 일도 하지 않다.
par ~*s* ⓐ (움직임이 순조롭지 않고) 덜커덩거리며, 발작적으로(par saccade). ⓑ (비유적) 불규칙하게, 이따금.
sans ~ 순조롭게. La voiture s'est arrêtée *sans* ~. 자동차는 조용히 섰다.
se donner une ~ 《구어》 분발하다, 노력하다.
‡**secret¹(ète¹)** [s(ə)krɛ, -ɛt] *a.* ① 비밀의; 내밀의 (intime), 은밀한, 눈에 띄지 않는 (dérobé); 숨은 (intérieur, caché), 숨겨진. 비밀에 붙이다. La nouvelle a été longtemps tenue ~*ète*. 그 소식은 오랫동안 비밀에 붙여졌다. code ~ 암호문. police ~*ète* 비밀경찰(《속》 la secrète). agent ~ 비밀공작원, 스파이. services ~*s* 정보부. négociations ~*ètes* 비밀협상. fonds ~*s* 기밀비. escalier ~ 비밀계단. sens ~ d'un livre 책의 숨은 뜻. notre vie ~*ète* 우리의 내밀한 삶. maladie ~*ète* 성병. ②(행·문어) (사람이) 비밀을 지키는, 과묵한 (renfermé). homme très ~ 비밀을 지키는〔입이 무거운〕사람. ③ 신비한, 불가해한. rites ~*s* 비의 (秘儀). sciences ~*ètes* 신비학.
‡**secret²** [s(ə)krɛ] *n.m.* ① 비밀, 기밀. garder (trahir) le ~ 비밀을 지키다(누설하다). confier un (son) ~ à *qn* …에게 비밀을 털어놓다. ne pas avoir de ~ pour *qn* …에게 아무것도 숨기지 않다. ~ de Polichinelle 공공연한 비밀. ~ d'État 국가기밀. C'est un (mon) ~. 그건 당신께 말씀드릴 수 없다. ~ de la confession 《종교》 고해의 비밀엄수. ~ professionnel (의사·변호사 따위가) 업무상 알게된 타인의 비밀을 지킬 의무. ②마음속, 이면; 신비로움(replis, tréfonds). ~*s* de la nature 자연의 신비로움. ~*s* du cœur 마음속에 간직한 비밀들. ③비결, 요결; 〔문제를 푸는〕열쇠; 비밀장치. donner (communiquer) un ~ de fabrication 제조비법을 가르쳐주다. [~ de / pour + *inf.*] Il a le ~ de plaire aux femmes. 그는 여자의 환심을 사는 비결을 알고 있다. ~ *pour* guérir une maladie 병을 고치는 비법. ④ [à ~] 비밀장치가 (된). cadenas à ~ 비밀장치가 되어 있는 자물쇠. meuble à ~ 비밀함〔서

랍)이 부착된 가구. Ce coffre se ferme à~. 이 상자는 비밀장치로 단힌다. ⑤ 독방. mettre qn au ~ …을 독방에 감금하다. mise au ~ 유폐.
dans le ~; en ~ 몰래, 비밀리에.
être dans le ~ (des dieux) 어떤 일의 기밀을 알고 있다.
mettre qn dans le ~ …에게 비밀을 알게 하다.
secrétage [səkretaːʒ] *n.m.* secréter 하기.
***secrétaire** [s(ə)kretɛːr] *n.* ① 비서(관). ~ particulier 개인비서. faire écrire par sa ~ 여비서를 시켜 편지를 쓰게 하다. ~ sténodactylo(graphe) 속기 타이피스트겸 여비서. ② 서기(관); 간사; (국회 따위의)사무처장. ~ d'ambassade 대사관 서기관. ~ d'État 〖역사〗국무경; (프랑스의)정무차관, (영국의)대신; (미국의)국무장관. ~ général 사무총장〖국장〗. ~ perpétuel(de l'Académie française) (아카데미프랑세즈의)종신 사무국장. ③ (장을 보좌하는)문서담당 비서. ~ de mairie 시의 실세행정을 담당하는)내무국장, 부시장. ~ de la rédaction (신문사·잡지사의 편집실무를 담당하다). 편집장〖차장〗.
—*n.m.* ① (사무용)책상. ② 〖조류〗 사식조(蛇食鳥)(serpentaire).
secrétairerie [s(ə)kretɛrri] *n.f.* 《드문게》비서직; 《집합적》비서진;《옛》비서실.
secrétariat [s(ə)kretarja] *n.m.* ① 비서〖서기〗직. ② 사무국, 비서실.

secrétaire

secrète² [s(ə)krɛt] *n.f.* ① 〖가톨릭〗(미사 서장 전에 사제가 낮은 소리로 올리는) 봉헌문. ②《속어》비밀경찰(police ~).
secrètement [s(ə)krɛtmɑ̃] *ad.* 남몰래, 비밀리에; 살며시, 슬그머니(↔ ouvertement). quitter ~ un pays 어떤 나라를 몰래 빠져나가다.
secréter [s(ə)krete] 6 *v.t.* (가죽을 펠트로 만들기 위하여)수은을 녹인 질산을 솔에 적셔 뭐르다.
sécréter [sekrete] 6 *v.t.* 〖생리〗 분비하다. ②(비유적) 퍼뜨리다(répandre). Cet individu *sécrète* l'ennui. 그자 곁에 있으면 따분해진다.
sécréteur(trice, 때로 **teuse)** [sekrətœːr, -tris, -tøːz] *a.* 〖생리〗 분비하는, 분비를 돕는. glande ~*trice* 분비선. canal ~ 분비관.
sécrétine [sekretin] *n.f.* 〖생리〗 세크레틴(십이지장 점막에서 생기는 분비 촉진의 자극소).
sécrétion [sekresjɔ̃] *n.f.* 〖생리〗 분비(작용); 분비물. ~ externe(exocrine)외분비. ~ interne (endocrine)내분비. ~*s* végétales 식물성 분비물.
sécrétoire [sekretwaːr] *a.* 〖생리〗 분비의, 분비에 관한. troubles ~*s* 분비장애.
sect.〖약기〗 section 절(節), 항(項).
sectaire [sɛktɛːr] *n.m.* (종교·정당 따위의 광신적인)신봉자; 과격파, 당파〖섹트〗주의자. —*a.* 광신적인, 과격한(fanatique); 파벌적인, 파당적인. partisan ~ 당파〖섹트〗주의자.
sectarisme [sɛktarism] *n.m.*《문어》(과격한)종파심, 파벌심〖경향〗, 당파근성.
secta*teur(trice* [sɛktatœːr, -tris] *n.*《옛》(종파의)신도, (학파의)신봉자(adepte, partisan).
secte [sɛkt] *n.f.* ① 종파; 분파, 당파. faire ~ (à part) (따로) 한파〖분파〗를 세우다. ②《옛》학파, 유파(école).
***secteur** [sɛktœːr] *n.m.* ①(도시 행정상의)구, 구역, 지구; (배정상의)구역. élections dans le sixième ~ (électoral) de Paris 파리 제5선거구에서의 선거. panne de ~ 한 구역 전체의 정전. ② (경제활동상의)산업 분야; (학문 따위의)·분야(domaine). ~ primaire [secondaire, tertiaire] 제 1차〖2차·3차〗산업. ~ privé 사기업(계). ~ public 공기업(계). un ~ de la science 과학의 한 영역. Ce n'est pas mon ~. 그것은 내 전문(분야)가 아니다. ③〖군사〗(군단·사단의)방위〖전투〗구역(〖약기〗S.P.). ④〖구어〗곳, 장소(lieu). ⑤〖물리〗섹터; 〖기하〗부채꼴, 선형(扇形); 〖천문〗 상한의(象限儀)(~ astronomique); 〖기계〗부채꼴 톱니바퀴, 섹터(~ denté).
***section** [sɛksjɔ̃] *n.f.* ① 절단; 절단부. la ~ et la ligature des artères 〖의학〗혈관의 절단과 접합. ②(책의)절, 단; 〖생물〗(분류의)절. chapitre divisé en deux ~*s* 2절로 나뉘어진 장. ③(행정·교육상의)부, 반; (선거)구; (한 조직체의)1부. ~ d'un tribunal 재판소의 지부. ~ électorale 선거구. ~ de vote 투표구. ~ d'un parti politique 정당의 지구당〖지부〗. S~ Française de l'Internationale Ouvrière 사회주의 노동자 인터내셔널 프랑스 지부 (프랑스 사회당의 옛 명칭)(〖약기〗S.F.I.O.). ~ littéraire[scientifique] 문과(이과)계. ④〖운수·교통상의〗구간. ligne d'autobus divisée en cinq ~*s* 5구간으로 나뉘어진 버스 노선. ⑤(보병·포병의)소대. ~*s* spéciales (불복종의 병사들이 배속되는) 특별징계부대. ⑥ ~ d'or 〖미술〗 황금분할. ⑦〖기하〗 교선, 교절선; 단면; 〖기계〗 단면; 〖건축〗 단면도. ~ plane 단면. ~*s* coniques 원추곡선. point de ~ 교점.
sectionnaire [sɛksjɔnɛːr] *n.m.* (구에 소속된)국민군 병사.
sectionnel(le) [sɛksjɔnɛl] *a.* 구분(구획)의.
sectionnement [sɛksjɔnmɑ̃] *n.m.* ① 구분〖분할〗하기, 구획. ② 절단, 자르기.
sectionner [sɛksjɔne] *v.t.* ① 구분〖분할〗하다(diviser, fractionner). [~ *qc* en] ~ une ville *en* plusieurs circonscriptions électorales 한 도시를 여러 선거구로 나누다. ②(사고 따위로 신체의 일부를)자르다, 절단하다(couper). Il a eu un doigt *sectionné* par une presse à découper. 그는 절단기에 손가락 하나를 잘렸다.
sectionneur [sɛksjɔnœːr] *n.m.* 〖전기〗회로차단기; 구분 개폐기.
sectoriel(le) [sɛktɔrjɛl] *a.* 〖경제〗 산업 분야의; 산업 분야별의. analyse ~*le* de productivité 생산성의 분야별 분석.
sectorisation [sɛktɔrizasjɔ̃] *n.f.* 〖경제〗 (산업의) 부문화; (시설·조직의)지역적 분산(배치).
séculaire [sekylɛːr] *a.* ① 100년마다의, 한 세기마다의. fête ~ 백년제. année ~ 한 세기의 마지막 해. ②한 세기〖100년〗전부터의〖계속되는〗; 매우 오래된, 몇 백년 된〖묵은〗. arbres ~*s* 백년 묵은 나무들. habitation trois fois ~ 300 년 묵은 주거. haine ~ 해묵은 원한. ③〖천문〗몇 세기를 1기로 하는.
séculairement [sekylɛrmɑ̃] *ad.*《문어》여러 세기(몇 백년) 전부터, 매우 오래 전부터. habitude ~ imposée 수백년래 뿌리박은 관습. ② 매 세기마다; 한 세기〖100년〗마다.
sécularisation [sekylarizasjɔ̃] *n.f.* séculariser 하기. ~ de l'enseignement public 교학 분리, 종교 관할로부터의 교육의 분리.
séculariser [sekylarize] *v.t.* (교회의 재물·성직자를)세속으로 돌리다, 환속시키다; (교육 따위를)교회 관할에서 분리시키다(laïciser).
sécularité [sekylarite] *n.f.* ①《드문게》(수도원의 계율 밖에 있는)재속(在俗) 성직. ②(교회의)세속적 사건에 대한 재판권.

séculier(ère) [sekylje, -ɛːr] *a.* 세속의, 세속에 속하는(laïque); 교회[수도원 계율] 밖에 있는; 속인 상대의. clergé [prêtre] ~ 재속(在俗) 성직자[신부]. vie ~ère 세속 생활. bras (tribunal) ~ (교회의 사건 속에 대한 재판권[재판소]. —*n.* 세속인, 평신도(↔ clergé).

séculièrement [sekyljɛrmɑ̃] *ad.* 세속적으로, 속인으로서.

secundo [sagɔ̃do, sekɔ̃do] 《라틴》 *ad.* 둘째로 (보통 2°로 줄여 씀); primo 「첫째로」, tertio 「셋째로」 등의 말과 함께 쓰임〕(deuxièmement).

sécurisant(e) [sekyrizɑ̃, -ɑ̃ːt] *a.* 안정감[신뢰감]을 갖게 하는(apaisant). tenir des propos ~s 안심시켜 주는 말을 하다.

sécurisation [sekyrizɑsjɔ̃] *n.f.* 안도감을 주기.

sécuriser [sekyrize] *v.t.* 《심리》 (에게) 안정감[신뢰감]을 주다, 안심[안정]시키다. ~ son patient 환자를 안심시키다.

*sécurité [sekyrite] *n.f.* ① 안전, 안정, 안심. assurer [veiller sur] la ~ de qn …의 안전을 보장하다. dispositif de ~ 안전 장치. routière 도로 안전. ceinture de ~ (자동차의) 안전 벨트. [en ~] être *en* ~ 안전하다. dormir *en* toute ~ 안심하고 자다. avoir une impression de ~ 안전하다는 기분이다. ② 안전 보장; 안보 (sûreté). Conseil de ~ (UN의) 안전 보장 이사회. ~ collective 집단 안전 보장. ~ publique 공안, 치안. compagnies républicaines de ~ 공화국 보안기동대(약자) C.R.S.) ③ S~ sociale 사회 보장(제도)(1930년대 이전의 assurances sociales). ④ (총기의) 안전장치. (cran de) ~ (총기의) 안전단(段). placer une arme à la ~ 총기의 안전 장치를 넣다.

sedan [s(ə)dɑ̃] *n.m.* 스당(Sedan, 프랑스의 도시에서 짠 나사(직물).

sedanais(e) [s(ə)dane, -ɛz] *a.* 스당 (Sedan, 프랑스의 도시)의. —**S~** *n.* 스당 사람.

sédatif(ve) [sedatif, -iːv] *a.* 진통(진정)의. eau ~*ve* (캠퍼를 포함하는) ~제. —*n.m.* 진통[진정]제.

sédation [sedɑsjɔ̃] *n.f.* 《의학》 진정.

sédentaire [sedɑ̃tɛːr] *a.* ① 늘 앉아 있는; 한 자리에만 눌러 있는; 외출하지 않는(casanier). profession ~ 앉아 하는 직업. vie ~ 한 곳에서 움직이지 않는 생활. Avec l'âge, il devient de plus en plus ~. 나이들면서 그는 점점 더 집안에만 틀어박혀 있다. ② 한 곳에 고정(정착·정주)된 (↔ nomade); 《군사》 주둔하는; 《공군》 지상 근무의. peuple ~ 정주민. troupes ~s 주둔 부대. cadre ~ (집합적) (공군의) 지상근무원. rets ~ 《어업》 고정망. ③ os ~ 《해부》 좌골 둘기부. —*n.m.* 주둔병.

sédentairement [sedɑ̃tɛrmɑ̃] *ad.* 앉은 채로, 이동하지 않고.

sédentarisation [sedɑ̃tarizɑsjɔ̃] *n.f.* (유랑민의) 정주, 정착.

sédentariser [sedɑ̃tarize] *v.t.* 《지리》 정주(정착)시키다. nomades *sédentarisés* 정착하는 유목민. —**se ~** *v.pr.* (유목민이) 정착하다.

sédentarité [sedɑ̃tarite] *n.f.* 늘 앉아 있기; 집안에만 틀어박혀 있는 생활.

sedia gestatoria [sedjaʒɛstatɔrja] (이탈리아) *n.f.* (교황의 의식 때 타는) 가마.

sédiment [sedimɑ̃] *n.m.* 《지질》 (모래·진흙 따위의) 침전 (침적)물; (오줌의) 앙금.

sédimentaire [sedimɑ̃tɛːr] *a.* 《지질》 침적성(沈積性)의. roches ~s 침적(수성) 암.

sédimentation [sedimɑ̃tɑsjɔ̃] *n.f.* 침전(침적·침강(沈降)) (작용).

sédimenteux(se) [sedimɑ̃tø, -øːz] *a.* = **sédimentaire**.

sédiole [sedjɔl] *n.f.* (이탈리아의) 1 인승 작은 마차.

séditieusement [sedisjøzmɑ̃] *ad.* 《드물게》 반란[폭동]을 일으켜, 반항적으로.

séditieux(se) [sedisjø, -øːz] *a.* 반란 (폭동)을 일으키는(insoumis); 반란 (폭동)을 도발(선동)하는 (agitateur); (권력 따위에) 반항하는. écrit ~ 불온문서. éléments ~ 반란분자, 폭도. —*n.m.* 폭도, 모반자.

sédition [sedisjɔ̃] *n.f.* 반란, 봉기, 폭동, 소요 (insurrection, soulèvement). être en ~ 반란을 일으키고 있다. ~ militaire 군의 반란.

séducteur(trice) [sedyktœːr, -tris] *n.* (이성에 대한) 유혹자, 꾀는 사람; (옛) 타락시키는 사람 (corrupteur). —*n.m.* 엽색가, 색마. —*a.* 유혹하는, 마음을 호리는; 매혹적인. Esprit ~ 악마.

séductible [sedyktibl] *a.* 유혹하기 쉬운.

séduction [sedyksjɔ̃] *n.f.* (이성의) 유혹, 꾐; (마음을 사로잡는) 매력(fascination). ~ dolosive 《법》 (권력 남용이나 결혼을 미끼로 하는) 여자 유혹. rapt par ~ 《법》 유괴. ~ des richesses 재물의 유혹. ~ de témoins 증인 매수. succomber aux ~*s* de *qn* …의 유혹에 굴복하다. Elle est pleine de ~. 그녀는 매력에 넘쳐 있다.

séduire [sedɥiːr] [32] *v.t.* ① (이성을) 유혹하다, 꾀다; (여자를) 농락하다(déshonorer); 매수하다. ~ une femme mariée 유부녀를 유혹하다. ~ *qn* par de l'argent 돈으로 사람을 매수하다. ② (주어는 사람 또는 사물) 마음을 끌다(attirer), 매혹하다, 사로잡다(charmer); 마음에 들다(plaire à). Cette vie de bureaucrate ne le *séduisait* guère. 그런 관리의 생활은 별로 그의 마음을 끌지 못했다. ③ (옛) 속이다, 잘못 판단하게 하다(égarer). être *séduit* par les apparences 외관에 속다.

séduisant(e) [sedɥizɑ̃, -ɑ̃ːt] *a.* ① (사람이) 매력적인 (charmant). femme ~*e* et belle 매력 있고 아름다운 여자. jeune homme ~ 매력 있는 청년. ② (사물이) 매혹적인, 매력있는(charmant); 솔깃하게 하는(attrayant); 마음을 사로잡는(captivant). proposition ~*e* (귀가) 당겨지는[구미가 당기는] 제안. thèses ~*es* 흥미를 끄는 논제.

sédui-s, -t [sedɥi] ⇒ **séduire**.

sédum [sedɔm] *n.m.* 《식물》 꿩의비름 속(屬)의 식물.

S.E.E.F. (약자) Services d'études économiques et financières 재정 경제 연구서.

s.e.&(ou) o. (약자) sauf erreur et (ou) omission 오류나 탈락은 차후에 부제.

sefar(ad)di [sefar(a)di] (*pl.* **~**m [-dim], **~s**) *n.* ① 《역사》 (중세기에) 스페인과 포르투갈에 살던 유태인. ② (그 후손으로서 현재 발칸 반도, 이탈리아, 북아프리카, 미국에 살고 있는) 유태인. —*a.* (여성불변)(위)의.

ségala [segala] *n.m.* 호밀[보리] 농사에 적합한 프랑스 중앙 산악 지대의 남부; 호밀[쌀보리] 농사에 적합한 토지.

ségestrie [seʒɛstri] *n.f.* 《동물》 거미의 일종.

ségétal(ale, *pl.* **aux)** [seʒetal, -o] *a.* 《드물게》 보리밭에 나는.

seghia [segja] *n.f.* = **seguia**.

segment [sɛgmɑ̃] *n.m.* ① (구분된) 부분. ② 《기하》 (원을 자른) 궁형(弓形), 활꼴(~ circulaire); 선분(segment); (구를 자른 球分). ③ 《동물》 체절(體節), (벌레의) 환절(環節). ~ de piston 피스톤링. ④ 《해부》 (기관의) 독립된 부분, 극기기관. ~*s* de l'intestin 장의 극기부

segmentaire [sɛgmɑ̃tɛːr] a. ① 〖기하〗 선분(궁형)으로 이루어진. ② 〖생물〗 체절(환절)의, 체절(환절)로 나뉜. organes ~s 체절기(기관).

segmental(**ale**, pl. **aux**) [sɛgmɑ̃tal, -o] a. 〖언어〗 분절음(음)의, 분절음(음)에 관한(↔ suprasegmental). trait pertinent ~, appartenant à un phonème 음소에 속하는 분절음의 변별.

segmentation [sɛgmɑ̃tasjɔ̃] n.f. ① 분할, 분열. ② 〖동물〗 분절, 환절 구성; 〖생물〗 난할(卵割), 염색체 분리, 분열 증식.

segmenter [sɛgmɑ̃te] v.t. 분할하다, 나누다(diviser); 자르다. —**se** ~ v.pr. 분할되다, 나뉘다.

ségrairie [segrɛ(e)ri] n.f. 숲의 공유; 공유림.

ségrais [segrɛ] n.m. 전유림(專有林), 고립림.

ségrégabilité [segregabilite] n.f. 〖야금〗 편석성(偏析性).

ségrégatif(**ve**) [segregatif, -i:v] a. (어느 종족을)격리하는, 차별하는; (남·녀 학생 따위를)격리하는. politique ~ve 인종 격리 정책.

ségrégation [segregasjɔ̃] n.f. ① (유색 인종의)격리, 분리(discrimination). ② (계급·성·문화 따위에 의한)분리, 차별. ~ raciale en Afrique du Sud 남아프리카의 인종 차별. ~ sociale par le logement 주거에 의한 사회적 차별. ② 〖야금〗 편석(偏析). ③ 〖건축〗 〖콘크리트의〗분리. ③ 〖생물〗 (잡종 제 2 대 형질의)분리. loi de ~ des caractères (잡종 제 2 대 형질의)분리의 법칙 (멘델의 제 2 법칙).

ségrégationnisme [segregasjɔnism] n.m. 인종 분리주의(정책) (apartheid).

ségrégationniste [segregasjɔnist] a. 인종 분리주의(정책)의; 인종 분리의(에 관한); (계급·성·연령 따위에 의해서)격리시키는. troubles ~s 인종 분리 소동. —n. 인종 분리주의자.

ségrégé(**e**) [segreʒe], **ségrégué**(**e**) [segrege] a. 〖정치〗 (나라·지역 따위의)인종 격리 정책이 취해지고 있는; 격리[차별]된.

séguedille [se(e)gdij], **seguidilla** [segidija] 〖에스파냐〗 n.f. 세기딜랴〈에스파냐의 단시(短詩)의 일종인 볼레로와 유사한 무도곡〉.

seguia [segɥja] n.f. 북아프리카의 관개용수.

seiche¹ [sɛʃ] n.f. 〖동물〗 갑오징어.

seiche² n.f. 〖지리〗 (스위스의 레망 호에 일어나는)정진(靜振)〈호수 양쪽의 기압차로 수면이 파급 없이 제자리 진동을 일으키는 현상〉.

séide [seid] n.m. 맹신자, 광신자〈Voltaire 의 작품 Mahomet 의 주인공 Séide에서 유래〉.

seigle [sɛgl] n.m. ① 〖식물〗 호밀, 라이보리, 라이맥. faire les ~ de 호밀[라이보리]을 베다. faux ~ 독보리. ② 호밀 가루(farine de ~). pain de ~ (호밀 가루로 만든)흑빵.

*__seigneur__ [sɛɲœːr] n.m. ① (봉건제 하의)영주; 제후. petit ~ 시골 세도가. droit du ~ 초야권(初夜權)(droit de cuissage). ② (구체제의)귀족, 귀인; 작하; 영감, 대감《특히 고전극에서 명문의 인물에 대한 칭호》. ~s de la cour 궁정 귀족, 조신(朝臣). grand ~ 대영주(귀족), 부호, 상류계급의 인물. ③ (le S~)주, 주 예수. jour du S~ 주일(일요일). Notre-S~ Jésus-Christ 우리 주 예수 그리스도. S~ tout puissant 전능하신 신. ④ (비유적)권위자, 지배자, 거장, 대가(maître). ~ de la finance 재계의 거물.

À tout ~ tout honneur. 〖속담〗지체 높은 분에게는 마땅한 예우를〈자주 빈정대는 뜻으로 사용〉.

en (grand) ~ 귀족같은 태도로, 거룩있게.

faire le grand ~; **se donner des airs de grand** ~ 귀족처럼 으스대다; 으스대며 돈을 펑펑 쓰다.

~ **et maître** 절대적인 권위를 갖는 사람. mon ~ et maître (익살)낭군, 주인 어른.

vivre en grand ~ 호화롭게 살다.

seigneuriage [sɛɲœrjaːʒ] 〖옛〗 n.m. 영주의 권리; 영주의 화폐 주조권.

seigneurial(**ale**, pl. **aux**) [sɛɲœrjal, -o] a. ① 영주의, 제후의. droit ~ 영주의 권리. ② 귀족다운, 위풍당당한(magnifique). train de vie ~ (귀족처럼)호화로운 생활.

seigneurialement [sɛɲœrjalmɑ̃] ad. 영주로서[처럼]; 위풍당당하게.

seigneurie [sɛɲœri] n.f. ① 영주권; (영주의)영지, 장원. ② 〖이탈리아사〗(도시 국가의)시의회. ③ 각하《옛 프랑스 귀족 또는 영국 상원의원 따위에 대한 경칭》. Votre S~ 각하.

seille [sɛj] n.f. 〈사투리〉(나무 또는 베로 만든)들통.

seilleau [sɛjo] (pl. ~**x**) n.m. =seille.

seillon [sɛjɔ̃] n.m. 〈사투리〉(포도주를 옮겨 넣을 때 쓰는)얕은 통; 우유통.

seillot [sɛjo] n.m. =seille.

seime [sɛm] n.f. 〖수의〗(말의)발굽이 갈라짐, 발굽의 열상(裂傷).

*__sein__ [sɛ̃] n.m. ① (여성의)젖가슴, 유방(〖구어〗 téton). donner le ~ à un enfant 아이에게 젖을 빨리다. prendre le ~ (아기가)젖을 물다[빨다]. nourrir un enfant au ~ 아기를 모유로 기르다. faux ~s 가짜 유방. ②ⓐ(문어)가슴, 품(poitrine); 〖옛〗(여성의)가슴(gorge). presser qn contre(sur) son ~ 아무를 꼭 껴안다. bébé qui dort le ~ de sa mère 엄마 품에 안겨 자는 아기. réchauffer un serpent dans son ~ 배은망덕한 자에게 은혜를 베풀다. ⓑ(비유적)안식처. ~ de Dieu 천국, 낙원. ~ d'Abraham 영혼의 안식처, 천국〈그리스도 이전의 의인이 사후에 가는 곳〉. ③ (비유적)내면, 내부, 깊숙한 속(intérieur); 한가운데. ~ de l'océan 바다 한가운데. ~ de la terre 지구의(깊은)내부. ④(옛·문어)〈어머니의)태. jumeaux du même ~ 같은 배의 쌍둥이. ⑤(비유적)속마음, 생각(cœur, esprit). nourrir dans son ~ des projets ambitieux 마음 속에 야심적인 계획을 품다. Ça me ferait mal aux ~s 그건 정말 싫다.

au ~ **de** …의 한복판에, …에 둘러싸여; …의 품에 안겨. vivre au ~ de la famille 가족에 둘러싸여 살다. Il y a des dissensions au ~ de ce parti.이 당의 내부에는 알력이 있다.

Seine [sɛn] n.pr.f. 〖지리〗 센 강.

seine [sɛn] n.f. 〖어업〗 예망(曳網)(senne). traîner(tirer) une ~ 예망을 끌다[잡아당기다].

seiner [se(e)ne] v.t. (고기를)예망으로 잡다.
—v.i. 예망으로 고기잡이하다.

Seine-Saint-Denis [sɛnsɛ̃dni] n.pr.f. 센생드니 〈1964년에 신설된 파리 지방 새 행정구〉.

seing [sɛ̃] n.m. ① (증서의)서명, 사인. acte sous ~ privé 〖법〗 사서(私署) 증서(↔ acte notarié). ②〖옛〗수결(手決), 수압(手押).

séismal(**ale**, pl. **aux**) [seismal, -o] a. =sismal.

séisme [seism] n.m. 지진(tremblement de terre); (비유적)대혼란(bouleversement).

séismicité [seismisite] n.f. =sismicité.

séismique [seismik] a. =sismique.

séismographe [seismɔgraf] n.m. =sismographe.

séismologie [seismɔlɔʒi] n.f. =sismologie.

S.E.I.T.A. 〈약자〉Service et exploitation industrielle des tabacs allumettes 연초·성냥 전매청.

séité [seite] n.f. 〖스콜라철학〗 자아(自我).

seizain [sɛzɛ̃] n.m. ① 프랑스 남부에서 생산되는 모

seizaine [sɛzɛn] *n.f.* ① 약 16, 16 쯤. ② 가는 끈.

***seize** [sɛz] *a.num.* 《불변》 16의; 《서수의 대용으로》 제 16의. J'ai − n. ans. 나는 16 살이다. Louis S∼ 루이 16 세. page − 16 페이지. le − juillet 7월 16 일. —*n.m.* 《복수불변》 16.

***seizième** [sɛzjɛm] *a.num.* 제16의, 16번째의. —*n.* 16번째의 사람(물건). —*n.m.* 16세기; (파리의)제 16 구(∼ arrondissement); 16 분의 1. 《음악》16분 쉼표.

seizièmement [sɛzjɛmmɑ̃] *ad.* 제16으로, 16번째.

***séjour** [seʒuːr] *n.m.* ① 체재, 체류, 체류기간, 머무르기; (배의)정박. faire un long[bref] − à …에 오래(잠시) 머무르다. Mon ∼ à Paris a été agréable. 나의 파리 체류는 즐거웠다, 나는 파리에서 즐겁게 지냈다. avec ∼ facultatif 《철도》도중하차 자유로. ② 체류지; 거주(지). Cette ville est un agréable ∼. 이 도시에서는 기분좋게 머물 수 있다. interdit de ∼ 《법》거주지의 제한을 받고 있는 전과자. céleste ∼; − des dieux; − éternel 《시》천국. noir(sombre, ténébreux) ∼; − infernal《시》지옥. humide ∼ 《시》바다(神). ③ 거실, 리빙룸(salle de −). un trois pièces: −, deux chambres 방 셋의 아파트:거실과 침실 2(간단한 광고문 따위). ④《옛》지체, 지연(retard, délai).

séjournement [seʒurnəmɑ̃] *n.m.* 《옛》머무르기, 체재, 체류. ②《물 따위가 흐르지 않고)괴어있지.

séjourner [seʒurne] *v.i.* ① 머무르다, 체류하다 (demeurer). ∼ quelques jours chez un ami(à l'hôtel) 며칠 동안 친구집(호텔)에 머무르다. ②《주어진 사물》(한 곳에) 남아있다, (물 따위가)괴다. Ici, les neiges *séjournent* longtemps. 여기서는 눈이 잘 녹지 않는다. eau qui *séjourne* dans un fond 밑바닥에 고여있는 물.

:sel [sɛl] *n.m.* ① 소금. gros ∼; − gris 호염(胡塩), 청염, 굵은 소금. − de cuisine 조리용 식염. − blanc(fin) (정제된)고운 소금. − gemme 암염. − marin 해염. mine de − 염광. mettre du − 소금을 치다. régime sans − 소금의 섭취를 제한하는 식이 요법. à la croque au − 소금만으로 양념하여. bœuf(porc) gros ∼ 삶아서 호염과 함께 내놓는 쇠고기(돼지고기)점. ②짠맛, 간. jambon d'un bon ∼ 간이 맞는 햄. prendre le(son) − 《절인 고기 따위가)짜지다. manquer de − 간이 덜 되어 있다. ③(비유적)짜릿한 맛, 자극(흥미)을 주는 것, 재치, 신랄함. plaisanterie pleine de − 재치가 넘치는 농담. plaisanterie au gros − 천한 농담. attique 아테네풍의 세련된 기지. 《화》염. − acide 산성염. − ammoniac 염화 암모니아. − basique 염기성염.
être changé en statue de ∼ 대경(아연)실색하다, 넋을 잃고 서 있다.
le − de la terre 《성서》땅에 세상에서 의를 지키는 사람이 되라는 뜻의 그리스도의 말).
manger(partager) le pain et le − avec qn …와 식사를 같이 하다; 친하게 지내다, 화대를 받다.
∼ *volatil*; ∼*s anglais* (정신이 혼미할 때의)각성제. faire respirer des ∼*s à qn* …에게 각성제를 맡다(anglais의 생략).

selache [s(ə)laʃ] *n.m.* 큰 상어(grand requin).

sélacien(*ne*) [selasjɛ̃, -ɛn] *a.* 《동물》연골(軟骨)의, 연골 어류의, 연골성 피부를 가진.
—*n.m.pl.* 연골 어류.

sélage [selaːʒ] *n.m.* ①《옛》골(Gaule)의 신관이 꺾는 신성한 풀. ②《식물》=sélagine.

sélaginacées [selaʒinase] *n.f.pl.* 《식물》부처손과.

sélagine [selaʒin] *n.f.* 《식물》현삼과의 식물.

sélaginelle [selaʒinɛl] *n.f.* 《식물》상록 다년생 지의류, 부처손속(屬).

sélam [selam], **sélan** [selɑ̃]《아라비아》*n.m.* (아랍사람이 아낌 뜻으로 쓴) 꽃다발.

Seldjoucides [sɛldʒusid], **Seldjoukides** [sɛldʒukid] *n.pr.m.pl.* 《터키사》셀주크왕조 (11−13 세기의 서부·중앙 아시아를 지배한 왕조).

select 《불변》, **sélect**(*e*) [selɛkt] 《영》*a.* 《구어》추려진, 알짜의 《주로 사람·모임 따위에 쓰임》(choisi, distingué). monde *select* 상류 사회. clientèle *sélecte*[*selecte*] 알짜 고객(들) 《때로는 여성형으로 selecte 를 쓰는 경우가 있음).

sélecter [selɛkte] *v.t.* ①《무전》(주파수·전파를) 분리하다〔선택하다〕. ②《구어》고르다.

sélecteur(*trice*) [selɛktœːr, -tris] *a.* 선택(선별)하는. écran ∼ 《사진》선택 필터.
—*n.m.* 《컴퓨터》셀렉터, (천공 카드의)선별장치, 조합기; (오토바이의)변속폐달; (무선 수신기의)동조장치.

sélectif(*ve*) [selɛktif, -iːv] *a.* 선택하는, 선택적인. 《무전》분리하는. par la méthode ∼*ve* 선발 방법에 의하여.

sélection [selɛksjɔ̃] *n.f.* ① 선택, 선택, 선발. faire une ∼ parmi des candidats 지원자 중에서 선발하다. match(épreuve) de − 선발 시합. − professionnelle (적성검사에 의한)직업 선택법. ② 선발된 사람(물건·부대). d'athlètes pour les jeux Olympiques 올림픽 출전 선수단. − des meilleurs poèmes 명작시집(anthologie). − hebdomadaire du Monde 르몽드지의 주간 발췌판. − sur *qc* 《음악》…에서의 발췌곡. ②《생물》도태. − artificielle(naturelle) 인위(자연) 도태. ④《무전》(주파수·전파의)분리.

sélectionné(*e*) [selɛksjɔne] *a.p.* 선택(선출·선발)된; 선별된. sportif − 선발된(예선을 통과한) 운동선수. candidats ∼*s* pour un concours 콩쿠르 예선 통과자.

sélectionnel(*le*) [selɛksjɔnɛl] *a.* contrainte(règle) ∼*le*《언어》선택 제한(규칙).

sélectionner [selɛksjɔne] *v.t.* 선택(선출·선발)하다; 선별하다(choisir). [∼ *qn* pour] ∼ des joueurs de football pour un match international 국제시합에 출전할 축구 선수들을 선발하다.

sélectionneur(*se*) [selɛksjɔnœːr, -ɸːz] *a.* 선택(선별)하는. —*n.* 선발(선택)하는 사람; 《스포츠》(팀편성을 위한)선수 선발위원; 《심리》(적성검사 따위에 의한 특정한 직업의)적격자 선발관.

sélectivement [selɛktivmɑ̃] *ad.* 선택하여, 도태에 의하여.

sélectivité [selɛktivite] *n.f.* 《사진》(선택 필터의)선택도. 《무전》(수신 장치의)선호(주파수) 선택도.

Séléné, Selênê [selene] *n.pr.f.* 《그리스신화》달의 여신 (로마신화의 Luna에 해당).

séléniate [selenjat] *n.m.* 《화학》셀렌산염.

sélénien(*ne*) [selenjɛ̃, -ɛn] *a.* 달에 관한(속하는).
—*n.m.* 달 세계의 주민.

sélénieux [selenjø] *a.m.* acide ∼ 《화학》아(亞)셀렌산(酸). anhydride ∼ 이산화셀렌.

sélénifère [selenifɛːr] *a.* 《화학》셀렌(셀레늄)을 함유한.

sélénique[1] [selenik] *a.* acide ∼ 《화학》셀렌산.

sélénique[2] *a.* 달에 관한. L(酸)

sélénite[1] [selenit] *n.m.* 《화학》아(亞)셀렌산염. —*n.f.* 《광물》셀레나이트, 투명 석고 《황산칼슘의 옛 명칭).

sélénite[2] 《옛》달 세계의 사람. —*a.* 달의, 달 세

계의(lunaire). sol ~ 달 표면, 월면(月面).
séléniteux(se) [selenitø, -ø:z] *a.* 셀레나이트[황산칼슘]를 함유한.
sélénium [selenjɔm] *n.m.* 《화학》 셀렌, 셀레늄.
séléniure [selenjy:r] *n.m.* 《화학》 셀렌화물(化物); 셀렌화(化)수소산염.
séléno- *préf.* 「달」의 뜻.
sélénographie [selenɔgrafi] *n.f.* 《천문》 월면도(月面圖), 월리학(月理學).
sélénographique [selenɔgrafik] *a.* 월면도[월리학]의[에 관한]. cartes ~s 월면도.
sélénologie [selenɔlɔʒi] *n.f.* 《천문》 월학(月學), 달 연구.
sélénologue [selenɔlɔg] *n.* 월학자(月學者).
séleucide [seløsid] *n.m.* 《조류》 (뉴기니아)극락조의 일종.
Séleucides [seløsid] *n.m.pl.* (*Séleucos* 1세가 기원전 312년에 시리아에 창시한)셀레우코스 왕조.
self [self] 《영》 *n.f.* 《전기》 자기유도(코일)(bobine de ~-induction). — *n.m.* 《복수불변》 (<*self-service*)셀프서비스 식당. déjeuner dans un ~ 셀프서비스 식당에서 점심을 들다.
self- 《영》 *préf.* 「자기의, 자기 자신의」의 뜻.
self-acting [sɛlfaktiŋ] 《영》 *n.m.* 자동 방적기.
self-control [sɛlfkɔ̃tro:l] 《영》 *n.m.* 자기 억제. garder son ~ 자제심을 유지하다.
self-défense [sɛlfdefɑ̃:s] 《영》 호신(술), 자기방어.
self-government [sɛlfgɔvernəmɑ̃] 《영》 *n.m.* 《영국정치》 자치(自治)(2차대전 후 indépendance와 동의어로 쓰임)(autonomie).
self-inductance [sɛlfɛ̃dyktɑ̃:s] 《영》 *n.f.* 《전기》 자기인덕턴스.
self-induction [sɛlfɛ̃dyksjɔ̃] 《영》 *n.f.* 《전기》 자기유도, circuit à ~ 자기유도 회로, coefficient de ~ 자기유도 계수(係數).
self-made-man(*pl.* **men**) [sɛlfmedman, -mɛn] 《영》 *n.m.* 자수성가한[입지전적인]사람.
self-service [sɛlfservis] 《영》 *n.m.* 셀프서비스; 셀프서비스의 상점(libre-service, self). station-service qui fonctionne en ~ 셀프서비스식으로 운영하는(고객이 직접 주유하는) 주유소. ~ (de) restaurant ~ 셀프서비스로 운영되는 대중 식당.
sellage [sela:ʒ] *n.m.* (말에)안장을 얹음; 안장을 얹는 법.
***selle** [sɛl] *n.f.* ① (말·나귀 따위의)안장, (자전거의)안장. se mettre en ~ 안장에 올라타다; 말에 올라타다. 《의학》 변통, 변, 대변. aller à la ~ 화장실에 가다. deux ~s par jour 하루 두 번의 배변. examen des ~s 변 검사. ③ 《요리》 (양·짐승의)갈비 부분의 고기(→ mouton 그림). ④조각대, (목공의)작업대; 빨래판; 다리미대. ⑤ 《옛》 작은 나무 걸상.
aider qn à monter en ~ …을 부축해 말에 태우다; 곤경을 타개하도록 …을 돕다.
demeurer entre deux ~s 《구어》 둘을 쫓다 하나도 못 잡다.
être bien en ~ 안장에 든든하게 자리잡다; (어떤 지위·일자리에)든든하게 자리를 굳히고 있다.
mettre qn en ~ …이 말에 타는 것을 도와주다; …의 사업을 거들어주다.
se remettre en ~ 다시 말에 올라타다; 《비유적》 (사업이)다시 궤도에 오르다(se rétablir).
seller[1] [sɛ(e)le] *v.t.* (말 따위에)안장을 얹다. ~ son cheval 자기 말에 안장을 얹다.
seller[2] *v.i.*, **se ~** *v.pr.* 《농업》 지면이 굳어지다.
sellerie [selri] *n.f.* ① 마구 제조[판매]업. ② 마구 한 벌. ③ 마구 두는 곳.

sellerie-bourrellerie [selriburɛlri] (*pl.* **~s-~s**) *n.f.* 마구(馬具) 제조(법).
sellerie-garniture [selrigarnity:r] (*pl.* **~s-~s**) *n.f.* 마차비품 제조(법).
sellerie-maroquinerie [selrimarɔkinri] (*pl.* **~s-~s**) *n.f.* (마구 제조법에 의한)피혁품 제조(법)《대개는 여행용품》.
sellette [sɛlɛt] *n.f.* ① (높은 건물 밖을 손질할 때)매달고 올라타는 작업용걸상. ② 작은 조각대; (구두닦이의)발판. ③ 《옛》 (피고·죄수의)최종심문 걸상. *être sur la* ~ 심문대에 오르다; 고소를 당하다; 비평의 대상이 되다. *mettre*(*tenir*) *qn sur la* ~ …을 (피고처럼) 심문하다.
sellier [sɛ(e)lje] *n.m.* 마구 상인[직공].
sellier-bourrelier [sɛljeburəlje] (*pl.* **~s-~s**) *n.m.* 마구 상인[직공].
‡**selon** [s(ə)lɔ̃] *prép.* ①…에 따라, …대로(suivant); …만큼, …에 알맞게(d'après, en proportion de). ~ les cas 경우에 따라. traiter les gens ~ leur mérite 사람들을 재능[능력]에 따라 응분의 대우를 하다. dépenser ~ ses moyens 자기의 능력에 따라 돈을 쓰다, 응분의 지출을 하다. ② …의 의견[설]에 의하면, …의 생각으로는, …에 의하면. ~ les journaux 신문(보도)에 의하면. ~ moi 나의 생각으로는. ~ ses propres termes 그 자신의 표현에 의하면. ③ …의 관점으로(에서) 보아, …으로 보아. ~ toute apparence 아무리 보아도, 어느 모로 보나. ④ …의 이해 이루어진. Évangile ~ saint Luc 누가복음.
C'est ~. 《구어》 그건 경우에 따라서 다르다.
~ que + ind. …하는가에 따라. *~ que* vous travaillerez ou non 당신이 일[노력]하는가 안하는가에 따라.
seltz [sels] *n.m.* ① 탄산수, 소다수. ② 젤테르수(水)《독일 *Selters* 산 천연광천수》.
seltzogène [selsɔʒen] *n.m.* 탄산수 제조기.
selva [selva], **selve** [selv] *n.f.* 아마존의 처녀림.
Sem [sem] *n.pr.m.* 《성서》 셈(노아의 장남, 셈족의 시조).
sem. 《약자》 semence. 《약》 종자, 씨.
S.Ém. 《약자》 Son Éminence 예하《추기경의 존칭》.
séma- *préf.* 「기호」의 뜻. [~].
semailler [s(ə)mɑje] *v.t.* 《비유적》 씨를 뿌리다 《나쁜 뜻으로》.
***semailles** [s(ə)mɑ:j] *n.f.pl.* ① 씨뿌리기, 파종(ensemencement). époques des ~ 씨뿌리는 시기, 파종기. ② 뿌린 씨(종자); 씨뿌리는 시기, 파종기. ~ en ligne 조파(條播), 줄뿌림. ~ à la volée 산파(散播), 흩뿌림.
‡**semaine** [s(ə)mɛn] *n.f.* ① 주; 주간; (일요일 이외의)요일, 위크데이, 취업일. cette ~ 금주(에), la ~ dernière(passée) 지난주(에). la ~ prochaine 다음주(에), 내주(에). le lundi de la semaine prochaine 다음주 월요일. en fin de ~ 주말에. au début de la ~ 주초에. jour de ~ 평일. billet de fin de ~ 주말 차표. deux fois par ~ 한 주에 2번씩. trois ~s de congé 3주간의 휴가. habits de la ~ (일요일의 나들이옷에 대해)일상복. La ~ légale est de 40 heures. 법정 취업시간은 주당 40시간으로 되어 있다.
② 한 주간의 일(의 보수); (아이들의)일주일분의 용돈. La ~ de quatre hommes 일꾼 4명의 일주일분의 일. payer à un ouvrier sa ~ 노동자에게 주급을 지불하다. Il a déjà dépensé sa ~. 그는 벌써 일주일분의 보수를 용돈으로 써버렸다.
③ 주번, 주무(週務). être de ~ 주번 근무중이다. officier de ~ 주번사관. [~].
④ 7개의 고리로 된 반지(팔찌)(bague(bracelet)

⑤ (옛 유태의) 안식년과 안식년 사이의 7년간.
à la petite ~ 잠정적으로, 그때그때 (au jour le jour). *politique à la petite ~* 긴 안목 [계획성] 이 없는 정책, 미봉책. *prêter à la petite ~* [옛] 돈주머니 위주의 방식으로 빌려주다 : 단기 고리대금으로 꾸어주다.
à la ~ 주 단위로 ; 주급으로. *chambre louée à la ~* 주 단위로 세낸 방 (매주마다 방세를 계산함). *travailler à la ~* 주급으로 일하다.
en ~; *pendant la ~* (일요일 이외의) 평일에.
la ~ des quatre jeudis 결코, 절대로(…아니다).
prendre la ~ 주번이 되다, 주번 근무를 하다.
~ anglaise 영국식 주일 근무제 (영국에서 시작한 토요일 반휴·일요일 전휴의 근무 방식). *faire ~ anglaise* 일요일과 토요일 오후를 쉬다, 1주 5일 반의 취업 [노동] 을 하다.
~ sainte; *grande ~* (부활절 전의) 성주 [칠] 일.
semainier(ère) [s(ə)mɛ(e)nje, -ɛːr] n. (학교·수도원 따위의) 7일 번. —*n.m.* ①7개의 예비 면도날을 넣은 면도갑 ; 서랍이 7개 달린 작은 가구. ② (급료 계산 자료인) 주간 근무표.
semaison [s(ə)mɛzɔ̃] *n.f.* ①씨뿌리는 시기, 파종기. ②[식] 종자의 자연 산포.
sémantème [semɑ̃tɛm] *n.m.* 【언어】 (낱말의 뜻의) 근간이 되는) 어의소 (語義素), 의미소 (단어에 있어 근간이 되는 의미를 나타내는 요소로 보통, 어근과 동일시: *tour*iste, *en*tour*er*, *dé*tour*ner* 에 있어서의 *tour*) (↔ morphème).
sémanticien(ne) [semɑ̃tisjɛ̃, -ɛn] *n.* = **sémantiste**.
sémantique [semɑ̃tik] *a.* 의미 (론) 의. *champ ~* 의미장 (意味場). —*n.f.* 의미 [어의] 론 [학] (↔ sémasiologie, ↔ morphologie). *~ structurale* 구조주의의 의미론. *~ générative* 생성의미론. *~ générale* 일반 의미론.
sémantisation [semɑ̃tizasjɔ̃] *n.f.* 의미화 (意味化).
sémantiste [semɑ̃tist] *n.m.* 【언어】 의미론 연구가 (sémanticien).
sémaphore [semafɔːr] *n.m.* 【철도】 신호기, 시그널 ; (해안의) 신호기 [소].
sémaphorique [semafɔrik] *a.* 신호 (기) 의.
sémasiologie [semazjɔlɔʒi] *n.f.* [옛] 어의학, 의미론 (sémantique 의 옛말).

semblable [sɑ̃blabl] *a.* ①[~ à] (와) 닮은, 비슷한, 그와 같은 (pareil); (*pl.*) 서로 닮은. *maison ~ à ses voisines* 이웃집들과 비슷한 집. *rester ~ à soi-même* 그전 그대로이다, 변하지 않았다. *Que faire dans un cas ~?* 이런 경우에 어떻게 할 것인가? *deux tasses ~s* 똑같이 생긴 두 찻잔. ② [수학] 상사의, 닮은꼴의. *figures ~s* 【기하】 상사형, 닮은꼴. *termes ~s* 【대수】 동류항. ③ (명사 앞에서 강조적으로) 그러한, 그따위. *Qui a fait de ~s bêtises?* 누가 그따위 바보짓을 했는가?
🔲 **semblable** 와 **ressemblant** 은 다같이 유사성을 의미하나 전자가 성질·가치 등의 내면적인 면을 말하는 데 비해 후자는 주로 외형적인 유사성을 말함 : *portrait ressemblant* (모델과) 똑같은 초상화. 한편 **analogue** 는 부분적으로 유사함을 말함 : *deux langues analogues* (어떤 점에서) 유사한 두 언어.
—*n.* (대개 소유형용사 뒤에서) ①비슷한 [닮은] 것 [사람], 비길 만 [동등] 한 것 [사람]. *Il n'a pas son ~.* 그는 당할 만한 사람이 없다. ②동류, 동포. *vous et vos ~s* 당신과 당신의 동류. *aider ses ~s* 자기 동포 [동류] 를 도와주다.
③ [옛] 닮은 [같은, 비슷한] 일.
semblablement [sɑ̃blabləmɑ̃] *ad.* (드물게) 마찬가지로, 역시 그와 같이, 역시, 또한 (pareillement).
semblance [sɑ̃blɑ̃ːs] *n.f.* 【시】 외양, 외관 ; 유사 (한), 비슷함(↔ dissemblance).

semblant [sɑ̃blɑ̃] *n.m.* ①외관, 외견, 표면. ②가장, 겉치레.
faire ~ de + inf. [*que + ind.*] …하는 체하다. *Il fait ~ de dormir.* 그는 자는 체한다.
faux(-) ~ 눈가림.
ne faire ~ de rien 시치미 떼다, (딴 속셈으로) 모르는 체하다.
un ~ de 외견상의, 겉뿐인. *un ~ de bonheur* 허울뿐인 행복. *sous un ~ de qc* 의 가면을 쓰고.

:sembler [sɑ̃ble] *v.i.* (조동사는 avoir) …처럼 보이다, …인 듯하다, …같다 (paraître, avoir l'air). ① (속사와 함께) *Vous me semblez fatigué.* 당신은 피로한 듯이 보이오.
② [~ + *inf.*] *Chaque minute me semblait durer une heure.* 1분 1분이 나에겐 한 시간이나 계속되는 듯했다.
③ (간접목적보어 없이) *Cela semble suffisant.* 그것으로 충분한 것 같다.
—*v.imp.* …와 같이 보이다 [생각되다]. ① (속사와 함께) ⓐ [~ + 형용사 + de + *inf.*] *Il semble inutile d'agir ainsi.* 그렇게 행동하는 것은 쓸데없을 것 같다. ⓑ [~ + 형용사 + que + *sub./ind.*] *Il me semble juste que vous soyez récompensé.* 당신이 보상을 받는 것이 옳음은 당연하다. ⓒ (비인칭주어 Il 의 생략; 옛 어법) *quand bon me semblerait* 내 마음에 든다고 여겨질 때, 내 마음에 들지라도.
② [Il semble que + *sub./ind./cond.*] *Il semble qu'il fait plus chaud aujourd'hui qu'hier.* 어제보다 오늘이 더 더운 것 같다. *Il semble que la chose soit facile.* 그 일은 쉬울 것 같다.
③ [Il me/te/lui, etc. semble que + *ind./cond.*] ([드물게] *sub.*] *Il me semble que vous vous trompez.* 당신이 잘못 생각한 것 같소.
④ [Il me/te/lui, etc. semble + *inf.*] *Il nous semble les connaître déjà.* 우리는 이미 그것을 알고 있는 것 같다.
⑤ (삽입구) *La loi, me semble-t-il* [il me semble], *sera votée.* 내 생각으론 그 법은 가결될 것 같다.
ce me semble; *à ce qu'il me semble* 내 생각으로는.
(Faites) *comme bon vous semble(ra)*; *ce que bon vous semble(ra)*; *ce qu'il vous semble bon*; *ce qui vous semble bon* 당신 좋으실 대로 (하시오).
Que vous(te) semble(-t-il)... ? …에 대해 어떻게 생각하십니까? *Que vous en semble?* 그것을 어떻게 생각하시죠?
🔲 (1) **Il semble que**…는 의혹·불확실성이 비교적 강하게 표현되므로 보통 que 다음의 동사는 *sub.* 로 쓰인다. 그러나 서술의 내용이 확실한 경우에는 *ind.* 를 쓴다. **Il me [te, lui, etc.] semble que**…는 on croit que…와 같은 뜻이므로 보통 *ind.* 가 쓰인다. 단 주절이 부정형 또는 의문형일 때는 *sub.* 가 쓰인다.
(2) **sembler** 는 주관적으로 「그렇게 보인다, 생각된다」의 뜻이고, **paraître** 는 외견상 또는 객관적으로 「그런 모습으로 보인다」라는 뜻 : *Il semble malade.* 그는 병자 같다 (그렇게 생각된다). *Il paraît malade.* 그는 병자같이 보인다. **apparaître** 는 「확실히 그렇게 나타난다」라는 뜻 : *La vérité lui apparaît* 진리가 그에게 분명히 (나타나) 보인다.
sème [sɛm] *n.m.* [언어] 어의소 (語義素), 의미소. *~s nucléaires* 핵 의미소.
semé(e) [s(ə)me] *a.p.* ①[~ de] (이) 뿌려진, (을) 뿌린 ; 산포된, 산재하는. *ciel ~ d'étoiles* 별이 총총한 하늘. *habitations ~s çà et là sur les champs* 들판 여기저기에 산재하는 가옥들. *détroit ~ d'écueils* 암초가 많은 해협. ② (천·방패·가문 (家

紋)에)(별·꽃 따위가)점점이 흩어진 모양의.
séméiologie [semejɔlɔʒi] *n.f.* =**sémiologie**.
séméiologique [semejɔlɔʒik] *a.* =**sémiologique**.
séméiologue [semejɔlɔɡ] *n.* =**sémiologue**.
séméiotique *a., n.f.* =**sémiotique**.
*****semelle** [s(ə)mɛl] *n.f.* ① (구두·신)바닥, 창; 양말 바닥. souliers à ~s de caoutchouc(à double ~) 고무창[2중창]을 댄 구두. remettre des ~s à ses souliers 구두창을 갈다. ② 구두 안에 까는 것(~ intérieure). mettre des ~s dans les souliers 신발 안에 바닥을 깔다. ③ 〖건축〗토대; 〖기계〗(기계의)베드 플레이트, 대(臺); (바퀴의)지면과의 접촉부; 〖광산〗(광상의)하층.
battre la ~ 발을 구르며[둘이 서로 발을 맞부딪쳐] 추위를 견디다; 도보 여행을 하다;(일자리를 구하러)이 거리 저 거리 헤매다. *ne pas avancer d'une* ~ 제자리에 머물러 있다. *ne pas quitter qn d'une* ~ …의 뒤를 악착같이 따라 다니다. *ne pas reculer (rompre) d'une* ~ 한 발짝도 물러서지 않다.
sémème [semɛm] *n.m.* 〖언어〗 형태의미소.
*****semence** [s(ə)mɑ̃:s] *n.f.* ① 종자, 씨(graine). blé [pommes de terre] de ~ 밀[감자] 씨앗. 〖비유적〗(사물이 일어나는)원인, 근원. ~s de discorde 불화의 씨. ~s de malheur 불행의 씨앗. jeter les ~s d'une révolution 혁명의 씨를 뿌리다. ② 씨앗. ~ d'Abraham 〖성서〗 아브라함의 자손. ④〖옛〗정액(sperme). ⑤ 〖보석세공〗잔알; 작은 못. ~ de perles 작은 진주알.
semencier(ère) [s(ə)mɑ̃sje, -ɛːr] *a.* (초목이)씨(종자)를 맺는.
semen-contra [semɛnkɔ̃tra] *n.m.* 《복수불변》〖약〗세멘시나(회충 구제약).
‡**semer** [s(ə)me] [4] *v.t.* ① 씨를 뿌리다, 파종하다. ~ du blé 밀 밀씨를 뿌리다. ~ un champ 밭에 씨를 뿌리다. (목적보어 없이) ~ à la volée(à tout vent) 씨를 흩뿌리다, 살포 파종하다. ~ sur le sable(sur le vent) 헛수고하다. ② (씨 이외의 것을)뿌리다, 살포하다(parsemer). ~ des fleurs sur le passage 지나가는 길에 꽃을 뿌리다. ~ son argent 돈을 물쓰듯하다. ③〖비유적〗(소문·불평·공포 따위를)퍼뜨리다, 유포하다(propager). ~ de faux bruits 헛소문을 퍼뜨리다. La terreur ∫공포 분위기를 만들다. ~ le mécontentement 불만의 씨를 뿌리다. ④〖구어〗(귀찮은 사람을)메어 버리다, 멸쳐 버리다(se débarrasser); (경쟁자를)뒤떨어뜨리다(distancer). Elle a réussi à ~ l'importun qui la suivait. 그녀는 귀찮게 뒤쫓아다니는 사람을 멸쳐 버릴 수 있었다.
On recueille (récolte) ce qu'on a semé; On ne récolte que ce qu'on sème; Il faut ~ *pour recueillir.* 《속담》씨를 뿌려야 거두어 들일 수 있다; 뿌린 만큼 거두는 법이다.
~ *en terre ingrate* 보답 없는 친절을 베풀다, 헛수고하다.
~ *le bon grain* 좋은 사상[원리]을 널리 퍼뜨리다.
semestre [s(ə)mɛstr] *n.m.* ① 6개월, 반년, (일년의)반기(半期). ~ de janvier[d'hiver] 상반기. ~ de juillet[d'été] 하반기. ② 반년 치의 수당[연금]; 반년[6개월] 근무; 〖옛〗〖군사〗반년 휴가. toucher le ~ 지난 반년 치 수당[연금]을 받다. être de ~ 반년 근무중이다. être en ~ 〖군사〗반년 휴가중이다. ③ (6개월간의)학기. être en plein (en fin de) ~ 한 학기 중간(말)이다. — *a.* 6개월째의. accouchement ~ 6개월만의 조산.
semestriel(le) [s(ə)mɛstrijɛl] *a.* 6개월마다의; 반년간의. assemblée[revue] ~le 6개월마다의 회의(잡지). congé ~ 6개월간의 휴가.

semestriellement [s(ə)mɛstri(j)ɛlmɑ̃] *ad.* 《드물게》 6개월마다; 6개월 동안.
semestrier [s(ə)mɛstri(j)e] *n.m.* 《옛》〖군사〗반년 휴가자.
semeur(se) [s(ə)mœːr, -øːz] *n.* ① 씨뿌리는 사람. ② (비유적)(주의·소문·해독 따위를)퍼뜨리는 사람. ~ de troubles 혼란의 씨를 뿌리는 사람. — *n.f.* ① 〖농업〗 파종기(機)(semoir). ② 〖조류〗할미새과(科)의 새, (특히) 노랑할미새.
semi- *préf.* 「반(半)·준(準)」의 뜻.
REM semi- 에 의한 조어(造語)의 복수형에서 semi- 부분은 불변.
semi-aride [s(ə)miarid] *a.* 반건조의. terre ~ 반농 모의 땅.
semi-arien(ne) [s(ə)miarjɛ̃, -ɛn] 〖종교〗 *a.* 준(準)아리우스의. — *n.* 준아리우스파.
semi-automatique [s(ə)mio[o]tomatik] *a.* 반자동식의. arme ~ 반자동식 총.
semi-auxiliaire [s(ə)mio[o]ksiljeːr] 〖언어〗 *a.* 준조동사적인. verbe ~ 준조동사 (aller, devoir, faire, laisser 따위). — *n.m.* 준조동사.
semi-balistique [s(ə)mibalistik] *a.* missile ~ 준탄도 미사일.
semi-brève [s(ə)mibrɛːv] *n.f.* 〖음악〗전(全)음부.
semi-chenillé(e) [s(ə)miʃnije] *a.* 반무한 궤도의. — *n.m.* 반무한 궤도차.
semi-circulaire [s(ə)misirkyleːr] *a.* 반원(형)의 (demi-circulaire). canaux ~s 〖해부〗(속귀의)삼반규관(三半規管), 세반고리관.
semi-coke [s(ə)mikɔk] *n.m.* 〖화학〗 코라이트; 〖기계〗반성(半成) 코크스.
semi-conducteur(trice) [s(ə)mikɔ̃dyktœːr, -tris] *n.m., a.* 〖전기〗반도체(의). substances ~*trices* 반도체 물질.
semi-conserve [s(ə)mikɔ̃sɛrv] *n.f.* 반저장 식품(진공해 넣은 식품이나 멸치젓의 깡통과 같이 수개월 밖에는 보존이 안되는 것). lait de ~ 반저장 우유.
semi-consonne [s(ə)mikɔ̃sɔn] *n.f.* 〖언어〗반자음 ([ɥ], [j], [w]) (semi-voyelle).
semi-direct(e) [s(ə)midirɛkt] *a.* 〖철도〗 준직행(準直行)의.
semi-diurne [s(ə)midjyrn] *a.* 반나절마다의, 반나절간의.
semi-double [s(ə)midubl] *a.* 〖식물〗(꽃이)반겹으로 되(바깥쪽 수술만이 꽃잎 모양으로 변형된), 반겹의.
semi-elliptique [s(ə)mieliptik] *a.* 반타원(형)의.
semi-fini(e) [s(ə)mifini] *a.* 〖경제〗반제품(半製品)의. produits ~ 반제품(원료 matières premières와 완성품 produits finis와의 중간).
semi-flosculeux(se) [s(ə)miflɔskylø, -øːz] *a.* 꽃잎이 작은 혓바닥 모양의 꽃으로 된.
semi-fluide [s(ə)miflɥid] *a.* 반유동성(체)의. — *n.m.* 반유동체.
semi-hebdomadaire [s(ə)miɛbdomadɛːr] *a.* 주 2회 발행되는.
semi-illettré(e) [s(ə)miiletre] *a.* 반문맹의.
semi-liquide [s(ə)milikid] *a.* 반액체의, 반유동체의(semi-fluide).
sémillance [semijɑ̃:s] *n.f.* 《드물게》쾌활함, 활기, 명랑(성).
sémillant(e) [semijɑ̃, -ɑ̃:t] *a.* 쾌활한, 활기찬, 명랑한. esprit ~ 활발한 정신.
sémiller [semije] *v.i.* 《옛》쾌활하다, 쾌활하게 굴다.
sémillon [semijɔ̃] *n.m.* 〖농업〗 (Gironde 산의)백포도 묘목.
semi-lunaire [s(ə)milynɛːr] *a.* 〖해부〗반월형(半月形)의. ganglions ~s 복강신경절(腹腔神經節).

semi-mensuel(le) [seminɛːr] *n.m.* 월 2회(반개월마다)의.

séminaire [seminɛːr] *n.m.* ① 신학교(grand ~). petit ~ 신학예비교, 중등신학교(가톨릭계로서 반드시 성직 지망자만을 대상으로 하지 않음). ② 〖집합적〗 신학교 학생; 신학교 재학 기간. finir son ~ 신학교의 과정을 수료하다. ③ 세미나(〖독〗seminar에서); (기술자 등의)훈련소; 연구소; 연수생(전체). ~ de sociologie 사회학 세미나. ④ (닭·오리 따위의)가금 사육장.

séminal(ale, *pl.* **aux)** [seminal, -o] *a.* ① 〖의학〗 정액의, 정자의. liquide ~ 정액. vésicules ~ales 정낭(精囊). pertes ~ales 몽정, 유정(遺精). ② 〖옛〗〖식물〗 종자의.

séminariste [seminarist] *n.m.* 신학생, 신학 연구생.

semi-nasal(ale, *pl.* **als, aux)** [s(ə)minazal, -o] *n.f., a.* 〖언어〗 반비자음(consonne ~ale)(의).

sémination [seminɑsjɔ̃] *n.f.* 〖식물〗 종자의 자연살포(撒布).

séminifère [seminifɛːr] *a.* 〖생리〗 수정(輸精)의. conduits ~s 수정관.

semi-nomade [s(ə)minɔmad] *a.* 반유목의.
—*n.* 반유목민.

semi-nomadisme [s(ə)minɔmadism] *n.m.* 〖지리〗 반유목 생활.

sémio- *préf.* 「징후·기호」의 뜻.

semi-occlusive [s(ə)mɔklyziːv] *n.f.* 〖언어〗 반폐쇄음.

semi-officiel(le) [s(ə)mɔfisjɛl] *a.* 준(準)공식적인, 반관(반민)의.

sémiologie [semjɔlɔʒi] *n.f.* ① 〖언어〗 기호학(현재는 sémiotique를 많이 씀). ② 〖의학〗 징후학(séméiologie).

sémiologique [semjɔlɔʒik] *a.* ① 〖언어〗 기호학의. ② 〖의학〗 징후학의(séméiologique).

sémiologue [semjɔlɔg] *n.* ① 〖언어〗 기호학자. ② 〖의학〗 징후학자(séméiologue).

sémioticien(ne) [semjɔtisjɛ̃, -ɛn] *n.* 기호론학자.

sémiotique [semjɔtik] *n.f.* ① 〖언어〗 기호론(sémiologie 대신에 많이 쓰임). ② 〖의학〗 징후학(séméiologie).

semi-ouvré(e) [s(ə)miuvre] *a.* 반제품의.

semi-pélagianisme [s(ə)mipelaʒjanism] *n.m.* 〖종교〗 절충 펠라규스설(說).

semi-pélagien(ne) [s(ə)mipelaʒjɛ̃, -ɛn] *a.* 절충 펠라규스설(파)의. —*n.* 절충 펠라규스파.

semi-périodique [s(ə)miperjɔdik] *a.* 준(準)정기적인, 준주기적인. —*n.m.* 준정기적(으로 나오는) 간행물.

semi-perméable [s(ə)mipɛrmeabl] *a.* (어떤 물질만 통과시키는)반투투(성)의. membrane ~ 반투막(半透膜).

semi-portique [s(ə)mipɔrtik] *n.m.* (레일 하나만을 지면이나 건물에 고정시킨)준이동식 기중기.

semi-précieuse [s(ə)mipresjøːz] *a.f.* pierre ~ 준(準)보석, 귀석(貴石)(pierre fine).

semi-produit [s(ə)miprɔdɥi] *n.m.* 반제품.

semi-public(que) [s(ə)mipyblik] *a.* 〖법〗 반관 반민의. organisme ~ 반관 반민 기구.

sémique [semik] *a.* 〖언어〗 의(미)소의. analyse ~의(미)소 분석.

Sémiramis [semiramis] *n.pr.f.* 〖그리스전설〗 세미라미스(앗시리아의 여왕).

semi-remorque [s(ə)mir(ə)mɔrk] *n.f.* (앞바퀴가 없이 직접 견인차에 연결된)세미 트레일러.

semi-rigide [s(ə)miriʒid] *a.* 〖항공〗 (비행선에)반경식(半硬式)의.

os ~ 월상골(月狀骨)[손목뼈].

semis [s(ə)mi] *n.m.* ① 씨뿌리기, 파종(법)(semailles). ~ à la volée 흩뿌리기, 살포 파종. ~ en ligne 줄뿌림, 조파(條播). ~ au semoir 기계로 파종하기. ② 씨뿌린 밭, 모판, 못자리. ③ 모, 묘목. ④ (세본·자수의)꽃·별 따위가 뿌려진 무늬, reliure ornée d'un ~ de fleurs de lilas 백합꽃 무늬로 장식된 장정. un ~ de 수많은, 무수한. un ~ de taches 수많은 얼룩.

Sémite [semit] *n.* ① 셈 사람(중동지방의 제민족); (오용) 유태인. ② (*pl.*) 셈족(노아(Noé)의 아들 Sem의 자손으로 지칭되는 제민족. 고대에는 앗시리아인, 카르데아인, 페니키아인, 이스라엘인을 가리켰고, 지금은 아랍인, 시리아인, 특히 유태인을 가리킴); (오용) 유태 민족.
—*s*~ *a.* 셈족의; (오용) 유태인(민족)의. avoir un type ~ 유태인의 특징을 갖다.

sémitique [semitik] *a.* ① 셈 사람(족)의; (특히) 유태인(민족)의. ② 〖언어〗 셈어계(語系)의. langues ~ 셈어족(헤브라이·아랍어·이집트어 따위). —*n.m.* 셈어(語)(족).

sémitisant(e) [semitizɑ̃, -ɑ̃ːt] *n.* 셈어학자.

sémitisme [semitism] *n.m.* ① 셈 사람투(식); 유태인 기질. ② 셈어법.

sémitiste [semitist] *n.* 셈어학자(sémitisant).

semi-ton [s(ə)mitɔ̃] *n.m.* 〖음악〗 반음(demi-ton).

semi-transparence [s(ə)mitrɑ̃spɑrɑ̃ːs] *n.f.* 반투명(半透明).

semi-transparent(e) [s(ə)mitrɑ̃spɑrɑ̃, -ɑ̃ːt] *a.* 반투명의.

semi-voyelle [s(ə)mivwajɛl] *n.f.* 〖언어〗 반모음([ɥ], [j], [w])(semi-consonne).

semnopithèque [sɛmnɔpitɛk] *n.m.* 〖동물〗(아시아·말레이시아의)원숭이의 일종.

semoir [s(ə)mwaːr] *n.m.* ① 종자(씨앗) 주머니, 종자통. ② 파종기(機); 비료 살포기(~ à engrais).

semonce [s(ə)mɔ̃ːs] *n.f.* ① (아랫사람에 대한)견책, 꾸중, 질책(réprimande); 훈계. donner(recevoir) une ~ 꾸중을 하다(듣다). faire à qn une ~ paternelle …을 엄히 꾸중하다. verte ~ 엄한 질책. ② 〖해양〗(해양에서의)국기 게양[정선] 명령. coup de(canon de) ~ 국기 게양[정선] 명령 공포. ③ 〖옛〗(회합·의식 따위에의)호출, 소환; (왕에 의한 군대의)소집령.

semoncer [s(ə)mɔ̃se] [2] *v.t.* ① (드물게)견책(질책·꾸중)하다; 훈계하다. ② 〖해양〗 (해양에서)국기 게양[정선]을 명령하다. ③ 〖옛〗 호출(소환·소집)하다(semondre).

semondre [s(ə)mɔ̃ːdr] [25] *v.t.* 〖옛〗 (주로 부정법으로 쓰임) ① 견책하다, 질책(훈계)하다. ② 호출(소환·소집)하다. ③ ~ qn de sa parole …에게 약속의 이행을 요구하다.

semoule [s(ə)mul] *n.f.* 굵은 밀가루; (감자로 만든)녹말 가루. ~ de blé(de maïs) 거칠게 갈은 밀가루 (옥수수 가루). 〖동격〗 sucre ~ 굵은 설탕.

semoulerie [s(ə)mulri] *n.f.* 굵은 밀가루의 제조; (그)공장.

semper virens [sɛpɛrvirɛːs] 〖라틴〗 *n.m.* 《복수불변》 상록 식물. —*a.* 〖불변〗 상록의.

sempervivum [sɛpɛrvivɔm] *n.m.* 《복수불변》 = joubarbe.

sempiternel(le) [sɛ̃pitɛrnɛl] *a.* ① 끊임없는, 끝없는(continuel, perpétuel); 〖구어〗 한결같은. ~s reproches 계속되는 비난. son ~ chapeau rouge 그녀의 변함없는 빨간 모자. ② (경멸) 노파의. vieille ~*le* 다 늙은 할머니.
—*n.f.* 〖옛〗(경멸) 노파.

sempiternellement [sɛ̃pitɛrnɛlmɑ̃] *ad.* 끊임없이,

끝없이(continuellement), 영원히; 한결같이(invariablement). répéter ~ les mêmes réprimandes 늘 똑같은 잔소리만 되풀이하다.
semple [sɑ̃:pl] *n.m.* (일정한 무늬를 내기 위한)직 견기(絹織機)의 실의 배치.
semplice [sεmplitʃe] 〔이탈리아〕 *a.* 〖음악〗 단순한, 장식(음)이 없는.
sempre [sεmpre] 〔이탈리아〕 *ad.* 〖음악〗 항상.
senaire [s(ə)nε:r], **sénaire** [senε:r] *a* 6 석의. rythme ~ 6 분의 1 박자. — *n.m.* 〖운율〗 라틴어 6 행시구.
sénarmontite [senarmɔ̃tit] *n.f.* 〖광물〗 산화안티몬광(鑛).
*****sénat** [sena] *n.m.* ① (아테네·로마의)원로원; (프랑스 집정정치 및 제 1·제 2 제정 시대의)원로원. ② 상원; 상원 의사당. convoquer le S~ 상원을 소집하다.
*****sénateur** [senatœ:r] *n.m.* ① (아테네·로마의)원로원 의원; 상원의원. ② (기업체 따위의)원로격인 사람. ③〖구어〗〖조류〗갈매기, 백구.
train (démarche) de ~ 느리고 무거운 걸음걸이.
sénatorerie [senatɔrri] *n.f.* 〖프랑스사〗 (제 1 제정 시대의)상원의원의 세습재산권.
sénatorial(ale, *pl.* **aux)** [senatɔrjal, -o] *a.* 원로원 (의원)의, 상원(의원)의. élection ~*ale* 상원의원 선거. ordre ~ 〖고대로마〗 원로원의원 계급.
sénatorien(ne) [senatɔrjɛ̃, -ɛn] *a.* (가문의)원로원의원의.
sénatrice [senatris] *n.f.* 〖드물게〗 상원의원 부인.
sénatus-consulte [senatyskɔ̃sylt] *n.m.* ① 〖고대로마〗원로원 의결〔포고〕. ② 〖프랑스사〗(집정정부시대 및 제 1·제 2 제정 때의)상원 결의.
senau [s(ə)no] (*pl.* **~x**) *n.m.* 〖해양〗 쌍돛대의 범선의 일종. mât de ~ 작은 돛대. 〖쑴〗.
séné [sene] *n.m.* 〖식물〗 센나〔열매·잎을 하제로〕.
sénéchal (*pl.* **aux**) [seneʃal, -o] *n.m.* 〖역사〗 ① 궁정의 주방장. ② (왕후·후작의)가령, 집사. ③ (봉건시대에 남프랑스 지방의 재무·사법을 겸한)원님(북프랑스의 bailli에 해당).
sénéchale [seneʃal] *n.f.* sénéchal 의 부인.
sénéchaussée [seneʃose] *n.f.* 〖역사〗 원님의 관할 구역; 관가(官家).
seneçon [sε(e)nsɔ̃] *n.m.* 〖식물〗 개쑥갓.
Sénégal (le) [lasenegal] *n.pr.m.* 세네갈 〔서아프리카의 공화국〕.
sénégalais(e) [senegalε, -ε:z] *a.* 세네갈 (Sénégal)의. —**S**~ *n.* 세네갈 사람.
sénégali [senegali] *n.m.* 〖구어〗〖조류〗 홍작류(紅雀類).
sénégalien(ne) [senegaljɛ̃, -ɛn] *a.* 세네갈의.
—**S**~ *n.* 세네갈 사람.
Sénèque [senεk] *n.pr.m.* 세네카〔기원전 1 세기의 로마의 스토아학파 철학자〕.
sénescence [senesɑ̃:s] *n.f.* 〖생물〗 노쇠, 노화 증세 (vieillissement).
sénescent(e) [senesɑ̃, -ɑ̃:t] *a.* 〖생물〗 노쇠의, 노화 증세을 보이는. ~ *n.* 노령의 사람.
senestre [s(ə)nεstr], **sénestre** [sεnεstr] *a.* (조개가)외로 꼬인; 〖옛〗 왼쪽의 (↔ dextre).
—*n.f.* 〖문장〗 (방패의)왼쪽 (향우 (向右)) (→ écu 그림). *à ~* 왼쪽으로(의).
senestrochère [s(ə)nεstrokε:r], **sénestrochère** [senεstrokε:r] *n.m.* 〖문장〗 (방패무늬의 왼쪽에 그려진)좌완(bras ~).
sénestrogyre [senεstrɔʒi:r] *a.* ① 〖광학〗 (물질의 선광성에 대해)왼쪽으로 선회하는(기우는). ② (글씨가)왼쪽으로 기운 (sinistrogyre).

sénestrorsum [senεstrɔrsɔm] *a.* (불변) 〖생물〗 좌회전의 (sinistrorsum). —*ad.* 좌회전으로.
sénevé [sε(e)nve] *n.m.* 〖식물〗 흑겨자; 겨자 씨.
sénile [senil] *a.* 노년의, 노인의, 늙음에 의한 (↔ enfantin, juvénile). manie ~ 노인의 편집벽. entêtement ~ 노인의 외고집(완고함). amours ~*s* 늙어서의 사랑. productions ~*s* de Corneille 코르네유의 만년(노년)의 작품. débilité (démence) ~ 노쇠(노망). Il n'est pas très âgé, mais il semble tout à fait ~. 그는 그렇게 나이가 많지 않은데 몹 시 늙어 보인다.
sénilité [senilite] *n.f.* ① 노쇠 (décrépitude), 노화 현상. ~ précoce 조로. ② 〖지질〗 침식 작용이 극도로 진전된 단계.
senior [senjɔ:r] 〖영〗 *n., a.* 〖스포츠〗 시니어(의) 〔주니어와 베테랑 사이의 연령층 경기자〕.
senlisien(ne) [sɑ̃lizjɛ̃, -ɛn] *a.* 상리스 (Senlis, 프랑스의 도시)의. —**S**~ *n.* 상리스의 사람.
Sennaar [sennaar] *n.pr.m.* 〖성서〗 시나르 〔티그리스·유프라테스 강 하류의 평야. 노아의 홍수에서 바벨탑 건설 때까지 헤브라이인이 살던 곳〕.
senne [sεn] *n.f.* 〖어업〗 예망(曳網) (seine).
sénonais(e) [senonε, -ε:z] *a.* 상스 (Sens, 프랑스의 도시)의. —*n.m.* (S~) 상스를 수도로 하는 옛 지방. —**S**~ *n.* 고대 상스 지방의 민속; 상스 사람.
sénonien(ne) [senonjɛ̃, -ɛn] *a.* 상스 (Sens)지방의. étage ~ (상스 지방의)상악층 (上堊層). —*n.m.* 〖지질〗 상악층 (étage ~).
señor [sεɲɔ:r] 〔에스파냐〕 *n.m.* 대감님, 어르신네 (seigneur, monsieur).
señora [sεɲɔra] 〔에스파냐〕 *n.f.* 부인, 마님 (dame).
señorita¹ [sεɲɔrita] 〔에스파냐〕 *n.f.* 아가씨 (demoiselle).
señorita² 〔에스파냐〕 *n.m.* 작은 여송연.
*****sens¹** [sɑ̃:s] *n.m.* ① ⓐ 감각(기능), 지각. les cinq ~ 5 감각 (la vue, l'ouïe, l'odorat, le toucher, le goût). avoir le ~ de l'odorat très fin 후각이 매우 예민하다. le sixième ~ 제 6 감각. avoir des ~ émoussés 감각이 둔하다. organes des ~ 감각기관. illusions des ~ 환각, 착각. perdre (reprendre) ses ~ 의식을 잃다(회복하다). ⓑ (*pl.*) 육체적 쾌락; 성적 본능, 성욕 (sensualité, volupté). plaisirs des ~ 육체적 쾌락. éveiller (exciter, allumer) les ~ 성욕을 일깨우다. ⓒ (미·추·적·부 따위의)식별력, 감, 센스, 의식 (conscience). avoir (perdre) le ~ de l'humour 유머감각이 있다 (없다). ~ de la beauté 심미의. ~ de l'heure 시간 감각. ~ des affaires 사업의 재능. ~ artistique (esthétique) 예술적 (미적)감각. ~ pratique 생활 감각. ~ moral 도덕의식.
② ⓐ 판단력, 분별력; 상식 (~ commun), 양식. observations pleines du ~ 득이 되는 양식 있는 견해. avoir le ~ droit 옳은 판단력을 갖다. avoir du (bon) ~ 양식(사려·분별력)이 있다. homme de (bon) ~ 양식이 있는 사람. agir en dépit du bon ~ 양식에 벗어난 행위를 하다. choquer (heurter) le ~ commun 상식에 반하다 (※ bon sens [bɔ̃sɑ̃:s, 〖옛〗 bɔ̃sɑ̃] 는 raison 과 동의어로서 「양식·올바른 판단력」을 의미함. 일반적으로 sens commun 「상식」과 거의 같은 뜻으로 쓰임). ⓑ 견해 (avis, opinion); 관점 (point de vue). À mon ~ 나의 생각으로는 (à mon avis). En (Dans) un (certain) ~, il a raison. 어떤 점(의미)에서는 그가 옳다. en ce ~ que... 라는 점에(의미에)서.
③ 의미, 의의; (단어의 개념적)뜻 (concept). ~ d'un geste 몸짓의 의미. expressions dénuées de ~ 의미 없는 표현. ~ propre 본래의 의미. ~ figuré 비유적 의미. mot à double ~ 이중의 의미

로 해석되는 말(équivoque). au ~ large(étroit, strict) du terme 용어의 넓은(좁은, 엄밀한)뜻에서. ce qui donne un ~ à la vie 인생에 의미를 부여해주는 것.
④ⓐ(진행의)방향(direction). dans le ~ aiguilles d'une montre 시계 바늘이 도는 방향으로. en ~ contraire 반대의 방향으로. en ~ inverse de (contre le ~ de, dans le ~ opposé à) qc …의 반대 방향으로. en tous ~; dans tous les ~ 모든 방향으로, 사방으로, 종횡으로. voie à double(deux) ~ 쌍방 통행로. voie à ~ unique 일방 통행로. panneau de ~ interdit 차량진입 금지 표지. ~ giratoire 로터리. ~ de déroulement 〖컴퓨터〗 흐름의 방향. ⓑ(선·면 따위의)방향, 면(面). ~ de la longueur(de la largeur) 종(횡)으로, couper une étoffe dans le ~ 천을 결 선을 따라 똑바로 자르다. ~ direct(rétrograde) 〖수학〗플러스[마이너스] 방향. ⓒ(일·활동 따위의 진행의)방향, 흐름, 의도. ~ de l'histoire 역사의 방향. travailler dans le même ~ 같은 취지에 따라서 일하다.
~ *dessus dessous* [sādsydsu] ⓐ 위아래를 뒤집어, 거꾸로. mettre un meuble ~ *dessus dessous* 가구를 거꾸로 놓다. ⓑ 뒤범벅으로. Ma chambre est ~ *dessus dessous*. 내 방은 엉망진창으로 어질러져 있다. ⓒ정신이 어지럽게, 얼떨떨하게. Cet accident nous mit ~ *dessus dessous*. 그 사건은 우리를 얼떨떨하게 만들었다.
~ *devant derrière* 앞뒤를 뒤바꾸어. mettre un chandail ~ *devant derrière* 스웨터의 앞뒤를 뒤집어 입다.
sens² [sã] sentir 의 직설·현재·1〔2〕·단수.
sensas(s) [sɑ̃sas], **sensa** [sɑ̃sa] *a.* 〔불변〕〔구어〕= sensationnel②.
*****sensation** [sɑ̃sasjɔ̃] *n.f.* ① 느낌, 감각, 인상; 기분. ~ de faim 시장기. ~ de fatigue 피로감. ~ auditive(visuelle, olfactive, tactile, gustative) 청〔시·후·촉·미〕각[감]. ~ cutanée 피부감각. avoir une ~ de froid 써늘한 느낌을 갖다. [avoir la ~ de+ inf./que+ind.] *J'ai eu la ~ d'être soulevé.* 나는 공중으로 떠올려지는 듯한 느낌이 들었다. *Elle avait la ~ qu*'on la guettait. 그녀는 감시를 받고 있는 듯한 느낌이 들었다. ② 감동, 센세이션, 대평판. *Ce livre a fait ~.* 이 책은 센세이션을 일으켰다.
à ~ 이목을 끄는, 센세이션을 일으키는. événement〔nouvelle〕 *à~* 센세이션을 일으키는[이목을 끄는] 사건〔소식·보도〕.
sensationnalisme [sɑ̃sasjɔnalism] *n.m.* 센세이셔널리즘; 선정주의; 선정적 문체.
sensationnaliste [sɑ̃sasjɔnalist] *a.* 세인의 이목을 끌기 위한, 선정적인.
sensationnel(le) [sɑ̃sasjɔnɛl] *a.* ①이목을 끄는, 센세이셔널한, 선정적인. nouvelle ~*le* 센세이셔널한〔깜짝 놀랄〕뉴스. ②〔구어〕훌륭한, 비상한 (extraordinaire). acteur ~ 출중한〔비상한〕배우. voiture ~*le* 기막힌〔굉장한〕차.
—*n.m.* 센세이셔널한〔선정적인〕것.
sensation(n)isme [sɑ̃sasjɔnism] *n.m.* 〖철학〗 감각론.
sensation(n)iste [sɑ̃sasjɔnist] *a.* 감각론의; 〖미술〗인상파의. —*n.* 감각론자; 〖미술〗인상주의자.
sensé(e) [sãse] *a.* 분별있는, 양식있는, 도리에 맞는 (raisonnable, ↔ absurde, insensé). conduite ~*e* 분별있는 소행.
sensément [sɑ̃semɑ̃] *ad.* 분별있게, 도리에 맞게.
sensibilisable [sɑ̃sibilizabl] *a.* 〖사진〗 (종이 따위가)감광성(感光性)을 줄 수 있는. papier ~ 감광

지, 인화지.
sensibilisa*teur(trice)* [sɑ̃sibilizatœːr, -tris] *a.* 〖화학〗감광성을 주는, 증감(增感)작용이 있는. —*n.m.* 〖사진〗감광제, 증감제. —*n.f.* 〖생물〗감작소(感作素)〔어떤 항원을 예민한 상태로 만드는 것〕.
sensibilisation [sɑ̃sibilizasjɔ̃] *n.f.* ① 〖사진〗(사진건판·필름 따위에)감광성을 부여하기, 감도를 높이기; 〖생물〗감작(感作)〔어떤 항원을 예민한 상태로 만드는 일〕. ②(비유적)(사람의 마음·여론 따위를)예민하게 하기, 관심을 갖게 하기. [~ à] La ~ des gens à ce problème est grande. 이 문제에 대해 사람들은 매우 민감하다.
sensibiliser [sɑ̃sibilize] *v.t.* ① 〖사진〗(사진건판·필름 따위에)감광성을 주다, 감도를 높이기; 〖생물〗감작하다. ②(비유적)(사람의 마음·여론 따위를)민감하게 하다, (적극적인)관심을 갖게 하다. [~ qn/qc à/sur] *~ l'opinion publique au problème d'emploi* 여론을 고용문제에 민감하게 하다〔관심을 갖게 하다〕. [être sensibilisé à/par] *Je ne suis pas sensibilisé à cet événement.* 나는 이 사건에 관심이 끌리지 않는다. *Il est sensibilisé par le problème du chômage.* 그는 실업문제에 매우 민감하다. —**se** ~ *v.pr.* [se ~ à] (여론 따위가 …에) 민감해지다. *Le public se sensibilise aux formes nouvelles.* 대중은 새로운 형태에 대해 민감하다〔민감한 반응을 보인다〕.
sensibilité [sɑ̃sibilite] *n.f.* ① 감수성; (지성에 대한)감성; 민감성(↔ insensibilité); ~ au froid 추위에 대한 감각. ~ de l'oreille 귀의 감각. homme de ~ 감수성이 풍부한 사람. ~ romantique 낭만적 감수성. ② 인정, 동정심(humanité, tendresse); 다정다감. avoir de la ~ 인정이 많다. ③ 〖계량기 따위의〗감도; 〖사진〗감광도; ~ réducteur de ~ 〖사진〗감광도 감소제. ④〖옛〗애착.
*****sensible** [sɑ̃sibl] *a.* ① 지각〔감각〕능력이 있는. [~ à] L'œil n'est pas ~ à certaines radiations. 눈은 어떤 종류의 광선은 지각하지 못한다. avoir l'oreille très ~ 귀가 매우 예민하다. ②(사람이)민감한, 감수성이 예민한; 다정다감한. [~ à] être ~ à la musique 음악에 심취하고 있다. Il est très ~ à la critique. 그는 비평에 매우 신경질적이다. Ne lui fait pas trop de reproches: c'est un garçon très ~. 그를 너무 꾸짖지 말게, 아주 감수성이 예민한 아이니까. cœur ~ 다정다감한 마음. ③아픔을 잘 느끼는, 취약한. ~ au froid 추위에 약한. avoir les pieds ~*s* 발이 약하다〔곧 아파지다〕. endroit(côté) ~ 아픈 부분, 급소, 약점. [~ *de.*] être ~ *de la* gorge 목이 약하추, 감기 들기 쉽다. ④ ~ (계량기 따위가)감도 높은, 예민한. papier ~ 〖사진〗감광지. ⑤(사물에 대해)지각〔감각〕할 수 있는(perceptible); 〖철학〗감성적인. monde ~ 감각 세계. différence à peine ~ 거의 느낄 수 없는 차이. ⑥눈에 띄는, 두드러진, 현저한 (notable). d'une manière ~ 두드러지게. baisse ~ des prix 물가의 상당한 하락. faire des progrès ~*s* 눈에 띌 정도로 크게 발전하다. ⑦ 감성을 갖춘, 감각이 있는. êtres ~*s* 감성〔감각〕이 있는 존재들. *toucher(faire vibrer)la corde ~* 〔구어〕감동시키다, 감격케 하다.
—*n.m.* le ~ 감성, 감성적인 것.
—*n.f.* 〖음악〗도음(導音)(note ~).
sensiblement [sɑ̃sibləmɑ̃] *ad.* ① 두드러지게, 눈에 띄게, 상당히(notablement). *Le niveau de vie a ~ monté.* 생활 수준이 눈에 띄게 높아졌다. *La température a ~ baissé.* 기온이 상당히 내려갔다. ②〔구어〕대체로, 거의(보통 le même, du même+

명사와 함께 쓰임). Ces deux garçons ont ~ la même taille. 이 두 소년은 키가 거의 같다.
sensiblerie [sāsibləri] *n.f.* 과장되게〔우스꽝스럽게〕감격하는 성향, 과장벽. faire de la ~ 값싸게〔격에 맞지 않게〕감격하다.
sensitif(ve) [sāsitif, -i:v] *a.* 감각의; 감각능력이 있는. nerf ~지각 신경.
—*n.* 예민한 사람, 신경질적인 사람. —*n.f.* 〖식물〗함수초, 미모사.
sensitivité [sāsitivite] *n.m.* 감수성, 민감성.
sensitivo-moteur [sāsitivɔmɔtœːr] *a.m.* nerf ~지각 운동 신경.
sensitomètre [sāsitɔmɛtr] *n.m.* 〖사진〗감광계 (感光計).
sensitométrie [sāsitɔmetri] *n.f.* 〖사진〗감광도 측정(법).
sensitométrique [sāsitɔmetrik] *a.* (위)의.
sensorial(ale, pl. aux) [sāsɔrjal, -o] *a.* 〖옛〗〖생리〗감각중추의.
sensoriel(le) [sāsɔrjɛl] *a.* 〖생리〗감각의; 감각기관〔중추〕의. réaction ~*le* 감각 반응. nerf ~지각 신경.
sensorimétrie [sāsɔrimetri] *n.f.* 〖심리〗감각 반응 측정(법).
sensorimétrique [sāsɔrimetrik] *a.* (위)의.
sensori(-)moteur(trice) [sāsɔrimɔtœːr, -tris] *a.* 〖심리〗감각·운동의. intelligence ~*trice* 감각·운동기(期)의 지성 (지각과 운동 기능이 주된 활동을 이루는 초기 단계의 지성).
sensorium [sɛsɔrjɔm] *n.m.* 〖해부·생물〗감각 중추.
sensualiser [sāsyalize] *v.t.* 관능화(官能化)하다, 육감적으로 만들다.
sensualisme [sāsyalism] *n.* ① 〖철학〗감각론. ② 관능주의; 관능적인 인생관.
sensualiste [sāsyalist] 〖철학〗*n.* ① 감각론자. ② 관능주의자. —*a.* 감각론의, 관능주의의.
sensualité [sāsyalite] *n.f.* 관능성; 육감(성); (*pl.*) 관능적 쾌락, 육욕(肉慾). ~ gastronomique 미식취미, 식도락. avoir de la ~ 관능적이다.
sensuel(le) [sāsyɛl] *a.* 관능적인, 육감적인 (charnel); 육욕에 빠지는, 색을 좋아하는; 감각적인. bouche ~*le* 육감적인 입. plaisirs ~*s* 육체적쾌락. désirs ~*s* 육욕. Il a un tempérament ~. 그는 호색가이다. Elle est jolie, mais elle n'est pas ~*le* du tout. 그녀는 미인이나, 그러나 관능적 매력은 조금도 없다. —*n.* 관능주의자, 호색가.
sensuellement [sāsyɛlmā] *ad.* 육감적〔관능적〕으로.
sent [sā] sentir 의 직설·현재·3·인칭.
sentant(e) [sātā, -āːt] *a.* 감각〔지각〕이 있는.
sente [sāːt] *n.f.* 〖옛·사투리〗오솔길 (sentier).
sentence [sāːtāːs] *n.f.* ① 〖옛〗격언, 금언 (maxime). ne parler que par ~ 격언조로 거드름피우며 말하다. ② 〖법〗(재판관의)판결, 선고 (arrêt); (심판관의)판정; 〖일반적으로〗결정 (décision). prononcer (exécuter) une ~ 판결을 내리다〔집행하다〕. ~ qui le condamne à cinq ans de prison 그를 5년의 형에 처하는 판결. ~ de mort 사형 선고. ~ prononcée par le médecin 의사의 선고. ~*s* de l'opinion 여론의 결정.
sentencieusement [sātāsjøzmā] *ad.* 격언조로; 점잔을 빼며, 거드름피우며.
sentencieux(se) [sātāsjø, -øːz] *a.* ①〖옛〗격언조의, 격언으로 넘치는. phrase ~*se* 격언풍의 문장. discours ~ 격언으로 가득찬 연설. ②(어조 따위가)점잔 빼는, 아는 체하는; 과장된. ton ~ (격언조의)거드름피는(과장된) 어조.
senteur [sātœːr] *n.f.* 〖문어〗향기 (parfum); 향료. pois de ~ 〖식물〗스위트피.
senti(e) [sāti] *a.p.* (표현 따위가)절실한, 생생한. Rien de ~. 절실한 맛이 통 없다. [bien ~] phrases d'éloge bien ~ 마음으로부터의 찬사. discours bien ~ 호소력 있는 명연설.
—*n.m.* le ~ 〖철학〗감지되는 것.
*****sentier** [sātje] *n.m.* 오솔길; (비유적)길. ~ de forêt 숲속의 오솔길. ~ de chèvres 사람이 걷기 어려운 험한 산길. ~*s* de la justice 정의에의 길. ~*s* qui mènent au pouvoir 권력에 도달하는 길. suivre les ~*s* de la vertu (de l'honneur) 미덕의 길을 따르다(명예를 지키다). être sur le ~ de la guerre 싸울터로 나갈 채비가 되어 있다. suivre les ~*s* battus 손쉬운〔상투적인〕방법을 따르다.
:sentiment [sātimā] *n.m.* ① (희노애락 따위의)감정, 기분; 애정 (amour); 감상(感傷). ~ religieux (patriotique) 종교적 감정〔애국심〕. ~ de haine 증오심. exprimer (manifester) ses ~*s* 감정을 표현하다. contenir ses ~ 감정을 억제하다. ses ~*s* vis-à-vis de moi 나에 대한 그의 감정. ses ~*s* généreux 관대한 마음. déclarer ses ~*s* à *qn* ~에게 사랑을 고백하다. Elle partage mes ~*s*. 그녀는 나와 사랑하는 사이이다. Veuillez agréer l'expression de mes ~*s* distingués (mes ~*s* les meilleurs). 배상(拜上)〔편지의 끝맺는 말〕. chanter avec beaucoup de ~ 감정을 넣어 노래부르다. faire du ~ 〖구어〗감상적이 되다. ne pas faire de ~ 감상에 빠지지 않는다.
② 의식, 자각 (conscience); 느낌 (impression). éprouver un ~ de solitude 고독감을 맛보다. [avoir le ~ de *qc*] Il a le ~ de sa faiblesse. 그는 자기의 약함을 자각하고 있다. [avoir le ~ que...] J'ai le ~ qu'il ne m'aime pas. 그가 나를 사랑하지 않는다는 느낌이 든다.
③ (예술에 대한)감각, 센스 (sens). avoir le ~ très vif (fin) du beau 미에 대한 예민한〔섭세〕감각을 지니다. ~ linguistique 언어 감각. juger par ~ 인상에 의해 판단하다.
④〖옛〗소견, 의견, 견해. [~ sur] exprimer son ~ sur un problème 어떤 문제에 대해 견해를 피력하다. [au ~ de *qn*] *au* ~ *de* mon père 아버지의 의견에 의하면. partager les ~*s* de *qn* ···와 의견을 같이하다. parler à ~*s* ouverts 기탄없이 말하다.
⑤〖옛〗감각(능력) (sensation). perdre le ~ 감각을 잃다, 기절하다.
⑥〖사냥〗(짐승이 남겨 놓은)냄새, 흔적; (사냥개의)후각.
⑦〖속〗감정, 선의, 애착; 반감, 악의, 원한.
Autant de têtes, autant de ~s. 〖속담〗각인각색.
Ça n'empêche pas les ~s. 〖구어〗(사람의 냉혹한 짓에 대해)그래도 사람의 감정은 어쩔 수 없는 것이다. J'ai beau me montrer froid avec mes élèves, ça *n'empêche pas les ~s.* 아무리 학생들에게 차갑게 대하려해도 어쩔 수 없이 정에 끌리고 만다.
être capable de ~ 정에 약하다.
la (le) faire au ~ 〖구어〗동정을 구하다, 호소하다. Vous *la faites au ~*, mais avec lui, ça ne prend pas. 당신은 정에 호소하지만 그 사람에겐 먹혀 들어가지 않는다.
sentimental(ale, pl. aux) [sātimātal, -o] *a.* 감정적인, 감상적인 (↔ insensible); 애정의, 애정에 관한 (amoureux). caractère ~ 감상적인 성격. vie ~*ale* d'une personne 한 사람의 애정 생활. relations ~*ales* 애정 관계. aventures ~*ales* 정사(情事). attachement ~ à la maison natale 생가에 대한 애착. —*n.* 감상적인 사람.
sentimentalement [sātimātalmā] *ad.* 감정적으로,

감상적으로.
sentimentaliser [sātimātalize] v.t. 감상[감정]적이 되게 하다. —v.i. 감상[감정]적이 되다, 감상에 젖어들다.
sentimentalisme [sātimātalism] n.m. 감상적인 태도[경향], 감상주의, 센티멘털리즘.
sentimentaliste [sātimātalist] a. 감상적인 경향을 지닌, 감상주의적인. —n. 감상적인 사람, 센티멘털리스트.
sentimentalité [sātimātalite] n.f. 감상적인 성격.
sentine [sātin] n.f. (더러운 물이 괴는)배 밑바닥; 《문어》불결한 곳. ~s de vice (비유적) 악의 소굴.
sentinelle [sātinɛl] n.f. 《군사》보초, 파수병; 감시, 파수. être en(faire) ~ 보초를 서다, 감시하다. placer(relever) des ~s 보초를 세우다[교대시키다]. ~ (속어)똥. 《컴퓨터》센티넬 (정보의 구분을 표시하는) 기호.
‡sentir [sātiːr] 18 v.t. ① (생리적으로)느끼다, 감각하다, 지각하다(ressentir). ~ la douleur(la fatigue) 고통[피로]을 느끼다. [~ que+ind.] Il a senti que quelqu'un le regardait. 그는 누군가가 자기를 바라보고 있다고 느꼈다. [~ qc+inf.] Je sens trembler le plancher. 마룻바닥이 흔들리는 것을 느낀다(이 구문에서처럼 qc는 inf. 다음에 올 수도 있음). ~ ses bras[ses jambes] 《구어》팔[다리]이 아프다.
② (정신적으로)느끼다, 의식하다; 감지하다; 예감하다(pressentir). ~ les difficultés de l'entreprise 일의 어려움을 느끼다. ~ de la joie 기쁨을 느끼다. [~ qc+inf.] Il sentit la colère le gagner. 그는 분노가 치밀어 오르는 것을 느꼈다. [~ que+ind.] Je sens qu'il ne m'écrira plus. 그가 이제는 편지 한장 써보내리라고 느껴진다. Je sens que vous avez raison. 당신이 옳다는 것을 알겠다.
③ (미적 감정을)느끼다, 감상하다(apprécier, goûter). ~ la beauté d'un paysage(d'une œuvre musicale) 경치[음악 작품]의 아름다움을 느끼다.
④ ⓐ 냄새 맡다. Il est enrhumé, il ne sent plus rien. 그는 감기가 들어서 통 냄새를 모른다. Il sens que quelque chose brûle. 무엇인가 타는 냄새가 난다. ⓑ (주어는 사물·사람) (의)냄새가 나다. Sa chambre sentait le tabac. 그의 방에서는 담배 냄새가 났다. Ça sent le poisson. 비린내가 난다.
⑤ 기미를 풍기다, 느낌을 주다. Il sent le cadavre. 그는 죽을 날이 가깝다. Cela sent la fin. 종말[죽음]이 가까워졌다. ouvrage qui sent le travail 애쓴 기미가 보이는 작품. plaisanterie qui sent la caserne 천한 농담.
faire ~ qc(que...) 느끼게 하다, 깨닫게 하다, 인식시키다. Il me fait ~ son autorité. 그는 내게 자기의 권위를 인식시킨다. Je lui ai fait ~ qu'il n'en était pas capable. 나는 그가 그럴 능력이 없다는 것을 깨닫게 했다.
ne pas pouvoir ~ qn 《구어》…을 못견디게 싫어하다.
ne plus ~ ses jambes[ses pieds] (너무 지쳐서)다리[발]에 감각이 없다.
se faire ~ 느껴지다, 나타나다(se manifester). Le froid commence à se faire ~. 추위가 느껴지기 시작한다. Les effets ne tarderont pas à se faire ~. 효과가 곧 나타날 것이다.
~ quelque chose pour qn …에게 마음이 끌리다.
~ son cheval dans sa main 말의 기질을 잘 이해하고 있다.
—v.i. 냄새가 나다; 악취를 풍기다. Ça sent. 냄새가 고약하다. Cela sent comme un baume. 향료 같은 냄새가 난다. Ce poisson commence à ~. 이 생선은 상한 냄새가 나기 시작한다. ~ de la bouche 입냄새가 나다.
~ bon[mauvais] 냄새가 좋다[나쁘다]. Ces roses sentent très bon. 이 장미는 매우 향기롭다. Cela sent bon dans cette chambre. 이 방에서는 좋은 냄새가 난다. Tu sens bon. 너에게서 좋은 냄새가 난다. ne pas ~ bon 《구어》기미가 수상하다[신통치 않다].
—se ~ v.pr. ① (기분·느낌)…하다. ⓐ [~+속사] Je me sens fatigué. 나는 피곤하다. Elle se sentait heureuse. 그녀는 행복하다고 느끼고 있었다. se ~ bien[mal] 기분이 좋다[나쁘다]. Comment te sens-tu aujourd'hui? 오늘은 기분이 어떠십니까? se ~ dix ans de moins 열살쯤 젊어진 기분이 든다. ⓑ [~+inf.] Je me sens renaître. 나는 다시 태어난 듯한 느낌이다(me는 renaître의 주어). Je me sens presser dans ses bras. 그의 품안에 꼭 안기는 느낌이다(me는 presser의 목적보어).
② (se는 간접목적보어) 스스로 …을 느끼다. Elle se sentait un cœur toujours jeune. 그녀는 언제나 마음이 젊은 것같이 느꼈었다. Je ne m'en sens pas le courage. 나는 그렇게 할 용기가 나지 않는다.
③ (주어는 사물) 느껴지다, 파악되다. Le vrai bonheur ne se décrit pas, il se sent. 진실한 행복은 묘사될 수 없고 오직 느껴질 따름이다. Mais voyons, ça se sent! 그야 뻔하지 않아! (설명이 필요 없다는 뜻).
④ 자기자신을 느끼다[의식하다], 자각하다. jeune artiste qui commence à se ~ 자신의 재능을 자각하기 시작한 젊은 예술가. [하다.
ne pas pouvoir se ~ 서로 참지 못하다, 서로 미워하다.
ne pas se ~ de …때문에 어쩔 줄을 모르다. À ces mots, le corbeau ne se sent pas de joie. 그 말을 듣고 까마귀는 기뻐서 어쩔 줄을 모른다.
se ~ de …의 흔적을 느끼다, 영향을 받다. Il se sent encore de cette blessure. 그는 아직도 그 상처가 도질 근질하다. On se sent toujours d'une bonne éducation. 좋은 교육의 영향은 언제까지나 남는다.
Tu ne te sens plus? 《구어》머리가 돌았니? [다.
seoir¹ [swaːr] 63 v.i. 《옛》앉아 있다 (오늘날에는 보통 현재분사 séant 및 과거분사 sis(e) 로만 쓰임) (être assis). cour séant à Paris 《법》파리에서 개정중의 법정. maison sise rue Saint-Honoré 생트노레 거리에 위치하고 있는 집.
—se ~ 62 v.pr. 《옛·구어·시》앉다 《구어에서는 명령법으로만 씀》(s'asseoir). Sieds-toi! 앉아라. Faites-le ~! 그를 앉히시오.
seoir² [63] v.i. 《옛》[~ à] (에) (특히 복장이) 어울리다 (aller); 적합하다 (convenir); [~ avec] (와) 들어맞다, 조화되다 (s'harmoniser). Cette coiffure vous sied très bien. 그 모자는 당신에게 아주 잘 어울린다. Cette vanité ne sied pas bien avec la piété. 그런 허영심은 신앙심과 부합하지 않는다. (비인칭) Il sied à qn de+inf.] Il ne sied pas à un enfant de contredire ses parents. 어린이가 부모의 말에 반대하는 것은 마땅치 않은 짓이다.
comme il sied 적절하게.
Séoul [seul] n.pr.f. 《지리》서울.
séoulien(ne) [seuljɛ̃, -ɛn] a. 서울의. —S~ n. 서울사람.
séoulite [seulit] a., n. =**séoulien**.
sep [sɛp] n.m. ① 《해양》뱃줄 매는 말뚝. ② 쟁깃술(cep).
sépale [sepal] n.m. 《식물》악편(萼片), 꽃받침 조각.
sépaloïde [sepalɔid] a. 《식물》악편 모양의. [다.
séparable [separabl] a. 갈라놓을 수 있는, 분리할 수 있는; 《수학》부리(分離)의.
séparage [separaːʒ] n.m. (여러 물질의)분리.
séparateur(trice) [separatœːr, -tris] a. 분리하는,

pouvoir ~ (렌즈의)해상력(解像力). —*n.m.* 분리기, 분리 장치. ~ de vapeur 증기 분리기. ~ de sens(도로의)중앙 분리대.
séparatif(ve) [separatif, -i:v] *a.* 가르는, 구획을 짓는.
séparation [separɑsjɔ̃] *n.f.* ① 분리, 분리. 분리. ~ des éléments d'un mélange 혼합물의 성분을 분리시키기. ~ des chairs d'avec les os 살을 뼈에서 떼어내기. ~ de l'Église et de l'État 정교(政敎) 분리. ~ des pouvoirs 〖정치〗 삼권분립. ② ⓐ 갈라섬, 이별. ~ d'avec ···와의 이별. ~ de deux amis 두 친구의 결별. ⓑ 〖법〗 ~ de fait (aimable) (협의상의)부부별거; ~ de corps (재판상의)부부별거; ~ de biens(부부간의)재산 분할. ③ 경계, 구획(démarcation); 구별, 구분(distinction). établir une ~ entre deux terrains 두 지역 사이에 경계를 긋다. faire une ~ entre le mot et l'idée 말과 개념을 구별하다. Ce mur sert de ~ entre les deux bâtiments. 이 벽은 두 개의 건물의 경계 역할을 하고 있다. ④ (집합체의)해산, 분해. ~ de l'assemblée 산회. 〖주의〗
séparatisme [separatism] *n.m.* 〖정치·종교〗 분리.
séparatiste [separatist] 〖정치·종교〗 *n.* 분리주의자. —*a.* 분리주의(자)의.
séparé(e) [separe] *a.p.* ① 다른, 별개의(distinct). ② 떨어진, 분리된. 〖법〗 별거하는. Nous ne pouvons vivre un instant ~*s.* 우리는 한시도 떨어져서 살 수 없다. [~ de] vivre ~ *de* sa femme 아내와 별거생활을 하다. époux ~*s* 별거부부.
séparément [separemɑ̃] *ad.* 따로따로, 별개로(à part). interroger des témoins ~ 증인들을 따로따로 신문하다. agir ~ 개별행동을 취하다.
*séparer** [separe] *v.t.* ① 떼어놓다, 분리하다. ~ deux personnes qui se battent 싸우는 두 사람을 떼어놓다. Séparez! 〖권투〗 (심판이 말하는)떨어져라, 브레이크(〖영〗Break (away)!). [~ *qn/qc* de/d'avec] ~ la mère de ses enfants 어머니를 아이들과 떼어놓다. ~ le bon grain *d'avec* le mauvais 좋은 씨와 나쁜 씨를 갈라놓다. [~ *qc* et *qc*] ~ le blanc *et* le jaune des œufs 계란의 흰자와 노른자를 갈라놓다. ② 가르다, 나누다, 분할하다(partager). ~ ses cheveux par une raie 가리마를 타서 머리를 갈라다. ~ une chambre en deux par une cloison 간막이로 방을 둘로 나누다. ③ [~ *qn*] 갈라놓다(éloigner); 헤어지게 하다 (désunir); 의를 상하게 하다(brouiller). La mort seule pourra les ~. 오직 죽음만이 그들을 헤어지게 할 수 있으리라. ~ des époux 〖법〗 부부를 별거시키다. ④ 구별하다(distinguer); 가려내다(discerner). ~ des problèmes pour mieux les résoudre 더 잘 해결하기 위해서 문제를 따로따로 분리시키다. ~ la théorie et la pratique 이론과 실제를 구별하다. [~ *qn/qc* de] La raison *sépare* l'homme des autres animaux. 이성이 인간을 다른 동물과 구별짓는다. ⑤ (공간적으로)갈라놓다, 경계짓다(diviser). [~ *qc/qn* de, *qc* et *qc*] Des milliers de kilomètres nous *séparent* de l'Amérique. 수천 킬로의 거리가 우리를 미국과 갈라놓고 있다. Les Pyrénées *séparent* l'Espagne de la France. 피레네 산맥은 에스파냐와 프랑스의 경계가 되어 있다. Une distance de 428 kilomètres *sépare* Séoul de Pusan. 서울은 부산에서 428 킬로 떨어져 있다.
—*se* ~ *v.pr.* ① 서로 헤어지다(떨어지다, 갈라지다) (se quitter). Nous nous sommes *séparés* avant le dîner. 우리는 저녁 식사 전에 헤어졌다. Ils *se sont séparés* bons amis. 그들은 좋은 친구로 헤어졌다. époux qui *se séparent* de corps[de biens] 〖법〗 별거하는(재산 분할을 하는)부부. ② [se ~ de](에서)분리되다, 떨어져 나가다; [se ~ de/d'avec] (와)헤어지다, (단체·회합 따위가)해산하다. Une œuvre ne peut *se* ~ *de* son époque. 작품은 시대와 불가분의 것이다. Elle *s'est séparée* de son mari. 그녀는 남편과 헤어졌다. Ici je *me sépare* de vous. (비유적)여기서 나는 당신과 의견이 달라진다. rivière qui *se sépare* en deux 두 줄기로 갈라지는 강. L'Assemblée *s'est séparée* dans le tumulte. 회의는 혼란 속에 해산되었다. ③ 〖화학〗 분리되다. *se* ~ à l'état cristallin (소금이)결정 상태로 분리되다. *se* ~ par précipitation (용해물이)분리되어 침전하다.
Il n'y a si bonne compagnie qui ne se sépare. 〖격언〗아무리 친한 친구라도 헤어져야 할 때가 온다.
sèpe [sɛp] *n.m.* =**cèpe.**
séphardim [sefardim] *n.m.* 중세기에 에스파냐와 포르투갈에서 살던 유대인.
sépia [sepja] *n.f.* ① 〖동물〗 오징어. ② 오징어의 먹물; 세피아(오징어의 먹물로 만든 갈색의 그림물감); 세피아 물감으로 그린 그림(dessin à la ~).
seps [sɛps] *n.m.* 〖동물〗 뱀 모양의 도마뱀. [~).
‡**sept** [sɛt] ((고어에서는 자음 및 유성 h로 시작하는 명사와 형용사 앞에서 [se])) *a.num.* ① 〖불변〗 7의. bottes de ~ lieues 7 걸음의 구두(동화에서). ~ cents francs 700 프랑. ~ jours de la semaine 1주의 7일. Ville aux ~ collines 7 언덕의 도시(로마를 가리킴). ② (서수 대신으로)7 번째의, 제 7의. Charles ~ 샤를 7세 (Charles VII 로 쓰는 것이 보통). page [chapitre] ~ 제 7 페이지(장).
—*n.m.* 7; 7의; (카드의)7 의 패. le ~ mars 3 월 7 일. le ~ de carreau 다이아몬드의 7.
sept. (약자) ① septembre 9 월. ② septentrional 북(北)의.
septain [sɛtɛ̃] *n.m.* ① 〖운율〗 7 행시. ② (시계를 달아매는)7 번 꼰 끈. ③ 〖역사〗 염세(塩) 7 각의.
septangulé(e) [sɛptɑ̃gyle] *a.* 7 각의.
septantaine [sɛptɑ̃tɛn] *n.f.* 〖옛·드물게〗약 70; 70 대의 사람.
septante [sɛptɑ̃:t] *a.num.* (불변)〖옛·사투리〗70 의 (soixante-dix) 〖벨기에·스위스 및 프랑스 남동부에서 현재 사용〗. pardonner jusqu'à ~ fois sept fois 〖성서〗 일곱 번씩 일흔 번이라도 용서하다 《마태 18 : 22 》.
—*n.m.* 〖옛·사투리〗70. les S~ 구약성서의 그리스어 번역에 종사한 70[72]명의 학자들. la (version des) S~ 70 인역 그리스어 구약성서.
septantième [sɛptɑ̃tjɛm] *a.* 〖옛〗70 번째의(soi-**septbre** (약자) septembre 9 월. [xante-dixième].
septe [sɛpt] *n.m.* 〖생물〗 중격(中隔), 격막.
septembral(ale, *pl.* aux) [sɛptɑ̃bral, -o] *a.* 《드물게》9 월의. purée ~ *ale* (익살) 포도주 (*Rabelais* 가 만든 말).
‡**septembre** [sɛptɑ̃:br] *n.m.* 9 월. en(au mois de) ~ 9 월에. Massacres de ~ =septembrisades.
septembrisades [sɛptɑ̃brizad] *n.f.pl.* 〖프랑스사〗9 월의 대학살 (1792 년 9 월 2—6 일에 걸쳐 혁명분자들이 감옥에 수감당한 왕당파를 대량으로 학살한 사건).
septembriseur [sɛptɑ̃brizœ:r] *n.m.* septembrisades 에 가담한 혁명파.
septemvir [sɛptɛmvi:r] *n.m.* 〖고대로마〗(축연 준비를 맡은) 7 사제.
septemvirat [sɛptɛmvira] *n.m.* 〖고대로마〗7 사제의 직책.

septénaire [sɛptenɛːr] *a.* 《옛》7의, 7을 포함하는; 7년[일] 계속되는; 《운율》7 각박(脚半)의.
—*n.m.* 7일간; 7년주기; 《운율》7 각박의 라틴 시구. premier ~ 《의학》최초의 7일간.

septennal(ale, *pl.* **aux)** [sɛpten(ɛn)nal, -o] *a.* 7년마다의, 임기 7년의. festival ~ 7년마다 개최되는 축제. présidence ~ 7년의 대통령[의장]직.

septennalisme [sɛpte(ɛn)nalism] *n.m.* 《드물게》《정치사》임기 7년제.

septennaliste [sɛpte(ɛn)nalist] 《드물게》《정치사》 *a.* 임기 7년제(론자).
—*n.m.* 임기 7년제론자.

septennalité [sɛpte(ɛn)nalite] *n.f.* 7년 기한(임기), 7년 주기.

septennat [sɛpte(ɛn)na] *n.m.* 《프랑스사》7년 정치 (1873년에 제정된 임기 7년의 대통령제).

septentrion [sɛptɑ̃triɔ̃] *n.m.* ①《옛·시》북쪽 (nord). au ~ 북쪽에. ②(le S~)《옛》《천문》 작은곰좌(Petite Ourse).

septentrional(ale, *pl.* **aux)** [sɛptɑ̃tri(jɔ)nal, -o] *a.* 북쪽의, Europe ~ale 북유럽. pôle ~ 북극. partie ~ale de la vallée 계곡의 북부. —**S~aux** *n.m.pl.* 북쪽 사람, 북국인.

septicémie [sɛptisemi] *n.f.* 《의학》패혈증(敗血症).

septicémique [sɛptisemik] *a.* 《의학》패혈증의.

septicide [sɛptisid] *a.* 《식물》포간열개(胞間裂開)의.

septicité [sɛptisite] *n.f.* 《의학》부패성; 전염성.

septidi [sɛptidi] *n.m.* 《프랑스사》(프랑스 공화력의) 작순(各旬)(décade)의 제7일.

†septième [sɛtjɛm] *a.num.* ①7번째의, 제7의. être au ~ ciel 제7천국에 있다, 다시 없는 행복[기쁨]을 맛보다. la ~ classe; classe de ~ 제7학급(국민학교의 최고 학년). ~ art 제7예술(영화). ②7분의 1. ~ partie 7분의 1.
—*n.* 7번째, 7번째의 것[사람]. être le[la] ~ (석차가)7번째이다.
—*n.m.* ①7분의 1(~ partie). ②8층(~ étage). demeurer au ~ 8층에 살다. ③(파리의)7구(區).
—*n.f.* ①제7학급(~ classe). élève de ~ 제7학급의 학생(국민학교 6학년생에 상당). ②《음악》제7음정.

septièmement [sɛtjɛmmɑ̃] *ad.* 7번째로.

septifère [sɛptifɛːr] *a.* 《생물》격막(隔膜)이 있는.

septiforme [sɛptifɔrm] *a.* 《생물》격막 모양의.

septifrage [sɛptifraːʒ] *a.* 《식물》포축열개(胞軸裂開)의.

septillion [sɛptiljɔ̃] *n.m.* 1,000의 8제곱, 10^{24}(1948년 이전); 100만의 7제곱, 10^{42}(1948년 이후).

septime [sɛptim] *n.f.* 《펜싱》제7의 자세.

septimo [sɛptimo] 《라틴》*ad.* 《드물게》7번째로 (septièmement).

septique [sɛptik] *a.* 《의학》부패성의; 세균 감염성의. instruments ~s 오염된 의료 기구. complications ~s 세균 감염에 의한 병발증. fosse ~ 분뇨 정화조(淨化槽).

sept-mâts [sɛ(t)mɑ] *n.m.* 《복수불변》돛대 7개의 배.

septmoncel [sɛmɔ̃sɛl] *n.m.* 염소 젖과 우유를 섞어 만든 치즈.

septon [sɛptɔ̃] *n.m.* 《옛》《화학》질소(azote).

septotomie [sɛptɔtɔmi] *n.f.* 《의학》중격(中隔) 절제술.

septuagénaire [sɛptyaʒenɛːr] *a.,n.* 70세의(노인).

septuagésime [sɛptyaʒezim] *n.f.* 사순절(四旬節) 전의 제3일요일 《부활절 전 70일째의 뜻이지만 실제로는 63일째》.

septum [sɛptɔm] *n.m.* 《생물》중격(中隔), 격벽, 격막.

septuor [sɛptyɔːr] *n.m.* 《음악》7중창[주].

septuple [sɛptypl] *a.* 7배의, 7갑절의.—*n.m.* 7배, 7갑절. gagner le ~ 7배를 벌다.

septupler [sɛptyple] *v.t.* 7배로 하다. ~ son revenu 수입을 7배로 하다.—*v.i.* 7배가 되다. Sa fortune a septuplé en dix ans. 그의 재산은 10년만에 7배가 되었다.

sépulcral(ale, *pl.* **aux)** [sepylkral, -o] *a.* ①무덤의; 무덤에서 나온 듯한, 음울한. voix ~ale 음울한 음성. ②매장의(funéraire).

sépulcre [sepylkr] *n.m.* 《문어》무덤, 분묘(tombeau). saint ~ 성묘(聖墓) 《예루살렘에 있는 예수의 무덤》. ~s blanchis 회칠한 무덤; 위선자《마태 23:27》.

sépulture [sepylty:r] *n.f.* 묘지, 묘소.《시》죽음;《문어》매장(inhumation). corps restés sans ~ 매장되지 않은 시체. donner la ~ à des naufragés 난파당한 희생자를 매장해 주다. être privé (des honneurs) de la ~ 정식으로 매장되지 않다. ~ militaires 군인 묘지. messe de ~ 장례 미사.

séquanais(e) [sekwanɛ, -ɛːz] *a.* 센 강(*la Seine*)의;《옛》세콰니아(*la Séquanie*)의.—**S~** *n.m.pl.*《옛》세콰니아 사람.

séquanien(ne) [sekwanjɛ̃, -ɛn] *a.* 《지질》세콰니안 지층의;《옛》세콰니아의.—*n.m.* ①《지질》세콰니아 지층. ②(*pl.*)(S~s)《옛》세콰니아 사람.

séquelle [sekɛl] *n.f.* (보통 *pl.*)①《의학》후유증, 여파(contrecoup). ②《옛》결과, 결말(conséquence). ~s de la guerre d'Algérie 알제리 전쟁의 여파. ③《옛》《경멸》일당, 한패.

séquence [sekɑ̃ːs] *n.f.* ①(카드의)3장 이상의 같은 색의 연속패. ②《영화》시퀀스《몇 개의 장면을 모아서 이룬 영화의 구성 단위》. ③《가톨릭》세퀜티아, 속송(續誦), 추창(追唱). ④《음악》시퀀스, 반복진행. ⑤《언어》사열(辭列), 음소 연속.

séquenceur [sekɑ̃sœːr] *n.m.* 《컴퓨터》제어장치.

séquentiel(le) [sekɑ̃sjɛl] *a.* 연속적인, 일련의, 계열성의;《언어》사열의, 요소연속의.

séquestration [sekɛstrɑsjɔ̃] *n.f.* ①《법》계쟁물(係爭物)의 기탁. ②불법 감금. ③(병든 가축의)격리. ④은둔, 은거. ⑤《의학》부골편(腐骨片)분리.

séquestre¹ [sekɛstr] *n.m.* ①《법》(계쟁물의)기탁; 기탁물;(적국 재산의)접수. ~ judiciaire 가처분, 가차압. mettre(placer) sous[en] ~ les biens de qn ⋯의 재산을 기탁하다. ②(학교의)감금실. ③《의학》부골편(腐骨片)《온전한 뼈에서 떨어져 나와 고름 속에 남은 것》.

séquestre² *n.m.* 《드물게》기탁물 보관자.

séquestré(e) [sekɛstre] *a.p.* 기탁된; 감금된.
—*n.f.* 갇힌 사람, 감금된 사람.

séquestrectomie [sekɛstrɛktɔmi], **séquestrotomie** [sekɛstrɔtɔmi] *n.f.* 부골편 추출.

séquestrer [sekɛstre] *v.t.* ①《법》기탁하다. ~ les biens d'un aliéné 정신병자의 재산을 기탁하다. ②격리하다; 유폐하다(claustrer);《법》불법 감금하다;(장작 따위를)따로 두다.
—**se ~** *v.pr.* 은둔하다, 은거하다. ~ à la campagne 시골에 은거하다.

sequin [s(ə)kɛ̃] *n.m.* 옛 베네치아의 금화《이탈리아와 근동 제국에서 사용되었음》. collier de ~s (나일강 지방의 아랍족들이 머리와 목에 장식용으로 매다는)금화(모양의 금속편).

sé(e)quoia [sekɔja] *n.m.* 《식물》세쿼이아《미국

sérac [serak] n.m. ① 〖지질〗 탑상 빙괴(塔狀氷塊), 빙탑. ② 스위스산의 흰 치즈.

ser-ai, -as, -a, -ons, etc. [s(ə)re, -a, -a, -ɔ̃] ⇨ être.

sérail [seraj] (pl. ~**s**) n.m. ① (터키의)궁전; 〖옛〗후궁(後宮)(harem); 후궁안 여자들. ②《구어》장가, 잘보집; 차녀들.

séran [serɑ̃] n.m. 〖직물〗(삼·모시를 삼는)쇠빗, 삼빗; 이번머(二番麻).

sérançage [serɑ̃saːʒ] n.m. 〖직물〗(삼·아마의)삼빗질, 해클링; 삼빗질 작업장.

sérancer [serɑ̃se] ② v.t. 〖직물〗(삼·아마(亞麻) 따위를)삼빗질하다.

séranceur [serɑ̃sœːr] n.m. 삼빗질하는 사람.

sérançoir [serɑ̃swaːr] n.m. 〖직물〗(삼·모시를 삼는쇠빗, 삼빗; 이번머(séran).

sérancolin [serɑ̃kɔlɛ̃] n.m. = **sarrancolin**.

sérapéon [serapeɔ̃], **serapeum** [serapeɔm] n.m. (고대 이집트의)세라피스(Sérapis) 신의 신전; (고대 이집트 사람들이 숭배한)성우(聖牛) 아피스(Apis)의 지하 묘지.

séraphin [serafɛ̃] n.m. ①〖종교〗세라핀, 육익(六翼)천사(9계급중 최고의 천사). ②《구어》천사 같은 아이, 귀여운 아이.

séraphique [serafik] a. 〖종교〗세라핀(séraphin)의; 천사 같은(angélique), 청순한. Docteur ~ 〖종교사〗성 보나벤투라(Bonaventure). ordre 〖institut, famille〗~ 성 프란체스코회(會). air ~ 천사 같은 모습.

sérapion [serapjɔ̃] n.m. = **sérapéon**.

séraskier, sérasquier [seraskje] n.m. (옛 터키제국의)군사령관.

serbe [sɛrb] a. 세르비아(Serbie)의. —**S**~ n. 세르비아 사람. —n.m. 세르비아어(語).

Serbie (la) [laserbi] n.pr.f. 〖지리〗세르비아.

serbo-croate [sɛrbɔkrɔat] (pl. ~-~**s**) a. 세르비아크로아티아의. —**S**~**C**~ n. 세르비아크로아티아 사람. —n.m. 세르비아크로아티아어(語).

sercher [sɛrʃe] v.t.《속어》= **chercher**.

serdâb [sɛrdab] n.m.〖페르시아〗 n.m. 〖고고학〗(고대 이집트 분묘의)사자(死者)의 상(像)을 모신 작은 방, 세르답.

se[a]rdar [se(a)rdaːr] n.m. (터키 따위의)아전군 사령관의 칭호(sirdar).

serdeau [sɛrdo] (pl. ~**x**) n.m. 〖프랑스사〗(국왕의)반상 시중을 드는 사람; 국왕이 물린 반상기를 나르는 사람.

serein¹(**e**) [s(ə)rɛ̃, -ɛn] a. ① (날씨·하늘 따위가)맑은, 청명한; (바다 따위가)평온한, 잔잔한, 고요한, 평화로운(paisible). jours ~s 평온한 나날. temps ~ 청명한 날씨. coup de tonnerre dans un ciel ~ 청천벽력, ② (마음·표정 따위가)가라앉은, 침착한, 차분한(placide, ↔ troublé). regard (visage) ~ 차분한 눈매[표정]. ③ goutte ~e 〖의학〗흑내장(黑內障)(amaurose).

serein² [s(ə)rɛ̃] n.m.〖문어〗밤이슬, 밤의 냉기; (열대지방의)깬 하늘에서 내리는 이슬이. prendre le ~ 밤이슬을 쐬며 쉬쉬하다.

sereinement [sərɛnmɑ̃] ad. 차분하게, 침착하게.

sérénade [serenad] n.f. ① 세레나데. donner une ~ à qn 세레나데를 …에게 들려주다. ②《구어》(한밤중의)소란.

sérénissime [serenisim] a. 국가·귀인에 대한 존칭 (très serein의 뜻). la ~ république de Venise 베네치아 공화국. Votre Altesse **S**~ 전하(殿下).

sérénité [serenite] n.f. ①〖시〗맑음, 청명; 잔잔함, 고요, 평온. ~ du ciel 하늘의 청명함. ② 침착성, 차분함(calme). avec ~ 침착하게. troubler la ~ de qn …의 평정을 뒤흔들다. ③〖옛〗전하, 각하. Sa **S**~ le Doge 〖역사〗(당시)총독 각하.

séreux(se) [serø, -øːz]〖의학·해부〗a. ① 장액성(漿液性)의; 장액을 분비하는; 장액 과다의, 장액을 분비하는. ~ sanguine anémie —se 혈청성 빈혈. ③〖옛〗물의, 물기 있는. —n.f.pl. 장액막.

serf(ve) [sɛrf, -v] n. ① (고대의)노예; (중세의)농노. ②〖옛〗(경멸)노예(奴), 금전 따위의 노예. —a. 노예[농노]의 신분을 지닌; 노예[농노]의; (토지가)농노제도 하에 있는. paysan ~ 농노. ~ (libre) arbitre 〖철학〗예속(자유)의지.

serfouette [sɛrfwɛt] n.f. 〖농업〗 괭이와 갈퀴를 겸한 농구.

serfouir [sɛrfwiːr] v.t. (땅이나 야채밭의 주위를) serfouette 로 갈다.

serfouissage [sɛrfwisaːʒ] n.m. serfouette 로 갈기, 제초(除草).

serge [sɛrʒ] n.f. 〖직물〗사지; 세루.

sergé [sɛrʒe] a. 사지 같은. —n.m. 사지같이 짠 천.

sergent¹ [sɛrʒɑ̃] n.m. ①〖군사〗(프랑스 육·공군의)중사; 하사. ~ fourrier (comptable) 보급계 하사관. ②〖옛〗집달리(huissier); 하인(serviteur). ~ à verge 경매담당의 집달리. ③〖옛〗~ d'armes 의장관(儀仗官); ~ de ville 순경. ④〖선박〗(통을 육지에서 끌어올리는)갈고리. ⑤〖곤충〗딱정벌레의 일종.

sergent² n.m. (소목장이가 사용하는)껴쇠, 첨틀.

sergent-chef [sɛrʒɑ̃ʃɛf] (pl. ~**s**-~**s**) n.m.〖군사〗(육·공군의)상사.

sergent-fourrier [sɛrʒɑ̃furje] (pl. ~**s**-~**s**) n.m.〖군사〗보급계 하사관.

sergent-major [sɛrʒɑ̃maʒɔːr] (pl. ~**s**-~**s**) n.m.〖군사〗특무상사.

serger [sɛrʒe] n.m.〖직조〗사지를 짜는 사람.

sergerie [sɛrʒəri] n.f.〖직조〗사지 짜는 공장; 사지 방직업; 사지 장수.

sergette [sɛrʒɛt] n.f.〖직물〗얇은 사지.

sergier [sɛrʒje] n.m. = **serger**.

sergot [sɛrgo] n.m. (옛·속어)순경.

sérial [serjal] (pl. ~**s**)〖영〗a. 〖영화·텔레비전〗연속물.

sérialisme [serjalism] n.m. 〖음악〗음열(音列)이론, 음열성(性).

sériation [serjasjɔ̃] n.f. 계열화, 순차 배열.

séricicole [serisikɔl] a. 양잠(養蠶)의.

sériciculteur [serisikyltœːr] n.m. 양잠가.

sériciculture [serisikyltyːr] n.f. 양잠(업).

séricigène [serisiʒɛn] a. 〖곤충〗명주실을 내는《분비선·곤충 따위》.

séricigraphie [serisigrafi] n.f. = **sérigraphie**.

séricine [serisin] n.f. 〖화학·생물〗세리신.

série [seri] n.f. ① 일련, 연속. numéro de ~ 일련번호. poser une ~ de questions 일련의 질문을 하다. une ~ de jours chauds 연일 계속되는 더위. prix de ~ (공공사업의)도급가격. ② 일련의 규격품, 많은 양의 획일품. [de~] 대량생산의. voiture de ~ (같은 규격의)대량생산된 자동차. [en ~] 대량생산방식으로. fabrication en ~ 규격품 대량생산. travailler en ~ 대량생산하다. ③ 시리즈, 열series; 한벌, 세트. publier une ~ de volumes sur la préhistoire 선사시대에 관한 총서를 출판하다. une ~ de timbres 시리즈 우표. compléter la ~ 세트를 한벌 갖추다(짝을 맞춰놓다). fins de ~s (기성복·기성화 따위)규격품의 잔품. ④ (분류했을 때의)같은 무리, 급, 부류, 조(組).

~ des monomanes 편집광의 부류. ~ poids plumes 〖권투〗페더급. (classer) par ~ 조별(組別)로 〔분류하다〕. ⑤ 〔색·음계 따위의〕배열; 〖수학〗 arithmétique(géométrique, infinie, trigonométrique) 산술〔기하·무한·삼각〕급수. ⑥ 〖전기〗직렬. montage en ~ 직렬 접속. ⑦ 〖화학·물리〗계열, 족. ─ 〖생물〗족(族); 〖지질〗계(系), 통(統); 〖식물〗계. ~ grasse 지방족. ⑨ 〖스포츠〗조(組). ⑩ 〖언어〗계열(系列).
hors ─ 규격 외의; 뛰어난. article *hors* ~ 특제 〔대〕품. homme *hors* ~ 뛰어난 인물.
~ *noire* 〔구어〕불행의 연속; 흑색총서(검은 표지의 추리소설 시리즈); (형용사적) 흑색총서풍. ambiance ~ *noire* 추리소설 비슷한 분위기.

sériel(le) [serjel] *a.* 연속적인, 일련의, 계열적; 〖수학〗급수의; 〖음악〗음열의.
série-parallèle [seripara(l)lεl] (*pl.* ~**s**~**s**) *n.f.* 〖전기〗직병렬(直並列) 연결.
sérier [serje] *v.t.* 계열별로 나누다, 배열하다.
***sérieusement** [serjǿzmã] *ad.* ① 진지하게, 본심으로, 참말로; 근엄하게, 엄숙히, 부지런히. songer ~ à quitter la France 프랑스를 떠날 것을 진지하게 생각하다. (Parlez-vous) ~ ? 〔농담이 아니고〕진정으로 말하는 거요? travailler ~ 열심히 일하다〔공부하다〕. ② 대단하게, 몹시(gravement). être ~ malade 병세가 대단하다.
‡**sérieux(se)** [serjǿ, -ǿːz] *a.* ① 착실한, 꼼꼼한; 부지런한, 근면한(appliqué, ↔distrait). élève ~ 근면한 학생. employé ~ dans son travail 직무에 충실한〔꼼꼼한〕사원. ② 신중한, 사려 깊은(réfléchi, posé); 근엄한(grave, sévère); 진지한(sincère); 정말의(vrai), d'un air ~ 정색을 하고, 진지한 태도로. offre ~ 진지한 제안. Alors, c'est ~, vous partez? 〔구어〕그래, 정말 떠나는 건가요 ? ~ comme un pape; ~ comme un âne qu'on étrille 〔구어〕우직한. ③ 신뢰할 수 있는, 믿음직한 (sûr); (보통 명사 앞에서)〔이유 따위가〕확고한, 근거있는. renseignement ~ 믿을 수 있는 정보. magasin ~ 정직한〔신뢰할 수 있는〕가게. avoir de ~*ses* raisons de + *inf.* …할 충분한〔확고한〕이유가 있다. ④ 〔병 따위가〕중한(grave); 중대한, 심각한; (보통 명사 앞에서)대단한, 굉장한(considérable, gros). maladie ~*se* 중병. subir de ~ dégâts 심각한 피해를 입다. ~ bénéfices 막대한 이익. ~*se* augmentation 〔임금 따위의〕대폭 상승. ⑤ 검소한, 점잖은, 〔품행이〕단정한. costume ~ 점잖은 복장. jeune fille ~*se* 얌전한 아가씨. ⑥ 〔의 성과가〕성과있는, 훌륭한; 〔내용이〕진지한, 딱딱한. études ~*ses* 품을힘든〔성의있는〕연구. Il ne lit toujours que des livres ~. 그는 늘상 딱딱한 내용의 책만 읽는다.
─ *n.* 착실〔진실·진지〕한 사람.
─ *n.m.* ① 진실〔진지〕한 태도; 신중함, 착실성; 성실함, 근면함. garder son ~ 진지한 태도를 유지하다. Il manque de ~ dans son travail. 그의 일에는 열의가 없다. ② 중대함, 심각함. ~ de la situation 상황의 중대함. ③ 〖연극〗진지한 역. jouer bien dans le ~ 진중한 역을 호연하다.
prendre qc au ~ …을 중시하다; 사실〔진실한 것〕로 받아들이다. *prendre qn au* ~ …을 신뢰하다; 그의 말〔행동〕을 믿다. *se prendre au* ~ 자기의 언동을 매우 중요하다고 여기고 있다.
sérigraphie [serigrafi] *n.f.* ① 〖인쇄〗실크스크린 인쇄(술). ② 〖염색〗실크스크린 날염법.
serin [s(ə)rɛ̃] *n.m.* ① 〖조류〗검은머리방울새 무리. ~ *domestique* 카나리아. ② 〔구어〕어리석은 사람. ─ *a.* (불변) *des gants jaune* ~ 카나리아색 장갑. ② (때로 *f.* serine)〔구어〕어리석은.
serinage [s(ə)rinaːʒ] *n.m.* 〔드물게〕① 카나리아 따위에〕새장금으로 노래를 가르치기. ② 〔구어〕끈기있게 되풀이하여 가르치기.
serine [s(ə)rin] *a.f.* 어리석은(niaise). ─ *n.f.* ① 카나리아의 암컷. ② 〔구어〕순진한〔어리석은〕여자.
sérine [serin] *n.f.* ① 〖생리〗혈청 알부민. ② 〖화학〗세린 (아미노산의 일종).
seriner [s(ə)rine] *v.t.* ① (새에게)새장금으로 노래를 가르치다. ② (곡·연기·공부 따위를)기계적으로 되풀이시켜 숙달케 하다. 〔구어〕(새장금 따위)악기로 연주하다. [~ *un air à qc*(*qc* 는 새 이름)] Il *serine un air à son serin.* 그는 새장금으로 새에게 노래곡조를 가르친다. [~ *qc à qn*] L'instituteur *serine* une règle de grammaire *aux* écoliers. 그 국민학교 교사는 한 문법규칙을 학생들에게 여러번 반복하여 외우게 한다. ② 〔옛·속어〕(자꾸 되풀이하여)귀찮게 굴다; (남 에게)조르다. Il m'a *seriné* toute la soirée. 그는 저녁내내 같은 말로 나를 귀찮게 했다.
serinette [s(ə)rinεt] *n.f.* 〔옛〕(새에게 노래를 가르치는)새장금; 〔옛·구어〕무표정하게 (기계적으로) 노래하는 가수.
seringage [s(ə)rɛ̃gaːʒ] *n.m.* 〖원예〗분무(噴霧) (seringuement) ~ *d'une vigne* 포도나무 잎을 분무기로 적셔주기.
seringa(t) [s(ə)rɛ̃ga] *n.m.* 〖식물〗고광나무.
seringue [s(ə)rɛ̃ːg] *n.f.* ① 분무기(~ à arrosage); 주입기; 〖의학〗주사기; 세척기, 세장〔관장〕기 (~ à lavement); ~ à injection 피하 주사기. ~ à eau chaude et froide (치과의사의)온·냉수총. ~ à graisse (자동차용의)그리스 주입기. ② 〔속어〕〖음악〗트럼본; 라이플총. ③ 〔속어〕머저리, 얼간이; 귀찮게 구는 사람.
seringuement [s(ə)rɛ̃gmã] *n.m.* 〔드물게〕분무.
seringuer [s(ə)rɛ̃ge] *v.t.* ① (소동물로 상처 따위를)씻다, 세척하다. ② (약을)주사하다, 주입하다. ③ 〖원예〗(나뭇잎에)분무하다; 〔은어〕(자동화기로)쏘다.
seringuero [seringwero] 〔포르투갈〕*n.m.* (브라질의)파라고무 유액(乳液)을 채취하는 인부.
sérique [serik] *a.* 〖의학〗혈청의〔에 관한〕. réaction ~ 혈청 반응, 혈청병. accident ~ 혈청 사고, 혈청 알레르기 반응.
serment [sεrmã] *n.m.* ① 맹세, 서약; 선서. prêter ~ (devant un tribunal) (법정에서)선서하다. déférer le ~ à *qn* …에게 서약〔선서〕을 시키다. délier(relever) *qn* de son ~ …의 선서를 풀어주다. faire (q) le ~ de + *inf.*(que + *ind.*) …할 것을 맹세하다. témoigner sous ~ 선서 하에 증언하다. rendre son ~ à *qn* …에게 서약을 풀도록 허락하다. faux ~ 거짓 선서; 위증. rompre son ~ ; manquer à son ~ 서약을 깨뜨리다. ~ d'allégeance 충성의 맹세. ~ politique 공직취임의 선서. ~ professionnel (각료·사법관 따위의)취임 선서. prestation de ~ 〖법〗(임무의 수행·법정에서의)증언 따위를 하기 전의)선서. (promettre) sous la foi du ~ …의 맹세 하〔下〕에. ~ *d'ivrogne* (*de joueur, d'amoureux*) 〔구어〕(취한 사람·노름꾼·연인의)믿을 수 없는 맹세.
sermologe [sεrmɔlɔːʒ] *n.m.* 〔옛〕(교황 따위의)설교집.
sermon [sεrmɔ̃] *n.m.* ① 〖종교〗설교, 강론. prononcer l'hymne ~ sur *qc* …에 관하여 설교하다. *S*~ sur la montagne 〖성서〗산상보훈. ② 〔구어〕〔경멸〕지루한 훈계. manie de faire des ~s à tout

le monde 아무나 붙잡고 훈화를 늘어놓는 버릇.
sermonnade [sɛrmɔnad] *n.m.* 《구어》귀찮게 늘어놓는 훈화[잔소리].
sermonnaire [sɛrmɔnɛːr] *n.m.* ① 설교집. ② 설교작가. —*a.* 《드물게》설교의.
sermonner [sɛrmɔne] *v.t.* 《구어》설교를 늘어놓다. —*v.i.* 《옛》설교하다.
sermonneur(se) [sɛrmɔnœːr, -φːz] *n.* (남에게)설교하기 좋아하는 사람, 잔소리꾼. —*a.* 설교하기 좋아하는, 잔소리 많은.
séro- *préf.* 「혈청」의 뜻.
séro(-)diagnostic [serodjagnɔstik] *n.m.* 《의학》혈청 진단(법).
sérologie [serɔlɔʒi] *n.f.* 《의학》혈청학.
sérologique [serɔlɔʒik] *a.* 《의학》혈청학의.
séro(-)pronostic [seroprɔnɔstik] *n.m.* 혈청 반응에 의한 예후추정(豫後推定).
séro(-)réaction [seroreaksjɔ̃] *n.f.* 《의학》혈청 반응.
sérosité [serozite] *n.f.* 《생리》장액(漿液)(성).
sérothérapie [seroterapi] *n.f.* 《의학》혈청 요법.
sérothérapique [seroterapik] *a.* 《의학》혈청 요법의.
sérotine[1] [serɔtin] *a.* 《의학》자궁 내막의. —*n.f.* (membrane) 《의학》자궁 내막. 「종.
sérotine[2] *n.f.* 《동물》(프랑스에 흔한)박쥐의 일
sérotonine [serɔtɔnin] *n.f.* 《생화학》세로토닌 (혈관 따위의 평활근을 수축시키는 결정 화합물).
sérovaccination [serovaksinasjɔ̃] *n.f.* 《의학》혈청 면역.
serpe [sɛrp] *n.f.* (나무베기·가지치기에 쓰이는)낫가끼. **fait[taillé] à la(à coups de)** ~ (윤곽이)거칠고 투박하게 생긴[만들어진].
***serpent** [sɛrpɑ̃] *n.m.* ① 《동물》뱀. ~ à lunettes[à coiffe] 코브라. ~ à sonnettes 방울뱀. ~ de mer (전설의)큰 바다뱀. ~ de verre (발 없는)도마뱀. ~ devin 보아(왕뱀의 일종). ~ marin 바다뱀. ~ venimeux 독사. ~ de Pharaon 뱀 모양의 꽃불. ② 교활(간사·흉악)한 자, 배반자; 《종교》악마, 유혹하는 자. ruse de ~ 뱀과 같은 간교한 피. langue de ~ 독설가. ③《옛》《음악》뱀 모양의 관악기(의 취주가). ④ (S~) 《천문》뱀좌. ⑤ 《항공》기구(氣球)하강의 완충용 밧줄. ⑥《연금술》수은. ⑦《경제》외환시세 변동폭; 스네이크. ~ monétaire européen 구라파 공동체의 공동변동환율제. ⑧ 뱀 모양의 것. ~ de fumée 구불구불 피어오르는 연기.
réchauffer un ~ dans son sein《문어》자기 품안에 뱀을 기르다, 배은망덕한 자에게 호의를 베풀다.
~ caché sous les fleurs 눈에 띄지 않는 위험.
serpentaire[1] [sɛrpɑ̃tɛːr] *n.f.* ①《식물》뱀에 물렸을 때 효력 있다는 약초(아룸속(屬)의 식물).
serpentaire[2] *n.m.* ①《조류》사식조(蛇食鳥).
serpentant(e) [sɛrpɑ̃tɑ̃, -ɑ̃ːt] *a.* (길·시내 따위가)구불구불한, 사행(蛇行)의.
serpente [sɛrpɑ̃ːt] *n.f.* ① (뱀 무늬가 있는 투명한)얇은 종이(papier à la ~). ② 《옛》뱀의 암컷.
—*a.* papier ~ 뱀 무늬가 있는 얇은 종이.
serpenteau [sɛrpɑ̃to] (*pl.* ~**x**) *n.m.* ① 새끼 뱀. ② 뱀 모양의 꽃불. ③ 뱀 모양의 매듭.
serpentement [sɛrpɑ̃tmɑ̃] *n.m.* 《드물게》(길·시내·선 따위의)구불구불한 모양, 사행, (코일 따위의)감긴 모양.
serpenter [sɛrpɑ̃te] *v.i.* (길·강 따위가)구불구불하다, 사행하다. Le ruisseau *serpente* à travers la prairie. 시냇물이 초원을 꾸불꾸불 누비며 흐른다.
—*v.t.* 《해양》(밧줄을) 뱀처럼 돌려 매듭을 짓다.
serpentin(e) [sɛrpɑ̃tɛ̃, -in] *a.*《문어》뱀의, 뱀과 같은,

뱀 모양의; 뱀껍질같은 반점이 있는; 구불구불한, 기복있는. danse ~*e* 뱀처럼 몸을 뒤트는 춤. ligne ~*e* 구불구불한 선. marbre ~ 사문암[석]. langue ~*e* 독설가.
—*n.m.* ① (축제에 쓰는)색색이테이프. lancer des ~*s* 테이프를 던지다. ② (증류기 따위의)나선관, 사관(蛇管), 선륜(線輪). ③《옛》대포의 일종.
—*n.f.* ①《광물》사문암(蛇紋岩). ②《식물》(브라질산)스네이크우드; (인도의)뱀나무, 세르펜티나. ③《승마》뱀의 ≪乘馬≫ 뱀의(蛇行).
serpette [sɛrpɛt] *n.f.* (나뭇가지를 자르는)작은 낫. ~ de vigneron 포도 자르는[따는] 나이프.
serpigineux(se) [sɛrpiʒinφ, -φːz] *a.*《의학》포행성(匍行性)의.
serpigo [sɛrpigo] *n.m.*《의학》포행진(疹), 이리저리 옮아가는 옴[피부병].
serpillière [sɛrpijɛːr] *n.f.* ① 걸레; (부스러기 삼으로 거칠게 짠)앞치마. ②《옛》(거칠게 짠)포장용 마포(麻布).
serpolet [sɛrpɔlɛ] *n.m.*《식물》백리향의 일종.
serpule [sɛrpyl] *n.f.*《동물》세르풀라(환형 동물의 일종).
serrage [sɛraːʒ] *n.m.* (매듭·나사 따위를)죄기; 죈 상태. collier de ~ 죔고리. ~ des freins 브레이크를 걸기.
serran [sɛrɑ̃] *n.m.*《어류》농어과(科)의 일종(perche de mer).
serranidés [seranide] *n.m.pl.*《어류》농어과.
serrate [sɛrat] *a.* (은화의)가장자리가 톱니 모양의. monnaies ~*s* 가장자리가 톱니 모양의 주화.
serratiforme [seratiform] *a.* 《드물게》톱니 모양의.
serratule [seratyl] *n.f.* 《식물》산비장이.
serre [sɛːr] *n.f.* ① 온실(~ chaude). plante sous ~ chaude 온실에서 가꾼 식물. plante sous ~ 유리낀 온상에서 가꾼 식물. mettre[faire pousser] une plante en ~ 식물을 온실에서 키우다. effet de ~ 《기상》온실 효과. ②《어업》(물고기를 넣어두는)어살; 《수어》감옥. ③ (포도 따위의)압착(pressurage); 《야금》 주물 모래를 형틀에 채우기. donner un deuxième ~ au raisin 포도에 두 번째 압착을 가하다. ④ (종종 *pl.*)(맹금·맹수의)발톱; (사람의)악력(握力). ⑤《해양》선박 측면의 세로 재목; 《지리》가늘고 긴 융기; 《의학》(외과용)클립핀셋의 일종.
avoir la ~ bonne (손 따위가)쥐는 힘이 세다; 깍쟁이이다; 비행이 신랄하다. *fruit de ~ chaude* 온실재배한 과일; 온실에서 자랐듯한 조숙한 아이.
serré(e) [sɛre] *a.p.* ① (옷이)몸에 붙는, 꽉 죄는; 꽉 죄어진, 답답한(↔*large*). robe ~*e* 꼭 끼는 원피스. ② 밀집한, 빽빽한, 촘촘한, 긴밀한(compact, dense, ↔*clairsemé*); 근접한; (길 따위가)좁은. tissu ~ 촘촘한 천. écriture ~*e* 빽빽하게 가득 써놓은 글씨[잔글씨]. en ligne ~*e*《군사》밀집종대로. à distance ~*e* 근거리에서. maisons ~*es* 밀집한 가옥. voyager ~*s* dans une voiture 차 속에 꼭 붙어서 여행하다. pouls ~ 빠른 맥박. ③《추상적》빈틈없는, (실력·차이 가)좁혀진; 긴박한, 치열한. jeu ~ 정신을 집중한[신중한] 게임운영. jouer une partie ~*e* 신중히 게임을 하다. lutte ~*e* 백중의 치열한 싸움; 접전. surveillance ~*e* 엄중한 감시. ④ (문체·말 따위가)간결한, 밀도 있는 (concis); (이론·비평 따위가)정밀(면밀·치밀)한 (rigoureux); (번역이)원문에 충실한. style ~ 간결한 문체. critique ~*e* 치밀한 비평. traduction ~*e* 정확한 번역. étude ~*e* 정밀한 연구. discussion ~*e* 격론. ⑤ (재정적으로)곤궁한, 옹색한(gêné); 《구어》인색한. vie ~*e* 옹색한 생활.

avoir le cœur ~ 가슴이 쥐어짜는[메는] 듯하다.
avoir le ventre ~ 변비이다. 〔고〕.
les dents(**lèvres**) ~**es** 이를 악물고[입술을 꽉 다물]—*ad.* ①신중하게, 조심스럽게. jouer ~ 신중하게 게임[처신]을 하다. ②빽빽[촘촘]하게, 밀도있게, écrire ~ 자간(행간)을 꽉 채워쓰다. semer ~ 사이가 촘촘하게 씨를 뿌리다. geler ~ 꽁꽁 얼다. dormir ~ 숙면하다, 깊이 푹 자다. ③〔옛〕심히, 몹시. mordre ~ 몹시 깨물다. mentir ~ 〔구어〕천연스럽게 거짓말하다. vivre ~ 옹색하게 살다.

serre-bijoux [sɛrbiʒu] *n.m.* (복수불변) 보석함, 보석상자.
serre-bosse [sɛrbɔs] (*pl.* ~-~(*s*)) *n.m.* 〖해양〗닻몸을 잡아매는 밧줄.
serre-bouchon [sɛrbuʃɔ̃] (*pl.* ~-~(*s*)) *n.m.* 죄는〔기구.
serre-écrou [sɛrekru] *n.m.* (복수불변) 스패너, 나사돌리개.
serre-file [sɛrfil] (*pl.* ~-~(*s*)) *n.m.* (후퇴하는 부대의) 후미병(하사관); (전투·수송중의)후비함.
serre-fils [sɛrfil] *n.m.* (복수불변) 〖전기〗접속관, 클램프.
serre-fine [sɛrfin] *n.m.* 〖외과〗 (상처의)봉합용 겸자(鉗子).
serre-frein(s) [sɛrfrɛ̃] *n.m.* (복수불변) 〖철도〗제동수, 브레이크 거는 사람.
serre-joint(s) [sɛrʒwɛ̃] *n.m.* (복수불변) (나사로된)겨맞못, 쬠쇠, 클램프.
serre-livres [sɛrli:vr] *n.m.* (복수불변) 북엔드, 책꽂이틀(presse-livre).
serrement [sɛrmɑ̃] *n.m.* ①꽉 쥐기; 꽉 죄기. ~ de cœur 상심, 비통한 심정. ~ de main 악수. ②〖광산〗(갱도내의 침수를 막는)방수 간막이.
serrément [sɛremɑ̃] *ad.* 〔옛〕신중하게, 째째하게.
serre-nez [sɛrne] *n.m.* (복수불변) 〖수의〗(말의)코 비트는 막대(tord-nez).
serre-papiers [sɛrpapje] *n.m.* (복수불변) ①〔옛〕서류 분류함, 서류 끼우개. ②〔드물게〕서진(書鎭), 문진.
‡**serrer** [sere] *v.t.* ①꽉 쥐기, 힘주어 잡다; 꽉 죄다; 꽉 집다. ~ les poings 주먹을 꽉 쥐다. ~ les dents 이를 악물다. ~ *qn* à la gorge; ~ la gorge à *qn* …의 목을 조르다. ~ *qn* dans(entre) ses bras (contre son cœur)…을 껴안다(포옹하다). ~ la main à(de) *qn* …와 악수하다. L'annonce de ce malheur lui serra le cœur. (비유적) 그 비보를 듣고 그는 가슴이 찢어질 듯했다.

②사이를 촘촘히[빽빽하게]하다, 좁히다, 압축하다, 밀집시키다; (몸 따위를)죄어 거북하게 하다. ~ sa ceinture 허리띠를 죄다. Cette robe me serre. 이 원피스는 꼭 끼어서 거북하다. une écriture [les mots] 글씨를 촘촘히 쓰다. ~ les rangs 대열(거리·간격)을 좁히다. être trop serré à (la) table 테이블에 꽉 끼어앉다. en serrant 〖음악〗점점 빠르게.

③ (글·문제를)간결하게 쓰다, 밀도 있게 쓰다; (이론 따위를)치밀[면밀·정밀]하게 하다. une traduction 정확하게 번역하다. ~ le texte de près (번역 따위가)원문에 매우 충실하다. ~ une question de près 문제를 면밀히 규명하다.

④ (노끈·밧줄 따위를)감다, 접다, 챙기다; 묶다, 잡아매다; (나사 따위를)죄다, (브레이크를)걸다. ~ un nœud 매듭을 죄다. ~ un frein 브레이크를 걸다. ~ un fagot 나뭇단을 묶다. ~ un robinet (수도)꼭지를 꽉 잠그다. ~ *qc* dans un étau …을 바이스에 물리고 죄다. ~ une voile 돛을 거두다.

⑤근접(육박)하다; 근접하여(옆에 끼고)가다. ~ une ville (군대 따위가)도시에 육박하다. ~ *qn* dans un coin …을 구석으로 몰다. ~ *qn* de près …을 맹렬히 추격하다. ~ *qn* de questions …에게 질문을 퍼붓다. ~ le trottoir en garant sa voiture 보도에 붙여서 주차시키다. ~ sa droite [à droite, sur sa droite] (자동차를)도로의 오른쪽에 붙여서 운전하다. ~ le vent 〖해양〗바람 불어 오는 쪽으로 비스듬히 나아가다.

⑥〔속어〕훔치다; (감옥에)잡아넣다.
⑦〔옛〕(에)집어넣다, 치우다, 보관하다; 잠그다. ~ le blé 밀을 광에 저장하다.

~ ***la queue (entre les jambes)*** (개 따위가)꼬리를 감추다; (사람이)쥐구멍을 찾다, 걱정(실망)하다.
~ ***(les cordons de) la bourse*** 절약하다, 재물을 아끼다.
~ ***son jeu*** 〖게임〗을 신중하게 하다, 빈틈없이 해나가다.

—**se** ~ *v.pr.* ①(코르셋 따위로)몸을 꽉 죄다. se ~ la ceinture 자기의 허리띠(안전벨트)를 매(죄)다; 마음먹지 않고 견디다, 생활비를 줄이다.

② 바싹 다가서다. [se ~ contre *qn*] L'enfant, apeuré, se serre contre sa mère. 그 아이는 겁을 먹고 어머니에게 바싹 다가선다.

③(상호적)서로 바싹 죄다[다가서다], 서로 …을 죄다. Serrez-vous! 좀 좁혀 주시오. se ~ la main [les mains] 서로 악수하다.

④(수동적)죄어지다, (입술 따위가)꽉 다물어지다. Le cœur se serre. 가슴이 찢어질 듯하다.

serre-rail(s) [sɛrra:j] *n.m.* (복수불변) 레일을 침목에 고정시키는 쐐기.
serre-tête [sɛrtɛt] *n.m.* (복수불변) 머리수건, 머리띠, 헤어밴드; 비행모. ~ d'aviateur (de skieur)비행(스키)모.
serrette [sɛrɛt] *n.f.* 〖식물〗산비장이속(屬)의 식물(sarrette).
serre-tube [sɛrtyb] *n.m.* (복수불변) (파이프를 죄는)체인달린 파이프렌치(멍키 스패너).
serricorne [sɛrikɔrn] 〖곤충〗*a.* 톱니 모양의 촉각이 있는. —*n.m.pl.* 거각류(鋸角類)의 곤충.
serriste [sɛrist] *n.* 온실(온실)재배 전문가.
serron [sɛrɔ̃] *n.m.* 〔옛〕(약을 넣어 운반하는)약갑.
serrure [sery:r] *n.f.* 자물쇠(→ porte 그림). ~ de sûreté 안전자물쇠. ~ à combinaisons(secrète, à secret) 글자 맞추기식 자물쇠. ~ d'un coffre-fort 금고자물쇠. poser une ~ à(sur) la porte 문에 자물쇠를 달다. laisser(mettre) la clef dans(sur) la ~ 자물쇠에 열쇠를 꽂아넣다. crocheter une ~ 고리로 걸쇠질하여 자물쇠를 열다. brouiller la ~ 자물쇠를 부수다. faire jouer la ~ 자물쇠를 열다. trou de la ~ 열쇠 구멍. *Sa* ~ *est brouillée.* 〔속어〕그는 머리가 좀 이상하다.
serrurerie [seryrri] *n.f.* 자물쇠(철물)등속 제조업(공장); 자물쇠 장사. grosse ~ (대들보·도리 따위)철재(설치공사).
serrurier [seryrje] *n.m.* 자물쇠공(상인); 철물공; 자물쇠·철물 제조(설치) 청부인.
ser-s, -t [sɛːr] ⇨servir.
sertão [sɛrtɑ̃] *n.m.* 〖포르투갈〗(브라질 북동부의)목장지대.
serte [sɛrt] *n.f.* (보석 따위를)끼우기, 박기.
serti [sɛrti] *n.m.* 끼워(박아)넣어 만든 세공품.
sertir [sɛrti:r] *v.t.* (보석·부품품·유리 따위를)끼우다, 박아(enchâsser); (금속부품을)끼워넣는 식으로 접합하다.
sertissage [sɛrtisaʒ] *n.m.* (보석 따위의)끼우기(박기)(작업)(serte); 끼우기(박기) 공법; (2개의 금속부품 따위의 끼우기(박기)식)접합고정(법).
sertisseur(se) [sɛrtisœːr, -øːz] *n.* 반지에 보석을 끼우는(박는)사람; (2개의 금속부품을 끼우기(박

기)식(으로)접합고정 작업을 하는 직공. —*n.m.*
(엽총의)탄약 장전기. —*n.f.* 통조림 밀봉기.
sertissure [sɛrtisy:r] *n.f.* 보석을 박는(끼우는)법;
(보석을 무는)거미발.
sérum [serɔm] 《라틴》 *n.m.* ① 《의학》 혈청(~
sanguin); (치료용의)혈청. ~ artificiel 인공혈청.
~ antidiphtérique 디프테리아 혈청. ② 《생리》
장액(漿液); 《옛》유액(乳液).
sérum-albumine [serɔmalbymin] *n.f.* 《의학》 혈
청 단백(알부민).
sérum-globuline [serɔmglɔbylin] *n.f.* 《의학》 혈
청 글로불린.
servage [sɛrva:ʒ] *n.m.* ① 농노(serf)의 신분. ② 굴
종, 예속, 노예 상태(esclavage, servitude).
serval [sɛrval] (*pl.* ~s) *n.m.* 《동물》 (아프리카산
의)샴쾡이의 일종.
servan(t) [sɛrvɑ̃] *n.m.* (남프랑스 지방의)백포도 묘
목(품종).
servant(e) [sɛrvɑ̃, -ɑ̃:t] (*p.pr.*<*servir*) *a.* ① 봉사하
는; 잡일을 하는. frère ~ 《종교》 조수사(助修
士), 노동 수사. ② 추종하는. cavalier (chevalier)
~ 옛날 귀부인을 흠모하여 시중드는 기사; 여성의
시중을 들어주고 환심을 사는 사람.
— *n.m.* ① 《군사》 포수; 《테니스》 서브넣는 사
람. ② 시종; 《옛》종.
servante [sɛrvɑ̃t] *n.f.* ① 《옛·사투리》하녀, 식모
(bonne). Je suis votre ~ 소녀 올림 (여자가 편지
끝에 쓰는 말); 《문어》아니오, 괜찮습니다 (빈정대
며 거부하는 표현). ~ de Jésus-Christ (des pau-
vres) 수녀. ② 부(副)식탁; (마차·짐수레 따위의)
궤대 (긴 일감을 다룰 때)덧대는 보조 작업대; (극
장의)작은 전등.
servante-maîtresse [sɛrvɑ̃tmɛtrɛs] (*pl.* ~s-~s)
n.f. 《옛》살림살이의 실권을 쥔 가정부(家政婦).
serve[1] [sɛrv] *n.f.* ⇨serf.
serve[2] *n.f.* ① (농가 뜰에 있는)가축이 물마시는 연
못. ② (물고기 넣어두는)어살.
serveur(se) [sɛrvœ:r, -ø:z] *n.* ① (가정에서 임시 고
용한)사사 시중드는 사람; (식당 따위의)웨이트레
스, 여급사. ② 《카드놀이》 패를 나누는 사람;
《테니스》 서브넣는 사람; (기계의)연료 보급계.
servi(e) [sɛrvi] servir의 과거분사.
serviabilité [sɛrvjabilite] *n.f.* 친절, 남의 일보기
좋아하는 성질.
serviable [sɛrvjabl] *a.* 서글서글한, 남의 일보기 좋
아하는.
serviablement [sɛrvjabləmɑ̃] *ad.* 《드물게》서글서
글하게, 친절하게.
‡**service** [sɛrvis] *n.m.* ① ⓐ (관공서 따위의)업무, 공
익업무. ~ de fourniture du courant électrique 전
력공급. ~-s publics 공공사업. ~ des transports
(postes)운수(우편)업무. ⓑ (회사 따위의)영업부
문, 영업과; (**종종** *pl.*)(경제에서의)서비스 부문
(업·활동); 《경제》용역; (공적인)기관; (관공서
따위의)국, 부, 과; (병원의)과(科). ~ adminis-
tratif 행정기관. ~ d'informations 공보과; (신문
따위의)보도(정보)부. ~ du personnel 인사과. ~
du matériel 자재과. ~ social (회사 따위의)후생
복지과. ~ central d'une société 회사의 본사
(점). chef de(du) ~; directeur du ~ 부(국·과)
장. ~ de chirurgie 외과. ~ de santé 《군사》위
생과. ~ des eaux 급수과(사업). ~ d'ordre 치안
기관, 치안계.
② (교통·우편 따위의)편. assurer (faire) le ~ en-
tre A et B, A와 B 사이를 연락(운행)하다. mettre
en ~ (버스 따위를)취항(운행)시키다. Il y a
un ~ aérien tous les jours. 매일 1회 항공편이 있

다. ~ de voyageurs(passagers) 여객편. ~ de
marchandises 화물편. ~ d'été(d'hiver) 하계(동
계) 운행. ~ assuré toute l'année 연중운행.
③ 근무, 복무, 병역 ~militaire), heures de ~ 근
무시간. ~ sédentaire 내근. ~ courant(de nuit)
평상(야간)근무(영업). en ~ commandé 집무 중
에. être de ~ 근무(당직)하다. officier de ~ 당
직장교. ~ à bord(en campagne, en temps de
paix) 함상(야전·평시)근무. être en dehors du ~
비번(근무 외)이다. avoir vingt ans au ~(s) 20년
근속이다. Il est depuis cinq ans au ~ de cette
entreprise. 그는 5년전부터 이 기업에 근무하고 있
다. Il fait bien son ~. 그는 근무 상태가 양호하
다. faire son ~ (militaire) 군복무를 하다. bon
pour le ~ 병역에 적합한. états de ~(경)력.
entrer (se mettre) au ~ ~ 입대하다. ~ actif(obliga-
toire) 현역(의무병역).
④ 사용, 쓸모, 소용, 효용. faire un bon ~ 훌륭히
소용되다, 쓸모가 있다. hors de ~ 쓸모없는, 노후
한; 퇴역의. rendre ~ 쓸모가 있다. taxe de ~ 사
용요금. de bon ~ (옷·천 따위가)오래 입을 수 있
는, 질긴. Ces chaussures feront un long ~. 이 구
두는 오래 갈 것이다. Ses jambes refusaient le ~.
그의 두 다리는 말을 안듣는다.
⑤ (정기 간행물 따위의)발송(expédition); 배포
(distribution). ~ de presse 보도관계 기증(서)
(약자)S.P.); (스타 따위의)신문기자담당; (회사
따위의)공보과. faire le ~ gratuit d'un journal 신
문을 무료 배포하다.
⑥ (주인·임금·신 따위를)섬기기, (하인의)근무,
봉사; (제식·미사·예배·기도 따위의)의식. femme
de ~ (학교 따위의)잡역부. être au ~ de qn …에
게 봉사하고 있다. entrer au ~ de qn …의 집에 고
용되고 있다. escalier de ~ (식모·상인들이 사용
하는)뒷계단. se mettre au ~ de l'État 국가에 봉
사하다. se consacrer au ~ de Dieu 신에게 봉사하
다; 자선을 위해 봉사하다; 성직자가 되다. ~
funèbre 죽은 사람을 위한 의식《종교의식 따위》.
⑦ ⓐ 식사시중; (음식·반찬 한벌에 내놓는)요리 가짓수.
C'est la bonne qui fait le ~. 식사시중을 드는 것은
하녀이다. premier(second) ~ (기차 따위에서 몇
번에 나누어 손님을 받을 때)첫(두)번째 식사 서비
스. ⓑ (레스토랑 따위의)서비스, 봉사; 봉사료,
팁. 10% pour le ~. 서비스료로 10%(가산). res-
taurant libre ~ 셀프서비스 식당. ~ compris 봉사
료를 포함하여. Le ~ est en plus. 서비스료는 별도
이다. Le ~ est bien dans cet hôtel. 이 호텔의 서
비스는 좋다. ~ après-vente 애프터서비스.
⑧ 식기 한 벌, 식탁보와 냅킨 한 벌. ~ à découper
식탁용 나이프 한 벌. acheter un ~ à café 커피 세
트를 한 벌 사다.
⑨ (테니스 따위의)서브. deux fautes de ~ 서브의
더블폴트. être au ~ 서브할 차례이다.
⑩ (누구·무엇을 위해)도움이 되기, 도움, 조력
(aide, appui). demander un ~ à un ami 친구에게
도움을 청하다. offrir ses ~-s ; faire offre de ~ 힘
껏 돕겠다고 말하다. À votre ~. (감사의 말에 대
하여)원 천만의 말씀입니다. Qu'y a-t-il pour
votre ~? 도와드릴 일은 없나요? Vous remer-
cie du ~ que vous m'avez rendu. 도와주셔서 감사
합니다. homme de ~ 부담없이 심부름을 해주는
⑪ (극장의)우대(초대)권. ㄴ사람.
⑫ (종다리)앞줄에 붙이기.
être à cheval sur le ~ 《구어》 *être* ~(-)~ (부하
의 근무에)엄격하다, 잔소리가 심하다.
rendre ~ à qn …을 위하여 힘쓰다(도움이 되다).
rendre un mauvais ~ à qn (도와주려고 한 일이)

…에게 해를 끼치다; …을 난처하게 만들다.
serviette [sɛrvjɛt] *n.f.* ① 냅킨(~ de table); 타월, 수건(~ de toilette). ~ en papier (식탁에서 쓰는)종이 수건. ~s hygiéniques 생리대. ② 서류가방, 책가방.

serviette-éponge [sɛrvjɛtepɔ̃:ʒ] (*pl.* ~**s**-~**s**) *n.f.* 수건, 타월.

servile [sɛrvil] *a.* ① 노예의; 노예 같은(근성의). condition ~ 노예의 신분(신세). œuvres ~s 《가톨릭》 (안식일·축제일에 금지된)육체노동. crainte ~ 《신학》신의 징벌에 대한 외포심(畏怖心). guerre ~ 《로마사》노예전쟁. ② 천한, 비굴한. flatterie ~ 비굴한 아첨. esprit ~ 노예근성. ③ 목적인, 맹신적인; 너무 구애된. imitation ~ 맹목적 모방. traduction ~ 원문에 너무 구애된 번역. ④ lettres ~s 《언어》 (헤브라이어)어간과 함께 굴절(屈折)을 나타내는 글자.

servilement [sɛrvilmɑ̃] *ad.* ① 노예처럼; 비굴하게. ② 맹종적으로.

servilisme [sɛrvilism] *n.m.* 사대주의, 노예근성.

servilité [sɛrvilite] *n.f.* 노예근성; (유행 따위의)맹종; 지나친 구애.

‡**servir** [sɛrvi:r] [18] *v.t.* ① 모시다, 섬기다; 일하다, 봉사하다. ceux qui *servent* Dieu 하느님을 섬기는 사람들. ~ sa patrie(l'État) 조국(국가)에 봉사하다. L'artiste *sert* l'art. 예술가는 예술을 섬긴다. ~ la messe 미사의 복사(服事)를 맡아보다.
② 고용되다, 하인이 되다, 시중을 들다. ~ une dame 한 부인에게 고용되어 있다; 한 부인의 비위를 맞추려고 애쓰다. ~ un bon maître 종으로서)좋은 주인을 모시다.
③ (의)식사시중을 들다(~ à table), 대접하다. [~ *qn*] *Sers*-moi, je meurs de faim. 먹을 것을 다오, 배고파 죽겠어. ~ ses invités à table 초대객들의 식탁시중을 들다. Madame est *servie*; 《구어》 C'est *servi*. 마님 식사준비가 다 되었습니다; 상 차렸어요.
④ (음식물·요리 따위를)내놓다, 대접하다. [~ *qc* à *qn*] A sept heures, elle *sert* le petit déjeuner à son mari. 7시에 그 여자는 남편에게 아침식사를 차려준다. ~ Servez-nous la soupe. 우리에게 수프를 주세요. (주어는 사물) Le dîner est *servi*; 《구어》 C'est *servi*. 저녁 준비가 되었습니다. [~ à dîner à *qn*] Elle lui *a servi à dîner* vers neuf heures. 우리는 9시경에 저녁식사를 대접받았다. [~ à boire à *qn*] Elle lui *a servi* à boire. 그 여자는 그에게 마실 것(술)을 대접했다. [~ *qc*+속사] On *sert* la soupe chaude. 수프를 데워서 내놓다.
⑤ (목적보어 없이) (군에)복무하다. J'ai *servi* pendant la guerre. 전쟁 중에 군에 복무했다. en âge de ~ 징병적령의.
⑥ (상인이)손님의 시중을 들다, 손님을 대하다; (식료품을)팔다. Ce commerçant *sert* bien ses clients. 이 상인은 고객에 대한 서비스가 좋다. ~ un kilo de farine à un client 한 손님에게 밀가루 1킬로를 팔다.
⑦《구어》화제를 제공하다, 지껄이다. ~ un mauvais compliment 쓸데없는 찬사를 늘어놓다.
⑧ 공급하다, 주다, 돌리다. ~ des cartes 카드를 돌리다. ~ la balle 《테니스》공을 서브하다. ~ une rente à *qn* 연금을 …에게 지불하다. ~ (un animal) au couteau 《사냥》(동물을)죽이다.
⑨ (총·대포 따위를)다루다, 조작하다; (펌프·수차 따위를)움직이다. Ce cours d'eau *sert* le moulin. 이 물길이 물레방아를 움직인다.
⑩ (암컷과)교미하다.
⑪ 돕다(aider), 도움이 되다, 도움을 주다. 도와주다, 구제하다(secourir), 원조하다(appuyer). être prêt à ~ ses amis 언제든지 자기 친구를 도우려 하다. En quoi puis-je vous ~? 제가 도와드릴 일은 없습니까? Sa mémoire l'*a* mal *servi*. 그의 기억은 도움이 되지 못했다, 기억이 분명치 않았다. ~ *qn* avec(de) son argent 자기 돈으로 …을 돕다.
⑫ 만족시키다. ~ les passions de *qn* …의 욕망을 만족시키다.
En fait d'embêtements, nous avons été servis. 난처한 일이라면 우리들에게는 선물이 나도록 많다.
On n'est jamais si bien servi que par soi-même. 스스로 하는 것이 가장 좋다.
Pour vous ~, Monsieur(Madame). 《옛》에 그렇습니다; 무엇이든지 하명해주십시오.
— *v.t.ind.* [~ à] ① …에 쓰이다, 소용되다(être utile); …에 쓰이다, …에 도움이 되다. [~ à *qn*] Ça *sert* aux chasseurs. 그것은 사냥꾼들에게 소용된다. Ce livre me *sert* beaucoup. 이 책은 나에게 큰 도움이 된다. (목적보어 없이) Ce dictionnaire ne *sert* plus. 이 사전은 이제 도움이 되지 못한다. [~ à *qc*] Cet outil *sert à* beaucoup de choses. 이 연장은 용도가 다양하다. A quoi cela *sert*-il? 그것은 무엇에 소용됩니까?; 그것이 무슨 소용이 있읍니까? Cela ne *sert à* rien(de rien). 그것은 아무 소용도 없다; 아무짝에도 쓸모가 없다. [~ à *qc* à *qn*] A quoi ça vous *sert*? 그것이 당신에게 무슨 소용이 있읍니까? (비인칭) Rien ne *sert* (Il ne *sert à* rien) de lui parler. 그에게 말해보았자 아무 소용 없다. Cela ne me *sert à* rien. 그것은 나에게 아무 소용도 없읍니다. [~ à+*inf.*] Le couteau *sert* à couper. 칼은 자르는 데 쓰인다. Cet appareil *sert* à ouvrir les huîtres. 이 기구는 굴을 까는데 쓰인다.
② [~ à *qn* de+명사나 명사구] …의 구실을 하다, 대신하다. Cela vous *servira de* leçon. 그건 당신에게 교훈이 될 것이다. Elle *a servi* de secrétaire à son père. 그 여자는 아버지의 비서노릇을 했다. Cette planche me *sert de* table. 이 널빤지는 나에게 테이블로 사용된다.
③ 《옛》 [~ à *qn*] …을 섬기다, …에 예종(隸從)하다 (목적보어 없이도 쓰임).
— **se** — *v.pr.* ① [se ~ de *qc*] (요리를)자기 접시에 덜어놓다, (술을)자기 잔에 따르다. Servez-vous de salade. 샐러드를 드십시오. Il *se sert* de vin. 그는 포도주를 제손으로. (자기 것에) 따른다. (목적보어 없이) Servez-vous. 어서 드세요. Qui *se sert* bien *servi*. 《속담》자기 일을 스스로 하는 자는 좋은 종을 거느린 것과 다름없다.
② [se ~ de *qc*] 쓰다(user de), 사용하다, 이용하다. Il *se sert* souvent *d'un* dictionnaire. 그는 자주 사전을 사용한다. Il voulait se ~ de toi. 그는 너를 이용하고 싶어했다.
③ (물건·식료품을)구입하다(se fournir). *se* ~ chez un marchand 상점에서 물건을 사들이다.
④ (음식·술 따위가)차려지다. Ce vin doit se ~ frais. 이 포도주는 차게 해서 먹어야 한다.
⑤ 서로 소용이 되다, 서로 도움이 되다.

servi-s, -t [sɛrvi] ⇨servir.

servites [sɛrvit] *n.m.pl.* 《종교》성모마리아 종복회(從僕會) (회원) (1233년 이탈리아에서 설립).

serviteur [sɛrvitœ:r] *n.m.* (*f.* servante) ①《옛》종, 하인, 머슴(domestique, valet). ~ à gages 고용인. ~ de Dieu 천주를 섬기는 사람; 독실한 신자.
② 《문어》봉사자. ~ de l'État 공복, 공무원, 관리. Votre ~ 《상대방에 대하여 장난투로 쓰는》소생(moi-même).
Je suis votre ~; Votre très humble ~; S~. 《옛》에 올림(편지끝의 인사말). ⓑ 인사드립니다; 감사합

니다(인사·감사의 말). ⓒ(반어적) 괜찮습니다 (거절의 말).

servitude [sɛrvityd] *n.f.* ① (옛) 노예 상태 [신분] (esclavage); 예속, 종속, 굴종(asservissement, soumission); 질곡(joug). se délivrer de toute ~ 일체의 구속에서 벗어나다. mettre *qn* en ~ …을 예속시키다, 굴종시키다. réduire *qn* en ~ …을 노예로 만들다. ②(비유적) 구속, 속박, 의무(contrainte, obligation). ~ grammaticale 문법적 구속. ~ de la mode 유행의 구속. ~ d'un métier 직업상의 구속(의무). ③ 〖법〗 지역권(地役權)(공익을 위해 소유지에 부과되는 권리체계). ~ de passage 통행권. ~s défensives(militaires) 방위 [군사] 지역권(방위·군사 시설에 인접한 토지에 있어서의 사용권 제한). bâtiment de ~ 〖해군〗 항만 잡역선.
servo- *préf.* (기계의) 「자동·보조·제어」의 뜻.
servocommande [sɛrvɔkɔmãd] *n.f.* 〖기계〗 자동 제어 장치(강화 장치를 사용하는 자동제어).
servo(-)direction [sɛrvɔdirɛksjɔ̃] *n.f.* (자동차 따위의)조향[조타] 강화 장치, 파워스티어링.
servo(-)frein [sɛrvɔfrɛ̃] *n.m.* (자동차 따위의)자동 브레이크.
servo-graisseur [sɛrvɔɡrɛsœːr] *n.m.* (자동차 따위의)고압 주유기.
servo(-)mécanisme [sɛrvɔmekanism] *n.m.* 자동제어 장치.
servo(-)moteur [sɛrvɔmɔtœːr] *n.m.* 보조전동기. ~ de gouvernail 조타수(操舵機).
ses [se, (옛) sɛ] *a.poss.* ◊son¹.
S.E.S. 〖약자〗 secteur d'éducations spécialisées 특수교육 부문.
sésame [sezam] *n.m.* ① 〖식물〗 참깨. huile de ~ 참기름. ②(비유적) le ~; le «~», ouvre-toi» 난관돌파의 주문(呪文) 또는 비결(아라비안 나이트에서 Ali-Baba가 사용한 주문에서 유래). Sa lettre de recommandation serait le meilleur ~. 그의 소개장이 가장 효과적일 것이다.
sésamées [sezame] *n.f.pl.* 〖식물〗 참깨속(屬).
sésamoïde [sezamɔid] 〖해부〗 *a.* 참깨알 모양의. os ~ 종자골(種子骨). ─ *n.m.* 종자골(os ~).
sesban [sɛsbã], **sesbania** [sɛsbanja], **sesbanie** [sɛsbani] *n.f.* 〖식물〗 (열대산의)콩과(科)식물(인도의 것은 그 섬유로 굴레끈을 생산함).
séséli [sezeli] *n.m.* 〖식물〗 털기름나물(미나리과(科)로 옛날에는 간질병의 치료약으로 쓰임).
séséliné(e) [sezeline] *a.* 털기름나물과 닮은. ─ *n.f. pl.* 털기름나물속(屬).
sesqui- *préf.* 「1.5배」의 뜻.
sesquialtère [sɛskɥialtɛːr] *a.* 〖수학〗 (비율이) 1.5배의(3과 2, 9와 6 따위).
sesquibasique [sɛskɥibazik] *a.* 〖화학〗 염기 3 과 산 2 의 비율로 화합한.
sesquioxyde [sɛskɥiɔksid] *n.m.* 〖화학〗 삼이(三二)산화물.
sesseyement [sesɛjmã] *n.m.* 〖언어〗 치찰음(齒擦音)[s], [z])을 너무 되게 발음하기.
sessile [sesil] *a.* 〖식물〗 (잎·꽃 따위가)꽃자루 없는; 〖의학〗 무경(無莖)의.
***session** [sesjɔ̃] *n.f.* ①(의회 따위의)개회 기간, 회기; (법정의)개정기. ~s ordinaires[extraordinaires] 통상[임시]회기. ②(대학의)시험기. première ~ des examens; ~ de juin 학년말 시험. ~ d'octobre 재시험(학년말 시험에 낙제한 학생에게 주는 기회).
sesterce [sɛstɛrs] *n.m.* 〖고대로마〗 세스테르티우스 은화(2 ¹⁄₂ as).

set [sɛt] 〖영〗 *n.m.* ① 〖스포츠〗 세트, 회전(回戰)(manche) partie en cinq ~s, 5 회전 시합. ②(영화의)세트.
sétacé(e) [setase] *a.* 〖생물〗 센털[돼지털] 모양의, 센털이 있는.
sétaire [setɛːr] *n.f.*, **setaria** [setarja] *n.m.* 〖식물〗 조속(屬).
sétérée [setere] *n.f.* =setier.
setier [sətje] *n.m.* ⓐ 스티에(⁕고대로마의 용적의 단위로 0.55 리터. ⓑ 옛날의 액체량의 단위로 뮈이(muid)의 36 분의 1. ⓒ 밀을 다는 옛날의 용량 단위. ⓓ 1 스티에의 밀을 뿌릴 수 있는 면적을 나타내는 옛 단위(sétérée).
sétifère [setifɛːr] *a.* 〖생물〗 센털이 있는.
sétiforme [setifɔrm] *a.* 〖식물〗 센털 모양의.
sétigère [setiʒɛːr] *a.* =sétifère.
S.-et-L. 〖약자〗 Saône-et-Loire [sonelwaːr] 소네루아르 도(道).
S.-et-M. 〖약자〗 Seine-et-Marne [sɛnmarn] 센에마른 도(道).
S.-et-O. 〖약자〗 Seine-et-Oise 센에와즈 도(道).
sétois(e) [setwa, -aːz] *a.* 세트(Sète, 지중해 연안의 프랑스 항구)의. ─ S─ *n.* 세트 사람.
séton [setɔ̃] *n.m.* 〖의학〗 천선(串線), 배액선(排液線)(배농을 위해 피하에 찌르는 세모끈); 천선법(串線法)(~ à mèche). blessure[plaie] en ~ (근육이나 기관을 건드리지 않을 정도의)얕은 상처. ~ anglais 〖수의〗 천선배농법.
S.E.T.R.A. [setra] 〖약자〗 Service d'études des techniques des routes et autoroutes 도로및 고속도로 기술 연구부.
setter [sɛtɛːr] 〖영〗 *n.m.* 세터(사냥개의 일종).
***seuil** [sœj] *n.m.* ①문턱, 문지방; 문간, 입구(→ maison 그림). être assis sur le ~ 입구에 앉아 있다. franchir[passer] le ~ 문지방을 넘다. ②(비유적)초입, 시초, 시작, 출발점, 벽두(entrée, commencement); 일보직전. ~du siècle 세기 초. au ~ de l'hiver 초겨울에. être au ~ de la célébrité 명성을 얻기 시작하다. jusqu'au ~ de la mort 임종 직전까지, 죽는 그 순간까지. ③ 〖심리·물리·생리〗 역(閾), 역치(閾値), 한계. ~ de la conscience 식역(識閾). ~ de l'excitation 자극역. ~ d'audibilité 가청역치(可聽閾値). ~ différentiel 차별역. ~ d'élimination 신역(腎域)(혈액에서 요(尿)가 여과되는 한계 농도). ④ 〖경제·상업〗 전환기. ~ de rentabilité 수지(손익) 분기점. ⑤ 〖지리〗 (하상(河床)의)얕은 곳; 대륙붕. ~ continental 대륙붕. ⑥ 〖기술〗 (설비 따위의)출입구의 토대. ~ de la vanne 수문의 토대.
‡**seul(e)** [sœl] *a.* ①(부가형용사) ⓐ(명사 앞)유일한, 단 하나의(unique). une ~e amie 단 하나의 여자 친구. une ~e fois 단 한번. C'est le ~ homme qui puisse vous aider. 그는 당신을 도와 줄 수 있는 유일한 사람이다. C'est le ~ livre que je puisse vous recommander. 이것이 내가 당신에게 추천할 수 있는 유일한 책입니다. Je ne l'ai vu qu'une ~e fois. 나는 그를 단 한번 보았을 뿐이다. Il n'y a pas une ~e place libre. 빈자리는 단 하나도 없다 (⁕부정의 강조). La ~e pensée de cette action est criminelle. 그런 행동을 생각한 것만으로도 죄가 된다. d'un ~ coup 단번에, 단숨에, 일격에. ⓑ(명사 뒤)단독의, 오직 …뿐의, 독자의. un homme ~ 고독한 사람. morceau pour violon ~ 무반주 바이올린 독주곡. compartiment pour dames ~es 부인전용차실(車室). Il y avait à la table deux femmes ~es. 테이블에는 두 여성만이 있었다. voix ~e 독창. Un homme ~ ne peut le faire. 혼자서는 그

것을 할 수 없다.

REM 관계절에 있어서 선행사가 *seul*을 동반할 때 동사는 *sub*로 쓰인다:Tu es la *seule* personne que je connaisse ici. 너는 여기서 내가 알고 있는 단 한사람이다. 단, 내용의 현실성이 강조될 때는 직설법으로도 쓰인다:C'est le *seul* exemplaire qui restait chez le libraire. 이것은 서점에 남아 있는 단 한 권의 책이었다.

② (속사) 홀로, 혼자의, 고독한, 외로운 (solitaire); 교제가 별로 없는. être ~ au monde (dans la vie) 이 세상에 홀로 살다, 외톨이이다. vivre ~ 혼자 살다. J'ai horreur d'être ~. 나는 혼자 있는 것이 끔찍하다. se trouver(se sentir) bien ~ 매우 적적하다(적적함을 느끼다). être ~ avec *qn* …와 단 둘이다. Les amoureux se trouvaient ~*s*. 연인들은 단 둘 뿐이었다. ⓑ 유일무이한, 독특한(unique). être ~ de son opinion 독자적인 의견을 가지다. être ~ dans son genre(de son espèce) 단지 하나밖에 없다.

③ (부사적 용법) ⓐ (~+관사+주어명사, 주어명사·강조형 대명사+~) 오직 …만이, …만으로 (부정) (uniquement). S~ un alpiniste aussi fort que lui peut faire cette ascension. 오직 그처럼 강한 등산가만이 그런 등반을 할 수 있다. S~ le hasard [Le hasard ~] peut lui permettre de réussir. 오직 요행만이 그를 성공시켜 주리라. Un miracle ~ peut le sauver. 기적만이 그를 구해낼 수 있을 것이다. Vous ~ êtes capable de+*inf*. 당신만이 …할 수 있다. À elle ~, elle a fait autant de travail que trois femmes réunies. 그녀 혼자만으로도 여자 3명이 합친 만큼의 일을 했다. Lui ~ me comprendra. 그만이 나를 이해할 것이다. ⓑ (혼히 tout와 함께) 혼자서, 혼자 힘으로. Il l'a fait ~. 그는 혼자서 그것을 했다. Elle habite toute ~*e* dans cette grande maison. 그녀는 이 큰 집에서 혼자 산다. Cela va tout ~. 그건 저절로 잘되어 간다. Tu es facilement trouvé la maison? -Oh non, ça n'a pas été tout ~. 집을 쉽게 찾았니? 아냐, 쉬운 일이 아니었어 (복합형에는 혼히 être 가 쓰임).

~ à ~ 1대 1로, 단 둘이 (마주보며). Les deux époux restaient toujours ~ à ~(e). 그 부부는 단 둘뿐이었다. parler ~ à ~ avec *qn* …와 단 둘이서 이야기하다.

—*pron.* 유일한 사람. [être le ~ à+*inf*.] Elle *est la* ~ *e* à vous renseigner. 그녀는 당신에게 내용을 알려줄 수 있는 유일한 사람이다. Paul est le ~ qui puisse t'aider. 폴은 너를 도와줄 수 있는 유일한 사람이다. pas un ~ 어느 누구도 (…않다). Pas un ~ n'est venu. 단 한 사람도 오지 않았다.

—*n.m.* 유일자. gouvernement d'un ~ 전제군주 [독재] 정치 [정부].

:**seulement** [sœlmã] *ad.* ① (직접·직후의 말을 제한) 오직 …뿐, 다만 …만. Nous étions trois ~ (~ trois). 우리는 오직 3명 뿐이었다. rester quelques jours ~ 며칠만 머무르다. Il travaille ~ pour faire fortune. 그는 오직 돈벌이를 위해서 일을 한다. L'homme ne vit pas de pain ~. 사람은 빵만으로 살 수 있는 것이 아니다.

② (시간적으로) 방금, 막, 겨우. Il est arrivé ~ ce soir. 그는 바로 오늘 저녁에야 도착했다. On a le temps, il est ~ huit heures. 시간은 있어, 겨우 8시야. C'est ~ alors que j'ai compris mon erreur. 그때 서야 나는 잘못을 깨달았다.

③ (접속부적 용법으로 주절의 첫머리에서 대립과 제한을 나타냄) 그러나, 단. Vas-y, ~ ne reste pas trop longtemps. 가도 돼, 단 너무 오래 있지는 마라. C'est un étudiant intelligent, ~ il a une santé trop délicate. 그는 머리가 좋은 학생이지만, 단 몸이 너무 약하다.

④ (옛·사투리) (명령의 완화) 그저. Essayez ~. 해보기라도 하세요. Expliquez-le-moi ~. 어쨌든 나에게 설명해 보시오.

⑤ (의문문+~) 조차도, …만이라도, 여하간(au moins). Viendrez-vous ~? 오시기는 하겠죠? 오시는 거죠?

⑥ (부정문에서) 조차도. Il n'a pas ~ de quoi payer sa pension. 그는 하숙비를 낼 돈 조차도 없다. Il est parti sans ~ dire au revoir. 그는 안녕이라는 인사도 안 하고 떠나버렸다.

ne pas ~ ...*mais*(*aussi*)... …만이 아니라 …도. Ce cadeau n'est *pas* ~ pour toi, il est *aussi* pour ta sœur. 이 선물은 너만 아니라 네 누이를 위한 것이기도 하다.

non ~ ..., *mais aussi*(*encore*, *même*)... 단지 …뿐만 아니라 …도. Il a perdu *non* ~ son argent, *mais encore* ses amis. 그는 돈 뿐만 아니라 친구까지도 잃었다. *Non* ~ on le respecte, *mais encore* on l'aime. 그는 존경을 받고 있을 뿐만 아니라 사랑까지도 받고 있다.

si ~ (소망·아쉬움 따위) 그저 …만 해준다면. *Si* ~ tu pouvais réussir ce examen écrit, ce serait formidable! 네가 이 필기시험에 합격할 수만 있다면 얼마나 좋을까!

seulet(**te**) [sœlɛ, -ɛt] *a.* (옛 또는 농담으로) 홀로의, 외톨이인; 오직 하나뿐인 (tout seul).

***sève** [sɛ:v] *n.f.* ① (식물의) 진, 수액. ~ ascendante (descendante) 상승 [하강] 수액. arbre en pleine ~ (몸이 되어) 물이 오른 나무. ② (비유적) 정기, 활기, 힘 (force, vigueur). Il est plein de ~ et de jeunesse. 그는 활기와 젊음에 넘쳐 있다. ③ (포도주의 숙성된) 향기. Ce vin est trop vieux, il n'a plus de ~. 이 포도주는 너무 오래돼서 이젠 향기가 없다.

***sévère** [sevɛ:r] *a.* ① 엄한, 엄격한 (dur, austère); (용모 따위가) 준엄한 (grave); (처벌·법규 따위가) 가혹한 (rigoureux). être ~ envers(avec) *qn* …에 대해 엄하다. magistrat ~ 준엄한 법관. regard ~ 무서운 눈초리. ② (기후 따위가) 혹독한 (쟁기이) 치열한. climat ~ 혹독한 기후. ③ (문어) 소박한, 장식이 없는, 검소한 (dépouillé). costume ~ 검소한 옷차림. architecture ~ 꾸밈없는 건축물. style ~ 소박한 문체. ④ (상황이) 심각한, 뼈아픈, 심한 (grave); (투쟁이) 치열한, 험난한 (difficile). subir des pertes ~*s* 막대한 손실을 입다. lutte ~ 치열한 싸움.

sévèrement [severmã] *ad.* 엄하게, 엄격 [가혹] 하게 (durement, rigoureusement); 통렬하게.

sévérité [severite] *n.f.* ① 엄함, 엄격 (↔ clémence, indulgence); 엄격한 행위 [처사]; 가혹함. ~ du lois 법률의 엄격함. critiquer *qn* avec ~ …을 용서 없이 비판하다. ② 치열함; (문어) 소박함. ~ du style 문장의 간소함. ~ de sa tenue 그의 복장의 간소함. ③ (*pl.*) 가혹한 짓; 준엄 (한 판결).

sévices [sevis] *n.m.pl.* (보통 가족에 대한) 학대, 폭력; 감금. exercer des ~ sur son fils 자식을 학대하다.

sévillan(**e**) [sevijã, -an] *a.* 세빌랴 (*Séville*, 에스파냐 남부의 도시) 의. ~ 세빌랴 사람.

Séville [sevij] *n.pr.* 《지리》 세빌랴 (에스파냐 남부 해안의 도시).

sévir [sevi:r] *v.i.* ① [~ contre] (…에 대하여) 엄중히 다스리다, 탄압하다 (réprimer); 엄벌하다 (châtier). ~ contre les coupables 죄인들을 엄벌하다. ⓑ (목적보어 없이) Le gouvernement est décidé à ~. 정부는 엄벌로 다스릴 자세이다. ② (역병·전쟁·사교(邪敎) 따위가)창궐하다, 만연하다, 맹위를 떨치다. Une épidémie de grippe sévit en ce moment. 독감이 현재 맹위를 떨치고 있다.

sevrage [s(ə)vra:ʒ] *n.m.* ① 젖떼기, 이유(離乳); 젖 떼는 기간. ② 【의학】 (치료로서)마약을 끊는 것. ③ (휘문이를)떼어내기.

sevrer [s(ə)vre] [4] *v.t.* ① (아기·새끼 양 따위를)젖 떼다. ② 《문어》 [~ qn de qc](에게서 …을)빼앗다 (priver). ~ qn de ses droits [de distractions] …에게서 권리[오락]을 앗아가다. ③ 《원예》 (휘문이로 하여 뿌리내린 가지를)어미나무에서 떼어내다.
—**se** — *v.pr.* 《문어》[se ~ de] (을)자신에게 금하다, 삼가다, (을)버리다. se ~ de ses plaisirs 즐거움을 버리다.

Sèvres [sɛ:vr] *n.pr.* 세브르(파리의 서남쪽 교외의 도시). —**s**— *n.m.* 세브르산 도자기. du ~; service de ~ 세브르 도자기 세트.

sevreuse [s(ə)vrø:z] *n.f.* 《옛》(젖을 주지 않는)아기 보는 여자.

sévrien(ne) [sevri(j)ɛ̃, -ɛn] *a.* 세브르(Sèvres)의. —**S**~ *n.* 세브르 사람. —*n.f.* (세브르)여자 고등 사범학교 학생(졸업생).

sex- *préf.* 「6」의 뜻.

sexage [sɛksaʒ] *n.m.* (병아리의)자웅 감별.

sexagénaire [sɛgz(ks)aʒenɛ:r] *a.* 60대(60-70세 사이의). —*n.* 60대의 노인.

sexagésimal(ale, pl. aux) [sɛgzaʒezimal, -o] *a.* 60의; 60씩 세는, 60을 기본으로[기초로] 한. fractions ~*ales* 【수학】 60진법. division ~*ale* (분·초 따위의) 60구분.

sexagésime [sɛgzaʒezim] *n.f.* 【가톨릭】 부활절 전 60일째 되는 날, 6순절의 주일.

sexangulaire [sɛgzɑ̃gylɛ:r], **sexangulé(e)**[sɛgzɑ̃gyle] *a.* 6각의.

sex-appeal [sɛksapil] 《영》 *n.m.* 성적 매력.

S.Exc. 《약자》 Son Excellence 각하.

sexdigitaire [sɛksdiʒitɛ:r] *a.* 육손이의, 손가락 6개의. —*n.* 육손이.

sexdigital(ale, pl. aux) [sɛksdiʒital, -o] *a.* 손가락[발가락]이 여섯 개 있는.

*****sexe** [sɛks] *n.m.* ① 성(性); 성별. ~ masculin 남성. ~ féminin 여성. ② (집합적) 남성 또는 여성; 이성, 여성. beau(deuxième) ~; ~ faible 여성, 여성. fort 남성. égalité des ~ 남녀 평등. ③ 외부 생식기, 성기. ~ de l'homme 남성 생식기. cacher son ~ 음부를 가리다. ④ (현상으로서의)성, 성욕. invasion de la littérature par le ~ 문학에서의 섹스의 범람. obsession du ~ 성적 망집(妄執). ⑤ 【생물】 성, 성징(性徵). ~ d'une plante 식물의 성. ~ génétique 유전적 성징. ~ génital 이차 성징. ~ chromosomique 염색체의 성.

sexennal(ale, pl. aux) [sɛksɛnnal, -o] *a.* 6년마다 의; 6년간의.

sexennalité [sɛksɛnnalite] *n.f.* 《드물게》 6년 주기.

sexisme [sɛksism(ə)] *n.m.* 여성 차별주의.

sexiste [sɛksist(ə)] *n., a.* 여성 차별주의자(의).

sexologie [sɛksɔlɔʒi] *n.f.* 성과학.

sexologue [sɛksɔlɔg] *n.* 성과학자.

sexonomie [sɛksɔnɔmi] *n.f.* 【생물】 자웅 발생의 법칙이나 현상에 대한 연구.

sexothérapeute [sɛksɔterapøt] *n.* 성적 장애 치료사.

sexothérapie [sɛksɔterapi] *n.f.* 성적 장애 치료.

sex-shop [sɛksʃɔp] (*pl.* ~-*s*) 《영》 *n.m.* 포르노 점.

sextant [sɛkstɑ̃] *n.m.* ① 【수학】 원의 6분의 1. ②【해양】 6분의(分儀). ③(le S—) 【천문】 6분의(남쪽 성자명).

sexte [sɛkst] *n.f.* 성무일과의 6시과(課)(정오).

sextellage [sɛkstella:ʒ], **sextérage** [sɛkstera:ʒ] *n.m.* 【역사】 (봉건시대의)밀의 매각세(稅), 스티에(setier)세.

sextidi [sɛkstidi] *n.m.* 프랑스 공화력(의)제 6일.

sextil(e) [sɛkstil] *a.* 【천문】 60도 떨어진.

sextillion [sɛkstiljɔ̃] *n.m.* 100만의 6승(10^{36}); 1,000의 7승(10^{21})(1948년 이전의 용어).

sextine [sɛkstin] *n.f.* 【운율】 6행 연구 6개와 3행 연구 1개로 된 정형시.

sexto [sɛksto] 《라틴》 *ad.* 제 6에 [으로], 여섯째로.

sextolet [sɛkstɔlɛ] *n.m.* 【음악】 6연음표. 「중창.

sextuor [sɛkstyɔ:r] *n.m.* 【음악】 6중주곡(단), 6

sextuple [sɛkstypl] *a.* 6배의. —*n.m.* 6배. rendre qc au ~ …을 6배로 하여 돌려주다.

sextupler [sɛkstyple] *v.t.* 6배(로)하다, 여섯 갑절로 하다. —*v.i.* 6배가 되다.

sexualisation [sɛksyalizasjɔ̃] *n.f.* (정신분석·성적 관심의 한)성적 특질[의미]의 부여.

sexualiser [sɛksyalize] *v.t.* 성화(性化)하다, 성적 특질[의미]을 부여하다. La psychanalyse a *sexualisé* la psychologie. 정신 분석학은 심리학에 성적 의미를 주었다.
—**se** — *v.pr.* 성적 특질[의미]을 부여 받다.

sexualisme [sɛksyalism] *n.m.* ① 【생물】 유성(有性)임. ②(원리로서)성본능, 성욕.

sexualité [sɛksyalite] *n.f.* ① (현상으로서의)성, 성적 특질; 성욕. ~ infantile 소아성욕. ~ dans l'art 예술에 있어서의 성표현. ②【생물】성징(性徵), 성별.

sexué(e) [sɛksye] *a.* 유성(有性)의, 성적 구조가 있는, 생식 기관을 가진. reproduction ~*e* 유성 생식.

sexuel(le) [sɛksyɛl] *a.* 【생물】 성의, 성적인. parties —les 성기, 생식기, 음[국]부. glandes ~*les* 성선(性腺). caractères ~*s* primaires[secondaires] 제일차[제이차] 성징. hormone ~*le* 성호르몬. 성욕의, 성교의, 성의. instinct ~ 성본능. actes ~*s* 성행위, 성교(coït). éducation ~*le* 성교육. obsédé ~ 이상 성욕자. ③【심리】성감대의; 성충동에 관한.

sexuellement [sɛksyɛlmɑ̃] *ad.* 성적으로, 성적 관점에서.

sexy [sɛksi] 《영》*a.* 《불변》 성적 매력이 있는. mode très ~ 아주 성적 매력이 있는(섹시한) 패션.

seyant(e) [sɛjɑ̃, -ɑ̃:t] (*p.pr.* <*seoir*) *a.* (색·화장·복장 따위가)어울리는. robe ~*e* 잘 어울리는 드레스.

sézigue [seziɡ] *pron. pers.* 《속어》 그(lui) / 자기 (soi); 그녀석[것].

SF 《약자》Souvenir français 프랑스의 토산품; Finlande 핀랜드(국제자동차 표지). 「하게.

sf. 《약자》 sforzando 【음악】 강음으로, 갑자기 강

S.F. 《약자》① sans frais 【상업】 무상, 무료. ② système français 【기계】 프랑스식, 프랑스 규격. ③ selon la formule 《약》 처방에 따라서. ④ science-fiction 공상과학 소설(SF).

S.F.F. 《약자》 Services féminins de la Flotte 해군 여군 부대.

S.F.I.C. 《약자》 Section française de l'Internationale communiste 공산주의 인터내셔널[코민테른] 프랑스 지부(1920-1943년의 프랑스 공산당의 이름).

S.F.I.O. 《약자》 Section française de l'Internationale ouvrière 국제 노동자 동맹 프랑스 지부(프랑스 사회당의 옛날 명칭).

sforzando [sfɔrtsando, sfɔrdzɑdo] 《이탈리아》 *ad.* 【음악】 강음으로, 갑자기 강하게.

sfumata [sfymata] 《이탈리아》 *n.f.* 교황 선거 투표지

sfumato [sfymato] *n.m.* 《미술》몽롱하게 그리는 묘사법.

SG 《약자》Société Générale 소시에테 제네랄 은행.

S.G. 《약자》① Sa Grâce (공작·대주교)각하; 각하 부인(영국에서의 존칭). ② Sa Grandeur 전하.

Sganarelle [sganarɛl] 《속어》오쟁이진 남편(Molière의 희극의 인물 이름에서).

S.G.D.G. 《약자》Sans garantie du gouvernement (특허품 품질에 대해)정부의 보증 없음.

S.G.D.L. 《약자》Société des gens de lettres 문필가 협회.

SGEN [sgɛn] 《약자》Syndicat général de l'éducation nationale 전국 교원 조합.

S.Gr. 《약자》Sa Grandeur ((대))주교)각하.

sgraffite [sgrafit] 《이탈리아》*n.m.* 《미술》스그라피트(검은 바탕에 흰 칠을 하고 이를 긁어내어 그 늘을 나타내는 프레스코 화법).

sgt. 《약자》sergent 《군사》(보병·공병의)하사.

S.H. 《약자》① Sa Hautesse (터키 황제)폐하. ② Son Honneur 각하(영국에서 주로 지방 판사에 대한 존칭).

sh 《약자》sinus hyperbolique 《기하》하이퍼볼릭 사인, 쌍곡정현(雙曲正弦).

sh. 《약자》shilling 실링.

S.H.A.E.F. 《영·약자》Supreme Headquarters Allied Expeditionary Forces 연합군 파견군 최고 사령부(État-Major des Forces Expéditionnaires Alliées). 〔(chah).

shah [ʃa] *n.m.* (때로 S~) 페르시아 왕의 존칭

shake-hand [ʃekɑ̃d] 《영》 *n.m.* (가끔 농조)악수. distribuer des ~ 모든 사람과 악수하다.

shaker [ʃɛkœːr] 《영》*n.m.* ① (칵테일용의)셰이커, 혼합기. ② 《종교》셰이커 교도.

shak(e)spearien(ne) [ʃɛkspirjɛ, -ɛn] *a.* 셰익스피어(풍)의.

shako [ʃako] 《형가리》*n.m.* (앞에 깃털장식이 달린)보병의 원통형 군모.

shampooiner, shampouiner [ʃapwine] *v.t.* 샴푸해 주다.
— *v.i.* 머리를 감다.

shampooineur(se), shampouineur(se) [ʃapwinœːr, -øːz] *n.* ① (미용실 따위에서)샴푸해주는 사람, 머리감아 주는 사람. ② (양탄자 따위를 위한 청소용) 거품내는 기계.

shampo(o)ing [ʃapwɛ̃] 《영》*n.m.* 머리감기, 세발; 샴푸. se faire un ~ 머리를 샴푸로 감다. ~ liquid 액체샴푸. ~ poudre 분말샴푸. 〔(上海).

Shang(h)aï [ʃɑ̃gaj, ʃɑ̃gaj] *n.pr.m.* 《지리》상하이

shant(o)ung [ʃatuŋ] 《중국》*n.m.* 《직물》산동견

shapska [ʃapska] *n.f.* =**chapska**. 〔(山東絹).

shaving [ʃeviŋ] 《영》*n.m.* (정밀 기계의)깎기.

shed [ʃɛd] 《영》*n.m.* (toit en) ~ 《공장 따위의)한쪽으로 기운》지붕.

shérif [ʃerif] *n.m.* ① (미국 서부극의)보안관. ② 《영국행정》(country, shire 를 다스리는 민선의)도지사.

Sherpa [ʃɛrpa] *n.m.* 네팔의 산악부족; (s~) 히말라야의 안내인.

sherry [ʃeri] 《영》*n.m.* 세리주(酒)(원래는 에스파냐산의 백포도주).

shetland [ʃɛtlɑ̃ːd, -ɑ̃d] *n.m.* 《직물》셰틀랜드(스코틀랜드의 셰틀랜드 지방산 모직).

shift [ʃift] 《영》*n.m.* (항만노동자의)교대 시간.

shilling [ʃiliŋ, 《옛》ʃ(ə)ɛlɛ̃] 《영》*n.m.* 실링(영국의 은화, 1 파운드의 1/20).

shimmy [ʃimi] *n.m.* ① 《무용》시미(허리·어깨를 흔들며 춤추는 미국 흑인의 재즈 춤). ② 《자동차》(앞바퀴의)진동.

shinto [ʃɛto, ʃinto], **shintoïsme** [ʃɛtoism, ʃintoism] 《일본》*n.m.* 신도(神道)(조상과 자연의 힘을 믿는 일본 고유의 종교).

shipchandler [ʃipʃɑ̃dlœːr] 《영》*n.m.* 선구(船具)상.

shirting [ʃirtiŋ] 《영》*n.m.* 《직물》샤쓰용 천.

shock [ʃɔk] 《영》*n.m.* 《의학》쇼크, 진탕(震蕩).

shocking [ʃɔkiŋ] 《영》*a.* 《불변》장난조로》쇼킹한, 가당찮은(choquant, inconvenant).
— *int.* 이럴 수가 ! 〔사.

shoot [ʃut] 《영》*n.m.* ① 《축구》 슛. ② (은어)마약 주

shooter [ʃute] *v.i.* 《축구》슛하다.
— *v.t.* 마약을 주사하다.
— *se ~* *v.pr.* 자신에게 마약 주사를 놓다.

shop(p)ing [ʃɔpiŋ] 《영》*n.m.* 물건 사러 다니기, 장보기. faire son(du) ~ 장을 보다, 쇼핑하다.

shopping center [ʃɔpiŋsɛntœːr] *n.m.* (특히 교외에 있는 대규모의)상점가, 쇼핑센터.

short [ʃɔrt] 《영》*n.m.* ① 《의복》쇼트 팬츠. ② 단편 영화(200 m 이하의 필름).

short ton [ʃɔrttœn] 《영》*n.m.* 미국의 톤(2,000파운드, 약 907kg)(tonne américaine).

show [ʃo] *n.m.* 쇼, 흥행.

show(-)business [ʃobiznɛs] 《영》*n.m.* 《복수불변》흥행업((《구어》show(-)biz [ʃobiz] 로도 생략).

shrapnel(l) [ʃrapnɛl] 《영》*n.m.* 《군사》유산탄(榴散彈).

shunt [ʃœːt] 《영》*n.m.* 《전기》분류기(分流器).

shuntage [ʃœtaːʒ] *n.m.* 《전기》분류기 설치.

shunter [ʃœte] *v.t.* 《전기》(회로·전류계 따위에) 분류기를 달다.

SI 《약자》système international d'unité 국제단위.

Si 《약자》silicium 《화학》실리콘, 규소(硅素).

:si [si] *conj.* (il(s) 앞에서는 s') ① 〈조건의 설정〉만약 …이라면. ⓐ (si+직설법 현재·복합과거)〈조건과 결과 사이의 밀접한 관계를 표시〉Je ne sortirai pas s'il pleut. 비가 오면 외출하지 않겠다(현재의 상태). S'il vient et si je suis(que je sois) absent, dites-lui de m'attendre. 그가 찾아오고 내가 자리에 없으면 나를 기다리고 있으라고 말하시오(미래의 상황; si… et si… 로 호응되는 경우 뒤의 것을 et que+sub. 로 바꾸는 경우가 많다). Il faut se donner du mal, si l'on veut réussir. 성공하고 싶으면 고생해야 한다(법시적 진리). S'il est parti à midi, il y est arrivé à 2 heures. 정오에 떠났으면 그는 2시에는 닿았을 것이다(과거의 사실). ⓑ (si+직설법 반과거〉현재의 비현실적 가정, 미래의 실현 가능성이 적은 가정; 주절동사는 조건법 현재〉Si j'étais riche, j'achèterais une voiture. 내가 부자라면 차를 한 대 살 텐데. S'il faisait beau demain, je sortirais. 만일 내일 날씨가 좋다면 외출을 할 텐데. Si l'affaire marchait bien, on pouvait gagner beaucoup. 사업이 순조롭다면 돈을 많이 벌텐데(결과의 확실성을 강조하기 위해 주절에서 직설법을 쓴 경우). S'il était malade, il me l'aurait dit. 병이라면 그는 내게 그것을 말했을 것이다(주절에 조건법 과거를 쓸 경우 조건절이 지금도 지속되고 있음을 나타냄). ⓒ (si+직설법 대과거, 주절동사는 조건법과거〉과거의 비현실적 가정〉S'il n'avait pas plu, nous serions partis. 비가 오지 않았더라면 우리는 출발했을 텐데. Je serais blessé si j'avais été là 만일 내가 거기에 있었다면 상처를 입고 고생하고 있었을 것이다(주절에 조건법 현재를 쓸 경우 과거의 조건의 결과로서 현재의 상태를

나타냄). ⓓ《si+접속법 대과거:과거에 있어서의 비현실적 가정, 조건을 나타내는 주절이나 종속절에서 조건법 과거 제 2 형[접속법 대과거]을 사용할 수 있음》Le nez de Cléopâtre: s'il eût été plus court, toute la face de la terre aurait[eût] changé. 《문어》클레오파트라의 코가 좀 더 낮았다면 전세계의 판도가 달라졌으리라.
② 《조건이 아닌 경우》ⓐ《관습적》…일 때는 언제나, …할 때마다(chaque fois que). S'il se trompait, on corrigeait ses erreurs. 그가 실수하면(그때마다) 그의 잘못을 고쳐주곤 했다. ⓑ《양보·대비》비록 …일지라도, …이기는 하지만. Si mes dépenses restent les mêmes, mes ressources diminuent. 내 지출은 그 전과 같은데 수입은 줄어든다. S'il fut sévère, il fut juste. 그는 엄했지만 공정하였다. ⓒ《주절의 c'est que 로써 원인을 밝히게 될 사태의 제시》Si je ne vous ai pas salué, c'est que je ne vous ai pas vu. 내가 당신에게 인사하지 않은 것은 당신을 보지 못했기 때문이다. ⓓ《주절 또는 동사의 보어절의 도입》C'est un miracle si nous sommes réchappés de cette catastrophe. 그 파국에서 우리가 벗어난 것은 기적이다. C'est (de) ma faute si je suis malheureux. 내가 불행해진 것은 내 잘못이다. Pardonnez-moi si je ne vous ai pas encore répondu. 아직 답장을 드리지 않은 것을 용서하시오.
③ 《귀결절의 생략》ⓐ《의문문:위구·제안·권고》Et si elle se fâche? 그녀가 화를 내면? Si nous changions de sujet? 화제를 바꿔볼까? Si nous allions nous promener? 우리 산책이나 나갈까? ⓑ《감탄문:희구·유감·분개》Si j'osais! 감히 할 수 만있다면! Si seulement vous étiez venu plus tôt! 당신이 좀 더 일찍 오기만 했더라면! C'est pas dégoûtant! 그것이 얼마나 불쾌한[추잡한] 일인지(생각해 보시오)! ⓒ《비교문》J'ai plus de souvenirs que si j'avais mille ans. 나는 천 년 산 것보다 더 많은 추억을 가지고 있다. Je me contemplai comme si j'eusse été[j'avais été] un autre. 나는 내가 남이기라도 한 것처럼 나를 바라보았다.
④ 《간접의문절의 도입》ⓐ 《의문을 나타내는 표현과 함께》…인지 어떤지. Je me demande si c'est vrai. 그것이 사실일까 하고 생각해 본다. Savez-vous s'il viendra? 그가 올지 안 올지 아십니까? ⓑ 《voir, savoir, penser 따위의 종속절에》…인가 아니냐)…인지. Pensez si j'étais furieux. 내가 (얼마나)화가 났는지 생각 좀 해보오. Tu sais si je t'aime. 내가 (얼마나)그대를 사랑하는지 알겠지. ⓒ 《의문사+ou si:직접의문형과 간접의문형의 혼합》Est-il sorti, ou s'il est là? 《문어》그는 외출중인가, 그렇지 않으면 집에 있는가? 《문어》매우 강한 긍정적 대답》Vous connaissez Paris? Si je connais Paris! 파리를 아시오? 암, 알고 말고!
C'est à peine (tout au plus) si… 간신히[겨우] …할 정도이다[간신히 …한 것에 지나지 않다]. C'est à peine si je l'entends parler. 그의 말소리가 간신히 들릴까 말까 할 정도이다.
C'est tout juste si (nous gagnerons Marseille) (마르세유에 도착하는 것)이 고작일 것이다.
que si (엣)만약 …라면. Que si vous en doutez, je donnerai des preuves. 만약 당신이 의심한다면 증거를 제시하겠소.
si ce n'est; ce n'était(en)t; si ce n'eût été; si ce n'eussent été (+명사; que…)…이 아니라면, …을 제외하고. Qui a pu commettre cette erreur, si ce n'est lui. 그 사람이 아니고서야 누가 이런 실수를 범하겠는가. Si ce n'était(N'était) la crainte de vous déplaire, je vous parlerais librement. 당신의 기분

을 상할 두려움만 아니라면 자유롭게 이야기할 텐데. Si ce n'eût été(N'eût été) la pluie…; Si ce n'eût été qu'il pleuvait… 비만 오지 않았더는…. Il vous ressemble, si ce n'est qu'il est plus petit que vous. 당신보다 더 작다는 것을 제외하고는 그는 당신을 닮았다.
Si ce n'est pas…! 정말 …이 아닌가! Si ce n'est pas désagréable! 정말 불쾌한 일이 아닌가!
si j'étais (《엣》que) **de vous** 《구어》만약 당신과 같은 입장이라면.
s'il en fut 최고의, 보기 드문. C'est un excellent vin s'il en fut. 이것은 최고의 와인이다.
si on peut dire 말하자면.
si oui 그렇다면. Êtes-vous marié? Si oui remplissez cette fiche. 결혼하셨읍니까? 만일 그러시다면 카드에 기입해 주세요.
si possible 가능하다면.
si tant est que+sub. …뿐이라면.
— n.m. 《복수불변》가정, 가상. Avec des si on mettrait Paris en(dans une) bouteille. 《구어》'만약'이라면 파리를 병 속에 넣을 수도 있으리라. homme qui n'a ni si ni mais '만약'도 '그러나'도 없는 태도가 분명한 사람.

si² ad. ① 《형용사·부사 앞에서 강도를 나타냄》그렇게, 그처럼, 그다지도(tellement). femme si bonne 그렇게도 마음씨 고운 여자. Ne chante pas si fort. 그렇게 큰 소리로 노래하지 마. ⓑ《que와 함께 원인·결과를 나타냄》대단히 …하므로. Il marchait si vite qu'il était difficile de le suivre. 그가 어찌나 빨리 걷는지 뒤따라가기가 어려웠다. 《주절이 의문이나 부정일 경우 que 이하는 접속법: Ce problème n'est pas si difficile que tu ne puisses le résoudre. 이 문제는 네가 풀지 못할 정도로 어려운 것이 아니다》. ⓒ《부정문과 의문문에서 동등비교 aussi 의 대신으로》…만큼(않다). Il n'est pas si grand que vous. 그는 당신만큼 크지 않다. Il n'est pas si intelligent que vous le croyez. 그는 당신이 생각하는 것만큼 영리하지 않다. C'est si loin que ça? 《구어》그렇게 멀어?
② 《si+형용사(부사) que+sub.》아무리 …이라 할지라도. Si heureux qu'on soit, on se plaint toujours de son sort. 사람은 아무리 행복해도 항상 자기 운명을 원망한다. Si mal qu'il ait agi, il faut lui pardonner. 아무리 나쁜 짓을 했다 해도 그를 용서해 주어야 한다. si intelligent soit-il 아무리 영리하다 할지라도《si… qu'il soit(qu'elle soit) 대신 si… soit-il(elle)로도 쓰임》.
③ 《부정의 물음에 대한 긍정의 답·반발》아니. Ce n'est pas du poison? Si! (c'est du poison). 그것은 독이 아니냐? 아니(독이고 말고). Vous n'en voulez pas? Mais si. 더 원하지 않으시지요? 아니(원하고 말고). Ils n'ont pas besoin l'un de l'autre. Que si. 그들은 서로를 필요로 하지 않는다. 아니, 필요로 하고 말고. 《penser, croire, dire 동사들과 함께 긍정의 종속절에》Il dit qu'il n'y a aucun danger; mais je crois que si. 그는 위험이 전혀 없다고 말한다. 그렇지만 나는 위험이 있다고 생각한다.
④ 《엣》이와 같이(comme cela, ainsi). Si veut le roi, si veut la loi. 왕이 원하는 대로 법도 원한다, 왕의 뜻이 곧 법이다. Et vraiment si je ferai. 정녕 나는 그렇게 하리라.
si bien que 그 결과(tant et si bien que). La chance tourna, si bien qu'il perdit tout ce qu'il avait gagné. 운이 기울어져 (그 결과)딴 것을 모조리 잃었다.
si fait; mais si; que si (si 의 강조) 아니 확실히, 아

si³ 니 기필코. Ne m'avez-vous pas entendu? *Si fait.* 내 말을 안 들으셨소? 아이, 듣고 말고요.

si³ *n.m.* 〖복수불변〗〖음악〗시(음계의 제7음), (그) 기호.

S.I. 〖약자〗syndicat d'initiative 관광협회.

s.i. 〖약자〗sans intérêt 〖주식〗배당락(配當落).

sial [sjal] *n.m.* 〖지질〗시알(지각(地殼)을 구성하는 물질로 케이산염과 알루미늄이 주성분).

sialagogue [sjalagɔg] 〖약〗*a.* 최연(催涎)의, 타액 촉진의. ━*n.m.* 최연제.

sialique [sjalik] *a.* 〖지질〗시알(sial)의.

sialis [sjalis] *n.m.* 〖곤충〗어리뱀잠자리. 〖유.〗

sialisme [sjalism] *n.m.* 〖의학〗유연(流涎), 타액.

sialographie [sjalɔgrafi] *n.f.* 타액선(唾液腺)의 X선 사진(술).

sialorrhée [sjalɔre] *n.f.* 〖의학〗유연(流涎)증, 타액(분비) 과다.

siam [sjam] *n.m.* ① 〖놀이〗원판을 던져 작은 기둥을 쓰러뜨리는 놀이. ② 〖동물〗샴 종의 돼지.

siamois(e) [sjamwa, -a:z] *a.* 샴(le Siam, 타이의 옛 이름)의. frères(sœurs) ~(-es) 동체가 붙은 기형 쌍생아; (비유적) 일심동체의 벗. ━S~ *n.* 샴 사람. ━*n.m.* ① 샴어(語), 타이 표준어. ② 샴 고양이. ━*n.f.* ① (2·3인용의) S자형 소파(샴 쌍생아처럼 접합된 형태에서). ② 샴 나사.

sibarite [sibarit] *a., n.* =**sybarite**.

Sibérie [siberi] *n.pr.f.* 〖지리〗시베리아.

sibérien(ne) [siberjɛ̃, -ɛn] *a.* 시베리아(la Sibérie)의. ━S~ *n.* 시베리아 사람.

sibilant(e) [sibilã, -ã:t] *a.* 〖의학〗피리 소리를 내는, 피리 소리의. râle ~ 기관지 폐쇄로 인한 호흡 곤란.

sibilation [sibilasjɔ̃] *n.f.* 〖언어〗찰음화(擦音化).

sibylle [sibil] *n.f.* 무녀(巫女), 무당; 여자 점장이.

sibyllin(e) [sibi(l)lɛ̃, -in] *a.* ① 무녀(무당)의. livres ~s 고대로마의 신탁 예언집. ② 〖문어〗(신탁과 같이) 수수께끼 같은, 알쏭달쏭한(énigmatique).

sic [sik] 〖라틴〗*ad.* 원문대로(인용의 주기(註記)).

sicaire [sikɛ:r] *n.m.* 〖옛·문어〗자객(刺客).

S.I.C.A.V. [sikav] *n.f.* 〖약자〗Société d'Investissement à Capital Variable 프랑스 투자 신탁 회사.

siccatif(ve) [sikatif, -i:v] *a.* ① (화구 따위를) 건조시키는, 건조성의. huile ~*ve* 건조유. ② 〖의학〗건조 작용이 있는. ━*n.m.* 건조제.

siccité [siksite] *n.f.* ① 〖학술〗건조 상태(sécheresse). ② 〖옛〗(창문의) 빗물받이 가로장.

Sicile (la) [lasisil] *n.pr.f.* 〖지리〗시칠리아 섬.

sicilien(ne) [sisiljɛ̃, -ɛn] *a.* 시칠리아(la Sicile)의. ━S~ *n.* 시칠리아 사람. ━*n.m.* (이탈리아어의) 시칠리아 방언. ━*n.f.* 시칠리아 무용(곡).

sicle [sikl] *n.m.* 〖고대헤브라이〗중량 단위(약 6 g); (위) 무게의 은화.

sicydion [sisidjɔ̃] *n.m.* 〖어류〗(열대산의)극기류(棘鰭類)의 물고기.

SIDA [sida] *n.m.* Syndrome Immuno-Déficitaire Acquis 후천성 면역결핍증.

side [sid] *n.m.* =**side-car**.

side-car [sidka:r] 〖영〗*n.m.* 사이드카.

sidéral(ale, pl. aux) [sideral, -o] *a.* ① 〖천문〗항성(恒星)의. année ~*ale* 항성년. jour ~ 항성일. révolution ~*ale* 항성 주기. ② 〖문어〗별에서 나오는. clarté ~*ale* 별의 빛남. ③ (신비학에서) 영과 육을 연결시키는 신비한 유체(流體)의.

sidérant(e) [siderã, -ã:t] *a.* ① 〖점성술〗(별이) 운수에 영향을 주는. ② 〖구어〗아연 실색케 하는, 깜짝 놀라게 하는(stupéfiant).

sidération [siderasjɔ̃] *n.f.* ① 〖옛〗〖점성술〗성운(星運). ② 〖의학〗졸증(에 의한)무의식 상태), 졸도; (감전에 의한)전기 쇼크. ③ 〖구어〗아연 실색. ④ 〖농업〗시비(施肥).

sidéré(e) [sidere] *a.p.* ① (뇌출혈·감전 따위에 의해)졸도하여 가사 상태에 빠진. ② 〖구어〗아연 실색한, 깜짝 놀란.

sidérer [sidere] [6] *v.t.* ① 〖옛〗〖의학〗졸도시키다. ② 〖구어〗아연 실색케 하다, 깜짝 놀라게 하다 (absourdir, stupéfier). Cette nouvelle m'a *sidéré.* 이 소식에 나는 질겁을 했다.

sidérique [siderik] *a.* 쇠의, 쇠에 관한.

sidérite [siderit] *n.f.* ① =sidérose ①. ② 〖옛〗천연자석.

sidéritis [sideritis] *n.m.* 〖식물〗두루미냉이.

sidér(o)- *préf.* ① 「쇠」의 뜻. ② 「별」의 뜻.

sidérodendron [siderodɛdrɔ̃] *n.m.* 〖식물〗꼭두서니과(科)의 식물.

sidérographie [siderografi] *n.f.* 조강술(彫鋼術).

sidérolithe [siderɔlit] *n.f.* 〖광물〗① 시데롤라이트(석철(石鐵) 운석). ② (~es) 철광.

sidérolithique [siderɔlitik] *a., n.m.* 〖지질〗철광을 다량으로 함유한 (지질).

sidérose [sidero:z] *n.f.* ① 〖광물〗능철광(菱鐵鑛). ② 〖의학〗철 침착증, 천분 흡입병.

sidérostat [siderɔsta] *n.m.* 〖천문〗시데로스탯(일주(日周) 운동을 하는 천체를 고정된 천체망원경으로 관측하기 위한 장치).

sidérotechnie [siderɔtɛkni] *n.f.* 〖옛〗철 야금(술), 제철술.

sidéroxylon [siderɔksilɔ̃] *n.m.* 〖식물〗(열대산)적철과(赤鐵科)의 나무(목재는 단단함).

sidérurgie [sideryrʒi] *n.f.* 제강공업, 제철업; 철공술, 제철술.

sidérurgique [sideryrʒik] *a.* 철공[제철](업)의. industrie ~ 제강공업. production ~ 철강생산. usine ~ 철공소, 제철소.

sidérurgiste [sideryrʒist] *n.* 제철업자.

sidi [sidi] *n.m.* ① 님 (아프리카에서 쓰는 존칭). ② 〖옛〗〖경멸〗(프랑스에 이주한)북아프리카 사람.

siècle [sjɛkl] *n.m.* ① 세기, 백년. un demi-~ 반세기. un quart de ~ 25년. les écrivains du dix-neuvième ~ 19세기의 작가들. On est au XXe ~ 지금은 20세기이다. le ~ des lumières 계몽시대(18세기). Cet arbre a plus d'un ~ 이 나무의 수령은 100년이 넘는다. meuble vieux d'un bon ~ 백년이 족히 되는 고가구. ② 시대(époque). le ~ de Louis XIV; le grand ~ 루이 14세 시대. mal du ~ 세기병(한 시대의 비관적 사상·경향). ~ de l'atome 원자력 시대. notre ~ 금세기, 현대. Il n'est pas de son ~. 그는 시대에 뒤떨어져 있다. partager les idées de son ~ 시대와 호흡을 같이 하다. ③ (종종 *pl.*)〖구어〗긴(장구한)세월. ~s passés (futurs) 과거(후세). (과장적으로) Il y a des ~s (un ~) que je ne vous ai pas vu. 무척이나 오래간만에 뵙겠습니다. depuis des ~s 오래 전 옛날부터. ④ 〖종교〗세속(世俗), 속세(monde). plaisirs du ~ 이 세상의 낙(쾌락). quitter le ~ 속세를 떠나 종교 생활로 들어가다. revenir au ~ 환속(還俗)하다. ⑤ (명사+du ~; 어떤 사실이나 사건 따위를 과장하여) match du ~ 세기적인 대시합. incendie du ~ 세기적인 대화재.

dans tous les ~*s des* ~*s*; *aux* ~*s des* ~*s* 〖가톨릭〗영원토록.

de ~ *en* ~ 대대로(d'âge en âge).

sied, sié-e, -ent [sje] ⇨ seoir.

*** siège** [sjɛ:ʒ] *n.m.* ① 의자; 좌석, 자리. Prenez un

~. 앉으세요. ~ pliant 접는 의자. ~ de jardin 정원 의자. ~ avant(derrière) d'une automobile 자동차 앞[뒷] 좌석. ~ d'un cabinet d'aisances 변기. ② 《국회의》의석; 재판관석. Le parti a gagné vingt ~s. 당은 20석을 차지했다. magistrat du ~ 재판관(↔ magistrat du parquet 검사). jugement rendu sur le ~ 재판관이 (퇴정 않고) 그 자리에서 내리는 판결. ③ 《행정·종교·산업 기관이》설치되는 곳, 소재지, 본부, 본거. ~ principal 본부. ~ (social) 본사. Saint-S~ 교황청. Rome est le ~ de la papauté. 로마는 교황청의 소재지다. ~ épiscopal [apostolique] 《가톨릭》 주교(교황)좌. L'O.N.U. a son ~ à New York. 국제연합은 뉴욕에 본부를 두고 있다. ~ d'un tribunal 재판소의 소재지. ④《문어》중심, 중추; 《상처의》부위. ~ de la pensée 사고의 중추, 뇌. ~ de la maladie 환부(患部). ⑤《군사》《요새·도시의》포위 공격, 공략. ~ de Paris en 1870, 1870년의 파리 공략. mettre le ~ devant une ville; faire le ~ d'une ville 도시를 포위 공략하다. lever le ~ 포위 공격을 풀다; 《구어》물러가다, 떠나다. ⑥ 하반신, 궁둥이. bain de ~ 좌욕(坐浴). enfant qui se présente par le ~ 《분만시》궁둥이부터 나오는 아이, 역산(逆産)아.
état de ~ 계엄령. etre en *état de ~* 계엄령 하에 있다. déclarer l'*état de ~* dans une ville 도시에 계엄령을 내리다.
Mon ~ est fait. 당신의 의견은 필요 없다(내 자리는 확고부동하다).
siéger [sjeʒe] [3-6] *v.i.* [~ à] ① (에)본부[본사]를 두다, 설치되다. association siégeant à ~에 본부를 둔 협회. L'Unesco *siège à* Paris. 유네스코는 파리에 본부가 있다. ②《문어》《자리잡다 (résider). Voilà où *siège* le mal. 병이 뿌리박은 곳은 여기다. ③ 자리[의석]를 차지하다. ~ *à l'assemblée nationale* 국회(하원)의 의석을 차지하다. ~ *au haut bout de la table* 테이블에서 상좌에 앉다. ④《의회·재판 등이》개회(개정)되다. Le tribunal *siège* aujourd'hui. 오늘 법정이 열린다. ⑤ 《가톨릭》 주교(교황)좌에 있다. [단위] ⑤
siemens [simɛːs] *n.m.* 《전기》 지멘스《도전율의
*sien(ne)** [sjɛ̃, -ɛn] *a. poss.* ①《속사로서》 그(녀)의 것(이다). Cette découverte est ~*ne.* 이 발견은 그의 것이다. faire ~*nes les idées de qn* ~의 생각을 자기의 것으로 하다. considérer *qc* comme ~ ~을 자기의 것으로 간주하다. ②《옛·문어》《부가 형용사로서》그(녀)의. ce[un] ~ ami 그의 친구. une chose ~*ne* 그의 것.
—*pron. poss.* 그(녀)의 것《항상 정관사를 수반함》. ma soeur et la ~ 나의 누이와 그의 누이. Il prit mes mains dans les deux ~*nes.* 그는 내 손을 자기 두 손으로 잡았다.
—*n.m.* ① 자기의 것《재산·노력·의견 따위》. Chancun aura le ~. 각자 자기 몫을 갖게 될 것이다. ajouter du ~ à un récit 어떤 이야기에 자기 나름대로 덧붙이다. ⓑ (*pl.*) 그(녀)의 집안 사람(친구들·동료들). briser les dernières attaches avec les ~*s* 자기 가족들과 마지막 인연을 끊다.
être près du ~ 《구어》 인색하다.
On n'est jamais trahi que par les ~. 《속담》 인간은 항상 자기 사람에게만 배반당한다.
y mettre du ~ ⓐ 희생을 치르다, 양보하다. Si chacun de nous *y mettait du* ~, la paix serait bientôt faite. 우리들 각자가 양보하기만 하면 평화는 곧 이루어질 것이다. ⓑ 노력하다, 성의를 다하다. Il faut que chacun *y mette du* ~. 각자 분분의 기여를 해야 한다. ⓒ (어떤 이야기에)자기 나름대로 덧붙이다.

—*n.f.pl. faire des ~nes* 《구어》(늘 하던 버릇으로) 어리석은 수작을 하다, 장난을 치다, 놀아나다.
Sienne [sjɛn] *n.pr.f.* 《지리》 시에나《이탈리아의 도시》. terre de ~ naturelle[brûlée] 천연[구운] 시에나토(土)《안료》.
siennois(e) [sjenwa, -a:z] *a.* 시에나(Sienne)의.
—*S~ n.* 시에나 사람.
siér-a, -ont, etc. [sjer-a, -ɔ̃] ⇨ seoir.
sierra [sjera] 《에스파냐》 *n.f.* 《지리》 《에스파냐에서》산맥, 연봉(連峰).
sieste [sjɛst] 《에스파냐》 *n.f.* 점심 후의 휴식, 낮잠, 오수(午睡). faire le ~ 낮잠을 자다. faire une courte ~ 졸다.
siester [sjɛste] *v.i.*《드물게》(점심 후에)휴식하다, 낮잠자다.
sieur [sjœːr] *n.m.* 《법》 공(公), 씨(氏)《때로 경멸》(monsieur). Le ~ Santerre 상테르 씨. le ~ un tel 《법》 모씨(某氏).《경멸》그 아무개라는 자. Elle a reçu la visite du ~ Paul. 그녀는 폴이라는 자의 방문을 받았다.
siffable [siflabl] *a.* (배우 따위가 야유를 받을 정도로)서투른.
sifflage [sifla:ʒ] *n.m.* 《수의》 =cornage ②.
sifflant(e) [siflɑ̃, -ɑ̃:t] *a.* 휘파람 소리를 내는; 휙휙 소리를 내는; 《언어》 치찰음의(齒擦音).
—*n.f.* 《언어》 치찰음《불어에서는 [s]와 [z]》.
sifflement [siflɑmɑ̃] *n.m.* ① 휘파람 소리; 휙휙거리는 소리; 기적 소리; 호각 소리; (공기를 가르는)날카로운 소리; (라디오의)잡음. ~ d'oreille 이명. ② (비난·야유·찬탄을 표시하는)휘파람 소리.
***siffler** [sifle] *v.i.* ① 휘파람 불다; 휙휙[씨익씨익] 소리를 내다; 기적을 울리다; 호각을 불다. ~ pour appeler 부르기 위해 휘파람 불다. La bise *siffle* dans les arbres. 북풍이 나무 사이로 휙휙거리며 분다. Le train *siffle* pour annoncer son arrivée. 기차가 도착을 알리기 위해 기적을 울린다. J'entends ~ les obus. 포탄이 휙휙거리며 날아가는 소리가 들린다. ② (새가)날카롭게 지저귀다; (뱀이)쉿쉿 소리를 내다. ③《해양》《천문을 통과하는 요인에게》가르쳐 주다.
—*v.t.* ① (노래를)휘파람으로 부르다; (동물·사람을)휘파람[호각]으로 부르다. ~ une chanson 노래를 휘파람으로 부르다. ~ son chien 자기 개를 휘파람으로 부르다. agent qui *siffle* un contrevenant 위반자를 호각으로 부르는 순경. ②《연극》《휘파람을 불어》야유[조롱]하다 (conspuer, huer). ~ un acteur[un orateur] 배우[연사]를 야유하다. ③ 휘파람[호각]을 불어 알리다. L'arbitre *a sifflé* une faute[la mi-temps]. 심판이 반칙[하프타임]을 알리는 호각을 불었다. ④《속어》단숨에 들이키다. ~ *une bouteille de vin* 술 한 병을 쭉 들이키다.
sifflerie [sifləri] *n.f.*《옛》휘파람 불기; 《연극》 휘파람을 불어 야유[비난]하기.
***sifflet** [siflɛ] *n.m.* ① 호각; 기적. ~ *d'alarme* 경적. donner un coup de ~ 호각을 불다, 기적[경적]을 울리다. régler la circulation à coups de ~ 호각으로 교통 정리를 하다. ② (보통 *pl.*)(휘파람 소리의)야유, 비난《↔ applaudissement》. La pièce a été accueillie par des ~*s.* 그 연극은 야유를 받았다. ③《구어》목, 목청; 《속어》연미복.
couper le ~ à qn ⓐ 목을 자르다; 《구어》...의 말문을 막아버리다.
en ~ 비스듬히, 비스듬히 깎다.
siffleur(se) [sifloe:r, -øːz] *a.* 휘파람[호각]을 부는; (짐승·새 따위가)휙휙 소리를 내는. —*n.* 휘파람 부는 사람; (휘파람을 불어)야유[비난]하는 사람.
sifflotement [siflɔtmɑ̃] *n.m.* 가볍게 휘파람 불기.

siffloter [siflote] v.i. 가볍게 휘파람으로 곡조를 불다. —v.t. (곡조를) 가볍게 휘파람으로 불다.
sifilet [sifile] n.m. 《조류》 (뉴기니의) 극락조의 일종.
sig [sig] n.m. 《속어》 20 프랑 (의 화폐). | 종.
sigillaire [siʒi(l)lɛːr] a. 인형(印形)을 갖춘; 인형(인장)의, 인장(인장)에 관한. —n.f. 《고대생물》 봉인목(封印木).
sigillé(e) [siʒi(l)le] a. ① 인장이 찍힌. ②(항아리 가)인장 무늬의.
sigillographie [siʒi(l)lɔgrafi] n.f. 인장학(특히 중세 문헌의).
sigillographique [siʒi(l)lɔgrafik] a. 인장학의.
sigisbée [siʒisbe] n.m. ①《옛》(특히 18세기 이탈리아의) 귀부인의 공공연한 애인. ②《비꼼》여자의 환심을 사려는 남자.
siglaison [siglɛzɔ̃] n.f. 《언어》(단어의 첫 글자를 대문자로 적어 만든) 약자화, 약자 사용.
sigle [sigl] n.m. 대문자에 의한 약자(약호) (예: O.N.U.<Organisation des Nations-Unies).
sigma [sigma] n.m. 시그마 (그리스어 자모의 제 18자: Σ, σ, ς).
sigmatique [sigmatik] a. 《그리스문법》(어근과 어미 사이에) 시그마(σ)가 있는.
sigmatisme [sigmatism] n.m. ①《언어》S음의 빈번한 사용. ②《의학》S음의 발음 장애.
sigmoïde [sigmɔid] a. 《해부》시그마(Σ)형의.
signal [pl. aux] [sinal, -o] n.m. ①신호, 표지; 신호기(등); 통신. envoyer (recevoir) un ~ 신호를 보내다 (받다). respecter le ~ 신호를 지키다. Le chef de gare a donné le ~ du départ. 역장은 출발 신호를 했다. ~ d'alarme (d'alerte) 경보. ~ de détresse 조난 신호 (S.O.S. 따위). ~aux de route 도로 표지. ~aux lumineux 신호등. ~ d'appel 《전화》호출 부호, 콜사인. ~ horaire 《해양·라디오》 시보 (時報). ~ sonore 소리에 의한 신호 (사이렌·클랙슨 따위). ② (사건·행동의)계기, 징조, 시작 (annonce). La prise de Bastille a été le ~ de la Révolution. 바스티유 감옥의 점령은 프랑스 대혁명의 계기였다. Cette première hirondelle est le ~ du printemps. 처음 온 이 제비가 봄의 시작을 알린다. ③《측량》시준표 (視準標). ④《가톨릭》 묵주 (로자리오) 의 대주 (大珠).
au ~ *donné* 신호와 함께, 신호가 떨어지자.
donner le ~ *de qc* …의 신호를 하다; 솔선해서 …을 하다.
signalé(e) [sinale] a.p. (보통명사 앞) ① 《문어》 뛰어난, 각별한, 특별한 (remarquable, insigne). rendre un ~ service 각별한 도움을 베풀다. ② 《경멸》 소문난, 유명한. ~ escroc 유명한 사기꾼.
signalement [sinalmɑ̃] n.m. (사람·동물·유실물 따위의) 특징 (인상 착의)의 표시. ~ sommaire porté sur un passeport 여권에 기재된 간단한 인상 (人相)의 표시.
signaler [sinale] v.t. ① 신호로 알리다; (범인 따위의) 특징(인상 착의)을 알리다. Une sonnerie signale l'arrivée du train. 종소리가 기차의 도착을 알린다. oublier de ~ son changement de direction (자동차의) 방향 변경을 알리는 것을 (깜박이를 켜는 것을) 잊다. ② 특기하다, 특별하다; (에 대해) 주의를 환기시키다, 알리다 (désigner). Un seul journal *a signalé* leur présence à Paris. 한 신문만이 그들의 파리 체재를 알렸다. Permettez-moi de vous ~ que... 당신에게 …을 특히 말씀드리고 싶습니다. ~ qn à la police 간첩을 경찰에 밀고하다. «Rien à ~.» "특기할 만한 것 없음." ~ qc à l'attention de qn …에 대해 …의 주의를 환기하다. ③《옛》눈에 띄게 하다, 유명하게 하다 (illustrer). ~ son audace 대담성을 과시하다.
—*se* ~ v.pr. 뛰어나다, 이채를 띠다 (se faire remarquer, s'illustrer). *se* ~ par sa bravoure *(ses cruautés)* 용맹으로 (잔인성으로) 유명해지다. *se* ~ *à l'attention de qn* …의 주목을 끌다.

signalétique [sinaletik] a. 《행정》 인상 (人相) 기록의. état ~ 인상 기록. fiche ~ (경찰의)인상 카드.
signaleur [sinalœːr] n.m. 《철도》신호수; 《군사》신호병.
signalisateur(trice) [sinalizatœːr, -tris] n.m. 《옛》 신호(경보) 장치. ~ de, 신호하는, 경보를 전하는.
signalisation [sinalizasjɔ̃] n.f. 신호; 표지. panneaux de ~ 신호 표지판. ~ routière 도로 표지 (경계선·신호등·표지판 따위).
signaliser [sinalize] v.t. (도로 따위에) 표지를 설치하다.
signataire [sinatɛːr] n. 서명자; 조인자. ~ 하다.
signature [sinatyːr] n.f. ① 서명, 사인, 날인. livre de ~s 사인북. ~ sociale 회사인(印). apposer sa ~ à un acte 증서에 서명하다. Le décret sera ce soir à la ~. 그 법령은 오늘 저녁에 서명(결재)될 것이다. ②《인쇄》(제본을 위한 페이지의)순서 표시(번호).
signe [sin] n.m. ① (어떤 특징을 나타내는) 표시, 표적 (indication, marque); 징조, 기색, 전조; 《의학》(병의)증상 (symptôme). Le rire est le ~ de la joie. 웃음은 기쁨의 표시이다. Ces coureurs donnent des ~s de fatigue. 이 주자들은 피로한 기색을 보이고 있다. ~ de pluie 비의 징조. ~ d'amélioration (병 따위의) 회복의 징조. ~ précurseur (avant-coureur) 전조 (前兆). C'est bon (mauvais) ~ (que+sub.) (…은) 좋은 (나쁜) 징조이다.
② 신호, 몸짓, (의사의) 표시 (manifestation). Les muets se parlent par ~s. 벙어리들은 몸짓 (손짓) 으로 서로 이야기한다. Sur un ~ de l'agent, les voitures s'arrêtent. 순경의 신호로 차들이 멈춘다. faire le ~ de la croix 십자를 긋다. faire un ~ de la tête (de la main) 고개짓 (손짓)을 하다. [faire ~ à qn] Il m'a fait ~ que oui (non). 그는 내게 그렇다 (그렇지 않다는) 몸짓을 해보였다. Il m'a fait ~ de me taire. 그는 내게 잠자코 있으라는 눈짓 (몸짓)을 해보였다.
③ 기호, 부호; (직업·지위를 나타내는) 표장, 휘장. ~s orthographiques 철자기호 (´, `, ¨ 따위). ~ de ponctuation 구두점. ~ abréviatif 약호 (略號). ~ algébrique 대수기호. ~ de grade 《군사》계급장. ~s du zodiaque 《천문》황도 12궁.
en ~ *de* …의 표시로. se serrer la main *en* ~ *de réconciliation* 화해의 표시로 악수하다.
ne pas donner (faire) ~ *de vie* 전혀 소식이 없다; 살고 있지 않은 것 같다.
~ *des temps* 시대의 징조 (보통 나쁜 뜻으로). L'augmentation de la délinquance juvénile est un ~ *des temps*. 소년 죄의 증가는 이 시대의 (말기적) 징조이다.
sous le ~ *de* ⓐ …의 별 아래. Il est né *sous le* ~ *du Lion* (*de la chance*). 그는 사자자리 아래 (행운의 별 아래에) 태어났다. ⓑ 《구어》…의 영향 (분위기) 하에서; …의 특징을 띠고. La soirée a commencé *sous le* ~ *de l'amitié*. 저녁 모임은 우호적 분위기 하에서 시작되었다.
signer [sine] v.t. ① (에) 서명 (사인) 하다; 조인하다. ~ un armistice (la paix) 정전 협정 (평화 조약)에 조인하다. ~ un tableau 그림에 (자필) 서명하다. œuvre non *signée* 작자 미상 (익명)의 작품. ~ son nom 제 이름을 적다. (목적보어 없이) ~ en

marge 난외에 서명하다(émarger). ~ d'un pseudonyme 가명으로 서명하다. ② (금·은·보석 따위에) 각인하다.
C'est signé. ⓐ 그것은 서명이 되어있다. ⓑ 《구어》누구의 것[짓]인지 분명하다. ~ qc de son sang 피로써 …을 보증하다.
—*se* ~ *v.pr.* 《종교》 성호[십자가]를 긋다.

signet [siɲɛ, 《옛》 sinɛ] *n.m.* ① 《제본》 서표(書標)끈. ② 《옛》 인형(印形); 인인부(認印附) 반지.

signifiant(e) [siɲifjɑ̃, -ɑ̃:t] *a.* ① 《문어》 뜻깊은, 의미심장한. ② 《옛》 의미를 나타내는. ③ 《신학》 (은총의 표시를) 나타내는.
—*n.m.* 《언어》 기표(記表), 기호 표기(기호의 청각 영상, Saussure 의 용어로서 signifié '기의(記意)'와 대조를 이룸).

significatif(ve) [siɲifikatif, -i:v] *a.* ① (뜻을) 명확히 나타내는(expressif, éloquent). le plus ~ des symboles pour figurer Dieu 신을 나타내는 가장 명확한 상징. chiffre ~ 《수학》 유효 숫자. ② [~ de] (…을) 나타내는, 의미하는. Son attitude est ~ve de son changement d'opinion. 그의 태도는 그의 의견이 달라졌음을 말해준다.

signification [siɲifikasjɔ̃] *n.f.* ① 의미, 뜻, 의의(意義). ~ d'un mot 어의(語義). ② 《언어》 (기표와 기의를 맺어주는) 의미 작용. ③ degrés de ~ 《언어》 비교의 급(級) (형용사 및 부사의 원급·비교급·우등비교급·최상급 따위). ④ 《법》 (판결·영장 따위의) 전달, 통보(notification). ~ à personne 본인에 대한 직접 통보.

significativement [siɲifikativmɑ̃] *ad.* 뜻을 분명하여; 뜻[의미] 있게.

signifié [siɲifje] *n.m.* 《언어》 기의(記意), 기호 내용 (기호가 내포하는 개념, Saussure 의 용어임).

*****signifier** [siɲifje] *v.t.* ① 의미하다, (의) 뜻을 갖다 (exprimer, vouloir dire). Que *signifie* ce mot? 이 말은 무슨 뜻인가? Liberté ne *signifie* pas nécessairement désordre. 자유는 반드시 무질서를 뜻하는 것은 아니다. Qu'est-ce que cela *signifie*? 《구어》 그게 무슨 말이냐? (불만이나 놀라움의 표시). Cela ne *signifie* pas grand-chose. 그것은 별 의미가 없다, 별로 중요한 일이 아니다. ② [~ à] (에게) (의사를) 분명히 표명하다, 통고하다, 알리다; 《법》 (판결 따위를) 전달(통고)하다(notifier). ~ ses intentions à qn …에게 자기 의사를 명백히 하다. ~ son congé à un employé 고용인에게 해고를 통고하다. [~ à qn de +inf./que +sub.] On m'a *signifié* de quitter les lieux. 나는 현장에서 떠나라는 통고를 받았다. Il m'a *signifié que* je doive me rendre demain à Londres. 나는 내일 런던으로 가야한다는 통지를 받았다.

sigue [sig] *n.m.* 《구어》 20 프랑 (의 화폐).

sikh(e) [sik] *n.m., a.* (인도의) 시크교도(의).

sil [sil] *n.m.* 적(황)색 점토(粘土).

✱**silence** [silɑ̃:s] *n.m.* ① 침묵, 무언(mutisme), 비밀 (을 지킴); 무소식. garder[rompre] le ~ 침묵을 지키다[깨다]. Je vous demande le ~ absolu sur cette affaire. 이 사건에 대해 절대 침묵[비밀]을 지켜 주시오. Il est enfin sorti de son ~. 그는 마침내 입을 열었다. On a étouffé cette affaire par le ~. 사람들은 그 사건을 묻어버렸다. écrire après un ~ d'un an 1년의 무소식 끝에 편지를 쓰다. minute de ~ 1분간의 묵도.
② 고요, 정적, 평온(calme, ↔ bruit, tapage); 정숙. ~ de la nuit 밤의 고요. ~ de mort 죽음과 같은 정적. zone de ~ 《라디오》 난청 지역.
③ 《음악》 휴지, 쉼표.
en [*dans le*] ~ 묵묵히; 비밀히. obéir *en* ~ 말 없이 복종하다. révolte préparée *dans le* ~ 비밀리에 준비된 반란.
faire ~ 입을 다물다.
Faites ~!; *Du* ~!; *S* ~! 조용하시오! 정숙!
imposer (le) ~ *à qn*; *réduire (condamner) qn au* ~ …을 침묵시키다, …의 말문을 막아버리다.
passer qc sous ~ …을 불문에 붙이다, 묵과하다.

silenciaire [silɑ̃sjɛ:r] *n.m.* =silentiaire.

silencieusement [silɑ̃sjøzmɑ̃] *ad.* 말없이, 묵묵히; 조용히; 남몰래.

*****silencieux(se)** [silɑ̃sjø, -ø:z] *a.* ① (사람이) 무언의, 말없는(muet), 때때로 ~ 입을 다물고 있는. garçon calme et ~ 조용하고 말이 적은 소년. ② (기계·걸음 따위가) 조용한, 소리 없는 (↔ bruyant). moteur ~ 조용한 모터. à pas ~ 살금살금.
—*n.m.* (발동기·피스톨의) 소음기(消音器).
—*n.* 말없는 사람.

silène [silɛn] *n.m.* 《식물》 끈끈이대나물.
—*S*~ *n.pr.m.* 《신화》 실레노스 (주신(酒神) 바커스의 양부).

silentbloc [silɑ̃tblɔk] *n.m.* (자동차 따위의) 소음[진동] 흡수장치, 완충장치.

silentiaire [silɑ̃sjɛ:r] *n.m.* ① (로마제국의) 의전관; (동로마제국의) 황제의 호위관; (비잔틴에서 황제 앞에서의 정숙을 유지시키거나 황제의 접견을 관장한) 궁내관. ② (트라피스트회의) 침묵의 의무를 지키는 수도사. ③ 《문어》 과묵한 사람.

silésien(ne) [silezjɛ̃, -ɛn] *a.* 실레지아 (*la Silésie*)의.
—*S*~ *n.* 실레지아 사람.
—*n.f.* 《직물》 실레지아직(織).

silex [silɛks] *n.m.* ① 부싯돌, 수석(燧石); 규석. ② 부싯돌로 만든 옛날 무기.

silhouette [silwɛt] *n.f.* ① 《옛》 실루엣, 반면영상(半面影像); 얼굴의 옆모습. dessiner à la ~ 실루엣으로[실루엣을] 그리다. ② (밝은 바탕이나 배경에 검게 나타나는) 모습; 윤곽. La ~ du clocher se dessinait sur le ciel bleu. 종각의 윤곽이 푸른 하늘에 선명히 보였다. Le caricaturiste a dessiné la ~ du champion. 만화가는 그 선수의 윤곽을 그렸다. ③ (사람 몸의) 윤곽, 몸매. Cette femme a une ~ élégante. 이 부인은 몸매가 아름답다. ④ (사격용의) 인상(人像) 표적. ⑤ (소설 따위에 대충 묘사한) 사치의 인물.

silhouetter [silwɛ(e)te] *v.t.* 실루엣을 그리다; (의) 윤곽을 그리다(드러내다). —*se* ~ *v.pr.* 그림자가 비치다; 윤곽이 뚜렷이 드러나다.

silicatage [silikata:ʒ] *n.m.* 《건축·토목》 규화처리(硅化處理).

silicate [silikat] *n.m.* 《화학》 규산염(硅酸塩).

silicatiser [silikatize] *v.t.* (나무·돌을) 규화(硅化)하다.

silice [silis] *n.f.* 《화학》 무수규산(無水硅酸).

siliceux(se) [silisø, -ø:z] *a.* 규토(硅土)질의; 규토를 함유한. bronze ~ 규소(硅素) 청동.

silicicole [silisikɔl] *a.* 《식물》 규산질 토양에 잘 자라는.

silicié(e) [silisje] *a.* 《화학》 규소와 화합한.

silicification [silisifikasjɔ̃] *n.f.* 《화학》 규화(작용).

silicique [silisik] *a.* 《화학》 규산(硅酸)의. 1.용).

silicium [silisjɔm] *n.m.* 《화학》 규소(硅素).

siliciure [silisjy:r] *n.m.* 《화학》 (금속의) 규소 화합물.

silicone [silikɔn] *n.f.* 《화학》 실리콘.

silicose [silikoːz] *n.m.* 《의학》 규폐증(硅肺症).

silicule [silikyl] *n.f.* 《식물》 단각과(短角果).

siliculeux(se) [silikylø, -ø:z] *a.* 《식물》 단각과(短角果)를 맺는.

silique [silik] *n.f.* 《식물》 장각과(長角果).

siliqueux(se) [silikø, -ø:z] *a.* 《식물》 장각과를 맺는, 〔狀〕의.

siliquiforme [silikiform] *a.* 《식물》 장각상 (長角狀)의.

sillage [sija:ʒ] *n.m.* ① 항적(航跡); 항진(航進) 속도. doubler le ~ d'un navire 다른 배의 속도로 달리다. ② 《물리》 후류(後流). ③ 《어업》 저인망(底引網). ④ 《광산》 탄(炭)맥. *faire plus de remous que de ~* 《구어》 떠들썩하기만 하고 실적이 없다. *marcher(être) dans le ~ de qn ; suivre le ~ de qn* …을 따르다, 본받다.

sille [sil] *n.f.* 《고대 그리스 문학의》 풍자시.

siller¹ [sije] *v.i.* 《해양》 《배가》 파도를 헤치고 나아가다.

siller² *v.t.,v.i.* =**ciller**.

sillery [sijri] *n.m.* 시유리(Sillery, 프랑스의 도시)산의 샴페인.

sillet [sijɛ] *n.m.* 《음악》 현악기의 현침(絃枕).

sillomètre [sijometr] *n.m.* 《배의》 속도계.

sillon [sijɔ̃] *n.m.* ① 《농업》 밭고랑, (*pl.*)〈시〉밭, 전답. tracer(creuser, ouvrir) un ~ 밭고랑을 내다. ② 《표면의》 줄, 홈, (지나간)자국; (레코드의)홈. ~ des roues 바퀴 자국. de lumière 한줄기의 빛. ~s du cerveau 《해부》 뇌의 주름. ~s du temps 《문어》 《이마의》 주름. *faire(creuser) son* ~ 《구어》 (시작한 일을)꾸준히 이어 나가다.

sillonner [sijɔne] *v.t.* ① (자국·줄·목축·주름을)내다. visage *sillonné* de rides 주름이 파인 얼굴. D'énormes lézardes *sillonnent* les murs. 벽에 커다란 금이 가 있다. ② 사방으로 달리다(통하다). Des avions *sillonnent* le ciel. 비행기들이 하늘을 종횡으로 간다. Des routes nombreuses *sillonnent* la France. 수많은 길들이 프랑스를 사방으로 가로지르고 있다. ③ 〈옛〉고랑을 내다; (밭을)갈다.

silo [silo] *n.m.* ① 《곡물·목초 따위를 넣어두는》 움, 사일로. ~ à fourrages 사료용 사일로. mettre *qc* en ~ …을 움(사일로)에 넣어 저장하다. ② 층계식 차고(~ à voitures); (사무실·주거 따위의)밀집건물. ③ 미사일 지하 격납고(발사대).

Siloé [siloe] *n.pr.m.* 《성서·지리》 실로암. la fontaine de ~ 실로암의 샘《요한 9:7》.

silotage [silota:ʒ] *n.m.* 《곡물·야채·목초를》움(사일로)에 넣어두기(저장하기).

silphe [silf] *n.m.* 《곤충》 송장벌레. 〔종.

silphium [silfjɔm] *n.m.* 《식물》 국화 과(科)의 일

silumin [silymɛ̃] *n.m.* 실루민《주물용 경합금》.

silure [sily:r] *n.m.* 《어류》 메기. 〔람.

Silures [sily:r] *n.pr.m.pl.* 《고대지리》 실루리아 사

silurien(ne) [silyrjɛ̃, -ɛn] *n.m.,a.* 《지질》 실루리아기(紀)(의).

silva [silva] *n.f.* 《문학》 에스파냐 시형(詩形)의 일종.

silvaner [silvanɛ:r] *n.m.* 《중앙 유럽·알자스산의》백포도 묘목.

silves [silv] *n.f.pl.* 《라틴시의》선집.

sima [sima] *n.m.* 《지질》 시마(각殼).

simagrée [simagre] *n.f.* 《종종 *pl.*》거짓 꾸밈, 꾸민 태도, 척하기(chichis, manières). *faire des* ~*s* 짐짓 태를 부리다, 점잔빼다. Acceptez cette invitation et ne *faites* pas trop *de*-*s*. 이 초대를 수락하시오, 너무 빼지 말고.

simarouba [simaruba] *n.m.* =**simaruba**.

simarre [sima:r] *n.f.* ①(신부의)실내복. ②〈옛〉(법관·교수의)장의(長衣); (15–16세기 남·녀의) 간 옷(chamarre).

simaruba [simaryba] *n.m.* 《식물》 시마루바《서인도제도산 소태나무과(科)의 일종》.

simarubacées [simarybase] *n.f.pl.* 《식물》 소태나무과(科).

simbleau [sɛ̃blo] (*pl.* ~*x*) *n.m.* (원을 그리기 위한) 목공의 먹줄.

Siméon [simeɔ̃] *n.pr.m.* 《성서》 시메온《예루살렘의 신앙가, 누가 3 : 25–35》.

simien(ne) [simjɛ̃, -ɛn] *a.* 원숭이의, 원숭이 같은. —*n.m.* 《동물》 원숭이류(類).

simiesque [simjɛsk] *a.* (얼굴·표정이)원숭이 같은.

simiidés [simiide] *n.m.pl.* 《동물》 유인원과(類人猿科).

similaire [simile:r] *a.* 유사한, 동류의, 비슷한(analogue, semblable, ↔ différent); 《수학》 상사(相似)의. savons, détersifs et produits ~*s* 비누·세제 및 그와 유사한 제품. termes ~*s* 《수학》 동류항. figure ~ 《수학》 닮은꼴.

similairement [similermɑ̃] *ad.* 비슷(흡사)하게.

similargent [similarʒɑ̃] *n.m.* 모조은(銀).

similarité [similarite] *n.f.* 유사성, 비슷함.

similé [simile] *n.m.* 《수사학》 직유(直喩).

simili¹ [simili] *n.m.* ①《구어》모조(품)(imitation). bijoux en ~ 모조 보석. ②《인쇄》 망판(網版)(화). ③ 비단 가공을 한 무명. —*n.f.* 《구어》 망판(similigravure).

simili² (이탈리아) *a.m.pl.* 《음악》 앞과 같은.

simil(i)- *préf.* 「모조·모방」의 뜻.

similibois [similibwa] *n.m.* 인조 목재.

similibronze [similibrɔ̃:z] *n.m.* 인조 청동 합금.

similicuir [similikɥi:r] *n.m.* 인조 가죽.

simili-écaille [similieka:j] *n.m.* (복수불변) 모조 귀갑(龜甲).

similigravure [similigravy:r] *n.f.* 《인쇄》 망판 제판술, 망판(화).

similimarbre [similimarbr] *n.m.* 인조 대리석.

similipierre [similipjɛ:r] *n.f.* 인조석.

similisage [similiza:ʒ] *n.m.* 《직물》 머서라이제이션《무명을 비단같이 보이게 가공하기》.

similiser [similize] *v.t.* 《직물》 (무명을)비단 가공하다. coton *similisé* 비단 가공을 한 무명.

similiste [similist] *n.m.* 《인쇄》 망판 제판공.

similitude [similityd] *n.f.* ① 유사성(ressemblance); 《수학》 상사(相似). ②《옛》《수사학》 비유, 직유(直喩).

similor [similɔ:r] *n.m.* 모조금(金).

simoniaque [simɔnjak] *a.,n.* 《가톨릭》 성물《성직》 매매의 죄를 범한 (사람).

simoun [simun] *n.m.* (사하라 사막의)열풍(熱風).

:**simple** [sɛ̃:pl] *a.* ① 단순한(↔ compliqué); 단일의(↔ composé, double). billet ~ 《왕복표에 대한》편도권(片道券). fleur ~ 《식물》 단판화(單瓣花). corps ~ 《화학》 단체(單體). mot ~ 《합성어·복합어에 대한》단일어. temps ~*s* 《언어》 단순시제. équation ~ 《수학》 1차 방정식.
② 간단한, 간결한, 간편한, 알기 쉬운(facile, ↔ complexe). moyen ~ 극히 간단한 방법. Le fonctionnement de cet appareil est ~. 이 기구의 작동은 간단하다.
③ 순진한, 순박한, 소박한(franc, droit, ↔ affecté, orgueilleux). cœur ~ 순박한 마음(사람). rester ~ dans les honneurs 높은 자리에 앉아 있으면서도 여전히 소박하다.
④ 《경멸》 고지식한(naïf); 우둔한. ~ d'esprit 《구어》 머리가 모자라는. Je ne suis pas assez ~ pour le croire. 나는 그런 것을 믿을 정도로 어리석지는 않다.
⑤ 꾸밈없는, 수수한, 간소한. repas ~ 간소한 식사. robe très ~ 매우 수수한 드레스. écrire dans un style ~ 꾸밈없는 문체로 쓰다.

⑥《명사 앞》단지 …만의(seul), 한낱, 하찮것일 는. ~ particulier (공인(公人)이 아닌)단순한 개인. ~ soldat 졸병. Ce n'est qu'une ~ formalité. 다만 형식에 불과하다. Je ne ferai qu'une ~ remarque. 단지 한가지 말씀만을 드리죠. Il a été condamné sur un ~ soupçon. 그는 한낱 혐의만으로 유죄 판결을 받았다.
C'est (bien (tout)) ~. (해결이)문제없다, 간단한 이야기이다; (결과가)뻔한 이야기이다, 말할 나위도 없다. Si tu ne travailles pas mieux, c'est bien ~, tu seras privé de sortie. 공부를 더 열심히 안하면, 이야기야 간단하지, 외출을 허락 않겠다.
C'est ~ comme bonjour. 그것은 아주 쉬운 거다, 문제될 게 없다.
— n. 우둔한 사람, (머리가)단순한 사람. C'est un ~. 우둔한(단순한)친구야.
— n.m. ① 《테니스》단식, 싱글. jouer en ~ 단식 시합을 하다. ~ dames(messieurs) 여자(남자)단식.
② 단일한 것; 단순(간단)한 것. conduire les élèves du ~ au complexe 간단한 것으로부터 복잡한 것으로 학생을 가르쳐 가다.
③ (*pl.*) 약초; 《옛》생약.

simplement [sɛ̃pləmɑ̃] ad. ① 단순히, 단지, 다만, 오로지(uniquement, seulement). Il a ~ voulu vous faire peur. 그는 단지 당신에게 겁을 주는 것만이 목적이었고. ② 소박하게, 격식을 차리지 않고; 솔직하게.. homme vêtu ~ 수수한 옷차림의 남자. ③ 간단하게, 간략하게; 쉽게. s'exprimer ~ 간략하게 이야기하다. Ce calcul peut se faire ~. 이 계산은 간단하게(쉽게) 할 수 있다.

simplesse [sɛ̃ples] *n.f.* 《옛》순진함, 천진난만함, 순박함.

simplet(te) [sɛ̃plɛ, -ɛt] *a.* (사람이)고지식한, 우둔한; (사물이)지나치게 단순(간단)한, 좀 빈약한. Votre solution me paraît un peu ~*te*. 당신의 해결책은 너무 단순한 것 같소.

***simplicité** [sɛ̃plisite] *n.f.* ① 순박함, 소박함, 솔직함(franchise, droiture, ↔ affectation). parler avec ~ 솔직하게 이야기하다. en toute ~ 아주 소박하게, 매우 자연스럽게. ② 어리석음, 우직성. Je n'ai pas la ~ de croire à ses promesses. 그의 약속을 믿을 정도로 바보는 아니다. dire des ~s 어리석은 말을 하다. ③ 간소함, 검소함. recevoir des invités avec beaucoup de ~ 매우 간소하게 손님 대접을 하다. ④ (사물이)단순함, 간단함; 결성, 용이함. problème d'une grande ~ 극히 간단한 (쉬운) 문제. ~ du style 문체의 간결성.

simplifiable [sɛ̃plifjabl] *a.* 간략(단순·단간)하게 할 수 있는.

simplificateur(trice) [sɛ̃plifikatœ:r, -tris] *a.* 간략(단순)하게 하는. — *n.* 간략하게 하는 사람.

simplification [sɛ̃plifikɑsjɔ̃] *n.f.* 간략화, 간소화, 단순화(↔ complication).

simplifié(e) [sɛ̃plifje] *a.p.* 간략(간소·간단)화된. formalités ~es 간소화된 수속 절차.

***simplifier** [sɛ̃plifje] *v.t.* 간소(간략·간단)하게 하다 (↔ compliquer). ~ les formalités 수속 절차를 간소화하다. ~ une fraction 《수학》약분하다.
—se ~ *v.pr.* 간소(간략·간단)하게 되다.

simplisme [sɛ̃plism] *n.m.* (논리 따위를)지나치게 단순화하는 것, 속단; 단순화.

simpliste [sɛ̃plist] *a.* (논리 따위를)너무 단순화하여 (견해가)피상적인, 일면적인; 지나치게 간략하게 만드는. argument ~ 너무 단순화된 논법.
— *n.* 속단하는 사람, 간략화하는 사람.

simulacre [simylakr] *n.m.* ① 흉내; 《군사》모의 연습. ~ de combat 《군사》모의 작전. ② (헛된)외모, 겉치레; 환상. ~ de gouvernement 괴뢰정부. Le bonheur est un ~. 행복은 환상에 불과하다. ③ 《환영(幻影), 유령(fantôme).
faire le ~ de + inf. …하는 시늉을 하다.

simulateur(trice) [simylatœ:r, -tris] *n.* 흉내내는 사람; 체하는 사람, 꾀병을 부리는 사람. — *n.m.* 모의 실험 장치, 시뮬레이터(실제 기능을 인위적으로 재현하는 기계). essayer un satellite artificiel dans un ~ 인공위성을 모의 실험 장치에서 성능을 시험하다. ~ de vol 비행 시뮬레이터.

simulation [simylɑsjɔ̃] *n.f.* ① 거짓 꾸밈, 가장, 위장(feinte); 흉내. ~ d'une maladie 꾀병. ② 《법》위장 행위; 허위의 의사 표시. ③ (시뮬레이터에 의한)모의 실험, 시뮬레이션.

simulé(e) [simyle] *a.p.* 위장(가장)된(faux); 《법》가장의. attaque ~e 위장 공격. maladie ~e 꾀병.

simuler [simyle] *v.t.* ① 가장하다, 체하다, 위장하다(affecter, feindre). ~ la fatigue pour ne pas travailler 일을 안하려고 피로한 체하다. L'accusé *a simulé* la folie. 피고는 미친 체했다. Il *simulait* (d')être ivre. 그는 취한 체했다. ② (의)흉내를 내다; 모의하다; (컴퓨터로)시뮬레이션하다. ~ un combat 모의 전투를 하다. ③ (무엇을 사물)(처럼)보이다, (을)나타내다. Le décor *simule* une forêt. 무대 장치는 숲을 나타내고 있다.

simulie [simyli] *n.f.* 《곤충》진디등에.

simuliidés [simyliide] *n.m.pl.* 《곤충》진디등에과.

simultané(e) [simyltane] *a.* 동시의, 동시에 행하여지는(concomitant, synchrone, ↔ successif). événements ~s 동시에 일어난 사건들. exécuter avec les bras et les jambes des mouvements ~s 팔과 다리를 동시에 움직이다. traduction ~e 동시 통역. personnalité ~e 이중 인격. équations ~es 《수학》연립 방정식.

simultanéisme [simyltaneism] *n.m.* ① 동시화법(話法)(영화에서 소설로 도입된 수법으로 동시에 여러 장소에서 일어날 일들을 병행해서 나타내는 것). ② 《문학사》동시주의(20세기 초엽에 Barzun, Divoire 등이 주장한 것으로 여러 다른 시를 한 묶음으로 엮어 서정적 효과를 내려는 주의).

simultanéité [simyltaneite] *n.f.* 동시성(coïncidence, synchronisme, ↔ succession). ~ de deux actions 두 행동의 동시성.

simultanément [simyltanemɑ̃] *ad.* 동시에, 일제히, 같은 순간에. Deux coups de fusil sont partis ~. 두 발의 총소리가 동시에 났다.

sin. (약자) sinus 《수학》사인, 정현(正弦).

sinaïtique [sinaitik] *a.* 시나이 산(le Mont Sinaï)의.

sinanthrope [sinɑ̃trɔp] *n.m.* 《인류》시난트로푸스, 북경원인(北京猿人).

sinapine [sinapin] *n.f.* 《화학》시나핀(겨자씨 속에 들어있는 알칼로이드).

sinapique [sinapik] *a.* 《화학》시나핀의.

sinapisation [sinapizɑsjɔ̃] *n.f.* 《의학》(겨자씨에 의한)피부의 발적(發赤).

sinapisé(e) [sinapize] *a.p.* 《의학》겨자 가루를 넣은.

sinapiser [sinapize] *v.t.* 《의학》(외용약에)겨자 가루를 넣다.

sinapisme [sinapism] *n.m.* 《의학》(겨자에 의한)발적요법, (겨자를 섞은)찜질 연고.

***sincère** [sɛ̃sɛ:r] *a.* 성실한(franc, ↔ menteur); 성실한, 진지한(↔ hypocrite); 충심의, 본심에서 우러나는(fidèle). homme ~ dans ses actions 행동이 성실한 사람. repentir ~ 진심에서 우러나는 뉘우침. amitié ~ 진실된 우정. 엄정한, 진정한, 참된(authentique). élections ~s 공정한 선거. acte

~정본(正本), 원본.
Agréez mes ~*s salutations.* 진심으로 경의를 표합니다(편지의 맺음말).
sincèrement [sɛ̃sɛrmɑ̃] *ad.* 충심으로, 성실하게, 진심으로; 솔직하게. regretter — d'avoir fait *qc* … 한 점을 진심으로 유감스럽게 생각하다. Je vous le dis bien —. 정말 진심에서 드리는 말씀이오. S~, vous ne voulez pas venir avec nous? 정말 우리와 같이 안 갈 셈이오?
sincérité [sɛ̃serite] *n.f.* ① 솔직성(franchise, ↔ hypocrisie); 성실(진심)성, 진정함. Personne ne doute de la ~ de ses paroles. 아무도 그의 말의 진실(성실)성을 의심하지 않는다. ② (서류 따위의) 확실(진정)성(authenticité). Il a verifié la ~ de mes papiers. 그는 내 서류가 진짜인지를 확인했다. *avec* ~ 진정으로; 솔직하게. *en toute* ~ 기탄없이 말해서, 솔직히 말해서, 사실인즉.
sincipital(ale, *pl.* **aux)** [sɛ̃sipital, -o] *a.* 《해부》 전두부(前頭部)의, 두정부(頭頂部)의. os ~ 전두골.
sinciput [sɛ̃sipyt] *n.m.* 《해부》 전두부, 두정부.
Sind (le) [lǝsɛ̃:d] *n.pr.m.* 《옛》 《지리》 ① 인더스 강 (l'Indus). ② 인더스 강 하류에 있는 파키스탄의 주(州).
sindon [sɛ̃dɔ̃] *n.m.* 《옛》 《가톨릭》 (그리스도의 시체를 싼)성해포(聖骸布)(saint suaire).
sinécure [sineky:r] *n.f.* 한직(閑職).
Ce n'est pas une ~. 《구어》 쉬운 일이 아니다.
sine die [sinedje] *loc.ad.* 《라틴》 《정치·외교》 무기한으로. renvoyer une affaire ~ 사건 처리를 무기한으로 연기하다.
sinémurien [sinemyrjɛ̃] *n.m., a.* 《지질》 흑(黑)쥐라계(系)의 하부(의).
sine qua non [sinekwanɔ̃] 《라틴》 *loc. a.* 《불변》 필요불가결한. condition ~ 필요불가결한 조건.
—*n.m.* (복수불변) 필수조건.
S.-Infre (약자) Seine-Inférieure 《프랑스의 옛 도 (道), 현재의 Seine-Maritime》.
s.-ing. (약자) sous-ingénieur 부기사(副技師).
singalette [sɛ̃galɛt] *n.f.* 《직물》 모슬린의 일종.
singaporien(ne) [sɛ̃gapɔrjɛ̃, -ɛn] 《지리》 싱가포르(le Singapour)의. —**S—** *n.* 싱가포르 사람.
Singapour [sɛ̃gapu:r] *n.pr.m.* 《지리》 싱가포르.
*****singe** [sɛ̃:ʒ] *n.m.* ① 《동물》 원숭이《암컷을 따로 가리킬 때는 guenon》. ~ à longue queue《à queue prenante》긴꼬리원숭이. être agile(malin) comme un ~ 원숭이처럼 민첩하다《약삭빠르다》. ② 원숭이같이 생긴 사람, 《구어》 못생긴 사람. ③ 흉내내는 사람. ④ 《군대어》 쇠고기 통조림; 《속어》 보스, 주인(patron). ~ 하다.
faire le ~ 《구어》 상을 찡그리다; 우스팡스런 짓을
On n'apprend pas à un vieux ~ à faire la grimace.《속담》(늙은 원숭이에게 얼굴을 찡그리는 것을 가르칠 필요는 없다) → 부처님 앞에서 설법하기.
singe-araignée [sɛ̃gare(e)ɲe] 《pl. ~s—s》 *n.m.* 《동물》 (남미산의)거미원숭이.
singer [sɛ̃ʒe] [3] *v.t.* 흉내내다, 모방하다(imiter). ~ *qn* (비웃으려고)…의 흉내를 내다.
—**se** — *v.pr.* 서로 흉내내다, (의)티를 내다, (인)체하다(simuler). ~ la noblesse 귀족인 체하다.
singerie [sɛ̃ʒri] *n.f.* ① 찡그린 얼굴; 우스팡스런 짓. faire des ~s pour amuser *qn* …을 웃기려고 우스팡스런 짓을 해보이다. ② (서투르거나 희화석인)흉내. ③ (*pl.*) 위선, 아첨. ④ 원숭이 우리.
singesque [sɛ̃ʒɛsk] *a.* 원숭이에 특유한; 원숭이만이 갖는.
singesse [sɛ̃ʒɛs] *n.f.* ① 《구어》 못생긴 여자. ② 《구어》 여자 보스, 여장부. ③ 《옛》 원숭이의 암컷 (guenon).
singeur(se) [sɛ̃ʒœ:r, -ø:z] 《구어》 *a.* 덮어놓고 모방하는, 흉내내기 좋아하는. —*n.* 모방자.
single [siŋl] 《영》 *n.m.* ① 《테니스》 단식 시합. ② 1인용의 방(침대).
singlet [sɛ̃glɛ] *n.m.* 《물리》 단일전자(單―電子).
singleton [sɛ̃glǝtɔ̃] 《영》 *n.m.* 《카드놀이》 손에 단 한 장의 카드, 싱글톤.
singulariser [sɛ̃gylarize] *v.t.* 유달리 눈에 띄게 하다, 기발하게 보이게 하다. Sa façon de s'exprimer le *singularise*. 그는 의사 표현의 방법 때문에 유별나게 보인다.
—**se** — *v.pr.* 유달리 눈에 띄는 행동을 하다, 별난 짓을 하다. *se* ~ *par sa toilette* 유별나게 화장을 하다.
singularité [sɛ̃gylarite] *n.f.* ① (사물·행동의)기이함, 야릇함(bizarrerie). ~ d'une mode 야릇한 유행. ② 《문어》 독특성, 특이성(originalité). idées d'une remarquable ~ 매우 독특한 생각들. ③ 《언어》 단수성(↔ pluralité). 《옛》 단독(유일)성.
*****singulier(ère)** [sɛ̃gylje, -ɛ:r] *a.* ① 이상한, 기이한, 기발한, 야릇한(bizarre). destinée ~*ère* 기구한 운명. personne ~*ère* 이상한(사람人). Le moteur a produit un bruit ~. 엔진에서 이상한 소리가 났다. Il est ~ qu'il soit parti sans nous avertir. 그가 우리에게 알리지도 않고 떠난 것은 이상한 일이다. ② 독특한(original); 특이한; 진귀한, 드물게 보는 (↔ commun), beauté ~*ère* 특이한 아름다움. ③ 《언어》 단수의(↔ pluriel) 《논리》 단칭(單稱)의, 《옛》 단일의, 단신(單身)의(↔ collectif). nombre ~ 단수. proposition ~*ère* 단칭명제. combat ~ 1대 1의 맞겨룸.
—*n.m.* ① 《언어》 단수(형)(↔ pluriel). ② 특이(기발·이상)한 것.
singulièrement [sɛ̃gyljɛrmɑ̃] *ad.* ① 야릇[이상·기발]하게(bizarrement). s'habiller ~ 야릇하게 차려입다. ② 유달리, 특히(particulièrement). ~ Cette découverte intéresse le monde savant, et ~ les physiciens. 이 발견은 학계의 사람들, 특히 물리학자들의 관심을 끌고 있다. ③ 매우, 대단히, 유난히(beaucoup). Ce livre lui a ~ déplu. 이 책은 유난히 그의 마음에 거슬렸다.
singultueux(se) [sɛ̃gyltɥø, -ø:z] 《드물게》 흐느끼는, 흐느낌으로 중단된.
sinisation [sinizasjɔ̃] *n.f.* 중국화.
siniser [sinize] *v.t.* 중국화하다, 중국 문화화하다; 중공화(中共化)하다.
sinistre [sinistr] *a.* ① 불길한, 언짢은(funeste). présage ~ 불길한 예감. Dans la nuit, une chouette a lancé un cri ~. 밤중에 올빼미가 기분 나쁜 소리를 냈다. ② 음흉한, 험상궂은(inquiétant, effrayant). regard ~ 음흉한 시선. ③ 음산한, 처량한, 을씨년스런(lugubre, triste). paysage ~ 음산한 풍경. habiter dans un appartement ~ 을씨년스런 아파트에서 살다. ④《명사 앞에서 최상급의 의》지독한, 끔찍한. ~ voyou 끔찍한 건달. ~ crétin 이루 말할 수 없는 천치.
—*n.m.* ① 흉사(凶事), 천재(天災), 재난《화재·홍수·지진 따위》. ② 《보험》 재해(災害). payer le ~ 재해 보험을 타다.
sinistré(e) [sinistre] *a.* 재해를 당한. région ~*e* 재해 지역. —*n.* 이재민. ~s d'une inondation 수재민.
sinistrement [sinistrǝmɑ̃] *ad.* 불길하게, 음산하게, 섬뜩하게, 끔찍스럽게. 1민.
sinistrogyre [sinistrɔʒi:r] *a.* (글씨쓰기가)왼쪽으로 쏠린(sénestrogyre).
sinistrorse [sinistrɔrs] *a.* 《생물》 왼쪽으로 말린.

sinistrorsum [sinistrɔrsɔm] *a.* 《불변》왼쪽으로 말린(향한). —*ad.* 왼편으로 향하게, 왼쪽으로.
sinistrose [sinistro:z] *n.f.* 《의학》재해신경증.
sinité [sinite] *n.f.* 중국적 특징, 중국미.
Sinn-Fein [sinfɛn] *n.m.* 《정치》신페인 운동 《1902년경 일어난 아일랜드 독립 운동》.
sinn-feiner [sinfɛnœ:r, -nɛ:r, -nœr] *n.m., a.* 《정치》신페인 단
sino- *préf.*「중국의」의 뜻.   」원(의).
sinoc [sinɔk] *a.* 《구어》=**sinoque**.
sino-coréen(ne) [sinokɔreɛ̃, -ɛn] *a.* 한중(韓中)
sinologie [sinɔlɔʒi] *n.f.* 중국 연구, 중국학.
sinologique [sinɔlɔʒik] *a.* 중국 연구의, 중국학의.
sinologue [sinɔlɔg] *n.* 중국 연구가, 중국 학자.
***sinon** [sinɔ̃] *conj.* ① 그렇지 않으면(autrement). Mettez-vous au travail tout de suite, ~ vous n'aurez terminé à temps. 곧 일에 착수하시오, 그렇지 않으면 시간 내에 끝내지 못하오. ② ~을 제외하고는, ~은 아니고는(excepté, sauf). Il ne se préoccupe de rien ~ de boire et de manger. 그는 마시고 먹는 것 빼놓고는 하는 일이 전혀 없다. Qui le fera, ~ moi? 내가 아니면 누가 그 일을 하겠는가? ③ ~이 아니라도, ~은 아닐망정. Elle est mignonne, ~ belle. 그녀는 아름답지는 않다 해도 귀엽다. Il a travaillé ~ parfaitement, du moins de son mieux. 그는 완전하게는 아닐망정 적어도 최선을 다해서 일했다.
~ que ~을 제외하고, ~이외에는. Je ne sais rien, ~ qu'il est venu. 그가 왔다는 것 이외에는 아무것도 모른다.
sinople [sinɔpl] *n.m.* ① 《광물》금광의 일종《방연광(方鉛鑛)·섬아연광이 섞인》;《붉은빛 도는 불투명한》수정(水晶)의 일종. ② 《문장》녹색.
sinoque [sinɔk] *a.* 《구어》머리가 돈(fou)《바보같은, 어리석은(imbécile).
sinué(e) [sinɥe] *a.p.* 《식물》《잎 따위가》가장자리가 파상(波狀)인.
sinuer [sinɥe] *v.i.* 굽이치다, 파상형이 되다.
sinueux(se) [sinɥø, -ø:z] *a.* 구불구불한, 굴곡이 있는(ondoyant, ↔ droit), 꾸불꾸불한. rivière *~se* 굽이굽이 흐르는 강.
sinuosité [sinɥozite] *n.f.* ① 굴곡, 구불구불한 것(courbe);《드물게》구불구불한 상태. ~ d'une rivière(d'une route de montagne) 강(산길)의 굴곡. ② 《비유적》우여곡절. *~s* d'une affaire 어떤 일의 우여곡절.
sinus¹ [sinys] *n.m.* 《해부》두(竇).
sinus² *n.m.* 《수학》사인, 정현(正弦).
sinusite [sinyzit] *n.f.* 《의학》두염(竇炎), 부비강염(副鼻腔炎).
sinusoïdal(ale, *pl.* ***aux)*** [sinyzɔidal, -o] *a.* 《수학》정현곡선의.
sinusoïde [sinyzɔid] *n.f.* 《수학》정현곡선.
sionisme [sjɔnism] *n.m.* 시온주의, 유태민족주의《유태인을 팔레스티나에 복귀시키려는 20세기 초엽의 민족 운동》.
sioniste [sjɔnist] *a.* 시온주의의. —*n.* 시온주의자.
Sioux [sju] *n.pr.m.* 수족(族)《아메리칸 인디언의 한 부족》. ruses de ~《구어》교묘한 계략.
—s~ *n.m.* 수어(語). **—s~** *a.* 《불변》수족의;《구어》약삭빠른(astucieux).
siou-plaît [sjuplɛ] *loc.ad.* 《속어》~ =**s'il vous plaît**.
siphoïde [sifɔid] *a.* 사이펀 모양의.
siphomycètes [sifomisɛt] *n.m.pl.* 《식물》조균류《藻菌類》.
siphon [sifɔ̃] *n.m.* ① 《물리》사이펀. 《건축》《배수관의》트랩. ~ d'eau de Seltz《탄산수를 넣는》사이펀 병. ② 《동물》수관(水管), 흡관(吸管). ③ 《옛》《해양》회오리 바람처럼 용솟음치는 바닷물, 물기둥.
siphonal(ale, *pl.* ***aux)*** [sifonal, -o] *a.* 《드물게》사이펀의.
siphonné(e) [sifone] *a.* 《구어》바보 같은, 어리석은《사이펀처럼 비게 된다는 뜻에서》.   」다.
siphonner [sifone] *v.t.* 사이펀으로 주입(흡입)하
siphonophores [sifɔnɔfɔ:r] *n.m.pl.* 《동물》관수
sir. 《약자》sirop 《약》시럽.   」모류(管水母類).
Sirbon [sirbɔ̃] *n.pr.m.* ① le lac de ~ 《지리》세르보니스호(湖)《고대 이집트의 위험한 늪》. ② 《구어》《비유적》궁지, 난처한 입장(상태).
sirdar [sirda:r] *n.m.* 《옛》《영국의》이집트 사령관.
sire [si:r] *n.m.* ① 경(卿), 전하《중세기의 제후에 대한 존칭》. ②《옛》나리, 씨(monsieur). beau ~ 훌륭한 나리. ③《S~》폐하, 전하《군주에 대한 호칭》. ④《경멸》녀석, 놈. pauvre[triste] ~ 가련한[딱한] 놈.
sirène [sirɛn] *n.f.* ① 《그리스신화》세이렌《반인반어(半人半魚)의 요정》. chant des *~s* 《뱃사공들을 홀려서 죽게했다는》세이렌들의 노래. ② 《구어》미녀, 요부; 마녀. ③ 사이렌; 기적. ~ d'alerte[d'alarme] 경보사이렌. coup de ~ 사이렌소리. *écouter le chant des ~s* 어쩔 수 없이 매혹되다. *voix de ~* 매혹적인 목소리.
siréner [sirene] [6] *v.i.* 《해양》사이렌[기적]을 울리다.
sirénien [sirenjɛ̃] *n.m.* 《동물》해우류(海牛類)의 동물; (*pl.*) 해우류.
sirex [sirɛks] *n.m.* 《곤충》송곳벌.
Sirius [sirjys] *n.m.* 《천문》시리우스, 천랑성(天狼星). *voir les choses du point de vue de ~* 현실을 초월한 높은 관점에서 사물을 판단하다.
sirli [sirli] *n.m.* 《조류》제비의 일종《동남 유럽과 아프리카 고원지대산》.
siroc [sirɔk], **siroco** [sirɔko] *n.m.* 《답고 건조한》지중해의 동남풍.
***sirop** [siro] *n.m.* ① 시럽. ~ de fruits 과일 시럽. ~ contre la toux 기침물약. ② 《구어》들떡지근한 것. Cette chanson, c'est du ~. 이 음악은 들떡지근하구나. ③ 《속어》술. avoir un coup de ~《속어》약간 취해 있다. *~ de grenouille(s)* 《구어》빗물, 물.
siroter [sirɔte] *v.t.* 《구어》조금씩 마시다, 음미하며 마시다(déguster). ~ son vin 포도주를 음미하며 마시다. —*v.i.* 술을 마시다. Il *sirote* un peu. 《구어》그는 술을 좋아한다.
sirupeux(se) [sirypø, -ø:z] *a.* ① 시럽과 같은, 당수질(糖水質)의; 끈적끈적한. ②《구어》《경멸》들떡지근한. musique *~se* 《경박하고 따분한》들떡지근한 음악.
sirvente [sirvɑ̃:t], **sirventès** [sirvɑ̃(ɛ)tes] *n.m.* 《문학사》중세 남프랑스의 음유시인의 시.
sis(e) [si, iz] *a.p.*< *seoir*) *a.* ① 《법》《예》위치한, ~소재의(situé). maison *~e* à Séoul 서울 소재의 가옥. ②《옛·문어》앉아 있는.
sisal [sizal] *n.m.* 《식물》《용설란의 일종》; 사이잘 삼(麻). corde en ~ 사이잘 삼 밧줄.
sismal(ale, *pl.* ***aux)*** [sismal, -o] *a.* 《지리》진도(震度)를 나타내는.
sisme [sism] *n.m.* 지진(séisme).   」(震度).
sismicité [sismisite] *n.f.* 지진의 빈도(頻度)와 진도
sismique [sismik] *a.* 《지리》의 onde ~ 지진파. zone ~ 지진대(帶).
sism(o)- *préf.*「지진」의 뜻.
sismogramme [sismɔgram] *n.m.* 지진의 진동기록.
sismographe [sismɔgraf] *n.m.* 지진계.   」(법).
sismographie [sismɔgrafi] *n.f.* 지진 관측[기록]

sismologie [sismɔlɔʒi] *n.f.* 지진학.
sison [sizɔ̃] *n.m.* 《식물》 미나리과(科) 식물의 일 종(과실은 향훈제).
sisonn(e) [sizɔn] *n.m.* [*f.*] 《무용》 시소(두 발로 뛰고 한 발로 내려딛는 발레의 도약법).
sister-ship [sistœːrʃip]《영》 *n.m.* 자매선(船).
sistre [sistr] *n.m.* 《음악》 시스트럼(고대 이집트의 요령 비슷한 악기의 일종).
sisymbre [sizɛ̃:br] *n.m.* 《식물》 장대냉이속(屬); 노랑장대속(屬).
Sisyphe [sizif] *n.pr.m.* 《그리스신화》 시지프스. *C'est un rocher de* ~. 아무리 하여도 끝장이 안 나는 일이다. *travail de* ~ 끝없는 헛수고.
site [sit] *n.m.* ① 경치, 풍경, 경관. ~ *enchanteur* 매혹적인 경치. *protection des* ~*s naturels* 자연 경관의 보호. ② (특정의) 지점, 위치, 지역. ~ *archéologique* 고고학상의 발굴 지점. *Ce* ~ *me plairait pour y construire une maison.* 이 자리에다 집을 지으면 좋을 것 같다. ~ *propre* 시내 버스 전용 차선. ③ (도시의) 지형, 지세. *Le* ~ *de Laon est une butte.* 라옹시의 지형은 언덕을 이루고 있다. ④ 《군사》 조준각(角)(angle de ~). *angle de* ~ *positif(négatif)* 양각(仰角)[부각(俯角)]. *ligne de* ~ 조준선.
sitelle [sitɛl] *n.f.* 《조류》 =**sittelle**.
sit-in [sitin] 《영》 *n.m.* (시위자들의) 농성.
sitio- *préf.* 「음식」의 뜻.
sitiologie [sitjɔlɔʒi] *n.f.* 식물학(症).
sitiomanie [sitjɔmani] *n.f.* 《의학》 폭식증(暴食症).
sitiophobie [sitjɔfɔbi] *n.f.* 《의학》 음식물 공포증, 공식증(恐食症).
sitogoniomètre [sitogɔnjɔmɛːtr] *n.m.* 《군사》 조준각 측정기.
sitologie [sitɔlɔʒi] *n.f.* 환경학(環境學).
sitologue [sitɔlɔg] *n.* 환경 학자.
sitostérol [sitɔsterɔl] *n.m.* 《생화학》 시토스테롤.
sitôt [sito] *ad.* ① 《문어》 [~ *après*] 직후에 (immédiatement après). ~ *après sa mort* 그가 죽자 곧. *S*~ *après la gare de Lauzanne, le train s'arrêta.* 로잔 역을 지난 직후에 기차가 멈추었다. ② (분사구문과 함께) …하자마자(aussitôt). *S*~ *entré, il salua.* 그는 들어오자마자 인사했다. *Ils se lèvent* ~ *le jour venu.* 그들은 날이 새자마자 일어난다. ③ 《의》그렇게 빨리(aussitôt). *Je ne vous attendais pas* ~. 나는 당신이 그렇게 빨리 오실 줄은 몰랐다. *Je n'arriverai pas* ~ *que vous.* 나는 당신처럼 그렇게 빨리 도착하지는 못할 겁니다(동등비교).
de ~ 그렇게 빨리(부정문에 사용). *Il ne viendra pas de* ~. 그가 그렇게 빨리 올 수는 없을 것이다.
S~ *dit,* ~ *fait.* 말이 떨어지자마자 실행되었다.
~ *que*+*ind.* …하자마자 곧(dès que, aussitôt que). *S*~ *qu'il reçut la lettre, il partit.* 편지를 받자마자 그는 출발했다.
—*prép.* 《문어》 …직후에. *S*~ *le petit déjeuner, elle était prête au départ.* 아침을 먹자 곧 그녀는 떠날 준비가 되었다.
sittelle, sittèle [sitɛl] *n.f.* 《조류》 동고비.
:**situation** [situɑsjɔ̃] *n.f.* ① 위치 (emplacement, lieu); 방위(orientation) 《옛》 (인체의) 자세. *Ce port est dans une* ~ *favorable au commerce.* 이 항구는 교역에 유리한 위치에 있다. ~ *d'un immeuble exposé au midi* 남쪽으로 방위를 둔 건물. *bénéficier de la* ~ *géographique* 지리상의 혜택을 보다. ② (개인의) 입장, 처지, 상황(condition). ~ *de famille de cette personne* 이 사람의 가족 상황. *se trouver dans une* ~ *avantageuse* (dangereuse) 유리 [위험] 한 상태 [입장]에 놓여 있다. *Songez à la* ~ *de vos enfants.* 어린애들의 처지[장래]를 생각하시오. ③ (정치적·경제적·집단적) 상황, 정세, 국면(position); 전황. ~ *internationale* 국제 정세. *Le gouvernement se trouve dans une* ~ *critique.* 정부는 위험한 상황하에 놓여 있다. ④ 지위(place); 직장(emploi). *chercher une* ~ 직장을 찾다. *perdre sa* ~ 지위[직장]를 잃다. *avoir une belle* ~ *dans l'industrie* 기업에서 높은 지위에 있다. *Il est sans* ~. 그는 직업이 없다. *homme de la* ~ 적재 적소의 인물. ⑤ (연극·소설 따위의) 장면. ~ *pathétique* (comique) 감동적 [희극적] 인 장면. ⑥ 《철학》 상황. *être en* ~ 상황 속의 인간. ⑦ 《재정·행정》 상황 [통계] 보고(서).
en ~ ⓐ 상황에 맞는, 적합한. *Ce mot est bien en* ~. 이 말은 그 상황에 딱 들어 맞는다. *peu en* ~ 상황에 어울리지 않는, 부적당한. ⓑ 현실과 같은 상황(에서). *Les méthodes audio-visuelles peuvent mettre l'élève en* ~. 시청각교육 방법은 학생을 현실과 같은 상황에 놓을 수 있다(실제의 상황과 비슷한 조건을 만들어서 외국어 회화 연습을 시키는 따위).
être en ~ *de* + *inf.* …할 수 있는 [입장에] 있다. *Je ne suis pas en* ~ *d'agir.* 나는 행동을 취할 형편이 아니다.
situation-limite [situɑsjɔ̃limit] (*pl.* ~**s**-~**s**) *n.f.* 《철학》 한계상황(限界狀況).
situationnisme [situɑsjɔnism] *n.m.* 상황주의(학생들이 중심이 되고 국제적인 성격을 띤 파괴주의 운동).
situationniste [situɑsjɔnist] *a.* 상황주의의. —*n.* 상황주의자(《약자·구어》 situ).
*****situé(e)** [situe] *a.p.* 위치하는, 놓인 (placé), *appartement* ~ *au nord* 북쪽에 위치한 아파트. *maison bien*[*mal*] ~ 위치가 좋은[나쁜] 집.
*****situer** [situe] *v.t.* (시간적·공간적으로) 위치시키다, (의) 위치를 잡다, 설정하다. ~ *un bateau sur la mer* 항해중인 배의 위치를 잡다. ~ *par erreur Angers sur la Loire* 앙제가 루아르 강변에 있다고 잘못 앉다. *On situe la naissance de Pythagore vers 570 av. J.-C.* 우리는 피타고라스가 기원전 570년경에 태어난 것으로 설정하고 있다. *Le romancier a situé* (*te* [*té*]) *cette histoire à Lyon.* 소설가는 그 이야기의 무대를 리옹으로 설정했다. *On ne le situe pas bien.* 《구어》 그가 어떤 사람인지 잘 알 수가 없다.
se — *v.pr.* 자리를 잡다, 위치하다; 설정되다.
sium [sjɔm] *n.m.* 《식물》 =**chervis**.
sivaïsme [sivaism] *n.m.* 《종교》 (인도의) 시바(*Siva, Çiva*)신 숭배, 시바교(敎).
sivaïste [sivaist] 《종교》 *a.* 시바교의.
—*n.* 시바교도.
:**six** [sis, si] *a. num.* (불변) (자음 앞에서는 [si], 연음할 때는 [siz], 기타의 경우에는 [sis]) 6의, 6개(사람)의; 6번째의 (서수의 대용) (sixième). ~ *crayons* [sikrɛjɔ̃] 연필 여섯 자루. ~ *à heures* [sizœːr] 여섯 시에. *Nous en avons* ~ [sis]. 우리는 그것을 여섯 개 갖고 있다. *Charles* ~ 샤를 6세.
—*n.m.* (항상 [sis]로 발음) 6; (달의) 6일. *le* ~ *décembre* 12월 6일. *un* ~ *de cœur* 《카드놀이》 하트의 6.
sixain [sizɛ̃] *n.m.* 《문어》 =**sizain**.
sixaine [sizɛn] *n.f.* 《옛》 6개, 반 다스(오늘날에는 *une demi-douzaine*를 사용).
six-blancs [sibla] *n.m.* (복수불변) 옛 동전 이름(2.5 sous에 상당).
six-clefs [sikle] *n.m.* (복수불변) 만능고리(어떤 시계 태엽이든지 다 감을 수 있는 여섯 개의 태엽 감

six-huit [sisɥit] *n.m.* 《복수불변》【음악】 8 분의 6 박자(mesure à ~); (그)곡.

:**sixième** [sizjɛm] *a. num.* 여섯째의, 제 6 (번)의. demeurer au ~ étage 7 층에 살다. le ~ arrondissement de Paris 파리의 제 6 구(區). ―*n.m.* 6 분의 1; 7 층 (~ étage). quatre ~s 6 분의 4. ―*n.f.* 【학교】 제 6 학년(의 학생·교실)《우리 나라의 중학교 1 년에 해당》.

sixièmement [sizjɛmmɑ̃] *ad.* 여섯째로.

six-quatre [siskatr] *n.m.* 《복수불변》【음악】 4 분의 6 박자(mesure à ~); (그)곡.

six-quatre-deux (à la) [alasiskatrdø] *loc.ad.* 《구어》 되는 대로, 아무렇게나; 황급히, 조심성없이(à la hâte, négligemment). devoir fait *à la* ~ 아무렇게나 적당히 해치운 숙제.

sixte [sikst] *n.f.* 【음악】 6 도(度); 【펜싱】 제 6 의 자세. accord de ~ 6 도 화음. parer en ~ 【펜싱】 제 6 의 자세로 칼을 받아젖히다.

Sixtine [sikstin] *a.f.* la chapelle ~ 시스티나 성당(바티칸 궁전 안의 성당).

sizain [sizɛ̃] *n.m.* ① 【문학】 6 행시. ② (카드 따위의)여섯벌 꾸러미; (바늘·리본 따위의)6 개가 들어 있는 갑.

sizerin [sizrɛ̃] *n.m.* 【조류】 홍방울새의 일종.

S.J. 《약자》 Société de Jésus 【종교】 예수회.

skate [skɛt], **skateboard** [skɛtbɔrd] 《영》 *n.m.* 스케이트 보드(planche à roulette).

skating [skɛtiŋ] 《영》 *n.m.* 롤러스케이트(장).

skénite [skenit] (< *Skene* 미국의 부인과 의사) *n.f.* 【의학】 스킨 선염(腺炎).

sketch [skɛtʃ] (*pl.* ~**es**) 《영》 *n.m.* 【연극】 스케치, 촌극(寸劇).

ski [ski] 《노르웨이》 *n.m.* 스키. aller à[en] ~s 스키를 타러 가다. faire du ~ 스키를 타다. bâtons de ~ (스키용)스틱, 지팡이. ― nautique 수상스키. saut à[en] ~ 스키 점프.

skiable [skjabl] *a.* 스키를 탈 수 있는, 스키를 타는 데 적합한.

skiascopie [skjaskɔpi] *n.f.* 【의학】 (굴절도를 살피는)검안(檢眼).

ski-bob [skibɔb] 《영》 *n.m.* 스키봅《스키를 단 봅슬레이》.

skier [skje] *v.i.* 스키를 타다.

skieur(se) [skjœːr, -ɸːz] *n.* 스키를 타는 사람.

skif(f) [skif] 《영》 *n.m.* (혼자 타는)경정(輕艇).

skunks [skœːks], **skungs** [skœːgz] 《영》 *n.m.* 스컹크의 모피(sconse).

skye-terrier [skajterje] *n.m.* 스카이(*Skye*, 스코틀랜드 북서의 섬)산의 테리어《개의 일종》.

slalom [slalɔm] 《영》 *n.m.* 【스키】 슬라롬, 회전경기. ~ géant 대회전.

slalomer [slalɔme] *v.i.* 【스키】 슬라롬을 하다, 회전 경기를 하다; (비유적) 지그재그로 가다《움직이다》(zigzaguer).

slalomeur(se) [slalɔmœːr, -ɸːz] *n.* 회전 경기자.

slang [slaŋ] 《영》 *n.m.* (영어의)속어, 비어, 은어.

slave [slaːv] *a.* 슬라브 민족의; 슬라브식의. ―**S**~ *n.* 슬라브 사람. ―*n.m.* 슬라브어(語).

slavisant(e) [slavizɑ̃, -ɑ̃ːt] *n.* 슬라브어 학자.

slaviser [slavize] *v.t.* 슬라브화하다.

slavisme [slavism] *n.m.* =**panslavisme.**

slaviste [slavist] *n.m.* =**slavisant.**

slavon(ne) [slavɔ̃, -ɔn] *a.* 슬라보니아(*Slavonie*, 유고슬라비아 북부 지방)의. ―**S**~ 슬라보니아 사람. ―*n.m.* 슬라보니아어(語).

slavophile [slavɔfil] *a., n.* 슬라브 사람을 좋아하는 (사람), 친로파의 (사람).

sleeping [slipiŋ] 《영》 *n.m.* 《옛》【철도】 침대차(wagon-lit, voiture-lit).

S.L.F. 《약자》 selon la formule 《약》 처방서에 따라.

slip [slip] 《영》 *n.m.* ① (남녀용의 짧은)팬티; 수영팬티(~ de bain). ② 【해양】 (선박·비행선의 수리용)선가(船架). ③ 【사냥】 (목에 끼고 빼기에 편리한 사냥개의)쇠사슬.

s.l.n.d. 《약자》 sans lieu ni date 《출판》 발행지·발행일 표시 없음.

slogan [slɔgɑ̃] 《영》 *n.m.* 【정치·상업】 슬로건, 표어, 구호. lancer un ~ 구호를 내걸다. ~ publicitaire 선전 표어.

sloop [slup] 《영》 *n.m.* 【해양】 슬루프선(船), 외돛배(→ voilier 그림).

sloughi [slugi] *n.m.* 【동물】 (북아프리카·아라비아 지방의)사냥개의 일종.

slovaque [slɔvak] *a.* 【지리·언어】 슬로바키아(*Slovaquie*)의. ―**S**~ *n.* 슬로바키아 사람. ―*n.m.* 슬로바키아어(語).

slovène [slɔvɛn] *a.* 【지리】 슬로베니아(*Slovénie*)의. ―**S**~ *n.* 슬로베니아 사람. ―*n.m.* 슬로베니아어(語).

slow [slo] 《영》 *n.m.* 슬로 댄스(곡).

S.-lt. 《약자》 sous-lieutenant 【군사】 육군 소위.

sluice [slɥis] 《영》 *n.m.* 【광산】 (사금 채취장의)세광통(洗鑛桶).

Sm 《약자》 samarium 【화학】 사마륨.

S.M. 《약자》 ① Sa Majesté 폐하. ② service militaire 병역.

smack [smak] 《영》 *n.m.* (네덜란드·스코틀랜드의) 소형 범선.

smala(h) [smala] 《아라비아》 *n.f.* ①《구어》 대가족. Il est parti en vacances avec toute sa ~. 그는 온 가족을 이끌고 바캉스를 떠났다. ② 아라비아 추장의 집안.

smalt [smalt] *n.m.* 【화학】 (산화코발트로 착색한) 청자색 유리.

smaltine [smaltin] *n.f.* 【광물】 스말틴, 비(砒)코발트광(鑛).

smaragdin(e) [maragdɛ̃, -in] *a.* 벽옥(碧玉)빛깔의.

smaragdite [smaragdit] *n.f.* 【광물】 녹섬석.

smart [smart] *a.* 《불변》《구어》 스마트한, 멋진 (élégant, chic).

smash [smaʃ] 《영》 *n.m.* 【테니스】 스매시《높은 공을 강하게 내려치기》.

smasher [smaʃe] *v.i.* 【테니스】 스매시를 하다.

S.M.E. 《약자》 Système monétaire européen 유럽통화 제도(1978 년부터).

smectique [smɛktik] *a.* 【직조】 양털 표백의. argile ~ (양털의 탈지에 사용하는)표백토(土), 산성 백토(酸性白土).

S.M.I. 《약자》 Sa Majesté Impériale 황제 폐하.

S.M.I.C. [smik] 《약자》 salaire minimum interprofessionel de croissance 슬라이드제 전직종 최저 임금(1970 년부터 S.M.I.G.를 대신》.

smicard(e) [smikaːr, -ard] *n.* S.M.I.C. 만을 받는 봉급 생활자; 저임금 노동자.

S.M.I.G. [smig] 《약자》 salaire minimum interprofessionnel garanti 《옛》전직업 최저 보장 임금《1970 년부터 S.M.I.C.로 대체됨》.

smigard(e) [smigaːr, -ard] *n.* 《옛》 S.M.I.G. 만을 받는 봉급 생활자; 저임금 노동자.

smilax [smilaks] *n.m.* 【식물】 명감나무속(屬).

smillage [smijaːʒ] *n.m.* 【건축·광산】 (돌을) smille로 로 치기.

smille [smij] *n.f.* (석수(石手)용의)양 끝이 뾰족한 망치.

smiller [smije] *v.t.* 【건축·광산】 (돌을) smille 로

smithsonite [smitsɔnit] *n.f.* 《광물》 능아연광(菱亞鉛鑛).

S.M.N. 《약자》 Service de la météorologie nationale 기상청(氣象廳).

smocks [smɔk] 《영》 *n.m.pl.* 《의복》 주름장식.

smoking [smɔkiŋ] 《영》 *n.m.* 《의복》 턱시도 (남자의 약식 야회복).

smorzando [smɔrts(dz)ɑdo] 《이탈리아》 *ad.* 《음악》 차츰 약하게.

S.M.R. 《약자》 Sa Majesté Royale 국왕 폐하.

Sn 《약자》 stannum 《화학》 주석.

sn. 《약자》 sthène 《기계》 스벤(힘의 단위). 「당.

snack(-bar) [snak(ba:r)] 《영》 *n.m.* 스낵바, 간이 식

S.N.C.A. 《약자》 Société nationale de constructions aéronautiques 국립 비행기 제작 회사.

S.N.C.F. 《약자》 Société nationale des chemins de fer français 프랑스 국유 철도.

SNES [snes] 《약자》 Syndicat national de l'enseignement secondaire 전국 중등교원 조합.

SNESup [snesyp] 《약자》 Syndicat national de l'enseignement supérieur 전국 고등교원 조합.

S.N.I. 《약자》 Syndicat National des Instituteurs 전국 초등교원 조합.

snob [snɔb] 《영》 *n.* 유행을 따르는 사람, 스놉; 속물; (구어) 멋장이. —*a.* (불변, 때로 *pl.* ~s) 유행을 따르는; 《구어》 멋을 부리는.

snober [snɔbe] *v.t.* 뽐내다, (사람을) 얕보다, 멸시하다(mépriser).

snobinard(e) [snɔbina:r, -ard] *a., n.* 《구어》(경멸) 유행을 따르는 기미가 있는(사람).

snobinette [snɔbinet] *n.f.* 《구어》 유행을 따르는 여자(femme ~).

snobisme [snɔbism] *n.m.* 유행 추종, 스노비즘; 속물 근성.

snow-boot [snobut] 《영》 *n.m.* 《옛》(신발 위에 덧신는 고무제의) 눈신, 설화(雪靴).

s.o. 《약자》 ① service officiel 공용(공문서의 무료 우송 표시). ② sauf omission 탈루(脫漏)는 차한(此限)에 부재(不在)함.

S.-O. 《약자》 Sud-Ouest 남서(南西).

s/o 《약자》 son ordre 《상업》 …지정식(어음).

*****sobre** [sɔbr] *a.* ① (음식, 특히 술을) 절제하는(modéré, frugal). ~ repas 간소한 식사. vie chaste et ~ 청빈한 생활. ~ hygiène 절제 요법. ②(동물이) 물을 거의 안 마시는. Le chameau est ~. 낙타는 물을 거의 마시지 않는다. 《문어》 검소한, 절도 있는, 삼가는(mesuré). [~ de/en/dans *qc*] être ~dans sa vie 생활이 검소하다. homme ~ en paroles 말수가 적은 사람, 말을 삼가는 사람. être ~ d'éloges 칭찬하는 데 인색하다. ④ (표현이) 간결한, 과장 없는, 담백한(simple, ↔ emphatique). style ~ 간결한 문체. vêtement de coupe ~ 디자인이 수수한 옷.
etre ~ comme un chameau 《구어》 몹시 절제하다, 대단히 검소하다.

sobrement [sɔbrəmɑ̃] *ad.* ① 절제하여, 검소하게. boire ~ 술을 조금만 마시다(거의 마시지 않다). vivre ~ 검소하게 살다. ② 《문어》 간결하게, 절도 있게. parler ~ 간결하게 [삼가면서] 말하다.

*****sobriété** [sɔbri(j)ete] *n.f.* ① (음식, 특히 술의) 절제(frugalité). La ~est une condition de bonne santé. 《음식의》 절제는 건강의 조건이다. ②《문어》(언행의) 절도(節度), 검소(modération, continence). ~ de la tenue 복장의 검소함. ③ 《예술》 과장·허식이 없음, 표현의 간결성(↔ prolixité). ~ du style 문체의 간결함.

sobriquet [sɔbrikɛ] *n.m.* 별명.

soc [sɔk] *n.m.* 보습의 날.

sochet [sɔʃɛ] *n.m.* 보습의 일종.

sociabilité [sɔsjabilite] *n.f.* 사교성; 사근사근함.

sociable [sɔsjabl] *a.* ① 사교적인 (↔ sauvage); 사근사근한(aimable). caractère ~ 사교적인 성격. ② 사회성이 있는, 어울려서 살 수 있는. L'homme est un animal ~. 인간은 사회적 동물이다. insectes ~s 군거성이 있는 곤충.

sociablement [sɔsjabləmɑ̃] *ad.* 사교적으로, 사근사근하게, 친절하게.

*****social(ale,** *pl.* **aux)** [sɔsjal, -o] *a* ① 사회적인, 사회의; 사회생활의. vie ~ale 사회생활. problèmes ~aux; questions ~ales 사회문제. 사회생활. sciences ~aux/ale 사회과학. justice ~ale 사회정의. conflits ~aux 사회적 분쟁, 사회계급간의 갈등. ② 사회복지의; 사회보장의. sécurité ~ale 사회보장. assistance ~ale 사회사업. ③《동물》군거하는. 《식물》군생하는. animaux ~aux 군거 동물. ④ 회사의, 상사의. capital ~ 회사 자본금. nom ~ 회사(상사)명. raison ~ale 상호(商號). ⑤ 사교계(상)의; 《옛》 사교적인(sociable). conventions ~ales 사교계의 관습. ⑥ 《역사》 동맹국[도시]간의. guerres ~aux 동맹시(同盟市)전쟁(아테네 및 로마가 동맹국들과 행한 전쟁).
—*m.* 사회문제; 사회보장(특히 근로자의). repenser l'économique à travers le ~ 사회문제를 통해 경제문제를 재검토하다.
—*n.f.* 《옛·구어》 사회주의의 공화국(république socialiste).

social-chrétien [sɔsjalkretjɛ̃] (*pl.* ~**aux-**~**s** [sɔsjo-]) 《정치》 (벨기에의) 기독교 사회당원.
—*a.* 기독교 사회당(원)의.

social-démocrate [sɔsjaldemɔkrat] (*pl.* ~**aux-**~**s** [sɔsjo-]) 《정치》 ① (독일의) 사회민주주의의 (당원). ② 사회민주주의(당원)의. parti ~ 사회민주당.

social-démocratie [sɔsjaldemɔkrasi] *n.f.* 《정치》 (독일의) 사회민주주의; 사회개량주의(socialisme réformiste).

socialement [sɔsjalmɑ̃] *ad.* 사회적으로. groupes ~ différenciés 사회적으로 분화된 집단들.

socialisant(e) [sɔsjalizɑ̃, -ɑ̃:t] *a, n.* ① 사회주의적 경향을 띤 (사람). ② 사회적·경제적 현실을 중시하는 (사람).

socialisation [sɔsjalizasjɔ̃] *n.f.* ① 《정치·경제》 (생산 수단의) 공유화, 국유화; 사회주의화. ~ des biens privés 사유재산의 국유화 [국가 관리화]. ② 《예》 사회화; des hommes 인간의 사회화.

socialiser [sɔsjalize] *v.t.* ① 사회주의화하다. pays *socialisé* 사회주의화 된 나라. ② 공유화 [국유화]하다. ~ la propriété 소유권을 국유화하다 [국가 관리하에 두다]. ③ 《예》 사회화하다.
—**se ~** *v.pr.* 사회 (주의)화되다, 공유화되다.

*****socialisme** [sɔsjalism] *n.m.* 사회주의. ~ chrétien 기독교 사회주의. ~ d'État 국가사회주의. ~ réformiste 개량사회주의.

*****socialiste** [sɔsjalist] *a.* 사회주의의(자·정당)의. parti ~ 사회당. régime ~ 사회주의체제.
—*n.* 사회주의자; 사회당원.

socialité [sɔsjalite] *n.f.* 《드물게》 사회성.

socialo [sɔsjalo] *n.m.* 《속어》 사회주의자(socialiste); 사회당원.

socialo- *préf.* 「사회주의의」의 뜻 (예: gouvernement *socialo*-communiste 사회당 및 공산당의 연합 정부).

sociatrie [sɔsjatri] *n.f.* 《심리》 사회적 행동에 관

한 정신요법.

sociétaire [sɔsjetɛːr] *n.* ① (배우·작가 등 예술가 단체의)회원, 단원. ~ de la Comédie-Française 코메디프랑세즈의 정규 단원. dames ~s 여성 회원. ② ~ d'une société anonyme 〚상업〛 주주(株主). —*a.* (단체·협회 따위에)가입하고 있는, 회원의. membre ~ 협회회원.

sociétariat [sɔsjetarja] *n.m.* ① 정규 회원[단원·사원]의 자격; (특히)코메디프랑세즈(Comédie-Française)의 정규 단원의 자격. ② (집합적)회원, 단원, 사원.

‡**société** [sɔsjete] *n.f.* ① 사회(communauté, collectivité), 사회생활. vie en ~ 사회생활. ~ humaine 인류 사회. ~s primitives(civilisées, modernes) 원시[문명·현대] 사회. ~ d'abondance 풍요로운 사회. ~ de consommation 소비 사회. Les abeilles vivent en ~. 꿀벌들은 사회를 이루고 산다[사회생활을 영위한다].
② 단체, 협회, 학회(association, organisation); 조합(coopérative). ~ de bienfaisance 자선 단체. ~ de secours mutuels 공제 조합. ~ savante 학회. ~ sportive 체육회. membres d'une ~ 회원. S~ de Jésus 예수회. ~ secrète 비밀 결사. S~ des Nations 국제연맹(《약자》 S.D.N.).
③ 회사. constituer[fonder] une ~ 회사를 설립하다. actes de ~ 회사의 정관. conseil d'administration d'une ~ 회사의 이사회. ~ anonyme(par actions) 주식회사(《약자》 S.A.). ~ à responsabilité limitée 유한책임회사(《약자》 S.A.R.L.). ~ en nom collectif 합명회사. ~ commerciale 상사. règles de ~ 〚수학〛 합자산(合資算).
④ 교제(fréquentation), 사교; 사교 단체, 사교계. talent de ~ 교제술, 사교술. jeux de ~ (여럿이 하는)오락게임. rechercher la ~ de qn ⋯와의 교제를 원하다. connaître les usages de la bonne (haute) ~ 상류사회의 예의범절을 잘 알고 있다. être introduit dans la ~ 사교계에 소개되다.
⑤ (한자리에)모인 사람들; 서클, 모임. ~ choisie 잘 선택된 사람들[교제]. Toute la ~ se mit debout. 그 자리에 있던 모든 사람들이 일어섰다. Il a réuni autour de lui une ~ d'écrivains. 그는 자기 주위에 작가들의 서클을 만들었다.
en ~ [*dans la* ~] *de qn* ⋯와 함께.

socinianisme [sɔsinjanism] *n.m.* 소치니(Sozzini, 이탈리아의 신학자)의 학설.

socinien(ne) [sɔsinjɛ̃, -ɛn] 〚신학〛 *a.* 소치니 학설의. —*n.* 소치니 학설 신봉자.

socio [sɔsjo] *n.f.* (학생속어)사회학(sociologie). faire de la ~ 사회학을 전공하다.

socio- *préf.* 「사회의」의 뜻.

sociocentrisme [sɔsjosɑ̃trism] *n.m.* 〚사회〛 사회중심설 (Durkheim의 설).

socio(-)culturel(le) [sɔsjokyltyrɛl] *a.* 사회문화적.

sociodrame [sɔsjodram] *n.m.* 〚심리〛 소시오드라마, 사회극 (집단 심리 요법으로 쓰이는 사회심리극으로, Moreno가 제창한 것)(psychodrame).

socio-économique [sɔsjoekɔnɔmik] *a.* 사회경제적인.

socio-éducatif(ve) [sɔsjoedykatif, -iːv] *a.* 사회교육적인.

sociogramme [sɔsjogram] *n.m.* 〚사회〛 소시오그램, 한 집단에 속하는 사람들간의 구조를 나타내는 도표.

sociolâtrie [sɔsjolatri] *n.f.* 사회 숭배 (*Auguste Comte*가 만든 말).

sociolâtrique [sɔsjolatrik] *a.* 사회 숭배의.

sociolinguistique [sɔsjolɛ̃gɥistik] *n.f.* 사회언어학. —*a.* 사회언어학의.

sociologie [sɔsjɔlɔʒi] *n.f.* 사회학. ~ juridique (urbaine) 법[도시] 사회학.

sociologique [sɔsjɔlɔʒik] *a.* 사회학(상)의, 사회학적인.

sociologiquement [sɔsjɔlɔʒikmɑ̃] *ad.* 사회학적으로.

sociologisme [sɔsjɔlɔʒism] *n.m.* 사회학주의; (경멸) 사회학 만능주의.

sociologue [sɔsjɔlɔg] *n.* 사회학자; 《구어》사회학과의 학생.

sociométrie [sɔsjometri] *n.f.* 사회측정(법), 소시오메트리.

sociométrique [sɔsjometrik] *a.* 사회측정(법)의, 사회측정(법)에 의한.

socio-politique [sɔsjopɔlitik] *a.* 사회정치적인.

socio(-)professionnel(le) [sɔsjoprofesjɔnɛl] *a.* 사회 직능별(職能別)의.

sociopsychanalyse [sɔsjopsikanaliːz] *n.f.* 집단 심리분석.

sociothérapie [sɔsjoterapi] *n.f.* 〚심리〛 사회적응을 위한 정신요법.

socius [sɔsjys] *n.m.* 〚심리〛 사회적 개인(타인과의 관계에 대한 의식을 가진 개인).

sockette [sɔkɛt] *n.f.* =**socquette**.

socle [sɔkl] *n.m.* (동상의)초석, (기둥의)받침돌 (→ colonne 그림), (기구·꽃병 따위의)받침.

socque [sɔk] *n.m.* ① 〚고대연극〛 희극배우의 나막신. ② (문어)희극(↔ cothurne). ③ (시골사람·수도승들의)밑바닥이 높은 나막신; (보통 신발 위에 신는, 나무바닥이 달린)덧신.

socquette [sɔkɛt] *n.f.* (보통 *pl.*)(발목까지 오는 여성의)짧은 양말, 속스.

Socrate [sɔkrat] *n.pr.m.* 소크라테스.

socratique [sɔkratik] *a.* 소크라테스(식)의. méthode ~ 소크라테스식 문답법. amour ~ (남성간의)농성 연애. —*n.m.* 소크라테스파에 속하는 사람, (그)의 문하인. petits ~s 소(小)소크라테스.

soda [sɔda] *n.m.* 소다수.

sodalité [sɔdalite] *n.f.* 《드물게》(먹고 마시는)친구들간의 모임.

soddite [sɔdit], **soddyite** [sɔdiit] *n.f.* 〚화학〛 소다이트 (우라늄의 규산염).

sodé(e) [sɔde] *a.* 〚화학〛 소다를 함유한.

sodique [sɔdik] *a.* 〚화학〛 나트륨의; 소다의.

sodium [sɔdjɔm] *n.m.* 〚화학〛 소듐, 나트륨.

sodoku [sɔdɔky] (일본) *n.m.* 〚의학〛 서독증(鼠毒症) (쥐 따위에 물렸을 때 생기는 전염병으로 일본에 많은 것으로 알려져 있음). [19].

Sodome [sɔdɔm] *n.pr.* 〚성서〛 소돔 (창세기 18—

sodomie [sɔdɔmi] *n.f.* ① 남색(男色), 비역. ② 〚법의학〛 수간(獸姦).

sodomite [sɔdɔmit] *n.m.* 남색가. —*a.* 남색의.

‡**sœur** [sœːr] *n.f.* ① 누나, 누이; 〚여자끼리〛언니, 동생; (*pl.*) 자매. ~ germaine 〚법〛 친 자매. ~ consanguine 이복 자매. ~ utérine 아버지가 다른 자매. demi-~ 부모중의 한쪽이 다른 자매. ~ aînée 언니, 누나. ~ cadette(puînée)(누이)동생. ~s jumelles 쌍둥자매. ~ de lait 젖 자매[동생]. les neuf[doctes] ~s 〚그리스신화〛 9명의 뮤즈. les ~s filandières; les trois ~s 〚그리스신화〛 생사를 관장하는 3여신 (les Parques). les petites S~s des pauvres 빈민구제부인회 (1842년 창설).
② (*ma* ~) 누이동생처럼 친한 사람. ③ 자매와 같이 관계가 깊은 것, 아주 닮은 것 (여성명사에 한하여, 형용사적으로 한정어로 쓰임). Toutes les passions sont ~s. 정열은 모두 비슷한 점이 있다. langues ~s 자매어. âme ~ 이해심 깊

은 이성(異性)친구, 연인. ④ 〖가톨릭〗 수녀. la ~ Thérèse 테레사 수녀. bonne ~ 《구어》자선 단체에서 봉사하는 수녀. *Et ta ~?*《속어》그것 그렇고 네 누이는 어떻게 됐지? (상대방의 질문을 회피하거나 상대방의 말에 관심이 없음을 나타낼 때 씀).

sœurette [sœrɛt] *n.f.*《구어》(누이)동생.

sofa [sɔfa] *n.m.* ① 소파, 긴 의자. ② 〖옛〗(근동, 특히 터키 제국의 대신들이 사용한)고좌(高座).

soffioni [sɔfjoni] 〖이탈리아〗*n.m.pl.* (토스카나 지방에 많은)분기공(噴氣孔).

soffite [sɔfit] *n.m.* 〖건축〗(처마무늬·장미무늬 따위가 있는 처마도리 따위의)밑면, 천장.

sofi [sɔfi] *n.m.* ① 〖종교사〗 수피교도 (금욕·신비주의의 경향이 있는 회교의 일파). ② 〖옛〗(페르시아의)사파비 왕조(1500~1736)의 원수(元首).

sofisme [sɔfism] *n.m.* 〖종교사〗 수피교.

S.O.F.R.E.S. [sɔfres] 〖약자〗Société française d'enquête par sondage 프랑스 여론조사협회.

software [sɔftwɛːr] 〖미영〗*n.m.*《컴퓨터》소프트웨어(↔ hardware).

:soi [swa] *pron. pers.* (재귀대명사 se 의 강세형으로서 남성·여성·단수·복수 모두 불변; soi 의 강조형으로는 soi-même 가 쓰임) 제 자신, 자기, 그것 자체. ①(비인칭의 주어와 함께—즉, 부정대명사 on, chacun, personne, tout le monde 따위가 주어일 때, 혹은 비인칭 표현이나 부정법에서처럼 주어가 명시되어 있지 않을 때)ⓐ(주어와 동격—이 경우에는 soi-même 만을 사용). Ici, on fait ses affaires ~-même. 여기에서는 각자 제 일을 자기가 신이 하기로 되어 있다. Il faut être ~-même bien sot pour ne pas voir la sottise des autres. 남의 어리석음을 알지 못하는 것을 보면 자신도 어지간히 어리석음에 틀림없다. ⓑ(속상)En voiture, on a plus confiance quand c'est ~ qui conduit. 자동차를 타는 경우에는 자신이 운전할 때 더 안심이 된다. Il faut toujours être ~(-même). 언제나 자신의 본심을 잃어서는 안된다. Rester ~, c'est une grande force. 끝끝내 자기자신으로 남아 있다는 것은 하나의 큰 힘이다. ⓒ(직접목적보어로서 ne ... que 와 함께)On *n'aime que* ~. 사람은 자신만을 사랑하는 법이다. ⓓ(전치사와 함께)Chacun dit du bien de ~. 누구나 자신에 관해서는 좋게 말하는 법이다. Quiconque ne pense qu'à ~ ne peut être aimé. 제 생각만을 하는 사람은 남의 사랑을 받을 수 없다. Être trop content de ~ est une sottise. 너무 자기 만족에 빠지는 것은 어리석은 짓이다. amour de ~ 자애심. confiance en ~ 자신감. ⓔ(비교의 보어로서 que 나 comme 다음에)On a souvent besoin d'un plus petit *que* ~. 사람은 흔히 자신보다 작은(약한) 사람을 필요로 한다(강자가 약자의 도움을 받는 일이 있다는 La Fontaine 의 말). Il faut aimer son prochain *comme* ~-même. 남을 자기자신처럼 사랑하여야 한다. ⓕ(대명동사의 se 를 강조—이 경우에는 soi-même 만을 사용) Il faut s'aider ~-meme avant d'appeler les autres. 남의 도움을 청하기 전에 스스로 자신을 도와야 한다. ceux qui savent se vaincre ~-même 자신을 이겨낼 줄을 아는(극기력이 있는) 사람들. ②(특정된 명사주어와 함께)ⓐ(주어가 일반성을 띨 경우)L'égoïste ne vit que pour ~. 이기주의자는 오직 자신만을 위해서 산다. ⓑ(lui 나 elle 을 쓰면 의미가 모호해질 염려가 있을 때) L'ami de mon frère me parle toujours de ~. 내 형의 친구는 항상 자신의 이야기만 한다(lui 를 쓰면 mon frère 를 가리키는 것으로 오해할 수 있다). ⓒ(문어체에서 가끔)Elle hochait la tête regardant droit de-vant~[elle]. 그녀는 제 앞을 응시하면서 고개를 저었다. ③(명사적인 용법; 특히 철학 용어로서)le ~ 자아, 자의식. 자기 자신, 둘도 없는 자기. conscience de ~ (-même) 자의식. en ~ 〖철학〗즉자(卽自). pour ~ 〖철학〗대자(對自).

à part ~ 《구어》마음속으로, 혼자서. faire une réponse *à part* ~ (입 밖에 내지 않고)마음 속으로 대답하다.

Cela va de ~. 그것은 당연하다.

chez ~ 제 집에서; 자택, 집. Il a un *chez* ~. 그에게는 제 집이 있다.

de ~ 본래. *De* ~, le vice est odieux. 본래 악덕이란 흉한 것이다.

de~*même* ⓐ 스스로(결단하여). Il faut souvent agir *de*~*même*. 흔히 스스로 판단하여 행동하지 않으면 안될 때가 있다. ⓑ 저절로. Le feu s'est éteint *de*~*même*. 불이 저절로 꺼졌다.

en ~ 본래, 그 자체로서. Ce n'est pas mauvais *en* ~. 그것은 그 자체로서는 나쁘지 않다.

ne pas être à ~ 자립성을 잃다; 제 정신을 잃다. Dans l'ivresse, on *n'est plus à* ~. 취하면 정신을 잃게 된다.

prendre sur ~ *de* + *inf.* ...하는 책임을 지다.

revenir à ~ 제정신이 돌아오다.

sur ~ 자기 몸에. n'avoir plus d'argent *sur* ~ 이젠 한푼도 가진 것이 없다.

〖REM〗 (1) soi 가 복수형의 주어 또는 복수적 의미의 주어와 쓰이는 일이 많지는 않지만 결코 잘못된 것은 아니다:Ils se sont dit à part *soi* que cela n'avait pas d'importance. 그들은 그것이 중요한 것이 아니라고 속으로 생각했다. On parle entre *soi* des histoires de chacun. 모두들 남의 이야기를 서로 주고 받는다. (2) **soi-même** 는 구어에서 lui-même 나 elle-même 의 대신으로 사용되기도 한다:Ce film a été entièrement conçu et réalisé par Sacha Guitry *soi-même*. 이 영화는 전적으로 사샤 기트리 자신에 의해서 착상되고 만들어졌다.

soi-disant [swadizɑ̃] *a.* (불변) ① (사람에 관하여)자칭의; 소위. ~ philosophes 자칭 철학가. ~ comtesse 자칭 백작 부인. ② (사물에 관하여)이른바, 소위, (라고)말해지는. ~ liberté de pensée 이른바 사상의 자유라는 것. travaux – difficiles 어렵다고 하는 일.

—*ad.* 자기 이야기로는, 표면상으로는. Il voyage de nuit, ~ pour gagner du temps. 자기 말로는 시간을 벌 수 있다고 하면서 그는 밤에도 쉬지 않고 여행한다.

~ *que*《속어》...인것 같다, ...라는 이야기이다. La police le recherche; ~ qu'il a volé. 경찰이 그를 찾고 있다, 도둑질을 했다는 것이다.

〖REM〗 soi-disant 이 위의 형용사 ②의 뜻으로 쓰이거나 부사로 쓰이는 것은 오용이며, 그 경우에는 각각 prétendu 와 prétendument, censément 으로 고쳐야 한다고 주장하는 문법학자들이 있다. 그러나 이런 비정규적인 용법은 널리 퍼져 있다.

***soie** [swa] *n.f.* ① 생사(生絲), 명주, 명주실(천). fil de ~ 견사. tissu(étoffe) de ~ 견직물. ~ crue (표백하지 않은)생사 ~ nue~. ~ artificielle 레이온, 인조견사(rayonne). ~ sauvage 작잠사(柞蠶糸). dame habillée de ~ de Chine 중국 비단 옷을 입은 부인. isolé à la ~ 〖전기〗 (견사이)명주천으로 절연된. ② 〖동물〗(돼지·멧돼지의)뻣뻣한 털; (거미 따위의)줄. habillé de ~ (s)《구어》돼지. du porc 돼지 털. pinceau en ~ de sanglier 멧돼지 털 화필. ③(칼·검 따위의)슴베. ④ 〖수의〗(말 발톱에 생기는)열상(裂傷), 발톱 균

열. ⑤ papier de ~ 박엽지(薄葉紙).
jours filés d'or et de ~ 행복하고 유복한 시절.
plante à ~ 《식물》 옥첩매속(屬)의 식물.
soient [swa] être 의 접속·현재·3·복수.
soierie [swari] *n.f.* ① 견직물, 비단. ~s de Lyon 리옹산 견직물. marchand de ~s 비단 장수. ② 견직물 공장; 견직물업(業). être dans la ~ 견직 공업에 종사하다[직공이다]. ③ 견직물 가공(법).
*soif [swaf] *n.f.* ① 갈증, 목마름. ~ brûlante 타는 듯한 갈증. mourir de ~ 목말라 죽다; 목이 말라 죽을 지경이다. étancher sa ~ 목을 축이다, 대주가[호주가]이다. un boit-sans- ~ 《구어》 호주가 (soiffard). donner ~ (à *qn*) 목마르게 하다 (altérer (*qn*)). avoir ~ 목이 마르다; (식물·토지가) 물을 필요로 하다. avoir très ~ 《옛》 grand'~ 몹시 갈증이 나다. ② 갈망. ~ de l'or 대단한 금전욕. ~ de connaître 지식욕, 향학열. ~ de[du] sang 피에 굶주림, 피를 보고자 하는 잔인한 욕심. avoir ~ de *qc* …을 갈망하다.
avoir autant faim que la mer a ~ 전혀 배가 고프지 않다.
boire à sa ~ 실컷 마시다.
boire sans ~ 줄곧 마셔대다; 하고 싶지도 않은 일을 하다.
jusqu'à plus ~ 《구어》 실컷, 양껏.
rester[demeurer] sur sa ~ 갈증이 완전히 가시지 않다; (비유적) 무언가 부족감이 있다, 만족을 느끼지 못하다.
soiffard(e) [swafaːr, -ard] 《속어》 *n.* 술꾼, 주정뱅이, 대주(호주)가. *a.* 주정뱅이의 (ivrogne).
soiffer [swafe] *v.i.* 《속어》 폭음하다; 자꾸만 마시려 들다.
soiffeur(se) [swafœːr, -øːz] *n.* 《속어》 대주가, 주정뱅이.
soigné(e) [swaɲe] *a.p.* ① 공들인, 정성들인, 세심한 주의를 기울인 (↔ négligé). travail ~ 정성들여 한 일. cuisine ~e 공들인 요리. ② 손질이 잘 된; 깨끗한(propre). ~ de sa personne 자기 몸단장에 신경을 쓰는. mains ~es (매니큐어 따위로 손질을 잘 해서) 깨끗한 손. garçon ~ 말쑥한 소년. ③ 《구어》《비꼼》심한, 굉장한(excessif). rhume ~ 심한 감기. Une note salée, quelque chose de ~ ! 터무니없는 계산이군, 좀 심한데 !
le faire ~ 《미술》 정성들여 그리다.
——*n.m.* 공[정성]들인 것. Voilà du ~. 《속어》 이건 최고야, (반어적) 이건 심한 거군.
:**soigner** [swaɲe] *v.t.* ① (사람의 만족·건강·행복을 위해) 마음을 쓰다, (을) 소중히 하다, 보살피다 (avoir soin, s'occuper); 손질하다. maison qui *soigne* sa clientèle 고객을 정중히 대하는 상점. ~ ses livres 책을 소중히 하다. ~ un enfant 아이를 돌보다. ~ *qn* (반어적) …을 혼내주다. Qui t'a ainsi *soigné*? 《속어》(반어적) 누가 자네를 이런 꼴로 만들었나? ~ les fleurs 화초를 손질하다. ② (자신의 일·제작 따위에) 정성을 들이다 (fignoler). ~ un travail 정성들여 일을 하다. ~ son style [sa mise, les détails] 문체 [복장·세부]에 정성을 들이다. ③ (환자·부상자·질병을) 돌보다, 치료하다 (traiter). ~ des malades 병자를 돌보다 [치료하다]. ~ son foie 간장을 치료하다. Tu devrais [Il faut] te faire ~. 《구어》 자네 어떻게 된 게 아닌가, 머리가 좀 이상한데.
——*se* ~ *v.pr.* 몸치장에 신경을 쓰다; 처신에 신경을 쓰다. 마음을 쓰다; 건강에 주의하다; 치료하다. femme qui *se soigne* 몸치장에 신경을 쓰는 여자. Soignez-vous bien. (환자에게) 몸조리 잘 하십시오. Cette maladie *se soigne* difficilement. 이 병은 고치기 힘들다. Ça *se soigne*! 《구어》 그 병 고쳐야겠는걸(남에게 귀찮게, 또는 비정상적인 행동을 하는 사람에게).
soigneur [swaɲœːr] *n.m.* 《스포츠》 선수 보좌역, (복싱·프로레슬링 따위의) 세컨드.
*****soigneusement** [swaɲøzmɑ̃] *ad.* 세심히, 조심스레, 정성껏 (avec soin, avec attention). examiner ~ un problème 문제를 세심하게 검토하다. arranger ~ les fleurs dans les vases 꽃을 정성들여 화병에 꽂다.
soigneux(se) [swaɲø, -øːz] *a.* ① (에) 마음을 쓰는, 정성을 들이는; (사람이) 세심한 (minutieux). [~ de] Il est ~ de sa santé. 그는 건강에 신경을 쓴다. cuisinier ~ 세심한 요리사. ② 《옛》 (일에 관해서) 정성들인 (soigné); (복장·몸단장 따위로) 말쑥한, 깨끗한 (↔ négligé). travail ~ 정성들인 일. 《옛》 [~ à/de + *inf.*] Il est ~ à[de] conserver sa réputation. 그는 자신의 명성 유지에 급급하다. avoir l'air propre et ~ 깨끗하고 말쑥하다.
soi-même [swamɛm] *pron. pers.* 자기 자신 (soi 의 강조형) ⇨ soi. ——*n.m.* 자기 자신. un autre ~ 자기 자신과 같은 사람, 제 2 의 자기.
:**soin** [swɛ̃] *n.m.* ① 《옛·문어》 배려, 관심 (souci, préoccupation). Son premier ~ a été de... 그의 제일 큰 관심사는 …하는 일이었다.
② (일을 하거나 무엇을 만들 때의) 세심함, 정성들임. mettre un ~ particulier à + *inf.* 특히 정성을 들이다. laver des taches avec ~ 세심하게 때를 씻어내다. enfant sans ~ 단정치 못한 아이.
③ (마음을 써야 하는) 위임받은 일, 관리; 책임 (charge). Il m'a confié le ~ de son fils malade. 그는 내게 앓고 있는 아들을 돌보도록 맡겼다.
④ (*pl.*) (구체적인 행위로서의) 배려, 보살피기, 돌보기 (sollicitudes, attentions). rendre des ~s à *qn* …을 돌보다. ~s de ménage; ~s domestiques 가사. vaquer aux ~s de ménage 가사에 전념하다. les petits ~s; les ~s 《옛》 세심한 배려. ~s du corps [de toilette, de beauté] 몸단장.
⑤ (*pl.*) (의학적인) 치료, 처치 (traitement). premiers ~s donnés à un blessé 부상자에게 하는 응급처치. recevoir des ~s dans un hôpital 병원에서 치료를 받다. ~s médicaux 의료 행위.
⑥ 《옛》 근심, 걱정 (inquiétude). N'en soyez point de ~. 걱정마시오. être exempt de ~s 걱정거리가 없다.
aux bons ~s *de qn* …씨 방, …씨 전교 (편지 겉봉에 표시).
avoir(prendre) ~ *de* + *inf.* 신경을 써서 …하다, …하도록 배려[주의] 하다. Il faut *avoir* ~ *d'*éteindre la lumière avant de sortir. 외출하기 전에 신경써서 불을 꺼야 한다.
avoir(prendre) ~ *de qn(qc)* …을 위해 신경을 쓰다, …을 돌보다, …의 손질을 하다. *prendre* ~ *de* sa santé 건강에 신경을 쓰다. *avoir(prendre)* ~ *de* son bétail 가축을 돌보다.
avoir ~ *que* + *sub.* …하도록 유의하다. Ils *ont* grand ~ *que* le secret ne se trahisse pas. 그들은 비밀이 새어나가지 않도록 세심한 주의를 기울였다.
être aux petits ~s *pour* [*avec*] *qn* 《구어》 …을 위해서 세심한 배려 [주의] 를 하다. Il est *aux petits* ~s *pour* le directeur. 그는 사장을 위해 잡다한 일에 주의를 기울인다.
:**soir** [swaːr] *n.m.* ① 저녁, 밤; 야회. angélus du ~ 저녁 기도; 만종. Le ~ descend [tombe]. 어두워진다 [밤이 된다]. repas [salut] du ~ 저녁 식사 (인사). chaque ~; tous les ~s 매일 저녁. le quinze au ~ 15 일 저녁에. À ce ~ ! 저녁에 만납시다 (헤어질 때 인사). le ~ 저녁에. ce ~ 오늘 저녁 (에).

demain (au) ~ 내일 저녁에. du matin au ~ 한나절 내내. du ~ au matin 밤 사이 내내. hier (au) ~ 어제 저녁에. la veille au ~ 그 전날 저녁에. le lendemain (au) ~ 다음 날 저녁에. lundi (au) ~ 월요일 저녁에. par un beau ~ d'été 어느 여름날 저녁에. robe du ~ 정식의 야회복. sur le ~ 저녁 때쯤. toilette de petit ~ 약식의 야회복. un ~ 어느 날 저녁에.
② (시각을 나타낼 때, 주로 16 시 이후 자정까지의 사이) 하오, 오후(après-midi). six heures du ~ 하오 6시. journal du ~ 석간 신문.
③ 〖문어〗 만년(晚年), 노년(vieillesse). ~ de la vie 인생의 황혼, 끝맺는 시기(fin).

*soirée [sware] n.f. ① 저녁, 밤 (일몰부터 취침시까지의 사이) (veillée, soir). les ~s d'hiver 겨울철 저녁. passer ses ~s à lire 저녁나절을 독서로 보내다. ② 야회; 야간 공연 (저녁 식사 후에 행해지는 모든 행사) (↔ matinée). robe(tenue) de ~ 야회복. Tenue de ~ de rigueur. 반드시 야회복을 착용할 것. projeter un film en ~ 야간 상영을 하다. aller en ~ 야회에 가다. Charmante ~! (반어적) 기분나쁜 저녁이군! donner une ~ 야회를 개최하다. représentation de ~; représentation (donnée) en ~ 야간 상연. ~ dansante 사교의 댄스파티.
REM soir 주로 시간의 구분이나 단순한 시간의 단위로 사용. soirée 주로 지속적인 시간을 나타냄: passer une partie de la soirée au dancing 댄스홀에서 저녁 한 때를 보내다.

soiriste [swarist] n.m. 〖신문〗 첫 공연물에 대한 비평 기사를 쓰는 기자, 연극비평가(批評家).

sois [swa] ⇨être.

soissonnais(e) [swasɔne, -ɛːz] a. 스와송(Soissons, 프랑스의 도시)의. —S~ n.m. 스와송 사람. ~ n.m. 스와소네 지방.

soit¹ [swa] être 의 접속·현재·3·단수.

*soit² conj. ① [~...~...] …이든지 …이든지 (간에) (뒤의 soit 대신에 ou 도 쓰인다). La réunion aura lieu ~ samedi, ~ dimanche. 회합은 토요일이나 일요일에 열릴 것이다. ~ l'un, ~ l'autre 어느 것이든지. ~ avant, ~ après 그 이전이건 이후건. Il faut ~ écrire, ~ envoyer quelqu'un. 편지를 쓰거나 사람을 보내거나 해야 한다. (soit..., soit... 가 주어로 쓰일때 동사는 복수형) S~ ma sœur, ~ moi-même irons à la gare. 내 누이나 내가 역에 나갈 것이다. ② …을 가정하다, …이 있다고 하자. S~ les deux hypothèses suivantes. 다음과 같은 두 가설을 설정하자. S~ le triangle ABC. 삼각형 ABC 가 있다고 하자. ③ 즉, 곧, 다시 말해서. trois chemises à quinze francs ~, ~ 45 francs 15 프랑짜리 와이샤쓰 셋, 도합 45 프랑.
S~ que + subj, ~ (ou) que + subj. …이든지 …이든지. S~ qu'il parte, ~ (ou) qu'il reste, moi je partirai. 그 사람이야 떠나든 말든 나는 떠나겠다.
—ad. [swat] (양보) 좋아! Vous le voulez? S~, j'irai avec vous. 그러길 바라세요? 좋아요, 그럼 제가 함께 가 드리죠.

soit-communiqué [swakɔmynike] n.m. 〖법〗 ordonnance de ~ 서류 송치의 결정.

soixantaine [swasɑ̃tɛn] n.f. ① 약 60. une ~ de francs 약 60 프랑. ② 약 60세. avoir passé la ~ 나이가 60세이다.

*soixante [swasɑ̃:t] a.num. (불변) ① 60의. ~ et onze [onzièm] 71 [71 번째의]. ~ et un(une) 61 의. ② (서수형용사 대신으로) 60번째의 (soixantième). page ~ 60페이지. chapitre ~ 제60 장. —n.m. (복수불변) 60. habiter au ~, rue X, X 가 60 번지에 살다.

soixante-deux, -trois, …, -neuf [swasɑ̃tdø, -trwa, …, -nœf] a.num. (불변) 62 의, 63 의, …, 69 의. —n.m. (복수불변) 62, 63, …, 69.

*soixante-dix [swasɑ̃tdi(s)] a.num. (불변) 70 의. —n.m. (복수불변) ① 70. ② 〖역사〗 1870년 (제 1 차 독불 전쟁) (guerre de ~).

soixante-dixième [swasɑ̃tdizjɛm] a.num. (불변) 70 번째의. ~ n.m. 70 번째 것.
—n.m. 70 분의 1.

soixante-douze, -treize, …,-dix-neuf [swasɑ̃tduz, -trɛz, …, -diznœf] a.num. (불변) 72 의, 73 의, …, 79 의. —n.m. (복수불변) 72, 73, …, 79.

soixante-quinze [swasɑ̃tkɛ̃:z] a.num. (불변) 75 의. —n.m. (복수불변) 75. —n.m. 〖옛〗 〖군사〗 75 밀리 포(砲).

soixantième [swasɑ̃tjɛm] a.num. (불변) 60 번째의. —n.m. 60 번째. ~ n.m. 60 분의 1.

soja [sɔʒa] n.m. 〖식물〗 콩, 대두(大豆) (〖드물게〗 soya). huile de ~ 콩기름.

*sol¹ [sɔl] n.m. ① 지면(地面), 땅바닥, 몽당; 마루 (plancher). voler à ras du ~ 지면을 닿을락 말락하게 날다. ~ cimenté(asphalté, de terre battue) 시멘트(아스팔트·흙) 바닥. Il ne faut pas bâtir sur le ~ d'autrui. 남의 영역에까지 간섭해서는 안된다. relier un fil au ~ 〖전기〗 전선을 땅에 묻다 (어스하다). ~ fait de lame de chêne 얇은 참나무 널을 깐 마루. vitesse au ~ 활주(지상) 도. ② 〖농업〗 흙, 토양, 토질(terrain, terroir). richesse du ~ 땅의 비옥함. culture du ~ 땅의 개간. ~ argileux 점토질 토양. science du ~ 토양학 (pédologie). ③ 땅, 고장, 나라, 고국(pays). ~ natal 모국, 고향. rester cloué au ~ (구어) 한 곳에 정주하다. ④ 〖문장〗 (무늬) 바탕.

sol² [sɔl] n.m. 〖옛〗 프랑스의 화폐 sou 의 옛말; 페루의 옛된 화폐 단위. ~ pour livre 〖옛〗 20분의 1세 (물품세; 1 livre = 20 ~s).

sol³ n.m. (복수불변) 〖음악〗 ① 솔, G음; 솔의 기호. ② (현악기의) G음의 현(絃), G선.

sol⁴ n.m. 〖화학〗 졸, 교질(膠質) 용액.

sol-air n.m. 〖군사〗 지대공(地對空)의. missile ~ 지대공 미사일.

solaire [sɔlɛːr] a. ① 태양의; 태양(의 운행)에 관한; 태양(의 작용)에 의한. année ~ 〖천문〗 태양년 (365 일 5 시간 48분 46 초). couronne ~ 〖천문〗 코로나. rayons ~s 태양 광선. jour ~ 태양일. éclipse ~ 일식. cycle ~ 태양 순환기. lumière ~ 햇빛, 양광(陽光). énergie ~ 태양 에너지. taches (facules, protubérances) ~s 태양의 흑점 (백반·홍염(紅炎)). système ~ 태양계. cadran ~ 해시계. pile (moteur) ~ 태양전지 (전동기). traitement ~ 일광 요법. ② 〖종교·신화〗 culte ~ 태양 신앙; mythe ~ 태양 신화. ③ 햇볕을 피하는 (막는). crème ~ (햇볕에 타는 것을 막는) 선크림. huile ~ 선오일. lunettes ~s 선글라스. plexus ~ 〖해부〗 태양신경총(太陽神經叢).

solan(ac)ée [sɔlan(as)e] n.f. 〖식물〗 ① 가지과(科)의 식물. ② 〖복수〗 가지과.

solarigraphe [sɔlarigraf] n.m. 〖물리〗 일사관측장치(日射觀測装置).

solarisation [sɔlarizasjɔ̃] n.f. 〖사진〗 반전(反轉).

solariser [sɔlarize] v.t. 〖사진〗 반전시키다.
—se— v.pr. (감광판이) 반전을 일으키다.

solarium [sɔlarjɔm] n.m. 〖의학〗 (요양소 따위의) 일광욕실, 솔라리움.

solbatu(e) [sɔlbaty] a. 〖수의〗 (말이) 발굽을 다친.

soldanelle [sɔldanɛl] *n.f.* 〖식물〗앵초과(櫻草科)의 식물; 취란화의 일종.

‡**soldat** [sɔlda] *n.m.* ① 군인, (육군·공군의)병사; 병졸, 졸병(simple ~). ~s de l'infanterie [du génie] 보병 [공병]. les ~s et les marins 육해군 병사. ~ de deuxième (première) classe 2등병 [1등병]. ~ de métier 직업 군인. jeune ~ 신병(bleu). ~ mobilisé 소집병. ~ femme 여군. ~s insurgés de la Commune de Paris 파리코뮌의 반란병. ~ de la Légion 외인부대 병사. femme à ~ 〖속어〗군 위안부. ~ de plomb 납으로 된 장난감 병사. grand ~ 〖문어〗위대한 군인(guerrier). jouer au ~ 〖구어〗젠체하다, 으스대다. ② (주의·주장 따위를 위해) 싸우는 사람, 전사, 투사. ~ de la liberté 자유의 전사(투사). ~s du savoir 〖옛〗교사. ~s du feu 소방대원(pompier). ③ 〖곤충〗병정개미.
jouer au petit ~ 〖옛·구어〗으시대다 (제1차 대전 때의 유행어). *le tombeau du S~ inconnu* [de *l'Inconnu*] (파리 개선문 밑에 있는)무명용사의 무덤 (제1차 대전 때 전사한 무명전사들을 안치함).
soldate [sɔldat] *n.f.* 여자 군인, 여군(femme ~); 여자 군속(auxiliaire féminine).
soldatesque [sɔldatɛsk] *a.* 〖경멸〗군인식의. langage ~ 군인식 말투. à la ~ 군인식으로.
—*n.f.* (집합적·경멸) 오합지졸.
solde[1] [sɔld] *n.f.* ① 〖군사〗(군인·군속 따위의)봉급. toucher sa ~ (군인이)자기 월급을 받다. état de ~ 급료 지급 대장. ② 봉급을 타는 신분. *avoir qn à sa ~* ⋯을 매수하고 있다. *être à la ~ de qn* ⋯에게 고용되어 있다. ~ 매수당하고 있다.
solde[2] *n.m.* 〖상업〗① 대차(貸借)의 차액; 미불금(未拂金). ~ débiteur(créditeur) 차월액(借越額)(대월액(貸越額)). pour ~ de compte 청산금으로. ② 염가 판매; 특매, 바겐세일; (*pl.*) 바겐세일 품목(articles mis en ~). marchandises vendues en ~ 바겐세일 품목, 염가 판매 품목.
solder[1] [sɔlde] *v.t.* ① (군인에게)봉급을 주다. ② (첩자 따위의)돈으로 사다; 매수하다.
solder[2] *v.t.* 〖상업〗① 대차 계산을 하다; (대차 차액)청산하다. ~ des dettes 부채를 청산하다. ~ un mémoire 계산서의 금액을 지불하다. ② (재고품을)염가 특매하다, 투매하다.
—**se** ~ *v.pr.* (대차 차액이)청산되다; (의)결과로 나타나다; 결국 ⋯이 되다. [se ~ par *qc*] *se ~ par un déficit* 결손이 되다. *L'affaire s'est soldée par un échec.* 그 사업은 실패로 끝났다.
soldeur(se) [sɔldœːr, -øːz] *a, n.* 〖상업〗염가 재고품을 판매하는(상인).
sole[1] [sɔl] *n.f.* ① (네발 짐승의)발굽 밑바닥. ~ battue(batture) 〖수의〗제염염(蹄葉炎). ② 〖선박〗(배의)평형한 밑바닥.
sole[2] *n.f.* 〖선박〗대목(臺木), 횡목(橫木) 〖기계〗(기계의)밑판, 대판(臺板); 〖야금〗화상(火床), 베드플레이트.
sole[3] *n.f.* 〖어류〗서대과(科)의 물고기.
sole[4] *n.f.* 〖농업〗윤작지(輪作地). 「(筋)
soléaire [sɔleːr] *a.* muscle ~ 〖해부〗가자미근
solécisme [sɔlesism] *n.m.* 〖언어〗통사오용, 어법상의 잘못, 파격(破格) (어법); 잘못, 실책, 오류.

‡**soleil** [sɔlɛj] *n.m.* ① 태양, 해. Le ~ se lève [se couche]. 해가 뜨다 [진다]. lever(coucher) du ~ 해돋이 [일몰]. ~ couchant(couchant) 석양 [지는] 해. se lever avec le ~ 일찍 일어나다.
② 〖천문〗(항성 우의)태양; 중심항성; 항성. orbite du ~ 태양 궤도.
③ 일광, 햇빛(rayons du ~); 양지, 볕, 해가 비추는 곳, 쾌청, 갠 날씨, 볕 나기. Il fait (du) ~. 맑은 날씨이다. bain de ~ 일광욕; (치료를 위한)일광욕(héliothérapie). s'exposer au ~ (prendre un bain de ~) pour bronzer 피부를 태우기 위해 일광욕을 하다. robe bain de ~ 일광욕복. parasol pour se protéger au ~ 양산. étoffe qui passe au ~ 햇볕에 바래는 천. coup de ~ 일사병; 햇볕에 데임. pays du ~ 맑은 산 나라가 계속되는 지방 [나라]. lunettes [chapeau] de ~ 선글라스 [차양 모자] s'asseoir au ~ 양지에 앉다. Ôte-toi de mon ~. 〖속담〗볕을 가리지 마시오 (알렉산더 대왕에게 디오게네스가 한 말).
④ (비유적)태양과 같은 인물; (기쁨·행복의)샘, 원천. Roi-S~ 태양왕 (Louis XIV). Vous êtes mon ~ (mon rayon de ~). 당신은 나의 태양이오 (나의 기쁨 [행복]의 원천이오).
⑤ 〖문장〗태양무늬.
⑥ 차륜 꽃불.
⑦ (바퀴 모양으로)빙빙 돌기; 〖철봉〗대차륜 돌기. faire le grand ~ à la barre fixe; tourner en ~ autour de la barre 철봉에서 대차륜을 하다. automobile qui fait un ~ 곤두박질을 하는 자동차.
⑧ 〖식물〗해바라기(tournesol).
adorer le ~ levant 신세력에 아첨을 하다.
au grand ~ 양지에서; 공공연히, 백일하에.
avoir du bien [des biens] au ~ 부동산을 갖고 있다.
avoir sa place au ~ 양지에 있다; 훌륭한 [중요한] 지위에 있다.
avoir un coup de ~ 〖속어〗취해 있다.
d'un ~ à l'autre 그 날에서 다음 날에 걸쳐서.
en plein ~ 양지에서, 대중 앞에서.
entre deux ~s 해가 질 때부터 해가 들 때까지.
Il fait grand ~. 해가 중천에 있다, 대낮이다.
Le ~ brille pour tout le monde. 태양은 만인을 위해 비춘다 〖누구에게나 같은 권리가 있다〗.
piquer un ~ 얼굴이 화끈 붉어지다.
prendre le ~ 햇볕을 쬐다.
recevoir un coup de ~ 〖구어〗한눈에 반하다.
sous le ~ 이 세상에서, 지상에서. Tout est vanité *sous le ~*. 만사가 허무하다.
solement [sɔlmɑ̃] *n.m.* 〖건축〗홈통을 받치기 위한 오목한 홈; (창·문의)테두리의 회반죽 장식.
solen [sɔlɛn] *n.m.* 〖패류〗긴맛(couteau).
***solennel(le)** [sɔlanɛl] *a.* ① (태도·어조·분위기 따위가)엄숙한, 장중한(cérémonieux, grave), 성대한; (경멸)점잔 빼는, 과장된(affecté, emphatique). discours ~ 엄숙한 연설. entrée (inauguration) ~le 성대한 입성식 [취임식]. parler d'un ton ~ (경멸)점잔빼는 어조로 말하다. ② 공식적으로 따르는, 정식의, 공식적인. audience ~le 공식적인 접견. ③ 〖가톨릭〗미사 따위가)장엄한. messe ~le 장엄한 미사. ④ 〖법〗(서약·서서 따위가)정식의, 격식을 갖춘. contrat ~ 정식계약. ⑤ (옛)(죄 따위가)엄청난.
solennellement [sɔlanɛlmɑ̃] *ad.* ① 엄숙하게, 장엄하게; (경멸)무머나하게, 화려하게(cérémonieusement, pompeusement). ② 의식과 함께, 공식적으로. recevoir ~ un ambassadeur 대사를 공식 접견하다. ③ 〖법〗정식으로, 공식적으로; 정규의 방식대로(publiquement).
solenniser [sɔlanize] *v.t.* 의식을 올려서 성대히 축하하다.
solennité [sɔlanite] *n.f.* ① 성대한 의식, 제전; 축제; 〖구어〗결혼식. ② (계약·선서 따위의)정식 수속(formalité); 엄숙, 장중; (나쁜 뜻으로)어색함; 젠체하다. célébrer une fête avec ~ 엄숙하게 식을 올리다. parler avec ~ 엄숙한 듯을 꾸며 말하다, 점잖게 말하다.

solénoïdal(ale), *pl.* **aux**) [sɔlenɔidal, -o] *a.* 【전기】 원통코일의, 솔레노이드의.

solénoïde [sɔlenɔid] *n.m.* 【전기】 솔레노이드(원통에 감은 긴 코일).

soleret [sɔlrɛ] *n.m.* 철갑 구두(중세기사의 갑옷의 일부).

solfatare [sɔlfata:r] *n.f.* 【지질】 황기공(黃氣孔).

solfège [sɔlfɛːʒ] *n.m.* 【음악】 계명으로 노래하기, 솔페지오; 솔페지오 연습서.

solférino [sɔlferino] *n.f.* 당홍(唐紅)(색).
— *a.* (불변) 당홍색의.

solfier [sɔlfje] 【음악】 *v.t.* 계명으로 노래하다.
— **se** ~ *v.pr.* (곡이)계명으로 불리다.

solicitor [sɔlisitɔːr] *n.f.* 【영】 *n.f.* (영국의)사무변호사(변리사·공증인 역할 수행).

solidage [sɔlidaʒ] *n.f.*, **solidago** [sɔlidago] *n.m.* 【식물】 미역취속(屬)(gerbe d'or).

solidaire [sɔlidɛːr] *a.* ① [~ de] 【법】 (특히 금전에 대해서)연대(의); (와)연대책임이 있는. obligation[responsabilité] ~ 연대의무[책임]. engagement[caution] ~ 연대계약[보증]. débiteurs ~ (사람에 대한)연대책임자. être[rester] ~ de qn …과 공동책임을 지다. (보어없이)Les membres d'une famille sont tous moralement ~s. 가족 모두는 정신적으로 연대하고 있었다. ② 밀접한 관계[관련]가 있는, 연관성이 있는. La concentration de l'esprit est ~ de l'effort. 정신 집중은 노력과 밀접한 관계가 있다. Les matériaux de ce mur sont ~s. 이 벽의 자재는 서로 관련성이 있다. ③ 연동(連動)된. pignons ~s 맞물리는 톱니바퀴.

solidairement [sɔlidɛrmɑ̃] *ad.* 【법】 연대적으로, 연대책임에 의해서.

solidariser [sɔlidarize] *v.t.* 연대책임을 지우다. mécanisme à action *solidarisée* 【기계】 연동장치.
— **se** ~ *v.pr.* ① 서로 연대책임을 지다. ② [se~ avec] (와)제휴하다.

solidarité [sɔlidarite] *n.f.* ① 연대성[의식]; (구체적인 것의)상호 의존(관계)(interdépendance); (금전상의)연대(책임). ~ avec qn …와의 연대. ~ professionnelle 직업상의 연대. sentiment de ~ 연대감, 연대의식. organisation de ~ 협동 조직[단체·조합](mutualité). ~ de deux phénomènes 두 현상의 상호관계 grève de ~ 동정 파업. ② 【법】 연대(책임).

***solide** [sɔlid] *a.* ① 고체의, 고형의. corps ~ 고체. combustibles ~s artificiels[naturels] 인공[천연]의 고체 연료. ②(물건이)튼튼한, 견고한, 굳은(robuste, fort); (사람이)확고한, 견고한. maison ~ 건고한 집. cuir ~ 질긴 가죽. nœud ~ 단단한 매듭. couleur ~ 변색하지 않는 색. être ~ sur ses jambes 굳건히 서 있다. base[fondation] ~ 확실한 토대. avoir le cœur ~ 강심장이다. avoir les reins ~s 허리 힘이 세다; 끈기가 있다; 참을성이 있다. ~ paysan (체격이)단단한 농부. ③(비유적)(무형의 사실이)확고한, 확실한(sûr); 듬직한. fondement ~ 확고한 논거. avoir de ~s raisons pour+ *inf.* …할 확실한[타당한] 이유가 있다. connaissances ~s 정확한 지식. amitié ~ 변하지 않는 우정. partisan ~ 믿을 수 있는 당원. ④ (사람의 성질이)온건한, 건실한(sérieux, stable, ↔ frivole). bon et ~ professeur 실력있고 건실한 교수. ⑤ 기운이 있는, 충실한; 실질적인. ~ repas 푸짐한 식사. thèse ~ 내용이 풍부한 논문. ⑥ 【구어】왕성한, 상당한, 호된. ~ appétit 왕성한 식욕. ~s revenus 상당한 수입. recevoir une ~ engueulade 호된 꾸중을 듣다. ~ coup de poing 호된 주먹질. ⑦ 【기하】 입체의. angle ~ 입체각. *être ~ au poste* 적의 공격에 완강하게 저항하다; 악착같다, 끈질기다. *~ comme un roc[le Pont-Neuf]* 바위처럼 단단한[강건한].
— *n.m.* ① 고체; 고형. ②확실한 것, 견고한 것. reposer sur le ~ 확실한 것에 기초를 두다. C'est du ~. 【구어】이것은 요지부동의 것이다. ③【옛】금전. chercher le ~; songer au ~ 돈이나 지위를 추구하다. ④【기하】입체.

solidement [sɔlidmɑ̃] *ad.* ① 굳게, 견고하게, 튼튼하게(fortement, fermement); 엄하게, 호되게, 완강하게); 착실하게, 견실하게. tenir ~ 완강하게 버티다, 잘 견디어 내다. établir ~ son influence 착실하게 세력을 굳히다. engueuler qn ~ …을 엄하게 꾸짖다. ②【구어】단단히, 힘주어, 심하게.

solidification [sɔlidifikasjɔ̃] *n.f.* 【물리】 고체화, 응고, 응결.

solidifier [sɔlidifje] *v.t.* 고체화시키다, 응고[응결]시키다.
— **se** ~ *v.pr.* 고체가 되다, 응고[응결]하다.

***solidité** [sɔlidite] *n.f.* ① 견고, 내구성, 단단함, 굳음(↔ fluidité, fragilité). ~ d'une voiture 차의 견고성. 응고, 견실, 확실함, 확고부동. ②【드물게】고체성; 【옛】체적, 용적(volume).

solifluer [sɔliflye] *v.i.* 【지질】 (땅이)무너지다, 사태나다.

solifluxion, solifluction [sɔliflyksjɔ̃] *n.f.* 【지질】 사태.

soliloque [sɔlilɔk] *n.m.* 독백, 혼잣말(monologue).

soliloquer [sɔlilɔke] *v.i.* 독백하다.

solin [sɔlɛ̃] *n.m.* 【건축】 장선과 장선과의 사이; 틈새를 메운 회반죽.

solipède [sɔliped] 【동물】 *a.* 단제(單蹄)의, 발굽이 하나인. — *n.m.* ① 단제류 동물(말 종류). ② (*pl.*) 단제류(類).

solipsisme [sɔlipsism] *n.m.* 【철학】 유아론(唯我論), 독아론(獨我論).

soliste [sɔlist] *n.* 독주[독창]자. — *a.* 독주[독창]하는. un premier violon ~ 제1 바이올린 독주자.

solitaire [sɔlitɛːr] *a.* ① 혼자 사는, 홀로 있는; 고독한, 외로운; 고독을 좋아하는; 혼자서 하는. garçon ~ 늘 혼자 있는[있기 좋아하는]아이. humeur ~ 혼자 있고 싶은 기분. vie ~ 고독한 생활. plaisir ~ 자위, 자독(自瀆). ②【식물】 단생(單生)의. fleur ~ (한 줄기에 꽃이 하나만 피는)단생화(튤립 따위). ver ~ 【구어】촌충(ténia). ③ 적적한, 쓸쓸한, 황량한, 사람이 살지 않는(écarté, retiré). parc ~ 사람 없는 쓸쓸한 공원. couvent ~ 인적이 드문 수도원.
— *n.m.* 은자, 은둔자(anachorète, ermite); 외톨이, 비사교자, 염세가(misanthrope); 【사냥】(홀로 떨어져 사는)늙은 멧돼지. 【카드놀이】혼자서 하는 점치기의 일종; 외알박이 보석.

solitairement [sɔlitɛrmɑ̃] *ad.* 고독하게, 홀로 멀리 떨어져서, 은둔하여.

***solitude** [sɔlityd] *n.f.* ① 고독. aimer la ~ 고독을 좋아하다. supporter la ~ 고독을 견디다. troubler la ~ de qn …의 고독[조용한 생활]을 흩뜨려 놓다. ② 은둔(retraite), 은거. s'écarter dans les ~ 은둔하다. vivre dans la ~ 은둔 생활을 하다. ③【옛·문어】조용한 경지; 정적. aller à une ~ rustique 쓸쓸하고 조용한 곳으로 가다. Depuis son départ, ma maison n'est qu'une ~. 그가 떠난 후의 그의 집은 빈집과 같다. ~ des forêts(de la nuit) 숲[밤]의 정적.

solivage [sɔlivaʒ] *n.m.* 【집합적】【건축】 들보[장선]용재(用材); 통나무를 켜서 들보 만들기.

solive [sɔliːv] *n.f.* 【건축】 들보, 장선. roi ~ 무

한 왕(roi soliveau). compter les ~s〔옛〕집안에서 하는 일 없이 시간을 보내다.
soliveau [sɔlivo] (*pl.* ~**x**) *n.m.* ① 〖건축〗작은 들보〔장선〕. ②〖옛·속어〗(비유적)완전한 무능력자; 우유부단한 사람. roi ~〖구어〗무능한 임금 (*La Fontaine* 의 *Fables* 에서).
solivure [sɔlivy:r] *n.f.* 〖건축〗들보〔장선〕용재.
solleret [sɔlrɛ] *n.m.* =**soleret**.   ㄴ(用). [軍
sollicitation [sɔ(l)lisitasjɔ̃] *n.f.* ① 간청, 청원 (demande, prière); 소원(訴願), 하소연. ne pas répondre aux ~s d'un quémandeur 간청자의 청을 들어주지 않다. C'est à la ~ d'un de ses amis qu'il a fait une telle chose. 그가 그런 일을 한 것은 친구의 간청에 의해서이다. être décoré à force de ~s 사방에 운동〔간청〕해서 훈장을 받다. ② 권유 (appel); 유혹. céder aux ~s du plaisir 쾌락의 유혹에 지다. ③ (물체에 가해지는)외력(外力).
solliciter [sɔ(l)lisite] *v.t.* ① 간청하다, 청원하다 (prier). ~ une audience 접견을 청하다. ~ une faveur 특혜을 하다. ~ un emploi 취직을 부탁하다. Il ne fait que ~. 그는 언제나 부탁만 하고 돌아다닌다. Monsieur le Ministre, j'ai l'honneur de ~ de votre haute bienveillance... 장관님, ...을 앙청하나이다(관공서의 청원서 서식). ~ *qc* (특히 관청이나 유력자에게) ...에게 주기를 청원하다. ~ une affaire〔un procès〕 사건〔소송〕을 유리하게 하기 위해 부탁을 하러 다니다. ~ *qn* de *qc* (어떤 혜택·협조 따위)을 ...에게 간청하다. [~ *qn* de + *inf*.] On l'*a sollicité d'*accepter la proposition. 사람들은 그에게 부디 이 제안을 수락해 달라고 부탁했다. ~ ses juges 재판관에게 유리하게 (목적보어 없이) Je suis las de ~. 나는 사방에 청원하러 다니는데 지쳐 버렸다.
② 〖옛·문어〗(남을)부추기다 (inciter); 자극하다, 유혹하다; (주의를)끌다, 촉구하다. ~ les passants (매춘부가)행인을 유혹하다. ~ l'attention de *qn* par des signes 신호를 해서 ...의 주의를 촉구하다. ~ à la révolte 부추겨서 반란을 일으키게 하다. ~ la curiosité 호기심을 자극하다. plaisirs qui nous *sollicitent* 우리를 유혹하는 쾌락. ~ *qn* à *qc*(à + *inf*.)...에게 ...을 하도록 촉구하다. médicament qui *sollicite* la transpiration 발한제(發汗劑). regard qui *sollicite* la pitié 동정심을 일으키는 눈길. ③ (인력·중력 따위의 힘이 어떤 물체에 물리적 작용을)미치다. La pesanteur *sollicite* les corps à tomber. 중력은 물체가 낙하하게끔 작용한다.
solliciteur(se) [sɔ(l)lisitœ:r, -ø:z] *n.* (지위·은혜 따위의)청원인; 탄원자; 운동자. ~ de voix 선거 운동자. ~ des antichambres ministérielles 장관실을 드나들면서 일을 부탁하고 다니다 사람.
sollicitude [sɔ(l)lisityd] *n.f.* 염려, 정성, (*pl.*) (걸으로 나타나는)마음 씀. causer beaucoup de ~ à *qn* ...에게 걱정을 많이 시키다. demander avec ~ si... 혹시 ...이 아닐까 하고 걱정스럽게 묻다. ~ maternelle 어머니의 정성〔근심〕. Il était peu attendri par toutes les ~s de sa mère. 그는 어머니의 온갖 정성에도 마음이 움직이지 않았다. ~s du siècle〔종교〕 현세의 번뇌.
solmisation [sɔlmizasjɔ̃] *n.f.* 〖음악〗(옛날의 6 단음계에 있어서의)음명창법, 음명창법.
solmiser [sɔlmize] *v.t.* 〖음악〗 (옛날의 6 단음계의)계명으로 노래하다.
solo [sɔlo] (*pl.* ~**s, soli** [sɔli]) *n.m.* 〖음악〗독주〔독창〕(부). de violon 바이올린 독주. jouer en ~ 독주하다.
—*a.* (불변) ① 독주의, 독창의. violon ~ (교향악단의)바이올린 독주. ② motocyclette ~ 1인승 오

토바이. ③ faire ~; jouer ~ 〖카드놀이〗(점치기 따위를)혼자하다.
solognot(e) [sɔlɔɲo, -ɔt] *a.* 솔로뉴(Sologne, 프랑스의 지방)사람의. race ~*e* 솔로뉴종(양의 일종).
—**S**~ *n.* 솔로뉴 지방 사람.
sol-sol [sɔlsɔl] *a.* 〖군사〗지대지(地對地)의. missile ~ 지대지 미사일.
solstice [sɔlstis] *n.m.* 〖천문〗지(至). ~ d'été〔d'hiver〕하〔동〕지.
solsticial(ale, *pl.* **aux)** [sɔlstisjal, -o] *a.* 〖천문〗지(至)의. points ~*aux* 지점(至點).
solubilisation [sɔlybilizasjɔ̃] *n.f.* 〖화학〗가용화(可溶化), 용해화.   [의.
solubilisé(e) [sɔlybilize] *a.p.* 녹기 쉬운, 용해성
solubiliser [sɔlybilize] *v.t.* 가용화(可溶化)하다. cacao〔café〕 *solubilisé* 인스턴트 코코아〔커피〕.
solubilité [sɔlybilite] *n.f.* 〖화학〗용해도, coefficient de ~ 용해도계수. ② 용해성, 가용성. ~ du calcaire 석회암의 용해성.
soluble [sɔlybl] *a.* ①〖화학〗용해될 수 있는; 〖화학〗용해성(溶解性)의. ②(문제가)풀릴 수 있는 (résoluble). problème aisément ~ 쉽게 풀릴 수 있는 문제.
soluté [sɔlyte] *n.m.* ① 〖약〗용제(溶劑). ~ physiologique 생리 식염수, 인공 혈청. ②〖화학〗용질(溶質).
*****solution** [sɔlysjɔ̃] *n.f.* ①(문제·수수께끼를)풀기; (난국의)타개; 해결 (dénouement); (극적인)타결〔해결〕책(issue). ~ d'une équation 방정식을 풀기. trouver la ~ d'une énigme 수수께끼를 풀다. ~ de la crise 위기의 타개책. ~ de facilité〔de paresse〕 안이한 해결〔타개〕책. Ce n'est pas une ~! 그래 가지고는 아무것도 해결이 안돼! ② 중단 (interruption). ~ de continuité 불연속, 단절. ~ de continuité dans la chaîne conductrice (전기의)도선의 불연속; 끊어진 부분. ~ de continuité dans la mémoire 기억의 중단. ③ 〖화학〗 용해 (dissolution); 용해, 용체, substance en ~ 용해된 물질. ~ solide 고용체(固溶體). ~ normale 정규액. ~ salée 식염수. ~ saturée 포화 용액. ~ médicamenteuse(pharmaceutique)약용 용액, 물약. ④ 〖법〗(채무의)변제(acquittement), 완제; (소송의)종결. jusqu'à parfaite ~ (부채의)전액 상환시까지.
solutionner [sɔlysjɔne] *v.t.* (문제를)해결하다, 풀다(résoudre).
solutréen(ne) [sɔlytreɛ̃, -ɛn] *a.* 〖선사〗솔뤼트레앙 시대의 (월계수 잎사귀꼴의 부싯돌로 특징지었던 구석기 시대 후기). —*n.m.* 솔뤼트레앙기(期).
solv. (약자) solvatur 〖의학〗용해시킬 것.
solvabilité [sɔlvabilite] *n.f.* 지불〔상환〕능력.
solvable [sɔlvabl] *a.* 지불 능력이 있는.
solvant [sɔlvɑ̃] *n.m.* 〖화학〗용매, 용제.
solvate [sɔlvat] *n.m.* 〖화학〗용매 화합물.
solvatisation [sɔlvatizasjɔ̃] *n.f.* 〖화학〗용매화(溶媒化)(작용).
solvatisé(e) [sɔlvatize] *a.p.* 〖화학〗용매화된.
soma[1] [sɔma] *n.m.* 소마(베다교의 인도인이 제물을 바칠때 불에 붓는 성주(聖酒)); (**S**~)소마신(神).
soma[2] [sɔma] *n.m.* 〖생물〗(동물의)몸; 체물질 (體物質)(생식질(germen)이외의 생체물질의 총칭).
somali(e) [sɔmali] *a.* 소말리아(사람·어)의.
—*n.m.* 소말리아어(語). —**S**~ *n.* 소말리아 사람.
somalien(ne) [sɔmaljɛ̃, -ɛn] 〖지리〗*a.* 소말리아 (*la Somalie*)의. —**S**~ *n.* 소말리아 사람.
somation [sɔmasjɔ̃] *n.f.* 〖생물〗부변태(副變態) (비유전성 변이).

somatique [sɔmatik] a. 〖생물〗신체의, 체질의, 신체에 관한(↔ psychique); 〖심리·의학〗체성 (體性)의. symptômes ~s 신체적 징후. cellule ~ 체세포.

somatisation [sɔmatizasjɔ̃] n.f. 〖정신분석〗구체화, 정신적 현상을 신체적인 것으로 바꾸기.

somatiser [sɔmatize] v.t. 〖정신분석〗(정신적인 질환자를)신체적 질환자로 돌리다.

somatologie [sɔmatɔlɔʒi] n.f. 생체[인체]학. 〖의.

somatologique [sɔmatɔlɔʒik] a. 생체학의[인체학]

somato-psychique [sɔmatɔpsiʃik] a. 〖의학〗심신의. méthode ~ 심신 요법(정신 질환자에게 쓰는 육체적 요법, 전기 충격 따위).

somatotrope [sɔmatɔtrɔp] a. 〖생물〗체세포(體細胞)에 친화성을 가지는; 육체에 작용하는. hormones ~s 성장 호르몬.

somatotrophine [sɔmatɔtrɔfin] n.f. 〖생화학〗성장 호르몬.

:**sombre** [sɔ̃:br] a. ① 어두운, 캄캄한(obscure); comme une prison[un tombeau]아주 캄캄한. Il fait ~. 날씨가 어둡다. ciel ~ 구름이 잔뜩낀 하늘, 컴컴한늘. nuit ~ 어두운 밤. ~s abîmes 캄캄한 심연(深淵). le ~ empire; les ~s rivages 명부, 저승. ② (빛깔이)어두운(noirâtre, foncé). eau d'un bleu ~ 검푸른 물. cheveux ~s 검은 머리. ③ (비유적) (사람의 기질·기분·안색이)어두운, 우울한, 침울한(morose, triste); 음침한. visage ~ 침울한 얼굴. tempérament ~ 우울한 기질. s'abîmer dans de ~s réflexions 우울한 공상에 빠지다. ④ (앞길·앞날이)불길한, 암담한(funeste, sinistre). avenir ~ 암담한 미래. ~ pressentiment 좋지 않은 예감. ⑤ [구어] (더 할 나위없이)지독한, 엄청난, 개탄할(lamentable). ~ idiot[brute]지독한 바보.
〘REM〙 **sombre** 햇빛이 잘 들지 않는다는 뜻 : bois sombre 어두컴컴한 숲. **obscur** sombre 보다 강한 뜻으로 햇빛이 비치지 않는 어두움 ; chemin obscur 어두운 길. **ténébreux** 더욱 강한 뜻으로 「캄캄한」의 뜻으로 때때로 공포감을 일으키게 함 : antre ténébreux 캄캄한 동굴.

sombrement [sɔ̃brəmɑ̃] ad. 〘드물게〙어둡게, 침울하게. songer ~ à qc 답답한 마음으로 자꾸 …을 생각하다.

sombrer[sɔ̃bre] v.i. ① 〖해양〗(배가)침몰하다(couler). Le navire en détresse sombre avec lenteur. 난파선은 천천히 침몰하였다. ② [~ dans] (에) (사람이)몰입하다, 빠지다(tomber); (사물이) (장애를 만나)파멸하다(se perdre). ~ dans les sommeils léthargiques 혼수 상태에 빠지다. ~ dans le désespoir 절망에 빠지다. ~ dans la boisson 술에 빠지다. ~ dans le vice 악습에 젖어들다. entreprise qui sombre 파산하는 기업체.

sombrer[sɔ̃bre] v.t. 〖옛〗〖농업〗(포도밭·휴한지에)첫 경작을 하다.

sombrero [sɔ̃brero] 〖에스파냐〗n.m. (에스파냐·멕시코 따위의)챙이 넓은 펠트 모자.

somite [sɔmit] n.m. 〖동물〗체절(體節), 몸마디, (절지 동물의)환절(環節).

sommaire [sɔ(m)mɛ:r] a. ① 간략한, 간결한(succinct); 〖법〗약식[즉결]의; (간호·식사·복위가)임시적인, 간단한. ~ exposé ~ 약술(略述). en procédure ~ 약식 소송 절차로. exécution ~ 약식 처형. matières ~s 즉결 재판(사건). instruction ~ 최소한의 지시. ② 표면적인, 피상적인. jugement ~ 피상적인 판단.
—n.m. 개요, 목차; 약설.

sommairement [sɔ(m)mɛrmɑ̃] ad. 간략하게, 요약하여(brièvement); 간소하게. ~ organisé 급조(急造)의, 날치기의. ~ jugé 약식 재판에 의해 판결된. pièces meublées très ~ 가구가 많지 않은 방.

sommation[sɔ(m)masjɔ̃] n.f. ① 독촉, 최고(催告). ~ verbale[par écrit] 구두[문서에 의한]독촉. ~ de + inf. 의 avoir ~ de payer un dette 부채지불의 독촉을 받다. ~ respectueuse 〖법〗혼인허가 독촉장(법정 혼인에 달한 남녀가 부모의 승낙을 얻고자 할 경우 혼인 전에 부모에게 보내게 되어 있음). ② (보초의)정지 명령, 경고, (경찰의)해산 경고;(일반적으로)권유(injonction). Malgré plusieurs ~s, les manifestants ne se sont pas dispersés. 몇 차례의 경고에도 불구하고 데모대는 해산하지 않았다. se rendre à une ~ 권유에 따르다.

sommation² n.f. ① 〖수학〗총합을 내기. ② 〖생물〗가중(加重).

somme¹ [sɔm] n.m. bête de ~ 짐바리 짐승; 말·소처럼 혹사당하는 사람.

:**somme**² n.f. ① 합계, 총계, 총액, 총량; 〖수학〗합. faire la ~ de deux nombres 두 수를 합계하다. La ~ de nos pertes est considérable. 우리의 손실의 총계는 막대하다. [une ~ de] Il fournit une ~ énorme de travail. 그는 엄청난 양의 일을 하다. ② 금액(~ d'argent); 거액(grosse ~). ~ de 200 francs 200 프랑의 금액. dépenser des ~s folles 돈을 마구 쓰다. [une ~] Pour moi, 500 francs, c'est une ~. 내게는 500 프랑도 거액이다. ③ 〖예〗전서(全書), 대전(大全), 개요. 《S~ théologique》「신학 대전」 (토마스 아퀴나스의 저작). ~ philosophique 철학 개요.
~ **toute**; (en) ~, 요컨대, 결국. En ~, tout s'est bien passé. 결국, 모든 일이 잘 진행되었다.

*somme³ n.m. 수면, 잠. faire un (petit) ~ 한잠[잠깐] 자다. **faire la nuit tout d'un ~; ne faire qu'un ~** 밤새 한번도 깨지 않고 줄곧 자다. [톱.

somme⁴ n.f. 〖해양〗(항구 밖·강어귀에 있는)모래

:**sommeil** [sɔmɛj] n.m. ① 잠, 수면; 졸음. nuit sans ~ 잠 안 오는 밤. avoir ~ 잠이 오다, 졸리다. tirer qn du ~ …을 잠에서 깨우다. yeux lourds de ~ 잠이 덜 깬 눈. maladie du ~ 수면병. ~ provoqué 최면. vaincre le ~ 잠을 물리치다. succomber au ~ 잠에 못 이기다. bâiller de ~ 졸려서 하품하다. tomber[mourir] de ~ 졸려 못 견디다[죽을 지경이다]. dormir d'un ~ de plomb 깊은 잠에 빠지다. ② (비유적) 휴식, 활동 정지 상태(inactivité). ~ éternel; dernier ~ 영원한 잠, 죽음. ~ hiémal [hibernal] (생물의)동면. laisser une entreprise en ~ 어떤 기업을 부진(不振) 상태에 내버려두다. magasin en ~ 개점 휴업 상태의 상점. ③ (S~) 〖신화〗잠의 신.
avoir le ~ léger[dur]잠귀가 밝다[어둡다]. **s'endormir du ~ du juste** (양심의 거리낌이 없는 의인처럼)평안히 자다, 안면하다.

sommeiller [sɔmeje] v.i. ① 졸다, 선잠 자다. ② (비유적) (자연·지성 따위가)잠들고 있다, 활동하지 않고 있다. ③ 〖시〗영원히 잠들고 있다, 지하에 있다.
Tout homme a dans son cœur un cochon qui sommeille. 〖속담〗(모든 남자는 마음 속에 잠자는 돼지를 가지고 있다) → 더 없이 얌전한 남자도 호색의 마음을 가지고 있다.

sommeilleux(se) [sɔmejø, -ø:z] a. 잠자는, 깊은 잠 속의. —n.m. 수면병에 걸린 사람.

sommelier(ère) [sɔmalje, -ɛ:r] n. ① (큰 집·호텔·기숙사 따위의)식료품 보관자(係); (바·요리점의)술 책임자, 소믈리에. ② 〖옛〗(중세에 왕·제후의 여행에 수행하며 짐을 나르는)운송관.

sommellerie [sɔmelri] n.f. ① sommelier 의 직책[업]. ② (술 따위의) 보관실.

sommer¹ [sɔ(m)me] v.t. 〖수학〗 (의) 합(合)을 구하다, 합하다.

sommer² v.t. 독촉하다; 명하다, 경고하다. [~ qn de+inf.] ~ qn de comparaître …을 (법정에) 소환하다, 출두할 것을 명하다. ~ les manifestants de se disperser 데모대에 해산을 명하다. ~ une garnison de se rendre 수비대에 항복을 권고하다. ~ une place 〖군사〗 요새에 개성(開城)[항복]을 권고하다.

sommes [sɔm] être 의 직설·현재·1·복수.

*****sommet** [sɔmɛ] n.m. ① 꼭대기, 정상(faîte, haut); (끝이 뾰족한 것의) 정점, 끝(cime, crête). ~ d'une montagne 산 꼭대기. ~ d'un triangle 3 각형의 정점. ② 절정, 극치; 〖정치〗 정상; 수뇌. ~ de la perfection 완성의 극치. parvenir au ~ du pouvoir 권력의 절정에 달하다. conférence au ~ 정상 회담[수뇌·정당 당수들간의]. 《생각하여》 ~ franco-britannique 영불 정상 회담. ③ 〖식물〗 약(葯), 꽃밥(anthère).

sommier¹ [sɔmje] n.m. ① 〖옛〗 짐바리 짐승. ② 요, (침대의) 매트리스; (풍금의) 풍함(風函). ③ 〖건축〗 홍예밑; (風로장; 굴대; (통의)테.

sommier² n.m. ① 〖상업〗 출납부, 장부; 서류철. ② (pl.) 범죄기록부, (경찰의) 신원조사부.

sommier¹ ③

sommité [sɔmite] n.f. ① (풀·나뭇가지의) 상단(上端), 선단. ② 〖비유적〗 최고 권위자, 최고 권력자. ~s de la médecine 의학계의 최고 권위자들.

somnambule [sɔmnɑ̃byl] a. 몽유병의; 최면술에 걸린. —n. 몽유병 환자; 최면술에 걸린 사람. —n.f. ~ lucide 최면 투시를 하는 여자.

somnambulesque [sɔmnɑ̃bylɛsk], **somnambulique** [sɔmnɑ̃bylik] a. 몽유병의. crise ~ 몽유병의 발작.

somnambulisme [sɔmnɑ̃bylism] n.m. 몽유병. ~ provoqué(magnétique) 최면 상태, 최면술.

somnifère [sɔmnifɛːr] a. (드물게) 〖의학〗 최면성의. —n.m. 최면제, 수면제 (soporifique). prendre un ~ avant de se coucher 잠들기 전에 수면제를 한 알 먹다.

somnolence [sɔmnɔlɑ̃ːs] n.f. ① 반수(半睡) 상태, 비몽사몽간의 상태; 졸음. La prise de ce médicament peut provoquer la ~. 이 약을 들면 졸음이 온다. ② (비유적) 무기력 (inertie).

somnolent(e) [sɔmnɔlɑ̃, -ɑ̃ːt] a. ① 반수 상태의, 비몽사몽간의; 졸고 있는. être ~ après un bon repas 식사를 잘 하고 난 후에 졸음이 오다. ② 무기력한 (inactif, mou); (재능 따위가) 잠들어 있는; 잠들게 하는. faire éclore des qualités ~es 잠들어 있는 자질을 깨어나게 [피어나게] 하다. lectures ~es 졸리게 하는[지루한] 독서.

somnoler [sɔmnɔle] v.i. ① 반수 상태에 빠지다; 졸다. Après chaque. repas, il *somnole* dans son fauteuil. 그는 식사를 한 후에는 으레 의자에서 꾸벅꾸벅 존다. ② (재능 따위가) 잠들어 있다.

somptuaire [sɔ̃ptɥɛːr] a. (옛) 사치에 관한. lois ~s 사치 금령.

somptueusement [sɔ̃ptɥøzmɑ̃] ad. 사치스럽게, 호화롭게.

somptueux(se) [sɔ̃ptɥø, -øːz] a. 사치스러운, 호화로운, 화려한(fastueux, luxueux). ~ édifice 호화로운 건물. ~ repas ~ 진수 성찬. mener un train de vie ~ 호화로운 생활을 하다.

somptuosité [sɔ̃ptɥozite] n.f. 호사, 사치(스러움),

호화로움.

‡**son¹** [sɔ̃] (f. *sa* [sa], pl. *ses* [se]) a. poss. 《모음 및 무성 h로 시작하는 여성 단수명사 또는 형용사 앞에서는 sa 대신 son을 씀. liaison 에 있어서는 *son ami*, *son amie* [sɔ̃nami], *son histoire* [sɔ̃nistwaːr]가 원칙이고, [sɔnami]는 옛 발음 또는 특징적인 사람 또는 사물임》 ① 그의, 그녀의, 그것의, 자기(자신)의. ⓐ 《소유·소속 및 혈연·친분 관계》 *sa* maison 그[그녀·자기]의 집. *son chien* 그[그녀·자기]의 애견. *son* fils 그의 아들. *son* secrétaire 그의 비서. *son* ami. 그의 친구. ⓑ 《습관적 관계》 Elle n'avait *son* dimanche qu'une semaine sur deux. 그녀는 2주일에 한 번밖에는 일요일을 갖지 못했다. Elle a *sa* crise. 그녀는 예의 경련(발작)을 또 일으켰다. Ce n'est pas *son* genre. 그것은 그 사람답지가 않다. Il sent *son* soldat. 그는 군인 냄새가 난다. Il sent *son* policier d'une lieue. 경관티가 몹시 난다, 어느 모로 보나 경관이다. ⓒ 《특이성·적분》 Cette auto fait *ses* 100 kilomètres à l'heure. 이 차는 시속 100 km를 낼 수 있다. Il a fait *son* service. 그는 군복무를 마쳤다. ⓓ 《동작의 주어·목적보어 관계》 J'attends *son* retour. 그가 돌아오기를 기다리고 있다. à *son* aide 그를 도우려고. Je pâlis à *sa* vue. 나는 그를 보고 새파래졌다. Je suis *son* obligé. 나는 그에게 은혜를 입고 있다. Vous êtes *son* successeur. 당신은 그의 후계자이다. *son* lecteur 그의 책의 독자. *sa* lecture 그 (책)을 읽기. ⓔ 《존칭 앞에》 *Sa* Majesté 국왕 폐하. *Son* Excellence 각하. *Sa* Sainteté 교황 성하(聖下). ① 《소유의 강조》 *sa* propre fille 그 (그녀)의 친딸. C'est *sa* faute à lui (à elle). 그건 그 (그녀)의 잘못이다 《소유주의 성별이 구별됨》.

③ 《부정대명사 on, chacun 따위와 함께》 On n'est jamais content de *son* sort. 사람은 자기 운명에 결코 만족하지 않는다. Chacun à *son* tour. 각자 차례대로.

④ 《사물과 관련되어》 Paris et *ses* environs 파리와 그 주변. faire chaque chose en *son* temps 모든 일을 때 [적시]에 하다.

REM 사물과 관련되어 쓰일 때는 다음과 같이 구분된다. (1) 절 안에서는 관련명사 앞에 소유형용사가 쓰인다 : Le Rhône a *sa* source dans les Alpes. 론 강은 알프스에 그 근원이 있다. (2) 절이 달라지면 일반적으로 중성대명사 en 이 쓰인다 : Voilà une église, mais la porte *en* est fermée. 여기 교회가 있는데, 그 문이 닫혀 있다. 단, 다음의 경우에는 en 대신 소유형용사가 쓰인다. ⓐ être, rester 와 같은 상태를 나타내는 동사 외의》행위를 나타내는 동사가 이어질 때 : La maison est bien située: *ses* fenêtres donnent sur la mer. 집은 좋은 위치에 자리 잡고 있다. 그 창문들은 바다를 향하고 있다. ⓑ 피소유명사 앞에 de 가 올 때 : Ce village est éloigné mais j'apprécie la beauté *de son* site. 이 마을은 벽지에 있지만 나는 그 경치를 높이 평가한다. ⓒ 사물이 의인화(擬人化) 되었을 때 : Plantez un saule au cimetière. J'aime *son* feuillage. 내 무덤에 버드나무를 한 그루 심어주오. 나는 그 잎을 사랑하오 (이 경우에도 상태를 나타내는 동사로 이어질 때는 en 을 사용》.

posséder son Cicéron 키케로에 관해 자세히 알고

‡**son²** n.m. (목소리·악기·종 따위의) 소리, 음향; 〖언어〗 음성, 음; 악음(樂音) (↔bruit). enregistrement du ~ (sur disque, sur bande magnétique) (레코드·녹음테이프에) 취입하기, 녹음하기. baisser le ~ d'un poste 라디오 [텔레비전]의 소리를 낮추다. ingénieur du ~ 녹음 기사. langue des ~s

《문어》음악. mur du ~ 음속의 장벽. ~ de voix 성음, 말소리. vitesse du ~ 음속.
au ~ [aux ~s] de …의 음악을 들으면서. danser au ~ d'un accordéon 아코디온 소리에 맞추어 춤을 추다.
spectacle « ~ et lumière» "음향과 조명"극(고적·기념물에 설치된 음향과 조명 효과로서 그 연혁을 엮어가는 야외극).

son³ *n.m.* ① 밀기울, 겨. farine de ~ 밀기울 섞인 밀가루. pain de ~ 밀기울 빵. eau de ~ 밀기울 죽. ② 톱밥;《구어》주근깨(taches de ~). poupée de ~ 속에 톱밥을 넣어서 만든 인형. taché de ~ 주근깨가 있는. *C'est moitié farine et moitié ~.* 옥석이 뒤섞여 있다.

sonagraphe [sɔnagraf] *n.m.* 음향 분석기.
sonante [sɔnɑ̃:t] *n.f.* 《언어》명음(鳴音).
sonar [sɔna:r] 《영》 *n.m.* 수중 음파 탐지기.
sonate [sɔnat] *n.f.* 《음악》 소나타, 주명곡. ~ pour piano 피아노 소나타. forme — 소나타 형식.
sonatine [sɔnatin] *n.f.* 《음악》소(小)주명곡, 소나티네.
sondage [sɔ̃da:ʒ] *n.m.* ① 《해양》수심(水深)측정; 《광산》지질 조사; (대기)관측. faire des ~s 수심을 측정하다. ballon de — 관측기구(ballon-sonde). faire un — météorologique (관측기구에 의해)기상 관측을 하다. ② 시굴(試掘), 천공(穿孔)과동으로 채굴. faire des~s보링(천공)을 하다. ③ 《의학》존데에 의한 검사, 존데 삽입법(cathétérisme). ④ 조사, 여론 조사. enquête par — 앙케트 조사. ~ de l'Institut français d'opinion publique 프랑스 여론 연구소의 조사. ⑤ 탐색, 타진. ~ de paix 평화의 타진. faire des ~s dans les titres 주식을 조사하다.
sonde [sɔ̃d] *n.f.* ① 《해양》측연(測鉛), 수심 측량기; (pl.) 관측기. jeter la — 측연을 물속에 던져 깊이를 측정하다. naviguer à la — 수심을 측량하면서 항해하다. être sur la — 측연이 닿는 곳에 있다. Les ~s augmentent. 수심이 깊어지다. marquer les ~s 수심을 (해도에) 기입하다. — aérienne 관측기구, 음향 고도계. ~ électronique 전자 존데. ② 《광산》보링기, 착암기. ③ 《의학》존데, 소식자; 식물 주입관. ~ urétrale 요도 존데. introduire la — dans une plaie 상처에 존데를 삽입하다. Être nourri à la — 존데로 식사를 취하다[영양을 취하다]. ④ 《치즈 따위의》견본채취기; (곡물을 검사하는)색대; 《세관의》탐지 송곳.
donner un coup de ~ (일반적으로)탐색하다.
faire la ~ (고래가)물속에 잠기다. *marcher la ~ à la main*《구어》조심스럽게 나아가다.
sonder [sɔ̃de] *v.t.* ① (sonde로 …의)깊이를 조사하다; (~)수심을 재다; (높이·길이를)측량하다; (대기를)관측하다. ~ un port 항구의 수심을 재다. ~ un précipice du regard 절벽을 눈짐작으로 재다. ② 시굴(試掘)하다, 천공하다(forer). ~ un terrain 땅을 시굴하다. ③ 《의학》(상처의)깊이를 살펴보다; (환자를)검진하다. ~ un malade 상처의 깊이(환자)를 검사[검진]하다. ④ (색대·탐지 송곳 따위로 짐의)내용물을 조사하다. ~ des bagages à la douane 세관에서 짐을 조사하다. ⑤ 탐색하다, 조사하다. ~ les intentions de qn …의 의도를 탐색하다. ~ qn 1 qn au sujet de ses projets 그 계획에 관해 …의 심중을 살피다. ~ la situation 정세를 살피다. ~ l'opinion 여론을 조사하다.
~ le terrain (비유적) 사전에 정세를 살피다.
sondeur(se) [sɔ̃dœ:r, -ø:z] *n.m.* 《해양》측연원(測鉛員)측연기(測深機); 《광산》보링을 하는 사람. — *n.* 탐사[조사]하는 사람; (여론 조사)조사원. ~ de secrets 《구어》비밀을 캐는 사람. père — 《속어》넘겨짚어 마음속을 잘 떠보는 사람. — *n.f.* 《광산》보링 기계.
songe [sɔ̃:ʒ] *n.m.* ① 《옛·문어》꿈(rêve, ↔ réalité). clef des — 해몽의 술(해몽을 설명한 책). faire un — 꿈을 꾸다. voir qc en ~ …을 꿈에 보다. 《문어》(비유적)몽상(chimère); (꿈 속에서 보는 것 같은)환영(illusion); 꿈처럼 덧없는 것, 꿈 같은 일. le — et la réalité 꿈과 현실. *La vie n'est qu'un ~.* 인생은 꿈에 불과하다. s'évanouir comme un — 꿈처럼 사라져버리다.
Mal passé n'est qu'un ~.《격언》고통은 지나가면 잊는 법. *S~, mensonge.*《속담》꿈은 거짓.
songe-creux [sɔ̃ʒkrø] *n.m.* (복수불변) 몽상가.
***songer** [sɔ̃ʒe] [3] *v.t. ind.* [à] ① …을 생각하다, 반성하다(penser à, réfléchir à); 잊지 않다, 유념하다; 상기하다. ~ à ce qu'on dit 남이 말하는 것에 대해 생각해 보다. ~ aux autres 남을 생각하다. ② (계획·미래의 일에 대해서)숙고하다; 마음 먹다, 계획하다. ~ à l'avenir 장래의 일을 생각하다. ~ au mariage 결혼할 것을 생각해 보다. J'y songe. 생각해 볼게. [~ à + inf.] *Je songe à me venger.* 복수할 것을 생각한다. *Il faut ~ à partir.* 떠날 생각을 해야지. ③ [à 없는 간접보어절[의문절]을 대동하여] [~ que] …을 생각하다, 반성하다. 고려하다. *Je ne songeais pas que j'étais déjà pris.* 선약이 있었다는 것을 깜박 잊고 있었다. *Songez qu'il y a de votre intérêt.* 당신의 이해 관계가 얽혀 있다는 것을 잊지 마세요. ④ 《드물게》(목적보어 없이)공상하다, 생각에 잠기다; (옛)꿈꾸다(rêver).
faire ~ à …을 방불케 하다. *Vous me faites ~ à Robinson.* 당신을 보니 로빈손 생각이 나는구려.
sans ~ à mal 악의없이.
~ creux 공상에 빠지다.
Songez-y bien! 잘 생각해 보시오!《협박조》.
Vous n'y songez pas; À quoi songez-vous? (납득할 수 없는 일을 하거나 말하는 사람에게)설마 그럴 리가, 어림도 없는 일이오.
— *v.t.* 《옛》궁리하다, 계획하다(méditer); 생각하다, 구상하다(concevoir). ~ sa ruine 그를 파멸시킬 것을 궁리하다. *Où avez-vous songé cette infinité?* 어디서 이 무한함을 마음속에 품게 되었소?
songerie [sɔ̃ʒri] *n.f.* 꿈꾸기, 몽상에 빠지기; (pl.) 몽상(rêverie).
songeur(se) [sɔ̃ʒœ:r, -ø:z] *n.* ① 몽상가. ②《옛》꿈꾸는 사람. — *a.* 생각에 잠긴(pensif); 《드물게》(사람·성격이)공상하기를 좋아하는. d'un air — 생각에 잠긴 모습으로. *Cette nouvelle l'a laissé ~.* 이 소식을 듣고 그는 깊은 생각에 잠겼다.
sonie [sɔni] *n.f.* 《생리·물리》 송(감각상의 음의 크기의 단위).
sonique [sɔnik] *a.* ① 음의, 소리의. vitesse — 음속. ② 음속의. barrière — 음속의 벽. (na)
sonna [sɔna] *n.f.* 《종교》마호메트 어행록(sun-
sonnaille [sɔnɑ:j] *n.f.* (가축의 목에 매다는)방울.
sonnailler¹ [sɔnɑje] *n.m.* 목에 방울을 달고 앞장서는 가축.
sonnailler²《구어》*v.i.* ① 종(벨)을 마구 울리다.
— *v.t.* 《하인을》종[벨]을 울려 부르다.
sonnant(e) [sɔnɑ̃, -ɑ̃:t] *a.* ① 울리는, 울려 퍼지는; 쨍그랑거리는. horloge (montre) ~e 타종 시계. ② (시각에 대해)정각. à dix heures ~es 10시 정각에. ③《구어》(비유적)금전상의. faveur ~e 금전적인 혜택. *espèces (pièces) ~es et trébuchantes*

《구어》경화(硬貨), 동(금·은)전.

sonné(e) [sɔne] *a.p.* ① 《시간을 알리는 종이》이미 친. Il est dix heures ~es. 10시가 지났다. Son heure est ~e. 그의 최후의 시각이 다가왔다. Elle a quarante ans ~s. 그녀는 마흔 고개를 넘어섰다. ② 《구어》머리가 약간 돈(cinglé). Elle est complètement ~e. 그녀는 완전히 돌았다.

***sonner** [sɔne] *v.i.* ① 나팔·피리 따위가 울리다; (귀가) 울리다. La trompette sonne. 나팔이 울린다. Les oreilles me sonnent. (내)귀가 울린다. ②《부딪쳐서》소리나다, 반향하다(résonner), 쨍그랑거리다; (종이) 울리다(carillonner). ~ clair 맑은 소리가 나다. Le téléphone sonne. 전화 벨소리가 울린다. Midi a sonné. 열두 시를 쳤다. 《비잉칭》Il sonne dix heures. 10시가 울린다. ③《비유적》(시기가) 찾아오다. Son heure[Sa dernière heure] a sonné. 죽음의 시각이 임박했다. L'heure de la vengeance sonna enfin. 마침내 복수의 때가 왔다. ④ 《언어》《글자가》발음되다; (말소리가)울리다, 들리다. faire ~ la fin de ses phrases 말 끝을 분명히 발음하다. mot qui sonne bien[mal](à l'oreille) 듣기 좋은(나쁜) 말. ⑤ 초인종(벨)을 울리다. Entrez sans ~. 벨을 누르지 말고 들어오세요.
faire ~ haut qc ~을 과장하다; ~을 격찬(찬양)하다. faire ~ bien haut son mérite 자기의 공을 과장하다.
~ creux 공허하게 울리다. argument qui sonne creux 속이 비어 있는 이론.
~ faux 거짓같은 인상을 주다. aveu qui sonne faux 거짓말 같은 인상을 주는 고백. rire qui sonne faux 억지로 꾸민 듯한 웃음.
—*v.t.ind.* ~ [~ de] (취주악기를)불다(jouer de). ~ du clairon 나팔을 불다.
—*v.t.* ① (종을)울리다, 치다; (취주악기를)불다. ~ le clairon 나팔을 불다. ②(승려·미사·식사 따위를)종(벨)을 울려서 알리다; (시계가 시각을)치다. ~ les matines 아침 기도 시간을 알리다. L'horloge de la gare sonna onze heures. 역의 시계가 11시를 쳤다. ③[~ qn] 종을 쳐서 부르다. une femme de chambre 벨을 울려서 식모를 오게 하다. ④《구어》[~을] 주먹으로 갈기다(치다). se faire ~ 한방 얻어 맞다, 혼이 나다.
ne pas ~ mot 《구어》한마디도 입 밖에 내지 않다.
On ne peut ~ les cloches et aller à la procession [*dire la messe*]. 《속담》단번에 두 가지 일을 할 수는 없다.
On ne vous a pas sonné. 《구어》당신을 부르지는 않았소; 남의 일에 간섭마시오.
se faire ~ les cloches 호되게 야단 맞다.
~ le fêlé 금이 간 소리가 나다. 《비유적》정신 이상의 징후가 보이다.

sonnerie [sɔnri] *n.f.* ① 울리는 소리. ~ de clairon 나팔 소리. ~ du téléphone 전화 벨소리. ~ d'une horloge 시계 치는 소리. ~ d'un réveil 자명종 소리. ②(나팔·피리 따위를 울려서 알리는) 신호(방식). ~ du réveil 기상나팔. ③(시계의)자명종 장치. 벨장치; 벨. remonter la ~ d'un réveil 자명종의 태엽을 감다. pendule à ~ 타종 시계. ~ ronflante 버저. ~ d'appel 초인종. ④(교회의)한 벌의 종(5-12개 한 벌), (갖가지 크고 작은 종들의)울림. ~ des cloches 차임벨.

sonnet [sɔnɛ] *n.m.* 《운율》소네트, 14행시 《르네상스 때 이탈리아에서 시작된 정형시로 4행시(quatrain) 2연과 3행시(tercet) 2연을 가짐》.

sonnette [sɔnɛt] (<sonner) *n.f.* ①(양의 목에 매다는)방울; 요령(鐃鈴)(~ à main); 종, 전종, 초인종(벨)(~ électrique); 종(벨) 소리. ~ d'alarme 경보벨. cordon de ~ 초인종을 흔드는 끈. agiter la ~ 요령을 흔들다. appuyer sur la ~ 초인종을 누르다. ②말뚝 박는 기계(bélier). ③ serpent à ~s 《동물》방울뱀.

sonnettiste [sɔnɛ(e)tist] *n.* 《보통 m.》《드물게》소네트 시인.

sonneur [sɔnœːr] *n.m.* ①(교회의)종치는 사람. ②《옛》나팔수(~ de trompette[de clairon]).
dormir comme un ~ 깊이 잠들다《종소리를 듣고도 깨지 않는 sonneur처럼》.

sonnez [sɔne] *n.m.* 《옛》(주사위 놀이에서) 6땡.

sono [sɔno] (<*sonorisation*) *n.f.* 《구어》음향 장치, 확성 장치.

sonomètre [sɔnɔmɛtr] *n.m.* 《물리》소노미터, 측음기(測音器).

***sonore** [sɔnɔːr] *a.* ① 소리를 내는, 소리의. effets ~s 음향 효과. film[cinéma] ~ 토키 영화. fond ~ 백뮤직. onde ~ 《물리》음파. reproduction ~ 소리의 재생. ② 울려퍼지는, 울리는; (소리가)잘 울려지는; (방·천장 따위가)반향하는. salle ~ 잘 울리는 홀. voix ~ 낭랑한 목소리. ③《비유적》《약속·말 따위가》크게 떠벌린, 과장된(emphatique). paroles ~s et creuses 속이 빈 호언장담. ④ 《언어》유성(有聲)의. consonne ~ 유성 자음.
—*n.f.* 《언어》유성 자음, 유성음.

sonorisation [sɔnɔrizasjɔ̃] *n.f.* ①《언어》유성화(有聲化). ②《영화》음향 효과를 넣기, 발성화(發聲化). ③(뮤직홀 따위의)음향(확성) 장치.

sonoriser [sɔnɔrize] *v.t.* ①《언어》(무성음을)유성음화하다. ~ un film 《영화》영화에 음향 효과를 넣다, 토키로 하다. ②(뮤직홀 따위의)음향(확성) 장치를 하다. On *a sonorisé* la place pour la fête. 축제를 위해 광장에 음향 장치를 했다.

sonoriste [sɔnɔrist] *n.* 음향 기사.

sonorité [sɔnɔrite] *n.f.* ①(소리·악기 따위의)울림, 음향, 음질; 잘 울려져짐, 반향이 좋음. ~ d'une poste de radio 라디오의 음질. ~ d'une salle de musique 뮤직홀의 반향. Sa voix a des ~s agréables. 그녀의 음성은 아름다운 울림[음색]을 가지고 있다. ②《언어》유성; 유성음의 울림.

sonothèque [sɔnotɛk] *n.f.* 《영화·연극》(각종 효과음을 모아 둔)소노(음향) 라이브러리.

sont [sɔ̃] ⇐être.

sopha [sɔfa] *n.m.* = sofa①.

sophi [sɔfi] *n.m.* = sofi①.

Sophie [sɔfi] *n.pr.f.* 소피《여성의 이름》. faire sa ~ 《속어》숙녀인양 새침떼다.

sophisme [sɔfism] *n.m.* 《철학》궤변 《일반적으로》허위 논증; 궤변론.

sophiste [sɔfist] *a.* 궤변의, 궤변을 부리는.
—*n.m.* 《그리스철학》소피스트; 궤변론자.

sophisterie [sɔfist(ə)ri] *n.f.* 《옛》궤변을 부리기.

sophistication [sɔfistikasjɔ̃] *n.f.* ① (포도주 따위에)다른 것을 섞어 넣기; 섞음질; 섞은 물건, 혼합물. ②《비유》부자연스럽게 꾸밈, 태를 부리기. Il m'a répondu avec une certaine ~. 그는 내게 어딘가 부자연스럽게 대답했다. ③(기술 따위의)고도의 복잡성, 정교함, 완성. ~ des techniques modernes 현대 기술의 고도의 정교함(완벽성).

sophistique [sɔfistik] *a.* 궤변적인, 궤변적인. raisonnement ~ 궤변적인 추론. —*n.f.* 《그리스철학》궤변법, 궤변술. ~ du barreau 변호사의 궤변.

sophistiqué(e) [sɔfistike] *a.* ①《옛》(술 따위가)섞은. ②일부러 꾸민, 위장한(affecté); (여자가)부자연스럽게 치장한. style ~ (부자연스럽게)꾸민 문체. femme ~e (화장·차림·취미에 있어서)부자연스럽게 티를 내는 여자. ③ (기술 따위가) 고도로 정교하고 완성된, 복잡한; (쇼인도·연출·웃차림이)세련된, 독창적인, 기발한; (제작 기술이)수준 높은, 완벽한. ordinateur ~ (최첨단의)고도로 정교한 컴퓨터.

sophistiquement [sɔfistikmɑ̃] *ad.* 궤변적으로.

sophistiquer [sofistike] *v.t.* ① (엣)(술·약 따위를) 섞음질하다, 위조하다(frelater, falsifier). ② 지나치게 부자연스럽게 꾸미다. ~ sa toilette 몸치장을 부자연스럽게 하다. ③ (기술 따위를)정교하고 복잡한 것으로 만들다, 완성시키다.
— **se** ~ *v.pr.* 고도로 복잡화(세련)되다. Le programme informatique se sophistique de plus en plus. 컴퓨터 프로그램은 갈수록 더 복잡해진다.

sophistiqueur(se) [sɔfistikœːr, -ø:z] *n.* ① 궤변가. ② (약 따위에)불순물을 섞는 사람.

Sophocle [sɔfɔkl] *n.pr.m.* 소포클레스(그리스의 비극작가).

sophocléen(ne) [sɔfɔkleɛ̃, -ɛn] *a.* 소포클레스(풍)의.

sophora [sɔfɔra], **sophore** [sɔfɔːr] *n.m.* 〖식물〗 회화나무속(屬).

sophroniste [sɔfrɔnist] *n.m.* 〖고대그리스〗(아테네의 연무장의)청년 보도 감독관.

soporatif(ve) [sɔpɔratif, -i:v] *a.* ① (엣)(약) 잠들게 하는, ② (구어)(책 따위가)졸립도록 지루한, 재미없는. — *n.m.* 〖의학〗최면제. Ce film est un vrai ~. (비유적)이 영화는 진짜 최면제와 같다(사람을 졸리게 한다).

soporeux(se) [sɔpɔrø, -øːz] *a.* 〖의학〗(잠·질병 따위가)혼수성의.

soporifère [sɔpɔrifɛːr] 〖의학〗 *a.* 최면 작용을 하는. — *n.m.* 최면제.

soporifique [sɔpɔrifik] *a.* ① (약 따위가)최면 작용을 하는(dormitif, hypnotique). ② (구어)(책 따위가)재미없는. — *n.m.* 최면제.

sopraniste [sɔpranist] *n.m.* 〖음악〗(거세한)남성 소프라노 가수.

soprano [sɔprano] (*pl.* ~**s**, **soprani** [-ni]) 〖이탈리아〗〖음악〗 *n.m.* 소프라노. *n.* 소프라노 가수.

sor [sɔːr] *a.m.* = saur.

sorabe [sɔrab] *a.* 소르브 사람[어]의. — *n.m.* 소르브어(語). — **S**~ *n.* 소르브 사람(Lusace 지방의 슬라브 사람의 옛 이름).

sorbe [sɔrb] *n.f.* 〖식물〗 마가목 열매.

sorbet [sɔrbɛ] *n.m.* 소르베(술·향료·과즙이 든 일종의 아이스크림, 셔벗).

sorbetière [sɔrbətjɛːr], **sorbétière** [sɔrbetjɛːr] *n.f.* 소르베 아이스크림 제조기.

sorbier [sɔrbje] *n.m.* 〖식물〗마가목.

sorbite [sɔrbit] *n.f.* 〖화학〗소르비트; 〖야금〗소르바이트.

sorbonique [sɔrbɔnik] *a.* (엣)(파리대학 신학부)의; (경멸) 소르본적인, 학문적인. — *n.m.* 신학사(神學士)의 제3시험(학사 취득을 위한 신학 논문).

sorboniqueur [sɔrbɔnikœːr] *n.m.* (엣)(경멸) 소르본 신학자.

sorboniste [sɔrbɔnist] *n.m.* (엣) 소르본(파리 대학 신학부)의 학생, 신학 박사.

sorbonnagre [sɔrbɔnagr] *n.m.* (구어)(경멸) 소르본 신학자.

sorbonnard(e) [sɔrbɔnaːr, -ard] *n.* (구어)(경멸) 소르본 대학생[교수]. — *a.* 소르본풍(風)의.

Sorbonne [sɔrbɔn] *n.pr.f.* 소르본 대학(1253년 창설된 파리 신학 대학으로서 현재는 파리 대학교 문리과 대학을 가리킴). Il est étudiant à la ~. 그는 소르본 대학생이다. étudier en ~ 소르본 대학에서 수학하다. professeur à la ~ 소르본 대학의 교수.
— **s**~ *n.f.* (구어) 머리.

sorcellerie [sɔrsɛlri] *n.f.* ① 마법, 요술. ② (비유적) 신기한 것, 신기(神技).

sorcier(ère) [sɔrsje, -ɛːr] *n.* 마법사; 마녀; (비유적) 교묘한(재주 있는) 사람. C'est un vrai ~. Il ne faut pas être (grand) ~ pour+inf. …하기는 어렵지 않다. vieille ~ère 《구어》할멈, 간사한 할멈.
chasse aux ~*ères* (17세기에 미국 Salem에서 있었던) 마녀 재판; (1950년대초 미국에서의)공산주의자 추방 운동; (일반적으로)(반대파의)숙청.
— *a.* (구어) 어려운. Ce n'est pas bien ~. 그것은 그렇게 어려운 일이 아니다. Ce n'est pas ~ de + inf. …하는 것은 어려운 일이 아니다.

sordide [sɔrdid] *a.* ① 더럽고, 불결한. logement ~ 불결한 거처. ② (비유적) 비열한, 천한; 치사낭운, 인색하게 구는(↔généreux). égoïsme ~ 비열한 이기주의.

sordidement [sɔrdidmɑ̃] *ad.* ① 더럽게, 불결하게. ② (돈에)치사하게, 몹시 인색하게.

sordidité [sɔrdidite] *n.f.* (문어) ① 불결, 더러움. ② 비열함, 천함; 인색.

sore [sɔːr] *n.m.* 〖식물〗 포자낭군(胞子囊群).

sorg(h)o [sɔrgo] *n.m.* 〖식물〗(아프리카·인도산의)수수속(屬).

soricidés [sɔriside] *n.m.pl.* 〖동물〗뾰족뒤쥐속.

sorite [sɔrit] *n.m.* 〖논리〗연쇄 추리.

sornambule [sɔrnɑ̃byl] *n.f.* 《속어》= somnambule.

sornette [sɔrnɛt] *n.f.* (보통 *pl.*) 한담, 객적은 소리. conter(débiter) des ~s 객적은 소리를 늘어놓는다.

sororal(ale, *pl.* **aux)** [sɔrɔral, -o] *a.* (엣) 누이(들)의, 자매의.

sorrentin(e) [sɔrɑ̃tɛ̃, -in] *a.* 소렌토(Sorrente, 이탈리아 도시)의. — **S**~ *n.* 소렌토 사람.

sor-s, -t [sɔːr] ⇒sortir.

***sort** [sɔːr] *n.m.* ① 운명, 천명(destin, destinée); 운, 우연(chance, hasard); (운명의)귀추(issue), (예측할 수 없는)결과, 수명. conjurer le mauvais ~ 악운을 쫓다. caprices du ~ 변덕스러운 운명, 운명의 장난. par une ironie du ~ 운명의 장난으로. Le hasard décide du ~ du combat(des batailles). 우연이 승패를 결정짓는다. terminer son ~ 죽다. coup du ~ 운명이 하는 일. ② 신분, 지체, 조건, 처지(condition). améliorer le ~ des travailleurs 노동자의 조건을 개선하다. Personne n'est content de son ~. 아무도 자신의 처지에 만족하지 않는다. ③ 제비. tirer au ~ 제비를 뽑다. tirage au ~ 추첨, 제비뽑기. Le ~ est tombé sur qn. …가 당첨되었다. ④ 저주, 주문(呪文)(sortilège, maléfice). jeter un ~ sur(à) qn …에게 방자를 걸다, 주술을 걸다.
Bon sang de ~! (구어) 빌어먹을! (노여움·억울함)(Coquin de ~!).
faire un ~ à qc …을 강조하다; (구어) …을 해치우다. *faire un ~ à une bouteille(à un poulet)* 술 한 병(닭 한마리)을 마셔(먹어)버리다.
faire un ~ heureux à qn; assurer le ~ de qn …의 생활(장래)를 보장해주다.
Le ~ en est jeté. (주사위는 던져졌다) → 운명은 결정되었다.
s'en remettre au ~ des armes 승패를 무운에 맡기다.

sortable [sɔrtabl] *a.* ① (엣)(결혼·직업 따위가)적당한, (신분·처지에)어울리는(convenable). parti ~ pour sa fille 자기 딸에게 어울리는 결혼 상대. ② (남에게)내놓을 만한, 보일 만한, (사람이)어엿한, 점잖은. vêtements ~s 입고 나설 만한 옷. Tu n'est vraiment pas ~. 너는 정말 망나니구나.

sortablement [sɔrtabləmɑ̃] *ad.* 《드물게》 적당하게, 신분에 어울리게.

sortant(e) [sɔrtɑ̃, -ɑ̃:t] (*p.pr.*<*sortir*) *a.* ① 나가는. foule ~*e* 나가는 군중. élèves ~*s* 졸업하는 학생. membres ~*s* 《의회》퇴임하는 위원. ligne ~*e* 《인쇄》 난외(欄外)로 내민 행(行). ② (추첨에서)당첨된. numéro ~ 당첨 번호. —*n.* 나가는 사람; 졸업생, 퇴임자.

:**sorte** [sɔrt] *n.f.* ① 종류(espèce, genre); 품종 (classe); 부류(catégorie, groupe). plusieurs ~*s* d'objets de même qualité 품질이 같은 여러 가지 물건. cette ~ de gens 이런 부류의 사람들. homme de sa(ta, votre) ~ 그(너·당신)와 같은 사람. choses de même ~ 같은 종류의 물건(사실). [une ~ de] une ~ de manteau 일종의 망토, 망토와 같은 것. *une ~ de* bel esprit 《경멸》일종의 재사(才士). ② (무엇을 하는)방식, 방법《주로 성구·접속사구로서 쓰임》. ③ 《인쇄》활자의 한벌. *de* (*la*) *bonne* (*belle*) ~ 《옛》 높은데서; 엄하게. *de la* ~ 그(이)와 같이; 그러(이러)한 《종류의》. Ne parlez pas *de la* ~. 그렇게 말하지 마세요. homme *de la* ~ 그런 사람. Je n'ai rien dit *de la* ~. 그런 말은 한 적이 없다.
de ~ *à*+*inf.* …하도록. Il a agi *de* ~ *à* éviter toute difficulté. 그는 모든 어려움을 피하도록 행동했다.
de (*telle*) ~ *que*; 《옛·문어》*en* ~ *que* ⓐ (*ind.*와 함께)그 결과로, …이므로, 따라서 《결과》. Il a beaucoup travaillé, *de* (*telle*) ~ *qu*'il a réussi. 그는 일(공부)을 많이 했다, 그래서 성공했다. Il a bien agi, *en* ~ *que* tout le monde l'approuva. 그는 옳은 행동을 했기 때문에 모두가 그를 칭찬했다. ⓑ (*sub.*와 함께) …하도록 《목적》. Parlez, *de* (*telle*) ~ *qu*'on vous comprenne. 알아들을 수 있도록 말하시오. Faites *en* ~ *que* tous soient contents. 모두가 기뻐하게 하시오.
en aucune ~ 조금도.
en quelque ~ 말하자면, 어떻게 보면.
en ~ *de*+*inf.* 《문어》…하도록. Faites *en* ~ d'arriver à l'heure la prochaine fois. 다음 번에는 제 시간에 도착하도록 하시오.
toutes ~*s de*; 《옛》 *toute* ~ *de* 모든 종류의, 가지각색의. vendre *toutes* ~*s d*'articles de sport 모든 종류의 운동용품을 팔다.

*****sortie** [sɔrti] *n.f.* ① 외출, 나가기 (나오기); (기분전환을 위한)산책. Voilà sa première ~ depuis sa maladie. 병이 난 후 그에게는 첫 외출이다. Tous les soirs il fait une petite ~ après le repas. 저녁마다 그는 식후에 가볍게 산책한다. à la ~ des théâtres 극장이 파하는 시간에. ② 《연극》(배우의)퇴장. l'entrée et la ~ d'un personnage 어느 인물의 등장과 퇴장. manquer une fausse ~ 《재등장하기 위해 배우가》일시적으로 퇴장한다. ③ 출구(issue). ~ de garage [de métro] 차고(지하철)의 출구. ~ de secours 비상구. «Par ici la ~.» 이쪽으로. La ~ de cette maison est sur la rue. 이 집의 출구는 길에 면해 있다. ④ 《군사》 (포위당한 부대의)출격. 《공군》 (비행기의)출격; 《해양》 출범. tenter une ~ (포위된 부대가)탈출을 시도하다. aviateur qui a fait plus de mille ~*s* 1,000회 이상의 출격을 한 비행사. ⑤ 격노(激怒); 욕설; 무례한 말. Elle est capable de n'importe quelle ~ devant les gens. 그녀는 사람들 앞에서 어떤 무례한 말도 할 수 있는 위인이다. faire une ~ [contre] *qn* 《구어》 …에게 욕설을 퍼붓다. ⑥ 《상업》 수출, 반출; 출하. ~ des produits fabriqués 제품의 출하. droit de ~ 수출세. ~ de devises 외화의 해외 유출. ⑦ (기체·액체의)유출, 누출; 배출. ~ des eaux usées 폐수의 유출(배출). ~ des gaz 가스의 유출. ⑧ 발매, 출판, 개봉. ~ d'un nouveau modèle de voiture 신형 자동차의 발매. ~ d'un roman 소설의 출판. ~ d'un film 영화의 개봉. ⑨ 지출(액). les entrées et les ~ 수입과 지출. ⑩ 《기계》(계산기 따위에서 나오는)결과.
être de ~ 외출할 예정이다; 외출 중이다; …이 없다. Aujourd'hui, nous *sommes de* ~. 오늘 우리는 외출합니다. L'argent *est de* ~. 돈이 없다(부족하다).
se ménager une porte de ~ 《구어》빠져나갈 길을 미리 마련해두다.

sortie-de-bain [sɔrtidbɛ̃] (*pl.* ~**s**-~-~) *n.f.* 욕의 (浴衣).

sortie-de-bal [sɔrtidbal] (*pl.* ~**s**-~-~) *n.f.* 야회복 위에 걸치는 옷.

sortilège [sɔrtilɛ:ʒ] *n.m.* 요술, 마법 (의 주문); 마력.

:**sortir**[1] [sɔrti:r] [18] *v.i.* 《조동사는 être; 주로 de와 함께》① ⓐ [~ de+장소명] (에서) 밖으로 나가다 〔나오다〕. ~ *du lit* 침대에서 나오다. ~ *de son pays* 나라를 떠나다. Il *sort de sa maison*[*de chez lui*]. 그는 집에서 나온(간)다. 《장소의 보어 없이》faire ~ les spectateurs 관객들을 내보내다. ⓑ 《연극》 (무대에서)퇴장하다. Elle *sort*. Il la suit. 여자는 무대에서 퇴장한다. 그는 그 여자를 따라간다 《각본의 무대 동작 지시 부분》.
② (갖춰 마치고)나가(오)다; 끝내다. ~ *de table* (식사를 끝내고)식탁을 물러나다. ~ *de charge* 퇴직하다. ~ *de l'hôpital* 퇴원하다. ~ *de prison* 출옥하다. ~ *d'un entretien* 회담을 끝내다. Les employés *sortent* à six heures. 직원들은 6시에 퇴근한다.
③ 외출하다, 놀러 나가다. Le jeune ménage *sort* beaucoup. 젊은 부부는 나들이를 많이 한다. ~ *en auto* 자동차 드라이브하다. Monsieur n'est pas là, il *est sorti*. 주인 어른은 안계십니다, 외출하셨습니다. Aline ~ +*inf.*] Aline *est sortie* faire des courses. 알린은 장을 보러(심부름하러) 나갔다.
④ [~ *de*] (어떤 상태를)벗어나다, 끝내다. On *sortait de l'hiver*. 겨울이 끝나가고 있었다. jeune fille qui *n'est pas encore sortie de l'enfance* 유년기를 아직 벗어나지 않은 소녀. Je *sors* à peine *de maladie*. 나는 그저 병이 나았다. Il *est sorti sain et sauf de cet accident*. 그는 그 사고를 당해서도 무사했다. Il *est sorti de son calme*. 그는 평소의 냉정을 잃었다. ~ *de soi* 자신을 잊다, 딴 사람이 되다. ~ *d'embarras*[*d'un mauvais pas*] 궁지를 벗어나다. ~ *de la vie* 《문어》세상을 하직하다, 죽다.
⑤ (싹이 터 위)나다(pousser); (두드러기가)돋아나다. Les bourgeons commencent à ~. 싹들이 돋아나기 시작한다. Chez les bébés, les canines *sortent* vers le dixième mois. 영아에게서 송곳니는 10개월경에 난다. 《비인칭》 Il lui *est sorti* une dent. 그에게 이가 하나 났다.
⑥ (정상적인 상태·위치에서)벗어나다, 일탈(逸脫)하다, 이탈하다. Tu *sors* toujours *du sujet*. 너는 언제나 화제(주제)에서 벗어나는 말을 한다. ~ *de la légalité* 법을 위반하다. 《주어는 사물》Cela *sort de la bienséance*. 그것은 예의에 벗어난다. Sa tenue *sort de l'ordinaire*. 그의 복장은 점잖지 못하다. Cela *sort de ma compétence*. 그것은 내 능력 밖이다.
⑦ 한계를 넘다 (벗어나다); 빠져나오다. ~ *des rails* (열차가)탈선하다. balle qui *sort du terrain* 코트(터치라인)밖으로 나간 공. La rivière *est sortie de son lit*. 강물이 밖으로 넘쳐 흘렀다. La porte

sortir¹

est sortie de ses gonds. 문이 돌쩌귀에서 빠져버렸다. Cela m'*est sorti* de la tête. 나는 그것을 까맣게 잊어버렸다.
⑧ (가문 따위의) 출신이다, 태생이다. ~ d'une famille distinguée 명문 출신이다. grand artiste *sorti* du peuple 서민 출신의 대예술가.
⑨ 졸업하다. Pierre *est sorti* d'une école de commerce. 피에르는 상업 학교를 졸업했다. De quelle école *sortez-vous*? 어느 학교 출신입니까?
⑩ (…의 손에서) 만들어지다. robes qui *sortent* de chez les grands couturiers 유명한 재단사가 만든 부인복. ~ des mains de qn …의 손으로 이루어지다 [만들어지다].
⑪ (기체가) 발산되다, (액체가) 유출되다; 나오다. Le sang lui *sortait* de la bouche. 그의 입에서 피가 나고 있었다. Une épaisse fumée *sort* de la cheminée. 짙은 연기가 굴뚝에서 나오고 있다. (비인칭) Il *sort* de ce marais une odeur insupportable. 이 늪에서 지독한 냄새가 난다.
⑫ 튀어나오다, 돌출하다(saillir). clou qui *sort* du mur 벽에서 솟아나온 못. pierre qui *sort* de la muraille 성벽에서 툭 튀어나온 돌.
⑬ 두드러지다; (눈에) 드러나다. Il commence à ~ comme peintre. 그는 화가로서 두각을 나타내기 시작한다. ~ de l'obscurité[de l'ombre] (비유적) 사람들에게 알려지기 시작하다.
⑭ 공표(발표)되다; 출판되다, 발매되다, 개봉되다. roman qui vient de ~ 최근에 출판된 소설. Une nouvelle voiture va ~. 곧 새 차가 발매될 것이다. Ce film *sortira* en exclusivité dans une semaine. 그 영화는 1주일 후에 독점 개봉될 것이다. ~ en tirage 《상업》 어음이 발행되다.
⑮ (주사위의 눈이) 나오다, 당첨되다. chiffre qui n'*est* jamais *sorti* à la loterie 복권에서 한번도 나오지 않은 숫자.
⑯ 시험에 나오다. question qui *sort* à un examen 시험에 나오는 문제.
⑰ (비인칭) ⓐ (…결과로서) 나오다, 생기다(résulter). Il n'*est* rien *sorti* de nos recherches. 우리들의 조사에서는 아무 것도 얻지 못했다. Que va-t-il en ~? 그 결과로 무엇이 나올 것인가? ⓑ 발언되다. Il ne *sort* pas une seule parole de sa bouche. 그의 입에서는 말 한마디 나오지 않는다.
D'où *sortez-vous*? 지금까지 어디 계셨습니까?; (구어) 그걸 모르다니 도대체 어디서 온 사람이오 [무슨 생각을 하고 있었소?]?
en — (구어) 난관을 넘기다.
Les yeux lui *sortent* de la tête. (구어) 그는 몹시 화가 났다.
ne pas ~ de là 한도를 넘지 않다, 그것만으로 족하다. Il n'y a pas à ~ de là. 그 이상의 것은 문제 삼을 필요가 없다 [그것으로 족하다].
ne pas vouloir ~ de là 자기 주장을 굽히지 않다. Il persiste dans son opinion, il ne veut pas ~ de là. 그는 자기 주장을 고집하며 끝내 굽히려 들지 않는다.
~ d'en prendre 《구어》 다시는 같은 짓을 하지 않다. Merci bien, je *sors* d'en prendre. 고맙지만 이제 그 일은 진절머리가 난다.
~ de + inf. 《구어》(근접 과거) 방금 …하고 나다 (venir de).
~ de soi-même 마음을 트다(s'épanouir). Avec elle, il *sortait* facilement de lui-même. 그녀에 대해서 그는 쉽게 마음을 터놓을 수가 있었다.
~ du cœur (말 따위가) 본심에서 나오다, 마음에서 우러나오다.
—v.t. (조동사는 avoir) ① 데리고 나가다, 외출하다. ~ un malade 환자를 밖으로 데리고 나가다. Elle *sort* souvent ses enfants. 그 여자는 아이들을 가끔 데리고 나간다. mari qui *sort* sa femme 《구어》 동부인하고 외출하는 남편. Son mari ne la *sort* jamais. 《구어》 그 여자의 남편은 그 여자를 결코 데리고 나가지 않는다.
② (구어) 내쫓다, 추방하다. À la porte! Sortez-le! 저놈을 내쫓아라! se faire ~ 쫓겨나다.
③ [~ qc de qc] 꺼내다, 내놓다. Il *sort* les mains de ses poches. 그는 호주머니에서 손을 꺼낸다. Je vais ~ ma voiture du garage. 내가 곧 내 차를 차고에서 꺼내겠다.
④ [~ qn de qc] (어느 상태에서) 벗어나게 하다. Il faut le ~ de là. 그를 거기서 구해내야 한다. ~ qn d'embarras …를 궁지에서 구해내다.
⑤ 발매하다; 출판하다(publier). ~ un nouveau modèle de voiture 신형 자동차를 발매하다. Cette maison d'édition *sort* beaucoup de romans. 이 출판사는 많은 소설을 출판한다.
⑥ 《구어》 말하다, (말·표현을) 입밖에 내다. ~ des injures à qn (구어) …에게 욕설을 퍼붓다. Il nous en *a sorti* une bien bonne. 《구어》 그는 아주 재미있는 말을 우리에게 해 주었다.
—se — v.pr. [se ~ de] (자기 힘으로) 빠져 나오다; (구어) 탈출하다. Il *s'est sorti* de cette situation. 그는 제 힘으로 그 상황에서 빠져 나왔다.
s'en — (구어) 궁지에서 벗어나다. Il y a eu un accident d'auto, mais il *s'en est sorti* les jambes cassées. 그는 자동차 사고를 당했으나 다리만 부러지고 살아나는. ne pas s'en ~ 죽다.
—n.m. 《옛·문어》 나옴; 끝남.
au ~ de (어떤 장소에서) 나올 때, 나오자 마자; (상태·시기가) 끝날 무렵; …이 끝나고. au ~ de la table[de l'école] 식사가 끝나고 [학교가 파하고] 나서. au ~ de l'hiver 겨울이 지나고.
sortir² [sɔrtiːr] [10] v.t. (3인칭 뿐) ① 《법》효력을 발생하다. ② 《옛·문어》 제비를 뽑아 당첨되다.
S.O.S. [ɛsoɛs] n.m. ① 《무전》조난 신호; 구조를 요청하는 신호. envoyer[lancer] un ~, S.O.S.를 치다, 조난 신호를 보내다. ② 염치없는 금품의 요구. J'ai envoyé un ~ à mes parents. 나는 부모님에게 급전 송금해달라고 전보를 쳤다.
sosie [sɔzi] n.m. 꼭 닮은 사람. être le ~ de qn …와 꼭 닮다. avoir un ~ 꼭 닮은 사람이 있다.
sostenuto [sɔstenuto] 《이탈리아》 ad. 《음악》 소스테누토, 음을 충분히 늘여서.
***sot(te)** [so, sɔt] a. ① 어리석은, 바보스런(bête, idiot); (사물에 관해) 이치에 닿지 않는. Qu'il est ~! 그는 정말 바보군! ~-te réponse 이치에 닿지 않는 [어리석은] 대답. ② 당황한, 어리둥절한(déconcerté); 맛없는. rester[se trouver] tout ~ 몹시 당황하고 있다. ragoût qui n'est pas tant ~ 별로 나쁘지 않은 [그런대로 먹을 만한] 스튜.
—n. 《옛·사투리》 바보, 멍청이; 얼간이. fêtes des ~s (중세기의) 바보제(祭).
C'est un ~ en trois lettres. 아주 바보이다.
—n.m. 《옛》 아내에게 배반당하는 남편(cocu); 《문학사》 (중세의 소티(sotie)의) 어릿광대 역.
sotch [sɔtʃ] n.m. 《지리》 (코스(Causses) 지방의) 함몰 구덩이, 석회정, 돌리나(doline).
sotériologie [sɔterjɔlɔʒi] n.f. 《종교》 (구세주에 의한) 구제론.
sotie [sɔti] n.f. 《문학사》 소티 (중세의 풍자적 극).
sot-l'y-laisse [sɔlilɛs] n.m. (복수불변) 가금의 궁둥이 살.
sottement [sɔtmɑ̃] (< sot) ad. 어리석게, 바보같이.
sottie [sɔti] n.f. = sotie.

sottise [sɔtiːz] (<*sot*) *n.f.* ① 어리석음, 우둔함 (↔ finesse, intelligence). ~ humaine 인간의 어리석음. avoir la ~ de+*inf.* 어리석게도 …하다. ② 어리석은 것[말]; (무지에서 온)실수; (*pl.*)(구어)무례한 언사; (어린아이의)장난. faire [commettre] une ~ 어리석은 짓을 하다. dire des ~s à *qn* …에게 욕설을 퍼붓다.

sottisier [sɔtizje] *n.m.* (구어) 소화집(笑話集); 음탕한 노래책(소가집(小歌集).

sotto voce [sɔtovɔtʃe](이탈리아) *ad.* [음악] 소토보체, 담폼하고 여린 소리로.

*__sou__ [su] *n.m.* ① 1 수짜리 동전(5 상팀에 해당); (옛)동전(대혁명 전의 구 화폐 제도에서 20 분의 1리브르). gros ~ 2 수짜리 동전. petit ~ 5 상팀짜리 동전. le ~ du franc 1프랑에 1수의 에누리. pièce de 100 ~s 5 프랑짜리 동전. appareil automatique à ~s 자동판매기. appareil(machine) à ~s 슬로트 머신. ② 약간의[조금의, 얼마 안되는] 돈. ③ (*pl.*) (구어) 돈 (argent). question de gros ~s 금전(이해)문제.
compter ses ~s (특히 탐욕스럽게) 돈을 세다.
de quatre ~s 가치없는, 하찮은. bague *de quatre* ~*s* 가치없는 반지.
d'un ~; à un ~; de (à) deux ~s 가치없는. journaliste *à deux* ~*s* 3류 신문기자.
être sans le ~; n'avoir pas le ~ 무일푼이다.
jusqu'au dernier ~ 마지막 한푼까지.
manger ses quatre ~s 얼마 안되는 재산을 탕진해 버리다.
n'avoir pas (pour) un ~ de qc 전혀 …이 없다.
n'être pas (ambitieux) *pour un* ~ 조금도 (야심이) 없다.
s'ennuyer [s'embêter] à cent ~s de l'heure 《구어》 진절머리를 내다.
~ *à [par]* ~ 조금씩 조금씩.

Souabe [swab] *n.pr.f.* [지리] 슈바벤 (독일 바이에른 남서부 지방). ―*n.* 슈바벤 사람.
―*s*~ *n.m.* 슈바벤어.
―*s*~ *a.* 슈바벤의.

souahéli(e) [swaeli] *a.* (아프리카의 탕가니카 해안에서 사용되는) 스와힐리어(語)의. ―*n.m.* 스와힐리어. S~ *n.* 스와힐리족.

soubassement *n.m.* ① [건축] 기초, 토대; (도로 따위의)노반; (구어)난로 따위의 받침대; [지질] (지층의)기반; (비유적) 기반. ~ social 사회적 기반. ② 침대발치에 드리우는 천.

soubise [subiːz] *n.f.* ① [요리] 수비즈(양파 · 버터 · 크림 따위로 만든 소스) (sauce à la S~). ② (옛)(군복의)술 장식.

soubresaut [subrəso] *n.m.* (말의)도약, 갑자기 뛰기; (차량의)심한 요동; 갑작스러운 (감동); [의학] 경련; [무용] 수브르소, 수직 도약; (경련적인)급격한 움직임. Le marché a des ~s. 시장 가격은 등락이 심하다. Cette nouvelle m'a donné un ~. 그 소식에 접하고 가슴이 철렁했다.

soubresauter [subrəsote] *v.i.* (드물게)(말 따위가) 갑자기 앞발로 뛰다; (차량이)심하게 흔들리다.

soubrette [subrɛt] *n.f.* (희극에 나오는)하녀, 시녀. [(구어)(익살)](상냥하고 깔찍한)하녀.

soubreveste [subrəvɛst] *n.f.* (중세기의 기사가 입던)소매 없는 옷 (갑옷 밑에 입던).

souche [suʃ] *n.f.* ① 그루터기, 나무밑둥. arracher une ~ 그루터기를 뽑아내다. brûler de vieilles ~s 오래된 그루터기를 태워버리다. ② 근원, 기원. mot de ~ latine 라틴어에서 온 말. ~ 근간어 (根幹語). ③ 조상, 선조. être de vieille ~ 오래된 가문(집안)이다. Français de ~ 토박이 프랑스인이다. faire ~ 시조가 되다. chien de bonne ~ 혈통이 좋은 개. ④ [식물] 그루, 주(株); [생물] (배양세균의)주(株). ~ de vigne 포도나무 그루. ~ bactérienne 동일종 박테리아의 취락(콜로니). ⑤ 원부(原符)(영수증 · 수표 따위를 떼어주고 보관하는 쪽 부분)(talon, ↔ volant). registre à ~ 원부장. chéquier à ~ 수표발행첩. ⑥ 굴뚝의 지붕 위에 돌출한 부분; 대형 모조 양초; 분수용의 도관(導管).
C'est une ~. 《구어》저 놈은 바보다. *être [rester] comme une* ~; *ne pas se remuer plus qu'une* ~ 제자리에 움직이지 않고 가만히 있다.

souchet¹ [suʃɛ] *n.m.* ① [식물] 방동사니속(屬). ② [조류] 넓적부리.

souchet² *n.m.* 채석장의 최하층에서 채굴하는 돌.

souchetage [suʃtaʒ] *n.m.* ① 그루터기 세러 다니기. ② (벌목장의) 벌목한 나무 지정.

soucheter [suʃte] *v.t.* (그루터기로써)벤 나무를 확인하다.

souchette [suʃɛt] *n.f.* [식물] 식용 버섯의 일종 (agaric à pied en fuseau).

souchèvement [suʃɛvmɑ̃] *n.m.* (채석하기 위해)암반에 판 구멍.

souchever [suʃəve] *v.t.* (채석을 위해 암반을)깨뜨리기 시작하다.

sou(-)chong [suʃɔ̃] *n.m.* 소종(小種)=중국산 홍차.

*__souci¹__ [susi] *n.m.* ① 걱정, 근심(거리). ~ *d'argent* 돈걱정. être dévoré(rongé) de ~s 걱정되어 견딜 수 없다. se faire du ~ (à propos de *qc*) (…의 일을) 걱정하다. Cet enfant est un ~ perpétuel pour ses parents. 이 애는 그 부모들의 속을 썩인다. donner bien des ~s à *qn* …을 몹시 걱정시키다. ② (걱정 · 근심의 뜻없이)관심(intérêt); 배려, 마음씀. Il a le ~ d'être compris. 그는 이해받으려고 마음을 쓴다.
C'est le moindre [le dernier, le cadet] de mes ~*s*. (구어) 나는 그따위 일에 조금도 개의치 않는다.
être en ~ *de* …에 대하여 염려하다. *sans* ~ 마음 편하게 (편한) (insouciant).

souci² *n.m.* [식물] 금잔화.

soucier [susje] *v.t.* (옛) 걱정 시키다, 불안하게 하다 (ennuyer).
―*se* ~ *v.pr.* 근심하다, 걱정하다, 염려하다 (부정문에 쓰이는 일이 많음). [se ~ de *qn/qc*] Elle *se soucie de* sa santé. 그녀는 자기 건강을 염려하고 있다. Il *se soucie* toujours *des* autres. 그는 항상 남의 걱정을 한다. [se ~ de+*inf.*] Elle *se souciait* de manger, boire, chanter, danser. 그 여자는 먹고 마시고 노래하고 춤추는 것에 몰두하고 있었다.
ne pas se ~ *de*+*inf.* …할 생각이 없다. Je *ne me soucie pas de* le savoir. 그것을 알 생각이 없다.
ne pas se ~ *que*+*sub.* (옛 · 문어) …을 바라지 않다; …을 개의치 않다. Je *ne me soucie pas qu'il* vienne. 그가 오건 말건 별 상관 없다.
se ~ *de qc comme de l'an quarante* (구어) …을 전혀 개의치 않다.

soucieusement [susjøzmɑ̃] *ad.* 걱정스럽게, 염려하여.

soucieux(se) [susjø, -øːz] *a.* ① 관심을 갖고 있는, 염두에 두고 있는, 마음을 쓰고 있는. [~ *de qc*] Il est toujours ~ *de* sa dignité. 그는 항상 자기의 품위에 신경을 쓰고 있다. peu ~ *du* lendemain 내일 (앞일)을 개의치 않는, 마음편한. [~ *de*+*inf.*] Il m'écoute patiemment, ~ *de* ne marquer sa déférence. 나에 대한 경의를 표하려고 그는 나의 말을 참을성 있게 듣는다. [~ *que*+*sub.*] (대개 부정문에서) Je suis peu ~ *qu'*on me dérange. 나는 방해를 받아도 별로 염두에 두지 않는다 (무관심하다). ② 걱정[근심]스러운. air ~ 걱정스러운 태도.

soucoupe [sukup] *n.f.* ① (찻잔의)받침접시, 컵받침; 굽 달린 쟁반. ② ~ volante 비행접시. *faire des yeux comme des* ~ 눈이 휘둥그래지다.

soudabilité [sudabilite] *n.f.* 용접성.

soudable [sudabl] *a.* 납땜(용접)할 수 있는.

soudage [sudaʒ] *n.m.* 납땜, 용접.

soudain(e) [sudɛ̃, -ɛn] *a.* 불의의, 갑작스러운, 뜻하지 않은(brusque, subit). attaque ~e 급습. douleur ~e et aiguë 갑작스런 격통(激痛). mort ~e 급사(急死).
—*ad.* ① 느닷없이, 갑자기, 별안간. S~, elle est devenue très pâle. 갑자기 그녀자는 새파랗게 질렸다. ② 곧(aussitôt). Il reçut un ordre, et ~ il partit. 그는 명령을 받고 곧 출발했다. ~ que… (옛)…하자마자.

soudainement [sudɛnmɑ̃] *ad.* 갑자기, 돌연히, 별안간. J'ai été pris ~ d'un mal de tête. 나는 별안간 두통을 일으켰다.

soudaineté [sudɛnte] *n.f.* 갑작스러움. ~ d'une catastrophe 갑작스러운 재난.

soudan [sudɑ̃] *n.m.* 《옛》(시리아와 이집트의)회교국 군주(sultan).

soudanais(e) [sudanɛ, -ɛz], **soudanien(ne)** [sudanjɛ̃, -ɛn] *a.* 수단(le Soudan, 아프리카의 국가)의; 수단 공화국의. —S~ *n.* 수단 사람.

soudant(e) [sudɑ̃, -ɑ̃:t] *a.* 납땜할 수 있는, 용접할 수 있는. —*n.m.* 용접 온도(température).

soudard, soudart [suda:r] *n.m.* 《문어》난폭한 군인, 군대 깡패; 《옛》용병(傭兵). langage de ~ 거친 말씨.

soude¹ [sud] *n.f.* 《식물》가사솔나물, 수송나물.

soude² *n.f.* 《화학》소다. bicarbonate de ~ 중탄산(重炭酸)소다. carbonate de ~ 탄산나트륨. cristaux de ~; ~ ordinaire 세탁소다. lessive de ~ 세탁소다 용액. ~ caustique 가성소다. sulfate de ~ 황산나트륨.

soudé(e) [sude] *a.p.* 납질(용접)된; 접착된, 들어붙은.

souder [sude] *v.t.* 용접하다(~ à l'autogène); 납땜하다(~ au cuivre); 접합(jonction); 일치단결시키다. fer à ~ 용접용 인두. ~ les parties de fracture 골절의 각부분을 접합시키다.
—*se* ~ *v.pr.* 용접되다, 납땜되다; 접착되다; (뼈따위가)유착하다.

soudeur(se) [sudœ:r, -ø:z] *n.* 용접공; 납땜공; 용접하는 사람. ~ 용접기(機).

soudier(ère) [sudje, -ɛ:r] *a.* 소다(제조)에 관한. industrie ~ère 소다 공업. ~ *n.m.* 소다 제조공.
—*n.f.* 소다 공장.

soudoyer [sudwaje] [7] *v.t.* (경멸)(증인·자객 따위를)매수하다, 고용하다;《옛》(군대 따위를)사비로 고용하다.

soudure [sudy:r] *n.f.* 땜질, 용접, 납땜(~ à l'autogène(directe) (다른 재료를 쓰지 않는 산소·아세틸렌)용접. ~ indirecte 납땜. ~ à l'étain(au cuivre) 연(軟)(경)(硬)땜질. ② 접합(jonction). ~ des épiphyses 골단의 접합. ③ 땜납, 백랍. forte(tendre) 경(연)땜납[백랍]. ④ 땜질(용접)한 부분(자리), 이은짬, 이은짬이 없는. sans ~(s) 이은짬이 없는. ⑤ 결합, 일체화. ~ de deux syndicats 2개의 노동조합의 통합. ⑥ 단경기(端境期); (물품 따위의)부족(결핍, 궤핍 따위의)과도기.
faire la ~ 단경기의 수요를 충족시키다; 과도기에 교량 역할을 하다.

soue [su] *n.f.* (사투리)돼지 우리.

souffert(e) [sufɛ:r, -ɛrt] souffrir의 과거분사.

soufflage [suflɑ:ʒ] *n.m.* ① (유리·플라스틱 따위를)불어서 만들기; 자갈을 깔기. ② 《해양》(안정성을 위한)배 밑바닥 덧메기.

soufflant(e) [suflɑ̃, -ɑ̃:t] *a.* ① (기계 따위가)바람을 보내는; (폭탄이)폭풍을 일으키는. radiateur ~ 송풍식 히터. ② 《언어》기식(氣息)의. ③《구어》깜짝 놀라게 하는. C'est ~! 놀랍다; 굉장하다.
—*n.f.* ① 《기계》송풍기(machine ~e). ② 《언어》기식음 (consonne ~e). —*n.m.* 《속어》권총.

soufflard [sufla:r] *n.m.* 《지질》분기공(噴氣孔).

souffle [sufl] *n.m.* ① (내쉬는)입김, 숨, 숨결, 호흡(respiration);《언어》기식(氣息). éteindre une bougie avec son ~ 입김으로 촛불을 끄다. perdre le ~ 숨차다. rendre le(exhaler son) dernier ~ 마지막 숨을 거두다. reprendre son ~ 숨을 돌리다. retenir son ~ 숨을 죽이다. On le renverserait d'un ~ (au moindre ~). 그는 부면 날아갈 정도로 몹시 쇠약해있다.
② 미풍; 일진(一陣)의 바람;《군사》폭풍(爆風); 《항공》(비행기가 지나간 뒤에 생기는)기류. Il n'y a pas un ~ de vent. 바람 한점 없다. fleurs agitées au moindre ~ 미풍에도 한들거리는 꽃. ~ d'un réacteur 제트엔진 뒤쪽의 기류.
③ 발산 기체(가스). ~ empoisonné 독기.
④ (신·천재 따위의)영기(靈氣), 영감(esprit, inspiration). ~ créateur(divin) 《성서》창조주 [신]의 입김. ~ vital[de la vie] 생명의 기운. ~ de l'écrivain 작가의 영감. ~ poétique 시적 영감.
⑤ 《의학》(청진할 때 들리는 기관의)잡음(bruit). ~ cardiaque(au cœur) 심장의 잡음.
avoir du ~ 용기가 있다;《구어》대담하다.
couper le ~ *à qn* …을 놀라게 하다.
en avoir le ~ *coupé* (숨이 멎을 정도로)몹시 놀라다, 몹시 놀라있다.
être à bout de ~ 숨이 가쁘다; 역부족이다.
manquer de ~; *avoir le* ~ *court* 숨이 짧다; (시적)재능이 부족하다.
n'avoir plus qu'un ~; *n'avoir plus que le* ~; *n'avoir qu'un* ~ *de vie* 목숨이 얼마 남지 않다, 극도로 쇠약하다.
ne tenir qu'à un ~ (목숨 따위가)풍전등화격이다.
second(deuxième) ~ 새로운 활기, 원기 회복. L'U.R.S.S. est aujourd'hui à la recherche de son *second* ~. 소련은 오늘날 새로운 활기를 찾으려 하고 있다.

soufflé(e) [sufle] *a.* ① (얼굴 따위가)부은. ventre ~ (병 따위로)부은 배. ② 과장된. style ~ 과장된 문체. ③《요리》부풀게 한. omelette ~e 스플레식 오믈렛. pommes de terre ~es 부풀게 하여 튀긴 감자. ④《언어》무성음의, 마찰음의. ⑤《광산》(광석이)가스를 함유한. ⑥《구어》깜짝 놀란, 질겁한.
—*n.m.* 《요리》수플레(달걀 흰자 위에 우유를 섞어 구운 요리 또는 과자); 수플레 남비.
—*n.f.* 《언어》무성음, 마찰음.

soufflement [sufləmɑ̃] *n.m.* 《드물게》입김을 내불기, 불기.

***souffler** [sufle] *v.i.* ① 입김을 내불다; 숨을 내쉬다 (exhaler). ~ dans une trompette 나팔을 불다. ~ dans(sur) ses doigts (pour les réchauffer) 손가락을 호호 불어서 녹이다. ~ sur une bougie pour l'éteindre 촛불을 불어 끄다. ~ sur le feu 불을 부어 일으키다; (감정을)부채질하다, 흥분시키다.
② 숨돌리다, 쉬다(se reposer). 헐떡거리다, 숨을 몰아쉬다(haleter). laisser ~ qn 을 한숨 돌리게 하다[잠시 쉬게 하다]. Laissez-nous le temps de ~. 우선 숨돌릴 시간을 주시오. Laissez ~ votre cheval. 당신의 말을 쉬게 하시오. ~ comme un

bœuf[cachalot, phoque] 《구어》 몹시 흔들떡거리다. ③ (풍구·오르간 따위에) 송풍하다; (바람이) 불다. ~ à l'orgue 파이프 오르간을 울리게 (연주)하다. Le vent *souffle* avec violence. 바람이 몹시 분다. Ça *souffle*. 《구어》 바람이 몹시 분다. 《비인칭》 Il *souffle* une brise du sud. 남풍이 분다.
④ 《엣》(말하기 위해) 입을 열다. n'oser[ne plus] ~ 감히 입을 열려고 하지 않다; 변명이나 불평을 하지 않고 잠자코 있다.
⑤ (물소 따위가) 울다.
L'esprit souffle où il veut. 《성서》 영감은 인지(人知)를 넘어서 찾아온다, 계시는 예측할 수 없다.
observer[*regarder, voir*] *d'où* [*de quel côté*] *souffle le vent* 형세를 관찰하다(지켜보다).
Tu peux ~ dessus. 《구어》 기대해 봤자 소용없다.
— *v.t.* ① 불어서 만들다; 부풀리다; 불어 끄다; 부재질하다; 취주(吹奏)하다; (오르간 따위에) 공기를 보내다; (냄새를) 풍기다. ~ le verre 유리를 불어서 모양을 만들다. ~ un ballon (가스·수소 따위로) 기구를 부풀게 하다. ~ le feu 불을 불어 피우다. ~ une bougie 촛불을 불어서 끄다. ~ (le feu de) la discorde 불화를 부채질하다. ~ l'orgue 오르간을 연주하다.
② 빼앗다, 가로채다, 탈취하다. ~ un emploi à qn …에게서 일(자리)를 가로채다. [~ qn à qn] 그는 남의 정부를 가로챘다. ~ l'amant à qn — (un) mot n'y fut soufflé. 아무 말도 없었다. ~ un rôle à un acteur 배우에게 대사를 일러 주다.
④ 날려보내다; 폭파(파괴)하다. ~ la poussière 먼지를 불어서 날려버리다. L'orage a *soufflé* quelques toitures. 폭풍에 몇몇 지붕이 날아가버렸다. Ma maison *a été soufflée* par une bombe. 내 집은 폭탄으로 파괴되었다.
⑤ 《구어》 몹시 놀라게 하다(ahurir). J'ai été *soufflé* en apprenant son divorce. 나는 그의 이혼소식을 듣고 몹시 놀랐다.
⑥ 《해양》 배 밑바닥 널을 덧대다.
~ *le chaud et le froid* 치켜올렸다 내렸다(찬성했다 반대했다)하며 그때그때 의견이 달라지다.
~ *une dame*[*un pion*] *à l'adversaire* (서양장기에서) 당연히 잡아야할 말을 잡지 않은 벌로 상대방의 여왕말을 빼앗다(그래 말에 입김을 내분다).

soufflerie [sufləri] *n.f.* ① 풍무; 송풍기 (장치). ② 【항공·기계】 풍동(風洞). — aérodynamique 풍동. essai en ~ 풍동 시험.

soufflet [sufle] *n.m.* ① 풀무; 송풍기. attiser le feu avec un ~ 풀무로 불을 일으키다. ② (마차 따위의) 접고 펴는 (포장); 【사진】 주름상자; 《엣복》 (보강용) 삼각헝겊, 바디. ~ de train 열차의 신축성 통로 《차량과 차량을 연결하는 통로에 쒸움》. ③ 《엣·문어》 따귀 (때리기) (gifle); 모욕 (outrage). donner un ~ à qn …의 따귀를 때리다; …을 모욕하다. C'est un ~ donné à toute la nation. 그것은 전 국민에 대한 모욕이다. ④ bruit de ~ 【의학】 심장의 잡음.

souffletade [sufletad] *n.f.* 《드물게》 따귀를 잇달아 때리기.

souffleter [suflete] [5] *v.t.* 《문어》 모욕하다 (outrager); 《엣》 따귀를 때리다, (바람 따위가) 불어 때리다. ~ qn de son mépris …을 모욕하다.

souffletier [sufletje] *n.m.* 오르간의 송풍기를 만드는 직공.

souffleur(**se**) [suflœːr, -φːz] *n.* ① 【연극】 프롬프터 《무대 뒤에서 대사를 일러주는 사람》; 《엣》 부는

사람, 불어 만드는 사람; 헐떡거리는 사람. ~ de bouteilles 유리병을 불어 만드는 사람. trou du ~ 프롬프터 좌석 (→ théatre 그림). ② 석재 운반 감시인; 《엣》 연금술사(鍊金術師).
—*n.m.* 유리병 (전구)을 입김으로 만드는 사람; 전기 기관차의 송풍관.
—*n.f.* 【농업】 (곡물을 선별하는) 풍구.
—*a.* (말이) 헐떡거리는.

soufflure [suflyːr] *n.f.* (페인트 따위의) 부풀어 오른 데; 【공업】 (주물의) 기공(氣孔), 홈; (유리의) 기포(氣泡).

*souffrance** [sufrɑ̃ːs] *n.f.* ① 고통, 괴로움, 번민 (douleur, peine, ↔ joie). après de longues ~s 오랜 고통 끝에. être dur à la ~ 고통에 강하다; 고통을 견디어 내다, 잘 참다. endurer ses ~ 고통을 참다. ② 《엣》 묵인, 허용. jour[vue] de ~ (이웃집에 면해 2.6m 이상 높이로 내는 것을 양해 받은) 살창, 격자창. ③ 【상업】 정체(停滯). marchandises en ~ (세관 따위의) 체화(滯貨). travail en ~ 미결 작업.

souffrant(**e**) [sufrɑ̃, -ɑ̃ːt] *a.* ① 《구어》 몸이 편찮은; 《문어》 피로와하는, 번민하는. Église ~*e* 【종교】 연옥(煉獄)에 있는 영혼. Je suis ~, j'ai pris froid. 감기가 들어서 몸이 불편하다. partie ~*e* 환부(患部). ② 《엣》 인내하는, 참고 견디는.

souffre-douleur [sufrədulœːr] *n.m.* 《복수불변》 놀림감, 희롱감, 분풀이.

souffreteux(**se**) [sufrətφ, -φːz] *a.* ① 몸이 편찮은, 허약한, 병약한 (maladif). enfant ~ 허약한 아이. ② 《엣》 고통(괴로움)을 느끼는.

‡**souffrir** [sufriːr] [12] *v.t.* ① 《문어》 참다, 견디다 (endurer, supporter). ~ la faim[la soif] 허기(갈증)를 참다. ~ la persécution[la douleur, les injures] 박해(고통·모욕)를 참고 견디다. ② (공격·손해 따위를) 받다, 겪다(subir). ~ mille morts 심한 고통을 받다. ③ 용서하다, 묵인하다, 허용하다(admettre, tolérer). Pourquoi souffrez-vous cela? 어째서 당신은 그런 짓을 용서해 주십니까? 《문어》[~ que + subj.] Souffrez, monsieur, que je vous dise. 실례지만 말씀드리겠습니다. ~ qn (de) + *inf.* 《엣》 …이 …하는 것을 용서(묵인)하다. ne pas pouvoir ~ qn[qc] …에 대하여 반감(증오감)을 갖다, …을 참을 수 없다. 《주어는 사물》 Cette affaire ne *souffre* plus de retard. 이 일은 더 이상의 지체를 허용하지 않다. ~ *le martyre* 극심한 고통을 겪다; 순교하다.
— *v.i.* ① 피로와하다, 고민하다; 고통을 느끼다 (↔ jouir). ~ comme un martyr[un damné] 순교자(지옥)의 고통을 겪다. ~ du froid 추위로 고통받다. ~ pour la vérité 진리를 위하여 고난받다. L'amour fait ~. 사랑은 고통을 준다. [~ de qc] Elle souffre de la tête. 그 여자는 머리가 아프다. [~ de + *inf.*] Elle souffre d'être incomprise. 그 여자는 남에게 인정받지(이해받지) 못하는 것을 괴로와 한다. ② 피해를 입다, 타격을 받다. [~ de qc] Cette ville a souffert des bombardements. 이 도시는 폭격으로 피해를 입었다. Sa réputation en *a souffert*. 그의 명성은 그것 때문에 타격을 받았다. ③ 《문어》 애쓰다, 고생하다. J'ai souffert pour lui expliquer son problème. 나는 그에게 그 문제를 설명하는데 힘이 들었다. ④ (장사 따위가) 부진하다, 불경기이다. *cesser de* ~ 죽다.
—*se ~ v.pr.* ① 참을 수 있다, 견딜 수 있다. Voilà qui ne saurait se ~. 그것이야말로 참을 수 없을 것이오. ② 서로 참다. Ces deux collègues ne peuvent se ~. 이 두 동료는 서로를 참지 못한다.

soufi(**e**) [sufi] 《종교사》 *n.m.* 수피 교도. —*a.* 수

피교를 신봉하는.

soufisme [sufism] *n.m.* 【종교사】 수피교(의 교리)〈페르시아 회교의 신비파〉.

soufrage [sufraːʒ] *n.m.* ① (성냥에)황을 바르기; (직물의)황 표백; (발효를 방지하기 위하여 포도주에)황을 넣기. ②【식물】황살.

soufrante [sufrɑ̃ːt] *n.f.* 《속어》성냥.

soufre [sufr] *n.m.*【화학】황, 유황. fleur(s) de ~; ~ sublimé[pulvérulent, pulvérisé, en poudre] 황화(黃華). ~ natif[de mine, 【예】vif, vierge] 천연 유황. lait de ~ 【약】황유(乳). —*a.* 《불변》유황빛의(jaune ~).

soufré(e) [sufre] *a.p.* ① 황을 바른〔살포한〕; 황을 섞은. allumettes ~*es* 황성냥. mèche ~*e* 황을 바른 심지. pommade ~*e* 황연고(黃軟膏). ② 유황빛의. —*n.m.* 【곤충】 노랑나비.

soufrer [sufre] *v.t.* (에)황을 바르다, 황을 살포하다; 황을 넣다〔섞다〕; 황으로 처리하다; (술통을)황을 태운 연기에 쐬다. ~ une vigne 포도나무에 황 가루를 쐬다. ~ du vin (발효를 방지하기 위해)포도주에 황을 넣다. ~ des laines (표백을 위해)양모를 황으로 처리하다.

soufreur(se) [sufrœːr, -øːz] *n.* 황을 바르는〔넣는, 섞는, 제조하는〕사람, (특히)황을 살포하는 사람. —*n.f.* (원예에)황 살포기.

soufrière [sufri(j)eːr] *n.f.* ① 황갱(坑). ②【지질】황공(乳).

soufroir [sufrwaːr] *n.m.* 【직물】황 표백실.

souhait [swε] *n.m.* 소원, 소망, 염원(vœu). exprimer[former, formuler] des ~ 소원을 말하다. accomplir[réaliser] un ~ 소원 성취하다. décevoir[tromper] les ~*s* de *qn* …의 소망[기대]을 저버리다. ~*s* de bonne année 새해 축하 인사.
à ~ 소원대로, 바라는 만큼. *À vos* ~*s !* 《재채기하는 사람에게 하는 인사》.

souhaitable [swetabl] *a.* 바랄 수 있는, 바람직한 (désirable). Il a toutes les qualités ~*s.* 그는 바람직한 장점은 전부 가지고 있다. [Il est ~ que+ *sub.*] *Il serait ~ qu'elle vienne toute seule.* 그 여자 혼자서 오는 것이 바람직할 것이다.

***souhaiter** [swɛ(e)te] *v.t.* ① 바라다, 빌다, 희구하다. *Je souhaite sa réussite.* 나는 그의 성공을 바라고 있다. [~ *qc* à/pour *qn*] *Il nous a souhaité un bon voyage.* 그는 우리에게 즐거운 여행을 기원해 주었다. 《관사를 생략》~ bon voyage *à qn* …에게 즐거운 여행을 바란다고 말하다. ~ bonne chance *à qn* …을 위하여 행운을 빌다. [~ (de) +*inf.*] *Je souhaite (de) pouvoir vous rendre service.* 당신을 도와드리고 싶습니다. [~ que+*sub.*] *Nous souhaitons que vous réussissiez* [Nous vous souhaitons de réussir] *à votre examen.* 시험에 성공하기를 빕니다. ②《예》임석(臨席)을 바라다. se faire ~ (사람에게 자기에)기다리게 하다.
Je vous en souhaite! 《구어》참 안됐읍니다마는! 유감이지마는 (욕보실 것이오) ! *Je vous souhaite une bonne (et heureuse) année;* 《구어》*Je vous la souhaite bonne (et heureuse).* 새해 복 많이 받으십시오, 신년을 축하합니다.

souillard [sujaːr] *n.m.* ① (돌·담에 뚫은)배수구멍, 배수구멍이 있는 돌〔담〕. ②【사냥】=souille.

souillarde [sujard] *n.f.* ① 설겆이통. ②《사투리》설겆이 하는 곳.

souille [suj] *n.f.* ① 【사냥】 (멧돼지가 즐겨 딩구는)진창. prendre ~ (멧돼지가 진창으로 돌아가다. ② 【해양】 (모래나 진창에)배가 좌초한 자국; 【군사】 튕겨나간 포탄 자국.

souiller [suje] *v.t.* ① 《문어》 (옷 따위를)더럽히다

(salir). ~ ses vêtements de boue 옷을 진흙투성이로 만들다. ~ ses mains de sang 사람을 죽이다. ②《문어》 (명예·양심 따위를)더럽히다, 훼손하다 (entacher, déshonorer). ~ la réputation de *qn* …의 평판을 더럽히다. ③ 욕보이다; 모독하다. ~ une jeune fille 소녀를 욕보이다. ~ la couche nuptiale[le lit nuptial] 간통하다. ④ (병균으로) 오염시키다. —*se* ~ *v.pr.* 더러워지다; 자기의 몸[이름]을 더럽히다.

souillon [sujɔ̃] *n.* 불결한〔더러운〕하녀〔사람〕. fagoté(e) comme une ~ 불결한 하녀처럼 흉한 옷차림을 한. Elle est habillée comme un[une] ~. 그녀는 불결한 옷차림을 했다.

souillure [sujyːr] *n.f.* ①《문어》(명성 따위의)오점, 흠. ~ morale 도덕적 오점. âme sans ~ 순결한 영혼. ②《드물게》(옷 따위의)얼룩, 더러워진 것 (saleté, tache); 오물.

souï(-)manga [swimɑ̃ga] *n.m.* 【조류】(아프리카산의)태양새과(科)의 작은 새.

souk [suk] 《아라비아》*n.m.* 장, 시장(市場); 《속어》 난장판.

soûl(e) [su, sul] *a.* ①《구어》(술에)취한; 《비유적》도취한. ②물린, 진절머리 난;《예》배부른, 포만한. Il est ~ de plaisir. 그는 쾌락에 진절머리가 나 있다. ~ *comme une grive* [*un âne, un cochon, un Polonais*] 곤드레만드레 취한.
—*n.m.* tout mon[ton, son, leur] ~ 배불리, 실컷, 마음껏.

soulagement [sulaʒmɑ̃] *n.m.* ① (고통·슬픔 따위의)진정, 완화 (adoucissement, apaisement); 위무 (慰撫), 위안 (consolation). donner[apporter, procurer] du ~ à la douleur 고통을 덜어주다. ② 안도, soupir de ~ 안도의 한숨.

soulager [sulaʒe] [3] *v.t.* ① 짐을 덜어주다; 부담을 경감해주다. 《해양》배의 짐을 줄이다; (익살) 훔치다. [~ *qn* de *qc*] ~ le peuple d'un impôt 국민에게 세금부담을 줄여주다. Un pickpocket m'a soulagé de mon portefeuille. 어떤 소매치기가 내 지갑을 훔쳐갔다. [~ *qc*] Il faut ~ le plancher. 마루가 받고 있는 무게를 덜어 주어야 한다. ~ l'ancre [un filet] 닻[그물]을 올리다. ~ une voile (풍향에 맞춰 진로를 바꿔)돛의 부담을 덜다. ② (육체적·정신적 부담·고통 따위를)덜어주다, 진정시켜주다 (apaiser, calmer). ~ son cœur 마음에 쌓이는 것을 털어 놓다. remède qui *m'a soulagé* 내 고통을 덜어준 약. ③ 돕다, 구해주다 (aider, secourir). ~ un malheureux 불행한 사람을 돕다〔위로해주다〕. ~ la misère de *qn* …의 곤궁을 돕다.
—*se* ~ *v.pr.* ①《구어》변(便)을 보다. ②자기의 부담[짐]을 가볍게 하다; 변해지다, 위안을 얻다. *se* ~ d'un fardeau 무거운 짐을 벗다. Il s'est soulagé par l'aveu de sa faute. 그는 자기 과오를 고백함으로써 마음이 가벼워졌다.

soulane [sulan] *n.f.* 【지리】(피레네 산중의)남향의 사면(斜面).

soûlant(e) [sulɑ̃, -ɑ̃ːt] *a.* ① 물리게 하는, 지긋지긋한. ②《예》포만(飽滿)케 하는, 배부르게 하는, 꽉차게 하는.

soûlard(e) [sulaːr, -ard] 《속어》*n.* 술고래, 주정뱅이, 취한(醉漢) (ivrogne). —*a.* 주정꾼의.

soûlaud(e) [sulo, -oːd] *n.* =**soûlard.**

soûler [sule] *v.t.* 《구어》 ① 물리도록 마시게 하다〔이다〕; 진절머리 나게 하다, 골치 아프게 괴롭히다. ~ *qn* de boisson [de viande] …에게 물리도록 술을 마시게 하다〔고기를 먹이다〕. Tu me[nous] *soûles!* 왜 그렇게 말이 많은가! 귀찮아! 시끄러워! ②《구어》취하게 하다; 도취하게 하다.

—**se** ~ v.pr. ① 《문어》물리도록 마시다[먹다]. se ~ de soleil et d'air marin 태양과 바다의 공기를 만끽하다. ②《구어》취하다(s'enivrer). se ~ de paroles 말에 취하다.
soûlerie [sulri] n.f. ① 포만. ②《속어》명정(酩酊), 취함(ivresse).
souleur [sulœːr] n.f. 《옛·구어》공포, 전율.
soulevé [sulve] n.m. 【역도】 인상.
soulèvement [sulεvmɑ̃] n.m. ① 오르기, 높아지기, 복받쳐 오르기. ~ de cœur 구역질. ~ des flots 파도의 굽이침. ②【지질】(땅의)융기. ③ (민중의)반란, 폭동, 봉기(insurrection). 《예》격분. apaiser[réprimer] un ~ 반란[폭동]을 진압하다. ~ armé 무장 봉기.
***soulever** [sulve] [4] v.t. ① 올리다, 들어올리다, 쳐들다, 밀어올리다; (뚜껑 따위를)열다; 【지질】(지각(地殼))을 융기시키다. ~ un malade dans son lit 환자를 침대에서 일으키다. ~ qn de terre …을 땅에서 일으키다. ~ le rideau 커튼을 들어올리다. ~ son chapeau pour saluer 모자를 살짝 들어 인사하다. côte(plage) soulevée 융기 해안.
② (바람·먼지 따위를)일으키다. Le vent soulève la poussière. 바람이 먼지를 일으킨다. ~ les feuilles mortes 낙엽을 날려 올리다. ~ les vagues 파도를 일으키다.
③ 반발시키다, 흥분시키다, 복받쳐오르게 하다; 선동하다, 자극하다; 봉기시키다; (문제 따위를)제기하다(provoquer, exciter). ~ l'enthousiasme 열광케 하다. ~ des protestations 항의를 초래하다. Il a soulevé contre lui l'opinion. 그는 여론의 비난의 표적이 되었다. ~ les paysans contre le gouvernement 농민들에게 반정부봉기를 하도록 하다. ~ la rue 시민봉기를 일으키다. ~ un problème 문제를 제기하다. ~ un débat 논쟁을 일으키다. ~ des difficultés 어려움을 초래하다. ~ un incident inutile 쓸데없는 사건을 일으키다.
④《속어》빼앗다, 훔치다. On lui a soulevé son portefeuille. 그의 돈지갑을 훔쳐갔다.
⑤ ~ le cœur《구어》구역질나게 하다.
—v.i.《옛》메슥거리다. Le cœur me soulève à la pensée de… …을 생각하면 속이 메슥거린다.
—**se** ~ v.pr. ① 몸을 일으키다(se lever); 올려지다, 들리다. Le rideau se souleva sous la brise. 미풍에 커튼이 살짝 올려졌다. ~ de sa chaise 의자에서 몸을 일으키다.
② 물결이 높아지다[일다]; (바람이)일다.
③ 봉기하다, 자극되다. province qui se soulève 반란을 일으키는 지방.
④《속어》뒤집히다. avoir le cœur qui se soulève 메슥거리다.
***soulier** [sulje] n.m. 신, 구두, 단화. ~s de sport 운동화. ~ de Notre-Dame 【식물】 해바라기류. être dans ses petits ~s《구어》거북하referenced다; 곤경에 빠져 있다. Faute de ~s on va nu-pieds.《속담》비렁뱅이에게 선택은 금물, 빌어먹는 놈이 콩밥을 마다할까. n'avoir pas de ~s 극도로 빈곤하다. **ne pas mettre deux pieds dans le même** ~《구어》서두르다.
soulignage [suliɲaːʒ], **soulignement** [suliɲmɑ̃] n.m. (글자에) 밑줄을 긋기[치기]; (어떤 말·사실 따위를) 힘주어 말[발음]하기, 강조하기.
***souligner** [suliɲe] v.t. ① (주의·강조를 위하여 글자에) 밑줄을 긋다. ~ une phrase en rouge 어떤 문장을 붉은 색으로 줄을 치다. ②(어떤 말·사실을) 힘주어 말[발음]하다, 강조하다(accentuer); 두드러지게 하다, 눈에 띄게 하다. ~ la sveltesse de sa taille par qc …으로써 자기의 날센한 몸매를 돋보이게 하다. En lisant à haute voix, il faut ~ les mots essentiels. 큰 소리로 읽으면서, 중요한 단어는 힘주어 발음해야 한다. ~ les méfaits du tabac 담배의 폐해를 역설하다. ~ l'importance de la paix 평화의 중요성을 강조하다. [~ + inf./que + ind.] Il a souligné avoir déjà dit cela. 그는 이미 그것을 말한 바 있다는 것을 강조했다.
soûlographe [sulɔgraf] n.m.《구어》주정뱅이, 취한(ivrogne).
soûlographie [sulɔgrafi] n.f.《구어》① 곤드레만드레 취하기, 명정(酩酊)(ivrognerie). ② 큰 술잔치, 대주연.
soûlographier [sulɔgrafje] v.t.《구어》술을 몹시 먹이다, 곤드레만드레 취하게 하다.
soulouir [sulwaːr] v.i.《직설법 반과거만 쓰임: je soulais, etc.》《옛》 [~ + inf.] (…하는)습관(버릇)이 있다.
soûlot(e) [sulo, -ɔt]《속어》 a. 주정뱅이의. —n. 취한(ivrogne), 주정뱅이.
soulte [sult] n.f. 【법】 (배당·몫 따위를 균등하게 하기 위한)불족금; 【상업】 부족금[차액] 지급.
***soumettre** [sumεtr] [46] v.t. ① [~ à] (에, 에게) 복종시키다, 따르게 하다(assujettir, ↔ délivrer); 위탁하다; 맡기다; 제출하다(proposer). ~ un pays à ses lois 한 나라(지방)를 자기의 법에 복종시키다. ~ ses enfants à sa volonté 아이들을 자기 의지에 따르게 하다. ~ qc à l'impôt …에 세금을 부과하다. ~ qc à qn …을 …에게 위탁하다[맡기다]. ~ qc au jugement de qn …을 …의 판단에 맡기다. ~ une décision à qn …에게 결정을 맡기다. ~ un problème à un spécialiste 문제를 전문가에게 위임하다. ② [~](심사·분석 따위를) 받다, 받기다. (시련·수술 따위를)받게 하다. ~ un candidat à des épreuves difficiles 수험자에게 어려운 시험을 부과하다. ~ à un traitement …에게 치료를 받게 하다. ③ 굴복시키다, 진압하다(dompter). (감정을)억누르다, 억제하다. ~ des rebelles 반역자들을 복종시키다[진압하다]. ~ un pays 한 나라를 정복하다. ~ ses passions 정념을 억제하다.
—**se** ~ v.pr. ① [se ~ à] (에)복종하다, 따르다(obéir); (수술따위를)받다. se ~ à la loi 법에 복종하다. se ~ au jugement de qn …의 판단에 따르다. se ~ à un arbitrage 중재에 따르다. se ~ à une opération chirurgicale 외과 수술을 받다. se ~ à + inf. …하는 것에 동의하다, …하는 것을 감수하다. ② (폭도 따위가)굴복하다. Les rebelles se sont soumis. 반역자들은 항복했다. ③ 자기 자신에게 복종시키다. Ils se sont soumis de nombreux peuples. 그들은 여러 민족을 정복했다.
***soumis(e)** [sumi, -iːz] (p.p.<soumettre) a.p. ① 유순한, 온순한, 말 잘 듣는, 시키는 대로 하는, 순종하는, 공손한(docile, obéissant). fils ~ 얌전한 아들. air ~ 공손한 태도. ② [~ à] (법률·권력 따위에) 복종하는, 따르는, 굴복하는. peuple ~ 예속 국민. pays ~ à l'influence française 프랑스의 영향 밑에 있는 나라. syndicat ~ à un parti politique 정당에 종속하는 노조. ~ à l'impôt 과세된. **fille ~e** 《완곡》 (허가증을 가진)창녀.
soumission [sumisjɔ̃] n.f. ① (반역자 따위의)굴복, 귀순, 항복(↔ résistance); 복종의 맹세. faire (sa) ~ 항복을 하다, 복종을 맹세하다. ② [~ à] (에 대한)순종(docilité, obéissance). ~ aveugle à un parti 당에 대한 맹목적인 순종. ~ aux lois 법률의 준수. être d'une parfaite ~ à l'égard de qn …에 대해 전적으로 순종하다. ③【상업】 입찰 결석서;【재정】 (공모 사채 따위의) 응모(souscription). faire une ~ pour un tra-

vail 어떤 일에 입찰하다, 어떤 일을 도급맡다. acte de ~ 《종교가》 약정서(約定書).
soumissionnaire [sumisjɔnɛːr] *n.* ① 《법》 청부인, 입찰자. ② 《재정》 (채권 따위의)인수인.
soumissionner [sumisjɔne] *v.t.* ① 《법》 (일·사업 따위를)도급받다, 입찰하다. ② 《재정》 (채권·증권 따위를)인수하다.
soundanais [sundanɛ] *n.m.* 자바 섬 동부지역의 인도네시아어.
Soungari [sungari] *n.pr.m.* 《지리》 쑹화강(松花江)(만주의 강).
soun(n)a [su(n)na] *n.f.* =sunna.
soupape [supap] *n.f.* ① 《기계》 날름쇠, 뺄브, 판(瓣). ~ à pointeau 침판(針瓣). ~ de sûreté 안전판. ~ de réglage 절기관(節氣瓣), 통풍 조절판. ~ d'admission 흡입판. ~ à papillon 첩형판(蝶形瓣). ~ d'échappement 배기판. ② 《전기》 정류판(整流管)(~ électrique); 전자관. ~ thermique 열 전자관. ③ (목욕통 따위의)마개, 쐐기.
soupçon [supsɔ̃] *n.m.* ① 의심, 의혹, 혐의(suspicion). ~ mal fondé[injuste] 근거없는 의심. dissiper[détourner] les ~s 의혹을 풀다. être au-dessus[à l'abri de tout ~ (사람이 진실하고 정직해서)조금도 의심받을 점이 없다. éveiller les ~s d'un mari jaloux 질투가 심한 남편의 의혹을 불러 일으키다. ② 짐작, 추측, 억측. J'ai le ~ que c'est votre ami qui a téléphoné. 전화한 것은 당신 친구인 것 같습니다. ③《구어》극소수, 극소량, 아주 조금; 껌사(pointe). ~ de lait 약간의 우유. avoir un ~ de fièvre 열이 조금 있는 것 같다.
soupçonnable [supsɔnabl] *a.* 《드물게》혐의를 둘수 있는, 의심쩍은, 수상한.
*****soupçonner** [supsɔne] *v.t.* ① (에게)혐의를 두다, 의심하다, 수상히 여기다(suspecter). [~ qn] On vous soupçonne. 사람들은 당신에게 혐의를 두고 있다. [~ qn de qc/de+inf.] ~ qn de vol[de mensonge, de trahison] ~을 도둑질[거짓말·배반]했다고 의심하다. Je le soupçonne de m'avoir desservi auprès de vous. 나는 그가 당신에게 나를 중상한 것이 아닌가 의심한다. ② 역측하다, 추측하다, 짐작하다(pressentir). [~ qc] Personne n'avait soupçonné son succès. 아무도 그의 성공을 예상 못했다. [~ juste 바로 알아 맞히다. ~ quelque mensonge ind.] Je soupçonne qu'il est l'auteur de cette lettre anonyme. 나는 그가 이 익명의 편지를 쓰지 않았나 생각한다. Vous ne soupçonnez pas...《구어》당신은 …이라고는 조금도 생각지도 못한다.
La femme de César ne doit pas même être soupçonnée. 《속담》남에게 의심받을 만한 일은 아예 하지 말라.
soupçonneusement [supsɔnøzmɑ̃] *ad.* 《문어》 의심하듯이, 의심쩍게, 수상하게.
soupçonneux(se) [supsɔnø, -øːz] *a.* 의심하는, 의심많은, 의심쩍은(défiant, méfiant, ↔ crédule). peu ~ 거의 의심하지 않는. mari ~ 의심 많은 남편. caractère ~ 의심많은 성격. regarder qn d'un air ~ 수상쩍은 듯이 쳐다보다.
*****soupe** [sup] *n.f.* ① 수프, 육수; 《군대속어》식사, 식량. bon de ~ 수프 배급표. ~ aux choux[à l'oignon] 양배추[양파]를 넣은 신 수프. ~ de poissons[au poisson] 생선 수프. ~ de[aux] légumes 야채 수프. ~ grasse[maigre] 고기국물을 넣은[넣지 않은] 수프. manger la ~ 수프를 먹다. manger la ~ avec *qn*《구어》…와 식사를 함께 하다. ~ populaire (극빈자를 위한)무료 급식소, 수프 접대소. faire la ~ 식사를 하다; 식사를 만들다. (우유·수프·포도주 따위에 담가서 먹는)빵조각. ~ au lait 우유에 빵을 뜯어서 담근 것. tremper la ~ 빵에 담긴다[적시다]. tailler la ~ (우유·수프에 담가먹기 위하여)빵을 잘게 자르다. ③ 《농업》 물에 담근 가축의 사료(가축을 살찌게 하기 위한).
À la ~! 《구어》식탁에 앉읍시다.
C'est une ~ au lait; Il est ~ au lait;Il monte (s'emporte) comme une ~ au lait. 그는 성마른 사람이다.
être trempé[《엣》*mouillé*] *comme une ~* 《구어》흠뻑 젖어 있는.
La ~ fait le soldat. 《속담》영양가 있는 식사가 강한 사람을 만든다.
marchand de ~ 형편없는 음식점 주인; 기숙생들을 등쳐먹을 것만 생각하는 사감, 돈만 아는 사립학교 경영주.
Par ici la bonne ~! 《속어》돈(맛있는 수프)은 이리로 가져오게!
~ à la grimace (남편에 대한)아내의 푸대접, 바가지 긁기.
un gros plein de ~ 《속어》몹시 뚱뚱한 사람.
soupé [supe] *n.m.* 《엣》=souper.
soupe-au-lait [supole] *a.* 《불변》① 크림빛의, 담황색의. ② 《속어》성을 잘 내는.
soupente [supɑ̃ːt] *n.f.* ①(난로 무껑을 매다는)쇠띠; 《엣》(마차의 차체를 달아 매는)가죽띠. ②(크랭크·도르래 따위의)버팀목, 지주. ③ 고미다락, 벽장.
*****souper** [supe] *v.i.* 밤참을 먹다; 《엣·사투리》저녁을 먹다(dîner). *(en) avoir soupé de qc*《구어》…에 식상하다, 질리다. J'en ai soupé. 이제는 싫증이 난다, 진저리가 난다.
— *n.m.* (야희나 연극 관람 뒤에 드는)밤참; 《엣·사투리》저녁식사.
soupeser [supze] [4] *v.t.* 손으로 무게를 재다; 음미하다(peser). ~ ses arguments 논지를 음미하다.
soupette [supɛt] *n.f.* 간단한 저녁 식사.
soupeur(se) [supœːr, -øːz] *n.* 밤참을 먹는 습관이 있는 사람; 《엣·사투리》저녁을 먹는 사람.
soupier(ère) [supje, -ɛːr] *a. n.* 수프를 좋아하는(사람). — *n.f.* 수프 그릇(에 든 것).
*****soupir** [supiːr] *n.m.* ① 한숨, 탄식, 숨. pousser de profonds ~s[un grand ~] 깊은 한숨을 내쉬다. ~ de résignation[de soulagement] 체념[안도]의 한숨. ②《시》사랑 고백, 동경, 그리워함; 슬픈 가락(소리). premier ~. le premier ~ d'un jeune homme 청년의 첫번째 애정고백. objet des ~ de *qn*…이 동경하는 대상. ~s du rossignol 나이팅게일의 슬픈 노래소리. ③《음악》4분쉼표. demi-~ 8분 쉼표. quart de ~ 16분 쉼표.
recevoir(*recueillir*) *les derniers ~s de qn* …의 임종을 지켜보다. *rendre le dernier ~* 숨을 거두다, 죽다.
soupirail(*pl.* **aux**) [supiraj, -o] *n.m.* (지하실 따위의)채광 환기창(→ maison 그림).
soupirant(e) [supirɑ̃, -ɑ̃ːt] *a.* 《문어》(특히 사랑으로)한숨짓는. — *n.m.* 여자를 연모하는 남자.
soupirer [supire] *v.i.* ① 한숨짓다; 탄식하다. ~ de douleur 고통의 한숨을 짓다. ~ de regret[d'ennui] 후회의 [권태로운] 한숨을 짓다. ② 연모하다; 사랑의 숨을 내쉬다. ③ 사랑의 고뇌를 호소하다; [~ pour/pour/vers/《엣》à] (을)갈망[열망]하다. ~ pour

une femme 여인을 사모하다. ~ *pour un plaisir* 쾌락을 추구하다. ~ *après son pays* 고향을 그리워하다. ~ *après des honneurs* 명예를 추구하다. ~ *de* + *inf.* 《엣》몹시 …하고 싶어하다. ③ (새·바람 따위가)속삭이다.
—*v.t.* ① 《시》애절하게 읊다; 한탄하며 노래하다. [~ *qc*] ~ *ses peines* 자기 고통을 슬프게 노래하다. [~ +직접 인용문] Ah! *soupira-t-il, que je suis malheureux!* 아, 나는 왜 이리 불행한가 ! 라고 그는 한숨지으며 말했다. ②《엣》슬퍼하다.

soupireur [supirœːr] *n.m.* 《구어》사랑을 하는 (체하는) 남자; 《드물게》한숨짓는 (버릇이 있는) 사람.

***souple** [supl] *a.* ① 유연한, 잘 휘는, 보드라운, 나긋나긋한, 노글노글한(flexible). branche ~ 잘 휘는 나뭇가지. cuir ~ 연한 가죽. Il est encore ~ *pour son âge.* 그는 나이에 비해 아직도 몸이 유연하다. doigts ~*s d'un violoniste* 바이올리 연주자의 유연한 손가락. cheveux ~*s* 보드라운 머리칼. ② 경쾌한, 재빠른, 민활한, 민첩한, 날쌘(agile). ~ *comme un chat* 고양이같이 재빠른. ③ 잘 순응하는; 유순한, 시키는 대로 하는. caractère ~ 협조적인 성격. esprit ~ 유연한 정신. règlementation ~ 융통성이 있는 규제. talent ~ 무엇에나 적응하는 재능. **avoir l'échine ~; avoir les reins ~s; être ~ comme un gant** 굽실거리다, 남이 말하는 대로 따르다.

souplement [suplǝmɑ̃] *ad.* 유연하게; 재빠르게; 유순하게.

souplesse [suples] *n.f.* ① 유연성(flexibilité); 경쾌함(agilité); 날쌘함. ~ *du style* 문체의 유연성. tour de ~ 곡예. ~ *d'esprit* 융통성이 있음, 적응성. manœuvrer avec ~ 교묘하게 조작하다. ② 순응성, 적응성; 순종; 영합성(迎合性).
en ~ 《구어》수월하게.

souquenille [suknij] *n.f.* 《엣》① (마부 따위가 입는)긴 외투. ②《구어》남루한 옷.

souquer [suke] *v.t.* ①《해양》(밧줄 따위를)꽉 죄다. ②《속어》때리다. —*v.i.* 《해양》힘을 다해 노를 젓다. ~ (*ferme*(*dur*)) *sur les avirons* 있는 힘을 다하여 (끈질기게) 노를 젓다.

sourate [surat]《아라비아》*n.f.* 《종교》코란의 장(章)(surate).

:source [surs] *n.f.* ① 샘(fontaine); 수원(水源). aller chercher de l'eau à la ~ 샘에 물을 뜨러 [길러] 가다. capter une ~ 샘물을 대다. eau de ~ 샘물. ~ *thermale*(*chaude*) 온천. ~ *permanente* 영구천(永久泉). ~ *intermittente* 간헐천. ~ *sulfureuse* 유황천. ② 원천; 원산지. ~ *de pétrole* 유전(油田). ~ *lumineuse* 《광학》광원. ~ *de revenu* 《세금의》원천 징수. retenue à la ~ 원천 징수. ~ *d'énergie* 에너지원. ③ 원인; 본원, 기원, 근원(origine). ~ *de tous les maux* 모든 악의 근원. *Le mal est la ~ du vrai bonheur.* 고통은 참다운 행복의 근원이 된다. ④《주로 *pl.*》《문학·역사 따위의》출처, 근거; 정보원; 원전(原典). *Cet historien a utilisé toutes les ~s.* 이 역사가는 모든 원전을 참고했다. faire la critique des ~*s* 원전[자료]을 비판하다. ~ *s manuscrites* 육필 원고 자료. citer les ~ 원전을 인용하다. tenir(savoir) *qc* de bonne ~ [de ~ sûre] 확실한 출처로부터 …을 듣고 알다. ⑤ langue ~ 《언어》(번역·사전에서)기점 언어(↔ langue cible 목표 언어).
couler de ~ 물이 샘에서 솟아나오다; (이야기 따위가)유창하게 [자연스럽게] 나오다; 당연한 결론이다. *prendre sa ~ dans* …에서 발원하다, …에 근원을 두다. *remonter à la ~* [*aux ~s*] 근원으로 거슬러 올라가다.

sourcier(**ère**) [sursje, -ɛːr] *n.* 지팡이로 지하수 맥을 발견하는 사람.

*****sourcil** [sursi] *n.m.* 눈썹. froncer les ~*s* 눈살을 찌푸리다.

sourcilier(**ère**) [sursilje, -ɛːr] *a.* 《해부》눈썹의. arcades ~*ères* 눈두덩.

sourciller [sursije] *v.i.* (부정문에만 사용)(놀라서)눈썹을 흠칫 움직이다; 눈살을 찌푸리다. sans(ne pas) ~ 눈썹 하나 까딱 않고. *Il ne sourcilla pas à cette nouvelle.* 그는 이 소식을 듣고도 눈썹 하나 까딱 않았다.

sourcilleux(**se**) [sursijø, -øːz] *a.* ① 눈살 찌푸린, 걱정스러운, 슬픈 표정의. front ~ 걱정스러운 얼굴. ② 오만한, 거만스러운. air ~ 오만한 태도. ③ 쓸데없이[지나치게] 자세한, 까다로운. ④《엣·시》(산·바위 따위가)우뚝 솟은.

*****sourd**(**e**) [suːr, surd] *a.* ① 귀머거리의, 귀먹은, 귀가 먼; 들으려 하지 않는. *Il est ~ de naissance.* 그는 타고난 귀머거리이다. *Cette maladie l'a rendu ~ d'une oreille.* 이 병이 그의 한쪽 귀를 먹게 했다. clameur à rendre les gens ~*s* 귀청이 터질 것같은 시끄러운 소리. devenir ~ 귀머거리가 되다. être ~ *comme un pot* 《구어》귀가 아주 먹다. [~ à] *rester*(être) ~ *aux prières* 청을 들어주려고 하지 않다.
② (방 따위가)잘 울리지 않는; 방음 장치가 된;《언어》무성의. coup ~ 쿵하고 부딪치는듯한 소리. salle ~*e* 방음실. consonne ~*e* 무성자음.
③ (색깔·통증 따위가)어렴풋한, 희미한(doux, vague, ↔éclatant) 외부로 퍼지지 않는; 은연한, 암암리의, 음험한(caché, secret). douleur ~*e*《의학》둔통(鈍痛). pierre ~*e* 광택이 희미한 보석. lame ~*e*《해양》바람도 없는데 갑자기 일어나는 물결. lanterne ~*e* 감등(龕燈). rumeur ~*e* 외부로 퍼지지 않는 소문. lutte ~*e* 암투. ~*es menées* 음흉한 획책. inquiétude ~*e* 막연한 불안.
faire la ~e oreille 못들은 체하다.
—*n.* 귀머거리.
Autant vaut parler à un ~; C'est comme si on parlait à un ~. 《속담》쇠귀에 경읽기.
Ce n'est pas tombé dans l'oreille d'un ~. (그 말은 귀머거리 귀에 들어간 것이 아니다)→ 잘 알았다, 명심하였다.
crier comme un ~ 큰소리로 떠들다.
dialogue de ~ 서로 상대편의 의견을 들으려 하지 않는 사람들 사이의 대화.
faire le ~ 못들은 체하다.
frapper comme un ~ 사정 없이 때리다.
Il n'est pire ~ que celui qui ne veut point entendre.《속담》남의 말을 들으려고 하지 않는 사람은 귀머거리보다 더 나쁘다.
—*n.f.*《언어》무성음.
—*n.m.*《동물》도롱뇽.

sourdaud(**e**) [surdo, -oːd] *n.* 《드물게》가는귀 먹은 사람.

sourdement [surdǝmɑ̃] *ad.* 펑펑하게; 은은하게; 은밀히(secrètement); 묵묵히.

sourdière [surdjɛːr] *n.f.* 소음을 막는 덧문, 방음 커터.

sourdine [surdin] *n.f.* ①《음악》약음기(弱音器).《무전》소음 장치,《자동차》조광기(調光器).《엣》《군사》소리내지 않고 행진의 신호를 알리던 저음 나팔. ②《건축》=sourdière.
à la ~ 소리를 내지 않고, 슬그머니.
en ~ (약음기로)음을 약화시켜; 소리를 죽이고, 비밀히, 몰래. agir *en ~* 비밀리에 행동하다. protester *en ~* 무언의 항의를 하다.
mettre une ~ à qc …을 억제하다, 약화시키다, 완

화시키다.
sourdingue [surdɛg] *a.* 《속어》 =sourd.
sourdité [surdite] *n.f.* 《언어》 무성성(無聲性).
***sourd(e)-muet(te)** [surmɥɛ, surdamɥɛt] (*pl.* **~s-~s**) *a.* 귀머거리 벙어리의. enfants ~s-~s 농아 아동. —*n.* 귀먹은 벙어리, 농아. langage des ~s-~s 수화(手話).
sourdre [surdr] [25] *v.i.* 〈부정법과 직설법 현재 3인칭 외에는 드묾〉 [(지하)(에서)(물 따위가)]솟아나다(jaillir); (빛·소리가)새어 나오다; (식물이) 싹이 나다; (사건·결과 따위가)일어나다, 야기되다(surgir). Dans cette région, l'eau *sourd* de tous côtés. 이 지역에서는 물이 도처에서 솟아난다.
***souriant(e)** [surjɑ̃, -ɑ̃:t] *a.* 미소짓는. visage ~ 웃는 낯. soleil ~ 맑게 빛나는 태양.
souriceau [suriso] (*pl.* **~x**) *n.m.* 《동물》 새앙쥐 새끼.
souricier [surisje] *n.m.* (고양이 따위)쥐잡이 동물, 포서(捕鼠) 동물. —*a.* 쥐를 잡는. chat ~ 쥐를 잡는 고양이.
souricière [surisjɛ:r] *n.f.* ① 쥐덫, 쥐틀. ② 함정, 궁지; (경찰의)잠복처. tendre une ~ à …에 함정을 파놓다. ③ 《파리 경시청의》미결수 대기실.
se jeter[*se mettre, tomber*] *dans la*[*une*] ~ 함정에 걸리다; 궁지에 빠지다.
souriquois(e) [surikwa, -a:z] *a.* 《구어》쥐의, 새앙쥐의.
:sourire [suri:r] [47] *v.i.* ① 미소짓다, 방실〔생긋〕웃다. Elle *sourit* machinalement. 그 여자는 기계적으로 미소를 짓는다. [~ *à qn*] Elle m'a *souri* tendrement. 그 여자는 내게 부드럽게 미소지었다. ② [~ *de*] (을)비웃다, 조소하다. Il *sourit* de ma maladresse. 그는 나의 서투름을 비웃는다. ③ 《사물이 주어》 [~ *à qn*] (의)마음에 들다(plaire); (에게)유리하다, 호의를 보이다(favoriser). Ce projet ne lui *sourit* guère. 이 계획은 거의 그의 마음에 들지 않는다. La fortune lui *sourit*. 그에게 운이 트이고 있다. 《비인칭》 Il *sourit à qn* de+*inf.* …하는 것이 …의 마음에 든다.
—*se* ~ *v.pr.* 서로 미소짓다.
—*n.m.* 미소; 방긋[빙그레] 웃음. avoir toujours le ~ sur les lèvres 늘 입가에 미소를 띠다. affecté 억지 웃음. faire[adresser] un ~ à *qn* …에게 미소짓다.
avoir le ~ 《구어》만족스러워 보이다. *en un large* ~ 싱글벙글 웃으면서, 희죽히죽 웃으며. *garder le* ~ (역경에도 불구하고)여전히 싱글벙글하다.
souris¹ [suri] *n.m.* 《예》미소(sourire).
***souris**² *n.f.* ① 《동물》새앙쥐. d'eau 물쥐. ~ de mer 《어류》동갈양태과(科)의 물고기. ~ de montagne (아라비아·아프리카 사막 지방산의)쥐의 일종〔특히 뒷다리가 발달하여 잘 뜀〕. ~ de terre 들쥐. ~ rousse 작은 들쥐. ~ blanche (실험용)흰쥐. ② 《속어》젊은 여자, 처녀. ③ (수프용의)양의 무릎 관절의 근육; 엄지 손가락과 집게손가락의 사이.
C'est le nid d'une ~ *dans l'oreille d'un chat.* 도저히 안될 이야기이다.
La montagne en travail enfante une ~; *La montagne a accouché d'une* ~. 태산명동에 서일필(泰山鳴動鼠一匹).
le chat et la ~ 숨바꼭질(jeu du chat). jouer *au chat* et à *la* ~ avec *qn* …와 숨바꼭질하듯 길이 긋나다.
On entendrait trotter une ~. 쥐 한 마리의 발자국 소리도 들릴 만큼 조용하다.
On le[*la*] *ferait rentrer dans un trou de* ~. (몹시) 겁이 나거나 난처하여)쥐구멍에라도 들어가고 싶 [다.
~ *d'hôtel* 《구어》 호텔전문의 여자 도둑.
S~ *qui n'a qu'un trou est bientôt prise.* 구멍이 하나밖에 없는 쥐는 곧 붙잡힌다, 한 수밖에 모르는 사람은 곧 앞이 막힌다.
—*a.* 《불변》 (gris) ~ 쥐색. cheval ~ 회색 말.
sournois(e) [surnwa, -a:z] *a.* 음큼한, 음험한, 뱃속이 검은, 교활한(dissimulé. ↔ franc). —*n.* 음큼한 사람, 뱃속이 검은 사람.
sournoisement [surnwazmɑ̃] *ad.* 음큼하게, 음험하게, 교활하게.
sournoiserie [surnwazri] *n.f.* 음큼함, 음험; 음큼한〔음험한〕 수단〔행동〕.
:sous [su] *prép.* ①《공간적 위치》 …아래에〔에서, 로〕, …아래로〔에서〕. cacher son portefeuille ~ l'oreiller 베개 밑에 지갑을 감추다. mettre un oreiller ~ sa tête 베개를 베다. porter sa serviette ~ son bras 가방을 팔 밑에 끼고 다니다. ~ le ciel de Paris 파리의 하늘 밑에(서). s'asseoir ~ un arbre 나무 밑에 앉다. passer ~ la fenêtre 창 밑을 지나가다. passer ~ le nez *de qn* 바로 …의 앞으로 지나가다. avoir *qc* ~ la main[les yeux, le nez] …을 손에 닿는 곳에〔눈 앞, 코 앞에〕가지고 있다. regarder *qn* ~ le nez (반항적으로)…을 노려보다. [*de* ~] tirer *qc de* ~ la table 테이블 밑에서 …을 꺼내다. Enlève ta jambe *de* ~ la table. 식탁 밑에서 발 좀 치워라. Il n'y a rien à se mettre ~ la dent. 먹을 것이 아무것도 없다. être〔rester, camper〕~ une ville 《군사》 도시 부근에〔도시에서의 아군의 원호가 미치는 지역내에〕주둔하다.
②《공간적 위치》 …안에〔에서, 으로〕, …속에〔에서, 으로〕. nager ~ l'eau 물속에서 수영하다. se glisser ~ les couvertures 이불 속으로 들어가다. disparaître ~ les nuages 구름 속으로 사라지다. s'abriter ~ un parapluie 우산 속으로〔에〕 피하다. mettre *qn* ~ les verrous …을 투옥〔감금〕하다. être ~ les verrous 감금되어 있다. [~ +무관사 명사] animal qui vit ~ terre 땅속에서 사는 동물. à cent mètres ~ terre 지하 100미터 지점에〔서〕. mettre une lettre ~ enveloppe 편지를 봉투 속에 넣다. mettre *qc* ~ clef …을 자물쇠로 채워두다. être ~ clef 자물쇠로 잠겨 있다.
③《외관·제재》 …을 입고, …의 형태로, …(으)로. se promener ~ un manteau 외투를 입고 산책하다. ~ un chapeau 모자를 쓰고. ~ la figure humaine 사람의 모습으로. ~ le masque de …의 탈을 쓰고. S~ un extérieur très simple c'était un homme fin. 그는 외양은 아주 소박해 보였지만 여간내기가 아니었다. médicament ~ la forme de cachets 정제로 된 약. ~ le nom[le titre] de …의 이름[제목]으로. S~ quel nom est-il inscrit à l'hôtel? 그는 호텔 숙박부에 무슨 이름으로 기장했읍니까? ~ un pseudonyme[un nom d'emprunt] 가명으로. combattre ~ le drapeau de …의 깃발 아래서 싸우다. ~ un prétexte tout autre l'invoqua 한 구실[핑계]로. passer *qc* ~ silence …에 묵과하다. naviguer ~ pavillon français 프랑스 국기를 달고 항해하다. être appelé ~ les drapeaux 징집되다. être ~ les drapeaux 현역〔복무중〕이다. ~ le manteau 숨어서, 몰래. être ~ les armes 《군사》 무장하다. être ~ voiles 《해양》 (돛을 달고)항행중이다.
④《작용·영향》 …하에서, …의 영향〔작용〕으로. lire ~ la lumière de la bougie 촛불 아래서 글을 읽다. ~ la pluie[la neige] 빗속에서〔눈이 오는데〕. passer ~ la douche 샤워를 하다. vivre ~ un climat agréable 쾌적한 기후에서 살다. plier ~ le

poids de la neige(des fruits) 눈[열매]의 무게로 휘어지다. ~ l'action(la pression) de …의 작용 [압력]을 받아서. ~ l'influence de …의 영향 하에. ~ l'empire(l'impulsion) de la colère 화가 치밀어서. ~ le canon(le feu) des ennemis 적의 포화 속에서. ~ le regard(les yeux) de tout le monde 모든 사람이 지켜보는 가운데. ~ le coup de l'émotion (감정이)격해져서. être né ~ une bonne étoile 운수를 잘 타고나다. [~+무관사 명사] mettre ~ presse (책을)인쇄에 부치다. livre ~ presse 인쇄 중인 책.

⑤ (지배·보호·제약·형벌) …밑에(서), …하에 (서), …로. avoir dix hommes ~ ses ordres 자기 휘하에 10명을 데리고 있다. J'ai travaillé ~ lui pendant 20 ans. 나는 그의 밑에서 20년을 일했다. ~ la direction(la conduite, la protection) de …의 지휘[지도·보호] 하에. ~ les auspices(le patronage) de …의 협찬으로. [~+무관사 명사] ~ promesse de …의 약속 하에. témoigner ~ serment 선서하고 증언하다. mettre en liberté ~ caution …을 보석(保釋)하다. ~ réserve de …을 보류하고. ~ condition 조건부로. Défense d'afficher, ~ peine d'amende. 벽보 금지, 위반자는 벌금형에 처함.

⑥ (시기·기간) …시대에, …때에; 이내에. ~ le règne de Louis-Philippe 루이필립 치하에. ~ la Révolution française 프랑스 대혁명기에. ~ l'Occupation 독일 점령기에. ~ quinzaine 보름 이내에. ~ peu (시간) 곧, 쉬이.

⑦ (관점) …관점[시각]에서. ~ cet angle(cet aspect) 이러한 각도로[면]에서. ~ ce point de vue 이러한 관점에서. ~ un autre angle 다른 각도에서. analyser un problème ~ tous ses aspects 문제를 모든 각도에서 분석하다.

~ *la côte* 《해양》 해안에 접근하여.
~ *le vent* 바람을 등지고.

sous- *préf.* (모음·무성 h 앞에서는 리에종해서 [suz]) ① 「아래의, 밑의」의 뜻. ② 「하위의, 종속된」의 뜻(예 : *sous*-ensemble 부분집합). ③ 「불충분」의 뜻. ④ 「열등한」의 뜻(예 : *sous*-Picasso 피카소의 아류).

sous-acétate [suzasetat] *n.m.* 《화학》 염기성 질 산염.
sous-admissible [suzadmisibl] *a., n.* 1차 시험에 합격한(사람); 합격자들 바로 다음 성적의(사람).
sous-affermer [suzafɛrme] *v.t.* (토지를)전대(轉貸)하다; 전차(轉借)하다(sous-fermer).
sous-agent [suzaʒɑ̃] *n.m.* 부매리인.
sous-aide [suzɛd] *n.* ①도움씨 부조수. ―*n.m.* 《군사》 (19세기 초엽)최하위 군의관. ~ major (1차 대전 말기)군의보(軍醫補).
sous-alimentation [suzalimɑ̃tɑsjɔ̃] *n.f.* 영양 불량, 영양 실조(↔ suralimentation).
sous-alimenté(e) [suzalimɑ̃te] *a.p.* 영양 불량[실조]의.
sous-alimenter [suzalimɑ̃te] *v.t.* 영양 불량[실조]이 되게 하다.
sous-ambassade [suzɑ̃basad] *n.f.* 대사 보좌관.
sous-amendement [suzamɑ̃dmɑ̃] *n.m.* 《법》 재수정.
sous-arbrisseau [suzarbriso] (*pl.* ~~*x*) *n.m.* 《식물》 아관목(亞灌木).
sous-arrondissement [suzarɔ̃dismɑ̃] *n.m.* 《해양》 해군 기지 분관구.
sous-axillaire [suzaksi(l)lɛːr] *a.* 《식물》 엽액(葉腋) 아래의.
sous-azotate [suzazɔtat] *n.m.* 《화학》 아질산염.

sous-bail (*pl.* *aux*) [subaj, -o] *n.m.* 전대.
sous-bailleur(eresse) [subajœːr, -rɛs] *n.* 전대인 (轉貸人).
sous-barbe [subarb] (*pl.* ~~*s*) *n.f.* ① (말의)아래턱; (말의)턱밑 가죽띠. ② 《해양》 돛대의 용두에서 비스듬히 뒤쪽 앞뱃전에 맨 밧줄. ③ 《옛》 턱밑에 얹어 맞은 타격.
sous-bas [suba] *n.m.* 《복수불변》(여자들이)양말 밑에 덧신는 보온용 양말.
sous-bibliothécaire [subiblijɔtekɛːr] *n.* 부사서관 (副司書官).
sous-bois [subwa] *n.m.* 《복수불변》① (큰나무 밑에 자란)잔나무. ② 《미술》 숲의 그림.
sous-brigadier [subrigadje] *n.m.* 《옛》 《군사》 병장(兵長) 근무 상등병; 세관원보(補) 치안보.
sous-calibré(e) [sukalibre] *a.* 《군사》 (대포보다) 소구경(小口徑)의.
sous-capitalisation [sukapitalizɑsjɔ̃] *n.f.* 자본 부족.
sous-catégorisation [sukategɔrizɑsjɔ̃] *n.f.* 《언어》 하위 범주화. règle de ~ 하위 범주화 규칙.
sous-chantre [suʃɑ̃tr] *n.m.* 《가톨릭》 (성가대의) 대창 조수; 선창자(先唱者) 대리.
sous-chef [suʃɛf] *n.m.* ① 차장, 부장(副長). ② 《음악》 부지휘자(~ de musique). Elle est ~. 그 여자는 부지휘자이다.
sous-classe [suklɑːs] *n.f.* 《생물》 아강(亞綱).
sous-clavier(ère) [suklavje, -ɛːr] *a.* 《해부》 쇄골 (鎖骨) 밑의. ―*n.m.* 쇄골하근(鎖骨下筋).
sous-comité [sukɔmite] *n.m.* 분과 위원회, 소위원회.
sous-commissaire [sukɔmisɛːr] *n.m.* 부사무관, 사무차장; 《해군》 경리대위.
sous-commission [sukɔmisjɔ̃] *n.f.* 분과위원회 (위원의 총체).
sous-comptoir [sukɔ̃twaːr] *n.m.* 《상업》 (해외 상사·공사의)지점.
sous-consommation [sukɔ̃sɔmɑsjɔ̃] *n.f.* 소비 부족, 소비 과소.
sous-continent [sukɔ̃tinɑ̃] *n.m.* 《지리》 아대륙 (亞大陸).
sous-cortical(ale, *pl. aux*) [sukɔrtikal, -o] *a.* 《식물》 피층(皮質) 밑의.
sous-costal(ale, *pl. aux*) [sukɔstal, -o] *a.* 《해부》 늑골 밑의.
souscripteur(trice) [suskriptœːr, -tris] *n.* ① 《재정》 (주식·채권 따위의)응모자, 예약자; 기부자; (어음의)발행인. ~ à un emprunt d'État 국채 응모자. ② (출판물 따위의)구독 신청자.
souscription [suskripsjɔ̃] *n.f.* ① 응모, 가입 신청(금); 예약 신청(금), 구독 신청(금); 기부(금). bulletin de ~ 예약[구독] 신청서. vendre par ~ (책을)예약 판매하다. prix de ~ 예약 신청금. ~ à un emprunt 공채의 응모 신청. ouvrir une ~ 예약 모집을 하다. La ~ est close. 신청이 마감되었다. ~ pour la restauration d'une église 교회 보수를 위한 기부. verser une ~ 기부금(신청금)을 지불하다. ② 《드물게》기명, 서명. ~ d'un contrat 계약서의 서명. ③ 《경마》 (출전할 말)등록.
souscrire [suskriːr] [38] *v.t.* (일정한 금액을 내기로)약속하다, 예약하다, 신청[청약]하다. ~ un abonnement au journal 신문의 구독 신청을 하다. ~ dix mille francs pour une œuvre de charité 자선사업에 10,000 프랑의 기부를 약속하다. 《목적보어 없이》 ~ pour (la somme de) dix mille francs 10,000 프랑(의 금액)의 기부를 약속하다. 《목적어 없이》 ~ pour un journal 신문 구독을 신청하다. ② 《옛》기명하다, 서명하다; 승인하다. ~ un chèque au porteur 지참인 지급 수표를 발행하다.

L'arrêté *est souscrit* du[par le] ministre. 법령은 장관에 의해 서명 승인되었다.
—*v.t. ind.* [~ à] ① …에 응모하다, 예약[기부]을 신청하다. ~ *à une nouvelle édition* 신판의 예약을 신청하다. ~ *à la construction d'une église* 교회 건립에 기부를 약속하다. ② …에 동의하다, 찬동하다(acquiescer, consentir). *Je souscris à votre proposition.* 당신 제안에 찬동이오.
—**se** ~ *v.pr.* 〖옛〗 밑에 서명하다.

souscrit(e) [suskri, -it] *a.p.* ① 응모의, 신청을 받은. *capital* ~ 출자 신입을 받은 자본금. ② *iota* ~ 〖그리스문법〗 밑에 쓰이 이오타.

sous-cutané(e) [sukytane] *a.* 피하(皮下)의. *piqûre*[*injection*] *~e* 피하 주사.

sous-délégation [sudelegɑsjɔ̃] *n.f.* =**sub-délégué**.

sous-délégué(e) [sudelege] *a.p., n.* =**sub-délégué**.

sous-déléguer [sudelege] *v.t.* =**sub-déléguer**.

sous-développé(e) [sude(e)vlɔpe] *a.* 개발이 뒤진, 후진의. *pays ~s* 저개발 국가들.

sous-développement [sudevlɔpmɑ̃] *n.m.* 〖경제·국가의〗 저개발; 후진성.

sous-diaconat [sudjakɔna] *n.m.* 〖종교〗 차부제의 직〔신분〕; 부집사의 직〔신분〕.

sous-diacre [sudjakr] *n.m.* 〖종교〗 차부제(次副祭); 부(副)집사.

sous-dialecte [sudjalɛkt] *n.m.* 〖언어〗 하위방언(下位方言).

sous-directeur(trice) [sudirɛktœ:r, -tris] *n.* 부지배인, 부소장, 차장(次長); 교감.

sous-diviser [sudivize] *v.t.* =**subdiviser**.

sous-division [sudivizjɔ̃] *n.f.* =**subdivision**.

sous-dominante [sudɔminɑ̃:t] *n.f.* 〖음악〗 하속음(下屬音)(↔ *sus-dominante*).

sous-doyen [sudwajɛ̃] *n.m.* 부원장, 차석자.

sous-économe [suzekɔnɔm] *n.* 회계 조수.

sous-embranchement [suzɑ̃brɑ̃ʃmɑ̃] *n.m.* 〖생물〗 아문(亞門).

sous-emploi [suzɑ̃plwa] *n.m.* 〖경제〗 불완전 고용(↔ *plein-emploi*).

sous-employé(e) [suzɑ̃plwaje] *a.* 〖경제〗 부분〔불완전〕고용의; (가능성·능력·시간을) 완전히 활용하지 못하는.

sous-ensemble [suzɑ̃sɑ̃:bl] *n.m.* 〖수학〗 부분집합; (일반적으로) 전체의 일부.

sous-entendre [suzɑ̃tɑ̃:dr] 〖25〗 *v.t.* ① (의) 뜻을 함축하다, 뜻을 은연중에[언외에] 암시하다. ~ *un refus* 은연중에 거부를 표시하다. *La flatterie sous-entend* un intérêt. 아첨은 이해관계를 전제로 한다. ② 〖언어〗 생략하다. *Dans cette phrase le verbe est sous-entendu.* 이 문장에서 동사가 생략되었다.
—**se** ~ *v.pr.* 은연중에 암시되다; 생략되다.

sous-entendu(e) [suzɑ̃tɑ̃dy] *a.p.* 함축된, 은연중에, 암시된; 생략된. *clause ~e* 명시되지 않은 조항. *menace ~e* 무언의 협박. *verbe* ~ 생략된 동사.
—*n.m.* 함축된 뜻, 은연중에 암시된 뜻, 암시. *suggérer qc par* ~*s* …을 은연중에 암시하다.

sous-entente [suzɑ̃tɑ̃:t] *n.f.* 고의로 은연중에 암시한 뜻.

sous-entrepreneur [suzɑ̃trəprənœ:r] *n.m.* 하청업자(*sous-traitant*).

sous-épidermique [suzepidɛrmik] *a.* 〖해부〗 표피 밑의.

sous-épineux(se) [suzepinø, -ø:z] *a.* 〖해부〗 견갑극(肩胛棘) 밑의.

sous-équipé(e) [suzekipe] *a.* 〖경제〗 설비〔시설〕 부족의, 저개발의(↔ *suréquipé*).

sous-équipement [suzekipmɑ̃] *n.m.* 〖경제〗 설비니시설 부족, 저개발.

sous-espèce [suzɛspɛs] *n.f.* 〖생물〗 아종(亞種).

sous-estimation [suzɛstimɑsjɔ̃] *n.f.* 가치 이하의 견적, 과소 평가.

sous-estimer [suzɛstime] *v.t.* 가치 이하로 견적하다, 과소 평가하다(↔ *surestimer*). ~ *une fortune*[*un adversaire*] 재산〔적〕을 과소 평가하다.

sous-évaluation [suzevalyɑsjɔ̃] *n.f.* 과소 평가.

sous-évaluer [suzevalye] *v.t.* 시가 이하로 평가하다, 과소 평가하다(↔ *surévaluer*).

sous-exposer [suzɛkspoze] *v.t.* 〖사진〗 불충분하게 노출하다(↔ *surexposer*). *photo sous-exposée* 노출 부족의 사진.

sous-exposition [suzɛkspozisjɔ̃] *n.f.* 〖사진〗 노출 부족(↔ *surexposition*).

sous-faîte [sufɛt] *n.m.* 〖건축〗 마룻대.

sous-famille [sufamij] *n.f.* 〖생물〗 아과(亞科).

sous-ferme [sufɛrm] *n.f.* (토지의) 소작 전대(轉貸) (계약).

sous-fermer [sufɛrme] *v.t.* =**sous-affermer**.

sous-fermier(ère) [sufɛrmje, -ɛ:r] *n.* (소작지의) 전대인.

sous-fifre [sufifr] *n.m.* 《구어》《경멸》말단 일을 하는 사람, 졸때기. *Ne vous adressez pas à des ~s.* 말단 직원을 상대로 하지 마시오.

sous-fréter [sufrete] 〖6〗 *v.t.* (배를) 전대(轉貸)하다.

sous-frutescent(e) [sufrytɛsɑ̃, -ɑ̃:t] *a.* 〖식물〗 아(亞)관목 모양의, 소관목 모양의.

sous-garde [sugard] *n.f.* (총의) 방아쇠울.

sous-genre [suʒɑ̃:r] *n.m.* 〖생물〗 아속(亞屬).

sous-gorge [sugɔrʒ] *n.f.* 〖복수불변〗 (말의) 목띠.

sous-gouverneur [suguvɛrnœ:r] *n.m.* 부총독, 부지사, 부총재.

sous-groupe [sugrup] *n.m.* 하위군(下位群); 〖화학〗 부분군(部分群).

sous-homme [suzɔm] *n.m.* 열등〔하급〕 인간(↔ *surhomme*).

sous-humanité [suzymanite] *n.f.* 인간 이하의 상태; 하층민.

sous-industrialisation [suzɛ̃dystrijalizɑsjɔ̃] *n.f.* 공업화의 부진.

sous-inféodation [suzɛ̃feɔdɑsjɔ̃] *n.f.* 〖봉건제도〗 전봉(轉封)(자기가 받은 영지를 다시 신하에게 나누어 주기).

sous-ingénieur [suzɛ̃ʒenjœ:r] *n.m.* 부기사.

sous-inspecteur(trice) [suzɛ̃spɛktœ:r, -tris] *n.* 부감독관, 부검사관, 부장학관.

sous-intendance [suzɛ̃tɑ̃dɑ̃:s] *n.f.* 부감독〔부이사〕의 직〔사무소·관사〕; 〖옛〗 부재무관의 직〔사무소·관사〕.

sous-intendant [suzɛ̃tɑ̃dɑ̃] *n.m.* 부감독, 부이사; 〖옛〗 부재무관.

sous-jacence [suʒasɑ̃:s] *n.f. condition de la* ~ 〖언어〗 (이동변형을 제한하는) 하위 인접 조건.

sous-jacent(e) [suʒasɑ̃, -ɑ̃:t] *a.* ① 밑에 있는, 아래에 깔린. *couche de terrain ~e* 하부 지층. *sable* ~ 밑에 깔려 있는 모래. ② 깊이 숨은, (밖으로) 나타나지 않은. *difficultés ~es* 눈에 보이지 않는 어려움. *sentiments ~s* 겉으로 드러나는 감정. ③ 〖언어〗 (생성문법에서) 기저(基底)의. *structure ~e* 기저 구조.

sous-jupe [suʒyp] *n.f.* 〖의복〗 속옷, 언더슬립.

sous-lieutenance [suljøtnɑ̃:s] *n.m.* 육군 소위의 계급〔직무〕.

*****sous-lieutenant** [suljøtnɑ̃] *n.m.* 육군 소위.

sous-locataire [sulɔkatɛːr] *n.* (가옥 일부의)전차인(轉借人).
sous-location [sulɔkasjɔ̃] *n.f.* (가옥 일부의)전대(轉貸), 전차(轉借).
sous-louer [sulwe] *v.t.* (가옥의 일부를)전대[전차]하다.
sous-main [sumɛ̃] *n.m.* 《복수불변》《옛》(사물의)숨겨진 비밀; (글쓸 때 사용하는)밑받침. *en* ~ 남몰래, 비밀히.
sous-maître [sumɛtr] *n.m.* 조교(助敎); [군사] (마술(馬術)학교(Saumur)의)기병(騎兵) 하사관.
sous-maîtresse [sumɛtrɛs] *n.f.* 창가(娼家)의 여자 감시원; 《옛》여자 조교.
*****sous-marin(e)** [sumarɛ̃, -in] *a.* 바다 속의, 해저의, 바다 속에 있는[사는]; 잠항(潛航)의. plante ~e 해저 식물. volcan ~ 해저 화산. câble ~ 해저 전선. navigation ~e 잠항, 해저 항해(술). plongée ~e 스쿠버 다이빙. grenades ~es 폭뢰. — *n.m.* 잠수함. ~ de poche 소형 잠수함. ~ atomique 원자력 잠수함.
sous-marinier [sumarinje] *n.m.* 잠수함 승무원.
sous-maxillaire [sumaksi(l)lɛːr] *a.* 〖해부〗 아래턱의.
sous-menton [sumɑ̃tɔ̃] *n.m.* 〖곤충〗 아래턱.
sous-mentonnière [sumɑ̃tɔnjɛːr] *n.f.* (모자의)턱끈.
sous-multiple [sumyltipl] *n.m., a.* 〖수학〗 약수(約數)(의)(↔ multiple). 2 et 5 sont des ~s de 10. 2와 5는 10의 약수이다.
sous-nappe [sunap] *n.f.* 상보 밑에 까는 보.
sous-normale [sunɔrmal] *n.f.* 〖기하〗 법선영(法線影)(sous-perpendiculaire).
sous-occipital(ale, pl. aux) [suzɔksipital, -o] *a.* 〖해부〗 후두(골) 하부의. artère ~ale 후두하동맥.
sous-œuvre [suzœːvr] *n.m.* (건물의)기초, 토대. *en* ~ 기초(토대)부터; 근본적으로. reprise *en* ~ d'une construction 건물 기초공사의 전면 보수[수리]. reprendre un travail *en* ~ 일을 근본적으로 새로 하다.
sous-off [suzɔf] (< *sous-officier*) *n.m.* 《구어》《경멸》하사관.
*****sous-officier** [suzɔfisje] *n.m.* 〖군사〗 하사관.
sous-orbitaire [suzɔrbitɛːr] *a.* 〖해부〗 안와(眼窩) 밑의.
sous-ordre [suzɔrdr] *n.m.* ①《복수불변》하위(下位); 졸때기, 부하(subalterne). être en ~ dans une affaire 어떤 일에서 차위(次位)에 있다. créancier en ~ 〖법〗 채권자의 채권자. ②〖생물〗 아목(亞目)(생물 분류의 한 단계).
sous-palan [supalɑ̃] *a., ad.* 〖상업〗 선적 상품 하내 인도자(로)(en ~ 이라고도 함).
sous-payer [supeje] *v.t.* (노동자에게)과소 임금을 지불하다. ouvriers *sous-payés* 저임금 노동자.
sous-peuplé(e) [supœple] *a.* 인구가 과소(過疎)한(↔ surpeuplé).
sous-peuplement [supœpləmɑ̃] *n.m.* 인구 과소.
sous-pied [supje] *n.m.* (각반이나 바지 끝을 구두 밑으로 돌려 매는) 가죽끈.
sous-pose [supoːz] *n.f.* 〖사진〗 노출 부족.
sous-préfectoral(ale, pl. aux) [suprefɛktɔral, -o] *a.* 군수의; 군수의.
sous-préfecture [suprefɛkty:r] *n.f.* 《옛》군(郡); 군수의 직(관사); 군청(소재지).
sous-préfet [suprefɛ] *n.m.* 군수.
sous-préfète [suprefɛt] *n.f.* 《구어》군수 부인.
sous-prieur(e) [supri(j)œːr] *n.* (가톨릭》(수도원의)부원장.

sous-principal(pl. aux) [suprɛ̃sipal, -o] *n.m.* collège의 부교장.
sous-production [suprɔdyksjɔ̃] *n.f.* 〖경제〗 생산부족(↔ surproduction).
sous-produit [suprɔdɥi] *n.m.* 부산물; 좋지 않은 모방품, 아류, 아류.
sous-programme [suprɔgram] *n.m.* 〖컴퓨터〗 부(副)프로그램.
sous-prolétaire [suprɔletɛːr] *a.* 하급 프롤레타리아의. — *n.* 하급 프롤레타리아.
sous-prolétariat [suprɔletarja] *n.m.* (집합적)하급 무산(노동) 계급.
sous-pubien(ne) [supybjɛ̃, -ɛn] *a.* 〖해부〗 치골(恥骨) 밑의.
sous-race [suras] *n.f.* 〖인류〗 지족(支族).
sous-scapulaire [suskapylɛːr] *a.* 〖해부〗 견갑골(肩胛骨) 밑의.
sous-secrétaire [suskretɛːr] *n.m.* 서기보, 차관. ~ d'État (각부의)차관.
sous-secrétariat [suskretarja] *n.m.* 차관의 직; 차관직.
sous-seing [susɛ̃] *n.m.* 《복수불변》〖법〗 사서증서(私署證書)(acte sous seing privé).
soussigné(e) [susine] *a.p.* (아래에)아래에 서명한. témoin ~ 아래에 서명한 증인. Je ~(e) déclare que... 아래에 서명한 나는 …을 선언한다. — *n.* 아래에 서명한 사람. accord intervenu entre les ~s 아래의 서명자들 사이에 성립된 협정.
soussigner [susine] *v.t.* (아래에) 서명하다.
*****sous-sol** [susɔl] *n.m.* ① 〖지질〗(표토(表土)와 기암(基岩)의 중간에 위치하는)하층토(下層土); 〖농업〗 심토(心土). travailleurs du ~ 〖광산〗 지하 노동자. ressources du ~ 지하 자원. ② 〖건축〗 지하실, 지계(地階). premier[second] ~ 지하 1층[2층]. garage en ~ 지하 주차장.
sous-solage [susɔlaːʒ] *n.m.* 〖농업〗 심토의 경운(耕耘).
sous-soler [susɔle] *v.i.* 〖농업〗 땅을 깊이 갈다.
sous-soleuse [susɔløːz] *n.f.* 땅을 깊이 가는 쟁기.
sous-station [susta(a)sjɔ̃] *n.f.* 〖전기〗 변전소.
sous-sternal(ale, pl. aux) [susternal, -o] *a.* 〖해부〗 흉골(胸骨) 밑의.
sous-système [sustɛm] *n.m.* 하부 조직(체계).
sous-tangente [sutɑ̃ʒɑ̃ːt] *n.f.* 〖기하〗 접선영(接線影).
sous-tasse [sutas] *n.f.* 찻잔 받침(soucoupe).
sous-tendante [sutɑ̃dɑ̃ːt] *n.f.* 〖기하〗 현(弦).
sous-tendre [sutɑ̃ːdr] [25] *v.t.* ① 〖기하〗 (현(弦)·삼각형의 변이 호·각에)대(對)하다. corde qui *sous-tend* un arc de cercle 원호에 대하는 현. ② (이론 따위의)기초가 되다. axiomes qui *sous-tendent* la pensée humaine 인간 사고의 기초를 이루는 공리(公理).
sous-tension [sutɑ̃sjɔ̃] (*pl.* ~-~s) *n.f.* 〖전기〗 저(低)전압(sous-voltage).
sous-titrage [sutitraːʒ] *n.m.* 〖영화〗 자막(字幕)을 넣기.
sous-titre [sutitr] *n.m.* ① 부제(副題), 소(小)제목. ~ d'un roman 소설의 부제. ② 〖영화〗 자막.
sous-titrer [sutitre] *v.t.* 〖영화〗(필름에)자막을 넣다. film *sous-titré* 자막이 붙은 영화.
soustractif(ve) [sustraktif, -iːv] *a.* 〖수학〗 뺄셈[감법]의; 빼야 할, 제거해야 할. signe ~ 뺄셈 기호. quantité ~ve 감량.
*****soustraction** [sustraksjɔ̃] *n.f.* ① 제거; 사취; 〖법〗횡령. ② 〖수학〗 감법, 뺄셈(↔ addition). faire une ~ 뺄셈을 하다.

soustraire [sustre:r] 44 *v.t.* ① 사취[갈취]하다, 빼내다(dérober, voler, ôter). ~ de l'argent à *qn* …에게서 돈을 사취하다. ~ des pièces d'un dossier 소송 기록에서 서류들을 빼내다. ② (위험·의무 따위로부터)면하게 하다, 벗어나게 하다. Rien ne peut vous ~ à sa vengence. 당신은 그의 복수를 면할 길이 없다. ~ *qn* à une punition …이 벌을 안받게 해주다. ~ *qn* à l'influence de …을 …의 영향력으로부터 벗어나게 하다. ③ 떼다, 감하다. ~ 20 de 80, 80에서 20을 빼다.
—**se** — *v.pr.* [se ~ à] (으로부터)피하다, 벗어나다, 면하다(échapper, esquiver). ~ *aux* yeux (*aux regards*, *à la vue*) de *qn* …의 눈(시선)을 피하다. *se* ~ à un devoir 어떤 의무에서 벗어나다.
sous-traitance [sutretɑ:s] *n.f.* 하청(下請).
sous-traitant(e) [sutretɑ̃, -ɑ̃:t] *a.* 하청의. entreprise ~ 하청 기업. —*n.m.* 하청인.
sous-traité [sutre(e)te] *n.m.* 하청업자.
sous-traiter [sutre(e)te] *v.t.* (의) 하청을 맡다, 하청 계약을 하다. ~ une affaire 일의 하청을 맡다. —*v.i.* 하청인이 되다.
soustylaire [sustile:r] *n.f.* (해시계의)기직선(基直線).
sous-type [sutip] *n.m.* 〖생물〗아류형(亞類型).
sous-variété [susvarjete] *n.f.* 〖생물〗아변종(亞變種).
sous-vassal(*pl. aux*) [suvasal, -o] *n.m.* 〖봉건제도〗 가신(家臣).
sous-vendre [suvɑ̃:dr] 25 *v.t.* 〖상업〗(의)일부를 전매(轉賣)하다.
sous-vente [suvɑ̃:t] *n.f.* (구입품의)일부 전매.
sous-ventrière [suvɑ̃tri(j)ɛ:r] *n.f.* ① (말의)뱃대끈 (→harnais 그림). ② (속어)허리띠. manger à s'en faire péter la ~ 〖속어〗배가 터지도록 먹다.
sous-verge [suvɛrʒ] *n.m.* (복수불변)① 부마(副馬)(쌍두마차 우측의 마부가 타지 않은 말). ② 〖구어〗하사관; 차장(次長), 부하.
sous-verre [suvɛ:r] *n.m.* (복수불변)액자; 액자에 끼어 넣은 사진이나 서류. photos de famille dans un ~ 액자에 넣은 가족 사진.
sous-vêtement [suvɛtmɑ̃] *n.m.* 속옷, 내의(dessous). ~s masculins(féminins) 남자(여자) 내의.
sous-virer [suvire] *v.i.* 〖자동차〗선회할 때 길 모퉁이 바깥쪽으로 미끄러지다.
sous-vireur(**se**) [suvirœ:r, -ø:z] *a.* 〖자동차〗선회할 때 바깥쪽으로 미끄러지는 경향이 있는.
sous-voltage [suvɔltaːʒ] *n.m.* 〖전기〗전압 부족.
soutache [sutaʃ] *n.f.* (군복·여자옷의)장식끈.
soutacher [sutaʃe] *v.t.* (에)장식끈을 달다.
soutage [sutaːʒ] *n.m.* (선박의)연료 공급.
soutane [sutan] *n.f.* 법의(法衣), 수단(가톨릭 신부의 긴 옷); 성직자(prêtre). prendre la ~ 성직자[신부]가 되다.
soutanelle [sutanɛl] *n.f.* (영국·미국 등에서 수단을 대신하는)짧은 프록코트.
soutasse [sutas] *n.f.* =sous-tasse.
soute¹ [sut] *n.f.* =soulte.
soute² *n.f.* 〖해양〗선창(船艙); 〖항공〗(기체 내의)화물[폭탄] 적재소; (*pl.*)(선박의)액체 연료. mettre *qc* en ~ …을 화물창에 넣다. ~ à eau (à mazout, à pétrole) 배 밑의 물(기름) 탱크. ~ aux bagages 화물칸. ~ à charbon 석탄 저장소. ~ à poudres 탄약창. ~ à provisions 식량창.
soutenable [sutnabl] *a.* 견딜 수 있는; 지지할 수 있는, 주장받을 수 있는. opinion peu ~ 지지받기 어려운 의견.
soutenance [sutnɑ̃:s] *n.f.* (자기 이론·학설을 변호·주장하는)박사학위논문의 구두심사(회) (~ de thèse). passer la ~ 학위논문의 구두심사를 받다.
soutenant(e) [sutnɑ̃, -ɑ̃:t] (*p.pr.*<*soutenir*) *a.* 지지하는. —*n.* 〖드물게〗(학위논문의 구두심사를 받는)학위 신청자.
soutènement [sutɛnmɑ̃] *n.m.* ① 받치기, 버팀, 지주(支柱), 버팀대. mur de ~ 버팀벽, 축대. ~ marchant (갱도의)이동지주(支柱). ② 〖법〗계산 명세서.
souteneur [sutnœ:r] *n.m.* ① (학설의)주장자, 지지자, 옹호자. ② 매춘부의 기둥서방, 포주.
***soutenir** [sutni:r] 16 *v.t.* (*p.pr.*<*soutenir*) *a.* ① 받치다, 버티다(supporter, étayer); 유지하다, 계속하다, 지속시키다 (maintenir). ~ un tableau pour l'accrocher au mur 그림을 벽에 걸도록 받쳐주다. colonnes qui *soutiennent* une voûte 둥근 천장을 떠받치고 있는 기둥들. ~ son effort 노력을 경주하다. ~ sa réputation 명성을 유지하다. ~ la voix 목소리를 일정한 크기로 계속 내다. ~ la conversation 계속 화제거리를 제공하다, 대화를 계속하다. ~ son rang 자기 지위[신분]를 유지하다.
② (의)힘을 돋우다, 기운나게 하다; 부양하다, 먹여살리다. Vos encouragements *m'ont soutenu*. 당신의 격려가 제 힘을 북돋아주었습니다. Prenez un peu de nourriture, cela vous *soutiendra*. 식사를 좀 하십시오, 그러면 기운이 날 것입니다. ~ une famille(une maison) 가족을 부양하다.
③ 지지하다, 옹호하다, 변호하다(appuyer); 주장하다(affirmer); 후원하다, 지원하다, 원조하다 (aider); 부축하다. ~ un candidat aux élections 선거에서 어떤 입후보자를 지지하다[지원하다]. ~ une personne contre une autre 다른 사람에 대항하여 어떤 사람을 옹호하다. ~ une entreprise 기업에 자금 지원을 하다. [~+*inf.*/que+*ind.*] Il *soutient* vous avoir vu (*qu*'il vous a vu). 그는 당신을 보았다고 주장합니다. ~ un malade 병자를 부축하다. ~ une thèse (을)학위논문 제출자가)공개심사에서 자기의 설을 주장하다.
④ 참다, 견디다. ~ la fatigue(la torture) 피로(고문)를 참고 견디다. ~ le regard de *qn* …의 시선에 맞서서 쳐다보다. ~ l'assaut des ennemis 적의 습격을 견디어내다. ~ la comparaison avec *qn*(*qc*) …에 비교될 만하다. …에 필적하다.
—**se** ~ *v.pr.* ① 몸을 지탱하다; 서 있다; (물 위·공중에)떠 있다. *se* ~ à l'aide de béquilles 협장(脇杖)으로 몸을 지탱하다. Je ne *me soutiens* plus (sur mes jambes). 나는 더 이상 서 있을 수 없다. Les oiseaux *se soutiennent* en l'air. 새들이 공중에 떠 있다. *se* ~ sur(dans) l'eau 물 위에 떠 있다.
② 계속되다; 지속되다, 유지되다. L'intérêt d'un bon roman *se soutient* jusqu'à la fin. 좋은 소설의 흥미는 끝까지 지속된다. Il *se soutient* bien. 그는 여전히 건강하다. Cette couleur *se soutient*. 이 색은 바래지 않는다.
③ (의견·학설 따위가)받아들여지다, 옹호되다. Cette théorie ne pourrait *se* ~ aujourd'hui. 이 이론은 오늘날에는 받아들여질 수 없을 것이다.
④ 서로 돕다[지원하다]. Ils *se soutiennent* les uns les autres. 그들은 서로서로 돕고 있다.
soutenu(e) [sutny] (*p.p.*<*soutenir*) *a.p.* ① 일관하여 변함없는, 꾸준한, 끊임없는(constant, ↔relâché). travail ~ 줄기찬 작업(공부), 일관된 일. efforts ~s 꾸준한 노력. attention ~e 부단한 주의(력). ② 고상한, 품위 있는(noble, élevé). style ~ 고상한 문체. langue ~e 점잖은 언어표현. ③ 강조된, 두드러진. couleur ~e 강렬한 색채. vert ~ 화려한 [눈에 띄는] 녹색.

souter [sute] *v.t.* 연료를 공급받다(mazouter).
***souterrain(e)** [suterɛ̃, -ɛn] *a.* 지하의; 《구어》숨겨진, 은밀한. chemin de fer ~ 지하철(도). passage ~ 지하도. abri ~ 지하호(地下壕). galeries ~es des mines 광산의 갱도. transports ~s 지하 수송. eau ~e 지하수. lac ~ 지하 호수. tige ~e 땅속줄기. travaux ~s 지하 공사. explosion atomique ~e 원자탄의 지하 폭발. voies ~es 비밀 수단(공작). manœuvres ~es 지하 공작.
—*n.m.* (자연·인공의)지하통로(도).
souterrainement [suterɛnmɑ̃] *ad.* 《드물게》지하에서; 《구어》숨어서, 은밀히(secrètement).
soutien [sutjɛ̃] *n.m.* ① 받치는 것, 지지물(支持物); 지주(支柱)(support). Ce pilier est le ~ de toute la salle. 이 기둥이 방의 천장 전체를 받치고 있다. ~ de la voûte 궁륭형 천장을 떠받치는 기둥. mur de ~ 버팀벽. tissu de ~ 《식물》지지 조직(支持組織). ② 지지, 지원, 원조; (가격·가치 따위의)유지; 지지자, 원조자. apporter son ~ au gouvernement 정부를 지지하다. La foi était le seul ~ de cette pauvre femme. 신앙만이 유일하게 이 가련한 여인을 지탱해주었다. unité de ~ 《군사》지원 부대. ~ des prix agricoles par l'État 국가에 의한 농산물 가격의 유지. ~s d'un parti politique 정당의 지지자. Je n'ai d'autre ~ que vous. 내게 당신 이외의 지지자는 없습니다. ~ de famille (징집 면제를 받을 수 있는)가족 부양자.
soutien-s, -t [sutjɛ̃], **soutiendr-ai, -as** [sutjɛ̃dre, -a] ⇨ soutenir.
soutien-gorge [sutjɛ̃gɔrʒ] (*pl.* ~**s**~) *n.m.* (여자의)브래지어(bustier).
soutien-vélo [sutjɛ̃velo] *n.m.* 자전거 세우개.
soutier [sutje] *n.m.* 《해양》석탄공급 담당선원.
soutin-s, -t, etc. [sutɛ̃] ⇨ soutenir.
soutirage [sutiraːʒ] *n.m.* (포도주·맥주 따위를)옮겨넣기; 옮겨 넣은 술.
soutirer [sutire] *v.t.* ① (포도주 따위를)옮겨넣다. ② 《구어》우려먹다, 등쳐먹다(escroquer, extorquer). ~ de l'argent à qn …의 돈을 우려먹다.
soutireuse [sutirøːz] *n.f.* 맥주를 (병이나 통에) 옮겨넣는 기구.
soûtra [sutra] *n.m.* (산스크리트의)경전(經典).
souvenance [suvnɑ̃ːs] *n.f.* 《옛·문어》추억. avoir de qc(que...) …을 회상하다. garder(perdre) ~ de …을 기억하고 있다(잊다). à ma ~ 《구어》내 기억으로는.
souvenez-vous-de-moi [suvnevudmwa] *n.m.* 《복수불변》《구어》《식물》물망초(myosotis).
souvenir¹ [suvniːr] ⑯ *v.imp.* 《조동사 être》《문어》생각나다, 기억되다. Il s'en souvient de+명사 / de+inf. / que+ind.] Il me souvient des jours de mon enfance. 나는 나의 어린날들이 생각난다. Il me souvient d'avoir lu cela quelque part. 어디엔가 그것을 읽었던 기억이 난다. s'il m'en souvient bien 내 기억이 옳다면. Vous souvient-il que+ind.[sub.] 당신은 …이 생각나십니까?
autant qu'il m'en souvient(*souvienne*); *du plus*(*d'aussi*) *loin qu'il m'en souvienne* 생각나는 한에서는, 내가 기억하는 바로는.
—**se** ~ *v.pr.* (을)회상하다, 기억하다, 생각나다(se rappeler) ↔ oublier). [se ~ de] Après sa mort, on se souviendra longtemps de lui. 그가 죽은 후 사람들은 오랫동안 그를 기억할 것이다. Je ne me souviens pas de votre nom. 나는 당신 이름이 생각나지 않소. se ~ de loin 먼 옛날의 일을 회상하다. [se ~ (de)+inf.] Je me souviens (de) l'avoir rencontré. 나는 그를 만났던 기억이 난다. Il ne se souvient pas de vous avoir dit cela. 그는 당신에게 그런 말을 한 것을 기억하지 못하고 있다. [se ~ que+ind.] (+부정문·의문문에서는 sub.) Je me souviens que vous avez dit cela. 당신이 그런 말을 한 것이 생각납니다. Je ne me souviens point que vous soyez venu. 당신이 왔었다는 것이 전혀 생각나지 않소.
② (주로 명령문에서) 잊지 않다. Souviens-toi de lui téléphoner. 그에게 전화하는 것을 잊지 마라. Souvenez-vous que le temps passe vite. 시간은 빨리 지나간다는 것을 명심하세요.
autant que je m'en souviens; que je m'en souvienne 내가 기억하는 한에서는. *faire ~ qn de qc* …에게 …을 생각나게 하다 (se의 생략). *Il s'en souviendra!* 《구어》그는 후회할 것이다; 그는 기억할 것이다. *Je m'en souviendrai!* 《구어》두고 보자; 나는 그것을 기억할 것이다.
‡**souvenir**² *n.m.* ① 기억, 기억력; 추억, 회상(réminiscence). ~ vague 어렴풋한 기억. graver qc dans son ~ 기억 속에 새겨두다. conserver [perdre] le ~ de... …의 기억을 간직하다(잊다). Je n'ai pas ~ de l'avoir rencontré. 나는 그를 만난 기억이 없다. échapper au ~ …생각나지 않다. raconter des ~s d'enfance 어린 시절의 추억을 이야기하다. ② 기념품; 추억의 선물; 토산물; (*pl.*) 회상록. boutique de ~s 기념품 상점. ~ de son voyage en Grèce 그의 그리스 여행의 기념품. ③ 《옛》 비망록.
Veuillez me rappeler au bon ~ de qn; Affectueux (*Meilleurs*) ~*s à qn* …에게 안부 전해 주십시오《편지의 맺음말》.
en ~ de qn(*qc*) …을 생각해서 [기념하여]. ériger un monument en ~ du soldat inconnu 무명용사의 추모비를 세우다. Gardez ceci en ~. 기념으로 이것을 가지세요.
souvenir-écran [suvnirekrɑ̃] (*pl.* ~**s**~**s**) *n.m.* 《정신분석》(유아기의)은폐 기억.
‡**souvent** [suvɑ̃] *ad.* ① 흔히, 자주, 여러 번(fréquemment, ↔ rarement). Il n'est pas ~ à la maison. 그는 집에 없을 때가 많다. assez ~ 꽤 자주. peu ~ 어쩌다, 드물게. ② 많은 경우에, S~, la découverte est le fruit du hasard. 발견은 대체로 우연의 산물이다. Quand on est jeune, on est pauvre. 젊을 때에는 대체로 가난하다. le plus ~ 대체로, 대개의 경우.
plus ~ ⓐ 더욱 자주. ⓑ《속어》결코. Viens-tu avec moi au cinéma?—*Plus* ~! 같이 영화관에 가겠나? 천만의 말씀!
plus ~ *qu'à mon*[*son*] *tour* 나로서는 [그로서는] 보통 이상으로 자주.
Plus ~ *que*... 《속어》결코 …아니다 (sûrement pas). *Plus* ~ *que j'irais*. 내가 가다니 천만의 말씀.
souventefois, souventes fois [suvɑ̃tfwa] *ad.* 《옛》=souvent.
souverain(e) [suvrɛ̃, -ɛn] *a.* ① 지상(至上)의, 최고의(suprême); 최고의 권한[권위]을 가진; 《법》종심(終審)의; 가장 효력 있는(efficace). ~ le félicité 至(至)(至). ~ le bien (至善). plaisir ~ 지상(至上)의 쾌락. puissance ~e 지상권(至上權). Dans les démocraties, le peuple est ~. 민주주의 국가에서는 국민이 최고의 권한을 가진다. peuple ~ 주권국민. État ~ 주권국가, 독립국. prince ~ 군주. ~ pontife 교황. cour ~e 종심(법)원. jugement ~ 최종심. remède ~ 특효약. ② 극도의, 극단적인; 오만한, 당당한. mépris ~ 극도의 경멸. ~e indifférence; indifférence ~e 철

저한 무관심. air ~ 오만한 태도. regard ~ 위엄이 가득찬 시선.
—n. 주권자, 군주; 지배자, 왕자. ~ absolu 절대 군주. ~ constitutionnel 입헌군주. ~ des dieux 주피터. ~ du monde 신(神). Aujourd'hui, le rendement règne en ~. 현대는 능률지상주의가 지배한다.
—n.m. ① 『법』 주권자. ② 소브린(영국의 1파 운드 금화).

souverainement [suvrɛnmɑ̃] ad. ① 더할 나위없이, 최고도로(extrêmement, parfaitement). Il chante ~. 그는 완벽하게 노래를 부른다. Il me déplaît ~. 나는 그가 지독히 불쾌하다. ② 지상권[주권]을 가지고, 『법』 종심(終審)에서. décider ~ 전권을 가지고 결정하다. juger ~ 최종심을 행하다.

souveraineté [suvrɛnte] n.f. ① 지상권(至上權), 군주의 신분[지위·권한]; 주권, 통치권; 최고권, 절대권, 절대 권위. ~ héréditaire [élective] 세습 [선거에 의한] 군주권. ~ absolue 절대적 주권. exercice [délégation] de la ~ 주권의 행사[위임]. principe de la ~ nationale 주권재민의 원칙. atteinte à la ~ d'un État 국가의 주권침해. La ~ est inaliénable. 주권은 양도할 수 없다. ~ territoriale 영토주권. ~ de la raison 이성의 절대적 지배. ~ du but 목적의 우위(성). ② (엣) 주권[통치권]이 행사되는 영토.

souviens-toi-de-moi [suvjɛ̃twadmwa] n.m. 《복수불변》 《구어》 『식물』 물망초(myosotis).

soviet [sɔvjɛt] 《러시아》 n.m. 소비에트의 노농(勞農) 평의회. S~ suprême 소련연방 최고회의. les S~s, la république des S~s 소련.

soviétique [sɔvjetik] a. 소비에트(노농 평의회)의, 소련의. Union des Républiques Socialistes S~s 소비에트 (사회주의 공화국) 연방(《약자》 U.R.S.S.). armée ~ 소련군. socialisme ~ 소련(식) 사회주의. —S~ n. 소련 사람.

soviétisation [sɔvjetizɑsjɔ̃] n.f. 소비에트화(化).
soviétiser [sɔvjetize] v.t. 소비에트화하다.
soviétologue [sɔvjetɔlɔg] n. 소련 연구가.
sovkhoz(e) [sovkɔ:z] 《러시아》 n.m. (소련의) 소포즈, 국영 농장.
sovnarkhoz [sɔvnarkɔ:z] n.m. (소련의) 국민 경제회의.
soya [sɔja] n.m. 『식물』 콩. ⇔ soja.
soyer¹(ère) [swaje] n.m. (옛) (스트로로 마시는) 냉(冷) 샴페인.
soyer²(ère) [swaje, -ɛ:r] a. 견직물업의. —n.m. 비단 장수.
soyeux(se) [swajø, -ø:z] a. 비단의, 견직물의; 비단같은, 비단같이 부드러운 [윤기나는]. cheveux fins et ~ 가늘고 부드러운 머리카락. peau ~se et douce 비단처럼 부드러운 피부. race ~se 흰털의 일종. —n.m. (리용의) 견직물 제조업자, 견직물 상인. —n.f. 『식물』 박주가리속(屬)의 식물.
soy-ez, -ons [swaj-e, -ɔ̃] ⇔ être.
S.P. (약자) ① sapeurs-pompiers 소방대. ② service de presse 보도반.
S.-P. (약자) Saint-Père 《가톨릭》 성부(聖父).
S.P.A. (약자) Société protectrice des animaux 동물 애호 협회.
spacieusement [spasjøzmɑ̃] ad. 《드물게》 넓게, 널찍하게(↔ à l'étroit). Il est logé ~. 그는 널찍한 집에 살고 있다.
spacieux(se) [spasjø, -ø:z] a. 넓은, 광대한(vaste, ↔ étroit). chambre ~se 널찍한 침실. voiture ~se 내부 공간이 넓은 차.
spaciosité [spasjozite] n.f. 《드물게》 광대함.

spadassin [spadasɛ̃] n.m. 검객(劍客); (고용된) 자객(assassin à gages).
spadice [spadis] n.m. 『식물』 육수(肉穗)꽃차례(花序).
spadille [spadij] n.m. 《카드놀이》 (hombre 놀이에서) 스페이드 에이스.
spaghetti [spageti, -geti] (이탈리아) n.m.pl. 『요리』 스파게티. —a. (경멸) 이탈리아(식)의. western ~ 이탈리아식 서부극(~-western).
spahi [spai] n.m. 『군사』 ① 터키 기병. ② (알제리의 프랑스군에서) 아프리카 토인 기병.
spalax [spalaks] n.m. 『동물』 스팔락스쥐 (꼬리없는 설치류).
spallation [spalasjɔ̃] (영) n.f. 『물리』 (원자핵의) 파쇄(破碎).
spalt¹ [spalt] n.m. 『야금』 금속의 용해에 쓰이는 광석.
spalt² n.m. (사해(死海) 산의) 역청(瀝青), 아스팔트.
spalter [spaltɛ:r] n.m. 나뭇결 무늬를 칠하는 솔.
spanandrie [spanɑ̃dri] n.f. 단성(單性) 생식의 동물에게 수컷이 희귀한 현상.
sparadrap [sparadra] n.m. 『의학』 반창고.
spardeck [spardɛk] 《영》 n.m. 『해양』 경(輕) 갑판.
spare [spa:r] n.m. 『어류』 도미속(屬).
sparganier [sparganje] n.m. 『식물』 흑삼릉(ruban d'eau로 통칭됨).
spargoute [spargut] n.f. =**spergule**.
spargyre [sparʒi:r] n.m. 『연금』 수은(水銀).
sparklet [sparklɛt] (영) n.m. (소다수 제조용의) 탄산가스를 넣은 캡슐.
sparnacien(ne) [sparnasjɛ̃, -ɛn] a. 에페르네(Epernay, 프랑스의 도시)의. —S~ n. 에페르네 사람.
sparring-partner [spariŋpartnɛ:r] (영) n.m. 『권투』 스파링 상대자.
spart [spart] n.m. =**sparte**.
spartacisme [spartasism], **spartakisme** [spartakism] n.m. 『정치사』 스파르타쿠스주의(운동).
spartaciste [spartasist], **spartakiste** [spartakist] n.m. 『정치사』 스파르타쿠스(1916년에 결성된 독일의 사회주의 단체) 단원. —a. 스파르타쿠스의.
Sparte [spart] n.pr.f. 『지리』 스파르타. —s 루스의.
sparte n.m. 『식물』 에스파르트, 아프리카나래새.
spartéine [spartein] n.f. 『약학』 스파르테인 (양골담초에서 추출한 알칼로이드·강심제).
sparterie [spart(ə)ri] n.f. 에스파르트 섬유 제조업 [가공법·제품].
spartiate [sparsjat] a. 스파르타의, 스파르타 사람같은; 엄격한; 강의(剛毅)한. à la ~ 스파르타식으로, 엄격하게. élever ses enfants à la ~ 아이들을 엄하게 기르다. —n.m. 엄격함, 강의함. —n. (스파르타 사람같이) 강인한 사람; (S~) 스파르타 시민(Lacédémonien). —n.f.pl. 가는 가죽끈으로 엮은 샌들.
spasme [spasm] n.m. 『의학』 (근육의) 경련(convulsion); (가슴을 죄는) 경련(serrement).
spasmodique [spasmɔdik] a. 『의학』 경련(성)의(convulsif); 발작적인. rire ~ 일그러진 웃음.
spasmodiquement [spasmɔdikmɑ̃] ad. 《드물게》 경련적으로.
spasmolytique [spasmɔlitik] a. 항(抗)경련성의, 경련을 가라 앉히는(antispasmodique). —n.m. 경련 진정제.
spasmophilie [spasmɔfili] n.f. 경련성 체질.
spasmophilique [spasmɔfilik] a. 경련성 체질의. —n. 경련성 체질 환자.

spatangue [spatɑ̃:g] *n.m.* 《동물》성게의 일종.
spath [spat]《독일》*n.m.* 《광물》벽개성(劈開性)《광물. ~ calcaire 방해석(方解石). ~ d'Islande 빙주석(氷洲石). ~ fluor 형석(螢石).
spathe[1] [spat] *n.f.* 《식물》불염포; (옥수수의)껍
spathe[2] *n.f.* 《옛》(골·게르만족의)단검(短劍). し질.
spathique [spatik] *a.* 《광물》벽개성(劈開性)《광물질[모양]의.
spatial(ale, *pl.* **aux)** [spasjal, -o] *a.* 공간의, 공간적인; 우주 공간의, 우주에 관한. nature ~ale et temporelle 공간적·시간적 본성. voyage ~ 우주여행. vaisseau ~ 우주선(spationef). engin ~ 우주 로켓. ère ~ale 우주 시대. biologie ~ale 우주생물학. Centre national d'études ~ales 국립 우주과학 연구소. navette ~ale 우주 왕복선.
spatialisation [spasjalizasjɔ̃] *n.f.* 공간화, 시각화; (우주 공간으로의)발사.
spatialiser [spasjalize] *v.t.* 공간화[시각화]하다; 공간에 놓다. ~ des données par un graphique 자료를 도표로 시각화하다.
spatialité [spasjalite] *n.f.* 공간성. 「naute).
spationaute [spasjonot] *n.* 우주 비행사(astro-
spationautique [spasjonotik] *n.f.* 우주 공학(astronautique).
spationef [spasjonɛf] *n.m.* 우주선(astronef).
spatio(-)temporel(le) [spasjɔ̃tɑ̃pɔrɛl] *a.* 시간과 공간에 관한.
spatule [spatyl] *n.f.* ① 칼 모양의 얇은 주걱《고약·그림물감 따위를 펴는 데 씀》; 《의학》압설자(壓舌子). ② 《조류》청둥오리《넓적부리》속(屬)의 일종.
spatulé(e) [spatyle] *a.* 《식물》주걱모양의. doigts ~s 끝이 넓적한 손가락.
speaker [spikœ:r]《영》*n.m.* ① (라디오·텔레비전의)아나운서(annonceur, présentateur). ② (영국·미국의)하원 의장.
speakerine [spikərin] *n.f.* (라디오·텔레비전의)여자 아나운서.
***spécial(ale,** *pl.* **aux)** [spesjal, -o] *a.* ① 특수한, 특별한(↔général); 전문적인. armes ~ales 《군사》특수무기《핵무기·화생방 무기》. train ~ 특별열차. étude ~ale 전문(특수) 연구. envoyé ~ d'un quotidien 일간 신문의 특파원. autorisation ~ale 특별허가. cas ~ 특례. faveur ~ale 특별한 호의. salles ~ales de l'hôpital 병원의 특실. dictionnaire général et dictionnaires ~aux 일반사전과 전문사전. communications ~ales 전문지식. hommes ~aux 전문가. ② [~ à] (에)특유한, 특이한(extraordinaire, singulier, ↔ordinaire); 특유하게 다루는. parfum ~aux fruits tropicaux 열대과일의 특이한 향내. revue ~ale à la géographie et à l'histoire 지리 역사의 전문잡지. Il n'y a rien de ~ à citer. 특별히 인용할 만한 것이 없다. C'est un peu ~. 《구어》그거 별나군. mœurs ~ales 변태적인 품행, 동성애.
—*n.f.* 《구어》(lycée 의)수학 전공반(mathématiques ~ales).
***spécialement** [spesjalmɑ̃] *ad.* 특히, 특별히, 특수하게; 전문적으로; 일부러. tous les savants et ~ les chimistes 모든 학자들, 특히 화학자들. Il est venu ~ pour vous voir. 그는 당신을 만나러 일부러 왔다. Aimez-vous les gâteaux?—Pas ~. 과자를 좋아하십니까? 그리 좋아하지 않습니다.
spécialisation [spesjalizasjɔ̃] *n.f.* 특수화; 전문화. ~ d'une librairie dans les livres scientifiques 서점에서 과학서적만 전문적으로 취급함.
spécialisé(e) [spesjalize] *a.p.* 전문의; 특수.

juriste ~ dans le droit international 국제법의 전문가. ouvrier ~ 일반공《취업적성 증명서 C.A.P 를 갖지 않은 하급공원》.
spécialiser [spesjalize] *v.t.* 특수화하다; 전문화하다. ~ des chercheurs 연구원을 전문화하다. ~ par siècles les rayons d'une bibliothèque 도서실의 서가를 세기별로 구분하다.
—*se* ~ *v.pr.* 전공하다, 전문으로 하다. *se* ~ en paléontologie 고생물학을 전공하다. *se* ~ dans l'étude de la peinture espagnole 에스파냐 회화연구를 전문으로 하다.
spécialisme [spesjalism] *n.m.* 《드물게》특수성, 특수화; 전문, 전공.
***spécialiste** [spesjalist] *n.* ① 전문가, 전공자(↔amateur). ~ de l'informatique 정보공학의 전문가. ② 전문의사(médecin ~). consulter un ~ en cancérologie 암전문의의 진찰을 받다. ③《구어》(어떤 일에)정통한 사람, 상습자. ~ des fraudes fiscales 상습적인 탈세자. Il est ~ de cette sorte de sottises. 그는 이런 바보짓을 하는 데에는 이골이 났다. —*a.* 전문가의.
***spécialité** [spesjalite] *n.f.* ① 특수성, 특질. ② 전문, 전공; 전문가; 전공자. faire sa ~ de qc …을 전공하다. savant qui ne voit rien au delà de sa ~ 자기 전공 이외의 것은 아무것도 거들떠보지 않는 학자. La biologie est sa ~. 생물학이 그의 전공이다. ~ avoir pour ~ la peinture italienne de la Renaissance 르네상스 시기의 이탈리아 미술을 전공하다. ③ 특산물, 명산(名產), 특제품; 《약》특허조제(~ pharmaceutiques). acheter des ~ de la région 그 지방의 특산품을 사다. ④《구어》(보통 경멸》특기. Sa ~, c'est d'arriver en retard. 지각하는 것이 그의 특기이다. ⑤ ~ administrative 《법》행정상의 권한.
spéciation [spesjasjɔ̃] *n.f.* 《생물》(진화 과정에서)신종형성(新種形成).
species, spécies [spesjes]《라틴》*n.m.* 《생물》종(種)의 개별 연구자.
spécieusement [spesjǿzmɑ̃] *ad.* 《문어》허울좋게; 그럴듯하게.
spécieux(se) [spesjǿ, -ǿ:z] *a.* 허울좋은; 그럴듯한 (↔sérieux, sincère). prétextes ~ 허울좋은 구실. argument ~ 그럴듯한 주장. —*n.m.* 허울좋음; 그럴듯함.
spécificatif(ve) [spesifikatif, -i:v] *a.* 특수성을 규정[한정]하는.
spécification [spesifikasjɔ̃] *n.f.* ① 명확하게 하기(précision), 명시, 명기(明記); 분류; 특정. sans ~ d'heure ni de lieu 시간과 장소를 명시하지 않고. ② 《공산품·건물의》설계 명세서. ~ d'un produit industriel 제품의 명세서. ③《법》(타인 소유물의)가공.
spécificité [spesifisite] *n.f.* 《의학》(징후 따위의)특수성, 특질; (약의)특효성. ~ d'une espèce animale 동물의 특수성. ~ d'un symptôme (병)증세의 특수성. ~ d'un remède 약의 특효성.
spécifié(e) [spesifje] *a.* condition du sujet ~ 《언어》(생성문법의)지정 주어 조건.
spécifier [spesifje] *v.t.* (의)특수성을 규정[한정]하다, 특기하다, 명시하다(préciser, indiquer). ~ le numéro 번호를 명시하다. ~ les conditions 조건을 명시하다. Il m'a *spécifié* qu'il reviendrait le lendemain. 그는 내게 그 이튿날 돌아오겠다고 분명히 말했다.
spécifique [spesifik] *a.* ① (어떤 종류에)특유한, 특수한, 특정의(caractéristique). caractère ~ de l'espèce humaine 인류의 특성. odeur ~ du soufre

유황 특유의 냄새. chaleur(poids) ~ 【물리】비열[비중]. droits ~s 종량세(從量稅). ② 【생물】종(種)의. différence — 종차(種差). nom ~ (동·식물의)고유명. ③ 【의학】(약이)특효가 있는. médicament[remède] — 특효약. microbe — 특수균. —*n.m.* 【의학】특효약.

spécifiquement [spesifikmɑ̃] *ad.* 특수하게, 특정하게(typiquement).

spécimen [spesimɛn] 《라틴》 *n.m.* 견본(échantillon), 표본, 전형(modèle). Cette église est un bon ~ du style baroque. 이 교회는 바로크 양식의 좋은 예이다. maison qui est comme un ~ de l'architecture moderne 현대 건축의 표본과 같은 집. —*a.* (여성불변) 견본의, 표본의. numéro ~ (정기 간행물의)내용 견본호(號). page ~ (책의)내용 견본 페이지.

spéciosité [spesjozite] *n.f.* 《드물게》 허울좋음; 그럴듯함.

*****spectacle** [spɛktakl] *n.m.* ① 광경, 구경거리(aspect, tableau). ~ joyeux de la fête 즐거운 축제 광경. ~ de la nature 자연의 경관. ~ affreux 무시무시한 광경. donner en ~ 진열하다. ② 상연, 상영, 공연. aller au ~ 공연을 보러 가다. salle de ~ 극장. ③ (집합적) 연예활동. page des ~s dans un journal 신문의 연예란. monde du ~ 연예계. taxe sur les ~s 흥행세.
au ~ *de …*을 보고서. Elle s'est évanouie *au* ~ *de* cet assassinat. 그 여자는 살인사건을 목격하고 기절했다.
se donner s'offrir] en ~; *servir de* ~ 《구어》 …의 이목을 끌다; 웃음거리가 되다.
faire ~ *de qc …*을 과시하다.
revue(pièce) à grand ~ 호화판 잡지[연극].

spectaculaire [spɛktakylɛːr] *a.* 구경거리가 될 만한, 눈부신, 장관인, 화려한(frappant); 연극의. match ~ 구경할 만한 경기(시합). résultat ~ 눈부신 결과. almanach ~ 연극 연감.

*****spectateur(trice)** [spɛktatœːr, -tris] *n.* ① 구경꾼, 관객, 관람자; 방관자(assistant). ~ d'un match de football[du cinéma] 축구경기[영화]의 관람자. vivre en ~ 방관자로 살다. ② 목격자. ~ d'un drame de la rue 거리의 참극의 목격자.

spectral(ale, *pl.* **aux)** [spɛktral, -o] *a.* ① 유령같은(fantomatique). pâleur ~*ale* 유령같은 창백함. ② 【물리】스펙트럼의, 분광의. analyse ~*ale* 스펙트럼 분석. couleurs ~*ales* 스펙트럼색.

spectre [spɛktr] *n.m.* ① 유령, 귀신, 망령, 도깨비(fantôme, revenant); (비유적) 공포, 위협. château hanté des ~s 유령이 나오는 성. ~ de la guerre 전쟁의 위협. ② 【물리】스펙트럼, 분광(分光). ~ atomique 원자 스펙트럼. ~ solaire 태양[일광] 스펙트럼. ~ de diffraction 회절 스펙트럼. ~ d'émission 발광 스펙트럼. ~ ultraviolet 자외선 스펙트럼. ~ de masse 질량 스펙트럼. ③ 마르고 여윈 사람.

spectrochimique [spɛktrɔʃimik] *a.* analyse ~ 【화학】분광 분석.

spectrogramme [spɛktrɔgram] *n.m.* 【물리】스펙트럼(분광) 사진.

spectrographe [spɛktrɔgraf] *n.m.* 【광학】분광 사진기; 분광기; 【언어】 =spectrographe.

spectrohéliographe [spɛktroeljɔgraf] *n.m.* 【물리】분광 태양 사진기.

spectromètre [spɛktrɔmɛtr] *n.m.* 【광학】분광계; 분광기; 【언어】 =spectrographe.

spectrométrie [spɛktrɔmetri] *n.f.* 【광학】분광 측정.

spectrophotographie [spɛktrɔfɔtɔgrafi] *n.f.* 【광학】분광 사진술.

spectrophotomètre [spɛktrɔfɔtɔmɛtr] *n.m.* 【광학】분광 광도계[측광계]; 분광 사진기.

spectrophotométrie [spɛktrɔfɔtɔmetri] *n.f.* 【광학】분광 측광.

spectroscope [spɛktrɔskɔp] *n.m.* 【광학】분광기. ~ à prisme (à réseau, à vision directe) 프리즘[격자·직시(直視)] 분광기.

spectroscopie [spɛktrɔskɔpi] *n.f.* 【광학】분광학.

spectroscopique [spɛktrɔskɔpik] *a.* 【광학】분광학의; 분광의, 분광기를 사용하는. analyse ~ 분광 분석.

spectroscopiste [spɛktrɔskɔpist] *n.m.* 【광학】분광학자; 분광기사.

spectro-tubérantiel(le) [spɛktrɔtyberɑ̃sjɛl] *a.* 【물리】태양 홍염의 스펙트럼에 관한.

spéculaire [spekylɛːr] *a.* (광물이 엷고 투명해져서 빛을 반사하는)운모상(雲母狀)의, 거울상의. pierre ~ 《옛》운모(mica). fer — 경철광(鏡鐵鑛). fonte ~ 스피겔. image ~ 경상(鏡像). écriture ~ 【의학】(어떤 종류의 정신병자에게서 발견되는) 역서법(écriture en miroir)《정상 서법을 거울에 비추듯함》. hallucination ~ (정신병자의)자기 자신을 눈앞에 보는 환각.
—*n.f.* 【식물】도라지과(科)의 일종(miroir de Vénus).

spéculateur(trice) [spekylatœːr, -tris] *n.* 【상업】(특히 증권의)투기가(agioteur); 《옛》(별을)관찰하는 사람.

spéculatif(ve) [spekylatif, -iːv] *a.* ① 【철학】사색적인, 사변적인(↔pratique). esprit ~ 사변적인 정신. ② 【상업】투기적인. valeurs ~*ves* 투기적 유가증권.

spéculation [spekylɑsjɔ̃] *n.f.* ① 사색, 사변(思辨); 순이론, 공론(空論)(↔pratique). ~ métaphysique 형이상학적 사변. Ce n'est qu'une pure ~. 그것은 순전히 공론(空論)에 불과하다. ② 【상업】투기; 《옛》(상업·금융의)움직임, 변동. se livrer à des ~s hasardeuses 위험한 투기에 골몰하다. ③ 《옛》천체 관측, 자연 현상의 관찰.

spéculativement [spekylativmɑ̃] *ad.* 사색적으로; 순이론적으로.

spéculer [spekyle] *v.i.* ① 【철학】사색하다. Il passe sa vie à ~ sur la politique. 그는 정치에 관해 사색하는 데에 일생을 바치고 있다. ② 투기하다. Il *spécule* sur les terrains à bâtir. 그는 건축용지(地)에 투기를 한다. ③ (비유적) 믿다니, 편승하다. [~ *sur*] ~ *sur* la crédulité des hommes 인간의 쉽게 믿는 성질에 편승하다.
—*v.t.* 《옛》(천체)관측하다, (자연 현상을)관찰하다(observer). ~ la marche des planètes 혹성의 운행을 관측하다.

speculum, spéculum [spekylɔm] 《라틴》 *n.m.* 【의학】관경(管鏡)《비공경(鼻孔鏡), 이문경(耳門鏡), 항문경, 질경(膣鏡) 따위》.

speech [spitʃ] (*pl.* **~es**) 《영》 *n.m.* (특히 건배에 대한 답례로서의)연설(discours). faire[prononcer] un ~ 연설하다.

speiss [spɛs] 《독일》 *n.m.* 【야금】스파이스, 비피(砒鉝)《납광석을 제련할 때 생기는 비소(砒素)》.

spéléiste [speleist] *n.* 《스포츠로서의》동굴 탐험가.

spéléo [speleo] *n.* 《구어》 =spéléologue.

spéléo- *préf.* 「동굴」의 뜻.

spéléologie [speleɔlɔʒi] *n.f.* 동굴학.

spéléologique [speleɔlɔʒik] *a.* 동굴학의[에 관한]. exploration ~ 동굴 탐험.

spéléologiste [speleɔlɔʒist], **spéléologue** [spe-

spéléologue] *n*. 동굴 학자; 동굴 탐험가(spéléo).
spéléonaute [speleɔnoːt] *n*. 장기간 동굴을 탐색하는 사람.
spéléotomie [speleɔtɔmi] *n.f*. 〖외과〗(폐의)공동절제(空洞切除).
spélonque [spelɔ̃ːk] *n.f*. 〖옛〗〖의학〗폐공동(caverne pulmonaire); 동굴; 은거지.
spencer [spɛ̃sɛːr] 〖영〗 *n.m*. 〖의복〗(남녀의)짧은 상의; 〖옛〗(기병 장교가 입던)짧은 외투.
spensérien(ne) [spɛ̃serjɛ, -ɛn] *a*. 〖시〗스펜서(*Edmond Spenser*, 영국의 시인)(풍)의.
spéos [speɔs] *n.m*. 〖고대이집트〗지하 동굴 사원.
spergule [spɛrgyl] *n.f*. 〖식물〗양별꽃.
sperkise [spɛrkiːz] *n.f*. 〖광물〗황화천철.
spermaceti [spɛrmaseti] *n.m*. 경랍(鯨蠟)(연고·양초 따위의 원료); 경뇌(鯨腦)(blanc de baleine). huile de ~ 경랍유.
spermathèque [spɛrmatɛk] *n.f*. 〖생물〗저정낭(貯精囊)(spermatothèque).
spermaticide [spɛrmatisid] *a*. 정자를 죽이는.
spermatide [spɛrmatid] *n.f*. 〖생물〗정세포(精細胞). 「(精子).
spermatie [spɛrmati] *n.f*. 〖생물〗부동정자(不動
spermatique [spɛrmatik] *a*. 〖해부〗 정소(精巢)의. artère ~ 정소동맥. veines ~s 정소정맥. ② 정자의, 정액의. cordon ~ 정관(精管)
spermat(o)-, spermo- *préf*. 「정액·정자·종자(種子)」의 뜻.
spermatocyte [spɛrmatɔsit] *n.f*. 〖생물〗정모(精母) 세포.
spermatogénèse [spɛrmatɔʒenɛːz] *n.f*. 〖생물〗정세포 형성.
spermatogonie [spɛrmatɔgɔni] *n.f*. 〖생물〗정원(精原) 세포; 〖식물〗정자기(器).
spermatophore [spɛrmatɔfɔːr] *n.m*. 〖생물〗(곤충·연체 동물의)정포(精包), 정낭(精嚢).
spermatophytes [spɛrmatɔfit] *n.m.pl*. 〖식물〗종자식물.
spermatorrhée [spɛrmatɔre] *n.f*. 〖의학〗유정(遺精), 몽정(夢精).
spermatothèque [spɛrmatɔtɛk] *n.f*. 〖생물〗정자낭(spermathèque).
spermatozoaire [spɛrmatɔzɔɛːr], **spermatozoïde** [spɛrmatɔzɔid] *n.m*. 〖생물·생리〗정자, 정충.
sperme [spɛrm] *n.m*. 〖생리〗정액. 「충.
spermo- *préf*. 「정액·정자·종자(種子)」의 뜻.
spermoculture [spɛrmɔkylty:r] *n.f*. 정액 배양.
spermogonie [spɛrmɔgɔni] *n.f*. 〖식물〗정자낭, 웅정낭(雄精嚢). 「일종.
spermophile [spɛrmɔfil] *n.m*. 〖동물〗다람쥐의
sphacèle [sfasɛl] *n.m*. 〖의학〗회저(壞疽), 탈저(脫疽); 회사조직(壞死組織).
sphacélé(e) [sfasele] *a.p*. 회저(脫疽)성의.
sphacéler [sfasele] 〖6〗 *v.t* 회저(脫疽)에 걸리게 하다. —se— *v.pr*. 회저(脫疽)에 걸리다.
sphagnacées [sfagnase], **sphagnales** [sfagnal] *n.f.pl*. 〖식물〗물이끼과(科).
sphaigne [sfɛɲ] *n.f*. 〖식물〗물이끼속(屬)(분해해서 이탄(泥炭)(tourbe)이 됨).
sphénisque [sfenisk] *n.m*. 〖조류〗 펭귄속. ~ du Cap 케이프 펭귄.
**sphénoïd*al(ale, pl. aux*) [sfenɔidal, -o] *a*. 〖해부〗접형골(蝶形骨)의.
sphénoïde [sfenɔid] *n.m*. 〖해부〗접형골(os ~).
sphéno-maxillaire [sfenɔmaksilɛːr] *a*. 〖해부〗접형 위턱의.
sphéno-palatin(e) [sfenɔpalatɛ̃, -in] *a*. 〖해

접형 구개(口蓋)의.
sphère [sfɛːr] *n.f*. ① 구(球), 구형. centre d'une ~ 구의 중심. rayon(diamètre) d'une ~ 구의 반경 (직경). ~ céleste 천구. ~ terrestre 지구. ②〖비유적〗(작용·영향 따위가 미치는)범위, 한계; 영역(domaine). ~ d'action 활동 범위. ~ d'influence 세력 범위. ~ d'attributions 권한, 관할. dans la ~ limitée 한정된 범위 안에서. hautes ~s de la politique 정계의 상층부. Cet homme est apprécié dans sa ~. 이 사람은 그의 분야에서 아주 호평을 받고 있다. ③지구의(地球儀), 천구의(天球儀). ④〖생물〗~ directrice (세포의)중심체(centrosome). ⑤〖시〗천공.
sphériacées [sferjase] *n.f.pl*. 〖식물〗곰팡이류.
sphéricité [sferisite] *n.f*. ① (지구 따위의)공모양, 구상(球狀). ② aberration de ~ 〖광학〗구면수차(球面收差).
sphérique [sferik] *a*. ① 구형의, 공모양의(rond). bille parfaitement ~ 완전히 둥근 구슬. corps [surface] ~ 구체(구면). ② 〖수학〗구(면)의, 구체의. géométrie ~ 구면 기하학. triangle ~ 구면 삼각형. segment ~ 구대(球帶). miroir ~ 구면경(球面鏡).
— *n.m*. 〖항공〗 구형 기구(氣球).
sphériquement [sferikmɑ̃] *ad*. 공모양으로, 구상(球狀)으로.
sphéristère [sferistɛːr] *n.m*. 〖고대그리스〗 구희장(球戲場). 「(球戲).
sphéristique [sferistik] *n.f*. 〖고대그리스〗 구희
**sphéroïd*al(ale, pl. aux*) [sferɔidal, -o] *a*. 구형에 가까운, 회전 타원체의.
sphéroïde [sferɔid] *n.m*. 〖수학〗회전 타원체, 장구면(長球面), 편구면(偏球面).
sphéroïdique [sferɔidik] *a*. 〖수학〗회전 타원체의(sphéroïdal).
sphéromètre [sferɔmɛtr] *n.m*. 〖물리〗구면계(球面計)
sphérométrie [sferɔmetri] *n.f*. 〖수학〗호도법(弧度法)
sphérule [sferyl] *n.f*. 작은 구(球).
sphex [sfɛks] *n.m*. 〖곤충〗조롱박벌.
sphincter [sfɛ̃ktɛːr] *n.m*. 〖해부〗괄약근(括約筋). ~ de l'anus 항문 괄약근.
sphinctérien(ne) [sfɛ̃kterjɛ̃, -ɛn] *a*. 〖해부〗괄약
sphinge [sfɛ̃ːʒ] *n.f*. 〖신화〗여자 스핑크스.「근의.
sphinx [sfɛ̃ːks] *n.m*. ① 〖그리스신화〗 스핑크스(상). sourire de ~ 스핑크스의 미소. ② 수수께끼의 인물, 불가사의의 인물; 어려운 질문을 하는 사람. ③〖곤충〗박각시.
sphragistique [sfraʒistik] *a*. 인장(印章)의.
— *n.f*. 인장학(sigillographie).
sphygmogramme [sfigmɔgram] *n.m*. 〖의학〗맥박곡선(脈搏曲線), 맥파기록도(脈波記錄圖).
sphygmographe [sfigmɔgraf] *n.m*. 〖의학〗맥박계, 맥박 기록기.
sphygmographie [sfigmɔgrafi] *n.f*. 〖의학〗맥박기록법.
sphygmomanomètre [sfigmɔmanɔmɛtr], **sphygmotensiomètre** [sfigmɔtɑ̃sjɔmɛtr] *n.m*. 〖의학〗맥압계(脈壓計).
sphyrène [sfirɛn] *n.f*. 〖어류〗창꼬치.
spic [spik] *n.m*. 〖식물〗(쑥과의)라벤더(lavande)의 일종.
spica [spika] *n.m*. 〖의학〗수상(穗狀)붕대(8자형붕대, 한번씩 접어서 8자형으로 묶음). 「(香).
spicanard [spikanaːr] *n.m*. 〖식물〗감송향(甘松
spiccato [spikato] *ad*. 〖이탈리아〗〖음악〗명확하게 끊어서(활줄을 현위에서 도약시켜 음을 세분하

는 현악기 연주법). 「의.
spiciflore [spisiflɔːr] a. 《식물》 수상화(穗狀花)
spiciforme [spisifɔrm] a. 《식물》 수상(穗狀)의.
spicilège [spisilɛːʒ] n.m. 문서집, 서류집; 문집, 감상집, 관찰집.
spicule [spikyl] n.m. ① 《동물》 (해면동물 따위의) 침골 (針骨), 조각뼈 ; 선충류 (線虫類)의 교미침. ② 《식물》 작은 수상화(穗狀花). ③ 《천문》침상체 (태양의 채층(彩層) 상층부를 구성하는 불꽃 모양의 가스체).
spider [spidɛːr] 《영》 n.m. ①《옛》포장덮개식 오픈카의)후부 트렁크, 후부(보조)좌석. ②《옛》거미형 마차 (좌석이 높은 포장덮개 4 륜마차).
spiegel [spigɛl] 《독일》 n.m. 《야금·기계》 경철(鏡鐵) (주철의 망간을 함유한 강철).
spin [spin] 《영》 n.m. 《물리》 스핀 (소립자 또는 원자핵 내부의 고유의 운동량).
spina-bifida [spinabifida] 《라틴》 n.m. 《의학》 이분척추(二分脊椎), 척추 파열.
spinal(**ale**, pl. **aux**) [spinal, -o] a. 《해부》 척수 (등십이)의; 척추의. moelle ~ale 척수. nerf ~ 척수 신경.
spinalien(**ne**) [spinaljɛ̃, -ɛn] a. 에피날 Épinal, 프랑스의 도시)의. —S~ n. 에피날 사람.
spina-ventosa [spinavɛ̃toza]《라틴》n.m.《의학》 풍극 (風棘) 《손가락 뼈의 결핵》.
spinelle [spinɛl] n.m. 《광물》《보》 첨정석(尖晶石). —a. rubis~ 스피넬 루비.
spinnaker [spinakɛːr]《영》n.m. 스피니커 《요트의 대형 삼각돛. 뒷바람으로 달릴 때 앞돛으로 사용).
spinosisme, spinozisme [spinozism] n.m. 《철학》 스피노자 철학.
spinosiste, spinoziste [spinozist] n. 《철학》 스피노자학파의 사람. —a. 스피노자 철학(학파)의.
spinthariscope [spɛ̃tariskɔp] n.m. 라듐의 알파선에 의한 형광판의 섬광을 검사하는 확대경.
spinule [spinyl] n.f. 《생물》 잔 가시, 작은 침.
spiracle [spirakl] n.m. 《동물》 (곤충 따위의) 기문 (氣門), 호흡공 (呼吸孔), 숨구멍.
spiral(**ale**, pl. **aux**) [spiral, -o] a. 《주로 성구(成句)에 쓰임》 나선(螺旋) 모양의.
—n.m. 《시계의》태엽.
—n.f. ① 나선, 소용돌이 모양. aller en ~ale 소용돌이치다. escalier en ~ale 나선형 계단. La fumée monte en ~ale. 연기가 나선을 그리며 올라간다. ~ale métallique《무전》축침(觸針). ② 《수학》 나선. ~ale d'Archimède 아르키메데스 나선. ~ale logarithmique 대수 나선. ③ 《경제》 (임금·물가 따위의)연쇄적 변동, 악순환.
spirale(**e**) [spirale] a. 나선 모양의. filament ~ 나선형 필라멘트. vaisseau ~ 《식물》나선문도관(紋導管).
spirant(**e**) [spirɑ̃, -ɑ̃ːt] 《언어》 a. 마찰음의 (fricative). —n.f. 마찰음 (f, v, s, z, ch, θ 따위) (consonne ~e). 「화.
spirantisation [spirɑ̃tizasjɔ̃] n.f. 《언어》 마찰음
spiration [spirasjɔ̃] n.f. 《신학》 성령이 성부와 성자에서 나옴.
spire [spiːr] n.f. 나선의 한 둘레; 《동물》(소라 따위의)나층(螺層), 나탑(螺塔).
spirée [spire] n.f. 《식물》 조팝나무속(屬).
spirifer [spirifɛːr] n.m. 《고대생물》 석연(石燕)《완족류(腕足類) 화석의 일군(一群)》.
spirifère [spirifɛːr] a. 《생물》 (권패(卷貝)처럼) 층탑을 지닌, 완족류(腕足類)에 있어서)소용돌이형의 부속물을 지닌.
spirille [spirij] n.m. 《세균》 나선균.

spirillose [spiri(l)loːz] n.f. 《의학》 나선균병.
spiritain [spiritɛ̃] n.m. 《종교》 성령전교회의 수도
spirite [spirit] a. 영혼의, 강신술(降神術)의. 「사.
—n. 강신술자, 강신술 신자; 강신술 연구가.
spiritisme [spiritism] n.m. 강신학[술], 영교(靈交)설[술], 심령학.
spiritiste [spiritist] a. 강신술의, 영교술의.
—n. 심령술사(spirite).
spiritual(pl. **als**) [spirityoːl, -oːls] n.m. 흑인 영가 (negro-~).
spiritualisation [spirityalizasjɔ̃] n.f. ①《문어》정신화, 정신성 부여. ~ de l'amour dans la poésie courtoise 중세 궁정시에서의 사랑의 정신화《송화). ②《고대화학》(물질의)정분(精分)추출.
spiritualiser [spirityalize] v.t. ①《문어》정신화하다; 고상[고결·숭고]하게 하다 (↔ matérialiser). ~ ses actions 행위에 정신적 의미를 주다. ② 《고대화학》(물질)의 정분을 추출하다.
—se ~ v.pr. 정신화[영화]되다.
spiritualisme [spirityalism] n.m. 《철학》 유심론(唯心論)(↔ matérialisme); 정신주의 (적 경향).
spiritualiste [spirityalist] 《철학》 a. 유심론의, 정신주의적인. —n. 유심론자, 정신주의자.
spiritualité [spirityalite] n.f. 정신성, 영성(靈性) 《종교》 구도(求道).
*****spirituel**(**le**) [spirityɛl] a. ①정신의, 정신적인 (↔ matériel). amour ~ 플라토닉한 사랑. héritage ~ 정신적 유산. valeurs ~les d'une civilisation 문명의 정신적 가치. être conçue comme réalité ~le 정신적 실재로 간주된 영혼. ②《종교적 의미로서의)심령의, 영적인(↔ sensuel); 교회의 (↔ temporel). vie ~le 구도적 생활. directeur ~ 영적 지도자. exercices ~s 심령수업, 영조(靈操). concert ~ 종교 음악회. pouvoir ~ du pape 교황의 교권. ③재치있는, 활발한. femme ~le 재치있는 여자. plaisanterie ~le 재치있는 농담. physionomie ~le 재기발랄한 용모.
—n.m. ①교권 (↔ temporel). ②(13·14세기의) 프란체스코파 수도사.
spirituellement [spirityɛlmɑ̃] ad. ①정신적으로, 영적으로. ②재치있게.
spiritueux(**se**) [spirityø, -øːz] a. 알코올《주정)을 다량 함유한;《옛》(생명원리로서의)정기가 넘치는. ~ alcools 증류주 (forte liqueur). taxe sur les ~ 주세(酒稅).
spirituosité [spirityozite] n.f. 주정도(酒精度).
spirocercose [spirosɛrkoːz] n.f. 《가축》 (개의 소화기관에 생기는)기생충병.
spirochète [spirokɛt] n.m. 《세균》 스피로헤타 (나선상 세체균결성균).
spirochétose [spiroketoːz] n.f. 《의학》 스피로헤타병 (매독·회귀열 따위). 「일종.
spirographe [spirɔgraf] n.m. 《동물》 환형동물의
spiroïdal(**ale**, pl. **aux**) [spirɔidal, -o], **spiroïde** [spirɔid] a. 나선 모양의.
spiromètre [spirɔmɛtr] n.m. 폐활량계. 「이.
spirorbe [spirɔrb] n.m. 《동물》 소용돌이 갯지렁
spit(**t**)**ant**(**e**) [spitɑ̃, -ɑ̃ːt] a. 반짝반짝 빛나는; 거품이는; 재기발랄한. eau ~e 반짝이는 물. esprit ~ 재기발랄한 기지.
spitter [spite] 《영》 v.t. 《건축》(공기총으로)석막대를 박다.
splanchnique [splɑ̃knik] a. 《해부》 내장의. nerf ~ 내장 신경. 「학.
splanchnologie [splɑ̃knɔlɔʒi] n.f. 《의학》 내장
spleen [splin] 《영》 n.m. 《문어》 우울; 우울증; 염세적 기분 (ennui, mélancolie, 《속어》 cafard).

spleenétique [splinetik] *a., n.* =**splénétique**.
splénalgie [splenalʒi] *n.f.* 『의학』 비장 통증.
splendeur [splɑ̃dœːr] *n.f.* ①《문어》빛, 광휘, 광채 (clarté). ~ du soleil 찬란한 햇빛. ② (명성·영예 따위의)찬란함, 탁월함. Ce pays a retrouvé son ancien ~. 이 나라는 옛날의 찬란함을 되찾았다. ③ (궁전 따위의)장려함, 화려함(somptuosité). ~ de l'art grec 그리스 예술의 화려함. *être dans toute sa* ~ ⓐ 명성이 절정에 달하다. ⓑ(비쯤)이게 무슨 창피인가.
splendide [splɑ̃did] *a.* 빛이 가득찬, 빛나는(clair); 호화로운, 장려한, 눈부신(magnifique). fête ~ 호화로운 잔치. Quel temps ~! 기막히게 좋은 날씨로군!
splendidement [splɑ̃didmɑ̃] *ad.* 휘황찬란하게, 화려하게, 훌륭하게(magnifiquement).
splénectomie [splenɛktɔmi] *n.f.* 『외과』 비장 적출(脾臟摘出)(술).
splénétique [splenetik] *a., n.* 우울한(것[사람]).
splénique [splenik] *a.* 『해부』 비장의.
splénisation [splenizɑsjɔ̃] *n.f.* 『의학』 (비장 조직에 생기는 경화로 인한)폐의 손상.
splénite [splenit] *n.f.* 『의학』 비장염.
splénius [splenjys] *n.m.* 『해부』 (후두부의)판상근(板狀筋)(muscle ~).
splénographie [splenɔgrafi] *n.f.* 『해부』 (약물 주입 후의)비장의 방사선 촬영.
splénoïde [splenɔid] *a.* 『해부』 비장성의.
splénomégalie [splenɔmegali] *n.f.* 『의학』 비장비대증.
splénopneumonie [splenɔpnømɔni] *n.f.* 『의학』 (일종의)폐렴.
splénoportographie [splenɔpɔrtɔgrafi] *n.f.* 『해부』 정맥 조직 촬영.
splittage [splitaːʒ] *n.m.* 도표를 삭제하기.
splitter [splite] *v.t.* (타자기 따위의)도표를 (전체적으로 또는 부분적으로)삭제하다.
spolia*teur(trice)* [spɔljatœːr, -tris] *n.* 약탈(강탈)자, 강탈(횡령)자. ⓐ 약취(강탈)하는; 사취(횡령)하는.
spoliation [spɔljɑsjɔ̃] *n.f.* 약탈, 강탈, 사취, 횡령.
spolier [spɔlje] *v.t.* 약탈(강탈)하다, 사취(횡령)하다(frustrer). ~ qn de qc …에게서 …을 약탈하다.
spondaïque [spɔ̃daik] *a.* 『운율』 (그리스·라틴의 6각시(脚詩)의) 제 5 각이 장장격(長長格)인. hexamètre ~ 제 5 각이 장장격인 6각시.
spondée [spɔ̃de] *n.m.* 『운율』 장장격(長長格). dactyles et ~s 장단단격과 장장격.
spondias [spɔ̃djaːs] *n.m.* 『식물』 옻나무과(科)의 일종(植物).
spondylarthrite [spɔ̃dilartrit] *n.f.* 『의학』 척추(脊椎) 관절염.
spondyle [spɔ̃dil] *n.m.* ①《옛》『해부』 추골(椎骨), 척추골. ② 『패류』 분홍꽃가리비속(屬).
spondylite [spɔ̃dilit] *n.f.* 『의학』 척추(골)염.
spondylose [spɔ̃diloːz] *n.f.* 『의학』 척추 신경통.
spongiaires [spɔ̃ʒjɛːr] *n.m.pl.* 『동물』 해면(갯솜)류.
spongiculture [spɔ̃ʒikyltyːr] *n.f.* 해면 양식, 류.
spongieu*x(se)* [spɔ̃ʒjø, -ʃːz] *a.* 해면질의, (해면처럼)구멍이 많은; 물을 흡수한; 물렁물렁한. sol ~ d'un marécage 늪의 흡수성 토질. tissu ~ 『해부』 갯솜 해면체.
spongille [spɔ̃ʒil] *n.f.* 『동물』 민물해면.
spongiosité [spɔ̃ʒjozite] *n.f.*《드물게》해면질, 해면상(狀).
spongite [spɔ̃ʒit] *n.f.* 『광물』 해면석, 다공석(多孔石).
sponsor [spɔ̃sɔːr, spɔnsɔːr]《영》*n.m.* 자본주; 후원자, 스폰서.
sponsoriser [spɔ̃sɔrize, spɔnsɔrize] *v.t.* 자본을 융자해주다; 후원하다.
spontané*(e)* [spɔ̃tane] *a.* ① 자발적인(volontaire, libre, ↔ dicté, imposé); 자연스러운. acte ~ 자발적 행위. aveux ~s 자발적인 자백. manifestation ~e de solidarité 단결심의 자연스러운 발로. ② 본능적인, 충동적인(instinctif, ↔ calculateur); 솔직한(franc). geste ~ 본능적인 동작. caractère ~ 솔직한 성격. ③ 자연발생의, 자연적인. combustion ~e 자연발화. génération ~e 『생물』 자연 발생(생식). maladie ~e 『의학』 우발병(偶發病). 『식물』 flore ~e 자생식물군.
spontanéisme [spɔ̃taneism] *n.m.* 자연주의(인간의 자발성을 존중하는 사고 방식); 『정치』 자연 혁명론(대중에 의한 자발적 혁명을 신봉하고 주장하는 주의).
spontanéist [spɔ̃taneist] *a.* spontanéisme 을 신봉하는. —*n.* (위)의 사람.
spontanéité [spɔ̃taneite] *n.f.* ① 자발성; 자연스러움, 솔직함. ~ d'une réponse 대답의 솔직함. avec ~ 꾸밈없이. ②《옛》『철학』 자발성.
spontanément [spɔ̃tanemɑ̃] *ad.* 자연히, 자발적으로(volontairement); 무의식적으로, 본능적으로(instinctivement). agir ~ 자발적으로 행동하다. porter secours ~ à un blessé 자진해서 부상자를 돕다. pousser ~ un cri 자신도 모르게 소리를 지르다.
sporadicité [spɔradisite] *n.f.* 『의학』 (질병의)특발성(特發性).
sporadique [spɔradik] *a.* ① (병 따위가)특발성의, 산재성의(↔ épidémique); (시간적·공간적으로)산발적인(isolé). mouvements ~s de grève 산발적인 파업 운동. ② 『생물』 (식물 따위가)산재하는.
sporadiquement [spɔradikmɑ̃] *ad.* 특발적으로, 산발적으로, 산재하여(↔ constamment). 「낭.
sporange [spɔrɑ̃ːʒ] *n.m.* 『식물』 홀씨주머니, 포자
spore [spɔːr] *n.f.* 『생물』 홀씨, 포자(胞子).
sporée [spɔre] *n.f.* 『식물』 양벌풀(spergule).
sporidie [spɔridi] *n.f.* 『생물』 작은 홀씨. 「는.
sporifère [spɔrifɛːr] *a.* 홀씨를 가진, 홀씨가 생기
sporocarpe [spɔrɔkarp] *n.m.* 『식물』 아포科.
sporocyste [spɔrɔsist] *n.m.* 『동물』 스포로시스트.(포자충류(胞子蟲類)의 접합자가 분열해서 생기는 막(膜)에 포함된 포자 또는 흡충류(吸蟲類)의 유생의 하나).
sporogone [spɔrɔgɔn] *n.m.* 『식물』 스포로곤(이끼 식물의 대형 홀씨주머니).
sporogonie [spɔrɔgɔni] *n.f.* 『생물』 홀씨 형성, 포자 생성, 아포(芽胞) 번식.
sporophyte [spɔrɔfit] *n.m.* 『식물』 포자체, 조포체(造胞體).
sporotric [spɔrɔtrik], **sporotriche** [spɔrɔtriʃ] *n.m.* 『식물』 사상균(絲狀菌).
sporotrichose [spɔrɔtrikoːz] *n.f.* 『의학』 사상균류에 의한 피부병.
sporozoaires [spɔrɔzɔɛːr] *n.m.pl.* 『생물』 포자충류(胞子蟲類).
sporozoïte [spɔrɔzɔit] *n.m.* 『동물』 (포자충의)종충(種蟲).
***sport** [spɔːr]《영》*n.m.* 스포츠, 운동, 운동 경기. faire du ~ 운동(경기)을 하다. ~s d'équipe 단체 경기. ~s individuels 개인 경기.
C'est du ~.《구어》이건 귀찮은[힘든] 일인데. *faire qc pour le* ~ 《구어》심심풀이로 …하다. *Il va y avoir du* ~.《속어》일이 심상치 않다, 한바탕 터질 것 같다.

—a. 《불변》운동의, 운동에 적합한. costume ~ 운동복. être ~ 정정당당《공명정대》하게 하다.

sportif(ve) [spɔrtif, -i:v] a. 운동의, 운동에 관한. conduite ~ve 자동차 경주식의 운전. esprit ~ 운동 정신. journal ~ 스포츠 신문.
— n. 운동가, 스포츠맨.

sportivement [sportivmã] ad. 운동가[스포츠맨]답게, 스포츠 정신으로.

sportivité [sportivite] n.f. 운동 정신, 스포츠 정신; 스포츠맨다움.

sports man(pl. **men**) [sportsman, -mɛn]《영》n.m.《옛》스포츠맨《sportif》;《문어》경마꾼《turfiste》.

sport(s)wear [spɔrt(s)wɛr]《미영》n.m., a. 간편하고 악락한 복장(의).

sportule [sportyl] n.f.《고대로마》(귀족이 피보호자인 평민에게 매일 제공하는)하사품; (동로마제국에서)관리에게 주는 뇌물.

sporulation [sporylasjɔ̃] n.f.《식물》홀씨 형성.

sporule [spɔryl] n.f.《옛》《식물》홀씨, 분생포자 (spore, conidie).

sporuler [spɔryle] v.i.《식물》포자로 번식하다, 포자를 만들다.

spot [spɔt]《영》n.m. 스포트라이트;《텔레비전》 (프로그램과 프로그램 사이에 삽입하는)짧은 상업 광고.

spoutnik [sputnik]《러시아》n.m. (소련의)인공위성.

S.P.P.《약자》Sapeurs-pompiers de Paris 파리시 소방대.

sprat [sprat]《영》n.m. (대서양 연안산의)작은 청어《훈제용》.

spray [sprɛ]《영》n.m. 분무기(atomiseur); (분무기에서 나오는) 무상(霧狀)액체.

s.-préf.《약자》sous-préfecture 군(郡), 군수직.

springbok [spriŋbɔk]《네덜란드》n.m.《동물》(남아프리카산의)영양의 일종.

sprint [sprint]《영》n.m.《스포츠》스프린트; 마지막 역주(rush); (경주·자전거 경기 따위의)단거리 레이스. piquer un ~ (결승점 가까이에서)속도를 높이다.

sprinter[sup]1[/sup] [sprinte] v.i. (결승점 가까이에서)역주하다, 힘껏 달리다.

sprinter[sup]2[/sup] [sprintœ:r]《영》n.m.《스포츠》단거리 경주자; 마지막 역주에 강한 주자.

spruce [sprys] n.m. 가문비나무 따위의 목재.

sprue [spry] n.f.《의학》스프루《구강염(口腔炎)과 설사가 따르는 만성 열대병》.

spumaire [spymɛ:r] n.f.《화본(벼)과(科) 식물의 줄기에 생기는)버섯의 일종.

spume [spym] n.f.《의학》(각혈의 혈담에 나타나는)거품.

spumescent(e) [spymɛsã, -ã:t] a. 거품 같은; 거품이 이는.

spumeux(se) [spymø, -ø:z] a. 거품 모양의《투성이의》(écumeux), 거품이 이는. expectoration ~se 거품 모양의 객담.

spumosité [spymozite] n.f. 거품 일기; 거품 모양.

sputation [spytasjɔ̃] n.f.《의학》(임신부·정신병자 따위의)연속적인 침 뱉기.

sq.《라틴·약자》sequentia 이하《인용 또는 참고한 대목을 가리킴》. p.50 sq. 50페이지 이하.

s.q.《라틴·약자》sufficiens quantitas《약》충분한 양.

sqq.《라틴·약자》sequentia que 및 이하《인용《참고한 대목을 가리킴》. p.50 sqq. 50페이지 및 이하.

squale [skwal] n.m.《어류》상어; (pl.)상어류.

squalène [skwalɛn] n.m.《화학》스콸렌.

squame [skwam] n.f.《의학》인설(鱗屑), 인비늘 (피부병의 일종);《식물》인편(鱗片), 비늘조각 (écaille);《옛·문어》비늘.

squameux(se) [skwamø, -ø:z] a.《의학》비늘로 덮인; 비늘 모양의, 비늘이 생기는;《식물》인편[비늘조각]이 있는, 인편으로 덮인,《옛·문어》비늘로 덮인.

squamifère [skwamifɛ:r] a.《물고기 처럼》비늘이 있는, 비늘로 덮인(écailleux).

squamiforme [skwamifɔrm] a.《광물》(결정이)비늘 모양의.

squamule [skwamyl] n.f. (나비의 날개 따위에 있는)작은 비늘.

square [skwar]《영》n.m. (거리의 방책으로 둘러싸인)작은 공원; (건물에 둘러싸인)광장. ~ de Port-Royal《파리의》포르루아얄 광장.

squatine [skwatin], **squatina** [skwatina] n.m.《어류》전자리상어(ange de mer).

squattage [skwata:ʒ] n.m. squatter 하기.

squatter[sup]1[/sup] [skwate] v.t. (빈 집 따위에)무단 입주하다; 불법 점거하다.

squatter[sup]2[/sup] [skwɔtœ:r]《영》n.m. 권리없이 국유지[미개척지]에 정주하는 사람; (빈 집 따위의)무단 입주자, 불법 거주자; (북미)탐험 거주자; (호주의) 국유지를 이용하는 목양업자.

squattériser [skwaterize] v.t. (빈 집 따위에)무단 입주하다.

squaw [skwo] n.f. (아메리카 인디언의)기혼 여성.

squelette [skəlɛt] n.m. ① 골격, 뼈대. Le ~ humain se compose de 208 os. 사람의 골격은 208개의 뼈로 이루어져 있다. ② 해골; (낯을 든 해골로 표현된)죽음의 신《상징》; 《구어》피골이 상접한 사람. ③ (연설·소설 따위의)대강 줄거리, 개요. ④《동물》(무척추 동물의)외골격《패각·갑피 따위》;《식물》(잎 따위의)목질 섬유;《조선·건축》골조.

squelettique [skəlɛ[e]tik] a. ① 해골을 연상시키는; 지나치게 간결한. maigreur ~ 해골처럼 마른 몸. longueur ~ 지나치게 간결한 보고. ② 골격의. pièces ~s 골격의 부분.

squille [skij] n.f. ①《동물》갯가재속(屬). ②《식물》무릇과.

squine [skin] n.f.《식물》명감나무.

squire [skwajœ:r]《영》n.m. (영국의)평귀족, 시골 지주, 지방유지.

squirr(h)e [ski:r] n.m.《의학》경성암(硬性癌).

squirr(h)eux(se) [skirø, -ø:z] a.《의학》경성암의.

Sr《약자》strontium《화학》스트론튬. [고.

sr《약자》①《상업》sieur 씨(氏); successeur 인계자, 인계 회사;《수학》stéradian 스테라디안《입체각의 단위》.

S.R.《약자》service de renseignements 안내계.

SS.《약자》Saints《가톨릭》성인들.

ss.《라틴·약자》=sq.

S.S.[sup]1[/sup] [ɛsɛs] n.m. 나치스의 친위대원(Schutz-staffel의 약자).

S.S.[sup]2[/sup]《약자》① Sa Seigneurie 경(卿), 각하《영국 상원의원의 존칭》. ② Sa Sainteté 성하(聖下)《로마 교황의 존칭》. ③ Saint-sacrement《가톨릭》성체. ④ sécurité sociale 사회 보장.

s/s《영·약자》steam-ship 기선(汽船).

S.S.B.M.《약자》Société française de secours aux blessés militaires《군사》 프랑스 상이용사 구제회(救濟會).

S.S.B.S.《약자》sol-sol balistique stratégique《군사》지대지 전략 탄도탄.

S.-S.-E.《약자》Sud-Sud-Est 남남동.

S.-S.-O.《약자》Sud-Sud-Ouest 남남서.

S.S.P. 《약자》Sous seing privé 자서(自署)하여.
SS.PP. 《약자》saints Pères 교황들에 대한 존칭.
ssq. 《약자》=sq.
st¹ [st] int. 여보세요.
st² 《약자》stère 스테르《재목·장작의 양을 재는 단위》: 1 st=1 입방 미터).
St. 《약자》Saint 성(聖).
stabat (mater) [stabat(matɛːr)] 《라틴》 n.m. 《복수 불변》 "슬픔에 찬 성모는"《예수가 십자가에 못박혔을 때의 성모의 슬픔을 담은 찬송가》.
stabilisant [stabilizɑ̃] n.m. 《화학》 안정제.
stabilisa*teur*(*trice*) [stabilizatœr, -tris] a. 안정시키는. —n.m. (비행기·자동차·배 따위의)수평안정판, 자동안정장치; 《화학》 안정제.
stabilisation [stabilizasjɔ̃] n.f. ① 안정(시키기), 고정(시키기); 《특히 화폐의》 안정(~ monétaire). plan de ~ 통화 안정책. ② (전선(戰線) 따위의)교착. ③ (물질의 화학적인)안정화; 《야금》 천천히 담금질하기.
stabiliser [stabilize] v.t. 안정시키다, (선박·비행기 따위에)안정장치를 하다, (표면을)견고하게 하다; 《야금》 천천히 담금질하다. ~ la situation politique 정국을 안정시키다. ~ la monnaie 통화를 안정시키다. —**se** ~ v.pr. 안정되다; (전선(戰線) 따위가)교착되다. Les prix se sont stabilisés. 물가가 안정되었다.
stabilité [stabilite] n.f. 안정(성); 견고성; 내구성(耐久性); 《기계》 복원성(復原性); (사상 따위의)견실함. rétablir la ~ 안정시키다. ~ de la monnaie 통화의 안정성. ~ d'un avion 비행기의 복원력. ~ ministérielle 내각의 안정성.
stable [stabl] a. ① 안정된(↔ instable); 흔들리지 않는(↔ branlant); 확고 부동한(ferme); 불변의 (↔ changeant); 견고한(solide); 영속성 있는 (durable); 균형잡힌(équilibré). paix ~ 항구적인 평화. peu ~ 불안정한. équilibre ~ 안정, 균형잡힌 상태. ② 《기계》 복원력(復原力)이 있는. élément ~ 《해양》 (위위치·정방향의)안정장치, 접속장치. ③ 《화학》 안정된(분해[변이]되지 않는). atome ~ 《물리》 안정원자.
stablement [stabləmɑ̃] ad. 《드물게》 안정[고정]되어, 확고부동하게.
stabulation [stabylasjɔ̃] n.f. ① (특히 겨울철에 가축의)소사(小舎) 사육; (굴·어류의)양식지 사육. ~ complète (가축을)우리 안에서만 키우기. ② (환자가)사나토리움에서 요양하기, 안정요법.
stabuler [stabyle] v.t. (가축·가금 따위를)우리에 우리에 넣다; (물고기·굴 따위를)수조[양어지]에서 기르다.
staccato [stakato] 《이탈리아》 ad. 단음(斷音)으로, 스타카토로. —n.m. (pl. ~s, staccati) 단음(주법(奏法)).
*****stade** [stad] n.m. ① 경기장, 스타디움. ~ municipal 시립운동경기장. ② (발전의)단계(phase), 정도, 수준(niveau). ③ 《의학》 기(期)(période) 《특히 자유열(間歇熱)의》. dépasser un certain ~ 어떤 정도(수준)을 넘어서다. différents ~s du développement d'une maladie 병의 진행에 따르는 여러 상태. ③ 《고대그리스》 거리의 단위(약 180~190 미터), 도보 경기장. ~ olympique 올림픽 경기장.
stadhouder [stadudɛːr] n.m. =**stathouder**.
stadia [stadja] n.m. (거리의 (視距儀)) 에 의한 거리 측정을 위한)조척(照尺).
stadimètre [stadimetr] n.m. 《측량》 시거의.
stadiomètre [stadjɔmetr] n.m. 《측량》 지도상에서 거리를 재는 기계.
staff¹ [staf] 《영》 n.m. 스태프《석고에 식물 섬유 따위를 섞은 건축용 장식 재료》.

staff² 《영》 n.m. (실업가·정치가 따위를 보좌하는)간부, 스태프(↔ line). le patron et son ~ 사장과 간부 직원들.
staffer [stafe] v.t. staff¹로 건물을 장식하다.
staffeur [stafœːr] n.m. staff¹로 장식하는 직공.
*****stage** [staːʒ] n.m. (자유업·공공 기관에 근무하는 사람들의)연수(기간); (기업에 의한)양성(기간); 《예》 《가톨릭》 (수도사의)수업(기간). Il assiste à un ~ linguistique. 그는 어학연수에 참가한다. ~ pédagogique 교육실습. faire son ~ 실지견습을 하다.
stagflation [stagflasjɔ̃] n.f. 《경세》 스태그플레이션《경기 침체 상태에서 물가가 앙등하는 현상》.
stagiaire [staʒjɛːr] a. 실습중의. avocat ~ 변호사 시보(試補). officier ~ 견습사관. période ~ 실습 기간. —n. 실습중인 사람; 시보.
stagnant(e) [stagnɑ̃, -ɑ̃ːt] a. 흐르지 않는, 괴어 있는 (dormant); 침체된, 부진한. état ~ des affaires 경기의 침체 현상. eaux ~es 괸 물.
stagnation [stagnasjɔ̃] n.f. 흐르지 않음, 괴어 있음; 침체, 부진(arrêt, marasme, ↔ essor). en ~ 침체 상태에 있는, 부진한.
stagner [stagne] v.i. 흐르지 않다; 침체하다, 부진한 (croupir); 고뇌하다(languir). ~ dans la tristesse 슬픔에 빠져들다.
stakhanovisme [stakanɔvism] n.m. 스타하노프 (Stakhanov, 소련의 탄광부)운동《노동자의 발의에 의한 생산성 향상 운동》.
stakhanoviste [stakanɔvist] n. 스타하노프 운동에 참가한 노동자. —a. 스타하노프 운동(참가자)의.
stalactite [stalaktit] n.f. 《지질》 종유석(鍾乳石); 《건축》 종유석 모양의 장식.
stalag [stalag] n.m. (제 2 차 대전 중의)독일의 포로 수용소(특히 하사관·사병 등을 수용했음).
stalagmite [stalagmit] n.f. 《지질》 석순(石筍).
stalagmitique [stalagmitik] a. 석순의.
stalagmomètre [stalagmɔmetr] n.m. 《물리》 적량계(滴量計), 표면장력 측정장치.
stalagmométrie [stalagmɔmetri] n.f. 《물리》 적량계량(滴量計量).
stalinien(ne) [stalinjɛ̃, -ɛn] a. 스탈린(Staline, 소련의 정치가)의.
stalinisme [stalinism] n.m. 스탈린주의.
stalle [stal] n.f. 《가톨릭》 (교회의 성가대석 주위에 있는)성직자석, 공동 기도석. ② (예)(극장의)특별 지정석; 지정석 좌(fauteuil). ③ (한 마리씩 넣어 두는)외양간의 한 칸 (자동차)차고의 1 구획(box).
stamin*al*(*ale, pl. aux*) [staminal, -o] a. 《식물》 수술의. filets ~aux 수술의 꽃실.
staminé(e) [stamine] a. 《식물》 (암술은 없고)수술만 있는. fleur ~e 수꽃.
staminifère [staminifɛːr] a. 《식물》 수술이 있는.
staminode [staminɔd] n.m. 《식물》 헛수술.
stampien [stɑ̃pjɛ̃] n.m. 《지질》 스탐프계(階) 〔점신세 중기(漸新世中期)〕 (의)(étage ~).
stance [stɑ̃ːs] n.f. (예)(시의)절(strophe); (pl.)절로 된 시(16세기 이후에 같은 형으로 된 종교적·교훈적·비극적 서정시).
stand [stɑ̃ːd] 《영》 n.m. ① 《스포츠》 관람석, 스탠드. ② (전람회의)출품 진열대; 진열품. ③ 사격장 (~ de tir). ~ **de ravitaillement** (자동차·자전거 경주 따위에서의)중간 보급 장소.
standard¹ [stɑ̃daːr] 《영》 n.m. 표준, 규격. ~ de vie 생활수준(niveau de vie).
—a. 《복수불변》① 표준(형)의, 규격의. modèle

~ et modèle de luxe 표준형과 고급형. échange ~ 같은 규격의 새부품 교환. prix ~ 표준 가격. conditions ~ (기압·기온의) 표준 조건. ❷ 〖비유적〗형〖틀〗의 상태로의. sourire ~ des hôtesses de l'air 스튜어디스 같은 미소.

standard² 〖영〗 n.m. 〖전화〗 전화 교환기(대), (특히 구내선의) 교환기.

standardisation [stɑ̃dardizɑsjɔ̃] n.f. (제품의) 표준화, 규격화; 획일화.

standardiser [stɑ̃dardize] v.t. ① (제품 따위를) 표준(규격)에 맞추다. ~ une fabrication 제품을 규격화하다. ❷ 획일화하다. La société moderne *standardise* les individus. 현대 사회는 개인을 획일화한다.

standardiste [stɑ̃dardist] n. 〖전화〗 (구내선의) 교환수.

stand-by [stɑ̃baj] a., n. (복수불변) (비행기의) 탑승 취소자를 기다리는 (승객).

standing [stɑ̃diŋ] 〖영〗 n.m. ① (사회적·경제적) 지위, 명성, 신분; 생활 수준. homme de haut ~ 높은 지위의 사람. ❷ (주택이) 쾌적함, 호화스러움. immeuble(appartement) de grand ~ 완전한 설비의 고급 주택(아파트) (광고용어).

stannate [sta(n)nat] n.m. 〖화학〗 석산염 (錫酸 [塩]).

stanneux(se) [sta(n)nø, -ø:z] a. 〖화학〗 2가(價)의 주석을 함유한.

stannifère [sta(n)nifɛ:r] a. 〖광산〗 (광맥·암석 따위가) 주석을 함유한.

stannique [sta(n)nik] a. 〖화학〗 제2주석의, 4가(價)의 주석을 함유한. acide ~ 석산 (錫酸).

stapéal [stapeal] n.m. 〖해부〗 등골 (鐙骨) (étrier).
——a. 등골의.

staphisaigre [stafizɛgr] n.f. 〖식물〗 (남유럽산의) 고깔제비꽃의 일종 (살충제) (herbe aux poux).

staphyléacées [stafileɑse] n.f.pl. 〖식물〗 고추나무과(科).

staphylier [stafilje] n.m. 〖식물〗 고추나무.

staphylin¹ [stafilɛ̃] n.m. 〖곤충〗 반날개.

staphylin²(e) [stafilɛ̃, -in] a. 〖해부〗 목젖의.

staphyl(o)- préf. 「구개수(口蓋垂)의」; 「포도구균의」의 뜻.

staphylococcie [stafilɔkɔksi] n.f. 〖의학〗 포도상구균증 (球菌症).

staphylocoque [stafilɔkɔk] n.m. 포도상 구균.

staphylome [stafilo:m] n.m. 〖의학〗 (눈의) 포도종 (腫).

star [sta:r] 〖영〗 n.f. 〖영화·연극〗 스타, 인기 (여) 배우 (étoile, vedette).

starie [stari] n.f. =estarie.

stariser [starize], **starifier** [starifje] v.t. (구어) 스타로 만들다, 명성을 얻게 하다, 유명해지게 하다.

starlet(te) [starlɛt] 〖영〗 n.f. 〖영화〗 신인 스타, 여배우 지원자.

staroste [starɔst] n.m. 〖역사〗 (폴란드의 왕실 직 령지를 봉토로 받는) 영주; (폴란드·러시아·체코슬로바키아의) 촌장 (村長).

starostie [starɔsti] n.f. (위의) 봉토 (지위).

star-systme [starsistɛm] 〖영〗 n.m. 스타시스템 (배우의 인기를 토대로 한 영화 제작·판매 방식.

starter [startɛ:r] 〖영〗 n.m. ① 〖스포츠〗 (경주·경마 따위의) 출발 신호자. ❷ 〖기계·공업〗 (엔진의) 시동기, 기동기.

starting-block [startiŋblɔk] 〖영〗 n.m. (엣) 〖스포츠〗 스타팅 블록.

starting-gate [startiŋgɛt] 〖영〗 n.m. 〖경마〗 스타팅 게이트.

stase [stɑ:z] n.f. 〖의학〗 (혈행 (血行)) 정지 (증). ~ sanguine 울혈 (鬱血).

-stase, -stasie suff. 「기반·정지」의 뜻.

-stat suff. 「안정된 (stable)」의 뜻.

stater, statère [statɛ:r] n.m. 〖고대그리스〗 스타테르 (은화로서 2-4 드라크마에 상당, 무게의 단위로 8-12g 에 상당).

stathouder [statudɛ:r] n.m. 〖네덜란드사〗 (네덜란드 7주 연방의) 장관 (특히 Orange-Nassau 공의 존칭); 주장관 (州長官), 태수 (太守). [기].

stathoudérat [statudera] n.m. (위의) 직 (신분·임)

stathoudérien(ne) [statudɛrjɛ̃, -ɛn] a. (위의).
——n. (위의) 파(派).

statice [statis] n.m. 〖식물〗 갯질경이속 (屬).

statif [statif] n.m. (현미경의) 기계부 (部).

statif(ve) [statif, -i:v] a. 〖언어〗 지속·상태를 표하는 (duratif), verbe ~ 상태동사.

***station** [sta(ɑ)sjɔ̃] n.f. ① 잠간 쉬기, 머물기, 들르기; 정지. Les marcheurs font une ~. 걷던 사람들이 잠깐 멈춘다. Ils ont fait bien des ~ s dans les boutiques de souvenirs. 그들은 여기저기 기념품 가게에 들렀다. en ~ 정지하고 있다; 정차중이다. ❷ 자세; 서 있는 자세, 서 있기. rester en ~ verticale 꼿꼿이 서 있다. La ~ debout est pénible pour les vieillards. 노인들에게는 똑바로 서 있는 자세를 취하는 것은 고통스러운 일이다. ❸ (도시 교통의) 정류장, (지하철) 역, (철도의) 작은 역. ~ de métro 지하철 역. ~ de taxi 택시 정류장. ❹ 관측소, (관측·연구) 시설; 관측점. ~ agronomique 농업 시험장. ~ météorologique 기상 관측소. ~ de recherche 연구소. ~ géodésique 측지 정점. ~ de nivellement 수준점 (水準點). ~ d'observation 관측소. ❺ 방송국; 기지; 발전소 ~ d'électricité). ~ radiophonique 라디오 방송국. ~ d'émission 방송국, 송신소. ~ pirate 해적 방송국. ~ spatiale 위성 중계 기지. ~ radar 레이다 기지. ❻ 정양지; 온천장 (~ thermale). ~ d'été 피서지. ~ d'hiver 피한지. ~ de ski 스키장. ~ balnéaire 해수욕장. ❼ (급유 따위의) 시설, 기지. ~ libre-service 셀프 서비스 주유소. ~ de lavage 세차장. ❽ 〖생물〗 서식지; (식물의) 자생지; (사람의) 생활유적. ~ préhistorique 선사시대 유적. ❾ 〖해군〗 연안경비 수역; 연안경비 선단. navire en ~ 연안경비 중인 군함. ❿ 〖가톨릭〗 십자가의 길 (14 처가 있음) (~ de la Croix); 「십자가의 길」의 각 처에서 행하는) 의식, ~ du chemin de la Croix); (대사 (Jubilé)를 위한) 지정성당 (순례); (대림절·사순절기간중의) 기도설교.

stationnaire [stasjɔnɛ:r] a. ① 정지하고 있는. brumes ~s 움직이지 않는 안개. rester ~ 정지한 채 있다. ❷ 진전이 없는; 답보 상태에 있는, 한 자리에 머물러 있는 (기계 따위가) 고정되어 있는. 〖의학〗 정지적인. activité économique ~ 정체된 경제 활동. ondes ~s 〖물리〗 정지파. planète ~ 〖천문〗 항성 (恒星). maladie ~ 〖의학〗 한 지방에 오랫동안 만연하는 풍토병; 진퇴 없이 여전한 병세. navire ~ 〖해군〗 항구(만) 입구에서 수병 초계중인 함정. soldat ~ 〖고대로마〗 파수병.
——n.m. ① 〖해군〗 연안경비정, 초계정. ❷ 〖고대로마〗 파수병.

stationnal(ale, pl. aux) [stasjɔnal, -o] a. 〖드물게〗 〖가톨릭〗 (교회 따위가) 지정 참배를 위하여 지정된. ~ église =ale.

stationnarité [stasjɔnarite] n.f. 〖학술〗 정지, 정지성.

***stationnement** [stasjɔnmɑ̃] n.m. ① 주차, 정차 (↔ circulation). ~ interdit 주차금지. ~ unilatéral 일방주차. parc de ~ 주차장. compteur de ~ 주차미터. ~ payant 유료주차. ❷ 정지; 노상영

업. Le ~ des manifestants est interdit. 데모대가 서서 정지하고 있는 것은 금지되어 있다. droit de ~ 【법】공공도로로 사용세(행상인 등을 대상으로 함). ③【군사】숙영(宿營), 주둔.

*stationner [stasjɔne] v.i. ① 주차하다, 정차하다 (↔ circuler). Il est interdit de ~ dans cette rue. 이 길에 주차하는 것은 금지되어 있다. «Défense de ~ » "주차금지." ② 멈추어 서다, 정지하다. ③ devant la vitrine 진열장 앞에 멈추어 서다. ③【군사】주둔하다; 【해군】 연안경비를 하다.

station-service [stasjɔsɛrvis] (pl. ~s-~) n.f. (자동차의)주유소; 정비소.

station-wagon [stasjɔvagɔ̃]【영】n.m. 【자동차】스테이션 왜건(뒤에 문이 있어 짐도 실을 수 있는 대형자동차).

statique [statik] a. ① 정지(상태)의, 정태(靜態)의 (↔ dynamique). électricité ~ 정전기. linguistique ~ 정태 언어학. sens ~ 평형 감각. ② 진보가 없는, 변화가 없는. société ~ 정체된 사회.
—n.f. 정력학(靜力學)；【화학】평형론.

statiquement [statikmɑ̃] ad. 정지(상태)로.

statisme [statism] n.m. 정지(상태); 진보(변화)가 없음.

statisticien(ne) [statistisjɛ̃, -ɛn] n. 통계자[학자].

statistique [statistik] n.f. 통계학, 통계, 통계표. ~ démographique 인구 통계. ~ linguistique 언어 통계학. ~ quantique 양자 통계학. ~ annuelle 연간 통계표. ~ sociologique (économique) 사회(경제) 통계. —a. 통계(학)의. enquête ~ 통계 조사. mécanique ~ 통계 역학.

statistiquement [statistikmɑ̃] ad. 통계에 의해서, 통계적으로.

statocyste [statosist] n.m. 【생물】평형포(胞), 평형낭(囊)(무척추 동물의 평형기관).

statokinésimètre [statokinezimɛtr(ə)] n.m. =stabilimètre.

statolit(h)e [statolit] n.m. 【생물】평형석, 청석(聽石), 이석(耳石)(평형 기관 안에 있는 물질).

stator [statɔːr]【영】n.m. 【전기·기계】(발전기·전동기의)고정자(固定子).

stato(-)réacteur [statoreaktœːr] n.m. 【기계】고정 분통형 추진기(分噴型推進機), 램제트 기관.

statthalter [s(ʃ)tataltɛr]【독일】n.m. ① 총독, 지사, 대관(특히 1879년부터 1918년까지 알자스-로렌지방을 다스리던 행정관). ② (히틀러가 임명하던 독일의)주지사.

statuaire [statyɛːr] a. 조상(彫像)의, 입상(立像)의. art ~ 조상 예술. marbre ~ 조상용 대리석. colonne ~ 조상을 부착한 원주.
—n.m. 조상[입상] 제조인(sculpteur).
—n.f. 조상[입상](술)(術).

*statue [staty] n.f. ① 상(像), 조상, 입상. ~ de marbre (bronze) 대리석[동]상. ~ de la Liberté 자유의 여신상. dresser [élever, ériger] une ~ à qn ...의 입상을 세우다. ~ équestre 기마상. ~ persique 【건축】인상주(人像柱). ~ de cire 밀납인형. ② 냉정한 사람, 움직이지 않는 사람. droit [immobile] comme une ~ 동상과 같이 꼼짝하지 않는. C'est une belle ~. 아름다운 조상이나 다름없다(차갑지만 냉정한 사람이라는 말). ③ (감정 표현의)자태, 태도. ~ de douleur 고뇌의 모습.

statuer [statye] v.t. ind. [~ sur] ...을 결정하다, 판결하다, 결정하다. ~ sur un litige 소송을 판결하다. ~ sur le choix d'une école pour son fils 아들의 학교 선택을 판결하다. sursis à ~ 판결의 연기.
—v.t. 【옛】(법령 따위로)규정하다, 제정하다; 명령하다(ordonner).

statuette [statyɛt] n.f. 자그마한 상(像).

statufier [statyfje] v.t. ①(구어)(의)상을 세우다. ②(주어는 사물)(긴장 따위가)사람을 조상처럼 만들다. Un silence de mort *statufiait* les convives. 죽음과 같은 적막이 같이 회식하는 사람들을 조상처럼 만들었다.

statuomanie [statyomani] n.f. 조상건립벽(癖).

statu quo [statyko]【라틴】n.m. 《복수없음》현상(現狀). maintenir le ~ 현상을 유지하다. ~ ante bellum 【법】(영토 따위의)전쟁 이전의 상태.

stature [statyːr] n.f. ① 키, 신장(taille). homme d'une ~ moyenne 중키의 남자. ② 세력, 영향. homme d'une ~ exceptionnelle 각별한 영향력을 발휘하는 정치가.

staturogramme [statyrogram] n.m. 신체 발육도(圖).

staturo-pondéral(ale, pl. aux) [statyropɔ̃deral, -o] a. 신장·체중의.

statut [staty] n.m. ① 법령, 법규, 법률상의 제도. (이탈리아 제국의)헌법. ~ général des fonctionnaires 공무원 법규. ~ personnel (réel) 대인(대물)법. ② (사회적)지위, 신분. ~ social de la femme 여성의 사회적 지위. ③ (pl.)(회사·단체 따위의)규약, 정관(定款). rédiger les ~s 정관을 기초하다(작성하다).

statutaire [statytɛːr] a. 규정의, 법규의, 법규에 따른. répartition ~ d'un dividende 규정에 따른 배당금의 분배.

statutairement [statytɛrmɑ̃] ad. 규정(법규)에 따라.

stauffer [stofɛr] n.m. 기름을 칠하는 기계의 일종.

stauro- préf. 「십자」의 뜻.

stauroscope [sto(o)roskɔp] n.m. 【광학】십자경(鏡)(결정체의 편광 측정기).

staurotide [sto(o)rotid] n.f. 【광물】십자석(十字石)(pierre de croix).

stawug [stavyg]【노르웨이】n.m. 【스포츠】(주로 활강에 쓰이는 길고 넓은)스키.

stayer [stɛjœːr]【영】n.m. ① 【경마】장거리용 경주마. ② 【스포츠】(오토바이가 인도하는)중거리 자전거 경주자.

S.T.C. (약자)Service et taxe compris 봉사료와 세금 포함.

S.T.C.R.P. (약자)Société des transports en commun de la région parisienne 파리지구 공동운수회사.

Ste (약자)Sainte 성(녀).

Sté (약자)Société 【상업】회사.

steak [stɛk]【영】n.m. 비프스테이크, 스테이크, 스테이크용 고기(bifteck). ~ frites 프랑스식 감자튀김을 곁들인 비프스테이크. ~ haché 햄버거스테이크(고기를 갈아서 다진 것). ~ tartare 타타르식 육회(계란 노른자위와 갖가지 향료를 섞은 쇠고기 육회).

steamer [stimœːr]【영】n.m. 기선(汽船).

stéarate [stearat] n.m. 【화학】스테아린산염.

stéarine [stearin] n.f. 스테아린(산).

stéarinerie [stearinri] n.f. 스테아린 제조소.

stéarinier [stearinje] n.m. 스테아린 제조자.

stéarique [stearik] a. acide ~ 【화학】스테아린산(酸).

stéar(o)-, stéat(o)- préf. 「지방(脂肪)」의 뜻.

stéaryle [stearil] n.m. 【화학】스테아릴.

stéatite [steatit] n.f. 【광물】동석(凍石).

stéatome [steatom] n.m. 【의학】지방종(腫).

stéatopyge [steatopiʒ] a. 둔부(臀部) 비대의, 엉덩이가 몹시 큰.

stéatopygie [steatopiʒi] n.f. 둔부 지방비대증.

stéatorrhée [steatore] n.f. 【의학】지방변(증).

stéatose [steatoːz] n.m. 【의학】이상피지(異常皮

脂)분비층.
steenbock [stejnbɔk] *n.m.* =steinbock.
steeple(-chase) [stipl(əʃɛːz)]《영》 *n.m.* 《경마》야외 장애물경주; 《육상》 (3,000m)장애물경주.
steeple-chaser [stiplə∫ɛzœːr]《영》 *n.m.* 《경마》야외 장애물경주용 말.
stéganographie [steganɔgrafi] *n.f.* 암호기법(暗號記法)(cryptographie).
stéganographique [steganɔgrafik] *a.* 암호기법의.
stéganopodes [steganɔpɔd] *n.m.pl.* 《조류》사다새(가마우지)목(目).
stégocéphales [stegɔsefal] *n.m.pl.* 《고대생물》견두류(堅頭類).
stégomyie [stegɔmii], **stégomyia** [stegɔmija] *n.f.* 《곤충》(황열병을 옮기는)열대산 모기의 일종.
stégosaure [stegɔsɔːr] *n.m.* 《고대생물》검룡.
stégosauriens [stegɔsɔrjɛ̃] *n.m.pl.* 《고대생물》검룡과(劍龍科).
steinbock [stejnbɔk] *n.m.* 《동물》(아프리카산)작은 영양.
stèle [stɛl] *n.f.* ① 기념돌기둥, 비(碑), (글씨나 돈을새김이 있는)석비(石碑), 묘석(墓石). ~ commémorative 기념비. ~ funéraire 묘비. ② 《식물》중심주(中心柱).
stellage [ste(ɛl)laːʒ] *n.m.* 《주식》(해약)특권부 매매.
stellaire [ste(ɛl)lɛːr] *a.* ① 별의, 별 모양의. magnitude ~ 별의 등급. ganglion ~ 《해부》성상신경절. ② 방사선 모양의. disposition ~ 방사선의 배열. —*n.f.* 《식물》별꽃.
stellérides [ste(ɛl)lerid] *m.m.pl.* 《동물》성형류(星形類).
stellionat [ste(ɛl)ljɔna] *n.m.* 《법》사기전매(轉賣) (남의 것을 저당에 잡히거나 팔기).
stellionataire [ste(ɛl)ljɔnatɛːr] *a., n.* 전매 사기하는(사람).
stellite [ste(ɛl)lit] *n.f.* 《상표명·광물》스텔라이트.
stem(m) [stɛm]《노르웨이》 *n.m.* 《스포츠》(스키의)제동회전.
stemma [stema]《라틴》 *n.m.* 《언어》(문의)구조계도(構造系圖).
stemmate [stɛmmat] *n.m.* 《곤충》단안(單眼).
stencil [stɛnsil]《영》 *n.m.* 스텐실페이퍼(타이프라이터용 등사원지).
stenciliste [stɛnsilist] *a.* 스텐실페이퍼 전문의.
—*n.* 스텐실페이퍼 전문 타이피스트.
stendhalien(ne) [stɛ̃daljɛ̃, -ɛn] *a.* 스탕달(Stendhal, 프랑스의 소설가)의. —*n.* 스탕달 연구가(애호가)의.
sténo [steno] *n.f.* 《구어》속기. —*n.* 속기사.
sténo- *préf.*「빠른」의 뜻.
sténodactylo [stenɔdaktilo], **sténodactylographe** [stenɔdaktilɔgraf] *n.* 속기 타이피스트.
sténodactylographie [stenɔdaktilɔgrafi] *n.f.* 타이프라이터 속기술.
sténogramme [stenɔgram] *n.m.* 속기문자 부호.
sténographe [stenɔgraf] *n.* 속기자.
sténographie [stenɔgrafi] *n.f.* 속기술.
sténographier [stenɔgrafje] *v.t.* 속기하다.
sténographique [stenɔgrafik] *a.* 속기의, 속기술의. compte rendu ~ 속기록.
sténographiquement [stenɔgrafikmã] *ad.* 속기(술)로.
sténosage [stenɔzaʒ] *n.m.* 《직조》교화(膠化).
sténose [stenoːz] *n.f.* 《의학》협착(狹窄).
sténotype [stenɔtip] *n.f.* 속기 타이프라이터.
sténotyper [stenɔtipe] *v.t.* 속기 타이프라이터로 속기하다.
sténotypie [stenɔtipi] *n.f.* 속기 타이프라이터술(術).

sténotypiste [stenɔtipist] *n.* 속기 타이피스트.
stentor [stãtɔːr] *n.m.* ① 목소리가 큰 사람. d'une voix de ~ 큰 소리로. ② 《동물》(브라질산의)원숭이의 일종. ③ 원생동물(의 일종).
stéphanois(e) [stefanwa, -aːz] *a.* 생테티엔(Saint-Étienne, 프랑스의 도시)(사람)의. —S— *n.* 생테티엔 사람.
steppe [stɛp] 《러시아》 *n.f.* 스텝(중앙 아시아의 대초원). peuple des ~s (선사시대 러시아 남부의 초원에 있던)유목민.
stepper¹ [ste(e)pe]《영》 *v.i.* (말이)앞발을 높이 올리며 달리다.
stepper², steppeur [stepœːr] *n.m.* (위)의 말.
steppique [stepik] *a.* 스텝의; 스텝에서 사는. plaines ~s 초원. végétation ~ 스텝 지대의 식물.
stéradian [steradjã] *n.m.* 스테라디안(立體角)의 단위, 기호는 sr).
stérage [steraːʒ] *n.m.* 스테르(stère) 단위로 재기[측정하기].
stercoraire [stɛrkɔrɛːr] *a.* 똥의, 똥 모양의; 《식물》똥에서 나는. —*n.m.* 《곤충》(똥을 먹고 사는)풍뎅이의 일종; 《조류》갈매기의 일종.
stercoral(ale), *pl.* **aux)** [stɛrkɔral, -o] *a.* 분변(糞便)(성)의.
stercorémie [stɛrkɔremi] *n.f.* 《의학》변비(便秘)로 말미암은 중독.
stercorite [stɛrkɔrit] *n.f.* 《화학》(구아나(guanos)에서 추출한)나트륨과 암모늄의 인산염.
sterculia [stɛrkylja] *n.m.* 《식물》오동나무과의 나무.
sterculiacées [stɛrkyljase] *n.f.pl.* 《식물》오동나무과(科).
sterculie [stɛrkyli] *n.f.,* **sterculier** [stɛrkylje] *n.m.* 《식물》오동나무과의 나무(sterculia).
stère [stɛːr] *n.m.* ① 스테르(1입방미터). un ~ de bois 1 스테르의 나무. bois de ~ 적량(積量) 단위로 파는 나무. ② (목재의)계량기.
stéréo [stereo] *n.f., a.* =**stéréophonie**; =**stéréophonique.**
stéréo- *préf.*「입체·고체」의 뜻.
stéréoautographe [stereɔɔtɔgraf] *n.m.* 《측량》실체자동제도기(實體自動製圖機).
stéréobate [stereɔbat] *n.m.* 《건축》쇠시리 없는 요석(腰石)[토대].
stéréochimie [stereɔʃimi] *n.f.* 입체 화학.
stéréochimique [stereɔʃimik] *a.* 입체 화학의.
stéréochromie [stereɔkrɔmi] *n.f.* 스테레오크롬 화법(畫法).
stéréochromique [stereɔkrɔmik] *a.* 스테레오크롬 화법의.
stéréocomparateur [stereɔkɔ̃paratœːr] *n.m.* 실체좌표비교기(實體座標比較器).
stéréognosie [stereɔgnɔzi] *n.f.* 입체 지각(知覺).
stéréogramme [stereɔgram] *n.m.* 실체[입체] 도(畫); 입체 사진; 입체 도표.
stéréographie [stereɔgrafi] *n.f.* 실체[입체] 화법, 사형술(寫形術).
stéréographique [stereɔgrafik] *a.* 실체[입체] 화법의, 사형술의. projection ~ 《기하》입체 투영.
stéréo-isomère [stereɔizɔmɛːr] *n.m., a.* 《화학》입체 이성(立體異性)(의).
stéréo-isomérie [stereɔizɔmeri] *n.f.* 《화학》입체 이성.
stéréomètre [stereɔmɛtr] *n.m.* 실적계(實積計), 체적계(體積計).
stéréométrie [stereɔmetri] *n.f.* 체적 측정, 구적(求積)법; 입체 기하학.

stéréométrique [stereɔmetrik] *a.* (위)의.
stéréophonie [stereɔfɔni] *n.f.* 입체 음향술. émission en ~ 입체 음향 방송. transmettre *qc* en ~ …을 스테레오로 방송하다.
stéréophonique [stereɔfɔnik] *a.* 입체 음향의. disque ~ 입체 음반. effet ~ 입체 음향효과. audition ~ 스테레오 청취. prise de son ~ 스테레오 녹음.
stéréophoniser [stereɔfɔnize] *v.t.* 스테레오로 녹음하다; (에)스테레오 장치를 하다.
stéréophotogrammétrie [stereɔfɔtɔgra(m)metri] *n.f.* 실체 사진측량.
stéréophotographie [stereɔfɔtɔgrafi] *n.f.* 실체[입체] 사진술.
stéréoradiographie [stereɔradjɔgrafi] *n.f.* 《의학》 입체 X 선 촬영(법).
stéréorama [stereɔrama] *n.m.* 입체 지도.
stéréorégularité [stereɔregylarite] *n.f.* 《화학》 (중합의)입체 규칙성.
stéréoscope [stereɔskɔp] *n.m.* 《광학》 입체경; 실체경(實體鏡).
stéréoscopie [steŕeɔskɔpi] *n.f.* 입체경 연구(법); 입체 영상.
stéréoscopique [stereɔskɔpik] *a.* 입체[실체]경의. vision ~ 《물리》 입체시(視), 실체시각. appareil ~ 입체 사진기.
stéréospécificité [stereɔspesifisite] *n.f.* 《화학》 입체 특이성.
stéréostatique [stereɔstatik] *n.f.* 입체정력학(靜力學).
stéréotaxie [stereɔtaksi] *n.f.* 《의학》 정위고정(定位固定)(법); 정위 뇌수술.
stéréotélémètre [stereɔtelemetr] *n.m.* 실체 측거의(測距儀).
stéréotomie [stereɔtɔmi] *n.f.* (석재 따위의)절체법(截體法).
stéréotomique [stereɔtɔmik] *a.* 절체법의.
stéréotypage [stereɔtipaːʒ] *n.m.* 《인쇄》 스테로판(版)〔연판〕 인쇄.
stéréotype [stereɔtip] 《인쇄》 *a.* 스테로판〔연판〕의. —*n.m.* 스테로판〔연판〕〔인쇄〕.
stéréotypé(e) [stereɔtipe] *a.p.* 《인쇄》 판에 박은, 틀에 박힌, 상투적인. expression~*e* 상투적인 표현.
stéréotyper [stereɔtipe] *v.t.* ① 《인쇄》 스테로판〔연판〕으로 하다, 지형(紙型)으로 인쇄하다. ② 고정시키다, 틀에 박히게 하다; 변하지 않게 하다.
stéréotypeur [stereɔtipœːr] *n.m.* 스테로판〔연판〕 제조인.
stéréotypie [stereɔtipi] *n.f.* ① 《인쇄》 스테로판〔연판〕 제조〔연판〕(술); 스테로판〔연판〕 제조소〔인쇄소〕. ② 《의학》 동일동작〔동일어〕 반복증.
stérer [stere] 6 *v.t.* (나무를)스테르(stère)로 재다.
stéride [sterid] *n.f.* 《화학》 스테로이드.
stérile [steril] *a.* ① 열매를 맺지 못하는; 메마른, 불모(不毛)의 (improductif, ↔ fertile); 아이를 낳지 못하는, 불임(不姙)의(↔ prolifique); 《생물》 무균(無菌)의. 《식물》 웅성(雄性)의. arbre ~ 열매를 맺지 못하는 나무. terre[sol] ~ 메마른 땅. femme ~ 석녀(石女). année ~ 패농. culture ~ 무균 배양(培養). ②(비유적)(작가 따위가)창의력〔상상력·제작력〕이 부진[빈약]한; 헛수고의, 보람없는, 도로(徒勞)의(inutile, vain). esprit[auteur] ~ 빈약한 창의 정신[작가]. sujet ~ 빈약한 주제. effort ~ 헛수고. ③(암석에)광물이 포함되지 않은. 《광산》 버력.
stérilement [sterilmɑ̃] *ad.* 《문어》 보람없이, 결실없이, 불모로.
stérilet [sterilɛ] *n.m.* 피임 기구 (질내에 삽입).
stérilisant(e) [steriliza, -ɑ̃ːt] *a.* 불모로 만드는, 불임게 하는; 살균하는. technique ~ 피임술.
—*n.m.* 피임약.
stérilisateur [sterilizatœːr] *n.m.* 살균기(器), 소독기. —*a.* 살균하는, 소독하는. appareil ~ 소독기.
stérilisation [sterilizasjɔ̃] *n.f.* ① 살균[소독] 하기, 단종(斷種), 거세; 살균, 소독. ~ par chauffage 열에 의한 살균. ②메마르게 하기, (토지의)불모화. ③ 피임 수술.
stérilisé [sterilize] *a.p.* 살균된, 멸균된. lait ~ 멸균〔살균〕된 우유.
stériliser [sterilize] *v.t.* ① 살균[소독]하다(aseptiser, désinfecter). ~ un instrument 기구를 살균하다. ② 불임게 하다, 단종하다, 거세하다. ③ (상상력·사고력 따위를)메마르게 하다, 고갈시키다. ④ (토지를)불모의 상태로 만들다.
stériliste [sterilist(ə)] *n.m.* 피임수술 지지자.
stérilité [sterilite] *n.f.* ①(인간·동물의)불임, 생식〔번식〕 불능(infécondité). ②(정신적인)불모(성), (창조력의)고갈(aridité). Tous les écrivains connaissent une période de ~. 어떤 작가이든 글을 못쓰는 시기가 있다. ~ de l'esprit 정신의 불모. ~ des idées 사상의 빈곤. ③무균상태, 소독된 상태.
sterlet [sterlɛ] *n.m.* 《어류》 철갑상어의 일종.
sterling [sterliŋ] 《영》 *n.m.* (복수불변) 스털링화(貨)(2–16세기의 영국의 화폐 단위). payer en ~ 스털링으로 지불하다.
—*a.* ①(《영》) 스털링(貨)(표준 영화(英貨))의. cinquante livres ~ 영화 50파운드. livre ~ 파운드. zone ~ 스털링 지역, 파운드 지역. ②(《옛》) 발군의, 뛰어난. souper ~ 호화로운 만찬.
sternal(ale, *pl.* **aux)** [sternal, -o] *a.* 《해부》 흉골(胸骨)의.
sterne [stern] *n.f.* 《조류》 제비갈매기.
stern(o)- *préf.* 「흉골」의 뜻.
sterno-cléido-mastoïdien(ne) [stɛrnɔkleidɔmastɔidjɛ̃, -ɛn] 《해부》 *a.* 흉쇄유돌(胸鎖乳突)의. —*n.m.* 흉쇄유돌근(筋)(muscle ~).
sternum [stɛrnɔm] *n.m.* 《해부·동물》 흉골(胸骨).
sternutatif(ve) [stɛrnytatif, -iːv] *a.* 《약》 재채기 나게 하는.
sternutation [stɛrnytasjɔ̃] *n.f.* 재채기하기.
sternutatoire [stɛrnytatwaːr] 《의학》 *a.* 재채기 나게 하는. gaz ~ 재채기나게 하는 가스.
—*n.m.* 재채기나게 하는 약.
stérol [sterɔl] *n.m.* 《화학》 스테롤, 스테린.
stértoreux(se) [stertɔrø, -øːz] *a.* 《의학》 크게 코 고는.
stétho- *préf.* 「가슴」의 뜻.
stéthomètre [stetɔmetr] *n.m.* 《의학》 흉위계(胸圍計).
stéthoscope [stetɔskɔp] *n.m.* 《의학》 청진기.
stéthoscopie [stetɔskɔpi] *n.f.* 《의학》 청진법(聽診法).
steward [stiwart, stju(w)ard] 《영》 *n.m.* (여객선·비행기·클럽 따위의)급사장, 웨이터, 보이, 사환.
stewardess [stjuardɛs] 《영》 *n.f.* (기선·여객기 따위의)여자 급사, 스튜어디스.
S.T.G.M. 《약자》 Sa Très Gracieuse Majesté 인자하신 폐하(《영국 여왕의 존칭》).
sthène [stɛn] *n.m.* 《물리》 스텐(M.T.S. 시스템에서의 힘의 단위).
sthénie [steni] *n.f.* 《의학》 (기능을 유지시키는) 힘, 내력(耐力).
S.T.I.Aé. 《약자》 Service Technique et Industriel de l'Aéronautique 항공 기술부.
stibié(e) [stibje] *a.* 《약》 안티몬을 함유하는. tar-

stibine [stibin] *n.f.* 《광물》 휘안광(輝安鑛), 휘(輝)안티몬광.

sticho- *préf.*, **-stiche** *suff.* 「시구·행」의 뜻.

stichomythie [stikɔmiti] *n.f.* 《문학》 (그리스 비극 중에 상호 응답하는)문답체시, 대화.

stick [stik] 《영》 *n.m.* ① 가느다란 단장. ② (루즈 따위의)막대기, (막대기형의)방향제. ③ 《군사》 (같은 비행기에서 낙하하는)낙하산 부대.

stigma [stigma] 《그리스》 *n.m.* 《물리》 스티그마 (원자 물리학에서 쓰는 길이의 단위; 10⁻¹²m).

stigmate [stigmat] *n.m.* ① (상처 따위의)자국, 흔적; (*pl.*) (천연두의)얽은 자국; 《의학》 소반(小斑); 《종교상》 (*pl.*) (그리스도의)상흔(傷痕), 성흔(聖痕) (십자가에 못박힌 그리스도의 다섯 상처와 같은). visage marqué de tous les ~s de la stupidité 어리석음이 뚜렷이 눈에 드러나는 얼굴. ②《엣》 (죄인 따위의)낙인(烙印);《엣·구어》치욕, 오명(汚名) (의 표시). ~ indélébile 지울 수 없는 오명. ③《식물》암술머리, 주두(柱頭). ④《곤충》숨구멍, 기공(氣孔).

stigmatique [stigmatik] *a.* ①《곤충》숨구멍의, 기공의;《식물》암술머리의, 주두의. ②《광학》 수차교정(收差矯正)의, 보정(補正)의.

stigmatisation [stigmatizasjɔ̃] *n.f.* ① 상처자국내기; 오명(치욕)을 씌우기, 낙인찍기. ②《가톨릭》 성흔의 발현.

stigmatisé(e) [stigmatize] *a.p., n.* ① 상처 자국이 남은 (사람), 오명을 쓴 (사람). ② 성흔을 받은 (사람).

stigmatiser [stigmatize] *v.t.* ① (에)오명을 씌우다, 비난하다(condamner, flétrir). ~ la conduite de *qn* ⋯의 품행에 먹칠을 하다. ② 상처 자국을 내다; (노예 따위에)낙인을 찍다.

stigmatisme [stigmatism] *n.m.* 《광학》 (렌즈의) 무비점수차(無非點收差).

stilb [stilb] *n.m.* 스틸브, 휘도(輝度)의 단위, 1평방 센티미터의 면에 1 칸델라의 광도).

stil-de-grain [stildəgrɛ̃] *n.m.* 심황색(深黃色); 심화색 안료(顏料)의 일종.

stillant(e) [sti(l)lɑ̃, -ɑ̃:t] *a.* (액체가)똑똑(방울져) 떨어지는.

stillation [sti(l)lasjɔ̃] *n.f.* 똑똑 떨어지기, 적하(滴).

stillatoire [sti(l)latwa:r] *a.* (액체가)똑똑(방울져) 떨어지는.

stilligoutte [sti(l)ligut] *n.m.* 점적기(點滴器) (compte-gouttes).

stimulant(e) [stimylɑ̃, -ɑ̃:t] *a.* ① 자극하는, 홍분시키는, 격려하는. applaudissements ~s 고무하는 박수. ② 힘을 주는, 강장제의. air frais ~ 활력을 주는 신선한 공기. L'air marin est ~ 바다 공기는 건강에 좋다.
—*n.m.* 자극(물); 《의학》 홍분제.

stimulateur(trice) [stimylatœ:r, -tris] 《드물게》 *a.* 자극하는, 홍분시키는. —*n.m.* 자극하는 것.

stimulation [stimylasjɔ̃] *n.f.* 자극(작용), 격려; 《의학》 자극, 홍분에 의한 흥분.

stimule [stimyl] *n.m.* 《식물》 자모(刺毛).

stimuler [stimyle] *v.t.* ① 격려하다, 고무하다(encourager, exciter). ~ *qn* au travail ⋯을 격려하여 일을 시키다. ② (식욕·기관 따위를)자극하다, 홍분시키나(activer). Un peu d'alcool *stimule* l'appétit. 약간의 술은 식욕을 돋군다. ~ la digestion 소화를 촉진하다.

stimuline [stimylin] *n.f.* 《생물·의학》 스티뮬린 (백혈구의 식균작용을 자극하는 물질); 호르몬.

stimulus (*pl. i*) [stimylys, -i] 《라틴》 *n.m.* 《생물·의학》 자극.

stipa [stipa] *n.m.*, **stipe¹** [stip] *n.f.* 《식물》 나래새.

stipe² *n.m.* 《식물》 ① (종려나무 따위의 가지가 나지 않은)줄기. ② (양치류·버섯의)자루.

stipelle [stipɛl] *n.f.* 《식물》 작은 탁엽(托葉).

stipendiaire [stipɑ̃djɛ:r] (보통 경멸) *a.* (군인이)고용된, —*n.m.* 고용된 사람.

stipendié(e) [stipɑ̃dje] *a.p.* 《엣》 (경멸) 돈으로 고용된; 《문어》 매수된. —*n.m.* (위) ⋯의 사람.

stipendier [stipɑ̃dje] *v.t.* 《엣》 (경멸)돈을 주고 고용하다; 《문어》 매수하다.

stipité(e) [stipite] *a.* 《식물》 자루가 있는.

stiple [stipl] *n.m.* = **steeple-chase.**

stipulaire [stipylɛ:r] *a.* 《식물》 탁엽(托葉)의, 탁엽이 있는.

stipulant(e) [stipylɑ̃, -ɑ̃:t] 《법》 *a.* 계약하는, 약정하는. parties ~es 계약 당사자. —*n.m.* 계약자, 약정자.

stipulation [stipylasjɔ̃] *n.f.* 《법》 약정, 규약. ~s d'un contrat 계약 조항.

stipule [stipyl] *n.f.* 《식물》 턱잎, 탁엽.

stipulé(e) [stipyle] *a.* 《식물》 턱잎이 있는.

stipuler [stipyle] *v.t.* 《법》 약정하다, (계약 조항을)규정하다; 정하다. ~ une garantie dans le contrat 계약서에 보증을 규정하다. 《비인칭》 Il a été *stipulé* que ⋯라고 규정되었다. Il *est stipulé* dans l'annonce (la publicité) que ⋯ 광고 안에는 ⋯라고 명기되어 있다.

S.T.O. (약자) Service du travail obligatoire 강제노동국.

stochastique [stɔkastik] *a.* 우연히 생긴; 우발적인; 추측(推計) (학)의. phénomènes ~s 우발적 현상. ②《통계》 확률의. équation ~ 확률 방정식.
—*n.f.* 추계학.

stock [stɔk] 《영》 *n.m.* 《상업》 재고품, 저장품; (현금의)보유고. ~ en magasin 재고품. ~ d'or de la Banque de France 프랑스은행의 금보유량. mettre (des marchandises) en ~ (상품)을 저장하다.

stockage [stɔka:ʒ] *n.m.* 사입(仕入), 저장, 스톡하기; 저장 장소. ~ souterrain 지하(저장)탱크.

stock-car [stɔkka:r] 《영》 *n.m.* 고물 자동차의 장애물 경주.

stocker¹ [stɔke] *v.t.* 사들이다, 사입하다, 저장하다. ~ des produits alimentaires 식료품을 사들여 저장하다. —*v.i.* 비축하다, 저장하다. ~ pour spéculer 투기를 위해 상품을 저장해 두다.

stocker² [stɔkœ:r] 《영》 *n.m.* (증기 기관차의)자동급탄(給炭) 장치; (魚).

stockfisch [stɔkfiʃ] 《독일》 *n.m.* 말린 대구; 건어(乾魚).

stockiste [stɔkist] *n.m.* ①《상업》 사입업자. ② 기계 부품 대리점 (특히 자동차).

stœchiométrie [stekjɔmetri] *n.f.* 《화학》 화학 양론(量論).

stoïcien(ne) [stɔisjɛ̃, -ɛn] *a.* 스토아(학)파의; (스토아 철학자처럼)극기적인, 냉정한, 금욕의.
—*n.* 스토아(학)파의 철학자; 금욕주의자.

stoïcisme [stɔisism] *n.m.* ①《철학》 스토아 철학(주의). ② 금욕주의, 극기(克己).

stoïcité [stɔisite] *n.f.* (일상 생활에 있어서의)금욕, 극기.

stoïque [stɔik] *a.* 금욕의, 극기의, (고통·불행 따위를)잘 참아내는, 의연한. rester ~ en face d'un danger 위험 위기에 처해서도 흔들리지 않다. prendre une résolution ~ 의연한 결정을 내리다. —*n.* 잘 참는 사람, 극기심이 있는 사람, 냉정한 사람.

stoïquement [stɔikmɑ̃] *ad.* 스토아식으로, 금욕하여, 극기하여; 용감하게, 용기 있게.

stoker [stɔkœ:r] *n.m.* =stocker².
stola [stɔla]《라틴》*n.f.* 로마 부인의 긴 겉옷.
stolon [stɔlɔ̃] *n.m.* 《식물》기는 줄기, 포복경(匍匐茎); 《동물》주근(走根), 아체(芽體).
stolonifère [stɔlɔnifɛ:r] *a.* 《식물》기는 줄기[포복경]가 나는.
stomacal(ale, *pl.* **aux)** [stomakal, -o] *a.* 위의; 위에 좋은, 건위의(stomachique).
stomachique [stɔmaʃik] *a.* 《의학》건위의;《옛》위의(stomacal). —*n.m.* 건위제(健胃劑).
stomate [stɔmat] *n.m.* 《식물》숨구멍;《해부》소공(小孔)(stigmate).
stomatique [stɔmatik] *a.* 《식물》숨구멍(기공(氣孔))의. cellules ~s 기공 세포.
stomatite [stɔmatit] *n.f.* 《의학》구내염(口內炎).
stomat(o)-, stom(o)- *préf.*「입」의 뜻.
stomatologie [stɔmatɔlɔʒi] *n.f.* 구강 의학.
stomatologiste [stɔmatɔlɔʒist] *n.* 구강병과(口腔病科) 의사.
stomatopodes [stɔmatɔpɔd] *n.m.pl.* 《동물》구각류(口脚類).
stomatoscope [stɔmatɔskɔp] *n.m.* 《의학》구강경.
stomatorragie [stɔmatɔraʒi] *n.f.* 구내출혈.L(鏡).
stomoxe [stɔmɔks] *n.m.* 《곤충》피파리.
stop [stɔp]《영》*int.* 《해양》멈춰！정지！；(전보문의 단락을 나타내는)스톱.
—*n.m.* (자동차의)스톱라이트；우선 멈춤(교통신호)；《구어》편승(하기)(auto-stop). brûler un ~ 정지신호를 무시하다. faire du ~ 편승하다, 히치하이킹을 하다.
-stop *suff.*「편승」의 뜻.
stoppage [stɔpa:ʒ] *n.m.* ① 짜깁기. ② (운전 따위의)정지; 정차, 정선.
stopper [stɔpe] *v.t.* ① (배·기차·기계 따위를)세우다, 정지시키다. ② 가로막다, 중단시키다. ③ (옷의 터진 곳을)짜깁기하다. ~ l'ancre 닻을 내리다. ~ l'invasion ennemie 적의 침략을 저지하다.
—*v.i.* (배·기차·기계 따위가)서다; (이야기 따위를)중단하다. voiture qui *stoppe* au feu rouge 빨간불에 멈추는 자동차.
stoppeur(se) [stɔpœr, -ø:z] *n.* ① 짜깁기하는 사람. ②《구어》무임 편승하는 사람.
storax [stɔraks] *n.m.* 《약》소합향(蘇合香)《옛날의 기침약》.
store [stɔ:r] *n.m.* (창문에 치는)발, 블라인드. ~ vénitien 베네치아 블라인드. ~ à l'italienne (상하로 움직이는)블라인드. ~ à rouleaux 회전 블라인드.
storiste [stɔrist] *n.* 블라인드 제조업자[판매상].
stoupa, stoupâ, stoûpa [stupa] *n.m.* 《불교》솔도파(窣堵婆), 사리탑(舍利塔).
stout [stawt, stut]《영》*n.m.* 스타우트(독한 흑맥주).
stovaïne [stɔvain] *n.f.* 《약》스토바인(코카인 대용의 국부 마취약).
strabique [strabik] *a.* 사팔뜨기의, 사시(斜視)의 (louche). —*n.* 사팔뜨기인 사람.
strabisme [strabism] *n.m.* 《의학》사팔뜨기, 사시. ~ convergent (divergent) 내[외] 사시.
strabotomie [strabɔtɔmi] *n.f.* 《외과》사팔뜨기 수술.

stradiot(e) [stradjo, -ɔt] *n.m.*《옛》경기병.
stradivarius [stradivarjys] *n.m.* 스트라디바리(*Stradivari*, 이탈리아 사람)가 만든 바이올린.
stramoine [stramwan] *n.f.*, **stramonium** [stramɔnjɔm] *n.m.* 《식물》흰독말풀.
stramonine [stramɔnin] *n.f.* 《약》스트라모닌 《흰독말풀에서 뽑은 맹독성 알칼로이드》.
strangulation [strɑ̃gylɑsjɔ̃] *n.f.* ① 교살, 교수(絞首). ② 《의학》협착(狭窄), 괄약(括約).
stranguler [strɑ̃gyle] *v.t.* 교살하다(étrangler).
strangurie [strɑ̃gyri] *n.f.* 유통성 배뇨곤란(有痛性排尿困難).
strapontin [strapɔ̃tɛ̃] *n.m.* ① (자동차의)접어넣는 의자; (극장 따위의)보조 의자(→ théâtre 그림). ② (회의·조직 따위에서)별로 중요하지 않은 지위[자격], 2류의 지위.
strasbourgeois(e) [strasburʒwa, -a:z] *a.* 스트라스부르(*Strasbourg*, 프랑스의 도시)의. —**S~** *n.* 스트라스부르 사람.
stras(s) [stra(:)s] *n.m.* 스트라스(인조보석을 만드는 플린트글라스)《싸구려》가짜 보석.
strasse [stras] *n.f.* 풀솜, 명주실 부스러기.
stratagème [strataʒɛm] *n.m.* 계략, 책략, 술책;《옛》전략.
strate [strat] *n.f.* 층;《지질》지층;《사회》사회계층(couche sociale).
stratège [stratɛ:ʒ] *n.m.* ① 장군, 야전사령관; 전략가(stratégiste). ② 《역사》(고대그리스 특히 아테네의)군사령관.
stratégie [strateʒi] *n.f.* 전략, 용병술, 병법; 계략, 책략; 《경제》정책, 계획. ~ atomique(nucléaire) 핵전략. ~ aérienne(navale) 공군[해군] 전략. ~ électorale 선거전략.
stratégique [strateʒik] *a.* ① 전략의[에 관한]. ② 전략적인, 전략상 중요한. position[point] ~ 전략상의 거점. importance ~ d'un fleuve 하천의 전략적 중요성. voies ~s 전략 도로. bombardement ~ 전략 폭격. matières ~s 전략 물자. objectif ~ 전략 목표.
stratégiquement [strateʒikmɑ̃] *ad.* 전략상, 전략적으로.
stratégiste [strateʒist] *n.m.* 전략가, 병법가.
stratification [stratifikɑsjɔ̃] *n.f.* 《지질》성층(成層), 층리(層理);《식물》군락층(群落層);《농업》(종자의)토사층 보존법;《생물》(세포의)성층구조;《통계》계층;《비유적》층. ~ des consciences 의식의 층.
stratifié(e) [stratifje] *a.p.* 층을 이룬; (합성 섬유가 플라스틱과 직물 또는 유리섬유를)중첩시켜 만든. roches ~es 성층암. ~ *n.m.* épithélium ~ 중층상피(重層上皮);《건축》합판.
stratifier [stratifje] *v.t.* ① 층을 이루게 하다, 층으로 겹치다. ② 《농업》(씨를 젖은 모래나 흙 따위의)층 사이에 넣어 보존하다.
—*se* ~ *v.pr.* 층이 지다.
stratigraphie [stratigrafi] *n.f.* 층서학(層位學); 지층학(地層學);《의학》(X 선의)단층(斷層)촬영법.
stratigraphique [stratigrafik] *a.* 층위학의; 지층학의.
stratiome [stratjɔm], **stratiomys** [stratjɔmis] *n.m.* 《곤충》동에왕.
stratiote [stratjɔt] *n.f.*, **stratiotes** [stratjɔtes] *n.m.* 《식물》자라풀과(科)의 일종.
strato- *préf.*「광대한 것, 층·성층」의 뜻.
stratocratie [stratɔkrɑsi] *n.f.* 무단[군벌] 정치.
strato-cumulus [stratɔkymylys] *n.m.* 《기상》충

적운(層積雲).

stratopause [stratɔpoːz] *n.f.* 【기상】성층권의 상층(전리층의 아래).

stratoscope [stratɔskɔp] *n.m.* 성층권 탐사용 망원사진기.

stratosphère [stratɔsfɛːr] *n.f.* 【기상】성층권.

stratosphérique [stratɔsferik] *a.* 【기상】성층권의. température ~ 성층권의 기온. air ~ 성층권 대기. fusée ~ 성층권 탐사 로켓.

stratovision [stratɔvizjɔ̃] *n.f.* 성층권 텔레비전 중계.

stratum [stratɔm] *n.m.* 【의학】층(層), 【해】.

stratus [stratys] *n.m.* 【기상】층운(層雲).

streltsy [strɛltsi] 《러시아》 *n.m.pl.* (17세기 러시아 황제의) 친위 보병대.

strepsiptères [strɛpsiptɛːr] *n.m.pl.* 【곤충】연시류(撚翅類).

strepto- *préf.* 「구부러진, 휜」의 뜻.

streptobacille [strɛptɔbasil] *n.m.* 【생물】스트렙토 바실루스(연쇄상 구균의 일종).

streptococcie [strɛptɔkɔksi] *n.f.* 【의학】연쇄상 구균 감염증(球菌感染症).

streptococcique [strɛptɔkɔksik] *a.* 연쇄상 구균의 (에 의한).

streptocoque [strɛptɔkɔk] *n.m.* 연쇄상 구균.

streptomycine [strɛptɔmisin] *n.f.* 【약】스트렙토마이신.

stress [strɛs] 《영》 *n.m.* 【물리】응력(應力)(도). 【의학】스트레스, 긴장. réponse au ~ 《스트레스에 대한 신체의》 반응(réaction d'alarme).

stressant(e) [strɛsɑ̃, -ɑ̃ːt] *a.* 스트레스를 일으키는.

stresser [strɛse] *v.t.* 스트레스를 일으키다.

stretch [strɛtʃ] 《영》 *n.m.* 【직물】신축가공(伸縮加工). — *a.* 《불변》신축가공된.

strette [strɛt] *n.f.* 【음악】스트레타(둔주곡의 화려한 종결부); 《옛》【군사】기습.

stretto [strɛtto] 《이탈리아》 *ad.* 【음악】스트레토, 긴장시켜.

striation [strijasjɔ̃] *n.f.* ① 줄(홈·줄무늬)을 넣기; (집합적) 줄, 홈, 줄무늬. ② 【해부】조흔(條痕); 【아금】조선(條線); (보석 따위의) 홈. ~ technique de ~ 【물리】음파 기록법.

strict(e) [strikt] *a.* ① 엄밀한, 엄정한. donner une interprétation ~*e* de la loi 법을 엄밀하게 해석하다. ~*e* obéissance 절대 복종. C'est la ~*e* vérité. 그것은 엄연한 사실이다. ② 엄한, 엄격한(sévère, rigoureux). morale ~*e* 엄격한 도덕. mère très ~*e* à l'égard de ses enfants 자녀들에 대해 아주 엄한 어머니. être ~ avec soi-même 자기자신에 대해 엄격하다. homme ~ en affaires 일에 꼼꼼한 사람. ③ 최소한도의, 좁은. ~ nécessaire 꼭 필요한 것. au sens ~ 협의(狹義)로. C'est son droit (le plus) ~. 그것은 그의 최소한도의 권리이다. ④ (복장·언어가) 단정한, 간결한. tenue ~*e* 단정한 옷차림. langue ~*e* 간결한 언어.

strictement [striktəmɑ̃] *ad.* 엄격히, 엄중히; 엄밀히, 정확히; 최소한도로. affaire ~ personnelle 전적으로 사적인[개인적인]일. ~ parlant 엄밀히 말하자면. observer ~ une règle 규칙을 엄수하다. quantité ~ nécessaire 최소한 필요한 양.

striction [striksjɔ̃] *n.f.* 【의학】수축, 긴축. 【기계】(인장(引張)시험 때의) 단면 수축.

stricto sensu [striktɔsɛ̃sy] *ad.* 정확한 의미로(au sens strict, ↔ lato sensu).

stridence [stridɑ̃ːs] *n.f.* 《문어》날카로운 소리, 새된 소리.

strident(e) [stridɑ̃, -ɑ̃ːt] *a.* 날카로운, 새된; 《언어》 조찰성(粗擦性)의 《불어에서 마찰음 f, v, s, z, ʃ, ʒ 등의 음향학적 특징》 (aigu, ↔ mat). sifflet ~ d'une locomotive 기관차의 귀청을 찢는 듯한 기적 소리.

stridor [stridɔːr] *n.m.* 【의학】(후두나 기관의 협착에 의한) 흡기 협착음.

stridulant(e) [stridylɑ̃, -ɑ̃ːt] *a.* (곤충 따위가) 찌르륵거리는 (날카로운) 소리를 내는. insectes ~*es* 찌르륵거리며 우는 (날카로운 소리를 내는) 곤충.

stridulation [stridylasjɔ̃] *n.f.* 날카로운 소리. ~ des cigales(des grillons) 매미(귀뚜라미)의 날카로운 울음소리.

striduler [stridyle] *v.i.* 《문어》(곤충 따위가) 날카로운 소리로 울다.

striduleux(se) [stridylø, -øːz] *a.* 【의학】천명(喘鳴)의; 날카로운 소리를 내는.

strie [stri] *n.f.* (주로 *pl.*) 가는 줄, 선, 홈, 줄무늬; 【학술】조선(條線); 【건축】(기둥의) 세로 홈. ~*s* glaciaires 빙하의 침식 자국.

strié(e) [stri(j)e] *a.* 가는 줄(선·홈)이 있는, 줄무늬가; 【학술】조선(條線)이 있는. muscle ~ 【해부】가로무늬근, 횡문근(橫紋筋). corps ~ 【해부】(대뇌 반구의) 선조체(線條體).

strier [stri(j)e] *v.t.* (에) 줄(선)을 새기다, 줄무늬를 넣다; (에) 홈을 파다.

strige, stryge [striːʒ] *n.f.* 《문어》흡혈귀.

strigidés [striʒide] *n.m.pl.* 【조류】올빼미과(科).

strigile [striʒil] *n.m.* ① 【고대그리스·로마】(목욕할 때 쓰는) 때미는 기구; 【고고학】S자 모양의 세로홈 장식.

stringendo [strindʒɛndo] 《이탈리아》 *ad.* 【음악】차츰 빠르게.

strioscopie [stri(j)ɔskɔpi] *n.f.* 【물리】(공기역학에서의) 슐리렌법(法).

strioscopique [stri(j)ɔskɔpik] *a.* 【물리】슐리렌법의.

stripage [stripaʒ] *n.m.* 【원자물리】스트리핑 반응(핵반응에 있어서의 직접반응의 일종).

stripeur [stripœːr] *a.m.* pont ~ (제철소의 도가니 속의) 주괴 인양기(鑄塊引揚機).

stripper [stripœːr] 《영》 *n.m.* 【외과】 정맥 제거기 (tire-veine).

stripper[stripe] *v.t.* (액체의) 휘발성 성분을 제거하다.

strippeuse [stripøːz] *n.f.* = **strip-tease**.

stripping [stripiŋ] 《영》 *n.m.* 【의학】 정맥 제거술; 【화학】(액체의) 휘발성 성분 제거; 【원자물리】스트리핑 반응(stripage).

strip-tease [striptiːz] 《영》 *n.m.* 스트립쇼 (극장); 노출 취미; 폭로 취미.

strip-teaseuse [striptizøːz] *n.f.* 스트리퍼 (strippeuse, effeuilleuse).

striquer [strike] *v.t.* (에) 꽂무늬를 수놓다; (모직물의) 끝손질을 하다.

striqueur(se) [strikœːr, -øːz] *n.* 모직물의 마지막 손질을 하는 직공. — *n.f.* 모직물 끝손질하는 기계; 레이스에 꽂무늬 수를 놓는 여공.

striure [stri(j)yːr] *n.f.* 줄, 홈, 줄무늬.

strix [striks] *n.m.* 【조류】 올빼미속(屬).

strobilation [strɔbilasjɔ̃] *n.f.* 【동물】(촌충(寸蟲) 따위의) 횡분체(橫分體) 형성.

strobile [strɔbil] *n.m.* 【식물】구과(毬果), 구화(毬花); 【동물】횡분체(橫分體).

strobiliforme [strɔbiliform] *a.* 【식물】구과(구화) 모양의; 【동물】횡분체 모양의.

strobo- *préf.* 「회전·선회」의 뜻.

strobophotographie [strɔbɔfɔtɔgrafi] *n.f.* 스트로보 사진.

stroborama [strɔbɔrama] *n.m.* 스트로보.

stroboscope [strɔbɔskɔp] *n.m.* 【물리】스트로보스코프(시각 잔영(視覺殘影)을 이용해서 회전 운동이나 진동의 주기를 측정하는 장치).

stroboscopie [strɔbɔskɔpi] *n.f.* 【물리】시간 잔영을 이용하는 관찰법.

stroboscopique [strɔbɔskɔpik] *a.* 스트로보(스코프)의. effet ~ 스트로보 효과.

strobosique [strɔbɔzik] *a.* 시각 잔영에 관한.

stroma [strɔma] *n.m.* 【의학】기질(基質); 간질(間質), 【식물】자좌(子座).

strombe [strɔ̃:b] *n.m.* 【패류】스트롬부스속(屬).

strombolien(ne) [strɔ̃bɔljɛ̃, -ɛn] *a.* 스트롬볼리(le Stromboli, 이탈리아의 화산도)의. volcan du type ~ 스트롬볼리식 화산.

strongle [strɔ̃gl], **strongyle** [strɔ̃ʒil] *n.m.* 【동물】스트롱길스(선충류의 기생충).

strongylose [strɔ̃ʒilo:z] *n.f.* (수의) (strongle로 인한) 가축의 기생충병.

strontiane [strɔ̃sjan] *n.f.* 【화학】스트론티아, 산화스트론튬.

strontium [strɔ̃sjɔm] *n.m.* 【화학】스트론튬.

strophante [strɔfɑ̃:t], **strophantus** [strɔfɑ̃tys] *n.m.* 【식물】스트로판투스속(屬)(협죽도[마삭나무]과(科)의 덩굴 식물).

strophantine [strɔfɑ̃tin] *n.f.* 【화학】스트로판틴(강심제).

strophe [strɔf] *n.f.* ① (시의) 절; 시절(詩節); (노래의) 절(節) (couplet). ② (고대 그리스의 합창단·무용단의) 좌선회, (그때) 부르는 노래.

strophoïde [strɔfɔid] *n.f.* 【기하】스트로포이드(3차곡선의 하나).

strophulus [strɔfylys] *n.m.* 【의학】스트로풀루스(두드러기 모양의 태선(苔癬)).

stropiat [strɔpja] *n.m.* [옛·구어] 불구자.

structurable [stryktyrabl] *a.* 구조화할 수 있는.

structural(ale, *pl.* **aux)** [stryktyral, -o] *a.* 구조의, 조직상의; 구조를 구성하는, 구조구의의. état ~ d'un organe 기관의 구조 상태. changement ~ (생성문법의) 구조 변화. description ~ale (생성문법의) 구조 기술. linguistique ~ale 구조 언어학. analyse ~ale 구조 분석. psychologie ~ale 구조 심리학. sémantique ~ale 구조 의미론.

structuralisme [stryktyralism] *n.m.* 【철학·언어】구조주의.

structuraliste [stryktyralist] *a.* 구조주의(자)의. — *n.* 구조주의자.

structurant(e) [stryktyrɑ̃, -ɑ̃:t] *a.* 구조[조직]를 성립시켜 주는. éléments ~s 구성 요소.

structuration [stryktyrasjɔ̃] *n.f.* 구조화; 조직화. ~ progressive des connaissances de l'enfant 아동에 있어서 지식의 점진적 구조화.

***structure** [strykty:r] *n.f.* (인체·건조물·물질 따위의) 구조(constitution, contexture); 조직; (시 따위의) 구성 (composition); 【언어】구조. ~ du corps humain 인체구조. ~ cellulaire 세포 구조. ~ atomique [de l'atome] 원자 구조. ~ moléculaire 분자 구조. ~ d'écorce terrestre 지각 구조. ~ homogène 균질적 구조. ~ des couches géologiques 지층 구조. ~(s) administratives 행정 조직[기구]. ~ de l'industrie coréenne 한국의 산업 구조. ~s sociales 사회 구조. réformes de ~ (사회·경제·행정의) 구조적 개혁. ~s mathématiques 수학적 구조. ~s psychiques 정신 구조. ~ profonde 【언어】심층 구조. ~ de surface 【언어】표면 구조. ~ d'accueil (일반 대중을 위한 다양한 공공)수용 조직(여행자에 대한 편의·정보 제공에서 문화·운동 시설의 제공에 이르기까지).

structuré(e) [stryktyre] *a.p.* 구조화[조직화]된.

structurel(le) [stryktyrɛl] *a.* 구조적인, 구조상의, 조직의; 구조에 관한. crise ~le 구조적인 위기. réformes ~les 기구 개편. analyse ~le 구조 분석. changement ~ 구조 변화.

structurer [stryktyre] *v.t.* (에) 구조를 이루게 하다, 구조화[조직화]하다. ~ une administration 경영 기구를 조직화하다. ~ des programmes de la radio 라디오 프로그램을 편성하다.
— **se** ~ *v.pr.* 구조가 이루어지다, 조직화되다.

structurologie [stryktyrɔlɔʒi] *n.f.* 구조분석학.

strume [strym] *n.f.* 【의학】연주창; 갑상선종(甲狀腺腫).

strumeux(se) [strymø, -ø:z] *a.* 【의학】연주창의; 갑상선종성(性)의.

strumite [strymit] *n.f.* 【의학】갑상선염.

strychnées [strikne] *n.f.pl.*, **strychnos** [strikno:s] *n.m.pl.* 【식물】마전(馬錢)속.

strychnine [striknin] *n.f.* 【화학】스트리키니네.

stryge [stri:ʒ] *n.f.* = strige.

stuc [styk] *n.m.* 【건축】화장 회반죽(장식).

stucage [styka:ʒ] *n.m.* 【건축】회반죽 칠. enduire de ~ 화장 회반죽을 칠하다(바르다).

stucateur [stykatœ:r] *n.m.* 【건축】화장회칠하는 미장이(장식가).

stud [stœd] (영) *n.m.* 육마장(育馬場); (경마·사냥·매매용의) 말 떼.

stud-book [stœdbuk] (영) *n.m.* 순종말의 혈통서(혈통 대장).

studette [stydɛt] *n.f.* 소형 단실 아파트.

studieusement [stydjøzmɑ̃] *ad.* 부지런히, 열심히. préparer ~ un examen 열심히 시험준비를 하다.

studieux(se) [stydjø, -ø:z] *a.* ① 부지런한, 근면한 (appliqué, ↔ paresseux). élève ~ 근면한 학생. ② 독학(篤學)의, 학구적인. de ~ses vacances; des vacances ~ses 열심히 공부하며 보낸 방학.

studio [stydjo] *n.m.* ① 단실(單室)아파트; (살롱·식당·침실 겸용의) 넓은 방. ② 아틀리에, 작업실. ③ 【영화·방송】스튜디오, 촬영소, 방송실; (전위극·영화의) 소극장.

studiolo [stydjolo] *n.m.* (작은) 서재.

stuka [stuka] (독일) *n.m.* (제 2차 세계대전중의 독일) 급강하 폭격기.

stup [styp] *n.m.* 마취제 (stupéfiant).

stûpa [stupa] *n.m.* = stoûpa.

stupéfaction [stypefaksjɔ̃] *n.f.* 아연실색, 깜짝 놀람, 경악 (stupeur); 【의학】마취상태.

stupéfaire [stypefɛ:r] *v.t.* 깜짝 놀라게 하다, 아연실색케 하다.

stupéfait(e) [stypefɛ, -ɛt] *a.* 깜짝 놀란, 아연실색한 (stupéfié). [~ de qc/de+*inf.*] Je suis ~ de votre réponse. 당신 대답을 들으니 어이가 없다. Tout le monde est resté ~ de le voir si changé. 그가 그렇게 변한 것을 보니 모두 아연할 뿐이었다. [~ que+*sub.*; ~ de ce que+*ind./sub.*] Il a été ~ qu'il fût [de ce qu'il était] refusé à l'examen, alors qu'il était dans les premiers de sa classe. 자기 반에서 우등생인 그가 시험에 낙제를 하고 나니 오직 망연자실할 뿐이었다.

stupéfiant(e) [stypefjɑ̃, -ɑ̃:t] *a.* 깜짝 [몹시] 놀라게 하는, 아연실색케 하는; 【의학】마비시키는. nouvelle ~e; ~e nouvelle 경악을 금치 못하게 하는 소식. — *n.m.* 【의학】마약.

stupéfier [stypefje] *v.t.* ① 깜짝 [몹시] 놀라게 하다, 어리둥절하게 하다, 아연실색케 하다 (atterrer, consterner). L'insolence de ses remarques m'a *stupéfié.* 그의 말의 오만불손함은 나를 아연실색케

했다. ② 【의학】 마비시키다.
stupeur [stypœːr] n.f. ① 대경실색, 망연자실(consternation). frapper qn de ～…을 아연케〔어리둥절케〕하다. rester muet de ～ 너무 놀라 말문이 막히다. ② 【의학】 마비; 혼미(昏迷).
stupide [stypid] a. ① 어리석은, 우둔한(idiot, imbécile, sot); 터무니없는, 상식밖의. Elle est vraiment ～. 그 여자는 정말 머리가 둔하다. Il n'est pas assez ～ pour croire de telles histoires. 그는 그런 이야기를 믿을 만큼 어리석지는 않다. accident ～ 어처구니 없는 사고. ② 얼빠진, 마비된, 망연실색한. ―n. 어리석은 사람, 바보.
stupidement [stypidmɑ̃] ad. 어리석게, 투미하게.
stupidité [stypidite] n.f. ① 어리석음(bêtise); 어리석은 짓〔말〕(sottise). J'ai conscience de la ～ de ma question. 나는 내 질문의 어리석음을 모르는 바가 아니다. faire des ～s 바보 같은 짓을 하다. Tu ne cesses de dire des ～s. 너는 계속 어리석은 말만 하는구나. ② 〖옛〗대경실색.
stupre [stypr] n.m. 《문어》파렴치한 행위, 음탕, 난행(亂行).
stups [styp] n.m.pl. 《속어》마약 (stupéfiants의 준말).
stuquer [styke] v.t. 【건축】(에)화장회(stuc)를 칠하다〔바르다〕.
sturnidés [styrnide] n.m.pl. 【동물】찌르레기과(科) (참새〔연작(燕雀)〕목에 속함).
stygien(ne) [stiʒjɛ̃, -ɛn], **stygial(ale, pl aux)** [stiʒjal, -o] a. 삼도내 (Styx)의.
*style [stil] n.m. ① ⓐ 문체, 필법. avoir un ～ simple 문체가 간결하다. soigner son ～ 자기 문체를 다듬다. ～ familier 평이한 문체. ～ noble 고상한 문체. ～ clair 명료한 문체. ～ parlé(écrit) 구어체〔문어체〕. ～ de palais 법원조문과 같은〔딱딱한〕문체. ～ commercial 상업문. ～ administratif 공문서체. ～ publicitaire 광고 문체. ～ télégraphique 전보 문체. ⓑ 【언어】화법, 인용법. ～ direct 직접화법. ～ indirect 간접화법. ～ indirect libre 자유 간접화법. ⓒ (작가의)독자적인 문체, 작품(～ original). ne pas avoir de ～ 진부한 문체로 글을 쓰다. écrivain qui manque de ～ 독자적인 문체가 없는 작가. Le ～ est l'homme même. 문체는 곧 그 사람이다 (Buffon의 말). ⓓ (예술 작품의)양식, 스타일, 풍. ～ byzantin(gothique) 비잔틴〔고딕〕양식. des meubles de ～ anglais 영국풍의 가구. ～ d'un cinéaste 영화감독의 작품. jardin de ～ coréen 한국식 정원. maison sans ～ 세련미가 없는 집. ⓔ (복장·태도 따위의 개인 특유의)양식〔型〕, 투; 독자적인 품격, 멋; 시체풍(時體風)의 스타일. ～ de vie(d'action)자기 방식의 인생 지침(행동 방식). nageur qui a du ～ 멋있게 수영을 하는 사람. avoir du ～ 독특한 품격이 있다. (une robe) à ～ 시체풍의 (옷).
② (해시계의)지침; 【동물】 추상체(錐狀體); 【식물】 화주(花柱), 암술대; 〖옛〗(초칠한 판자에 글자를 쓰는)첨필(尖筆).
③ 역법(曆法). nouveau〔vieux〕～ 신〔구〕력.
④ 《속어》돈.
de grand ～ 대규모의. opération *de grand ～* 대규모의 작전.
stylé(e)[^1] [stile] a. 【식물】 암술대가 있는.
stylé(e)[^2] a.p. 잘 훈련된; 세련된. femme de ménage ～*e* 숙달된 가정부.
styler [stile] v.t. 훈련하다, 가르치다. ～ qn à qc …에게 숙달되도록 …을 훈련시키다.
stylet [stilɛ] n.m. ① (가느다란)단검, 비수. ② 【동물】추상체(錐狀體); 【식물】작은 암술대.
stylisation [stilizasjɔ̃] n.f. 양식화(化), 도안화.

styliser [stilize] v.t. 양식화하다; 도안화하다.
stylisme [stilism] n.m. ① 【문학】문체를 지나치게 다듬기. ② styliste의 직업〔일〕.
styliste [stilist] n. ① 명문가, 문장가. ② 상업 도안〔미술〕가. ③ (양장점에 고용된)새 모드의 시범〔상담〕역; 새 모드의 창안자.
stylisticien(ne) [stilistisjɛ̃, -ɛn] n. 문체 연구가.
stylistique [stilistik] n.f. 【언어】문체론. ～ comparée 비교 문체론. ―a. 문체(상)의. étude ～ 문체 연구. analyse ～ d'un roman 소설의 문체 분석. effets ～s 문체상의 효과. valeurs ～s 문체론적 의미(意味).
stylite [stilit] n.m. 【종교사】기둥 위에서 고행(苦行)하는 수도자. ―a. 기둥 위에서 고행하는.
*stylo [stilo] n.m. ① 만년필(stylographe). ② ～ à bille; ～《구어》(-)bille 볼펜. ③ ～ feutre 사인펜. ～ à bille 볼펜(stylo(-)bille).
stylo- préf. 「기둥·송곳·첨필(尖筆)」의 뜻.
stylobate [stilobat] n.m. 【건축】기단(基壇).
stylo(-)bille [stilobij] n.m. 《구어》볼펜.
stylo(-)feutre [stilofœtr] n.m. 수성 볼펜, 사인펜.
stylographe [stilograf] n.m. 〖옛〗만년필.
stylographie [stilografi] n.f. 철필〔펜〕화식의 전기제판(製版)〔술〕.
stylographique [stilografik] a. ① (잉크 따위가)만년필용의. encre ～ 만년필용 잉크. ② 철필〔펜〕화식 전기 제판〔술〕의.
styloïde [stiloid] a. 【해부】(돌기 따위가)경상(莖狀)의. apophyse ～ 경상 돌기.
stylomine [stilomin] n.m. 【상품명】샤프펜슬(porte-mine).
stylon [stilɔ̃] n.m. 펠트펜, 매직잉크펜.
stylostatistique [stilostatistik] n.f. 【언어】통계문체론.
stypage [stipaːʒ] n.m. 【의학】분무마취법.
stypticité [stiptisite] n.f. 【의학】수렴성.
styptique [stiptik] a. 【의학】지혈(止血)의, 수렴성의(astringent). ―n.m. 수렴제(劑), 지혈제.
styracées [stirase] n.f.pl. 【식물】때죽나무과.
styrax [stiraks] n.m. ① 【식물】때죽나무과(科) 식물. ② 【약】안식향(安息香)(storax), 소합향(蘇合香)(baume ～).
styrène [stirɛn], **styrolène** [stirɔlɛn] n.m. 【화학】스티렌, 스티로렌 (합성수지의 원료).
styrol [stirɔl] n.m. 【화학】스틸롤(styrène).
Styx [stiks] n.pr.m. 【그리스신화】삼도(三途)내. visiter(passer) le ～ (les bords du ～) 저승으로 가다, 죽다. jurer par le ～ 무시무시한 맹세를 하다.
SU(약자) U.R.S.S. 소련 (외국 자동차의 표지).
su¹(e) [sy] p.p.< savoir 의 p.p. 아는, 배운. leçon bien sue 똑똑히 배운 학과〔목〕. ―n.m. 지식.
au su de qn …가 아는 바로는. Elle aime ce garçon *au su de* tout le monde. 그 여자가 이 청년을 사랑한다는 것은 모두 알고 있다.
au vu et au su de tout le monde 누구에게도 숨기지 않고, 공공연하게.
su² prép. 《속어》위에(sur).
suage¹ [sɥaːʒ] n.m. ① (생나무를 태울 때 양쪽 끝에서 배어 나오는)진, 수분. ② 【해양】(배의)목재부분에 칠하는 진(송진 따위). ③ 《속어》살인.
suage² n.m. ① 【야금】(달군 쇠붙이의 형체를 만드는)틀쇠, 단접용(鍛接用)탭. ② (주석접시의)선두름; (촛대 다리의)네모진 부분.
suaire [sɥɛːr] n.m. 수의(壽衣)(linceul); (특히 유령을 나타내는)흰 수의. saint ～ (그리스도의)성해포(聖骸布).
suant(e) [sɥɑ̃, -ɑ̃ːt] a. ① 《구어》땀이 나는, 땀을 흘

리는. avoir les mains ~es 손에 많이 나다. ②《속어》고약한, 성가신. travail ~ 고약한 일.

suave [sqa:v] *a.* 그윽한, 달콤한, 감미로운(délicieux, exquis); 아리따움, 사랑스러운, 우아한(gracieux); 기분좋은, 상쾌한. parfum ~ 그윽한 향기. musique ~ 달콤한 음악. voix ~ 감미로운 목소리. ~ tentation 달콤한 유혹.

suavement [sqavmɑ̃] *ad.* 달콤하게, 감미롭게; 사랑스럽게, 귀엽게; 상쾌하게. paroles ~ dites 듣기 좋은 말.

suavité [sqavite] *n.f.* 그윽함, 감미, 미미; 아리따움, 우아; 상쾌. ~ d'une odeur 향기의 그윽함.

subaigu(ë) [sybegy] *a.* 《의학》(징후가)아급성(亞急性)의.

subalpin(e) [sybalpɛ̃, -in] *a.* 《지리》 ① 알프스 산 기슭의. village ~ 알프스 산록의 마을. ② 아고산대(亞高山帶)의.

subalterne [sybaltern] *a.* 아래의, 하위[차위]의, 하급의(inférieur); 열등한, 범용한, 평범한. employé ~ 《구어》 하급 직원. rôle ~ 단역(端役). position ~ 말단직. officier ~ 하급 장교, 위관(尉官). esprits ~s 범속한 정신의 소유자. ─*n.m.* 하급 직원, 부하; 《군사》 위관급 장교.

subalterniser [sybalternize] *v.t.* 《드물게》하위에 두다, 종속시키다.

subantarctique [sybɑ̃tarktik] *a.* 《지리》 아남극(亞南極)의《남극 바로 위에 위치한》. zones ~s 아남극권. îles ~s 아남극 도서.

subaquatique [sybakwatik] *a.* 수중의, 수중에서 수중으로 가는.

subarctique [sybarktik] *a.* 아북극(亞北極)의《북극 바로 아래에 위치한》. zones ~s 아북극권. écologie ~ 아북극권의 생태계.

subatomique [sybatɔmik] *a.* 아원자(亞原子)의. particules ~s 아원자 입자.

subcarpatique [sybkarpatik] *a.* 카르파티아 산록의.

subconscience [sybkɔ̃sjɑ̃:s] *n.f.* 《심리》 잠재의식, 하(下)의식(subconscient).

subconscient(e) [sybkɔ̃sjɑ̃, -ɑ̃:t] *a.* 잠재의식의, 의식하의. ─*n.m.* 《심리》 잠재의식.

subcontraire [sybkɔ̃trɛ:r] *a.* 《논리》 소(小)반대의.

subculture [sybkylty:r] *n.f.* 《사회》 하위 문화.

subdélégation [sybdelegɑsjɔ̃] *n.f.* (피위임자가 자기를)대리시킴; 피위임자의 대리 업무.

subdélégué(e) [sybdelege] *n.* (피위임자의)대리.

subdéléguer [sybdelege] *v.t.* (피위임자가 자기를)대리시키다.

subdélire [sybdeli:r] *n.m.* 《의학》 가벼운 섬망(譫妄)상태, 약간 헛소리를 하는 상태.

subdésertique [sybdezertik] *a.* 《지리》 반사막(半砂漠)의. climat ~ 반사막 기후.

subdiviser [sybdivize] *v.t.* 더 세분하다. ~ un lot en parts 상금을 몫으로 나누다.

─*se ─ v.pr.* [se ~ en (으로)더 세분되다. Chaque volume *se subdivise* en 10 fascicules. 각 권은 10권의 분책(分冊)으로 더 나누어진다.

subdivisible [sybdivizibl] *a.* 더 세분할 수 있는.

subdivision [sybdivizjɔ̃] *n.f.* ① 세분, 재분할, 하위 구분; (세분된) 일부. ~ d'un chapitre en trois sections 장(章)을 세 절(節)로 나누기. ~ administrative 행정구획. ② 《군사》 분과구(分管區); 분과병종(兵種).

subdivisionnaire [sybdivizjɔnɛ:r] *a.* 세분[재분]할의, (세분된)일부분의; 분관구의.

subéquatorial(ale, *pl. aux*) [sybekwatɔrjal, -o] *a.* 《지리》 아적도대(亞赤道帶)의, 적도부근의. climat ~ 아적도대 기후.

suber [sybe:r] *n.m.* 《식물》 코르크떡갈나무; 코르크 (조직).

subéreux(se) [syberø, -ø:z] *a.* 《식물》 코르크질[조직]의.

subérification [syberifikɑsjɔ̃] *n.f.* 《식물》 코르크화(化).

subérine [syberin] *n.f.* 《생화학》 코르크질《세포벽에 생기는 지방 모양의 물질》.

subfébrile [sybfebril] *a.* 미열(성)의.

subintrant(e) [sybɛ̃trɑ̃, -ɑ̃:t] *a.* 《의학》 (발작·열 따위가)계속해서 일어나는, 연발(連發)[빈발]하는. accès ~s 연발성 발작.

*****subir** [sybi:r] *v.t.* ① (주어는 사람)받아들이다, 감내하다, 인종하다(supporter, accepter, souffrir). ~ un joug 멍에[속박]를 걸머지다. ~ des violences 폭력에 인종하다. ~ une peine 형을 받다, 복역하다. ~ la torture 고문을 받다. ~ son destin 자기 운명을 감수하다. ②《구어》(하는 사람을)어쩔 수 없이 받아들이다, 참아내다. Il ne l'acceptait pas encore, mais il la *subissait.* 그는 그녀를 아직 용인하고 있지는 않았지만 어쩔 수 없이 받아들이고 있었다. ③ (시험·수술을)치르다, 받다(passer). ~ un examen 시험을 보다. malade qui *subit* une opération chirurgicale 외과 수술을 받는 환자. ~ la visite médicale 왕진을 받다. ④ (작용·영향 따위를)받다, 입다, 당하다(éprouver). projet de loi qui *a subi* des modifications 수정된 법안. ~ des influences 영향을 받다. corps qui *subit* l'action du feu 열작용을 받는 물체. couleur qui *subit* une altération 변색하는 색.

On subit sa famille, on choisit ses amis. 《속담》 가족은 고를 수 없으나 친구는 골라서 사귄다.

subit(e) [sybi, -it] *a.* 돌연한, 갑작스런(brusque, soudain). mort ~e 횡사, 급사. changement ~ de situation 상황의 급변. décision ~e de départ 갑작스러운 출발 결정.

subitement [sybitmɑ̃] *ad.* 갑자기, 느닷없이(brusquement). disparaître ~ 갑자기 사라지다. mourir ~ 급사하다.

subito [sybito] 《라틴》 *ad.* 《구어》 갑작스레, 느닷없이, 급히. partir ~ 급히 출발하다. ~ presto; presto ~ 급히.

subjacent(e) [sybʒasɑ̃, -ɑ̃:t] *a.* 《문어》 밑의, 밑에 있는(sous-jacent).

subjectif(ve) [sybʒɛktif, -i:v] *a.* ① 주관의; 주관적인, 개인적인(↔objectif). jugement ~ 주관적인 판단. méthode ~*ve* 주관적 방법. opinions (critiques) ~*ves* 주관적 견해(비판). ② 《의학》 (환자가)자각하는. symptôme ~ 자각 증세. ③ 《언어》 주어의, 주격의. cas ~ 주격. voix ~*ve* 능동태. génitif ~ 주격적 속격《명사의 보어가 의미상 주어가 되는 경우》. ④ 《철학》 주관의, 주체의; 《논리》 주사(主辭)의. ─*n.m.* 주관, 주관적인 것.

subjectification [sybʒɛktifikɑsjɔ̃] *n.f.* 《철학》 주관화(化).

subjectile [sybʒɛktil] *n.m.* (그림을 그리기 위한)화포, 목판, 벽면(support).

subjection [sybʒɛksjɔ̃] *n.f.* 《수사학》 예박(豫駁)논법.

subjectivation [sybʒɛktivɑsjɔ̃] *n.f.* 주관화[주체화].

subjectivement [sybʒɛktivmɑ̃] *ad.* 주관적으로.

subjectiver [subʒɛktive] *v.t.* 《철학》 주관화하다.

subjectivisme [sybʒɛktivism] *n.m.* 《철학》 주관론, 주관주의; 주관적인 경향.

subjectiviste [sybʒɛktivist] *a.* 주관주의의.

─*n.* 주관주의자.

subjectivité [sybʒɛktivite] *n.f.* ① 〖철학〗주관성, 주체성. ② 마음, 자아(自我).

subjonctif(ve) [sybʒɔ̃ktif, -i:v] 〖언어〗*a.* 접속법의. mode ~. —*n.m.* 접속법.

subjugation [sybygɑsjɔ̃] *n.f.* 제압, 정복; 매료.

subjuguer [sybʒyge] *v.t.* ① (마음을) 사로잡다, 매료시키다. orateur(éloquence) qui *subjugue* ses auditeurs 청중의 마음을 사로잡는 연사(웅변). ② (엣·문어)(나라 따위를) 정복하다, 굴복시키다, 지배하다; (아내가 남편을) 쥐고 흔들다; (말 따위를) 길들이다. ~ un peuple(un pays) 국민(나라)을 정복하다. Nos émotions *subjuguent* souvent nos esprits. 우리의 감정이 때때로 우리의 정신을 지배한다. mari qui *est subjugué* par sa femme 아내에게 꼼짝 못하는 남편. ③ (정념을) 억제하다.

sublimation [syblimɑsjɔ̃] *n.f.* 순화, 정화; 〖화학·정신분석〗승화(昇華); 〖연금〗증류, 정련(精鍊). ~ des instincts 본능의 승화. ~ d'une passion 정념의 순화.

sublimatoire [syblimatwa:r] 〖화학〗*a.* 승화(증류)용의. vase ~ 승화기. —*n.m.* 승화기(器).

sublime [syblim] *a.* ① 숭고한(divin); 고상한, 고귀한; 장엄한; 탁월한; 희한한. ~s beautés 고상한 미인. style ~ 고상한 문체. paysage ~ 절경. œuvre ~ 아주 뛰어난 작품. artiste ~ 탁월한 예술가. homme ~ de dévouement 비할 수 없이 헌신적인 사람. dévouement ~ 말할 수 없이 착함. S~ Porte (제정시대의) 터키 궁전. ② 〖해부〗(근 따위가) 표면에 가까운. —*n.m.* 숭고; 극치.

sublimé(e) [syblime] 〖화학〗*a.p.* 승화한. soufre ~ 승화유황. image ~*e* de la douleur 고뇌의 승화된 모습. —*n.m.* 승화물. ~ corrosif 승홍(昇汞). ~ doux 감홍(甘汞).

sublimement [syblimmɑ̃] *ad.* 숭고하게; 탁월하게.

sublimer [syblime] 〖화학〗승화시키다; 순화(정화) 시키다; 〖연금〗증류하다. Le temps *sublime* le souvenir. 시간은 추억을 정화시킨다. —*v.i.* 〖정신분석〗 승화되다.

subliminal(ale, *pl.* **aux)** [sybliminal, -o] *a.* 〖심리〗잠재의식의, 식역하(識閾下)의 [의].

sublimité [syblimite] *n.f.* 숭고; 숭고한 사상(행위).

sublingual(ale, *pl.* **aux)** [syblɛ̃gwal, -o] *a.* 〖해부〗혀 밑의, 설하(舌下)의. artère ~ 설하(舌下)동맥. glande salivaire ~*ale* 혀밑샘. comprimé ~ (쉬이 녹는)알약, 정제.

sublunaire [syblynɛ:r] *a.* (엣) 달 아래의, 월하(月下)의; (농담)이승의, 현세의. espaces ~ 달과 지구 사이의 공간. notre boule(monde) ~ 지구.

submerger [sybmɛrʒe] ③ *v.t.* ① 물속에 잠그다, 침수시키다(inonder, noyer); (배를)침몰(침수)시키다; 침입하다. 휩쓸다. raz de marée qui *submerge* une digue 제방을 물속에 잠기게 하는 해일. pays *submergé* par l'ennemi 적에게 휩쓸려 버린 나라. lieu *submergé* d'obscurité 어둠에 휩싸인 곳. ② (혼란의) 와중(渦中)에 몰아 넣다. être *submergé* de travail(de dettes) 일로 눈코 뜰 사이가 없다(빚에 몰려 꼼짝할 수 없게 되다).

submersible [sybmɛrsibl] *a.* ① 잠수할 수 있는; 물속에 잠길 수 있는(↔ insubmersible). terrains ~s 침수되기 쉬운 땅. navire ~ 잠수함. ② (식물) (물이 핀 속에) 물속에 잠기는. —*n.m.* 〖해군〗잠수함(sous-marin).

submersion [sybmɛrsjɔ̃] *n.f.* ① 물속에 잠그기(잠기기); 침수(inondation); 잠수; 침입. mort par ~ 익사(溺死). ~ d'une terre 땅의 침수. ~ d'un navire 배의 침몰. ~ de l'ennemi 적의 침입. ② 〖농업〗관수농법(冠水農法).

subnarcose [sybnarko:z] *n.f.* 가벼운 마취.

subodorer [sybɔdɔre] *v.t.* ① (구어) 눈치채다, 예감하다, 간파하다(deviner, soupçonner). ~ l'intrigue (des secrets) 음모(비밀)를 간파하다. ② (드물게) (사냥꾼이 짐승을) 멀리서 냄새를 맡아내다.

subordination [sybɔrdinɑsjɔ̃] *n.f.* [~ à] (에의) 종속, 복종; 종속 관계. ~ des intérêts particuliers *à* l'intérêt public 개인적 이익의 공익에 대한 종속. ~ des citoyens *aux* lois de l'État 국가 법률에의 한 시민의 복종. ~ de l'armée *au* chef de l'État 국가 원수에 대한 군대의 복종. conjonction de ~ 〖언어〗종속접속사.

subordonnant(e) [sybɔrdɔnɑ̃, -ɑ̃:t] *a.* 〖언어〗 (주절에 종속절을) 종속시키는. conjonction ~*e* 종속접속사.

subordonné(e) [sybɔrdɔne] *a.p.* 종속된, 종속 관계에 있는, 하위의; 〖언어〗종속의. position ~*e* 종속적 지위. proposition ~*e* 종속절. —*n.f.* 〖언어〗종속절. *n.* 부하, 아랫사람.

subordonner [sybɔrdɔne] *v.t.* [~ qc/qn à qc/qn] (을 …에) 종속시키다, (보다 아래에) 두다, 예속·종속시키다. ~ une troupe *à* un commandant 부대를 지휘관의 휘하에 두다. ~ le travail *aux* plaisirs 일하는 것보다 노는 것을 우선시키다. ~ ses dépenses *à* son revenu 수입에 맞추어 지출하다. Son départ *est subordonné aux* conditions météorologiques. 그의 출발은 기상 조건에 달려 있다. **—se ~** *v.pr.* [se ~ à] (에) 종속되다, 따르다.

subornation [sybɔrnɑsjɔ̃] *n.f.* 유혹; 〖법〗교사(敎唆) (증인의)매수. ~ de témoins (뇌물 따위로) 증인의 매수.

suborner [sybɔrne] *v.t.* (미끼로)유혹하다; 〖법〗교사하다; (뇌물로 주인을)매수하다. ~ une jeune fille 처녀를 유혹하다.

suborneur(se) [sybɔrnœ:r, -ø:z] *n.* (약살)유혹자; (드물게) 〖법〗교사자; 매수자, 증회자(贈賄者). —*a.* (엣)유혹하는; 매수하는. offre ~*se* 위증에 대한 보수.

subrécargue [sybrekarg] *n.m.* 〖해양〗 (상선의) 화물 관리인.

subrécot [sybreko] *n.m.* 〖드물게〗추가 청구, 할증(割增)금.

subreptice [sybrɛptis] *a.* (구어)은밀한, 비밀리의 (clandestin); 〖법〗 (계약·출판 따위가 비밀로 이루어진) 비밀리에 이루어진. pacte ~ 비밀 협정. par un moyen ~ 암암리에.

subrepticement [sybrɛptismɑ̃] *ad.* (법을 어기고) 은밀하게, 부정하게. obtenir un passport ~ 불법 수단으로 여권을 입수하다.

subreption [sybrɛpsjɔ̃] *n.f.* 〖교회법〗(비밀 수단에 의한) 으해 [특권]를 획득하기.

subrogateur [sybrɔgatœ:r] *n.m.* 〖법〗대리 판사. —*a.* 대리의. acte ~ 대리 증서.

subrogatif(ve) [sybrɔgatif, -i:v] *a.* 〖법〗대리를 구성(표현)하는.

subrogation [sybrɔgɑsjɔ̃] *n.f.* 〖법〗(채권자의) 대리; (권한 따위의) 위임. ~ légale 법정 대리.

subrogatoire [sybrɔgatwa:r] *a.* 〖법〗대리하는. acte ~ 대리증서.

subrogé(e) [sybrɔʒe] *a.p.* ~(-) tute; ~*e*(-)tutrice 〖법〗후견인 대리. *n.* 대리인.

subroger [sybrɔʒe] ③ *v.t.* 〖법〗대리로 시키다, 대신하게 하다. ~ qn à (en la place d')un créancier ~을 채권자 대리로 하다. ~ un rapporteur 수명(受命)판사의 대리를 세우다.

subrogé(e)(-)tuteur(trice) [sybrɔʒetytœ:r, -tris] (*pl.* ~**s**-~**s**) *n.* 〖법〗후견인 대리.

subséquemment [sypsekamā] *ad.* 《법》 바로 다음에, 그 후, 그 결과로.
subséquence [sypsekā:s] *n.f.* 《드물게》후속(성).
subséquent(e) [sypsekā, -ā:t] *a.* ① 다음의, 그 후의; 《법》 (후계자의 순위가)바로 다음의. ② 《지리》(하천 따위가)적종(適從)하는. cours d'eau ~ 산기슭을 따라 흐르는 냇물.
subside [sypsid, sybzid] *n.m.* (개인·단체에 대한) 원조(금), 보조금; 《옛》헌납금. accorder des ~s à une activité culturelle 문화 활동에 보조금을 지급하다. payer[couper] des ~s 보조금을 지불하다 [끊다].
subsidence [sypsidā:s, sybz-] *n.f.* 《지질·기상》 침강(沈降).
subsidiaire [sypsidjɛ:r, sybz-] *a.* 보조가 되는, 부대적인. moyens ~s 보조 수단. arguments ~s 부대적 논거. caution ~ 예비 보증금.
subsidiairement [sypsidjɛrmā, sybz-] *ad.* 《법》 보조적으로.
subsidier [sypsidje, sybz-] *v.t.* 보조금을 주다.
subsistance [sybzistā:s] *n.f.* ① 생활 수단, 호구지책, 생계. pourvoir à la ~ de sa famille 가족의 생계를 세우다. moyen de ~ 생활 수단. tirer sa ~ de... ...으로 생계를 세우다. ②《옛》(*pl.*) 식량, 생활 필수품. service des ~ 《군사》 식량 보급부. ③ prise en ~ (관할 지역 이외의 사무소에서의)사회보험료의 이체지불. ④ 《군사》 mise en ~ (급여·급식에 관한 사무상의)일시적 전속; militaire en ~ 일시적 전속병. ⑤《옛》생존, 생명.
subsistant(e) [sybzistā, -ā:t] *a.* 존속하는, 잔존하는. —*n.* (관할지 이외의 보험 사무소에서 돈을 받는)사회보험 가입자. —*n.m.* 《군사》 (급여·급식에 관한 사무상)일시적 전속병(轉屬兵).
subsister [sybziste] *v.i.* (주어는 사물) 존속하다; 위치[효력]를 유지하다. monuments qui *subsistent* 현존하는 기념물. traité qui *subsiste* toujours 여전히 효력을 지니고 있는 조약. Même après sa mort, son influence *subsistait*. 그가 죽은 후에도 그의 영향력이 남아 있었다. 《이인칭》Il ne *subsiste* presque rien de cette ville détruite par les bombardements. 폭격으로 파괴된 이 도시에는 거의 아무 것도 남아 있지 않다. ②(주어는 사람) 살아가다; [~ de] (으로)생계[생명]를 유지하다. gagner juste pour ~ 겨우 먹고 살 만큼 벌다. ~ tant bien que mal 그럭저럭 살아가다. moyen *de*~ 생활 수단. ~ *d'aumônes* 구호를 받으여 살아가다.
subsomption [sypsɔ̃psjɔ̃] *n.f.* 《논리》 포섭(包攝)(subsumption).
subsonique [sypsɔnik] *a.* (속도가)음속 미만인, 아음속(亞音速)의《음속의 0.8배까지》. avion ~ 아음속(亞音速)기 비행기.
***substance** [sypstā:s] *n.f.* ① 물질. ~ solide(liquide, gazeuse) 고체(액체·기체). ~ toxique 독극물. ~ organique 유기질. ② 《철학》 실질, 본질 (essence); 실체(chose en soi). ~ et apparence 본질과 외관(外觀). la ~ et l'attribut 본질과 속성. ~ matérielle(immatérielle) 물질실체(비물질적) 실체. ~ infinie 신(神). ~ finie 인간. ~ *de* l'expression(du contenu) 표현[내용]의 실질. ~ blanche 《해부》 백질(白質). ~ grise 회백질. 《컴퓨터》 소프트웨어. ③ (강연·문장 따위의)요점, 대의, 골자; (비유적)내용, 알맹이. ~ d'un article(d'un livre) 논설[책]의 요지. argument sans ~ 알맹이 없는 이론. livre plein de ~ 내용이 풍부한 책. ④《옛》(정신적인)양식; 자양분. *en* ~ 실질적으로, 대체로, 요컨대.
substantialisme [sypstāsjalism] *n.m.* 《철학》 실체론.
substantialiste [sypstāsjalist] 《철학》 *a.* 실체론의. —*n.* 실체론자.
substantialité [sypstāsjalite] *n.f.* 《철학》 실체성.
substantiel(le) [sypstāsjɛl] *a.* ① 《철학》 실체의, 본체의. ② 본질적인, 중요한; 알맹이가 있는; 내용이 풍부한; 자양분이 있는. partie ~*le* d'un livre 책의 가장 주요적인 부분. phrase ~*le* 함축된 문장. lecture ~*le* 충실한 독서. aliment(repas) ~ 영양가가 풍부한 식품(식사). ③《구어》막대한, 상당한(important, considérable). des avantages ~s 상당한 이익. aide ~*le* 많은 원조금.
substantiellement [sypstāsjɛlmā] *ad.* 실질적으로, 요컨대. 《철학》 실체적으로.
substantif(ve) [sypstātif, -i:v] *a.* ① 《언어》 명사의, 실사(實詞)의. proposition ~*ve* 명사절. style ~ 명사형 문체. verbe ~ 존재동사《동사 être》. ② (매염제를 필요로 하지 않고)직접 염색되는. matières colorantes ~*ves* 직접염료. —*n.m.* 《언어》 실사(實詞), 명사. ~ verbal 동사적 명사. faire un ~ d'un adjectif 형용사를 명사화하다. ~ sujet 주어 명사. ~ verbal 동사에서 파생된 명사.
substantifier [sypstātifje] *v.t.* ① (에)구체적인 형태를 부여하다. ② 《언어》 =substantiver.
substantifique [sypstātifik] *a.* ~ moelle 《옛·문어》(작품의)진수(眞髓)《Rabelais의 표현》.
substantival(ale, *pl. aux*) [sypstātival, -o] *a.* 《언어》 실사의, 실사(명사)에 준하는.
substantivation [sypstātivɑsjɔ̃] *n.f.* 《언어》 실사(명사)화.
substantivement [sypstātivmā] *ad.* 《언어》 실사(명사)적으로. adjectif employé ~ 명사적으로 사용된 형용사.
substantiver [sypstātive] *v.t.* 《언어》 (형용사·분사 따위를)실사(명사)화하다. ~ un adjectif(un infinitif) 형용사(부정형)의 명사화하다.
substituant [sypstituā] *n.m.* ① 《화학》 치환분(置換分), (원자의)치환기(基). ②《옛》《군사》 대리 입대자.
substitué(e) [sypstitue] 《법》 *a.p.* enfant ~ 바뀐 자식. —*n.* 대습상속인(代襲相續人), 대습상속인(代襲相續人).
substituer [sypstitue] *v.t.* ① 바꾸다, 대체하다, 대용하다. [~ *qc/qn* à *qc/qn*] ~ la margarine *au* beurre 버터 대신에 마가린을 사용하다. ~ un nouveau règlement *à* l'ancien 옛 규칙을 새 규칙으로 바꾸다. ~ un enfant *à* un autre 아이를 바꿔치기하다. ~ l'acier *à* la pierre 돌 대신에 강철을 사용하다. ② 《법》 ~ un héritier (상속인 사망시)대습(代襲)상속인을 세우다; ~ un héritage(un legs) 유산을 대습상속인에게 물려주다.
—*se* ~ *v.pr.* [se ~ à] (의)대신이 되다, (와)대체되다. Je cherche un homme qui puisse *se* ~ *à* moi. 나는 나를 대신해줄 사람을 찾고 있다.
substitut [sypstity] *n.m.* ① 대리인, 대행자; 《법》 검사대리. ~ du procureur général 검찰총장대리. ② 대리물, 대용품. 《언어》 대용어(代用語)《특히 대명사》.
substitutif(ve) [sypstitytif, -iv] *a.* 대리(대용)의.
substitution [sypstitysjɔ̃] *n.f.* ① 대용, 대체. ~ d'un mot à un autre 한 단어를 다른 단어로 바꿔쓰기. ~ de la margarine au beurre 마가린을 버터 대신 쓰기. ②《법》(유산의)대습상속인 지정; (직무·권한의)위임. ~ fidéicommissaire 신탁유증(遺贈)의 대습자. ③《화학》치환; 《수학》대입; 《언어》치환, 교체《음소·말이 동종의 것과 대체되는 현상》; 《심리》대리(화·체험).

substrat [sypstra], 《옛》 **substratum** [sypstratɔm] *n.m.* ① 〖철학〗기체(基體); 〖지질〗하층토(下層土); 〖언어〗기층(基層)〔언어〕. ②《비유적》기반, 토대. ~ solide au développement de ses ambitions 그의 야망을 펼쳐나갈 견고한 기반. ③〖사진〗(필름·건판의)젤라틴 밑칠.

substruction [sypstryksjɔ̃] *n.f.* ①(건물의 지면 아래의)하부구조, 토대; 다른 건조물의 하부구조가 된 낡은 건조물. ②〖철학〗기초적 원리;《비유적》기초, 기반. ~s religieuses 종교의 기반.

substructure [sypstrykty:r] *n.f.* 하부구조.

subsumer [sypsyme] *v.t.* 〖논리〗포섭하다.

subterfuge [sypterfy:ʒ] *n.m.* 핑계, 구실, 기만술책. user de ~s pour sortir d'une situation difficile 계략을 써서 난국을 벗어나다. ~s de la conscience 양심의 가책을 피하려는 구실〖평계〗.

subtil(e) [syptil] *a.* ①예민한, 민감한; 기민한; 치밀한(fin, perspicace, pénétrant); 교묘한(ingénieux). critique ~ 날카로운 비평가. odorat ~ 민한 후각. esprit ~ 섬세한 정신〖사람〗. conversation ~e 세련된 대화. réponse ~e 교묘한 대답. ②미묘한, 미세한, 정묘한(ténu, ↔ grossier). différence(nuance) ~e 미묘한 차이〖뉘앙스〗. lois ~es 분명치 않은 법. ③《옛》잘〖길이〗스며드는; 희박한; 날카로운. parfum ~ 냄새가 금방 풍겨 퍼지는 향수. fluide ~ 가벼운 유체(流體). air ~ 희박한 공기. crête ~e 날카로운 산봉우리.

subtilement [syptilmɑ̃] *ad.* ①미묘〖기묘〗하게; 교묘하게. pensée exprimée ~ 미묘〖섬세〗하게 표현된 사상. s'en sortir ~ 교묘하게 난관을 벗어나다. ②자디잘게, 미세하게. ③《옛》희박하게.

subtilisation [syptilizasjɔ̃] *n.f.* ①소매치기, 도둑질. ②《드물게》(표현 따위가)지나치게 정련함.

subtiliser [syptilize] *v.t.* ①〖구어〗속여 넘기다; 가무리다, 후무리다(escamoter, étouffer). On m'a subtilisé mon portefeuille. 누가 내 지갑을 훔쳐 다. ②《옛》미묘〖섬세〗하게 하다; 교묘하게 하다; 희박하게 하다.
—*v.i.*《경멸》(에 대하여)지나치게 자상하다〖신경을 쓰다〗.

subtilité [syptilite] *n.f.* 미묘, 정묘, 기묘; 예민, 기민, 교활. ~ de l'esprit 정신의 명민함. ~ d'un penseur 사상가의 정치(精緻)함. ~ d'une analyse 분석의 정밀함. ②《주로 pl.*》미묘한〖미묘한; 번쇄(煩瑣)한 이론, 꼬치꼬치 캐기. disputer sur des ~s 자잘한 문제를 논의하다. être affranchi des ~s de la courtoisie 예전의 번잡한 규칙에서 풀려나다. ③〔입자의〕미세함; 잘 퍼짐, 잘 번짐.

subtropical(ale, *pl.* **aux)** [syptrɔpikal, -o] *a.* 〖지리〗아열대의; 회귀선 내의. zone ~ale 아열대. climat ~ 아열대성 기후.

subulé(e) [sybyle] *a.* 〖생물〗송곳〔바늘〕 모양의. antennes ~es 〖동물〗추상촉각(錐狀觸角). feuille ~e 〖식물〗침형엽(鍼形葉).

suburbain(e) [sybyrbɛ̃, -ɛn] *a.* 교외의(banlieue). chemin de fer ~ 교외선. réseau d'autobus ~ 교외 버스노선망.

suburbicaire [sybyrbike:r] *a.* 〖가톨릭〗로마 접속 구역의. 《고대로마》로마 총독 관구의. évêques ~s 로마 근교 교구장(7인의 추기경).

subvenir [sybvəniːr] [16] *v.t. ind.* [~ à]①(조동사는 avoir). ~ au 원조〖도움〗하다; ~에 조달〖공급〗하다. ~ aux besoins de qn ~가 필요로 하는 것을 조달해 주다. ~ aux frais d'une maladie 치료비를 마련해 주다.

subvention [sybvɑ̃sjɔ̃] *n.f.* ①공적·사적 기관의 보조금, 장려금. accorder une ~ à une école privée 사립학교에 보조금을 주다. ~ de l'État 국가보조. ~s aux communes sinistrées 재해지역《시·읍·면》에 대한 보조금. ②《옛》상납금. ~ de guerre 전시상납금.

subventionnel(le) [sybvɑ̃sjɔnɛl] *a.* 보조금〖장려금〗의. aide ~le 보조금의 지원.

subventionner [sybvɑ̃sjɔne] *v.t.* (에)보조금〖장려금〗을 주다. ~ une région sinistrée 재해지구에 보조금을 주다. théâtres subventionnés 정부의 보조를 받는 극장.

subversif(ve) [sybversif, -iːv] *a.* (국가·질서 따위를)전복하는, 파괴하는. doctrine ~ve de toute morale 모든 도덕을 파괴하려는 교리. théorie ~ve 반체제 이론. menées ~ves 국가전복 음모. guerre ~ve 국가전복 활동.

subversion [sybversjɔ̃] *n.f.* (국가·도덕·질서 따위 의)전복, 파괴. tentative de ~ de l'État 국가전복 기도. ~ des idées reçues 기존사상〖선입견〗의 파괴. ~ d'une civilisation 문명의 파괴.

subversivement [sybversivmɑ̃] *ad.* 《드물게·문어》(사회질서를)파괴하는 방법으로, 파괴적으로.

subvertir [sybvertiːr] *v.t.* 《옛》(국가·질서·도덕 따위를)전복하다, 파괴하다. ~ l'ordre public 공공질서를 문란케 하다.

suc[1] [syk] *n.m.* ①즙, 액(jus); 《비유적》(학문·작품 따위의)정수(quintessence). ~ de citron 레몬즙. tirer tout le ~ de *qc* ~에서 정수를 뽑다. ②〖생리〗분비액; 〖생물〗세포액. ~ digestif 소화액. ~ gastrique 위액. ~ intestinal 장액(腸液). ~ cellulaire [vacuolaire] 세포액. ~ nucléaire 핵액. ③〖지질〗화구구(火口丘), 화산전.

suc[2] 《약자》sucre 〖화학·생리학〗당(糖).

succ. 《약자》successeur 후계자.

succédané(e) [syksedane] *a.* 〖약〗대용의. médicament ~ 대용약. —*n.m.* 대용약〔품〕; 대용물(ersatz). ~ du café 대용 커피. ~ de caoutchouc 대용 고무. ②《경멸》아류. ~s de Michel-Ange 미켈란젤로의 아류.

*****succéder** [syksede] [6] *v.t.ind.* [~ à]①…의 뒤를 잇다, …을 계승하다. ~ à son père à la direction de la société 아버지 뒤를 이어 회사경영을 맡다. ~ à *qn* 〖dans〗 l'Académie ~의 뒤를 이어 아카데미 회원이 되다. ~ à la couronne《옛》왕위를 계승하다. ②《옛》유산을 상속하다. ~ à son frère aîné 형의 유산을 상속하다. apte à ~ 유산상속의 자격이 있는. ③(주어는 사물)…에 잇달아 일어나다, 뒤이어 오다(suivre). La nuit *succède au* crépuscule. 땅거미가 지고 밤이 온다. Des champs *succèdent aux* vignes. 포도밭을 지나고 나면 들판이 나온다.
—*v.i.*《옛》성공하다; (어떤 결과가)일어나다(advenir). Tout leur *succède*. 그들에게는 만사가 잘 되어 간다.
—**se** ~ *v.pr.* (*p.p.* 불변) ①계속해서 일어나다, 연달아 오다(se suivre). Les beaux jours *se sont succédé* pendant un mois. 화창한 날씨가 한 달 동안 계속되었다. Les délégations *se sont succédé* toute la matinée après du chancelier. 대표단들이 오전내내 잇달아(독일)수상을 찾아왔다. ②계승하다; 서로교대하다. Ils *se succèdent* de père en fils dans ce commerce. 그들은 대를 이어 이 장사를 하고 있다.

succenteur [syksɑ̃tœːr] *n.m.* 〖가톨릭〗성가대의 선창자(précenteur)대리.

succenturié(e) [syksɑ̃tyrje] *a.* 〖해부〗같은 종류의 다른 기관을 대신하는. ventricule ~ (새의)모이주머니, 소낭(嗉囊).

:succès [syksɛ] *n.m.* ①성과; 성공 (réussite, ↔

échec); (연극·소설 따위의)좋은 성과; 인기. remporter[obtenir] un ~ brillant[un brillant ~] 대단한 성공을 거두다. être couronné de ~ 성공하다, 유종의 미를 거두다. ~ en affaires 사업상의 성공. ~ d'une expérience scientifique 과학실험의 성공. ~ militaire 전승(戰勝). passer un examen avec ~ 시험에 합격하다. J'ai essayé de lui parler, mais sans ~. 그 사람과 이야기하려고 해보았지만 실패였다. ~ fou[bœuf] 《구어》대성공. Ce film a eu du ~. 이 영화는 성공했다[인기를 끌었다]. ② 성공한 작품. ~ de librairie 베스트셀러. dernier ~ de Mireille Mathieu 미레유 마띠외의 최신 히트곡. ~ du moment[du jour] (연극·영화·노래 등)인기곡[작품]. ③ (이성에게서 받는) 환심. ~ féminin 염복. avoir du ~ auprès des femmes 여자들에게 인기가 좋다. à ~ 성공적. écrivain à ~ 인기작가. pièce à ~ 성공한 작품. homme à ~ 염복이 많은 사내.

successeur [syksɛsœːr] n.m. ① 후계자, 후임자; (왕위의)계승자. ~ de Molière dans le théâtre comique 희극 분야에서 몰리에르의 후계자. ~ d'un roi 왕위 계승자. désigner[nommer] son ~ 후계자를 지명하다. ② 《법》 상속자. ~ anomal 복귀권을 가진 상속자.

successibilité [syksesibilite] n.f. 《법》 계승(상속)권. ordre de ~ au trône 왕위 계승권의 순위.

successible [syksesibl] a. 《법》 상속(상속)자격(권)이 있는. prince ~ 왕위 계승권이 있는 왕자. donataires ~s 상속권이 있는 수증자(受贈者). parenté de ~ 상속자격이 있는 동친(等親). —n. 상속[계승]권이 있는 사람.

successif(ve) [syksesif, -iːv] a. ① 계속적인, 연속의; 뒤이어 일어나는(어느); 《법》 (최가)계치는. trois jours ~s 사흘 계속하여. événements ~s 연속적으로 일어나는 사건. deux générations ~ves 이어지는 두 세대. ② 《옛》 《법》 상속[계승]의. droit ~ 상속법[권].

succession* [syksesjɔ̃] n.f. ① 계속, 연속(suite); 계기(繼起), 잇따라 일어남. des visiteurs sans ~의 연이은 방문. [une ~ de] Depuis ce jour malheureux, je n'ai eu qu'une ~ d'ennuis. 그 불행한 날 이후로 나는 잇따라 난처한 일만 당했다. ② 《법》 상속; 상속재산, 유산(héritage). droit de ~ 상속권. répudier une ~ 상속을 포기하다. droits de ~ 상속세. part de ~ 상속으로 분배받는 몫. recevoir[léguer] par voie de ~ 상속으로 물려받다[주다]. recueillir une ~ 유산을 받다. ~ ab intestat 무유언(無遺言)상속. ~ testamentaire 유언상속. ~ bénéficiaire[sous bénéfice d'inventaire] 한정상속. ~s déférées aux descendants[aux ascendants] 직계 비속[존속]에게 유증되는 상속재산. ~ en déshérence 상속인 부재의 상속재산. ③ 계승, 왕위 계승권. prendre la ~ du premier ministre 후임 수상이 되다. Guerre de la S~ d'Autriche 오스트리아 왕위 계승 전쟁.

successivement [syksesivmɑ̃] ad. 연달아, 잇따라, 뒤를 이어; 차례차례로. passer de la joie à la tristesse 희비가 엇갈리다.

successivité [syksesivite] n.f. 연속(계기)(성).

successoral(ale, pl. aux) [syksesɔral, -o] a. 상속의. droits ~aux 상속세. lois ~ales 상속법.

succin [syksɛ̃] n.m. 《광물》 황호박(黃琥珀)(ambre jaune).

succinate [syksinat] n.m. 《화학》 호박산염.

succinct(e) [syksɛ̃(kt), -ɛ̃(k)t] a. (이야기·설명 따위가) 간결한(bref, court); (사람이)말수가 적은(concis). récit ~ 간결한 이야기. orateur ~ 간단명료하게 말하는 연사. faire un rapport ~ 간결한 보고를 하다. ② 《구어》 양이 적은. repas ~ 간단한 식사.

succinctement [syksɛ̃t(kt)mɑ̃] ad. 간결하게(brièvement); 《구어》 손쉽게, 간단하게. exprimer ~ sa pensée 자기 생각을 간결하게 표명하다. dîner ~ 가볍게 저녁식사를 하다.

succinique [syksinik] a. acide ~ 《화학》 호박산.

succion [syksjɔ̃] n.f. 빨아들이기, 흡수(작용). appareil de ~ 흡입기. bruit de ~ 흡입음. absorber par ~ 빨아 먹다[마시다].

succomber [sykɔ̃be] v.i. (조동사는 avoir) ① 죽다(mourir). Le blessé a succombé avant d'arriver à l'hôpital. 부상자는 병원에 닿기 전에 죽었다. ② [~ sous] (무거운 힘에)짓눌리다; (수 따위에) 압도되다, (타격을 받고)쓰러지다. ~ sous un fardeau 무거운 짐에 짓눌리다. La branche a succombé sous la neige. 나뭇가지는 눈의 무게에 눌려 휘어졌다[꺾였다]. ③ [~ à] (에)지다, 굴복하다(céder à, ↔résister à). ~ à la fatigue 피로로 쓰러지다. ~ à la tentation 유혹에 지다. 《목적보어 없이》 Notre armée a succombé. 아군은 항복했다. femme qui succombe 《옛》 (유혹에 넘어가) 몸을 내맡기는 여자.

succube [sy(k)kyb] n.m.,a. 음몽마녀(淫夢魔女)(의)(잠자는 남자와 성교한다는 악령)(↔incube).

succulemment [sykylamɑ̃] ad. 맛있게. mets ~ apprêtés 맛있게 한 요리.

succulence [sykylɑ̃ːs] n.f. (음식의)풍미(saveur); 《비유적》 재미, 흥미진진함; 즙(汁)이 많음.

succulent(e) [sykylɑ̃, -ɑ̃ːt] a. ① (음식물이)맛좋은, 맛이 풍부한(délicieux, savoureux); 《비유적》 흥미진진한. mets ~s 맛있는 요리. ② 다육(多肉)의; 즙이 많은(juteux). fruit ~ 다육과.

succursale [sykyrsal] n.f. ① 지점, 지부. ~ d'une banque 은행의 지점. ② (교회·성당의)분회(分會). —a. église ~ (교회·성당의)분회(分會).

succursalisme [sykyrsalism] n.m. 《경제》 (기업체의)지점 체제[체인스토어] 경영.

succursaliste [sykyrsalist] a. (기업의)지점 체제를 채택한, 체인스토어식의. —n.m. (기업의)지점, 체인스토어.

succussion [sy(k)kysjɔ̃] n.f. 흔들기, 진동; 《의학》 진탕(震盪)청진법.

sucement [sysmɑ̃] n.m. 《드물게》 빨기, 흡입. ~ du pouce 엄지 손가락을 빠는 버릇.

sucer [syse] ② v.t. ① (입속으로)빨아들이다, 빨아 먹다. enfant qui suce le lait de sa mère 자기 엄마의 젖을 빠는 아이. ~ le jus d'orange 오렌지 쥬스를 빨아 마시다. ~ une morsure de serpent 뱀에게 물린 상처를 빨아서 독을 뽑다. ② (입속으로) 빨다, 빨아먹다. ~ un bonbon 사탕을 빨아먹다. ~ son pouce 엄지손가락을 빨다. médicament à ~ 빨아먹게 된 정제약. ③ 《동물·식물》 (자양분 따위를)흡수하다. ④ 《구어》 마시다. ~ un verre 한잔하다. ~ des bouteilles 술을 병째 마시다.

~ le sang de qn …의 고혈을 빨아먹다. **~ qc avec le lait (maternel)** …을 어려서부터 익히다. **~ qn jusqu'au dernier sou(jusqu'à la moelle des os)** 《구어》 …의 돈을 마지막 한 푼까지 착취하다.

—**se** ~ v.pr. 빨아먹다; 자기의 …을 빨다. pastilles qui se sucent 빨아먹게 된 과자. (se ~는 간접목적 보어) se ~ les doigts 손가락을 빨다.

se ~ la pomme(la poire) 《속어》 서로 키스하다.

sucette [sysɛt] n.f. ① 막대기가 달린 사탕과자. ② 고무 젖꼭지.

suceur(se) [sysœːr, -øːz] n. (젖·피 따위를)빠는 사

suçoir ~ de sang 흡혈동물; (비유적) 남의 고혈을 빨아먹는 자.
—*n.m.*(*pl.*) 【동물】흡관충류; 빠는 입을 가진 곤충류(나비·벼룩 따위).
—*n.f.* ① 【기계】흡입식 콘베어. ② (진공 청소기의) 노즐.
—*a.* (젖·피 따위)를빠는, 빨아들이는. tentacules ~s 흡반이 달린 촉수.

suçoir [syswa:r] *n.m.* 【동물】흡관(吸管); 빨판, 흡반(吸盤); 【식물】흡근(吸根), 빨뿌리.

suçon [sysɔ̃] *n.m.* 《속어》키스마크.

suçotement [sysɔtmɑ̃] *n.m.* 조금씩 빨기.

suçoter [sysɔte] *v.t.* (구어)조금씩 빨다, 할짝이다.

sucrage [sykra:ʒ] *n.m.* 가당(加糖), 달게 함.

sucrant(e) [sykrɑ̃, -ɑ̃:t] *a.* 달게 하는, 단. substance [matière] ~*e* 감미료.

sucrase [sykra:z] *n.f.* 【화학】사카라제, 전화효소(轉化酵素) 《자당(蔗糖)을 분해함》.

sucratage [sykrata:ʒ] *n.m.* 정당(精糖).

sucrate [sykrat] *n.m.* 자당화합물(蔗糖化合物), 사카레이트(saccharate).

‡**sucre¹** [sykr] *n.m.* ① 설탕. (구어)각설탕(morceau de ~). mettre du ~ dans son café 커피에 설탕을 넣다. ~ brut 조당(粗糖). ~ raffiné 정제설탕. ~ d'orge(de pomme) 당과, 사탕. ~ candi 얼음사탕. ~ en poudre[en morceaux] 가루[각]설탕. pince à ~ 각설탕 집게. vin de ~ 가당(加糖)포도주. [au ~] fraise *au* ~ 설탕을 친 딸기. ② 【화학·생리】당(糖). ~ de fruit(s) 과당(果糖). ~ de lait (lactose, lactine). ~ de saturne 연당(鉛糖). ~ sanguin (dans le sang) 혈당(血糖). ~ dans les urines 소변 중의 당.
casser du ~ sur le dos (la tête) de qn 《구어》…의 험담을 하다.
en ~ ⓐ 설탕으로 된. bonhomme *en* ~ 설탕인형. ⓑ (비유적) 약한, 허약한(fragile). Il peut bien t'aider, il n'est pas *en* ~.—그 사람은 너를 도와줄 수 있어, 허약한 사람이 아니니까. ⓒ(애칭) mon petit lapin *en* ~ 귀여운 아가야.
pain de ~ 원추형의 것; 원추형으로 굳힌 흰설탕.

sucre² 에쾨도르의 화폐단위(《약자》SUC).

*‡sucré(e) [sykre] *a.p.* ① (맛이)달콤한, 가당(加糖)의. un verre d'eau ~*e* 설탕물 한잔. lait concentré non ~ 무가당 연유. ②(비유적) 달콤한, 꿀에 떠바가 달콤한; 알랑거리는. air ~ 알랑거리는 기색[표정]. langage ~ 감언. voix ~ 달콤한(아양떠는) 목소리. ③ 【의학】당뇨병.
—*n.m.* 단맛; (특히 여성의)달콤한 언행.
faire le ~ [la ~e] 아양을 부리다.

*‡sucrer [sykre] *v.t.* ① 설탕을 넣다. ~ son café 커피에 설탕을 넣다. ② 달게 하다, 단맛을 내다. ~ *qc* avec du miel 꿀로 …에 단맛을 내다. (보어없이) Le sucre sucre moins que le miel. 설탕은 꿀보다 단맛이 덜하다. ③(속어)금지하다, 말살하다(supprimer). ~ *un passage* (une réplique). 【연극】대사 한 구절을 삭제하다. ~ une permission 【군대】휴가를 취소하다.
—*se* ~ *v.pr.* ①(구어)(차·커피에 제 손으로)설탕을 넣다. Sucrez-vous. 설탕을 넣으십시오. ②(구어)(분배에서)큰 몫을 차지하다, 크게 득을 보다. *se* ~ dans une affaire 어떤 사업에서 재미를 보다. ③ (수동적으로)설탕이 들어가다.

sucrerie [sykrəri] *n.f.* 제당 공장, 설탕 정제 공장 (raffinerie). ② (*pl.*) 사탕과자(bonbon); 단 것. aimer les ~*s* 단 것을 좋아하다.

sucrier(ère) [sykri(j)e, -ɛ:r] *a.* ① 설탕 제조의. industrie ~*ère* 제당 공업. campagne ~*ère* 연중 진행되는 [1년간의] 제당 작업. ② 설탕을 함유한, 설탕이 나는. betterave ~*ère* 사탕무우. région ~*ère* 사탕산지.
—*n.* 제당업자; 제당공. —*n.m.* 설탕그릇.

sucrin [sykrɛ̃] *n.m.* 단 멜론의 일종(melon ~).

‡**sud** [syd] *n.m.* 《복수없음》① 남쪽, 남녘(↔nord). immeuble exposé au ~ 남향집. se diriger vers le ~ 남쪽을 향해 나아가다. vent du ~ 남풍. régions situées au ~ de la Loire 루아르 강 이남 지역. faire le ~ 【해양】남쪽으로 향하다. La Croix du S~ 【천문】남십자성. ②(S~) 남부(지방), 남부지방의 주민. S~ de la France 남프랑스. Corée du S~ 대한민국, 남한. ③(S~) 남반구에 위치한 지방. Amérique (Afrique) du S~ 남아메리카[남아프리카].
—*a.* (불변) 남쪽의, 남향의. côté ~ de l'immeuble 건물의 남쪽. Pacifique ~ [du S~] 남태평양. hémisphère ~ 남반구. Pôle S~ 남극. chemin ~ 【해양】남향행정(南航行程).

sud-africain(e) [sydafrikɛ̃, -ɛn] *a.* 남아프리카(연방 공화국)의. Union ~ 남아프리카 연방.
—**S~-A~** *n.* 남아프리카(연방 공화국)사람.

sud-américain(e) [sydamerikɛ̃, -ɛn] *a.* 남아메리카의. —**S~-A~** *n.* 남아메리카 사람.

sudamina [sydamina] *n.m. pl.* 【의학】땀띠.

sudation [sydasjɔ̃] *n.f.* 【의학】발한(發汗); 【식물】증산(작용).

sudatoire [sydatwa:r] *a.* 땀을 내는, 발한성의. —*n.m.* 증기욕, 한증.

sud-coréen(ne) [sydkoreɛ̃, -ɛn] *a.* 한국의.
—**S~-C~** *n.* 한국 사람.

sud-est [sydɛst] *n.m.* 《복수없음》남동; 남동부; 남동풍. S~-E~ (de la France) 프랑스남동부. S~-E~ asiatique (Asie du S~-E~) 동남 아시아.
—*a.* (불변) 남동의. région ~ 남동 지방.

sud-est-quart-est [sydɛstkarɛst, syrekarɛ] *n.m.* 《복수없음》남동미동(南東微東); 남동미동풍(지방).
—*a.* (불변) 남동미동의.

sud-est-quart-sud [sydɛstkarsyd, syrekarsy] *n.m.* 《복수없음》남동미남; 남동미남풍(지방).—*a.* (불변) 남동미남의.

sudiste [sydist] *n.m., a.* 【역사】(미국 남북전쟁 당시의)남부연합파(의), armée ~ 남군.

sudoral(ale, *pl. aux*) [sydoral, -o] *a.* 땀의. sécrétion ~*ale* 땀의 분비.

sudorifère [sydɔrifɛ:r] *a.* =sudoripare.

sudorification [sydɔrifikasjɔ̃] *n.f.* 발한(작용).

sudorifique [sydɔrifik] 【약】① 발한시키는.
—*n.m.* 발한제.

sudoripare [sydɔripa:r] *a.* 【해부】발한하는. glande ~ 땀샘, 한선(汗腺).

sud-ouest [sydwɛst] *n.m.* 《복수없음》남서; 남서지방; 【해양】남서풍. se diriger vers le ~ 남서쪽으로 향하다[향해가다]. S~-O~ (de la France) 프랑스 남서 지방. —*a.* (불변) 남서의. région ~ 남서 지방.

Sud-Ouest Africain (le) [ləsydwɛstafrikɛ̃] *n.pr.m.* 서남 아프리카.

sud-ouest-quart-ouest [sydwɛstkarwɛst, sywakarwa] *n.m.* 《복수없음》남서미서(南西微西); 남서미서풍(지방).
—*a.* (불변) 남서미서의.

sud-ouest-quart-sud [sydwɛstkarsyd, sywakarsy] *n.m.* 《복수없음》남서미남(南西微南); 남서미남풍(지방).
—*a.* (불변) 남서미남의.

sud-quart-sud-est [sydkarsydɛst, 【해양】 sykarsyɛ] *n.m.* (복수없음) 남미동(南微東); 남미동풍 [지방]. —*a.* (불변) 남미동의.

sud-quart-sud-ouest [sydkarsydwɛst, 【해양】 sykarsyrwa] (복수없음) 남미서(南微西); 남미서풍 [지방]. —*a.* (불변) 남미서의.

sud-sud-est [sydsydɛst] *n.m.* (복수없음) 남남동; 남남동풍 [지방]. —*a.* (불변) 남남동의.

sud-sud-ouest [sydsydwɛst, 【해양】 sysyrwa] *n.m.* (복수없음) 남남서; 남남서풍 [지방]. —*a.* (불변) 남남서의.

sud-vietnamien(ne) [sydvjɛtnamjɛ̃, -ɛn] *a.* 남부베트남(사람)의. —**S~V~** *n.* 남부 베트남 사람.

Suède (la) [lasyɛd] *n.pr.f.* 스웨덴. —**s~** *n.m.* 쉬에드 가죽(특히 장갑 제조용의).

suédé(e) [syede] *a.* 쉬에드 가죽의; 쉬에드 가죽을 흉내낸. —*n.m.* 쉬에드 가죽(cuir ~); 쉬에드 가죽과 비슷한 천(tissu ~).

suédine [syedin] *n.f.* 쉬에드 가죽 비슷한 천.

suédois(e) [syedwa, -azj *a.* 스웨덴의. mobilier ~ 스웨덴 가구. gymnastique ~*e* 스웨덴 체조. allumettes ~*es* 안전성냥(스웨덴 사람 *Lundstrom*이 고안한 방법으로 만듦). —**S~** *n.* 스웨덴 사람. —*n.m.* 스웨덴어(語).

suée [sɥe] *n.f.* (구어)(운동·노동·심리적 충격 따위에 의한) 땀 흘리기, 식은 땀, 진땀. avoir une ~ 식은 땀을 흘리다; 등골이 오싹해지다. [attraper(prendre)] une ~ à+*inf.*) Nous *avons attrapé* une bonne ~ *à* transporter cette malle. 우리는 이 여행용 가방을 옮기는 데 진땀을 뺐다.

*****suer** [sɥe] *v.i.* ① 땀을 흘리다, 발한하다(transpirer). ~ à grosses gouttes 구슬 같은 땀을 흘리다. ~ à en tremper sa chemise (속옷이 젖을 정도로) 땀을 흠뻑 흘리다. ~ d'impatience 초조해서 식은 땀을 흘리다. ② 땀흘려 일하다, 수고하다(peiner). Il *a sué* pour rédiger cet article. 그는 이 글을 쓰느라고 고생했다. [~ sur *qc*] Il a bien *sué sur* ce travail. 그는 이 일을 하느라고 진땀을 흘렸다. ③(주어는 사물)(벽 따위에) 물기가 스며 나오다, 물기를 내뿜다(suinter). Les murs *suent* par temps humide. 축축한 날씨에는 벽에 습기가 찬다. *faire* ~ ⓐ 애쓰게 하다, 혹사시키다. *faire* ~ le burnous 식민지의 원주민을 지독하게 착취하다. ⓑ 진절머리나게 하다(embêter), *se faire* ~ 지겨워하다(s'embêter). ⓒ 【요리】 *faire* ~ des légumes (de la viande) 채소(고기)를 살짝 익혀서 물이 빠지게 하다.

—*v.t.* ① (땀 따위가)스며나오게 하다. ~ de grosses gouttes (걱정·긴장 따위로 얼굴에)구슬땀이 맺히다. ~ le sang 피가 나다. ②(주어는 사물)(습기 따위를)발산하다. ③(곁으로)스며내다, 내뿜다(exhaler). personne qui *sue* l'orgueil 보기에도 거만이 뚝뚝 흐르는 사람. Ce lieu *sue* l'ennui. 이곳은 따분하다.

en ~ *une* 《속어》(무도장에서)춤추다. [(suée).

suerie [syri] *n.f.* ① 담배 건조 발효소. ②(옛) 발한.

Suétone [sɥetɔn] *n.pr.m.* 수에토니우스(로마의 역사가).

suette [sɥɛt] *n.f.* 【의학】 전염성 발진열.

sueur [sɥœ:r] *n.f.* ① 땀. gouttes de ~ 땀방울. être ruisselant (mouillé, trempé, baigné, couvert) de ~ 땀이 비오듯 흐르다. essuyer la ~ 땀을 닦다. être en ~ 땀을 흘리고 있다. Cela me donne des ~ froides. (공포·불안 따위)식은 땀이 나는구나. ② 땀흘림, 수고, 노고. fruit de mes ~s 내 땀의 결정. gagner son pain à la ~ de son front 이마에 땀을 흘리며(자기의 노고에 의해) 먹고 살다. ③ ~ de sang 【의학】 혈한(血汗)(증)(hématidrose). *arroser qc de ses* ~*s* 각고의 노력(정성)을 들이다. *boire* (*s'engraisser de*) *la* ~ *de qn* …의 각고를 착취하여 돈을 벌다.

Suez [sɥe:z] *n.pr.* 수에즈. canal de ~ 수에즈 운하.

suffète [syfɛt] *n.m.* 【역사】 (고대 카르타고의)최고집정관.

*****suffire** [syfi:r] [31] *v.t. ind.* [~ à] ① …에(게) 족하다, 충분하다. ⓐ(보어 없이) Cela ne *suffit* pas. 그것으로는 충분하지 않다. Un seul mot *suffit*. 말 한 마디면 된다. ⓑ[~ à *qc/à*+*inf.*] Cela *suffit à* mon bonheur. 내 행복은 그것으로 충분하다. Cette somme *suffit à* payer mes dettes. 이 돈이면 내 빚을 갚기에 충분하다. ⓒ[~ à *qn*] Ce petit appartement me *suffit*. 내게는 이 작은 아파트면 충분하다. ⓓ[~ (à *qn*) pour *qc/pour*+*inf.*/pour que+*sub.*] Trois jours lui *suffiront pour* ce travail. 그가 이 일을 하는 데에는 사흘이면 된다. Cela ne me *suffit* pas *pour* vivre. 그것으로는 내가 살기에 부족하다. Un jour lui *suffit pour qu*'il puisse faire cela. 그에게는 그 일을 하는데 하루면 된다. 《주어는 부정법》 (D')avoir rapidement relu le roman lui *suffisait pour* se souvenir des personnages. 그가 인물들을 기억해내기 위해서는 소설을 빨리 되읽는 것으로 충분했다.

②(주어는 사람)[~ à *qc*]…을 충족시키다, …에 적합하다. Il ne pouvait ~ *à* tous ses besoins. 그는 그 여자의 모든 욕구를 충족시킬 수는 없었다. Il ne *suffit* pas *à* de pareilles tâches. 그는 이러한 임무를 맡기에 적합하지 않다.

③(비인칭) ⓐ[Il suffit (à *qn*) de *qc* (pour *qc/*pour+*inf.*/pour que+*sub.*)] Il *suffit* d'une fois. 한 번이면 족하다. Il *suffit* au postulant d'un minimum de culture. 지원자에는 최소한의 교양만이 요구된다. Il *suffit* d'un peu de chance *pour* y parvenir. 그 일을 이루기 위해서는 약간의 운만 따라주면 된다. Il *suffira* d'un seul jour *pour que* le travail soit terminé. 일을 끝내 놓는 데는 하루면 충분하다. ⓑ[Il suffit (à *qn*) de+*inf.* (pour+*inf.*/pour que+*sub.*)] Il *suffit* de me prévenir un peu avant. 조금 전에 내게 알려주기만 하면 된다. Il ne *suffit* pas d'avoir de l'argent pour être heureux. 행복하기 위해서는 돈을 갖는 것만으로 충분하지 않다. Il me *suffit* d'éplucher des oignons *pour que* je pleure. 나는 양파껍질을 벗기기만 하면 눈물이 난다. ⓒ[Il suffit (à *qn*) que+*sub.* (pour+*inf.*/pour que+*sub.*)] Il *suffit que* vous soyez là *pour* me rendre heureux. 당신이 계시는 것만으로도 나를 행복하게 하기에 족합니다. Il *suffit qu*'on lui dise un seul mot *pour qu*'aussitôt il se mette en colère. 누가 그에게 한 마디만 하면 그는 당장 화를 낸다.

À chaque jour suffit sa peine (*sa tâche*). 하루의 수고는 그 날로 족하다(마태복음 6:34).

Cela suffit; 《구어》 *Ça suffit comme ça*; 《옛》 *Il suffit!*; *Suffit!* 그만해 둬, 이젠 지긋지긋하다.

—*se* ~ *v.pr.* ① 자기만으로 충분하다; 자족하다, 자활[자립]하다. pays qui *se suffit* à lui-même 자급자족국가. ② 서로 보충하다.

suffisamment [syfizamɑ̃] *ad.* 충분히, 넉넉히(assez). J'ai ~ mangé. 나는 먹을 만큼 먹었다. [~ de *qc*] Il a ~ *de* bien pour vivre. 그는 살 만큼 재산을 충분히 가지고 있다.

suffisance [syfizɑ̃:s] *n.f.* ① 자만, 자기도취(만족)(orgueil, ↔modestie). air de ~ 거만한 기색. ②

《옛》충분한 양; 능력. homme de ~ 유능한 사람. ***avoir sa ~ de*** *qc*《옛》…을 충분히(흡족히) 가지다 (avoir son content de *qc*).
en (***sa***) ~. manger *à sa* ~ 배불리 먹다.
Qui n'a ~ n'a rien.《격언》충분하지 않으면 없는 것과 같다.
suffisant**(e***) [syfizɑ̃, -ɑ:t] *a.* ① 충분한, 넉넉한. en quantité ~*e* 충분한 양의. obtenir des résultats ~*s* 만족할만한 결과를 얻다. [~ pour *qc*/pour+*inf.*/pour que+*sub.*] tissu ~ *pour* la confection d'une robe 드레스 한 벌 만들기에 충분한 천. avoir des ressources ~*es pour* vivre 살기에 충분한 재력을 가지고 있다. C'est ~ *pour* qu'il se mette en colère. 그것은 그를 화나게 하기에 충분하다. ② 《논리》 condition ~*e* 충분조건. condition nécessaire et ~*e* 필요충분조건. raison ~*e*《철학》충족이유. grâce ~*e*《신학》충분한 은총(↔grâce efficace). ③ (뽐내다)거만한, 거드름피우는(prétentieux). se donner un air ~ 거드름피우다. ④《옛》유능한.
—*n.m.* ① 거만한 태도. faire le ~ 으스대다, 뽐내다. ②(사투리)충분한 양. avoir son ~ 원하는 만큼 갖다. ③《옛》적임자.
suffixal(***ale***, *pl. aux*) [syfiksal, -o] *a.* 《언어》접미사의; 접미사를 붙이는. dérivation ~*ale* 접미사첨가에 의한 파생법.
suffixation [syfiksɑsjɔ̃] *n.f.* 《언어》접미사 첨가에 의한 파생.
suffixe [syfiks] *n.m.* 《언어》접미사. ~ flexionnel 굴절 접미사. ~ dérivationnel 파생 접미사. ~ diminutif 지소사(指小辭). dérivation par ~ 접미사 파생법.
suffixer [syfikse] *v.t.* 《언어》접미사를 붙이다. mot *suffixé* 접미사가 붙은 단어.
suffocant(***e***) [syfɔkɑ̃, -ɑ̃:t] *a.* ① 숨막히는 (étouffant). chaleur (fumée) ~*e* 숨막힐 듯한 더위(연기). gaz ~ 질식 가스. ②(비유적)《놀람·분노로》기가 막히는. révélations ~*es* 아연실색한 폭로.
suffocation [syfɔkɑsjɔ̃] *n.f.* 숨막힘, 호흡곤란; 질식. avoir de la ~[des ~*s*] 호흡곤란이 일어나다. crise de ~ 호흡곤란의 발작.
suffoquer [syfɔke] *v.t.* ① 숨막히게 하다, 질식시키다(étouffer). Les sanglots la *suffoquaient*. 그 여자는 오열로 숨이 막힐 듯했다. (목적보어 없이) chaleur qui *suffoque* 숨이 막힐 듯한 더위. ②(비유적)(격한 감정으로)기가 막히게 하다, 아연실색하게 하다. La colère le *suffoque*. 그는 화가 치밀어 씨근거린다. (주어는 사람) Il *m'a suffoqué* avec ses déclarations. 그의 언명은 나를 아연실색케 했다. ③《옛》질식사시키다.
—*v.i.* ① 숨막히다, 질식하다. On *suffoque* dans cette salle. 이 방은 숨이 막힐 것 같다. Je *suffoque* de chaleur. 나는 더위로 숨이 막힐 것 같다. ②(비유적) ~ de…〔심한 감정으로〕가 막히다. ~ *d'indignation* (*de colère, de fureur*) 숨이 막히도록 분개하다 (화가 나서 씨근거리다).
suffragant [syfragɑ̃] *a.m.* 《가톨릭》대주교에게 종속되는, 보좌의. —*n.m.* 《가톨릭》대주교구 소속 주교, 《기독교》목사보(補). ~ (회의의)투표권자; (논문심사할 때 투표권을 가진)심사위원.
suffrage [syfra:ʒ] *n.m.* ① 투표(vote); 표. obtenir la majorité des ~*s* 과반수의 표를 획득하다. briguer les ~*s* des électeurs 유권자의 표를 부탁하다. ~*s* exprimés 유효투표. ② 선거. ~ direct (indirect) 직접 (간접) 선거. ~ universel 보통 선거. droit de ~ 선거권. ~ restreint 제한선거. ~ féminin 여성 참정권. ③《문어》동의, 찬성 (approbation). accorder son ~ 찬성하다. avoir (mériter) tous les ~*s* 대단한 호평을 받다. ④ (*pl.*) 《가톨릭》(교회·성인의)대도(代禱). menus ~*s* 일과 기도 다음에 하는 짧은 기도. 〔자.
suffragette [syfraʒɛt] *n.f.* 《역사》여성 참정권론
suffrutescent(***e***) [syfrytesɑ̃, -ɑ̃:t] *a.* 《식물》sous-frutescent.
suffumigation [syfymigɑsjɔ̃] *n.f.* 《독기를 뽐는 한》밑으로부터의 훈증(燻蒸).
suffusion [syfyzjɔ̃] *n.f.* 《의학》출혈, 일혈.
sûfi [sufi] *n.m.* =soufi.
suggérer [sygʒere] [6] *v.t.* ① 암시하다, 시사하다 (insinuer); 권하다 (conseiller). ~ la possibilité d'un accord 합의의 가능성을 시사하다. ~ la solution à un camarade de classe 동급생에게 답을 넌지시 가르치다. (à *qn*) [suggérer de+*inf.*/que+*sub.*] Je lui *ai suggéré de* se marier. 나는 그 여자에게 결혼하는 것이 어떻겠냐고 권해보았다. Jean *suggère* à Pierre qu'il *fasse* la cuisine. 장은 피에르에게 음식을 만들라고 넌지시 비친다. (목적보어 없이) Au lieu d'ordonner, *suggérez*. 명령하지 말고 넌지시 이르시오. ②(주어는 사물)머리에 떠오르게 하다, 불러 일으키다(évoquer). Ce paysage *suggère* mon pays natal. 이 풍경은 내 고향을 연상하게 한다. poème qui *suggère* des sentiments nobles 숭고한 감정을 불러 일으키는 시. ③《법》(유언을) 교사(敎唆)하다; (최면술사가)암시를 주다. ~ un acte ~를 하도록 …에게 행동을 하게 하다.
—***se*** ~ *v.pr.* 저절로 머리에 떠오르다.
suggestibilité [sygʒɛstibilite] *n.f.* 《심리》피암시성, (최면)암시에 걸리기 쉬움.
suggestible [sygʒɛstibl] *a.* 《심리》(최면)암시에 걸리기 쉬운.
suggestif(***ve***) [sygʒɛstif, -i:v] *a.* ① 암시하는; 연상시키는, 불러일으키는(évocateur). phrase ~*ve* 암시적인 문장. ② 욕정을 불러일으키는. tenue ~*ve* 자극적인 옷차림. photographies (images) ~*ves* 선정적인 사진(영상).
suggestion [sygʒɛstjɔ̃] *n.f.* ① 암시, 시사, 시사(암시)된 생각. force de ~ d'un mot 단어의 암시력. recouvrir à la ~ plutôt qu'à l'explication 설명보다 암시의 의거하다. ② 충고, 제의, 권유. écouter les ~*s de qn* …의 충고를 경청하다. suivre la ~ de *qn* …의 권유에 따르다. ~ du démon 악마의 유혹. ③《심리》암시작용. 〔법〕교사(敎唆).
suggestionner [sygʒɛstjɔne] *v.t.* (에게)암시를 주다, 생각을 불어 넣다. —***se*** ~ *v.pr.* 자기 암시에 걸리다; 고정관념에 사로잡히다.
suggestivité [sygʒɛstivite] *n.f.* 《드물게》암시성.
suicidaire [sɥisidɛ:r] *a.* ① 자살의; 자살할 우려(경향)가 있는. tendances ~ 자살 성향, dépressif (mélancolique) ~ 자살을 기도할 가능성이 있는 우울증 환자. ②(비유적)자살과 같은, 자멸적인. entreprise ~ 자멸적 기획. —*n.* (위)의 사람.
suicide [sɥisid] *n.m.* ① 자살. tentative de ~ 자살 기도. faux ~ 자살미수. meurtre maquillé en ~ 자살을 위장한 살인. ②(비유적)자살행위; 자멸. Rouler à telle vitesse, c'est du ~. 그렇게 빠른 속도로 달린다는 것은 자살행위야. ~ moral 정신적 자멸. 《동격》 avion-~ 특공기. mission(-)~ 결사적 임무.
suicidé(***e***) [sɥiside] *n.* 자살자.
suicider (***se***) [səsɥiside] *v.pr.* 자살하다. (비유적) 자멸하다(se tuer). *se* ~ *d'un coup de revolver* 권총으로 자살하다. *se* ~ *en se pendant* 목매어 자살하다.
suidés [sɥide] *n.m.pl.* 《동물》멧돼지과(科).
suie [sɥi] *n.f.* ① 그을음. enlever (racler) la ~ 그을

음을 없애다. visage noir de ~ 시커먼 얼굴. noir comme de la ~ 새까만. ② 〖농업〗 깜부기(병), 흑수병(黑穗病).

suif [sɥif] *n.m.* ① (동물의)비계, 지방, 기름. ~ de bœuf 쇠(고기)기름. chandelle de ~ 짐승 기름으로 만든 양초. ~ minéral[végétal] 광물성(식물성) 유지(油脂). mettre une peau en ~ 가죽에 기름을 칠하다. mettre une peau en ~ 가죽에 기름을 칠하다. ② 〘구어〙 〘경멸〙 (사람의) 지방. «Boule de ~» 「비계덩어리」(Maupassant의 작품). ③ 〘속어〙 질책, 책벌(réprimande); 싸움, 시비(bagarre). donner[recevoir] un ~ 야단치다[맞다]. chercher du ~ à qn ···에게 시비를 걸다. Il va y avoir du ~. 싸움판이 벌어질거야.

suif(f)er [sɥife] *v.t.* 〘속어〙(배·가죽 따위에)기름을 칠하다. ②〘속어〙야단치다, 꾸짖다.

suiffeux(se) [sɥifø, -ø:z] *a.* ① 지방질의. matière ~se 지방질. ② 〘경멸〙 매우 뚱뚱한. homme ~ 뚱뚱한 사람.

sui generis [sɥiʒeneris] 〘라틴〙 *loc. a.* 독특한, 특유한, 고유한(propre, particulier). odeur ~ 독특한 냄새 〈종종 나쁜 냄새의 완곡한 표현〉. saveur ~ 독특한 맛.

suin(t) [sɥɛ̃] *n.m.* ① (양의 가죽에서 분비되어 양털속에 섞여있는)기름기. ② 용해된 유리 위에 뜨는 찌끼.

suintant(e) [sɥɛ̃tɑ̃, -ɑ̃:t] *a.* 스며나오는; (벽에)물기가 배는. roches ~es 물이 스며나오는 바위.

suintement [sɥɛ̃tmɑ̃] *n.m.* 스며나옴, 배어나옴(suage); 유출. ~ d'une plaie(d'un ulcère) 〖의학〗 상처[궤양]의 삼출(滲出).

suinter [sɥɛ̃te] *v.i.* ① (액체가)조금씩 조금씩 흐르다, 방울방울 떨어지다; 스며나오다. L'eau *suinte* à travers les rochers. 물이 바위 틈으로 스며나와 흐른다. Le sang *suintait* de la plaie. 상처에서 피가 스며나오고 있었다. ② (그릇·벽 따위가) 새다. mur qui *suinte* 물(습기)이 배는 벽. plaie qui *suinte* 피가 스며나오는 상처.
—*v.t.* ① (액체를)스며나오게 하다. ② 〘문어〙 (감정을)겉으로 드러내다(suer). ~ la haine 증오의 기색을 나타내다.

suis [sɥi] ① être 의 직설·현재 1·단수. ② suivre 의 직설·현재 1[2]·단수·명령 2·단수.

Suisse (la) [lasɥis] *n.pr.f.* 〖지리〗 스위스. ~ alémanique (italienne, romande) 스위스의 독일어 [이태리어·프랑스어] 사용 지방.

suisse [sɥis] *a.* 스위스의. Confédération ~ 스위스 연방. Alpes ~s 스위스령 알프스. régiments ~s (구체제 하의) 스위스 용병 부대. franc ~ 스위스 프랑. 🙰 *n.* 스위스 사람 〈여성형 Suissesse [sɥisɛs]는 비꼬는 뜻; 현재는 dame(femme) s~〉.
—*n.m.* ① 〖가톨릭〗 (바티칸의) 스위스인 호위병, (성당의)예장(禮裝)순경. ② 〘옛〙 (큰 호텔·호텔의)수위 〈스위스 용병과 비슷한 복장을 한때서 연유〉. ③ (*pl.*) 〖역사〗 스위스 용병 〈구제도 하의 프랑스에서 복무하는 스위스 부대〉. ④ 스위스 원산의 치즈. petit ~ 크림으로 된 생치즈.
faire ~; *manger* [*boire*] *en* ~ (아무도 부르지 않고) 혼자 식사하다 (마시다).

:**suite** [sɥit] *n.f.* ① 계속, 계속된 것; (작품의)속편. ~ au prochain numéro 다음호에 계속. ~ des événements 사건들의 뒤이어 일어난 일, 사건들의 후일담. ~ d'un ouvrage 저작의 속편. ~ et fin 〘연재물의〙 최종회. (comme) ~ à votre lettre 〘상업〙 귀사의 편지에 답으로(「답장에 사용되는 표현」). [avoir une ~] Le projet n'a pas *eu* de ~. 그 계획은 중단되었다. ② 잇달음, 계속, 연속(file); 열; 일련의 것(série). [une ~ de+복수명사] *une ~ de* succès 일련의 성공. longue ~ *de* manifestations 긴 시위행렬. Ma vie n'a été qu'*une ~ d'*échecs. 내 일생은 오로지 실패의 연속이었다.

③ 결과, 뒤에 오는 영향(conséquence); 실현. ~ d'une maladie 병의 후유증. Il est mort des ~s d'un accident de l'auto. 그는 자동차 사고의 후유증으로 죽었다. Cette querelle aura des ~s (fâcheuses). 이 싸움은 달갑지 않은 결과를 가져올 것이다.

④ 일관성, 일관된 연결; 맥락; 줄거리. ~ d'un raisonnement 일관된 추리. esprit de ~ (시종일관된)끈기있는 정신. propos sans ~ 앞뒤가 맞지 않는[두서없는] 말. avoir de la ~ dans les idées 생각에 일관성이 있다. étudier avec ~ 일관성 있게 [끈기있게] 연구하다.

⑤ 수행원(일동)(escorte), 동행, 동행자 시종. le chef de l'État et sa ~ 국가원수와 그 수행원. ~-présidentielle 대통령의 수행원.

⑥ (초상화·메달 따위의)한쌍(짝), (판화 따위의) 연작, 한 조(組)의 작품; 〖음악〗 조곡(組曲).

⑦ 〖수학〗 수열(數列); (고급저택·호텔의)방 여럿이 잇따른 특별실. ~ d'orchestre 관현악 조곡. ~ infinie 무한 수열.

⑧ 〖법〗 계루(係累). droit de ~ 추구권 〈미술가가 작품의 판매수입에 대해 일정한 권리를 받을 권리; 저당물에 대한 채권자의 권리 따위〉.

⑨ 〘옛〙 〖사냥〗 추적(chasse).

à la ~ 차례대로, 계속해서, 이어서. Nous avons vu trois films *à la ~*. 우리는 계속해서 영화를 세편 보았다.

à la ~ de ⓐ 〈공간적〉 ···의 뒤에, ···에 따라. se mettre *à la ~* d'une file d'attente 기다리는 줄 끝에 서다. entraîner qn à sa ~ ···가 자기를 따르게 하다. *à la ~ de qn* ···을 뒤쫓아. ⓑ 〈시간적〉 ···뒤이어서. A la ~ de ce roman, il a publié un recueil de poèmes. 이 소설에 뒤이어 그는 시집을 출판했다. ⓒ ···이 원인으로 되어, ···의 결과로. *A la ~ de cet accident*, il a dû cesser toute activité. 이 사고의 결과로 그는 모든 활동을 중단해야 했다.

dans(par) la ~ 그 후에(plus tard). Il se mit d'abord en colère; *par la ~*, il s'adoucit. 그는 처음에는 화를 냈으나 나중에는 진정하였다.

de ~ 계속해서, 연이어; 〘구어〙 즉시. deux mois *de ~* 두 달 계속해서. Elle est venue me voir plusieurs fois *de ~*. 그녀는 몇차례 계속해서 나를 보러왔다.

donner ~ à ···을 실천에 옮기다, 〘요구 따위에〙 응하다. *donner ~ à une commande* 주문에 응하다.

et ainsi de ~ 등등(等等); 이하 동.

faire ~ à 〘시간적〙 ···의 뒤에 오다; 〘공간적〙 인접하고 있다. ~ à vos faits. vote qui *fait ~ à* une proposition 제안에 뒤이은 투표. Le musée *fait ~ à* la mairie. 미술관은 읍사무소에 잇닿아 있다.

par ~ 따라서, Il fait froid; *par ~*, il y a peu de gens dans la rue. 날씨가 몹시 춥다. 그래서 길에 사람들이 별로 없다.

par([)en] ~ de ···의 결과로서(en conséquence de). *Par ~ des* pluies, la rivière se trouve grossie. 비가 와서 강물이 불었다.

prendre la ~ de qn ···의 뒤를 잇다. Il *a pris la ~ de* son père dans la direction de cette usine. 그는 아버지의 뒤를 이어 이 공장을 경영하고 있다.

tout de ~ 따라서, 지금, 당장에, 지체 없이; 〘공간적〙 바로 뒤에. Partez *tout de ~*. 곧 떠나시오. Ma maison se trouve *tout de ~* après la librairie. 우리집은 서

점 바로 뒤에 있다.
tout d'une ~ 단숨에.
suitée [sqite] *a.f.* (특히 암말·암멧돼지가) 새끼를 거느린. jument ~ 망아지를 거느린 암말.
suiv. 《약자》suivant 다음, 이하.
***suivant¹** [sqivɑ̃] *prép.* ① …에 따라서(conformément à); …에 의하면(selon). ~ les consignes données 주어진 지시에 따라 행동하다. ~ son habitude 그의 습관대로. ~ le temps 날씨에 따라. ~ Platon 플라톤에 의하면. ② (능력·상황 따위)에 비례해서 [비추어서·따라서](en proportion de). travailler ~ ses forces 능력에 비례해서[따라] 일하다. ~ les cas 경우에 따라. ③ …쪽으로, …을 끼고. ~ la ligne 줄을 따라서.
~ *que*+*ind.* …함에 따라, …에 응하여. S~ *que* vous irez par avion ou par bateau, le voyage durera quatre heures ou deux jours. 비행기를 타느냐 배를 타느냐에 따라 여행은 4시간 또는 이틀이 걸릴 것이다.
***suivant²**(**e**) [sqivɑ̃, -ɑ̃ːt] *a.* ① 다음의, 다음에 오는. personne ~*e* 다음 사람. dimanche ~ 다음 일요일. page ~*e* 다음 페이지. le jour ~ (그) 다음날. descendre à la station ~*e* 다음 정거장 [역]에서 내리다. demain et les deux jours ~*s* 내일과 다음 이틀간. exemple ~ 다음[아래]의 예(문). ② (옛) 종복의. fille ~*e* 시녀.
—*n.* ① (대명사적으로) 다음 것, 다음 사람. Au ~! 다음 사람(들어) 오세요(차례입니다). Notre méthode est la ~*e*. 우리의 방법은 다음과 같다. ② (옛·문어) (*pl.*) 따르는 사람; 수행자, 수행원; 추종자, 제자.
—*n.f.* (옛) 시녀.
suiveur [sqivœːr] *n.m.* ① 경주자의 뒤를 따라가는 관계자 (보도진, 참관인 등); 《구어》길거리에서 여자 꽁무니를 따라다니는 남자. ② 《드물게》추종자, 모방자(imitateur).
suivez-moi-jeune-homme [sqivemwaʒœnɔm] *n.m.* (복수불변) 《구어》(부인모의) 펄럭거리는 리본 자락.
suivi(**e**) [sqivi] (*p.p.* <suivre) *a.p.* ① 그치지 않는, 계속되는, 한결같은. relations ~*es* 오래 지속되는 관계. qualité ~*e* 변함없는 [일정한] 품질. article ~ 계속 팔리는 상품. ② 사람을 많이 모으는, 인기 있는. théâtre ~ 대만원을 이루는 연극. cours très ~ 학생들에게 인기 있는 강의. feuilleton très ~ 인기 있는 연재물(연속극). ③ 일관성 있는, 조리 있는(cohérent). raisonnement ~ 일관성 있는 추론. explication bien ~ 아주 조리정연한 설명.
—*n.m.* (오랜 기간의) 조사, 검사.
suivisme [sqivism] *n.m.* 맹종의, 추종(盲從).
suiviste [sqivist] *a., n.* 맹종하는 (사람).
***suivre** [sqiːvr] 36 *v.t.* ① 뒤따르다, 따라가다; 추적하다, 뒤를 밟다(poursuivre, pister); 따라다니다, 같이 가다(accompagner). ~ *qn* de près …에게 바싹 붙어 뒤쫓다. Sa femme le *suit* dans tous ses voyages. 그의 아내는 그가 여행하는 곳마다 따라다닌다. ~ *qn* dans la tombe …을 뒤따라 죽다. ~ un suspect 용의자를 미행하다. ~ *qn* à la piste [à la trace] …을 추적하다. ~ *qn* des yeux [du regard] 눈으로 …의 뒤를 쫓다, 감시하다. ~ *qn* dans la pensée [en pensée, par la pensée] 끊임없이 …을 생각하다. Il *était suivi* de son secrétaire. 그는 비서를 대동하고 있었다.
② (주어는 사물) (생각·환경 따위가) 붙어다니다(obséder). Son image me *suit* toujours. 그의 영상이 항상 눈앞에 어른거린다.
③ (길·방향을) 따라가다. ~ un sentier 오솔길을 따라가다. *Suivez* la rivière jusqu'au pont. 다리까지 강가를 따라가시오. ~ le fil de sa pensée (비유적) 그의 생각의 줄거리를 따라가다.
④ (충고·관습·규칙 따위)따르다. exemple à ~ 따를 만한 본보기. ~ les usages d'un pays 어떤 나라의 관습에 따르다. ~ un ordre de grève 파업지시에 따르다. ~ la mode 유행을 따르다. ~ ses passions 정열에 몸을 내맡기다.
⑤ (사태를) 지켜보다, (예)주의를 기울이다(s'intéresser à); 계속적으로 행하다, 출석하다. médecin qui *suit* un malade 환자의 병세를 지켜보는 의사. ~ un régime 식이요법을 계속적으로 행하다. ~ un cours 강의를 듣다, 계속 수강하다. Je n'ai pas *suivi* cette affaire, de quoi s'agit-il? 나는 이 사건의 추이에 관심을 갖지 않았는데, 그 사건의 내용이 무엇인가? (목적보어 없이) élève qui ne *suit* pas en classe 수업시간에 열심히 듣지 않는 학생.
⑥ 이해하다(comprendre). ~ les explications 설명을 이해하다. [~ *qn*] Vous parlez trop vite, il est difficile de vous ~. 말을 너무 빨리 하여 당신들을 [이해할] 수가 없습니다. *Suivez*-moi bien. 내 말을 잘 들으시오.
⑦ (시각·순서에서 …의) 다음에 오다, 뒤를 잇다. La nuit *suit* le jour. 낮이 가면 밤이 온다. Lisez les notes qui *suivent* le texte. 본문에 뒤이은 주(註)를 읽으시오. Sa maison *suit* la nôtre. 그의 집은 우리 집 다음에 있다. L'inondation *a été suivie* d'une épidémie. 홍수가 일어난 후에 전염병이 발생했다.
⑧ ⓐ (상품의) 생산[판매]을 계속하다. Notre maison *suit* cet article. 본 점포에서는 이 상품을 계속 취급합니다. ⓑ ~ une couleur (노름) 같은 색깔에 계속 걸다.
«**À faire ~**»; «**Faites ~**», «**Prière de faire ~**» "수취인 주소 변경시는 변경된 주소로 전하여 주시압" (편지 겉봉에 쓰는 말).
À ~ 다음 호에 계속.
~ *le mouvement* 《구어》남들처럼 하다. [다.
~ *son cours* (일이) 정상적으로[예상대로] 진행되
—*v.i.* ① 뒤따르다, 계속되다. le jour qui *suivit* 그 다음날. Nous en discuterons dans les pages qui *suivent*. 우리는 그 문제를 다음 페이지에서 논의할 것이다. Personne ne sait ce qui va ~. 다음에 무슨 일이 일어날지 아무도 모른다. ② (옛) [~ de *qc*] 결과로서 생기다. malheurs qui *suivent* de la discorde 불화에서 오는 불행.
—*v.imp.* ① [Il suit de *qc*] 결과가 생기다. Que s'en est-il *suivi*? 그 결과 어떻게 됐나? [Il *suit* de là que/D'où il *suit* que/Il s'en suit que+*ind.*] Il *suit* de là que votre ami vous a menti. 결과적으로 당신 친구가 당신에게 거짓말한 것이 됩니다. ② 다음에 오다. conditions ainsi qu'il *suit* 다음과 같은 조건.
comme suit 다음과 같이.
—*se* ~ *v.pr.* ① 계속 뒤따르다, 잇닿다. Des personnes, des voitures *se suivent* à la file. 사람과 차들이 줄지어 나아간다. événements qui *se suivent* 잇따라 일어나는 사건들. ② 앞뒤가 맞다, 일관성이 있다. roman où tout *se suit* 모든 것이 일관성있게 짜여진 소설.
sujet¹(**te**) [syʒɛ, -ɛt] *a.* ① [~ à *qc*] (의) 경향[습관] 이 있는, (하기) 쉬운 [살하는, 일쑤인]. femme ~*te* au vertige (à la migraine) 현기증 [두통]이 잘 나는 여자. homme ~ à la colère 성잘 내는 남자. ~ au mal de mer 뱃멀미를 잘하는. texte ~ à diverses interprétations 여러 해석이 가능한 글. [être ~ à

+*inf.*] être ~ à boire 음주벽이 있다. L'homme *est* ~ *à* se tromper. 인간은 오류에 빠지기 쉽다. ② [~ *à qc*] (을)필요로 하는, 해야할, 면할 수 없는 (obligé, astreint). ~ *à* un droit d'auteur, 서음울 물어야 하는. ~ *à* caution 경계를 요하는, 신용할 수 없는. L'homme *est* ~ *à* la mort. 인간은 죽음을 면할 수 없다. ③《옛》종속[예속]된, 지배받는 (soumis). provinces ~*tes* 속주(屬州). tenir *qn* très ~《엣》…을 손아귀에 쥐고 있다, 억누르고 있다. ―*n.* 신하, 신민; [입헌군주제 하에서]국민. le roi et ses ~*s* 왕과 그의 신하.

:**sujet**² [syʒɛ] *n.m.* ① 소재, (작품의)주제, 테마(matière, thème); (연구의)재료; 교과목. ~ de conversation 화제. Quel est le ~ de ce film? 이 영화의 주제가 무엇이냐? ~ de thèse 논문의 주제. ~ d'études 연구제목. entrer dans le cœur(le vif) du ~ 문제의 핵심에 들어가다. ② (감정·행동 따위의)동기, 원인, 이유(motif). ~ de discorde 불화의 원인. sans ~ 이유없이. ③《의학》피실험자(被實驗者); (수술 따위를 받을)환자; (해부용의)시체. ~ d'expérience 피실험체. médecin qui voit tant de ~*s* dans sa journée 하루에 그 많은 환자를 보는 의사. ④ 인물(주로 다음 표현으로만 사용). brillant ~; ~ d'élite 뛰어난 학생. bon(mauvais) ~ 행실이 좋은[나쁜]사람. ⑤ [언어]주어; [논리]주사(主辭); [철학]주제; ~ de droit [법]권리소유자. ⑥《원예》접목대(接木臺). ⑦ [무용] (발레의)솔로 무용수《무용수의 계급에서 3 번째:danseur étoile, premier danseur, *sujet*, quadrille).

à[*sur*] *ce* ~ 이 점에 관해서. J'ai discuté avec eux *à ce* ~. 나는 이 점에 대해서 그들과 토의했다.

au ~ *de qc*[*qn*] …에 관해서. Je suis venu vous voir *au* ~ *de* mon fils. 아들의 문제로 당신을 만나러 왔습니다. Elle t'inquiète beaucoup *à ce* ~. 그녀는 너에 대해 몹시 걱정한다. C'est *à quel* ~? 무슨 용건입니까?

avoir (*tout*) ~ *de* + *inf.* …할 만한 (충분한) 이유가 있다. Tu n'*as* pas ~ *de* te plaindre. 너는 불평할 이유가 없다.

sujétion [syʒesjɔ̃] *n.f.* ① (임무·지위 따위에서 오는)의무적인 구속, 속박(contrainte, joug). Cet emploi implique bien des ~*s.* 이 일은 구속이 많은 습관은 구속이 된다. ② 예속; [~ à] (에)굴복, 복종. tenir un pays en ~ 한 나라를 예속시키다. s'affranchir de la ~ 예속으로부터 벗어나다. ~ *aux* passions 《비유적》정념의 노예가 되기. ③《건축》규제, 제한.

sulcature [sylkaty:r] *n.f.* 【지질】구(溝), 홈; 【해부】열구(裂溝).

sulciforme [sylsifɔrm] *a.* 【해부】홈 모양의, 구상(溝狀).

sulf- *préf.*「유황」,「2가(價)의 황화합물」의 뜻.

sulfamide [sylfamid] *n.f.*[*m.*] 【화학·약】설폰아미드, 설폰제(劑).

sulfamido-résistance [sylfamidorezistɑ̃:s] *n.f.* 【의학】설폰아미드 내성(耐性).

sulfamido-résistant(e) [sylfamidorezistɑ̃, -ɑ̃:t] *a.* 【의학】(병균의) 설폰아미드에 대해 내성의.

sulfamidothérapie [sylfamidɔterapi] *n.f.* 【의학】설폰아미드[설페제] 요법.

sulfanilique [sylfanilik] *a.* acide ~ 【화학】설퍼닐산(酸).

sulfatage [sylfataʒ] *n.m.* ①【화학】황화(黃化). ②《원예》황산구리 용액을 뿌리기.

sulfate [sylfat] *n.m.* 【화학】황산염. ~ de cuivre 황산구리. ~ de zinc 황산아연.

sulfaté(e) [sylfate] *a.p.* 【화학】(석회·광수 따위가)(유)황과 화합한, 유황을 함유한.

sulfater [sylfate] *v.t.* ①《포도 양조 과정에서》석고를 첨가하다. ②《원예》(포도나무 따위에 소독용 약제)황산구리용액을 뿌리다. ③ (토지를)황화칼슘으로 개량하다.

sulfateur(se) [sylfatœ:r, -ø:z] 【원예】*n.* (병·해충 구제를 위해)황산구리용액을 뿌리는 사람. ―*n.f.* 황산구리용액 살포기.

sulfhydrique [sylfidrik] *a.* 【화학】황화수소의. acide ~ 황화수소.

sulfidoseur [sylfidozœ:r] *n.m.* = **sulfitomètre.**

sulfinique [sylfinik] *a.* 【화학】설핀산(酸)의.

sulfinisation [sylfinizasjɔ̃] *n.f.* 【금속】(유)황 살포에 의한 접합.

sulfitage [sylfitaʒ] *n.m.* (살균·탈색 따위를 위한 포도주의)아황산염 처리.

sulfite [sylfit] *n.m.* 【화학】아황산염.

sulfiter [sylfite] *v.t.* 아황산으로 처리하다[소독하다, 표백하다].

sulfitomètre [sylfitɔmɛtr] *n.m.* 【화학】아황산 정량계(定量計).

sulfo- *préf.* = **sulf-**.

sulfocarbonate [sylfɔkarbɔnat] *n.m.* 【화학】티오탄산염.

sulfocarbonique [sylfɔkarbɔnik] *a.* acide ~ 【화학】티오탄산.

sulfocyanate [sylfɔsjanat] *n.m.* 【화학】티오시안산염.

sulfocyanique [sylfɔsjanik] *a.* acide ~ 【화학】티오시안산.

sulfonal [sylfɔnal] *n.m.* 【약】설퍼널(최면제).

sulfonation [sylfɔnasjɔ̃] *n.f.* 【화학】설폰화.

sulfone [sylfɔn] *n.f.* 【화학】설폰(化).

sulfoné(e) [sylfɔne] *a.* 【화학】설폰화한.

sulfonique [sylfɔnik] *a.* 설폰기(基)를 함유한. acide ~ 설폰산.

sulfosel [sylfɔsɛl] *n.m.* 【화학】티오산염.

sulfovinique [sylfɔvinik] *a.* 【화학】황산알코올의.

sulfurage [sylfyraʒ] *n.m.* (포도 벌레를 없애기 위해)황화탄소를 땅속에 넣기.

sulfuration [sylfyrasjɔ̃] *n.f.* 【화학】황화(작용).

sulfure [sylfy:r] *n.m.* 【화학】황화물. ~ de carbone 황화탄소. ~ de plomb 황화연(鉛).

sulfuré(e) [sylfyre] *a.p.* 【화학】황화한. fer ~ 황화철(鑛). hydrogène ~ 황화수소.

sulfurer [sylfyre] *v.t.* ①【화학】황화하다, (유)황과 화합시키다. ②《원예》(해충구제를 위해 토양에)유화탄소를 뿌리다.

―*se* ~ *v.pr.* 황과 화합하다, 황화물이 되다.

sulfureux(se) [sylfyrø, -ø:z] *a.* ①(유)황질의. eau ~*se* 유황광천. bain ~ (피부병에 효험이 있는)유황욕. ② 4 가(價)의 황을 함유한. acide ~ 【화학】아황산.

sulfurique [sylfyrik] *a.* 【화학】6 가(價)의 황을 함유한. acide ~ 【화학】황산.

sulfurisé(e) [sylfyrize] *a.p.* 【화학】황산처리한. papier ~ 황산지.

sulfuriser [sylfyrize] *v.t.* (에)황산을 작용시키다.

sulky [sylki, sœlke]《영》*n.m.* 【스포츠】경주용 1인승 2 륜마차.

sulpicien(ne) [sylpisjɛ̃, -ɛn] 【가톨릭】*a.* ①성쉴피스(St. Sulpice)회의. ②《경멸》(성 쉴피스교회 부근에서 팔리는 것과 같은)조잡한. imagerie ~*ne* 조잡한 종교화(성화).

―*n.m.* ① (les *S*~*s*)쉴피스회《1642 년 창립》. ②

파리의 성 쉴피스 신학교 학생.
sultan [syltã] *n.m.* ① 회교국 군주; 〖역사〗 터키 황제(~ de Turquie). ②(비유적) 전제군주.
sultanat [syltana] *n.m.* 회교국 군주의 왕위(治세).
sultane [syltan] *n.f.* ① 회교국의 왕비. ②(17세기의) 앞이 터진 귀부인용 긴 옷; 여자의 머리 장식용 보석. ③(18세기의 등받이가 둘로 갈라져 있는) 장의자. ④(옛)터키의 전함(戰艦). ―*a*. poule ~ (늪지대에 사는 몸체가 청색인)뜸부기과의 새.
sultani [syltani], **sultanin** [syltanɛ̃] *n.m.* 옛 터키의 금화, 북아프리카의 금화.
suma [syma] *n.m.* =**supermarché**.
sumac [symak] *n.m.* 〖식물〗 수막(열대산 옻나무의 일종).
sumatrien(ne) [symatriɛ̃, -ɛn] *a.* 〖지리〗 수마트라(*Sumatra*)의. ―**S**~ *n.* 수마트라 사람.
sumérien(ne) [symerjɛ̃, -ɛn] 〖고대지리〗 *a.* 수메르 사람[어]의. ―**S**~ *n.* 수메르 사람.
―*n.m.* 수메르어(語).
summum [sɔ(m)mɔm] 〖라틴〗 *n.m.* 최고도, 정점, 절정(sommet). ~ de la sottise 어리석음의 극치. être au ~ de la célébrité 최고의 명성을 누리고 있다. ―*a.* (불변)최고의. chiffre ~ 최고치.
sunlight [sœnlajt] 〖영〗 *n.m.* (영화 촬영용)라이트.
sunna [synna] 〖아라비아〗 *n.f.* ① 마호메트의 언행록(言行錄), 회교의 구전(口傳)율법. ② (순낫을 코란과 동등한 것으로 보는)정통 이슬람교. ③(일반적으로) 행동기준.
sunnisme [synism] *n.m.* (순낫을 존중하는)정통 회교도파.
sunnite [synnit] *n., a.* (순낫을 존중하는)정통회교도(의).
sup [syp] *a., n.* =**supérieur(e)**.
supé(e) [sype] *a.p.* 〖해양〗 (배가)좌초한.
super[1] [sype] *v.t.* ①〖노르망디〗(날달갈 따위를)들이마시다, 빨아먹다. ② 〖해양〗(펌프가 물을)품어올리다(pomper). ―*v.i.* 〖해양〗(파이프 따위가)막히다(s'obstruer).
super[2] [sypɛr] *n.m.* 〖구어〗 =**supercarburant**.
super[3] [sypɛr] *a.* 〖속어〗고급이. C'est ~! 멋장하군! 멋지군!
super- *préf.* 「위의, 초월한, 뛰어난, 이상」의 뜻.
superalliage [syperalja:ʒ] *n.m.* 〖기술〗 초합금.
superbe[1] [sypɛrb] *a.* ①(눈부시게) 아름다운; 화려한, 찬란한(splendide). 훌륭한, 웅장한(magnifique). femme ~ 절세의 미인. Il fait un temps ~. 날씨가 기가막히게 좋다. [~ de *qc*] Il est ~ de sang-froid. 그는 극히 냉정하다. ②〖옛·문어〗오만한(orgueilleux); 당당한(glorieux). air ~ 오만한 모습.
―*n.m.* (옛)오만한 남자.
superbe[2] *n.f.* 〖옛·문어〗오만, 교만(orgueil). abattre la ~ de *qn* ~의 콧대를 꺾다.
superbement [sypɛrbəmɑ̃] *ad.* ①화려하게, 훌륭하게. ②당당하게; 〖옛〗오만하게.
superbénéfice [sypɛrbenefis] *n.m.* 잉여이윤, 과다이윤.
superbombe [sypɛrbɔ̃:b] *n.f.* 초고성능 폭탄; 수소 폭탄.
supercarburant [sypɛrkarbyrɑ̃] *n.m.* (옥탄가(價)가 80 이상인)고급 휘발유(《약자》super).
supercarré [sypɛrka(ɑ)re] *a.* 〖기계〗 단행정(短行程)의(모터) (실린더의 내경이 피스톤의 행정보다 큰 모터).
supercentrale [sypɛrsɑ̃tral] *n.f.* 〖전기〗 대형 발전소.
superchampion [sypɛrʃɑ̃pjɔ̃] *n.m.* (자전거 경기 따위의)슈퍼챔피언.
supercherie [sypɛrʃəri] *n.f.* 사기, 협잡, 기만. user de ~ 협잡을 하다, 사기치다. ~ littéraire 가명으로 발표된 작품.
superciment [sypɛrsimɑ̃] *n.m.* 〖건축〗 슈퍼시멘트.
supère [sypɛ:r] *a.* 〖식물〗 상위(上位)의(↔infère). ovaire ~ 상위 씨방.
superette [sypɛrɛt], **superette** [sypɛrɛt] *n.f.* 소형 슈퍼마켓(주로 식료품 판매에 주력함).
superexcellence [sypɛrɛksɛlɑ̃:s] *n.f.* 극상, 극치.
superfécondation [sypɛrfekɔ̃dasjɔ̃] *n.f.* 〖생물〗 다태임신(多胎妊娠).
superfétation [sypɛrfetasjɔ̃] *n.f.* ①〖생리〗 중복 수정(受精). ②(비유적) 쓸데없는 중복, 사족.
superfétatoire [sypɛrfetatwa:r] *a.* 쓸데없이 중복되는, 사족(蛇足)의(superflu).
superficiaire [sypɛrfisjɛ:r] *a.* 지상의, 지상권에 관한. propriétaire ~ 지상권 소유자.
superficialité [sypɛrfisjalite] *n.f.* 피상적임, 천박.
superficie [sypɛrfisi] *n.f.* ①(물체의)표면. ~ de la terre 지표(地表). ②〖기하〗면적. ~ d'un champ 밭의 면적. Cette pièce fait vingt mètres carrés de ~. 이 방의 면적은 20평방미터이다. ③〖문어〗사물의 겉모기, 외형, 피상(apparence, surface, ↔ fond). Ce n'est ainsi qu'en ~. 오직 겉으로 그럴 뿐이다. s'arrêter[s'en tenir] à la ~ des choses 사물의 표면을 피상적으로 보다. ④ (pl.) 〖법〗 지상 물건. droit de ~ 지상권 (지상 건조물 및 경작물에 대한 소유권).
superficiel(le) [sypɛrfisjɛl] *a.* ①표면의; 겉에만 보이는(apparent). blessure(plaie) ~le 얕은(가벼운) 상처. étendue ~le 표면적. tension ~le 표면장력. couche ~le de l'écorce terrestre 지각의 표층. ②피상적인, 천박한, 경박한(frivole, ↔ profond). esprit ~ 천박한 사람. fille ~ le 경박한 처녀. connaissances ~les 피상적인 지식. ③ 〖언어〗 (생성문법에서)표층(表層)의. structure ~le 표층구조.
superficiellement [sypɛrfisjɛlmɑ̃] *ad.* ①피상적으로, 경박하게. traiter une question ~ 문제를 피상적으로 다루다. ②표면적으로. se brûler ~ 가벼운 화상을 입다.
superfin(e) [sypɛrfɛ̃, -in] *a.* (물건이)최상의, 극히 좋은. ―*n.m.* 극상품.
superfinir [sypɛrfini:r] *v.t.* 〖기계〗 초(超)정밀 마무리하다.
superfinition [sypɛrfinisjɔ̃] *n.f.* 〖기계〗 초정밀 마무리.
superflu(e) [sypɛrfly] *a.* ① 필요 이상의, 없어도 될, 쓸데없는(inutile, ↔ indispensable). faire une dépense ~e 쓸데없는 지출을 하다. ornements ~s 불필요한 장식. tenir des propos ~s 쓸데없는 말을 하다. Il est ~ de *inf.*/que+*sub.* Il est ~ d'en dire plus long. 그것에 대해서는 더 이상 말할 필요가 없다. Il me paraît ~ que vous me consultiez. 나와 의논할 필요는 없을 것 같습니다. ② 남아도는, 여분의, 잉여의(surabondant). biens ~s 여분의 재산. ③ 헛된, 무익한. efforts ~ 헛된 노력. ―*n.m.* ①여분, 잉여. ②없어도 되는 것; 사치 (luxe). Encore une robe? C'est du ~. 또 옷이라니? 그건 사치이다.
superfluide [sypɛrflɥid] *a.* 〖물리〗 초유동 상태의. ―*n.m.* 〖물리〗 초유동체.
superfluidité [sypɛrflɥidite] *n.f.* 〖물리〗 초유동 (超流動).
superfluité [sypɛrflɥite] *n.f.* ①〖옛〗쓸데없음; 여분, 잉여. ②〖문어〗없어도 되는 것; 사치품.

superforteresse [sypɛrfɔrtərɛs] *n.f.* 〖군사〗'하늘의 요새'《미국의 네발장거리 폭격기 B-29, 36, 50을 말함》(← volante).

supergénération [sypɛrʒenerɑsjɔ̃] *n.f.* =**superréaction**.

super-grand [sypɛrgrɑ̃] (*pl.* ~-~**s**) *n.m.* 초강대국《미·소·중》; 초대형 기업.

superhétérodyne [sypɛreterɔdin] *n.m.* 〖무전〗슈퍼헤테로다인 수신기.

super-homme [sypɛrɔm] *n.m.* 슈퍼맨, 초인(超人)(surhomme).

super-huit [sypɛrɥit] *n.m.,a.*《복수불변》슈퍼에이트 방식(의)《8mm형과 16mm형의 중간 사이즈의 영사 카메라》.

:**supérieur(e)** [syperjœ:r] *a.* ① (공간적으로)보다 위의, 상부의(↔ inférieur). étages ~s 위층, 높은 층. partie ~e 상부. lèvre ~e 윗입술. membres ~s 상지(上肢), 팔. Rhône ~ 론 강 상류. chiffre ~〖인쇄〗어깨 번호. planètes ~es〖천문〗상(위)혹성. ② [~ à](보다)(정도가)높은. note ~e à la moyenne 평균보다 높은 점수. température ~e à la normale 정상보다 높은 온도. ③ (지식·힘·가치 따위가 남보다)뛰어난, 탁월한, 우세한(éminent, excellent). intelligence ~e 탁월한 지성. produit de qualité ~e 고급품. ennemis ~s en nombre 수적으로 우세한 적. [~ à *qn*] Il se croit ~ *aux* autres. 그는 남들보다 우월하다고 생각한다. [~ à] (을)제압하는, (보다)큰 능력을 가진. être ~ *aux* événements 변을 당해도 끄덕없다. courage ~ au danger 위험에 굴하지 않는 용기. ④ (서열·지위가)높은, 고등의, 상급의. classes ~es de la société 사회의 상류층[계급]. nommer *qn* à un emploi 상위직에 임명하다. officier ~ 고급장교. cadres ~s d'une entreprise 기업의 상급간부. mathématiques ~es 고등수학. cours ~ 상급반. École normale ~e 고등사범학교. enseignement ~ 고등교육. Cour ~e 〖법〗상급법원. ⑥ 진화한, 고등의, 고등동물. animaux ~x 고등동물. végétaux ~x 고등식물. ⑦ 거만한(arrogant). sourire ~ 교만한 미소. prendre un air ~ 오만한 태도를 취하다.
— *n.* ① 상사; 상관. ②〖종교〗수도원(회)장; 고위 성직자.

supérieurement [syperjœrmɑ̃] *ad.* ① 훌륭하게, 뛰어나게, 탁월하게(éminemment, parfaitement);《구어》매우, 대단히(très). chanter ~ 아주 멋지게 노래하다. ~ ennuyeux《구어》몹시 권태로운. ② [~ à](보다)더 위에, 낫게, 더 잘.

super-impôt [sypɛrɛ̃po] *n.m.* 〖재정〗소득세, 특별 부가세.

supériorité [syperjɔrite] *n.f.* ① 우위, 우월; 탁월 (excellence); 상급, 상위(prééminence). grande (écrasante, évidente) ~ 압도적 우세. avoir la ~ du nombre (numérique) 수적으로 우세하다. ~ du rang 상위. ~ d'âge (나이로서)손위, 연장. comparatif de ~〖언어〗우등 비교급. ②우월감, 거만, 오만(orgueil). avoir le sentiment de sa ~ 우월감을 갖다. air de ~ 거만한 태도. ③《구어》(재능·지위에 있어서)뛰어난 사람. ④〖종교〗수도원장의 직(위).
avoir (de) la ~ sur *qn* ...보다 뛰어나다[우세하다].

superlatif(ve) [sypɛrlatif, -iːv]〖언어〗*a.* 〖형용사 따위의〗최상급의. adjectif ~ 최상급 형용사. compliments ~s《비유적》최대의 찬사. — *n.m.* 최상급. adjectif au ~ 최상급 형용사. ~ absolu (relatif) 절대(상대) 최상급.
au *~* 매우, 극히(extrêmement).

superlativement [sypɛrlativmɑ̃] *ad.*《구어》극도로, 최고도로.

super-marché [sypɛrmarʃe] *n.m.* 슈퍼마켓.

supernova (*pl.* ~**ae**) [sypɛrnɔva, -e] *n.f.* 〖천문〗초신성(超新星)《특히 잘 빛나는 변광성》.

superovarié(e) [sypɛrɔvarje] *a.* 〖식물〗상위자방(上位子房)의.

superpanchromatique [sypɛrpɑ̃krɔmatik] *a.* 〖사진〗슈퍼퍼(크로)의.

super-pétrolier [sypɛrpetrɔlje] *n.m.* 초대형 유조선(supertanker의 붙어화된 형태).

superphosphate [sypɛrfɔsfat] *n.m.* 〖농업〗과산 비료.

superposable [sypɛrpozabl] *a.* 겹쳐 놓을 수 있는.

superposé(e) [sypɛrpoze] *a.p.* 겹쳐진, 포개진.

superposer [sypɛrpoze] *v.t.* 겹치다, 포개다, 쌓다. ~ des livres 책을 쌓아올리다. [~ A à B] ~ la pierre à la pierre 돌 위에 돌을 쌓다.
— ***se*** — *v.pr.* 서로 겹치다, 포개지다. souvenirs qui *se superposent* 서로 겹쳐져 떠오르는 추억.

superposition [sypɛrpozisjɔ̃] *n.f.* ① 포개기, 쌓기. ②〖수학·물리〗중합, 일치(coïncidence);〖식물〗종생(縱生);〖영화〗이중 노출.

superpréfet [sypɛrprefɛ] *n.m.* (행정관청의)특별감사원.

super-production [sypɛrprɔdyksjɔ̃]〖영〗*n.f.* 〖영화·연극〗초대작(超大作).

superprofit [sypɛrprɔfi] *n.m.* 초과 이윤.

super-puissance [sypɛrpɥisɑ̃:s] *n.f.* 초강대국.

superréaction [sypɛrreaksjɔ̃] *n.f.* 〖전기〗초재생(超再生)(supergénération).

supersonique [sypɛrsɔnik] *a.* 〖물리〗초음속의. onde ~ 초음파. vitesse ~ 초음속. avion ~ 초음속기. — *n.m.* 초음속기.

superstar [sypɛrstar]〖미영〗*n.f.* 슈퍼스타.

superstitieusement [sypɛrstisjǿzmɑ̃] *ad.* 미신적으로;《구어》지나치게 소중히.

superstitieux(se) [sypɛrstisjǿ, -ǿ:z] *a.* ① 미신을 믿는. femme ~se 미신을 믿는 여자. ②《구어》맹목적으로 신봉하는, 지나치게 믿는. croyants ~s 맹신자. avoir un respect ~ des savants 학자를 맹목적으로 존경하다.
— *n.* 미신자.

superstition [sypɛrstisjɔ̃] *n.f.* ① (종교상의)미신, 맹목적 신앙; 미신적인 생각(습관·행위). ②《구어》맹목적인 애착(집착); 과도한 존중. avoir la ~ du passé 과거에 집착하다. avoir la ~ des diplômes 학위를 지나치게 중시하다.

superstrat [sypɛrstra] *n.m.* 상층(上層); 〖언어〗상층어.

superstruction [sypɛrstryksjɔ̃] *n.f.* (건축물의)상부공사.

superstructure [sypɛrstryktyːr] *n.f.* ①〖건축·토목〗상부 공사, 상부 구조(물); 〖철도〗(레일·침목 따위의)상구(上構). ②〖해양〗(갑판 위의)상부 구조(물). ③〖철학〗(마르크스주의에서 경제적 토대 위에 서는 상부구조《제도·사상 따위》).

supertanker [sypɛrtɑ̃kɛ[œ]ːr]〖영〗*n.m.* 초대형 유조선(super-pétrolier).

superviser [sypɛrvize] *v.t.* ① (일을)감독하다; 감수(監修)하다. ②〖컴퓨터〗제어[감시]하다.

superviseur [sypɛrvizœːr] *n.m.* ① 감독자; 감수자. ②〖컴퓨터〗제어(감시)프로그램.

supervision [sypɛrvizjɔ̃] *n.f.* 감독; 감수(監修).

superwelter [sypɛrwɛltœr]〖영〗*a.,n.* 〖권투〗라이트 미들급의(선수).

supin [sypɛ̃] *n.m.* 〖언어〗(라틴 문법의)동사상(動詞狀)명사, 목적분사.

supinateur [sypinatœːr] 〖해부〗*a.* 외외(回外)

의. —*n.m.* 회외근(muscle ~).

supination [sypinasjɔ̃] *n.f.* 《생리》(손의)외전(外轉), 회외(回外); 손의 외전위(位)(손바닥을 위로 향한 위치) (↔ pronation).

supplantation [syplɑ̃tasjɔ̃] *n.f.* 《드물게》(남을 밀어내고)그 자리에 들어앉기, 자리를 뺏기.

supplantement [syplɑ̃tmɑ̃] *n.m.* = supplantation.

supplanter [syplɑ̃te] *v.t.* ①(남을 밀어내고)그 자리에 들어앉다; (의)직(자리)을 빼앗다. — un rival 경쟁상대를 제치다. ②(주어는 사물)(을)대신하다, 대치하다. L'autobus a *supplanté* le tramway. 버스가 전차에 대치되었다.
—**se** ~ *v.pr.* 서로 상대방의 자리(지위)를 빼앗다, 서로 밀어내다(제쳐놓다).

suppléance [sypleɑ̃:s] *n.f.* ① (직책·임무의)대행, 대리. obtenir la ~ de *qn* …의 대행으로 임명되다. remplir une ~ être chargé d'une ~ 대리를 맡아보다. ② 보충, 보완. ③ 《언어》 보충법, 완전교체(je vais, nous allons, j'irai에서 처럼 어형 변화에 있어서 일반적 규칙을 따르지 않는 형태가 나타나는 현상).

suppléant(e) [sypleɑ̃, -ɑ̃:t] *n.* 대리인, 대행인; 《연》대역. —*a.* 대리의 juge ~ 대리 판사.

suppléer [syplee] *v.t.* ①보충하다, (부족을)채우다, 메우다(combler). ~ un manque(une lacune) 부족한 것을 메우다. ~ le reste 나머지를 채우다. ~ la différence d'une somme 차액을 채워넣다. ② (의)대리로 일하다, 대신하다(remplacer). ~ un professeur 교수의 대리를 맡다. se faire ~ par *qn* …에게 자기를 대신하게 하다. Rien ne peut ~ l'amour maternel. 어느 것도 어머니의 사랑을 대신할 수 없다.
—*v.t.ind.* [~ à] ① …의 부족을 메우다, 보충하다 (réparer, remédier à). ~ *aux* omissions 누락된 것을 보충하다. La valeur *supplée* au nombre. 질은 수의 부족을 보충한다. ~ *à* une vacance 공석을 메우다. ② …을 대신하다. ~ *au* sucre par la saccharine 사카린으로 설탕을 대신하다.
—**se** ~ *v.pr.* 보충되다; 서로 대신하다.

***supplément** [syplemɑ̃] *n.m.* ①부가, 추가; (급료 따위의)추가 지불; 증액. ~ de travail 초과 근무. recevoir un ~ de traitement 추가수당을 받다. ②(책의)보유(《신문·잡지 따위의》부록. ~ littéraire, artistique à un journal 신문의 문예부록. ③ 추가 요금(표), 할증요금. ~ pour excédent de bagages 수하물 초과 요금. ~ de première classe 일등차의 추가요금. ④《드물게》(부족한 것의)보충물(complément); 《옛》대리(대행)하는 것. ⑤《기하》보각.
en ~ 부가(추가)로.

***supplémentaire** [syplemɑ̃tɛ:r] *a.* ①추가의; 보충의. heures ~*s* 초과 근무 시간. train ~ 증발(增發) 열차. demander des crédits ~*s* 추가예산을 요청하다. cours ~ 보강. lignes ~*s* 《음악》(악보의)보조가선. ②《기하》보각의. angles ~*s* 보각. ③《옛》보조의. jurés ~*s* 대리배심원.
—*n.m.* 증발 열차.

supplémentairement [syplemɑ̃tɛrmɑ̃] *ad.* 추가적으로, 보충적으로; 게다가, 더우기(en plus).

supplémenter [syplemɑ̃te] *v.t.* (에게)할증(추가) 요금을 물리다. ~ *les* voyageurs de première qui n'ont qu'un billet de seconde 2등표 밖에 없는 1 객실 승객으로부터 추가요금을 받고 등표로 고쳐주다.

supplétif(ve) [sypletif, -i:v] *a.* ①보충의, 추가(부가)의, forces ~*ves* 《군사》(현지에서 모은)보충 부대. ②《언어》보조적인, 보충법의, 보충적인.
—*n.m.*《군사》보충병.

supplétion [syplesjɔ̃] *n.f.*《언어》보충법.

supplétivisme [sypletivism] *n.m.* 《드물게》《언어》보충법.

supplétoire [sypletwɑ:r] *a.*《법》보족(補足)의.

suppliant(e) [syplijɑ̃, -ɑ̃:t] *a.* 애원하는(듯한), 탄원하는(implorant). mère ~*e* 애원하는 어머니. voix ~*e* 애원하는 듯한 목소리. —*n.* 애원(탄원)하는 사람.

supplication [syplikasjɔ̃] *n.f.* ①애원, 탄원(imploration). Le juge est resté insensible aux ~*s* de l'accusé. 재판관은 피고의 탄원에 냉담했다. ②《프랑스사》(국왕에 대한 고등법원의)간언.

supplicatoire [syplikatwɑ:r] *a.* 애원(탄원)하는.

supplice [syplis] *n.m.* ①체형; 형벌. subir un atroce ~ 가혹한 형벌을 받다. ~ du fouet 태형(笞刑). instruments de ~ 형벌용 기구. le dernier ~ 사형. ~*s* éternels 지옥의 형벌. ~ chinois 잔혹한 형벌. ②처형장. mener(conduire) *au* ~ …을 처형장으로 끌고가다. ③(육체적·정신적)고문, 고통, 괴로움(tourment). Le mal des dents est un ~. 치통은 견디기 어려운 아픔이다. éprouver le ~ de la jalousie 질투로 지독히 괴로워하다. ~*s* moraux 정신적 고통. ~ de damné (비유적)생지옥의 고통.
être au ~ 무서운 고통을 겪다; (불안·분노 따위로)고통스러운 처지에 있다, 애타다.
mettre qn au ~ …을 괴롭히다.
~ *de Tantale* (원하는 것을 눈앞에 두고 얻지못하는)안타까운 고통, 애타는 피로움(《신의 형벌을 받은 탄탈로스는 눈앞의 음식을 먹으려하면 그것들이 멀어져 갔음》).

supplicié(e) [syplisje] *a.p., n.* 사형에 처해진(사람).

supplicier [syplisje] *v.t.*《옛》사형에 처하다;《문어》몹시 괴롭히다. être *supplicié* par le remords 회한으로 몹시 괴로워하다.

***supplier** [syplije] *v.t.* (에게)애원하다, 탄원하다(implorer); 간곡히 요구(부탁)하다(prier). ~ (*qn*) de+ *inf.*/que+ *sub.*] Je vous *supplie de* me pardonner. 제발 저를 용서해 주시오. Elle a même *supplié* qu'on ne lui écrivît pas. 그녀는 편지도 써보내지 말라고 부탁했다.
Je vous en supplie. 제발(부탁입니다). Faites-le, je vous en supplie. 제발 그렇게 해주십시오.

supplique [syplik] *n.f.* 청원, 탄원; 청원서, 탄원서. présenter une ~ 청원서를 제출하다.

support [sypɔ:r] *n.m.* ①받침(대);《건축》버팀목, 지주(支柱); (도구·기계의)대(臺), 대좌(臺座), 고정장치. ~ d'une statue 조상(彫像)의 대. ~ d'une voûte 궁륭형 천장의 지주. ~ universel (실험용 기구의)만능고정장치. ②《미술》화면, 목판(木板), 종이(종이·천 따위의)소재(素材). ~ d'un dessin 데생의 화지(畫紙), 데생지(紙). ~ d'impression 인쇄의 소재. ③《문어》지원, 지지, 지주(soutien), 지지자, 후원자. Les images servent de ~ au rêve poétique. 이미지는 시적몽상을 구체적으로 받쳐준다. être sans ~ 후원자가 없다. ④매스컴 매체《텔레비전·영화·라디오·신문 따위의 상업 광고에 이용되는 매체》. ~ publicitaire 광고매체. ~ de données(de mémoire) 《컴퓨터》기억매체. ~ magnétique《전기》자기 매체(자기테이프 따위》. ⑤《수학》d'un vecteur 벡크토르의 대(臺). 《군사》 ~ actif (부대에서 동원할 수 있는)병사와 병기.

supportable [sypɔrtabl] *a.* ①참을 수 있는, 견딜 수 있는(tolérable). douleur ~ 참을 수 있는 고통. ②(태도 따위가)용서(용인)할 수 있는, 무리가 없

는(acceptable, excusable); 웬만한, 어지간한. Sa conduite n'est pas ~. 그의 행동은 용납할 수 없다. acteur ~ 웬만한〔쓸만한〕배우.

supportablement [sypɔrtabləma] *ad.* 견딜〔참을〕수 있을 정도로.

support-chaussette [sypɔrʃosɛt] (*pl.* ~s-~s) *n.m.* 양말대님(fixe-chaussette).

***supporter**¹ [sypɔrte] *v.t.* ① 참다, 견디어내다 (endurer); (힘든 일을) 감당해 내다, 지탱하다; (불행을) 감수〔감내〕하다; (모욕을) 꾹 참다 (digérer); (남의 언동 따위를) 용인하다(tolérer). chaleur difficile à ~ 견디기 어려운 더위. Il *a bien supporté* cette épreuve. 그는 그 시련을 잘 견디었다. On ne saurait ~ une telle insolence. 그런 무례함은 용인할 수 없다. Je ne *supporte* pas ce genre de raisonnement. 나는 이러한 추론을 용납할 수 없다. ne pouvoir ~ la vue de *qn* …이 보기도 싫다. [~ *qn*] Je ne peux plus le ~, il ne fait que des gaffes. 이제 더 이상 그에 대해 참을 수 없다, 그는 실수만 연발한다. [~ de+*inf.*/que+*sub.*] Il ne *supporte* pas *d'*être interrompu. 그는 남이 말을 가로막는 것을 참지 못한다. Je ne *supporte* pas *qu'*on me fasse attendre. 나는 사람들이 나를 기다리게 하는 것을 참지 못한다.
② (주어는 사물) (에) 저항력이 있다, 감당해 내다. verre qui *supporte* le feu 내화성 유리. argument qui *supporte* l'examen 검토를 감당해 내지 못하는〔검토하면 허점이 나오는〕 논거. Cet ouvrage ne *supporte* pas la critique. 이 저서는 비판에 견디어 내지 못한다.
③ 버티다, 받치다(soutenir). Ces deux piliers *supportent* tout l'édifice. 이 두 개의 기둥이 건물 전체를 받치고 있다. La grue *supporte* jusqu'à 20 tonnes. 이 기중기는 20톤까지 들어올릴 수 있다.
④ (비용을) 부담하다, (책임을) 짊어지다 (assumer); (생활을) 유지하다. ~ une dépense 지출을 부담하다. ~ les frais d'un procès 소송비용을 부담하다. ~ la responsabilité 책임을 지다. ~ les risques 위험 부담을 안다.
⑤ (정당·운동경기의 팀을) 지지하다, 응원하다, 후원하다(soutenir); (엣) (사람·학설을) 지지하다.
—se *v.pr.* 참을 수 있다; 서로 참다. Cela ne peut pas se ~. 그것은 참을 수 없다. Les hommes doivent *se* ~ les uns les autres. 사람들은 서로 참고 지내야 한다.

supporter² [sypɔrtɛ(œ)r], **supporteur** [sypɔrtœ:r] (영) *n.m.* ① (권투 선수의) 보좌역; (선수·팀의) 후원자. ② 지지자, 찬동자.

supposable [sypozabl] *a.* 《드물게》상상〔추정〕할 수 있는(imaginable).

supposé(e) [sypoze] *a.p.* ① 허위의, 가짜의(faux). testament ~ 허위 유언. sous un nom ~ 가명으로. ② 가정된, 가상의; 예측된, 추정된. auteur ~ de l'ouvrage 이 작품의 저자로 추정되는 사람. cela ~ 그렇게 가정하고.
—prép. …로 가정하고, …라고 가정하더라도. ~ même sa conversion 그의 개종이 확실하다 해도. ~ *que*+*sub.* …이라 가정하고〔가정하더라도〕; (설령) …일지라도. ~ *qu'*il fasse beau 날씨가 좋다고 가정하고.

‡**supposer** [sypoze] *v.t.* ① 가정하다; 상상하다(imaginer); 추측하다, 억측하다. [~ *qc*] *Supposez* un renversement de la situation. 사태의 역전을 가정해 보세요. Nul ne peut ~ ce qui s'y passe. 아무도 거기서 일어나는 일을 추측할 수 없다. [~ *qc* à/chez *qn*] Vous me *supposez* des talents que je n'ai pas. 당신은 내게 있지도 않은 재능이 있다고 추측하시는군요. [~ +*inf.*] Je *suppose* être concerné par votre remarque. 당신의 지적이 내게 관한 것이라 생각됩니다. [~ que+*ind.*] Je *suppose qu'*il sera bientôt las de son travail. 나는 그가 곧 자기 일에 싫증을 내리라고 생각합니다. Votre attitude laisse ~ *que* vous êtes fatigué. 당신의 태도로 미루어 보아, 당신은 피곤하시군요. 《주절이 의문문·부정문이면 종속절에 접속법을 씀》 Je ne *suppose* pas *qu'*il ait bientôt fini. 나는 그가 곧 일을 끝내 놓으리라고 생각지 않습니다. [~ que+*sub.*] ~ *qu'*il soit devenu ministre 그가 장관이 되었다고 가정하다.
[~+간접의문] *Supposez* comment il a fini par se faire entendre. 그가 어떻게 해서 결국은 사람들을 설득시켰는지 상상해 보세요. [~ *qn*/*qc*+속사] Vous le *supposez* intelligent. 당신은 그가 영리하다고 생각한다. ~ le problème résolu 문제가 해결되었다고 가정하다. La pression *est supposée* constante. 압력은 일정하다고 가정한다. 《목적보어 속사 구문에서 être를 쓸 수도 있음》: On le *suppose* (être) en mesure de faire cela. 사람들은 그가 그 일을 할 수 있다고 추측한다).
② (주어는 사물) [~ *qc*/que+*ind.*] 필요조건으로서 예상하다, 전제하다. Les droits *supposent* les devoirs. 권리는 의무를 전제로 한다. Réussir *suppose qu'*on a essayé. 성공은 시도(試圖)를 전제로 한다.
③ (엣) (가짜를 진짜로) 꾸미다, 속이다. ~ une signature 《법》 서명을 위조〔날조〕하다.
à ce qu'on suppose 추측하건대.
à ~ [*en supposant*] *que*+*sub.* …이라고 가정하고, *À* ~ *que* vous soyez refusé à votre examen, que ferez-vous? 당신이 시험에 불합격한다고 가정할 경우 어떻게 하시겠습니까?
supposons que+*sub.* …이라고 가정하자.
—se ~ *v.pr.* ① 가정되다. ② 서로 전제가 되다. ③ [se ~+속사] 자기를 …이라고 상상〔가정〕하다; [se ~ *qc*] 자기에게 …이 있다고 생각하다. 《se ~ (간접목적보어) 》*se* ~ un grand talent 자기에게 큰 재능이 있다고 생각하다.

suppositif(**ve**) [sypozitif, -i:v] *a.* 가정〔상상〕의; 《언어》 가정법의. **—***n.m.* 《언어》 가정법.

***supposition** [sypozisjɔ̃] *n.f.* ① 가정, 가설 (hypothèse); 《구어》 추측, 가상. ~ gratuite 근거 없는 추측. Ce que vous dites là n'est qu'une simple (pure) ~. 당신이 그렇게 말하시는 것은 추측에 지나지 않습니다. faire des ~s 추측하다. dans cette ~ 이렇게 가정한다면. [dans la ~ *que*+*ind.*] *dans la* ~ *qu'*il ne viendra pas avec vous 그가 당신과 함께 오지 않는다고 가정한다면(가지 않을 경우). 《구어》[Une ~ que+*cond.* /*sub.*] *Une* ~ *que* vous soyez empêché de venir, prévenez-nous à temps. 당신이 오지 못하게 될 경우에는 그 때에 우리에게 알려주세요. 《*que*를 생각하여》 *Une* ~: quelqu'un veut vous obliger à mentir, que ferez-vous? 누군가가 당신에게 거짓말하도록 강요하려 한다면 어떻게 하겠습니까?
② 《법》 위조, 날조; 문서 위조, 위조문서 제출; (직함 따위의) 사칭(詐稱). ~ d'un contrat 계약서의 위조. ~ d'un nom 타인의 이름의 도용. ~ de testament 유언장의 위조. ~ d'un titre 사칭. ~ d'enfant(de part) (아이를 낳지 않은 여자에게) 출산위조(僞稱).

suppositoire [sypozitwa:r] *n.m.* 《의학·약》 좌약 (坐藥).

suppôt [sypo] *n.m.* ① (나쁜 일의) 앞잡이(agent, partisan). ~s d'un tyran 폭군의 앞잡이들. ②《엣》(단체의) 임원. ~ de Bacchus 《구어》 주정뱅이. ~

suppression

de Satan(du diable) 《속어》악인.

suppression [sypresjɔ̃] *n.f.* ① 제거, 삭제; (법규・제도 따위의) 폐지(abrogation). ~ d'un mur 벽의 철거. ~ d'un mot dans une phrase 문장에서의 한 단어의 삭제. ~ d'un impôt 조세의 폐지. ~ de la peine de mort 사형 폐지. ~ d'un déficit 적자의 해소. ② 《법》 (증거 따위의) 인멸. ~ de preuves 증거인멸. ~ d'état 《법》 호적인멸. ~ d'enfant (de part) 《법》 출생인멸(죄). ③ 방지, (간행물의) 발행 금지(정지). ~ du bruit 소음 방지. ~ d'un journal 신문의 발행금지. ④ 《언어》 생략. ⑤ 《의학》 (월경 따위의) 폐지.

supprimable [syprimabl] *a.* 삭제(제거・폐지・금지・억제)할 수 있는.

*****supprimer** [syprime] *v.t.* ① 철거하다, 제거하다 (détruire); 소멸시키다. ~ de vieux immeubles 낡은 건물들을 철거하다. ~ des obstacles(des difficultés) (비유적) 장해를 제거하다. remède qui *supprime* la douleur 고통을 없애주는 약. L'avion *supprime* les distances. 비행기는 거리를 대폭 단축시킨다. ② (법규・제도 따위를) 폐지하다(abolir, annuler); 억압하다. ~ une loi 법률을 폐지하다. ~ l'examen d'entrée 입학시험을 폐지하다. ~ la liberté de la presse 출판의 자유를 억압하다. ③ (발행을) 금지하다. ~ un livre(un journal) 책(신문)을 발행금지(정지)시키다. ④ (문장 따위를) 삭제하다, 지워버리다(biffer). ~ les expressions redondantes 반복된 표현을 삭제하다. ~ une clause 한 조항을. Cet article *a été supprimé* par la censure. 이 기사는 검열에 의해 삭제되었다. ⑤ (증거 따위를) 인멸하다. ~ la preuve d'une fraude fiscale 탈세의 증거를 인멸하다. ~ un document 서류를 없애버리다. ⑥ [~ qc à qn] 빼앗다, 몰수하다(retirer). On lui *a supprimé* son permis de conduire. 그에게서 운전 면허증을 몰수당하게 되었다. ⑦ [~ qn] 없애다, 죽이다. ~ un témoin gênant 《구어》 방해되는 증인을 없애버리다.
— **se ~** *v.pr.* ① 자살하다(se suicider). ② 삭제(제거・폐지)되다.

suppurant(e) [sypyrɑ̃, -ɑ̃:t] *a.* 《의학》 화농하는, 곪는(purulent).

suppuratif(ve) [sypyratif, -i:v] *a.* 《의학》 화농성의; 《약》 화농시키는. — *n.m.* 《약》 화농제.

suppuration [sypyrasjɔ̃] *n.f.* 화농.

suppurer [sypyre] *v.i.* (상처・종기가) 곪다, 화농하다; 고름이 나오다. La plaie *suppure* beaucoup. 상처에서 고름이 많이 나온다.

supputation [sypytasjɔ̃] *n.f.* ① 계산, 산정(算定), 추산. ~ d'une dépense 지출의 개산(概算). ② (장래에 대한) 예측, 추량. ~ de l'avenir 미래의 예측.

supputer [sypyte] *v.t.* ① 계산하다, 산정하다. ~ les dégâts 손해를. ~ la date du retour 돌아올 날짜를 따져보다. ② (장래・가능성에 대해) 예측하다. ~ ses chances 운을 점치다.

supra [sypra] 《라틴》 *ad.* 전술한 바와 같이(ci-dessus). voir ~ page 100, 위의 100 페이지를 볼 것.

supra- *préf.* 「위의, 위에」의 뜻.

supraconducteur(trice) [syprakɔ̃dyktœ:r, -tris] *a.* 《물리》 초전도성(超電導性)의.
— *n.m.* 초전도체.

supraconductibilité [syprakɔ̃dyktibilite], **supraconduction** [syprakɔ̃dyksjɔ̃], **supraconductivité** [syprakɔ̃dyktivite] *n.f.* 《물리》 초전도성(超電導性).

supraglottique [sypraglɔtik] *a.* 《해부》 성문(聲門) 위에 있는.

supraliminaire [sypraliminɛ:r] *a.* 《심리》 식역(識閾) 이상의, 역상의.

supraliminal(ale, *pl.* **aux)** [sypraliminal, -o] *a.* = supraliminaire.

supramondain(e) [sypramɔ̃dɛ̃, -ɛn] *a.* 《철학・종교》 초현세(세계)적인.

supranational(ale, *pl.* **aux)** [sypranasjɔnal, -o] *a.* 《정치・경제》 초국가적인. organisme ~ 초국가적 기구. décision ~ale 초국가적 결정.

supranationalisation [sypranasjɔnalizasjɔ̃] *n.f.* (국제기구・기업 따위의) 초국가화.

supranationalisme [sypranasjɔnalism] *n.m.* 초국가화 정책.

supranationalité [sypranasjɔnalite] *n.f.* 초국가성.

supranaturalisme [sypranatyralism] *n.m.* 초자연성; 《철학》 초자연주의; 《신학》 초자연적 교리.

supranaturaliste [sypranatyralist] *n.m.* 《철학》 초자연주의자; 《신학》 초자연적 교리 신봉자.

suprarationnel(le) [sypraʀasjɔnɛl] *a.* 《철학》 이성을 초월한.

suprasegmental(ale, *pl.* **aux)** [sypraseɡmɑ̃tal, -o] *a.* 《언어》 초분절음의. phonème ~ 초분절음소(prosodème).

suprasensible [syprasɑ̃sibl] *a.* 《철학》 초감각적인, 감각을 초월한.

supraterrestre [sypraterɛstr] *a.* 초현세의, 내세의. monde ~ 저승.

suprématie [sypremasi] *n.f.* ① 최고권, 패권(hégémonie); 최고위, 지배(권)(supériorité). viser à la ~ politique 정계의 지배를 노리다. ~ économique(militaire) d'un pays 어떤 나라의 경제적(군사적) 우위. ~ de la raison sur les passions 정념에 대한 이성의 우위. exercer la ~ sur …에 지배력을 발휘하다. ② Acte de S~ 《영국사》 수장령(首長令).

suprématisme [sypʀematism] *n.m.* 《미술》 절대주의(1915년경 러시아의 *Malevitch*를 중심으로 일어났던 순수 기하학적 추상 예술 이론).

*****suprême** [syprɛm] *a.* ① (권위가) 최고의, 최상의 (supérieur); 지상(至上)의(souverain). chef ~ de l'État 국가원수. pouvoir ~ 지상권(至上權). chef ~ des armées 군의 최고 지휘관. Cour ~ (미국의) 연방 최고재판소. autorité ~ 최고의 권위. Être ~ 지고(至高)의 존재, 신(神). bonheur ~ 최고(지상)의 행복; 《종교》 천당의 행복. habileté ~ 절묘한 기술. remède d'une efficacité ~ 특효약. au degré ~; au ~ degré 최고도로, 극도로. ② 최후의. ~ espoir 최후 마지막 희망. heure(moment) ~ 임종기. ~ effort 최후의 노력. volontés ~s 임종하는 사람의 마지막 뜻. honneurs ~s 장례.
— *n.m.* 《요리》 쉬프렘(닭의 가슴고기 요리); 쉬프렘 소스(를 친); 쉬프렘 소스.

suprêmement [sypʀɛmmɑ̃] *ad.* 최고도로, 최상으로 (extrêmement). fille ~ belle 절세의 미녀.

:sur[1] [syr] *prép.* ① (위치) …위에(에서, 로). Il y a un vase ~ la table. 테이블 위에 꽃병이 하나 있다. Tu peux mettre ton manteau ~ le mien. 내 외투 위에 네 외투를 놔도 좋다. s'asseoir ~ une chaise (un sofa, un banc) 의자(소파, 벤치)에 앉다. s'étendre ~ un lit 침대 위에 쭉 뻗고 눕다. flotter ~ l'eau 물 위에 뜨다. rouler ~ cette route(ce boulevard) à 60 km 이 길(대로)에서 60 킬로로 달리다. monter ~ une bicyclette(un bateau) 자전거(배)에 타다. déjeuner ~ l'herbe 풀밭에서 점심을 먹다. avoir un chapeau ~ la tête 모자를 쓰고 있다. porter un fardeau ~ son dos(ses épaules) 등(어깨)에 짐을 지고 있다. jeter un pont ~ la rivière 강에 다리를 놓다. L'avion passe ~ une île. 비행기는 섬 위를 날고 있다. ~ mer et ~ terre 해상과 육상에서. combat ~ mer 해전. ~ place 그 자리에서. Une lourde responsabilité pèse ~ lui. 그는 무거운 책임을 지고 있다. ②(지탱·의지)…위에[를], …에 의지하여. bâtir une maison ~ un terrain solide 단단한 지반 위에 집을 세우다. se tenir ~ ses jambes (두 발로)서 있다. s'appuyer ~ une canne 지팡이에 의지하다. marcher ~ les mains 손을 짚고[물구나무서서] 걷다. se coucher ~ le ventre 배를 깔고[대고] 눕다. vivre ~ la fortune de qn …의 재산으로 살다. vivre ~ le commun[ses rentes] 공동비용[자기의 연금]으로 살아가다. ③(몸에)지니고. avoir de l'argent ~ soi 돈을 지니고[가지고] 있다. Avez-vous des allumettes ~ vous? 성냥을 가지고 계십니까? ④(표면)…(위)에(서). fixer une carte ~ le mur 카드를 벽에 붙이다. La clef est ~ la porte. 열쇠가 문에 꽂혀 있다. écrire des adresses ~ son carnet 수첩에 주소를 적다. être ~ la liste[la photo] 명단[사진]에 있다. être ~ le journal 《구어》신문에 실리다. ⑤(대상·목표·방향)…을 향하여, …쪽에, …쪽으로. se précipiter[se jeter, fondre] ~ qn …에게 달려들다. Le malheur est ~ nous. 불행이 우리에게 닥쳐 왔다. tirer ~ …에게 발포하다. appuyer (presser, pousser) ~ qc …을 누르다. agir ~ …에게 작용하다. influer ~ qn …에게 영향을 미치다. Cette fenêtre donne[s'ouvre] ~ le jardin. 이 창문은 정원쪽으로 나 있다. tourner ~ la(à) droite 오른쪽으로 돌다. revenir ~ ses pas 오던 길을 되돌아오다. ⑥(범위)…에 걸쳐서. Le parc s'étend ~ deux hectares. 그 공원은 2 헥타르의 면적에 펼쳐져 있다. Il y a un bouchon ~ 4 km. 4 킬로에 걸쳐 차가 밀려 있다. ⑦(우위·지배)…에 대해서, …보다, …을. avoir des droits ~ qn …에 대하여 권리가 있다. l'emporter ~ qn …보다 우세하다. avoir l'avantage ~ qn(qc) …보다 유리하다. régner ~ un pays 나라를 통치[지배]하다. ⑧(보증·근거·기준·모범)…에 의거하여[따라서], …을 토대로, …로. juger les gens ~ ses apparences[la mine] 외관[외모]으로 사람을 판단하다. croire ~ parole 말만 듣고 …을 신용하다. ~ le conseil[la recommandation] de qn …의 충고(주천)에 따라. Il est venu ~ mon invitation. 그는 나의 초청으로 왔다. ~ un signe d'agent, les autos s'arrêtent. 교통순경의 신호에 따라 차들이 정지한다. jurer ~ l'Évangile 복음서에 대고 선서하다. ~ mon honneur 내 명예를 걸고, ~ ma parole 맹세코. prêter ~ gages 담보를 잡고 돈을 빌려주다. tailler une jupe ~ un patron 옷본에 따라 스커트를 재단하다. complet ~ mesure 맞춤 양복 한 벌. Ne copiez pas ~ votre voisin. 옆사람의 것을 보고 쓰지 마시오. prendre exemple(modèle) ~ lui 그를 모범으로 삼다. ⑨(주제·종사)…에 관하여(대하여). écrire un livre ~ le cinéma 영화에 관한 책을 쓰다. réfléchir(discuter) ~ un problème 어떤 문제에 대해 숙고하다[토의하다]. ~ ce point(sujet] 이(점)에 관해서. Il est ~ ce travail depuis un mois. 그는 한 달 전부터 이 일에 매달려 있다. ⑩(전체에서의 추출)…중에서, …가운데서. économiser ~ son salaire(ses revenus) 월급(수입)에서 절약하다. prélever ~ …에서 미리 공제하다. impôt ~ le revenu 소득세.

⑪(비율)ⓐ…중에서, …가운데서. S~ dix, il n'y en a pas un de bon. 열 개 중에서 좋은 것이 하나도 없다. S~ cent candidats, vingt seulement ont été reçus. 100 명의 응시자 중에서 20 명만 합격되었다. avoir quinze ~ vingt, 20 점 만점에 15 점을 받다. un cas ~ cent 백에 하나의 경우, neuf fois ~ dix 십중팔구는, 대개의 경우는. ⓑ …에 비하여, …대(對). chambre de 8 mètres ~ 6, 8 미터에 6 미터의 방. table de 2 mètres de longueur ~ 1 mètre de largeur 길이 2 미터, 폭 1 미터인 식탁. ⑫(양태·입장·태도)…에 처하여, …으로. se tenir(rester) ~ la défensive 방어(수세)의 입장에 서다. être ~ ses gardes(le qui-vive) 경계 태세를 취하고 있다. parler ~ un ton ironique 비꼬는 투로 말하다. ⑬(시간)ⓐ…때에, …경에, …무렵에. ~ le soir 저녁 무렵에. ~ les onze heures 11 시 경에. être ~ son départ 떠나려 하고 있다. être ~ le retour 돌아가려는 참이다; 돌아가는 길이다. aller(marcher) ~ les(ses) vingt ans 스무살을 바라보다. ⓑ …직후에. ~ ces mots 그렇게 말하고는 [그 말을 듣자]. S~ cette remarque ironique, il s'en alla. 이러한 빈정거림을 듣자, 그는 가버렸다. être pris ~ le fait 현행범으로 체포되다. ⓒ …하다가, …하면서. dormir ~ son travail 공부하다가 잠들다. ⑭(반복·누적)[무관사명사+~무관사명사] 잇달아, 계속해서, 연거푸. mettre pierre ~ pierre 돌을 한 개 한 개 쌓아 올리다. faire bêtise ~ bêtise 계속해서 바보짓을 저지르다. recevoir visite ~ visite 연이어 방문을 받다. coup ~ coup 뒤이어서.
de ~ …으로[에서]부터.
les uns ~ les autres 차곡차곡 쌓아올려. vivre les uns ~ les autres 비좁은 데서 살다.
~ ce(quoi) 그러고 나서; 그런데.
sur²(e) [syːr] a. (과일이)신, 시큼한.
sur- préf. 「초월·과잉·극도」의 뜻.
:sûr(e) [syːr] a. ① 자신이 있는, (을)믿을 수 있는, (이)확실한(assuré, certain). [être ~ de qc/de+inf./que+ind.] être ~ du succès 성공에 자신이 있다. être ~ de son fait[son coup] 자신의 행동을 확신하다. être ~ de ses moyens 자기의 능력에 자신을 가지다. Je suis ~ de gagner. 나는 이길 자신이 있다. Je suis ~ de l'avoir entendu. 나는 틀림없이 그의 소리를 들었다. Ils sont ~ s de s'aimer. 그들은 서로 사랑한다는 것을 확신하고 있다. J'en suis ~. 틀림없습니다. (주어를 생각하지 부사처럼) Tu crois qu'il viendra?—Pas ~. 그가 오리라고 생각하니? 확실치 않아. S~ qu'il viendra. 확실히 그는 올거야. Vous pouvez être ~ que'il gagnera la course. 그가 경주에 이기리라는 것을 당신은 믿어도 좋소. Je ne suis pas ~ qu'il vienne(viendra). 나로서는 그가 오리라는 것이 확실치 않다. Soyez ~ que je ferai mon mieux. 내가 최선을 다하리라는 것을 믿으세요. [être ~ +간접의문문] Je ne suis pas ~ si j'ai fermé la porte. 내가 문을 닫았는지가 확실치 않다. [être ~ de qn] Je suis ~ de cet employé. 나는 이 종업원을 믿는다.
② 신뢰할 수 있는, 믿을 만한(fidèle). Cette jeune fille est ~e. 그 처녀는 믿을 만하다. ami ~ 신뢰할 수 있는 친구. remettre qc en mains ~es 믿을 만한 사람에게 맡기다.
③ 확실한, 틀림없는, 확고한(solide, infaillible). moyen ~ 확실한 방법(수단). bases ~es 확고한 기초[토대]. avoir la mémoire ~e 기억력이 확실하다. avoir la main ~e 손놀림이 정확하다 (떨지 않는다). avoir le coup d'œil ~ (무게·거리에 대한)

눈짐작이 정확하다. avoir le goût ~ (예술작품에 대한)감식안이 정확하다. information de source ~e 믿을 만한 소식통의 정보. diagnostic ~ 정확한 진단. Ce qui est ~, c'est que je n'irai pas. 분명한 것은 내가 가지않을 것이라는 사실이다. (비인칭) Il est ~ qu'il fera beau demain. 내일 날씨가 좋으리라는 것은 틀림없다.

④ 안전한, 위험 없는. Ce quartier n'est pas ~ la nuit. 이 거리는 밤에 안전하지 못되다. Portez votre parapluie. Ce sera plus ~. 우산을 가지고 가세요. 그렇게 하는 것이 안전할거에요. Le temps n'est pas ~. 날씨가 나빠질 지도 모른다. mettre qn (qc) en lieu ~ …을 안전한 곳에 두다(숨기다). (비인칭) Il est plus ~ de faire ainsi. 그렇게 하는 것이 더 안전하다.

à coup ~ 반드시, 틀림없이. Avec ce cheval, vous gagnerez à coup ~. 이 말을 타면 당신은 반드시 이길 것입니다.
bien ~ 《구어》그야 물론이지! Tu viens?—Bien ~. 너 오니? 물론이지. Bien ~ que oui(non). 물론 그렇지(천만에, 그렇지 않지). Bien ~ qu'il acceptera. 물론 그는 승낙할거야.
en lieu ~ 안전한 곳에; 엄중한 감시하에, 감옥에.
être ~ et certain 《구어》확실하다, 틀림없다.
jouer au plus ~ 만전의 대책을 세우다.
pour ~ 《구어》확실히, Pour ~, il gagnera. 확실히 그가 이길거야. Pour ~ qu'il a tort. 확실히 그가 틀렸어.
pour le plus ~ 만일에 대비해서.

surabondamment [syrabɔ̃damã] ad. 과도하게, 지나칠 만큼. expliquer(parler) ~ 장황하게 설명하다(말하다).

surabondance [syrabɔ̃dɑ̃ːs] n.f. 과다, 과잉(excès). ~ de produits sur le marché 생산품의 과잉 출하. ~ de détails 과다한 세부사항(적 지적).

surabondant(e) [syrabɔ̃dɑ̃, -ɑ̃ːt] a. 지나치게 많은, 과다한, 과잉의. 《엣》쓸데없는, 사족(蛇足)의. production ~e 과잉생산.

surabonder [syrabɔ̃de] v.i. 충분하고도 남다, 넘쳐 흐를 만큼 많다(↔manquer). (보어 없이) Les preuves de sa fraude surabondent. 그의 사기행위에 대한 증거는 얼마든지많다. [~ en+무관사명사] Ce pays surabonde en pétrole. 이 나라에는 석유가 넘쳐 흐를 만큼 많다. [~ de+무관사명사] ~ de joie 기쁨에 넘치다.

suractivé(e) [syraktive] a. 《화학·약》더 활성화시킨, 효과를 강화한.
suractivité [syraktivite] n.f. 과잉 활동, 기능 항진.
suraddition [syradisjɔ̃] n.f. 부가, 재추가.
surah [syra] n.m. 《직물》(인도의 가볍고 보드라운)능견(綾絹).
suraigu(ë) [syregy] a. 몹시 날카로운, 몹시 심한. cri ~ 째질 듯한 소리. 《의학》과급성(過急性)의. inflammation ~ë 과급성 염증.
surajouter [syraʒute] v.t. 다시 덧붙이다; 쓸데없이 추가하다. ~ un étage à un immeuble 건물에 한 층을 덧붙여 짓다.
  —*se* ~ *v.pr.* 다시(쓸데없이) 덧붙여지다. 《의》.
sural(ale, pl. aux) [syral, -o] a. 《해부》장딴지의.
suralimentation [syralimɑ̃tɑsjɔ̃] n.f. 《의학》과잉 영양, 과식 요법; 《내연기관》(연료의)과급(過給).
suralimenter [syralimɑ̃te] v.t. (에게)보통 이상의 음식을 주다, 과식 요법을 쓰다; 《내연기관》(연료를) 과급(過給)하다.
sur-andouiller [syrɑ̃duje] n.m. 사슴의 둘째 뿔가지.
surannation [syranasjɔ̃] n.f. 《고대법》(일정 기간 유효한 증서의)효력정지; (소송 수속의)지연 기간 만료.

suranné(e) [syrane] a. ① 닮아빠진, 시대에 뒤진, 구식의(arriéré, démodé). idées ~es 시대에 뒤떨어진 생각. meubles ~s 고색창연한 가구. ②《엣》(여권·정기권 따위가 기한이 지나서)무효가 된 《périmé》; 《엣》《연극》맡은 역에 비해서 너무 늙은; 《문어》《연극》늙수그레한.
sur(-)arbitre [syrarbitr] n.m. 《법》거중 조정자(居中調停人), 제 3 조정인.
surard [syraːr] a.m. 딱총나무(sureau) 꽃으로 만든.
  —n.m. 딱총나무 꽃으로 만든 식초(vinaigre ~).
surarmement [syrarməmã] n.m. 과잉 군비.
surate [syrat] n.f. 회교 경전(코란)의 장(章).
surbaissé(e) [syrbe(e)se] a.p. 《자동차》(차체가) 특히 낮은; 《건축》(아치·천장가)반원보다 작은, 편원(扁圓)의, 반궁륭의.
surbaissement [syrbɛsmɑ̃] n.m. 《건축》반원보다 작게 함(扁圓度); 반궁륭.
surbaisser [syrbe(e)se] v.t. 《건축》(아치·천장 따위를)반원보다 작게 하다, 편원으로 만들다; 《자동차》(차체를)유난히 낮게 하다.
surbande [syrbɑ̃ːd] n.f. 《의학》(습포 따위의 위로) 또 한번 감은 붕대.
surbau [syrbo] (*pl.* ~**x**) n.m. 《해양》(갑판 승강구 따위의)나무 테두리.
surbooking [syrbukiŋ] 《영》n.m. (여행사·호텔 위의)정원초과 예약접수.
surboucher [syrbuʃe] v.t. (마개로 막은 병에)뚜껑을 하다; 2중 마개를 하다.
surboum [syrbum] n.f. 《구어》= surprise-partie ②.
surcapacité [syrkapasite] n.f. 《경제》과잉 생산(공급) 능력.
surcapitalisation [syrkapitalizasjɔ̃] n.f. 《경제》과잉 투자.
surcharge [syrʃarʒ] n.f. ① 과중; 초과, 과잉(surplus, surabondance); (특히) 추가세(稅); 중세(重稅). ~ de dépenses 경비의 초과. ~ de travail 과중한 일. ~ des programmes scolaires 과다한 교과(목). ~ d'ornements 과잉 장식. ~ de métaphores 비유의 범람. ② (짐의)중량 초과(량)(excédent); 중량 초과, 과잉 적재. prendre des voyageurs en ~ 손님을 너무 많이 태우다. ③ 《전기》과충전(過充電); 《경마》웨이트 핸디캡. ④ (쓰여진 문자위에 겹쳐서 쓴것; 가필; (우표에 찍은)가격 정정인(印); 《미술》두벌칠. manuscrit plein de ~s 잘못 가필한 원고.
poids en ~ 초과 중량; 《전기》과부하(過負荷).
surchargé(e) [syrʃarʒe] a.p. ① 너무 많이 실은; 지나치게 구민; 과중한. autobus ~ 정원 초과한 버스. train ~ 정원 초과한 초만원 열차. Je suis ~. 나는 일이 몹시 바빠요. emploi du temps ~ 바쁜 일과. ② (원고에)가필한. brouillon ~ 가필한 초고.
surcharger [syrʃarʒe] ③ v.t. ① (에)짐을 더[너무] 지우다(싣다); (에)지나친 부담을 지우다(accabler); 과중한 일을 시키다. ~ une voiture(un âne) 자동차(당나귀)에 짐을 너무 많이 싣다. ~ un employé 종업원에게 과도하게 일을 시키다. ~ qn de travail ...에게 과중한 일을 떠맡기다. ~ son estomac 과식하다. être surchargé de soucis(de travail) 근심[일]이 너무 많이 짊어지고 있다. ② (에게)중세(重稅)를 과하다. ③ 《인쇄》(쓰여진 글자 위에)겹쳐서 쓰다, 가필하다; (우표에)가격 정정인을 찍다. ④ 《미술》두벌칠하다.
  —*se* ~ *v.pr.* 과중한 짐을 짊어지다. *se* ~ d'affaires 일이 너무 많다. *se* ~ l'estomac 과식하다.
surchauffe [syrʃoːf] n.f. 과열(상태).

surchauffé(e) [syrʃofe] *a.p.* 너무 더운[뜨거운], 과열된; 지나치게 흥분된. lieu ~ 너무 더운 곳. vapeur ~e 과열 증기. imagination ~e 지나친 상상. auditoire ~ 지나치게 흥분한 청중.

surchauffer [syrʃofe] *v.t.* 과열하다. ~ la chambre 지나치게 난방을 하다.

surchauffeur [syrʃofœːr] *n.m.* 《기계》 과열기. ~ de locomotive 증기 기관차의 증기 과열기.

surchoix [syrʃwa] *n.m.* ① 《상업》 최고급; 정선[극상]품. ② 정선, 극상. —de 정선된, 극상의.
—*a.* (불변) 최고급(품)의. viande ~ 정육.

surclassé(e) [syrklase] *a.* 《경마》 cheval ~ 등급이 높은 말과 함께 경주하는 말.

surclassement [syrklasmɑ̃] *n.m.* 압승.

surclasser [syrklase] *v.t.* (경쟁자를)엄청난 차이로 이기다, 압승하다; 능가하다; 《드물게》과대평가하다. Cet élève *surclasse* ses camarades. 이 학생은 동급생들보다 단연 뛰어나다.
—**se** ~ *v.pr.* 분에 넘치는 생활을 하다.

surcompensation [syrkɔ̃pɑ̃sasjɔ̃] *n.f.* 《경제》 복합교환결제(複合交換決濟); 《심리》 대상(보상)작용(자기 약점을 보충하려고 거의 불가능시되는 일을 극복하려는 무의식적 심적 움직임).

surcomposé(e) [syrkɔ̃poze] *a.* 《언어》중복합의; 《식물》 복생(複生)의. passé ~ 중복합 과거. feuilles ~es 겹잎, 복엽.

surcomposition [syrkɔ̃pozisjɔ̃] *n.f.* 《언어》 중복합(中複合).

surcompresseur [syrkɔ̃presœːr] *n.m.* 《기계》 (발동기의)과급(過給) 장치.

surcompression [syrkɔ̃presjɔ̃] *n.f.* 과압(過壓) 《기계》 (발동기의)과급.

surcomprimé(e) [syrkɔ̃prime] *a.* 과압된; 《기계》 (발동기가)과급된.

surcomprimer [syrkɔ̃prime] *v.t.* (가스 따위를)과압하다; 과급하다.

surconsommation [syrkɔ̃sɔmasjɔ̃] *n.f.* 과잉 소비, 낭비.

surcontre [syrkɔ̃tr] *n.m.* 《카드놀이》 (브리지에서)거듭 곱 걸기.

surcontrer [syrkɔ̃tre] *v.t.* 《카드놀이》 (브리지에서 상대방이)배(倍)로 한 내것을 또 배로 올리다, 거듭 곱 걸다.

surcostal(ale, pl. aux) [syrkɔstal, -o] *a.* 《해부》 늑골 위의. —*n.m.* 늑골근(muscle ~).

surcot [syrko] *n.m.* (옛)(기사가 갑옷 위에 입던)겉옷; (중세기의)여성용 겉옷.

surcoupe [syrkup] *n.f.* 《카드놀이》 상대편보다 윗수의 카드를 내놓음.

surcouper [syrkupe] *v.t.* 《카드놀이》 상대편보다 윗수의 카드를 내놓다.

surcreusement [syrkrøzmɑ̃] *n.m.* 《지질》 (계곡이나 하상(河床)의)과하각(過下刻) (기준면 이하로 침식되는 현상).

surcroit [syrkrwa(ɑ)] *n.m.* 증가, 가중(加重) (surplus, supplément). ~ de travail 가외의 일(근무). faire un ~ d'effort 한층 더 노력하다.
par[(옛)*de*] ~ 그 위에, 게다가. jeune fille intelligente et gentille *par* ~ 똑똑하고 게다가 착하기까지 한 처녀.
pour ~ *de bonheur*[*de malheur*] 게다가 다행히도[설상가상으로].

surcroître [syrkrwa(ɑː)tr] [41] *v.i.* 《드물게》지나치게 발육하다(커지다). —*v.t.* 과도하게 늘리다.

surcuit(e) [syrkɥi, -it] *a.* 《요리》 지나치게 구운(익은).

surdent [syrdɑ̃] *n.f.* 《동물》 덧니; (말)다른 이보다 긴 이.

surdétermination [syrdetɛrminasjɔ̃] *n.f.* 《심리》 (여러 동기가 작용된)다원적 결정 《프로이드의 용어》; 《언어》 (문맥에 의한)의미 제한.

surdéterminé(e) [syrdetɛrmine] *a.* 《심리》 다원적으로 결정되는, 결정되는 행동. conduite ~e 여러 요인에 의해 결정되는 행동.

surdéveloppé(e) [syrdevlɔpe] *a.* 《경제》 고도로 발전한 (↔ sous-développé).

surdéveloppement [syrdevlɔpmɑ̃] *n.m.* 《경제》 고도의 발전.

surdi-mutité [syrdimytite] *n.f.* 농아(聾啞).

surdité [syrdite] *n.f.* 귀가 먹음, 귀가 들리지 않음; 난청(難聽). Il est atteint d'une ~ complète (totale). 그는 완전히 귀가 먹었다. ~ congénitale 선천성 난청. ~ musicale 음치. ~ verbale 언어롱(言語聾)(소리는 들리지만 뜻을 모름).

surdon [syrdɔ̃] *n.m.* 《상업》 (구매자의)손상 상품 배상 청구권.

surdorer [syrdɔre] *v.t.* 이중으로 도금하다.

surdorure [syrdɔryːr] *n.f.* 이중 도금.

surdos [syrdo] *n.m.* (말등에 걸치는)한대.

surdosage [syrdozaːʒ] *n.m.* (의약의)대량 요법, 과잉 투여(投與).

surdoué(e) [syrdue] *a., n.* 지능지수가 아주 높은 (어린이) (I.Q. 170 이상).

sureau [syro] (*pl.* ~x) *n.m.* 《식물》 딱총나무.

surécartement [syrekartəmɑ̃] *n.m.* 《철도》 (커브 지점에서의)궤간(軌間)의 증대 (30 밀리 정도).

suréchauffé(e) [syreʃofe] *a.* 과열된; 지나치게 흥분된(surchauffé).

surélévation [syrelevasjɔ̃] *n.f.* ① 더 높임(올림). ② (물가 따위의)등귀, 폭등; 《건축》 위로의 증축. ~ des prix 물가의 이상 폭등.

surélevé(e) [syrelve] *a.p.* 《철도》 고가(高架)의; 《건축》 =surhaussé.

surélever [syrelve] [4] *v.t.* 《건축》 더 한층 높이다; (가격 따위를)더욱(지나치게) 올리다(surhausser); 증대시키다; 《골프》 (공을)티 위에 놓다; 《전기》 (전압 따위를)올리다. ~ un immeuble d'un étage 집을 한 층을 증축하다.

surelle [syrɛl] *n.f.* 《식물》 괭이밥, 괴승아, 《특히》애기괭이밥.

***sûrement** [syrmɑ̃] *ad.* ① 확실히, 틀림없이(certainement); 확신을 가지고. Il arrivera ~ en retard. 그는 틀림없이 늦게 올거야. S~ qu'il viendra. 그는 꼭 올 것이다. Vous viendrez avec nous?—S~! 우리와 함께 가실겁니까? 물론이지요. Tu viens avec nous?—S~ pas, j'ai autre chose à faire. 너 우리하고 같이 가니? 천만에, 나는 해야 할 다른 일이 있어. ② 안전하게. argent ~ placé 안전하게 둔 돈.
Qui va lentement va ~. 《속담》천천히 가는 사람이 안전하게 간다.

suréminence [syreminɑ̃ːs] *n.f.* 탁월, 우위(優位).

suréminent(e) [syreminɑ̃, -ɑ̃ːt] *a.* 탁월한, 뛰어난.

surémission [syremisjɔ̃] *n.f.* 《재정》 (지폐·수표 따위의)남발(濫發).

suremploi [syrɑ̃plwa] *n.m.* 과잉 고용.

surenchère [syrɑ̃ʃɛːr] *n.f.* ① (경매에서)더 비싼 값을 부름, ⋯보다 높은 값(높게) 부르다; ⋯보다 한술 더 뜨다. l'emporter sur son compétiteur par une ~ de 300 francs (경매에서)값을 300 프랑 더 불러 경쟁자를 물리치다. ② (경쟁자로서)약속보다 더 크게 내걸음; 격화. ~ électorale 선거전에서 서로 다투어 공약을 크게 내걸기. ~ de violences 더욱 격화되는 폭력사태.

surenchérir [syrɑ̃ʃeri:r] *v.i.* ① (경매에서)더 비싼 값을 부르다; (물건이)더 비싸지다. ~ sur *qn* …보다 값을 더 비싸게 매기다. ②(남보다)약속을 더 크게 내걸다, 한술 더 뜨다.

surenchérissement [syrɑ̃ʃerismɑ̃] *n.m.* 더 비싼 값을 부름[도급], 더 비싸짐, 등귀.

surenchérisseur(se) [syrɑ̃ʃerisœ:r, -ø:z] *n.* (경매에서)더 비싼 값을 부르는 사람.

surencombré [syrɑ̃kɔ̃bre] *a.* 초과밀 상태의, 대단히 혼잡한. rue ~*e* de voitures 차들이 몰려 극도로 혼잡한 도로.

surencombrement [syrɑ̃kɔ̃brəmɑ̃] *n.m.* 초과밀 (상태).

surentraînement [syrɑ̃trɛnmɑ̃] *n.m.* 《스포츠》과도한 연습, 오버 트레이닝.

surentraîner [syrɑ̃trɛ[e]ne] *v.t.* 《스포츠》 지나치게 연습[훈련]시키다.

suréquipé(e) [syrekipe] *a.p.* 과잉 설비의.

suréquipement [syrekipmɑ̃] *n.m.* 과잉 설비.

suréquiper [syrekipe] *v.t.* 과잉 설비하다.

surérogation [syrerɔgasjɔ̃] *n.f.* 《엣·문어》의무 이상의 일을 함. œuvre de ~ 《신학》의무 이상의 선행.

surérogatoire [syrerɔgatwa:r] *a.* 《엣·문어》의무 이상의; 지나친. précaution ~ 필요 이상의 조심.

suresnois(e) [syrɛnwa, -atz] *a.* 쉬렌(Suresnes, 파리 교외의 마을)의. —S~ *n.* 쉬렌 사람.

surestarie [syrɛstari] *n.f.* (종종 *pl.*) 《해양》 초과정박 (선적·양륙 기간의 지연), 《船料料》.

surestimation [syrɛstimasjɔ̃] *n.f.* 과대평가.

surestimer [syrɛstime] *v.t.* 과대 평가하다(exagérer). ~ un tableau 그림을 지나치게 고가로 감정하다. ~ une difficulté 어려움을 과대평가하다.

—se ~ *v.pr.* 자기자신을 과대평가하다.

suret(te) [syrɛ, -ɛt] *a.* (과일 따위가) 시큼한.

*sûreté [syrte] *n.f.* 안전(sécurité, ↔ danger); 안전장치. dormir en ~ 안심하고 자다. donner des ~s à *qn* …을 안심시키다. lieu de ~ 안전한 장소. 감옥. soupape de ~ 안전판. rasoir de ~ 안전 면도날. épingle de ~ 안전편. allumettes de ~ 안전 성냥. ~ individuelle 개인의 안전. ~ publique 공공안녕(安寧). serrure de ~ 안전 자물쇠. mettre son fusil au cran de ~ 총에 안전장치를 하다. agent de ~ 형사. maison de ~ 《엣》[법] 감옥. chambre de ~ 구치소. attentat 《complot, crime》contre la ~ de l'État 국가 보안법 위반죄. police de ~ 치안경찰. service de ~ 《군사》경비반. place de ~ 휴전[정전] 지대.

② 확신, 확실, 확실성. ~ de main 틀림없는 솜씨. ~ de soi 자신(自信). ~ dans le choix 선택에 있어서의 정확성. affirmer avec ~ 확신을 가지고 단언하다. mémoire d'une ~ absolue 기막히게 정확한 기억력. ~ du coup d'œil 감식안의 정확성. avoir une grande ~ de …에 틀림[어김]이 없다. ③ 《상업》보증, 담보(garantie); 《엣》[법] 조심, 경계. ~ réelle 담보물건 《채권자의 권리》. ~ personnelle 《채권의》개인보장. prendre ses ~s 조심하다.

Deux ~s valent mieux qu'une. 《속담》돌다리도 두드려서 건너라.

en ~ ⓐ 안전하게. *en* ~ de conscience 양심에 거리끼는 일 없이 안심하고. ⓑ 감옥에. mettre *en* ~ 투옥하다.

être en (toute) ~ *de (contre) qc* …으로부터 […에 대해] 안전하다.

pour plus (surcroît) de ~ 더욱 안전[확실]을 기하기 위해, 다짐하기 위해.

prendre toutes ses ~s contre qc(qn) …에 대비하여 만전의 조처를 강구하다.

surette [syrɛt] *n.f.* 《식물》=surelle.

surévaluation [syrevalɥasjɔ̃] *n.f.* 과대평가.

surévaluer [syrevalɥe] *v.t.* 과대평가하다(surestimer, ↔ sous-évaluer).

surexcitabilité [syrɛksitabilite] *n.f.* 《의학》지나치게 흥분하기 쉬움; 격발성.

surexcitable [syrɛksitabl] *a.* 지나치게 흥분하기 쉬운.

surexcitant(e) [syrɛksitɑ̃, -ɑ̃:t] *a.* 지나치게 흥분시키는(자극하는). —*n.m.* 《의학》강한 흥분제.

surexcitation [syrɛksitasjɔ̃] *n.f.* 지나치게 (극도) 흥분, 강한 자극; 《의학》극도의(이상) 흥분.

surexcité(e) [syrɛksite] *a.* 지나치게 흥분한.

surexciter [syrɛksite] *v.t.* 지나치게 흥분시키다 (exalter, ↔ calmer); 강하게 자극하다. ~ le système nerveux 신경을 극도로 흥분시키다. ~ la curiosité 호기심을 돋우다.

surexploiter [syrɛksplwate] *v.t.* 과도하게 개발하다; 불법으로 착취하다. terre *surexploitée* 마구 개발한 땅.

surexposer [syrɛkspoze] *v.t.* 《사진》지나치게 노출하다.

surexposition [syrɛkspozisjɔ̃] *n.f.* 《사진》노출과다.

surf [sœrf] 《미영》 *n.m.* 《스포츠》서핑, 파도타기; 서프보드 운동.

surfaçage [syrfasa:ʒ] *n.m.* 표면 끝손질.

*surface [syrfas] *n.f.* ① 표면, 외면(face). ~ de la Terre 지구의 표면, 지표. remonter à la ~ de l'eau 수면으로 떠오르다. La ~ de cette table est lisse. 이 테이블의 표면은 매끈하다. envoyer un colis par voie de ~ 소포를 육상편[선편]으로 보내다. ② 면적(étendue), 겉면. calculer la ~ d'un triangle 삼각형의 면적을 계산하다. appartement de 60 m² de ~ 면적이 60평방미터인 아파트. ~ corrigée 수정 면적 《아파트의 실제 면적에 위치·방향 등의 요소를 고려하여 책정한 면적으로 임대료 산정의 기초가 됨》. grande ~ 《슈퍼마켓 등 매장 면적이 400 m² 이상의》대규모 소매점 (↔ petit commerce). ③ 《기하·물리》면(面), 표면. ~ plane 평면. ~ courbe 곡면(曲面). ~ de révolution 회전면. ~ développable 가전면(可展面). ~ algébrique 대수곡면. ondes de ~ 표면파. tension (densité) de ~ 표면장력(밀도). ~ de séparation 계면(界面). ~ de niveau 수준면. ~ libre 자유표면. structure de ~ 《언어》《생성문법의》표층 구조. ~ d'érosion 《지질》침식면. ④ 외관, 허울, 피상(dehors, apparence, ↔ fond). amitié de ~ 표면상의 우정. Sa politesse est toute de ~. 그의 예의는 지극히 의례적인 것이다. demeurer à la ~ d'un problème 문제를 피상적으로 보다. Nous ne connaissons que la ~ et l'écorce des choses. 우리는 사물의 표피만 알 뿐이다. ⑤ 《구어》실력, 신용(crédit); 보증이 될 수 있는 지위, 재산; 《부기》(기업의)총 자기 자본. avoir de la ~ 실력[신용]이 있다. ~ commerciale (sociale) 상업적(사회적) 신용.

en boucher une ~ à qn 《속어》…을 대경실색케 하다. *en* ~ 표면에, 표면상. *faire ~; revenir en* ~ (잠수함이)수면에 떠오르다; (숨겨져 있던 것이 표면에)나타나다.

surfacer [syrfase] ② *v.t.,v.i.* (의)표면을 매끄럽게 하다(갈다·닦다). ~ les routes 도로의 표면을 평평하게 하다(고르다).

surfaceuse [syrfasø:z] *n.f.* 표면 연마기(研磨機).

surfacique [syrfasik] *a.* 표면의. densité électrique

~ 【물리】 표면전하(電荷) 밀도.

surfaire [syrfɛ:r] [28] *v.t.* 【문어】 ① (에) 비싼 값을 부르다; 《목적보어 없이》 비싼 값을 부르다. ② (인물·재능 따위를) 과대평가하다(surestimer); 과장해서 칭찬하다.
—**se** ~ *v.pr.* ① 과대평가되다. ② 자만하다, 자신을 과대평가하다. ③ 서로 과대평가하다.

surfait(e) [syrfɛ, -ɛt] *a.p.* 과대평가된, (평판보다) 실속이 없는.

surfaix [syrfɛ] *n.m.* (말의) 뱃대끈, 안장 끈 (~ de couverture).

surfer [sœrfe] *v.i.* 서핑 [파도타기] 을 하다.
—*n.* =surfeur.

surfeur(se) [sœrfœ:r, -ɸ:z] *n.* 서핑 [파도타기] 을 하는 사람.

surfil [syrfil] *n.m.* 【재봉】 느슨한 감칠질.

surfilage [syrfila:ʒ] *n.m.* 【재봉】 느슨히 감침; 실의 꼬임새를 튼튼히 함.

surfiler [syrfile] *v.t.* 【재봉】 실의 꼬임새를 튼튼히 하다; 느슨하게 감쳐질하다.

surfin(e) [syrfɛ̃, -in] *a.* 【상업】 품질이 극상인. qualité ~*e* 최고품질; 극상품.

surfondre [syrfɔ̃:dr] *v.t.* 지나치게 녹이다.

surfondu(e) [syrfɔ̃dy] *a.p.* 지나치게 녹인.

surfusion [syrfyzjɔ̃] *n.f.* 【물리】 과융해(過融解).

surge [syrʒ] *n.f.* 빨지 않은 기름기 낀 모직물(의복).

surgé [syrʒe] *n.m.* 【학생어】 학생감(surveillant général).

surgélateur [syrʒelatœ:r] *n.m.* 저온 급속 냉동기.
—*a.* 저온 급속 냉동 장치가 설치된. bateau ~ 냉동 운반선. [냉동].

surgélation [syrʒelasjɔ̃] *n.f.* (식료품의) 저온 급속

surgelé(e) [syrʒəle] *a.p.* (식품이) 급속 냉동된. aliments ~*s* 냉동 식품. —*n.m.* 냉동 식품.

surgeler [syrʒəle] *v.t.* (식품을) 급속 냉동하다 (급속히 영하 25°~40°로).

surgénérateur(trice) [syrʒeneratœ:r, -tris] *a.*, *n.* réacteur ~ 【기술】 증식로(增殖爐).

surgeon [syrʒɔ̃] *n.m.* ① 【원예】 그루터기에서 돋는 새싹(drageon). ② 【옛】 (왕가 따위의) 자손.

surgeonner [syrʒɔne] *v.i.* 【원예】 (식물이) 그루터기에서 싹트다.

surgir [syrʒi:r] *v.i.* 《조동사는 avoir, 때로는 être》 ① (불쑥) 나타나다; 솟아오르다 (jaillir). Le soleil *surgit*. 태양이 솟아오른다. L'avion *a surgi* des nuages. 비행기가 갑자기 구름 속에서 나타났다. ② (기억 따위가) 떠오르다; (문제 따위가) 생기다 (naître), 돌발하다. faire ~ un souvenir 기억을 불러일으키다. Des difficultés *surgissent* de toutes parts. 어려움이 곳곳에서 생긴다. 《비인칭》 Il *surgit* toujours de nouvelles difficultés. 늘 새로운 장애가 생긴다.
~ *au port* 【해양】 배가 입항하다.

surgissant(e) [syrʒisɑ̃, -ɑ̃:t] *a.* (갑자기) 떠오르는, (생각·곤란 따위가) 일어나는.

surgissement [syrʒismɑ̃] *n.m.* 《문어》 출현; 용솟음(湧出), 분출.

surglacé(e) [syrglase] *a.* 광택이 많이 나는.
—*n.m.* 강광지(强光紙) (papier ~).

surglacer [syrglase] [2] *v.t.* (종이에) 강한 광택을 내게 하다; 【요리】 (과자에) 당의(糖衣) 를 입히다. (도기에) 유약(釉藥) 을 입히다.

surhaussé(e) [syrose] *a.p.* 【건축】 (궁륭·아치 따위) 반원보다 큰 [높은]. arc ~ 초반원(超半圓) 의 아치 (↔ arc en plein cintre, arc surbaissé); voûte ~*e* 초반원의 궁륭 천정.

surhaussement [syrosmɑ̃] *n.m.* 【건축】 (궁륭 따위를) 반원보다 크게 함; 【철도】 커브하는 곳의 바깥쪽 궤조(軌條) 의 고도(高度). ② (물가의) 일층의 등귀, 폭등.

surhausser [syrose] *v.t.* 《드물게》 ① 【건축】 (벽 따위를) 더욱 높이다 (surélever); (궁륭·아치를) 반원보다 높이다. ② (물가를) 더욱 앙등시키다.
—**se** ~ *v.pr.* 높어지다, 높아지다 [높여지다].

surhomme [syrɔm] *n.m.* 초인(超人); 천재적 인간.

surhumain(e) [syrymɛ̃, -ɛn] *a.* 초인적인, 인간 이상의. effort ~ 초인적 노력. —*n.* 초인.

surhumainement [syrymɛnmɑ̃] *ad.* 《문어》 초인적으로, 인간 이상으로.

surhumanité [syrymanite] *n.f.* 《문어》 초인적임, 초인성.

suri(e) [syri] *a.p.* 《시》 신, 시큼해진. soupe ~*e* 시큼한 수프. ② 기분이 상한; (감정이) 격한.

suricate, surikate [syrikat] *n.m.* 【동물】 (남아프리카산의) 사향고양이과(科) 의 동물.

surimposer [syrɛ̃poze] *v.t.* ① (상품에) 부가세 [할증세] 를 부과하다 (surtaxer), 중세(重稅) 를 부과하다. cours d'eau *surimposé* 【지질】 표생(表生) 하천. ② 《에》 위에 놓다 [두다], 포개다.

surimposition [syrɛ̃pozisjɔ̃] *n.f.* ① 부가세(의 과세); 중과세(重課稅). ② 【지질】 (하천 따위의) 표생(表生) [적재] 현상.

surimpression [syrɛ̃presjɔ̃] *n.f.* 【영화】 이중인화. 두 가지 것이) 동시에 지각되는.

surimprimé(e) [syrɛ̃prime] *a.* titre ~ 【영화】 슈퍼임포즈 (자막).

surin[1] [syrɛ̃] *n.m.* ① 【식물】 (접목시키지 않은) 어린 사과나무; 야생의 사과나무. ② =sauvignon.

surin[2] *n.m.* 《옛·속어》 단도 (couteau), 단검.

suriner [syrine] *v.t.* 《옛·속어》 단도로 찌르다 [찔러 죽이다].

surineur [syrinœ:r] *n.m.* 단도 사용자. [속이다].

surinfection [syrɛ̃fɛksjɔ̃] *n.f.* 【의학】 중가감염(重感染), 중복감염.

sur(-)information [syrɛ̃fɔrmasjɔ̃] *n.f.* 정보과잉.

sur(-)informé(e) [syrɛ̃fɔrme] *a.* 정보과잉의.
—*n.* 과다한 정보를 받는 (가진) 사람.

surintendance [syrɛ̃tɑ̃dɑ̃:s] *n.f.* surintendant 의 직위 [관청·관사].

surintendant [syrɛ̃tɑ̃dɑ̃] *n.m.* 총감; 【군사】 관리부장 (~ des finances); 【종교】 (신교의) 감독.

surintendante [syrɛ̃tɑ̃dɑ̃:t] *n.f.* ① surintendant 의 부인. ② 왕비의 여관장(女官長). ③ (여학교의) 학감. ④ (공장·관청 따위의) 여자 후생계장.

surintensité [syrɛ̃tɑ̃site] *n.f.* 【전기】 초전압, 과전류 (過電流).

surir [syri:r] *v.i.* (술·수프가) 시어지다 (aigrir).

surjaler [syrʒale], **surjauler** [syrʒole] *v.i.* 【해양】 (닻을이) 투묘 중에 닻채에) 감기다.

surjectif(ve) [syrʒɛktif, -iv] *a.* 【수학】 전사(全射) 의. homomorphisme ~ 전사운동형 (全同形).

surjection [syrʒɛksjɔ̃] *n.f.* 【수학】 전사 (全射).

surjet [syrʒɛ] *n.m.* 【재봉】 감치기; 【의학】 연속감치기.

surjeter [syrʒəte] [5] *v.t.* 【재봉】 감치다. 봉합.

surjeteuse [syrʒøt:z] *n.f.* (재봉에서) 감치기하는 기계; 이 기계를 사용하는 여직공.

sur-le-champ [syrləʃɑ̃] *ad.* 즉시, 당장에, 즉석에서 (aussitôt, immédiatement). On m'a demandé de répondre ~. 사람들은 내게 즉시 대답할 것을 요구했다.

surlendemain [syrlɑ̃dmɛ̃] *n.m.* 그 다음 다음날. le ~ de son arrivée 그가 도착한 다음 다음 날. de l'avant-veille au ~ 전전날부터 그 다음 다음날까지. Il arrive le mardi et il repart le ~. 그는 화요일에 도착했다가 그 다음 다음날 다시 떠난다.

surlonge [syrlɔ̃:ʒ] *n.f.* 《요리》 소의 어깨 고기.
surlouer [syrlwe] *v.t.* (시가보다)비싸게 세주다[세 내다).
surloyer [syrlwaje] *n.m.* 집세의 추가분, 가산액.
surmenage [syrmənaːʒ] *n.m.* ① 과로. ~ intellectuel 정신적 과로. ② (인간·동물 따위의)혹사.
surmenant(e) [syrmənɑ̃, -ɑ̃ːt] *a.* 과로시키는, 혹사하는. travail ~ 과로시키는 일.
surmené(e) [syrməne] *a.p.* 과로한, 혹사된.
surmener [syrməne] [4] *v.t.* 과로시키다(éreinter); 혹사하다. ~ des ouvriers 노동자를 혹사하다. ~ des écoliers 국민학생을 과도하게 공부시키다.
—**se** ~ *v.pr.* 과로하다(s'éreinter).
surmesure [syrməzyːr] *n.f.* (상품의)계과(計量) 초과, 과량(過剩), 《我).
sur(-)moi [syrmwa] *n.m.* 《심리》 초자아(超自我).
surmontable [syrmɔ̃tabl] *a.* 《드물게》극복할 수 있는. obstacle ~ 극복할 수 있는 장애.
surmonter [syrmɔ̃te] *v.t.* ① (의)위에 있다; 넘다. dôme qui *surmonte* un édifice 건물 위에 있는 둥근 지붕. Sa tête *était surmontée* d'un béret. 그의 머리 위에는 베레모가 얹혀 있었다. ② 극복하다, 이겨내다(vaincre, dominer); 제압하다; 《엦》(보다)낫다, 우월하다, 압도하다, (적을)타도하다. ~ un obstacle 장애를 극복하다. ~ sa peur 공포를 이겨내다. ~ les épreuves 시련을 극복하다. ~ son chagrin 슬픔을 이겨내다. ~ les difficultés 어려움을 이겨내다, 난관을 타계하다. ③ 《카드놀이》더 센 패를 내다. ④ 《엦》(기름 따위가 표면에)뜨다.
—**se** ~ *v.pr.* 자제하다; 극기하다. ② 극복되다.
surmortalité [syrmɔrtalite] *n.f.* (다른 그룹보다)높은 사망률.
surmoulage [syrmulaːʒ] *n.m.* 복제형(複製型)제작.
surmoule [syrmul] *n.m.* 복제형(型)(거푸집).
surmouler [syrmule] *v.t.* (거푸집을)복제하다.
surmoût [syrmu] *n.m.* 발효 전의)포도액.
surmulet [syrmylɛ] *n.m.* 《어류》 노랑축수(rouget-barbet).
surmulot [syrmylo] *n.m.* 《동물》 시궁쥐(rat gris, rat d'égout).
surmultiplication [syrmyltiplikasjɔ̃] *n.f.* 《자동차》자동 증속(增速)장치.
surmultiplié(e) [syrmyltipli(j)e] *a.* 자동 증속장치로 변속된(démultiplié, en prise directe).
surnager [syrnaʒe] [3] *v.i.* ① (표면에)뜨다, 떠오르다. Versé dans de l'eau, le pétrole *surnage*. 물에 쏟아진 석유가 물에 뜬다. ② 살아남다. Les erreurs tombent, la vérité *surnage*. 오류는 사라지고 진리는 남는다.
surnatalité [syrnatalite] *n.f.* (다른 그룹보다)높은 출산율.
surnaturalisme [syrnatyralism] *n.m.* 초자연주의; 초자연신앙.
surnaturalité [syrnatyralite] *n.f.* 초자연성.
surnature [syrnatyːr] *n.f.* 《철학》 초자연; 초자연적 존재.
surnaturel(le) [syrnatyrɛl] *a.* ① 초자연적인 (↔ naturel). événement ~ 기적. phénomène ~ 초자연적 현상. êtres ~s (악마·정령 따위의)초자연적 존재. impulsion ~le영감, 신의 은총. ② 《구어》이상한, 신비한(extraordinaire, ↔ commun). puissance ~le 어마어마한 힘. bonheur ~ 더할 수 없는 행복.
—*n.m.* 초자연(적인 것); 신의 은총(grâce), croire au ~ 초자연적 존재를 믿다.
surnaturellement [syrnatyrɛlmɑ̃] *ad.* 《드물게》초자연적으로.

surnie [syrni] *n.f.* 《조류》부엉이의 일종.
surnom [syrnɔ̃] *n.m.* ① 별명, 이명(異名). Il a reçu le ~ de «tigre». 그는 '호랑이'라는 별명을 받았다. «le grand». ~ de Louis XIV 루이 14세의 이명(異名)인 '대왕'. ② 《고대로마》첨명(添名).
surnombre [syrnɔ̃:br] *n.m.* 정원 초과(분).
en ~ 가외로, 정원 외의.
surnommer [syrnɔme] *v.t.* 별명[별호]을 붙이다. ~ *qn* ...에게 ...이라는 별명을 붙이다. Louis XIV *a été surnommé* «le Roi Soleil». 루이 14세는 '태양왕'이라는 별명이 있었다.
surnourrir [syrnuriːr] *v.t.* 《구어》지나치게 먹이다.
surnuméraire [syrnymerɛːr] *a.* 정원 외의; 여분의. avoir un doigt ~ 손가락을 하나 더 갖고 있다.
—*n.* 정원외의(임시) 직원.
surnumérariat [syrnymerarja] *n.m.* 정원외(임시)직(의 기간); 수습 기간.
suroffre [syrɔfr] *n.f.* 더 유리한 제의.
suroît [syrwa] *n.m.* ① 《해양》남서풍. ② 《옜》(선원들의)방수모(帽); (남서풍이 불 때 입는)두건 달린 양털웃옷.
suros [syro] *n.m.* 《수의》 (말 다리의)관골류(管骨瘤), 골종(骨腫).
suroxydation [syrɔksidasjɔ̃] *n.f.* 《화학》과산화(過酸化).
suroxyde [syrɔksid] *n.m.* 《화학》 과산화물(péroxyde).
suroxyder [syrɔkside] *v.t.* 《화학》과산화하다.
suroxygénation [syrɔksiʒenasjɔ̃] *n.f.* 《화학》너무 많은 산소를 넣음(함유시킴).
suroxygéné(e) [syrɔksiʒene] *a.p.* 《화학》너무 많은 산소를 함유한.
suroxygéner [syrɔksiʒene] [6] *v.t.* 《화학》(의)산소 함유량을 지나치게 늘리다.
surpassement [syrpasmɑ̃] *n.m.* 《문어》능가, 초월. ~ de soi 자기 초월.
surpasser [syrpase] *v.t.* ① (주어는 사람) (타인을)능가하다, 뛰어나다, 우세하다(battre, surclasser). Il *surpasse* ses rivaux en originalité. 그는 독창성에 있어 라이벌들을 능가하고 있다. Il nous *surpasse* tous en méchanceté. 짓궂기로는 우리의 누구도 그에게 당할 사람이 없다. ② (주어는 사물)상회하다; (가능성의 한계를)넘다(dépasser). Cette dépense *surpasse* mes moyens. 그와 같은 지출은 나의 재력을 넘어선다. ③ 《구어》[~ *qn*]놀라게하다. Cet événement me *surpasse*. 그 사건은 나에게는 놀랍다. ④ 보다 크다(높다). ~ *qn* de la tête ...보다 머리 하나는 더 크다.
—**se** ~ *v.pr.* 실력 이상의 힘을 발휘하다. Le pianiste s'est *surpassé* hier soir. 피아니스트는 어젯밤 평상시보다 좋은 연주를 했다.
surpatte [syrpat] *n.f.* 《구어》(집에서 여는)댄스파티(surprise-partie, boum).
surpâturage [syrpatyraːʒ] *n.m.* 과밀 방목.
surpaye [syrpɛj] *n.f.* ① 과다 지불, 값을 너무 비싸게 치름. ② 《옜》보너스, 상여금.
surpayer [syrpɛ(e)je] [8] *v.t.* 너무 많이 [비싸게]치르다; 과다하게 지불하다. [~ *qc*] ~ les terrains 땅을 비싼 값으로 사다. [~ *qn*] ~ un employé 고용인에게 과다한 임금을 지불하다.
surpeuplé(e) [syrpœple] *a.* 인구 (인원) 과잉의. classe ~e 과밀 학급. pays ~ 인구 과잉 국가.
surpeuplement [syrpœpləmɑ̃] *n.m.* 인구 과잉.
sur(-)place [syrplas] *n.m.* (사이클링에서) 일부러 태세. faire du ~출발 태세를 취하다, (자전거에서) 평형을 잡은 채 움직이지 않다; (자동차가 교통 체증으로)제자리 걸음을 하다.

surplis [syrpli] *n.m.* 《종교》 중백의 (中白衣)《성직자가 법의(法衣) 위에 입는 겉옷》.

surplomb [syrplɔ̃] *n.m.* (벽·낭떠러지의)상부가 앞으로 내민 모양[상태], 전방 경사; 돌출 부분. *en* ~ 앞으로 불쑥 나온. Ce mur est *en* ~, il penche. 이 벽은 상부가 불쑥 나와 있어서 기울고 있다. falaise *en* ~ (파도로 패여져)바다 위로 내민 절벽.

surplombant(e) [syrplɔ̃bɑ̃, -ɑ̃:t] *a.* (벽·낭떠러지 따위의)상부가 불쑥 나온, 전방으로 경사진.

surplombement [syrplɔ̃bmɑ̃] *n.m.* (벽·낭떠러지의)상부가 불쑥 나온 모양[상태].

surplomber [syrplɔ̃be] *v.i.* 상부가 앞으로 내밀다, 전방으로 경사지다. —*v.t.* (의)위로 불쑥 나온. rochers qui *surplombent* la route 길 위로 불쑥 나온 바위.

surplus [syrply] *n.m.* ① 여분, 과잉; 잉여(금), 초과액. vendre le ~ de sa récolte 수확물의 여분을 팔다. renvoyer à l'usine le ~ de matériaux 여분의 자재를 공장으로 돌려 보내다. ② (pl.)과잉 생산물, 잉여 재고품. détruire des ~s pour maintenir les prix 값을 유지하기 위해 과잉 생산물을 폐기하다. ~ américains (2차 대전 후의) 미국의 잉여 군수물자. ③《옛》기타의 것들.
au ~ 게다가, 그 위에 또. Il est travailleur et, *au* ~, intelligent. 그는 공부에 열심인데다 또 머리도 좋다. *en* ~ 여분으로.

surpoids [syrpwa] *n.m.* 초과 중량.

surpopulation [syrpɔpylasjɔ̃] *n.f.* 《지리》 인구과잉(surpeuplement).

surprenant(e) [syrprənɑ̃, -ɑ̃:t] (*p.pr.< surprendre*) *a.* 놀라운, 의외의, 불의의(étonnant, inattendu). résultat ~ 의외의[놀라운] 성과. faire des progrès ~s 놀랄만한 발전을 하다. Il est ~ de + *inf*.(que + *sub*.) …하다니 (이외에) 놀라운 일이다. Rien de ~ si… …이라 하더라도 조금도 놀랄 것이 못된다.

*****surprendre** [syrprɑ̃:dr] [26] *v.t.* ① 현장에서 잡다, 불시에 붙들다. ~ un voleur 도둑을 현장에서 체포하다. J'ai *surpris* ma sœur à lire mon journal. 나는 누이가 내 일기를 읽고 있는 것을 잡았다. J'ai *surpris* un étudiant en train de tricher. 그는 한 학생이 커닝하고 있는 현장을 잡았다.
② (비밀 따위를)알아채다, 간파하다; (감정 따위를)눈치채다. ~ un secret 비밀을 알아채다. J'ai cru ~ de l'irritation dans son regard. 그의 눈빛 속에 초조함이 나타나 있는 것같이 느껴졌다.
③《주어는 사람·사물》뜻하지 않게 찾아가다[오다]; 《군사》기습하다. La pluie nous *a surpris* sur le terrain de golf. 골프장에서 우리는 비를 만났다. ~ l'ennemi 적을 기습하다.
④ 깜짝 놀라게 하다(étonner). Cette nouvelle *a surpris* tout le monde. 이 소식은 모든 사람들을 놀라게 했다. Cela me *surprendrait*. 설마 그러리까 있을까요(그것이 사실이라면 놀랄 일이다). Cela me *surprendrait* qu'il revienne 그가 돌아온다면 놀랄 일이다(그가 돌아오리라 만무하다). 《수동태》[être surpris de *qc*(+*inf*.). J'ai été bien *surpris* de la mort de son ami Jean. 그녀가 장과 같이 있는 것을 보고 나는 깜짝 놀랐다. [être *surpris* que + *sub*.] Je *suis surpris qu*'elle parte ainsi. 그녀가 그렇게 떠나 버린다는 것은 정말 뜻밖이다. *être* agréablement *surpris* 뜻밖에도 좋은 기분을 맛보다.

⑤《옛》속이다, 배신하다. ~ la bonne foi de *qn* …의 선의를 배신하다.
⑥《요리》《샌술로》겉만 태우다. Le feu a *surpris* cette viande. 불이 세어서 고기가 겉만 탔다. —*se* ~ *v.pr.* [se ~ à + *inf*.] 자기도 모르게 …하다, …하고 있는 자기를 문득 깨닫다. Souvent je *me suis surpris* à rêver. 때때로 나는 자신도 모르게 몽상에 잠겨 있곤 했다.

surpression [syrpresjɔ̃] *n.f.* ① 초과 압력; 고압(高壓). ② (정신적)중압감.

surprime [syrprim] *n.f.* 《보험》할증보험료.

surpris(e¹) [syrpri, -i:z] (*p.p.< surprendre*) *a.p.* 놀란, 뜻밖의, (étonné, déconcerté). ① [ ] Je suis ~ *de* son absence. 그(너)가 없다니 뜻밖이다. Il est resté ~ de la mort subite de son père. 그는 아버지의 갑작스런 사망에 넋이 빠져있다. [être ~ que + *sub*./de ce que + *ind*.] Je *suis* ~ *qu*'elle ne soit pas venue(*de ce qu'*elle n'est pas venue). 그녀가 오지않았다니 정말 놀랍다.

REM *surpris* 는 뜻밖의 일을 당해 놀란다는 뜻. *étonné* 는 *surpris* 보다 한층 강한 뜻으로 사용되고, *stupéfait* 는 *étonné* 보다도 더 강한 표현으로 아연실색할 정도의 경악을 나타냄.

‡**surprise²** [syrpri:z] *n.f.* ① 놀라움. Il a eu l'agréable ~ d'être nommé. 그는 자기가 지명된 데 대하여 즐거운 놀라움을 맛보았다. rester muet de ~ 너무 놀라서 말도 안나오다. Tu es déjà rentré? Ça, c'est une ~. 벌써 집에 돌아왔나? 그것 참 뜻밖이군. aller ~ en ~ 연달아 놀라움을 겪다. ② 뜻밖의 일(사건), 깜짝 놀랄 일. Une mauvaise ~ m'attendait. 예상밖의 곤란한 사태가 나를 기다리고 있었다. voyage sans ~ 아무 일도 없는 싱거운 여행. boîte à ~ (S) 도깨비 상자. ③ (뜻밖의)선물, 기념품. faire à *qn* une ~ pour son anniversaire …의 생일에 뜻밖의 선물을 하다. ④ 교묘한 방법으로 손에 넣음. obtenir une signature par ~ 교묘하게 서명을 얻어내다. ⑤ 《요리》(강한 불로)겉만태움. ⑥《옛》기습.
à sa grande ~ 그가 깜짝 놀란 것은, 아주 놀랍게도. *A ma grande* ~, il n'était pas là. 참으로 놀랍게도 그는 거기에 있지 않았다.
par ~ 불시에, 뜻밖에; 교묘하게 속여서. attaquer *qn par* ~ …을 불시에 공격하다.

-surprise *suff.*「갑작스런, 뜻하지 않은」의 뜻《합성어의 제 2 요소》attaque-*surprise* 기습. grève-*surprise* 기습 파업. freinage-*surprise* 급브레이크. visite-*surprise* 기습 방문.

surprise-partie, surprise-party [syrprizparti] (*pl.* ~*s-parties*) *n.f.* ① 습격파티《각자 먹을 것을 준비하여 친구 집을 습격해 여는 파티》. ② 댄스파티《젊은이들이 돌아가며 자기 집에서 여는 파티》.

sur-prix, sur prix [syrpri] *n.m.* 비싼 가격, 터무니 없는 값. payer un ~ 터무니 없는 값을 치르다.

surproduction [syrprɔdyksjɔ̃] *n.f.* 과잉 생산.

surproduire [syrprɔdɥi:r] [32] *v.t.* 과잉 생산하다.

surpuissance [syrpɥisɑ̃:s] *n.f.* (기계·국력의)강력한 힘(의 증가); (국가·집단·제도의)강력한 세력. lutte contre la ~ de la presse 언론의 막강한 힘에 대한 투쟁.

surpuissant(e) [syrpɥisɑ̃, -ɑ̃:t] *a.* 매우 강력한, 강대한; (기계 따위의)출력이 너무 큰. klaxon ~ 강한 소리를 내는 클랙슨.

surréalisme [syrrealism] *n.m.* 《문학·예술》 초현실주의.

surréaliste [syrrealist] *a.* 초현실주의의. 《실주의. —*n.* 초현실주의자《작가·화가》.

surréalité [syrrealite] *n.f.* 초현실(적인 것).

surrection [syrreksjɔ̃] *n.f.* 《지질》융기.

surréel(le) [syrreel] a. 【철학】 초현실적인.
—n.m. 초현실(적인 것).
surrégénérateur(trice) [syrreʒeneratœ:r, -tris] a. =surgénérateur.
surremise [syrrəmi:z] n.f. 【상업】 특별 할인.
surrénal(ale, pl. aux) [syrrenal, -o] 【해부】 a. 신장(콩팥) 위에 있는; 부신(副腎)의.
—n.f.pl. 부신.
surrénalectomie [syrrenalɛktɔmi] n.f. 【외과】 부신절제(副腎切除).
sursalaire [syrsalɛ:r] n.m. 【경제】 보너스; 특별〔임시〕수당, 추가금.
sursaturant(e) [syrsatyrɑ̃, -ɑ̃:t] a. 【물리·화학】 과포화(過飽和)의.
sursaturation [syrsatyrɑsjɔ̃] n.f. 【물리·화학】 과포화.
sursaturé(e) [syrsatyre] a.p. ① 【구어】 진절머리난, 진력이 난. [~ de] Je suis ~ de films d'aventures. 모험영화에는 진저리가 난다. ② 【물리·화학】 과포화 상태에 있는.
sursaturer [syrsatyre] v.t. 【물리·화학】 과포화시키다. 과포화 상태로 만들다.
sursaut [syrso] n.m. ① 펄쩍 뜀, 소스라침; 소스라쳐 놀람. À ce mot, il fit un ~. 이 말을 듣고 그는 펄쩍 뛰었다. [en ~] se réveiller *en* ~ 깜짝 놀라〔소스라쳐〕눈을 뜨다. ② 분발, 노력(effort); 〔감정의〕폭발. un dernier ~ d'énergie) 마지막 힘을 다하다. avoir(éprouver) un ~ d'indignation 갑자기 치밀어 오르는 분노를 느끼다.
sursauter [syrsote] v.i. (저도 모르게)펄쩍 뛰다, 소스라쳐 놀라다. Cette nouvelle m'a fait ~. 이 소식에 나는 소스라치게 놀랐다.
surséance [syrseɑ̃:s] n.f. 〔옛〕【법】 유예, 연기. faire ~ à ...을 연기하다.
sursemer [syrsəme] 4 v.t. (이미 뿌린 곳에)다시 씨를 뿌리다.
surseoir [syrswa:r] 62 v.t.ind. [~ à] 【법】 ...을 연기하다, 유예하다. ~ au jugement 재판을 연기하다. ordonnance de ~ 유예명령. —v.t. 〔옛〕연기하다, 보류하다.
sursis [syrsi] n.m. ① 【법】 집행 유예. trois ans de prison avec ~ 3년간의 집행 유예. ② 【군사】 징집 유예. mettre *qn* en ~ ...을 징집 유예로 하다. ~ d'appel 소집 유예. ③ (일상적인)연기, 유예 기간. ~ de départ 출발 연기.
sursitaire [syrsitɛ:r] a.n. 집행 유예를 받은(사람); 〔군사〕 집집 유예를 받은(사람).
sursolide [syrsɔlid] 〔옛〕【수학】 n.m. 5 승(乘) (17·18세기의 호칭). —a. 다섯 제곱의.
sursomme [syrsɔm] n.f. 과중한 짐.
sursoufflage [syrsufla:ʒ] n.m. 【기술】 (유리 제품 제조시에)불기 과잉; 〔야금〕 송풍 과다.
sursum corda [syrsɔmkɔrda] (라틴) ① 【종교】 마음을 바쳐 주를 섬기라(미사 서창의 구절). ② 낙담하지 말라; 용기를 불러일으키라.
surtaux [syrto] n.m. 중세(重稅).
surtaxe [syrtaks] n.f. 부가세; 중세(重稅). ~ locale 지방 부가세. ~ progressive 누진 부가세. ~ à l'importation 수입 과 징금. ~ postale (수취인이 지불하는)부족 우편 요금; 속달료.
surtaxer [syrtakse] v.t. 부가세〔중세〕를 과하다.
surtemps [syrtɑ̃] n.m. 초과 근무(시간), 특근.
surtension [syrtɑ̃sjɔ̃] n.f. ① 【전기】 과압(過壓) ② 〔문어〕 극도의 긴장.
surtondre [syrtɔ̃:dr] 25 v.t. (가죽의)털을 자르다.
surtonte [syrtɔ̃:t] n.f. (가죽의)털을 잘라버림.

surtout¹ [syrtu] ad. 특히, 무엇보다도. S~, n'obliez pas de nous prévenir de votre arrivée. 특히 도착 시간[날짜]를 미리 알려줄 것을 잊지 마시오. Il est bavard ~ quand il est avec vous. 그는 당신과 함께 있으면 유달리 말이 많다.
~ *que*+*ind.*(*cond.*) 〔구어〕 ...하니 만큼 더욱. Partons tout de suite, ~ *que* la pluie menace. 비가 올 것 같으니, 더욱 빨리 떠납시다.
surtout² n.m. ① (식탁 중앙에 꽃·과일을 담아놓는)장식 그릇(milieu de table). ② 〔옛〕외투. ③ 〔옛〕 손수레.
surtravail(*pl.* **aux**) [syrtravaj, -o] n.m. 【경제】 급료 이상의 초과 노동, 잉여 노동.
surv. 〔약자〕 surveillant 감시인, 감독자.
survaleur [syrvalœ:r] n.f. (통화의)과대 가치.
survécu-s, -t, etc. [syrveky] ⇨survivre.
surveillance [syrvɛjɑ̃:s] n.f. 감시, 감독; 경계. exercer une ~ sur ...을 감시〔감독〕하다. confier la ~ des travaux à *qn* ...에게 공사의 감독을 맡기다. être en ~ (경찰의)감시를 받고 있다; 【군사】 감시중이다. sous la ~ de ...의 감시하에. tromper la ~ d'un gardien 간수의 눈을 속이다. navire [avion] en ~ 초계중인 배(비행기). ronde de ~ 순찰, 패트롤. ~ légale 【법】 보호 관찰. Direction de la ~ du territoire 국가보안국(약자) D.S.T.). ② (환자의 경과에 대한)관찰. blessé en ~ à l'hôpital 병원에서 관찰중인 부상자.
surveillant(e) [syrvɛjɑ̃, -ɑ̃:t] n. 지키는 사람, 감시인(gardien); 감독자; 간수; 〔학교〕 학생감, 사감. ~ d'une prison 교도소의 간수. ~ d'internat 기숙사의 사감. ~ général 학생감. —a. 감시[감독]하는.
surveille [syrvɛj] n.f. 〔드물게〕 =avant-veille.
surveillé(e) [syrvɛje] a.p. 감시〔감독〕된. externe ~ (방과 후 기숙사생과 함께)공부를 감독받는 통학생. liberté *~e* 【법】 보호관찰. station *~e* 【무전】 유인(有人) 중계국.
*****surveiller** [syrvɛ(e)je] v.t. ① (어린이·환자를)지키다, 보살피다(garder). Tu peux ~ les enfants pendant dix minutes? 10분동안만 애들을 돌봐 주겠니? [~ *qc*] Je vais ~ mon rôti, il ne faut pas qu'il cuise trop vite. 고기 요리를 가서 봐야겠어, 너무 빨리 구어지면 안되니까. ② (죄수를)살피다, 감시하다(épier); (일을)감독하다(contrôler). ~ un prisonnier 죄수를 감시하다. ~ les réparations d'une maison 집수리 공사를 감독하다. ③ (에)주의하다. ~ son langage 주의해서 말하다. ~ *sa* santé 건강에 유의하다.
—v.i. 〔드물게〕[~ à] (에)신경을 쓰다. ~ *à* tout 만사에 신경을 쓰다.
—**se** ~ v.pr. ① 스스로 경계하다, 삼가다, 유의하다. ② 서로 감시하다. Les deux adversaires se surveillaient. 두 적수는 서로 감시하고 있었다.
survenance [syrvənɑ̃:s] n.f. ① 〔옛〕 뜻밖의 출현, 돌발. ② 〔법〕 (유증(遺贈) 후에)사후(事後)출생(~ d'enfant).
survenant(e) [syrvənɑ̃, -ɑ̃:t] a. 뜻밖에 오는, 돌발적인; 〔법〕 (유증 후에)사후 출생의. —n. 뜻밖에 오는 사람, 불의의 내객.
survendre [syrvɑ̃:dr] 25 v.t. (정당한 값보다)비싸게 팔다.
survenir [syrvəni:r] 16 v.i. (조동사는 être) (사람이)뜻밖에 오다; (사건이)돌발하다(advenir). femme qui *survient* quand on parle d'elle 자기 이야기를 하면 나타나는 여자. Un grave accident *est survenu*. 중대한 사고가 돌발했다. ~ à bon moment 알맞은 때에 찾아오다[생기다]. (비

인칭)Il *survint* une tempête. 폭풍우가 엄습했다. s'il ne *survient* pas de complications 복잡한 일이 일어나지 않는다면. ❷ [~à] 〖법〗(유증 후에) 사후 출생하는; 〖옛〗(에)덧붙여 태어나다.

survente¹ [syrvãːt] *n.f.* 너무 비싸게 팔기.
survente² *n.f.* 〖해양〗풍력(風力)의 증가.
surventer [syrvãte] *v.i.* 〖해양〗바람의 힘이 강해 지다.
survenu(e¹) [syrvəny] ▷**survenir**.
survenue² *n.f.* 뜻밖에 옴·(일어남).
survêtement [syrvɛtmã] *n.m.* ❶ 〖스포츠〗(선수가 경기 전후에 보온용으로 입는)웃옷, 트랙수트. ❷ 〖군사〗(화생방 방호용)방독복.
survêtir [syrvɛ(e)tiːr] 〖22〗 *v.t.* 너무 입다.
survider [syrvide] *v.t.* 여분을 꺼내다(덜어내다).
survie [syrvi] *n.f.* ❶ 생존, 살아남음; 〖법〗잔존(殘存). Le médecin n'a promis au malade que six mois de ~. 의사는 환자에게 6 개월 밖에 살지 못할 것이라고 말했다. équipements de ~ (우주 비행사의)구명장치. gains[droits] de ~ 〖법〗 생존자 재산권. table de ~ 〖보험〗연령별 생존율표. ❷ 사후의 생명, 내세; 불멸성. Je ne crois pas à la ~. 나는 사후의 삶을 안믿는다. ~ des grands artistes 위대한 예술가들의 불멸성.
surviage [syrvjaʒ] *n.m.* 〖자동차〗오버스티어링(커브를 돌 때 뒷바퀴가 옆으로 미끄러져 차체의 커브가 안쪽으로 나오는 현상).
survirer [syrvire] *v.i.* 〖자동차〗(커브를 돌 때)오버스티어링하다.
survireur(se) [syrvirœːr, -ø:z] *a.* 〖자동차〗오버스티어링하기 쉬운.
survitesse [syrvitɛs] *n.f.* 초과 속도.
survivance [syrvivãːs] *n.f.* ❶ 과거의 유물, 잔존물. Cet usage est une ~ de l'époque féodale. 이 관습은 봉건시대의 유물이다. ❷〖문어〗생존, 존속; (사후의 생명의)존속, (영혼의)불멸. ~ du plus apte des mieux adaptés) 〖생물〗적자생존. ❸ 〖언어〗고어, 고풍의 표현(archaïsme). ❹ 〖역사〗계승권, 습직권(襲職權).
survivancier(ère) [syrvivãsje, -ɛːr] *n.* 습직권자.
survivant(e) [syrvivã, -ãːt] *a.* 살아남은. épouse ~*e* 과부. passagers ~*s* d'un accident 사고에서 살아남은 승객. mœurs ~*es* 잔존하는 풍습. —*n.* 살아남은 사람, 생존자; 유가족, 유족. seul ~ de la famille 가족 중의 단 하나의 생존자.
survivre [syrviːvr] 〖37〗 *v.t.ind.* ❶ …의 뒤에 살아남다, …보다 오래 살다. Il *survécut* à ses enfants. 그는 자식들보다 오래 살았다. Il *survécut* à la Révolution. 그는 프랑스 혁명 후까지 살았다. ❷ …을 모면하고 살아남다; …을 겪고도 살아남다. Elle *a* seule *survécu* à cet accident. 이 사고에서 오직 그녀만이 살아남았다. ~ à son honneur 명예를 잃고 치욕 속에 살다.
—*v.i.* 《주어는 사람·사물》살아남다, 계속 살다(subsister). Après un tel malheur, aura-t-il la force de ~? 그런 불행을 겪고도 그는 살아나갈 힘이 있을까? Aucun de ses romans ne *survivra*. 그의 소설의 어떤 것도 후세에까지 남지 않을 것이다.
—*v.t.* 〖옛〗(이)죽은 후에 살아남다.
—**se ~** *v.pr.* ❶(자손·작품 따위를 통해)사후에도 명맥을 잇다; 이름을 남기다. ~ *dans ses enfants*[*ses ouvrages*] 자식들의 추억 속에서[자기의 작품 속에서] 살아남다. ❷ 헛되이 오래 살다. Le peintre ne fait que *se* ~. 이 화가는 쓸데없이 연명하고 있을 뿐이다.
survol [syrvɔl] *n.m.* 상공 비행. ~ de la Manche 영불해협 횡단비행.
survoler [syrvɔle] *v.t.* ❶ 〖항공〗(의)위를 날다

[비행하다]. L'avion *survole* la mer. 비행기가 바다위를 날고 있다. ❷ (책 따위를)훑어보다; 개관하다; 지나쳐버리다. ~ un article de revue 잡지 기사를 훑어보다. ~ une question 문제를 대강 검토해 보다.
survoltage [syrvɔltaːʒ] *n.m.* 〖전기〗전압의 증가(surtension); 승압.
survolté(e) [syrvɔlte] *a.p.* ❶ 전압을 높인. courant ~ 고압전류. lampe ~*e* 고압용 전구. ❷(비유적) (사람·대중 따위가)극도로 흥분한(surexcité); (사물에 대해)열광적인. public ~ 흥분한 관중. atmosphère ~*e* 흥분된[과열된] 분위기.
survolter [syrvɔlte] *v.t.* 〖전기〗전압을 높이다; (사람·대중 따위를)극도로 흥분시키다.
survolteur(trice) [syrvɔltœːr, -tris] 〖전기〗 *n.m.* 승압기(昇壓器). —*a.* 전압을 높이는. transformateur ~ 승압 변전기.
survolteur-dévolteur [syrvɔltœːrdevɔltœːr] *n.m.* 〖전기〗전압 조정기, 변압기.
sus [sy(s)] *ad.* 〖옛〗(의)위에. courir ~ à qn …에게 달려들다. S~ à l'ennemi! 적에게 덤벼라! choses ~ énumérées 〖상업〗위에 열거한 것.
en ~ 게다가, 그 위에. 《명사적》toucher un *en* ~ 여분의 수당을 받다.
en ~ de …외에, …밖에, …위에. toucher des gratifications *en* ~ *de* son traitement 봉급 외에 특별 수당을 타다.
—*int.* 자 어서!; 자 덤벼라!
sus- *préf.* 「위의」의 뜻. 「蓋」.
sus(-)bande [sybãːd] *n.f.* 〖군사〗포이개, 포미개.
susceptibilité [sysɛptibilite] *n.f.* ❶ 감수성; 민감성, 격하기 쉬운 성질. femme d'une extrême ~ 몹시 예민한[쉽게 화를 내는] 여자; 〖의학〗신경 과민. blesser la ~ de *qn* …의 감정[자존심]을 상하게 하다. ménager la ~ de *qn* …의 기분을 상하지 않게 신경을 쓰다. avoir une ~ à fleur de peau 신경과민이다. ❷ 〖물리〗감수율, 자화율(磁化率); 〖의학〗감염성. ~ magnétique 자화율. ❸ 〖옛〗가능성이 강한; 용인 가능한.
susceptible [sysɛptibl] *a.* ❶ (을)할 수 있는, 허용하는, 하기 쉬운, (이)가능한(capable); (의)가능성이 있는. [~ de *qc*] texte ~ de plusieurs interprétations 여러 가지 뜻으로 해석될 수 있는 텍스트. [~ de+*inf.*] Cet élève est ~ *de* faire encore des progrès. 이 학생은 아직도 향상의 여지가 있다. Voilà des livres ~*s de* vous intéresser. 당신의 흥미를 끌만한 책이다. ❷ (사람·성격이)격하기 쉬운, 반발심이 강한(chatouilleux); (기관이)감도 높은, 민감한; 〖옛〗예민한(sensible). Ce garçon est fort ~. 그 청년은 매우 화를 잘 낸다. L'œil est un organe ~. 눈은 민감한 기관이다.
susception [sysɛpsjɔ̃] *n.f.* 〖가톨릭〗(성직의)배수(拜受); 유품예배식.
suscitation [sysitasjɔ̃] *n.f.*, **suscitement** [sysitmã] *n.m.* 〖드물게〗선동, 사주.
susciter [sysite] *v.t.* ❶(구어)(감정 따위를)불러 일으키다(soulever, éveiller); ~ l'intérêt[l'admiration] 관심[경탄]을 불러 일으키다[자아내다]. ~ des images 이미지를 떠오르게 하다. ~ des souvenirs 추억을 되살아나게 하다. ❷ 생기게 하다; 야기하다; 교사하다, 사주하다; (반항 따위를)선동하다. ~ des querelles 분쟁을 일으키다. [~ *qc* à *qn*] ~ des ennuis à *qn* …을 난처하게 만들다, …에게 폐를 끼치다. Le pouvoir *suscite* des mécontents. 권력은 불평분자를 만들어 낸다.
—**se ~** *v.pr.* 〖se는 간접목적어보어〗스스로 만들다, 자초하다. *se* ~ des ennemis 적을 만들다, 원

한을 사다.

suscription [syskripsjɔ̃] *n.f.* (편지의)수신인 주소 성명, 겉봉에 쓴 것; 표기(表記).

susdit(e) [sysdi, -it] *a.* 위에 쓴, 앞서 쓴(말한).
—*n.* 위에 쓴 것(사람); 〖법〗 해당자(者).

sus-dominante [sysdominã:t] *n.f.* 〖음악〗 하속음(下屬音).

sus-hépatique [syzepatik] *a.* 〖해부〗 간장의 상부의[에 있는].

sus-jacent(e) [sysʒasã, -ã:t] *a.* 〖지질〗 (다른 암석 위)위에 있는. sables ~s 상부의 모래.

sus-maxillaire [sysmaksi(l)lɛ:r] 〖해부〗 *a.* 상악(위턱)에 있는. —*n.m.* 상악골, 위턱뼈.

sus(-)mentionné(e) [sysmãsjone] *a.* 앞서 말한, 상기(上記)의.

sus-naso-labial(ale, pl. aux) [sysnazɔlabjal, -o] *a.* 〖수의〗 (말 근육의)코밑·입술 위의.

susnommé(e) [sysnome] *a.* 위에 적은, 상기의.
—*n.* 위에 적은[상기의] 것(사람).

sus-occipital(ale, pl. aux) [syzɔksipital, -o] *a.* 〖동물〗 후두부(後頭部)의 위의.

sus-orbitaire [syzɔrbitɛ:r] *a.* 〖해부〗 안와(眼窩) 상부의.

suspect(e) [syspe(kt), -kt] *a.* ① 수상한, 의심스러운(douteux, louche). arrêter un individu ~ 수상한 자를 잡다. témoinage ~ 의심스러운 증언. Sa gentillesse me paraît ~*e*. 그의 친절은 좀 수상쩍은 데가 있다. conduite ~*e* 수상한 행동. tenir qn pour ~ …을 의심하다, …에게 혐의를 걸다. ②[~ de](의)혐의가 있는(soupçonné). Ils sont ~s de connivence. 그들은 공범의 혐의가 있다. être ~ de partialité 불공평하다는 의심을 받다. ③ 〖품질 따위가〗의심스러운, 보장할 수 없는. viande ~ 품질이 의심스러운 고기. ④ 〖의학〗 감염(오염)의 흔적이 있는.
—*n.m.* 용의자, 수상한[의심스러운] 사람, 요주의 인물. loi des ~s 〖프랑스사〗 (1793년의)반혁명 용의자 체포령.

suspecter [syspɛkte] *v.t.* (사람·행동을)수상히 여기다, 의심하다. La police *suspecte* cet individu. 경찰은 그 사람을 용의자로 지목하고 있다. ~ l'honnêteté de qn …의 정직성을 의심하다. ~ la qualité d'une marchandise 상품의 질을 의심하다. [~ qn de qc] ~ qn d'hérésie …에게 이단의 혐의를 걸다. —*se* ~ *v.pr.* (상호적) 서로 의심하다.

***suspendre** [syspã:dr] [25] *v.t.* ① 매어 달다(fixer), 늘어뜨리다(pendre), 걸다(accrocher). [~ qc à] ~ un lustre au plafond 천장에 샹들리에를 달다. ~ le linge à un fil 세탁물을 줄에 매달다. ②(일시)중단(중지)시키다(arrêter), 정지시키다, 금지하다(interdire); 유예하다, 연기하다, 보류하다(reporter). ~ une séance pendant un quart d'heure 15분간 휴회하다. ~ une revue 잡지를 발간 정지 처분하다. ~ un permis de conduire 운전면허를 일시 정지시키다. ~ un jugement[l'exécution d'un arrêt]판결[법령의 실행]을 보류하다. ~ ses paiements 〖상업〗 지불을 정지하다. ③[~ qn](직능 따위를)일시 정직(휴직)시키다. ~ un juge 판사를 정직시키다.
—*se* ~ *v.pr.* [se ~ à] (에)매어달리다, 늘어뜨려지다, 걸리다. *se* ~ à une branche 나뭇가지에 매어달리다. Ma pensée *se suspendait* à ce souvenir. 나의 생각은 이 추억을 맴돌고 있었다.

suspendu(e) [syspãdy] (*p.p.* < *suspendre*) *a.p.* ① 매어 달린; 걸어놓은. pont ~ 적교(吊橋). ① ~ croix ~*e à* une chaîne 쇠줄에 매어 달린 십자가. château ~ au flanc de la montagne 산 중턱에 우뚝

서 있는 성. ②(중간에)걸려 있는; 〖음악〗 계류음을 포함한. cœur ~ entre l'espérance et la crainte 기대와 불안 사이에서 갈팡질팡하는 마음. ③ 일시 중지[정지]된; 연기된. séance ~ 정회 지된 회의. Le jugement est ~. 판결은 보류되었다. ④ 정직(휴직)이 된. fonctionnaire ~ pour un an 1년간 정직이 된 공무원. ⑤ (차체의)현가장치(懸架裝置)[서스펜션]가 달린. voiture bien[mal] ~*e* 현가장치가 유연한[나쁜]차.

suspens [syspã] *n.m.* 〖문어〗 ① 중단, 일시정지, 미결정, ② 불안, 기대.
en ~ ⓐ 중단된; 미결인 채로. affaire *en* ~ 미해결의 사건. laisser un travail *en* ~ 일을 중단한 채 내버려두다. ⓑ 공중에 매달린. ⓒ 망설이는, 불안한 상태에. Je suis *en* ~ sur ce que je dois faire. 무엇을 해야할지 망설이고 있다.
—*a.m.* 〖교회법〗 (성직자가)정직중인. prêtre ~ 성직 집행이 정지된 신부.

suspense¹ [syspã:s] *n.f.* 〖종교〗 (성직의)정직(停職); 정직처분, 정직기간.

suspense² [sœ(y)spɛns, syspã:s]《영》*n.m.* ① (영화·소설 따위의)서스펜스, 고조되는 긴장감. ② 극도의 불안(상태).

suspenseur [syspãsœ:r] *a.m.* 〖해부〗 걸어매는, 현수(懸垂)의. ligaments ~*s* 제인대(提靭帶).
—*n.m.* 〖식물〗 배자루, 배병(胚柄).

suspensif(ve) [syspãsif, -i:v] *a.* 〖법〗 (판결·계약의 실행 따위를)정지(중지)하는, (옛) 〖언어〗 중지의, 생략의. points ~*s* 〖언어〗 생략점, 중지점, 중단점(points de suspension).

suspension [syspãsjɔ̃] *n.f.* ① 매어달음, 매어달림, 현수(懸垂). vérifier la ~ d'une balançoire 그네가 잘 매어달려 있는지 확인하다. ②(일시적)중지, 중단, 정지(cessation); (공무원의)정직; 성직 정지. ~ d'armes (국지적인)정전. ~ des hostilités 휴전. ordonner la ~ du travail 작업중지를 지시하다. ~ d'audience 재판의 중지. ~ des poursuites 소추(訴追)의 중지. ~ de paiements 〖상업〗 지불정지. ~ d'emploi 정직. ~ d'un magistrat 법관의 정직. ③ 매어다는 촛대; 걸어놓은 꽃병; 〖자동차〗 차체받이 장치 (스프링 따위). La ~ de cette voiture est excellente. 이 차의 스프링은 아주 훌륭하다. ④ 〖의학〗 현수(懸垂)요법; 〖물리·화학〗 현탁(懸濁)(액); 〖음악〗 계류(음). ⑤ points de ~ 〖언어〗 중단(생략)표.

suspensoïde [syspãsoid] *a.* 〖화학〗 현탁질(懸濁質)의. —*n.m.* 현탁액.

suspensoir [syspãswa:r] *n.m.* 〖외과〗 현수대(懸垂帶); 걸빵.

suspente [syspã:t] *n.f.* 〖해양〗 물건을 매어다는 밧줄(사슬); 〖항공〗 (비행선의)곤돌라 줄.

suspicieusement [syspisjøzmã] *ad.* 수상쩍게, 미심쩍게.

suspicieux(se) [syspisjø, -ø:z] *a.* 의심에 찬, 수상쩍은(soupçonneux). regard ~ 의심에 찬 눈초리.

suspicion [syspisjɔ̃] *n.f.* ①의혹, 불신; 〖드물게〗혐의(méfiance, ↔ confiance). avoir de la ~ à l'égard de qn …에 대하여 의혹을 품다. être en ~ 혐의를 받고 있다. tenir qn en ~ 〖문어〗 …을 의심하다. ② 〖법〗 용의. ~ légitime 판결의 공정성을 의심케 하는 정당한 사유.

suspied [syspje] *n.m.* (박차의)멈춤돈.

sus-relaté(e) [sysrəlate] *a.* 〖법〗 상술(上述)한, 전술의.

sussayement [sysɛjmã] *n.m.* 〖드물게〗 =**zézayement**.

susseyer [sysɛ(e)je] *v.i.* =**zézayer**.

sustentateur(trice) [systātatœːr, -tris] *a.* 《항공》부력(양력(揚力))을 확보하는. surface ~*trice* 양력면(揚力面). aile ~*trice* 주익(主翼). —*n.m.* ~ rotatif 《항공》(헬리콥터의)회전 날개.

sustentation [systātasjɔ̃] *n.f.* ① (물체를)떠받침; 떠받쳐져 있음. ② 《항공》부력, 양력; 평형유지. rotor assurant la ~ d'un hélicoptère 헬리콥터에 양력을 주는 회전날개. ③ 《의학》급양(給養). ④ 《예》부양.

sustenter [systāte] *v.t.* ① (환자 따위에게)영양을 공급하다(alimenter, nourrir). La lecture *sustente* l'esprit (비유적) 독서는 정신의 양식이다. ② 《항공》공중에 유지시키다. Les ailes *sustentent* l'avion. 날개는 비행기에 양력을 준다.
—*se* ~ *v.pr.* (구어)영양을 취하다(se nourrir).

sus-tonique [systɔnik] *n.f.* 《음악》상주음(上主音), 웃으뜸음 (음계의 제 2음).

susucre [sysykr] *n.m.* 《어린애말·구어》사탕.

susurrant(e) [sysyrā, -āːt] *a.* 속삭이는(듯한).

susurration [sysyrasjɔ̃] *n.f.*, **susurrement** [sysyrmā] *n.m.* 《드물게》중얼거림, 속삭임; (바람·물결·나뭇가지 따위의)살랑[출렁]거리는 소리. ~ de la vague 파도의 출렁거리는 소리.

susurrer [sysyre] *v.i.* 속삭이다, 중얼거리다(chuchoter); (나뭇가지·바람·물결 따위가)살랑살랑[출렁출렁] 소리를 내다; (모기 따위가)윙윙거리다. Le ruisseau *susurre*. 시냇물이 (속삭이듯)졸졸 흐른다. —*v.t.* 속삭이다(murmurer). ~ une confidence à *qn* …에게 비밀을 속삭이다.

susvisé(e) [sysvize] *a.* 《행정》앞에서 인용한, 상기의.

sûtra [sytra] *n.m.* =**soûtra**.

suttée [syte], **sutti, suttie** [syti] *n.f.* (옛) (인도에서의)과부의 순사(殉死)(과부가 남편을 화장할 불에 분사(焚死)하던 풍습).

sutural(ale, pl. aux) [sytyral, -o] *a.* 《해부》봉합(縫合)(선)의; 《생물》봉합선의.

suture [sytyːr] *n.f.* ① 《해부》(두 뼈의)봉합(부). 《외과》(상처의)봉합(술); 《식물》봉합선. faire une ~ 봉합하다. ~ du crâne 두개골의 봉합(선). ② (비유적) (중간이 삭제된 작품의 두 부분을)연결지어 맥락을 잇게 함.

suturé(e) [sytyre] *a.p.* 《생물》봉합선이 있는.

suturer [sytyre] *v.t.* 《의학》봉합하다. ~ les bords d'une plaie 상처의 가장자리를 봉합하다.

suzerain(e) [syzrɛ̃, -ɛn] *a.* 봉건군주의. puissance ~*e* 종주권(宗主權). seigneur ~ 종주.
—*n.* 종주, 봉건군주.

suzeraineté [syzrɛnte] *n.f.* ① (역사) 종주의 지위; 종주권; 종주권이 미치는 영토. ② (타국가에 대한)지배권, 내정 간섭권. ③ (비유적) (봉건 영주와 같은)권력, 지배권.

s.v. (약자) sans valeur 《주식》무가치.

svadeshisme [svadeʃism] 《인도》 *n.m.* 스와데시 (외국상품 특히 영국 상품 불매운동).

svadeshiste [svadeʃist] 《산스크리트》 *n.m.* 스와데시주의자.

svarajisme [svaraʒism] 《산스크리트》 *n.m.* 스와라지 (간디가 주장한 인도의 독립운동).

svastika [svastika] 《산스크리트》 *n.m.* 만자(卍, 힌두교의 상징).

svelte [svɛlt] *a.* (몸매 따위가)날씬한(élancé). jeune fille ~ 날씬한 몸매의 아가씨.

sveltesse [svɛltɛs] *n.f.* 날씬함(élégance).

S.V.P. (약자) s'il vous plaît 부디, 아무쪼록.

svt (약자) suivant 이하.

S.-W. (약자) south-west; sud-ouest 《해양》남서.

swadécisme [swadesism], **swadeshisme** [swadeʃism] *n.m.* =**svadeshisme**.

swahéli(e) [swaeli] *a,n.* =**souahéli**.

swahili(e) [swaili] *a,n.* =**souahéli**.

swarajisme [swaraʒism] *n.m.* =**svarajisme**.

swastika [swastika] *n.m.* =**svastika**.

swazilandais(e) [swaziglãːde, -ɛz] *a.* 《지리》스와질랜드(*le Swaziland*)의. —**S**~ *n.* 스와질랜드 사람.

sweater [switœːr] (영) *n.m.* 스웨터.

sweating-system [switiŋsistɛm] (영) *n.m.* 《경제》노동착취제도.

swedenborgianisme [svedɛnbɔrʒjanism], **swedenborgisme** [svedɛnbɔrʒism] *n.m.* 스베덴보리 (스웨덴의 신비철학자)의 신비철학설.

swedenborgien(ne) [svedɛnbɔrʒjɛ̃, -ɛn] *a.* 스베덴보리의. *n.* 스베덴보리파의 신비철학자.

sweepstake [swipstɛk] (영) *n.m.* (경마) 건돈 전부의 독점; 경마 복권.

swing [swiŋ] (영) *n.m.* ① 《음악》스윙; 스윙댄스. ② 《권투》스윙 (옆으로 크게 휘갈아치기); 《골프》스윙 (클럽을 휘두르는 동작).
—*a.* (불변) (속어)멋부린; 현대적인; 활발한. jeune fille ~ 활발하고 밝은 처녀. robe ~ 첨단적인 드레스.

swinguer [swiŋge] *v.i.* 스윙조로 연주하다; 스윙을 추다.

sy- préf. =**syn-**.

sybarite [sibarit] *a.* 시바리스(*Sybaris*, 이탈리아 남부에 있던 기원전 510년에 멸망한 그리스의 도시)의; (시바리스 사람처럼)나약한, 나태한.
—**S**~ *n.* 시바리스 사람.

sybaritique [sibaritik] *a.* (드물게) (시바리스 사람처럼)나약한, 나태한.

sybaritisme [sibaritism] *n.m.* (시바리스 사람식의)나태한 생활(풍습); 사치 취미.

sycomore [sikɔmɔːr] *n.m.* 《식물》단풍나무의 일종(érable ~); (소아시아산의)무화과나무류(類); faux ~ 《식물》멀구슬나무.

sycone [sikɔn] *n.m.* 《식물》은두화서(隱頭花序).

sycophante [sikɔfɑ̃ːt] *n.m.* ① (문어) 밀고자, 고발자; 스파이; 사기꾼. ② (고대 그리스, 특히 아테네의)무화과 도둑의 밀고자.

sycophantisme [sikɔfɑ̃tism] *n.m.* (문어) 밀고[고자질]하는 버릇.

sycosis [sikozis] *n.m.* 《의학》모창(毛瘡), 빈창(鬢瘡).

syénite [sjenit] *n.f.* 《광물》섬장암(閃長岩), 정장암(正長岩).

syénitique [sjenitik] *a.* 《광물》섬장암을 함유한.

syl- préf. =**syn-**.

syllabaire [si(l)labɛːr] *n.m.* 《언어》철자교본, 음절발음 연습장.

syllabation [si(l)labasjɔ̃] *n.f.* 《언어》음절구분(법).

syllabe [si(l)lab] *n.f.* 《언어》음절, 음철. mot d'une ~ 단음절어. vers de huit ~*s* 1행에 8음절인 시. ~ fermée[ouverte] 폐(開)음절. ~ muette [féminine] 무음 e로 끝나는 음절(여성 음절). ~ accentuée 악센트가 있는 음절. ② 한마디. ne pas prononcer une ~ 단 한마디도 말하지 않다. ne pas perdre une ~ 단 한마디도 빠놓지 않고 듣다.

syllaber [si(l)labe] *v.t.* 음절(음철)로 나누다.

syllabico-idéographique [si(l)labikɔideɔgrafik] *a.* (문자가)음절표의(表意)의.

syllabique [si(l)labik] *a.* 《언어》음절의, 음철의; (자음이) 음절주음(主音)적의. écriture ~ 음절문자(법). vers ~ (운율) (음의 강약·장단과는 상관 없이)음절의 수로 운율이 정해지는 시구 (예: 프랑스 시).

syllabiquement [si(l)labikmā] *ad.* 음절로, 음철

syllabisation [si(l)labizasjɔ̃] *n.f.* 음절 구분.
syllabiser [si(l)labize] *v.t.* 음절로 나누다.
syllabisme [si(l)labism] *n.m.* 【언어】 음절문자법; 【음을】 (음의 강약·장단이 아니고)음절수에 따르는 운율법.
syllabus [si(l)labys] *n.m.* 【가톨릭】 회칙요목(回勅要目), 고령(敎令) 적요; 유설표(謬說表). S~ (1864년 로마 교황 *Pie* 9세가 간행한) 인단교설 80개조.
syllepse [si(l)leps] *n.f.* ① 【언어】 실렙시스【문법규칙에 따르지 않고 의미에 따라 성·수를 일치시키는 법】. ~ de nombre 수의 실렙시스〈예:La plupart d'entre eux *sont* français. 그들의 대부분은 프랑스인이다(동사는 뜻에 따라 복수로 됨)〉. ~ de genre 성(性)의 실렙시스〈예:C'est la sentinelle qui *le premier* s'inquiète. 먼저 불안을 느끼것을 보초였다(la première 대신으로).〉 ② 【수사학】 실렙시스, 겸용법, 쌍서법(雙敍法)【한 단어를 본래의 뜻과 전의(轉義)의 두가지 뜻으로 사용하는 수복어법:Elle est pour lui plus *douce* que le miel. 그에게 있어 그녀는 꿀보다도 달고 부드럽다】.
sylleptique [si(l)leptik] *a.* 【언어·수사학】 실렙시스의, 쓰다.
syllogiser [si(l)lɔʒize] *v.i.* 《드물게》삼단논법을 쓰다.
syllogisme [si(l)lɔʒism] *n.m.* ① 【논리】 삼단논법. ②【구어】【경멸】형식론적 논증, 탁상공론.
syllogistique [si(l)lɔʒistik] *a.* 삼단논법의. —*n.f.* 【철학】삼단논법식 추론법.
sylphe [silf] *n.m.* (중세 켈트·게르만 두 민족신화의)공기의 요정.
sylphide [silfid] *n.f.* ① 여자 공기 요정. danser comme une ~ (공기의 요정과 같이)경쾌하고 우아하게 춤춘다. taille de ~ 우아하고 날씬한 몸매. ② 날씬하고 아름다운 여자.
sylv- *préf.* 「숲」의 뜻.
sylvain(e) [silvɛ̃, -ɛn] *a.* 숲에 사는(나는). —*n.m.* (*pl.*) 숲의 요정. —S~ *n.pr.m.* 【로마신화】(자연의 풍요를 상징하는)숲의 수호신(Sylvanus).
sylvane [silvan] *n.m.*, **sylvanite** [silvanit] *n.f.* 【광물】실바니아광(鑛), 침상(針狀)테룰광.
sylves [silv] *n.f.pl.* =**silves**.
sylvestre [silvɛstr] *a.* 삼림의; 【식물】삼림 속에서 자라는. richesses ~s de la suisse 스위스의 풍부한 삼림자원.
sylvi- *préf.* 「숲」의 뜻〈예:*sylvi*culture 임업(林業)〉.
sylvicole [silvikɔl] *a.* ① 삼림에 사는(나는). ② 조림의, 식림의; 임학[임업]의. industrie ~ 임업.
sylviculteur [silvikyltœr] *n.m.* 삼림가, 임업자.
sylviculture [silvikylty:r] *n.f.* 임학, 임업, 식림.
sylvie [silvi] *n.f.* 【조류】멥새; 【식물】할미꽃류(類).
sylvine [silvin] *n.f.* 【광물】칼리암염(岩塩).
sylvinite [silvinit] *n.f.* 【광물】(알자스의 칼리광상(鑛床)에서 나는)칼리염(塩)《비료용》.
sym- *préf.* =**syn-**.
symbiose [sɛ̃bjo:z] *n.f.* ① 【생물】공생(共生). ② (비유적)공존; 결합, 연합(fusion). vivre en ~ 공생하다. vivre en ~ avec *qn* …와 밀접한 관계를 유지하며 살다. ~ entre l'entreprise et la communauté de recherche 기업과 학계와의 관계.
symbiote [sɛ̃bjɔt] *n.m.* 【생물】공생생물, 공생 박테리아.
symbiotique [sɛ̃bjɔtik] *a.* 【생물】공생의.
symbole [sɛ̃bɔl] *n.m.* ① 상징, 표상, 심볼; 대표적 인물. Le laurier est le ~ de la victoire. 월계수는 승리의 상징이다. La colombe est le ~ de la paix. 비둘기는 평화의 상징이다. Il est devenu le ~ de l'unité nationale. 그는 국가통일의 상징이 되었다. ② 【언어】상징; 【문학】상징적 표현. ~s dans la poésie symboliste 상징파 시인이 즐겨쓰는 상징적 어구. ③【수사학】상징어법【다른 말을 사용하여 지시하는 어법】. J'ai quitté la robe pour l'épée. 나는 법복을 버리고 칼을 쥐었다 (la robe=la magistrature, l'épée=l'état militaire). ④ 【심리】심상(image). 【신화】(신비적 의미를 간직하고 있는)표상. ⑤ (학문체계·컴퓨터의)기호. ~ algébrique 대수 기호. ~ chimique 화학 기호. ~ graphique 【공업】(기계·부품·기구 따위를 가르키는)도형 기호. ⑥ 【가톨릭】신경; 신앙 고백. ~ des Apôtres 사도신경. ⑦【옛】【화폐】(화폐·메달 따위의 주조공장을 나타내는)표인.
symbolique [sɛ̃bɔlik] *a.* ① 상징의, 상징적인. sens ~ 상징적 의미. ② 실질이 없는, 형식뿐인. augmentation toute ~ des salaires 상징적인(약간의) 봉급 인상. ③ 기호의. logique ~ 【철학】기호논리학. écriture ~ 그림문자(pictographique). —*n.f.* 【논리】기호 논리학. ② (종교·신화·사회학 따위에서)상징체계; 상징체계의 연구, 상징학. ~ gothique 고딕예술의 상징체계. ~ du régime militaire 군사 정권의 상징체계【군사 정권을 특징지우는 상징들의 총체】. ~ des rêves 꿈의 상징학. ~ symbolique 상징적 세계.
symboliquement [sɛ̃bɔlikmɑ̃] *ad.* 상징적으로; 기호로서.
symbolisation [sɛ̃bɔlizasjɔ̃] *n.f.* 상징화, 상징적 표현, 상징으로 나타내기.
symboliser [sɛ̃bɔlize] *v.t.* 상징으로 나타내다; (의) 상징이다; 기호로 나타내다. On *symbolise* le mal par le serpent. 악은 뱀으로써 상징된다. L'olivier *symbolise* la paix. 감람나무는 평화의 상징이다. —*v.i.* 【옛】[~ à/avec](와)일치(부합)하다.
***symbolisme** [sɛ̃bɔlism] *n.m.* ① 기호표시; 상징[표상]체계; 【역사】상징적 해석법. ② 【예술】상징주의.
symboliste [sɛ̃bɔlist] *a.* 상징주의(파)의. mouvement ~ 상징주의 운동. poésie ~ 상징시. —*n.* 상징주의자, 상징파의 시인.
symétrie [simetri] *n.f.* ① (맞서는 부분의)일치, 조화, 균형; 【수학】대칭(對稱); 【식물】대생(對生). deux statues disposées avec ~ de part et d'autre de l'entrée 입구 양측에 대칭적으로 놓인 두 동상. ② 어울림, 조화(harmonie). meubles rangés avec ~ 어울림게 배열한 가구들. sans ~ 균형이 잡히지 않은(않게).
symétrique [simetrik] *a.* 좌우대칭의; 잘 어울리는, 균형(균제)이 잡힌; 【생물】대생의, 대칭의; 【수학】대칭의. façade ~ 좌우대칭적인 정면. deux bâtiments ~s 한 쌍을 이루는 두 건물. fonction ~ 【수학】대칭함수.
symétriquement [simetrikmɑ̃] *ad.* 대칭적으로; 잘 어울리게, 균형 잡히게. fenêtres percées ~ 좌우 균형 있게 배치된 창. points ~ opposés par rapport à une droite 직선을 축으로 서로 대칭하고 있는 점.
symétriser [simetrize] *v.i.* 서로 대칭을 이루다, 대칭적으로 배치되다; 잘 어울리다, 균형이 잡히다. Les deux ailes de cet édifice ne *symétrisent* pas. 이 건물의 두 날개는 좌우대칭을 이루지 않는다. —*v.t.* 어울리게 하다, 대칭이 되게 하다.
sympa [sɛ̃pa] (< *sympathique*) *a.* 【불변】【구어】마음에 드는; (장소 따위가)기분 좋은. type vachement ~ 기막히게 좋은 녀석.
sympathectomie [sɛ̃patɛktɔmi] , **sympathicectomie** [sɛ̃patisɛktɔmi] *n.f.* 【외과】교감신경 절

sympathic(o)- préf. 「공동의, 공감의, 교감의, 교감신경의」의 뜻.

sympathicolytique [sɛ̃patikɔlitik] a. 《외과》교감신경 마비성의.

sympathicomimétique [sɛ̃patikɔmimetik] a. 《의학》교감신경 항분성(亢奮性) 의.

sympathicotonie [sɛ̃patikɔtɔni] n.f. 《생리》교감신경질 《성격학의 1유형》; 《의학》 교감신경 긴장증.

sympathicotonique [sɛ̃patikɔtɔnik] n. 《생리》 교감신경질적인 사람.

***sympathie** [sɛ̃pati] n.f. ① (사람에 대한) 호감, 호의 (↔ antipathie). avoir [ressentir] de la ~ pour qn …에 대하여 호감을 갖다. montrer [témoigner] de la ~ à qn …에 호감을 보이다. attirer [inspirer] la ~ 호감을 갖게하다. ~ qui existe entre eux 그들 사이에 존재하는 (상호간의)호감. ② 호의적인 태도, 찬의. accueillir un projet avec ~ 계획에 찬의를 표시하다. Cette doctrine a toutes mes ~s. 나는 이 학설에 전적으로 동의한다. ③ (타인의 기쁨·슬픔 따위를) 함께 나누는 마음; 《문어》 동정, 연민. recevoir des témoignages de ~ à l'occasion de sa fête 생일날에 축하의 말 [선물] 을 받다. [être en ~ avec] Soyez en ~ avec les malheureux. 불행한 사람에게 연민의 정을 가지시오. Croyez à toute ma ~. 충심으로 동정해 마지 않습니다. ④《옛》감정의 일치, 공감; (물질간의) 융합성, 친화력. C'est par ~ que le mercure s'unit à l'or. 수은이 금과 결합하는 것은 친화력에 의해서이다.

***sympathique** [sɛ̃patik] a. ① (사람·사물이) 호감이 가는, 마음에 드는, 기분좋은 (agréable). garçon [geste] ~ 호감이 가는 소년 [행동]. petite plage ~ 기분좋은 조그만 바닷가. ② 호의적인 (↔ antipathique); 공감적인; 동정적인. liens ~ entre deux personnes 두 사람 사이의 공감대. [~ à qn/qc] Elle vous est très ~. 그녀는 당신에게 매우 호의적이다. être ~ aux douleurs d'autrui 남의 괴로움에 동정하다. être ~ aux idées de qn …의 생각에 찬성하다. ③ 《해부》교감신경의, 교감성의; 《옛》《의학》관련성의. organes ~s 교감성 기관. affection ~ 관련성 질환 《다른 부위에 영향을 주는 병》. ④ 공명하는; 《옛》친화력이 있는. vibration ~ 공진 (共振). encre ~ 은현(隱顯)잉크.
—n.m. 《해부·생리》교감신경(계) (grand ~).

sympathiquement [sɛ̃patikmɑ̃] ad. 호감 [호의] 을 갖고. accueillir ~ qn …을 충심으로 환대하다.

sympathisant(e) [sɛ̃patizɑ̃, -ɑ̃:t] a. ① (어떤 사상 따위에) 공감 [공명] 하는, 동조하는. ②《에》(와)저에 근성이 있는, 기분에 맞는. —n. 동조자, 공명자.

sympathiser [sɛ̃patize] v.i. ① 공명 [공감] 하다, 뜻 [마음이] 맞다 (s'entendre). Ils ont tout de suite sympathisé. 그들은 곧 서로 통하게 되었다. [~ avec qn] J'ai tout de suite sympathisé avec lui. 나는 곧 그와 뜻이 맞았다. ② 일치하다, 상통하다. La poésie et la musique sympathisent. 시와 음악은 상통한다.

symphisaire [sɛ̃fize:r] a. 《해부》반관절의; 《의학》 접합의.

symphonie [sɛ̃fɔni] n.f. ① 《음악》 심포니, 교향악; ② 《옛》협화음; 신포니아 (17 세기의 관현악의 일종) (sinfonia). ③《문어》조화. ~ de couleurs 색깔의 조화.

symphonique [sɛ̃fɔnik] a. 심포니의, 교향악의. orchestre ~ 교향악단. poème ~ 교향시.

symphoniquement [sɛ̃fɔnikmɑ̃] ad. 교향악 [교향 곡] 적으로.

symphoniste [sɛ̃fɔnist] n. 교향악 작곡가; 교향악 연주자; 《옛》작곡가.

symphorine [sɛ̃fɔrin] n.f. 《식물》 인동덩굴.

symphyse [sɛ̃fiz] n.f. 《해부》 반관절 (半關節), 결합; 《의학》 장막유착 (漿膜癒着).

sympiézomètre [sɛ̃pjezɔmɛtr] n.m. 《기상》 만관 (彎管) 기압계.

symplectique [sɛ̃plɛktik] a. 《생물》(다른 부분과) 접합된, 합쳐 얽힌.

sympode [sɛ̃pɔd] n.m. 《식물》 가축(假軸).

symposiarque [sɛ̃pozjark] n.m. 《고대그리스》 연회의 좌장(座長).

symposium [sɛ̃pozjɔm], 《드물게》 **symposion** [sɛ̃pozjɔ] n.m. ① 심포지움, 토론회. ② (같은 주제에 대한 여러 사람의) 논집(論集). ③ 《고대그리스》 주연, 향연.

symptomatique [sɛ̃ptɔmatik] a. ① (병의) 증상을 나타내는, 증후의; 《의학》 대증적 (對症的) 인. fièvre ~ de la malaria 말라리아의 증후를 나타내는 열. traitement ~ 대증 요법. ② (현상·사건이) 전조 [조짐]가 되는, 암시적인. Cet incident est ~. 이 사건은 암시적이다. C'est ~ de notre époque. 이것은 우리 시대의 특징을 말해주는 것이다.

symptomatiquement [sɛ̃ptɔmatikmɑ̃] ad. 증상으로 보아서; 대증적으로.

symptomatologie [sɛ̃ptɔmatɔlɔʒi] n.f. 《의학》 증후학(症候學), 증후학적 소견.

symptôme [sɛ̃ptoːm] n.m. ① 《의학》증상, 증후 (症候). ~s subjectifs (환자의) 자각증상. ~s objectifs (의사의 진단에 의한) 타각증상. ~s de la grippe 독감의 증상. ② 전조, 조짐, 낌새. ~s de crise économique 경제적 위기의 징조.

syn- préf. 「함께, 동시에」의 뜻.

synagogal(ale, pl. **aux)** [sinagɔgal, -o] a. 유태교 회당의.

synagogue [sinagɔg] n.f. ① 유태교회당. ②《집합적》유태교 신도; 유태교. enterrer la ~ avec honneur 《유》유종의 미를 거두다.

synalèphe [sinalɛf] n.f. 《언어》 모음융합 (élision, synérèse), contraction 따위로 일어나는 것).

synalgie [sinalʒi] n.f. 《의학》 동통 (疼痛) 공감.

synallagmatique [sinalagmatik] a. 《법》 쌍무적 (雙務的) 인. contrat ~ 쌍무계약.

synanthéré(e) [sinɑ̃tere] a. 《식물》 집약웅예 (集藥雄蕊) 의. —n.f.pl. 《옛》국화과 (科).

synanthérie [sinɑ̃teri] n.f. 《식물》 집약웅예.

synaphie [sinafi] n.f. 《운율》 격조연계 (連繫).

synapse [sinaps] n.f. 《해부》시냅스, 뉴런 [신경세포] 연접; 《생물》염색체 접합.

synaptase [sinaptaːz] n.f. 《화학》=émulsine.

synaptique [sinaptik] a. synapse 의.

synarchie [sinarʃi] n.f. 공동정체, 연립정체.

synarchique [sinarʃik] a. 공동 [연립] 정체의.

synarthrose [sinartroːz] n.f. 《해부》(뼈의) 부동연결; 《의학》관절 유합증 (癒合症), 관절강직.

synase [sinaːz] n.f. 《화학》 사이나제 (《합성할 수 있는 디아스테레》).

syncarpe [sɛ̃karp] n.m. 《식물》 집합과 (果).

syncarpé(e) [sɛ̃karpe] a. 《식물》 집합과의.

syncelle [sɛ̃sɛl] n.m. 《종교》 (고대 동방교회의) 주교 행동 입증인 (立證人), 주교 비서.

synchondrose [sɛ̃kɔ̃droːz] n.f. 《해부》 연골결합.

synchrocyclotron [sɛ̃krosiklɔtrɔ̃] n.m. 《물리》 싱크로사이클로트론.

synchrone [sɛ̃krɔn] a. 동시에 일어나는; 동시의; 《전기》 동기의, 동위상 (同位相) 의.

synchronie [sɛ̃krɔni] *n.f.* 〖언어〗공시태(共時態); 공시론(共時論).

synchronique [sɛ̃krɔnik] *a.* 동시에 일어나는[일어난]; 〖언어〗공시적인. tableau ~ 〖역사〗대조연표(年表). linguistique ~ 공시(共時)언어학.

synchroniquement [sɛ̃krɔnikmɑ̃] *ad.* 〖언어〗공시적으로; 동시적으로; 〖전기〗동시.

synchronisation [sɛ̃krɔnizasjɔ̃] *n.f.* 동시화; 〖전기〗동기화(同期化); 〖영화〗싱크로나이즈(영상과 음향을 일치시키기).

synchronisé(e) [sɛ̃krɔnize] *a.p.* 동시에 이루어지게 된, 동시화된; 동기화된; 〖동조〗(同調)된.

synchroniser [sɛ̃krɔnize] *v.t.* 동시에 일어나게 [이루어지게] 하다, 동시성을 갖게 하다; 〖전기〗동기화하다; 〖영화〗싱크로나이즈시키다.

synchroniseur(se) [sɛ̃krɔnizœːr, -øːz] *n.m.* 〖전기〗동기검정기(同期檢定器); 〖자동차〗(톱니바퀴의)동속장치. —*n.f.* 〖영화〗싱크로나이저, 동시녹음장치.

synchronisme [sɛ̃krɔnism] *n.m.* ① (사건·행동 따위의)동시성; (날짜·시대 따위의)일치, 부합. ② 〖기계〗등주기성(等周期性); 〖전기〗동기성.

synchrotron [sɛ̃krɔtrɔ̃] *n.m.* 〖물리〗싱크로트론.

synchyse [sɛ̃kiz] *n.f.* 〖언어·수사학〗난맥체(어구의 배열이 뒤섞이어 뜻이 안통하는 문체).

synclinal(ale, pl. aux) [sɛ̃klinal, -o] 〖지질〗*a.* (계곡 따위의)향사(向斜)의. —*n.m.* 향사.

syncopal(ale, pl. aux) [sɛ̃kɔpal, -o] *a.* 〖의학〗가사(假死)의, 실신하는.

syncope [sɛ̃kɔp] *n.f.* ① 〖음악〗절분법(切分法), 싱커페이션. ② 〖의학〗가사, 실신, 졸도. avoir une ~; tomber en ~ 기절하다, 실신상태에 빠지다. ③ 〖언어〗어중음 소실(語中音消失)(예:dénouement → dénoûment).

syncopé(e) [sɛ̃kɔpe] *a.p.* ① 〖음악〗절분법에 의한, 싱커페이션을 많이 사용한(연주에 있어서)리듬 효과가 강한. ② 〖구어〗깜짝 놀란, 기절초풍한(stupéfait). ③ vers ~ 〖옛〗단축시구(두 개의 반음절을 한 장음절로 바꾸어 놓은 시구).

syncoper [sɛ̃kɔpe] *v.t.* ① 〖음악〗절분하다, 싱커페이션을 하다. ② 〖옛〗〖언어〗(어중음을)생략하다. —*v.i.* 〖음악〗싱커페이션이 되다, 절분법으로 연결되다.

syncrétique [sɛ̃kretik] *a.* ① 〖철학·종교〗여러 학설(교리)을 혼합한, 혼합주의적. ② 〖지각 따위가〗혼합적인; 〖심리〗혼돈성의, (혼돈한)전체적 지각의. ③ cas ~ 〖언어〗[vyolo] 융합격(融合格)(소멸된 다른 격의 기능까지도 갖는 격).

syncrétisme [sɛ̃kretism] *n.m.* ① 〖철학·종교〗여러 학설(교리)의 혼합, 혼합주의; 〖기독교〗통합운동, 통합주의; 〖인류학〗(두가지의 다른 문화적 요소의)융합; 〖언어〗융합(하나의 형태가 다른 몇개의 기능을 겸하는 현상). ② 〖심리〗(뒤섞이고 막연한)전체적 인상(지각).

syncrétiste [sɛ̃kretist] *a.* 〖철학·종교〗여러 학설(교리)이 혼합된. —*n.* 혼합주의자, 혼합론자.

syncristallisation [sɛ̃kristalizasjɔ̃] *n.f.* 〖화학〗동시결정현상.

syncristalliser [sɛ̃kristalize] *v.i.* 〖화학〗동시에 결정하다.

syndactyle [sɛ̃daktil] *a.* 〖동물〗지지(指趾)가 유착(癒着)된. —*n.m.pl.* 〖조류〗합지류(合趾類).

syndactylie [sɛ̃daktili] *n.f.* 〖동물·의학〗지지(指趾) 유착.

synderme [sɛ̃dɛrm] *n.m.* 합성 피혁.

syndesmose [sɛ̃dɛsmoːz] *n.f.* 〖해부〗인대관절.

syndic [sɛ̃dik] *n.m.* ① (공동의 이익을 도모하는)관리자, 위원, 대표. ~ de faillite 파산 관리인. ② (파리시의회)특별위원(의전에 관한 일을 관장함). ③〖옛〗(자치도시의)시민대표. ④ ~ des gens de mer 선원등록표.

syndic-agréé [sɛ̃dikagree] (*pl.* ~**s**-~**s**) *n.m.* 〖법〗공인수익관리인(公認收益管理人).

*syndical(ale, pl. aux)** [sɛ̃dikal, -o] *a.* ① 노동조합의. mouvement ~ 노조운동. confédération (centrale) ~*ale* 노조연합. délégués ~*aux* 노조대표. ② 동업조합의. chambre ~*ale* 고용주조합, 동업조합(syndicat patronal).

syndicalisable [sɛ̃dikalizabl] *a.* 조합을 결성할 수 있는; 조합원이 되는.

syndicalisation [sɛ̃dikalizasjɔ̃] *n.f.* 조합가입; 조합화(組合化).

syndicaliser [sɛ̃dikalize] *v.t.* 조합에 가입시키다; 조합 기구로 만들다.
—**se** ~ *v.pr.* 조합원이 되다, 조합에 가입하다.

syndicalisme [sɛ̃dikalism] *n.m.* ① 조합운동; (특히 노동자의)조합활동. ~ ouvrier 노조운동. faire du ~ 노조활동을 하다. ② 〖역사〗(19세기말 프랑스의)생디칼리슴(급진적 노동운동).

syndicaliste [sɛ̃dikalist] *a.* 조합의; 조합활동(운동)의. chefs ~*s* 조합간부. —*n.* 조합원.

*syndicat** [sɛ̃dika] *n.m.* ① 조합; 연합회. ~ agricole 농업조합. ~ ouvrier 노동조합. adhérer à un ~ 조합에 가입하다. ② 협회, 협의회. ~ d'initiative 관광협회. ③ 〖법〗재산관리인의 직[임기]; 〖역사〗시민대표의 직[임기].

syndicataire [sɛ̃dikatɛːr] *a., n.* 재무조사단의(위원); 지주조합의 (회원).

syndiqué(e) [sɛ̃dike] *a.p.* (노동)조합 소속의. ouvrier ~(non ~) 조합가입(비가입) 노동자.
—*n.* (노동)조합원.

syndiquer [sɛ̃dike] *v.t.* 조합에 가입시키다, 조합조직으로 하다.
—**se** ~ *v.pr.* ① (노동자가)조합을 조직하다; 조합에 가입하다. ② (기업의)연합체를 형성하다.

syndrome [sɛ̃droːm] *n.m.* 〖의학〗증후군(症候群). ~ d'adaptation générale 적응증후군.

synecdoche, synecdoque [sinɛkdɔk] *n.f.* 〖수사학〗제유법(提喩法)(부분으로써 전체를, 전체로써 부분을 나타내는 비유법).

synéchie [sineʃi] *n.f.* 〖의학〗유착, 시네키어.

synérèse [sinerɛːz] *n.f.* ① 〖언어〗모음 융합(모음이 계속해 올 때 앞의 모음이 반모음화하는 현상:muet [mɥe], violon [vjɔlɔ̃] 따위). (↔diérèse). ② 합음(두 모음을 한 모음으로 줄이는 현상:paon [paɔ̃]→[pɑ̃]).

synergide [sinɛrʒid] *n.f.* 〖생물〗조(助)세포.

synergie [sinɛrʒi] *n.f.* 〖생리〗(두 기관이 한 가지 기능을 수행할 때의)공동 작용; 〖식물〗상조(相助)작용.

synergique [sinɛrʒik] *a.* 〖생리〗공동작용의. muscles ~*s* 공동근(共同筋).

synesthésie [sinɛstezi] *n.f.* 〖생리·심리〗공감각(共感覺)(하나의 감각이 딴 영역의 감각을 일으키는 현상).

syngamie [sɛ̃gami] *n.f.* 〖동물〗배우자(配偶子)융합; 〖식물〗배우자 합체.

syngénésie [sɛ̃ʒenezi] *n.f.* ① 〖식물〗(수술의)합착(合着). ② 〖옛〗〖생물〗생물 일원론.

syngnathe [sɛ̃gnat] *n.m.* 〖어류〗실고기.

synizèse [sinizɛːz] *n.f.* 〖드물게〗〖언어〗모음융합(synérèse①).

synodal(ale, pl. aux) [sinɔdal, -o] *a.* synode의.

synode [sinɔd] *n.m.* ① 〖가톨릭〗주교구의 성직자

회의, 교구회의; 〖옛〗공회의(公會議). ② 〖신교〗교회 회의. saint-~ (러시아 교회의)성무원(聖務院). ~ israélite 유태교 공회의.

synodique [sinɔdik] *a.* ① 〖천문〗삭망(朔望)의; (별의)회합의. mois ~ 삭망월. période ~ (혹성의)회합주기(週期). ② =synodal.
—*n.m.* 〖종교〗교구회의[공회의]의 결의록.

synonyme [sinɔnim] *a.* [~ de]〖언어〗(와)동의(同義)인, 유의(類義)의. termes ~s 동의어. Pour lui, urbanisme est ~ *de* destruction de la nature. 그가 보기에는 도시화란 자연 파괴와 같은 말이다.
—*n.m.* 〖언어〗동의어, 유의어(↔ antonyme).

synonymie [sinɔnimi] *n.f.* 〖언어〗동의성, 유의성; 동의어 연구.

synonymique [sinɔnimik] *a.* 〖언어〗동의(어)의. rapports ~s 동의적 관계.

synopse [sinɔps] *n.f.* 〖종교〗복음서화합표(마태·마가·누가의 세 복음서에 나오는 공통된 부분을 대조적으로 표시한 것).

synopsie [sinɔpsi] *n.f.* 〖심리〗색청(色聽)〖공감각(共感覺)의 일종〗.

synopsis [sinɔpsis] *n.f.* 요람(要覽), 개요; 일람(표). 〖영화〗(간단한)이야기 줄거리.

synoptique [sinɔptik] *a.* 요람의, 개요의, 개관적인. tableau ~ d'histoire 역사 연표. Évangiles ~s 공관(共觀) 복음서(마태·마가·누가의 세 복음서). tableau ~ 일람표. —*n.m.pl.* 공관 복음서.

synostose [sinɔstɔːz] *n.f.* 〖해부〗골유합(骨癒合), 골결합(骨結合).

synovial(ale, *pl.* **aux)** [sinɔvjal, -o] 〖해부〗의. 활액(滑液)의, 관절액의. —*n.f.pl.* 활액막(膜).

synovie [sinɔvi] *n.f.* 〖해부〗활액, 관절액.

synovite [sinɔvit] *n.f.* 〖의학〗활액막염.

syntacticien(ne) [sɛ̃taktisjɛ̃ -ɛn] *n.* 통사론(統辭論)연구자.

syntactique [sɛ̃taktik] 〖언어〗 *a.* 통사론(統辭論)의(syntaxique). —*n.f.* 통사론.

syntagmatique [sɛ̃tagmatik] 〖언어〗 *a.* 연사(連辭)의. —*n.f.* 연사론.

syntagme [sɛ̃tagm] *n.m.* 〖언어〗연사(↔ paradigme); 구(句). ~ verbal [nominal] 동사[명사]구.

syntaxe [sɛ̃taks] *n.f.* 〖언어〗통사론(統辭論), 구문론(構文論).

syntaxique [sɛ̃taksik] *a.* 〖언어〗통사론의, 구문론의.

synthème [sɛ̃tɛm] *n.m.* 〖언어〗통합 기호소(素).

synthèse [sɛ̃tɛːz] *n.f.* ① 종합, 총합, 총괄, 종합(↔ analyse); 종합적 연구, 집대성. faire la ~ d'un grand nombre d'observations 많은 관찰의 결과를 종합하다. esprit de ~ 종합적 정신, 종합력. ② 〖철학〗(변증법에서의)합(合)〖(정(thèse)), 반(antithèse)→ *synthèse*〗. ③ 〖화학〗합성. produit de ~ 합성제품. 〖약〗조합(調合); 〖수학〗조립; 〖의학〗(상처나 부러진 뼈의)접합.

synthétique [sɛ̃tetik] *a.* ① 〖논리·철학·언어〗종합적인, 총합적인; 종합적 방법. méthode ~ 종합적 방법. langue ~ 종합언어〖라틴어와 같이 어미변화로 문법적 관계를 나타내는 말〗. ② 〖화학〗합성의; 인공의. fibre ~ 합성섬유. 〖약〗조합의; 〖수학〗조립의. division ~ 〖수학〗조립제법.

synthétiquement [sɛ̃tetikmɑ̃] *ad.* 종합[총괄]적으로; 합성에 의하여.

synthétisant(e) [sɛ̃tetizɑ̃, -ɑ̃ːt] *a.* 종합[총괄·합성]하는.

synthétiser [sɛ̃tetize] *v.t.* ① 종합하다; 총괄하다. ~ des faits 여러 사실들을 종합하다. ② 〖화학〗합성하다; 〖약〗조합하다.

—*se* ~ *v.pr.* 종합되다; 합성되다.

synthétiseur [sɛ̃tetizœːr] *n.m.* 신시사이저; 음성 합성 장치.

syntone [sɛ̃tɔn] *a.* 〖심리〗(성격이)동조적(同調的)인; 〖드물게〗〖물리〗동조의.

syntonie [sɛ̃tɔni] *n.f.* 〖물리〗(전파의)동조; 〖심리〗동조성.

syntonisateur(trice) [sɛ̃tɔnizatœːr, -tris] 〖물리〗 *a.* bobine ~*trice* 동조 코일. —*n.m.* 동조기(器), 튜너.

syntonisation [sɛ̃tɔnizasjɔ̃] *n.f.* 〖물리〗동조, 동조화. bobine de ~ 동조 코일.

syphilide [sifilid] *n.f.* 〖의학〗매독성 발진.

syphiligraphe [sifiligraf] *n.m.* 〖드물게〗〖의학〗매독 학자.

syphiligraphie [sifiligrafi] *n.f.* 〖의학〗매독학.

syphilis [sifilis] *n.f.* 〖의학〗매독.

syphilitique [sifilitik] 〖의학〗 *a.* 매독(성)의.
—*n.* 매독환자.

syphilographe [sifilɔgraf] *n.* = syphiligraphe.

syphilome [sifilɔm] *n.m.* 〖의학〗매독종(腫).

syr. 〖약자〗sirop 〖약〗시럽.

syriaque [sirjak] 〖언어〗 *a.* 고대 시리아어(語)의. —*n.m.* 고대 시리아어(語).

Syrie (la) [lasiri] *n.pr.f.* 〖지리〗시리아.

syrien(ne) [sirjɛ̃, -ɛn] *a.* 시리아의. —*S*~ *n.* 시리아 사람.

syringa [sirɛ̃ga] *n.m.* 〖식물〗라일락; 고광나무.

syringe [sirɛ̃ːʒ] *n.f.* = syrinx ③.

syring(o)- *préf.* 「관(管)」의 뜻.

syringomyélie [sirɛ̃gɔmjeli] *n.f.* 〖의학〗척수공동증(脊髓空洞症).

syrinx [sirɛ̃ːks] *n.m.[f.]* ① 〖고대그리스〗목신(牧神) 판(Pan)의 피리. ② 〖동물〗(새의)명관(鳴管), 울음관. ③ (테베에 있던)이집트왕의 지하능.

syro- *préf.* 「시리아」의 뜻 〖예: *syro-arabe* 시리아와 아랍간의〗.

syrphe [sirf] *n.m.* 〖곤충〗꽃등에.

Syrte [sirt] *n.f.* ① (지중해에 면한 아프리카 북안의)유사(流砂). Grande ~ (리비아의)대유사(리비아의 시드라 만(灣)). Petite ~ 소유사 (가베스 만). ② (*s*~*s*)(*pl.*) 〖옛〗유사, 유사 지대.

systaltique [sistaltik] *a.* = systolique.

systématicien(ne) [sistematisjɛ̃, -ɛn] *n.* 〖생물〗분류학자.

systématique [sistematik] *a.* ① 체계적인, 계통적인, 조직적인; 방법적인. faire une étude ~ sur un sujet 한 주제에 대해서 체계적인 연구를 하다. classement ~ 계통적[조직적] 분류. ② 융통성 없는, 틀에 박힌; 완고한. écrivain ~ 완고한 작가. opposition ~ 완강한 반대. ③ 계획적인(organisé); 철저한(absolu). destruction ~ 계획적인 파괴. exploitation ~ 철저한 착취. ④ 〖의학〗계통적인. affections ~s 계통적 질환.
—*n.f.* 〖생물〗분류학, 계통학.
—*n.* 융통성 없는 사람, 틀에 박힌 사람.

systématiquement [sistematikmɑ̃] *ad.* ① 체계[계통·조직]적으로. ② 철두철미하게; 완고하게.

systématisation [sistematizasjɔ̃] *n.f.* 체계화, 계통화, 조직화.

systématisé(e) [sistematize] *a.p.* 체계화[계통화]된. délire ~ 〖의학〗계통적 망상.

systématiser [sistematize] *v.t.* 체계[계통]를 세우다; 조직화하다.
—*se* ~ *v.pr.* 계통[체계]화되다, 조직화되다.

systématiseur [sistematizœːr] *n.m.* 계통[체계]을 세우는 사람, 조직화하는 사람.

système [sistɛm] *n.m.* ① (학문의)체계, 통일적 이론, 학설; 분류법. ~ astronomique de Copernic 코페르니쿠스의 천문학 체계[지동설]. ~ philosophique de Descartes 데카르트의 철학체계. ~ de Linné 린네의 분류법.
② (융통성 없는)교설(敎說), 교조(敎條), 편견. agir par ~ 교조적으로 행동하다.
③ (자연현상·문화현상의)계, 계통, 체계; 계량법, 계량 단위계(~ d'unités). ~ solaire [planétaire] 태양[혹성]계. ~ dévonien 【지질】데본계. ~ nerveux 신경계통. ~ de concepts 개념체계. La langue est un ~ de signes. 언어란 기호체계이다. ~ phonologique 음운체계. ~ métrique 미터법. ~ décimal 10진법.
④ (사회의)체제, 제도, 조직. ~ d'éducation 교육제도. ~ politique[économique] 정치[경제]제도. ~ monétaire 화폐제도. ~ féodal 봉건제도. être dans le ~ 체제에 편입되어 있다, 체제파이다. À bas le ~! 체제 타도!
⑤ (조직적)방법, 방식; 《구어》방편, 수단, 요령. ~ de signalisation 신호방식. ~ de conduite 행동방식. le S~ 【역사】 로(*Law*, 영국의 금융가)의 경제방식. bon ~ pour faire fortune 치부하기 위한 좋은 수단[요령].
⑥ 장치, 기계; 고정장치; 【해양】 보트의 가동식 늦줓. ~ d'éclairage 조명장치. ~ de fermeture automatique 자동개폐장치. ~ de traitement de l'information 정보[데이터]처리 시스템.
***esprit de* ~** 체계적 사고[정신]; 융통성 없는 사고 (를 하는 사람), 틀에 박힌 사람.
***par* ~** 조직적으로, 계통적으로; 틀에 박혀, 융통성 없이.
***porter (courir, taper) sur le* ~** 《구어》신경을 건드리다[곤두서게 하다].
***se faire sauter le* ~** 《속어》권총으로 자살하다.
se faire un* ~ *de …에 집착하다.

systémique [sistemik] *a.* 체계의, 조직의.
　—*n.f.* 시스템 공학(工學), 시스템 엔지니어링.
systole [sistɔl] *n.f.* 【생리】 (심장의)수축.
systolique [sistɔlik] *a.* 【생리】 심장수축의.
systyle [sistil] 【건축】 *a.* 이경간식(二逕間式)의.
　—*n.m.* 이경간식.
syzygie [siziʒi] *n.f.* 【천문】 삭망(朔望). marées de ~ 한사리.

T

T¹, t [te] *n.m.* ① 프랑스 자모의 제 20 자. *t* euphonique 해음(諧音)의 t (Va-*t*-il? 따위의 t). ② T 자 꼴; T 자형; T자형의 것. antenne en T, T 자꼴의 안테나.

T²《약자》① téra 《계량》(10¹² 배). ② tesla 《전기》자속밀도(磁束密度)의 MKSA의 단위. ③ tritium 《화학》삼중수소. ④ tutti 《음악》총주. ⑤ température absolue 《물리》절대온도.

t.《약자》① tour 회전. *t.*/mn (tours par minute) 1분간의 회전수. ② tonneau 통. ③ tome 권, 책. ④ titre 《경제》유가증권, 주권. ⑤ tonne 《도량형》톤, 프랑스톤. ⑥ température 《물리》온도, 기온; temps 시, 시각. ⑦ toque 《경마》기수의 모자.

t' te, tu¹, toi.

Ta《약자》tantale 《화학》탄탈의 원자기호.

ta¹ [ta] *a. poss.f.* ⇨ ton¹.

ta² ⇨ ta ta ta.

T.A.《약자》temps atomique 원자 연대(年代).

***tabac¹** [taba] *n.m.* ① 《식물》담배; 《가공된》담배. culture de ~ 담배재배. ~ à priser 냄새맡는 담배, 코담배. ~ à fumer 피우는 담배. ~ brun(noir) 짙은 색의 강한 담배. ~ blond[d'Orient] 엷은 색의 약한 담배. blague à ~ 담배 쌈지. débit(bureau) de ~ 담배 가게. ② 담배 가게(débit de ~). café-~ 담배소매업을 겸하고 있는 다방. ③《옛》꺽연실, 클럽.
C'est toujours le même ~. 《구어》다를 게 하나 없다, 그것이 그것이다. *Je n'en donnerais pas une pipe de* ~. 《구어》나는 그 일로 해서 당신에게 고마와할 생각은 전혀 없다. *pot à* ~ ⓐ 담배단지. ⓑ 《구어》작달막한 사람.
—*a.*《불변》담배색의. couleur ~ 담배색.

tabac² *n.m.*《옛·구어》싸움(bataille); 구타(coup). *avoir le gros* ~; *faire un* ~ 《구어》(특히 연극에서) 대성공을 거두다. *coup de* ~ ⓐ 《짧은 동안의》폭풍우, 거친 날씨. ⓑ《구어》곤란, 위험. *donner du* ~《옛》싸움을 걸다. *passer qn à* ~《무방비상태에 있는 사람을》후려갈기다, 마구 때리다.

tabacomane [tabakɔman] *n.* 애연가.

tabacomanie [tabakɔmani] *n.f.* 지나친 흡연.

tabacophobe [tabakɔfɔb] *n.* 담배를 싫어하는 사람 [경향].

tabaculteur(trice) [tabakyltœːr, -tris] *n.* 담배재배업자.

tabagie [tabaʒi] *n.f.*《속어》흡연[끽연]실; 담뱃내 나는 곳[방]. Ce bureau est une ~. 이 사무실은 흡사 흡연실 같다.

tabagique [tabaʒik] *a.* ① 《의학》니코틴중독의. ②《옛》끽연실의.

tabagisme [tabaʒism] *n.m.* =**nicotinisme.**

tabar(d) [tabaːr] *n.m.* 《중세기의》갑옷 위에 입던 짧고 헐렁한 망토.

tabarinade [tabarinad] *n.f.*《옛》어릿광대짓; 익살.

tabassage [tabasaʒ] *n.m.*《속어》난투, 난투; 난타.

tabassée [tabase] *n.f.*《속어》난투(bagarre); 난타.
Il a reçu une de ces ~s. 그는 마구 얻어맞았다.

tabasser [tabase] *v.t.*《속어》마구 때리다, 난타하다 (passer à tabac). —**se** — *v.pr.* 서로 난타하다.

tabatier(ère) [tabatje, -ɛːr] *n.* 담배세조업자.
—*n.f.* ① 코담배갑. ②《건축》(경첩 달린)천창(天窓)(fenêtre à ~ère)(→ maison 그림).

tabellaire [tabɛlɛːr] *a.* ① impression ~ 《인쇄》목판인쇄. ② lois ~s 《고대로마》투표법《투표를 문서로 하도록 정한 법률》. —*n.m.* 《고대의》편지 심부름꾼.

tabellion [tabɛljɔ̃] *n.m.*《옛》하급 재판소의 서기; 《구어》《경멸》공증인.

tabernacle [tabɛrnakl] *n.m.* ① 《기독교사》천막, 막사; 《가톨릭》감실(龕室); (T~)《유대사》성막(聖幕)《고대 유대의 이동식 신전》. fête des T~s 《유대교》장막절. ②《비유적》거룩한 곳. ③《수도의》지하 빨브박스.

tabes, tabès [tabɛs]《라틴》*n.m.*《의학》노증(痨症); 척수로.

tabescence [tabɛsɑ̃ːs] *n.f.*《옛》《의학》소모증.

tabescent(e) [tabɛsɑ̃, -ɑ̃ːt] *a.*《의학》소모성의.

tabétique [tabetik] 《의학》*a.* 노증의. —*n.* 노증환자.

tabi(s) [tabi] *n.m.* 《직물》물결 무늬가 있는 비단.

tabiser [tabize] *v.t.* (비단에)물결 무늬를 넣다.

tablature [tablatyːr] *n.f.* ① 《음악》(악기의)운지법(運指法) 도표. ②《옛》《음악》중세 르네상스 시기의 악보《수자나 문자로 표시한 것》. ③ 가르침, 설교(leçon); 귀찮은 일, 난처한 일. *donner de la tablature à qn* …을 난처하게 하다. *entendre* [*savoir*] *la* ~《옛·구어》빈틈없다, 약삭빠르다.

***table** [tabl] *n.f.* ① 테이블, 탁자; 대(臺). ~ de bois à quatre pieds 네발 달린 나무 탁자. ~ de travail (공부하거나 사무보는 데 쓰는)책상. ~ de nuit [de chevet] 머리맡 탁자. ~ de télévision 텔레비전 받침대. ~ de jeu[de ping-pong, d'opération] 도박[탁구·수술]대. ~ de cuisson 레인지. ~ de toilette (거울·선반이 달린)세면대. ~ à ouvrage 작업대. ~ à repasser 다림질대. ~-lavabo; ~-évier 세면대. tennis de ~ 탁구. sainte ~《가톨릭》성당.
② 식탁; 식사; 같은 식탁에서 먹는 사람들, 회식자. ustensiles de ~ (총칭) 식기. linge de ~ 식탁용 천[식탁보·냅킨 따위]. vin de ~ (손님이 없을 때 식구끼리 마시는)중질의 포도주, 테이블 와인. propos de ~ 식사중의 좌담. ~ d'hôte (시중의 식당에서 주는)정식. ~ d'honneur (연회에서의)주빈석. haut(bas) bout de la ~ (연회에서의)상석[말석]. mettre[dresser] la ~ 상을 차리다. desservir la ~ 상을 치우다. aller(s'asseoir, se mettre) à ~ 식탁에 앉다. passer à ~ 식탁으로 가다. être à ~ 식사중이다. se tenir bien à ~ 식사의 태도가 좋다. sortir[se lever] de ~ 식사를 마치고 일어서다. avoir une bonne ~ (일상적으로)좋은 음식을 먹다. aimer la (bonne) ~ 미식가이다. présider la ~ 상석에 앉다, 연회를 주재하다.
③ 평평한 판; (금속 따위의)평판; 《해부》(두개골의)골판(骨板); 《전화》교환대. diamant

(taillé) en ~ 편편한 모양으로 깎은 다이아몬드. ~ (d'harmonie) (악기의)음향판. ~ de roc 바위의 편편한 면.
④ 서판(書板), 화판(畫板), 조각판. *T*~s de la Loi(de l'alliance) 《성서》(신이 모세에게 준)율법의 판, 10계명. (Loi des) Douze *T*~s 《고대로마》12동판(銅板)법(로마의 가장 오래된 성문법). ~ d'orientation (전망대 따위에 설치한)방향지시판.
⑤ 목록, 목차; 표, 일람표. ~ alphabétique (알파벳 순서에 의한)찾아보기. ~ des matières 목차. ~ de mortalité[de natalité] 사망[출생]자 통계표. ~ de multiplication 구구표. ~ de logarithmes 대수(對數)표.
À—! 자, 식탁에 앉읍시다!; 식사합시다!
avoir la ~ et le logement chez qn …의 집에 기숙[하숙]하다.
mettre qn sous la ~ …을 취하게 하다.
quitter la ~ ⓐ 식사중에 자리에서 일어서다. ⓑ (노름에서)승부를 포기하다.
se mettre à ~ ⓐ 식탁에 앉다. ⓑ 《속어》솔직히 고백하다.
se tenir mieux à ~ qu'à cheval 대단한 식욕이다.
sous la ~ 《속어》 속여서.
~ d'écoute 도청장치.
~ ronde 원탁; (비유적)원탁회의; (*T*~) 《문학》(아더왕과 기사가 앉았던)원탁. chevaliers de la *T*~ ronde 원탁의 기사.
~ tournante 《심령》 호구리(狐狗狸)《신령의 힘으로 테이블을 움직이는 영기술(靈氣術)》.
tenir ~ ouverte 와있는 모든 사람들에게 식사를 대접하다.
tomber(rouler) sous la ~ 《옛》몹시 취하다.

:**tableau** [tablo] (pl. ~x) n.m. ① 그림, 회화(작품). accrocher(pendre) un ~ au mur 벽에 그림을 걸다. encadrer un ~ 그림을 액자에 넣다. ~ (peint) à l'huile 유화. ~ vivant 활인화(活人畫). ~ religieux 종교화. ~ de musée (미술관에 전시할 만한)훌륭한 그림. galerie de ~ 화랑.
② 광경, 경치(scène); 묘사(peinture, récit); 《연극》장(場). ~x de la vie militaire 군대생활의 묘사(장면). faire un ~ triste de la situation actuelle 오늘날의 상황을 어둡게 묘사(표현)하다. Cette vallée offre un magnétique ~ 이 골짜기는 기막힌 경치를 보여주고 있다. drame en trois actes et quinze ~x 3막 15장짜리 극. Vous voyez d'ici le ~! 그런 장면이 눈에 선하죠! (어떤 이야기를 하고 난 다음의 말).
③ 판(板); 게시판; (~ d'annonce); 《학교》흑판(~ noir); 《해양》 (선미의)평판부(平板部), 이름표. ~ d'affichage 게시판. ~ de bord (자동차·비행기 따위의)계기판(計器板). ~ des clés (여관 따위의)열쇠걸이판, 키보드. ~ de distribution 《전기》 배전반(盤). ~ des départs[des arrivées] 《철도》(역에 게시한)출발[도착] 시간표. aller (passer) au ~ (선생님의 지명을 받아)흑판 앞으로 나가다.
④ 표, 일람표; 《인쇄》 도표. ~ chronologique 연표. ~ des conjugaisons 동사 변화표. ~ statistique 통계표.
⑤ 명부, 리스트. ~ des avocats 변호사 등록명부. se faire inscrire au ~ (de l'ordre des avocats) 변호사 자격을 얻다. ~ d'avancement 승진후보자명부. ~ d'honneur 우등생 명부.
jouer(miser, gagner) sur les deux ~x 양다리를 걸치다, 기회주의적이다.
pour achever le ~ 결국에 가서는, 종국에는.

~ de chasse 《사냥》(사냥후 잡은 것들을 종류별로)늘어놓음; 전과(戰果). aviateur qui a un beau ~ de chasse 많은 비행기를 격추한 조종사. ~ de chasse d'un Don Juan 호색한이 정복한 여자들.
vieux ~ 《속어》 《경멸》분칠하고 교태를 부리는 나이많은 여자, 우스꽝스러운 늙은이.

tableautier [tablotje] n.m. 《인쇄》 도표 조판공.
tableautin [tablotɛ̃] n.m. 작은 그림.
tablée [table] n.f. 한 식탁에 모인 사람들, 회식자.
tabler [table] v.t.ind. [~ sur] (에) 기대를 걸다, 희망을 두다(compter sur); …을 기준으로 결정[평가]하다. Il vaut mieux ~ sur son travail que sur la chance. 요행에 기대를 거느니보다 차라리 자기가 하는 일에 기대를 거는 편이 좋다. ~ sur des données incertaines 불확실한 여건에 의거해 결정하다. ~ l'avenir sur la rente 연금을 기준으로 미래를 설계하다(구어에서 직접타동사로 쓰이는 예). —v.i. 《옛》식탁에 앉다.

tabletier(ère) [tablatje, -ɛːr] n. (상아·흑단 따위로 장기용구 따위를 만드는)세공품 상인[제조인].
tablette [tablɛt] n.f. ① 시령, 선반; 널판, 판자, 판. ~ d'une cheminée 난로 선반(→ cheminée 그림). ~ d'un bureau 사무용 책상의 위판. ~s d'une bibliothèque 서가(書架). ② 작은 판자처럼 군혀 만든 것. ~ de chocolat 판 초콜릿. ~ de combustible (捲形의)고체연료. ③ 《약》 정제(錠劑). ~ contre la toux 정제 타입의 기침약. ~ à sucer 트로키(빨아먹는 정제). ④ (pl.)《옛》수첩. ⑤ 《고고학》 서판(書板)《고대 사람들이 종이 대신 쓴 나무·돌 따위의 편평한 얇은 판》.
mettre(écrire, inscrire) qc sur ses ~s 《옛·문어》…을 머리에 새겨두다. rayer qc de ses ~s …에 더 이상 기대를 걸지 않다.

tabletterie [tabletri] n.f. (조개·상아·흑단 따위의)세공품; 세공품 제조[판매].
table-valise [tablavaliːz] (pl. ~s-~s) n.f. (피크닉용의)조립식 식탁.

*****tablier** [tabli(j)e] n.m. ① 앞치마, 에이프런, mettre un ~ 앞치마를 걸치다. ~ à bavette 가슴까지 올라오는 앞치마. robe-~ 등 뒤에 단추가 있는 앞치마. rôle à ~ 《연극》하인역. ② (다리 따위의)판자바닥(~ de pont); 《옛》장기판. ③ 마차앞의 흙받이 《자동차》(운전석 앞의)계기판, 대시보드, (벽난로 앞의 바람조절용)방열판. rendre son ~ 《구어》하인 노릇을 그만두다; 《비유적》사직하다.

tabloïd(e) [tabloid] n.m. ① 타블로이드판의 신문. ② 《드물게》 정제(comprimé). —a. 타블로이드판의. format ~ 타블로이드판.
tabor [tabɔːr] n.m. 《옛》《군사》(프랑스인 장교가 지휘하던)모로코의 원주민 부대.
taborites [tabɔrit] n.m.pl. 《종교사》 타보르파《후스(Huss) 파중의 과격분자들의 분파》.
tabou [tabu] n.m. 금제(禁制); 금기(禁忌), 타부. —~s sexuels 성적 금기. —a. 《때로 불변》금제된, 금물의; 금기의, 비판해서는 안되는. lieu ~ 금단의 장소. ~ règlements —(s) 비판해서는 안되는[절대적인] 규칙. déclarer qc ~ …을 금기시하다.
tabouer [tabue], **tabouiser** [tabuize] v.t. 금기하다.
tabouret [tabuʀɛ] n.m. ① (등 없는)걸상. ~ de piano 피아노용 걸상. ② (발을 올려놓는)받침, 발받침(~ de pieds). ③ 《옛》(국왕이나 왕비 앞에서 귀족이 앉았던)접는 의자; (광장에서 죄인을 앉힌)심문용 걸상. ④ 《식물》말냉이.
tabourin [tabuʀɛ̃] n.m. 회색 굴뚝덮개.
tabulaire [tabylɛːr] a. ① 평판(平板) 모양의. massif ~ 탁상산지(卓狀山地). ② 《수학》 표(表)

의. logarithmes ~s 대수표. différence ~ 표차.

tabularium [tabylɔrjɔm] 《라틴》 *n.m.* 『고대로마』 기록판.

tabulateur [tabylatœːr] *n.m.* (타자기의) 도표작성 장치.

tabulatrice [tabylatris] *n.f.* 『컴퓨터』 제표장치 (製表裝置).

tac¹ [tak] *n.m.* 탁[딱] 하는 소리 《뚜껑이 닫힐 때, 관총을 쏠 때 또는 칼이 서로 마주칠 때 나는 소리 따위》. parade de ~ 《펜싱》 리포스테. du ~ au ~ 《펜싱》 재빨리, 잽싸게; 《구어》 날카로이 맞받아, 사납게. riposter[répondre] du ~ au ~ 잽싸게 되찌르다(사납게 말대꾸하다).

tac² *n.m.* 『수의』 옴, 개선(疥癬). 『열차.
T.A.C. 《약자》 Train autos-couchettes 자동차 침대
tacaud [tako] *n.m.* 『사투리』 『어류』 대구.
tacca [taka] *n.m.* 『식물』 타카《열대 고구마류》.
tacet [tasεt] *n.m.* 『음악』 긴 중단, 휴지; 《옛》 침묵. garder le ~ 침묵을 지키다.
tachant(e) [taʃɑ̃, -ɑ̃ːt] *a.* 더럽타기 쉬운; 더럽히는.

*tache [taʃ] *n.f.* ① 얼룩; 묻는 자리, 반점(斑點), (태양 따위의) 흑점(macule). faire une ~ 얼룩지게 하다. enlever[ôter] une ~ 얼룩을 지우다. ~ d'huile[d'encre] 기름[잉크] 얼룩. ~ de vin 모반 (母斑). ~ de rousseur 주근깨. ~ jaune (de l'œil) 황반(黃斑) 《망막의 중심부》. ② 홈; 결점; 오점. ~ d'un diamant 다이아몬드의 홈. ~ sans ~ 홈잡을 데 없는 삶. Agneau sans ~ 그리스도. ~ originelle 원죄. C'est une ~ à sa réputation. 그것이 그의 명성에 오점이 되고 있다. ③ 『회화』 (바탕색에 부각된) 짙은 색채 《점묘화의 그림에 있어서》 원색의 점. faire ~ (색깔 따위가) 어울리지 않다; 눈에 거슬리다. Ce vase *fait* ~ dans le salon. 이 꽃병은 이 살롱에 어울리지 않는다.

*tâche [tɑːʃ] *n.f.* ① 《일정기간 내에 어떤 조건으로 된) 일, 과업(besogne); 노력. remplir sa ~ 자기 일을 수행하다. mourir à la ~ 순직하다, 격무에 시달려 죽다. s'acquitter d'une ~ 일을 해내다. ② 의무, 임무, 직무(devoir, mission). La ~ du médecin est de sauver la vie. 의사의 직무는 생명을 구하는 데 있다.
à la ~ 청부로, 품팔이로[의]. ouvrage à la ~ 도급일. travail à la ~ 청부일. Je ne suis pas à la ~. 《구어》 나는 쫓긴 몸이 아니다, 내 일을 급하게 내버려 두시오.
prendre à ~ de+inf. …하려고 애쓰다[노력하다].

taché(e) [taʃe] *a.p.* 얼룩이 있는, (과실 따위가) 홈이 있는; 반점이 있는. visage ~ de son 주근깨가 있는 얼굴.

tachéographe [takeɔgraf] *n.m.* (옛날의) 자동 사도기(寫圖器).
tachéomètre [takeɔmεtr] *n.m.* 『측량』 시거의(視距儀).
tachéométrie [takeɔmetri] *n.f.* 시거측량. 『距儀』.

*tacher [taʃe] *v.t.* ① 얼룩지게 하다; 더럽히다. ~ une robe avec du café 커피로 옷을 더럽히다. 《목적보어 없이》Le lait tache. 우유가 묻으면 얼룩이된다. ② 《옛》《명예 따위를》더럽히다, 손상시키다.
—se ~ *v.pr.* ① 얼룩이 지다, 얼룩으로 더럽혀지다. nappe blanche qui *se tache* vite 금세 더러워지는 흰 냅킨. Les bananes *se tachent* de points noirs en mûrissant. 바나나는 익으면 검은 반점이 생긴다. Prenez garde, vous allez *vous ~*. 조심하세요, 더러운 것이 묻으니까. ② 자신의 ~을 더럽히다. ~ ses doigts d'encre 손가락을 더럽히다.

*tâcher [tɑʃe] *v.t.ind.* [~ de/《드물게》à+*inf.*] …하려고 애쓰다, 노력하다(s'efforcer de). Tâchez de ne pas oublier. 잊지 않도록 하시오. Nous *tâcherons de* vous donner satisfaction. 당신의 청에 응하도록 애써보죠.
— *moyen de+inf.* 《속어》…하도록 애써 보다.
—*v.t.* [~ que+*sub.*](하도록)애쓰다, 노력하다. *Tâchez que* cela ne se reproduise pas. 그런 일이 다시 일어나지 않도록 노력하시오.
—*v.i.* 《문어》《경멸》일하다(travailler).
REM (1) 이 동사는 특히 명령형 또는 이에 준하는 표현, 가령 il faut에 수반되어 많이 쓰인다. (2) *tâcher* à ce que+*sub.* 도 가끔 나오나 권장할 만한 것이 못된다. (3) 구어에서는 앞의 진술내용을 받아서 y *tâcher* 로 쓰이기도 한다.

tâcheron [tɑʃrɔ̃] *n.m.* ①《구어》열심히 《끈질기게》 일하는 사람. ② 도급으로 일하는 노동자; 《소규모의》하청인.

tacheté(e) [taʃte] *a.p.* 반점이 있는, 얼룩덜룩한. chiens à robe blanche ~*e* de brun 흰 바탕에 갈색 얼룩점이 있는 개들. tissu ~ *de* points multicolores 알록달록한 점무늬가 있는 천.

tacheter [taʃte] [5] *v.t.* 《드물게》반점을 만들다, 얼룩지게 하다.

tacheture [taʃtyːr] *n.f.* 반점, 반문(斑紋).

tachine [takin] *n.m.[f.],* **tachina** [takina] *n.f.* 『곤충』 파리의 일종.

tachisme [taʃism] *n.m.* 『미술』 《특히 신인상파의》 점묘[點描]파의.

tachiste [taʃist] *n.* 『미술』 점묘화가.

tachistoscope [takistɔskɔp] *n.m.* 『심리』 (심리검사용의)순간노출기.

tachomètre [takɔmεtr] *n.m.* =tachymètre.

tachy- *préf.* 「빠른」의 뜻.

tachyarythmie [takiaritmi] *n.f.* 『의학』 빈맥(頻脈), 부정맥.

tachycardie [takikardi] *n.f.* 『의학』 심장고동의 이상급속(異常急速), 심계항진.

tachygénèse [takiʒenεːz] *n.f.* 『생물』 급속발생.

tachygraphe [takigraf] *n.m.* 『기계』 속도계기, 타코그래프. 《옛》속기사 (sténographe).

tachygraphie [takigrafi] *n.f.* 《옛》속기술(sténographie).

tachygraphique [takigrafik] *a.*《옛》속기술의.

tachylite [takilit] *n.f.* 『광산』 파리(玻璃)현무암.

tachymètre [takimεtr] *n.m.* 회전속도계.

tachymétrie [takimetri] *n.f.* 회전속도측정.

tachyon [takjɔ̃] *n.m.* 『물리』 타키온《광선보다 빠르다는 가설의 소립자》.

tachyphagie [takifaʒi] *n.f.* 『의학』 속식증(速食症). 『증.

tachyphémie [takifemi] *n.f.* 『의학』 속어(速語)

tachyphylaxie [takifilaksi] *n.f.* 『의학』 타키필락시《생체가 어떤 약물에 대해서 빨리 저항성을 갖게 되는 현상》.

tachypnée [takipne] *n.f.* 『의학』 호흡속박.

Tacite [tasit] *n.pr.m.* 『로마문학』 타키투스 《*Tacitus*, 55-120》.

tacite [tasit] *a.* (동의·승낙 따위가)암묵(暗默)의, 무언의, 암암리의. convention ~ 묵계.

tacitement [tasitmɑ̃] *ad.* 암묵리에, 암시적으로.

taciturne [tasityrn] *a.* 말이 적은, 과묵한(silencieux). —*n.* 과묵한 사람.

taciturnité [tasityrnite] *n.f.* 말수가 적음, 과묵.

tacle [takl] 《영》 *n.m.* (축구 따위의)태클.

tacon, taquon [takɔ̃] *n.m.* 『어류』 《바다에 가기 전의》어린 송어.

taconeos [takɔneɔs] 《에스파냐》 *n.m.pl.* 《플라멩코 춤에서》 발뒤꿈치로 치는 리듬.

tacot¹ [tako] n.m. 【직조】 (베틀·직조기의)북을 두드리는 장치.

tacot² n.m. 【구어】낡은 차; 헌 마차; (지방철도의) 기차. 노폐차(老廢車).

tacotier [takɔtje] n.m. 【직조】직조공.

tact [takt] n.m. ① 폐; (일의)요령, 재간. avoir du ~ 재간이 있다, 요령이 좋다. avec(sans) ~ 기민하게(우둔하게). manquer de ~ 기민성[요령]이 없다. ② 【생리】촉각; (엣)손으로 만짐, 촉수. plaisir du ~ 촉각으로 느끼는 쾌락. choisir une étoffe au ~ 옷감을 손으로 만져 고르다.

tac(-)tac [taktak] n.m. (복수불변) = **tic-tac**.

tacticien(ne) [taktisjɛ̃, -ɛn] n. 술책에 능한 사람, 모사. — n.m. 전술가, 병법가.

tactile [taktil] a. ① 촉각에 느껴지는, 촉각으로 알 수 있는. espace ~ 피부로 느껴지는 공간. ② 촉각의. sensation ~ 촉감. poils ~s 【동물】더듬이, 촉모(觸毛).

tactilité [taktilite] n.f. 촉각력; 감촉성.

taction [taksjɔ̃] n.f. (엣)만지는 것.

tactique [taktik] a. 전술(상)의. aviation ~ 전술공군. — n.f. 전술, 병법; 책략, 술책, 계략. ~ d'une équipe de football 축구팀의 전술.

tactisme [taktism] n.m. 【생물】주성(趨性), 주성(走性).

tactuel(le) [taktɥɛl] a. 촉각의, 촉관(觸官)의.

tadjik [tadʒik] n.m. 타직어(語). — **T~** n. 【민족】타직족(族)(중앙 아시아의 이라네 민족).

tadorne [tadɔrn] n.m. 【조류】혹부리 오리.

tædium vitæ [tedjɔmvite] 《라틴》 n.m. 【의학】무력증, 권태증.

tael, taël [taɛl] n.m. 테일, 냥량(兩兩)(엣 중국의 중량 및 화폐단위).

tænia [tenja] n.m. = **ténia**.

taf [taf] n.m. 【속어】두려움. avoir le ~ 두려워하다, 겁을 집어먹다.

taffer [tafe] v.i. 【속어】두려워하다, 무서워하다.

taffetas [tafta] n.m. 【직물】타프타, 타프트. ~ d'Angleterre(anglais) 【의학】비단 반창고. ~ gommé (짐힌 헝겊 위에 대는)방수포(防水布). ~ médicamenteux 반창고.

taffetatier(ère) [taftatje, -ɛr] n. 타프타 제조업자 (상인).

taffeur(se) [tafœ:r, -ø:z] n. 겁장이. — a. 겁많은.

taf(f)ouilleux [tafujø] n.m. (파리 강가의)넝마주이, 표류화물을 줍는 사람.

tafia [tafja] n.m. 타피아(《당밀 또는 설탕 찌꺼기로 만든 럼주의 일종》. ~ de laurier (월계수의 열매로 만든)머릿기름.

tagal(e) [tagal] (pl. ~s) a. 타갈로그(Tagals, 필리핀 원주민의 한 종족)의. — **T~** n. 타갈로그 사람. — n.m. ① 타갈로그어(語). ② (모자를 만드는)종려(棕櫚)의 섬유.

tagala [tagala], **tagaloc** [tagalɔk], **tagalog** [tagalɔg] n.m. 타갈로그어(語).

tagète, tagette [taʒɛt] n.m. 【식물】천수국화(œillet(rose) d'Inde).

tagmème [tagmɛm] n.m. 【언어】태그밈, 문법소(文法素).

Tahiti [taiti] n.pr. = **Taïti**.

tahitien(ne) [tais(t)jɛ̃, -ɛn] a., n. = **taïtien**.

taïaut, tayaut [tajo] int. 【사냥】쉬쉬(사냥꾼이 짐승을 보고 개를 부추기는 말).

taïcoun [taikun] n.m. = **taïkoun**.

taie [tɛ] n.f. ① 【의학】각막 백반(白斑), (눈의)삼. ② 베갯잇 (d'oreiller). avoir une ~ sur l'œil (편견 따위로)눈이 멀어지다[어둡다].

taïga [taiga] n.f. (시베리아·북미의)침엽수림지대.

taillable [ta(a)jabl] a. 【역사】인두세(人頭稅)를 과할 수 있는. *être ~ et corvéable* 착취의 대상이다. 고생할 팔자이다.

taillade [ta(a)jad] n.f. ① 벤 상처; 깊게 베인 자리. *se faire une ~ en se rasant* 면도하다가 베다. ② 【의복】(안감이나 내의를 겉으로 나타내 보이게 하기 위한)갈라진 부분.

taillader [ta(a)jade] v.t. ① (칼날 따위로)베다 (couper, entailler). ② 【의복】(의복의 안이나 옷이 보이도록 일부를)갈라놓다. ③【속어】(쓰여진 글의)일부를 삭제하다. — *se ~ v.pr.* 자기의 … 을 베다. *se ~ le visage* 얼굴을 베다.

tailladin [ta(a)jadɛ̃] n.m. (레몬 또는 오렌지의)얇은 조각.

taillage [ta(a)ja:ʒ] n.m. ①【건축】돌(벽돌)자르기. ②【기계】(절단기 따위를 사용한)깎기. ~ *des engrenages* (톱니바퀴의)톱니세우기.

taillandier [ta(a)jɑ̃dje] n.m. 날붙이(칼종류) 제조 (판매)업; (집합적) 날붙이(칼·낫·도끼 따위).

taillandier [ta(a)jɑ̃dje] n.m. 날붙이 장수(제조인).

taillant [tajɑ̃] n.m. (칼·낫 따위의)날.

***taille¹** [ta:j] (< *tailler*) n.f. ① ⓐ 자르기, 깎기, 베기, 컷. *coup de ~* 베기, 칼질. *~ de cheveux* 이발; 머리 깎는 식. *~ d'un diamant* 다이아몬드의 컷. *pierre de ~* 건축용 석재. ⓑ (나무의)가지치기, 전지; (전지한 후에 돋는)새 가지, (그루터기에서 자라는)어린 나무. ⓒ 자르는[깎는·베는] 법 (식); 재단(裁斷). *~ en brillant(en étoile)* (보석의)브릴리언트형(型)(별 모양의) 컷. *Je n'aime pas la ~ de votre pantalon.* 나는 당신 바지의 재단이 마음에 안든다. ⓓ 【조각】(나무·동판 따위에)조각하기, ~ *de bois* 목판조각. *~ d'épargne* 양각(陽刻). ⓔ 톱니바퀴의 톱니세우기. ⓕ (칼따위의)날. *frapper d'estoc et de ~* (칼로)찌르고 베고 하다. ②【의학】방광결석절제(膀胱結石切除). ③【광산】갱(坑), 작업장. ⑤【엣】【상업】엄쪽, 부목(符木)(나무에 외상 금액을 새겨 그것을 둘로 갈라 쌍방이 하나씩 가지는 것). ⑥【역사】인두세(人頭稅). ~ *réelle(personnelle)*재산 (소득)세. ⑦[엣]【음악】테너.

taille² n.f. ① 키, 신장. *homme de grande ~ [de moyenne, de petite ~]* 키가 큰(중키의, 키가 작은) 사람. *Pierre est de la ~ de Paul.* 피에르는 폴과 키가 같다. *par rang de ~* 신장순으로. ② 동체, 허리, 허리둘레. *avoir la ~ longue(courte, fine)* 허리가 같다(짧다, 가늘다). *prendre qn par la ~* …의 허리를 붙들다(안다). *vêtement serré à la ~* 허리가 꼭 끼는 옷. *tour de ~* 허리둘레. ~ *de guêpe* 가는 허리, 개미허리. *robe à ~ haute(basse)* 하이 웨이스트(로우 웨이스트)의 드레스. *avoir la ~ bien prise; être bien pris de ~; être dans sa ~* 허리가 낯설하다, 몸매가 아름답다. ③ (옷의)크기, 사이즈. *Cette jupe n'est pas à ma ~.* 이 치마는 내 사이즈가 아니다. *Quelle ~ faites-vous?* 당신의 옷의 사이즈는 얼마입니까? *grande ~* 라지 사이즈. ④ (물건의)크기, 규모, 사이즈. *valise de grande ~* 대형 트렁크. *photo de la ~ d'une carte de visite* 명함판 사진.

à(de) la ~ de …에 알맞은(…에 어울리는, …에 적격인).

de ~ 【구어】매우 큰; 중대한. *Il est de ~*, votre parapluie. 당신 우산은 아주 크군요. *sottise de ~* 형편없는 바보짓.

en ~ 외투를 입지 않고.

être de ~ à + inf. …할 능력이 있다.

ne pas avoir de ~ 허리가 굵다, 몸매가 없다.

prendre bien la ~ (옷이)허리가 꼭 맞다.

taillé(e) [taje] *a.p.* ① 잘린, 재단된. arbre ~ en cône 원뿔로 잘린 나무. ongles bien ~s 에쁘게 자른 손톱. ② (체격 따위가) 훌륭한, 보기좋은. Il est ~ en Hercule (en athlète, en force). 그는 체격이 늠름하다. *être ~ pour...* ...에 적합하다. cheval ~ pour la course 경마용으로 적합한 말.
taille-buissons [ta(a)jbɥis3] *n.m.* 《복수불변》(생울타리용의) 큰 전정 가위.
taille-crayon [ta(a)jkrɛjɔ̃] (*pl.* ~-~s) *n.m.* 연필 깎는 기계.
taille-douce [ta(a)jdus] (*pl.* ~s-~s) *n.f.* 동판 조각술; 동판 인쇄. graveur en ~ 동판화가.
taille-doucier [tajdusje] *n.m.* 동판 조각가.
taille-légumes [ta(a)jlegym] *n.m.* 《복수불변》야채써는 칼 (기구).
taille-mer [tajmɛːr] *n.m.* 《복수불변》① 《선박》이물끝의 물결 헤치는 부분. ② 《조류》갈매기.
taille-ongles [tajɔ̃ːgl] *n.m.* 《복수불변》 손톱깎이.
taille-pain [tajpɛ̃] *n.m.* 《복수불변》빵 자르는 칼; 빵 써는 기계.
taille-plume [tajplym] (*pl.* ~-~(*s*)) *n.m.* 《옛》깃펜 깎이 (칼).
‡**tailler** [taje] *v.t.* ① 자르다, 베다 (couper, trancher), 썰다; 깎다; 다듬다. ~ un crayon 연필을 깎다. ~ des arbres fruitiers 과수를 전지하다. ~ un diamant 다이아몬드를 자르다. ~ sa barbe 수염을 다듬다. ~ un bâton en pointe 막대기를 뾰족하게 깎다. ~ des tranches de jambon 햄을 조각으로 썰다. ~ la soupe (수프에 넣어서 먹기 위해) 빵을 얇게 썰다. ~ la lame (la route) (나무가) 물살을 헤치고 전진하다. ~ une armée en pièces (적군을) 분쇄하다. ② (옷 따위를) 재단하다, 마르다; 잘라서 ...을 만들다 (découper). ~ une robe 드레스를 재단하다. ~ des torchons dans des vêtements 옷을 잘라서 걸레를 만들다. ~ une statue dans le marbre 대리석을 깎아서 조상을 만들다. ③ 《역사》인두세 (人頭税)를 부과하다. ④《옛》《의학》 방광결석 절제수술을 하다.
~ *et ronger* 제멋대로 행동하다.
——*v.i.* ① 《의학》 절개하다; (살을) 자르다, 베다. ~ *dans le vif* 생살을 자르다; (비유적) 단호한 조치를 취하다. ② 《카드놀이》 물주가 되다. ③ ~ *de l'avant* 물살을 헤치고 전진하다.
——**se** ~ *v.pr.* ① 잘리다, 재단되다. ② 《옛》자기 (손톱 따위를) 깎다 (자르다) (se couper). ③《속어》도망치다; 가버리다. ④ 손에 넣다. *se* ~ *la part du lion* 가장 크고 좋은 부분 (몫)을 차지하다. ~ *un* (*franc*) *succès* (작품 따위가) 큰 성공을 거두다.
taille-racines [tajrasin] *n.m.* 《복수불변》= **taille-légumes**.
taillerie [tajri] *n.f.* ① 보석 연마술; 보석 세공사의 작업장. ② 〖토목〗 건축용 석재 (벽돌) 제조장.
taille-soupe [tajsup] *n.m.* 《복수불변》(수프용의) 빵 써는 기계.
***tailleur(se)** [tajœːr, -ǿːz] *n.* ① 양복 짓는 사람, 재단사, 재봉사, 양복점 (의) 점 주인. se faire faire un costume chez un ~ 양복점에서 옷을 맞추다. maître ~ 고급 양복점 주인. ~ *pour dames* 양장 재단사. ~ *militaire* 군복전문 양복점 주인. ② (같은 천으로 만든 부인용) 투피스, 마춤복. ③ 자르는 (깎는) 사람. ~ *de pierre* 석공. ~ *de pierres précieuses* 보석 세공사. ~ *de vigne* 포도덩쿨을 전지하는 사람.
s'asseoir en ~ 책상다리로 앉고 앉다.
tailleur-pantalon [tajœrpɑ̃talɔ̃] (*pl.* ~s-~s) *n.m.* 마춤바지.
taille-vent [tajvɑ̃] *n.m.* 《복수불변》〖해양〗(강풍용의) 주범 (主帆).
taillis [taji] *n.m.* 덤불숲, 잡목림; 벌채림. gagner le ~ 덤불숲 속으로 (안전지대로) 도망쳐 숨다. jeune (moyen, haut) ~ 10년 (15-20년, 30-40년) 가량 벌채하는 산림. —*a.* 《옛》윤벌 (輪伐) 의.
tailloir [tajwaːr] *n.m.* ① (고기 써는) 판 (나무 또는 금속으로 됨). ② 〖건축〗(원기둥의) 머리판.
taillole [tajɔl] *n.f.* (프로방스 지방의 농부가 사용하는) 털실의 허리띠.
taillon [tajɔ̃] *n.m.* ① 〖역사〗 부가세 (附加税). ② 깃펜의 촉.
tain[1] [tɛ̃] *n.m.* 거울 뒤에 입힌 박 (수은과 주석의 합금); (도금용) 주석 용액. glace sans ~ (열방과의) 유리 칸막이.
tain[2] [tɛ̃] = **tin**. 「賊).
Taïpings [taipiŋ] *n.pr.* 〖동양사〗장발적 (長髮
‡**taire** [tɛːr] [33] *v.t.* (직설법·현재 3·단수는 tait) 말 안하다, 숨기다, 비밀로 하다. ~ *la vérité* 사실을 숨기다. ~ *ses raisons* 이유를 말하지 않다. ~ *sa douleur* 고통을 내색하지 않다.
~ *sa langue* (*sa gueule*) 《속어》= se taire.
——*se* ~ *v.pr.* ① 잠자코 있다, 침묵을 지키다; 말을 하지 않다, 입을 다물다. *Tais-toi!* 조용히 해! 떠들지 마! ~ *sur un secret* 비밀에 관해서 함구하다. *Je préfère me* ~ *là-dessus.* 그 점에 관해서는 말하지 않겠다. ② (소리가) 그치다, 잠잠해지다. *Les chiens se sont tus.* 개 짖는 소리가 그쳤다. *Les vents et la mer se sont tus.* 바람소리도 파도소리도 잠잠해졌다.
faire ~ (*se* ~ 의 생각) 입을 다물게 하다; 침묵시키다; 잠잠하게 하다, 억제하다, 억누르다. *faire* ~ *un enfant* 어린애로 하여금 입을 다물게 하다. *faire* ~ *sa colère* 노여움을 억누르다.
manquer (perdre) une bonne occasion de se ~ 좋지 않은 때에 말을 하다, 쓸데없는 소리를 하다.
Mieux vaut se ~ *que mal parler.* 《속담》입이 화근.
Qui se tait consent. 《속담》침묵은 승낙의 표시.
savoir se ~ 신중하다, 말이 없다, 비밀을 지키다.
souffrir et se ~ 불평을 하지 않고 참다.
taiseux(se) [tɛzø̸, -ǿːz] 《벨기에》 *n.* 과묵한 사람.
taisible [tɛzibl] *a.* communauté ~ 《옛》 〖법〗 가족의 공유재산세.
taisson [tɛsɔ̃] 《남프랑스》 *n.m.* 〖동물〗 오소리.
Taïti [taiti] *n.pr.* 〖지리〗 타히티 섬.
taïtien(ne) [tais(t)jɛ̃, -ɛn] *a.* 타히티 섬의.
——T~ *n.* 타히티 사람. —*n.m.* 타히티어 (語).
take-off [tɛːkɔf] (*pl.* ~(s)) *n.m.* (비행기의) 이륙 (décollage). ② 〖경제〗 도약 (跳躍).
tala [tala] *n., a.* (고등사범학교 École normale supérieure 의) 가톨릭계 운동권 학생 (의).
talaire [talɛːr] *a.* 《고대로마》 (옷자락이) 발뒤축까지 늘어지는. —*n.f.pl.* = **talonnières**.
talapoin [talapwɛ̃] *n.m.* ① (타이·버마의) 불교승, 중. ② 〖동물〗 (서아프리카산의) 긴꼬리원숭이의 일종.
talc [talk] *n.m.* ① 〖광물〗 활석 (滑石). ② 탤컴 파우더 (poudre de ~) (약용 분).
talcaire [talkɛːr] *a.* 활석의.
talcique [talsik] *a.* 활석으로 된.
talcite [talsit] *n.f.* 〖광물〗 활석편암 (滑石片岩).
talco-micacé(e) [talkɔmikase] *a.* 〖광물〗 활석과 운모를 함유함.
talé(e) [tale] *a.p.* (과일 따위가) 상한.
taled [taled] *n.m.* = **taleth**.
talégalle [talegal] *n.m.* 〖조류〗 칠면조의 일종.
***talent** [talɑ̃] *n.m.* ① 재주, 재간, 재능, 수완; 재주 있는 사람, 인재. *avoir du* ~ 재능이 있다. *avoir*

le ~ des langues 어학에 재주가 있다. encourager les jeunes ~s 재주있는 젊은이들을 격려하다. ~ de société 사교의 재능. ~ politique 정치적 수완. ② 〖고대그리스〗 탤런트 (화폐·무게의 단위).
de ~ 유능한, 수완이 있는 ; (작품이)훌륭한. peintre ***de*** ~ 재능있는 화가. ***enfouir son*** ~ 자기 재능을 썩이다. ***Montrez-nous vos*** ~ ***s***. 〖구어〗당신이 할 수 있는 것을 우리에게 보여주시오.

talentueusement [talɑ̃tyøzmɑ̃] *ad*. 재주있게.
talentueux(se) [talɑ̃tyø, -øːz] *a*. 재주〖재능〗있는.
taler [tale] *v.t*. ① (특히 과일을)상하게 하다. ② 괴롭히다 (importuner).
—**se** ~ *v.pr*. (과일이)상하다.
taleth [talɛt] 〖헤브라이〗 *n.m*. 탈리스 (교회당에서 유태인 남자가 기도할 때 걸치는 어깨걸이).
taline [talin] *n.f*. 식물성 버터.
talion [taljɔ̃] *n.m*. 〖역사〗 동죄(同罪)의 형벌; 모진 복수. loi du ~ 동태복수법(同態復讐法), 반좌법(反坐法)(가해자에게 피해자와 같은 정도의 고통을 주는 형벌의 법체).
talipot [talipo] *n.m*. =**tallipot**.
talisman [talismɑ̃] *n.m*. 부적 ; 〖비유적〗신기한 힘이 있는 물건.
talismanique [talismanik] *a*. 부적의, 액막이해 주는; 신기한 힘이 있는.
talith [talit], **taliss** [talis] *n.m*. =**taleth**.
talitre [talitr] *n.m*. 〖동물〗 모래벼룩.
talkie-walkie [tokiwoki] (<〖영〗*walkie-talkie*) *n.m*. 워키 토키 (근거리 통화에 이용되는 휴대용 무선 전화).
tallage [talaːʒ] *n.m*. 〖농업〗 흡지(吸枝)가 남, (그루터기에)새싹이 남 ; (집합적)새로 돋아나는 가지.
talle [tal] *n.f*. 〖농업〗 뿌리순, 흡지(吸枝).
tallement [talmɑ̃] *n.m*. 〖농업〗 흡지가 남.
taller [tale] *v.i*. 〖농업〗 흡지가 나다.
tal(l)eth [talɛt] *n.m*. =**taleth**.
tallevas [talvaːs] *n.m*. 〖고고학〗 (중세의 타원형의)큰 방패.
tallipot [talipo] *n.m*. 〖식물〗 야자나무의 일종 (실론 등지에 나머 부채모양의 잎을 가짐).
talmouse [talmuːz] *n.f*. 〖요리〗 파이의 일종. ②〖속어〗따귀 때리기(gifle) ; 주먹질.
talmouser [talmuze] *v.t*. 〖엣·속어〗따귀 때리다 ; 주먹질하다.
Talmud [talmyd] *n.pr.m*. 〖유태교〗 탈무드 (유태교의 율법).
talmudique [talmydik] *a*. 탈무드의.
talmudiste [talmydist] *n.m*. 탈무드 편집자〔학자·신봉자〕.
talochage [talɔʃaːʒ] *n.m*. 〖구어〗 (머리·얼굴을)손바닥으로 때림(gifle, tape).
taloche[1] [talɔʃ] *n.f*. 〖구어〗 (특히 어린애의 머리·얼굴을)손바닥으로 때림 (gifle, tape). donner (flanquer) une ~ 따귀를 때리다.
taloche[2] *n.f*. (미장이의)흙받이. ② 〖농업〗 (버섯의 모상을 때리는)작은 삽.
talocher [talɔʃe] *v.t*. (의)머리〔얼굴〕를 손바닥으로 때리다. ~ un enfant 어린애를 철썩 때리다.
***talon** [talɔ̃] *n.m*. ① 발뒤꿈치 ; (말 따위의)발굽 뒤축 ; (신발·양말의)뒤축 ; 박차(拍車). s'asseoir sur les ~s 무릎꿇고 앉다, 쭈그리고 앉다. tourner (pivoter) sur ses ~s 발뒤꿈치로 돌아서다. traîner ses ~s par les rues 어슬렁거리다, 배회하다. (souliers à) ~s hauts 하이힐, 굽이 높은 신. chaussette reprisée au ~ 뒤꿈치를 기운 양말. presser un cheval du ~ 말에 박차를 가하다. pincer les deux ~s ; serrer les ~s 양쪽의 박차를 가하다. ② (사물의)말단 ; (빵·햄 따위의)가장자리 ; (골프채의)끝머리 ; 〖음악〗 (바이올린의)활 조절 부분 ; (당구채의)슬퍼. ~ de la quille 〖선박〗용골의 뒤몰통출부. ~ de la main 손목에 가까운 손바닥부분. donner un coup de ~ 〖해양〗 용골이 바다 밑에 닿다. ③ 〖카드놀이〗돌리고 남은 카드. ④ (수표·어음·영수증·입장권 따위의)원장 부분 (~ de souche). ⑤ 〖건축〗 총화(葱花)장식리. (~ de collier).
avoir des ailes aux ~ ***s*** 나는 듯이 빠르다.
être bien dans les ~ ***s*** ; ***connaître les*** ~ ***s*** (말이)박차에 따라 움직이다, 다루기 쉽다.
marcher (être) sur les ~ ***s de qn*** …의 바로 뒤를 따라가다 ; 추적하다.
montrer (tourner) les ~ ***s*** 도망치다.
~ ***d'Achille*** 급소, 약점.
~ ***rouge*** 〖중세사〗 (뒤축이 붉은 구두를 신은 17세기의)귀족; 멋장이. Il est très ~ rouge. 그는 아주 멋지다.
voir les ~ ***s de qn*** 귀찮은 …이 가버려 한숨놓다.
talonnage [talɔnaːʒ] *n.m*. ①〖해양〗용골의 해저 접촉(海底接觸). ② 〖럭비〗 힐아웃 (스크럼 때 발뒤축으로 공을 뒤로 차내기).
talonnement [talɔnmɑ̃] *n.m*. ① (말에)박차를 가함. ② 뒤쫓기, 추격 ; 들볶기(harcèlement). ③ 〖해양〗용골이 해저에 닿음.
talonner [talɔne] *v.t*. ① 바싹 뒤따르다, 추적〔추격〕하다(poursuivre). ~ l'ennemi 적을 바싹 추격하다. ② (말에)박차를 가하다. ③ 괴롭히다, 들볶다(harceler). Ses créanciers le talonnent. 빚장이들이 그를 들볶는다. La faim le talonnait. 그는 허기져 있었다. ④ 〖럭비〗 힐아웃하다 ; 〖축구〗 (발뒤축으로)백패스하다.
—*v.i*. 〖해양〗 용골이 해저에 닿다.
talonnette [talɔnɛt] *n.f*. ① (구두의)뒤축 가죽 (고무) ; (엣)양말 뒤축의 겹으로 된 부분. ② 바지 자락 안쪽에 대는 천.
talonneur [talɔnœːr] *n.m*. 〖럭비〗 후커 (스크럼 때의 중심 선수).
talonnier [talɔnje] *n.m*. 구두 뒤축 만드는 직공.
talonnière [talɔnjɛːr] *n.f*. ① 〖미술〗 모델의 발꿈치에 대는 나무조각 (포즈를 취하기 쉽게 만들어 줌). ② 〖의학〗(수술대의)발받침. ③ (*pl*.) 〖신화〗 Mercure 의 발뒤축에 돋친 작은 날개.
talpa [talpa] *n.m*. 〖의학〗 머리의 육종.
talpack [talpak] *n.m*. 〖터키〗(엣)〖군사〗 (챙이 없는)기병의 군모.
talpidés [talpide] *n.m.pl*. 〖동물〗 두더지과.
talquer [talke] *v.t*. (에)활석(滑石)을 칠하다.
talqueux(se) [talkø, -øːz] *a*. 〖광물〗 활석의, 활석질의.
talure [talyːr] *n.f*. (과일의)흠.
talus [taly] *n.m*. ① 경사지, 비탈, 사면 ; 경사, 기울기, 물매. en ~ 비스듬히. ~ gazonné 잔디를 심은 경사지. ~ continental 〖지질〗 대륙사면. ② (활쇄)활자의 면과 어깨와의 사이 부분.
—*a. m*. pied ~ 〖의학〗 앙지족(仰趾足).
talutage [talytaːʒ] *n.m*. ① 경사 (비탈)지게 하기, 비스듬히 만들기. ② 경사, 물매.
taluter [talyte] *v.t*. 경사 (비탈)지게 하다.
talweg [talveg] *n.m*. =**thalweg**.
tamandua [tamɑ̃dɥa] *n.m*. 〖동물〗 작은개미핥기.
tamanoir [tamanwaːr] *n.m*. 〖동물〗 큰개미핥기.
tamar [tamaːr] *n.m*. 〖약〗 하제(下劑).
tamaricacées [tamarikase] *n.f.pl*. 〖식물〗 위성류과(科).
tamarin[1] [tamarɛ̃] *n.m*. 〖식물〗 ① 타마린드 (콩과의 상록교목) ; (그)열매. ② =tamaris.

tamarin² *n.m.* 【동물】(남아프리카산)명주원숭이의 일종.
tamarinier [tamarinje] *n.m.* 【식물】타마린드.
tamaris [tamaris], **tamarix** [tamariks] *n.m.* 【식물】위성류.
tambouille [tābuj] *n.f.* ①(구어)맛없는 음식, 보잘것없는 요리. ②《속어》취사, 요리(cuisine). faire la ~ 요리(취사)하다.
tamboul [tābul] *n.m.* 【식물】(마다가스카르의)북나무.
tambour [tābu:r] *n.m.* ① 북. battre le[du] ~ 북을 치다. roulement de ~ 북소리. ~ de basque 탬버린. ② 북치는 사람, 고수(鼓手). ~ de ville 관청의 포고를 온 마을에 알리고 다니는 관리. ③ 원통형(圓筒形)의 물건, 드럼, 실린더; 둥근 수틀; 【건축】원통형 석재; 【어업】물레, broder au ~ 둥근 수틀을 써서 수놓다. ~ de frein 【자동차】브레이크 드럼. ~ laveur 세탁기의 물통. ~ (cylindrique(tournant)) 회전문. ~ de moulinet (낚시대의)릴드럼. ④(옛)【해부】고실(鼓室)이, 고막. ⑤【동물】(매미의)발음기; pigeon ~ 드럼비터 (울음소리를 감상하기 위한 집비둘기). *au son du* ~ 북소리를 내면서; 떠들썩하게, 삼가지 않고. *avoir le ventre tendu[la peau tendue] comme un* ~ 배가 불룩하게 나와 있다. *raisonner comme un* ~ 알아듣지 못할 말을 하다; 말이 안되는 말을 하다. *sans* ~ *ni trompette* 슬그머니, 은밀히. ~ *battant* ⓐ 북을 치면서. ⓑ 신속하게, 민첩하게. mener une affaire ~ *battant* 일을 척척 해치우다. ⓒ 거칠게, 호되게. traiter *qn* ~ *battant* …을 거칠게 다루다.
tambourin [tāburɛ̃] *n.m.* ①(북채 하나로 치는)긴 북; 긴 북을 치는 사람; (긴 북으로 박자를 맞추는)춤, 무곡. ② 탬버린(tambour de basque). ③(양 가죽을 붙인)일종의 둥근 라켓.
tambourinage [tāburinaʒ] *n.m.* ① 북치기; 북소리. ②(손이나 막대기로 따위로)두드리기. ③《구어》떠들어대기; 야단스럽게 말하기.
tambourinaire [tāburinɛ:r] *n.m.* ① 긴 북(tambourin)을 치는 사람; (남프랑스·아프리카의)북치는 사람. ② 관청의 포고를 마을에 알리고 다니는 관리(tambour de ville).
tambourinement [tāburinmā] *n.m.* =**tambourinage** ①, ②.
tambouriner [tāburine] *v.i.* ①(손가락 끝 따위로)단단한 것을 두드리다. ~ à[sur] la porte de *qn* …의 방문을 두드리다. La pluie *tambourine* sur les vitres. 비가 유리창을 두드린다. ②《옛》(긴)북을 치다. —*v.t.* ①(긴)북으로 연주하다; (북처럼)둥둥 두드리다. ~ une marche 북으로 행진곡을 연주하다. langages *tambourinés*(아프리카 원주민 따위의)북소리를 사용한 신호전달법. ~ les épaules de *qn* …의 어깨를 톡톡 두드리다. ②《옛》북을 쳐서 알리다. ③《구어》떠들어대다; 야단스럽게 말하다. ~ une nouvelle 소문을 야단스럽게 퍼뜨리다.
tambourineur(se) [tāburinœ:r, -ø:z] *n.* ①(아프리카·아시아의)북치는 사람; 북으로 신호하는 사람. ②(드물게)긴 북(tambourin)을 치는 사람.
tambour-major [tāburmaʒɔ:r] (*pl.* ~**s**~**s**) *n.m.* 【군사】(연대의)고적대장(鼓笛隊長).
tamia [tamja] *n.m.* 타미아(북미 및 북아시아에 사는 다람쥐의 일종).
tamier [tamje] *n.m.* 【식물】마과(科)의 일종.
tamil [tamil] *n.m.* 타밀어(語)(tamoul).
taminier [taminje] *n.m.* =**tamier**.

tamis [tami] *n.m.* ① 체, 여과기. secouer un ~ 체질을 하다, 체로 치다. ~ *à farine* 밀가루체. ② ~ moléculaire 【화학】분자체. ③(체 따위의)차양의 가벼운 진동. *passer au(par le)* ~ 체로 치다;《비유적》엄밀하게 거르다, 엄선하다.
tamisage [tamizaʒ] *n.m.* ① 체질, 체로 거르기. ~ de la farine 밀가루의 체질. ② 빛을 부드럽게(약하게) 하기. ③ 【철도】(고속으로 달릴 때의)차량의 가벼운 진동.
tamisation [tamizasjɔ̃] *n.f.* 체질.
Tamise(la) [latami:z] *n.pr.f.* 【지리】템즈 강.
tamise [tami:z] *n.f.* 【직물】타미즈 모직물.
tamiser [tamize] *v.t.* ①(밀가루·모래 따위를)체로 치다; (액체를)여과하다, 거르다. ~ *du sable* 모래를 체로 치다. ②(빛을)누그러뜨리다, 부드럽게 하다. rideaux qui *tamisent* la lumière 빛을 누그러뜨리는 커튼. ③《비유적》(언어를)순화하다, 엄밀하게 음미하다. —*v.i.* ① 체로 걸러지다. Cette farine *tamise* bien. 이 밀가루는 잘 걸러진다. ②【해양】(돛이 해져서)바람이 통하다. ③【철도】(차량의)가벼게 진동하다.
tamiserie [tamizri] *n.f.* 체 제조소.
tamiseur(se) [tamizœ:r, -ø:z] *n.* 체질하는 사람. —*n.f.* (밀가루를)체질하는 기계.
tamisier(ère) [tamizje, -ɛ:r] *n.m.* 체 제조(판매)인.
tamoul(e) [tamul] *a.* 타밀 사람의. —T— *n.* 타밀 사람(남인도의 드라비다족). —*n.m.* 타밀어(語).
tampico [tāpiko] *n.m.* 탐피코 섬유(용설란 따위에서 채취한 식물섬유).
tampon [tāpɔ̃] *n.m.* ① 마개(bouchon); (맨홀 따위의)뚜껑. arrêter une fuite d'eau avec un ~ 물이 새는 것을 마개로 틀어막다. ~ *de liège* 코르크마개. ~ *de bouche* (군함의)포구마개. ②【외과】탐폰, 면구(綿球); 지혈전(止血栓). ~ hygiénique 생리용 탐폰. ③(니스칠 따위에 쓰는)패드, 탐폰; 솜방망이, 헝겊뭉치. vernir un meuble au ~ 패드로 가구에 니스칠을 하다. ~ encreur 스탬프 패드. ~ buvard 압지(壓紙)틀. ④【건축】(못을 박기 위해 벽 속에 넣는)나무쐐기. ⑤ 고무인(印), 소인, 검인, 스탬프. apposer le ~ officiel sur un passeport 여권에 관인을 찍다. ~ *de la poste* 우체국의 소인. ⑥【철도】(기차의)완충기(緩衝器) (~ *de choc*), 완충 장치. 《비유적》완충, 중재. coup de ~ (열차의)충돌;《속어》주먹다짐; 전투; 위기. zone ~ 완충지대. État ~ 완충국. solution ~ 【화학】완충 용액. servir de ~ entre les deux adversaires 두 적대자 사이에서 중재자 노릇을 하다. ⑦【군사】종졸(從卒); 종졸(ordonnance)의 둥글고 납작한 모자. *en* ~ 뭉쳐 뭉쳐서(구겨서). rouler un mouchoir *en* ~ 손수건을 뭉쳐 뭉치다.
tamponnade [tāponad] *n.f.* 【의학】심장 탐포나데, 심낭전색(心囊栓塞).
tamponnage [tāponaʒ] *n.m.* 【화학】(용액의)완충; 【의학】탐폰을 사용해서 약을 바르기.
tamponnement [tāponmā] *n.m.* ① 마개(쐐기)를 틀어막기. 【의학】(상처에)솜·가제를 틀어막기. ②(니스 칠장이가)패드로 칠하기(썻어내기). ③(자동차·열차의)충돌; ②【속어】주먹다짐, 구타. ④【철도】(차량의)완충장치.
tamponner [tāpone] *v.t.* ①(탐폰·패드 따위로)닦다, 지르다; 니스를 칠하다. ~ doucement la plaie avec de l'ouate 솜으로 상처를 가볍게 닦다. ~ une table avec du vernis 테이블에 니스칠을 하다. ②【의학】(상처를 가제 따위로)틀어막다.

③ (벽에)나무쐐기를 박다; 《엣》마개를 막다[끼우다]. ④ 검인[소인·스탬프]을 찍다(timbrer). ~ une lettre 편지에 소인을 찍다. ~ 《차량끼리》완충기로 부딪치다; (기차나 자동차가)충돌하다. La voiture *a tamponné* le mur. 자동차가 벽을 들이받았다. ⑥ ~ une solution 《화학》용액을 완충하다. ⑦《속어》주먹다짐하다, 때리다.
—**se ~** *v.pr.* ① (탐폰 따위로)자신의 …을 닦다 [가볍게 두드리다]. *se* ~ *les yeux avec le mouchoir* 손수건으로 눈을 닦다. ②《차가 서로》충돌하다. ③《속어》서로 때리다.
s'en ~ (*le coquillard*)《구어》무시하다.

tamponneur(se) [tɑ̃pɔnœːr, -øːz] *a.* (다른 차와)충돌하는. train ~ 충돌하는 기차. autos ~*ses* (유원지에서 서로 부딪치면서 노는)전기자동차.
—*n.* 구멍을 막는 사람, 도장(검인)을 찍는 사람.
—*n.m.* 《전기》색류(塞流)코일, 리액터.

tamponnier [tɑ̃pɔnje], **tamponnoir** [tɑ̃pɔnwaːr] *n.m.* (벽 따위의 속에 나무쐐기를 박기 위해)구멍 뚫는 끌.

tam-tam [tamtam] *n.m.* ① 바라, 징. ② (아프리카 원주민의)북, 탐탐; 탐탐의 반주에 의한 노래[춤]; (신호를 전달하기 위한)북소리. ③《구어》소란; 요란한 선전, 야단법석. faire du ~ autour de *qc* …으로 떠들썩하다, 야단법석을 떨다.

tan [tɑ̃] *n.m.* 탠피(皮) 《무두질에 쓰는 참나무 따위의 껍질》. —*a.* 탠피색의, 황갈색의.

tanagra [tanagra] *n.m.*(*f.*) ① 《고고학》타나그라 인형《그리스의 고도 *Tanagra*에서 발굴된 작은 조상(彫像)》. ②《비유적》날씬한 미인.

tanaisie [tanɛ(e)zi] *n.f.* 《식물》쑥국화.

tancer [tɑ̃se] *v.t.* 《문어》꾸짖다(réprimander). ~ vertement son fils 아들을 호되게 꾸짖다.

tanche [tɑ̃ʃ] *n.f.* 《어류》잉어의 일종; museau de ~ 《해부》자궁 경관부(頸管部).

tanchis [tɑ̃ʃi] *n.m.* 《건축》(지붕의)골.

tandem [tɑ̃dɛm] 《영》*n.m.* ① 세로로 나란히 맨 두 필의 말; (그)말이 끄는 마차. ② 두 사람이 앞뒤로 나란히 앉게 된 2인승 자전거. ③《구어》단짝《협력하는 두 사람》; (두 사람 또는 두가지 것의)협력, 조화. un ~ d'escrocs 2인조 사기꾼. ④ cylindres en ~《기계》직렬(直列)실린더.
en ~ 《둘이》함께, 어울려서. faire un long voyage *en* ~ 둘이 어울려서 오래 여행을 하다.

tandémiste [tɑ̃demist] *n.* 2 인승 자전거(tandem)를 타는 사람.

:tandis que [tɑ̃dik] *loc.conj.* ① 《동시성》…하는 동안 [사이]에(pendant que), …하는데(comme). Nous sommes arrivés *tandis qu'*il déjeunait. 그가 점심을 먹고 있는데[먹는 사이에] 우리가 도착했다. ②《대립》…하는 반면에, 한편(alors que). Vous reculez, *tandis qu'*il faudrait avancer. 전진을 해야 하는데 당신은 반대로 물러서고 있다. ③《엣》…하는 동안 내내, …하는 한(aussi longtemps que). ~ vous vivrez 당신이 살아계시 동안.

tandour [tɑ̃duːr] *n.m.* (근동 지방에서 사용하는)화로.

tang. 《약자》tangente 【기하】접선.

tangage [tɑ̃gaːʒ] *n.m.* (배·비행기·기관차의)앞뒤로 흔들림, 키질(↔roulis).

tangara [tɑ̃gara] *n.m.* 《조류》(아메리카산의)휘파람새의 일종.

tangence [tɑ̃ʒɑ̃ːs] *n.f.* 《기하》접촉. point de ~ 접점. ligne de ~ 접선.

tangent(e) [tɑ̃ʒɑ̃, -ɑ̃ːt] *a.* ① [~ à]《수학》(에)접(촉)하는; 접촉[접선]의. une droite ~*e à* un cercle 한원에 접하는 한 직선. ② 합격점에 가까운 점수를 딴; 아슬아슬하게 합격하는. Il a été reçu à son examen, mais c'était ~. 그는 합격하기는 했지만 낙제로 뻔했다.
—*n.* 합격점에 가까운 점수를 딴 학생; 겨우 합격한 학생.
—*n.f.* ① 【기하】접선; 【수학】(삼각함수의)정접, 탄젠트. ~*e* principale 정접선. ②《학생어》(대학의)수위(appariteur); (필기시험의)감독자; (파리 이공과 대학 제복의)검(劍).
prendre la ~e; 《엣》*s'échapper par la ~e* 몰래 도망가다; 문제를 교묘하게 회피하다, 어려운 일을 교묘하게 처리하다.

tangenter [tɑ̃ʒɑ̃te] *v.t.* 따라서 가다, 끼고 가다 (longer, côtoyer).

tangentiel(le) [tɑ̃ʒɑ̃sjɛl] *a.* 【기하】접선의, 정접 (正接)의. coordonnées ~*les* 접선 좌표. force ~*le* 《물리·지질》접선력.

tangentiellement [tɑ̃ʒɑ̃sjɛlmɑ̃] *ad.* 접촉하여, 접선적으로.

Tanger [tɑ̃ʒe] *n.pr.* 《지리》 탕헤르《모로코의 항구도시》.

tangerine [tɑ̃ʒ(ə)rin]《영》*n.f.* 【식물】 탄저린귤.

tanghin, tanghen [tɑ̃ʒɛ̃] *n.m.* 【식물】탕기니아 《마다가스카르산의 상록수》; (그 열매에서 얻는) 탕기니아 독액.

tangibilité [tɑ̃ʒibilite] *n.f.* 만져서 알 수 있음; 확실성, 명백성.

tangible [tɑ̃ʒibl] *a.* 만져서 알 수 있는, 촉지(觸知)할 수 있는. ② 확실한, 명백한. preuve ~ 명백한 증거.

tangiblement [tɑ̃ʒibləmɑ̃] *ad.* ① 만져서 알 수 있게. ② 명백하게, 확실하게.

tangitan(e) [tɑ̃ʒitɑ̃, -an] *a.* 탕헤르(*Tanger*)의.
—**T~** *n.* 탕헤르 사람.

tango [tɑ̃go] 《에스파냐》*n.m.* ① 《무용·음악》 탱고(춤 또는 그 곡). ② 밝은 오렌지색. —*a.* 《불변》밝은 오렌지색의.

tangon [tɑ̃gɔ̃] *n.m.* (군함의)불쑥 내민 가로대《작은 배를 매거나 수뢰 방지 그물을 침》; 《해양》큰 삼각돛의 하활. ~ de pêche 어선에 고정된 장대.

tangue [tɑ̃ːg] *n.f.* (비료용의)진흙모래.

tanguer[1] [tɑ̃ge] *v.i.* (배·기차·비행기 따위가)앞뒤로 흔들리다, 키질하다; (뱃머리가)물속에 깊이 잠기다; (걸으면서)몸을 흔들다.

tanguer[2] *v.i.* 탱고를 추다.

tangueur [tɑ̃gœːr]《해양》*a.* 앞뒤로 몹시 흔들리는, 키질하는. —*n.m.* 앞뒤로 몹시 흔들리는 배.

tanguière [tɑ̃gjɛːr] *n.f.* 진흙모래(tangue)채취장.

tanière [tanjɛːr] *n.f.* ① (야수의)소굴, 굴(antre, repaire). ~ de l'ours 곰의 굴. ② 외딴집; 누옥(陋屋); 은거지, 은신처.

tanification [tanifikasjɔ̃] *n.f.*《드물게》탄닌화(化).

tanin [tanɛ̃] *n.m.* 《화학》탄닌.

tanique [tanik] *a.* 탄닌으로 이루어진.

tanisage [tanizaːʒ] *n.m.*, **tanisation** [tanizasjɔ̃] *n.f.* 탄닌 첨가.

taniser [tanize] *v.t.* ① 탄닌을 첨가하다. ② 탠피(皮)를 첨가하다.

tank [tɑ̃ːk] *n.m.* ①《엣》《군사》 탱크, 전차(戰車). ② 저장탱크, (가솔린 따위의)탱크; (유조선의)탱크; (캠프용)물탱크. ③《구어》 대형 자동차.

tanka [tɑ̃ka] *n.m.* 《복수동형》탄트라교 제식용 채색기(彩色旗)《특히 티베트에서 사용》.

tanker [tɑ̃kɛ(œ)ːr]《영》*n.m.* 유조선(pétrolier).

tankette [tɑ̃kɛt] *n.f.*《군사》 탱크, 소형 탱크.

tankiste [tɑ̃kist] *n.m.* 《군사》전차병.

tannage [tanaːʒ] *n.m.* ① 탄닌을 섞기; (가죽의)무두질. ②《사진》 정착(定着).

tannant(e) [tanɑ̃, -ã:t] *a.* ① 무두질에 쓰이는. écorces ~*es* 무두질용 나무껍질. ②《구어》귀찮게 구는, 진저리나는(lassant). Il est ~ avec ses requêtes. 그는 많은 청탁으로 귀찮게 구는 녀석이다.
tannate [tannat] *n.m.* 《화학》탄산염.
tanne [tan] *n.f.* ① 무두질한 가죽의 갈색 얼룩. ②《구어》여드름(comédon, loupe).
tanné(e¹) [tane] *a.p.* ① 황갈색의; 《구어》(햇볕에 타서) 구리빛이 나는(basané). avoir la peau ~e 피부가 (햇볕에 타서) 구리빛이다. ② 무두질한. peaux ~*es* 유피. —*n.m.* 황갈색.
tannée² *n.f.* ① 탠피 찌끼(탄닌산을 빼낸 후의). ②《속어》(연달은) 구타; 대패(大敗). recevoir (donner) une ~ 몹시 얻어맞다[때리다].
tanner [tane] *v.t.* ① (가죽을) 무두질하다; 《속어》햇볕에 그을게 하다. ② 귀찮게 [성가시게] 굴다(importuner, ennuyer); 귀찮게 부탁[청탁]을 하다. Tu nous *tannes*! 귀찮구나!
tannerie [tanri] *n.f.* ① 무두질 공장, 피혁 무두질 공장. ② 제혁업.
tanneur [tanœ:r] *n.m.* 무두장이, 피혁 제조[판매].
tannin [tanɛ̃] *n.m.* =tanin.
tannique [tanik] *a.* 탄닌으로 된. acide ~ 《화학》탄닌산.
tannisage [tanizaʒ] *n.m.* =tanisage.
tanniser [tanize] *v.t.* =taniser.
tanrec [tɑ̃rɛk] *n.m.* 《동물》(마다가스카르산의) 고슴도치의 일종.
tan(-)sad [tɑ̃sad] *n.m.* 오토바이의 보조 안장.
:tant [tɑ̃] *ad.* I. 《강도》① 그렇게 많이, 그처럼, 그토록(tellement). votre oncle qui vous aimait ~ 당신을 그토록 사랑하던 당신 아저씨. Ne pleurez pas ~. 그토록 울지 마세요. J'ai ~ mangé. 나는 무척 많이 먹었다. voyage ~ désiré 그토록 바라던 여행. J'en ai ~ besoin. 나는 그것이 그렇게도 필요하다. ⓑ [~ de+명사] 그처럼 많은. J'ai été ~ *de* fois chez lui. 나는 여러번 그의 집에 갔었다. 《부정문에서》Ne faites pas ~ *de* façons. 그렇게 너무 호들갑떨지 마시오. 《의문문에서》À quoi bon prendre ~ *de* peine? 그토록 수고를 해서 무슨 소용이 있는가? il y a ~ *d*'années여러해 전에. [~ de +대명사]J'aime le voyage comme ~ *d*'autres. 나는 다른 많은 사람들처럼 여행을 좋아한다.
② 《que 와 더불어; 원인·결과》너무나 …하기 때문에, …할 정도로 (…하다). ⓐ [~...que] Elle pleuvait ~ *qu*'elle ne pouvait plus parler. 그 여자는 하도 많이 울었기 때문에 더 이상 말을 할 수가 없었다. Il a ~ travaillé *qu*'il en tombé malade. 그는 너무 일[공부]을 했기 때문에 병이 나고 말았다. ⓑ [~de+명사+que] Il a ~ *de* livres *qu*'il ne sait où les mettre. 그는 책이 너무 많아서 어디에 두어야 할지를 모른다. Il la supplia avec ~ *d*'insistance *que* sa mère céda. 그가 하도 열심히 간청했기 때문에 어머니는 뜻을 굽혔다.
③ 《que 와 더불어; 동등》…와 마찬가지로, …만큼(autant). ⓐ《부정의문문에서》Vous ne me plaisez pas ~ *qu*'elle. 당신은 그 여자만큼 내 마음에 들지 않소. Rien ne pèse ~ *qu*'un secret. 비밀만큼 중한 것은 없다. 《긍정문에서》 ~ pour vous *que* pour moi 나를 위한 것과 마찬가지로 당신을 위해서도. ~ *qu*'il vous plaira 원하시는 것만큼, 얼마든지. Il frappe ~ *qu*'il peut. 그는 힘껏 때린다.
④《문어》《앞의 문장을 받아 원인을 나타냄》그 정도로(그가 …하기 때문에). Il n'a jamais pu cacher cette erreur, ~ il est sincère. 그는 그 잘못을 감추지 못했다, 그만큼 그는 솔직한 사람이다. 《때로는 주절에 선행》T~ le froid était vif, il grelottait. 너무나도 매우 추위여서 그는 덜덜 떨고 있었다.
II. 《명사적 용법: 명시하지 않은 양(量) 따위를 나타냄》얼마(간), 약간. ~ pour cent 백분의 얼마. être payé (à) ~ par mois 다달이 얼마를 지불받다. le ~ 떠킨날. Il vous revient ~ de cet héritage. 이 유산상속에서 당신에게는 얼마간이 돌아옵니다. ~ de degrés 몇몇도(의 온도). en l'an de grâce onze cents et ~ 기원 1100 몇 년에.
III. 《비교》① ⓐ《시간》…하는 동안에는, …하는 한 (aussi longtemps que). [~ que+*ind.*] T~ *qu*'il y a de la vie, il y a de l'espoir. 생명이 있는 한 희망은 있다. jusqu'à ~ que+*sub.* 《옛》…할 [될] 때까지(jusqu'à ce que). ⓑ《공간》…하는 한 (aussi loin que). ~ que la vue peut s'étendre 눈길이 닿는 한.
② 《긍정문에서 que 와 더불어》…만큼, …토록, …하는 것 (만큼) 하는(autant); 《구어》매우, 몹시. [~ que+*ind.*] Prenez-en ~ *que* vous voudrez. 원하시는 만큼 드십시오. ~ *qu*'il peut 그의 힘이 미치는 데까지. Il pleut ~ *qu*'il peut. 매우 비가 온다. ~ *que* ça 그토록(까지). Dis-moi pourquoi tu tiens à lui ~ *que* ça. 왜 네가 그에게 그토록 집착하는지를 말해봐.
③ 《부정문 《옛·문어》의문문에서 que 와 더불어》 같은 정도로, 그만큼(autant). [~(...) que+명사/대명사+*ind.*] Je ne bois pas ~ *que* vous. 저는 당신만큼 술을 마시지는 않습니다. Tu ne travailles pas ~ *que* ton frère. 너는 네 동생만큼 일[공부]하지 않는다. Il n'a pas ~ d'intelligence *que* d'énergie. 그는 머리가 좋다기보다 정력이 있다.
④《que 와 더불어》…와 마찬가지로(똑같이)…하는, …도 또한(aussi bien...que). [~... que+명사/형용사; ~...que+전치사+명사/대명사] Ils étaient cinquante, ~ hommes *que* femmes. 그들은 남자도 여자도 합쳐서 50명이었다. liberté ~ civile *que* politique 시민적 및 정치적 자유. ~ pour vous *que* pour moi 당신을 위해서도 저를 위해서도.
⑤ 《대개 valoir 동사와 더불어》[~...~...] …하는 만큼 …하다. T~ *vaut* l'instituteur primaire, ~ *vaudra* l'enseignement. 국민학교 교사가 우수한 것이 될것이다. T~ *vaut* l'homme, ~ *vaut* la terre. 토지의 수익은 경작자의 노력에 비례한다.
⑥《옛》《양보》[~+형용사+que+*sub.*] 아무리 …라 하더라도(aussi...que+*sub.*). ~ dévouée *qu*'elle soit(soit-elle) 그 여자가 아무리 헌신적이라 하더라도.
IV. 《옛》à ~ 그 때; entre ~ 그 동안에. sur et ~ de moins de ~ plus(moins)... plus [moins]... 더[덜]…하면 할수록 더[덜]…; ~ seulement 다만, 단지.

en ~ que ..., …로서, …의 자격으로; …의 범위내에서. en ~ *que* Français 프랑스 사람으로서.
être ~ à ~ (경기에서) 동점이다.
si ~ est que+*sub.* 《문어》…한다면, …라고 가정하면.
~ bien que mal 이럭저럭, 간신히. 〔면.
~ et plus 하도 많이; 그 이상, 또 많이. Des livres, j'en ai consulté ~ *et plus*. 나는 수없이 많은 책을 들추어 보았다.
~ et si bien que; ~ et ~ que 매우 …이기 때문에;《문장앞에》그래서, 그러므로.
~ et ~ de 아주 많은.
~ il est vrai que 따라서, 그런 고로《앞의 말을 입증하는 사실을 말하려 할 때》.
~ (il) y a que 그토록 …이기 때문에(…이다); 좌우간, 여하튼.

T~ *mieux!* 그것 잘 됐다, 안성마춤이다.
T~ *pis!* 낭패로군; 딱한 일이다; 할 수 없다.
T~ *pis* ~ ***mieux.*** 그건 아무래도 좋다.
~ *plus que moins* 이왕이면 많이; 대략.
~ *qu'à*+*inf* 어차피 …할 바에는 (pour ~ *faire*). *T~ qu'à faire, faites-le bien.* 어차피 할 바에는 잘 하시오. *T~ qu'à vendre à perte, fermons la boutique.* 손해 보고 팔 바에는 가게 문을 닫읍시다.
~ *qu'à moi* [*toi*] 《구어》 나 [너] 는 어떤가 하면. *T~ qu'à moi, je ne suis pas de cet avis.* 나로 말하면 그 의견에 찬성하지 않는다.
T~ *s'en faut.* 어림도 없다.
T~ *s'en faut que*+*sub.* …이기는커녕(그 반대다).
tous ~ *que nous sommes* 우리들 모두.
Vous m'en direz ~. 《구어》 알겠소, 당신 말은 조금도 놀랄 게 없어요.
tantalate [tɑ̃talat] *n.m.* 《화학》 탄탈산염.
Tantale [tɑ̃tal] *n.pr.m.* 《그리스신화》 탄탈로스. *supplice de ~* 잡힐 듯하면서도 잡히지 않는》 안타까운 고통. **—t~** *n.m.* 《조류》 황새의 일종.
tantale [tɑ̃tal] *n.m.* 《화학》 탄탈.
tantalique [tɑ̃talik] *a.* 《화학》 탄탈의.
tantaliser [tɑ̃talize] *v.t.* 안타깝게 괴롭히다.
tantalite [tɑ̃talit] *n.f.* 《광물》 탄탈석(石).
*****tante** [tɑ̃t] *n.f.* ① 백모, 숙모, 고모(이모·외숙모), 아주머니. ~ *paternelle* [*maternelle*] 백모, 숙모, 고모[외숙모·이모]. *~ à la mode de Bretagne* 당숙모, 외당모; 《구어》 먼 친척 아주머니. ② 《속어》 비역장이 [남색가]의 여자역; 바보. ③ *ma ~* 《구어》 전당포. *chez ma ~* 전당포에.
tantet [tɑ̃tɛ] *n.m.* 《옛》 =**tantinet.**
tantième [tɑ̃tjɛm] *a.n.pr.m.* 기정(既定)의, 어느 일정의, 얼마큼의. *la ~ partie des bénéfices* 이익의 어느 일정의 비율. **—***n.m.* 퍼센티지, 정률(定率), (이익의)배당율; 《상업》 중역배당. *prélever un ~ de 5 pour cent* 5 퍼센트를 공제하다. *le ~ courant* 《상업》 이달 모(某)일.
tantin [tɑ̃tɛ̃] *n.m.* 《속어》=**tantinet.**
tantine [tɑ̃tin] *n.f.* 《속어》 백모, 숙모, 고모(이모), 아주머니.
tantinet [tɑ̃tinɛ] *n.m.* 《옛·구어》 아주 조금. [*un ~ de*] *un ~ de pain* (아주)약간의 빵. [*un ~*] *Elle était un ~ fâchée contre toi.* 그 여자는 너한테 조금 화가 나 있었다.
tantinette [tɑ̃tinɛt] *n.f.* 《속어》젊은 동성연애자의 여자역.
*****tantôt** [tɑ̃to] *ad.* ① (오늘) 오후에(cet après-midi). *Venez ~ prendre le thé.* 오후에 와서 차를 드세요. *À ~.* 그럼 오후에(만납시다). ② 《옛》금방, 곧, 조금 후에(bientôt); 아까, 조금 전에. *Voici ~ 5 ans que…* 《옛》 …한 지 곧 5년이 된다. ③ 혹은, 때로는 (parfois). [*~ … ~*] *T~ il rit, ~ il pleure.* 그는 어떤 때는 웃고 또 어떤 때는 운다. *T~ gai, ~ triste.* 때로는 명랑하고 때로는 슬프다. **—***n.m.* 《구어·사투리》① 조금후, 조금전. ② 오후. *lundi ~* 월요일 오후(에). *sur le ~* 오후에, 해질녘에.
tantouse, tantouze [tɑ̃tuːz] *n.f.* 《속어》동성연애자의 여자역.
tantouserie [tɑ̃tuzri] *n.f.* 《속어》비역, 남색. 「술.
tantrique [tɑ̃trik] *a.* 탄트라교의. *art ~* 탄트라 예
tantrisme [tɑ̃trism] *n.m.* 《종교》 탄트라 경전(經典)을 신봉하는 힌두교의 일파.
tanzanien(ne) [tɑ̃zanjɛ̃, -ɛn] *a.* 《지리》 탄자니아 (la Tanzanie)의. **—T~** *n.* 탄자니아 사람.
taoïsme [taoism], **taôïsme** [taoism] *n.m.* 《종교》 (노자(老子)의) 도교(道敎).

taoïste [taoist], **taôïste** [taoist] 《종교》 *a.* 도교의. **—***n.* 도교 신도.
taon [tɑ̃] *n.m.* 《곤충》 등에.
taonné(e) [tane] *a.* 등에에 쐰.
tapable [tapabl] *a.* 《구어》 돈을 차용하기 쉬운, 쉽게 꿀 수 있는.
tapabor(d) [tapabɔːr] *n.m.* 《옛》 (챙을 내릴 수 있는) 비바람막이 모자.
tapage [tapaːʒ] *n.m.* ① 소란, 소동, 떠들썩한[시끄러운] 소리. *~ infernal* 귀가 찢어질 듯한 소음. *~ injurieux* [*nocturne*] 야간소음. ② 소동, 물의, 추문(scandale); 떠들썩한 소문, 센세이션. *On a fait un beau ~ autour de ce divorce.* 이 이혼에 대해서 사람들은 한바탕 떠들어 댔다. *Son discours a fait du ~.* 그의 연설은 센세이션을 일으켰다. ③ 《미술》 심한 원색의 노출. *Il y a trop de ~ dans ce tableau.* 이 그림에는 지나치게 강한 색채가 나타나 있다. ④ 《운동》 빛기, 꾸기.
tapager(se) [tapaʒe] [3] *v.i.* 《드물게》떠들다, 소란을 피우다, 야단법석하다.
tapageur(se) [tapaʒœːr, -øːz] *a.* ① 떠들썩한, 시끄러운(bruyant, criard) 요란한, 유난스러운, 야단스러운. *enfant ~* 시끄러운 아이. *liaison ~se* 세상을 떠들썩하게 한 연애관계. *toilette ~se* 요란한 화장. ② 《미술》원색적인, 빛깔이 짙은. **—***n.* 떠들썩한 사람.
tapageusement [tapaʒøzmɑ̃] *ad.* 시끄럽게, 소란하게; 야단스럽게, 떠들썩하게, 요란하게; 화려하게, 유난스럽게.
tapant(e) [tapɑ̃, -ɑ̃ːt] *a.* (시계가) 치는 시각의 (sonnant). *à midi ~* 정각 12시에. *à cinq heures ~es* 정각 5시에(《·~s를 일치시키지 않고 현재분사로서 *à cinq heures tapant*이라고도 씀).
tape¹ [tap] *n.f.* ① 손바닥으로 치기, (뺨 따위를) 갈기기(claque, gifle). *~ amicale; petite ~* (애정의 표시로)뺨을 톡톡 치기. ② 《옛·구어》 실패(échec, insuccès). *ramasser une ~* 실패하다; 《연극》 (관중으로부터)야유당하다. *recevoir une ~* 《군사》 싸움에서 패배하다.
tape² *n.f.* 마개, 쐐기; 《군사》 포전(砲栓).
tapé(e¹) [tape] *a.p.* ① 농익은, (농익어서)상한, (과일을)납작하게 하여 말린. *pommes ~es* (잼 따위에 쓰는) 농익은 사과. ② 《속어》 기진맥진한 표정의, 피로의 기색이 짙은; 《구어》 미친, 머리가 돈. *bien ~* 성공한, 잘 된; 잘 사용된. *réponse bien ~* 적절한 대꾸. *un demi bien ~* 가득 부은 맥주 반 잔. *C'est ~ !* 그것 참 멋지게 받아 넣겠군!「난.
tape-à-l'œil [tapalœj] 《구어》 *a.* (불변) (빛깔·장식 따위가)눈에 띄는, 난한, 번드레한. **—***n.m.* 《복수 불변》 겉만 번드레한 것.
tapebord [tapbɔːr] *n.m.* =**tapabor(d).**
tapecul(l), tape-cul [tapky] (*pl.* **~~(s)**) *n.m.* ① (2인승)소형마차; 낡은 마차. ② 시소; 회전문. ③《해양》 뒷돛. ④《승마》 등자 없이 말타는 훈련. *faire du ~* (등자 없이)(말이 걸을 때마다)궁둥이를 치다. ⑤《건축》 (중세의 성의)작은 문이 달린 문. ⑥《속어》《철도》 역마다 정거하는 기동차.
tapée² *n.f.* 《구어》많음, 다수. *une ~ d'enfants* 많은 어린이들. *des ~s d'ennuis* 많은 골치거리.
tape-marteau [tapmarto] (*pl.* **~~x**) *n.m.* 《곤충》 방아벌레.
tapement [tapmɑ̃] *n.m.* ① (손바닥으로)치기, 치는 소리. *~s de pieds* 발구르기, 발구르는 소리. ② 《미술》 (동판부식법(eau-forte)에서) 방식층(防蝕層)용 그라운드 칠하기.
*****taper**¹ [tape] *v.t.* ① (사람을)손바닥으로 때리다 (battre); (물건을)두드리다(frapper). *~ un en-*

fant 어린 아이의 따귀를 때리다. ~ qc à coup de poing …을 주먹으로 치다. ~ des tapis (먼지를 털기 위해)카페트를 두드리다. ② 두드려서(소리를) 내다. (경멸)(피아노를)서투르게 치다. ~ trois coups à la porte 문을 세번 노크하다. ~ un air sur un piano 피아노로 곡조를 서투르게 치다. ~ (편지 따위를)타이프라이터로 치다. faire ~ un document 자료를 타자시키다. ④《구어》도달하다. C'est une voiture qui tape le 200 à l'heure. 이것은 시속 200킬로를 내는 차이다. ⑤《구어》(에게)돈을 빌다, 꾸다. ~ qn de dix francs …에게 10 프랑을 꾸다. ⑥《건축》(틈·구멍을 메우기 위해)메인트칠하다, (페인트·니스를)초벌칠하다; 《엣》《미술》(그림을)마구 날려 그리다. ⑦《엣》(머리를)빗질해 올리다, 지지다; (말의)갈기를 세우다. —v.i. ① 때리다, 치다(frapper). ~ des poings 먹으로 치다. [~ sur qn/qc] Pierre a tapé sur sa sœur. 《구어》피에르는 자기 여동생을 때렸다. Il tape sur tout le monde. (비유적)그는 모든 사람을 비방하다. Il m'a tapé sur l'épaule. 그는 내 어깨를 쳤다. ~ sur un clou pour l'enfoncer 못을 박기 위해서 치다. [~ dans qc] joueur qui tape dans un ballon 공을 차는(치는) 경기자. ② (타이프라이터 따위를)치다, (피아노를)서투르게 치다. ~ à la machine 타이프라이터를 치다. ~ bien[mal]타이프라이터를 잘[잘못]치다. ~ sur un piano (경멸) 피아노를 서투르게 치다. ③ (태양이)뜨겁게 내리 쬐다. Le soleil tape. 해가 쨍쨍 내리쬔다. ④《엣》(술이)오르다, 술기운이 돌다; 《속어》악취를 풍기다(puer). Ce vin tape fort. 이 술은 몹시 독하다. ~ à la tête (술이)머리에 오르다, 취하다. Ça tape ici. (속어)고약한 냄새가 나는군. ⑤《구어》 [~ dans qc] (을)실컷 먹고 마시다, 아낌없이 소비해 버리다. Ils ont tapé dans les réserves de provisions. 그들은 비축된 식량을 아낌없이 먹어치웠다. ⑥《엔지》덜덜거리다, 노킹하다. ⑦《야금》(제조시에 강철이)금가다, 트다.
~ à côté 실패하다, 속다.
~ dans le mille 성공하다; 옳게 짐작하다, 꼭 들어 맞히다.
~ du pied 발을 동동 구르다.
~ sur le ventre à [de] qn《구어》 …을 너무 허물없이 대하다.
—se v.pr. ① 서로 때리다[치다]. ② (se 는 간접목적보어)자기의. ~ [se] les cheveux 머리를 매만지다. se ~ les cuisses (만족해서)무릎을 탁 치다. C'est à se ~ la tête contre les murs. 《구어》벽에 박치기하는 격이다. C'est à se ~ derrière par terre. 터무니 없는 소리다, 놀라자빠질 일이다. ③《se 는 간접목적보어》《속어》먹다. se ~ un bon repas 한상 잘 차려 먹다. se ~ une femme (비어)여자를 따 먹다. ④《구어》(힘든 일을)하다. se ~ tout le travail 일을 다 해치우다. se ~ le trajet à pied 그 길을 걸어서 가다. ⑤《속어》(없이) 지내다(빼우다). Il peut toujours se ~. 그는 아직 기다릴 수 있다(급히 필요한 것은 아니다).
taper² v.t. 마개를 막다; 틀어막다(boucher).
tapette¹ [tapɛt] n.f. ①《구어》 살짝 (가볍게) 손바닥으로 치기; 구슬을 벽에 던지는 놀이.
tapette² n.f. ① 코르크 마개를 박는 망치의 일종; 나무 망치; 융단 두드리개, 파리채; 잉크 바르는 것, 착유봉(着油棒). ②《구어》혀(langue); 수다; 수다스러운 사람(bavard). Il a une fière ~ [une de ces ~]. 그는 정말 말이 많다, 수다쟁이이다. ③《속어》(동성연애자의)여자역(tante).
tapeur(se) [tapœːr, -øːz] n.《구어》(댄스파티의) 피아니스트. ②돈을 꾸러(빌기) 잘하는 사람.

—n.m.《무전》키, 전건(電鍵).
taphophilie [tafɔfili] n.f.《정신의학》묘지·묘비 애착증.
taphophobie [tafɔfɔbi] n.f.《정신의학》생매장 공포증.
tapi(e) [tapi] a.p. 쪼그려 앉은, (웅크려)숨은; (위험 따위가)숨은, 내재한.
tapin [tapɛ̃] n.m. ①《엣·구어》(군대의)북; 《속어》북 치는 사람. se conduire en ~ 서두르다. ②《속어》(매춘부의)손님 끌기(racolage); 길거리의 창녀. faire le ~ (매춘부가 길거리에서)손님을 끌다. ③《속어》일(travail). sur le ~ 작업중. aller au ~ 일하러 가다.
tapiner [tapine] v.i.《속어》(매춘부가)거리에서 손님을 끌다; 매음 행위를 하다; 일을 하다.
tapineuse [tapinøːz] n.f.《속어》매춘부.
tapinois(e) [tapinwa, -aːz] n.《엣》 숨어 행동하는 사람, 음험한 사람. en ~《속어》남몰래, 슬그머니.
tapioca, tapioka [tapjɔka] n.m. 타피오카 (manioc 뿌리에서 빼내는 식용 전분); 타피오카 수프.
tapir¹ [tapiːr] n.m. ①《동물》맥(貘). ②《학생속어》개인교수를 받는 학생. ③《군대속어》측량.
tapir² (se) [s(ə)tapiːr] v.pr. 쪼그리다, 웅크리다, 숨다(se cacher). ~ dans sa maison 집 안에 은거하다. se ~ dans son(l') égoïsme 이기주의로 뭉치다.
tapiriser [tapirize] v.i. 개인교수를 하다.
***tapis** [tapi] n.m. ① 양탄자, 융단. ~ de Perse 페르시아 융단. ~ de laine 모직 융단, 울 카페트. ~ de pied 소형 융단. ~ chauffant 전기 양탄자. ~ de prière (회교도의)기도용 휴대매트. ~ volant (magique) 마술 융단 (나는 [마법의] 융단. marchand de ~ 융단 행상인; 교활한 사람. ② (마루 따위에) 까는 자리, 융단 모양의 것; 잔디. ~ de linoléum 리놀륨 (깔) 자리. ~ de sol (야영의)깔개매트. ~ de neige 설원(雪原). ~ de gazon《원예》잔디. ~ de bombes 융단폭격. ③ (책상·게임테이블 위 따위의)보, 두꺼운 직물; 회의용 책상, 도박대 (~ vert). ~ de table 테이블보, 테이블센터. déposer sa mise sur le ~ 내깃돈을 테이블 위에 놓다. être sur le ~ 화제에 오르다; 심의되다. mettre qc sur le ~ …을 화제(의제)에 올리다, 문제 삼다. tenir qn sur le ~ …을 화제의 주인공으로 삼다. ④《권투 따위의》매트. aller au ~ 다운되다, 매트(땅바닥)에 쓰러지다. envoyer son adversaire au ~ pour le compte 상대방을 녹아웃시키다, 쓰러뜨리다. ⑤ ~ roulant 걷는 보도, 벨트컨베이어.
amuser le ~ 좌중의 사람들을 웃기다(즐겁게 하다).
faire ~ 카드놀이의 패를 펴보이다.
jouer ~ 손 안의 패를 전부 걸다.
Le ~ brûle. 아직 내깃돈을 거는 사람이 있다.
lever un beau ~ 내기로 큰 돈을 벌다.
revenir sur le ~ 다시 화제가 되다. La question de la hausse des prix est revenue sur le tapis. 고(高) 물가의 문제가 또 화제가 되었다.
tapis-brosse [tapibrɔs] n.m. 구두흙털개, 매트.
tapis-franc [tapifrɑ̃] n.m.《엣》(주로 악당들이 출입하는)뒷골목 술집.
tapissage [tapisaːʒ] n.m.《속어》(경찰에 의한)신원확인.
tapissant(e) [tapisɑ̃, -ɑ̃ːt] a.《식물》(이끼·바위 따위가)땅을 덮는.
tapisser [tapise] v.t. ① (벽을)타피스트리 (방장·벽지 따위)로 장식하다; 덮다. ~ un mur de papier peint 벽지로 도배하다. ~ des murs de photos 온 벽에 사진을 붙이다. ②《속어》본인인가를 확인(검

tapisserie [tapisri] *n.f.* ① (벽에 걸거나 테이블에 펴놓는)장식융단(의 기법·디자인), 타피스리. carton de ~ 장식융단의 밑그림. points de ~ 타피스리 스티치. ② 벽지, 방장; 벽걸이.
envers de la ~ 일(사건)의 이면(내막). *être derrière la* ~ 사태의 내막을 알다; 사태의 진전을 뒤에서 지켜보다. *faire* ~ (무도회 따위에서)춤출 상대 없이 옆에서 구경만 하다; 옆에 있기만 하고 아무 일도 하지 않다.

tapissier(ère) [tapisje, -ɛ:r] *n.* 실내장식업자(~-décorateur); 가구상; 양탄자[융단] 상인; (장식)융단 직조공. —*a.* 실내장식의. —*n.f.* ① 여자 자수공. ② (가구 따위의)운반차; 유람 합승 마차.

tapon [tapɔ̃] *n.m.* 〖옛〗(둘둘 말린)헝겊·종이 뭉치; 헝겊·종이 마개; 〖해양〗(돛의 구멍을 막기 위한)헝겊. *en* ~ (의류가)꾸깃꾸깃 말려서; (머리가)둥글게 말려서.

taponnage [tapɔnaːʒ] *n.m.* (마개·쐐기로 쓰려고 헝겊 따위를)말기, 꼬기, 〖옛〗머리카락을 묶기.

taponner [tapɔne] *v.t.* (천을)말다; 〖옛〗머리카락을 묶다.

tapotage [tapɔtaːʒ] *n.m.* 〖의학〗= tapotement.

tapotement [tapɔtmɑ̃] *n.m.* ① 손바닥으로 가볍게 두드리기[치기]. ② 〖의학〗 타박법(打拍法) (안마법의 일종).

tapoter [tapɔte] *v.t.* ① 살짝 두드리다[치다]. ~ une cigarette 담뱃불을 톡톡 털다. ~ la joue d'un enfant 어린이의 볼을 톡톡 맞추키다. ② 〖구어〗(타이프라이터·피아노 따위를)서투르게 치다; (곡을)피아노로 서투르게 치다. ~ du piano 피아노를 (서투르게) 치다. *v.i.* (손가락으로)톡톡치다.

tapoteur(se) [tapɔtœːr, -øːz] *n.* 〖드물게〗살짝 두드리는[치는] 사람; 서투르게 피아노 치는 사람.

tapotis [tapɔti] *n.m.* (타이프라이터를 칠 때 나는)닥탁닥 소리.

tapure [tapyːr] *n.f.* 〖야금〗수축할 때 생기는 금속의 음. ~ à chaud[à froid] 열간[냉간]균열.

taquage [takaːʒ] *n.m.* taquer 하기.

taque [tak] *n.f.* 주철판(鑄鐵板); 반사판.

taquer [take] *v.t.* 〖인쇄〗조판면의 높낮이를 고르게 하다[가지런히 하다]; 〖제본〗용지를 가지런히 하다.

taquerie [takri] *n.f.* 〖야금〗(반사로의)괵석 투입구.

taquet [takɛ] *n.m.* ① 쐐기, (가구 따위를 안정시키기 위한)나무 받침; 〖건축〗 받침목, 버팀목; 〖측량〗 말뚝; 〖해양〗 밧줄걸이, 고리. ② =came[1]; 〖직물〗=tacot[1]. ③ (목제의)회전식 빗장(loquet); (타이프라이터의)도표 작성 장치(tabulateur); (자동차의)도어로크의 버튼. 〖옛·속어〗 안면의 구타(coup). prendre un ~ dans les gencives 덕을 얻어 맞다.

taquin(e) [takɛ̃, -in] *a.* 놀리기 좋아[잘]하는; 〖옛〗짓궂은; 〖옛〗인색한. —*n.* 놀리기 좋아하는 사람; 〖옛〗짓궂은 사람, 〖옛〗인색한 사람, 노랭이. —*n.m.* (수자로)짝 맞추는 놀이의 일종.

taquinage [takinaːʒ] *n.m.* 〖드물게〗짓궂게 굴기, 놀려주기.

taquinement[1] [takinmɑ̃] *ad.* 〖드물게〗짓궂게, 야유하면.

taquinement[2] *n.m.* 짓궂게 굴기.

taquiner [takine] *v.t.* 놀리다, 짓궂게 굴다, 장난치다, 약올리다(chicaner); (사물이)불안하게 만들다(inquiéter), 괴롭히다(tourmenter). Il tousse, ça me *taquine*. 그가 기침을 하는데 걱정이 된다. ~ *la muse* 〖구어〗시를 짓다. ~ *le goujon* 〖구어〗심심풀이로 낚시질을 하다. ~ *un instrument* 심심풀이로 악기를 연주하다.

—*se* ~ *v.pr.* ① 서로 짓궂게 굴다, 약올리다, 서로 야유하다. ② 걱정하다, 고민하다.

taquinerie [takinri] *n.f.* 짓궂은 성미; 짓궂은 짓[말], 야유(agacerie).

taquoir [takwaːr] *n.m.* 〖인쇄〗 조판면을 가지런히 하는 도구.

taquon [takɔ̃] *n.m.* 〖옛〗〖인쇄〗인쇄판의 활자 이를 고르게 하는 받침 종이.

taquonner [takɔne] *v.t.* 〖옛〗〖인쇄〗(낮은 활자에)받침종이 따위를 넣어 높낮이를 고르게 하다.

târa [tara] *n.m.* (아프리카의 식물 섬유로 만든)낮은 침대.

tarabiscot [tarabisko] *n.m.* 〖옛〗〖건축〗(쇠시리 따위의)홈; 개탕대패.

tarabiscotage [tarabiskɔtaːʒ] *n.m.* 지나치게 꾸미기(태를 부리기); 〖건축〗 개탕대패질.

tarabiscoté(e) [tarabiskɔte] *a.p.* ① 〖건축〗 홈을 판; (천장 따위의)장식이 지나치게 많은. ② 〖구어〗(문체 따위가)지나치게 꾸민, 허식이 많은.

tarabiscoter [tarabiskɔte] *v.t.* ① 〖드물게〗〖건축〗지나치게 장식하다; 홈을 파다. ② 지나치게 꾸미다.

tarabuster [tarabyste] *v.t.* 〖옛·구어〗심하게 다루다, 난폭하게 대하다; 괴롭히다, 귀찮게 굴다, 속타게 만들다(harceler). Elle *tarabuste* ses enfants. 그 여자는 아이들을 들볶는다. idée qui *m'a tarabusté* toute la journée 온 종일 내 머리에서 떠나지 않는 괴로운 생각.

tarage [taraːʒ] *n.m.* 〖상업〗 포장[그릇]의 무게를 달아보기; 〖군사〗 제기사격(tir de ~).

taranche [tarɑ̃ʃ] *n.f.* (압착기의)대형 볼트.

tarantass [tarɑ̃tas] *n.m.* (러시아의)4륜마차.

tararage [tararaːʒ] *n.m.* 〖농업〗 키질을 통한 낟알의 정선.

tarare[1] [taraːr] *int.* 〖옛〗시시하다! 바보같이!

tarare[2] *n.m.* 〖농업〗 까부르는 기구, 키.

tararer [tarare] *v.t.* 〖농업〗 까부르다, 키질하다.

tarairen(ne) [tarɛrjɛ̃, -ɛn] *a.* 타라르(*Tarare*, 프랑스의 도시)의. —**T~** *n.* 타라르 사람.

tarasconnade [taraskɔnad] *n.* 〖구어〗허풍, 호언장담(gasconnade).

tarasconnais(e) [taraskɔnɛ, -ɛːz] *a.* 타라스콩(*Tarascon*, 남프랑스의 도시)의. —**T~** *n.* 타라스콩 사람.

Tarasque [tarask] *n.pr.f.* (용 모양의)괴수상(怪獸像) (남프랑스의 타라스콩에서 성령 강림제 따위때 끌고 다님); 이무기 모양의 괴수상. —**t~** *n.f.* 〖문어〗괴물같이 무서운 일; 커다란 위험.

taratata [taratata] *int.* 〖구어〗엉터리다! 시시하다! 그럴리가! 〖경멸·의심〗. 따따따따 (트럼펫의 소리). —*n.m.* 나팔 소리.

taraud [taro] *n.m.* 〖기계〗암나사 홈을 파는 기구; 〖야금〗(대장장이용의)나사달린 원추형 철봉.

taraudage [tarodaːʒ] *n.m.* 〖기계〗암나사 홈(을 파기).

taraudant(e) [tarodɑ̃, -ɑ̃ːt] *a.*〖문어〗가슴을 에는 듯.

tarauder [tarode] *v.t.* ① 암나사 홈을 파다. ② (곤충 따위가 나무에)구멍을 뚫다; 〖문어〗가슴을 에다; 못살게 굴다. ③〖속어〗때리다, 치다.

taraudeur(se) [tarodœːr, -øːz] *n.m.* 암나사 홈을 파는 직공. —*f.* 암나사 홈 파는 기계. ~ à cycle automatique 자동조절나사 홈 파는 기계. —*a.* 홈을 파는, 구멍을 뚫는; 가슴을 에는 듯한.

taravelle [taravɛl] *n.f.* 〖사투리〗등자 모양의 땅파는 도구.

taraxacum [taraksakɔm] *n.m.* 〖식물〗민들레속.

tarbais(e) [tarbɛ, -ɛːz] *a.* 타르브(*Tarbes*, 프랑스의

도시)의. **—T~** n. 타르브 사람. **—**n.m. (경기병 용의)타르브 말(馬).

tarbouch(e) [tarbuʃ]《터키》 n.m. 터키 모자《술 달린 붉은 모자》.

‡**tard** [ta:r] ad. ① 늦게, 늦어서(↔tôt.); 나중에, 후에, 다음에; 후일. Le courrier arrive ~ le samedi. 토요일은 우편물이 늦게 온다. se coucher ~ 늦게 잠자리에 들다. Il est trop ~ pour+inf. …하기에는 너무 늦다. ② 밤늦게; 늦은 시각(시기)에. ~ dans la nuit 밤늦게까지, 밤 깊도록. ~ dans la matinée (la soirée) 낮 가까이(밤 늦게).
au plus ~ 늦어도. Il sera là dans deux heures *au plus* ~. 그는 늦어도 두 시간 후에는 여기 와 있을 것이다.
Il est (se fait) ~. 시각이 늦다; 밤이 깊어간다.
Il n'est jamais trop ~ *pour bien faire.* 《속담》늦게라도 좋은 일을 해야한다, 늦었다고 해서 좋은 일을 못하는 것은 아니다.
le plus ~ *possible* 될 수 있는 대로 늦게.
pas plus ~ *qu'hier* 바로 어제, 아주 최근에.
plus ~ 나중에 후일. un an *plus* ~ 1년 후에.
tôt ou ~ 조만간, 멀지 않아, 가까운 장래에, 어느 날 늦게라도.
—n.m. *sur le* ~ 만년에; 《옛》저녁 늦게. Il est arrivé *sur le* ~. 그는 인생의 황혼기에 이르렀다.

***tarder** [tarde] v.i. 늦어지다, 지체하다. Comme il *tarde* 왜 이렇게 늦을까? ! Pourquoi *avez*-vous tant *tardé*? 왜 이렇게 늦었습니까? [sans ~] Partez *sans* ~. 지체없이 (당장) 떠나시오. [~ à/《옛》de + inf.] Tu as *tardé* à répondre à sa lettre. 너는 그의 편지에 답하는 것이 늦었다. Il ne *tardera* pas à venir. 그는 곧 올 것이다. [me/te/lui/... ~ de+inf.《옛》] ~ à *qn* de+inf.] Sa réponse *me tarde* de venir. 그의 편지가 오는 것이 기다려진다.
—*v. imp.* …하기가 기다려지다, 어서 …했으면 싶다. [me/te/lui/... *tarde* que (《옛》 ne)+sub.] *Il me tarde que* ce travail soit terminé. 이 일이 끝나는 것이 몹시 기다려진다, 이 일이 한시바삐 끝났으면 좋겠다.
—*v.t.* 《옛》뒤로 미루다, 연기하다. ~ la jouissance 즐거움을 뒤로 미루다.

tardif(ve) [tardif, -i:v] a. ① 늦은; 늦게 온; 철늦은. heure **—***ve* 늦은 시각. fruit ~ 만생(晩生)과일. remords **—***s* 때늦은 후회. ② 《옛·문어》느릿느릿한; 굼뜬; 지능 발달이 뒤진.

tardiflore [tardiflɔ:r] a. 《식물》늦게 피는.

tardigrade [tardigrad] 《동물》 a. 완보류(緩步類)의; 걸음이 느린. **—***n.m.pl.* 완보류.

tardillon(ne) [tardijɔ̃, -ɔn] 《구어》 n.m. 맨 나중에 난 새끼. **—***n.* (뒤늦게 얻은)막내동이.

tardivement [tardivmɑ̃] ad. 늦게, 늦은 시각(시기)에; 《옛》느릿느릿. rentrer ~ 느지막히 돌아오다.

tardiveté [tardivte] n.f. 《드물게》늦음, 지체, 지연; (과일의)늦되기.

tard-venu [tarvəny] n.m. 늦게 오는(온) 사람.

tare [ta:r] n.f. ① 《상업》(물건을 달 때의)그릇·포장의 무게 ③ (자체의)자체중량; (그릇·포장의 무게를 달 때 천칭의 한쪽에 놓는)분동. faire la ~ (정미중량을 달기 위해)포장무게와 동일한 분동을 저울 접시에 놓다. ② (손상·자연감모 따위에 의한)상품가치의 저하; (상품의)손상, 자연감량. ③ (사회·제도의)결함; (유전적 심신의)결함, 결점 (imperfection). d'une société un société의 모순점.

taré(e) [tare] a.p. ① 흠 있는; 결함있는. ② 평판이 나쁜; 부패한, 타락한 (vicié, corrompu). femmes **~es** 타락한 여자. régime ~ 부패한 체제.

taré² a.m. casque ~ de front (de profil) 《문장》정면의(측면의) 투구모양의 문장.

Tarentaise [tarɑ̃tɛ:z] n.pr.f. 《지리》타랑테즈《프랑스 동남부의 지방》.

tarentelle [tarɑ̃tɛl] n.f. 타란텔라 춤; (그)곡.

tarentin(e) [tarɑ̃tɛ̃, -in] a. 타렌트 (*Tarente*, 이탈리아 남부의 도시)의. **—T~** n. 타렌트 사람.

tarentule [tarɑ̃tyl] n.f. 《동물》독거미의 일종. *être piqué (mordu) de la* ~ 격정에 사로잡히나, 심한 흥분상태에 빠지다.

tarent(ul)isme [tarɑ̃t(yl)ism] n.m. 《옛》(tarentule에 물려서 일어난다고 여겨졌던)무도병 (舞蹈病).

tarer [tare] v.t. ① 손상하다, 훼손하다. ② 《상업》그릇(포장)의 무게를 달다(확인하다).
—se ~ v.pr. 말(馬)에 결함이 생기다; (과실 따위가)흠이 가다, 손상되다; 타락하다, 부패하다; 오명(汚名)을 쓰다.

taret [tarɛ] n.m. 《패류》좀조개.

targe [tarʒ] n.f. 《고고학》작은 방패.

targette [tarʒɛt] n.f. ① 빗장, 걸쇠. ② 《고고학》작고 둥근 방패.

targuer (se) [s(ə)targe] v.pr. 《문어》자랑하다, 뽐내다, 자부하다 (se prévaloir, se vanter). *se* ~ *de sa fortune* 재산을 과시하다.

targui(e) [targi] (*pl.* **touareg** [twarɛg]) a. 투아레그 (사하라 지방의 유목민)의. **—T~** n. 투아레그 사람. **—**n.m. 투아레그어(語).

targum [targɔm] n.m. 《종교사》갈다디아어(語) 구약성서.

targumique [targɔmik] a. 갈다디아어(語) 구약성서에 관한.

targumiste [targɔmist] n.m. 구약성서의 갈다디아어(語) 번역자.

tari¹ [tari] n.m. 야자술 (vin de palme).

tari²(e) [tari] a. 물이 없는, 고갈된 (sec). source **~***e* 고갈된 샘.

taricheute [tarikǿ:t] n.m. (고대 이집트의)미이라 만드는 사람.

tarier [tarje] n.m. 《조류》검은딱새 무리.

tarière [tarjɛ:r] n.f. ① 도래송곳; 천공기 (穿孔機); ② 《광산》착암기. ③ 《곤충》(가시 모양의)산란관 (産卵管).

*****tarif** [tarif] n.m. 가격표, 정가표, 물가표; 요금(표), 운임(표); 세율(稅率); 관세(표). billet à plein ~ [à demi-~, à ~ réduit] 보통 (반액·할인)권. ~ des chemins de fer 철도운임(표). ~ d'un impôt 세율표. ~ des consommations (다방 따위의)정가표. ~ douanier 관세율. ~ syndical 조합 협정 요금. ~ à dépassement 무게 초과 요금(제). ~ forfaitaire (à forfait) 정액 요금(제). ~ binôme 단일 요금(제). ~ horaire (saisonnier) (전기료 따위의) 시간(계절)요금(제). ~ de responsabilité (의료보험 계산을 위한)의료비의 요금 기준표. être payé au ~ de vingt francs de l'heure 시간당 20프랑의 요금으로 봉급을 받다. ~*s postaux* 우편요금.

tarifaire [tarifɛ:r] a. 요금(가격·세율)에 관한. réforme ~ 요금 (관세·세율) 개정.

tarif-album [tarifalbɔm] (*pl.* **~***s*-**~***s*) n.m. 상품 정가표 목록.

tarifé(e) [tarife] a.p. 정가의, 정가판매의.

tarifer, tarifier [tarife, tarifje] v.t. [~ *qc*] (의)가격 (요금·세율)을 정하다 (taxer). ~ les marchandises (les transports) 상품가격(운임)을 정하다.

tarification [tarifikasjɔ̃] n.f. 가격 (요금)의 결정; 세율의 결정.

tarin¹ [tarɛ̃] n.m. 《조류》검은방울새.

tarin² [tarɛ̃] *n.m.* 《속어》코(nez).
tarir [tari:r] *v.t.* ①고갈시키다, 바싹 말리다(assécher, épuiser). ~ un puits(un fleuve) 우물(강물)을 마르게 하다. ~ les larmes de *qn* 《문어》…의 눈물을 마르게 하다, …을 위로하다. ~ une vache (병 따위가)암소의 젖을 마르게 하다. ②《비유적》《목적보어는 추상명사》고갈시키다. ~ l'imagination 상상력을 고갈시키다.
— *v.i.* ①마르다, 고갈하다. source qui ne *tarit* jamais 결코 마르지 않는 샘물. ②《주어는 추상명사》다하다, 끊어지다(s'épuiser); 화제거리가 없어지다, 이야기가 끊기다. conversation qui *tarit* 화제가 끊긴 대화. ③《주어는 사람; 부정형으로》[ne pas ~ sur] Il *ne tarit pas sur* ce sujet. 그는 이 문제에 대해서는 한도 끝도 없다. Il *ne tarit pas* d'éloges *sur* vous. 그는 당신 칭찬을 입이 마르도록 한다.
—se ~ *v.pr.* (물 따위가)마르다, 고갈되다; (젖 따위가)안 나오다; (우정 따위가)끊기다. Ce puits *se tarit* parfois. 이 우물은 가끔 바닥이 난다. Sa veine poétique *s'est tarie*. 그의 시흥은 완전히 고갈되었다.
tarissable [tarisabl] *a.* 《드물게》마를(고갈될) 수 있는, 끊어질 수 있는.
tarissant(e) [tarisɑ̃, -ɑ̃:t] *a.* (샘물이)말라가는; (돈줄이)고갈되어 가는, 끊어져 가는.
tarissement [tarismɑ̃] *n.m.* 고갈, 바싹 마름; 끊어짐; 소모(épuisement).
tarlatane [tarlatan] *n.f.* 〖직물〗얇은 모슬린.
tarmac(adam) [tarmak(adam)] *n.m.* 《옛》〖토목〗타르마카담 포장(鋪裝)재료.
tarmacadamisage [tarmakadamiza:ʒ] *n.m.* 《옛》타르마카담 포장.
tarmacadamiser [tarmakadamize] *v.t.* 《옛》(도로를)타르마카담으로 포장하다.
taro [taro] *n.m.* 〖식물〗타로토란.
tarole [tarɔl] *n.f.* 〖음악〗작은 북.
tarot [taro] *n.m.*, **tarots** [taro] *n.m.pl.* 〖카드놀이〗타로 카드(78장이 한 벌인 이탈리아식 카드).
taroté(e) [tarɔte] *a.* (카드 뒷면에)창살(격자)무늬가 있는.
tarotier [tarɔtje] *n.m.* 타로 카드 제조인.
taroupe [tarup] *n.f.* 양미간에 있는 털.
tarpan [tarpɑ̃] *n.m.* 〖동물〗(중앙 아시아의)들말, 야생마.
tarpéienne [tarpejɛn] *a.f.* 타르페이아(로마의 전설적 여자)의. roche T~ 〖로마사〗(국사범을 떨어뜨려 처형한)타르페이아 바위. *La roche T~ est près du Capitole.* 《격언》성공 뒤에는 가끔 실패가 온다(*Mirabeau*의 말).
tarpon [tarpɔ̃] *n.m.* 〖어류〗(북아메리카 동남해안산의)청어 비슷한 큰 물고기.
tarsal(ale, pl. aux) [tarsal, -o] *a.* 〖해부〗부골(跗骨)의, 족근골(足根骨)의.
tarsalgie [tarsalʒi] *n.f.* 〖의학〗부골통(跗骨痛).
tarse [tars] *n.m.* 〖해부〗부골, 족근골(足根骨); 〖곤충〗척절(蹠節); 〖조류〗부척골(跗蹠骨).
tarsectomie [tarsektɔmi] *n.f.* 〖의학〗부골 절제술(切除術).
tarsien(ne) [tarsjɛ̃, -ɛn] *a.* 〖해부〗부골의.
tarsier [tarsje] *n.m.* 〖동물〗안경원숭이.
tarsite [tarsit] *n.f.* 〖의학〗안검염염(眼瞼緣炎).
tarso-métatarse [tarsɔmetatars] *n.m.* 〖해부〗부척골(跗蹠骨).
tarso-métatarsien(ne) [tarsɔmetatarsjɛ̃, -ɛn] *a.* 〖해부〗부골과 척골의.
tarsoptôse [tarsɔptoz] *n.f.* 〖의학〗편평족.
tartan [tartɑ̃] *n.m.* 《영》격자무늬 모직물; (그것)으로 만든 옷〔을〕.
tartane [tartan] *n.f.* (지중해의)작은 범선; (에스파냐 남동 지방의)마차.
tartanelle [tartanɛl] *n.f.* 격자무늬 모직물.
Tartare (le) [latata:r] *n.pr.m.* 〖그리스신화〗타르타로스, 저승의 바닥 없는 심연, 지옥.
tartare *a.* 〖요리〗 sauce (à la) ~ 타르타르 소스(마요네즈 소스의 일종); (steak) ~ 타르타르 소스로 간을 한 다진 날고기 요리.
—**T**~ *n.* 타타르 사람(중앙 아시아의 터키·몽고 사람). —*n.m.* 타타르어.
tartaréen(ne) [tartareɛ̃, -ɛn] *a.* 〖그리스신화〗타르타로스의, 지옥의. supplices ~s 지옥의 형벌.
tartareux(se) [tartarø, -ø:z] *a.* ①=tartreux. ②《옛》=tartrique.
Tartarie (la) [latartari] *n.prf.* 타타르 지방.
tartarin [tartarɛ̃] *n.m.* 《구어》허풍선이(*A. Daudet* 의 소설에 나오는 인물) 《남자》(fanfaron, vantard).
tartarinade [tartarinad] *n.f.* 《옛·구어》허풍떨기, 큰소리치기.
tartarini [tartarini] *n.m.* 〖동물〗아라비아비비.
tartarique [tartarik] *a.* =tartrique.
tartarisé(e) [tartarize] *a.* 주석(酒石)을 함유한.
***tarte** [tart] *n.f.* ①과일〔잼·크림〕파이. ~ aux pommes[à la crème, aux fruits] 사과〔크림·과일〕파이. ②《속어》손바닥으로 치기(gifle).
C'est de la~. 그건 쉬운 일이다(C'est du gâteau; C'est du tout cuit). *Ce n'est pas de la~.* 그건 어려운 일이다. *C'est sa ~ à la crème.* 그는 말끝마다 그 애기이다.
—*a.* 《구어》추한, 바보같은, 얼빠진, 무가치한 (sot, ridicule). film ~ 시시한 영화.
tartelette [tartǝlet] *n.f.* 조그만 파이.
Tartempion [tartɑ̃pjɔ̃] *n.m.* 《구어》거시기, 아무개.
tartignolle [tartiɲɔl] *a.* 《속어》=tarte.
tartine [tartin] *n.f.* ①버터〔잼〕을 바른 빵(~ de pain beurré, ~ de beurre, ~ de confiture). ②《구어》객설, 장광설, 장황한 이야기〔기사〕. Il a fait là-dessus toute une ~. 그는 그 문제에 관해 장광설을 늘어놓았다. ③(*pl.*)《은어》신발.
tartiner [tartine] *v.t.* (빵에)버터〔잼〕을 바르다. fromage à ~ 빵에 바르기 쉬운 연한 치즈.
—*v.i.* 《구어》객설〔장광설〕을 늘어놓다, 장황하게 글을 쓰다.
tartinier [tartinje] *n.m.* 《구어》객설을 늘어놓는 사람, 장황하게 쓰는 사람.
tartir [tarti:r] *v.i.* ①《은어》대변보다. ②《속어》envoyer ~ *qn* …을 내쫓다, 쫓아버리다; faire ~ *qn* …을 난처하게 하다, 귀찮게 하다; se faire ~ 지루하다, 갑갑하다.
tarton [tartɔ̃] *n.m.* (육상 경기장의)전천후 트랙, 타탄 트랙.
tartouillade [tartujad] *n.f.* 《은어》(채료를 마구 칠한)서투른 그림.
tartouiller [tartuje] *v.i.*, *v.t.* 《은어》채료를 마구 칠하다.
tartouilleur [tartujœ:r] *n.m.* 《은어》서투른 그림장이. —*a.* peintre ~ 서투른 화가.
tartrage [tartra:ʒ] *n.m.* 〖화학〗주석산(酒石酸)으로 처리하기.
tartrate [tartrat] *n.m.* 〖화학〗주석산염.
tartre [tartr] *n.m.* ①〖화학〗주석(酒石). ②〖치과〗치석(齒石); 스케일; (보일러의)물때.
tartré(e) [tartre] *a.* 주석을 넣은.
tartreux(se) [tartrø, -ø:z] *a.* ①주석질의. ②(보일러 따위가)물때가 앉은.
tartrifuge [tartrifyʒ] *n.m.* 물때 방지제, 보일러 청

tartrique [tartrik] *a.* acide ~ 【화학】주석산.
tartuf(f)e [tartyf] *n.m.* 사이비 신앙가, 위선자 (Molière 작 *Le Tartuffe*의 주인공 이름에서). —*a.* 위선적인, 사이비 신앙을 가진.
tartuf(f)erie [tartyfri] *n.f.* 위선(적 행위)(hypocrisie).
tartuf(f)ier [tartyfje] (옛) *v.i.* 성인(聖人)인 체하다.
—*v.t.* (사람을)속이다, 기만하다.
tarusate [taryzat] *a.* 타르타스(Tartas, 프랑스의 도시)의. —**T**~ *n.* 타르타스 사람.
tarzan [tarzɑ̃] *n.m.* 《속어》타잔, 건강한 남자.
‡**tas** [ta] *n.m.* ① 무더기, 더미(amas, monceau); 다수; 무리, 떼. Les enfants s'amusent sur le ~ de sable. 아이들은 모래더미 위에서 놀고 있다. [un/des ~ de] connaître *un* ~ *de* gens 많은 사람을 알고 있다. J'ai *des* ~ *de* choses à vous dire. 나는 당신에게 할 말이 많다. ② 【금속】작은 쇠모루 (tasseau); 【화폐】(화폐의 재질을 점검하는)강철 시험대. 【건축】건설중인 건물; 건축현장; 쌓아놓은 건축자재.
attendre sur le ~ 《속어》바람맞다.
dans le ~ 많은 그가운데서, 사람 중에서, 아무나. taper *dans le* ~ 닥치는 대로 후려 갈기다; 가리지 않고 마구 먹다. tirer *dans le* ~ (집단에게)무차별 사격을 가하다. faire *le* ~ 《속어》(매춘부가)길에서 손님을 끌다.
Il ferait rire un ~ *de pierres*. 《구어》그는 (돌까지도 웃길 수 있는) 명랑하고 유쾌한 사람이다.
Il y en a des ~ *et des* ~. 《구어》엄청나게 많다.
se mettre (être) en ~ 몸을 움츠리다.
sur le ~ 현장의, 작업중의. être *sur le* ~ 작업중이다; 《속어》(매춘부가)길에서 손님을 끌다. grève *sur le* ~ 현장 스트라이크(파업). apprendre *on métier sur le* ~ 현장에서 일을 몸에 익히다.
T~ *de qn! T*~ *de salauds (d'idiots)!* (집단을 향하여)더러운[바보같은] 놈들 같으니 !
tas-étampe [taetɑ̃:p] *n.m.* 【금속】벌집의 쇠모루.
tasicinésie [tas(z)isinezi], **tasikinésie** [tas(z)ikinezi] *n.f.* 【정신의학】정좌(靜坐)불능증(한 군데 있지 못하는 것임). 　　　　　[計).
tasimètre [tazimɛtr] *n.m.* 【전기】미압계(微壓
tasmanien(ne) [tasmanjɛ̃, -ɛn] *a.* 타스마니아 섬 (*la Tasmanie*)의. —**T**~ *n.* 타스마니아 사람.
tassage [tasa:ʒ] *n.m.* 【스포츠】tasser 하기.
*****tasse** [tɑ:s] *n.f.* ① (손잡이가 붙은)잔, 찻잔; 잔속에 담긴 차. ~ de porcelaine 도자기 찻잔. 자기(은) 찻잔. une ~ de thé 홍차 한 잔. à café 커피 잔. ② (*pl.*) 《속어》(남성용)공중변소.
boire une [*la*] ~ 《구어》수영을 하다가 물을 마시다; (장사에)실패하다. *grande* ~ 《옛》바다. ~ *à café* 《옛》소형 오토바이.
tassé(e') [tɑse] *a.p.* ① (사람이 버스 따위 속에)꽉 찬(serré), 찌부러진, 압착된 느낌의. prisonniers ~s dans un wagon 열차 안에 콩나물 시루가 된 죄수들. ②《속어》(음식물 따위를)담뿍 담은. (술·커피 따위가)강한, 진한. un demi bien ~ 가득 부은 한 컵의 맥주. un café bien ~ 진한 커피. dîner bien ~ 진수성찬. trois heures bien ~*es* 《비유적》꼭박 3시간. ③ (나이가 들어)쇠약한, 노쇠한, 허리가 굽은. 《속어》(술 따위가)무너진, 가라앉은(affaissé). façade ~ 무너진(건물의) 정면.
tasseau[1] [taso] (*pl.* ~*x*) *n.m.* 시렁받침; 까치발.
tasseau[2] *n.m.* = tas ①.
tassée[2] [tase] *n.f.* (옛) 찻잔 한 잔의 양.
tassement [tasmɑ̃] *n.m.* ① 압축, 누르기. ② 쌓기,

쌓여 있음; 다지기; 강하(降下), 침하(沈下). ③ 【상업·주식】하락세, 약세(弱勢); 【경제】(경제성장의)둔화.
tasser [tɑse] *v.t.* ① 압축하다, 누르다; 쑤셔넣다, 다지다(bourrer); (사람을 좁은 공간에)몰아 넣다 (presser, serrer). ~ le tabac dans la pipe 파이프에 담배를 다져넣다. *On était tassés* dans le métro. 지하철에 사람들이 빽빽하게 차 있었다. ② 【스포츠】(경주에서 상대방 선수를)트랙 가장자리로 몰아붙이다, 방해하다. ③ 【미술】(좁은 공간에)세밀하게 그려 넣다.
—*v.i.* (초목이)우거지다, 밀생(密生)하다.
—*se* ~ *v.pr.* ① 내려앉다, 침하[강하]하다. Ces terrains *se sont tassés*. 이 땅은 내려 앉았다. ②《주어는 주로 사람》(좁은 공간에)빽빽히 들어가다, 자리를 좁히다(se serrer). *se* ~ dans la voiture 차에 자리를 좁혀 타다. *Tassez-vous* à six sur cette banquette. 이 벤치에 여섯 사람이 자리를 좁혀 앉으시오. ③《구어》(어려운 문제가)해소되다, 원만히 해결되다. Il y a des difficultés; ça *se tassera*. 난점이 있지만 그러나 잘 되어갈 것이다. ④《속어》(*se* ~ 는 간접목적보어)(음식물을)마음껏 [실컷] 먹다(마시다)(se taper). *se* ~ des gâteaux 과자를 마구 먹다. ⑤《속어》(늙어서)허리가 구부러지다, 몸이 오그라들다(se voûter, se ramasser). ⑥ 【상업】(주가·물가 따위가)하락하다, 약세이다.
tassette [tasɛt] *n.f.* (갑옷의)넓적다리 보호 싸개.
tassili [tasili] *n.m.* 【지리】(사하라 사막의)사암(砂岩)지대.
taste-vin [tastəvɛ̃] *n.m.* 《복수불변》=tâte-vin.
T.A.T. [teate], **TAT** [tat] (<(영) *Thematic Apperception Test*) *n.m.* 【심리】과제 통각 검사(課題統覺檢査).
tata[1] [tata] *n.f.* ①《어린애말》아줌마(tante). ②《구어》거드름피는 여자, 잘난 체하는 여자; 멍청한 촌여자. ③《속어》남색가.
tata[2] *n.f.* (토벽으로 둘러 쌓은)추장 거처.
tâtage [tata:ʒ] *n.m.* 손으로 만지기[더듬기].
tatan [tatɑ̃] *n.f.* 《속어》신발; 발(pied).
tatar(e) [tata:r] *a.* 타타르의, 달단(韃靼)의.
—**T**~ *n.* 타타르 사람. —*n.m.* 타타르어(語).
ta ta ta [tatata] *int.* 그만두게 !, 그만 됐어 !《상대의 말에 초조·역정을 표시》.　　　　　[견본.
tâte [tɑ:t] *n.m.* 【공업】(제조 중의 재료에서 떼낸)
tâte-au-pot [tatopo] *n.m.* 《복수불변》《구어》가사 (家事)에 쓸데없이 간섭하는 남자.
tâtement [tɑtmɑ̃] *n.m.* 《드물게》=tâtage.
tâte-poule [tɑtpul] *n.m.* = tâte-au-pot.
*****tâter** [tɑte] *v.t.* ① 만지다, 촉지(觸知)하다(manier, palper); 더듬다(tâtonner). ~ le pouls d'un malade 환자의 맥박을 짚다. marcher *en tâtant* les murs dans l'obscurité 어둠 속에서 벽을 더듬으며 걷다. 《직역보어 없이》~ dans le noir vers le mur 어둠 속에 벽쪽으로 더듬으며 나아가다. ② (비유적) 타진하다, 탐색하다, 살펴보다(sonder). ~ (les intentions de) *qn* …의 의중을 살피다. ~ l'ennemi 적의 정세를 살피다. ~ l'opinion 여론을 살피다. ③ ~ le vent 【해양】뱃머리를 바람 불어오는 쪽으로 돌리다.
~ *le terrain* 지형(정세)을 살피다; (사람의)속셈을 떠보다.
—*v.t. ind.* [~ de]《구어》…에 손대다, …의 경험을 쌓다, …을 맛보다(essayer). Cet homme *a tâté de* tous les métiers. 이 사람은 안해본 작업이라고는 없다. ~ *de la prison* 감옥살이를 경험하다.
y ~《속어》…에 훤하다, 조예가 깊다. La pêche ? J'y tâte. 낚시요? 난 낚시라면 훤하죠.

tâteur(se) [tatœːr, -ɸːz] n. 만지는 사람; 떠보는(타진하는) 사람; 《구어》 망설이는 사람; 《은어》 맞을 보는 사람. —n.m. (인삼 일·줄기의 재단기나 감자 심는 기계의) 조절장치.

—se ~ v.pr. ① 〈자기 몸을〉 만지다. ② 〈결심하기 전에〉 생각해 보다, 숙고하다(s'interroger); 주저하다, 망설이다. Il n'a rien décidé, il se tâte. 그는 아무런 결정도 내리지 않고 있다, 지금 궁리하고 있는 중이다.

tâte-vin [tatvɛ̃] n.m. (복수불변) 〈술통 속의 술맛을 보기 위해 장치해 놓은〉이액관(移液管); 〈술맛 보기 위한〉작은 잔.

tatillon(ne) [tatijɔ̃, -ɔn] a. 좀스러운, 옹졸한. —n. 좀스러운 사람.

tatillonnage [tatijɔnaːʒ] n.m. 좀스럽게 굴기, 하찮은 일에 신경쓰기.

tatillonner [tatijɔne] v.i. 《드물게》 잘게 〈좀스럽게〉 굴다, 하찮은 일에 신경을 쓰다.

tâtonnant(e) [tatɔnɑ̃, -ɑ̃ːt] a. 더듬는; 모색하는; 주저하는, 망설이는.

tâtonnement [ta[ɑ]tɔnmɑ̃] n.m. 더듬기; 모색; 망설임, 주저. ~ d'un aveugle 소경의 더듬기. parvenir à une solution après de nombreux ~s 여러 차례의 모색 끝에 해결책에 다다르다.

tâtonner [tatɔne] v.i. 더듬다, 모색하다; 망설이다. s'avancer dans l'obscurité en tâtonnant 어둠 속을 더듬어 나아가다. lecteur qui hésite et tâtonne 주저하며 모색하는 독자. —v.t. 《드물게》 더듬다; 《옛》 찾다. ~ le sol du bout de son bâton 지팡이 끝으로 땅을 더듬다. ~ ses paroles before 말을 찾다.

tâtonneur(se) [tatɔnœːr, -ɸːz] a. 더듬는; 모색하는. —n. (위)의 사람.

tâtons (à) [atatɔ̃] loc. ad. 더듬어서, 암중모색하여; 대중없이, 어림없이. marcher(aller) à ~ dans une pièce obscure 어두운 방안을 더듬어서 가다. chercher à ~ 어림치고 〈대중없이〉 찾다. essayer à ~ 암중모색하다.

tatou [tatu] n.m. 《동물》 아르마딜로.

tatouage [tatwaːʒ] n.m. 문신(文身) 〈넣기〉.

tatoué(e) [tatwe] a.p. 문신을 넣은. —n.m. 문신을 넣은 사람; 《은어》 불량배, 건달.

tatouer [tatwe] v.t. (에) 문신을 넣다. se faire ~ la poitrine 가슴에 문신을 그려넣다.

—se ~ v.pr. ① 〈자기 몸에〉 문신을 넣다. ②〈se 는 간접목적보어〉 〈자기의 …에〉 문신을 넣다. se ~ le bras 팔에 문신을 넣다.

tatoueur [tatwœːr] n.m. 문신 새기는 사람.

tatouille [tatuj] n.f. 《속어》 매질, 구타.

tatouiller [tatuje] v.t. 《속어》 매질하다, 구타하다.

tattersall [tatɛrsal] 《영》 n.m. 말·마구·마차 시장.

tau [to] (pl. ~s) n.m. ① 그리스 자모의 제 19 자(T, τ). ② 《고고학》 (τ 자형의) 고대 이집트인의 성기(聖器); 《프랑스의》 T 자 형의 단장.

taube [toːb] 《독일》 n.m. (제 1 차 대전 때 독일의) 단엽비행기.

taud [to] n.m., **taude** [toːd] n.f. ① 《해양》 (갑판의) 우장(雨装). ② 〈포위군이 성 근처에서 구축하는〉 참호, 진지.

tauder [tode] v.t. 우장을 걸치다.

taudion [todjɔ̃] n.m. 《구어》 =taudis.

taudis [todi] n.m. ① 누추한 집; 지저분한 방. lutte contre les ~ 빈민굴 일소운동. ② 《포위군의》 참호.

taulard(e) [tolar, -ard] n. 《은어》 죄수; 빈민굴의 민.

taule, tôle [toːl] n.f. 《속어》 집; 방; 싸구려 호텔방. ② 《은어》 형무소(prison); 갈보집. aller en ~ 감옥에 들어가다. faire de la ~ 감옥살이를 하다.

taulier(ère) [tolje, -ɛːr] n. 《속어》 여관〈하숙집〉 주인; 갈보집 주인; 죄수, 수형자.

taupe [toːp] n.f. ① 《동물》 두더지; 두더지 가죽. ②〈학생은어〉 이공대학 수험 준비반. être en ~ 공대 수험반에 있다. ③ 《군대은어》 공병. ④ 《옛》 창녀, 갈보. ⑤ 상어의 별명(lamie). ⑥ mal de ~ 《수의》 〈말의〉 경부(頸部) 염증.

aller au royaume des ~s 《구어》 죽다.
être myope comme une ~ ; ne pas voir plus clair qu'une ~ 《구어》 두더지처럼 눈이 어둡다, 심한 근시이다.
guerre de ~s 《군대속어》 두더지싸움 (땅 밑으로 길을 뚫어 하는 싸움), 갱도전(坑道戰).
noir comme une ~ 아주 시꺼먼.
vivre comme une ~ (땅에 들어박혀 살다.
vieille ~ 쭈그렁 할멈, 심술장이 할멈.

taupé(e) [tope] a. 《직물》 벨벳(모양)의. chapeau ~ 벨벳모자.

taupe-grillon [topgrijɔ̃] (pl. ~s-~s) n.m. 《곤충》 땅강아지, 하늘밥도둑.

taupier [topje] n.m. 두더지를 잡는 사람.

taupière [topjɛːr] n.f. 두더지 덫.

taupin [topɛ̃] n.m. ① 《곤충》 방아벌레. ② 《옛》 〈군사》 갱도병(坑道兵). ③ 《학생속어》 (특히 이공대학의) 입학시험 준비 학생.

taupinière [topinjɛːr], **taupinée** [topine] n.f. 두더지 흙두덩; 《구어》 작은 언덕, 자그마한 집; 《옛》 ~s (égouts).

taure [toːr] n.f. 어린 암소.

***taureau** [tɔro] (pl. ~x) n.m. ① (거세하지 않은) 황소; (비유적) 황소같은 사람. course de ~x 투우. ~ à bosse(du Canada) 들소. ~ de combat 투우용 황소. fort comme un ~ 황소같이 힘세고 사나운. ② (T~) 《천문》 황소자리(座); 《점성》 금우궁(金牛宮). ③ (도버 해협의) 대형 법선.

comme un ~ en rupture d'étable 무서운 기세로.
de ~ 크고 힘센 (힘과 크기의 최상급으로). avoir une force de ~ 힘이 매우 세다.
prendre le ~ par les cornes 《구어》 정면으로 난국에 대결하다.

tauresque [tɔrɛsk] a. 황소 같은, 황소 같이 사나운. à la face ~ 황소같은 〈우락한〉 생김새의.

taurides [torid] n.f.pl. 《천문》 황소자리의 유성군(流星群).

taurillon [torijɔ̃] n.m. 수송아지.

taurin(e) [torɛ̃, -in] a. 황소에 관한; 투우에 관한.

taurine² [torin] n.f. 《화학》 (소의 담즙 속에 함유된) 타우린.

taurobole [tɔrɔbɔl] n.m. 《종교》 (속죄로 바친) 황소 제물.

taurocéphale [tɔrɔsefal] n.m. 우두(牛頭)의 괴물.

tauromachie [tɔrɔmaʃi] n.f. 투우술; 《옛》 투우(corrida).

tauromachique [tɔrɔmaʃik] a. 투우에 관한.

tauto- préf. 《똑같음·동일물》의 뜻.

tautochrone [totokron] a. 《수학》 등시성(等時性)의. courbe ~ 등시곡선.

tautochronisme [totokrɔnism] n.m. 등시성.

tautogramme [totogram] n.m. 《운율》 각 시행마다 같은 첫문자로 시작하는 시(詩).

tautologie [totɔlɔʒi] n.f. 《수사학》 동의어반복; 《논리》 동어(同語)반복.

tautologique [totɔlɔʒik] a. 동의어 반복의; 동어반복적인.

tautologue [totɔlɔg] n. 동의어 반복의 연구자.

tautomère [totɔmɛːr] a. 《화학》 a. 호변이성(互變異性)의. n.m. 호변체(體).

tautomérie [totɔmeri] n.f. 《화학》 호변이성.

tautophonie [totɔfɔni] n.f. 동음(同音) 반복.

taux [to] *n.m.* ① (率), 비(比), 비율; 〖상업〗이율(~ d'intérêt), 연이율. ~ de mortalité 사망률. ~ des naissances [de la natalité] 출생률. ~ de scolarisation 취학률. ~ de cholestérol dans le sang 혈액 속에 함유된 콜레스테롤 치(値). ~ d'un prêt 대출이율. au ~ de 10%, 연 10% 이율로. prêter au ~ légal 법정이율로 빌리다. ② 값; 공정가격; 수수료; 〖옛〗과세액. à un ~ trop élevé 너무 비싼 값으로. ~ salarial 급여액. ~ d'émission (주식의)발행가격. ~ de la fraude fiscale 탈세액.

tauzin [tozɛ̃], **tauzy** [tozi] *n.m.* 〖식물〗떡갈나무의 일종.

t. à v. (약자) Tout à vous. 경구《편지의 끝맺음말》.

tavaillon, tavaïon [tavajɔ̃] *n.m.* 〖건축〗지붕널(bardeau).

tavaïol(l)e [tavajol] *n.f.* 〖종교〗(유아 세례용·성찬떡 배부용)흰 천.

tavelage [tavla:ʒ] *n.m.* (과일에)반점이 생김; 반점, 얼룩.

tavelé(e) [tavle] *a.p.* 반점이 있는, 얼룩진.

taveler [tavle] [5] *v.t.* 《드물게》반점이 생기게 하다, 얼룩지게 하다.
—**se** ~ *v.pr.* 반점이 생기다, 얼룩지다. fruit qui se tavelle 반점이 생기는 과일.

tavelure [tavly:r] *n.f.* 반점, 얼룩(무늬).

taverne [tavɛrn] *n.f.* ① 카페 레스토랑, 음식점; (그리스·터키 따위의)대중 음식점; (캐나다의)선술집. ②〖옛〗카바레, 술집.

tavernier(ère) [tavɛrnje, -ɛ:r] *n.* 〖옛〗카바레[선술집] 주인.

taxable [taksabl] *a.* 과세할 수 있는. frais non ~s 면세 요금. marchandises ~s 과세 대상 상품.

taxacées [taksae] *n.f.pl.* 〖식물〗 =**taxinées**.

taxateur [taksatœ:r] *n.m.* 〖법〗소송 비용 사정자; 납세액 사정위원; 우편요금 결정제원. —*a.m.* 비용(가격)을 결정하는. juge ~ 소송비용 사정판사.

taxatif(ve) [taksatif, -i:v] *a.* 〖법〗과세할 수 있는(taxable).

taxation [taksasjɔ̃] *n.f.* ① 가격〔요금〕의 결정; (소송 비용·세금의)사정(査定). ~ de la viande 쇠고기 값 사정, 쇠고기의 공정가격 결정. ~ d'office 인정과세. ② (pl.) (관공리의)특별 수당.

***taxe** [taks] *n.f.* ① (식료품 따위의)공정가격; (전화·우편·철도 따위의)요금. vendre qc à la ~ 공정가격으로 팔다. vendre plus cher que la ~ 공정가격보다 비싸게 팔다. payer une ~ supplémentaire 추가요금을 내다. ② 세금, 세액. ~ de consommation 소비세. ~ locale 지방세. ~ de port 입항세. ~ proportionnelle 누진세. ~ sur le chiffre d'affaires 사업세. ~ sur la valeur ajoutée 부가가치세. ~ sur le revenu 소득세. ③ 〖법〗(소송비용의)사정. ~ des dépens 소송비용 사정.

taxé(e) [takse] *a.p.* ① 가격이 결정된; 과세된. prix ~ 공정가격. boisson ~e 과세 음료. ② [~ de] (의)비난을 받은, (로)평가된. conduite ~e d'étourderie 경솔하다고 비난받은 행동.

taxème [taksɛm] *n.m.* 〖언어〗어법의 각 요소, 문법 특성소(文法特性素).

taxer [takse] *v.t.* ① 과세하다; 납세액을 정하다(↔ détaxer). ~ des objets de luxe 사치품에 과세하다. ② 가격〔요금〕을 정하다; 〖법〗(소송 비용을)사정하다. ~ le prix [la valeur] de qc ···의 가격을 정하다. ~ les dépens 소송비용을 사정하다. ③ (비유적) [~ qn/qc de] 비난하다, 공격하다(accuser). ~ qn d'avarice 〖옛〗d'être avare) ···을 인색하다고 비난하다.

***taxi** [taksi] *n.m.* ① 택시. prendre un ~ 택시를 잡다 〔타다〕. station de ~s 택시 주차장. avion-~; aérien 전세 비행기. bus-~ 전세 버스. chèque-~ 택시 승차권. héler[appeler] un ~ 택시를 부르다. ~ à radio 무선 택시. ② (구어)택시 운전사. faire le ~ 택시운전사를 하다. ③ (속어)(탈세를 위해)엉터리 영수증을 만들어주는 사람. ④ (속어)창녀.

taxi-préf., **-taxie** *suff.* 「배열·순서·과세」를 뜻함《예:*taxi*nomie 분류학》.

taxiarque [taksjark] *n.m.* 〖고대그리스〗보병대.

taxi-auto [taksioto] *n.m.* 〖옛〗=**taxi**. 〔대형.

taxidermie [taksidɛrmi] *n.f.* 박제술(剝製術).

taxidermique [taksidɛrmik] *a.* 박제의; 박제술의.

taxidermiste [taksidɛrmist] *n.* 박제사(師).

taxie [taksi] *n.f.* 〖생물〗주성(趨性).

taxiforme [taksiform] *a.* 〖식물〗주목나무 모양을 한, 원추형의.

taxigaz [taksiga:z] *n.m.* (구어)선금(先金)미터, (일정한 요금을 넣게 된)가스미터.

taxi-girl [taksigœrl] *n.f.* 〖영〗카바레 따위에서 시간세로 파트너 노릇을 하는 직업 면서.

taximètre [taksimɛtr] *n.m.* ① 택시미터, 자동 요금 표시기. ② 〖해양〗방위반(方位盤).

taxinées [taksine] *n.f.pl.* 〖식물〗주목과(科).

taxinomie [taksinɔmi] *n.f.* =**taxonomie**.

taxinomique [taksinɔmik] *a.* =**taxonomique**.

taxinomiste [taksinɔmist] *n.* =**taxonomiste**.

taxiphone [taksifɔn] *n.m.* 공중전화.

taxis [taksis] *n.m.* 〖외과〗탈장 정복술(整腹術).

taxiway [taksiwɛ] 〖영〗 (비행기의)유도로(誘導路).

taxo- préf. 「배열·순서·과세」의 뜻. 〔導路〕.

taxodium [taksɔdjɔm] *n.m.*, **taxodier** [taksɔdje] *n.m.* (미국 남부 늪지대에 있는)삼나무의 일종.

taxologie [taksɔlɔʒi] *n.f.* 분류학(分類學).

taxon [taksɔ̃], **taxum** [taksɔm] *n.m.* 〖학술〗분류군(分類群).

taxonomie [taksɔnɔmi] *n.f.* 〖생물〗계통학, 분류〔학.

taxonomique [taksɔnɔmik] *a.* 분류〔계통〕학의.

taxonomiste [taksɔnɔmist] *n.m.* 분류〔계통〕학자.

tayaut [tajo] *int.* =**taïaut**.

taylorisation [tɛlɔrizasjɔ̃] *n.f.* 테일러(F. Taylor, 미국의 기사)식 노동능률 증진, 테일러식 경영의 합리화.

tayloriser [tɛlɔrize] *v.t.* (테일러식으로)노동을 관리하다, 경영을 합리화하다.

taylorisme [tɛlɔrism] *n.m.* 테일러식 공장의 합리화 관리법(산업 능률 증진법)(système Taylor).

Tb (약자) terbium 〖화학〗테르븀.

Tc (약자) technétium 〖화학〗테크네튬.

t.c., T.C. (약자)① télégramme collationné 조회 (照會)전보. ② thermomètre centigrade 섭씨 온도계. ③ taxes comprises 세금 포함. ④ tables chronologiques 연표(年表). ⑤ toutes coupures 전액보조 지폐.

T.C.F. (약자)① Touring-Club de France 프랑스관광 클럽. ② Très cher frère 〖종교〗사랑하는 형제여.

Tchad (le) [lətʃad] *n.pr.m.* 〖지리〗차드 《중앙아프리카의 공화국》.

tchadien(ne) [tʃadjɛ̃, -ɛn] 〖지리〗 *a.* 차드 공화국의. —**T**~ *n.* 차드 사람.

tchandals [tʃadal] (힌디) *n.m.pl.* 인도의 최하층민, 불촉천민(不觸賤民).

tcharchaf [tʃarʃaf] (터키) *n.m.* (터키 부인들이 쓰는)검은 베일.

tchécoslovaque [tʃɛkɔslɔvak] *a.* 체코슬로바키아의 (la Tchécoslovaquie) (사람)의. —**T**~ *n.* 체코슬로바키아 사람.

Tchécoslovaquie (la) [latʃekɔslɔvaki] *n.pr.f.* 《지리》체코슬로바키아.

Tchéka [tʃeka] 《러시아》 *n.f.* 체카 (반혁명·사보타주·투기 감시위원회, 게페우(Guépéou)의 전신).

tchékhovien(ne) [tʃekɔvjɛ̃, -ɛn] *a.* 체호프(*Tchekhov*, 러시아)의 작가)의.

tchèque [tʃɛk] *a.* 체코족(族)의. —**T~** *n.* 체코 사람. —*n.m.* 체코어(語).

tchernoziom [tʃɛrnozjɔm] 《러시아》 *n.m.* 《지리》 흑토(黑土).

tchervonetz [tʃɛrvɔnjɛts] 《러시아》 *n.m.* 소련의 옛 화폐 단위(10 루브르).

tchin-tchin [tʃintʃin] 《중국》 *int.* 〖구어〗(잔을 부딪치며)건배!

T.C.R.P 〖약자〗Société des Transports en commun de la région parisienne 파리 지구 공동 운수 회사(S.T.C.R.P.).

Te 〖약자〗tellure 《화학》 텔루르.

:**te¹** [t(ə)] *pron. pers.* (2 인칭 단수, 목적보어로 동사 앞에 옴; 모음·무성 h 앞에서는 t') ① (직접목적보어) 너〖자네·당신〗을. Je *t*'aime. 나는 너를 사랑한다. Je *te* quitte sans regret. 미련없이 네 곁을 떠난다.
② (간접목적보어) 너·자네·당신에게 〖을 위해서, 의, 에게서〗. ⓐ (à toi) Elle *t*'écrira. 그녀는 너에게 편지를 쓸 것이다. ⓑ (pour toi) Je vais *te* faire une robe. 너에게 옷을 만들어 주겠다. ⓒ (신체의 일부를 나타내는 말과 함께: 소유형용사 대신) Qui *t*'a cassé le bras? 누가 너의 팔을 부러뜨렸느냐? si cela *te* vient à l'esprit 그것이 생각나면. ⓓ (탈취·제거를 나타내는 동사와 함께) Qui *t*'a pris la montre? 누가 (네게서) 시계를 훔쳐갔지? ⓔ (강세형 대신) Elle *te* court après. 〖구어〗그녀는 네 뒤를 쫓아다닌다. Ils *te* tomberont dessus. 〖구어〗그들은 자네를 뒤로 덮어칠 것이다. ⓕ (지각·판단을 나타내는 동사와 함께) Je ne *te* savais pas tant de force. 나는 네가 그렇게 힘센 줄은 몰랐다.
③ (속사의 보어) Cela peut *t*'être utile. 그것이 너에게 유용할지도 모른다. Elle *t*'est devenue étrangère. 그녀는 너와 상관없는 여자가 되었다.
④ (상대의 주의를 끌기 위한 허사적 용법) Si c'était mon fils, je *te* le dresserais. 〖구어〗그 애가 내 아들이라면 버릇을 고쳐 놓을 텐데.
⑤ (대명동사의 보어) Tu *t*'égareras. 너는 길을 잃을 것이다. Où est-ce que tu *t*'es procuré ce livre? 이 책을 어디서 샀니? (te 는 간접목적보어). Tu *t*'es blessé le doigt? 너 손가락을 다쳤니? (te 는 신체의 일부를 나타내는 말과 함께 쓰인 간접목적보어). Tu *t*'en souviens. 너는 기억하겠지.
⑥ (긍정 명령문에서 en, y 가 뒤이어 올 때 toi 의 대용으로) Va *t*'en. 가버려. Mets-*t*'y. 그 일을 시작하게.
⑦ (voici, voilà 앞에서) *Te* voici. 자네 왔군. *Te* voilà encore à regarder les tableaux. 자넨 아직도 거기서 그림을 보고 있군.

te² 〖약자〗Tonne 《천량형》 톤.

T.E. 〖약자〗temps des éphémérides 《천문》 역표시(曆表時) (지구·달·혹성의 공전을 기준으로 한 시법).

té [te] *n.m.* ① T 자의 호칭. ② T 자형의 것; T 자형의 자(尺). en *té* T 자형의.

té 〖남프랑스〗*int.* 저런! 아아! 《놀람·강조》. *Té* c'est Tartarin! 아니, 타르타랭이 아닌가!

team [tim] 《영》 *n.m.* 〖옛〗 《스포츠》 팀 (équipe).

tea-room [tirum] 《영》 *n.m.* 다방, 티룸.

tec [tek] (< *tonne-équivalent-charbon*) *n.m.* 《복수불변》 텍크 (에너지의 단위, 석탄 1 톤의 열량에 해당함).

técéfiste [tesefist] *n.m.* T.C.F.회원 (프랑스 관광 〖여행〗 클럽).

techn- *préf.* 「기술」의 뜻.

technème [tɛknɛm] *n.m.* 《학술》(기술의 최소단위로서의)기술소(技術素) (사회학자 *Baudrillard*의 용어).

technétium [tɛknes(t)jɔm] *n.m.* 《화학》 테크네튬 (원소).

technétronique [tɛknetrɔnik] *a.* 《학술》기술정보화(시대)의 (1970 년, *Z. Brzezinski* 가 미국에서 유행시킨 말).

*****technicien(ne)** [tɛkniːsjɛ̃, -ɛn] *n.* 기술자; 전문가 (spécialiste). ~ d'informatique 정보과학 기술자〖전문가〗. école de ~ 5 기능공 양성 전문학교. 〖통격〗 ministre ~ 소관업무에 통달한 장관. officier ~ 기술장교.
〖REM〗 기술축직의 위계에 있어 **technicien** 은 **ingénieur** (기사)밑에서 일하는 중급 기술자를 지칭: *technicien* de la radio 뢴트겐 기술자.

technicisation [tɛknisizasjɔ̃] *n.f.* 기술화, 기술적 수단 제공.

techniciser [tɛknisize] *v.t.* 기술화하다, (에)기술적인 완벽성을 부여하다. ~ l'agriculture 농업에 과학기술을 도입하다.

technicité [tɛknisite] *n.f.* 전문성; (기술자의) 기술, 기교.

technico- *préf.* 「기술과 …에 관한」의 뜻.

technico-commercial(ale, pl. aux) [tɛknikɔkɔmɛrsjal,-o] *a.* 기술과 상업에 동시에 관계되는.

technico-économique [tɛknikɔekɔnɔmik] *a.* 기술과 경제에 동시에 관계되는.

technicolor [tɛknikɔlɔːr] *n.m.* ① 《상표명》 테크니컬러 (색채영화법의 한 방식). ② en ~ 총천연색의〖으로〗, 화려한〖화려하게〗.

-technie, -technique *suff.* 「기술」의 뜻.

*****technique** [tɛknik] *a.* 학술적인, 전문적인(spécial); 기술적인. termes ~*s* 학술어, 전문어. collèges ~*s* 기술〖공업〗학교. revue ~ 전문지. art ~ 공예. enseignement ~ 직업교육.
—*n.f.* 기술, 기교; 기법, 수법; 화법; 〖구어〗방법, 방편. ~ électrique 전기공학. musicien qui manque de ~ 기교가 부족한 음악가. trouver la bonne ~ 〖구어〗좋은 방법〖방편〗을 발견하다.
—*n.m.* 기술교육.

techniquement [tɛknikmɑ̃] *a.* 전문적으로; 기술적으로, 기술적 측면에서.

technisation [tɛknizasjɔ̃] *n.f.* =**technicisation**.

techniser [tɛknize] *v.t.* =**techniciser**.

techno- *préf.* 「기술」의 뜻.

techno(-)bureaucratie [tɛknɔbyrokrasi] *n.f.* 기술과 행정의 양면이 결합된 체제 (현대 산업사회의 기술적·행정적 능률 위주의 체제).

techno(-)bureaucratique [tɛknɔbyrokratik] *a.* 기술·행정의 양면을 갖춘, 테크노 뷔로크라트적인. société ~ 테크노 뷔로크라트적 사회 (현대 산업사회의 구조적 특징을 말함).

technocrate [tɛknɔkrat] *n.m.* 테크노크라트, 전문 지식을 갖춘 고위 관리직.

technocratie [tɛknɔkrasi] *n.f.* 《경제》 테크노크라시, 기술주의.

technocratique [tɛknɔkratik] *a.* 기술주의의, 테크노크라트의.

technocratisation [tɛknɔkratizasjɔ̃] *n.f.* 테크노크라시화(化).

technocratiser [tɛknɔkratize] *v.t.* 테크노크라시화 하다. ~ la Sécurité Sociale 사회보험 (운영)을 전

문직화하다.

technocratisme [tɛknɔkratism] *n.m.* 테크노크라시주의, 테크노크라트 중용(重用)주의.

techno-économique [tɛknɔekɔnɔmik] (*pl.* ~-~**s**) *a.* 〖학술〗테크노 이코노믹스의, 기술과 경제학이 결합한.

technographie [tɛknɔgrafi] *n.f.* 공예 기재학(記載學), 과학[기술]사(史).

technographique [tɛknɔgrafik] *a.* 공예 기재학의.

technologie [tɛknɔlɔʒi] *n.f.* ① 공예학, 공업기술. ② 〖드물게〗〖집합적〗(예술·과학 따위의) 전문어, 학술어, 기술어.

technologique [tɛknɔlɔʒik] *a.* 공예[기술]에 관한. dictionnaire ~ 공예사전.

technologue [tɛknɔlɔg], **technologiste** [tɛknɔlɔʒist] *n.* 공학자, ─ *a.* 공학자의.

technophile [tɛknɔfil] *a.* 〖생물〗(동물이) 기술문명에 순응한.

technostructure [tɛknɔstrykty:r] *n.f.* 전문기술 관리 계급《현대사회에 있어서 정치적·경제적·문화적 결정에 큰 영향력을 발휘하는 조직, 미국의 경제학자 Galbraith가 만든 말》.

teck [tɛk] *n.m.* 〖식물〗티크; (그) 재목.

teckel [tekɛl] *n.m.* (독일종의) 다리가 짧은 사냥개.

tecto- *préf.* 「구축된」의 뜻.

técome [tekɔm] *n.m.* 〖식물〗능소화나무.

tecteur(trice) [tektœ:r, -tris] *a.* 보호하는. plumes ~trices 〖조류〗둥것, 개우(蓋羽). poils ~s 〖식물〗 보호모(毛). ─ *n.f.pl.* 둥것.

tectogène [tɛktɔʒɛn] *a.* 〖지질〗 *a.* 조산(造山) 운동의. ─ *n.m.* 조산(조구조) 운동.

tectologie [tɛktɔlɔʒi] *n.f.* 〖생물〗구조학《형태학의 일부》.

tectonique [tɛktɔnik] *a.* 구조지질학의; 구조지질 변동의. ─ *n.f.* ① (구조지질의 변동을 연구하는) 구조지질학. ② 구조지질의 변동.

tectonophysique [tɛktɔnofizik] *n.f.* 지각물리학.

Te Deum [tedeɔm] 〖라틴〗 *n.m.* 《복수불변》 〖종교〗감사의 노래, 테데움; (테데움을 노래하기 위한) 감사례.

tee [ti] 〖영〗 *n.m.* 〖골프〗티, 공 놓는 자리. ㄴ식.

T.E.E. (약자) Trans-Europe-Express 유럽국제특급《영》.

teen(-)ager [tinedʒœ:r] 〖영〗 *n.* 10대 소녀[소년] 《13세에서 19세까지》.

tee(-)shirt, T(-)shirt [tiʃœrt] 〖영〗 *n.m.* T 셔츠.

teetotalisme [titotalism] 〖영〗 *n.m.* 절대 금주주의.

teetotaliste [titotalist] 〖영〗 *n.m.* 절대금주주의자.

téflon [teflɔ̃] *n.m.* 〖화학〗테플론.

téflonisé(e) [teflɔnize] *a.* 테플론 가공을 한.

tégénaire [teʒɛnɛ:r] *n.f.* 〖곤충〗거미의 일종.

tegmen [tɛgmɛn] 〖라틴〗 *n.m.* 〖식물〗내종피(內種皮), 속씨껍질.

tegmine(e) [tɛgmine] *a.* 〖식물〗내종피가 있는.

tégulaire [tegylɛ:r] *a.* 〖광산〗석반석(石盤石)과 같이 엷게 벗거지는.

tégule [tegyl] *n.f.* 〖곤충〗시기인편(翅基鱗片).

tégument [tegymɑ̃] *n.m.* 〖생물〗외피(外皮), 피막(皮膜), 포피(包被); 〖식물〗내종피.

tégumentaire [tegymɑ̃tɛ:r] *a.* 〖생물〗외피의, 피막의.

Téhéran [teerɑ̃] *n.pr.* 〖지리〗테헤란.

teignasse [tɛɲas] *n.f.* = **tignasse**.

teigne [tɛɲ] *n.f.* ① 〖곤충〗곡식좀나방의 일종. ② 〖의학〗머리버짐, 기계충, (두부(頭部))백선(白癬); 독두병(禿頭病); (가죽의) 피부병; 〖식물〗수피(樹皮)의 병. 〖구어〗심술궂은 사람. C'est une vraie ~. 그는 정말 고약한 사람이다. mauvais (méchant) comme une ~ 고약한, 심술궂은.

teigne, -ons [tɛɲ, -ɔ̃] ⇨ **teindre**.

teigneux(se) [tɛɲø, -ø:z] 〖의학〗 *a.* 머리버짐 병《기계충》에 걸린. enfant ~ 머리버짐에 걸린 아이. tête ~*se* 머리버짐에 걸린 머리. ─ *n.* 머리버짐 병 환자. *J'en mangerais sur la tête d'un ~.* 〖구어〗(머리버짐 환자의 머리에 얹어서라도 그것을 먹겠다) = 나는 그것이 말할 수 없을 정도로 좋다. *Il n'y a que trois ~ et un pelé.* (회합 따위에) 모인 사람이 적었다; 시시한 사람이 두세 명 참석한데 불과했다.

teillage [tɛjaːʒ] *n.m.* 〖직조〗삼껍질 벗기기.

teille [tɛj] *n.f.* 삼껍질.

teiller [tɛ(e)je] *v.t.* (삼의) 껍질을 벗기다.

teilleur(se) [tɛjœ:r, -ø:z] 〖직조〗 *n.* 삼껍질 벗기는 사람. ─ *n.f.* 삼껍질 벗기는 기계.

***teindre** [tɛ̃:dr] [27] *v.t.* 물들이다, 염색하다; 채색하다, 착색하다 (colorer). ~ *ses cheveux* 머리를 물들이다. ~ *qc en /de*] ~ *une étoffe en rouge* 천을 빨갛게 물들이다.

~ *ses mains* [*son bras*] *du* [*dans le*] *sang* [*de qn*] (...의) 피로 손을 물들이다, (결투에서 ...에게) 상처를 입히다, (...을) 죽이다.

─ *se* ~ *v.pr.* ① 자기 머리를 물들이다 (*se* ~ les cheveux). ② 〖문어〗물들다, 염색되다. [*se* ~ *de*] Au coucher du soleil, la montagne *se teint de* pourpre. 석양빛에 산이 붉게 물든다. *se* ~ *de* la foi 《비유적》차츰 신앙을 갖게 되다.

teint¹(*e*) [tɛ̃, -ɛ̃:t] (*p.p.* < teindre) *a.p.* 물든, 염색된. cheveux ~*s* 염색된 머리. Elle est ~*e*. 〖구어〗그녀의 머리는 염색된 것이다.

***teint²** [tɛ̃] *n.m.* ① 얼굴빛, 안색. ~ halé (bronzé) 〖햇볕에〗 탄 [그을린] 얼굴빛. fond de ~ (화장용의) 파운데이션. ② 염색, 염색의 빛깔. tissu grand [bon] ~ (색이 바래지 않게) 잘 염색된 옷감. mauvais (faux, petit) ~ 잘 안된 [조잡한] 염색. ③ 〖문어〗색채(色彩) (couleur).

bon ~ 〖구어〗〖익살〗독실한, 견실한. catholique *bon* ~ 독실한 가톨릭 신자.

teintant(*e*) [tɛ̃tɑ̃, -ɑ̃:t] *a.* 염색하는, 착색하는. crème ~*e* 착색 화장크림.

***teinte²** [tɛ̃:t] (< teindre) *n.f.* ① 빛깔, 색조, 색. demi-~ 연한 빛깔. ~ plate (농담(濃淡)이 없는) 단색. ~ blanchâtre (forte, faible, claire) 희끄무레한 [짙은, 선명한, 연한] 빛깔. ~ vierge 단색(單色), 원색(原色). ② 기미, 감, 뉘앙스. [une ~ *de*] Dans ce texte, il y a *une* ~ *d'ironie* [*de douce mélancolie*]. 이 글에는 비꼬는 투[은은한 애수의 뉘앙스] 가 스며 있다.

teinté(*e*) [tɛ̃te] *a.p.* 엷게 물든; 빛깔을 띤. ~ *de rose* 장미빛을 띤. *littérature ~e d'espagnolisme* 《비유적》에스파냐풍의 색조를 띤 문학.

teinter [tɛ̃te] *v.t.* ① 빛깔을 물들이다, 착색하다 (colorer). ~ un papier 종이를 물들이다. ② 《비유적》 [~ *qc de*] (의) 뉘앙스를 띠게 하다. ~ *ses compliments d'ironie subtile* 찬사에 미묘한 비꼼을 섞다.

─ *se* ~ *v.pr.* [se ~ de] (의) 빛을 띠다; 《비유적》기미가 있다. remarque qui *se teinte d'ironie* 풍자가 섞인 지적.

teinture [tɛ̃ty:r] *n.f.* ① 물감, 염료; 염색, 염색술; (염색한) 빛깔. ~ *des cheveux* 머리 염색. plonger *une étoffe dans (de*) *la teinture* 천을 물감 속에 담그다. ② 《비유적》피상적인 지식 (vernis). avoir une (quelque) ~ *de philosophie* 철학을 수박 겉핥기로 알고 있다. ③ 〖약〗정기(丁幾)제. ~ *d'iode* 옥도정기.

teinturerie [tɛ̃tyrri] *n.f.* ① 염색업[술]; 염색공장.

② 양복 세탁소, 드라이크리닝.
teinturier(ère) [tɛ̃tyrje, -ɛːr] *n.* ① 염색업자. ② 양복 세탁업자. —*a.* 염색업의; 양복세탁의.
tek [tɛk] *n.m.* 《식물》 =**teck**.
:**tel(le)** [tɛl] *a.* ① 그러한, 이러한(pareil). ⓐ《부가형용사로서 명사 앞에. 단, 강조의 뜻에서 드물게 명사 뒤에》Une ~le conduite vous fait honneur. 이와 같은 행위는 당신의 명예가 된다. Je suis étonné qu'il tienne de ~s propos. 그가 그런 말을 하다니 놀랍다. On n'a jamais rien vu de ~. 이렇기 그런 일은 전혀 보지 못했다. (반복해서) T~ père, ~ fils. 그 아버지에 그 아들, 부전자전. ⓑ《동격》Son œuvre est très critiquée. T~le, pourtant, elle est le reflet de l'époque. 그의 작품은 혹평을 받았다. 그러나 그런대로 그것은 시대를 반영하고 있다.
② 《속사로서 문장 앞에서》 …와 같은. ⓐ《전술한 내용의 요약》Instruire en intéressant, ~ est le but de l'éducation. 관심을 불러 일으키면서 가르치는 것, 이것이 곧 교육의 목적이다. T~ est mon avis. 내 의견은 이러하다. T~ il était, ~ il demeure. 그는 그것 그대로의 모습이다, 옛날 그대로이다. ⓑ《문어》《비교》Il disparut rapidement, ~ un éclair. 그는 번개처럼 재빨리 사라졌다. T~le ét ~le chose 이러이러한 말을 하다(＝명확한 말을 피해서).
④ 《…와 같은, …인 그대로(comme, ainsi que). ⓐ[~ que+명사／대명사] Il est ＝ que son père. 그는 아버지와 같다(를 닮았다). femme ~le que sa mère 그의 어머니와 같은 여자. plusieurs langues, ~les que l'anglais, l'allemand, etc. 영어, 독일어 등과 같은 몇몇 언어. ⓑ[~ que+ind.] Les faits sont ~s que je vous les ai racontés. 사실은 당신에게 이야기한 바 그대로이다. voir les choses ~les qu'elles sont 사물을 있는[사실] 그대로 보다. ~ que vous le voyez 당신이 보는 바와 같이. ⓒ[~ que+과거분사] 《회화·상업문·사무적 문장에서》주어와 동사를 생략》 exemple ~ que donné ci-dessous 아래에 나와있는 것과 같은 예.
⑤ 《강도를 표시》 ⓐ 그러한, 그다지도, 그와 같은. Je n'ai jamais eu une ~le peur. 나는 그렇게 무서위한 적이 없었다. secret d'une ~le importance 그다지도 중대한 비밀. ⓑ[~ …que](원인·결과를 나타내어》 …할 만큼, 어찌나 …한지(…하다나). Il a fait un ~ bruit qu'il a réveillé toute la maison. 그는 어찌나 떠들어댔던지 집안 사람을 다 깨우고 말았다. 《부정문의 문장에서는 sub.》Je n'en ai pas un besoin ~ que je ne puisse attendre. 나는 기다릴 수 없을 만큼 (그렇게 절박하게) 그것이 필요하지는 않다.
à ~ point que …할 정도까지. Il a plu *à ~ point que* le fleuve a débordé. 강물이 넘칠 정도로 비가 왔다.
comme(en tant que) ~ 그것으로서, 그 자체로서. Cette œuvre est un chef-d'œuvre et la critique la considère *comme ~le*. 이 작품은 걸작인데, 비평가들도 그렇게 인정하고 있다. On déteste la violence *en tant que ~le*. 우리는 폭력 그 자체를 증오한다.
de ~le façon(sorte, manière) que ⓐ(~ +sub.; 목적) …하기 위해, …하도록. Je t'enverrai ce paquet tout de suite *de ~le sorte que* tu le reçoives demain. 당신이 내일 이 소포를 받도록 지금 곧 보내겠다. ⓑ(~ +ind.; 결과) 그 결과. Il parle *de ~le sorte que* je ne le comprends pas. 그는 그런 식으로 이야기하기 때문에 알아들을 수가 없다.
être connu(passer) pour ~ 그런 것으로 간주되다 [알려지다].
Il n'y a rien de ~ que+명사(*que de*+*inf.*) …(하는 것)보다 더 나은 것은 없다. *Il n'y a rien de ~ pour* la santé *que* le yoga. 건강에는 요가보다 나은 것은 아무것도 없다.
~ *quel*;《속어》~ *que* 있는[그 상태]그대로; 평범한, 진부한. la nature ~le quelle 있는 그대로의 자연. Je vous achète la voiture ~le quelle. 나는 자동차를 그 상태대로 당신에게서 사겠다. Laissez-les ~les que (quelles). 그대로 내버려두시오. raisons ~les quelles 진부한 이유.
—*pron.ind.* 《문어》아무개, 어떤 사람(것). T~le de ces robes vaut mille francs. 이 드레스들 중 어떤 것은 천 프랑이나 한다. (관계대명사의 선행사로서) T~ fait des libéralités qui ne paie pas ses dettes. 빚도 갚지 않는 사람이 으레 (남에게) 선심을 쓴다. (부정관사와 함께) J'ai dîné chez un ~. 아무개 집에서 저녁을 했다. Monsieur Un ~ (Madame Une ~*le*) 모씨(모부인), les Un ~ 모부부; 모씨 일가(la famille Un ~).
T~ ... *et* ~ 어떤 사람은 …, 다른 사람은 …. T~ l'en blâmait, (et) l'en excusait. 어떤 사람은 그를 책망하고, 어떤 사람은 용서했다.
T~ qui rit vendredi, dimanche pleurera. 《격언》금요일에 (오늘) 웃는 자는 일요일에 (내일) 운다.
télamon [tɛlamɔ̃] *n.m.* 《건축》남성 인상주(人像柱)(atlante).
télangiectasie [telɑ̃ʒjektazi] *n.f.* 《의학》모세관 확장.
télé [tele] *n.f.* 《구어》=**télévision**.
télé- *préf.* 「원격」「무선에 의한」「텔레비전과 관계있는」「케이블카와 유사한」의 뜻.
téléaffichage [teleafiʃaːʒ] *n.m.* (공항이나 역에서 시각표·행선지·출발지 따위를 알려주는)원격조종 게시판.
téléalarme [telealarm] *n.f.* (경보 단추를 누를 때만 보호센터에 통보되는)전화 경보(체제).
téléaste [teleast] *n.m.* 텔레비전 관계자.
téléautogramme [teleotogram] *n.m.* 모사 전송(模寫電送)된 전문(電文).
tél(é)autographe [tel(e)otograf] *n.m.* 《옛》모사 전신기.
tél(é)autographie [tel(e)otografi] *n.f.* 모사 전신.
télébenne [teleben] *n.f.*, **télécabine** [telekabin] *n.f.* 소형(小型)케이블카, 리프트.
télé-caméra [telekamera] *n.m.* 텔레비전 카메라.
télécardiophone [telekardjofɔn] *n.m.* 원격 심음(心音)청진기.
télécinéma(tographe) [telesinema(tograf)] *n.m.* 텔레비전에 의한 영화의 방영 장치; 영화 방영반.
téléclinomètre [teleklinɔmetr(ə)] *n.m.* (광산 측량 등에서 사용되는)원격조종 경사계(傾斜計).
télécommande [telekɔmɑ̃d] *n.f.* 원격조종, 원격 리 조종.
télécommandé(e) [telekɔmɑ̃de] *a.p.* 원격조종의; 영향을 받는(influencé, inspiré).
télécommander [telekɔmɑ̃de] *v.t.* ① 원격조종하다. ~ l'explosion d'une fusée de rocket 로켓의 폭발을 원격조종하다. ② (멀리서)영향을 주다.
télécommunication [telekɔmynikasjɔ̃] *n.f.* 전기통신. Ministère des Postes et des T~s (프랑스의)우정성(郵政省). Union internationale des ~s 국제 전기통신 연합(유엔의 전문기구). satellite artificiel utilisé comme relais en ~s 무선 중계용

통신위성.

téléconférence [telekɔ̃ferɑ̃s] *n.f.* 통신회의, (서로 다른 지점을 통신망으로 연결해서 행하는)텔레비전 회의.

télécontrôle [telekɔ̃tro:l] *n.m.* 원격조종.

télécopie [telekɔpi] *n.f.* 전송복사(장치).

télécopier [telekɔpje] *v.t.* 전송복사하다.

télécopieur [telekɔpjœr] *n.m.* 전송복사기.

télécran [telekrɑ̃] *n.m.* 《텔레비전》(넓은 실내를 위한)수상 스크린.

télédétection [teledetɛksjɔ̃] *n.f.* (탐사위성을 통한)원격탐사.

télédiagnostic [teledjagnɔstik] *n.m.* 원격진단.

télédiaphonie [teledjafɔni] *n.f.* (전화의)혼선.

télédictage [teledikta:ʒ] *n.m.* (지국이나 지방신문에 닿파로 보내는)뉴스 송신법.

télédiffusé [teledifyze] *a.p.* 텔레비전으로 방영되는.

télédiffuser [teledifyze] *v.t.* 텔레비전으로 방영하다(téléviser).

télédiffusion [teledifyzjɔ̃] *n.f.* 텔레비전 방영.

télédistribution [teledistribysjɔ̃] *n.f.* 유선방송〔방영〕(télévision par câbles).

télédynamie [teledinami] *n.f.* (전력·동력의)원거리 전송(傳送).

télédynamique [teledinamik] *a.* 원거리 송력(送力)의. câble ~ 송전 케이블.

télé(-)enseignement [teleɑ̃sɛnmɑ̃] *n.m.* 텔레비전 교육, 방송 통신 교육.

téléférique [teleferik] *n.m.* = **téléphérique**.

téléfilm [telefilm] *n.m.* 텔레비전용 영화.

télég. 《약자》télégraphe 전신.

téléga [telega] *n.f.* (러시아의)4륜 짐마차.

télégénie [teleʒeni] *n.f.* 텔레비전 화면에 적합함.

télégénique [teleʒenik] *a.* 텔레비전 화면에 잘 보이는. chanteuse ~ 텔레비전에서 예쁘게 보이는 여가수.

télégestion [teleʒɛstjɔ̃] *n.f.* (원격정보처리를 통한)사무(산업·기계)관리.

télégonie [telegɔni] *n.f.* 《생물》감응유전(感應遺).

*****télégramme** [telegram] *n.m.* 전보. ~ chiffré〔en clair〕암호〔평문(平文)〕전보. ~ urgent 지급전보. envoyer un ~ 전보를 치다.

*****télégraphe** [telegraf] *n.m.* ① 전신기. ~ sous-marin 해저 전신. ~ imprimeur 텔레타이프. ~ hertzien 전파 전신. ② 《옛》 신호기. ~ aérien 고소(高所)신호기. faire du ~ (à qn) 손짓〔몸짓〕으로 (…에게) 알리다.

télégraphie [telegrafi] *n.f.* 전신(술)(~ électrique). ~ sans fil 무선 전신(《약자》T.S.F.). ~ optique (aérienne)(고소)(可視)방식 신호통신(수기(手旗)신호 따위).

*****télégraphier** [telegrafje] *v.t.* 전보로 알리다, 타전(打電)하다, 발신하다. ~ une dépêche 전보를 치다. [~ qc à qn] ~ une nouvelle à un ami 친구에게 전보로 소식을 알리다. 《목적보어 없이》Il faut lui ~ 그에게 전보를 쳐야한다.

*****télégraphique** [telegrafik] *a.* 전신에 관한; 전신에 의한. bureau ~ 전신국. fil ~ 전신선. signes ~s 전신 부호. style ~ 전보 문체. dépêche ~ 전보. mandat ~ 전신환.

télégraphiquement [telegrafikmɑ̃] *ad.* 전신으로, 전보로.

télégraphiste [telegrafist] *n.* ① 전신 기사. ② 전보 배달부.

télégraphone [telegrafɔn] *n.m.* 축음 전화기.

télègue [telɛg] *n.f.* = **téléga**.

téléguidage [telegida:ʒ] *n.m.* (로켓 따위의)무선 유도, 원격조종, 리모트 컨트롤.

téléguider [telegide] *v.t.* 원격조종하다;《구어》먼 곳(배후)에서 조종하다. avion *téléguidé* 무인기.

télé(-)imprimeur [teleɛ̃primœ:r] *n.m.* 텔레타이프(téléscripteur, télétype).

téléinformatique [teleɛ̃fɔrmatik] *n.f., a.* 컴퓨터의 원거리 이용(장치)(의), 데이터 통신(기술)(의) 《원거리에서 전화선의 연결로 직접 컴퓨터를 이용할 수 있는 시스템》.

téléjaugeage [teleʒoʒa:ʒ] *n.m.* (저장탱크 따위의)용량 원격 계측 장치.

télékinésie [telekinezi] *n.f.* 《심령술》(정신력으로 물체를 움직이는)텔레키네시스, 염동력(力).

téléloupe [telelup] *n.f.* 확대 망원경.

télémaintenance [telemɛ̃tnɑ̃s] *n.f.* (우주선 따위의 데이터를 원격측정·조작하는)원격측정 유지.

télémanipulateur [telemanipylatœ:r] *n.m.* (보호 스크린을 통해 방사성물질을 다루는)원격조종 장치, 리모트 머니퓰레이터.

télémanipulation [telemanipylasjɔ̃] *n.f.* (방사성물질의)원격조종.

télématique [telematik] *n.f., a.* 정보통신(의).「사.

télémécanicien [telemekanisjɛ] *n.m.* 원격조종 기

télémécanique [telemekanik] *a.* 원격조종의.

—*n.f.* (기계의)원격조종법.

télémesure [telemzy:r] *n.f.* 원격측정(술).

télémétéorographe [telemeteɔrɔgraf] *n.m.* 원거리자기기상계(自記氣象計).「계.

télémètre [telemɛtr] *n.m.* 원격측정기, 거리측정

télémétrer [telemetre] ⑥ *v.t.* (거리측정계로)거리를 재다.

télémétreur [telemetrœ:r] *n.m.* (거리 측정계에 의한)거리측정자, 원격측정기 조종기사.

télémétrie [telemetri] *n.f.* 원격측정.

télémétrique [telemetrik] *a.* 원격측정의.「腦〕.

télencéphale [telɑ̃sefal] *n.m.* 《해부》종뇌(終

téléobjectif [teleɔbʒɛktif] *n.m.* 《사진》망원렌즈.

téléologie [teleɔlɔʒi] *n.f.* 《철학》목적론.

téléologique [teleɔlɔʒik] *a.* 《철학》목적론적인.

téléonomie [teleɔnɔmi], **télénomie** [telenɔmi] *n.f.* 궁극적인 목적 법칙 연구.

téléopérateur [teleɔperatœr] *n.m.* 원격조종 로봇〔장치〕.

téléosaure [teleɔsɔ:r] *n.m.* 《고대생물》완룡(完

téléostéen(ne) [teleɔsteɛ̃, -ɛn] 《어류》*a.* 경골류의(硬骨類)의. —*n.m.pl.* 경골류.

télépathe [telepat] 《심령술》*a.* 정신감응의 신통력을 가진. —*n.* 정신감응 심령가.

télépathie [telepati] *n.f.* 《심령술》정신감응, 텔레파시.

télépathique [telepatik] *a.* 정신감응의.

tél.(éph.)《약자》téléphone 전화.

téléphérage [telefera:ʒ] 《영》*n.m.* 삭도 운반.

téléphérer [telefere] ⑥ *v.t.* 삭도 운반하다.

téléphérique [teleferik] *a.* 삭도(索道) 운반의.

—*n.m.* 공중 케이블카.

téléphonage [telefɔna:ʒ] *n.m.* 전화를 걸기, 통화.

*****téléphone** [telefɔn] *n.m.* 전화(기). au〔par〕 ~ 전화로. appeler〔sonner〕 qn au ~ 전화로 …을 불러내다. ~ automatique 자동식 전화기. ~ public 공중 전화(taxiphone). ~ urbain〔interurbain〕시내〔시외〕전화. donner un coup de ~ à qn …에게 전화를 하다. ~ *rouge* (국가 원수간의, 특히 백악관과 크렘믈린 간의)긴급 직통전화. ~ *arabe*(구두(口頭))나 배달인을 통한)신속한 정보전달.

*****téléphoner** [telefɔne] *v.t.* ① 전화로 알리다. [~ qc à qn] Tu pourras me ~ les résultats? 결과를 내게

전화해 줄 수 있겠지. [~ à qn que+ind.] Je lui ai téléphoné que je serai en retard. 나는 그에게 늦을 것이라고 전화했다. [~ à qn de+inf.] Téléphonez-lui de venir. 그에게 오라고 전화하시오. ② 《스포츠》 (어떤 동작을)사전에 알게하다. boxeur qui téléphone ses coups 자기의 공격을 (상대방에게) 눈치채게 하는 권투선수. Tes crochets sont trop larges, trop téléphonés. 너의 훅은 너무 동작이 크고 사전에 드러난다. manœuvre éléctorale téléphonée (비유적)노출된(상대편에 감지된) 선거전략.
—v.i. 전화를 걸다. Téléphone-moi cet après-midi. 오후에 내게 전화해라.

téléphonie [telefɔni] n.f. 전화(술). ~ sans fil 무선전화.

*****téléphonique** [telefɔnik] a. 전화의; 전화에 의한. appareil ~ 전화기. appel ~ 전화 호출. cabine ~ (publique) (공중)전화실. central ~ 전화국. communication ~ 전화.
—n.m. ~ combiné 송수화기.

téléphoniquement [telefɔnikmɑ] ad. 《드물게》전화로.

téléphoniste [telefɔnist] n. 전화교환수(standardiste).

téléphonomètre [telefɔnɔmɛtr] n.m. 전화 도수계(度數計).

téléphore [telefɔ:r] n.m. 《곤충》 반딧(벌레)붙이의 곤충.

téléphote [telefɔt] n.m. 사진 전송기; 망원 사진기.

téléphotique [telefɔtik] a. 사진 전송기의; 망원 사진기의.

téléphotographie [telefɔtɔgrafi] n.f. 망원 사진(술); 사진 전송.

téléphotographique [telefɔtɔgrafik] a. 망원 사진(술)의; 사진 전송의.

télépointage [telepwɛta:ʒ] n.m. 《해군》 연동(連動)조준(사령탑에서 모든 대포의 조준을 일제히 맞추기).

télépointeur [telepwɛtœ:r] n.m. 연동 조준장치.

téléradar [teleradar] n.m. (텔레비전을 통한)레이다 사진 송수신(기술).

téléradiographie [teleradjɔgrafi] n.f. 《의학》 원격 뢴트겐 촬영.

téléradiothérapie [teleradjɔterapi] n.f. 《의학》 뢴트겐 치료법.

teleran [telerɑ̃]《영》 n.m. 《항공》 텔레란, 텔레비전 레이다 항공술.

télérécepteur [telerɛseptœr] n.m. 텔레비전 수상기(téléviseur).

téléréglage [teleregla:ʒ] n.m. 원격조종[조작].

téléreportage [teler(ə)pɔrta:ʒ] n.m. 텔레비전 탐방[르포르타주].

téléreporter [teler(ə)pɔrtœr] n.m. 텔레비전 리포터.

télé-roman [telerɔmɑ̃] (pl. ~-~s) n.m. 텔레비전 소설.

téléurupteur [teleryptœ:r] n.m. (전기 충격을 이용한)원격조종 장치.

téléscaphe [teleskaf] n.m. (투명 합성수지로 만든 통을 이용한)수중 케이블카.

téléscopage [teleskɔpaʒ] n.m. ①《구어》(차가 다른 차를)들이받기, 들어박히기. ~ en série 연쇄충돌. ② 《언어》 두 낱말을 융합함.

télescope [teleskɔp] n.m. (반사식)천체 망원경. ~ électronique 전자 망원경.

télescoper [teleskɔpe] v.t. ① (차량 따위가 다른 차체를)들이받다, 들어박히다. train qui a télescopé une voiture au passage à niveau 건널목에서 차를 들이받은 기차. ② 《언어》 두 낱말을 융합하다 (예 : tripatouiller=trip(oter)+patouiller).
—v.i. (충돌한 차체가)서로 들어박히다; 《비유적》서로 침투하다(s'interpénétrer).
—se— v.pr. 서로 들어박히다[들이받다].

télescopeur [teleskɔpœ:r] a.m. (차량이)다른 차체에 들어박히는.

télescopie [teleskɔpi] n.f. 망원경 사용법.

télescopique [teleskɔpik] a. ① 망원경의; (별이) 망원경으로만 보이는. miroir ~ 천체 망원경의 반사경. astéroïdes ~s 천체 망원경으로만 보이는 소혹성. ② 꺼꿨다 뺏다 하게 된, 신축자재(伸縮自在)의. canne à pêche ~ 신축식 낚싯대.

télescripteur [teleskriptœ:r] n.m. 텔레타이프(télétype).

télésie [telezi] n.f. 《광물》 청옥(青玉). [te.

télésiège [telesjɛ:ʒ] n.m. (스키장의)의자식 리프트.

télésignalisation [telesiɲalizɑsjɔ̃] n.f. 전신 통보.

téléski [teleski] n.m. 리프트(스키어들을 꼭대기로 올려보내는 기계)(remonte-pente).

téléspeaker(kerine) [telespikœ:r, -krin] n. 텔레비전 아나운서.

téléspectateur(trice) [telespɛktatœ:r, -tris] n. 텔레비전 시청자.

télespectroscope [telespɛktrɔskɔp] n.m. 망원 분광기(分光器).

téléstéréographe [telestereɔgraf] n.m. (Belin식) 사진 전송기.

téléstéréographie [telestereɔgrafi] n.f. 사진전송.

téléstéréoscope [telestereɔskɔp] n.m. 망원 실체경(實體鏡).

téléstéréoscopie [telestereɔskɔpi] n.f. 망원 실체경에 의한 입체 영상(映像).

téléstéthophone [telestetɔfɔn] n.m. 전기 증폭 청진기.

télesthésie [telestezi] n.f. 《심령술》 원격 투시.

télesthésique [telestezik] a. 원격 투시의.

télésupervision [telesypervizjɔ̃] n.f. (특히 공장의 생산 공정의)텔레비전 감시.

télésurveillance [telesyrvejɑ̃:s] n.f. (특히 전자공학 기술을 이용한)원격 감시.

télésystolique [telesistɔlik] a. 《의학》 (심장)수축 말기(末期)의.

télétachymètre [teletakimɛtr(ə)] n.m. 원격 속도 측정기.

téléthèque [teletɛk] n.f. 텔레비전 자료 수집(실).

téléthermographe [teletɛrmɔgraf] n.m. 원거리 온도 기록기.

télétoxie [teletɔksi] n.f. 《생물·의학》(생체에서 분비되는)방산독(放散毒); 살충제.

télétoxique [teletɔksik] a. (생체에서 분비되는 독이)방산성(放散性)인.

télétraitement [teletrɛtmɑ̃] n.m. 《컴퓨터》 원격 정보 처리.

télétransmission [teletrɑ̃smisjɔ̃] n.f. (전신·전화 등을 통한)정보 전달.

télétype [teletip] 《영》 n.m. 《상표명》 텔레타이프 (téléscripteur). —a. 텔레타이프의.

télétypesetter [teletipsɛtœ:r] n.m. 텔레타이프 통신기.

télétypie [teletipi] n.f. 텔레타이프 통신시스템.

téleutospore [telɸtɔspɔ:r] n.f. 《식물》 동포자(冬胞子).

télévisé(e) [televize] a.p. 텔레비전으로 방송된. journal ~ 텔레비전 뉴스.

téléviser [televize] v.t. 텔레비전으로 방송하다.

téléviseur [televizœ:r] n.m. 텔레비전 수상기. ~ couleur 컬러 텔레비전.

*télévision [televizjɔ̃] n.f. ① 텔레비전. ~ par câbles 유선 텔레비전 방송. émission de ~ en direct(en différé)텔레비전 생(녹화) 방송. ②〖구어〗텔레비전 수상기(téléviseur). regarder un match de football à la ~ 텔레비전으로 축구시합을 보다.
télévisionner [televizjɔne] v.t. 텔레비전으로 방송하다.
télévisuel(le) [televizɥɛl] a. 텔레비전의.
telex [telɛks] n.m. 〖무전〗텔렉스, 가입자 전신.
télinga [telɛ̃ga] n.m. =**télougou**.
tell [tɛl] 〖아라비아〗n.m. ①〖고고학〗(인공의)작은 언덕, 총(塚). ②〖지리〗(알제리·튀니지의)옥토; 농지.
:**tellement** [tɛlmɑ̃] ad. ①(형용사·부사 앞)이렇게 [저렇게], 그렇게]까지, 그토록, 이처럼, 그정도로(si, aussi); 매우, 아주, 굉장히. L'air est ~ bon ici. 여기는 공기가 그렇게[너무도] 좋다. ce livre ~ historique 그렇게까지 역사적이인 이 책. un être ~ au-dessus de moi 나보다 월등 나은 인간.
②[~ de+명사/ 동사]그렇게[이렇게, 저렇게]도 많이(많이)(tant); 아주 많이(많이). Il a pris ~ de précautions. 그는 아주 조심했다. J'ai ~ de visites aujourd'hui. 오늘은 찾아오는 사람이 너무도 많다. Il travaille ~. 그는 일을 굉장히 열심히 한다. Il a ~ changé. 그는 너무나도 변했다.
③(문두에 놓아 결과문을 유도.)그 정도로(tant). On aurait dit que sa peau allait craquer, ~ elle était tendue. 그녀의 피부는 금방이라도 터질 것만 같았다, 그렇게까지 팽팽한 피부였다. Il s'endormait à table, ~ il avait couru. 그는 식탁에 앉은 채 잠들어 버렸다, 그토록 그는 뛰어다녔던 것이다.
④(부정문에서)그다지, 그리, 별로. Je n'ai pas ~ envie de voir ce film. 나는 그 영화를 별로 보고 싶지가 않다. Sans barbe, tu n'es plus ~ respectable. 수염이 없으니까 별로 의젓하지 않다.
⑤[~ ... que+ind./sub.] 너무[어떻게도] …때문에 …하다. Il allait ~ vite qu'il ne nous a pas vus. 그는 너무 빨리 달려간 바람에 우리를 못 보았다. Il n'est pas ~ vieux qu'il ne puisse travailler. 그는 일을 못할 만큼 늙지는 않았다. Il a ~ d'argent qu'il voyage souvent à l'étranger. 그는 너무나 돈이 많아서 자주 외국 여행을 한다(※위의 예문에서와 같이 결과문을 유도하는 tellement ...que의 구문에 있어서 부정형이 아닐 때에는 sub.가 되고, tellement 이 명사를 수식할 경우에는 de+명사가 된다).
⑥(비교급의 강조)훨씬, 한결(더). Elle était ~ plus intelligente que sa sœur. 그녀는 동생보다 훨씬 영리했다. Ce serait ~ mieux. 그러면 훨씬 더 좋겠는데 !
~ *quellement* 〖옛·문어〗이럭저럭.
tellière [te(ɛl)ljɛːr] n.m. (양지의)대판형(44cm×34cm). ─a. 〖불변〗대판형의.
tellurate [te(ɛl)lyrat] n.m. 〖화학〗텔루르산염
tellure [te(ɛl)lyːr] n.m. 〖화학〗텔루르. (塩).
tellureux(se) [te(ɛl)lyrø, -øːz] a. acide[anhydride] ~ 〖화학〗아(亞)텔루르산[2산화 텔루르].
tellurhydrique [te(ɛl)lyridrik] a. acide ~ 〖화학〗텔루르화 수소.
tellurien(ne) [te(ɛl)lyrjɛ̃, -ɛn] a. =**tellurique**[2].
tellurique[1] [te(ɛl)lyrik] a. acide ~ 〖화학〗텔루르산.
tellurique[2] a. ① 대지(大地)의, 토지의; 지중에서 나오는. eaux ~s 지수. raies ~s 지구 대기선(大氣線)(천체의 스펙트럼에 나타나는 지상 흡수선의 일종). secousse ~ ─지진. courant ~ 〖전기〗지

전류(地電流). ② 풍토.
tellurisme [te(ɛl)lyrism] n.m. (주민의 생활습성에 미치는)풍토의 영향.
tellurite [te(ɛl)lyrit] n.m. 아(亞)텔루르산염.
tellurométre [te(ɛl)lyrɔmɛtr(ə)] n.m. (마이크로파(波)를 이용한)거리 측정기.
tellurure [te(ɛl)lyryːr] n.m. 〖화학〗텔루르화물.
télo- préf.「궁극·목적·완전」의 뜻.
télolécithe [telɔlesit], **télolécithique** [telɔlesitik] a. œuf ~ 〖생물〗단황란(端黃卵).
télophase [telɔfaːz] n.f. 〖생물〗(유사(有絲)핵분열의)종기(終期), 말기.
télotaxie [telɔtaksi] n.f. 〖생물〗목표 지향성.
télougou, télugu [telugu] n.m. 텔루구어(語)(인도 남부에서 사용되는 드라비다 말 중의 하나).
telphérage [te(ɛl)feraːʒ] n.m. =**téléphérage**.
telphérer [telfere] [6] v.t. =**téléphérer**.
telson [tɛlsɔ̃] n.m. 〖동물〗미절(尾節), 꼬리마디.
téméraire [temerɛːr] a. (행위·계획 따위가)무모한(hasardeux), 무작정인, 경솔한(imprudent). entreprise ~ 무모한 기획. jugement ~ 경솔한 판단. ─n. 무모한 사람.
témérairement [temerɛrmɑ̃] ad. 무모하게, 경솔하게, 무턱대고. décider ~ 경솔히 결정짓다.
témérité [temerite] n.f. ① 무모, 무작정, 경솔(imprudence). ②(pl.)무모한 짓[말].
***témoignage** [temwaɲaːʒ] n.m. ① 증거(preuve); 증언(déposition). d'après(selon) le ~ de qn …의 진술에 의하면. appeler qn en ~ …을 증인으로 소환하다. d'innocence 무죄라는 증언. ~ oral 구두 증언. faux ~ 위증. ②(우정 따위의)표시(marque, manifestation), 보증. ~ d'affection 애정의 표시. Acceptez ce modeste ~ de ma reconnaissance.별것 아니지만 저의 감사의 표시이니 이것을 받아주세요. en ~ de …의 표시[증거]로서. ③ 직관적 기능, 작용, 판단. si j'en crois le ~ de mes yeux 내 눈으로 확인한 바를 믿는다면[바에 의하면]. ~ de la conscience 정당한 것을 하고 있다는 확신.
porter(*rendre*) ~ 증언하다. Ce roman *porte* ~ sur notre temps. 이 소설은 오늘의 시대를 증언한다.
rendre ~ *à qn*[*qc*] …에게 유리한 증언을 하다; …을 찬양하다, 인정[중시]하다. J'ai rendu ~ à ses efforts. 나는 그의 노고에 경의를 표했다. (다.
rendre ~ *de qc* …에 대해 증언하다; …을 입증하다
***témoigner** [temwaɲe] v.i. 증언하다, 진술하다(déposer). ~ en justice (법정에서)증인으로서 진술하다. ~ contre/en faveur de/pour qn) J'ai témoigné en sa faveur. 나는 그에게 유리한 증언을 했다.
─v.t. ①(사람이)증시(證示)하다; 표시하다, 표명하다(montrer, manifester). ~ de la sympathie (du dédain) à qn …에게 동정(경멸)을 표시하다. ~ ses sentiments par des paroles(des actes) 자기 감정을 말[행동]로 표시하다. ② [~ +inf./que+ind.] 증명(증언)하다, 입증하다, (…에 대해 증명하다. Il a témoigné(증언)하다. Il a témoigné l'avoir vu(qu'il l'avait vu). 그를 만났다고 증언했다. ③(주어는 사물)표시이다, 표시이다(이 경우 오늘날에는 que 나 combien 으로 시작되는 보어절이 직접목적보어가 되는 것이 보통임). Ce geste *témoigne* qu'il vous est attaché(combien il vous est attaché). 이런 행동을 보더라도 그가 얼마나 당신을 아끼는지 알 수 있지요.
─v.t.ind. ~ de ①(주어는 사람)…의 증거가 되다; …을 나타낸다. Son ouvrage *témoigne* d'une imagination féconde. 그의 작품은 풍부한 상상력

témoin [temwɛ̃] *n.m.* ① ⓐ 증인, 참고인. ~ auriculaire[oculaire]귀로 들은[눈으로 본] 증인. audition des ~s 증인들의 증언 청취, 증인 심문. déposition de ~s 증인의 증언(진술). faux ~ 위증자. preuve par ~s 증언. ~ à charge(à décharge) 원고(피고) 측 증인. ~ muet 물증(物證). ~ de moralité(moralité) 신원보증인. citer[assigner] un ~ 증인을 소환하다. appeler *qn* à ···을 증인으로 소환하다. ⓑ 목격자. (être ~ de) Elle *a été* ~ *de* l'accident. 그녀는 사고를 목격했다. Mes yeux *en sont* ~*s*. 내 눈으로 직접 보았다. ⓒ 입회자; (결투의)입회 증인; 방청자; 제 3 자. ~ d'un mariage 결혼의 입회자. L'entrevue de deux chefs d'État a eu lieu sans ~*s*. 두 국가원수의 회담은 입회인 없이(비공개로) 진행됐다. envoyer ses ~*s à qn* ···에게 결투를 청하다. parler devant ~*s* 남이 듣는 데서 말하다.
② 증거, 증명(témoignage, preuve). (문등에서; 이때는 불변) C'est un habile stratège, ~ les victoires qu'il a remportées. 그는 유능한 전략가이다. 그가 거둔 승리들이 그 증거이다. en ~ de quoi 《옛》《법》 그 증거로서.
③ 《스포츠》 (릴레이 경기의)바톤. passer le ~ au suivant 다음 주자에 바톤을 넘겨주다. travailler le passage du ~ 바톤 터치를 연습하다.
④ (동격) animaux[plantes] ~*s* 《생물》(실험의 결과를 비교하기 위한)비교작 동물[식물]; lampe ~ (전류가 통하고 있음을 표시하는)표시등; appartement(-) ~ (아파트의)모델 하우스.
⑤ (땅속에 파묻은 기왓장·말뚝 따위)경계선 표시물; (윤벌채 중에서)남겨놓는 수목; (발굴에 있어 원지면의 높이를 표시하기 위해)파지 않는 부분; 《건축》 (건물의 균열의 진행을 알기 위해) 그 위에 고정시킨 판(板); 《제본》 (제단의 폭을 표시하기 위해)남겨놓는 페이지; 《미술》 (그림의 복원에 있어) 닦아내지 않고 남겨놓는 부분; butte-~ 《지리》 침식에서 남은 언덕, 잔구(殘丘).
Dieu (Le ciel) m'est ~ que ... ···이 틀림없음을 맹세하다. *Dieu m'est* ~ *que* je vous ai aimé. 내가 얼마나 당신을 사랑했는지는 신이 알고 계십니다 (틀림없다는 맹세).
être ~ à (un mariage) (결혼식)에 증인으로서 참석하다.
être ~ que + *ind.* ···이라는 사실의 증인이다.
prendre *qn* **à** (pour) ~ ···을 증인으로 삼다.
tempe[1] [tɑ̃:p] *n.f.* 《해부》 관자놀이.
tempe[2] *n.f.* ① 《직조》 = tempia. ② (도살업자가 동물의 배를 갈라 그 절개부가 벌어져 있게 하는)나무막대.
tempera (a) [atɑ̃pera] 《이탈리아》 *loc.a., ad.* 《회화》템페라를 사용한(사용하여)(à la ~).
*****tempérament** [tɑ̃peramɑ̃] *n.m.* ① 체질(complexion). ~ sanguin(nerveux) 다혈질(신경성 체질). avoir un ~ robuste(délicat) 건장한(허약한) 체질이다. ② 기질, 성질(caractère). être d'un ~ actif 활동적인 기질이다. avoir un ~ fougueux[nerveux] 불같은 기질이다(신경질적이다). ③ 《음악》 평균율. égal(inégal) 등분(불등분) 평균율. ④ 《옛》균형, 중용; 조정, 타협(책). garder un certain ~ 어느 정도의 중용을 지키다. apporter quelque ~ à ···을 다소 완화하다. chercher des ~*s* 타협점을 찾다. ⑤ 관능적 쾌락에 대한 욕구, 육체적 욕구(sensualité). ~ lascif 음탕한 성격, 호색적인 기질. être de ~ ardent(froid) 성적으로 다감하다(냉담하다).
à ~ 분불불로. vente *à* ~ 할부 판매.
avoir du ~ 《구어》 ⓐ 개성이 강하다. ⓑ 색을 좋아하다, 호색가이다.
C'est un ~. 강한 개성의 소유자이다.
s'user (*se tuer, se fatiguer*) *le* ~ 《구어》녹초가 되다, 지칠대로 지치다.
par ~ 선척적으로.
tempéramental(ale, pl. aux) [tɑ̃peramɑ̃tal, -o] *a.* 《학술》체질의, 체질에 관한.
tempérance [tɑ̃perɑ̃:s] *n.f.* 절제, 절도; 금주(sobriété). société de ~ 금주회.
tempérant(e) [tɑ̃perɑ̃, -ɑ̃:t] *a.* ① 절제를 지키는, 절도있는. ② 《의학》진정(鎭靜)의. ―*n.* 절제가.
―*n.m.* 《옛》《의학》진정제.
tempérantisme [tɑ̃perɑ̃tism] *n.m.* 《드물게》금주주의(禁酒主義).
*****température** [tɑ̃peraty:r] *n.f.* ① 기후, 기온, 온도. ~ ambiante 주위 온도. ~ maximum(minimum) diurne 낮 최고(최저)온도. ~ d'ébullition 비등점. ~ de la glace fondante 빙점(氷點). ~ exprimée en degrés Celsius(Fahrenheit) 섭씨(화씨)온도. *T* ~ 《신문의》일기예보. ② 체온; 《구어》열(fièvre). prendre la ~ *de qn* ···의 체온을 재다. avoir de la ~ 《구어》열이 있다. animaux à ~ variable(fixe) 변온(항온)동물.
prendre la ~ de *qc* (비유적) ···의 상태(내용)를 살피다. *prendre la* ~ *de l'opinion publique* (d'une assemblée) 여론(회의)의 동향(분위기)을 살피다.
tempéré(e) [tɑ̃pere] *a.p.* 중용을 지닌, 온건한, 절도있는(modéré). (기후가)온화한. monarchie ~*e* 입헌군주정체. esprit ~ 중용을 지키는[절도있는] 정신. climat ~ 온화한 기후. zone ~*e* 온대(溫帶). *gamme* ~*e* 《음악》평균율 음계.
tempérément [tɑ̃peremɑ̃] *ad.* 《드물게》온화하게, 절도있게, 중용을 지켜서.
tempérer [tɑ̃pere] [6] *v.t.* ① (추위·더위를)완화하다, 가라앉히다(adoucir, atténuer). (비유적) 진정시키다(modérer). Un peu de brise *tempérerait* cette chaleur. 바람이 좀 불면 이 더위가 식을텐데. ~ son ardeur combative 그의 공격적 기세를 누그러뜨리다. ② 《옛》(액체를)약화게 하다. ~ une boisson (독한)술을 약하게 하다.
―se~ *v.pr.* 진정되다, 완화되다, 온건해지다(s'adoucir); 서로 완화하다. Le froid *se tempère* enfin. 추위가 겨우 누그러졌다.
tempête [tɑ̃pɛt] *n.f.* ① 폭풍우, 돌풍; (바다가)몹시 거칠다. ~ de neige 눈보라. ~ de sable 모래바람. ② (비유적) 격동; 격론; (혁명 같은)동란, 소요; (열정의)광란. ~*s* révolutionnaires 혁명의 소용돌이. Son discours a déchaîné une ~ d'applaudissements. 그의 연설은 우뢰와 같은 박수갈채를 불러이르켰다. une ~ dans un verre d'eau 《구어》별일 아닌 것으로 소동을 벌임. ~ cap des *T*~*s* 《지리》희망봉.
demeurer calme dans la ~ 격동의 와중에서도 평정(냉정)을 지키다.
doubler le cap des ~s ⓐ 많은 위험을 벗어나다. ⓑ 열정에 지배되는 나이를 넘어서, 불혹의 나이에 접어들다.
s'assurer un port dans la ~ 피난처를 확보하다.
tempêter [tɑ̃pe(e)te] *v.i.* ① (바람 따위가)몹시 불다, 휘몰아치다. ② 《구어》노발대발하다, 야단치다, 떠들어대다(fulminer). ~ contre *qn*(*qc*) ···에 대해 분노를 터뜨리다, 마구 퍼붓다.
tempétueusement [tɑ̃petɥøzmɑ̃] *ad.* 폭풍우같이, 몹시 소란스럽게, 격렬하게.

tempétueux(se) [tɑ̃petyɸ, -ɸ:z] *a.* ① (옛·문어)(바다가)풍풍우로 몹시 거친, (폭풍우가) 휘몰아치는. ②(구어)(사람이)성을 잘 내는.

tempia [tɑ̃pja] *n.m.* 『직조』 최활.

*__temple__¹ [tɑ̃:pl] *n.m.* (기독교 이외의 종교의)신전(神殿), 사당, 사원, 절; (프랑스 신교의)교회당; 《시》(가톨릭의)성당, 성전. → bouddhique 절. ~ grec 그리스 신전. ②(*T*~)(유대인이 예루살렘에 세운)여호와의 신전; 『역사』성당 기사단(본부)(ordre du ~). chevaliers du *T*~성당 기사. 《옛·문어》신전과 같은 곳. ~ de Thémis (정의의 여신 테미스의 신전)→재판소. L'Opéra est le ~ de la musique. 오페라좌는 음악의 전당이다.

temple² *n.m.* =tempia.

templer [tɑ̃ple] *v.t.* 『직물』 최활로 당겨 펴다.

templier [tɑ̃plije] *n.m.* 『역사』성당 기사(騎士), 템플 기사단원. boire(jurer) comme un ~ 폭음하다〔상스러운 말을 하다〕.

tempo [tɛ̃(tɛm)po]〔이탈리아〕*n.m.* ①『음악』속도. à ~; ~ primo 본래의 속도로. ②(비유적)(행동·일 따위의)속도, 리듬. Le ~ de ce roman est trop lent. 이 소설은 진전 속도가 너무 느리다.

temporaire [tɑ̃pɔrɛ:r] *a.* 일시적인, 임시의(momentané, provisoire). emploi ~ 임시고용. pouvoir ~ 임시정권. étoile ~ 『천문』새로 태어나는 별, 신성(nova). valeur ~ 『음악』(음표의)시간적 가치, 길이.

temporairement [tɑ̃pɔrɛrmɑ̃] *ad.* 임시로, 일시적으로.

temporal(ale, *pl.* **aux)** [tɑ̃pɔral, -o] 『해부』 *a.* 측두부(側頭部)의, 관자놀이의. —*n.m.* 측두골; 측두근(筋)

temporalité [tɑ̃pɔralite] *n.f.* ① 『철학』 시간성. ②『종교』(주교구 따위의)속사(俗事)의 재판; 세속권.

temporel(le) [tɑ̃pɔrɛl] *a.* ① 일시적인, 순간적인, 덧없는(↔éternel). destin ~ de l'homme 인간의 덧없는 운명. existence ~*le* de l'homme 인간의 이 세상에서의 덧없는 삶. ②세속의, 지상의, 물질적인. biens ~*s* 교회의 부(財). pouvoir ~ (교황의)지상권(地上權). ③『언어』시제의; 때를 나타내는. ④『철학』시간의(↔spatial). —*n.m.* ① 지상권. ②(성직자의)수입.

temporellement [tɑ̃pɔrɛlmɑ̃] *ad.* 일시적으로; 세속적으로, 물질적으로. 『철학』시간적으로.

temporisateur(trice) [tɑ̃pɔrizatœ:r, -tris] *n.* 기회를 노리는 사람, 때를 기다리는 사람. —*n.m.* (가전제품의)타이머 장치. —*a.* 기회를 기다리는. politique ~*trice* (기회를 기다리며)지연시키는 정책.

temporisation [tɑ̃pɔrizɑsjɔ̃] *n.f.* 기회기다리기, 대기.

temporiser [tɑ̃pɔrize] *v.i.* 기회를 기다리다, 대기하다(attendre, ↔se hâter). Il est parfois bon de ~. 때때로 시기를 기다리는 것이 좋다.

temporiseur(se) [tɑ̃pɔrizœ:r, -ɸ:z] *n.* =temporisateur.

:temps [tɑ̃] *n.m.* ① 때, 시간, 사이, 동안, 틈, 여가; 여유; 기간. marche du ~ 시간의 흐름. Le ~ presse. 시간이 없다, 빨리 서둘러야 한다. Le ~ passe vite! 유수같은 세월이구나! à peu de ~ de 그 후 얼마 안 있다가. peu de ~ avant (après) 조금 전(후)에. perdre son ~ 시간을 낭비하다. avoir du ~ (libre) 여가가 있다. gagner du ~ 시간을 벌다, 시간적 여유가 있다. tuer le ~ 심심풀이를 하다. manquer de ~ 시간이 없다. Il faut du ~ pour *qc*(pour+*inf.*) …을〔하기〕위해서 시간이 필요하다. ~ d'arrêt (사업 따위의)정기 휴업. de Greenwich 그리니치 표준시. ~ légal 표준시. ~ solaire 태양시.

② 시대, 세(世)(époque, âge); 당대(當代), 현대. en ce ~-là 그때, 당시(à cette époque). depuis ce ~-là 그때 이후. ces ~-ci 요즈음, 근래. en ~ normal (ordinaire) 평시에. en ~ de guerre (paix) 전시(평시)에. du [au] ~ de Napoléon 나폴레옹 시대에는. de notre ~ 현대에는. notre ~; les ~*s* modernes 현대. ces derniers ~; ces ~ derniers 최근. les premiers ~ 초기. les derniers ~ 말세. Les ~ sont bien changés. 시세(풍조)가 아주 달라졌다. signe des ~ 시대 징후(특징). Les ~*s* sont durs. 살기 어려운 세상이다.

③ (하는)때, 시기, 기회(moment); (의)계절, 철(saison); 〔인생의〕시기. remettre *qc* à un autre ~ …을 다른 때로 미루다. bien(mal) choisir son ~ 시기를 잘〔잘못〕택하다. ~ des moissons(des vacances, de la chasse) 추수(방학·사냥)철. le bon ~ et le mauvais ~ de la vie 인생의 좋은 때와 괴로운 때.

④ 날씨, 일기, 기후. ~ chaud (froid) 더운〔추운〕날씨. beau (mauvais) ~ 좋은〔궂은〕날씨. Quel ~ fait-il? 날씨가 어떤가요? prévision du ~ 일기예보. Le ~ est à la pluie. 비가 올 것 같다. gros ~ 『해양』해상의 폭풍우. par tous les ~ 어떤 날씨라도, 전천후의.

⑤ 『언어』시칭, 시제; 『음악』박자; (*T*~) 『신화』시간의 신 (낫과 모래시계를 가진 노인으로 상징됨); (무용·체조·펜싱 따위의)한 동작. mesure (valse) à trois ~ 3박자 (3박자의 왈츠). ~ primitifs 『언어』기본시제(현재·단순과거·분사 따위, 다른 모든 시제 변화를 알 수 있게 하는 기본시제의 변화). ~ simple (composé) 단순〔복합〕시제. concordance des ~*s* 시제의 일치.

⑥ 『컴퓨터』 ~ partagé 시간 분할(《영》time sharing); ~ réel 실(實)시간(《영》real time).

à ~ ① 늦지 않게, 때 맞추어. Si on l'avait amené *à ~* à l'hôpital, il ne serait pas mort. 그를 제 때에 병원으로 옮겨다주면 그는 죽지 않았을 것이다. Tout vient *à ~* à qui sait attendre. 《속담》기다릴 줄 아는 사람에게는 만사가 적시에 찾아온다(모든 것은 때가 있으니 기다려야 한다는 뜻). ② 유기(有期)의. être condamné aux travaux forcés *à ~* 유기징역을 선고받다.

à ~ perdu 한가한 때에.

Au ~! 《스포츠·군대》원 자세로! 《동작을 되풀이시키는 구령》.

avant le ~ 여느때보다 이르게〔일찍〕.

avec le ~ 때가 흘러감에 따라서.

avoir fait son ~ (근무 임기가)만기가 되다; 《주어가 사물》폐물이 되다, 쓸모가 없어지다. un homme qui *a fait son ~* 살 만큼 산〔끝장난〕사람. un vêtement qui *a fait son ~* 입어서 못 입게 된 옷.

avoir le ~ de+*inf.* …할 틈〔시간〕이 있다.

avoir tout le ~ 시간은 충분히 있다.

C'est ~ perdu de+*inf.* …하는 것은 시간낭비이다.

couleur de ~ 《구어》하늘빛; 정세, 형세.

coup de ~ 『해양』돌풍.

dans le cours (la suite) *des ~* 훗날에, 시간이 흘러.

dans le ~; au ~ jadis 옛날(에는). 〔고 보면.

dans le ~ où (*que*); *au* (*du*) ~ *où* …할 때, …하는 동안에.

dans (*sous*) *peu de ~* 곧, 가까운 시일내에.

dans (*en*) *son ~* 그의 전성기에, 제 때에, 적기에. faire *qc en son ~* …을 적시에 하다. Chaque chose *en son ~*. 《속담》무슨 일에나 때가 있다(Il y a ~ pour tout).

de mon ~. 내가 젊었을 때는.
depuis le ~ 그 이후로.
de ~ à autre; de ~ en ~ 이따금, 때때로.
de tout ~ 옛부터 어제나. *De tout ~, il y a eu des riches et des pauvres.* 부자와 가난한 자는 항상 있어 왔다.
donner le ~ de+inf. 할 시간[여유]을 주다. *Je repasserai demain, ça vous donnera le ~ de réfléchir.* 내일 다시 들르겠읍니다. 그럼 곰곰히 생각해 볼 시간을 갖게 되겠죠.
en(au) même ~ (que) (와)동시에. *Je suis arrivé en même ~ que lui.* 나는 그와 함께 도착했다.
en ~ voulu 알맞은 때에, 유사시에.
en tout ~ 언제 어느 때에도.
entre ~ 그러는 동안에, 한편.
être de son ~ 시대의 풍조를 따르다. *n'être plus de son ~* 시대에 뒤떨어지다.
faire son ~ 병역의 의무를 다하다.
Il (en) est encore ~. 아직 때는 늦지 않다.
Il est (grand) ~ de+inf.(que+sub.) (지금이야말로 막) ~ 할 때이다. *Tu ne crois pas qu'il est ~ de te marier?* 너는 이제 결혼할 때가 됐다고 생각하지 않니? *Il est grand ~ que vous preniez une décision.* 이제야말로 당신이 어떤 결정을 내려야할 때 입니다.
il était ~ 《구어》하마터면, 자칫 잘못되다가는. *Il était ~, j'avais tout perdu sans votre secours.* 정말위험했어, 당신의 도움이 없었으면 모든 것을 잃을 뻔했지.
Il n'est (n'en est) plus ~. 벌써 때는 늦었다.
Il n'est que ~. 빨리 서둘러야 한다(Il est grand ~).
Il y a beau ~ de cela. 벌써 오래전 일이다. (~).
Il y a(Voilà) beau ~ que... …한지 오래되었다(Il y a longtemps que...).
Il y a ~ pour tout. 《속담》무슨 일에나 때라는 게 있다.
la nuit de ~ 아득한 옛날.
le bon vieux ~ 그리운 옛 시절.
le ~ de+inf.(que+sub.) …할 하면, …하는 시간이면. *Le ~ de mettre mon manteau, et j'arrive.* 외투만 입으면 곧 가요. *Le ~ que le dîner soit prêt, nous pourrons arriver jusqu'à la gare.* 저녁 준비가 되는 동안 역까지 갈 수 있을 것이다.
Le ~ est haut. 개인[맑은] 날씨이다.
marquer un ~ 한숨 돌리다.
moteur à deux ~ 2 사이클 기관[모터].
n'avoir qu'un ~ 잠깐이다. *La jeunesse n'a qu'un ~.* 청춘도 한때이다.
Oh ~, oh mœurs! 세상 말세군, 퇴폐로 대로 퇴폐했군!
par le ~ qui court 요즘은, 요즘 시절은.
pour un ~ 일시적으로.
prendre [se donner] du bon ~ 즐겁게 지내다.
prendre le ~ 《주어는 사물》시간이 걸리다.
prendre le ~ comme il vient 되는 대로 살다, 만사에 낙천적이다.
prendre son ~ 천천히 [여유를 갖고] 하다. *Prenez votre ~, nous ne sommes pas en retard.* 천천히 하십시오, 우린 늦지 않았으니까요.
quelque ~ 잠시, 얼마동안.
tout (un certain) ~ 한동안.
tout le ~ 늘, 계속해서(toujours, continuellement). *Il me répète tout le ~ la même chose.* 그는 늘 내게 같은 말만 되풀이한다.
tout le ~ que(où) …하는 동안 내내[시종].

tenable [tənabl] *a.* 《대개 부정적으로만 쓰임》① (진지가)공격을 감당할 수 있는, 지켜낼 수 있는. ② (지위가)유지될 수 있는; (장소가)그런 대로 지낼 수 있는, 견뎌낼 수 있는, (집이)살 만한. *La situation n'est plus ~.* 이 상황은 더 이상 견딜 수 없다. *Cette classe n'est plus ~.* 이 학급은 더 이상 감당해낼 수 없다.

*****tenace**[təˈnas] *a.* ① 접착력이 있는(adhérent); (금속이)단단한; 강인한. *colle ~* 잘 붙는 풀. *odeur ~* 여간해서 없어지지 않는 냄새. ② (사람이)끈질긴, 귀찮을 만치 달라붙는(obstiné); (사람·성질이)완고한, 제 생각을 고집하는(opiniâtre), (의지가)굳은(ferme); (기억력이)좋은, (편견이)깨뜨리기 어려운(entêté); 《식물》다른 것에 감겨 떨어지지 않는, 《잡초가》근절되지 않는; (사람이)인색한. *haine ~* 뿌리깊은 원한. *homme ~* 완고한 사람. *préjugés ~s* 뿌리깊은 편견. *résistance ~* 완강한 저항. *créancier ~* 집요한 채권자. *rhume ~* 잘 낫지 않는 감기. ③《옛》탐욕스러운.

tenace² *n.f.* 《카드놀이》 접수가 높은 패를 두 장 짝지어 손에 가지기.

tenacement [tənasmɑ̃] *ad.* 끈끈하게; 끈질기게, 집요하게, 완강하게.

ténacité [tenasite] *n.f.* ① 점성(粘性), 접착력; 강인성(solidité); 완강, 끈기, 집요, 완고(fermeté); (기억력이)좋음. *Cet élève manque de ~.* 이 생도는 끈기가 없다. *~ d'un souvenir* 여간해서 지워지지 않는 기억. ②《옛》인색함.

tenaillant(e) [tənajɑ̃, -ɑ̃:t] *a.* 고통을 주는, 괴롭히는, 고통스러운.

*****tenaille** [tənɑ:j] *n.f.* ① (보통 *pl.*) 노루발, 집게, 못뽑이. *arracher un clou avec des ~s* 집게로 못을 뽑다. ③《축성》요보(凹堡)(→*fortification* 그림). ③ (집게 모양의 고문도구. ④ (비유적) 마음에 걸려 떠나지 않는 일, (마음을)조이는 것. *~s de la peur* 공포에 사로잡히는 것.

tenaillement [tənajmɑ̃] *n.m.* 《옛》불에 달군 큰 집게로 죄인을 고문하기;《비유적》가책, 혹독한 괴로움.

tenailler [tənɑje] *v.t.* ① (정신적·육체적으로)고통스럽게 하다, 괴롭히다(torturer, tourmenter). *La faim le tenaille.* 굶주림이 그를 괴롭힌다. ②《옛》불에 달군 집게로 고문하다.

tenaillon [tənɑjɔ̃] *n.m.* 《축성》철각보(凸角堡).

tenance [tənɑ̃s] *n.f.* 토지를 보유한 농민의 신분.

tenancier(ère) [tənɑ̃sje, -ɛːr] *n.* ① (봉건시대의)토지보유 농민. *franc ~* 자유 보유농(保有農). ② 소작인. ③ (도박장·술집 따위의)경영자(patron).

tenant(e) [tənɑ̃, -ɑ̃:t] *a.* 《다음 표현에서만 사용》 *chemise à col ~* 깃이 붙어있는 샤쓰. *séance ~e* 개회중에; 그 자리, 즉시.
— *n.* 《스포츠》선수권 보유자.
— *n.m.* (의견의)주장자, (정부의)지지자(partisan), (사람의)옹호자; 한 집안에서)영향력을 행사하는 사람;《문장》방패를 가진 사람;《옛·구어》(바람기 있는 여자의)공인된 연인; (*pl.*)《법》인접지, 속지(屬地).
les ~s et (les) aboutissants 인접지; (사건 따위의)자초지종, 자세한 내용. *tout d'un ~; d'un seul (même) ~; tout en un ~* (소유지가)한 덩어리로.

tencement [tɑ̃smɑ̃] *n.m.* (봉건시대의)농지보호세.

tendage [tɑ̃daːʒ] *n.m.* (줄·철사 등)팽팽하게 당김.

*****tendance** [tɑ̃dɑ̃:s] *n.f.* ① 경향, 추세(inclination). 풍조, 동향. *~s modernes du cinéma* 영화의 현대적 경향. *livre à ~* (정치적)경향을 갖는 책. *politique à ~* 당파적 정치 경향. *la hausse a des ~s* 물가의 급등세. ② 성향, 성벽, 소인, 소질. *~ innée [acquise]* 선천적[후천적]인 성벽. *~(s) au mensonge* 거짓말하는 성향. *~(s) égoïste(s)* 이기적인 성향. ③ (정당·단체 내부의)파벌, 섹트. *À quelle ~ appartenez-vous?* 어느 파에 속하십니까?

avoir une ~ à qc [a+inf.] …의 경향이 있다, …하기 쉽다. **faire à un un procès de ~** …을 그의 의도에 따라 판단하다(행위에 따르지 않고).

tendanciel(le) [tɑ̃dɑ̃sjɛl] a. 특정의 경향을 갖는, (법률 따위가)편향한.

tendancieusement [tɑ̃dɑ̃sjøzmɑ̃] ad. 편향하여, 저의를 가지고. interpréter ~ un événement 어떤 사건을 왜곡하여 해석하다.

tendancieux(se) [tɑ̃dɑ̃sjø, -ø:z] a. (경멸)(말 따위가)악의[저의]에 섞인.

tendant(e) [tɑ̃dɑ̃, -ɑ̃:t] a. (옛)경향이 있는, 자칫 …하기 쉬운; 목적이 있는. requête ~e à …을 목적으로 하는 간청.

tende [tɑ̃:d], **tende-de-tranche** [tɑ̃ddətrɑ̃ʃ] (pl. ~s-~-~s) n.f. (소의)허벅지 살.

tendelet [tɑ̃dlɛ] n.m. 〖해양〗(선박의)작은 천막; 배 갑판 위의 차일.

tendelle [tɑ̃dɛl] n.f. 〖사냥〗(지빠귀를 잡는)올가미, 덫.

tender [tɑ̃dɛ:r]〘영〙n.m. ①〖철도〗탄수차(炭水車). ②〖해양〗(대형 함선을 따라다니는)소형 보급선.

tenderie [tɑ̃dri] n.f. 〖사냥〗올가미[덫] 사냥; 올가미[덫]놓는 곳.

tendeur(se) [tɑ̃dœ:r, -ø:z] n. (융단·벽지를)치는[바르는] 사람; (올가미·덫을)놓는 사람.
— n.m. (천을 따위를)잡아당겨 성형하는 기계; 죄는 장치; (자전거의)체인을 팽팽히 당기는 기구; 구두골; 바지걸이. ~ d'attelage (열차의)연결기. ~ de courroie 〖기계〗 벨트스타이트너.

tendières [tɑ̃djɛ:r] n.f.pl. 〖건축〗(비계의)가로장.

tendineux(se) [tɑ̃dinø, -ø:z] a. 〖해부〗건성(腱性)의; 건(腱)의, 힘줄의; (고기가)힘줄이 많은, 질긴. gaine ~se 건초(腱鞘). viande ~se 힘줄이 많은 고기.

tendinite [tɑ̃dinit] n.f. 〖의학〗건염(ténosite).

tendoir [tɑ̃dwa:r] n.m. 〖직조〗천을 펴는 기구; 빨랫줄, 빨래 너는 장대.

tendon [tɑ̃dɔ̃] n.m. 〖해부〗건(腱), 힘줄. ~ d'Achille 아킬레스 건.

*****tendre**¹ [tɑ̃:dr] a. ① 부드러운, 연한(mou); (빛·깔이)부드러운 느낌을 주는. viande ~ 연한 고기. couleur ~ 부드러운 색조. pain ~ (갓 구운)말랑말랑한 빵. bois ~ 연목. pierre ~ 연석.
② (옛) 여린, 상처나기 쉬운, 약한; 민감한(sensible); (유혹에)빠지기 쉬운. avoir la peau ~ 피부가 여리다; 화를 잘 낸다. avoir la bouche ~ (말이)재갈에 대해 민감하다. être ~ à la tentation 유혹에 넘어가기 쉽다.
③ (사람이)부드러운, 상냥한, 정다운, 애정 어린(affectueux). âme ~ 인정이 많은 사람. aveu ~ 사랑의 고백. ~ épouse 애정이 두터운 아내. paroles ~s 애정이 넘치는 말. regard ~ 다정스러운 눈길. Il n'a pas la boisson ~. 그는 술을 마시면 난폭해진다. être [n'être pas] ~ avec qn …에 대해 다정하다[가혹하다].
④ 어린. âge ~; ~ enfance 유년(기). dès ma plus ~ enfance 어릴 때부터.
⑤ (옛)감동을 불러 일으키는. ~ Racine 감동을 불러 일으키는 라신.
~ aux mouches (말이)파리를 싫어하는; (사람이)신경질적인.
— n.m. 부드럽고 상냥한 사람, 정이 깊은 사람.
— n.m. (옛)애정 (affection), 사랑. avoir un ~ pour qn …에게 애정을 갖다. **pays [carte] de T~** 〖문학〗(17세기 Mlle de Scudéry의 소설에 묘사된)사랑의 나라[지도].

:tendre² [25] v.t. ① (노끈·줄 따위를)잡아당기다, 팽팽하게 하다(bander). ~ une corde 끈을 팽팽하게 당기다. ~ un ressort 용수철을 잡아당겨 펴다. ~ un arc 활시위를 당기다.
② (손·배·입술 따위를)내밀다, (물건을)내밀다, 내놓다(allonger, avancer). ~ le dos (매맞기 위해) 등을 돌리다, (비판 따위를 받을)각오를 하다. ~ l'oreille 귀를 기울이다. ~ une cigarette 담배를 한 개비 내밀다. J'ai tendu le cou pour mieux voir. 더 잘 보기 위해 나는 목을 내밀었다. [~ qc à qn] Pierre m'a tendu la joue pour que je l'embrasse. 피에르는 내가 입맞출 수 있도록 뺨을 내밀었다. ~ la main (악수·구걸·구원의)손을 내밀다.
③ (벽걸이를)걸다, (융단을)깔다, (휘장을)치다; (방에)벽지를 걸다; (드물게)(방에)벽지를 바르다; (돛 따위를)내걸다; (돛배를)정돈하다. ~ un mur [une salle] 벽[방]에 벽지를 걸다; 〖드물게〗벽지를 바르다. ~ une pièce de papier bleu 방에 파란 벽지를 바르다. ~ les voiles 돛을 올리다[펴다].
④ (정신·근육·인간관계를)긴장시키다. ~ ses muscles 근육을 긴장시키다. ~ son esprit 정신을 긴장시키다.
⑤ (덫·그물 따위를)놓다, 치다, 장치하다. ~ un filet 그물을 치다. ~ un piège (à qn) (…에게)함정을 파다. L'araignée tend sa toile [ses fils]. 거미가 줄을 쳤다.
— v.t.ind. [~ à/vers] ① …을 향하다, 지향하다 (viser); …을 겨누다, 탐내다, 목적으로 삼다. ~ à [vers] la perfection 완성을 지향하다. On doit ~ à l'idéal. 이상을 목표로 해야 한다.
② …의 경향이 있다. [~ à+inf.] Cette mode tend à se généraliser. 이 유행은 일반화되는 경향이 있다. La société moderne tend à supprimer l'inégalité. 현대 사회는 불평등을 제거하는 방향으로 나아가고 있다.
③ (한계에)가까워지다, 〖옛〗가다, 나아가다 (aller, se diriger). ~ à sa fin 끝나가다. ~ vers zéro 제로에 접근하다.
④ [~ à dire/prouver/démontrer qc/que] …을 말[증명·논증]하게 되다(대개 조건법으로 사용). Tout cela tendrait à prouver qu'il est innocent. 그 모든 것으로 보아 그가 결백하다는 것이 명백해질 것이다.
~ à ses fins 목적 달성을 위해 부단히 노력하다.
— **se** ~ v.pr. ① 팽팽해지다, 당겨지다; (국제관계 따위가)기박해지다, 긴장되다, 악화되다.
② (함정을)서로 파놓다; (손을)서로 내밀다.

tendrelet(te) [tɑ̃drəlɛ, -ɛt] a. 〖드물게〗(고기 따위가)부드러운, 연한.

tendrement [tɑ̃drəmɑ̃] ad. 다정스럽게, 상냥하게. aimer ~ 정답게 사랑하다. regarder qn ~ …을 정답게 바라보다.

*****tendresse** [tɑ̃drɛs] n.f. ① 상냥함, 애정, 자애(affection, attachement, amour). avec ~ 상냥하게, 정답게. avoir de la ~ pour qn …에게 애정을 갖다. ~ maternelle 어머니의 사랑. ② (pl.) 애정의 표현, 애무, 달콤한 말. Mille ~s 애정을 담아서 (편지의 맺음말). se défier de ses ~s …의 달콤한 말에 조심을 하다. ③ (구어)젊은이; 젊은 여자; 창녀. ~ de l'âge 연소함. se ruiner pour une ~ 젊은 여자 때문에 파멸하다. ④ (구어)기호, 애착. Il n'a aucune ~ pour le mensonge. 그는 거짓말을 조금도 좋아하지 않는다. ⑤ 가냘픔; 섬세함; 섬약함.

tendret(te) [tɑ̃drɛ, -ɛt] a. 〖드물게〗(고기가)부드러운, 연한.

tendreté [tɑ̃drəte] n.f. (고기가)연함, 부드러움.

tendrille [tādrij] *n.f.* 【식물】 어린 싹.

tendron [tādrɔ̃] *n.m.* ① 【식물】 어린 싹, 움; 〖옛·구어〗소녀, 묘령의 아가씨. ② 【요리】 (송아지의)연골(軟骨)이 섞인 가슴 부분의 고기.

tendu(e) [tādy] *a.p.* ① (끈·줄 따위가)팽팽하게 당겨진; (신경이)긴장된, (정세·관계가)긴박한; (문체가)부드럽지 못한; (주가(株價)가)팽팽한; (앞으로 내민, 뻗은. corde ~*e* 팽팽하게 당긴 끈. ressort ~ 꽉 감긴 태엽. Vous êtes tout ~, détendez-vous! 너무 신경이 긴장해 있어요, 좀 쉬도록 하세요. rapports ~*s* 긴장된〔험악한〕관계. politique de la main ~*e* 유화정책. situation politique ~*e* 긴장된 정국. ② (벽지·벽걸이 등)건, 바른; (방의 벽이)둘러친. chambre ~*e* d'un papier historié 그림무늬의 벽지를 바른 방. ③ 【언어】 긴장음의.

tendue² *n.f.* 올가미〔덫〕를 놓기, 새그물을 치기; 올가미를 놓은 곳; (집합적) 올가미, 덫, 새그물.

ténèbres [tenebr] *n.f.pl.* (드물게 *sing.*) ① 어둠, 암흑(obscurité). dans les ~ d'un cachot 감옥의 어둠속에. ~ de la mort 죽음을 앞둔 명암(冥闇), 혼미. ~ de la nuit 밤의 어둠. ② (비유적) 암흑상태, 무지, 몽매(↔lumière); 【종교】 악마(의 영향력)(démon); 【가톨릭】 테네브레(부활절 전주의 목·금·토요일의 조과(朝課)와 찬송과(讚頌課), 끝 무렵에 등불을 끔). percer les ~ des temps anciens 고대의 암흑을 파헤치다. ~ de l'ignorance 무지, 문맹. ~ de l'inconscient 무의식의 심오(深奧)함. ~ de la barbarie 미개의 상태.

empire des ~ 지옥. *mi-*~ 희미한 어둠, 어둑어둑함. *œuvre de* ~ 죄악. *prince(ange) des* ~ 악마.

ténébreusement [tenebrǿzmā] *ad.* (드물게)몰래, 은밀히; 음험하게; 어둡게.

ténébreux(se) [tenebrǿ, -ǿ:z] *a.* ① 어두운, 캄캄한. bois ~ 어두운 숲. prison ~*se* 캄캄한 감옥. ② 〖문어〗(사전·문장 따위가)이해하기 어려운, 난삽한, (학자가)난해한 표현을 쓰는, 역사(가)가 분명치 않은(mystérieux). temps ~ de l'histoire 유사이전, 역사상 알 수 없는 시대. explication ~*se* 이해가 되지 않는 설명. ~*se* affaire 신비에 싸인(알 수 없는) 사건. ③ (음모가)몰래 꾸며진, (행동·사람이)음험한, 엉큼한. ~ dessein 엉큼한 계획. ④ 침울한, 우울한(sombre, mélancolique) *ange* ~ 악마. ~ séjour 〖시〗저승.
—*n.* 〖문어〗침울한 사람.

beau ~ 〖익살〗침울한 미남.

ténébrion [tenebri(j)ɔ̃] *n.m.* 【곤충】 거저리(밀가루에 꾀는 벌레).

tènement [tɛnmā] *n.m.* (봉건 시대의)소작지; 〖옛〗 인접한 토지·가옥. 〔重〕

ténesme [tenɛsm] *n.m.* 【의학】 이급후중(裏急後重).

tenette [tanɛt] *n.f.* (보통 *pl.*) 【의학】 방광결석겸자(膀胱結石鉗子).

teneur¹ [tanœ:r] *n.f.* ① (문서의)문면(文面), 내용. ~ d'un traité 계약의 내용. ② 함유량(도), (용액의)농도. avoir une ~ de plomb de 80 pour cent 80%의 납을 함유하다. minerai de haute ~ 고 함유도가 높은 광석. ~ en eau (물통 따위의)용량.

teneur²**(se)** [tanœ:r, -ǿ:z] *n.* ① ~ de livres 장부〔부기〕담당 계원. ② 보유하는 자.

teneurmètre [tənœrmetr] *n.m.* 【기술】 전리 방사선식 분석기.

ténia [tenja] *n.m.* 【동물】 촌충.

ténifuge [tenify:ʒ] 【의학】 *n.m.* 촌충 구제약.
—*a.* 촌충 구제의.

‡**tenir** [təni:r] ⑯ *v.t.* ① 가지다, 잡다, 붙잡다(serrer); 쥐다; 지니다; 품다, 안다. ~ *qc* à la main [dans ses bras] …을 손에 들다(팔에 안다, 포옹하다). ~ un livre sous son bras 책 한 권을 겨드랑이에 끼다. ~ *qn* par le bras …의 팔을 잡다. ~ la rampe 난간을 잡다. ~ le volant 핸들을 잡다. La fièvre me *tient*. 열이 내리지 않는다. ~ *qc* entre [dans] ses mains …을 손에 쥐다. ~ sa tête à deux mains 두 손으로 머리를 싸고 있다. ~ un chat sur ses genoux 무릎 위에 고양이를 안고 있다. ~ le mot de l'énigme 수수께끼를 푸는 열쇠를 쥐고 있다.

② 매다, 매달다(attacher); 고정시키다(fixer); 움직이지 않게 하다; 지탱하다, 괴다, 받치다; 유지하다, 보존하다, (감정 따위를)품고 있다. ~ un chien en laisse 개를 줄에 매어놓다. Une épingle *tient* le papier. 핀이 종이를 (움직이지 않게) 고정한다. navire *tenu* par deux ancres 두 개의 닻으로 고정된(매인) 배. Cette poutre *tient* le plafond. 이 대들보가 천장을 받치고 있다. Ce tissu *tient* le pli. 이 옷감은 주름이 없어지지 않는다. La route *tient* par un accord (현악기)가 안정된 주행을 하다. ~ l'accord 같은 음을 유지하다. ~ rancune 오래도록 원한을 품다. ~ son sérieux 위엄을 지키다. seau qui *tient* l'eau 물이 새지 않는 통.

③ (그릇이)…만큼 용량이 있다(contenir), 수용 능력이 있다(loger); (광석의)함량이 …이다. ~ un litre 용량이 1리터이다. La voiture est trop petite pour nous ~ tous. 이 차는 너무 작아서 우리가 다 탈 수 없다. Cette salle peut ~ deux cents personnes. 이 방은 200명을 수용할 수 있다.

④ [~ *qc* de *qn*] 이어 받다, 얻다(recevoir, obtenir). Tout homme *tient* la vie de ses parents. 사람은 누구나 자기 부모로부터 생명을 얻는다. De qui *tenez*-vous cette nouvelle? 누구에게 그 소식을 들으셨읍니까? Je *tiens* ce renseignement de bonne source. 나는 이 정보를 확실한(신뢰할 만한) 소식통으로부터 얻었읍니다. Elle *tient* de sa mère sa modestie. 그 여자의 겸손은 어머니에게서 물려받은 것이다. ~ *qc* de race [de naissance] …을 집안의 내림으로 이어받다. ~ une terre *de qn* …에게서 토지를 상속받다.

⑤ [~ *qn*/*qc*+속사/상황보어] (어느 상태로)있게 하다, 놓아두다(maintenir). Elle *tient* son mariage secret. 그 여자는 자기 결혼을 비밀로 하고 있다. La mère *tenait* son enfant serré contre elle. 어머니는 아이를 가슴에 꼭 껴안고 있었다. Elle *tient* la tête haute. 그 여자는 고개를 똑바로 쳐들고 있다. Il *tenait* les yeux baissés. 그는 고개를 수그린 채 있었다. ~ la porte fermée. 문을 닫아두시오. Cette nouvelle l'*a tenue* en alerte. 그 소식이 그 여자를 긴장하게 만들었다. La douleur me *tient* éveillé jusqu'au matin. 고통 때문에 나는 아침까지 한숨도 자지 못했다. Elle *tient* sa maison propre. 그 여자는 자신의 집을 깨끗이 해둔다. (수동태) La maison *est* bien *tenue*. 그 집은 잘 정돈되어 있다. ~ un plat au chaud 요리를 따뜻하게 해두다. *Tenez* ce vin au frais. 이 포도주를 차게 해 두세요.

⑥ (사람)을 붙잡아 두다(retenir); 구속하다(arrêter); 복종시키다, 휘어잡다(maîtriser); (사람이)일에 쫓기게 만들다(occuper). Il m'*a tenu* (pendant) une heure. 그는 나를 1시간이나 붙잡아 두었다. La police *tient* le criminel. 경찰이 범인을 구속한다. Ce travail m'*a tenu* deux mois. 이 일로 나는 두 달을 꼼짝 못했다. La colère le *tient*. 그는 분노에 사로잡혀 있다. Ce professeur sait ~ sa classe. 이 교수는 클라스를 휘어잡을 줄 안다.

⑦ 손에 넣다, 소유하다; 지배하다(avoir en sa possession), 장악하다. ~ le pouvoir 권력을 장악하다. ~ un filon 〖구어〗돈줄을 잡다, 유리한 입장에 서다. ~ la preuve que… …라는 증거를 쥐

고 있다.
⑧ (장소·위치를)차지하다(occuper). Ce meuble *tient* trop de place. 이 가구는 너무 많은 자리를 차지하고 있다. L'amitié *tient* une grande place dans ma vie. 우정이 나의 인생에서 큰 위치를 차지하고 있다.
⑨ (업체·학교를)경영하다, 관리하다(diriger, gérer); 〖상업〗 (상품을)사입(仕入)하다, 비치하다; 판매하다. café *tenu* par deux femmes 두 여인이 경영하는 카페. ~ un hôtel 호텔을 경영하다. Je ne *tiens* plus cet article-là. 그 상품은 이제 취급하지 않습니다.
⑩ (모임 따위를)열다, 개최하다. ~ conseil 회의를 열다; (장부·일기 따위를)기록하다, 쓰다. ~ séance 개회(개정·심의)하다. ~ une assemblée 회의를 열다.
⑪ (직무·배역 따위를)맡(아보)다, 수행하다; 담당하다. ~ l'orgue à l'église 교회에서 오르가니스트로 있다. Il *tient*, dans ce film, le rôle du commissaire de police. 그는 이 영화에서 경찰서장역을 맡고 있다. ~ la caisse(les livres) 회계〔장부〕를 맡아보다. ~ un journal 일기를 쓰다.
⑫ (약속·계약을)지키다, 실행하다(observer); (말·연설·행동을)하다. ~ sa parole〔ses engagements, un pari, un serment〕 약속〔계약·내기·맹세〕을 이행하다. ~ des propos licencieux 외설스러운 말을 하다. ~ un langage impertinent 건방진 소리를 하다.
⑬ 〖문어〗 억제하다(retenir); (눈물을)참다. ~ sa langue (해서 안될)말을 참고 하지 않다, 입을 다물다. ~ ses larmes 눈물을 참다. ~ son souffle 숨을 죽이다.
⑭ ⓐ (～속사 와 함께)인정〔간주·생각〕하다 (considérer, regarder). [~ *qn/qc* pour/〖옛〗 comme+속사] Je le *tiens* pour un honnête homme. 나는 그를 성실한 사람이라고 생각한다. Je *tiens* cela *pour* vrai. 나는 그것이 사실이라고 생각한다. ⓑ 면제해 주다. [~ *qn*+속사] Je les *tiens* quittes de leurs dettes. 나는 그들에게 그들의 빚을 면제해준다(*qn* quitte de *qc*의 표현 이외는 옛). ⓒ 〖문어〗 ~ *qn* en estime〔en mépris〕 …을 존중〔경멸〕하다. ⓓ (옛·문어) ~ que+ind. …라고 주장하다. ⓔ (옛) ~ à gloire (à honneur, à bonheur) *qc*(de+*inf*.) …을 영예〔명예·행복〕라고 생각하다.
⑮ 〖구어〗 병이 나다, 병에 걸리다. ~ un (bon) rhume 감기 들다.
⑯ 견디다, 저항력이 있다. ~ (bien) la mer 〖해양〗 (배가)내항성(耐航性)이 있다, 안정된 항해를 하다; 제해권을 장악하다; 〖속어〗(차가)안정된 주행을 하다. ~ le (plus) près 되도록 순풍을 받도록 배를 조종하다. ~ le vin 〖구어〗술을 이기다.
⑰ (길을)잡다, 가다(suivre). Quel chemin *tiendrez*-vous? 어떤 길로 가시렵니까?
⑱ 〖노름〗 (상대방이 건 돈만큼을 자기도)걸다. pari *tenu* (포기하는 사람이 없어)계속되는 내기. Je *tiens*! (포기하지 않고)나도 내기를 계속해! 나도 가!
en ~ 혼이 나다; 얻어맞다; 속다; 미치다, 열중하다; 취해있다, (새가)날개를 다치다. Il *en tient*.《구어》저놈 좀 봐라.
en ~ pour *qn* …에게 홀딱 반하다.
en ~ une 《속어》취하다.
faire ~ *qc* à …을 …에게 전하다.
Mieux vaut ~ que courir; Un «tiens» vaut mieux que deux «tu auras».《속담》남의 돈 천냥이 내 한푼만 못하다.　　　　　　　　　　　　〔로군!
Quelle couche il tient!《구어》그 친구 정말 바보

«Tenez votre gauche» "좌측 통행."
~ bien son rang〔son poste, sa place〕 직무〔임무〕를 감당해 내다.
~ la chambre (병이 나서)방에 들어박히다.
~ le large 《해양》(배가)난바다를 향해하다.
~ le parti de *qn* …의 편을 들다.
~ le premier rang 제 1 위를 차지하다.
~ le vent 〖해양〗 바람이 불어오는 쪽으로 뱃머리를 돌리다.
~ les livres 장부를 매기다, 치부하다.
~ pied à *qn* …와 보조를 맞추다.
~ *qn* de près …을 엄중히 감시하다.
~ son rang 지체를 보전하다, 체면을 지키다.
~ tout dans un coup d'œil 만사를 한번 보고 이해하다.
Tiens!; *Tenez!* 저런! 아니야! 이봐 자아(놀람·주의 환기·물건을 건네줄 때).

—v.t.ind. ① [~ à] …에 애착을 갖다, 집착하다. …을 …에, …에 큰 관심을 갖다. Je *tiens* à la vie. 나는 생에 애착을 느낀다. Pierre *tient* à Sylvie. 피에르는 실비에게 애착을 갖고 있다. Je *tiens* à ce stylo, ne le perds pas. 나는 이 만년필을 애지중지하고 있으니 잃어버리지 말아라. Il *tient* à l'argent. 그는 돈에 집착한다.
② …하기를 열망하다, 몹시 바라다, 꼭 …하고 싶어하다. [~ à+*inf.*] J'ai *tenu* à les inviter. 난 그들을 꼭 초대하고 싶었다. [~ à ce que+*sub.*] Il ne *tient* pas *à ce que* je vienne. 그는 내가 꼭 오기를 바라고 있는 것은 아니다.
③ …와 관련이 …에 기인하다, 유래하다, 때문이다. [~ à] Sa mauvaise humeur *tient* à son état de santé. 그의 우울한 기분은 건강 상태에 기인한다. [~ à ce que+*ind.*] Ce succès *tient à ce que* vous avez travaillé régulièrement. 이 성공은 당신이 규칙적으로 공부한 것에 기인한다. (비인칭) À quoi *tient*-il que ne+*sub.*? …은 무엇 때문인가?; 왜 …인가?
④ [~ à] …에 인접하다; …에 붙어있다. Le château *tient au* vaste parc. 성은 넓은 정원〔공원〕에 접해있다. pomme qui ne *tient* plus à la branche 나뭇가지에 더 이상 붙어 있지 못하는 사과.
⑤ [~ de *qn/qc*] …의 성질을 갖고 있다, …와 닮다, 흡사〔상통〕하다(ressembler à); (일·사건이) …의 성질을 띠고 있다, (종류에)속하는 일이다. Il *tenait de* sa mère et de sa grand-mère. 그는 어머니와 조모를 닮았다. Cela *tient du* miracle. 그건 기적에 속하는 일이다. avoir *de* quoi ~ 대물림이다, 핏줄〔씨〕을 못 속인다. ~ *d'*un seigneur 영주의 신하〔소작인〕이다.

Il a tenu à peu de chose que (ne)+sub. 하마터면 …할 뻔했다. *Il a tenu à peu de chose que je ne fasse faillite.* 나는 하마터면 파산할 뻔했다.

Il n'a tenu à rien que ne+sub. (비인칭)하마터면 …할 뻔했다. *Il n'a tenu à rien qu'il ne se noyât.* 그는 하마터면 익사할 뻔했다.

Il ne tient qu'à vous de+inf. 〔*que+sub.*〕 (비인칭) …하는 것은 완전히 당신에게 달려있다.

Il tient à sa peau.《구어》그는 죽을 생각이 없다.
Je n'y tiens pas. 그것은 아무래도 좋다〔생각이 없다〕.
Je n'y tiens plus. 이젠 더 참을 수 없다.
Qu'à cela ne tienne. 그건 상관 없다, 그런 것은 아무래도 좋다.
s'il ne tient qu'à cela (문제가)단지 그뿐이라면.

—v.i. ① (물건이)튼튼하다, 굳다, 오래가다; 견디다, 지탱하다, 쉽게 무너지지〔풀어지지, 망가지지〕않다, 쉽게 열리지 않다. Faites un double

tenir

nœud, cela *tiendra* mieux. 두 겹으로 매시오, 더 튼튼할 거요. coiffure qui ne *tient* pas 잘 풀리는 머리(모양). Son chapeau ne *tient* pas sur sa tête. 그의 모자는 머리에 잘 붙어있지 않는다. Le régiment *a tenu* longtemps malgré les bombardements. 그 연대는 포격을 받았으나 오랫동안 버티었다. La température est étouffante, je ne peux plus – dans cette pièce. 온도가 숨막히게 높아서 나는 이 방에서 더 이상 견딜 수 없다. Le beau temps *tiendra* jusqu'à demain. 좋은 날씨가 내일까지 계속될 것이다. Le pli de mon pantalon ne *tient* plus. 내 바지의 주름이 펴졌다.
② (추상적인 것이)오래 가다; (약속 따위가)예정대로이다, 효력을 잃지 않다. Le contrat *tient* encore. 계약은 아직도 효력이 있다. Cela *tient* toujours pour jeudi? 〖구어〗그것은 목요일 예정임에 아무런 변동이 없지요?
③ 붙어 있다, 박혀 있다, 고정되다. Êtes-vous sûr que le clou *tiendra*? 그 못이 단단히 박혀 있으리라고 확신하세요?
④ (같은 자세·상태·장소에)머물러 있다. Je ne *tiens* plus debout. (피곤해서)더 이상 서 있을 수 없다. Il ne *tient* pas en place. 그는 그 자리에 가만히 있지 못한다.
⑤ 들어갈 수 있다, 수용되다. Tous mes livres *tiennent* dans cette armoire. 내 책은 이 장 속에 다 들어갈 수 있다. On *tient* à cinq dans cette auto. 이 자동차에는 5명이 탈 수 있다.
Il n'est ordre qui tienne, (faites ce que je vous dis). 명령이야 어떻든(내가 시키는 대로 해요).
Il n'y a pas de bal qui tienne. 〖구어〗너는 무도회에 못 가[가서는 안돼].
Il n'y a pas de raison qui tienne. 그렇지 못한 이유가 어디 있어요.
ne plus pouvoir ~; ne pouvoir y ~ 그 이상 더 참을 수가 없다.
~ bon [ferme] 꿋꿋하게 버티다, 완강하게 저항하다. Du courage! tenez bon, on arrive. 용기를 내시오! 꿋꿋하게 버티시오, 곧 가요.
~ jusqu'au bout 끝까지 버티다.
—se ~ v.pr. ① (재귀적)붙다다, 달라붙다 (s'accrocher); (신체부위 명사와 더불어)자기의 …을 안다[붙잡다]. [se ~ à/sur *qc*] Il *se tient* à la rampe pour descendre l'escalier. 그는 난간을 잡고 계단을 내려온다. Il *s'est tenu* à une branche pour ne pas tomber. 그는 떨어지지 않으려고 나뭇가지에 매달렸다. Le faucon *se tient* sur le bras de son maître. 매가 주인의 팔에 앉아 있다. se ~ la tête dans les mains 양손으로 자기 머리를 껴안다. se ~ les côtes 〖속어〗웃음 철도하다, 배꼽을 빼다.
② (어떤 장소·상태·자세로)있다. se ~ chez soi 제집에 있다. Tiens-toi tranquille. 조용히[얌전히]하고 있어라. Il *se tient* debout[couché, à genoux]. 그는 서[누워, 무릎꿇고] 있다. Il *se tient* sur ses gardes. 그는 경계하고 있다. (보어없이) Le bébé peut *se ~* bien. 이 애기는 잘 설 수 있다.
③ 처신하다, 행동하다; 조심하다; 자제(自制)하다. savoir *se ~* avec les femmes 여자를 대할 때의 예절을 알고 있다. ne savoir comment *se ~* 어떻게 처신해야 할지 모르다.
④ (속사와 함께)자기를 …라고 여기다. [se ~ pour+(명사·형용사)] se ~ *pour* insulté 자기를 모욕한 것으로 생각하다. Il *se tient pour* un grand artiste[intelligent]. 그는 자기를 위대한 예술가라고[똑똑하다고] 여긴다.
⑤ (상호적) 서로 …을 잡다; 상호관계가 있다. se ~ par la main 서로 손을 잡다; 서로 돕다. Tout cela *se tient*. 그 모든 것은 서로 연관성이 있다.
⑥ (수동적) (회의가)개최되다; (약속 따위가)지켜지다; (말이)받아들되다. Ces fêtes *se tiennent* chaque année. 이 축제는 해마다 열린다. (비인칭적) Il *se tient* un conseil entre eux. 그들 사이에 회의가 열린다.
Je m'y tiens. 〖카드놀이〗패가 잘 들어왔다, 바꿀 필요가 없다.
ne pas se ~ de joie[de rire] 기뻐서[우스워서] 못 견디다.
ne pouvoir se ~ de+inf. …하지 않을 수 없다.
ne savoir à quoi s'en ~ 어떻게 (생각)해야 할지 모르다.
s'en ~ à qc …에 그치다, …로 만족하다. 그치다.
s'en ~ là 그 정도로 그치다. *Tenons-nous-en là.* 그 정도로 해두자.
se ~ à 몸을 지키다, 충실히 이행하다. Je me *tiens à* ton avis. 자네 의견을 그대로 따르겠다.
se ~ bien[mal] 행실이 좋다[나쁘다], 얌전하다 [얌전치 못하다].
Tenez-vous-le pour dit. 잘 새겨 들어두게, 잊지 말도록 하게.
Tiens-toi. 얌전히 있어 (어린이에게).

tennis [tɛnis] 〖영〗 *n.m.* ① 테니스, 정구. ~ de table 탁구. jouer au ~ 테니스를 하다. court[terrain] de ~ 테니스 코트. partie[tournoi] de ~ 테니스 경기(토너먼트). ② 테니스 코트. ③ (*pl.*) 운동화, 테니스화.

tennisman (*pl.* **men**) [tenisman, -mɛn] 〖영〗 *n.m.* 〖엣〗 테니스 선수 (joueur de tennis).

téno- *préf.* 〖건(腱)〗의 뜻.

ténodèse [tenɔdɛːz] *n.f.* 〖외과〗 건고정(腱固定).

tenon [tənɔ̃] *n.m.* 〖목공〗 장부. L(줄).

tenonner [tənɔne] *v.t.* 장부를 만들다.

tenonneuse [tənɔnøːz] *n.f.* 장부 만드는 기계.

ténopathie [tenɔpati] *n.f.* 〖의학〗 건염(腱炎).

ténoplastie [tenɔplasti] *n.f.* 건이식(술).

ténor [tenɔːr] 〖이탈리아〗 *n.m.* ① 〖음악〗 테너; 테너 가수. saxophone ~ 테너 색소폰. ② 〖구어〗 제일인자, 지도적인 인물, 선도자, 스타플레이어.

ténorino [tenɔrino] 〖이탈리아〗 *n.m.* 〖음악〗 테노리노; 테노리노 가수.

ténorisant(e) [tenɔrizɑ̃, -ɑ̃ːt] *a.* 〖음악〗 테너에 가까운. baryton ~ 하이바리톤.

ténoriser [tenɔrize] *v.i.* 〖음악〗 ① 테너로 노래하다. ② 곡을 하이바리톤음으로 변주(變調)하다.

ténorite [tenɔrit] *n.f.* 〖광물〗 흑동광(黑銅鑛).

ténorraphie [tenɔrafi] *n.f.* 〖외과〗 건봉합(술).

ténosite [tenɔzit] *n.f.* =**tendinite**.

ténotome [tenɔtɔm] *n.m.* 〖의학〗 건(腱) 절단용 메스.

ténotomie [tenɔtɔmi] *n.f.* 〖의학〗 건 절단술.

tenrec [tɑ̃rɛk] *n.m.* =**tanrec**.

tensement [tɑ̃smɑ̃] *n.m.* (봉건시대의)부세(賦稅).

tenseur [tɑ̃sœːr] *a.m.* 장근의. muscle ~ 〖해부〗 장근(張筋). —*n.m.* ① 〖해부〗 장근. ② 〖수학〗 텐서. ③ 당기는 장치(tendeur).

tensif(ve) [tɑ̃sif, -iːv] *a.* 〖의학〗 긴장감이 따르는.

tensio-actif(ve) [tɑ̃sjɔaktif, -iːv] (*pl.* ~~**s**) *a.* 〖화학〗 계면 활성의.

tensio-activité [tɑ̃sjɔaktivite] (*pl.* ~~**s**) *n.f.* 〖화학·물리〗 계면 활성.

tensi(o)mètre [tɑ̃sj(ɔ)mɛtr] *n.m.* 압력 반응계, 장력계(張力計); 〖의학〗 혈압 측정기, 혈압계.

tension [tɑ̃sjɔ̃] *n.f.* ① (줄 따위가)팽팽함, (근육·정신의)긴장, 긴박(상태); (가격의)팽팽함, 강세, 오름세. ~ d'une corde 줄의 팽팽함. ~ d'un muscle 근육의 긴장. ~ d'esprit

tensiscope [tāsiskɔp] *n.m.* 장력 검사기.

정신의 긴장[집중]. ~ diplomatique 외교상의 긴장. ~ des relations 긴장된 관계. ~ nerveuse 신경의 긴장, 신경과민. ② 〖물리〗장력(張力); 응력(應力); (증기 따위의)압력; 〖의학〗혈압(~ artérielle); 〖전기〗전압(~électrique). acier à haute ~ 고장력강(高張力鋼). avoir(faire) de la ~(구어)혈압이 높다. à ~ nulle 무저항(無電壓)의. haute(basse) ~ 고[저]전압. prendre la ~ de [à] qn …의 혈압을 측정하다. sans(sous) ~ 전류가 통하지 않는[통하고 있지 않은]. ~ superficielle 표면장력. ~ de vapeur 증기압. transformateur de ~ 변압기. ③ 〖음성〗긴장. ④ 경향, 지향.

tenson [tāsɔ̃] *n.f.* 〖문학〗(중세의)논쟁시(詩).
tensoriel(le) [tāsɔrjɛl] *a.* 〖수학〗텐서의.
tentaculaire [tātakylɛ:r] *a.* ① 〖동물〗촉수의. ② (도시가)사방의 시골로 뻗어가는. ville ~ 사방으로 뻗어나간 도시.
tentacule [tātakyl] *n.m.* 〖동물〗촉수(觸手); (문어 따위의)발.
tentaculé(e) [tātakyle] *a.* 〖동물〗촉수가 있는.
tentant(e) [tātā, -ā:t] *a.* 마음을 끄는, 유혹하는, 매력적인. menu ~ 식욕을 당기는 차림표.
tentateur(trice) [tātatœ:r, -tris] *n.* 유혹자. —*n.m.* 악마. le ~ 악마. esprit ~ 악마.
tentatif(ve¹) [tātatif, -i:v] *a.* 시험적인, 실험적인.
tentation [tātasjɔ̃] *n.f.* 유혹, 욕망; 마음을 (흔들어)움직이다, 끌다. céder(succomber) à la ~ 유혹에 빠지다. résister à la ~ 유혹을 물리치다. ~ de voyager 여행하고 싶은 마음(기분).
***tentative²** [tātati:v] *n.f.* ① 시도(試圖), 기도(essai, démarche). faire une ~ auprès de qn …을 설득하려고 시도하다. ~ de suicide 자살미수. ② 〖법〗미수죄(未遂罪). ~ d'assassinat(de meurtre) 살인미수.
***tente** [tā:t] *n.f.* ① 텐트, 천막(축제 때 따위의)막 노점. abattre(plier) les ~s 천막을 걷다[개다]. dresser(monter, planter) une ~ 천막을 치다. ~ de camping 캠핑용 천막. ~ d'un cirque 서커스용 천막. ~s de la foire 장날의 노점. ~ à oxygène 〖의학〗산소텐트; ~ du cervelet 〖해부〗소뇌텐트. ~ 〖해양〗(갑판 위에 치는)천막; (옛)(15–17세기에 침실 따위를 덮은)천막.
se retirer sous sa ~ 화가 나서 자기편을 떠나다; 실망하여 포기하다.
tente-abri [tātabri] (*pl.* ~s-~s [tātabri]) *n.f.* 〖군사〗소형 천막; 휴대용 천막.
***tenter¹** [tāte] *v.t.* ① 시도하다, 해보다(essayer). ~ mille efforts 수없이 되풀이해서 해보다. ~ une démarche auprès de qn …에게 교섭을 해보다. Il a tout tenté pour réussir. 그는 성공하기 위하여 모든 것을 시도해 보았다. ~ sa(la) chance; ~(la) fortune 운을 시험해보다. *Tentez votre chance, achetez un billet!* 운에 맡기고 한번 해보세요, 복권 한장 사세요! [~ de+*inf.*] Le prisonnier *a tenté de* s'évader. 죄수는 탈출하려고 해보았다. ② 유혹하다, 마음을 끌다(allécher, séduire); (구매욕을)일으키게 하다, 부추기다. *Cette robe l'a tentée.* 이 드레스를 그 여자는 사고(갖고) 싶어했다. Ça ne me *tente* guère. 별로 마음이 내키지 않는다. se laisser ~ par qc …에 유혹당하다. [être tenté de+*inf.*] Je suis tenté de croire qu'il est coupable. 나는 그가 유죄라고 믿고 싶어진다. ~ qn de+*inf.* 〖옛〗…에게 …하고 싶은 마음이 생기게 해주다. ③ (악의 길로)유혹하다. Le serpent *tenta* Eve. 뱀이 이브를 유혹했다. ④ 〖옛〗(사람을)시련에 빠지게 하다; (신·악마에)시험하다.

~ *Dieu* 인력으로 할 수 없는 일을 꾀하다. ~ *le tout pour le tout* 생애를 걸고 해보다.
tenter² *v.t.* (드물게)(뜰·배에)차양(천막)을 치다.
tenthrède [tātrɛd] *n.f.* 〖곤충〗잎벌.
tenture [tāty:r] *n.f.* ① 벽지(papier ~); 벽걸이 천. ~s pour les services funèbres 장례용의 검은 장막, 흑빛 장막. ② 벽지를 바르기, 벽걸이 천을 치기.
tenu(e¹) [tāny] *a.p.* ① bien(mal) ~ (어린이가)잘 보살펴진[돌보아지지 않은]; (정원이)손질이 잘 된[안된]; (집이)잘 정돈되어 있는[있지 않은]. maison bien ~ 잘 꾸며지고 정돈된 집. ② [être ~ à qc/à+*inf.*/de+*inf.*] (의)의무가 있다, …하지 않을 수 없다. Le médecin *est* ~ *au secret professionnel.* 의사는 직업상의 비밀을 지킬 의무가 있다. ③ (주가(株價)가)안정된, 견실한. valeurs (bien) ~es 견실한 주가. ④ 〖음악〗지속음표. ⑤ langage ~ 격조높은[정식의] 언어.
être ~ de qc 〖법〗…의 책임이 있다.
⑥ 〖스포츠〗(농구·핸드볼 따위의)홀딩.
ténu(e) [teny] *a.* ① (실 따위가)아주 가느다란. ② (구별이)미묘한; (액체가)묽은, 투명한, 물 같은; (기체가)희박한; (음식이)맛없는, 요리가 잘못된. consonne ~e 〖언어〗세음(細音), 무성 파열음([p], [t], [k]).
***tenue²** [tāny] *n.f.* ① (집·가게·과수원 따위의)손질, 정리, 관리, 운영·유지. ~ de la maison 집안의 정돈; 살림의 운영. veiller à la bonne ~ d'un établissement 건물을 잘 관리하는 데 힘쓰다. ~ des livres (de comptes) 부기, 회계관리. ~ de copie 〖인쇄〗(인쇄에 넘기기 전의)원고정리. ~ de route (자동차의)주행 안정성.
② 태도, 행실, 품행; (몸의)자세, (말 따위에)올라탄 자세; (우주·비행기 따위의)내구력, 지속력, 지구력. bonne ~ à table 식탁에서의 좋은 태도. manquer de ~ 점잖지 못하다. mauvaise ~ 나쁜 자세. ~ en l'air 〖항공〗내후성(耐候性).
③ 옷차림, 옷 매무새; 복장, 옷; 제복, 규정된 복장. ~ de voyage (de sport) 여행[운동]복. grande ~ 정장. petite ~ 약식 복장. civile ~ 평복. ~ de soirée 야회복. ~ de ville 보통 예복; 외출복. ~ négligée 단정치 못한[격식을 갖추지 않은] 복장. militaire en ~ 군복 차림의 군인. se mettre en ~ pour travailler 일하기 위해 제복[작업복]을 입다. La ~ (de soirée) *est de rigueur.* 반드시 예복 착용할 것.
④ (작품 따위의)품위, 질. roman d'une haute ~ 격조 높은 소설.
⑤ (회의·법정 따위의)개최[개정] (기간).
⑥ 〖음악〗음의 지속; 지속음; 〖언어〗(음성의)지속성; 〖주식〗주가의 안정, 견실함; 〖해양〗(투묘지)해저의 단단한 지질. fond de bonne (mauvaise) ~ 닻이 잘 박히는[박히지 않는] 해저.
⑦ 〖옛〗지속, 계속, 연속.
avoir de la ~ 행실이 좋다; 점잖다; 〖승마〗말탄 자세가 좋다; 옷차림이 단정하다.
avoir une belle ~ (군대가)훈련이 잘 되어 정연하다. *De la ~!* (어린이에게)얌전하고 있어! 몸가짐을 바르게 해!
en (grande) ~ 예복을 입고, 정장하고.
n'avoir pas de ~ (일기가)변덕스럽다; (말안장이)앉기가 거북하다.
~ *en côte* (자동차의)등판성.
tout d'une ~; d'une seule ~ (소유지가)잇닿은, 연접한.
ténuiflore [tenyiflɔ:r] *a.* 〖드물게〗〖식물〗세화(細花)의.
ténuifolié(e) [tenyifɔlje] *a.* 〖드물게〗〖식물〗세

엽(細葉)의.
ténuirostre [tenyirɔstr] 【조류】 *a.* 세취류(細嘴類)의. —*n.m.pl.* 세취류.
ténuité [tenyite] *n.f.* 【문어】 가늚, 엷음;(액체·기체의)희박, 묽음;(비유적)(구별의)미묘;(근거의)박약.
tenure [tənyːr] *n.f.* 【봉건법】(한 영지의 다른 영지에 대한)종속관계; 영주가 신하·자유토지 보유 농민에게 양도한 토지. Cette terre était dans[de] la ~ de ce comté. 이 토지는 이 백작령에 소속되어 있었다. ~ roturière(servile) 소작지.
tenuto [tenuto] (이탈리아) *ad.* 【음악】 지속하여, 음을 길게 뽑아서.
téocal(l)i [teɔkali] *n.m.* (멕시코에 있는 피라미드형의)인조언덕(人造石).
téorbe [teɔrb] *n.m.* 【옛】【음악】 티오르바(현악기의 일종).
téosinte [teɔsɛ̃t] *n.f.* 【식물】 돼지수수(멕시코·과테말라 산의 가축 사료).
tep [tep] (<*tonne d'équivalent pétrole*) *n.m.* 테프(석유 1톤분의 열량에 상당하는 에너지의 단위).
T.E.P.(약자) Théâtre de l'Est parisien 파리 동부 극장.
tephillim, téphillim, théphillim [tefi(l)lim] *n.m.pl.* (유대인의)기도용구(用具)(구약의 성구를 기록하여 이마 또는 왼팔에 감는 가죽 띠)(phylactère).
téphrite [tefrit] *n.f.* ① 【광물】 회색 현무암. ② 【곤충】 쌍시류(雙翅類)의 일종.
téphroïte [tefroit] *n.f.* 【광물】 망간감람석.
téphrosie [tefrozi] *n.f.* 【식물】 인도독.
te[é]pidarium [tepidarjɔm] *n.m.* 【고대로마】 미지근한 욕실(열탕(caldarium)전에 들어감).
tépide [tepid] *a.* 【옛】 =tiède.
tépidité [tepidite] *n.f.* 【옛】 =tiédeur.
tequila [tekila] (멕시코) *n.m.* 테킬라(용설란의 일종으로 만드는 멕시코의 증류주).
ter [tɛːr] (라틴) *ad.* 【음악】 세 번 반복하여. —*a.* numéro 5 ~, 5번기의 3호.
téra- *préf.* 테라 (10^{12}배의 뜻, 예: *téra*watt).
téraphim [terafim] *n.m.pl.* (고대 헤브라이 사람의)테라핌, 가신상(家神像).
téraspic [teraspik] *n.m.* 【식물】 =ibéride.
térato- *préf.* 「기형·괴물」의 뜻.
tératogène [teratɔʒɛn] *a.* 기형생성의 원인이 되는. médicament ~ 태아의)기형의 원인이 되는 약.
tératogénie [teratɔʒeni] *n.f.* 기형생성.
tératologie [teratɔlɔʒi] *n.f.* 기형학(畸形學).
tératologique [teratɔlɔʒik] *a.* 기형학의; 기형의.
tératologiste [teratɔlɔʒist], **tératologue** [teratɔlɔg] *n.m.* 기형학자.
terbium [tɛrbjɔm] *n.m.* 【화학】 테르븀.
tercer [tɛrse] ② *v.t.* ① 【농업】 제 3경작을 하다. ② 【건축】 3분지 1로 축소하다(tiercer).
tercet [tɛrse] *n.m.* 【운율】 삼행시(三行詩); 삼연구(三聯句); 【음악】 셋잇단음표.
térébate [terebat] *n.m.* 【화학】 테레빈산염.
térébelle [terebɛl] *n.f.* ① 【패류】 =térébellum. ② 【동물】 갯지렁이의 일종.
térébellum, terebellum [terebe(ɛl)lɔm] *n.m.* ① 【패류】 잠자리조개(térébelle). ② 【옛】 【의학】 태아의 두개골 천공기(穿孔器).
térébène [tereben] *n.m.* 【화학】 테레빈(도료·방부제).
térébenthène [terebɑ̃tɛn] *n.m.* 【화학】 피넨.
térébenthine [terebɑ̃tin] *n.f.* 【화학】 테레벤틴, 송진. essence de ~ 테레빈유(油).
térébinthacées [terebɛ̃tase] *n.f.pl.* 【식물】 옻나무과(anacardiacées).
térébinthe [terebɛ̃ːt] *n.m.* 【식물】 테레빈나무.
térébique [terebik] *a.* acide ~ 【화학】 테레빈산.
térébrant(e) [terebrɑ̃, -ɑ̃ːt] *a.* ① 【동물·의학】 천공성의(perforant); (통증이)찌르는 듯한. ulcération ~*e* 천공성 궤양. douleur ~*e* 찌르는 듯한 아픔. ②【문어】예리한, 강렬한. ~ désir 격렬한 욕망. —*n.m.pl.* 【곤충】 (막시목(膜翅目)의)유추아목(有錐亞目)(송곳 모양의 산란관을 지닌 벌 따위)(hyménoptères ~s).
térébration [terebrasjɔ̃] *n.f.* 천공(穿孔); (송진 따위를 채취하기 위해)나무에 구멍을 뚫기; 【의학】(두개골에) 구멍을 뚫는 천공술.
térébratule [terebratyl] *n.f.* 【패류】 초롱조개.
térébrer [terebre] ⑥ *v.t.* (나사송곳·천공기 따위로)구멍을 뚫다; (두개골에)천공수술을 하다.
téréphtalate [tereftalat] *n.m.* 【화학】 테레프타라트(폴리에스테르의 일종).
téréphtalique [tereftalik] *a.* acide ~ 【화학】 테레프탈산.
tergal¹ [tergal] *n.m.* 【상표명】 테르갈(폴리에스테르 섬유).
tergal²(ale, pl. aux) [tergal, -o] *a.* 【동물계】등의. douleur ~*ale* 등의 통증.
tergiversateur(trice) [tɛrʒiversatœr, -tris] *n.* (드물게)말을 얼버무리는 사람; 말을 돌려 하는 사람.
tergiversation [tɛrʒiversasjɔ̃] *n.f.* (보통 *pl.*) 핑계, 회피적 언사; 주저, 망설임. Assez de ~*s*! 핑계는 그만 두시오; 그만 좀 망설이시오.
tergiverser [tɛrʒiverse] *v.i.* 핑계 대다; 애매하게 말하다; 주저하다(hésiter). sans ~ 주저 없이.
termaillage [tɛrmɑjaʒ] *n.m.* 【경제】(국가간의 자금결재를 촉진 또는 지연시킴으로써)자금상 균형을 맞추는 방식(jeu des termes de payment).
:**terme** [tɛrm] *n.m.* I. ① 기한, (수표 따위의)기일, 만기, 청산일(limite); (집세 따위의)지불 기일(échéance); 1기 (보통 3 개월 단위); 1기분의 집세(땅값). arriver à ~ 기한이 만료되다. Passé le ~, cette carte n'est plus valable. 이 기한이 넘으면 이 증명서는 실효가 되다. ~ de rigueur(de grâce) 최종 기일(기일 유예). marché(vente) à ~ 정기거래(판매). livraisons à ~ 물품 인도 후 계약. payable à deux ~s 2회 지불의. jour du ~ 집세 지불 기일. payer à ~ échu 1기 단위로 집세를 지불하다. payer le ~ 1기분의 집세를 지불하다. avoir un ~ de retard 1기분의 집세가 밀려있다.
② (문어)최종, 종말, 귀결(fin). toucher(parvenir) à son ~ 끝이 나다, 종료하다. Chaque chose a son ~. 어느 것에든 종말이 있다. ~ de la vie 인생의 종말, 죽음. au ~ de ses tribulations 괴로움 끝에. [mettre un ~ à] Il faut *mettre un ~ à* cette discussion. 이 토론을 종결지어야겠다.
③ (일부의)시기, 산달. être à (son) ~ 달이 차다. accoucher à ~ 예정일에 출산하다. accoucher avant ~ 조산하다.
④ (옛)경계(borne), 경계표; (경계신의)흉상주(胸像柱); (비유적)한계, 한도(borne, limite). être planté comme un ~ (경계표처럼)꼼짝도 하지 않고 있다.
⑤ (*pl.*) 관계, 사이(rapport, relation); (옛)기분, 의향(disposition). être en bons ~*s* (mauvais) ~*s* avec *qn* …와 사이가 좋다(나쁘다). En quels ~*s* êtes-vous ensemble? 당신들은 어떤 관계입니까?
II. ① 말(mot). ② 표현(expression); (*pl.*) 표현의 방식. sens d'un ~ 어떤 말의 뜻. ~ exact 정확한 말(표현). aux ~*s* de la loi 법조문에 따르면, en

d'autres ~s 달리 표현하자면, 말을 바꾸면. ~ choisis(voilés) 말을 고른[돌려 말하는] 표현. parler de qn en bons ~s …을 칭찬하다. peser ses ~s 말을 신중하게 고르다. ② 특수어휘, 용어, 술어. ~s régionaux 지방 특유의 어휘. ~ technique 기술 용어. ~ philosophique 철학 용어. ③ 〖논리〗 명사(名辭); 〖언어〗 항(項), 사항(辭項); 〖수학〗 항. grand(moyen, petit) ~ (삼단논법의) 대(중·소)개념. moyen ~ 중간항; (비유적) 절충안, 타협점. ~ de comparaison 비교의 (각)항. ~ constant 정수항(定數項). *à long(court)* ~ 장(단)기의. programme à long ~ 장기계획. emprunt à court ~ 단기공채. *mener qc à* ~ …을 완성시키다(accomplir). mener une affaire à ~ malgré de nombreuses difficultés 수많은 난관을 무릅쓰고 일을 성공리에 완료하다. *Qui a* ~ *ne doit rien.* 《속담》 기한이 되기까지는 빚이 있는 것과 같다.

terminable [tɛrminabl] *a.* (드물게)(연금 따위가) 기한이 있는.

terminaison [tɛrminɛzɔ̃] *n.f.* ① 어미; 접미사(suffixe) 〖드물게〗 결말(conclusion); 말단, 끝머리(fin, bout, extrémité). ~ des adverbes en ment, ment 으로 끝나는 부사의 어미. pour la ~ de cette affaire 이 사건의 결말을 위해서. ~s nerveuses 〖해부〗 신경의 말단. ② 〖의학〗 (질병의)결과.

terminal(*ale, pl. aux*) [tɛrminal, -o] *a.* ① 최후의, 끝의(final); 말단의. classe ~*ale* d'un lycée 고등학교의 최종학년. formule ~*ale* d'une lettre 편지의 결구. ② 〖식물〗 정생(頂生)의. bourgeon ~ 정생아(頂生芽). —*n.m.* ① (파이프라인 종점에 있는)석유기지; 전토미널. ~ aérien 공항역, 에어터미널. ③ 〖컴퓨터〗 단말. —*n.f.* 리세(프랑스 국립 중·고등학교)의 최종학년(classe ~*ale*).

termina*teur*(*trice*) [tɛrminatœːr, -tris] *a.* cercle ~; ligne ~*trice* 〖천문〗 (달의)명암계선(明暗界線). —*n.m.* 〖천문〗 (달의)명암계선.

terminatif(*ve*) [tɛrminatif, -iːv] *a.* 〖언어〗 어미의; 결과를 나타내는, 종국적.

***terminer** [tɛrmine] *v.t.* ① 끝마치다, 종료하다, 완료하다(achever, finir); 마지막 손질을 하다. ~ son repas 식사를 끝내다. ~ un travail 일을 끝내다. ~ une œuvre 작품에 마지막 손질을 하다. [~ qc par] ~ Pour un vote 토론을 투표로써 종결짓다. [pour ~] *Pour* ~, *laissez-moi raconter notre retour.* 끝으로 우리의 귀로에 대해서 얘기 좀 하겠습니다. (목적보어 없이) *Avez-vous terminé?* (식당에서)다 드셨습니까? ② (주어는 사물)(의) 끝에 있다, 끝맺다. Le dessert *termine* les repas. 식사는 디저트로써 끝이 난다. La mort *termina* sa brillante carrière. 죽음이 그의 찬란한 생애를 끝맺음했다. ③ (옛)(공간적) 구획짓다, 경계를 이루다(borner, limiter). mur qui *termine* un jardin 정원을 경계짓는 담.

en avoir terminé(terminer) avec qc(qn) …을 끝마치다; …와의 관계를 끊다. *Depuis cette histoire, j'en ai terminé avec eux.* 그 일이 있은 후로 나는 그들과 관계를 끊었다.
—*se* ~ *v.pr.* 끝나다, 종료되다, 완료되다. *La route se termine ici.* 길은 여기서 끊어진다. [*se* ~ *par*] *L'histoire se termine par la mort de l'héroïne.* 이야기는 여주인공의 죽음으로 끝난다. [*se* ~ *en*] *se* ~ *en pointe* 끝이 뾰족하다. *verbes qui se terminent en -er, -er* 로 끝나는 동사들.

terminisme [tɛrminism] *n.m.* 〖신학〗 은혜 유한설(有限說); 〖철학〗 유명론(唯名論), 명목설(Guillaume d'Occam 의 설)(nominalisme).

terministe [tɛrminist] *n.* 〖신학〗 은혜 유한론자; 〖철학〗 명목론자.

terminographie [tɛrminɔgrafi] *n.f.* 술어학, 전문용어론.

terminologie [tɛrminɔlɔʒi] *n.m.* (집합적) 학술어, 전문용어.

terminologique [tɛrminɔlɔʒik] *a.* 학술어의, 전문용어의.

terminologue [tɛrminɔlɔg] *n.* 술어학자, 전문용어학자.

***terminus** [tɛrminys] 〖영〗*n.m.* (철도·버스의)종착역, 종점. *T~! Tout le monde descend.* 종점입니다, 모두 내리십시오! (동격) gare ~ 종착역.

termite [tɛrmit] *n.m.* ① 〖곤충〗 흰개미. ② travail de ~ 서서히 진행되는 파괴(지하)공작.

termitière [tɛrmitjɛːr] *n.f.* 〖곤충〗 흰개미집.

ternaire [tɛrnɛːr] *a.* 셋의, 셋으로 되는; 〖화학〗 세가지 성분의, 삼원(三元)의. mesure ~ 〖음악〗 3으로 나눌 수 있는 박자. coupe ~ 〖언어〗 3분절. nombres ~s 세자리 수.

terne¹ [tɛrn] *a.* ① 윤이 안 나는, 흐린; 흐릿한(éteint, fade). couleur ~ 윤기없는[흐릿한] 빛깔. paysage ~ 어두운[음울한] 풍경. yeux ~s 생기없는 눈. ② (추상명사를 수식해서) 생기가 없는; 활발하지 못한, 생기 빠진듯한(morne, incolore). conversation ~ 김이 빠지는 대화. style ~ 생기 없는 문체. vie ~ et grise 음울한 회색빛 인생. ③ (사람의)눈에 띄지 않는, 하찮은(insignifiant). personne ~ 눈에 띄지 않는 인물.

terne² [tɛrn] *n.m.* ① 세 숫자가 연속적인 번호; (주사위 놀이에서)3 뗑; 요행수. *C'est un* ~ *à la loterie.* 그건 어쩌다 있는 요행수이다. ② 〖전기〗 3 중도선.

terné(*e*) [tɛrne] *a.* 〖생물〗 3 쌍의, 3 씩 나오는.

terni(*e*) [tɛrni] *a.p.* ① 광채를 잃은, 색바랜 (passé, sale). miroir ~ 흐린 거울. yeux ~s et secs 흐리멍덩하고 무표정한 눈. ② (명예·가치 따위가)손상된, 땅에 떨어진. réputation ~*e* 땅에 떨어진 명예.

terniflore [tɛrniflɔːr] *a.* 〖식물〗 삼생화(三生花)의.

ternir [tɛrniːr] *v.t.* ① 윤기를 없애다, 퇴색시키다, 흐리게 하다(altérer, obscurcir). ~ *le teint* 안색을 나쁘게 하다. *Le soleil ternit les étoffes.* 햇빛은 천의 색깔을 바래게 한다. ② (추상명사를 보어로) (명예·가치 따위가)손상시키다, 땅에 떨어뜨리다, 상처를 주다(flétrir, salir). ~ *la réputation de qn* …의 명예를 손상시키다. ~ *qn* 을 중상하다.
—*se* ~ *v.pr.* ① 윤기를 잃다, 퇴색하다, 흐려지다 (se dépolir). *Cette étoffe se ternit aisément.* 이 천은 쉽게 색이 바랜다. ② (추상명사를 주어로) (명예·가치 따위가)손상되다, 상처입다; (기억력 따위가)쇠퇴하다. *Sa mémoire s'est ternie.* 그의 기억력은 쇠퇴했다.

ternissement [tɛrnismɑ̃] *n.m.* 〖드물게〗 윤기 없애기; 흐리게 하기; (명예·가치 따위의)훼손.

ternissure [tɛrnisyːr] *n.f.* 〖기술〗 윤기 없애기, 흐림.

ternstré[œ]miacées [tɛrnstremjase] *n.f.pl.* 〖식물〗 동백나무과.

ternstrémie [tɛrnstremi] *n.f.* 〖식물〗 동백나무(屬).

terpène [tɛrpɛn] *n.m.* 〖화학〗 테르펜(소나무 수지에 포함된 방향성 액체).

terpénique [tɛrpenik] *a.* 〖화학〗 테르펜의.

terpine [tɛrpin] *n.f.* 〖화학·약〗 테르핀(거담제).

terpin(*é*)ol [tɛrpin(e)ɔl] *n.m.* 〖화학〗 테르피놀(향료용).

terpolymère [tɛrpɔlimɛːr] *n.m.* 〖화학〗 터폴리머(3종류의 단량체로 이루어지는 중합체).

Terpsichore [tɛrpsikɔːr] *n.pr.f.* 《신화》춤·합창·서정시의 여신.

terra-cotta [terakota] 《이탈리아》 *n.f.* 테라콧타 (양질의 점토를 초벌구이한 것, 토우(土偶)·단지를 만드는 재료).

terrafungine [teraf5ʒin] *n.f.* 《약》 테라마이신 (티프스 치료용 항생물질).

terrage [tera:ʒ] *n.m.* ① (봉건시대 영주가 작물에서 공제한)소작료, 지세. ② 《농업》(토지를 비옥하게 하기 위해)흙뿌리기, 채니법(沈泥法); 비토(肥土) 뿌리기(colmatage); (기름을 표백하기 위한)흙의 첨가.

:terrain [tɛrɛ̃] *n.m.* ① 토지, 대지(propriété, fond); 지면, 지표, 지형. ~ à bâtir 택지. ~ nu 아직 빈터로 있는 것. ~ vague (방치되어 있는)공지. accidents de ~ 토지의 기복. ② 토질, 토양. ~ argileux [calcaire] 점토질 [석회질]의 토질. ~ stérile 불모의 땅; (특히)무탄지대 (無炭地帶). ③ (보통 *pl.*) 《지질》 지층. ~s primaires [tertiaires] 고생 [제 3 기]층. ④ (활동할 수 있는)장소; 《군사》전장, 연습장, 진지; 결투장(pré); 운동장; 《항공》 활주로. ~ de sport 경기장. ~ de camping 야영장. ratisser (nettoyer) le ~ 적을 소탕하다. aller sur le ~ 결투장소로 가다, 결투하다. se rencontrer sur le ~ 운동장에서 대결하다, 시합하다. prise du ~ (비행기의)착륙동작. ⑤ (비유적)(활동의)분야; 상황(situation). chercher un ~ d'entente 타협의 일치점을 찾다. tâter [sonder] le ~ 상황 [정세]을 살피다. ~ glissant 자칫하면 위험해질 수 있는 상황. ~ brûlant 말썽을 일으킬 소지가 있는 (피해야할) 문제. ⑥ (질병 따위의)소지(素地). ~ résistant [de moindre résistance] 강건한 [허약한] 체질.
avoir l'avantage du ~ 유리한 위치를 차지하다.
céder du ~ 진지를 물러나다; 양보하다.
gagner [perdre] du ~ 유리한 입장을 차지하다 [잃다]; 상대보다 앞서다 [뒤지다].
ménager le ~ 일을 신중하게 처리하다.
préparer le ~ (일의 성사를 위해)분위기를 조성하다; 땅을 굳히다.
reconnaître le ~ 전장을 정찰하다, 정세를 살피다.
regagner le ~ perdu 실지(失地)를 회복하다.
se conduire comme en ~ *conquis* 안하무인격으로 행동하다.
se placer sur un bon [mauvais] ~ 유리한 [불리한] 위치에 서다.
sur le ~ 현장에서, 실지에서. aller *sur le* ~ *pour commencer une étude géologique* 지질연구를 시작하기 위해 현지로 가다.

terral [teral] *n.m.* 《해양》 뭍바람.

terramare [teramaːr] *n.f.* (이탈리아에서 비료로 사용하는)암모니아성 침적토; (북이탈리아 포(le Pô)강 유역에 남아 있는)호상(湖上)주거 흔적.

terramycine [teramisin] *n.f.* 《약》 테라마이신.

terraplane [tɛ(e)raplan] *n.m.* 《상표명》(공기의 압력으로 지면에 떠서 달리는)활공차(滑空車) (aéroglisseur).

terraqué(e) [terake] *a.* 물과 뭍으로 되어 있는. le globe (la planète) ~ [~ɛ] 지구, 《~ɛ》장.

terrarium [tɛ(e)rarjɔm] *n.m.* 육서(陸棲)동물사육.

terrassant(e) [terasɑ̃, -ɑːt] *a.* 압도적인; (정신적·육체적으로) 몹시 충격적인. nouvelle ~e 끔찍한 뉴스.

***terrasse** [teras] *n.f.* ① (돌담으로 둘러싼)대지, 성토(盛土), 고대(高臺); 단구(段丘). ~s *d'un parc* 공원의 동산. cultures en [sur] ~s 계단식 밭. ~ littorale [marine] 해안단구. ② 테라스 (건물의 낮은 쪽 옥상을 이용한 넓은 노대)(→maison 그림); 대형 발코니; 평평한 지붕, 옥상. toiture en ~ 평평한 옥상. toit en ~ avec piscine 수영장이 있는 옥상. ③ (카페·레스토랑의)테라스 (인도의 반 정도까지 차지하여 탁자·의자를 설치). ~ fermée [en plein air] 유리로 덮인 (개방된) 테라스. ④ 《조각》 금은세공품의)평평한 대좌; 석재의 홈 (작은 점토층 따위) ; (보석의)갓아도 (판대기) 《문장》(방패 끝의)토지의 기부, 산. ⑤ 《에》토목공사.

terrassement [terasmɑ̃] *n.m.* 흙의 운반; 토목공사; (주로 *pl.*)성토(盛土). ~s *d'une voie ferrée* 철도노선의 성토. travaux de ~ 토목공사.

terrasser [terase] *v.t.* ① 흙을 파서 옮기다; (포석을 깔기 전에)땅을 다지다. ~ *un arpent de vigne* 아르팡의 포도밭의 흙을 파다 [갈다]. (목적보어 없이) ouvriers en train de ~ 흙을 파 옮기고 있는 인부들. ② 《에》 토루(土壘)를 쌓아서 보강하다; 성토로 받치다. ③ ~ *la neige* 《사투리》(눈을 녹이기 위해)재·흙 따위를 뿌리다. ④ (땅에)쓰러뜨리다; 어 던지다; (적을)쳐부수다, 때려눕히다; (병을)곰 따위가) 경도; 驚倒 (이키다 (abattre, foudroyer). ~ *un ennemi* 적을 쳐부수다. *La révolte a été terrassée.* 반란은 진압되었다. *L'annonce de cette mort l'a terrassé.* 그 죽음의 소식은 그를 크게 낙담시켰다.

terrasseur [terasœːr] *n.m.* 《건축》 흙일하는 사람, 토목인부.

terrasseux(se) [terasø, -øːz] *a.* (대리석 따위가)홈 [연질부(軟質部)]이 있는.

terrassier(ère) [terasje, -ɛːr] *n.* 토목인부; 《에》 토목업자. ~ *à vapeur* 증기굴착기. —*a.* guêpe ~*ère* 《곤충》 말벌 (땅 속에 집을 짓는 종류).

terrasson [terasɔ̃] *n.m.* 작은 테라스; (이중 구배(勾配) 지붕의 사면(斜面).

:terre [tɛːr] *n.f.* ① 땅, 지면, 지표, 대지. *Nous étions assis par* ~. 땅바닥에 앉아 있다. tomber à [par] ~ 땅에 떨어지다 [넘어지다]. jeter à [par] ~ 집어 던지다; 쳐부수다. mettre pied à ~ (말·탈것·침대에서)내리다. sauter à ~ 지면에 뛰어내리다. basse [haute] ~ 저지 [고지]. tremblement de ~ 지진. sous [la] ~ 지하에. face contre ~ 지면에 얼굴을 대고, 엎어져서. à fleur [à ras] de ~ 지면에 닿을듯 말듯하게. sainte ~ (기독교신자의)묘지. ② 땅, 육지. ~ ferme (섬에 대한)육지, 본토. transport par (voie de) ~ 육상 수송. armée de ~ 육군. ~s australes 남극대륙. prendre (toucher) ~ (배가)입항기; (비행기가)착륙하다. descendre (aller) à ~ 하선(상륙)하다. perdre ~ 《해양》 육지가 안보이게 되다. ③ 지방, 장소. T~ sainte 성지 (그리스도가 태어난 팔레스티나); 풍요의 땅. T~ promise 약속의 땅 (팔레스티나). ~ *des dieux* 신들의 땅(그리스). ~ *d'exil* 유형(流刑)지; (비유적)현세. en ~ *étrangère* 외국 땅에서. ④ 대지, 소유지, 영지. acheter une ~ 땅을 사다. propriétaire de ~ 지주(地主). ~s *du roi* 영지. vivre de ses ~s 땅으로 먹고 살다. se retirer sur ses ~s 고향 [시골] 에 은거하다. chasser sur les ~s *d'autrui* 남의 땅에서 사냥하다; 남의 권리를 침해하다. ⑤ 땅; 경작지; 농경(생활). ~ *cultivée* [inculte] 경작지 [황무지]. ~ *fertile* [stérile] 불모지). ~s *rapportées* 객토. ~ à *blé* 밀밭. *pâturage* 목초지. *défricher des* ~s *vierges* 처녀지

를 개간하다. labourer[amender]la~ 토지를 갈다 [개량하다]. culture de pleine ~ 노지(露地)재배. politique de la ~ brûlée 《군사》 초토화 작전. retour à la ~ 귀농, 농토로의 복귀.
⑥ (원료로서의)흙. ~ cuite 테라콧타(의 제품) (terra-cotta). ~ à potier[à poterie] 도토(陶土). ~ à porcelaine 자토(磁土) (kaolin). ~ à glaise 점토. pipe en ~ 도제 파이프. ~ verte 녹토(녹사 따위를 원료로 하는 녹색 안료). ~s rares 《화학》 희토류(希土類).
⑦ 지구(보통 T~). faire le tour de la T~ 세계일주를 하다. aux quatre coins de la ~ 세계 각처에서, 어디서나.
⑧ 지상, 현세; 지상의 사람들. être sur(la) ~ 살고 있다. quitter la ~ 죽다. paradis sur la ~ 지상의 낙원.
à plate ~ 《옛》 지면과 같은 높이에서.
avoir les(deux) pieds sur(la) ~ 발이 땅에 닿아 있다; 현실을 파악하다.
battre[frapper] qn à ~ ···을 땅에 넘어뜨리다; 《비유적》 저항하지 못하는 상태를 공격하다.
Bonne ~, mauvais chemin.《속담》비옥한 땅일수록 길은 나쁘다.
entre ciel et ~ 공중에 매달려서.
entre deux ~s 지면보다 약간 위에서.
être sur(la[cette]) ~ 발이 땅을 딛고서다; 《비유적》 생각하다, 현실적이다.
mettre[porter] qn en ~ ···을 매장하다.
Que la ~ te soit légère. 땅이 그대에게 가벼울지어다(고대 그리스·로마의 묘비에 새긴 묘비명).
Qui ~ a guerre a.《속담》(토지는 싸움의 근원)→재산이 있으면 마음 고생도 많다.
revenir sur ~ 현실로 되돌아오다; 몽상에서 깨어나다.
Six pieds de ~ suffisent pour le plus grand homme.《속담》(아무리 큰 사람이라도 6척의 땅이면 묻히기에 충분하다)→현세에서 아무리 부귀영화를 누려도 죽으면 누구나 같다.
Tant vaut l'homme, tant vaut sa(la) ~.《속담》땅을 살리건 죽이건 주인에게 달렸다; 일을 성사시키거나 망치는 건 솜씨나름.
vouloir rentrer sous ~ 부끄러운 나머지 땅속에라도 들어가고 싶다(※ faire rentrer qn sous ~ ···에게 (땅에 들어가고 싶을 정도로) 창피를 주다.
REM terre 물질로서의 땅. terrain 무엇인가의 용도를 염두에 둔 땅. terroir 주로 농업에 관련되며 그곳에서 재배되는 특산물을 염두에 둔 것. sol 지면 또는 농업에서 토질·생산력에 역점을 둠; *sol fertile* 비옥한 땅.

terre-à-terre, terre à terre [tɛratɛːr] *a.*《불변》세속적인, 속된, 비속적. conversation ~ 세속적인 대화. ─ *n.m.*《복수불변》세속적인 [속된]생각 [행동].

terreau [tero] (*pl.* ~**x**) *n.m.* 《원예》부식토.
terreauder [tɛrode], **terreauter** [tɛrote] *v.t.*《원예》 (에)부식토를 주다.
terreautage [tɛrotaːʒ] *n.m.* 《농업》(비료용)부식토 주기.

Terre de Feu [tɛːrdəfφ] *n.pr.f.* 티에라 델 페고《남미남단의 군도》.
Terre-ferme (la) [latɛrfɛrm] *n.pr.f.* 《역사》① 콜롬비아의 북안 지방. ② 베네치아 공화국의 오지(奧地).
terrefort [tɛrfɔːr] *n.m.*《사투리》(프랑스 남서부의) 점토질 토양.
terrement [tɛrmɑ̃] *n.m.* 《토목》(흐르는 물을 이용한)성토(盛土)공사.
terre-neuvas [tɛrnœva] (*pl.* ~(**s**)-~), **terre-neu-vier** [tɛrnœvje] (*pl.* ~-~(**s**)) *a.m.* 뉴펀들랜드 (Terre-Neuve) 근방의 어장에 나가는; 원양어업에 나가는. navire ~ 뉴펀들랜드 어장으로 향하는 원양어선. ─ *n.m.* 이 어장으로 가는 원양어선; 이 어선의 선원(어부).

Terre-Neuve [tɛrnœːv] *n.pr.f.* 《지리》 뉴펀들랜드. ─**t**~**-n**~ *n.m.*《복수불변》 뉴펀들랜드 개;《익살》(그 개처럼) 헌신적인 사람.

terre-neuvien(ne) [tɛrnœvjɛ̃, -ɛn] *a.* 뉴펀들랜드의. ─**T**~**-N**~ *n.* 뉴펀들랜드 사람. ─ *n.m.* ① 뉴펀들랜드 개. ②《드물게》=terre-neuvas.

terre-noix [tɛrnwa] *n.f.* 《복수불변》《식물》미나리의 일종《낙화생을 닮은 이 뿌리는 식용》.

terre-plein [tɛrplɛ̃] (*pl.* ~~-~~**s**) *n.m.* ① 흙으로 쌓아올린)둑, 성토; (도로가에 대피·통행을 위해 설치된)평지;《축성》(성벽·포대의)평지. ~ central (고속도로의)중앙 분리대. ~ circulaire (로터리 중앙에 있는) 원형 광장.

terrer [tɛre] *v.t.* ① 《원예》 (화초의)뿌리에 새 흙 [비료]를 뿌리다, (노출된 뿌리)흙으로 덮어 묻다; 흙을 뿌리다. ~ un rosier 장미 나무의 뿌리에 흙을 뿌리다. ~ une pelouse 잔디를 흙으로덮다. ② 《직물》 (직물을)산성 백토(terre à foulon)로 처리하다. ③《도예》 도기에 가는 모래와 고무의 혼합물을 칠하다(engommer). ③《속어》단두대에 올리다(guillotiner), 죽이다(tuer).
─ **se** ─ *v.pr.* (동물이)자기의 굴에 숨다, 땅에 엎드리다;《비유적》(사람이 두려워서)숨다, 들어박히다. Il se terre chez lui. 그는 집에 들어박혀 남과 마주하려 하지 않는다.

terrestre [tɛrɛstr] *a.* ① 지상의, 현세의, 하계의 (↔ céleste); 세속의 (profane, ↔ religieux). joie ~ 현세의 (물질적) 즐거움. paradis ~ 지상의 낙원, 에덴의 동산. ② 지구의. globe ~ 지구(la Terre). croûte ~ 지각(地殻). magnétisme ~ 지자기(地磁気). ③ 육상의; 육상의. animaux ~ 육생 동물. forces ~s 육군(력). effectifs ~s 지상부대. transport ~ 육상 수송, 육로.

terrestrement [tɛrɛstrəmɑ̃] *ad.* 세속적으로.

terret [tɛrɛ] *n.m.* (남프랑스 지방의)적포도의 묘목.

terrette [tɛrɛt] *n.f.* 《식물》덩굴광대수염.

*****terreur** [tɛrœːr] *n.f.* ① (광적인)공포, 무시무시함 (effroi, épouvante); 격렬한 고뇌(vive angoisse). être dans la ~ 공포에 떨고 있다. terreurs (fausses) ~s 이유없는(대상이 없는) 공포. ② 공포정치, 압제. vivre en pleine ~ 무시무시한 압제하에 살다. gouverner par la ~ 공포 정치를 펴다. régime de ~ 폭력 정권. T~《프랑스사》(1793-1794년의)공포정치. T~ blanche (1795-1815년의 남부 프랑스를 중심으로 한 왕당파에 의한)백색 공포시대. ③ 공포를 주는 것(사람), 공포의 근원(원인);《속어》(목적보어 없이)난폭자, 난동자; 위험인물. Il est la ~ du village. 그는 온 마을의 무서워하는(공포의) 인물이다. C'est une ~. 그는 난폭자이다. jouer les ~s《속어》난폭하게 굴다. Jo la T~ 공배 Jo 따위의 뜻이다.

terreux(se) [tɛrφ, -φːz] *a.* ① 흙의. odeur ~se 흙 냄새. ② 흙이 섞인; 흙으로 더럽혀진. sable ~ 흙이 섞인 모래. main ~se 흙 묻은 손. ③ 흙빛의. couleur ~se 흐릿한 빛깔. visage ~ 핏기 없는 안색. ─ *n.m.* 촌놈, 농사꾼. cul-~ 농사꾼.

*****terrible** [tɛribl] *a.* ① 무서운, 무시무시한 (affreux, effrayant);《옛》(사람이)가혹한, 인정이 없는. visage ~ 무서운 얼굴. accident ~ 끔찍한 사건. [C'est/Il est ~ de+ *inf.*] *C'est* ─ *d'en arriver là.* 그 지경이 된 것은 끔찍한(딱한) 일이다. ② 엄청난, 심한. Il fait un vent ~. 엄청난 바람이 분다.

J'ai une envie ~ de lui téléphoner. 나는 그에게 전화하고 싶어 견딜 수가 없다. ③ (사람이) 성가신, 귀찮은, 싫은(désagréable); 다루기 힘든. C'est un ~ bavard. 저 녀석은 성가신 수다장이이다. enfant ~ 다루기 힘든 아이; (비유적) (어떤 집단에서의) 이단자, 반항자. ④ (구어) 굉장한, 멋있는, 특출한(sensationnel, formidable), jupe ~ 멋있는 스커트. Regarde cette jeune fille, elle est ~, non? 저 아가씨 좀 보게, 굉장한 미인이지, 응?
—n.m. 무시무시한 것 (사람), 가혹한 사람. Ivan le T~ 이반 뇌제(雷帝).
—ad. (속어) 무척, 엄청나게(très bien). Ça chauffe ~. (댄스 음악이) 무척 흥분시킨다. Ça pousse ~. (자동차의 가속 성능이) 엄청나게 좋다.

terriblement [tɛribləmɑ̃] ad. 엄청나게, 지독하게, 심하게, 맹렬하게 (énormément, excessivement); (옛) 몹시 위험하게 (dangereusement). manger ~ 억세게 (많이) 먹다. [~ de] Il y avait ~ de gens. 사람들이 끔찍하게도 많았다.

terricole [tɛ(r)rikɔl] a. 【동물】땅(진흙)속에 사는, 지중생의.—n.m. 【동물】지중생물.—n.m.pl. 【동물】지중생류.

terrien(ne) [tɛrjɛ̃, -ɛn] a. ①토지를 소유하는 (foncier). propriétaire ~ 지주(地主). ②전원의, 전원에서 사는, 땅으로 살아가는. ascendance ~ne 땅에서 (농사를 지으며) 살아간 조상. vertu ~ne 땅에서 사는 사람들의 덕. ③육지에 사는, 뭍의 (↔ marin, maritime).
—n. ①지주. ②전원에 사는(을 사랑하는) 사람. ③ (뱃사람에 대해) 육지사람. ④ (우주인에 대해) 지구인.

terrier[1] [tɛrje] n.m. ①(동물의) 땅굴, 땅속 둥지; (비유적) 마을에서 떨어진 주거지, 은둔처. vivre dans son ~ 은거하다. ②(여우·토끼를 잡는) 테리어 (개의 일종). —a.m. chien ~ 테리어.

terrier[2] n.m. 【고대법】영지 소유권. lettres de ~ (영주의) 토지권리증. —a.m. 【고대법】livre (papier) ~ 영지 소유증서. ② plan ~ 【토목】공사 계획도.

terrifiant(e) [tɛrifjɑ̃, -ɑ̃:t] a. 무서운, 두려운, 끔찍한 (effrayant); 굉장한, 어마어마한. roman ~ 괴기소설. C'est ~ comme il a vieilli. 그는 끔찍하도 늙었다.

terrifier [tɛrifje] v.t. (에게) 두려움을 주다, 공포심을 일으키다, (에게) 떨게 하다 (effrayer). Ses cris *terrifiaient* l'enfant. 그의 고함소리에 아이는 공포에 질렸다.

terrigène [tɛriʒɛn] a. 【지질】육성(陸成)의.

terri(l) [tɛri(l)] n.m. 【광산】(광산의) 흙을 버리는 장소, mise à ~ (컴베이어에 의한) 배토장치.

terrine [tɛrin] n.f. ① (도기·금속제의) 단지, 항아리 (의 내용물) (우유 따위). ②【요리】테린느 (조류·생선 등을 얇게 썰어 요리해서 부드럽게 넣어서 익힌 것); (테린느를 만드는 뚜껑 달린) 용기. —(구어) 얼굴, 머리. drôle de ~ 괴상하게 생긴 얼굴. souffrir de la ~ 두통이 나다.

terrinée [tɛrine] n.f. 한 단지 분(의 양).

terrir [tɛri:r] v.i. ①(바다거북이) 알을 낳으러 육지에 올라오다. ②(물고기가) 육지에 접근하다. ②(옛) 【해양】(배가) 육지에 닿다 (atterrir).

***territoire** [tɛritwa:r] n.m. ① 영토, 국토. ~ national 국토. violation du ~ 영토 침범. ~ maritime 영해. défense du ~ 국토방위(기관). Direction de la surveillance du ~ 국토보안국(《약자》 D.S.T.). être en ~ ennemi 적의 영토 안에 있다. ② 관할구역, 지역. ~ de l'arrondissement 구의 행정구역. ~ d'un évêque 사제의 관할구역. ③ (pl.) 자치령, 통치령. ~s d'outre-mer 해외 자치령. ~s sous tutelle 신탁통치령(領). ④ 【동물】활동구역; 【해부】(신체의) 부위.

territorial(ale, *pl. aux*) [tɛritɔrjal, -o] a. ① 영토 [영지·관구]의. armée ~ale 국민군. eaux ~ales 영해 (領海). ②(옛) 토지의. impôt ~ 지세(地稅). propriété ~ale 토지 재산. —n.f. 국민군. —n.m. 국민병, 재향군인.

territorialement [tɛritɔrjalmɑ̃] ad. (드물게) 영토에 관하여. s'agrandir ~ 영토를 확장하다.

territorialité [tɛritɔrjalite] n.f. 【법】속령성, 속지성 (↔ personnalité).

terroir [tɛrwa:r] n.m. ①경작적합지, 농산지, 토지; 산지(産地); (특히 포도주용) 포도 산지. ~ fertile 기름진 (비옥한) 토지. goût de ~ (포도주의) 산지 특유의 맛. sentir le ~ 산지 특유의 풍미가 있다. ~ 향토색이 있다. ②향토, 고향, 지방. accent du ~ 지방 사투리. mots de ~ 고향 사투리.

terroriser [tɛrɔrize] v.t. 공포를 주다, 두렵게 하다 (épouvanter), 떨게 만들다. élève *terrorisé* par son examinateur 시험관에게 겁을 먹은 학생. ~ une région 어떤 지역을 공포에 떨게 하다. ~ (역사) 공포 정치를 하다 (목적보어 없이도 사용).

terrorisme [tɛrɔrism] n.m. 공포 정치, 테러리즘, 폭력행위.

terroriste [tɛrɔrist] a. ① (반체제적) 폭력행위의, 테러리즘의. ② 【역사】공포 정치의 (la Terreur)의. —n.m. ① (반체제적) 폭력분자, 테러리스트. ② 【역사】공포 정치가.

terser [tɛrse] v.t. = **tercer, tiercer**.

tertiaire [tɛrsjɛ:r] a. ① 【지질】제 3기의. terrains ~s 제 3기층. faune ~ 제 3기의 동물 (相). ②secteur ~ 【경제】제 3차 산업 (서비스 분야 따위). ③ 【의학】제 3기의. accidents ~s de la syphilis 매독의 제 3기 증상. —n.m. 【지질】제 3기 (紀). ② 【경제】제 3차 산업 부분. —n. 제 3차 산업 종사자. ③ 【가톨릭】 (프란체스코·도미니코회에 속하는) 제 3회 회원.

tertiarisation [tɛrsjarizasjɔ̃], **tertiairisation** [tɛrsjɛrizasjɔ̃] n.f. 【경제】제 3차산업 (서비스업)으로 전환하기.

tertio [tɛrsjo] (라틴) ad. 세째로.

tertre [tɛrtr] n.m. ①언덕, 작은 산; (묘지의) 총(塚) (~ funéraire). ②~ de départ 【골프】티, 티그라운드.

tertullianisme [tɛrtyljanism] n.m. 테르툴리아누스(*Tertullien*, 기독교 신학자)의 교리 (엄격하고 열렬한 그리스도교 옹호론).

Tervagant [tɛrvagɑ̃] n.pr.m. (중세의 기독교인들이 회교의 신으로 여겼던) 황신(荒神).

térylène [terilɛn] n. 【상표명】테릴렌 (합성섬유의 일종).

terza rima [tɛrts(dz)arima] n.f. 【운율】3운구법(韻句法) (3행 연구(連句)(tercet)로 구성되어 aba/bcb/cdc와 같이 운이 이어짐).

terzetto [tɛrtsɛtto, -dzeto] (이탈리아) n.m. 【음악】3중주(창).

tes [te] ⇨ton.

téséfiste [tesefist] n. (옛·구어) 아마추어 무선가.

tesla [tɛsla] n.m. 테슬라 (자속(磁束)밀도의 MKSA 단위). (bobine de) T~ 【전기】테슬라 코일 (고주파 교류를 발생하는 유도 코일의 일종).

tesselle [tɛsɛl] n.f. (모자이크에 쓰는) 대리석의 쪼가리돌.

tesselé(e) [tɛselle] a. 【건축】모자이크 무늬의, 끼움돌 바닥의.

tesséral(ale, *pl. aux*) [teseral, -o] a. (결정(結晶)

학(에서)등축(等軸)의.
tessère [tesɛːr] *n.f.* 【고대로마】 (입장권 따위로 쓰이던)금속[상아]패. ~ de théâtre 관극권. ~ frumentaire 곡물 배급표.
Tessin (le) [latesɛ̃] *n.pr.m.* ① 테시노 강. ② 테시노 주(州) (스위스 남부).
tessinois(e) [tesinwa, -aːz] *a.* 테시노 주의. —T~ *n.* 테시노 사람.
tessiture [tesityːr] 【이탈리아】 *n.f.* 【음악】 성역(聲域); 음역(音域).
tesson [tesɔ̃] *n.m.* (오지그릇·유리그릇 따위의)깨진 조각, 파편, 사금파리; 【도예】 연토(練土).
test¹ [test] *n.m.* ① 【동물】 (조개류·유각류 따위의)외각, 껍데기; (거북의)등. ② 【식물】 껍데기, 깍지. ③ (발음 [tɛ]) 【화학】 =têt①.
test² 〖영〗 *n.m.* ① 【심리】 (지능·적성 따위의)테스트. ~ psychologique 심리 테스트. ~ pédagogique 학습 테스트. ~ d'aptitudes 적성검사. ~s verbaux 언어 테스트. ~ d'efficience 능률 테스트. soumettre qn à une série de ~s …에게 일련의 검사를 받게 하다. subir de nombreux ~s 많은 검사를 받다. Ce sera un ~ de sa bonne foi. 이것으로 그의 성실성이 판가름 날 것이다. ③~ biologique 【의학】생체조직검사; 【석유】 (테스터에 의한)석유시추. ④ (복합명사로) expérience-~ 테스트 실험; zone-~ 테스트 구역. ⑤ 〖영국식〗 Serment du T~ (선서법 (Test Act)에 의거한 관리의)취임선서.
testabilité [testabilite] *n.f.* 【심리】 검사 적합성.
testable [testabl] *a.* (드물게)테스트할 수 있는.
testacé(e) [testase] 【동물】 *a.* 개각(介殼) (갑각(甲殼)의. —*n.m.* 〖옛〗조개류.
testacelle [testasɛl] *n.f.* 【동물】 민달팽이. [定].
testage [testaʒ] *n.m.* 【축산】후대검정(後代檢
***testament¹** [testamɑ̃] *n.m.* ① 유언(서). ~ authentique((par acte) publique) 공증에 의한 유언. ~ mystique 비밀증서로 된 유서. ~ olographe 자필 유서. ~ privilégié (종군과 같은 비상시에 만들어지는)비상 유서(유언자가 무사할 경우 시효는 6개월). ~ inofficieux 부당 유서(특정 상속권자를 배제한). ~«ab irato» 분노 유서(추정 상속인을 배제함을 위함). ~ nuncupatif 【고대로마】 구두 유언. mettre [coucher] qn sur son ~ …을 유산 수취인으로 유언서에 써넣다. 『(작가의)유작. ~ politique (정치가가 후계자에게 남기는)정치 유서. Faites votre ~. (협박적으로)각오해 두시오. Il peut faire son ~. (구어)이제 살 날이 얼마 안 남았어.
testament² *n.m.* 【성서】 (신과 사람 사이의)언약, 성약(alliance). Ancien [Nouveau] T~ 구약[신약] 성서.
testamentaire [testamɑ̃tɛːr] *a.* 【법】 유언에 의한[에 관한], 유서의. disposition ~ 유증(遺贈)조항. exécuteur ~ 유언 집행자. héritier ~ 수유자(受遺者).
testateur(trice) [testatœːr, -tris] *n.* 유언자.
tester¹ [teste] *v.i.* 유언을 하다[쓰다]; 유증하다.
tester² *v.t.* ① (능력·성격 따위의)테스트하다, 검사하다, 시험하다. ~ un nouveau produit 신제품을 시험하다. ② 【축산】 후대검정(testage)하다.
tester³ [testœːr] 〖영〗 *n.m.* 【기술】 (석유 시굴용의)테스터.
testérin [testerɛ̃] *n.m.* 《사투리》요술사.
testeur [testœːr] *n.m.* ① 검사원. ② (자동차 따위의)검사기.
testiculaire [testikylɛːr] *a.* 【해부】 불알의, 고환(睾丸)의.
testicule [testikyl] *n.m.* 【해부】 고환(睾丸).
testiculé(e) [testikyle] *a.* 불알[고환]이 있는.
testif [testif] *a.* 〖상〗 낙타 털.
testimonial(ale, *pl.* ***aux)*** [testimɔnjal, -o] *a.* 【법】 목격자가 있는, 증인이 있는; 증거가 되는. preuve ~ale 인적 증거, 증언. lettres ~ales 증거가 되는 편지.
testimonialement [testimɔnjalmɑ̃] *ad.* 증언[증인]에 의하여, 증거를 첨부하여, 증거에 의해서. prouver ~ 증언하다.
test-objet [testɔbʒɛ] *n.m.* (현미경의)확대율 시험
testologie [testɔlɔʒi] *n.f.* 테스트학. [물.
teston [testɔ̃] *n.m.* ① 프랑스의 옛 은화; (헨리 8세 때의)영국 화폐. ② 〖옛〗 faux ~ 믿을 수 없는 남자, 사기꾼; ~ rogné 무식한 사나이.
testonner [testɔne] *v.t.* 〖옛〗① 머리를 땋다. ② 때리다, 두들겨 패다(battre, frapper).
testostérone [testɔsterɔn] *n.f.* 【생리】 테스토스테론 (남성 호르몬의 일종).
testudinaire [testydinɛːr] *n.f.* 【식물】 테스토디나리아 (마과(科)의 식물).
testudiné(e) [testydine] *a.* 거북의 등처럼 활꼴인.
testudinidés [testydinide] *n.m.pl.* 【동물】 남생이과(科).
têt [tɛ] *n.m.* ① 【화학】 내화(耐火)토기[접시] (~ à rôtir). ~ à gaz 시로(試料)를 올려놓은)벌집 모양의 선반[접시]. ② 사슴의 앞머리 뼈 (사냥의 기념으로 장식함); 사슴 뿔. ③ 〖옛〗토기[유리]의 파편(tesson), *(pl.)* 쓰레기. ④ 【동물】 (성게 따위의)각질. ⑤ 〖옛·문어〗두개골.
tétanie [tetani] *n.f.* 【의학】 테타니, 강축증(強縮症) (근육의 경련발작).
tétanique [tetanik] *a.* 【의학】 파상풍(破傷風)의; 【의학】 강직경련을 유발하는. —*n.* 【의학】 파상풍 환자.
tétanisation [tetanizasjɔ̃] *n.f.* 【의학】 강직경련 (強直痙攣); 테타니 증상을 유발하는가. [키다.
tétaniser [tetanize] *v.t.* 【의학】 강직경련을 일으**tétanisme** [tetanism] *n.m.* 【의학】 경련 상태, 파상풍증.
tétanos [tetanoːs] *n.m.* 【의학】 파상풍, 강직경련.
têtard [tɛtaːr] *n.m.* ① 【동물】 올챙이. ② 【어류】독수개 무리 (작은 민물고기). ③ 우산 모양으로 전지한 나무. ④《속어》어린애.
tétartoèdre [tetartɔɛdr] *a.* 【광업】 (결정이)사반면상(四半面상)의. —*n.* 사반면상(체). [상의.
tétartoédrie [tetartɔedri] *n.f.* 【광업】 사반면상 (결정 (結晶)).
tétartoédrique [tetartɔedrik] *a.* 【광업】 사반면
tétasses [tetas] *n.f.pl.* (비어)크고 늘어진 젖통.
‡**tête** [tɛt] *n.f.* ① (사람의)머리, 두부(頭部), (동물의)머리. J'ai mal à la ~. 나는 머리가 아프다. se blesser à la ~ 머리에 상처를 입다. ~ chauve 대머리. des pieds à la ~ ; de la ~ aux pieds 발끝에서 머리 끝까지. faire signe de la ~ 머리를 끄덕이다. ~ de poisson 생선 대가리. ~ de mort 해골 (의 그림). à ~ nue 모자를 쓰지 않고.
② 얼굴, 표정. avoir une ~ sympathique 친근감이 있어 보이다. bonne ~ 좋은 녀석, 신뢰할 만한 사람; 〖옛〗머리 큰 사람. faire une drôle de ~ 묘한(괴상한) 표정을 짓다. ~ d'enterrement 음울한 얼굴. [avoir une ~ à+*inf.*] Il n'a pas *une ~ à* trahir ses amis. 그는 친구를 배신할 것 같이 보이지는 않는다.
③ 생명, 목숨; 목. sauver sa ~ 목숨을 구하다. risquer sa ~ 생명[목숨]을 위태롭게 하다. jouer

tête

sa ~ 목숨을 걸다. mettre à prix la ~ de qn …의 목에 현상금을 걸다. jurer sur la ~ de qn …의 목을 걸고 맹세하다.
④ 두뇌, 지능(intelligence), 뇌 활동(pensée, imagination) 판단(력), 양식(raison, réflexion); 기억력(mémoire). avoir la ~ à ~ 머리가 좋다. avoir la ~ vide; n'avoir rien dans la ~ 머리가 비어 있다. ~ sans cervelle; ~ d'oiseau(de linotte); ~ folle 분별력이 없는[경박한] 사람. grosse ~ 머리가 좋은[자신 만만한] 사람. avoir la ~ dure 머리가 둔하다. ~ d'œuf(비꼼) 지식인, 인텔리. J'ai une idée dans la ~ [en ~]. 나는 생각이 있다. idée de derrière la ~ 은밀한 생각[의도]. Une idée m'est passée par la ~. 내게 어떤 생각이 떠올랐다. [de ~] calculer de ~ 암산하다.
⑤ 성격, 기질(caractère), (일시적인) 마음의 상태. avoir la ~ froide 냉정한 기질이다. forte ~ 예리한 사람, 자기 뜻을 관철하는 사람. mauvaise ~ 호전적인 사람; 심술궂은 사람. ~ de cochon[de mule, de lard, de bois, de pioche] 고집센[완고한] 사람. se monter la ~ 흥분하다, 신경질이 나다.
⑥ 나 자신, 나, 내 몸(soi); 두(頭), 마리(pièce). attirer la haine sur sa ~ 자신에게 미움을 사다. prendre qc sur sa ~ …에 대한 책임을 지다. ~ couronnée《문어》국왕. mettre ses biens sur la ~ de sa femme 자기의 재산을 아내의 명의로 하다. [par ~] payer cent francs par ~ 1인당 100프랑을 지불하다. trente ~s de bétail 가축 30마리.
⑦ 가장(분장한) 얼굴[사람]; 머리의 초상[조상]. se faire la ~ d'un rôle 어떤 역을 위해 분장[메이크 업]하다. bal de ~s 가면 무도회. ~ gothique 고딕식의 두부 조각. ~ d'une médaille 인물을 조각한 메달면(面).
⑧ 머리 하나의 차이[높이]. Il a une ~ de plus que moi. 그는 나보다 머리 하나 만큼 더 크다. gagner d'une(courte) ~ 《경마》간발의 차로 이기다.
⑨ 선두, 첫머리, 시작; 첫째, 제1위; 지도자, 수령(chef). prendre la ~ du cortège 열의 선두에 서다. ~ du taxi 택시 정류장(맨 앞차가 서는 위치). ~ du train 열차의 선두(정차 위치를 나타내는 표시). ~ de ligne〖철도·노선 버스의〗시발점. ~ de pont 《군사》 교두보. voiture de ~ 선두 열차. article de ~ 〖신문의〗사설; 머리 기사. ~ d'affiche (연극 따위의) 포스터의 첫 이름, 주역. être à la ~ de sa classe 반에서 일등이다. ~ du gouvernement[d'opposition] 내각의 수반[야당 당수]. ~ d'une entreprise 기업의 사장. prendre la ~ d'un mouvement 어떤 운동의 지도자가 되다.
⑩ (물건의)두부, 선단(先端), 상부. ~ de lecture (전축의)카트리지(바늘을 꽂는 부분). ~ (녹음·녹화기의)재생 헤드. ~ d'enregistrement[d'effacement]녹음[지우기] 헤드. ~ atomique(nucléaire) d'un missile 미사일의 핵탄두. ~ chercheuse 자동 유도탄두; 컴퓨터의 정보검색기의)선별 헤드. (정보를 수집해서 제공하는)전자 두뇌, 정보원. ~ d'ail 마늘의 알맹이[구근]. ~ du fémur 대퇴골 정상부위.
⑪ 《축구》헤딩. faire une ~ 헤딩하다.
⑫ 《언어》(구심적 구조체의)중요부[어·구].
⑬ (사슴 따위의)뿔.

avoir des affaires[des soucis, etc.] par-dessus la ~ 《구어》일[근심] 따위가 지겹도록 쌓이다.
avoir la ~ à ce qu'on fait 자기가 하는 일에 주의를 집중하고 있다.
avoir la ~ ailleurs 다른 생각을 하고 있다.
avoir la ~ chaude 걸핏하면 화를 낸다, 성미가 급하다.
avoir la ~ sur les épaules (위험한 상황에서) 목숨을 건지다[살아 남다]; 《비유적》분별력이 있다, 머리가 예리하다.
avoir ses ~s 《구어》별다른 이유 없이 (남에게) 호의[악의]를 품다.
avoir (toute) sa ~ 망령들지 않았다; 정신이 맑다 [명석하다].
coup de ~ 무계획한 행위, 생각없는 행위.
courber la ~ 항복하다.
donner de la ~ contre les murs 무모한 짓을 하다.
donner[mettre] sa ~ à couper que + ind. …임을 맹세하다.
en avoir par-dessus la ~ 지겹다, 진저리가 나다.
en avoir une ~ 《구어》몹시 피곤해 보이다. Il en a une ~! (지저서) 얼굴이 말이 아니군.
en faire une ~ 침울한 얼굴을 하다.
en ~ 머리에 쓰고; 선두에 서서.
(en) ~ à ~ 마주 앉아서, 단 둘이서.
en ~ de qc …의 선두에 서서, …을 이끌고, …을 지도하여; …을 관리하여.
être tombé sur la ~ 《구어》머리가 약간 돌았다 (avoir la ~ fêlée).
faire la ~ 싫은 표정을 짓다, 심통부리다.
faire ~ au vent(au courant) 〖해양〗맞바람을 받다; 흐름에 거스르다.
faire une grosse ~ à qn 《구어》…을 때리다, 갈기다.
faire une ~ de six pieds de long 《구어》말 없이 침울해하다.
la ~ la première (떨어질 때) 거꾸로; 무모하게. se jeter dans l'eau *la ~ la première* 물속에 거꾸로 뛰어들다.
marcher sur la ~ 분별 없는 짓을 하다.
Mauvaise ~ et bon cœur. 《속담》머리가 나쁠수록 사람은 좋다.
mettre à qn dans la ~ que + ind. …에게 …라고 믿게 하다.
monter[porter] à la ~ (술 따위가)취하게 하다.
monter à ~ à qn (contre qn) …을 (…에 대해) 분개하게 하다.
n'avoir plus sa ~ (à soi) 정신이 흐려지다, 망령을 부리다.
n'en faire qu'à sa ~ 마음내키는 대로 하다.
ne plus savoir où donner de la ~ 《구어》어찌할 바를 모르다.
payer de sa ~; y laisser sa ~ 자기 목숨을 치르다, 죽다.
perdre la ~ 분별을 잃다(s'affoler), 발끈하다.
sans queue ni ~ 시작도 끝도 없이, 지리멸렬로.
se creuser(se casser) la ~ 《구어》깊이[골똘히] 생각하다, 머리를 짜다.
se mettre en[dans la] ~ de + inf.(que + ind.) …하고자 결심하다[생각하다]. Il s'est mis en ~ de renoncer à ce voyage. 그는 여행을 포기하기로 결심했다.
se payer la ~ de qn 《구어》…을 우롱하다.
tenir(faire) ~ à qn(qc) …에게 정면으로 대항하다, …와 정정당당하게 겨루다.
~ à gifle(à claques) 《구어》(뺨을 때리고 싶을 만큼) 보기 싫은 얼굴.
~ à perruque 가발대(臺); 《구어》(비유적) 명령된 노인, 완고한 노인.
~ à(sur) queue 빙글 돌아서; 공중제비로. virer ~ à(sur) queue 180도 회전하다, U턴하다. faire [revenir] ~ sur queue 도착하자마자 되돌아가다; 공중제비하다.
~ brûlée 모험심이 강한 사람.
~ de Turc 힘 겨루기 기계; (비유적) 조롱의 대상.

servir de ~ *de Turc* 여지없이 우롱당하다.
T~s rondes 〖영국사〗 (1642년 청교도 혁명 때의)의회 당원.
tourner la ~ à *qn* (사랑 따위가)머리를 멍하게 만들다, 판단을 흐리게 하다.
tête-à-queue, tête à queue [tɛtakø] *n.m.* (복수불변) (차 따위의)회전(回轉); (말의)급한 방향전환. faire un ~ (자동차가)U턴하다.
tête à tête, tête-à-tête [tɛtatɛt] *loc.ad.* 단둘이서만(seul à seul); 마주 보고(앉아)(vis-à-vis). rester ~ avec *qn* …와 단둘이 마주 앉아 있다. On les a laissés ~. 사람들은 그들 단둘만 남겨두었다. 《형용사적》dîner ~ 마주 앉아 저녁을 먹다.
—*n.m.* (복수불변) ① (단둘이서만 하는)대담, 면담(entrevue). J'ai eu un ~ avec le directeur. 나는 사장과 면담했다. ② (둘이서 마주 앉을 수 있는)2인용 소파. ③ 2인용의 커피(차)세트. *en* ~ 단 둘이서. Je les ai trouvés *en* ~. 나는 그들 둘만이 있는 것을 보았다.
REM *n.m.*으로 쓸 때의 *en tête à tête*를 제외하고는 *tête-à-tête*의 형태가 보통.
têteau [teto] (*pl.* ~*x*) *n.m.* 큰 가지의 끝.
tête-bêche [tɛtbɛʃ] *loc.ad.* (두 사람이)머리와 다리를 나란히 하여, (두 물건이)거꾸로 되어. coucher les enfants ~ 아이들을 머리와 다리가 엇갈리게 이다.
tête(-)bleu [tɛtblø], **tête-Christ** [tɛtkrist], **tête-Dieu** [tɛtdjø] *int.* 〖옛〗제기랄!
tête-chèvre [tɛtʃɛːvr] *n.f.* 〖사투리〗쏙독새.
tête-de-clou [tɛtdəklu] (*pl.* ~**s**-~-~) *n.m.* 〖건축〗(성당의 현관 따위에 장식하는)사각추(錐).
tête-de-loup [tɛtdəlu] (*pl.* ~**s**-~-~) *n.f.* (천정 소제용의)긴 자루 달린 먼지털이(브러시).
tête de Maure, tête-de-Maure [tɛtdəmɔːr] *n.f.* (네덜란드산)공 모양의 치즈(tête de mort).
tête de moineau, tête-de-moineau [tɛtdəmwano] (*pl.* ~**s**-~-~) *n.m.* 조개탄(炭)의 일종.
tête de mort, tête-de-mort [tɛtdəmɔːr] *n.f.* ① =tête de Maure. ② 〖곤충〗박각시과(科) 나방. ③ 〖식물〗금어초의 속명.
tête-de-nègre [tɛtdənegr] *a.* 〖불변〗짙은 갈색의, 고동색의. —*n.m.* (복수불변) 짙은 갈색.
tétée [tete], **tetée** [tate] *n.f.* (젖먹이가)젖을 빨기; 포유(哺乳)의 1회분. donner six ~*s par jour 하루에 여섯번 젖을 먹이다.
téter [tete] 〖6〗, 〖옛〗**teter** [tate] 〖5〗 *v.t., v.i.* ① 젖을 빨다. ~ le lait 우유를 빨다. son pouce 엄지 손가락을 빨다. ②〖속어〗술을 진탕 마시다.
tétère [tɛtɛːr] *n.f.* 〖속어〗괴상한 얼굴.
téterelle [tɛ(e)trɛl] *n.f.* 착유기(器); 〖의학〗젖짜는 기구.
T.-et-G. 《약자》Tarn-et-Garonne [tarnegarɔn] 타르네가론 《프랑스의 도(道)》.
Téthys [tetis] *n.pr.f.* 〖그리스신화〗바다의 여신.
têtier [tɛ(e)tje] *n.m.* ① 편의 대가리를 만드는 직공. ② (보트의)앞 노를 젓는 사람.
têtière [tɛtjɛːr] *n.f.* ① (어린이의)모자; (중의)두건. ② (말의)굴레. ③ (침대의)머리쪽; (머리를 기대는)의자의 쿠션; 〖해양〗네모돛의 상부.
tétigué [tetige], **tétiguenne** [tetigen] *int.* 〖옛〗제기랄! (tête-Dieu 의 변형).
tétin [tɛtɛ̃], **tetin** [tatɛ̃] *n.m.* (남녀의)젖꼭지; 〖옛〗(여자의)젖통, 유방.
tétine [tetin], **tetine** [tatin] *n.f.* ① (동물 특히 소·돼지의)젖통; 〖속어〗늘어진 젖통. ② (고무로 된)젖꼭지.
téton [tetɔ̃] *n.m.* ①〖구어〗(여자의)유방. ②〖기계〗(다른 부품과의 연결을 위해)튀어나온 부분, 일종의 볼트.
tétonnière [tetɔnjɛːr], **tetonnière** [tatɔnjɛːr] *n.f.* 〖옛〗〖비속〗브래지어; 〖구어〗젖이 큰 여자.
—*a.f.* 젖통이 큰.
tétra- *préf.* 「4」의 뜻.
tétrabasique [tetrabazik] *a.* 〖화학〗4염기성의.
tétrabranche [tetrabrãːʃ], **tétrabranchial** (*ale, pl. aux*) [tetrabrãʃjal, -o] 〖동물〗 사새(四鰓)의, 아가미가 넷인. —*n.m.pl.* 사새류.
tétrachlorure [tetraklɔryːr] *n.m.* 〖화학〗4염화물. ~ de carbone 4염화탄소.
tétracorde [tetrakɔrd] *n.m.* 〖옛〗〖음악〗4현금(四絃琴); 〖고대그리스〗4음 음계.
tétracycline [tetrasiklin] *n.f.* 〖의학〗테트라시클린《항생물질의 일종》.
tétradactyle [tetradaktil] *a.* 〖동물〗발가락이 넷 달린, 사지(四指)의.
tétrade [tetrad] *n.f.* 〖생물〗사분자(四分子), 사분염색체.
tétradrachme [tetradrakm] *n.m.* 〖고대그리스〗4드라콤 은화.
tétradyname [tetradinam], **tétradynamique** [tetradinamik] *a.* 〖식물〗 사강(四强)수술의.
tétraèdre [tetraɛdr] *n.m., a.* 〖기하〗4면체(의).
tétraédrique [tetraedrik] *a.* 4면체에 관한.
tétraédrite [tetraedrit] *n.f.* 〖광업〗4면동광, 유(黝)동광.
tétraéthyle [tetraetil] *a.* plomb ~ 〖화학〗테트라에틸 납.
tétragone[1] [tetragɔn] *n.m., a.* 〖기하〗4각형(의).
tétragone[2], **tétragonie** [tetragɔni] *n.f.* 〖식물〗번행초.
tétragramme [tetragram] *a.* 네 글자로 된.
—*n.m.* 네 글자로 된 낱말; 〖종교사〗헤브라이어의 신(Jéhovah)이름 (4자).
tétragyne [tetraʒin] *a.* 〖식물〗암술이 넷인.
tétrahydronaphtaline [tetraidrɔnaftalin], **tétraline** [tetralin] *n.f.* 〖화학〗테트라히드로나프탈린.
tétralogie [tetralɔʒi] *n.f.* 〖고대그리스〗4부극(四部劇); 〖음악〗(가극의)4부작(四部作).
tétramère [tetramɛːr] *a.* 〖곤충〗네 마디로 된.
tétramètre [tetramɛtr] *n.m.* 〖그리스〗4운율(四韻律). —*n.m.* 4운율 시구(詩句).
tétrandre [tetrãːdr] *a.* 〖식물〗수술이 넷인.
tétrode [tetrɔd] *a., n.f.* =**trode**.
tétraonidés [tetraɔnide] *n.m.pl.* 〖조류〗뇌조과.
tétrapétale [tetrapetal] *a.* 〖식물〗꽃잎이 넷인.
tétraphonie [tetrafɔni] *n.f.* 4채널 음향재생, 4채널 스테레오.
tétraphonique [tetrafɔnik] *a.* 4채널 음향재생의.
tétraplégie [tetrapleʒi] *f.* 〖의학〗전신마비.
tétraploïde [tetraplɔid] *a.* 〖생물〗(염색체가)4배체의. cellule ~ 4배체(四倍體).
tétrapode [tetrapɔd] *a.* 〖동물〗네 발의. 《시》(그리스·라틴시가)4운율의. —*n.m.* 〖토목〗(임해 공사용의)테트라포드 (4 발 모양의 콘크리트). 〖동물〗4족류(四足類).
tétrapole [tetrapɔl] *n.f.* 〖고대그리스〗 ① 4대 도시를 포함하는 지역. ② 4도시 연맹.
tétraptère [tetraptɛːr] *a.* 〖곤충〗날개를 넷가진, 사시(四翅)의.
tétrarchat [tetrarka] *n.m.* 〖고대사〗사분령(四分領) 태수의 지위(임기).
tétrarchie [tetrarʃi] *n.f.* 〖고대그리스〗 ① 사분령(四分領) 사분령 태수직. ② (로마 시대의)사분통치

(四分統治). ③ 【고대그리스】 사분대(四分隊).
tétrarque [tetrark] n.m. 【고대사】 사분령 태수; 【고대로마】 (속령의)소왕(小王).
tétras [tetra] n.m. 【조류】 뇌조(雷鳥).
tétrasépale [tetrasepal] a. 【식물】 꽃받침조각이 넷 있는.
tétraspore [tetraspɔːr] n.m. 【식물】 사분포자(四分胞子).
tétrastyle [tetrastil] 【건축】 a. (정면에)네 기둥이 있는. —n.m. 사주식(四柱式)성당(temple~).
tétrasyllabe [tetrasi(l)lab], **tétrasyllabique** [tetrasi(l)labik] a. 4 음절로 된. —n.m. 4 음절 시구; 4 음절의 말.
tétratomicité [tetratɔmisite] n.f. 【화학】 4 원자가(價).
tétratomique [tetratɔmik] a. 【화학】 4 원자의.
tétravalence [tetravalɑ̃ːs] n.f. 【화학】 4 가(價).
tétravalent(e) [tetravalɑ̃, -ɑ̃ːt] a. 4 가(價)의(quadrivalent).
tétrode [tetrɔd] a, n.f. 【전기】 4극 진공관(tube ~).
tétrodon [tetrɔdɔ̃] n.m. ①【어류】 복어. ② 【건축】 증축 가능한 모듈식 건축물.
tétroxyde [tetrɔksid] n.m. 【화학】 4 산화물.
tette [tet] n.f. 【동물】 (포유동물의)젖꼭지; 《구어》 (여자의)젖꼭지.
tette-chèvre [tɛtʃɛːvr] n.m. 【조류】 쏙독새.
*****têtu(e)** [tɛ(e)ty] a. 완고한, 고집불통의(entêté). Il est trop ~ pour changer d'avis. 그는 너무 고집불통이어서 생각을 바꾸지 않는다. ~ comme une mule 몹시 완고한. —n. 고집장이. —n.m. (석공의)망치, 해머.
tétuer [tetɥe] v.t. (돌 따위를)망치로 대강 다듬다.
teucriette [tøkri(j)et] n.f. 【식물】 선지금.
teuf-teuf [tœftœf] n.m. 《복수불변》 (자동차 따위의)엔진 소리; 《구어》 구식 자동차.
teugue [tø:g] n.f. 《옛》 【해양】 이물[고물]의 마루(望樓).
-teur, -trice suff. 「행위(자)」를 나타내는 명사(형용사)어미 (예: acteur 배우, protecteur 보호자).
teutomane [tøtɔman] a. 독일을 좋아하는. —n. (위)의 사람.
teutomanie [tøtɔmani] n.f. 독일을 좋아함.
teuton(ne) [tøtɔ̃, -ɔn] a. 튜튼 민족의. —T~ n. 튜튼 사람; 《경멸》 독일 사람. —n.m. 튜튼어(語)(북부 게르마니아에서 중세기에 쓰였음).
teutonique [tøtɔnik] a. 튜튼 민족의. ordre ~ chevaliers ~s 【역사】 튜튼 기사단(騎士團) (1128년 경에 예루살렘에 창립된 기독교의 군단).
teutonisme [tøtɔnism] n.m. 【언어】 =germanisme.
tex [teks] n.m. 텍스(실 섬도(纖度)의 단위로 1,000 미터그램을 나타냄).
texan(e) [teksɑ̃, -an], **texien(ne)** [teksjɛ̃, -en] a. 텍사스(미국 남부의 주 le Texas) (사람)의. —T~ n. 텍사스 사람.
*****texte** [tɛkst] n.m. ① (주석·번역에 대하여)원문(原文), 본문(original); (법률 따위의)본문. restituer un ~ 본문을 복원하다. lire Dante dans le ~ 단테의 작품을 원문으로 읽다. ~ d'une loi 법률의 본문. ② 원고, 문장. ~ manuscrit 손으로 쓴 원고. soumettre un ~ à un éditeur 원고를 출판사에 넘기다. ③ 가사(歌詞), 대사. ~ d'un opéra 오페라의 가사. apprendre son ~ (연극에서)대사를 외다. ④《문학》 ~s latins 라틴어 문헌. ~ inédit de Flaubert 플로베르의 미발표 작품. explication de ~ 텍스트[작품] 해석. ⑤ (문학 작품의)발췌, 일부; 성서의 원구(原句), 성구(聖句).
choix de ~s; ~s choisis (한 작가의 작품의)발췌집(morceaux choisis). citer un ~ de Jaurès 조레스 작품에서 인용하다. ⑥ (작문 따위의)주제, 제목(sujet), cahier de ~s 숙제장. Revenons à notre ~. 본 문제로 돌아가자. ⑦ 【인쇄】 (여백(marge)에 대해)본문, 인쇄 부분. gros ~ 《옛》 큰 활자(字體)(14-16 포인트 활자). petit ~ 브레비어체 (7.5 포인트 활자). illustration dans le ~ 본문의 삽화.
*****textile** [tɛkstil] a. ①직물의. industrie ~ 섬유공업. machine(usine) ~ 직물기계(공장). ②직물의 원료가 되는. fibre ~ 섬유. plantes ~s 섬유성 식물. —n.m. ①직물 원료. ~s chimiques artificiels 인조화학섬유(레이온 따위). ~s synthétiques 합성섬유(나일론 따위). ②직물 공업. travailler dans le ~ 직물 계통에서 일하다.
textilité [tɛkstilite] n.f. 《드물게》 직물이 되는 성질.
textuaire [tɛkstɥɛːr] a. 본문의, 원문의. —n.m. (성서·법률의)본문, 원문.
textuel(le) [tɛkstɥel] a. 본문[원문] 그대로의. traduction ~le 원문에 충실한 번역, 직역. Voilà ce qu'il a dit, c'est ~. 《구어》 그는 바로 이렇게 말했소, 그 말 그대로요.
textuellement [tɛkstɥelmɑ̃] ad. 원문대로, rapporter ~ les paroles de qn ···의 말을 한자도 어김 없이 전하다.
texturant [tɛkstyrɑ̃] n.m. (식품에 첨가하는)결착제, 호료(糊料).
texture [tɛkstyːr] n.f. ① (물체·피부의)조직(contexture); (작품 따위의)짜임새, 구조(structure). ② (예) 피륙의 짜임새; 직조법(tissage).
texturisation [tɛkstyrizasjɔ̃], **texturation** [tɛkstyrasjɔ̃] n.f. (합성섬유의 실을 용도에 따라 신축성을 주기 위한)가공.
texturiser [tɛkstyrize], **texturer** [tɛkstyre] v.t. ① (합성섬유의 실을 용도에 따라 신축성을 주기 위해)가공하다. ② (식품에)결착제를 첨가하다.
tézigue [tezig] pron.pers. 《속어》 너(toi).
t.f. 《약자》 travaux forcés 징역.
tg. 《약자》 tangente 【기하】 접선(接線).
T.G.V. 《약자》 train à grande vitesse 초고속 열차 (1981년 9월부터 운행, 시속 260km 까지 달림).
Th 《약자》 thorium 【화학】 토륨.
th. 《약자》 théorème 【수학】 정리(定理); thermie 【물리】 열량단위.
thaï(e) [tai] a. (때로 불변) 타이의(Thaïlande)의. —n.m. 타이어.
thaïlandais(e) [tailɑ̃dɛ, -ɛːz] a. 타이의. —T~ n. 타이 사람.
Thaïlande (la) [latailɑ̃ːd] n.pr.f. 【지리】 타이.
thalame [talam] n.m. 【식물】 화탁(花托), 꽃턱.
-thalame suff.「침대·마루·층」의 뜻.
thalamique [talamik] a. 【해부】 시상(視床)의, 시신경상의.
thalamus [talamys] n.m. 【해부】 시상(視床), 시신경상(視神經床).
thalassidrome [talasidrɔm] n.m. 【조류】 바다제비.
thalassique [talasik] a. 바다의. 비 무리.
thalasso- préf.「바다」의 뜻.
thalassocratie [talasɔkrasi] n.f. 제해권(制海權), 해양제패.
thalassographie [talasɔgrafi] n.f. 해양학(océanographie).
thalassométrie [talasɔmetri] n.f. 측해법(測海法), 해심(海深)측정.
thalassophobie [talasɔfɔbi] n.f. 해양 공포증.
thalassothérapeute [talasɔterapøːt] n. 【의학】

해수[해양기후]요법 시료자(施療者).
thalassothérapie [talasɔterapi] *n.f.* 〖의학〗 해수(海水)요법, 해양기후 요법.
thalassotoque [talasɔtɔk] *a., n.m.* 〖어류〗 (산란기에)강에서 바다로 가는(물고기).
thaler [talɛːr] *n.m.* 탈레르 (독일의 옛 은화).
thalétique [taletik] *a.* 탈레스 (*Thalès*, 그리스의 철학자)의, 탈레스파의.
thalidomide [talidɔmid] *n.f.* 〖의학〗 탈리도미드 (진정제의 일종; 임산부가 먹으면 기형아를 낳음).
Thalie [tali] *n.pr.f.* 〖그리스신화〗 미(美)의 3 여신 (*Grâces*)의 하나; 〖로마신화〗 목가(牧歌)·희극의 여신. **—t~** *n.f.* 〖식물〗 생강과의 관상식물.
thalle [tal] *n.m.* 〖식물〗 엽상체(葉狀體) 〖의〗.
thallieux(se) [tal(l)jø, -ɸːz] *a.* 〖화학〗 제 1 탈륨의.
thallique [ta(l)lik] *a.* 〖화학〗 제 2 탈륨의.
thallium [ta(l)ljɔm] *n.m.* 〖화학〗 탈륨(금속원소의 하나).
thallome [talɔm] *n.m.* 〖식물〗 (피자식물(被子植物)의 싹 끝의)미분화 조직(未分化組織).
thallophytes [ta(l)lɔfit] *n.f.pl.* 〖식물〗 엽상(葉狀)식물.
thalweg [talvɛg] 〖독일〗 *n.m.* 〖지질〗 계선(谿線).
thanato- *préf.* 「죽음」의.
thanatologie [tanatɔlɔʒi] *n.f.* 〖의학〗 죽음의 연구, 사인학(死因學).
thanatos [tanatɔs] *n.m.* 〖심리〗 타나토스 (죽음의 본능) (↔ *eros* 성(性)의 본능).
thane [tan] 〖영〗 *n.m.* 〖영국사〗 왕의 시종 무관; (스코틀랜드의)영주.
thapsia [tapsja] *n.m.* 〖식물〗 탑시아 (미나리과(科)의 일종); 〖약〗 탑시아 고약.
thargélies [tarʒeli] *n.f.pl.* 〖고대그리스〗 *Apollon*과 *Artémis*의 제사.
thaulache [tolaʃ] *n.f.* 〖고고학〗 (중세기의)도끼 달린 창(槍).
thaumaturge [tomatyrʒ] *n.m.* 〖문어〗 기적을 행하는 사람; 마술사(*magicien*). **—a.** 기적을 행하는, 마술적인.
thaumaturgie [tomatyrʒi] *n.f.* 마술; 기적을 행하는 힘, 신통력.
thaumaturgique [tomatyrʒik] *a.* 마술의; 기적의.
*****thé** [te] *n.m.* ① 차(茶). faire du ~ 차를 준비하다. prendre du ~ 차를 마시다. ~ au lait[au jasmin] 우유[자스민]를 탄 木. ~ fort[léger] 진한[묽은] 차. ② 차나무(*théier*); 차나무의 잎. culture du ~ 차의 재배. ~ vert[noir] 녹(綠)차. (차 중심의 오후)간식. ~ de cinq heures 5시의 간식. prendre le ~ 간식을 먹다. ④ (오후의) 다과회; 티파티. donner un ~ (오후 간식 시간에)티파티를 열다. être invité à un ~ 오후의 티파티에 초대받다. ~ dansant 춤을 곁들인 티파티. ⑤ 〖식물〗 ⓐ ~ du Brésil 마떼차(*maté*). ⓑ rose ~; rose-~ 차빛깔의 장미; 갈색을 띤 분홍빛.
théatin(e) [teatɛ̃, -in] *n.m.* 테아토 수도회 (*Theato*의 주교가 1524 년에 로마에 창립)의 수도자. **—*n.f.*** 테아토 수녀회의 수녀.
théâtral(ale, *pl.* **aux)** [teatral, -o] *a.* ① 연극의. œuvre **—*ale*** 연극 작품. saison **—*ale*** 연극 시즌. ② (비유적)과장된, 연극적인.
théâtralement [tea(a)tralmɑ̃] *ad.* 연극적으로 과장해서; 연극의 규정에 따라. gesticuler ~ 과장된 제스처를 쓰다.
théâtralisation [teatra(a)alizasjɔ̃] *n.f.* 희곡(연극)화.
théâtraliser [teatralize] *v.t.* 연극화하다; 각색하다. **—*v.i.*** 연극화하다, 연극의 성격을 띠다.

théâtralisme [tea(a)tralism] *n.m.* 〖정신분석〗 극적으로 감정을 표현하려는 심리적 경향; 〖문어〗 과장된(연극적인) 태도.
théâtralité [teatralite] *n.f.* (작품의)연극[희곡]적 성격, 연극성.
*****théâtre** [teɑːtr] *n.m.* ① 연극; 극장, 희곡, 희곡집. ~ du Boulevard 불르바르풍의 희곡 (멜로드라마 풍의 경쾌한 희곡). pièce de ~ 희곡, 각본. ~ radiophonique 라디오 드라마. ~ de marionnettes 인형극. homme de ~ 연극인. ② 연극적인 과장, 부자연함. gestes de ~ 연극적인 (과장된) 몸짓. C'est du ~. 그것은 연극이다(연극적이다). ③ 극장; 무대; 극단. aller au ~ 극장에 가다. ~ de verdure 야외 극장. le T~-Français 프랑스 극장 (1680 년에 창립된 고전극 전문 극장). ~s subventionnés 국가보조를 받는 극단들. ④〖문어〗(사건의)현장, 무대. ~ d'un crime 범죄의 현장. ~ des opérations 〖군사〗작전구역.
coup de ~ (연극에서)사건의 급전; 돌발사태.
faire du ~ 배우가 되다, 무대에 나서다; 꾸며 말[행동]하다. Il *fait* encore *de[son]* ~. 그자는 또 연극을 하는군.
héros[roi] de ~ 허울뿐인 영웅[왕].
mettre au ~ (각본을)상연하다; (주제를)극화하다.

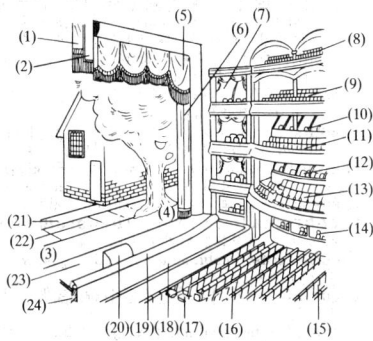

théâtre

(1) rideau d'avant scène (2) rideau de fer (3) côté jardin (4) côté cour (5) manteau d'Arlequin (6) rideau de scène (7) avant-scène (8) 4ᵉ galerie (9) 3ᵉ galerie (10) 2ᵉ loge (11) 2ᵉ galerie (12) 1ʳᵉ loge (13) 1ᵉʳ balcon (14) baignoire (15) parterre (16) fauteuils d'orchestre (17) strapontin (18) orchestre (19) rampe (20) trou du souffleur (21) scène ou plateau (22) rue et trappe (23) avant-scène ou proscenium (24) dessous

théâtreuse [teatrɸːz] *n.f.* 〖옛〗 엉터리 젊은 여배우.
théâtricule [tea(a)trikyl] *n.m.* 《드물게》 소극장.
théâtrothérapie [teatrɔterapi] *n.f.* 〖심리〗 연극요법.
Thébaïde (la) [latebaid] *n.pr.f.* 테바이드 (고대이집트 남부지방). **—*t~*** *n.f.* 〖문어〗은둔지 (retraite). 「람.
thébain(e) [tebɛ̃, -ɛn] *a.* 테베의. **—*T~*** *n.* 테베 사
thébaïne [tebain] *n.f.* 〖화학〗 테바인 (아편 속에 소량 함유된 유독 알칼로이드).
thébaïque [tebaik] *a.* 아편의.
thébaïsme [tebaism] *n.m.* 아편 중독.

Thèbes [tɛb] *n.pr.f.* 테베(고대 이집트의 도시; 고대 그리스 *la Béotie*의 수도).

Thécel [tesel] =**Mané**.

-thée *suff.*「신(神)」의 뜻(예: *athée* 무신론자).

théerie [teri] *n.f.* 차 만들기; 차 재배하는 밭.

théier¹(ère¹) [teje, -ɛːr] *a.* 차의(에 관한).

théier² [teje] *n.m.* 차나무(thé).

théière² [tejɛːr] *n.f.* 홍차 끓이는 그릇.

théine [tein] *n.f.* 【화학】 테인, 다소(茶素).

théisme¹ [teism] *n.m.* 【의학】 테인 중독.

théisme² *n.m.* 【신학】 유신론(↔ athéisme).

-théisme, -théiste *suff.* 「신」의 뜻.

théiste [teist] *a.* 유신론(자)의. — *n.* 유신론자.

Thélème [telem] *n.pr.* abbaye de ~ 텔렘 수도원(Rabelais 작 *Gargantua* 속에 그려진 이상향).

thélémite [telemit] *n.* 【문어】 텔렘(*Thélème*)의 수도승; 방탕한 사람, 난봉꾼.

thématique [tematik] *a.* ① 【언어】 어간의. voyelle ~ 어간모음. ② 【음악·문학】 주제(主題)의, 주제에 따른. critique ~ 주제비평. — *n.f.* (전체적으로 본) 주제.

thème [tɛm] *n.m.* ① 주제, 제목, 과제; 논제, 화제(sujet). ~ d'un discours 연설의 주제. ~ d'actualité 시사문제. Tout écrivain a ses ~s personnels. 모든 작가는 제각기 자기나름의 주제를 가지고 있다. ② 【학교】 작문; (자국어를 타국어로) 번역(traduction, ↔ version). ~ français 국문불역. ③ 【언어】 어간. ④ 【음악】 주제, 주선율(motif). ⑤ 【점성술】 astral (12궁의 각 천상도; 【군사】 ~ de manœuvre 연습의 상정. *fort en* ~ 《구어》 (머리는 좋지 않으나) 꾸준히 노력하는 학생; 《경멸》 책만 파고드는 근면가.

Thémis [temis] *n.pr.f.* 【그리스신화】 테미스(*Ouranos*와 *Gaia*의 딸, 법과 정의의 여신).

thénar [tenaːr] *a.—n.m.* 【해부】 무지구(拇指球)(엄지손가락 안쪽의 볼록한 부분)(éminence ~).

théo- *préf.* 「신(神)」의 뜻(예: *théologie* 신학).

théobroma [teɔbrɔma], **théobrome** [teɔbrɔm] *n.m.* 【식물】 카카오나무.

théobromine [teɔbrɔmin] *n.f.* 【화학】 테오브로민(가뇨제).

théocrate [teɔkrat] *n.m.* 신정론자(神政論者); 신정 정치가.

théocratie [teɔkrasi] *n.f.* 신정(정치); 교회 및 성직자의 참정제도.

théocratique [teɔkratik] *a.* 신정(정치)의.

théocratiquement [teɔkratikmã] *ad.* 신정(정치)에 의하여.

Théocrite [teɔkrit] *n.pr.m.* 【그리스문학】 테오크리토스.

théodicée [teɔdise] *n.f.* 【철학】 (*Leibniz*의) 변신론(辯神論), 신의론(神義論); 【예】 자연신학(심리학·윤리학·논리학과 더불어 4개의 철학과목).

théodolite [teɔdɔlit] *n.m.* 【천문】 경위의(經緯儀), 측거기(測地器).

théodoricien(ne) [teɔdɔrisjɛ̃, -ɛn] *a.* 샤토티에리 (*Château-Thierry*, 프랑스의 도시)(사람)의. — **T~.** 샤토티에리 사람.

théodosien(ne) [teɔdozjɛ̃, -ɛn] *a.* code ~ 테오도시우스 2세(로마황제, 401-450)법전(法典).

théogonie [teɔgɔni] *n.f.* (다신교의 제신의 계보를 연구하는) 신통계보학(神統系譜學).

théogonique [teɔgɔnik] *a.* 신통 계보학의.

théogoniste [teɔgɔnist] *n.m.* 신통 계보학자.

théologal(ale, *pl.* **aux)** [teɔlɔgal, -o] *a.* 신에 관한. (trois) vertus ~ales 3 가지 대신덕(對神德)(foi, espérance, charité). — *n.m.* 신학 교수. — *n.f.* 신학 교수의 직.

théologie [teɔlɔʒi] *n.f.* 신학; 신학설; 신학서[론집]. ~ dogmatique 교리(교의)신학. faire sa ~ 신학공부를 하다. faculté de ~ 신학부.

théologien(ne) [teɔlɔʒjɛ̃, -ɛn] *n.* ① 신학자; 신학생. ② 【고대그리스】 신화 작가. — *a.* 신학을 공부하는.

théologique [teɔlɔʒik] *a.* 신학(상)의. — *n.f.* 신학하는.

théologiquement [teɔlɔʒikmã] *ad.* 신학상, 신학적으로.

théologiser [teɔlɔʒize] *v.i.* 신학을 논하다.

théophanie [teɔfani] *n.f.* ① 신(神)의 현현(顯現). ② (*T~*) (그리스 교부학에서) 그리스도의 탄생.

théophilanthrope [teɔfilɑ̃trɔp] *n.m.* 【종교】 경신박애교도.

théophilanthropie [teɔfilɑ̃trɔpi] *n.f.* 【종교】 경신박애교(敬神博愛敎) (프랑스 혁명시에 기독교대신에 일어난 이신론(理神論)적 종교).

théophilanthropique [teɔfilɑ̃trɔpik] *a.* 【종교】 경신박애교의.

théophore [teɔfɔːr] *a.* (이름이) 신의 이름을 갖는.

théophylline [teɔfilin] *n.f.* 【화학】 테오필린 (차잎에서 추출되는 알칼로이드).

théorbe [teɔrb] *n.m.* 【음악】 = **téorbe**.

théorématique [teɔrematik] *a.* 【수학】 정리(定理)의, 정리적인. sciences ~s 정리적 과학 (가설을 세워 원인·결과를 구별하는 연구방법).

théorème [teɔrɛm] *n.m.* 【수학】 정리(定理) (이미 확립된 다른 명제를 통해 입증될 수 있는 명제).

théorétique [teɔretik] *a.* (실천(action)보다)인식 (connaissance)과 관련된, 이론적인 (théorique). — *n.f.* 【철학】 (존재론적 고찰보다 인식을 중요시하는) 이론철학.

théoricien(ne) [teɔrisjɛ̃, -ɛn] *n.* ① 이론가, 이론 연구가. ~ et technicien 이론 연구가와 기술자. ② 【경멸】 공론가(空論家).

***théorie¹** [teɔri] *n.f.* ① 이론; 학설(conception, doctrine, système); (실천(pratique)에 대하여) 이론. bâtir une ~ 학설을 세우다. mettre une ~ en application; appliquer une ~ 이론을 응용(실천)하다. ~ des ensembles 집합론. ② 공론(空論), 비실제적인 이론. C'est de la ~. 그것은 공론에 불과하다(말뿐이다). ③ 【군사】 학칙, 교본.
en ~ 이론상, 이론적으로(théoriquement). Cela n'est vrai qu'*en* ~, dans la réalité il en va autrement. 그것은 이론적으로만 옳지 실제는 다르다.

théorie² *n.f.* ① 【고대그리스】 (올림픽 따위의 제전에의) 도시 대표단; 그 행렬. ② 【문어】 (사람·차 따위의) 행렬, 긴 열.

théorique [teɔrik] *a.* ① 이론적인. physique ~ 이론 물리학(↔ physique appliquée). ② (보통 경멸) 이론만의, 겉만의(↔ pratique). Ce que tu dis est ~, la réalité est plus compliquée. 네가 말하는 것은 이론일 뿐, 실제는 더 복잡하다.

théoriquement [teɔrikmã] *ad.* 이론상, 이론적으로 (↔ pratiquement). Les salaires sont ~ égaux. 그들의 봉급은 이론상으로는 같다. *T~,* vous avez raison. 이론적으로는 당신이 옳다.

théoriser [teɔrize] *v.i.* [~ sur] (에 대하여) 이론을 세우다. — *v.t.* 이론화하다.

théoriste [teɔrist] *n.m.* 이론가.

théosophe [teɔzɔf] *n.* 접신론자, 신지학자.

théosophie [teɔzɔfi] *n.f.* 접신론(接神論), 신지학(神知學).

théosophique [teɔzɔfik] *a.* 접신론의, 신지학의.

théosophisme [teɔzɔfism] *n.m.* 신지주의.

théphillim [tefi(l)lim] *n.m.pl.* = **tephillim**.

thèque¹ [tɛk] *n.f.* 【식물】 (자낭균류의) 자낭.

thèque² *n.f.* 야구 비슷한 공놀이(balle au champ).

-thèque *suff.* 「상자·선반·문고」의 뜻(예 :biblio*thèque* 서재, 도서관; 근래 많은 신어를 만들어내고 있음 : disco*thèque*, sono*thèque*, vidéo*thèque*).

thérapeute¹ [terapɸt] *n.* 〖의학〗 임상의(醫); 정신치료의(psychothérapeute).

thérapeute² *n.m.* 〖종교사〗 유대교 수도사.

thérapeutique [terapɸtik] *a.* 치료(상)의. —*n.f.* 치료학, 임상학; 치료법. ~ des animaux 수의학.

thérapeutiste [terapɸtist] *n.* 치료학자.

thérapie [terapi] *n.f.* 〖의학〗 치료, 요법.

-thérapie *suff.* 「치료·요법」의 뜻(예 : psycho*thérapie* 심리요법).

therblig [tɛrblig] *n.m.* 〖심리〗 동소(動素)(작업자의 동작을 구성하는 최소단위).

thériacal(ale, pl. aux) [terjakal, -o] *a.* 〖약〗 테리아카를 함유한.

thériaque [terjak] *n.f.* 〖약〗 테리아카 (아편성 해독제).

théridion [teridjɔ̃], **theridium** [teridjɔm] *n.m.* 〖동물〗 거미의 일종.

-thérium *suff.* 「(야생) 동물」의 뜻.

therm- *préf.* 「열」「뜨겁게 하는」의 뜻.

thermal(ale, pl. aux) [tɛrmal, -o] *a.* ① 온천의. eaux ~*ales* 온천수. station ~*ale* 온천장. ② 온천을 이용한, 온천수 치료의. cure ~*ale* 온천치료.

thermalisme [tɛrmalism] *n.m.* ① (일반)학. ② (성분 따위의) 온천 상태. ③ 온천 시설(설비).

thermalité [tɛrmalite] *n.f.* 온천의 특성《20~25°C 이상의 광천(鑛泉)》 뜻.

-thermane, -therme *suff.* 「열」「뜨겁게 하는」의 뜻.

thermes [tɛrm] *n.m.pl.* 〖고대그리스·로마〗 공동 목욕탕; 온천장.

thermesthésie [tɛrmɛstezi] *n.f.* 〖의학〗 온각(溫覺) 「사.

thermicien(ne) [tɛrmisjɛ̃, -ɛn] *n.* 열학자, 열기

thermicité [tɛrmisite] *n.f.* 〖물리〗 열효과 기능.

thermidor [tɛrmidɔːr] *n.m.* 열월(熱月)《프랑스 혁명력의 제 11월, 7월 20일~8월 18일에 해당》. le 9-T~ 로베스피에르의 실각·체포의 날(1794년 7월 27일).

thermidorien(ne) [tɛrmidɔrjɛ̃, -ɛn] *a.* 〖프랑스사〗 열월파(1794년 열월 9일(7월 27일)에 *Robespierre*를 타도한 파)의; 열월 9일 사건의. —*n.* 열월파, 열월당원.

thermie [tɛrmi] *n.f.* 열량단위(1,000 킬로칼로리).

-thermie *suff.* 「뜨거운, 뜨겁게 하는」의 뜻.

thermique [tɛrmik] *a.* ① 열(熱)의. moteur ~ 열기관《열에너지를 동력에너지로 바꾸는 기관》. effet ~ 열효과《열을 발산하거나 흡수하거나》. ② 열 현상을 연구하는. science ~ 열학, 열 연구. —*n.m.* 〖기상〗 (열에 의한 대기의) 수직기류. —*n.f.* 〖물리〗 응용 열물리학.

thermisation [tɛrmizasjɔ̃] *n.f.* (치즈 제조시 우유의) 저온 살균(65°C로 몇초 동안 실시).

thermistance [tɛrmistɑ̃ːs] *n.f.* 온도에 의해 변화하는 저항.

thermistor [tɛrmistɔːr], **thermisteur** [tɛrmistœːr] *n.m.* 〖물리〗 서미스터, 전열조절기.

thermite [tɛrmit] *n.f.* 〖금속〗 테르밋《알루미늄 분말과 산화철의 혼합물》.

therm(o)- *préf.* 「열(熱)」의 뜻(예 : *thermo*dynamique 열역학).

thermo-anesthésie [tɛrmɔanɛstezi] *n.f.* 〖의학〗 온도감각 소실증.

thermo-avertisseur [tɛrmɔavɛrtisœːr] *n.m.* 〖드믐게〗 경보(警報) 한란계.

thermo-baromètre [tɛrmɔbarɔmɛtr] *n.m.* 〖드믐게〗 비등점 기압계.

thermocautère [tɛrmɔko(ɔ)tɛːr] *n.m.* 〖의학〗 소작기(燒灼器).

thermochimie [tɛrmɔʃimi] *n.f.* 열화학.

thermochimique [tɛrmɔʃimik] *a.* 열화학의.

thermocouple [tɛrmɔkupl] *n.m.* 〖전기〗 열전대 (熱電對).

thermodurcissable [tɛrmɔdyrsisabl] *a.* 열경화성 (熱硬化性)의. —*n.m.* 열경화성 물질.

thermodynamique [tɛrmɔdinamik] *n.f.* 열역학. —*a.* 열역학의. température ~ 열역학 온도.

thermoélectricité [tɛrmɔelɛktrisite] *n.f.* 열전기.

thermoélectrique [tɛrmɔelɛktrik] *a.* 열전기의. couple ~ 열전대 (熱電對). pile ~ 열전퇴 (熱電堆). effet ~ 열전효과.

thermoélectronique [tɛrmɔelɛktrɔnik] *a.* 〖전기〗 열전자 (방출)의. effet ~ (진공관 따위의) 열전자 방출.

thermo(-)esthésie [tɛrmɔɛstezi] *n.f.* 〖의학〗 온각(溫覺)(thermesthésie).

thermogène [tɛrmɔʒɛn] *a.* 열을 내는. ouate ~ 온습포용 면(綿).

thermogenèse [tɛrmɔʒənɛːz] *n.f.* 〖생리〗 (동물체의) 열발생.

thermogénie [tɛrmɔʒeni] *n.f.* 〖물리〗 열발생.

thermographe [tɛrmɔgraf] *n.m.* 온도기록. 「법.

thermographie [tɛrmɔgrafi] *n.f.* 온도기록계 사용

thermogravimétrie [tɛrmɔgravimetri] *n.f.* 〖물리〗 열천칭(熱天秤)에 의한 측정.

thermogravimétrique [tɛrmɔgravimetrik] *a.* 〖물리〗 열천칭 측정의.

thermoionique [tɛrmɔjɔnik] *a.* =**thermoélectronique.**

thermolabile [tɛrmɔlabil] *a.* (일정한 온도의) 열에 파괴되는, 불내열성의 (↔ thermostable).

thermologie [tɛrmɔlɔʒi] *n.f.* 열학(熱學).

thermologique [tɛrmɔlɔʒik] *a.* 열학의.

thermoluminescence [tɛrmɔlyminɛsɑ̃ːs] *n.f.* 〖물리〗 열광(熱光).

thermolyse [tɛrmɔliːz] *n.f.* 〖화학〗 열분해, 열해리(熱解離); 〖생리〗 체온발산, 방열(放熱).

thermomagnétique [tɛrmɔmaɲetik] *a.* 열자기의.

thermomagnétisme [tɛrmɔmaɲetism] *n.m.* 열자기(熱磁氣).

***thermomètre** [tɛrmɔmɛtr] *n.m.* ① 한란계, 온도계; 검온기, 체온계. ~ médical. ~ à mercure (à alcool) 수은 (알코올) 온도계. ~ centigrade (Fahrenheit, Réaumur) 섭씨(화씨·열씨) 온도계. ② (비유적) 기준, 표준, 정도. Les cours de la Bourse sont le ~ de l'atmosphère politique. 증권시세는 곧 정치적 상황의 바로미터이다.

thermométrie [tɛrmɔmetri] *n.f.* 온도측정; 검온.

thermométrique [tɛrmɔmetrik] *a.* 온도계(검온기)의; 온도측정의.

thermométrographe [tɛrmɔmetrɔgraf] *n.m.* =**thermographe.**

thermomultiplicateur [tɛrmɔmyltiplikatœːr] *n.m.* 복사열 측정기.

thermonucléaire [tɛrmɔnykleɛːr] *a.* 〖물리〗 열핵(熱核)반응의; 핵융합의. armes ~*s* 열핵무기. réaction ~ 열핵반응.

thermophile [tɛrmɔfil] *a.* 〖생물〗 (박테리아 따위가) 호열성(好熱性)의.

thermopile [tɛrmɔpil] *n.f.* 〖전기〗 열전퇴(熱電

thermoplastique [tɛrmɔplastik] *a.* 〖물리〗 열가소성(熱可塑性)의. —*n.m.* 열가소성 물질.

thermopompe [tɛrmɔpɔ̃:p] *n.f.* 열펌프(pompe de [à] chaleur).

thermopropulsé(e) [tɛrmɔprɔpylse] *a.* 〖공학〗 열추진의. fusée ~e 열추진 로켓.

thermopropulsif(ve) [tɛrmɔprɔpylsif, -i:v] *a.* 〖공학〗 (열추진력을 전달하는)열전달의.

thermopropulsion [tɛrmɔprɔpylsjɔ̃] *n.f.* 〖공학〗 열추진.

thermorégulateur (trice) [tɛrmɔregylatœ:r, -tris] *n.m.* 온도조절기, 서미스탯. —*a.* 체온을 조절하는. centres ~s 체온조절중추.

thermorégulation [tɛrmɔregylasjɔ̃] *n.f.* 〖생물〗 (포유류·조류의)체온조절작용.

thermorésistant(e) [tɛrmɔrezistɑ̃, -ɑ̃:t] *a.* (플라스틱 제품·생물체에 있어서)내열성(耐熱性)의.

thermos [tɛrmɔ:s] *n.m.[f.]* 〖상품명〗 보온병.

thermoscope [tɛrmɔskɔp] *n.m.* 〖물리〗 (온도의 차이·변화를 감지하는)온도 표시기.

thermoscopique [tɛrmɔskɔpik] *a.* 〖물리〗 온도 표시의 ; 〖생물〗 (시각으로 태양광선의 온도를 감지하는)시열성(視熱性)의.

thermosiphon [tɛrmɔsifɔ̃] *n.m.* 〖물리〗 열(熱)사이펀, 온수(溫水)난방장치.

thermosphère [tɛrmɔsfɛ:r] *n.f.* (대기권의)열권(熱圈), 온도권.

thermostable [tɛrmɔstabl] *a.* 내열성의(↔ thermolabile).

thermostat [tɛrmɔsta] 〖영〗 *n.m.* 정온기(整溫器), 온도 조절 장치, 서머스탯.

thermostatique [tɛrmɔstatik] *a.* 온도조절의, 일정한 온도로 조절된.

thermotactisme [tɛrmɔtaktism] *n.m.* =**thermotropisme**.

thermotaxie [tɛrmɔtaksi] *n.f.* 〖생물〗 (원형질의)주열성(走熱性).

thermothérapie [tɛrmɔterapi] *n.f.* 〖의학〗 온열요법.

thermotropisme [tɛrmɔtrɔpism] *n.m.* 〖생물〗 굴열성(屈熱性), 향열성.

thésard(e) [teza:r, -ard] *n.* (구어)(박사)학위논문 준비자.

thésaurisation [tezo[ɔ]rizasjɔ̃] *n.f.* 축재(蓄財); 〖경제〗 자본축적.

thésauriser [tezo[ɔ]rize] *v.i.* 돈을 모으다, 축재하다. —*v.t.* (돈을 쓰지 않고) 모으다(accumuler, épargner).

thésauriseur(se) [tezo[ɔ]rizœ:r, -ø:z] *n.* 축재하는 사람; 수전노(avare). —*a.* 축재하는; 인색한.

thésaurismose [tezo[ɔ]rismo:z] *n.f.* 〖의학〗 축적성(蓄積性) 질환.

thesaurus, thésaurus [tezo[ɔ]rys] *n.m.* (복수불변) ① 사전(辭典), (특히)동의어 사전. ② 〖컴퓨터〗 시소러스(컴퓨터에 기억된 정보의 색인).

thèse [tɛ:z] *n.f.* ① 〖철학〗 명제(↔ antithèse); 주장, 주견(doctrine, opinion). avancer une ~ 주장을 내세우다. contredire[réfuter] une ~ 주장을 반박하다. pièce[roman] à ~ 문제극[경향소설]. ② 〖학교〗 (박사)학위논문; [학위논문의]발표, 토론; 학위논문의 출판물. ~ de doctorat d'État [d'université] 국가(대학)박사학위 논문. soutenir une ~ 학위논문을 발표하다 (심사위원의 질문·반론에 답하며 자기의 설(說)을 주장). soutenance de ~ 학위논문 발표[공개심사].

changer de ~ 〖예·문어〗 화제를 바꾸다. *en générale* 일반적으로 말해서. *Voilà qui change la* ~ ! (구어)그건 또 이야기가 달라지는데.

thesmophories [tɛsmɔfɔri] *n.f.pl.* 〖고대그리스〗 업의 여신 데메테르(Déméter)의 축제.

thesmothète [tɛsmɔtɛt] *n.m.* (고대 아테네의 6인으로 구성된)입법관, 법무관.

thespien(ne) [tɛspjɛ̃, -ɛn] *a.* 테스피아(Thespies, 고대 그리스 도시)의. —T~ *n.* 테스피아 사람.

thessalien(ne) [tesaljɛ̃, -ɛn] *a.* 텟살리아(Thessalie, 고대 그리스의 지방)의. —T~ *n.* 텟살리아 사람.

thessalonicien(ne) [tesalɔnisjɛ̃, -ɛn] *a.* 텟살로니카(Thessalonique, 고대 그리스 도시)의. —T~ *n.* 텟살로니카 사람. Épîtres aux T~s 텟살로니카서(書) (신약성서중의 1서).

thêta [teta] *n.m.* 그리스 자모의 제8자 (Θ, θ).

thétique [tetik] *a.* 〖철학〗 명제(命題)의(thématique, ↔ antithétique); 지정(指定)의. jugement ~ 지정판단.

Thétis [tetis] *n.pr.f.* 〖그리스신화〗 테티스(바다의 요정(Néréides)의 하나, Achille의 어머니).

théurge [teyrʒ] *n.m.* (신)요술자, 요술장이.

théurgie [teyrʒi] *n.f.* 요술; (신 플라톤학파의)강신술(降神術).

théurgique [teyrʒik] *a.* 요술의.

théurgiste [teyrʒist], **théurgite** [teyrʒit] *n.m.* =**théurge**.

thiamine [tjamin] *n.f.* 〖의학〗 티아민, 비타민 B₁.

thiazine [tjazin] *n.f.* 〖화학〗 티아진(thio-indamine).

thiazole [tjazɔl] *n.m.* 〖화학〗 티아졸.

thibaude [tibo:d] *n.f.* 〖직물〗 우모직(牛毛織).

Thibet (le) [tibɛ] *n.pr.m.* =**Tibet**.

thibétain(e) [tibetɛ̃, -ɛn] *a, n.* =**tibétain**.

thierne [tjɛrn] *n.f.* 〖광산〗 사갱도(斜坑道).

thiernois(e) [tjɛrnwa, -a:z] *a.* 티에르(Thiers, 프랑스의 도시)의. —T~ *n.* 티에르 사람.

thigmotaxie [tigmɔtaksi] *n.f.*, **thigmotropisme** [tigmɔtrɔpism] *n.m.* 〖생물〗 굴촉성(屈觸性).

thio- *préf.* 「유황」의 뜻.

thioacide [tjɔasid] *n.m.* 〖화학〗 티오산(酸).

thioalcool [tjɔalkɔl], **thiol** [tjɔl] *n.m.* 〖화학〗 티오알코올.

thionate [tjɔnat] *n.m.* 〖화학〗 티오산염.

thionine [tjɔnin] *n.f.* 〖화학〗 티오닌(violet de Lauth).

thionique [tjɔnik] *a.* 〖화학〗 유황의; 티오산(酸)의. série ~ 티오산 계열.

thiosulfate [tjɔsylfat] *n.m.* 〖화학〗 티오 황산염.

thiosulfurique [tjɔsylfyrik] *a.* acide ~ 〖화학〗 티오황산.

thio-urée [tjɔyre] *n.f.* 〖화학〗 티오요소(尿素).

thixotropie [tiksɔtrɔpi] *n.f.* 〖물리〗 틱소트로피, 요변성(搖變性).

thlaspi [tlaspi] *n.m.* 〖식물〗 말냉이.

tholos [tɔlɔs] *n.f.* 선사시대 원형분묘의 일종; 그리스의 원형사원.

thomas [tɔma] *n.m.* 〖옛·속어〗 실내 변기.

thomise [tɔmi:z] *n.m.* 〖동물〗 흰살받이거미.

thomisme [tɔmism] *n.m.* 토마스설(說)(Thomas d'Aquin의 철학·신학설).

thomiste [tɔmist] *a.* 토마스설의[을 신봉하는]. —*n.* 토마스파의 학도.

thon [tɔ̃] *n.m.* 〖어류〗 다랑어. ~ en conserve; boîte de ~ 다랑어 통조림. ~ blanc 날개다랑어 (germon). pêche au ~ 다랑어잡이.

thonaire [tɔnɛ:r] *n.m.* 〖어업〗 다랑어 그물.

thonier [tɔnje] *n.m.* 다랑어 어선.

thonine [tɔnin] *n.f.* 〖어류〗 (지중해산의)다랑어 (thon rouge).

thonnaire [tɔnɛ:r] *n.m.* =**thonaire**.

Thora [tɔra] 《헤브라이》 n.f. 모세의 5서(書)(le Pentateuque); (모세의)율법, 계율; (위)책의 내용을 양피지에 필사하여 두루마리로 만든 것.

thoracectomie [tɔrasɛktɔmi] n.f. 《옛》《외과》 늑골 절제수술.

thoracentèse [tɔrasɑ̃tɛːz] n.f. 《외과》 흉강 천자수술(穿刺手術).

thoracique [tɔrasik] a. 흉곽의. cage ~ 흉곽. capacité ~ 폐활량(capacité vitale). cavité ~ 흉강(胸腔). canal ~ 흉관.

thorac(o) [tɔrak(o)] n.f. 《구어》 =thoracoplastie.
thorac(o)- préf. 「가슴·흉곽」의 뜻.

thoracocaustie [tɔrakoko[ɔ]sti] n.f. 《외과》 늑막 유착 소작수술(燒灼術).

thoracocentèse [tɔrakosɑ̃tɛːz] n.f. 《외과》 = thoracentèse.

thoracoplastie [tɔrakɔplasti] n.f. 《외과》 흉부성형(成形)수술《폐병환자 따위에 대한》.

thoracoscopie [tɔrakɔskɔpi] n.f. 《의학》 흉강시진법(胸腔視診法).

thoracotomie [tɔrakɔtɔmi] n.f. 흉강 절개수술.

thorax [tɔraks] n.m. 《해부》 흉곽(胸廓); 《곤충》 흉부(胸部).

thorine [tɔrin] n.f. 《화학》 산화토륨, 토리아.

thorite [tɔrit] n.f. 《광산》 규(硅)토륨광(鑛), 토르석(石).

thorium [tɔrjɔm] n.m. 《화학》 토륨《방사성원소》.

thoron [tɔrɔ̃] n.m. 《화학》 토론《라돈의 방사성 동위체》.

thran [trɑ̃] n.m. 고래 기름, 경유(鯨油).

thrène [trɛn] n.m. 《고대그리스》 애도가; 만가(挽歌), 애가(thrénodie).

thrénodie [trenɔdi] n.f. 비가(悲歌), 애가(哀歌).

théonine [treɔnin] n.f. 《생화학》 트레오닌《결정성 α-아미노산》.

thridace [tridas] n.f. 《약》 상치의 진한 즙《진정·최면제》.

thrips [trips] n.m. 《곤충》 삽주벌레《식물의 해충》.

thrombasthénie [trɔ̃basteni] n.f. 《의학》 혈소판(血小板) 기능 감퇴증.

thrombine [trɔ̃bin] n.f. 트롬빈《피브리노겐을 피브린으로 바꾸는 효소》.

thromb(o)- préf. 「혈전·혈병」의 뜻.
thrombocyte [trɔ̃bɔsit] n.m. 《의학》 혈소판.
thrombolyse [trɔ̃bɔliːz] n.f. 《의학》 혈소판(血小板)붕괴.

thrombophlébite [trɔ̃bɔflebit] n.f. 《의학》 혈전정맥염.

thromboplastine [trɔ̃bɔplastin] n.f. 《생화학》 트롬보플라스틴《혈액응고 인자의 하나》.

thrombose [trɔ̃boːz] n.f. 《의학》 혈전증.

thrombus [trɔ̃bys] n.m. 《의학》 혈전(血栓), 혈색(血塞).

T.H.T. 《약자》 très haute tension 《전기》 초고(전)압.

thug [tyg] 《인도》 n.m. (인도의)여신 Kali 를 섬기는 비밀종교의 암살단원.

thuggisme [tygism] n.m. (인도의)터그교; 터그교의 교리.

thuïa [tyja] n.m. =thuya.

Thulé [tyle] n.pr.f. 《고대》 북극지방《지금의 아이슬란드 따위》.

thulium [tyljɔm] n.m. 《화학》 툴륨《희토류 원소의 하나》.

thune [tyn] n.f. 《옛·속어》 5 프랑 화폐.

thuriféraire [tyriferɛːr] n.m. 《종교》 향로를 받드는 사람; 《구어》 아첨꾼.

thurifère [tyrifɛːr] a. 《식물》 향을 산출하는.

thuya [tyja] n.m. 《식물》 측백나무.

thyade [tjad] n.f. 《고대그리스》 주신(酒神) 바커스(Bacchus)의 무녀(巫女).

thylacine [tilasin] n.m. 《동물》 (오스트레일리아산의)주머니늑대.

thylle [til] n.f. 《식물》 전충체(填充體).

thym [tɛ̃] n.m. 《식물》 백리향속(屬)의 식물.

thyméléacées [timelease] n.f.pl. 《식물》 서향나무과(科).

thymélée¹ [timele] n.f. 《고대그리스》 극장내의 디오니소스(Dionysos)신의 제단(祭壇).

thymélée² n.f. 《식물》 서향나무. [meur).

thymie [timi] n.f. 《드물게》《심리》 기질(humeur).

-thymie, -thymique suff. 「기질」의 뜻.

thymine [timin] n.f. 《생화학》 티민《흉선에서 분비되는 핵산 유도체》.

thymique¹ [timik] a. ① 《해부·의학》 흉선의. ② 《심리》 기질의.

thymique² a. acide ~ =thymol.

thymol [timɔl] n.m. 《화학》 티몰《방부제》.

thymus [timys] n.m. 《해부》 흉선(胸腺).

thyratron [tiratrɔ̃] n.m. 《물리·상표명》 다이라트론《전류의 정류계에 사용하는 열음극 방사관》.

thyréo-, thyro- préf. 「갑상선」의 뜻.

thyréogène [tireɔʒɛn] a. 《의학》 갑상선의.

thyréostimuline [tireɔstimylin] n.f. 《생화학》 갑상선 자극 호르몬.

thyréotoxicose [tireɔtɔksikoːz] n.f. 《의학》 갑상선 중독증(thyréose). 「의.

thyréotrope [tireɔtrɔp] a. 《의학》 향(向)갑상선

thyristor [tiristɔːr] n.m. 《물리》 다이리스터《전류의 흐름·저지를 제어하는 반도체 정류소자》.

thyristorisé(e) [tiristɔrize] a. 《물리》 다이리스터를 사용한.

thyroglobuline [tirɔglɔbylin] n.f. 《생화학》 다이로글로불린《갑상선 호르몬의 단백질 성분 중의 하나》.

thyrohyoïdien(ne) [tirɔjɔidjɛ̃, -ɛn] a. 《해부》 갑상연골과 설골(舌骨)의.

thyroïde [tirɔid] 《해부》 a. 갑상(선)의. cartilage ~ 갑상연골. —n.f. 갑상선(glande (corps) ~).

thyroïdectomie [tirɔidɛktɔmi] n.f. 《의학》 갑상선 절제술.

thyroïdien(ne) [tirɔidjɛ̃, -ɛn] a. 《해부》 갑상선의. hormone ~ne 갑상선 호르몬.

thyroïdisme [tirɔidism] n.m. 《의학》 갑상선 비대증, 갑상선기능 항진(亢進)증.

thyroïdite [tirɔidit] n.f. 《의학》 갑상선염.

thyrotrophine [tirɔtrɔfin] n.f. 《생화학》 갑상선자극호르몬.

thyroxine [tirɔksin] n.f. 《생리》 티록신《갑상선 호르몬》.

thyrse [tirs] n.m. ① 《그리스신화》 주신 바커스(Bacchus)의 지팡이. ② 《식물》 밀추화(密錐花).

thysanoptères [tizanɔptɛːr] n.m.pl. 《곤충》 총시류(總翅類).

thysanoptéroïdes [tizanɔpterɔid] n.m.pl. =thysanoptères.

thysanoures [tizanuːr] n.m.pl. 《곤충》 총미목(總尾目).

Ti 《약자》 titane 《화학》 티탄.

ti [ti] 《약자》 Tu viens-ti? 너 오겠니?《3인칭 단수 의문문은 t-il이 단축된 형태로 Vient-ti ou vient-ti pas? 에서처럼 쓰이기도 하고, 의문문에서 주어도치를 피하기 위해 사용됨》.

tiare [tja:r] *n.f.* ① (로마교황의)삼중관(三重冠); 교황의 지위. ② (고대 페르시아 및 메디아의)왕관. *ceindre*[*coiffer, porter*] *la ~* 교황이 되다.

Tibet (le) [lətibɛ] *n.pr.m.* 《지리》 티벳.

tibétain(e) [tibetɛ̃, -ɛn] *a.* 티벳의. ─**T**─ *n.* 티벳 사람. ─*n.m.* 티벳어(語).

tiare ①

tibeto-birman(e) [tibetɔbirmɑ̃, an] (*pl.* ~-~s) *n.m., a.* 티베・버마 제어(諸語)(langues ~-~es)

tibi [tibi] *n.m.* 칼라 단추.

tibia [tibja] *n.m.* 《해부》경골(脛骨); 《곤충》경절(脛節). donner un coup de pied dans les ~s à qn 《구어》…의 정강이를 발길로 차다.

tibial(ale, *pl.* **aux)** [tibjal, -o] *a.* 《해부》경골의.

tibio-tarsien(ne) [tibjɔtarsjɛ̃, -ɛn] *a.* 《해부》경골과 족근골(足根骨)의.

Tibre [tibr] *n.pr.m.* (로마를 흐르는)티베르강(江).

tic [tik] *n.m.* ① (주로 안면의)경련. ~ douloureux 안면신경통. ② (말(馬)의)나쁜 버릇. ③ (비유적)(무의식적인)버릇, 습관; 기벽(奇癖). (avoir le ~ de+*inf.*) Il a le ~ de ronger ses ongles. 그는 손톱을 물어뜯는 버릇이 있다.

ticage [tika:ʒ] *n.m.* (말(馬)이)버릇이 나쁨.

tichodrome [tikɔdrɔ(o:)m] *n.m.* 《조류》티코드롬, 거미잡이새.

***ticket** [tikɛ] *n.m.* ① 《영》표, 승차권, 입장권; 배급표. ~ de quai 《철도》 플랫폼 입장권. acheter un carnet de ~s 회수권을 사다. ~ de bagages 짐(맡긴) 표. ~ de métro 지하철 승차권. poinçonner un ~표를 끊다, 개찰하다. ~s de rationnement (식료품)배급표. sans ~ (차표 따위가 아닌)무임승차. ② 《모어》10 프랑 지폐. *avoir un*[*le*] *~ avec qn* 《속어》(이성의) 환심을 사다, (이성을)호리다.

ticket-restaurant [tikɛrɛstɔrɑ̃] (*pl.* ~*s*-~) *n.m.* (기업체가 종업원에게 배부하는)주식보조권(晝食補助券).

tic-tac, tic tac [tiktak] *n.m.* (복수불변) ① 《시계 따위의》 똑딱거리는 소리. ② 《속어》 피스톨. *faire* ~ 똑딱소리를 내다.

tictaquer [tiktake] *v.i.* 똑딱거리다. 《구어》(가슴이)두근거리다.

tiédasse [tjedas] *a.* 《속어》 미지근한, 미지끈한.

***tiède** [tjɛd] *a.* ① 미지근한, 미온의; (물이)식은 (refroidi). (기온・기후가)훈훈한, 포근한. température ~ et agréable 포근하고 상쾌한 기온. eau ~ 미지근한 물. Il fait ~. 날씨가 포근하다. Le café est déjà tout ~. 커피가 벌써 식어버렸다. ② 《문어》(사람・감정이)미적지근한, 미온적인, 열성 없는 (indifférent, nonchalant). chrétien ~ 열의가 없는 기독교신자.
─*n.* 미적지근한 사람, 미온적인 사람.
─*ad.* boire ~ 미지근한 음료를 마시다.

tièdement [tjɛdmɑ̃] *ad.* 미적지근하게, 미온적으로, 열의없이. être ~ accueilli 별로 환대를 받지 못하다. approuver ~ 마지못해 찬성하다.

tiédeur [tjedœ:r] *n.f.* 미지근함, 미온; (날씨 따위의)온화함; 열의없음; (*pl.*) 열의없는[미온적인] 태도. ~ d'un soir du printemps 봄날 저녁의 포근함. ~ du sein maternel 엄마 품의 포근함.

tiédir [tjedi:r] *v.i.* 미지근해지다; 《드물게》(우정 따위가)식어가다. faire ─ l'eau 물을 미지근하게 하다. Son zèle a déjà tiédi. 그의 열의가 벌써 식었다. ─*v.t.* 미지근하게 하다, 훈훈하게 하다; (열의를)식히다. air *tiédi* par un poêle 난로로 훈훈해진 공기.

tiédissement [tjedismɑ̃] *n.m.* 미지근함[해지기]; 미온화됨.

***tien(ne)** [tjɛ̃, -ɛn] *a.poss.* 《옛・문어》《주로 속사》너의, 그대의, 자네의. Mes intérêts sont ~s. 나의 이익은 곧 너의 이익이다. Je suis ─(ne). 나는 너의 것이오. un ~ parent 너의 친척.
─*pron.poss.* le ~ (그대・자네)의 것. Voici mes stylos et voilà les ~s. 내 만년필은 여기 있고 자네 것은 저기 있다.
À la ~ne! 《구어》네 건강을 위해《축배를 들 때》.
─*n.m.* ① 너의 것《재산・노력・의견 따위》. disputer sur le ~ et le mien 네것 내것을 따지며 싸우다. ② (*pl.*) 너의 양친《가족・친구 등》.
Il faut y mettre du ~. 자네는 이 일에 대해 (물질적인, 정신적인) 응분의 노력이 있어야 한다.
─*n.f.pl.* 너 바보같은 짓, 어리석은 짓(des folies). Tu as encore fait des ~nes! 또 바보같은 짓을 했군.

tien-drai, -ne, -s, -t [tjɛ̃dre, tjɛn, tjɛ] ⇨tenir.

tiens [tjɛ̃] (<*tenir*) *int.* ① 《놀람》저런, 어쩌면 그 머나, 그럴 수가, 설마. *T~, ~!* 저런!; 그럴리가! *T~, c'est toi.* 저런, 너구나! ② 《주의의 환기》*T~*, prends cela. 자, 그것을 가져. *T~, on y va!* 자, 가자!

tiento [tjento] *n.m.* 《에스파냐》 《음악》 티엔토 《16─17세기 에스파냐의 종교적 기악곡》.

tierce [tjɛrs] *a.* ⇨tiers.
─*n.f.* ① 《음악》 3도《음정》. ~ majeure 장(長)3도. ② 《천문・수학》 60분의 1초. ③ 《인쇄》제 3교(校)《최종 교정》. ④ 《카드놀이》같은 종류의 패의 연속된 석장. ⑤ 《종교》 제 3시의 기도《아침 9시경의 기도》. ⑥ 《팬싱》 제 3자세. ⑦ 《문장》 삼횡선(三橫線). ⑧ 《역사》 (봉건영주가 농노에게 대해 요구하던)3분의 1세.

tiercé(e) [tjɛrse] *a.p.* ① 《농업》세벌갈이한. ② 《문장》 (두 개의 횡선으로)삼등분된. ③ pari ~ 《경마》 (상위 입상의 세 마리의 말을 맞추는 내기, 3연승식 경마(le ~). ④ rimes ~es 《운율》삼운일구법(三韻一句法).
─*n.m.* 《경마》 (상위 입상의 세 말에 거는)3연승식 경마. ~ dans l'ordre[le désordre] 3연승 단식 [복식]경마.

tiercefeuille [tjɛrsəfœj] *n.f.* 《문장》 세 꽃잎 모양.

tiercéiste [tjɛrseist] *n.* 《경마》 3연승식 마권을 사기 좋아하는[사는] 사람.

tiercelet [tjɛrsəlɛ] *n.m.* 난수니《매의 수컷》.

tiercelin¹ [tjɛrsəlɛ̃] *n.m.* (깃발 안감용의)평직(平織)의 얇은 천.

tiercelin²(e) [tjɛrsəlɛ̃, -in] *n.* =tierciaire.

tiercement [tjɛrsəmɑ̃] *n.m.* ① 《농업》 세벌갈이. ② 《법》 3분의 1 증가, 값을 3분의 1 올리기.

tiercer [tjɛrse] *v.t.* ① 3분의 1 올리다《증가시키다》. ② 세벌갈이하다. ③ 3분의 1로 축소하다. ─*v.t.* 《인쇄》 최종 교정(을) 보다.

tierce-rime [tjɛrsərim] *n.f.* =terza rima.

tierceron [tjɛrsərɔ̃] *n.m.* 《건축》 (고딕식 홍예의) 부늑(副肋).

tierceur [tjɛrsœ:r] *n.m.* 《인쇄》 마지막 교정(을) 보는 사람.

tierciaire [tjɛrsjɛ:r] *n.* 《가톨릭》=tertiaire.

tierçon [tjɛrsɔ̃] *n.m.* (비누・쌀 수송용의)상자, 통.

***tiers(ce)** [tjɛ:r, -ɛrs] *a.* 제3의, 세째 번의. en main ─*ce* 《옛》 제삼자의 손에. fièvre ─*ce* 《의학》 3일 간격으로 일어나는 간헐열(間歇熱). ─*ce* opposition 《법》 제삼자의 이의 신립. ─*ce* personne 제삼자. ~ parti 《법》 중립당, 제 3 당.

assurance ~*ce* 《법》 제 3 보험《과실의 유무에 상관없이 차체에 가해진 손해를 보상해주는 자동차보험》. ~ état 《역사》 제 3 계급, 평민층. ~ ordre 《종교》 제 3 단《수도사의 단체》.
—*n.m.* ① 3 분의 1. les deux ~ 3 분의 2. un bon ~ de *qc* …의 거반. Le loyer me coûte un ~ de mon salaire. 집의 월세가 내 월급의 3 분의 1 이 된다. ~ provisionnel 《법》 세금의 예납《전년도 세액의 3 분의 1》. ~ payant 《보험》 보험공단모체《보험공단에서 의사 · 병원에 대한 직접 진료보수를 지불하는 사회보험의 형태》. ② 제삼자. être en ~ 제삼자의 입장에 서다. assister en ~ à la réunion 제삼자의 자격으로 회의에 참석하다. ③ 《역사》 (*T*~) 제 3 계급의 사람, 평민. *le* ~ *et le quart* 《옛·구어》모든《온갖》사람들. médire *du* ~ *et du quart* 누구 일이든 나쁘게 말하다. *se moquer*(*se ficher*) *du* ~ *comme du quart* 아무도 《아무것도》 안중에 없다.
—*n.f.* 방문객을 맞이하는 수녀의 동반 수녀.

tiers-arbitre, tiers arbitre [tjɛrarbitr] *n.m.* 《법》 제 3 중재자.

tiers-monde, tiers monde [tiɛrmɔ̃:d] *n.m.* 《정치》 제 3 세계《중립 노선을 지키는 후진국으로 이루어지는 블럭》.

tiers-mondisme [tjɛrmɔ̃dism] *n.m.* 제 3 세계와의 연대.

tiers-mondiste [tjɛrmɔ̃dist] (*pl.* ~·~*s*) *n.* 제 3 세계 지지자.—*a.* 제 3 세계를 지지하는, 제 3 세계와 연대를 갖는.

tiers-point [tjɛrpwɛ̃] *n.m.* ① 《기하》 등변삼각형의 꼭지점. 《건축》 삼각형의 정점. ② 《기계》 각줄(鑢); 《해양》 삼각돛.

tiers-saisi, tiers saisi [tjɛrsɛ(e)zi] *n.m.* 압류 당한 제 3 채무자.

tiers-temps, tiers temps [tjɛrtɑ̃] *n.m.* ~ pédagogique 3 분 교육제《국어·산수 15 단위, 지리·역사·예능 6 단위, 체육 6 단위로 3 분하여 교육을 실시하는 국민학교의 교육제》.

tif(fe) [tif] *n.m.* 《보통 *pl.*》《속어》머리털.

*****tige** [ti:ʒ] *n.f.* ① 《식물의》줄기, 대. (arbre de) haute(basse) ~ 키가 높이 《낮지》 가꾼 수목. ② 《몸통에 해당하는 것》주신(柱身), 우축(羽軸), 닻채, (피스톤의)간(桿), (장화·양말 따위의)긴 목. ~ d'une colonne 주신(柱身). ③ 《집안의》조상, (민족·종교 따위의)시초, 시조. avoir une haute ~ 훌륭한[지체 높은] 조상을 모시다. faire ~ 선조[시조]가 되다. ④ Vieilles ~*s*《구어》초창기의 비행기 조종사. ⑤ 《발레단의》젊은 무희, 발레리나. ②꼬마 마부(groom).

tigelle [tiʒɛl] *n.f.* 《식물》 줄기가 될 배(胚)의 부분.
tigellé(e) [tiʒe(e)le] *a.* 《식물》 tigelle 이 있는.
tigette [tiʒɛt] *n.f.* 《건축》 코린트식 원주의(잎 장식.
tiglon [tiglɔ̃] *n.m.* =**tigron**.
tignasse [tipas] *n.f.* 《구어》더부룩한 머리털; 머리털, 허술한 가발.
tignon [tipɔ̃] *n.m.* 《옛·구어》=**chignon**.
tignonner [tipɔne] *v.t.* 머리털을 곱슬곱슬하게 하다. —*se*~ *v.pr.* 서로 머리털을 쥐다.

Tigre (le) [lətigr] *n.pr.m.* 《지리》 티그리스 강.
*****tigre(sse)** [tigr, -ɛs] *n.* ① 범, 호랑이. ②《문어》잔인한 사람. jaloux comme un ~ 몹시 질투하는. C'est une ~*sse*. 그 여자는 몹시 잔인하고 질투심이 강하다. le *T*~ 프랑스의 정치가 Clemenceau (1841-1929)의 별명. ③ punaise ~; ~ du poirier 《곤충》 배나무의 해충.
—*n.m.* ① 《발레단의》젊은 무희, 발레리나. ②꼬마 마부(groom).

tigré(e) [tigre] *a.p.* 호랑이 무늬의, 호피(虎皮)처럼 얼룩진. chat ~ 호랑이 무늬의 고양이. cheval ~ 진한 얼룩점이 있는 말.

tigré² [tigre] *n.m.* 티그레어(語) 《에티오피아 산악지방의 햄·셈족의 언어》.

tigrer [tigre] *v.t.* 호랑이 무늬를 넣다, 호피처럼 얼룩지게 하다.

tigridie [tigridi] *n.f.* 《식물》 티그리디아《남미산 붓꽃류(類)》《œil-de-paon》.

tigrina [tigrina] *n.m.* 티그리나어(語) 《에티오피아 북부지방의 햄·셈족의 언어》.

tigron [tigrɔ̃] *n.m.* 타이곤《수호랑이와 암사자와의 트기》.

tikker [tikɛ:r] *n.m.* 《무전》 티커, 동보(同報)전신.
tilbury [tilbyri] 《영》 *n.m.* 2 인승 2 륜 마차.
tilde [tild] *n.m.* 틸드 기호《에스파냐어에서 n 를 [ɲ]로 발음시키기 위한 (~)의 기호》.
tildé(e) [tilde] *a.* 틸드 기호가 붙은.
tiliacé(e) [tiljase] 《식물》 *a.* 보리수의. —*n.f.pl.* 피나무과(科).
till [til] *n.m.* 《식물》 참깨.
tillac [tijak] *n.m.* 《선박》 상갑판, 데크. franc ~ (이물에서 고물까지 이어진)평(平)갑판.
tillage [tija:ʒ] *n.m.* =**teillage**.
tillandsie [tijɑ̃dsi] *n.f.* 《식물》 아나나스과(科)의 1속(屬).
tille¹ [tij] *n.f.* ① 피나무의 속껍질《밧줄의 원료》. ② =**teille**.
tille² *n.f.* 《선박》 작은 선실《창고》.
tille³ *n.f.* (통장이의)손도끼, 자귀.
tiller [tije] *v.t.* =**teiller**.
tilleul [tijœl] *n.m.* ① 보리수, 참피나무. ② 피나무의 꽃《약용》; 피나무 꽃의 탕약(infusion de ~). ③ 담록색 (vert ~).
tilleur(se) [tijœːr, -øːz] *n.* =**teilleur**.
tilt [tilt] 《영》 *n.m.* ① 플리퍼(flipper, billard électrique)에서 게임의 종료나 포수에 의한 게임의 중단 표시. ②《간투사》*T*~! 맞았다(touché). faire ~ ⓐ 게임의 종료표시가 나오다. ⓑ 실패하다 (échouer). ⓒ 기계를 작동시키다. ⓓ 뜻하지 않게 생각이 나게 하다; 과녁을 맞추다. Cette phrase a *fait* ~ dans son esprit. 이 문장은 그의 머리속에 순간적으로 좋은 생각이 떠오르게 했다.

timar [tima:r] 《터키》 *n.m.* 《고대터키에서 무사가 가지고 있던 소규모의 영지(領地).

timariot [timarjo] 《터키》 *n.m.* 《고대터키의》소규모 영지를 소유한 무사.

timbale [tɛ̃bal] *n.f.* ① 《음악》 팀파니《반구형의 북》. battre(blouser) des ~*s* 팀파니를 치다. ② 《요리》 파이의 일종; 파이 굽는 틀. ③ 《굽 없는》 큰 금속 잔. ④ 《곤충》 (매미류의)진동막(振動膜). *décrocher la* ~ 《구어》《남을 물리치고》목적을 달성하다; 실수하여 골치를 앓다.

timbalier [tɛ̃balje] *n.m.* 팀파니 치는 사람.

timbrage [tɛ̃bra:ʒ] *n.m.* ① 《여권·편지 따위에》소인을 찍기, 스탬프를 찍기; 인지 붙이기. ② (보일러의)검사합격증(첨부).

*****timbre** [tɛ̃:br] *n.m.* ① 우표 (~-poste). acheter des ~*s* au bureau de tabac 담배 가게에서 우표를 사다. coller un ~ sur l'enveloppe 봉투에 우표를 붙이다. ~ oblitéré 소인이 찍힌 우표. faire collection de ~*s*; collectionner les ~*s* 우표를 수집하다. marché aux ~*s* 우표시장. ② 증지(證紙), 인지(印紙) (~ mobile); 인지세(稅); (*T*~)인지국(局), (~ fiscal)공문서의(수입)인지. ~*s* syndicaux 조합비 납입증지. ~ de quittance (영수증에 붙이는)수입인지 (~ - quittance). ~ antituberculeux 결핵퇴치운동 참가 실. ③ 소인(消印), 관

timbré(e)

인(官印), 인장, 도장; 스탬프, 타인기(打印器). imprimer[apposer] son ~ (관공서에서 증명서(문서)에)관인을 찍다, 증지를 붙이다. ~ du jour 일부인(日附印). ~ dateur[à date]날짜 타자기. ~ humide(잉크를 사용하는)스탬프. ~ sec(fixe, à empreinte) 「空印」날인 하지 않는(打出印). ④ (목소리·악기 따위의)음색, 음향; 현선(북의 울림을 증가시키기 위해 이면에 바른 장선(腸線))(corde de ~). voix sans ~ 울림이 없는 음성. voix qui a du ~ 울림이 풍부한 목소리. — de la flûte[du violon] 플루트(바이올린)의 음색. ~ d'une voyelle 「언어」모음의 음색. ⑤ 종, 초인종, (전화·자전거 따위의)벨(sonnette). coup de ~ 벨이 울리기. ~ d'appel 초인종, (전화의)벨. ~ électrique 전종(電鐘). ~ d'appartement(현관의)초인종. ⑥ 「기계」(보일러의)시험압; 검압판(檢壓板). ⑦ 「고고학」투구의 꼭대기; 「문장」투구.

avoir le ~ fêlé(brouillé); avoir un coup de ~ (구어)머리가 약간 돌다.

timbré(e) [tɛ̃bre] *a.p.* ① 우표(인지)가 붙은, 소인이 있는, 일부인이 찍힌. lettre ~e de Paris 파리의 소인이 찍힌 편지. papier ~ 「법」인지가 붙은 서류. ② 잘 울리는; 낭랑한. voix bien ~e 아주 낭랑한 목소리. ③ (구어)머리가 약간 돈. ④ 「문장」(투구가)위에 놓인.

timbre-amende [tɛ̃brəmɑ̃:d] (*pl.* ~s-~s) *n.m.* (교통 위반에 대한)벌금 납부용 인지.

timbre-épargne [tɛ̃brepaʀɲ] (*pl.* ~s-~) *n.m.* 저축은행 인지.

timbre-poste [tɛ̃brəpɔst] (*pl.* ~s-~) *n.m.* 우표. faire collection de ~s 우표수집을 하다.

timbre-quittance [tɛ̃brəkitɑ̃:s] (*pl.* ~s-~(s)) *n.m.* (영수증에 붙이는)수입 인지.

timbrer [tɛ̃bre] *v.t.* ① (에)소인을 찍다, 날인하다. ② (에)우표를 붙이다(affranchir); 인지·증지를 붙이다. ③ (보일러를)시험하다. ④ 「문장」(에)투구를 얹다.

timbre-retraite [tɛ̃brərətrɛt] (*pl.* ~s-~) *n.m.* 양로연금 인지.

timbre-taxe [tɛ̃brətaks] (*pl.* ~s-~) *n.m.* 「우편」요금 부족증(印).

timbreur(se) [tɛ̃brœ:r, -ø:z] *n.* 스탬프(소인) 찍는 사람.

timbrologie [tɛ̃brɔlɔʒi] *n.f.* 우표연구.

timbromanie [tɛ̃brɔmani] *n.f.* 우표수집벽.

timbromane [tɛ̃brɔman] *n.* 우표수집광.

timbrophile [tɛ̃brɔfil] *n.* 우표수집가(philatéliste).

timbrophilie [tɛ̃brɔfili] *n.f.* 우표연구, 우표수집.

time error [tajmerɔr] 《영》 *n.m.*〔*f.*〕 「심리」시간착오(錯誤).

time(-)sharing [tajmʃɛriŋ] 《영》 *n.m.* 「컴퓨터」시간분할제(partage de temps, temps partagé).

***timide** [timid] *a.* 겁많은, 소심한(timoré); 수줍은, 내성적인(humble); (문체 따위가)박력없는, 무기력한; 조심성 없는, 조심스러운(prudent). être ~ avec [auprès de] *qn* …에 대해 서먹서먹해 하다. être ~ à+*inf.* …하기를 주저하다. manières ~s 소심한 태도. caractère ~ 소심한 성격. projet ~ 대담성이 없는 계획. style ~ 생기가 없는 문체. voix ~ 수줍은 목소리. ——*n.* 소심한 사람.

timidement [timidmɑ̃] *ad.* 겁내어; 수줍어하며, 머뭇거리며(↔ audacieusement); 무기력하게.

timidité [timidite] *n.f.* 수줍음; 겁; 소심(↔ audace, assurance). surmonter[vaincre] sa ~ 자신의 소심함을 극복하다.

timing [tajmiŋ] 《영》 *n.m.* 계획, 예정. prévoir un ~ 예정을 잡다.

timocrate [timɔkrat] *n.m.* 금권정치론자.

timocratie [timɔkrasi] *n.f.* 금권(金權)정치.

timocratique [timɔkratik] *a* 금권정치의.

timon [timɔ̃] *n.m.* (수레의)채; 「해양」(키의)자루, 키(gouvernail) (때로 *pl.*)(자동차 따위의)축(軸). prendre le ~ des affaires[de l'État]사무를 관리하다, 국정을 다스리다.

timonerie [timɔnri] *n.f.* ① (자동차 따위의)조종장치. ② 「해양」(操舵); 조타실(kiosque de ~); (집합적)조타원. chef de ~ 조타수[장]. journal de la ~ 조타일지(日誌). mousse de ~ 소년 見습수. poste de ~ 신호소.

timonier [timɔnje] *n.m.* 「해양」키잡이, 타수(舵手); 「해군」신호수; 항로감시원. ② 수레채에 매인 말.

timoré(e) [timɔre] *a.* 소심한, 겁많은(craintif, timide). ——*n.* 겁장이, 소심한 사람.

tin [tɛ̃] *n.m.* ① 받침나무, 괴목; (*pl.*) 「선박」(건거(乾渠))의 용골대(龍骨臺). ② 통을 놓는 받침대 (tain²).

tinamou [tinamu] *n.m.* (남미산의)메추리.

tincal [tɛ̃kal] *n.m.* 「광물」붕사(硼砂).

tinctorial(ale, *pl.* aux) [tɛ̃ktɔrjal, -o] *a.* 염색용의, 염료의, 염색의. matières ~*ales* 염료.

tine¹ [tin] *n.f.* (운반용의)큰 통, (우유·크림·버터 넣는)통.

tine² [tin] *n.f.* (비스킷의)깡통.

tinée [tine] *n.f.* (보통 *pl.*)(속어)많음, 다량.

tinéidés [tineide] *n.m.pl.* 「곤충」좀나방과 (나비목(目)에 속함).

tinel [tinɛl] *n.m.* ① 살림 형편; 식사. ② 곤봉, 몽둥이. ③ (옛)하인용 식당.

tinet [tinɛ] *n.m.* (도살후 고기를 매달아 두는)쇠갈고리.

tinette [tinɛt] *n.f.* ① (버터·우유 운반용)통. ② 분뇨통; (*pl.*)(구어)변소(lieux d'aisances).

tinkal [tɛ̃kal] *n.m.* =tincal.

tinne [tin] *n.f.* 「기계」벽돌 만들 때 점토 부수는 「기계」.

tinois(e) [tinwa, -a:z] *a.* 탱레르미타주(Tain-l'Hermitage, 프랑스의 도시)의. ——T— *n.* 탱레르미타주 사람.

tin-s, -t, etc. [tɛ̃] ⇨tenir.

tintamarre [tɛ̃tama:r] *n.m.* (구어)소음, 시끄러운 소리(tapage). ~ du train[des klaxons] 기차(클랙슨)의 소음. faire du ~ 소란을 떨다.

tintamarrer [tɛ̃tamare] 《옛》 *v.i.* 떠들어대다.

——*v.t.* (사람을)소음으로 괴롭히다.

tintamarresque [tɛ̃tamarɛsk] *a.* (프랑스의 주간지 le Tintamarre 식으로)떠들어내는.

tintement [tɛ̃tmɑ̃] *n.m.* (종·방울 따위의)소리; 여운; (컵·쇠붙이 따위가 부딪치는)맹그랑 소리. ~ d'oreilles 이명(耳鳴).

tinter¹ [tɛ̃te] *v.i.* (종이)울리다, (미사 따위의)시간을 알리는 종이 울리다; (부딪히어)맹그랑 소리가 나다; (귀가)울다. La cloche de l'église *tintait*. 교회의 종이 울리고 있었다. Il fait ~ les pièces dans sa poche. 그는 주머니속의 동전을 짤그랑거린다. L'oreille me *tinte*; Les oreilles me *tintent*. 내 귀에서 윙윙거리는 소리가 난다. faire ~ les verres 술잔을 맞대어 축배를 들다. Les oreilles doivent vous avoir *tinté*; Les oreilles ont dû vous ~. 당신 귀가 가려웠을 거요(본인이 없는 동안 그의 이야기를 했을 때 하는 말).

——*v.t.* (종을)울리다; (미사·기도용)종을 쳐서 알리다. La cloche de l'horloge *a tinté* trois coups. 시계탑의 종이 세 번 울렸다.

tinter² *v.t.* (배에)용골대를 받치다.

tintin [tɛ̃tɛ̃] *n.m.* (옛)맹그랑(하는 소리); (컵 따위가 부딪치는 소리). faire ~ (속어)…없이 지내다(se

mettre la ceinture).
—*int.* 《속어》아이구！천만에！《거부·경멸을 나타냄》(La peau!).

tintinnabulant(e) [tɛ̃tinabylɑ̃, -ɑ̃:t] *a.* 《문어》땡그랑 울리는.

tintinnabuler [tɛ̃tinabyle] *v.i.* 《문어》(방울이)땡그랑 울리다. faire ~ un trousseau de clefs 열쇠꾸러미를 쩔그렁거리다.

tinto [tɛ̃to] *n.m.* (에스파냐산)적포도주.

tintouin [tɛ̃twɛ̃] *n.m.* ① 《구어》근심, 걱정(souci). avoir du ~ 《구어》걱정이 많다. donner du ~ (사전 따위가)까다롭다, 근심[걱정]시키다. ②《속어》법석, 소란(vacarme). ③《옛》귀울음.

tipule [tipyl] *n.f.* 《곤충》꾸정모기.

tique [tik] *n.f.* 《곤충》진드기. être comme une ~ après *qn* 《구어》…을 몹시 피롭히다.

tiquer [tike] *v.i.* ① 《구어》질하다, 움씰하다；실쭉하다, 찡그리다, (얼굴이)경련하다. faire ~ *qn* …의 상을 찌푸리게 하다. Il n'a pas tiqué. 그는 전혀 얼굴에 감정을 나타내지 않았다. ~ sur *qc* …을 꺼리다. ②《수의》(말이)나쁜 버릇이 있다.

tiquet [tike] *n.m.* 《곤충》딱정벌레의 일종（양배추·포도의 해충).

tiqueté(e) [tikte] *a.* (꽃·날개에)얼룩[반점]이 있는.

tiqueture [tikty:r] *n.f.* 얼룩, 반점(斑點).

tiqueur(se) [tikœ:r, -φ:z] *a.* 나쁜 버릇이 있는. —*n.* 나쁜 버릇이 있는 사람; 《의학》안면경련증이 있는 사람. 나쁜 버릇이 있는 말(cheval ~);

***tir** [ti:r] *n.m.* ① 사격, 포격, (활을)쏘기; 발사, 포. champ de ~ 사격장. ~ réel 실탄사격. à ~ rapide 속사의. angle de ~ 사각(射角)(angle au milieu). ~ à l'arc 활쏘기. ~ au fusil 총격, 소총사격. concours de ~ 사격대회. ~ à blanc 공포(空砲)사격. armes à ~ automatique 자동화기. puissance de ~ (일정 시간내의)포탄발사수. corriger[rectifier] le ~ 탄도[조준]를 수정하다; 상황판단의 오류를 바로잡다. ~ de la D.C.A. 대공포화. ~ de groupement 집단사격. ~ d'accompagnement 원호사격. ~ direct(indirect) 직접[간접]조준사격. ② 사격 경기회, 사격장(；채색장·광산에서의)발파. 사격장.

tirade [tirad] *n.f.* ① 《연극》긴 독백; 장광설; 《구어》(욕설 따위의) ~ d'injures 그칠 줄 모르는 욕지거리. ②《옛》당기기.
tout d'une ~ 단숨에.

tirage [tira:ʒ] *n.m.* ① 당기기, (배·차를)끌기; 끄는 배; 뽑아내기. cheval de ~ 배를 끄는 말. cordon de ~ 휘장을 여닫는 끈. ~ de la soie 누에고치에서 실을 뽑기. ~ des métaux 쇠사제조. ②《인쇄》인쇄; 인쇄 부수; 판(版); 출판물; 《사진》인화. à la rotative 윤전기에의 인쇄. ouvrage en cours de ~ 인쇄 중의 저작[작품]. édition à ~ limité 한정판. journaux à fort [à grand, à gros] ~ 발행 부수가 많은 신문. premier ~ 초판. ~ de luxe 호화본. ~ à part [part spécial (別刷), 별쇄. le grand ~ de la saison 이 시즌의 베스트셀러. le développement et le ~ d'une pellicule 필름의 현상과 인화. ~ au sort 추첨, 제비뽑기. ~ d'une loterie 복권의 추첨. ④ (굴뚝의)통풍. ⑤ 채석(採石). ~ à la poudre 발파(發破)에 의함. droits de ~ spéciaux (국제통화기금의)특별인출권(약자)D.T.S.
Il y a du ~. 《구어》(사람들이)사이가 나쁘다; 곤란[애로]이 있다; 끌기 힘들다.

tiraillage [tirɑjaʒ] *n.m.* 마구 쏘아댐, 난사.

tiraille [tirɑ:j] *n.f.* 《기계》연접봉(連接棒).

tiraillé(e) [tirɑje] *a.p.* (옷이)모양이 뒤틀린, 팔꿈치·무릎이 불쑥나온.

tiraillement [tirɑjmɑ̃] *n.m.* ① 당기기. ② 경련. ~*s* d'estomac 위경련. ③ (상반된 감정·생각 사이에서)망설임; 고뇌; 불화, 갈등, 알력(conflit, désaccord). ~*s* entre le législatif et l'exécutif 입법부와 행정부 사이의 갈등. ~*s* à l'intérieur d'un parti 정당의 내분(內紛).

tirailler [tirɑje] *v.t.* (이리저리 자꾸)잡아당기다, 함부로 잡아당기다; 《구어》성가시게 조르다; (상반된 일·감정이 사람을)괴롭히다, 망설이게 하다. ~ *qn* par la manche …의 옷소매를 잡아당기다. L'amitié et le devoir le *tiraillent*. 그는 우정과 의무 사이에서 번민한다. être *tiraillé* entre …의 사이에 끼여 이러지도 저러지도 못하다, 갈팡질팡하다. se faire ~ 좀처럼 승낙하지 않다.
—*v.i.* 난사(亂射)하다.
—*se* ~ *v.pr.* 서로 뜻이 맞지 않다, 의견이 충돌하다(se disputer).

tiraillerie [tirɑjri] *n.f.* ① 알력, 괴롭히기. ② 《옛》사격.

tirailleur [tirɑjœ:r] *n.m.* ① 저격병(éclaireur, franctireur). trou de ~ 저격호(狙擊壕). ② (*pl.*) (식민지의)원주민부대. ③《구어》(고립되어)전위적인 작가(예를들)). *en* ~*s* 산개(散開)하여.

tirant [tirɑ̃] *n.m.* ① 지갑끈; 날개《구두끈을 꿰는 가죽 부분》; (*pl.*)(북을 죄는)가죽끈. ② 《요리》고기의 힘줄. ③ 《건축》이음보. ④ ~ d'eau 《해양》흘수(吃水)(calaison). ⑤ ~ d'air 《해양》흘수(吃水)에서 꼭대기까지의 높이; 《토목》(교량의)수면에서 다리밑까지의 높이.

tirasse [tiras] *n.f.* ① 새그물. ② 《음악》(파이프오르간의)발건반, 페달.

tirasser [tirase] *v.t.* (새를)그물로 잡다.
—*v.i.* 새그물로 잡다.

tiraude [tiro:d] *n.f.* ① 《말뚝 박는 기계》망치를 끌어올리는 밧줄. ② (수동식)말뚝 박는 기계.

tire [ti:r] *n.f.* ① 당기기, 끌기. ② 《문장》청백(靑白)교차 무늬의 횡선(橫線). ③《은어》자동차. ④《캐나다》진한 설탕시럽. *de* [*à*] ~ 《옛》똑바로. (*tout*) *d'une* ~ 단숨에; 계속하여. *vol à la* ~ 소매치기하기. *voleur à la* ~ 소매치기, 날치기. 「듬.

tire- *préf.* 「(을)잡아빼는 것」을 뜻하는 복합어를 만

tiré(e) [tire] *a.p.* ① 야윈, 초췌한. traits ~*s* 초췌한 모습. ② 정돈된, 가꾸어진. cheveux bien ~*s* en alignement 결따라 곱게 빗은 머리. ③ 간행[출판]된. exemplaires ~*s* à part 별쇄 부수. ④ 밀사, 밀정. ⑤ (빗장틀이)푼, 풀어놓은. ⑥ [~ *de*](에서)뽑은, 유래한. terme ~ *de* Freud 프로이트에서 차용한 용어. homme ~ *du* danger (위험의 비롯지)위험에서 구출된 사람. ⑦ (수표 등이)발행된. chèque ~ sur *qn* …의 이름으로 발행된 수표. ~ *par les cheveux* 억지의. explication ~*e par les cheveux* 억지설명.
—*n.* 어음지불인.
—*n.m.* 《사냥》총사냥; 유럽장(遊獵場); 불치. ② ~ à part 별쇄(본)(tirage à part).

tire-au-cul [tiroky], **tire-au-flanc** [tiroflɑ̃] 《구어》(복수불변) 《군사》농땡이[게으름·꾀병]부리는 병사《연속부호 없이 tire au cul, tire au flanc이라고도 씀》.

tire-balle(s) [tirbal] (*pl.* ~~*s*) *n.m.* 《외과》총알 뽑는 집게.

tire-bonde [tirbɔ̃:d] (*pl.* ~~*s*) *n.m.* (통의)마개뽑이(diable).

tire-botte [tirbɔt] (*pl.* ~~*s*) *n.m.* 장화벗는 발판; 장화 신을 때 쓰는 기구.

tire-bouchon [tirbuʃɔ̃] (*pl.* ~-**s**) *n.m.* ① 병마개뽑이. ②(*pl.*) 돌돌 말린 고수머리(cheveux frisés) en~).
en~ 나선 모양의(으로). escalier **en**~ 나선형 계단. **en être en**~《구어》포복절도하다.

tire(-)bouchonnant(e) [tirbuʃɔnɑ̃, -ɑ̃:t] *a.* (바지・양말 따위가)뒤틀린.

tire(-)bouchonné(e) [tirbuʃɔne] *a.p.* (머리칼・식물이)돌돌 말린, 나선 모양의.

tire(-)bouchonner [tirbuʃɔne] *v.i.* 《드물게》(연기 따위가)소용돌이치다. —*v.t.* 나선 모양으로 만들다. —**se**~ *v.pr.* 몸을 뒤틀다(se tortiller).

tire-bourre [tirbu:r] *n.m.* 《복수불변》속(심) 빼는 기구.

tire-bouton [tirbutɔ̃] *n.m.* 《옛》(갈고리 모양의)단추꾸이개.

tire-braise [tirbrɛ:z] *n.m.* 《복수불변》(빵 구울 때 사용하는)부지깽이.

tire-cartouche [tirkartuʃ] *n.m.* 약협(藥莢)뽑이.

tire-cendre [tirsɑ̃:dr] *n.m.* 《복수불변》전기석(電氣石)(tourmaline).

tire-clou [tirklu] *n.m.* 못뽑이, 장도리.

tire-d'aile (à) [atirdɛl] *loc.ad.* 날개를 치며; 나는 듯이 빨리. La jeunesse s'échappe à ~. 청춘은 쏜살같이 지나가버린다.

tire-douille [tirduj] *n.m.* =tire-cartouche.

tirée [tire] *n.f.* 주파(走破)하기에는 너무나 먼 거리. *Il y en a toute une* ~. 그건 너무(지긋지긋할 만큼) 많다.

tire-fesses [tirfɛs] *n.m.* 《복수불변》《구어》《스키》 리프트(téléski, remonte-pente).

tire-feu [tirfø] *n.m.* 《복수불변》(대포의)발사끈(cordon~).

tire-fiacre [tirfjakr] *n.m.* 《구어》늙은 마차말.

tire-filet [tirfilɛ] (*pl.* ~-**s**) *n.m.* (금속이나 나무판 위에)모눈을 긋는 자.

tire(-)fond [tirfɔ̃] *n.m.* 《복수불변》① 《철도》(침목의)나사못, (목공의)나무 나사못. ②촛대를 매달기 위한 천장의 고리.

tirefonner [tirfɔne] *v.t.* 나사못으로 고정시키다.

tirefonneuse [tirfɔnø:z] *n.f.* 침목의 나사못을 조이거나 푸는 데 쓰는 기계.

tire-gomme [tirgɔm] *n.m.* 《속어》손수건.

tire-goupille [tirgupij] *n.m.* 쐐기뽑이.

tire-hélice [tirelis] *n.m.* 《복수불변》《항공》 프로펠러 빼는 기구.

tire-jus [tirʒy] *n.m.* 《복수불변》《속어》손수건.

tire-laine [tirlɛn] *n.m.* 《복수불변》도둑, 노상 강도(voleur); 《옛》외투 도둑.

tire-lait [tirlɛ] *n.m.* 《복수불변》젖짜는 기구.

tire-larigot (à) [atirlarigo] *loc.ad.* 많이, 대량으로(en quantité). boire(manger) à ~ 진탕 마시다(먹다). s'en donner à ~ 진탕 먹고 마시다.

tire-ligne [tirliɲ] (*pl.* ~-**s**) *n.m.* ①《제도용》오구(烏口). 《구어》엉터리 건축가. ②연공용(鉛工用)의 줄치는 기구.

tirelire [tirli:r] *n.f.* ① 저금통. mettre des sous dans une ~ 저금통에 잔돈을 넣다. bascule à ~《구어》 (돈 넣는 구멍이 있는)자동 체중계. ②《속어》머리, 얼굴; 위(estomac), 배(ventre).

tire-lire [tirli:r] *n.m.* 종달새의 울음.

tire-lirer [tirlire] *v.i.* 종달새가 울다;《구어》종달새처럼 노래하다.

tire-l'œil [tirlœj] *n.m.* 《복수불변》(사람의)시선・이목을 끄는 것.

tire-moelle [tirmwal, -mɔɛl] *n.m.* 《복수불변》①《속어》손수건. ②(뼈의)골뽑이.

tire-nerf [tirnɛr] (*pl.* ~-**s**) *n.m.* 《치과》(치아의 신경을 뽑아내는)발수침(拔髓針).

tire-pied [tirpje] *n.m.* 구두 제조공이 일감을 무릎 위에 고정시키는 가죽끈.

tire-plomb [tirplɔ̃] *n.m.* 《복수불변》(유리가게의)연압연기(鉛壓延器).

tire-point(e) [tirpwɛ(:t)] *n.m.* (가죽 뚫는)송곳.

tirer [tire] *v.t.* ① 잡아(끌어)당기다, 끌다, (빗장・휘장을)열다, 닫다, (문을)닫다, (서랍을)열다, 팽팽하게 당기다. ~ *une corde* 줄을 잡아당기다. ~ *la voiture* 마차를 끌다. ~ *sa jupe vers le bas* 치마를 아래로 (잡아) 내리다. ~ *un tiroir* 서랍을 열다. ~ *un verrou* 빗장을 지르다. ~ *la porte derrière* (*après*) *soi* (나가 가면서 나오면서) 문을 닫다. ~ *les cheveux à qn* …의 머리카락을 잡아당기다. ~ *les bottes à qn* …의 장화를 (잡아당겨서) 벗기다.
② (줄을)긋다, 치다; (도면을)그리다. ~ *un trait* 줄을 긋다; 《비유적》줄을 그어 말소하다, 더 이상 문제삼지 않다. ~ *une ligne* 줄을 긋다.
③ [~ *qc de*] (에서)꺼내다, 끌어내다, 추출하다, 빼내다; (젖을)짜내다; (돌을)떠내다; (광석을)파내다; (석탄에서 가스를)뽑아내다; (물을)길어내다; (이익을)얻다; (돈을)짜내다; (값을・빈곤에서)구해내다; (결론을)끌어내다; 《수학》근(根)을 구하다. ~ *l'épée*(*son épée*) 칼을 빼다. mot *tiré du latin* 라틴어에서 파생된 말. ~ *avantage*(*parti, profit*) *de sa position* 자기의 지위를 유리하게 이용하다. ~ *vanité de ses succès* 성공을 자랑하다. ~ *qn d'embarras*(*d'affaire, de difficulté, d'un mauvais pas*) …을 곤경에서 구해내다. ~ *qn du doute* (*du sommeil*) …의 의심을 풀어주다(잠을 깨우다). ~ *une leçon*(*une morale*) *de qc* …으로부터 교훈을 얻다. ~ *des conséquences*(*des conclusions*) *de qc* …으로부터 결론을 끌어내다.
④ (총・총알・화살을)쏘다; (사냥감 따위를)쏘다; (꽃불을) 쏘아 올리다. ~ *un coup de revolver* 권총을 한 방 쏘다. ~ *une flèche* 화살을 쏘다. ~ *plusieurs balles* 총을 여러 발 쏘다. Cette mitrailleuse *tire* cinq cents *fois* (à la) minute. 이 기관총은 일 분에 500 발이 발사된다. ~ *le canon* 대포를 쏘다. ~ *un oiseau au vol* 날아가는 새를 쏘아 떨어뜨리다. ~ *un feu d'artifice* (꽃불놀이)화포를 쏘아 올리다.
⑤ (책을)인쇄하다, (판화를)찍다;《사진》밀착하다; 촬영하다. ~ *un roman* à 5000 *exemplaires* 소설 5,000부를 찍다. ~ *le portrait de qn*; ~ *qn en portrait* …의 모습을 사진으로 찍다. ~ *une estampe* 판화를 찍다. ~ *deux copies de l'original* 원본을 두 장(권) 복사하다.
⑥ 《상업》(어음을)발행하다. ~ *une lettre de change sur le compte de*; ~ *qn* …앞으로 환어음을 발행하다. ~ *un chèque de 1000 francs* 1,000 프랑짜리 수표를 발행하다.
⑦ (제비 따위를)뽑다;(로)점치다. ~ *une loterie* 복권을 뽑다. ~ (*qc*) *au sort* …을 추첨하다, 제비를 뽑다. ~ *le bon*(*le mauvais*) *numéro* (좋은[나쁜] 번호를 뽑다)→재수가 좋다(나쁘다). ~ *les cartes* 카드로 점치다. ~ *l'horoscope de qn* …의 운수를 점성술로 점치다.
⑧ (배가 …의)흘수(吃水)이다. paquebot qui *tire six mètres* 흘수 6미터의 상선.
⑨ (구어)(불유쾌한)시간을 보내다. ~ *un an de prison* 1년을 옥살이 하다. Il a encore trois ans de service à ~. 그는 아직도 3년을 복무해야 한다. *bon à* ~ 《인쇄》교료(校了).

~ des larmes à qn …을 울리다, 감동시키다.
~ la couverture à soi[de son côté]《구어》담요를 자기 쪽으로 더 많이 잡아당기다; 자기 몫 이상을 요구하다.
~ l'aiguille 바느질 일을 하다.
~ la jambe (피로·통증으로)발을 질질 끌다.
~ la langue ~ *la langue à qn* …을 조롱하면서 혀를 내밀다. ⓑ 몹시 목이 마르다; 갖고 싶어하다. faire ~ *la langue à qn* (갖고 싶어하는 것을 주지 않으면서) …을 안달나게 하다.
~ l'échelle 더 이상 해보지 않다. Il n'y a plus qu'à ~ *l'échelle*. 이젠 두 손을 들 수밖에 없다.
~ les ficelles[les cordes] 배후에서 조종하다, 숨은 주동 인물이다.
~ les traits 얼굴에 피로의 기색이 나타나게 하다.
~ les yeux 시선을 끌다; 눈을 피곤하게 하다.
~ un texte à soi 어떤 글을 자기에게 유리하게 해석하다.
— *v.i.* ① [~ sur/vers *qc*] (색·옷 등이) …색을 띠다. jupe qui *tire* sur le marron 밤색이 도는 치마. ~*sur* le bleu 푸른 색을 띠다.
② [~ sur *qn/qc*; ~ contre *qc*] (을 향해서)총·활을 쏘다; [~ à] (으로)쏘다; (목적보어 없이)발사하다, 사격하다; (총포)발사되다. Le policier *tire sur* le bandit. 경관이 강도를 향해 총을 쏘다. ~ *sur* une [à la] cible 과녁을 향해 총을 쏘다. ~ *à l'arc* [au fusil] 활(총)을 쏘다. ~ *au but* 과녁을 맞추다. ~ *au vol* 날아가는 새를 쏘아 맞추다. ~ *à blanc* 공포를 쏘다. T—~! 발사! Le canon commence à ~. 대포가 발사되기 시작한다. Cette carabine *tire* juste. 이 소총은 잘 명중한다.
③ [~ sur] 잡아당기다. ~ *sur* une corde 줄을 잡아당기다.
④ [~ sur] (담배 따위를)빨다; (목적보어 없이) 통풍이 잘 되다. ~ *sur* sa pipe [sa cigarette] 파이프 [담배]를 빨다. poêle qui *tire* bien 연기가 잘 빠지는 난로.
⑤ (경사가)급하다. Cette côte *tire* dur. 이 언덕은 가파르다.
⑥ [~ à+복수명사] 인쇄되다. Ce quotidien *tire à* cent mille numéros par jour. 이 일간지는 하루에 십만부를 찍는다.
⑦ ~ *au but*《축구》골문을 향해 공을 차다. **Ne tirez pas sur le pianiste.**《구어》(열심히 일하는 사람에 대해)너무 가혹하게 대하지 마시오.
~ à la ligne (더 많은 고료를 위해 원고의 글을)잡아 늘이다.
~ à la visite[à la consultation] (의사·변호사가 돈을 더 받아내기 위해)왕진[면담]회수를 늘리다.
~ à sa fin 끝나가다; (병자가)죽어가다.
~ au flanc;《속어》~ au cul《구어》게으름 피우다, 꾀부리다《원래는 군대어》.
~ au large《해양》난바다로 나가다;《구어》도망 치다.
~ comme un pied 사격을 형편없이 쏘다. [치다.
~ dans le dos 등에다 총을 쏘다;《비유적》비겁하게 행동하다.
~ en longueur (병 따위가)오래 끌다.
~ sur la ficelle 지나친 짓을 하다; 지나치게 욕심 부리다.
— *se ~* *v.pr.* ① 《속어》뺑소니치다, 줄행랑 치다 (s'enfuir, s'esquiver).
② (지루한 일·힘드는 일이)차츰차츰 끝나가다. Ça *se tire*! 이제 겨우 다 돼 간다!
③ [se ~ de] (곤경에서)벗어나다; (어려운 일을) 해내다, 처치우다(s'acquitter de). *se ~ d'affaire* [*d'un mauvais pas*] 곤경에서 빠져나오다. *se ~ d'une tâche difficile* 어려운 임무를 해내다.

④ 팽팽하게 되다; 꺼내어지다, 끌어내어지다; 인쇄되다.
⑤ 서로 잡아당기다. *se ~ par les cheveux* 서로 머리를 잡아당기다.
⑥《se ~ 간접목적보어》자기에게 쏘다. *se ~ une balle dans la tête* 자기 머리에 총을 쏘아 자살하다. *se ~ un coup de pistolet* 피스톨로 자살하다.
s'en ~《구어》난관을 벗어나다; 어려운 일을 용케 해내다; 그럭저럭 해나가다(s'en sortir). *avoir tout juste de quoi s'en ~* 겨우 살아나갈 만한 재산밖에 없다. [s'en ~ *avec*] Il *s'en est tiré avec* trois mois de prison. 그는 석달의 징역만으로 끝났다.
tire-racine(s) [tirrasin] *n.m.*《복수불변》《치과》이뿌리 뽑는 겸자(鉗子).
tirerie [tirri] *n.f.* ①《공학》= tréfilerie. ②《금속》= tirage.
tire-sou [tirsu] *n.m.* ①《옛·구어》돈 욕심장이; 고리 대금업자; 세리(稅吏). ② 손해 보기 일쑤인 도박(복권).
tiret [tirɛ] *n.m.* ①《언어·인쇄》대시(—). ②《옛》(서류를 철하는)양피지 끈. ③《옛》연결선(trait d'union).
tiretaine [tirtɛn] *n.f.*《옛》《직물》면모 교직(綿毛交織)의 나사.
tirette [tirɛt] *n.f.* ① (붙이고 떼고 할 수 있는)책상의 널빤지. ② (휘장을 여닫는)끈; (장갑의)끈.
tireur(se) [tirœ:r, -ø:z] *n.* ①《상업》(어음·환어음의)발행인. ② 철사 제조 직공; 방적공; (줄을) 통에서 내는 사람. ③《인쇄》(교정쇄를)찍는 사람; 《사진》밀착하는 사람. ④ (총·활의)사수; (대포의)사격수. ~ *au fusil* [*à l'arc*] 소총사수[궁수(弓手)]. ⑤ 검술가(~ *d'épée* [*d'armes*]). ⑥《은어》소매치기. ~ *de cartes* 카드로 점치는 사람. ⑦《은어》소매치기.
— *n.f.*《사진》밀착기(密着器).
tire-veine [tirvɛn] (*pl.* ~-*s*) *n.m.*《외과》스트립퍼(피정맥 제거수술에 쓰이는 기구).
tire-v(i)eille(s) [tirv(j)ɛj] *n.m.*《복수불변》《해양》① (난간줄(현제(舷梯) 따위의 옆에 친 밧줄). ② 조타(操舵)줄.
*****tiroir** [tirwa:r] *n.m.* ① (책상 따위의)서랍. ~ (*à*) *secret* 비밀 서랍. mettre[ranger] des lettres dans un ~ 서랍 속에 편지를 넣다. ouvrir[tirer] un ~ 서랍을 열다. fermir[pousser] un ~ 서랍을 닫다. ② (기계) (증기기관의)활판(滑瓣); (계산차의) 슬라이드. *boîte de ~* 기실(汽室). ③《철도》 (종점에서 더 뻗어 나간)연장선.
avoir un polichinelle dans le ~《속어》임신중이다. **fond de** ~ 서랍 속에 넣고 잊어버린 것; 낡고 가치 없는 것;《구어》남은 돈. racler ses *fonds de ~s* 남은 돈을 다 긁어 모으다.
nom à ~s 여러 말로 이어진 이름[성](nom à rallonges).
pièce(roman) *à ~(s)* 삽화극[소설].
tiroir-caisse [tirwarkɛs] (*pl.* ~-*s*-~-*s*) *n.m.*《상업》(상점의)금전등록기.
tironien(ne) [tirɔnjɛ̃, -ɛn] *a.*《고대로마》티로 (Tiro(n), 키케로의 비서)의(에 관한). notes ~*nes* 티로가 발명한 속기술.
tisane[1] *n.f.* ① 탕약. ~ *d'orge* 보리차. ② ~ *de champagne* (달콤한)순한 샴페인;《구어》싸구려 샴페인.
tisane[2] *n.f.* 구타; 징계(correction). filer[passer] une ~《속어》때리다, 혼내주다. receivoir une bonne ~ 흠씬 얻어맞다.
tisaner [tizane] *v.t.*《속어》때리다.
tisanerie [tizanri] *n.f.* (병원의)탕약 조제소.
tisanière [tizanjɛ:r] *n.f.* 약탕관, 약달이는 그릇.

tisard, tisart [tiza:r] *n.m.* (유리 제조용 화덕·용광로의)연료 보급구.

tiser [tize] *v.t.* (유리제조용 용해로에)연료를 넣다.

tiseur [tizœ:r] *n.m.* (유리제조용)용해로의 직공.

tisoir [tizwa:r] *n.m.* (유리제조 공장에서 사용하는) 부지깽이.

tison [tizɔ̃] *n.m.* ① 깜부기불. souffler sur les ~s 깜부기불을 불어 불씨를 살리다. ② 내풍(耐風) 성냥 (alumette ~). ③ (비유적) (큰 불에 타다 남은 숯). ~ de discorde 불화의 씨. ~ d'enfer (지옥에서 불태워질 만한)극악무도한 자.
 avoir toujours le nez sur les ~s; être toujours sur les ~s 《구어》늘 불 옆을 떠나지 않다. *Noël au balcon, Pâques au ~.* 《속담》성탄절에 날이 좋으면 부활절에 춥다. *prendre le ~ par où il brûle* 《구어》성공을 위해 위험을 무릅쓰다.

tisonné(e) [tizɔne] *a.p.* (말이)검은 얼룩이 있는.

tisonnement [tizɔnmɑ̃] *n.m.* (불을)쑤셔 일으킴.

tisonner [tizɔne] *v.t.* ① (불을)쑤셔 일으키다, 뒤적거리다.《속어》(싸움 따위를)부채질하다. ② (비유적) 회고하다, (일을)되새겨보다.
 —*v.i.* 불을 쑤셔 일으키다.

tisonneur(se) [tizɔnœ:r, -ø:z] *n.* 불을 쑤석거리기 좋아하는 사람. —*n.m.* 《공업》=tiseur.

tisonnier [tizɔnje] *n.m.* ① 부지깽이 (fourgeon, ringard). ② 《야금》=attisoir.

tissage [tisa:ʒ] *n.m.* ① 직조, 베짜기; 직물. ~ mécanique 기계직(織). ~ à la main [à bras] 수직(手織). ② 직물공장.

*****tisser** [tise] *v.t.* ① (베를)짜다; (거미가 줄을)치다; (새가 집을)짓다. métier à ~ 베틀. ~ du drap [de la laine, du coton] 나사(모직물, 면직물)를 짜다. ② (비유적)꾸미다, 꺼내덮다《문어에서 과거분사는 tissu》. récit tissé [tissu] de mensonges 거짓말 투성이의 이야기. ~ des intrigues compliquées 복잡한 계략을 꾸미다.

tisserand(e) [tisrɑ̃, -ɑ̃:d] *n.* 직조공, 방직공. ~ drapant [en soie] 모(견)직공. *a.* 직조를 업으로 삼는. —*n.m.* 《조류》=tisserin.

tisseranderie [tisrɑ̃dri] *n.f.* 직조업; 직물업.

tisserin [tisrɛ̃] *n.m.* 《조류》멋장이새의 일종.

tisseur(se) [tisœ:r, -ø:z] *n.* 직조공.

tissu(e) [tisy] (*p.p.* < tisser, tistre) *a.p.* [~ de] 짜여진, 《문어》(으)로 투성이의. jours ~s de regrets et d'alarmes 회한과 불안의 나날.
 jours ~s d'or et de soie 호사스러운 생활.
 —*n.m.* ① 직물, 피륙; 《상업》옷감; 피륙의 결. marchand de ~s 옷감 장수. ~ métallique (가는 철사로 짠)쇠그물. étoffe d'un ~ serré [lâche] 올이 촘촘한 [성긴] 피륙. ~ de laine [de coton, de soie] 모직물 [면직물, 견직물]. ~ synthétique 합성섬유의 직물. ~ imprimé 날염직물. ② (으로)짜여진 것, (의)투성이, 연속. ~ de mensonges 거짓말 투성이. ~ de contradictions 모순 덩어리. ③ 《생물》(세포)조직. ~ musculaire [conjonctif, nerveux] 근육 [결합, 신경]조직. ~ social [urbain, industriel] 사회 [도시, 산업] 조직.

tissu-éponge [tisyepɔ̃:ʒ] (*pl.* ~**s**-~**s**) *n.m.* 《직물》타월감(천).

tissulaire [tisylɛ:r] *a.* 《생물》(세포)조직의.

tissure [tisy:r] *n.f.* ① 《옛》피륙의 결. étoffe à ~ serrée [lâche]올이 촘촘한 [성긴] 피륙. ② 《문어》(연설 시 따위의)구성, 결구(結構) (agencement).

tissuterie [tisytri] *n.f.* 《옛》장식끈·리본 제조법.

tissutier [tisytje] *n.m.* 《옛》장식끈·리본 제조인.

tistre [tistr] *v.t.* (과거분사 tissu 와 복합시제로만 쓰임) ① 《구어》(음모 따위를) 꾸미다. ② 《옛》(베를) 짜다 (tisser).

titan (e¹) [titɑ̃, -an] *n.m.* 대작(大作). 거인, 장사, 거대한 것. œuvre de ~ 초대작 (超大作). —**T-** *n.pr.m.* 《그리스 신화》티탄, 타이탄 (거인); (*pl.*) 티탄족 (族) (12 인의 거인). ② 거대한, 위대한. grue ~e 문형 (門形) 이동식 기중기.

titanate [titanat] *n.m.* 《화학》 티탄산염 (酸塩).

titane² [titan] *n.m.* 《화학》 티탄.

titané [titane] *a.* 《화학》 티탄을 함유하는.

titanesque [titanɛsk] *a.* 거인적인, 거대한, 거창한 (colossal). entreprise ~ 거창한 기획.

titanifère [titanifɛ:r] *a.* 《광물》 티탄을 함유하는.

titanique¹ [titanik] *a.* =titanesque.

titanique² [titanik] *a.* 《화학》 티탄의.

titanite [titanit] *n.f.* 《광물》 티탄석 (石).

titanium [titanjɔm] *n.m.* 《화학》 =titane².

Tithon [titɔ̃] *n.pr.m.* 《그리스신화》 티토노스 (새벽의 여신 Aurore 의 애인, 영생을 받았으나 말년에 노쇠하여 메뚜기가 됨).

tithymale [titimal] *n.m.* 《식물》 등대풀 무리.

titi [titi] *n.m.* 《속어》(파리의)건방진 젊은이.

titianesque [tisjanɛsk] *a.* 《미술》 티치아노(*le Titien*, 이탈리아의 화가)풍의.

titillant(e) [titi(l)lɑ̃, titijɑ̃, -ɑ̃:t] *a.* 《문어》 간지러운 듯한 쾌감을 느끼게 하는.

titillation [titi(l)lasjɔ̃, titijasjɔ̃] *n.f.* 《문어》 간지러운 듯한 쾌감.

titiller [titi(l)le, titije] *v.t.* 《문어》 간지럽히다, 쾌감을 느끼게 하다 (caresser).
 —*v.i.* 간지러운 듯한 쾌감을 느끼다.

titisme [titism] *n.m.* 티토(*Tito*) 주의.

titiste [titist] *a.* 티토주의의. —*n.* 티토주의자.

titrable [titrabl] *a.* 《야금》 시금 (試金) 할 수 있는.

titrage [titra:ʒ] *n.m.* ① 《화학》(용액의)적정 (滴定); 《야금》(광석의)시금 (試金); (금·합금의)순분 (純分) 검정; (술의)알코올 정량 (定量). ② 《영화》 자막 삽입. ③ (실·철사의)번수 매기기; (섬유 제품의)혼방률 검사.

:**titre** [titr] *n.m.* ① 칭호; 작위; 직함, 관직명; (의사·변호사 따위의)자격. ~ de roi [de maréchal] 왕 (원수) 의 칭호. se donner le ~ de …이라고 자칭하다. avoir [porter] un ~ (de noblesse) 작위를 가지고 있다. ~ universitaires 학위.
 ② 명의, 명목, 자격; (보통 *pl.*) [~ à] (에 대한)권리 (droit). ~ d'époux 배우자의 자격 (명칭). ~ de champion du monde 세계 선수권 자격. disputer un ~ 선수권을 놓고 싸우다. défendre son ~ 선수권을 방어하다. avoir des ~s à la reconnaissance de *qn* …의 감사를 마땅히 받을 만하다.
 ③ (책·노래·장(章)·신문기사 따위의)표제, 제목; (법전 따위의)절 (節), 항 (項); ~ d'une pièce [d'un film] 연극 (영화)의 제목. deuxième ~; sous-~ 부제. faux-~ 책의 속표지 앞장에 실린 작은 글자로 된 표제. page de ~ 속표지, 안겉장. ~ courant 각 페이지의 윗가에 적은 표제. gros ~s de la une; ~ sur cinq colonnes à la une 신문 제 1 면의 큰 표제.
 ④ 《법》(권리)증서; 《재정·상업》공채증서, 증권; (*pl.*) 유가증권; 면허증. ~ de propriété 부동산 증서. ~ authentique 공정증서. ~ au porteur 무기명 증권. ~ d'action 주권. ~ de rente 정부 발행의 공채 증서. ~ nominatif 기명증권. ~ de permission 《군사》(병사의)휴가·외출허가증. ~ de transport 차표. vendre des ~s 유가증권을 팔다.
 ⑤ (금·경화(硬貨)의)순분 (純分); (광석의)광물

함유량; 【화학】(용액의)적정량; (명사·철사의)번수; 【직물】(섬유제품의)혼방률. or au ~ 본위금(本位金).
à- +형용사 ⓐ ~적으로. *à* ~ exceptionnel 예외적으로. *à* ~ gratuit 무료로, 무료로. *à* ~ officiel [personnel] 공식적으로[사적으로]. ⓑ (변형되어) ~이유로. *à* ce ~ 이런 이유로. *à des* ~s divers 여러가지 이유로. *à juste* ~ 정당하게. *À quel* ~? 무슨 이유로?
à — *de* +명사 ···의 자격으로, ···으로서. *à* ~ *d'ami* [*d'héritier*] 친구(상속인)로서. *à* ~ *d'essai* 시험적으로. *à* ~ *d'office* 직권상(의 자격으로).
au même ~ (*que*) (···와)같은 이유로; 같은 자격으로. *Tu peux y participer au même* ~ *que moi*. 너도 나와 같은 자격으로 참가할 수 있다.
au ~ *de* ···의 요청에 의해.
en ~ 현재 직책을 가진, 정식자격을 가진; (구어) 공인된. *professeur en* ~ 정교수. *maîtresse en* ~ 공인된 정부(情婦).

titré(e) [titre] *a.p.* ① 작위[직함]가 있는. *gens* ~*s* 귀족. *terre* ~*e* 작위에 부수되는 영지. ② (교사)자격이 있는. ③ 【화학】(용액의)적정(滴定)된. *liqueur* ~*e* 표준액.

titrer [titre] *v.t.* ① (에게)칭호[작위]를 주다. ② (의)표제를 붙이다(intituler); (영화의)자막을 넣다. ③ (용액을)적정(滴定)하다; 【야금】광물 함유도를 검정하다, (광석을)시금(試金)하다; (금·합금의)순분(純分)을 검정하다; (술의)알코올 함유량을 측정하다; (명사·철사의)번수를 정하다; (섬유 제품의)혼방률을 정하다.

titreuse [titrøːz] *n.f.* 【인쇄】제목을 인쇄하는 기계; 【영화】(영화의)타이틀 촬영기.

titrimétrie [titrimetri] *n.f.* 【화학】적정(滴定)
— *par neutralisation* 중화적정.

titubant(e) [titybɑ̃, -ɑ̃ːt] *a.* 비틀거리는, 갈짓자의. *ivrogne* ~ 비틀거리는 주객.

titubation [titybɑsjɔ̃] *n.f.* 《드물게》비틀거림.

tituber [titybe] *v.i.* 비틀거리다, 갈짓자로 걷다 (chanceler).

titulaire [titylɛːr] *a.* ① 실제 직책을 가진; 정식의, 본관(本官)의. *professeur* ~ 정교수. *membre* ~ 정회원. ② (법적)자격(권리)을 가진; 명의를 가진, 명의상의. ~ *du baccalauréat* 대학 입학 자격을 가진. *personne* ~ *d'une pension de retraite* 퇴직연금의 권리를 가진 사람. *évêque* ~ 【가톨릭】명의 주교. ③ *patron* ~ *d'une église* 【가톨릭】교회의 수호성인.
— *n.* 직함(칭호)을 가진 사람; 본관; 【학교】정교수; 【가톨릭】주임 사제(司祭); (권리 따위의)소지자. ~ *du permis de conduire* 운전면허 소지자. ~ *d'un abonnement* 【전화】가입자. ~ *d'une médaille* 포장(褒章)소지자. ~ *de plusieurs condamnations* (구어)누범자(累犯者).

titulariat [titylarja] *n.m.* 본직 [본관] 임.

titularisation [titylarizɑsjɔ̃] *n.f.* 임관(任官).

titulariser [titylarize] *v.t.* (정식으로)임명[임용]하다, 임관시키다. ~ *un fonctionnaire* 공무원을 임명하다. *passer un examen pour être titularisé* 정식 임용 시험을 치다.

titulateur [titylatœːr] *n.m.* 《엣》【영화】자막을 쓰는 사람.

Titus (à la) [alatitys] *loc.ad., loc.a.* (머리가)티투스 (*Titus*, 로마황제)식의. *coiffure à la* ~ (앞부리를 짧게 깎은)티투스 형 두발.

T.I.V. 《약자》*tableau lumineux indicateur de vitesse* 속도계.

tjäle [tjɛl]《스웨덴》*n.m.*【지질】동토(凍土).

Tl 《약자》*thallium* 【화학】탈륨.

T.L. 《약자》*taxe locale* 지방세.

Tm 《약자》*thulium* 【화학】툴륨.

tmèse [tmɛːz] *n.f.* 【언어】합성어 분리법 (보통 한 단어처럼 쓰는 합성어의 중간에 다른 단어를 삽입함; *lorsque*→ *lors même que*).

T.M.G. 《약자》*temps moyen de Greenwich* 그리니치 평균시.

T.N.P. 《약자》*Théâtre National Populaire* 국립 민중 극장.

T.N.T. 《약자》*trinitrotoluène* 트리니트로톨루엔.

toarcien(ne) [tɔarsjɛ̃, -ɛn] *a.*【지질】토아르키안 (쥐라계(系) 리아스계(階)의 최상부)의.
— *n.m.* 토아르키안계(階).

toast [tost]《영》*n.m.* ① 축배, 건배. ~ *de bienvenue* 환영의 축배. *porter un* ~ (*à qn*)(···을 위하여)건배하다, 축배를 들다. ② 토스트빵.

toaster [toste] *v.i.* 건배하다, 축배를 들다. ~ *à la santé de qn* ···의 건강을 위해 건배하다.

toasteur [tostœːr] *n.m.* 《드물게》(빵 굽는)토스터 (grille-pain).

toboggan [tɔbɔgɑ̃]《캐나다》*n.m.* ① (유원지 따위의)썰매 미끄럼틀. ② (화물운송용의)활주로(goulotte, glissière). ③ 토보간 썰매. ④ 【교통】(조립·분해가 가능한 자동차용)철제 육교.

tobogganing [bɔbɔɡaniŋ]《영》*n.m.* 토보간 썰매 경기.

tobogganiste [tɔbɔɡanist] *n.* 토보간 썰매 경기자.

toc [tɔk] *int.* 똑똑, 톡, 탁. *faire* ~ ~ *à la porte* 문을 똑똑 두드리다.
Et ~ *!* (구어)잘했다, 정확하다 (즉각적이고 정확한 대답에 대해 하는 말) (Bien envoyé!).
— *n.m.* ① (구어)가짜, 모조품, 위조품; 시시한 것. *C'est du* ~. 그것은 가짜야. [*en* ~] *bijou en* ~ 모조 보석. ② 톡탁거리는 소리. ③ 【기계】(선반의)돌림쇠.
— *a.* (불변) ① (구어)머리가 돈(toc toc, toc-toc 이라고도 함)(toqué). *Il est devenu* ~. 그자는 머리가 돌았어. ② 하찮은, 시시한. *C'était réussi?* — *C'était assez* ~. 그래 성공적이었나? 아냐, 시시했어.

tocade [tɔkad] *n.f.* =**toquade**.

tocan [tɔkɑ̃] *n.m.* =**tacon**.

tocane [tɔkan] *n.f.* (압착기에 넣기 전에 흘러 나온 포도액으로 만든)새 샴페인 술.

tocante [tɔkɑ̃ːt] *n.f.*《속어》회중시계(montre).

tocard(e) [tɔkaːr, -ard] (俗어)*a.* 시시한, 악취미의; 보기 흉한(laid). — *n.* 반편, 등신, 바보.
— *n.m.* 〖경마〗입상할 가망이 없는 말.

tocasson [tɔkasɔ̃] *n.*《속어》못생긴 사람; 바보.

toccata(*pl. e*) [tɔkata, -e]《이탈리아》*n.f.*【음악】토카타.

toco- *préf.*「출산」의 뜻.

tocologie [tɔkɔlɔʒi] *n.f.* 산과학(産科學).

tocophérol, tocoférol [tɔkɔferɔl] *n.m.* 토코페롤 (비타민 E의 활성 요인).

tocotechnie [tɔkɔtɛkni] *n.f.* 산과술, 조산술.

tocsin [tɔksɛ̃] *n.m.* 경종(의 소리). *sonner le* ~ (화재·전쟁 따위의)경종을 울리다, 경고를 주다; (엣)민중을 선동하다.

toc toc, toc(-)toc [tɔktɔk] *a.* ⇨toc.

todier [todje] *n.m.* 〖조류〗(서인도 제도산)딱따구리류의 고운 새.

T.O.E. 《약자》*théâtre d'opérations extérieures* 【군사】외국 작전 지구.

toge [tɔːʒ] *n.f.* ① (법관·교수 따위의)정장, 예복. ② 〖고대로마〗토가 (길고 펑퍼짐한 옷).

togolais(e) [tɔgɔlɛ, -ɛːz] *a.* 토고의(*le Togo*, 서아프리카의 나라의). —*T*~ *n.* 토고 사람.

tohu-bohu [tɔyboy]〖헤브라이〗*n.m.* ① (구어)혼

‡**toi** [twa] *pron.pers.* (2인칭 단수·강세형) 너, 그대, 자네. ① (tu, te 의 동격) Tu viens, ~? 너는 오겠지? (seul, aussi 앞에서) T~ seul peut la consoler. 너만이 그녀를 위로할 수 있다.
② (속사) C'est ~. 그것 너다.
③ (등위(等位)) T~ et moi nous irons ensemble. 너와 나는 같이 가자.
④ (분사절의 주어, 생략적 구문) T~ parti, j'ai couru ici. 네가 떠나자 나는 여기에 달려 왔다. Qui, ~? 누구냐, 너는? T~, nous quitter! 네가 우리를 떠나다니!
⑤ (호격으로) Et ~, viens avec moi. 너는 나하고 가자.
⑥ (긍정 명령문의 (대명)동사 뒤) Dépêche-~! 서둘러라! (en, y 앞에서는 t'로 사용됨) Va-t'en! 가 버려!
⑦ ⓐ (간접 목적보어로서 비강세형이 쓰이지 않는 몇몇 동사에) Je pense à ~. 나는 너를 생각한다. ⓑ (동사가 1인칭 대명사를 직접 목적보어로 취한 때) Il m'a présenté à ~. 그가 나를 너에게 소개해 주었었다. ⓒ (ne... que 의 구문에서) Je n'aime que ~. 나는 너만을 사랑한다.
⑧ (비교의 que 뒤에) Il est plus grand que ~. 그는 너보다 키가 더 크다.
⑨ (특수구문에서) C'est à ~ de chanter. 네가 노래할 차례이다. C'est gentil à ~ de venir m'aider. 나를 도우러 와주어서 고맙다.
⑩ (전치사 뒤) chez ~ 너의 집에서. Je suis content de ~. 나는 너에게 만족하고 있다.
⑪ (소유형용사 ton 을 강조하여) tes questions à ~ 너의 질문.
⑫ [~-même] 너 자신. Connais-~-même. 너 자신을 알라.
être à tu et à ~ avec qn …와 친한 사이이다.
—*n.m.* (moi 에 대해) 타자(他者). Pense donc un peu au «~»! 글쎄 "남"의 일도 좀 생각하여라!

toilage [twala:ʒ] *n.m.* (레이스의)바탕.

‡**toile** [twal] *n.f.* 아마포, 삼베, 무명베, 린네르; 포목, 삼베 천막(天幕)으로 만드는 천; (*pl.*) (구어)홑이불(draps). ~ de lin 아마포. ~ de coton 면포. ~ de Jouy 크레퐁 사라사. ~ métisse(면과 아마의) 혼방포. ~ bise(écrue) 네덜란드 천(삼베의 일종). ~ de soie 비단. ~ de crin 말털로 짠 직물. ~ à chemises 샤쓰감. ~ à draps(pour draps de lit) 시트감. ~ à voile(s) 범포, 화포. ~ à sacs 부대용 삼베. ~ imperméable 방수포. ~ à matelas 이불싯감. ~ cirée 동유포(桐油布), 방수포. ~ d'emballage 포장용 천. reliure en ~ 클로스 장정(裝幀). ~ métallique 쇠그물.
② (미술) 캔버스, 화포; 유화, 그림. peindre une ~ 그림을 그리다. ~ de maître 대가의 그림. peindre sur ~ 화포 위에 그리다. ~s de Courbet 쿠르베의 유화작품. gâcher(barbouiller) de la ~ 형편없는 그림을 그리다.
③ (해양) 돛; 천막, 텐트, 차일; (옛) (연극) 막(rideau). faire de la ~ 돛을 활짝 펴다. bateau à sec de ~ 돛을 다 내린 배. augmenter(diminuer) de ~ 돛을 올리다(줄이다). coucher sous la ~ 천막을 치고 자다. ~ de fond (무대의)배경포(背景布); (비유적) (일·사건의)배경.
④ (테니스의)네트; (*pl.*) (풍차의)익포(翼布); (사냥)울가미.
⑤ (거미의)줄집. ~ d'araignée 거미줄(집). araignée qui tisse(file) sa ~ 집을 짓고 있는(줄을 치고 있는) 거미.
se mettre dans les ~s (속어)잠자리에 들다. ~ **de Pénélope** (율리시즈의 처)페네로프의 천; 끝나지 않는 일.

toilé [twale] *n.m.* (레이스의)바탕. —*a.* papier ~ 린네르 종이.

toilerie [twalri] *n.f.* 린네르(면)직물; 린네르(면)직물의 제조(제조업·판매업·제조공장).

toilettage [twaleta:ʒ] *n.m.* ① 애완동물에게 해주는 단장(治裝). ② (비유적) (소규모의 부분(세부)적인) 수정, 손질(retouches). ~ de la Constitution 헌법의 부분적 수정.

****toilette** [twalɛt] *n.f.* ① 화장, 단장. être à sa ~ 화장하고 있다. faire sa ~ 화장하다. table de ~ 화장대. eau de ~ 세면용 타월. cabinet de ~ 화장실. serviette de ~ 세면용 타월. cabinet de ~ 화장실. savon de ~ 화장비누.
② (여자의)옷차림, 몸치장, 장식; (여자의)옷, 의상. aimer la ~; avoir le goût de la ~ 몸치장하기(멋부리기)를 좋아하다. ~ de mariée 신부복. ~ d'été 하복. ~ de bal 야회복. être en grande ~ 성장(盛裝)하고 있다. parler ~ 몸치장(옷)에 대해 이야기하다(parler chiffon). ③ 손질, 미화, 정리. ~ de la maison 집안 청소. ~ d'un texte (인쇄소로 넘기기 전에)원고를 정리하다. ④ (*pl.*) 변소(cabinet, w.-c.); 화장실, 경대; 세면대; (옛)화장 도구. ⑤ (옛) 작은 천 조각; (화장대 위에 까는)상보; (상인이 물건을 싸는)보자기. marchande à la ~ 현옷·장식구 장수(돈놀이도 함). ⑥ (특히 돼지의)복막 (푸줏간에서 고기를 싸는 데 쓰는).
~ **de chat** 간단한 세수, 하나마나한 세수.

toiletter [twale(e)te] *v.t.* (애완동물에 대해)손질을 하다.
toileuse [twalø:z] *n.f.* 봉제(縫製)여공.
toilier(ère) [twalje, -ɛ:r] *a.* 린네르 제조의. —*n.* 린네르 제조업자, 린네르 상인.
toi-même [twamɛm] *pron.pers.* ⇔**même**.

toise [twaːz] *n.f.* 신장 측정기. passer qn à la ~ …의 신장을 재다. passer(se mettre) sous la ~ (사람을 시켜)자기 키를 재다. ② 길이의 옛 단위 (1.949 m). ③ ~ de pierre (길에 까는 자갈의) 더미 (2 입방미터).
mesurer à sa ~ (옛)자기의 척도로 재다(평가하다). **mots longs d'une ~** (구어)매우 긴 말.

toisé [twaze] *n.m.* 입체의 면적 측정법; (토목·건축) 측정, 측량.

toiser [twaze] *v.t.* ① (신장측정기로)(의)신장을 재다; (옛) (toise 자로)측량하다. ② (비유적)경시하다(estimer); 평가하다(apprécier). ③ (사람을) 경멸하듯이 아래위로 훑어 보다. ~ qn des pieds à la tête(de la tête aux pieds) …을 발끝에서 머리끝까지 훑어보다.
—**se ~** *v.pr.* 서로 훑어(째려)보다.

toiseur [twazœːr] *n.m.* (신장) 측정(측량)자.
toison [twazɔ̃] *n.f.* ① (양 따위의)털; (짐승·사람의)텁수룩한 털. ~ des lamas 라마의 털(모피). abattre la ~ (양의)털을 깎다. la T~ d'or (그리스신화) (영웅 Jason 이 빼앗은)황금 양털. ordre de la T~ (d'or) (1429년 Philippe le Bon 이 만든) 황금 양털 기사단(騎士團); 황금 양털 훈장(오스트리아·에스파냐의 최고 훈장). ② 숱이 많은 머리털.
toison[2] *n.f.* =**toise**③.

*‡***toit** [twa] *n.m.* ① 지붕. ~ de tuiles[de chaume, d'ardoises] 기와(초가, 슬레이트)지붕. ~ en pente 경사 지붕. ~ plat 평지붕. ~ à la(en) mansarde 망사르드 지붕(이중 물매식 지붕). ~ en bâtière 길마 모양의 지붕. ~ à deux versants(pentes, égouts) 박공 지붕. ~ en appentis 외쪽 지붕.

~ en croupe 너새지붕(방형 지붕). ~ en shed en dents de scie) 톱날 지붕(공장 따위의 한쪽으로 기운 지붕). ~ en terrasse(en plate-forme) 테라스식 지붕. ② (차의)지붕 ; (갱도(坑道)의)천장. ~ d'un wagon(d'une automobile) 기차(자동차)의 지붕. ~ découvrant(ouvrant) (차의)개폐식 지붕. ③ (domicile, maison); 오두막집, 움막, 우리. posséder un ~ 집을 갖고 있다. être sans ~ 집도 절도 없다. sous le ~ paternel 생가(生家)에서. vivre(habiter) sous le même ~ avec qn …와 한집에서 살다. humble ~ 누추한 집. ~ à porc(s) 돼지 우리. ④ ~ de la caisse 〖해부〗상고실(上鼓室)의 천장.
crier(publier) qc sur les ~s …을 세상 사람들에게 퍼뜨리다. *habiter(loger) sous les ~s(le ~)* 다락방에서 살다. *le ~ du monde* 세계의 지붕《파미르 고원 또는 티벳》.

toiture [twaty:r] *n.f.* 《집합적》지붕이는 재료 ; 지붕 (→maison 그림).

toiture-terrasse [twatyrtɛras] (*pl.* ~**s-**~**s**) *n.f.* 〖건축〗평지붕《0°에서 8° 사이의 경사를 가진》 (toiture en terrasse).

tokai, tokay [tɔkɛ], **tokaï** [tɔkaj] *n.m.* 토카이 포도주《헝가리산》.

tokharien(ne) [tɔkarjɛ̃, -ɛn] 〖언어〗 *a.* 토카라 어의. —*n.m.* 토카라 어《중앙 아시아의 옛 인도유럽어의 하나》.

tôlage [tola:ʒ] *n.m.* 금속판 쐬우는 작업.

tôlard [tola:r] *n.m.* 《군대속어》금고병(禁錮兵).

tolbutamine [tɔlbytamin] *n.f.* 〖약〗톨부타민(혈당 강하제).

***tôle**¹ [to:l] *n.f.* 금속판 ; 철판, 양철, 함석 ; (보일러의)밑판 ; (배의)측판(側板). ~ de cuivre 동판. ~ galvanisée 함석. ~ ondulée(ridée) 골함석. ~ d'aluminium 알루미늄판.

tôle² [to:l] *n.f.* 《속어》① 감옥. ② 방(taule).

tôlé(e) [tole] *a.* ① (자동차에)판금(板金)가공을 한. ② *neige* ~*e* 녹기 시작했다가 다시 언 눈.

tolédan(e) [tɔledɑ̃, -an] *a.* 톨레드(Tolède)의.
—T— *n.* 톨레드 사람.

Tolède [tɔlɛd] *n.pr.f.* 〖지리〗톨레드《에스파냐의 도시》.

tolérable [tɔlerabl] *a.* 참을(견딜) 수 있는(supportable) ; 용인(용서)할 수 있는(admissible). Cette douleur n'est pas ~. 이 고통은 견디기 힘들다. *vitesse de vol* ~ 적당한 비행속도.

tolérablement [tɔlerabləmɑ̃] *ad.* 참을(용인할) 수 있을 정도로 ; 꽤찮은 정도.

tolérance [tɔlerɑ̃:s] *n.f.* ① 관용(寬容), 아량 ; 용인(容認). Ce n'est pas un droit, mais une ~. 그것은 권리가 아니라 묵인 받을 수 있을 뿐이다. *faire preuve de ~ à l'égard de qn* …에 대해 아량을 보이다. ~ grammaticale(orthographique) 〖학교·언어〗시험 때 틀린 것으로 치지 않는 문법(철자법)상의 허용 사항. ② (신앙·사상에 대한)관용, 인정. ~ religieuse(politique) 종교(정치)상의 관용. ~ civile (국교 이외의)신앙의 자유. *édit de ~* 〖역사〗신교(信敎)자유의 칙령(1562년 신교도에 대해 종교활동을 허용함). ③ (화폐의)공차(公差), 〖기계〗공차, 한계 ; 〖세관〗(종업원 따위의)휴대 허가량. ~ *de calibre* (총포의)구경공차(口徑公差). 〖의학〗내성(耐性), 내약력(耐藥力). ⑤ *maison de* ~ 《옛》(경찰의 인정을 받은)유락, 창녀의 집.

tolérant(e) [tɔlerɑ̃, -ɑ̃:t] *a.* ① 너그러운, 관대한, 아량있는(compréhensif). *père* ~ (아이들에게)너그러운 아버지. ② (사상·신앙)을 용인하는. *religion* ~*e* 다른 종파에 대해 관대한 종교.

tolérantisme [tɔlerɑ̃tism] *n.m.* 신교(信敎)상의 자유주의, 관용주의 ; 《옛》(교의상의)자유주의.

tolérer [tɔlere] ⑥ *v.t.* ① 참다, 견디다(endurer) ; 묵인하다, 허용하다 ; 너그러이 봐주다(supporter, permettre). ~ *les abus* 잘못을 묵인하다. *douleur qu'on ne peut pas* ~ 견딜 수 없는 고통. *Je ne tolère plus une telle injustice.* 나는 그러한 불의를 참을 수 없다. [~ *qc à qn*] *Je ne lui tolère aucun défaut.* 나는 그의 어떤 결점도 용납하지 못한다. [~ *de*+*inf.*] *Il ne tolère pas d'être contredit.* 그는 남이 자기 말을 반박하는 것을 받아들이지 못한다. [~ *que*+*sub.*] *Il ne tolère pas qu'on* l'imite. 그는 사람들이 자기를 모방하는 것을 참지 못한다. [~ *qn*] *On ne l'aime pas, mais enfin on le tolère.* 사람들은 그를 사랑하지는 않지만 마지못해 내색하지 않는다. ② (사상·종교를)허용하다, 인정하다. ~ *un culte(une religion)* 신앙(종교)을 허용하다. ③ 〖의학〗(약에 대해서)내성이 있다.
—*se* ~ *v.pr.* 서로 참다(너그럽게 봐주다). *Ils se tolèrent l'un l'autre.* 그들은 서로 참고 지낸다.

tôlerie [tolri] *n.f.* ① 철판(함석) 제조(판매)업. ② 철판 공장. ③ 《집합적》철판(제품).

tolet [tɔlɛ] *n.m.* 〖해양〗놋좆.

toletière [tɔltjɛːr] *n.f.* 노걸이, 노받이.

tôlier¹ [tolje] *n.m.* 철판 제조(판매)인.

tôlier²**(ère)** [tolje, -ɛːr] *n.* 《속어》=taulier.

tolite [tɔlit] *n.f.* 톨리트《폭약》.

tollé [tɔ(l)le] (*pl.* ~**s**) *n.m.* 항의의 외침, 비난《분노의 소리》《유태인이 예수에 대해 외친 배척의 함성》. *crier* ~ *sur(contre, après) qn* …을 향해 분노의 고함을 지르다. *soulever un* ~ *général* 모든 사람의 비난의 소리를 불러일으키다.

tolstoïen(ne) [tɔlstɔjɛ̃, -ɛn], **tolstoïsant(e)** [tɔlstɔizɑ̃, -ɑ̃:t] *a.* 톨스토이주의의. —*n.* 톨스토이주의자, 톨스토이 아류의.

tolstoïsme [tɔlstɔism] *n.m.* 톨스토이주의.

toltèque [tɔltɛk] *a.* 톨텍족(族)《멕시코의 옛 민족》의. —T— *n.* 톨텍족 사람.

Tolu [tɔly] *n.pr.m.* 〖지리〗톨루《남미 콜롬비아의 도시》. *baume de* ~ 톨루발삼《향기 보류제·방향제·치약 따위에 쓰임》.

toluène [tɔlɥɛn] *n.m.* 〖화학〗톨루엔.

toluidine [tɔlɥidin] *n.f.* 〖화학〗톨루이딘.

toluique [tɔlɥik] *a. acide* ~ 〖화학〗톨루산.

toluol [tɔlɥɔl] *n.m.* 《상품명》=**toluène**.

tom. 《약자》tome 권, 책.

T.O.M. 《약자》Territoires d'Outre-Mer 해외 영토.

tomahawk [tɔmao:k] 《영》*n.m.* (북미 인디언의 전투용)큰 도끼. *enterrer le* ~ 화해하다.

tomaison [tɔmɛzɔ̃] *n.f.* 〖인쇄〗권수표시(번호).

toman [tɔmɑ̃] *n.m.* 이란의 화폐 단위.

***tomate** [tɔmat] *n.f.* ① 토마토. *jus de* ~ (*s*) 토마토 쥬스. *salade de* ~ (*s*) 토마토 샐러드. *planter des* ~ *s* 토마토를 심다. 《동격》*sauce* ~ 토마토 소스. *recevoir qn à coup de* ~ *s* …에게 (항의의 표시로)토마토 세례를 퍼붓다. *recevoir des* ~ *s* (시위자들로부터)토마토 세례를 받다. ② 《속어》대가리.
être rouge comme une ~ 얼굴이 홍당무처럼 새빨갛다《부끄럼·수줍음 따위로》.
—*a. avoir l'air* ~ 《속어》얼빠진 꼴을 하고 있다.

tombac [tɔ̃bak] *n.m.* 인조금《구리와 아연의 합금》.

tombal(ale, *pl.* **aux)** [tɔ̃bal, -o] *a.* 무덤의. *pierre* ~*ale* 묘석. *inscriptions* ~*ales* 묘비명(墓碑銘).

tombant(e) [tɔ̃bɑ̃, -ɑ̃:t] *a.* ① 늘어진 어깨. *cheveux* ~*s* 길게 늘어진 머리. ~ *de (미망해)*가는 ; 떨어지는. *jour* ~ 석양, 일

몰(日沒). lumières ~es 내리쏟아지는 빛.
à la nuit ~e 해질 무렵에, 황혼에.
— *n.m.* (견장의)가두리 장식; (옷깃의)드림 장식; (해안 단애의)수면 아래부분.

tombe [tɔ:b] *n.f.* ① 무덤, 묘. creuser une ~ 무덤을 파다. fleurir une ~ 묘를 꽃으로 장식하다. descendre un cercueil dans une ~ 하관하다. aller se recueillir sur la ~ de *qn* 성묘하러 가다. ② 묘석(pierre tombale), 묘비. commander une ~ chez le marbrier 비석상에게 묘석을 주문하다. ③《문어》죽음(mort). ④《원예》부엽토의 윗층.
descendre[être] dans la ~ 무덤에 들어가다, 죽다(죽어 있다).
être au bord de la ~; avoir un pied dans la ~ 죽을 날이 며칠 안남았다.
être muet comme une ~ 묘석과 같이 입이 무겁다, 비밀을 지키다.

REM tombe「무덤」 또는 무덤을 덮는「묘석」의 뜻. tombeau 무덤 위의「묘비」. caveau「지하납골소[묘소]」의 뜻. sépulture 넓은 의미로「묘소」를 가리킴. cimetière「묘지」의 뜻.

tombé(e¹) [tɔ̃be] *a.p.* ① 떨어진. fruit ~ (무르익기 전에)떨어진 과일. ② 실추된, 타락한. roi ~ 폐왕. ③ coup de pied ~《축구》드롭킥.

tombeau [tɔ̃bo] (*pl.* ~*x*) *n.m.* ①묘비, 묘석; 묘. ~ de marbre 대리석의 묘비. ~ du Soldat inconnu 무명용사의 묘. enterrer[ensevelir] *qn* dans un ~ 매장하다. ① mise au ~ 매장;《미술》그리스도의 매장. ②(비유적)묘지. (묘지와 같이)음산한 장소. Verdun fut le ~ des soldats. 베르됭은 병사들의 묘지가 되었다. Cette pièce est un ~. 이 방은 마치 무덤처럼 음산하다. ③《문어》죽음; 종말. être fidèle jusqu'au ~ 죽을 때까지 충실[충성]하다. La paresse est le ~ de l'esprit. 나태는 정신의 무덤이다. Le despotisme est le ~ de la liberté. 독재주의는 자유의 무덤이다. ④《구어》입이 무거운 사람. ⑤ lit en[à] ~ 묘비형 침대; commode à ~ 석관형의 옷장.
(rouler) *à ~ ouvert* 목숨을 건)맹렬한 스피드로 (차를 몰다).
C'est le ~ des secrets. 그는 무덤과 같이 입이 무거운 사람이다.
descendre au ~ 죽다.
être aux portes[au bord] du ~ 빈사상태에 있다.
mettre qn au ~ …을 죽게하다.
se creuser un ~ 스스로 무덤을 파다.
suivre qn au ~ …의 뒤를 따라 죽다.
tirer qn du ~《문어》…을 망각[절망]으로부터 구해내다.

tombée² [tɔ̃be] *n.f.* 떨어짐; (비가)내림; (해가)짐. ~ de la pluie《기상》강우(량). Quelle ~ de pluie! 굉장한 비다! ~ des feuilles 낙엽, 초가을. ~ de la nuit [du jour] 해질 무렵[황혼]. Je rentrerai avant la ~ du jour. 나는 해지기 전에 돌아가겠다.

tombelle [tɔ̃bɛl] *n.f.* 토분(土墳), 1곘다.

:tomber [tɔ̃be] *v.i.* (조동사는 보통 être) ① 넘어지다, 쓰러지다. J'ai failli ~. 나는 넘어질 뻔했다. L'échelle est tombée. 사닥다리가 쓰러졌다. ~ par terre 땅에 쓰러지다. ~ sur le dos [à la renverse] 거꾸로 넘어지다. se laisser ~ sur une chaise 의자에 쓰러질 듯 털썩 앉다. ~ de fatigue 피로하여 쓰러질 것 같다. ~ à genoux devant *qn* …의 앞에 무릎을 꿇다.
② (주어는 사물) 떨어지다, 낙하하다, 추락하다; 무너지다. Un pot de fleurs *est tombé* de la fenêtre. 화분이 창에서 떨어졌다. feuilles [cheveux] qui *tombent* 떨어지는 나뭇잎[빠지는 머리카락]. La foudre *est tombée*. 벼락이 떨어졌다. Les murailles *sont tombées*. 성벽이 무너졌다.
③ (비·눈 따위가)내리다; (해가)지다. La pluie *tombe* très fort. 비가 심하게 내린다. (비인칭) Il *tombe* de la pluie [de la neige]. 비[눈]가 내린다 (Il pleut [neige]. 이 쪽이 일반적으로 사용된다). Le jour [Le soir] *tombe*. 해가 진다. La nuit *tombe*. 밤이 된다. Le brouillard *tombe*. 안개가 내린다.
④ (주어는 주로 추상명사)하락하다; 약해지다, 진정되다. Son autorité *tomba* soudainement. 그의 권위가 급작스럽게 실추했다. Les prix ne *tombent* pas. 물가는 내리지 않는다. Malgré les médicaments, la fièvre ne *tombe* pas. 약을 썼는데도 열이 내리지 않는다. Son exaltation *est tombée*. 그의 흥분이 가라앉았다. Le vent *est presque tombé*. 바람이 거의 가라앉았다.
⑤ 늘어져 있다, 내려뜨려져 있다; 기울다. Un grand lustre *tombait* du plafond. 커다란 샹들리에가 천정에 드리워져 있었다. épaules qui *tombent* 축 늘어진 어깨. Son chapeau lui *tombe* trop sur les yeux. 그는 눈을 가릴 정도로 깊이 모자를 쓴다. ~ sur l'avant [l'arrière] 《해양》(배가)선수[선미]쪽으로 기울다.
⑥ 소멸하다; 멸망하다; 함락하다. Les obstacles *sont tombés* les uns après les autres. 장애물이 차례차례 사라졌다. L'Empire romain *tomba* enfin. 드디어 로마제국은 붕괴되었다. La ville *est tombée*. 도시는 함락되었다.
⑦ 실각하다; (내각이)무너지다; (연극 따위가)실패하다; 타락하다. Le premier ministre *est tombé*. 수상이 실각했다. faire ~ le gouvernement 내각을 무너뜨리다. Cette pièce *est tombée* (à plat). 이 연극은 실패했다. femme qui *tombe* 타락하는 여자.
⑧ (비합법적인 일을)못하게 되다; 《구어》체포되다. Hier deux trafiquants de drogue *sont tombés*. 어제 마약밀매자 두 명이 체포되었다.
⑨ (옷이 몸에)맞다. Votre robe *tombe* bien. 당신의 드레스는 몸에 잘 맞는다.
⑩ (소리·말이)나오다. Aucun mot n'*est tombé* de sa bouche. 그의 입에서는 단 한 마디의 말도 나오지 않았다.
⑪ (날짜가)(에)걸리다. Noël *tombe* un dimanche cette année. 금년은 크리스마스가 일요일이다. Les deux réunions *tombent* le même jour. 두 모임이 같은 날이다.
⑫ⓐ 《주어는 사물》[~ sous](뜻하지 않게)생기다. Il mange tout ce qui lui *tombe sous* la dent. 그는 입안에 들어오는 것은 무엇이든 먹는다. Cet article m'*est tombé sous* les yeux. 이 기사가 우연히 내 눈에 띄었다. Cette photo m'*est tombée sous* la main. 이 사진이 뜻하지 않게 내 수중에 들어왔다.
ⓑ《주어는 사람》[~ sur]《우연히》마주치다. Je *suis tombé* sur un livre que je cherchais depuis longtemps. 나는 오래 전부터 찾던 책을 발견했다. On *est tombé* sur Paul en sortant du cinéma. 영화관에서 나오다가 폴을 만났다.
⑬ (신문이)인쇄가 끝나다; (전보가)착신하다. Le journal *tombe* à trois heures. 신문은 3시에 인쇄가 끝난다. Un télégramme *tombera* bientôt. 곧 전보가 도착할 것이다.
⑭ (뉴스가)발표되다, 알려지다; 보도되다. La décision de la grève générale *est tombée* ce matin. 총파업의 결정이 오늘 아침에 발표되었다.
⑮ [~+속사](이)되다. ~ malade 병에 걸리다. ~ amoureux 사랑에 빠지다. ~ d'accord sur …에 대하여 합의하다. ~ mort 갑자기 죽다. ~ fou 《구어》미쳐 버리다.
⑯ [~ sur](에)덤벼들다; (책임 따위가)(에)걸리다; 몹시 비난하다. ~*sur* l'ennemi 적을 기습하다.

La responsabilité *tombe sur* nous tous. 책임은 우리 모두에게 걸려있다.

⑰ [~ dans/en](에)빠지다; (의 상태에)이르다. ~ *dans un piège* 함정에 빠지다. ~ *dans le désespoir* 절망에 빠지다. ~ *en panne* 고장이 나다. ~ *en défaillance*[*en syncope*] 기절하다. ~ *en ruine* 폐허로 되다. ~ *en pièces* 산산조각이 되다.

⑱ (길 따위가)(로)통하다; (어떤 장소로)나가다. Cette rue *tombe* sur la place de Concorde. 이 도로는 콩코르드 광장으로 통한다. Allez tout droit, vous *tomberez* sur le quai. 곧장 가십시오, 그러면 (쎈) 강이 나옵니다.

⑲ [~ sous](의 지배하에)놓이다; (의)밑에 있다. ~ *sous le joug de qn* …에게 예속되다. ~ *sous le coup de la loi* 법의 심판을 받기에 이르다. Cette idée *tombe sous* le sens. 그 생각은 이해가 간다[이해할 수 있다].

faire ~ 떨어뜨리다; 쓰러뜨리다. Vous *avez fait* ~ votre journal. 신문을 떨어뜨리셨습니다.

laisser ~ ⓐ (무의식중에)떨어뜨리다; 약하게 하다. Tu *as laissé* ~ ton carnet. 너의 수첩이 떨어졌다. *laisser* ~ sa voix 목소리를 낮추다. ⓑ (에게)던지다. Il *a laissé* ~ un regard amical sur moi. 그는 나를 친근한 시선으로 바라보았다. ⓒ《구어》(을)버리다, (에게)관심을 갖지않게 되다. J'ai *laissé* ~ le tennis. 나는 테니스를 집어치웠다. Il *a laissé* ~ son amie. 그는 애인을 버렸다. *Laisse* ~. 자, 그만 집어치워! 그만둬!

~ *bas* 약해지다; 궁핍해지다; 타락하다.

~ *bien*[*mal*] 운좋게[나쁘게] 사람이 찾아오다; 일이 생기다. Tu *tombe bien!* On te cherchait. 마침 잘 왔군, 너를 찾고 있던 중이야. Ça *tombe mal*, ma femme est malade au moment où nous devons partir en vacances. 운이 나쁘군, 휴가를 떠나려는 참에 집사람이 병이 나다니.

~ *juste* 때마침 일어나다; 정확하게 맞다. Ton calcul *tombe juste*? 네 계산이 정확하게 맞니?

— v.t. 《조동사는 avoir》① 《레슬링》쓸다; (비유적)넘어뜨리다, 쓰러뜨리다(vaincre). ② ~ une femme《구어》여자를 손에 넣다. ③ ~ la veste《구어》상의를 벗다.

— n.m. ① au ~ du jour《문어》해가 질 무렵에. ② 《레슬링》폴 《상대의 양어깨를 매트에 대기》. gagner par ~ 폴로 이기다.

tombereau [tɔ̃bro] (*pl.* ~*x*) *n.m.* ① 덤프차; 덤프차 1대의 분량. un ~ *de sable* 차 1대분의 모래. wagon-~ 《철도》무개화차; 무개화차 1대분의 분량. ② 《옛》사형수 호송차.

tomberelle [tɔ̃brɛl] *n.f.* 자고새 잡는 그물.

tombeur [tɔ̃bœːr] *n.m.* ① 《구어》색마 (~ *de femmes*, séducteur). ② 무적의 레슬러; (비유적) 탄핵자, (맹렬히)비판하는 사람. ③ 《건축》가죽 철.

tombola [tɔ̃bɔla] 《이탈리아》 *n.f.* 복권.

tombolo [tɔ̃bɔlo] 《이탈리아》 *n.m.* 《지리》육계사주(陸繫砂洲) 《육계도와 본토를 잇는》.

tome¹ [tɔm] *n.m.* ① (책의)권(卷) 《저자·편집자의 의한 내용상의 분류》. 1(un), ~ 2(deux), ... ; le premier, ~ second, ... ; le premier, le second ~, ...] 제 1권, 제 2권, …. ② 《비유적》구분, 부분(division, partie). le premier ~ de la vie 그의 생애의 제 1부. *faire*[*être*] *le second* ~ *de qn* …와 꼭 닮다; 《옛》…와 같은 운명이다.

tome² *n.f.* =tomme.

-tome, -tomie *suff.* 「분할·절단·절개」의 뜻《예: atome 원자》. dichotomie 2분법》.

tomenteux(**se**) [tɔmɑ̃tø, -øːz] *a.* 《해부·식물》솜털의.

tomer [tɔme] *v.t.* 권으로 나누다; 권수를 기입하다. ~ les feuilles 《인쇄》인쇄지에 권수를 매기다.

tom(m)ette [tɔmɛt] *n.f.* 《사투리》《남프랑스의 실내 포장용》6 각기와.

tomme [tɔm] *n.f.* (*Savoie* 산)치즈.

tommy (*pl.* ~**ies**) [tɔmi] 《영》 *n.m.* (영국 육군의) 병사.

tomo [tɔmo] *n.f.* =tomographie.

tomogramme [tɔmɔgram] *n.m.* 국소(局所)뢴트겐 사진, 단층(斷層)사진.

tomographe [tɔmɔgraf] *n.m.* 국소 뢴트겐 촬영기, 단층 촬영기.

tomographie [tɔmɔgrafi] *n.f.* 국소 뢴트겐 촬영술, 단층 촬영.

tom-pouce [tɔmpus] (<《영》 *Tom Thumb*) *n.m.* ① 《구어》난장이. ② (여자용)소형(小型)우산.

:**ton**¹ [tɔ̃] (*f.* *ta* [ta], *f.* *pl.* *tes* [te]) *a.poss.* 《모음·무성 h 로 시작되는 여성명사 앞에서는 ta 대신 ton 을 씀》 ① 너의, 그대의; (하나님·제왕에 대하여)당신의. ⓐ 《소유·혈연·관계》 ~ chien 너의 개. *ta sœur* 너의 누이. *tes amis* 너의 친구들. garçon *de* ~ âge 네 나이 또래의 소년. *ta propre pensée* 너 자신의 생각. ⓑ 《동사적 명사의 주어·목적어》 ~ séjour à Paris 너의 파리 체류. ~ *juge* 너를 심판하는 재판관. Que *ta* volonté soit faite. 당신의 뜻이 이루어지이다.

② 《습관적 관계·개인적 관심》 Prépare *tes* leçons de demain. 내일 수업의 예습을 해라. Voilà encore ~ Freud. 또 그 프로이트 이야기이군. Tu gagnes toujours *tes* mille francs par semaine? 넌 여전히 주당 천프랑 벌이를 하고 있는 거니?

:**ton**² *n.m.* ① 음조, 소리. ~ aigu(élevé) 날카로운[높은] 소리. ~ grave(bas) 낮은 소리. ~ rauque 쉰 소리. ~ nasillard 비음.

② ⓐ 어조, 말투. Il m'a répondu sur un ~ *de reproche*. 그는 비난하는 어조로 나에게 대답했다. parler d'un ~ convaincu 확신있는 말투로 말하다. prendre le ~ d'un moraliste 설교조로 말하다. dire sur le ~ de la plaisanterie 농담조로 말하다. hausser le ~ 어조를 강하게 하다. ⓑ 문체. ~ soutenu(noble) 격조높은 문체. Il adopte dans ses essais un ~ humoristique. 그는 수필에서 유머가 있는 문체를 쓰고 있다.

③ 거동, 태도(manière); 품위. avoir du ~ 거동[말투]이 품위가 있다. avoir mauvais ~ 품위가 없다. costume de bon ~ 품위있는 양복.

④ ⓐ 《음악》음고(音高), 음의 고도; (장단의)조, 주조(主調); 전음(全音). ~ majeur(mineur) 장조(단조). passage d'un ~ à un autre 전조(轉調). ~ principal d'un morceau 곡의 주조. ~ *s et demi*-~*s* 전음과 반음. ⓑ 《언어》고저악센트; 음성. Le chinois possède quatre ~*s*. 중국어에는 4성이 있다. langue à ~*s* 음조언어.

⑤ 《회화》색조. ~ *chaud* 따뜻한 색. ~ *clair* [terne] 밝은[흐릿한] 색조.

⑥《문어》정력, 활력, 원기. manquer de ~ 원기가 없다.

changer de ~ ; *chanter sur un autre* ~ 어조를 바꾸다; (비유적)태도를 바꾸다.

donner le ~ ⓐ (조음(調音)을 위해)A 음을 내다. ⓑ (행동의)모범을 보이다, 리드하다. Dans ce groupe, c'est lui qui *donne le* ~. 이 그룹에서는 그가 리드하지.

être[*se mettre*] *dans le* ~ 주위(의 사람·색조 따위)와 잘 어울리다, 순응하다(s'adapter). Son costume *n'est pas* tout à fait *dans le* ~. 그의 옷은 어딘지 모르게 어울리지 않는다. Il *s'est vite mis dans le* ~. 그는 재빨리 적응해 나갔다.

ton³

faire baisser le ~ à qn …의 콧대를 꺾다.
le prendre sur un ~ +'형용사'…한 태도[어조]를 취하다. *Si vous le prenez sur ce ~*, *j'abandonne la discussion.* 만약 당신이 그런 투로 말한다면, 나는 토론을 포기하겠다.
prendre le ~ de qn; se mettre au ~ de qn …의 생각[거동]을 따르다.
sur tous les ~s 온갖 방법으로. *faire savoir sur tous les ~s* 모든 수단을 써서 납득시키다.

ton³ *n.m.* 〖해양〗 돛대의 끝 부분.

tonal(ale, *pl.* **aux)** [tɔnal, -o] *a.* 〖음악〗음계의, 음조의. *système ~* 음계법.

tonalité [tɔnalite] *n.f.* ① 〖음악〗음조, 조성(調性); 〖미술〗색조. ② (일반적으로) 음색, 음질; (비유적) 인상(impression), 뉘앙스. *parler avec une ~ douce* 부드러운 어조로 말하다. *Ce radio a une bonne ~.* 이 라디오는 음질이 좋다. *La dernière scène baignait dans une ~ tragique.* 마지막 장면은 비극적인 색조를 띠고 있었다.

tonca [tɔka] *n.m.* =**tonka**.

tondage [tɔ̃daːʒ] *n.m.* (직물의)보풀 깎기; (개·말의)털 깎기; 잔디 깎기.

tondaille [tɔ̃dɑːj] *n.f.* 〖옛·사투리〗① 양털 깎기; 깎은 양털. ②양의 전모제(剪毛祭).

tondaison [tɔ̃dɛzɔ̃] *n.f.* =**tonte**.

tondant(e) [tɔ̃dɑ̃, -ɑ̃ːt] *a.* 〖의학〗단발(斷髮)성의.

tondeur(se) [tɔ̃dœːr, -øːz] *n.* (직물의)전모공, (양·말 따위의)털 깎는 사람; (잔디 따위의)풀 깎는 사람. —*n.f.* 전모기(機); 이발기, 바리캉(~ de coiffeur); 잔디 깎는 기계(~*se de* (à) gazon).

*tondre [tɔ̃ːdr] [25] *v.t.* ① (의)털을 깎다, (머리털을) 짧게 깎다, 보풀을 깎다, (잔디를)깎다. *~ (la toison d')un mouton* 양털을 깎다. *~ les cheveux* 머리를 짧게 깎다. *~ qn* (세금 따위를 되게 매겨)무일푼으로 만들다. *~ le contribuable* 납세자로부터 마구 돈을 뜯어내다. ③ (양이 목장의)풀을 뜯어 먹다.
Il tondrait (sur) un œuf. 그는 지독한 구두쇠이다.
se faire ~ (구어)이발하다. *~ la laine sur le dos de qn* …을 착취하다, 무일푼으로 만들다.

tondu(e) [tɔ̃dy] (*p.p.* < *tondre*) *a.p.* (털·풀이)깎인, (머리털이) 짧게 깎인. *cheveux ~s* 짧게 깎은 머리. —*n.* 머리털을 짧게 깎은 사람.
le Petit T~ 나폴레옹 1세의 별명.

tondure [tɔ̃dyːr] *n.f.* (직물의)보풀 깎기; 털 깎을 때의 털 부스러기.

tonème [tɔnɛm] *n.m.* 〖언어〗성조소(聲調素).

tonétique [tɔnetik] 〖언어〗*n.f.* 음조[성조]론. —*a.* 악센트의.

tongan(e) [tɔ̃gɑ̃, -an] *a.* 〖지리〗통가 제도(*Tonga*, 남태평양의 왕국)의. —**T~** *n.* 통가 사람.

Tongouses [tɔ̃guːz] *n.m.pl.* 퉁구스족(族).

tongrien(ne) [tɔ̃grijɛ̃, -ɛn] 〖지질〗*a.* 통그리안 사층(砂層)의. —*n.m.* 통그리안 사층.

tonicardiaque [tɔnikardjak] 〖약〗*a.* 강심의. —*n.m.* 강심제.

tonicité [tɔnisite] *n.f.* ① 〖의학〗(근육의)긴장도, 탄력성. ② 활력(기운)을 돋구는 힘, 자극제.

tonie [tɔni] *n.f.* 〖생리〗소리의 높이 (hauteur tonique). **-tonie** *suff.* 「긴장」의 뜻. [nale].

tonifiant(e) [tɔnifjɑ̃, -ɑ̃ːt] *a.* 활력을 주는, 기운을 주는. —*n.m.* 강장제(强壯劑)(tonique).

tonification [tɔnifikasjɔ̃] *n.f.* (쇠약한 기관에)자극을 주기; 활력을 주기.

tonifier [tɔnifje] *v.t.* ① (에 피부·근육 따위에)탄력을 주다, 긴장시키다. *~ la peau (l'épiderme) à l'eau froide* 냉수로 피부를 단련하다. ② (기관 따위에)활력을 주다, 튼튼하게 하다(fortifier). *~ l'organisme* 기관을 튼튼하게 하다. *~ l'esprit* (비유적) 정신에 활력을 주다. [*~ qn*]*Votre éloge l'a tonifié.* 당신의 칭찬으로 그는 기운을 얻었다.

tonilière [tɔniljɛːr] *n.f.* (조개 채취용의)갈퀴.

tonique [tɔnik] *a.* ① 기운[원기]을 돋우는. *médicament (remède) ~* 강장제. *eau ~* 탄산음료, 토닉워터. *L'amour a des vertus ~s.* (비유적)사랑은 사람에게 기운을 돋우어 주는 힘을 지니고 있다. ② (음의)악센트가 있는, 음음(揚音)의. *accent ~* 강세 악센트. *voyelle (syllabe) ~* 강세모음(음절). *forme ~ des pronoms* 대명사의 강세형. ③ *note ~* (옛) 〖음악〗주음. ④ 〖의학〗강직성의. *convulsion ~* 강직성 경련.
—*n.m.* ① 강장제. *~ du cœur* 강심제. ② (문어) 활력을 돋우는 것, 자극제. ③ 토닉 로션.
—*n.f.* ① 〖언어〗주음절(節), 악센트가 있는 모음. ② 〖음악〗주조음(主調音), 주음(主音). ③ 〖의학〗강직성 경련.〖音).

tonisme [tɔnism] *n.m.* 〖의학〗강직성 경련.(音).

tonitruant(e) [tɔnitryɑ̃, -ɑ̃ːt] *a.* (구어)우뢰같은 소리를 내는. *voix ~e* 우뢰같은 목소리. *homme ~* 매우 시끄러운 사람.

tonitruer [tɔnitrye] *v.i.* (구어)우뢰같은 소리를 내다; 우렁찬 목소리로 고함을 지르다, 외치다.

tonka [tɔ̃ka] 〖식물〗*n.m.* 통카콩의 나무.
—*n.f.* 통카콩(fève de ~).

Tonkin (le) [lətɔ̃kɛ̃] *n.pr.m.* 〖지리〗통킹 (인도지나의 북베트남 지방).

tonkinois(e) [tɔ̃kinwa, -aːz] *a.* 통킹(*le Tonkin*)의. —**T~** *n.* 통킹 사람.

tonlieu [tɔ̃ljø] *n.m.* 〖역사〗시장세(稅) (봉건시대에 상인들이 시장 사용료로 지불한 세금).

tonnage [tɔnaːʒ] *n.m.* ① 〖해양〗톤수, (배의)적재량; 배수 톤수. *~ brut* 총톤수. *bâtiment d'un gros(fort) ~* 대형 선박. ② 〖항공〗(여객기가 이륙할 때의)총중량. ③ 톤세(稅)(droit de ~).

tonnant(e) [tɔnɑ̃, -ɑ̃ːt] *a.* 천둥치는, 뇌명하는; (목소리가)우뢰같은. *acclamation ~e* 우뢰와 같은 박수갈채. *Jupiter ~* 천둥의 신 주피터.

*tonne [tɔn] *n.f.* ① 〖도량형〗톤, 프랑스톤 (1,000 kg; 기호: t), 〖해양〗배수톤. *camion de trois ~s* ; *un trois ~s* 3톤 화물차. *pétrolier de cent mille ~s* 10만톤급 유조선. *~ d'arrimage (d'encombrement)*용적(容積)톤. *~ kilométrique* 〖철도〗(화물 요금의 단위가 되는)톤 킬로. ② 큰 통; 한 통의 양. ③ 〖해양〗(위험신호용)부표(浮標). *des ~s de (pommes de terre)* (구어)막대한 양의 (감자).

*tonneau [tɔno] (*pl.* **~x**) *n.m.* ① 통; 한 통의 분량. *~ de bière* (*de vin*) 통. *~ de poudre* 화약통. *mettre du vin en ~* 포도주를 통에 넣다. ② 〖도량형·해양〗톤, 프랑스톤(tonne). *Ce navire jauge 100000 ~s.* 이 배는 10만톤이다. ③ 경(輕) 2륜마차; (그)같은 형의 자동차. ④ (구어)품질, 종류. *être d'un bon ~* 품질이 좋다. ⑤ 투구(投環) (원면에 구멍이 여러 개 있는 상자에 원반을 던져 넣는 게임)(jeu de ~); 투구대(臺). ⑥ 〖항공〗횡전(橫轉)(곡예비행의 한 종목); (자동차가 옆으로 미끄러져 도는)전복사고. *faire plusieurs ~x sur la pente* 비탈에서 몇 바퀴 구르다.
du même ~ (구어)같은 종류의, 비슷한(du même acabit).

tonneau-brouette [tɔnobruɛt] (*pl.* **~x-~s**) *n.m.* 살수용(撒水用)손수레.

tonneinquais(e) [tɔnɛ̃kɛ, -ɛːz] *a.* 토냉스(*Tonneins*, 프랑스의 도시)의. —**T~** *n.* 토냉스 사람.

tonnelage [tɔnlaːʒ] *n.m.* 통에 담기; 통 제조(업).

tonneler [tɔnle] [5] *v.t.* (자고새)그물로 잡다.
tonnelet¹ [tɔnlɛ] *n.m.* 작은 통; 드럼통.
tonnelet² *n.m.* (16·17세기에 착용한)반바지.
tonneleur [tɔnlœːr] *n.m.* 새 그물로 자고새 잡는 사람.
tonnelier [tɔnəlje] *n.m.* 통 제조(수리)공. 　　ㄴ람.
tonnelle [tɔnɛl] *n.f.* ① (지붕이 푸른 잎으로 뒤덮인)정자; 【건축】 궁륭(穹窿), 반원 아치. ② (자고를 잡는)그물.
tonnellerie [tɔnɛlri] *n.f.* 통 제조업(공장); 통.
*tonner [tɔne] *v.imp.* 천둥치다. Il tonne assez souvent en été. 여름에는 빈번히 천둥이 친다.
　—*v.i.* (대포 따위가)쾅쾅 울리다; (사람이)고함치다; 공격을 퍼붓다(fulminer, gronder). Les canons *tonnent*. 대포가 쾅쾅 울린다. [~ contre]
contre la discrimination sexuelle 남녀차별에 대하여 공격하다.
On n'entendrait pas Dieu ~. 〔천둥소리도 들리지 않을 정도이〕소리가 요란하다. ◆ *sur les choux* 쓸데없이 노력을 소모하다, 헛수고하다.
*tonnerre [tɔnɛːr] *n.m.* ① 천둥, 뇌명(雷鳴); 〔구어〕 벼락(foudre), grondement(roulement)de ~ 천둥치는 소리, 뇌명. Le ~ gronde. 천둥이 친다. Le ~ tomba sur un arbre. 벼락이 나무에 떨어졌다. ②〔비유적〕우뢰같은 소리. ~ d'applaudissement 우뢰와 같은 박수. voix de ~ 우뢰같은 목소리. ③ 〔옛〕(총포의)약실(藥室)(chambre). ④〔어류〕 전기메기.
C'est un ~. 우뢰같은 목소리를 가진 사람이다. *coup de ~* 청천벽력, 예기치 못했던 돌발사건. La nouvelle m'a fait l'effet d'un *coup de ~*. 나에게 있어서 그 소식은 청천벽력이었다.
du ~ (de Dieu)〔구어〕이루 형언할 수 없을 정도로, 가가 막힐 정도로 〔감탄·찬미의 최상급〕. C'est une fille *du ~*. 보기 드물 정도로 멋있는 여자이다. C'est *du ~*! 정말 놀랄 만한데. Ça a marché *du ~*. 기가 막힐 정도로 일이 잘 되었다.
Maitre du ~ 쥬피터(Jupiter).
T~ de Dieu!; Mille ~s! 제기랄! 빌어먹을!
oiseau qui porte le ~ 독수리.
Toutes les fois qu'il tonne le ~ ne tombe pas.《속담》천둥칠 때마다 벼락이 떨어지는 것은 아니다, 위험이 닥친다고 반드시 변이 일어나는 것은 아니다.
tono- *préf.*「긴장」의 뜻. 　　　　ㄴ다.
tonomètre [tɔnɔmɛtr] *n.m.* 안압계(眼壓計).
tonométrie [tɔnɔmetri] *n.f.* ①【물리】(분자량 측정의)증기압계. ②【의학】(안압, 특히 혈압을 측정하는)압력계.
tonsillaire [tɔ̃si(l)lɛːr] *a.* 【해부】편도선의. angine ~ 【의학】편도선염.
tonsille [tɔ̃sil] *n.f.* 【해부】편도선.
tonsillectomie [tɔ̃si(l)lɛktɔmi] *n.f.* 【외과】편도선 절제.
tonsillite [tɔ̃si(l)lit] *n.f.* 【의학】편도염.
tonsurant(e) [tɔ̃syrɑ̃, -ɑ̃ːt] *a.* 【의학】단발성(斷髮性)의. herpès ~ 단발 수포진(水疱疹).
tonsure [tɔ̃syːr] *n.f.* 【가톨릭】삭발(削髮)《성직자가 될 때 머리 한가운데를 둥글게 깎기》; 삭발례 (禮). recevoir(prendre) la ~ 성직자가 되다, 삭발례를 받다. *médecin(avocat) à simple ~* 〔구어〕풋나기 의사(변호사).
tonsuré(e) [tɔ̃syre] *a.p.* 삭발례를 받은.
tonsurer [tɔ̃syre] *v.t.* 삭발하다.
tonte [tɔ̃t] *n.f.* ① 양털 깎기, 전모(剪毛); 깎은 털; 털깎는 때, 전모기(期). ~ des moutons 양의 털깎기(전모). ② 【직물】(나사의)전단(剪斷). ③ (잔디 따위를)깎기. ~ des gazons 잔디 깎기.
tontine¹ [tɔ̃tin] *n.f.* 톤티(Tonti)식 연금법(年金法)《가입자에 해마다 배당하고 가입자가 죽을 때마다 남은 사람의 배당금을 늘여 끝까지 생존한 사람이 전액을 받음》; 톤티 연금조합; (그 조합원이 받는)배당금. ② (최후까지 살아남은 사람이 모든 점수를 얻는)카드놀이의 일종.
tontine² *n.f.* (이식하는 나무)뿌리에 감는 짚.
tontiner [tɔ̃tine] *v.t.* (이식하는 나무뿌리를)짚으로 감다.
tontisse [tɔ̃tis] *a.* 【직물】나사를 전모할 때 생긴. bourre ~ 나사에서 깎은 잔털. papier ~ 나사종이 (벽지용(壁紙用)). 　—*n.f.* =**bourre ~**.
tonton¹ [tɔ̃tɔ̃] *n.m.* =**toton**.
tonton² *n.m.*〔어린애말〕큰〔작은〕아버지, 아저씨 (↔tata). le ~ et la tata〔구어〕아저씨와 아줌마.
tonture¹ [tɔ̃tyːr] *n.f.* ①【직물】(나사의)털깎기, 전모; 나사에서 깎은 털. ② 잔디깎기; 전지.
tonture² *n.f.* 【선박】현호(舷弧)《선수·선미 갑판의 만곡》.
tonturer [tɔ̃tyre] *v.t.* 【선박】(갑판을)휘어오르게 만들다.
tonus [tɔnys] *n.m.* ①【의학】토누스, 긴장. ~ musculaire 근긴장. ~ nerveux 신경의 피자극성 (흥분성). ②〔비유적〕기운, 정력(énergie). manquer de ~ 활력(기운)이 없다. ③〔구어〕(인턴들의)격식을 무시하는 파티.
top [tɔp] *n.m.* ① (어떤 작동의 개시·끝을 알리는 짧고 단속적인)신호; (라디오 따위의)시보(時報)신호; (텔레비전의)동조신호. Au quatrième ~, il sera exactement midi. 네 번째 신호에〔그 후 4초 후에〕정각 12시가 됩니다. donner(prendre) un ~ (시보에)시간을 맞추게 하다〔맞추다〕. ②〔비유적〕출발(개시)신호(feu vert). donner le ~ pour le lancement du cinquième plan 제 5 차 계획의 출발신호를 주다.
topaze [tɔpɑːz] *n.f.*【광물】황옥(黃玉). ~ orientale 인도황옥. couleur ~ 투명하고 강한 황색.
topazolite [tɔpɑ(a)zɔlit] *n.f.*【광물】황색 석류석 (石榴石).
tope [tɔp] *int.* 그럽시다, 좋소! 됐소!
-tope *suff.*「위치·지형」의 뜻.
toper [tɔpe] *v.i.* (동의의 표시로)서로 손〔술잔〕을 마주치다, 〔비유적〕동의하다, 승낙하다. [~ à] *à tout* 무엇이든 찬성하다.
Tope(Topez) là. 좋소, 그렇게 합시다.
topette [tɔpɛt] *n.f.* 갸름한 유리병, 한 병의 양(量).
tophacé(e) [tɔfase] *a.* 결절의. concrétions ~*es* 【의학】통풍결절(痛風結節).
tophus [tɔfys] *n.m.* 【의학】통풍결절. 　　　[화.
topicalisation [tɔpikalizasjɔ̃] *n.f.* 【언어】주제
topinambour [tɔpinɑ̃buːr] *n.m.*【식물·요리】돼지감자.
topique [tɔpik] *a.* ① 문제의 핵심을 찌르는, 적확한. argument ~ 문제의 핵심을 찌르는 논거(論據). citation ~ 적절한 인용. ②【의학】국소용(局所用)의. médicament ~ 【의학】국소약(藥). ③〔옛〕한 지방의, 고장의. divinité ~ 지방 수호신.
　—*n.m.* ①【의학】국소약(remède ~). ②【수사학】일반적으로 인정받고 있는〔상투적인〕이론, 일반 공리(公理).
　—*n.f.* 【수사학】토포스, 논점.
topiquement [tɔpikmɑ̃] *ad.*〔드물게〕적확하게, 적절하게.
topo [tɔpo] *n.m.* ①〔구어〕강의; 논술. faire un ~ sur *qc* …에 관하여 논술하다. prononcer un ~ 연

설하다. ②《속어》(신문의)통속기사. ③《옛·구어》지형도; 설계도. ④ d'une maison 가옥의 구조. ④《군대속어》참모장교. ⑤《학생어》답안, 논술. remettre son ~ 답안지를 제출하다.
C'est toujours le même ~. 늘 똑같은 이야기이다.

topo- *préf.*「장소·위치·지형」의 뜻. 〖학〗.
topographe [topɔgraf] *n.m.* 지형학자, 지지(地誌)
topographie [topɔgrafi] *n.f.* 지형학, 지지(地誌); 지형도, 지도. ②지형 측량법. ~ maritime 해저 측량(측도)법.
topographique [topɔgrafik] *a.* ①지형학의; 지형 측량의. carte ~ 지형도. instrument ~ 측량기계. service ~ 《군사》 육군 측량부. ② anatomie ~ 《해부》 국소해부학.
topographiquement [topɔgrafikmɑ̃] *ad.* 지형학상으로.
topologie [topɔlɔʒi] *n.f.* ①지세학(地勢學). ②《수학》 위상(位相)기하학; 위상.
topologique [topɔlɔʒik] *a.* ① 《수학》 위상(기하학)의. espace ~ 위상공간. ② psychologie ~ 토폴로지 심리학, 위상심리학.
topométrie [topɔmetri] *n.f.* (지도 작성상의)지형계측(地形計測).
toponomastique [topɔnɔmastik] *n.f.* 지명학, 지명 연구. ~ de la France 프랑스의 지명.
toponyme [topɔnim] *n.m.* 지명, 지명소.
toponymie [topɔnimi] *n.f.* ①집합적 한 지방·언어에 속하는)지명. 《언어》 지명학.
toponymique [topɔnimik] *a.* 《언어》 지명(학)의.
toponymiste [topɔnimist] *n.* 지명학자.
topper [tope] 《영》 *v.t.* 《골프》 공의 상반(上半)을 치다.
topping [topiŋ] 《영》 *n.m.* 《기술》 토핑(원유에서 경질유분만을 증류하는 방식) (distillation atmosphérique).
toquade [tɔkad] *n.f.* 《구어》 (일시적인)심취, 열중 (caprice, engouement). avoir une ~ pour une femme 여자에 일시적으로 빠지다.
toquage [tɔkaːʒ] *n.m.* 《구어》 발광, 광기, 정신착란.
toquante [tɔkɑ̃t] *n.f.* 《구어》 회중시계 (tocante).
toquard(e) [tɔkaːr, -ard] *a, n.* =tocard.
toque [tɔk] *n.f.* 챙없는 모자; 기수 모(騎手帽); ~ de magistrat(de cuisinier) 법관(요리사) 모자.
toqué(e) [tɔke] *a.p.* 《구어》①머리가 돈, 미쳐 버린 《속어》 cinglé). Elle est complètement ~*e*. 그녀는 완전히 머리가 돌았다. ② [~ de] (에)열중한, 열광한, 심취한. Il est ~*d*' elle. 그는 그녀에게 홀딱 반해 있다.
—*n.* (의) 사람.
toquer [tɔke] *v.i.* 《구어·사투리》 두드리다; 만지다, 건드리다(toucher); 남의 기분을 상하게 하다. ~ à la porte 문을 노크하다.
—*v.t.* 《구어》 머리를 돌게하다. La politique *l'a toqué*. 정치로 그는 머리가 이상하게 되었다.
—**se**— *v.pr.* 《구어》[se ~ de] (에)열중하다, 반하다(s'éprendre). homme qui *se toquait d'*une petite coureuse 하찮은 바람둥이에게 홀딱 반한 남자. [(bonnet).
toquet [tɔke] *n.m.* 《옛》 챙없는 작은 모자, 보닛
Torah [tɔra] *n.f.* =Thora.
torche[tɔrʃ] *n.f.* ①횃불, 거화(炬火). ~ de paille (de résine)지푸라기 (수지(樹脂)) 횃불. être transformé en ~ vivante 산 채로 불에 태워지다. ②짚수세미; (시골 아낙꾼가 짐을 이어 나를때 머리에 대는)또아리. ((석재를 운반할 때 모서리에 대는)짚단, 갈마; 철사 묶음. ③ 그림물감 결례. ④ 불씨, 소인(素因). allumer les ~*s* de la guerre civile 내란의 불씨에 불을 붙이다. ⑤ parachute en ~ 완전히 펴지지 않은 낙하산.
~ *électrique* (토치형의) 회중전등. ~*s de l'hymé-née* 《시》 결혼식.
torché(e') [tɔrʃe] *a.p.* 《구어》① (그림 따위가) 잘 그려진; 잘된 (réussi). Ça, c'est un morceau ~ *!*. 그것 참 멋진 작품이다. [bien~] Ça, c'est bien ~ *!* 대성공이군! 멋지게 잘 됐어! ② 서둘러 만든 (bâclé).
torche-cul [tɔrʃəky] *n.m.* (복수불변)《비어》결레 쪽 같은 글[책·신문]; 《옛·비어》 뒷지, 화장지.
torchée[tɔrʃe] *n.f.* 《속어》서로 때림, 주먹질.
torche-nez [tɔrʃəne] *n.m.* (복수불변) =tord-nez.
torche-pinceau [tɔrʃəpɛ̃so] (*pl.* ~-~*x*) *n.m.* 그림 물감 결례.
torche-pot [tɔrʃəpo] *n.m.* 《조류》 동고비.
torcher¹ [tɔrʃe] *v.t.* ①《구어》(일을)서둘러서 되는대로 하다(bâcler). élève qui *a torché son devoir* 숙제를 서둘러서 엉터리로 한 학생. ②《건축》 《새》벽을 바르다. ③(나무에)테를 두르다. ④《작물》(실을)묶다. ④《옛》 (푸라기·첨·종이 따위로)닦다, 훔치다. ~ un plat (빵조각으로)접시를 닦다. ~ (le derrière d')un enfant 아기의 밑을 닦아주다. ⑤《옛·속어》때리다 (battre).
—**se**— *v.pr.* ①《se 는 간접목적보어》자기의 …을 닦다 (훔치다)(s'essuyer). *se* ~ *la moustache* 콧수염을 닦다. *se* ~ (*le derrière*)《비어》《*le cul*)자기의 밑을 닦다. ②《속어》서로 때리다(치다).
n'avoir qu'à se ~ *le bec* 《속어》기대해도 소용없다, 가망이 전혀 없다. *se* ~ *le derrière de qc*(*le cul avec qc*); *s'en* ~ 《속어》 …그에는 아랑곳하지 않다(s'en ficher).
torcher² *n.m.* 《건축》(새 벽을 바르는)미장이.
torchère [tɔrʃɛːr] *n.f.* ①횃불 등롱. ②큰 촛대.
torchette [tɔrʃɛt] *n.f.* ①짚수세미; 작은 행주(결레). ②수건 —《구어》 (화장실용)휴지.
torche-tubes [tɔrʃətyb] *n.m.* 굴뚝소제용 브러시.
torchis [tɔrʃi] *n.m.* 《건축》(짚을 섞은)벽토(壁土), 새벽.
*****torchon** [tɔrʃɔ̃] *n.m.* ① (접시·가구 따위를 닦는)행주, 결레. donner un coup de ~ aux assiettes(sur la table) 접시(식탁)를 행주로 닦다. ②《구어》 (비유적)엉터리로 해낸 숙제; 엉터리 글, 잡문; 저속한 신문. ③《옛·속어》 불결한 여자. ④ (운반할 때 돌 모서리에 대는)짚단, 거적데기.
coup de ~ 때리기, 싸움; (비유적)숙청, (불순분자의)추방. *se donner*(*se flanquer*) *un coup de* ~ 《속어》서로 주먹질을 하다.
être fait comme un ~ 《구어》남루한 옷을 걸치고 있다. [다.
Le ~ *brûle.* 《구어》(부부 따위가) 싸움을 하고 있
Ne pas mélanger les ~*s et les serviettes.* 《구어》걸 레와 수건을 혼동해서는 안된다, 사람대접을 가려서 맞맞게 해야 한다.
—*a.* 《불변》dentelle ~ 면사로 짠 올이 굵은 레이스; papier ~ 《미술》 토르송지(紙) 《수채화용의 표면이 거칠거칠한 종이》. *édition* ~ 염가판.
torchonner [tɔrʃɔne] *v.t.* ①(드물게)닦다, 훔치다. ②《구어》(일을 서둘러서)엉터리로 해치우다 (bâcler).
torcol [tɔrkɔl], **torcou** [tɔrku] *n.m.* 《조류》 개미잡이 (딱다구리의 일종).
tordage [tɔrdaːʒ] *n.m.* (실을)꼬기, 꼰 실.
tordant(e) [tɔrdɑ̃, -ɑ̃ːt] *a.* 《구어》몹시 우스운, 익살

스럽기 짝이 없는, 포복절도할((구어) marrant).
histoire ~e 포복절도할 이야기.
tord-boyaux [tɔrbwajo] *n.m.* 《복수불변》《구어》싸구려 독주; 쥐약.
tordeur(se) [tɔrdœːr, -ɸːz] *n.* 【직물】실 꼬는 직공. —*n.f.* ① 천사 꼬는 기계. ② 【곤충】엽권충(葉捲蟲).
tord-nez [tɔrne] *n.m.* 《복수불변》(말을 날뛰지 못하게 하는)코비개.
tordoir [tɔrdwaːr] *n.m.* ① 탕개목. ② 자새. ③ (세탁용의)압축 롤러, 빨래 짜는 기계; 기름틀.
***tordre** [tɔrdr] [25] *v.t.* ① 비틀다, 꼬다, (빨래를)짜다, 쥐어짜다; 휘게 하다(courber). ~ du linge 빨래를 짜다. ~ les cheveux 머리를 꼬다. ~ le bras à qn …의 팔을 비틀다. La peur lui *tord* le visage. 공포로 그의 얼굴이 일그러진다. Le vent *tord* les arbres. 바람이 나무들을 휘게 한다. ② (법률·어구의)뜻을 왜곡하다, 곡해하다. ~ le sens d'un mot 말의 의미를 곡해하다. ③ (정신적·육체적)심한 고통을 주다. ~ le cœur à qn …에게 애끊는 슬픔을 안겨주다. L'angoisse me *tordait* le ventre. 심한 불안감으로 배가 뒤틀리는 듯했다. ~ *le nez*《구어》불만스러운(기분나쁜) 표정을 짓다.
—*se* — *v.pr.* ① 몸을 비틀어 꼬다; 자지러지게 웃다, 포복절도하다(se ~ de rire). ~ *se* ~ de douleur 고통을 못이겨 몸을 비틀다. Les gens *se tordaient* (de rire) [riaient à se ~] en écoutant cette histoire. 사람들은 이 이야기를 듣고 포복절도했다. C'est à se ~. 포복절도할 노릇이다. faire ~ *qn* …을 포복절도 시키다. 《옛 생각》 ② (se ~다 (se ~ le pied 발을 삐다. Je *me suis tordu* le poignet. 나는 손목을 삐었다. ③ (수동적) (사물이) 휘다. branche qui *se tord* sous le poids des fruits 열매의 무게로 휜 나뭇가지. racines qui *se tordent* 비틀어 꼬인 나무뿌리.
tordu(e) [tɔrdy] *a.p.* 비틀어진, 꼬인, (얼굴이)비뚤린, (비유적)피로한. pare-chocs ~ 비틀어진 범퍼. tronc d'arbre ~ 뒤틀린 나무줄기. bouche ~*e* 일그러진 입. nerfs ~*s* 몹시 피로한 신경. cheval ~ 지쳐버린 말.
avoir la gueule ~*e*《속어》아주 못생기다, 추하다.
avoir l'esprit ~ 머리(생각)가 이상하다, 머리가 돈 사람이었다. *Il est complètement* ~. 《구어》그는 완전히 머리가 돌았다.
—*n.* ① 《구어》기형아; 머리가 돈 사람(fou). ② 《속어》바보, 얼간이.
tore [tɔːr] *n.m.* ① 【건축】 큰 구슬선. ② 【기하】 원환면(圓環面). ③ 【식물】 꽃받기, 화탁(花托). ④ 【컴퓨터】(기억장치의)코어, 자심(磁芯).
toréador [tɔreadɔːr] *n.m.*(에스파냐) 투우사. (心).
toréer [tɔree] *v.i.* 투우사 노릇을 하다.
torero [tɔrero] *n.m.*(에스파냐) 투우사 (《옛》 toréador); 《특히》 마타도르(matador).
toreutique [tɔrøtik] *n.f.*《옛》(상아·나무 따위의)조각술; 조금술(彫金術).
torgn(i)ole [tɔrɲ(ɔ)l] *n.f.*《속어》따귀치기; 구타, 매질. flanquer(conduire) une ~ 한 대 먹이다(얻어맞다).
toril [tɔril] *n.m.*(에스파냐) *n.m.* (투우장의)소의 대기소.
torique [tɔrik] *a.* ① 【수학】 원환(원환)면의. ② verre ~ (난시교정용의)원환체 렌즈. ③ aimant ~ 원환자석.
torisme [tɔrism] *n.m.* = torysme.
toriste [tɔrist] *n.* = toryste.
tormentille [tɔrmɑ̃tij] *n.f.*【식물】솜양지꽃·딱지꽃류(類).
torminal(ale, pl. aux) [tɔrminal, -o], **tormi-neux(se)** [tɔrminø, -ɸːz] *a.* 복통(腹痛)의.
tornade [tɔrnad] *n.f.* 회오리바람, 선풍(bourrasque, ouragan). 《비유적》돌발적인 대참사. entrer comme une ~ 총알처럼 뛰어들어 가다.
tornado [tɔrnado] *n.m.* = tornade.
tornélie [tɔrneli] *n.f.*【식물】토르넬리아(열매를 식용하는 열대 아메리카산 식물).
toron[1] [tɔrɔ̃] *n.m.* (밧줄의)낱가닥.
toron[2] *n.m.*【건축】대형의 구슬선(tore).
toronner [tɔrɔne] *v.t.* (밧줄을)꼬다.
toronneuse [tɔrɔnɸːz] *n.f.* 밧줄 꼬는 기계.
torpédo [tɔrpedo] *n.f.*《영》*n.f.*(드물게 *m.*) ① 《옛》(경주용의)어뢰형(魚雷型)자동차. ~ grand sport 경주용 자동차. ② (관광용)무개(無蓋)자동차.
torpeur [tɔrpœːr] *n.f.* 무감각 상태, 마비상태; 혼수상태; 무기력, 침체. état de ~ 마비상태(혼탈). être plongé dans la ~ 마비상태(혼탈) 속에 빠져 있다. faire sortir(tirer) *qn* de sa ~ …을 마비(혼탈)·무기력) 상태에서 벗어나게 하다.
torpide [tɔrpid] *a.* 마비된, 활발치 못한, 무기력한.
torpillage [tɔrpijaːʒ] *n.m.* ① 어뢰(수뢰)공격; (어뢰(수뢰)에 의한)격침. ② 《비유적》 (계획 따위의)파괴, 저지, 방해. ~ d'un plan de paix 평화안의 방해공작. ③ (유전의 생산성을 높이기 위한)함유층 암반의 발파.
torpille [tɔrpij] *n.f.* ① 【해군】 수뢰(水雷), 어뢰(魚雷); 【항공】 공뢰(空雷). ~ automatique 어뢰. ~ vigilante 촉발 기뢰. lancer une ~ 어뢰를 발사하다. ② ~ lumineuse (잠수함용)수중(水中) 라이트. ③ 【어류】 시끈가오리, 【전기】가오리.
torpiller [tɔrpije] *v.t.* ① 어뢰(공뢰)로 공격하다; 기뢰를 부설하다. ② 《비유적》(법안·계획 따위를 이면공작으로)좌절시키다, (내 각을)쓰러뜨리다. ~ un projet 계획을 좌절시키다. ~ des négociations de paix 평화협상을 실패로 돌아가게 만들다. ③ (석유증산을 위해서 함유층 암반을)발파하다. ④ 《속어》돈을 빌다.
torpillerie [tɔrpijri] *n.f.* ① (선박·함정의)어뢰 정비실; 어뢰 저장 창고. ② 수뢰(어뢰) 발사실.
torpilleur [tɔrpijœːr] *n.m.* ①《옛》【해군】수뢰(어뢰)수(手). ② 수뢰(어뢰)정(艇). ③《구어》(일·계획 따위를)방해하는 사람. ④《속어》(빈번이)돈을 빌리는 사람. —*a.*《여성불변》bateau(navire) ~ 소형구축함. marin ~ 수뢰수.
torque [tɔrk] *n.f.* ① 둥그렇게 사린 철사(놋쇠줄). ② 【문장】투구 위의 끈실 모양의 장식. —*n.m.*【고고학】(고대로마·골 명사들이 사용한)금속제 목걸이.
torquet [tɔrkɛ] *n.m.*《옛》 함정. donner dans le ~ 함정에 빠지다. donner le(un) ~ à *qn* …을 함정에 빠뜨리다, 둥치다, 속여먹다.
torquette [tɔrkɛt] *n.f.* (생선·새를 나르는)바구니. ② 링팅의 케이스. ③ 탄탄하게 만 담뱃잎.
torréfacteur [tɔrefaktœːr] *n.m.* (커피·담배 따위를)볶는 기구.
torréfaction [tɔrefaksjɔ̃] *n.f.* 볶기, 굽기, 찌기.
torréfiant(e) [tɔrefjɑ̃, -ɑ̃ːt] *a.* 볶는; (태양·열이)타는 듯한.
torréfier [tɔrefje] *v.t.* ① (커피·담배 따위를)볶다, 굽다, 찌다. ② (강한 햇살이)내리쪼이다.
***torrent** [tɔrɑ̃] *n.m.* ① 급류, 격류, 분류. ~*s* impétueux 격류. Il pleut à 《(옛) par》 ~*s*. 비가 억수로 쏟아진다. ②《비유적》세차게 뿜어(솟아)나옴. ~ d'injures 쉴새 없이 퍼붓는 욕설. verser des ~*s* de larmes 비오듯 눈물을 쏟다. ~*s* révolutionnaires 혁명의 노도와도 같은 물결. laisser passer le ~ 격

정이 진정되는〔위기가 지나가는〕것을 기다리다.
torrentiel(le) [tɔrɑ̃sjɛl] *a.* 급류의, 격류의; 급류같은, 억수로 쏟아지는. Il tombait une pluie ~*le.* 비가 억수로 쏟아지고 있었다.
torrentiellement [tɔrɑ̃sjɛlmɑ̃] *ad.* 급류〔격류〕처럼; 맹렬하게.
torrentueusement [tɔrɑ̃tɥøzmɑ̃] *ad.* 《문어》급류같이; 맹렬하게.
torrentueux(se) [tɔrɑ̃tɥø, -øz] *a.* 《문어》흐름이 급한, 급류〔격류〕같은; 맹렬한.
torride [tɔrid] *a.* 찌는 듯한, 몹시 더운, 혹열(酷熱)의(brûlant); 열대의. chaleur ~ 혹서(酷暑), 염열(炎熱). zone ~ 열대. climat ~ 열대성 기후.
tors(e¹) [tɔːr, tɔrs] [tordre 의 옛 과거분사, 여성형 torte 는 드물게 ②의 뜻으로 쓰임] *a.p.* ① 꼬인. fil ~ 꼬인 실. ② 비틀린, 휜, 굽은. colonne ~*e* 휜 다리. rues *tortes* 구불구불한 길. ③ colonne ~*e* 〘건축〙 나선형의 원주.
—*n.m.* (실·밧줄 따위를)꼬기; 꼬임새; (실내장식용의)꼬아서 만든 명주끈; 밧줄.
—*n.f.* 나사송곳.
torsade [tɔrsad] *n.f.* ① 꼬아서 만든 술, (나선형의)엮음술; 〘군사〙(견장(肩章)의)술(~ d'épaulette). ~ de cheveux 한 줄로 땋은 머리. ② 〘공학〙(와이어)엮어 합친 이음. ③ 〘건축〙 밧줄꼴 쇠시리.
torsader [tɔrsade] *v.t.* (나선형으로)꼬다, 엮다. ~ des cheveux 머리를 한 줄로 땋다.
torse² [tɔrs] *n.m.* ① 〘미술〙 토르소(머리·손발이 없는 조상(彫像); 상반신상). ② 《구어》흉부(胸部), 몸통, 상반신(buste). bomber le ~ 가슴을 내밀다; 뽐내며 걷다.
torseur [tɔrsœːr] *n.m.* 〘기계〙 토르크(고정축이 돌면서 회전을 일으키는 힘).
torsion [tɔrsjɔ̃] *n.f.* 꼬기, 드리기; 꼬임, 비틀림. ~ du pied 발이 삐기; 〘레슬링〙 발꼬기. balance de ~ 〘물리〙 비틀림 저울.
‡**tort** [tɔːr] *n.m.* ① 부정, 죄(罪); 틀림, 잘못, 과실, 과오, 실수(faute). reconnaître ses ~*s* 자신의 과오를 시인하다. Tous ~*s* sont de son côté. 모든 잘못이 그에게 있다. C'est un ~ d'avoir agi aussi vite. 그렇게 빨리 행동한 것은 잘못이다.
② 피해, 손해(préjudice), 폐, 지장. demander réparation d'un ~ 손해배상을 청구하다.
à ~ 부당하게; 잘못 알고. accuser *qn à ~* …을 잘못 비난하다.
à ~ et à travers 함부로, 닥치는 대로. dépenser *à ~ et à travers* 함부로 돈을 탕진하다.
à ~ ou à raison 〘옛〙*à droit* 옳건 그르건간에.
avoir des ~s envers qn …에게 가혹한 짓을 하다.
avoir ~ (de+inf.) (…하는 것은)잘못이다〔나쁘다〕. Il n'avait pas ~. 그가 옳았다. Il a grand ~ de ne pas écouter mes conseils. 내 충고를 듣지 않는다는 것은 그의 큰 잘못이다.
donner ~ à qn (…의 생각·행위)을 비난하다, …의 잘못으로 돌리다. Je ne te *donne* pas ~, je trouve seulement que tu exagères. 네가 틀렸다는 것은 아냐, 다만 너는 좀 과장하는 것 같애.
être dans son ~; *être en ~* 자기가 나쁘다, 자기 잘못이다.
faire (du) ~ à …에게 피해를 입히다; 폐를 끼치다. *faire ~ à la réputation de qn* …의 평판(명성)을 더럽히다. Si tu arrives en retard, ça lui *fera du ~*. 네가 늦게 오면 그에게 폐가 될거야. *se faire du ~* 손해를 보다, 자신에게 불리한 일을 하다.
faire ~ à qn de qc 〘옛〙(부당히) …에게 …을 잃게 하다, 손해를 주다.

mettre qn dans son ~ …에게 죄를 뒤집어 씌우다.
redresser les ~s 잘못된 일들을 바로잡다; 피해를 보상하다.
se mettre en ~; *se donner des ~s* 비난당할 만한 행위를 하다, 실수를 범하다.
torte [tɔrt] *a.p.f.* (tors 의 여성형) ⇨tors.
tortelle [tɔrtɛl] *n.f.* 〘식물〙 쑥부쟁이.
torticolis [tɔrtikɔli] *n.m.* ① (근육통을 동반하는)목의 비틀림, 목의 아픔. avoir[attraper] le ~ (무리한 자세 따위로)목이 아프다. ② 〘의학〙 사경(斜頸). ③ 〘조류〙 개미잡이(torcol). —*a., n.* 《옛》목이 비틀린(사람).
tortil [tɔrtil] *n.m.* 남작관(男爵冠); (모르(Maure)사람의)머리에 매는 밧줄 모양으로 꼰 수건.
tortillage [tɔrtijaːʒ] *n.m.* ① 〘드물게〙비틀기, 비꼬기. ②〘옛〙(말을)얼버무리기, 핑계대기, 둘러말하기; 기만, 속이기.
tortillard [tɔrtijaːr] *a.* ① (나무가)자라면서 비틀리는, 나뭇결이 비틀린. orme ~ (혹이 많은)느릅나무. ②〘엣·시〙다리를 저는; (여자가)엉덩이를 흔들며 걷는. —*n.m.* (꼬불꼬불한 노선을 달리는)지방열차. —*n.* 《속어》다리를 저는 사람, 불구자.
tortile [tɔrtil] *n.f.* 〘옛〙(공원·정원 따위의)꼬불꼬불한 샛길.
tortillé(e) [tɔrtije] *a.p.* 비틀린, 비꼬인.
tortillement [tɔrtijmɑ̃] *n.m.* ① 꼬기, 비틀기, 비꼬기; 몸을 흔들기; 비틀린〔비꼬인〕모양. marcher avec un léger ~ des hanches 허리를 약간 흔들며 걷다. ②《구어》핑계, 돌려말하기(détour); 기만, 속이기.
tortiller [tɔrtije] *v.t.* ① 꼬다, 엮다, (머리를)땋다. ~ sa moustache 수염을 꼬다. ② (특히 초조할 때 손 따위로 마지작거리다; 비틀다, 비꼬다. ~ son mouchoir entre ses doigts 손가락으로 손수건을 만지작거리다. ~ sa pensée (비유적) 비비꼬아 생각을 하다. ③ 허겁지겁 먹다(tortorer). ~ un plat 눈깜짝할 사이에 한 접시를 먹어 치우다. ④《구어》(일을)깨끗하게 해치우다; 손쉽게 이기다. Il s'est fait ~ en deux rounds. 그는 2 라운드에 녹다운이 되었다. ⑤ 〘건축〙 끌로 장붓구멍을 파다.
—*v.i.* ① (허리 따위를)흔들다(balancer, remuer). ~ ses hanches en marchant 허리를 흔들며 걷다. ②《구어》요리조리 핑계대다, 돌려말하다; 주저하다. Il n'y a pas à ~. 어물어물할 것 없다.
—*se~* *v.pr.* ① 자기 몸을 뒤틀다; 꿈틀거리다. ②《구어》[se ~ à/pour] (하려고)무진 애를 쓰다.
tortillère [tɔrtijɛːr] *n.f.* =**tortille**.
tortillis [tɔrtiji] *n.m.* 〘드물게〙〘건축〙 (석면(石面)의)충식형(蟲蝕形) 장식.
tortillon [tɔrtijɔ̃] *n.m.* ① 꼰 것. ~ de papier 꼰 종이. ② (여자가 머리에 쓰는)터반; 또아리. ③ 꽈배기(과자). ④ 〘미술〙(파스텔화·목탄화용의)찰필(擦筆).
tortionnaire [tɔrsjɔnɛːr] *a.* 고문하는; 《옛》잔인한. police ~ 고문 경찰. appareil ~ 고문 기구.
—*n.m.* 고문하는 사람.
tortis [tɔrti] *n.m.* 〘옛〙① 꼰 실; 꼰 쇠사슬〔철사〕. ② (꽃·잎으로 만든)화관, 꽃목걸이; 〘문장〙(남작관(男爵冠)의)진주 장식.
tortoir [tɔrtwaːr] *n.m.* (수렛짐을 잡아매는 줄을)죄는 막대기.
tortorer [tɔrtɔre] *v.t.* 《속어》먹어치우다(manger).
tortricidés [tɔrtriside] *n.m.pl.* 〘곤충〙 잎말이나방과(科).
tortu(e¹) [tɔrty] *a.* ①〘옛·문어〙(나무·코·길 따위가)구부러진, 꼬불꼬불한, 휜, 삐뚤어진(tordu, tortueux). jambes ~*es* 휜 다리. bois ~ 《구어》포

도나무. ②《비유적》삐뚤어진, 심술궂은; 당치않은, 어거지의. esprit ~ 비뚤어진 마음. raisonnement ~ 궁색한 변명.
Le bois ~ fait le feu droit.《속담》목적이 정당하면 수단을 가리지 않게 된다.
—*ad.* aller ~《옛》꼬불꼬불 걷다.

tortue[2] *n.f.* ①《동물》거북. aller comme une ~ (à pas de ~)(거북처럼) 느릿느릿 걷다. ②《고대 로마》(성을 공격할 때 쓰는) 귀갑(龜甲) 모양의 엄개(掩蓋), 귀갑 모양의 큰 방패. ③ 느림보. Quelle ~!; C'est une vraie ~! 정말 느려터졌군. ④《곤충》네발나비과(科)의 나비.

tortuer [tɔrtɥe] *v.t.*《옛》(바늘 따위를) 휘게 하다, 꼬부리다.

tortueusement [tɔrtɥøzmɑ̃] *ad.* 꼬불꼬불, 구불구불; 음흉하게.

tortueu*x*(*se*) [tɔrtɥø, -øːz] *a.* ①(길·개천·나무 따위가) 꼬부라진, 구불구불(꼬불꼬불) 한, 휜(sinueux). sentier ~ 꼬불꼬불한 샛길. ②《비유적》뒤틀어진, 솔직하지 못한; 엉큼한, 음흉한(sournois). manœuvres ~*ses* 음흉한 책략(수작). langage ~ 솔직하지 못한 말.

tortuosité [tɔrtɥozite] *n.f.*《드물게》비틀림; 엉큼함, 음흉.

torturant(*e*) [tɔrtyrɑ̃, -ɑ̃ːt] *a.* (정신적으로) 괴롭히는, 고통을 주는; 머리에서 떠나지 않는. remords ~ 가슴에 사무치는 후회.

torture [tɔrtyːr] *n.f.* ①《종종 *pl.*》고문, 가책(supplice). employer(infliger) des ~*s* à qn …을 고문하다. subir(endurer) des ~*s* 고문을 당하다. instruments de ~ 고문기구. ②(정신적·육체적) 고통, 고민(tourment). ~ de la faim 기아로 인한 고통. mettre qn à la ~ 을 몹시 괴롭히다(안타깝게 하다). se mettre l'esprit(mettre son esprit) à la ~ (무엇인가를 찾아내려고, 회상하려고) 머리를 쥐어짜다(se creuser la tête).

torturer [tɔrtyre] *v.t.* ① 고문하다(supplicier). un accusé 피고를 고문하다. se faire ~ 고문 당하다. ②(정신적·육체적으로) 몹시 괴롭히다, 고통을 주다(martyriser, tourmenter). ~ *qn* de questions …을 질문공세로 괴롭히다. être torturé par la jalousie 질투심으로 몹시 괴로워하다. toux qui la *torture* 그녀를 못살게 구는 기침. ③(뜻을) 곡해하다, 왜곡하다(fausser). ~ un texte 문장의 뜻을 왜곡하다. ~ son style 문장에 억지로 기교를 부리다. ④ visage *torturé* 찌푸린 얼굴.
—*se* ~ *v.pr.* ①(se 는 간접목적보어) *se* ~ le cerveau(l'esprit) 머리를 쥐어짜다. ② 자신을 괴롭히다, 자학성향을 갖다.

torula [tɔryla] *n.f.*《생물》토룰라(알코올성 발효를 일으키지 않는 효모균의 일종).

torule [tɔryl] *n.m.*《식물》(나무껍질·잎사귀 따위에 기생하는) 병균의 일종.

toruleu*x*(*se*) [tɔrylø, -øːz] *a.*《식물》이곳저곳(버섯 모양으로) 부어오른.

torve [tɔrv] *a.* 흘겨보는 듯한, 무서운, 사나운, 협박조의. regard ~ 사나운 눈초리.

tory [tɔri] (*pl.* ~*s*, *tories*)《영》《정치》*n.m.* 토리당원; 보수당원, 왕(王) 당원. —*a.* (*f.* ~*e*) 토리당의; 보수당의. parti ~ 토리당, 보수당.

torysme [tɔrism] *n.m.* 토리주의; 보수(왕) 당주의.

toryste [tɔrist] *n.* 토리당 사람. —*n.m.* 토스카나어.

toscan(*e*) [tɔskɑ̃, -an] *a.* ① 토스카나의(*la Toscane*). 이탈리아의 주). ②《건축》토스카나식의.
—**T**— *n.* 토스카나 사람. —*n.m.* 토스카나어.

‡**tôt** [to] *ad.* 일찍이(↔ *tard*); 곧; 쉽게, 빨리도. se lever(se coucher) ~ 일찍 일어나다(자다). ④《비인칭》Il est trop ~ pour savoir les résultats. 결과를 알기에는 너무 이르다.
***au plus* ~** 되도록 빨리; 일러도, 빨라도. Il sera là *au plus* ~ à quatre heures. 그는 빨라도 4시에나 올 것이다.
***avoir* ~ *fait de*+*inf.* 즉시 …하다. Il eut ~ *fait de* se justifier. 그는 즉각 자기변명을 했다.
***de si* ~ 그렇게 빨리는(속히는)(《부정으로 된 사용》). Il ne viendra pas *de si* ~. 그는 그렇게 빨리는 오지 않는다.
***le plus* ~ *possible* 가능한 한 빨리(속히).
***Le plus* ~ *sera le mieux.* 빠를수록 좋다.
***ne*... *pas plus* ~ *que*... …하자마자, …하자 곧(à peine... que). Il ne fut *pas plus* ~ arrivé *que* son père expira. 그가 도착하자 곧 그의 아버지는 숨을 거두었다.
***plus* ~ *que* (*plus*) *tard* 가능한 한 빨리(속히).
~ *après* 곧, 잠시 후에.
~ *ou tard* 빠르건 늦건, 조만간에, 언젠가는.

*****total(*ale*, *pl. aux*)** [tɔtal, -o] *a.* 전체의, 전부의, 전적인, 완전한, 총(總)(global, entier, complet). éclipse ~*ale* 개기식. guerre ~*ale* 총력전, 전면전. prix ~ 전체금액, 총계. confiance ~*ale* 전적인 신임. ruine ~*ale* 전멸. somme ~*ale* 총액.
—*n.m.* 전체, 총계, 총액(montant, somme). un ~ de mille francs 총액 1000 프랑. le ~ de la population 총인구수. faire le(son) ~ 총계하다.
***au* ~; 《옛》** —《구어》합계해서, 총계, 총액; 결론적으로, 결국. *Au* ~, c'est une bonne affaire. 결론적으로 그것은 좋은 거래이다.
—*n.f.*《구어》《의학》(자궁을) 통틀어내기.
—*ad.*《구어》《문두에서》결론적으로 말해서, 결과적으로, 그래(bref, pour finir). *T*~, on n'a rien gagné. 결국 얻은 [득본] 것은 아무 것도 없군.

totalement [tɔtalmɑ̃] *ad.* 완전히, 전적으로 (absolument). Tu es ~ guéri. 그는 완쾌됐다.

totalisant(*e*) [tɔtalizɑ̃, -ɑ̃ːt] *a.*《철학》총괄적인; 종합적인. proposition ~ 총괄적 명제(命題).

totalisa*teur*(*trice*) [tɔtalizatœːr, -tris] *a.* 합계하는, 합산하는. appareil ~, machine ~*trice* 계산기, 합산기. —*n.m.* 토탈리제이터(《마권》가 산기 혹은 경마에 나선 돈의 비율을 나타내는 표시기).
—*n.f.* 금전등록기.

totalisation [tɔtalizasjɔ̃] *n.f.* 총계, 합산.

totaliser [tɔtalize] *v.t.* ① 합산하다, 총계하다(additionner). ~ les ventes du jour 그날의 매상을 집계(합산) 하다. ②(의)총계에 이르다. La population de cette ville *totalise* environ dix mille personnes. 이 도시의 인구는 약 1 만이다.

totaliseur [tɔtalizœːr] *n.m.* = **totalisateur**.

totalita*ire* [tɔtalitɛːr] *a.* ① 전체주의의; 독재적인, 절대적인(↔ libéral). régime ~ 전체주의 체제. ②(세계관·철학관 따위가) 포괄적인, 총괄적인.

totalitarisme [tɔtalitarism] *n.m.* ① 전체주의. ② 권위주의(적 성격); 횡포, 독선.

totalité [tɔtalite] *n.f.* 전체, 총체, 전부(ensemble, intégralité). dépenser la presque ~ de son revenu 수입의 거의 전부를 써버리다. ②《철학》총체성. **en** ~ 전체로서, 완전히, 일괄하여. **pris dans sa** ~ 전체로 보아, 대체로.

totem [tɔtɛm]《영》 *n.m.* 《민속·사회》 토템(북미 인디언 사회 등에서 부족과 관계있는 것으로 숭앙받는 동식물·자연물 또는 이를 본뜬 형상).

totémique [tɔtemik] *a.* 토템의; 토템 숭배의.

totémisme [tɔtemism] *n.m.* 토템 숭배; 토템 연구.

tôt-fait [tofɛ] (*pl.* ~-~*s*) *n.m.*《요리》토째 (스폰지 케이크의 하나).

totipalme [tɔtipalm] *a.* 《조류》 네 발가락에 모두 물갈퀴가 있는.

toto [tɔto] *n.m.* ① 《속어》이(pou). ②《속어》여 보게(*f.* totote); 친구간의 호칭으로 1차대전 중 *Champagne* 지방에서 쓰이던 말).

toton [tɔtɔ̃] *n.m.* 6각 팽이. faire tourner *qn* comme un ~ 《구어》…을 마음대로 조종하다.

touage [twa:ʒ] *n.m.* 《해양》 작은 닻을 당겨 배를 이동시키기; 수로바닥에 깐 로프를 당겨 예인하기; 《구어》 예인료; 예인로. ② 《농업》(경지 양끝에 고정시킨 케이블을 이용한) 농업기계 이동장치.

touaille [twa:j] *n.f.* 《옛》 수건, 타월; (특히 회전식 타월(양쪽 끝을 꿰매어 이은 것).

touareg [twarɛg] 《아라비아》 *n.pl.* 투아레그족(*sing.* targui; 사하라 사막에 사는 베르베르족의 하나). —*a.* (여성불변) 투아레그족의.

toubib [tubib] *n.m.* 《구어》의사(médecin); 《군대 어》군의관.

toucan [tukɑ̃] *n.m.* ① 《조류》(열대 아메리카산) 거취조(巨嘴鳥). ②(*T*~) 《천문》 거취조좌(座).

touchable [tuʃabl] *a.* ① 《손으로》 만질 수 있는. ② (수표 따위가)현찰로 바꿀 수 있는. ③ 비판《공격》할 수 있는, 수정할 수 있는. projet qui n'est pas ~ 수정의 여지가 없는 계획.

touchant(e) [tuʃɑ̃, -ɑ̃:t] *a.* 《장면·이야기 따위가》사 람의 마음을 감동시키는, 눈물겨운, 애처로운, 감 격적인(émouvant, attendrissant). scène ~ 감동 적인 정경. faire feu à bout - ~ 《옛》 총부리를 들이 대고 쏘다, 직사(直射)하다.
—*n.m.* 감동시키는 힘[것], 비통함[애처로운] 것.
—*prép.* 《옛·문어》…에 관하여, …에 대해서(au sujet de). Je n'ai rien appris ~ cette affaire. 이 사 건에 관해서 나는 아무것도 들은 바가 없다.

touchau [tuʃo] *n.m.* (*pl.* ~x) *n.m.* (금 또는 은으로 만든) 별 모양의 시금용구(試金用具).

touche [tuʃ] *n.f.* ① 《옛》 만지기, 손을 대기, 접촉. ② 《미술》 (화필의) 터치, 필촉(筆觸); 《문학》 필치, 문체(style, ton); (다른 색과의) 대조; 《인쇄》잉크칠. mettre une ~ de gaieté (장치·웃차림·묘사 따위에) 쾌활의 빛을 가미하다. 《당구》공을 치기, 히트; 《하키》 롤인; 《축구·럭비》 터치라인; 터치라인 밖으로 나가기 (sortie en ~); 스로인(remise en ~); 《펜싱》 상대를 찌르기; 《권투》 펀치. manque de ~ 《펜싱》 미스. ligne de ~ 터치라인. Le ballon est sorti en ~ 공이 터치라인 밖으로 나갔다. Il y a ~ 터치라인 아 웃이다. ④ (피아노·타이프라이터의) 키, 건반; (바이올린 따위의) 지판(指板); (*pl.*) (기타의) 스 톰. ⑤ 물고기가 낚시미끼를 물기, sentir une ~ 물 고기가 미끼를 무는 것을 느끼다. ⑥ 소모는 막대; (시장에 몰고 가는) 소 떼. ⑦ (사전 따위의) 페이지 가장자리에 반원형으로 도려낸 부분, 덤인덱스. ⑧ 《구어》외양, 모양, 꼴(allure, tournure). drôle de ~ 《괴상한》 꼴. avoir la ~ de+*inf.* …하는 것 처럼 보이다. ⑨ ~ s de piano 《구어》 크고 긴 앞니; la sainte ~ 《속어》 봉급날; 봉급의 수령; pierre de ~ 시금석.
avoir une [*la*] ~ 《구어》(이성의) 마음을 끌다.
faire une ~ 《구어》(유혹하는 상대에게) 응락듯한 껄새를 보이다.
rester [*être mis*] *sur la* ~ 《구어》 (터치라인 밖에 있다)→방관자의 입장에 있다, 소외되어 있다.

touché(e) [tuʃe] *a.p.* ① 감동된, 넋을 잃은(ému). ② bien ~ (그림이) 훌륭히 그려진, (곡이) 훌륭히 연주된, 《총·칼에》맞은; (병에) 걸린. *T*~! 맞았 다! 명중!

touche-à-tout [tuʃatu] *n.* (복수불변) 무엇에나 손

대는 사람(특히 어린애를 말함); 참견하기 좋아하 는 사람. —*a.* (불변) 무엇에나 손대는[참견하는].

toucheau [tuʃo] (*pl.* ~x) *n.m.* =touchau.

:**toucher** [tuʃe] *v.t.* 만지다, 《에》손을 대다(palper). ~ *qc* de la main (du bout des doigts) …을 손으로 [손가락 끝으로] 만지다. ~ l'épaule de *qn* pour attirer son attention …의 주의를 끌기 위해 어깨를 툭 치다. ~ le clavier (le piano) 건반 (피아 노)을 치다. ~ une femme 여자를 건드리다.
② ⓐ ~ de son bâton (de sa canne) …을 곤봉 [지팡이]으로 치다. ⓑ 《테니스》(공을) 치다. ~ la balle de sa raquette 라켓으로 공 을 치다. Il n'a pas touché une balle. 그는 《테니스에》무척 서툴렀다. ⓒ (말·소를) 채찍질하며 몰다. ~ les bœufs 소를 채찍질하며 몰다.
③ ⓐ (권투선수가) 치다; 《펜싱》 찌르다. boxeur qui *touche* son adversaire au menton 상 대방의 턱을 가격하는 복서.
④ 맞히다, 명중하다(atteindre); (맞혀서) 상처를 입히다(blesser). ~ la cible d'une balle 총알로 목 표물을 명중하다. La balle l'*a touché* en plein cœur. 총알이 그의 가슴 한복판에 명중했다. Le sanglier *a été touché*, mais s'est sauvé. 멧돼지는 명 중되었지만 도망쳤다. Il tira et *toucha* son adver saire à l'épaule. 그는 총을 쏘아 상대편의 어깨에 상처를 입혔다.
⑤ ⓐ (돈·급료 따위를) 받다, 수령하다, 벌다(re cevoir, gagner). ~ un traitement [des mensuali tés] 봉급 [월급]을 받다. ~ une prime 특별수당을 타다. Combien *touchez*-vous par an? 연수입이 얼 마입니까? ⓑ (수표를) 현금으로 바꾸다. ~ un chèque 수표를 현금으로 바꾸다. ⓒ 《군사》 (장 비·급식 따위가) 지급되다, 수령하다. ~ sa ration de tabac (병사가) 담배배급을 받다.
⑥ ⓐ (배가) 기항하다, 닿다; (육지에) 접근하다; (비행기가) 착륙하다. navire qui *touche* le port [la côte] 항구 [해안]에 닿은 배. passer à ~ une île 섬 곁을 통과하다. ~ le sol au bout de la piste d'at terrissage 활주로 끝에 착륙하다. ~ le fond (물속 에) 발이 닿다. ⓑ (목적지도 없이) (배가 물의 밑바 닥·제방·다른 배와) 접촉사고를 일으키다.
⑦ 인접하다, 접하다. Sa maison *touche* la mienne. 그의 집은 내 집과 붙어있다. Nous étions si pro ches que chacun *touchait* son voisin. 우리는 너무 나 가까이 있어서 옆사람과 닿시되 되었다.
⑧ ⓐ 관계가 있다(concerner). Cette affaire ne me *touche* pas. 이 일은 나와 무관하다. en ce qui *touche* la musique 음악에 관해서는. ⓑ 친척관계에 있다. Elle me *touche* de près. 그녀는 나와 가까운 친척이 다. ne ~ *qn* ni de près ni de loin …와 아무런 혈연 관계가 없다.
⑨ [~ *qn*] (전신·전화로) 연락을 취하다, 접촉하다 (atteindre). Je l'*ai touché* par téléphone. 그에게 전화 로 연락이 되었다. À quelle adresse pourra-t-on vous ~? 어떤 주소로 하면 연락이 가능합니까?
⑩ (병마가) 휩쓸다. L'épidémie *toucha* ces pays. 전염병이 이들 나라에 퍼졌다. L'Europe *a été du rement touchée* par l'inflation. 유럽은 인플레로 심 히 타격을 받았다.
⑪ 감동시키다(émouvoir), 충격을 주다(affecter). être touché de [par] …에 감동되다, 충격을 받다. Cette nouvelle nous *a beaucoup touchés*. 이 소식은 우리들을 몹시 감동시켰다. Ce reproche l'*a touché* (au vif). 이 비난은 그의 아픈 곳을 찔렀다.
⑫ ⓐ 《옛》 약간 언급하다. J'*ai* déjà *touché* ce sujet. 이 문제에 관해서 내가 이미 언급한 바 있다. ⓑ (에 관해서) 한마디 하다. [~ un mot de *qc*] Il m'a

touché un mot de ses projets. 그는 자기 계획에 관해 내게 한마디 했다.
⑬ⓐ (금·은을 시금석으로)시험하다. ⓑ (산부인과의사가)내진(內診)하다. ⓒ 《예》《미술》확실한 터치로 그리다. ⓓ 《인쇄》(조판에)잉크칠을 하다. ⓔ 《광산》(광맥을)찾아내다.
C'est une corde qu'il ne faut pas ~. 그런 것(일)에는 손대지 말아야 한다.
ne pas laisser ~ terre à qn …을 독촉(재촉)하다.
ne pas ~ terre 급히 가다; 경쾌하게 춤추다.
~ la corde sensible 가장 예민한 곳을 건드리다.
~ la main à qn …의 손을 잡다(합의의 표시로).
~ le fond de …의 바닥에 이르다. *~ le fond du désespoir* 절망의 구렁텅이에 빠지다.
~ terre (배가)입항하다, (비행기가) 착륙하다; (레슬링에서)폴로 지다; 승부에 지다; 피살되다.
—v.t. ind. [~ à] ① [~ à qn] …을 해치다, 건드리다. *Ne touche pas à ton frère.* 네 동생을 건드리지 마라 《※toucher à 는 직접타동사에 비해 추상적인 뜻을 지님》.
② [~ à qc] …에 손을 대다, …을 만지다; (음식에)손대다, 먹다. *Cet enfant touche à tout ce qu'il voit.* 이 아이는 눈에 띄는 것에는 모두 손을 댄다. *Il n'a pas touché à son déjeuner.* 그는 점심에 손을 대지 않았다. *Pas touche, bébé!* 《속어》아가야, 손대지 마!
③ 닿다, 이르다(atteindre) ; (시간적으로)…에 이르다, 도달하다. *Sa tête touche au plafond.* 그의 머리는 천장에 닿는다. *~ à sa fin (à son terme)* 종말에 이르다. *~ à la vieillesse* 노년기에 이르다.
④ …에 손을 대다, 시도하다(entamer). *~ à son capital* 자기 자본에 손을 대다. *Il n'a jamais touché à une arme, à un volant.* 그는 무기나 운전대에 손을 대본 적이 없다(한 번도 시도해 본 적이 없다).
⑤ ⓐ 관계가 있다, 관련되다(se mêler, s'occuper), 대상으로 삼다, 다루다. *Cette mesure ne touche en rien à vos intérêts.* 이 조치는 당신의 이해관계와는 전혀 관련이 없다. *Le journalisme touche à tout dans cette époque.* 저널리즘은 오늘날 모든 일에 관련하고 있다. *en ce qui touche à cette question* 이 문제에 관해서는(관한 한). *Nous touchons ici à…* 필자는 여기에서 …을 언급하기로 하겠다. ⓑ 혈연관계가 있다, 친척지간이다. *~ de près à qn* …와 친척이다.
⑥ ⓐ 도달하다, 이르다(atteindre, arriver); (목적지에)도달하다, 접촉사고를 일으키다. *navire qui touche à Barcelone* 바르셀로나에 도착하는 배. *~ au but* (비유적) 목표를 달성하다. *~ contre un rocher* 바위에 부딪쳐 좌초하다. ⓑ 인접하다, 접하다(confiner à). *Ma maison touche à la mienne.* 그의 집은 나의 집과 접해 있다.
⑦ (개수·수정하기위해)손대다. *~ aux réglements* 정관을 수정하다. *Cette maison ont été réparée, mais on n'a pas touché à la façade.* 이 집은 수리했지만 정면은 손대지 않았다.
⑧ …에 가깝다(être voisin de), 닮다. *Une prudence exagérée touche de près à une lâcheté.* 지나친 신중은 비굴에 가깝다.
⑨ 《예》[~ de] [~ à](기악기)를 치다. *~ de la guitare (du piano)* 기타(피아노)를 치다.
avoir l'air de ne pas y ~; n'avoir pas l'air d'y ~ 《구어》시치미 떼다. *sans avoir l'air d'y ~* 무심코 하는듯이, 시치미를 떼고.
Il ne touche pas à terre. 《구어》그는 기뻐서 어쩔 줄 모른다. [시].
Touchez là. 자, 악수합시다《계약성립·동의의 표시》.
—v.i. ① (배가)밑바닥(다른 배·암벽 따위)에 부딪치다《손이 경미한 때 씀》. *Lors de l'amassage à quai, l'hélice a touché.* 부두에 정박하던 중 (배의)추진 프로펠러가 접촉사고를 일으켰다.
② (낚시질에서 물고기가)미끼를 물다(먹이에 입을 대다).
—*se ~* v.pr. ① 서로 닿다(접하다), 인접하다; 서로 닮다. *Les extrêmes se touchent.* 양극단은 상통한다. *Leurs maisons se touchent.* 그들의 집은 인접해 있다. *Nous nous touchons par tant de points.* 우리는 많은 점에서 서로 닮았다. ② 《속어》이상하다.
Ils se touchent la main. 그들은 계약을 체결하고 악수를 나눈다; 그들은 화해의 악수를 나눈다.
—n.m. ① 손 대기, 만지기; 촉감; 《음악》(연주의)터치. *doux(rude) au ~* 촉감이 부드러운(딱딱한). *reconnaître qc au ~* 손으로 만져보고 …을 분간하다. ② 《의학》촉진(觸診); 내진(內診).
touche-touche (à) [atuʃtuʃ] *loc.ad.* 《구어》(차·사람 따위가)거의 스치듯이, 서로 접해서.
touchette [tuʃɛt] *n.f.* 《음악》프렛 《기타·만돌린의 손 짚는 곳에 박힌 상아쪽》.
toucheur [tuʃœːr] *n.m.* ① 소 모는 사람 (~ de bœufs). ② 《인쇄》잉크 롤러.
Toucouleurs [tukulœːr] *n.pr.m.pl.* 《민족》투쿨뢰르족(族) 《혼혈 세네갈 토인》.
toue [tu] *n.f.* 《해양》① 배 끌기(touage). ② (바닥이 평평한)거룻배, (줄을 당겨 왕래하는)나룻배, 낚싯배.
touée [twe] *n.f.* ① 《해양》배끄는 동아줄; 닻줄. *entrer dans un port à la ~* (배가)밧줄에 끌려 입항하다. ② (닻의 길이); (밧·수레 따위의)끄는 줄의 길이. ③ 여정(旅程)의 길이.
filer une ~ 그칠 사이없이 이야기를 늘어놓다.
touer [twe] *v.t.* 《해양》(배를)닻줄로 당겨 끌다(움직이다); 예항(曳航)하다.
—*se ~* v.pr. (배가)밧줄(닻줄)에 끌려가다.
toueur(se) [twœːr, -øːz] 《해양》 *a.* (배를)끌어 당기는, 끄는, 예항(曳航)하는. —*n.m.* (수로에 깔아놓는 밧줄을 당겨서)끄는 배(bateau ~).
toufan [tufɑ̃] *n.m.* (아라비아 해안의)대풍.
touffe [tuf] *n.f.* (실·털 따위의)술, 뭉치, 타래;《문어》수풀, 덤불. *perdre ses cheveux par ~s* 머리털이 뭉치로 빠지다.
touffer [tufe] *v.t.* (초목을)밀생시키다.
—*se ~* v.pr., v.i.
touffeur [tufœːr] *n.f.* 《옛·문어》후끈한 열기, (확 끼치는)더운 기운.
touffu(e) [tufy] *a.* ① (초목·털이)울창한, 무성한, 밀생한. *barbe ~e* 빽빽하게 난 수염. ② (소설의 줄거리·문체 따위가)복잡한, 마구 얽힌. *discours ~* 두서없이 복잡하게 늘어놓는 연설.
toug [tug] 《터키》 *n.m.* (옛 터키제국의)총독기(旗).
touillage [tujaːʒ] (< *touiller*) *n.m.* 《구어》뒤섞기; (카드를)섞기.
touille [tuj] *n.m.* 《어류》악상어(lamie).
touiller [tuje] *v.t.* 《구어》저어서 섞다, 뒤섞다(mélanger). *~ la salade* 샐러드를 뒤섞다. *~ les cartes* 카드를 뒤섞다.
‡toujours [tuʒuːr] 《일반적으로 연음하지 않음》 *ad.*
① 언제나, 늘, 어떤 경우에도 (en toute occasion). *Il l'avait ~ détesté.* 그는 항상 그를 미워하고 있었다《*toujours* 는 보통 동사 바로 다음에 놓이며, 조동사+과거분사일 때는 그 중간에 들어감》. *Il est ~ prêt à vous aider.* 그는 항상 당신을 도울 준비가 돼 있읍니다. [ne pas ~] *Il n'est pas ~ en retard.* 그는 어떤 경우에도 늦지 않았다.
② 변함없이, 여전히, 아직도(encore). *Elle l'aimait ~.* 그녀는 여전히 그를 사랑하고 있었다.

On ne démarrait pas ~. 아직도 출발하지 않고 있었다. Il était trahi, mais il l'aimait ~. 그는 배반당했지만 여전히 그녀를 사랑하고 있었다.

③ 어쨌든, 아뭏든, 하여간에, 그래도(en tout cas, après tout, néanmoins). Il n'est pas trop bête, vous en tirerez ~ quelque chose. 그가 아주 어리석은 것은 아니니까 어쨌든 무언가를 얻어낼 수 있을거요. Allez ~! 상관없으니 계속하시오. Je ne peux pas vous répondre, mais adressez-vous ~ au guichet. 나로서는 대답할 수 없읍니다, 아뭏든 창구에 문의하세요.(mais 와 함께 대립을 의미) C'est peut-être indiscret.—Dites ~. 무례한 말씀일지 모르겠읍니다. 상관없으니 말해보시오.(문장에서 올 때는 주어가 도치됨) J'ai échoué, soit; ~ ai-je fait mon devoir. 나는 실패했어요, 그렇다고 합시다, 그래도 내 의무는 다 했읍니다.

④ 언제나 그렇듯이; 빤하듯이(감탄사적으로 부정문 끝에). Où est-elle cette preuve? —Pas dans ma poche ~! 그 증거는 어디 있지요? 내 호주머니 속에 있는 것은 아니지 않소, 빤한 노릇이지! Tu n'es pas allé chez moi, ~? —Penses-tu! 좌우간 우리집에는 가지 않았겠지? 천만에!

C'est ~ ça; C'est ~ autant de pris. (기대했던 것보다는 못하지만)이것만도 어디야, 없는것 보다는 낫다.
comme ~ 언제나 그렇듯이, 여느때와 다름없이.
depuis ~ 옛날(오래전)부터. Nous nous connaissons *depuis ~.* 우리는 오래전부터 서로 알고 있다.
de ~ 언제나 변함없다. ami *de ~* 오랜 친구.
Il peut ~ courir(se fouiller). (구어)해보았자 성공 못할만 하다(소용없다).
pour ~; (옛) *à ~* 영원히, 영구히. Il est parti *pour ~.* 그는 영영 떠나가버렸다.
T~ est-il que... ~은 사실이다. J'accepte vos excuses, ~ *est-il que* l'erreur est faite. 사과는 받아들이겠오소만 어쨌든 과오는 저질러졌소.
~ moins;+ '형용사' 점점 덜 (de moins en moins).
~ plus;+ '형용사' 갈수록 더 (de plus en plus).

touline [tulin] *n.f.* 《해양》 (배 끄는)밧줄.
toulonnais(e) [tulɔnɛ, -ɛːz] *a.* 툴롱(Toulon, 프랑스의 도시)의. —**T~** *n.* 툴롱 사람.
touloupe [tulup] 《러시아》 *n.f.* (러시아의)농민들이 입는)양가죽으로 된 외투.
toulousain(e) [tuluzɛ̃, -ɛn] *a.* 툴루즈(Toulouse, 프랑스의 도시)의. —**T~** *n.* 툴루즈 사람.
toumané [tumane], **toumani** [tumani] *n.m.* 《군대 속어》세갈 저격병.
toundra [tundra] 《러시아》 *n.f.* 《지리》 툰드라, 동토대(凍土帶).
toungouse, toungouze [tunguːz] 《언어》 *a.* 퉁구스어의. —*n.m.* 퉁구스어.
Toungouses [tunguːz] *n.pr.m.pl.* =**Tongouses.**
toupet [tupɛ] *n.m.* ① (털 따위의)작은 술, 뭉치, 타래; 앞머리, (머리)머리꼭대기의 털. faux ~ (머리꼭대기만을 덮는)가발. se prendre au ~ 《구어》머리털을 서로 휘어잡다. ②《구어》뻔뻔스러움(effronterie, aplomb), 대담(성)(audace). Vous avez un certain ~! 당신은 좀 뻔뻔스럽구려! avoir le ~ *de +inf.* 뻔뻔스럽게도 …하다.
payer de ~ 《구어》(체면·염치 따위를 가리지 않고)배짱으로 대하다.
toupie [tupi] *n.f.* ① 팽이. lancer(fouetter) une ~ 팽이를 (돌리는것을) 던지다(치다). faire tourner une ~; jouer à la ~ 팽이를 돌리다. La ~ dort. 팽이가 한 자리에서 (잠자듯) 돌다. ~ ronflante; ~ d'Allemagne 소리나는 금속 팽이. ②《옛》부정직한 여자, (속어)싫은 계집. vieille ~ 추악한 노파. ③ 《목공》 수직 형삭반(形削盤). 연관(鉛管) 끝 확대기; (루이 16세식)가구의 발. ~ mécanique (원심력을 이용한)탈수기(脫水機).
dormir comme une ~ 《구어》단잠을 자다. *ronfler comme une ~* 요란스럽게 코를 골다. *faire tourner qn comme une ~* …을 마음대로 움직이다(조종하다). *tourner comme une ~* 우왕좌왕하다, 의견을 자주 바꾸다.

toupillage [tupijaːʒ] *n.m.* (팽이처럼)돌기, 자전.
toupiller [tupije] *v.i.* (옛·구어)(팽이처럼)돌다, 자전하다; 부산히 돌아다니다, 우왕좌왕하다.
—*v.t.* (목재를)수직 형삭반으로 깎다.
toupilleur [tupijœːr] *n.m.* 《목공》 수직 형삭반으로 일하는 목수.
toupilleuse [tupijøːz] *n.f.* 《목공》 수직 형삭반(形削盤)(toupie).
toupillon [tupijɔ̃] *n.m.* (옛) (털 따위의)작은 술; (소 따위의 꼬리 끝의)털 술; 가시덤불.
toupiner [tupine] *v.i.* (사투리)팽이처럼 돌다.
touque [tuk] *n.f.* (분말·액체 따위의 보존·운반용)금속제 용기, 통. ~ de fer blanc 양철통.

tour¹ [tuːr] n.f. ① 탑, 망루, 종루(→ château 그림). ~ de contrôle 《항공》 관제탑. la T~ Eiffel 에펠 탑. ~s de Notre-Dame 노트르담의 종루. la T~ (pointue); T~ de l'Horloge 《속어》파리 재판소 부속 감옥. ~ de Babel 바벨 탑; 왁자그르한(떠들썩한) 곳, 복잡한 사회. ~ d'ivoire 상아탑. ②《체스》 룩(성)(castle), 루(→ 그림) rook.) ~ à échecs 그림.). ③ ~ à étages 《고고학》 지구라트 (고대 바빌로니아의 피라미드형 사원) (ziggourat). ④《구어》 긴 여자.

tour² n.m. ① ⓐ 회전, 선회. ~ de roue 바퀴의 회전. faire un ~ sur soi-même 자전(自轉)하다. faire le grand ~ 크게 선회하다. donner un ~ de clef à une porte 문에 자물쇠를 걸다. fermer une porte à double ~ 열쇠를 두 번 돌려 문을 잠그다, 문단속을 엄중히 하다. ⓑ 한 바퀴 돌기, 일주; 순회, 산책. piste de cent mètres de ~ 일주 100 미터의 경주로. T~ de France 프랑스 일주 자전거 경주. ~ du monde 세계일주. faire un ~ dans le bois 숲속을 거닐다(산책하다). ⓒ 둘레; 가장자리 (bordure). ~ de taille 허리둘레. ~ de poitrine 흉위를 재다. ~ des yeux 눈의 가장자리. ⓓ 굴곡. La route fait des ~s et des détours. 길이 몹시 구불구불하다, 굴곡이 심하다. ⓔ 두르는 장식. ~ de cou 목도리, 네카치프.

② 재주, 기교; 곡예; 장난, 책략, 꼴려주기. ~s d'un acrobate 곡예사의 곡예. ~ d'adresse[d'agilité] 곡예, 재주. ~ de cartes 카드 요술.

③ 윤곽, 모습(contour); 경향(tournure), (일의) 진전(évolution); (문장의)표현법, 말투. ~ du visage 얼굴의 윤곽. donner un autre ~ à la conversation 화제를 바꾸다. ~ d'esprit 기질, 성질; 재치. ~ de pensée 사고방식; 사상의 경향. observer le ~ des événements 사건의 진전을 주시하다. ~ de phrase 문체. (보어 없이) ~s neufs 새로운 표현법.

④ 차례, 순번. C'est votre ~. 당신 차례다. À qui le ~? 누구 차례인가요? chacun à son ~ 각자 제차례대로, à ~ de rôle 차례대로, 번갈아.

⑤ 《기계》 선반, 녹로(轆轤); 《해양》 릴, 낚차 (絡車); (수도원의)선회 접수구; (양육원의) 기아(棄兒)수용구.

avoir plus d'un ~ dans son sac(bissac) 《구어》 여러 가지 수를 가지고 있다, 능수능란하다.
avoir un ~ de faveur 우선적으로 하다, 특대를 받다.
donner un bon ~ à qc …을 호전시키다.
en un ~ de main 눈깜짝할 사이에.

faire le ~ 〖해양〗(배가)전복하다; (나침반의 조정을 위해)선회하다.
faire le ~ de …을 일주하다, 한바퀴 돌다; 《비유적》조사(검토)하다. *faire le ~ du monde* 세계를 일주하다. *faire le ~ des invités* (파티장 따위에서) 한바퀴돌며 손님들과 인사하다. *faire le ~ d'une question* 어떤 문제를 모든 각도에서 검토하다. *faire le ~du cadran* (시계바늘이)문자판을 한바퀴 돌다; 〖구어〗12시간 동안 계속 자다.
(une fille) **fait(e) au ~** 〖구어〗동성 생긴(여자).
jouer un ~ [des ~s] à qn …에게 장난쳐서 골탕먹이다; …을 속이다. Il *m'a joué un petit(bon) ~.* 그가 나를 골탕먹였다. Si tu continues à boire, ça te *jouera des ~s.* 계속 술을 마셨다가는 큰 일 당하고 말 거야.
Le sang ne m'a fait qu'un ~. 《구어》화가 버럭 치밀었다.
Le ~ est joué. 결판났다.
prendre un bon(mauvais) ~ (사업 따위가)호전되다(악화되다).
prendre un ~ à ses rivaux 〖스포츠〗(경주에서) 경쟁자를 한 바퀴 이기다(앞서다).
~ à ~ 차례차례로. *rire et pleurer ~ à ~* 웃었다 울었다 하다.
~ de force 힘든 재주(곡예); (곡예와 같은)어려운 일(을 성공시킴). *accomplir(faire) un ~ de force* 힘든(거의 불가능한) 일을 해내다.
~ de main 손재주.
~ de reins 허리 삐기; 요통(腰痛).
~ de table 회의·토론회에 참석한 사람들에게 돌아가며 의견을 묻는 방식. *Le président fait un ~ de table et nous demande notre avis.* 회장은 우리 전원에게 발언권을 주어 의견을 말하게 한다.
touraillage [turaja:ʒ] n.m. 〖맥주용〗엿기름을 건조시키기.
touraille [tura:j] n.f. 엿기름 건조실.
tourailleur [turajœ:r] n.m. 엿기름 건조기.
touraillon [turajɔ̃] n.m. 볶은 엿기름.
tourangeau(elle) [turaʒo, -ɛl] (pl. ~x) a. ① 투르 (Tours, 프랑스의 도시)의. ② 투렌(la Touraine, 프랑스 도시)의. —T~ n. 투르(투렌) 사람.
touranien(ne) [turanjɛ̃, -ɛn] a. 투랑(Touran) 사람의; 우랄알타이어의. —T~ n. 투랑 사람. —n.m. 우랄알타이어(語).
tourbage [turba:ʒ] n.m. 이탄(泥炭)채굴.
tourbe¹ [turb] n.f. 〖옛〗〖경멸〗천민(賤民)의 떼, 폐. *des soldats de ~* 군인들의 떼거리.
tourbe² n.f. 이탄(泥炭).
tourber [turbe] v.i. 이탄을 채굴하다. —v.t. 이탄을 캐내다. *~ un marais* 늪에서 이탄을 캐다.
tourbeur [turbœ:r] n.m. 〖드물게〗이탄 캐는 사람.
tourbeux(se) [turbø, -ø:z] a. 이탄을 함유한, 이탄질(質)의; (식물이)이탄에서 생기는.
tourbier(ère) [turbje, -ɛ:r] a. 이탄의, 이탄질의. —n.m. 이탄 채굴자; 이탄광 소유자. —n.f. 이탄갱(坑), 이탄지(地).
tourbillon [turbijɔ̃] n.m. ① 선풍, 회오리바람(cyclone). ~ *de vent* 회오리바람. ② (먼지·연기 따위의)회오리, 소용돌이, 화랑수. ~ *de poussière* 회오리처럼 이는 먼지. *~s d'une rivière* 강물의 소용돌이. 《비유적》거칠게 소용돌이를 어지럽히는 움직임, 와중(渦中). *~s de danseurs* 어지럽게 돌아가는 춤추는 사람들. *~ de la vie moderne* 현대생활의 소용돌이. ④ 〖천문·철학〗와동(渦動)설; 〖물리〗선회; 선회꽃불.
tourbillonnaire [turbijɔnɛːr] a. 선풍의; 회오리바람의; 《비유적》혼잡스러운, 어지러운.
tourbillonnant(e) [turbijɔnɑ̃, -ɑ̃:t] a. 소용돌이치는; 빙빙 도는, 맴도는(tournoyant). *jupes ~es d'une danseuse* 무용수의 빙빙 도는 치마.
tourbillonnement [turbijɔnmɑ̃] n.m. ① 선회, 와동, 소용돌이. ② 《비유적》어지러움, 정신없이 부산함. *~ des affaires* 정신없이 어지러운 〔혼잡스러운〕 일.
tourbillonner [turbijɔne] v.i. ① 소용돌이치다; 선회하다, 맴돌다. *Les danseuses tourbillonnent.* 여자 무용수들이 빙빙 돌고 있다. ② 《비유적》어지럽게 움직이다, 소용돌이치다. *Les pensées tourbillonnent.* (작겁한)생각들이 어지럽다.
tourd [tu:r] n.m. ① 〖조류〗지빠귀류(類). ② 〖어류〗(지중해산의)놀래기 무리.
tourdelle [turdɛl] n.f. 〖조류〗지빠귀류.
tourdille [turdij] a. *gris ~* (말의)노르스름한 회색의.
tour-du-cou [turdyku] (pl. ~s-·-·~) n.m. (샤쓰의).
touréle(e) [turle] a. 〖문장〗탑 모양의, 있는.
***tourelle** [turɛl] n.f. ① 〖건축〗작은 탑; 망루. ② 〖군사〗포탑(砲塔); (기관총의)총좌; 〖해군〗사령탑, 전망탑. *~ d'un navire* 군함의 포탑. *~ mobile d'un char d'assaut* 전차의 회전 포탑. ③ 〖기계〗(선반의)터릿; (카메라의)회전식 렌즈 교환기.
touret¹ [turɛ] n.m. ① (보석 세공용의)작은 녹로(轆轤); 회전 연마기(~ *à meuler*); (벨트의 원반으로 문지르는)연마기(~ *à polir*). ② 물레바퀴(rouet à filer); (낚싯줄·전선 따위가 감기는)얼레. ③ 활처럼 굽은 송곳; 〖해양〗(뱃전의)놋좆; (말의 재갈에 다는)댓돌.
touret² n.m. ① (15세기의 부인들이 이마에 두른) 는 끈. ② ~ *de nez* (예)(16세기의 부인들이 쓴 눈코 밑을 가리는)마스크, 복면(petit loup).
tourette [turɛt] n.f. 〖식물〗십자과(十字花科)의 1속(屬).
tourie [turi] n.f. 채유에 넣은 큰 병(산류(酸類) 따위를 담는).
tourier(ère) [turje, -ɛ:r] a. 수도원 접수계의. —n. 수도원 접수계 수녀(수도사).
tourillon [turijɔ̃] n.m. ① (철문 따위의)문장부, 축(軸). ② 〖기계〗굴대꼭지, 피스톤핀, 크랭크핀; 굴대목, 저널. ③ 〖군사〗(대포의)포이(砲耳), 포신 받침대. —*porteur ~ique* (支軸), 중심판.
tourillonneuse [turijɔnø:z] n.f. 〖공학〗선반의 일종.
touring [turiŋ] 《영》n.m. 산책, 여행. *T~-Club de France* 프랑스 여행 클럽.
***tourisme** [turism] n.m. 관광, 유람여행. *agence de ~*; *office de ~* 관광여행 안내소. *faire du ~* 관광(여행)을 하다. *voiture(avion) de ~* (영업용 외의)승용차(자가용 비행기). —*d'affaires* 사업상의 (관광)여행. — *industriel* 산업시찰 여행.
***touriste** [turist] n. 관광객, 유람객. —*a. classe ~* (항공기·여객선의)(관광객급(級)(2등에 해당). [REM] 각종 합성명사의 제 1 요소를 이룸: *touristes-piétons* 도보 관광객. *touristes-vacanciers* 휴가철 관광객.
touristique [turistik] a. ① 관광의, 유람의, 관광여행에 관한. *renseignements ~s* 여행안내. *visite ~* 명소 관광. *prix ~* (관광객을 위한)서비스 가격. ② 관광객을 끌 만한, 구경할 만한. *ville ~* 관광도시. *Ce n'est pas ~ ici.* 여기는 볼 만한 것이 없다.
tourlourou [turluru] n.m. 〖옛·속어〗병사, (특히)보병.
tourmaline [turmalin] n.f. 〖광물〗전기석(電氣石).
tourment [turmɑ̃] n.m. (정신적·육체적인) 고통, 고뇌(peine); 〖옛〗고문(拷問). ~ *de la jalousie* 질투의 괴로움. *Cette affaire lui a donné*

tourmentant(e)

beaucoup de ~s. 이 사건은 그에게 많은 고통을 주었다. L'avenir de son fils est son principal ~. 아들의 장래(문제)가 그의 주된 고민거리다.

tourmentant(e) [turmɑ̃tɑ̃, -ɑ̃:t] *a.* 《옛》고통스러운, 괴로운; 귀찮은, 골치아픈.

tourmente [turmɑ̃:t] *n.f.* ① 소요, 폭동, 혼란. ~ révolutionnaire 혁명의 소요. ② 《옛·문어》폭풍, 폭풍우. ~ de neige 눈보라.

tourmenté(e) [turmɑ̃te] *a.p.* ① 번민[고민]하는; 불안한, 안절부절 못하는, 혼란한(troublé, inquiet, agité). avoir un visage ~ 고뇌의 빛을 얼굴에 나타내다. époque ~e (정치적으로)불안한[혼란한] 시기. vie ~e 파란만장한 생애. ② 기복이 많은, 굴곡이 심한(accidenté). relief ~ 기복이 많은 지형. côte ~e (심한)절벽 해안. ③ 《바다가》풍랑이 심한, 거친. ④ 《문장·장식 따위가》지나치게 꾸며진, 부자연스러운. statues aux poses ~es 부자연스러운[어색한] 자세의 동상.

tourmenter [turmɑ̃te] *v.t.* ① (에게) (정신적·육체적인)고통을 주다(ronger, torturer); 학대[가책]하다, 괴롭히다(martyriser); 《옛》고문하다. Ce remords le *tourmente*. 이 회한으로 그는 고통을 받고 있다. être tourmenté par ses rhumatismes 류머티즘으로 고생하다. ② 괴롭히다, 귀찮게 굴다(importuner). Ses créanciers le *tourmentent*. 채권자들이 그를 못살게 군다. [~ qn de] Je le *tourmentais de* questions et de reproches. 나는 그를 질문과 비난으로 괴롭히곤 했다. ③ 《구어》만지작거리다. ~ sa moustache[son mouchoir] 수염[손수건]을 만지작거리다. ④ (바람이 배를)심하게 동요시키다, (마도를)일게 하다; (마음을)뒤흔들다(agiter, exciter). Le vent *tourmente* le bateau. 바람이 배를 심하게 흔든다. ambition qui *tourmente* son cœur 그의 마음을 뒤흔들고 있는 야망. ⑤ 《문장 따위를》무리하게 해석하다; 무리하게 꾸미다. ~ un texte (un auteur) 원문(작가)의 내용에 억지 해석을 하다. ~ la nature 자연을 왜곡하다.
— **se** ~ *v.pr.* ① 번민[고민]하다, 고심하다, 몹시 근심[걱정]하다. Ne *vous tourmentez* pas pour si peu. 그렇게 사소한 일로 고심하지 마시오. ② (배가)몹시 흔들리다. ③ (목재가)휘다, 뒤틀리다. ④ 《옛·문어》동요하다, 뒤흔들리다.

tourmenteur(se¹) [turmɑ̃tœ:r, -ø:z] *a.* 괴롭히는, 고통을 주는. — *n.* 괴롭히는 사람; 박해자(persécuteur). — *n.m.* 《옛》고문자.

tourmenteux(se²) [turmɑ̃tø, -ø:z] *a.* 《드물게》 《해양》폭풍이 많은; 《해역)어 폭풍이 많은.

tourmentin [turmɑ̃tɛ̃] *n.m.* ① 《해양》 《폭풍이 불 때 이물에 다는)삼각돛. ② 《조류》바다제비의 일종.

tournage [turna:ʒ] *n.m.* ① 선반에 걸기. ② 《영화》촬영. ③ 《해양》 밧줄걸이 《귀 모양의 나무·쇠》(cabillot, taquet).

tournailler [turnaje] *v.i.* 《구어》(같은 곳을)뱅뱅돌다, 서성거리다, 어정대다(tourniquer). ~ dans une pièce 실내에서 서성거리다. — *v.t.* 만지작거리다, 빙빙 돌리다. ~ son mouchoir 손수건을 만지작거리다.

tournanche [turnɑ̃:ʃ] *n.f.* 《속어》① 여러 사람에게 한턱내기. payer une ~ 술을 사다. ② 때리기, 주먹질. recevoir une ~ 얻어맞다.

tournanché(e) [turnɑ̃ʃe] *a.* 《속어》모양이 좋은(bien tourné).

tournant(e) [turnɑ̃, -ɑ̃:t] *a.* ① 회전하는, 선회하는. fauteuil ~ 회전의자. pont ~ 선개교(旋開橋). ② 우회하는. mouvement ~ (적을 포위하기 위한)우회작전. 《비유적》사람을 따돌리기 위한 수. ③ 구불구불한(sinueux). escalier ~ 나선계단. couloir ~ 구불구불한 복도. ④ grève ~e 《각 부서가 돌아가며 하는》파상 스트라이크.
— *n.m.* ① 모퉁이, 구부러진 곳(angle, coin). bien prendre son ~ (운전사가)커브길을 잘 돌다. ralentir au ~ 커브길에서 속도를 늦추다. ② 《비유적》전환기, 전기(轉機). être à un ~ de sa vie 인생의 전환기에 있다. marquer un ~ dans l'histoire (어떤 사건의)역사의 한 전기를 이루다. ③ 소용돌이; (물방아의)물레바퀴, 차 바퀴의 회전면(面); 《해양》물이 소용돌이치는 장소. attendre qn au ~ (복수하기 위해) …가 곤경에 빠지는 것을 기다리다, 반격의 기회를 노리다. avoir[rattraper] qn au ~ …에게 (기회가 오는 대로) 복수하다. être dans un sale ~ 《구어》위험한 사건에 휘말려 있다. prendre le[un, son] ~ (상황에 따라)방향을 바꾸다(전환하다). L'urbanisme *a pris un* ~ décisif. 도시 계획은 결정적인 방향 전환을 했다. prendre des ~s 편법을 쓰다.
— *n.f.* 선회불꽃.

tournas(s)age [turnasa:ʒ] *n.m.* (도자기 따위를)녹로(轆轤)에 걸기.

tournasser [turnase] *v.t.* (도자기를)녹로에 걸어 모양을 다듬다.

tournasseur [turnasœ:r] *n.m.* 녹로공(工).

tourne [turn] *n.f.* ① 《신문의 같은 호에서》기사의 계속. débuter à la une et la ~ en page six 1면에서 시작되어 6면으로 계속되다. ② 《카드놀이에서》retourne. ③ (포도주의)변질; (우유의)산패.

tourné(e)¹ [turne] *a.p.* ① 《선반·녹로로》만들어진. articles ~s 선반 제품, 녹로 세공품. ② (포도주가)변질한, (우유가)산패한, 쉰(aigri). ③ 향한, 면해 있는. église bien ~e 《동쪽으로 향해 있는》잘 자리잡은 성당. ④ (의)형상[모양]을 한. bien [mal] ~ 모양이 좋은(나쁜). avoir les jambes bien ~es 다리가 날씬하다. article bien ~ 《비유적》(표현·문체 따위가)잘 다듬어진 기사. avoir la tête ~e (성공 따위로 흥분해서)머리가 돈 듯이 있다; (공포 따위로)얼이 빠지었다. avoir l'esprit mal ~ 마음씨가 비뚤어져 있다, 심보가 고약하다; 사물을 불리하게 해석하려 들다.

tourne-à-gauche [turnagoʃ] *n.m.* 《복수불변》스패너, 렌치; 수나사 깎는 기구; 톱날 세우개.

tournebouler [turnabule] *v.t.* 《구어》정신빠지게 하다, 착란케 하다, 머리를 돌게 하다(bouleverser). La politique est en train de te ~ la cervelle. 정치가 네 머리를 돌게 하고 있다. Elle est toute *tourneboulée*. 그녀는 완전히 얼이 빠져 있다.

tournebout [turnabu] *n.m.* 《옛》《음악》《J형을 한》취주악기의 일종.

tournebride [turnabrid] *n.m.* 《옛》대저택·별장 가까이에 있어 방문객의 시종들을 재우는)주막.

tournebroche [turnabrɔʃ] *n.m.* 《요리》① 꼬치 회전기(rôtissoire). ② 《옛》꼬치 돌리는 소년[개].

tourne-disque [turnadisk] *n.m.* 레코드 플레이어; 전축(électrophone, pick-up).

tournedos [turnado] *n.m.* 《요리》얇게 저민 쇠고기 《등심·안심》.

tournée² [turne] *n.f.* ① (공무원의)시찰(여행), 순시, 출장, (순회 공연을 위한 재판관의)지방 순회, (주문받기 위한 상인의)지방 돌기, (극단의)순회 공연; (의사의)순회 왕진, (야경꾼의)순회, (우체부의)순회 배달; 《골프》1 라운드; 《구어》산책.

~ électorale(입후보자의)선거구 유세. ~ de conférences en province 지방 순회 강연. troupe en ~ 순회 공연중의 극단. Le médecin fait une ~ de visites. 의사가 순회 왕진을 한다. Le président va faire une ~ des pays alliés. 대통령이 동맹국을 순방할 예정이다. faire la ~ des bistrots 여기저기 술집을 돌아다니다. faire sa petite ~ (으레 하는) 가벼운 산책을 하다. ② 《구어》한잔(한턱) 내기. offrir(payer) une ~ 한턱 내다. C'est ma ~. 내가 한 잔 내지. ③ 《속어》 구타, 매리기(raclée). recevoir(flanquer) une ~ 얻어맞다(때리다).
faire la ~ des grands-ducs 호화스런 식당과 술집을 돌아다니다, 호탕하게 놀고 마시다.

tourne-feuille [turnəfœj] *(pl. ~-~(s)) n.m.* 악보 넘기는 도구.

tourne-gants [turnəgā] *n.m.* 《복수불변》장갑의 손가락을 뒤는 도구.

tournelle [turnɛl] *n.f.* 《옛》작은 탑; 작은 성(城). T~ civile(criminelle) 《왕조시대 파리 최고 재판소의》 민사(형사)재판소.

tournemain (en un) [ānœturnəmɛ̃] *loc.ad.* 눈깜짝할 사이에, 순식간에(en un tour de main).

tournement [turnəmā] *n.m.* 빙빙 돌기, 회전. ~ de tête 현기증.

tourne-oreille [turnɔrɛj] *n.m.* 《복수불변》 a. 《불변》(charrue) ~ 《날이 좌우(양면)로 움직이는》쟁기의 일종.

tourne-pierre [turnəpjɛːr] *(pl. ~-~s) n.m.* 〖조류〗꼬까물떼새.

:**tourner** [turne] *v.t.* ① 돌리다; 휘젓다(remuer). ~ une roue 바퀴를 돌리다. ~ une clef(une poignée de porte) 열쇠(문 손잡이)를 돌리다. ~ une sauce(une salade) 소스(샐러드)를 젓다.
② 돌다, 돌아가다, 우회하다(contourner); 포위하다(encercler); 《비유적》(회)피하다(éluder, se soustraire). ~ le coin de la rue 길 모퉁이를 돌다. ~ un obstacle 장애를 피해서 돌아가다. ~ les positions de l'ennemi 적진지를 포위하다. ~ une loi(une difficulté) 법망(난관)을 교묘하게 피하다.
③ (목재·금속 따위를)선반(녹로)에 걸고 돌리다. ~ l'ivoire 상아재(象牙材)를 선반에 돌려 가공하다. ~ un pied de table 테이블의 다리를 선반으로 깎아 만들다.
④ (말 따위를)다루다, 쓰다, 표현하다. bien ~ une phrase 표현을 잘하다. Il *tourne* bien ses lettres. 그는 편지를 잘 쓴다.
⑤ [~ *qc* à/en] (으로)바꾸다(transformer); 해석하다, 번역하다(interpréter). ~ *qc* à son avantage …을 자기에게 유리하도록 만들다. ~ *qc au tragique* …을 농담으로 돌리다. ~ *qc en plaisanterie* …을 농담으로 돌리다. ~ *qn en ridicule* [en dérision] …을 웃음거리로 만들다(조롱하다).
⑥ 향하게 하다, 돌리다(orienter). ~ ses pas d'un autre côté 다른 쪽으로 발길을 돌리다. ~ les yeux(son regard) vers(sur) *qn* …에게 눈길을 돌리다. ~ ses efforts(ses pensées) vers *qc* …에 노력(생각)을 기울이다.
⑦ (조사하기 위해)요리조리 돌리다; 《비유적》검토하다. ~ son chapeau dans ses mains 손 안에서 모자를 돌리며 살피다. ~ et retourner un problème 문제를 이모저모로 검토하다.
⑧ 〖영화〗촬영하다; 출연하다. ~ un film 영화를 촬영하다; (배우가)영화에 출연하다. ~ un roman 소설을 영화화하다. 《목적보어 없이》Silence! on *tourne*. 조용히! 지금 촬영중이오.
⑨ (책장을)넘기다, (카드를)뒤집다; (외투 따위를)뒤집다(retourner). ~ les pages 페이지를 넘기

다. ~ une étoffe d'un autre sens 천을 뒤집다.
⑩ (실·밧줄 따위를)감다. ~ une corde autour d'un pieu 말뚝에 밧줄을 감다.
⑪ 《구어》(우유 따위를)상하게 하다, 산패시키다. ~ *l'estomac(le cœur) à qn* …을 메스껍게(구역질 나게)하다. ~ *qc en bien(en mal)* …을 좋게(나쁘게)해석하다. Il *tourne* tout en mal. 그는 만사를 나쁘게 해석한다.
~ *qn (de tous les sens, de tous les côtés)*(자백하게 하려고, 의중을 알아내려고) 유도심문하다.

—*v.i.* ① 돌다, 회전하다; (기계가)돌아가다. La terre *tourne* autour du soleil. 지구는 태양 주위를 회전한다. faire ~ la machine 기계를 돌리다(운전하다).
② (사람·차가)(길을)돌다, 돌아가다; (바람 따위가)방향을 바꾸다, (길이)구부러지다. J'ai *tourné* dans une rue à droite. 나는 오른쪽 길로 돌았다. Le vent *tourne* au Nord. 바람의 방향이 북쪽으로 변한다. À cet endroit, la rue *tourne* à gauche. 이곳에서 길은 외쪽으로 구부러진다. La chance *a tourné*. 《비유적》운이 기울었다.
③ (사업·일이)돌아가다, 운영되다(fonctionner, marcher). L'usine *tourne* toute l'année sans interruption. 공장은 연중무휴로 가동된다. Il sait faire ~ son affaire. 그는 사업을 잘 운영할 줄 안다.
④ [~ en/à] (으로)바뀌다, 변하다, (이)되다. Son amour *tourna* en(à) la haine. 그의 사랑은 증오로 변하였다. La discussion *tourne* à son avantage. 토론은 그에게 유리하게 전개되어 간다. Le temps *tourne* au mauvais. 날씨가 나빠진다.
⑤ (포도주·우유가)시어지다(~ à l'aigre); 변질하다(s'altérer); (과일이)너무 익어서 상하다.
⑥ (영화에)출연하다. Elle a *tourné* dans beaucoup de films. 그녀는 많은 영화에 출연했다.
⑦ 《내기에》 《카드놀이》 De quoi *tourne-t-il*? 으뜸패는 무엇인가?; Il *tourne* carreau. 으뜸패는 다이아몬드이다.
La tête lui tourne. 그는 현기증이 난다;《비유적》(사랑 따위에)흥분하고 있다.
Le pied lui a tourné. 그는 발을 삐었다.
ne savoir de quel côté ~ 《구어》어찌할 바(어떻게 결정할지)를 모르다.
~ *autour de qc* …이 관심의 초점이다. L'enquête *tourne* autour de deux suspects. 수사는 두 용의자에게 집중되어 있다.
~ *autour de qn* …을 해치려고 노리다; …의 호의(환심)를 사려고 하다. ~ autour d'une femme 여자의 환심을 사려고 하다, 구애하다.
~ *bien*[*mal*] 《어떤 상태로》 (사람이)좋게(나쁘게) 되다. La négociation *a bien tourné*. 협상은 순조롭게 진행되었다. Ce garçon *a mal tourné*, il est en prison pour vol. 이 아이는 버렸어, 절도로 감옥살이 중이야.
~ *contre qn* …을 배반(거역)하다.
~ *de côté de qn* …의 편을 들다.
~ *rond* (기계가)잘 돌아가다, (일이)잘 되어 가다. Le moteur *tourne rond*. 엔진의 상태가 좋다. 《주로 부정형으로》 Ça ne *tourne* pas *rond*. 일이 잘 되어 가지 않는다.

—*se* ~ *v.pr.* ① [se ~ vers/du côté de](쪽으로)향하다, 돌아보다(se diriger); 돌아서 보다. *se* ~ *vers* la fenêtre 창 쪽을 돌아보다. *se* ~ *vers* une question 어떤 문제에 관심을 갖다. *se* ~ *vers* une profession 어떤 직업으로 전향하다.
② 《문어》 [se ~ à/en] (이)되다, (으로)바뀌다(se changer). Le temps *se tourne au beau*. 날씨가 좋아

진다. *se ~ en* vinaigre (술이)초가 되다. ③ 돌다, 몸을 돌리다. *se ~ dans son lit* 잠자리에서 몸을 젖히다.
④ 선반[녹로]으로 가공[세공]되다.
de quelque côté qu'on se tourne 어느 쪽을 향하든 간에, (비유적)어느 쪽[편]에 서든 간에.
ne savoir où se ~; ne plus savoir de quel côté se ~ 누구를 의지해야 할 지 모르다; 어떤 입장에 설 지를 모르다.
se ~ contre qn …을 거역하다, 적대하다.
se ~ vers qn …에게 구원을 요청하다, …의 힘을 빌다.

tournerie [turnəri] *n.f.* 선반공장, 녹로 세공소.
tournesol [turnəsɔl] *n.m.* ① 〖식물〗 해바라기. ② 〖화학〗 리트머스. *papier* ~ 리트머스 시험지. *teinture de* ~ 리트머스 용액(溶液).
tournette [turnɛt] *n.f.* ① 물레, 회전반(盤); (다람쥐의)쳇바퀴. ② 유리 자르개; (제본용의)재단기. ③ 〖연극〗 회전 무대.
tourneur(se) [turnœ:r, -ø:z] *a.* 빙글빙글 도는. ② 선반을 다루는. —*n.m.* 선반공, 녹로 세공인. —*n.f.* 〖직업〗 실 잣는 여자.
tourne-vent [turnəvɑ̃] *n.m.* (복수불변)회전식 굴뚝갓.
tournevire [turnəvi:r] *n.m.* 〖해양〗 (닻줄·동아줄 따위를 감아올리는 윈치의)보조 줄.
tournevirer [turnəvire] *v.t.* (구어) (사람을)마음대로 부리다.
tournevis [turnəvis] *n.m.* 나사 돌리개.
tournicoter [turnikɔte] *v.i.* (구어)=**tourniquer**.
tournière [turnjɛ:r] *n.f.* 〖농업〗 쟁기를 돌리기 위해 두렁 끝에 남겨 둔 곳.
tourniller [turnije] *v.i.* (드물게)=**tourniquer**.
tourniole [turnjɔl] *n.f.* (구어)표저(瘭疽), 생인손.
tourniquer [turnike] *v.i.* (같은 곳에서)오락가락하다, 빙빙 돌다(tournailler); (목적 없이)서성거리다. ~ *autour de qn[qc]* …의 주위에서 늘 귀찮게 맴돌다.
tourniquet [turnikɛ] *n.m.* ① (건물 따위의 입구에 설치된)회전문(門)(porte à tambour); (그림엽서·빗타이 따위를 늘어놓는)회전 진열대. ② (덧문의)걸쇠; 회전 고리. ③ 회전 장난감(팽이·바람개비 따위). *jeu du* ~ 〖놀이〗 룰렛과 비슷한 도박 도구. ④ 〖외과〗 지혈대(止血帶). ⑤ 〖곤충〗 물매미, 물무당(gyrin). ⑥ (군대속어)군법회의. *passer au* ~ 군법회의에 붙이다. ⑦ ~ *hydraulique* 〖물리〗 반동수차(反動水車).
tournis [turni] *n.m.* 〖수의〗 (말·양의)현도병(眩倒病); (비유적) (사람의)현기증(vertige).
tournisse [turnis] *n.f.* 〖건축〗 샛기둥.
tournoi [turnwa] (<*tournoyer*) *n.m.* ① (토너먼트 방법에 의한)시합, 선수권 쟁탈전, (장기·카드놀이 따위의)시합(concours). ~ *d'échecs*[de tennis] 장기[테니스] 시합. ② (중세의)기마시합. ③(문어)(비유적)경쟁, 승부.
tournoiement, tournoiment [turnwamɑ̃] *n.m.* ① 뱅뱅돌기, 선회, 회전, 소용돌이. ② 멀미(~ *de tête*); 〖수의〗 ~ =tournis. ③ (비유적)현기증나는 움직임. *des passions* 정념의 회오리.
tournois [turnwa] *a.* (불변) (옛)투르(Tours, 프랑스의 도시)에서 주조된 (13세기까지 사용되던 화폐에 관한 말). *livre* ~. 20 수(sous) 주화.
tournaisi(e) [turnone, -ɛ:z] *a.* 투르농(Tournon, 프랑스의 도시)의. —**T**~ *n.* 투르농 사람.
tournoyant(e) [turnwajɑ̃, -ɑ̃:t] *a.* 뱅뱅도는, 선회하는, 소용돌이치는, 맴도는.
tournoyer [turnwaje] ⑦ *v.i.* ① 뱅뱅돌다, 선회하다, 소용돌이치다, 맴돌다. *Des avions tournoient dans le ciel.* 비행기가 하늘에서 선회하고 있다. ② (속어)헤매다. ~ *dans les montagnes* 산속을 헤매다. ③ (옛)시합(대회)에 나가다.
tournure [turny:r] *n.f.* ① 형세, 국면; 추세, 경향. ~ *des événements* 사건의 추이. *prendre une bonne*[*mauvaise*] ~ (일이)잘[잘못]되어가다, (사태가)호전[악화]되다. ② 모습, 풍채, 맵시(allure); 성질, 성향. ~ *élégante*[*gauche*] 우아한[어색한] 모습. ~ *d'esprit* 성질. ~ *de l'esprit français* 프랑스인의 기질. ③ (시구·문장의)표현, 어법(tour). ~ *archaïque* 옛날풍의 말투(표현). ④ 〖금속〗 (선반으로 가공된 물건의)둥그스름함; (선반으로 깎은)쇠부스러기. ⑤ (옛) (치맛자락이 퍼지게 하기 위해 허리 뒤에 덧대어 받친.
avoir de la ~ (옛)점잖은 모습을 하고 있다.
donner une autre ~ *à qc* …의 국면을 일변시키다.
prendre ~ (일)의 윤곽이 잡혀가다. *Le projet commence à prendre* ~. 계획은 윤곽이 잡히기 시작한다.
touron [tur3] *n.m.* 편도·달걀·설탕 따위로 만든 과자(누가의 일종).
tour-opérateur [turɔperatœ:r] (*pl.* ~**s-**~**s**)(<(영) *tour-operator*) *n.m.* (단체)여행 알선업자, 관광 여행업자.
tourte [turt] *n.f.* ① 〖요리〗 (고기·과실 따위를 넣은)파이. ② (사투리)둥근 빵. ③ 〖아금〗 빵 모양의 은덩이. ④ 〖농업〗 (아마 따위의)깻묵. ⑤ (속어)반편이. —*a.* (속어)어리석은, 멍청한.
tourteau[1] [turto] *n.m.* ① 〖농업〗 (과실·씨앗 따위의)깻묵(사료·비료용). ② 〖문장〗 칠보(七寶)원형 무늬. ③ (옛)둥근 빵의 일종. ④ 〖공학〗 (크랭크축의)센터 보스.
tourteau[2] (*pl.* ~**x**) *n.m.* 대서양 산의 게의 일종.
tourtelet [turtəle] *n.m.* 얇게 구운 생과자의 일종.
tourtelette [turtəlɛt] *n.f.* ① 작은 파이. ② 〖조류〗 비둘기의 일종(colombe ~).
tourtereau [turtəro] (*pl.* ~**x**) *n.m.* ① 〖드물게〗 〖조류〗 멧비둘기의 새끼. *s'aimer comme deux* ~*x* (구어)(남녀 간에)사이가 좋다. ② (*pl.*) (구어)사랑하는 젊은 남녀.
tourterelle [turt(ə)rɛl] *n.f.* 〖조류〗 멧비둘기, 호도애.
tourtière [turtjɛ:r] *n.f.* 파이 굽는 남비; 파이 접시.
tous [tu(s)] ⇨ **tout**.
tous azimuts [tuzazimy(t)] *loc. a.* ⇨ **azimut**.
touselle [tuzɛl] *n.f.* (남프랑스에서 재배되는)볼셀, 나맥(裸麥).
toussailler [tusaje] *v.i.* 연거푸 기침하다.
Toussaint (la) [latusɛ̃] *n.pr.f.* 〖종교〗 제성첨례(諸聖瞻禮), 만성절(萬聖節) (11월 1일).
*****tousser** [tuse] *v.i.* ① 기침하다; (주의를 끌기 위해)헛기침하다. *La fumée me fait* ~. 연기 때문에 기침이 난다. ~ *pour avertir qn* …에게 주의시키기 위해 헛기침하다. ~ *gras* 기침을 하여 가래를 내다. ~ *un coup* (이야기를 시작하기 전에)에헴하고 헛기침을 한 번 하다. ② (비유적) (엔진이)작동하지 않다, 걸리지 않다 (avoir des ratés).
tousserie [tusri] *n.f.* (옛)(특히 청중 따위의)자주 되풀이되는 기침.
tousseur(se) [tusœ:r, -ø:z] *n.* (구어)잔기침(헛기침)하는 사람.
toussotement [tusɔtmɑ̃] *n.m.* 잔기침(하기).
toussoter [tusɔte] *v.i.* 잔기침하다.
:**tout(e)** [tu, tut] (*m.pl. tous* [tu(s)], *f.pl. toutes* (tout, tous 는 연음할 때 [tut], [tuz] 가 됨) *a.* 《품질형용사; 한정된 단수명사 또는 대명사와 더불

어) 모든, 온갖, 전체의, 전부의. ⓐ[~(e)+le/la+명사] ~ le pays (특정의)그 나라 전체. ~e l'Europe 전유럽. ~ le temps 줄곧, 항상. ~e la nuit 밤새도록. ~ le jour; ~e la journée 하루 내내, 온종일. ⓑ[~(e)+un(e)+명사] ~ un pays (어느)한 나라 전체. ~ un hiver 한 겨울 내내. ⓒ[~(e)+소유·지시형용사+명사] ~e ma vie 나의 전생애. faire ~ son devoir 직무를 다하다. ~ cet été 금년 여름내내. ⓓ[~(e)+지시·소유대명사] T~ cela(ça), c'est de la folie. 이 모든 것은 미친 짓이다. (관계절의 선행사와 함께) ~ ce que j'ai vu 내가 본 모든 것.

② ⓐ[~(e)+무관사 명사](성구적 뜻) avoir ~e liberté 완전히 자유롭다. donner ~e satisfaction 마음을 흡족하게 해주다. ⓑ[~+작가명](tout은 불변)lire ~ Racine 라신의 모든 작품을 읽다. ⓒ[~(e)+도시명] T~(e) Rome brûlait. 전 로마 시가가 불타고 있었다. ~+작품명] J'ai lu «les Misérables». 나는 「레미제라블」을 끝까지 다 읽었다.

REM (1) ~ 와 관련하여, 도시명이 보여를 수반할 때는 정관사가 쓰임: tout le Paris du XVII siècle 17세기의 파리(시민)전체. 시가 전체의 뜻으로는 toute로 표현될 때도 있음: toute Paris 파리시 전체 (tout Paris「파리 시민 전체」와 구별). 한편 근래의 tout Paris의 예를 따라 「tout+명사」의 합성어가 만들어졌음: le Tout-Cinéma「전 영화계 인사, 전 영화인」. (2) ⓓ와 관련하여, 관사가 작품명의 일부가 아닐 때에는 tout는 성수(性數)에 일치하고 정관사와 함께 쓰임: lire toutes les «Méditations» 「명상(瞑想)」 전권을 읽다.

③ (동격) 온통, 전적으로(tout entier). Elle était ~e à son travail. 그녀는 자기 일에 열중하고 있었다. La maison est ~e en feu. 집은 온통 불에 휩싸여 있다. être ~ à tous 팔방미인이다. La vérité est ~e à tous. 진리는 만인의 것이다.

④ (한정사와 함께 부사적으로) 완전히(tout à fait). ⓐ[~(e)+le/la+명사] C'est ~ le portrait de son père. 그는 아버지를 쏙 빼닮았다. T~(e)~ le contraire. 그것은 정반대이다. ⓑ[~(e)+un(e)+명사] C'est ~ un roman. 꼭 소설같은 이야기이다. faire ~e une histoire 온통 소란을 피우다.

—a.ind. ①(한정된 복수명사 또는 대명사와 함께) 모든, 많은. ⓐ[tous/~es+관사/지시·소유형용사+명사] tous les hommes 모든 사람들. tous les autres 그밖의 모든 사람들. tous ces enfants 이 모든 어린이들. ⓑ[tous/~es+무관사 명사] avoir tous pouvoirs sur qn ~에 대해서 모든 권한을 갖다. ⓒ[tous/~es+(무)관사+수명사] tous (les) trois 세 사람 다. tous les deux 둘 다. ⓓ[tous/~es+무관사 명사+형용사/분사] ~es affaires cessantes 모든 일이 중단되고. tous feux éteints 불은 모두 끄고. ~es proportions gardées 모든 관계(차이)를 고려하여, 정도의 차이는 있어도. ⓔ[tous/~es+(무)관사+명사](전치사적 표현에서) à tous les coins de rue 길거리 구석구석까지 전부. de tous (les) côtés 사방에서(사방으로). ⓕ 제각기, 각각, …마다(chaque). tous les jours 매일. tous les trois jours 사흘만에. une borne tous les kilomètres 매킬로미터마다 있는 이정표. Tous les combien y a-t-il un train? 몇 시간마다 기차가 있읍니까?

②[단수명사와 함께] ⓐ[부사적 명제·진리·격언 따위에] 누구든지, 무엇이든지. ~e personne 사람은 누구든지. T~e peine mérite salaire. 고생한 이에게는 보상을 받을 가치가 있다. ~ autre que mon père 내 아버지 이외는 모든. ⓑ[전치사 뒤에서] de ~e manière 어쨌든. à ~ propos

무엇이든지, 모든 일에(대해서). avant ~e chose 무엇보다도 먼저, 특히.

C'est ~ +'명사' 전체가 …이다. À les prendre un à un, c'est ~ bons garçons. 한 사람 한 사람을 대하고 보니 모두 좋은 아이들이다.

pour ~ +'명사' 다 합쳐서, 전부가. Elle avait pour ~ domestique deux servantes. 그녀는 하인이라고는 두 하녀밖에 없었다.

~ ce qu'il y a de+형용사(명사) …한 모든 것. ~ ce qu'il y a d'intéressant 흥미로운 모든 것. C'est ~ ce qu'il y a de plus drôle. 그거야말로 가장 우스꽝스러운 것이다. ~ ce qu'il y a de notabilités 명사(名士)란 명사는 전부.

~(e) de 온통 …으로 이루어진. existence ~e de méditation spirituelle 온통 영적인 명상으로 엮어진 생애.

—pron. ①(단수, 중성)모든 것, 모두, 전부, 온갖 것(↔rien); 모든 사람(~ le monde 가 더 널리 쓰임). Dieu a ~ créé. 하나님은 만물을 창조했다. L'argent n'est pas ~. 돈이 전부가 아니다. Honneur, fortune, il avait ~ perdu. 그는 명예도 재산도 다 잃어버렸다. Femmes, moines, vieillards, ~ était descendu. 여자도 승려도 노인도 모두 차에서 내려 있었다.

② (복수, tous [tus], toutes; 모음 또는 무성 h 앞에서 tous는 [tus(z)]로 발음됨. 단, tous ensemble [tuzãsãbl] 기 모든 사람들; 특정의 사람들 전부; 모든 것. ⓐ[명사적] Jésus-Christ est mort pour tous. 예수 그리스도는 모든 사람들을 위해 죽었다. Tous ont approuvé sa proposition. 전원이 그의 제안에 찬성했다. ⓑ(동격)Je vous invite tous. 나는 여러분 전부를 초대합니다. Elles sont ~es chez elles. 그녀들은 다 집에 있다. ⓒ(앞에서 열거된 명사·대명사를 받아)Laisse ces outils à leur place, je me sers de tous. 이 연장들을 제자리에 두어라, 나는 모두 쓰는 것이다. Il a appelé ses petits-enfants, tous sont venus. 그는 손자들을 불렀는데, 모두가 왔다. ⓓ(인칭대명사 강세형과 함께)Vous tous, soyez témoins. 여러분 모두가 증인이 되어 주시오.

(homme, bonne) à ~ faire 허드렛일을 하는(잡부·하녀).

avoir ~ de …을 꼭 닮다. Il a ~ d'un sauvage. 그는 꼭 야만인 같다.

Ce n'est pas ~ d'(être assidu, il faut encore)… (열심인 것)만으로는 안된다, (또 …이 필요하다).

C'est ~. 그것뿐이다.

C'est ~ ou rien [tuturjɛ̃]. 어느 쪽으로든지(양단간에) 결정을 해야 한다.

comme ~ (속어)매우, 지극히. malheureux comme ~ 매우 불행한.

de ~ 온갖 것을 조금씩. manger de ~ 아무 것이라도 먹다(manger ~ 다 먹어 치우다). On vend de ~ à Paris. 파리에서는 무엇이든 판다.
(Je suis de votre avis) **en ~ et pour ~** [ãtutepurtu]. ((구어))(나는)완전히(당신과 같은 의견이다).

~ compris 모든 것을 포함하여(가령, 식당의 계산서가 세금·서비스료를 포함함).

T~ est là. 모든 문제의 핵심은 여기에 있다.

—ad. (불변; 단, 자음·유성 h로 시작되는 여성 형용사 앞에서는 toute(s))①[~+형용사]매우, 완전히, 아주(très, fort, entièrement, tout à fait). de ~ petits faits 극히 사소한 일들. ~e petite fille 아주 어린 소녀. T~ est content(Ils sont ~ contents). 그는(그들은) 매우 만족하고 있다. Elle est ~ étonnée[~e contente]. 그녀는 매우 놀라고

tout(e)

〔만족하고〕 있다. portes qui s'ouvrent ~*es* grandes 활짝 열리는 문. ⓑ (상태가)그대로 변경이 없이. manger de la viande ~*e* crue 고기를 날로 먹다. se coucher ~ habillé 옷을 입은 채 자다.
② (양보절) [~+형용사+ que] (si... que, quelque... que) ⓐ [~+ *ind.*] 매우 이지만. T~ malin *qu'il est*, il s'est trompé. 그는 퍽 영리하지만 그래도 틀렸다(잘못 알았다). ⓑ [~+*sub.*] 아무리 …이라 할지라도. ~ riches *qu'ils soient* 그들이 아무리 부자라 할지라도.
③ [~+부사] 아주, 매우, 완전히. ~ près 바로 가까이. ~ aussitôt 즉시. ~ autrement 딴판으로. aller ~ droit devant soi 곧장 앞으로 나아가다.
④ [~+전치사] 아주, 완전히. ~ au loin 썩 멀리. ~ au fond 아주 안쪽에. être ~ en larmes 하염없이 눈물을 흘리고 있다.
⑤ [~+명사] (이때 명사는 형용사로 볼 수 있음) 완전히 (entièrement, tout entier). étoffes ~ laine (soie) 순모(순견)의 옷감. Il était ~ miel. 그는 아주 기분좋게 대했다.
⑥ [~ en +현재분사] ⓐ …하면서 (동시성). T~ en marchant, il me racontait son histoire. 그는 걸으면서 자기 이야기를 내게 들려 주었다. ⓑ …하면서도 (대립). T~ en étant très riche, il vit très simplement. 매우 부자이면서도 그는 퍽 검소하게 살았다.
~ *à coup* 갑자기.
~ *à fait* 아주, 전적으로, 완전히. Le travail est ~ à fait terminé. 일은 완전히 끝났다.
—*n.m.* (pl. ~ *s touts*; 거의 단수로만 쓰임) ① 전체, 총체. Le ~ est plus grand que la partie. 전체는 부분보다 훨씬 크다. Ferme et château, j'ai acheté le ~. 농원, 저택 등 나는 모든 것을 샀다. ② 중요(소중)한 것. Le ~ est de bien finir. 중요한 것은 끝을 잘 맺는 것이다. Le ~ est qu'il réussisse. 중요한 것은 그가 성공하는 일이다. Le ~ n'est pas de+*inf.* …하는 것만으로는 안된다. La musique est son ~. 《문어》 음악이 그의 전부이다.
③ 《수학》 총계, 합계.
④ (때로 T~) 만물, 삼라만상(univers). Ce n'est pas le ~. 그것만으로는 안된다. Ce n'est pas le ~ de réfléchir, il faut agir. 생각하는 것이 다가 아니다, 행동해야 한다.
du ~ au ~ 완전히(판판으로)(변하다 따위).
en ~ 모두. Cela fait mille francs *en ~*. 모두 천프랑이 된다.
en ~ ou en partie 다해서 또는 일부가.
faire son ~ de qn(*qc*) 오로지 …을 사랑하다.
pas (plus) *du ~;* 《구어》 *du ~* 전혀…아니다, 천만에. As-tu peur?—*Du ~*. 두렵니? 천만에(Je n'est pas peur du ~).
rien du ~ 전혀 아무것도 …아니다.
risquer le ~ pour le ~ 깡그리 잃느냐 따느냐의 모험(승부)를 하다, 결사적으로 해보다.
tout-à-l'égout [tutalegu] *n.m.* (복수불변)(변소의)하수도 직결식 수세장치, 방류식.
toute-bonne [tutbɔn] *n.f.* (pl. ~*s*-~*s*) 《식물》 샐비어의 일종; 배의 일종.
toute-bonté [tutbɔ̃te] *n.f.* 《신학》(신의)무한한 자비.
toute-épice [tutepis] *n.f.* (pl. ~*s*-~*s*) 《식물》 (서인도 제도산의)피망 나무; 올스파이스.
***toutefois** [tutfwa] *ad.* 그럼에도 불구하고, 그렇지만, 그러나(mais, pourtant, cependant). C'est sans doute une petite fièvre; il serait ~ préférable d'appeler le médecin. 아마 미열이겠지, 하지만 의사를 부르는 게 나을거야. Il fait doux maintenant, pas assez ~ pour sortir sans pardessus. 날씨가 누그러졌지만, 외투없이 외출할 정도는 아니야.
toute-présence [tutpreza:s] *n.f.* 《신학》 (신의)편재(遍在).
toute-puissance [tutpuisa:s] *n.f.* (복수 없음)절대적인 권력(힘), 지상권(至上權); 《신학》 (신의)전능(全能).
toute-saine [tutsen] (pl. ~*s*-~*s*) *n.f.* 《식물》 고추나무.
toute-science [tutsjɑ̃:s] *n.f.* 《신학》 (신의)전지(全知)(omniscience).
tout-fou [tufu] *a.m., n.m.* 매우 흥분한(사람); 머리가 좀 돈(사람).
toutim(**e**) [tutim] *n.m.* 《은어》 전부(le tout).
toutou [tutu] *n.m.* 《어린애말》 멍멍, 개; 《비유적》 잘 순종하는 사람. filer comme un ~ 매우 잘 순종하다. *à la peau de* ~《속어》 어리석은; 가짜의; 잘 못된.
tout-ou-rien [tuturjɛ̃] *n.m.* (복수불변) (시계의)시간 치는 장치.
Tout-Paris [tupari] *n.m.* 《구어》 파리의 명사들.
tout-petit [tup(ə)ti] *n.m.* 어린아기, 유아(bébé).
tout-puissant (*f.* ~*e*-~*e*) [tupuisɑ̃, tutpuisɑ̃:t] (*m.pl.* ~*s*-~*s, f.pl.* ~*es*-~*es*) *a.* 절대적 권력을 가진, 전능의. —**le T**~**-P**~ *n.m.* 전능의 신.
tout-terrain [tuterɛ̃] (pl. ~*s*-~*s*) *a.* (여성불변)(차가 도로외의)어떤 곳이라도 달릴 수 있는. véhicule ~ 지프. —*n.m.* faire du ~ (차가)길없는 곳을 달리다.
tout-venant [tuvnɑ̃] *n.m.* (복수없음) 《상업》 조탄(粗炭); 선별되지 않은(선택하지 않은) 상품(사람). club qui admet le ~ 아무나 입회할 수 있는 클럽.
toux [tu] *n.f.* 기침. quinte(accès) de ~ 기침의 발작. ~ grasse 가래가 나오는 기침. ~ sèche 마른 기침. petite ~ 가벼운 기침.
toxalbumine [tɔksalbymin] *n.f.* 《화학·의학》 독성알부민, 유독성단백질.
tox(h)émie [tɔksemi] *n.f.* 《의학》 독혈증(毒血症), 혈액 중독.
toxi-alimentaire [tɔksialimɑ̃tɛ:r] *a.* 《의학》 식중독의, 식중독에 관한.
toxicité [tɔksisite] *n.f.* 독성(毒性); (동물의 체중 1kg에 대한)치사량(coefficient de ~).
toxico [tɔksiko] *n.* 《구어》 =**toxicomane**.
toxico- *préf.* 「독」의 뜻.
toxico-dépendance [tɔksikodepɑ̃dɑ̃:s] *n.f.* 약물(마약)의존(증).
toxicodermie [tɔksikodɛrmi] *n.f.* 《의학》 약진(藥疹), 중독진.
toxicogène [tɔksikoʒɛn] *a.* 독을 발생하는, 독물 발생의.
toxicologie [tɔksikɔlɔʒi] *n.f.* 독물학(毒物學).
toxicologique [tɔksikɔlɔʒik] *a.* 독물학에 관한.
toxicologue [tɔksikɔlɔg] *n.* 독물학자.
toxicomane [tɔksikoman] 《의학》 *a.* 마약 중독의. —*n.* 마약 중독자.
toxicomaniaque [tɔksikomanjak] *a.* 마약 중독[상용]의.
toxicomanie [tɔksikomani] *n.f.* 마약 중독(상용).
toxicomanogène [tɔksikomanoʒɛn] *a.* 마약 중독을 일으킬 수 있는.
toxicophilie [tɔksikofili] *n.f.* 환각제 기호증.
toxicophobie [tɔksikofobi] *n.f.* 《의학》 독물 공포증.
toxicose [tɔksiko:z] *n.f.* 《의학》 중독증. 「포증.
toxidermie [tɔksidɛrmi] *n.f.* 《의학》 = **toxicodermie**.
toxigène [tɔksiʒɛn] *a.* 독소를 발생하는, 독소생성의.
toxigénique [tɔksiʒenik] *a.* 독소를 만드는, 독소 생성의.

toxine [tɔksin] *n.f.* 〖생리〗독소(毒素).
toxinique [tɔksinik] *a.* 독소의.
toxique [tɔksik] *a.* 유독의. gaz ~ 독가스. obus ~ 독가스탄. ━*n.m.* 독, 독물(毒物)(poison). ~s minéraux[organiques] 광물독-[유기독물].
toxoïde [tɔksɔid] *n.m.* 〖약〗독소이드, 변성독소.
toxoplasme [tɔksɔplasm] *n.m.* 〖생물〗톡소플라즈마.
toxoplasmose [tɔksɔplasmo:z] *n.f.* 〖의학〗톡소플라즈마증.
toxote [tɔksɔt] *n.m.* 〖어류〗(인도양산의)물총고기.
toxurie [tɔksyri] *n.f.* 〖의학〗요독증(尿毒症).
toyère [twaje:r] *n.f.* (도끼 따위의 날을)자루에 연결하는 돌기.
tp (약자) tonne-poids 중량톤.
T.P. [tepe] (*<travaux pratiques*) *n.m.pl.* 〖학교〗연습, 실습. ~ de chimie 화학실습.
t.p. (약자) tout payé 〖상업〗전액 지불필.
t.-p. (약자) timbre-poste 우표.
t.p.m. (약자) tours par minute 〖기계〗분회전(分回轉), 매분 1회전.
tr (약자) .tour 〖수학〗1 회전 (각도의 단위).
tr. (약자) traite 〖상업〗(환)어음.
t.r. (약자) tranches rognées 〖제본〗종잇장의 잘린 가장자리.
tra (약자) tinctura 〖약〗정기(丁幾).
trabac [trabak], **trabaccolo** [trabakolo] *n.m.* 〖어업〗(지중해 연안에서 쓰는) V 자형 정치망(定置網); (아드리아해의)쌍돛대의 상선.
traban [trabɑ̃] *n.m.* (스칸디나비아·스위스의)근위대 창병(槍兵).
trabe [trab] *n.f.* 〖문장〗닻채 무늬; 깃대.
trabéculaire [trabekyle:r] *a.* 〖해부〗섬유주(纖維柱)의
trabécule [trabekyl] *n.f.* 〖해부〗섬유주.
trabée [trabe], **trabea** [trabea] *n.f.* 〖고대로마〗(황제·집정관의)예복.
traboule [trabul] *n.f.* 한 구획(區劃)을 이룬 집들 사이를 꿰뚫는 작은 길.
trabouler [trabule] *v.i.* (길이)한 구획을 이룬 집들 사이를 꿰뚫다.
trabuco [traby(u)ko], **trabucos** [trabukos] 〖에스파냐어〗*n.m.* 아바나 여송연.
trac[1] [trak] *n.m.* 〖구어〗겁, 공포심. ~ d'un acteur [d'un candidat] 배우(수험생)의 겁. ficher le ~ à *qn* …에게 겁을 먹게 하다.
trac[2] *n.m.* (말·당나귀 따위의)걸음걸이; 〖옛〗(짐승의)발자국.
trac[3](**tout à**) [tutatrak] *loc. ad.* 〖옛〗생각[분별]없이, 불쑥. donner son argent *tout à* ~ 앞뒤생각없이 돈을 주어버리다.
traçage [trasa:ʒ] *n.m.* ①(도형을)그리기, 줄긋기, (도로 따위의)설계, 구상단계의 줄긋기. ②〖광산〗(채굴 준비를 위한)갱도굴진.
traçant(e) [trasɑ̃, -ɑ̃:t] *a.* 〖식물〗(뿌리가)옆으로 뻗는[퍼지는]. balle ~*e*; obus ~ 〖군사〗예광탄. ━*n.m.[f.]* 〖군사〗예광탄.
tracas [traka] *n.m.* (종종 *pl.*) ①(물질적인 것에 대한)근심, 걱정, 애씀, 소동. avoir du ~ 안달하다, 걱정하다. susciter des ~ à *qn* …에게 걱정을 끼치다. ②(공장 따위의 마루바닥의)하물승강구(荷物乘降口).
tracassant(e) [trakasɑ̃, -ɑ̃:t] *a.* 걱정을 끼치는, 귀찮은. affaires ~*es* 귀찮은 일.
tracassement [trakasmɑ̃] *n.m.* 〖드물게〗걱정을 끼치기; 걱정, 피로움.
tracasser [trakase] *v.t.* ①걱정[근심]시키다, 괴롭히다(inquiéter). La santé de son fils le *tracasse* 아들의 건강상태가 그의 걱정거리다. ②〖옛〗휘젓다. ~ le feu 불을 휘젓다. ━**se** ~ *v.pr.* 안달하다, 걱정하다. Ne *vous tracassez pas*. 걱정하지 마십시오.
tracasserie [trakasri] *n.f.* ①(하찮은 것 때문에)걱정하기[떠들어대기]; (사람을)귀찮게 하기, 번잡함. ~s administratives 행정상의 번잡한 절차. ②(*pl.*)험담, 중상, 질 나쁜 간섭.
tracasseur(se) [trakasœ:r, -ø:z] *a., n.* =**tracassier**.
tracassier(ère) [trakasje, -ɛ:r] *a.* 귀찮게 굴기를 좋아하는, 귀찮은; 중상하는. patron ~ 잔소리 잘하는 주인. ━*n.* (위)의 사람.
tracassin [trakasɛ̃] *n.m.* ①〖구어〗불안, 걱정(거리). ②〖사투리〗(걱정이 있는 것처럼)안절부절 못하는 모양. avoir le ~ 걱정하지 못하다.
***trace** [tras] *n.f.* ①(사람·동물·수레 따위가 지나간)자취, 흔적, 발자국, 바퀴자국, 손가락자국. ~ de pas 발자취. ~ de pneus 바퀴자국. ~ d'une bête 짐승의 발자국. ~ d'un navire 항적. disparaître sans laisser de ~(*s*) 자취도 없이 사라지다. perdre la ~ (사냥)(사냥개가)사냥감의 냄새 자취를 잃다. retrouver la ~ de *qn*[*qc*] …의 자취를 발견하다. suivre *qn* à la ~ 발자국을 따라 …을 쫓다. ②(상처·화상의)자국, 흉터; (벼락이 떨어진)자국. ~ de brûlure 덴 자국. ~ de coups 매맞은 자국. ~s de petite vérole 마마자국, 곰보자국. ③(다른 물질 속에 포함된 어떤 물질의)미량(微量); 〖화학〗흔적. détecter des ~s d'arsenic 미량의 비소를 검출하다. ④(지나간 어떤 사건의)흔적, 형적; 인상. ~ d'une civilisation 문명의 유물. il n'y a plus ~ de *qc* …의 자취도 없다. laisser des ~s profondes dans le cœur 마음 속에 깊은 인상을 남기다. ⑤〖수학〗자취, 궤적. ~ d'une droite sur un plan 평면상의 직선의 궤적. ⑥(원시림 속에)뚫은 길.
être sur la ~ de …을 발견하기 직전이다. *marcher sur*[*suivre*] *les ~s de qn* …을 본받다.
tracé [trase] *n.m.* ①도면, 도안, 설계도. faire le ~ de *qc* …의 그림을 그리다. …의 설계도를 하다. ②(철도·도로의)노선; 강줄기; 해안선.
tracelet [traslɛ] *n.m.* =**traceret**.
tracement [trasmɑ̃] *n.m.* 〖드물게〗=**traçage** ①.
tracer [trase] [2] *v.t.* ①(그림·도면·선을)그리다, 긋다, (건물 따위의)설계도를 그리다. ~ une ligne droite 직선을 긋다. ②(지면에)도로·운동장 따위의)구획선을 긋다. ~ sur le terrain 지면에 (건물의)위치를 표시하다. ~ la coupe d'une pierre 돌의 절단할 곳에 먹줄을 긋다. ③(글자·말 따위로)묘사하다(décrire), 나타내다; 지시하다, 가리키다. ~ le tableau de *qc* …을 묘사하다. ~ des caractères 글자를 쓰다. ④(길을)내다; (비유적) (나갈 길을)제시하다. ~ la route(le chemin, la voie) à *qn* …에게 따라야 할 충고를 해주다. ~ une ligne de conduite à *qn*; ~ le chemin à *qn* …에게 나아갈 길을 가리키다, 모범을 보이다. ━*v.i.* ①(원예〗(뿌리·줄기가)옆으로 뻗다. ②(두더지 따위가)굴을 파다. ③〖구어〗달리다, 빨리 가는 길.
traceret [trasrɛ], **tracelet** [traslɛ] *n.m.* ①(목공의)먹줄바늘. ②(측량기구의 눈금을 그리는)분획기(分劃器).
traceur(se) [trasœ:r, -ø:z] *n.* 〖건축〗①(지면에 건물이 앉을)자리를 표시하는 사람. ②제도사(製圖士); 먹줄 긋는 사람.
━*n.m.* 〖화학·의학〗트레이서, 추적자(병의 발견 따위에 쓰이는 방사성 동위원소).

trachéal(ale) —*a.* 빛이 꼬리를 끄는, 흔적을 남기는. projectile ~; balle ~*se* 《군사》 예광탄(曳光彈).

trachéal(ale, *pl.* **aux)** [trakeal, -o] *a.* 《해부》 기관(氣管)의(에 관한).

trachée [traʃe] *n.f.* ① 《해부·동물》 기관. ② 《식물》 물관.

trachée-artère [traʃeartɛːr] (*pl.* ~**s**-~**s**) *n.f.* 《예》 기관(氣管)(trachée).

trachéen(ne) [trakeɛ̃, -ɛn] *a.* 《해부》 기관(氣管)의; 기관에 의한. respiration ~*ne* des insectes 곤충의 기관에 의한 호흡.

trachéite [trakeit] *n.f.* 《의학》 기관염(炎).

trachèle [traʃɛl] *n.f.* 《해양》 돛대의 중앙부.

trachéo- *préf.* 「기관」의 뜻.

trachéo-bronchite [trakeobrɔ̃ʃit] (*pl.* ~-~**s**) *n.f.* 《의학》 기관지염.

trachéoscopie [trakeoskopi] *n.f.* 《의학》 기관검경(檢鏡).

trachéostomie [trakeostomi] *n.f.* 《외과》 기관개구[형성]술.

trachéotomie [trakeotomi] *n.f.* 《의학》 기관 절개술(切開術).

trachome [trakom] *n.m.* 《의학》 트라코마.

trachyte [trakit] *n.m.* 《광물》 조면암(粗面岩).

trachytique [trakitik] *a.* 조면암질의.

traçoir [traswaːr] *n.m.* =traceret.

tract [trakt] *n.m.* (선전·광고용)삐라, 소책자, 팜플렛. distribuer(lancer) des ~*s* 삐라를 뿌리다.

tractabilité [traktabilite] *n.f.* 《드물게》(원료의)가공하기 쉬움.

tractable [traktabl] *a.* (자동차로)견인할 수 있는.

tractarianisme [traktarjanism] *n.m.* 《종교사》 옥스퍼드운동(1833~1841년간 신교에 반대하여 구교의 교리를 고취한 영국의 종교 운동).

tractarien [traktarjɛ̃] *n.m.* 《종교사》 옥스퍼드 운동 찬성[지지]자.

tractation [traktasjɔ̃] *n.f.* (주로 *pl.*)(경멸) 흥정, (암)거래.

tracté(e) [trakte] *a.p.* 《군사》 (대포 따위가)트랙터로 끌리는.

tracter [trakte] *v.t.* (자동차·트랙터로)견인하다.

*****tracteur¹** [traktœːr] *n.m.* 트랙터, 견인차(牽引車).

tracteur²(trice) [traktœːr, -tris] *a.* 견인하는. véhicule ~ 견인차. force ~*trice* 견인력. —*n.f.* 《수학》 트랙트릭스곡선, 추적선; 현수선.

tractif(ve) [traktif, -iːv] *a.* 《기계》 끄는, 당기는, 견인(牽引)의. hélice ~*ve* 《항공》 견인 프로펠러. appareil à hélice ~*ve* 견인식 비행기. roues ~*ves* (기관차 따위의)동륜(動輪).

traction [traksjɔ̃] *n.f.* ① 끌기, 《공학》 잡아[끌어]당기기, 견인(牽引)력. module de ~ 신장(伸張)탄성률. essai de ~ 《기계》 끌어당기기 시험. lutte à la corde de ~ 《스포츠》 줄다리기. ~ rythmée[rythmique] de la langue 《의학》 (일정한 간격을 두고 혀를 잡아 당기는)인공 호흡법. ~ animale[mécanique, électrique] 축력[기계·전력]으로 차를 끌기. ~ à vapeur[à bras] 증기[인력] 기운전. ~ électrique 전기 기관차 운전, 전기운전. ② 《자동차》 구동(驅動). ~ avant 전륜구동(차)(前輪驅動車). ③ 《제조》 턱걸이. faire des ~ 턱걸이 하다. ④ 운수. service de la ~; 《구어》 la T~ 《철도》 운수국.

tractionnaire [traksjonɛːr] *n.m.* 《철도》 기관구 직원.

tractoire [traktwaːr] *a.* 견인의. machine ~ 견인기. —*n.f.* 《기하》 견인 곡선.

tractoriste [traktorist] *n.* 트랙터 운전사.

tractrice [traktris] *n.f.* 《수학》 트랙트릭스곡선, 추적선; 현수선.

tractus [traktys] *n.m.* 《해부》 노(路), 삭(索), 속(束); 도(道), 관(管).

trade-mark [trɛdmark, -maːk] (*pl.* ~(**s**)-~**s**) 《영》 *n.m.* 상표.

tradescantia [tradɛskɑ̃sja], **tradescantie** [tradɛskɑ̃ti] *n.f.* 《식물》 자주달개비속(屬).

trade-union, trade union [trɛdynjɔ̃, trɛdjunjɔ̃] 《영》 *n.f.* (영국의 직종별)노동조합.

trade-unionist [trɛdynjɔnist] (*pl.* ~-~**s**) *a.* 노동조합의. —*n.* 노동조합원, 노동조합주의자.

traditeur [traditœːr] *n.m.* 《종교사》 (초대 기독교도의)배교도(背教徒).

*****tradition** [tradisjɔ̃] *n.f.* ① (교리·도덕·전설·관습 따위의 서적·구두에 의한)전승(傳承), 구전(口傳), 구비(口碑). ~ populaire 민간전승, 전설. ~ juive 유태교전(教典). ② 관습, 관례, 전통(coutume). être une ~; être de ~ 전통이다. maintenir une ~ 관습[전통]을 지키다. ~*s* des grandes écoles 특수대학들의 전통. ③ (T~) 《신학》 성전(聖傳), 경외(經外) 전설. ④ 《법》 (매각물 따위의)인도. ⑤ 《연극》 중흥.
Il est de ~ de + inf.[*que + ind.*] …하는 것이 관례이다.

traditionalisme [tradisjɔnalism] *n.m.* 전통의 묵수(墨守); 《신학·철학》 전통주의.

traditionaliste [tradisjɔnalist] *a.* 전통주의의. —*n.* 전통에 집착하는 사람; 《신학·철학》 전통주의자.

traditionnaire [tradisjɔnɛːr] *n.m.* 탈무드(Talmud)에 의해 성경을 해석하는 유태인. —*a.* 탈무드의 전승에 의해서 성서를 해석하는.

traditionnel(le) [tradisjɔnɛl] *a.* 전승[구전·전설]에 의한, 전통을 지키는(conformiste), 《구어》 전통적인, 관례적인. grammaire ~*le* 전통문법. ~ défilé du 14 juillet 혁명기념일의 의례적 행진.

traditionnellement [tradisjɔnɛlmɑ̃] *ad.* 전통적으로, 관례적으로.

traducteur(trice) [tradyktœːr, -tris] *n.* 번역자. ~ expert 《법》 공인번역사. ~-interprète 번역을 겸한 통역가.
—*n.m.* ① 《기계》 변환기. ~ phonique 《영화》 녹음재생장치, 사운드유니트. ② 《컴퓨터》 번역 프로그램, 번역루틴(programme). —*n.f.* 《컴퓨터》 인터프리터, 번역기.

*****traduction** [tradyksjɔ̃] *n.f.* ① 번역, 해석; 번역문, 번역서. ~ inexacte 오역; 오해. ~ libre 의역. ~ littéraire 직역. ~ automatique (전자기계에 의한)자동번역. ~ de Shakespeare 셰익스피어의 번역(서). ② 표현(expression), 해석(interprétation). ~ des intentions de l'auteur 작가의 의도의 표현.

*****traduire** [tradɥiːr] ③② *v.t.* ① 번역하다. ~ de l'anglais en français 영어를 불어로 번역하다. ~ un auteur[ses œuvres] 어떤 작가의 작품[그의 작품]을 번역하다. ~ un câblogramme 외국전보를 해독하다. ② (생각 따위를)나타내다, 표현하다; 설명하다; 해석하다. Traduisez plus clairement votre pensée. 당신 생각을 더 명백하게 표현하시오. Vous traduisez mal ma pensée. 당신은 내 생각을 오해하고 있다. ③ 《법》 소환하다, 호출하다. 《예》 옮기다. ~ *qn* en justice …을 고소하다.
—*se* ~ *v.pr.* ① (주어는 사물) 나타나다, 표현되다(se manifester). Le mécontentement *se traduisait* sur son visage. 그의 얼굴에는 불만의 빛이 역력히 나타나 있었다. ② 번역되다.

traduisible [tradɥizibl] *a.* ① 번역할 수 있는. ② ~

en justice 〖법〗 고소(소환)할 수 있는.

Trafalgar [trafalgaːr] *n.pr.* 〖지리〗 트라팔가르 《에스파냐 서남 해안의 곶》.
coup de ~ 〖구어〗의외의 불상사.

***trafic** [trafik] *n.m.* ① 《경멸》암거래, 부정거래; 〖옛〗거래, 매매, 무역(commerce). faire le ~ des stupéfiants 마약을 암거래하다. faire ~ de son honneur(influence) 자기의 명성(권세)을 이용하여 부정이익을 취하다. ~ d'influence 〖법〗 수회(收賄). faire ~ de tout 무엇이고 매매(거래)하다. ② (기차·자동차·비행기의)왕래, 교통; 여객(화물) 수송(량). heures de fort(faible) ~ 교통이 혼잡(한산)한 시간. ligne à grand ~ 교통량이 많은 노선.

traficotage [trafikɔtaːʒ] *n.m.*〖구어〗암거래.
traficoter [trafikɔte]〖구어〗*v.i.* 암거래하다, 밀매매하다. —*v.t.* 하다.
trafiquant(e) [trafikɑ̃, -ɑ̃ːt] *n.* 부정상인, 밀매자; 《경멸》상인, 거래인, 무역상. ~ en stupéfiants 마약 밀매인.
trafiquer [trafike] *v.t.* ① 암거래하다; 거래[매매]하다. ~ des ivoires 상아를 암거래하다. ② (술 따위의)가짜를 만들다.
—*v.t. ind.* ~ de son pouvoir 권력을 팔다, (권력 따위를 이용하여)부정한 이익을 얻다. ~ de sa conscience 양심을 팔다. ~ qc de son honneur(son crédit) 자기 명성(신용)을 이용하여 부정한 이익을 얻다.
trafiqueur(se) [trafikœːr, -øːz] *n.* =**trafiquant**.
tragacanthe [tragakɑ̃ːt] *n.f.* 〖식물〗 트라가칸트 고무나무.
***tragédie** [traʒedi] *n.f.* ① 〖연극·문학〗비극(↔comédie). ② 비극적인 사건, 참극, 참사. sanglante ~ 유혈의 참사. *jouer la* ~ 〖구어〗《비유적》남의 동정을 사려고 하다.
tragédien(ne) [traʒedjɛ̃, -ɛn] *n.* 비극 배우.
tragélaphe [traʒelaf] *n.m.* 〖동물〗 (아프리카산) 영양(羚羊).
tragi-comédie [traʒikɔmedi] *n.f.* ① 〖문학사〗 비희극. ② 비희극적인 사건(상황).
tragi-comique [traʒikɔmik] 〖문학사〗 *a.* 비희극의, 비희극에 속하는; (사건이)비희극적인. situation ~ 비희극적인 사건. —*n.m.* 비희극제.
tragien(ne) [traʒjɛ̃, -ɛn] *a.* 〖해부〗 이주(耳珠)의. muscle ~ 이주근.
***tragique** [traʒik] *a.* ① 비극의(↔comique). auteur (pièce) ~ 비극 작가(작품). personnages ~s 비극의 등장인물. ② 비극적인, 비통적, 비참한. mort ~ 비참한 죽음. accident ~ 비극적인 사건. voix ~ 비통한 목소리. Ce n'est pas ~ !〖구어〗대수로운 일은 아니다!
—*n.m.* ① 비극작가. ② 비극적인 일(것), 비참, 참상. considérer avec sang-froid le ~ de la situation 사태의 심각성을 냉정하게 생각하다. prendre *qc* au ~ …을 비극적으로 생각하다, 지나치게 우려하다. tourner au ~ 비극적인 결과가 되다. ③ 비극〖문학양식〗.
tragiquement [traʒikmɑ̃] *ad.* 비극적으로, 비참하게. mourir ~ 비참하게 죽다.
tragopan [tragɔpɑ̃] *n.m.* 〖조류〗 수계(綬鷄).
tragus [tragys] *n.m.* 〖해부〗 이주(耳珠).
***trahir** [traiːr] *v.t.* ① 배반(배신)하다, 저버리다, (애정관계에서)배신하여 저버리다. ~ un ami(sa patrie) 친구(조국)를 배반하다. ~ la confiance de *qn* …의 신뢰를 저버리다. ~ les intérêts de *qn* …의 이익에 어긋나는 짓을 하다. ~ son mari(sa femme) 남편(아내)을 배반하다, 부정을 저지르다. ② (생각을)왜곡하다(dénaturer). Sou-

vent l'expression *trahit* notre pensée. 가끔 표현이 우리들의 생각을 정확하게 나타내지 못한다. Ma parole *a trahi* ma pensée. 나는 본심과 다른 말을 해 버렸다. ~ la vérité 진실을 왜곡하다. ③ (비밀을) 누설(폭로)하다(divulguer); (숨겨두고 싶은 것을)나타내다, 드러내다. ~ un secret 비밀을 누설하다. Son attitude *trahit* son trouble. 그의 태도는 마음의 동요를 드러내고 있다. ④ 《주어는 사물》 (여차자할 때 사람을)버리다, 떠나다. Ses forces *l'ont trahi*. 그는 힘이 모자랐다. ⑤《주어는 사물》 실망시키다, 기대에 어긋나게 하다. Les événements *ont trahi* ses espérances. 사건의 결과는 그의 기대에 어긋났다.
—**se** ~ *v.pr.* ① 본심을 드러내다, (자기의 비밀을)누설하다. *se* ~ par le bruit fait 떠들어 댔기 때문에 비밀을 누설하다. ②《주어는 사물》나타나다, 드러나다(apparaître). Son émotion *se trahissait* par le tremblement de ses mains. 그의 감정은 손의 떨림에 의해 드러나고 있었다. ③ 《재귀적》 자기를 배반하다, 변절하다. ④《상호적》서로 배반하다〖속〗하다.
***trahison** [traizɔ̃] *n.f.* ① 배반, 배신; 〖법〗(나라에 대한)반역, (적과의)내통, 기만. ~ d'une femme 아내의 부정. ~ des sens 오각. ② 왜곡.
en (par) ~ 배반하여, 계략에 의해. *haute* ~ 내통(죄); 반역(죄); 특별배임(죄);〖옛〗대역죄.
traille [traːj] *n.f.* 〖어업〗 예망(曳網).
traillon [trajɔ̃] *n.m.* 작은 traille①.
:train [trɛ̃] *n.m.* I. ① 열차, 기차. monter dans le (descendre de) ~ 기차에 올라타다(내리다). voyager en (par le) ~ 기차로 여행하다. ~ de ceinture (도시 주변의)환상선(環狀線)열차. ~ de plaisir (축제 때 따위의)임인 유람 열차. ~ descendant(montant) 하행(상행)열차. ~ de voyageurs(de marchandises) 객차(화차). ~ express (omnibus) 급행(완행)열차. manquer son ~ 기차를 놓치다. ~ de Paris 파리발(發) 열차; 파리행 열차.
② (차량·배 따위의)대열, 행렬, 열, 군(群);〖옛〗(짐 실은 마소의)대열. ~ de bateaux (함께 매어져 예선(曳船)으로 끌려가는)배의 대열. ~ de bois 뗏목. ~ routier (한 대의 트레일러에 견인되는)화물차의 대열.
③ (함께 돌아가는)기계 장치의 전체. ~ d'engrenages(de roues dentées) 〖기계〗 일련의 톱니바퀴. ~ de pneus (자동차) 한벌의 타이어. ~ d'ondes 〖물리〗 파열(波列).
④〖군사〗보급부대, 병참대(~ des équipages). ~ d'artillerie 포병대의 탄약보급차 대열. ~ régimentaire (de combat) 연대(부대) 소속 병참차군. soldat du T—보급부대병.
⑤ ~ spatial 우주선; 다단식 우주로켓.
⑥ 일련의(정치적·사회적) 조치. ~ des grandes réformes 일련의 대개혁. ~ social 일련의 사회적 조치. ~ de mesures de titularisation des professeurs 중등교사 자격증 수여에 관한 일련의 법령.
⑦ (말·네발 짐승의)반쪽 몸둥이;〖구어〗(사람의) 엉덩이; (탈것의)다리, 차대(車臺), 차가(車架); 〖군사〗행낭. ~ de devant (말 따위의)앞몸둥이 (avant-~). ~ de derrière; arrière-~ 뒷몸둥이. ~ d'atterrissage (비행기의)착륙 장치, 각가.
⑧〖옛〗(집합적)《왕족·부호의》수종, 수행원. ~ de maison 하인 일동. avoir un grand ~ de maison 많은 하인을 부리고 있다.
⑨〖옛〗소란, 야단법석. faire du ~; faire un ~ de tous les diables 야단법석을 떨다.

⑩ (구식 수동 인쇄기의)판대.
Ⅱ. ① 걸음걸이; (걷는, 달리는)속도. ralentir son ~ 걸음걸이를 늦추다. ~ rapide 빠른 걸음걸이. ~ de sénateur 유유한〔느리고 무거운〕 걸음걸이. marcher un grand ~ 매우 빨리 걷다.
② 〖스포츠〗 (경주의)페이스. Le ~ est rapide. (경주의)페이스가 빠르다. mener le ~; faire tout le ~ 페이스 메이커 노릇을 하다, 선두를 달리다. meneur de ~ 페이스 메이커.
③ 《옛》 (일·사건 따위의)진행 상태; (몸의)상태, 기분; (사고·생활의)방식; 살림살이, 생활수준. ~ de vie 사는 형편; 《옛》생활태도, 사는 방식. À ce ~-là, vous ne finirez jamais. 그렇게 나가다가는 결코 끝내지 못하겠읍니다. Voilà le ~ du monde. 세상일 돌아가는 것이 그렇습니다.
à fond de ~ 전속력으로.
à grand ~ 매우 빨리.
aller bon ~ (말·차 따위가)빨리 달리다, (사람이) 빨리 가다; (일이)순조롭게 진행되다.
aller son petit ~ 천천히 가다; 침착하게 행동하다.
aller son ~ (사람·말·차 따위가)보통 속도로〔서두르지 않고〕 가다; (시작한 일이)순조롭게 되어가다; (말 따위가)차츰차츰 변해가다.
au ~ où〔***dont***〕 ***il va; à***〔***de***〕 ***ce ~-là*** 이런 식〔속도〕으로 가면.
au ~ dont〔***du ~ où***〕 ***vont les choses*** 일이 이런 추세로 진척되어 가면.
C'est le diable et son ~. 매우 곤란하다.
comme une vache qui regarde passer un ~ 멍청히, 우두커니.
être bien〔***mal***〕 ***en*** ~ 기분이 좋다〔나쁘다〕.
être dans le ~ 《구어》 기차를 놓치지 않다; 시대에 뒤지지 않다.
être en bon~〔***mal en*** ~〕 (일이)잘〔잘못〕 되어가다; (사람이)몸 상태가 좋다〔나쁘다〕.
être en ~ (사람이)기분이 좋다; (일이)시작되어 있다.
être en ~ de + ***inf.*** …하고 있는 중이다, …하고 있다; 《부정형》…할 마음이 나다. Je ne *suis* pas *en ~ de* rire. 웃고 싶은 마음이 안 난다.
mener bon ~ (말·차를)빨리 몰다; (소송 따위를) 촉진하다; (사람을)가차없이 다루다.
mener grand ~ 호사스러운 생활을 하다.
mener un ~ d'enfer 맹렬한 속도로 달리다; 호화롭게 살다.
mettre *qc* ***en*** ~ …을 시작하다; 〖인쇄〗 …의 인쇄준비를 하다; …을 흥겹게 하다. *mettre* la compagnie *en* ~ 좌흥을 돋구다.
mise en ~ 시작, 개시; 〖인쇄〗 인쇄 준비.
monter dans le ~ (en marche); prendre le ~ (en marche) 편승하다, 도중에서 참가하다.
se manier le ~ 《속어》 서두르다.
suivre le ~ 앞장선 사람과 같은 걸음걸이로 가다; 다른 사람들이 하는 대로 따라하다.
tout d'un ~ 단숨에.
~ ***onze*** 《속어》 다리.

traînage [trɛnaːʒ] *n.m.* ① 끌기, 끌어서 운반하기; 썰매에 의한 운반; 〖광산〗 갱도 로프 운반. ② ~ magnétique 〖물리〗 자기점성.

traînailler [trɛnɑje] *v.t., v.i.* = **traînasser.**

traînance [trɛnɑ̃ːs] *n.f.* 〖항공〗 항력(抗力).

traînant(*e*) [trɛnɑ̃, -ɑ̃ːt] *a.* 질질 끄는; 활기없는 (languissant); 단조로운(monotone). à pas ~*s* 질질 끄는 듯한 발걸음으로. nuage ~ 가로 길게 뻗은 구름. robe ~*e* 옷자락이 늘어져 끌리는 옷. ~*e* mamelle 늘어진 젖. voix ~*e* 느릿느릿한〔단조로운〕 목소리.

traînard(*e*) [trɛnaːr, -ard] *n.* 낙오자, 낙오병; 《구어》 느림보(lambin). —*n.m.* 〖기계〗 (선반의)새들, 왕복대(臺); 〖해군〗 포탑, (연동조준 제어장치를 군함 본체에 연결하는)케이블. —*a.* (발걸음이)느릿느릿한, (목소리가)께느른한.

traînasse [trɛnas] *n.f.* ① 〖식물〗 마디풀. ② 새싹, 포복경(匍匐莖). ③ (새 잡는)예망(曳網).

traînasser [trɛnase] *v.i.* 《구어》 ① 느릿느릿 행동하다(lambiner). La discussion *traînasse.* 토론이 질질 끌고 결말이 나지 않는다. ② 얼쩡거리다, 배회하다(vagabonder). ~ dans la rue 길에서 할일 없이 얼쩡거리다. —*v.t.* 《옛》 (일 따위를)질질 끌다. ~ une affaire 일을 꾸물거리고 질질 끌다.

traîne[1] [trɛn] *n.f.* ① 땅에 끌리는 옷자락. robe à ~ 옷자락이 끌리는 드레스. ② 〖어업〗 저인망(底引網), 예망(曳網)(senne); (밧줄 제조소의)밧줄 감는 바퀴. bateau à la ~ 예선(曳船). ③ 《사투리》 (길가에 난)풀, 관목; 우묵하게 들어간 길. ④ (구름의)길게 끌리는 꼬리.
avoir *qc* ***à la*** ~ 《구어》 …을 끌고 있다.
être〔***demeurer***〕 ***à la*** ~ 낙오해 있다, 뒤에 처져 있다. Il *est à la* ~ dans les maths. 그는 수학에 뒤처져 있다. soldat *à la* ~ 낙오병.
laisser *qc* ***à la*** ~ 《구어》 …을 방치해 두다.
mettre à la ~ (배를)끌다.

traîne[2] *n.f.* 〖경마〗 (말의)조련(調練), 훈련. être en ~ (말이)조련중이다.

traîneau [trɛno] (*pl.* ~***x***) *n.m.* ① 썰매. chien de ~ 썰매 끄는 개. transporter *qc* en ~ …을 썰매로 나르다. ② 〖어업〗 (물고기를 잡는)예망(曳網). ③ 써레의 일종(traînoir).

traîne-bûches [trɛnbyʃ] *n.m.* (복수불변) 《구어》 물여우(날도래의 유충).

traîne-buisson [trɛnbɥisɔ̃] *n.m.* (*pl.* ~-~***s***) (복수불변) 〖조류〗 바위종다리의 일종.

traînée [trɛ[e]ne] *n.f.* ① 길게 퍼진 자국, 길게 뻗은 것, 점점이 이어져 있는 것, (어떤 것을)끌고간 자국; (혜성·유성의)꼬리; 〖식물〗 포복경(葡萄莖). ~ de poudre 도화(導火)용으로 길게 뿌린 화약. ~ de sang 방울방울 떨어져 있는 핏자국. ~ d'une comète 혜성의 꼬리. ~ de condensation 비행운(飛行雲). ② 《속어》 매춘부, 갈보(prostituée); 부정(不貞)한 여자. ③ 〖물리〗 항력(抗力), 유체의 저항. ④ 〖어업〗 주낙; 〖사냥〗 (함정으로 유인하기 위해)점점이 뿌려놓은 먹이.
se répandre〔***se propager***〕 ***comme une ~ de poudre*** 매우 빨리 퍼지다.

traîne-la-patte [trɛnlapat] *n.m.* (복수불변) 《속어》 피로해서 발을 질질 끄는 사람; 부랑자(浮浪者); 게으름뱅이.

traîne-malheur [trɛnmalœːr], **traîne-misère** [trɛnmizɛːr] *n.m.* (복수불변) 비참하게 사는 사람, 거지(gueux).

traînement [trɛnmɑ̃] *n.m.* 발을 질질 끌기, 목소리를 길게 끌기. ~ de la voix sur certains mots (어떤 종류의 말을 할 때)목소리를 길게 내기. ~*s* de pieds 발을 질질 끌기.

traîne-pattes [trɛnpat] *n.m.* (복수불변) 《속어》 ① = traîne-la-patte. ② 〖군사〗 식량 운반차; 후방근무병.

***traîner** [trɛ[e]ne] *v.t.* ① 끌다, 질질 끌고가다. cheval qui *traîne* une voiture 수레를 끄는 말. ~ *qn* par les pieds …의 발을 질질 끌고가다. ~ un meuble 가구를 (방·마루로) 끌어 움직이다.
② (억지로)데리고 가다; 《구어》 (어디나)데리고〔가지고〕 다니다; 《옛·문어》 (결과로서)초래〔야기〕하다. ~ *qn* en prison …을 감옥에 끌고가다. Il

T

traîne sa femme à toutes ses conférences. 그는 회의 때마다 부인을 동반한다. Il *traîne* toutes sortes de livres dans sa serviette. 그는 가방속에 온갖 종류의 책을 넣어 가지고 다닌다. misères que la guerre *traîne* après elle 전쟁 후에 초래되는 참상. ③ (오래 고통을)겪다(supporter). ~ une existence misérable 비참한 생활을 질질 끌어가다. ~ une maladie 오래 고질병을 지니고 있다.
④ (일을)오래 끌어가다; 길게 끌다. ~ la voix 목소리를 길게 끌다. ~ les choses en longueur 일을 오래 끌어가다.
Qu'est-ce qu'il traîne? 《구어》그는 무엇을 꾸물대고 있지?〔그는 정말 느림보로군〕.
~ *la jambe* (*la patte*) 절름거리다.
~ *la semelle* 발을 질질끌다; 비참한 생활을 하다.
~ *les rues* 《구어》거리를 배회하다.
~ *qn dans la boue* (*la fange*) ⋯의 명예를 더럽히다, 망신시키다.
~ *sa chaîne*; ~ *un boulet* 무거운〔거추장스러운〕짐을 지고있다; 힘겨운 생활을 하다.
~ *ses guêtres* (*ses bottes*) 어정거리다, 배회하다.
~ *ses mots* (*sur les mots*) 느릿느릿 말하다.
—*v.i.* ① 낙오하다, 뒤에 처지다; 느리게 행동하다〔가다〕; 지연되다. Ne *traîne* pas en rentrant de l'école. 학교에서 돌아올 때 늑장부리지 마. soldats qui *traînent* 본대에서 낙오한 병사. ~ dans un travail 일을 꾸물대고 있다.
② (주어는 사물)(병·소송·일 따위가)오래 끌다 (se prolonger); (목소리가)느리고 단조로운 소리를 내다. Cette affaire *traîne*. 이 사건은 오래간다. faire ~ *qc* ⋯을 일부러 질질 끌다. laisser ~ la voix 목소리를 길게 끌면서 말하다. Ça ne va pas ~.《구어》그건 오래 끌지 않을 것이다, 곧 끝날 것이다. ~ en longueur 오래 끌다.
③ (사라지기 전에)잠시 머무르다(subsister). Quelques lambeaux de nuages *traînaient* dans le ciel. 몇 조각의 구름이 아직 하늘에 걸려 있었다. 《비인칭》Il *traîne* une mauvaise odeur. 악취가 아직 남아있다.
④ 길게 늘어져 있다; (옷자락이)땅에 질질 끌리다. Attention, vos lacets *traînent* par terre. 조심하세요, 구두끈이 땅에 끌리고 있어요. cheveux qui *traînent* dans le dos 등에 길게 늘어뜨린 머리.
⑤ 흩어져 있다, 널려다니다. Pierre laisse tout à ~. 피에르는 무엇이든지 흩어진 채로 치우지 않고 내버려 둔다. 《비인칭》Il *traînait* sur le bureau des papiers. 책상 위에는 서류들이 흩어져 있었다.
⑥ 어디에나 있다; 진부하다. anecdote qui *traîne* dans tous les livres d'histoire 어느 이야기 책에나 다 있는 이야기. Ça *traîne* partout. 어디에나 흔하게 있다; 조금도 신기하지 않다. idée qui *traîne* partout 진부한 사상.
⑦ 어슬렁거리다, 배회하다(errer, vagabonder). ~ dans les rues 거리에서 어슬렁거리다. ~ en chemin 배회하다, 얼쩡거리다.
—se ~ *v.pr.* ① 기다, 기어가다. Le bébé commence à *se* ~. 애기가 기기 시작한다. *se* ~ aux genoux (aux pieds) de *qn* ⋯의 발 아래 엎드리다.
② 간신히 가다, 겨우 가다; 마지못해 가다. Le blessé a réussi à *se* ~ jusqu'à la voiture. 부상자는 자동차까지 간신히 기어 가는데 성공했다. *se* ~ à une réunion 마지못해 모임에 나가다.
③ 진척이 안되다, 질질 끌다, 길게 끌다. La conversation *se traîne*. 대화가 질질 끈다. fumée qui *se traîne* 옆으로 길게 꼬리를 끄는 연기.

traînerie [trɛnri] *n.f.* 오래 끌기, 느릿느릿함.
traîne-semelles [trɛnsəmɛl], **traîne-savates** [trɛnsavat] *n.m.*《복수불변》돈도 없이 빈들빈들 노는 사람.
traîneur(se) [trɛnœːr, -ʃːz] *n.* ① 끄는 사람, 질질 끄는 사람. ②〔끈 곳에 머물러 있는 사람; 배회자;《예》낙오병(자). ~ de sabre (d'épée)《속어》허세를 부리는 군인;《경멸》직업군인.
trainglot [trɛglo] *n.m.*《속어》수송병.
training [trɛniŋ]《영》*n.m.* ① 《스포츠》연습, 훈련, 트레이닝; 스포츠복. ②《심리》자율훈련법 (~ autogène).
traînoir [trɛnwaːr] *n.m.* 〔농업〕써레의 일종.
train-paquebot [trɛ̃pakbo] (*pl.* ~s-~s) *n.m.* (기선과의)연락 열차.
train-poste [trɛ̃pɔst] (*pl.* ~s-~) *n.m.* 급행 우편 열차.
train(-)train [trɛ̃trɛ̃] *n.m.*《구어》틀에 박힌 일의 되풀이(routine). 평범한〔단조로운〕리듬. ~ quotidien de la vie 평범한 일상생활.
Les choses vont leur ~. 그럭저럭 살아간다.
traire [trɛːr] [44] *v.t.* (소·양 따위의)젖을 짜다; (젖을)짜다;《예》돈을 짜내다. machine à ~ 착유기.

:trait¹ [trɛ] *n.m.* ① 선, 줄; (그림의)윤곽선, 묘선(描線); 표현법, 필치; 생생한 표현〔사상〕. tracer un ~ 선을 긋다. ~ de scie 톱으로 켠 자리. ~ plein (discontinu) 실선(實線)〔점선〕. ~ d'union 하이픈(→ trait d'union). peindre en ~s touchants 감동적인〔열렬한〕표현으로 묘사하다. décrire Napoléon sous les ~s d'un héros 나폴레옹을 영웅으로 묘사하다.
② (*pl.*) 얼굴 모습, 윤곽. ~s réguliers 번듯한〔균형 잡힌〕용모. ~s tirés 피로한 표정.
③ 특징, 특색(caractère). ~ dominant (essentiel) 현저한〔주요한〕특징. ~ commun 공통점. ~s de ressemblance 유사점.
④ (자질·능력을 나타내는)행위, 표현, 말〔생각〕; (*pl.*) 부정(不貞)한 행위(~ d'infidélité). ~ de caractère 그 사람의 성격을 나타내는 듯한 행위〔말〕. ~ de courage (de cruauté) 용감〔잔인〕한 행위. ~ d'esprit 재치 있는 행위〔말〕. ~ de génie 천재적인 수완. ~ de vertu 덕행. faire des ~s à sa femme 아내를 속이다. ~ brillant (hardi) 멋진〔대담한〕표현. avoir du ~ 생생한 표현을 하다.
⑤ 악의에 찬 행동; 독설, 신랄한 말. ~ de médisance 독설. ~ satirique (mordant) 빈정거림, 비꼼. ~ de flamme 열변.
⑥ 화살; 투창(投槍); (활을)쏘기, (창을)던지기. décocher un ~ 화살을 쏘다. ~ de lumière 번뜩임. grêle de ~s 비오듯하는 화살. Le soleil dardait ses ~s. 《문어》햇볕이 쨍쨍 내리쬐고 있었다. ~s de l'Amour 《문어》큐피드의 화살. armes de ~. 《예》화살·투창 따위의 무기. gens (hommes) de ~ 《예》사수(射手), 창을 던지는 사람.
⑦ 가죽 끈, 줄, 붓줄(→ harnais 그림); (개를 매는)가죽끈, 줄; 끌기. animal (bête) de ~ 짐마차 끄는 짐승(마소 따위). cheval de ~ 만마(輓馬).
⑧ 《음악》 급속한 악구(樂句); 현란한 악구; 가락이 아름다운 악구.
⑨ 마음을 강하게 찌르는〔감동시키는〕 것〔감정〕. ~ *de l'Amour* 애틋한 사랑의 감정. ~ d'amitié 우정.
⑩ 《언어》 특징, 소성(素性).
à grands ~s ⓐ 대충, 대강, 간추려서. peindre (décrire) *qc à grands* ~s 대충 대강 그리다. ⓑ 꿀꺽꿀꺽. boire *à grands* ~s 꿀꺽꿀꺽 마시다.
à longs ~s 천천히 느긋이.
au ~ 선화(線畫)로(의). dessin *au* ~ 선화.
avoir le ~ (체스 따위에서)선수(先手)이다.
avoir ~ *à qc* ⋯과 관계가 있다. Je m'intéresse à

trait²(e¹)

tout ce qui a ~ à la musique. 나는 음악과 관계가 있는 모든 것에 흥미가 있다.
(partir) **comme un ~** 쏜살같이 (가버리다).
d'un (seul) ~; tout d'un ~ 순식간에, 단숨에. boire d'un ~ 단숨에 마시다.
d'un ~ de plume 재빨리, 갑자기, 별안간. biffer un mot d'un ~ de plume 어떤 낱말을 갑자기 지워버리다.
envoyer[lancer] un ~ à qn …에게 빈정거리다.
~ pour ~ 충실하게, 정성들여.

trait³(e¹) [trɛ, -ɛt] a.p. 《드물게》(소 따위가)젖을 짜인; (젖이)짜낸지. or[argent] ~ (수놓는)금[은]실. ─ n.m. 금실.

traitable [trɛtabl] a. ① 취급하기 쉬운, 다루기 쉬운(accommodant, maniable), 가공하기 쉬운. sujet difficilement ~ 다루기 어려운 주제. ②《문어》(사람이)다루기 쉬운.

traitant¹ [trɛtɑ̃] n.m. ①《역사》 징세(徵稅)청부인. ②《옛》노예 매매업자. ~ des blanches 부녀 매매업자.

traitant²(e) [trɛtɑ̃ -ɑ̃:t] a. (계속적으로)치료하는. médecin ~ 주치의(主治醫).

trait d'union [trɛdynjɔ̃] n.m. ① 하이픈, 연결부호. ② 중계역할, 중재. Il sert de ~ entre les deux familles. 그는 양가의 중계역을 맡고 있다.

*****traite²** [trɛt] n.f. 《상업》(환)어음(의 발행). faire(tirer une) ~ sur qn …에게 어음을 발행하다. escompter une ~ 어음을 할인하다. ~ à courte[à longue] échéance 단[장]기 어음. ~ à date fixe 확정 일부(日付) 어음. ~ en l'air 공수표. ~ refusée 부도어음. ② 일행정(一行程), 일여정(一旅程) (chemin, parcours), 노정. faire une longue ~ 긴 행정을 계속 걷다. ③ 교역, 무역, 거래; 흑인 매매 (~ des noirs, ~ des nègres). ~ des femmes(des blanches) 부녀자의 인신매매. ④ 젖짜기; 짠 젖. ⑤ (pl.)《역사》(구체제하의)통관세.
d'une seule ~; tout d'une ~ 단숨에, 쉬지 않고.

*****traité¹** [trɛ(e)te] n.m. ①[~de/sur](에 관한)논(論), 논설, 개론. ~ d'économie politique 경제학 개론. ~ sur l'amitié 우정론. ②《법》(국제간의)조약(accord, engagement). ~ de paix[de commerce] 평화[통상]조약. ~ de Versailles 베르사유 조약. conclure(signer) un ~ 조약을 체결[조인]하다. ③《옛》협정, 계약(contrat); 《옛》징수청부계약. ~ entre un auteur et un éditeur 저자와 출판자 사이의 계약. être en ~ avec qn pour …을 위해 …와 교섭중이다. passer un ~ avec qn …와 계약을 맺다.

traité²(e) [trɛte] a.p. 처리(가공)된, 《광학》반사 방지 처리한. orange non ~ 무농약[청정] 오렌지.

*****traitement** [trɛtmɑ̃] n.m. ① 대우, 대접, 취급. mauvais ~s 학대. jouir d'un ~ de faveur 특별대우를 받다. ②《의학》치료(cure, remède), 치치. suivre un ~ 치료를 받다. malade en ~ 치료중인 환자. premier ~ 응급치료. ③ 처리, 가공. ~ thermique 열처리. ~ de surface 표면가공. ~ de l'information par ordinateur 컴퓨터에 의한 정보처리. ④(공무원의)봉급(rémunération). secrétaire sans ~ 무급 비서. ~ annuel 연봉. ~ rondelet(princier) 높은 봉급. toucher ~ considérable 높은 봉급을 받다.

*****traiter** [trɛ(e)te] v.t. ①(사람을)취급하다, 대우하다; [~en/comme](로)취급하다. Ils m'ont traité avec gentillesse. 그들은 나를 친절하게 대우했다. ~ qn d'égal à égal 대등하게 취급하다. ~ qn de haut en bas …을 깔보다. ~ qn comme un chien …을 심하게 다루다. ②[~de](라고)불러 대다, 해대다. On l'a traité de menteur. 그는 거짓말쟁이로 불리었다. ~ qn de tous les noms …에게 온갖 폭언을 퍼부어대다. ③ 논하다, (논제를)철저하게 논하다. un problème à fond 문제를 철저하게 논하다. ④ 교섭하다, 담판하다. ~ la paix 평화교섭을 하다. ⑤ 치료하다. ~ un malade 환자를 치료하다. ⑥ 처리하다; 가공하다. ~ le lait par la pasteurisation 우유를 저온살균법으로 처리하다. ~ un minerai (금속을 추출하기 위해)철광을 가공하다. ~ du pétrole 원유를 정제하다. ⑦《문어》향응을 베풀다, 대접하다.

─ v.t.ind. ~ [~de](에 대해서) 논하다, 취급하다. ~ du racisme 인종차별에 대해서 논하다. Cette revue traite des récents conflits économiques. 이 잡지는 최근의 경제마찰을 취급하고 있다.

─ v.i. 교섭하다, 담판하다. J'ai décidé de ~ avec lui. 나는 그와 담판할 결심을 했다.

─ **se** ─ v.pr. ① 자기를 다스리다. ②[se~de]서로 …이라고 부르다[…으로 취급하다]. Ils se traitent d'imbéciles. 그들은 서로 바보 취급을 하고 있다. ③ 교섭되다; 거래되다. Cette affaire se traitera en coulisse. 이 일은 무대 뒤에서 협상될 것이다. Les blés se traitent cher cette année. 밀이 금년에 비싸게 팔린다.

traiteur [trɛtœ:r] n.m. ①(연회 따위에서)주문을 받아 요리하는 사람. ②《옛》음식점 주인. ③《옛》노예 매매인.

*****traître(sse)** [trɛtr, -rɛs] a. ①(사람이)배반[반역]하는, 배반[반역]할 염려가 있는; 모반을 기도하는. être ~ à sa patrie(son devoir) 조국을 배반하다[의무를 저버리다]. ②(동물이)뒷발에 해치는, (개·말이)무는, 뒷발로 차는, (고양이가)할퀴는. Ce cheval est ~. 이 말은 의외로 물어대는[차는]일이 있다. ③(보기보다)위험한, 음험[음흉]한. vin ~ 쉽게 취하는 포도주.
ne pas dire un ~ mot (무어)한 마디도 말하지 않다, 입을 꼭 다물고 있다.

─ n. ① 배반[역]자, 반역자, 매국노(délateur, judas). ②《연극》악역(惡役); 음흉한 사람.
en ~ 비겁하게, 남의 방심한 틈을 타서. attaquer qn en ~ 비겁하게 …을 공격하다.

traîtreusement [trɛtrøzmɑ̃] ad. 비열하게, 음흉스럽게. attaquer qn ~ par-derrière …을 비겁하게 뒤에서 공격하다.

traîtrise [trɛ(e)tri:z] n.f. ① 배반(배신)행위 (déloyauté), 부실함, 엉큼함; 반역. agir par ~ 비열한 행위를 하다. ~ qui se lit dans les yeux 눈에서 읽어낼 수 있는 엉큼함. ② 생각지 못한 위험. Ce détroit est plein de ~s. 이 해협에는 뜻밖의 위험이 많이 도사리고 있다.

Trajane [traʒan] a.f. la colonne ~ 트라야누스 원주(圓柱)(로마에 있는 전승기념비).

trajectographie [traʒɛktɔgrafi] n.f. 《우주》(우주선·로켓·인공위성 따위의)궤도관측기술. calculs de ~ 궤도 계산.

trajectoire [traʒɛktwa:r] n.f. 탄도(彈道); (혜성·혹성의)궤도; (저기압의)진로. ─ a. ligne ~ 《기하》정각(定角)궤도.

*****trajet** [traʒɛ] n.m. ① 도정(道程), 여정(旅程), 행정(行程). faire(parcourir) un long ~ 먼 길을 가다. ~ de Paris à Vienne 파리에서 비엔나까지의 행정. ② 여행; (어느 지점에서 다른 지점에 가는 데)걸리는 시간. faire le ~ en voiture 차로 여행하다. dormir pendant tout le ~ 여행중에 줄곧 자다. Il a une heure de ~ pour arriver à l'aéroport. 그가 공항에 가는 데 한 시간 걸린다. sur le ~ de (l'hôpital à la maison) (병원에서 집으로)가는 도중에

③ 【해부】(혈관·신경 따위의)주향(走向), 진로(進路); 【물리】(방사체의)진로. ~ d'un nerf 신경의 주향. ④《옛》(해협 따위의)횡단.
trajeter [traʒte] *v.t.*《옛》배로 나르다; 건너다, 횡단하다(traverser).
tra(-)la(-)la [tralala] *int.* 트랄랄라《불신·기쁨을 나타냄》. T~! vous me racontez des histoires. 흥, 거짓말 잘 하시네!—*n.m.* ①《구어》꾸밈새, (화려하게 멋을 낸)겉치레, 멋부림(《구어》flafla). être sur son ~[en grand~] 화려하게 꾸미고[차리고] 있다. faire du ~ 멋부리다. ② 트랄랄라 《노래의 후렴 문구》.
tram [tram] *n.m.*《구어》=**tramway**. prendre le ~ 전차를 타다.
tramage [tramaʒ] *n.m.* 씨실을 먹이는 것; 씨실을 먹인 피륙.
tramail [tramaj] *n.m.*【어업·사냥】3단(段)그물.
trame [tram] *n.f.*【직물】①씨실. ②골조; 대강의 줄거리, 맥락. Des faits insignifiants forment la ~ de notre vie quotidienne. 보잘것없는 일들이 우리 일상생활의 골조를 이루고 있다. ~ d'un roman 소설의 대강 줄거리. ourdir une ~ 음모를 꾸미다. ~ de la vie[de nos jours] 수명. ④《옛》(비유적)실. ~ de la destinée 운명의 실. ⑤ⓐ【생물】망상조직. ⓑ【텔레비전】주사선. ⓒ【인쇄】그물눈 스크린.
tramer [trame] *v.t.*①【직물】씨실을 먹이다, (피륙을)짜다. ②(음모 따위를)꾸미다, 획책하다, 기도하다(comploter). ③【인쇄】그물눈 스크린을 얹고 촬영하다. ④ ~ une action (소설·희곡의)줄거리를 짜다.
—*se* ~ *v.pr.* 획책[계획]되다. Une conspiration se trame. 음모가 계획되다. (비어닝)Il se trame quelque chose. 무엇인가 획책되고 있다.
trameur(se) [tramœːr, -φːz]【직물】*n.* 씨실감는 직공. *-φːz* 씨실 감는 기계.
traminot [tramino] *n.* 전차 종업원.
tramontane [tramɔ̃tan] *n.f.* ①(지중해의)북풍; (피레네·알프스를 넘어 부는)산바람. ②【옛】북극성. perdre la ~ 방향을 잃다; 어찌할 바를 모르다.
tramp [trãp] *n.m.*【해양】부정기(不定期) 화물선.
tramping [trãpiŋ]《영》*n.m.*【해양】부정기 화물 수송.
trampolin [trãpɔlɛ̃] *n.m.*, **trampoline** [trãpɔlin] *n.f.*【스포츠】트램폴린《쇠틀 안에 스프링을 단 즈크 그물의 탄성을 이용하여 뛰는 운동·놀이》.
tramway [tramwɛ]《영》*n.m.* 시가 철도, (전차의)궤도; 전차.
tranchage [trãʃaːʒ] *n.m.* 자르기; 깎기.
tranchant(e) [trãʃɑ̃, -ɑ̃ːt] *a.* ①예리한, 날카로운, 날이 서 있는. couteau ~ 잘드는 칼. côté non ~ (칼의)등. ②(의견이)단정적인(affirmatif); (사람이)결단력 있는, (태도·어조가)단호한. parler d'un ton ~ 단호한 어조로 이야기하다. réponse ~*e* 단정적 대답. ③《옛》(색채가)선명한, 눈에 띄는. couleurs ~*es* 두드러진 색채.
—*n.m.* ①(칼 따위의)날(fil, taille). ~ d'un couteau 칼날. faux ~ 칼등. ~ de la main (손바닥의)새끼손가락 쪽. ~ de la jambe 정강이. ②단정적인 어조, 칼날 같은(단호한) 성격. Le ~ de sa voix m'a intimidé. 그의 목소리의 단호함에 나는 움찔했다. ③【피혁】(짐승의 살을)도려내는 칼; 【양봉】(벌꿀을)긁어내는 칼.
à double ~; à deux ~s 양도(兩刀)의; 상반되는 효과를 동시에 갖는. argument *à deux ~s* 양도논법, 딜레마. *épée à deux ~s* 양날의 검; 두문제를 동시에 해결하는 논의; 두 사람을 동시에 공격하는 수

단; 논자(論者) 자신을 궁지에 빠뜨리는 논법. *frayer un chemin du ~ et de la pointe* 베고 찌르고 하여 혈로를 열다. *mettre(donner) le ~ à une lame* 날을 갈다, 날을 세우다.
*****tranche** [trãʃ] *n.f.* ①얇은 조각; 단편, 한 조각. couper en ~ 얇게 자르다. une ~ de pain 빵 한 조각. ~ de vie (작품에 그려진)인생의 단면. ②(채권·복권 따위의)분할 발행분. émettre un emprunt par ~s 채권을 몇 회로 나누어 발행하다. ③ (대리석 따위의)판석(板石). ④(화폐의)가장자리. 【수학】(긴 수자를) 3자리씩 끊은 부분; (입체의)단면; (책 가장자리의)단면. livre doré sur ~s 금박 단면의 책. ⑤(철근 절단용)정. ⑥(전체에 대한)일부, 부분; 구분. Nous allons aborder la deuxième ~ du programme. 우리들은 계획의 제 2 단계로 접어들 것이다. ⑦ ~ d'âge 연령 구분. ⑦ ~ napolitaine 나폴리풍(風) 아이스크림. ⑧【요리】(소 장딴지의)속살(tende ~). bifteck dans la ~ 속살 스테이크. ⑨【농업】(쟁기로 파헤친)흙.
s'en payer une《구어》마냥 즐기다, 크게 웃다.
tranché(e¹) [trãʃe] *a.p.* ①뚜렷한, 분명한(distinct, net); 단정적인. ligne de démarcation ~*e* 뚜렷한 경계선. catégories ~*es* 명확히 구별되는 범주. couleur ~*e* 분명한 색채. opinion ~*e* 단정적인 의견. ②절단된, 구분된. ③《紋》오른쪽으로 비스듬히 2개로 분할된 방패 문장.
tranchée² *n.f.* ①긴 구덩이, 호(壕); 【군사】참호. creuser une ~ 구덩이[호]를 파다. ~ de drainage 배수구. guerre de ~s 참호전. nettoyer la[une] ~ (적의)참호를 탈취하다. monter à la ~ 참호에 들어가 근무하다. ②【임업】숲속의 길. ~ garde-feu 방화선(防火線). ③ (*pl.*)【의학】급성복통. ~*s* utérines 산후(産後)복통.
tranchée-abri [trãʃeabri] (*pl.* ~*s*-*s*) *n.f.*【군사】엄호(掩壕); 방공호.
tranchefil [trãʃfil] *n.m.* ①(말의)재갈 사슬. ②양탄자의 보풀 세우는 기계.
tranchefile [trãʃfil] *n.f.* ①【제본】책의 등안쪽 위아래에 붙인 헝겊. ②《옛》구두 내부의 가장자리를 꿰매기.
tranchefiler [trãʃfile] *v.t.*【제본】tranchefile①을 붙이다.
tranche-gazon [trãʃga(a)zɔ̃] *n.m.*《복수불변》잔디 깎는 기계.
tranchelard [trãʃlaːr] *n.m.*《옛》(비계 자르는)날이 얇은 칼.
tranchement [trãʃmã] *n.m.*《드물게》자르기; 해결. ~ d'une affaire 사건의 해결.
tranche-montagne [trãʃmɔ̃tañ] (*pl.* ~*-s*) *n.m.*《구어·문어》허풍쟁이(matamore).
tranche-pain [trãʃpɛ̃] *n.m.*《복수불변》빵자르는 기계.
tranche-papier [trãʃpapje] *n.m.*《복수불변》페이퍼나이프(coupe-papier).
tranche-peigne [trãʃpeñ] (*pl.* ~*s-*~) *n.f.* 대리석 무늬를 박은 책의 가장자리.
*****trancher** [trãʃe] *v.i.* ①자르다, 베다; 얇게 썰다〔켜다〕(couper, tailler). ~ la tête à[de] qn …의 머리를 딱 잘라 해결하다. ~ la gorge 목을 베다. ②(곤란·문제를)딱 잘라 해결하다. ③《옛》딱 잘라 말하다. ~ la discussion d'un mot 토론을 한 마디로 종결짓다. ~ *court(net)* 간단히[분명히] 말하다.
~ *le mot* 생각을 서슴지 않고 말하다, 명백히 말하다, 딱 잘라 말하다.
—*v.i.* ①[~ de/sur] (에 관해)딱 잘라[독단적으로] 결정하다. Pour réussir dans les affaires, il faut ~ de tout sans hésiter. 사업에 성공하려면 무

엿이든 주저하지 않고 결단을 내려야 한다. ② [~ sur/avec] (와)대조를 이루다, 우뚝 솟아오르다 (contraster, se distinguer). ~ sur le ciel 하늘에 우뚝 솟아오르다. L'originalité de cette thèse *tranche avec* la médiocrité des autres. 이 논문의 독창성은 다른 논문들의 범용함과 대조를 이루고 있다. ③ [(예)~ de] (인)체하다. ~ *du* bel esprit [*du* philosophe] 재사[철학자]인 체하다. ~ *du* seigneur[*de* l'important] 점잔빼다, 젠체하다.
— dans le vif 단호한 조치를 취하다.

tranchet [tʀɑ̃ʃɛ] *n.m.* (구두 직공 따위의)가죽 베는 칼; 쇠붙이 끊는 정.

trancheur(se) [tʀɑ̃ʃœ:r, -ø:z] *a.* ① plat ~ (16-18세기 궁중 요리사가 고기를 썰어서 내오는)오목한 큰 접시. ② couteau ~ 대구 창자를 긁어내는 칼. **— *n.m.*** ① 갱부(坑夫). ② 대구의 창자를 긁어내는 수부(水夫). ③ (합판을 만들기 위해 나무를 켜는)제재공. ④ 석수. ⑤ (고기를 써는)급사장.
— *n.f.* ① 채석(採石)기계, 나무켜는 기계. ② 호를 파는 기계, 굴착기. ③ (기성복의)기계재단여공.

tranchoir [tʀɑ̃ʃwa:r] *n.m.* ① 도마(taillloir). ② 식 칼. 치즈 자르는 데 쓰이는 받침 도마. ④ (염습용의)석회넣는 나무 접시.

:tranquille [tʀɑ̃kil] *a.* ① 조용한, 평온한(calme). Nous habitons (dans) un quartier ~. 우리는 조용한 동네에 산다. La mer était ~. 바다는 평온했다. (사람·거동이)조용한, 얌전한(paisible), vieillard ~ 조용한(말없는) 노인. voisin ~ 점잖은 이웃. se tenir ~ 말없이 조용히 있다. Les enfants, restez un peu ~s. 애들아, 좀 얌전히 해라. ③ 침착한, 평온한. marcher d'un pas ~ 침착하게 걷다. mener une vie ~ 평온한 생활을 하다. ④ 편안한, 안심한. sommeil ~ 편안한 잠. avoir l'esprit[la conscience] ~ 마음이 편하다[양심에 거리낌이 없다]. Soyez ~, nous avons assez de temps. 안심하시오, 시간은 충분히 있다. ⑤ 걱정이 없는. Je suis ~ pour ma famille. 나의 가족 문제에 대해서는 걱정없다. ⑥ (구어)확실한(sûr). [être ~ de *qc*/que+ *ind.*] Je suis ~ qu'il reviendra. 틀림없이, 그는 돌아올 거야. Il sera des nôtres, je suis ~. 그는 우리 편에 들거야, 틀림없어.
⑦ baume ~. 〖약〗진정제의 일종.
laisser qc ~ 〖구어〗…에 손을 대지 않다.
laisser qn ~ …을 괴롭히지 않다, 가만두다. *Laissez-moi* ~ *avec* cette affaire. 이 일로 나를 괴롭히지 말다오.

*****tranquillement** [tʀɑ̃kilmɑ̃] *ad.* 조용히; 침착[태연]하게; 평온하게; 유유히, 안심하고. mourir ~ 편안히 죽다. vivre ~ 조용히 살다. Il a ~ fait face à la situation. 그는 침착히 사태에 대처했다.

tranquillisant(e) [tʀɑ̃kilizɑ̃, -ɑ̃:t] *a.* 안심시키는, 진정시키는. **— *n.m.*** 신경안정제(drogue ~e).

tranquilliser [tʀɑ̃kilize] *v.t.* 안심시키다, 진정시키다(calmer). Sa lettre m'*a tranquillisé.* 그의 편지를 받고 나는 안심했다.
—se *v.pr.* 안심하다; 평온해지다. (바다 따위가)잔잔해지다. *Tranquillisez-vous*, tout se passera bien. 안심하시오, 다 잘 될거요.

tranquillité [tʀɑ̃kilite] *n.f.* ① 조용함, 평온, 고요함, 잔잔함. ~ de l'air[de la mer] 대기의 (바다의)조용함. ~ de la nuit 밤의 정적. en toute ~ 안심하고, 평온하게. ② 안녕, 질서; 평화(paix). troubler la ~ sociale 사회의 안녕질서를 어지럽히다. rétablir la ~ après une émeute 폭동 후 질서를 회복하다. ~ d'État 국가의 치안. ③ (마음의)편안함, 안심. ~ de l'esprit 마음의 평온. ~ matérielle 경제상의 안심.

trans- *préf.* ① …을 넘어서(au delà de). ② …을 가로질러서(à travers)(예: *transpercer* 관통하다). ③ 이행(passage)의, 변화(changement)의((예: *transformation* 변용).

transa [tʀɑ̃za] *n.m.* 〖속어〗 댁쳬어(transatlantique).

transaction [tʀɑ̃zaksjɔ̃] *n.f.* ① 타협; 〖법〗 화해. ~ de la(avec sa) conscience (경멸)양심과의 타협. Ils ont terminé leur procès par une ~. 그들은 소송을 당사자 화해로써 해결을 보았다. ② 〖상업〗 거래, 매매. activité[sécurité] des ~s 상거래의 활기[안전]. taxe sur les ~s 거래세(稅). ~s immobilières 부동산 매매.

transactionnel(le) [tʀɑ̃zaksjɔnɛl] *a.* 타협적인, 화해에 의한, 화해의. liquidation ~*le* 화해결제. formule ~ *le* 화해의 방책.

transactionnellement [tʀɑ̃zaksjɔnɛlmɑ̃] *ad.* 타협적으로, 화해적으로.

transafricain(e) [tʀɑ̃zafʀikɛ̃, -ɛn] *a.* 아프리카 종단의. **— *n.m.*** 아프리카 종단 철도.

transalpin(e) [tʀɑ̃zalpɛ̃, -in] *a.* 알프스 저 너머에 있는[저편의] (현재는 프랑스 쪽에서, 옛날은 이탈리아 쪽에서); 알프스 횡단의. tunnel ~ 알프스횡단 터널.

transaméricain(e) [tʀɑ̃zameʀikɛ̃, -ɛn] *a.* 아메리카 대륙 횡단의. **—T~** *n.m.* 아메리카 횡단 철도.

transandin(e) [tʀɑ̃z[s]ɑ̃dɛ̃, -in] *a.* 안데스 산맥 횡단의. **—T~** *n.m.* 안데스 산맥 횡단 철도.

transat [tʀɑ̃zat] *n.m.* 〖속어〗 =transatlantique ①.
—T~ *n.f.* 대서양 기선회사.

transatlantique [tʀɑ̃zatlɑ̃tik] *a.* 대서양을 횡단하는; 대서양 저 너머의, 아메리카의. lignes ~*s* 대서양 항로.
— *n.m.* ① 대서양 횡단 정기선(paquebot ~); (pl.) (위)의 승객. ② (갑판·정원·해안에서 쓰는)베로 만든[접의자, 덱체어 (~).
—T~ *n.f.* 대서양 기선회사(Compagnie générale

transbahutage [tʀɑ̃sbayta:ʒ], **transbahutement** [tʀɑ̃sbaytmɑ̃] *n.m.* 〖구어〗 운반, 이동.

transbahuter [tʀɑ̃sbayte] *v.t.* 〖구어〗 옮기다, 운반하다. **—se** *v.pr.* 이사하다, 이동하다.

transbordement [tʀɑ̃sbɔʀdəmɑ̃] *n.m.* (배·기차의)승객·화물을 갈아 태우기, 다른 배로 옮기기, 옮겨싣기; 배로 건네기; 〖철도〗 천차(遷車).

transborder [tʀɑ̃sbɔʀde] *v.t.* ① (배·기차의 승객·화물을 다른 배·기차에)갈아 태우다, 옮겨 싣다. ② (사람을)배로 건네주다. ③ 〖철도〗 천차(遷車)하다, 다른 선으로 옮기다.

transbordeur [tʀɑ̃sbɔʀdœ:r] *a.m.* pont ~ 운반차교 (運搬車橋). 《강·항만 따위의 한 쪽에서 다른 쪽으로 여객·화물을 건네주는 일종의 적교(吊橋)》. bac ~ (열차를 건네 주는)열차 연락선.
— *n.m.* ① =pont ~. ② 〖철도〗 천차대(遷車臺). ③ (예)나룻배, 연락선(ferry-boat).

transcanadien(ne) [tʀɑ̃skanadjɛ̃, -ɛn] *a.* 캐나다 횡단의. **—T~** *n.m.* 캐나다 횡단 철도.

transcaspien(ne) [tʀɑ̃skaspjɛ̃, -ɛn] *a.* 카스피 해(海) 저 너머의; 트랜스카스피아 지방을 횡단하는. **—T~** *n.m.* 트랜스카스피아 지방 횡단 철도 (chemin de fer ~).

transcaucasien(ne) [tʀɑ̃skokazjɛ̃, -ɛn] *a.* 코카서스(Caucase) 산맥 저 너머의.

transcendance [tʀɑ̃sɑ̃dɑ̃:s] *n.f.* ①〖철학〗초월성. ~ de Dieu (스콜라 철학에서)신의 초월성. ~ du monde (칸트 철학에서)세계의 초월성. ② 탁월성, 우월성. ~ d'un talent 재주의 뛰어남.

transcendant(e) [tʀɑ̃sɑ̃dɑ̃, -ɑ̃:t] *a.* ① (재능·공적

따위가) 탁월한, 뛰어난(sublime). esprit ~ 탁월한 정신. génie ~ 불세출의 천재. Il n'est pas ~. 그는 대단치 않은 남자이다. ② 【철학】 초월적인; (칸트 철학에서) 선험적(先驗的)인. phénomène ~ à la conscience 의식을 초월한 현상. Dieu est ~ au monde. 신은 세계에 대하여 초월적이다. ③ 【수학】 nombre ~ 초월수. courbe ~e 초월곡선. ④ 【언어】 외재적(外在的)인(언어외의 데이터에 기초를 둔).

transcendantal(ale, pl. aux) [trɑ̃sɑ̃dɑ̃tal, -o] *a.* ① 【철학】 초월적인; 선험적인. idéalisme ~ 선험적 관념론. moi[sujet] ~ 선험적 자아[주관]. ② (일반적으로) 초월적인.

transcendantalisme [trɑ̃sɑ̃dɑ̃talism] *n.m.* 【철학】 선험론, 선험주의.

transcendantaliste [trɑ̃sɑ̃dɑ̃talist] 【철학】 *a.* 선험론의. —*n.* 선험론자.

transcender [trɑ̃sɑ̃de] *v.t.* 초월하다. —**se** ~ *v.pr.* 스스로를 초월하다.

transcodage [trɑ̃skɔdaːʒ] *n.m.* 【컴퓨터】 코드 전환, 번역; 【텔레비전】 방영방식 전환.

transcoder [trɑ̃skɔde] *v.t.* 【컴퓨터】 코드 전환하다; 【텔레비전】 (방영방식이 다른 영상전파로) 전환하다, (의)방영방식을 바꾸다(예컨대 서독의 PAL 시스템 방송을 프랑스에서 보려면 SECAM 방식의 방송파로 transcoder 해야 함).

transcodeur [trɑ̃skɔdœːr] *n.m.* 방영방식 전환기.

transcontainer [trɑ̃skɔ̃tɛnɛːr], **transconteneur** [trɑ̃skɔ̃tnœːr] *n.m.* (대륙횡단 국제 수송용의) 대형 컨테이너.

transcontinental(ale, pl. aux) [trɑ̃skɔ̃tinɑ̃tal, -o] *a.* 대륙횡단의. —*n.m.* 대륙횡단 철도.

transcripteur [trɑ̃skriptœːr] *n.m.* 등사자, 사자생(寫字生), 필생(筆生).

transcription [trɑ̃skripsjɔ̃] *n.f.* ① 전사(轉寫), 베껴 쓰기. faire la ~ d'un manuscrit 원고를 베껴 쓰다. ~ d'une inscription 비문의 전사. ② [~ en] (다른 나라의 문자·음표문자로)옮겨 쓰기. ~ d'un texte grec en caractères latins 그리스어로 된 문장을 라틴어 문자로 옮겨 쓰기. ~ phonétique 음성전사, 발음기호로 옮겨 쓰기. ~ génétique 유전정보의 전사. ③ 【법】 등록, 등기. ~ de naissance sur les registres d'état civil 호적에의 출생등록. ~ hypothécaire 저당등기. ⑤ 【음악】 (다른 악기용으로의)편곡.

transcrire [trɑ̃skriːr] [38] *v.t.* ① 베껴 쓰다, 전사하다. ② [~ en] (다른 문자로)옮겨 쓰다. ~ d'un texte russe en caractères latins 러시아어로 된 문장을 라틴어 문자로 옮겨 쓰다. ③ (다른 악기용으로) 편곡하다. ~ un morceau de piano pour la guitare 피아노곡을 기타용으로 편곡하다. ④ 【법】 등기하다. ~ un divorce 이혼을 등기하다.

transducteur [trɑ̃sdyktœːr] *n.m.* 변환기, 트랜스듀서.

transduction [trɑ̃sdyksjɔ̃] *n.f.* 【생물】 (유전)형질 도입.

transe [trɑ̃ːs] *n.f.* ① 최면 상태, 실신상태(죽은 사람의 혼이 들렸을 때의 영매(靈媒)의 상태). ②(보통 *pl.*)(옛)불안, 공포(crainte). ③ 흥분, 황홀. *entrer*[*être*] *en ~* 실신(最神) 상태로 들어가다(상태에 있다); (구어) 매우 흥분하다(하고 있다). *être dans le ~s; être dans des ~s mortelles* 몹시 겁이나 다, 걱정하다, 전전긍긍하다.

transept [trɑ̃sɛpt] (영)*n.m.* 【건축】 (십자형 교회당의)좌우의 익부(翼部), 수랑(袖廊)(→église grecque).

transférable [trɑ̃sferabl] *a.* 이전(양도·연기)할 수 있는.

transfèrement [trɑ̃sfɛrmɑ̃] *n.m.* 이송, 이전; 양도.

~ d'un prisonnier 죄수의 이송.

transférentiel(le) [trɑ̃sferɑ̃sjɛl] *a.* 【정신의학】 전이(轉移)의, 감정전이의.

transférer [trɑ̃sfere] [6] *v.t.* ① 옮기다, 이송(이전)하다, 전임시키다. ~ un prisonnier 죄수를 이송하다. ~ les cendres d'un mort 고인의 유해를 옮기다. ~ le siège d'une société 본사를 이전하다. ~ un dépôt à un autre compte 예금을 다른 구좌로 옮기다. ~ un prêtre 신부를 전임시키다. ② 연기하다. ~ une fête 잔치를 연기하다. 명의를 변경하다. ~ des titres de propriété 소유권을 양도하다. ④ 【심리】 (감정을 다른 대상에) 옮기다, 전이하다.

transfert [trɑ̃sfɛːr] *n.m.* ① 옮기기, 이동, 이전. ~ de prison à prison 교도소에서 교도소에의 이송. ~ des reliques d'un saint 성(聖) 유물의 이전. ~ des cendres de Napoléon 나폴레옹 유골의 이장. ~ de capitaux 자본의 이전. ~ de populations 주민의 강제이동. ~ d'un joueur de base-ball 야구 선수의 이적. ② 양도하는 것; 【법】 양도, 명의 변경. ~ de souveraineté 양위. ~ de propriété 소유권의 양도. ~ des valeurs mobilières 유가증권의 명의 변경. ③ revenus de ~ 【경제】 이전적 소득 (보험금·연금 따위). ④ 【심리】 감정의 전이, 감정의 이입. ⑤ 【전신】 전송(轉送). ⑥ 【물리】 전달. ~ de la chaleur 열 전달. ⑦ 【언어】 구어)의 전이.

transfigurateur(trice) [trɑ̃sfigyratœːr, -tris] *a.* 【문어】 변모시키는.

transfiguration [trɑ̃sfigyrasjɔ̃] *n.f.* ① 변모(變貌) (transformation); (표정의)변화. ~ du monde 세계의 변모. Cette nouvelle a provoqué en elle une véritable ~. 이 뉴스로 그녀의 얼굴은 완전히 변했다. ② (그리스도의)현성용(顯聖容); (T~)예수 현성용화(畵); 예수 현성용의 축제일(8월 6일).

transfigurer [trɑ̃sfigyre] *v.t.* ① 변모시키다, 미화하다. Cette épreuve *l'a transfiguré* moralement. 이 시련 때문에 그는 정신적으로 변모를 했다. *héros transfiguré par la légende* 전설로 미화된 영웅. ② (의)얼굴을 빛나게 하다. La joie *l'avait transfiguré*. 그의 얼굴은 기쁨으로 빛났다. ③ 【가톨릭】 현성용시키다. —**se** ~ *v.pr.* 변모하다.

transfiler [trɑ̃sfile] *v.t.* 【해양】 ① (의)양끝을 잡아매다. ② (동아줄을)슬슬 풀다.

transfini(e) [trɑ̃sfini] *a.* nombre ~ 【수학】 초한수(超限數).

transfixion [trɑ̃sfiksjɔ̃] *n.f.* 【외과】 천자 절단(穿刺切斷). **teur.**

transfo [trɑ̃sfo] *n.m.* 《구어》 【무전】 = transformateur.

transformable [trɑ̃sfɔrmabl] *a.* 변형될 수 있는, 변화할 수 있는(métamorphosable).

transformateur(trice) [trɑ̃sfɔrmatœːr, -tris] 【전기】 *a.* 변압하는; 변형하는; 가공(加工)하는. station —*trice* 변압소. industrie —*trice* 가공산업. —*n.m.* 변압기, 트랜스.

transformation [trɑ̃sfɔrmasjɔ̃] *n.f.* ① 변화, 변형, 변모; 전화; (성격·태도의)일변; 개축. ~ du relief terrestre 지형의 변화. ~ des institutions sociales 사회제도의 변화. ~ des matières premières d'une maison 집을 개축하다. ~ d'une industrie en une autre utilisation de ~ 가공업. faire des ~s d'une maison 집을 개축하다. ~ d'une industrie en une autre utilisation de ~ 【곤충】 탈바꿈, 변태. ~ d'une chenille en papillon 애벌레의 나비로의 탈바꿈. 【수학】 변형, 변환. ~ d'une équation 방정식의 변환. ④ 【법】 변환. rapport de ~ 변압비. ⑤ 【물리·화학】 변화. physique[chimique] 물리[화학]변화. ⑥ 【럭

transformationnel(le)

비) 트라이를 골로 성공시키기. ⑦ 〖언어〗 (생성문법의)변형, 변환. ⑧ (여자음)가발.

transformationnel(le) [trɑ̃sfɔrmasjɔnɛl] *a.* 〖언어〗 변형의. grammaire ~*le* 변형문법.

transformationniste [trɑ̃sfɔrmasjɔnist] *a.* 〖언어〗 (생성문법에서)변형[변환]주의적인. hypothèse ~ 변형[변환]주의적 가설.

***transformer** [trɑ̃sfɔrme] *v.t.* ①(주어는 사람)바꾸다, 변화시키다, 가공하다. ~ une maison 집을 개축하다. ~ un vêtement 옷을 개조하다. J'ai complètement *transformé* le salon. 나는 거실을 완전히 다르게 꾸몄다. ②(주어는 사람)[~ en](으로)바꾸다, 변화[변형·변모]시키다. ~ du plomb *en* or 납을 금으로 변화시키다. ~ un château *en* hôpital 성관을 병원으로 개조하다. ③(주어는 사물)개선하다, 건강하게 하다. L'art *transforme*-t-il la condition humaine? 예술이 인간조건을 개선할 수 있는가? Ce séjour au bord de la mer l'a *transformé*. 바닷가에서의 이 체류는 그를 건강하게 해주었다. L'éducation peut ~ un enfant. 교육은 어린이의 성격을 조성할 수 있다. ④〖수학〗변환하다. ~ une équation 방정식을 변환하다. ⑤〖럭비〗트라이를 골로 성공시키다(~ un essai).
—**se ~** *v.pr.* [~ en](로)변화하다, 변태(變態)하다; (성격·태도 등)바꾸다; 모습이 달라지다. Le têtard *se transforme en* grenouille. 올챙이가 개구리로 탈바꿈[변형]한다. Ce quartier *s'est complètement transformé*. 이 거리의 모습이 완전히 달라졌다. Depuis son mariage il *s'est bien transformé*. 결혼 이후 그는 아주 사람이 달라졌다.

transformisme [trɑ̃sfɔrmism] *n.m.* 〖생물〗 생물변이설(變移說)(일종의 진화론).

transformiste [trɑ̃sfɔrmist] *n.* 생물 변이론자. —*a.* 생물 변이론의.

trans(-)frontalier(ère) [trɑ̃sfrɔtalje, -ɛr] *a.* 국경을 가로지르는, 국경 양쪽에 펼쳐 있는; (일하러 가기 위해)국경을 넘는.

transfuge [trɑ̃sfy:ʒ] *n.m.* 탈주병, 투항자. —*n.* 개당자(改黨者), 변절자, 배반자.

transfusé(e) [trɑ̃sfyze] *a.* 수혈한. —*n.* 수혈을 받은 사람(receveur).

transfuser [trɑ̃sfyze] *v.t.* ① 수혈하다. ~ deux litres de sang au blessé 부상자에게 2리터를 수혈하다. ②전하다, 전수하다. ~ ses méthodes à un disciple 방법을 제자에게 전수하다. ③(액체를 다른 그릇에)옮기다. ~ du vin à une carafe 포도주를 유리병에 옮겨 붓다.

transfuseur [trɑ̃sfyzœ:r] *n.m.* ①〖의학〗수혈작업을 하는 사람. ②수혈기구.

transfusion [trɑ̃sfyzjɔ̃] *n.f.* ① 수혈(~ sanguine). ②감화, 전수; 융합. ③〖액〗(액체를 다른 그릇에)옮기기.

transfusionnel(le) [trɑ̃sfyzjɔnɛl] *a.* 수혈의.

transgangétique [trɑ̃sgɑ̃ʒetik] *a.* 갠지스강(le Gange)저 너머의. Inde ~ 후(後)인도(버마·타이·인도지나를 포함한 지방).

transgresser [trɑ̃sgrɛ[e]se] *v.t.* (법·명령 등)어기다, 위반하다(violer). ~ à *transgressé* les ordres de son supérieur. 그는 상사의 명령을 어겼다. ~ une loi 법을 위반하다.

transgresseur [trɑ̃sgrɛsœ:r] *n.m.* 〖문어〗위반자.

transgressif(ve) [trɑ̃sgrɛ[e]sif, -i:v] *a.* ① 위반하는, 어기는. ②〖지질〗해진(海進)에 의한.

transgression [trɑ̃sgrɛsjɔ̃] *n.f.* ①(violation). ~ marine 〖지질〗해진(海進).

transhumance [trɑ̃zymɑ̃:s] *n.f.* ①(알프스 산중의) 계절에 따른)양떼의 이동. ②〖양봉〗(꽃을 따라

서 양봉업자가)꿀벌을 이동시키는 것.

transhumant(e) [trɑ̃zymɑ̃, -ɑ̃:t] *a.* troupeaux ~*s* (계절에 따른)이동 목축(牧畜)의 떼(특히 양떼). —*n.m.pl.* 산으로 이동한 양떼.

transhumer [trɑ̃zyme] *v.i.* ①(양떼가)여름에 산으로 이동하다. ②꿀벌이 채류지를 바꾸다. —*v.t.* (양떼를)산으로 이동하다.

transi¹ [trɑ̃zi, 〖옛〗trɑ̃si] *n.m.* (중세·르네상스 시대의 석관 위에 조각된)나체의 사체상(死體像).

transi²(e) [trɑ̃s(z)i] *a.p.* ①[~ de](에)언, 으시시 추운, 움츠러든. être ~ *de* froid 추위에 얼어있다. être ~ *de* peur 공포에 사로잡혀 있다. ② amoureux ~ 〖구어〗소심한 애인.

transiger [trɑ̃ziʒe] [3] *v.i.* ①[~ avec](와)타협하다, 화해하다(s'arranger). ~ *avec* les créanciers 채권자와 화해하다. Mieux vaut ~ que plaider. 화해가 소송보다 낫다. ②[~ avec/sur](을)양보하다, 굽히다(céder, pactiser). ~ *avec* sa conscience 양심을 굽히다. ~ *sur* l'honneur 명예(지조)를 굽히다.

transigible [trɑ̃ziʒibl] *a.* (드물게)화해시킬 수 있는, 타협지을 수 있는.

transir [trɑ̃s(z)i:r] *v.t.* 〖문어〗얼게 하다; 오싹하게 [소름끼치게]하다, 멎게 하다(glacer). ~ *qn* de peur ~을 공포에 멎게 하다. —*v.i.* 〖옛·문어〗(추위로)얼다, 오싹하다, 움츠러들다.

transiranien(ne) [trɑ̃s(z)iranjɛ̃, -ɛn] *a.* 이란을 횡단하는. —*n.m.* 이란 횡단 철도.

transissement [trɑ̃s(z)ismɑ̃] *n.m.* 〖옛〗얼어 있음; 심한 불안, 전율(戰慄). avec ~ 벌벌 떨면서, 전전긍긍하면서.

transistor [trɑ̃zistɔ:r] 〖영〗*n.m.* 트랜지스터; 트랜지스터 라디오(poste à ~s).

transistorisation [trɑ̃zistɔrizasjɔ̃] *n.f.* (라디오·텔레비전의)트랜지스터 장치, 트랜지스터화.

transistorisé(e) [trɑ̃zistɔrize] *a.* (라디오·텔레비전 따위가)트랜지스터를 사용한, 트랜지스터식의. téléviseur ~ 트랜지스터 텔레비전.

transistoriser [trɑ̃zistɔrize] *v.t.* 트랜지스터화하다.

transit [trɑ̃zit] *n.m.* ①〖상업〗면세통과; 화물수송하기; 수송화물. marchandises en ~ 통과화물. document de ~ 면세 통과증. ②(선박·비행기가 급유나 정비를 위해, 또는 그 승객이 갈아타기 위해)잠시 기항·착륙하는 것(escale). passager en ~ 통과승객. salles de ~ d'Orly 오를리 공항의 통과여객 대합실. ③ cité de ~ (이민·난민의)임시 수용 주택.

transitaire [trɑ̃zitɛ:r] *a.* 면세 통과의, 상품을 면세로 통과시키는. pays ~ 통과세 면세국. —*n.m.* 통과화물 취급업자, 운송업자(commissionnaire).

transiter [trɑ̃zite] *v.t.* (화물이)면세 통과시키다. —*v.i.* (화물이)면세 통과하다; (승객이 밖으로 나가지 않고)통과하다. marchandises qui *transitent* par la France 프랑스 국내를 면세로 통과하는 화물. voyageur qui *transite* par la Belgique 벨기에를 통과[일시 기항]하는 여객.

transitif(ve) [trɑ̃zitif, -i:v] *a.* ①〖언어〗타동적인. verbe ~ direct[indirect] 직접[간접] 타동사. ②〖수학·논리〗추이적(推移的)인. relation ~ 추이적 관계. —*n.m.* 〖언어〗타동사.

***transition** [trɑ̃zisjɔ̃] *n.f.* ①옮겨가기, 변화. ~ douce de l'été à l'automne 여름에서 가을로 서서히 옮겨가기. ~ brusque de température 기온의 급격한 변화. ②과도기적 단계, 전환점. L'adolescence est une ~ entre l'enfance et l'âge adulte. 청년기는 어린 시절과 어른 사이의 과도기이다. ③(논리·문장의)전개; 연결부분. ④〖물리〗전이.

éléments de ~ 전이원소. point de ~ 전이점. ⑤ 《음성》 변성. ⑥ⓐ terrain de ~ 《지질》 접이암층(輒移岩層). ⓑ (색조의)변화. ⓒ 《영화》 장면전환. ⓓ (성좌의)이동. ⓔ 《음악》 (주제와 주제 사이의)이행부(移行部).
de ~ 과도기적인, 임시의. gouvernement *de* ~ 임시정부. époque *de* ~ 과도기.
sans ~ 갑자기, 단숨에. passer *sans* ~ à un autre sujet 갑자기 다른 주제로 넘어가다.

transitionnel(le) [trɑ̃zisjɔnɛl] *a.* 변화하는, 중간과정의, 과도기적인.

transitivement [trɑ̃zitivmɑ̃] *ad.* 《언어》 타동사적으로.

transitivité [trɑ̃zitivite] *n.f.* (동사의)타동성; 《수학·논리》 (관계의)전이성(轉移性).

transitoire [trɑ̃zitwar] *a.* ① 일시적인, 잠시의, 덧없는(fugitif, passager, ↔ durable, permanent). La gloire est ~. 영광은 덧없는 것이다. ② 과도적인, 추이의. état ~ 과도적 상태. dispositions ~s 잠정적 조치. fonction ~ 대역(代役), 대행.

transitoirement [trɑ̃zitwarmɑ̃] *ad.* 《드물게》 일시적으로, 잠정적으로.

Transjordanie [trɑ̃sʒɔrdani] *n.pr.f.* 《지리》 트란스요르단《팔레스티나 동쪽》.

transjuran(e) [trɑ̃sʒyrɑ̃, -an] *a.* 쥐라 산맥(*le Jura*) 저 너머의.

translater [trɑ̃slate] *v.t.* 《옛》 번역하다.

translateur [trɑ̃slatœːr] *n.m.* ① 《전신·전화》 자동 번역 장치; 텔레타이프의 발신기; 중계기(中繼機). ② 《옛》 번역자.

translatif(ve) [trɑ̃slatif, -iːv] *a.* 《법》 양도의. acte ~ de propriété[de droit] 재산[권리]의 양도 행위. classe de ~ 중학교에서 수준이 떨어지는 학생들의 정상학급에 올라가기 전의)준비반.
—*n.m.* 《언어》 이격(移格), 전격(轉格).

translation [trɑ̃slasjɔ̃] *n.f.* ① 《문어》 옮기기, 이동, 이전, 이송(transfert). ~ d'un tribunal 재판소의 이동. ~ de propriété 재산의 양도. ② 《고위관료·고위성직자의)전임. ③ 《전신》 중계. appareil de ~ 자동중계기. ④ mouvement de ~ de la Terre autour du Soleil 지구의 공전. ⑤《옛》 번역. ⑥ 《기계·수학》 병진(竝進) 운동. ⑦ 《언어》 전용(轉用)(transposition).

translit(t)ération [trɑ̃sliterasjɔ̃] *n.f.* 《언어》 (다른 문자 체계로)바꿔 쓰기.

translit(t)érer [trɑ̃slitere] *v.t.* 《언어》 (다른 문자체계로)바꿔 쓰다.

translocation [trɑ̃slɔkasjɔ̃] *n.f.* 《외과》 건(腱)이행수술; 《생물》 전류(轉流)《잎에서 생긴 전분·단백질이 식물 각 부분으로 옮겨가기》.

translucide [trɑ̃slysid] *a.* 반투명의.

translucidité [trɑ̃slysidite] *n.f.* 반투명(성).

transmandchourien(ne) [trɑ̃smɑ̃tʃurjɛ̃, -ɛn] *a.* 만주 종단(縱斷)의. —**T**~ *n.* 만주 종단 철도.

transmarin(e) [trɑ̃smarɛ̃, -in] *a.* (나라가)바다 건너의, 해외의; (상품이)외래의.

transméditerranéen(ne) [trɑ̃smediteraneɛ̃, -ɛn] *a.* 지중해 건너의; 지중해 횡단의. commerce ~ 지중해 무역.

transmetteur [trɑ̃smetœːr] *n.m.* 《전신》 송신기; 《전화》 송화기; 《옛》 전달자, 통신기술자. ~ d'ordres (선장이나 역장으로부터 현장 종업원에게 하는)명령 전달기, 전성관(傳聲管). —*a.m.* 송신의, 송화의.

*****transmettre** [trɑ̃smetr] 46 *v.t.* ①(주어는 사람) [~ *qc* à *qn*] 전하다, 전달하다; 전길 하다 (communiquer). Je lui *ai transmis* le message de mes parents. 나는 그에게 나의 양친의 메시지를 전했다. ~ un ordre 명령을 전달하다. *Transmettez-lui de ma part mes sincères salutations*. 제가 안부 여쭙더라고 그분에게 전해 주십시오. ②위임하다; 이양하다; 《법》 양도하다(léguer). ~ le pouvoir à *qn* …에게 권력을 양도하다. ~ un droit 권리를 이양하다. ③(주어는 사물)(전기 따위가)통하다, 전달하다. Cette matière *transmet* l'électricité. 이 물질은 전기가 통한다. ~ le son[la chaleur] 음[열]을 전달하다. ~ le mouvement 운동을 전달하다. ④ (이름·전통 따위를)남기다, 전하다. ~ son nom à la postérité 후세에 이름을 남기다. ~ des traditions 전통을 전하다. ⑤ 방송하다; 퍼뜨리다. ~ un concert en direct 음악회를 생방송하다. ~ des idées 사상을 퍼뜨리다. ⑥ (병을)옮기다, 전염시키다. Les rats *transmettent* des maladies. 쥐는 병을 옮긴다. ⑦ 《럭비》 (공을)패스하다.
—*se* ~ *v.pr.* 전해지다, 전달[전파]되다, 유전되다; 서로 전하다; 전염되다. légendes qui se sont *transmises* à nous 우리에게 전해진 전설. Le son *se transmet* par vibration. 음은 진동에 의해서 전달된다. caractères qui *se transmettent* héréditairement 유전되는 성격. Le courant *se transmet* par un fil de laiton. 전류는 놋쇠선으로 흐른다. Cette maladie *se transmet* vite. 이 병은 급히 전염된다.

transmigrant(e) [trɑ̃smigrɑ̃, -ɑ̃ːt] *a.* 윤회의; 이주의. —*n.* 이민.

transmigration [trɑ̃smigrasjɔ̃] *n.f.* ① 《종교》 윤회(輪廻), 전생(轉生)(~ des âmes, métempsyc(h)ose). ②《드물게》(민족의)이주(migration).

transmigrer [trɑ̃smigre] *v.i.* 《종교》 윤회[전생]하다; 이주하다.

transmi-s, -t [trɑ̃smi] ⇨ transmettre.

transmissibilité [trɑ̃smisibilite] *n.f.* 전달 가능성; 양도 가능성; 유전 가능성; 전염 가능성.

transmissible [trɑ̃smisibl] *a.* ① 전(달)할 수 있는, pensée difficilement ~ 쉽게 전해질 수 없는 사상. ② 양도 가능한. droit ~ 양도 가능한 권리. ③ 유전하는. caractères biologiques ~s 유전되는 생물학적 형질. ④ 전염하는. maladie ~ 전염병.

transmission [trɑ̃smisjɔ̃] *n.f.* ① 전달. ~ d'un ordre 명령의 전달. ~ des connaissances 지식의 전달. ~ de pensée 텔레파시. ② 《법》 양도, 상속. ~ d'une propriété 재산의 양도. ③ 《물리》 (빛·소리의)전파. ~ de la lumière[du son] 빛[음]의 전파. ~ de la chaleur 열의 전도(傳導). ~ du courant 송전. ④ 《기계》 전동(장치). ~ par engrenage 톱니바퀴에 의한 전동. arbre de ~ 전동축. ~ d'une voiture 자동차의 전동장치. ⑤ 《생물》 유전. ~ des caractères des parents aux enfants 부모로부터 자식에의 성격유전. ⑥ 전염, 감염. ~ d'une maladie 병의 감염. ⑦ 방송, 통신. ~ en direct d'un discours 연설의 생중계 방송. ⑧ (*pl.*) 《군사》 통신대.

transmodulation [trɑ̃smɔdylasjɔ̃] *n.f.* 《전기》 (다른 전파간의 간섭에 의한 전파의)변조(變調).

transmontain(e) [trɑ̃smɔ̃tɛ̃] *a.* 《옛》 프랑스 또는 이탈리아에서)알프스 산맥 저 너머의.

transmuable [trɑ̃smɥabl] *a.* 《드물게》 (로)변질[변화]될 수 있는, 변형 가능의.

transmuer [trɑ̃smɥe] *v.t.* ① 변화[변질]시키다. ② 《물리》 변환하다. ~ l'uranium en plutonium 우라늄을 플루토늄으로 변환하다.
—*se* ~ *v.pr.* 변질하다, 변화하다.

transmutabilité [trɑ̃smytabilite] *n.f.* (금속의)변질성.

transmutable [trɑ̃smytabl] *a.* =**transmuable**.

transmutant(e) [trɑ̃smytɑ̃, -ɑ̃ːt] *a.* 《물리》 원자

transmutateur [trɑ̃smytatœːr] *n.m.* 변질시키는 사람, 연금사(錬金師)(alchimiste). 핵의 전환을 유발하는.

transmutation [trɑ̃smytasjɔ̃] *n.f.* ① 《문어》 변모, 전화. ~ de la société 사회의 변모. ~ des valeurs 가치의 전환. ② 변화, 변질; 변환. ~ des métaux en or 금속의 금으로의 변환. ③ 《물리》《원자핵의》변환, 전환; 《생물》 염색체 돌연변이.

transmuter [trɑ̃smyte] *v.t.* =transmuer.

transnational(ale, *pl.* **aux)** [trɑ̃snasjɔnal, -o] *a.* 국가의 차원을 넘어선, 초(超)국가적인, 국제적인. entreprise ~ale 초국가적 기업.

transocéanien(ne) [trɑ̃zɔseanjɛ̃, -ɛn], **transocéanique** [trɑ̃zɔseanik] *a.* 대서양 저편에 있는; 대서양 횡단의. commerce ~ 대서양 무역.

transpadan(e) [trɑ̃spadɑ̃, -an] *a.* 포 강(le Pô, 이탈리아의 강)저편의.

transparaître [trɑ̃sparetr] [41] *v.i.* ① 비쳐 보이다. La lune *transparaît* à travers les nuages légers. 달이 엷은 구름 너머로 비쳐 보인다. ② 속이 빤히 드러나 보이다. laisser ~ une intention secrète 저의를 드러내 보이다.

transparence [trɑ̃sparɑ̃ːs] *n.f.* ① 투명(성), 투명도. ~ de l'eau 물의 투명도. ② 명백함. ~ des idées 사상의 명백함. ③ 《영화》 스크린(이미지) 프로세스.

transparent(e [trɑ̃sparɑ̃, -ɑ̃ːt] *a.* ① 투명한(limpide), 속이 비치는, 속이 환히 들여다 보이는. verre ~ 투명한 유리. ciel ~ 맑은 하늘. peau ~e 정맥이 환히 보이는 살갗. Ta jupe est ~e. 너의 치마는 속이 비친다. ② 뻔한, 명백한.
—*n.m.* ① 줄친 책받침. ② 투화(透畫). ③ 밑에 입은 것이 비쳐 보이는 것(여자용 코르셋의 앏은 천의 앞 장식). ④ 《유화 위에 칠하는》투명 니스.

transpercement [trɑ̃spɛrsəmɑ̃] *n.m.* 《드물게》꿰뚫기, 관통.

transpercer [trɑ̃sperse] *v.t.* ① 찌르다, 꿰뚫다, 관통하다(percer). Un tunnel *transperce* le Mont-Cenis. 터널은 몽스니를 관통하고 있다. [~ à *qn*] Une balle lui *a transpercé* l'intestin. 탄환이 그의 복부를 관통했다. ② 스며들다(pénétrer). La pluie *transperce* son vieil imperméable. 그의 낡은 비옷 속으로 비가 스며든다. ③ 《비유적》꿰뚫어 보다(pénétrer). ~ un secret 비밀을 꿰뚫어 보다.
~ *le cœur à [de] qn* ; ~ *qn de douleur* …의 마음을 아프게 하다. 《수동형》À cette nouvelle, il *fut transpercé de douleur*. 이 소식을 듣고 그는 몹시 비통해 했다.

transphrastique [trɑ̃sfrastik] *a.* 《언어》 문(文)의 차원을 넘어선.

transpiration [trɑ̃spirasjɔ̃] *n.f.* ① 발한(發汗)(sudation); 땀(sueur). La chaleur provoque la ~. 더위로 땀이 난다. être en ~ 땀으로 흠뻑 젖어 있다(être en sueur(en eau)). ② 《식물》 증산(蒸散)작용(~ végétale).

*****transpirer** [trɑ̃spire] *v.i.* 《조동사는 avoir》① 땀이 나다, 땀을 흘리다(suer). ~ des paumes 손바닥에 땀이 나다. se mettre dans une étuve pour se faire ~ 땀을 내기 위해 한증막에 들어가다. ②《조동사는 avoir 또는 être》《비유적》《비밀·소문이》새어 [퍼져]나가다. La nouvelle *a transpiré*. 정보가 새어나갔다. ③《구어》《목적보어 없이》[~ sur (~을 위해)] 애쓰다, 진땀을 빼다. Il *a transpiré* sur ses devoirs. 그는 숙제 때문에 진땀을 뺐다. ④《식물》 증산 작용을 하다.
—*v.t.* 《옛》발산하다, (땀을)흘리다. [직].

transplant [trɑ̃splɑ̃] *n.m.* 《생물》 이식 장기(조직).

transplantable [trɑ̃splɑ̃tabl] *a.* (나무를)이식할 수 있는; (기관·조직을)이식할 수 있는.

transplantation [trɑ̃splɑ̃tasjɔ̃] *n.f.* ① 옮겨 심기, 이식, 《갈아》(사람·동물의)이주. ②《의학》(기관·조직의)이식(greffe). ~ du rein 신장이식. ~ cutanée 피부이식, 식피. ~ dentaire 치아이식.

transplanté(e) [trɑ̃splɑ̃te] *ap.* 이식된; 이주된.
—*n.* 이주해 온 사람, 이민; 《의학》 이식수술을 받은 사람. ~ cardiaque 심장이식 수술환자.

transplantement [trɑ̃splɑ̃tmɑ̃] *n.m.* 《옛》=transplantation.

transplanter [trɑ̃splɑ̃te] *v.t.* ① 옮겨 심다, 모종내다, (꽃을) 옮겨 심다. ~ des fleurs 꽃을 옮겨 심다. ② 이주시키다; 이전시키다. ~ sa famille de Paris à Nice 가족을 파리에서 니스로 옮기다. ③ (기관·조직 따위를)이식하다(greffer). ④《비유적》이입 정착시키다. ~ les arts dans ce pays 이 나라에 예술을 이입하다. **—se** ~ *v.pr.* 이주하다.

transplanteur [trɑ̃splɑ̃tœːr] *n.m.* (사람이)옮겨 심는, (도구가)이식용(移植用) 의. jardinier ~ 이식 원예사. ~ *n.m.* 《드물게》이식하는 사람.

transplantoir [trɑ̃splɑ̃twaːr] *n.m.* 《농업》① 모종삽. ② 이식 수목(樹木) 운반차.

transpolaire [trɑ̃spɔlɛːr] *a.* 북극둥과의. ligne aérienne ~ 북극 항로.

transpondeur [trɑ̃spɔ̃dœːr] *n.m.* 《통신》 (레이다 신호에 자동적으로 응답하는)트랜스폰더, (자동)응답기.

transpontin(e) [trɑ̃spɔ̃tɛ̃, -in] *a.* 다리(강)저편의.

*****transport** [trɑ̃spɔːr] *n.m.* ① 운송, 수송. des voyageurs(des marchandises) 여객(화물)수송. frais de ~ 운임. moyen de ~ 수송(교통)수단. ~ par (voie de) terre 육운(陸運). ~ par mer(par voie d'eau); ~ maritime 해운. ~ par chemin de fer 철도운송. ~ d'énergie 《전기》전력의 수송. tuyauterie de ~ 《석유관》수송관; 교통; 《해군》수송선. ~s en commun 공공(대중) 교통기관. ~s urbains (지하철 따위의)도시 교통. développement des ~s 교통의 발달. ~ de troupes 군대 수송(차량); 군대 수송선. ②《법》양도(~-cession); 임검(臨檢). ~ sur les lieux (de justice) (형사사건 피의자에서)현장검증. ③ terrain de ~ 《지질》충적층, 사광상(砂鑛床). ④ ~ au cerveau 《의학》뇌일혈; (뇌일혈로 인한)착란(égarement). ⑤ 《문어》흥분, 격정(exaltation); 열광(enthousiasme). avec ~ 열광하여, 흥분하여. ~ de joie 기뻐서 어쩔 줄을 모르다. ~s amoureux 사랑의 열정. ~ de colère 격노.

transportable [trɑ̃spɔrtabl] *a.* 수송(운반·운송)할 수 있는.

transportation [trɑ̃spɔrtasjɔ̃] *n.f.* 《옛》유형(流刑), 귀양; 강제 이주.

transporté(e) [trɑ̃spɔrte] *ap.* 운송된; 열광하고 있는(exalté). ~ d'enthousiasme(de fureur) 격격(격노)하고 있는. Il est tout ~. 그는 몹시 들떠 있다. —*n.* 유형수(流刑囚).

*****transporter** [trɑ̃spɔrte] *v.t.* ① 운송(수송·운반)하다, 나르다. ~ des marchandises(des blessés) 화물(부상자)를 운송(수송)하다. ~ en camion 트럭으로 수송하다. ② 옮기다(introduire, amener); 《부기》이월(移越) 하다, 전기(轉記)하다. ~ la guerre dans un pays 어느 나라에 전쟁을 옮기다(가져가다). ~ une somme d'un compte courant à un autre compte 당좌예금의 일부를 다른 구좌에 이월하다. ~ un fait historique sur la scène(à l'écran) 역사적 사실을 극(영화)으로 꾸미다. ③《법》(권리를)양도하다; 《옛》《행정》(권한을)이양하

다. ~ une créance 채권을 양도하다. ④ 《지질》 (토사를) 충적하다. ⑤ 《법》 유형(流刑)에 처하다, 귀양 보내다. ⑥《문어》《특히 수동형으로》흥분〔열광〕케 하다, 감격시키다 (exalter). Ce tableau nous *a transportés* d'enthousiasme. 이 그림은 우리를 열광시킨다. *être transporté* de joie 기뻐서 어쩔 줄을 모르다.
　—se ~ *v.pr.* ① 가다. *se ~ sur les lieux* 《법》현장에 가다, 임검하다. ② 회상하다, (예)있는 것으로 상상하다. *se ~ à l'époque des croisades* 십자군 시대에 자신이 있다고 상상하다.
transporteur(se) [trɑ̃spɔrtœːr, -ø:z] *a.* 운반〔운송〕하는. *chariot ~* 이동 기중기. *compagnie ~* 운송회사.
　—n.m. ① 운반업자, 운송인. *~ terrestre*〔*maritime*〕육로운송〔해운〕업자. *~ routier*; *voiturier ~* 트럭 운송업자. ② 《공업》컨베이어, 운반기 (convoyeur). *~ à courroie* 벨트 컨베이어. *~ aérien* 가공삭도(架空索道). *~ de wagons* 《철도》 천차대(遷車臺). ③《화학》전도체 ④《생물》 mécanique 《생물》전파동물〔병원체를 전파하는 숙주〕.
transposable [trɑ̃spozabl] *a.* ① 《언어》 (어순을) 바꾸어 놓을 수 있는; 《음악》이조(移調)할 수 있는. ② 다른 것으로 바꾸어 놓을 수 있는, 다른 곳으로 옮길 수 있는. *Cette scène est ~ dans un autre cadre.* 이 장면은 다른 배경 속에 그대로 옮겨 놓을 수 있다.
transposer [trɑ̃spoze] *v.t.* ① 《언어》 도치(倒置) 시키다 ② 《음악》이조하다 ③ (형식·내용을)다른 것으로 옮기다; 다른 배경으로 옮기다. *~ un roman au cinéma* 소설을 영화화하다. *~ l'intrigue d'une pièce dans une autre époque* 연극의 줄거리를 다른 시대로 옮기다.
transposi*teur*(*trice*) [trɑ̃spozitœːr, -tris] 《음악》 *a.* 이조기(移調器)가 달린; 이조하여 연주하는.
　—n.m. 이조악기(이조하여 연주하게 된 피아노·오르간 따위).
transpositi*f*(*ve*) [trɑ̃spozitif, -iːv] *a.* 《언어》 어순(語順)전환이 자유로운.
transposition [trɑ̃spozisjɔ̃] *n.f.* ① 《언어》 어순(語順)전환, 도치 (interversion, inversion); 《음악》이조(移調). ② 《수학·물리》치환, 이항, 순열 (permutation), 《화학》 (분자 내의)전이; 《인쇄》 《문자·행 따위가 뒤바뀐》오식, 역식; 《전기·전신》 (통신선·회로의)교차. ③ 전환. *~ d'un fait réel dans un roman* 실제로 있었던 일의 소설화.
transpyrénéen(ne) [trɑ̃spirenεε̃, -εn] *a.* 피레네 산맥(*les Pyrénées*) 저 너머에 있는; 피레네 횡단의.
transrhénan(e) [trɑ̃srenɑ̃, -an] *a.* 라인 강(*le Rhin*) 건너의.
transsaharien(ne) [trɑ̃s(s)aarjε̃, -εn] *a.* 사하라 사막(*le Sahara*) 횡단의. **—T~** *n.m.* 사하라 사막 횡단 철도.
transsexualisme [trɑ̃ssɛksɥalism] *n.m.* 《심리·의학》 《자신을 이성(異性)으로 착각하는》성전환증, 이성화(異性化) 욕망.
transsexuel(le) [trɑ̃ssɛksɥɛl] *a., n.* 《심리·의학》자신을 이성(異性)으로 착각하는(사람), 성전환을 원하는(사람).
transsibérien(ne) [trɑ̃ssiberjε̃, -εn] *a.* 시베리아(*la Sibérie*)저편에 있는; 시베리아 횡단의.
　—T~ *n.m.* 시베리아 횡단 철도.
transsonique [trɑ̃ssonik] *a.* 《물리》천음속(遷音速)의 《보통 음속의 0.8~1.2 배》.
transsubstantiation [trɑ̃ssypstɑ̃sjasjɔ̃] *n.f.* 《신학》화체(化體) 《성찬의 포도주와 빵의 실체가 예수의 피와 살의 실체로 변화하기》; (어떤 물질의)타물질로의 전화.
transsubstantier [trɑ̃ssypstɑ̃sje] 《신학》 *v.t.* 화체(化體)하다. **—se ~** *v.pr.* 화체되다.
transsudat [trɑ̃ssyda] *n.m.* 《의학》 삼출액.
transsudation [trɑ̃ssydasjɔ̃] *n.f.* 《문어》스며나오기, 배어나오기; 《생리》삼출(渗出).
transsuder [trɑ̃ssyde] *v.i.* 《문어》 (물이)스며〔배어〕나오다. **—v.t.** 스며〔배어〕나오게 하다, 삼출시키다.
transtévérin(e) [trɑ̃steverε̃, -in] *a.* 티베르 강(*le Tibre*) 건너 (우안(右岸))의.
transuranien(ne) [trɑ̃zyranjε̃, -εn] *n.m., a.* 《화학》초(超)우란 원소(의).
transvaluation [trɑ̃svalɥasjɔ̃] *n.f.* 《철학》 (니체의 철학에 있어서의)가치의 전환.
transvasement [trɑ̃svazmɑ̃] *n.m.* (액체의)옮겨 붓기; (풀벌을)다른 꿀통으로 옮기기.
transvaser [trɑ̃svaze] *v.t.* (액체를)다른 그릇에 옮기다. **—se ~** *v.pr.* (액체가)옮겨지다.
transvaseur [trɑ̃svazœːr] *n.m.* 액체를 다른 그릇에 옮겨 붓는 사람; (그)기구 《펌프·사이펀 따위》.
transversaire [trɑ̃svɛrsεːr] 《해부》 *a.* 횡돌기(橫突起)에 관한. **—n.m.** 횡근 (橫筋)(*muscle ~*).
transversal(ale, *pl. aux*) [trɑ̃sversal, -o] *a.* 가로 놓인, 횡단하는; 비스듬한. *ligne ~ale* 횡단선; 《철도》 (주요 간선에 대한)횡단지선. *rue ~ale* (간선도로에 대한)교차도로. *coupe ~ale et coupe longitudinale* 횡단면과 종단면. *vallée ~ale* 《지리》 횡곡.
　—n.m. 《해부》 횡근 (橫筋)(*muscle ~*).
　—n.f. 《기하》 횡단선 (*ligne ~ale*).
transversalement [trɑ̃svɛrsalmɑ̃] *ad.* 가로로, 횡단하여; 비스듬히.
transverse [trɑ̃svɛrs] *a.* 비스듬한, 가로(횡단)의. *apophyses ~s* 《해부》 (척추골의)횡돌기(橫突起). *faille ~* 《지질》 횡단층.
　—n.m. 《해부》 횡근 (橫筋).
transvestisme [trɑ̃svɛstism] *n.m.* 《정신의학》 = **travestisme**.
transvider [trɑ̃svide] *v.t.* 다른 그릇에 옮기다. *~ le sucre dans un sucrier* 설탕을 설탕그릇에 옮기다. *~ un liquide* 액체를 다른 용기에 옮기다.
transylvain(e) [trɑ̃silvε̃, -εn], **transylvanien(ne)** [trɑ̃silvanjε̃, -εn] *a.* 트란실바니아 (*Transylvanie*, 루마니아의 주(州))의. **—T~** *n.* 트란실바니아 사람.
Transylvanie(la) [latrɑ̃silvani] *n.pr.f.* 트란실바니아. *poule de ~* 트란실바니아 야생 닭.
tran(*~***tran**) [trɑ̃trɑ̃] *n.m.* 《엣·문어》 = **train**〉**train**.
trapan [trapɑ̃] *n.m.* 《건축》 계단 꼭대기.
trapèze [trapɛːz] *n.m.* ① 《기하》 사다리꼴. *~ vocalique* 《언어》 모음 제형(梯形). ② 《체조》 그네. *faire des exercices au ~* 그네 체조를 하다. *~ volant*〔서커스의〕공중그네 묘예. ③ 《해부》 승모근(僧帽筋)(*muscle ~*). ④ 《해양》 사다리꼴 신호기. **—a.** 《해부》 *muscle ~* 승모근; *os ~* 대능형골(大菱形骨).
trapéziste [trapezist] *n.* 《체조》 공중 그네 타는 사람; 그네 곡예사.
trapézier [trapezje] *n.m.* 《고대그리스》 환전상(換錢商), 은행업자.
trapézoèdre [trapezɔɛdr] *n.m.* 마름모꼴 24면체 《결정 형태》. ┌리꼴의.
trapézoïd*al*(*ale, pl. aux*) [trapezɔidal, -o] *a.* 사다
trapézoïde [trapezɔid] *a.* 사다리꼴의. **—n.m.** 《해부》소능형골(小菱形骨)(*os ~*).

trapillon [trapijɔ̃] n.m. =**trappillon**.

trappe [trap] n.f. ① (마룻바닥·천장 따위에 낸)뚜껑문; (배·비행기 따위의)현문(舷門), (배우가 무대로 올라왔다 내려갔다 할 수 있는 한)무대 위의 뚜껑문; (벽난로의)통풍 조절판(→ cheminée 그림). descendre dans une cave par une ~ 뚜껑문으로 지하실에 내려가다. ~ d'accès 옥상으로 통하는 뚜껑문. ~ de départ d'un avion 비행기의 낙하산 병 낙하문. ~ de la soute à bombes 폭탄 투하구. ② 《사냥》 함정, 허방다리. tomber dans une ~ 함정에 빠지다; (비유적)계략에 걸려들다.

Trappe (la) [latrap] n.pr.f. 트라프(노르망디의 도시 이름); 트라피스트 수도원(수도원 본원은 대문자 T~; 분원은 소문자 t~로 씀). ordre de la ~ 트라피스트 교단(敎團).

trapper [trape] v.t. (짐승을)함정으로 잡다.

trappeur [trapœr] n.m. 《영》짐승을 함정으로 잡는 사냥꾼; 알래스카·캐나다의 사냥꾼.

trappillon [trapijɔ̃] n.m. ① 뚜껑문의 걸쇠(빗장). ② 무대 마룻바닥의 뚜껑문(무대장치를 올렸다 내렸다 하는).

trappiste [trapist] 《종교》 n.m. 트라피스트 수도사. ◆ 트라피스트 교단(敎團).

trappistine [trapistin] 《종교》 n.f. ① 트라피스트 수녀. ② 트라피스트 수도사가 만든 술. —a.f. 트라피스트 교단의.

trappon [trapɔ̃] n.m. (지하실로 통하는)뚜껑문.

trapu(e) [trapy] a. ① 똥똥한, 땅딸막한. ② 《학생속어》(어려운 문제·과목에)매우 강한; (문제 따위가)어려운. élève ~ en mathématiques 수학을 잘하는 학생. problème ~ 어려운 문제.

traque [trak] n.f. 《사냥》 몰이, 몰이.

traquenard [traknaːr] n.m. ① (짐승을 잡는)함정; (비유적)(사람에 대한)함정, 책략. tomber dans un ~ 함정(책략)에 빠지다(걸리다). prendre dans un ~ 함정에 빠뜨리다. ② 숨은 난점(곤란). question pleine de ~ 함정이 많은 문제. ③ (말의)고르지 않은 빠른 걸음; (그런)걸음걸이의 말. aller le ~ 말이 고르지 않은 빠른 걸음으로 걷다.

traquenarder [traknarde] v.i. (말이)고르지 않은 빠른 걸음으로 걷다.

traquer[1] [trake] v.t. ① 《사냥》(짐승을)몰다, 몰아내다. ~ un cerf 사슴을 몰다. un bois de ~ (짐승을)몰아내다. avoir un air de bête *traquée* 몰리는 짐승같은 겁먹은 꼴을 하다. ② (사람을)바짝 몰아세우다, 괴롭히다; (적을)추격(추적)하다. ~ un voleur 도둑을 바짝 쫓다. être traqué par les journalistes 기자들에게 쫓겨 다니다. ~ qn par des questions insidieuses 함정에 유도하는 질문으로 …을 몰아세우다.

traquer[2] v.i. 《속어》겁내다(craindre).

traquet[1] [trake] n.m. ① 《물방아기의》딸깨기 속의 나뭇조각. ② 《조류》 검은딱새의 일종. ~ **du moulin** 《구어》 수다장이.

traquet[2] [trake] n.m. 《사냥》 덫, 올가미. *donner dans le* ~ 함정에 걸리다, 속아 넘어가다.

traqueur(se)[1] [trakœːr, -øːz] n. 《사냥》 몰이꾼.

traqueur(se)[2] n. 《속어》 겁쟁이.

trass [tras] n.m. 《지질》 응회암(凝灰岩), 화산토; (수경 시멘트의 원료).

trattoria [tratɔrja] (pl. -**s**) (이탈리아) n.f. (이탈리아의)싸구려 음식점, 대중 식당.

traulet [trolɛ] n.m. 《세공품·자수 따위의 무늬를 놓는》 장대.

traulisme [trolism] n.m. (농아자의)r·k음의 발음.

trauma [troma] n.m. 《의학》 외상(外傷); 《심리》 정신적인 외상 (마음에 깊은 충격을 주는 경

험) (~ psychique, traumatisme).

traumaticine [tromatisin] n.f. 《약》 트라우마티신(外傷)치료 촉진약.

traumatique [tromatik] a. 《의학》 상처로 인한, 외상(성)의. affections ~s 외상성 질환. choc ~ (큰 외상이나 수술 후의)외상성 쇼크. lésions ~s 외상성 상해. fièvre ~ 외상의 화농에 의한 발열.

traumatisant(e) [tromatizɑ̃, -ɑ̃ːt] a. 《정신분석》(심리적)충격을 주는. expériences ~es 충격적인 경험.

traumatisé [tromatize] a.p., n. 《심리》 충격을 받은(사람).

traumatiser [tromatize] v.t. ① 《의학》 (에게)외상을 입히다, 상처를 주다. ~ les tissus 조직에 상처를 입히다. ② 《정신분석》 (심리적)충격을 주다. Ce spectacle l'a traumatisé. 이 광경은 그의 마음에 상처를 주었다. ③ (일반적으로) 혼란에 빠뜨리다, 동요시키다(troubler). ~ tout un quartier en installant une usine bruyante 소란스런 공장을 설치해서 구역 전체 주민들을 못살게 만들다. ④ [~ qc] 파괴하다, 못쓰게 만들다. ~ un monument historique 기념물을 훼손하다.

traumatisme [tromatism] n.m. ① 《의학》 외상(外傷性)질병 상태(증상). ② 《정신분석》 (충격으로 인한)정신의 병적 상태; 심한 충격(trauma).

traumatologie [tromatɔlɔʒi] n.f. 《의학》 (교통사고·산업재해 환자를 치료하는)외상(外傷)치료학. service de ~ (병원의)구급 치료.

traumatologique [tromatɔlɔʒik] a. 《의학》 외상치료의.

traumatologiste [tromatɔlɔʒist], **tromatologue** [tromatɔlɔg] n. 《의학》 외상치료 전문가, 구급 외과의(外科醫).

‡**travail**(pl. **aux**) [travaj, -o] n.m. ① ⓐ (육체적, 정신적)노동, 일. ~ intellectuel(de l'esprit) 지적(정신적)노동. ~ musculaire(physique) 육체(근육)노동. ~ manuel(à la main) 손일, 수공일. se mettre au ~ 일에 착수하다. ⓑ (공업·농업의)노동; (집합적)노동자. homme de ~ 노동자, 일꾼. conflit de ~ 노동쟁의. Ministère du T~ 노동부. le capital et le ~ 자본과 노동, 노사(勞使). inspecteur du ~ 근로 감독관. parti du ~ 노동당. ~ noir(직공이 공장 밖에서 하는)불법노동.

② ⓐ (이룩했거나 이룩하고 있는)일, 사업; (주어진)일(tâche); 공부; 작업. interrompre un ~ en cours 하고 있는 일(사업)을 중단하다. entreprendre un ~ 사업을 일으키다. Chacun s'est mis à ses ~aux. 각자 자기 일에 착수하다. ~aux pratiques(dirigés)(학생의)실습(연습). Montrez-moi votre ~. 당신이 해놓은 일을 보여주시오. Paul, tu as fait ton ~ pour demain? 폴, 내일 공부는 끝났니? ⓑ 저작, 연구논문(집); (pl.) (학회의)보고. publier un ~ sur qc …에 관한 연구(저술)를 발표하다. T~aux du cercle linguistique de Prague 프라하 언어학회 논문집. ⓒ 솜씨; 일하는 방식. bijou d'un beau ~ 세공 솜씨가 훌륭한 보석. ~ soigné 공들인 제작. avoir le ~ facile(lent) 일을 쉽게(느리게) 하다. ⓓ (pl.) (어떤 분야에 특유한 전체적인)활동; 숙련, 훈련. ~aux agricoles(des champs) 농사일(밭일). ~aux de dames(d'aiguille) 바느질. demander beaucoup de ~ 일이 많다; 숙련을 요하다.

③ 직업, 일(métier); 직장, 일거리. chercher(donner) du ~ 일자리를 찾다(주다). lieu de ~ 일터, 직장. aller au ~ 직장에 가다. vivre de son ~ 자기가 일해서 먹고 살다. ~ à plein-temps(à mi-temps) 풀타임(파트타임)근무. être sans ~ 실

④ (pl.) 공사, 토목공사. ~aux de construction 건설공사. ~aux publics 공공 토목공사. «Ralentir, ~aux» "서행, 공사중" (도로공사 중의 표지판). Ministère des T~aux publics 건설부.
⑤ (pl.) 심의, 토의. ~aux de la commission des finances 재정 위원회의 심의. ~aux préparatoires 예비 심의.
⑥ (자연현상의)작용; 변형, 변질. ~ de la fermentation 발효작용. ~ des eaux 물의(침식)작용. ~ du bois sous l'action de l'humidité 습기에 의한 나무의 변형. ~ du vin 포도주의 발효.
⑦ (기계·신체조직의)기능. ~ d'une machine 기계의 기능. ~ du cœur 심장의 기능.
⑧ (pl.) 〖군사〗 작전, 전략. ~aux de siège 공략작전. ~aux de défense 방어작전.
⑨ 산고(産苦), 진통; 고역, femme en ~ 진통(분만) 중의 여자. entrer en ~ 산기가 돌다, 진통을 시작하다. salle de ~ 분만실. ~aux forcés 징역. ~ de cheval 매우 고된 일. ~ disciplinaire (형벌로서의)중노동. Il est en ~ d'un nouveau poème. (비유적) 그는 새로운 시를 짓는데 진통을 겪고 있다 [몹시 고심하고 있다].

~aux d'approche (사람을 농락하기 위한)책략, 계교; 접근하려는 공작.
~aux d'Hercule 〖신화〗 헤라클레스의 12가지 시련; 대단히 어려운 일.

travail² [travaj] (pl. ~s) n.m. (편자를 박거나 치료할 때 말을 잡아매는)틀.

travaillant(e) [travajɑ̃, -ɑ̃ːt] a. 일[노동]하는. ménage ~ 맞벌이 부부.

travaillé(e) [travaje] a.p. ① 가공[세공]된(ouvragé); (글이)잘 다듬어진, 고심한 흔적이 보이는. non ~ 미가공의. dentelle ~e à la main 손으로 짠 레이스. style ~ 공들여 다듬은 문장. ② 시달림받는; 괴로와하는(tourmenté). ~ par la maladie 병으로 신음하는.

‡**travailler** [travaje] v.i. ① 일하다; 공부하다. ~ dur [d'arrache-pied] 열심히[쉬지 않고] 일하다 (공부하다). Finis de jouer et va~! 그만 놀고 가서 공부해. ~ pour gagner de l'argent 돈을 벌기 위해 일하다. ~ comme un nègre [comme quatre, comme un cheval] 〖구어〗매우 열심히 일하다.
② (직업으로서)근무하다. ~ en usine 공장에서 일하다. ~ à plein-temps [à mi-temps] 풀타임 [시간제]으로 근무하다. ~ pour le roi de Prusse 보수없이 일하다.
③ (주어는 사물) 활동하다, 작용하다(agir). Le temps travaille pour [contre] nous. 시간은 우리에게 유리[불리]하게 하다. faire ~ son imagination 그의 상상력을 활발하게 하다. ~ du chapeau 〖구어〗머리가 비정상적이다[돌다].
④ 훈련하다, 연습하다(s'exercer). acrobate qui travaille sans filet 망없이 연습하는 곡예사. ~ à la barre (무용수가)바에서 연습하다.
⑤ (돈이)이자를 낳다. faire ~ l'argent 돈놀이를 하다.
⑥ (기계 따위가)작동하다, (공장 따위가)조업하다. Cette machine travaille jour et nuit. 이 기계는 주야로 가동된다. Cette usine travaille à perte. 이 공장은 적자로 가동된다.
⑦ (외부·내부의 작용으로)변형하다, 변질하다. L'humidité a fait ~ la porte. 습기 때문에 문짝이 뒤틀렸다. Le vin travaille. 포도주가 발효한다. Ce mur travaille. 이 벽은 금이 가 있다. Le navire travaille. 배가 몹시 흔들린다. Il a l'estomac qui travaille. 그는 뱃속이 좋지 않다. Les couleurs ont travaillé. 색깔이 바랬다.
Sa tête [Son esprit] travaille. (계획 따위로)그의 머리는 가득차 있다.
—v.t.ind. [~ à] …에 힘을 기울이다, …하려고 애쓰다. ~ à un nouveau roman 새 소설을 쓰기에 힘을 기울이다. [~ à+inf.] Travaillons à bien penser. 올바르게 생각하도록 노력합시다.
—v.t. ① (원료를)가공하다, (보석을)세공하다 (façonner); (글을)다듬다, (작품을)공들여 써내다 (fignoler). ~ une matière première 원료를 가공하다. ~ un bijou 보석을 연마하다; 보석을 세공하다. ~ la terre 땅을 갈다. ~ la pâte 반죽을 이기다. ~ son style 문장을 다듬다. ~ un mémoire 논문을 손질하다.
② (학과·악기·곡 따위를)공부하다 (étudier); 연습하다. ~ les mathématiques [la chimie] 수학[화학]을 공부하다. ~ un morceau de piano 피아노곡을 연습하다. ~ son revers (테니스의)백핸드를 연습하다. ~ un rôle (연극의)배역을 연습하다.
③ 〖문어〗 [~ qn] (사람을)괴롭히다 (tourmenter, tracasser). La fièvre travaille le malade. 병자는 신열로 고생하고 있다. Cette question le travaille. 이 문제가 그를 괴롭히고 있다.
④ (사람에)작용하다, 영향을 끼치다; 선동하다 (agiter, exciter). ~ l'opinion publique 여론을 조작하다. ~ les esprits 인심을 선동하다. ~ l'armée 군대를 선동하다.
⑤ (동물을)훈련시키다, 조련하다. ~ un cheval 말을 조련하다. ~ un taureau (투우용의)소를 훈련시키다.
⑥ 〖구어〗 [~ qn] 때리다, 난폭하게 다루다 (battre, malmener). La police l'a travaillé. 경찰이 그를 난폭하게 다루었다.
⑦ 〖권투〗공격하다, 〖테니스〗 (공에 스핀·커트 따위의)변화를 주다. ~ son adversaire au corps 상대의 몸통 [보디]를 공격하다. ~ une balle 변화구를 치다.
⑧ (포도주 따위에)섞음질을 하다, (의 내용물을)속이다.
—se ~ v.pr. ① 무진 애를 쓰다; 고심하다 (se tourmenter). se ~ à+inf. …하려고 애쓰다.
② 자기를 괴롭히다. se ~ l'esprit [l'imagination] 골치를 썩이다 (가지가지로 연짧은 일을 상상하다).
③ 가공되다, 세공되다.

*****travailleur(se)** [travajœːr, ɸːz] a. ① 일하기 좋아하는, 근면한, 부지런한 (laborieux, ↔ paresseux). élève ~ 열심히 공부하는 학생. ~ 노동자의. masses ~ses 노동자 대중. classes ~ses 노동 계급.
—n. ① 부지런한 사람 (부지런히). ~ manuel 육체 노동자. ~ intellectuel 지식 노동자.
—n.m.pl. ① 임금 노동자 (salariés); 공장 노동자. conditions de ~s (공장)노동자의 생활조건. ② 〖옛〗 〖군사〗 공병.
—n.f. 재봉대 (裁縫臺); 〖곤충〗 일벌.

travaillisme [travajism] n.m. 〖정치〗 (영국)노동당의 정책.

travailliste [travajist] 〖정치〗 a. (영국)노동당의. gouvernement ~ 노동당 정부. —n. 노동당 당원 [의원].

travailloter [travajɔte] v.i. 조금씩 일하다.

trave [traːv] n.f. ~ à queue 〖건축〗 열장이음.

traveau [travo] (pl. ~x) n.m. 〖건축〗 작은 들보.

travée [trave] n.f. ① (앞뒤로 배열된)의자 [걸상]의 열 (列); 앉아 있는 전체의 사람들, 좌중. être assis dans la deuxième ~ 두번째 줄에 앉아 있다. ② 〖건축〗 기둥 [보]과 기둥 [보]사이의 거리; 〖토

travelage [travlaːʒ] *n.m.* 《집합적》《철도》침목; 킬로미터당 침목의 수효.

traveller's cheque [travlœrsʃɛk] 《영》*n.m.* 트래블러즈 체크, 여행자용 수표(chèque de voyage).

travel(l)ing [travliŋ] 《영》*n.m.* 《영화》이동촬영; 이동촬영기. — arrière 후퇴이동. — avant 전진이동. — latéral 측면이동. — en poursuite(이동하는 피사체를 따라가는)팔로우 숏. — optique 시각적 이동촬영《줌 렌즈의 조작으로 이동촬영과 같은 효과를 내는 방법》.

travelo [travlo] *n.m.* 《구어》남창(男娼).

travers [travɛːr] *n.m.* ①(성격상의)결함(défaut); (나쁜)버릇, 기벽(manie). Chacun a ses qualités et ses ~. 사람마다 장점과 단점이 있다. ②《땅·건물·방향의》경사(biais), 비뚤어져 있음, 바르지 (가지런하지) 않음(irrégularité). Il y a du ~ dans ce bâtiment. 이 건물에는 경사진 데가 있다. ③《해양》(배의)측면(côté), 《라켓의)가로줄; (난로의)대리석판. ④《옛》폭, 넓이. Cette fissure est large d'un ~ de doigt. 이 균열은 손가락 하나 만큼 크다.
à ~ qc …너머로; …을 통하여; …을 가로질러; … 사이에, …복판에. voir à ~ les rideaux 커튼을 통해 보다. juger les gens à ~ les préjugés de sa classe 계급적 편견을 통해 사람들을 판단하다. à ~ champs 들을 지나(가로질러). 《부사적》 Les vitres sont si sales qu'on ne peut pas voir à ~. 유리가 너무 더러워서 그 너머를 볼 수가 없다.
au ~ @ …을 꿰뚫어, 관통하여. passer son épée au ~ du corps 몸통에 칼을 찔러박다. 《부사적》 Le brouillard se dissipait et on voyait le soleil au ~. 안개가 걷히자 그 사이로 태양이 보였다. ⓑ …에 의하여, …을 통하여. au ~ de cette comparaison 이 비교에 의하여. ⓒ passer au ~ 《비유적》(위험·벌 따위를)면하다, 벗어나다(échapper).
de ~ @ 비스듬히, 비뚤어지게. avoir le nez(la bouche) de ~ 코(입)이 비뚤어져있다. mettre son chapeau de ~ 모자를 비스듬히 쓰다. regarder qn de ~ …을 반감(의심)을 갖고 보다. ⓑ 틀리게, 잘못(된). répondre de ~ 엉뚱한 대답을 하다. comprendre de ~ 잘못 알아듣다. prendre qc de ~ 곡해하다. avaler de ~ (음식물을 잘못되어)기관으로 넘기다. esprit de ~ 비뚤어진 마음(의 소유자). idées tout(es) de ~ 엉뚱한 생각.
donner dans le ~ 빗나가다; 타락하다.
en ~ 가로; 측면으로. scier une planche en ~ 판자를 가로 톱질하다. être en ~ à la lame (배가) 물결을 측면으로 받다. mettre un navire en ~ 물결·바람을 측면으로 받도록 배를 돌리다 《배가 멈추게 됨》. profil en ~ 《측량》횡단면.
en ~ de …을 가로질러서. L'arbre est tombé en ~ de la route. 나무가 도로를 가로질러 쓰러졌다.
se mettre [se jeter] en ~ de qc …을 가로막다, …에 반대하다. Il s'est jeté en ~ de mon chemin. 그는 내 길을 막았다. Il s'est mis en ~ de mon projet. 그는 내 계획을 반대하고 나섰다.

traversable [travɛrsabl] *a.* 횡단할 수 있는, 건널 수 있는.

traversant(e) [travɛrsɑ̃, -ãːt] *a.* 가로지르는, 꿰뚫는. — *n.m.* (저울)대.

traverse [travɛrs] *n.f.* ①《철도》침목; 가로장; 동살(대); 보; 빗장(barre); 《축성》횡장(橫檣); 《해양》(항구의)사주(砂洲). ~ d'une fenêtre 창문의 가로장. ~ d'un poteau électrique 전신주의 횡목(橫木). ②지름길, 샛길(chemin de ~). prendre une ~(un chemin de ~)지름길로 가다. prendre des ~s pour (parvenir à ses fins) (목적을 달성하기)위해 술책을 쓰다. ③《옛·문어》장애, 방해, 난관(contrariété). rencontrer de grandes ~s 큰 난관에 봉착하다.
de ~ 간접적으로. avoir de ses nouvelles *de ~* 그의 소식을 간접적으로 듣다.
se jeter [se mettre] à la ~ de qc …을 방해하다.

traversé(e)¹ [travɛrse] *a.p.* ①통과된; 관통된. pays ~s 통과하는 나라들. homme ~ par la pluie 비에 흠뻑 젖은 남자. ②《문어》방해된. amours ~s 이룰 수 없는 사랑. ③ pierre ~*e* 《건축》십자형으로 깨 져진 석재.

traversée [travɛrse] *n.f.* ①(바다·강을)건너기, 도해(渡海), 항해; 비행거리 가기. ~ de six jours, 6일간의 항해. ~ de l'Atlantique (배·비행기에 의한)대서양 횡단. ②(어떤 공간·나라의)횡단. ~ du Sahara 사하라 사막 횡단. ③《철도》교차점 (~ de voie).
~ du désert (정치인 따위의)재야(在野)기간, 공직에서 물러나 있는(야인생활; 쇠퇴기, 정체기. mettre fin à sa ~ *du désert* 야인(야당)생활에 종지부를 찍다. L'économie nationale prend un nouvel essor après une difficile ~ *de désert*. 국민경제는 어려운 침체기에 뒤이어 새롭게 도약하고 있다.

traversement [travɛrsəmɑ̃] *n.m.* 《드물게》횡단, 가로지르기.

‡**traverser** [travɛrse] *v.t.* ①건너다, 횡단하다, 가로지르다. La Seine *traverse* Paris. 센 강은 파리를 관류(貫流)한다. ~ la foule 군중을 헤치고 나가다. pont qui *traverse* la rivière 강에 놓인 다리. idées qui *traversent* l'esprit 《비유적》불현듯이 떠오르는 생각들. ②관통하다, 꿰뚫다, (에)스며들다(transpercer). La balle lui a *traversé* le cœur. 탄환이 그의 심장을 관통했다. La pluie a *traversé* son manteau. 비가 그의 외투에 스며들었다. ③(어떤 시기를)경험하다, 보내다, 살다. ~ une période troublée 혼란기를 살다. Cette entreprise *traversait* une période de marasme. 그 기업은 침체기에 빠져 있었다. ④《옛》방해하다, 반대하다. ~ les desseins de qn; ~ qn dans ses desseins …의 계획을 방해하다. ⑤《해양》닻을(현측(舷側)에 대어놓다, (닻에)바람을 받게 하다.
—*v.i.* (서까래 따위가)가로 질러 가다.
—*se* — *v.pr.* ①(말이)가로 걷다. ②서로 훼방놓다. ③가로지르다, 건너지다. Cette rivière *se traverse* à la nage. 이 강은 헤엄쳐 건널 수 있다.

traversier(ère) [travɛrsje, -ɛːr] *a.* ①가로의; 횡단하는, 통과하는. barque ~*ère* 나룻배. rue ~*ère*(큰 길과 교차하는)옆길. flûte ~*ère* 《음악》저, 횡적(橫笛). — *n.m.* ①《건축》마룻대. ②《해양》닻줄을 감아놓는 도르래, (작은 배의)횡목. ③(안테나선을 받치는)케이블. ④《캐나다》페리.
— *n.f.* 《해양》가로장.

traversin [travɛrsɛ̃] *n.m.* ①(침대의 폭만한)긴 베개. ②《해양》(돛꼭대기 따위의)가로장. ③저울대.

traversine [travɛrsin] *n.f.* ①(말뚝을 연결하는)띳장. ②(두 배 사이에 걸쳐 놓은)널빤지. ③동살; (울타리의)가로장. ④(수문의)아래테, 하부재(下部材).

travertin [travɛrtɛ̃] 《이탈리아》*n.m.* 《지질》석회화(石灰華), 규화(硅華).

travesti(e) [travɛsti] *a.p.* ①변장(가장)한. bal ~ 가장 무도회. acteur ~ 《연극》여자역(役)을 하는 남배우; 《드물게》남자 역을 하는 여배우. rôle

~ 〖연극〗 (위)의 역. ② 〖문학사〗 우스꽝스럽게 개작된.
—*n.* 가장(변장)한 사람.
—*n.m.* ① 〖연극〗 =acteur ~. ② 가장; 가장복. ③ 〖정신의학〗 (여장하는)성도착자.

travestir [travesti:r] *v.t.* ① 가장(변장)시키다. [~ qn en qn] ~ un homme en femme 남자를 여장시키다. ② 왜곡(歪曲)하다. ~ la pensée de qn …의 생각을 그릇되게 하다. ~ la vérité 진실을 왜곡하다. ③ (의) (작품을)우스꽝스럽게 개작하다.
—*se* ~ *v.pr.* [se ~ en] ① (으로)변장(분장)하다. *se* ~ *en paysanne* 시골여자로 변장하다. ② 자기의 정체를 감추다.

travestisme [travestism] *n.m.* 〖정신의학〗 (이성의 복장을 하는)성도착증, 복장 도착증.

travestissement [travestismɑ̃] *n.m.* 변장, 가장 (déguisement). pièce à ~s 한 배우가 여러 사람의 역을 하는 극. ② 왜곡, 오전(誤傳). ~ de la vérité 진실의 왜곡. ③ 우스꽝스런 개작.

travestisseur(se) [travestisœ:r, -ø:z] *n.* (남의 작품을 우스꽝스럽게)개작하는 사람.

travette [travɛt] *n.f.* =traveau.

traviole (de) [dətravjɔl] *loc.ad.* 〖속어〗 비스듬히, 비뚤어지게(de travers). mettre son chapeau *de* ~ 비뚤어지게 모자를 쓰다.

travon [travɔ̃] *n.m.* (다리의)말뚝 위에 얹는 들보.

travouil [travuj], **travoul** [travul] *n.m.* 실타래 감는 얼래.

trav. pub. 〖약자〗 travaux publics 공공 토목 공사.

tray-ant, -aits [trɛjɑ̃, -ɛ] ⇒traire.

trayeur(se) [trɛjœ:r, -ø:z] *a.* 젖짜는. —*n.* 젖짜는 사람. —*n.f.* 젖짜는 기계.

trayon [trɛjɔ̃] *n.m.* (소·양의)젖꼭지.

Trébie (la) [latrebi] *n.pr.f.* ① 〖지리〗 (이탈리아의)트레비아 강. ② 〖역사〗 트레비아 전쟁(한니발이 로마군을 대파, B.C. 218).

trébuchage [trebyʃa:ʒ] *n.m.* (화폐의)중량 검정(檢定).

trébuchant(e) [trebyʃɑ̃, -ɑ̃:t] *a.* ① 비틀거리는; (비유적) 떨리는. parler d'une voix ~e 떨리는 목소리로 말하다. ② 〖옛〗 (화폐가)정량(定量)의. espèces sonnantes et ~es 정화(正貨), 현금.

trébuchement [trebyʃmɑ̃] *n.m.* 〖드물게〗 비틀거림, 넘어짐; 실패, 전락.

trébucher [trebyʃe] *v.i.* ① 비틀거리다(broncher), 균형을 잃다(chanceler); 가로 걸리다(buter). ~ sur[contre] une pierre 돌에 채여 비틀거리다. ② (비유적)(곤란에 부딪혀)중단되다, 실패하다. En traduisant, il *a trébuché* sur un mot. 번역하다가 그는 한 단어에 걸려 고심했다. ~ dans une affaire 사업에 실패하다. ③ (저울이)한쪽으로 기울다; (화폐가)저울을 기울다. ④ 〖옛〗 쓰러지다(tomber); (비유적)전락하다. ~ du faîte des grandeurs 권세의 절정에서 전락하다.
—*v.t.* 화폐를 저울에 달다.

trébuchet [trebyʃɛ] *n.m.* ① (새 잡는 둥우리 모양의)덫(piège, traquenard); (구어)(비유적) 함정. prendre *qn au* ~ …을 함정에 빠뜨리다. ② 화폐 저울; 정밀저울(精密天秤). ③ 〖옛〗 (중세의)대형 투석기(投石器).

trécentiste [tresɑ̃tist] *n.m.* (1300년대라는 뜻에서) 14세기 이탈리아의 작가·예술가.

trécento [treʃɛnto] 〖이탈리아〗 *n.m.* 14세기 이탈리아의 문학·예술 운동.

trécheur [treʃœ:r] *n.m.* =trescheur.

tréfilage [trefila:ʒ] *n.m.* 철사 제조.

tréfiler [trefile] *v.t.* (금속을 늘여서)철사로 만들다.

tréfilerie [trefilri] *n.f.* 철사 제조공장, 철사 제조소; 철사 제조기.

tréfileur [trefilœ:r] *n.m.* 철사 제조공.

tréfileuse [trefiløː:z] *n.f.* 철사 늘이는 받침대.

trèfle [trɛfl] *n.m.* ① 〖식물〗 토끼풀, 클로버. chercher des ~s à quatre feuilles 네잎 클로버를 찾다. (비유적)행운을 찾다. croisement en ~ 네잎 클로버 모양의 입체 교차로. ② 〖카드놀이〗 클로버. jouer ~ 클로버를 내놓다. ③ 〖건축〗 클로버 무늬. ④ 〖군사〗 지휘의 일종. ⑤ 〖엣·속어〗 돈(argent); 담배(tabac).

tréflé(e) [trefle] *a.p.* 클로버 잎 모양의; 〖건축〗 클로버 무늬의. croix ~ *e* 〖문장〗 끝에 세잎 장식이 붙은 십자 무늬. médaille ~*e* (잘못 주조되어)상(像)이 겹쳐진 메달.

tréfler [trefle] *v.t.* (화폐·메달을)잘못 주조하여 상(像)이 겹쳐지게 하다.

tréflière [trefljɛ:r] *n.f.* 클로버 밭.

tréfoncier(ère) [trefɔ̃sje, -ɛːr] *a.* 〖엣〗 지하자원의. redevance ~*ère* 광산 사용료. —*n.* 지주(地主).

tréfonds [trefɔ̃] *n.m.* ① 〖옛〗 〖법〗 지하자원 (석탄 따위). ② (비유적) 가장 깊은 데 있는 것. être ému jusqu'au ~ de l'âme 마음속 깊이 감동되다. connaître[savoir] le fonds et le ~ d'une affaire 어떤 일을 속속들이 알다.

trégor(r)ois(e) [tregɔrwa(ɑ), -a(ɑ):z] *a.* 트레기에의 (*Tréguier*, 프랑스의 도시)의. —**T**~ *n.* 트레기에 사람. —*n.m.* 트레기에 사투리.

tréhalose [trealo:z] *n.f.*[*m.*] 〖화학〗 트레할로스 (이당류의 일종).

treillage [trɛjaːʒ] *n.m.* ① 격자(格子), 격자세공. ② 철망.

treillager [trɛjaʒe] ③ *v.t.* 격자로 만들다; (에)철망을 치다. fenêtre *treillagée* 격자창.

treillageur [trɛjaʒœ:r], **treillagiste** [trɛjaʒist] *n.m.* 격자(철망)만드는 사람.

treille [trɛj] *n.f.* ① (담·나무·시렁 위로 올린)포도 나무; 포도 덩굴 시렁. dieu de la ~ 〖시〗 주신(酒神) (*Baccus*). jus de la ~ 〖구어〗 포도주. ② 〖어업〗 새우그물.

treillis [trɛ(e)ji] *n.m.* ① (나무·쇠의)격자, 철망. ~ d'une cage 새장의 철망. ② 〖건축〗 철골(鐵骨), 트러스. pont en ~ 트러스 교(다리). ③ (그림 복사용)신축기(伸縮機). ④ 〖직물〗 즈크, 돛베; 〖군사〗 전투복; 작업복, 작업복지. ⑤ 〖수학〗 격자; 〖문장〗 (교차된 부분에 징을 박은)교차 무늬.

treillissé(e) [trɛjise] *a.p.* (창 따위가) 격자가 달린, 격자로 만들어진; 체크 무늬의.

treillisser [trɛjise] *v.t.* (에)격자를 달다, 격자로 만들다; 철망을 치다.

treizaine [trɛzɛn] *n.f.* 13개, 약 13개.

‡**treize** [trɛ:z] *a.num.* 〖불변〗 ① 13의. ② (서수 대신에)13째의, 제13의. *—n.m.* (복수불변) 13; (달의)13일; 13 번(지). vendredi ~ (액운을 가져온다는)13일의 금요일. *donner* ~ *à la douzaine; faire le* ~ -*douze* 12개 1타스)를 산 사람에게 1개를 덤으로 주다. *être* ~ *à table* 식탁에서 동석자가 13 인이 되다 (이렇게 되면 그 중 한 사람이 연내에 죽는 것으로 생각됨:예수의 최후의 만찬 때 13 인째의 유다가 배반한 끝에 자살한 것에서 유래).

*****treizième** [trɛzjɛm] *a.num.* 13째의. —*n.* 13째의 것[사람]. —*n.m.* 13 분의 1; (달의)13일 (le treize du mois).

treizièmement [trɛzjɛmmɑ̃] *ad.* 13째로. 〔선수.

treiziste [trɛzist] *n.m.* 〖스포츠〗 (13인조의)럭비

tréjetage [treʒta:ʒ] *n.m.* (녹은 유리를)붓기.

tréjeter [trɛ(e)ʒte] 5 v.t. (녹은 유리를)붓다.
trélingage [treleɡaːʒ] n.m. 《해양》 (돛대 줄을 매는)굵은 밧줄((영))cat harping).
trélinguer [treleɡe] v.t. 《해양》 (돛대 줄을)굵은 밧줄로 매다.
tréma [trema] 《언어》 n.m. 트레마, 분음(分音)부호(ï, ü, ë의 ¨). —a. (불변) 트레마가 붙은.
trémail [tremaj] n.m. =**tramail**.
trémat [trema] n.m., **trémate** [tremat] n.f. (센 강 하류의)사주(砂洲).
trématage [tremataːʒ] n.m. ① tremater 하기. ② droit de ~ 《해양》 (어떤 배에 주어진)수문 통과 우선권.
trémater [tremate] v.t. ① (하천 운항에서)앞의 배를 추월하다. ②《앵》사주(砂洲)를 우회하다.
trématiser [trematize] v.t. 《언어》 (의)위에 분음부호를 붙이다.
trématodes [trematɔd] n.m.pl. ① 《동물》 흡충류(吸蟲類). ② (sing.) 《의학》 주혈흡충(bilharzie); 간디스토마.
tremblade [trɑ̃blad] n.f. 《속어》 =**tremblote**.
tremblaie [trɑ̃ble] n.f. 《사투리》 사시나무 숲.
tremblant(e) [trɑ̃blɑ̃, -ɑ̃ːt] a. ① 떨리는, 떠는 (vacillant). main ~e d'un alcoolique 알코올 중독자의 떨리는 손. [~ de] ~ de colère (de froid)분노 (추위)에 떠는. ② 흔들리는, 건들거리는(chancelant); 취약한(fragile). flamme ~e 흔들리는 불길. ③ 무서워서 떠는, 두려워하는(craintif). enfant ~ 무서워하는 아이.
—n.m. 《음악》 오르간의 전음(顫音)장치.
—n.f. 《수의》 (양의)양진(痒疹)의 일종(maladie ~e).
tremble [trɑ̃ːbl] n.m. 《식물》 사시나무.
tremblé(e) [trɑ̃ble] a.p. ① 떨리는 손으로 그어진. écriture ~e 떨린 필적(筆跡); 꼬불꼬불한 필체. ② (목소리가)떨리는. sons ~s 《음악》 전음(顫音). voix ~e 떨리는 목소리. coup d'archet ~ 현악기의 트레몰로 켜기.
—n.m. 《인쇄》 파선(波線) (filet ~).
***tremblement** [trɑ̃bləmɑ̃] n.m. ① 동요, 진동; 흔들림, 건들거림. ~ d'un pont suspendu 적교의 진동. ~ du plancher 마루의 진동. ~ de terre 지진. ~ des feuilles (나무)잎의 살랑거림. ~ d'une lumière 빛의 흔들림. ② (몸의)떨림, 전율, 공포. ~ convulsif(de froid) 오한(추위에 의한 떨림). ~ de colère 분노로 떨림. ~ de peur 전율. avoir des ~s dans la voix (감동·병 따위로)목소리가 떨리다. ③ 《음악》 전음(顫音)(tremolo). ④ 《의학》 진전(振顫). ~ musculaire 근육진전. avoir un ~ dans le bras droit 오른팔이 떨리다.
et tout le ~ 《구어》 그 밖의 모든 것(사람).
***trembler** [trɑ̃ble] v.i. ① (사람이)떨다. J'ai les mains qui tremblent. 내 손이 떨린다. ~ comme une feuille 몹시 떨다. ~ de tous les membres (de tout son corps) 온몸을 떨다. [~ de qc] Elle tremble de froid (de colère). 그 여자는 추위(분노)로 (와들와들) 떨고 있다. ② (사물이) 떨리다, 흔들리다, 진동하다. voix qui tremble 떨리는 목소리. Les flammes tremblent. 불꽃이 흔들리고 있다. Les roseaux tremblent au vent. 갈대가 바람에 흔들리고 있다. explosion qui fit ~ les vitres 유리창을 진동시킨 폭발. ③ 몹시 걱정하다, 근심하다, 두려워하다. Il tremblait pour les siens. 그는 처자식을 위해 전전긍긍하고 있었다. Ça me fait ~ quand j'y pense. 그 생각을 하면 전신이 떨린다. ~ dans sa peau 《구어》 (근심·두려움으로)와들와들 몸을 떨다. faire ~ l'Europe 유럽을 진동시키다(떠들썩하게 만들다). [à faire ~] Il mange à faire ~. (과장해서) 그는 지독하게 먹는다. [~ de + inf.] Il tremble d'être puni. 그는 벌을 받지나 않을까 하고 전전긍긍하고 있었다. [~ que + sub.] Elle tremble qu'on ne la voie. 그 여자는 남들이 자기를 보지나 않을까 걱정하고 있다. ④《음악》 전음[트레몰로]으로 연주하다.
—v.t. 《음악》 《엥》으로 떨다, 전율하다. ~ le frisson 와들와들 떨다, 전율하다.
trembleur(se) [trɑ̃blœːr, -øːz] n. ① 떠는 사람; 《드물게》 겁장이. ② 《구어》 무도병·파킨슨 병의 환자.
—n.m. 《종교사》 퀘이커교도(quaker); 셰이커교도(shaker); 《전기》 버저, 벨, 전종(電鐘); 《철도》 경보용.
—n.f. pêche à la ~se 《낚시》 낚싯줄을 계속 움직이며 하는 낚시질.
—a. 《드물게》떠는, 떨리는. sonnerie ~se 진동식(振動式) 벨.
tremblotant(e) [trɑ̃blɔtɑ̃, -ɑ̃ːt] a. (가볍게)떠는, 떨리는; 나부끼는, 나풋거리는; (빛이)깜박거리는. voix ~e 가늘게 떨리는 목소리. lumière ~e 깜박이는 불빛.
tremblote [trɑ̃blɔt] n.f. 《구어》 (공포·열·추위 따위로)떨기. avoir la ~ (추위·공포·열 따위로)떨다.
tremblotement [trɑ̃blɔtmɑ̃] n.m. (가벼운) 떨림; 나붓거림; 깜박거림.
trembloter [trɑ̃blɔte] v.i. (육체·음성 따위가) 가볍게 떨다; 깜박이다; 나풋거리다.
—v.t. (노래를)떨리는 목소리로 부르다.
trémelle [tremel] n.f. 《식물》 트레멜라버섯.
trémie [tremi] n.f. ① (제분기 따위의) 깔때기 모양의 투입구; (석탄·곡식 따위의 저장소에 달린)깔때기 모양의 방출구. ② 《토목》 트레미. ③ (소금·수정의)끝이 뾰족한 결정군(結晶群). ④ (마루의) 벽난로 앉히는 자리. ⑤ (가금의)모이그릇. ⑥ (깔때기 모양의)지하도 통풍구; 지하도 입구.
trémière [tremjɛːr] a.f. rose ~ 《식물》 접시꽃.
trémillon [tremijɔ̃] n.m. (제분기의)깔때기 밑 받침.
trémois [tremwa] n.m. 《농업》 ① (3개월에 자라는)봄보리. ② (사료를 만드는)밀·귀리·호밀·살갈퀴의 혼합.
trémolite [tremɔlit] n.f. 《광산》 투각섬석(透角閃石).
tremolo, trémolo [tremɔlo] 《이탈리아》 n.m. ① 《음악》 전음(顫音), 트레몰로; 《종종 비꼼》(감동 따위로)떨리는 목소리. avoir des ~s dans la voix 떨리는 목소리를 내다. parler avec des ~s 떨리는 음성으로 말하다. ② (오르간의)전음장치.
trémoussement [tremusmɑ̃] n.m. 노상 몸을 움직이기; (새가 날개를)파닥거리기.
trémousser [tremuse] v.i. 《엥》(새가)움직이다.
—v.t. 《엥》움직이다; (게으른 자에게)용기를 북돋아주다.
—se ~ v.pr. ① 안절부절 못하고 몸을 움직이다; (춤 따위로)이쪽저쪽심하게 몸을 움직이다. ②《구어》(일을 성사시키려고)분주하다. Allons, trémoussez-vous! 자, 우물쭈물 말고 빨리 하시오!
trémoussoir [tremuswaːr] n.m. (환자용의)운동 의자; 《구어》 댄스 홀.
trempabilité [trɑ̃pabilite] n.f. 《야금》 (금속의)담금질 특성.
trempage [trɑ̃paːʒ] n.m. ① (가죽·피륙·종자 따위를)물에 담그기. ~ du linge dans l'eau 세탁감을 물에 담그기. ②《인쇄》 종이를 물에 적시기 (인쇄하기 전에 종이에 습기를 가하는 일). ③ (맥주 양조용)보리를 물에 담그기. ④《제과》 (어떤 종류의 과자에)시럽을 배어들게 하기. ⑤ 《야금》 담금질.
trempant(e) [trɑ̃pɑ̃, -ɑ̃:t] *a.* (강철 따위가)담금질할 수 있는.
trempe [trɑ̃:p] *n.f.* ① 〖야금〗 (강철 따위를)담금질하기, 경화(硬化); 담금질한 정도, 경도(硬度). acier de ~ 담금질한 강철. donner la ~ à …을 담금질하다. ② 성질, 기질, 유형; (육체적·정신적) 단단함, 견고성; 〖엣〗(비유적)체력, 지력(知力), 정신력. gens de cette ~ 이런 기질의[종류의] 사람들. 〖엣〗(가죽을)물에 담그기, 〖인쇄〗종이를 물에 적시기, 종이에 습기를 주기. mettre *qc* en ~ …을 물에 적시다[담그다]. ④ 〖양조〗(발아촉진을 위해)맥주 양조용 보리를 물에 담그기. ⑤〖엣·속어〗한대 갈기기, 주먹질.
trempé(e¹) [trɑ̃pe] *a.p.* ① (액체 속에)담근, 잠긴; (물에)젖은; (비를)맞은. ~ de sueur nom. de houffée 흠뻑 젖은. ② 물을 탄. vin ~ 물을 탄 포도주. ③ (성격 따위가)강인한, 굳은; (사람이)체력이 강한. caractère bien ~ 강인한 성격.
trempé² *n.f.* 담그기, 잠그기; 〖속어〗구타(殴打).
*tremper [trɑ̃pe] *v.t.* ① (액체에)담그다, 잠그다, 적시다(mouiller). ~ sa plume dans l'encre 펜을 잉크에 담그다. ~ ses lèvres dans ~ 에 입을 대다, …을 약간 마시다. La pluie *a trempé* sa chemise. 비가 그의 샤쓰를 적셨다. [~ *qc* dans *qc*] Il *trempe* son pain *dans* son café au lait. 그는 밀크커피에 빵을 담가서 적신다. ~ ses mains *dans* le sang (비유적) 사람을 죽이다. [~ *qc* de *qc*] Elle *a trempé* son mouchoir *de* larmes. 그 여자는 손수건을 눈물로 적셨다. ② (액체로)녹이다(imbiber). ~ un morceau de sucre dans une liqueur 리쾨르에 각설탕을 녹이다. ③ 〖야금〗담금질하다. ~ une larme d'acier 칼날을 담금질하다. ④〖문어〗(성격·마음을)연마하다, 도야하다, (근육을)단련하다. Les malheurs *trempent* souvent un homme. 불행은 종종 사람을 강하게 해준다. ⑤〖엣〗(줄에)물을 타다[섞다]. ⑥ 〖제본〗풀칠하다. ⑦〖인쇄〗가습하다.
— *v.i.* ① 잠기다, 담기다. tremper du linge; mettre du linge à ~ 빨래거리(속옷)를 물에 담그다. laisser ~ le cuir (가죽을 부드럽게 하기 위해)물에 담그다. ② [~ dans *qc*](에)가담하다. ~ *dans* un complot 〖구어〗음모에 가담하다.
— **se ~** *v.pr.* ① 물(속)에 들어가다. ② (강·바다에서)미역 감다(faire trempette).
tremperie [trɑ̃pri] *n.f.* 〖인쇄〗종이 적시는 장소.
trempette [trɑ̃pɛt] *n.f.* 〖엣〗(수프 따위에 적셔 먹는)얇게 벤 빵. faire ~ 〖구어〗빵조각을 수프 따위에 적셔 먹다; 각설탕을 리쾨르 따위에 적셔먹다; (서둘러)목욕을 하다.
trempeur [trɑ̃pœ:r] *n.m.* ① (강철 따위를)담금질하는 직공. ② 〖인쇄〗종이 적시는 직공.
tremplin [trɑ̃plɛ̃] *n.m.* ① 〖스포츠〗도약판, 발판, 점프판(臺). faire le (saut du) ~ 점프판에서 뛰어 내리다. ② (목적달성의)발판. Pour parvenir, il se sert de tout comme ~. 출세를 위해서는 어떤 것이든지 발판으로 이용한다. se faire de *qn* un ~ …을 성공의 발판으로 삼다.
être sur le ~ 〖구어〗기회가 좋다, 비약단계에 놓여있다. *prendre un poste comme* ~ 〖구어〗어떤 지위를 출세의 발판으로 삼다. [ ]는 곳.
trempoir [trɑ̃pwa:r] *n.m.* 나사(羅紗)를 약물에 담그는 통.
trempoire [trɑ̃pwa:r] *n.f.* 〖공업〗(나사·종이 따위를 담그는)통.
trémue [tremy] *n.f.* 〖해양〗① (폭풍우 때 바닷물이 화물창에 들어오는 것을 막기 위하여)승강구에 두른)조수막이통. ② 쥐사슬을 끼우는 구멍.

trémulant(e) [tremylɑ̃, -ɑ̃:t] *a.*〖문어〗떨리는.〖顫〗
trémulation [tremylasjɔ̃] *n.f.*〖의학〗진전(震
trémuler [tremyle] 〖드물게〗*v.i.* (손·발을)떨다.
— *v.t.* (손·발 따위를)떨게 하다.
trenail [trɑnaj] 〖영〗*n.m.* 〖철도〗(침목용 큰 못을 고정시키는)쐐기.
trench-coat [trɛnʃkot] (*pl.* ~-~**s**) 〖영〗*n.m.* 벨트 달린 레인코트, 트렌치코트.
trentain [trɑ̃tɛ̃] *n.m.* ① (jeu de paume에서)양쪽 모두 30점, 30 대 30. Nous sommes ~. 우리는 30대 30이다. ② 〖가톨릭〗사람이 죽은뒤 30 일간 미사를 올리기. ③〖엣〗고급 나사(羅紗).
trentaine [trɑ̃tɛn] *n.f.* 30, 약 30; 30세, 약 30세, 30 대. une ~ d'années 약 30 년. Nous étions une ~ à ce dîner. 그 만찬회에서 우리는 약 30 명이었다. Nous avons franchi la ~. 우리는 30 고개를 넘었다.
:**trente** [trɑ̃:t] *a.num.*〖불변〗30. mois de ~ jours 30 일의 달. guerre de T~ Ans 〖역사〗(독일의) 30년 전쟁 (1618-1648). ②《서수가 대신으로》제 30의, 30 번째의. page ~ 30 번째 페이지, 제 30 페이지. -trois trois 33 회전의 레코드(음반). années ~ 1930 년대.
— *n.m.* 〖복수불변〗① 30; 30 일; 30 번(지). nombre ~ 30 이라는 숫자. le 30 juin 6 월 30 일 ② 〖테니스〗서티(두 번째의 득점).
trente et un [trɑ̃teœ̃] *n.m.* 31; 31 일; 31 번(지). du premier janvier au ~ décembre 1 월 1 일부터 12 월 31 일까지, 1년 내내. ② 카드놀이의 일종(카드 석장으로 31 점을 만들어야 이김).
être (se mettre) sur son ~ 〖구어〗화려하게 차려입다, 가장 좋은 옷을 입다, 성장(盛裝)하다.
trente-et-quarante [trɑ̃tekarɑ̃:t] *n.m.* 〖복수불변〗카드놀이의 일종.
trentenaire [trɑ̃tnɛ:r] *a.* 〖드물게〗30 년간의. prescription ~ 30 년 시효.
trente-six [trɑ̃tsi(sis, siz)] *a.num.*〖불변〗36 의; 36 번째의; 제 36 의;〖구어〗많은.
avoir ~ *raisons de* + *inf.* …을 할 충분한 이유가 있다. *faire les* ~ *volontés de qn* …의 손아귀에 쥐어지내다, …이 하라는 대로 하다. *ne pas y aller par* ~ *chemins* 단도직입적으로 말하다.
— *n.m.*〖복수불변〗36.
voir qn tous les ~ *du mois*〖구어〗…을 여간해서 만나지 못하다.
trentième [trɑ̃tjɛm] *a. num.* 제 30 의, 30 번째의. le ~ jour du mois 달의 30 일. ~ partie 30 분의 1. ~ partie de sa fortune 그의 재산의 30 분의 1.
—*n.m.* 30 번째의 사람(것). Il est le ~ dans sa classe. 그는 반에서 30 번이다. être le[la] ~ sur une liste 명부의 30 번째이다.
— *n.m.* 30 분의 1. économiser le ~ de ses revenus 수입의 30 분의 1을 저축하다.
trentièmement [trɑ̃tjɛmmɑ̃] *ad.* 30 번째로.
trentin(e) [trɑ̃tɛ̃, -in] *a.* 트렌토(*Trente*, 이탈리아의 도시)의. —**T~** *n.* 트렌토 사람.
trépan [trepɑ̃] *n.m.* ① 〖기술〗(암석·목재 따위에 구멍을 뚫는)착공기, 착암기. ② 〖외과〗(두개골에 구멍을 뚫는)천두기(穿頭器). opération du ~ 개두(開頭) 수술.
trépanateur [trepanatœ:r] *n.m.* 〖외과〗개두 수술을 하는 외과의사.
trépanation [trepanasjɔ̃] *n.f.* 〖외과〗개두[천두] 수술; (뼈의)천공.
trépaner [trepane] *v.t.* ① (암석 따위에)구멍을 뚫다; (광산에)갱도를 파다. ② 〖외과〗개두 수술을 시행하다. malade *trépané* [un *trépané*] 개두 수

trépang [trepɑ̃] *n.m.* =**tripang**.
trépas [trepɑ] *n.m.* ① (옛·시)죽음, 최후, 운명 (mort). passer[aller] de vie à ~ 죽다, 운명하다. ② (옛) 〖해양〗 도강(渡江)(passage); 도강료 (droit de passage).
trépassé(e) [trepase] *a.p.* 죽은, 운명한, 고인이 된. —*n.* (사투리) 〖종교〗 죽은 사람, 고인(mort). prier Dieu pour les ~s 죽은 사람들을 위하여 신에게 기도하다. la fête[le jour] des *T*~*s* 추사이망 첨례, 만령절(萬靈節)(11월 2일). la baie des *T*~*s* 프랑스의 브르타뉴 지방에 있는 작은 만.
trépassement [trepasmɑ̃] *n.m.* (옛·문어)죽음, 사망(trépas).
trépasser [trepase] *v.i.* (조동사는 동작을 나타내는 경우에는 avoir, 상태를 나타내는 경우에는 être) 죽다, 운명하다(mourir). Il *a trépassé* à cinq heures. 그는 5시에 사망했다. Il *est trépassé* depuis dix ans. 그가 사망한 지 10년이 된다.
tréphine [trefin] *n.f.* 〖외과〗 (개두용(開頭用)의) 톱, 작은 천두기(穿頭器).
tréphocyte [trefɔsit] *n.m.* 〖의학〗 영양세포.
tréphone [trefon] *n.f.* 〖생물〗 트레폰.
trépidant(e) [trepidɑ̃, -ɑ̃ːt] *a.* ① 진동하는, 혼들리는. ② 급속하게 움직이는(agité). danse ~*e* 열광적인(요란스러운) 춤. ③ 황급한, 분주한. mener une vie ~*e* 분주한 생활을 하다.
trépidation [trepidasjɔ̃] *n.f.* ① (기계·자동차 따위의)진동, 동요. ~ du moteur 엔진의 진동. ② 〖의학〗 사지·근육의진동(震顫), 경련. ③ 〖정신의학〗 분주함. ~ de la vie 생활의 분주함. ④ 〖지질〗 미진(微震).
trépider [trepide] *v.i.* ① (기계 따위가)흔들리다, 진동하다, 요동하다. Les machines *trépident* dans cette usine. 이 공장에서 기계가 진동하고 있다. ② 마음이 동요하다, (불안해서)안절부절 못하다.
trépied [trepje] *n.m.* ① 삼각대(三脚臺). ~ télescopique d'un appareil photographique 사진기의 신축식 삼각(伸縮式三脚). ② 삼각의 결상(托子); 〖요리〗 삼발이. ③ (옛)세발 삼발이. ③ 〖고대그리스〗 (세발 받침의)꽃병, 三脚 걸상. (le) ~ de Delphes; ~ d'Apollon 〖고대그리스〗 델포이 신의 신탁을 전하는 무당이 앉은 삼각 의자. monter(être) sur le ~ 격렬한 어조로 말하다.
trépignée [trepine] *n.f.* (속어)난타, 구타.
trépignement [trepinmɑ̃] *n.m.* 발을 구르기.
trépigner [trepine] *v.i.* 발을 구르다. ~ de colère 화가 나서 발을 구르다, ~ de joie 기뻐 날뛰다. ② (구어)몹시 하고 싶어하다. [~ de+*inf.*] Il *trépigne* de nous quitter. 그는 우리들과 헤어지고 싶어 못견딘다. —*v.t.* (드물게)(땅을)차다, 발로 구르다, 짓밟다; (옛)(남의)험담을 하다.
trépignoire [trepiɲwaːr] *n.f.* (말·소가 밟아 돌리는)여자방아의 일종.
trépointe [trepwɛ̃ːt] *n.f.* (구두의)대다리.
tréponématose [treponemɑtoːz] *n.f.* 〖의학〗 트레포네마(症).
tréponème [treponɛm] *n.m.* 〖의학〗 트레포네마 균, 스피로헤타팔리다.
:très [trɛ] *ad.* (절대최상급)매우, 몹시, 대단히.
① (형용사 앞에서) ~ content 대단히 만족한. ~ riche 매우 부유한. ~ heureux 매우 행복한. ~ méchant 몹시 심술궂은.
② (부사 앞에서) ~ bien 썩 잘. Il se porte ~ bien. 그는 매우 건강하다. ~ fortement 매우 [강하게]. ~ souvent 빈번히. ~ tôt 매우 일찍.
③ (부사구 앞에서) Il est ~ en vue [en avance]. 그는 매우 뛰어났다[앞서있다]. À ~ bientôt. (속어)곧 또 만납시다.
④ (형용사화한 과거분사 앞에서) air ~ connu 유명한 노래[곡조]. J'étais ~ gêné. 나는 매우 거북했다. ~ aimé 몹시 사랑받는. opinion ~ répandue 대단히 널리 퍼져 있는 의견.
⑤ (형용사화한 명사 앞에서) Ils sont ~ amis. (구어)그들은 매우 사이좋다. Il est ~ enfant. 그는 아주 어린애 같다. Elle est déjà ~ femme. 그 아이는 벌써 어른이 다 됐다.
⑥ (동사구 속의 명사 앞에서) J'ai ~ faim [peur, soif]. 나는 몹시 배고프다[매우 무섭다, 대단히 목마르다]. Il faisait ~ froid. 날씨가 몹시 추웠다. Faites ~ attention. 단단히 주의하시오. J'ai ~ envie. 몹시 탐난다, 대단히 욕심난다.
⑦ (단독적으로) Êtes-vous satisfait? – *T*~. 만족합니까? 예, 대단합니다. Avez-vous passé de bonnes vacances? Non, pas ~. 즐거운 휴가를 보냈읍니까? 아니 그리 즐겁지 않았소.
⑧ (숙어 앞에서 형용사적으로) un monsieur ~ comme il faut 대단히 훌륭한 사람.
trésaille [trezɑːj] *n.f.* (화차·짐수레 따위의)가로장.
trésaillé(e) [trezaje], **trésallé(e)** [treza(l)le] *a.* 표면에 금이 간.
trésaillure [trezajyːr] *n.f.* (도자기·유화 따위의)금, 균열.
trescheur [trɛʃœːr] *n.m.* 〖문장〗 방패꼴 가장자리의 장식.
très-fonds [trefɔ̃] *n.m.* (옛) =**tréfonds**.
Très-Haut (le) [lɑtreo] *n.pr.m.* 신, 하느님.
trésillon [trezijɔ̃] *n.m.* =**étresillon**.
trésillonner [trezijɔne] *v.t.* =**étrésillonner**.
***trésor** [trezɔːr] *n.m.* ① 보배, 보물; 〖법〗 매장물. trouver un ~ caché 숨은 보물을 발견하다. ② (*pl.*)부(富), 대금(大金), 재물(argent, fortune). Il a amassé de ~*s*. 그는 막대한 부를 쌓았다. ③ (*pl.*)(예술적·정신적)귀중품. ~*s* du musée du Louvre 루브르 미술관의 명품. ~*s* de l'art italien 이탈리아 미술의 정수. ④ 교회의 비장품; (교회의)보물 전시물, 보물고; 고문서. le ~ de Notre-Dame 노트르담 대성당의 보물(전). ⑤ 귀중한 것; 소중한[사랑하는] 사람. La santé est un ~. 건강은 보배이다. mon ~ 내 가장 사랑하는 아이 [사람]. Viens ici, mon doux ~! 애, 이리와. ⑥ 국고; (*T*~)국고; 국고금 출납소. direction du *T*~ (프랑스 재무부의)이재국(理財局). *T*~ de l'État; *T*~ public 국고, 국고채권. ⑦ (…의 이름으로서)보전(寶典). (지식 따위의)보고(寶庫). Ce livre est un ~ de science. 이 책은 학문의 보고이다. ~ de renseignements 무궁무진한 정보원 (源). ⑧ ~ de Cérès (옛·시)케레스의 보물. **un ~ de; des ~s de** 수많은; 무한한, 끝없는. *un* ~ *de tendresse* 끝없는 사랑.
trésorerie [trezɔrri] *n.f.* ① 재무부; 재무행정. ② (단체·기업의)자금, 회계과. ③ (구어)호주머니 사정, (구어)재무고, 재무부.
trésorier(ère) [trezɔrje, -ɛːr] *n.* 재무관, 출납관, 회계원. commis ~ 회계과 서기. ~-payeur général 도(道) 회계과장.
tressage [trɛsaːʒ] *n.m.* 짜기, 엮기.
tressaillant(e) [trɛsajɑ̃, -ɑ̃ːt] *a.* (공포에)떠는, (기쁨에)마음 설레는. Elle nous adressait la parole d'une voix ~*e* de colère. 그 여자는 분노에 떠는 목소리로 우리에게 말을 하고 있었다.
tressaillement [trɛsajmɑ̃] *n.m.* ① (놀람·공포 따위로)몸을 떨기, 놀라기, 소스라치기, 전율, 몸서리치기(frisson); ② (즐거움·기쁨 따위로)마음 설레기.

secret ~ de joie 남 모를 기쁨의 설레임. ② 동요 (agitation). **~s de la foule** 군중의 동요. ③ ~ **de nerf** 《구어》근육의 가벼운 경련.

tressailli(e) [tresaji] *a.p.* **nerf** (tendon) ~ 《구어》가볍게 떨리는 근육[힘줄].

tressaillir [tresaji:r] [13] *v.i.* ① (갑작스러운 감정에 의해)몸을 떨다, 소스라치다(frémir, frissonner); (기쁨 따위로)마음이 설레다. **faire ~ qn ...** 을 움찔하게 만들다. [**~ de** *qc*] **Mon cœur a tressailli d'allégresse.** 기쁨으로 가슴이 두근거렸다. ② (사물이)진동하다. **Sous le choc, la maison a tressailli.** 충격을 받고 집이 흔들렸다.

tressaillure [tresajy:r] *n.f.* =**trésaillure.**

tressaut [treso] *n.m.* (놀람·공포로)벌떡 뛰기, 소스라치기(sursaut); 벌벌 떨기; (사물의)급격한 진동, 동요.

tressautement [tresotmɑ̃] *n.m.* 《문어》깜짝놀라기(tressaut); 펄쩍 뛰기.

tressauter [tresote] *v.i.* 펄쩍 뛰다(sauter); 깜짝 놀라다, 움찔하다; (몹시)흔들리다(cahoter). **La charrette tressautait sur le chemin défoncé.** 짐수레가 울퉁불퉁한 길에서 덜컹덜컹 흔들렸다. **L'entrée brusque de sa mère fit ~ l'enfant.** 갑자기 어머니가 들어와서 그 애는 깜짝 놀랐다.

tresse [tres] *n.f.* ① 편물(編物), 엮은 끈[줄], 엮은 장식끈; 땋아늘인 머리 (**~ de cheveux**). ② 《해양》가는 밧줄에 쓰이게 엮은 것. ③ 《건축》엮음장식. ④ (포장용의)회색 판지. ~ **de coton** 무명 테이프. ⑤ 《전기》전선의 피복(tricot). **fil conducteur sous ~** 편조선(編造線). ⑥ 《군사》(군복에 다는)장식 끈[줄]. ~ **d'argent** (**d'or**) 장식 은(금)줄.

tresser [tre(e)se] *v.t.* 땋다, 짜다, 엮다; (화환을)만들다. **machine à ~** 짜는 기계, 편조기(編造機). ~ **ses cheveux** 머리를 땋다.
~ **des couronnes à** *qn* ...을 격찬하다.

tresseur(se) [tresœ:r, -ø:z] *n.* 끈 짜는 직공, 편물(장식끈) 제조인, (광주리)짜는 직공.
—*n.f.* 편조기(編造機).

tressoir [treswa:r] *n.m.* 머리 땋는 틀.

tréteau [treto] (*pl.* **~x**) *n.m.* ① (다리 달린)발판, 사각대(四脚臺)(chevalet). ② (*pl.*) 《옛·문어》(경멸)(장터의)연예대(演藝臺), (壇); 이동식 간이무대, 무대(scène).
monter sur les ~x (희극)배우가 되다.

treuil [trœj] *n.m.* 《기계》윈치, 권양기(捲揚機).

treuillage [trœja:ʒ] *n.m.* 운반·반대원 따위의 구출 작업에서의)윈치[권양기] 사용.

treuille [trœj] *n.f.* (새우잡이용)작은 그물.

treuiller [trœje] *v.t.* 윈치·물체를 윈치로 올리다[내리다].

treuver [trœve] *v.t.* 《옛》=**trouver.**

trêve [trɛ:v] *n.f.* ① (교전국간의)일시적인 전투 정지, 휴전, 정전; 휴전조약. **conclure une ~** 휴전조약을 맺다. **demander**(**accepter, accorder**) **une ~** 휴전을 신청하다(수락하다). **violer une ~** 휴전조약을 어기다. **rompre**[**enfreindre**] **la ~** 휴전조약을 파기하다(위반하다). ~ **de Dieu** 《역사》11세기에 교회 명령으로 하던 영주간의 휴전(수요일 저녁때부터 월요일 아침까지). ② 일시적인 중단(interruption); 휴게, 휴식(relâche, répit). ~ **entre les partis** 정당 사이의 휴전. **Donnez quelque ~ à votre esprit.** 머리 좀 식히십시오.
faire ~ à *qc* ...을 중단[중지]하다. **T~ à ces niaiseries!** 그런 바보같은 짓은 이제 그만하자.
n'avoir ni paix ni ~ 잠시 동안도 휴식도 없다.
sans ~ 끊임없이.
T~ de ...은 그만두시오. **T~ de plaisanteries.** 농담은 그쯤 해두시오.

trévire [trevi:r] *n.f.* 《해양》(통 따위를 올리고 내리는)상하 밧줄.

trévirer [trevire] *v.t.* 《해양》① (통 따위를)상하 밧줄로 올리거나 내리다. ② (중간 돛대 따위를)선회시키다.

trévoltien(**ne**) [trevɔltjɛ̃, -ɛn] *a.* 트레부(*Trévoux*, 프랑스의 도시)의. **—T~** *n.* 트레부 사람.

tri[1] [tri] *n.m.* 선별(選別), 구분, 분류; 정리. ~ **des fiches par ordinateurs** 컴퓨터에 의한 카드의 분류. **bureau de ~** (우편물의)행선지별 분류실. **faire le ~ de** *qc* ...을 분류하다, 정리하다.

tri[2] *n.m.* 《카드놀이》(브리지·휘스트의)오드트릭.

tri- *préf.* 「3」의 뜻.

triable [trijabl] *a.* 선별[구분]할 수 있는.

triacide [triasid] *n.m.* 《화학》산도(酸度) 3의. **base ~** 3산염기(三酸塩基).

triacontaèdre [trijakɔ̃taedr] *a.* (결정체가) 30면의.

triade [trijad] *n.f.* ① 세 개 한 짝, 세 사람 한 패, 세 개 한 벌. ~ **de divinités** 《신화》3신설(三神說). **~ hindoue** 힌두교의 3신(神). ② 《문학사》(핀다로스 풍 오드의)3시절(詩節).

triadique [triadik] *a.* 세 개 한 벌의, 세 사람 한 패[조]의.

triage [trija:ʒ] *n.m.* ① 구분, 분류; 정리; 선별. ~ **des graines** 종자의 선별. ② 《광산》선광(選鑛), 선별; 선광장. ~ **des minerais de la houille** 석탄과 광석의 분리. ③ 《임업》(삼림)벌채 구역, 감시 구역. ④ 《철도》(출발에 앞서 화차·객차 따위를)바꾸장; 열결하기. **voie de ~** 측선(側線).

triaire [trijɛ:r] *n.m.* 《고대로마》(군단의)제 3 예비 보병.

trial [trijal] (*pl.* **~s**) 《영》 *n.m.* 모터크로스레이스(용 오토바이).

trialcool [trialkɔl] *n.m.* 《화학》3가 알코올.

trialogue [trijalɔg] *n.m.* 3자 회담.

triandre [tri(j)ɑ̃:dr] *a.* 《식물》수술이 3개 있는.

triandrie [tri(j)ɑ̃dri] *n.f.* 《옛》《식물》수술 3개 있는 식물; 수술이 3개.

triangle [tri(j)ɑ̃:gl] *n.m.* ① 《기하》삼각형. ~ **équilatéral** 정삼각형. ~ **isocèle** 2등변삼각형. ~ **rectangle** 직각삼각형. **en ~** 삼각형의. ② 삼각형의 것; 삼각자; 《교통》(철도의)서행 표지, (도로의)위험 표지; 《해양》삼각 신호기. ③ 《음악》트라이앵글.

triangulaire [tri(j)ɑ̃gylɛ:r] *a.* ① 삼각형의, 세모꼴의. **muscle ~ des lèvres** 《해부》구각하체근(口角下制筋). **pyramide ~** 삼각추(錐). **voile ~** 《해양》삼각돛. ② 삼자간의, 삼파의, 삼국간의. **élection ~** 삼파전 선거. **commerce ~** 삼각무역. ③ (남녀의)삼각관계의.
—*n.m.* 《해부》삼각근(**muscle ~**).

triangulairement [tri(j)ɑ̃gylɛrmɑ̃] *ad.* 《드물게》삼각(형)으로, 세모꼴로.

triangulateur [tri(j)ɑ̃gylatœ:r] *a.* 삼각측량의.
—*n.m.* 삼각측량 기사.

triangulation [tri(j)ɑ̃gylasjɔ̃] *n.f.* 《측량》삼각측량.

trianguler [tri(j)ɑ̃gyle] *v.t.* 삼각측량하다.

triannuel(**le**) [tri(j)a(n)nyɛl] *a.* =**trisannuel.**

triarii [trijarii] *n.m.pl.* 《고대로마》(군단의)제 3 열보병.

trias [tri(j)ɑ:s] *n.m.* 《지질》3첩기(疊紀)(층).

triasique [tri(j)azik] *a.* 《지질》3첩기(층)의. **terrains ~s** 3첩기층. **système ~** 3첩계.

triathlon [tri(j)atlɔ̃] *n.m.* 《스포츠》3종경기.

triatomique [tri(j)atɔmik] *a.* 《화학》3원자의 ; 3가(價)의.

triazine [tri(j)azin] *n.f.* 【화학】 트리아진.
tribade [tribad] *n.f.* 《옛·문어》동성애를 하는 여자 (lesbienne).
tribadisme [tribadism] *n.m.* 여자의 동성애.
tribal(ale, *pl.* **aux)** [tribal, -o] *a.* 【사회】부족 (部族)의. peuple ~ 부족민. régime ~ 부족제. système ~ 부족조직.
tribalisme [tribalism] *n.m.* ① 【사회】 부족사회 (조직). ② 《젊은이의》그룹의식.
triballe [tribal] *n.f.* 모피를 부드럽게 하기 위해 두드리는 철봉.
triballer [tribale] *v.t.* (모피를)철봉으로 두드리다.
tribart [tribaːr] *n.m.* 《사투리》(소·돼지 따위를 우리 밖으로 못 나오게 하는)삼각형의 멍에.
tribasique [tribazik] *a.* 《옛》【화학】 3 염기(塩基)의. acide ~ 3 염기산.
tribo- *préf.* 「마찰」의 뜻.
tribo-électricité [triboelektrisite] *n.f.* 《물리》 마찰전기.
tribo-électrique [triboelektrik] *a.* 【물리】마찰 전기의.
tribologie [triboloʒi] *n.f.* 마찰학 【전기】.
triboluminescence [triblyminesɑːs] *n.f.* 【물리】마찰에 의한 발광성(發光性).
triboluminescent(e) [triblyminesɑ, -ɑːt] *a.* 【물리】마찰 발광성의. —*n.m.* 【물리】마찰 발광성 물질.
tribomètre [tribomɛtr] *n.m.* 【물리】 마찰계.
tribométrie [tribometri] *n.f.* 마찰 측정법.
tribord [triboːr] *n.m.* 【해양】우현(右舷)(↔ bâbord). bordée de ~ (집합적) 우현 당직원. Le bateau penche à ~. 배가 우현으로 기울어지다.
tribordais [triborde] *n.m.* 【해양】우현 당직원.
tribouil [tribuj] *n.m.* 《옛》동요(agitation), 혼란 (trouble).
tribouiller [tribuje] *v.i.* 《옛》동요하다, 당황하여 어쩔 줄을 모르다.
triboulet [tribule] *n.m.* ① 【금속】 (관(管) 따위를 만드는)속골, 심봉(心棒). ② (반지 따위)고리의 지름을 재는 원뿔 막대기.
tribraque [tribrak] *n.m.* 【운율】 삼단격(三短格).
tribu [triby] *n.f.* ① 부족, 부족. ~ amazonienne 아마존의 부족. ~ d'Arabe 아랍족. ~s nomades 유목 부족. ② 대가족, 일족, 가문, 대집단. ③【역사】 (고대 그리스·로마의)부족, 씨족; (고대 이스라엘의 12)지족(支族). ④【생물】 (동식물 분류상의)족(族), 류(類) 【과와 속의 중간】.
tribulation [tribylasjɔ̃] *n.f.* ① (대개 *pl.*) 괴로운 체험, 고난, 고생(ennui, peine). Il a passé par toutes sortes de ~s. 그는 온갖 종류의 고난을 다 겪었다. ② 《옛》고뇌; 【종교】 오뇌.
tribun [tribœ̃] *n.m.* ① 《구어》(선동적인)웅변가. éloquence de ~ 대중에 호소하는 웅변. ②【로마사】 호민관; 군단사령관(~ militaire). ③【프랑스사】법제 심의원(Tribunat)의 위원.
tribunal(pl.* **aux)** [tribynal, -o] *n.m.* ① 재판소, 법정; 재판; 사법권; (집합적)재판관, 법관; 재판석; 재판권. comparaître devant le ~ 법정에 출두하다, 법정에 서다. ~ civil(criminel, militaire) 민사(형사·군사)재판. ~ répressif 징계재판소. ~ révolutionnaire 《프랑스사》 혁명재판소. ~ arbitral 중재(仲裁)재판소. ~ de commerce 상사 재판소. compte rendu des décisions des ~*aux* 판례집. gazette des ~*aux* 판결록. porter une cause d'un ~ à un autre 상급 재판소로 소송을 이송하다. prendre la voie des ~*aux* 재판에 호소하다. saisir un ~ d'une affaire; porter une affaire devant les ~*aux* 사건을 법정에 제소하다. ② (신의)

심판; (구어) (여론의)비판. ~ de la pénitence 고해장(告解場). ~ de famille 가족회의. ~ de la conscience 양심. ③ 【교회건축】 (바실리카식 교회당의)주교좌. **en plein ~** 공판정에서.
tribunat [tribyna] *n.m.* ①【로마사】호민관(군사령관)의 직(임기); (*T*~) 【프랑스사】법제심의원, 제 3 입법의회.
tribune [tribyn] *n.f.* ① (의회 따위의)연단. monter à la ~ 등단(登壇)하다. éloquence de la ~ 의회에서(의회 연설조)의 웅변. ~ du public (de la presse) (국회의)일반 방청석(기자석). ② (신문 따위의)논단, 토론회. ~ libre d'un journal 신문의 자유논단. ~ des critiques (라디오·텔레비전의) 토론회. ~ politique de la télévision 텔레비전의 정치토론회. ③ 【교회의】특별석; 【교회건축】 누대(樓臺). ~ d'orgues (성당의)파이프오르간을 설치한 누대. ④ (일반적인)방청석, 관람석; 방청석(관람석)의 사람. ~ d'un stade 스타디움의 관람대. louer une ~ 관람석을 예약하다. ~*s* du public 방청석.
tribunitien(ne) [tribynisjɛ̃, -ɛn] *a.* ①【고대 로마】호민관의. pouvoir ~ 호민관의 권한. ②《문어》선동적인. éloquence ~*ne* 선동적인 연설.
tribut [triby] *n.m.* ①【역사】 (속국이 바치는)조공 (朝貢), 공물(貢物). payer ~ à *qn* …에게 공물을 바치다. ②(세)세, 조세. lever un ~ 세를 징수하다. ③《옛》보수. recevoir le ~ de ses peines 노력의 대가(보상)를 받다. ④《문어》(윤리적인 면에서의)의무.
payer le ~ à la mer 뱃멀미를 하다. **payer le ~ à la nature** 죽다. **payer le ~ à l'humanité** (사람이)성격에 결함을 갖다. **payer le ~ du sang** 싸움터에 나가다.
tributaire [tribytɛːr] *a.* ①[~ de *qn/qc*] (에)의존하는, 종속하는(dépendant). La Corée est ~ *des* pays étrangers particulièrement pour le pétrole. 한국은 특히 석유를 외국에 의존하고 있다. Tout homme est ~ *de la* mort. 여하한 인간도 죽음에서 벗어날 수는 없다. ②[~ de *qc*] 【지리】(강이 더 큰 강·바다에)흘러드는, 합류하는(affluent). La Vilaine est ~ *de l'*Atlantique. 빌렌 강은 대서양에 흘러든다. fleuve ~ *de la* Loire 루아르 강과 합류하는 강. ③《옛》조공을 바치는, (권력에)종속하는. peuple ~ 조공 국민.
—*n.m.* 조공국, 속국; (강의)지류(支流). ~*s* de la Seine 센 강의 지류.
tribute [tribyt] *a.* comices ~*s* (고대로마의 각 부족의)평민회(平民會).
tricage [trikaːʒ] *n.m.* 【해양】조립 돛대로 쓸 목재를 대패질하기; 뗏목을 짜기.
tricalcique [trikalsik] *a.* 【화학】 3 칼슘의. phosphate ~ 인산 3 칼슘, 제 3 인산칼슘.
tricapsulaire [trikapsylɛːr] *a.* 【식물】 (열매가)꼬투리가 3개 있는.
tri(-)car [trikaːr] *n.m.* 《옛》 =**triporteur**.
tricard(e) [trikaːr, -ard] 《속어》*a.* 체재 금지의, 배척된, 추방된. —*n.* 체재 금지자, 배척당한 자, 추방자.
tricastin(e) [trikastɛ̃, -in] *a.* 트리카스탱(*T*~, 프랑스의 옛 지방)의. —*T*~ *n.* 트리카스탱 사람.
-trice *suff.* 「행위·행위자의」를 뜻하는 형용사 여성형·여성명사 어미.
tricennal(ale, *pl.* **aux)** [trisɛnnal, -o] *a.* 【법】 30 년간의. concession ~*ale* 30 년 기한의 양도. engagement ~ 30 년 계약.
tricentenaire [trisɑ̃tnɛːr] *a.* 《드물게》300 년 된(지난). bâtiment ~ 300 년 된 건물. —*n.m.* 300 년제

(祭). fêter le ~ d'un grand écrivain 대작가의 300주년을 기념하다.

tricéphale [trisefal] *a.* 《괴물 따위가》머리를 셋 가진, 삼두(三頭)의. —*n.m.* 삼두의 괴물.

triceps [trisɛps] *a.* 《해부》 삼두의. muscle ~ sural 하퇴 삼두근.
—*n.m.* 《해부》 삼두근(三頭筋).

tricératops [triseratɔps] *n.m.* 《고대생물》 트리세라톱스《머리에 뿔이 셋 돋친 dinosauriens 종류》.

triche [triʃ] *n.f.* 《구어》《놀이》 속이기, 속임수. obtenir qc à la ~ …을 속여 획득하다. C'est de la ~. 그건 속임수다.

tricher [triʃe] *v.i.* ① 《도박 따위에서》 속임수를 쓰다, 야바위치다. ~ aux examens 시험에서 커닝을 하다. ② [~ sur qc] 《을》 속이다. Il triche sur son âge. 그는 자기 나이를 속인다. Ce marchand triche sur le prix. 이 상인은 가격을 속인다. ③ 《결함 따위를 속임수로》 감추다, 호도(糊塗)하다. L'architecte a triché en mettant une fausse fenêtre pour rétablir la symétrie. 그 건축가는 위장 창문을 냄으로써 균형있는 짜임새로 보이게 했다.

tricherie [triʃri] *n.f.* 《특히 놀이에서의》 속임수; 《시험 따위의》 부정행위; 협잡. gagner par ~ 속임수로 이기다.

tricheur(se) [triʃœːr, -øːz] *a.* 속임수를 쓰는, 속이는. —*n.* 속임수를 쓰는 사람, 협잡꾼; 커닝하는 학생. Ce politicien est un ~. 그 정치가는 사기꾼이다.

trichiasis [trikjazis] *n.m.* 《의학》 도첩권모증(倒睫卷毛症).

trichinal(ale, pl. aux) [trik(ʃ)inal, -o] *a.* 선모충(旋毛蟲)의.

trichine [trik(ʃ)in] *n.f.* 《동물·의학》 선모충.

trichiné(e) [trik(ʃ)ine] *a.* 《장 따위에》 선모충이 기생한. muscle ~ 선모충이 기생한 근육.

trichineux(se) [trik(ʃ)inø, -øːz] *a.* 선모충병이 걸린. porc ~ 선모충 병이 걸린 돼지.

trichinose [trik(ʃ)inoːz] *n.f.* 《의학》 선모충병.

trichite [trikit] *n.f.* 《지질》 모상정자(毛狀晶子).

trichiure [trikjyːr] *n.m.* 《어류》 갈치.

trichloracétique [triklɔrasetik] *a.* 《화학》 트리클로르 초산의.

trichloréthylène [triklɔretilɛn] *n.m.* 《화학》 트리클로르에틸렌.

trich(o)- *préf.* 「털·머리털」의 뜻.

trichocaule [trikokoːl] *a.* 《식물》 솜털로 덮인 줄기를 가진.

trichocéphale [trikosefal] *n.m.* 《동물·의학》 편충(鞭蟲).

trichologie [trikolɔʒi] *n.f.* 《의학》 모발학; 모발 연구.

tricholome [trikolɔm] *n.m.* 《식물》 무더기 버섯.

trichoma [trikoma], **trichome** [trikoːm] *n.m.* 《의학》 규발병(糾髮病).

trichomanie [trikomani] *n.f.* 《정신의학》 농발벽(弄髪癖).

trichomonas [trikomɔnas] *n.m.* 《동물》 트리코모나스《원생 편모충류》.

trichomycine [trikomisin] *n.f.* 트리코마이신《항생제의 일종》.

trichophytie [trikofiti] *n.f.* 《의학》 백선(白癬).

trichophyton [trikofitɔ̃] *n.m.* 《식물》 백선균.

trichotillomanie [trikotilomani] *n.f.* 《정신의학》 모발발거증(毛髮拔去症).《法》.

trichotomie [trikɔtɔmi] *n.f.* 《논리》 삼분법(三分).

trichrome [trikroːm] *a.* 《사진·사진판의》 3색의, 3색판의.

trichromie [trikrɔmi] *n.f.* 3색사진법, 3색판법.

trick [trik] 《영》 *n.m.* = **tri**[2].

triclinique [triklinik] *a.* 삼사정계(三斜晶系)의《결정(結晶)》.

triclinium [triklinjɔm] *n.m.* 《고대로마》 누워서 식사하는 3인용 식탁; 《그런》 식탁이 놓인 식당.

tricoises [trikwaːz] *n.f.pl.* 《대장장이·말굽쇠 직공》 큰 집게, 뻰찌, 뿟뚱이.

tricolor [trikɔlɔːr] *n.m.* 《식물》 삼색맨드라미.

tricolore [trikɔlɔːr] *a.* ① 3색의. drapeau ~ 삼색기《프랑스의 국기》. feu ~ 삼색 신호등. ② 《구어》 프랑스의 (français). équipe ~ 《스포츠》 프랑스 팀.
—*n.m.* 《구어》《스포츠》 프랑스 팀.

tricorne

tricorde [trikɔrd] 《음악》 *a.* 3현(絃)의.
—*n.m.* 3현악기.

tricorne [trikɔrn] *a.* 세 뿔가진. —*n.m.* 삼각모.

*tricot[1] [triko] *n.m.* ① 편물(編物), 《직물》 메리야스, 트리코. chaussettes en(de) ~ 뜨개질한 양말. dentelle au ~ 편물의 레이스. faire du ~ 뜨개질하다. industrie du ~ 메리야스업계. ② 뜨개질하여 만든 옷. mettre un ~ 털실 스웨터를 입다. ~ de peau(de corps) 남자용 샤쓰, 타이츠. ③《선원이 샤쓰 속에 입는》 백색과 청색의 가로줄무늬 속옷. ④ 《전기》 전선의 피복.

tricot[2] *n.m.* 《옛》 곤봉.

tricotage [trikotaːʒ] *n.m.* ① 뜨개질; 편물. ~ à la machine 기계뜨기. ②《구어》 발을 빨리 놀리기. ~ des coureurs cyclistes 자전거 경기선수의 맹렬한 페달링.

tricoté(e[1]**)** [trikote] *a.p.* 편물로 짠, 트리코의. vêtement ~ 니트웨어.

tricotée[2] *n.f.* 《속어》 곤봉으로 때리기.

tricoter [trikote] *v.t.* 짜다, 뜨다;《목적보어 없이》 뜨개질하다. ~ des bas 양말을 뜨다. aiguilles à ~ 뜨개바늘. machine à ~ 편물기. apprendre à ~ 뜨개질을 배우다.
—*v.i.* 《구어》 빨리 달리다《발을 움직여 춤추다, 페달을 밟다》; 다리를 안쪽으로 모으며 걷다.
~ *des jambes(des gambettes, des flûtes)* 《속어》 도망치다; 춤추다. ~ *les côtes à qn* 《옛·구어》 …을 때리다.
—se ~ *v.pr.* 《구어》 도망치다.

tricoterie [trikotri] *n.f.* 편물 공장, 뜨개질 공장.

tricotets [trikote] *n.m.pl.* 옛날의 빠르고 쾌활한 무용(곡).

tricoteur(se) [trikotœːr, -øːz] *n.* 뜨개질하는 사람, 편물사. ~ de filets 그물을 뜨는 사람.
—*n.f.* 수동 편물기계(métier à tricoter).
—*n.f.pl.* 《프랑스사》 대혁명에 가담한 서민층 여자들《뜨개질을 하며 협력했음》.

tricotoir [trikotwaːr] *n.m.* 《수예》 《뜨개질할 때 사용하는》 바늘 꽂이.

tricouni [trikuni] *n.m.* 《상표명》 《등산화의 미끄럼 방지용》 징, 트리쿠니.

tricourant [trikurɑ̃] *a.* 《불변》 《전기 기관차 따위가》 3전류 방식의.

trictrac [triktrak] *n.m.* 따라락《주사위가 구를 때 나는 소리》; 《놀이》 트릭트랙《서양 주사위놀이》; 트릭트랙 판.

tricuspide [trikyspid] *a.* 《식물》 세 끝이 뾰족한. valvule ~ 《해부》《심장의》 삼첨판(三尖瓣).

tricycle [trisikl] *n.m.* 《화물 운반용의》 삼륜

tricycliste [trisiklist] *n.* 삼륜차로 배달하는 사람.
tridacne [tridakn] *n.m.* 【패류】 거거(車渠).
tridactyle [tridaktil] *a.* 【동물】 (메뚜기류의 앞 다리 관절이)3절의(로된); 삼지(三指)의.
—*n.m.* 【곤충】 좁쌀메뚜기.
tride [trid] *a.* 【예】 (말의 동작이)활발한(vif), 민활한(prompt). Ce cheval a des mouvements ~s. 이 말은 동작이 민활하다.
trident [tridɑ̃] *n.m.* ① 세발 작살; 세발 쟁기. ② 【신화】 (로마의 해신(海神)넵튠(Neptune)이) 들고 있는)삼지창(三枝戟).
tidenté(e) [tidɑ̃te] *a.* 【식물】 3치엽연(齒葉緣)
tridi [tridi] *n.m.* 【프랑스사】 3일 (공화력 각순(各旬)의 제 3 일).
tridimensionnel(le) [tridimɑ̃sjɔnɛl] *a.* 3차원의; 입체적인. espace ~ 3차원 공간. radar ~ 3차원 레이다. figure ~ 입체도.
triduo [tridqo], **triduum** [tridqɔm] *n.m.* 【카톨릭】 성성일(聖三日) (부활절 직전인 성주간의 목·금·토요일 3일간).
tridymite [tridimit] *n.f.* 【광산】 인규석(鱗硅石).
trie [tri] *n.f.* ① (특히 물고기의)가려내기, 선별. ② 비둘기덫.
trièdre [tri(j)ɛdr] 【기하】 *a.* 3면(자)의. —*n.m.* 3 등각, 3면각(angle ~).
triennal(ale, pl. aux) [tri(j)e(ɛn)nal -o] *a.* ① 3년 계속의, 3년 마다의; 3년제의, 임기 3년의. emploi ~ 3년 계약의 일. charge(fonction) ~*ale* 3년 임기의 관직. ② 3년 주기의. exposition ~*ale* 3년마다 열리는 박람회(미술전). ③ 【농업】 (윤작)3년마다(교대)의, assolement ~ 3년윤작. ④ plante ~*ale* 【식물】 3년생 식물.
triennalité [tri(j)e(ɛn)nalite] *n.f.* 【드물게】 (직·관직·명예직 따위의)3년간, 3년 계속; 3년교대, 3년마다 이루어지기.
triennat [tri(j)e(ɛn)na] *n.m.* 3년간; 3년간의 임기.
triennium [tri(j)e(ɛn)njɔm] (라틴) *n.m.* 【종교】 (중세기에 있어)3년의 신학 수업기간.
***trier** [tri(j)e] *v.t.* ① 고르다, 선별(選別)하다(choisir). ~ des semences une à une 씨를 하나하나 고르다. ~ les meilleurs sujets 가장 훌륭한 인재를 고르다. ~ des lentilles 렌즈콩을 선별해내다 (불순물을 제거하고 콩만 골라내다). ② 분류하다 (classer, répartir). ~ des lettres 우편물을 분류하다. ~ des livres 책을 정리하다. ③ 바꾸어 넣다, 조차(操車)하다. ~ un train 【철도】 열차를 조차하다(열차의 연결과 떼기를 하다).
triérarchie [tri(j)erarʃi] *n.f.* 【고대그리스】 ① 3 단노선(段檣船) 사령관의 직. ② (아테네의 부호에 부과한)3 단노선 장비 유지의 의무.
triérarque [tri(j)erark] *n.m.* 【고대그리스】 ① 3 단노선 사령관. ② (아테네의)3 단노선 장비 유지의 의무가 부과된 부유한 시민.
trière [tri(j)ɛːr] *n.f.* 【고대그리스】 3 단노선.
trieur(se) [tri(j)œːr, -øːz] *n.* 골라내는 사람; 구분(분류)자, 선별공(選別工). (광물·곡물 따위의)선별기, 선광기. —*n.f.* ① 자동식 양털 정선기 (精選器). ② 【광물】 자동 선광기(crible). ③ 자동식 카드 분류기.
trifacial(ale, pl. aux) [trifasjal, -o] *a.* nerf ~ 【의학】 3차신경(nerf trijumeau). —*n.m.* 【의학】 3차(叉)신경(nerf ~).
trifide [trifid] *a.* 【생물】 3렬(裂)의.
trifilaire [trifilɛːr] *a.* 【무전】 3선식(線式)의.
triflore [triflɔːr] *a.* 【식물】 3화(花)의.

trifolié(e) [trifɔlje] *a.* 【식물】 3소엽의.
trifoliolé(e) [trifɔljɔle] *a.* 【식물】 (클로버·딸기 따위의)3출복엽(出複葉).
trifolium [trifɔljɔm] *n.m.* 【식물】 토끼풀속.
triforium [trifɔrjɔm] (라틴) *n.m.* 【건축】 트리포리움(고딕식 성당 내부의 높은 창 밑에 위치하는 장식 목적의 아케이드).
triforme [trifɔrm] *a.* ① 3 체(體)의, 3 두(頭)의. ② 【식물】 형태가 다른 세 꽃을 가진.
trifouillage [trifuja:ʒ] *n.m.* 〈속어〉뒤적이기.

triforium

trifouillée [trifuje] *n.f.* 〈속어〉[une ~ de 형으로]. Il a toute *une* ~ *de* cousins. 그에게는 사촌들이 수없이 많다.
trifouiller [trifuje] *v.t.* ① 〈구어〉마구 뒤적이다; 휘젓다; (기계를)만지작거리다. ② 지근지근 괴롭히다. Cela m'*a trifouillé* le cœur. 그 일은 내 마음을 뒤흔들어 놓았다.
—*v.i.* (찾기 위해)휘젓다. ~ dans un tiroir 서랍 속을 마구 뒤지며 찾다. Ne viens pas ~ dans mes affaires. 내 소지품을 뒤지러 오지 마시오.
trifouilleur(se) [trifujœːr, -øːz] *n.* 마구 뒤적이는 사람; 침착하지 못한 사람, 덜렁이.
trifurcation [trifyrkasjɔ̃] *n.f.* 【드물게】(나무·길 따위가)세 갈래(부분)로 갈라지기. ~ d'une route 세 갈래길.
trifurqué(e) [trifyrke] *a.p.* 세 갈래로 갈라진.
trifurquer [trifyrke] 【드물게】 *v.t.* 세 갈래(부분)로 가르다. —*se* ~ *v.pr.* 세 갈래로 나누어지다.
trigame [trigam] *a.* 【법】 3중 결혼의; 【식물】 3 성화(性花)의. —*n.* 3 중 결혼자.
trigamie [trigami] *n.f.* 【법】 3중 결혼.
trigaud(e) [trigo, -od] 〈예·속어〉① 엉큼한, 잔꾀를 부리는(trompeur). —*n.* 엉큼한 사람.
trigauder [trigode] *v.i.* 〈예·속어〉엉큼하게 행동하다, 잔꾀를 부리다; (사람을)속이다(duper).
trigauderie [trigodri] *n.f.* 〈예·속어〉엉큼한 짓, 잔꾀부림.
trigémellaire [triʒeme(ɛl)lɛːr] *a.* 【의학】 세 쌍둥이를 밴. accouchement ~ 세 쌍둥이 분만.
trigéminé(e) [triʒemine] *a.* ① 세 쌍의. ② pouls ~ 【의학】 3연맥(連脈).
trigemme [triʒɛm] *a.* 【식물】 세 싹(봉오리)을 가진.
trigle [trigl] *n.m.* 【어류】 성대.
triglochin [triglɔʃɛ̃] *n.m.* 【식물】 갯창포.
triglotte [triglɔt] *a.* (성서·사전 따위가)3개 국어로 된. —*n.* 3 개 국어를 말하는 사람.
triglycéride [trigliserid] *n.m.* 【화학】 트리글리세리드.
triglyphe [triglif] *n.m.* 【건축】 (도리아 건축의)트리글리프(세로로 된 세 줄기 무늬).
trigo [trigɔ] *n.f.* (= *trigonométrie*) 〈학생〉3 각법.
trigone¹ [trigɔn], **trigonal(ale, pl. aux)** [trigɔnal, -o] 【드물게】 3 각(形)의.
trigone² [trigɔn] 【해부】 *n.m.* cérébral 뇌궁(腦弓), 대뇌 궁륭(穹窿); ~ fibreux (심장의) 삼각근; ~ (de Lieutaud) 방광 삼각부.
trigonelle [trigɔnɛl] *n.f.* 【식물】 호로파.
trigonocéphale [trigɔnɔsefal] *n.m.* 【동물】 살무사과(科)의 1속(屬).

trigonométrie [trigɔnɔmetri] *n.f.* 【수학】 삼각법. ~ rectiligne(plane) 평면 3각법. ~ sphérique 구면(球面)3각법.
trigonométrique [trigɔnɔmetrik] *a.* 삼각법의. équations ~s 3각방정식.
trigonométriquement [trigɔnɔmetrikmɑ̃] *ad.* 삼각법에 의하여.
trigramme [trigram] *n.m.* 머리 글자 셋으로 된 약어(Organisation des Nations Unies(국제연합)의 O.N.U. 따위); 세 글자로 된 낱말.
trigrille [trigrij] *n.f.* 【무전】 5극 진공관.
trigyne [triʒin] *a.* 【식물】 암술 3개를 가진.
trihebdomadaire [triebdɔmadɛ:r] *a.* (신문 따위가)1주 3회 발행되는. publication ~ 주 3회 발행. journal ~ 주 3회 발행 신문.
trijumeau(elle) [triʒymo, -ɛl] (*pl.* **~x**) *n.* 세 쌍둥이. —*n.m.,* *a.* 【해부】 3차(又)신경(의).
trilatéral(ale, *pl.* **aux)** [trilateral, -o] *a.* 【에】3변(邊)의.
trilinéaire [trilineɛ:r] *a.* 【기하】 3선(線)의. co-ordonnées ~s, 3선좌표.
trilingue [trilɛ̃:g] *a.* 3개 국어로 된; 3개 국어를 아는. De nombreux Suisses sont ~s. 많은 스위스 사람들은 3개 국어를 말한다. secrétaire ~ 3개 국어를 하는 비서.
trilithe [trilit] *n.m.* 【고고학】 3석탑(石塔).
trilittéral(ale, *pl.* **aux)** [triliteral, -o], **trilit(t)ère** [trilitɛ:r] *a.* 【언어】 3자음(子音)의. langues ~ales 3자음어(子音語).
trille [trij] (이탈리어)*n.m.*【음악】전음(顫音), 바이브레이션
triller [trije] *v.t.,v.i.* 【음악】 전음으로 노래하다(연주하다), 떠는 소리로 노래하다.
trillion [triljɔ̃] *n.m.* 【수학】 100경(京)(10¹⁸); (1948년 까지의)1조(兆)(10¹²).
trilobé(e) [trilɔbe] *a.* ① arc ~ 【건축】 3엽(葉)장식이 있는(3엽형) 아치. ② 【식물】 3엽(葉)의.
trilobites [trilɔbit] *n.m.pl.* 【고대생물】 삼엽충류(三葉蟲類).
triloculaire [trilɔkylɛ:r] *a.* 【식물】 3방(房)으로 나뉜. ovaire ~ 3실자방.
trilogie [trilɔʒi] *n.f.* ① (소설·시·희곡·음악 따위의)3부작. ② (고대 그리스의)비극 3부작. ③ (밀접하게 관련이 있는)셋; 3인 체재, 3원(元)체제.
trilogique [trilɔʒik] *a.* 3부 비극의; 3부작의.
trimaran [trimarɑ̃] *n.m.* 【해양】 3동선(胴船).
trimar(d) [trima:r] *n.m.* (속·은어) ① 길(route, chemin). ② 방랑, 부랑; 떠돌이 노동자, 부랑자. battre le ~; être sur le ~ 방랑하다.
trimarder [trimarde] (구어) *v.i.* 방랑하다, 떠돌아다니다(vagabonder). —*v.t.* 운반하다, 나르다.
trimardeur [trimardœ:r] *n.m.* (속어)방랑자, 떠돌이(vagabond).
trimbalée [trɛ̃bale] *n.f.* (속어)많음.
trimbal(l)age [trɛ̃bala:ʒ], **trimbal(l)ement** [trɛ̃balmɑ̃] *n.m.* (구어) 가지고 다니기, 데리고 다니기; 돌아다니기.
trimbal(l)er [trɛ̃bale] *v.t.* (구어)(거추장스럽게)끌고 다니다, 데리고 다니다(traîner, transporter). Je ne vais pas ~ trois enfants dans Paris. 난 파리 시가를 아이 셋을 데리고 다니지는 않겠어. *Qu'est-ce qu'il trimbale!* (구어)저런 바보가 어디 있어!
—*se* ~ *v.pr.* (구어)이리저리 돌아다니다.
trimer [trime] *v.i.* (구어)애쓰다, 노력하다, 수고하다(peiner, se fatiguer). ~ toute la journée 하루 종일 고된 일을 하다; 지칠 대로 지쳐 걷다. ~ comme un nègre 흑인 노예같이 땀 흘리며 고된 일을 하다.
trimère [trimɛ:r] *a.* 3부(部)로 된; 【곤충】 3관절의. —*n.m.* 【화학】 3량체(量體).
trimestre [trimɛstr] *n.m.* ① 4반기(半期); 【학교】 (3개월의)학기; 3개월; 3개월의 지불금 [수입·급료]. premier ~ 제1학기(10월-크리스마스 방학). second ~ 2학기(정초-부활제 방학). troisième ~ 3학기(4월-6월말). ② 3개월의 지불금(수입); 【학교】 한 학기의 수업료. abonnement au ~ (잡지·신문 따위의)3개월분의 예약신청. par ~ 3개월마다; 【학교】 학기마다.
trimestriel(le) [trimɛstrijɛl] *a.* 3개월의; 3개월마다의, (잡지가)계간의. fonction(charge) ~ *le* 3개월의 임기. bulletin ~ 【학교】 학기말 리포트. revue ~ *le* 계간 잡지.
trimestriellement [trimɛstrijɛlmɑ̃] *ad.* 3개월마다; 3개월마다.
triméthylamine [trimetilamin] *n.f.* 【화학】 트리메틸아민.
trimètre [trimɛ:tr] ①【운율】 *a.* 3음격(音格)의. —*n.m.* 3음격의 시.
trimmer [trime(œ:)r] (영) *n.m.* 【어업】 원반형 낚시찌를 단 낚시도구; 【무선】 파장 조정기.
trimorphe [trimɔrf] *a.* 동질삼상의(結晶)의.
trimorphisme [trimɔrfism] *n.m.* 동질삼상(同質三像)(결정(結晶)).
trimoteur [trimɔtœ:r] *n.m.* 【항공】 3발동기형의 비행기, 3발기(avion ~).
Trimourti [trimurti] *n.f.* 【힌두교】 삼신 일체.
trin(e) [trɛ̃, -in] *a.* ① 【신학】 삼위일체의. ~*e* divinité 삼위일체의 신. ② 셋으로 나뉜. ~*(e)* aspect 【천문】 3분의 1대좌(對座)(혹성이 서로 120도 떨어진 위치에 있는 것).
trinaire [trinɛ:r] *a.* 3분되어 있는, 셋으로 나뉜. devise ~ de la République Française 프랑스 공화국의 세 개의 표어(Liberté, Égalité, Fraternité).
trinervé(e) [trinɛrve] *a.* 【식물】 3맥(脈)의.
tringa [trɛ̃ga] *n.m.* 【조류】 빨빼도요속(屬).
tringle [trɛ̃:gl] *n.f.* ① (커튼 따위의 고리를 꿰우는) 막대기, 대(~ à rideaux). ② (잡화상·푸줏간 따위에서 상품을 매달아 놓는)가로대. ③ 【건축】 줄 모양의 선. ④ 【음악】 (트라이앵글의)채, 타봉(打棒). *se mettre la* ~ (구어)허리띠를 졸라매다; 먹지 않고 참다; 없어도 참고 지내다(se mettre la ceinture).
tringler [trɛ̃gle] *v.t.* ① 【건축】 (목재에)먹줄을 치다; (줄을)치다. ② (여자를 육체적으로)차지하다. se faire ~ (여자가)남자의 것이 되다.
tringlette [trɛ̃glɛt] *n.f.* 작은 tringle.
tringlot [trɛ̃glo] *n.m.* (구어)(무기·의류·식량 따위의 군수품을 나르는 육군)운반병.
trinitaire [trinitɛ:r] *a.* 삼위일체의. —*n.* 【신학】 삼위일체론자; 【종교】 삼위일체의 수도사.
trinité [trinite] *n.f.* ① (T~) 【신학】 삼위일체(~ chrétienne); 삼위일체 축제, (삼위강림제 다음의 일요일)(fête de la T~); (la T~)(파리의)트리니테 성당. ② (T~) 【지리】 트리니다드 섬 (영령 서인도 제도의 하나)(île de la T~). ③ 셋이 한 쌍이 된 것, 셋이 서로 연관된 기능을 하는 것. ④ 【식물】 삼색제비꽃.
Trinité et Tobago [triniteetɔbago] *n.pr.f.* 트리다드토바고(서인도제도의 두 섬의 공화국).
trinitrobenzène [trinitrɔbɛ̃zɛn] *n.m.* 【화학】 트리니트로벤젠.
trinitrotoluène [trinitrɔtɔlɥɛn], **trinitrol** [trinitrɔl] *n.m.* 【화학】 트리니트로톨루엔(강력폭약;

trinôme 《약자》T.N.T.).

trinôme [trinoːm] 《수학》 a. 3항식(項式)의. ~ du second degré 3항 2차 방정식. —n.m. 3항식.

trinquart [trɛ̃kaːr] n.m. 청어잡이배.

trinquer [trɛ̃ke] 《독일》v.i. ① 건배하다, 술잔을 맞대어 축배를 들다; [~ à qc] (을 위해) 건배하다. Trinquons à la santé des nouveaux mariés! 신랑신부의 건강을 위해 건배합시다! ② 《구어》술을 마시다, 지나치게 마시다. ③ 《물건이》충돌하다(se choquer, se heurter). La vaisselle trinquait dans le bateau. 배 안에서 접시들이 서로 부딪치고 있었다. ④ 《속어》손해를 보다. C'est lui seul qui a trinqué dans cette affaire. 이 일에서 손해를 입은 것은 오직 그 뿐이다. ~ de 100 francs 100 프랑의 손해를 보다. ⑤ 《속어》벌을 받다. ~ de quinze jours de prison 2주간의 구류처분을 받다.

trinquet¹ [trɛ̃kɛ] n.m. 《해양》 앞돛대.

trinquet² n.m. 펠로타 실내 구기장(pelote).

trinquette [trɛ̃kɛt] n.f. 《해양》선수의 삼각돛.

trinqueur(se) [trɛ̃kœːr, øːz] n.m.f. 《옛 구어》술꾼, 애주가(grand buveur).

trio [tri(j)o] 《이탈리아》n.m. ① 트리오, 3인조. ② 《음악》 삼중주(곡·단); 삼중창(곡·단). ~ à cordes 현악 삼중주단. ~ pour cordes 현악 삼중주곡. ~ d'anches 목관 삼중주. ~ vocal 삼중창(단). ③ 《기계》 3단 압연기.

triobole [tri(j)ɔbɔl] n.m. 고대 그리스의 화폐 (3 oboles).

triode [tri(j)ɔd] n.f., a. 《전기》 3극 진공관(의).

triol [tri(j)ɔl] n.m. 《화학》 =trialcool.

triolet¹ [tri(j)ɔlɛ] n.m. ① 《운율》 8행시 (2개의 운(韻)으로 되어 있으며 그 중 첫번째와 4행·7행은 동일함). ② 《음악》 3연음표(三連音標).

triolet² n.m. 《식물》 잠개자리.

triomphal(ale, pl. aux) [tri(j)ɔ̃fal, -o] a. ① 개선(凱旋)의. char ~ 개선차. marche ~ale 개선행진곡. ② 화려한(pompeux), 열광적인(enthousiaste). accueil ~ 열광적인 환영. faire une entrée ~ale 마치 개선장군같이 보무당당하게 입장하다. ③ 《대립·전쟁 따위에서》승리한(triomphant). élection ~ale 대승한 선거. succès ~ d'un artiste (d'un sportif) 예술가(운동선수)의 눈부신 성공. ④ arc ~ 《건축》(바실리카식 성당의)합창대석 입구의 아치.

triomphalement [tri(j)ɔ̃falmɑ̃] ad. 열광적으로; 의기양양하게, 당당하게, 기고만장하여 (en triomphe). entrer ~ 당당하게 입장하다. être accueilli ~ 열광적으로 영접받다.

triomphalisme [tri(j)ɔ̃falism] n.m. 승리자 의식, 자신만만한 태도.

triomphaliste [tri(j)ɔ̃falist] a. (태도 따위가)자신만만한; 독선적인. —n. 자신이 넘치는 사람; 자기도취자; 독선적인 사람.

triomphant(e) [tri(j)ɔ̃fɑ̃, -ɑ̃ːt] a. ① 개선하는; 승리를 자랑하는. sortir ~ d'une épreuve 시험[시련]에서 승리를 거두다. Église ~e 개선교회 《현세에서 악을 극복한 천상의 성자들》. ② 의기양양한, 당당한, avoir un air ~ 의기양양한 모습을 하고 있다. ③ 이론의 여지없는, 결정적인. argument ~ 반론의 여지가 없는 이론 《최종적 결론》.

triomphateur(trice) [tri(j)ɔ̃fatœːr, -tris] a. 전승한, 승리한(victorieux); 개선하는. nation ~trice 승전국. —n.m. 《고대로마》개선장군, 승리자(vainqueur). —n. 승자; 성공한 사람. ~s des jeux Olympiques 올림픽경기의 승리자들.

*****triomphe**¹ [tri(j)ɔ̃ːf] n.m. ①개선, 《시합·경기 따위에서의》승리(victoire). remporter un ~ 승리를 두다. ~ du parti conservateur aux élections 선거에서 보수당의 승리. pousser un cri de ~ 승리의 함성을 올리다. en ~ 승리를 자랑하며, 의기양양하게. ② 대성공, 개가(apothéose); 열렬한 갈채 [격찬] (ovation). ~ de la science 과학의 승리. jour de ~ 영광의 날. Ce chanteur a remporté un vrai ~. 이 가수는 그야말로 대성공을 거두었다. faire un ~ à qn …에게 박수갈채를 보내다. 《예술가의》대표작, 최고의 장기. ~ d'un artiste 예술가의 대표작. L'eau-forte est son ~. 에칭은 그녀의 특기이다. ③ 《추상적》 승리, 영향력. ~ de la vertu[de la vérité] 미덕[진리]의 승리 《악덕·허위에 대하여》. ~ de l'amour[de la beauté, de l'éloquence] 사랑[미·웅변]의 힘. ⑤ 《고대로마》(개선장군을 위한)개선기념식. arc de ~ de l'Étoile; arc de ~ 에투왈 개선문(1836). ⑥ 《군사》(Saint-Cyr 육군사관학교의 제 1 학년 종료후의)진급축하(회). porter qn en ~ …을 행가래 치다, …을 목말태우다.

triomphe² n.f. 《놀이》 카드놀이의 일종.

triompher [tri(j)ɔ̃fe] v.t.ind. [~ de] …을 이기다, …을 물리치다(vaincre); 제압하다; 이겨내다, 극복하다(surmonter). ~ de ses adversaires 경쟁[적수]들을 물리치다. ~ des obstacles 장애를 극복하다. ~ de ses passions 정욕을 억제하다.
—v.i. ① 대승하다, 성공을 거두다. ~ aux élections 선거에서 압승하다. ~ dans un procès 소송(勝訴)하다. ② 《acteur qui triomphe dans un rôle 어떤 역(役)에서 대중의 격찬을 받는 배우. ② 압도하다, 지배하다. Nous vivons en un temps où le jargon international triomphe. 우리는 국제적인 은어가 판을 치는 시기에 살고 있다. ③ 의기양양해 하다, 기고만장하다, 승리를 구가하다. Ne triomphez par trop tôt; on ne sait jamais. 너무 빨리 의기양양해 하지 마시오, 어찌될지 모르니까. ④ 뛰어나다, 결출하다(exceller). Cet écrivain triomphe dans l'analyse psychologique. 이 작가는 심리 분석에 뛰어나다. ⑤ 《고대로마》 개선기념식을 올리다.

trional [tri(j)ɔnal] n.m. 《약》 트리오날 《최면제》.

Triones [tri(j)ɔn] n.pr.m.pl. 《천문》 북두칠성.

trionyx, trionix [tri(j)ɔniks] n.m. 《동물》 (열대산의)자라의 일종.

triostée [tri(j)ɔste] n.m. 《식물》 트리오스테움속(屬) (인동과(科)식물, 뿌리는 약용).

trioxyde [tri(j)ɔksid] n.m. 《화학》 3 산화물.

trip [trip] 《영》 n.m. 《구어》 《마약 L.S.D. 따위에 의한》 환각상태(체험).

tripaille [tripɑːj] n.f. 《구어》 (동물의)장자, 내장.

tripale [tripal] a. hélice ~ 3 익(翼)추진기.

tripang [tripɑ̃] n.m. 《동물》 해삼(말린).

triparti(e) [triparti], **tripartite** [tripartit] a. ① 셋으로 갈린, 3부로 된. 《식물》 3 열(裂)의. feuille tripartie 3 심열엽 (深裂葉). ② 3 자간에서 행해지는. accord tripartite 3 국 협정. conversations tripartites 3 파(당)회담, 3국회담. gouvernement tripartite 3 당 연립정부. commission tripartite 3 자위원회 《생산자·소비자·정부 대표》.

tripartisme [tripartism] n.m. 《정치》 3 당(黨)연립제. 《외교》 3 국동맹.

tripartition [tripartisjɔ̃] n.f. 3 등분.

tripatouillage [tripatujaːʒ] n.m. 《구어》 마음대로 고쳐쓰기(뜯어고치기), 가필. ~ des textes originaux 원문을 마구 뜯어고치기. ~ de la comptabilité 장부의 조작. ~s électoraux 선거구를 멋대로 고치기.

tripatouiller [tripatuje] v.t. ① 《구어》 (저자의 동의 없이 원문을)마음대로 고치다, 가필하다. ~ les textes 원문을 마음대로 고쳐쓰다. ② 속이다, 부정으로[서투르게] 바꾸다(altérer). ~ les comptes 계산을 속이다. ③ 만지작거리다(tripoter). Si tu *tripatouilles* l'interrupteur, tu vas finir par le casser. 스위치를 만지작거리다가는 너는 결국 그것을 부수고 말겠다. ④ (계산서 따위를)고쳐쓰다; (뉴스 따위를)오전하다.

tripatouilleur(se) [tripatujœːr, -ʃːz] *n.* tripatouiller 하는 사람.

tripe[1] [trip] *n.f.* ① 〖동물〗, 특히 반추동물의)위장. ② (*pl.*) 〖요리〗 소의 위장을 사용한 요리. ~*s* à la mode Caen 캉 식의 트리프(《소의 위와 다리·아채 따위를 사과주로 찐 노르망디 지방의 요리). ③ (*pl.*) 〖구어〗(사람의)창자; 배. recevoir un coup de couteau dans les ~*s* 배를 단도로 찔리다. ~ 〖구어〗 ~ sensible 민감한 마음. avoir la ~ républicaine 뱃속까지 공화주의자이다. *Il ne pense qu'à la ~*. 그는 먹는 것 밖에 생각하지 않는다. *prendre aux ~s* 〖구어〗마음속 깊이 감동시키다.

tripe[2] *n.f.* 엽궐련의 속.

tripe[3], **trippe** [trip] *n.f.* ~ (de velours) (옛) 〖기술〗(가구용)벨벳.

tripée [tripe] *n.f.* =**tripaille**.

tripenné(e) [tripe(ɛn)ne], **tripenne** [tripen] *a.* 〖식물〗삼회우상(三回羽状)의.

triperie [tripri] *n.f.* 내장장사; 내장가게; 내장.

tripétale [tripetal], **tripétalé(e)** [tripetale] *a.* 〖식물〗꽃잎이 셋 있는.

tripette [tripɛt] *n.f.* ① 쓸모없는〔하찮은〕것. Ça ne vaut pas ~. 〖구어〗그것은 한 푼의 값어치도 없다. ② 작은 창자.

triphasé(e) [trifaze] *a.* 〖전기〗3 상(相)교류의. courant ~ 3 상교류. génératrice ~*e*; alternateur ~ 3 상 발전기. —*n.m.* 삼상회로.

triphénylméthane [trifenilmetan] *n.m.* 〖화학〗트리페닐메탄(염료로 사용).

triphtongue [triftɔ̃g] *n.f.* 〖언어〗3중모음(영어의 our, fire 따위, 불어에는 없음).

triphylle [trifil] *a.* 〖식물〗세 잎의.

tripier(ère) [tripje, -ɛr] *n.* 내장장수.

triplace [triplas] *a.* 3인승의. 〖〗3인승 비행기〔자동차〕.

triplan [triplɑ̃, -an] 〖항공〗 *a.* 3엽(葉)의. —*n.m.* 삼엽(비행)기(三葉(飛行)機).

***triple** [tripl] *a.* ① ③ 3중의. souliers à ~ semelle 3중창의 구두. ~ menton 3중턱. faire une copie [un acte] en ~ exemplaire 3통의 같은 복사본(증명서)을 작성하다. ⓑ point ~ 〖물리〗3중점. ⓒ liaison ~ 〖화학〗3중결합. ⓓ fièvre ~ quotidienne 〖의학〗매일 3회 열. ⓔ ~ croche 〖음악〗32분 음표(↝ croche). ② 3배의. ~ dose 3배의 복용량(量). Sa dépense est ~ de la mienne. 그의 지출은 나의 3배이다. ③ 3요소의, 3국간의. T~ Entente 〖역사〗(1914년 불·영·소의)3국협상. T~ alliance(1882년 독·오·이의)3국동맹. ④ 〖구어〗더 할 나위 없는, 굉장한, 대단한. ~ sot 바보 중의 바보. *aller au ~ galop* 〖구어〗전속력으로 달려 가다. —*n.m.* 3배, 3중. plier en ~ (종이 따위를)셋으로 접다. Douze est le ~ de quatre. 12는 4의 3배이다. augmenter du ~ 3배로 늘다.

triplé(e) [triple] *a.p.* ① 3배로 한〔된〕. ② intervalle ~*e* 〖음악〗3옥타브의. ③ raison ~ 〖수학〗세제곱비. ③ 3승비. ④ 세 쌍둥이의. —*n.pl.* 세 쌍둥이(triplets). —*n.* 세 쌍둥이중의 하나. —*n.m.* 〖경마〗(장내 마권제도에 있어서)3연승식.

triplement[1] [triplǝmɑ̃] *ad.* 3배로, 3중으로. Il a ~ raison. 그는 삼중으로 옳다.

triplement[2] *n.m.* 3중화(重化), 3배화(倍化), 3중으로 늘이기. ~ d'un capital 자본금의 3배 증액.

tripler [triple] *v.t.* 3배로 하다, 세 곱하다, 3중으로 하다. ~ sa fortune 자기의 재산을 3배로 늘리다. ~ les trains 〖철도〗열차를 3배로 증차하다. —*v.i.* 3배가 되다. Le prix de cet article *a* presque *triplé* en deux ans. 이 물건 값은 2년사이에 거의 3배가 되었다.

triplet [triplɛ] *n.m.* ① (*pl.*) 세 쌍동이. ② 〖사진〗트리플렛(凸·凹·凸로 된 3중렌즈). ③ 〖광학〗(스펙트럼의)3중선. ④ 〖수학〗3원(元)을 갖는 순서집합. ⑤ 〖건축〗3중창.

triplette [triplɛt] *n.f.* ① (구기 따위의)3인조. ~ centrale (축구의)센터포드와 2인의 이너; 하프백의 3인. ② (옛)3인승 자전거.

tripleur [triplœr] *n.m.* 〖직조〗세 가닥을 꼬는 기계.

triplex [triplɛks] *n.m.* ① (verre) ~ 〖상품명〗3중유리. ② 〖광업〗(강철의)3단압련법(鍛練法).

triplicata [triplikata] 〖라틴〗 *n.m.* 〖복수불변〗제3부본(副本)(원본과 사본 2통중 두 번째로 복사한 것). *en* ~ 세 통으로.

Triplice [triplis] *n.f.* 〖역사〗(1882년 독일·오스트리아·이탈리아 간에 체결된)3국동맹.

triplicité [triplisite] *n.f.* 3배, 3중; 〖신학〗삼위일체. 〖〗(脈)의.

triplinervé(e) [triplinɛrve] *a.* 〖식물〗3주맥(主脈)의.

triplique [triplik] *n.f.* 〖고 로마법〗(피고의 제2항변에 대하여)원고의 제3항변(exception).

triploïde [triplɔid] *a.* 〖생물〗(염색체 가)3배체(倍體)의. 3배체핵(noyau ~).

triplure [triplyːr] *n.f.* 〖재봉〗(의복의 어떤 부분을 빳빳하게 하기 위해 넣는)빳빳한 천, 심.

tripode [tripɔd] *a.* 〖해양〗(돛대가)3각(脚)의. —*n.m.* 삼각돛대(mât ~).

tripodie [tripɔdi] *n.f.* 〖운율〗3각시구(脚詩句).

tripoli [tripɔli] *n.m.* 〖광물〗규조토, 규질(硅質)석회암〖유리·금속 연마용〗.

tripolir [tripɔliːr], **tripolisser** [tripɔlise] *v.t.* 규질석회암 주로 갈다.

tri(-)porteur [tripɔrtœːr] *n.m.* (화물 운반용의)3륜 자전거; 3륜 오토바이.

tripot [tripo] *n.m.* ① (속어)도박장(maison de jeu). ② 수상한 집. ③ (옛)정구장. ④ 계략, 술책. *être dans son* ~ (옛·구어)자기 손아귀(세력 범위)안에 있다.

tripotage [tripɔtaːʒ] *n.m.* 〖구어〗① (옛) 뒤죽박죽, 엉망진창. ② 책략, 음모(intrigue). ③ 속임수; 부정조작, 부정거래. ~*s* de Bourse 주식투기. ~*s* électoraux 선거부정.

tripotailler [tripɔtɑje] *v.t.* 〖구어〗.

tripotée [tripɔte] *n.f.* 〖구어〗① 구타(raclée, volée). ② 다수(grand nombre). avoir une ~ d'enfants 아이들이 우글우글대다.

tripoter [tripɔte] *v.t.* ① 〖구어〗만지작거리다, 마구 건드리다. ~ sa barbe 수염을 만지작거리다. ~ une femme 〖속어〗여자를 애무하다. ② (남의 돈을)돈벌이에 이용하다; 술책을 꾸미다, 획책하다. ~ un mariage 사기 결혼을 꾀하다. ~ des fonds 자금을 부정운용하다.

—*v.i.* 〖구어〗① 만지작거리다, 뒤적이다. ~ dans un tiroir 서랍 속을 마구 뒤적이다. ② 부정거래를 하다; 부정한 이익을 취하다(fricoter, trafiquer). ~ dans la caisse 현금을 속여먹다. ~ dans une affaire 어떤 상거래에서 부정이득을 보다. ~ sur les blés 밀투기에 손대다.

tripoteur(se) [tripotœːr, -øːz] *a, n.* 《구어》① 주물럭거리는(사람); 만지고 싶어하는(사람). Il a des mains ~*ses*. 그는 여자만 보면 만지려고 한다. ② 부정거래 하는(사람). ~ de la Bourse 주식의 부정거래인.

tripotier(ère) [tripotje, -ɛːr] *a* 음모를 꾸미는, 교활한. ─*n.* ① 협잡꾼. ② 도박장 주인.

tripous, tripoux [tripu] *n.m.pl.* 《요리》 (오베르뉴지방의 양의 족과 송아지의 장갓막을 곁들인)내장 요리.

triptyque [triptik] *n.m.* ① 3매화[조각] (양측 판넬이 중앙 판넬을 덮는). ② 3절 세관통행증《자동차로 과세를 지불하지 않고 통과하는》. ③ 3부작, 3막극.

trique [trik] *n.f.* ①《구어》굵은 몽둥이, 곤봉. menacer *qn* de sa ~ …을 곤봉으로 위협하다. ②《구어》곤봉에 의한 벌; 거친 대우. mener *qn* à la ~ …을 거칠게 취급하다. ③《은어》체재금지하는. *sec [maigre] comme un coup de* ~ 비쩍 마른.

triqueballe [trikbal] *n.m.* 매달기 운반차《길고 무거운 목재 따위를 차축 밑에 매달고 끄는》.

trique-madame [trikmadam] *n.f.*《복수불변》《식물》 흰꿩의비름.

triquer [trike] *v.t.* ①《구어》몽둥이로 때리다. ②(재목을)선별하다, 고르다. ③《선박》(조립돛대용 재목을)깎다.

triquet [trike] *n.m.* ①(jeu de paume 용의)라켓. ②(지붕 이는 사람의)3각 발판. ③(한 쌍으로 연결된)계단.

triquetrac [triktrak] *n.m.* 탁타《물건들이 부딪치는 소리》.

triquètre [trikɛtr] *a.* (식물의 줄기 따위가)세모난. ─*n.f.* (옛 화폐의)3각무늬(脚巴紋).

triqueur(se) [trikœːr, -øːz] *n.* ①《속어》넝마·고철 따위를 가려내는; 고물장수. ②(재목을 선별해서) 뗏목을 만드는 직공.

triréacteur [triʀeaktœːr] *n.m.* 3 발 제트기.

trirectangle [triʀɛktɑ̃ːgl] *a.* 세 직각의.

trirègne [triʀɛɲ] *n.m.* 로마교황의 3중관. 「린 배.

trirème [triʀɛm] *n.f.*《고대로마》3층의 노가 달

trisagion [trisaʒjɔ̃] *n.m.*《종교》삼성송《독송 앞에서 세번 반복됨》.

trisaïeul(e) [trizajœl] *n.* 고조부, 고조모.

trisannuel(le) [triza(n)nɥɛl] *a.*《식물》3년생의. plante ~*le* 3년생 식물. ②《드물게》3년마다 있는.

trisec*teur(trice)* [trisɛktœːr, -tris] 《기하》 *a.* (각을)3등분하는. ─*n.m.* 3등분기(器).

trisection [trisɛksjɔ̃] *n.f.*《기하》3등분.

trisépale [trisepal] *a.*《식물》3개의 꽃받침 조각이 있는.

triséquer [triseke] [6] *v.t.* 3(등)분하다. ~ un angle 각을 3등분하다.
─*se* ~ *v.pr.* 3등분되다.

trismégiste [trismeʒist] *a.* Hermès *T*~ 헤르메스 트리스메지스트《이집트의 신 플라톤 학파의 그리스인들이 이집트 신 도트(*Thôt*)에게 붙인 이름. 도트 신과 동일시되는 *Hermès*를 지칭》. ─*n.m.*《인쇄》대형활자의 일종.

trismus [trismys], **trisme** [trism] *n.m.*《의학》교경(咬痙)《교근(咬筋)의 경련》.

trisoc [trisɔk] *n.m.* 보습 셋 달린 쟁기.

trisomie [trizo(o)mi] *n.f.*《의학》3 염색성.

trisperme [trispɛrm] *a.*《식물》3종자의.

trissement [trismɑ̃] *n.m.*《드물게》제비 우는 소리.

trisser¹ [trise] *v.i.*《드물게》(제비가)울다.

trisser² *v.t.*《드물게》(연극·연주회에서 같은 연주를)2번 계속해서 앙코르하다; (앙코르에 대해서)2번 연속 연주[상연]하다《합해서 세 번 반복》.

trisser³《속어》*v.t.* 출발하다, 떠나다.
─*se* ~ *v.pr.* 도망치다, 내빼다.

trissyllabe [trisi(l)lab] *n.m., a.* 3음절어(의).

trissyllabique [trisi(l)labik] *a.* 3음절의.

***triste** [trist] *a.* ① 슬픈, 슬퍼하는, 서글픈(affligé, chagrin). Elle est toute ~ *à mourir*). 그녀는 매우(죽고 싶을 정도로) 슬퍼하고 있다.
② (성격적으로)우울한(mélancolique), 침울한 (morose), 말이 적은(taciturne). gens ~*s* 우울한 사람들. Il a un naturel ~; Il est ~ de son naturel. 그는 천성이 침울하다. Elle est timide et ~. 그녀는 수줍어하고 과묵하다.
③ (태도 따위가)슬픔에 잠긴, 침울한(malheureux, sombre). visage ~ 침울한 얼굴. regarder *qn* d'un air ~ 침울한 태도로 …을 보다. avoir un regard ~ 슬픔에 잠긴 시선을 갖다.
④ (사물이)우울한, 음산한(morne, sinistre, ↔ riant). temps pluveux et ~ 비가 올 듯한 음산한 날씨. campagne ~ 황량한 들. couleur ~ 칙칙한 색깔(↔ gai, vif).
⑤ 슬픈, 마음 아프게 하는, 참담한(affligeant). ~ destinée[sort] 비참한 운명. ~ nouvelle 슬픈[비극적인] 소식. ~ souvenir 슬픈 추억.
⑥ 고통스러운(pénible), 마음 아픈(fâcheux). vivre de ~*s* jours 고통스러운 하루하루를 살다. C'est bien ~. 유감스러운 일이다.
⑦ (명사 앞에서) 초라한, 한심한(lamentable), 초라한(misérable), 보잘것 없는(méprisable), 빈약한(maigre), 천한(vil). Cet homme a fait une ~ fin. 그 사람은 비참한 최후를 마쳤다. Il mène une ~ existence. 그는 가엾은 생을 이어가고 있다. ~ personnage[individu, sujet] 한심스러운 인간(개인·주제). ~ repas 보잘것 없는 식사. ~ métier 천한 직업. ~ écrivain 엉터리 작가.
⑧《옛》애처로운, 불쌍한(malheureux). mes ~*s* enfants 나의 애처로운 자식들.
avoir ~ *mine (figure)* 안색이 나쁘다.
faire ~ *mine à qn* …을 냉대하다.
~ *comme un jour de pluie (comme une porte de prison; comme un bonnet de nuit)*《구어》(마치 비 오는 날같이) 울적한, 우울한, 슬픈.

tristement [tristəmɑ̃] *ad.* ① 슬픈 듯이, 구슬프게, 슬프게, 우울하게. ② 비참하게, 처량하게, 한심스럽게, 빈약하게. baisser la tête ~ 슬픈듯이 고개를 숙이다. ③ 가혹하게(cruellement), 나쁜 의미로(en mauvaise part). C'est ~ vrai. 유감스러운 일이지만 그것은 사실이다. Il est devenu ~ célèbre. 그는 나쁜 뜻으로 유명해졌다.

***tristesse** [tristɛs] *n.f.* ① 슬픔, 우울(mélancolie). avoir de la ~ 슬퍼하다. être enclin à la ~ 슬퍼하는 경향이 있다. sourir avec ~ 슬픈 미소를 띠다. ~ maladive 우울증(neurasthénie, 《속어》cafard). ② 쓸쓸함, 비애감. ~ de la vie solitaire 고독한 생활의 쓸쓸함. ~ qui règne dans la maison vide 텅 빈 집안에 감도는 쓸쓸함. ③《문어》쓸쓸한 순간, 씁쓸함[한 일]. ~*s* de la vie quotidienne 일상생활의 쓸쓸한 순간들.

tristique [tristik] *a.*《식물》3 열생(列生)의.

trisulce [trisyls] *a.*《동물》발굽이 셋 갈래 난.

trisulfure [trisylfyːr] *n.m.*《화학》3황화물.

trisyllabe [trisi(l)lab] *n.m., a.* = **trissyllabe**.

trisyllabique [trisi(l)labik] *a.* = **trissyllabique**.

trithéisme [triteism] *n.m.*《신학》삼신론(三神論)《성부·성자·성령을 다른 존재로 봄》.

trithéiste [triteist] *n.m.*《신학》삼신론자.

triticale [tritikal] *n.m.* 〖농업〗라이밀《호밀과 밀의 잡종》.
tritium [tritjɔm], **tritérium** [triterjɔm] *n.m.* 〖화학〗3중수소.
tritome [tritɔm] *n.m.* 〖식물〗붉은꽃트리토마.
Triton [tritɔ̃] *n.pr.m.* 〖그리스신화〗트리톤《반인반어의 바다의 신》. —**t~** *n.m.* 〖동물〗영원;〖패류〗소라고둥.
triton[1] *n.m.* 〖음악〗3련전음(連全音)《증사도(增四度)》.
triton[2] *n.m.* 〖화학〗트리톤, 3중자(重子).
tritonie [tritɔni] *n.f.* 〖식물〗몬트부레티아.
tritonien(ne) [tritɔnjɛ̃, -ɛn] *a.* 〖지질〗해서(海棲)동물의 화석을 함유한.
tritoxyde [tritɔksid] *n.m.* 〖화학〗3산화물.
triturable [trityrabl] *a.* 가루로 만들 수 있는.
triturateur [trityratœ:r] *n.m.* 분쇄기.
trituration [trityrɑsjɔ̃] *n.f.* ① 분쇄, (가루로)빻기;(음식을)씹기, 저작(咀嚼). Il sait maintenant la ~ de la chose. 〖예〗그는 이제 일에 익숙해졌다. ② 〖약〗(설탕을 첨가해서)분말로 만들기; 가루약. ③ (섬유나 파지를)분쇄해서 펄프로 만들기.
triture [trity:r] *n.f.* 〖드물게〗경험, 숙련.
triturer [trityre] *v.t.* ① 분쇄하다, 갈아부수다, 빻다(broyer, égruger); 씹다, 저작하다. ~ du sel à grain 굵은 소금을 빻다. ~ les affaires 일을 철저하게 처리하다. ② 반죽하다, 부비다; 만지작거리다. ~ de la terre glaise 점토를 반죽하다. ~ son mouchoir 손수건을 만지작거리다. ③ 거칠게 취급하다. **se ~ la cervelle**〖구어〗**le ciboulot**〖헛되이〗고심참담하다.
triumvir [trijɔmvi:r] *n.m.* 〖로마사〗(3두 정치의)집정관(執政官).
triumviral(e, *pl.* **aux)** [trijɔmviral, -o] *a.* 집정관의; 3두정치의.
triumvirat [trijɔmvira] *n.m.* ① 〖로마사〗3두정치;(3두정치의)집정관의 직[임기]. ②〖문어〗(권세를 휘두르는)3 거두.
trivalence [trivalɑ̃:s] *n.f.* 〖화학〗3가(價).
trivalent(e) [trivalɑ̃, -ɑ̃:t] *a.* 〖화학〗3 가의. charbon ~ 3가탄소.
trivalve [trivalv] *a.* ① 〖식물〗세 꽃잎의, fruit ~ 세 꽃잎 열매. ② (조개껍질이)세 가닥의.
trivelin[1] [trivlɛ̃] *n.m.* 〖치과〗치과용 펀셋의 일종.
trivelin[2] *n.m.* 〖예〗〖연극〗어릿광대《이탈리아 희극광대 *Trivellino* 에서》.
trivelinade [trivlinad] *n.f.* 〖예〗어릿광대짓.
triviaire [trivjɛ:r] *a.* 세 갈래의, 3차(叉)의. carrefour ~ 삼거리.
trivial(ale, *pl.* **aux)** [trivjal, -o] *a.* ① (말 따위가)저속한, 야비한(vulgaire), 상스러운(grossier), 추잡한(obscène). expression ~*ale* 저속한 표현. langage ~ 야비한 언어, mot ~ 상말, 비어(卑語). faire une plaisanterie ~*ale* 외설스러운 농담을 하다. ② 〖문학〗(문장·사상 따위가)진부한, 범속한(commun). C'est une pensée fort ~*ale*. 그것은 대단히 진부한 생각이다. style ~ 통속적인 문체. ③ 〖수학〗자명한, 명백한. solution ~*ale* 명백한 해결. vérité ~*ale* 자명한 이치. ④ dieux ~*aux*〖로마신화〗도조신(道祖神).
—*n.m.* 진부한 것[문체]. tomber dans le ~ 진부한 표현에 빠지다.
trivialement [trivjalmɑ̃] *ad.* 저속하게, 상스럽게;〖옛〗진부하게, 평범하게.
trivialiser [trivjalize] *v.t.* 저속[야비·비속]하게 하다; 진부하게 하다.
trivialité [trivjalite] *n.f.* ① 저속, 비속, 야비; 저속

[야비]한 말[짓]. faire des plaisanteries d'une ~ choquante 입에 담을 수 없는 저속한 농담을 하다. ②〖예〗평범, 진부(banalité).
trivium [trivjɔm] *n.m.* 〖라틴〗〖옛〗〖학교〗3 과목《중세 대학의 7 과목중 문법·논리·수사》.
tri-voiturette [trivwatyrɛt] *n.f.* (소형의)삼륜자동차.
troc [trɔk] *n.m.* 물물교환. faire un ~ avec *qn* …와 물물교환을 하다. ~ pour ~ 일대일 물물교환. économie de ~〖경제〗물물교환경제, 바터제.
trocart [trɔka:r] *n.m.* 〖의학〗투관침(套管針).
trochaïque [trɔkaik] *a.*〖운율〗(그리스·라틴시의)장단격(長短格)의. —*n.m.* 장단격의 시.
trochanter [trɔkɑ̃tɛ:r] *n.m.* 〖해부〗전자(轉子);〖곤충〗전절(轉節). grand[petit] ~ 대[소]전자.
trochantérien(ne) [trɔkɑ̃terjɛ̃, -ɛn] *a.* 〖해부〗대전자의.
trochantin [trɔkɑ̃tɛ̃] *n.m.* ①〖해부〗소전자. ②〖곤충〗흉부.
trochantinien(ne) [trɔkɑ̃tinjɛ̃, -ɛn] *a.* 〖해부〗소전자의.
troche [trɔʃ] *n.f.* ① (양과 따위의)묶음, 다발. ② 〖패류〗소라의 일종.
trochée[1] [trɔʃe] *n.m.* 〖운율〗(그리스·라틴시의)장단격(長短格).
trochée[2] *n.f.* (그루터기에서 돋는)새싹.
troches [trɔʃ] *n.f.pl.* 〖사냥〗(6·7월에 사슴이 배설하는)덜 굳은 똥.
trochet[1] [trɔʃɛ] *n.m.*〖드물게〗〖식물〗(꽃·열매 따위의)송이.
trochet[2] *n.m.* (통장이의)대목(臺木); 〖홉〗.
trochile [trɔkil] *n.m.* 〖조류〗벌새; 〖건축〗장식홈.
trochilidés [trɔkilide] *n.m.pl.* 〖조류〗벌새과.
trochin [trɔʃɛ̃] *n.m.* 〖해부〗(상박골(上膊骨)의)소결절(小結節).
trochisque [trɔʃisk] *n.m.* ①〖약〗훈증제(燻蒸劑). ② 고형(固形)물감.
trochiter [trɔkitɛ:r] *n.m.* 〖해부〗(상박골의)대결절(大結節).
trochléaire [trɔkleɛ:r] *a.* 〖해부〗활차 모양의.
trochlée [trɔkle] *n.f.* 〖해부〗(관절의)활차.
trochléen(ne) [trɔkleɛ̃, -ɛn] *a.* 〖해부〗활차의; 활차 모양의.
troch(o)- *préf.* 「차륜·활차」의 뜻.
trochoïde [trɔkɔid] *a.* 〖해부〗활차 관절의; 〖기하〗트로코이드의. articulation ~ 〖해부〗활차 관절. —*n.f.* 〖기하〗트로코이드(courbe ~).
—*n.m.pl.* 〖패류〗소라.
trochure [trɔʃy:r] *n.f.* (사슴뿔의)네째 가지.
troène [trɔɛn] *n.m.* 〖식물〗쥐똥나무.
troglo- *préf.*「구멍·동굴」의 뜻.
troglobie [trɔglɔbi] *n.m.*, *a.* 〖생물〗진동굴성(眞洞窟性)(의); 진동굴성 생물(동물)(의).
troglodyte [trɔglɔdit] *n.m.* ①《*T*~s》〖고고학〗혈거(穴居)민족《유사 이전 이집트의 동부 홍해 연안에 살고 있던 혈거인에게 고대 그리스인이 붙이 이름》. ② (일반적으로 구석기시대의)혈거인. ③ 동굴에 사는 사람; 은자 혈거자. ④〖동물〗성성이. ⑤〖조류〗굴뚝새.
troglodytique [trɔglɔditik] *a.* 혈거인의, 혈거인의 habitations ~*s* 석실 주거, 암굴.
trogne[1] [trɔɲ] *n.f.* 〖구어〗벌그스름한 얼굴, 우스꽝스러운 얼굴 〖옛〗얼굴(visage). [(têtard).
trogne[2] *n.f.* (정상우 우산 모양이 되게)깎은 나무
trognon [trɔɲɔ̃] *n.m.* ① (야채·과일 따위의)속, 심(cœur, milieu). ②〖속어〗머리(tête), 얼굴(figure);〖속어〗〖애칭〗귀여운 아이. mon petit ~ 귀여운 애야.

jusqu'au ~ 《구어》끝까지, 완전히. On nous a eus jusqu'au ~. 우리는 완전히 걸려들었다[당했다]. —*a.* 《불변》《속어》귀여운(mignon). chapeau ~ 귀여운 모자. [시벌.

trogue [trɔg], **trogus** [trɔgys] *n.m.* 《곤충》 왕벌

Troie [trwa(a)] *n.pr.f.* 《고대지리》 트로이. guerre de ~ 트로이 전쟁.

troïka [trɔika] *n.f.* ① 트로이카(세 마리의 말이 끄는 소련의 마차·썰매). ②(비유적) 3두 체제, 3원 체제(원래는 소련에서 스탈린·지노비에프·카메네프의 3두 체제를 가리켰음); (기업·정치 따위의) 트로이카 방식. ③ T~ en traineaux 《음악》 트로이카(차이코프스키의 제 11 곡).

:trois [trwa] *a.num.* 《불변》① 셋의. Ma fille a ~ ans. 내 딸은 세 살이다. ~ dimensions 3 차원. espace de ~ mois 3 개월간(trimestre). règles des ~ unités 《연극》 3 단일의 법칙. ②(서수 대신에) 세 번째의, 제3의. chapitre ~ 제 3 장. page ~ 제 3 페이지. 3 일치의; 약간의. Je reviens dans ~ minutes. 곧 돌아오겠소.
—*n.m.* 《복수불변》① 3; 3 의 숫자. Deux et ~ font cinq. 2 더하기 3 은 5 이다. ②3시; 3일; 3번 지; 3호실(numéro ~). Venez entre ~ et quatre. 3 시에서 4 시 사이에 오시오. Aujourd'hui, c'est le ~ mars. 오늘은 3월 3일이다. J'habite au ~, rue du Bac. 나는 뒤 바크가 3번지에 살고 있다. clé du ~ 3호실의 열쇠. ③《놀이》카드놀이의)3패; (주사위·룰렛의)3. ~ de pique 스페이드의 3. ⓐ《수학》règle de ~ 비례산, 3 율법. ⑤《경제》le ~ pour cent 연리 3 부의 공채. *Jamais deux sans ~.* 《속담》두 번 있는 일은 세 번 있다(불행이나 사고에 대해서). *les ~ quarts du temps* 《구어》네 번 중에 세 번은, 대개의 경우에는 (ordinairement).

trois-balles [trwabal] *n.m.* 《복수불변》골프 경기의 일종(1 인 대 2 인이 하는 경기).

trois-deux [trwadø] *n.m.* 《음악》2 분의 3 박자; (그)곡.

trois-étoiles, trois étoiles [trwazetwal] *n.m.* ① 3 별표(이름을 숨기려는 인명 대신에 쓰는). Madame ~ 모부인(Madame***). ②(별 셋의)고급 호텔, 고급 레스토랑. déjeuner dans un ~ 고급 식당에서 점심을 먹다.

trois-huit [trwaqit] *n.m.* 《음악》8 분의 3 박자; (그)곡. —*n.m.pl.* régime des ~ 《노동》8시간 교대제, 3 교대제.

:troisième [trwazjɛm] *a. num.* 3 번째; 3 분의 1. J'habite au ~ étage. 나는 4층에 살고 있다(프랑스식 표현으로는 3 층). ~ force 제 3 세력. ~ République 제 3 공화국. ~ personne 3 인칭. ~ âge 노년. ~ partie 세 번째 부분;《드믈게》3 분의 1(tiers).
—*n.* 세 번째(사람·물건). Elle est arrivé la ~. 그 여자는 세 번째로 도착했다.
—*n.m.* 4층(~étage). (파리의)제 3구(~arrondissement).
—*n.f.* ①제 3학년(중등교육의 제 4 학년); (총칭) 3 학년 생도. ②(자동차의) 3 단 기어(~vitesse). ③《옛》3 등(~classe). voyager en ~《철도》3 등으로 여행하다.

troisièmement [trwazjɛmmɑ̃] *ad.* 세째로, 세 번째로(tertio).

trois-mâts [trwama] *n.m.* 《복수불변》세 돛대 범선(→ voilier 그림). ~ carré 가로돛만이 달린 세 돛대 범선. ~ goélette 앞돛만이 네모돛(가로돛)이 달린 세 돛대 범선. [리피스.

trois-pièces [trwapjɛs] *n.m.* 《의복》(여자의)스

trois-pieds [trwapje] *n.m.* =**trépied.**

trois-points [trwapwɛ̃] *a.* 《불변》frères ~ 《구어》 프리메이슨 회원(이름 앞에 Le F∴ 라고 표시한 데서 연유).

trois-ponts [trwapɔ̃] *n.m.* 《복수불변》(옛날 해전에서 사용한) 3 중 갑판의 배.

trois-quarts [trwaka:r] *n.m.* 《복수불변》①(아동용의) 소형 바이올린. ②(여자의) 키의 4분의 3 길이의 외투. ③ (*pl*) 《럭비》스리쿼터백. ④삼각줄(연장). ⑤《엣》=trocart.

trois-quatre [trwakatr] *n.m.* 《복수불변》《음악》 4 분의 3 박자; (그) 곡.

trois-six [trwasis] *n.m.* 《엣》고농도 증류주(85°-95°의 알코올 3 에 물 3 을 섞어 6 잔의 술을 만듬). 알코올 도수가 높은 리피르(eau-de-vie).

trôle [tro:l] *n.f.* 《엣》노쳔 가구시장; (가구 따위의) 자가제품 도붓장사. ouvrier à la ~ 가구의 행상인. filet à la ~ 《어업》트롤 그물.

trôler [trole] *v.t.* 《구어》(사람을) 끌고 다니다. ② 자가제품의 가구를 팔러 다니다. —*v.i.* 배회하다, 싸다니다.

trôleur [trolœ:r] *n.m.* ① 방랑자, 부랑자(vagabond). ② 자영 가구 목수(혹단 따위의 고급가구를 만들어 직접 판매한다).

troll [trɔl] *n.m.* 《북유럽신화》요정(妖精).

trolle¹ [trɔl] *n.m.* 《식물》금매화초(boule d'or).

trolle² *n.f.* 《사냥》 산개식(散開式)(사냥개를 풀어서 토끼나 사슴을 쫓는 사냥법).

trolley [trɔlɛ] *n.m.* ①《화물 운용용의》고가 이동활차. ② (전차의) 트롤리; 《구어》트롤리 버스 (trolleybus). autobus à ~ 트롤리 버스. tramway à ~ 시가 전차. [버스.

trolleybus [trɔlɛbys] *n.m.* 무궤도 전차, 트롤리

trombe [trɔ̃:b] *n.f.* ① 소용돌이. ② ~s d'eau (하천을 불게 하는) 일시적 호우.
en ~; comme une ~ (소용돌이처럼) 세찬 세력(속력)으로, passer *en ~* 질풍처럼 지나가다. partir *en ~* 황급히 떠나다.

trombidion [trɔ̃bidjɔ̃] *n.m.* 《동물》진드기의 일종(사람이나 동물에 기생함).

trombidiose [trɔ̃bidjo:z] *n.f.* 《의학》트롬비듐 증세(진드기에 의한 피부병증).

trombine [trɔ̃bin] *n.f.* 《속어》머리, 얼굴. faire une drôle de ~ 묘한 얼굴을 하다.

tromblon [trɔ̃blɔ̃] *n.m.* ①《고고학》나팔총. ② 《군사》(유탄·신호탄 따위의 발사를 위해 총구에 부착한) 기통(氣筒). ③《엣》위쪽이 넓어진 모자 (chapeau ~). ④《엣》모자.

trombone [trɔ̃bɔn] *n.m.* ①《음악》트롬본(취주악기의 일종); 트롬본 주자. ~ à coulisse (à pistons 활주관(피스톤)이 달린 트롬본. ②《전기》텔레비전 수신 안테나. ③(종이를 끼우는)클립.

tromboniste [trɔ̃bɔnist] *n.m.* 트롬본 주자.

trommel [trɔmɛl] *n.m.* 《토목·광산》회전선체; 회전통(筒).

trompe [trɔ̃:p] *n.f.* ①사냥나팔(cor de chasse); (배의)고동, (자동차의)경적(klaxon). sonner de la ~ 나팔을 불다; 클랙슨을 울리다. ~ de chasse 사냥나팔. ~ de brume (배의)무적(霧笛). ②《동물》(코끼리 따위의)코; (곤충의)문배(吻管);《속어》굉장히 높은 코. ③《해부》관(管). ~ de Fallope(utérine) 나팔관. ④《기술》펌프. ~ à eau 수동펌프. ~ à mercure 수은펌프. ~ à vide 진공펌프. ⑤《건축》벽 귀의 작은 홍예.
publier qc à son de ~ …을 떠들썩하게 알리다[선전하다].

trompe-la-mort [trɔ̃plamɔ:r] *n.* 《복수불변》죽을

병에서 치유된 사람; 정정한 노인; 죽음을 두려워하지 않는 용사.

trompe-l'œil [trɔ̃plœj] *n.m.* 《복수불변》① 《미술》실물로 착각할 만큼 정밀한 묘사法. ② 겉치레, 눈가림(façade). C'est du ~. 그건 겉치레뿐이다.

***tromper** [trɔ̃pe] *v.t.* ① 속이다(abuser, duper). ~ qn dans un marché …을 거래에서 속이다. ~ qn par de belles promesses …을 감언이설로 꾀다. ② (애정을)저버리다, 배신하다, 부정한 짓을 하다. ~ son mari(sa femme) 바람을 피우다. mari trompé 오쟁이진 남편(cocu).
③ (추적·감시 따위를)따돌리다, 피하다, 속이다. ~ les poursuivants 추적자를 따돌리다. ~ la vigilance de la police 경찰의 감시망을 따돌리다. ~ le regard de qn …을 속이다.
④ (주어는 사물) 틀리게 하다, 잘못 생각하게 하다. C'est ce qui vous *trompe*. 그게 바로 당신이 잘못 생각한 점입니다. La ressemblance nous *trompe*. 유사한 것은 우리의 눈을 속이다. 《목적보어 없이》symptômes qui ne *trompent* pas 확실한 징조. Cela ne *trompe* pas(personne). 그것은(누구의 눈에도) 명확하다.
⑤ 《문어》(기대를)저버리다(décevoir, frustrer). ~ la bonté(la confiance) de qn …의 선의(신뢰)를 저버리다. ~ l'attente(l'espoir) de qn (어떤 일이)…의 기대를 저버리다. Elle a été *trompée* dans son attente. 그녀의 기대는 어긋났다.
⑥ (욕구 따위를)달래다, 가라앉히다(détourner, endormir); (노동의 피로를)잊게 하다(ennui). ~ le temps 《옛》(심심풀이로)지루한 시간을 보내다.

REM tromper 는 가장 넓은 뜻으로 '속이다' 이고, abuser 는 상대의 약점, 선량함, 자만 따위를 틈타서 속이는 것이고, attraper 는 놀림조로 속이는 것이고, duper 는 속여서 이득을 얻다는 뜻이다.

—se ~ *v.pr.* ① 잘못하다, 실수하다. Tout le monde *se trompe*. 누구나 다 실수하는 법이다. *se* ~ dans ses calculs 계산을 잘못하다.
② [se ~ sur] (에 대해)오해하다, 잘못 생각하다. Je *me suis trompé sur* ses intentions. 나는 그의 의도를 오해했다.
③ [se ~ à] (에)속다. *se* ~ à son air innocent 그의 순진성에 속다. Ne t'y *trompe* pas. 겉모습만 보고 속지말게. C'est à s'y ~. 너무 닮아서 착각할 정도 이다.
④ [se ~ de] 혼동하다. *se* ~ *de* route 길을 혼동하다. *se* ~ *d'*adresse 주소를 혼동하다(;《비유적》상대를 혼동하다.
⑤ (재귀적) 자기를 속이다(se mentir); 《상호적》서로 속이다. L'amour propre engage à *se* ~ soi-même. 자존심은 자기 기만으로 이끈다.
si je ne me trompe; à moins que je ne me trompe; je me trompe fort, ou… 내 생각이 틀리지 않는다면(sauf erreur).

tromperie [trɔ̃pri] *n.f.* ① 기만, 속임수; (거래에서의)사기(tricherie). ②《옛》겉치레, 가장; 착각.

trompeter [trɔ̃pte] [4,5] *v.t.* ① 《옛》(나팔을 불며)알리다;《구어》퍼뜨리다, 떠들어 대다다. ~ sa réussite 자기의 성공을 나팔불고 다니다. ② (비밀을)누설하다(divulguer). ③ 유실물을 공고(광고)하다. ~ un chien perdu 잃은 개를 찾는 광고를 내다. ④ 《법》소환하다; 출정을 명하다.
—*v.t.* 《옛》나팔을 불다; (독수리가)울다.

trompeteur [trɔ̃pətœːr] *n.m.*《옛》나팔 부는 사람; 떠들어 대다는 사람;《해부》나팔근.

trompette [trɔ̃pɛt] *n.f.* ① 나팔;《음악》트럼펫 (~ d'harmonie). ~ basse 베이스 트럼펫. ~ bouchée 나팔구멍에 약음기를 붙인 트럼펫. ~ d'appel 신호 벨. ~ marine (옛날 영국해군에서 사용된)1현금. ~ du jugement dernier 최후의 심판날을 알리는 나팔. ②《속어》얼굴(visage). ③《패류》소라류(類). ④ oiseau ~ 《조류》(북미산의)도가머리학.

entonner[emboucher] la ~ (시인 따위가)장중한 어조(서사시 조)로 읊다[쓰다].

en ~ 위를 향한. nez *en* ~ 들창코. queue *en* ~ (동물의)꼿꼿이 선 꼬리.

partir sans tambour ni ~ 슬그머니 사라지다.

trompette-des-morts [trɔ̃pɛtdəmɔːr] (*pl.* ~**s**-~~) *n.f.* 《식물》나팔버섯(검정색 나팔 모양의 식용버섯).

trompette-major [trɔ̃pɛtmaʒɔːr] (*pl.* ~**s**-~**s**) *n.m.* 《군사》나팔대장.

trompette-signal [trɔ̃pɛtsiɲal] (*pl.* ~**s**-~) *n.f.* 《옛》(시내 전차의)경적.

trompettiste [trɔ̃pɛ(e)tist] *n.m.* 트럼펫주자.

trompeur(se) [trɔ̃pœːr, -øːz] *a.* 속이는, 기만적인. promesses ~*ses* 믿을 수 없는 약속. image ~*se* 허상. Les publicités sont souvent ~*ses*. 광고는 흔히 사람을 속인다.
—*n.* 거짓말쟁이, 기만자, 사기꾼, 협잡꾼.「다.
À ~, ~ *et demi*.《속담》뛰는 놈 위에 나는 놈 있

trompeusement [trɔ̃pøzmɑ̃] *ad.* 속여서, 기만하여, 협잡하여.

trompillon [trɔ̃pijɔ̃] *n.m.*《건축》작은 trompe;《기계》통풍구, 환기 구멍.

***tronc** [trɔ̃] *n.m.* ① (나무의)줄기, 기둥. ~ d'arbre 나무 기둥. ~ de colonne (원주의)주신(柱身). ② (사람·동물의)몸, 몸통, 동체. partie supérieure du ~ 동체의 상반신(buste). ③ 원천, 기원(source); 선조. Ces deux familles sont issues d'un même ~. 이 두 가문은 같은 조상에서 나왔다. Ces diverses langues ont un ~ commun. 이들 갖가지 언어는 동일한 뿌리를 가지고 있다. ④ (교회의)헌금통. ~ des pauvres[pour les pauvres] 자선함. ⑤《속어》머리(tête). se mettre qc dans le ~ …을 머리속에 기억해두다.《해부》간(幹). ~ artériel[veineux] 동맥[정맥]간. ~ cérébral 뇌간. ~ du nerf grand sympathique 교감신경간. ⑦《수학》대(臺). ~ de cône 원뿔대. ~ de pyramide 각뿔대. ⑧ ~ commun 《교육》(인문학교와 실업학교로 나누어진 전의)일반 공통과정 (4년간의 중등교육에 해당).
Il vaut mieux s'attacher au ~ *qu'aux branches*.《속담》기댈 바에는 큰 나무 그늘에.

troncation [trɔ̃kasjɔ̃] *n.f.*《언어》(단어의 일부를 절제(切除)하는)단축법(dactylo, vélo 따위).

troncature [trɔ̃katyːr] *n.f.* ① 《광업》절단면, 절단부;(결정(結晶)의)결능(稜)(모서리를 절단한 상태). ② 절단; 절단부;《예술품의》훼손.

tronce [trɔ̃s] *n.f.* =**tronche**.

tronche [trɔ̃ːʃ] *n.f.* ① (크리스마스 전야에 태우는)굵은 장작; 통나무; 줄기. ②《속어》머리, 얼굴. une drôle de ~ 우스꽝스럽게 생긴 얼굴.

troncher [trɔ̃ʃe] *v.t.*《속어》(여자를)마음대로 농락하다, 자기 것으로 만들다.

tronchet [trɔ̃ʃɛ] *n.m.* 다리 셋 달린 통나무 작업대.

tronçon [trɔ̃sɔ̃] *n.m.* ① (원통형을 자른)토막, 동강이. couper une anguille en ~ 뱀장어를 여러 토막으로 자르다. ② (말꼬리의)심부(心部). ③ (긴 것의)일부분. ~ de chemin de fer 철도의 1구간. ~ de phrase 문장의 일부. ④《해양》밧줄의 끝. ⑤《건축》(돌기둥을 이루는)원통형의 석재(石材).

tronconique [trɔkɔnik] *a.* 원뿔대 모양의.
tronçonnage [trɔsɔnaːʒ], **tronçonnement** [trɔsɔnmɑ̃] *n.m.* (원통형의 것을)토막내기, 자르기.
tronçonner [trɔsɔne] *v.t.* (원통형의 것을)토막내어 자르다; (비유적) 단편으로 하다.
tronçonneur [trɔsɔnœːr] *n.m.* 절단공(工).
tronçonneuse [trɔsɔnøːz] *n.f.* 〖기계〗(원통형의 것을 자르는)절단기.
tronculaire [trɔkylɛːr] *a.* 〖해부·의학〗(신경·혈관·임파선의)간(幹)의. anesthésie ~ (치신경의)국부마취.
trône [troːn] *n.m.* ① 왕좌, 옥좌. ~ d'un roi 왕좌. ~ pontifical 교황좌. Place du T~ 트론 광장(현재의 Place de la Nation). ② 왕권, 왕위. placer [mettre] *qn* sur le ~ …을 왕좌에 앉히다. monter sur le ~ 즉위하다. le T~ et l'Autel 왕권과 교권. ③ (*pl.*) 〖신학〗좌천사(천사의 9계급중 제 3위). ④ (속어)변기 (장난조로).
placer qn sur le ~ …을 칭찬하다, 받들다.
trôner [trone] *v.i.* ①(옛)왕좌에 앉다, 군림하다. ②(식탁 따위에서)상좌에 앉다; (사물이)사람의 눈에 띄기 좋이다. bouquet qui *trône* sur la table 식탁위에 당당히 자리잡은 꽃다발. ③(경멸)빼기다, 뽐내다.
tronqué(e) [trɔke] *a.p.* ① 일부가 잘린, 부분적으로 삭제된. colonne ~e 윗부분이 잘린 원주. cône ~ 〖수학〗원뿔대(tronc de cône). texte ~ 일부가 삭제된 텍스트. citation ~*e* (일부가 삭제되어)원래의 문맥과 다르게 사용된 인용구. ②(결정체의)모서리가 잘린. ③〖식물〗가지를 친, 전지된.
tronquer [trɔke] *v.t.* ①(옛)주요부분을 자르다[삭제하다]. 가지를 자르다; (예술품 따위)훼손하다. ~ une statue 조상(彫像)을 훼손하다. ②(비유적)(작품의)중요부분을 삭제하다. ~ un récit 이야기의 일부를 삭제하다. ③〖기계〗(원형의)둘레를 깎다.
:**trop** [tro] (강세인 때는 [trop], 형용사·부사·동사의 앞에서는 [trɔ], 모음 또는 무음 h로 시작되는 형용사·부사 따위의 앞에서는 [trɔp]) *ad.* ① 너무, 과도하게 (excessivement), 필요이상으로. ⓐ(동사와 함께)Il a ~ bu(mangé). 그는 과음(과식)하다. s'estimer ~ 자신을 과대평가하다. ⓑ(형용사·부사와 함께)C'est ~ cher(un peu ~ cher). 값이 너무[꽤] 비싸다. C'est ~ fort. 그건 너무하다. Cela ne me dit ~ rien. 〖구어〗그건 별로 흥미[매력]가 없는데. ⓒ[~ pour+inf./pour que+subj.](부정적 결과를 강조)Elle est ~ jeune *pour* faire ce travail. 그녀는 이 일을 하기에는 너무 젊다. Le temps est ~ précieux *pour qu'*on le gaspille. 시간은 너무 귀중한 것이라 낭비할 수 없다.
②(과도의 뜻은 없고 절대 최상급의 뜻으로)ⓐ몹시, 무척, 비상하게, 대단히(beaucoup, extrêmement, très, bien, fort). Cet enfant est ~ mignon. 이 아이는 무척 귀여운데. Il est ~ bête, il croit tout ce qu'on lui dit. 그는 무척 바보여서, 사람들에게 한 말은 무엇이든 믿는다. Je suis ~ heureux de vous revoir. 뵙게 되어서 대단히 기쁩니다. Vous êtes ~ aimable(bon). 당신의 호의에 너무도 감사드립니다. ⓑ(부정형에서)별로 …아니다(pas beaucoup, pas bien, guère). Il n'est pas ~ content. 그는 그다지 흡족해하지 않는다. Je ne sais (pas) ~. 나는 잘 모른다.
③(명사적 용법)ⓐ과잉, 과도. ⓑ(주어) T~ ne vaut rien. 그는 무척 바보여서. ⓒ(속사)C'est ~; C'en est ~. 너무 해(이젠 못 참겠다) (C'est assez). (감사의 뜻으로)C'est ~. 과분한 칭찬에(과분한 선물을 받아서)몸둘 바를 모르겠습니다. (직접목적보어)Il mange(parle) ~. 그는 과식한다[말이 많다]. ⓑ(옛)[C'est ~ que (de) + *inf.*] …하는 것은 지나치다. Il y a abus(excès) à+*inf.*). C'est déjà ~ pour moi *que de* vous recevoir. 와주신 것만으로도 제게는 넘치는 영광입니다. Ce ~ de+명사)Ils font ~ *de* bruit. 그들은 너무 시끄럽게 군다. sans ~ *de* peine 별로 수고하지 않고. ⓓ[~ de… pour]Il y a ~ *de* monde ici *pour* qu'on soit tranquilles. 여기는 사람이 너무 많아서 조용할 수가 없다.

de ~ (사물의)여분의(en excès), (사람의)필요있는, 방해가 되는, 넘치는(en surnombre, superflu). Il parle *de* ~. (속어)그는 너무 떠든다(de trop 는 잘못, trop 가 옳음). Je crains d'être *de* ~. 방해가 되지 않을까요. se sentir *de* ~ 스스로 방해자[불필요한 자]로 느끼다.
en ~ 보통의(적당한) 것보다 많은(excédent, surplus). Il y a une personne *en* ~ dans l'autobus. 이 차는 한 사람 초과이다. avoir des bagages *en* ~ 수하물이 중량제한을 초과하다.
le ~ *peu* 부족(manque).
ne… que ~ 넘칠 만큼; 너무나도(bien suffisamment). Je *ne* le sais *que* ~. 나는 그를 알 만큼 알고 있다. Cela *n'est que* ~ vrai. 그것은 너무나도 명백한 사실입니다. Je *n'ai montré que* ~ patience. 나는 너무 참았다.
Qui ~ *embrasse, mal étreint.* (속담)두 마리의 토끼를 쫓다가는 한 마리도 못잡는다.
rien de ~ (구어)별로, …아니다(pas beaucoup). Tu le trouves intelligent?—Oh! *rien de* ~! 그가 영리하다고 생각하니? 아니, 별로!
T~ *ne vaut rien.* (속담)지나치는 것은 모자라는 것과 같다, 과불급(過不及).
~ *peu* 불충분하게(pas assez). Il est ~ *peu* prudent. 그는 조심성이 부족하다.
T~ *poli pour être honnête.* (속담)과하게 예의바른 자는 정직하지 않다.
—*n.m.* 과잉, 과도(excès). Le ~ en tout est un défaut. 만사 지나침은 좋지 않다.

trop-bu, trop bu [trɔby] *n.m.* 과음(한 양).
trope [trɔp] *n.m.* ①〖수사학〗전의(轉義)(법), 언어수식, 비유(어떤 말을 본래의 뜻과 달리 사용하는 기법, 은유(métaphore), 환유(métonymie), 제유(synecdoque) 따위). ②(옛)〖음악〗(그리스 음악의)기준 음정; (중세 음악의)장식적 장음.
-trope, -tropie, -tropisme *suff.* 「향하다」의 뜻.
tropéolées [trɔpeɔle] *n.f.pl.* 〖식물〗 금련화(金蓮花)과; 금련화(capucine).
trophée [trɔfe] *n.m.* ① 노획품, 전리품; 전승비. ~ d'armes 전리품으로 얻은 무기. élever un ~ 전승비를 세우다. ② 성공(전승)의 기념품; 〖스포츠〗트로피. ③ 무기징식(무기를 모아 만든). ~ de drapeaux 부채꼴로 모은 깃발장식. ~ de musique 악기들을 줄지어 만든 장식.
faire ~ *de qc* (옛)…을 과시하다, 뽐내다.
trophique [trɔfik] *a.* 〖생리〗영양에 관한. troubles ~*s* 영양장애.
troph(o)- *préf.* 「영양」의 뜻.
trophoblaste [trɔfɔblast] *n.m.* 〖생물〗영양아층(芽層)(자궁 벽에 착상한 난자에 영양을 공급하는 조직).
trophocyte [trɔfɔsit] *n.m.* 〖생리〗(다른 세포 속에 침투하여)영양공급을 돕는 세포.
trophœdème [trɔfedɛm] *n.m.* 〖의학〗영양장애에서 오는 부종.
trophologie [trɔfɔlɔʒi] *n.f.* 영양학.
tropho-microbien(ne) [trɔfɔmikrɔbjɛ̃, -ɛn] *a.*

【생리】 영양과 미생물 인자로 인한.
trophonévrose [trɔfɔnevro:z] *n.f.* 【의학】 영양신경증.
trophoplasma [trɔfɔplasma] *n.m.* 【생물】(세포질 속에 있는)영양 원형질.
tropical(ale, *pl.* **aux)** [trɔpikal, -o] *a.* 열대지방의, 열대성의; (더위·기온 따위가)열대지방처럼 더운; 열대지방에 맞는(적합한). plantes ~*ales* 열대식물. costume ~ 열대지방에 맞는 복장.
tropicalisation [trɔpikalizasjɔ̃] *n.f.* (설비·복장 따위를)열대지방에 맞게 하기.
tropicalisé(e) [trɔpikalize] *a.p.* 열대지방에 맞는[맞게 처리된].
tropicaliser [trɔpikalize] *v.t.* 열대지방에 맞게 하다[맞게 처리하다].
tropicalisme [trɔpikalism] *n.m.* (1968년에 브라질에서 태동한)예술운동(특히 음악).
tropique [trɔpik] *a.* 【천문】회귀의. année ~ 회귀년, 태양년. —*n.m.* 【천문·지리】회귀선(回歸線); (*pl.*)열대지방 《고어에서는 단수로 쓰였음》. ~ du Cancer (du Capricorne) 북(남)회귀선. maladie des ~*s* 《구어》황열(黃熱)병.
tropisme [trɔpism] *n.m.* ① 【식물】굴성(屈性), 향성(向性). 【동물】주성(走性). ② 【문어】《비유적》반응, 반사운동.
tropo- *préf.* 「변화·주변·비유」의 뜻.
tropologie [trɔpɔlɔʒi] *n.f.* 【수사학】전의법(轉義法), 비유법; 교훈적 우화; 상징적.
tropologique [trɔpɔlɔʒik] *a.* 【수사학】비유적인.
tropopause [trɔpopo:z] *n.f.* 【기상】권계면(圈界面)(대류권과 성층권과의 경계).
troposphère [trɔpɔsfɛ:r] *n.f.* 【기상】대류권.
troposphérique [trɔpɔsferik] *a.* 대류권의. *n.m.* 대류권통신.
trop-perçu [trɔpɛrsy] (*pl.* ~-~*s*) *n.m.* 징수[지불]초과액 (↔ *moins-perçu*); 【법】소비자 협동조합의 이익(소비자에게 환불되거나 일정한 목적을 위해 사용); 【세무】(가공 또는 이중고용에 의한)직접세의 과징수.
trop-plein [trɔplɛ̃] (*pl.* ~-~*s*) *n.m.* ① 넘침; 과잉. épancher le ~ de son cœur (son âme) 가슴 속에 넘쳐 흐르는 감정을 털어놓다. déversement au dehors du ~ de la production 과잉 생산품의 투매 (덤핑). ~ de tendresse 넘치는 애정. ~ de vie 넘치는 활력(생명력). ② (세면기 따위의 넘치는 물을 뽑아내는)배수구(관).
troque[1] [trɔk] *n.m.* 물물교환(troc).
troque[2] *n.f.* 《패류》소라의 일종 (troche).
troquer [trɔke] *v.t.* 교환하다, 맞바꾸다 (échanger). ~ des timbres-poste 우표를 교환하다. [~ *qc* contre *qc*] ~ du sel *contre* de l'or 소금을 금과 교환하다. ~ son cheval borgne *contre* un aveugle 《구어》하찮은 것을 더 나쁜 것과 교환하다.
troquet [trɔkɛ] *n.m.* 《구어》선술집; 선술집의 주인 (mastroquet의 단축형).
troqueur(se) [trɔkœr, -ø:z] *n.* 물물교환의, 물물교환을 좋아하는, 《구어》《드물게》(위) 의 사람.
troscart [trɔska:r] *n.m.* = **triglochin**.
trot [tro] *n.m.* ① (말의)속보(速步)(pas et galop 의 중간), ~ *assis*(enlevé) 기수가 안장에 앉은(안장에서 일어선) 자세의 속보. au petit ~ 약간 빠른 속도로. ② 속보경주 (course de ~). *au* ~ 속보로, 《구어》속히, 서둘러서. Vas-y, et *au* ~! 자, 가게, 꾸물거리지 말고! mener une affaire *au* ~ 서둘러서 일을 해치우다.
trotskisme, trotskysme [trɔtskism] *n.m.* 트로츠키 (Trotsky, 러시아의 혁명가)주의(파).
trotskiste, trotskyste [trɔtskist] *a.* 트로츠키 파

의. —*n.* 트로츠키파의 사람.
trottable [trɔtabl] *a.* (말이)속보로 갈 수 있는.
trottade [trɔtad] *n.f.* (말·마차로)가까운 데 가기, 외출하기.
trotte [trɔt] *n.f.* 《구어》행정(行程), 도정, 거리. Aller d'ici chez vous, ça fait une jolie ~! 여기서 당신네 집까지 가자면 아마 상당한 거리가 될거요. faire de grandes ~*s* 먼 거리를 걷다.
tout d'une ~ 단숨에, 단번에(sans s'arrêter).
trotte-menu [trɔtməny] *a.* 《불변》《옛》《익살》종종걸음치는. gent ~ 쥐 족속 (*La Fontaine* 가 우화 속에서 쓴 말임).
trotter [trɔte] *v.i.* ① 종종걸음으로 걷다; 쏘다니다. ② (말·기수가)속보로 달리다. ③ 《비유적》《생각이》(...의) 머리에서 떠나지 않다 (préoccuper). Cette idée lui *trottait* par (dans) la cervelle (la tête). 이 생각이 그의 머리 속에서 오가고 있었다.
—*v.t.* 《경마》말을 길들이다(훈련하다).
—*se* ~ *v.pr.* 《속어》뛰어서 도망치다 (se sauver, s'en aller vivement).
trotterie [trɔtri] *n.f.* 《옛》잠시 동안의 여행.
trotteur(se) [trɔtœr, -ø:z] *n.* ① 속보마 (馬); 속보에 맞는 말 종류. ② 분주히 쏘다니는 사람.
—*n.m.* ① (*pl.*)(부인용)외출용 구두(굽이 낮고 평평한). ② (스포티한)부인모. ③《은어》쥐 (rat); 엉덩이 (derrière).
—*n.f.* ① (시계의)초침. ② 《속어》창녀.
—*a.* (신 굽이)낮은; 걷기 쉽게 만든. jupe ~*se* 외출용 스커트.
trottin [trɔtɛ̃] *n.m.* 《옛·구어》(양장점 따위의)심부름 다니는 소녀.
trottinant(e) [trɔtinɑ̃, -ɑ̃:t] *a.* 종종걸음치는.
trottinement [trɔtinmɑ̃, -ɑ̃:t] *n.m.* 종종걸음.
trottiner [trɔtine] *v.i.* ① 종종걸음치다; 잦은 속보로 전진하다. ② 《은어》(창녀가)거리에서 손님을 끌다.
trottinette [trɔtinɛt] *n.f.* 외발 스케이트 (patinette); 《구어》소형 자동차.

trottinette

trotting [trɔtiŋ] 《영》*n.m.* 속보 전용 말의 경주.
*** trottoir** [trɔtwa:r] *n.m.* ① 보도, 인도. se promener sur les ~*s* 보도(거리)를 거닐다. artiste de ~ (보도에서 그림을 그려 동냥을 구하는)거리의 화가. fille de ~ 《구어》거리의 창녀. ~ *roulant* 벨트컨베이어 (tapis roulant), 벨트 컨베이어식 보도. ② 《옛》속보용 마장; 강 기슭이나 다리에 면한 약간 높은 길; 《지질》단애 하부의 작은 단층. 《은어》grand ~ 고급스러운 공연물(고전극) (répertoire classique); petit ~ 대중극.
être sur le ~ 《구어》출세가도에 있다, 사회적 지위가 높다 (être bien en vue); 정해진 일자리가 없다.
faire le ~ 《구어》(창녀가)거리에서 손님을 끌다.
*** trou** [tru] *n.m.* ① 구멍 (cavité), creuser [percer] un ~ 구멍을 파다(뚫다). faire un ~ *dans* le bois 목재에 구멍을 파다. ~ *d'aération* 환기통. ~ 《속어》찢어진 구멍, 터진 곳; (길 따위의)움푹 패인 곳. avoir des ~*s à* ses chaussettes 양말에 구멍이 뚫렸다. ~ *dans* une haie 울타리의 터진 곳. rue pleine de ~*s* 패인 곳 투성이의 길. ~ *d'air* 에어 포켓.
③《구어》(신체의)구멍. ~ *de* nez 콧구멍. ~ *du cul*(de balle) 항문. T~ du cul! 멍청한 놈.
④ (금전상의)결손 (déficit), 적자; (기억의)부분적 상실; (시간의)공백. ~ *dans* la comptabilité

[dans la caisse] 장부상의 구멍; 용도가 불분명한 돈. avoir des ~s de mémoire 기억이 되살아나지 않는 부분이 있다. Il y a un ~ dans son emploi du temps. 그의 일과에 비어 있는 시간이 있다.
⑤ (동물의)소굴; (사람의)은둔처; 시골, 벽촌, 벽지. ~ de renard 여우굴. ~ individuel 《군사》 개인참호. vivre tranquille dans son ~ 은둔처에서 조용히 지내다. habiter un ~ 시골에서 살다. n'être jamais sorti de son ~ 세상물정을 모르다, 우물안 개구리이다. trouver un petit ~ pas cher (휴가를 위해)적당한 장소를 찾아내다.
⑥ (구어)묘혈, 무덤. aller au ~ 뒈지다, 죽다. être dans un ~ 저 세상에 있다.
⑦ 《속어》감옥. être au ~ 감옥에 있다.
⑧ 《해부》 구멍(孔). ~ occipital 대후두공(大後頭孔). ~ auditif 이공(耳孔).
⑨ 《골프》 홀. terrain à dix-huit ~s 18 홀의 골프장.
⑩ 《연극》 ~ de souffleur 프롬프터 석(《해양》 ~ du chat 마스트의 승강구(席)).
⑪ 《물리》 정공(正孔) 《반도체의 전자공석(空)
⑫ ⓐ ~ d'homme 《기수》 맨홀; (탱크·보일러 따위의)점검구; (전차의)출입구. ⓑ ~ de poing (기계의)점검구. ⓒ ~ de coulée (용해금속을 흐르게 하는)탕구(湯口).
À petit ~, petite cheville. 《속담》사물에는 나름 대로의 크기가 있다.
Autant de ~s, autant de chevilles. 《속담》어떠한 난관이라도 타개할 방법이 있다(하늘이 무너져도 솟아날 구멍이 있다).
avoir un ~ sous le nez 《속어》취하다.
boire comme un ~ 밑빠진 독처럼 술을 마시다.
boucher un ~ 《구어》빚을 갚다; 남의 대리로 일을 처리해주다.
faire le ~ 《럭비》 적의 디펜스를 돌파하다; (비유적) 경쟁상대를 메어놓고 독주하다.
faire le ~ normand (du milieu) 식사 도중에 식욕 증진을 위해 브랜디나 위스키를 마시다.
faire mettre qn dans un ~ de souris (쥐구멍으로라도 도망치고 싶을 만큼)…을 떨게 만들다; …을 위협하다.
faire son ~ 《구어》기반을 닦다, 출세(성공)하다.
faire un ~ à la lune 《속어》빚을 메어 먹고 달아나다; 파산하다(faire faillite).
faire un ~ pour en boucher un autre 《구어》새로 빚을 얻어 다른 빚을 갚다.
mettre la pièce à côté du ~ 《구어》아무 효과도 없는(당치도 않은) 대책을 강구하다.
s'en mettre plein les ~s de nez 포식하다.
~ noir 《천문》 블랙 홀; (비유적) 절망, 낙담.
troubade [trubad] n.m. (옛 ·속어) 병정(soldat).
troubadour [trubadu:r] n.m. 《문학사》 중세 남프랑스의 음유시인(langue d'oc 를 사용).
—a. 중세 남프랑스 음유시인풍의.
troubadouresque [trubadurɛsk] a. 중세 남프랑스 음유시인풍의.
troubadourisme [trubadurism] n.m. 중세 남프랑스 음유시인풍(의 문학양식).
troublant(e) [trublɑ̃, -ɑ̃:t] a. ① 혼란시키는(déconcertant), 불안하게 하는 ~e question ~e 마음이 진정되지 않는 불안. mystère ~ 불안에 빠뜨리는 신비. question ~e 낭패시키는 질문. ②주의(관심)을 끄는. découverte ~e 충격적인 발견. détail ~ 솔깃한 부분. ③ 관능을 자극하는(excitant). regard ~ 뇌쇄적인 눈초리. ④ astre ~ 《천문》 섭동을 일으키는 천체, 섭동천체. ⑤ (옛) 신체나 정신에 변조를 초래하는.
trouble¹ [trubl] a. ① 탁한(↔limpide); 흐린, 뿌연. eau ~ 탁한 물. temps ~ 흐린 날씨. regard ~ 흐릿한 눈초리; 적의를 알 수 없는 눈초리. vin ~ (발효 불충분으로)탁한 포도주; 부유물이 뜬 포도주. L'air est ~. 안개가 끼었다. ② 모호한, 불분명한; 수상한, 엉큼한(louche). affaire ~ 수상쩍은 사건. Il y a quelque chose de ~ dans (la vie de) cet individu. 이 사나이(의 생활)에게는 무언가 호린 구석이 있다. désirs ~s 수상한 욕망.
avoir la vue ~ 눈이 침침(흐릿)하다; (비유적) 사물의 인식을 잘못하다.
—ad. 뿌옇게, 흐리게. voir ~ 눈이 흐리다, 잘못 보다.
***trouble²** n.m. ① (마음·의식의)혼란, 불안, 혼미, 동요(désarroi). état de ~ 불안상태. dominer le ~ 마음의 혼란을 진정시키다. Il était trahi par son ~. 그는 자기도 모르게 마음의 동요를 드러냈다. Remettez-vous de votre ~. 침착하십시오. ② 《의학》 장애; 착란. ~ névrotique 신경 장애. ~s de la circulation (du cœur) 순환(심장)장애. ~s de la digestion 소화장애. ③ (pl.)소요, 소란, 분쟁; 폭동, 반란(révolte). ~s sociaux (politiques) 사회적(정치적) 소란. ~s religieux 종교 분쟁. réprimer (apaiser) les ~s 폭동을 진압하다. ④ 《문어》혼란, 불화. jeter le ~ dans son esprit 그의 생각을 혼란에 빠뜨리다. jeter (porter, semer) le ~ dans une famille 가정에 불화의 씨를 뿌리다. ⑤ ~ de jouissance 소유권의 침해; ~ de fait 현실 소유권 침해, 횡령. ⑥ 《물리》 point de ~ (기름의)혼탁점. ⑦ 《천문》 섭동 (perturbation).
trouble³ n.f. =treuble.
trouble(e) [truble] a.p. ① 불안한, 동요하는. conscience ~ 불안한 마음. mémoire ~e 혼란된 기억. avoir la tête ~e (옛)머리가 이상하다. Il était profondément ~. 그는 무척 당황하고 있었다. ② (비유적) 파란만장한. période ~e 동란기. vie ~ 파란만장한 생애. ③ 혼란된; 흐린, 탁한. atmosphère ~ 흐린 (異常)기압 배치. eau ~ 흐린 물. ④ 《법》 침해된(받은). possession ~ 침해받은 소유권.
troubleau [trublo] (pl. ~x) n.m. =trubleau.
trouble-fête [trubləfɛ(:)t] n. (복수불변)좌흥을 깨뜨리는 사람. —n.m. (복수불변)좌흥을 깨뜨리는 행위 (언동).
trouble-ménage [trubləmena:ʒ] n.m. (복수불변) 부부간에 풍파를 일으키는 사람.
***troubler** [truble] v.t. ① (맑은 것·투명한 것을)탁하게 하다, 흐리게 하다; (감각을)혼란시키다, 둔하게 하다. ~ l'ouïe 청각을 둔하게 하다. ~ de l'eau (du vin) 물 (포도주)을 탁하게 하다.
② (질서를)깨뜨리다, 혼란을 일으키다; (평정·평화를)깨뜨리다; 방해하다 (déranger), 중단시키다 (interrompre). ~ l'État 국가를 혼란에 빠뜨리다. ~ le sommeil de qn …의 안면을 방해하다. Un accident a troublé la fête. 사고로 축제가 중단되었다. ~ les plans (les projets) de qn …의 계획을 방해하다. ~ la digestion 소화불량을 일으키다.
③ (정신을)혼란시키다, 혼란시키다, 동요시키다; 불안에 빠뜨리다(agiter, bouleverser, inquiéter). Rien ne peut le ~. 아무것도 그를 동요시키지 못한다. Cette nouvelle ne le troublait point. 이 소식에 그는 조금도 개의치 않았다.
④ 낭패시키다 (déconcerter), 어리둥절하게 만들다 (embarrasser), examinateur qui se plaît à ~ les candidats 수험생을 어리둥절하게 만들기를 즐기는 시험관.
⑤ (정념·욕정을)자극하다, (의)마음을 흔들어 놓다. ~ les sens de qn …의 관능을 자극하다. Il était troublé par sa belle voix. 그는 그녀의 아름다운 목소리에 마음이 흔들렸다.

⑥ 【법】 소유권을 위협하다[침해하다]. Il a été troublé dans la possession de cette terre[dans la jouissance de sa propriété]. 그는 지상소유권을 침해받았다.
— **se ~** *v.pr.* ① 탁해지다, 흐트러지다, 흐려지다, 어두워지다(se brouiller, s'obscurcir). Le vin se trouble. 포도주가 탁해진다. Le temps commence à se ~. 날씨가 흐려지기 시작한다.
② (정신이)흐려지다; (사람이)혼란에 빠지다, 낭패하다. Son esprit se trouble. 그의 정신이 혼란되어 있다. Ne vous troublez pas, répondez à ma question. 당황하지 말고 내 물음에 답하시오. Il se trouble facilement. 그는 곧잘 당황한다.

troué(e¹) [true] *a.p.* 구멍 뚫린. bas ~ 구멍 난 스타킹. être ~ comme une écumoire 전신에 벌집처럼 총탄을 맞다.

trouée² *n.f.* (담 따위의)터진 곳, 개구멍; (숲의)통로; (구름 사이의)틈새; 【군사】 돌파구(percée); 【지리】 (산맥 사이의)협로. sortir par une ~ dans une haie 울타리 틈으로 빠져나오다. faire[effectuer] une ~ 적진을 돌파하다.
faire sa ~ 《옛》출세하다.

***trouer** [true] *v.t.* ① (에)구멍을 뚫다(percer). ~ un ticket 표를 찍다. ~ son pantalon 바지에 구멍을 내다. (목적보어 없이)~ au genou 바지 무릎에 구멍을 내다. ② (빛이)꿰뚫다, (구멍처럼)얼룩지게 하다. ~ le feuillage 빛이 나뭇잎 틈새로 비추다. ~ les ténèbres 빛이 어둠을 꿰뚫는다. ③《속어》(총알이)구멍을 뚫다. ~ le crâne à qn (총알이)…의 머리를 뚫고 지나가다. se faire ~ la peau 총알에 맞아 죽다(부상을 입다).
— **se ~** *v.pr.* 구멍이 뚫리다; 통로가 열리다.

troufignard [trufiɲa:r], **troufignon** [trufiɲɔ̃] *n.m.* 《은어·비어》똥구멍(anus); 궁둥이(derrière).
troufigner [trufiɲe] *v.i.* (비어)구린내나다.
troufion [trufjɔ̃] *n.m.* ①《속어》졸병. ② 엉덩이 (postérieur). 쓸모없는 놈.
trouillard(e) [truja:r, -ard] 《속어》 *a.* 겁많은.
— *n.* 겁쟁이(poltron).
trouille [truj] *n.f.*《속어》공포, 겁(peur). avoir la ~ 겁이 많다. flanquer la ~ à qn …에게 겁을 주다. ne pas avoir la ~ 대담하다, 뻔뻔스럽다.
trouillomètre [trujɔmɛtr] *n.m.*《속어》공포계(恐怖計)(다음과 같은 표현에만 쓰임). voir le ~ à zéro 몹시 오싹하다, 창백해지다, 몹시 떨다.
trouilloter [trujɔte] *v.i.* (비어)구린내가 나다, 악취가 풍기다. ~ du goulot 입에서 악취가 나다.
trou-madame [trumadam] (*pl.* ~s~) *n.m.* 【놀이】공굴리기의 일종; 공굴리기 도구.

***troupe** [trup] *n.f.* ① 집단, 떼, 무리, 일행(bande). ~ d'enfants 한 떼의 아이들. ~ de touristes 단체의 관광객. ② 극단, 단. ~ de théâtre 극단. ~ de danseurs 무용단. directeur de ~ 단장. ~ en tournée 순회중인 극단(무용단). ③《집합적》 군인; (사관에 대한)병사; (*pl.*)군대. servir dans la ~ 군복무를 하다. enfant de ~ (부대 내에서 교육을 받는)군인의 자제, (지금은 유년학교에서 교육을 받음). homme de ~ 병졸. mobiliser des ~s 군대를 동원하다. lever des ~s 징병하다. corps de ~ 군단. ~s de couverture 국경수비대. ~s de choc 돌격대. ~s de débarquements 상륙 전투대. ④ 장경찰대, 기동대, 전투경찰대. La ~ est intervenue pour contrôler les manifestants. 데모대를 진압하기 위해 전경대가 출동했다. ⑤ 군용 담배 (Gauloise) ~) (이 뜻으로는 복수불변). fumer de la ~ 군용 담배를 피우다. ⑥《옛》군중.
en ~ 떼(무리)를 지어.

par ~s 대로 나뉘어, 대를 지어. marcher par ~s de vingt 20명씩 대를 지어 걷다(행진하다).

***troupeau** [trupo] (*pl.* ~x) *n.m.* ① (가축의) 떼;《특히》양떼; 야수의 무리. ~ de buffles 물소 떼. migration de ~x 이동목축(transhumance). ~ (경멸)오합지중. ~ des candidats (줄지어 있는)지원자들의 무리. ~ du Seigneur[de Jésus-Christ] 【종교】기독교 신자(전체); 로마교회. ~ de l'évêque 주교구 소속 신자(전체).

troupiale [trupjal] *n.m.* 【조류】(아메리카산)찌르레기의 일종.
troupier [trupje] *n.m.*《구어》병사(soldat).
boire (fumer, jurer) comme un ~ 상스럽게 술마시다(담배를 피우다, 욕하다).
— *a.* 병졸의. comique ~ (1900년경 부터 유행하던)군대를 주제로 하는)야비한 희극.

troussage [trusa:ʒ] *n.m.* ① 【요리】(새 따위를 굽기 전에)발·날개를 몸통에 동여매어 모양을 다듬기. ②【야금】(주형(鑄型)을)깎아 닦기; 【채광】통풍구.

trousse [trus] *n.f.* ① 연장통, 도구 세트. ~ à outils 공구통. ~ à ongles 손톱 손질 기구 세트. ~ de médecin (의사의)왕진 가방. ~ de toilette 화장도구 상자. ~ d'écolier (국민학교 학생의)문방구통. ~ de cartouches 탄약통. ②(곡예사의)팬티; (*pl.*)《옛》(몸통의)짧은 바지. ③《옛》원통; 다발; 화살통.
être aux ~s de qn …을 뒤쫓다. **avoir la police à ses ~s** 경찰에 쫓기고 있다.

troussé(e) [truse] *a.p.* ① 걷어 올린; 위를 향한. jupe ~e 걷어 올린 스커트. femme ~e스커트 자락을 걷어 올린 여자. nez ~《옛》들창코. ②《구어》만들어진, 가다듬어진. compliment bien ~ 세련된 찬사. ③【요리】(새의 날개·다리를 몸통에)실로 묶은.

trousseau [truso] (*pl.* ~x) *n.m.* ① (열쇠 따위의)꾸러미, 작은 묶음. ~ de clefs 열쇠꾸러미. ②(신부의)혼수, (입사(入舍)·입원 따위 준비의)옷가지, 채비. ③【해부】섬유속(纖維束); 【농업】(쥐라(Jura) 지방에서 재배된)묶은 포도의 묘목(cépage rouge).

trousse-barre [trusba:r] *n.f.*《복수불변》 땟목을 잇기 위해 가로지른 막대.
trousse-étriers [trusetri(j)e] *n.m.*《복수불변》 = **porte-étriers**.
trousse-galant [trusgalɑ̃] *n.m.*《옛·구어》【의학】 급성병, 콜레라.
trousse-pet(ête) [truspɛ, -ɛt] (*pl.* ~~s) *n.*《옛·구어》(우쭐대는)어린 사내아이(계집아이). — *n.m.*《구어》짧은 저고리.
trousse-pied [truspje] (*pl.* ~~s) *n.m.*《수의》가축의 다리를 묶는 가죽끈.
trousse-queue [truskø] (*pl.* ~~s) *n.m.* (말의)꽁지리개.
troussequin [truskɛ̃] *n.m.* (말의)안장 뒤의 휘어오른 부분.
troussequiner [truskine] *v.t.* = **trusquiner**.

trousser [truse] *v.t.* ① (옷자락 따위를)걷어 올리다, 접다. ~ ses manches 소매를 걷어올리다. ② 쉽게 처리하다, 재빨리 해치우다, 신속하게 일을 하다. ~ une affaire 일을 재빨리 해치우다. ~ un discours 연설문을 재빨리 써버리다. ~ un compliment 인사차례를 간단히 하다. ③【요리】(새의)날개와 다리를 몸통에 실로 묶다. ④【원예】작은 가지를 몸통에 붙들어매다; 【야금】(주형의 내부를)깎아 먹다. ④ (말꼬리를)땋다. ⑤《옛》다발로 묶다. ~ bagage 출발하다. ⑥《옛》저 세상으로 보

trousseur 내다.
~ *une femme* 여자를 재빨리 손에 넣다; 여자를 범 「하다.
—*v.i.* (말이) 발을 높이 들고 걷다.
—*se* — *v.pr.* 자기 옷자락을 걷다, 옷자락을 걷어 올리다.

trousseur [trusœːr] *n.m.* ~ de jupons 《구어》 난봉 「군.

troussis [trusi] *n.m.* 《옛》 (의복을) 완성하기, 바느질 마치기.

trou-trou [trutru] (*pl.* ~-~*s*) *n.m.* 《의복》 (리본을 끼우는) 구멍 장식. à ~ 구멍 장식이 있는.

trouvable [truvabl] *a.* 찾아낼 수 있는.

trouvaille [truvaːj] *n.f.* ① 의외의 발견(물) (découverte). faire une bonne ~ 진귀한 것을 찾아내다. C'est une bonne ~. 《구어》 이것 희한한 물건인데. ② 적절한 표현. ~ d'expression 참신한 표현. Ce mot est une véritable ~. 이 말은 참으로 적절한 표현이다.

trouvé(e) [truve] *a.p.* ① 우연히 발견된. enfant ~ 주워온 애. objets ~*s* 습득물. ② 참신한, 독창적인. expression bien ~*e* 참신한(멋진) 표현. tout ~ 저절로 생각난. prétexte *tout* ~ 저절로 생각난 구실.

:**trouver** [truve] *v.t.* ① (찾던 사람·사물을) 찾아내다, 구하다, 얻다; (시간이나 기회를) 얻다. J'ai enfin *trouvé* mon parapluie. 마침내 내 우산을 찾아냈다. Je ne *trouve* plus mes lunettes. 안경이 어디 있는지 모르겠다. ~ un visage connu dans la foule 군중 속에서 아는 얼굴을 찾아내다. ~ un appartement 아파트를 얻다. ~ une femme(un mari) 아내(남편) 가 될 사람을 찾아내다, 결혼하다. ~ le temps d'aller au musée 미술관에 갈 시간이 생기다.
② (우연히) 발견하다; 만나다, 줍다. Je ne m'attendais pas à vous ~. 당신과 만날 수 있으리라고는 생각하지 않았다. Il a été *trouvé* mort dans son lit. 그는 침대에서 죽어 있는 것이 발견되다. ~ un obstacle 장애물을 만나다. ~ un portefeuille dans la rue 길에서 지갑을 줍다. aller ~ *qn* …을 만나러 가다.
③ 생각해내다, 알아내다, 고안하다. ~ la solution d'un problème 문제의 해답을 생각해내다. ~ un prétexte 구실을 마련하다. Où avez-vous *trouvé* ça? 《구어》 어떻게 그런 생각을 하게 되었소 [그것을 알게 되었소]? (목적보어 없이) J'ai *trouvé*! 알았다!
④ 느끼다, 맛보다 (éprouver). ~ de la difficulté 곤란을 느끼다. ~ de l'intérêt à une conférence 강연에 흥미를 느끼다. ~ beaucoup de plaisir à lire 독서에서 큰 기쁨을 느끼다.
⑤ (사람이나 사물의 어떤 성질을) 인정하다, 인식하다. ~ du génie à un auteur 어떤 작가에 대해서 재능을 인정하다. Je lui *trouve* mauvaise mine. 그는 안색이 나쁜 것 같다.
⑥ [~ +직접목적보어+속사] (을 …상태에서) 발견하다, (을 …하다고) 생각하다, 판단하다 (estimer, juger). J'ai *trouvé* la maison vide. 집이 비어 있는 것을 발견하다. Comment *trouvez*-vous ce tableau? 당신은 이 그림을 어떻게 생각하십니까? ~ un plat trop salé 요리가 너무 짜다고 생각하다. Je vous *trouve* fatigué. 당신은 피곤해 보입니다. ~ la question difficile 질문이 어렵다고 생각하다. Il a *trouvé* bon de s'absenter. 그는 그 자리에 없는 것이 좋겠다고 생각했다. [~ bon/mauvais que+ *sub.*] …을 좋다고 [좋지 않다고] 생각하다. Je *trouve* bon que nous allions le voir. 나는 우리가 그를 보러 가는 것이 옳다고 생각하다.
⑦ [~ à+*inf.*] (할) 방도를 [(할) 만한 것을] 발견하다, (하는데) 성공하다. ~ *à* gagner sa vie 생계를 꾸려나갈 방도를 찾아내다. On ne *trouve* pas facilement à se distraire ici. 여기에는 쉽사리 기분전환할 만한 것이 없다.
⑧ [~ que+*ind.*] (라고) 생각하다. Je *trouve* que ce film est excellent. 나는 이 영화가 아주 좋다고 생각한다. (목적보어절 없이) Vous *trouvez*? 그렇게 생각하세요?
la ~ *mauvaise*(*saumâtre*) ⇨**mauvais**.
~ *à redire à qc* …의 결점을 찾아내다, …에 대해서 왈가왈부하다.
~ *le temps long* 지루해하다, 진력내다.
~ *mieux de ne pas* + *inf.* …하지 않는 편이 낫다고 생각하다.
~ *qn sur son chemin* …의 방해를 받다.
REM 위의 ①②③의 뜻에서는 무관사 명사와 함께 동사구를 이루는 일이 많다: ~ refuge dans une cabane 오두막집에 피신하다. ~ assistance auprès de *qn* …의 도움을 받다. ~ place dans un wagon 기차에서 앉을 자리를 얻다. ~ moyen de+ *inf.* …하는 방법을 찾아내다.
—*se* ~ *v.pr.* ① (우연히 어떤 상태에) 있게 되다, 마주치다; …하는 일이 일어나다. Le professeur *se trouva* nez à nez avec l'inspecteur. 선생은 우연히가 장학관과 마주치게 되었다. *se* ~ en danger de mort 죽음의 위험에 직면하다. [*se* ~ + *inf.*] Elle *se trouva* être la sœur de mon ami. 그녀는 우연히도 내 친구의 누이였다.
② (어떤 장소·상태에) 있다, 존재하다; 발견되다. Son nom ne *se trouve* pas sur la liste. 그의 이름은 리스트에 없다. Où *se trouve* la bouche du métro? 지하철 입구는 어디입니까? (비인칭) Il *se trouve* de nombreux ouvrages sur ce sujet. 그 문제에 관해서는 많은 저서가 있다.
③ 《속사와 함께》 (자기가) …이라고 느끼다. Comment vous *trouvez*-vous ce matin? — Je *me trouve* bien. 오늘 아침 기분이 어떠세요? 기분이 좋습니다. *se* ~ dépaysé 타향에 온 느낌이다, 낯설다. *se* ~ malheureux 자기가 불행하다고 생각하다.
④ …이라고 판명되다. La nouvelle *s'est trouvée* fausse. 그 보도는 오보임이 판명되었다.
⑤ 서로 만나다. Ils *se sont trouvés* à la gare. 그들은 역에서 서로 만났다.
⑥ 자기자신을 발견하다, 자기의 참모습을 알다. Ce poète *s'est* enfin *trouvé*. 이 시인은 마침내 자신의 진면목을 보여주었다.
Il se trouve que + *ind.* …하게 되다, …하는 일이 있다, …이라는 것을 알다. Il *se trouva que* le train était déjà parti. 알고보니 기차는 벌써 떠났다.
se ~ *à* + *inf.* …하고 있는 중이다 (être en train de). Il *se trouvait à* lire. 그는 독서 중이었다.
se ~ *bien de* + *inf.* …해서 잘됐다고 생각하다.
se ~ *bien*(*mal*) *de qc* …을 만족스럽게 (불만스럽게) 여기다.
si ça se trouve 《속어》 …일지도 모른다 (il est possible que). *Si ça se trouve*, il est riche. 그는 아마도 부자인 것 같다.

trouvère [truvɛːr], 《옛》 **trouveur**[1] [truvœːr] *n.m.* 《문학사》 (중세) 북프랑스의 음유시인.

trouveur[2](*se*) [truvœːr, -ø:z] 《드물게》 *n.* 발견자, 발명자. —*a.* chien ~ 냄새를 잘 맡는 사냥개.

troyen(ne)[1] [trwajɛ̃, -ɛn] *a.* 트로이 (*Troie*, 소아시아의 도시) 의. —**T**— *n.* 트로이 사람.

troyen(ne)[2] *a.* 트루아 (*Troyes*, 프랑스의 도시) 의. —**T**— *n.* 트루아 사람.

trs 《약자》 traites 《상업》 어음.

truand(e) [tryɑ̃, -ɑ̃:d] *n.* ① 《옛》 거지, 방랑자. ② 건

달, 무뢰한. —*n.m.* 무뢰한, 우범자.
truandaille [tryɑ̃dɑ:j] *n.f.* 《옛》거지떼.
truander [tryɑ̃de] *v.t.* 《속어》훔치다, 사취하다 (escroquer, voler). —*v.i.* 《옛》걸식하다, 떠돌아 다니다.
truanderie [tryɑ̃dri] *n.f.* 《옛》동냥질, 거지생활; 거지떼.
truble [trybl] *n.f.* 사내끼, 반두 그물.
trubleau [tryblo] (*pl.* ~*x*) *n.m.* 작은 사내끼.
trublion [trybli(j)ɔ̃] *n.m.* 분쟁을 일으키는 사람, 말썽꾼, 선동가.
*****truc**[1] [tryk] *n.m.* ① 《구어》요령, 비결(astuce, secret). connaître les ~s d'un métier 직업의 요령을 터득하고 있다. trouver un ~ pour ne pas payer dans le train 기차를 공짜로 타는 방법을 찾아내다. ② 속임수; 《연극·영화》 트릭. ~ d'un prestidigitateur 요술장이의 트릭. ~ de cinéma 영화의 트릭(특수효과). pièce à ~s 트릭을 교묘하게 사용한 연극(영화). ③ 《구어》(정확한 명칭을 모를 때) 거시기, 것, 물건, 《구어》machin). Qu'est-ce que c'est que ce ~ jaunâtre là-bas? 저기 있는 저 누르스름한 것은 무엇인가? C'est un drôle de ~. 그거 이상한 물건이군. ④ 큰 당구대. ⑤ 트럭《카드놀이의 일종》.
faire le ~《속어》매음하다.
truc[2], **truck** [tryk] 《영》 *n.m.* 무개(無蓋)화차; 화물자동차, 트럭.
truca [tryka] *n.m.* 영화 편집용 시사기.
trucage [tryka:ʒ] *n.m.* 속임수; (연극·영화의)트릭.
truchement [tryʃmɑ̃] *n.m.* 《문어》대변자(porte-parole); 대변하는 것, 표현수단; 중개자; 《옛》통역. La musique fut le ~ de leurs idées. 음악은 그들의 생각의 대변자〔표현수단〕였다.
par le ~ de …의 중개로.
trucider [tryside] *v.t.* 《구어》죽이다(tuer).
trucmuche [trykmyʃ] *n.m.* 《속어》거시기(truc, machin).
truculence [trykylɑ̃:s] *n.f.* ① (말투나 태도의)노골성. ② 《옛》거친 모습.
truculent(e) [trykylɑ̃, -ɑ̃:t] *a.* ① (말투나 태도가)노골적인, 원색적인. plaisanterie ~*e* 노골적인 농담. ② 《옛》거친, 야만적인.
trudgeon [trydʒɔ̃] *n.m.* 《옛》트러전 수영법《팔을 크롤처럼 놀리고, 다리는 횡영(橫泳)처럼 놀리는》.
truelle [tryɛl] *n.f.* 흙손; 생선나이프(~ à poisson).
truellée [tryɛ(e)le] *n.f.* 한 흙손의 분량.
truffage [tryfa:ʒ] *n.m.* 《요리》송로를 넣기.
truffe [tryf] *n.f.* ① 《식물》(서양)송로(松露)《버섯의 일종》. ② 《속어》주먹코; 개의 코. ③ 《구어》바보(idiot).
truffé(e) [tryfe] *a.p.* 송로를 넣은; [~ de](이)많이 들어 있는, 가득찬. traduction ~*e de* contresens 오역투성이의 번역.
truffer [tryfe] *v.t.* ① 《요리》송로를 넣다. ② [~ de](으)로 가득 채우다(remplir). ~ un discours *de* citations 연설에 인용문을 잘못 삽입하다. ③《옛》속이다. —*se* ~ *v.pr.* 조롱하다.
trufferie [tryfri] *n.f.* 《옛》속임수.
trufficulteur [tryfikyltœ:r] *n.m.* 송로 재배자.
trufficulture [tryfikylty:r] *n.f.* 송로 재배.
truffier(ère) [tryfje, -ɛ:r] *a.* (서양)송로의; 송로를 생산하는, 송로의 훈련을 받은. —*n.* 송로 재배자. —*n.f.* 송로 재배지.
truie [trɥi] *n.f.* ① 암퇘지. peau du ~ 돼지 가죽. ② ~ de mer 《어류》쑥감펭류(類).
truisme [trɥism] *n.m.* 자명한 이치.
truite [trɥit] *n.f.* 《어류》송어. ~ de mer 바다 송
어. ~ saumonée 살이 발그레한 바다 송어.
truité(e) [trɥite] *a.* 작은 반점이 있는; (도자기가)잔금이 가게 구워진.
truitelle [trɥitɛl] *n.f.* 《어류》작은 송어.
truiticulture [trɥitikylty:r] *n.f.* 송어 양식.
truiton [trɥitɔ̃] *n.m.* =**truitelle**.
trullisation [trylizasjɔ̃] *n.f.* (궁륭 안의)흙 손질.
trullo(*pl. i*) [tru(l)lo, -i] 《이탈리아》 *n.m.* (남부 이탈리아의)원뿔 모양 석조건물.
trumeau (*pl.* ~*x*) *n.m.* ① 《건축》창 사이의 벽(→maison 그림); (창 사이의 벽에 달린)거울. ② 《요리》소의 대접살(→bœuf 그림). ③ vieux ~ 《구어》노인, 늙은이.
truquage [tryka:ʒ] *n.m.* =**trucage**.
truqué(e) [tryke] *a.p.* 속임수의, 부정한; 《연극·영화》트릭을 사용한. élections ~*es* 부정선거. combat de boxe ~ 사기 권투시합. scène ~*e* 트릭을 쓴 장면.
truquer [tryke] *v.t.* 위조하다, 변조하다(falsifier); 속이다; 《영화》트릭촬영을 하다. ~ un tableau 그림을 위조하다. ~ une expérience 실험결과를 속이다. ~ une carte 가짜 카드 패를 만들다. —*v.i.* 속임수를 쓰다, 속이다(tricher).
truqueur(se) [trykœ:r, -ø:z] *n.* 위조자; 협잡꾼, 사기꾼; 《영화》트릭 기사(技師).
trusquin [tryskɛ̃] *n.m.* (목수의)평행자; (마구 제조의)가죽 끼우는 기구.
trusquiner [tryskine] *v.t.* 평행자로 줄을 치다, 평행선을 긋다.
trust [trœst] 《영》 *n.m.* ① 《상업》트러스트, 기업 합동. ② 대기업. grands ~s internationaux 국제적 대기업.
truste [tryst] *n.f.* 《역사》(프랑크족의)충성맹세; 충성맹세를 한 친위대.
truster [trœste] *v.t.* (기업합동으로)독점하다; (상 따위를)독차지하다(accaparer). ~ un produit 어떤 제품을 독점하다. Les Americains *ont trusté* les médailles aux Jeux Olympiques. 미국 사람들이 올림픽 경기에서 메달을 독차지했다.
trusteur [trœstœ:r] *n.m.* 트러스트 창립자, 트러스트 조직〔운영〕자; (상 따위를)독차지하는 사람.
trustis [trystis] *n.f.* =**truste**.
trypaflavine [tripaflavin] *n.f.* 《화학》트리파플 [라빈.
trypanose [tripano:z] *n.f.* 《의학》트리파노소마병(病), 수면병(睡眠病).
trypanosome [tripanozɔm] *n.m.* 《동물》트리파노소마. [nose.
trypanosomiase [tripanozɔmja:z] *n.f.* =**trypa-
trypsine [tripsin] *n.f.* 《생화학》트립신《단백질을 분해하는 쇄액중의 효소》.
trypsinogène [tripsinɔʒɛn] *n.m.* 《생화학》트립시노겐《쇄액중에 분비되는 트립신의 효소원》.
tryptophane [triptɔfan] *n.m.* 《생화학》트립토판 《아미노산의 하나》.
tsar [tsa:r, dza:r] 《러시아》 *n.m.* 러시아 황제.
tsarévitch [tsarevitʃ] *n.m.* 러시아 황태자.
tsarevna [tsarevna] *n.f.* 러시아 황녀(皇女).
tsarien(ne) [tsarjɛ̃, -ɛn] *a.* 러시아 황제의. Sa Majesté T~*ne* 러시아 황제 폐하.
tsarine [tsarin] *n.f.* 러시아 황후.
tsarisme [tsarism] *n.m.* 러시아의 제정(기간).
tsariste [tsarist] *a.* 제정 러시아 지지의. —*n.* 제정 러시아 지지자.
tsé-tsé [tsetse] *n.f.* 《곤충》(남아프리카의)체체파리(mouche ~).
T.S.F. (teesef) (< *Télégraphie Sans Fil*) *n.f.* 라디오; 무선 전신. poste de ~; une ~《옛》라디오 수신기

T-shirt [tiʃœrt] (*pl.* ~-~**s**) *n.m.* T 셔츠(tee-shirt).
tsigane [tsigan] *a., n.* =**tzigane**.
tsoin-tsoin, tsouin-tsouin [tswɛ̃tswɛ̃] *int.* 《속어》쨩, 쨩! (노래의 한 절이 끝날 때 악기 소리를 흉내내서 끝에 붙이는 간투사). —*a.* 잘 다듬어진, 공들인(soigné); 잘된(réussi).
T.S.S. 《약자》Très Saint Sacrement 《가톨릭》(극히 신성하신)성체; 《기독교》성찬(식).
tss-tss [tsstss] *n.m.* 쯧쯧(혀차는 소리; 회의·당황·비난을 나타냄).
tsunami [tsynami] 《일본》 *n.m.* 《지리》(태평양 연안의)해일(海溢).
T.S.V.P. 《약자》Tournez, s'il vous plaît. 이면(裏面)참조.
t.t. 《약자》transfert télégraphique 《주식》전보화.
:tu¹ [ty] *pron.pers.* (2인칭·단수·주어; 강세 없으나, 의문문에서 동사 바로 뒤에서 trait d'union으로 연결될 경우에 강세) ❶ (친한 사람·가족·손아랫사람·동물 따위에게) 네가, 너는, 자네가. *Tu as raison.* 네 말이 맞다. ❷ (시문·종교에서 신·제왕 따위에게) 그대가, 그대는.
—*n.m.* (복수불변) 너(라는 말); tu (너)의 사용. *dire le tu à qn* …에게 「너」라는 말을 사용하다. *employer le tu* 말을 놓고 하다.
RÉM (1) 속어에서는 모음을 생략하여 t'로 표기하는 일이 있다 (특히 avoir, être의 앞에서):tu es → *t es*; tu as → *t'as*. (2) 성서와 같이 옛 말투를 쓸 때 생략되는 일이 있다:Homicide point ne seras. 그대는 살인자가 되지 말지어다.
tu² *taire*의 과거분사.
tuable [tɥabl] *a.* (가축이)도살하기에 알맞은; 죽이기에 알맞은.
tuage [tɥaːʒ] *n.m.* 《드물게》도살. 「기에 알맞은.
tuant(e) [tɥɑ̃, -ɑ̃ːt] *a.* 《구어》힘드는, 견딜 수 없는, 귀찮은, 성가신(énervant, importun). *Elle est ~e avec ses bavardages.* 그녀는 너무나 수다스러워 견딜 수 없다.
tu-autem [tɥotɛm] 《라틴》 *n.m.* 《구어·드물게》요점, 급소; 핵심.
tub [tœb] 《영》 *n.m.* 목욕통, 욕조; 목욕. *prendre un ~* 목욕하다.
tub- *préf.* 「관·통」의 뜻.
tuba [tyba] *n.m.* ❶ 《음악》튜바. ❷ (잠수부의)호흡관(呼吸管).
tubage [tybaːʒ] *n.m.* 《의학》삽관법(插管法); 《토목》도관(導管)부설, 배관.
tubaire [tybɛːr] *a.* 관(管)의, 관상(管狀)의. *grossesse ~* 《의학》 나팔관임신. *souffle ~* 《의학》 관성(管性)호흡음.
tubard(e) [tybaːr, -ard] *a., n.* 《구어》결핵의(환자) (tuberculeux).
***tube** [tyb] *n.m.* ❶ 관, 통; 튜브. *~ à essai* 시험관. *~ au néon* 네온관. *~ à vide* 진공관. *~ d'un télescope* 망원경의 통. *~ lance-fusées* 로켓 발사관. ❷ 《해부》관, 관상기관; 《속어》목구멍; 위. *~ digestif* 소화관. ❸ 《의학》관상의 기구. *~ à injection* 주사기. *~ en(de) caoutchouc* (배설 따위에 쓰는)고무관. ❹ 관상의 용기, 튜브. *~ de dentifrice* 치약 튜브, 튜브에 든 치약. *~ de rouge à lèvres* 루즈의 금속통. ❺ 《속어》전화(fil). *Donnez-moi un coup de ~.* 전화를 한 번 걸어주시오. ❻ 《속어》실크해트(haut-de-forme). ❼ 《속어》(상송의)히트곡; (노래·연극 따위의)히트. ❽ 《교통》런던의 지하철.
à pleins ~s (속력이나 음량을)최고도로. *rouler à pleins ~s* 전속력으로 달리다. *mettre la radio à pleins ~s* 라디오의 볼륨을 최고로 높이다.
se piquer le ~ 《속어》취하다.
se rincer le ~ 《속어》한잔하다.
RÉM 「관」의 의미에서 tube는 학술용어이며 일상용어로서는 tuyau를 많이 쓴다.
tuber¹ [tybe] *v.t.* 《의학》(에)관을 삽입하다; 《토목·기계》(에)장관(裝管)하다, 배관하다.
tuber² [tœbe] *v.t.* 목욕시키다.
—*se ~ v.pr.* 목욕하다.
tuber- *préf.*「서양송로」「혹·마디·옹이」의 뜻.
tubéracé(e) [tyberase] *a.* 서양송로의. —*n.f.pl.* 괴균과(塊菌科).
tubercule [tyberkyl] *n.m.* 《식물》덩이줄기, 괴경(塊莖); 《의학》 돌기, 융기, 결절(結節); 결핵.
tuberculé(e) [tyberkyle] *a.* 덩이줄기(괴경)가 있는; 결절이 있는.
tuberculeux(se) [tyberkylø, -øːz] *a.* 《식물》괴경성의; 《의학》결핵성의, 결핵에 걸린. —*n.* 결핵 환자. 「(核根).
tuberculide [tyberkylid] *n.f.* 《의학》결핵진(結 **tuberculifère** [tyberkylifɛːr] *a.* 《식물》덩이줄기(괴경)를 가진; 《동물》돌기를 가진.
tuberculiforme [tyberkyliform] *a.* 괴경(결절) 모양의.
tuberculination [tyberkylinasjɔ̃] *n.f.* 《의학》투베르쿨린 주사(검사).
tuberculine [tyberkylin] *n.f.* 《의학》투베르쿨린 주사액.
tuberculiner [tyberkyline] *v.t.* 《의학》투베르쿨린을 주사하다.
tuberculinique [tyberkylinik] *a.* 《의학》투베르쿨린의.
tuberculinisation [tyberkylinizasjɔ̃] *n.f.* =**tuberculination**. 「**liner**.
tuberculiniser [tyberkylinize] *v.t.* =**tuberculisable** [tyberkylizabl] *a.* 《의학》결핵의 침입을 받을 수 있는.
tuberculisation [tyberkylizasjɔ̃] *n.f.* 《의학》결절(결핵)형성; 《식물》 괴경화(塊莖化).
tuberculiser [tyberkylize] *v.t.* 결절(결핵)을 형성시키다.
—*se ~ v.pr.* 결절을 형성하다; 결핵에 걸리다.
tuberculose [tyberkyloːz] *n.f.* 《의학》결핵. *~ pulmonaire* 폐결핵.
tubéreux(se) [tyberø, -øːz] *a.* 괴경성(塊莖性)의, 덩어리 모양의, 구상(球狀)의. *bulbes ~* 구근(球根). —*n.f.* 월하향(月下香).
tubérifier (se) [s(ə)tyberifje] *v.pr.* 《식물》(뿌리·줄기가)덩어리 모양을 이루다.
tubériforme [tyberiform] *a.* 《식물》덩어리 모양의, 괴형(塊形)의. 「莖化).
tubérisation [tyberizasjɔ̃] *n.f.* 《식물》괴경화(塊 **tubérisé(e)** [tyberize] *a.* 괴경화된. *racine ~e* 덩이뿌리, 괴근.
tubérosité [tyberozite] *n.f.* ❶ 《해부》(뼈의)결절. ❷ 《식물》 혹.
tube-tirage [tybtiraːʒ] (*pl.* ~**s**-~) *n.m.* 《물리》(현미경 따위의)신축통.
tubi- *préf.*「관」의 뜻.
tubicole [tybikɔl] *a.* 《동물》관생(管生)의.
—*n.m.pl.* 관생 동물, 관서류(管棲類).
tubicorne [tybikɔrn] *a.* 《동물》속이 빈 뿔이.
tubifère [tybifɛːr] *a.* 《생물》관을 가진, 관 모양의.
tubifex [tybifɛks] *n.m.* 《동물》관 속에 사는 작은 벌레.
tubiforme [tybiform] *a.* 《생물》관 모양의.
Tubingue [tybɛ̃ːg] *n.pr.* 《지리》튀빙겐(독일의 도시).

tubipore [tybipɔːr] *n.m.* 《동물》관(管)산호.
tubiste [tybist] *n.m.* 잠함(潛函) 속에서 잠수작업하는 인부; 튜브·진공관 제조공.
tubitélaire [tybitelɛːr], **tubitèle** [tybitɛl] 《동물》*a.* 관 모양의 줄을 치는. —*n.m.*《보통 *pl.*》(관 모양의)거미.
tubleu [tyblɸ] *int.*《옛》=tudieu.
tubul- *préf.*「작은 관·통」의 뜻.
tubulaire [tybylɛːr] *a.* 통 모양의. chaudière ~ 《기계》연관(鉛管)보일러. —*n.m.* (축구공 튜브의) 공기넣는 펌프.
tubule [tybyl] *n.m.* 《생물》작은 관.
tubulé(e) [tybyle] *a.* 통-[관] 모양의; 관을 달 수 있게 된.
tubuleux(se) [tybylɸ, -ɸːz] *a.* 관(통) 모양의.
tubuliflore [tybyliflɔːr] *a.* 《식물》관상화(管狀花)를 가진.
tubulure [tybylyːr] *n.f.* 관이 달린 곳; 배관(配管)《식물》세관(細管).
tudesque [tydɛsk] *a.* 《구어》《경멸》튜튼 민족의;《옛·구어》상스러운. —*n.m.*《언어》튜튼어.
tudieu [tydjɸ] *int.*《옛·구어》제기! 빌어먹을!
tué(e) [tɥe] *a.p.* 피살된. soldats ~s au combat 전사한 군인들. vin ~ (뚜껑을 열어두어)맛이 없어진 포도주. être ~《구어》(비유적)(논쟁에서)지다; 기진맥진하다. —*n.* 피살자. enfants des ~s 전몰자(戰歿者)의 유자녀.
tue-cafards [tykafaːr] *n.m.*《복수불변》바퀴벌레 구충제.
tue-chien [tyʃjɛ̃] *n.m.*《복수불변》《식물》콜히쿰 (colchique d'automne); 까마종이.
tue-diable [tydjaːbl] *n.m.*《복수불변》《어업》(송어잡이용)주낙.
tue-fourmis [tyfurmi] *n.m.*《복수불변》개미를 죽이는 약.〔nit〕.
tue-loup [tylu] *n.m.*《복수불변》《식물》바곳(aconit).
tue-mouche [tymuʃ] *n.m.* ①《복수불변》《식물》독버섯의 일종. ②《*pl.* ~*-s*》《옛》파리채. —*a.* papier ~ 파리 잡는 끈끈이종이.
tue-punaises [typynɛːz] *n.m.*《복수불변》빈대약.
:tuer [tɥe] *v.t.* ① 죽이다, 도살하다;《옛》(동물)에게시달리게 하다, 말려죽이다. ~ qn avec un poignard 단도로 …을 찔러죽이다. ~ trois lièvres à la chasse 사냥에서 토끼 세 마리를 죽이다. Il a été tué à la guerre. 그는 전사했다. Tu ne *tueras* point.《성서》그대는 살인을 하지 말지어다. froid qui *tue* les plantes 식물을 얼어 죽게 하는 추위. Ils sont à ~. 그들은 죽일(고약한) 놈들이다. ② 녹초가 되게 하다; 참을 수 없게 하다; 지루하게 하다, 지겹게 하다. Ce grand bruit me *tue*. 저 소음 때문에 나는 미칠 것 같다. Son ignorance me *tue*. 그의 무식에는 두 손 들게 된다. ③ 멸망시키다; 못쓰게 하다; 실패케 하다; 신용을 떨어뜨리다. La crise des affaires *a tué* certains petits commerces. 불경기가 몇몇 소상인들을 망하게 했다. Cette couleur *tue* les autres. 이 색깔 때문에 다른 색깔이 죽고 만다.
coup[gifle] à ~ *un bœuf* 죽도록 아픈 일격.
être bon à ~ 도살하기 알맞다; 죽이고 싶도록 밉지 못한 놈이다《주어가 사람의 경우》.
Il n'a jamais tué personne.《구어》그는 선량한[어진] 사람이다.
~ *le feu*《옛》불을 끄다.
~ *le temps* 시간을 이럭저럭 보내다.
~ *le ver*《구어》아침에 빈 속에 술을 마시다.
~ *qc dans l'œuf* …을 시초에 없애버리다.
—*se* ~ *v.pr.* ① 자살하다(se suicider); (사고로)

죽다. se ~ d'un coup de revolver 권총으로 자살하다. Il s'est tué à la chasse. 그는 사냥하다가 (잘못)죽었다.
② 무리하다, 건강을 해치다(se nuire). se ~ de travail 과로하여 몸을 버리다. se ~ à force de boire 너무 술을 마셔서 건강을 해치다.
③ [se ~ à + *inf.*] 죽도록 …하다, …하는 데 무진 고생하다(se fatiguer). Je *me tue à* vous le répéter. 나는 당신에게 허가 닳도록 그 말을 되풀이해왔소.
④ 서로 죽이다(s'entre-tuer).
se ~ *à plaisir*《구어》쓸데없는 짓을 해서 제 명을 줄이다.
tuerie [tyri] *n.f.* ① (대량)학살; (과장)살인적 혼잡. affreuses ~s des guerres modernes 현대전의 끔찍한 대량학살. N'allez pas là, c'est une ~.《구어》그 곳에 가지 마세요, 살인이 나도 모를 만큼 사람이 붐벼요. ② (마을의)도살장.
tue-tête (à) [atytɛt] *loc.ad.* 목청을 다하여. crier (chanter) à ~ 목이 터지라고 외치다(노래하다).
tueur(se) [tɥœːr, -ɸːz] *n.* 살인자, 암살자; 청부살인자(~ à gages). ~ de lions 사자 사냥의 명수. avoir une tête de ~ 험상궂게 생기다.
—*n.m.* 도살업자, 백정.
tue-vent [tyvɑ̃] *n.m.*《복수불변》①《원예》바람막이. ② (자동차의)방풍유리.
tuf [tyf] *n.m.* ①《지질》응회암(凝灰岩). ~ calcaire 석회화(華). ②《문어》(사물의)바닥, 근본, 본성. creuser jusqu'au ~ 바닥(근본)까지 파내려 가다. toucher le ~ 《경제》바닥시세가 되다.
tufacé(e) [tyfase] *a.* 《지질》응회암의, 석회화를 포함하는.
tufeux(se) [tyfɸ, -ɸːz] *a.* 《지질》응회질의.
tuf(f)eau [tyfo] (*pl.* ~*x*) *n.m.* 《지질》백토.
tufier(ère) [tyfje, -ɛːr] *a.* 《지질》응회암질의.
tuilage [tɥilaːʒ] *n.m.* 《직물》나사(羅紗)의 마감손질; (위의)손질을 하기 위한 널빤지.
*****tuile** [tɥil] *n.f.* ① 기와; 기와 대신에 쓰는 타일. maison couverte de ~ 기와집. toit de ~ 기와지붕. ~ d'ardoise 슬레이트 기와. ②《구어》뜻밖의 재난, 재수 없는 일(malchance). Quelle ~! 참 재수도 없다! ③ 기와 모양의 비스킷. ④《옛》나사(羅紗)의 마감손질을 하기 위한 널빤지(tuilage).
tuileau [tɥilo] (*pl.* ~*x*) *n.m.* 기와조각; 타일.
tuiler [tɥile] *v.t.* 《직물》나사의 털을 반반하게 뉘다. ② (비밀결사의)신분을 알아보다.
tuilerie [tɥilri] *n.f.* 기와 공장, 기와 굽는 가마.
les T~*s* 튈르리 궁전; 튈르리 공원.
tuilette [tɥilɛt] *n.f.* 작은 기와.
tuileur [tɥilœːr] *n.m.* (비밀결사집회의) 파수꾼.
tuilier(ère) [tɥilje, -ɛːr] *n.* 기와 제조공; 기와 제조업자. —*a.* 기와 제조의.
tularémie [tylaremi] *n.f.* 《의학》툴라레미아, 야토병(野兔病).
tulipe [tylip] *n.f.* 《식물》튤립; (전등의)튤립모양의 갓.
tulipier [tylipje] *n.m.* 《식물》튤립나무(북아메리카산 교목).
tulipomane [tylipɔman] *n.m.* 튤립 애호가.
tulipomanie [tylipɔmani] *n.f.* 튤립 애호광.
tulle [tyl] *n.m.* ①《직물》(베일 따위에 쓰는)얇은 명주 망사. ② ~ *gras*《약》붙이게 되어 있는 찜 망사.
tullerie [tylri] *n.f.* 망사 제조(판매)업. —*a.* 《직물》망사 제조의.
tullier(ère) [tylje, -ɛːr] *a.* 망사의. industrie ~*ère* 망사 제조업.
tulliste [tylist] *n.* 망사 제조공(업자).
tuméfaction [tymefaksjɔ̃] *n.f.* 《의학》종창(腫脹); 부종(浮腫).

tuméfié(e) [tymefje] *a.p.* 부어오른. visage ~ 얻어 맞아서 부어오른 얼굴. esprit ~ de prétentions (비유적) 야망으로 부푼 마음 (사람).
tuméfier [tymefje] *v.t.* 붓게 (부어오르게) 하다.
—**se** ~ *v.pr.* 부어오르다.
tumescence [tymesɑ̃:s] *n.f.* 종창 (상태). [오른.
tumescent(e) [tymesɑ̃, -ɑ̃:t] *a.* 《의학》 붓는, 부어
tumeur [tymœ:r] *n.f.* 《의학》 종기, 종양. avoir une ~ au genou 무릎에 종기가 나다. résoudre une ~ 종기를 따다 (째다). ~ cérébrale 뇌종양.
tumide [tymid] *a.* 종기가 부어오른.
tumoral(ale, *pl.* **aux)** [tymɔral, -o] *a.* 종기의.
tumulaire [tymylɛ:r] *a.* 무덤의 (tombal).
tumulte [tymylt] *n.m.* ① 법석, 소란; 동요, 혼란, 소동 (agitation). Un ~ s'est élevé. 소동이 일어났다. ~ de la rue 거리의 소란. ~ des passions 정념의 격동. apaiser le ~ 소동을 가라앉히다. passer sa vie dans le ~ des affaires 실업계의 파란 속에서 평생을 보내다. ② 《고대로마》 (골족 침입의) 비상경보; 《옛》 무장봉기.
dans le ~ *; en* ~ 소란스럽게.
tumultuaire [tymyltɥɛ:r] *a.* 《옛》 무질서한, 소란한, 떠들썩한.
tumultuairement [tymyltɥɛrmɑ̃] *ad.* 《옛》 무질서하게, 소란스럽게.
tumultueusement [tymyltɥøzmɑ̃] *ad.* 시끄럽게, 소란하게 (dans le tumulte).
tumultueux(se) [tymyltɥø, -ø:z] *a.* 《문어》 소란스러운, 혼란한; 파란많은 (agité, orageux, ↔ calme, tranquille). foule ~se 소란스러운 군중. vie ~se 파란만장한 생활.
tumulus [tymylys] 《라틴》 *n.m.* (복수불변 또는 *tumuli* [tymyli] 《고고학》 봉분; 석총 (石塚).
tunage [tyna:ʒ] *n.m.,* **tune**[1] [tyn] *n.f.* (하천공사용
tune[2] *n.f.* =**thune**. [의) 석롱 (石籠).
tuner [tjunœ:r] 《영》 *n.m.* (라디오·텔레비전의) 튜너, 동조기.
tungar [tɔ̃gar] *n.m.* 《전기》 텅거 정류관.
tungstate [tœ̃kstat] *n.m.* 《화학》 텅스텐산염.
tungstène [tœ̃kstɛn] *n.m.* 《화학》 텅스텐. filament au ~ 텅스텐 필라멘트.
tungstique [tœ̃kstik] *a.* 《화학》 텅스텐의.
tungstite [tœ̃kstit] *n.f.* 《광물》 산화텅스텐광.
tunicelle [tynisɛl] *n.f.* 《가톨릭》 조제복 (助祭服), 튜니클.
tuniciers [tynisje] *n.m.pl.* 《동물》 미삭류 (尾索類), 피낭류 (被囊類).
tunique [tynik] *n.f.* ① 《고대로마》 무릎까지 내려오는 속옷. ② 《가톨릭》 조제복 (tunicelle). ③ (군인·고교생·부인용의) 긴 웃옷. ~ de danse rythmique 리듬 댄스용의 긴 옷. ④ 《생물》 막, 피막, 외피, 피낭.
tuniqué(e) [tynike] *a.* 피막이 있는, 피막으로 덜
tunisien(ne) [tynizjɛ̃, -ɛn] *a.* 튀니지 (Tunisie, 북아프리카 나라) 의. —**T**~ *n.* 튀니지 사람.
tunisois(e) [tynizwa, -a:z] *a.* 튀니스 (Tunis) 의.
—**T**~ *n.* 튀니스 사람.
***tunnel** [tynɛl] 《영》 *n.m.* ① 터널, 지하도. creuser (percer) un ~ 터널을 파다. ~ sous-marin 해저터널. ~ aérodynamique 《항공》 풍동 (風洞). ② (구어) 고난 (암흑) 의 시기 (시대). arriver au bout du ~ 시련이 끝나다. *combat de nègres dans un* ~ 너무 어두워서 분간할 수 없는 상경.
tunnelier [tynɛlje] *n.m.* 터널 파는 기계.
tupa [typa] *n.m.* 《식물》 튜파 (열대 아메리카산 숫잔대과 (科) 의 1 속 (屬)).
tupaïa, tupaia, tupaja [typaja] *n.m.* 《동물》 튜파이아 (열대 아시아산의 다람쥐 비슷한 동물).
tupi [typi] *a.* (불변) 투피족 (아메리카 인디언의 한 종족) 의. —**T**~ *n.* (복수불변) 투피족. —*n.m.* 투피어 (語).
tupinambis [typinɑ̃bis] *n.m.* 《동물》 튜피남비스 (남아메리카산 큰 도마뱀).
tuque [tyk] *n.f.* (캐나다의) 술달린 털모자.
turban [tyrbɑ̃] *n.m.* ① 터번 (회교도의 두건); 터번모양의 부인용 모자. ② 터번모양의 동·식물; 《식물》 서양호박의 일종; 툴립의 일종; 마르티콘 (백합의 일종); 《패류》 때개비등의 일종. ③ 《요리》 왕관형으로 담은 요리.
prendre le ~ 회교도가 되다.
turbané(e) [tyrbane] *a.* 터번을 두른.
turbe [tyrb] *n.f.* enquête par ~*s* 《옛》 《법》 지방의 관습 조사.
turbé [tyrbe], **turbeh** [tyrbe] (아라비아) *n.f.* (회교 명사 (名士) 의) 둥근 지붕이 달린 묘석.
turbellariés [tyrbɛ(l)larje] *n.m.pl.* 《동물》 와충류 (渦蟲類).
turbide [tyrbid] *a.* 《문어》 (강물 따위가) 탁한.
turbidimétrie [tyrbidimetri] *n.f.* (액체의) 혼탁도 측정기.
turbidité [tyrbidite] *n.f.* (액체의) 혼탁도.
turbin [tyrbɛ̃] *n.m.* 《속어》 (특히 보수를 받고 하는) 일 (travail).
turbinage [tyrbina:ʒ] *n.m.* (설탕 제조 때) 원심기에 걸기; 《옛》 터빈의 작용.
turbinaire [tyrbinɛ:r] *a.* 《동물》 팽이꼴 산호.
turbine [tyrbin] *n.f.* ① 《기계》 터빈; 회전날개. générateur à ~s 터빈 발전기. ~ à réaction 반동터빈. ~ à vapeur (à gaz) 증기 (가스) 터빈. ~ hydraulique 수력터빈. ② (빙과 (氷菓) 제조에 쓰는) 혼합기, 아이스크림 프리저; (제당용의) 원심분리기.
turbiné(e) [tyrbine] *a.p.* 《생물》 팽이꼴의.
turbinelle [tyrbinɛl] *n.f.* 《패류》 투르비넬라 (열대산 복족류 (腹足類)).
turbiner[1] [tyrbine] *v.i.* 《속어》 눈코 뜰 새 없이 일하다 (trimer).
turbiner[2] *v.t.* ① (제당 공정에서) 원심기로 분밀 (分蜜) 하다. ② 수력으로 터빈을 돌리다.
turbineur[1] [tyrbinœ:r] *n.m.* 《속어》 일 잘하는 사람.
turbineur[2] *n.m.* (제당·정유 공정에서) 원심분리기를 운전하는 사람.
turbith [tyrbit] *n.m.* ① 《식물》 투르펫 (동인도 제도에서 나오는 고구마의 일종); 《약》 (위의) 식물에서 채취한 하제. ② ~ minéral 《화학》 황색 산화수은, 황강홍 (黃絳汞).
turbo [tyrbo] *n.m.* 《패류》 소라의 일종.
turbo- *préf.* 「터빈」의 뜻.
turbo-alternateur [tyrboaltɛrnatœ:r] *n.m.* 《기계》 터빈 교류발전기.
turbo(-)compresseur [tyrbokɔ̃prɛsœ:r] *n.m.* 《기계·항공》 터보 압축기.
turbo(-)dynamo [tyrbodinamo] *n.f.* 《기계》 터빈 직류발전기.
turbo-électrique [tyrboelɛktrik] *a.* 《기계》 전기 터빈의.
turbofan [tyrbofɑ̃] *n.m.* 《기계》 터보팬.
turbofiltre [tyrbofiltr] *n.m.* 《기계》 (니스의) 원심 여과기.
turbo(-)générateur [tyrboʒeneratœ:r] *n.m.* 《기계》 터빈 발전기.
turbomachine [tyrbomaʃin] *n.f.* (총칭) 《기계》 터빈식 기관.
turbomoteur [tyrbomɔtœ:r] *n.m.* 《기계》 가스터

turbopompe [tyrbɔpɔ:p] *n.f.* 《기계》 터빈펌프.
turbopropulseur [tyrbɔprɔpylsœ:r] *n.m.* 《항공》 터빈 프로펠러[터보프롭] 엔진.
turboréacteur [tyrbɔreaktœ:r] *n.m.* 《항공》 터빈식 제트[터보제트] 엔진.
turbosoufflante [tyrbɔsuflɑ̃:t], **turbo-souffleuse** [tyrbɔsuflø:z] *n.f.* 《기계》 터보 송풍기.
turbot [tyrbo] *n.m.* 《어류》 (유럽산의) 가자미의 일종.
turbotière [tyrbɔtjɛ:r] *n.f.* 《요리》 가자미 냄비.
turbotin [tyrbɔtɛ̃] *n.m.* 《어류》 새끼 가자미.
turbo(-)train [tyrbɔtrɛ̃] *n.m.* 터빈 기관차가 끄는 기차(《약자》 turbo).
turboventilateur [tyrbɔvɑ̃tilatœ:r] *n.m.* 터빈 송풍기.
turbulemment [tyrbylamɑ̃] *ad.* 《드물게》 소란스레, 부산하게.
turbulence [tyrbylɑ̃:s] *n.f.* ① 소란, 부산스러움. ~ d'un enfant 어린아이의 소란스러움. ② (바다·바람 따위의) 소용돌이, 난류(亂流), 난기류.
turbulent(e) [tyrbylɑ̃, -ɑ̃:t] *a.* ① (특히 어린아이가) 소란한, 부산한(bruyant); 《옛》 난폭한, 거친 (violent). La plupart des enfants sont ~s. 대부분의 아이들은 시끄럽게 떠들어 댄다. ② 《물리》 난류(亂流)의. régime ~ 난류상태. ③ 《옛》 소란(혼란)을 좋아하는(troublé, tumultueux). esprit ~ 들 뜨고 떠들썩한 것을 좋아하는 성미 (사람).
—*n.m.* 교반기.
turc¹(que) [tyrk] *a.* 터키(la Turquie)의. bain ~ 터키탕. marche ~que 터키 행진곡.
à la ~*que* 터키식으로; 《구어》 난폭하게. être assis *à la* ~*que* 책상다리하고 앉다.
—T~ *n.* 터키 사람; 《옛》 회교도; (비유적) 잔인한 사람. Grand T~ 《옛》 터키 황제. Jeunes T~s 《역사》 터키 청년당; (비유적) (정당의 젊은) 급진파. tête de T~ (장난 따위에 세워두던) 힘 재는 기계; 세상의 웃음거리가 되는 사람.
fort comme un T~ 매우 강한.
se faire T~ 회교도가 되다.
traiter qn de T~ à Maure [《속어》 *à la* ~*que*]... 을 심하게 [사정없이] 다루다.
—*n.m.* 터키어(語).
turc² [tyrk] *n.m.* 《농업·원예》 풍뎅이 따위의 유충.
turc³ [tyrk] *n.m.* 리벳 공(工).
turcaret [tyrkarɛ] *n.pr.m.* 졸부 실업가(Lesage의 희극 *Turcaret*의 주인공 이름에서).
turcie [tyrsi] *n.f.* 《옛》 둑, 제방, 방축.
turcique [tyrsik] *a. selle* ~ 《해부》 접형골동(蝶...).
turco [tyrko] *n.m.* 《옛》 알제리 저격병. └形合洞).
turco- *préf.* 「터키」의 뜻.
turco-balkanique [tyrkobalkanik] *a.* 터키와 발칸의. *guerres* ~*s* 발칸 전쟁.
turcoin [tyrkwɛ̃] *n.m.* 《식물》 모헤어나.
turcoman(e) [tyrkɔmɑ̃, -an] *a.* 투르크멘 사람의.
—T~ *n.* 투르크멘 사람. —*n.m.* 투르크멘어.
turco-mongol(e) [tyrkɔmɔ̃gɔl] *n.m., a.* 《언어》 터키 몽골어(의).
turco-persan(e) [tyrkɔpɛrsɑ̃, -an] *a.* 《언어》 터키 페르시아어의.
turcophile [tyrkɔfil] *a.* 터키를 좋아하는. —*n.* 터키 애호가.
turcophobe [tyrkɔfɔb] *a.* 터키를 싫어하는. —*n.* 터키 혐오자.
turdidés [tyrdide] *n.m.pl.* 《조류》 지빠귀과(科).
turdoïde [tyrdɔid] *a.* 지빠귀 같은.
turdus [tyrdys] *n.m.* 《조류》 지빠귀속(屬)의 새.
turelure, ture lure [tyrly:r] *n.f.* 《옛》 라라라라 (민요의 후렴).
C'est toujours la même ~. 늘 같은 말의 반복이다.
turf [tyrf] 《영》 *n.m.* 경마(장).
turfiste [tyrfist] *n.m.* 경마 팬.
turfol [tyrfɔl] *n.m.* 토탄유(土炭油).
turgescence [tyrʒɛsɑ̃:s] *n.f.* 《의학》 종창(腫脹); 《식물》 팽창한 상태; 《생리》 발기(勃起).
turgescent(e) [tyrʒɛsɑ̃, -ɑ̃:t] *a.* 《의학》 붓는, 부은; 《문어》 팽창한.
turgide [tyrʒid] *a.* 《문어》 부은, 부어오른 (gonflé).
turgor [tyrgɔ:r] *n.m.* 《의학》 (피부의) 긴만(緊滿), 긴만도(度).
turion [tyrjɔ̃] *n.m.* 《식물》 (아스파라거스 따위의) 겨울눈이 있는 흡지(吸枝).
turkmène [tyrkmɛn] *n.* = **turcoman**.
turlu [tyrly], **turlui** [tyrlɥi] *n.m.* 《조류》 마도요.
turlupin [tyrlypɛ̃] *n.m.* 《옛》 (상스러운) 어릿광대; 건달, 게으름뱅이.
turlupinade [tyrlypinad] *n.f.* 《옛》 상스러운 재담.
turlupinage [tyrlypina:ʒ] *n.m.* 《옛》 상스러운 재담을 함.
turlupiner [tyrlypine] *v.t.* 《구어》 귀찮게 굴다; 괴롭히다. *être turlupiné par sa femme* 아내에게 들볶음을 당하다.
—*v.i.* 《옛》 상스러운 재담을 늘어놓다.
turlurette [tyrlyrɛt] *n.f.* 《옛》 ① (중세의 방랑자·걸인이 불던) 피리의 일종, 풍적(風笛) (flageolet, cornemuse). ② 노래의 후렴, 반복구절.
—*int.* 알게 뭐야 《무관심》.
turlutaine [tyrlytɛn] *n.f.* 《구어》 늘 되풀이하는 말, 입버릇.
turlutte [tyrlyt] *n.f.* 《어업》 납덩이 주위에 많은 낚시를 단 낚시도구.
turlututu [tyrlytyty] *n.f.* 《구어》 통소. —*int.* 흥! 시시하다! 《거절·냉소》.
turme [tyrm] *n.f.* 《고대로마》 기병대.
turne [tyrn] *n.f.* 《속어》 누옥(陋屋), 누추한 방 (taudis); (더러운) 일터; 《학생어》 (고등사범학교 따위의 기숙사의) 공부방.
turnep(s) [tyrnɛp(s)] *n.m.* 《농업》 순무의 일종.
turnère [tyrnɛ:r] *n.f.* 《식물》 투르네라 (열대 아메리카산 관목, 잎으로 최음제를 만듦).
turnix [tyrniks] *n.m.* 《조류》 메추라기의 일종.
turn(-)over [tœrnovœ:r] 《영》 *n.m.* 《경제》 (기업체의) 인사교체율, 이직·신규채용률.
turonien(ne) [tyrɔnjɛ̃, -ɛn] 《지질》 *a.* 투론계(階)의. —*n.m.* 투론계(백악계 중부).
Turons [tyrɔ̃] *n.m.pl.* 《고대지리》 (*Loire* 강 유역에 살던 고대 골의) 투론 사람.
turpide [tyrpid] *a.* 《문어》 치사한, 파렴치한.
turpidement [tyrpidmɑ̃] *ad.* 《문어》 치사하게, 더러운 수단을 써서.
turpitude [tyrpityd] *n.f.* 《문어》 파렴치, 비열; (수치스런 행위의 결과로 받는) 치욕, 불명예 (deshonneur, ignominie); 수치스런 (비열한) 행위 (말) (bassesse). *se vautrer dans la* ~ 수치스러운 생활을 하다. *débiter des* ~*s* 추잡스런 말을 하다.
turque [tyrk] *a.f., n.f. turc*의 여성.
turquerie [tyrk(ə)ri] *n.f.* ① 터키풍의 문물; 터키 취향. ② 《옛》 가혹, 냉혹.
turquet [tyrkɛ] *n.m.* ① 《구어》 《농업》 옥수수. ② 《동물》 삼사리의 일종.
turquette [tyrkɛt] *n.f.* 《식물》 너도기미자리과(科)의 식물.
Turquie [tyrki] *n.pr.f.* 터키. *blé de* ~ 《구어》 옥수수(maïs).
turquin [tyrkɛ̃] *a.m.* 남빛의. *bleu* ~ 청록색. *marbre* ~ 백문(白紋)청대리석. —*n.m.* = *marbre*

turquoise [tyrkwa:z] *n.f.* 터키옥(玉). —*a.* (불변) 터키옥색 청록의. —*n.m.* (복수불변) 터키옥색, 청록색.

turriculé(e) [tyrikyle] *a.* 【패류】작은 탑 모양으로 돌돌 말린.

turripinois(e) [tyripinwa, -azz] *a.* 투르뒤팽(Tour-du-Pin, 프랑스의 도시)(사람)의. —**T~** *n.* 투르뒤팽 사람.

turritelle [tyritɛl] *n.f.* 【패류】패각이 길고 끝이 뾰족한 고둥의 일종.

tu-s, -t [ty] ⇨**taire**.

Tusculanes (les) [letyskylan] *n.f.pl.* 【로마문학】토스쿨룸 담론(5권으로 된 Cicero의 철학저서).

tussah [tysa], **tussau** [tyso] *n.m.* 작잠사(柞蠶絲).

tussilage [tysila:ʒ] *n.m.* 【식물】머위.

tussor(e) [tysɔ:r] *n.m.* 【직물】작잠견(柞蠶絹).

tutélaire [tytelɛ:r] *a.* 【문어】보호의, 수호하는 (protecteur); 【법】후견의. dieu ~ 수호신. ange ~ 수호천사. gestion ~ 후견관리.

tutelle [tytɛl] *n.f.* ① 보호, 감독, 감시. être sous la ~ des lois 법의 보호하에 있다. échapper à la ~ pesante (pénible) de ses parents 부모의 답답한 감독에서 벗어나다. tenir qn en ~ ···을 보호하다; ···을 감시하다. ② 【법】후견. ~ légale (dative) 법정 (선정)후견. ~ testamentaire (유언에 의한)지정후견. être sous ~ 후견을 받고 있다. 【법】감독; 신탁통치. ~ administrative 행정감독. territoire (placé) sous ~ 신탁통치령. Conseil de ~ de l'O.N.U. 국제연합 신탁통치 이사회.

tuteur(trice) [tytœ:r, -tris] *n.* 【법】후견인; (구어)보호자. créer (nommer) un ~ à un mineur 미성년자에게 후견인을 붙이다(선정해주다). ~ et sa pupille 후견인과 피후견미성년자. ~ légal [datif] 법정(선임)후견인. subrogé ~ (가족회의에서 선임된)후견감독인. ~ ad hoc 특별후견인. —*n.m.* 【원예】(과목의)버팀막대, 지주.

tuteurage [tytœra:ʒ] *n.m.* 【원예】(어린 나무에)지주를 세워주기.

tuteurer [tytœre] *v.t.* 【원예】(어린 나무에)지주를 세워주다.

tut(h)ie [tyti] *n.f.* 【야금】(연광석을 태울 때 생기는) 불순산화아연.

tutoiement, tutoîment [tytwamã] *n.m.* (상대에게 tu를 사용하여)말을 놓고 하기(2인칭 단수 인칭대명사 tu, te, toi를 사용하는 일).

tutoyer [tytwaje] [7] *v.t.* 상대에게 tu로 말하다, 말을 놓고 하다, 해라하다; (비유적)친하게 교제하다. Cet enfant ne *tutoie* pas ses parents, il leur dit "vous". 이 아이는 자기 부모들에게 말을 쓰지 않고, vous 라고 말한다. ~ les chefs-d'œuvre 명작과 친근해지다. ~ un obstacle 《구어》(경마에서 말이)장애물에 닿으면서 넘다.
—**se ~** *v.pr.* 서로에게 tu를 쓰다, 너·나로 말하다. On peut *se* ~ maintenant qu'on se connaît. 서로 알게 되었으니, 이제 서로 tu를 써도 되겠지.

tutoyeur(se) [tytwajœ:r, -ɸ:z] *a., n.* tutoyer 하는 버릇이 있는(사람), 말을 놓고 하는(사람).

tutti [tu(t)ti] [이탈리아] *n.m.* (복수불변)【음악】오케스트라의 악기 전부; 전원 합주.

tutti frutti [tu(t)tifru(t)ti] [이탈리아] *loc.a.* 여러 종류의 과일로 만든. —*n.m.* (복수불변) 여러 과일이 든 아이스크림(glace ~).

tutti quanti [tu(t)tikwãti] *loc.ad.* 《구어》그 밖에 여러가지, 어중이떠중이(etc). voleurs, escrocs et ~ 도둑과 사기꾼 등등.

tutu [tyty] *n.m.* ① 발레용 스커트. ②《구어》어린애의 엉덩이.

***tuyau** [tɥijo] (*pl.* ~**x**) *n.m.* ① 관(管), 도관(導管), 통, 파이프. ~ d'égout 하수관. ~ acoustique 통화관. ~ de descente (세면대 따위의)배수관. ~ d'échappement (자동차의)배기관. ~ d'incendie 소방 호스. ~ d'orgue 【음악】(파이프 오르간의)음관(音管). ② 굴뚝. ~ de cheminée 벽난로의 굴뚝. ~ de poêle 난로의 굴뚝; 《구어》실크해트. ③ 도관(導管)(conduit); (보리 따위의)줄기; (새털의)축(軸). ~ de l'oreille 이도(耳道). ~ de paille 스트로. ~ de plume 새털의 축. ④ 【의복】둥근 주름. collerette à ~x 둥근 주름의 장식깃. ⑤《구어》정보; 예상. obtenir un bon ~ aux courses (à la Bourse) 경마(주식)에 관해 좋은 정보를 얻다. Le ~ a crevé. 예상이 빗나갔다. ⑥《구어》목구멍; 식도; 위; (*pl.*) 다리. se rincer le ~ 목을 축이다, 한잔 마시다.

dire qc à qn dans le ~ *de l'oreille* 《구어》···에게 ···라고 귓속말하다.

tuyautage [tɥijota:ʒ] *n.m.* ① 【의복】둥근 가두리 장식. ② (집합적)(증기기관의)도관; 배관, 배관기술. ③《구어》(경마 따위에서)정보제공.

tuyauté [tɥijote] *n.m.* 둥근 가두리 장식(법).

tuyauter [tɥijote] *v.t.* ① 【의】둥글게 가두리 장식을 하다. ②《구어》[~ *qn*] (경마 따위에서)(에게)정보를 제공하다. ~ un ami sur la Bourse 친구에게 증권에 관한 정보를 알려주다.
—*v.i.* (화본과 식물이)줄기가 생기다.

tuyauterie [tɥijotri] *n.f.* ① (증기기관의)도관류 (오르간의 음관(音管)). travaux de ~ 배관공사. ② 〈예〉금속관 제조(소).

tuyauteur(se) [tɥijotœ:r, -ɸ:z] *n.* ① 배관업자, 배관공. ②《구어》(경마 따위에서)정보를 주는 사람, 예상꾼.

tuyère [tɥijɛ:r] *n.f.* 【야금】통풍관; 【항공】(제트기관의)분사구(~ d'éjection).

TV, T.V. [teve] (<*télévision*) *n.f.* 《구어》텔레비전.

T.V.A. [tevea] (<*taxe à valeur ajoutée*) *n.f.* 부가가치세.

tweed [twid] 〈영〉 *n.m.* 【직물】트위드(스코치 모직의 일종).

tweeter [twitœr] 〈영〉 *n.m.* 트위터(고음용 확성기).

twin-set [twinset] 〈영〉 *n.m.* 【의복】스웨터와 편물 조끼의 한 벌.

twist [twist] 〈영〉 *n.m.* 트위스트(댄스의 일종).

twister [twiste] 〈영〉 *v.i.* 트위스트춤을 추다.

twisteur(se) [twistœ:r, -ɸ:z] *n.* 트위스트춤을 추는 사람.

tx (약자) tonneaux 【상업】톤.

tylenchus [tilɛkys] *n.m.* 【동물】선충류(線蟲類) (원충류(圓蟲類))의 일종.

tylose [tilo:z], **tylosis** [tilozis] *n.m.* 【의학】못.

tympan [tɛ̃pã] *n.m.* ① 【해부】고실(鼓室)(caisse du ~), 중이(中耳); 고막(membrane du ~). bruit à crever le ~ 고막이 터질 듯한 큰 소리. briser le ~ à qn 큰 소리로 ···에게 말하다. ② 【인쇄】압지대(壓紙臺)(고르게 인쇄하기 위해 인쇄판 따위에 대는 종이 또는 천조각). ③ 【건축】(합각머리 따위의)삼각면. ④ 【기계】(굴대에 끼운)작은 톱니바퀴, 축치 축(軸齒); 물 긷는 바퀴.

tympan ③

tympanal(ale, *pl.* **aux)** [tɛ̃panal, -o] *a.* ① 【해부】중이(中耳)의; 고실(鼓室)의. ② 【음악】큰 북의. batterie ~*ale* 큰 북의 타법. —*n.m.* 청골(聽骨)(os ~). —*n.f.* (큰 북 따위의)주법.

tympanique [tɛ̃panik] *a.* 〖해부〗 중이의; 〖의학〗 고창(鼓脹)의; 〖음악〗 북의. cavité ~ 고실(鼓室). son ~ 〖의학〗 고음(鼓音).

tympaniser [tɛ̃panize] *v.t.* 〖옛〗북을 쳐서 알리다, 세상에 퍼뜨리다; 공개적으로 비방하다(décrier). [~ qn] On l'a *tympanisé* partout. 그는 도처에서 욕을 먹었다.

tympanisme [tɛ̃panism] *n.m.* 〖의학〗 고창(鼓脹)(장에 가스가 차있는 상태); 고음(鼓音).

tympanite [tɛ̃panit] *n.f.* 〖의학〗 고창; 중이염.

tympanon [tɛ̃panɔ̃] *n.m.* 〖음악〗 팀바논.

tympe [tɛ̃:p] *n.f.* 〖야금〗 (용광로의)하부 벽면.

Tyndall [tɛ̃dal] (< *Tyndall*, 영국의 물리학자) *n.pr.m.* effet ~ 〖물리〗 틴들 현상(미립자에 의한 빛의 산란과 편광 현상).

tyndallisation [tɛ̃dalizɑsjɔ̃] *n.f.* 틴들식 살균법(특히 우유의 저온 살균법).

:**type** [tip] *n.m.* ①형, 유형, 타이프(genre, catégorie). ~s humains 인간의 유형. différents ~s de sociétés 사회의 갖가지 유형. ~s psychologiques [de caractères] 심리적(성격적) 유형. Je n'aime pas ce ~ de plaisanterie. 나는 이런 종류의 농담은 싫어한다.
② (사물·사람에 대한)전형, 견본(modèle, exemple). Sa maison est le ~ même de la maison du Midi. 그의 집은 남프랑스 지방의 집의 전형이다. vrai ~ anglais 전형적인 영국인. ~ de l'avare 구두쇠의 전형. (동격) intellectuel ~ 전형적인 지성인. exemples ~s 전형적인 예.
③ ⓐ (제품 따위의)형(modèle). nouveau ~ de voiture 신형의 자동차. objet conforme au ~ réglementaire 규정된 형에 맞는 물품. ⓑ 형, 표식, 종(espèce), 속(genre), 기형(基型). ~ auditif [visuel] 청각[시각]형. ~s sociaux 사회형. ~ climatique 기후형. genre ~ (동·식물의)모식속(模式屬). ⓒ 〖의학〗 형, 체형; 병형(病型), 균형(菌型). ~ sanguin 혈액형. ~ athlétique 운동가(근육)형(체격). ⓓ théorie des ~s 〖논리〗계형(階型)의 이론(*Russel, Whitehead* 등에 의해 수립된 수학적 논리학의 하나).
④ 〖인쇄〗 활자; 활자의 서체(modèle). corps (largeur, hauteur) d'un ~ 활자의 크기[폭·높이]. ~ du sept points 7 포인트 활자. ~ romain [elzévir, Didot] 로마[엘제비르·디도]체.
⑤ (구어) 녀석, 자식; 별난 사람, 괴짜. un drôle de ~ 별난 녀석. Quel ~! 정말 괴짜로구나!; 훌륭한 분이야! ~ ennuyeux 진력나는 자. Il[Ce] n'est pas mon ~. 그는 내가 좋아할 수 있는 형이 아니다.
⑥ (속어)정부(情夫).

-**type** *suff.* 「인(印)·형(型)」의 뜻.

typé(e) [tipe] *a.p.* 두드러진, 전형화된. Parisien bien ~ 전형적인 파리사람. personnage fortement ~ 두드러지게 전형화된 인물.

typer [tipe] *v.t.* (에)전형적인 성격을 부여하다; (어떤 형에 속하는 것으로)스탬프를 찍다. Ce dramaturge a fortement *typé* son personnage. 이 극작가는 등장인물의 특징을 강하게 그렸다. ~ des marchandises 스탬프를 찍어 상품을 분류하다.

typesse [tipɛs] *n.f.* (속어) (경멸)여자, 계집, 년(femme)(fille).

typha [tifa] *n.m.* 〖식물〗부들.

typhacées [tifase] *n.f.pl.* 〖식물〗 부들과(科).

typhique [tifik] 〖의학〗 *a.* 티푸스성의. bacille ~ 티푸스균. —*n.* 티푸스 환자.

typhlite [tiflit] *n.f.* 〖의학〗 맹장염.

typhl(o)- *préf.* 「맹목(盲目)」의 「맹장」의 뜻.

typhlophile [tiflɔfil] *a.* 시력 장애자 애호.

typhlophilie [tiflɔfili] *n.f.* 시력 장애자 애호.

typh(o)- *préf.* 「티푸스」의 뜻.

typho-bacillose [tifobasi(l)lo:z] *n.f.* 〖의학〗 티푸스형 급성 속립(粟粒)결핵.

typhoémie [tifoemi] *n.f.* 〖의학〗 티푸스균의 혈액내 존재, 티푸스균 혈증(血症).

typhogène [tifɔʒɛn] *a.* 〖의학〗 티푸스를 발생시키는, 장티푸스를 일으키는.

typhoïde [tifɔid] 〖의학〗 *a.* 티푸스성의. fièvre ~ 장티푸스. fièvre ~ exanthématique 발진티푸스. —*n.f.* 장티푸스.

typhoï(di)que [tifɔi(di)k] 〖의학〗 *a.* 장티푸스성의. —*n.* 장티푸스 환자.

typhomanie [tifɔmani] *n.f.* 〖의학〗 티푸스 섬망(譫妄).

typhomycine [tifɔmisin] *n.f.* 〖의학〗 티포마이신, 클로람페니콜(항생제의 일종).

typhon [tifɔ̃] *n.m.* 〖기상〗 태풍.

typhose [tifo:z] *n.f.* 〖의학〗 발열 혼수 상태.

typhotoxine [tifɔtɔksin] *n.f.* 〖의학〗 티푸스균 독소(毒素).

typho-tuberculose [tifɔtybɛrkylo:z] *n.f.* = typho-bacillose.

typhus [tifys] *n.m.* 〖의학〗 티푸스; 발진티푸스(~ exanthématique). ~ abdominal 장티푸스(typhoïde). ~ amaril 황열(fièvre jaune).

-**typie** *suff.* 「인(印)·형(型)」의 뜻.

typique [tipik] *a.* ①전형적인, 대표적인; 독특한. Coréenne ~ 전형적인 한국 여자. plat ~ de la région 고장의 특유한 요리. ②〖생물〗모식적(模式的)인. genre ~ 모식속(屬). plante ~ 모식물. ③ (<〖에스파냐〗*típico*)〖음악〗 musique ~ (중남미의)라틴음악. (명사적)orchestre de ~ 라틴음악 전문의 악단. ④〖신학〗 전조(前兆)가 되는; 상징적인(symbolique). sens ~ de ce passage 이 구절의 우의적 [상징적] 의미.

typiquement [tipikmɑ̃] *ad.* 전형적으로. réaction ~ féminine 전형적으로 여성적인 반응.

typiser [tipize] *v.t.* (의)특징을 묘사하다, 특징적으로 묘사하다.

typo [tipo] (구어) *n.m.* (*f.* typote) 식자공(typographe). —*n.f.* 인쇄술(typographie).

typo- *préf.* 「인쇄·활자」의 뜻.

typochromie [tipɔkrɔmi] *n.f.* 착색 인쇄.

typographe [tipɔgraf] *n.* 식자공, 활판인쇄공. —*a.* 활판인쇄하는.

typographie [tipɔgrafi] *n.f.* ①(석판·오프셋으로 제외한)활판인쇄(술). ②식자작업, 조판.

typographique [tipɔgrafik] *a.* 인쇄상의; 활판인쇄의. presse ~ 활판인쇄. caractères ~s 활자. erreur ~ 오식. écriture ~ 인쇄체.

typographiquement [tipɔgrafikmɑ̃] *ad.* 활판인쇄로(에 의한); 인쇄상으로. 「(술).

typolithographie [tipɔlitɔgrafi] *n.f.* 석판인쇄

typologie [tipɔlɔʒi] *n.f.* ① 유형학(類型學); 유형학. ~ des structures économiques 경제구조의 유형학. ② 〖신학〗 전조론(前兆論)(신약에 기술된 것이 이미 구약에 예시·상징되어 있다는 설).

typologique [tipɔlɔʒik] *a.* 유형학의, 유형학상의; 〖신학〗 전조론의.

typomanie [tipɔmani] *n.f.* (구어)(자신이 쓴 것을 인쇄에 붙이고 싶어하는)인쇄광.

typomètre [tipɔmɛtr] *n.m.* 〖인쇄〗(활자의 크기를 재는)활자자(尺). 「(술).

typophotographie [tipɔfɔtɔgrafi] *n.f.* 사진 제판

typotélégraphie [tipɔtelegrafi] *n.f.* 〖옛〗 전송인자법(電送印字法).

typtologie [tiptɔlɔʒi] *n.f.* 〖심령술〗 (회전 테이블을 치는 소리에 의한)교령술(交靈術).

tyramine [tiramin] *n.f.* 〖화학〗 티라민 (티로진에서 유도한 혈관 수축성 약).

tyran [tirɑ̃] *n.m.* (드물어 *f.* tyranne) ① 전제군주; 폭군, 압제자(despote); 〖고대그리스〗 참주(僭主). ② (비유적) 폭군적인 사람, 지배자. Il est le ~ de sa famille. 그는 집안의 폭군이다. faire le ~ ; se conduire en ~ 횡포를 부리다. La vitesse est le ~ de la société moderne. 스피드는 현대사회의 지배자이다. ③ 〖조류〗 타이런트새 (아메리카산 딱새류).

tyranneau [tira(n)no] (*pl.* ~x) *n.m.* (문어) 소(小)폭군; (구어) 집안의 폭군.

tyrannicide [tira(n)nisid] *a.* 폭군 주살(誅殺)의. ―*n.* 폭군 살해자. ―*n.m.* 폭군 살해(살해).

tyrannie [tira(n)ni] *n.f.* ① 〖고대그리스〗 참주 정치; 전제군주권; 폭정(despotisme). joug de la ~ 압정의 굴레. s'affranchir de la ~ 압정에서 해방되다. ② (비유적) 압제, 압박; (문어) 절대적 지배력; 불가항력. se libérer de la ~ d'un mari 남편의 횡포(억압)에서 벗어나다. ~ des habitudes [des passions] 습관(정열)의 지배.

tyrannique [tira(n)nik] *a.* ① 전제적인, 압제적인 (despotique). régime ~ 폭군정치, 압제. ② (문어)(비유적) 구속적인, 불가항력적인. passion ~ (사람을 꼼짝 못하게) 지배하는 정열. charme ~ de la beauté 저항할 수 없는 미의 매력.

tyranniquement [tira(n)nikmɑ̃] *ad.* 포학하게, 폭정적으로, 압제적으로.

tyranniser [tira(n)nize] *v.t.* ① (에) 폭정을 펴다; 압제하다. ~ les peuples 민중을 압제하다. ② (비유적) 속박하다; 학대하다, 괴롭히다(opprimer). ~ sa famille [sa femme] 가족[아내]에 대해 폭군처럼 굴다, 가족[아내]을 학대하다. se laisser ~ par de vaines obligations 헛된 의무에 시달림을 받다.

tyrien(ne) [tirjɛ̃, -ɛn] *a.* 티르(*Tyr*, 고대 페니키아의 항구)의. ―**T**~ *n.* 티르 사람.

tyrine [tirin] *n.f.* 〖화학〗 =**caséine**.

tyroïde [tirɔid] *a.* 치즈 모양의.

tyrolien(ne) [tirɔljɛ̃, -ɛn] *a.* 티롤(*Tyrol*, 이탈리아 북부지방)의. ―**T**~ *n.* 티롤 사람. ―*n.m.* 티롤어(語) (동부 레토로망(rhéto-roman) 사투리). ―*n.f.* 〖음악〗 티롤의 산악 지방의 노래 (chanson ~ne); 티롤 지방의 무곡(舞曲).

tyrosinase [tirozinɑːz] *n.f.* 〖화학〗 티로시나제.

tyrosine [tirozin] *n.f.* 〖화학〗 티로신.

tyrothricine [tirotrisin] *n.f.* 〖약〗 티로트리신 (외용항생제).

tyrrhénien(ne) [tirenjɛ̃, -ɛn] *a.* 티레니아(*Tyrrhénie*)의. ―**T**~ *n.* 티레니아 사람. ―*n.m.* 〖지질〗 티레니아 해저지층 (제 4 기층).

tzar [tsar] *n.m.* =**tsar**.

tzarévitch [tsarevitʃ] *n.m.* =**tsarévitch**.

tzarien(ne) [tsarjɛ̃, -ɛn] *a.* =**tsarien**.

tzarine [tsarin] *n.f.* =**tsarine**.

tzigane [tsigan] *a.* 보헤미아(*La Bohème*)의. ―**T**~ *n.* 보헤미아 사람, 집시; 집시 악사 (카페 따위에서 집시 차림으로 연주하는). ―*n.m.* 보헤미아어(語).

tzingaro [tsɛ̃garo] *n.m.* =**zingaro**.

U

U¹, u [y] *n.m.* ① 프랑스 자모의 제 21 자. ② U 자형(의 것). fer en *U*, U 자형 쇠막대. tube en *U* 〖화학〗 U 자관.
U² 《약자》① uranium 〖화학〗 우라늄; Uruguay 우루과이《외국자동차의 표지》.
U. 《약자》① Unité 단위. ② Différence de potentiel 〖전기〗 전위차.
U.A. 《약자》unité astronomique 천문 단위.
U.A.M.C.E. 《약자》Union africaine et malgache de coopération économique 아프리카·마다가스카르 경제협력동맹.
uba [yba] *n.f.* (아마존 강의)카누.
ubac [ybak] *n.m.* (알프스 산맥의)응달쪽.
ubéreux(se) [yberø, -ø:z] *a.* 다산(多産)의.
ubiquinone [ybikɥinɔn] *n.f.* 〖생화학〗 위비키논《동식물의 조직체에 함유된 보효소(補酵素)의 일종》.
ubiquisme [ybikɥism] *n.m.* 〖신학〗 그리스도 편재론(遍在論).
ubiquiste [ybikɥist] *n.* ① 〖신학〗 그리스도 편재론자. ②《구어》어디든지 얼굴을 내놓는 사람. ③ 〖식물〗 범존종(汎存種)(식물).
—*n.m.* 《옛》비전임 신학 교수.
—*a.* ① 〖신학〗 편재론의. ②《구어》어디에나 얼굴을 내놓는. ③ 〖식물〗 범존적인, 어디서나 서식하는.
ubiquitaire [ybikɥite:r] *n.* 〖신학〗 그리스도 편재론자.
ubiquité [ybikɥite] *n.f.* 동시에 도처에 있음; 〖신학〗 그리스도의 편재. Il a le don d'~. 그는 어디에나 모습을 나타낸다《과장》.
ubuesque [ybɥɛsk] *a.* 기괴한, 그로테스크한《Alfred Jarry 의 희곡 *Ubu roi* 에서 유래》.
U.C.I. 《약자》Union cycliste internationale 국제 사이클연맹.
U.C.J.G. 《약자》Union chrétienne de jeunes gens 기독교청년회.
U.D.I. 《약자》Union démocratique des indépendants 독립민주당의 동맹.
udomètre [ydɔmɛtr] *n.m.* 《옛》우량계.
udométrique [ydɔmetrik] *a.* 《옛》우량계의.
U.D.R. 《약자》Union des Démocrates pour la République 공화국 민주연합《de Galle 파 정당》; Union pour la défense de la République 공화국 수호연맹《1968 년 5월의 위기 때에 결성된 보수파의 연합》.
U.D.S.R. 《약자》Union démocratique et socialiste de la Résistance 민주사회주의 항전동맹.
U.D.T. 《약자》Union démocratique du Travail 민주노동맹.
U.E.O. 《약자》Union de l'Europe occidentale 서유럽동맹(《영》W.E.U.).
U.E.P. 《약자》Union européenne des paiements 유럽 결제연맹.
U.E.R. 《약자》Unité d'enseignement et de recherche(1968 년 이후 단과대학(Faculté)과 학과(département)를 폐지하고 그 대신 설치한)교육·연구부《몇 개의 unité 가 모여 대학(université)을 이룸》; Union européenne de radiodiffusion 유럽 방송연맹.
ufologue [yfɔlɔg] *n.* 미확인 비행물체(UFO) 연구가《UFO 는 unidentified flying object (objets volants non identifiés)의 약자》.
Uganda (l') [lugɑ̃da] *n.pr.m.* =**Ouganda (l').**
U.G.V⁵ 《약자》Union de la Gauche de la Vᵉ République 제 5 공화국 좌파 연합.
uhlan [ylɑ̃] *n.m.* (폴란드·독일·오스트리아의)창기병. les ~s [leyla] 창기병대.
U.I.C. 《약자》Union internationale des chemins de fer 국제철도연맹.
U.I.M.M. 《약자》Union des industries métallurgiques et minières 야금채광연맹.
U.I.T. 《약자》Union internationale des télécommunications 국제전기통신연합.
U.K. 《영·약자》United Kingdom 연합왕국.
ukase [ykɑ:z] 《러시아》*n.m.* ① (러시아 황제의)칙령. ②《비유적》절대적 명령, 엄명.
Ukraine (l') [lykrɛn] *n.pr.f.* 〖지리〗 우크라이나.
ukrainien(ne) [ykrɛnjɛ̃, -ɛn], **ukranien(ne)** [ykranjɛ̃, -ɛn] *a.* 우크라이나의. —**U**~ *n.* 우크라이나 사람.
ukulele [ykylele] *n.m.* 〖음악〗 우쿨렐레.
ulcératif(ve) [ylseratif, -i:v] *a.* 〖의학〗 궤양성의, 궤양을 일으키는.
ulcération [ylserasjɔ̃] *n.f.* 〖의학〗 궤양; 궤양 형성. ~ cancéreuse 암(악성) 궤양.
ulcère [ylsɛ:r] *n.m.* 〖의학〗 궤양. ~ de[à] l'estomac 위궤양.
ulcéré(e) [ylsere] *a.p.* ① 궤양이 된. ②《비유적》깊은 상처를 입은. cœur ~ 원한에 사무친 마음. avoir une conscience ~*e* 《구어》양심의 가책으로 고통을 받다.
ulcérer [ylsere] [⑥] *v.t.* ① 〖의학〗(에)궤양을 일으키다. ②《비유적》(의)마음에 깊은 상처를 입히다, 가슴 아프게 하다; 원한을 품게 하다. Vos critiques l'*ont ulcéré*. 당신의 비판은 그에게 깊은 상처를 주었다.
ulcéreux(se) [ylserø, -ø:z] 〖의학〗 *a.* 궤양성의; 위〖십이지장〗궤양에 걸린. —*n.* 위〖십이지장〗궤양 환자.
ulcéroïde [ylseroid] *a.* 궤양 비슷한. 〖화학〗
ulcus [ylkys] 《라틴》*n.m.* 〖의학〗 위궤양; 궤양성 피부염.
uléma [ylema] 《아라비아》*n.m.* 회교법학자.
ulex [ylɛks] *n.m.* 〖식물〗 가시양골담초속(屬).
uligineux(se) [yliʒinø:r], **uligineux(se)** [yliʒinø, -ø:z] *a.* 습기가 많은; 〖생물〗 습지에 나는《서식하는》. terrains *uligineux* 습지.
ulite [ylit] *n.f.* 〖의학〗 치은염(齒齦炎).
ulluco [ylyko], **ulluque** [y(l)lyk] *n.m.* 〖식물〗 명아주속(屬).
ulmacé(e) [ylmase] 〖식물〗 *a.* 느릅나무과(科)의. —*n.f.pl.* 느릅나무과.
ulmaire [ylmɛ:r] *n.f.* 〖식물〗 조팝나무.
ulmine [ylmin] *n.f.* 〖화학〗 울민.

ulmique [ylmik] a. 【화학】 울민의.
ulnaire [ylnɛːr] a. 【해부】 척골(尺骨)의.
ulotriche [ylɔtriʃ], **ulotrique** [ylɔtrik] a. 【인류】 축모(縮毛) 인종의, (특히) 니그로족의.
ulpien(ne) [ylpjɛ̃, -ɛn] a. 【고대로마】 울피아(Ulpia)가(家)의.
ulster [ylstɛːr] n.m. 얼스터 외투. —U~ n.pr.m. 【지리】 (아일랜드의) 얼스터 주.
ulstérien(ne) [ylsterjɛ̃, -ɛn] a. 얼스터(Ulster, 아일랜드의 옛 지방)의. —U~ n. 얼스터 사람; 얼스터의 신교도.
ultérieur(e) [ylterjœːr] a. ① 그 후의; 뒤에 일어나는, 장래의, 차후의(postérieur). générations ~es 후세의 사람들. La réunion est remise à une date ~e. 집회는 후일로 연기되었다. ② 【지리】 저편의, 저편에 있는.
ultérieurement [ylterjœrmɑ̃] ad. 금후, 장차, 후일, 뒤에(après, par la suite). On en parlera ~. 그 이야기는 나중에 합시다.
ultième [yltjɛm] a.=ultime.
ultimatif(ve) [yltimatif, -iːv] a.【문어】최후통첩의.
ultimatum [yltimatɔm] n.m. 최후 통첩; 최종적 요구. adresser(envoyer) un ~ 최후통첩을 보내다.
ultime [yltim] a. 최후의, 최종의. ~ espoir 최후의 희망. paroles ~s (ultièmes) du mourant 죽어가는 사람의 마지막 말.
ultimo [yltimo] 【라틴】 ad.【드물게】최후로, 마지막으로(primo, secundo,... 열거한 끝에 쓰임)(en dernier lieu).
ultra [yltra] n. 【정치】 과격[극단]론자; (특히) (왕정복고(Restauration) 시대의) 과격왕정주의자(ultra-royaliste); (지금의) 극우파, 우익반동파. —a. ① 과격론의; 과격왕정주의의; 극우(반동)파의. ② 최고급의.
ultra- préf.【극단의, 초…】의 뜻 (예: ultrapression 초고압, ultra-violet 자외선).
REM (1) **ultra-**+'형용사'의 형태가 가장 많으며, 근래에는 **ultra-**+'명사'의 형태도 꽤 있음: ultraautomatisé 고도로 자동화된. groupe ultraconservateur 고도로 보수적인 집단. train ultrarapide 초고속열차. ultra-libéral 극단적 자유주의자. ultraspécialisation 극단의 전문화. (2) **ultra** 다음의 연결부호(-)가 확정되지 않은 단어가 많음.
ultracentrifugation [yltrasɑ̃trifygasjɔ̃] n.f. 초원심분리.
ultracentrifugeuse [yltrasɑ̃trifyʒøːz] n.f. 초원심기(超遠心機).
ultra-chic [yltraʃik] a.【불변】【익살】극단적으로 멋진, 최고로 고상한.
ultracisme [yltrasism] n.m.=ultraïsme.
ultra-court(e) [yltrakuːr, -urt] (pl. ~-~s) a. 초단파의. ondes ~es 초단파.
ultra(-)droite [yltradrwat] n.f.【정치】극우파, 극우 세력.
ultra(-)filtration [yltrafiltrasjɔ̃] n.f. 한외(限外)여과.
ultra(-)filtre [yltrafiltr] n.m. 한외 여과기.〔여과〕
ultra(-)gauche [yltragoːʃ] n.f.【경멸】【정치】극좌파, 극좌 세력.
ultraïsme [yltraism] n.m. 【정치】 과격왕정복고주의(ultra-royalism).
ultra-libéral(ale, pl. aux) [yltraliberal, -o] a.【정치】급진자유주의의. —n. 급진자유주의자.
ultra(-)libéralisme [yltraliberalism] n.m.【정치】급진자유주의.
ultra(-)marine [yltramarin] n.f. 군청(群青); 【광물】 청금석(青金石).

ultramicroscope [yltramikrɔskɔp] n.m. 한외(限外)현미경.
ultramicroscopie [yltramikrɔskɔpi] n.f. 한외 현미경법.
ultra(-)microscopique [yltramikrɔskɔpik] a. 한외 현미경적인, 극미(極微)의.
ultra(-)moderne [yltramɔdɛrn] a. 초현대적인, (시대) 첨단적인.
ultramondain(e) [yltramɔ̃dɛ̃, -ɛn] a. ①【예】초현세의, 현세 밖의. ② 극도로 세속적인.
ultramontain(e) [yltramɔ̃tɛ̃, -ɛn] a. ①【신학·정치】교황지상주의의(↔gallican). ②【예】산 저편의; (프랑스쪽에서 보아) 알프스 저편의. —n.【신학·정치】교황지상권론자.
ultramontanisme [yltramɔ̃tanism] n.m. 【신학·정치】교황지상권주의의(↔gallicanisme).
ultra-petita [yltrapetita]【라틴】n.m. 【법】 위임 사항 이외의 판결.〔법〕
ultra(-)pression [yltrapresjɔ̃] n.f.【물리】초고압.
ultra-rapide [yltrarapid] (pl. ~-~s) a. 초고속의. machine à laver ~ 초고속 세탁기.
ultra-révolutionnaire [yltrarevɔlysjɔnɛːr] a. 과격혁명주의의. —n. 과격혁명주의자.
ultra-rouge [yltraruːʒ] a.=infra-rouge.
ultra-royalisme [yltrarwajalism] n.m. (왕정복고시대의) 과격왕정주의.
ultra(-)royaliste [yltrarwajalist] (pl. ~-~s) a. 과격왕정주의의. —n. 과격왕정주의자.
ultra(-)sensible [yltrasɑ̃sibl] a. 고감도(高感度)의. pellicule ~ 고감도 필름.
ultra(-)son [yltrasɔ̃] (pl. ~-~s) n.m.【물리】초음파. ~파의.
ultra(-)sonique [yltrasɔnik] (pl. ~-~s) a. 초음파의.
ultrasonographie [yltrasɔnɔgrafi] n.f. ~ oculaire 초음파 검사법.
ultra-sonore [yltrasɔnɔːr] a.【물리】초음(超音)의. ondes ~s 초음파.
ultra-terrestre [yltraterɛstr] a. 지구 외의, 지상의 삶을 넘어선.
ultra(-)violet(te) [yltravjɔlɛ, -ɛt] a.【광학】자외(紫外)의. rayons ~s 자외선.
ultra(-)virus [yltravirys] n.m. 【의학】 여과성 병원체, 초현미경적 바이러스(virus filtrant).
ultra-zodiacal(ale, pl. aux) [yltrazɔdjakal, -o] a. 【천문】 (혹성 따위의 궤도가) 황도대(黄道帯) 밖으로 뻗어나가는.
ululation [ylylasjɔ̃] n.f., **ululement** [ylylmɑ̃] n.m. (올빼미 따위의) 울음소리; 신음소리, 비탄의 소리(hululement).
ululer [ylyle] v.i. (올빼미 따위가) 울다; 【비유적】 구슬프게 울다(hululer).
ulvacé(e) [ylvase] 【식물】【식물】 a. 청태(青苔)의, 청태과(科)의 —n.f.pl. 청태과(科).
ulve [ylv] n.f. 【식물】 청태속(屬).
Ulysses [ylis] n.pr.m. 【그리스신화】 율리시즈.
umbelle [ɔ̃bɛl] n.f. 【문장】 방패 모양의 무늬.
umble [ɔ̃bl] n.m. 【어류】 곤들매기의 일종.
umbre [ɔ̃br] n.m. 【어류】 살기.
un. 【약자】 unité 단위.
✝**un(e)** [œ̃, yn] a. ①【수형용사】 ⓐ (기수) 하나의; 단 하나의. un mètre (franc, litre) 1 미터 (프랑·리터). enfants de un à douze ans 1살에서 12살까지의 아이들. vingt et une villes et villages 21개의 도시와 촌락(둘 이상의 명사를 수식할 때는 가장 가까운 명사의 성에 일치). ⓑ Il vient un jour sur deux. 그는 하루 걸러 온다. Une hirondelle ne fait pas le printemps.【속담】제비 한 마리가 날아왔다고 해서

un(e)

봄이 왔다고 할 수는 없다; 한 가지만 보고 전체를 판단해서는 안된다. ⓐ《서수 대신으로》 첫째이다. livre *un* 제 1 권. Il est *une* heure de l'après-midi. 오후 한 시이다. sur les *une* heure[leynœːr] 한 시경에 《※기수·서수가 다같이 쓰이는 경우도 있다 : chapitre *un* [*premier*] 제 1 장. tome *un* [*premier*] 제 1 권. 단, 날짜와 군왕에 대해서는 항상 서수가 쓰인다 : le *premier* mai 5 월 1 일. François *premier* 프랑수아 1 세 》. ⓒ 약간의, 조금의. en *un* mot 한 마디로(말해서). en *un* instant 순식간에. *Un* moment! 잠깐만 !

② 《품질형용사》유일불가분의, 통일된. la République *une* et indivisible 유일 불가분의 공화국 (1793 년의 프랑스 제 1 공화국의 호칭). Dieu est *un*. 신은 한 분이시다. La vérité est *une*. 진리는 하나이다.

***pas un*(*une*)** 단 하나의 …도. Il n'y a *pas un* œuf qui soit cassé. 단 한 개도 깨진 계란이 없다. *Pas une* feuille ne bouge. 잎 하나 움직이지 않는다.

***plus d'un*(*une*)** 하나 이상의. *Plus d'une* femme a été séduite par lui. 그에게 유혹된 여자는 한 둘이 아니었다.

—*n.m.* 《복수불변》① 1 (이라는 숫자). Trois [trwazœ̃] de suite font cent onze. 1 을 셋 연달아 쓰면 111 이 된다. ② 하나, 1. colonne par *un* 《군사》 1 렬 종대. moins (plus) *un*, −[+] 1. *Un* et *un*[œœ̃] font deux. 1+1=2. gagner le match par quatre à *un* 4 대 1 로 시합을 이기다. ③ 1 번, 1 호 ; 1 번지, 1 호실. Le *un* a pris la tête. 1 번 선수[1 호차]가 선두에 나섰다. habiter au *un* 1 번지에 살다. le *un* 《연극》1 막.

être sans un 《구어》한 푼도 없다, 무일푼이다.

—*n.f.* 《복수불변》(신문의)제 1 면. être annoncé sur cinq colonnes à la *une* 1 면 5 단으로 보도되다.

—*pron. ind.* ① 하나, 한 개, 한 사람. ⓐ 《대명사 en 과 함께》Avez-vous un stylo? —Oui, j'*en* ai *un*. 만년필을 가지고 계십니까? 네, 하나 있읍니다. Voilà des revues; prenez-*en une*. 여기 잡지가 있는데, 한 권 가지시요. (《한정보어와 함께》) [*un* de...] *un* de mes amis 내 친구 중의 한 사람. *une* des plus belles villes du monde 세계에서 가장 아름다운 도시 중의 하나. *un* de ces jours 근일, 근간. avoir *une* de ces faims 《구어》지독하게 배고프다. 《정관사와 함께》*l'un* d'entre nous 우리 중의 한 사람. *l'un* de ces jours *l'un* 이틀 중의 하루, 하루 걸러. de deux choses *l'une* 둘 중의 (어느)하나, 2 자 택일. ⓒ 《관계절과 함께》*Un* que je plains, c'est *un* frère. 내가 동정하는 사람은 내 동생이다.

② 《autre 와 한 쌍을 이루어》ⓐ [l'un..., l'autre...] *L'un* joue, *l'autre* travaille. 한 쪽은 놀고, 또 한 쪽은 일한다 (복수 : Les *uns* jouent, les *autres* travaillent). De mes deux frères, *l'un* est avocat, *l'autre* médecin. 두 형제 중에 한 사람은 변호사이고, 또 한 사람은 의사이다. ⓑ [l'un..., un autre..., un autre...] *L'un* était assis, *un autre* restait debout, *un autre* marchait dans la salle. 한 사람은 앉아 있었고, 또 한 사람은 선 채로 있었고, 또 한 사람은 방안을 거닐고 있었다. ⓒ [l'un+접속사+l'autre] Elles sont venues *l'une et l'autre*. 그들은 둘이 다 왔다. Vous avez menti *l'un ou l'autre*. 당신들 중의 어느 한 사람이 거짓말을 했다.《부정형》Ils ne réussiront *ni l'un ni l'autre*. 그들은 어느 쪽도 성공하지 못한다. ⓓ [l'un l'autre] Ils s'aiment *l'un l'autre*. 그들은 서로 사랑한다. ⓔ [l'un+전치사+l'autre] Ils se disent bonjour *l'un à l'autre*. 그들은 서로 인사한다. se médire *l'un de l'autre* 서로

욕을 하다. partir *l'un après l'autre* 차례차례로 떠나다. marcher *l'un à côté de l'autre* 나란히 걷다.

REM (1) **l'un et l'autre** 가 주어로 쓰일 때 동사는 단수·복수 다같이 표현된다 : *L'un et l'autre* est venu [sont venus]. 양쪽 모두 왔다. 그러나 **l'un ou l'autre** 의 경우는 항상 단수. (2) **l'un... l'autre** 는 중성대명사로서 명사 외의 것을 받을 수 있다 : Est-elle sotte ou méchante? —*L'un et l'autre* (Ni *l'un* ni *l'autre*). 그 여자는 바보인가요, 심술장이인가요? 양쪽 다죠 [어느 쪽도 아니예요].

C'est tout un. 그건 마찬가지이다 ; 아무렴 다 좋다. Partir ou rester, *c'est tout un*. 떠나거나 남아 있거나 매한가지이다.

Et d'un, et de deux 하나에다, 둘에다… 《강조하면서 셀 때》.

Il les sait toutes et encore une de plus. 《구어》그는 모든 수를 알고 있다.

l'un dans l'autre 따지고 보면, 플러스 마이너스 해서. *L'un dans l'autre* on gagnera deux millions. 결국 200 만원 벌게 될 것이다.

L'un vaut l'autre. 막상막하이다, 난형난제이다.

ne(n'en) faire ni une ni deux 우물쭈물하지 않다, 즉석에서 결정하다.

ne faire qu'un …와 일체가 되다. Ils *ne font qu'un* avec son cheval. 기수는 그의 말과 한 몸이 된다.

pas un(*une*) 그 누구도, 아무도. *Pas un* n'a répondu. 아무도 대답하지 않았다. Il est aussi habile que *pas un*. 그는 그 누구보다도 능란하다.

plus d'un(*une*) 여러 사람. *Plus d'un* est contre ce projet. 이 계획에 반대한 사람은 한 둘이 아니다.

un à(*par*) *un* 하나씩 하나씩.

—*art.ind.* (*pl. des*) ① 《불특정 명사 앞에》어떤, 하나의. *un* jour 어느날. Donnez-moi *une* pomme 사과 한 개 주세요. Dans *un* sens, il a raison. 어떤 의미에서는 그가 옳다.

② [un+고유명사](와)같은 사람, (의)작품 ; (라)는 사람 ; …가(家)의 한 사람. C'est *un* Néron! 그는 네로와 같은 사람 (폭군)이다. *un* Molière 몰리에르와 같이 뛰어난 극작가 ; 몰리에르의 작품 한 권. *un monsieur Dubois* 뒤부아라는 사람 (un nommé Dubois). Il a épousé *une* Durand. 그는 뒤랑가의 딸과 결혼했다.

③ 《과장》ⓐ 《감탄문》En voilà *un* imbécile! 이런 바보같은 사람!ⓑ J'ai eu *un* monde aujourd'hui! 나는 오늘 굉장히 많은 사람을 만났다. Il y a *des* années qu'il est mort. 그가 죽은 지 퍽 오래되었다. ⓒ [de+un] Il est *d'une* maladresse! 그는 형편없이 서툴다 ! Ce tableau est *d'une* beauté [*d'un* beau]! 이 그림은 무척 아름답다 !

④ 《한 유형·종류를 표시》 *Un* chrétien doit faire cela. 기독교도라면 마땅히 그렇게 해야 한다. *Un* homme d'honneur n'a qu'une parole. 명예를 존중하는 (그런) 사람은 일구이언하지 않는다.

⑤ 《독특한, 개성적인 양태·종류》J'entends *un* bruit bizarre. 기이한 소리가 들린다 (entendre *du* bruit 는 그냥 "소리를 듣다"). être dans *une* colère folle 몹시 화를 내다 (être en colère 화를 내다). Il tombe *une* pluie fine. 가랑비가 온다 (Il tombe de la pluie. 비가 온다).

REM (1) 직업·신분·국적 따위를 나타내는 속사 앞에서는 관사가 생략된다 : Il est étudiant. 단, C'est 의 구문에서는 관사가 붙는다 : C'est *un* avocat. (2) 직접목적보어 앞의 부정관사는 부정문에서는 de 로 변한다 : J'ai *une* voiture. → Je n'ai pas *de* voiture. 단, 부정을 강조할 때는 그대로 쓰인다 : Je n'ai pas *un* sou. 나는 돈 한 푼 없다 (이 경우 un 은 오히려

unanime [ynanim] *a.* 만장일치의, 전원일치의; (*pl.*)(사람들이)의견이 같은. consentement ~ 전원일치의 찬성. d'une voix ~ 이구동성으로. [~ sur *qc*] être ~s *sur* une question 어떤 문제에 관해 의견이 같다. [être ~s à+*inf.*] Les critiques *sont* ~s *à* louer ce romancier. 비평가들은 한결같이 이 소설가를 찬양하고 있다.

unanimement [ynanimmā] *ad.* 만장일치로. approuver ~ 만장일치로 찬성하다.

unanimisme [ynanimism] *n.m.* 《문학》위나니미슴(20세기 초 *Jules Romains*이 제창한 일체주의; 집단이 갖는 초개인적 일체감을 중시하고 이를 문학에 표현하고자 했음).

unanimiste [ynanimist] *a., n.* 《문학》위나니미슴의(작가).

unanimité [ynanimite] *n.f.* 만장일치; (행동·마음의)일치, 일체감. obtenir l'~ des suffrages 투표자 전원의 찬표를 얻다.
à l'~ 만장(전원)일치로. être élu(adopté) à l'~ 만장일치로 선출(채택)되다.

unau [yno] (*pl.* ~**x**) *n.m.* 《동물》(남미산의)두발가락나무늘보.

U.N.C. 《약자》 Union nationale des anciens combattants (예전의)종군용사(재향군인) 전국연맹.

unci- *préf.* 「갈고리」의 뜻.

uncial(ale, *pl. aux*) [3sjal, -o] *a.* =**oncial**.

unciforme [3sifɔrm] *a.* 《생물》갈고리 모양의.

unciné(e) [3sine] *a.* 《생물》갈고리 있는.

uncinulé(e) [3sinyle] *a.* 《생물》갈고리 모양의.

undécennal(ale, *pl. aux*) [3desenal, -o] *a.* 11년을 주기로 하는.

undecimo [3desimo] *ad.* (primo, secundo... 로 세어나가)11번째로.

underground [œndərgrawnd, œder-] 《영》*n., a.* (불변) ① (美, 美의 영화의)전위적 경향(운동)(의). cinéma ~ (특히 미국에서, 일반적 유통의 테두리 밖에서 시도된)전위(실험)영화. ~ newyorkais 뉴욕의 전위예술(운동). ② 지하활동(의)(clandestin). économie de marché ~ 지하(시장)경제.

U.N.E.F. [ynɛf] 《약자》 Union nationale des étudiants de France 프랑스 전국 학생연맹.

U.N.E.S.C.O., Unesco [ynɛsko] (<《영》 United Nations Educational, Scientific and Cultural Organization) *n.f.* 유네스코, 국제연합 교육과학문화기구.

ung. 《약자》 unguentum 《약》 연고.

unguéal(ale, *pl. aux*) [3gyeal, -o] *a.* 《해부》 손톱(발톱)의.

ungu(i)- *préf.* 「손톱·발톱」의 뜻.

unguibus et rostro [3gyibysetrɔstro] (라틴) *loc.ad.* 기를 쓰고, 죽을 힘을 다해서.

unguifère [3gyifɛr] *a.* 《동물》 손(발)톱 있는.

unguinal(ale, *pl. aux*) [3gyinal, -o] *a.* =**unguéal.**

unguineux(se) [3gyinø, -øːz] *a.* 《해부》 지방질의(onctueux).

unguis [3gyis] *n.m.* 《해부》 누골(淚骨).

uni(e) [yni] *a.p.* ① 무늬(장식) 없는, 무지(無地)의; 단색의; (땅·길이)평편한, 평탄한, 고른. tissu ~ 무늬 없는 피륙(직물). couleur ~*e* 단색. sable ~ et fin 보드랍고 고운 모래. surface ~*e* 평탄한 표면. mer ~*e* (파도 없는)잔잔한 바다. ② 결합된, 협동된, 결속된; 화합한. États-U~*s* (아메리카)합중국, 미국. Organisation des Nations U~*es* 국제연합. ~*s* par le mariage 결혼으로 결합된. être ~*s* contre le danger 위험에 대항하여 단결되다. ~*s* comme les deux doigts de la main (두 손가락처럼)사이가 좋다, 단짝이다. ③ 단조로운, 변화없는, 천편일률적이(monotone); (옛)(사람이)눈에 띄지 않는. vie ~*e* (파탄 없는)평온한 삶, 생활. bonheur tout ~ 단조로운 행복. homme simple et ~ 단순하고 꾸밈없는 사람.
—*n.m.* 무늬 없는 피륙; 무늬 없는 드레스. porter de l'~ 무지의 옷을 입다.
à l'~ 《영》같은 수준에(au même niveau).
—*ad.* filer bien — 고르게 실을 짜다.

uni- *préf.* 「하나·단일」의 뜻.

uniangulaire [yniɑ̃gylɛːr] *a.* 1각(角)의.

uniarticulé(e) [yniartikyle] *a.* 《곤충》 관절이 하나인.

uniate [ynjat] *n.,a.* 《종교》 유니아트 신도(의), 동방(그리스)귀일(歸一)교회 신도(의)(로마교황의 수위권을 인정하면서 고유한 전례·관습을 고수하는 동방정교회의 기독교신도).

uniaxe [yniaks] *a.* 《광물》(결정이)단축(單軸).

U.N.I.C.A. [ynika] 《약자》 Union internationale de cinéma amateur 국제 아마추어 영화 연맹.

unicaméral(ale *pl. aux*) [ynikameral, -o] *a.* 《정치》 단원제(單院制)의 (↔ pluricaméral). Parlement ~ 단원제 의회.

unicaméralisme [ynikameralism] *n.m.* 《정치》 단원주의.

unicapsulaire [ynikapsylɛːr] *a.* 《식물》 단자방(單子房)의, 홀씨방의.

unicaule [yniko:l] *a.* 《식물》 외줄기의, 단경(單莖)의, 단축(單軸)의.

unicellulaire [yniselylɛːr] 《생물》 *a.* 단세포의.
—*n.m.* 단세포 생물 《생물》.

unicité [ynisite] *n.f.* 《학술》 단일성, 유일성. théorème d'~ 《수학》 일의성(一義性)의 정리(定理).

unicolore [ynikɔlɔːr] *a.* 단색의.

unicorne [ynikɔrn] *n.m.* ① 《신화》 일각수(一角獸). ② (옛) 《동물》 일각(한대의 바다에 사는 일각과의 동물).

unidimensionnel(le) [ynidimɑ̃sjɔnel] *a.* 1차원의. homme ~ 1차원적 인간. —*n.m.* 1차원.

unidirectionnel(le) [ynidirɛksjɔnel] *a.* 《물리》 단일 방향의; (앞에 나가)단지향성(單指向性)의. courant ~ 《전기》 단일 방향 전류.

unième [ynjɛm] *a. num.* 제1의(단독으로 쓰이는 일은 없고 반드시 10단위·100단위 따위의 수자와 함께 쓰임). cent ~ 101번째의. vingt et ~ 21번째의. la mille et ~ nuit 천일야(千一夜)(※ vingt에서 soixante 까지, 그리고 mille 와 함께 쓸 때는 et 를 첨가).

unièmement [ynjɛmmɑ̃] *ad.* 1번째로(복합어로만 쓰임). vingt et ~ 21번째로.

uniface [ynifas] *a.* 단면(單面)의.

unifeuillé(e) [ynifœje] *a.* 《식물》 홑잎의, 단엽(單葉)의.

unificateur(trice) [ynifikatœːr, -tris] *a.* 통일하는, 통합하는. mouvement ~ 통일 운동.

unification [ynifikasjɔ̃] *n.f.* 단일화, 통일, 통합. ~ d'un pays 나라의 통일.

unifié(e) [ynifje] *a.p.* 통일(통합)된; 《문어》 [~ à] (에)맺어진, 단결된. Parti Socialiste U~ 통일사회당 《약자》 P.S.U.). —*n.m.(pl.)* (1905년에 결성된)통일사회당 당원.

unifier [ynifje] *v.t.* 통일(통합)하다(↔ désunir, séparer). ~ les poids et mesures 도량형을 통일하다. ~ l'orthographe 철자법을 통일하다. ~ un parti 당을 통합하다.

—s'~ v.pr. ① 통일[통합]되다, 하나가 되다; 단결하다. ② [s'~ à] (와)일체화되다, 합일되다.
unifilaire [ynifilɛr] a. 〖기술〗단선(單線)의. circuit ~ 〖전기〗단선 회로.
uniflore [ynifloːr] a. 〖식물〗단화(單花)〖홀꽃〗의.
unifolié(e) [ynifɔlje] a. 〖식물〗단엽(單葉)〖홀잎〗의.
uniforme [ynifɔrm] a. ① 같은 모양의, 일률적인. habit ~ 〖옛〗제복, 유니폼, 군복. ② 단조로운, 획일적인, 변함없는, 한결같은. visages ~s des salariés 봉급장이들의 한결같은 얼굴 표정. paysage gris et ~ 단조로운 회색의 경치. vie ~ 단조로운 생활. ③ 〖물리·수학〗같은, 단조로운. mouvement ~ 등속(等速)운동. champ ~ 같은 장(場) (방향·힘을 갖는 벡터장). fonction ~ 단조함수.
—n.m. ① 군복. ~ d'officier[de marin] 장교[해군]의 군복. en[en grand] ~ 군복[예복]을 입은. endosser[quitter] l'~ 군복을 입다[벗다]; 군무에 임하다[를 떠나다]. être sous l'~ 군인이다. ② 제복, 유니폼. ~ d'hôtesse de l'air 스튜어디스 제복. ③ 같은 모양의 외견 [복장].
uniformément [ynifɔrmemɑ̃] ad. 똑같이; 한결같이; 단조롭게, 균일하게; 일정하게. femmes vêtues de noir ~ 하나같이 검은 옷을 입은 여자들. brume ~ dense 한결같이 짙은 안개. vie qui s'écoule ~ 단조롭게 지내는 생활. mouvement ~ accéléré 〖물리〗등가속도운동(等加速運動).
uniformisation [ynifɔrmizɑsjɔ̃] n.f. 표준〖규격〗화, 획일화, 단일화.
uniformiser [ynifɔrmize] v.t. 표준화〖규격화〗하다; 균일화〖일정하게〗하다, 단일화하다.
uniformité [ynifɔrmite] n.f. ① 균일, 균등, 일률, (의견의)일치(↔ diversité, inégalité). ~ des coutumes[des mœurs] 풍습이 같음(유사함). ② 한결같음, 무변화, 단조(régularité, ↔ variété); (행동의)일관성, (사상의)견실성. ~ d'un mouvement 〖물리〗운동의 등속성(等速性), 등속운동. acte d'~ 〖역사〗 (1559 년 엘리자베스 1 세가 결정한 영국국교의)통일령(슈). ③ 일정불변성.
unigemme [yniʒɛm] a. 〖식물〗싹이 하나가 나는.
unigraphie [ynigrafi] n.f. 〖부기〗단식부기. 1 는.
unijambiste [yniʒɑ̃bist] a., n. 외다리의(사람).
unijugué(e) [yniʒyge] a. 〖식물〗(잎이)한 짝의 소엽(小葉)으로 이루어진, 단대성(單對性)의.
unilabié(e) [ynilabje] a. 〖식물〗단순(單脣)의.
unilatéral(ale, pl. aux) [ynilateral, -o] a. ① 한 쪽만의, 한쪽뿐인 ~(길의)한쪽 주차. ② 일방적, 편파적. épilepsie ~ale 〖의학〗일측성(一側性) 간질. fleur ~ 〖식물〗측생화(축의 한쪽에만 피는 꽃). ② 일방적인, 독단적(片務的). décision ~ale 〖법〗편무적인 결정. dénonciation ~ale d'un traité 조약의 일방적 파기. contrat ~ 〖법〗편무계약.
—n.f. 〖언어〗편측음(片側音).
unilatéralement [ynilateralmɑ̃] ad. 일방적으로; 한쪽만으로, 한쪽에만. rompre ~ un traité 일방적으로 조약을 깨뜨리다.
unilinéaire [ynilineɛːr] a. 〖인류〗(부계〖父系〗또는 모계의)단일계의, 단계적(單系的)인. filiation ~ (가족의)단일계(單系系).
unilingue [ynilɛ̃ːg] a. 단일 언어 (사용)의(monolingue).
unilobé(e) [ynilɔbe] a. 〖식물〗단열편(單裂片)의.
uniloculaire [ynilɔkylɛːr] a. 〖생물〗일실(一室)의, 단방(單房)의.
uniloculatié [ynilɔkylarite] n.f. 〖생물〗일실(단방).

uniment [ynimɑ̃] ad. ① 한결같이, 규칙적으로. rouler ~ (차가)일정한 속도로 달리다. ② tout ~ 솔직하게, 있는 그대로.
uninominal(ale, pl. aux) [yninɔminal, -o] a. 이름이 하나뿐인. scrutin [vote] ~ 단기(單記) 투표.
unio [ynjo] n.m. 〖패류〗말조개(科)의 일종.
unioculé**(e)** [ynjɔkyle] a. 〖동물〗홑눈의, 단안(單眼)의.
*****union** [ynjɔ̃] n.f. ① 결합, 연결; (특히 남녀의)결합, 결혼. ~ des cœurs 마음의 결합. ~ conjugale 결혼에 의한 결합. ~ libre 내연(관계); 동서. ~ charnelle (남녀간의)육체적 결합, 성교. ② 연합, 조합, 협회, 동맹. ~ ouvrière 노동자 연합, 노동조합. ~ douanière 관세동맹 U~ postale universelle 만국우편연합(U.P.U.) U~ des républiques socialistes soviétiques 소비에트 사회주의 공화국 연방(U.R.S.S.). ③ 단결, 협력. reserrer l'~ entre des partis 정당끼리 단결을 굳히다. gouvernement [ministère] d'~ nationale 거국일치내각. L'~ fait la force.〖속담〗단결이 힘이다. ④ 〖철학〗~ substantielle (Descartes 가 제창한 심신의)실체적 결합; ~ métaphysique (Leibniz 가 제창한)형이상학적 결합. la vie d'~ (신비주의자들이 제창한 인간과 신과의)합일적 생활. ⑤ 〖신학〗~ mystique (신과의)신비적 결합; ~ hypostatique (그리스도의)위격적(位格的)결합. ⑥ 〖법〗~ douanière 관세 동맹; ~ personnelle [réelle] 인적[물적]동맹. ~ des créanciers 채권자단체. ⑦ 〖역사〗ⓐ U~ française 프랑스 연합(프랑스와 프랑스의 해외영토와의 결합 추진을 위해 1946 년에 결성된 정치조직). ⓑ U~ sacrée 신성한 단결 (1914 년 Poincaré 가 전 프랑스인들에게 이념적 대립을 초월해서 단결하자고 선언한 말). ⓒ Arrêt d'~ 단결의 결의 (1948 년 파리 고등법원의 특권을 요구한 결의로 La Fronde 의 난을 야기시켰음). ⑧ trait d'~ 하이픈. ⑨ 알이 곧 진주.
unionisme [ynjɔnism] n.m. ① (연합국가 따위의 통일을 희망하는)통일[합동]주의; (국제적·경제적)통합주의, (아일랜드의 독립을 반대하는)통일[연합]주의. ② 〖옛〗노동조합주의.
unioniste [ynjɔnist] a. ① (연합국가의 통일을 희망하는)통일주의(자)의. éclaireurs ~s (개신교의)보이스카우트. Parti ~ 통일당 (19 세기 초 벨기에의 가톨릭당과 자유당이 네델란드 지배에 대항하기 위해 결성). ② (아일랜드의 독립에 반대하는)통일(연합)주의의.
—n. 통일주의자; 〖옛〗노동조합원.
uniovulé(e) [ynjɔvyle] a. 〖학술〗1 난자의, 일란의, 단배주(單胚珠)의.
unipare [ynipaːr] a. 〖생물〗한 번에 자식 하나만 낳는; (여자가)자식을 한명만 낳는.
unipersonnel(le) [ynipɛrsɔnɛl] a. 〖언어〗 (동사가)단인칭의. —n.m. 단인칭동사 (비인칭동사 (verbes impersonnels)와 같은 진주.
unipersonnellement [ynipɛrsɔnɛlmɑ̃] ad. 〖언어〗단인칭동사로.
unipétale [ynipetal], **unipétalé(e)** [ynipetale] a. 〖식물〗단화판(單花瓣)의(monopétale).
uniphasé(e) [ynifaze] a. 〖전기〗단상(單相)의.
uniphasique [ynifazik] a. 〖심리〗단국면(單局面)의, 단면의.
unipolaire [ynipɔlɛːr] a. 〖전기·해부〗단극(單極)(성)의. interrupteur ~ 단극 스위치. 〖성
unipolarité [ynipɔlarite] n.f. 〖전기·해부〗단극
uniprix [ynipri] n.m. 〖상표명〗유니프리 (전국에 지정가를 가진 슈퍼마켓).
*****unique** [ynik] a. ① 유일의, 단 하나[한 사람]의 (명

사 뒤에 놓이면 뜻이 강해짐). C'est mon ~ fils. 이 아이가 내 외아들이다. sens ~ (차의)일방통행. voie(rail) ~ 〖철도〗단선. régime de parti ~ 일당독재제. ❷(주로 명사 뒤에 놓여서)독자적인, 이색적인, 유례없는, 탁월한, 훌륭한. être ~ en(dans) son genre 그들 중에서는[그 방면에서는] 독자적인 존재(비길 데 없는 사람)이다. destin ~ 기구한 운명. talent ~ 탁월한 재능. ❸《명사 뒤에서》통일적인; (몇 개와)공통되는. un ~ principe des choses 제반 사항에 통용되는 단 하나의 원칙. commandement ~ des armées 군대의 통합 사령부. (magasin à) prix ~ 균일 염가 판매점. ❹《구어》기발한, 진기한, 기묘한. Ce type est vraiment ~. 저놈은 정말 괴짜이다.
seul et ~ 단 하나의, 유일한(seul의 강조). un seul et ~ propriétaire 유일한 소유자.
【REM】❶ 의 뜻으로 비교급·최상급을 만들 수 없음. 명사 앞에서는 seul로 대치할 수 있음.

*uniquement [ynikmā] ad. 다만, 단지, 오로지(exclusivement, seulement). Il pense ~ à l'argent. 그는 오로지 돈만을 생각하다.

*unir [yni:r] v.t. ❶ 맺다, 결합하다; (교통망 따위를) 연결하다. L'intérêt unit ces deux familles. 이해 (利害) 관계가 두 가정을 맺고 있다. ligne aérienne qui unit deux continents 두 대륙을 연결하는 항공로. ❷ 통합[합병]하다, (모아)합치다. ~ deux pays 두 나라를 합병하다. Il faut ~ nos efforts. 우리의 노력을 합쳐야 한다. ❸ 결혼시키다. Le prêtre a uni ces deux jeunes. 신부가 이 두 젊은이들을 결혼시켰다. ❹ (두 개의 성질 따위를)아울러 갖다. Cette solution unit l'utile à l'agréable. 이 해결책은 유용성과 쾌적성을 아울러 갖고 있다. ❺《드물게》고르게 하다, 평평하게 하다, 한 모양으로 하다. ~ une planche 판자를 평평하게 하다.
—s'~ v.pr. ❶ 맺어지다, 결합되다; (강 따위가) 합류하다(se joindre). Les époux s'unissent pour le meilleur et pour le pire. 부부는 인생의 고락을 함께 하도록 맺어진 것이다. Ces couleurs s'unissent harmonieusement. 이들 빛깔은 조화를 잘 이루고 있다. s'~ à(avec) des amis pour fonder une revue 잡지를 창간하기 위해 친구와 손을 잡다. ❷ 단결하다; 통합[합병]되다. La nation s'unit contre l'envahisseur. 국민은 침략자에 대해 일치단결하다. ❸ 결혼하다. Ces deux jeunes gens s'uniront. 저 두 젊은이들은 결혼할 것이다.

uniramé(e) [yniname] a. 〖동물〗(관절 동물의 발이)분기(分岐)되지 않은.

uniréfringent(e) [yninefrẽʒã, -ã:t] a. 〖물리〗단굴절(單屈折)의.

unisérié(e) [yniserje] a. 〖생물〗일렬(一列)의.

unisex(e) [yniseks] a. 유니섹스의, (복장·머리 모양 따위가)남녀 어느 쪽에도 맞는 〖性〗.

unisexualité [yniseksyalite] n.f. 〖생물〗단성(單性).

unisexué(e) [yniseksye], 〖옛〗unisexuel(le) [yniseksɥɛl] a. 〖생물〗단성의.

unisson [ynisɔ̃] n.m. 〖음악〗동음, 동조(同調)(consonance); 제창(齊唱). ❷ 〖정신적〗일치, 조화(accord, harmonie, ↔ désaccord).
à l'~ (de) ...와)일치하여, 함께. chanter à l'~ 제창하다. caractères à l'~ 잘 어울리는 성격. goûts à l'~ des miens 내 취미와 잘 맞는 취미. Nos cœurs sont à l'~. 우리들은 서로 잘 통한다. se mettre à l'~ de qn(des circonstances) ...와 같은 보조를 취하다(상황에 순응하다).

unissonnant(e) [ynisɔnã, -ã:t] a. 〖드물게〗〖음악〗동음의, 동조의.

unitaire [ynitɛ:r] a. 통일의, 통일적인. mener la politique ~ 통일 방침을 추진하다. Confédération générale du travail ~ 통일노동총연맹(1920-1947년;〖약자〗C.G.T.U.). théorie du champ ~ 〖물리〗통일장(場)이론(중력장·전자(電磁)장·핵력의 장 따위의 통일적으로 생각하는 이론). ❷ 단위가 되는, 단위의. prix ~ 〖경제〗단가, 단일가격. vecteur ~ 〖수학〗단위벡터. production ~ 단일생산. monstre ~ 〖의학〗단체(單體)형. ❸ 〖종교〗유니테리언파의. églises ~s d'Angleterre 영국의 유니테리언 교회.
—n. ❶ 〖종교〗유니테리언 교도(삼위일체(Trinité)를 부인하는 개신교의 한 파). ❷ 〖정치〗통일파의 한 사람.

unitarien(ne) [ynitarjɛ̃, -ɛn] 〖영〗 a., n. 〖종교사〗 = unitaire.

unitarisme [ynitarism] 〖영〗n.m. ❶ 〖종교〗유니테리언파의 교리. ❷ 〖정치〗단일 정부(중앙집권)론주의, 통일주의.

*unité [ynite] n.f. ❶ 통일성, 일체성. ~ du moi 자아의 통일성. faire(maintenir) l'~ 통일성을 만들다(유지하다). rompre l'~ 통일성을 깨다. ~ indivisible de la France 프랑스의 불가분적인 단일성. ~ d'action (정당·노사 따위의)행동통일. ❷ 합치, 일치, 일관성. ~ de vues 견해의 일치. ❸ 단위. ~ de grandeur(de largeur) 크기(넓이)의 단위. ~ monétaire 화폐단위. ~ linguistique 언어의 단위, 언어학적 단위. prix à l'~ 단가. ~ de valeur (학생의 취득)단위(〖약자〗U.V.). ~ d'enseignement et de recherche 교육연구단위(〖약자〗U.E.R.). ❹ règle des trois ~s 〖문학〗3단일(單一)의법칙(프랑스 고전극의 규칙으로 행동(action)·장소(lieu)·시간(temps)의 일치). ❺ 〖수학〗단위, 1의 수(동격). vecteur ~ 단위벡터. matrice ~ 단위행렬. ❻ 〖군사〗군단위의(소대·중대·대대 따위); (부)대; (해군의)1함정. rejoindre son ~ 귀대하다. grande ~ 대단위(부대). grande ~ politique (비유적)대정치조직. ❼ 〖컴퓨터〗장치, 유닛. ~ de contrôle 제어장치. ~ centrale 중앙처리장치. ❽ 〖구어〗한 개(구(舊)프랑으로 100만 프랑을 말함).

unitif(ve) [ynitif, -i:v] a. ❶ 〖종교〗결합시키는, 결합되는. vie ~ve (신비적 묵상에 의한 신과의)융합 생활. ❷ 〖해부〗결합의, 결체성(結締性)의. fibres ~ves du cœur 심장의 결체섬유.

univalence [ynivalɑ̃:s] n.f. 〖수학〗(복소수 평면상의)단엽함수의 영역.

univalent(e) [ynivalɑ̃, -ɑ̃:t] a. ❶ 〖수학〗단엽(單葉)의. ❷ 〖화학〗1가(價)의(monovalent).

univalve [ynivalv] a. 〖식물〗단실(單室)의, (선태류의)포자낭이 하나인; 〖패류〗단각(單殼)의.
—n.m.pl. 〖패류〗단각 패류.

*univers [ynivɛ:r] n.m. ❶ 우주(가끔 U~). origine de l'~ 우주의 기원. âge de l'U~ 우주시대. expansion de l'~ 우주의 팽창. ~-îles 〖천문〗섬우주(우주에 산재한 성운). ❷ 세계, 지구 전체; 세계의 사람들(monde). être connu dans l'~ entier 전세계에 알려져 있다. citoyens de l'~ 세계시민. ❸ (비유적)세계; 영역, 장소. Il vit dans un ~ du rêve. 그는 꿈의 세계에 살고 있다. poétique 시의 세계. ~ du discours 〖논리〗논의(論議)영역; 〖언어〗담화 세계, 담화 영계(領界). ❹ Grand ~ 〖인체〗(1m×1.3m의)식관용지. ❺ 〖정신의학〗모체(母體). ~ d'attitude 태도 모체(행동양식은 다르지만 일관성 있는 행동의 집단). ❻ 〖수학〗(수학적 정리(定理)의)조합단위, 〖수학적 정리의〗조합단위(組集團), 모집단(母集團).

universalisation [yniversalizasjɔ̃] n.f. ❶ (전세계

적인)보급; 확대(généralisation). ② 보편화. ~ de la culture humaine 인류 문화의 보편화.

universaliser [yniversalize] *v.t* ① 보편화하다, 널리 보급하다(diffuser, généraliser). ② 〖논리〗전칭화(全稱化)하다; 일반화하다.
—**s'~** *v.pr.* 보편화되다, 널리 보급되다.

universalisme [yniversalism] *n.m.* ① 〖철학〗보편주의. ② 〖신학〗만인 구제론《모든 인간은 은총에 의해 구제된다는 설》. ③ 보편 합의론《전원의 합의만이 권위로써 인정된다는 생각》.

universaliste [yniversalist] *a.* ① 〖철학〗보편주의(의); 〖신학〗만인구제론(자)의. ② 보편적인. —*n.* 보편주의자; 만인 구제론자.

universalité [yniversalite] *n.f.* ① 일반성, 보편성; (재능·지식의)해박성, 온갖 것에 통달함. ~ de la gravitation 인력(引力)의 보편성. ② 〖논리〗전칭성(全稱性); 〖법〗총체. ③《옛》전체.

universaux [yniverso] *n.m.pl.* 〖철학〗일반 개념(concepts généraux). querelle des ~ 《스콜라 철학의》보편논쟁. ② 〖언어〗 보편사상(事象), 보편상(相). ~ du langage 언어의 보편적 특성, 언어의 보편사상(事象).

*****universel(le)** [yniversel] *a.* ① 전세계적인, 국제적인. paix ~le 세계평화. Exposition ~le 국제 박람회. réputation ~le 세계적 명성. histoire ~le 세계사. ②(사람·그룹)전체의, 모든 것에 공통적인, 보편적인; 일반적인. suffrage ~ 보통선거. consentement ~ 전체의 합의. vérité ~le 보편적 진리. loi ~le 보편적인 법칙. l'Église ~le 보편교회《신·구교가 갈라지기 이전의 교회》. ③ 온갖 것 〔사람〕에 적용되는, 만능의. remède ~ 만병통치약. pince ~le 만능 뻰찌, 컴비네이션 플라이어스. machine ~le 만능 공구. ④ 온갖 것에 통달한, 무엇이든지 할 수 있는. esprit〔homme〕 ~ 박식한 사람. ⑤〖학술〗우주의, 만유의. loi de la gravitation ~le 만유인력의 법칙. ⑥ 〖수학·논리〗 전칭(全稱)의. proposition ~le 전칭명제. ⑦ 〖법〗 포괄적인. légataire(legs) ~ 포괄 유산상속(자). légataire à titre ~ 포괄 명의(名義) 유산상속자.
—*n.m.* 보편.

universellement [yniversɛlmɑ̃] *ad.* 일반적으로, 널리 많은 사람에게, 보편적으로; 세계적으로. vérité ~ reconnue 모든 사람이 인정하는 진리.

Universiade [yniversjad] *n.f.* 국제 대학생 스포츠대회, 유니버시아드.

universitaire [yniversite:r] *a.* 대학의. études ~s 대학과정의 공부(연구). corps ~ 대학교수단. cité ~ 대학가(街)《대학 기숙사가 있는 지역》. restaurant ~ 대학식당《약자》restau U.》.
—*n.* 대학인, 대학교수.

*****université** [yniversite] *n.f.* ① 《종합》대학; 학부. faire ses études à l'U~ de paris III 파리 3 대학에서 공부하다. conseil d'~ 대학평의회. faculté des lettres de l'~ 대학의 문학부. ②《U~》전(全)프랑스 교수단《U~ de France》.

univitellin(e) [ynivite(ɛl)lɛ̃, -in] *a.* (쌍둥이가)일란성(一卵性)의. jumeaux ~s 1 란성 쌍둥아.

univocité [ynivɔsite],《드물게》**univocation** [ynivɔkasjɔ̃] *n.f.* 〖논리·언어〗《말 따위의》일의성(一義性).

univolt(a)in [ynivɔltɛ̃, -en]. 〖생물〗 일화성(一化性)의 누에; 일화성의 곤충.

univoque [ynivɔk] *a.* ① 〖논리〗《말 따위가》일(一義)의, 항상 같은 뜻을 지닌. correspondance ~ et réciproque 일대일 대응. ② 〖의학〗《증상 따위가》어떤 질환에만 나타나는, 특유한.

uns [œ̃] *pron.ind.* 한 쪽, 어떤 것. ⇨un.

upas [ypa:s] *n.m.* 〖식물〗 유파스나무《자바산의 독나무》; 유파스 독액《원주민이 화살에 바름》.

uppercut [ypɛrkyt]《영》*n.m.* 〖권투〗 어퍼컷.

up(p)érisation [yperizasjɔ̃]《영》*n.f.* 고온증기주입 살균법《식료품 보관방법의 하나로, 섭씨 150도의 증기를 주입한 후 진공에서 냉각하는 살균법》.

up(p)érisé(e) [yperize] *a.* 《우유 따위가》고온증기의 주입으로 살균된. lait ~ 멸균 우유, 롱라이프 우유.

upsilon [ypsilɔ̃] *n.m.* 입실론《그리스 자모의 제 20 자 ϒ, ν 로서 프랑스 자모의 y에 해당함》.

up to date [œptude(j)t]《영》*loc.a.* 새로운 정보의〔에 통하는〕, 오늘날의; 최신(식)의. annuaire ~ 최신 연감.

U.P.U.《약자》Union postale universelle 만국 우편

upwelling [œpweliŋ]《영》*n.m.* 《대륙의 팽창기류에 의한》해수표면의 수직운동〔현상〕.

ur- *préf.* 「오즈·요; 배뇨하다」의 뜻.

uracile [yrasil] *n.m.* 〖생화학〗 우라실《피리미딘 염기의》.

uraète [yraet] *n.m.* 〖조류〗《오스트레일리아산의》흰죽지참수리.

uræus [yreys] *n.m.* 《복수불변》〖고고학〗성사장(聖蛇章)《고대 이집트왕의 상징으로 왕관에 장식한 코브라형의 기장》.

uranate [yranat] *n.m.* 〖화학〗 우란산염.

urane [yran]《옛》〖화학〗 산화 우라늄.

uraneux(se) [yranø, -ø:z] *a.* 〖화학〗 4 가의 우라늄을 함유한.

uranides [yranid] *n.m.pl.* 〖화학〗 우라늄〔요소〕군《우라늄·넵투늄·플루토늄·아메리슘 따위》.

Uranie [yrani] *n.pr.f.* 〖그리스신화〗 우라니아《천문(天文)을 관장하는 여신》. —**u~** *n.f.* 〖곤충〗 호랑나비의 일종.

uranifère [yranife:r] *a.* 우라늄을 함유한.

uraninite [yraninit] *n.f.* 〖광물〗 섬(閃)우라늄광.

uranique [yranik] *a.* 〖화학〗 우라늄의.

uranisme [yranism] *n.m.* 〖의학〗 남자동성애.

uraniste [yranist] *n.m., a.* 〖의학〗 동성애를 하는 남자(의).

uranite [yranit] *n.f.* 〖광물〗 우라나이트, 우라늄 운모(雲母).

uranium [yranjɔm] *n.m.* 〖화학〗 우라늄. ~ enrichi 농축 우라늄.

urano- *préf.* ①「천체」의 뜻. ②「경구개(硬口蓋)」의 뜻.

uranocircite [yranɔsirsit] *n.f.* 〖광물〗 우라노사이트, 중토(重土)우라늄모.

uranographe [yranɔgraf] *n.m.* 《옛》천체기술(天體記述)학자.

uranographie [yranɔgrafi] *n.f.* 《옛》천체기술학.

uranographique [yranɔgrafik] *a.* 《옛》천체 기술학의.

uranomètre [yranɔmɛtr] *n.m.* 〖천문〗 천체측량

uranométrie [yranɔmetri] *n.f.* 〖천문〗 ① 천체측량. ② 항성(恒星) 위치자(誌).

uranophane [yranɔfan] *n.f.* 〖광물〗 우라노페인《우라늄광의 일종》(uranolite).

uranopilite [yranɔpilit] *n.f.* 〖광물〗 우라노필라이트《우라늄광의 일종》.

uranoplastie [yranɔplasti] *n.f.* 〖외과〗 구개(口蓋)성형술.

uranoscope [yranɔskɔp] *n.m.* 〖어류〗 얼룩통구멍 (rascasse blanche).

uranospathite [yranɔspatit] *n.f.* 〖광물〗 우라노스패타이트《우라늄광의 일종》.

uranosphérite [yranɔsferit] *n.f.* 〖광물〗 구상(球

uranospinite [yranɔspinit] *n.f.* 【광물】 비회우라늄운모, 우라노스피나이트(우라늄광의 일종).

uranothorianite [yranɔtɔrjanit] *n.f.* 【광물】 우라노토리아나이트(섬(閃)우라늄광과 토륨석의 중간성 광물).

uranothorite [yranɔtɔrit] *n.f.* 【광물】 우라노톨, 우라노토라이트(우라늄광의 일종).

uranotile [yranɔtil] *n.f.* 【광물】 우라노타일, 우라노페인(uranophane).

Uranus [yranys] *n.pr.m.* ① 【그리스신화】 우라노스(하늘을 다스리는 신). ② 【천문】 천왕성.

uranyle [yranil] *n.m.* 【화학】 우라닐(염(鹽)).

urate [yrat] *n.m.* 【화학】 요산염(尿酸塩).

urbain(e) [yrbɛ̃, -ɛn] *a.* ① 도시의, 도회의(↔rural). populations ~*es* 도시인구. paysages ~*s* 도시풍경. architecture ~*e* 도시계획. ②〖문어〗도회풍의, 도시인다운, 세련된. homme très ~ 아주 세련된 사람. ③【역사】 (고대) 로마의.

urbanisation [yrbanizasjɔ̃] *n.f.* ① 도시화; 도시계획사업. ② (인구의) 도시 집중(화).

urbaniser [yrbanize] *v.t.* (일정 지역을)도시화하다, 도시풍으로 만들다. région lentement *urbanisée* 서서히 도시화된 지방.
—**s'**~ *v.pr.* 도시화하다.

urbanisme [yrbanism] *n.m.* 도시계획; 도시공학.

urbaniste¹ [yrbanist] *a.* 도시계획의. —*n.* 도시공학자, 도시계획 전문가.

urbaniste² [yrbanist] 〖종교사〗 *n.m.* (교회분리 시대의)교황 우르바누스 6세(*Urbain VI*) 지지파.
—*n.f.* 성 클라라(*Sainte-Claire*)파 수녀.

urbanistique [yrbanistik] *a.* 【학술】도시계획〖공학〗의, 도시계획에 관한.

urbanité [yrbanite] *n.f.* 〖문어〗 (도회풍의)세련된 예절(courtoisie), 우아함. recevoir un hôte avec ~ 손님을 예의바르게 접대하다.

urbicole [yrbikɔl] *a.* 〖드물게〗도시에 사는.

urbi et orbi [yrbietɔrbi] (라틴)*loc.ad.* ①〖가톨릭〗로마와 세계에, 만인에게(로마교황이 성베드로 대성당 발코니에서 행하는 축복의 말). ②도처에. Il a proclamé cette confidence ~. 그는 그 비밀을 사방에 폭로했다.

urbinate [yrbinat] *a.* 우르비노(*Urbin*, 이탈리아의 도시)의. —**U—** *n.* 우르비노 사람.

urcéolaire [yrseɔlɛːr] *n.m.* 【식물】 이끼의 일종.

urcéole [yrseɔl] *n.m.* 【식물】 낭상(囊狀) 기관(器官), 호상화관(壺狀花冠); 협죽도과(夾竹桃科)의 1속(屬).

urcéolé(e) [yrseɔle] *a.* 【식물】 낭상의, 호형의.

urdu [yrdy] *n.m.* (복수없음) =**ourdou.**

ure [yːr] *n.m.* 〖옛〗 =**urus.**

-ure *suff.* 「수소산염」의 뜻.

uré- *préf.* 「오줌·요; 배뇨하다」의 뜻.

uréase [yreaz] *n.f.* 【생화학】 우레아제(요소의 가수분해를 촉매하는 효소).

urédinées [yredine], **urédinales** [yredinal] *n.f.pl.* 【식물】 수균류(銹菌類).

urédo [yredo] *n.m.* 【식물】 수균류의 포자.

urédospore [yredɔspɔːr] *n.f.* 【식물】 여름포자(胞子)(수균류의 포자(홑씨)의 일종).

urée [yre] *n.f.* 【생화학】 요소(尿素).

uréide [yreid] *n.m.* 【화학】 우레이드, 아실요소(요소의 수소원자를 아실로 환치한 유도체).

uréine [yrein] *n.f.* 【생화학】 우레인(요소의 수소원자를 알킬기로 환치한 황색 유상(油狀) 물질).

uréique [yreik] *a.* 【생화학】 요소의.

urémie [yremi] *n.f.* 【의학】 요독증(尿毒症).

urémigène [yremiʒɛn] *a.* 요독성의.

urémique [yremik] *a.* 【의학】 요독증의.

urène [yrɛn] *n.f.* 【식물】 당아욱.

uréogénique [yreɔʒenik] *a.* 【생화학】 요소 분비의.

uréomètre [yreɔmɛtr] *n.m.* 요소 측정기.

uréométrie [yreɔmetri] *n.f.* 【의학】 요소 측정.

uréotélique [yreɔtelik] *a.* 【동물】 요소 배출의 (포유류처럼 질소대사 과정에서 요소를 만들어 배출하는).

-urèse *suff.* 「배뇨(排尿)」의 뜻.

urétéral(ale, *pl.* **aux)** [yreteral, -o] *a.* 【의학】 (수)뇨관(의).

urétéralgie [yreteralʒi] *n.f.* 【의학】 (수)뇨관통(痛).

uretère [yrtɛːr] *n.m.* 【해부】 (수)뇨관.

urétérique [yreterik] *a.* (수)뇨관의.

urétérite [yreterit] *n.f.* 【의학】 (수)뇨관염(炎).

urétérotomie [yreterɔtɔmi] *n.f.* 【의학】 (수)뇨관 절개(切開).

uréthanne [yretan] *n.m.* 【화학】 우레탄, 칼바민산 에틸.

urétral(ale, *pl.* **aux)** [yretral, -o] *a.* 【해부】 요도의.

urétralgie [yretralʒi] *n.f.* 【의학】 요도통(痛).

urètre [yrɛtr] *n.m.* 【해부】 요도.

urétrectomie [yretrektɔmi] *n.f.* 【의학】 요도 절제.

urétrite [yretrit] *n.f.* 【의학】 요도염(炎).

urétro-bulbaire [yretrɔbylbɛːr] *a.* 【해부】 요도구(球)의.

urétrographie [yretrɔgrafi] *n.f.* 【의학】 요도 촬영법.

urétroscope [yretrɔskɔp] *n.m.* 요도경(鏡).

urétrotomie [yretrɔtɔmi] *n.f.* 【외과】 요도절개.

U.R.F. 〖약자〗Union des services routiers des chemins de fer européens 유럽 철도운송연합.

urf [yrf] *a.* (불변)〖속어〗멋진, 우아한, 상류의.

-urge *suff.* 「행위자·기술자」의 뜻.

urgemment [yrʒamɑ̃] *ad.* 긴급하게, 지급으로, 화급히, 절박하게.

urgence [yrʒɑ̃ːs] *n.f.* 긴급, 화급, 지급; 절박한 사건; 응급환자. état d'~ 【법】 비상사태. mesures d'~ 긴급조치. réparations d'~ 응급수리. vote d'~ 긴급결의. convoquer d'~ les sociétaires 임시 주주총회를 소집하다. billet d'~ (pour admission à l'hôpital) 응급 입원허가증. demander l'~ 【정치】긴급동의를 제출하다. de toute(d'extrême) ~ 긴급히, 지급으로. selon l'~ 긴급사태에 따라서. Il y a grand ~ à+*inf.*(à ce que+*sub.*) 지급으로 …하는 것을 요한다.
en cas d'~ 긴급 [화급] 한 경우에는.

urgent(e) [yrʒɑ̃, -ɑ̃ːt] *a.* 긴급한, 화급한, 절박한 (pressant, pressé). besoins ~*s* en logements neufs 새로운 주택의 긴급한 필요. secours ~*s* 긴급구호. "U~" 〖우편〗 "지급"(겉봉에 쓰는 말).
—*n.m.* 긴급(한 일).

urger [yrʒe] *v.i.* 〖구어〗절박하다, 화급하다. Ça *urge!* 절박한 일이다!

-urgie *suff.* 「행위·일·기술」의 뜻.

urgonien(ne) [yrgɔnjɛ̃, -ɛn] *a.*, *n.m.* 【지질】 우르곤계(階)(의); 우르곤상(相)(faciès ~)(의).

ur(h)idrose [yridroːz] *n.f.* 【의학】 요한(尿汗)증.

Uri [uri] *n.pr.m.* 【지리】 (스위스의)우리 주(州).

uricémie [yrisemi] *n.f.* 【의학】 요산혈(尿酸血).

uric(o)- *préf.* 「요(尿)의」의 뜻.

uricosurique [yrikɔsyrik] *n.m.* 【약】 요산 요산염 제거제. —*a.* 요산 및 요산염을 제거하는.

uricotélique [yrikɔtelik] *a.* 【동물】 요산 배출의 (조류에 있어서 질소 대사과정에서 요산을 만들어 배출하는).

-urie *suff.* 「배뇨(排尿)」의 뜻.

urinaire [yrinɛːr] *a.* 〖해부〗비뇨(泌尿)의. voies (appareils) ~s 비뇨기.

urinal(*pl. aux*) [yrinal, -o] *n.m.* 소변기, 요강.

urination [yrinasjɔ̃] *n.f.* 배뇨(排尿)작용.

urinatoire [yrinatwaːr] *a.* 〖생리〗요의(尿意)를 촉진시키는.

urine [yrin] *n.f.* 오줌, 소변(pisse). analyse d'~s 소변 분석. ~s claires(troubles) 맑은(탁한) 오줌. incontinence d'~ 〖의학〗오줌실금(失禁). évacuer l'~ 오줌누다.

urinémie [yrinemi] *n.f.* =**urémie**.

uriner [yrine] *v.i.* 소변보다, 방뇨(放尿)하다(《속어》pisser). «Défense d'~» "소변금지"(게시).

urineux(**se**) [yrinø, -øːz] *a.* 오줌의, 지린내 나는. odeur ~se 오줌 냄새.

urinifère [yrinifɛːr], **urinipare** [yrinipaːr] *a.* 〖해부〗수뇨(輸尿)의, 오줌을 (내)보내는.

urinoir [yrinwaːr] *n.m.* ① 남자용 (공중)변소, 소변소(pissoir). ② = urinal.

urinomètre [yrinɔmɛtr] *n.m.* =**uréomètre**.

urique [yrik] *a.* 〖생화학〗요(尿酸)의. acide ~ 요산(尿酸). calcul ~ 요산 결석(結石).

urne [yrn] *n.f.* ① 투표함(~ électorale). aller[se rendre] aux ~s 투표하러 가다. — de scrutin 투표 함. ② 유골단지(~funéraire); 항아리. ③ 〖고대그리스·로마인〗물항아리(;[시] 단지. ④ 〖식물〗삭(蒴)《이끼류의 포자낭》. ⑤ 〖통계〗단지모델표《개연성의 계산에 쓰이는 통계 모델》.

uro- *préf.* ①「오줌」의 뜻. ②「꼬리」의 뜻.

urobiline [yrɔbilin] *n.f.* 〖화학〗우로빌린《장 속에 생기는 적갈색의 담즙 색소》.

urobilinogène [yrɔbilinɔʒɛn] *n.m.* 〖생화학〗우로빌리노겐《담낭 속에 생성되는 무색의 색소원》.

urobilinurie [yrɔbilinyri] *n.f.* 〖의학〗우로빌린뇨(尿)(증).

urochrome [yrɔkrɔm] *n.m.* 〖생리〗우로크롬《오줌의 황갈색소》.

urocrisie [yrɔkrizi] *n.f.* 〖의학〗검뇨(檢尿) 진단(법).

urocyon [yrɔsjɔ̃] *n.m.* 〖동물〗(북미산)여우속의 일종《모피는 은회색》.

urocyste [yrɔsist] *n.f.* 〖의학〗방광(膀胱).

urocystite [yrɔsistit] *n.f.* 〖의학〗방광염.

urodèles [yrɔdɛl] *n.m.pl.* 〖동물〗유미류(類).

urodynie [yrɔdini] *n.f.* 〖의학〗배뇨통(痛).

urogastre [yrɔgastr] *n.m.* 〖드물게〗〖동물〗(갑각류의)꼬리.

urogénital(**ale**, *pl.* **aux**) [yrɔʒenital, -o] *a.* 〖해부〗(비)뇨생식(기)의.

urographie [yrɔgrafi] *n.f.* 〖의학〗요도 촬영법.

urolagnie [yrɔlagni] *n.f.* 〖학술〗철뇨증(嗜尿症).

urolithe [yrɔlit] *n.m.* 〖의학〗요결석(尿結石).

urologie [yrɔlɔʒi] *n.f.* 〖의학〗비뇨기학(學).

urologique [yrɔlɔʒik] *a.* 〖의학〗비뇨기학의.

urologue [yrɔlɔg], **urologiste** [yrɔlɔʒist] *n.* 〖의학〗비뇨기과 의사.

uromètre [yrɔmɛtr] *n.m.* =**uréomètre**.

uropode [yrɔpɔd] *n.m.* 〖동물〗(갑각류의)미각(尾脚)《새우·게 종류 따위의 배다리[복지(腹肢)]의 끝부분》.

uropoïétique [yrɔpɔjetik] *a.* 〖생리〗요분비의, 조뇨(造尿)의. organes ~ 조뇨기관.

uropyge [yrɔpiʒ], **uropygium** [yrɔpiʒjɔm] *n.m.* 〖조류〗꼬리 융기(隆起).

uropygial(**ale**, *pl.* **aux**) [yrɔpiʒjal, -o], **uropygien**(**ne**) [yrɔpiʒjɛ̃, -ɛn] *a.* 〖조류〗꼬리 융기의. glande ~ale 미지선(尾脂腺).

uroscopie [yrɔskɔpi] *n.f.* 〖의학〗검뇨(檢尿)(법).

urotoxie [yrɔtɔksi] *n.f.* (오줌에 나타나는 오염된) 독성의 정도.

urotoxique [yrɔtɔksik] *a.* 〖의학〗요독(尿毒)의. coefficient ~ 요독계수(尿毒係數).

urotropine [yrɔtrɔpin] *n.f.* 〖약·상표명〗우로트로핀《이뇨제》.

ursidés [yrside] *n.m.pl.* 〖동물〗곰속(屬)의 동물.

ursigramme [yrsigram] *n.m.* 국제전파과학연합합성.

ursin(**e**) [yrsɛ̃, -in] *a.* 〖동물〗곰의.

U.R.S.S. [yrs, yerɛsɛs] *n.pr.f.* 《약자》Union des Républiques Socialistes Soviétiques 소비에트 사회주의 연방.

U.R.S.S.A.F. [yrsaf] 〖약자〗Union pour le recouvrement des cotisations de Sécurité Sociale et d'allocations familiales 사회보장 및 가족수당 할당금 회수 동맹.

ursuline [yrsylin] *n.f.* 〖가톨릭〗성(聖) 우르술라(*Ursule*) 동정회의 수녀(회)《1537 년에 설립》.

urticacées [yrtikase] *n.f.pl.* 〖식물〗쐐기풀과.

urticaire [yrtikɛːr] *n.f.* 〖의학〗두드러기; 두드러기 돋기 쉬운 체질.

urticales [yrtikal] *n.f.pl.* 〖식물〗쐐기풀과의 식물.

urticant(**e**) [yrtikɑ̃, -ɑ̃ːt] *a.* 따끔따끔 찌르는.

urticarien(**ne**) [yrtikarjɛ̃, -ɛn] *a.* 〖의학〗두드러기 (모양)의.

urtication [yrtikasjɔ̃] *n.f.* ① (쐐기풀에 찔렸을 때처럼)따끔거리는 느낌. ② 〖의학〗고통스러운 발진(發疹). ③《옛》(마비 치료를 위해 국부적으로)쐐기풀로 피부를 두드리는 치료법.

urtiquer [yrtike] *v.t.* 〖의학〗(마비된 것을 치료하기 위해서)쐐기풀로 두드리다.

urubu [yryby] *n.m.* 〖조류〗(열대 아메리카산의) 검은독수리.

Uruguay(**l'**) [lyrygɛ] *n.pr.m.* 〖지리〗우루과이; 우루과이(江).

uruguayen(**ne**) [yrygɛjɛ̃, -ɛn] *a.* 우루과이(공화국)의. — U~ *n.* 우루과이 사람.

urus [yrys] *n.m.* 〖동물〗오로크스《17 세기에 멸종된 유럽 서부의 들소》(aurouch); 유럽 바이슨(bison d'Europe).

urvillée [yrvije] *n.f.* 〖식물〗(아메리카산)무환자나무과(科)의 1 속(屬).

us[1] [ys] *n.m.pl.*《옛》관습《다음 표현으로 남아 있음》. les *us* et coutumes [leyzekytym] (어떤 나라나 지방의)관례와 풍습.

us[2] *n.m.* 라틴어의 어미의 일종. mots en *us* 《구어》(라틴어를 어원으로 하는)전문어, 학술어. savant en *us* (함부로 라틴어를 사용하는)현학자.

U.S. [yɛs] *a.* 미국(의). aviation *U.S.* 미국 항공계 (航空界).

U.S.A. [yɛsa] (《<영》*United States of America*) *n.pr.m.pl.* 아메리카 합중국.

usable [yzabl] *a.*《드물게》소모되기 쉬운, 해지기 쉬운, 닳아떨어지는 (↔ inusable). 《명사적》l'~ et l'éternel 쉽게 재산과 사용권을 가진다.

‡**usage** [yzaːʒ] *n.m.* ① 사용, 이용; (기관의)기능, 행사. ~ d'un outil 도구의 사용. ~ de la force 무력 행사. ~ de faux 위조죄(위조의 행사). Il a perdu l'~ de la vue. 그는 시력을 잃었다. valeur d'~ 이용가치. mettre en ~《옛》사용하다. avoir l'~ d'un bien 재산의 사용권을 가진다.
② 용도; 사용법. Quel est l'~ de cette machine? 이 기계의 용도는 무엇입니까? articles d'~ domestique 가정용품.
③ 관례, 관습, 풍습. ~ établi 기성의 관습. conforme[contraire] aux ~s 관례에 부합되는[어긋나는]. C'est l'~ de + *inf.* …하는게 보통이다.

usagé(e)

④예의, 예법, (pl.) 좋은 예법[예절]. manquer d'~예의를 지키지 않다. Il connaît bien les ~s. 그는 예절을 잘 알고 있다.
⑤ (말의)용법;『언어』관용; 올바른 관용(bon ~). En grammaire, l'~ tient lieu de règle. 문법에 있어서는 관용이 규칙을 대신한다. expression consacrée par l'~ 관용에 의해 인정된 표현. mot en ~ 현재 사용되는 말.
⑥ 『법』사용권(droit d'~); 『엣』관습; (pl.) 방목권이 있는 토지. propriété et ~ 소유권과 사용권. prêt à ~ (금전 이외의)사용대차.
⑦『엣』(개인적인)습관; 『엣』관례.
à l'~ 사용함으로, 사용함에 따라.
à l'~ de …용(用)의, …이 사용하기 위한. livret à l'~ des contribuables 납세자용 소책자.
à ~ +'형용사'; à ~ de+'명사' …용(用)의. médicament à~ interne[externe]내복[외]약. locaux à~ d'habitation (건물의)거주부분.
d'~ ⓐ(구어)곧잘 사용되는, 상용되는, vocabulaire d'~ 상용어휘. ⓑ관례[관습]적인. compliments d'~ 관례적인 인사말. Il est d'~ de+inf. (que+subj.) …하는 것이 관례이다. ⓒ『엣』아직 사용되고 있는(en ~). ⓓ hors d'~ 쓸모없는, 사용되지 않는.
en ~ 통용되는. mot en ~ 통용어. dispositifs encore en ~ 아직도 통용되는 법조문(法條文).
faire de l'~ ;『엣』être d'un grand~ (물건이)질기다, 오랜 사용에 견디어내다. Ces chaussures lui ont fait de l'~. 그는 이 구두를 오랫동안 신었다.
faire ~ de qc …을 사용[이용]하다.
U~ rend maitre.『속담』배우기보다는 숙달해야한다.

usagé(e) [yzaʒe] a. 오래 사용한, 중고의(usé, défraîchi.) vêtements ~s 낡은 의복. expression ~ 낡아빠진[진부한] 표현.

usager(ère) [yzaʒe, -ɛːr] a. 『엣』상용되는, 상용의. — n.m. ① (공공물 따위의)이용자. ~s de l'autoroute 고속도로의 이용자. ② (언어의)사용자. ③ 『법』사용권 소유자.

usance [yzɑ̃ːs] n.f. 『엣』① 사용(emploi); 관습, 관례. ② 『상업』어음지불 기간(30일); 『임업』(윤벌림(輪伐林)의)산림 벌채후의 연차(年次) (âge du bois). lettre de change à une~ (à deux ~) 한달(두달)지불 어음.

usant(e) [yzɑ̃, -ɑ̃ːt] a. ①(건강·힘 따위를)소모하는, 피로케하는. travail ~ 힘이 드는 일. ② 『법』(권리를)행사하는, ~(e) et jouissant(e) de ses droits (성년이 된 고아가)권리를 향유하는.

Usbek [ysbɛk] n.m. =**Ouzbek**.

Uscoque [yskɔk] n.m. 『역사』우스코끄(터키의 박해로 이주해간 세르비아 사람).

*****usé(e)** [yze] a.p. ① 헌, 낡은, 해진; 닳아떨어진, 모양이 일그러진(déformé); (오래 사용해서)더러워진. semelles ~es 닳아떨어진 구두창. vêtements (tissus) ~s 낡은[해진] 의복[천]. ~ jusqu'à la corde 닳아떨어지고, 다 해져버린. ② (힘·건강이)허약해진, 지쳐버린(décrépit, épuisé); (생각·표현따위가)진부한(banal); (감정 따위가)둔해진, 무딘(émoussé). homme ~ 허약해진 사람. termes vagues et ~s 모호하고 진부한 말[표현]. avoir le goût ~ (독한 향신료를 쓴 요리를 너무 먹어서)미각이 무뎌지다. passion ~e 식어버린 정열.

*****user** [yze] v.t.ind. [~ de] …을 사용하다, 이용하다, (권리 따위를)행사하다, 시행하다(employer). Ils ont usé d'une ruse pour réussir leur coup. 그들은 일을 성공시키려고 계략을 썼다. Je n'use jamais de café le soir. 나는 저녁에는 커피를 절대로 안 마신다. ~ de son influence auprès de qn …에게 자기의 영향력을 행사하다. ~ d'un droit[d'un privilège] 권리[특권]를 행사하다.
en ~ avec qn 『엣·문어』…에 대해서 …하게 행동하다; …을 …하게 대하다. De quelle manière en userez-vous avec un jeune cavalier? 젊은 기사를 어떻게 대하겠소? en ~ bien[mal] avec qn …에게 정중히[무례하게] 굴다. en ~ familièrement avec qn …에게 흉허물 없이 대하다.
—v.t. ① (오래 사용하여)상하게 하다(abîmer, entamer); 헐게 하다, 해지게 하다(râper), 닳아떨어지게 하다, 마멸시키다. J'ai usé mes chaussures. 내 구두는 헐었다. Il a usé son veston aux coudes. 그의 저고리는 팔꿈치가 닳았다. ~ une pointe (바늘·칼 따위의)끝을 무디게 하다. ~ ses vêtements 의복을 (오래 입어서) 해지게 하다. rail usé par le frottement 마찰로 마멸된 레일. (목적보어 없이) Ne porte pas tout le temps les meubles, ça use. 줄곧 가구를 문질러서 닳지 마세요, 해져요.
② (힘 따위를)약하게 하다, 감소시키다(affaiblir, diminuer); (건강 따위를)해치다, 쇠약하게 하다 (miner, ronger); (감각·감정 따위를)누그러뜨리다, 약하게 하다(émousser). ~ sa santé[sa vue] 건강[시력]을 해치다. La jouissance use l'amour. 향락은 사랑을 약하게 한다.
③ 소비하다, 소모하다, 낭비하다(consommer, dépenser); (힘 따위를) 다 써버리다, 기진하게 하다(épuiser). Cette voiture use trop d'essence. 이 자동차는 휘발유를 너무 많이 소모한다. Les excès l'ont usé. 그는 방탕으로 힘이 빠졌다.
④ (시간을)보내다, 허비하다(passer). ~ deux heures çà et là 2시간을 여기저기서 보내다.
~s'~ v.pr. ①해지다, 닳아떨어지다. tissu qui s'use vite 쉬이 닳아떨어지는 천.
②(비유적)쇠퇴하다, (세력·신용 따위를)잃다. Son ascendant s'use. 그의 세력은 쇠퇴해간다.
③(재귀적)(사람이)지치다, (건강 따위가)쇠약[허약]해지다, (체력 따위가)소모되다, 기진해지다 (se fatiguer, s'épuiser). L'équipage lentement s'use. 승무원은 서서히 지쳐간다. s'~ les yeux 눈을 상하다.
④『엣·사투리』사용(usage); 내구력; 교체. être d'un bon ~ (천 따위가)질기다, 내구력이 좋다. homme bon à l'~ 기분좋게 상종[교제]할 수 있는 사람. On ne connait bien les gens qu'à l'~. 사람의 본심을 알 때까지는 시간이 걸린다.

useur(se) [yzœːr, -øːz] a. 쉬이 물건을 상하게 하는. — n.m. ① (위)의 사람. ② 『도자기』갈이꾼.

Us.ext. 『약자』Usage externe 『약』외용(外用).

U.S.F.S.A. 『약자』Union des Sociétés françaises de sports athlétiques 프랑스 스포츠 협회 연맹.

usinage [yzinaʒ] n.m. (기계에 의한)가공, 마무리[끝내]작업; 『속어』혹사, 착취.

:**usine** [yzin] n.f. ① (제조·생산)공장(fabrique, manufacture). ~ d'automobiles 자동차(제조)공장. ~ à gaz 가스공장. ~ automatisée 자동 제어 공장. directeur d'~ 공장 경영자. ouvrier[ouvrière] d'~ 공직공[여직공]. aller à l'~ 공장에 가다[다니다]. travailler dans une ~ [en ~] 공장에서 일하다. ② (구어)(규모·종업원의 수·수입 따위가)공장같은 곳, 대량생산하는 곳. Ce restaurant est une véritable ~. 이 음식점은 사람이 들끓어서 네 무 복잡하다. Ce salon est une ~ à potins. 이 살롱은 마치 소문을 만들어내는 공장같다. Chez vous, c'est une ~ à gosses. 당신네들은 아이를 많이 낳는군요.

usine-pilote [yzinpilɔt] (pl. ~s-~s) n.f. 시험(試驗)공장.

usiner [yzine] *v.t.* ① (기계로)가공하다; (공장에서)제조(製)하다. ~ des alliages réfractaires 내열합금(耐熱合金)을 (기계로) 가공하다. ~ des produits finis 완제품을 생산하다. *usiné* en série 기계로 대량생산되다. ②《속어》(싼 임금으로)혹사하다, 착취하다.
— *v.i.* 힘들여 일하다, 끈기있게 일하다; (비인칭) (일이)진척되다, 능률이 오르다(avancer). Ça *usine*, ici! 이곳에서는 일이 잘 진척되는 걸!

usinier(ère) [yzinje, -ɛːr] *n.* (옛) 공장 경영자(주). — *a.* 공장의(에 관한). industrie ~ère 생산공업. région ~ère 공장지대.

usité(e) [yzite] *a.* ① 《언어》(낱말·표현 따위가) 흔히 사용되는, 통용되는(courant). très(peu) ~ 혼히 쓰이는(그리 쓰이지 않는). ② (언어 이외의 것이)사용(이용)되는; (옛)아직 사용될 수 있는.

Uskok [yskɔk] *n.m.* = Uscoque.

usnée [ysne] *n.f.* 《식물》 소나무겨우살이의 일종.

usquebac [yskəbak] *n.m.* (스코틀랜드에서 양조되는)위스키의 일종(scubac).

*ustensile** [ystãsil] *n.m.* 도구, 기구, 용구, 집기. ~ de ménage(cuisine) 살림살이(부엌)도구(기구). ~ de toilette 화장도구. ~ aratoire 농(農)기구.

ustilaginales [ystilaʒinal], **ustilaginées** [ystilaʒine] *n.f.pl.* 《식물》 혹수균(黑穗菌)과.

ustilagineux(se) [ystilaʒinø, -øːz] *a.* 혹수균의.

ustilago [ystilago] *n.m.* 《식물》 혹수균.

ustion [ystjɔ̃] *n.f.* 태우기; (옛)《의학》(상처 따위를)지지기.

usucapion [yzykapjɔ̃] *n.f.* 《로마법》(시효(時效)에 의한) 소유권 취득.

usuel(le) [yzɥɛl] *a.* 상용의, 관용의, 일용의(habituel, courant, ↔ désuet); 통상의, 평범한(commun, familier). ~s 미술도구. dénomination ~le d'une plante 식물의 통상명칭(학술명이 아닌). objets ~s 일용품. langue ~le 일상어. procédés ~s 상투적 방법. (비인칭) Il est ~ de ~ 는 것이 보통(예사)이다. — *n.m.* (도서관 따위에서) 독자들이 자주 읽는 책 (사전·사서 따위).

usuellement [yzɥɛlmã] *ad.* 일반적으로, 통상적으로, 보통·(ordinairement).

usufructuaire [yzyfryktɥɛːr] *a.* 《법》 용익권(用益權)의.

usufruit [yzyfrɥi] *n.m.* 《법》 용익권, 사용수익권.

usufruitier(ère) [yzyfrɥitje, -ɛːr] *n.* 《법》 용익권자. — *a.* 용익권자에 속하는.

usuraire [yzyrɛːr] *a.* 고리의, 폭리의. intérêt ~ 높은(비싼) 이자.

usurairement [yzyrɛrmã] *ad.* 《드물게》고리로, 폭리를 취하여.

usure[1] *n.f.* [yzyːr] *n.f.* (법정 이자보다 높은)고리, 폭리; 고리대금; (옛) 이자. prêter à ~ 고리로 돈을 빌려주다, 고리대금하다.
avec ~ (비유적) 자기가 받은(겪은) 것 이상으로. Je lui ferai payer *avec* ~ cette méchanceté à mon égard. 그가 나에게 한 이 짓궂은 장난에 대해 앙갚음을 톡톡히 해줄테다.

usure[2] *n.f.* ① (오랜 사용으로 인한)파손, 훼손(dégradation); (마찰로 인한)마멸. résister à ~ 내구성이 강하다, 질기다. ~ du temps 노후(老朽), 오랜 동안의 마손. Le tapis porte des traces d'~. 이 양탄자는 군데군데 닳아버린 흔적이 있다. ② 노쇠, 피폐(疲弊); 쇠약; 소모. ~ de la santé 건강상의 악화. ~ de la sensibilité 감각의 둔마(鈍磨), ~ de l'énergie 정력의 감퇴. ~ nerveuse 신경쇠약. guerre d'~ 《군사》 소모전. avoir *qn* à l'~ 《구어》(…을 조금씩 지치게 하여) …의 우위

(優位)에 서다.

usurier(ère) [yzyrje, -ɛːr] *n.* 고리대금업자. — *a.* 폭리를 탐하는.

usurpateur(trice) [yzyrpatœːr, -tris] *n.* 횡령자(왕위)찬탈(僭稱)자; (권리)침해자. U~ (왕정파가 지칭한)나폴레옹 1세. — *a.* 횡령하는, 찬탈(침칭)하는, 침해하는.

usurpation [yzyrpasjɔ̃] *n.f.* 횡령; (왕위의)찬탈; 《법》(권리의)침해. ~ d'un titre nobiliaire 귀족칭호의 참칭.

usurpatoire [yzyrpatwaːr] *a.* 《법》 횡령(사기)의; 침해하는.

usurper [yzyrpe] *v.t.* (권력 따위를)부당하게 얻다, 빼앗다, 횡령하다; (왕위를)찬탈하다. ~ un pouvoir(des honneurs)권력(명예)을 부당하게 얻다. ~ le trône 왕위를 찬탈하다. ~ un titre d'ingénieur 기사의 자격을 사칭(詐稱)하다.
— *v.i.* 《문어》 [~ sur](을)침해하다(empiéter). ~ sur les droits de *qn* …의 권리를 침해하다.

U.T. (약자) Unité technique des chemins de fer 각 철도간의 기술 통일.

ut [yt] *n.m.* (복수불변)《음악》 C음; C장조 음계의 첫째 음, 도(do)음. clef d'~, C 음기호. en ~ mineur, C 단조의.

U.T.A. (약자) Unions des transports aériens 항공수송 연맹.

utéralgie [yteralʒi] *n.f.* 《의학》 자궁통(痛).

utérin(e) [yterɛ̃, -in] *a.* ① 《법》이부(異父) 형제(자매)의(↔ consanguin). sœur ~*e* 이부 자매. ② 《해부》 자궁의(에 관한). grossesse extra-~*e* 자궁외임신. fureur ~*e* 색광(色狂).
— *n.m.* 《인류》 모계; (*pl.*) 이부 형제자매(demi-frère, demi-sœur) 《…관계.

utérinité [yterinite] *n.f.* 《법》 이부 형제(자매)의 관계.

utéromanie [yterɔmani] *n.f.* (여자의)색광(色狂) (nymphomanie).

utéro-ovarien(ne) [yterɔɔvarjɛ̃, -ɛn] *a.* 《해부》 자궁과 난소의.

utéro-placentaire [yterɔplasɛ̃tɛːr] *a.* 《해부》 자궁과 태반(胎盤)의.

utéro-sacré(e) [yterɔsakre] *a.* 자궁과 선골(仙骨)에 관한. ligaments ~s 자궁과 선골 인대(靱帶).

utéroscope [yterɔskɔp] *n.m.* 《의학》 자궁경.

utéroscopie [yterɔskɔpi] *n.f.* 《의학》 자궁검사.

utérosténie [yterɔsteni] *n.f.* 《의학》 자궁 협착.

utéro-vaginal(ale), *pl.* **aux**) [yterɔvaʒinal, -o] *a.* 《해부》 자궁과 질(膣)의.

utérus [yterys] *n.m.* 《해부》 자궁.

‡**utile** [ytil] *a.* ① 쓸모있는, 유용한, 유익한(bon, profitable, ↔ inutile); (사람에게)도움이 되는; 필요한, 없어서는 안 될(indispensable, nécessaire). Cet outil est très ~. 이 연장은 매우 유용하다. ~s conseils 유익한 충고. dépenses ~s 필요한 지출. [~ à *qn*] Si je peux vous être ~ en quelque chose, dites-le-moi. 제가 만일 어떤 점에서 당신에게 도움이 될 수 있다면 말씀해 주십시오. En quoi cela peut-il lui être ~ ? 어떤 점에서 그것이 그에게 소용이 될까? livre ~ *aux* hommes 인간에게 유익한 책. [~ à *qc*] Ces notes sont ~s *à* la compréhension de l'œuvre. 이 주석은 작품의 이해에 유익하다. ② 유효한(efficace, valide, ↔ inefficace). jours ~s 《법》유효기간. travail ~ d'un moteur 《기계》모터의 유효 에너지. effet ~ 유효동력. charge(poids) ~ (차량의)유효적재량. puissance ~ 유효출력.

en temps ~ 알맞은 때에, 때늦지 않게; 《법》유효기간내에.

Il est ~ de+inf. ; **Il est ~ que**+sub. …하는 것은 유익하다.
~ à+inf. …하면[하여] 유익한. ouvrages ~s à consulter 참조하면 유익한 저서.
—*n.m.* 유용, 효용, 실리(utilité). À l'agréable l'~. (격언)오락에 유용(有用)을 (가미하라).

utilement [ytilmā] *ad.* 쓸모있게, 유익하게 (↔ inutilement); 유효하게, 효과적으로(bien). Pourrais-je ~ lui écrire? 그에게 편지를 해도 효과가 있을까요? être ~ colloqué 《법》 (채권자의 이름이) 판상순서(辨償順序)에 따라서 등록되다.

utilisable [ytilizabl] *a.* 이용[사용]할 수 있는, 쓸모 있는. ressources(matières) ~s 이용할 수 있는 자원[물자].

utilisateur(trice) [ytilizatœːr, -tris] *a.* [~ de] (을)이용[사용]하는. industries ~*trices du courant électrique* 전력 사용 산업. —*n.* (기계·기구 따위를) 이용[사용]하는 사람. ~s du gaz 가스 사용자. ~ d'un ordinateur 컴퓨터 사용자.

utilisation [ytilizɑsjɔ̃] *n.f.* 이용, 활용; 사용. ~ pacifique de l'énergie nucléaire 핵에너지의 평화적 이용. limiter l'~ du téléphone 전화 사용을 제한하다.

*****utiliser** [ytilize] *v.t.* 이용하다, 활용하다(exploiter, tirer parti); (se servir de, user de); 실행하다(pratiquer). Il *utilise* sa voiture pour aller à son travail. 그는 직장에 가는데 자기차를 이용한다. étroit espace bien *utilisé* 잘 활용된 좁은 공간. ~ l'énergie solaire pour la production d'électricité 태양에너지를 발전에 이용하다. Vous *utilisez* ce mot sans savoir ce qu'il veut dire. 당신은 그 말의 의미가 무엇인지도 모르면서 쓰시는군요.

utilitaire [ytilitɛːr] *a.* ① 실리를 목적으로 하는, 공리적인, 타산적인. calcul ~ 공리적인 계산, 타산. esprit ~ 실리적인 사람. ② 실용적인; 영업적인 art ~ 실용예술. véhicules ~s 영업차, (운반에 적합한)실용적인 차. ③ 《철학》공리주의의, 공리주의적인. morale ~ 공리주의적 윤리.

utilitairianisme [ytiliterjanism] *n.m.* 《철학》 = utilitarisme.

utilitairement [ytilitermā] *ad.* 공리[타산]적인 견지에서; 실용적으로.

utilitairien(ne) [ytiliterjɛ̃, -ɛn] *a, n.* 실리주의의 (사람); 공리주의의(사람).

utilitarisme [ytilitarism] *n.m.* 실리주의; 공리적인 정신; 《철학》공리주의(설).

utilitariste [ytilitarist] *a., n.* = utilitairien.

*****utilité** [ytilite] *n.f.* ① (기구·방법 따위의) 유용 (성), 유익; 이용, 사용, 용도; 《경제》효용; 유익한 것. ~ marginale 한계효용(限界效用). Il y a (de l')~ à+inf. …하는 것은 유익(유용)하다. Cette voiture m'est d'une grande ~. 이 차는 나에게 매우 유용하다. Quelle est l'~ de cet appareil? 이 기구의 용도는 무엇이냐? avoir son ~ 유효하다. n'être d'aucune ~ 아무 쓸모[소용]없다. sans ~ 쓸모없이, 무익하게. ② 실리(實利), 실익; 《법》공익(~ publique). pour mon ~ personnelle 나의 개인사정으로(편의상의 이유로). n'envisager que l'~ 실익밖에 생각하지 않다. ③ 《철학》(원리·가치로서의)공리, 효용, 합목적성(合目的性). morale de l'~ 공리주의 도덕. ④ (*pl.*) 《연극》조연, 단역(端役). jouer les ~s 단역을 맡다. ⑤ (*pl.*) 《기술》용역.

utopie [ytɔpi] *n.f.* ① (사회적·정치적)이상, 공상, 환상, 꿈(chimère, illusion). créer des ~s 공중누각(空中樓閣)을 그리다. L'égalité de tous les homme est une ~. 만민의 평등은 한낱 공상에 불과하다. ② 이상적인 정치체제, 이상국가(플라톤의 공화국 따위), 《영》이상향, 유토피아.

utopique [ytɔpik] *a.* (계획 따위가)공상적인(imaginaire); 실현시킬 수 없는(irréalisable). socialisme ~ 공상적 사회주의. = **utopiste.**

utopiste [ytɔpist] *n.* 공상가, 몽상가, 유토피아를 꿈꾸는 사람(rêveur); 공상적 사회주의자. —*a.* 공상적인, 유토피아를 꿈꾸는(utopique).

utraquiste [ytrakist] *n.m.* 《종교사》후스(Hus)의 종교학설 신봉자; 성체 양형색 배령론자(聖體兩形色拜領論者).

Utrecht [ytrɛk] *n.pr.m.* 《지리》유트레히트(네덜란드의 한 주, (그)주의 수도명). velours d'~ 유트레히트 벨벳(실내장식용).

utriculaire [ytrikylɛːr] 《식물》 *a.* 소낭(小囊) 모양의; 소포(小胞) 모양의; 소낭[소포·기포]이 있는. —*n.f.* 통발속(屬).

utriculari(ac)ées [ytrikylarj(as)e] *n.f.pl.* 통발과(科)(lentibulariacées).

utricule [ytrikyl] *n.m.* ① 《식물》(통발 따위의) 기포(氣胞); 포과(胞果). ② 《해부》(내이(內耳)의) 타원낭(橢圓囊). ~ prostatique 전립선소실(前立腺小室).

utriculé(e) [ytrikyle] *a.* = **utriculaire.**

utriculeux(se) [ytrikylø, -øːz] *a.* 《식물》소포[소낭]가 있는, 소포(소낭) 모양의.

utriforme [ytriform] *a.* 《식물》주머니 모양의, 낭상(囊狀)의.

U.V.¹ (약자)(rayons)ultraviolets 자외(선).

U.V.² (약자) unité de valeur (프랑스 대학교육의 취득) 단위.

uva [yva] *n.m.* 《식물》입상(粒狀) 과실.

uvaire [yvɛːr] 《식물》 *a.* 입상의, 잔알 모양의. —*n.m.* 번려지과(藩荔枝科).

uval(ale, *pl.* **aux)** [yval, -o] *a.* 포도에 관한. cure —*ale* 《의학》 (계절적)포도요법. station ~*ale* (결핵치료의)포도요양지.

uva-ursi [yvayrsi] *n.m.* 《식물·약》우바우르시(월귤나무 비슷한 식물, 잎은 이뇨제).

uvéal(ale, *pl.* **aux)** [yveal, -o] *a.* 《해부》포도막의.

uvée [yve] *n.f.* 《해부》포도막.

uvéite [yveit] *n.f.* 《의학》포도막염(炎).

uvette [yvɛt] *n.f.* 《식물》마황(麻黃).

U.V.F. (약자) Union vélocipédique de France 프랑스 자전거 연맹.

uvifère [yvifɛːr] *a.* 《식물》포도알이 열리는.

uviforme [yviform] *a.* 포도송이 모양의.

uviothérapie [yvjɔterapi] *n.f.* 《의학》자외선 요법.

uvula [yvyla] *n.f.* = **uvule.**

uvulaire [yvylɛːr] *a.* 《해부》현옹수(口蓋垂)의, 현옹수(懸雍垂)의, 목젖의; 《언어》구개수 진동음의. —*n.f.* ① 《식물》나리과(科)의 일종(관상용). ② 《언어》구개수음(音).

uvule [yvyl] *n.f.* 《해부》현옹수(懸雍垂), 목젖; 《언어》구개수(口蓋垂).

uvulite [yvylit] *n.f.* 《의학》현옹수염(炎).

uxoricide [yksɔrisid] *n.m.* 《드물게》아내 살해(자).

uxorilocal(ale, *pl.* **aux)** [yksɔrilɔkal, -o] *a.* 《인류》처가측(母側) 거주제의.

uxorien(ne) [yksɔrjɛ̃, -ɛn] *a.* 《드물게》아내에 관한. neveu ~ 처조카.

uxorieux(se) [yksɔrjø, -øːz] *a.* 《옛》엄처 시하의, 아내 앞에서 사족을 못 쓰는.

U.Y.F. (약자) Union des Yachts Français 프랑스 요트 연맹.

uzétien(ne) [yzetjɛ̃, -ɛn] *a.* 위제스(Uzès [yzɛs], 프랑스의 도시)의. —**U—** *n.* 위제스 사람.

V

V¹, v [ve] *n.m.* ① 프랑스 자모의 제 22 자. *V majuscule*; grand V 대문자 V. *v minuscule*; petit *v* 소문자 v. ② V 자 모양으로 된 것. en *V*, V 자 모양으로 된. moteur en *V*, V 자형 엔진. *V de la victoire* (2차대전 때 연합군이 집게손가락과 가운 뎃손가락을 벌려 표시했던)승리의 V 사인. ③ 로마수자의 5.

V² 《약자》① vent 《기상》바람. ② volt 《전기》볼트. ③ vanadium 《화학》바나듐.

v. 《약자》① voyez, voir …을 보라(참조하라). ② votre 당신의, 귀하의. ③ verset 《종교》(성서의) 절. ④ vitesse 《기계》속도. ⑤ volume 《물리》용적. ⑥ 《주식》vendez 팔라; vendeurs 파는 사람들. ⑦ violon 《음악》바이올린 (파트); volti 다음 페이지에 계속.

V1, V2 [veœ, vedø] *n.m.* 보복 무기 제 1호, 제 2호(1944년 독일군이 사용한 로켓탄).

v/. 《약자》val. 유가증권.

VA 《약자》voltampère 《전기》볼트암페어.

va [va] *aller*의 직설·현재·3·단수; 명령·2·단수. ━*int.* 자!; 좋아! 알았어! *Va pour 100 francs.* 100 프랑이면 됐어. *va donc* 《속어》말도 안 돼, 섬마. *Va donc, eh, menteur!* 말도 안 돼, 이 거짓말장이야.

‡**vacance** [vakɑ̃:s] (< *vacant*) *n.f.* ① 공석, (지위 따위의)빈자리, 결원; (보충해야할)직한 ել는 부서; 《문어》공허(감). ~ de succession 《법》상속인의 결여(缺如). ~ d'un siège d'académicien 아카데미 회원의 결여. Il y a deux ~s à remplir dans cette université. 이 대학에는 보충해야 할 (교수의)결원이 둘이 있다. assurer l'intérim pendant le temps de la ~ 공석기간중 대행(代行)하다. ② (pl.) 《학교》방학, 휴가(congé), 바캉스; (연중)휴가기, 휴식, 휴양(repos); (재판소의)휴정(休廷). grandes ~s 여름방학. ~s d'hiver 겨울방학. ~s de neige 겨울산에서 보낸 휴가. ~s de Noël(de Pâques) 크리스마스(부활절)휴가. colonie de ~s 임간학교, 임간학교. lieu de ~s 휴양지. *Bonnes ~s!* 즐거운 방학(휴가)을 보내기를! le dernier jour de ~s 방학(휴가)의 마지막 날. ~s parlementaires 의회의 휴회기간. avoir besoin de ~s 휴식을 취할 필요가 있다. se donner des ~s 휴양하다. partir en ~s 휴가를 떠나다. ③ 《문어》무위(無爲)(inoccupation).

vacancier(ère) [vakɑ̃sje, -ɛ:r] *a.* 휴가의, 휴가중의. séjour ~ 휴가중의 체류. ━*n.* 바캉스 여행자 《관광객》, 휴가 여행자, 피서객.

vacant(e) [vakɑ̃, -ɑ̃:t] *a.* ① (직위·부서 따위가)비어 있는; 공석의. poste ~ 비어 있는 부서. chaire ~*e* (강의 담당교수의)결원. ② (집·방 따위가)비어 있는(libre, ↔ occupé); 《법》소유주(자)가 없는 (disponible). chambre ~*e* 비어 있는 방. biens ~*s* 주인없는 재산. succession ~*e* 상속인이 없는 유산. ③ 《문어》정신 나간, 방심한. regarder d'un air ~ 방심한 표정으로 바라보다.

vacarme [vakarm] *n.m.* ① 소동, 소란, 야단법석 (↔ calme, silence). ~ d'enfer 굉장한 소란. faire du ~ 떠들어대다, 소란을 피우다. ② 소음(grand bruit). ~ *des klaxons* 클랙슨의 소음.

vacataire [vakatɛ:r] *a.* (일정기간의 계약에 의해)임시로 종사하는, 자유계약의. ━*n.m.* 자유계약자, 프리랜서. *Les ~s cherchent à être titularisés.* 임시직 근무자들은 정식 근무자가 되려고 애쓴다.

vacation [vakɑsjɔ̃] *n.f.* ① (변호사·공증인 따위의) 업무에 요하는 소요시간, 집무시간; (그 소요시간에 대한)사례금, 보수(honoraires); 경매. toucher de fortes ~*s* 막대한 사례금을 받다. ② (*pl.*)(재판소의)휴정기(休廷期). chambre des ~*s* (재판소의 휴정기의)임시 심의실. ③ 《엣》 직업.

vaccaire [vakɛ:r] *n.f.* 《식물》 말뱅이나물속(屬).

*****vaccin** [vaksɛ̃] 《의학》① 백신(예방액); 우두(牛痘), 종두; injection(inoculation) de ~ 백신주사(접종). ~ antirabique(contre la rage) 광견병 예방주사액. faire un ~ à un enfant 어린아이에게 우두접종을 시키다. ② 《구어》면역시켜 주는 것, 예방책. Il n'y a pas de ~ contre la paresse. 게으름에는 예방약이 없다. ━*a.* (위)의.

vaccinable [vaksinabl] *a.* 백신으로 예방할 수 있는, 종두할 수 있는. enfant ~ 백신접종을 할 수 있는 아이.

vaccinal(ale, pl. aux) [vaksinal, -o] *a.* 《의학》 백신에 관한, 우두의; 백신접종에 의한; 종두의. réactions ~*ales* 백신반응. complication ~*ale* 종두 합병증.

vaccinateur(trice) [vaksinatœ:r, -tris] *n.m.* 종두의사. ━*a.* 종두를 하는, 종두용의. médecin ~ 종두의사.

vaccination [vaksinɑsjɔ̃] *n.f.* 《의학》백신주사, 예방접종; 종두. ~ antidiphtérique 디프테리아 예방주사. ~ par injection(par la bouche) 주사(경구)접종. ~ préventive(immunisante) 예방주사(접종). ~ curative 백신 요법.

vaccine [vaksin] *n.f.* ① 《수의》 우두(창(瘡)); 《의학》접종된 우두. virus de la ~ 우두 바이러스. ② 종두반응. fausse ~ 자기접종.

vacciné(e) [vaksine] *a.p.* 《의학》종두를 한, 예방주사를 맞은; [~ contre](어떤 일에)된; 《구어》둔해진, 무감각해진. Il est ~ *contre* le tétanos. 그는 파상풍 예방주사를 맞았다. être ~ *contre* la calomnie 《구어》중상(中傷)에 대해 면역이 되다 〔무감각해지다〕. ━*n.* 종두를 한 사람, 예방주사를 맞은 사람.

vaccinelle [vaksinɛl] *n.f.* 《의학》가두(假痘)창, 자기접종(fausse vaccine, vaccinoïde).

*****vacciner** [vaksine] *v.t.* ① 《의학》예방접종(주사)을 놓다, 종두하다; (백신에 의하여)면역되게 하다 (immuniser). ~ un enfant contre la variole 어린아이에게 우두를 놓다. se faire ~ contre le typhus 티푸스 예방주사를 맞다. ② 《구어》면역이 되게 하다, 피하게 하다; (유혹에서부터)벗어나게 하다. *Je suis vacciné contre la peur.* 나는 무서움을 타지 않게 되었다.

vaccinide [vaksinid] *n.f.* 《의학》예방접종(주사)

vaccinier [vaksinje] n.m. =airelle.
vaccinifère [vaksinife:r] a. 《의학》 (어린아이나 소가) 두묘 (痘苗) 가 생겨난.
vaccinique [vaksinik] a. 《의학》 백신의; 두묘의.
vaccino- préf. 「백신·예방접종」의 뜻.
vaccinogène [vaksinɔʒɛn] a. 《의학》 (소나 어린아이가) 두묘가 생겨나는; 예방접종[주사]을 놓는. institut ~ 예방접종 연구소. station ~ 예방접종 [주사] 을 하는 곳.
vaccinoide [vaksinɔid] 《의학》 n.f. 가두(창).
—a. 가두창 모양의. réaction ~ 우두 유사반응.
vaccinostyle [vaksinɔstil] n.m. 《의학》 접종칼 [침] (lancette).
vaccinothérapie [vaksinɔterapi] n.f. 《의학》 백신 요법.
vachard(e) [vaʃa:r, -ard] a. 《속어》 짓궂은, 심술궂은 (méchant). plaisanterie ~e 짓궂은 농담. réflexion ~e 심술궂은 욕설. —n. 짓궂은 사람.
‡**vache** [vaʃ] n.f. ① 암소. traire les ~s 소의 젖을 짜다. ~ laitière 젖소. ~ à lait 젖소; (비유적) 모든 사람에게 이용당하는 사람. être sorcier comme une ~ 《구어》 멍청하다.
② (무두질한) 소가죽; (캠핑 때 물을 넣어두는) 가죽부대, 물주머니 (천으로 만든) (~ à eau); 《예》 (소가죽으로 만든) 여행용 가방. sac (chaussures) en ~ 소가죽 백[구두].
③ ~ marine 《동물》 해상(海象) (morse), 듀공 (dugon), 하마 (河馬).
④ 《구어》 짓궂은 [심술궂은] 사람, 냉혹한 사람 (peau de ~); (감탄사적) 나쁜 놈. Attention à cette belle [vieille] ~! 저 심술궂은 사람[심술장이 늙은이]을 조심하라! Ah! les ~s, ils m'ont encore trompé! 아이구! 나쁜 놈들아, 또 나를 속였구나! Ne fais pas la ~! 짓궂게 굴지 말아라!
⑤ 《예》 경찰관; 하수관 (gueule de ~). ~ à roulettes 자전거를 탄 경찰관.
⑥ 《예》 지나치게 뚱뚱한 여자; 《예·속어》 우유부단 [무기력한] 사람, 주착없는 사람, 게으른 사람; 매춘부.
à ~s (산이) 손쉽게 오를 수 있는. montagne [course] à ~s 쉽게 오를 수 있는 낮은 산 (등산 코스).
donner des coups [de pied] en ~ 《구어》 …을 배반하는 행동을 하다.
être grosse comme une ~ 매우 뚱뚱하다.
grand chemin des ~s 평탄하게 잘 다져진 길; 누구나 다 아는 당연한 것, 평범한 방법.
Il pleut comme ~ qui pisse. 《속어》 비가 몹시 쏟아진다.
manger de la ~ enragée 《구어》 (일시적으로) 궁핍한 생활을 하다.
(période de) ~s grasses [maigres] 풍요[궁핍]의 시대 (구약 창세기 41장).
pleurer comme une ~ 흐느껴 울다.
prendre la ~ et son veau 《속어》 남의 자식을 밴 여자와 결혼하다.
poil de ~ 《구어》 붉은 머리털.
queue de ~ 다갈색 (茶褐色).
une (un) ~ de qc 《속어》 대단한, 굉장한. une ~ de petite maison 멋들어진 작은 집.
Vieille ~! (경멸) 이 늙다리야!
—a. 《속어》 짓궂은, 심술궂은, 고약한 (méchant, ↔ gentil, indulgent); 《예》 무기력한 (mou, veule); (반어적) 멋진, 희한한, 굉장한 (《구어》 beau, épatant). C'est ~ d'avoir fait cela. 그런 짓을 하다니 고약하다. Je me sens un peu moins ~. (건강을 회복해서) 나른함을 덜 느낀다. une ~ gueuleton 굉장한 식사. Elle est toujours ~ avec moi. 그녀는 늘 내게 심술궂다.
vachement [vaʃmɑ̃] ad. 《구어》 매우, 엄청나게, 굉장하게 (beaucoup, rudement, très); 《예·구어》 짓궂게, 심술궂게, 혹독하게, Il pleut ~. 비가 몹시 온다. film ~ bien 끼가 막히게 좋은 영화.
vacher(ère) [vaʃe, -ɛ:r] n. 소치는 사람; (경멸) 시골뜨기. manières de ~ 촌뜨기 같은 태도.
vacherie [vaʃri] n.f. ① 《예·사투리》 소외양간; 낙농장. ② 《속어》 짓궂은 (치사한) 언행 (짓궂음); 더러운 것, 나쁜 일. dire des ~s 짓궂은 [상스러운] 말을 하다. Quelle ~ de temps! 날씨도 더럽군! ③ 《예》 무기력.
vacherin [vaʃrɛ̃] n.m. ① (사투리) 《농업》 프랑슈콩테(Franche-Comté, Gruyère의 이웃 지방)에서 나는 치즈, 그뤼에르 치즈. ② 《제과》 바슈랭 (생크림 케이크).
vachette [vaʃɛt] n.f. 암송아지; 암송아지 가죽. sac en ~ 암송아지 가죽 핸드백.
vaciet [vasjɛ] n.m. 《식물》 월귤나무 (의 열매) (airelle, myrtille 의 속칭).
vacillant(e) [vasijɑ̃, 《예》 -i(l)lɑ̃, -ɑ:t] a. ① (균형을 잃어서) 흔들리는, 비틀거리는 (chancelant, titubant, ↔ ferme); (등불·불길 따위가) 너울거리는, 가물거리는, 깜박거리는 (clignotant, tremblant). genoux ~s 후들거리는 무릎, flamme ~e d'une bougie 초의 가물거리는 불꽃. ② (정신·육체의 힘 따위가) 쇠약한, 쇠약해진 (défaillant); (마음·이성 따위가) 흔들리는; 우유부단한, 약해진. esprit ~ 우유부단한 사람. santé ~e 연약한 체질. foi ~e 흔들리는 신앙.
vacillation [vasijasjɔ̃, 《예》 -i(l)lɑ-] n.f. ① 흔들거림, 동요 (balancement, ↔ aplomb); (등불 따위의) 너울거림, 깜박거림, 명멸 (明滅). ~ d'une barque 배의 흔들림. ② 《문어》 (마음 따위의) 망설임, 주저, 우유부단 (flottement, indécision). ~ des témoignages 흔들리는 증언.
vacillatoire [vasijatwa:r, 《예》 vasi(l)latwa:r] a. ① 흔들리는, 동요하는, 망설이는. Rien de plus ~ que le cœur des jeunes filles. 소녀의 마음보다 더 변하기 쉬운 것은 아무것도 없다. ② (드물게) 진동성이 있는.
vacillement [vasij(il)mɑ̃] n.m. 흔들림; (마음 따위의) 주저, 망설임 (vacillation).
vaciller [vasije, 《예》 -i(l)le] v.i. ① 흔들거리다; 동요하다; (발·다리 따위가) 떨리다 (trembler), 후들거리다, 비틀거리다 (chanceler). caler une échelle qui vacille 흔들리는 사다리를 고정시키다. Michel est si fatigué qu'il vacille sur ses jambes. 미셸은 너무 피곤해서 다리가 후들거린다. ② (불꽃 따위가) 흔들리다, 너울거리다; (불빛 따위가) 가물거리다, 깜박거리다, 명멸하다 (trembloter). bougie (lumière) qui vacille 깜박거리는 촛불(불빛). ③ (의지·결심 따위가) 흔들리다, 망설이다, 주저하다 (hésiter); (마음 따위가) 약해지다 (s'affaiblir); 《예》 우유부단하다, 불확실하다. ~ dans ses réponses 대답이 불확실하다. ~ dans ses résolutions 결심이 서지 않다. mémoire qui vacille 아리송한 기억.
vacillité [vasi(l)lite] n.f. (드물게) 흔들거림, 깜박거림, 명멸; 변하기 쉬움, 불안정; (생각 따위의) 망설임, 주저. ~ d'un regard 흔들리는 시선. ~ d'une pensée 생각의 동요.
va-ci-va-là [vasivala] n.m. (복수불변) 무기력한 사람; 줏대 없는 사람.
vacive [vasi:v] n.f. =vassive.

va-comme-je-te-pousse [vakɔmʒətpus] *n.*《복수불변》《구어》무사태평한 사람.
à la ~ 〈기르는 법이〉거칠게; 〈글씨 쓰는 법이〉되는 대로인, 제멋대로인.
vacuisme [vakyism] *n.m.* 자연공허설(自然空虛說).
vacuiste [vakyist] *a.* 자연공허설에 관한. —*n.* 자연공허주의자.
vacuité [vakyite] *n.f.* 비어 있음; 공허; 허무. ~ de la place 텅 빈 광장. ~ d'une œuvre 작품의 무의미함. ~ éclatante de la vie de plage 해변생활의 엄청난 공허감.
vacuolaire [vakyɔlɛːr] *a.* 〖생물〗 공포(空胞)의; 〖지질〗 다공상(多孔狀)의. théorie ~ 공포설(空胞說). roche ~ 다공성(多孔性) 암석.
vacuole [vakyɔl] *n.f.* 〖생물〗 (세포의)공포, 액강 (液腔), 액포(液胞); 〖지질〗 (화산암의)소공(小孔), 기포(氣胞).
vacuolisation [vakyɔlizasjɔ̃] *n.f.* 공포화(空胞化). ~ des éléments d'un tissu vivant 살아있는 세포분자의 공포화.
vacuoliser [vakyɔlize] *v.t.* (세포를)공포화하다. —**se ~** *v.pr.* 공포로 바뀌다.
vacuome [vakyɔm] *n.m.* 〖생물〗 (세포내의)공포계(空胞系)(군(群)).
vacuomètre [vakyɔmɛtr] *n.m.* 〖물리〗 진공계(眞空計). ~ électronique 전리(電離) 진공계.
vacuum [vakyɔm] 《라틴》*n.m.* 진공(眞空).
vade [vad] *n.f.* (노름에서)처음에 거는 돈; 〖옛〗 밑천, 자본(금).
vade-in-pace [vadeinpase] 《라틴》*n.m.*《복수불변》(수도원의)금고실(禁錮室).
va-de-la-gueule [vadlagœl] *n.*《복수불변》① 《속어》식충이, 대식대음가(大食大飮家). ② 말만 많고 행동하지 않는 사람.
va-de-l'avant [vadlavɑ̃] *n.m.*《복수불변》《구어》적극적인 사람; 과감한 사람.
vade-mecum [vademekɔm] 《라틴》*n.m.*《복수불변》《문어》(휴대용의)책, 편람, 안내서, 총람; 휴대품.
vade retro (satana) [vaderetro(satana)] 《라틴》*int.* 사탄아 물러가라! ! (유혹·제안 따위를 물리치는 소리).
va-Dieu (à la) [aladvadjø] *loc. ad.* 무사태평하게, 안일하게.
Vadius [vadjys] *n.m.* 현학자(Molière 작 *Les femmes savantes* 속의 인물명).
vadrouillard(e) [vadrujaːr, -ard] *a., n.*《속어》(정처 없이)거닐기를 좋아하는(사람).
vadrouille [vadruj] *n.f.* ① 《구어》(정처 없는) 산책, 바람쐬기(promenade). ② 〖해양〗 (갑판용의)긴 자루달린 걸레. ③《속어》매춘부; 방탕(한 사람). **en ~** 산책중의. partir en ~ 바람쐬러 나가다.
vadrouiller [vadruje] *v.i.*《속어》할일 없이 (정처 없이)거닐다, 산책하다(se promener); 〖옛〗걸거나 〔나쁜 곳을〕쏘다니다; 여자와 놀아나다.
vadrouilleur(se) [vadrujœːr, -øːz] *a., n.*《속어》(정처 없이)거니는(사람), 산책하는(사람).
va-et-vient [vaevjɛ̃] *n.m.*《복수불변》① 왔다갔다 하기, 왕복운동, 상하운동, 진동(oscillation, balancement). ~ d'un piston 피스톤의 왕복운동. faire le ~ entre A et B, A와 B 사이를 왕복하다. ② (사람의)왕래. Il y a dans le couloir un ~ continuel. 복도에는 사람의 왕래가 그치지 않는다. ③ 교류(échange). ~ d'échanges culturels entre deux pays 양국간의 문화교류 활동. ④ (밧줄로 움직이는)나룻배; 〖해양〗 (배와 배, 배와 육지 사이를)건너지르는 밧줄(로프); 〖전기〗 이로(二路)

배선 (여러 곳의 전등이 동시에 꺼지거나 켜지는 장치). (circuit de ~). jeter un ~ à un navire échoué près de la côte 해안 가까이에서 좌초한 배에 연락 밧줄을 던져주다.
—*a.*《복수불변》porte ~ 회전문; commutateur ~ 〖전기〗이로 스위치.
vagabond(e) [vagabɔ̃, -ɔ̃ːd] *a.* ① 방랑하는, 유랑하는, 편력하는(nomade, errant); 방랑하기 좋아하는, 방랑벽이 있는. peuples ~s 유랑민. Il aime mener une vie ~e. 그는 방랑생활을 좋아한다. ② 절제없는, 제멋대로의(déréglé, débridé); 산만한, 상궤(常軌)를 벗어난, 들떠있는(désordonné, flottant). âme ~e 변덕스런 마음. imagination ~e (대상이 차례차례 변해가는)분방한 공상.
—*n.* 〖구어〗부랑자, 뜨내기, 떠돌이. ~s sans feu ni lieu 거처가 일정하지 않은 사람들. jeune ~ 〖법〗 부랑아(浮浪兒). ② 방랑자, 유랑자.
vagabondage [vagabɔ̃daːʒ] *n.m.* ① 방랑(벽), 유랑(벽)(course, errance); 부랑, 떠돌이, 방황. ② 〖법〗 부랑죄. ~ spécial 특별 부랑죄.
vagabonder [vagabɔ̃de] *v.i.* ① (정처·지향없이)떠돌아다니다, 방랑(유랑)하다(errer, vaguer). gens qui *vagabondent* sur les routes 노상을 배회하는 사람들. ② (생각이)들떠 있다, 갈피를 못 잡다; (한 곳에 정착하지 못하고)자주 옮겨가다. écrivain qui *vagabonde* de sujet en sujet 이것저것 주제를 바꾸는 작가.
vagant(e) [vagɑ̃, -ɑ̃ːt] *n.m.* 〖해양〗 난파선의 파편을 거두어 올리는 사람(막대기); 〖옛〗 난파선 약탈자. —*a.* 〖옛〗 방랑하는.
vagin [vaʒɛ̃] *n.m.* 〖해부〗 질(膣).
vaginal(ale, *pl.* **aux)** [vaʒinal, -o] 〖해부〗 *a.* 질의. muqueuse ~ale 질점막. —*n.f.* 음막(陰膜)(tunique ~ale).
vaginalite [vaʒinalit] *n.f.* 고환음막염.
vaginé(e) [vaʒine] *a.* 〖식물〗 엽초(葉鞘)로 싸여있는.
vaginiforme [vaʒinifɔrm] *a.* 칼집 모양의.
vaginisme [vaʒinism] *n.m.* 〖의학〗 질경련.
vaginite [vaʒinit] *n.f.* 〖의학〗 질염(膣炎).
vagino-péritonéal(ale, *pl.* **aux)** [vaʒinoperitoneal, -o] *a.* 질과 복막의(peritonéo-vaginal).
vagino-rectal(ale, *pl.* **aux)** [vaʒinorektal, -o] *a.* 질과 직장(直腸)의. fistule ~-~ale 질과 직장누관(瘻管).
vaginorragie [vaʒinɔraʒi] *n.f.* 〖의학〗 질출혈.
vaginoscopie [vaʒinɔskɔpi] *n.f.* 〖의학〗 질점검법(檢鏡法).
vagino-urétral(ale, *pl.* **aux)** [vaʒinoyretral, -o] *a.* 질과 요도의.
vagino-vésical(ale, *pl.* **aux)** [vaʒinovezikal, -o] *a.* 〖해부〗 질과 방광의.
vaginule [vaʒinyl] *n.f.* 〖식물〗 (이끼류의)자낭(子嚢)을 싸는 엽초(葉鞘).
vagir [vaʒiːr] *v.i.* (갓난아이가)울다, (짐승이)가냘프게 울다.
vagissant(e) [vaʒisɑ̃, -ɑ̃ːt] *a.* (갓난아이가)우는; (소리·외침이)약하고 슬픈 듯한, 가냘픈.
vagissement [vaʒismɑ̃] *n.m.* (갓난아이의)울음소리; (악어·토끼 따위의)울음소리.
vagolytique [vagɔlitik] *a.* 〖생리〗 미주신경(迷走神經) 억제의.
vagon [vagɔ̃] *n.m.* = **wagon.**
vagonnet [vagɔnɛ] *n.m.* = **wagonnet.**
vagotomie [vagɔtɔmi] *n.f.* 〖외과〗 미주신경(迷走神經)절단(술).
vagotonie [vagɔtɔni] *n.f.* 〖의학〗 미주신경 긴장

(증세); 부교감신경 긴장(증세).
vagotonique [vagotɔnik] *a.* 【생리】 미주신경 긴장(증세)의. —*n.* 미주신경 긴장증 환자.
vaguage [vaga:ʒ] *n.m.* 〖백아슴(麥芽汁)을〗위젓기.
***vague¹** [vag] *n.f.* ① 물결(onde); 파도(houle); 파랑(波浪), 파도(flot). grosses ~s 큰 파도. 〖시〗 déchaînées 노도(怒濤). bruit des ~s 파도 소리. ~ de fond 큰〔높은〕파도; (비유적)(세로 따위의 기억하기 힘든)주세, 대세. hauteur d'une ~ 높이. ~s au rivage 해소(海嘯). ② 물결 모양의 것, 파상(波狀); (빛·음파·열 따위의)전파. ~s d'applaudissements 노도와 같은 박수갈채. ~ de rire 웃음의 파도. ~ de chaleur[de froid] 〖기상〗 열파(열물결처럼)제저어 밀려오는 것. ~ d'immigrants 잇따른 이민의 물결. première ~ de départs 출발대 제 1진. assauts ~ par ~ 〖군사〗 파상공격. ④ nouvelle ~ 누벨바그(1960년 경부터 사용되어 예술에 있어서의 새로운 경향·세대를 가리킴). (형용사적) film *nouvelle* ~ 누벨바그의 영화. robe très *nouvelle* ~ 최신 모드의 드레스. ⑤ 〖건축〗 물결무늬(장식); (머리의)큰 웨이브. faire des ~s 물의을 일으키다, 충격을 던지다 (scandaliser, choquer).
***vague²** *a.* ① 명확하지 않은, 애매한, 모호한, 막연한(flou, voilé, ↔ précis); 희미한, 어렴풋한, 어슴푸레한(confus, obscur). en termes ~ 애매한 말로. expressions ~s 애매한 표현. promesse ~ 막연한 약속. couleur ~ 희미한 빛깔. ~ souvenir 아련한〔희미한〕 추억. ②(생각·감정 따위가)분명치 않은, 막연한(indéfinissable); 방심한 듯한, 멍한(distrait). inquiétude ~ 막연한 불안. être plongé dans de ~ pensées 걷잡을 수 없는 생각에 잠겨 있다. d'un air ~ 정신나간 듯한〔멍한〕모습으로. ③ (신발·의복 따위가)품이 넓은, 꼭 맞지 않은(↔ serré). manteau ~ (몸에 꼭 끼지 않는)여유 있는 외투. ④(항상 명사 앞에서)하잘 것, 대수롭지 않은(quelconque, insignifiant). ~ parent à moi 나의 먼 친척. Je me suis trouvé un ~ petit travail. 나는 하찮은 일감을 찾았다. ⑤ nerf ~ 〖해부〗 미주신경. ⑥〖옛〗헤매는. —*n.m.* 어정쩡함, 어중간함; 〖문어〗애매함, 막연함. s'abandonner au ~ de ses pensées 멍청하니 생각에 잠기다.
avoir du ~ à l'âme 음울한〔구슬픈〕심정이다. être dans le ~ 어떻게 할 바(생각할 바)를 모르다. rester dans le ~ 어정쩡한 상태이다, 태도(생각)가 분명치 않다.
***vague³** *a.* terrain ~ 공터; terres ~s 〖법〗 황무지. —*n.m.* 허공, 하늘; 〖옛〗공간. regarder dans le ~ 허공을 바라보다.
vaguelette [vaglɛt] *n.f.* 잔 물결, 잔잔한 파도.
vaguement [vagmɑ̃] *ad.* ① 막연하게, 애매하게, 어렴풋이(confusément). savoir [se rappeler] ~ 어렴풋이 알다〔생각나다〕. ② 약간, 약하게. Le temps s'améliore ~. 날씨가 약간 좋아졌다.
vaguemestre [vagmɛstr] 〖독일〗 *n.m.* 〖군사〗 병참장교; 우편물 취급 하사관.
***vaguer¹** [vage] *v.i.* ①〖문어〗방황하다, 헤매다. ~ au clair de la lune 달빛에 돌아다니다. ②(생각 따위가)(막연히)감돌다; (시선 따위가)이리저리 돌리다. laisser ~ son imagination [ses pensées] 가 염없는 공상〔생각〕에 잠기다.
vaguer² *v.t.* (맥아슴·엿기름을)젓다.
vaguesse [vagɛs] *n.f.* 〖미술〗막연함; 어렴풋한 색조.
vahiné [vaine] *n.f.* 타히티(*Tahiti*)의 여자; (타히티에서의)아내, 정부.

vaiçyâ[a [vɛsja] 〖산스크리트〗 *n.m.* 바이샤(인도의 사성(四姓)의 제 3계급).
vaigrage [vɛgra:ʒ] *n.m.* 〖선박〗 배의 내현(內舷)에 널판장을 둘러치기; (집합적)내부에 둘러친 널판장. ~ de fond 내판(內板).
vaigre [vɛgr] *n.f.* 〖선박〗 (배의 내현의)널판장.
vaigrer [vɛgre] *v.t.* 〖선박〗(널판장을)둘러치다.
vaillamment [vajamɑ̃] *ad.* 용감하게; 열심히.
vaillance [vaja:s] *n.f.* 〖문어〗용기, 용감, 용맹(courage); 굳셈, 꿋꿋함. faire preuve de ~ 용기 있음을 보여주다. avec ~ 용감하게.
vaillant(e) [vajɑ̃, -ɑ̃:t] (*valoir* 의 옛 현재분사형) *a.* ①〖문어〗(명사 앞)용감한, 용맹한(courageux, ↔ lâche). ~ combattant 용감한 투사. ②(명사 뒤)(역경에서)꿋꿋한, 굳센(↔ faible); (일 따위에)부지런한, 열심인(↔ paresseux). Elle s'est montrée ~ dans cette épreuve. 이 시련속에서 그녀는 꿋꿋했다. ③(명사 뒤)튼튼한, 건강한, 정정한. vieillard encore ~ 아직도 정정한 노인. Il est guéri, mais pas encore bien ~. 그는 병이 나았지만 아직 완전히 건강 상태는 아니다.
n'avoir pas[plus] un sou ~ 〖문어〗무일푼이다. —*n.m.* 〖옛〗재산, 현금. dépenser tout son ~ 전 재산을 탕진하다.
vaillantie [vajɑ̃ti] *n.f.* 〖식물〗 (지중해 연안의)꼭두서니과(科)의 한 종.
vaillantise [vajɑ̃ti:z] *n.f.* 〖옛〗용감한 행위.
vaill-e(s), -ent [vaj] ▷ *valoir*.
***vain(e)** [vɛ̃, -ɛn] *a.* ① 하잘것없는, 대수롭지 않은, 변변치 않은(insignifiant); 근거없는, 헛된, 꿈 같은(illusoire, chimérique, ↔ fondé); 공허한, 알맹이 없는. ~ mot 빈 말, 무의미한 말. ~ images 환상(幻像). ~e gloire 덧없는 영예. ~ espoir [vɛ-nɛspwa:r] 헛된 희망. ~e promesse 빈 약속. ② 쓸데없는, 무익한, 보람없는, 공연한(inutile, inefficace). de ~s efforts 쓸데없는 노력. discussion ~e 공론(空論). Il est ~ de + *inf.* ⋯하는 것은 무익한 [헛된] 것이다. ③〖문어〗잘난체하는, 허영심 많은, 자만하는, 거만한(vaniteux). [~ de ~] être ~ de ses richesses [de son esprit] 자기재산〔재치〕을 자랑삼다. ④〖옛〗빈, 비어있는. terres ~e et vagues 미개척지, 공한지. ~ tombeau 기념묘비 (죽은 사람을 기념해서 세우는 유해가 없는 묘)(cénotaphe). ~e pâture 〖법〗공동 방목권; 공동 방목지. ⑤〖옛〗(표현·문체 따위가)빛이 없는, 무기력한; 무능한; 천박한. ~ peuple 경박한 사람들.
en ~ 헛되이, 쓸데없이, 보람없이. mourir *en* ~ 헛되이 죽다. Je suis allé chez vous *en* ~. 당신 집에 갔으나 헛되었소. jurer[prendre le nom de] Dieu *en* ~ 함부로〔쓸데없이〕신의 이름으로 맹세하다〔서약하다〕.
vainc [vɛ̃] *vaincre* 의 직설·현재·3·단수.
***vaincre** [vɛ̃:kr] [49] *v.t.* ① 쳐부수다, 싸워서 이기다; 능가하다. ~ *qn* aux échecs 체스에서 ⋯을 이기다, 장기에서 ⋯보다 세다. ~ l'armée adverse 적군을 물리치다. ②(장애·어려움 따위를)극복하다, (고통·저항 따위를)이겨내다(triompher de); (감정 따위를)억제하다; (사람을)설복하다. ~ un obstacle 장애물을 이겨내다. ~ sa colère 분노를 참다. ~ une maladie 병을 이겨내다〔고치다〕. —*se* ~ *v.pr.* 자제하다; 극기하다.
vaincu(e) [vɛ̃ky] *a.p.* (경기·전쟁에서)진, 패배한, 정복당한(battu); 설복당한. s'avouer ~ 패배를 인정하다, 항복하다. armée (nation) ~e 패배군(패전국). difficultés ~es 극복된 난관. —*n.* 패자; 패배주의자. attitude de ~ 패배를 인정하는 듯한 태도, 패배주의적 태도.

vainement [vɛnmɑ̃] *ad.* 헛되이, 보람없이. Il a travaillé ~ et sans fruit. 그가 한 일은 보람도 성과도 없었다.

vainqu-e(s), -ent [vɛ̃:k] ⇨ vaincre.

***vainqueur** [vɛ̃kœ:r] *n.m.* ① (싸움·전쟁·경기의)승리자, 정복자(gagnant, champion). les ~s et les vaincus 승자와 패자. ~ aux points(par K.O.)[권투] 판정승(케이오승)을 거둔 선수. remettre la coupe(le prix) au ~ 우승자에게 컵(상)을 수여하다. ② (자연의 힘·난관을)극복한(이겨낸) 사람. ~ de l'Everest 에베레스트 산을 (최초로) 정복한 등산가.
— *a.m.* 승리를 거둔, 이겨서 의기양양한, 승리자의(triomphant, victorieux). air ~ (싸워 이겨서)의기양양한 모양 [여성명사일 경우 victorieuse: équipe *victorieuse* 우승팀].

vair [vɛ:r] *n.m.* ① (옛)은회색의 다람쥐 모피. pantoufle de ~ 다람쥐가죽 신 (신데렐라가 신었던 신; 작가 Perrault가 verre로 잘못 써서 유리구두로 오해됨). ② 〖문장〗 청백(青白)으로 종 모양을 교차시킨 무늬.

vairé(e) [vɛ[e]re] *a.* ① 은회색 모피가 달린; 청백색의. ② 〖문장〗 청백색이 교차된 무늬의.

vairon¹ [vɛrɔ̃] *n.m.* 〖어류〗 피라미의 일종.

vairon² *a.m.* ① (눈이)서로 다른 빛깔의; 서로 다른 빛깔의 눈의. ② (말·개 따위의 눈이)별무늬가 있는.

vair ②

vais [vɛ] aller 의 직설·현재·1·단수.

***vaisseau** [vɛso] (*pl.* **~x**) *n.m.* ① 〖해양〗 (상당한 크기의)배, 선박(bâtiment, navire). ~ de guerre 군함. ~-école 연습선. ~-hôpital 병원선. ~ marchand 상선. ~ spatial (cosmique) 우주선. ~ amiral 기함(旗艦). ~ fantôme 유령선. capitaine de ~ 해군대령. ② 〖건축〗 (큰 건물의)내부 공간; (교회 따위의)주열(柱列)로 나뉘어진 칸(nef). ③ 〖해부·생물〗 맥관(脈管), 물관(도관(導管)); 혈관(~ sanguin). ~x lymphatiques 림프관. ~x capillaires 모세관. ④ (침술 요법의)경혈(經穴), 경락(經絡). ⑤ (옛)그릇, 용기(容器). *brûler ses ~x* 배수진(背水陣)을 치다; 불퇴진의 결의로 임하다. ~ *de l'État* 국가의 경륜(經綸).

vaisselier [vɛsəlje] *n.m.* (시골풍의 소박한)식기장.

***vaisselle** [vɛsɛl] *n.f.* ① (집합적) 식기류 (특히 접시 종류); (식사 후)더럽혀진 식기; 식기를 씻기(닦기), 설겆이. marchand de ~ 도자기(陶器商). ~-plate 귀금속으로 만든 식기(은·금 그릇). eau de ~ 설겆이한 후의 더러운 물. faire la ~ 접시를 닦다, 설겆이 세하다. ~ d'or, d'argent. ~ de toilette 세면도구. ~ vinaire 포도 수확[포도주 양조]용 용구. *casser la ~* (속어)푸문을 일으키다. *s'envoyer la ~ à la tête* (구어)심하게 (맹렬히) 언쟁하다.

vaissellerie [vɛsɛlri] *n.f.* ① (집합적) 부엌세간, 주방 용구. ② 주방 용구 제조업.

val [val] (*pl.* ~*s*, *vaux* [vo]) *n.m.* 골짜기, 계곡 (지명·관용어·학술어 외에는 별로 쓰이지 않음). à ~ (문어)아래쪽으로, 아래로; 계곡 쪽으로. le V~ de Loire 루아르 강의 계곡.

val. (약자) valeur 〖상업〗 유가증권.

valable [valabl] *a.* ① 유효한, 효력이 있는. Le passeport n'est plus ~. 여권의 유효기간이 지났다. testament ~ (법적으로)유효한 유언. effets ~s 정당한 재산. billet ~ pour deux mois 두 달 동안 유효한 표. interlocuteur ~ (대표권이 있는)정식의 교섭 상대. ② 승인할 만한, 받아들일 수 있는, 타당한; 근거있는(acceptable, recevable). excuse ~ 납득이 가는 변명. motif ~ (납득이 갈 만한)정당한 동기. ③ 가치가 있는; 훌륭한(qualifié). C'est un garçon ~. 그는 유능한 청년이다.

valablement [valabləmɑ̃] *ad.* 유효하게; 타당하게, 정당하게. alléguer ~ que …이라고 정당하게 주장하다. répondre ~ 납득할 만한 대답을 하다.

valadée [valade] *n.f.* (비료를 주기 위해 파 놓은 포도나무들 사이의)도랑, 골.

valais [valɛ] *n.m.* 쥐라(Jura)의 포도묘목.

valaisan(e) [valɛzɑ̃, -an] *a.* 〖지리〗 발레(*le Valais*, 스위스의 서남부지방)의.
— **V**~ *n.* 발레 사람.

valanginien(ne) [valɑ̃ʒinjɛ, -ɛn] 〖지질〗 *a.* 백악층(白堊層)의. — *n.* (하부의)백악층.

valaque [valak] *a.* 발라키아(Valachie, 루마니아의 옛 공국)의. — **V**~ *n.* 발라키아 사람.

valat [vala] *n.m.* 〖농업〗 배수 도랑.

val. déc. (약자) valeur déclarée (세관에서의)신고 가격.

Val-de-Grâce [valdəgrɑ:s] *n.pr.m.* (파리의)육군 병원.

Val-de-Marne [valdəmarn] *n.pr.m.* 발드마른현.

valdinguer [valdɛ̃ge] *v.i.* (속어) 넘어지다, 쓰러지다(tomber).

valdisme [valdism] *n.m.* 〖종교사〗 발도(Valdo)파(派)의 교리 (12세기 말 Lyon 의 Valdo가 일으킨 청빈주의로서 이단시됨).

Val-d'Oise [valdwa:z] *n.pr.m.* 발두아즈현(縣).

valdotain(e) [valdɔtɛ̃, -ɛn] *a.* 아오스타(Aoste, 이탈리아의 옛 도시)의; 아오스타 계곡의.
— **V**~ *n.* 아오스타 사람.

valdrague [en] [avaldrag] *loc.ad.* 〖해양〗 급히 서둘러서, 혼잡스럽게, 엉망으로.

valençay [valɑ̃sɛ] *n.m.* (피라미드 모양의)염소젖 치즈의 일종.

Valence [valɑ̃:s] *n.pr.f.* 〖지리〗 ① 발랑스(프랑스의 도시). ② 발렌시아(에스파냐 남동부 지중해 연안 도시).

valence¹ [valɑ̃s] *n.f.* 발렌시아(Valence) 오렌지.

valence² *n.f.* ① 〖화학〗 원자가(價); 이온가(ionique). ② 〖심리〗 유발가, 유의성(誘意性)(사람을 끌거나 반발시키는 환경적 사항의 특성).

valence-gramme [valɑ̃sgram] (*pl.* ~-~**s**) *n.f.* 〖화학〗 원자가와 원자 질량과의 관계.

valencien(ne) [valɑ̃sjɛ̃, -ɛn] *a.* 발렌시아의.
— **V**~ *n.* 발렌시아 사람.

Valenciennes [valɑ̃sjɛn] *n.pr.f.* 〖지리〗 발랑시엔(프랑스의 도시). — **V**~ *n.f.* 발랑시엔 레이스 (처음에는 발랑시엔에서 현재는 벨기에에서 만들어지는 고급 레이스).

valendré(e) [valɑ̃dre] *a.* (유리·도자기 등이 고온에)뒤틀린.

valentiel(le) [valɑ̃sjɛl] *a.* 원자가의.

valentien(ne) [valɑ̃sjɛ̃, -ɛn] *a., n.* =**valencien**.

valentin [valɑ̃tɛ̃] *n.m.* 발랑탱 (전에는 발랑탱 첫째 일요일 축제 때 처녀들이 향후 1년간의 약혼자·애인·기사로서 선택한 청년; 현재는 영미의 2월 14일 발렌타인데이의 풍습으로 남아있음).

valentine [valɑ̃tin] *n.f.* valentin 을 골라잡는 처녀.

valentinianisme [valɑ̃tinjanism] *n.m.* 〖종교사〗 발렌티누스(Valentin)를 개조(開祖)로 하는 그노시스파(gnostique)의 교리.

valentinien(ne) [valɑ̃tinjɛ̃, -ɛn] 〖종교사〗 *a.* 그노시스파의. — *n.* 그노시스파의 신도.

valentinite [valɑ̃tinit] *n.f.* 〖광물〗 안티몬화(華).

valentinois(e) [valɑ̃tinwa, -a:z] 〖지리〗 *a.* 발랑스

valérate

(*Valence*)의. —**V**~ *n.* 발랑스 사람. —**V**~ *n.pr.m.* 발랑티누아(프랑스의 옛 주).

valérate [valerat], **valérianate** [valerjanat] *n.m.* 【화학】 길초산염(吉草酸塩).

valérian(ac)ées [valerjan(as)e] *n.f.pl.* 【식물】 마타리과(科).

valériane [valerjan] *n.f.* 【식물】 쥐오줌풀.

valérianelle [valerjanɛl] *n.f.* 【식물】 콘샐러드(마타리과(科)).

valérianique [valerjanik] *a.* =**valérique**.

valéricain(e) [valerikɛ̃, -ɛn] *a.* 생발르리쉬르솜 (*Saint-Valery-sur-Somme*, 프랑스의 도시)의. —**V**~ *n.* 생발르리쉬르솜 사람.

valéricais(e) [valerike, -ɛ:z] *a.* 생발르리앙코 (*Saint-Valery-en-Caux*, 프랑스의 도시)의. —**V**~ *n.* 생발르리앙코 사람.

valérique [valerik] *a.* 【화학】 길초(吉草)의. acide ~ 길초산.

valésien(ne) [valezjɛ̃, -ɛn] *n.* 【역사】 발루아가 (家)(*Valois*, 프랑스 왕가의 하나)의 사람(특히 앙리(*Henri*) 3세의 시신(侍臣)). —*a.* 발루아가의.

valet [valɛ] *n.m.* ① 사환, 종복; 고용인. ~ de chambre (호텔 따위의)객실 담당, 룸보이; 종. ~ de pied (제복을 입은)사용인; 시종. ~ de chiens (de meute) 사냥개 담당. ~ d'écurie 마굿간 담당. ~ de ferme (농사에 고용된)농업 노동자. ~ de bourreau 【옛】사형집행의 조수. ~ d'아부꾼, 추종자. ~s des gens au pouvoir 권력자의 추종자들. avoir l'âme d'un ~ 하인 근성을 지니다. ③ 【연극】하인(역)(~ de comédie). ④ (카드놀이의)잭. ⑤【옛】시종; (구체제하의)시종무관, 근시(近侍). ⑥ (남자용 다리 달린 의상걸이, 옷상자(~ de nuit); 도어 클로스(문이 자연히 닫히도록 장치된); (현미경의 슬라이드를 누르는)클립; (구형(球形)의 화학실험 기구 따위의)받침, 스탠드; ~ de serrage (공작기기의)쥠쇠.

Je suis votre ~. 【옛】이만 실례하겠읍니다(작별), 괜찮습니다(완곡한 거절·부인).

valetage [valta:ʒ] *n.m.* 【옛】① 종복(하인)의 일; 종노릇. ②(비유적) 비열한 행위, 아부.

valetaille [valta:j] *n.f.* (집합적) 하인들, 종복들; 추종꾼, 아첨꾼.

valeter [valte] [5] *v.i.* ①【옛】하인으로서 섬기다. ②【옛·구어】굽실거리다; 분주하게 심부름하러 돌아다니다; 아첨하다.

valétudinaire [valetydinɛːr] *a., n.* 《문어》병약한(사람), 허약한(사람).

valétudinarisme [valetydinarism] *n.m.* 병약, 허약.

valétudinarium [valetydinarjɔm] *n.m.* 【고대로마】 요양소; 야전병원.

:**valeur** [valœːr] *n.f.* ① 가치, 값어치; 가격(prix). estimer la ~ des antiquités 고미술품의 가치를 평가하다. estimer *qc* au-dessous(au-dessus) de sa ~ …을 과소(과대) 평가하다. avoir de la ~ 값어치가 있다. [prendre de la ~] Ce terrain *prend de la* ~. 이 땅은 값이 오른다. ~ ajoutée 부가가치. taxe à la ~ ajoutée 부가가치세(《약자》T.V.A.). ~ d'estimation 평가치. ~ en espèces 통화(화폐)가치. ~ nominale 액면(가). ② (사람의)가치; 능력, 재능; 유능한 사람. Je reconnais la ~ de Paul. 나는 폴의 가치[능력]를 인정한다. homme de ~ 유능한 인물. C'est une ~ 훌륭한 사람이다. ③ (*pl.*)(한 시대·한 사회의)가치, 가치기준; 【철학】가치. système de ~s 가치체계. effondrement des ~s 가치관의 붕괴. philosophies des ~s 가치철학. jugement de ~ 가치판단. ④ 중요성; 의미, 의의. attacher de la ~ à *qc* …을 중요시하다, 존중하다. ⑤ 유효성, 효력. ~ d'une méthode 방법의 유효성. ~ expressive d'un verbe 동사의 표현 효과. ⑥ (주로 *pl.*) 유가증권(~s mobilières), 주식; 어음, 자산, 재산. ~s cotées 상장주. ~s de père de famille 《구어》확실한 증권, 안전주. ~s en portefeuille (한 개인·한 법인의)보유증권, 지주(持株). ~s populaires 인기주. ~ au porteur 무기명증권. mettre des ~s en circulation 어음을 발행하다. escompte d'une ~ 어음의 할인. ~s immobilières 부동산. ⑦ 【수학】수치, 값(~ numérique). ~ absolue 절대값. ~ moyenne 평균값. ~ au seuil 최소값. ~ limite 극한값. unité de ~ 단위; (학생이 취득하는)학점 단위. ⑧ 【언어】가치. ~ (d'un signe) linguistique (대립에 의해서 생기는)언어(기호) 가치. ~ phonique 음가. ⑨ 【음악】(음부·휴지부의)박자수, 길이, 음가; 【회화】색(빛)의 강도, 명암(농도)의 정도. ⑩ 【카드놀이】(카드의)가치, 힘. ⑪【옛】용기, 용맹심(bravoure).

de (grande) ~ ⓐ 값비싼, 값어치가 있는; (책·영화·그림 따위가)꼭 보아야 할, 필독의. livre *de* ~ 귀중한 책; 필독서. ⓑ 우수한, 유능한(valable). acteur *de* ~ 명배우.

la ~ *de* 대략, 약. *la* ~ *d'une cuillerée* 약 한 숟가락의 분량. Ajoutez *la* ~ *d'un litre d'eau*. 물 1리터 가량을 보태시오.

mettre qc en ~ ⓐ 활용하다, 이용하다. *mettre un capital en* ~ 재산을 활용하다, 증식하다. *mettre un terrain en* ~ 황무지를 개척하다. *mettre ses idées en* ~ 자신의 아이디어를 살리다(활용하다). ⓑ 부각시키다; 강조하다(mettre en relief). *mettre en* ~ *un monument* 기념물을 부각시키다(돋보이게 하다). *mot mis en* ~ *dans une phrase* 문장속에서 강조된 말(※mettre 동사가 명사화되어:mise en ~ de *qc* …의 개발, 활용; 강조).

sans ~ 무가치한, 쓸모없는, 사문화(死文化)된. décret *sans* ~ 사문화된 법령.

valeureusement [valœrøzmɑ̃] *ad.* 《드물게》용감하게(bravement).

valeureux(se) [valœrø, -øːz] *a.* 《문어》용감한.

valgue [valg] *n.m.* 【곤충】 풍뎅이과(科)의 곤충.

valgus [valgys] (《라틴》*n.m., a.* (불변) 【의학】외반증(外反足)(의).

vali [vali] *n.* 【역사】 터키의 도사.

validation [validasjɔ̃] *n.f.* 법률적으로 유효하게 함, 법적 유효성의 선언(인증(認證)).

valide [valid] *a.* ① 건강한, 건장한, 원기(기운) 있는(gaillard, robuste). ② 유효한, 통용되는(valable). mariage (contrat) ~ 정당한(정식) 결혼(계약). ③ 【심리】(검사가)타당한.

validé [valide] *n.f.* 【역사】 (오스만 터키제국의)황태후.

validement [validmɑ̃] *ad.* 【법】유효하게, 정식으로, 합법적으로.

valider [valide] *v.t.* (법률을)유효하게 하다; 유효로 인정하다. élection *validée* 유효로 인정된 선거.

validité [validite] *n.f.* ① (법)유효성, 효력; 유효기간(durée de ~). établir la ~ d'un testament 유언장의 유효성을 인정하다. ② 【심리】(검사의)타당성; 【논리】논리적 타당성.

valine [valin] *n.f.* 【생화학】 발린(필수 아미노산의 하나).

valise [valiːz] *n.f.* ① 손가방, 여행용 가방. bourrer une ~ 가방을 (짐으로) 채우다. ~ diplomatique 외교행랑(行囊) 《외교 문서로 갇추되어 세관 검사 이 면제됨》. faire ses[les] ~s 《여행준비를 위해》 짐을 꾸리다. boucler sa ~ 《비유적》여행준비를 끝내다. ②《옛》(안장 뒤에 달린)가죽 주머니.
valisnère [valisnɛːr] *n.f.* 《식물》=**vallisnérie**.
valisolétain(e) [valizɔletɛ̃, -ɛn] *a.* 바야돌리드 (*Valladolid*, 에스파냐의 도시)의. —**V**~ *n.* 바야돌리드 사람.
Valkyrie [valkiri] *n.f.* =**Walkyrie**.
vallaire [va(l)lɛːr] *a.* couronne ~ 《고대로마》 적 진에 맨 처음 쳐들어간 병사에게 주던 관.
vallécule [va(l)lekyl] *n.f.* 《식물》 미나리과(科) 식물의 열매의 홈.
valléculé(e) [va(l)lekyle] *a.* 《식물》 vallécule 이 있는.
***vallée** [vale] *n.f.* ① 골짜기, 계곡. descendre dans la ~ 계곡에 내려가다. ~ jeune 유년곡. ~ sèche [morte] 물이 마른 계곡. ② 유역(bassin), 《산악지방의》 하(下)지역. ~ de la Loire[du Nil] 로아르[나일] 강 유역. hommes de la ~ 저지대 사람들. ③ 《종교》 ~ de larmes[de misère] 눈물[비참]의 계곡(이 세상·현세); ~ de Josaphat(du Cédron) 요사파트(케드론)의 계곡(최후의 심판에서 죽은 자가 부활하는 곳으로 전해지는 계곡). ④ 《광산의》사갱(斜坑).
valleuse [valøːz] *n.f.* 《지리》 (노르망디 코(*Caux*) 지방 특유의)해안 절벽을 이루는 작은 계곡.
vallisnérie [valisneri] *n.f.* 《식물》 나사말속(屬).
valloirien(ne) [valwarjɛ̃, -ɛn] *a.* 생발리에(*Saint-vallier*, 프랑스의 도시) (사람)의. —**V**~ *n.* 생발리에 사람.
***vallon** [valɔ̃] 《이탈리아》 *n.m.* 작은 골짜기, 소계곡. sacré ~ 《신화》 시신(詩神) Muses 가 살았다는 파르나스(*Parnasse*) 산의 골짜기; 시(詩).
vallonée [valɔne] *n.f.* =**vélanède**.
vallonné(e) [valɔne] *a.* vallon [골짜기]이 많은.
vallonnement [valɔnmɑ̃] *n.m.* 산과 계곡이 많은 지형, 기복이 심한 지형; 《정원 따위의》 기복.
vallonner [valɔne] *v.t.* 《침식 따위가 대지》작은 계곡을 만들다. —**se** ~ *v.pr.* 《대지가》작은 계곡이 많은 지형이 되다, 기복이 심해지다.
vallum [va(l)lɔm] 《고대로마》 *n.m.* 목책을 둘러친 진영(보루), 《야영지 둘레에 친》 목책.
valoche [valɔʃ] *n.f.* 《속어》 =**valise**.
:valoir [valwaːr] [64] *v.i.* ① (의)값이다, 값이 나가다. Combien *vaut* cela? 이것은 (값이) 얼마입니까 ? ~ cent francs le kilo 1 킬로에 100 프랑이다. Ça *vaut* cher, cette robe. 이 드레스는 비싸다. ② 《사물에 대해》 이용[사용]가치가 있다, 유효하다. tissu qui ne *vaut* rien 아무 쓸모도 없는 천. argument qui ne *vaut* rien 아무 가치[설득력]도 없는 논의. Que *vaut* ce médicament? 이 약은 어떤 효능이 있습니까? ③ 《사람에 대해》 능력[재능]이 있다, 유능하다; 도움이 되다, 쓸모가 있다. Vous ne savez pas ce que vous *valez*. 당신은 자신의 능력을 모르십니다. Cet acteur ne *vaut* rien. 이 배우는 형편없다. ④ (의)값을 하다; (할 만한) 값어치[이유]가 있다 (mériter). ~ *qc*/*que* + *sub.* 1 Ce beau jardin vaut bien un détour(*que* l'on fasse un détour). 이 아름다운 공원은 돌아볼 값어치가 있다. ⑤ (에)상당하다, 비길 만하다(équivaloir). Un kilo *vaut* mille grammes. 1 킬로는 1,000 그램이다. Ainsi réparée, ma vieille voiture en *vaut* une neuve. 이렇게 고쳐 놓고 보니 내 고물차도 새 차 같은데. L'un *vaut* l'autre. 막상막하이다. Cela *vaut* fait. 그것은 된 것이나 다름없다. ⑥ (주어는 사람) 《만큼의》재산[수입]이 있다. Il *vaut* des milliards de francs. 그는 수십 억 프랑의 재산을 가지고 있다. ⑦ [~ pour] (에) 해당되다, 관계가 있다. Ce conseil *vaut* aussi *pour* vous. 이 충고는 당신에게도 해당됩니다.
à ~ (*sur*) …의 선금으로서, 계약금조로. verser un acompte *à* ~ *sur* l'achat de *qc* …을 사기 위해 선금을 치르다.
Ça ne vaut pas tripette[*un clou*]. 《구어》그것은 아무런 가치도 없다.
Ça vaut le coup. 그것은 해볼만한 가치가 있다.
Ça vaut mieux que + inf. [*que de* + *inf.*] 《구어》…보다[하는 것보다] 더 낫다. *Ça vaut mieux que* la pluie. 비가 오는 것보다 이게 낫다.
Cela vaut de l'or[*son pesant d'or*]. 그것은 대단히 가치가 있다.
faire ~@ ① 돋보이게 하다; 강조하다. robe qui *fait* ~ les formes 몸매를 돋보이게 하는 드레스. *faire* ~ *que* …임을 강조하다. ⓑ 활동[이용]하다, 발전시키다. *faire* ~ ses capitaux 자산을 운영하여 증식하다. *faire* ~ un terrain 토지를 개발하다. ⓒ (권리 따위를)행사하다. *faire* ~ ses droits 권리를 행사하다. ① (과장하여)칭찬하다. *faire* ~ les mérites de *qn* …의 공적을 칭찬하다. *se faire* ~ 자신을 돋보이게 하다, 자화자찬하다.
Il vaut (*vaudrait*) *mieux* + *inf.* (*que* + *sub.*) …하는 편이 좋다. *Il vaudrait mieux que* vous restiez à la maison. 당신은 집에 있는 편이 좋을지도 모른다. 《비꼬급》 *ll vaut mieux* se taire que (de) parler inutilement. 쓸데없이 수다를 피우는 것보다는 입을 다물고 있는 편이 좋다. 《변형되어》 *Mieux vaut* perdre sa fortune que son honneur. 명예를 잃는 것보다는 재산을 잃는 편이 좋다.
ne rien ~ @ 아무런 값어치도 없다. ⓑ *ne rien* ~ *pour* …에 유해하다; 건강에 나쁘다. Le froid *ne vaut rien pour* les rhumatismes. 추위는 류머티스에 나쁘다.
rien qui vaille 《부정형으로》신통한 일이라고는 아무것도. Il ne fait *rien qui vaille*. 그는 신통한 일이라고는 아무것도 하지 않는다.
vaille que vaille 어떻든 간에, 하여간에, 그럭저럭 (tant bien que mal). *Vaille que vaille*, j'ai été reçu au concours. 그럭저럭 시험에 합격했다.
—*v.t.* [~ *qc* à *qn*] (을) (에게) 가져오다, 가져다 주다(procurer)(과거분사는 목적보어에 일치함). Ce travail lui *a valu* bien de fatigues. 이 일은 그에게 많은 피로를 가져다 주었다. [~ à *qn* *de* + *inf.*] Cette œuvre lui *a valu* d'être connu du public. 이 작품으로 그는 사람들에게 알려지게 되었다.
—**se** ~ *v.pr.* (서로)값지기가 같다, 우열이 없다, 같은 정도이다. deux voitures qui *se valent* 서로 엇비슷한 두 자동차. *Ça se vaut*. 《구어》비슷하다, 피차 별 차이가 없다.
Valois [valwa] *n.pr.* les ~; maison des ~ 《역사》 발루아 왕조(1328–1589).
valon (à) [avalɔ̃] *loc.ad.* 흘러가는 대로, 《비유적》 저항하지 않고.
valorem (ad) [advalɔrɛm] 《라틴》 *loc.a.* droits *ad* ~ 종가세(從價稅).
valorimètre [valɔrimɛtr] *n.m.* 양가계(量價計).
valorisant(e) [valɔrizɑ̃, -ɑ̃ːt] *a.* 가치[명가]를 높이는. étalage ~ des marchandises 상품을 돋보이게 하는 진열.
valorisation [valɔrizasjɔ̃] *n.f.* ① 더 높은 가치를

춤, 중시; 활용. ~ d'une région sous-développé 저개발 지역의 중시. (사람에 대하여) ~ d'une personne âgée 노령자를 중시하기. ② 〖경제〗 (값이 내린 상품이나 주권 따위의) 가격유지[안정] (조치). ~ des récoltes de café 수확한 커피의 가격유지.③〖철학·심리〗(더 큰)가치의 부여.

valoriser [valɔrize] *v.t.* ① (에게) 더 높은 가치(평가)를 주다. Ces modifications *valorisent* les modèles existants. 이 변경은 기존 모델의 가치를 높인다. Cette réussite l'a *valorisé*. 이 성공으로 그는 더 인정받게 되었다. ② 〖경제〗가격을 유지하다(안정시키다). (하락된 물가·주식 상장 따위를)끌어올리다. ③〖철학·심리〗(에)가치를 부여하다; 〖수학〗(변수에) 수치를 주다.
—*se* ~ *v.pr.* 자신의 가치(평가)를 높이다.

valse [vals] *n.f.* ① 〖음악·무용〗왈츠; 원무곡. viennoise 비엔나 왈츠(빠른 회전 왈츠). ~ lente 보스턴 왈츠. ~ musette 대중 왈츠. ~s de Chopin 쇼팽의 왈츠곡. ②〖구어〗(행정 부서의)빈번한 인사이동; (물가의)급등. ~ des ministres 각료의 빈번한 경질. ~ des étiquettes 소매물가의 급등.

valse-hésitation [valsezitɑsjɔ̃] (*pl.* ~*s*-~*s*) *n.f.* 우유부단, 주저.

valser [valse] *v.i.* ① 왈츠를 추다. ~ à trois temps 3박자 왈츠를 추다. ②(주어는 사물)돌다, 흔들리다. ③〖구어〗내던져지다, 쫓겨나다. Il est allé ~ sur le trottoir. 그는 보도에 내던져졌다.
envoyer ~ *qn*〖구어〗(고용인 따위를)해고하다, 쫓아내다(congédier).
faire ~ *l'argent* (*les billets*, *les millions*, *les écus*) 〖구어〗돈을 물쓰듯이 쓰다.
faire ~ *qn*〖구어〗…을 다른 부서로 보내다.
faire ~ *les chiffres* 의심스러운 수자를 연달아[마구] 인용하다.
se faire ~ *la vaisselle* (부부싸움 따위에서) 그릇을 서로 던지다.
—*v.t.* (춤을)추다.

valseur(*se*) [valsœːr, -øːz] *a., n.* 왈츠를 추는[줄 아는](사람). —*n.f.pl.* 〖은어〗불알(testicules).

valu(*e¹*) [valy] valoir의 과거분사.

value² *n.f.* 〖옛〗가격(복합어로 다음 말에만 사용). plus - ~ 증가(增價). moins - ~ 감가(減價).

valvacé(*e*) [valvase] *a.* 〖식물〗(과실 따위가)성숙기에 열리지 않는.

valvaire [valvɛːr] *a.* ① 〖기술〗판(瓣)의, 밸브의. fermeture ~ 밸브 폐쇄. ②〖식물〗(열개과(裂開果)의)판의, 삭편(蒴片)의; (미는)문 모양의. ③〖동물〗각패류(殼貝類)의 각판의.

valve [valv] *n.f.* ①〖기계〗판(瓣), 밸브; (타이어의)튜브 밸브. ~ de pneumatique). ~ rotative 회전 밸브. ~ d'arrêt 조임 밸브. ②〖동물〗패각(貝殼); 판(裂開果)의; 〖식물〗규조류(硅藻類)의 배각(背殼). ③〖해부〗판막. ~ cardiaque 심장판막. ~ à bille 인공판막. ④〖외과〗(조직을 넓히는 데 쓰는)(외과용)갈고리, 구자(鉤子). ⑤〖전기〗전자관(管). ⑥〖문어〗미는 문(battant).

valvé(*e*) [valve] *a.* ①〖식물〗문 모양의, 평열(平列)형의(겹치지 않고 평면으로 잇대어 놓인); 열개과가 판으로 되어, 삭편이 있는. ②〖동물〗패각류.

valviforme [valviform] *a.* 판 모양의, ~이 있는.

valvulaire [valvylɛːr] *a.* 〖해부〗(작은 판(瓣)의 [이] 있는), 판막의. insuffisance ~ 판 폐쇄부전(증). greffe ~ 판 이식. maladie ~ du cœur 심장판막증.

valvule [valvyl] *n.f.* ①〖해부〗작은 판, 판막. veineuse 정맥판. ②〖식물〗(열개화)작은 판, 이 은 삭편. ③〖기계〗칸막이 판, 제수판(制水瓣).

valvulé(*e*) [valvyle] *a.* 〖해부〗작은 판이 있는.

valvulectomie [valvylɛktɔmi] *n.f.* 〖의학〗판막 절제(술).

valvulite [valvylit] *n.f.* 〖의학〗판막염.

valvuloplastie [valvylɔplasti] *n.f.* 〖의학〗(심장의)판막 교정(술).

valvulotomie [valvylɔtɔmi] *n.f.* 〖의학〗(심장협착증의)심장판막 절개(술).

vamp [vɑ̃p] 〖영〗*n.f.* 요부, 탕녀; 뱀프.

vamper [vɑ̃pe] *v.t.* 〖구어〗(남자를)유혹하다.

vampire [vɑ̃piːr] *n.m.* ① 흡혈귀. ② 살인마; 무덤을 파헤치는 광인; (약랄한)착취자. ③〖동물〗(중앙·남아메리카산의)흡혈박쥐(류).

vampirique [vɑ̃piːrik] *a.* 〖문어〗흡혈귀의(같은).

vampirisme [vɑ̃piːrism] *n.m.* ① 탐욕, 물욕; (비유적)(약랄한)착취. ②〖정신의학〗사체도착, 시간증(屍姦症). ③〖옛〗흡혈귀의 짓, 흡혈귀 미신.

van¹ [vɑ̃] *n.m.* 키(箕). passer au ~ 키로 까부르다.

van² 〖영〗*n.m.* (경마 말을 운송하는)유개화차; 밴.

vanadate [vanadat] *n.m.* 〖화학〗바나딘산염.

vanadié(*e*) [vanadje] *a.* 〖화학〗바나딘을 함유한. composé ~ 바나딘 화합물.

vanadifère [vanadifɛːr] *a.* 〖화학〗(암석 따위가)바나딘을 함유한.

vanadinite [vanadinit] *n.f.* 〖광물〗갈연광(褐鉛鑛).

vanadique [vanadik] *a.* acide ~ 〖화학〗바나딘산(酸).

vanadium [vanadjɔm] *n.m.* 〖화학〗바나딘, 바나듐. acier au ~ 바나듐 강철.

Van Allen [vanalɛn] *n.pr.* 〖물리〗ceinture de ~ 반알렌대(帶), 방사선대; radiations de ~ 반알렌대의 방사(발견자의 이름에서 유래).

vanda [vɑ̃da] *n.m.*, **vande** [vɑ̃ːd] *n.f.* 〖식물〗비취란속(翡翠蘭屬)의 일종.

vandale [vɑ̃dal] *n.m.* ① (V~)〖역사〗반달 사람 (고대 게르만의 한 부족). ②(예술품·자연미 따위의)파괴자. —*a.*〖구어〗(예술품·자연미 따위의)파괴를 즐기는, 난폭한.

vandalique [vɑ̃dalik] *a.* 반달 사람의.

vandalisme [vɑ̃dalism] *n.m.* 예술·문화의 파괴.

vandellie [vɑ̃de(l)li] *n.f.* 〖식물〗반델리아속(屬) (현삼과).

vandoise [vɑ̃dwaːz] *n.f.* 〖어류〗황어.

vanel [vanɛl] *n.m.* 송어잡이 그물.

vanesse [vanɛs] *n.f.* 〖곤충〗큰멋쟁이나비.

vanillal [vanjal] *n.m.* =**vanilline**.

vanille [vanij] *n.f.* ① 〖식물〗바닐라속(屬). ② 바닐라 열매. gousse de ~ 바닐라의 열매. glace à la ~ 바닐라 아이스크림.

vanillé(*e*) [vanije] *a.* 〖요리〗바닐라의 향을 가한.

vanillerie [vanijri] *n.f.* 바닐라(를 재배하는) 밭.

vanillier [vanije] *n.m.* 〖식물〗바닐라나무.

vanillière [vanijɛːr] *n.f.* 바닐라나무밭.

vanilline [vanilin] *n.f.* 〖화학〗바닐린(바닐라 열매 따위에 함유된 방향 무색의 화학물질).

vanillique(*e*) [vanijine] *a.* 바닐린으로 향미를 돋군.

vanillisme [vanijism] *n.m.* 〖의학〗바닐라중독, 바닐라중독증.

vanillon [vanijɔ̃] *n.m.* 〖식물〗(서인도제도산의) 바닐라의 변종(變種).

vanisé(*e*) [vanize] *a.* (면사와 견사·양모·나일론 따위의)혼방(混紡)의. —*n.m.* 혼방제품.

***vanité** [vanite] *n.f.* ① 자만, 허영심, 자랑, 거만 (orgueil, prétention, ↔ modestie). flatter la ~ de *qn* …의 허영심에 영합하다. tirer ~ de *qc* …을 자랑하다. blesser *qn* dans sa ~ …의 자존심을 상하

게 하다. par ~ 허영심에서. sans ~ 자랑은 아니지만. ② 《문어》헛됨, 공허, 덧없음, 허무(néant, vide). Tout est ~. 모든 것은 허무하다.

vaniteusement [vanitɸzmɑ̃] *ad.* 으쓱대며, 허영심을 가지고, 건방지게.

vaniteux(se) [vanitɸ, -ɸːz] *a.* 허영심이 많은, 으쓱대는, 거드름을 피우는(orgueilleux, ↔ modeste). être ~ comme un paon 몹시 허영심이 강하다. —*n.* 허영심이 많은 사람, 젠체하는 사람.

vanity-case [vaniti(e)kɛz]《미영》*n.m.* (휴대용)화장품 케이스.

vannage¹ [vanaːʒ] *n.m.* (곡물의)키질.

vannage² *n.m.* (수문 따위의)제수(制水)장치; 수문의 설치 장소, 판(瓣)장치.

vanne¹ [van] *n.f.* ① (수문의)개폐문, 댐(의(방수)비)탈면. ~ de barrage 상하 개폐식 수문. ~ de décharge[de passe] 유량조절문, 방수문(放水門). ② (도수관(導水管)·수문의 제수판(制水瓣), 간막이 판, 제수판(制水瓣). ③ (*pl.*)《사냥》(맹금류의)큰 날개 (vanneaux).
ouvrir les ~*s* ⓐ 수문을 열다; 《구어》줄곧 지껄여대다. ⓑ *ouvrir les* ~*s à ses reproches* 그로 하여금 실컷 비난을 퍼붓게 하다.

vanne² *n.m.*[*f.*]《속어》불쾌한(가시 돋친) 말; 욕지거리. lancer des ~s 가시 돋친 말을 하다.

vanné(e) [vane] *a.p.* ① (곡물이 키로)까불어진, 정미된. ②《구어》몹시 지친.

vanneau [vano] (*pl.* ~*x*) *n.m.* ①《조류》댕기물떼새. ② (*pl.*)《사냥》(맹금류의)큰 날개.

vannée [vane] *n.f.* =**vannure**.

vannelle [vanɛl] *n.f.* (소형의)수문, (댐의)방수면 (放水面); (수도관(水道管)의)제수판(制水瓣), 간막이판.

vannellerie [vanɛlri] *n.f.* 《토목》(수문이 많이 있는)저수용 댐.

vanner¹ [vane] *v.t.* ① 키로 까부르다, 키질하다. ②《구어》녹초가 되게 하다. ③《요리》(소스 따위를)잘 젓다.

vanner² *v.t.* (수문에)문짝을 달다; (수도관 따위에)간막이판을 설치하다.

vannerie [vanri] *n.f.* ① 광주리 엮는 법. ② 광주리 제품.

vannet [vanɛ] *n.m.* ①《어업》(밀물 때 바닷가에 치는)그물. ②《고어》조가비 무늬.

vannetais(e) [vantɛ, -ɛːz] *a.* 반(Vannes, 프랑스의 도시)의. —**V~** *n.* 반 사람. [키.

vannette [vanɛt] *n.f.* (사료용 밀을 까부르는)작은

vanneur(se) [vanœːr, -ɸːz]《농업》*n.* 키질을 하는 사람. —*n.f.* 키(tarare).

vannier [vanje] *n.m.* 광주리 장수(만드는 사람).

vannoir [vanwaːr] *n.m.* (편 제조용 낫속줄의)갈음질 판.

vannure [vanyːr] *n.f.* (곡물의)겨, 까끄라기.

vantail (*pl. aux*) [vɑ̃taj, -o] *n.m.* (출입문·창 따위의)문, 여는 부분(battant). porte à deux ~*aux* 양쪽으로 여는 문, 접는 문.

vantard(e) [vɑ̃taːr, -ard] *a, n.* 허풍을 떠는(사람), 자랑만 하는(사람).

vantarderie [vɑ̃tard(ə)ri] *n.f.* 허풍떠는 소리, 으쓱대는 이야기, 큰소리.

vantardise [vɑ̃tardiːz] *n.f.* 자만, 허풍, 호언장담.

vantelle [vɑ̃tɛl] *n.f.* =**vannelle**.

vantellerie [vɑ̃tɛlri] *n.f.* =**vannellerie**.

vanter [vɑ̃te] *v.t.* 칭찬하다, 찬양하다(célébrer, exalter). ~ les mérites de qn …의 재능[공로]을 칭찬하다.
—*se* ~ *v.pr.* ① [se ~ de qn/de+*inf.*] (을)자랑하다, 자만하다(se targuer). *se* ~ *de* sa naissance 자기의 가문을 자랑하다. *se* ~ *d'avoir réussi à un examen* 시험에 합격한 것을 뽐내다. Il n'y a pas de quoi *se* ~. 자랑할 것이 없다, 자랑할 것이 못된다. ② [se ~ de+*inf.*] (할 수가 있다고)자부하다 (se flatter). *Il se vante de gagner cette course.* 그는 이 경주에서 이긴다고 자부하고 있다.
ne pas s'en ~; *ne pas se* ~ *de qc* 《구어》(자기의 실수나 과실을)말하지 않다, 시치미 떼다. *sans me* ~ 내 자랑은 아니지만.

vanterie [vɑ̃tri] *n.f.* 《옛》자만, 자기자랑; 자랑하는 말, 허풍(vantardise).

vanterne [vɑ̃tɛrn] *n.f.* 《속어》창문.

vanteur [vɑ̃tœːr] *n.m.* 《옛·문어》뽐내는 사람, 자랑하는 사람.

vantiler [vɑ̃tile] *v.t.* 판자 울타리를 둘러쳐 물의 흐름을 막다.

va-nu-pieds [vanypje] *n.* (복수불변)《경멸》거지, 부랑자(gueux). avoir l'air d'un ~ 몰골이 지저분하다, 더럽다.

vap.《약기》vapeur 증기; 기선.

vape [vap] *n.f.* 《속어》(충격·약품 따위에 의해 정신이)흐리멍덩함.

***vapeur¹** [vapœːr] *n.f.* ① 증기. machine à ~ 증기기관. bain à ~ 증기욕(탕). ~ saturante 포화증기. ② (대기 중의)수증기, 김, 안개. La cuisine est pleine de ~. 부엌은 김으로 가득 차있다. Le village était enveloppé par les ~s matinales. 마을은 아침안개로 싸여있었다. ③ 《옛》우울, 흥분, 초조; (옛)(생리적인)히스테리, 울화, 짜증. Elle avait des ~s ce jour-là. 그녀는 그 날 기분이 언짢았다. ~*s de l'ivresse* 술이 취한 상태. ④ 《옛》(고체·액체 따위의)발산하는 기체 (향기·연기·가스 따위). ⑤ 《문어》덧없음, 환영(幻影).
à tout ~ 전속력으로.
à voile et à ~ 《성적으로》능수능란하다.
faire qc à la ~ 《구어》…을 재빨리 처리하다.
navire sous ~ 진행중의 배.
renverser la ~ ⓐ (정지·역진을 위해)(증기)기관을 역회전시키다. ⓑ 방향전환하다.

vapeur² *n.m.* 기선(bateau à ~).

vapocraquage [vapokrakaːʒ] *n.m.* (석유의)수증기 분해.

vapocraquer [vapokrake] *v.t.* (석유의)수증기를 분해시키다.

vapocraqueur [vapokrakœːr] *n.m.* (석유의)수증기 분해(기).

vapométallurgie [vapometalyrʒi] *n.f.* 《기술》증류에 의한 세철(細鐵)침전물 획득(술).

vaporarium [vaporarjom] *n.m.* (온천장의)천연증기욕실.

vaporeusement [vaporɸzmɑ̃] *ad.* 《드물게》흐릿하게, 어렴풋이; (옷차림 따위가)홀가분하게.

vaporeux(se) [vaporɸ, -ɸːz] *a.* ① (피륙이)얇고 가벼운, (옷차림이)홀가분한, (머리칼이)너울너울한. ② 《옛》흐릿한, 어렴풋한, 모호한, 안개낀 (nébuleux, obscur). ciel ~ 흐릿한 하늘. ③ lointain ~ 《회화》흐릿한 원경(遠景).

vaporimètre [vaporimɛtr] *n.m.* 증기 압력계 (증기와 압력을 잼).

vaporisable [vaporizabl] *a.* 기화(氣化)할 수 있는, 증발할 수 있는.

vaporisage [vaporizaːʒ] *n.m.* 《직물》증기쐬기, 증기로 쬐기.

vaporisateur [vaporizatœːr] *n.m.* ① 소형 분무기, 향수 뿌리개(~ à parfum). ② 《공업》증발기 (器), 기화기.

vaporisation [vaporizɑsjɔ̃] *n.f.* ① 증발, 기화(évaporation). ② 분무(pulvérisation).
vaporiser [vaporize] *v.t.* ① 증발(기화)시키다; 분무하다; (구어)향수를 뿌리다. La chaleur *vaporise* l'eau. 열이 물을 증발시킨다. ~ un liquide insecticide 살충액을 뿌리다. ~ un(du) parfum 향수를 뿌리다. ② 《직물》(피륙에)증기를 쐬다; 찌다. ③《문어》흐리게 하다.
—**se** ~ *v.pr.* ① 증발(기화)하다. liquide qui *se vaporise* à cent degrés 100°에 기화되는 액체. ② 자기 몸에 향수를 뿌리다.
vaporiseur [vaporizœːr] *n.m.* =**vaporisateur**.
vaporiste [vaporist] *n.m.* (증기 기관차)기관사.
vaquer [vake] *v.i.* ① 쉬다; 휴회(휴교·휴정)하다. En France, les classes *vaquent* le mercredi après-midi. 프랑스에서는 수요일 오후에는 (국민학교의) 수업이 없다. ②《옛》(자리가)비어 있다;《문어》휴가중이다, 쉬고 있다.
—*v.t.ind.* [~ à] ①…에 종사하다; …에 열심이다. Elle *vaque aux* soins du ménage. 그녀는 가사를 돌보는 데 열심이다. ②《옛》…을 보살피다, 돌보다.
vaquero [vakero]《에스파냐》*n.m.* (소치는)목동.
var [vaːr] (< *volt ampère réactif*) *n.m.* 《전기》바르 (무효전력의 단위).
vara [vara]《에스파냐》*n.f.* 《옛》바라(길이의 단위로 에스파냐에서는 0.835 미터, 포르투갈에서는 1.10 미터) (vare).
varactor [varaktɔːr]《영》*n.m.* 《전자》반도체 다이오드 저항기.
varaigne [varεɲ] *n.f.* (염전의)해수를 들이는 수문.
varan [varɑ̃] *n.m.* 《동물》(북아프리카 지방의)큰 도마뱀(류).
varander [varɑ̃de] *v.t.* (소금물에 절인 청어 따위를 독에 담기 전에)돌을 달다.
varangue¹ [varɑ̃ːg] *n.f.* 《해양》뱃바닥 마루널, 늑판(肋板).
varangue² 《포르투갈》*n.f.*《옛》(옛 프랑스 식민지에서 사용된)베란다(véranda).
varappe [varap] *n.f.* 《등산》암벽 등반.
varappée [varape] *n.f.* 《등산》암벽 등반대.
varapper [varape] *v.i.* 암벽을 올라가다.
varappeur(se) [varapœːr, -øːz] *n.m.* 암벽 등반자.
vare [vaːr] *n.f.* =**vara**. ((rochassier).
varech [varεk] *n.m.* ① (표류해온)해조(海藻). 《식물》갈조류(의 통칭) (pheophycees).
varenne [varεn] *n.f.* 《사투리》(프랑스 서부·중앙 산악지대의)비옥한 토지; (옛날의)금렵구(禁猟區).
vareuse [varøːz] *n.f.* (평상복·스포츠 자켓 따위의)넉넉한 상의; 《해양》(수병의)저고리, (선원의) 작업복; 점퍼.
varheure [varœːr] *n.m.* 《전기》바르 시(時)(무효전력의 시간 적분치의 단위).
varheuremètre [varœrmεtr] *n.m.* 《전기》바르계(計) (무효전력을 바르 단위로 측정하는 계기).
vari [vari] *n.m.* 《동물》(마다가스카르산의)여우원숭이.
varia [varja] 《라틴》*n.m.pl.* 잡록집(雑録集); (신문 따위의)특집기사.
variabilité [varjabilite] *n.f.* ① 변하기 쉬움, 불안정함, 가변성. ~ du temps 기후의 불안정성. ② 《생물》변이능력, 변이도.
variable [varjabl] *a.* ① 변하기 쉬운, 불안정한. C'est un homme ~ dans ses opinions. 저 녀석은 변덕이 심하다. avoir une humeur ~ 변덕이 심한 성질이다; être d'une humeur ~ 변덕이 심한 성질이다. ②(상황 따위에 따라서)변화하는; 여러 가지의; 가변의. L'aug-mentation des salaires est ~ selon les individus. 급료 인상액수는 사람에 따라 다르다. capital ~ 가변자본. lentilles à focale ~ 가변초점렌즈, 줌렌즈. condenseur ~ 가변 콘덴서. ③《언어》(굴절이나 어미에 따라서)변화하는. mot ~ 변화어 (어미가 변한다). ④ grandeur(quantité) ~ 《수학》변량, étoile ~ 《천문》변광성.
—*n.f.* 《수학·논리》변수, 변량, 변항. ~ aléatoire (stochastique) 확률변수. ~ dépendante 종속변수. ~ indépendante 독립변수, 자변수; 설명변수 (~ explicative). ~ individuelle 개체변항 (변수). ~ *e* latente 잠재적 변량.
—*n.m.* 《기상》기후 불안정.
variablement [varjabləmɑ̃] *ad.* 《드물게》변하기 쉽게, 고르지 않게 (inégalement).
variance [varjɑ̃ːs] *n.f.* 《물리》분산량; 《통계》분산.
variant(e) [varjɑ̃, -ɑ̃ːt] *a.* 《드물게》변하기 쉬운.
—*n.f.* ① 이본(異本), 이문(異文); 같은 종류의 다른 것과 약간 다른 것, 이형(異形); 다른 말투·표현·발음의)표준과 다른 표현법. ~*e* d'un motif 《음악》어떤 주제의 변형. ②《언어》변이체, 변이형. ~*e* combinatoire (libre) 결합(자유) 변이체. ~*e* stylistique 문체론적 변이체. ③ (*pl.*)《사투리》아채의 초절임 (pickles).
variateur [varjatœːr] *n.m.* 《기계》변속기(장치).
variation [varjɑsjɔ̃] *n.f.* ① 변화; 변이, 변동. ~ de température 온도변화. ~ de prix 가격변동. ②《음악》변주(곡). ~*s* de Brahms 브람스의 변주곡. ③《생물》변이. ~ héréditaire 유전적 변이. ④《수학》변분, 변동(~ d'une fonction); 《통계》편차. calcul des ~*s* 변분법. principe de ~ 변분원리. ⑤ méthodes des ~*s* concomitantes 《논리》공변법, 반차법(伴差法)《귀납법의 하나》. ⑥《천문》2군차(二均差)《달의 운동 부등성(不等性)의 하나》; 《해양》(나침반 따위의)편차. ⑦《무용》바리아시옹《발레의 독무부분》.
variationnel(le) [varjasjonεl] *a.* 변화의.
varice [varis] *n.f.* 《의학》정맥류(静脈瘤).
varicelle [varisεl] *n.f.* 《의학》수두(水痘), 수포창(水疱瘡).
varicocèle [varikɔsεl] *n.f.* 《의학》정계 정맥류(精系静脈瘤).
*****varié(e)** [varje] *a.p.* ① 다양한, 다채로운. Dans les Alpes, le paysage est très ~. 알프스에서는 풍경이 다양하다. répertoire ~ 폭넓은 레파토리. vie ~*e* 파란만장한 인생. style ~ 다채로운 문체 (양식). terrain ~ 기복이 심한 토지. ② 가지각색의, 여러 가지의. fleurs aux couleurs ~*es* 가지각색의 꽃. réactions ~*es* 잡다한 반응. ③《음악》변주(부)를 가진. thème ~ 변주부가 있는 주제. ④《건축》(벽 따위가)여러 빛깔의 재료로 된. ⑤ hors-d'œuvre ~*s* 《요리》다양한 전채. ⑥《물리》mouvement ~ 비등속운동; mouvement uniformément ~ 등가속운동.
*****varier** [varje] *v.i.* ① 변하다, 변화하다, 다르다 (changer, différer). Les goûts *varient* selon l'âge (la culture) des gens. 사람의 취미는 사람들의 연령(교양)에 따라 다르다. ~ dans ses réponses 대답이 같지 않다 [모순되다]. ~ de méthode 방법을 바꾸다. ②의견·태도를 바꾸다, 마음(생각)이 달라지다; (여러 사람의)의견을 달리하다. ③《수학》(변수 따위가)갖가지 값을 취하다, 변화하다.
—*v.t.* ①(…에)변화를 주다, 다채롭게 하다. ~ son style 문체를 다채롭게 하다. ~ la sauce 소스에 변화를 주다; 《구어》제재를 바꾸다. pour ~ les plaisirs 즐거움에 변화를 주기 위해; (비꼼)보다

더 나쁜 것은. ② 《음악》 변주(변곡)하다.
—se ~ *v.pr.* 《옛》 분화하다.
variétal(ale, *pl.* **aux)** [varjetal, -o] *a.* 《학술》 변종 「의.
*****variété** [varjete] *n.f.* ① 변화가 풍부함, 다양성, 다채로움; 변화, 상이함. Les fromages français sont d'une extrême ~. 프랑스의 치즈는 무척 다양하다. Cet artiste manque de ~ dans le détail. 이 예술가는 세부적인 표현에 있어서 변화가 부족하다. ② 품종; 《학술》 변종. nouvelle ~ d'orange 오렌지의 변종. une ~ d'huître 굴의 일종. ③ (*pl.*) 버라이어티 쇼(spectacle de ~s); 경음악. disque de ~(s) 경음악 디스크. ④ (*pl.*) 잡록(雜錄)(mélange). recueil de ~s 잡록집. ⑤ 《수학》 다양체. ⑥ 《옛》 변화, 변동, 이행(移行).
varietur (ne) [nevarjety:r] 《라틴》 *loc.a., ad.* ⇨ne varietur.
variocoupleur [varjokuplœ:r] *n.m.* 《전기》 가변 유도결합기.
variolaire [varjɔlɛ:r] *a.* 《의학》 두창 같은 반점(斑點)이 있는.
variole [varjɔl] *n.f.* 《의학》 천연두, 두창(痘瘡). ~ des vaches 우두.
variolé(e) [varjɔle] *a.* 얽은, 곰보가 된. —*n.* 얽은 사람, 곰보.
variolette [varjɔlɛt] *n.f.* 가벼운 천연두.
varioleux(se) [varjɔlɸ, -ɸ:z] 《의학》 *a.* 천연두의 [에 관한]; 천연두에 걸린. —*n.* 천연두 환자.
varioliforme [varjɔlifɔrm] *a.* 《의학》 천연두 모양의.
variolique [varjɔlik] *a.* 《의학》 천연두의.
variolisation [varjɔlizasjɔ̃] *n.f.* 《의학》 우두[종두]접종.
variolite [varjɔlit] *n.f.* 《광물》 반점석.
varioloïde [varjɔlɔid] *n.f.* 《의학》 가두(假痘).
variolo-vaccin [varjɔlovaksɛ̃] *n.m.* 《의학》 인두묘(人痘苗).
variomètre [varjɔmɛtr] *n.m.* ① 《전기》 바리오미터. ② 《항공》 기압 측정기.
variorum [varjɔrɔm]《라틴》 *a.* 《불변》집주의, 여러 명의 주석자가 주를 단. édition ~ 집주본(集註本). —*n.m.* 집주본.
variqueux(se) [varikɸ, -ɸ:z] *a.* ① 《의학》 정맥류성(靜脈瘤性)의. ② 《패류》 나층(螺層)융기가 있는.
varistance [varistɑ̃s] *n.f.* 《전자》 바리스터(저항소자).
varlet [varlɛ] *n.m.* 《역사》 (봉건시대 영주에게 봉사하면서 무예를 닦던)귀족청년; 시동(valet).
varlopage [varlɔpa:ʒ] *n.m.* 대패질.
varlope [varlɔp] *n.f.* 큰 대패.
varloper [varlɔpe] *v.t.* (큰)대패질하다.
varlopeuse [varlɔpɸ:z] *n.f.* 대패질 기계.
varlot [varlo] *n.m.* 《속어》물건값만 묻고 사지 않는 사람.
varme [varm] *n.m.* 제련 가마의 송풍관 쪽.
varmètre [varmɛ:tr] *n.m.* 바르미터.
varoque [varɔk] *n.f.* 수레의 짐을 맨 밧줄을 죄는 탕개목.
varpie [varpje] *n.m.* 《농업》 보습의 귀에 씌우는 얇은 쇳조각.
varre [va:r] *n.f.* (거북을 잡는)작살.
varrer [vare] *v.t., v.i.* (거북을)작살로 찌르다; 작살로 고기를 잡다.
varretée [varte] *n.f.* (두 어망을 연결하는)연결끈.
varreur [varœ:r] *n.m.* (거북을 잡는)작살잡이.
var(r)on [varɔ̃] *n.m.* 《수의》 (쇠파리 유충에 의해 소의 피부에 생기는 종기의 자국); 쇠파리

유충.
var(r)onné(e) [varɔne] *a.* (소가 쇠가죽에)피부에 구멍이 뚫린, 바동병에 걸린.
varsoviana [varsɔvjana] *n.f.* 바르샤바 춤[무곡].
varsovien(ne) [varsɔvjɛ̃, -ɛn] *a.* 바르샤바의 (Varsovie, 폴란드의 수도)의. —**V**~ *n.* 바르샤바 사람. —*n.f.* =**varsoviana.**
vartigué [vartige] *int.* 《옛》망할 놈의 !
varus [varys]《라틴》 *a.* 《불변》 《의학》 (다리가)내반(內反)의, 안짱다리의. —*n.m.* 《복수불변》내반족(足)(↔valgus).
varve [varv] 《스웨덴》 *n.f.* 《지질》 바르브 연층(年層)《대빙하 이전의 줄무늬상(狀) 지층》.
vas[1] [va] ⇨**aller.**
vas[2] (*pl.* ***vasa***) [va:s, vaza]《라틴》 *n.m.* 《해부》 맥관(脈管); 혈관.
vasais [vazɛ] *n.m.* (염전의 개흙 침전용)못.
vasard(e) [vaza:r, -ard] *a.* 진흙이 많은. —*n.m.* 진흙 바다.
vasa-vasorum [vazavazɔrɔm] *n.m.pl.* 《해부》 세정(洗淨)혈관.
vasculaire [vaskylɛ:r] *a.* ① 《해부》 맥관의; 혈관의. système ~ 맥관(혈관)계. traumatisme ~ 혈관외상(外傷). ② 《식물》 유관속(維管束)의. plantes ~ s 유관속 식물류.
vascularisation [vaskylarizɑsjɔ̃] *n.f.* 《의학》 혈관신생(新生), 혈관화(化); (신체 각 부위・기관의)혈관 분포.
vascularisé(e) [vaskylarize] *a.* 《해부》 혈관이 있는, 혈관이 차지한[묶여 있는]. tissu richement ~ 혈관이 많은 조직.
vascularité [vaskylarite] *n.f.* 《해부・식물》 혈관의 배치; (조직 속에)풍관(도관)이 있음.
vasculeux(se) [vaskylɸ, -ɸ:z] *a.* =**vasculaire.**
vasculo-nerveux(se) [vaskylɔnɛrvɸ, -ɸ:z] *a.* 《해부》 혈관과 신경으로 이루어진.
*****vase**[1] [va:z] *n.m.* ① 단지, 항아리, 그릇《현대에는 예술적・역사적 가치가 되는 것에만 사용》. collection de ~s grecs 그리스 단지 수집. ② 꽃병(~ à fleurs); 요강(~ de nuit). ③ ~s sacrés 《가톨릭》 성스러운 기구《성배(calice), 성합(ciboire) 따위》. ④ 《일반적으로》용기, 담는 그릇. ⑤ ⓐ ~s communicants 《물리》 연통관(連通管). ⓑ ~ de Klein 《수학》 클라인의 도가니. ⓒ 《건축》(난간 모둥이 따위에 부착된)장식 단지. ⓓ 《원예》(튤립 따위의)단지형 화관; 단지형 전지(剪枝).
en ~ clos 들어박혀서, 외부와 연락을 끊고.
*****vase**[2] *n.f.* (물 밑의)진흙, 개흙, 수렁(boue).
vasé(e) [vaze] *a.* 진흙으로 더러워진.
vasectomie [vazɛktɔmi] *n.f.* 《의학》 정관절제(精管切除)(술).
vasectomiser [vazɛktɔmize] *v.t.* 정관을 절제하다.
vaseline [vazlin]《영》 *n.f.* 바셀린.
vaseliner [vazline] *v.t.* 바셀린을 칠하다[바르다].
vaselinome [vazlinɔm] *n.m.* (바셀린 주사 부작용에 의한)피하종양.
vaseusement [vazɸzmɑ̃] *ad.* 애매하게, 모호하게.
vaseux(se) [vazɸ, -ɸ:z] *a.* ① 《구어》 (머리 따위가)멍한; (몸이)나른한. ② 《구어》뜻모를, 애매한, 엉터리의. raisonnement ~ 애매한 이론. devoir ~ 엉터리 숙제. ③ 《드물게》진흙이 많은;《옛》진흙의. ④《옛》야비한, 비열한.
—*n.m.* (진흙 속에 사는 낚시 미끼용)벌레.
vasicole [vazikɔl] *a.* 《동물》 수렁 속에 사는.
vasier(ère) [vazje, -ɛ:r] *a.* 수렁의. bateau ~ 준설선(浚渫船). —*n.f.* ① (염전의 개흙 침전용)못

(vasais). ❷진창, 수렁. ❸홍합 양식장.
vasiforme [vazifɔrm] a. 그릇 모양의.
vasistas [vazista:s] n.m. (복수불변) (문·창위의)여닫는 작은 창.
vaso- préf. 「혈관」의 뜻.
vaso-constric*teur(trice*) [vazɔkɔstriktœ:r, -tris] (pl. ~-~**s**) a. 〖생리〗 혈관을 수축시키는. —n.m. 혈관 수축근.
vaso-constriction [vazɔkɔstriksjɔ̃] (pl. ~-~**s**) n.f. 〖생리〗 혈관 수축.
vaso-dilata*teur(trice*) [vazɔdilatatœ:r, -tris] a. 〖생리〗 혈관확장(성)의. —n.m. 혈관확장제.
vaso-dilatation [vazɔdilatasjɔ̃] (pl. ~-~**s**) n.f. 〖생리〗 혈관 확장.
vaso-mo*teur(trice*) [vazɔmɔtœ:r, -tris] (pl. ~-~**s**) a. 〖해부〗 혈관 운동의. nerfs ~**s** 혈관 운동 신경.
vason [vazɔ̃] n.m. (도기·기와 제조용)점토, 도토(陶土).
vasoplégie [vazɔpleʒi] n.f. (약물사용을 통한)혈관 확장.
vaso-presseur [vazɔprɛsœ:r] n.m. 〖의학〗 혈압 상승제.
vosopressine [vazɔpresin] n.f. 〖의학〗 바소프레신 (뇌하수체 후엽 호르몬의 하나로 동맥을 수축시켜 혈압을 높임).
vasotomie [vazɔtɔmi] n.f. 〖의학〗 정관절제수술(精管切除手術) (피임을 위한)정관 묶기.
vasouillage [vazuja:ʒ] n.m. 《구어》 머리가 멍함; (몸이)노곤 (나른)함.
vasouillard(e) [vazuja:r, -ard] a. 《구어》 ❶ 멍한, 갈피를 못잡는; 나른한. se sentir ~ 머리가 맑지 않다. ❷ 분명치 않은, 애매한. réponse ~e 애매모호한 대답.
vasouiller [vazuje] v.i. 《구어》 ❶ 망설이다, (일의) 진척이 안되다; 갈피를 못잡다. accouchement qui *vasouille* 난산. ❷ (사업 따위가)신통치 않다, 고전 (苦戰)하다.
vasque [vask] n.f. ❶ 분수의 수반(水盤). ~ de marbre 대리석 수반. ❷ (정원의)연못. ❸ (탁상장식용) (꽃꽂이)수반.
vassal(*ale, pl. aux*) [vasal, -o] n. ❶ (민족·기관에)예속된 사람. ❷ (봉건시대의)신하, 봉신(封臣) (봉건시대 봉토를 받은 영주). grands ~*aux* (왕에게 복종을 맹세한)봉건제후. —a. 봉신의; 예속된
vassalique [vasalik] a. 신하의, 봉신(封臣)의(신분에 관한).
vassalisation [vasalizasjɔ̃] n.f. 속국화; 《드물게》 예속.
vassaliser [vasalize] v.t. ❶ (주로 경제적으로)속국화하다; (시장 따위를)독점하다. ❷ 《드물게》 예속시키다.
vassalité [vasalite] n.f. ❶ 봉신(영주)의 신분; 봉건제도, ❷ 예속, 종속.
vasselage [vasla:ʒ] n.m. 봉신의 신분(vassalité). ~ actif 봉토권, ~ passif 영주로서의 의무.
vasseur [vasœ:r] n.m. (어떤 지역의)봉신(영주).
vassive [vasi:v] n.f. (새끼를 낳지 않은)두 살 짜리 암양(vacive).
vassiveau [vasivo] (pl. ~**x**) n.m. (사투리)두 살 이하의 새끼양.
vassole [vasɔl] n.f. 〖해양〗 (갑판 승강구의 창살 뚜껑을 끼우는)홈이 있는 틀.

vastadour [vastadu:r] n.m. 〖역사〗 폭약 또는 토목을 다루는 병사.
***vaste** [vast] a. ❶ 광대한, (한없이)넓은. ~**s** horizons 광대한 지평선. ~ désert 광활한 사막. ~ empire 대제국. ❷ 거대한, 장대한; 광범위한. ~ réseau de l'autoroute 광역 고속도로망. connaissances très ~**s** 해박한 지식. ~**s** ambitions 원대한 야망. ❸ (방 따위가)넓다 넓은, 낙낙한. ~ salle de bains 무척 넓은 욕실. ~ manteau 낙낙한 외투. ❹ 다수의; 대규모의. ~ assemblée d'étudiants 학생들의 대집회. ❺《구어》(농담 따위가)엉뚱한, 지독한, 지나친. C'est une ~ plaisanterie. 농담이 지나치다. ❻《俗》 터무니없이 큰, 지나치게 큰. —n.m. 〖해부〗 고근(股筋)(muscle ~).
vastement [vastəmɑ̃] ad. 《드물게》 광대하게, 널따랗게.
vastité [vastite], **vastitude** [vastityd] n.f. 《옛·문어》 광대, 광막; 광막한 넓이 (공간).
vastringue [vastrɛ̃:g] n.f. (수레바퀴·굽은 부분·둥근 부분을 깎는)대패.
Vatel [vatɛl] n.m. 《구어》 일류 요리사.
va-t-en-guerre [vatɑ̃gɛ:r] n.m., a.m. 《불변》 용감하게 기세만 돋구는(남자), 호전적인(남자).
vatères [vatɛ:r] n.m.pl. = **water-closet**.
vatérien(*ne*) [vaterjɛ̃, -ɛn] a. 〖의학〗 바테르 관(管)의 (*Vater*, 독일의 의사·해부학자).
Vatican [vatikɑ̃] n.m. 교황청. État de la cité du ~ 바티칸 시국(市國). concile du ~ 바티칸 공의회. les foudres du ~ 교회의 파문선고.
vaticane [vatikan] a.f. 바티칸 궁전(시국(市國) (*Vatican*))의. —**V**~ n.f. 바티칸 도서관(Bibliothèque ~).
vaticaniste [vatikanist] n. 바티칸 연구가(전문가).
vaticinant(e) [vatisinɑ̃, -ɑ̃:t] a. 예언하는, 예언의.
vaticina*teur(trice*) [vatisinatœ:r, -tris] n. 《문어》 (젠체하는)예언자, 점장이. —a. 예언자의; 예언자 같은. d'un ton ~ 예언자 같은 어조로; 위엄있게, 거드름 피우며.
vaticination [vatisinasjɔ̃] n.f. 《문어》 예언; (경멸) 거드름 피우는 예언, 신탁.
vaticiner [vatisine] v.i. 《문어》 ❶ (신탁인 것처럼) 미래를 예언하다; (경멸) 거드름 피우며 예언하다; 신의 분부를 내리다. ❷ 홀린 듯이 이야기하다.
va-tout [vatu] n.m. (복수불변) (카드놀이에서)있는 돈을 전부 걸기. faire ~ 있는 돈을 몽땅 걸다. *jouer son ~* 마지막 운을 시험하다, 막판 승부를 하다.
vau[1] [vo] (pl. ~**x**) n.m. 〖건축〗 (돔 건축의)건축재 (돔을 받치는 가벼운 천장과 목재).
vau[2] n.m. 헤브라이·페니키아 자모의 제 6자.
vaucherie [voʃeri] n.f. 〖식물〗 바닥말의 일종.
vauclusien(*ne*) [voklyzjɛ̃, -ɛn] a. ❶ 보클뤼즈 (*Vaucluse*, 프랑스의 지방)의. ❷ source ~ 지질 용출(湧出) 지하수 (Fontaine de Vaucluse 처럼 석회질의 단층 하부에 솟는 수량이 풍부한 샘). —**V**~ n. 보클뤼즈 사람.
vaucour [vuku:r] n.m. (도공(陶工)의)작업대.
vaucrer [vokre] v.i. 〖해양〗 정처없이 항해하다.
vaudaire [vodɛ:r] n.f. 발도파의 교리(교단).
vau-de-route (à) [avodrut] loc. ad. 〖옛〗 산산이 흩어져; (기운이)쇠하여. s'enfuir à ~ 지리멸렬하게 도망치다. s'en aller à ~ (기력이)쇠하다.
vaudeville [vodvil] n.m. ❶ 가벼운 희곡, 보드빌. ❷《옛》(18세기경의 노래와 춤이 섞인)무음극. ❸《옛》15세기경의 풍자적 노래.
vaudevillesque [vodvilɛsk] a. 가벼운 희곡풍의; 우스꽝스러운. situation ~ 희극적 상황.

vaudevillier(ère) [vodvilje, -ɛ:r] a. 통속 희극의.
vaudevilliste [vodvilist] n.m. 통속 희극 작가.
vaudevire [vodvi:r] n.m. 《옛》 =**vaudeville**③.
vaudois(e)[1] [vodwa, -a:z] a. 보.《Vaud, 스위스의 주 (州))의. ━V~ n. 보 사람.
vaudois(e)[2] n., a. 《종교》 발도파(의)《12세기 프랑스의 Pierre Valdo 가 제창한 엄격한 성서중심의 기독교 분파》.
vaudou [vodu] n.m. 부두교; 부두교의 신; 부두교도《서인도 제도 및 미국 남부 흑인 사이에 행해지는 가톨릭 교리와 주술적 요소가 합쳐진 신앙》.
vaudr-ai, -as, etc. [vo[o]dr-e, -a] ⇨**valoir**.
Vaugelas [voʒla] n.pr.m. 보줄라《프랑스의 문법학자》. **parler ~** 《옛》 정확한 프랑스 말을 하다.
vau-l'eau (à) [avolo] loc.ad. 《배 따위가》물결 따라. (s'en) aller à ~ 《계획 따위가》실패로 돌아가다; 《사업 따위가 줄곧》악화일로를 걷다.
vauréen(ne) [vɔreɛ̃, -ɛn] a. 라보르《Lavaur, 프랑스의 도시》의. ━V~ n. 라보르 사람.
vaurien(ne) [vorjɛ̃, -ɛn] n. ①《구어》장난꾸러기, 불량소년(소녀). ②《옛》 망나니, 건달. ━V~ n.m. 보리행형 요트《모노타입의 소형 요트》.
vaurienner [vorjɛ[e]ne] v.i. 망나니처럼 굴다《드물게》빈들빈들 놀다.
vauriennerie [vorjɛnri] n.f. 《드물게》 망나니 (건달) 의 행동《소행》.
vaut [vo] valoir 의 직설·현재·3·단수.
vautoir [votwa:r] n.m. 《직조》 (카펫의) 날실걸이.
vautour [votu:r] n.m. ①《조류》 독수리(류); 콘도르(류). ~ **moine** 검은 독수리. ②욕심장이; 《구어》고리대금업자, 지주. ③ 강경파, 매파. **ongle de ~**《옛》손자의 손.
vautrait [votrɛ] n.m. 《사냥》 한떼의 멧돼지 사냥 개.
vautre [vo:tr] n.m. 《사냥》 멧돼지 사냥개.
vautrement [votrəmɑ̃] n.m. (누워서) 딩굴기.
vautrer[1] [votre] v.t. (멧돼지를) 사냥개로 몰다.
vautrer[2] v.t. ~ **son corps** 돌아눕다.
━**se** ~ v.pr. ①딩굴다, 돌아눕다; 엎드리다. Un chien se vautre dans l'herbe. 개가 풀 위를 딩군다. ②(에)빠지다. se ~ **dans la vice** 악습에 빠지다.
vau-vent (à) [avovɑ̃] loc.ad. 《사냥》 뒷바람으로, chasser à ~ 뒷바람을 받으며 사냥하다.
Vauvert [vovɛ:r] n.m. **château de ~** 보베르성《파리 근교에 있는 성으로 악마가 산다는 전설이 있음》. **au diable ~**《구어》매우 멀리, 근접할 수 없는 곳에.
vaux[1] [vo] ⇨**valoir**.
vaux[2] val 의 복수.
vauxhall [voksal] 《영》 n.m. 《옛》 (무도회·음악회가 열리는)공원.
vavain [vavɛ̃] n.m. 《해양》 굵은 동아줄.
vavassal(pl. **aux**) [vavasal, -o], **vavasseur** [vavasœ:r] n.m. 《역사》(봉건시대의) 배신(陪臣).
vavasserie [vavasri], **vavassorie** [vavasɔri] n.f. 《역사》배신의 영지(領地).
va-vite (à la) [alavavit] loc.ad. 《구어》급히, 서둘러서; 황급히 (hâtivement). **question résolue à la ~** 급히 해결된 문제.
vayson(n)ier [vɛzɔnje] n.m. 거머리 넣는 그릇.
vayvode [vevod] n.m. =**voïvode**.
vayvodie [vevodi] n.f. =**voïvodie**.
V.B. 《약자》 Service de la voie et des bâtiments 선로 건조물 보전과.
v/c《약자》 votre compte 《상업》 귀하의 계산.
V.-C. 《약자》 Vice-consul 부영사(副領事).
V.-C.G. 《약자》 Vice-Consul-Général 부 총영사.
Vcte 《약자》 vicomte 자작(子爵).
Vctesse 《약자》 Vicomtesse 자작 부인.
V.D.Q.S. 《약자》 vin délimité de qualité supérieure 생산지 한정(生産地限定) 고급 포도주.
Ve《약자》 veuve 과부, 미망인.
vé[1] [ve] int. 저, 그런데《상대의 주의를 끌기 위해 사용되는 남프랑스의 사투리》.
vé[2] n.m. 《기계》V 자형 노기스《물체의 두께·구멍의 직경 따위를 재는 금속제의 자》.
***veau** [vo] (pl. ~**x**) n.m. ① (만 1세까지의) 송아지. ~ **de lait** 젖먹이 송아지. **pleurer comme un ~**《구어》 (송아지처럼) 엉엉 울다. ② 송아지 고기; 송아지 가죽. **livre relié en ~** 송아지 가죽 장정의 책. ③《구어》 멍청이, 게으름뱅이, 열간이; 《경주마의》둔마; (가속이 되지 않는) 고물 자동차. ④ ~ **marin** (**de mer**) 《동물》 바다표범《phoque 의 총칭》. ⑤ V~ **d'or** 황금 송아지《《출애굽기》; 금전·권력의 상징》. **adorer le V~ d'or** 금전을 숭배하다. **faire le ~** 《구어》 축 늘어지듯 드러눕다. **tuer le ~ gras** (가족환대회에서) 진수성찬을 차리다, 잔치를 벌이다《누가복음에서》.
veau-laq [volak] n.m. 부드러운 가죽《장갑·지갑 따위를 만드는》.
vécés [vese] n.m.pl. 《구어》 화장실《W.C. 의 발음에서》. **aller aux ~** 화장실에 가다.
vecteur [vɛktœ:r] n.m. ① 《수학》 벡터. **grandeur** (**direction**) **d'un ~** 벡터의 크기(방향). ②《생물》(병원체의) 매개 동물, 매개물. ③ 중계역을 하는 사람(물건); 《군사》 핵 운반 수단《미사일·폭격기·잠수함 따위》.
━a.m. **rayon** ━ 《천문》 동경(動徑); 《수학》 동경(위치) 벡터.
vectoriel(le) [vɛktɔrjɛl] a. 《수학》 벡터의. **produit ~** 벡터의 적(積).
vécu(e) [veky] (p.p. < **vivre**) a.p. ① 실제로 경험한, 체험한; (소설 따위가) 여실한, 박진(迫眞)의. **histoire ~e** 실화. **roman ~** 실화소설. **temps ~** 경험적 시간《객관적 시간에 대하여》. ② 생활한, 산, (시대가) 지나간, 과거가 된. **siècles ~s** 지난 세기들, 옛날. ━ n.m. 체험한 일.
Véda, Veda [veda] n.m. 《종교》 베다《인도 바라문교의 경전》.
védānta [vedɑ̃ta] 《산스크리트》 n.m. 《복수불변》 베단타 철학; 베다의 주해서.
védantin(e) [vedɑ̃tɛ̃, -in] 《산스크리트》 a. 베단타 철학의. ━ n. 베단타 철학자.
védantisme [vedɑ̃tism] n.m. 베단타 철학.
védantiste [vedɑ̃tist] a.,n. =**védantin**.
védasse [vedas] n.f. 《화학》 대청염(大青塩)《염료》.
vedettariat [vədetarja] n.m. 스타의 지위, 스타덤; 스타일로 채하기.
vedette [v[u]det] n.f. ① 주역, 간판배우; 스타 (étoile, star). ~**s de la scène** (**du cinéma**) 연극의 인기배우 (영화스타). ~ **du football** 축구계의 스타. ~ **du temps시대의 총아. principal ~ d'une affaire** 사건의 주역. 《동격》 **émission(-) ~** 인기 프로그램. **mannequin(-) ~** 인기 패션모델. ②《포스터·프로그램 따위의》첫머리 문장; (사전 따위의) 표제문. **avoir(tenir) la ~** 이름이 크게 나다, 주역을 맡다; 주목받다. **perdre la ~** 주역의 자리를 잃다. ~ **américaine** (맨끝에 이름이 나오는) 주역, 특별 출연자. ~ **anglaise** (세 번째로 이름이 나오는) 조역. 《동격》 **terme** (**mot**) ━ 표제어. ③ 모터보트; 소함정; 순시함, 초계정. ~ **de la douane** 세관 감시선. ~ **de combat**; ~ **lance-torpille** 어뢰정. ~ **de sauvetage** 구명정. ④ (사격장의) 감시원; 《옛》 (기마) 초병; 척후.
en ~ 화제의, 각광을 받은; 이름이 대서특필된.

mettre... en ~ …에 초점을 맞추다, …을 부각시키다, …에 주목을 끌다.
faire la ~; jouer les ~s 으스대다; 이목을 끌고 싶어하다.
vedettisation [vədetizasjɔ̃] *n.f.* 스타로 만들기, 스타화; (을)선전하기.
vedettisme [vədɛtism] *n.m.* 스타 숭배(주의).
vedettomanie [vədɛtɔmani] *n.f.* 스타에의 (지나친) 열광.
védique [vedik] *a.*《학술》베다의. philosophie ~ 베다 철학. — *n.m.* 베다 산스크리트(sanskrit ~); 베다어(langue ~).
védisme [vedism] *n.m.*《학술》베다 종교; 원시 바라문교.
védiste [vedist] *n.*《종교》베다 학자.
Véga [vega] *n.pr.f.*《m.》《천문》베가성, 직녀성.
végétabilité [veʒetabilite] *n.f.*《드물게》《식물의》생장력; (토지의)식물을 생장시키는 힘.
végétable [veʒetabl] *a.*《드물게》(식물이)생장하는, (식물을)생장시키는.
*****végétal**(*ale*, *pl. aux*) [veʒetal, -o] *a.* ① 식물의, 식물성의. règne ~ 식물계. formation ~*ale* 식물군계. terre ~*ale* 부식토. huile ~*ale* 식물성 기름. hormone ~*ale* 식물성 호르몬. ② (장식 따위가)식물을 주제로 한, 식물을 장식한.
— *n.m.* 식물. études des ~*aux* 식물연구. ~*aux* inférieurs(supérieurs) 하등(고등) 식물.
végétalien(*ne*) [veʒetaljɛ̃, -ɛn]《옛》*a.* 채식주의의. — *n.* 채식주의자.
végétaline [veʒetalin] *n.f.*《상품명》식물성 마가린.
végétalisme [veʒetalism] *n.m.* 철저한 채식주의 (végétarisme 보다도 엄격함).
végétaliste [veʒetalist] *n., a.* 채식주의자(의).
végétalité [veʒetalite] *n.f.* ① 식물성. ② 식물(전체), 식물계.
végétant(*e*) [veʒetã, -ãːt] *a.* ①《드물게》식물처럼 생장하는, (식물처럼)꼼짝않는. ②《의학》표면에 자라는. tumeurs ~*es* 표층성 종양.
végétarianisme [veʒetarjanism] *n.m.*《드물게》= **végétarisme**.
végétarien(*ne*) [veʒetarjɛ̃, -ɛn] *a.* 채식주의의. régime ~ 채식요법. — *n.* 채식주의자.
végétarisme [veʒetarism] *n.m.* 채식주의(우유·버터·달걀·꿀은 허용함).
végétatif(*ve*) [veʒetatif, -iːv] *a.* ①《생물》식물성의; 성장에 관한, 영양의. organe(appareil) ~ 식물성 기관; 영양기관 (뿌리·줄기·잎 따위). multiplication ~*ve* 영양생식. noyau ~ 영양핵. hybride ~ 영양잡종 (접목 따위의 의한). point ~ 생장점. fonction ~*ve* 식물성 기능. système nerveux ~ 식물성 (자율)신경계. vie ~*ve* 식물성 생명《자율신경계의 지배만을 받는 생명현상》; (비유적)무위도식하는 생활. ② 식물과 같은; 무위도식하는, 생명력이 있는. survie ~*ve* 식물인간으로서의 생명장. ③《옛》식물의(végétal).
végétation [veʒetasjɔ̃] *n.f.* ①《집합적》(한 장소의)식물, 초목; (한 지방의)식물군(群). ~ tropicale 열대 식물. zones de ~ 식물대(帶). ②《pl.》《의학》(피부·점막의)증식비대, 편도선 비대, 아데노이드(~s adénoïdes). ③ (결정 따위의)수지(樹枝) 모양. ④《드물게》(식물의)생명; 성장.
végétativement [veʒetativmã] *ad.* 무위도식하며. vivre ~ 무위도식하며 살다.
végéter [veʒete] [6] *v.i.* ① 보람없이 살다; 근근히 생활하다; 발전이 더디다. Il *végète* dans un emploi subalterne. 그는 낮은 직위에서 보람없이 산다. Cette société *végète*. 이 사회는 침체되어 있다. ②(식물 따위가)가까스로 자라다, 발육이 나쁘다.《옛》성장하다, 돋아나다. Pour ~ normalement, les plantes ont besoin de lumière. 식물이 정상적으로 성장하려면 광선이 필요하다.
végéto-animal(*ale*, *pl. aux*) [veʒetoanimal, -o] *a.* 식물과 동물의 성질을 가진, 동식물의.
végéto-minéral(*ale*, *pl. aux*) [veʒetomineral, -o] *a.* 식물과 광물의 성질을 가진, 광식물의.
veglione(*pl. i*) [velʲone, -i] (이탈리아) *n.m.* 가장 무도회.
véhémence [veemɑ̃ːs] *n.f.*《문어》(감정·표현 따위의)격렬(함), 맹렬(emportement, fougue). discuter avec ~ 열띤 토론을 하다. ~ de la passion[de la colère] 감정(분노)의 격렬함.
véhément(*e*) [veemɑ̃, -ɑ̃ːt] *a.*《문어》격렬[열렬·맹렬]한(emporté, violent). colère ~*e* 격렬한 분노. homme très ~ 성질이 대단히 격렬한 사람.
véhémentement [veemɑ̃tmɑ̃] *ad.*《문어》격렬[열렬]하게; 호되게, 심하게.
véhiculaire [veikylɛːr] *a.* langue ~《언어》매개어(서로 다른 언어를 사용하는 화자가 상호간의 의사전달에 사용하는 언어》.
*****véhicule** [veikyl] *n.m.* ① 교통(운반)수단; 탈것; 차. ~s terrestres(aériens, cosmiques) 지상(항공·우주)의 교통수단(탈것). ~ utilitaire 영업용 차량. ~ spatial 우주선. ~ de transport de troupes 군인 ~송차(약자) V.T.T. ② 전달(매체)수단. La parole est le ~ de la volonté. 말은 의지의 전달수단이다. ③《종교》(불교의)승(乘). Grand [petit] V~ 대승[소승]. ④《약제의》부형제《약의 형태를 만들기 위해 함께 섞는 재료》(excipient). ⓑ (화구(畫具)의) 전색제(展色劑) 《화구의 접착성을 가지기 위해 함께 섞는 재료》. ⓒ 《광학》(도립상(倒立像)과 정립상(正立像)을 전환시키는)정립계(正立系).
véhiculer [veikyle] *v.t.* 운반하다, 전달하다.
Vehme [vɛm] (독일) *n.pr.f.* Sainte-~《역사》비밀 법정.
vehmique [vɛ(e)mik] *a.* Cour ~《역사》(15세기 독일의)비밀 법정.
*****veille** [vɛj] *n.f.* ① 전날; (축제 따위의) 전날 밤. ~ de Pâques 부활절 전날. ~ de Noël 크리스마스 이브. ~ au soir 전날 저녁. ② 깨어 있음; 철야, 불면. être entre la ~ et le sommeil 비몽사몽간이다. état de ~ 취면상태. ③ (*pl.*) 밤샘 공부(일), 밤샘;《문어》(밤샘의)노고, 노작(勞作). consacrer des ~s aux études 밤을 새워 연구(공부)하다. publier le fruit de ses ~s 오랫동안 연구한 결과를 발표하다. ④ 불침번, 야경; 감시. prendre la ~ 밤경비를 서다. ~ 불침번을 서다. ~ d'un malade 환자의 철야 간호. homme de ~《해양》(야간)감시원. ⑤《고대로마》배우(하룻밤을 4등분한 시간의 단위》.
à la ~ de qc ~의 직전에, ~할 듯한.
veillée [vɛ(e)je] *n.f.* ① (저녁식사 후 취침까지의) 밤; 단란함, 밤의 모임. Autrefois les gens racontaient des histoires pendant les longues ~s d'hiver. 옛날에는 사람들은 긴 겨울밤 동안 여러 가지 이야기를 했다. ② (초상집의)밤샘(~ funèbre); 철야의 간호. ③ ~ d'armes 기사의 철야식《옛날 기사 취임식 전날 밤; 미래의 기사는 제단 위에 무구를 안치해 놓고 밤샘 기도를 했음》; (중대사의)전야. C'est ma ~ *d'armes* avant le concours. 오늘밤은 시험 전야이다.
*****veiller** [vɛ(e)je] *v.i.* ① 철야하다, 밤샘하다. ~ pour achever un travail 일을 마치기 위해서 밤을 새우다. ~ jusqu'à trois heures du matin 새벽 3시까지 잠을 자지 않다. ② 불침번을 서다; 경비(감시)

를 하다. ~ au chevet d'un malade 환자의 머리맡에서 밤새워 간호하다. Un agent de police veille à l'entrée de l'Hôtel de Ville. 경찰이 시청 입구에서 경비를 하고 있다. ③ (가족·친구들과 함께 밤에) 즐거운 모임을 갖다. ④《문어》깨어 있다.
—v.t.ind. ① [~ à] …에 주의하다, 신경을 쓰다. La police veille toujours au maintien de l'ordre public. 경찰은 항상 치안유지에 신경을 쓴다. Veillez à fermer la porte à clef en sortant. 외출할 때 문을 잠그도록 하시오. ~ au grain 《해양》돌풍에 주의하다; 불의의 사태에 대비하다. ② [~ sur] …을 보살피다; 감시하다. Il faut ~ sur (la conduite de) cet homme. 이 남자(의 행동거지)를 감시해야 한다.
—v.t. 밤새워 간호하다; (초상집에서) 밤샘하다. ~ un malade 병자를 밤새워 간호하다. ~ un défunt 고인을 위해 밤샘하다. ② 감시하다, 경비하다. Veille qu'on ne sorte pas. 아무도 나가지 못하게 감시하라.
veilleur [vɛjœːr] *n.m.* (밤새) 깨어있는 사람, 철야하는 사람; (상가에서) 밤샘하는 사람; 밤새워 병 간호하는 사람. —*n.m.* 야경, 야간 경비원, (호텔 따위의) 야간 당직자 (~ de nuit); 초병, 감시초.
veilleuse [vɛjøːz] *n.f.* ① 야등(夜燈), (밤에 켜놓는) 작은 전등. ② (가스기구의) 씨불(항상 켜져 있는 것으로 점화할 때 불씨로 사용됨). ③ 《옛날 등잔의》심지. ④ (18세기에 유행한) 긴 의자.
en ~ ⓐ (빛·불 따위가) 약한, 작은. mettre la lampe [le gaz] en ~ 불빛(가스불)을 약하게 하다. ⓑ 활동을 억제하는, 축소 경영의. rester en ~ 일시적으로 정체하다. mettre qc en ~ …을 잠시 방치하다. se mettre en ~ 사업을 축소하다. 【대】
veilloir [vɛjwaːr] *n.m.* (마구·구두 제조공의) 작업대.
veillot(te) [vɛjɔt] *n.f.* ① 《식물》쿨herbe속(屬). ②《사투리》건초더미.
veinard(e) [vɛnaːr, -ard] (구어) *a.* 운 좋은 (chanceux). —*n.* 운 좋은 사람, 행운아.
*veine [vɛn] *n.f.* ① 정맥 (~ artère); 혈관. ~ cave 대정맥. ~ porte 문동맥. s'ouvrir les ~s 자신의 (팔목의) 혈관을 자르다《자살하기 위해서》. ② 나뭇결 (모양), 돌의 결. ~ du marbre 대리석의 무늬. ③ 《식물》 (배추 따위의 표면의) 엽맥(葉脈). 《광물》 광맥, 광맥층; 《물리》유관(流管) (~ fluide, ~ liquide). ④ (예술적 재능, 영감. ~ poétique 시적 영감. ⑤《구어》요행, 재수 (chance), coup de ~ 요행수. avoir de la ~ 재수 좋다. avoir de la ~ de+inf. 재수좋게 …하다. une ~ de pendu [de cocu]《구어》대단한 행운, 큰 횡재. C'est une ~! …운이 좋은데. C'est une ~ de vous rencontrer. 당신을 만나다니 운이 좋군. Pas de ~!《구어》재수없다! V~, alors! 좋았어! 됐어!
avoir du sang [n'avoir pas de sang] dans les ~s 용기[기력]가 있다[없다].
être en ~ de ⓐ 영감이 떠오르다. ⓑ 운이 좋다 (avoir de la ~).
être en ~ de + inf.(qc) …할 마음이 있다.
sentir le sang bouillir [se glacer] dans ses ~s 피가 얼어 붙는[끓는] 듯한 느낌이 들다.
se saigner aux quatre ~s (남을 위해) 자기의 돈을 다 쓰다[주다].
tomber sur une bonne ~《구어》운이 좋다, 좋은 일 거리[지위]를 얻다.
veiné(e) [vɛ(e)ne] *a.p.* ① 나뭇결[돌결]이 있는; (그) 무늬가 있는. ② (피부에) 정맥이 보이는; 엽맥(葉脈)이 표출된.
veiner [vɛ(e)ne] *v.t.* 나뭇결[돌결] 무늬를 넣다. ~ du contre-plaqué 합판에 나뭇결 무늬를 넣다.
veinette [vɛnɛt] *n.f.* ① (나뭇결 무늬를 칠하는) 귀얄. ② (채산이 안 맞는) 얕은 광맥 (탄층).
veineu(se) [vɛnø, -øːz] *a.* ① 정맥의; 엽맥의. ② 나뭇결[돌결]이 많은. bois ~ 결이 많은 나무.
veinule [vɛ(e)nyl] *n.f.* ① 소정맥. ② 《식물》세맥 (細脈). ③ 얕은 광맥 (탄층) (veinette 보다도 더 얕은 것).
veinure [vɛ(e)nyːr] *n.f.* 나뭇결[돌결] 무늬 (장식).
vêlage [vɛlaːʒ] *n.m.* ① (암소의) 분만(分娩). ② 《지리》(빙하의 유출·분단에 의한) 빙산 형성.
vélaire [velɛːr] 《언어》 *a.* 연구개(軟口蓋)의. voyelles ~s 연구개 모음 (voyelles postérieures). consonnes ~s 연구개 자음. —*n.f.* 연구개음.
vélanède [velaned] *n.f.* 《식물》북가시나무의 깍정이 (무두질·물감에 쓰임).
vélani [velani] *n.m.* 《식물》참나무의 일종.
vélar [velaːr] *n.m.* 《식물》부지깽이나물속(屬).
vélarisation [velarizɑsjɔ̃] *n.f.* 《언어》연구개(조음)화(化).
vélarisé(e) [velarize] *a.* 《언어》연구개화한.
velarium, vélarium [velarjɔm] 《라틴》 *n.m.* 《고대로마》(야외 극장의) 지붕, 차일.
vélaunien(ne) [velonjɛ̃, -ɛn] *a.* 블레 (Velay, 프랑스의 옛 지방)의. —V~ *n.* 블레 사람.
velche [vɛlʃ] 《독일인의 입장에서 본》독일인 (특히 프랑스인·이탈리아인)의 (welche).
velcherie [vɛlʃəri] *n.f.* 《옛》무지, 몽매, 야만.
veld(t) [vɛlt] 《네덜란드》 *n.m.* 《지리》 (남아프리카의) 대초원.
Vél d'Hiv' [vɛldiːv] (< *Vélodrome d'Hiver*) *n.m.* 《옛·속어》 (파리에 있었던) 동계 자전거 경기장.
vêlement [vɛlmɑ̃] *n.m.* =**vêlage**.
vêler [vɛ(e)le] *v.i.* (암소 따위가) 새끼를 낳다.
velet [v(ə)lɛ] *n.m.* 《종교》 (수녀베일의) 흰 안감.
vélie [veli] *n.f.* 《곤충》물거미 (araignée d'eau).
véligère [veliʒɛːr] *a.* larve ~ 《동물》 벨리저 (veliger) (두족류 (頭足類) 이외의 연체 동물 유생으로 면막 (velum)이 있음.
vélin [velɛ̃] *n.m.* ① (사산(死産)된 송아지 가죽으로 만든) 독피지 (독피紙). manuscrit sur ~ 독피지의 사본. ② (독피지를 모방한) 고급 종이, 벨랭 (papier ~). ③ 송아지 가죽. reliure de ~ 송아지 가죽으로 된 장정. ④《동작》 toile ~ (지폐를 비쳐 보이게 만들기 위한) 금망(金網)《형용사로써 toile véline 이라고 함》. ⑤ (Alençon 원산의) 레이스 (dentelle ~e).
vélique [velik] *a.* 《해양》돛의. point [centre] ~ (돛의) 풍압 중심 (centre de voilure).
vélite [velit] *n.m.* ① 《역사》 (나폴레옹 1세때의) 경보병. ~ de la garde 근위간부후보생 (나폴레옹 1세가 창설한). ② 《고대로마》경보병.
vélivole [velivɔl] *a.* ① 활공(滑空) 비행의, 활공 비행을 하는. ②《옛·문어》 돛을 달고 달리는. —*n.* 글라이더 조종사.
vélivoler [velivɔle] *v.i.* (글라이더로) 활공하다.
velléien(ne) [ve(ɛl)lejɛ̃, -ɛn] *a.* 벨레이우스 (Velleius Paterculus, 로마의 B.C. 19-31 년 사이의 역사가)의. sénatus-consulte ~ 벨레이우스 원로원령 (여자가 금전대차의 보증인이 되는 것을 금지한).
velléitaire [ve(ɛl)leitɛːr] *a., n.* 우유부단한 (사람), 의지 박약한 (사람).
velléité [ve(ɛl)leite] *n.f.* ①《흔히 pl.》(행동까지는 이르지 못하는)의사, 생각, 뜻. avoir des ~ de travail 일하겠다는 생각을 갖고 있다. Je n'ai aucune ~ [Je n'ai pas la moindre ~] d'aborder avec Pierre ces questions personnelles. 나는 피에르와

그런 개인적인 문제를 두고 이야기할 생각은 추호도 없다. ② (희미한)표시, 흔적. ~ de sourire 희미한 미소.

*vélo [velo] (<*vélocipède*) *n.m.* 《구어》자전거 (bicyclette); 자전거 타기. aller en ~ [à ~, sur son ~] (jusqu'à la poste) (우체국까지)자전거를 타고 가다. faire du ~ 자전거 타기를 하다.

vélocar [velɔkaːr] *n.m.* 《옛》페달달린 4륜차.

véloce [velɔs] *a.* 《문어》빠른, 날쌘. doigts ~s d'un pianiste 피아니스트의 경쾌한 손가락.

vélocement [velɔsmɑ̃] *ad.* 《문어》날쌔게, 신속하게 (rapidement).

vélocifère [velɔsifɛːr] *n.m.* 《옛》급행 (합승)마차.

vélocimane [velɔsiman] *n.m.* 《옛》① (걷지 못하는 사람이 타는)세 바퀴 손수레. ② (아이들을)수동목마.

vélocimètre [velɔsimɛtr] *n.m.* (특히 총알의)계.

vélocipède [velɔsipɛd] *n.m.* ① (자전거의 전신인 옛날의) 2[3]륜차(처음에는 발로 지면을 차면서 달렸으나 후에는 페달을 사용했음). ② 《구어》(비꼼)자전거.

vélocipédique [velɔsipedik] *a.* 《옛》자전거의. 「람.

vélocipédiste [velɔsipedist] *n.* 《옛》자전거 타는 사

vélociste [velɔsist] *n.m.* 자전거 판매 [수리]업자.

vélocité [velɔsite] *n.f.* ① (악기 연주에 있어서)민첩함, 재빠름. exercice de ~ au piano 피아노의 빨리치기 연습. ② 《드물게》빠른 속도, 빠른 동작(vitesse, rapidité).

vélodrome [velɔdroːm] *n.m.* (옥내 또는 옥외의)자전거 경기장. V~ d'Hiver 《옛》(파리에 있었던)동계 자전거 경기장(Vél d'Hiv).

*vélomoteur [velɔmɔtœːr] *n.m.* 소형 오토바이 (배기량 50 cc 이상 125 cc 이하, 125 cc 이상은 motocyclette, 50 cc 이하는 cyclomoteur).

vélomotoriste [velɔmɔtɔrist] *n.* 소형 오토바이를 타는 사람.

vélo-pousse [velɔpus] *n.m.* (극동 일부에서의)자전거로 끄는 수레(인력거).

véloski [velɔski] *n.m.* 스키봅(ski-bob).

velot [vəlo] *n.m.* 사산(死産)한 송아지의 가죽(vélin의 원료); 사산한 송아지.

vélo-taxi [velotaksi] *n.m.* (제 2 차 대전중에 사용된)자전거로 끄는 차.

*velours [v(ə)luːr] *n.m.* ① 《직물》벨벳, 비로드.
 – à côtes (côtelé) 코르덴. ~ de laine 벨루어 (털것이 섞인 직물로 당구대 따위에 쓰임). – uni 털이 매끈하고 자디잔 비로드. fauteuil de [en] ~ 비로드 천의 안락의자. doux comme du ~ 비로드처럼 부드러운. ② (감촉이)부드러운 것. bois de ~ (막 돋아난)부드러운 사슴 뿔. veau de ~ (동격적)무두질한 부드러운 송아지 가죽, 쉬에드 가죽. ③《드물게》연음(liaison)의 잘못(가령 필요없는 곳에 [z]음을 넣어)(cuir).
 à pas de ~ 발소리를 내지 않고 살금살금.
 Ça ira comme sur du ~. 그것은 아무 문제없이 잘 될 것이다.
 *C'est du ~ [un vrai ~]. 《구어》(음식·음료가)입에(썩) 아주 맛있다.
 chemin de ~ 편안한 길.
 faire des yeux de ~ (여자가)추파를 던지다.
 Habit de ~, ventre de son. 《속담》호의약식(好衣惡食).
 jouer sur le ~ (내기에서)딴 돈으로만 걸다; 안전하게 놀다.
 main de fer sous [dans] un gant de ~ 보기와는 달리 굳세고 단호한 사람, 외유내강한 사람.

velouté(e) [v(ə)lute] *a.p.* ① (비로드 처럼)부드러운, 만질만질한. peau ~e 보들보들한 피부. pêche ~e 껍질이 만질만질한 복숭아. lumière ~e 부드러운 빛. potage ~ 걸쭉한 수프; vin ~ 순한 포도주. ③ 비로드 같은; (옷이나 옷감에)비로드의 아플리케가 있는.
 —*n.m.* ① 부드러운 감촉 [모양]. ~ de la peau 피부의 보들보들함. ~ de la voix[lumière] 목소리 [빛]의 부드러움. ② 《요리》걸쭉한 수프; 블루테(potage ~).

veloutement [v(ə)lutmɑ̃] *n.m.* 《드물게》(비로드처럼)부드럽게 만들기; 부드러움.

velouter [v(ə)lute] *v.t.* ① 벨벳[비로드]처럼 만들다, 부드럽게 하다. ~ du papier [une étoffe] 종이 [천]의 표면을 비로드처럼 만들다. ② (목소리·목감 따위를)부드럽게 하다; (음식 따위를)걸쭉하게 하다. —**se ~** *v.pr.* 부드럽게 되다, 비로드처럼 되다; 걸쭉해지다.

velouteux(se) [v(ə)lutø, -øːz] *a.* 벨벳 [비로드] 같은 털이 있는; 부드러운.

veloutier [v(ə)lutje] *n.m.* 벨벳 [비로드] 제조공.

veloutine [v(ə)lutin] *n.f.* ① 린네르(양면에 털이 있고 비로드처럼 보이는 천). ② (야회복이나 실내장식에 쓰는)금실 (은실)과 함께 짠 견직물. ③《옛》(피부를 매끈하게 하기 위한)쌀가루 분.

veltage [vɛltaːʒ] *n.m.* (통의 용적의)계량막대에 의한 계량.

velte [vɛlt] 《독일》*n.f.* ① 벨트(포도주의 용량을 재는 단위로 약 7.5리터). ② (통의 용량을 재는)계량막대. ③ (포도주 산지에서 쓰는)금속재의 액량기(液量器).

velter [vɛlte] *v.t.* (계량막대로)계량하다. 「뱀.

velture [vɛltyːr] *n.f.* 《해양》(사슬·밧줄을)감는

velu(e) [v(ə)ly] *a.* ① (짙은)털이 난, 털 투성이의. jambes ~es 털이 많은 다리. ② (식물·곤충 따위가)털(솜털)로 덮인; (피륙의)털이 있는.
 —*n.m.* 털[솜털]로 덮인 부분.

velum, vélum [velɔm] 《라틴》*n.m.* ① (큰천막; 차일. ② 《동물》(연체 동물의)면반(面盤); (해파리의)연막(軟膜).

velvantine, velventine [vɛlvɑ̃tin] *n.f.* 《옛》(Amiens에서 만들던)면 비로드.

velvet [vɛlvɛ] 《영》*n.m.* (가로 줄무늬가 있는)면 비로드의 일종, 코르덴.

velvote [vɛlvɔt] *n.f.* 《식물》해란초의 일종.

V.É.(m). 《약자》Votre Éminence 추기경 전하(Em.).

venaison [v(ə)nɛzɔ̃] *n.f.* (멧돼지·사슴 따위의 큰 짐승의)고기, 기름살(기름기가 많은 살코기 부분).

venaissin(e) [v(ə)nɛsɛ̃, -ɛsin] *a.* 브나스크(*Venasque*)지방의. Comtat V~ 브나스크 백작령 (지금의 *Vaucluse*).

vénal(ale, pl. aux) [venal, -o] *a.* 돈으로 움직이는, 돈으로 좌우되는. homme politique ~ 매수되기 쉬운 정치가. femme ~ale 몸을 맡기는 여자, 매춘부. amour ~ 매춘. activités ~ales 매수운동. ② 《역사》(구체제에서 관직을)돈으로 살 수 있는. ③ valeur ~ale 《경제》시가; 시장가치.

vénalement [venalmɑ̃] *ad.* 돈 [금전]으로.

vénalité [venalite] *n.f.* 돈으로 매수할 수 있음. – des offices 《역사》(구체제하의)매관매직.

venant(e) [v(ə)nɑ̃, -ɑ̃ːt] *a.* ① tout ~ (상품 따위가)선별되지 않은 (tout-~). charbon *tout* ~ 선별되지 않은 석탄. ② bien ~ 《옛》(아이·식물 따위가)발육이 좋은, 잘 자라는; (돈이)또박또박 들어오는. ③ allant et ~《문어》갔다왔다하는, 왕래하는.
 —*n.m.* ① à *tout* ~; à *tous ~s* 아무에게나, 누구에게나. ouvert *à tout* ~ 아무나 들어갈 수 있는. ② tout

~《드물게》누구든지, 아무나. 《주어로 사용》 Tout ~ peut entrer. 아무나 들어갈 수 있다. ③ l'allant et le ~; les allants et les ~s 《옛·문어》 왕래하는 사람, 통행인.

vend. 《약자》 vendredi 금요일.

vendable [vādabl] *a.* 팔 수 있는, 팔기 쉬운.

*****vendange** [vādɑ̃:ʒ] *n.f.* ① 포도의 수확;《종종 *pl.*》 포도의 수확기. faire la ~ [les ~s] 포도를 거둬들이다. aller en ~ 포도를 따러 가다. temps des ~s 포도 수확기. ② 거둬들인 포도;《압착된》 포도나 즙. presser la ~ 포도를 압착하다.

vendangeable [vādɑ̃ʒabl] *a.* (포도가) 거두어들일 수 있는.

vendangeoir [vādɑ̃ʒwa:r] *n.m.* ① (포도 수확에 쓰이는) 채롱, 등에 지는 바구니. ② 포도주 창고.

vendanger [vādɑ̃ʒe] 3 *v.t.* (포도를) 따다, 수확하다, 거두어들이다. ~ la vigne 포도를 따다. —*v.i.* 포도를 거두어들이다 [수확하다].

vendangerot [vādɑ̃ʒro] *n.m.* 포도 수확에 쓰이는 채롱 (vendangeoir).

vendangette [vādɑ̃ʒɛt] *n.f.* 《조류》 개똥지빠귀.

vendangeur(se) [vādɑ̃ʒœ:r, -ʃ:z] *n.* 포도 따는 사람. —*n.f.* 《식물》 쑥부쟁이 (aster).

vendéen(ne) [vādeɛ̃, -ɛn] *a.* 방데의 (*Vendée*, 프랑스의 도(道))의. insurrection ~ne 《역사》 방데의 반란《프랑스 혁명기에 방데에서 일어난 보수적 반혁명운동》. —V~ *n.* ① 방데 사람. ② 《역사》 방데의 반혁명 운동에 가담한 사람.

vendémiaire [vādemjɛ:r] *n.m.* 《프랑스사》 포도월《프랑스 공화력의 제 1 월; 9월 22〔23·24〕일부터 10월 21〔22·23〕일까지》.

venderesse [vādrɛs] *n.f.* ⇨ vendeur.

vendetta [vādɛ(ɛt)ta] 《이탈리아》 *n.f.* (코르시카에서의 집안간의) 복수; (대를 잇는) 반목.

*****vendeur(se)** [vādœ:r, -ø:z] *n.* ① 파는 사람, 판매인, (상점의) 판매원, 점원. ~-*se* de grand magasin 백화점의 여점원. ~ de légumes 야채장수. ~ ambulant 행상인. à la sauvette (경찰이 오면 달아나는 무허가) 노점상. ② 《법》 (*f.* venderesse) 파는 사람, 매각인. le ~ et l'acheteur(l'acquéreur) 파는 자와 사는 자. ③ 상술이 능한 사람. C'est un vrai ~. 그는 진짜 장사꾼이다. —*a.* 파는, 팔 뜻이 있는. Il veut ma maison, mais je ne suis pas encore ~. 그는 내 집을 탐내지만 나는 아직 팔 뜻이 없다. cours ~ (주식) 상장. pays ~ de riz 쌀을 수출하는 나라.

vendôme [vādom] *n.m.* 방돔 치즈 《재 속에서 숙성시킴》.

:vendre [vādr] 25 *v.t.* 팔다, 판매하다. maison à ~ 팔 집. ~ cher 비싸게 팔다. ~ à perte〔à crédit〕 손해보고 〔외상으로〕 팔다. ~ *qc* (pour) 100 francs ~을 100프랑에 팔다. ~ son ancienne voiture à un ami 자기의 헌 차를 친구에게 팔다. 《목적보어 없이》 Cette boutique *vend* bien. 이 가게는 잘 팔린다. ② (비유적) (양심 따위를) 팔다; (동지를) 배반하다. ~ son âme〔sa conscience〕 자기의 영혼〔양심〕을 팔다. ~ ses complices 동지를 배반하다.

~ *chèrement sa vie* 《속어》 *sa peau* 죽는 순간까지 용감하게 싸우다, 철저하게 저항하다. ~ *ses père et mère* 어떠한 파렴치한 일도 꺼리지 않다.

—*se* ~ *v.pr.* ① 팔리다; 거래되다. livre qui *se vend* bien 잘 팔리는 책. Cet article *se vend* à la pièce〔à la douzaine〕. 이 물건은 낱개〔다스〕로 파는 것이다. ② (자신의) 몸을 팔다; 매춘하다; (옛) 용병이 되다. *se* ~ à l'ennemi 적에게 몸을 팔다. ③ (자신의) 비밀을 털어놓다; 자백하다.

se ~ *comme des petits pains* 날개돋친 듯 팔리다.

:vendredi [vādrədi] *n.m.* 금요일. ~ saint 《가톨릭》 성금요일 《그리스도의 십자가에서의 죽음을 기념하는 부활절 직전의 금요일》. ~ treize 13일의 금요일 《서양에서 기피하는 날의 하나》.

vendu(e) [vādy] *a.p.* ① 팔린. ② 몸〔지조〕을 판, 매수된. juge ~ 매수된〔부패된〕 판사. —*n.* 배반자, 변절자(traître); 지조없는 놈. Espèce de ~! 파렴치한 놈.

vené(e) [v(ə)ne] *a.p.* 《드물게》 상하기 시작한, (고기 따위가) 냄새나기 시작한.

Vénèdes [venɛd] *n.pr.m.pl.* =Wendes.

vénéfice [venefis] *n.m.* 《고대법》 마술에 의한 것으로 취급된 독살의 죄.

venelle [vənɛl] *n.f.* 《옛》 골목길. enfiler la ~ 《구어》 황급히 도망치다.

vénéneux(se) [venenφ, -φ:z] *a.* (버섯·패류 따위가) 독이 있는, 유해한. champignon ~ 독버섯. plantes ~ses 유독 식물. idée ~*se* 해로운 사상.

vénénifère [venenifɛ:r] *a.* 독을 지닌, 유독한. glandes ~s (독 따위의) 독선(毒腺).

vénénifique [venenifik], **vénénipare** [venenipa:r] *a.* 《동물》 독을 만들어내는. glandes ~s (독사 따위의) 독샘(毒腺).

vénénosité [venenozite] *n.f.* 《드물게》 (버섯 따위의) 유독성.

vener [v(ə)ne] 4 *v.t.* 《부정법·복합시제로만 사용》 《옛》 (먹기전에) 고기를 연하게 하다. —*v.i.* faire ~ de la viande 고기를 연하게 하다.

vénérabilité [venerabilite] *n.f.* 《드물게》 존경할 만함, 존귀함.

vénérable [venerabl] *a.* ① 《문어》 존경할 만한, 떠받들 만한. ~ vieillard 존경할 만한 노인. lieu ~ 성지(聖地). barbe ~ 위엄있는 턱수염. ② 매우 오래된. homme d'un âge ~ 매우 연로한 분; ~ institution 유서깊은 (오래 된) 제도〔시설·기관〕. —*n.m.* ① 《가톨릭》 존자(尊者)《성인(saint), 복자(bienheureux)의 다음자리》. ② 《franc-maçonnerie 의 지부(loge)의》 지부장 (~ maître).

vénérablement [venerabləmɑ̃] *ad.* 《드물게》 정중히, 존경심을 가지고.

vénéra*teur(trice)* [veneratœ:r, -tris] *n.* 《드물게》 숭배자, 경의를 표하는 사람.

vénération [venerasjɔ̃] *n.f.* 숭배; 존경, 경애. ~ des saints 성자숭배. regarder *qn* avec ~ ~을 경건하게 바라보다. sa ~ pour son père 아버지에 대한 그의 존경. être en ~ 숭앙받고 있다.

vénéréologie [venereɔlɔʒi] *n.f.* 성병학.

vénéréologiste [venereɔlɔʒist] *n.* 성병학자, 성병 전문의.

vénérer [venere] 6 *v.t.* (신 따위를) 숭상하다, 숭배하다 (옛) 《문어》 경애하다, 떠받들다. ~ une relique 성유물(聖遺物)을 숭배하다. ~ son maître 주인을 받들어 모시다.

vénéricarde [venerikard] *n.f.* 《패류》 뜸집 조개.

vénerie [vɛ(e)nri] *n.f.* (사냥개를 데리고 말을 타고 하는) 사냥;《옛》(왕가 따위의) 수렵 담당부서; 사냥용 야영지.

vénérien(ne) [venerjɛ̃, -ɛn] *a.* ① 성병의. maladies ~nes 성병. ②《옛》 성애(性愛)의. acte ~ 성행위. —*n.* 《옛》 성병환자.

vénérologie [venerɔlɔʒi] *n.f.* = vénéréologie.

vénérologiste [venerɔlɔʒist] *n.* = vénéréologiste.

venet [vənɛ] *n.m.* 《어업》 (간조시에 물고기를 잡기 위하여 쳐놓는) 반원형 정치망(定置網) 《주》.

Vénètes [venɛt] *n.pr.m.pl.* 베네티족 《고대 골 민족》.

Vénétie [venesi] *n.pr.f.* 《고대지리》 베네치아 《이

탈리아 동북부 지방).
venette [vənɛt] *n.f.* 《옛·사투리》공포, 무서움. avoir la ~ 겁을 집어먹다.
veneur [vənœ:r] *n.m.* (왕가 따위의)수렵 담당관. grand ~ 수렵장.
vénézolan(e) [venezɔlɑ̃, -an] *a, n.* =**vénézuélien**.
vénézuélien(ne) [venezɥeljɛ̃, -ɛn] *a.* 베네수엘라 (*la Vénézuéla*, 남미 북부의 공화국)의.
—**V**— *n.* 베네수엘라 사람.
venez-y-voir [v(ə)nezivwa:r] *n.m.* 《복수불변》《옛》《반어적》구경거리. Voilà un beau ~! 재미있는 구경거리야!
*****vengeance** [vɑ̃ʒɑ̃:s] *n.f.* ① 복수, 보복, 앙갚음, 복수심. exercer sa ~ sur *qn* …에게 복수하다(원한을 풀다). avoir la ~ dans le cœur 복수심을 품다. agir par (esprit de) ~ 복수심에서 행동하다. tirer ~ d'un affront 모욕에 대하여 복수하다. ② 징벌, 벌(châtiment). ~ divine (céleste, du ciel) 신의 징벌, 천벌.
crier(demander, réclamer) ~ 보복(보상)을 요구하다; (행위 따위가)엄벌을 요구하다. Les morts *crient* ~. 죽은 자를 위해 범인을 벌해야 한다.
La ~ *est un plat qui se mange froid.* 《속담》복수하자면 때를 기다려야 한다.
—*int.* 복수하겠다; 복수하라!
*****venger** [vɑ̃ʒe] ③ *v.t.* (의)원수를 갚아, (에 대하여)복수하다(*laver*); (에 대한 모욕을)갚다(*réparer*). ~ son père 아버지의 원수를 갚다. ~ un affront(une injure) dans le sang 피로써 모욕을 씻다. ~ son honneur 명예를 더럽힌 데 대하여 보복하다. ~ *qn* d'une injure …이 받은 모욕에 대하여 복수하다.
—*se* ~ *v.pr.* ① [se ~ de](에 대하여)복수하다; (의)원수를 갚다. *se* ~ *d'un calomniateur* [*d'une insulte*] 중상모략자(모욕)에 대하여 복수하다. (보어 없이) Je *me vengerai*. 복수하고 말테다. ② (의)분풀이를 …에게 하다. [se ~ (de)… sur *qn*] Il *s'est vengé sur moi de son échec*. 그는 자신의 실패를 나에게 분풀이했다. ③ (다른 것으로)벌충하다, 대치[대응]하다. *se* ~ *de* son ignorance par la morgue 자신의 무식함을 교만한 태도로 얼버무리다. ④ 복수당하다. Un affront *se venge*. 모욕을 가하면 복수를 받는다.
vengeur(eresse) [vɑ̃ʒœ:r, -ʒrɛs] *n.* 복수(보복)자; 응징하는 사람. —*a.* 《문어》복수하는, 보복하는; 응징하는, 벌을 내리는. main —*eresse* 복수(응징)의 손. pamphlet ~ 복수를 위한 격문.
veniat [venjat] 《라틴》 *n.m.* 《복수불변》 《법》 (상급 재판관이 하급 재판관에게 내리는)출두 명령.
véniel(le) [venjɛl] *a.* ① 《가톨릭》 용서받을 수 있는. péché ~ (은총을 아주 잃을 정도는 아닌)가벼운 죄. ② 《문어》 (과실 따위가)가벼운, 경미한. faute ~*le* 용서받을 수 있는 과실.
véniellement [venjɛlmɑ̃] *ad.* 용서받을 수 있을 정도로, 가볍게. pécher ~ 가벼운 죄를 범하다.
venimeux(se) [vənimø, -øːz] *a.* (동물, 특히 뱀이) 독이 있는, 유독의; (비평이)신랄한, 독살스러운, 악의 있는 (*méchant*). serpent ~ 독사. langue ~*se* 독설가. regard ~ 독살스러운 시선.
venimosité [vənimozite] *n.f.* 독성.
venin [vənɛ̃] *n.m.* ① (동·식물 따위의)독, 독액. ② (비유적)악의, 증오; 독설, 악담. paroles pleines de ~ 원한이 넘친 말. répandre du ~ contre *qn*; jeter(cracher) son ~ à *qn* (홧김에) …에 대하여 아무 말이나 마구 해대다.
:venir [v(ə)niːr] ⑯ *v.i.* 《조동사는 être》 ① ⓐ (주로 사람이)오다; (화자에게 또는 상대방에게)오다, 가다. Il *vient* en voiture. 그는 차로 온다. Il *viendra* demain. 그는 내일 올 것이다. *Venez* par ici. 이쪽으로 오시오. *Venez* avec moi. 나와 같이 가시오. Nous irons d'abord chez lui, ensuite nous *viendrons* chez vous. 우리는 우선 그의 집에 갔다가 댁으로 가겠습니다. Il faut faire ~ le médecin. 의사를 불러 와야겠다. Il *est venu* à mon aide[à ma rencontre]. 그는 나를 도우러[나를 마중하러] 왔다. Les camions ne peuvent ~ jusqu'ici. 트럭은 여기까지 올 수 없다. 《비인칭》 Il *vient* beaucoup de touristes dans cette région. 이 지방에는 많은 관광객이 온다. ⓑ (때가)오다, 도래하다. La nuit *vient*. 밤이 온다. quand *vient* son tour 그의 차례가 되었을 때. dans les années qui *viennent* 앞으로 수년간. Son heure *est venue*. 그의 최후의 순간(죽을 때)이 왔다. Le moment *est venu* de nous séparer. 우리가 서로 헤어질 때가 왔다. 《분사구문》 la nuit *venue* 밤이 오자. ⓒ [~ *après*] (순서로서 뒤에) 오다. Fais ton travail, les jeux *viendront après*. 공부부터 해라, 노는 것은 나중이다. *Après* l'hiver *vient* le printemps. 겨울이 가면 봄이 온다. Dans ce livre, la première partie *vient après* une brève introduction. 이 책에서 제 1편은 짧은 서론 다음에 나온다.
② [~ de] ⓐ (출발지·시발점)(으로부터)오다. D'où *viens-vous*? – Je *viens* de Paris. 당신은 어디에서 왔습니까? 파리에서 왔습니다. Ce train *vient* de Pusan. 이 기차는 부산발이다. lettre qui *vient* de France 프랑스에서 온 편지. Le vent *vient du* nord. 바람이 북쪽에서 불어온다. (산지·기원)(으로부터)오다, 전해지다. Ce thé *vient* d'*une* Chine. 이 차는 중국산(產)이다. Elle *vient d'une* vieille famille normande. 그녀는 노르망디의 옛 집안의 출신이다. Ce mot français *vient du* latin. 이 프랑스 말은 라틴어에서 나온 것이다. La liberté *vient du droit naturel*. 자유는 자연법에서 유래한다. information qui *vient d'*une source autorisée 권위 있는 소식통에서 나온 정보. ⓒ (원인·이유) (에서)유래하다, (에)기인하다. Ce bruit *vient* d'un défaut du moteur. 이 소리는 엔진 결함에 원인이 있다. D'où *vient* cette erreur? 이 잘못은 어디에서 나온 것인가? Tout cela *vient de* ce que vous ne savez pas garder le secret. 이 모든 일은 당신이 비밀을 지키지 못한다는 사실에서 나온 것이다.
③ [~ à] ⓐ (목적지)(로)오다. Il *est venu* de Londres à Paris. 그는 런던에서 파리로 왔다. Il *vient à*(vers) moi. 그는 내게로 온다. Ce petit homme me *vient* juste à l'épaule. 이 작은 사람의 키는 꼭 내 어깨까지 닿는다. Son terrain *vient* jusqu'à cette borne. 그의 땅은 경계선까지 이르고 있다. Ces fruits ne *viennent* pas encore à maturité. 이 과일은 아직 익지 않았다. ~ à son but 목표에 도달하다. ~ à une conclusion 결론에 이르다.
④ (나타남의 뜻) ⓐ (아이가)태어나다(*naître*). ~ au jour[au monde, 《옛》à la lumière, à vie] 태어나다. Mon frère *vint* quand j'avais huit ans. 내가 여덟살 때 동생이 태어났다. 《비인칭》 À force de prier Dieu, il lui *vint* une fille. 신에게 기도를 열심히 해서, 그에게 딸 하나가 태어났다. ceux qui *viendront* après nous 우리 후세 사람들. ⓑ (사물·사건이)나타나다, 발생하다, 생기다. Si la guerre *vient* 만일 전쟁이 일어난다면. 《비인칭》 Il lui *vient* des boutons à la figure. 그의 얼굴에 여드름이 났다. Les dents commencent à ~ à cet enfant. 이 어린애는 이가 나기 시작한다. mot qui me *vient* à la bouche[aux lèvres] 내 입에서 튀어나오는 말,

입버릇이 되어 있는 말. La sagesse *vient* avec l'âge. 사람이 나이를 먹어가면 철이 난다. ⓒ (액체가) 나오다, 흘러나오다. L'eau ne *vient* pas au robinet. 수돗물이 나오지 않는다. Des larmes lui *sont venues* aux yeux. 그의 눈에 눈물이 나왔다. Quand on presse un abcès, le pus *vient* tout doucement. 종기를 누르면 고름이 천천히 흘러나온다. ⓓ (생각이) 떠오르다. Cette pensée lui *est venue* brusquement (à l'esprit). 그런 생각이 갑자기 그에게 떠올랐다. Il me *vient* une idée. 한 가지 생각이 났다. L'idée me *vient* de+inf.; Il me *vient* (à) l'idée de+inf. 내게 …할 생각이 떠오른다. ⓔ (주로 bien, mal 과 함께)(식물 따위가) 자라다; (사업 따위가) 되어 나가다; (사진·판화 따위가) 나오다. Le pin *vient* bien sur ces terrains. 이 땅에서는 소나무가 잘 자란다. enfant qui *vient* bien 잘 자라는 아이. L'affaire commence à *bien* —. 사업이 잘 되어 나가기 시작한다. estampe qui *vient* mal 잘 나오지 않은 판화.

⑤ [〜 +inf.] ⓐ (목적) …하러 오다. Il *vient* me voir. 그는 나를 보러 온다. *Venez* déjeuner chez moi. 우리 집에 점심 드시러 오시오. Je *viendrai* vous chercher. 당신을 데리러 가겠소. 《목적을 강조하기 위해서 pour+inf.》 Il *est venu* tout exprès *pour* m'annoncer cette nouvelle. 그는 내게 그 소식을 알리려고 일부러 왔다. ⓑ (결과) 와서 (다가와서) …하다. Il *vint* tomber à mes pieds. 그는 내 발 밑에 와서 쓰러졌다. Les grosses vagues *viennent* se briser contre les rochers. 큰 파도가 밀려와서 바위에 부딪친다. ⓒ (놀라움·항의·분노 따위의 표시) Ne *venez* pas me dire que vous n'avez rien vu. 아무것도 못 보았다는 말은 아예 하지도 마시오.

⑥ [〜 de+inf.] (가까운 과거, 주로 직설법 현재 및 반과거로 사용) Il *vient* de sortir. 그는 방금 나갔다. Je *viens* juste *de* terminer mon devoir. 나는 방금 숙제를 마친 길이다. livre qui *vient de* paraître 막 나온 책, 최신간. Quand je suis arrivé, il *venait de* partir. 내가 도착했을 때 그는 막 떠났었다.

⑦ [〜 à+inf.] (우연성) 어쩌다 …하게 되다. S'il *vient à* pleuvoir, vous fermerez la fenêtre. 혹시 비가 오게 되면 창문을 닫으시오. S'il *venait à* mourir, sa femme serait sans ressources. 혹시 그가 죽으면 그의 아내는 살 길이 막연할 것이다. Un taxi vide *vint à* passer. 마침 빈 택시가 한 대 지나갔다.

à 〜 미래의, 앞으로 올. Qu'arrivera-t-il au cours des mois *à 〜* ? 앞으로 올 몇 달 동안에 무슨 일이 생길 것인가?

ça vient 《구어》 잘 되어가다; 곧 되다. Alors, ton rapport, *ça vient* ? 그래, 네 보고서는 잘 되어가니? *Ça vient*, le café? 커피는 아직 안 되었오?

De là(D'où) vient que+ind. 그래서 …하게 된 것이다, 그러기 때문에 …이다(C'est pourquoi). Les voisins ont enfin déménagé. *D'où vient* que nous sommes à présents si tranquilles. 이웃집에서 이사를 갔다. 그래서 우리는 이제 이렇게 조용히 지낼 수 있게 된 것이다.

D'où vient(-il) que+ind.[sub.]? …은 어디에서 연유하는 것인가? …은 무슨 까닭인가? *D'où vient que* tu as tant d'argent? 네가 그렇게 돈이 많은 것은 어찌된 일이지?

en 〜 à +명사[+inf.] …에 [하기에] 이르다, 드디어 …하다. Ils *en vinrent aux* mains. 그들은 드디어 손찌검을 하게 되었다. *Venez-en à* votre conclusion. 이제는 그대로 표류해라. *J'en viens à* croire qu'il m'a délibérément menti. 그가 나에게 고의적으로 거짓말을 했다고 생각하게 되었다. Où vou-

lez-vous *en 〜* ? 결국 어쩌자는 이야기요?

faire 〜 오게하다, 부르다; (물품을) 주문하다. *faire 〜* le médecin 의사를 부르다. *faire 〜* une revue 잡지를 받아보다.

ne faire qu'aller et 〜 ⓐ 잠시도 가만히 있지 않다. ⓑ 갔다가 금방 돌아오다.

voir 〜 ⓐ 오는 것이 보이다. Je *vois 〜* ma sœur. 누이동생이 오는 것이 보인다. ⓑ (의) 속이 들여다 보이다. Taisez-vous, je vous *vois 〜*. 말할 필요 없소, 당신의 속이 들여다 보이니까. ⓒ (사태를) 관망하다, 지켜보다.

y 〜 ⓐ 승낙(찬성·체념)하게 되다. Un jour, il *y viendra*. 언젠가는 좋다고 하겠지요. ⓑ Qu'il *vienne!*; *Viens-y* (pour voir)! 어디 할테면 해봐라 《도전·위협의 표현》.

—s'en — v.pr. ⓐ 《엣·문어》오다(venir). Il *s'en vint* nous voir. 그는 우리를 보러 왔다.

② 《엣·구어》돌아가다(retourner). Après avoir vagabondé, il *s'en vint* chez lui. 그는 방랑하다가 제 집으로 돌아왔다.

③ [s'en 〜 de+inf.] 방금 …하다(venir de+inf.). Je *m'en viens de* me promener. 나는 막 산책하고 난 길이다.

—n.m. 오가다. l'aller et le 〜 왕래.

Venise [vəniːz] n.pr.f. 《지리》베네치아, 베니스.

—v— n.f. (매우 정교한) 유리잔.

vénitien(ne) [venisjɛ̃, ɛn] a. 베네치아(*Venise*)의, 베니스의. blond 〜 베네치아 블론드 (붉은 기가 도는 금발). lanterne —*ne* (아코디언식) 종이 등.

—V— n. 베네치아 사람. —n.m. (이탈리아어 (語)의) 베네치아 사투리. —n.f. 《직물》베니스 (광택이 있는 무늬 직물).

vénosité [venozite] n.f. 《해부》(기관의) 정맥부

‡vent [vɑ̃] n.m. ① ⓐ 바람. Il y a du 〜 [Il fait du 〜] aujourd'hui. 오늘은 바람이 분다. Le 〜 se lève [tombe]. 바람이 인다[잔다]. Le 〜 souffle de l'est. 바람이 동쪽에서 불어온다. Il n'y a pas un souffle [《구어》 un brin] de 〜. 바람 한 점 없다. coup de 〜 돌풍. 〜 du nord 북풍. 〜 solaire 《물리》태양풍. moulin à 〜 풍차. instruments à 〜 《음악》 관악기 《생략해서 〜s 이라고도 함》. aller les cheveux au 〜 머리칼을 바람에 날리어 가다. rapide comme le 〜 바람처럼 빠른, 쏜살 같은. ⓑ 《해상 용어》au gré (à la merci) du 〜 (배가) 바람 부는 대로 휩쓸리어. avoir le 〜 en poupe (bon 〜, le 〜 arrière) 순풍을 받고 항행하다. avoir le 〜 contraire (debout); naviguer sous le 〜 맞바람 [역풍]을 받고 항행하다. venir au 〜 (나침반의) 반면, 윈드로즈. ⓒ 공기, 대기. exposer qc au 〜 …을 밖에 내놓다. flotter au 〜 공중에 떠돌다, 바람에 휘날리다. prendre du 〜 (포도주가) 시어지다.
ⓓ (바람이 불어오는) 방향, 방위. quatre 〜s 사방, 동서남북. aux quatre 〜s; à tous les 〜s 사방으로. semer à tout 〜 사방에 뿌리다. ⓔ 《사냥》냄새를 풍겨오는 바람, 냄새나는 방향. chasser au (dans le) 〜 (개가) 냄새나는 쪽으로 쫓아가다.

② 분위기; 형세, 동향. Le 〜 tourne. 형세가 달라진다. Le 〜 est au pessimisme. 추세는 비관적이다. Il souffle un 〜 de révolte. 반란의 낌새가 있다. observer d'où vient le 〜 사태를 관망하다. 〜 de l'adversité 역경.

③ (장 속의) 가스; 방귀. avoir des 〜s 배에 가스가 차 있다. lâcher un 〜 방귀를 뀌다.

④ 헛된 것, 무가치한 것. C'est [Ce n'est que] du 〜. 그것은 헛된 일(약속)이다.

aller comme (plus vite que) le 〜 ; fendre le 〜 재빨리 가다 (이동하다).

vent

aller selon le ~. ⓐ 풍향에 맞춰 항해하다. ⓑ 시류〔정세〕에 영합하다.
Autant en emporte le ~. ⓐ (바람에 쓸려) 아무것도 남지 않을 것이다 ; 그건 헛된 일〔약속〕이다. ⓑ 바람과 함께 사라지다.
avoir le ~ dans les voiles [*en poupe, dans le dos*] (사업 따위가) 순풍에 돛단 듯하다, 순조롭다.
avoir ~ de qc (《드물게》 qn) …을 감지하다, (풍문 따위로) 듣다. *J'ai eu ~ de cet accident.* 나는 그 사고를 소문으로 들었다.
Bon ~! (비꼼) 잘됐군 (귀찮은 사람을 간신히 쫓아 버렸을 때 하는 말) (Bon Débarras).
contre ~s et marées 가지은 장애를 헤치고. *Il a accompli sa tâche contre ~s et marées.* 그는 만난을 무릅쓰고 임무를 수행했다.
dans le ~ 유행하는. *mots dans le ~* 최근 유행하는 새로운 말들.
Du~. 《속어》 꺼져, 사라져.
en coup de ~ ⓐ (돌풍을 받은 듯이) 흐트러져 있는. *être coiffé en coup de ~* 머리가 흐트러져 있다 ; 몸차림에 무신경하다. ⓑ (돌풍처럼) 신속하게.
en plein ~ 바람을 맞으며 ; 야외에서. *dormir en plein ~* 노숙하다. *théâtre en plein ~* 야외극장. *arbre en plein ~* 노지재배의 과수.
envoyer au ~ 단념하다.
être au-dessus du ~ (옛) 경쟁 상대보다 우세하다 ; 돈 걱정이 없다.
être au ~ d'un danger 위험한 것에 가까이 하지 않다.
être ~ dessus (,) ~ dedans (옛 · 구어) 취해 있다.
faire du ~ ⓐ 바람을 보내다, 부채질하다. ⓑ(구어) 거드름 피우다, 잘난 체하다. ⓒ (구어) 쓸데없는 것에 열성이다.
jeter au ~ 흩트러버리다 ; (구어) 집어던지다 ; 쫓아버리다 ; (문어) 뭉개버리다, 없는 것으로 하다. *Il a jeté au ~ les protestations.* 그는 항의를 받아들이지 않았다.
le nez au ~ ⓐ 고개를 들고. ⓑ (개가) 냄새를 맡으며. ⓒ (사람이) (재미있는 것을 찾으려고) 기웃기웃하며, 빈둥거리며.
prendre le ~ ⓐ (배가) 순풍에 돛을 올리다. ⓑ (동물이) 주위의 냄새를 맡다. ⓒ (사태의) 진전을 지켜보다 (observer d'où vient le ~).
Qui sème le ~ récolte la tempête. (속담) 사람은 자기가 뿌린 씨를 거두는 법이다.
Selon le ~, la voile. (속담) 바람에 따라 돛을 펴라, 능력〔방법〕에 맞춰 계획하라.
tourner (virer) à tous les ~s [*au moindre ~*] 변덕이 심하다.
vendre du ~ et de la fumée 헛된 약속을 하다, 공수표를 떼다.

ventage [vɑ̃taːʒ] *n.m.* (곡물의) 키질 ; 풍구질.
ventail (*pl. aux*) [vɑ̃taj, -o] *n.m.*, **ventaille** [vɑ̃taj] *n.f.* 《고고학》 (투구 면갑의) 바람구멍.
***vente** [vɑ̃ːt] *n.f.* 판매, 매각 (↔ achat) ; 매매계약 (contrat de ~) ; (기업의) 판매업무(과). *~ automatique* 자동판매. *~ domaniale* 국유지 매각. *~ à domicile* 방문판매. *prix de ~* 판매 가격. *~ à bon marché* 염가판매. *~ promotionnelle* ; *~ réclame* 대매출, 특매. *~ publique* [*aux enchères*] 경매. *marchandise hors de ~* 비매품. *point de ~* (어떤 상품의) 취급점, 판매점. *service après* (-)*~* 애프터서비스(과). *~ en gros* [*au détail*] 도매 [소매]. *~ de charité* 자선판매, 바자. ⓐ 매상, 매상고 ; (*pl.*) 팔린 물건. *Cette boutique a de la ~.* 이 가게는 매상을 올린다. *marchandise de (bonne) ~* 잘 팔리는 [팔리기 쉬운] 상품. *~ brute* 총매상(고). *promotion des ~s* 판매 촉진. ⓑ 《임업》

벌채 (伐採) ; 벌채된 구역 [목재] ; (숲 속의) 숯구이 터. *jeune ~* (벌채 후) 어린 나무들이 자라는 구역. ⓒ 《역사》 숯구이 당원(carbonaro)의 집회 [하부조직].
en ~ 판매중인, 팔기 위해 내놓은. *être en ~* 판매중이다. *mettre qc en ~* …을 판매하기 시작하다.
médicament en ~ libre 자유판매 [시판]되는 약품.

venté(e) [vɑ̃te] *a.p.* 바람이 불어대는 ; 바람에 휩쓸리는. *plaine ~e* 바람이 불어대는 들판. *arbre faux ~* 바람으로 성장이 부실한 나무.
venteau [vɑ̃to] (*pl. ~x*) *n.m.* (풀무의) 바람구멍.
ventelle [vɑ̃tɛl] *n.f.* = **vannelle**.
venter [vɑ̃te] *v.imp.* (바람이) 불다. (비인칭) *Il vente.* 바람이 분다. *qu'il pleuve ou qu'il vente* 비가 오거나 바람이 불거나, 어떤 날씨라도.
— *v.i.* (옛) 방귀를 소리없이 뀌다.
— *v.t.* (옛) 부채질하다 (éventer).
venteux(se) [vɑ̃tø, -øːz] *a.* ⓐ 바람이 부는 ; 바람 맞는. *mois ~* 바람이 부는 달. ⓑ (장내에) 가스를 발생시키는, 가스에 의한. *colique ~se* 장내 가스에 의한 복통.
ventilateur [vɑ̃tilatœːr] *n.m.* 배기통, 환기장치, 벤틸레이터 ; 송풍기 ; 선풍기 (*~ électrique*).
ventilateur-aérateur [vɑ̃tilatœːraeratœːr] (*pl. ~s-~s*) *n.m.* 환기장치, 팬.
ventilation [vɑ̃tilasjɔ̃] *n.f.* ⓐ 환기, 통풍 ; 환기통. *~ naturelle* 자연환기. *~ pulmonaire* 폐의 환기, 호흡. *assurer une bonne ~ de l'atmosphère* 환기를 잘하다. ⓑ 《법》 비례평가 (매각물을 매 전체 중의 어느 부분을 사정(査定)하는 것). 《회계》 (지출·예금 따위의) 분배, 할당. ⓒ 분류, 배치.
ventiler [vɑ̃tile] *v.t.* ⓐ 환기하다, (의) 통풍이 잘 되게 하다 (aérer). *ouvrir une fenêtre pour ~ la chambre* 방을 환기하기 위해서 창문을 열다. *restaurant mal ventilé* 환기가 잘 안되는 식당. ⓑ 《법》 (한 몫에 판 것의) 개개의 평가를 하다 ; 《회계》 배분하다, 할당하다. *~ les dépenses* 지출을 배분하다. ⓒ 분류하다, 그룹으로 나누다. *~ le personnel* 종업원을 배치하다.
ventileuse [vɑ̃tiløːz], **ventilateuse** [vɑ̃tilatøːz] *n.f.* (벌집의 통풍을 위해 입구에서) 날개치는 벌.
ventiller [vɑ̃tije] *v.i.* 바람이 솔솔 불다.
ventillon [vɑ̃tijɔ̃] *n.m.* (풀무의) 바람구멍 조절коп.
ventis [vɑ̃ti] *n.m.pl.* 《임업》 바람에 쓰러진 수목. *faux ~* (기계로) 쓰러뜨린 수목 ; (바람에 넘어지지도 록) 뿌리를 내린 나무들.
ventolier [vɑ̃tɔlje] *a.m.* 《사냥》 바람 속을 나는, 바람을 거슬러 나는. — *n.m.* 바람을 꺼리지 않는 새. *~ oiseau bon ~* 바람에 강한 새.
ventôse [vɑ̃toːz] *n.m.* 《프랑스사》 풍월 (프랑스 공화력의 제 6월 ; 2월 19 [20·21]일부터 3월 20 [21] 일까지).
ventosité [vɑ̃tozite] *n.f.* (옛) 《의학》 (장내에) 가스 차기, 가스 팽창.
ventouse¹ [vɑ̃tuːz] *n.f.* ⓐ 《의학》 흡각(吸角) (종모양의 작은 흡혈기 (吸血器) 이며 피부에 접착시켜서 그 압력으로 피를 빨아들임). ⓑ (고무제품의) 흡반(吸盤) ; 《동물》 (문어·거머리 따위의) 흡반. *fléchette à ~* 흡반달린 화살. ⓒ *voiture ~* (장시간 노상 주차중인) 방치 자동차.
faire ~ 흡반처럼 달라붙다.
ventouse² *n.f.* ⓐ 환기 (통풍) 구 ; 바람구멍 ; (배의) 환기통 ; 둥근 창, 현창(舷窓). ⓑ (석탄로로 따위의) 통풍구, 공기 제거를 위한 구멍. ⓒ (차도의 부분적인) 패임, 함몰 (陷沒).
ventouser [vɑ̃tuze] *v.t.* 《의학》 (병자에게) 흡각을

ventouseur(se) [vãtuzœːr, -ø:z] *a., n.* 흡각치료를 하는(사람).
ventral(ale, *pl.* **aux**)[vãtral, -o] *a.* 배의, 복부의 (abdominal, ↔ dorsal). nageoires ~*ales* 배지느러미. rouleau 〖스포츠〗(높이뛰기에서) 배를 밑으로 하고 뛰어넘기. —*n.m.* (복부에 장치하는)에 비 낙하산(parachute ~).
:ventre [vãːtr] *n.m.* ① 배, 복부. se coucher sur le ~ 엎드리다. oiseau au ~ gris 복부가 회색인 새. bas ~; 〖옛〗petit ~ 아랫배; 음부. danse du ~ 벨리 댄스. avoir(prendre) du ~ 배가 나오다. rentrer le ~ 배를 들어가게 하다. ②(위·장의 뜻으로)배. se remplir le ~ 배를 채우다. avoir le ~ plein (creux) 만복(공복)이다. avoir mal au ~ 배가 아프다. avoir le ~ paresseux 위장이 약해지다. ne songer qu'à son ~ 먹는 것밖에는 생각하지 않는다. ③ 태내(胎內). dès le ~ de sa mère 어머니의 뱃속에 있을 때부터, 태어나기 전부터. curateur au ~ 〖법〗(임신 중에 남편을 잃은 아이의) 태아의 후견인. ④(사물의)불룩한 부분, (차체 따위의)밑 부분, 하부. ~ d'une cruche 물단지의 불룩한 부분. Le mur fait ~ 벽이 불룩 튀어나왔다. hauteur sous ~ (차체의)바닥부분. ⑤〖물리〗(파동·진동의 진폭의)최대폭. ⑥〖옛〗채내; 뱃속〖오늘날에는 다음과 같은 숙어적 표현으로 사용됨〗. savoir (voir) ce que *qn* a dans le ~ …의 참뜻(진가)을 알다, 뱃속을 짐작하다. mettre (remettre) du cœur au ~ …에 힘을 내게 하다, 용기를 북돋다.
à plat ~ ⓐ 배를 깔고, 엎드려서. dormir *à plat ~* 엎드려서 자다. ⓑ 굽실거리며. se mettre *à plat ~ devant qn* …앞에서 굽실거리다.
avoir qc dans le ~ …의 의욕이 있다, …할 생각〖속셈〗이다.
faire mal au ~ à qn …의 마음을 상하게 하다.
faire rentrer les paroles dans le ~ à qn〖구어〗…로 하여금 자기가 한 말을 후회케 하다.
ne pas avoir la reconnaissance du ~〖구어〗자기를 먹여준(키워준) 사람에게 감사할 줄 모르다.
passer(*marcher*) *sur le ~ de qn* (목적달성을 위해) …를 짓밟다, 짓밟고 넘어가다.
se faire un Dieu de son ~ 먹는 것을 제일로 삼다.
se serrer le ~ 허리띠를 졸라매다; 먹지 않고 지내다.
Tout fait ~. 무엇을 먹어도 배는 부르다. ᅟᅠ다.
~ à terre 전속력으로. courir *à terre* 전속력으로 달리다.
V— affamé n'a pas d'oreilles.〖속담〗배고프면 눈에 보이는 것이 없다.

ventrebleu [vãtrəblø] *int.*〖옛〗제기랄! 빌어먹을! ᅟᅠ의.
ventre-de-biche [vãtrədəbiʃ] *a.*〖불변〗엷은 갈색
ventrée [vãtre] *n.f.*〖옛〗배의 새끼. ②〖구어〗배를 채울 만한 음식물; 엄청남, 과잉. manger une (bonne) ~ de *qc* …을 잔뜩 먹다.
ventregris [vãtrəgri], **ventre-saint-gris** [vãtrəsɛ̃gri] *int.*〖옛〗제기랄! 〖Henri 4세가 즐겨 썼다는 간투사〗.
ventriculaire [vãtrikyleːr] *a.* 〖해부〗심실(뇌실)의;〖동물〗위의(前胃)의.
ventricule [vãtrikyl] *n.m.*〖해부〗실, 심실, 뇌실. ~ du cœur 심실(心室). ~ cérébral 뇌실. ②〖동물〗전위(前胃).
ventriculographie [vãtrikylɔgrafi] *n.f.* 뇌실 촬영법; 심실(心室) 촬영법.
ventrière [vãtrjɛːr] *n.f.* ①(말의)복대, 뱃대끈 (sous-~). ②〖임신부의〗복대. ③〖선박〗복판목(腹板木). ④〖건축〗(마룻대와 들보 사이의)중

간 도리, 중도리.
ventriloque [vãtrilɔk] *a.* 복화(腹話)(술)을 할 수 있는. —*n.* 복화술사.
ventriloquie [vãtrilɔki] *n.f.* 복화술, 복성(腹聲).
ventripotent(e) [vãtripɔtã, -ãːt] *a.*〖구어〗배가 뚱뚱한, 배가 나온(ventru).
ventrouiller (se) [s(ə)vãtruje] *v.pr.* (사람이)진흙 속에서 뒹굴다; 〖뜻고기가)진흙 속에 가라앉다.
ventru(e) [vãtry] *a.* (사람이)배뚱뚱이의, 배가 나온; (뜻기 등이)불룩한, 불룩하게 튀어 나온. —*n.* 배가 나온 사람. —*n.m.* (*pl.*)(왕정복고 시대의)정부측 의회 의원.
venturi [vãtyri] *n.m.* (< *Venturi,* 이탈리아의 물리학자) 〖물리〗〖벤튜리 관(기체의 유속(流速) 측정 기구〗. (기화기(氣化器)의)벤튜리.
venu(e¹) [v(ə)ny] (*p.p.< venir*) *a.p.* ① bien [mal] ~ 발육이 좋은 (나쁜). 잘된 (잘못 된). enfant mal ~ 발육이 나쁜 아이. peinture bien *-e* 잘 그려진 그림. ②[être mal ~ de/〖구어〗à + *inf.*] …할 근거 〖자격〗가 없다. Ils *sont mal ~s de s'en plaindre.* 그들은 그것에 대해서 불평할 자격이 없다. (비인칭) Dans un moment pareil, il *serait mal ~ de plaisanter*. 이런 때 농담하는 게 아니오. ③ tard ~ (아이들 형제·자매가)나이가 터울이 큰, (양친이)나이가 다음의; (집회 따위에)늦게 온. ④ être bien [mal] ~ 환대 〖냉대〗받다. —*n.* 온 사람. le premier ~ 제일 먼저 온 사람; 아무나, 누구든지, 정체불명의 사람. le dernier ~ 마지막에 온 사람; 하찮은 좋은 사람. nouveau ~ 새로운 얼굴, 신참자.

venue² *n.f.* ① 오기, 도착, 도래; 탄생. Je me réjouis de sa ~. 나는 그가 오는 것이 기쁘다. ~ du Messie 구세주의 강림. allées et ~s 왕래, 분주함. ② 발육 (성장) 상태; (작품 따위의) 생성됨, 됨됨이. enfant d'une belle ~ 발육이 좋은 아이. Ce portrait n'est pas d'une seule ~. 이 초상화는 단번에 그려진 것이 아니다 (수정이 가해졌다). première ~ 새싹; 소묘, 초벌.
tout d'une ~ 곧게. 빤은. tige *tout d'une ~* 곧게 뻗은 줄기. caractère *tout d'une ~* 직설 성격.
Vénus [venys] *n.pr.f.* ①〖로마신화〗비너스〖사랑과 미의 여신; 그리스신화의 *Aphrodite*에 해당). ②〖천문〗금성. —*n.f.* ①절세미인. ② 비너스 상. ~ de Lespugue 레스퓨그의 비너스〖구석기 시대의 모신상(母神像)의 하나). ③ coup de poid de ~〖구어〗성병, 화류병; ~ de carrefour〖옛·속어〗거리의 창녀. ④ 〖옛〗여성적인 매력, 우아함〖소문자로 씀〗.
vénus [venys] *n.f.* ①〖패류〗〖백합(白蛤)과. ②~ attrape-mouches 〖식물〗끈끈이주걱, 파리지옥. ③ 동(銅)〖연금술사의 cuivre에 대한 호칭〗. vert (cristaux) de ~ 초산동.
vénusien(ne) [venyzjɛ̃, -ɛn] *a.* ①금성 (Vénus)의. ②〖심리〗(성격이)온화한. —*V~s n.m.pl.* 금성인(人). ③. 온화한 사람.
vénusté [venyste] *n.f.*〖문어〗우미(優美), 우아.
venvole (**à la**) [alavãvɔl] *loc.ad.* 경솔하게.
vêpre [vɛpr] *n.m.*〖옛〗저녁(soir). donner le bon ~ 저녁〖밤〗 인사를 하다.
vêpre [ve(ɛ)pr] *n.f.*〖옛·시〗저녁 때 (soirée).
vêpres [vɛpr] *n.f.pl.* ①〖가톨릭〗만과(晚課)〖종과(終課)(complies) 전에 바치는〗. ② *V~* siciliennes 〖역사〗시칠리아의 만과〖1282년 시칠리아에서 만과의 종소리를 신호로 행해진 프랑스병사 학살사건〗.
***ver** [vɛːr] *n.m.* (지렁이·회충 따위의)벌레; (곤충 따위의)유충(larve), 모충(chenille); 구더기. ~ à

soie 누에 (*pl.* ~*s* à soie [vɛraswa]). élevage des ~*s* à soie 양잠(sériciculture). ~ blanc 풍뎅이의 유충. ~ de mer 배종벌레조개. ~ de sable[des pêcheurs] 갯지렁이. ~ de terre 지렁이; 하찮은 존재. ~ solitaire 《동물》촌충. ~ luisant 반딧 벌레의 암컷(유충). ~ d'eau 물여우. ~ des morts(des restes) 《문어》시체를 파먹는 벌레, 구더기. poudre à ~ 구충가루약. Le ~ est dans le fruit. (비유적) 내부에 붕괴의 조짐이 있다.
avoir le ~ *solitaire* 《구어》는 배가 고프다, 대식가이다.
(meuble) *mangé aux* (*rongé des, piqué des*) ~*s* 벌레먹은 (가구).
nu comme un ~ 《구어》벌거벗은, 알몸인; 빈털터리의.
tirer les ~*s du nez à qn* 《구어》…으로 하여금 입을 열게 하다, …을 유도 신문하다.
~ *rongeur* 뉘우침, 양심의 가책; 점차적인 파멸; 《구어》《시가체》세relative 마차, 택시.

vérace [vɛras] *a.* (보고 따위가)진실한, 진상의; (성격 따위가)정직한.

véracité [vɛrasite] *n.f.* ① 진실성; 성실, 정직; 진실의 추구. ~ d'un témoignage 증언의 진실성. décrire avec ~ 있는 그대로 묘사하다. ② ~ divine 《종교》신의 무류성(無謬性)《신은 과오가 없으며 인간을 속이지 않음》.

véraison [vɛrɛzɔ̃] *n.f.* 《농업》(과일, 특히 포도의)성숙, 색깔이 들기.

véranda [vɛrɑ̃da] 《영》*n.f.* 베란다.

vérascope [vɛraskɔp] *n.m.* 《사진》쌍안 사진기.

vératre [vɛratr] *n.m.* 《식물》여로속(屬). ~ blanc 박새.

vératrine [vɛratrin] *n.f.* 《화학》베라트린《여로속(vératre)의 뿌리에 포함된 혈압 강하제·근육 수축제의 효과가 있는 알칼로이드 혼합물》.

vératrique [vɛratrik] *a.* acide ~ 《화학》베라트린산(酸).

vératrol [vɛratrɔl] *n.m.* 《화학》베라트롤《방부제·진통제로 쓰임》.

verbal(*ale, pl. aux*) [vɛrbal, -o] *a.* ① 구두(口頭)의, 구술의; 《영》 promesse ~*ale* 구두 약속. rapport ~ 《학회 따위에서》구두 발표《보통 토론을 하지 않음》. note ~*ale* 《외교상의》구두 통첩, 무서명 각서. réponse ~*ale* 《컴퓨터의》음성응답. location ~*ale* 계약서 없는 임대차 계약; 《방 따위의》무기한 임대차. ② 언어의, 자의(字義)의; 말로 하는. comportement ~ 언어행동. explication ~*ale* 《내용을 건드리지 않는》자의 해석. violence ~*ale* 격한 말투, 언어의 폭력. courage purement ~ 말뿐인 용기. ③ 《언어》동사의, 동사에서 파생된. adjectif ~ 동사적 형용사. locution ~*ale* 동사구. phrase ~*ale* 동사문.

verbalement [vɛrbalmɑ̃] *ad.* 구두로, 말로. Il ne le promit que ~. 그는 그것을 구두로만 약속했다.

verbalisateur [vɛrbalizatœːr] *n.m.* 조서(調書)작성자. ~-*a.m.* 조서를 작성하는. agent ~ 조서를 작성하는 경관.

verbalisation [vɛrbalizasjɔ̃] *n.f.* ① 《법》조서작성. ② 《심리》언어표현 행위.

verbaliser [vɛrbalize] *v.i.* ① 조서를 작성하다. L'agent de police a verbalisé. 경관이 조서를 작성했다. ② 《심리》(마음 속의 상념 따위를)언어화하다(*v.t.* 로도 사용). ③ 《옛》잡담하다.

verbalisme [vɛrbalism] *n.m.* (내용보다)언어에 대한 편중, 언어 편중주의; 어구(語句)에 대한 집착; 쓸데없는 잔소리.

verbascum [vɛrbaskɔm] *n.m.* 《식물》현삼과(科)의 1속(屬).

*verbe [vɛrb] *n.m.* ① 《언어》동사. conjuguer un ~ 동사를 활용(변화)시키다. temps (modes) du ~ 동사의 시제(법). ~ intransitif (transitif) 자동 (타동)사. ~ à l'indicatif 직설법으로 쓰인 동사. ~ actif (passif) 능(수)동사. ② 어조, 말투; 《문어》언어표현, 말. Il parle avec le ~ mordant. 그는 신랄한 어조로 말한다. avoir le ~ haut 언성이 높다; 고압적으로 (고자세로)말을 하다. ~ poétique 시적 표현 (언어). ③ V~ 《신학》말씀《삼위일체의 제 2위격(le Fils)를 말함》. Au commencement était le V~, et le V~ était en Dieu, et le V~ était Dieu. 태초에 말씀이 계시니라, 이 말씀이 하느님과 함께 하셨으니 이 말씀은 곧 하느님이시니라《요한복음》. V~ incarné 사람의 몸을 받은 말씀《그리스도를 말함》.

verbénacé(**e**) [vɛrbenase] 《식물》*a.* 마편초과(科)의. ―*n.f.pl.* 마편초과.

verbération [vɛrberasjɔ̃] *n.f.* 《옛》《물리》(소리를 내는)공기의 진동.

verbeusement [vɛrbøzmɑ̃] *ad.* 수다스럽게.

verbeux(**se**) [vɛrbø, -øːz] *a.* 수다스러운, 말이 많은 (bavard). orateur ~ 수다스러운 연설자.

verbiage [vɛrbjaʒ] *n.m.* 수다, 다변, 객설.

verbiager [vɛrbjaʒe] ③ *v.i.* 《구어·드물게》수다떨다, 군소리하다.

verbiageur(**se**) [vɛrbjaʒœːr, -øːz] *n.* 《구어·드물게》수다장이, 다변가.

verbigération [vɛrbiʒerasjɔ̃] *n.f.* 《심리》되풀이 말하기《정신 분열증이나 노인성 망령의 증세로 말이나 문장을 두서없이 무의미하게 되풀이하여 늘어놓음》, 요설증(饒舌症).

verbo-iconique [vɛrbɔikɔnik] *a.* 《학술》(시청각 교육에서)언어와 영상 관계의.

verbomanie [vɛrbɔmani] *n.f.* 《심리》언어광《병적 요설증》; 다변, 수다, 요설.

verboquet [vɛrbɔkɛ] *n.m.* 《건축》(건축재료를 끌어올릴 때 벽에 걸리지 않고 밑에서 조종하는)밧줄, 아귀.

verbosité [vɛrbozite] *n.f.* 수다, 다변, 객설.

verbo-tonal [vɛrbɔtɔnal] (*f.* ~~*e, pl.* ~~*s*) *a.* système ~ 《언어》《발음 교정·어학 교육에 이용하는 》언어 청각법.

ver-coquin [vɛrkɔkɛ̃] (*pl.* ~*s*-~*s*) *n.m.* ① 《농업》(포도 따위에 붙는)포도 모충. ②《수의》(양에 붙는)공미충(共尾蟲); 《양의 》현훈병(眩暈病). ③ 《옛》변덕.

verdage [vɛrdaʒ] *n.m.* 《농업》녹비(綠肥).

verdagon [vɛrdagɔ̃] *n.m.* 《옛》(숙성이 덜 되어서)신맛이 강한 포도주.

verdal [vɛrdal] (*pl.* ~*s*) *n.m.* 《건축》포장용(鋪裝用) 유리.

verdale [vɛrdal] *n.f.* ① 《식물》올리브의 일종《초록빛 열매가 열리는 》. ② 《사투리》《조류》멧새.

verdâtre [vɛrdɑːtr] *a.* 초록빛 도는, 푸르스름한. mer ~ 초록빛의 바다. teint ~ 창백한 얼굴.

verdaud(**e**) [vɛrdo, -oːd] *a.* (과일이)아직 익지 않은, 푸르스름한.

verdée [vɛrde] *n.f.* (이탈리아산의)초록빛 도는 백포도; (그 포도로 만든)백포도주.

verdelet(**te**) [vɛrdalɛ, -ɛt] *a.* ① vin ~ 《옛·사투리》(숙성이 덜 된)약간 신맛이 도는 포도주. ② vieillard ~ 《옛·구어》아직 정정하는 노인. ③ 《옛》(엷게)녹색이 도는.

verderie [vɛrd(ə)ri] *n.f.* 《옛》삼림 감시관의 감시구역 (권한).

verdet [vɛrdɛ] *n.m.* 〖상업〗 녹청(綠靑)《건축도료》. ~ gris 초산(제 2)동.
verdeur [vɛrdœːr] *n.f.* ① (덜 익은 과일·포도주 따위의)신맛, 떫음. ② (특히 노인의)정정함. dans la ~ de l'âge 한창 젊을 때. ③ (표현의)대담함, 분방함; (표현의)신랄함.
verdict [verdikt] *n.m.* ① 〖법〗 (배심원의)평결(評決). ~ d'acquittement ; ~ négatif 무죄 평결. ~ de culpabilité ; ~ positif 유죄 평결. ② 심판, 재판; 결정, 판정. attendre le ~ des électeurs 유권자의 심판을 기다리다.
verdier [vɛrdje] *n.m.* 〖조류〗 (유럽산)방울새 ; 〖옛〗 〖역사〗 삼림 감시관.
verdillon [vɛrdijɔ̃] *n.m.* ① 〖직조〗 날실을 고정하는 막대. ② 〖광산〗 석반(石盤)을 벗기는 지렛대.
verdir [vɛrdiːr] *v.t.* 녹색[초록빛]으로 만들다, 푸르게 하다.
—*v.i.* ① 녹색[초록빛]으로 되다, 푸르러지다 ; 잎이 무성해지다 ; 싹이 돋다. Les champs verdissent au printemps. 봄이 되면 들은 푸르러진다. ② (공포에 질려)창백해지다(blêmir). ~ de peur 겁에 질려 창백해지다. ③ (구리에)녹청이 생기다.
verdissage [vɛrdisaːʒ] *n.m.* 녹색[초록빛]으로 만들기[되기], (특히 규조류(硅藻類)에의 한 굴의)녹변(綠變).
verdissant(e) [vɛrdisɑ̃, -ɑ̃ːt] *a.* 푸르름이 더해가는, 녹색으로 되어가는.
verdissement [vɛrdismɑ̃] *n.m.* ① 녹색[초록빛]으로 되기, 녹화. ② 〖식물〗 엽록소 형성.
verdoiement [vɛrdwamɑ̃] *n.m.* (초목이나 목장의) 푸르러지기(verdissement).
verdoyant(e) [vɛrdwajɑ̃, -ɑ̃ːt] *a.* 푸르른, 녹색의. prairie ~*e* 푸른 목장.
verdoyer [vɛrdwaje] [7] *v.i.* (초목·초원·산야 등이)녹색[초록빛]으로 되다, 푸르러지다.
verdunisation [vɛrdynizasjɔ̃] *n.f.* (자벨수(eau de Javel)를 첨가한)물[음료수]의 살균.
verduniser [vɛrdynize] *v.t.* (자벨수를 첨가하여 물)을 살균하다, (물)을 염산 처리하다《제 1 차 대전 때 Verdun에서 이 방법이 사용됨》.
verdunois(e) [vɛrdynwa, -aːz] *a.* 베르됭(Verdun, 프랑스의 도시)의. —**V**~ *n.* 베르됭 사람.
verdure [vɛrdyːr] *n.f.* ① (초목의)푸르름 ; (푸른)초목, 풀[잎] 덤불. rideau de ~ 푸른 나무들의 막. tapis de ~ 푸른 잔디. cabinet[salle] de ~ (수목으로 만들어진)정자, 암자. théâtre de ~ (푸르름에 둘러싸인)야외 극장. ② (특히 샐러드에 쓰는)생야채, 푸른 야채. ③ 잎사귀 무늬의 장식 융단(tapisserie de ~, tapisserie à ~*s*).
verdurette [vɛrdyrɛt] *n.f.* 〖구어〗녹색의 자수. ~ d'un académicien 아카데미 회원의 예복에 다는 녹색의 자수.
verdurier(ère) [vɛrdyrje, -ɛːr] *n.* 〖옛〗야채장수, 청과(靑果)상인.
vérécondieux(se) [verekɔ̃djø, -øːz] *a.* 〖문어〗신중한.
vérétille [veretij] *n.m.*[*f.*] 〖동물〗 바다선인장《바다조름 비슷한 강장 동물》.
véreux(se) [verø, -øːz] *a.* ① (과일에)벌레가 든. 썩어빠진 ; 수상쩍은, 의심스러운. avocat ~ 타락한(악덕) 변호사. spéculation ~*se* 의심쩍은 투기. homme d'affaires ~ 신용할 수 없는 사업 가.
verge [vɛrʒ] *n.f.* ① (공구(工具) 따위의 금속·목제의)손잡이, 가는 막대 ; (옛날 집달리·법무관 따위의)의지팡(職杖); ② (쇠벌통의 같이 갈라진)채찍. 회초리. ~ de l'ancre 〖해양〗 닻채. ~ du bedeau 성당 수위의 권표장(權標杖). ② 베르주:@ 캐나다의 길이 단위로 0.914 m. ⓑ 옛날 토지측정 단위로 4 분의 1 아르팡(arpent). ③ 〖해부〗 음경(陰莖). ④ ~ d'or 〖식물〗 미역취.
donner des ~*s pour se faire fouetter* 상대에게 공격 무기를 주다 ; 적반하장의 엉뚱한 꼴을 당하다.
vergé(e') [vɛrʒe] *a.* ① 〖옛〗 〖직물〗 (염색·직조가 잘못되어)얼룩이 진 ; 줄무늬가 있는 ; 골지게 짠. ② (종이·투명한 줄무늬가 들어간. ③ (목재 따위가)벌레가 파먹은.
—*n.m.* 줄무늬가 비치는 종이(papier ~).
vergée² *n.f.* 〖옛〗 검지평방척(檢地平方尺)《토지면적의 단위, 20.429 아르》.
vergelet [vɛrʒəle], **vergelé** [vɛrʒəle] *n.m.* (Oise 강 유역산의)연질(軟質)석회암.
vergence [vɛrʒɑ̃ːs] *n.f.* 〖광학〗 (렌즈의)굴절력.
vergeoise [vɛrʒwaːz] *n.f.* 조당(粗糖)《제당 공정의 최초 단계로 재당 찌꺼기》.
verger¹ [vɛrʒe] *n.m.* 과수원.
verger² [3] *v.t.* 〖토지물〗검지척(檢地尺)으로 재다 ; (검지척의 눈금처럼 규칙적인)줄기를 넣다.
vergerette [vɛrʒəret] *n.f.* 〖식물〗 망초.
vergeté(e) [vɛrʒəte] *a.* ① 채찍질[매질]당한 흔적이 있는. ② (채찍 자국처럼)줄무늬가 있는.
vergeter [vɛrʒəte] [5] *v.t.* (먼지를 털기 위해 의복·카페트를)막대기로 두드리다.
vergetier [vɛrʒətje] *n.m.* (철사를 만들기 위한 철선의)압연공(壓延工) ; 〖옛〗 총채[양복솔] 제조[판매]인.
vergette [vɛrʒɛt] *n.f.* ① 작은 회초리[막대기]. ② (보석의)줄무늬 상처. ③ 〖문장〗 다섯 줄 이상의 가로줄무늬. ④〖옛〗옷솔, 작은 솔.
vergeture [vɛrʒətyːr] *n.f.* ① (보통 *pl.*) 〖의학〗 줄무늬 되기, 수축성 피부 손상《임산부의 복부 따위에 나타나는 줄무늬》. ② 채찍[매] 자국.
vergeure [vɛrʒyːr] *n.f.* ① 〖제지〗 (종이에 투명 무늬를 넣는)놋쇠줄 ; (그)놋쇠줄 자국. ② 〖직물〗 (잘못 짜서 생긴)얼룩.
verglacé(e) [vɛrglase] *a.p.* 빙판으로 덮인. route ~*e* 빙판[얼어붙은] 길.
verglacer [vɛrglase] [2] *v.imp.* 빙판이 지다 ; 빙판으로 덮이다.
verglas [vɛrgla] *n.m.* (땅의)빙판. accident de voiture dû au ~ 빙판으로 인한 교통사고. glisser sur une plaque de ~ 빙판에 미끄러지다.
vergne [vɛrɲ] *n.m.* 〖사투리〗 〖식물〗 오리나무.
vergobret [vɛrgɔbrɛ(t)] *n.m.* 〖역사〗 (골의 제(諸)부족의)독재집정관, 족장.
vergogne [vɛrgɔɲ] *n.f.* 〖옛〗부끄러움, 수치심《현재는 다음의 표현에만 쓰임》. sans ~ 후안무치하게, 파렴치하게.
vergogneux(se) [vɛrgɔɲø, -øːz] *a.* 〖옛〗파렴치한.
vergue [vɛrg] *n.f.* ① 〖해양〗 (돛의)활대. avoir (le) vent[être vent] sous ~ 뒷바람[순풍]을 받다. être ~ à ~ (두 척의 배가)활대가 부딪칠 정도로 접근해 있다. ② (포도의)열매 달린 가지.
véridicité [veridisite] *n.f.* 〖문어〗정직, 성실 ; 진실성(vérité). 정확성.
véridique [veridik] *a.* ① 진실한, 사실의. rapport ~ 실록(實錄). ② 〖문어〗진실을 말하는 ; 성실한. historien ~ 사실(史實)에 충실한 역사학자.
véridiquement [veridikmɑ̃] *ad.* 정직하게, 사실대로, 거짓 없이, 〖문어〗 진실되게, 정확하게.
vérifiable [verifjabl] *a.* 확인[검증]할 수 있는.
vérificateur(trice) [verifikatœːr, -tris] *n.* 검사관, 검사원 ; 검사자(檢驗者). ~ comptable[des comptes] 회계 검사관. ~ des douanes 세관 검사관. ~ des poids et des mesures 계량기 검사관. ~ des

vérificatif(ve) écritures 필적 감정가.
―*n.m.* 검사기, 계기(計器)(instrument).
―*a.* 감사[검사]하는; 검사에 사용하는. prendre des mesures ~*trices* 검사 처리하다.
―*n.f.* 【컴퓨터】(카드에 구멍뚫은 것을 검사하는)검사기, 검공기(檢孔器).

vérificatif(ve) [verifikatif, -i:v] *a.*《학술》검사에 필요한(사용되는).

vérification [verifikasjɔ̃] *n.f.* ① 검사, 감사; 확인, 점검; 입증. ~ de comptes 회계 감사. ~ d'un calcul 검산[계산]의 확인. ~ d'écritures 필적 감정; 문서의 진위 확인. ~ des créances (파산 수속에 있어서)채권 확인; (주식 총회에서)대리권 확인. ~ d'une hypothèse 가설의 실증. ② 【인쇄】교정(révision). ③ (제품의)품질검사(contrôle).

*****vérifier** [verifje] *v.t.* ① 확인하다; 검사하다, 감사하다. Il faut ~ cette rumeur. 이 소문을 확인할 필요가 있다. ~ des comptes 회계를 감사하다. ~ un moteur 엔진을 점검하다. ~ si tout va bien 모든 것이 순조로운지 확인하다. ② (의 정확함을)실증[입증]하다. ~ une hypothèse par l'expérience 실험에 의해서 어떤 가설을 입증하다.
―se ~ *v.pr.* (의 정확성이)실증[입증]되다. Ces pronostics *se sont vérifiés*. 그의 예상이 옳았다는 것이 입증되었다.

vérifieur(se) [verifjœr, -ø:z] *n.* 점검자; (특히 검공기(vérificatrice)를 취급하는)검공(檢孔) 담당.

vérin [verɛ̃] *n.m.* 잭, 손기중기. ~ hydraulique 수압잭.

vérine [verin], **verrine** [vɛrin] *n.f.* 【해양】갓고리 달린 방줄.

vérisme [verism] *n.m.* 진실주의(19세기 말 자연주의의 영향을 받아 이탈리아에서 일어난 문학·음악상의 반 낭만주의적 경향).

vérissime [verisim] *a.*《드물게》아주 진실한.

vériste [verist] *a.* ~s이탈리아 문학·음악에서의)진실주의의. romans ~s 진실주의 소설.
―*n.* 진실주의 작가.

:véritable [veritabl] *a.* ① 진짜의, 사실대로의(vrai, réel, ↔ faux). son ~ nom (가명이 아닌)진짜 이름. perle ~ 진짜 진주. ② 진실한, 참된, 정말의; 실제의. ~ ami 참된 친구. bénéfice ~ 실수익. ~ amour 참된 사랑. ~ paix 참된 평화. ~ art 참된 예술. ③ 전적인, 완전한. ~ folie (변명의 여지없을)전적인 실수[과오]. ~ canaille 완전한 악당. ~ drame 박진감이 넘치는 드라마. ④《옛》성실한, 진실만을 말하는, 박진감이 있는. drame ~ 박진감이 넘치는 드라마.

véritablement [veritabləmɑ̃] *ad.* ① 정말로, 실제로, 바로; 사실은. ②(문장 앞에서)확실히, 과연. ③《옛》정직하게.

Véritas (le) [ləveritɑ:s] *n.m.* 선급 협회(선급·선박의 등록을 취급)(Bureau ~); (선급 협회가 매년 발행하는)선명록(船名錄)(Registre ~).

:vérité [verite] *n.f.* ① 진리. chercher la ~ 진리를 탐구하다. ~ relative[subjective] 상대적[주관적] 진리. valeur[table] de ~ 【논리】진리값(眞理値), 진리치표. ~ formelle[matérielle] 형식적[실질적] 진리. ~s premières 기본적 진리. dire des ~s premières《비꼼》뻔한 이야기를 하다. ② 진실(성); 사실, 진상; 현실. La ~ dépasse la renommée. 사실은 평판을 능가하다. La ~ sort de la bouche des enfants. 사실은 아이들 입에서 나온다. dire[cacher] la ~ 사실을 말하다[감추다]. ~ historique 역사적 사실. C'est l'entière[la pure] ~; C'est la ~ vraie. 그것은 정확한 사실이다. La ~, c'est que ... 사실, 말하자면 ...이다. Toutes ~s ne sont pas bonnes à dire.《속담》사실을 말하는 것이 반드시 좋은 것은 아니다. ③ 박진성[감], 충실성. portrait d'une grande ~ 실물을 그대로 닮은(박진감이 있는) 초상화. cinéma~ 시네마 베리테(미학적 배려를 배제한 다큐멘터리 수법의 영화). ~ d'une reproduction 복제의 충실성. ④ 정직, 성실. parler avec l'accent de la ~ 솔직한 어조로 말하다. Il est la ~ même. 그는 성실 자체이다. ⑤ 참다운 모습; 본래, 특징. acteur qui s'interroge sur la ~ de ses personnages (배역)인물의 본질을 모색하고 있는(확실히 파악하지 못한) 배우. ⑥ 【신학】 진리(진리의 원천으로서의 신 자체를 말함; 가끔 대문자로 쓰임). la ~, Dieu même 진리가 곧 신. Jésus-Christ lui dit: Je suis la voie, la ~ et la vie. 예수 그리스도가 그에게 말하기를, 내가 길이요, 진리요, 생명이니라. ⑦ (V~) 진리의 화신(거울을 들고 우물에서 나오는 우의적(寓意的)인 나신(裸身)의 여성상).
à la ~ 실상, 사실로; 확실히. *A la* ~, je l'ai frappé, mais c'est lui qui m'avait provoqué. 확실히 내가 그를 때리기는 했지만 싸움을 건 쪽은 그이다.
dans la ~ 《옛》정말로, 실제로.
de ~ 《옛》실상, 확실히.
dire à qn des (quatre) ~s 《구어》...에게 마구 말하다; ...의 나쁜 점을 확실히 말해주다.
en ~ 정말로, 확실히, 실제로(단어을 강조). Ce phénomène est, *en* ~, fort étrange. 이 현상은 참으로 묘하다.
minute[quart d'heure] de ~ 《구어》결정적인 순간.

verjus [vɛrʒy] *n.m.* ① 신맛이 강한 포도즙(성숙이 덜 된 열매의 과즙으로, 식초로 사용됨). ② (거두어 들이)덜 익은 포도. ③ 신 포도주.
aigre [acide] comme du ~ 《엣·구어》매우 신; 성격이 무척 까다로운.

verjuté(e) [vɛrʒyte] *a.p.* (소스 따위에)신맛이 나는 포도즙을 친(가미된); (신 포도즙처럼)시큼한.

verjuter [vɛrʒyte] *v.t.* 신 포도즙으로 맛을 내다.

verlainien(ne) [vɛrlɛnjɛ̃, -ɛn] *a.* 베를렌(Paul Verlaine, 프랑스의 시인, 1844-1896)풍(風)의.
―*n.* 베를렌 숭배자.

vermandois(e) [vɛrmɑ̃dwɑ, -a:z] *a.* 베르망(Vermand, 프랑스의 도시)의. ―**V**~ *n.* 베르망 사람. ―**V**~ *n pr.m.* 베르망드와(프랑스 북쪽에 있던 옛 지방령).

vermée [vɛrme] *n.f.* 【어업】(낚싯줄에 달린)미끼 지렁이.

vermeil(le) [vɛrmɛj] *a.* 진홍빛의, 새빨간. bouche ~*le*; lèvres ~*les* 붉은 입술. ―*n.m.* 도금한 은.

vermet [vɛrmɛ] *n.m.* 【패류】뱀고둥.

vermi- *préf.* 「연충·벌레」의 뜻.

vermicelier [vɛrmisəlje] *n.m.* 버미첼리 제조인.

vermicelle [vɛrmisɛl] *n.m.* 【요리】이탈리아 스파게티보다 가는 면으로 수프에 넣음); 버미첼리 든 수프(potage au ~).

vermicellé(e) [vɛrmisele] *a.*《속어》=**vermicellerie**.

vermicellerie [vɛrmisɛlri] *n.f.* 버미첼리 제조소(업); 버미첼리 제조(법).

vermicide [vɛrmisid] *a.* 살충의, 구충의.
―*n.m.* 살충(구충)제.

vermiculage [vɛrmikylaʒ] *n.m.* 【미술】충적형(蟲跡形)무늬를 가하기(vermiculation).

vermiculaire [vɛrmikylɛ:r] *a.* 연충(蠕蟲)모양의, 구불구불한. appendice ~ 【해부】충양돌기(蟲樣突起). mouvement ~ (장의)연동(蠕動). tranchées au tracé ~ 구불구불한 참호. contraction ~ 【의학】연동(蠕動) 수축.

vermiculation [vɛrmikylɑsjɔ̃] *n.f.* 《미술》 =vermiculage.
vermiculé(e) [vɛrmikyle] *a.* ① 《미술》 충적형 (蟲跡形) 〈장식〉의. émaux ~s 충적형의 칠보. ② (주름·줄기 따위가)벌레가 기어간 듯한.
vermiculite [vɛrmikylit] *n.f.* 《광물》 운모의 일종《이것을 강하게 가열하면 연충(蠕蟲) 모양이 되며 건축·보온 단열재로 쓰임》.
vermiculure [vɛrmikyly:r] *n.f.* 《미술》 충적형 〈장식〉.
vermidiens [vɛrmidjɛ̃] *n.m.pl.* 《동물》 유연충류(類蠕蟲類).
vermification [vɛrmifikɑsjɔ̃] *n.f.* 《드물게》 (치즈 따위에)벌레가 생김.

vermiculure

vermiforme [vɛrmifɔrm] *a.* 연충(蠕蟲) 모양의.
vermifuge [vɛrmify:ʒ] 《약》 구충(驅蟲)의. —*n.m.* 구충제.
vermilingue [vɛrmilɛ̃:g] 《동물》 *a.* (카멜레온 처럼)혀가 가늘고 긴. —*n.m.pl.* 개미핥기과(科).
vermille [vɛrmij] *n.f.* 《어업》 (장어낚시용)주낙.
vermiller [vɛrmije] *v.i.* (멧돼지·돼지 따위가)먹이를 찾기 위해 땅을 헤치다(파다). ~ en fusées (멧돼지)땅을 곧게 파해친 흔적을 남기다.
vermillon [vɛrmijɔ̃] *n.m.* ① 주사(朱砂), 진사(辰砂). ~ d'antimoine 홍안광(紅安鑛). ② 주홍색. —*a.* (불변) 새빨간; 주홍색의, 붉은.
vermillonné(e) [vɛrmijɔne] *a.p.* 주홍색칠한; 주홍색이 된, 새빨개진.
vermillonner¹ [vɛrmijɔne] *v.t.* 주홍칠하다, 주홍빛으로 물들이다.
vermillonner² *v.i.* (오소리가 먹이를 찾느라고)땅을 파다(헤치다).
vermination [vɛrminɑsjɔ̃] *n.f.* 《의학》 기생충병, 기생충 감염.
vermine [vɛrmin] *n.f.* ① (집합적)(벼룩·이 따위의)벌레, 해충, 기생충. couvert de ~ 이가 낀. livre tout mangé de ~ 온통 벌레가 파먹은 책. ② (집합적)사회의 찌꺼기(기생충). ~ de ce quartier 이 지역의 악당.
vermineux(se) [vɛrminø, -ø:z] *a.* 《옛》 기생충의 (장·腸)기생충의. maladies ~ses 기생충병. ② 벌레(기생충)가 낀, (사람 따위가)구역주의 모임.
verminière [vɛrminjɛ:r] *n.f.* 《드물게》 《농업》 (사료로 쓰기 위한)유충을 기르는 구덩이.
vermis [vɛrmis] *n.m.* 《해부》 소뇌부(小腦部), 소뇌의 충양체(蟲樣體).
vermisseau [vɛrmiso] (*pl.* ~x) *n.m.* ① 작은 벌레, 구더기(지렁이·유충 따위). Ces oiseaux vivent de ~x 이 새들은 작은 벌레들을 먹고 산다. ② 하찮은 존재, 버러지. un si chétif ~ 보잘것없는 약한 자(인간).
vermivore [vɛrmivɔ:r] *a.* 《동물》 벌레를 먹는, 식충(食蟲)의.
vermouler(se) [s(ə)vɛrmule] *v.pr.* (가구 따위가) 벌레먹다; 변질하다, 색이 바래다, 퇴색하다.
vermoulu(e) [vɛrmuly] *a.* 《드물게》 (가구 따위가) 벌레먹은; 노후한; 달아 빠진. cette œuvre moisie et ~e 곰팡내나는 케케묵은 작품.
vermoulure [vɛrmuly:r] *n.f.* 벌레먹은 구멍, (벌레 먹는 나무구멍에서 나오는)나무가루. 《출산》
vermout(h) [vɛrmut] *n.m.* 베르뭇주(酒); 베르뭇.
vernaculaire [vɛrnakylɛ:r] *a.* 그 나라(지방) 고유의. langue ~ 지방어, 사투리(↔ véhiculaire). nom ~ 《생물》 (동식물에 대하여 일반적으로 사

용되는)통칭, 속칭. —*n.m.* (어떤 나라 특유의)토속어.
vernaille [vɛrna:j] *n.f.* 《광물》 강옥석(鋼玉石).
vernal(ale, *pl.* **aux)** [vɛrnal, -o] *a.* ①《문어》봄의. ② point ~ 《천문》 춘분점(春分點).
vernalisation [vɛrnalizɑsjɔ̃] *n.f.* 《농업》 (가을 을)봄밀로 만들기, 춘화(春化) 처리.
vernation [vɛrnɑsjɔ̃] *n.f.* 유엽태(幼葉態) (préfoliation); 화아층(花芽層) (préfloraison).
verne [vɛrn] *n.m.* 《식물》 =**vergne.**
verni(e) [vɛrni] *a.p.* ① 니스를 칠한, 옻(에나멜)을 칠한; 광택이 있는. table ~e 니스를 칠한 테이블. ②《구어》운이 좋은. *n.*《구어》운이 좋은 사람. —*n.m.* (*pl.*) 에나멜 구두.
vernicifère [vɛrnisifɛ:r] *a.* 《식물》 옻을 생성하는.
vernier [vɛrnje] *n.m.* 《기술》 부척(副尺). ①.
vernir [vɛrni:r] *v.t.* ① 니스(옻)를 칠하다; 《요업》 (에)유약(釉藥)을 바르다(입히다). ②《문어》 광택이 나게 하다, 윤이 나게 하다; 외관을 장식하다, 겉모습을 좋게 하다.
vernis [vɛrni] *n.m.* ① 니스, 니스; 《요업》 유약, 잿물; 칠피(漆皮). ~ à l'huile [à l'essence] 기름[휘발유]용 바니스. ~ isolant [hydrofuge] 절연[방수] 바니스. ②(니스의 칠한) 외관, 겉치레, 허식 (apparence). n'avoir que du ~ 오로지 겉치레뿐이다. ~ du Japon; arbre au ~ 《식물》 옻나무. avoir le ~ du monde 겉으론 세련된 것 같다.
vernissage [vɛrnisa:ʒ] *n.m.* ① 바니스(옻) 칠(하기); 《요업》 유약을 바르기. ② 베르니사주(미술전람회 개최 전날의 특별초대), être invité à un ~ 전람회의 특별초대에 초대받다. ③ 미술전람회의 개최일.
vernissé(e) [vɛrnise] *a.p.* ① 바니스(옻)를 칠한; 유약을 바른. ② 광택이 있는, 윤기나는; 《옛》아름답게 겉꾸민, 분장된. poterie ~e 유약을 바른 도기. tuiles ~es 유약을 바른 기와.
vernisser [vɛrnise] *v.t.* 바니스(옻)를 칠하다; 유약을 바르다. ~ une poterie 도기에 유약을 바르다.
vernisseur(se) [vɛrnisœ:r, -ø:z] *n.* 니스칠하는; 유약공(工). ~ sur cuir[en lutherie] 가죽(악기)에 바니스를 칠하는 사람.
vernissure [vɛrnisy:r] *n.f.* ① 바니스(옻)칠; 《요업》 유약을 바르기, 잿물을 먹이기. ② 칠한 바니스(옻); ③ 유약.
vernix caseosa [vɛrnikskazeɔza] 《라틴》 *n.m.* 《의학》 태아의 몸을 덮고 있는 지방 분비물.
vernolien(ne) [vɛrnoljɛ̃, -ɛn] *a.* 베르뇌유(Verneuil, 프랑스의 도시)의. —**V**— *n.* 베르뇌유 사람.
vernonie [vɛrnɔni] *n.f.* 《식물》 국화과의 일종.
vérole [vɛrɔl] *n.f.* ①《속어》매독(syphilis). ② petite ~ 천연두(variole). ③《옛》(장년의)마음의 병, 고질(병); 포창(疱瘡), 발진성 피부병.
vérolé(e) [vɛrɔle] *a.p.* ①《속어》매독에 걸린(사람), 마마 자국이 있는(사람). ② tuile ~e 표면이 울퉁불퉁한 기와.
vérolique [vɛrɔlik] *a.* 《드물게》 매독의(syphilitique).
véron [vɛrɔ̃] *n.m.* 《어류》 =**vairon.**
véronais(e) [vɛrɔnɛ, -ɛ:z] *a.* 《지리》 베로나(Vérone, 이탈리아의 도시)의. —**V**— *n.* 베로나 사람.
véronal [vɛrɔnal] *n.m.* 《상표명·약》 베로날《최면제의 일종》.
véronique [vɛrɔnik] *n.f.* ① 베로니카, 성안포(聖顔布)《예수가 골고다 언덕으로 향할 때 성녀 베로니카가 땀을 씻어준 수건으로 예수상이 나타난다고 함》(voile de sainte V—). ② (투우에서)베로니카

vérotis [veroti] *n.m.* 〖어업〗 지렁이〖낚싯밥〗.
verr-ai, -as, etc. [vɛra, -a] ⇒ **voir**.
verraille [vɛra:j] *n.f.* 〖총칭〗소형의 유리제품.
verranne [vɛran] *n.f.* (직경 6 미크론 이하의 단섬유(短纖維)의) 유리섬유.
verrat [vɛra] *n.m.* 수퇘지.
:**verre** [vɛ:r] *n.m.* ① 유리, 판유리(plaque de ~). vase en ~ 유리꽃병. bijoux de ~ 유리장신구. ~ à vitre 창문 유리. œil de ~ 의안(義眼). papier de ~ 사지(砂紙), 사포(砂布). ~ dépoli 불투명 유리. ~ moulé 압착유리. ~ pyrex 파이렉스 유리(내열 유리의 상품명). fibre de ~ 유리섬유. ~ organique 유기유리(유리를 대신하는 합성수지). ② 글라스, 컵; 유리용기. Il a versé du vin dans son ~. 그는 컵에 포도주를 부었다. ~ à pied[(-s)] à patte 다리달린 잔. ~ ballon 구형(球形) 컵. ~ à vin 포도주 잔. plein ~ 만배(滿杯). lever son ~ (건배를 위해) 잔을 들어올리다. choquer son [les ~s] (건배를 위해) 잔을 부딪치다. ~ d'eau (물병·컵·단지 따위의) 음료용 세트. ③ 한 잔의 분량(, 특히 한 잔의 술). prendre[boire] un ~ 한잔하다(마시다). payer un ~ 사다. petit ~ (작은 잔으로 마시는) 독한 술. ④ 렌즈; 광학 유리(~ d'(d')optique), (*pl.*) 안경. concave[convexe] 오목[볼록]렌즈. ~ objectif [d'œil] 대물[접안]렌즈. ~ grossissant 확대경. porter[(구어)chausser] des ~ 안경을 쓰다. ~s de myope[de presbyte] 근시용[원시용] 안경. ~s de contact (de cornée). ~s cornéens 콘택트 렌즈. ~s fumés 선글라스.
⑤ ~ volcanique[de volcan] 〖광업〗 유리질 화산암, 흑요석(黑曜石).
à mettre sous le ~ 《속어》(사람·물건이) 소중히 간직하지 않으면 부서질 정도로 약한.
casser son ~ *de montre* 《속어》 엉덩방아를 찧다.
homme de ~ 청렴결백한 사람.
maison de ~ 유리로 둘러친 집, 비밀이 없는 집.
règle comme du ~ pilé 《속어》 절대로 확실한.
se briser[se casser] comme (du) ~ (유리처럼) 쉽게 망가지다.
souple comme un ~ de lampe 전혀 부드럽지 않다, 단단하나 반어적인 용법으로 부드럽다는 뜻).
Qui casse les ~s les paie. 《속담》 컵을 깬 사람은 그것을 배상해야 한다)→자기가 뿌린 씨는 자기가 거두기 마련이다.
tempête dans un ~ d'eau 〖컵〗컵 속의 태풍)→하찮은 말로 소란 피우기.
verré(e⁰) [vere] *a.* 〖기술〗유리가루를 뿌린[로 칠한]. papier ~ 사포, 사지.
verrée⁰ [vere] *n.f.* 《드물게》컵의 양.
verrerie [vɛrri] *n.f.* ① 유리제조법(판매). procédés traditionnels[modernes] de la ~ 전통적인(현대적인) 유리(제품)제조법. ② 유리공장. ③ 〖집합적〗 유리제품. boutique de ~ 유리제품 상점.
verrier [vɛrje] *n.m.* ① 유리제조[세공]인, 유리제품 장수. artisan[ouvrier] ~ 유리제품 제조공(souffleur). ② (컵 운반용)바구니. ③ (석재에 생긴 유리덩어리 모양의)상처, 결함. savon des ~s 〖광업〗연(軟) 망간광(鑛) (pyrolusite). ── *a.* peintre ~ 〖드물게〗스테인드 글라스 직공.
verrière [vɛrjɛ:r] *n.f.* ① 큰 스테인드 글라스(의 창)유리로 덮인 큰 지붕[천정]; 큰 유리벽; (옛) 유리창. ~ de la cathédrale de Chartres 샤르트르 대성당의 스테인드 글라스. ② (비행기 조종실의) 바람막이. ③ (옛) 카페 따위에서 컵을 올려놓는 물을 떼는 용기.

verrine¹ [vɛrin] *n.f.* 〖해양〗 =**vérine**.
verrine² *n.f.* ① 〖해양〗나침반등(燈). ② 온도계용 유리관(管); (등잔의)둥근 호롱.
verroterie [vɛrɔtri] *n.f.* 〖집합적〗채색된 유리세공품. collier de ~ 유리목걸이.
*****verrou** [vɛru] *n.m.* ① 빗장. pousser[tirer] le ~ 빗장을 걸다[빼다]. ~ à tige (barre) 빗장막대기. ~ à ressort[bouton] 스프링[버튼]식 빗장. ~ de sûreté 안전 빗장(밖에서 자물쇠로 잠그는). mettre ~ 폐쇄하다, 닫다. mettre *qn* sous les ~ 을 가두다, 감금하다. être sous les ~ 감금되다. s'enfermer au ~ 빗장을 걸고 들어박히다. tirer les ~s sur soi 집에 들어박히다, 두문불출하다. ② (총 따위의)걸쇠장치; 〖철도〗 전철기의 굄목. ③ 〖지질〗 리겔(빙하 계곡을 폐쇄하는 바위 덩어리). 〖군사〗(요로)의 방어 요인(물사), 저지진지; 〖축구〗 방어벽, 수비를 굳힘.
verrouillage [vɛruja:ʒ] *n.m.* ① 빗장을 지르기; 문 빗장 장치(방법). ② 〖군사〗(전선의)방어선을 굳힘, 폐쇄작전. ③ 〖정보〗 폐쇄.
verrouiller [vɛruje] *v.t.* ① 문에 빗장을 지르다 (barricader, cadenasser); 차단하다, 막다(bloquer). ~ une porte[une fenêtre] 문[창문]에 빗장을 지르다. ~ une brèche (방어태세를 취하기 위하여)돌파구를 폐쇄하다. ② 감금하다, 가두다, 유폐하다(enfermer).
── *se ── v.pr.* 들어박히다, 칩거하다(s'enfermer).
verrucaire [vɛrykɛːr] *n.f.* 〖식물〗지의류(地衣類)의 일종.
verrucosité [vɛrykozite] *n.f.* 〖의학〗무사마귀 모양의 돌기.
verrue [vɛry] *n.f.* ① 무사마귀(poireau). ② 〖문어〗미관을해치는 것, 결점, 결함. ~ d'une société 사회의 결함.
verruqueux(se) [vɛrykφ, -φːz] *a.* ① 무사마귀가 많은; 〖의학〗 무사마귀 모양의 돌기가 많은. peau ~se 무사마귀가 많은 피부. ② 무사마귀 모양의. excroissance ~se 무사마귀 모양의 돌기. ③ 〖의학〗무사마귀 모양의.
:**vers¹** [vɛːr] *prép.* ① 《방향·장소》…으로, …쪽으로, …으로 향하여. aller ~ Paris 파리로 가다. tourner la tête ~ *qn* …쪽으로 머리를 돌리다. le Nord 북쪽으로. ~ une solution du problème 문제의 해결점을 지향하여. marcher ~ l'ennemi 적(군)을 향해 진군하다. maison qui regarde ~ le midi 남향집. ② …의 가까이에; (옛)…에 대하여(envers). L'avion naviguait ~ sept cent mètres. 비행기는 고도 700 미터 부근에서 비행하고 있었다. ③ 〖시간〗…경(頃), 무렵(environ). ~ (les) cinq heures 다섯시 경에. ~ minuit 자정 경에. le soir ~ toute temps, ~ trente-deux ans 32살쯤.
*****vers²** *n.m.* 〖시·운문의〗행(行), 시구(詩句); 〖종종 *pl.*〗시(詩), 운문(韻文). faire [composer, écrire] des ~ 시를 짓다(faire de la poésie). grands ~ 12음절 시구, 알렉산드르 구격(句格)의 시(~ de douze syllabes, ~ alexandrin). petits ~ 경묘한 단시(短詩). ~ blancs 무운시(詩). ~ de huit [dix] syllabes 8[10]음절 시구. ~ de société (우아한)사교시의 시. ~ faux 파격시. ~ libres 자유시. réciter[déclamer] des ~ 시를 암송[낭독]하다. recueil de ~; œuvre en ~ 시집. ~ réguliers 정형시. faiseur de ~ 〖경멸〗서투른 시인(rimailleur, rimeur). ~ et prose 운문과 산문. drame en 5 actes et en ~ 5 막 운문 드라마.
versage [vɛrsaːʒ] *n.m.* ① (채광장에서 광석을 부리기 위해)광차를 뒤집기; 광석 적하장(verse). ② 〖농업〗(휴경지의)첫갈이, 초경(初耕).

versaillais(e) [vɛrsajɛ, -ɛːz] *a.* 베르사유(*Versailles*, 프랑스의 도시)의. ― *n.* ① (*V*~)베르사유 사람. ② les ~ 〖프랑스사〗(1871년 파리 코뮌과 싸운) 베르사유 정규군(*armée* ~).

versant¹ [vɛrsɑ̃] *n.m.* ① (산의)사면(斜面), 비탈(pente); 〖건축〗(지붕의)경사면. ~ nord[sud] 북[남]사면. ② (비유적)측면. deux ~s du même fait 같은 사실의 두 가지 면.

versant²(e) [vɛrsɑ̃, -ɑ̃ːt] *a.* (차가)전복하기 쉬운.

versatile [vɛrsatil] *a.* ① 의견이 변하기 쉬운, 변덕스러운(capricieux, ↔ constant). ② 〖식물〗(꽃밥이)정자형(丁字形)의; 〖조류〗(발가락이)가전성(可轉性)의, 반전성의.

versatilité [vɛrsatilite] *n.f.* (의견 따위가)변하기 쉬움, 변덕(inconstance).

verse¹ [vɛrs] *n.f.* ① [à ~](비가)억수로. Il pleut (La pluie tombe) à ~. 비가 억수같이 쏟아진다. ② 〖농업〗(농작물이 비·병 따위로)쓰러짐. ③ 〖광산〗(채광장의 광차에서)광석더미를 내려놓는 곳. ④ (구어)특제 커피. La ~ pour deux! (다방에서)커피 두 잔!

verse² *a.* sinus ~ 〖기하〗버스트사인, 정시(正

versé(e)¹ [vɛrse] *a.*〖문어〗[~ dans](에)정통한, 숙달한, 능한, 경험이 많은. être ~ *dans* l'histoire ancienne 고대사에 정통하다.

versé(e)² *a.p.* 〖문장〗(초승달이)양끝을 아래로 향한, 거꾸로 된(renversé).

Verseau [vɛrso] *n.pr.m.* 〖천문〗수병좌(水甁座), 보병궁(寶甁宮).

verseau [vɛrso] (*pl.* ~x) *n.m.* 〖건축〗(상인방[수 引枋]의 상부의)경사면.

versement [vɛrsəmɑ̃] *n.m.* ① 붇입, 입금(paiement); 할부금. bulletin de ~ 입금표. s'acquitter en plusieurs ~s 몇 차례로 나누어[분할] 붇입하다. ② (액체를)붓기. =versage.

***verser** [vɛrse] *v.t.* ① 전복시키다, 넘어뜨리다 (보통은 renverser를 씀). L'orage *a versé* les blés. 폭풍이 밀을 쓰러뜨렸다. ② (액체를)붓다, 따르다, 쏟다;〖문어〗(눈물·피를)흘리다; (비유적)뿌리다. 뿌려주다(répandre); (비밀 따위를)털어놓다. ~ le café dans les tasses 커피를 잔에 따르다. ~ des larmes[des pleurs] 눈물을 흘리다. ~ son sang pour la patrie 조국을 위해 피를 흘리다[목숨을 바치다]. ~ le sang de *qn* ⋯을 죽이다. ~ le mépris sur *qn* ⋯에게 경멸의 말을 퍼붓다. ~ l'or à pleines mains 돈을 마구 뿌리다(낭비하다). La lune *verse* une molle clarté. (비유적)달이 희미한 빛을 뿌리고 있다. ~ ses secrets dans le cœur de *qn* ⋯에게 자기 비밀을 털어놓다. ③ 붇입[납부]하다, 지불하다(payer). ~ des intérêts 이자를 내다. sommes à ~ au fisc 세무서에 납부해야 할 금액. ④ 〖군사〗배속[편입]시키다(incorporer). *être versé* dans l'infanterie 보병대에 배속되다. ⑤ (자료 따위를)첨부하다(ajouter). ~ une nouvelle pièce au dossier 서류에 새 자료를 끼어넣다.

― *v.i.* ① (차 따위가)전복하다, 엎어지다(culbuter); (사람이)거꾸러지다. La charrette *a versé* dans un fossé. 짐수레가 도랑 속에 곤두박질했다. Nous *avons versé* une fois en voiture. 우리는 차속에서 한 번 뒤엎어졌다. ② (농작물이)쓰러지다, 눕다. ③ (비유적)[~ dans](에)빠지다(tomber). ~ dans une opinion 어떤 의견을 따르다. auteur qui *verse dans* la facilité 안이 속에 빠져들어가는 작가. Je *verse* tout à fait *dans* vos idées. 나는 전적으로 당신 생각에 찬동합니다.

~ en beau chemin 〖구어〗만사가 잘 되어가다가 실패하다.

―**se** ~ *v.pr.* ① 흘러들어가다. ② (se ~ 는 간접목적 보어)(마실 것을)자기가 따르다. *se* ~ du champagne (자기 잔에)샴페인을 따르다. ③ (수동적)편입[배속]되다.

verset [vɛrsɛ] *n.m.* ① 〖종교〗(성서·찬송가의)절(節); (의식의)창구(唱句). ② 〖인쇄〗(성서의)절을 표시하는 기호. ③ 〖운율〗(한 호흡으로 리듬의 단위로 한)시의 한 절.

verseur(se) [vɛrsœːr, -øːz] *n.* (카페에서 커피를 따르는)보이; 웨이트리스. ― *n.m.* 〖공업〗(용기에 주입하는 일을 하는)주입공원; 주입장치; 주입구. ― *n.f.* 커피 주전자. ~ *a.* 따르는, 쏟는, 붓는.

versicolore [vɛrsikɔlɔːr] *a.* ① 잡색(雜色)의, 다색(多色)의. ② (광선에 따라)빛깔이 변해 보이는.

versicule [vɛrsikyl], **versiculet** [vɛrsikylɛ] *n.m.* (옛)작은 시구(詩句); 하찮은 시구.

versifica*eur(trice)* [vɛrsifikatœːr, -tris] *n.* (시법에 따라 시를 짓는)작시가; (경멸)(재능이 없는)작시가(作詩家).

versification [vɛrsifikasjɔ̃] *n.f.* 작시법(作詩法). ② 시풍, 시체(詩體); 격조, 운율.

versifier [vɛrsifje] *v.t.* 운문으로 쓰다. drame *versifié* 운문으로 된 극. ― *v.i.* (드물게)시를 짓다.

version [vɛrsjɔ̃] *n.f.* ① 번역, 번역문; 〖학교〗(타국어의 자국어로의)번역. ~ latine de la Bible 성서의 라틴어역(*Vulgate* 라 불리워짐). ~ des Septante 70인 역 구약성서. ② ⓐ (텍스트의)이본(異本)(variante); (이본·사본의)독법(讀法). plusieurs ~s de la légende de Don Juan 동쥐앙 전설의 여러 가지 이본(異本). ⓑ (영화·판)film en originale 원어판 필름(〖약자〗V.O.), film américain en ~ française 미국 영화의 프랑스어판. ③ (사건 따위의)설명, 해석, 진술(interprétation). fournir(donner) une ~ différente de l'accident 사고에 대한 다른 진술을 하다. ④ 〖의학〗(분만시의)태아 전위법(轉位法).

vers-librisme [vɛrlibrism] *n.m.* 〖문학사〗자유시 운동(상징파 시인을 중심으로 일어난 19세기 말의 시 운동).

vers-libriste [vɛrlibrist] *n.* 자유시파 시인. ― *a.* 자유시의, 자유시파의.

verso [vɛrso] 〖라틴〗*n.m.* (종이의)이면(↔ recto). «Voir au ~.» "이면 참조."

versoir [vɛrswaːr] *n.m.* 〖농업〗쟁기의 술바닥.

verste [vɛrst] 〖러시아〗*n.f.* 노리(露里)(러시아의 거리의 단위:1,067 km).

versus [vɛrsys] *prép.* ⋯에 대비(對比)하여(주로 〖약자〗vs로 쓰임).

‡**vert(e)** [vɛːr, -ɛrt] *a.* ① 녹색[초록색]의, 푸른; 푸르스름한. feuilles ~es 푸른 잎. feu ~ (신호등의)푸른 신호. teint ~ d'un malade 병자의 푸르스름한 얼굴빛. être ~ de peur[de froid] 무서워서[추위서] 파랗게 질려 있다. ② (곡식·과일이)익지 않은, 덜 익은(↔ *mûr*); (포도가)덜 된, 신맛이 남아 있는. fruits ~s 아직 덜 익은 과일. Ce vin est encore ~. 이 포도주는 아직 덜 익었다. ③ 싱싱한, 마르지 않은; 생것의, 가공되지 않은. légumes ~s 생야채. cuir ~ (무두질하지 않은) 생가죽. haricots ~s 깍지에 든 강낭콩. bois ~ 생나무. volée de bois ~ 체벌, 엄한 견책. ④ (사람이)발랄한; (특히)(노인이)원기왕성한. ~*e* jeunesse 팔팔한 젊음, 청춘. vieillard encore ~ 아직 정정한 노인. ⑤ (옛)(질책 따위가)엄한, 사정없는(rude). ~*e* réprimande 엄한 질책. ⑥ ⓐ (농업(정책)과 관련하여) révolution ~*e* 녹

색혁명. classe ~*e* 《학습과 야외활동을 겸한》야외학교. Europe ~*e* 유럽농업공동체. ⓑ《환경보호와 관련하여》manifestations ~*es* 환경보호운동. candidats ~*s* 환경보호 운동 단체에서 출마한 후보자. espaces ~*s* 녹지대《도시의 공원 따위》.
donner le feu ~ à *qn* …의 행동개시를 허락하다.
en dire de(***s***) **~*es*** (***et de***(***s***) ***pas mûres***)《구어》외설스런 이야기를 하다.
Ils sont trop ~s. 포도는 아직 설익었다《손에 넣을 수 없는 것을 오기로 경멸하여 말하는 표현》.
langue ~e 은어, 상말, 속어.
— *n.m.* ① 녹색, 초록색. ~ foncé(tendre) 짙은(연한) 녹색. ~ bouteille(olive, d'eau) 농록색(황색·해록색)(의). ② 녹색 염료(그림 물감), 그림; 녹색 대리석; 녹색의 옷. de chrome 크롬 녹색. ~ antique 고대 녹색 대리석. être habillé de(en) ~ 녹색의 옷을 입고 있다. ③ 푸른 잎; 푸른 들. mettre un cheval au ~ 말을 푸른 들판에 풀다. se mettre au ~《구어》푸른 산야에 가다, 시골에서 휴양하다.
employer le (***bois***) **~ *et le sec***《구어》온갖 수단을 다 쓰다. ***prendre*** *qn* ***sans ~***《옛》…을 불시에 찾아가다(습격하다).
— *n.f.*《구어》화주(火酒), 압생트.

vert-de-gris [vɛrdəgri] *n.m.*《복수불변》① 녹청 (綠青)《산화구리》. ②《속어》독일군인.
— *a.*《불변》녹청색의. uniformes ~《2차 대전시 독일군이 입은》녹청색 군복.

vert-de-grisé(**e**) [vɛrdəgrize] (*pl.* ~*-*~*-*~*s*) *a.p.* 녹청으로 덮인; 녹청빛의.

vert-de-griser (**se**) [s(ə)vɛrdəgrize] *v.pr.* 녹청으로 덮이다.

vertébral(**ale**, *pl.* **aux**) [vɛrtebral, -o] *a.*《해부》척추의. colonne ~*ale* 척추.

vertèbre [vɛrtɛbr] *n.f.*《해부》추골(椎骨).

vertébré(**e**) [vɛrtebre] *a.*《동물》척추가 있는.
— *n.m.pl.* 척추동물, 등뼈동물.

vertébro-iliaque [vɛrtebrɔiljak] *a.*《해부》추골과 장골(腸骨)의.

vertébrothérapeute [vɛrtebrɔterapøt] *n.*《의학》추골 치료의(椎骨治療醫).

vertébrothérapie [vɛrtebrɔterapi] *n.f.*《의학》추골 치료술(교정술).

vertelle [vɛrtɛl] *n.f.*《옛》염전(塩田)의 수문(水門)짝.

vertement [vɛrtəmɑ̃] *ad.* 호되게, 심하게. reprendre(tancer) ~ *qn* …을 호되게 야단치다.

vertenelle [vɛrtənɛl], **verterelle** [vɛrtərɛl] *n.f.* ① 빗장의 고리. ②《해양》키의 돌쩌귀.

vertet [vɛrtɛ] *n.m.*《방적》추(錐) 끝의 쇠붙이.

vertevelle [vɛrtəvɛl] *n.f.* =**vertenelle**.

vertex [vɛrtɛks] (라틴) *n.m.*《해부》정수리, 정문.

vertical(**ale**, *pl.* **aux**) [vɛrtikal, -o] *a.* 수직의 (↔ horizontal); 상하의. ligne ~*ale* 수직선. plan ~ 수직면. homme en station ~*ale* 직립자세의 인간. écriture ~*ale* 종서(縱書). organisation ~*ale* 계층적 조직. concentration ~*ale*《경제》(한 산업의 관련된 부문의) 종단적 집중.
— *n.m.*《천문》수직권(圈)(cercle ~).
— *n.f.* 수직선 (ligne ~*ale*).
à la ~ale 수직으로; 일직선으로. escalader une falaise à ~*ale* 절벽을 수직으로 올라가다.

verticalement [vɛrtikalmɑ̃] *ad.* 수직으로.

verticalité [vɛrtikalite] *n.f.* 수직.

verticille [vɛrtisil] *n.f.*《식물》윤생(輪生), 돌려나기.

verticillé(**e**) [vɛrtisi(l)le] *a.*《식물》윤생의.

vertige [vɛrtiʒ] *n.m.* ① 현기증, 어지러움. avoir le ~; être pris de ~ 현기증이 나다. ②《비유적》어리벙벙함, 정신 없음, 혼미(昏迷), 착란.
à donner le ~ 현기증이 날 만큼, 어지러울 만큼.

vertigineusement [vɛrtiʒinøzmɑ̃] *ad.* 어지러운 지경으로; 지독하게, 기막히게. Les prix ont monté ~. 물가가 굉장히 올랐다.

vertigineux(**se**) [vɛrtiʒinø, -øːz] *a.* ① 어지러운, (높이·속도 등이) 어지러울 정도의, 현기증이 날 정도의. vitesse ~*se* 어지러울 지경의 속도. ②《비유적》굉장한, 대단한, 매우 심한 (terrible). hausse ~*se* des prix 물가의 폭등.

vertigo [vɛrtigo] *n.m.* ①《수의》(말의) 훈도병(暈倒病). ②《옛》일시적 기분, 변덕(caprice).

vertiport [vɛrtipɔːr] *n.m.* (수직이륙기용) 이착륙장 (離着陸場)《헬리콥터 또는 기타 단거리 이착륙이 가능한 비행기용 용어》.

***vertu** [vɛrty] *n.f.* ① 덕, 덕성; 미덕, 덕행. ~*s* naturelles 선천적 미덕. ~*s* acquises 후천적 미덕. pratiquer la ~ 덕을 행하다. suivre le chemin(le sentier) de la ~ 덕의 길을 걷다.
②《특히》부덕(婦德), 정조, 정절(chasteté); 정숙한 여인. conserver sa ~ 정절을 지키다. femme de petite ~ 정조관념이 희박한 여자. C'est un prix de ~. 그녀는 정절의 귀감이다. épouser une ~ 정숙한 여자와 결혼하다. Ce n'est pas une ~.《구어》정숙한 여자가 아니다.
③ (약 따위의) 효력, 효능, 기운 (efficacité). ~ médicale 약효. faire ~ 《옛》효력을 발휘하다.
④《옛》용기, 기운, 힘 (courage, cœur).
⑤ (V~*s*)《가톨릭》역품 천사(力品天使). ~*s* cardinales 사원덕 (四元德)《용기·정의·혁명·절제》. ~*s* théologales 3 대신덕 (三對神德)《자비·희망·신앙》.
avoir de la ~《보통 반어적》덕이 있다, 훌륭하다. Vous *avez* bien *de la ~* à le supporter. 그것을 참고 견디시다니 참 무던하시군요.
en ~ de *qc* ⓐ …에 의하여(근거하여). Il a été saisi *en ~ d*'un jugement. 그는 판결에 의해 체포되었다. ⓑ …의 이름으로, …의 명목하에. ~ de la morale 도덕의 이름으로. ⓒ *en ~ de quoi* 왜, 무슨 까닭으로 (pourquoi).

vertubleu [vɛrtyblø], **vertuchou** [vɛrtyʃu], **vertudieu** [vɛrtydjø] *int.*《옛》제기랄!

vertueusement [vɛrtyøzmɑ̃] *ad.* 미덕을 지켜; 성실하게, 《특히》정숙하게, 순결하게.

vertueux(**se**) [vɛrtyø, -øːz] *a.* ① 고결한, 덕망 있는, 덕이 높은 (sage, honnête). cœur ~ 고결한 마음. ②《특히 여자가》정숙한, 정결한, 정조를 지키는 (pur, chaste). épouse ~*se* 정숙한 아내. ③《명사 앞에서 다소 비꼬는 투로》~ se indignation 도덕 성스러운 분개. ④《옛》용감한.

vertugadin [vɛrtygadɛ̃] *n.m.* ① (원형 극장식의) 잔디. ②《옛》고래뼈의 테 《17·18세기 부인들의 스커트를 펼치는 데 씀》.

verve [vɛrv] *n.f.* ① (글이나 말에서) 훌륭한 재치(기지), 열기. avec ~ 흥이 나서. être en ~ (이야기에) 흥이 나다, 열기가 있다. manquer de ~ 재치가 없다.
②《옛·문어》시적 감흥, 영감(inspiration, veine); 정열, 혈기 (chaleur).

verveine [vɛrvɛn] *n.f.*《식물》마편초.

vervelle [vɛrvɛl] *n.f.* (수유자명을 기입하여 새 발에 끼우는) 발고리.

vervet [vɛrvɛ] *n.m.*《동물》(남아프리카산의) 긴꼬리원숭이.

verveusement [vɛrvøzmɑ̃] *ad.* 《드물게》열을 기울여, 정열적으로.
verveux¹(se) [vɛrvø, -ø:z] *a.*《문어》재기에 넘치는; 열면, 열정적인.
verveux² *n.m.* ① (노새 따위의 양쪽 등에 다는)짐망태. ②《어업》둥근 테 달린 그물.
vésanie [vezani] *n.f.*《옛》《의학》정신착란, 정신병;《문어》광기, 광란.
vesce [vɛs] *n.f.*《식물》잠두, 갈퀴덩굴 따위.
vesceron [vɛsrɔ̃] *n.m.*《식물》새완두.
vésical(ale, *pl.* **aux)** [vezikal, -o] *a.*《해부》방광(膀胱)의.
vésicant(e) [vezikɑ̃, -ɑ̃:t]《의학·약》*a.* 발포하는. —*n.m.* 발포약[제].
vésication [vezikasjɔ̃] *n.f.*《의학》발포(發疱).
vésicatoire [vezikatwa:r]《의학·약》*a.* 발포시키는. —*n.m.* 발포약.
vésico- *préf.*「방광」의 뜻.
vésico-pustule [vezikɔpystyl] *n.f.*《의학》소농포(小膿疱).
vésico-rectal(ale, *pl.* **aux)** [vezikɔrɛktal, -o] *a.*《의학》방광과 직장(直腸)의.
vésiculaire [vezikylɛ:r] *a.* 소포(小胞) 모양의, 소포가 있는;《식물》기포(氣胞)가 있는;《의학》소포(肺胞)에서 생기는. râle ~ (임종 때의 폐포성)헐떡거림.
vésiculation [vezikylasjɔ̃] *n.f.*《의학》소포형성.
vésicule [vezikyl] *n.f.*《해부》소포;《의학》물집, 수포(水疱);《식물》소공포(小空胞), 기포. ~ biliaire 담낭(膽囊). ~ aérienne (어류의)부레.
vésiculeux(se) [vezikylø, -ø:z] *a.* 소포 모양의;《의학》수포가 생기는.
vésiculite [vezikylit] *n.f.*《의학》정낭(선)염.
vésiculiforme [vezikyliform] *a.* 수포[물집] 모양.
vesou [vəzu] *n.m.* 사탕수수즙(汁).
vespasienne [vɛspazjɛn] *n.f.* (거리의)남자용 공동변소.
Vesper [vɛspɛ:r] *n.pr.m.*《천문》개밥바라기, 장경星(長庚星).
vespéral(ale, *pl.* **aux)** [vɛsperal, -o] *a.* 저녁의. clarté ~*ale* 석양. —*n.m.*《종교》만과서(書).
vespertilio(n) [vɛspɛrtiljo(ɔ̃)] *n.m.*《동물》애기박쥐속(屬).
vespertilionidés [vɛspɛrtiljonide] *n.m.pl.*《동물》애기박쥐과(科).
vespétro [vɛspetro] *n.m.*《옛》정장용(整腸用) 약주[리쾨르].
vespides [vɛspide] *n.m.pl.*《곤충》말벌과(科).
vespiforme [vɛspiform] *a.* 말벌 모양의.
vesquer [vɛske] *v.t.*《속어》=**vexer**.
vessard(e) [vɛsa:r, -ard] *a.*《옛·속어》겁많은. —*n.* 겁장이.
vesse [vɛs] *n.f.* (비어·드물게)(소리 없이 뀌는)방귀. lâcher une ~ 소리 없이 방귀를 뀌다.
vesse-de-loup [vɛsdəlu] (*pl.* ~*s*-~-~), **vesseloup** [vɛslu] *n.f.*《식물》말불버섯.
vesser [vese] *v.i.*《비어·드물게》(소리 없는)방귀를 뀌다(péter).
vesseron [vɛsrɔ̃] *n.m.*《식물》연리초.
vesseur(se) [vɛsœ:r, -ø:z] *a.*《비어·드물게》①(소리 없는)방귀를 뀌는. ② 겁많은. —*n.* (위)의 사람.
vessie [vesi] *n.f.* ①《해부》방광(膀胱). calculs (pierres) dans la ~ 방광결석. inflammation de la ~ 방광염. ②(동물의 말린)방광; (공기 따위를 넣는)피막, 낭(囊), 포(胞). ~ à glace《의학》얼음주머니. ~ natatoire (어류의)부레.

vessigon [vesigɔ̃] *n.m.*《수의》연종(軟腫).
Vesta [vɛsta] *n.pr.f.* ①《로마신화》아궁이의 신(神), 주방의 여신. ②《천문》베스타《소혹성의 이름》.
vestalat [vɛstala] *n.m.*《고대로마》① 베스타(*Vesta*)를 섬기는 무녀들. ② 베스타의 무녀가 처녀성을 지키며 섬겨야 하는 30년간.
vestale [vɛstal] *n.f.* ①《고대로마》베스타 여신을 섬기는 처녀, 무녀(巫女), 여승. ②《문어》순결한 처녀, 숫처녀; 처녀.
vestalies [vɛstali] *n.f.pl.*《고대로마》베스타제.
*****veste** [vɛst] *n.f.* ① 저고리, 웃옷. ~ d'intérieur 실내복. ~ droite[croisée] 싱글[더블] 저고리. sortir en ~ (웃옷 만으로)외투를 걸치지 않고 외출하다. ②《구어》실패, 패배(échec). ramasser [remporter, prendre] une ~《구어》(선거·경쟁·시험에서)지다, 실패하다. ③ 누에고치의 각 켜.
retourner sa ~《구어》변절하다, 의견을 바꾸다.
tomber la ~《구어》(휴식·일·싸움 등을 하기 위해)웃옷을 벗다.
vestiaire [vɛstjɛ:r] *n.m.* ① (극장·호텔·식당 따위의)휴대품 맡기는 곳; 탈의실(脫衣室), 라커룸. laisser[déposer] son manteau au ~ 휴대품 보관소[클로크룸]에 외투를 맡기다. ②《구어》(보관소에 맡겨놓은)휴대품. réclamer son ~ 맡겨놓은 것을 되찾다. ③(집합적)(옷장 속의)의류; (개인의)의류 전체(garde-robe). mon ~ d'été 나의 여름 옷(전부). ④《역사》(비잔틴 제국의)황제 의상 담당관.
Au ~!《구어》꺼져버려라!《서투른 배우·경기자들에게 지르는 고함》(Allez vous rhabiller!).
vestibulaire [vɛstibylɛ:r] *a.*《해부》(특히 내이(内耳))전정(前庭)의.
vestibule [bɛstibyl] *n.m.* ① 현관, 입구(entrée). ②《해부》(내이의)전정(前庭).
vestige [vɛsti:3] *n.m.* (흔히 *pl.*) ①《옛》발자취(marque, trace). ② 유적(遺跡), 잔해; 유물; 폐허(débris, ruine). ~*s* d'un château 성곽의 유적. ~*s* de sa grandeur passée 지나날의 영광의 흔적. ~*s* de notre bataillon 우리 대대의 잔존병력.
vestimentaire [vɛstimɑ̃tɛ:r] *a.* 의복의.
vestiture [vɛstity:r] *n.f.* (동·식물)외피(外皮).
*****veston** [vɛstɔ̃] *n.m.* (남자용)상의, 짧은 저고리, 웃옷, 윗도리. complet-~ (조끼가 포함된)양복 한 벌. être en ~ 양복을 입고 있다.
vésulien(ne) [vezyljɛ̃, -ɛn] *a.* ①브줄(*Vesoul*, 프랑스 도시)의. ②《지질》석란석(石卵石)층의 브줄층의. —**V**~ *n.m.* 브줄 사람. —*n.m.*《지질》석란석층의 하층.
Vésuve [vezy:v] *n.pr.m.*《지리》베수비오 화산.
vésuvien(ne) [vezyvjɛ̃, -ɛn] *a.* 베수비오 화산의. —**V**~*ne n.f.* 베수비엔스 협회《1848년, 2월 혁명 때 결성된 혁명적 부인단체》.
*****vêtement** [vɛtmɑ̃] *n.m.* ① (*pl.*) 의류; (특히)겉옷 (~ de dessus, ~*s* sous-~), armoire à ~*s* 양복장. ~*s* civils (militaires) 평복(군복). ~*s* de tous les jours (du dimanche) 평상복(정장). ~*s* de travail [de ville] 작업(외출)복. ~*s* de dessous 속옷. ~*s* légers (chauds) 가벼운[따뜻한] 옷. mettre ses ~*s* 옷을 입다. ~*s* sacerdotaux (사제의)제의(祭衣). ②옷(veste); 외투, 코트(manteau), quitter son ~ dans l'entrée 현관에서 코트를 벗다. ③《비유적》싸개, 덮개(enveloppe). Au printemps la terre prend un ~ de verdure. 봄이 되면 대지는 푸르르으로 덮인다.
vétéran [veterɑ̃] *n.m.* ① 고참, 노장, 노련한 사람,

vétérance 선배(ancien). ~s de la politique 정계의 노장들. ② 【군사】 노병, 고참병; 재향군인(ancien combattant). ③ (중학교에서)유급(낙제)생.

vétérase [veterɑ:s] n.f. (옛)【군사】 고참병(vétérant)의 신분.

vétérinaire [veterine:r] a. 수의(獸醫)의. médecin ~ 수의사. —n. 수의사.

vétillard(e) [vetija:r, -ard] a., n. (옛) =vétilleur.

vétille [vetij] n.f. 하찮은[대수롭지 않은, 사소한] 일, 싫잘은 것(bagatelle, détail). perdre son temps à des ~s 하찮은 일에 시간을 낭비하다.

vétiller [vetije] v.i. (옛) ① 하찮은 일을 재미있어 하다, 싫잖은 것을 하다. ② 좀스럽게 굴다, 사소한 일에 구애하다.

vétillerie [vetijri] n.f. 사소한 일에 구애하는 버릇, 좀스럽게 굴기.

vétilleur(se¹) [vetijœ:r, -ø:z] a. (옛)하찮은 일에 구애받는, 좀스러운. n. (위)의 사람.

vétilleux(se²) [vetijø, -ø:z] a. ①(사람이)하찮은 일에 좀스럽게 구는, être ~ sur le chapitre de l'argent 돈 문제에 좀스럽다(째째하다). ②(사물이)세심한 주의를 요하는.

vêtir [ve(e)ti:r] [22] v.t. ①[~ qn] (에)옷을 입히다, 옷을 주다(habiller). ~ les pauvres 가난한 사람들에게 옷을 주다. ②(옛)[~ qc](자기가)입다, 걸치다(revêtir).
—**se** ~ v.pr. 옷을 입다; [~ de](을)입다(s'habiller); (문어)(으로)덮이다, 싸이다(se couvrir). se ~ à la dernière mode 최신 유행에 따라 옷을 입다. Les champs se vêtiront de roses. 들판은 장미꽃들로 뒤덮일 것이다.

vétiver [vetive:r] n.m. 【식물】 쇠풀.

veto [veto] 〖라틴〗 n.m. 【법】 거부권(droit de ~); 거부, 반대. mettre[opposer] son ~ à qc …을 거부 [부결]하다.

***vêtu(e)** [ve(e)ty] a.p. [~ de] (을) 입은, 걸친(habillé, mis); (문어)(으로)입힌, 덮인(couvert). Elle est ~e d'une robe bleue. 그녀는 푸른 드레스를 입고 있다. livres ~s de veau 양피(羊皮)로 장정한 책.

vêture [ve(e)ty:r] n.f. ①【종교】 착의식(着衣式). ②(옛·문어)의복, 옷. ~ de deuil 상복.

vétuste [vetyst] a. 낡은, (옷 따위가)낡아빠진, 노후한(↔ neuf).

vétusté [vetyste] n.f. (문어) 낡음, 고색(古色), 노후(老朽).

vétyver [vetive:r] n.m. =vétiver.

***veuf(ve)** [vœf, -œ:v] a. ①배우자를 잃은, 홀아비의, 과부의. homme ~ 홀아비. femme ~ve 과부, 미망인. être ~[~ve] de qn 아내[남편]과 사별하다. ②(구어)잠시 헤어진다. Cette semaine je suis ~. 이번 주에 나는 홀아비이다. ③(문어)(비유적)[~ de] (을)잃은, (이)없는, 빼앗긴(privé de, dépourvu de). nation ~ve de son chef 지도자를 잃은 나라. cœur ~ d'amour 사랑을 잃은 마음.
—n. 홀아비, 과부. ~ve de guerre 전쟁미망인.
—n.f. (옛·은어)단두대(guillotine); 【조류】 선녀조; 【식물】 체꽃의 일종(fleur de ~). épouser la ~ve 단두대에서 목이 잘리다.
le denier de la ~ve 과부의 엽전 한 닢(성서의 한 구절로, 정성이 담긴 것을 의미함). Je vous donne peu, mais c'est le denier de la ~ve. 드리는 것이 너무 적지만 성의는 가득 한 것입니다.

veuglaire [vøgle:r] n.f.[m.] 【고고학】 (14·15세기의)대포(大砲).

veuill-e(s), **-ons**, etc. [vœj, -j3] ⇨vouloir.

veule [vø:l] a. ①(사람이)무기력한, 기운없는(mou). ②(식물 따위가)힘없는, 연약한; (토양 따위가)흐물흐물한, 맥없는.

veulement [vœlmɑ] ad. 무기력하게.

veulent [vœl] vouloir 의 직설·현재·3·복수.

veulerie [vœlri] n.f. 무기력; 비열.

veut [vø] vouloir 의 직설·현재·3·단수.

veuvage [vœva:3] n.m. 홀아비[과부]생활; 〖구어〗 (배우자와 멀어진) 일시적 독신생활. Il s'est remarié après deux ans de ~. 그는 2년간의 홀아비 생활 끝에 재혼했다.

veuve [vœ:v] ⇨veuf.

veux [vø] vouloir 의 직설·현재·1[2]·단수.

vexant(e) [veksɑ̃, -ɑ̃:t] a. ①화가 나는, 분개시키는, 불쾌한, 기분나쁜(irritant, rageant). Nous avons raté le train, c'est ~! 기차를 놓쳐 화나는데. ②자존심을 상하게 하는(blessant). Il m'a opposé un refus ~. 그는 내 자존심을 상하게 거절했다.

vexateur(trice) [veksatœ:r, -tris] a. (문어)사람을 괴롭히는, 억압[박해]하는. pouvoir ~ 억압적인 권력. —n. 【문어】박해자, 억압자.

vexation [veksasjɔ̃] n.f. ①(옛)괴롭히기, 억압, 학대(oppression). ②자존심을 상함[상하게 함], 모욕, 굴욕(humiliation). essuyer des ~s 굴욕을 당하다.

vexatoire [veksatwa:r] a. 남을 괴롭히는; 억압[박해]하는. impôt ~ (민중을 괴롭히는)가혹한 세금. mesure ~ (가혹한)억압적 조치.

V.E(xc.) 〖약자〗Votre Excellence 각하(Exc.).

vexé(e) [vekse] a.p. 기분이 상한, 화가 난.

vexer [vekse] v.t. ①(의)기분을 상하게 하다, 불쾌감을 주다, 화나게 하다(blesser, ↔ flatter); (의)자존심을 상하게 하다, 모욕을 주다(humilier). être vexé dans son amour-propre 자존심을 상하다. Cette remarque m'a vexé. 그 지적은 나를 불쾌하게 했다. ②(옛)괴롭히다, 성가시게 굴다, (아랫사람을)끓리다(tourmenter).
—**se** ~ v.pr. (에)기분을 상하다, 성내다, 골내다, 화내다. Il se vexe d'un[pour un] rien. 그는 아무것도 아닌 것을 가지고 화를 낸다.

vexillaire [veksi(l)le:r] a. ①기수(旗手)의. signaux ~s 【해양】 신호기. ②【식물】 기판(旗瓣)의. —n.m. 【고대로마】 기수.

vexille [veksil], **vexillum** [veksi(l)lom] n.m. 【고대로마】 군기(軍旗); 【동물】 새의 날개뼈에서 가지치 뻗은 날개.

vexillé(e) [veksi(l)le] a. 【식물】 기판(旗瓣)의.

vexillologie [veksi(l)lolɔʒi] n.f. 기장학(旗章學), 기치학(旗幟學).

vexillologue [veksi(l)lolɔg] n. 기장학자, 기치학자(版).

V.F. 〖약자〗 version française 【영화】 프랑스어판.

V.G. 〖약자〗① Votre Grâce 각하. ② Votre Grandesse (에스파냐의)각하.

v.g. 〖약자〗 vicaire général 사교(司敎)총대리.

vg(e) 〖약자〗 village 촌락, 마을.

V.H. 〖약자〗① Votre Honneur 각하. ② Votre Hautesse (터키의)폐하.

v.h. 〖약자〗 votre honorée 【상업】 귀한(貴翰).

via [vja] 〖라틴〗 prép. …을 통하여, …을 경유하여(par). aller à Séoul ~ HongKong 홍콩을 경유하여 서울로 가다.

viabiliser [vjabilize] v.t (대지에)제반시설을 정비하다, (상하수도·도로·전기 공사를 포함하는)택지 조성을 하다(주로 p.p.로) terrain entièrement viabilisé 택지로 완전히 조성된 땅.

viabilité¹ [vjabilite] n.f. (태아·신생아의)자랄 수 있는 힘, 생육력, 생존 가능, 생활력. ~ d'une

entreprise 한 기업의 생존 가능[지속력].
viabilité² *n.f.* ① (도로·하수도·상수도를 포함한)정지 작업, 택지 조성. ② (도로의)통행 가능상태. mettre une route(un chemin) en état de ~ 도로를 (통행할 수 있게)정비하다.
viable¹ [vjabl] *a.* (태아가)자랄 수 있는, 생존의 가능성이 있는; 존속 가능성이 있는(durable) (비유적) (사업이)지속성 있는, (계획이)실현성 있는. affaire ~ 지속성 있는 사업. Les projets de réforme sont ~s. 개혁안은 실현 가능성이 있다.
viable² *a.* (도로가)통행할 수 있는.
viaduc [vjadyk] *n.m.* 육교, 고가교(高架橋).
viager(ère) [vjaʒe, -ɛːr] *a.* ①종신의, 생존하는 동안의. rente ~ère[rentier ~]종신 연금[연금 수령자]. ②《구어》《명예·명성을》1대(代)밖에 지속 못하는, 일시적인, 덧없는.
— *n.m.* 종신연금(rente ~ère). mettre son bien en ~ 재산을 종신연금으로 전환하다《재산을 처분하여 종신연금을 받을 수 있게 하다》.
viagèrement [vjaʒɛrmɑ̃] *ad.*《드물게》평생, 일생동안, 종신토록.
:viande [vjɑ̃ːd] *n.f.* ①(식용)고기. ~ rouge 소·양·염소 고기. ~ blanche 송아지·토끼·가금(家禽)고기. ~ noire 멧돼지·산토끼·도요새 고기. ~ de boucherie; grosse ~ 소·돼지·양 고기. menue ~ 새고기. ~ grillée[rôtie] (불에) 구운 고기. ~ bouillie 삶은 고기. ②《속어·비어》(사람의)몸, 육체. Amène ta ~! 오너라(이리와)!(Viens!). montrer sa ~ 알몸을 드러내다. sac à ~ 침대; 시트. ③《옛》음식물.
Il n'est ~ que d'appétit.《속담》시장이 반찬.
marchand de ~《비어》매음업자.
viander [vjɑ̃de] *v.i.* (사슴 따위가)풀을 뜯어 먹다.
— *se ~* *v.pr.*《속어》(넘어져서)(살이) 벗겨지다; 크게 상처입다.
viandis [vjɑ̃di] *n.m.* (사슴의)목장.
viatique [vjatik] *n.m.* ①노자, 여비; (여행 때 주는)먹을 것. ②《문어》(비유적)성공[출세]의 수단 (atout); (마음의)지주, 의지할 것 (soutien). Savoir est un ~. 지식은 성공의 수단이다. La recommandation de son professeur était son seul ~. 선생님의 추천장이야말로 그가 의지할 유일의 것이었다. ③《종교》성량(聖糧)《임종 때 받는 성체(聖體)》.
vibices [vibis] *n.f.pl.*《의학》선상피하(線狀皮下)출혈.
vibor(d) [vibɔːr] *n.m.*《선박》상현측판(上舷側板), 선벽(船壁).
vibrage [vibraːʒ] *n.m.* 진동[충격]전달. ~ du béton《토목》콘크리트를 진동시켜 다져 굳히기.
vibrance [vibrɑ̃ːs] *n.f.*《드물게》(진동성(振動性).
vibrant(e) [vibrɑ̃, -ɑ̃ːt] *a.* ①떨리는, 울리는; 울려 퍼지는. voix ~ d'émotion 감동으로 떨리는 목소리. ②@감동시키는, 감격적인(touchant), 감격한; 감격적인 연설. ⓑ감수성이 예민한(sensible), nature ~ 감수성이 강한 기질. ⓒ(사람이)감동을 느끼는, 감동하고 있는. Je me sentais surexcité, ~. 나는 극도의 흥분과 감동에 사로잡혀 있었다. ※
— *n.f.*《음성》진동음(振動音)([r, l]).
vibraphone [vibrafɔn] *n.m.* (재즈에 쓰이는)비브라폰《금속제 타악기》.
vibraphoniste [vibrafɔnist] *n.* vibraphone 연주자.
vibrateur [vibratœːr] *n.m.*《전기》진동자(振動子);《기계》진동기, 바이브레이터.
vibratile [vibratil] *a.*《생물》진동성(振動性)의.
vibratilité [vibratilite] *n.f.* 진동성.

vibration [vibrasjɔ̃] *n.f.* ①《물리》진동(성); (일반적으로)진동, 떨림, 흔들림(tremblement). ~ de l'air(de la lumière)(더운 공기 때문에 느끼는) 아른거림. ~ sonore 음의 진동. ~ d'une voix 목소리의 떨림. ②《의학》진동 마사지.
vibrato [vibrato] (《이탈리아》) *n.m.*《음악》비브라토《재즈·성악·현악에서 같은 음의 빠른 진동》.
vibratoire [vibratwaːr] *a.* 진동의, 진동을 일으키는, 진동성의. circuit ~《무전》진동회로(回路). massage ~《의학》진동 마사지.
vibrer [vibre] *v.i.* ①진동하다, 떨리다, 떨다. moteur qui *vibre* 진동하는 엔진. Les vitres *vibrent*. 창유리가 흔들린다. Sa voix *vibrait* de colère. 그의 목소리는 분노로 떨렸다. ②(비유적) 감격하다, 감동하다. faire ~ l'âme 깊은 감명을 주다, 심금을 울리다.
— *v.t.* ~ le béton《건축》콘크리트를 진동시켜 다져 굳히다.
vibreur [vibrœːr] *n.m.*《전기》진동기, 진동장치; 버저. ~ interne 내부 진동기.
vibrion [vibrijɔ̃] *n.m.* ①《생물·의학》코머균(菌), 비브리오. ②《구어》(비유적·초조)한 사람.
vibrionner [vibrijɔne] *v.i.*《구어》그칠 사이 없이 서성대다(s'agiter). Qu'a-t-il à ~ autour de nous? 그는 무엇 때문에 (안절부절 못하고) 주위를 서성대는거지?
vibrisse [vibris] *n.f.*《해부》코털;《동물》감각모(感覺毛); 실 모양의 날개털.
vibro- *préf.*「진동」의 뜻.
vibrographe [vibrɔgraf] *n.m.* 진동기록계.
vibromasseur [vibrɔmasœːr] *n.m.* 전기 마사지기(안마기).
vibromètre [vibrɔmɛtr] *n.m.* 진동계.
vibroscope [vibrɔskɔp] *n.m.* 진동계(振動計).
vicaire [vikɛːr] *n.m.* ①《가톨릭》보좌신부. ~ apostolique (포교의 예비)교구장, 교황대리. ~ de Jésus-Christ 교황. ~ général; grand ~ 부주교. ②《옛》대리인; 고대로마 제국 행정구의 대관(代官).
vicairie [vike(e)ri] *n.f.*《종교》=vicariat.
vicarial(ale, pl. aux) [vikarjal, -o] *a.* ①《가톨릭》보좌신부의. ②대리의; 고대 로마제국 행정구 대관의.
vicariant(e) [vikarjɑ̃, -ɑ̃ːt] *a.*《의학》대상(代償)의, (인체조직의 역할을)대신하는, 대리의.
vicariat [vikarja] *n.m.* ①《가톨릭》①보좌신부의 직[재직기간]. ②보좌신부의 관할구역; 분교회(分敎會). ~ apostolique 교구, 포교국. ③보좌신부의 사택.
vicarier [vikarje] *v.i.* 보좌신부로 일하다.
***vice** [vis] *n.m.* ①악, 악덕(mal, immoralité). bourbier du ~ 악의 소굴. ⓐ(도덕적·종교적으로 비난받을)악습, 악벽, 결점(travers). Il a tous les ~s! 그는 경멸적인 결점이 다 갖추고 있다. ⓒ(주색·도박 따위)방탕, 타락(débauche). vivre(croupir) dans le ~ 방탕한 생활을 하다. ~ (병적인)악습; 성적 도착. ~ du toxicomane 마약상습. ~ contre nature 변태 성욕. ~ solitaire 자위(自慰)(onanisme). ②(부도덕한 것을 좋아하는) 치우순)버릇(pli); (상식을 벗어난)취미,《구어》악취미. Le café, c'est mon ~. 나는 커피에 인이 박혔어. [c'est du ~] Aimer des choses pareilles, *c'est du ~*. 그런 것을 좋아하다니 악취미군. ④(사물에 대한)결점, 하자(défaut). ~ de conformation (기관 따위의)이상형태, 기형. ~ de prononciation 발음의 결함. ~ de forme《법》형식[서

식)상의 불비[하자].
avoir du ~; ne pas manquer de ~ 《속어》꾀바르다, 빈틈이 없다. *La paresse(L'oisiveté) est mère de tous les ~s.* 《격언》게으름[무위도식]은 모든 악의 근원이다.
vice- *préf.*「부(副)·대리(代理)·차(次)」의 뜻.
vice-amiral *(pl. aux)* [visamiral, -o] *n.m.* ① 해군 중장; 《옛》제독 부관. ② 해군 중장이 타고 있는 기함(旗艦).
vice-amirauté [visamirote] *n.f.* 해군 중장의 직.
vice-bailli [visbaji] *n.m.* 《역사》부(副)시장.
vice-chancelier [visʃɑ̃səlje] *(pl. ~-s) n.m.* chancelier 대리, 부(副) chancelier (부총재·차관 따위); (독일의) 부수상.
vice-consul [viskɔ̃syl] *(pl. ~-s) n.m.* 부영사.
vice-consulat [viskɔ̃syla] *(pl. ~-s) n.m.* ① 부영사의 직. ② 부영사관.
vice-gérance [visʒerɑ̃s] *(pl. ~-s) n.f.* 부지배인 [관리인 대리]의 직.
vice-gérant [visʒerɑ̃] *(pl. ~-s) n.m.* 부지배인, 관리인 대리.
vice-gérent [visʒerɑ̃] *(pl. ~-s) n.m.* 《가톨릭》 부판사(判事).
vicelard(e) [vislar, -ard] *a., n.* 《속어》엉큼한(사람), 음흉한(사람), 교활한(사람).
vice-légat [vislega] *(pl. ~-s) n.m.* 《가톨릭》 (교황의)부사(副使), 교황대리대사.
vice-légation [vislegɑsjɔ̃] *(pl. ~-s) n.f.* 《가톨릭》부사의 직.
vice-ministre [visministr] *n.m.* 차관.
vicennal(ale, pl. aux) [vise(ɛn)nal, -o] *a.* 20 년간의; 20년에 한번의.
vice-présidence [visprezidɑ̃:s] *(pl. ~-s) n.f.* 부통령(부회장·부의장·부사장)의 직.
vice-président(e) [visprezidɑ̃, -ɑ̃:t] *(pl. ~-s) n.* 부통령, 부회장, 부의장, 부사장.
vice-recteur [visrɛktœ:r] *(pl. ~-s) n.m.* 부총장의 직; (1920년 이전의)파리대학 총장(recteur 는 문교장관)의 직.
vice-rectorat [visrɛktɔra] *n.m.* 부총장의 직; (1920년 이전의)파리대학 총장의 직.
vice-reine [visrɛn] *n.f.* 부왕비(副王妃), 여(女)부왕; 《역사》인도총독부인.
vice-roi [visrwa(ɑ)] *(pl. ~-s) n.m.* 부왕; 《역사》 (식민지 시대의)인도 총독.
vice-royal(ale, pl. aux) [visrwajal, -o] *a.* 부왕의, 총독의.
vice-royauté [visrwajote] *(pl. ~-s) n.f.* 부왕의 지위; 부왕령(領); 총독의 지위; 총독령.
vice-sénéchal *(pl. aux)* [vissenefal, -o] *n.m.* 부법관(法官).
vice-sénéchaussée [vissenefose] *n.f.* 부법관의 직(席).
vicésimal(ale, pl. aux) [visezimal, -o] *a.* 20 을 기본으로 하는. *numération -ale* 20 진법(進法).
vicesimo [vizezimo] 《라틴》 *ad.* 20 번째로.
vice versa, **vis(vice)versa** 《라틴》 *loc.ad.* 거꾸로, 반대로(réciproquement, inversement). *Quand il est en retard, elle l'attend et ~.* 그가 늦으면 그녀가 기다리고 또 그 반대의 경우도 있다.
Vichnou [viʃnu] *n.pr.m.* 《인도신화》비시누《인도교 3 신의 하나》.
vichnouisme [viʃnwism] *n.m.* 비시누교의 교리.
Vichy [viʃi] *n.pr.* 비시《프랑스의 도시, 온천지》. *gouvernement de ~* 비시 정부《1940-1944, Pétain 원수를 수반으로 한 친독 정부로 국가명은 État français》.
—v~ *n.m.* ① 《직물》비시 면포(綿布)(toile de V~). ② 비시 광수(鑛水)(eau de V~). *commander un ~* [un verre de ~] 비시 광수를 한 잔 주문하다.
pastille de ~ 비시정(錠)《소화약의 일종》.
vichyssois(e) [viʃiswa, -a:z] *a.* 비시(Vichy)의; (경멸)《정치》비시 정부의. —V~ *n.* 비시 사람; 《정치》비시 정부 지지자.
vichyste [viʃist] *a.* 《정치》비시 정부파(派)의. —V~ *n.* 비시 정부파.
viciable [visjabl] *a.* 나쁘게 될 수 있는[되기 쉬운], 부패할 수 있는[하기 쉬운].
vicianine [visjanin] *n.f.* 《화학》비시아닌.
viciateur(trice) [visjatœːr, -tris] *a.* 《드물게》오염시키는, 악화시키는. *facteurs -s de l'air* 공기를 오염시키는 요인.
viciation [visjɑsjɔ̃] *n.f.* ① 악화(부패·오염)시키기(pollution). ② 《법》 무효로 하기.
vicié(e) [visje] *a.p.* ① 탁한, 오염된(pollué); 더러운; (음식물 따위가) 부패한. *air ~* 오염된 공기. ② 《법》무효의. *acte ~* 무효가 된 증서.
viciées [visje] *n.f.pl.* 《식물》 콩(잠두)과(科).
vicier [visje] *v.t.* ① 나쁘게 만들다, 오염[부패]시키다, 탁하게 만들다(corrompre, gâter, ↔ purifier). *fumées d'usine qui vicient l'air* 공기를 오염시키는 공장의 연기. *~ un raisonnement*《비유적》추론을 그릇되게 하다. ② 《법》무효로 만들다. *~ un acte* 증서를 무효화시키다.
—**se** ~ *v.pr.* 오염되다, 부패하다, 탁해지다. *L'air s'est vicié.* 공기가 오염되었다.
vicieusement [visjøzmɑ̃] *ad.* 《드물게》나쁘게, 옳지 못하게.
vicieux(se) [visjø, -ø:z] *a.* ① 타락한, 악습에 젖어 있는(corrompu). *enfants ~* 비행[불량] 소년. *époque -se* 타락한 시대. *penchant ~ pour l'alcool* 나쁜 음주벽. ② 방탕한, 음탕한(débauché, cochon); 변태적인(pervers). *regard [geste] ~* 음탕한 눈짓[몸짓]. *Il est un peu ~.* 그는 약간 변태이다. ③ ⓐ 《사물에 대해》결점이 있는, 불완전한(défectueux, fautif). *locution -se* 그릇된 어법. *contrat ~* 미비점이 있는 계약. *raisonnement ~* 결함있는 이론. *cercle ~* 《논리》 순환논법; 《구어》악순환. ⓑ (짐승이)반항적인, 성마른. *cheval ~* 고분고분하지 않는 말. ⓒ 《스포츠》 속임수를 쓰는. *balle -se* 《축구에서》차는 척하면서 달리 처리하는 공. *coup ~* (권투에서)속임수를 쓰는 편치. ④ 《구어》 《취미가》별난, 이상한(bizarre). *Il faut être ~ pour aimer ça.* 그런 것을 좋아하다니 별난 취미군.
—*n.m.* 방탕아, 행실이 고약한 사람(débauché); 장난꾸러기.
vicinal(ale, pl. aux) [visinal, -o] *a.* (도로·철도가)한 지방만의; 마을 사이의. *chemin ~* (마을과 마을을 잇는) 시골길. —*n.f.* 시골길.
vicinalité [visinalite] *n.f.* (도로가)마을과 마을을 연결하기; 지방 교통망. *voie(chemin) de grande ~* 지방의 간선도로.
vicissitude [visisityd] *n.f.* ① (주로 *pl.*)변천, (인생·운명의)우여변천(有爲變遷), 부침(浮沈), 성쇠(tribulation), *~s des mœurs* 풍속의 변천. *subir les ~s de la fortune* 운명의 갖가지 변천을 겪다. ② 고난, 역경. ③ 《옛》계기(繼起), 교체(succession, alternative).
vicomtal(ale, pl. aux) [vikɔ̃tal, -o] *a.* 자작의, 자작령(領)의.
vicomte [vikɔ̃:t] *n.m.* 자작(子爵).
vicomté [vikɔ̃te] *n.f.* 자작의 지위; 자작령.
vicomtesse [vikɔ̃tɛs] *n.f.* 자작부인; 여자작.

victimaire [viktimɛːr] *n.m.* 【고대로마】 산 제물을 바치는 임무를 맡은 성직자.

***victime** [viktim] *n.f.* ① (신에게 바쳐진)제물, 희생 (hostie). immoler une ~ sur l'autel 제단에 제물을 바치다. ② 희생자; 피해자, 조난자; 희생물. Cet accident a fait trois ~s. 이 사고는 3 사람의 희생자를 냈다. [être ~ de] Cette ville a été ~ du bombardement. 이 도시는 폭격으로 피해를 입었다. être ~ des moqueries de ses camarades 친구들의 조롱의 표적이 되다. ~s de la guerre 전몰장병. ~ du devoir 순직자.

victimer [viktime] *v.t.* 《속어》 (사람을)제물로 바치다; 괴롭히다, 농락하다.

***victoire** [viktwaːr] *n.f.* ① 승리, 전승. ~ navale [aérienne] 해전[공중전]의 승리. ~ diplomatique 외교적 승리. crier [chanter] ~ 개가를 올리다, 만세를 외치다. courir de ~ en ~ 연전연승하다. remporter la ~ 승리를 거두다; 싸워 이기다. ~ à la Pyrrhus 막대한 희생의 대가로 얻은 승리. ~ aux points[par K.-O.] 【권투】 판정[케이오]승. ② (V~)승리의 여신. enfant chéri de la V~ (싸울 때마다 승리하는)상승장군.
~ (morale) sur soi-même 극기(克己).

victoria [viktɔrja] *n.f.* ① 무개(無蓋) 4 륜마차. ② (regia) 【식물】 큰가시연꽃, 대귀련(大鬼蓮) (《영국의 식물학자 린들레(*Lindley*, 1799~1865)가 여왕에게 바친 꽃》.

victoriale [viktɔrjal] *n.f.* 【식물】 글라디올러스.

victorien(ne) [viktɔrjɛ̃, -ɛn] *a.* 영국의 빅토리아 여왕(시대)의.

victorieusement [viktɔrjøzmɑ̃] *ad.* 승리를 거두며, 성공히(avec succès). résister ~ à une attaque 공격을 끝까지 저항하여 승리하다. réfuter ~ des objections 반대이론을 결정적으로 논박하다.

victorieux(se) [viktɔrjø, -øːz] *a.* ① 승리한(vainqueur, ↔ vaincu); 의기양양한. général ~ 개선장군. être ~ de qn …와 싸워 이기다, …을 누르다. sortir ~ d'un combat 싸움을 승리로 끝내다. air ~ 의기양양한 태도. ② (비유적)결정적인, 움직일 수 없는, 반박의 여지없는. argument ~ 반박의 여지가 없는 논거. —*n.* 승리자.

victuailles [viktyaːj] *n.f.pl.* 식량(vivres).

vidage [vidaːʒ] *n.m.* ① 비우기; (생선·새의)내장을 뽑기. ② 【토목】 (운하를 팔 때 양 기슭에 생기는)성토. ③ 《구어》 (성가신 사람을)내쫓기, 추방.

vidame [vidam] *n.m.* 《프랑스사》 (사법·군사의 직무에 있어서 주교를 대신한)주교대리.

vidamé [vidame] *n.m.*, **vidamie** [vidami] *n.f.* 주교대리의 직[영지].

vidamesse [vidamɛs] *n.f.* vidame 의 처·딸.

vidange [vidɑ̃ːʒ] *n.f.* ① 비우기. (도랑·하수구 따위의)퍼내기; 변소 푸기, 오물 수거; (*pl.*)(퍼낸)분뇨, 거름. ~ d'un tonneau [d'un réservoir] 통(탱크)을 비우기. ~ rapide 【항공】 (휘발유의)긴급방출(vide-vite). traitement chimique des ~s 분뇨의 화학적 처리. ② (자동차의)오일교환. la ~ et le graissage 오일교환과 기름칠. ③ (세면대·탱크 따위의)배수장치 (도로의)배수구(溝). ④ (종종 *pl.*) 편 오물, (보일러의)침전물.
en ~ (용기·용기 속의 액체가) 거의 비어있는. bouteille **en ~** 거의 바닥이 난 술병. vin **en ~** 얼마 남지 않은 포도주.

vidanger [vidɑ̃ʒe] [3] *v.t.* 청소하기 위해 병·그릇을) 비우다; (분뇨를)퍼내다, 수거하다. ~ les eaux résiduelles 폐수를 처리하다.

vidangeur [vidɑ̃ʒœːr] *n.m.* 오물(분뇨) 수거인.

‡**vide** [vid] *a.* ① ⓐ (속이) 비어 있는, 텅 빈. porte-monnaie ~ 텅 빈 지갑. avoir l'estomac [le ventre] ~ 뱃속이 비어있다. les mains ~s 빈손으로; 소득[수확] 없이. ⓑ (장소·자리 따위가) 비어있는. maison ~ 빈 집. place ~ 빈 자리. rue ~ (인기척 없는)텅 빈 거리. La salle est ~. 실내는 비어 있다. Paris est ~ au mois d'août. 파리는 8 월에는 텅 빈다. ⓒ (시간이)비어 있는, 한가한. moments ~s 한가한[따분한] 시간. passer une journée ~ 무료한 하루를 보내다.
② 공허한, 무의미한, 가치[흥미]없는(creux, futile). discussions [propos] ~s 무의미한 토론 [말]. existence ~ 공허한(가치없는) 삶.
③ [~ de](이)없는(dépourvu de). mots ~s de sens 의미없는 말. rues ~s de voitures 차가 다니지 않는 길.
④ 벌거벗은, 아무 장식이 없는. mur ~ 아무 장식이 없는 벽.

avoir la tête ~ (피로·충격 따위로)머리가 멍하다.
avoir des cases ~s dans la tête 약간 정신이 이상하다, 좀 미쳤다.

—*n.m.* ① 공백, 공지, 빈 자리; (시간의)틈, 한가. combler un ~ 빈 틈[간격]을 메우다. Il y a un ~ dans cette série. 이 총서[세트]에는 빠진 것이 있다. avoir un ~ dans un emploi du temps 시간표 [일과표]에 비어 있다(한가한 시간이 있다). ② 결원, 공석. combler les ~s dans les cadres 간부 중의 결원을 보충하다.
③ 공허, 덧없음, 허망함(néant, futilité); 마음의 공허, 허탈감. sentir le ~ de l'existence 인생의 공허를 느끼다. sentiment du ~ 허탈감. Sa mort a fait en elle un grand ~. 그의 죽음은 그녀의 마음 속에 커다란 공허감을 남겼다.
④ 진공. lampe à ~ 진공램프. tube à ~ 진공관. nettoyage par le ~ 진공소제법. pompe à ~ 진공 펌프.
à ~ ⓐ 빈 채로; 헛되이. partir à ~ (차가)빈 차로 떠나다. frapper à ~ (주먹·망치가)허공을 치다; (목표물을)맞히지 못하다. mâcher à ~ 헛되이 희망을 걸다. tourner à ~ 공(회)전하다.
dans le ~ ⓐ 허공 속에. regarder *dans le* ~ 허공을 바라보다. parler *dans le* ~ (허공에 대고)혼잣말을 하다. ⓑ 무익하게, 헛되이. promettre *dans le* ~ 가망없는[헛된] 약속을 하다.
faire le ~ (dans l'esprit) 아무 생각도 하지 않다; 《문어》 (고정관념 따위를 버리고)머리를 공백상태로 만들다.
faire le ~ autour de qn …을 고립시키다, 외톨이로 만들다.

vidé(e) [vide] *a.p.* ① 속이 빈. ② 지쳐빠진, 정력을 다 소모한(épuisé).

vide-bouteille [vidbutɛj] (*pl.* **~-~s**) *n.m.* ① 《옛》 (교외의)소연장. ② (마개를 열지 않고 술병에서 술을 따르는)사이펀(《빨아들이는 관》). ③ 《옛·구어》 술고래.

vide-cave [vidkaːv] *n.m.* (복수불변) (침수 지역의)배수 펌프.

vide-citron [vidsitrɔ̃] *n.m.* 레몬착즙기(搾汁機).

vide-gousset [vidgusɛ] (*pl.* **~-~s**) *n.m.* 《옛·구어》 소매치기.

videlle [vidɛl] *n.f.* ① 과일의 씨 빼는 기구; 【요리】 반죽 베는 칼. ② 구멍짜깁기.

videment [vidmɑ̃] *n.m.* (부대·병 따위를)비우기; 청소(하기).

vidéo [video] *n.m.* 비디오(기술)(vidéophonie); 텔레비전 주파수(vidéofréquence).
—*a.* 《불변》 텔레비전의; (오디오에 대하여)비디오[영상]의. bande ~ 비디오 테이프.

vidéo- préf. 「텔레비전의, 텔레비전에 의한」의 뜻.

vidéo(-)cassette [videɔkasɛt] (pl. ~-~s) n.f. 비디오 카세트.

vidéoconférence [videɔkɔ̃feɑ̃s] n.f. 텔레비전회의.

vidéo(-)disque [videɔdisk] n.m. 영상이 녹화된 음반, 비디오 디스크.

vidéofréquence [videɔfrekɑ̃:s] n.f. 텔레비전 주파수(周波數).

vidéophone [videɔfɔn], **vidéotéléphone** [videɔtelefɔn] n.m. 텔레비전 전화, 영상 전화[상대방의 얼굴을 볼 수 있는 장치가 붙은 전화].

vidéophonie [videɔfɔni] n.f. 텔레비전(비디오) 기술.

vide-ordures [vidɔrdyːr] n.m. 《복수불변》 (가옥의) 쓰레기 처리관(管).

vidéothèque [videɔtɛk] n.f. 비디오 테이프[카세트] 수집(수집해 놓은 곳).

vide-poches [vidpɔʃ] n.m. 《복수불변》 ① (휴대품을 일시 넣어두는) 작은 상자, 그릇. ② (자동차의) 장갑 따위를 넣어두는 곳 (boîte à gants).

vide-pomme [vidpɔm] (pl. ~-~s) n.m. 사과 속 빼는 도구.

*****vider** [vide] v.t. ① (용기·내용물을) 비우다, 치우다, 퍼내다 (↔ emplir, remplir); (그릇·컵의 마실 것을)다 마시다. ~ un récipient [un tiroir] 용기 [서랍]를 비우다. ~ l'eau de la baignoire 욕조 안의 물을 비우다. ~ sa bourse 지갑을 비우다, 돈을 다 써버리다. [~ qc de qc] ~ une maison de ses meubles 집의 가구를 치우다. ~ une bouteille 한 병을 다 마시다. *Videz* ce reste de vin. 이 나머지 술을 다 마시지요. ② (에서)퇴거하다, 나가다 (évacuer, quitter); 《구어》(장소를) 비우게 하다, 내쫓다 (expulser, chasser). ~ un appartement 아파트를 비우다(떠나다). recevoir l'ordre de ~ les lieux 퇴거명령을 받다. ~ qn d'une réunion 《구어》…을 회합에서 내쫓다; se faire ~ 쫓겨나다; 해고되다. ③ 《구어》 [~ qn] (사람을)기진맥진하게 하다 (épuiser). Cet examen *l'a vidé*. 이 시험은 그를 녹초로 만들었다. ④ (새·생선의)내장을 뽑다, (과일의 속)을 빼다. ~ un poisson 생선의 내장을 빼다. ⑤ (사건·분쟁을)해결하다, 조정하다 (régler); 종결짓다 (terminer). ~ une querelle [un procès] 분쟁(소송)을 해결(종결)짓다. ~ ses comptes 셈을 정산하다. ⑥《엣》토하다, 배설하다. ~ *les ventes* 벌채한 나무를 반출하다.
— **se** — v.pr. ① 비다, 비워[se ~ de] (이) 빠져나가다, 없어지다. Paris *se vide* de touristes. 관광객들이 파리에서 빠져나간다. ② (물이)빠지다, 배수되다. L'évier *se vide* mal. 개수대의 물이 잘 빠지지 않는다. ③ (분쟁이)해결되다, 조정되다.

vide-tasses [vidtɑːs] n.m. 《복수불변》(식탁의) 찌꺼기를 받는 그릇.

videur(se) [vidœːr, -ɸːz] n. 비우는 사람; (새·생선의)내장을 뽑는 사람; 《구어》(카바레의) 주정꾼을 내쫓는 사람. ~ de poches 소매치기. ~ de pots 술꾼.

vide-vite [vidvit] n.m. 《복수불변》 《항공》 응급 휘발유 방출장치.

vidicon [vidikɔ̃] n.m. 『텔레비전』 비디콘 [촬영관 (撮影管)의 일종].

vidimer [vidime] v.t. (등본을)원본과 대조하다.

vidimus [vidimys] n.m.《라틴》(원본과 등본과의)대조필 증명.

vidoir [vidwaːr] n.m. 오물[거름] 구덩이; 『건축』 오물을 버리는 구멍.

vidrecome [vidrəkɔm] n.m. 대형 컵.

viduité [vidɥite] n.f. 『법』홀아비[과부]생활; 《비유적》고독, 공허 (isolement, vide).

vidure [vidyːr] n.f. ① (새·생선의)내장. ② (pl.)쓰레기, 오물 (ordures).

:**vie¹** [vi] n.f. ⓐ 목숨, 생명. être en ~ 살아 있다. risquer(sacrifier) sa ~ pour son idéal 이상을 위해 목숨을 내걸다[바치다]. lutte pour la ~ 생존을 위한 투쟁. C'est une question de ~ ou de mort. 죽느냐 사느냐의 문제이다. assurance sur la ~ 생명보험 (assurance-~). ⓑ 생기, 활기, 생명감. enfant plein de ~ 생기 넘치는 아이. Ce quartier est plein de ~. 이 거리는 활기에 넘쳐 있다. tableau [œuvre] où il y a de la ~ 《비유적》생동감 있는 그림[작품].

② ⓐ 일생, 생애; 수명. cette ~; ~ terrestre (présente) 『종교』 이승의 삶, 현세. ~ future (éternelle) 내세 (↔ autre ~). élixir de longue ~ 불로 장수약. 『일생, 인생; 실생활, 세상살이. Eh oui, c'est la ~! 그래, 인생이란 그런 것이오! expérience de la ~ 실생활의 경험. Il ne connaît rien de la ~. 그는 세상살이에 대해 아무것도 모른다. ⓒ 전기 (biographie). écrire la ~ de Rousseau 루소의 전기를 쓰다.
③ 생활, (개인·집단의)생활방식[양상]; (정신)세계. train [style] de ~ 생활상태[방식]. changer de ~ 생활태도를 바꾸다, 새생활을 하다. double ~ 이중생활. ~ privée [publique] 사(공적)생활. ~ conjugale 부부생활. ~ de garçon 독신생활. ~ sociale [en société] 사회생활. mener une ~ de débauche 방탕한 생활을 하다.
④ 생계(비), 생활비 (pitance). niveau de ~ 생활수준. prix de la ~ 생활비. La ~ est chère. 물가가 비싸다.
⑤《비유적》(사물·제도 따위의)생존, 수명. ~ d'une automobile 자동차의 수명. ~ et mort d'une civilisation 한 문명의 삶과 죽음 (생존과 멸망).

à la ~ (et) à la mort; pour la ~ 일생동안, 영원히. Ils sont amis *à la* ~ *à la mort*; Entre eux c'est *à la* ~ *à la mort*. 그들은 평생의 벗이다.
à ~ 종신(의). pension à ~ 종신연금.
Ce n'est pas une ~. 이건 도무지 견뎌낼 재주가 있어야지, 못해 먹겠군.
chercher sa ~ 생활 방도를 찾다.
couler (*rouler*) *douce*-*ment sa* ~ 조용하게 지내다.
coûter la ~ *à qn* 자기 대신에 …을 죽게 하다.
de la (*ma, sa*) ~ 《부정문에서》결코(않다). De ma ~ je n'ai vu chose pareille. 나는 생전 이런 일은 보지 못했다. Jamais *de la* ~ je ne le pardonnerai. 결코 그를 용서 못하겠다.
devoir la ~ *à qn* …의 덕택으로 목숨을 건지다; …에게서 태어나다. Je *dois la* ~ *à* ce médecin. 이 의사가 내 생명의 은인이다. mère à qui je *dois la* ~ 나를 낳아주신 어머니.
donner la ~ *à qn* …을 낳다; …의 목숨을 살려주다.
donner la ~ *à* (*dans*) *qc* …에 활기를 주다.
être entre la ~ *et la mort* 생사관두에 있다.
faire la bonne ~; *mener joyeuse* ~ 즐겁게 세상을 보내다, 즐겁게 생활하다.
faire la (*grande*) ~ 쾌락을 즐기다; 방종한 생활을 하다.
faire la ~ *à qn* …을 학대하다, …에게 끊임없이 잔소리를 하다. Il nous *fait la* ~. 저자는 우리를 못 살게 군다[우리에게 싸움을 건다].
faire ~ *qui dure* 오래 살아가다.
gagner sa ~ 밥벌이를 하다.
Il y va de la ~. 생명에 관한 문제이다.
laisser la ~ (*sauve*) *à qn* …의 목숨을 살려주다, 용서해주다.
mauvaise ~ 방종한 생활. femme de *mauvaise* ~

행실이 나쁜 여자; 창녀.
mendier sa ~ 구걸해서 살아가다.
rappeler à la ~ 소생시키다.
refaire sa ~ 재혼하다.
sans ~ 의식을 잃고.
Sur ma ~! 《구어》목숨을 걸고!
~ moyenne 《보험》평균 여명(餘命), 평균수명.
vivre sa ~ 멋대로[자유로이] 살아가다.

vie² n.f. 염전의 두렁 길.
viédase [vjeda:z] 《남프랑스》 n.m. 《속어》 바보.
vieil [vjɛj] a.m. ⇨ vieux.
***vieillard** [vjɛjaːr] n.m. (f.는 보통 **vieille**, 《경멸》**vieillarde**) 노인, 늙은이. asile(hospice) de ~s 양로원.
vieillarder [vjɛjarde] v.i. (포도주가 인공적으로) 오래돤 맛을 띠다.
vieille [vjɛj] a, n.f. ⇨ vieux.
REM vieille-는 명사로서는 다소 예의에 어긋난 말. *vieille femme* 나 *vieille dame* 가 적절함. *bonne femme*는 나이가 든 부인을 가리키는 말인데 별로 정중한 표현은 아님.
vieillement [vjɛjmã] ad. 늙은이답게.
vieillerie [vjɛjri] n.f. ① 《보통 pl.》 고물; 진부한 설(說), 시대에 뒤진 생각; 진부한 작품. *Cette théorie est une ~.* 이 학설은 낡아빠진 것이다. *Ce théâtre ne joue que des ~s.* 이 극장은 진부한 작품만을 공연한다. ② 《구어》 늘그막, 노년, 늙음 (vieillesse).
***vieillesse** [vjɛjɛs] n.f. ① 노년, 노후; 《집합적》 노인. *allocations de ~* 양로 [노년] 수당. *atteindre la ~* 노년에 달하다, 노인이 되다. *bâton de ~* 노후의 기둥 [노년의 사람]. *Si jeunesse savait, si ~ pouvait..* 《속담》 젊은이는 늙은이의 경험이 없고 늙은이는 젊은이의 힘이 없다. ② 노쇠, 노화; 노후. *mourir de ~* 노쇠해서 죽다. *~ d'un arbre* 수목의 노화.
vieilli(e) [vjɛ(e)ji] a.p. ① 늙은; 낡은, 오래 된; 낡아빠진(suranné). ~ *avant l'âge* 나이보다 더 늙은. *vin ~ dans la cave* 지하실에서 오래 묵은 포도주. *chapeau ~* 낡아빠진 모자. *mots(termes) ~s* 지금은 잘 쓰이지 않는 말[언어]. ② 고참의, 연공을 쌓은. *homme ~ dans le métier* 경험을 쌓은 베테랑.
***vieillir** [vjɛ(e)jiːr] v.i. ① 늙다, 나이먹다; 노년을 보내다. *Il a bien vieilli depuis deux ans.* 그는 2 년 사이에 많이 늙었다. ~ *dans sa famille(dans son pays)* 제 집 [고향]에서 만년을 보내다. ② 《여러 직장·상태에서》 오래 세월을 지내다. ~ *dans un métier* 어떤 직업으로 인생의 태반을 보내다. ③ 《주어는 사물》 낡은 것이 되다, 시대 〔유행〕에 뒤지다, 쇠퇴하다. *Cette mode a vite vieilli.* 이 유행은 금새 낡은 것이 되었다. *Sa philosophie ne vieillit pas.* 그의 철학은 낡지 않는다 〔항상 생명력을 지니고 있다〕. ④ 《술 따위가》 익다. *faire ~ un fromage [du vin]* 치즈 〔포도주〕 를 익도록 오래 두다.
—v.t. ① [~ *qn*] 늙게 하다; 늙어 보이게 하다. *Cette robe la vieillit.* 이 옷은 그녀를 나이들어 보이게 한다. ② 《실제보다》 나이들게 보다. *Trente ans? Vous me vieillissez de trois ans.* 30 세요? 나를 3 살이나 더 보시는 군요.
—se — v.pr. ① 《자기를》 늙어 보이게 하다, 《자기 나이를》 실제보다 늘려 말하다. *Il se vieillit de deux ans.* 그는 나이를 2 살 더 보탠다.
vieillissant(e) [vjɛ(e)jisã, -ã:t] a. 늙어가는, 나이먹는; 늙어 보이게 하는. *coiffure ~e* 나이들어 보이게 하는 머리형. ② 쇠퇴하는. *art ~* 쇠퇴해가는 예술.

vieillissement [vjɛ(e)jismã] n.m. ① 늙음, 노화, 노쇠. ~ *d'une population* 《사회》 인구의 노화 (인구 중 노인의 비율이 커짐). ~ *d'un organe* 기관의 노화. ② 쇠퇴, 낡음. ~ *d'une mode* 유행의 쇠퇴. ③ 《술 따위의》 숙성. ~ *forcé* (포도주의) 인공 숙성.
vieillot(te) [vjɛjo, -ɔt] a. 늙수구레한, 노티나는; 낡은, 진부한. *mine ~te* 늙수구레한 얼굴. *idée ~te* 케케묵은 생각.
vièle [vjɛl] n.f. 《옛》 《음악》 (중세의) 현악기의 일종 《비올라(viole)의 옛 형태》.
vielle [vjɛl] n.f. 교현금(絞弦琴) 《바퀴를 돌려 연주하는 중세의 현악기》.
vieller [vjɛ(e)le] v.i. 교현금을 타다.
vielleur(se) [vjɛlœːr, -øːz], **vielleux(se)** [vjɛlø, -øːz] n. 교현금을 타는 사람.
viendr-ai, -as [vjɛ̃dr-e, -a] ⇨ *venir*.
vienne-e, -ent [vjɛn] ⇨ *venir*.
Vienne [vjɛn] n.pr.f. 《지리》 ① 빈 《오스트리아의 수도》. ② 비엔 《프랑스 중부의 지방·도시·강》.
viennois(e) [vjɛnwa, -aːz] a. 빈의; 비엔의.
—**V~** n. 빈 [비엔] 사람.
vien-s, -t [vjɛ̃] ⇨ *venir*.
vierge [vjɛrʒ] n.f. ① (*V~*) 성처녀(la Sainte *V~*); 성모(la *V~-Mère*); 성모 마리아(la *V~ Marie*); 성모상(聖母像). *la V~ et l'Enfant* 성모자상. ② 《숫》처녀(pucelle); 동정녀. *pureté de ~* 처녀의 순결. ~ *folle* 경박한 처녀; 《구어》 품행이 나쁜 여자. ③ (*V~*) 《천문》 처녀좌. *être amoureux des onze mille ~s* 여자라면 누구나 다 좋아하다. *fil de la ~* (공중·풀 따위에 걸려 있는) 작은 거미줄. *se coiffer à la V~* 마돈나식으로 머리를 땋다.
—*a.* ① 처녀의; 동정의. *fille ~* 처녀. *garçon ~* 총각. *femme ~* (짐승에서) 수태하지 않은 암컷. *ovule ~* 수태하지 않은 난자. ② 순결한, 손대지 않은, 사용되지 않은. *feuille ~* 백지. *pellicule ~* 새 필름. *terre ~* 처녀지, 미답지. *forêt ~* 원시림. *couleur ~* (다른 색과 섞이지 않은) 원색. ③ [*~ de*] 더럽혀지지 않은. *environnement ~ de toute pollution* 공해가 전혀 없는 환경. *boutonnière ~ de palmes* 《익살》 아직 훈장을 모르는 단추구멍.
Viêt(Viet)(-)nam [vjɛtnam] n.pr.m. 《지리》 베트남, 월남.
vietnamien(ne) [vjɛtnamjɛ̃, -ɛn] a. 베트남(*le Vietnam*)의. —**V~** n. 베트남 사람.
***vieux(vieil)(f. vieille)** [vjø, vjɛj] a. 《모음 또는 무성 h 로 시작하는 남성단수 앞에서는 *vieil* 를 사용함, 때로 *vieux* 도 쓰임》 ① ⓐ 늙은, 나이가 많은. *vieil homme* 노인. *vieille femme* 노파, 늙은이. *vieille fille* 노처녀, 올드 미스. *vivre ~* 천수를 누리다. ⓑ 연상의, 연장의. ~ *mari* (아내보다 나이가 훨씬 위인) 늙은 남편. *Il est plus ~ d'un an que moi.* 그는 나보다 한 살 위이다. ⓒ 늙어 보이는, 나이가 들어 보이는. *Il est ~ pour ses trente ans.* 그는 서른 살 치고는 늙어 보인다. *être ~ de goût* 취미가 늙은이답다. *s'habiller ~* 늙은이와 같은 옷차림을 하다.
② 늙은, 고참의; 옛날의; 노련한. *vieille habitude* (옛부터의) 오랜 습관. *Nous sommes de ~ amis.* 우리는 오랜 친구이다. *être ~ dans le métier* 그 일[직업]에 노련하다. *vin ~* 오래된 포도주. *vieille ville* 오래된 도시. ~ *continent(monde)* 구대륙, 유럽. *vieille édition* 구판. *bon ~ temps* 그리운 옛날.
③ 낡은, 구식의. *de ~ vêtements* 낡은 옷. ~ *chapeau* 구식 모자.

Il n'est chasse que de ~ chiens. 《속담》일을 원만히 처리하는 데는 노인의 경험보다 더 좋은 것은 없다. [제.
la vieille question; le ~ problème 늘 논의되는 문제.
se faire ~ 나이먹다; 늙어가다; 《속어》지루해지다.
sur ses ~ jours 만년[노년]에.
une politesse très vieille France 매우 세련되었지만 쓰이지 않는.
vieille garde (정치인, 혹은 국가원수의)충실한 지지자들[측근].
vieil or 고금색(古金色)의, 짙은 황갈색의.
—*n.* ① 노인, 늙은이; 연장자. *un ~* 할아버지. *une vieille* 할머니 (*un vieil homme* 나 *une vieille femme* 보다 스스럼없이 쓰임).
② 오래된 사람, 고참자. C'est déjà un ~ pour un joueur de football. 축구선수로서는 벌써 고참이다.
③《보통 소유 형용사와 함께》ⓐ《속어》아버지, 어머니; (*pl.*)양친. aller voir ses ~ 양친을 뵈러 가다. ⓑ《구어》(친구에 대한 호칭으로)자네. Comment ça va, mon ~? 자네, 어떻게 지내나?
—*n.m.* 낡은 것.
prendre un coup de ~ 갑자기 늙어지다.
un ~ de la vieille 나폴레옹 근위대의 노병(la vieille, la vieille garde) 고참자, 노련한 사람.

vieux-catholique(*f. vieille-~*) [vjøkatolik, vjɛj-] *n, a.* 옛 가톨릭 교도(의) (교황의 물류성(不謬性)을 배격하는.

‡**vif(ve)** [vif, iːv] *a.* ① (주로 관용적 표현 속에서) 살아있는(vivant), être brûlé(enterré) ~ 산 채로 태워지다(생매장되다). être plus mort que ~ (무서워서) 살아있는 것 같은 느낌이 아니다. prendre *qn* (tout) ~ 을 생포하다. haie ~ve 생나무 울타리. eau ~ve 맑게 흐르는 물.
② 생생한, 활발한, 발랄한. marcher d'un pas ~ 경쾌한 걸음으로 걷다. enfant ~ 발랄한 아이. écrire dans un style ~ 힘찬 문체로 쓰다.
③ (두뇌·감각 따위가)예민한, 날카로운. odorat très ~ 매우 예민한 후각. avoir une ~ve intelligence 두뇌가 예민하다. esprit ~ 발랄한 재기; 재기발랄한 사람.
④ (기후가)매서운; (비난·말 따위가)격렬한, 날카로운; (고통이)심한. froid ~ 매서운 추위. essuyer de ~s reproches 격렬한 비난을 받다. ~ve discussion 격론. ~ve douleur 심한 통증. échanger des propos ~s 격한 말을 주고 받다.
⑤ (성격이)격한, 흥분하기 쉬운(coléreux), tempérament ~ 성마른 기질. Il est très ~. 그는 걸핏하면 흥분한다.
⑥ 강한, 강렬한; (색채 따위가)선명한. ~ désir 강한 욕망. ~ve curiosité 강렬한 호기심. foi ~ve 독실한 신앙. ~s applaudissements 열렬한 갈채. faire un feu très ~ 맹렬한 사격을 가하다. couleur ~ve 선명한 빛깔. lumière ~ve 강렬한 빛.
⑦ 벌거숭이의. chair ~ve 맨 살.
⑧《음악》 allègre et ~ 알레그로 비바체.
⑨(각이)날카로운. angle ~ 예각; arête ~ve 예각(銳角).
de ~ve force 우격다짐으로, 완력으로.
de ~ve voix 구두로.
—*ad.* Il gèle ~. 꽁꽁 얼다.
—*n.m.* ①《법》 생(존)자. donation entre ~s 생전(生前) 증여.
② 생살, (살아있는 몸의)살(chair ~ve).
③ (있는 그대로의)현실; 《옛》《미술》실물. études sur le ~ (실험실에서가 아닌)실지연구, 실습. peindre sur le[au] ~ 실물대로 그리다, 사생하다.
④ (문제의)핵심, 요점. entrer dans le ~ de la question 문제의 핵심에 들어가다.
⑤《낚시》산 미끼. pêcher au ~ 산 미끼로 낚시하다.
⑥ ~ *de colonne* 《건축》(원주의)기둥몸, 주신(柱身).
atteindre qn au ~ …의 아픈 데[급소]를 찌르다.
à ~ 생살. plaie *à* ~ 생살이 드러난 상처.
avoir les nerfs(la sensibilité) à ~ 신경이 날카롭다.
couper(tailler) dans le ~ 단호한 수단을 취하다, 대수술을 하다.
piqué(blessé, touché) au ~ 아픈 데를 찔린, 폐부를 찔린.
prendre(surprendre) sur le ~ 현장을 포착하다, 현행범으로 잡다; 《사진》포즈 없이 자연스럽게 찍다.
~ de la marée(de l'eau) 《해양》한 사리.

vif-argent [vifarʒɑ̃] *n.m.* 수은(水銀).
avoir du ~ dans les veines 《구어》잠시도 가만히 있지 못하다. *C'est du ~.* 몹시 활발한 사람이다.

vigésimal(ale, *pl.* **aux**) [viʒezimal, -o] *a.* =**vicésimal.**

vigesimo [viʒezimo] 《라틴》 *ad.* =**vicesimo.**

vigie [viʒi] 《포르투갈》 *n.f.* 《해양》 ① 망보기(garde, observation); 망보는 사람(sentinelle); 망루;《철도》감시실. être en(de) ~ 망을 보다. ② (위험을 알리는)경계부표(浮標).

vigilamment [viʒilamɑ̃] *ad.* 《드물게》주의하여, 경계하여.

vigilance [viʒilɑ̃ːs] *n.f.* ① 조심, 주의, 경계(attention, soin). redoubler de ~ 경계를 더욱 강화하다. endormir(tromper) la ~ de *qn* …의 경계심을 풀게 하다(와해시키다). surprendre la ~ de *qn* …의 방심을 틈타다. ② 《생리》 불면(각성)상태.

vigilant(e) [viʒilɑ̃, -ɑ̃ːt] *a.* 조심하고 있는, 주의를 게을리하지 않는(attentif). surveillant ~ 주의깊은 감시인. soins ~s 세심한 보살핌[간호].
—*n.m.* 《의학》불면증환자.

vigile¹ [viʒil] *n.f.* 《가톨릭》 축제일 전날, 전야제. ~ *de Pâques* 부활절 전날.

vigile² *n.m.* 《고대로마》야경꾼; 밤새우는 사람; (지금의)야경꾼(veilleur de nuit).

vigile³ *a.* 《생리》 각성의, 각성시키는.

*****vigne** [viɲ] *n.f.* ① 《식물》 포도나무; 포도밭(vignoble). cep de ~ 포도나무 그루. culture de la ~ 포도재배. cultiver la ~ 포도를 재배하다. labourer sa ~ 포도밭을 갈다. raisin de ~ 포도주용의 포도. feuille de ~ (나체 조각의 음부 모양의)국부 가리개. ② ~ blanche(de Salomon) 《식물》 좀사위질빵; ~ vierge 개머루; (장식용)덩굴.
être dans les ~s (du Seigneur) 《구어》 술취하다.
travailler à la ~ du Seigneur 영혼의 구원을 위해 일하다.

vigneau [viɲo] (*pl.* ~**x**) *n.m.* ①《옛》(노르망디 지방의 정원에 만들던 포도 덩굴 시렁이 있는)석가산(石假山).② =vignot.

vigneron(ne) [viɲrɔ̃, -ɔn] *n.m.* 포도재배자; 포도원에서 일하는 사람. ~ *métayer* 소작하는, 포도재배용의. charrue ~*ne* 포도원용 쟁기.

vignetage [viɲtaʒ] *n.m.* 당초문(唐草紋) 장식.

vigneter [viɲte] ⑤ *v.t.* 당초문으로 꾸미다.

vignette [viɲɛt] *n.f.* ① (책의 표지·각 장(章)·머리 따위의)장식 컷(frontispice); 당초문장식; 가두리 장식을 두른 편지지(papier à ~s). ② (중세 서양 조각품의)세밀한 가두리 장식; (소용돌이 장식으로 가두리를 한)판화, 조각. ③《옛》(책·신문의)삽화.
④ (상표의)장식 도안, 그림; (상품에 붙은)네모쪽

지, 딱지, 레테르; 납세필증. ~ auto(mobile) 자동차 납세필증. ~ portant le prix d'un médicament (사회보장에 제출하여 보상받는 근거가 되는)약값 적힌 쪽지. ⑤ encre ~ 〖인쇄〗(망판(網版) 인쇄에 쓰이는 양질의)인쇄잉크. ⑥ 〖식물〗 조팝나무류(類); 참으아리; 산쪽.

vignettiste [viɲɛ(e)tist] n. 당초문을 그리는 사람.

vigneture [viɲty:r] n.f. (중세기 미세화의)포도잎 장식.

vignoble [viɲɔbl] n.m. ① 포도재배지, 포도원(vigne). ②〖집합적〗(한 지방의)포도재배지. —a. 《드물게》포도를 재배하는.

vignot [viɲo] n.m. 〖패류〗 경단고둥.

vigogne [vigɔɲ] n.f. 〖동물〗야생 라마(페루산), 〖직물〗라마직물.

vigoureusement [vigurǿzmɑ̃] ad. 기운차게, 원기 있게(énergiquement) 강력하게, 맹렬히. protester ~ 강경히 항의하다.

*__vigoureux(se)__ [vigurǿ, -ǿ:z] a. ① 기운찬, 원기있는(robuste, puissant). bras ~ 힘센 팔. Il est ~ comme un bœuf. 그는 황소처럼 힘이 세다. Il a toujours eu une santé ~se. 그는 늘 건강하게 지내 왔다. ②(공격이)맹렬한, (저항이)불굴의, 강경한, 단호한(implacable, ferme); (필적 따위가)힘찬. résistance ~se 완강한 저항. vouer une haine ~se à qn(qc) …에 대해 강한 증오심을 품다. esprit ~ 단호한 정신. dessin ~ 힘있는 데생.

viguerie [vigri] n.f. 〖역사〗① 법관의 직. ② 법관의 관할구역.

vigueur [vigœ:r] n.f. ① 기운, 기력, 원기(ardeur, énergie, force, ↔ mollesse); (특히)(남성의)정력. athlète plein de ~ 원기넘치는 운동선수. manquer de ~ 다른 사람들 팔에 힘이 없다. perdre sa ~ 원기(생기)를 잃다. reprendre (de la) ~ 원기(생기)를 되찾다. serrer avec ~ 힘있게 쥐다. ② d'une plante 식물의 숙숙 뻗어 자람. (표현·감정 따위의)생기, 활발(véhémence); 활기, 힘찬 맛. montrer la ~ de son caractère 그의 꿋꿋한(단호한) 성격을 보여주다. style sans ~ 박력없는 문체. ~ du style 문체의 힘찬 기운, (pl.)힘찬 필력. ③ 〖법〗유효성, 효력(effet). [en ~] loi [décret] en ~ 현행의 법(법령). entrer en ~ (법령이)효력을 발생하다. coutume ancienne toujours en ~ 여전히 지켜지고 있는 옛 풍습. être dans (toute) la ~ de l'âge [de la jeunesse] 한참 원기가 왕성하다.

viguier [vigje] n.m. 〖역사〗(대혁명 전 남부 지방의)법관.

Viking [vikiŋ] n.m. 〖역사〗바이킹(8~11 세기에 유럽의 해안을 휩쓴 해적).

vil(e) [vil] a. ①〖문어〗천한; 비열한, 비루한, 야비한, 치사스러운(bas, ↔ noble). action ~e 비열한 행동. ~ flatteur 비열한 아첨꾼. homme de ~e origine 〖옛〗비천한 출신의 사람. ②〖옛〗근소한, (변)가치 없는. à ~ prix 싼 값으로, 염가로.

vilain(e) [vilɛ̃, -ɛn] a. ① 보기흉한, 못생긴(laid). Elle n'est pas ~e. 저 여자는 제법 예쁘다. ② 천한, 추한, 상스러운(grossier). ~s mots 상스러운 말. avoir de ~es pensées 더러운(추한) 생각을 갖다. ~ lieu (출입해서는 안 될)나쁜 곳. ③ (보통 어린아이가)개구장이의, 행실(버릇)이 나쁜(insupportable). ② a été ~ toute la matinée. 그 애는 아침내내 고약하게 굴었다. ④ (날씨가)고약한; (병 따위가)질이 나쁜, 위험한; 악질적인(mauvais, méchant). Quel ~ temps! 참 고약한 날씨군! Il fait ~. 《구어》날씨가 나쁘다. avoir un ~ bouton sur le nez 콧등 위에 고약한 종기가 나다. jouer un ~ tour à qn …에게 나쁜 장난을 치다〔골탕을 먹이다〕. ⑤〖옛〗야비한, 비속한(ignoble). ~es actions 비열한 행동. ~ monsieur; ~ oiseau [moineau] 《비유적》야비한 인간.

—n. ① (보통 아이를 가리켜)장난꾸러기, 심술장이, 버릇없는 아이. Oh, le ~! 오, 이 개구장이야! ②〖옛〗수전노, 인색한 사람.

—n.m. ①《구어》말썽, 골치 아픈 일(grabuge). Cela tourne au ~. 골치 아프게 되어가는군. Il va y avoir du ~. (이러다가는)말썽이 생기겠는걸. 〖역사〗(봉건시대의)평민, 자유농민.

À ~, ~ et demi. 《속담》이독제독(以毒制毒), 이열치열.

vilainage [vilɛna:ʒ] n.m. 〖역사〗농노·평민의 신분〔주거·토지〕.

vilainement [vilɛnmɑ̃] ad. 보기 흉하게, 추하게; 비열하게.

vilayet [vilajɛ] n.m. (옛 터키 제국의)주(州).

vilebrequin [vilbrəkɛ̃] n.m. 자루가 굽은 나사송곳; 〖기계〗 크랭크축(軸)(arbre à ~).

vilement [vilmɑ̃] ad. 천하게, 비열(비굴)하게.

vilenie [vilni] n.f. 〖문어〗① 비열한 행위. commettre une ~ 비열한 짓을 하다. ② 추잡한 말, 욕설; 인색. se dire des ~s 서로 욕설을 퍼붓다.

vileté [vilte], **vilité** [vilite] n.f. 〖옛〗① 싼 값. ~ de prix 싼 값, 싼 값. ② 비열, 야비.

vilipender [vilipɑ̃de] v.t. 〖문어〗 [~ qn] 헐뜯다, 비방하다.

villa [villa] n.f. 별장(maison de campagne).

‡**village** [vila:ʒ] n.m. ① 마을, 촌락. ~ de toile (탐험대·구호대 따위의)천막촌. gros ~ 큰 마을. revenir au (dans son) ~ 고향마을로 돌아오다. ②《집합적》마을 사람들. Le ~ tout entier y assistait. 마을사람 전체가 참석했다.

coq du ~ 마을의 제일가는 사나이. être bien de son ~ 《구어》순박하다; 우물안의 개구리이다, 세상 물정에 어둡다.

villageois(e) [vilaʒwa, -a:z] n. (어느 촌의)촌민;〖옛〗시골사람, 촌사람(paysan).

—a. 마을의, 촌의(campagnard, rural).

villageoiserie [vilaʒwazri] n.f. 시골풍(風).

villanelle [vilanɛl] n.f. 〖옛〗① 〖문학사〗 전원시, 목가(牧歌); 〖운율〗빌라넬. ② 목가에 맞추어 추는 일종의 무도, 전원 무도; (위)의 반주곡.

villarsia [vilarsja], **villarsie** [vilarsi] n.f. 〖식물〗소택지에 나는 용담과(科)의 식물.

‡**ville** [vil] n.f. ① 도시, 도회지 (↔ campagne, village). chercher du travail à la ~ 도시에서 일자리를 찾다. ~ d'eau(x) 온천도시. ~ industrielle (universitaire) 공업(대학)도시. ~ champignon 나날이 팽창하는 도시. hôtel de ~ 시청(mairie). ② 도시생활. aimer la ~ 도시생활을 좋아하다. ③《집합적》도시 사람들; 시 당국. Toute la ~ en parle. 온 시 사람들이 그 이야기를 한다. travaux entrepris par la ~ 시 (당국)에 의해 계획된 공사. ④ travaux [ouvrages] de ~ 〖인쇄〗(대인쇄물(labeur)에 대하여) 소인쇄물〖포스터·전단 따위〗. ⑤ (V~) (궁정·Versaille에 대하여)파리측(側), 파리생활, 파리시민.

costume de ~ 평복(平服); 외출복 (여성의 경우는 toilette [robe] de ~).
demeurer à la ~ (시골에 대하여) 도회지에 살다 (dans la ~은 교외에 대해 도심지에 산다는 뜻).
en ~ 시외로 ~ 밖에서 저녁식사를 하다. «En ~» (우체물 겉봉의) 《시내》.
la V~ éternelle 영원의 도시, 로마.

la V~ sainte 성도(聖都) 《종교에 따라 예루살렘·메디나·메카·라사·로마를 말함》.
sergent de ~ 순경.

ville-dortoir [vildɔrtwaːr] (*pl.* ~s-~s) *n.f.* 베드타운《대도시의 주변에 생긴 주택지구. 그 주민이 낮에는 도심지역에서 활동하고 밤에 잠을 자기 위해서만 귀가하는 데서 일컫는 말. 교외지역이 이에 속함》.

villégiateur [vi(l)leʒjatœːr] *n.m.* 《옛》(휴양을 위해)시골(전원)생활을 하는 사람; 피서객, 피한객 (vacancier).

villégiature [vi(l)leʒjatyːr] *n.f.* ① 휴양, 정양; 피서, 피한. partir en ~ 휴양(피서)하러 가다. ② 휴양지; 피서(피한)지.

villégiaturer [vi(l)leʒjatyre] *v.i.* (휴양·정양을 위해)시골에 체류하다; 피서(피한)하러 가다.

villégiaturiste [vi(l)leʒjatyrist] *n.* 행락객; 피서객, 피한객.

villenage [vilnaːʒ] *n.m.* =**vilainage**.

villette [vilɛt] *n.f.* 《구어》작은 도시.

villeux(se) [vi(l)lø, -øːz], **villifère** [vi(l)lifɛːr] *a.* 《생물》 부드러운 털이 난.

villiforme [villifɔrm] *a.* 《생물》 털 모양의.

villosité [vi(l)lozite] *n.f.* 《생물·해부》부드러운 털로 덮여 있음; 섬모(纖毛), 융털. ~*s intestinales* 작은창자의 융털.

villus [vi(l)lys] *n.m.* 《해부》섬모, 융털; 《식물》길고 부드러운 털.

vimaire, vimère [vimɛːr] *n.f.* 《옛》(산림의)폭풍피해.

vime [vim] *n.m.* (사투리) 《식물》 =**osier**. 「해.

vimonastérien(ne) [vimonasterjɛ̃, -ɛn] *a.* 비무티에(*Vimoutiers*, 프랑스의 도시)의.
—**V~** *n.* 비무티에 사람.

:**vin** [vɛ̃] *n.m.* ① 포도주. marchand de ~ 포도주 상인. élevage du ~ 포도주 양조술. ~ *nouveau* 갓 거른 포도주. ~ *blanc* [*rouge*] 백[적]포도주. ~ *mousseux* (샴페인 같은)발포성 포도주. *grand* ~ 유명산지의 포도주, 명주. *petit* ~; ~ *du pays*; ~ *du cru* 지방주. ~ *pétillant* 거품이 이는 포도주. ~ *doux* (*sec*) 단맞이 있는(없는) 포도주. *négociant en* ~*s* 포도주 도매상. ~ *de table*; ~ *ordinaire* (식사용의)보통 포도주.
② (포도주 외의)술. ~ *de pommes* 사과주. ~ *de prunelles* 자두술; 시큼한 포도주. ~ *de riz* 청주.
③ 《옛》술값, 팁(pourboire).
avoir le ~ mauvais (*gai, triste*) 성내는[웃는, 우는] 술버릇이 있다.
baptiser (*couper*) *le ~* 술에 물을 타다.
Chaque ~ a sa lie. 《속담》무엇에나 결점이 있다.
cuver son ~ 《구어》술이 깨게 하다.
être entre deux ~s 얼큰한 기분이다.
être pris de ~ 술에 취해 있다.
Le bon ~ réjouit le cœur de l'homme. 《속담》좋은 술은 사람의 마음을 즐겁게 한다.
Le ~ entre, la raison sort. 술이 들어가면 이치는 나가 버린다.
offrir un ~ d'honneur à qn ⋯을 위해 공식 연회를 개최하다.
porter mal son ~ 술버릇이 나쁘다.
Quand le ~ est tiré, il faut le boire. 《속담》내친 걸음이다, 뒤로 물러설 수 없다.
sac à ~ 《구어》술고래.

vinage [vinaːʒ] *n.m.* ① 포도주에 알코올을 타기. ② (봉건시대의)주세(酒稅).

*****vinaigre** [vinɛgr] *n.m.* ① 식초. *sel de ~* (초산을 가한)냄새맡아 정신차리게 하는 약, 각성제 (~ *pharmaceutique*). *Le vin tourne au ~.* 술이 초가 된다[실패로 시어지다]. *On prend plus de mouches avec du miel qu'avec du ~.* 《격언》엄하게 하다 부드럽게 하는 것이 남의 마음을 잡을 수 있다.
② 《구어》(뛰기의 줄을)빨리 돌리기. *sauter au ~* 줄을 빨리 돌리며 뛰다. *V~!* 빨리 돌려!
faire ~ 《구어》서두르다 (*se dépêcher*).
tourner au ~ 악화되다 (*empirer*). *La discussion a tourné au ~.* 토론은 험악해졌다. *L'affaire tourne au ~.* 사태가 악화된다.

vinaigré(e) [vine(e)gre] *a.p.* ① 식초가 가미된. *sauce ~e* 식초가 가미된 소스. ② (비유적) 귀에 거슬리는. *voix ~e* 귀에 거슬리는 음성.

vinaigrer [vine(e)gre] *v.t.* (에)초를 치다; 《구어》 (말투가)신랄해지다. 「(판매).

vinaigrerie [vinɛgrəri] *n.f.* 식초 제조소; 식초 제조

vinaigrette [vinɛgrɛt] *n.f.* ① 《요리》초기름 소스 《초·기름·소금 따위를 섞어 만든 프렌치 드레싱》. *à la [en] ~* 초기름 소스로 맛들인. ② (18세기의) 2륜마차.

vinaigrier [vinɛgrje] *n.m.* ① 식초 제조(판매)인. ② 식초병.

vinaire [vinɛːr] *a.* 《옛》포도주에 관한. —*n.m.* 《종교》(수도원 따위의)식료품 보관책임자.

vinasse [vinas] *n.f.* ① 《구어》싸구려 포도주. ② 증류 찌꺼.

vindas [vɛ̃da(ːs)], **vindau** [vɛ̃do] (*pl.* ~*x*) *n.m.* ① 윈치, 권양기. ② 회전그네 (pas-de-géant).

vindicatif(ve) [vɛ̃dikatif, -iːv] *a.* 복수심이 강한, 앙심 깊은. *justice ~ve* 인과응보. —*n.* 복수를 하고야 마는 사람.

vindicativement [vɛ̃dikativmɑ̃] *ad.* 보복적으로.

vindicte [vɛ̃dikt] *n.f.* 《법》 ~ *légale* 공소(公訴). ~ *publique* 공소; 《구어》사회적 제재.

vinée [vine] *n.f.* ① (포도나무의)열매 맺는 가지. ② 포도 수확.

viner [vine] *v.t.* (포도주에)알코올을 타다.

vinette [vinɛt] *n.m.* ① 《식물》매자나무 (épine-~). ② 《조류》밭종다리.

vineux(se) [vinø, -øːz] *a.* ① 적포도주 빛[암적색]의. *visage* ~ 암적색의 얼굴. ② 포도주 향기(맛)가 나는. *haleine ~se* 포도주 냄새가 나는 입김. ③ (포도주에)알코올 성분이 강한. ④ 포도(주)를 많이 생산하는.

:**vingt** [vɛ̃] 《형용사로서 모음·무성 h 앞에 올 때와 22에서 29까지의 복합수사에서 [vɛ̃t]》 *a.num.* ① (기수) 20 의. ~ *francs* 20 프랑. ~ *ans* 스무살. *dix heures moins* ~ 10 시 20분 전 (*minutes* 의 생략).
② 다수의, 많은, 여러 번 (nombreux). *Je vous l'ai répété* ~ *fois.* 나는 여러 번 당신에게 그것을 말해 왔소. *V~ personnes l'ont vu.* 많은 사람들이 그것을 보았소. ③ (서수를 대신하여)스무 번째의. *page* ~ 20 페이지. *le* ~ *janvier* 1 월 20 일. *les années* ~ 20년대.
—*n.m.* (복수불변)① 20; 20일; 20번지. ~ *pour cent* 20퍼센트. *viser à* ~ 20번을 겨누다. *le* ~ *de chaque mois* 매월 20일. *Il demeure au* ~ *de la rue Saint-Jacques.* 그는 생자크가(街) 20번지에 살고 있다. *faire du* ~ 20킬로의 속력을 내다. *V~ et dix font trente.* 20 더하기 10은 30이다. ② *V~-et-un* 《놀이》 21《카드놀이의 일종》.
faire ~ *pas* (*dans le jardin*) (뜰을)한바퀴 돌다.
V~-deux! 《속어》조심해라! *V~-deux* (*voilà*) *les flics!* 순경이 온다, 조심해라!
V~ dieux! 《속어》빌어먹을 ! 《특히 시골 사람의 욕설》.

vingtain [vɛ̃tɛ̃] *n.m.* (봉건시대의)농산물의 이할세 (二割稅).

vingtaine [vɛ̃tɛn] *n.f.* ① 약 20. une ~ de mille francs 약 2 만프랑. fille d'une ~ d'années 스무살 가량의 규수. ② 《건축》 (비계의)밧줄; 가
vingt-huit [vɛ̃tɥi(t)] *a.num.* 28 의. [이로프.
faire ses ~ jours 《군사》(예비병의)4 주간의 예비훈련을 받다. *un ~ jour* 《구어》예비병.
vingtième [vɛ̃tjɛm] *a.num.* ① 제 20 의, 스무 번째의. ~ siècle 20 세기. ② 20 분의 1 의. la ~ *partie* [le ~] d'une somme 액수(총액)의 20 분의 1.
—*n.* 스무 번째. Elle est la ~ sur la liste. 그 여자는 명단에 스무 번째로 들어가 있다.
—*n.m.* ① 20 분의 1; 《역사》(소득 따위에 대한) 5% [20 분의 1] 과세. ② 《구어》(파리의)제 20 구.
vingtièmement [vɛ̃tjɛmmɑ̃] *ad.* 스무 번째로.
vingtuple [vɛ̃typl] *a.* 20 배의. —*n.m.* 20 배.
vingtupler [vɛ̃typle] *v.t.* 20 배로 하다.
—*v.i.* 20 배가 되다.
vini- *préf.* 「포도(주)의」의 뜻.
vinicole [vinikɔl] *a.* 포도재배의; 포도주 양조의.
viniculture [vinikylty:r] *n.f.* =viticulture.
vinifère [vinifɛ:r] *a.* 포도주를 산출하는.
vinificateur [vinifikatœ:r] *n.m.* 포도주 양조장치.
vinification [vinifikɑsjɔ̃] *n.f.* ① 포도주의 양조(과정·방법), 포도액(포도즙)의 발효. ② (포도주 이외의)발효주의 양조(과정·방법).
vinifier [vinifje] *v.t.* (포도즙을)포도주가 되게 처리하다; 양조하다.
vinique [vinik] *a.* 포도주에서 생기는.
vinocolorimètre [vinokɔlɔrimɛtr] *n.m.* 포도주 색도계(色度計).
vinomètre [vinɔmɛtr] *n.m.* (포도주의)알코올 정량계(定量計).
vinosité [vinozite] *n.f.* 포도주의 품질.
vin-s, -t [vɛ̃], **vinss-e(s)** [vɛ̃:s] ◇venir.
vinylacétylène [vinilasetilɛn] *n.m.* 《화학》 비닐아세틸렌.
vinyle [vinil] *n.m.* 《화학》 비닐. chlorure de ~ 염화 비닐.
vinylique [vinilik] *a.* 《화학》 비닐의. résines ~s 비닐 수지.
vinylite [vinilit] *n.f.* 《화학》 비닐라이트《레코드 재료 따위에 쓰이는 합성수지; 상표명》.
vinylon [vinilɔ̃] *n.m.* 비닐론《합성섬유의 일종》.
vinyon [vinjɔ̃] *n.m.* 비니온《합성섬유의 일종》.
vioc, vio(c)que [vjɔk] *a.* 《속어》늙은, 늙어빠진 (vieux, vieille). —*n.* 《속어》늙은이, 늙다리. les ~s 《속어》《특히》부모.
viol [vjɔl] *n.m.* ① 강간(죄), 폭행(outrage). tentative de ~ 강간미수. ② (신성한 것(곳)의)침범, (불법)침입; (법률의)위반.
violable [vjɔlabl] *a.* 침범(위반)할 수 있는.
violacé(e) [vjɔlase] *a.p.* 보랏빛 도는.
—*n.f.pl.* 《식물》제비꽃과(科).
violacer [vjɔlase] [2] *v.t.* 보랏빛을 띠게 하다, 보랏빛이 되게 하다.
—**se** ~ *v.pr.* 보랏빛을 띠다, 보랏빛이 되다.
violari(ac)ées [vjɔlarj(as)e] *n.f.pl.* 《식물》제비꽃과(violacées).
violat [vjɔla] *a.m.* 《약》제비꽃 엑기스가 든.
viola*teur(trice)* [vjɔlatœ:r, -tris] *n.* 위반자, 위배자, 침해자; 강간자.
violation [vjɔlɑsjɔ̃] *n.f.* ① (법률이나 계약의)위반, 위반, 불이행, (권리의)침해 (infraction, outrage). ② 불법침입. ~ de domicile 가택침입. ~ de frontière 국경침입. ③ (성역 따위의)모독(profanation). ~ de sépulture [de tombeau]묘지의 모독.
en ~ *de* (계약·규칙)에 위반하여.

violâtre [vjɔlɑ:tr] *a.* 《드물게》보랏빛 도는.
viole [vjɔl] *n.f.* ①《옛》《음악》비올라. basse de ~ 저음 비올라. ~ d'amour 7 현 비올라. ②(대목의)나사 잭. [viol.
violement [vjɔlmɑ̃] *n.m.* 《옛》① =violation. ② =
violemment [vjɔlamɑ̃] *ad.* ① 세차게, 맹렬하게, 난폭하게(brutalement, vivement, ↔ doucement, légèrement). Le vent souffle ~. 바람이 세차게 분다. ②(감정이)열렬하게(passionnément, ardemment), aimer ~ 열렬히 사랑하다.
*****violence** [vjɔlɑ̃:s] *n.f.* ① 폭력. recourir à[user de] la ~ 폭력에 호소하다[폭력을 행사하다]. extorquer(prendre) par la ~ 폭력을 써서 강탈하다. ② (*pl.*)난폭한 짓(말), 폭력행위. faire des scènes de ~ à sa femme 아내에게 폭력을 휘두르다. ③(성격·언행의)난폭함(brutalité). parler avec ~ 난폭한 어조로 말하다. ④(비·바람·감정의)맹렬함, 세참(intensité). ~ de la colère 격한 노여움. ~ du vent 세찬 바람.
faire ~ à qn[*qc*] ⓐ …에게 폭력을 쓰다; 《옛》(여자에게)폭행하다(violer). ⓑ (원문을)곡해하다.
se faire ~ (애써)자제하다. *se* (*laisser*) *faire une douce ~* (승낙하고 싶은 것을)거절하는 척하다가 승낙하다.
*****violent(e)** [vjɔlɑ̃, -ɑ̃:t] *a.* ① 세찬, 맹렬한, 격렬한(intense, véhément). vent ~ 사나운 바람. choc ~ 격렬한 충격. ~ mal de tête 심한 두통. ②(감정·성질 따위가)난폭한, 과격한, 화를 잘 내는(brutal, coléreux). caractère ~ 난폭한 성격. ③(효과 따위가)극심한, 강렬한. parfum ~ 강렬한 냄새. mort ~e 변사(變死). contraste ~ 너무나 큰 대조. ④《구어》너무하다(fort). C'est un peu ~. 그것은 너무 심한데요.
violenter [vjɔlɑ̃te] *v.t.* ① 강간하다; 《옛》강요[강제]하다. ~ qn pour qu'il fasse[pour lui faire] qc 《옛》…에게 억지로 ~을 하게 하다. ②《문어》(감정을 무리하게)억제하다; (문장의 뜻을)왜곡하다.
—*se* ~ *v.pr.* *se* ~ pour + *inf.* 《옛》비상한 노력을 하다.
violer [vjɔle] *v.t.* ① 위반하다, 침해하다; (약속을)어기다; (비밀을)폭로하다. ~ le domicile[la porte] de qn …의 가택을 침입하다. ~ la loi[ses promesses]법률[약속]을 위반하다. ~ le secret des lettres 서신(書信)의 비밀을 침해하다. ②(성지(聖地)따위를)모독하다(profaner). ~ une sépulture 묘소를 모독하다. ③불법침입하다. ~ les consciences (비유적)(억지로)남의 양심의 비밀에 개입하다; 양심을 굽히게 하다. ④폭행하다, 강간하다, 범하다. ~ une femme 여자를 범하다. se faire ~ 강간당하다. 《목적어 없이》Les soldats entrèrent dans la ville, pillèrent et *violèrent*. 군인들이 도시에 침입하여 약탈하고 폭행하였다.
*****violet(te¹)** [vjɔlɛ, -ɛt] *a.* 보랏빛의. devenir ~ de colère 화가 나서 얼굴이 보랏빛이 되다. *promotion ~te* 《속어》문화훈장 패용자로 임명하기.
—*n.m.* 보랏빛. 《속어》문화훈장.
violeter [vjɔlte] [5] *v.t.* 보랏빛으로 물들이다.
violette² [vjɔlɛt] *n.f.* ①《식물》오랑캐꽃, 제비꽃. ~ *odorante* (inodore)향기 나는《냄새 없는》오랑캐꽃. ② 오랑캐꽃으로 만든 향수.
de ~ 보랏빛의. *bois de ~* 《식물》자단(紫檀).
faire sa ~ 《구어》몹시 겸손하다.
violeu*r(se)* [vjɔlœ:r, -ɸ:z] *n.* 위반자, 침해자; (성소(聖所)따위의)모독자. —*n.m.* 강간(폭행)자; 강간벽(癖)이 있는 사람.
violier [vjɔlje] *n.m.* 《식물》비단향꽃무우.
violine [vjɔlin] *a.* 자줏빛의. —*n.f.* (아닐린계의)보

violiste [vjɔlist] *n.m.* 【음악】비올라 연주자.

***violon** [vjɔlɔ̃] *n.m.* ① 【음악】바이올린. jouer du ~ 바이올린을 켜다. gratter(racler) du ~ 바이올린을 서투르게 켜다. ② 바이올린 주자. premier [second] ~ 제 1 [제 2] 바이올린 연주자. ③《구어》유치장. passer la nuit au ~ 유치장에서 하룻밤을 지내다. mettre *qn* au ~《구어》…을 유치장에 넣다. ④ 【해양】 (배가 동요할 때) 식기가 식탁에서 떨어지지 않도록 만든 장치(table à roulis); 기울돛대 선단(先端)의 나뭇조각. ⑤ 2 단 도르래 (poulie à ~). *accorder ses ~s*《구어》(회의 전에 미리)합의하다. *aller plus vite que les ~s*《구어》일을 너무 서둘다. *boîte à ~* 관(棺). *payer les ~s(du bal)*《구어》 (제 자신은 조금도 이익이 없는 일에) 비용을 부담하다. *~ d'Ingres*《속어》전문외의 장기(長技), 자랑거리, 《예술가의》여기(餘技).

(1) volute (2) chevilles (3) manche du violon (4) corps de résonance (5) éclisses (6) chevalet du violon (7) ouïe (8) cordier (9) mentonnière (10) cordes (garniture) (11) baguette (12) hausse d'archet (13) garniture de l'archet (mèche), mèche de crins (de cheval)

violoncelle [vjɔlɔ̃sɛl] *n.m.* 【음악】첼로, 첼로 연주자. *voix de ~* 굵직한 목소리.
violoncelliste [vjɔlɔ̃sɛ(e)list] *n.* 첼로 연주자.
violoné(e) [vjɔlɔne] *a.* 공예 (가구 따위의) 바이올린 모양의.
violoner [vjɔlɔne] *v.i.*《구어》바이올린을 켜다. —*v.t.* (곡을) 바이올린으로 연주하다.
violoneur [vjɔlɔnœːr], **violoneux** [vjɔlɔnø] *n.m.* 서투른 바이올린 연주가.
violoniste [vjɔlɔnist] *n.* 바이올린 연주가, 제금가.
vioque [vjɔk] *a, n.* ⇔vioc.
viorne [vjɔrn] *n.f.* 【식물】사위질빵속(屬) (clématite); 가막살나무. *~ obier* 백당나무.
viorne-tin [vjɔrnatɛ̃] (*pl.* ~s-~) *n.f.* 【식물】가막살나무의 열대종 (laurier-tin).
vioulte [vjult] *n.f.* 【식물】열매지속(屬).
vipère [vipɛːr] *n.f.* ① 【동물】살무사. *nœud de ~s* 독사의 사리. ② 《비유적》음험한 사람, 입이 험한 사람. *langue de ~* 독설가.
vipereau [vipro] (*pl.* ~x) *n.m.* 새끼 살무사.
vipéreau [vipero], **vipériau** [viperjo] *n.m.* = vipereau.
vipéridés [viperide] *n.m.pl.* 【동물】살무사과 (科). 살무사과의 뱀.
vipérin(e) [viperɛ̃, -in] *a.* 살무사의, 살무사 같은. *langue ~e*《옛》독설. —*n.f.* 【동물】살무사 비슷한 뱀의 하나; 독살모의 뱀 (couleuvre ~e); 【식물】지치과(科)의 한 속(屬).
vir- *préf.*「독」의 뜻.
***virage** [viraːʒ] *n.m.* ① 회전, 선회; (자동차 따위가) 커브를 돌기; 【해양】진로전환. *faire un ~ à droite*(à gauche)《구어》우회전〔좌회전〕하다. *~ d'un avion* 비행기의 선회. *prendre un ~* 모퉁이(커브)를 돌다. ② 커브, 모퉁이. *~ dangereux* 위험한 급커브. *~ 비유적* (정책·태도의) 전환, 급변. *Le parti a pris un ~ à droite.* 그 정당은 우(右)로 방향을 전환했다. *~ politique* 정책 전환. ④ 【사진】조색(調色); 조색제(劑). ⑤ 【의학】

양전(陽轉). *~ de la cuti-réaction* 투베르쿨린 반응의 양전. ⑥ 【화학】 (지시약의) 색변화.
virage-fixage [viraʒfiksaːʒ] *n.m.* 【사진】조색정착(調色定着).
virago [virago] (라틴) *n.f.* 남자같은 여자, 여장부.
viral(ale), *pl.* **aux)** [viral, -o] *a.* 【의학】 (바이러스성)의, 바이러스에 의한. *infection ~ale* 바이러스에 의한 감염.
vire [viːr] *n.f.* 【지리】 (알프스의) 구불구불한 산길.
vire-andain [virɑ̃dɛ̃] *n.m.* 풀 발리는 기계 (말린 풀을 한쪽으로 쌓아올리는 기계).
vire-bouquet [virbukɛ] *n.m.* 【건축·해양】 =verboquet.
virée [vire] *n.f.* ①《구어》산책, 짧은 여행;《구어》《항공》유람비행 (promenade, tour). *faire une ~ en voiture* 드라이브하다. *~ au café* 이 카페 저 카페로 돌아다니며 마시기. ② 방향전환, 선회. ③ 산림의 구획. *tournées et ~s* 왕래, 왔다갔다하기.
virelai [virlɛ] *n.m.* 【문학사】중세 프랑스의 단시(短詩)의 일종.
virement [virmɑ̃] *n.m.* ① 【경제】어음교환; 대체(對替). *banque de ~* 어음교환 가입 은행. *comptoir général de ~* 어음교환소. *~ postal;* chèque postal *de ~* 우편대체. *~ télégraphique* 전보대체. *mandat de ~* 대체증서. ② 【행정】비목변경 (費目變更) (~ *de fonds;* ~ *budgétaires*). ③ 【해양】 진로전환, 회전. *~ d'eau* 조수의 교체.
virer [vire] *v.i.* ① (차·선박이) 선회하다; 진로를 바꾸다 (tourner). *~ à droite* (à gauche) 오른 [왼] 쪽으로 방향을 틀다. *~ sur l'aile* (비행기가) 선회하다. *~ de bord* 뱃머리를 돌리다;《구어》정책을 바꾸다. ② (축을 중심으로) 회전하다. *Des ailes de moulin viraient au vent.* 풍차의 날개가 바람을 안고 빙빙 돌고 있었다. *~ en dansant* 춤을 추며 원을 그리고 돌다. ③ 변색하다; (투베르쿨린 반응이) 양전하다. 【사진】조색되다.
faire tourner et ~ qn …을 멋대로 하게 내버려두다. *~ à tout vent* 변덕이 많다, 잘 변하다.
—*v.t. ind.*「~ à」…으로 변모하다; 변색하다. *~ au rouge* 빨갛게 변하다. *Ce vin a viré à l'aigre.* 이 포도주는 시어졌다. *Le papier de tournesol vire au rouge.* 리트머스 시험지가 빨간 빛으로 변한다.
—*v.t.* ① 【해양】 돌리다, 회전시키다, 진로를 바꾸다. *~ le cabestan* 권양기를 돌리다. ② 《경제》 대체하다; (어음·수표를) 교환하다. (보어 없이) *Virez à mon compte.* 내 구좌에 넣어 주시오. ③ 【사진】조색하다. ④《구어》내쫓다, 추방하다 (renvoyer). *Il s'est fait ~ par son patron.* 그는 주인에 의해 해고당했다.
tourner et ~ qn《구어》…에게 입을 열게 하려고 교묘히 물어보다. *~ l'ancre* 닻을 뽑으려고 닻줄을 당기다. *~ sa cuti* 【의학】 (투베르쿨린 반응이) 양전하다. (비유적) 태도·생각을 바꾸다.
virescence [virɛsɑ̃ːs] *n.f.* 【식물】 (꽃의) 이상녹색 (異常綠變).
vireton [virtɔ̃] *n.m.* 【고고학】회전 화살.
vireur [virœːr] *n.m.* 【기계】회전장치.
vireux(se) [virø, -øːz] *a.* ① 《옛》독있는. *plante ~se* 유독 식물. ② (유독 식물의 냄새·맛이) 구역질나는, 역겨운 (nauséabond).
virevaude [virvoːd] *n.f.*, **vire-vire** [virviːr] *n.m.* (강물의) 소용돌이치는 곳.
virevau(t), vireveau (*pl.* ~x) [virvo] *n.m.* 【해양】 작은 돛대, 소(小)권양기.
virevole [virvɔl] *n.f.* 【카드놀이】역전완패 (逆轉完敗) (카드놀이에서 판에 나온 패를 전부 따려고 노리다가 한 장도 못 얻기).

virevoltant(e) [virvɔltɑ̃, -ɑ̃ːt] *a.* (급)회전하는, 빙 빙 도는, 선회하는.

virevolte [virvɔlt] *n.f.* ① 급반회전; 《승마》 (말의)급회전. ② (의견·태도 따위의)급변, 표변; 《구어》 (운명 따위의)급전(急轉). ~ de la mode 유행의 급변.

virevolter [virvɔlte] *v.i.* ① 홱 돌아서다; 빙그르르 돌다. ② (허둥대며)왔다갔다 하다. ③ (의견·태도를)돌변하다.

virgilien(ne) [viʀʒiljɛ̃, -ɛn] *a.* 《문학》 비르길리우스 풍의.

virginal(ale, *pl.* **aux)** [virʒinal, -o] *a.* 처녀의; 처녀다운; 순결한. lis ~ 흰 백합.
—*n.m.[f.]* 《음악》(16-18세기 영국에서 유행하던)소형 피아노.

virginalement [virʒinalmɑ̃] *ad.* 처녀답게.

virginie [virʒini] *n.m.* (미국의)버지니아산 담배.

virginien(ne) [virʒinjɛ̃, -ɛn] *a.* 버지니아의(*la Virginie*, 미국의 주(州))(의).
—**V~** *n.* 버지니아 사람.

virginité [virʒinite] *n.f.* ① 처녀성, 동정(童貞)(pucelage). garder[perdre] sa ~ 처녀[동정]를 지키다[잃다]. ② 순결. refaire[rendre] une ~ (정신적)순결을 되찾다; 오명(汚名)을 씻다. ~ de l'aube 청명한 서광.

*virgule [virgyl] *n.f.* ① 《문법》 콤마, 구두점 (,); 《수학》 콤마, 소수점. trois ~ cinq 3콤머 5 (3.5). point et ~; point ~ 세미콜론 (;). ② 《컴퓨터》 ~ flottante 유동 소수점(방식). ~ fixe 고정소수점(방식); partie en ~ fixe 소수부(小數部). ③ 콤머처럼 생긴 것. bacille ~ 《생물》 콜레라균(vibrion cholérique).
observer les points et les ~*s* 《구어》 세심하게 신경을 쓰다. *sans y changer une* ~ (원문을)한 자도 바꾸지 않고, 원문 그대로.

virguler [virgyle] *v.t.* 《드물게》(에)콤머를 찍다.
ponctué et virgulé 《구어》 매우 꼼꼼한.

viride [virid] *a.* 《옛·문어》 녹색의, 초록빛을 띤.

viridiflore [viridiflɔːr] *a.* 《식물》 녹색 꽃을 가진.

viridifolié [viridifɔlje] *a.* 《식물》 녹색 잎을 가진.

viridine [viridin] *n.f.* 《화학》 비리딘.

viridité [viridite] *n.f.* 녹색 (의 상태).

viril(e) [viril] *a.* ① 남자의; 남성적인, 씩씩한(↔ efféminé). membre ~ 《해부》 남근(男根). Elle a une voix ~*e.* 그 여자의 목소리는 남자같다. résolution ~*e* 씩씩한(단호한) 결의. ② 성년남자의. âge ~ 성년. robe [toge] ~*e* 《고대로마》 성년복. *portion* ~*e* 《법》 (유산 따위의)균등분배. être partagé par *portions* ~*es* 등분되다.

virilement [viʀilmɑ̃] *ad.* 남자답게, 씩씩하게.

virilisation [viʀilizɑsjɔ̃] *n.f.* 《생물·생리》 남성화 (男性化).

viriliser [viʀilize] *v.t.* ① 사나이답게 만들다, 씩씩하게 하다(↔ efféminer). ② 《생물》(여성체를)남성화하다.

virilisme [viʀilism] *n.m.* 《의학》 (여성의)남성화 현상(털·목청·생식기 따위의).

virilité [viʀilite] *n.f.* ① (남자의)성년. parvenir à la ~ (남자가)성년에 이르다. ② 남자의 육체적 힘(기능); 남자 생식력, 성적 능력. ③ (성격·정신력의)남자다움, 씩씩함.

virilocal(ale, *pl.* **aux)** [viʀilɔkal, -o] *a.* 《인류》 남편의 친족과 동거하는.

virion [viʀjɔ̃] *n.m.* 《의학》 비리온(성숙바이러스 입자(粒子)).

virocide [viʀɔsid] *a., n.m.* 바이러스를 죽이는 (제).

virocyte [viʀɔsit] *n.m.* 《의학》 비로사이트.

viro-fixage [viʀɔfiksaːʒ] *n.m.* 《사진》 조색정착 (調色定着).

viro-fixateur [viʀɔfiksatœːr] *n.m.* 《사진》 조색정착액.

virolage [virɔlaːʒ] *n.m.* 쇠테를 붙이기, 쇠고리를 씌우기.

virole [virɔl] *n.f.* ① 칼코등이, (지팡이 끝의)물미; 쇠고리, 쇠테. ② (화폐의)거푸집. ③ 《문장》 뿔나팔 무늬의 띠.

virolé(e) [virɔle] *a.p.* 《문장》 뿔나팔 무늬가 있는.

viroler [virɔle] *v.t.* ① (에)칼코등이를 붙이다; (에)물미를 박다. ② (화폐를)청형(鐵型)에 넣다.

virolet [virɔlɛ] *n.m.* (제강(製鋼)용의)롤러.

virolier [virɔlje] *n.m.* 칼코등이·쇠테 따위를 만드는 사람.

virologie [viʀɔlɔʒi] *n.f.* 《의학》 세균학, 바이러스학.

virologique [viʀɔlɔʒik] *a.* 세균학의, 【연구】.

virologiste [viʀɔlɔʒist], **virologue** [viʀɔlɔɡ] *n.* 바이러스학자(연구가).

virose [viʀoːz] *n.f.* 《의학》 바이러스병.

virostatique [viʀɔstatik] *a., n.m.* 《의학》 정(靜) 바이러스성(의)(물질).

virt (약자) virement 《경제》 대체.

virtualité [vir tɥalite] *n.f.* 《문어》 《철학》 잠재성 (potentialité).

virtuel(le) [vir tɥɛl] *a.* ① 《철학》 잠재적인, 가능적인 (en puissance, potentiel). faculté ~*le* d'être bon et (善)하게 되는 잠재적 능력. revenu ~ 잠재적 수입. ② image ~*le* 《광학》 허상(虛像). ③ principe des travaux ~*s* 《기계·물리》 가상변위(假想變位)의 원리. —*n.m.* 잠재성.

virtuellement [vir tɥɛlmɑ̃] *ad.* 잠재적으로; 《구어》 실질상으로, 사실상(pratiquement). Vous êtes ~ admis. 당신은 실질적으로 입학 [입학·입대]된 것과 다름이 없다.

virtueme [vir tɥɛm] *n.* 잠재소(素).

virtuose [vir tɥoːz] *n.* (예술, 특히 음악의)명수, 거장; 대가, 달인(達人), 명인(maître).
—*a.* 명수의, (기술면에서)숙달한.

virtuosité [vir tɥozite] *n.f.* (예술가, 특히 음악가의)뛰어난 솜씨, 묘기(妙技). C'est de la ~ pure. (경멸) (솜씨는 좋지만)깊이가 없다.

virulence [viʀylɑ̃ːs] *n.f.* ① (세균의)독성; (약품의)유독성, 독기(毒氣). ② (비평 따위가)신랄함 (âpreté, violence).

virulent(e) [viʀylɑ̃, -ɑ̃ːt] *a.* ① 유독한, 독기있는; 《옛》 바이러스가 있는. ② 신랄한, 지독한. satire ~ (critique) ~ 신랄한 풍자(비평).

virulicide [viʀylisid] *a.* 병균을 죽이는.

virure [viʀyːr] *n.f.* 《선박》 뱃전판.

virus [viʀys] 《라틴》 *n.m.* ① 《의학》 병균, 병원체, 바이러스. ~ filtrant 여과성 병원체, 바이러스. ② (비유적) [~ de] (에)대한 강한 애착, 병. attraper le ~ du cinéma 영화광에 걸리다.

vis[1] [vis] *n.f.* ① 나선 계단(escalier à ~). ② 나사못. chaise à ~ 회전의자. fermer (une boîte) à ~ (상자 뚜껑을) 나사로 죄다. serrer[desserrer] une ~ 나사를 죄다(풀다). ~ de pression (de serrage) 압축나사. ~ sans fin 《기계》 무한나선. ③ 나사못꼴 돌기가 있는 것.
serrer la ~ *à qn* …을 가혹하게 다루다. ~ *d'Archimède* 아르키메데스 양수기.

vis[2] [vi] ⇨ vivre, voir.

visa [viza] *n.m.* 사증(査證), 비자. demander un ~ au consulat 영사관에 비자를 신청하다. accorder[donner] un ~ 비자를 주다. ② (증서·영수증의)증인(證印), 검인; (승인필의)서명; 《철도》 도중하차의 검인. apposer un ~ 사증하다,

증서에 증인을 적다[서명하다]. payer sur le ~ approbatif de qn …의 승인 서명에 의해 지불하다. ~ de censure (영화의)검열필증인.

‡**visage** [viza:ʒ] *n.m.* ① 얼굴, 낯(figure). ~ rond 둥근 얼굴. soins du ~ 미안술(美顔術), 얼굴의 손질. frapper qn au ~ …의 얼굴을 때리다.
② (얼굴)표정, 안색, 혈색(mine). changer de ~ 안색이 달라지다. Elle a meilleur ~ qu'à l'ordinaire. 그 여자는 여느 때보다 안색이 좋다.
③ (얼굴을 아는(모르는))사람. nouveau ~ 신인, 낯선 사람. urbanisme à ~ humain 인간 존중의 도시계획. ~ connu (de connaissance)아는 사람. les V~s pâles (인디언의 입장에서의)백인(白人).
④ (사물의)면(面), 방면; 상(相)(aspect, image). le vrai ~ des Etats-Unis 미국의 참 모습. Toute vérité a deux ~s. 모든 진실에는 양면이 있다.
à deux ~s 두 마음을 품은, 표리가 있는.
à ~ découvert 드러내놓고, 숨김없이; 솔직하게.
épouser un ~ 얼굴이 고운 여자와 결혼하다.
faire bon ~ (불만스러운 경우에)만족스러운 표정을 하다.
faire bon [mauvais] ~ à qn …에게 좋은[나쁜] 낯을 보이다.
faire son ~ 화장하다, 메이크업하다.
trouver ~ de bois (방문하였을 때문에) 자물쇠가 잠겨 있다; 상대방이 부재중이다.
sans ~ 얼굴을 나타내지 않는; 정체 불명의.

visagisme [vizaʒism] *n.m.* 미안술(美顔術).
visagiste [vizaʒist] *n.* 미안술사.
vis-à-vis [vizavi] *loc. prép.* [~ de] ① …와 마주 대하고; …와 마주 보고(à l'opposite de, en face de). s'asseoir ~ de qn …와 마주 앉다. maison ~ (de) l'église 교회당과 마주 보고 있는 집. ② …에 비하여(en regard de). Mon intelligence n'est rien ~ de la sienne. 내 지능은 그의 지능에 비하면 아무 것도 아니다. ③ …에 대(관)하여(à l'égard de, envers). son attitude ~ de ce problème 그 문제에 대한 그의 태도. Que comptes-tu faire ~ de Michel? 너는 미셀에 대해서 어떻게 할 작정이냐? Je ne sais pas comment m'organiser ~ de mon travail. 나는 내 일에 대해서 어떻게 대처해 나갈지 모르겠다.
—*loc. ad.* (예)마주 보고. Nous nous sommes trouvés ~. 우리는 서로 마주 보고 있었다.
—*n.m.* ① 마주 대함, 대좌(對坐)(tête à tête). s'asseoir en ~ 마주 앉다. places en ~ 마주 본 좌석. ② 마주 대한 사람; 무용의 상대자. ③ 마주 보이는 물건. immeuble sans ~ 마주 보는 집이 없는 건물. ④ (둘이 마주 앉는)S자 형 긴의자; [옛](좌석이) 마주 보고 있는 것.
faire ~ à qn …와 마주 보다.

viscache [viskaʃ], **viscaque** [viskak] *n.f.* 【동물】 (남미 대초원의)야생토끼.
viscéral(ale, *pl.* **aux)** [viseral, -o] *a.* ① 【해부】 내장의. cavité ~*ale* 복강(腹腔). ② (감정·생각 따위가)마음속 깊이 자리잡힌, 잠재적인. haine ~*ale* 마음속 깊이 잠재해 있는 증오심.
viscère [vise:r] *n.m.* 【해부】 내장.
viscérotonie [viserotoni] *n.f.* 【심리】 내장긴장형 성격.
viscérotonique [viserotonik] *a.* 【심리】 내장긴장형 성격의.
viscidité [visidite] *n.f.* =**viscosité**.
viscine [visin] *n.f.* 점성물, 끈적끈적하는 물체.
viscoélasticité [viskoelastisite] *n.f.* 【물리】 점탄성(粘彈性).
viscose [visko:z] *n.f.* 【화학】 비스코스.

viscosimètre [viskozimetr] *n.m.* 【물리】 점도계(粘度計).
viscosimétrie [viskozimetri] *n.f.* 【물리】 점도측정.
viscosité [viskozite] *n.f.* 끈적끈적함, 점착성; 【물리】 점도(粘度), 점성(율). ~ de la main d'œuvre 【경제】 노동력의 비유동성.
visé [vize] *n.m.* 저격. tirer au ~ 저격하다.
visée [vize] *n.f.* ① 겨냥, 표적. angle de ~ 사각(射角). prendre sa ~ 겨냥하다. ② (망원경의) 조준. ligne [point] de ~ 조준선[조준점]. ③ (종종 *pl.*) 목적, 목표(but); 주장. homme à grandes ~s 포부가 큰 사람. changer de ~ 목표를 바꾸다. hautes ~s 큰 야심, 대망.

*viser [vize] *v.i.* 겨냥하다, 겨누다; 포부를 지니다. ~ trop haut 너무 높이 겨냥하다. ~ plus haut 큰 뜻(대망)을 품다.
—*v.t.* ① 겨누다, 【측량】 조준하다. Le chasseur *a visé* le loup à la tête avec un fusil. 사냥꾼은 총으로 늑대의 머리를 겨누었다. ② 목표로 삼다, 노리다, 얻어내려고 기도(노력)하다. ~ la magistrature 법관직을 목표로 삼다. ③ (주의·사물) ~을 대상으로 하다, …에 관계하다; 적용되다. mesure qui vise tous les habitants 모든 주민에게 적용되는 조치. articles *visés* dans un arrêt 판결에 적용(인용)된 조항. ④ 암시하다, 넌지시 가리키다. être [se sentir] *visé* (비난이나 조소 따위의)표적이 되다 [되었다고 생각하다]. Je ne *vise* personne. 나는 특히 누구를 지적해서 말하는 것은 아니다. ⑤ (속어)보다; 망보다, 감시하다(regarder). *Vise* sa gueule! 그의 얼굴을 보아라!
—*v.t. ind.* [~ à] …을 겨누다, 꾀하다; 목적으로 삼다, 목표로 삼다. ~ *au cœur* 심장을 노리다. A quoi *vise* cette nouvelle mesure? 이 새 조치는 무엇을 노리는 것인가? [~ *à* + *inf.*] En disant cela, il *vise* à nous étonner. 그는 이 말을 해서 우리를 깜짝 놀라게 해주려고 한다.

viser[2] *v.t.* 사증(査證)하다; (에)승인의 서명을 하다. faire ~ son passeport 여권에 사증을 받다.
viseur(se) [vizœ:r, -ø:z] *n.* 【등물게】겨누는 사람.
—*n.m.* 【항공】 조준기; 【사진】 파인더.
visibilité [vizibilite] *n.f.* ① 눈에 보임. ② 【물리】 (전자파(電磁波)의)가시성; (전자파의 파장에 대응하는)시감도(視感度). ③ (기상의)시계(視界), 보이는 범위, 시거(視距), 가시도(可視度). virage sans ~ 무시계(無視界) 급커브. pilotage sans ~ 무시계 비행((약자)P.S.V.). atterrissage sans ~ 맹목착륙. ~ nulle 시도[시계]제로.

*visible [vizibl] *a.* ① 보이는, 볼 수 있는. La ligne d'horizon n'est plus ~. 수평선은 더 이상 보이지 않는다. corps ~s à l'œil nu 육안으로 볼 수 있는 물체. rayons ~s 【물리】 가시광선. ② 쉽게 눈에 보이는, 눈에 띄는; 뚜렷한, 명백한. avec un embarras ~ 눈에 띄게 당황하면서. Elle prenait un embonpoint assez ~. 그녀는 눈에 띄게 살이 쪄갔다. ③ 면회[견학]할 수 있는. Madame est-elle ~? 부인을 뵐 수 있을까요? Elle est ~ tous les jours de midi à quatre heures. 부인의 면회시간은 매일 정오에서 4시까지입니다.
Il est ~ que + *ind.* (비인칭) …은 명백하다. *Il n'y avait personne de ~*. 만날 수 있는 사람이라곤 없었다. *machine à écriture ~* 인자노출식(印字露出式) 타이프라이터.
—*n.m.* 눈으로 볼 수 있는 것, 가시적 세계.
visiblement [vizibləmã] *ad.* ① 눈에 보이게. Il grandit ~. 그는 눈에 띄게 자란다. ② 분명히, 두 렷이(manifestement). V~ il vous trompe. 분명히 그가 당신을 속이고 있다.

visière [vizjɛːr] *n.f.* ① (모자의)챙; 【고고학】(투구의)면갑(面甲). ② 【군사】(총의)가늠자; (가마의)들여다보는 구멍.
***blesser[choquer] la ~ de** qn* …의 의견[충고]을 거역하다. ***rompre en ~ à(avec)** qn*《구어》…에게 맞대고 반대하다; …와 정면으로 대립하다.
Visigoth [vizigo] *n.* =**Wisigoth**.
***vision** [vizjɔ̃] *n.f.* ① 시각, 시력; 눈으로 보기. *champ de la ~* 시야. *Jean a des troubles de la ~.* 장은 시력에 장애가 생겼다. *distance de ~ distincte* 명시거리(明視距離). ② 보기; 본 것, 광경. *~ réjouissante d'une table de fête* 연회석의 즐거운 광경. ③통찰(력), 이해(력); 예견, 비전; 심상(心象). *~ de l'avenir* 미래에 대한 비전, 미래상. *~ poétique de la réalité* 현실에 대한 시적 이해. *~ einsteinienne du monde* 아인슈타인의 세계상(世界像). ④ 【철학】직각(直覺), 직관(intuition); 【종교】신의 모습을 보기, 견신(見神); 【가톨릭】 환시(幻視). ⑤ 환영(幻影), 환상; 공상(hallucination, ↔ réalité), 혼에 들린 *~s* insupportables 견디기 힘든 환상에 사로잡힘. ⑥《예》망상. *avoir une ~ très nette de* …의 모습을 똑똑히 보다. *avoir des ~s*《구어》허튼[당치 않은]소리를 하다; 머리가 돌다.
en première ~ 【영화】시사회에서.
visionnaire [vizjɔnɛːr] *a.* ①환영을 보는; 환상을 품는, 공상적인. ②투시력이 있는, 처리안을 가진, 견자적(見者的)인. ③ 상규(常規)를 벗어난 (extravagant). —*n.* ①환영을 보는 사람; 환각에 사로잡힌 사람(halluciné). ②견신자(見神者), 견자(見者), 투시력을 가진 자(illuminé). ③몽상(망상)가.
visionner [vizjɔne] *v.t.* 【영화】(편집하기 위해 영화를)뷰어(visionneuse)로 보다; (시사용 필름을)보다.
visionneuse [vizjɔnøːz] *n.f.* 【영화】편집기(編輯機), 뷰어.
visiophone [vizjɔfɔn] *n.m.* 텔레비전 송화기(vidéo-[phone].
visiotéléphonie [vizjɔtelefɔni] *n.f.* =**visiophone**.
visiotone [vizjɔtɔn] *n.m.* 비지오톤《동전을 넣으면 노래 따위의 녹음 영화가 영사되는 것》.
visir [viziːr] *n.m.* =**vizir**.
visitandine [vizitɑ̃din] *n.f.* 【종교사】성모 방문회(Ordre de la Visitation)의 수녀.
visita*teur*(*trice*) [vizitatœːr, -tris] *n.*《예》순시자, 시찰자. —*n.f.*【종교】관구내의 수도원을 시찰하는 수녀.
visitation [vizitasjɔ̃] *n.f.* ① *V~*【종교】성모 마리아의 성(聖) 엘리자베드 방문; 성모 방문제(祭)(7월 2일)(fête de la ~). ②《예》방문, 내방; 성모 방문회(Ordre de la V~).
‡**visite** [vizit] *n.f.* ①방문, 내방; (외판원의)방문. *~s du Jour de l'An* 새해 세배방문. *J'ai eu la ~ de M. Dupont hier soir.* 나는 어제 저녁에 뒤퐁씨의 방문을 받았다. *être en ~* 방문중이다. *faire une petite ~ en passant* 지나가다가 잠깐 들르다. *recevoir la ~ de qn* …의 방문을 받다. *J'ai rendu à mon ancien professeur.* 나는 옛 스승을 방문했다. *rendre sa[une] ~ à qn* 답례로 …을 방문하다. *~ de condoléances* 조문. *~s des candidats à l'Académie (~s académiques)* 아카데미 프랑세즈 회원 후보자의 투표 의뢰를 위한 호별방문.
② (사교계의)만남(rencontre mondaine). *J'aime le jeu et les ~s.* 나는 놀이와 사교적인 모임을 좋아한다.
③ 방문객, 손님(visiteurs). *Quelques ~s arrivèrent.* 몇 명의 방문객이 도착했다.
④ (병원이나 형무소의)면회. *heure des ~s* 면회시간. «*V~s interdites*» "면회사절."
⑤ (의사의)왕진(*~ à domicile*); (병원에서의)회진, 진찰. *faire les ~s après les consultations* 진찰 후 왕진하다. *heure de la ~* 회진시간.
⑥ 구경, 견학, 참관, 관광. *~ d'un musée* 미술관 견학. *faire une ~ rapide de la ville* 도시를 단시간에 구경하다.
⑦ 순시, 시찰, 점검, (세관의)검사; (배의)임검(臨檢). 검진(檢診)(ronde, tournée). *~ de l'inspecteur à une école* 장학사의 학교시찰. *~ de l'évêque* 주교의 관구순시. *~ des bagages à la douane* 세관에서의 수하물 검사. *~ domiciliaire* 【법】가택수색. *droit de ~* 【국제법】임검권. *faire la ~ de qc* …을 임검하다. *passer la ~* 검진.
***visiter** [vizite] *v.t.* ① 왕진하다; 회진하다. *médecin qui visite un malade* 환자를 왕진하는 의사.
② 위문하러 가다. *J'ai visité un ami malade.* 나는 병든 친구를 문병하러 갔다. *~ les malades d'un hospice* 양로원에 수용된 환자를 위문하다. *~ les pauvres* 빈민을 차례로 방문하다.
③ (사람을)방문하다. *~ (la maison d')un ami* 친구(의 집)를 방문하다《일반적으로 *rendre[faire] visite à qn*을 사용함》.
④ 참관하다, 구경[견학]하다. *Pendant les vacances, nous avons visité l'Italie en voiture.* 방학 동안에 우리는 자동차로 이탈리아를 구경하고 다녔다. *~ un musée* 박물관을 견학하다.
⑤ (무엇을 찾으러) 보러다니다. *Nous avons visité des appartements, mais aucun ne nous convient.* 우리는 아파트를 보러다녔는데 우리에게 알맞는 것은 없었다.
⑥ (면밀히)검사(수색·임검)하다(examiner). *~ des papiers* 서류를 점검하다. *~ les tiroirs de la commode* 장 서랍을 수색하다.
⑦ 【종교】(신이) …앞에 나타나다; 《주어는 사물》 찾아들다. *Une paix miraculeuse visita son esprit.* 놀라운 평화가 그의 마음에 찾아들었다.
visiteur(se) [vizitœːr, -φːz] *n.* ①방문객, 손님; 방문하기 좋아하는 사람. *~s inattendus* 생각지도 않은 방문객, 불청객. ②구경꾼, 참관자, 구경꾼, 관광객(touriste). *~s d'un musée* 박물관의 관람객. *ville qui accueille bien les ~s* 관광객을 환영하는 도시. ④순시자, 시찰자; (세관의)검사관. *~ des douanes* 세관의 검사관. *~ de machine* 기계 점검원. ⑤ (직업적·사회사업으로)구호방문하는 사람. *~se sociale* 가정방문원. ⑥ (pl.)【스포츠】원정군. ⑦《동격》*frère ~* 비밀결사 회의의 방청이 허용된 지부 회원; *infirmière ~se* 가정으로 왕진하는 간호원; *père ~* 수도원의 시찰을 맡은 신부.
visnage [visnaːʒ], **visnague** [visnag] *n.m.* 【식물】=**fenouil annuel**.
vison [vizɔ̃] *n.m.* ①【동물】담비, 밍크. ②담비모피, 밍크 모피;《구어》밍크 외투.
vison-visu [vizɔ̃vizy] *loc. ad.*《구어》마주 보고.
visorium [vizɔrjɔm] *n.m.* 【인쇄】(식자공의)원고끼우개.
visqueux(se) [viskφ, -φːz] *a.* ①점착성의, 끈적끈적한, 찐득거리는; 점성(粘性)(점도)이 높은. *liquide(goudron) ~* 점성이 있는 액체(타르). ② (인물·태도 따위가)메스꺼운 지경의(répugnant). *sourire ~* 메스꺼운 미소.
vissage [visaːʒ] *n.m.* ①나사로 죄기; 【의학】골절된 뼈를 나사로 움직이지 않게 함. ②(손질한 도기의)나선 모양 홈.

visser [vise] *v.t.* ① 나사로 죄다, 고정시키다; (병마개 따위를 돌려서)꼭닫다. ~ deux pièces de bois 두 나뭇조각을 나사로 쪽맞추다. *être vissé* dans un emploi depuis vingt ans 20년 전부터 같은 직장을 고수하다. *être vissé* sur [à] sa chaise (비유적)의자에 앉은 채 일어서려고 하지 않다. ②(구어)꽥 소리 못하게 하다, 엄하게 다루다; (군사)영창에 넣다. *être mal vissé* 기분이 좋지 않다.
 ─se─ *v.pr.* 나사로 죄어지다.

visserie [visri] *n.f.* ①(집합적)나사류(類). ② 나사 공장; 나사 판매점.

visseuse [visɸːz] *n.f.* 〖공업〗나사 돌리는 기계, 나사 돌리미, 드라이버.

visu (de) [devizy] (라틴) *loc. ad.* 목격자로서, 눈으로 보고(après (pour) l'avoir vu).

visualisation [vizyalizasjɔ̃] *n.f.* 시각화, 영상화; 〖컴퓨터〗 디스플레이.

visualiser [vizyalize] *v.t.* ① (보이지 않는 현상을) 보이게 하다, 시각화〖가시화(可視化)〗하다. ~ le déplacement d'un mobile au moyen d'une courbe 동체(動體)의 이동을 그래프로 써서 시각화하다. ② 〖영화〗 (주제 따위를) 영상화하다. ③ 〖컴퓨터〗 디스플레이(장치)로 보여 주다.

visuel(le) [vizɥɛl] *a.* 시각(視覺)의; 시각형의; 시각에 호소하는. angle ~ 시각(視角). champ ~ 시야. point ~ 시점. axe ~ 시축(視軸). langage ~ 시각언어. méthodes ~les (교육에 있어서)시각적 방법(영화·환등 따위). ─*n.* 시각형의 사람.
 ─*n.m.* ① 〖컴퓨터〗 디스플레이 장치. ② 과녁의 흑점(중심점), 표적.

visuellement [vizɥɛlmɑ̃] *ad.* 눈으로, 시각으로.

vit [vi] ⇨ vivre, voir.

vitacées [vitase] *n.f.pl.* 〖식물〗 포도과(科).

vital(ale, pl. aux) [vital, -o] *a.* ① 생명의, 생명을 구성하는. fonctions ~ales 생체 기능. force ─ale 생명력. phénomènes ─aux 생명 현상. ré-action ─ale 생체 반응. ② 생명유지에 필요한; 필요불가결의(indispensable). espace ~ 생명공간. minimum ~ 생활 최저필요경비; 〖생물·사회〗 기초대사 (基礎代謝). ③ (극히)중대한, 치명적인; 기요한, 근본적인(fondamental, essentiel). question ─ale 극히 중대한 문제, 사활 문제.

vitalement [vitalmɑ̃] *ad.* 생명을 유지하기 위하여.

vitaliser [vitalize] *v.t.* (에)생기를 주다.

vitalisme [vitalism] *n.m.* 〖생물·철학〗 생기론(生氣論), 활력론(活力論).

vitaliste [vitalist] *a.* 생기론의, 활력론의. ─*n.* 생기론자, 활력론자.

vitalité [vitalite] *n.f.* ① 생명력, 생기, 활기. ② d'une entreprise 기업의 활력. ② 〖생물〗 생명력, 활력도(活力度). êtres qui possèdent une grande ~ 왕성한 생명력을 지닌 생물.

vitamine [vitamin] *n.f.* 비타민. ~ hydrosoluble (liposoluble) 수용성 (지용성) 비타민.

vitaminé(e) [vitamine] *a.* (식품 따위가)비타민 첨가의, 비타민으로 강화한.

vitaminique [vitaminik] *a.* 비타민의.

vitaminisation [vitaminizasjɔ̃] *n.f.* ① (식품의)비타민 강화. ② 〖약〗 비타민 요법.

vitaminologie [vitaminɔlɔʒi] *n.f.* 비타민학(學).

vitaminose [vitaminoːz] *n.f.* 비타민 결핍증.

vitaminothérapie [vitaminoterapi] *n.f.* 비타민 요법.

vitchoura [vitʃura] *n.m.* (옛)모피의 외투.

:**vite** [vit] *ad.* ① 빨리, 급히, 속히(↔lentement). Il marche plus ~ que moi. 그는 나보다 빨리 걷는다. Il parle ~. 그는 말을 빨리 한다. Le cœur bat ~. 심장이 빨리 뛴다. ② 재빨리, 신속하게, 민첩하게 (promptement). s'habiller ~ 재빨리 옷을 입다. ③ 급히, 서둘러서, 조급하게(hâtivement, précipitamment). Pierre, ~, réveille-toi! 피에르 빨리 일어나! ④ 곧, 오래지 않아(bientôt). Il faut ~ se préparer. 속히 준비해야하다. Il sera ~ arrivé. 그는 곧 도착할 것이다.
 aller ~ 빨리 가다; 경솔하게 처신하다.
 au plus ~ 될 수 있는 대로 빨리.
 avoir ~ *fait de* + *inf.* 곧 …해버리다.
 Il y va au plus ~. (구어)그는 좀 경솔해, 너무 속단한다.
 ~ *fait* (구어)눈 깜짝할 사이에.
 ─*a.* ① 〖스포츠〗 빠른, 날랜(rapide). Le coureur le plus ~ du monde 세계에서 가장 빠른 주자. ② (예)빠른.

vitellin(e) [vitɛl(l)ɛ̃, -in] *a.* 〖생물〗 난황의, 노른자의. membrane ~*e* 난황막. ─*n.f.* 〖화학〗 난황소(卵黃素).

vitellus [vite(ɛl)lys] (라틴) *n.m.* 〖생물〗 난황(卵黃); 〖식물〗 배낭(胚囊).

vitellogenèse [vite(ɛl)lɔʒəneːz] *n.f.* 난황 형성.

vitelot [vitlo] *n.m.* 비틀로(납작한 국수를 우유로 삶아서 소스를 친 요리).

vitelotte [vitlɔt] *n.f.* 달걀 모양의 붉은 감자.

vitement [vitmɑ̃] *ad.* (예·구어)빨리, 속히.

:**vitesse** [vitɛs] *n.f.* ① 빠름, 신속(rapidité, promptitude). La ~ de décision est une condition du succès. 신속한결단은 성공의 조건이다.
 ② 속도, 속력. indicateur de ~ 속도계. ~ critique 위험〖임계〗 속도. ~ sonique (supersonique, hypersonique) 음〖초음·극초음〗속. ~ de réaction (de cristallisation) 〖물리·화학〗 반응〖결정〗속도. ~ angulaire 〖물리〗 각속도(角速度). ~ radiale 〖천문〗 시선속도. ~ initiale 초속도.
 ③ 〖자동차〗 기어. boîte de ~s 톱니바퀴상자. changement de ~ 변속기. machine (à) grande (petite) ~ 고(저)속도 기관. train de grande ~ 〖철도〗 급행 열차.
 à la (*avec une*) ~ *de* …의 속력으로.
 à toute (*pleine*) ~; *de toute sa* ~ 전속력으로.
 en quatrième ~ (구어)전속력으로, 4단(기어)속도로.
 en ~ (구어)즉시, 지체 없이.
 expédier qc en grande (*petite*) ~ 〖철도〗 …을 객차편(화차편)으로 부치다.
 faire de la ~ 속력을 내다.
 gagner (*prendre*) *qn de* ~ …을 앞지르다; …에게 선수를 쓰다.
 lutter de ~ *avec qn* …와 particles을 하다.
 perdre de la ~ 〖항공〗 실속(失速)하다(비행 가능 속도를 잃기).
 prendre (*donner*) *de la* ~ 속도를 내다.

Viti [viti] *n.pr.* = **Fidji**. les îles ~ 피지 제도.

viti- *préf.* 「포도」의 뜻.

viticole [vitikɔl] *a.* 포도 재배의.

viticulteur [vitikyltœːr] *n.m.* 포도 재배자.

viticulture [vitikylty:r] *n.f.* 포도 재배.

vitifère [vitifɛːr] *a.* 포도 재배에 적당한.

vitiligo [vitiligo] (라틴) *n.m.* 〖의학〗 (피부의)백반병(白斑病).

vitonnière [vitɔnjɛːr] *n.f.* 〖해양〗 키의 축, 타축(舵軸).

vitrage [vitraːʒ] *n.m.* ① 유리끼우기. ② (건물 전체의)유리, 유리창, 유리 칸막이. ③ (창의)커튼(rideau de ~).

vitrail(pl. aux) [vitraj, -o] *n.m.* ① 채색유리; (성당의)그림 유리창, 스테인드글라스. ② 스테인드글라스 제조법.

*****vitre** [vitr] *n.f.* ① 판유리, 창유리(carreau). ② (자

동차·기차의)창(glace). ~ avant (자동차의)프론트글라스. **casser les ~s** 《구어》주문을 일으키다. **faire trembler les ~s** (창이 흔들릴 정도로)큰 소리로 말[노래]하다.

vitré(e) [vitre] *a.p.* ① 유리를 끼운. ② 유리질의; 유리처럼 투명한. **corps** ~ 《해부》(눈의)유리체. **électricité** ~*e* 《옛》유리 전기(《양전기》). **humeur** —*e* 《해부》(눈의)유리체액.

vitrer [vitre] *v.t.* (에)유리를 끼우다. ~ **une porte** [**une fenêtre**] 문[창]유리를 끼우다.

vitrerie [vitrəri] *n.f.* ① 유리 제조[가공·판매]. ② 《집합적》판유리. **acheter de la** ~ 판유리를 사다.

vitrescible [vitresibl] *a.* =**vitrifiable**.

vitreux(se) [vitrø, -ø:z] *a.* ① 유리 비슷한; 반투명의. **porcelaine** ~*se* (유리 비슷한)반투명의 도자기. ② 유리 모양(상태)의. **lustre** ~ 유리(를 끼운)광택. **état** ~ 《물리》유리 상태《결정이 아닌 상태를 말함》. ③ 광택이 없는, 흐릿한(terni). **yeux** [**regard**] ~ 정기 없는 눈, 흐릿한 눈.

vitrier [vitrije] *n.m.* ① 유리 제조인; 유리 끼우는 직공. ② 《군대속어》엽보병(獵步兵).

vitrière [vitrijɛ:r] *n.f.* (유리창의)금속제 틀.

vitrifiabilité [vitrifjabilite] *n.f.* 투화성(透化性).

vitrifiable [vitrifjabl] *a.* 유리화(化)할 수 있는.

vitrificateur(trice) [vitrifikatœr, -tris], **vitrificatif(ve)** [vitrifikatif, -i:v] *a.* 유리화하는.

vitrification [vitrifikɑsjɔ̃] *n.f.* ① 유리화(化) ② 투화(透化); 투명한 합성수지 도장(塗裝).

vitrifier [vitrifje] *v.t.* ① 《물리》유리화하다; 유리처럼 만들다. **brique** *vitrifiée* 화장 벽돌. ② (마루 따위에)투명한 합성수지를 칠하여, 투화하다. —**se** ~ *v.pr.* 유리화되다; 유리처럼 되다.

vitrine [vitrin] *n.f.* ① 진열대 (devanture (vitrée)); 진열장. **article en** ~ 진열장 안의 상품. **exposer des articles dans la** ~ 상품을 진열대에 진열하다. **mettre en** ~ (상품을)진열하다; 가게에 내놓다. **lécher les** ~*s* 진열장을 구경하다; 윈도쇼핑하다. ② (진열(품), 전시(品)). ③ (수집품·미술품 따위의 넣는)장식장, 쇼케이스.

vitriol [vitrijɔl] *n.m.* ① 《옛》《화학》황산염, (시판하는)진한 황산(huile de ~). ~ **blanc** 황산아연. ~ **bleu** 황산구리. ~ **vert** 황산철. ② 《속어》싸구려 독주. ③ 신랄한 말, 독설.

vitriolage [vitrijola:ʒ] *n.m.* ① 《직물 따위의》황산처리(黃酸處理). ② (사람 얼굴에)황산을 끼얹기.

vitriolé(e) [vitrijɔle] *a.p.* ① 《직물》황산염을 함유한, 황산처리된. ② (얼굴에)황산세례를 받은. —*n.* 얼굴에 황산세례를 받은 사람.

vitrioler [vitrijɔle] *v.t.* ① (액체에)황산을 첨가하다. ② 《직물》묽은 황산액에 담그다. ③ (사람에게)황산을 끼얹다.

vitriolerie [vitrijɔlri] *n.f.* 《옛》황산제조소.

vitrioleur(se) [vitrijɔlœ:r, -ø:z] *n.* 얼굴에 황산을 끼얹는 사람.

vitriolique [vitrijɔlik] *a.* 《화학》황산(염)의(성질을 가진), **acide** ~ 《옛》황산.

vitrocéramique [vitrɔseramik] *n.f.* 글라스세라믹, 결정화유리.

vitrose [vitro:z] *n.f.* 《사진》필름.

vitrosité [vitrozite] *n.f.* 《드물게》유리질(質).

vitulaire [vityle:r] *a.* **fièvre** ~ 《수의》(암소의)산욕열(産褥熱).

vitupérateur(trice) [vityperatœ:r, -tris] *a, n.* 《문어》비난하는(사람). 					[난의.

vitupératif(ve) [vityperatif, -i:v] *a.* 비난하는, 비

vitupération [vityperɑsjɔ̃] *n.f.* 《문어》《맹렬한》비난(하기); 욕설.

vitupérer [vitypere] ⑥ *v.t.* 《문어》비난하다(blâmer). —*v.t.ind.* [~ **contre**] …에 대해 비난하다, 항의하다. **Il a** *vitupéré* **contre la hausse des prix**. 그는 물가 앙등을 맹렬히 비난했다.

vivable [vivabl] *a.* ① 살기좋은. **monde** ~ 살기좋은 세상. ② (사람이)함께 지내기 좋은. ③ 참을 만한, 견딜 만한, 생활할 수 있는. **milieu qui n'est pas** ~ 살기 힘든 환경.

vivace¹ [vivas] *a.* ① 생명력이 강한, 강인한(résistant, robuste). ② 《식물》다년생의(↔annuel). ③ (편견 따위가)뿌리 깊은; (기억력 따위가)생생한, 좀처럼 사라지지 않는(persistant, tenace). **préjugé** ~ 뿌리 깊은 편견.

vivace² [vivatʃe] 《이탈리아》《음악》 *a.* 《불변》쾌활한, 경쾌한. —*ad.* 쾌활하게, 생기있게.

vivacité [vivasite] *n.f.* ① 민첩, 재빠름(agilité); 활발; 발랄함(pétulance). ~ **de lézard** 도마뱀의 민첩함. ~ **de geste**[**des mouvements**] 동작의 민첩함. ~ **d'esprit** 두뇌회전이 재빠름, 두뇌의 민첩함. **Paul a une grande** ~ **d'esprit**. 폴은 재기발랄하다. ~ **à agir** 행동의 민첩성. **physionomie pleine de** ~ 발랄한 표정. ② (말·감정 따위의)과격함, 격렬함, 신랄함(violence). **Il m'a répondu avec** ~. 그는 나에게 격렬한 어조로 대답했다. ~ **d'une critique** 비평의 신랄함. ③ (색채의)선명함; (빛의)강렬함. ~ **du coloris** 색채의 선명함. ④ (공기의)차가움. ~ **de l'air** 공기의 싸늘함. ⑤ 불끈하기 쉬움. ~ **d'humeur** 불끈하기 쉬운 기질. ⑥ (*pl.*) 《옛》감정의 격발.

avec ~ 활발하게; 과격[성급]하게.

vivandier(ère) [vivɑ̃dje, -ɛ:r] *n.* 종군상인, 주보상인(酒保商人).

⁑**vivant(e)** [vivɑ̃, -ɑ̃:t] *a.* ① 살아 있는. **Le blessé est encore** ~. 부상자는 아직 살아 있다. **être enterré** ~ 생매장되다. **squelette**[**cadavre**] ~ 산송장, 중환자. **souvenir** ~ 생생한 기억. **expériences sur des animaux** ~*s* 생체해부. **pain** ~ 《카톨릭》성체(聖體)(eucharistie). ② 생기있는(vif), 발랄한. **œil** ~ ~ 생기있는 눈(시선). **enfant bien** ~ 매우 발랄한 아이. ③ 살아 있는 듯한, 실물과 같은, 실감하는 영상, 박진(迫眞)감 있는. **Il me** *semblait* **le voir** ~. 실감나는 영화. **portrait** ~ 살아 있는 것 같은 초상. ④ 똑같이 생긴(ressemblant). **C'est un portrait** ~ **de'son père**. 그는 아버지를 빼쏘았다. ⑤ (거리가)활기가 있는, 번화한(animé). **Nous habitons un quartier** ~. 우리는 번화한 동네에 산다. ⑥ 현재 쓰이는; 지금도 계속되는, 한물 가지 않은. **langue** ~*e* 현용어(現用語). **œuvre** ~*e* 생동감이 넘치는 작품.

âme ~*e*; **homme** ~ 아무도 《부정어와 쓰임》. —*n.m.* 살아 있는 기간(몇몇 표현에서만 쓰임). **de son** ~ 그(여자)가 살아 있을 때[생존시]. **du** ~ **de ses parents** 양친이 살아계신 동안에.

—*n.* ① 살아 있는 사람, 생존자. **les** ~*s* **et les morts** 산 자와 죽은 자. **rayer du nombre des** ~*s* 사람들 중에서 삭제하다, 죽이다. ② 쾌활한 낙천가(**bon** ~). ③ **bien**[**mal**] ~ 《옛》행실이 좋은[나쁜] 사람.

Vivarais [vivarɛ] *n.pr.m.* 《고대지리》비바레.

vivarais(e) [vivarɛ, -ɛ:z] *a.* 비바레의(**Vivarais**)(사람)의. —*n.* 비바레 사람. —*n.m.* 비바레 사투리.

vivarium [vivarjɔm] *n.m.* 《라틴》 (자연의 서식상태에 가까운)동물사육장.

vivarois(e) [vivarwa, -a:z] *a.* 비비예의(**Viviers**, 프랑스의 도시)의. —**V**—*n.* 비비예 사람.

vivat [viva] 《라틴》*int.* 《옛》만세!. —*n.m.* 만세, 환호.

vive¹ [vi:v] *n.f.* 《어류》날개횟새 무리. L호(성).

vive² *a.f.* ⇨ vif.

vive³ (<*vivre*) *int.* 만세! 《복수형이 올 경우 때로 vivent를 씀》. *Vive*(*nt*) les Français! 프랑스인 만세! *Vive*(*nt*) les vacances! 바캉스 만세!

vive-eau [vivo] (*pl.* ~s-~x) *n.f.* 《해양》한사리(때), 대조(大潮)(의) 시기).

vive-la-joie [vivlaʒwa] *n.m.* 《복수불변》《구어》쾌활한 사나이.

***vivement** [vivmɑ̃] *ad.* ① 활발히, 민첩하게; 신속하게, 급히(vite, rapidement). L'écureuil se démène ~ dans sa cage. 다람쥐가 울 안에서 민첩하게 뛰어다니고 있다. expédier ~ son affaire 신속히 일을 처리하다. ② 격렬하게. réprimander ~ ses subordonnés 부하를 준엄하게 꾸짖다. poursuivre ~ 맹렬히 쫓다. ③《감정이》열렬히, 깊이, 열심히, 통절하게(fortement, profondément). désirer ~ qc …을 열망하다. ~ touché 깊이 감동한. remercier ~ qn …에게 깊이 감사하다. ④《색채 따위가》강렬하게, 선명하게. tissus ~ colorés 짙은 색으로 염색된 직물.
—*int.* 빨리. Au fait et ~! 빨리 본론[요점]을 말해! Va-t-en, et ~! 가거라, 빨리! 《구어》[V~ que+*sub.*] V~ *que* tu sortes! 냉큼 나가!

viverridés [viveride] *n.m.pl.* 《동물》사향고양이과(科).

viveur(*se*) [vivœːr, -øːz] *n.* 도락가, 방탕자(fêtard, noceur). joyeux ~ 호색가, 바람둥이.

vivi- *préf.* 「살아 있는」의 뜻.

vividité [vividite] *n.f.* 《생리》착각인상; 《인상 따위의》선명함.

vivier [vivje] *n.m.* ① 양어지(養魚池). ② (어선의) 양어 수조(水槽), 양어 수조 달린 어선.

vivifiable [vivifjabl] *a.* 생명[활기]을 줄 수 있는.

vivifiant(*e*) [vivifjɑ̃, -ɑ̃ːt] *a.* 생기[활기·생명]를 주는(fortifiant, stimulant). climat ~ 몸[건강]에 좋은 기후. grâce ~*e* 《신학》생명을 주는 은총.

vivificateur(*trice*) [vivifikatœːr, -tris] *a.,n.* 《문어·드물게》생기[활기·생명]를 주는(사람).

vivification [vivifikasjɔ̃] *n.f.*, **vivifiement** [vivifimɑ̃] *n.m.* 《드물게》생명[활기]을 주기.

vivifier [vivifje] *v.t.* ① 《에게》생기[생명]를 주다, 활기를 띠게 하다; 《문어》의)생명의 기원이 되다. Ce climat me *vivifie*. 이 기후는 나에게 원기를 되찾게 한다. 《목적보어 없이》force qui *vivifie* 생명의 기원이 되는 힘. ② 되살아나게 하다. ~ les souvenirs 추억을 되살아나게 하다.

vivifique [vivifik] *a.* 《옛》생기[활기]를 띠게 하는.

vivipare [vivipaːr] 《동물》*a.* 태생(胎生)의.
—*n.m.* 태생 동물(↔ ovipare, ovovivipare).

viviparement [viviparmɑ̃] *ad.* 태생으로.

viviparie [vivipari], 《옛》**viviparité** [viviparite] *n.f.*, **viviparisme** [viviparism] *n.m.* 《동물》태생(胎生).

vivisecteur [visisɛktœːr] *n.m.* 생체(生體)해부학자. —*a.m.* 생체해부의.

vivisection [visisɛksjɔ̃] *n.f.* 생체해부학.

vivoir [vivwaːr] *n.m.* (캐나다에서) 리빙룸, 거실.

vivoter [vivɔte] *v.i.* ① 초라하게 살다, 근근히 살아 나가다. ②《주어는 사물》겨우 명맥을 유지하다.

‡vivre [viːvr] 37 *v.i.* ① 살다, 생존하다. Le blessé *vit* encore, son cœur bat. 부상자는 아직 살아 있다, 그의 심장이 뛰고 있다. le peu de temps qu'il lui reste à ~ 얼마 남지 않은 그의 목숨(il은 빈사자). les trente années qu'il a *vécu* 그가 산 30년(les trente années는 상황보어, *vécu*는 불변). cesser de ~ 죽다.
②《주어는 사물》살아 있다, 존속하다, 남아 있다; 생기가 있다. Son souvenir *vit* en nous. 그에 대한 추억은 우리 마음 속에 살아 있다. Cet ouvrage *vivra*. 이 작품은 살아 남을 것이다. Son nom *vivra* éternellement dans la mémoire des gens. 그의 이름은 사람들의 기억 속에 영원히 살아남으리라. faire ~ une idée 어떤 사상을(실제로) 살아남게 하다. mer qui *vit* sous le soleil 햇빛을 받아 생기 있게 빛나는 바다.
③생활하다, 삶을 영위하다; 거주하다. ~ à la campagne 시골에서 살다. ~ avec *qn* …와 같이 살다, …와 동거하다. ~ en paix 평온하게 살다. ~ seul 혼자서 살다.
④생계를 꾸려가다. chercher à ~ 생활의 방도를 찾다. faire ~ ses parents (sa famille) 양친[가족]을 부양하다, 부모[가족]에게 생활비를 보내다. Il faut travailler pour ~. 살아가려면 일을 해야 한다. ~ aux dépens (aux crochets) de *qn* …에게 얹혀[기대어] 살다. ~ largement; ~ 돈 여유있게 생활하다. ~ tant bien que mal 그럭저럭 생활하다. Cela coûte cher de ~ ici. 여기는 물가가 비싸다. ~ au jour le jour 그날 벌어서 그날 먹고 살다.
⑤[~ de](을 먹고) 살다, (으로) 삶을 영위하다. ~ de *lait* et de légumes 우유와 야채로 연명하다. Jean n'a plus de travail, de quoi *vit*-il? 장은 일자리가 없어졌는데 무엇으로 살아가고 있느냐? L'homme ne *vit* pas seulement de pain. 사람은 빵만으로 살 수 없다. ~ de *ses rentes* 연금으로 살다; (일정한 직업 없이) 놀며 살다. ~ d'espérance 희망으로 포도청이다.

apprendre à ~ à qn …의 무례[실례]를 나무라다.
avoir beaucoup vécu 세상 물정을 잘 알고 있다.
avoir de quoi ~ 고생 안 할 만큼의 것을 가지고 있다.
avoir vécu 《문어》죽었다; 유행이 지났다. Le colonialisme *a vécu*. 식민지주의는 이미 사라졌다.
être aisé (*facile, commode*) *à ~* 붙임성있다, 사귀기에 쉽다. *être* difficile *à ~* 사귀기에 까다롭다.
Il faut bien ~. 먹고 살기 위해서는 할 수 없다; 목구멍이 포도청이다.
ne (*pas*) *rencontrer âme qui vive* 아무도 만나지 못하다, 사람이라고는 그림자도 없다.
ne pas (*plus*) ~ 불안에 떨다, 불안해 죽을 지경이다.
Qui vive? 누구냐?《보초의 수하》. être sur le *qui-vive* 경계하다.
Qui vivra verra. 때가 되면 알 것이다.
se laisser ~ 노력하지 않고 살다, 취생몽사하다.
Vive!; Vivent! 만세!
~ bien (*mal*) *avec qn* …와 사이가 좋다[나쁘다].
~ d'amour et d'eau claire (*fraîche*)(사랑과 물만으로 살다)→ 연애에 몰두하다.
~ dans le présent (*la minute présente*) 현재에 살다, 앞일을 걱정하지 않다.
~ du pays (*sur le pays, sur l'habitant*) (군대가) 현지에서 식량을 조달하다.
~ sur sa réputation 과거의 명성만 간직하고 살다.
—*v.t.* ① (을) 살아가다; (날·시간을) 보내다(passer). ~ des jours heureux 행복한 나날을 보내다. Nous *vivons* une drôle d'époque! 우리는 아릇한 시대를 살고 있다!
②겪다, 체험하다; (신앙 따위를) 실천하다, 구현하다. Mes amours, je les *ai vécus*. 나는 내 사랑을 몸소 체험했다. ~ la guerre 전쟁을 체험하다. Les cosmonautes *ont vécu* une aventure extraordinaire. 우주비행사들은 놀라운 모험을 체험했다. ~ sa foi 자기의 신념을 살다. ~ sa vie 인생을 즐기고 살다; 충실한 생활을 하다.
③실감하다. À la télé, nous *avons vécu* l'aventure des cosmonautes. 우리는 텔레비전으로 우주비행

사들의 모임을 실감했다.
—*n.m.* ① (*pl.*) 식량(aliments). aller aux ~*s* 〖군사〗급식을 받으러 가다. couper les ~*s* à *qn* …에게 식량보급의 길을 끊다; …에게 물질적 원조를 중단하다. faire des ~*s* 식량을 사들이다(마련하다). ~*s* de réserve 비상용 식량. Les ~*s* sont chers dans ce pays. 이 나라에서는 식량이 비싸다. ② 식사, 끼니; 〖옛〗양식. le ~ et le couvert 식사와 숙박. ③〖옛〗삶, 생존; 생활.

vivré(e) [vivre] *a.* 〖문장〗 톱니 모양의 가장자리가 있는.

vivrier(ère) [vivrije, -ɛːr] *a.* 식량을 산출(공급)하는. cultures ~*ères* 식량 생산(재배). bâtiment ~ 식량 운반선(船). —*n.m.* 〖역사〗(16세기의)군대식량 조달업자, 식량 공급(관리)자.

vizir [viziːr] *n.m.* 〖역사〗(회교국의)대신. grand ~ 총리대신.

vizirial(ale, pl. aux) [vizirjal, -o] *a.* 〖역사〗대신(vizir)의.

vizirat [vizira], **viziriat** [vizirja] *n.m.* (회교국의) 대신의 직.

v'là [vla] *prép.*《속어》=**voilà**.

vlan, v'lan [vlã] *int.* ① 철썩, 덜컹, 쿵. Et ~! il referma la porte. 쾅하고 그는 문을 도로 닫았다. ②《빠른 동작을 나타내어》부리나케, 횅하게, 어느덧. —*a.* 《불어》《속어》멋있는.

vli, v'li [vli] *int.* (vlan 과 함께) ~ vlan 철썩철썩.

V.M. 《약자》Votre Majesté 폐하.

vo 《약자》verso 페이지의 뒷면.

V.O. 《약자》version originale (영화의)원어판(原語版).

vobulateur [vɔbylatœːr] *n.m.* 〖전기〗워블레이터.

vocable [vɔkabl] *n.m.* ① 말, 단어, 명칭(terme, mot, dénomination). emprunter des ~*s* aux langues étrangères 외국어에서 단어를 차용하다. ②〖가톨릭〗주보성인명. église sous le ~ de Saint Jean 성(聖)요한을 주보로 모시는 교회.

***vocabulaire** [vɔkabylɛːr] *n.m.* ① 용어, 어휘; 말의 씀씀이, 말씨; 〖언어〗어휘. Le ~ de Proust est très riche. 프루스트의 어휘는 매우 풍부하다. enrichir son ~ 자기의 어휘를 늘리다. ~ andalou 안달루시아 지방의 어휘. Quel ~! 정말이지 막된(상스러운) 말씨로군 ! ~ des sports 스포츠 용어. ~ juridique 법률 용어. ②(전문)용어집, 단어집, 기본어 사전, 소사전. ~ français-grec 불희(佛希)소사전.

vocabuliste [vɔkabylist] *n.m.* 소사전(어휘집·숙어집) 편찬자.

vocal(ale, pl. aux) [vɔkal, -o] *a.* 음성의, 발성의. cordes ~*ale* 성대. appareil (organe) ~ 발성기관. musique ~*ale* 성악. prière ~*ale* (묵도에 대한)성도(聲禱). 〖종교〗회의에서 발언할 수 있는 사람, 선거권자.

vocalement [vɔkalmã] *ad.* 목소리로; 구두로.

vocalique [vɔkalik] *a.* 〖언어〗모음의.

vocalisateur(trice) [vɔkalizatœːr, -tris] *n.* 〖옛〗〖음악〗모음으로 발성연습을 하는 사람(vocaliste). —*n.f.* 콜로라투라 소프라노.

vocalisation [vɔkalizasjɔ̃] *n.f.* 모음의 발성; 〖음악〗모음발성법; 〖언어〗(자음)모음화.

vocalise [vɔkaliːz] *n.f.* 〖음악〗모음으로 하는 발성연습.

vocaliser [vɔkalize] *v.i.* 〖음악〗모음으로 노래하다; 모음으로 발성연습을 하다. —*v.t.* ①〖언어〗(자음)모음화하다. ②〖음악〗(을)모음 창법으로 노래하다(연습하다).

—*se* ~ *v.pr.* 〖언어〗(자음)모음화되다.

vocalisme [vɔkalism] *n.m.* 〖언어〗(한 언어 전체에 있어서의)모음체계[조직]; (한 말에 포함된)모음; 모음론(이론).

vocaliste [vɔkalist] *n.* 〖음악〗모음으로 가창 연습하는 사람; 모음으로 노래하는 사람.

vocatif [vɔkatif] 〖언어〗 *n.m.* 호격(呼格); (호격이 없는 프랑스말 따위에서)부름말.

vocation [vɔkasjɔ̃] *n.f.* ① 천직, 사명(mission). Sa ~ était de soulager les pauvres. 가난한 사람들을 돕는 것이 그의 천직이었다. La ~ de l'homme est d'être utile à ses semblables. 인간의 사명은 인간에게 도움이 되는 것이다. ②(어떤 직업에의)성향(性向), 적성, 취미, 기호, 자질. suivre sa ~ 자기의 적성에 맞는 것을 하다. ③(토지 따위의)적성. région à ~ agricole 농업에 적합한 지역. ~ d'un sol(d'un terrain) (농토의)적지이용(適地利用). ④〖종교〗(종교 생활로의)성소(聖召), 소명. ~ religieuse 수도 생활로의 소명.

avoir ~ pour(à) qc (행정·기업 따위가)…에 적격이다, …의 자격을 갖고 있다. *manquer sa* ~ 직업 선택을 잘못하다.

voceratrice [vɔtʃeratritʃe], **vocératrice** [vɔseratris] 〖코르시카〗*n.f.* 조가(弔歌)(vocero)를 부르는 곡녀(哭女).

vocero(pl. i) [vɔtʃero, -i], **vocéro** [vɔsero] 〖코르시카〗*n.m.* 코르시카 섬의 조가.

vociférant(e) [vɔsiferã, -ãːt] *a.* 울부짖는, 고래고래 소리지르는.

vociférateur(trice) [vɔsiferatœːr, -tris] *n.* 〖문어〗노호하는 사람, 고함지르는 버릇이 있는 사람. —*a.* 고함을 지르는 듯한. ton ~*trice* 노한 음성.

vocifération [vɔsiferasjɔ̃] *n.f.* 울부짖음, 고함, 노호(怒號).

vociférer [vɔsifere] [6] *v.i.* 울부짖다, 고래고래 소리지르다, 노호하다. ~ contre *qn* …에게 고래고래 소리를 지르다. —*v.t.* (욕설 따위를)퍼붓다.

vodka [vɔdka] 〖러시아〗*n.m.* 보트카(러시아의 화주(火酒)).

***vœu** [vø] (*pl.* ~*x*) *n.m.* ① (신에 대한)맹세, 서원(誓願)(serment); (*pl.*)수도의 허원. faire ~ d'aller en pèlerinage (기원 성취 때에)성지를 순례할 것을 서원하다. ~*x* perpétuels 종신의 허원(許願). trois ~*x*; ~*x* de religion 수도(修道)의 허원, 청빈·정결·순종의 허원 (수도원에 들어갈 때). prononcer ses ~*s* 수도의 맹세를 하다. ② 자기 자신에 대한 결의; 맹세, 굳은 결심(résolution). faire le ~ de ne plus revoir *qn* …을 다시 만나지 않기로 굳은 결심을 하다. Je n'ai pas fait ~ de + *inf.*〖구어〗…할 것이지 여부는 내가 맹세한 것은 아니다; …할 것인지 여부는 마음 먹기에 달렸다. ③ (신에 대한)기도, 기원(prière). Nos ~*x* ont été exaucés. 우리의 기원이 이루어졌다. ④《흔히 *pl.*》소원, 희망(souhait, désir). faire des ~*x* pour la santé(le bonheur, la réussite) de *qn* …의 건강(행복·성공)을 빌다. Mes ~*x* sont comblés. 내 소원은 이루어졌다. ⑤ (*pl.*)기원, (신년 따위의)인사. Tous mes ~*x*! 성공(행복)을 빈다! Meilleurs ~*x* pour la nouvelle année(V~*x* de bonne année). 근하신년. présenter à *qn* des ~*x* de bonheur …의 행복을 기원하다. ⑥ (고문기관 따위의)희망, 요망(demande). ~ de l'immense majorité 대다수의 희망. ⑦〖옛〗연모(戀慕), 구애(求愛). recevoir les ~*x* de *qn* …의 사랑을 받다. ⑧〖옛〗서원의 표시로 바친 공물, 공납물(ex-voto).

appeler qc *de tous ses* ~*x* …이 이루어지기를 기원 *exprimer le* ~ *que* + *sub.* …할 희망을 말하다.

vogoul(e)

faire le ~ [faire des ~x pour ce] que+*sub.* …가 이루어지기를 빌다.

vogoul(e) [vɔgul] *a.* 보굴 사람(우랄 지방에 사는 아리안족)의. —*n.m.* 〖언어〗 보굴어(語).
—*V*-s *n.m.pl.* 보굴 사람.

vogue¹ [vɔg] *n.f.* ① 유행, 인기 (faveur, popularité). faire la ~ 유행을 만들다. ~ des mini-jupes 미니스커트의 유행. [en ~] être *en* ~; avoir une[la, de la] ~ 유행하다, 인기가 있다. Cette danse n'est plus *en* ~. 이 춤은 이제 유행하지 않는다. écrivain *en* ~ 유행작가. entrer *en* ~ 유행하기 시작하다. mettre *qc en* ~ …을 유행시키다. ②〖남프랑스〗서낭제(祭).

vogue² *n.f.* (옛) 배젓기; (갤리선의)노젓는 사람.

voguer [vɔge] *v.i.* ①(배가 돛·증기로)나아가다, 항행하다; (구름이)흘러가다. ②〖옛〗배젓다, 노를 젓다. ③[비유적](물위에 뜨듯이)표류하다, 방황하다. Mes pensées *voguaient* dans le rêve. 내 생각은 꿈속에서 헤매고 있었다.

‡**voici** [vwasi] *prép.* ①[~+(대)명사] 여기 …이다, …가까이하에 있다; 이것은 …이다, 다음과 같습니다. V- un garçon[des fruits]. 여기 한 소년[과일들]이 있다. Du pain? —En ~. 빵은? 예, 여기 있읍니다.
②…이 오다(왔다). Me[Les] ~. 나는[그들은]여기에 왔다. Nous ~ arrivés. 우리들은 드디어 도착했다, 우리들은 여기에 도착했읍니다. La ~ qui vient. 아어머 그녀가 오는군. Nous ~ au printemps. 이젠 봄이다.
③[시간적으로 가까운 일] V- le printemps. 봄이 왔다; 벌써 봄이다. V- la pluie. 비가 온다. V- venir la Noël[V- la Noël qui arrive!] 크리스마스가 왔다. (주어 도치) V- que tombe la nuit. 이제 밤이 되었다. V- venir l'hiver. 겨울이 다가온다. V- que les jours grandissent. 해가 길어지기 시작했다.
④[대명사+~+속사](특징적인 새로운 상태의 표현) Nous ~ tranquille. 우리는 안심했다. Nous ~ d'emblée dans le cœur de la question. 우리는 단번에 문제의 본론으로 들어간 셈이다.
⑤…은 다음과 같다. ~ pourquoi. 그 이유는 다음과 같다. (생략하여 단독으로) Vous m'en demandez la cause? V-. 그 이유를 알고 싶소? 그것은 이러하오. V- ce qu'il m'a dit. 그는 나에게 이렇게[다음과 같이] 말했다.
⑥[(대)명사+*que* ~] 여기에 있는 (이)…; 다음과 같은…. monsieur *que*… 여기 계신 분. Mon ami *que*… vous le dira. 여기에 있는 저의 친구가 당신에게 그것을 말할 겁니다. petite histoire *que* … 다음과 같은 짧은 이야기.
⑦《문어》…넌전(il y a, depuis). Je l'ai vu ~ trois ans. 나는 3년전에 그를 만났다. V- trois ans que j'habite ici. 3년전부터 나는 여기서 살고 있다.
En ~ *(bien) d'une autre!*『구어』이건 이상하군, 또 큰 일났군. *Nous y* ~ *[voilà].* ⓐ(목적지에)드디어 도착했군. ⓑ[비유적]생각한 대로 되었다, 이제부터 문제이다.

voie [vwa] n.f. ① 길, 도로(chemin, route). ~s de communication 교통로(도로·철로·운하 따위의 총칭). ~ publique[privée] 〖행정〗공(사)도. ~ à sens unique 일방통행로. ~ de passage (교)통로. route à quatre ~s 4차선 도로. ~ express (시가지의)고속도로.
② 〖철도〗 철로, 궤도, 선로, 차선(~ ferrée). 레일 폭. Ne traversez pas les ~s. 선로를 횡단하지 마시오. changement de ~ 전철기. ligne à une ~ [deux ~s] 단(복)선. ~ montante[descendante] 상행[하행]선. ~ principale 간선(幹線). ~ étroite[normale] 협궤(狹軌)〖표준궤〗. la ~ 5 (역구내의) 5번선 (궤도). ~ d'évitement 대피선. «V- libre» "진행"(신호). fermer[ouvrir] la ~ 정지[진행]신호를 내다.
③ (바다·하늘의)교통로, 교통(운수)수단. ~s navigables 항행로. ~(s) maritime(s)[aérienne(s)] 해[항공]로; 해운(공수). par ~ de terre[aérienne] 육로[공로]로. Il est revenu par la ~ aérienne. 그는 항공편으로 되돌아왔다. ~ de transmission 〖전신〗 전송로. ~ de départ 〖항공〗 활주로. ~ de (차륜의)간격, (좌우 차륜간의)거리; 바퀴 자국; (돌의 이와 이 사이의)폭.
⑤ 〖사냥〗(사냥감의)발자국(trace, piste). perdre la ~ 발자국을 잃다.
⑥ 〖해부〗 도(道), 관(管). ~s urinaires 요도(尿道). ~s digestives[respiratoires] 소화(호흡)관.
⑦ 〖전기〗 회로.
⑧ 〖해양〗 (물이)새는 구멍. ~ d'eau (사고로 생긴)선체의 물새는 구멍; 수로(水路).
⑨ V- lactée 〖천문〗 은하(銀河).
⑩ ~s romaines 〖역사〗 로마 도로 (고대 로마에서).
⑪ (옛) 한 차분(分) (화물의 양 단위). 1건설한.
⑫ 목표, 목적을 향해 나갈 길(chemin, carrière), 진로. suivre les ~s pénibles 고난의 길을 가다. trouver sa ~ 자신의 진로를 찾아내다. Laissez-le suivre sa ~. 그가 좋을대로 하도록 내버려 두시오. les ~s de salut[de la perdition] 구원[멸망]의 길. ~ étroite[large] 〖성서〗 좁은(넓은) 길 (구원(멸망)에 이르는 길). les ~s de Dieu[de la Providence] 신이 제시한 길(신의 섭리).
⑬ (목적에 도달하기위한)수단, 방법, 방식(moyen, procédé); 〖법〗 조치. obtenir *qc* par des ~s détournées 음성적인 방법으로 …을 획득하다. par (la) ~ diplomatique 외교적으로. ~s et moyens 『재무』(국가가 예산 균형을 위해 구상하는)수단, 방편(財源). ~ de droit 〖법〗 소송. ~ de recours 〖법〗 항소(抗訴). ~s de fait 난폭행위. ~ humide[sèche] 〖화학〗 습(건)법.

en bonne ~ 순조로이 되어 가고 있는.
être à bout de ~ 어찌할 방도가 없어지다, 막다른 지경에 이르다.
être dans la [en] bonne ~ 성공의 길을 걷고 있다; 바른 길을 걷다; 행실이 올바르다.
être en ~ de qc[de+inf.] …의(하는) 도중이다, 도상에 있다.
être sur la ~ (개가)짐승 뒤를 쫓고 있다; 〖구어〗 (사람이)성공의 길을 걷고 있다.
mettre sur la ~ 〖사냥〗(개로 하여금)짐승의 뒤를 쫓게 하다; 〖구어〗(에게)성공의 길을 가르쳐 주다, 바르게 지도하다.
par (la) ~ de …을 거쳐서; …의 방법(수단)으로, …에 의하여, …의 덕택으로. par ~ de négociation 협상을 통하여. par ~ de Marseille 마르세유를 경유하여.
ouvrir la ~ à qc …의 전례(前例)를 만들다.
par ~ de conséquence 〖문어〗 그러므로, 따라서; 거기에 따라서.
préparer la ~ [les ~s] à qn[qc] …에 대해 준비하다.
tenter la ~ 시도하다.
~ de garage 〖철도〗 측선(側線), 대피선; 〖구어〗 장래성이 없는 지위; 막다른 길, 가망이 없는 상태.

‡**voilà** [vwala] *prép.* ①ⓐ[~+(대)명사] 거기(저기)에 있다; 그것은 …이다; 여기에 있다; 이것은 …이다 (본래 voici 는 말하는 사람에게서 공간·시간적으로 가까운 것을, voilà 는 먼 것을 가리키나,

이런 고전적인 구별은 현대 불어, 특히 구어체에서는 고수되지 않고 voilà 가 voici 대신에 많이 쓰임). Voici ma maison, et ~ le jardin. 여기에 우리 집이 있고, 저기에 정원이 있다. V~ Maurice, un ami. 이쪽은 친구 모리스입니다. V~ votre monnaie. 여기 거스름돈이 있읍니다. V~ ce que vous voulez. 이것이 당신이 바라는 것입니다. ⓑ [인칭대명사+~] Où êtes-vous? ~Me ~. 당신 어디에 있읍니까? 나 여기 있어요. ⓒ [en ~] Veux-tu de l'argent? En ~. 너 돈 원하니? 여기 있다. ⓓ [(대)명사 생략] Prête-moi ton stylo, s'il te plaît? ―V~. 만년필 좀 빌려주겠니? 자 여기 있다. V~ qui est bien. 그것 참 잘 되었군. ⓔ [(대)명사+que ~] 저기[거기]에 있는…. cette maison que ~ 저기에 있는 집. toi que ~, pleurant sans cesse 거기서 끊임없이 울고 있는 너.
② 오다, 도착하다; 시작하다, …이 되다. V~ votre ami qui arrive. 당신의 친구가 요니다(왔읍니다). Le ~ (qui arrive[vient]). 그가 왔다. ~ bientôt l'aéroport Orly. 곧 오를리 공항에 도착한다. V~ enfin le printemps. 마침내 봄이 되었다. ③ …이 일어나(고 있)다, (갑자기)…하(고 있)다 (일어나는 일에 주의를 끌려고 할 때). ⓐ [~ que +ind.] Tiens, ~ qu'il commence à pleuvoir. 저런 비가 오기 시작하는군. Tout était calme; soudain, ~ qu'on entend une explosion. 모든 것이 고요했다. 그런데 갑자기 폭음이 들려왔다. ⓑ [~ qui…; 인칭대명사+~ qui…] V~ Roger qui rentre. 아, 로제가 돌아왔다. Le ~ qui se met en colère. 그가 화를 내기 시작했다. ⓒ [인칭대명사+~ +속사/양태·장소의 표현] Nous ~ à la gare. 자, 역에 도착했다. Comme le ~ grand! 너 정말 많이 컸구나! La ~ partie! 드디어 그녀는 가버렸구나! ④ …은 이상[이하]과 같다, 그것이 …이다. V~ ses raisons. 이상이 그가 말한 이유이다. V~ ce que je lui ai dit, et voici ce qu'il m'a répondu. 이상이 내가 그에게 말한 것이고, 그가 나에게 대답한 것은 다음과 같다. V~ (Et ~) tout. 그것이 전부이다. En ~ assez. 그것으로 충분하다 / 이제 지긋지긋하다. V~ comment cet accident est arrivé. 이렇게[다음과 같이]해서 이 사고는 일어났다. V~ où je veux en venir. 그것이 내가 목표로 삼는 것이다. ⑤ [~+기간의 표현] ⓐ (…한 이래) …되었다; … 전부터 (…한다) (depuis). V~ trois jours qu'il n'a rien mangé. 그는 사흘동안 아무 것도 먹지 않고 있다. ⓑ [전치사적] …전에(…했다)(il y a). Elle a déménagé ~ huit jours. 그녀는 일주일 전에 이사했다. V~ dix ans que je le connais. 10년간이나(이래) 나는 그와 (잘) 아는 사이이다. ⑥ [독립해서, 또는 감탄사처럼] ⓐ [행위의 완료를 나타냄] 자. V~, c'est fait. 자, 됐다. V~, j'ai gagné. 자, 내가 이겼어. ⓑ 네, 알았읍니다, 그렇습니다. Garçon! ~. 웨이터. 사환! 네, 곧 갑니다. Je n'ai pas pu y participer à cause d'une grippe. ―Ah, ~. 저는 독감으로 인해 거기에 참가할 수 없었읍니다. 아, 그랬읍니까. ⓒ [말 끝에 붙여 결론을] 그렇게 되었다, 이상과 같다; 《구어》 그뿐이다; 됐다, 좋다. Vous ne voulez pas m'écouter, et bien! je ne parlerai pas, ~. 내 말을 들으려고 하지 않는다면야. 좋아요, 그렇다면 나도 말하지 않겠어요. Ah! V~! 그만큼했으면 이제 됐어! 그래, 나는 사람을 창문으로 도망쳐 나왔어, 그렇게 한 것뿐이야. ⓓ [이야기의 전개·이유를 설명] 사실은, 그런데. Elle a voulu se sauver, mais ~, il était trop tard. 그 여자는 빠져나가려고 했지, 그런데 말이야, 때가 너무 늦었어. Pourquoi es-tu en retard? ―Eh bien ~, j'ai raté le train. 너는 왜 늦었니? 실은 기차를 놓쳐버렸어.

en ~ 그것이야말로 대단한[엄청난] …이다. *En ~ une blague.* 터무니없는 거짓말이다.
En ~ pour un an. 이것으로 1년분은 된다.
En ~ une idée! 당치않은 생각이다.
Me ~ bien. 난 큰일났네.
(ne) ~-t-il pas que 《구어》…이 아닌가. *Ne ~-t-il pas qu'il se fâche?* 그는 화를 내고 있는 것 아닌가? *Nous allions sortir, et ne ~-t-il pas qu'il se mit à pleuvoir!* 우리는 외출하려고 했거든, 그런데 비가 내리지 않겠어!
Nous y ~. 드디어 문제를 다루게 됐군, 문제는 그것이야.
V~ ce que c'est (que) de + inf. 《구어》…하니까 그렇게 되는 것이다. *V~ ce que c'est que de désobéir.* 《구어》말을 듣지 않으니까 그 모양이다.
V~ qui va bien. 그것은 굉장하다.

voilage [vwala:ʒ] *n.m.* ① (모자·옷·가구 따위에 씌우는 투명한) 천. ② (투명한)대형 커튼.

*****voile¹** [vwal] *n.f.* ① 『해양』 돛. bateau à ~ 돛단배. mettre les ~s(à la ~) (pour) (…을 향해) 돛을 달다, 출범준비를 하다. aller à la ~ 돛을 달고 가다, 범주(帆走)하다. faire ~ dans une direction [sur tel port] 어떤 방향(어느 항구)을 향하여 출범하다. faire ~ vers …을 향하여 항행하다. hisser [amener] les ~ 돛을 올리다[내리다]. ② 배, 범선(voilier). apercevoir une ~ à l'horizon 수평선에 범선 1척이 보이다. école de ~ 범선학교. ③ 『스포츠』범선조종. faire de la ~ 범선조종을 하다. ④ 『항공』 (글라이더에 의한)활공(滑空)비행(vol à ~).

à pleines ~s; à toutes ~s 돛을 전부 올리고, 마음 속으로 기꺼이.
avoir(il y a) du vent dans les ~s 일이 순조롭게 잘 되어 나가다, 《구어》취해 있다.
mettre toutes les ~s au vent 《구어》전력[모든 수단]을 다하다.
mettre les ~s 《속어》가버리다, 달아나다.
sous ~s 돛을 올리고, 항해 중에.

*****voile²** *n.m.* ① 덮는 천, 장막(rideau). statue couverte d'un ~ 보를 씌운 상(像). ② (얼굴을 가리는)베일, 면사포, 너울. ~ de mariée 신부의 면사포[베일]. ~ noir de deuil (장례식 때 여자가 쓰는)검은 베일. ~ de religieuse 수녀의 베일. prendre le ~ 수녀가 되다. ③ 『직물』 보일 (반투명의 엷은 피륙) (voilage). ④ 《비유적》덮어 가리는 것, 베일. étendre (jeter) un ~ sur qc …위에 베일을 씌우다, …을 가리다; 묵살하다. lever le ~ de qc …의 정체 《문어》 밤의 장막. ~ de la nuit 《문어》밤의 장막. ⑤ 《隱》외관, 겉보기(apparence). sous le ~ de qc …의 미명 아래, …을 구실로. ⑥ 『사진』 (음화의)흐린 부분; 『의학』 뢴트겐 사진의 흐린 부분. avoir un ~ au poumon droit 오른쪽 폐에 흐린 부분이 있다. ⑦ 『항공』(초고속 비행 중에 조종사 눈의)흐림, 흐림. ~ du palais 『해부』연구개(vélaire). ⑧ 『식물』 (균류의)개막(蓋膜); (뿌리의)균피.

avoir un ~ devant (sur) les yeux (편견 따위에 의해)눈이 흐려져 있다. *soulever un coin du ~* …을 흘깃 보이다. *~ noir (gris, rouge)* 『항공』 (심한 가속도로 생기는)생리적인 동요[혼란].

voile³ *n.m.* 『자동차』 (과중한 짐 따위로 인해)바퀴의 휨, 차륜의 뒤틀림(voilement).

voilé(e)¹ [vwale] *a.p.* ① (베일로)가린[덮인]. femme ~e 베일을 쓴 여자. ② (비유적)베일로 가린 듯한, 모호한. sens ~ 알쏭달쏭한 의미. en termes

voilé(e)²

~s 넌지시. ③ (하늘이)흐린; (눈이)흐리멍텅한; (소리가)분명하지 않은. ciel ~ 흐린 하늘. contours ~s 희미한 윤곽. voix ~e 분명치 않은 목소리. ④ 《사진》 가리워진, 흐린. poumons ~s (뢴트겐 사진에서)흐린 부분이 있는 폐.

voilé(e)³ *a.p.* ① 돛을 단. ② (차륜·판자가)휘어진, 뒤틀어진.

voilement [vwalmɑ̃] *n.m.* (판자·차바퀴 따위의)휨, 뒤틀림.

voiler¹ [vwale] *v.t.* ① (베일·포장으로)덮다, 가리다, 덮어 씌우다. ~ son visage 얼굴에 베일을 씌우다. ~ une statue 조상(彫像)을 포장으로 덮어씌우다. ② 희미하게 하다, (구름이 태양을)가리다; 《사진》 (음화를)흐리게 하다. montagnes que *voilait* le brouillard du matin 아침 안개가 희미하게 가리고 있던 산맥. brume qui *voile* le contour des collines 언덕의 윤곽을 희미하게 하는 안개. De grands nuages *voilaient* le soleil. 큰 구름이 태양을 가리고 있었다. ③ 감추다, 숨기다, 은폐하다. ~ la vérité 진실을 은폐하다.
—*se* ~ *v.pr.* ① 베일을 쓰다. La plupart des musulmans ne *se voilent* plus. 회교도 여성은 이제 베일을 쓰지 않는다. ② (눈이)빛을 잃다; (날씨가)흐려지다. Le ciel *se voile*. 하늘이 구름으로 덮인다. ③ (목소리가)힘을 잃다, 작아지다.
se ~ *la face* (끔찍해서)얼굴을 가리다.

voiler² *v.t.* ① 《해양》 (배에)돛을 달다. ② 휘게 하다, 뒤틀리게 하다. —*v.i.* (엿)(돛처럼)볼록한 모양이 되다. —*se* ~ *v.pr.* ① (판자 따위가)휘다, 뒤틀어지다. Cette étagère *se voile* sous le poids des livres. 이 선반은 책 무게 때문에 휘어버렸다. ② (자동차 바퀴가)일그러지다.

voilerie [vwalri] *n.f.* 《해양》 제범소(製帆所), 돛 수리장, 돛 보관소.

voilette [vwalɛt] *n.f.* 부인모자에 붙이는 베일.

voilier(ère) [vwalje, -ɛːr] *a.* ① 원거리를 나는, (새가)비상력이 있는. ② bon[mauvais] ~ 《해양》 속력이 있는(없는).
—*n.m.* ① 범선, 돛단배; 요트, course de ~s 요트 경기. faire du ~ 범선[요트]을 조종하다. ② 먼 거리를 나는(비상력이 있는) 새, 큰 날개를 가진 새. ③ 《해양》 돛을 만드는[수리하는] 사람.

voilure¹ [vwaly:r] *n.f.* 《집합적》① 돛, 돛기구. ②《항공》 (비행기의)날개, 날개의 면. ~ tournante (헬리콥터 따위의)회전익(翼). ③ (낙하산의)산포(傘布).

voilure² *n.f.* 《기계》 (차륜·판자 따위가)휜[뒤틀어진] 모양.

:voir [vwaːr] [59] *v.t.* ① (주어는 사람)보다, 보이다. Je l'*ai vu* de mes (propres) yeux. 나는 내 눈으로 그것을 보았다. De sa maison, on *voit* la mer. 그의 집에서는 바다가 보인다. [~ *qn/qc* + *inf.*] On *voit*, çà et là, voler des oiseaux. 여기저기서 새들이 나는 것이 보인다. Je le *vis* tomber[qui tombait]. 나는 그가 넘어지는 것을 보았다. Je n'aime pas ~ souffrir. 나는 (남이)괴로워하는 것을 보기 싫다. On lui *voit* beaucoup d'amis. 그에게는 많은 친구가 있는 것 같다.
② 목격하다, 체험하다, 겪다. génération qui *a vu* la guerre de 14 제 1 차 세계대전을 경험한 세대. pays qui *a vu* plusieurs révolutions 여러 번 혁명을 겪은 나라. Cette ville l'*a vu* naître. 이 도시에서 그는 출생했다. On n'*a* jamais *vu* de pareil. 그런 것은 본 일도 없다. (목적보어 없이)personne qui *a* beaucoup *vu* 경험이 풍부한 사람.
③ 구경하다. Cela vaut la peine d'*être vu*. 그것은 구경해 볼 만하다. ~ un film[un match, une pièce de théâtre] 영화[경기·연극]을 구경하다. ~ une ville(un pays) (어느)도시[나라]를 구경하다. ~ du pays 여행하다.
④ 만나(보)다; 방문하다, 면회하다. aller[venir] ~ *qn* …을 만나러 가다(오다), 찾아가다(오다). Il ne veut ~ personne. 그는 아무도 만나려[접견하려]하지 않는다. Je l'*ai déjà vu*. 그를 이미 만난 적이 있다.
⑤ (와)교제하다; 《구어》 (와)정을 나누다. ~ de bons amis 좋은 벗과 교제하다. Je ne le *vois* plus. 나는 이미 그와는 교제하지 않는다.
⑥ 진찰하다; (의사에게)보이다, 진찰받다. ~ un malade 병자를 진찰하다. ~ un médecin 의사에게 진찰받다.
⑦ 알아차리다(s'apercevoir); 알다, 이해하다; 인

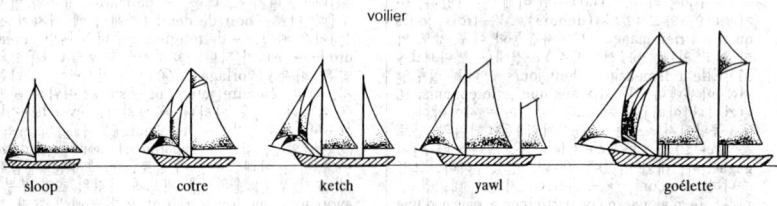

voilier

sloop　　cotre　　ketch　　yawl　　goélette

trois-mâts goélette　　trois-mâts barque　　trois-mâts carré

정하다(constater, comprendre). Ah! je *vois!* 아, 알겠어요. ne pas ~ le sens d'un mot 단어[말]의 뜻을 모르다. Je ne *vois* pas de solution. 나는 해결 방도를 모른다. Je ne *vois* pas de mal à cela. 나는 그것을 나쁘게 생각하지 않는다.
⑧ 〔~+직접목적보어의 속사〕(을)(라고)여기다, 생각하다. Il la *voyait* moins attentive. 그는 그녀가 이전보다는 주의깊지 못하다고 생각했다. Vous me *voyez* ouvrier toute ma vie. 당신은 내가 평생 노동자로 있다고 생각하시는 군요.
⑨ 상상하다(imaginer, se présenter). Vous *voyez* ça d'ici. 당신은 여기서도 (쉽사리) 그것을 상상할 겁니다. Je la *vois* encore, morte, sur son petit lit. 나는 아직도 그 여자가 작은 침대 위에 죽어 있는 것이 눈에 선하다.
⑩ 생각해 보다, 고려하다, 판단하다(considérer, juger, trouver). manière(façon) de ~ 보는 방식, 사고방식. C'est une façon de ~. 그것은 하나의 사고방식이다. imposer ses façons de ~ à *qn* …에게 자기의 사고방식을 강조하다. Il ne *voit* que l'argent. 그는 돈만 생각한다.
⑪ 잘 생각해 보다(réfléchir), 검토하다, 조사하다(examiner); 참조하다. *Voyons* un peu cette affaire. 이 문제를 좀 검토해 봅시다. Il faut le ~ au microscope. 그것은 현미경으로 검토할 필요가 있다. *Voyez*〔V~〕 la page trente-deux. 32페이지를 참조하시오〔할 것〕.
⑫ 알아보다, 시험해보다(s'informer, essayer). *Voyez* si le pain est cuit. 빵이 구워졌는지 확인해 보시오. Il téléphonait pour ~ si elle est rentrée. 그는 그 여자가 귀가했는지 알아보려고 전화를 걸었다. *Voyez* si le costume vous va. 그 양복이 맞는지 입어 보시오.
⑬ 〔삽입구로〕아시겠지요, 알겠지; 정말〔상대방의 주의를 끌기 위해서, 또는 말하는 사람의 의견을 강조하는 데 쓰임〕. *Voyez*-vous, il faut le ~ aussi. 아시겠죠, 그것을 믿어야 해요. *Vois*-tu, ce qui est beau, c'est être simple. 알겠지, 아름다운 것은 단순하다는 거야.
⑭〔감탄사로서 비난·질책·권유의 의미로〕Calmez-vous, *voyons!* 자아, 진정들 하시오 ! *Voyons*, taisez-vous! 이제, 좀 조용히들 하시오. *Voyons*, expliquez-vous! 자아, 이제 해명 좀 해보시오 !
à ce que je vois 내가 보는〔생각하는〕 바로는.
À le ~ on dirait... 그의 모습으로 판단하면〔그를 보면〕 마치 …인 것 같다.
Ce n'est pas un homme à ~. 그는 상종할 사람이 못된다.
en faire ~ à qn〔구어〕…에게 큰 고통을 주다, …을 크게 골탕 먹이다.
être à ~ 구경거리이다, 볼만하다.
Faites ~. 보여 주십시오.
Il ne faut pas ~ de si loin. 먼 앞일을 걱정해야 소용이 없다.
Il ne voit pas plus loin que le bout de son nez.〔구어〕그는 한치 앞도 내다보지 못한다.
Je ne peux pas le ~.〔구어〕나는 그가 보기 싫다.
Je verrai(*Nous verrons*). 생각해 봅시다.
laisser ~ (감정 따위를)나타내다, (무식 따위를) 드러내다.
n'avoir rien à ~ à(*avec*) …와 아무런 관계도 없다. Cela *n'a rien à ~* à l'affaire. 그것은 이 문제와 아무 관계도 없다. Cet art *n'a rien à ~ avec* la vérité. 이 예술은 진실과는 무관하다. Cela *n'a rien à ~*. 그것은 전연 별개의 문제이다.
ne ~ que par les yeux de qn 전적으로 …의 판단·의견에 따르다; …의 맹종하다.

Nous en avons vu bien d'autres. 그 정도는 약과다.
pour ~ 시험삼아. Essaie un peu, *pour ~*. 어디 어떻게 되나 좀 해보게.
Que vois-je?〔문어〕그것은 어찌 된 영문인가 ? ; 이건 또 뭐야 ?
regarder qc sans ~ …을 물끄러미 바라보다.
se faire bien〔*mal*〕*~ de qn* …에게 잘 보이다〔잘 보이지 못하다〕.
se faire ~ 보이다, 나타나다, 드러나다.
Va-t'en ~ si j'y suis! 귀찮다, 돌아가다오, 어서 가.
Va-t'en ~ s'ils viennent!〔구어〕그걸 믿을 수가 있겠느냐 ; 〔속어〕바보같은 소리 마라.
V~, c'est croire. 백문(百聞)이 불여일견(不如一見).
~ de loin; ~ bien loin 선견지명이 있다.
V~ Naples et mourir.〔격언〕나폴리를 보고 죽어라.
~ noir 비관하다.
~ rouge 발끈하여 전후를 분간 못하다 ; 눈앞이 아찔해지다.
~ sur qc …에 면하다, …로 향해 있다.
Voyez un peu. (비꼼)저꼴 좀 보세요.
y aller ~ 보러가다.
y ~, n'y ~ plus. 이젠 보이지 않는다. On n'y *voit* pas ici. 여기서는 (어두워서)아무것도 보이지 않는다.
— *v.t.ind.*〔~ à 〕…을 감독하다, 감시하다 ; …에 배려하다. *Voyez à* la dépense. 지출에 주의하시오. *Voyez à* nous loger. 우리들이 숙박할 수 있도록 배려해 주시오. *Voyez à* ce que rien ne lui fasse défaut. 그에게 아무런 부족함이 없도록 주선해 주십시오.
— *v.i.* ① 보다, 보이다. Les chats *voient* dans le noir. 고양이는 어둠 속에서도 눈이 보인다. ~ *clair* 뚜렷이 보이다 ; 간파하다.
② 그리다, 상상하다. ~ *grand* 큰 것을 머리속에 그리다. ~ *loin* 예측하다, 앞을 내다보다. ~ *dans le fond du cœur* 마음속을 꿰뚫어 보다.
③ 조사〔검토〕하다. Un instant, nous allons ~. 잠깐 기다리세요, 조사해 봅시다.
④〔(구어)명령형 뒤에서 강조어로서〕Écoute ~ ce qu'il dit. 어쨌든 그가 말하는 것을 들어 봐.
— *se ~ v.pr.* ①〔재귀적〕자기자신을 보다 ; 자기를 …라고 알다. Elle *se voit* dans la glace. 그 여자는 거울에 제 모습을 비춰본다. 〔~ + 속사〕Elle est fière de *se ~* admirée de tout le monde. 그 여자는 모든 사람에게 칭찬을 받게 될 것을 알고 자랑스럽게 생각한다.
② 자기를 …라고 상상하다. Elle *se voyait* déjà perdue. 그 여자는 이미 틀렸다고〔가망이 없다고〕 생각하고 있었다.
③ (어떤 상태에)있다, 빠지다 ; …으로 되다(être, se trouver). Je me *vois* dans l'obligation de sévir. 나는 엄격히 할 수밖에 없는 처지이다. Elle fière de *se ~* admirée. 그녀는 떠받들리어 우쭐대고 있다. Le médicament *se voit* remboursé par la Sécurité sociale. 약값은 사회보장〔의료보험〕에서 지불된다.
④ 분별하다, 구별하다(s'apercevoir, se distinguer). Le brouillard est si épais qu'on ne *se voit* plus à deux pas. 안개가 너무 짙어서 한치 앞도 분간할 수가 없다.
⑤ (상호적) 서로 만나다(se rencontrer); 서로 교제하다(se fréquenter). Elle et lui *se voient* souvent. 그 여자와 그는 서로 자주 만난다. Ils ne *se voient* point. 그들은 사이가 나쁘다.
⑥ (수동적) 눈에 띄다, 보이다 ; (사건 따위가)일어나다. monument qui *se voit* de loin 멀리서 보이는 기념비. Cela *se voit* tous les jours. 그런 것은 매

일 눈에 띈다[일어난다]. Cela ne s'est jamais vu. 그런 일은 일어난 예가 없다.

voire [vwa:r] *ad.* ① 그 위에, 게다가 또(et même). style archaïque, ~ ridicule 고풍스런데다 우스꽝스럽기도 한 문체. stage de quelques mois, ~ de quelques années 몇달은 커녕 몇년의 실습[견습]. Ce remède est inutile, ~ même pernicieux. 이 약은 무용하다, 게다가 또 유해하기도 하다. ② 《옛》실로, 과연(vraiment).

voirie [vwari] *n.f.* ① 도로, 공용도로(전체). ② 《행정》도로행정. service de ~ 도로과(課); 도로관리. ③ 쓰레기 버리는 장소, 오물 처리장.

voisé(e) [vwaze] *a.* 《언어》유성(有聲)의.

voisement [vwazmɑ̃] *n.m.* 《음성》발성; 유성(음)화, 성대의 진동.

:**voisin(e)** [vwazɛ̃, -in] *a.* [~ de] ① 이웃의, 가까운, 인접한. deux maisons ~es 인접한 두 집. pièce ~e 옆방. terres ~es de la rivière 강에 인접한 지방. ② (시간적으로)근접한, 임박한, 절박한. automne ~ing 가을이 다가옴. négociant ~ de sa ruine 파산 직전의 상인. ③ 비슷한, 유사한(ressemblant). idées ~es 비슷한 생각들. véhicule ~ de la bicyclette 자전거와 비슷한 차량. —*n.* ① 이웃 사람. Ils sont ~s. 그들은 이웃이다 [이웃에 살고 있다]. ~ de table 옆자리에 앉은 사람. ~ d'hôpital 옆 병실에 든 사람. ② 이웃 나라. 《목적보어 없이》가까운 사람, 동료; 동포. jalouser le sort du ~ 동료의 운명을 시기하다.

agir en bon ~ 친절하게 굴다. *Qui a bon ~ a bon matin.* 《속담》가까운 이웃이 먼 일가보다 낫다, 이웃 사촌.

*****voisinage** [vwazina:ʒ] *n.m.* ①(집합적)이웃 사람. Ne crie pas si fort, tu vas réveiller tout le ~. 그렇게 크게 소리지르지 말아라, 이웃 사람들을 다 깨우겠다. relation de bon ~ 이웃끼리의 따뜻한 교제. ② 이웃지간, 이웃의 관계. être(vivre) en bon ~ 이웃과 사이가 좋다. ③ 근처, 부근(proximité). demeurer dans le ~ de la gare 역 근처에 살다. maisons du ~ (시간적으로)가까움, 근접, 접근(approche). ~ de l'hiver 겨울이 다가옴. ⑤ 《수학》(개집합(開集合)에 내포된 점 X의)근방.

voisiner [vwazine] *v.i.* ① [~ avec](와)이웃하고 있다, 인접하다 있다; 나란히 있다. Je *voisinais* à table *avec* une jolie femme. 나는 식탁에서 한 예쁜 여자 옆에 앉아 있었다. ②《옛》이웃 사람과 사귀다, 이웃과 내왕하다.

voiturage [vwatyra:ʒ] *n.m.* ①(일련의)차량운송. ②《옛》운반, 운송.

:**voiture** [vwaty:r] *n.f.* ① 차, 자동차(automobile); 마차, 화차. avoir sa ~ 자가용차가 있다. ~ à bras 손수레. ~ à quatre[à deux, à trois] roues 4륜[2륜·3륜]차. ~ de place 전세택시. ~ (de) sport 스포츠카. ~ d'enfant 유모차. ~ de poste 우편마차. ~ d'infirme (바퀴 달린 불구자·환자용)의자. ~-atelier 《군사》이동수리차. ~-canon (포의)전차와 포차. ~ publique 공공교통수단. se déplacer en ~ 자동차로 여행하다. ②《철도》객차(wagon). Le train se compose d'une locomotive et de dix ~s. 이 열차는 기관차와 10량의 객차로 구성되어 있다. ③ 차 1대분(의 적재량, 승객). une ~ de blé 차 한 대분의 밀. 《옛》운송, 운반(수단). lettre de ~ 《상업》송장(送狀).

En ~! 발차합니다, 자 타십시오. *prendre la ~ des cordeliers[des capucins]* 《구어》걷다.

voiture-balai [vwatyrbalɛ] *(pl.* ~**s**-~**s**) *n.f.* (자전거경기 중의 기권자를 태우는)기권자수용자동차.

voiture-bar [vwatyrba:r] *(pl.* ~**s**-~**s**), **voiture-buffet** [vwatyrbyfɛ] *(pl.* ~**s**-~**s**) *n.f.* 《철도》뷔페차, (간이)식당차.

voiture-camping [vwatyrkɑ̃piŋ] *(pl.* ~**s**-~**s**) *n.f.* 캠핑차.

voiturée [vwatyre] *n.f.* 차 한대분의 적재량(승객).

voiture-épave [vwatyrepav] *(pl.* ~**s**-~**s**) *n.f.* 노상에 버려진(폐차, 방치 자동차. 「대차.

voiture-lit [vwatyrli] *(pl.* ~**s**-~**s**) *n.f.* 《철도》침

voiture-piège [vwatyrpjɛʒ] *(pl.* ~**s**-~**s**) *n.f.* (교통정리용)복면순찰차.

voiturer [vwatyre] *v.t.* (차 따위로)나르다, 운반하다; (사람을 짐짝처럼)실어나르다;《구어》자동차에 태우고 가다. Voulez-vous me ~ jusqu'à la gare? 저를 역까지 태워다 주시겠읍니까?

voiture-radio [vwatyrradjo] *n.f.* 라디오카.

voiture-restaurant [vwatyrrɛstɔrɑ̃] *(pl.* ~**s**-~**s**) *n.f.* 《철도》식당차.

voiture-salon [vwatyrsalɔ̃] *(pl.* ~**s**-~**s**) *n.f.* 《철도》일등객차, 전망차.

voiturette [vwatyrɛt] *n.f.* ① 소형 자동차(~ automobile). ② 작은 수레, 손수레.

voiture-ventouse [vwatyrvɑ̃tu:z] *(pl.* ~**s**-~**s**) *n.f.* 장시간 주차하는(방치된) 자동차.

voiturier(ère) [vwatyrje, -ɛ:r] *a.* ① 운반의, 운반에 관한. industrie ~*ère* 운송업. ② 마차가 다닐 수 있는. avenue ~*ère* 마차로. —*n.m.* 짐마차꾼, 차부;《옛》《법》운송업자. ~ *par eau* 뱃사공.

voiturin [vwatyrɛ̃]《이탈리아》*n.m.*《옛》전세마차몰이꾼;《드물게》전세마차.

voïvodat [vɔivɔda] *n.m.*《역사》voïvode의 칭호 [권위].

voïvode [vɔivɔd] *n.m.* ①《역사》(동방제국의)제후, 총독. ②(세르비아·유고슬라비아의)군 총사령관. 「치.

voïvodie [vɔivɔdi] *n.f.*《역사》태수(太守)의 정

:**voix** [vwa(ɑ)] *n.f.* ① 목소리, 음성; 음색. avoir une ~ très agréable 듣기좋은 목소리를 갖다. altération [modification] de la ~ 변성(聲帶표사). ~ blanche 억양(표정) 없는 목소리. ~ de tête[de fausset] (날카로운)가성(假聲). à haute ~; à ~ haute 높은 목소리로, 목소리를 높여. à ~ basse[grave]; à demi-~; à mi-~ 낮은 목소리로, 목소리를 낮추어. couvrir la ~ de *qn*…보다 더 큰 목소리로 말하다. s'éclaircir la ~ 목소리를 가다듬기 위해서 기침을 하다. travailler sa ~ 발성연습을 하다. avoir des larmes dans la ~ 울먹이는 소리를 내다.

② (노래할 때의)소리;《음악》성음부(partie). ~ de ténor[de basse] 테너[베이스]의 소리. ~ de poitrine 가슴소리, 흉성(胸聲)(낮은 음역의 소리). chœur à deux ~ 이부합창. forcer sa ~ 안 나오는 소리를 억지로 내다.

③ 말(parole); (말하는)사람(동사 crier, dire, faire의 주어로). obéir à la ~ d'un chef 상사의 말에 복종하다. Oui, crièrent deux ~. 그렇소, 라고 두 사람이 큰 소리로 외쳤다.

④ (동물의)울음소리(cri);《문어》(악기 따위의)소리. ~ des chiens(des oiseaux) 개(새)의 울음소리. ~ des orgues[de l'horloge] 오르간[벽시계]소리.

⑤ (추상적)(양심 따위의)소리; 충동, 속삭임. ~ de la raison[de la conscience] 이성[양심]의 소리. ~ du sang 혈육의 정(情), 동족의식.

⑥《옛》의견, 충고, 권고(avis, opinion). se fier à la ~ d'un ami 친구의 충고를 믿다. ~ du peuple 민중의 소리. ~ publique 여론, 세론(世論).

⑦ (회의에서)발표; 발언권. avoir seulement ~ consultative(투표·결의권 없이)발언권만을 갖다. ⑧투표; 투표권. donner sa ~ à Monsieur A, A 씨에게 투표하다. aller aux ~ 투표하다. perdre (gagner) des ~ 그전보다 득표가 줄다(늘다). ⑨ 〖언어〗태(態). ~ active(passive) 능동태(수동태).
(chanter) *à pleine* ~ 목청을 다해 (노래부르다).
à portée de (*la*) ~ 목소리가 미치는 곳에.
avoir de la ~ 목소리가 노래부르기에 알맞다.
avoir ~ *au chapitre* 교회 사목회의 투표권을 갖다; 발언권이 있다.
donner de la ~ (개가)짖다; 외치다.
entendre des ~ 환청에 사로잡히다.
être en ~ (노래하는 사람의)목소리 상태가 좋다.
faire la grosse ~ (어린아이에게)엄성을 높이다, 야단치다.
placer sa ~ 타고난 목소리로 노래부르는 것을 배우다.
rester sans ~ (놀라서)말문이 막히다, 어안이 벙벙하다.
V— *du peuple,* ~ *de Dieu*. 《속담》국민의 소리는 신의 소리, 민심이 천심.
*vol¹ [vɔl] *n.m.* ①(새 따위의)날기, 날음, 비상(飛翔); 날으는 거리; 날으는 한 떼[무리]. ~ des oiseaux 새의 날음. ~ des flèches 화살의 날음. ~ plané d'un épervier 매의 활상(滑翔). Le ~ de la perdrix n'est pas long. 자고새의 비행거리는 길지 않다. un ~ de sauterelles(d'oiseaux migrateurs) 날으는 메뚜기[철새]의 한떼. ②〖항공〗비행; 비행기(편). ~ de nuit 야간비행. vitesse de ~ 비행속도. ~ orbital des cosmonautes 우주인의 궤도비행. ~ acrobatique 곡예비행. ~ à haute altitude 고도비행. ~ à voile 글라이더의 활공(경기). Il y a huit heures de ~ entre ces deux pays. 두 나라 사이의 비행기로 8시간이다. Le ~ Paris-Séoul est retardé. 파리-서울간 비행기가 연착되었다. ③(새의)양날개 길이; 〖문장〗(엣)양날개 모양. ④ 〖사냥〗(매의)폐; (엣)매사냥.
au ~ 날고 있는 중에, 공중에서; 재빨리. tirer un oiseau *au* ~ 나는 새를 쏘다. attraper un objet *au* ~ 물건을(땅에 떨어지기 전에)공중에서 잡다. saisir l'occasion *au* ~ 재빨리 기회를 포착하다.
à ~ *d'oiseau* 일직선으로, 최단거리로; 공중에서 내려다보아. vue *à* ~ *d'oiseau* 조감도.
de haut ~ ⓐ (새가)하늘 높이 나는. oiseau *de haut* ~ 높이 나는 새. ⓑ (인품 따위가)스케일이 큰; 대규모의, 대대적인. escroc *de haut* ~ 대대적인 사기꾼.
de plein ~ 단숨에, 단번에. arriver *de plein* ~ *au ministère* 단번에 장관직에 오르다.
prendre son[*un*] ~ ⓐ 날아가다(prendre son essor). ⓑ 가버리다; 급히 도망가다. ⓒ (정세 따위가)개선되다.
*vol² *n.m.* ① 도둑질, 절도. commettre un ~ 도둑질하다. ~ à main armée 강도(hold-up). dispositif de sécurité contre le ~ 도난방지 장치. ~ à la tire 소매치기. ~ à l'étalage 상점 날치기. ② 훔친 물건, 절도품. receleur d'un ~ 절도품 은닉자. ③ 사취, 폭리(fraude). C'est un ~! 이건 사기야!
vol. (약자)*volume* 권(卷).
volable [vɔlabl] *a.* 《드물게》훔치기 쉬운.
volage [vɔlaːʒ] *a.* ① 잘 변하는, 변덕스러운(changeant, ↔fidèle). ② (특히 남녀관계에서)바람기 있는(frivole). femme ~ 바람기 있는 여자. cœur ~ 변덕스런 마음. ③ 〖해양〗(배가)너무 흔들리는, 불안정한. navire ~ 불안정한 선박.

volaille [vɔlaːj] *n.f.* ① 〖집합적〗가금(家禽)(의 살코기); (특히)닭(고기); (한 마리의)가금. élevage de la ~ 가금 사육(aviculture). marché de la ~ 가금 시장. manger de la ~ 새의 고기를 먹다. une ~ 한 마리의 가금. ② 〖속어〗젊은 계집애; 〖엣〗말괄량이; 〖속어〗여자, 계집애; 경찰.
volailler(*ère*) [vɔlaje, -ɛːr] *n.* 가금 장인.
—*n.m.* 가금 사육장.
volailleur(*se*) [vɔlajœːr, -ʃiːz] *n.* 가금 장수자.
volant¹(*e*) [vɔlɑ̃, -ɑ̃ːt] *a.* ① 날으는, 날 수 있는(보통 날지 못하는 것에 대해서). poisson ~ 날치. fusée ~*e* (쏘아올리는)꽃불. objet ~ non identifié 미확인 비행물체, UFO 〖약자〗OVNI. soucoupe ~*e* 비행접시. forteresse ~*e* 하늘의 요새(미국의 중폭격기 따위). personnel ~ (비행기의)탑승원; (필요에 따라 부서를 바꾸는)대리 전문요원. ② 이동하는, 고정되어 있지 않은. camp ~ 이동 캠프, 임시 야영지. pont ~ 가교. table ~*e* 이동 테이블. brigade ~*e* 유격대. feuille ~*e* 루스리프(낱장으로 되어 있는 종이). ③ 〖문어〗펄럭이는, 훨씬 날고 있는 듯한. ④ (병이)전염성의, 감염되기 쉬운.
volant² [vɔlɑ̃] *n.m.* ① (자동차 따위의)핸들. prendre le ~; se mettre au ~ 핸들을 쥐다, 운전하다. tenir le ~ 운전하고 있다. brusque coup de ~ 핸들을 급히 꺾음. as du ~ 운전의 명수. ② (배드민턴 따위의)깃털공(치기); 〖엣〗(풍차의)날개. jouer au ~ 배드민턴을 치다. ③ (스커트 따위의)밑자락 장식. rideaux à ~*s* 밑단에 장식이 있는 커튼. ④ (비행기의)탑승원(↔rampant). ⑤ (수표장 따위의)메어두는 부분, 원장(↔talon). ⑥ ~ *de sécurité* 안전장치; (상거래의 보증을 위한)예비금; 여유금. ⑥ de manœuvre 잉여 노동력(불의 사태에 대비하는 고용인원). ⓒ (기계의)제동[조정]장치. ⓓ 〖사냥〗끈끈이막. ⓔ 〖식물〗물가새풀. ⑦ 〖농악〗현(弦) ~ (coudé).
volapük [vɔlapyk] *n.m.* ① 볼라뷔크어(독일의 Schleyer 가 고안한 영어를 기본으로 한 국제 보조어). ② 〖경멸〗잡동사니, 엉터리말.
volatil(*e¹*) [vɔlatil] *a.* ① 기화하기 쉬운, 휘발성의. alcali ~ 〖엣〗암모니아. ② 쉽게 사라지는, 덧없는. mémoire non-~*e* 〖컴퓨터〗비소멸성 기억. ③ 〖주식〗(값이)변하기 쉬운.
volatile² [vɔlatil] *a.* ① 〖문어〗새 따위의, 새로 구성된. ② 〖엣〗날개가 있는, 날 수 있는. —*n.m.* 가금, 〖엣〗새.
volatilisable [vɔlatilizabl] *a.* 기화할 수 있는, 휘발[증발]성의.
volatilisation [vɔlatilizɑsjɔ̃] *n.f.* 기화, 휘발.
volatiliser [vɔlatilize] *v.t.* ① 〖화학〗기화[증발]시키다. ② 사라지게 하다; (물건을)후무리다.
—*se* ~ *v.pr.* ① 기화[증발]하다. ② 없어지다, 사라져버리다. Mon argent *s'est* vite *volatilisé*. 내 돈은 곧 격한 사라졌다.
volatilité [vɔlatilite] *n.f.* 〖화학〗휘발[증발]성.
volatille [vɔlatij] *n.f.* 〖엣〗〖총칭〗작은 새, (특히) (식용의)작은 새.
vol-au-vent [vɔlovɑ̃] *n.m.* 〖복수불변〗〖요리〗볼로방(닭·생선을 크림과 함께 쪄낸 파이 종류).
volcan [vɔlkɑ̃] *n.m.* ① 화산. ~ actif (en activité) 활화산. ~ éteint(dormant) 사(유)화산. ~ sous-marin 해저화산. ② (정열·성미가)열화같은 사람, 성질이 격한 사람. Cet homme est un ~. 이 사람은 성격이 불같다. ③ 절박한 위험. C'est dormir sur un ~. 이건 화산 위에서 잠을 자는 것 같다, 절박한 위험에 처해 있으면서도 태평하다.
volcanicité [vɔlkanisite] *n.f.* 화산활동.
volcanique [vɔlkanik] *a.* ① 화산의. activité ~ 화산활동. roche ~ 화산암. ② 격하기 쉬운, tem-

volcanisé(e) [vɔlkanize] *a.p.* 화산활동으로 생긴, 화산작용을 받은.

volcaniser [vɔlkanize] *v.t.* 화산암질(質)로 만들다; 화산열을 가하여 작용시키다.
— **se** — *v.pr.* 화산암질이 되다.

volcanisme [vɔlkanism] *n.m.* 【지질】 화산활동, 화산현상.

volcaniste [vɔlkanist] *n.* 화산학자.

volcanite [vɔlkanit] *n.f.* 【광물】 볼카노암(岩), 유화광(硫化鑛).

volcanologie [vɔlkanɔlɔʒi] *n.f.* 화산학.

volcanologique [vɔlkanɔlɔʒik] *a.* 화산학의.

volcanologue [vɔlkanɔlɔg] *n.* 화산학자.

Volces [vɔls] *n.m.pl.* 【역사】 볼스 사람 (론(Rhône) 강과 가론(Garonne) 강의 중간지대에 살던 옛 갈리아 사람).

vole [vɔl] *n.f.* 【카드놀이】 바닥에 나온 카드를 몽땅 따기. faire la ~ 몽땅 따다.

volé(e¹) [vɔle] *a.p.* 도난당한. objets ~s 도둑맞은 물건.
— *n.* 도둑맞은 사람.

volée² [vɔle] *n.f.* ① (새·비행기 따위의) 날기; (새가 한 번에) 날으는 거리. lâcher ~ à un oiseau 새를 날려보내다. prendre sa ~ 날아오르다; 자유롭게 되다, 서둘러 나가다. d'une (seule) ~ 단번에, 한 번 날아서. ② (날고 있는)새의 무리; 사람의 무리, 집단. épaisses ~s de moineaux 참새의 밀집된 무리. une ~ d'enfants 한 떼의 아이들. ③ 신분, 계급. de haute ~ 높은 신분의; 스케일이 큰, 대규모의. gens de la haute [première] ~ 【옛】신분이 높은 사람들. escroc de haute ~ 대단한 사기꾼. ④ 연타, 강타; 일제 사격. donner [flanquer] à qn une ~ de coup de bois [une ~ de bois vert, une bonne ~] ⋯을 마구 패리다, ⋯을 호되게 야단치다. ~ de flèches 연거푸 날으는 화살. ~ de reproches 쏟아지는 비난. ⑤ 【스포츠】 (테니스 따위의)발리; (럭비 따위의)펀트; (역기들기에서의)스내치. demi-~ 하프 발리. reprendre la balle de[en] ~ (축구·배구 따위에서)공을 노바운드로 받아 넘기다. ⑥ⓐ (대포의)발사 운동. ⓑ (기중기의)붐. ⓒ (두 개의 층계참을 연결하는)계단. ⓓ (마차의 채에 연결되는)가로대, 횡목(橫木). chevaux de ~ (마차를 끄는)선두마(先頭馬).
à la ~ ⓐ 공중에서, 날고 있을 때. semer à la ~ 씨를 (날려서) 뿌리다. prendre [attraper] une balle à la ~ 【테니스】발리로 넘기다. ⓑ 때를 놓치지 않고, 재빨리. saisir une allusion à la ~ 빗대어 말하는 뜻을 그 자리에서 알아차리다. ⓒ 힘껏, 기세좋게 (à toute ~). fermer la porte à la ~ 문을 힘껏 닫다. gifler qn à toute ~ ⋯의 따귀를 호되게 때리다. Les cloches sonnent à la ~. 종이 요란하게 울리고 있다. ⓓ 【옛】 단번에, 경솔하게.

*****voler¹** [vɔle] *v.i.* ① (새·곤충 따위가)날다. oiseau qui *vole* haut 높이 나는 새. ② (비행기가)날다; 비행하다; (비행기를)타다, 조종하다. ~ en rasant le sol [en rase-mottes] 지면을 스칠 만큼 저공으로 날다. pilote qui a cessé de ~ 이미 비행기를 타지 않는 조종사. ③ (화살·공·탄환 따위가)공중에 날다; (눈송이·먼지 따위가)날리다, 흩날리다(flotter). Les flèches *volaient* de toutes parts. 화살이 사방에서 날고 있었다. Le vent a fait ~ les tuiles. 바람이 기와를 날렸다. ~ en éclats 산산이 흩어지다. Les injures *volent*. 【비유적】욕설이 마구 오간다. ④ (사람이)나는듯이 달려가다, 쏜살같이 가다(s'élancer, se presser). ~ vers qn ⋯에게로 달려가다. ~ dans les bras de qn ⋯의 품안으로 달려가다. ~ (소문 따위가)빨리 퍼지다 (se propager). faire ~ une nouvelle 뉴스를 퍼뜨리다. ~ de bouche en bouche (소문이나 말이)입에서 입으로 옮아가다. ⑥ 【문어】(시간이)흘러가다 (fuir). Le temps *vole*. 세월은 유수처럼 흘러간다.
On entendrait [entend] ~ une mouche. 쥐죽은 듯이 조용하다.
~ au secours de la victoire (승리를 보고서야)확신을 갖고 비로소 행동하다.
vouloir ~ avant d'avoir des ailes 날개도 생기기 전에 날려고 하다, 방법도 없이 될 하려고 덤비다.
— *v.t.* 【옛】【사냥】 ① (매가 사냥감을)추격하다 (chasser). ② (사람이)매를 놓아 사냥하다. ~ les perdrix 매를 써서 자고새를 사냥하다.

*****voler²** *v.t.* ① [~ qc à qn] 훔치다, 도둑질하다, 빼앗다 (dérober, escamoter, subtiliser). On lui a *volé* son passeport. 그는 여권을 도둑맞았다. se faire ~ sa montre 시계를 도둑맞다. ~ des valeurs pour garantir un titre 유가증권을 훔치다 (사기죄다). ~ un enfant 아이를 유괴하다. ⓑ 도용[표절]하다, 부당하게 얻다. ~ un titre 작품을 도둑하다. ~ un baiser 도둑 키스를 하다. Il m'a *volé* ma phrase. 그는 내 문장을 표절했다. ② [~ qn] (의)소지품을 훔치다, (에게서)부당 이득을 취하다. Ce domestique *vole* son maître. 이 하인은 주인의 물건을 훔친다. marchand qui *vole* ses clients (손님에게)바가지를 쐬우는 장사꾼. Le film est très bon, on n'est pas *volé*. (비유적)이 영화는 아주 좋다, 본전은 뽑다 (기대에 어긋나지 않았다는 말). ③ (목적보어 없이)도둑질하다; 사취하다. ~ à main armée 강도질하다. ~ sur le poids de la viande 고기의 무게를 속이다. Ce marchand *vole*. 이 상인은 도둑놈이다.
ne l'avoir pas volé 당연한 보복(당)을 받다, 그래 싸다. On l'a mis à la porte: il *ne l'a pas volé*. 그는 내쫓겼는데 그래도 싸지.

volereau [vɔlro] (*pl.* ~**x**) *n.m.* 【구어】서투른 도둑, 좀도둑.

volerie¹ [vɔlri] *n.f.* 【사냥】매사냥 (fauconnerie). basse ~ (잘 날지 못하는)자고새 따위나 짐승을 잡는 매사냥. haute ~ 두루미·해오라기 등 높이 나는 새를 잡는 매사냥.

volerie² *n.f.* 《드물게·사투리》도둑질, 절도.

*****volet** [vɔlɛ] *n.m.* ① 덧문, 겉창(contrevent, persienne); (상점 따위의)셔터. fermer les ~s 덧문을 닫다. ~ de brisure 접게 된 셔터. ② (세폭짜리 그림이나 병풍의)좌우의 짝; (증명서 따위의)접힌 쪽(면); (비유적) (전체의)일면, 일부분(partie), un des trois ~s que comporte ce plan 이 계획이 포함하고 있는 세 가지 부분 중의 하나. ③ ⓐ 【자동차】 내연기관】쪽판(flap). ⓑ 【항공】 하익(下翼), 보조익. ⓒ carte de ~ 【컴퓨터】스터브 카드(【영】stub card), 절취된 카드. ④【옛】선종판(選種板).
trier sur le ~ (사람·물건을)골라내다, 엄선[정선]하다. personnes *triées sur le ~* 엄선된[상류사회의] 인사들.

voletant(e) [vɔltɑ̃, -ɑ̃ːt] *a.* 이리저리 날아다니는. pensées ~*es* 두서없는 생각 [상념].

voleter [vɔlte] ⑤ *v.i.* ① (작은 새·나비 따위가)파닥파닥 날다; (짧은 거리를)이리저리 날다. ②【문어】(비유적) (리본 따위가)바람에 펄럭이다.

volette *n.f.* (양털 따위를 고르는)조리발.

volettement [vɔletmɑ̃] *n.m.* 《드물게》① (작은 새가)파닥파닥 날아다니기. ② 바람에 펄럭거리기.

voleur [vɔlœːr] *n.m.* 【사냥】나는 새. haut[bas] ~ 높이[낮게] 나는 새.

*****voleur(se)** [vɔlœːr, -øːz] *n.* ① 도둑, 도적. arrêter un ~ 도둑을 잡다. Au ~! 도둑이야 ! ~ à la tire

소매치기(pickpocket, escamoteur). ~ à main armée 강도. ~ d'enfants 유아 유괴범. ~ de grand chemin 노상강도. ~ de lapins[de poules] 좀도둑. ② 사기꾼; 악덕 상인; 표절자. Ce marchand est un ~. 이 상인은 도둑놈이다.
être fait comme un ~ (도둑처럼)옷차림이 지저분한 행범으로 체포되다.
prendre le ~ la main dans le sac 도둑을 현행범으로 체포하다.
—*a.* 도벽이 있는; 도둑질하는. Il est ~ comme une pie. 그는 손버릇이 나쁘다.
volière [vɔljɛːr] *n.f.* ① 새 사육장; 큰 새장. ②《구어》잡담하는 장소.
volige [vɔliːʒ] *n.f.* 【건축】(지붕의 밑깔이)판자.
voliger [vɔliʒe] [3] *v.t.* 【건축】지붕널을 깔다.
volis [vɔli] *n.m.* 【임업】바람에 꺾인 나무 꼭대기.
volitif(ve) [vɔlitif, -iːv] *a.* 【심리】의지(욕)의, 의지에 따른. ②【언어】의지적, 의지를 나타내는. —*n.m.* 【언어】의지법, 의지적 표현.
volition [vɔlisjɔ̃] *n.f.* 【심리】의욕, 의지력.
volkamérie [vɔlkameri] *n.f.* 【식물】(열대산)마편초의 일종.
volley-ball [vɔlebɔːl]《영》*n.m.* 발리볼, 배구(volley 라고도 함).
volleyeur(se) [vɔlejœːr, -øːz] *n.* 배구선수(《테니스》발리에 능한 선수.
volnay [vɔlnɛ] *n.m.* (*Volnay* 지방산의) 적포도주.
*volontaire [vɔlɔ̃tɛːr] *a.* ①자유의사에 의한, 자발적인; 고의의. acte ~ 자발적 행위. mort ~ 자살. engagé ~ 지원병. omission ~ 고의적인 생략. muscles ~s 수의근(隨意筋). ②의지가 강한, 확고한(ferme, décidé). homme d'affaire ~ 과단성있는 사업가. avoir un front ~ 얼굴에 의지력이 배어 있다. ③제멋대로의, 완고한, 고집이 센(entêté).
—*n.* ①지원자, 자원봉사자; 지원병, 의용병. demander un [une] ~ 지원자를 모집하다. ②고집장이, 완고한 사람.
—*n.m.*〖집합적〗자발적 행위.
volontairement [vɔlɔ̃tɛrmɑ̃] *ad.* ①자신의 의지로, 스스로, 자발적으로; 고의로. obéir ~ 자발적으로 복종하다. Il a ~ fait tomber son petit frère. 그는 동생을 고의로 넘어뜨렸다. ②단호하게, 과감하게, 결연히. agir ~ 과감하게 행동하다.
volontariat [vɔlɔ̃tarja] *n.m.* 〖군사〗지원병 복무. ~ d'un an 1년간의 지원병 복무.
volontarisme [vɔlɔ̃tarism] *n.m.* 〖철학〗의지주의, 의지설(의지를 정신작용이나 세계의 기초로 보는 설).
volontariste [vɔlɔ̃tarist] *a.*, *n.* 〖철학〗의지주의를 믿는(사람).
‡**volonté** [vɔlɔ̃te] *n.f.* ①의지; 의지력; 의욕. ~ de fer[inflexible] 꿋꿋한 의지. ~ de puissance 권력욕. avoir de la ~ 의지력이 강하다. faire un effort de ~ 의지력을 발휘하다.
② 의사, 의향, 의도, 소망; 명령. manifestation de ~ 의사표시. respecter les ~s de *qn* …의 의사를 존중하다. suivre les ~s de *qn* …의 의향을 따르다. dernières ~s de *qn* …의 유언. acte de dernière ~ 유언장. Elle n'a pas la ~ de se marier. 그녀는 결혼할 의향이 없다.
③제멋대로의 생각[행위](caprice). laisser faire ses[toutes] ~s à *qn* …에게 마음대로 생각하게[행동하게] 하다.
à ~ 마음대로, 마음껏(à son gré, à son discrétion). Vous pouvez entrer et sortir à ~. 당신은 마음대로 출입할 수 있습니다. On trouve cette denrée *à* ~. 이 식품은 얼마든지 살 수 있다. billet payable *à* ~ 요구불 약속어음.
avec la meilleure ~ du monde 더없이 열성적으로.
bonne ~ ⓐ 할 마음, 열성, 열의. mettre de la *bonne* ~ à faire *qc* 열심히 …하다. Cet élève a beaucoup de *bonne* ~. 이 학생은 열의가 대단하다. ⓑ 선의, 호의. homme de *bonne* ~ 선의의 사람; 스스로 몸을 바치는 사람.
contre sa ~ 본의 아니게.
faire ses quatre (cents) ~*s* 〖구어〗하고 싶은 짓을 마음껏하다, 제멋대로 행동하다.
mauvaise ~ ⓐ 할 생각이 없음, 성의 없음. mettre de la *mauvaise* ~ à faire *qc* 억지로 …하다. ⓑ 악의(malveillance).
n'en faire qu'à sa ~ 남의 말을 듣지 않다, 제멋대로 하다.
volontiers [vɔlɔ̃tje] *ad.* ① 기꺼이, 쾌히(de bon cœur, de bonne grâce). Vous viendrez bien nous voir? –V~. 우리들을 만나러 오시겠어요? 기꺼이(가지요). obéir ~ à *qn* …에게 복종하다. ② 쉽게, 쉽사리. On croit ~ que + *ind.* 곧잘 …이라고 생각하기 쉽다. ③ 보통, 일반적으로(habituellement, ordinairement);《옛》흔히, 자주(souvent). Les rivières débordent ~ dans cette saison. 강은 보통 이 계절에 범람한다.
volsque [vɔlsk]〖고대사〗*a.* 볼사이족(族)의.
—V~s *n.m.pl.* 볼사이족(고대 이탈리아의 민족).
—*n.m.* 볼사이(語).
volt [vɔlt]《*Volta*, 1745–1827 이탈리아의 물리학자》*n.m.* 【전기】볼트(전압의 단위:《약자》V.). courant de 100 ~s 100볼트의 전류.
volta(*pl. e*) [vɔlta, -te]《이탈리아》*n.m.* 【음악】회(回). prima ~ 제 1회. una ~ 1회. duo ~e 2회.
voltage [vɔltaːʒ] *n.m.* 【전기】전압(tension); 전압률, 볼트수(數).
voltaïque [vɔltaik] *a.* 【전기】(화학작용에서 발생된)유전기(流電氣)의; 볼타 전지[전기]의. pile ~ 볼타전지. arc ~ 전호(電弧).
voltaire [vɔltɛːr] *n.m.* 볼테르(*Voltaire*, 프랑스의 저술가)형 의자《앉는 자리가 뒤쪽이 높으며 뒤로 제껴진》(fauteuil (à la) V~).
voltairianisme [vɔltɛrjanism] *n.m.* 볼테르주의 《특히 종교적 회의주의》.
voltairien(ne) [vɔltɛrjɛ̃, -ɛn] *a.* 볼테르(풍·주의)의. —*n.* 볼테르주의자[연구가].
voltaïsation [vɔltaizasjɔ̃] *n.f.* 《옛》【의학】(볼타 전류에 의한)전기요법.
voltamètre [vɔltamɛtr] *n.m.* 【전기】볼타미터, 전량계.
voltampère [vɔltɑ̃pɛːr] *n.m.* 【전기】볼트암페어 《전력단위》.
voltampèremètre [vɔltɑ̃pɛrmɛtr] *n.m.* 【전기】볼트암페어미터(計), 전압전류계, 전력계.
volte [vɔlt] *n.f.* ① 〖승마〗(말을 타고)원을 그리기. serrer[élargir] la ~ 원을 좁혀서[넓혀서] 돌다. ② 급선회; 반회전; (펜싱에서)몸을 비키기; (사태·의견 따위의)급변. ③ 〖무용〗볼타 《17세기 이탈리아에서 유행한 경쾌한 왈츠》.
volte-face [vɔltəfas] *n.f.* ① (복수불변)반회전, 돌아서기, 뒤로 돌기; (의견 따위의)표변, 급변. faire ~ 몸을 돌리다, 돌아서다(faire ~ sur lui-même); 뒤로 돌다; (의견·태도 따위를)표변시키다.
volter [vɔlte] *v.i.* ① 〖승마〗(말을 타고)원을 그리다; 원을 그리며 돌다. ② 몸을 돌리다, 돌아서다; 뒤로 돌다.
volti [vɔlti]《이탈리아》*n.m.* 【음악】다음 페이지에 계속.
voltige [vɔltiːʒ] *n.f.* ① 말의 곡예, 곡마(曲馬). ② 공중 곡예《줄타기·공중그네 따위》(haute ~); 곡

voltigeant(e) 예 비행(～ aérienne). Plaider une pareille cause, c'est de la haute ～ intellectuelle. (비유적)이 사건을 변호한다는 것은 일종의 지적인 곡에이다.

voltigeant [vɔltiʒɑ̃, -ɑ̃:t] *a.* ① (새 따위가)파닥파닥(여기저기) 날아다니는; (리본 따위가 바람에) 펄럭이는.

voltigement [vɔltiʒmɑ̃] *n.m.* 파닥파닥날기; 휘날림.

voltiger [vɔltiʒe] ③ *v.i.* ① (곤충·새 따위가)날아다니다, 파닥파닥 날다. Les abeilles *voltigent* de fleur en fleur. 꿀벌이 꽃에서 꽃으로 날아다닌다. ② 펄럭이다, 휘날리다. Le vent fait ～ ses cheveux. 그녀의 머리칼이 바람에 휘날린다. ③ (웃음·추억 따위가)떠돌아 떠오르다. Les souvenirs *voltigent* dans sa tête. 여러 가지 추억이 그의 머리 속에 덧없이 떠오른다. ④ (마음이) 갈팡질팡하여 떠돌다, 오락가락하다. ～ de femme en femme 이 여자에게서 저 여자에게로 마음이 변하다. ⑤ 곡마를 하다; 공중 곡예를 하다.

voltigeur(se) [vɔltiʒœːr, -øːz] *n.* 공중 곡예사; 곡마사. ─*n.m.* ① 【군사】(나폴레옹이 창설한)선발 보병, fusilier-～ (제 1 차 대전까지의)특전보병 (지금은 grenadier-～라고 함). ② 볼티쾨르(프랑스산의 여송연의 일종).

voltmètre [vɔltmɛtr] *n.m.* 【전기】전압계.

volubile [vɔlybil] *a.* ① 수다스러운, 말이 많은. femme ～ 수다스러운 여자, explication ～ 장황한 설명. ② 【식물】(나팔꽃처럼 줄기 따위가)나선 모양으로 감기는.

volubilement [vɔlybilmɑ̃] *ad.* 수다스럽게.

volubilis [vɔlybilis] *n.m.* 【식물】메꽃과 식물; (특히)둥근잎 나팔꽃(～ des jardins).

volubilisme [vɔlybilism] *n.m.* 【식물】전요성(纏繞性).

volubilité [vɔlybilite] *n.f.* 능변, 다변, 수다(loquacité). avec ～ 입심좋게, 수다스럽게. avoir une grande ～ 다변이다, 매우 수다스럽다.

volucelle [vɔlysɛl] *n.f.* 【곤충】대모꽃등에무리.

volucompteur [vɔlykɔ̃tœːr] *n.m.* (주유소의)급유 가격 미터.

volucraire [vɔlykrɛːr] *n.m.* 【중세문학】조류론(鳥類論).

volue [vɔly] *n.f.* 【직조】(북 속의)실꾸리.

***volume** [vɔlym] *n.m.* ① ⓐ 용적, 체적; 용량. ～ d'un récipient 그릇의 용량. augmenter(diminuer) de ～ 체적을 불리다[줄이다]. calculer le ～ d'un corps 한 물체의 체적을 재다. ⓑ 양, 총량. ～ d'eau 수량. ～ des exportations 총수출량. ⓒ 소리의 크기, 음량. basser le ～ de la radio 라디오의 볼륨을 줄이다. Sa voix a beaucoup de ～. 그는 성량이 크다. ② 덩치, 크기. Ce paquet fait beaucoup de ～. 이 수하물은 덩치가 크다. ③ (책의)권 (tome); 책, dictionnaire en sept ～s 일곱 권으로 된 사전. ～ relié en cuir 가죽 장정을 한 책. rassembler en un ～ les lettres d'un écrivain 한 작가의 편지를 한권의 책으로 모으다. ④ 한 권 분량의 내용; (구어)장문의 글, écrire des ～s à qn ～에게 장문의 편지를 쓰다. ⑤ 【미술】입체감, 질량감. faire du ～ ⓐ 부피가 크다, 자리를 많이 차지하다. ⓑ (구어)허세 부리다, 잘난체하다.

volume-contrôle [vɔlymkɔ̃troːl] *n.m.* (라디오·텔레비전·전축의)음량조절.

voluménomètre [vɔlymenɔmetr] *n.m.* 【물리】용적[체적]계.

volumètre [vɔlymetr] *n.m.* 【물리】비중계.

volumétrie [vɔlymetri] *n.f.* 【물리】용적(용량)측정(법).

volumétrique [vɔlymetrik] *a.* 【물리】용적(용량)측정의. analyse ～ 용량분석.

volumétriquement [vɔlymetrikmɑ̃] *ad.* 【물리】용적측정법에 의하여.

volumineux(se) [vɔlyminø, -øːz] *a.* ① 부피가 큰, 덩치가 큰. bagage ～ 커다란 짐. ② 방대한. ～*se* correspondance 방대한 서간집. recevoir un courrier ～ 엄청나게 많은 우편물을 받다. ③ (구어) 뚱뚱한, 살이 찐.

volumique [vɔlymik] *a.* 【물리】양단위(量單位)의(에 관한). masse ～ 밀도(masse spécifique).

volupté [vɔlypte] *n.f.* (문어)① 쾌감, (관능적인)쾌락. se baigner avec ～ 기분좋게 목욕하다. s'adonner à la ～ 쾌락에 빠지다. ② (정신적·미적인) 즐거움, 기쁨. ～ du devoir accompli 의무를 완수한 기쁨. éprouver un sentiment de ～ à bien faire son travail 열심히 일하는 데 기쁨을 느끼다. ③ (옛) 향락취미.

voluptuaire [vɔlyptɥɛːr] *a.* dépenses ～s 【법】사치에 쓰는 돈, 유흥비.

voluptueusement [vɔlyptɥøzmɑ̃] *ad.* 기분좋게, 쾌감에 젖어서; 관능적으로. s'étirer ～ 기분좋게 기지개를 켜다.

voluptueux(se) [vɔlyptɥø, -øːz] *a.* ① 향락적인, 관능적 쾌락을 즐기는; 호색적인 (sensuel), 음탕한 (tempérament) ～ 향락적인 국민(기질). ② 쾌감을 주는, 달콤한 (agréable). mélodie ～*se* 달콤한 선율, sensation ～*se* 쾌감. ③ 성적쾌감을 자극하는, 육감적 (excitant). bouche ～*se* 육감적인 입술. danse ～*se* 육감적인(선정적인) 무용. ④ 호색적인 사람.

─*n.* 향락주의자; 호색적인 사람.

volute [vɔlyt] *n.f.* ① 【건축】(기둥머리·바이올린 따위의)소용돌이꼴 장식(→ colonne, violon 그림). en ～ 소용돌이 모양의. ② (연기·물결의)소용돌이. ～*s* bleuâtres qui montent d'un cigare 여송연에서 올라오는 푸르스름한 연기의 소용돌이. ③ (층계의)주주(主柱)의 받침대(～ d'escalier). ④ 【패류】고둥의 일종.

voluté(e) [vɔlyte] *a.p.* 소용돌이 모양의.

voluter [vɔlyte] *v.i.* 소용돌이 모양으로 감기다.

volva [vɔlva] *n.m.(f.)* =volve.

volvacé(e) [vɔlvase] *a.* (기관이)자루 모양의, 낭상(囊狀)의.

volvaire [vɔlvɛːr] *n.f.* 【식물】독버섯의 일종.

volve [vɔlv] *n.f.* 【식물】(버섯의)외피(外皮).

volvocacées [vɔlvɔkase] *n.f.pl.* 【식물】볼복스(科)(원생식물).

volvoce [vɔlvɔs] *n.m.*, **volvox** [vɔlvɔks] *n.m.(f.)* 【식물】볼복스(원생식물).

volvulus [vɔlvylys] *n.m.* 【의학】장염전(腸捻轉).

volvus [vɔlvys] *n.m.* 【식물】덩굴손, 권수(卷鬚).

vomer [vɔmɛːr] *n.m.* 【해부】(코의)조골(鋤骨).

vomérien(ne) [vɔmerjɛ̃, -ɛn] *a.* 【해부】조골의.

vomi [vɔmi] *n.m.* (복수 없음) (구어)토한 것; 토사물 (vomissure).

vomi-purgatif(ve) [vɔmipyrgatif, -iːv] 【의학】 토하제의. ─*n.m.* 토사제(吐瀉劑).

vomique¹ [vɔmik] *a.* noix ～ 【식물·약】마전자(馬錢子)(vomiquier의 열매로 토사제).

vomique² *n.f.* 【의학】폐농양(肺膿瘍); (농성(膿性)의)객담(喀痰).

vomiquier [vɔmikje] *n.m.* 【식물】마전(馬錢).

vomir [vɔ(o)miːr] *v.t.* ① 토하다, 게우다(rendre). ～ son repas 먹은 것을 토하다. ～ du sang 피를 토하다, 각혈하다. (목적보어 없이) avoir envie de ～ 토할 것 같다, 구토증을 느끼다. Ce film est à (faire) ～. (비유적)이 영화는 구역질난다. ② (몹시)싫어하다, 혐오하다. Je *vomis* mes contempo-

rains. 나는 내 동시대인들을 혐오한다. ③《문어》(격한 말 따위를)토하다, 쏟아내다, 퍼붓다. ~ des injures 욕지거리를 마구 퍼붓다. ~ son venin contre qn …에게 온갖 악담을 퍼부어대다. 《목적보어 없이》~ sur un écrivain 어떤 작가를 혹평하다. ④《문어》분출하다. volcan qui *vomit* de la lave 용암을 분출하는 화산.
— ~ **feu et flamme** (**contre** *qn*) (…에게)과격한 말을 마구 해대다. ~ ***tripes et boyaux***《속어》오장육부까지 도하다.

vomissement [vɔmismɑ̃] *n.m.* ① 토하기, 구토. ~ de sang 각혈. ② 토한 것. ③(비유적) 배출(물), 분출(물). ~s de fumée 연기의 분출. *Le chien retourne à son ~.*《성서》개는 자기가 토한 것을 먹으려고 다시 돌아온다(사람은 같은 잘못을 다시 저지르는 것을 비유함).

vomissure [vɔmisyːr] *n.f.* 토한 것, 토사물.

vomitif(**ve**) [vɔmitif, -iːv] *a.* ①《의학》토하게 하는(émétique). ②《구어》구역질이 날 만큼 싫은(répugnant). — *n.m.* 토사제.

vomito [vɔmito], **vomito**(**-**)**negro** [vɔmitonegro]《에스파냐》*n.m.*《의학》흑색 토사물; 흑토병(黑土病), 황열병(黄熱病).

vomitoire[1] [vɔmitwaːr] *a.*, *n.m.*《옛》= **vomit**.

vomitoire[2] *n.m.* ①(고대 로마의 대극장·투기장의) 넓은 출입문. ②(저수지 따위의 벽면에 설치된)

vont [vɔ̃] *aller* 의 직설·현재·3·복수. 【작은 계단.

vorace [vɔras] *a.* ① 아귀아귀 먹는, 대식하는, 폭식하는(glouton, goulu). Le loup est un animal ~. 늑대는 폭식하는 동물이다. enfant ~ 게걸스럽게 먹는 아이, 먹보. appétit ~ 왕성한 식욕. ②(비유적) 탐욕스러운(avide). homme d'affaires ~ 욕심 많은 사업가. regard ~ 잡아먹을 듯한 눈초리. ③(비유적)(먹이)삼키는. plantes ~s《농업》땅을 메마르게 하는 식물.

voracement [vɔrasmɑ̃] *ad.* 게걸스럽게, 아귀아귀, 욕심부려. manger ~ 게걸스럽게 먹다.

voracité [vɔrasite] *n.f.* 탐식(貪食), 게걸스럽게 먹기; 탐욕. manger avec ~ 게걸스럽게 먹다.

-vore *suff.* 형용사·명사의 어미에 붙어서 「먹다, 게걸스럽게 먹다」의 뜻(예: carni*vore* 육식; 육식동물. herbi*vore* 초식의, 초식 동물).

vorge [vɔrʒ] *n.f.*《식물》독보리(ivraie).

vortex [vɔrtɛks] *n.m.* ①《물리·기상》소용돌이(tourbillon). ②《해부》방사성 조직. ③《기계》(부리 사이클론 정화액의)배수구.

vorticelle [vɔrtisɛl] *n.f.*《동물》종벌레(담수·해수에 사는 섬모충류.

vorticisme [vɔrtisism] *n.m.*《미술》소용돌이파(派)《소용돌이로 그림을 구성하는 영국의 미래파의 일파》.

vorticiste [vɔrtisist] *n.*《미술》소용돌이파의 화가.

vos [vo] ⇨ votre.

Vosges (**les**) [levoːʒ] *n.pr.f.pl.*《지리》보주 산맥《프랑스 동북부의 산맥》. département des ~ 보주 지방(도).

vosgien(**ne**) [vɔʒjɛ̃, -ɛn] *a.* 보주 산맥[지방·도(道)]의. ② grès ~《지질》보주 사암(沙岩)《3층기의 붉은 색을 띤 사암의 일종》.
— **V**— *n.* 보주 사람.

votant(**e**) [vɔtɑ̃, -ɑ̃ːt] *n.* 투표인, 선거권자, 유권자. pourcentage des ~s et des abstentionnistes 투표자와 기권자의 퍼센티지. liste des ~s《의회의》선거인명부.

votation [vɔtasjɔ̃] *n.f.*《옛》투표(방식). ~ populaire《스위스의》국민투표(référendum).

***vote** [vɔt]《영》*n.m.* ① 투표, 표결; 표. trente ~s pour, et quarante ~s contre 찬성 30표, 반대 40표. procéder au ~ 표결[투표]에 부치다. donner son ~ à *qn* …에게 투표하다. abaisser le droit de ~ à l'âge de dix-neuf ans 투표권을 만 19세로 낮추다. bulletin(urne, bureau) de ~ 투표용지(함·소). droit de ~ 투표권. ② 투표(선거)방식. ~ à main levée 거수표결. ~ par assis et levé 기립표결. ~ direct(indirect) 직접(간접)선거. ~ secret 비밀투표. ~ préférentiel 선택투표《지지하는 후보자에게 표를 찍는》. ② 채택, 가결. ~ d'une loi 법안의 가결. ~ de la motion de censure 불신임안 결의. ④ ~ bloqué 의회 수정결의안에 대한 정부의 결의. ④《1958년의 헌법에 의해 보장됨》.

***voter** [vɔte]《영》*v.i.* 투표하다. ~ au scrutin secret 무기명투표하다. ~ blanc 백지투표하다. ~ pour [contre] 찬성[반대]투표를 하다. ~ indépendant[à droite] 무소속(우익) 후보자에게 투표하다.
— *v.t.* (투표로)가결하다, 표결하다, 의결하다. ~ une loi 법률안을 가결하다. L'Assemblée nationale a *voté* le budget. 국회가 예산(안)을 가결[표결]했다.

voteur(**se**) [vɔtœːr, -øːz] *n.* 투표자, 유권자, 선거인.

votif(**ve**) [vɔtif, -iːv] *a.* ① 봉헌의, 봉납의. inscription ~ve 봉헌비. tableau ~ 봉헌 액자[그림]. ②《종교》기원의. fête ~ve (교회의)수호성인의 축일. messe ~ve 봉헌[특별]미사.

‡**votre** (*pl.* **vos**) [vɔtr, vo] *a.poss.* ①《당신(들)의, 너희들의. ②《소유·혈연·소속관계》~ maison 당신(들)의 집, 너희들의 집. *vos* enfants 당신(들)의 아이들. *vos* nom et adresse 당신의 주소성명. Mes enfants, écoutez bien ~ maîtresse. 얘들아, 선생님 말씀 잘 들어. ⓑ(동작을 나타내는 명사의 주어·목적어) ~ arrivée 당신(들)의 도착. pour ~ gouverne 당신(들)을 이끌기 위해서, 당신의 지도방침으로서. ⓒ(vous 대신에 사용된 on을 받는다) Quand on arrive dans ce bureau, un secrétaire demande *vos* papiers. 그 사무실에 가면 비서가 서류(증명서)를 보여 달라고 한다.
② (습관적 관계·관심)《당신(들)의》그, 예(例)의《친근감·동정·비꼼 따위의 뜻이 포함됨》. Voilà ~ monsieur Dupont. 저기 당신의 소중한 뒤퐁 씨가 오셨군요. Vous souffrez toujours de ~ rhumatisme? 당신은 여전히 그(예)의 신경통으로 고생하십니까? Vous faites ~ discours. 당신은 늘 하는 그 연설을 하시는군요.
③ (경칭) V— Majesté 폐하. V— Excellence 각하, 예하(猊下).

***vôtre** [votːr] *pron.poss.* 당신(들)의 것, 너희들의 것(정관사 le, la, les 와 함께 사용). ⓐ(선행하는 명사를 받아서) C'est notre avis, ce n'est pas le ~. 그것은 우리의 의견이지 당신(들)의 의견이 아니다. Sa robe est aussi belle que la ~. 그녀의 드레스는 당신의 것과 똑같이 예쁘다. mes livres et les ~s 내 책들과 당신의 것들. ⓑ(선행하는 명사 없이) J'ai reçu la ~ du 13 mars. 3월 13일부의 당신의 편지를 받았읍니다(*votre* lettre). À la ~!《구어》À la bonne ~! 당신의 건강을 위해서《건배할 때 쓰는 표현으로 À *votre* santé!의 뜻》.
— *n.m.* ① 당신의 재산《노력·생각 따위》.
② (*pl.*) 당신(들)의 가족(친척·친구). Comment vont les ~s? 가족들은 안녕하십니까? Je ne pourrai, hélas, être des ~s ce soir. 유감스럽지만 오늘 저녁에는 여러분들과 함께 할 수 없읍니다.
y **mettre du ~** 출자하다; 노력하다; 자신의 생각을 끼어넣다. *Vous en serez du ~.* 조금 손해를 볼 것이다; 보상을 받지 못할 것이다.
— *n.f.pl.* faire des ~s《구어》늘 하는 그 어리석은

짓을 하다.
—a.poss. 《옛·문어》 ① 당신(들)의, 너희들의. Cette idée ~. 당신(들)의 그 생각.
② (속어로서) 당신(들)의 것. Cette robe est ~. 이 드레스는 당신의 것이오. Monsieur, je suis tout ~, et ma joie est extrême. 선생님을 뵙게 되어서 매우 기쁩니다. Amicalement ~ 여불비례(餘不備禮)《편지의 끝》.

voudr-ai, -as, etc. [vudr-e, -a] ⇨ vouloir.

vouer [vwe] v.t. ~ qn/qc à] ① (신에게)바치다 (consacrer). ~ un enfant à la Sainte Vierge 성모에게 어린이를 바치다(어느 연령에 이르기까지 성모의 색깔인 흰색과 푸른색의 옷만을 입힐 것을 맹세하는 것으로 ~ un enfant au blanc et au bleu 라고도 함). ② (생명·생애를)바치다, 헌신하다 (dévouer). sa vie à la patrie 조국에 생명을 바치다. ~ son existence à l'étude 연구에 생애를 바치다. ③ 약속하다, 맹세하다, 선서하다(jurer, promettre). ~ une amitié éternelle à qn ···에게 영원한 우정을 맹세하다. ~ obéissance au roi 왕에게 복종을 맹세하다. ④ (어떤 방향이나 목표로) 나아가게 하다(orienter); (필연적으로)(로)이르게 하다, 귀착하게 하다(destiner, condamner). le jeune homme voué à servir dans l'armée 그 청년을 군문에 들어가게 하다. entreprise vouée à l'échec 실패할 수 밖에 없는 사업.
—se— v.pr. [se ~ à](에)몸을 바치다, 헌신하다, 열중하다. se ~ à la révolution 혁명에 몸을 바치다.

vouge [vu:ʒ] n.m. ① 《고고학》 (중세기의)미늘창. ② 《사냥》 (멧돼지 사냥용)창. ③ 《임업》 (나무가지를 치는)자루가 긴 낫.

vougier [vuʒje] n.m. (13·14 세기의)창병(槍兵).

voui [vwi] ad. 《속어》 =oui.

vouivre [vwi:vr] n.f. ① (전설상의)뱀. ②《사투리》 짓궂은 사람. ③《문장》뱀 (guivre②).

‡**vouloir¹** [vulwa:r] [58] v.t. ① ④ [~+inf.] (하기를)바라다, 하고 싶다, 하려고 하다. Je veux partir demain. 나는 내일 떠나고 싶다. Il n'a pas voulu répondre. 그는 대답하려고 하지 않았다. Le cheval ne veut pas sauter. 말이 뛸려고 하지 않는다. Je voudrais parler au directeur. 원장님께 말씀드리고 싶은데요《조건법 현재의 사용은 어조를 완화시키기 위한 것》. J'aurais voulu y rester toujours. 나는 거기에 영원히 남아 있고 싶었다《조건법 과거는 이루어지지 않은 소원을 나타냄》. ⓑ [~que+sub.] (이기를)바라다. Je veux que tu viennes tout de suite. 네가 당장에 오기를 바란다. Que voulez-vous que j'y fasse? 나보고 어떻게 하란 말이오? ⓒ [~+명사/대명사] (을)원하다, 갖고 싶어하다, 필요로 하다. enfant qui veut un jouet 장난감을 갖고 싶어하는 어린애. Je voudrais un kilo de fraises. 딸기 1 킬로를 사고 싶은데요. Nous voulons trois enfants. 우리는 아이를 셋 갖고 싶다. Nous voulons la paix. 우리는 평화를 원한다. Voulez-vous encore du thé? ─ Oui, j'en veux bien encore. 홍차를 더 마시겠어요? 네, 더 마시겠습니다. Que veut-il comme cadeau d'anniversaire? 그는 생일선물로서 무엇을 좋아하니까. [~ qc à qn] Que me voulez-vous? 내게 무슨 볼일이시죠? ~ du bien [du mal] 에 호의[악의]를 품다. [~ qc de qn] Que voulez-vous de moi? 나보고 무엇을 해달라는 거요? Je veux de lui plus d'effort. 나는 그에 더 노력하기를 바란다. [~+가격 +de/pour qc] Il veut cent mille francs de sa terre. 그는 땅값으로 10 만 프랑을 요구한다. Le marchand veut mille francs pour ce tableau. 상인은 이 그림에 대해서 천 프랑을 요구한다. Combien en voulez-vous? 당신은 그것을 얼마에 팔겠다는 거요? ~ qc+속사] Je te voudrais plus heureux. 나는 네가 더 행복해졌으면 한다. Comment voulez-vous votre thé, avec du lait ou du citron? 홍차를 어떻게 드시겠어요, 우유를 탈까요, 레몬을 넣을까요? ⓓ(《목적보어 없이》) Faites comme vous voulez. 좋으실 대로 하시오. Venez quand vous voulez. 좋으실 때 오시오. Elle est incapable de ~. 그녀는 의지력이 없다. V~, c'est pouvoir. 《속담》의지만 있으면 무엇이든지 해낼 수 있다.
② (2 인칭에 대한 의문형·명령형 + inf.) ···해주겠읍니까?, ···하십시오. Voudriez-vous me passer ce document, s'il vous plaît? 그 서류를 내게 보여주시겠읍니까? Voulez-vous fermer la porte? 문을 닫아 주시겠오? Veux-tu te taire? 잠자코 있지 못하겠니? 《조건법을 사용하면 부탁, 직설법을 사용하면 명령의 뜻》. Veuillez vous asseoir. 어서 앉으시지요. Veuillez agréer, Monsieur, l'expression de mes sentiments distingués. 제 경의를 받아주시기 바랍니다《편지의 마지막에 쓰는 표현으로 우리 말의 여불비례에 해당》.
③ 동의하다, 승낙하다(consentir). Demandez-lui s'il veut accepter notre invitation. 우리의 초대에 응하겠는지 그에게 물어 보시오《많은 경우에 ~ bien 의 형식으로 사용》.
④ [~que+sub.] 주장하다. Il veut que tous les socialistes soient traîtres. 그는 모든 사회주의자가 배반자라고 주장한다. Pourquoi voulez-vous qu'elle soit incapable de se défendre? 당신은 왜 그녀가 자기 방위를 못한다고 주장하는 겁니까?
⑤ (사물이 주어)《비유적》 바라다, 요구하다, ···하려고 하다. Ce bois ne veut pas brûler. 이 장작은 탈 기미가 없다. La porte ne veut pas s'ouvrir. 문이 열리지 않는다. Ce verbe veut le subjonctif. 이 동사는 접속법을 요구한다. plante qui veut beaucoup d'eau 물을 많이 먹는 식물. Les bons sens veut que vous refusiez cette offre. 당신은 양식상 그런 제의를 거절해야 할 것이다. La chance a voulu qu'ils se rencontrent. 그들은 우연히 만나게 되었다.
Dieu le veuille. 부디 그렇게 되기를. **Dieu veuille qu'il réussisse son examen.** 부디 그가 시험에 합격하기를.
faire de qn (tout) ce qu'on veut... 을 마음대로 하다, 을 좌지우지하다.
Fais ce que (tu) voudras. 하고싶은 대로 하라《Rabelais에게서 나온 표현》.
Je veux! 《구어》물론이지, 바로 그거야!
Je veux être pendu si... 《구어》···라면 내 목을 내놓겠다《절대 그렇지 않다는 뜻》. **Je veux être pendu s'il y arrive.** 그가 그 일을 해낼 수는 절대 없다.
Je voudrais bien voir ça! 설마 그럴수야 없지!
Je voudrais (bien) vous y voir. 내 입장이 되어 보시오《당신도 별수가 없을 것이라는 뜻》.
que voulez-vous; que veux-tu 할 수 없지 않은가, 어떻게 하라는 거야. **Que voulez-vous, j'ai fait de mon mieux.** 할 수 없지, 나로서는 최선을 다한 것이니까.
qu'il le veuille ou non 그가 바라든 바라지 않는간에, 이유 불문하고.
sans le ~ 그런 줄 모르고.
si l'on veut 말하자면, 그렇기도 모르지만《불찬성의 뜻을 내포》. Vous dîtes que ce pianiste a du talent... **si l'on veut!** 당신 말로는 그 피아니스트가 재주가

있다고 했지만… 글쎄.
si vous voulez; si tu veux ⓐ 그러고 싶다면 그러시오. Puis-je prendre ce livre? — *Si vous voulez.* 이 책을 가져가도 될까요? 그러세요. ⓑ 그렇게 말해도 좋겠지만. C'est un progrès remarquable, inouï, *si vous voulez.* 그것은 괄목할 만한 발전이야, 전대미문의 발전이라고 해도 좋을지 모르지.
~ bien ⓐ (강조) Veux-tu bien, sortir immédiatement? 당장에 나가지 못할까? ⓑ (동의·승락) Venez-vous avec nous? — Je *veux bien.* 우리와 같이 가시겠어요? 그러고 말고요. Continuons, si vous le *voulez bien.* 좋으시다면 계속합시다. Je *veux bien* vous prêter ma voiture, mais pour aujourd'hui seulement. 내 차를 빌려드리기는 하겠지만 오늘 뿐이오. Je vous prie de ~ *bien*[de bien ~] de + *inf.* …하여 주시기 바랍니다. ⓒ Ils disent que ce tableau est beau. Moi, je *veux bien.* 그 그림이 아름답다고들 하지만, 나도 모르지 (si l'on veut 와 같은 뜻으로 불찬성의 뜻을 내포).
~ ce qu'on veut 열심히 추구하다; 강압적으로 부탁하다.
~ dire… …을 뜻하다[의미하다]; 주장[요구]하다. Que *veut dire* ce mot? 이 단어의 뜻은 무엇입니까? Qu'est-ce que cela *veut dire?* 그것은 무슨 뜻이오; 도대체 이게 뭐야(놀람·비난의 뜻). Que *veut dire* cet attroupement? 왜 이렇게 사람들이 모여 있소? Que *veut dire* cet homme? 이 사람은 무슨 말을 하려는 거요[무엇을 요구하는 거요]?
— *v.t.ind.* (주로 부정문에서)[~ de] …을 받아들이다, 필요로 하다, 좋아하다. Il n'a pas *voulu* du cadeau que je lui offrais. 그는, 내가 주려던 선물을 싫다고 했다. Personne ne *veut de* lui comme camarade. 아무도 그를 친구로서 받아들이려고 하지 않는다. Je ne *veux* pas *de* tes excuses. 네 변명은 필요없다. (드물게 긍정문에서) Je *veux* bien *de* lui dans notre équipe. 나는 그가 우리 팀에 들어오면 좋겠다.
en veux-tu, en voilà (구어)잔뜩, 얼마든지. Il a de l'argent *en veux-tu, en voilà.* 그는 돈을 무진장으로 가지고 있다.
en ~ (구어)대단한 의지력을 가지고 있다.
en ~ à *qc* …을 (빼앗으려고) 노리다. Il *en veut* à votre argent. 그는 당신의 돈을 노리고 있다. *en ~ à la vie de qn* (옛·문어)…의 생명을 노리다.
en ~ à *qn* …을 원망하다. Je n'*en veux* à personne. 나는 아무도 원망하지 않는다. Ne m'*en veuillez*[(구어) *voulez*] pas si je suis en retard. 내가 늦게 왔다고 원망하지 마시오. [~ de + *inf.*] Il vous *en veut de* ne pas l'avoir prévenu. 그는 미리 알려주지 않았다고 당신을 원망하고 있다.
en ~ pour son argent 돈만큼의 보상을 구하다; 본전을 찾다.
—se ~ *v.pr.* ① (스스로 …이기를)바라다. Le juge *se veut* équitable. 판사는 스스로 공평하기를 바란다. art qui *se veut* social 사회적이 되고자 하는 예술.
② (서로 …을)바라다. deux hommes qui *se veulent* du bien l'un à l'autre 서로 행복하기를 바라는 두 사람.
s'en ~ ⓐ (상호적) 서로 원망하다. deux hommes qui *s'en veulent* à mort 서로 죽도록 미워하는 두 사람. ⓑ [~ de + *inf.*] (을)후회하다. Je m'*en veux de* ne pas avoir écouté vos conseils. 나는 당신의 충고를 듣지 않은 것이 후회됩니다.
— *n.m.* (문어)의지, 의욕; 의도. bon ~ 호의; (옛)선의. mauvais ~ 한 마음이 없음; (옛)악의. ~ -apprendre 학습의욕.

voulu(e) [vuly] (*p.p.*< *vouloir*) *a.p.* ① 요구된, 필요한, 마침 잘 된(exigé). formalités ~*es* par la loi 법률이 요구하는 형식[형식상의 수록]. ② 고의적인, 의도적인(délibéré). méchancetés ~*es* 의도적인[계획적인] 악의. C'est ~ (구어)그것은 고의적[의도적]이다, 우연한 일이 아니다.

✝vous [vu] *pron.per.* (2인칭 복수) ① (비강세형주어·직접목적보어·간접목적보어) 당신들[여러분들]은[을, 에게]. Venez quand ~ voudrez, ~ serez toujours le bienvenu[la bienvenue, les bienvenu(e)s]. 아무 때나 당신 좋으실 때 오십시오, 언제나 환영합니다. Toi et lui, ~ êtes mes meilleurs amis. 너와 그가 나의 가장 친한 친구들이오. Il ne ~ a jamais aimé(e)(aimé(e)s). 그는 결코 당신[여러분들]을 사랑하지 않았소. Je ~ en donne. 그것을 당신에게 드립니다.
② (대명동사의 보어) Vous ~ en repentez. 당신은 그것을 후회하는군요(본질적). Vous ~ êtes encore battus! 여러분들은 아직도 서로 싸우고 있소! (상호적). À quelle heure ~ êtes-vous levé? 당신은 몇시에 일어나셨읍니까? (재귀적).
③ (강세형) 당신, 여러분. ⓐ (주어·직접목적보어의 강조) V~, vous avez raison. 당신 말이 옳소. Il vous accuse, ~ ? 그가 당신을 몰래싸해, 당신을? ⓑ (속사) C'est ~. (그건) 당신이군요. ⓒ (전치사와 함께) C'est à ~. 이것은 당신의 것입니다. Vous avez du temps devant ~. 당신에게는 아직 시간이 있소. ⓓ (비교구문에서) Je suis plus âgé que ~. 나는 당신보다 연상이오. Je ne suis pas riche comme ~. 나는 당신같은 부자가 아닙니다.
④ (on의 보어격) Peut-on faire bonne mine à ces gens qui ~ insultent? 남을 모욕하는 저런 사람들에게 좋은 낯을 할 수가 있는가?
⑤ (상대방의 주의를 끌기 위한 허사적 간접목적보어) Dans sa colère, il ~ prit un bâton. 화가 난 그가 지팡이를 들었어. Elle sait ~ tenir un homme, celle-là. 그 여자는 말이나 남자를 다룰 줄 알아.
⑥ (명사적으로) employer le ~ en parlant à ses parents 자기의 부모님에게 말할 때에는 «vous»란 말을 쓰다.

vous-même(s) [vumɛm] *pron.per.* ⇨même.
vousoiement [vuzwamɑ̃] *n.m.* =**vouvoiement.**
vousoyer [vuzwaje] [7] *v.t.* =**vouvoyer.**
voussé(e) [vuse] *a.* 아치형(形)의.
vousseau [vuso] (*pl.* ~*x*) *n.m.* 〖건축〗홍예석.
voussoiement [vuswamɑ̃] *n.m.* =**vouvoiement.**
voussoir [vuswa:r] *n.m.* 〖건축〗=**vousseau.**
voussoyer [vuswaje] [7] *v.t.* =**vouvoyer.**
voussure [vusy:r] *n.f.* ① 〖건축〗(아치의)곡선; (문·창 상부의)아치형(形). ② 〖의학〗(가슴의) 원형비대.
***voûte** [vut] *n.f.* ① 〖건축〗둥근 천장, 궁륭(穹窿). ~ en plein cintre 반원형 궁륭. ~ d'arête 교차 궁륭. ~ en berceau 통형(筒形) 궁륭. ~ surhaussée [en ogive] 첨두형(尖頭形) 궁륭. en ~ 둥근 천장처럼 생긴. ② 둥근 천장같이 생긴 것. ~ d'arbres 둥근 천장을 이룬 수목들, 나무들의 터널. ~ d'un four [d'un caverne] 가마(지하실)의 원형 천장. ~ céleste [azurée, étoilée] 하늘. 〖해부〗 ~ crânienne [du crâne] 두개(頭蓋); ~ palatine 구개 (口蓋), 위턱.
voûté(e) [vute] *a.p.* ① 〖건축〗궁륭형의; (문어) 아치형의(arqué). ② (등·허리가) 굽은. 〖름.
voûtelette [vutlɛt] *n.f.* 〖건축〗소형 아치, 소궁
voûter [vute] *v.t.* ① 〖건축〗둥근 천장을 만들게 [활모양으로]굽게 하다. ② [~ *qn*](의 허리를)구부리다. L'âge *voûte* les vieillards. 나이가 많아짐에 따

voûtin

라 노인들은 허리가 굽어진다. —**se** — *v.pr.* ① 아치형이 되다. ② (허리가) 구부러지다. Il *se voûte* de plus en plus. 그는 점점 허리가 굽어진다.

voûtin [vutɛ̃] *n.m.* 소형 아치.

vouvoiement [vuvwamɑ̃] *n.m.* vous를 사용함(↔tutoiement). Le ~ est rare entre époux. 부부사이에서 vous를 사용하는 일은 드물다.

vouvoyer [vuvwaje] [7] *v.t.* (상대에게) vous를 사용하여 이야기하다(↔tutoyer). On *vouvoie* normalement les personnes qu'on ne connaît pas. 보통 잘 모르는 사람들에게는 vous를 사용한다.

vouvray [vuvrɛ] *n.m.* 부브레 포도주.

vouvrillon(ne) [vuvrijɔ̃, -ɔn] *a.* 부브레(*Vouvray*, 프랑스의 도시)의. —**V**— *n.* 부브레 사람.

vox populi [vɔkspɔpyli] 《라틴》 *n.f.* 민중의 소리, 여론. V~, vox Dei 민중의 소리는 곧 신(神)의 소리이다.

voyable [vwajabl] *a.* 《속어》만날 수 있는(visible). Ces gens-là ne sont pas ~s. 그 사람들을 만날 수가 없다. Je ne suis pas ~. 나를 만날 수는 없소.

‡**voyage** [vwajaːʒ] *n.m.* ① 여행; 여정. ~ à pied(en chemin de fer, en avion, par mer) 도보(철도·비행기·해상)여행. ~ d'agrément(touristique) 유람여행. ~ d'affaires 상용(商用)여행, 출장. ~ de noces 신혼여행. ~ d'études 수학(답사)여행. ~ organisé 단체여행. ~ au(de) long cours 긴 해상여행(항해). être(partir) en ~ 여행중이다(을 떠나다). faire un ~ en Italie 이탈리아 여행을 하다. rentrer de ~ 여행에서 돌아오다.
② 왕복; 심부름; (화물 따위의) 운반; (1회의) 운반량. train qui fait le ~ Paris-Le Havre 파리와 르아브르 사이를 왕복하는 열차. transporter une cargaison en trois ~s 화물을 3회로 운반하다. un ~ de charbon 석탄의 1회분 운반량.
③ ~ continu 〖법〗 (중립국을 통한)전시금제품(戰時禁制品)의 수입.
④ (환각제에 의한)환각상태. ~ au L.S.D., L.S.D.에 의한 환각상태.
Bon ~! 아무쪼록 즐거운 여행이 되시기를! souhaiter *bon* ~ à *qn* …에게 즐거운 여행이 되기를 빌다.
emmener en ~ 거짓 이야기를 꾸며 (사람을)속이다.
faire le grand ~; *faire le* ~ *de l'autre monde* 저 세상으로 떠나다, 죽다.
les gens du ~ 서커스 단원.
valoir le ~ 가볼 만하다. C'est un spectacle qui *vaut le* ~. 가볼 만한 연극(구경거리)이다.

*****voyager** [vwajaʒe] [3] *v.i.* ① 여행하다. ~ en France 프랑스 여행을 하다. ~ à travers l'Europe 유럽여행을 하다. ② 상용(商用)여행을 하다, 순회판매를 하다. ~ pour une maison d'édition 출판사의 판매업을 하여 순회하다. ③ (상품 따위가)수송되다, 운반되다. marchandise qui s'abîme *en voyageant* 운반중에 파손된 상품. ④ (환각제로 인해)환각상태에 빠지다. Le hachisch fait ~. 하시시는 환각상태에 빠지게 하다.

*****voyageur(se)** [vwajaʒœːr, -ʃːz] *n.* ① 여행자, 나그네; 관광객. ② (기차·버스 따위의)승객. Cette voiture peut contenir 80 ~s. 이 차는 80명의 승객을 수용할 수 있다. ③ 대여행가, 탐험가(explorateur), Marco Polo, ~ italien 이탈리아 대행의 대여행가, 마르코폴로. ④ 〖상업〗 외무원(~ de commerce). ⑤ 환각상태에 빠지는 사람.
—*a.* 《옛》 여행하는; 여행을 즐기는; 이주(이동)하는; 순회판매하는. commis ~ 외무원. pigeon ~ 전서구(傳書鳩).

voyageur-kilomètre [vwajaʒœːrkilɔmɛtr] *n.m.* 여객킬로 (철도·항공수송에서 승객 1인당 1킬로 수송했을 경우를 1여객 킬로로 하는 단위).

voyance [vwajɑ̃ːs] *n.f.* 〖심령술〗 투시력, 천리안(double vue).

voyant(e) [vwajɑ̃, -ɑ̃ːt] (*p.pr.*<*voir*) *a.* ① 눈에 보이는; 투시력이 있는, 천리안의. ② (빛깔이)화려한; 눈에 띄는(criard, tapageur). couleur ~*e* 요란한 색깔. cravate ~*e* 화려한 넥타이.
—*n.* ① 《옛》 예언자, 선지자(prophète). ② 천리안(투시력을 가진 자); 점장이. ③ 〖문학〗 견자(見者)(보통 사람이 알지 못하는 것을 느끼는 시인). Rimbaud le ~. 견자 랭보. ④ (눈 먼 사람에 대해) 눈 뜬 사람(↔aveugle).
—*n.m.* ① 표지; 지시등. ~ de balise 항로 [항공]표지. ~ d'huile (자동차의)유압(油壓)경고 램프. ② 〖측량〗 수준(水準)측량판; 〖해양〗 (등대선의)등표(燈標).

*****voyelle** [vwajɛl] *n.f.* ① 〖언어〗 모음. ~*s* orales (nasales) 구강(비)모음. ~*s* antérieures (postérieures) 전설(후설)모음. ~ ouverte (fermée) 개(폐)모음. ② 모음자 (a, e, i, o, u, y) (lettre ~).

voyer[1] [vwaje] 《옛》 *n.m.* 도로 담당관. —*a.m.* 도로 담당관의. agent ~ 도로 관리 (감시)인.

voyer[2] [7] *v.t.* ~ la lessive 〖염색〗 회즙(灰汁)을 (세탁물에) 넣다.

voyette[1] [vwajɛt] *n.f.* 〖염색〗 회즙통 (세탁용).

voyette[2] *n.f.* 〖산림〗 (사냥을 위한)숲속의 직선 소도로.

voyeur(se) [vwajœːr, -ʃːz] *n.* ① 타인의 정사 장면을 훔쳐보는 변태성욕자. —*n.m.* ② 《옛》불건전한 구경거리를 좋아하는 사람. —*n.m.* (남모르게 엿보는) 구멍. ③ 껄쟁이.

voyeurisme [vwajœrism] *n.m.* 남의 정사를 훔쳐보는 변태성욕.

voy-ez, -ons, etc. [vwaj-e, -ɔ̃] ⇨voir.

voyou(te) [vwaju, -ut] *n.* 〖구어〗 부랑자; 불량소년 (소녀), 깡패(vaurien) (※여성형 voyouse [vwajuːz], voyoute [vwajut]는 드물게 쓰이거나 사투리). —*a.* 부랑자의, 깡패의. langage ~ 깡패들이 사용하는 말.

voyoucratie [vwajukrasi] *n.f.* 〖구어〗 ① 폭력지배(정치), 깡패세상. ② 〖집합적〗 폭력단, 깡패.

voyouterie [vwajutri] *n.f.* 〖구어〗깡패의 언동, 깡패짓.

voyoutisme [vwajutism] *n.m.* 〖구어〗 깡패기질, 난폭한 기질, 무법적 행위.

V. Pub. 《약자》Vente Publique 공매.

vrac (en) [ɑ̃vrak] *loc.ad.* ① 뒤섞여서, 뒤죽박죽; 포장하지 않고. poser ses livres *en* ~ sur le bureau 책을 책상 위에 뒤죽박죽 쌓아놓다. ② (비유적) 정돈이 안 된 채, 난잡하게(en désordre). jeter ses idées *en* ~ sur le papier 자신의 생각을 되는 대로 종이에 갈겨쓰다.

‡**vrai(e)** [vrɛ] *a.* ① 참된, 진실의, 진정한(véritable, ↔ faux, illusoire). témoignage ~ 진정한 증언. bonté ~*e* 참된 친절. assertion ~*e* 틀림없는 주장. C'est la vérité ~*e*. 〖구어〗 그것은 틀림없는 진실이다. (중성대명사를 주어로) Il est ~ que … 가 진실 은 진실이다. (삽입절로) Il a bien des défauts, c'est ~, mais il a tant de talent. 그가 많은 결점을 가진 것은 사실이지만, 풍부한 재능을 가지고 있다. (C'est) Pas ~! 〖구어〗 그럴리가! 농담이겠지 (Sans blague!).
② 실제의, 사실의 (réel, ↔ imaginaire, fictif). ~*es* causes de ce phénomène 이 현상의 실제의 원인. histoire ~*e* 실화.

③《명사 앞에서》진짜의, 진품의; 그 이름에 합당한. ~es perles 진짜 진주. ~ héro 진짜 영웅. un ~ Anglais d'Angleterre 순수한 영국인.
④ 최상급의, 아주 좋은(supérieur, excellent). ~ moyen de sortir d'embarras 곤경에서 빠져나올 가장 좋은 방법.
⑤《비유적 표현에서의 강조》C'est un ~ paquet d'os. 정말 뼈만 남았군.
⑥《예술》사실적인. chairs ~es 살아있는 듯한 피부(의 느낌).
⑦ temps ~ 《천문》진태양시(眞太陽時).
C'est ~ comme l'Évangile. 성서만큼이나 확실하~ *de*《구어》진짜의, 틀림없는. └다.
—*n.m.* ① 진실된 것, 진실(vérité). distinguer le ~ du faux 진실을 오류와 구별하다.
② 사실(réalité); 사건의 진실. Le ~ de l'affaire c'est que... 사건의 진상은 …이다.
(Voici) *au* [*de*] ~ (ce qui s'est passé.) (그 사건은) 실은 (이렇다).
dire ~ 진실을 말하다.
être dans le ~ 지당하다. Vous êtes dans le ~. 지당한 말씀입니다.
pour de ~ 참말로, 실제로(vraiment).
—*ad.* ①《구어》(감탄사적으로) 정말로, 참말로. V~, tu acceptes? 정말, 너 승낙하는거니?
② 사실대로, 있는그대로. parler ~ 사실대로 말하다. acteur qui joue ~ 현실감있게 연기하는 배우.
:**vraiment** [vrɛmɑ̃] *ad.* ① 참말로, 확실히, (réellement). Croit-il ~ ce qu'il dit? 그는 자기가 한 말을 정말로 믿을까? L'aimez-vous ~? 당신 정말로 그를 사랑합니까? ②《강조》정말로, 대단히, 완전히, 매우(très). Il travaille ~ bien. 그는 정말 일[공부]을 잘 한다. ③《의문문에서 놀라다·의문 등을 표시》정말입니까? (Est-ce vrai?). Il est mort. —V~? 그는 죽었어요. 정말입니까?
*****vraisemblable** [vrɛsɑ̃blabl] *a.* ① 사실임직한, 있음직한, 정말인 듯한(probable). hypothèse ~ 사실임직한 가정[가설]. Il est ~ que + *ind.* …은 당연하다. Il est ~ que ce candidat échouera à l'élection. 이 후보자가 낙선될 가능성이 많다. Il n'est pas ~ que + *sub.* …인 것 같지 않다, …이라고는 생각되지 않는다. ②《예술》진실임직한, 진실다운. *Le vrai peut quelquefois n'être pas ~.* 진실은 이따금 진실같지 않을 수도 있다(Boileau의 말). 『임』
—*n.m.* 사실[진실]임직한 것[일], 있음직한 것
vraisemblablement [vrɛsɑ̃blabləmɑ̃] *ad.* ① 아마(도), 십중팔구(probablement). V~ il arrivera aujourd'hui. 아마 그는 오늘 도착할 것이다. ②《드물게》사실[진실]임직하게, 있음직한 듯이.
vraisemblance [vrɛsɑ̃blɑ̃s] *n.f.* 사실[진실]임직함, 있음직함, 정말인 듯함. Il n'y a pas de ~ à ce que vous dites. 당신이 한 말은 사실같지 않다. Il y a peu de ~ que + *sub.* …은 있음직한 일이 아니다. selon toute ~ 십중팔구로.
vraquier [vrakje] *n.m.* 《선박》 포장되지 않은 상품을 실어나르는 배.
V.R.D. 《약자》voirie, réseaux divers 《토목》 각 선도로(관리·공사).
vrillage [vrija:ʒ] *n.m.* ① 《식물》(실을 너무 드려서 생기는)피륙의 홈. ② (프로펠러·비행기 날개 따위의) 비틀림.
vrille [vrij] *n.f.* ① 《식물》 덩굴손, 권수(卷鬚). ② 나사송곳. percer la planche avec une ~ 나사송곳으로 널판지에 구멍을 뚫다. Son regard était une ~. (비유적) 그의 시선은 예민한 송곳같았다. yeux percés en ~; yeux en trou de ~《구어》오목하게 들어간 작은 눈. ③ 《항공》 선회강하(descente en ~). faire la ~; se mettre [tomber] en ~ 선회강하하다.
vrillé(e¹) [vrije] *a.p.* ① 《식물》 덩굴손이 있는. ② 나사송곳으로 구멍이 뚫린. ③ (실이)꼬인.
vrillée² [vrije] *n.f.* 《식물》 메꽃속(屬)의 식물.
vriller [vrije] *v.t.* 나사송곳으로 뚫다. —*v.i.* ① (실이)꼬이다. ② (비행기·꽃불 따위가)빙빙 돌며 오르다[내리다].
vrillerie [vrijri] *n.f.* ① 나사송곳 제조(소). ② 《집합적》 (목공·금은세공인의) 도구 한 벌.
vrillette [vrijɛt] *n.f.* 《곤충》나무좀의 일종.
vrillier [vrije] *n.m.* 나사송곳 제조인.
vrillifère [vrijifɛːr] *a.* 《식물》 덩굴손이 있는.
vrillon [vrijɔ̃] *n.m.* 《식물》 작은 나사송곳.
vrillonner [vrijone] *v.i.* 나사 모양으로 꼬이다.
vrombir [vrɔ̃biːr] *v.i.* ① (파리 따위가)윙윙거리다, 붕붕거리다(bourdonner). ② (모터 따위가)부르릉거리다(ronfler).
vrombissant(e) [vrɔ̃bisɑ̃, -ɑ̃ːt] *a.* 윙윙[붕붕·부르릉]거리는. motos ~es 부르릉거리는 오토바이.
vrombissement [vrɔ̃bismɑ̃] *n.m.* 윙윙[붕붕·부르릉]거리는 소리.
V.R.P.《약자》voyageur, représentant, placier 《상업》 출장대리 판매원.
V.S.¹《약자》① Votre Sainteté 로마교황의 존칭. ② Votre Seigneurie 프랑스 상원위원의 존칭. ③ Vieux Style 구력(舊曆).
V.S.²《음악·약자》Volti subito 《음악》(악보의 페이지를)빨리 넘겨라(Tournez vite).
vs [vɛrsys] *prép.* =versus.
V.S.C.《약자》Vin et Service Compris(호텔에서) 포도주·서비스로를 포함한.
V.S.V.《약자》vol sans visibilité 무시계(無視界)
V.T.《약자》vedette torpilleur 《해군》 초계수뢰
vte《약자》vente 판매. └정.
V¹ᵉ《약자》vicomte 자작(子爵).
Vᵗᵉˢˢᵉ《약자》vicomtesse 자작부인.
V.T.O.L.《영·약자》vertical take-off and landing 《항공》수직 이착륙.
V.T.T.《약자》véhicule transport de troupes 《군사》 부대수송차.
vu¹(e¹) [vy] 《*p.p.* < *voir*》 *a.p.* ① 보인. ni vu ni connu 《구어》 아무에게도 알려지지 않은. ② 이해된, 알아들은(compris). C'est bien *vu* ?; 《구어》*Vu* ? 알아들었소?
bien [*mal*] *vu* 잘[잘못] 보인, 호평을 받는[못받는]. Il est très *bien vu* dans le quartier. 그는 이 거리에서는 인망이 두텁다.
C'est tout vu. 《구어》뻔한 일이다, 이제 그 얘기는 듣기도 싫다.
—*n.m.* 보기; (직접 보고)조사하기. au *vu* et au su de tous [de tout le monde] 만인이 보는 앞에서, 공공연하게. C'est du déja *vu.* 《구어》새로울 것이 없다. sur le *vu* des pièces 서류 심사 후에.
—*n. être le bien vu* [*la bien vue*] *de qn* …의 마음
vu² *prép.* …에 비추어, …을 고려하여(en considérant, en égard à). *Vu* la qualité, ce n'est pas trop cher. 품질에 비추어 그렇게 비싼 것은 아니다. *vu* l'article 24 du Code pénal 형법 24 조에 의거하여. 《엣·사투리》[vu que + *ind.*] Il ne viendra pas *vu* qu'il est malade. 그는 병이 나 있기 때문에 오지 않을 것이다.
vu-arriver [vyarive] *n.m.* 《복수불변》 《상업》 상품 인도증서, 배달증명.

‡**vue²** n.f. ① 시각; 시력. troubles de ~ 시각장애. perdre la ~ 시력을 잃다, 실명하다. avoir bonne (mauvaise) ~ 시력이 좋다(나쁘다). seconde (double) ~ 투시력, 천리안(千里眼). avoir la ~ basse [courte] 근시이다.
② [~ de qc/qn] 보는 것. La ~ du sang l'a bouleversée. 피를 보고 그녀는 충격을 받았다. Sa ~ me rappelle de mauvais souvenirs. 그를 보면 불쾌한 추억이 되살아난다.
③ 시선(regard). porter [jeter] la ~ sur qc …을 향해 눈을 돌리다 [시선을 던지다]. détourner la ~ 시선을 돌리다.
④ 눈(yeux). Elle s'use la ~ à broder. 그녀는 수를 놓느라고 눈을 버린다. Une lumière trop vive fatigue la ~. 너무 강한 빛은 눈을 피로하게 한다.
⑤ 전망, 조망, 외관(panorama). De mes fenêtres, j'ai une belle ~ sur Paris. 내 창문에서 파리 시가가 한 눈에 (훤히) 보인다. (한정사·부가형용사 없이) On a de la ~. 전망이 좋다.
⑥ (그림·사진에서의) 풍경(paysage), 풍경화(사진) (tableau, image); 〖영화〗 촬영. ~ photographique 풍경사진. ~ de projection 슬라이드. prise de ~s 촬영.
⑦ (사물을 보는) 각도(면(面)·상(相)) (aspect). ~ de face [de côté] 정면 [측면].
⑧ (사물을) 보는 방식; (pl.) 견해, 의견(idée, vision). point de ~ 관점. au point de ~ instructif [historique] 교육적 [역사적] 관점 [견지]에서 (것이). donner une ~ d'instruction (histoire). exposer [présenter] ses ~s 자기의 견해를 밝히다 [진술하다]. échange de ~s 의견교환.
⑨ (pl.) (옛·문어) 목적, 계획; 의도(projet, dessein). Dites-moi vos ~s pour cet hiver. 올 겨울의 당신 계획을 말해보시오.
⑩ 〖법〗 (이웃이 들여다보이는) 창, 틈새(ouverture). condamner [boucher] des ~s 틈새를 막다, 창을 봉하다.
⑪ 〖고고학〗 (투구의) 안공(眼孔).
à la ~ de qn …의 목전에서, …을 보고. **à la ~ de tous** 만인이 보는 앞에서. **à la ~ de** l'ennemi 적을
à première ~ 언뜻 보기에는.
avoir des ~s pour qn …의 장래를 생각하여 여러 가지 계획을 세우다.
avoir des ~s sur qn …에 기대를 걸다, …을 점찍어 두다 (결혼 따위의 상대자로) (viser).
avoir qc en ~ …을 계획 [고려] 중이다 (se proposer, viser). Qu'avez-vous donc en ~? 그래, 어떻게 할 생각입니까?
avoir ~ sur qc (주어는 사물) …에 면하다. Ma chambre a ~ sur la mer. 내 침실은 바다를 향하고 있다.
à ~ ⓐ (눈으로) 보고. tirer à ~ 목표물을 보고 쏘다. piloter à ~ 시계(視界)비행하다. garder qn à ~ …을 (눈을 떼지 않고) 엄중 감시하다. changement à ~ 〖연극〗 (관객이 보는 앞에서) 무대장치의 변화. (비유적) 급격한 변화. ⓑ dessin à ~ 자재화(自在畵). ⓒ 〖상업〗 일람불(一覽拂). dépôt à ~ 일람불의 예금.
à ~ de pays (길 따위를 잘 모른 채) 지형만 보고, (옛) 대충 쪽 보고서도, 대충 짐작으로.
à ~ d'œil ⓐ 눈에 띄게 (visiblement). Elle a maigri à ~ d'œil. 그녀는 눈에 띄게 여위었다. ⓑ 재빨리 (en un clin d'œil). ⓒ …다.
connaître qn de ~ …를 본 일은 있다, 안면이 있다.
en mettre plein la ~ à qn; (옛) **donner dans la ~ à qn** …을 현혹시키다, …에게 훌륭하게 보이도록 하다 (éblouir).

en ~ ⓐ 눈에 보이는; 눈에 띄는 데에. Cette montre est bien en ~ dans la vitrine. 이 시계는 진열장 안에서 눈에 잘 띈다. mettre qn (qc) en ~ …을 눈에 띄게 놓다; 대중에게 알리다, 유명하게 만들다. ⓑ 눈에 띄는 지위에 있는, 저명한 (marquant). personnage en ~. 저명인사. ⓒ 가까운. Le succès est en ~. 성공이 눈앞에 보인다.
en ~ de qc [de + inf.] ⓐ …을 목적으로, …을 위해서 (pour). travailler en ~ d'un examen 시험준비를 하다. J'ai fait cela en ~ de vous faire plaisir. 당신을 기쁘게 해드리려고 그것을 했습니다. ⓑ …이 보이는 곳에서. sombrer en ~ de la côte 해안이 보이는 곳에서 침몰하다.
porter sa ~ loin dans l'avenir 먼 장래를 생각하다.
~ cavalière; ~ à vol d'oiseau 조감도.

Vulcain [vylkɛ̃] n.pr.m. ① 〖로마신화〗 불카누스 (불의 신). ② = forgeron. ③ V~ (des philosophes) 〖연금술〗 유황(soufre). **—v~** n.m. 〖곤충〗 큰멋장이나비의 일종 (vanesse).
vulcanales [vylkanal] n.f.pl. 〖고대로마〗 불카누스 (축)제 (火神祭); 8월 23일).
vulcanicité [vylkanisite] n.f. 〖지질〗 화산 (분화) 작용 (volcanisme).
vulcanien(ne) [vylkanjɛ̃, -ɛn] a. ① 〖로마신화〗 화신(火神) 불카누스 (Vulcain)의. ② 〖지질〗 화산(火山)의; (화산이) 분출성의, 스트롬볼리 (Stromboli) 식의. roches ~nes 화산암.
vulcanique [vylkanik] a. = **volcanique**.
vulcanisateur [vylkanizatœ:r] n.m. 〖공업〗 가황기 (加黃器) [장치].
vulcanisation [vylkanizɑsjɔ̃] n.f. 〖공업〗 (고무의) 가황 (加黃), 황화 (黃化).
vulcanisé(e) [vylkanize] a.p. 가황처리된. caoutchouc ~ 가황 [경질] 고무.
vulcaniser [vylkanize] v.t. 〖공업〗 (고무를) 가황하다, 황화하다, 경화하다. **—se ~** v.pr. (고무가) 가황되다, 황화되다, 경화되다.
vulcanisme [vylkanism] n.m. = **volcanisme**.
vulcanite [vylkanit] n.f. ① 〖지질〗 역류암(逆流岩). ② 경화 (硬化) 고무, 에보나이트.
vulcanologie [vylkanɔlɔʒi] n.f. 〖옛〗 화산학(學) (volcanologie).
vulcanologique [vylkanɔlɔʒik] a. = **volcanologique**.
vulcanologiste [vylkanɔlɔʒist], **vulcanologue** [vylkanɔlɔg] n.m. 〖옛〗 화산학자 (volcanologiste, vocanologue).
*****vulgaire** [vylgɛ:r] a. ① (경멸) 저속한, 속된, 비속한, 천박한, 상스러운 (bas, grossier). goûts ~s 저속한 취미. gens ~s 교양없는 사람들. mots ~s 상스러운 말. ② (옛·문어) 통속적인, 일반적인 (courant, populaire). langue ~ 통상어, 통속어 (↔ langue littéraire). latin ~ 통속 라틴어 (↔ latin classique). nom ~ d'une plante 식물의 일반명칭 (↔ nom scientifique). ③ (명사의 앞 또는 뒤에서) 평범한, 흔한, 보통의 (banal, commun). lecture ~ 일반독자. ~ passant de la rue 그 어떤 통행인.
—n.m. ① (옛) 일반인; 평민, 하층민. Il suit en cela l'opinion du ~. 그 점에서 그는 세인의 견해를 따른다. ② (문어) 저속함. tomber dans le ~ 저속함에 빠지다.
vulgairement [vylgɛrmɑ̃] ad. ① 일반 [통속] 적으로 (말하여), 속칭으로. L'astérie, ~ (dit) «l'étoile de mer» 속칭 「바다의 별」이라고 말하는 「불가사리」. ② (경멸) 저속하게, 야비하게, 상스럽게. parler ~ 상스럽게 말하다, 말투가 상스럽다.

vulgarisateur(trice) [vylgarizatœ:r, -tris] *n.* 《문어》(전문적 지식을 일반인에게 전하는)해설자, 통속화(대중화)시키는 사람. —*a* 통속화시키는.

vulgarisation [vylgarizasjɔ̃] *n.f.* 《옛·문어》(일반인에 대한 지식의) 보급(diffusion); (지식의) 대중화; 통속화(popularisation). ~ scientifique 과학 지식의 대중화. ouvrage de ~ (전문서적에 대한) 통속서적, 입문서(지식을 평이하게 풀이한).

vulgariser [vylgarize] *v.t.* ① 일반화[대중화]시키다; 보급시키다. ~ une science 학문을 대중화하다. ~ une mode 유행을 보급시키다. ②(경멸)야비하게 하다. ~ un air d'opéra par une prononciation canaille 상스런 발음으로 오페라곡을 천박하게 만들다.
—**se** — *v.pr.* ① 통속화[대중화]되다, 보급되다. ② 야비하게 되다.

vulgarisme [vylgarism] *n.m.* 통속적 어법, 비속한 표현.

vulgarité [vylgarite] *n.f.* ① 속됨, 저속성, 야비함 (bassesse, trivialité). ~ de ses manières 그의 태도의 저속함. ②《문어》범속, 범용(凡庸). ~ de l'existence moderne 현대생활의 범속성. ③ (*pl.*) 야비한 말(생각). dire des ~s 야비한 말을 하다.

Vulgate [vylgat] *n.f.* 《가톨릭》라틴어역(譯) 성서(4세기말 *Saint Jérome*에 의해 번역되어 16세기에 *Trente* 공의회에서 정식 채택되어 오늘에 이름).

vulgo [vylgo]《라틴》 *ad.* 《학술》(학명에 대하여)속칭으로, 일반적인 말로; 속된[상스러운] 말로 (vulgairement).

vulgum pecus [vylgɔmpekys]《라틴》 *n.m.* 《구어》 어리석은 백성, 백성의 어리석음. Cela dépasse le ~. 그것은 우매한 백성들에게는 이해하기 힘들다.

vulnérabilité [vylnerabilite] *n.f.* 《문어》손상될 수 있음, 손상되기 쉬움, 상처받기 쉬움; 허약함.

vulnérable [vylnerabl] *a.* ① 상처를 받기 쉬운, 손상되기 쉬운; 허약한, 취약한(fragile). En cet endroit, les tireurs sont ~s. 이 곳에서 사격수들은(적의 공격으로) 피해를 입을 수 있다[적의 공격에 노출되어 있다]. Il a la gorge ~. 그는 목이 약하다. place forte, ~ en un seul point 한 지점만이 취약한 요새. ②(비유적)약점이 있는, 약한. argument ~ 박약한 논거. Il est ~ à la critique. 그는 비평에 약하다. toucher *qn* en un point ~ …의 약점(허점)을 찌르다. ③《카드놀이》(브리지에서)세 판 승부에 한 판을 이기고 있는.

vulnéraire [vylnere:r]《옛》*a.* (식물·약이)상처를 고치는. —*n.m.* 약용 식물의 알코올 용액; 상처에 바르는 약, 외상약(外傷藥). —*n.f.* 《식물》콩과 (科)의 식물(anthyllis 의 속칭).

vulnérant(e) [vylnerɑ̃, -ɑ̃:t] *a.* ①《생물》상처를 생기게 하는, 다른 생물에게 상처를 입히는. ②《문어》상처를 입히는, 손상하는.

vulnération [vylnerasjɔ̃] *n.f.* 《옛》(외과의사가 잘못하여 입힌)상처, 창상(創傷).

vulpin [vylpɛ̃] *n.m.* 《식물》 둑새풀. ~ des prés 둑새풀.

vulpine [vylpin] *n.f.* 《식물》 큰둑새풀(vulpin des prés의 속칭이며 목초로 쓰임).

vultueux(se) [vyltɥø, -ø:z] *a.* 《학술》(얼굴이)뻘겋게 부은; 적혈색(赤血色)의, 붉은. visage ~ 뻘겋게 부은 얼굴.

vultuosité [vyltɥozite] *n.f.* 《학술》(얼굴이)뻘겋게 붓는 증세, 충혈성종창(充血性腫脹).

vulturidés [vyltyride] *n.m.pl.* 《조류》 독수리속(屬).

vulvaire [vylvɛ:r] *a.* 《해부》 음문(陰門)의.
—*n.f.* 《식물》 명아주의 일종.

vulve [vylv] *n.f.* ①《해부》 여자의 외음부(外陰部). ② 음문.

vulvite [vylvit] *n.f.* 《의학》 외음염(外陰炎).

vulvo-vaginal(ale, *pl. aux***)** [vylvɔvaʒinal, -o] *a.* 《해부》 외음질(外陰膣)의.

vulvo-vaginite [vylvɔvaʒinit] *n.f.* 《의학》 외음질염(炎).

vumètre [vymɛtr] *n.m.* (라디오·텔레비전의 제어실 따위에 설치된) 감시장치, 모니터.

V.V. 《약자》vol à voile 활공(滑空).
v/v 《약자》votre ville (상업) 귀지(貴地).
Vᵛᵉ 《약자》veuve 과부, 미망인.
VV.MM. 《약자》Vos Majestés 양폐하(兩陛下).
VV.NN.PP. 《약자》Vos Nobles Puissances 거룩한 제신(神)이여.
Vx, vx 《약자》vieux 고어(古語).
vx fr. 《약자》vieux français 고대 프랑스어.

W

W¹, w [dublœve] *n.m.* 프랑스 자모의 제 23 자 (외래어에만 쓰이며 독일어계의 것은 [v]로, 영어계의 것은 [w]로 발음됨).

W² 《약자》① Watt 《전기》 와트. ② wolfram 《화학》 텅스텐(tungstène); chromosome W 《생물》 W 염색체; moteur en W 《기계》 W 형 발동기. ③ 매물(賣物) 또는 수리중 (자동차 표지기호).

W. 《약자》ouest 《해양》 서(西), 서쪽.

W.A.A.C. 《영·약자》 Woman's Army Auxiliary Corps 육군 여자 보조부대.

W.A.A.F. 《영·약자》 Woman's Army Air Forces 공군 여자 보조부대.

wacapou [wakapu] *n.m.* 남미 기아나산(産)의 목재 (가구용) (wagapou).

wacke [wak] *n.m.* 《지질》 와케, 현무토(玄武土).

wacouf [wakuf] *n.m.* =**wakouf**.

wad [wad] *n.m.* 《광물》 망간토(土).

waders [wɛdœrs] 《영》 *n.m.* (낚시용)방수장화.

wading [wediŋ] 《영》 *n.m.* 수중낚시.

Wafd [wafd] *n.pr.m.* 와프드당(黨) (1919년에 결성된 이집트의 민주주의 당).

wafdiste [wafdist] *n.* et *a.* 와프드 당원. —*a.* 와프드 당의.

wagage [waga:ʒ] *n.m.* 《사투리》 하천의 찐득찐득한 흙 (비료용).

wagapou [wagapu] *n.m.* =**wacapou**.

wager-boat [wɛdʒərbo:t] 《영》 *n.m.* 경주용 보트.

wagnérien(ne) [vagnerjɛ̃, -ɛn] *a.* 《음악》 바그너 (*Richard Wagner*)의; 바그너 음악(가)의. opéras ~*s* 바그너(풍)의 가극. chanteur ~ 바그너 가극의 가수. —*n.* 바그너풍의 음악 찬미자.

wagnérisme [vagnerism] *n.m.* 바그너의 작곡법; 바그너풍.

wagnériste [vagnerist] *a., n.* =**wagnérien**.

wagnérite [vagnerit] *n.f.* 《광물》 와그네라이트.

wagon [vagɔ̃] 《영》 *n.m.* ① 《철도》(기차의)차량; 화차. ~ de voyageurs (de marchandises) 객차(화물차). ~ à bagages 수화물 화차. ~ à bestiaux 가축차. ② (일반적으로) 객차 (~ de voyageurs, voiture). ~ de première (de seconde) classe 1등 [2등] 차. ③ 화차 한 대의 적재량(용량). un ~ de légumes 한 차분의 야채. ④ (비유적) 대량. Il y en a un ~. 얼마든지 있다. ⑤ (동격) vert ~ (야채 따위가)푸르디 푸른, 싱싱한.

wagon-bar [vagɔ̃ba:r] (*pl.* ~*s*-~*s*) *n.m.* 《철도》 (바를 갖춘)차 (voiture-bar).

wagon-citerne [vagɔ̃sitɛrn] (*pl.* ~*s*-~*s*) *n.m.* (석유나 주류를 수송하는)액체 수송차.

wagon-couloir [vagɔ̃kulwa:r] (*pl.* ~*s*-~*s*) *n.m.* 《철도》 복도가 붙은 차.

wagon-écurie [vagɔ̃ekyri] (*pl.* ~*s*-~*s*) *n.m.* (경마용 말을 실어나르는)특수 마적차(馬積車).

wagon-foudre [vagɔ̃fudr] (*pl.* ~*s*-~*s*) *n.m.* 주류 (酒類) 운반차.

wagon-frein [vagɔ̃frɛ̃] (*pl.* ~*s*-~*s*) *n.m.* 《철도》 제동차(制動車).

wagon-lit [vagɔ̃li] (*pl.* ~*s*-~*s*) *n.m.* 《철도》 침대차 (voiture-lit).

wagonnage [vagɔna:ʒ] *n.m.* 차량에 의한 운송, 철도운송(편).

wagonnée [vagɔne] *n.f.* 한 화차의 적재량. 「ry).

wagonnet [vagɔnɛ] *n.m.* 광차(鑛車) (benne, lor-

wagonnette [vagɔnɛt] *n.f.* 소형 4륜마차. 「係).

wagonnier [vagɔnje] *n.m.* 《철도》 조차계(操車

wagon-poste [vagɔ̃pɔst] (*pl.* ~*s*-~) *n.m.* 《철도》 우편차.

wagon-réservoir [vagɔ̃rezɛrvwa:r] (*pl.* ~*s*-~*s*) *n.m.* =**wagon-citerne**.

wagon-restaurant [vagɔ̃rɛstɔ(o)rɑ̃] (*pl.* ~*s*-~*s*) *n.m.* 《철도》 식당차 (voiture-restaurant).

wagon-salon [vagɔ̃salɔ̃] (*pl.* ~*s*-~*s*) *n.m.* 《철도》 살롱식 특등열차 (voiture-salon).

wagon-tombereau [vagɔ̃tɔ̃bro] (*pl.* ~*s*-~*x*) *n.m.* 《철도》 무개차(車), 석탄차.

wagon-trémie [vagɔ̃tremi] (*pl.* ~*s*-~*s*) *n.m.* 《철도》 호퍼차(車).

wah(h)abites [waabit] *n.m.pl.* 《역사》 와하브교도 (18세기 아라비아의 *Abd-al-Wahab*가 시작한 회교의 청교도).

wakouf [wakuf] *n.m.* (회교 사원에 속하는)부동산.

Walhalla [valalla] *n.pr.m.* 《스칸디나비아신화》 (영웅적인 전사자가 가는)천국.

walkie-talkie [wɔkitɔki] 《영》 *n.m.* 워키토키 (휴대용 무선 송수신기).

walk-over [walkɔvœr] 《영》 *n.m.* ① 《경마》 한 마리만 뛰는 무경쟁의 경마. ② (비유적) 부전승(不戰勝). gagner par ~ 부전승하다.

Walkyrie [valkiri] *n.f.* ① 《신화》 발키리 (*Odin*의 명을 받아 전쟁의 승패를 결정하고, 전사자를 천국(*Walhalla*)으로 인도하는 세 여신 중의 하나). ② (*w*~) 여걸(matrone).

wallace [valas] *n.f.* 《구어》 (파리 시가의)분수식 수도 (영국인 *Richard Wallace*가 파리에 기부한) (fontaine W~). 「도(諸島).

Wallis [walis] *n.pr.* les îles ~ 《지리》 월리스 제

wallisien(ne) [walizjɛ̃, -ɛn] *a.* 월리스 제도의. —**W**~ *n.* 월리스 제도(사람).

wallon(ne) [walɔ̃, -ɔn] *a.* 발론(사람)의, 발론어의. le Pays ~ 발론 지방. littérature ~*ne* 발론(지방) 문학. —**W**~ *n.* 발론 사람. —*n.m.* 발론 어(語) (벨기에 남부에서 쓰이는 프랑스어의 사투리).

wollonner [walɔne] *v.i.* 발론 사람처럼 말하다, 발론어로 말하다.

Wallon(n)ie [walɔni] *n.pr.f.* 《지리》 발론 지방 (벨기에 남동부).

wampum [wɑ̃pœm] *n.m.* (아메리카 인디언의)조개껍데기로 만든 목걸이.

wapiti [wapiti] *n.m.* 《동물》 (북미산의)고라니.

warpage [warpa:ʒ] *n.m.* =**ourdissage**.

warpeur [warpœ:r] *n.m.* 《직조》 =**ourdisseur**.

warrant [w(v)arɑ̃(:t)] 《영》 *n.m.* ① 《법》 영장 (체포·구속영장 따위). ② 《상법》 창고증권.

warrantage [w(v)arɑ̃ta:ʒ] *n.m.* 《상법》 창고증권의 발행.

warranté(e) [w(v)arɑ̃te] *a.p.* (상품 따위가)창고증

warranter [w(v)arātǝr] v.t. 《상법》 (보관된 화물에 대해)창고증권을 발행하다.

washingtonia [wa∫iŋtɔnja] n.m. 《식물》 워싱턴 종려(棕櫚).

Wassermann [vasərman] n.pr. 바세르만《독일의 세균학자, 1866~1925》. réaction (épreuve) ~ 바세르만 반응(검사).

wassingue [w(v)asɛ̃:g] n.f. 행주, 걸레.

water-ballast [watɛrbalast] 《영》n.m. 《해양》(물의 무게로 배의 안정을 유지하기 위해) 배 밑바닥에 마련된 물탱크.

water-closet(s) [watɛrklozɛt] 《영》n.m. pl. (수세식)변소, 화장실(W.-C.).

watergang [watɛrgɑ̃(:g)] 《네덜란드》n.m. (해면 이하 평지의)배수구(운하).

wateringue [watarɛ̃:g] n.m.[f.] 《사투리》① (북프랑스·벨기에·네덜란드 지방의)해면 이하 평지의 배수공사. ② 배수공사조합.

waterman(men) [watɛrman, -mɛn] 《영》n.m. 수저굴착기(水底掘鑿機). 「(水球).

water-polo [watɛrpolo] 《영》n.m. 《스포츠》수구

waterproof [watɛrpruf] 《영》a. (불변)방수 가공된; 방수의. —n.m. 방수가 된 물건; 《옛》레인코트 (imperméable).

waters [water, 《속어》vater] 《영》n.m.pl. 《속어》화장실, 변소(water-closet). aller aux ~s 화장실에

watt [wat] n.m. 《전기》와트(전력단위). ᄂ가다.

wattage [wata:ʒ] n.m. 《전기》와트수(數).

watté(e) [wate] a. 《전기》유효(有效)의(actif). courant ~ 유효전류. composante ~e (교류의)유효분(有效分). 「와트시(時).

watt-heure [watœ:r] (pl. ~s—s) n.m. 《전기》

watt-heuremètre [watœrmɛtr] n.m. 《전기》전력계(電力計), 와트시계.

wattman (pl. **mans, men**) [watman, -mɛn] n.m. 《옛》(전차·전기기관차 따위의)운전사; (자동차의)운전사(chauffeur).

wattmètre [watmɛtr] n.m. 《전기》전력계.

Wb 《약자》weber 《물리》웨버.

W.-C., w.-c. [dublavese, 《구어》vese] (<《영》water-closet) n.m.pl. 《영》변소, 화장실(waters).

wealdien(ne) [wi(ɛ)ldjɛ, -ɛn] 《지질》a. 윌덴층(層). —n.m. 윌덴층.

weber [vebɛ:r] (< *Weber*, 독일의 물리학자) n.m. 《물리》웨버 (자속(磁束)의 단위:《약자》Wb).

wédélie [wedeli] n.f. 《식물》(열대산)국화과의 1

wedelin [we(e)dlɛ̃] n.m. 작은 나룻배, 《W~s n.pr.m.pl. 《역사》벤드족(族) (독일 동부 색스니 상류지방에 사는 슬라브인)(Sorabe).

week-end [wikɛnd] 《영》n.m. 주말, 주말 휴가. passer son ~ à la campagne 주말을 시골에서 보내다. partir en ~ 주말여행을 떠나다. Bon ~! 즐거운 주말을 보내소서.

weekendard [wikɛndaːr] n.m. 《속어》주말여행자.

Wehrmacht [vɛrmakt] n.f. (나치스 시대의)독일 국방군(육·해·공군의 총칭) (velche).

welche, welshe [vɛl∫(ǝ)] n. 독일인이 외국인을 가리켜서)야만인. —a. 야만적인.

wellingtonia [wɛliŋtɔnja] n.m. 《식물》세쿼이아 (미국산 거대한 삼나무과(科)식물)(séquoia).

weltanschauung [vɛlt∫au̯uŋ] 《독일》n.f. 《철학》세계관. 「(mi-moyen).

welter [vɛltɛ:r] 《영》n.m. 《권투》웰터급(의 선수)

wende [vɛnd] 《독일》n.m. 벤드어(語). —W~s n.pr.m.pl. 《역사》벤드족(族) (독일 동부 색스니 상류지방에 사는 슬라브인) (Sorabe).

wergeld [vɛrgɛld] 《독일》n.m. 《역사》(프랑크 시대에 피해자의 가족에게 지불한)살인 배상금.

werthérisme [vɛrterism] n.m. 《문학사》병적인 감상주의 (《Gœthe의 소설「젊은 베르테르의 슬픔」의 주인공에서 유래》).

wesleyen(ne) [wɛsleje, -ɛn] a. 웨슬리 교파의 《영국의 메더디스파의 창시자 *John Wesley*에서》 (méthodiste). méthodisme ~ 메더디스트교, 감리교. —n. 감리교 신자.

wester-dynamite [wɛstɛrdinamit] n.f. 면화약(綿火藥)의 일종.

western [wɛstɛrn] 《영》n.m. 《영화》서부극, 서부 영화. ~-spaghetti 이탈리아식 서부영화. ~-soja (서부영화와 유사한 극동지방의)무술영화.

westphalien(ne) [vɛs(t)faljɛ̃, -ɛn] a. 베스트팔리아 (*Westphalie*, 독일의 주)의. —W~ n. 베스트팔리아 사람.

Wh 《약자》watt-heure 《전기》와트시(時).

wharf [warf] 《영》n.m. 부두, 선창(quai). droit de ~ 부두 사용료.

whig [wig] 《영》n.m. 《영국사》휘그당원《17~18세기초 민권주의를 주창한》. —a. 휘그당의. parti ~ 휘그당.

whiggism [wigism] (<《영》*whig*) n.m. 《영국사》① 휘그당의 주장. ② 휘그당, 민권당.

whipcord [wipkɔrd] 《영》n.m. 《직물》(올이 밴)영국산 능직물 《운동복·실내장식품용으로 쓰임》.

whisky [wiski] (pl. *ys, ies*), **whiskey** [wiske] 《영》n.m. ① 위스키. ~ écossais 스카치 위스키. ② 컵한 잔의 위스키(un verre de ~). boire un ~ nature (soda) 스트레이트 위스키[위스키 소다] 한 잔을 마시다.

whist [wist] 《영》n.m. 휘스트《카드놀이의 일종》.

whisteur(se) [wistœ:r, -ø:z] (<*whist*) n. 휘스트놀이를 하는 사람.

white-spirit, white spirit [wajtspirit] 《영》n.m. 《화학》화이트스피릿《분류온도 149~200°C에서 얻어지는 공업용·가솔린》.

wicket [wikɛt] 《영》n.m. (크리켓의)삼주문(三柱門).

wiclefisme [wiklefism] n.m. 《종교사》위클리프 (*Jean Wiclef*, 영국의 종교개혁자)의 교리(교파).

wiclefiste [wiklefist] 《종교사》n. 위클리프의. —n. 위클리프파의 신도. 「의 일종.

wiesnérie [vi(vjɛ)sneri] n.f. 《식물》질경이택사

wigwam [wigwam] 《미》n.m. 북미토인의 천막집; (pl.)북미 토인의 천막촌.

winch [wint∫] (pl. ~*es* [wint∫, wint∫ɛs]) 《영》n.m. (요트의 돛을 올리는)윈치.

winchester [wint∫ɛstɛr] n.f. 연발소총.

wintergreen [wintɛ(ǝ)rgrin] 《영》n.m. 동록유(冬綠油) 《철쭉잎에서 채취한 향유》 (essence de ~).

wisigoth(e) [vizigo, -ɔt] 《역사》a. 서(西)고트(*Goth*)의. art ~ d'Espagne 에스파냐의 고트예술. —W~ n. 서고트 사람; (pl.)서고트족.

wisigothique [vizigɔtik] a. 《역사》서(西)고트의 (wisigoth). écriture ~ 서고트 문자.

wiski [wiski] 《영》n.m. 《옛》경(輕)2륜마차.

wistarie [vistari] n.f., **wistaria** [vistarja], **wisteria** [visterja] n.m. 《식물》등나무.

withérite [v(w)iterit] n.f. 《광물》독중석(毒重石) (*Baryum*의 원광).

witloof [witlɔf] n.f. 《식물》 풀상치의 일종.

W.L. 《약자》wagons-lits 《철도》침대차.

W.O. 《약자》walk-over 독주(獨走).

wolfram [vɔlfram] 《독일》n.m. 《광물》볼프람, 텅스텐. mines de ~ 텅스텐 광산.

wolframite [vɔlframit] n.f. 《광물》볼프람철광, 철망간 중석. 「(灰石).

wollastonite [vɔlastɔnit] n.f. 《광물》규회석(硅

wombat [wɔ̃ba] n.m. 《동물》(오스트레일리아산

의)주머니곰(phascolome).
won [wɔn] n.m. (복수불변) 원(한국의 화폐단위).
wooba [wuba] n.f. 《의학》(중근동지방에 흔한) 심한 설사가 따르는 전염병, 유행성 설사병.
Wood [wud] n.pr. 우드(미국의 물리학자). lumière de ~ 우드 광선(자외선의 하나).
woofer [wufœr] 《영》 n.m. 저음(재생)스피커.
wootz [vuts] n.m. 《야금》 인도 철강.
workhouse [wœ(ɔ)rkaus] 《영》 n.m. ① 감화원, (경범죄자의)노역소(勞役所). ② 빈민원(貧民院).
wormien [vɔrmjɛ̃] (< *Worm*, 덴마크의 의학자) a.m. 《해부》 위름의. os ~ 위름씨(氏)뼈.
W.R. 《약자》 wagon-restaurant 《철도》 식당차.
wrightie [vriti, raiti] n.f. 《식물》 라이티아(협죽도과의 식물).
writ [rit] 《영》 n.m. 영장(令狀).

wtt 《약자》 watt 《전기》 와트.
wulfénite [vylfenit] n.f. 《광물》 황연광(黃鉛鑛).
wü(u)rmien(ne) [vyrmjɛ, -ɛn] (< *Würm*, 독일의 호수와 강의 이름) a. 뷔름의; 《지질》 뷔름 빙기(氷期)의. glaciation ~ne 뷔름 빙하작용《제 4 기의 최후 빙하작용》. régression ~ne 뷔름 빙하의 해퇴(海退).
wurtembergeois(e) [vyrtɛ̃bɛrʒwa, -az] a. 뷔르템베르크(*Wurtemberg*, 독일 남서부의 주)의.
— **W~** n. 뷔르템베르크 사람.
WW immatriculation de livraison 인도(引渡)번호(자동차의 표지기호).
wyandotte [v[w]jãdɔt] n.m.[f.] 《농업》 와이언도트종(種)(미국산 닭의 일종). — a. 와이언도트종의. poule ~ 와이언도트종의 암탉.

X

X, x [iks] n.m. ① 프랑스 자모의 제 24 자. ② X 모양의 것. en X, X 모양의. Les deux routes font un X. 두 길은 X 자형으로 교차하고 있다. ③ 로마자의 10. ④ 《수학》 미지수(x); (구어) 밝히고 싶지 않은 사람(물건). axe des x, x 축. Monsieur X 모(某)씨. ⑤ chromosome X 《생물》 x 염색체. ⑥ rayons X X 광선. ⑦ L'X (구어) 이공과대학(*École polytechnique*), un X 이공과대학생(polytechnicien). ⑧ les x[X] 《옛》 수학.
xanthate [gzãtat] n.m. 《화학》 크산틴산염(酸塩).
xanthe [gzã:t] n.m. 《동물》 부채게.
xanthéine [gzãtein] n.f. 《화학》 크산테인.
xanthélasma [gzãtelasma] n.m. 《의학》 황색증(症).
xanthène [gzãtɛn] n.f. 《화학》 크산텐(용해성의 황색 색조).
xanthie [gzãti], **xanthia** [gzãtja] n.f. 《곤충》 밤나방의 일종.
xanthine [gzãtin] n.f. 《화학》 크산틴(혈액·간·오줌에 함유됨).
xanthique [gzãtik] a. =xanthogénique.
xanth(o)- préf. 「황색」의 뜻.
xanthochromie [gzãtɔkrɔmi] n.f. 《의학》 (피부의)황염(黃染), 황변(黃變), 색(色).
xanthoderme [gzãtɔdɛrm] a. 《인류》 (인종이)황색의.
xanthogène [gzãtɔʒɛn] n.m. 《옛》《화학》 황화탄소(黃化炭素).
xanthogénique [gzãtɔʒenik] a. acide ~ 《화학》 크산틴산(酸).
xantholin [gzãtɔlɛ̃] n.m. 《곤충》 반날개류(類).
xanthoma [gzãtɔma], **xanthome** [gzãtɔm] n.m. 《의학》 황색종(黃色腫).
xanthophylle [gzãtɔfil] n.f. 《생화학》 크산토필, 엽황소(葉黃素).
xanthopsie [gzãtɔpsi] n.f. 《의학》 황시증(黃視症).
xanthorrhée [gzãtɔre] n.f. 《식물》 크레아속(屬)(백합과의 상록관목).
x. bon. 《약자》 ex-bonification 《주식》 특별배당(落).
Xbre 《약자》 décembre 12 월.
x.c(oup). 《약자》 ex-coupon 《주식》 이권락(利券落).
x.d. 《약자》 ex-dividende 《주식》 배당락(落).
x.dr. 《약자》 ex-droits 《주식》 신주권리락(新株權利落).
Xe 《약자》 xénon 《화학》 크세논.

xénage [ksena:ʒ] n.m. 《고대그리스》 ① 외국인의 안내인. ② 보병대의 지휘권.
xénagie [ksenaʒi] n.f. 《고대그리스》 ① 보병대의 지휘. ② (256 명의)보병대.
xenagos(pl. **oi**) [ksenago:s, -ɔi] 《그리스》 n.m. 《고대그리스》 (스파르타의)보병부대 지휘관.
xénarque [ksenark] n.m. =xenagos.
xénarthres [ksenartr] n.m.pl. 《동물》 빈치포유류(貧齒哺乳類)의 일종.
xénélasie [kseneIazi] n.f. 《고대그리스》 외국인 배척.
xén(o)- préf. 「다른·외국(인)의」의 뜻.
xénodiagnostic [ksenɔdjagnɔstik] n.m. 《의학》 (실험)동물진단법, 외인(外因)진단법.
xénogamie [ksenɔgami] n.f. 《식물》 타화수정(他花受精).
xénogénèse [ksenɔʒenɛ:z] n.f. 《생물》 이형발생(異形發生).
xénographie [ksenɔgrafi] n.f. 외국문자의 연구; 외국어 연구.
xénomane [ksenɔman] a. 외국인을 숭배하는. — n. (위)의 사람.
xénomorphe [ksenɔmɔrf] a. 《지질》 타형(他形)크세논.
xénon [ksen3] n.m. 《화학》 크세논.
xénoparasitisme [ksenɔparazitizm] n.m. 《의학》 이물기생(異物寄生).
xénophile [ksenɔfil] 《드물게》 a. 외국인을 좋아하는 (↔ xénophobe). — n. (위)의 사람.
xénophilie [ksenɔfili] n.f. 《드물게》 외국인을 좋아함(↔ xénophobie).
xénophobe [ksenɔfɔb] a. 외국인(것)을 싫어하는. — n. (위)의 사람.
xénophobie [ksenɔfɔbi] n.f. 외국인(것)을 싫어함.
xénoplastique [ksenɔplastik] a. 《생물·의학》 이종이식(異種移植)의.
xéranthème [kserãtɛm] n.m. 《식물》 깔깔인화, 왜국화.
xérasie [kserazi] n.f. 《의학》 모발 건조증.
Xérès [kseres, gzerɛs] n.pr. 《지리》 헤레스(*Jerez*, 에스파냐의 도시). — **x~** n.m. 헤레스산 셰리주(vin de X~).
xérocopie [kserɔkɔpi] n.f. 제록스(*xérox*) 복사.
xérodermie [kserɔdɛrmi] n.f. 《의학》 피부 건조증.
xérographie [kserɔgrafi] n.f. =xérocopie.

xérophage [kserɔfa:ʒ] *a.* 마른 음식을 먹는.
xérophagie [kserɔfaʒi] *n.f.* ① 건조식(食)의 섭취. ② 〖종교사〗 (원시 기독교회의)대재(大齋)《빵·물·소금·생야채만을 먹는 단식일》.
xérophile [kserɔfil] *a.* 〖식물〗 건조한 곳에서 자라는, 건생(乾生)의.
xérophthalmie [kserɔftalmi] *n.f.* 〖의학〗 안구(眼球) 건조증.
xérophytes [kserɔfit] *n.f.pl.* 〖식물〗 (건조지대에서 자라는)건생 식물.
xérosis [kserozis] *n.m.* 〖의학〗 결막 건조증.
xérus [kserys] *n.m.* 〖동물〗 (아시아·아프리카산의)작은 다람쥐.
xi [ksi] *n.m.* 그리스 자모의 제14자《Ξ, ξ 프랑스 자모의 X에 해당》.
xième [iksjɛm] *a.* x 번째의.
ximenia [ksimenja], **ximénie** [ksimeni] *n.f.* 〖식물〗 크시메니아《열대 식물, 열매는 식용》.
xiphias [ksifja:s] *n.m.* 〖어류〗 황새치.
xiphidion [ksifidjɔ̃] *n.m.* 〖곤충〗 어리쌕새기 무리.
xipho [ksifo] *n.m.* 〖어류〗 =**xiphophore**.
xiphoïde [ksifɔid] *a.* 〖해부·식물〗 칼 모양의. appendice ~ 검상(劍狀)돌기.
xiphoïdien(ne) [ksifɔidjɛ, -ɛn] *a.* 〖해부〗 검상(劍狀)돌기의.
xiphophore [ksifɔfɔ:r] *n.m.* 〖어류〗 (멕시코 만에서 나는)검미류(劍尾類)《송사리과(科)》.
xiphosures [ksifozy:r] *n.m.pl.* 〖동물〗 (절지 동물의)검미류(類).
xographie, X-Ographie [iksɔgrafi] *n.f.* 채색 부각 사진술, 조그라피.
xographique [iksɔgrafik] *a.* 조그라피의.
X.P. 《약자》exprès payé 《우편》 속달요금 선납.
xylène [ksilɛn] *n.m.* 〖화학〗 크실렌《무색 액체상의 방향족 탄화수소》.
xylidine [ksilidin] *n.f.* 〖화학〗 크실리딘《아미린류의 염료원료》.
xylite [ksilit] *n.f.* 〖화학〗 크실리트《크실렌의 니트로화(化)에 의한 화약》.
xyl(o)- *préf.* 「나무」의 뜻.
xylocope [ksilɔkɔp] *n.m.* 〖곤충〗 어리호박벌속.
xyloculture [ksilɔkylty:r] *n.f.* 목화 재배.
xylographe [ksilɔgraf] *n.m.* 목판(木板) 조각사.
xylographie [ksilɔgrafi] *n.f.* 목판 조각; 목판 인쇄; 목판화.
xylographique [ksilɔgrafik] *a.* 목판술(인쇄)의.
xyloïde [ksilɔid] *a.* 목질(木質)의, 목재 비슷한.
xyloïdine [ksilɔidin] *n.f.* 〖화학〗 크실로이딘, 질화(窒化)녹말.
xylol [ksilɔl] *n.m.* =**xylène**.
xylolâtrie [ksilɔlɑtri] *n.f.* 목상(木像)예배.
xylolâtrique [ksilɔlɑtrik] *a.* 목상예배의.
xylolithe [ksilɔlit] *n.f.* 화석수목(化石樹木).
xylologie [ksilɔlɔʒi] *n.f.* 목재론(木材論).
xylométrie [ksilɔmetri] *n.f.* 목재의 용적 측정법.
xylonite [ksilɔnit] *n.f.* 사일로나이트《셀룰로이드같이 투명한 물질》.
xylophage [ksilɔfa:ʒ] *a.* 나무를 파먹는. — *n.m.* 나무좀.
xylophone [ksilɔfɔn] *n.m.* 〖음악〗 실로폰, 목금(木琴).
xylose [ksilo:z] *n.m.* 〖화학〗 크실로즈, 목당(木糖).
xylotome [ksilɔtɔm] *a.* 〖곤충〗 나무에 구멍뚫는.
xyste [ksist] *n.m.* 〖고대그리스〗 실내경기장.
xystique [ksistik] 〖고대그리스〗 *a.* 실내경기장의. — *n.m.* 실내경기자.
xystophore [ksistɔfɔ:r] (고대 페르시아의)창병(槍兵).
xystre [ksistr] *n.m.* 〖치과〗 치석 제거기.

Y

Y¹, y¹ [igrɛk] *n.m.* ① 프랑스 자모의 제25자. ② Y 자형(의 것). montage en Y 〖기계〗 Y형 연결〔조립〕. ③ 〖수학〗 제 2 의 미지수 (**y**). axe des "y" y 축(軸). ④ chromosome Y 〖생물〗 Y 염색체.
Y² 《약자》yttrium 〖화학〗 이트륨.
y² [i] *ad.* ① 《장소: à, en, dans, sur… +(대)명사를 대신》거기에, 거기서. Connaissez-vous la Provence? – J'y suis allé. 프로방스를 아십니까? 거기에 다녀온 일이 있읍니다. Il y a vécu plusieurs années. 그는 여러 해 동안 거기에 살았다.
② 《장소의 이동을 나타내는 동사와 함께; 행위의 목적을 표시》그러기 위해. Vas-tu danser? – Oui, j'y vais avec Jeanne. 너 춤추러 가니? 응, 잔과 함께 갈거야.
③ 《허사》On n'y voit pas à 5 mètres. 5 미터 앞이 보이지 않는다.
Ça y est! 그렇다, 그거야; 됐다, 좋아; 그럴 줄 알았어, 바로 생각했던 대로야.
il y a⇨avoir ⑨.
il y va de… ⇨aller.
Je n'y suis pour personne. 누가 오든지 내가 없다고 하시오, 나는 아무도 만나고 싶지 않소.
y être ⓐ 집에 있다. Madame y est-elle? 부인께서는 댁에 계십니까? ⓑ 준비되었다. Y êtes-vous? 준비되셨읍니까? ⓒ 이해하다, 맞추다. J'y suis. 알았다. Vous y êtes. 옳습니다, 맞습니다. ⓓ (계산 따위가) 맞다. Le compte y est. 계산이 맞는다.
y être pour qc …에 관계〔책임〕가 있다. Je n'y suis pour rien. 나는 그 문제에 대해서 전혀 책임〔관계〕이 없다.
— *pron.* 《불변》① ⓐ《à+사물명사·중성대명사·부정법을 대신》J'ai reçu sa lettre et j'y ai répondu. 나는 그의 편지를 받고 답장을 썼다. Réveillez-moi à six heures: surtout pensez-y. 6 시에 나를 깨워주시오, 제발 (그것을)잊지 마시오. ⓑ《절을 대신》Partez, j'y consens. 떠나시오, 나는 그걸 허락하오 (Je consens *à ce que vous partiez*). ⓒ《〖드물게〗à+인물대명사를 대신》Cet homme-là, ne vous y fiez pas. 저 사나이는 신용해서는 안 된다. ⓓ《속어》그(녀)에게(lui). J'y ai dit. 나는 그에게 말했다.
② 《〖드물게〗전치사가 à 이외의 경우》Son aide, n'y comptez pas. 그의 도움을 기대하지 마시오 (ne comptez pas *sur son aide*). Transmettez-lui mon bon souvenir. – Je n'y manquerai pas. 그에게 안부〔인사〕를 전해주세요. 잊지않고 전하죠 (Je ne manquerai pas *de lui transmettre…*).
REM (1) **y** 는 일반적으로 사물명사를 대신하며,

인물명사에 대해서는 lui, leur 등 인칭대명사가 쓰인다: Je pense *aux vacances*. → J'y pense. Je pense à mes parents. → Je pense *à eux*. (3), 상황·문맥에 의해 사람을 나타내는 것이 명백할 때는 y의 사용도 가능함: Je ne m'y fie pas, à cette personne. 나는 이 사람을 믿지 않는다. (2) 제한을 나타내는 ne... que 의 구문 속에서 y 대신 à cela, à lui 가 쓰임: Je ne pense qu'à cette affaire. → Je *ne* pense *qu'à cela*(*à elle*). (3) s'efforcer, être obligé(forcé, contraint)은 de+*inf*. 로 이어지나 대명사는 y 를 택함: J'y suis obligé.
Rien n'y faisait. 무엇을 해도 별 수가 없었다, 모두 허사였다.

ya [ja]《속어》=il y a.
yachmak [jakmak] *n.m.* (회교도 부인의)베일.
yacht [jɔt, jak(t)]《네덜란드·터키》 *n.m.*《영》요트. ~ à glace(특히 캐나다의)빙상(氷上)범선.
yacht-club [jɔtklœb]《영》 *n.m.* 요트 클럽.
yachteur [jɔtœːr] *n.m.* 요트 조종자.
yachting [jɔtiŋ, jaktiŋ]《영》 *n.m.* 요트 조종.
yacht(s)man(*pl.* **men**) [jɔ(ja(k))tman, -mɛn] *n.m.*, **yachtwoman** (*pl.* **women**) [jɔ(ja(k))twuman, -wumɛn]《영》 *n.f.* 요트 조종자.
ya(c)k [jak] *n.m.*《동물》(티벳 지방의)야크, 이우(犛牛).
yag(h)ourt [jagurt], **ya(h)ourt** [jaurt] *n.m.* 요구르트, 응유(凝乳).
Yakoutes [jakut] *n.m.pl.* 《지리》야쿠트인(동부 시베리아의 터키 인종).
yaka [jaka](Il n'y a qu'à ... 의 속된 발음)…하기만 하면 된다, …으로 충분하다(Il suffit de…).
Yakoutsk [jakutsk] *n.pr.* 《지리》야쿠츠크 (시베리아 중부의 자치공화국).
yamen [jamɛn]《중국》 *n.m.* 아문(衙文), 관아(官衙) (중국·청조의 관청).
Yang-tsé-kiang (**le**) [ləjãŋtsekjɑː] *n.pr.m.* 《지리》 양자강.
yankee [jɑki, jɑŋki]《영》 *n.* 양키, 미국인.
—*a.* 양키의, 미국인의. armées ~s 미군.
yaourt [jaurt] *n.m.* (중앙 아시아 유량민들의)가죽 천막; (키르기스·사모에드 사람들의)오막살이.
yaourtière [jaurtjɛːr] *n.f.* 요구르트를 만드는 기구.
yapok [japɔk] *n.m.*《동물》(남미산의)수생(水生)주머니쥐.
yard [jard]《영》 *n.m.* 야드(91.4 cm).
yatagan [jatagɑ̃]《터키》 *n.m.* (터키·아라비아의)끝 쪽 날이 굽은 장검(長劒).
yawl [joːl]《네덜란드》 *n.m.* 율 형 범선(→ voilier).
Yb《약자》ytterbium《화학》이테르븀.   〔그림〕.
yddish [i(d)diʃ] *n.m.* =**yiddish**.
yearling [jœrliŋ]《영》 *n.m.*《경마》한 살 난 순종.
yèble [jɛbl] *n.f.*《식물》=**hièble**.   〔의 말.
yéchiba [jeʃiba] 유태인의 종교학교.
yélek [jelɛk] *n.m.* (이집트 여자의)긴 웃옷.
Yémen (**le**) [jemɛn] *n.pr.m.* 《지리》예멘 (아라비아 남서부의 공화국).
yéménite [jemenit] *a.* 예멘의(*le Yémen*).
—Y— *n.* 예멘 사람.
yen [jɛn]《일본》 *n.m.*《복수불변》엔(円)(일본의 화폐단위).
yeoman(*pl.* **men**) [joman, -mɛn]《영》 *n.m.* ① (왕가의)시종. ~ de la garde (영국 왕가의)친위대(《영》 ~ of the guard). ② 《영국사》 요먼, 자유농 (農), 자유민.
yeomanry [jomanri]《영》 *n.f.* ① 의용(義勇)기병대. ②《집합적》《영국사》(봉건시대의)자유농.
Yersin [jɛrsɛ̃] *n.pr.* bacille de ~ 페스트균.

yeuse [jøːz] *n.f.*《식물》털가시나무(chêne vert).
yeux [jø] *n.m.pl.* ⇨œil.
yé(-)yé [jeje] *n.* (불변)예예족(族)(춤과 노래로 소일하는 전후파 젊은 남녀); 예예풍(風).
—*a.*(불변)예예족의.
yiddish [id(d)iʃ] [(j)i(d)diʃ] *n.m.* 이디시어(語) (동부 유럽의 유태인이 쓰는 독일어와 히브리어의 혼합어)(judéo-allemand).
ylang-ylang [ilɑ̃ilɑ̃] *n.m.* ①《식물》일랑일랑 (ilang-ilang). ② 일랑일랑유(油).
ylia [ilja] *n.m.*《지질》용암토(土).
yod [jɔd] *n.m.* ① 요드(히브리어 자모의 제10자 《프랑스 자모의 y에 해당》. ② 반모음의 i [j]
yodler [jɔdle] *v.i.* =**jodler**.   [음).
yoga [jɔga]《산스크리트》 *n.m.*《힌두교》요가.
yogi [jɔgi] *n.m.* 요가 수행자.
yogisme [jɔgism] *n.m.* 요가 수행.
yog(h)ourt [jogur(t)] *n.m.* =**yaghourt**.
yohimbine [joimbin] *n.f.*《약》요힘빈.
yole [jɔl]《노르웨이》 *n.f.* (여러 사람이 젓는)보트.
yoleur [jɔlœːr], **yolier** [jɔlje] *n.m.* yole 의 조종자.
yonnais(**e**) [jɔnɛ, -ɛːz] *a.* 욘(Yonne, 프랑스의 주)의. —Y— *n.* 욘 사람.
youdi [judi] *n.m.*《경멸》유태인.   〔시대.
youga [juga]《산스크리트》 *n.f.* (인도 우주론에서의)
yougoslave [jugɔslaːv] *a.* 유고슬라비아의.
—Y— *n.* 유고슬라비아 사람.
Yougoslavie (**la**) [lajugɔslavi] *n.pr.f.*《지리》유고슬라비아.
youp [jup] *int.* 기쁨을 표현하는 의성어.
youpin(**e**) [jupɛ̃, -in] *n.*, *a.*《경멸》유태인(의).
yourak [jurak] *n.m.*《언어》(시베리아 지방의)사모에드족(族)이 쓰는 우랄알타이어.
yourte [jurt] *n.f.* =**iourte**.
youtre [jurt] *n.*, *a.*《속어》=**youpin**.
youtrerie [jutrəri] *n.f.*《속어》유태인 근성; 인색함.
youyou [juju] *n.m.* (정박하고 있는 배와 부두 사이를 왕래하는)작은 보트.
yo-yo [jojo] *n.m.*《복수불변》요요(장난감).
ypérite [iperit] *n.f.*《화학》이페리트가스(독일군이 벨기에의 *Ypres*를 공격할 때 사용한 독가스).
ypérité(**e**) [iperite] *a.* 이페리트가스에 침해 당한.
—*n.* (위)의 사람.
yponomeute [ipɔnɔmœːt] *n.f.*《곤충》사과좀나방과(科)의 1 속(屬)(hyponomeute).
ypréau [ipreo] (*pl.* ~**x**) *n.m.*《사투리》《식물》큰 잎느릅나무; 백양나무.
yprésien(**ne**) [iprezjɛ̃, -ɛn], **yprois**(**e**) [iprwa(a), -a(a)ːz] *a.* 이프르(*Ypres*)의 사람.
ysopet [izɔpɛ] *n.m.*《문학사》(중세기의)우화집.
ytterbine [itɛrbin] *n.f.*《화학》이테르븀 산화물.
ytterbium [itɛrbjɔm] *n.m.*《화학》이테르븀.
yttria [itri(j)a] *n.m.*《화학》이트륨 천연 산화물.
yttrialite [itri(j)alit] *n.f.*《광물》이트륨·토륨 따위의 천연 규산염.
yttrifère [itrifɛːr] *a.*《광물》이트륨을 함유한.
yttrique [itrik] *a.*《화학》이트륨 화합물의.
yttrium [itri(j)ɔm] *n.m.*《화학》이트륨.
yttrotantale [itrɔtɑ̃tal], **yttrotantalite** [itrɔtɑ̃talit] *n.f.*《광물》이트로탄탈석(石).
YU《약자》Yougoslavie 유고슬라비아(외국 자동차의 표지).
yu [ju] *n.m.* 중국의 용적(容積) 단위(약 112리터).
yuan [jyɑ̃]《중국》 *n.m.* 원(元)(1914년에 설정한 중화민국의 화폐단위).
yucca [juka] *n.m.*《식물》실유카.
yukissé [jukise] *n.m.* 종려주(棕櫚酒).

Z

Z, z [zɛd] *n.m.* ① 프랑스 자모의 제 26 자. ② Z 자형. barre en Z, Z 자형 철봉. ③ 《수학》 (x, y에 이어서)제 3 의 미지수(z). axe des z, z 축(軸). ④ 《군사》 제 1 차 대전시 독가스 병기를 뜻하는 호칭. Compagnie Z, Z 부대 (독가스 부대). officier Z 독가스 부대 장교.
être fait comme un Z 《구어》꿉추이다.
ZA 《약자》 Afrique du Sud 남아프리카 《외국자동차 표지》.
zabre [zɑ:br] *n.m.* 《곤충》 (곡식에 기생하는)딱정벌레의 일종.
Z.A.C. (<*zone d'aménagement concerté*) [zak] *n.f.* 협동구획정리지구.
Zacharie [zakari] *n.pr.m.* 《성서》 스가랴《예언자》. livre de ~ (구약성서의)스가랴서.
Z.A.D. (<*zone d'aménagement différé*) [zad] *n.f.* 구획정리예정지구.
zadage [zada:ʒ] *n.m.* zader 하기.
zader [zade] *v.t.* (토지를)구획 정리에 예정지구 (Z.A.D.)에 편입하다, 도시계획으로 묶어버리다; (의)매매를 동결하다.
zagaie [sagɛ] *n.f.* (토인의)투창(投鎗)(sagaie).
zagal [zagal] 《에스파냐》 *n.m.* 역마차의 마부.
zaimph [zaimf] 《카르타고》 *n.m.* (카르타고의 여신(*Tanit*)의)성의(聖衣).
zain [zɛ̃] *a.m.* (말·개가)얼룩 없이 단색의, 흰 털이 전혀 없는. chien ~ 단색의 개.
zaïren(ne) [zairʒɛ, -ɛn] *a.* 자이르(*le Zaïre*)의.
—**Z**~ *n.* 자이르 사람.
zakouski [zakuski] 《러시아》 *n.m.* [*f.*] *pl.* 《요리》 (야채·생선 따위의)러시아식 전채(前菜).
Zambie [zɑ̃bi] *n.pr.f.* 《지리》 잠비아《아프리카 남부의 공화국》.
zambien(ne) [zɑ̃bjɛ̃, -ɛn] *a.* 잠비아(*la Zambie*)공화국의. —**Z**~ *n.* 잠비아 사람.
zambo [s(θ)ɑ̃bo] *n.m.* 흑인과 남미 토인여자 사이의 혼혈아.
zamia [zamja], **zamier** [zamje] *n.m.*, **zamie** [zami] *n.f.* 《식물》 (아프리카·중미산)소철류(類)의 나무.
zancle [zɑ̃:kl] *n.m.* 《어류》 나비고기과(科)의 물고기.
zan(n)i [dzani] *n.m.* (복수불변) (옛 이탈리아 희극의)어릿광대.
zanzibar [zɑ̃zibaːr], **zanzi** [zɑ̃zi] *n.m.* 주사위 3 개로 하는 노름의 일종.
zanzibarite [zɑ̃zibarit] *a.* 잔지 바르(*Zanzibar*) 섬의. —**Z**~ *n.* 잔지바르섬 사람.
zaouïa, zaouia [zauja] *n.f.* 회교도의 학교《병원·사원》.
zapatéado [sapateado] 《에스파냐》 *n.m.* 에스파냐 무도(곡).
zaptié [zaptje] *n.f.* (터키의)헌병대. 《무도(곡).
zarzuela [sarswela] 《에스파냐》 *n.f.* (에스파냐의) 통속가극의 일종.
zazou [zazu] *n.* (제 2 차 대전중 재즈 음악에 열중한 파리의)재즈광. —*a.* (때로 ~*e*) 재즈광의.
zéa [zea] *n.m.* 《식물》 옥수수.
zébi [zebi] *n.f.* peau de ~ 《속어》하찮은 것[일]; 아무것도 없음(rien).
zèbre [zɛbr] *n.m.* ① 《동물》 얼룩말. courir (filer) comme un ~ 《구어》매우 빨리 뛰다. ② 《구어》괴짜, 괴상한 녀석(coco). un drôle de ~ 묘한 녀석. ③ 얼룩무늬의 물고기; 《패류》 투구조개(casque).
zébré(e) [zebre] *a.p.* (얼룩말 같이)줄무늬가 있는.
zébrer [zebre] ⑥ *v.t.* (얼룩말 같은)줄무늬를 넣다.
zébrure [zebry:r] *n.f.* ① (얼룩말 같은)줄무늬. ② (길쭉한)매맞은 자국.
zébu [zeby] *n.m.* 《동물》 혹소《인도·마다가스카르산; 등에 큰 혹이 있음》.
zédoaire [zedɔɛ:r] *n.f.* 《식물》 (인도지나 원산의)심황《뿌리는 건위제》.
zée [ze] *n.m.* 《어류》 달고기.
zéine [zein] *n.f.* 《생화학》 제인《옥수수에서 얻는 황색의 단백질 분말》.
zélandais(e) [zelɑ̃dɛ, -ɛːz] *a.* 젤란드(*Zélande*, 네덜란드 남서부의 주)의. —**Z**~ *n.* 젤란드 사람.
zélateur(trice) [zelatœːr, -tris] *n.* ① 《문어》 열렬한 지지자 (支持者); 열렬 (열중) 한 사람. ② 《종교사》 젤로트 당원(zélote)《유태의 애국당원; 서기 60-70 년에 로마에 반항했음》. ③ 《옛》 《종교》 수도승의 감독승. —*a.* 열렬(열중)한, 열광적인.
zèle [zɛl] *n.m.* 열성, 열광, 열중(enthousiasme, application). ~ patriotique 애국 지성, 열렬한 애국심. faux ~ 겉만의 [가장된] 열의. brûler de ~ [être plein de ~] pour *qc* ~에 열중하다. travailler avec ~ 열심히 일하다. grève du ~ 절차를 어김없이 지킴으로써 일을 마비시키는 파업의 일종. mettre son ~ à *qc*[à + *inf.*] ~에 [하기에] 열성을 다하다. Pas de ~ ! 도를 지나치지 말아요 !
faire du ~ 《구어》 지나치게 열성을 부리다; 열성체하다.
zélé(e) [zele] *a.* 열심인, 열성적인(actif, dévoué).
—*n.* 열심 [열성적] 인 사람.
zellige [zeli:ʒ] *n.m.* (모로코의)유약 바른 벽돌.
zélote [zelɔt] *n.* 《종교사》 = **zélateur** ②.
zélotisme [zelɔtism] *n.m.* 젤로트의 사고방식 [행동]; 열광, 광신.
zémindar [zemɛ̃daːr] *n.m.* (인도의)대지주.
zemstvo [zɛmstvo] 《러시아》 *n.m.* 《역사》 (제정 러시아의)지방자치회.
zen [zɛn] 《일본》 *n.m.* 선(禪). —*a.* 《불변》 선의, 선종의. secte ~ 선종(禪宗).
zénana [zenana] *n.m.* ① (인도의 회교도의)규방, 안방. ② 실내복용의 옷감.
zend(e) [zɛ̃ːd] 《언어》 *n.m.* 젠드어(語)《고대 페르시아어》. —*a.* 젠드어의.
zend-avesta [zɛ̃davɛsta] *n.m.* 조로아스터교 경전.
zénith [zenit] *n.m.* ① 《천문》 천정점(天頂點) (↔ nadir). ② (비유적)정점, 절정(apogée). être à son ~ (영광·세력 따위가)절정에 이르다. être au ~ de sa gloire 영광의 절정에 있다.
zénithal(ale, *pl.* **aux)** [zenital, -o] *a.* 《천문》 천정점의.

zénonisme [zenɔnism] *n.m.* 【철학】 제논(*Zénon d'Élée*, 엘레아학파의 철학자 또는 *Zénon le Stoïque*, 스토아학파의 시조)주의.

zénoniste [zenɔnist] *n.* 【철학】 제논주의자.

zéolit(h)e [zeɔlit] *n.f.* 【광물】 비석(沸石).

zéolit(h)ique [zeɔlitik] *a.* 【광물】 비석의.

zéophage [zeɔfaːʒ] *a., n.* 옥수수를 주식으로 하는 (사람).

zéphir, zéphyr [zefiːr] *n.m.* ① (*Z*~) 【그리스신화】 (신격화된)서풍(西風). ②《시》미풍, 산들바람. ③ (내의·배내옷용의)부드러운 면직물(laine ~). ④ pas de ~ 【무용】 한 발로 서서 한 발을 흔들ുന്നു. —*a.* laine ~ 【직물】 엷은 모직물.

zéphyrien(ne) [zefirjɛ̃, -ɛn] *a.* 《드물게》 (미풍처럼)가볍고 부드러운.

zéphyrine [zefirin] *n.f.* 【직물】 (북프랑스의 도시 *Saint-Quentin* 산의)단색의 직물.

zeppelin [zɛplɛ̃] *n.m.* (독일의 *Zeppelin* 장군에 의해 설계된)체펠린 비행선.

zerbia [zɛrbja] *n.m.* 【직물】 (아라비아산의)융단.

*zéro [zero] *n.m.* ① (숫자기호의)영(零), 제로. ② (가치·수량의)없음, 전무(全無). partir de ~ 제로[무]에서 시작하다. réduire à ~ les espérances de *qn* ~의 희망을 완전히 무산시키다. Pour moi, c'est ~. 그것은 내게는 아무 가치도 없다. ③ 영위 (零位), 0°; 영시 (零時); (시험점수의)영점. ~ absolu 절대영도 (영하 약 273.16°C). dix degrés au-dessus [au-dessous] de ~ 영상 [영하] 10 도. avoir [attraper] un ~ en mathématiques 수학에서 영점을 받다. gagner par trois buts à ~ 3 대 0으로 이기다. ④ 【구어】 무능력한 사람(nullité). C'est un ~ en politique. 정치에는 무능한 사람이다. *avoir le moral à ~; être à ~* 최악의 정신상태이다, 의기소침하다. *les avoir à ~* 《구어》몹시 무서워하다. —*a.* 《불변》 영의, 제로의. à ~ heure 영시에. degré ~, 0°. Il a fait ~ faute (à sa dictée). 그는 (받아쓰기에서)하나도 틀리지 않았다. Ça m'a coûté ~ franc [centime]. 《구어》한푼도 들지 않았다.

zérotage [zerɔtaːʒ] *n.m.* 온도계의 0°를 매기기.

zérumbet [zerɔbɛt] *n.m.* 【식물】 생강과(科)의 1 속(屬).

zest(e¹) [zɛst] *int.* 〖엣〗① 흥! 체! (거절·멸시). ② 씽! (동작이 민첩함을 나타냄).
—*n.m.* *être entre le zist* [zist] *et le* ~ 《구어》이럴까 저럴까 망설이다, 우유부단하다; (사람·물건이)뭐라고 규정을 짓거나 판단하기 어렵다. homme *entre le zist et* ~ (이렇게도 저렇게도 판단할 수 없는)정체가 분명치 않은 사람.

zeste² *n.m.* ① (시트론·오렌지 따위의)겉껍질(조각). ② (호두를 4 분하는)속껍질. ③ 〖엣〗 하찮은 것, 무가치한 것. Cela ne vaut pas un ~. 그것은 아무 가치도 없다. ④ 극소량. mettre un ~ de citron dans un verre d'apéritif. 아페리티프 잔에 극소량의 시트론을 넣다.

zester [zɛste] *v.t.* 《드물게》(오렌지 따위의)껍질을 벗기다.

zesteuse [zɛstøːz] *n.f.* (오렌지 따위의)껍질을 벗기는 기구.

zêta [dzeta] *n.m.* 그리스 자모의 제 6 자 (*Z*, *ζ*; 프랑스 자모의 *Z*, z에 해당).

zétète [zetɛt] *n.m.* 【고대그리스】 국가의 채권을 회수하는 아텐네의 법관.

zététique [zetetik] *a.* ① (진리를)탐구하는. ② 【수학】 해석적 [解析的] 인. —*n.f.* (철학적·과학적) 탐구법. —*n.m.* 진리탐구자 (특히 회의론자 *Pyrrhon* 과 그 제자들을 가리킴). [종.

zéthus [zetys] *n.m.* 【곤충】 (열대지방의)벌의 일

zeugma [zøːgma], **zeugme** [zøːgm] *n.m.* 【언어·수사학】 액어법 (軛語法)《한 문장에서 절이 연속될 때에 이미 표현된 어구를 다음 절에서 생략하는 구문: L'un *prit* le livre, un autre le cahier, un troisième la plume》.

Zeus [dzøːs] *n.pr.m.* 【그리스신화】 제우스 《그리스 신화의 최고의 신, 로마의 *Jupiter* 에 해당》.

zéus [zeys] *n.m.* 【어류】 =**zée**.

zeuzère [zøzɛːr] *n.f.* 【곤충】 깨다시꿀벌나방.

zézaiement [zezemɑ̃], **zézayement** [zezɛjmɑ̃] *n.m.* zézayer 하기.

zézayer [zeze[ɛ]je] [8] *v.i.* [ʒ]를 [z]로, [ʃ]를 [s]로 발음하다.

zibeline [ziblin] *n.f.* 【동물】 검은담비(의 모피).

zibet [zibe], **zibeth** [zibɛt] *n.m.* 【동물】 사향고양이의 일종.

zicral [zikral] *n.m.* (스키 제조용)알루미늄 합금.

zicrone [zikrɔn] *n.f.* 【곤충】 남색노린재.

zieuter [zjøte] *v.t.* 《구어》홀끗 보다.

zig [zig] *n.m.* 《속어》=**zigue**.

ziggourat [zigurat] *n.f.* 【고고학】 (별을 관측한 피라미드형의)고대 바빌로니아의 신전.

zigoteau(*pl.* ~**x**), **zigoto** [zigoto], **zigomar** [zigɔmar] *n.m.* 《속어》 녀석. un drôle de ~ 괴짜. faire le ~ (사람의 주의를 끌거나 놀라게 하기 위해)묘한 짓을 하다, 까불다. [이다.

zigouiller [ziguje] *v.t.* 《속어》죽이다, 칼로 베어 죽

zigue [zig] *n.m.* 《속어》놈, 녀석(type); 괴짜. bon ~ 호인, 좋은 녀석.

zigzag [zigzag] *n.m.* ① Z 자꼴, 갈지자꼴, 번갯불꼴. [en ~] route *en* ~ 구불구불한 길. marcher *en* ~ 갈짓자로 걷다. éclair qui fait des ~ 갈짓자를 그리는 번갯불. ② (*pl.*) 【건축】 안목조형(雁木繰形) (bâtons rompus). ③ 【곤충】 매미나방.

zigzagué(e) [zigzage] *a.p.* Z 자형의, 번갯불 모양의.

zigzaguement [zigzagmɑ̃] *n.m.* Z 자형이 됨; 갈짓자 걸음.

zigzaguer [zigzage] *v.i.* Z 자형으로 되다 [가다], 갈짓자를 그리며 가다, 비틀거리며 가다 (tituber); 구불거리다. ivrogne qui *zigzague* sur le trottoir 보도 위에서 비틀거리며 걸어가는 술꾼.

zigzagure [zigzagyːr] *n.f.* =**zigzaguement**.

zinc [zɛ̃g] *n.m.* ① 아연; 함석. fleurs de ~ 아연화 (亞鉛華). pommade à l'oxyde de ~ 【약】 아연화 연고. ② 《구어》 (바의)카운터; 작은 카페 [술집]. ③ 《구어》비행기. — militaire 군용기.

zincage [zɛ̃kaːʒ] *n.m.* =**zingage**.

zincate [zɛ̃kat] *n.m.* 【화학】 아연산염.

zincifère [zɛ̃sifɛːr] *a.* 아연을 함유한.

zincite [zɛ̃sit] *n.f.* 【광물】 홍아연광.

zincographe [zɛ̃kɔgraf] *n.m.* 아연판공(工).

zincographie [zɛ̃kɔgrafi] *n.f.* 아연판술.

zincographier [zɛ̃kɔgrafje] *v.i., v.t.* 아연판으로 하다; 아연판으로 복사하다.

zincograveur [zɛ̃kɔgravœːr] *n.m.* =**zincographe**.

zincogravure [zɛ̃kɔgravyːr] *n.f.* ① 아연판술; 아연판. ② 아연판화(畵).

zingage [zɛ̃gaːʒ] *n.m.* 아연도금법.

zingaro(*pl.* **i**) [zɛ̃(d)garo, -i] 《이탈리아》 *n.m.* 집시, 보헤미아 사람 (tzigane, bohémien).

zingiber [zɛ̃ʒibɛːr] *n.m.* 【식물】 생강. [과.

zingibéracées [zɛ̃ʒiberase] *n.f.pl.* 【식물】 생강

zingué(e) [zɛ̃ge] *a.p.* 아연도금한. fer ~ 아연도금 철판, 함석.

zinguer [zɛ̃ge] *v.t.* 아연도금하다; 함석으로 덮다.

zinguerie [zɛ̄gri] *n.f.* 아연공장; 아연제품; 아연제조[매매].

zingueur [zɛ̄gœ:r] *n.m.* ① 아연공(工), 아연도금공. ② 함석지붕 직공.

zinnia [zinja] *n.m.* 《식물》 백일초.

zinzin [zɛ̄zɛ̄] *n.m.* ① 《옛·속어》 대포(canon); 포탄(obus); 소음을 내는 엔진. ② 《명칭을 잊었을 때》 그것(machin). ③ (증권시장에서) 시세를 유지하기 위해 증권을 매입하는 사람. ④《속어》머리가 돈 사람. —a. (불변) 머리가 돈(toqué). Elle est un peu ~. 그녀는 약간 돌았다.

zinzinuler [zɛ̄zinyle] *v.i.* (곤줄매기·홍방울새가) 지저귀다.

zinzolin [zɛ̄zɔlɛ̄] *n.m.,a.* 붉은빛 도는 자주색(의).

zinzoliner [zɛ̄zɔline] *v.t.* 자줏빛으로 물들이다.

zip [zip] *n.m.* 《의복》 지퍼. blouson à ~ 지퍼가 달린 잠바.

zippé [zipe] *a.p.* 지퍼가 달린.

zipper [zipe] *v.t.* (에)지퍼를 달다.

zircon [zirkɔ̃] *n.m.* 《광물》 지르콘, 풍신자석(風信子石).

zirconate [zirkɔnat] *n.m.* 《화학》 지르콘산염.

zircone [zirkɔn] *n.f.* 《화학》 산화지르코늄.

zirconien(ne) [zirkɔnjɛ̄, -ɛn] *a.* 지르콘을 함유한.

zirconique [zirkɔnik] *a.* acide ~ 《화학》 지르콘산(酸).

zirconite [zirkɔnit] *n.f.* 《광물》 지르콘의 일종.

zirconium [zirkɔnjɔm] *n.m.* 《화학》 지르코늄.

zist [zist] *n.m.* ⇨zest.

zizanie [zizani] *n.f.* ① 《식물》 줄(풀). ②《옛》독보리. ③ (비유적) 불화의 씨. semer[mettre] la ~ 불화의 씨를 뿌리다, 이간질하다.

zizi [zizi] *n.m.* 《조류》 멧새의 일종.

zizi² [zizi] *n.m.* 《구어》 (특히 아이들의) 자지(pénis); (여자아이의) 성기.

zizique [zizik] *n.f.* 《속어·어린애말》 음악.

zizyphe [zizif] *n.m.* 《식물》 대추나무.

zloty [zlɔti] (폴란드) *n.m.* 폴란드의 화폐단위.

Z.M. 《약자》 Zone Militaire 군사지대.

Zn 《약자》 zinc 《화학》 아연.

Z.O. 《약자》 Zone Occupée 점령지대.

-zoaire *suff.* 「동물」의 뜻.

zoanthaires [zɔɑ̃tɛ:r] *n.m.pl.* 《동물》 육방산호류 (석산호 따위).

zoanthropie [zɔɑ̃trɔpi] *n.f.* 《심리》 수화망상(獸化妄想).

zodiacal(ale, *pl.* **aux)** [zɔdjakal, -o] *a.* 《천문》 황도대의. lumière ~ale 황도광(黃道光).

zodiaque [zɔdjak] *n.m.* ① 《천문》 황도대, 수대(獸帶). signes du ~ 황도 12궁(宮), 수대 기호 (춘분점으로 황도를 30°씩 12분하여 성좌 명을 붙인 것): Bélier, Taureau, Gémeaux (printemps); Cancer, Lion, Vierge (été); Balance, Scorpion, Sagittaire (automne); Capricorne, Verseau, Poissons (hiver)). ② 《미술》 12궁 (수대 기호)을 나타낸 그림(조각).

Zoé [zɔe] *n.pr.* (1948년 파리 근교에 건설된)연구용 원자로 제 1호.

zoé [zɔe] *n.f.* 《동물》 (게·새우 따위) 갑각류의 유충.

zoécie [zɔesi] *n.f.* 《동물》 (태충류(苔蟲類)의) 충방(蟲房).

Zohar [zɔa:r] (헤브라이) *n.m.* 《종교사》 카바라 (cabale)의 경전 《정확하게는 Sepher Ha Zohar: le Livre des Splendeurs》.

zoïde [zɔid] *n.m.* 《동물》 (강장 동물·태충류의) 군체(群體) 중의 1개체.

zoïle [zɔil] *n.m.* 《문학》 시기심 많은 비평가, 혹평가 (Homère를 혹평한 그리스의 비평가 Zoïle의 이름에서).

-zoïque *suff.* 「동물의」 뜻.

zodiaque

-zoïsme *suff.* 「생물·동물」의 뜻.

zoïte [zɔit] *n.m.* 《동물》 =zoide.

zolaïsme [zɔlaism] *n.m.* 《문학》 졸라(Zola)의 자연주의(의 경향).

zola(t)esque [zɔla(t)ɛsk] *a.* 《문학》 졸라(Émile Zola, 프랑스의 자연주의 작가)류(流)의.

Zollverein [tzɔlfɔrɛn] (독일) *n.m.* 《역사》 (독일) 연방간의) 관세 동맹.

zombi(e) [zɔ̃bi] *n.m.* ① (서인도제도의 주민들이 만든)귀신, 유령. ② (타인에게 조종되는) 꼭둑각시.

zomothérapie [zɔmɔterapi] *n.f.* 《의학》 육식요법.

zon [zɔ̃] *n.m.* 붕! 붕!

zona [zɔna] *n.m.* 《의학》 대상포진 (帶狀疱疹).

zonage [zɔna:ʒ] *n.m.* (도시계획상의) 지대구분, 구획정리 (공장·주택지대 따위의).

zonaire [zɔnɛ:r] *a.* 띠 모양 무늬의.

zonal(ale, *pl.* **aux)** [zɔnal, -o] *a.* ① 《생물》 대상 (帶狀) 무늬가 있는. ② 《지리》 대(帶)의, 지대 특유의. climat ~ale 지대특유의 기후.

zonard(e) [zɔnar, -ard] *n.* ① 《구어》 (파리) 주변지역의 주민(zonier). ②《속어》쓸데없는(가외) 사람; 무숙자.

***zone** [zo:n] *n.f.* ① 《지리》 대(帶); 《천문》 천공권(圈) 《수학》 대. ~s climatiques 기후대. ~s de végétation 식물대. ~ torride (tempérée, glaciale) 열(온·한)대. ~ du zodiaque 《천문》 황도대(黃道帶), 수대(獸帶). ~ sphérique 《기하》 구면대(球面帶). 《표면·용적의》부분(région, secteur; (결정(結晶)의) 정대(晶帶)). ~ sismique (d'un séisme) 지진대. ~ littorale 연안, 해안. ~ radiculaire 《해부》 근상부(根狀部). ③ (행정·군사상의)지역, 구역, 지대, 권(圈). ~ de tir 발포지대. ~ militaire 군사(군용) 지대. ~ démilitarisée 비무장지대. ~ occupée (libre) (2차 대전시 프랑스에서) 피점령(자유)지역. ~ franche 비관세지역. ~ monétaire 통일통화권. franc (sterling) 프랑(파운드) 化(貨)권. ~ résidentielle 주거지역. ~ à aménagement différé (도시계획상의) 구획정리지구 (《약자》 Z.A.D. [zad]). ~ à urbaniser en priorité 도시화 우선지구 (《약자》 Z.U.P. [zyp]). ~ bleue (대도시

zoné(e) [zone] *a.* 의)주차시간 제한구역. ④ 〖세력〗권, 〖활동〗분야 (domaine). ~ d'influence 영향권, 세력범위. ~ d'action 행동범위; 〖군사〗 전투지역. ⑤ 〖파리의〗 옛 군사시설 지대의 무허가) 판자촌 (bidonville); 빈민구역. ⑥ 〖옛·문어〗 (의복의) 띠, 끈. (poète) *de seconde* ~ 2류 시인.

zoné(e) [zone] *a.* 〖광물·생물〗 대상(帶狀) 무늬가 있는; 대상으로 배열된; 대상 구조의.

zonier(ère) [zonje, -ɛːr] *n.* 국경지대〖관세면세지대〗의 주민; 〖옛〗 (파리 주변의) 빈민촌의 주민. —*a.* 국경지대의, 파리 주변의 빈민촌에 사는.

zoniforme [zoniform] *a.* 대상(帶狀)의.

zoning [zoniŋ] *n.m.* =**zonage**.

zonule [zonyl] *n.f.* 〖해부〗 수정체소대(水晶體小帶).

zonure [zonyːr] *n.m.* 〖동물〗 (아프리카산) 도마뱀의 일종.

*****zoo** [zoo] *n.m.* 〖구어〗 동물원(jardin zoologique).

zoo- *préf.* 「생물·동물」의 뜻.

zoobiologie [zoobjoloʒi] *n.f.* 〖옛〗 동물생물학.

zoobiologique [zoobjoloʒik] *a.* 〖옛〗 동물생물학의.

zoocécidie [zoosesidi] *n.f.* 〖생물〗 (동물의 기생에 의한) 식물의 이상발육(형성).

zoocénose [zoosenoːz] *n.f.* 〖생물〗 동물군집.

zoochimie [zoofimi] *n.f.* 동물화학.

zoochimique [zoofimik] *a.* 동물화학의.

zoogamète [zoogamɛt] *n.m.* 〖식물〗 (균류·말루의) 운동성 생식자.

zoogénie [zooʒeni] *n.f.* 동물발생론.

zoogénique [zooʒenik] *a.* 동물발생론의.

zoogéographie [zooʒeografi] *n.f.* 동물지리학.

zoogéographique [zooʒeografik] *a.* 동물지리학의.

zooglée [zoogle] *n.f.* 〖생물〗 박테리아 응집군.

zooglyphite [zooglifit] *n.f.* 화석 동물의 흔적.

zoogonie [zoogoni] *f.* =**zoogénie**.

zoographie [zoografi] *n.m.* 동물지(誌) 학자.

zoographe [zoograf] *n.f.* 동물지(誌) 학.

zoographique [zoografik] *a.* 동물지의.

zoogreffe [zoogref] *n.f.* 〖의학〗 동물조직의 인체이식.

zooïde [zooid] *a.* 〖옛〗 〖광물〗 동물의 자국(화석)을 지닌.

zoolâtre [zoolɑːtr] *a.* 동물을 숭배하는. —*n.* 동물숭배자.

zoolâtrie [zoolɑtri] *n.f.* 동물숭배.

zoolâtrique [zoolɑtrik] *a.* 동물숭배의.

zoolit(h)e [zoolit] *n.m.* 화석 동물.

zoolit(h)ique [zoolitik] *a.* 화석 동물의.

zoologie [zooloʒi] *n.f.* 동물학.

zoologique [zooloʒik] *a.* 동물학(상)의; 동물에 관한. jardin (parc) ~ 동물원(zoo). musée ~ 동물 표본 진열관.

zoologiquement [zooloʒikmɑ̃] *ad.* 동물학상, 동물학적으로.

zoologiste [zooloʒist], 《드물게》 **zoologue** [zoolɔg] *n.m.* 동물학자.

zoom [zum] 《영》 *n.m.* 줌 렌즈; 줌 렌즈로 영상 조절하기; 줌 촬영.

zoomagnétisme [zoomaɲetism] *n.m.* 동물의 자기〖(磁氣)〗.

zoomanie [zoomani] *n.f.* 동물마니아, 동물애호.

zoométrie [zoometri] *n.f.* 동물측정학.

zoomorphe [zoomɔrf] *a.* 동물형태의, 동물형태를 띤. décoration ~ 동물형태의 장식. hiéroglyphes ~s 동물형태를 딴 상형문자.

zoomorphie [zoomɔrfi] *n.f.* 동물형태학.

zoomorphique [zoomɔrfik] *a.* 동물형태학의.

zoomorphisme [zoomɔrfism] *n.m.* ① 〖동물〗 변태, 변형. ② (인간이) 동물로 변신함; 동물형태관 (신앙의 대상을 동물로 나타내기).

zoonomie [zoonɔmi] *n.f.* 〖드물게〗 동물생리학.

zoonose [zoonoːz] *n.f.* 〖수의〗 짐승의 병; (짐승에서 인간으로 감염하는) 기생성 동물병.

zoonosologie [zoonozoloʒi], **zoopathologie** [zoopatoloʒi] *n.f.* 동물병리학.

zoophage [zoofaːʒ] *a.* 육식의. —*n.m.* 육식 동물.

zoophagie [zoofaʒi] *n.f.* 육식 본능; 육식.

zoophile [zoofil] *a.* ① 동물을 애호하는. fête ~ 동물애호대회. ② 〖식물〗 동물매개의. plante ~ (동물에 의해 수분(受粉)되는) 동물매개 식물.

zoophilie [zoofili] *n.f.* 〖정신분석〗 수간(獸姦) (bestialité); 동물에 대한 극단적 애착.

zoophobie [zoofobi] *n.f.* 동물공포증.

zoophore [zoofɔːr] *n.m.* 〖건축〗 (동물장식을 한) 프리즈 (원주관(圓柱管)의 바로 밑부분).

zoophorique [zoofɔrik] *a.* 〖건축〗 (기둥이) 동물장식의 프리즈로 받쳐지는.

zoophytes [zoofit] *n.m.pl.* 〖동물〗 식충류(植蟲類)의 동물 (해면·산호충 따위).

zoophytique [zoofitik] *a.* 〖동물〗 식충류가 살고 있는.

zoophytolithe [zoofitolit] *n.m.* 〖옛〗 식충류 화석.

zoophytologie [zoofitoloʒi] *n.f.* 식충지(植蟲誌).

zooplancton [zooplɑ̃ktɔ̃] *n.m.* 동물 플랑크톤, 부유 (浮遊) 동물.

zooplasma [zooplasma] *n.m.* 동물혈장(血漿).

zoopsie [zoopsi] *n.f.* 〖심리〗 동물환시(幻視).

zoosémiotique [zoosemjotik] *n.f.* 동물기호학.

zoosperme [zoospɛrm] *n.m.* 〖옛〗 〖생리〗 정충 (精蟲), 정자. 「(囊).

zoosporange [zoosporɑ̃ːʒ] *n.m.* 〖식물〗 유주자낭

zoospore [zoospɔːr] *n.f.* 〖식물〗 유주자(遊走子).

zoosporé(e) [zoospore] *a.* 〖식물〗 유주자를 가진.

zootaxie [zootaksi] *n.f.* 동물 분류학.

zootechnicien(ne) [zooteknisjɛ̃, -ɛn] *n.* 축산 전문가. —*a.* 축산하는.

zootechnie [zootekni] *n.f.* 축산학.

zootechnique [zooteknik] *a.* 축산학의.

zoothérapeutique [zooterapøtik] *a.* 〖옛〗 수의학의.

zoothérapie [zooterapi] *n.f.* 〖옛〗 수의학. 「의.

zoothérapique [zooterapik] *a.* 〖옛〗 수의학의.

zootomie [zootomi] *n.f.* 동물해부학.

zootomique [zootomik] *a.* 동물해부학의.

zootomiste [zootomist] *n.* 동물해부학자.

zootrope [zootrɔp] *n.m.* 요지경통(瑤池鏡筒)의 일종인 장난감 (회전하는 통 속에 운동체의 변화를 그린 종이를 붙인 것).

zopissa [zopisa] *n.f.* (식물의) 진, 송진.

zorilla [zorija], **zorille** [zoril] *n.f.* 〖동물〗 (남아프리카산의) 족제비의 일종.

zoroastrien(ne) [zoroastrijɛ̃, -ɛn] *a.* 조로아스터 (Zoroastre) 교의, 배화교(拜火敎)의. —*n.* 조로아스터 [배화] 교의 교도.

zoroastrisme [zoroastrism] *n.m.* 〖종교사〗 조로아스터교, 배화교.

zorongo [θ(s)orɔ̃go] *n.m.* 에스파냐 무용의 일종.

zorrino [zorino] *n.m.* 〖드물게〗 zorilla 의 모피.

zostère [zostɛːr] *n.f.* 〖식물〗 거머리말.

zostérien(ne) [zosterjɛ̃, -ɛn] *a.* 〖의학〗 대상포진(帶狀疱疹)의.

zostérops [zosterops] *n.m.* 〖조류〗 동박새 무리.

zou [zu] 《남프로방스》 *int.* 자 빨리! (allons!).

zouave [zwaːv] *n.m.* ① 〖군사〗 (1830 년에 창설한) 알제리 원주민 보병대의 병사 (후에는 프랑스 사람도 포함됨). ② ~s pontificaux 교황 친위대 (원). ③ 〖구어〗 괴짜(zigue). un drôle de ~ 괴짜, 괴물.

faire le ~ 허세를 부리다, 잘난 체하다; 실없는 짓

을 하다; (공연한 짓을 하며)시간을 낭비하다.
zoulou [zulu] *n.* (*Z~*) 줄루 사람(남아프리카의 야만족). —*a.* 줄루 사람의. —*n.m.* 줄루어(語).
zouzou [zuzu] *n.m.* 《군대은어》=**zouave**.
zozo [zozo] *n.m.* 《속어》 순진한 사람, 바보(naïf).
zozotement [zozotmã] *n.m.* 《속어》=**zézaiement**.
zozoter [zozote] *v.i.* 《속어》=**zézayer**.
zozotte [zozot] *n.f.* 《속어》 귀여운 여자《애칭》.
Zr《약자》zirconium 《화학》 지르코늄.
zuc(c)hette [zykɛt] *n.f.*《옛》《식물》 오이의 일종; 호박의 일종.
zucchetti [z(dz)ukɛti]《이탈리아》*n.m.* 《요리》 오렌지와 호박으로 만든 이탈리아 요리.
Z.U.P. [zyp] (<*zone à urbaniser en priorité*) *n.f.* 도시계획 우선지구.
zupéen(ne) [zypeɛ̃, -ɛn] *n.* 도시계획 우선지구(Z.U.P.)에 살고 있는 주민.
zurichois(e) [zyrikwa, -a:z] *a.* 취리히(Zurich)의. —*Z~* *n.* 취리히 사람.
zut [zyt] *int.* 이런! 제기! 빌어먹을!《실망·무시·불만을 나타냄》(flûte!).
zutique [zytik] *a.* 《문학사》 zutiste에 속하는.
zutiste [zytist] *n.* ① 《속어》 만사에 무관심한 사람. ② 《문학사》(19세기 말에) *Charles Cros*가 주동한 시동인(詩同人)《만사에 대해서 zut! 하고 무관심한 데서》.
zwanze [zwā:z]《벨기에》*n.f.*[*m.*] (브리셀 특유의) 농담, 만담; 해학, 유머.
zwinglianisme [zvɛglijanism] *n.m.* 《종교사》 츠빙글리(*Zwingli*, 스위스의 종교개혁자)의 교리.
zwinglien(ne) [zvɛglijɛ̃, -ɛn] 《종교사》 *a.* 츠빙글리(파)의. —*n.* 츠빙글리(파)의 사람.
zyeuter [zjøte] *v.t.* 《속어》=**zieuter**.
zygène [ziʒɛn] *n.m.* ① 《곤충》 알락나방. ② 《어류》 귀상어(requin marteau).
zygo- *préf.*「한 쌍을 이루는」의 뜻.
zygodactyle [zigɔdaktil] *a.* 《조류》 대지족(對指足)의. —*n.m.pl.* 대지족류.
zygoma [zigoma], **zygome** [zigɔm] *n.m.* 《해부》 광대뼈, 관골.

zygomatique [zigomatik] 《해부》 *a.* 광대뼈의, 관골의. muscles ~*s* 관골근. —*n.m.* le grand (petit) ~ 대(소)관골근.
zygomorphe [zigɔmɔrf] *a.* 《식물》(꽃부리가)좌우상칭의.
zygomycètes [zigɔmisɛt] *n.m.pl.* 《식물》 접합균류(接合菌類).
zygopétale [zigɔpetal] *n.m.* (열대산의)난초의 일종.
zygophyllacées [zigɔfi(l)lase], **zygophyllées** [zigɔfi(l)le] *n.f.pl.* 《식물》 납가새과(科).
zygophylle [zigɔfil] *n.f.* 《식물》 납가새속(屬).
zygose [zigo:z] *n.f.* 《생물》 접합 생식.
zygospore [zigɔspɔ:r] *n.m.* 《식물》 접합 포자.
zygote [zigɔt] *n.m.* 《생물》 접합자(체).
zymase [zima:z] *n.f.* 《화학》 치마제《알콜을 만드는 효소군의 총칭》.
zym(o)- *préf.*「효소·발효」의 뜻.
zymo(-)diagnostic [zimɔdjagnɔstik] *n.m.* 《의학》 효소에 의한 삼출물(滲出物) 검사법.
zymogène [zimɔʒɛn] *n.m.* 《화학》 치모겐, 효소원(原); 《생물》 발효균.
zymohydrolyse [zimɔidrɔli:z] *n.f.* 《화학》 발효에 의한 가수분해법.
zymologie [zimɔlɔʒi] *n.f.* 발효학, 양조학.
zymologique [zimɔlɔʒik] *a.* 발효학의, 양조학의.
zymolytique [zimɔlitik] *a.* 가용성(可溶性) 효소의.
zymone [zimɔn] *n.m.*=**gluten**.
zymoplasma [zimɔplasma] *n.m.* 세포를 구성하는 효소성 물질.
zymosimètre [zimozimɛtr] *n.m.* (맥주의)발효도 측정기, 발효계(計).
zymosimétrie [zimozimetri] *n.f.* 발효도 측정법.
zymotechnie [zimɔtɛkni] *n.f.* 《드물게》 발효법.
zymotique [zimɔtik] *a.* 《옛》 발효의. maladies ~*s* 《의학》 발효병《세균성 질환의 천연두·티푸스 따위를 발효현상으로 간주하였음》. [소주.
zythogala [zitogala], **zythogale** [zitogal] *n.m.* 맥주와 우유를 혼합한 음료.
zython [zitɔ̃], **zythum** [zitɔm] *n.m.* 고대 이집트의 맥주.

동 사 의 활 용

동사의 활용

I. 조동사를 사용하는 활용
복합시제와 수동태——조동사 avoir 와 être——복합형과 중(重)복합형——과거분사의 일치.

II. 단순형
어간(語幹)과 어미(語尾)
1. 어미 : 부정법——직설법 현재・명령법 현재・접속법 현재・직설법 반과거・현재분사——r 형(직설법 단순미래・조건법 현재)——직설법 단순과거・접속법 반과거・과거분사.
2. 어간 : 강(强)어간과 약(弱)어간(모음교체)——어간끝자음——특수어간(접속법 현재・명령법)——어간의 축소(직설법 단순과거・접속법 반과거——부정법——r 형)——다른 어근(語根).

표의 기호

동사 변화표
- I. avoir
- II. être
- III. 복합형(능동) : 1) 조동사 avoir 의 경우 2) 조동사 être 의 경우
- IV. 중복합형(능동) : 1) 조동사 avoir 의 경우 2) 조동사 être 의 경우
- V. 수동활용형
- VI. 대명(代名)활용형
- VII. 도치형(倒置形), 부정형(否定形), 부정도치형

동사 변화표 찾아보기 (a b c 순)

accueillir	14	employer	7	payer	8
acheter	4	entendre	25	placer	2
acquérir	15	envoyer	7²	plaindre	27
aller	9	espérer	6	plaire	33
appeler	5	être	II	pleuvoir	66
assaillir	13			pourvoir	60
asseoir	62¹ 62²	faillir	23	pouvoir	55
avoir	I	faire	28	prendre	26
		falloir	65		
battre	45	finir	10	recevoir	53
boire	39	frire	52	résoudre	40
bouillir	19	fuir	21	rire	47
bruire	51				
		haïr	11	savoir	57
clore	35			sentir	18
conclure	48	lire	30	seoir	63
conduire	32			suffire	31
connaître	41	manger	3	suivre	36
coudre	34	mettre	46		
courir	20	moudre	50	tenir	16
croire	43	mourir	17	traire	44
déchoir	61	naître	42	vaincre	49
devoir	54			valoir	64
dire	29	ouïr	24	vêtir	22
		ouvrir	12	vivre	37
écrire	38			voir	59
émouvoir	56	parler	1	vouloir	58

I. 조동사를 사용하는 활용 복합시제(temps composés)와 수동태(voix passive)는 〈조동사 avoir [être]의 활용형+과거분사〉의 형태로 표시된다.

조동사 \ 과거분사	타 동 사	자 동 사		대 명 동 사
		대 부 분	일 부	
avoir	복 합 시 제			
être	수 동 태		복 합 시 제	

avoir 및 être의 활용은 각기 I, II를 참조할 것.

복합시제를 형성하는 데 **être**를 조동사로 취하는 **자동사**는 일일이 표제어에 표시했으나 일반적으로 장소나 상태의 옮아감을 나타내는 것으로서 aller, arriver, décéder, demeurer, descendre, devenir, éclore, entrer, mourir, naître, partir, passer, rester, retourner, sortir, tomber, venir(및 이들의 합성동사) 따위가 있다. 《〈avoir[être]의 단순형+과거분사〉의 형태를 **복합형**(formes composées)(III), 〈avoir [être]의 복합형+과거분사〉의 형태를 **중복합형**(formes surcomposées)(IV)이라고 한다》.

수동태를 만들 수 있는 것은 직접 타동사에 한하며, 그 법·시제는 조동사 être의 그것과 같다(이를테면 *je suis* aimé는 직설법 현재이고 *j'ai été* aimé는 직설법 복합과거이다)(V).

être를 조동사로 취하는 자동사의 복합형(je suis allé, etc.) 및 중복합형(j'ai été allé, etc.)은 타동사의 수동태 단순시제 및 복합시제와 각기 형태가 비슷하므로 주의할 것. 수동태의 중복합형(*j'ai eu été aimé, etc.)은 쓰이지 않는다.

수동태 및 복합시제는 다음의 경우에 그 **과거분사**가 **성·수의 변화**를 한다. (1) 조동사가 être일 때, 대명동사의 복합시제로서 재귀대명사가 간접목적보어인 경우를 제외하고, 주어와 일치한다. (2) 조동사가 avoir일 때, 직접목적보어가 동사 앞에 놓일 경우에만, 그것과 일치한다.

II. 단순형의 분석 단순시제의 활용형은 다른 활용형과의 비교에 의해서 어간 radical과 어미 terminaison(또는 désinence)의 두 부분으로 나누어진다. **어간**은 각 동사 고유의 뜻이 깃들어 있다고 생각되는 부분(이를테면 동사 parler의 활용형 parle, tu parles……je parlais……je parlerai, etc.에 두루 포함되어 있는 parl-[parl])이고, **어미**는 어휘적 의의를 넘어서서 많은 동사의 활용형에 두루 나타나며 일정한 문법적 범주(법·시제·인칭·수)를 나타내는 표시가 되는 부분(이를테면 nous parl*ons*의 *-ons*는 nous chant*ons*, nous finiss*ons*, nous sent*ons*, nous rend*ons*, nous voul*ons*, etc.를 통해서 볼 수 있는 직설법 현재 1인칭 복수의 어미)이다.

1. 단순 활용의 어미 부정법은 별도로 하고, 10개의 활용형을 형태상의 유사점에 따라 3개 그룹으로 정리하여 각 어미를 적어둔다.

부 정 법 Infinitif

-er [e]	*-ir* [i:r]	*-re* [r]	*-oir* [wa:r]

제1그룹

직설법 현재 Présent de l'indicatif

	-*e*형	-*s*형
je	-*e* [무음]	-*s* [무음]
tu	-*es* [무음]	-*s* [무음]
il	-*e* [무음]	-*t* [무음]
nous	-*ons* [ɔ̃]	
vous	-*ez* [e]	
ils	-*ent* [무음]	

명령법 현재 Présent de l'impératif

-*e*형	-*s*형
-*e* [무음]	-*s* [무음]
-*ons* [ɔ̃]	
-*ez* [e]	

(1) *-er* 동사는 -*e*형([9]는 제외), *-ir*, *-re*, *-oir* 동사는 -*s*형(단 [12]—[14]는 -*e*형).
(2) -*s*형 1·2인칭 단수의 -*s*는 -*x*로 쓰이는 것이 있다(어간이 -u자로 끝날 때: [23], [55], [58], [64], 단 [56]은 j'émeu-s, tu émeu-s).
(3) 명령법 2인칭 단수의 -*e*는 다음에 y, en이 이을 때 -*es*-y [zi], -*es*-en [zɑ̃]으로 된다.
(4) 어간 끝자가 -d, -t, -c 다일 때는 3인칭 단수의 -*t*를 덧붙이지 않는다 ([25], [26], [34], [50], [63]; [22], [45], [46], [49]).
(5) 복수 인칭에 있어서의 예외적 어미 : 직설법에서 1인칭 -*mes* [m], ([Ⅱ] nous sommes), 2인칭 -*tes* [t] ([Ⅱ] vous êtes, [28] vous faites, [29] vous dites), 3인칭 -*ont* [ɔ̃] ([Ⅰ] ils ont, [Ⅱ] ils sont, [9] ils vont, [28] ils font). 명령법에서 2인칭 -*tes* ([28] faites, [29] dites).
(6) 명령법은 주격 인칭대명사가 없는 점이 다른 법과 다르며 1인칭 단수 및 3인칭이 없다.

접속법 현재 Présent du subjonctif

je	-e	[무음]
tu	-es	[무음]
il	-e	[무음]
nous	-ions	[jɔ̃]
vous	-iez	[je]
ils	-ent	[무음]

[I], [II]의 다음 부분은 변칙임: il ait, nous ayons, vous ayez; je sois, tu sois, il soit, nous soyons, vous soyez.

직설법 반과거 Imparfait de l'indicatif

je	-ais	[ε]
tu	-ais	[ε]
il	-ait	[ε]
nous	-ions	[jɔ̃]
vous	-iez	[je]
ils	-aient	[ε]

현재분사 Participe présent

-ant [ɑ̃]

제 2 그룹(직설법 단순 미래형과 조건법 현재형을 한데 묶어 **r 형**이라고 부름).

직설법 단순미래 Futur simple de l'indicatif

접속모음	-e- [(ə)]	-i- [i]	없 음	각형에 공통된 부분	
je	-erai	-irai	-rai	-rai	[re]
tu	-eras	-iras	-ras	-ras	[rɑ]
il	-era	-ira	-ra	-ra	[ra]
nous	-erons	-irons	-rons	-rons	[rɔ̃]
vous	-erez	-irez	-rez	-rez	[re]
ils	-eront	-iront	-ront	-ront	[rɔ̃]

조건법 현재 Présent du conditionnel

접속모음	-e- [(ə)]	-i- [i]	없 음	각형에 공통된 부분	
je	-erais	-irais	-rais	-rais	[rε]
tu	-erais	-irais	-rais	-rais	[rε]
il	-erait	-irait	-rait	-rait	[rε]
nous	-erions	-irions	-rions	-rions	[rjɔ̃]
vous	-eriez	-iriez	-riez	-riez	[rje]
ils	-eraient	-iraient	-raient	-raient	[rε]

(1) r형은, 어간과 모든 동사에 공통된 어미와의 사이에 끼여 있는 모음(이것을 접속모음이라 부름)의 유무와 종류에 따라 세 가지 형으로 나누어진다.
(2) 직설법 단순미래형과 조건법 현재형에 있어서 접속모음은 완전히 대응한다(어간도 항상 같다). 부정법과 비교해보면 그 차이를 알 수 있다: -er 동사([7], [9]를 제외)와 [14]는 -e-형, -ir 동사([14]—[17], [20]을 제외)는 -i-형, -re 동사·-oir 동사 전부와 [7], [9], [15]—[17], [20], [24]는 접속모음이 없는 형이다.
(3) 역사적으로는 직설법 단순미래형·조건법 현재형은 각 동사의 부정법+habere(〉avoir)의 직설법 현재형·직설법 반과거형에서 생겼다. 그러므로 어미의 r 이하의 부분은 직설법 단순미래에서는 avoir의 직설법 현재형과 같고, 조건법 현재에서는 반과거 어미와 같다(단 악센트 관계로 av-는 사라졌다).

제 3 그룹(이 부류의 활용형은 어간의 축소를 나타내는 것이 많음).

직설법 단순과거 Passé simple de l'indicatif

테마모음	-a- (∞ai∞è)-	-i-	-u-	각형에 공통된 부분
je	-ai [e]	-is [i]	-us [y]	없 음/-s [무음]
tu	-as [ɑ]	-is [i]	-us [y]	-s [무음]
il	-a [a]	-it [i]	-ut [y]	없 음/-t [무음]
nous	-âmes [am]	-îmes [im]	-ûmes [ym]	-ˆmes [m]
vous	-âtes [at]	-îtes [it]	-ûtes [yt]	-ˆtes [t]
ils	-èrent [ɛːr]	-irent [iːr]	-urent [yːr]	-rent [r]

접속법 반과거 Imparfait du subjonctif

테마모음	-a-	-i-	-u-	각형에 공통된 부분
je	-asse [as]	-isse [is]	-usse [ys]	-sse [s]
tu	-asses [as]	-isses [is]	-usses [ys]	-sses [s]
il	-ât [a]	-it [i]	-ût [y]	-ˆt [무음]
nous	-assions [asjɔ̃]	-issions [isjɔ̃]	-ussions [ysjɔ̃]	-ssions [sjɔ̃]
vous	-assiez [asje]	-issiez [isje]	-ussiez [ysje]	-ssiez [sje]
ils	-assent [as]	-issent [is]	-ussent [ys]	-ssent [s]

테마모음 *-i-*의 변종으로서 *-in-*[ɛ̃]이 되는 것 ([16] tenir) : je tins, etc.; je tinsse, etc.
부정법에서 보면 *-er*동사는 모두 *-a-*형, *-ir*동사는 *-i-*형 (예외 [16], [17], [20]), *-oir*동사는 *-u-*형 (예외 [59], [62]), *-re*동사는 *-i-*형과 *-u-*형이 반씩 있으나 변칙적인 것도 많다.

과거분사 Participe passé

끝자음 \ 모음	-é	-i	-u	없 음
없 음	-é [e]	-i [i]	-u [y]	
-s		-is [i]	-us [y]	-s [무음]
-t		-it [i]		-t [무음]

경우에 따라 다음의 성·수 어미가 덧붙여진다.

수 \ 성	남 성	여 성
단 수	없 음	-e [무음]
복 수	-s [무음]	-es [무음]

직설법 단순과거와 접속법 반과거의 테마모음의 형은 완전히 대응한다(어간도 항상 같음). 그러나 과거분사의 모음과의 대응에는, 단순과거 *-a-*형이 전부 *-é*형이 되는 외에는 상당히 차이가 인정된다(단순과거 *-i-*형으로서 과거분사 *-u*형인 것 및 과거분사가 없는 형 따위).
그리고 테마모음이 없는 것을 강(强)변화라고 한다 : [12], [17], [27], [35], [40].

2. 어간의 변형 어간이 달라지는 동사형의 주요한 예에 대해서 밝혀둔다. *-re*동사는 부정법에서 특수한 어간을 나타내는 것이 적지 않으므로 이를 동사의 기본적 어간이라 생각하면 안된다. 오히려 직설법 현재 1인칭·3인칭 복수형의 어간을 기본형이라 생각하는 것이 좋다.

강어간과 약어간 제 1그룹에 든 활용형에서는 악센트가 어간에 있을 때와 어미에 있을 때에 어간(모음)이 달라지는 일이 많다. 악센트가 있을 때의 어간을 "강어간", 없을 때의 어간을 "약어간"이라 하며 이 현상을 **모음교체** alternance vocalique 라고 한다. 이를테면 [4] acheter 는 강어간 achèt- [aʃɛt], 약어간 achet- [aʃt]로 되어 [ɛ ∞ 무음]의 모음교체를 나타낸다.

직 설 법 현 재	명 령 법 현 재	접 속 법 현 재
j' achèt-e [aʃɛt]		j' achèt-e [aʃɛt]
tu achèt-es [aʃɛt]	achèt-e [aʃɛt]	tu achèt-es [aʃɛt]
il achèt-e [aʃɛt]		il achèt-e [aʃɛt]
nous achet-ons [aʃtɔ̃]	achet-ons [aʃtɔ̃]	nous achet-ions [aʃtjɔ̃]
vous achet-ez [aʃte]	achet-ez [aʃte]	vous achet-iez [aʃtje]
ils achèt-ent [aʃɛt]		ils achèt-ent [aʃɛt]

이와 같이 세 가지 법을 통하여 현재시제에서는 1·2·3인칭 단수형과 3인칭 복수형에 강어간(achèt-[aʃɛt]), 1·2인칭 복수에 약어간(achet-[aʃt])이 나타나는 것이 원칙이다.
직설법 반과거형과 현재분사에는 약어간(achet-[aʃt])이 나타난다: j'achet-*ais*, tu achet-*ais*, il achet-*ait*, nous achet-*ions*, vous achet-*iez*, ils achet-*aient*; achet-*ant*.
부정법은 -*er*, -*ir*, -*oir* 형에서는 약어간(achet-*er*, acquér-*ir*, pouv-*oir*), -*re* 형에서는 강어간(boi-*re*)이 나타난다.
직설법 미래형과 조건법 현재형에서는 어미에 악센트가 옴으로 약어간이 될 법하다. 그러나 -*re* 동사는 [28]을 제외하고는 모두 부정법의 강어간과 같은 형이며, -*er*, -*ir*, -*oir* 동사 가운데는 직설법 현재형에서 유추되어 강어간형을 나타내는 것이 있다(특히 [4] [5] [7²] [8] [14] [16] [24] [60] [61] [62] [63]에 주의). 그리고 [24] [61] [62]는 강약 양계통의 형을 갖는다.
어간끝 자음 어미가 자음으로 시작할 때 어간끝 자음은 소실·변형되는 것이 보통이다.
(1) **직설법[명령법] 현재의 -s 형 단수형** -s[x], -s[x], -t 의 어미를 갖는 직설법[명령법] 현재 단수형([15]이하의 동사)에서는 어간끝 자음은 -r([15] [17] [20])을 제외하고는 원칙적으로 없어진다. 복수형에서는 없어지지 않으므로 여기에 〈단수형∞복수형〉의 대립이 생긴다.

직설법 현재	명령법 현재	접속법 현재
je dor-*s*		je dorm-*e*
tu dor-*s*	dor -*s*	tu dorm-*es*
il dor-*t*		il dorm-*e*
nous dorm-*ons*	dorm-*ons*	nous dorm-*ions*
vous dorm-*ez*	dorm-*ez*	vous dorm-*iez*
ils dorm-*ent*		ils dorm-*ent*

〈강어간 ∞ 약어간〉의 모음교체를 하는 동사의 어간끝 자음이 소실되면 다음 형을 나타낸다.

직설법 현재	명령법 현재	접속법 현재
je reçoi-*s*		je reçoiv-*e*
tu reçoi-*s*	reçoi-*s*	tu reçoiv-*es*
il reçoi-*t*		il reçoiv-*e*
nous recev-*ons*	recev-*ons*	nous recev-*ions*
vous recev-*ez*	recev-*ez*	vous recev-*iez*
ils reçoiv-*ent*		ils reçoiv-*ent*

소실된 어간끝 자음이 앞모음에 영향을 끼쳐 〈단수형∞복수형〉 모음교체를 하는 경우도 있고 ([27]), 이것과 강약 어간의 모음교체가 결합되어〈단수형∞복수형 3인칭 (및 접속법 현재의 단수형·3인칭 복수형)∞복수형 1·2인칭〉의 세 가지 모음교체를 하는 경우도 있다([16]).
이상 모든 경우는 r 이외의 어간끝 자음은 발음상 모두 소실되지만, 철자에는 그 흔적이 남아 있는 경우가 있다.([25] je rend-s, tu rend-s, il rend[rɑ̃]~nous rend-ons[rɑ̃dɔ̃], etc.).
(2) **-re 형 부정법과 접속모음이 없는 형의 r 형**에서는 어간끝 자음이 보존되는 경우와 소실되는 경우와, 소실되어 다른 자음이 추가되는 경우, 앞 모음에 영향을 끼치는 경우가 있다.

어간끝 자음	직설법 현재에서 어간끝 자음이 나타나는 형	부정법	직설법 단순 미래 (1인칭 단수형)							
보존됨	nous cour-*ons* nous suiv-*ons*	(cour-*ir*) (suiv-*re*)	(je cour-*rai*) (je suiv-*rai*)	[15] [17] [20] [25] [36] [37] [45] [46] [49] [53] [54] [56] [66]
없어짐	nous dis-*ons*	di-*re*	je di-*rai*	[28] [29] [30] [31] [32] [33] [35] [38] [39]
〉d	nous éteign-*ons* nous voul-*ons*	étein-d-*re* (voul-*oir*)	j'étein-d-*rai* je vou-d-*rai*	[16] [26] [27] [34] [40] [50] [58] [64] [65]
〉t	nous connaiss-*ons*	connai-t-*re*	je connai-t-*rai*	[41] [42] [I]
〉r	nous pouv-*ons*	(pouv-*oir*)	je pour-*rai*	[7²] [55] [59] [61]
〉u	nous sav-*ons*	(sav-*oir*)	je sau-*rai*	[I] [57]

이탤릭체는 어간모음의 음색 변화를 나타낸다. 모음으로 끝나는 어간은 원칙적으로 변하지 않으나 [7²], [59], [61]에서는 r 가 붙는 동시에 앞의 모음이 변한다.

(3) 테마모음이 없는 형의 과거분사에서도 r이외의 어간끝 자음은 없어진다([27] [28] [35] [40]).
접속법[명령법] 현재의 어간은 원칙적으로 직설법 현재의 어간과 같지만 특수한 것들이 약간 있다([I] [II] [9] [28] [55] [57] [58] [64] [65]); 이 가운데서 [I] [II] [57]은 명령법에서, 그리고 [I] [57]은 현재분사에서도 같은 어간이 나타난다).
어간의 축소 활용의 일부에서 어간끝 자음뿐만이 아니라 그 앞의 모음도 포함해서 어간의 후반부가 나타나지 않을 경우가 있다.
(1) 직설법 단순과거형[접속법 반과거형] 및 과거분사에서 -oir 동사와 -re 동사의 대부분(그밖에 [15])은 축소된 어간을 나타낸다 : [41] nous conn**aiss**-ons / je conn-us, etc.; je conn-usse, etc.; conn-u; [30] nous lis-ons / je l-is, etc.; je l-isse, etc.; l-u 따위.
(2) [59] — [63]의 동사는 이 이외에 부정법에서도 축소된 어간을 나타낸다(단 [62] [63]은 어간 모음이 -e- 로서 철자에 남는다) : [59] nous voy-ons / je v-is, etc.; je v-isse, etc.; v-u; v-oir.
(3) [10] finir형 동사의 -iss- 는 또한 직설법 단순 미래형・조건법 현재형에도 나타나지 않는다 : nous finiss-ons / 직설법 단순 과거형 : je fin-is, etc.(직설법 현재단수형도 같지만, 그것은 어간 finiss- 의 끝 자음 -ss- 가 어미 앞에서 사라진 것이다) ; 접속법 반과거형 : je fin-isse, etc.(접속법 현재형도 3인칭 단수와 1・2 인칭 복수를 제외하고는 같지만, 그것은 finiss-e, -es, -ent 로 분석된다) ; fin-i; fin-ir; je fin-irai, etc.; je fin-irais, etc.(역사적으로 -iss- 는 기동상(起動相)을 나타내는 삽입부(挿入部)였다). [11] 은 ind. prés. [impér.] s.에서도 -iss- 가 나타나지 않는다.
어근을 달리하는 것 [I] être 와 [9] aller 의 활용은 모두 역사적으로 세 가지의 다른 동사의 활용의 혼합으로 이루어져 있다.

표의 기호

로 망 체 : 어간 ⎱
이탤릭체 : 어미 ⎰ j'aim*ais*

볼드체 ⎰ 어 간 ⎰ 모음교체 강모음 : j'acqu**ie**rs ∞ nous acquér*ons*
                  ⎱ 소실・변형하는 끝 자음 : j'écr**is** ~ nous écriv*ons*; nous voul*ons* ~ je voud*rai*
                  ⎱ 특수어간 : je **vai**s
       ⎱ 어 미 ⎰ 테마모음 : je cour*us*
                  ⎱ 접속모음 : j'accueill*erai*
                  ⎱ 변칙어미 : vous fai*tes*

ind.=indicatif (직설법)
impér.=impératif (명령법)
sub.=subjonctif (접속법)
r형*=futur de l'indicatif* (직설법미래)+*présent du conditionnel* (조건법현재)
prés.=présent (현재)
imparf.=imparfait (반과거)
p. simple=passé simple (단순과거)
part. prés.=participe présent (현재분사)
p.p.=participe passé (과거분사)
s.=singulier (단수)
pl.=pluriel (복수)
1, 2, 3= 1인칭, 2인칭, 3인칭.
∞ 모음교체 : do**i**- [dwa] ∞ dev-[dəv]
~ 어간끝 자음 소실・변형 : moul-[mul] ~ moud-[mud]
∝ 어간끝 자음의 소실에 어간 모음의 변음(變音)을 수반하는 것 :
    nous **val**ons [valɔ̃] ∝ il **vau**t [vo]
／ 어간축소 : mett-[mɛt] / m-[m] (+*i-*, +*is*). 어간 다음의 ( )안에 테마모음과 *p.p.*의 어미를 나타낸다 ; 그러므로 위의 보기에서 m+*i*-)mi-에서 *ind. p. simple* [*sub. imparf.*]를 만들 수가 있으며, m+*is*에 의하여 과거분사가 얻어진다.

I. AVOIR INDI-

	INFINITIF	Présent		Imparfait	
단순형	avoir [avwa:r]	j' **ai***	[ʒe]	j' av**ais**	[ʒavɛ]
		tu **as**	[tya]	tu av**ais**	[tyavɛ]
		il **a***	[ila]	il av**ait**	[ilavɛ]
		n. **av**ons	[nuzavɔ̃]	n. av**ions**	[nuzavjɔ̃]
		v. **av**ez	[vuzave]	v. av**iez**	[vuzavje]
		ils **ont***	[ilzɔ̃]	ils av**aient**	[ilzavɛ]
		Passé composé		Plus-que-parfait	
복합형	avoir eu [avwary]	j' ai eu	[ʒey]	j' avais eu	[ʒavɛ(e)zy]
		tu as eu	[tyay]	tu avais eu	[tyavɛ(e)zy]
		il a eu	[ilay]	il avait eu	[ilavɛ(e)ty]
		n. avons eu	[nuzavɔ̃zy]	n. avions eu	[nuzavjɔ̃zy]
		v. avez eu	[vuzavezy]	v. aviez eu	[vuzavjezy]
		ils ont eu	[ilzɔ̃ty]	ils avaient eu	[ilzavɛ(e)ty]

	PARTICIPE	CONDITIONNEL		IMPÉRATIF	
		Présent		Présent*	
단순형	Présent **ay**ant [ɛjɑ̃] Passé **eu** [y]	j' aur**ais**	[ʒɔ(o)rɛ]		
		tu aur**ais**	[tyɔ(o)rɛ]	**ai**e	[ɛ]
		il aur**ait**	[ilɔ(o)rɛ]		
		n. aur**ions**	[nuzɔ(o)rjɔ̃]	**ay**ons	[ɛjɔ̃]
		v. aur**iez**	[vuzɔ(o)rje]	**ay**ez	[ɛ(e)je]
		ils aur**aient**	[ilzɔ(o)rɛ]		
		Passé		Passé	
복합형	Présent ayant eu [ɛjɑ̃ty]	j' aurais eu	[ʒɔ(o)rɛ(e)zy]		
		tu aurais eu	[tyɔ(o)rɛ(e)zy]	aie eu	[ɛ(e)y]
		il aurait eu	[ilɔ(o)rɛ(e)ty]		
		n. aurions eu	[nuzɔ(o)rjɔ̃zy]	ayons eu	[ɛjɔ̃zy]
		v. auriez eu	[vuzɔ(o)rjezy]	ayez eu	[ɛjezy]
		ils auraient eu	[ilzɔ(o)rɛ(e)ty]		

II. ÊTRE INDI-

	INFINITIF	Présent		Imparfait	
단순형	être [ɛtr]	je **suis**	[ʒəsɥi]	j' ét**ais**	[ʒɛ(e)tɛ]
		tu **es**	[tyɛ]	tu ét**ais**	[tyɛ(e)tɛ]
		il **est**	[ilɛ]	il ét**ait**	[ilɛ(e)tɛ]
		n. **sommes***	[nusɔm]	n. ét**ions**	[nuzetjɔ̃]
		v. **êtes***	[vuzɛt]	v. ét**iez**	[vuzetje]
		ils **sont***	[ilsɔ̃]	ils ét**aient**	[ilzɛ(e)tɛ]
		Passé composé		Plus-que-parfait	
복합형	avoir été [avwarete]	j' ai été	[ʒeete]	j' avais été	[ʒavɛzete]
		tu as été	[tyaete]	tu avais été	[tyavɛzete]
		il a été	[ilaete]	il avait été	[ilavɛtete]
		n. avons été	[nuzavɔ̃zete]	n. avions été	[nuzavjɔ̃zete]
		v. avez été	[vuzavezete]	v. aviez été	[vuzavjezete]
		ils ont été	[ilzɔ̃tete]	ils avaient été	[ilzavɛtete]

	PARTICIPE	CONDITIONNEL		IMPÉRATIF	
		Présent		Présent*	
단순형	Présent **ét**ant [etɑ̃] Passé **été** [ete]	je ser**ais**	[ʒəsrɛ]		
		tu ser**ais**	[tysrɛ]	**soi**s	[swa]
		il ser**ait**	[ilsərɛ]		
		n. ser**ions**	[nusərjɔ̃]	**soy**ons	[swajɔ̃]
		v. ser**iez**	[vusərje]	**soy**ez	[swaje]
		ils ser**aient**	[ilsərɛ]		
		Passé		Passé	
복합형	Présent ayant été [ɛjɑ̃tete]	j' aurais été	[ʒɔrɛzete]		
		tu aurais été	[tyɔrɛzete]	aie été	[ɛete]
		il aurait été	[ilɔrɛtete]		
		n. aurions été	[nuzɔrjɔ̃zete]	ayons été	[ɛjɔ̃zete]
		v. auriez été	[vuzɔrjezete]	ayez été	[ɛjezete]
		ils auraient été	[ilzɔrɛtete]		

C	A	T	I	F	Remarques
Passé simple		*Futur simple*			어간 av- [av]는 그 모습이 심하게 바뀌어 ai- [ε(e)] (*ind. prés. 1s.; impér.; sub. prés.; part. prés.*; 그러나 ai+-*ons*, -*ez*, -*ant* 〉 ay*ons*, ay*ez*, ay*ant*), **a-** [a] (*ind. prés. s. 2, 3*), **e-** [무음] (*ind. p. simple; sub. imparf.; p. p.*), **au-** [ɔ(o)] (r 형)로 바뀌고 *ind. prés. 3 pl.*에서는 강어미에 흡수된다. *표의 곳은 불규칙을 말한다. 주: 이하에서 avoir 가 조동사로 쓰이는 경우 au- [ɔ(o)]을 그냥 [ɔ]로 적는다.
j' eu*s*	[ʒy]	j' aur*ai*	[ʒɔ(o)re]		
tu eu*s*	[tyy]	tu aur*as*	[tyɔ(o)rɑ]		
il eu*t*	[ily]	il aur*a*	[ilɔ(o)ra]		
n. eû*mes*	[nuzym]	n. aur*ons*	[nuzɔ(o)rɔ̃]		
v. eû*tes*	[vuzyt]	v. aur*ez*	[vuzɔ(o)re]		
ils eu*rent*	[ilzy:r]	ils aur*ont*	[ilzɔ(o)rɔ̃]		
Passé antérieur		*Futur antérieur*			
j' eus eu	[ʒyzy]	j' aurai eu	[ʒɔ(o)rey]		
tu eus eu	[tyyzy]	tu auras eu	[tyɔ(o)rɑy]		
il eut eu	[ilyty]	il aura eu	[ilɔ(o)ray]		
n. eûmes eu	[nuzymzy]	n. aurons eu	[nuzɔ(o)rɔ̃zy]		
v. eûtes eu	[vuzytzy]	v. aurez eu	[vuzɔ(o)rezy]		
ils eurent eu	[ilzyrty]	ils auront eu	[ilzɔ(o)rɔ̃ty]		
S U B J O N C T I F					
Présent		*Imparfait*			
j' ai*e*	[ʒɛ]	j' eusse	[ʒys]		
tu ai*es*	[tye]	tu eusses	[tyys]		
il ai*t**	[ilɛ]	il eût	[ily]		
n. ay*ons*	[nuzɛjɔ̃]	n. eussions	[nuzysjɔ̃]		
v. ay*ez*	[vuzɛ(e)je]	v. eussiez	[vuzysje]		
ils ai*ent*	[ilzɛ]	ils eussent	[ilzys]		
Passé		*Plus-que-parfait*			
j' aie eu	[ʒɛ(e)y]	j' eusse eu	[ʒysy]		
tu aies eu	[tyɛ(e)zy]	tu eusses eu	[tyysy]		
il ait eu	[ilɛ(e)ty]	il eût eu	[ilyty]		
n. ayons eu	[nuzɛjɔ̃zy]	n. eussions eu	[nuzysjɔ̃zy]		
v. ayez eu	[vuzejezy]	v. eussiez eu	[vuzysjezy]		
ils aient eu	[ilzɛ(e)ty]	ils eussent eu	[ilzysty]		

C	A	T	I	F	Remarques
Passé simple		*Futur simple*			세 개의 다른 어근을 갖는다: 1) ES-/S-계열—이것은 그 모습이 심하게 바뀐다: **es-** [ɛ] (*ind. prés. s. 2, 3*), **ê-** [ɛ] (*ind. prés. 2 pl.; inf.*); **sui-** [sɥi] (*ind. prés. 1s.*), **so-** [sɔ] (*ind. prés. 1 pl.*), **s-** [s] (*ind. prés. 3 pl.*), **se-** [s(ə)] (r 형), **soi-** [swa] (*sub. prés.*; 단 soi + -*ions*, -*iez* 〉 soy*ons*, soy*ez*; *impér. prés.*). 2) ÉT-계열—**ét-** [e(ɛ)t] (*ind. imparf.; part.*). 3) F-계열—**f-** [f] (*ind. p. simple; sub. imparf.*) *표는 불규칙을 말하며 특히 nous som-*mes*, vous ê-*tes*의 약어미, ils s-*ont*의 강어미, 그리고 *inf*. ê-t-*re*의 연결 자음에 주의할 것.
je fu*s*	[ʒ(ə)fy]	je ser*ai*	[ʒəsre]		
tu fu*s*	[tyfy]	tu ser*as*	[tysrɑ]		
il fu*t*	[ilfy]	il ser*a*	[ilsəra]		
n. fû*mes*	[nufym]	n. ser*ons*	[nusrɔ̃]		
v. fû*tes*	[vufyt]	v. ser*ez*	[vusre]		
ils fu*rent*	[ilfy:r]	ils ser*ont*	[ilsərɔ̃]		
Passé antérieur		*Futur antérieur*			
j' eus été	[ʒyzete]	j' aurai été	[ʒɔreete]		
tu eus été	[tyyzete]	tu auras été	[tyɔrɑete]		
il eut été	[ilytete]	il aura été	[ilɔraete]		
n. eûmes été	[nuzymzete]	n. aurons été	[nuzɔrɔ̃ete]		
v. eûtes été	[vuzytzete]	v. aurez été	[vuzɔrezete]		
ils eurent été	[ilzyrtete]	ils auront été	[ilzɔrɔ̃tete]		
S U B J O N C T I F					
Présent		*Imparfait*			
je soi*s**	[ʒəswa]	je fusse	[ʒ(ə)fys]		
tu soi*s**	[tyswa]	tu fusses	[tyfys]		
il soi*t**	[ilswa]	il fût	[ilfy]		
n. soy*ons*	[nuswajɔ̃]	n. fussions	[nufysjɔ̃]		
v. soy*ez*	[vuswaje]	v. fussiez	[vufysje]		
ils soi*ent*	[ilswa]	ils fussent	[ilfys]		
Passé		*Plus-que-parfait*			
j' aie été	[ʒɛete]	j' eusse été	[ʒysete]		
tu aies été	[tyɛzete]	tu eusses été	[tyysete]		
il ait été	[ilɛtete]	il eût été	[ilytete]		
n. ayons été	[nuzɛjɔ̃zete]	n. eussions été	[nuzysjɔ̃zete]		
v. ayez été	[vuzɛjezete]	v. eussiez été	[vuzysjezete]		
ils aient été	[ilzɛtete]	ils eussent été	[ilzystete]		

III. 능동복합형

1) 조동사 **avoir**의 경우

INFINITIF

avoir aimé
[avwarɛme]

PARTICIPE

ayant aimé
[ɛjɑ̃tɛme]

I N D I -

Passé composé		Plus-que-parfait	
j'ai aimé	[ʒeɛme]	j'avais aimé	[ʒavɛzɛme]
tu as aimé	[tyɑɛme]	tu avais aimé	[tyavɛzɛme]
il a aimé	[ilaɛme]	il avait aimé	[ilavɛtɛme]
n. avons aimé	[nuzavɔ̃zɛme]	n. avions aimé	[nuzavjɔ̃zɛme]
v. avez aimé	[vuzavezɛme]	v. aviez aimé	[vuzavjezɛme]
ils ont aimé	[ilzɔ̃tɛme]	ils avaient aimé	[ilzavɛtɛme]

CONDITIONNEL

Passé	
j'aurais aimé	[ʒɔrɛzɛme]
tu aurais aimé	[tyɔrɛzɛme]
il aurait aimé	[ilɔrɛtɛme]
n. aurions aimé	[nuzɔrjɔ̃zɛme]
v. auriez aimé	[vuzɔrjezɛme]
ils auraient aimé	[ilzɔrɛtɛme]

IMPÉRATIF

Passé	
aie aimé	[ɛɛme]
ayons aimé	[ɛjɔ̃zɛme]
ayez aimé	[ɛjezɛme]

2) 조동사 **être**의 경우

INFINITIF

être allé(e)(s)
[ɛtrale]

PARTICIPE

étant allé(e)(s)
[etɑ̃tale]

I N D I -

Passé composé		Plus-que-parfait	
je suis allé(e)	[ʒəsɥizale]	j'étais allé(e)	[ʒetɛzale]
tu es allé(e)	[tyɛzale]	tu étais allé(e)	[tyetɛzale]
il est allé	[ilɛtale]	il était allé	[iletɛtale]
n. sommes allé(e)s	[nusɔmzale]	n. étions allé(e)s	[nuzetjɔ̃zale]
v. êtes allé(e)(s)	[vuzɛtzale]	v. étiez allé(e)(s)	[vuzetjezale]
ils sont allés	[ilsɔ̃tale]	ils étaient allés	[ilzetɛtale]

CONDITIONNEL

Passé	
je serais allé(e)	[ʒəsrɛzale]
tu serais allé(e)	[tysrɛzale]
il serait allé	[ilsərɛtale]
n. serions allé(e)s	[nusərjɔ̃zale]
v. seriez allé(e)(s)	[vusərjezale]
ils seraient allés	[ilsərɛtale]

IMPÉRATIF

Passé	
sois allé(e)	[swazale]
soyons allé(e)s	[swajɔ̃zale]
soyez allé(e)(s)	[swajezale]

IV. 능동중복합형

1) 조동사 **avoir**의 경우

INFINITIF

avoir eu fini

PARTICIPE

ayant eu fini

I N D I -

Passé surcomposé	Plus-que-parfait surcomposé
j'ai eu fini	j'avais eu fini
tu as eu fini	tu avais eu fini
il a eu fini	il avait eu fini
n. avons eu fini	n. avions eu fini
v. avez eu fini	v. aviez eu fini
ils ont eu fini	ils avaient eu fini

CONDITIONNEL

Passé surcomposé
j'aurais eu fini
tu aurais eu fini
il aurait eu fini
n. aurions eu fini
v. auriez eu fini
ils auraient eu fini

IMPÉRATIF

Passé surcomposé
aie eu fini
ayons eu fini
ayez eu fini

2) 조동사 **être**의 경우

INFINITIF

avoir été
arrivé(e)(s)

PARTICIPE

ayant été
arrivé(e)(s)

I N D I -

Passé surcomposé	Plus-que-parfait surcomposé
j'ai été arrivé(e)	j'avais été arrivé(e)
tu as été arrivé(e)	tu avais été arrivé(e)
il a été arrivé	il avait été arrivé
n. avons été arrivé(e)s	n. avions été arrivé(e)s
v. avez été arrivé(e)(s)	v. aviez été arrivé(e)(s)
ils ont été arrivés	ils avaient été arrivés

CONDITIONNEL

Passé surcomposé
j'aurais été arrivé(e)
tu aurais été arrivé(e)
il aurait été arrivé
n. aurions été arrivé(e)s
v. auriez été arrivé(e)(s)
ils auraient été arrivés

IMPÉRATIF

Passé surcomposé
aie été arrivé(e)
ayons été arrivé(e)s
ayez été arrivé(e)(s)

C A T I F				Remarques
Passé antérieur		*Futur antérieur*		조동사로 avoir 을 취하
j'eus aimé	[ʒyzɛme]	j'aurai aimé	[ʒɔrɛme]	는 동사의 보기로서 ai-
tu eus aimé	[tyyzɛme]	tu auras aimé	[tyɔrɑɛme]	mer 의 변화를 든다.
il eut aimé	[ilytɛme]	il aura aimé	[ilɔrɑɛme]	1) *p.p.* aimé 는 모음 조
n. eûmes aimé	[nuzymzɛme]	n. aurons aimé	[nuzɔrɔ̃zɛme]	화에 의해서 [eme]로 발
v. eûtes aimé	[vuzytzɛme]	v. aurez aimé	[vuzɔrezɛme]	음될 때가 있다.
ils eurent aimé	[ilzyrtɛme]	ils auront aimé	[ilzɔrɔ̃tɛme]	2) aimer 와 같이 타동
S U B J O N C T I F				사로서 그 직접목적보어
Passé		*Plus-que-parfait*		가 앞에 나오면 *p.p.* 는
j'aie aimé	[ʒɛɛme]	j'eusse aimé	[ʒysɛme]	그것과 성·수를 일치시
tu aies aimé	[tyɛzɛme]	tu eusses aimé	[tyysɛme]	킨다 :
il ait aimé	[ilɛtɛme]	il eût aimé	[ilytɛme]	Cette fille, je l'ai aimée.
n. ayons aimé	[nuzejɔ̃zɛme]	n. eussions aimé	[nuzysjɔ̃zɛme]	
v. ayez aimé	[vuzejezɛme]	v. eussiez aimé	[vuzysjezɛme]	
ils aient aimé	[ilzɛtɛme]	ils eussent aimé	[ilzystɛme]	

C A T I F				Remarques
Passé antérieur		*Futur antérieur*		조동사로 être 를 취하는
je fus allé(e)	[ʒ(ə)fyzale]	je serai allé(e)	[ʒəsreale]	자동사의 보기로서 aller
tu fus allé(e)	[tyfyzale]	tu seras allé(e)	[tysrɑale]	의 변화를 든다. 수동활
il fut allé	[ilfytale]	il sera allé	[ilsərɑale]	용·대명활용의 복합형
n. fûmes allé(e)s	[nufymzale]	n. serons allé(e)s	[nusrɔ̃zale]	은 다음 페이지 V, Ⅵ을
v. fûtes allé(e)(s)	[vufytzale]	v. serez allé(e)(s)	[vusrezale]	볼 것.
ils furent allés	[ilfyrtale]	ils seront allés	[ilsərɔ̃tale]	1) *p.p.* 는 주어와 성·
S U B J O N C T I F				수를 일치시킨다.
Passé		*Plus-que-parfait*		2) 수동활용형과 혼동하
je sois allé(e)	[ʒəswazale]	je fusse allé(e)	[ʒ(ə)fysale]	기 쉬우니 특히 주의 하
tu sois allé(e)	[tyswazale]	tu fusses allé(e)	[tyfysale]	여야 한다.
il soit allé	[ilswatale]	il fût allé	[ilfytale]	
n. soyons allé(e)s	[nuswajɔ̃zale]	n. fussions allé(e)s	[nufysjɔ̃zale]	
v. soyez allé(e)(s)	[vuswajezale]	v. fussiez allé(e)s	[vufysjezale]	
ils soient allés	[ilswatale]	ils fussent allés	[ilfystale]	

C A T I F		Remarques
Passé antérieur surcomposé	*Futur antérieur surcomposé*	복합형으로 쓰여진 조동
j'eus eu fini	j'aurai eu fini	사에 다시 각 동사의 *p.p.*
tu eus eu fini	tu auras eu fini	를 덧붙여서 중복합형이
il eut eu fini	il aura eu fini	만들어진다. 조동사로
n. eûmes eu fini	n. aurons eu fini	avoir 를 취하는 동사의
v. eûtes eu fini	v. aurez eu fini	보기로서 finir 의 변화
ils eurent eu fini	ils auront eu fini	를 든다. 이것은 어디까
S U B J O N C T I F		지나 이론적으로 가능한
Passé surcomposé	*Plus-que-parfait surcomposé*	변화표이며 실제는 뜻·
j'aie eu fini	j'eusse eu fini	용법의 면에서 쓰이는 범
tu aies eu fini	tu eusses eu fini	위에 자연히 제한이 따른
il ait eu fini	il eût eu fini	다. 수동활용·대명활용
n. ayons eu fini	n. eussions eu fini	에서는 쓰이지 않는다.
v. ayez eu fini	v. eussiez eu fini	
ils aient eu fini	ils eussent eu fini	

C A T I F		Remarques
Passé antérieur surcomposé	*Futur antérieur surcomposé*	조동사로 être 를 취하는
j'eus été arrivé(e)	j'aurai été arrivé(e)	자동사의 보기로서 arri-
tu eus été arrivé(e)	tu auras été arrivé(e)	ver 의 변화형을 든다.
il eut été arrivé	il aura été arrivé	1) *p.p.* 는 주어와 성·
n. eûmes été arrivé(e)s	n. aurons été arrivé(e)s	수를 일치시킨다.
v. eûtes été arrivé(e)(s)	v. aurez été arrivé(e)(s)	
ils eurent été arrivés	ils auront été arrivés	
S U B J O N C T I F		
Passé surcomposé	*Plus-que-parfait surcomposé*	
j'aie été arrivé(e)	j'eusse été arrivé(e)	
tu aies été arrivé(e)	tu eusses été arrivé(e)	
il ait été arrivé	il eût été arrivé	
n. ayons été arrivé(e)s	n. eussions été arrivé(e)s	
v. ayez été arrivé(e)(s)	v. eussiez été arrivé(e)(s)	
ils aient été arrivés	ils eussent été arrivés	

V. 수동활용형 — INDI-

	INFINITIF	Présent		Imparfait	
단순형	être aimé(e)(s) [εtrεme]	je suis aimé(e)	[ʒəsɥizεme]	j'étais aimé(e)	[ʒetεzεme]
		tu es aimé(e)	[tyεzεme]	tu étais aimé(e)	[tyetεzεme]
		il est aimé	[ilεtεme]	il était aimé	[iletεtεme]
		n. sommes aimé(e)s	[nusɔmzεme]	n. étions aimé(e)s	
		v. êtes aimé(e)(s)	[vuzεtzεme]	v. étiez aimé(e)(s)	
		ils sont aimés	[ilsɔ̃tεme]	ils étaient aimés	[ilzetεtεme]
		Passé composé		Plus-que-parfait	
복합형	avoir été aimé(e)(s) [avwareteεme]	j'ai été aimé(e)	[ʒeeteεme]	j'avais été aimé(e)	
		tu as été aimé(e)	[tyɑeteεme]	tu avais été aimé(e)	
		il a été aimé	[ilaeteεme]	il avait été aimé	
		n. avons été aimé(e)s		n. avions été aimé(e)s	
		v. avez été aimé(e)(s)		v. aviez été aimé(e)(s)	
		ils ont été aimés	[ilzɔ̃teteεme]	ils avaient été aimés	

	PARTICIPE	CONDITIONNEL		IMPÉRATIF	
		Présent		Présent	
단순형	étant aimé(e)(s) [etɑ̃teme]	je serais aimé(e)	[ʒəsrεzεme]		
		tu serais aimé(e)	[tysrεzεme]	sois aimé(e)	[swazεme]
		il serait aimé	[ilsərεtεme]		
		n. serions aimé(e)s	[nusərjɔ̃zεme]	soyons aimé(e)s	[swajɔ̃zεme]
		v. seriez aimé(e)(s)	[vusərjezεme]	soyez aimé(e)(s)	[swajezεme]
		ils seraient aimés	[ilsərεtεme]		
		Passé		Passsé	
복합형	ayant été aimé(e)(s) [εjɑ̃teteεme]	j'aurais été aimé(e)			
		tu aurais été aimé(e)		aie été aimé(e)	[εeteεme]
		il aurait été aimé			
		n. aurions été aimé(e)s		ayons été aimé(e)s	[εjɔ̃zeteεme]
		v. auriez été aimé(e)(s)		ayez été aimé(e)(s)	[εjezeteεme]
		ils auraient été aimés			

VI. 대명활용형 — INDI-

	INFINITIF	Présent		Imparfait	
단순형	se trouver [sətruve]	je me trouve	[ʒəmtru:v]	je me trouvais	[ʒəmtruvε]
		tu te trouves	[tyttru:v]	tu te trouvais	[tyttruvε]
		il se trouve	[ilsətru:v]	il se trouvait	[ilsətruvε]
		nous nous trouvons		nous nous trouvions	
		vous vous trouvez		vous vous trouviez	
		ils se trouvent	[ilsətru:v]	ils se trouvaient	[ilsətruvε]
		Passé composé		Plus-que-parfait	
복합형	s'être trouvé(e)(s) [sεtrətruve]	je me suis trouvé(e)		je m'étais trouvé(e)	
		tu t'es trouvé(e)	[tytεtruve]	tu t'étais trouvé(e)	
		il s'est trouvé	[ilsεtruve]	il s'était trouvé	
		nous nous sommes trouvé(e)s		nous nous étions trouvé(e)s	
		vous vous êtes trouvé(e)(s)		vous vous étiez trouvé(e)(s)	
		ils se sont trouvés		ils s'étaient trouvés	

	PARTICIPE	CONDITIONNEL		IMPÉRATIF	
		Présent		Présent	
단순형	se trouvant [sətruvɑ̃]	je me trouverais	[ʒəmtruvrε]		
		tu te trouverais	[tyttruvrε]	trouve-toi	[truvtwa]
		il se trouverait	[ilsətruvrε]		
		nous nous trouverions		trouvons-nous	[truvɔ̃nu]
		vous vous trouveriez		trouvez-vous	[truvevu]
		ils se trouveraient			
		Passé		passé	
복합형	s'étant trouvé(e)(s) [setɑ̃truve]	je me serais trouvé(e)			
		tu te serais trouvé(e)			
		il se serait trouvé			
		nous nous serions trouvé(e)s			
		vous vous seriez trouvé(e)(s)			
		ils se seraient trouvés			

C A T I F		Remarques
Passé simple	*Futur simple*	수동태의 보기로 동사 aimer의 활용형을 든다.
je fus aimé(e) [ʒ(ə)fyzɛme]	je serai aimé(e) [ʒəsreɛme]	1) 수동활용의 법·시제는 조동사 être의 법·시제와 같다.
tu fus aimé(e) [tyfyzɛme]	tu seras aimé(e) [tysraɛme]	2) *p.p.*는 주어와 성·수를 일치시킨다.
il fut aimé [ilfytɛme]	il sera aimé [ilsəraɛme]	3) *p.p.* aimé [ɛme]는 모음조화에 의해서 [eme]로 발음될 때도 있다.
n. fûmes aimé(e)s [nufymzɛme]	n. serons aimé(e)s [nusrɔ̃zɛme]	
v. fûtes aimé(e)(s) [vufytzɛme]	v. serez aimé(e)(s) [vusrezɛme]	
ils furent aimés [ilfyrtɛme]	ils seront aimés [ilsərɔ̃tɛme]	
Passé antérieur	*Futur antérieur*	
j'eus été aimé(e) [ʒyzeteɛme]	j'aurai été aimé(e)	
tu eus été aimé(e) [tyyzeteɛme]	tu auras été aimé(e)	
il eut été aimé [ilyteteɛme]	il aura été aimé	
n. eûmes été aimé(e)s	n. aurons été aimé(e)s	
v. eûtes été aimé(e)(s)	v. aurez été aimé(e)(s)	
ils eurent été aimés	ils auront été aimés	
S U B J O N C T I F		
Présent	*Imparfait*	
je sois aimé(e) [ʒəswazɛme]	je fusse aimé(e) [ʒ(ə)fysɛme]	
tu sois aimé(e) [tyswazɛme]	tu fusses aimé(e) [tyfysɛme]	
il soit aimé [ilswatɛme]	il fût aimé [ilfytɛme]	
n. soyons aimé(e)s	n. fussions aimé(e)s	
v. soyez aimé(e)(s)	v. fussiez aimé(e)(s)	
ils soient aimés [ilswatɛme]	ils fussent aimés [ilfystɛme]	
Passé	*Plus-que-parfait*	
j'aie été aimé(e) [ʒeeteɛme]	j'eusse été aimé(e) [ʒyseteɛme]	
tu aies été aimé(e) [tyɛzeteɛme]	tu eusses été aimé(e)	
il ait été aimé [ilɛteteɛme]	il eût été aimé [ilyteteɛme]	
n. ayons été aimé(e)s	n. eussions été aimé(e)s	
v. ayez été aimé(e)(s)	v. eussiez été aimé(e)(s)	
ils aient été aimés	ils eussent été aimés	

C A T I F		Remarques
Passé simple	*Futur simple*	대명활용의 보기로 동사 se trouver를 든다.
je me trouvai [ʒəmtruve]	je me trouverai [ʒəmtruvre]	1) 재귀대명사 평음(平音)형은 (조)동사 앞에 놓는다.
tu te trouvas [tyttruva]	tu te trouveras [tyttruvra]	단, 긍정명령형만은 강세(強勢)형 재귀대명사를 동사 뒤에 놓는다(연자부호로 연결).
il se trouva [ilsətruva]	il se trouvera [ilsətruvra]	2) 조동사는 être.
nous nous trouvâmes	nous nous trouverons	3) 재귀대명사가 직접목적보어인 경우에는 *p.p.*의 성·수를 그것과 일치시킨다.
vous vous trouvâtes	vous vous trouverez	4) *inf.*, *part.*에서도 물론 재귀대명사를 me, te, se, nous, vous, se로 변화시킨다.
ils se trouvèrent	ils se trouveront	
Passé antérieur	*Futur antérieur*	
je me fus trouvé(e)	je me serai trouvé(e)	
tu te fus trouvé(e)	tu te seras trouvé(e)	
il se fut trouvé	il se sera trouvé	
nous nous fûmes trouvé(e)s	nous nous serons trouvé(e)s	
vous vous fûtes trouvé(e)(s)	vous vous serez trouvé(e)(s)	
ils se furent trouvés	ils se seront trouvés	
S U B J O N C T I F		
Présent	*Imparfait*	
je me trouve [ʒəmtru:v]	je me trouvasse [ʒəmtruvas]	
tu te trouves [tyttru:v]	tu te trouvasses [tyttruvas]	
il se trouve [ilsətru:v]	il se trouvât [ilsətruva]	
nous nous trouvions	nous nous trouvassions	
vous vous trouviez	vous vous trouvassiez	
ils se trouvent [ilsətru:v]	ils se trouvassent	
Passé	*Plus-que-parfait*	
je me sois trouvé(e)	je me fusse trouvé(e)	
tu te sois trouvé(e)	tu te fusses trouvé(e)	
il se soit trouvé	il se fût trouvé	
nous nous soyons trouvé(e)s	nous nous fussions trouvé(e)s	
vous vous soyez trouvé(e)(s)	vous vous fussiez trouvé(e)(s)	
ils se soient trouvés	ils se fussent trouvés	

VII.			avoir		être		aimer	
도	단		ai-je	[ɛ:ʒ]	suis-je	[sɥi:ʒ]	aimé-je	[ɛmɛ:ʒ]
	순		as-tu	[aty]	es-tu	[ɛ(e)ty]	aimes-tu	[ɛmty]
	형		a-t-il	[atil]	est-il	[ɛ(e)til]	aime-t-il	[ɛmtil]
			avons-nous	[avɔ̃nu]	sommes-nous	[sɔmnu]	aimons-nous	[ɛmɔ̃nu]
			avez-vous	[avevu]	êtes-vous	[ɛtvu]	aimez-vous	[ɛmevu]
			ont-ils	[ɔ̃til]	sont-ils	[sɔ̃til]	aiment-ils	[ɛmtil]
치	복		ai-je eu	[ɛʒy]	ai-je été	[ɛʒete]	ai-je aimé	[ɛʒɛ(e)me]
			as-tu eu	[atyy]	as-tu été	[atyete]	as-tu aimé	[atyɛ(e)me]
			a-t-il eu	[atily]	a-t-il été	[atilete]	a-t-il aimé	[atilɛ(e)me]
	합		avons-nous eu	[avɔ̃nuy]	avons-nous été	[avɔ̃nuete]	avons-nous aimé	[avɔ̃nuɛ(e)me]
형	형		avez-vous eu	[avevuy]	avez-vous été	[avevuete]	avez-vous aimé	[avevuɛ(e)me]
			ont-ils eu	[ɔ̃tily]	ont-ils été	[ɔ̃tilete]	ont-ils aimé	[ɔ̃tilɛ(e)me]
부	단		je n'ai pas	[ʒ(ə)nepa]	je ne suis pas	[ʒənsɥipa]	je n'aime pas	[ʒ(ə)nɛmpa]
			tu n'as pas	[tynapa]	tu n'es pas	[tynɛpa]	tu n'aimes pas	[tynɛmpa]
	순		il n'a pas	[ilnapa]	il n'est pas	[ilnɛpa]	il n'aime pas	[ilnɛmpa]
			nous n'avons pas	[nunavɔ̃pa]	nous ne sommes pas	[nunsɔmpa]	nous n'aimons pas	[nunɛmɔ̃pa]
	형		vous n'avez pas	[vunavepa]	vous n'êtes pas	[vunɛtpa]	vous n'aimez pas	[vunɛmepa]
정			ils n'ont pas	[ilnɔ̃pa]	ils ne sont pas	[ilnəsɔ̃pa]	ils n'aiment pas	[ilnɛmpa]
	복		je n'ai pas eu	[ʒ(ə)nepazy]	je n'ai pas été	[ʒ(ə)nepazete]	je n'ai pas aimé	[ʒ(ə)nepazɛ(e)me]
			tu n'as pas eu	[tynapazy]	tu n'as pas été	[tynapazete]	tu n'as pas aimé	[tynapazɛ(e)me]
			il n'a pas eu	[ilnapazy]	il n'a pas été	[ilnapazete]	il n'a pas aimé	[ilnapazɛ(e)me]
	합		nous n'avons pas eu	[nunavɔ̃pazy]	nous n'avons pas été	[nunavɔ̃pazete]	n. n'avons pas aimé	[nunavɔ̃pazɛ(e)me]
형	형		vous n'avez pas eu	[vunavepazy]	vous n'avez pas été	[vunavepazete]	v. n'avez pas aimé	[vunavepazɛ(e)me]
			ils n'ont pas eu	[ilnɔ̃pazy]	ils n'ont pas été	[ilnɔ̃pazete]	ils n'ont pas aimé	[ilnɔ̃pazɛ(e)me]
부	단		n'ai-je pas	[nɛʒpa]	ne suis-je pas	[nəsɥiʒpa]	n'aimé-je pas	[nɛmeʒpa]
			n'as-tu pas	[natypa]	n'es-tu pas	[nɛtypa]	n'aimes-tu pas	[nɛmtypa]
정	순		n'a-t-il pas	[natilpa]	n'est-il pas	[nɛtilpa]	n'aime-t-il pas	[nɛmtilpa]
			n'avons-nous pas	[navɔ̃nupa]	ne sommes-nous pas	[nəsɔmnupa]	n'aimons-nous pas	[nɛmɔ̃nupa]
	형		n'avez-vous pas	[navevupa]	n'êtes-vous pas	[nɛtvupa]	n'aimez-vous pas	[nɛmevupa]
도			n'ont-ils pas	[nɔ̃tilpa]	ne sont-ils pas	[nəsɔ̃tilpa]	n'aiment-ils pas	[nɛmtilpa]
	복		n'ai-je pas eu	[nɛʒpazy]	n'ai-je pas été	[nɛʒpazete]	n'ai-je pas aimé	[nɛʒpazɛ(e)me]
치			n'as-tu pas eu	[natypazy]	n'as-tu pas été	[natypazete]	n'as-tu pas aimé	[natypazɛ(e)me]
			n'a-t-il pas eu	[natilpazy]	n'a-t-il pas été	[natilpazete]	n'a-t-il pas aimé	[natilpazɛ(e)me]
	합		n'avons-nous pas eu	[navɔ̃nupazy]	n'avons-nous pas été	[navɔ̃nupazete]	n'avons-nous pas aimé	[navɔ̃nupazɛ(e)me]
형	형		n'avez-vous pas eu	[navevupazy]	n'avez-vous pas été	[navevupazete]	n'avez-vous pas aimé	[navevupazɛ(e)me]
			n'ont-ils pas eu	[nɔ̃tilpazy]	n'ont-ils pas été	[nɔ̃tilpazete]	n'ont-ils pas aimé	[nɔ̃tilpazɛ(e)me]

aller		s'arrêter		Remarques
vais-je	[vɛːʒ]	m'arrête-je	[marɛtɛːʒ]	단순형·복합형을 나타
vas-tu	[vaty]	t'arrêtes-tu	[tarɛtty]	내기 위해서 각각 *ind.*
va-t-il	[vatil]	s'arrête-t-il	[sarɛttil]	*prés.*과 *passé composé*
allons-nous	[alɔ̃nu]	nous arrêtons-nous	[nuzarɛtɔ̃nu]	의 형을 든다.
allez-vous	[alevu]	vous arrêtez-vous	[vuzarɛtevu]	1) -je는 악센트를 받을
vont-ils	[vɔ̃til]	s'arrêtent-ils	[sarɛttil]	수 없으므로 그 앞에 악
suis-je allé(e)	[sɥiʒale]	me suis-je arrêté(e)		센트가 붙게 되면 그 모
es-tu allé(e)	[ɛtyale]		[məsɥiʒarɛte]	음은 길게 발음된다:
est-il allé	[ɛtilale]	t'es-tu arrêté(e)	[tɛtyarɛte]	finis-je [finiːʒ], puis-je
sommes-nous allé(e)s		s'est-il arrêté	[sɛtilarɛte]	[pɥiːʒ] 따위 (단 je pars
	[sɔmnuale]	nous sommes-nous arrêté(e)s		[ʒ(ə)paːr] 같은 것은
êtes-vous allé(e)(s)	[ɛtvuale]		[nusɔmnuarɛte]	pars-je [parʒ]로 짧게 발
		vous êtes-vous arrêté(e)(s)		음된다).
sont-ils allés	[sɔ̃tilale]		[vuzɛtvuarɛte]	그리고 폐(閉)음절이 되
		se sont-ils arrêtés	[səsɔ̃tilarɛte]	기 때문에 [e]는 열린 소
je ne vais pas	[ʒənvɛpa]	je ne m'arrête pas		리로 [ɛː]라고 발음된다
			[ʒənmarɛtpa]	(철자에 주의할 것):
tu ne vas pas	[tynvapa]	tu ne t'arrêtes pas		aimé-je [ɛmɛːʒ]; aimai-
			[tyntarɛtpa]	je [ɛmɛːʒ], aimerai-je
il ne va pas	[ilnəvapa]	il ne s'arrête pas		[ɛmrɛːʒ], dussé-je [dy-
			[ilnəsarɛtpa]	sɛːʒ]; puissé-je [pɥi-
n. n'allons pas	[nunalɔ̃pa]	n. ne nous arrêtons pas		sɛːʒ] 따위.
			[nunnuzarɛtɔ̃pa]	2) 명령법의 부정형에서
v. n'allez pas	[vunalepa]	v. ne vous arrêtez pas		는 어순이 바뀌지 않는
			[vunvuzarɛtepa]	다: ne va pas,
ils ne vont pas	[ilnəvɔ̃pa]	ils ne s'arrêtent pas		ne vous arrêtez pas.
			[ilnəsarɛtpa]	3) s'arrêter의 변화표 가
je ne suis pas allé(e)		je ne me suis pas arrêté(e)		운데서 *p. p.* arrêté가 리
	[ʒənsɥipazale]		[ʒənməsɥipazarɛte]	듬 단락(段落)의 끝에 와
tu n'es pas allé(e)		tu ne t'es pas arrêté(e)		서 악센트를 받으면 모
	[tynɛpazale]		[tyntɛpazarɛte]	음조화에 의하여 [arete]
il n'est pas allé		il ne s'est pas arrêté		로 될 수 있으나 그것을
	[ilnɛpazale]		[ilnəsɛpazarɛte]	일일이 적지 않는다.
n. ne sommes pas allé(e)s		n. ne nous sommes pas arrêté(e)s		
	[nunsɔmpazale]		[nunnusɔmpazarɛte]	
v. n'êtes pas allé(e)(s)		v. ne vous êtes pas arrêté(e)(s)		
	[vunɛtpazale]		[vunvuzɛtpazarɛte]	
ils ne sont pas allés		ils ne se sont pas arrêtés		
	[ilnəsɔ̃pazale]		[ilnəsəsɔ̃pazarɛte]	
ne vais-je pas	[nəvɛʒpa]	ne m'arrête-je pas		
			[nəmarɛtɛʒpa]	
ne vas-tu pas	[nəvatypa]	ne t'arrêtes-tu pas		
			[nətarɛttypa]	
ne va-t-il pas	[nəvatilpa]	ne s'arrête-t-il pas		
			[nəsarɛttilpa]	
n'allons-nous pas	[nalɔ̃nupa]	ne nous arrêtons-nous pas		
			[nənuzarɛtɔ̃nupa]	
n'allez-vous pas	[nalevupa]	ne vous arrêtez-vous pas		
			[nəvuzarɛtevupa]	
ne vont-ils pas	[nəvɔ̃tilpa]	ne s'arrêtent-ils pas		
			[nəsarɛttilpa]	
ne suis-je pas allé(e)		ne me suis-je pas arrêté(e)		
	[nəsɥiʒpazale]		[nəmsɥiʒpazarɛte]	
n'es-tu pas allé(e)		ne t'es-tu pas arrêté(e)		
	[nɛtypazale]		[nətɛtypazarɛte]	
n'est-il pas allé		ne s'est-il pas arrêté		
	[nɛtilpazale]		[nəsɛtilpazarɛte]	
ne sommes-nous pas allé(e)s		ne nous sommes-nous pas arrêté(e)s		
	[nəsɔmnupazale]		[nənusɔmnupazarɛte]	
n'êtes-vous pas allé(e)(s)		ne vous êtes-vous pas arrêté(e)(s)		
	[nɛtvupazale]		[nəvuzɛtvupazarɛte]	
ne sont-ils pas allés		ne se sont-ils pas arrêtés		
	[nəsɔ̃tilpazale]		[nəsəsɔ̃tilpazarɛte]	

INFINITIF	INDICATIF			
PARTICIPE *Présent* *Passé*	*Présent*	*Imparfait*	*Passé simple*	*Futur*
1 PARLER parl*ant* parl*é*	je parl*e* tu parl*es* il parl*e* n. parl*ons* v. parl*ez* ils parl*ent*	je parl*ais* tu parl*ais* il parl*ait* n. parl*ions* v. parl*iez* ils parl*aient*	je parl*ai* tu parl*as* il parl*a* n. parl*âmes* v. parl*âtes* ils parl*èrent*	je parl*erai* tu parl*eras* il parl*era* n. parl*erons* v. parl*erez* ils parl*eront*
2 PLACER pla*çant* plac*é*	je plac*e* tu plac*es* il plac*e* n. pla*çons* v. plac*ez* ils plac*ent*	je pla*çais* tu pla*çais* il pla*çait* n. plac*ions* v. plac*iez* ils pla*çaient*	je pla*çai* tu pla*ças* il pla*ça* n. pla*çâmes* v. pla*çâtes* ils plac*èrent*	je plac*erai* tu plac*eras* il plac*era* n. plac*erons* v. plac*erez* ils plac*eront*
3 MANGER mange*ant* mang*é*	je mang*e* tu mang*es* il mang*e* n. mange*ons* v. mang*ez* ils mang*ent*	je mang*eais* tu mang*eais* il mang*eait* n. mang*ions* v. mang*iez* ils mang*eaient*	je mang*eai* tu mang*eas* il mang*ea* n. mang*eâmes* v. mang*eâtes* ils mang*èrent*	je mang*erai* tu mang*eras* il mang*era* n. mang*erons* v. mang*erez* ils mang*eront*
4 ACHETER achet*ant* achet*é*	j' ach*ète* tu ach*ètes* il ach*ète* n. achet*ons* v. achet*ez* ils ach*ètent*	j' achet*ais* tu achet*ais* il achet*ait* n. achet*ions* v. achet*iez* ils achet*aient*	j' achet*ai* tu achet*as* il achet*a* n. achet*âmes* v. achet*âtes* ils achet*èrent*	j' ach*èterai* tu ach*èteras* il ach*ètera* n. ach*èterons* v. ach*èterez* ils ach*èteront*
5 APPELER appel*ant* appel*é*	j' appell*e* tu appell*es* il appell*e* n. appel*ons* v. appel*ez* ils appell*ent*	j' appel*ais* tu appel*ais* il appel*ait* n. appel*ions* v. appel*iez* ils appel*aient*	j' appel*ai* tu appel*as* il appel*a* n. appel*âmes* v. appel*âtes* ils appel*èrent*	j' appell*erai* tu appell*eras* il appell*era* n. appell*erons* v. appell*erez* ils appell*eront*
6 ESPÉRER espér*ant* espér*é*	j' esp*ère* tu esp*ères* il esp*ère* n. espér*ons* v. espér*ez* ils esp*èrent*	j' espér*ais* tu espér*ais* il espér*ait* n. espér*ions* v. espér*iez* ils espér*aient*	j' espér*ai* tu espér*as* il espér*a* n. espér*âmes* v. espér*âtes* ils espér*èrent*	j' espér*erai* tu espér*eras* il espér*era* n. espér*erons* v. espér*erez* ils espér*eront*
7 EMPLOYER employ*ant* employ*é*	j' emplo*ie* tu emplo*ies* il emplo*ie* n. employ*ons* v. employ*ez* ils emplo*ient*	j' employ*ais* tu employ*ais* il employ*ait* n. employ*ions* v. employ*iez* ils employ*aient*	j' employ*ai* tu employ*as* il employ*a* n. employ*âmes* v. employ*âtes* ils employ*èrent*	j' emploi*erai* tu emploi*eras* il emploi*era* n. emploi*erons* v. emploi*erez* ils emploi*eront*
8 PAYER pay*ant* pay*é*	je pa*i[y]e* tu pa*i[y]es* il pa*i[y]e* n. pay*ons* v. pay*ez* ils pa*i[y]ent*	je pay*ais* tu pay*ais* il pay*ait* n. pay*ions* v. pay*iez* ils pay*aient*	je pay*ai* tu pay*as* il pay*a* n. pay*âmes* v. pay*âtes* ils pay*èrent*	je pa*i[y]erai* tu pa*i[y]eras* il pa*i[y]era* n. pa*i[y]erons* v. pa*i[y]erez* ils pa*i[y]eront*

동사변화표

IMPÉRATIF	SUBJONCTIF		Remarques
Présent	*Présent*	*Imparfait*	
parl*e* parl*ons* parl*ez*	je parl*e* tu parl*es* il parl*e* n. parl*ions* v. parl*iez* ils parl*ent*	je parl*asse* tu parl*asses* il parl*ât* n. parl*assions* v. parl*assiez* ils parl*assent*	어간 : **parl-** [parl]. -er로 끝나는 제 1 군 규칙동사.
plac*e* pla*çons* plac*ez*	je plac*e* tu plac*es* il plac*e* n. plac*ions* v. plac*iez* ils plac*ent*	je pla*çasse* tu pla*çasses* il pla*çât* n. pla*çassions* v. pla*çassiez* ils pla*çassent*	어간 : **plac[ç]-** [plas]. -cer로 끝나는 동사. -a, -o 앞에서 [s]음을 보존하기 위해서 ç를 쓴다.
mang*e* mang*eons* mang*ez*	je mang*e* tu mang*es* il mang*e* n. mang*ions* v. mang*iez* ils mang*ent*	je mang*easse* tu mang*easses* il mang*eât* n. mang*eassions* v. mang*eassiez* ils mang*eassent*	어간 : **mang(e)-** [mɑ̃(ː)ʒ]. -ger로 끝나는 동사. -a, -o 앞에서 [ʒ]음을 보존하기 위해서 ge를 쓴다.
ach*è*t*e* achet*ons* achet*ez*	j' ach*è*t*e* tu ach*è*t*es* il ach*è*t*e* n. achet*ions* v. achet*iez* ils ach*è*t*ent*	j' achet*asse* tu achet*asses* il achet*ât* n. achet*assions* v. achet*assiez* ils achet*assent*	어간 : **achèt-** [aʃɛt]∞**achet-** [aʃt]. -e+자음+er로 끝나는 동사. 모음교체 : [ɛ]∞[무음]. 강어간 (및 r형)에서 [ɛ]음을 나타내기 위해서 è로 철자한다.
app**elle** appel*ons* appel*ez*	j' app**elle** tu app**elles** il app**elle** n. appel*ions* v. appel*iez* ils app**ellent**	j' appel*asse* tu appel*asses* il appel*ât* n. appel*assions* v. appel*assiez* ils appel*assent*	어간 : **appell-** [apɛl]∞**appel-** [apl]. -eler, -eter로 끝나는 대부분의 동사. 모음교체 : [ɛ]∞[무음]. 강어간(및 r형)에서 [ɛ]를 나타내기 위해서 다음 자음자를 겹친다.
esp*è*r*e* espér*ons* espér*ez*	j' esp*è*r*e* tu esp*è*r*es* il esp*è*r*e* n. espér*ions* v. espér*iez* ils esp*è*r*ent*	j' espér*asse* tu espér*asses* il espér*ât* n. espér*assions* v. espér*assiez* ils espér*assent*	어간 : **espèr-** [ɛspɛ(ː)r]∞ **espér-** [ɛsper]. -é+자음+er로 끝나는 동사. 모음교체 : [ɛ]∞[e]. r형에서 폐음절이 되면 -é-로 쓴 채로 [ɛ]라고 발음하는 수가 많다.
empl*oie* employ*ons* employ*ez*	j' empl*oie* tu empl*oies* il empl*oie* n. employ*ions* v. employ*iez* ils empl*oient*	j' employ*asse* tu employ*asses* il employ*ât* n. employ*assions* v. employ*assiez* ils employ*assent*	[7] ENVOYER 의 *Futur* j' enver*rai* tu enver*ras* il enver*ra* n. enver*rons* v. enver*rez* ils enver*ront*
pai[y]e pay*ons* pay*ez*	je **pai[y]e** tu **pai[y]es** il **pai[y]e** n. pay*ions* v. pay*iez* ils **pai[y]ent**	je pay*asse* tu pay*asses* il pay*ât* n. pay*assions* v. pay*assiez* ils pay*assent*	어간 : 1) **pai-** [pɛ] ~ **pay-** [pɛj]. (([7]**emploi-** [ɑ̃plwa] ~ **employ-** [ɑ̃plwaj])와 같은 형). 2) **pay-**[pɛj](어간이 하나이며 [1]과 같음). 이상 두 개의 활용을 가진다.

동사변화표

INFINITIF	INDICATIF			
PARTICIPE *Présent* ――― *Passé*	*Présent*	*Imparfait*	*Passé simple*	*Futur*
9 ALLER all*ant* allé	je **vais** tu **vas** il **va** n. all*ons* v. all*ez* ils **vont**	j' all*ais* tu all*ais* il all*ait* n. all*ions* v. all*iez* ils all*aient*	j' all*ai* tu all*as* il all*a* n. all*âmes* v. all*âtes* ils all*èrent*	j' *irai* tu *iras* il *ira* n. *irons* v. *irez* ils *iront*
10 FIN*IR* fin*issant* fin*i*	je fin*is* tu fin*is* il fin*it* n. fin*issons* v. fin*issez* ils fin*issent*	je fin*issais* tu fin*issais* il fin*issait* n. fin*issions* v. fin*issiez* ils fin*issaient*	je fin*is* tu fin*is* il fin*it* n. fin*îmes* v. fin*îtes* ils fin*irent*	je fin*irai* tu fin*iras* il fin*ira* n. fin*irons* v. fin*irez* ils fin*iront*
11 HA*ÏR* haï*ssant* ha*ï*	je ha*is* tu ha*is* il ha*it* n. ha**ïssons** v. ha**ïssez** ils ha**ïssent**	je ha**ïssais** tu ha**ïssais** il ha**ïssait** n. ha**ïssions** v. ha**ïssiez** ils ha**ïssaient**	je ha*ïs* tu ha*ïs* il ha*ït* n. ha*ïmes* v. ha*ïtes* ils ha*ïrent*	je ha*ïrai* tu ha*ïras* il ha*ïra* n. ha*ïrons* v. ha*ïrez* ils ha*ïront*
12 OUVR*IR* ouvr*ant* ouver*t*	j' ouvr*e* tu ouvr*es* il ouvr*e* n. ouvr*ons* v. ouvr*ez* ils ouvr*ent*	j' ouvr*ais* tu ouvr*ais* il ouvr*ait* n. ouvr*ions* v. ouvr*iez* ils ouvr*aient*	j' ouvr*is* tu ouvr*is* il ouvr*it* n. ouvr*îmes* v. ouvr*îtes* ils ouvr*irent*	j' ouvr*irai* tu ouvr*iras* il ouvr*ira* n. ouvr*irons* v. ouvr*irez* ils ouvr*iront*
13 ASSAILL*IR* assaill*ant* assaill*i*	j' assaill*e* tu assaill*es* il assaill*e* n. assaill*ons* v. assaill*ez* ils assaill*ent*	j' assaill*ais* tu assaill*ais* il assaill*ait* n. assaill*ions* v. assaill*iez* ils assaill*aient*	j' assaill*is* tu assaill*is* il assaill*it* n. assaill*îmes* v. assaill*îtes* ils assaill*irent*	j' assaill*irai* tu assaill*iras* il assaill*ira* n. assaill*irons* v. assaill*irez* ils assaill*iront*
14 ACCUEILL*IR* accueill*ant* accueill*i*	j' accueill*e* tu accueill*es* il accueill*e* n. accueill*ons* v. accueill*ez* ils accueill*ent*	j' accueill*ais* tu accueill*ais* il accueill*ait* n. accueill*ions* v. accueill*iez* ils accueill*aient*	j' accueill*is* tu accueill*is* il accueill*it* n. accueill*îmes* v. accueill*îtes* ils accueill*irent*	j' accueill*erai* tu accueill*eras* il accueill*era* n. accueill*erons* v. accueill*erez* ils accueill*eront*
15 ACQUÉR*IR* acquér*ant* acqu*is*	j' acqu*iers* tu acqu*iers* il acqu*iert* n. acquér*ons* v. acquér*ez* ils acqu*ièrent*	j' acquér*ais* tu acquér*ais* il acquér*ait* n. acquér*ions* v. acquér*iez* ils acquér*aient*	j' acqu*is* tu acqu*is* il acqu*it* n. acqu*îmes* v. acqu*îtes* ils acqu*irent*	j' acquer*rai* tu acquer*ras* il acquer*ra* n. acquer*rons* v. acquer*rez* ils acquer*ront*
16 TEN*IR* ten*ant* ten*u*	je tien*s* tu tien*s* il tien*t* n. ten*ons* v. ten*ez* ils tienn*ent*	je ten*ais* tu ten*ais* il ten*ait* n. ten*ions* v. ten*iez* ils ten*aient*	je tin*s* tu tin*s* il tin*t* n. tîn*mes* v. tîn*tes* ils tin*rent*	je tien*drai* tu tien*dras* il tien*dra* n. tien*drons* v. tien*drez* ils tien*dront*

IMPÉRATIF	SUBJONCTIF		Remarques
Présent	*Présent*	*Imparfait*	
va allons allez	j' aille tu ailles il aille n. allions v. alliez ils aillent	j' allasse tu allasses il allât n. allassions v. allassiez ils allassent	어간 : 세 가지 어근을 가진다 : 1) all- [al]. 2) vai- [vɛ] ∞ va[va] ∞ v-[v] 《*ind. prés. s. 1, 2, 3* 및 *pl. 3, impér. s. 2*》. 3) i-[i]《r형》.
finis finissons finissez	je finisse tu finisses il finisse n. finissions v. finissiez ils finissent	je finisse tu finisses il finît n. finissions v. finissiez ils finissent	어간 : fini(ss)- [fini(s)]/fin- [fin] (+*i*-, +*i*). -ir로 끝나는 제2군 규칙동사. -i(ss)-가 나타나는 것은 *ind. prés., imparf., part. prés., impér., sub. prés.*
hais haïssons haïssez	je haïsse tu haïsses il haïsse n. haïssions v. haïssiez ils haïssent	je haïsse tu haïsses il haït n. haïssions v. haïssiez ils haïssent	어간 : hai-[ɛ] ∞ha-[a] (+*ï*-,+*i*), /haï(ss)- [ai(s)]. 단순활용 계통의 어간이 *ind. prés.* [*impér.*] *s.*에 나타나는 것만이 10과 다르다.
ouvre ouvrons ouvrez	j' ouvre tu ouvres il ouvre n. ouvrions v. ouvriez ils ouvrent	j' ouvrisse tu ouvrisses il ouvrît n. ouvrissions v. ouvrissiez ils ouvrissent	어간 : ouvr- [u(:)vr] (+*i*-) ∞ ouver-[uvɛ(:)r] (+*t*). *ind. prés. s.*는 -*e*, -*es*, -*e* 형. *p.p.*가 강변화형을 나타내는 접만이 13과 다르다.
assaille assaillons assaillez	j' assaille tu assailles il assaille n. assaillions v. assailliez ils assaillent	j' assaillisse tu assaillisses il assaillît n. assaillissions v. assaillissiez ils assaillissent	어간 : assaill- [asaj] (+*i*-, +*i*). *p.p.* 이외는 12와 같음.
accueille accueillons accueillez	j' accueille tu accueilles il accueille n. accueillions v. accueilliez ils accueillent	j' accueillisse tu accueillisses il accueillît n. accueillissions v. accueillissiez ils accueillissent	어간 : accueill- [akœj] (+*i*-, +*i*). *ind. prés. s.*는 -*e*, -*es*, -*e* 형. *futur* 도 -*e*-형인 접만이 13과 다르다.
acquiers acquérons acquérez	j' acquière tu acquières il acquière n. acquérions v. acquériez ils acquièrent	j' acquisse tu acquisses il acquît n. acquissions v. acquissiez ils acquissent	어간 : acquièr- [akjɛ:r] ∞ acquèr- [akɛr], acquer-[akɛr]/acqu-[ak] (+*i*-,+*is*). 모음교체 : [jɛ] ∞ [eɔɛ].
tiens tenons tenez	je tienne tu tiennes il tienne n. tenions v. teniez ils tiennent	je tinsse tu tinsses il tînt n. tinssions v. tinssiez ils tinssent	어간 : tienn- [tiɛn] ∞ tien(d)-[tjɛ̃(d)] ∞ ten-[t(ə)n] (+*u*) ∞ tin-[tɛ̃]. 모음교체 : [jɛ(j)ɛ̃] ∞ [(ə)] ∞ [ɛ̃]. *ind. p. simple, sub. imparf.*의 특수 어간과 r형의 -*d*-에 주의할 것. venir 과 그 파생어도 같은 활용.

INFINITIF	INDICATIF			
PARTICIPE *Présent* *Passé*	*Présent*	*Imparfait*	*Passé simple*	*Futur*
17 MOURIR mour*ant* mor*t*	je meur*s* tu meur*s* il meur*t* n. mour*ons* v. mour*ez* ils meur*ent*	je mour*ais* tu mour*ais* il mour*ait* n. mour*ions* v. mour*iez* ils mour*aient*	je mour*us* tu mour*us* il mour*ut* n. mour*ûmes* v. mour*ûtes* ils mour*urent*	je mour*rai* tu mour*ras* il mour*ra* n. mour*rons* v. mour*rez* ils mour*ront*
18 SENTIR sent*ant* sent*i*	je sent*s* tu sent*s* il sen*t* n. sent*ons* v. sent*ez* ils sent*ent*	je sent*ais* tu sent*ais* il sent*ait* n. sent*ions* v. sent*iez* ils sent*aient*	je sent*is* tu sent*is* il sent*it* n. sent*îmes* v. sent*îtes* ils sent*irent*	je sent*irai* tu sent*iras* il sent*ira* n. sent*irons* v. sent*irez* ils sent*iront*
19 BOUILLIR bouill*ant* bouill*i*	je bou*s* tu bou*s* il bou*t* n. bouill*ons* v. bouill*ez* ils bouill*ent*	je bouill*ais* tu bouill*ais* il bouill*ait* n. bouill*ions* v. bouill*iez* ils bouill*aient*	je bouill*is* tu bouill*is* il bouill*it* n. bouill*îmes* v. bouill*îtes* ils bouill*irent*	je bouill*irai* tu bouill*iras* il bouill*ira* n. bouill*irons* v. bouill*irez* ils bouill*iront*
20 COURIR cour*ant* cour*u*	je cour*s* tu cour*s* il cour*t* n. cour*ons* v. cour*ez* ils cour*ent*	je cour*ais* tu cour*ais* il cour*ait* n. cour*ions* v. cour*iez* ils cour*aient*	je cour*us* tu cour*us* il cour*ut* n. cour*ûmes* v. cour*ûtes* ils cour*urent*	je cour*rai* tu cour*ras* il cour*ra* n. cour*rons* v. cour*rez* ils cour*ront*
21 FUIR fuy*ant* fu*i*	je fui*s* tu fui*s* il fui*t* n. fuy*ons* v. fuy*ez* ils fui*ent*	je fuy*ais* tu fuy*ais* il fuy*ait* n. fuy*ions* v. fuy*iez* ils fuy*aient*	je fui*s* tu fui*s* il fui*t* n. fui*mes* v. fui*tes* ils fui*rent*	je fui*rai* tu fui*ras* il fui*ra* n. fui*rons* v. fui*rez* ils fui*ront*
22 VÊTIR vêt*ant* vêt*u*	je vêt*s* tu vêt*s* il vê*t* n. vêt*ons* v. vêt*ez* ils vêt*ent*	je vêt*ais* tu vêt*ais* il vêt*ait* n. vêt*ions* v. vêt*iez* ils vêt*aient*	je vêt*is* tu vêt*is* il vêt*it* n. vêt*îmes* v. vêt*îtes* ils vêt*irent*	je vêt*irai* tu vêt*iras* il vêt*ira* n. vêt*irons* v. vêt*irez* ils vêt*iront*
23 FAILLIR faill*ant* faill*i*	je fau*x* tu fau*x* il fau*t* n. faill*ons* v. faill*ez* ils faill*ent*	je faill*ais* tu faill*ais* il faill*ait* n. faill*ions* v. faill*iez* ils faill*aient*	je faill*is* tu faill*is* il faill*it* n. faill*îmes* v. faill*îtes* ils faill*irent*	je faill*irai* tu faill*iras* il faill*ira* n. faill*irons* v. faill*irez* ils faill*iront*
24 OUIR oy*ant* ou*ï*	j' oi*s* tu oi*s* il oi*t* n. oy*ons* v. oy*ez* ils oi*ent*	j' oy*ais* tu oy*ais* il oy*ait* n. oy*ions* v. oy*iez* ils oy*aient*	j' ouï*s* tu ouï*s* il ouï*t* n. ouï*mes* v. ouï*tes* ils ouï*rent*	j' ouï(oi)*rai* tu ouï(oi)*ras* il ouï(oi)*ra* n. ouï(oi)*rons* v. ouï(oi)*rez* ils ouï(oi)*ront*

IMPÉRATIF	SUBJONCTIF		Remarques
Présent	*Présent*	*Imparfait*	
meurs mour*ons* mour*ez*	je meure tu meures il meure n. mour*ions* v. mour*iez* ils meur*ent*	je mour*usse* tu mour*usses* il mour*ût* n. mour*ussions* v. mour*ussiez* ils mour*ussent*	어간 : **meur(t)**-[mœ:r] ∞ **mour**-[muʀ] (+*u*-) ∞**mor**-[mɔ(ː)r] (+*t*). 모음교체 : [œ]∞[u]∞[ɔ]. r형에서 접속모음 없음. *p. p.*는 강변화형을 나타낸다.
sens sent*ons* sent*ez*	je sente tu sentes il sente n. sent*ions* v. sent*iez* ils sent*ent*	je sent*isse* tu sent*isses* il sent*it* n. sent*issions* v. sent*issiez* ils sent*issent*	어간 : **sen(t)**- [sā~sā(ː)t] (+*i*-,+*i*). -ir로 끝나는 동사 가운데에서 -tir, -mir, -vir형의 동사의 대부분은 활용이 같음.
bous bouill*ons* bouill*ez*	je bouille tu bouilles il bouille n. bouill*ions* v. bouill*iez* ils bouill*ent*	je bouill*isse* tu bouill*isses* il bouill*it* n. bouill*issions* v. bouill*issiez* ils bouill*issent*	어간 : **bou(ill)**- [bu~buj] (+*i*-, +*i*). 어간끝 자음 ill- [j]가 자음 앞에서 떨 어져 나가는 것은 [18]과 똑같다.
cours cour*ons* cour*ez*	je coure tu coures il coure n. cour*ions* v. cour*iez* ils cour*ent*	je cour*usse* tu cour*usses* il cour*ût* n. cour*ussions* v. cour*ussiez* ils cour*ussent*	어간 : **cour**- [ku(ː)r] (+*u*-, +*u*). r형에서 접속모음 없음.
fuis fuy*ons* fuy*ez*	je fuie tu fuies il fuie n. fuy*ions* v. fuy*iez* ils fuient	je fu*isse* tu fu*isses* il fu*it* n. fu*issions* v. fu*issiez* ils fu*issent*	어간 : **fui**- [fɥi] ~ **fuy**- [fɥij] / **fu**- [fɥ] (+*i*-, +*i*).
vêts vêt*ons* vêt*ez*	je vête tu vêtes il vête n. vêt*ions* v. vêt*iez* ils vêt*ent*	je vêt*isse* tu vêt*isses* il vêt*it* n. vêt*issions* v. vêt*issiez* ils vêt*issent*	어간 : **vêt**-[vɛ~vɛt] (+*i*-, +*u*). 어간끝 자음자 -t-는 빠지는 일이 없다 (*ind. prés. 3 s.*에서는 인칭어미 -t와 하나가 된다).
	je faille tu failles il faille n. faill*ions* v. faill*iez* ils faill*ent*	je faill*isse* tu faill*isses* il faill*it* n. faill*issions* v. faill*issiez* ils faill*issent*	어간 : **faill**- [faj](+*i*-, +*i*) ∞ **fau**-[fo]. 《역사적으로는 자음 앞에서 어간 끝자음 ill-[λ]가 모음화한 것》. [65]를 보라.
ois oy*ons* oy*ez*	j' oi(y)e tu oi(y)es il oi(y)e n. oy*ions* v. oy*iez* ils oi(y)*ent*	j' ou*isse* tu ou*isses* il ou*ît* n. ou*issions* v. ou*issiez* ils ou*issent*	어간 : **oi**-[wa] ~ **oy**-[waj]∞**ou**-[w] (+*i*-, +*i*). 이 동사는 예스러운 문체에서 *inf., p. simple* 및 복합형을 주로 쓴다(보통은 entendre, écouter를 쓴다).

INFINITIF	INDICATIF			
PARTICIPE *Présent* / *Passé*	*Présent*	*Imparfait*	*Passé simple*	*Futur*
25 ENTENDRE / entend*ant* / entend*u*	j' entend*s* tu entend*s* il entend n. entend*ons* v. entend*ez* ils entend*ent*	j' entend*ais* tu entend*ais* il entend*ait* n. entend*ions* v. entend*iez* ils entend*aient*	j' entend*is* tu entend*is* il entend*it* n. entend*îmes* v. entend*îtes* ils entend*irent*	j' entend*rai* tu entend*ras* il entend*ra* n. entend*rons* v. entend*rez* ils entend*ront*
26 PRENDRE / pren*ant* / pr*is*	je prend*s* tu prend*s* il prend n. pren*ons* v. pren*ez* ils prenn*ent*	je pren*ais* tu pren*ais* il pren*ait* n. pren*ions* v. pren*iez* ils pren*aient*	je pr*is* tu pr*is* il pr*it* n. pr*îmes* v. pr*îtes* ils pr*irent*	je prend*rai* tu prend*ras* il prend*ra* n. prend*rons* v. prend*rez* ils prend*ront*
27 PLAINDRE / plaign*ant* / plain*t*	je plain*s* tu plain*s* il plain*t* n. plaign*ons* v. plaign*ez* ils plaign*ent*	je plaign*ais* tu plaign*ais* il plaign*ait* n. plaign*ions* v. plaign*iez* ils plaign*aient*	je plaign*is* tu plaign*is* il plaign*it* n. plaign*îmes* v. plaign*îtes* ils plaign*irent*	je plaind*rai* tu plaind*ras* il plaind*ra* n. plaind*rons* v. plaind*rez* ils plaind*ront*
28 FAIRE / fais*ant* / **fai*t***	je fai*s* tu fai*s* il fai*t* n. fais*ons*[fəzɔ̃] v. fai*tes** ils f*ont**	je fais*ais*[fəzɛ] tu fais*ais*[fəzɛ] il fais*ait*[fəzɛ] n. fais*ions* v. fais*iez* ils fais*aient*	je f*is* tu f*is* il f*it* n. f*îmes* v. f*îtes* ils f*irent*	je fe*rai* tu fe*ras* il fe*ra* n. fe*rons* v. fe*rez* ils fe*ront*
29 DIRE / dis*ant* / d*it*	je di*s* tu di*s* il di*t* n. dis*ons* v. di*tes** ils dis*ent*	je dis*ais* tu dis*ais* il dis*ait* n. dis*ions* v. dis*iez* ils dis*aient*	je d*is* tu d*is* il d*it* n. d*îmes* v. d*îtes* ils d*irent*	je di*rai* tu di*ras* il di*ra* n. di*rons* v. di*rez* ils di*ront*
30 LIRE / lis*ant* / l*u*	je li*s* tu li*s* il li*t* n. lis*ons* v. lis*ez* ils lis*ent*	je lis*ais* tu lis*ais* il lis*ait* n. lis*ions* v. lis*iez* ils lis*aient*	je l*us* tu l*us* il l*ut* n. l*ûmes* v. l*ûtes* ils l*urent*	je li*rai* tu li*ras* il li*ra* n. li*rons* v. li*rez* ils li*ront*
31 SUFFIRE / suffis*ant* / suff*i*	je suffi*s* tu suffi*s* il suffi*t* n. suffis*ons* v. suffis*ez* ils suffis*ent*	je suffis*ais* tu suffis*ais* il suffis*ait* n. suffis*ions* v. suffis*iez* ils suffis*aient*	je suff*is* tu suff*is* il suff*it* n. suff*îmes* v. suff*îtes* ils suff*irent*	je suffi*rai* tu suffi*ras* il suffi*ra* n. suffi*rons* v. suffi*rez* ils suffi*ront*
32 CONDUIRE / conduis*ant* / condui*t*	je condui*s* tu condui*s* il condui*t* n. conduis*ons* v. conduis*ez* ils conduis*ent*	je conduis*ais* tu conduis*ais* il conduis*ait* n. conduis*ions* v. conduis*iez* ils conduis*aient*	je conduis*is* tu conduis*is* il conduis*it* n. conduis*îmes* v. conduis*îtes* ils conduis*irent*	je condui*rai* tu condui*ras* il condui*ra* n. condui*rons* v. condui*rez* ils condui*ront*

IMPÉRATIF	SUBJONCTIF		Remarques
Présent	*Présent*	*Imparfait*	
entends entend*ons* entend*ez*	j' entend*e* tu entend*es* il entend*e* n. entend*ions* v. entend*iez* ils entend*ent*	j' entend*isse* tu entend*isses* il entend*ît* n. entend*issions* v. entend*issiez* ils entend*issent*	어간 : **entend-** [ɑ̃tɑ̃~ɑ̃tɑ̃(:)d] (+*i*-, +*u*). 어간끝 자음자 -d 는 빠지는 일이 없다 (《ind. prés. 3 s.에서는 인칭 어미 -t 는 쓰이지 않는다》). 단 rompre 와 그 합성어는 ind. prés. 3 s.에서 romp*t*.
prends pren*ons* pren*ez*	je prenn*e* tu prenn*es* il prenn*e* n. pren*ions* v. pren*iez* ils prenn*ent*	je pr*isse* tu pr*isses* il pr*ît* n. pr*issions* v. pr*issiez* ils pr*issent*	어간 : **prenn-** [prɛn] ∞ **pren-** [prən] ∞ **prend-** [prɑ̃(d)]/**pr-**[pr] (+*i*-, +*is*). 모음교체 : [ɛ]∞[ə] ∞ [ɑ̃]. *inf.*와 r 형에서 -d-가 들어간다(《역사적으로는 거꾸로 다른데서 -d-가 빠진 것》).
pl*ains* plaign*ons* plaign*ez*	je plaign*e* tu plaign*es* il plaign*e* n. plaign*ions* v. plaign*iez* ils plaign*ent*	je plaign*isse* tu plaign*isses* il plaign*ît* n. plaign*issions* v. plaign*issiez* ils plaign*issent*	어간 : **plaign-** [plɛɲ] (+*i*-) ∞ **plain(d)-** [plɛ̃(d)]. *p. p.*는 강변화(plain+*t*). -eindre 형 (《어간 : -eign- [ɛɲ] (+*i*-) ∞ -ein(d)-[ɛ̃(d)]》), -oindre 형(《어간 : -oign- [waɲ] (+*i*-)∞-oin(d)- [wɛ̃(d)]》)도 같은 변화.
fais fais*ons* fai*tes**	je fass*e* tu fass*es* il fass*e* n. fass*ions* v. fass*iez* ils fass*ent*	je f*isse* tu f*isses* il f*ît* n. f*issions* v. f*issiez* ils f*issent*	어간 : **fai-** [fɛ] ∞ **fe-**[f(ə)] ~ **fais-**[f(ə)z] ∞ **fass-** [fas]/**f-**[f] (+*i*). *p. p.*는 강변화형 fai-*t*; ind. prés. [*impêr.*] 2 *pl.* 는 강어간(+약어미), fai*tes*; ind. prés. 3 *pl.* 는 약어간(+강어미)f-*ont*.
dis dis*ons* di*tes**	je dis*e* tu dis*es* il dis*e* n. dis*ions* v. dis*iez* ils dis*ent*	je d*isse* tu d*isses* il d*ît* n. d*issions* v. d*issiez* ils d*issent*	어간 : **di(s)-**[di~di(:)z]/**d-**[d] (+*i*-, +*it*). 단 접두사가 붙은 contredire, dédire, interdire, médire, prédire 는 ind. prés. [*impêr.*] 2 *pl.* (vous) -dis*ez*. (《redire 만이 (vous) redi*tes*》).
lis lis*ons* lis*ez*	je lis*e* tu lis*es* il lis*e* n. lis*ions* v. lis*iez* ils lis*ent*	je l*usse* tu l*usses* il l*ût* n. l*ussions* v. l*ussiez* ils l*ussent*	어간 : **li(s)-** [li~li(:)z]/l-[l] (+*u*-, +*u*).
suffis suffis*ons* suffis*ez*	je suffis*e* tu suffis*es* il suffis*e* n. suffis*ions* v. suffis*iez* ils suffis*ent*	je suff*isse* tu suff*isses* il suff*ît* n. suff*issions* v. suff*issiez* ils suff*issent*	어간 : **suffi(s)-** [syfi~syfi(:)z] /**suff-** [syf] (+*i*-, +*i*). [30]과 테마 모음만이 다르다.
conduis conduis*ons* conduis*ez*	je conduis*e* tu conduis*es* il conduis*e* n. conduis*ions* v. conduis*iez* ils conduis*ent*	je conduis*isse* tu conduis*isses* il conduis*ît* n. conduis*issions* v. conduis*issiez* ils conduis*issent*	어간 : **condui(s)-**[kɔ̃dɥi~kɔ̃dɥi(:)z] (+*i*). *p. p.*는 단축어간 condu-*it* (〈condui+*it*).

INFINITIF	INDICATIF			
PARTICIPE *Présent* *Passé*	*Présent*	*Imparfait*	*Passé simple*	*Futur*
33 **PLAIRE** plais*ant* pl*u*	je plais tu plais il plai*t* n. plais*ons* v. plais*ez* ils plais*ent*	je plais*ais* tu plais*ais* il plais*ait* n. plais*ions* v. plais*iez* ils plais*aient*	je pl*us* tu pl*us* il pl*ut* n. pl*ûmes* v. pl*ûtes* ils pl*urent*	je plair*ai* tu plair*as* il plair*a* n. plair*ons* v. plair*ez* ils plair*ont*
34 **COUDRE** cous*ant* cous*u*	je couds tu couds il coud n. cous*ons* v. cous*ez* ils cous*ent*	je cous*ais* tu cous*ais* il cous*ait* n. cous*ions* v. cous*iez* ils cous*aient*	je cous*is* tu cous*is* il cous*it* n. cous*îmes* v. cous*îtes* ils cous*irent*	je coudr*ai* tu coudr*as* il coudr*a* n. coudr*ons* v. coudr*ez* ils coudr*ont*
35 **CLORE** clos*ant* clo*s*	je clos tu clos il clô*t* n. clos*ons* v. clos*ez* ils clos*ent*			je clor*ai* tu clor*as* il clor*a* n. clor*ons* v. clor*ez* ils clor*ont*
36 **SUIVRE** suiv*ant* suiv*i*	je suis tu suis il sui*t* n. suiv*ons* v. suiv*ez* ils suiv*ent*	je suiv*ais* tu suiv*ais* il suiv*ait* n. suiv*ions* v. suiv*iez* ils suiv*aient*	je suiv*is* tu suiv*is* il suiv*it* n. suiv*îmes* v. suiv*îtes* ils suiv*irent*	je suivr*ai* tu suivr*as* il suivr*a* n. suivr*ons* v. suivr*ez* ils suivr*ont*
37 **VIVRE** viv*ant* véc*u*	je vis tu vis il vi*t* n. viv*ons* v. viv*ez* ils viv*ent*	je viv*ais* tu viv*ais* il viv*ait* n. viv*ions* v. viv*iez* ils viv*aient*	je véc*us* tu véc*us* il véc*ut* n. véc*ûmes* v. véc*ûtes* ils véc*urent*	je vivr*ai* tu vivr*as* il vivr*a* n. vivr*ons* v. vivr*ez* ils vivr*ont*
38 **ÉCRIRE** écriv*ant* écri*t*	j' écris tu écris il écri*t* n. écriv*ons* v. écriv*ez* ils écriv*ent*	j' écriv*ais* tu écriv*ais* il écriv*ait* n. écriv*ions* v. écriv*iez* ils écriv*aient*	j' écriv*is* tu écriv*is* il écriv*it* n. écriv*îmes* v. écriv*îtes* ils écriv*irent*	j' écrir*ai* tu écrir*as* il écrir*a* n. écrir*ons* v. écrir*ez* ils écrir*ont*
39 **BOIRE** buv*ant* b*u*	je bois tu bois il boi*t* n. buv*ons* v. buv*ez* ils boiv*ent*	je buv*ais* tu buv*ais* il buv*ait* n. buv*ions* v. buv*iez* ils buv*aient*	je b*us* tu b*us* il b*ut* n. b*ûmes* v. b*ûtes* ils b*urent*	je boir*ai* tu boir*as* il boir*a* n. boir*ons* v. boir*ez* ils boir*ont*
40 **RÉSOUDRE** résolv*ant* résol*u*	je résous tu résous il résou*t* n. résolv*ons* v. résolv*ez* ils résolv*ent*	je résolv*ais* tu résolv*ais* il résolv*ait* n. résolv*ions* v. résolv*iez* ils résolv*aient*	je résol*us* tu résol*us* il résol*ut* n. résol*ûmes* v. résol*ûtes* ils résol*urent*	je résoudr*ai* tu résoudr*as* il résoudr*a* n. résoudr*ons* v. résoudr*ez* ils résoudr*ont*

IMPÉRATIF	SUBJONCTIF		Remarques
Présent	*Présent*	*Imparfait*	
plais plaisons plaisez	je plaise tu plaises il plaise n. plaisions v. plaisiez ils plaisent	je plusse tu plusses il plût n. plussions v. plussiez ils plussent	어간 : **plai(s)**-[plɛ ~ plɛ(:)z]/**pl**-[pl] (+u-, +u). *ind. prés. 3 s.*에서 어간끝 자음자 -s-가 ˆ로서 그 흔적을 남기고 있다.
couds cousons cousez	je couse tu couses il couse n. cousions v. cousiez ils cousent	je cousisse tu cousisses il cousît n. cousissions v. cousissiez ils cousissent	어간 : **cous**- [ku(:)z] (+i-, +u) ~ **coud**-[ku~kud]. *ind. prés.* 〔*impér.*〕 *s.*에서 -d가 철자에 나타나는 것에 주의할 것.
clos —— ——	je close tu closes il close n. closions v. closiez ils closent		어간 : **clo(s)**- [klo ~ klo(:)z]. *p.p.*는 강변화형 clo-s. *ind. prés. 3 s.*에서 어간 끝 자음자 -s-가 ˆ로서 그 흔적을 남기고 있다.
suis suivons suivez	je suive tu suives il suive n. suivions v. suiviez ils suivent	je suivisse tu suivisses il suivît n. suivissions v. suivissiez ils suivissent	어간 : **sui(v)**- [sɥi~sɥi(:)v] (+i-, +i). *ind. prés. 1 s.*가 être의 je suis와 같은 꼴이 되는 점에 주의할 것.
vis vivons vivez	je vive tu vives il vive n. vivions v. viviez ils vivent	je vécusse tu vécusses il vécût n. vécussions v. vécussiez ils vécussent	어간 : **vi(v)**- [vi~vi(:)v] ∝ **véc**- [vek] (+u-, +u). *ind. p. simple, sub. imparf., p.p.*의 특수 어간에 주의할 것.
écris écrivons écrivez	j' écrive tu écrives il écrive n. écrivions v. écriviez ils écrivent	j' écrivisse tu écrivisses il écrivît n. écrivissions v. écrivissiez ils écrivissent	어간 : **écri(v)**- [ekri ~ ekri(:)v] (+i). *p.p.*는 단축 어간 écr-*it*.
bois buvons buvez	je boive tu boives il boive n. buvions v. buviez ils boivent	je busse tu busses il bût n. bussions v. bussiez ils bussent	어간 : **boi(v)**- [bwa~bwa:v]∝**buv**- [byv] /**b**-[b] (+u-, +u). 특수한 모음교체 [wa]∝[y]에 주의.
résous résolvons résolvez	je résolve tu résolves il résolve n. résolvions v. résolviez ils résolvent	je résolusse tu résolusses il résolût n. résolussions v. résolussiez ils résolussent	어간 : **résolv**- [rezɔlv]~**résol**- [rezɔl] (+u-, +u) ∝ **résou(d)**- [rezu~rezud]. "…으로 화하다"라는 뜻일 때 *p.p.*는 résous(*f.* résoute).

INFINITIF	INDICATIF			
PARTICIPE *Présent* / *Passé*	*Présent*	*Imparfait*	*Passé simple*	*Futur*
41 CONNAÎTRE connaiss*ant* conn*u*	je connais tu connais il connaît n. connaiss*ons* v. connaiss*ez* ils connaiss*ent*	je connaiss*ais* tu connaiss*ais* il connaiss*ait* n. connaiss*ions* v. connaiss*iez* ils connaiss*aient*	je conn*us* tu conn*us* il conn*ut* n. conn*ûmes* v. conn*ûtes* ils conn*urent*	je connai*trai* tu connai*tras* il connai*tra* n. connai*trons* v. connai*trez* ils connai*tront*
42 NAÎTRE naiss*ant* né	je nais tu nais il naît n. naiss*ons* v. naiss*ez* ils naiss*ent*	je naiss*ais* tu naiss*ais* il naiss*ait* n. naiss*ions* v. naiss*iez* ils naiss*aient*	je na*quis* tu na*quis* il na*quit* n. na*quîmes* v. na*quîtes* ils na*quirent*	je nai*trai* tu nai*tras* il nai*tra* n. nai*trons* v. nai*trez* ils nai*tront*
43 CROIRE croy*ant* cr*u*	je crois tu crois il croit n. croy*ons* v. croy*ez* ils croi*ent*	je croy*ais* tu croy*ais* il croy*ait* n. croy*ions* v. croy*iez* ils croy*aient*	je cr*us* tu cr*us* il cr*ut* n. cr*ûmes* v. cr*ûtes* ils cr*urent*	je croi*rai* tu croi*ras* il croi*ra* n. croi*rons* v. croi*rez* ils croi*ront*
44 TRAIRE tray*ant* trai*t*	je trais tu trais il trait n. tray*ons* v. tray*ez* ils trai*ent*	je tray*ais* tu tray*ais* il tray*ait* n. tray*ions* v. tray*iez* ils tray*aient*		je trai*rai* tu trai*ras* il trai*ra* n. trai*rons* v. trai*rez* ils trai*ront*
45 BATTRE batt*ant* batt*u*	je bats tu bats il bat n. batt*ons* v. batt*ez* ils batt*ent*	je batt*ais* tu batt*ais* il batt*ait* n. batt*ions* v. batt*iez* ils batt*aient*	je batt*is* tu batt*is* il batt*it* n. batt*îmes* v. batt*îtes* ils batt*irent*	je batt*rai* tu batt*ras* il batt*ra* n. batt*rons* v. batt*rez* ils batt*ront*
46 METTRE mett*ant* m*is*	je mets tu mets il met n. mett*ons* v. mett*ez* ils mett*ent*	je mett*ais* tu mett*ais* il mett*ait* n. mett*ions* v. mett*iez* ils mett*aient*	je m*is* tu m*is* il m*it* n. m*îmes* v. m*îtes* ils m*irent*	je mett*rai* tu mett*ras* il mett*ra* n. mett*rons* v. mett*rez* ils mett*ront*
47 RIRE ri*ant* ri	je ris tu ris il rit n. ri*ons* v. ri*ez* ils ri*ent*	je ri*ais* tu ri*ais* il ri*ait* n. ri*ions* v. ri*iez* ils ri*aient*	je r*is* tu r*is* il r*it* n. r*îmes* v. r*îtes* ils r*irent*	je ri*rai* tu ri*ras* il ri*ra* n. ri*rons* v. ri*rez* ils ri*ront*
48 CONCLURE conclu*ant* concl*u*	je conclus tu conclus il conclut n. conclu*ons* v. conclu*ez* ils conclu*ent*	je conclu*ais* tu conclu*ais* il conclu*ait* n. conclu*ions* v. conclu*iez* ils conclu*aient*	je concl*us* tu concl*us* il concl*ut* n. concl*ûmes* v. concl*ûtes* ils concl*urent*	je conclu*rai* tu conclu*ras* il conclu*ra* n. conclu*rons* v. conclu*rez* ils conclu*ront*

IMPÉRATIF	SUBJONCTIF		Remarques
Présent	*Présent*	*Imparfait*	
connais connaissons connaissez	je connaisse tu connaisses il connaisse n. connaissions v. connaissiez ils connaissent	je connusse tu connusses il connût n. connussions v. connussiez ils connussent	어간: **connai(ss)**- [kɔnɛ(s)] ∼ **connaît**-[kɔnɛt]/**conn**-[kɔn] (+*u*-, +*u*). *inf*.와 r형에서 -t-[t]를 사이에 넣는다. ——이 경우와 *ind. prés. 3 s.*에서 어간 끝 자음 -ss-⟩ ˆ (ˆ*t*).
nais naissons naissez	je naisse tu naisses il naisse n. naissions v. naissiez ils naissent	je naquisse tu naquisses il naquît n. naquissions v. naquissiez ils naquissent	어간: **nai(ss)**- [nɛ(s)] ∼ **naît**- [nɛt] ∞ **naqu**- [nak] (+*i*-)/**n**- [n] (+*ê*). *inf*.와 r형에서 -t-[t]를 사이에 넣는다. ——이 경우와 *ind. prés. 3 s.*에서 어간 끝 자음 -ss-⟩ ˆ (ˆ*t*).
crois croyons croyez	je croie tu croies il croie n. croyions v. croyiez ils croient	je crusse tu crusses il crût n. crussions v. crussiez ils crussent	어간: **croi**- [krwa] ∼ **croy**- [krwaj]/**cr**-[kr] (+*u*-, +*u*). croy-는 모음(e를 제외) 앞에 나타난다.
trais trayons trayez	je traie tu traies il traie n. trayions v. trayiez ils traient		어간: **trai**- [trɛ] ∼ **tray**- [trɛj]. tray-는 모음(e를 제외) 앞에 나타난다. *p.p.*는 강변화형 trai-*t*.
bats battons battez	je batte tu battes il batte n. battions v. battiez ils battent	je battisse tu battisses il battît n. battissions v. battissiez ils battissent	어간: **bat**- [ba] ∼ **batt**- [bat] (+*i*-, +*u*). *ind. prés.* [*impér.*] *s.*에서 어간 끝의 이 중자음자 -tt-는 다만 -t-로 쓰이며, *3 s.*에서는 인칭 어미 -*t*가 철자에 나타나지 않는다.
mets mettons mettez	je mette tu mettes il mette n. mettions v. mettiez ils mettent	je misse tu misses il mît n. missions v. missiez ils missent	어간: **met**- [mɛ] ∼ **mett**- [mɛt]/**m**- [m] (+*i*-, +*is*). *ind. prés.* [*impér.*] *s.*에서 어간 끝의 이 중자음자 -tt-는 다만 -t-로 쓰이며 *3 s.*에서는 인칭 어미 -*t*가 철자에 나타나지 않는다.
ris rions riez	je rie tu ries il rie n. riions v. riiez ils rient	je risse tu risses il rît n. rissions v. rissiez ils rissent	어간: **ri**- [ri∞rj]/**r**- [r] (+*i*-, +*i*). 어간이 모음 -i-로 끝나므로 다음에 모음 (e를 제외)이 오면 그것이 반자음화해서 [j]로 된다. 보기: rions[rjɔ̃], riez[rje].
conclus concluons concluez	je conclue tu conclues il conclue n. concluions v. concluiez ils concluent	je conclusse tu conclusses il conclût n. conclussions v. conclussiez ils conclussent	어간: **conclu**- [kɔ̃kly]/**concl**- [kɔ̃kl] (+*u*-, +*u*). 주: inclure, reclure, occlure의 *p. p.*는 inclus, reclus, occlus.

INFINITIF	INDICATIF			
PARTICIPE *Présent* / *Passé*	*Présent*	*Imparfait*	*Passé simple*	*Futur*
49 VAINCRE / vainqu*ant* / vainc*u*	je vaincs tu vaincs il vainc n. vainquons v. vainquez ils vainquent	je vainquais tu vainquais il vainquait n. vainquions v. vainquiez ils vainquaient	je vainquis tu vainquis il vainquit n. vainquîmes v. vainquîtes ils vainquirent	je vaincrai tu vaincras il vaincra n. vaincrons v. vaincrez ils vaincront
50 MOUDRE / moul*ant* / moul*u*	je mouds tu mouds il moud n. moulons v. moulez ils moulent	je moulais tu moulais il moulait n. moulions v. mouliez ils moulaient	je moulus tu moulus il moulut n. moulûmes v. moulûtes ils moulurent	je moudrai tu moudras il moudra n. moudrons v. moudrez ils moudront
51 BRUIRE / bruiss*ant* / brui*t*	je bruis tu bruis il bruit — — ils bruissent	je bruissais — il bruissait — — ils bruissaient	je bruis — il bruit — — ils bruirent	je bruirai — il bruira — — —
52 FRIRE / (faisant frire) / fri*t*	je fris tu fris il frit (n. faisons frire) (v. faites „) (ils font „)	(je faisais frire) (tu faisais „) (il faisait „) (n. faisions „) (v. faisiez „) (ils faisaient „)	(je fis frire) (tu fis „) (il fit „) (n. fîmes „) (v. fîtes „) (ils firent „)	je frirai tu friras il frira n. frirons v. frirez ils friront
53 RECEVOIR / recev*ant* / reç*u*	je reçois tu reçois il reçoit n. recevons v. recevez ils reçoivent	je recevais tu recevais il recevait n. recevions v. receviez ils recevaient	je reçus tu reçus il reçut n. reçûmes v. reçûtes ils reçurent	je recevrai tu recevras il recevra n. recevrons v. recevrez ils recevront
54 DEVOIR / dev*ant* / d*û*	je dois tu dois il doit n. devons v. devez ils doivent	je devais tu devais il devait n. devions v. deviez ils devaient	je dus tu dus il dut n. dûmes v. dûtes ils durent	je devrai tu devras il devra n. devrons v. devrez ils devront
55 POUVOIR / pouv*ant* / p*u*	je peux (puis) tu peux il peut n. pouvons v. pouvez ils peuvent	je pouvais tu pouvais il pouvait n. pouvions v. pouviez ils pouvaient	je pus tu pus il put n. pûmes v. pûtes ils purent	je pourrai tu pourras il pourra n. pourrons v. pourrez ils pourront
56 ÉMOUVOIR / émouv*ant* / ém*u*	j' émeus tu émeus il émeut n. émouvons v. émouvez ils émeuvent	j' émouvais tu émouvais il émouvait n. émouvions v. émouviez ils émouvaient	j' émus tu émus il émut n. émûmes v. émûtes ils émurent	j' émouvrai tu émouvras il émouvra n. émouvrons v. émouvrez ils émouvront

IMPÉRATIF	SUBJONCTIF		Remarques
Présent	*Présent*	*Imparfait*	
vaincs vainqu*ons* vainqu*ez*	je vainqu*e* tu vainqu*es* il vainqu*e* n. vainqu*ions* v. vainqu*iez* ils vainqu*ent*	je vainqu*isse* tu vainqu*isses* il vainqu*ît* n. vainqu*issions* v. vainqu*issiez* ils vainqu*issent*	어간 : **vainq-** [vɛ̃(:)k] (+*i*-), **vainc-** [vɛ̃(k)] (+*u*). r 형과 *p. p.* (및 철자상에서만 *ind.* [*impér.*] *prés. s.*)에서 [k]는 c 로 쓰이며 다른 곳에서는 qu 로 쓰인다.
mouds moul*ons* moul*ez*	je moul*e* tu moul*es* il moul*e* n. moul*ions* v. moul*iez* ils moul*ent*	je moul*usse* tu moul*usses* il moul*ût* n. moul*ussions* v. moul*ussiez* ils moul*ussent*	어간 : **moul-** [mul] (+*u*-, +*u*) ~**moud-** [mu(d)]. *inf.*와 r 형(및 철자상에서만 *ind.* [*impér.*] *prés. s.*)에서 어간끝 자음 -l-〉-d-. *ind. prés. 3 s.*에서는 인칭 어미 -*t* 가 철자에 나타나지 않는다.
— il bruiss*e* — —			어간 : **brui(ss)-** [brųi(s)] / **bru-** [brų] (+*i*-, +*it*). 어간 bru- [brų]로 보아 finir형으로 볼 수도 있다. (예외 : *inf.* brui*re*, *p. p.* brui*t*).
fris (faisons frire) (faites frire)	(je fasse frire) (tu fasses „) (il fasse „) (n. fassions „) (v. fassiez „) (ils fassent „)	(je fisse frire) (tu fisses „) (il fît „) (n. fissions „) (v. fissiez „) (ils fissent „)	어간 : **fri-** [fri]/**fr-** [fr] (+*it*). 활용형이 없는 곳을 faire+frire 의 활용으로 보충한다.
reç*ois* recev*ons* recev*ez*	je reç*oive* tu reç*oives* il reç*oive* n. recev*ions* v. recev*iez* ils reç*oivent*	je reç*usse* tu reç*usses* il reç*ût* n. reç*ussions* v. reç*ussiez* ils reç*ussent*	어간 : **reçoi(v)-** [rəswa(:v)] ∞ **recev-** [rəsv]/**reç-** [rəs] (+*u*-, +*u*). 모음교체 : [wa] ∞ [무음]. [s]를 o, u 앞에서 ç 로 쓴다.
do*is* dev*ons* dev*ez*	je doiv*e* tu doiv*es* il doiv*e* n. dev*ions* v. dev*iez* ils doiv*ent*	je d*usse* tu d*usses* il d*ût* n. d*ussions* v. d*ussiez* ils d*ussent*	어간 : **doi(v)-** [dwa(:v)] ∞ **dev-** [d(ə)v]/**d-** [d] (+*u*-, +*u*). 모음교체 : [wa] ∞ [(ə)]. *p. p. m.*는 dû로 쓴다《du〈de+le 와 구별하기 위하여》 (*f.* du*e*).
	je puiss*e* tu puiss*es* il puiss*e* n. puiss*ions* v. puiss*iez* ils puiss*ent*	je p*usse* tu p*usses* il p*ût* n. p*ussions* v. p*ussiez* ils p*ussent*	어간 : **peu(v)-** [pœ(:v) ∝pø]∞**pouv-**[puv] ~**pour-**[pur] ∝ **pui(ss)-**[pųi(s)]/**p-**[p] (+*u*-, +*u*). 모음교체 : [œ ∞ ø] ∞ [u] ∞ [ųi] (*sub. prés.* 와 *ind. prés. 1 s.*의 옛형 puis).
émeu*s* émouv*ons* émouv*ez*	j' émeuv*e* tu émeuv*es* il émeuv*e* n. émouv*ions* v. émouv*iez* ils émeuv*ent*	j' ém*usse* tu ém*usses* il ém*ût* n. ém*ussions* v. ém*ussiez* ils ém*ussent*	어간 : **émeu(v)-** [emœ(:v) ~ emø]∞ **émouv-** [emuv]/**ém-** [em] (+*u*-, +*u*). 모음교체 : [œ ∞ ø] ∞ [u]. mouvoir의 *p. p. m.*은 mû(*f.* mu*e*).

INFINITIF	INDICATIF			
PARTICIPE Présent Passé	Présent	Imparfait	Passé simple	Futur
57 SAVOIR sachant su	je sais tu sais il sait n. savons v. savez ils savent	je savais tu savais il savait n. savions v. saviez ils savaient	je sus tu sus il sut n. sûmes v. sûtes ils surent	je saurai tu sauras il saura n. saurons v. saurez ils sauront
58 VOULOIR voulant voulu	je veux tu veux il veut n. voulons v. voulez ils veulent	je voulais tu voulais il voulait n. voulions v. vouliez ils voulaient	je voulus tu voulus il voulut n. voulûmes v. voulûtes ils voulurent	je voudrai tu voudras il voudra n. voudrons v. voudrez ils voudront
59 VOIR voyant vu	je vois tu vois il voit n. voyons v. voyez ils voient	je voyais tu voyais il voyait n. voyions v. voyiez ils voyaient	je vis tu vis il vit n. vîmes v. vîtes ils virent	je verrai tu verras il verra n. verrons v. verrez ils verront
60 POURVOIR pourvoyant pourvu	je pourvois tu pourvois il pourvoit n. pourvoyons v. pourvoyez ils pourvoient	je pourvoyais tu pourvoyais il pourvoyait n. pourvoyions v. pourvoyiez ils pourvoyaient	je pourvus tu pourvus il pourvut n. pourvûmes v. pourvûtes ils pourvurent	je pourvoirai tu pourvoiras il pourvoira n. pourvoirons v. pourvoirez ils pourvoiront
61 DÉCHOIR déchu	je déchois tu déchois il déchoit n. déchoyons v. déchoyez ils déchoient	je déchoyais tu déchoyais il déchoyait n. déchoyions v. déchoyiez ils déchoyaient	je déchus tu déchus il déchut n. déchûmes v. déchûtes ils déchurent	je déchoirai tu déchoiras il déchoira n. déchoirons v. déchoirez ils déchoiront
62[1] ASSEOIR ass(e)oyant assis	j' ass(e)ois tu ass(e)ois il ass(e)oit n. ass(e)oyons v. ass(e)oyez ils ass(e)oient	j' ass(e)oyais tu ass(e)oyais il ass(e)oyait n. ass(e)oyions v. ass(e)oyiez ils ass(e)oyaient	j' assis tu assis il assit n. assîmes v. assîtes ils assirent	j' ass(e)oirai tu ass(e)oiras il ass(e)oira n. ass(e)oirons v. ass(e)oirez ils ass(e)oiront
62[2] ASSEOIR asseyant assis	j' assieds tu assieds il assied n. asseyons v. asseyez ils asseyent	j' asseyais tu asseyais il asseyait n. asseyions v. asseyiez ils asseyaient	j' assis tu assis il assit n. assîmes v. assîtes ils assirent	j' assiérai tu assiéras il assiéra n. assiérons v. assiérez ils assiéront
63 SEOIR seyant	il sied ils siéent	il seyait ils seyaient	—	il siéra ils siéront

IMPÉRATIF	SUBJONCTIF		Remarques
Présent	*Présent*	*Imparfait*	
sach*e* sach*ons* sach*ez*	je sach*e* tu sach*es* il sach*e* n. sach*ions* v. sach*iez* ils sach*ent*	je s*u*sse tu s*u*sses il s*û*t n. s*u*ssions v. s*u*ssiez ils s*u*ssent	어간: sai-[sɛ] ∝ sav- [sav] ~ sach-[saʃ] ∝ sau-[sɔ[o]]/s-[s](+*u*-, +*u*). 모음교체: [ɛ ∝ a] ∝ [ɔ[o]]. *sub. prés., impér.* 및 *part. prés.*의 특수 어간에 주의할 것.
veuill*e*, veu*x* veuill*ons*, voul*ons* veuill*ez*, voul*ez*	je veuill*e* tu veuill*es* il veuill*e* n. voul*ions* v. voul*iez* ils veuill*ent*	je voul*u*sse tu voul*u*sses il voul*û*t n. voul*u*ssions v. voul*u*ssiez ils voul*u*ssent	어간: veuill- [vœj] ∝ veu(l)- [vœ(l) ∝ vø] ∝ voul-[vul](+*u*-, +*u*) ~ voud-[vud]. 모음교체: [œ ∝ ø] ∝ [u]. 강어간의 끝 자음 -l-[l]>ill-[j] (*sub. prés., impér.* 제 1형).
vois voy*ons* voy*ez*	je voi*e* tu voi*es* il voi*e* n. voy*ions* v. voy*iez* ils voi*ent*	je v*i*sse tu v*i*sses il v*î*t n. v*i*ssions v. v*i*ssiez ils v*i*ssent	어간: voi- [vwa] ~ voy- [vwaj] ∝ ver-[vɛr]/v- [v](+*i*-, +*u*). r 형의 특수 어간 ver- 와 *inf.*의 어간 v-에 주의할 것.
pourvois pourvoy*ons* pourvoy*ez*	je pourvoi*e* tu pourvoi*es* il pourvoi*e* n. pourvoy*ions* v. pourvoy*iez* ils pourvoi*ent*	je pourv*u*sse tu pourv*u*sses il pourv*û*t n. pourv*u*ssions v. pourv*u*ssiez ils pourv*u*ssent	어간: pourvoi- [purvwa] ~ pourvoy-[purvwaj]/pourv- [purv](+*u*-, +*u*). *inf.*에서도 어간이 단축되어 pourv-로 되는 것에 주의할 것.
déchois déchoy*ons* déchoy*ez*	je déchoi*e* tu déchoi*es* il déchoi*e* n. déchoy*ions* v. déchoy*iez* ils déchoi*ent*	je déch*u*sse tu déch*u*sses il déch*û*t n. déch*u*ssions v. déch*u*ssiez ils déch*u*ssent	어간: déchoi- [deʃwa] ~ déchoy- [deʃwaj]/déch- [deʃ](+*u*-, +*u*). *inf.*에서도 어간이 단축된다: déch-. 옛 r형 décher- *rai, -as,* etc. [deʃɛre,-a].
ass(e)ois ass(e)oy*ons* ass(e)oy*ez*	j' ass(e)oi*e* tu ass(e)oi*es* il ass(e)oi*e* n. ass(e)oy*ions* v. ass(e)oy*iez* ils ass(e)oi*ent*	j' ass*i*sse tu ass*i*sse il ass*î*t n. ass*i*ssions v. ass*i*ssiez ils ass*i*ssent	어간: ass(e)oi- [aswa] ~ ass(e)oy- [aswaj]/ass- [as](+*i*-, +*is*). *inf.*에서 어간 모음이 -e-에 남는다. 이 형은 《속어》. surseoir 은 je surs*ois*, etc., je surse*oirai*, etc.
assie*ds* assey*ons* assey*ez*	j' assey*e* tu assey*es* il assey*e* n. assey*ions* v. assey*iez* ils assey*ent*	j' ass*i*sse tu ass*i*sses il ass*î*t n. ass*i*ssions v. ass*i*ssiez ils ass*i*ssent	어간: assied- [assié-] [asje] ∝ assey-[asɛj]/ass- [as](+*i*-, +*is*). 모음교체: [je] ∝ [ɛ]. *ind. prés.[impér.]* s.에서 어간 끝에 어원적인 -d 가 다시 살아나고 있다. 이 형은 《문어》.
	il sié*e* ils sié*ent*		어간: sied[sié-] [sje] ∝ sey- [sɛj]. messeoir 는 62² 와 같아서 *ind. prés.* 3 *pl.* 는 ils messey*ent*; *sub. prés.* 3 는 il messey*e*, ils messey*ent*.

동사변화표

INFINITIF	INDICATIF			
PARTICIPE *Présent* / *passé*	*Présent*	*Imparfait*	*Passé simple*	*Futur*
64 VALOIR / valant / valu	je vaux tu vaux il vaut n. valons v. valez ils valent	je valais tu valais il valait n. valions v. valiez ils valaient	je valus tu valus il valut n. valûmes v. valûtes ils valurent	je vaudrai tu vaudras il vaudra n. vaudrons v. vaudrez ils vaudront
65 FALLOIR / ―― / fallu	il faut	il fallait	il fallut	il faudra
66 PLEUVOIR / pleuvant / plu	il pleut	il pleuvait	il plut	il pleuvra

동사변화표

IMPÉRATIF	SUBJONCTIF		Remarques
Présent	*Présent*	*Imparfait*	
vaux valons valez	je vaille tu vailles il vaille n. valions v. valiez ils vaillent	je valusse tu valusses il valût n. valussions v. valussiez ils valussent	어간 : **val-** [val] (+u-, +u) ~**vaill-** [vaj] ∝ | **vau-** [vo] ~ **vaud-** [vɔ[o]d]. *sub. prés.*에서 어간 끝 자음 -l-[l] >-ill-[j] 《역사적으로는 vau- 도 그 자음의 모음화에 의한다》.
	il faille	il fallût	어간 : **fall-** [fal] (+u-,+u)~**faill-**[faj] ∝ **fau-** [fo] ~ **faud-** [fɔ[o]d]. *sub. prés.*에서 어간 끝 자음 -ll- [l])-ill-[j]《역사적으로는 fau 도 그 자음의 모음화에 의한다》.
	il pleuve	il plût	어간 : **pleu-**[plø] ∝ **pleuv-** [plœ(:)v]/**pl-**[pl] (+u-, +u).

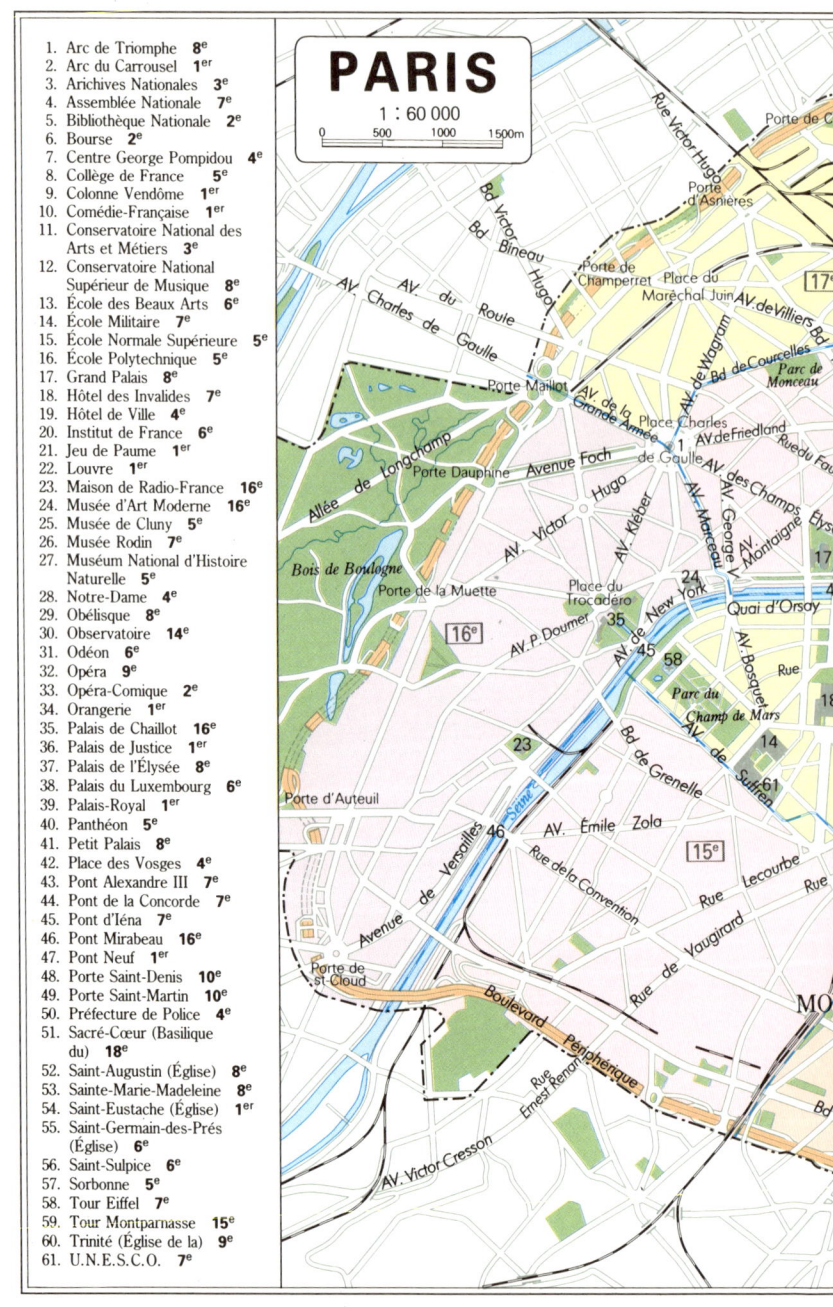

1. Arc de Triomphe **8ᵉ**
2. Arc du Carrousel **1ᵉʳ**
3. Arichives Nationales **3ᵉ**
4. Assemblée Nationale **7ᵉ**
5. Bibliothèque Nationale **2ᵉ**
6. Bourse **2ᵉ**
7. Centre George Pompidou **4ᵉ**
8. Collège de France **5ᵉ**
9. Colonne Vendôme **1ᵉʳ**
10. Comédie-Française **1ᵉʳ**
11. Conservatoire National des Arts et Métiers **3ᵉ**
12. Conservatoire National Supérieur de Musique **8ᵉ**
13. École des Beaux Arts **6ᵉ**
14. École Militaire **7ᵉ**
15. École Normale Supérieure **5ᵉ**
16. École Polytechnique **5ᵉ**
17. Grand Palais **8ᵉ**
18. Hôtel des Invalides **7ᵉ**
19. Hôtel de Ville **4ᵉ**
20. Institut de France **6ᵉ**
21. Jeu de Paume **1ᵉʳ**
22. Louvre **1ᵉʳ**
23. Maison de Radio-France **16ᵉ**
24. Musée d'Art Moderne **16ᵉ**
25. Musée de Cluny **5ᵉ**
26. Musée Rodin **7ᵉ**
27. Muséum National d'Histoire Naturelle **5ᵉ**
28. Notre-Dame **4ᵉ**
29. Obélisque **8ᵉ**
30. Observatoire **14ᵉ**
31. Odéon **6ᵉ**
32. Opéra **9ᵉ**
33. Opéra-Comique **2ᵉ**
34. Orangerie **1ᵉʳ**
35. Palais de Chaillot **16ᵉ**
36. Palais de Justice **1ᵉʳ**
37. Palais de l'Élysée **8ᵉ**
38. Palais du Luxembourg **6ᵉ**
39. Palais-Royal **1ᵉʳ**
40. Panthéon **5ᵉ**
41. Petit Palais **8ᵉ**
42. Place des Vosges **4ᵉ**
43. Pont Alexandre III **7ᵉ**
44. Pont de la Concorde **7ᵉ**
45. Pont d'Iéna **7ᵉ**
46. Pont Mirabeau **16ᵉ**
47. Pont Neuf **1ᵉʳ**
48. Porte Saint-Denis **10ᵉ**
49. Porte Saint-Martin **10ᵉ**
50. Préfecture de Police **4ᵉ**
51. Sacré-Coeur (Basilique du) **18ᵉ**
52. Saint-Augustin (Église) **8ᵉ**
53. Sainte-Marie-Madeleine **8ᵉ**
54. Saint-Eustache (Église) **1ᵉʳ**
55. Saint-Germain-des-Prés (Église) **6ᵉ**
56. Saint-Sulpice **6ᵉ**
57. Sorbonne **5ᵉ**
58. Tour Eiffel **7ᵉ**
59. Tour Montparnasse **15ᵉ**
60. Trinité (Église de la) **9ᵉ**
61. U.N.E.S.C.O. **7ᵉ**

PARIS

1 : 60 000

0   500   1000   1500m